Grand Usuel
LAROUSSE
dictionnaire encyclopédique

IN EXTENSO

Grand Usuel
LAROUSSE

dictionnaire encyclopédique

A

CINOCHE

LAROUSSE

édition mise à jour au 30 juin 1996

Distributeur exclusif au Canada : les Éditions Françaises Inc.

ISSN 1264-4242
ISBN 2-03-750031-9 (volume 1)
ISBN 2-03-750029-7 (édition complète)

Photocomposition Maury – Malesherbes
Impression Aubin Imprimeur à Poitiers, Ligugé – L 53176
Dépôt légal : mars 1997 – n° de série éditeur : 19221
Imprimé en France (Printed in France) 750031 – Mars 1997

AVANT-PROPOS DE L'ÉDITEUR

Le Grand Usuel Larousse est la réédition mise à jour de l'intégralité du texte du Grand Larousse en cinq volumes. Depuis 1987, année de sa première publication, cet ouvrage a rencontré un immense succès auprès du public, qui y a trouvé l'instrument qu'il recherchait pour comprendre le monde qui l'entoure, distinguer les grandes lignes de l'avenir et en même temps replonger ses racines dans sa culture, dans son passé propre aussi bien que dans l'humanité tout entière.

Mettre cet outil de culture aussi vaste et aussi riche à la disposition d'un plus grand nombre encore, telle est l'ambition de cette nouvelle édition, accessible, pratique, maniable.

Le Grand Usuel Larousse, forme moderne du dictionnaire encyclopédique, est destiné à tous ceux qui veulent avoir une prise sur le monde en se forgeant les cadres d'une pensée libre et d'une action efficace.

Il se veut un moyen privilégié pour répondre aux innombrables questions auxquelles est confronté l'homme d'aujourd'hui, pour lui permettre une meilleure compréhension des autres cultures, rendues désormais plus proches par l'effet de la mondialisation, et enfin lui donner la possibilité d'exprimer sa pensée, par l'écrit ou par l'oral, de la façon la plus claire et la plus précise.

Pour cela, le Grand Usuel Larousse regroupe en un ensemble cohérent les outils appropriés :

DICTIONNAIRE DU LANGAGE courant et littéraire, il donne des mots le ou les sens tels qu'on les rencontre aussi bien dans l'usage quotidien, dans les médias, chez les jeunes que dans les textes des écrivains ; pour répondre au souci d'ouverture sur la francophonie, il intègre aussi des formes et des mots propres aux pays de cet ensemble linguistique (Belgique, Suisse, notamment) ;

DICTIONNAIRE TERMINOLOGIQUE, il comporte pour chaque discipline spécialisée (sciences exactes, sciences de la vie, sciences humaines et sciences sociales, médecine, agriculture, techniques, économie, etc.) les vocabulaires essentiels rencontrés dans les revues et les livres ;

DICTIONNAIRE ENCYCLOPÉDIQUE, il comporte, pour un grand nombre de mots, outre les définitions, des développements relatifs aux réalités, aux objets que ces mots désignent, permettant au lecteur d'approfondir sa connaissance, de saisir les enjeux du monde actuel, etc. ;

DICTIONNAIRE DE NOMS PROPRES, il présente aussi un panorama complet de notre monde et de son passé, tant dans la diversité de ses pays et de leur cadre géographique, historique, culturel que des hommes qui ont fait cette histoire, cette culture, des œuvres importantes qu'ils ont créées, des institutions qu'ils se sont données ;

ATLAS, il fournit toutes les cartes des pays du monde, c'est-à-dire des États indépendants, regroupées en fin du dernier volume, permettant ainsi une consultation plus aisée pour repérer, à l'occasion de la lecture d'un article, la situation de telle ville, de tel fleuve ou de telle frontière.

On trouvera dans les pages qui suivent une description et un mode d'emploi détaillés du *Grand Usuel Larousse*.

Puisse cette édition répondre aux attentes de tous ceux qui, au-delà de simples recherches ponctuelles, ont besoin d'un outil complet, commode, accessible pour travailler, découvrir, apprendre, réfléchir, bref s'ouvrir au XXIe siècle.

QU'EST-CE QUE LE GRAND USUEL LAROUSSE ?

Le *Grand Usuel Larousse est un* **dictionnaire encyclopédique.** Cela signifie qu'il est à la fois :
- un dictionnaire de **noms communs** ;
- un dictionnaire de **noms propres** ;
- une **encyclopédie**

... et que **tous** les domaines de la connaissance et de l'activité humaines y sont soigneusement explorés :
- **sciences physiques :** physique et chimie ;
- **sciences de la Terre et de l'Univers :** géologie, géographie physique, astronomie ;
- **sciences de la vie :** biologie, médecine, psychiatrie, médecine vétérinaire, botanique, zoologie ;
- **mathématiques** et **logique, statistique** ;
- **économie** ;
- **histoire** de la France et des autres pays du monde ;
- **religions** ;
- **arts :** littérature, musique, cinéma, arts plastiques, arts décoratifs, photographie, chorégraphie, théâtre ;
- **techniques et industries :** agriculture, agroalimentaire, productions énergétiques, textile, sidérurgie, métallurgie, produits chimiques, travaux publics, marine, aéronautique et astronautique, transports, électronique et électrotechnique, informatique, industries graphiques, télécommunications ;
- **sciences humaines :** psychologie, psychanalyse, sociologie, linguistique, droit et sciences politiques, anthropologie, sciences de la communication ;
- **armées et armements** ;
- **sports et loisirs**.

LE GRAND USUEL LAROUSSE, DICTIONNAIRE DE NOMS COMMUNS

On appelle « noms communs », par opposition à « noms propres », les entrées commençant par une minuscule (les noms propres commençant par une majuscule). Il s'agit donc non seulement des « noms » *(substantifs)* mais aussi des *adjectifs,* des *verbes,* des *pronoms,* des *adverbes,* des *conjonctions,* des *prépositions* et des *interjections.* Le dictionnaire contient environ 75 000 entrées de ce type, que l'on peut comparer aux 50 000 entrées d'un dictionnaire comme *le Petit Larousse.* Mais la richesse lexicale du *Grand Usuel Larousse* est encore bien plus importante si l'on considère le nombre de « sens » recensés à l'intérieur des entrées, et rendant compte de façon très fine des sciences, des techniques et des arts.

LE GRAND USUEL LAROUSSE, DICTIONNAIRE DE NOMS PROPRES

À ce titre, on y trouvera des articles :
- sur les grands **personnages du passé** ou **du présent,** dont l'action ou l'œuvre ont marqué l'histoire du monde : hommes d'État ou hommes politiques, hommes d'Église, souverains, militaires, savants, artistes, écrivains, musiciens, penseurs ;
- sur les **entités géographiques et spatiales** :
  - tous les **États du monde** ;
  - les principales **villes de France et du monde** entier ;
  - les grandes **régions, départements, fleuves et rivières, montagnes de France et du monde** ;
  - les **planètes** et les **astres** ;
- sur les grands **événements** et **périodes historiques :** régimes politiques, traités, guerres, etc. ;
- sur les **œuvres** littéraires, artistiques, architecturales, cinématographiques, chorégraphiques, scientifiques, philosophiques, économiques ;
- sur les **dieux** des grandes religions et des grandes mythologies présentes et passées ;
- sur les **personnages** et **héros** des grandes œuvres de fiction ;
- sur les grandes **firmes** industrielles et commerciales ;
- sur les grandes **institutions** françaises et internationales.

LE GRAND USUEL LAROUSSE, ENCYCLOPÉDIE

Une définition peut ne pas suffire à bien cerner la richesse de la réalité à laquelle le mot fait référence.

Ainsi, la définition du mot **automobile** est « véhicule routier mû par un moteur à explosion, à combustion interne, électrique, ou par un moteur à gaz ».

Cette définition, bien que satisfaisante, ne permet pas au lecteur de trouver des réponses aux questions qu'il peut se poser, par exemple : quand l'automobile a-t-elle été inventée ? par qui ? comment fonctionne une automobile ? etc. Les **développements encyclopédiques** répondent à ces questions. Ainsi, dans le *Grand Usuel Larousse* en 5 volumes, la définition du mot **automobile** est-elle suivie d'une série ordonnée d'informations sur :

- l'histoire de l'automobile,
- les organes essentiels d'une automobile,
- les problèmes de pollution, de sécurité, d'économie,
- l'immatriculation,
- le parc et la production automobiles,
- le sport automobile.

Trois tableaux accompagnent l'article **automobile**.

Les **tableaux,** qui rassemblent des données essentielles sur des sujets précis, sont nombreux dans l'ouvrage. Ils enrichissent l'information fournie par les développements encyclopédiques. Ainsi, à l'article **astronautique,** un tableau chronologique fournit au lecteur les grandes dates et les grands faits qui ont marqué la conquête de l'espace par l'homme.

Par ailleurs, de nombreux **dessins** viennent illustrer les développements encyclopédiques quand cela est nécessaire à la compréhension, notamment en médecine, en architecture, en biologie et en physique.

Les **développements encyclopédiques** apportent donc au lecteur toutes les connaissances de base sur :

- les **idées** et les **concepts**,
- les **techniques**,
- les **machines**,
- les **matériaux,** etc.

LE GRAND USUEL LAROUSSE, ATLAS

À la fin du dernier volume, un **atlas** des États indépendants du monde complète le *Grand Usuel Larousse* et permet de situer les principales villes, les rivières et les fleuves, les grands axes de communication.

CONSULTER, UTILISER LE GRAND USUEL LAROUSSE

Le *Grand Usuel Larousse,* dictionnaire encyclopédique, contient donc, pour répondre à toutes les questions qui peuvent lui être posées, une grande quantité d'informations. Mais encore faut-il que celles-ci, pour être facilement accessibles, soient présentées de façon rigoureuse. Les articles sont donc organisés selon un plan précis, spécifique à chaque type d'entrée.

NOMS COMMUNS

Pour les noms communs, chaque **entrée,** en caractères gras et commençant par une minuscule (à l'exception des noms déposés, qui ont une majuscule à l'initiale), est suivie :

1° de la **prononciation** [entre crochets] transcrite grâce à l'alphabet phonétique international Cependant, ce renseignement n'est pas donné systématiquement, mais seulement pour les mots qui posent un problème parce qu'ils constituent une exception par rapport au système phonologique du français ; cette mention est le plus souvent limitée à la syllabe qui fait difficulté, attirant ainsi l'attention du lecteur.

2° de la **catégorie grammaticale :** n. m., n. f. (substantif masculin ou féminin), adj. (adjectif), v. t., v. i., v. t. ind., v. pr. (verbe transitif, intransitif, transitif indirect, pronominal), adv. (adverbe), prép. (préposition), interj. (interjection), loc. (locution).

3° du modèle de **conjugaison** dans le cas d'un verbe, le numéro en caractères gras renvoyant alors au tableau des conjugaisons pages XVII à XXXI.

4° du **pluriel** dans le cas des noms composés et dans les cas d'irrégularités aux règles générales de la formation du pluriel telles qu'elles sont exposées dans le tableau de l'article « pluriel ».

5° de l'**étymologie** du mot avec mention de la langue source de l'étymon : ainsi le mot **if** n. m. (gaul. *ivos*) provient d'un étymon gaulois « ivos » précédé d'un astérisque (*), ce qui signifie qu'il s'agit d'une forme non attestée par un texte écrit, mais reconstituée par les méthodes de la linguistique comparative. Cependant l'étymologie *n'est pas mentionnée* à la suite de l'entrée dans les cas

suivants :
a) quand le mot traité en entrée est constitué par un préfixe et un suffixe dont on trouvera l'origine et le sens dans les tableaux placés aux entrées ***préfixe*** et ***suffixe*** (ainsi le mot ***hypochrome*** provient du préfixe *hypo-* et du suffixe *-chrome*). Ces tableaux constituent un véritable répertoire des procédés de formation du vocabulaire savant en français ;
b) quand le mot traité en entrée est constitué d'un préfixe et d'un mot se trouvant dans le dictionnaire à son ordre alphabétique (ainsi **imprévision** formé de *im-*, élément à sens privatif, et de *prévision*) ;
c) quand le mot traité en entrée est un dérivé régulier d'un autre mot proche dans l'ordre alphabétique et qui se trouve mentionné dans la définition : c'est ainsi qu'on donne l'origine de ***imprimer*** (du lat. *imprimare*), mais non celles de ***imprimable*** (adj.), ***imprimant, e*** (adj.), ***imprimante*** (n. f.), ***imprimé*** (n. m.), ***imprimerie*** (n. f.), ***imprimeur*** (n. m.) ;

d) quand l'étymologie du terme est inconnue.

Les **homographes** (mots dont la forme graphique est rigoureusement identique) sont distingués par un numéro placé devant l'entrée. Il s'agit :

a) de mots d'étymologie différente : par ex. ***1. grès*** (du lat. pop.) ; ***2. grès*** (du frq.) ;

b) de mots de même étymologie mais de catégorie grammaticale différente : par ex. ***1. graphique*** (adj.) ; ***2. graphique*** (n. m.) ;

c) des mots de même étymologie mais dont les sens se sont tellement éloignés qu'ils sont perçus par tous comme des mots différents : par ex. ***1. amour*** (sentiment) ; ***2. amour*** (poisson).

La **structure des articles** a été conçue pour permettre un accès aussi rapide et aussi facile que possible à l'information. Dans le cas des mots faiblement polysémiques, les différents sens sont distingués par des numéros ; dans le cas des mots fortement polysémiques, plus complexes, l'article est divisé en deux parties : une première série de sens, précédés par des numéros, regroupe ceux qui sont perçus comme faisant partie de la langue courante ; la définition de ces sens est illustrée par un exemple (en italique), qui montre le fonctionnement langagier du mot ; une deuxième série de sens regroupe ceux qui appartiennent à des domaines spécialisés (des sciences, des techniques ou des arts) et est introduite par une pastille noire (•). Ces sens sont signalés par des rubriques de spécialité, classées par ordre alphabétique. (On trouvera la liste et le sens de ces rubriques pages XIV et XV.)

À l'intérieur de l'article, des **sous-entrées** (repérées par un losange noir) ont été parfois distinguées :

a) pour les verbes, s'ils ont une autre voix que celle indiquée après l'entrée (pronominale, passive) ;

b) pour les noms, si la forme du pluriel comporte un sens spécifique, s'ils ont un emploi adjectival de sens très proche, etc. ;

c) pour les adjectifs, s'ils ont un emploi adverbial, s'ils ont une forme nominale dérivée.

DÉVELOPPEMENTS ENCYCLOPÉDIQUES

Ils sont introduits par la séquence :
ENCYCL
Dans le cas, fréquent, où le même mot possède plusieurs sens différents, et donc plusieurs définitions différentes, l'existence d'un développement encyclopédique est signalée, à la suite de chaque définition concernée, par le renvoi :
→ *encycl.*

Il peut y avoir plusieurs développements encyclopédiques pour un même mot. Chacun d'eux est précédé de la rubrique, imprimée en caractères gras, indiquant le domaine de connaissances dont il relève. Les développements sont alors classés dans l'ordre alphabétique de ces rubriques.

NOMS PROPRES

Chaque entrée en caractères gras commence par une majuscule. Le schéma des articles est le suivant :

• **personnages historiques ou contemporains :**
- nom ;
- prénom usuel ;
- titulature (éventuellement) ;
- fonction ou activité principale ;
- lieu de naissance ;
- date de naissance ;

avec, le cas échéant :
- lieu de décès ;
- date de décès ;

avec, en outre, pour les souverains :
- dates de début et de fin de règne ;

Des précisions, si nécessaire, sont fournies sur la localisation géographique des lieux de naissance et de décès. Lorsque l'un de ces renseignements n'est pas connu, ou qu'il existe une incertitude, le lecteur trouvera soit un **?** pour un lieu ou une date inconnus, soit l'abréviation **v.** (vers) suivie de la date sur laquelle porte l'incertitude.

Quand plusieurs membres d'une même famille, ou d'une même dynastie, font l'objet d'articles, ceux-ci ont généralement été regroupés sous une entrée unique soit au nom de la famille, soit au nom de règne pour les souverains. Toutefois, quand l'un des personnages mérite à lui seul un développement important, celui-ci est souvent traité dans un article séparé.

– vie et œuvre du personnage ;

Les événements mentionnés et les œuvres citées sont datés chaque fois que cela est possible.

et, le cas échéant :

– appartenance à l'Académie française et/ou à l'Académie des sciences ;

– date d'obtention du prix Nobel ou de la médaille Fields.

• **œuvres :**

– titre ;

Pour les œuvres étrangères, on a choisi le titre sous lequel l'œuvre est la plus connue dans la communauté francophone.

– auteur(s) ;

– nature de l'œuvre (roman, drame, poème, ballet, symphonie, film...) ;

– date de création ;

Cette date correspond : pour les *œuvres imprimées,* à la date de parution ; pour les *œuvres chorégraphiques* et *musicales,* les *œuvres cinématographiques* et les *œuvres théâtrales,* à la date de première représentation ; pour les *œuvres picturales* et *architecturales,* à la date de réalisation.

– contenu de l'œuvre ;

Avec, éventuellement, résumé de l'intrigue et mention des principaux personnages.

• **lieux :**

États et pays, villes, provinces, régions, départements :

– nom en français ;

– localisation géographique ;

– superficie ;

– nombre des habitants ;

– nom des habitants (en français) ;

– capitale ;

– langue(s) officielle(s) ;

– monnaie ;

– développement géographique ;

– développement historique ;

Pour les *villes de France,* nom du département d'appartenance, avec mention particulière si la ville a une fonction administrative : ch.-l. de cant. (chef-lieu de canton), ch.-l. de dép. (chef-lieu de département), ch.-l. de Région.

rivières, fleuves, montagnes, lacs, etc. :

– nom ;

– pays d'appartenance ;

– localisation géographique ;

– données chiffrées (longueur, hauteur, superficie) ;

– si nécessaire, informations économiques et courtes indications historiques.

planètes et astres :

– nom ;

– nom latin ;

– les principales données physiques ;

Pour les *planètes du système solaire,* ces données sont présentées sous forme de tableau.

• **institutions :**

– nom ;

– pays d'appartenance ;

– date de création ;

– lieu de création ;

– fonction, activité ;

– historique.

Pour les sociétés commerciales n'ont été considérées que les plus importantes et parti a été pris de ne pas fournir de données telles que le chiffre d'affaires ou le nombre de salariés, sujettes à variations trop rapides et donc sans intérêt dans un ouvrage tel que celui-ci.

• **événements :**

– date ;

– développement historique.

CLASSEMENT DES NOMS PROPRES

Pour classer les noms propres, on a adopté les règles suivantes :

1. Il ne faut pas considérer comme faisant partie du nom les particules *de* (lorsqu'elle est nobiliaire), *of, von, 's :*

GRAMONT (Antoine, *duc* DE)
RUNDSTEDT (Gerd VON)
GRAVENHAGE ('s-).

En revanche, les particules *Le, La, Les, L', Du, Des, De* (lorsqu'il ne s'agit pas d'une particule nobiliaire), *D', Della, Del, Da, Di, Dei, Degli, Mac, Fitz, O', Van, Ter* sont considérées comme faisant partie intégrante du nom qu'elles précèdent (exception est faite pour les noms géographiques commençant par l'article défini) :

D'ANNUNZIO (Gabriele)
DA PONTE (Lorenzo)
DE COSTER (Charles)
DE GASPERI (Alcide)
DEL COSSA (Francesco)
DELLA ROBBIA (Luca)
DE MILLE (Cecil Blount)
DES AUTELS (Guillaume)
DI GIACOMO (Salvatore)
FITZ-JAMES (François, *duc* DE)
LA FONTAINE (Jean DE)
MACARTHUR (Douglas)
O'CONNELL (Daniel)
VAN GOGH (Vincent).

Mais :

AUBRAIS (Les)
ROCHELLE (La).

2. Pour le classement des noms arabes ou espagnols, on n'a pas tenu compte de l'article *al-* ou *El-* (exception faite pour quelques noms géographiques de pays anglo-saxons : *El Paso*) :

BĪRŪNĪ (al-)
DJEM (El-).

3. Les noms précédés du préfixe *Mac* sont classés à *Mac* (mais convenablement écrits : *M', Mc, Mac*) :

MACARTHUR (Douglas)
MACLAURIN (Colin)
MCCLELLAN (Georges Brinton).

4. Les Anglo-Saxons sont classés à leur dernier nom :

MILL (John Stuart). D'autre part, lorsqu'ils ont été anoblis, leur nom de famille est, en règle générale, conservé pour le classement :

DISRAELI (Benjamin), comte de Beaconsfield.

5. Les Japonais sont classés à leur patronyme, suivi du prénom, mais sans parenthèses :

ŌSHIMA NAGISA.

6. Les personnages de l'histoire romaine sont classés au nom de famille *(gentile nomen),* sauf lorsque l'usage a imposé le *cognomen* (Brutus ou Cicéron, par exemple).

7. Les personnages du Moyen Âge sont classés à leur nom de baptême ramené à la forme moderne :

JEAN de Meung
BERNARD de Ventadour
JEAN de Liège.

8. Les saintes, les saints et les bienheureux sont traités au prénom sous lequel ils ont été canonisés ou béatifiés :

CHARLES GARNIER *(saint)*
JEANNE D'ARC *(sainte)*
MARGUERITE-MARIE ALACOQUE *(sainte).*

9. Les auteurs ou artistes usant d'un pseudonyme habituel sont classés à ce pseudonyme, avec mention à leur nom réel et renvoi :

AROUET (François-Marie) → VOLTAIRE
VOLTAIRE (François-Marie AROUET, dit).

10. Les œuvres sont, en règle générale, indiquées à l'ordre alphabétique de leur premier mot, sauf lorsque celui-ci est :
- l'un des articles *le, la, les, un, une,*
- l'une des prépositions *de, du, des* (à moins que celle-ci ne marque un point de départ) :

À la recherche du temps perdu
Fausses confidences (les)
Amour (De l')
De l'angélus de l'aube à l'angélus du soir.

CLASSEMENT DES HOMOGRAPHES ET DES HOMONYMES

Dans le cas de séries d'homographes, on a adopté l'ordre de classement suivant :

1. ***mots du vocabulaire général***
Ils sont signalés par des numéros : **1., 2.,** etc.

2. ***noms propres géographiques***
Les noms de pays, de provinces, de villes, etc., issus du nom d'une entité géographique naturelle sont classés après cette entité géographique.

Ainsi, on aura : 1° **Tchad** (lac) ; 2° **Tchad** [le pays].

3. ***personnages réels***
a) saints et bienheureux,
b) papes,
c) empereurs,
d) autres souverains (classés selon l'ordre alphabétique des pays où ils ont régné),
e) autres personnages (dans l'ordre chronologique).

4. ***personnages fictifs***
héros littéraires et légendaires.

5. ***œuvres***
classées selon l'ordre chronologique de composition ou de publication.

LES SIGNES SPÉCIAUX

ALPHABETS LATINS

L'alphabet latin a été adopté par de nombreux pays, mais certains d'entre eux y ont adjoint des lettres supplémentaires affectées de signes spéciaux, appelés « signes diacritiques ». Plutôt que d'utiliser des transcriptions fondées sur des à-peu-près phonétiques et manquant de rigueur scientifique, nous avons choisi d'indiquer les signes diacritiques pour tous les alphabets latins, ce qui permettra au lecteur de connaître l'orthographe réelle de chaque terme. La liste en est fournie dans le tableau ci-dessous, où nous avons indiqué pour chaque signe l'équivalent approximatif en français.

PRINCIPAUX SIGNES DIACRITIQUES DES ALPHABETS LATINS

LETTRE	LANGUE	PRONONCIATION APPROXIMATIVE
ä	allemand, suédois et finnois	*è* dans p*è*re
ä	slovaque	intermédiaire entre *a* et *ê*
á	hongrois et tchèque	*a* dans p*a*tte (mais long)
ā	portugais	*en* dans *en*core
â	roumain	entre *i* et *u*
å	danois, norvégien, suédois	*ô* dans h*ô*te
ă	roumain	*eu* dans f*eu*
ą	polonais	*on* dans *on*cle
ç	turc et albanais	*tch* dans *tch*èque
ć	serbo-croate	*t* (mouillé) dans *t*iare
ć	polonais	*tch* (mouillé)
č	serbo-croate et tchèque	*tch* dans *tch*èque
d'	tchèque	*d* (mouillé) dans *d*iable
ë	albanais	*eu* dans *feu*
ě	tchèque	*iè* dans b*ie*lle
ẽ	portugais	*é* fermé nasal
ę	polonais	*in* dans f*in*
ğ	turc	*gh* (faible) ou y (devant les voyelles *e, i, ö, ü*)
í	tchèque et hongrois	*i* long
ı	turc	entre *i* et *é*
î	roumain	entre *i* et *u*
l	polonais	*l* vélaire dans l'anglais *well*
ń	polonais	*gn* dans a*gn*eau
ñ	espagnol	*gn* dans a*gn*eau
ň	tchèque	*gn* dans a*gn*eau
ö	allemand, finnois, hongrois, turc	*œu* dans *œu*vre
ö	allemand, norvégien, suédois	*eu* dans f*eu* ou p*eu*
ő	hongrois	*eu* long et fermé dans j*eu*
ó	hongrois et tchèque	*ô* dans n*ô*tre
ó	polonais	*ou* dans f*ou*
õ	portugais	*on* dans *on*cle
ø	danois et norvégien	*eu* dans *feu* ou *peut*
ř	tchèque	*rj* dans bou*rg*eon
		rch dans per*ch*e
š	serbo-croate et tchèque	*ch* dans *ch*eval
ṣ	turc et roumain	*ch* dans *ch*eval
ś	polonais	*ch* (mouillé) dans *ch*ien
t'	tchèque	*t* (mouillé) dans *t*ien
ṭ	roumain	*ts* dans *ts*ar
ü	allemand, hongrois et turc	*u* dans t*u*
ű	hongrois	*u* dans b*û*che
ú	hongrois et slovaque	*ou* long
u̇	tchèque	*ou* long
ý	tchèque	*i* dans v*i*lle (mais long)
ź	polonais	*g* (mouillé) dans g*î*te
ż	polonais	*g* dans *g*êne
ž	serbo-croate et tchèque	*j* dans *j*ambe

ALPHABETS NON LATINS

Pour les langues qui ne se servent pas de l'alphabet latin, nous avons utilisé des systèmes de transcription ou de translittération cohérents, mais qui ne bouleversent pas trop les traditions solidement implantées en France. Le lecteur pourra, s'il le désire, consulter dans l'ouvrage les alphabets arabe, grec, russe, etc.

Pour l'écriture chinoise, le système de transcription adopté est le « pinyin ». L'écriture pinyin, créée par les Chinois eux-mêmes, est, en effet, internationale et maintenant utilisée couramment dans les quotidiens français. Toutefois, pour ne pas dérouter les lecteurs familiarisés avec le système de transcription de l'École française d'Extrême-Orient (E.F.E.O.), nous avons fait suivre les entrées en pinyin de la forme E.F.E.O.

Dans tous les cas, afin de faciliter la consultation, nous avons multiplié les renvois, qui conduisent de diverses graphies approximatives d'un nom propre à son orthographe exacte. Quand la tradition a imposé solidement une habitude de transcription, nous avons suivi l'usage, mais en précisant en second lieu la graphie exacte.

PRONONCIATION DU FRANÇAIS

N'ont été indiquées dans cet ouvrage que les prononciations qui présentent une difficulté. Afin que nos lecteurs étrangers puissent, aussi bien que les lecteurs français, lire ces prononciations, nous avons adopté les signes de l'alphabet phonétique international (v. PHONÉTIQUE).

	SONS DU LANGAGE	NOTATION PHONÉTIQUE	EXEMPLES
VOYELLES ORALES	ɑ antérieur	[a]	*lac, cave, agate, il plongea*
	ɑ postérieur	[ɑ]	*tas, vase, bâton, âme*
	e fermé	[e]	*née, désobéir, effacer*
	e ouvert	[ɛ]	*bec, poète, blême, Noël, il peigne, il aime*
	i bref ou long	[i]	*île, ville, épître*
	o ouvert bref ou long	[ɔ]	*note, robe, Paul*
	o fermé bref ou long	[o]	*sot, pôle, aube, agneau*
	ou	[u]	*outil, mou, pour, goût, août*
	u	[y]	*usage, luth, mur, il eut*
	eu ouvert bref ou long	[œ]	*peuple, bouvreuil, bœuf*
	eu fermé bref ou long	[ø]	*émeute, jeûne, aveu, nœud*
	e (dit muet)	[ə]	*me, grelotter, je serai*
VOYELLES NASALES	*e* nasalisé ouvert	[ɛ̃]	*limbe, instinct, main, dessein, syncope*
	ɑ nasalisé ouvert	[ɑ̃]	*champ, ange, emballer, ennui, vengeance*
	o nasalisé	[ɔ̃]	*plomb, ongle, mon*
	œ nasalisé	[œ̃]	*parfum, aucun, brun, à jeun*
SEMI-VOYELLES	*y* + voyelle	[j]	*yeux, lieu, fermier, liane, piller*
	u + voyelle	[ɥ]	*lui, nuit, suivre, buée, sua*
	ou + voyelle	[w]	*oui, ouest, moi, squale*
CONSONNES	occlusive bilabiale sourde	[p]	*prendre, apporter, stop*
	occlusive bilabiale sonore	[b]	*bateau, combler, aborder, abbé, snob*
	occlusive dentale sonore	[d]	*dalle, addition, cadenas*
	occlusive dentale sourde	[t]	*train, théâtre, vendetta*
	occlusive vélaire sourde	[k]	*coq, quatre, kilo, bacchante, chrome*
	occlusive vélaire sonore	[g]	*guêpe, diagnostic, garder, gondole*
	constrictive labiodentale sourde	[f]	*fable, physique, fez, chef*
	constrictive labiodentale sonore	[v]	*voir, wagon, aviver, révolte*
	constrictive postalvéolaire sourde	[s]	*savant, science, cela, façon, patiente*
	constrictive postalvéolaire sonore	[z]	*zèle, azur, réseau, rasade*
	constrictive palatoalvéolaire sonore	[ʒ]	*jabot, déjouer, jongleur, âge, gigot*
	constrictive palatoalvéolaire sourde	[ʃ]	*charrue, échec, schéma, shah*
	approximante latérale postalvéolaire	[l]	*lier, pal, intelligence, illettré, calcul*
	battue uvulaire	[r]	*rare, arracher, âpre, sabre*
	nasale bilabiale	[m]	*amas, mât, drame, grammaire*
	nasale dentale	[n]	*nager, naine, neuf, dictionnaire*
	nasale palatale	[ɲ]	*agneau, peigner, baigner, besogne*

La lettre *h* ne se prononce pas et ne comporte aucune aspiration. À l'initiale d'un mot, le *h* dit « aspiré » empêche les liaisons ; les mots qui le comportent sont indiqués par un astérisque (*) à leur entrée.

LES RUBRIQUES DU GRAND LAROUSSE

Abras.	Abrasifs
Acoust.	Acoustique
Acupunct.	Acupuncture
Adhés.	Adhésifs
Aéron.	Aéronautique
Agric.	Agriculture
Agroalim.	Industries agroalimentaires
Alch.	Alchimie
Algèbr.	Algèbre
Allum.	Allumettes
Alp.	Alpinisme
Anat.	Anatomie
Anthropobiol.	Anthropobiologie
Anthropol.	Anthropologie sociale
Antiq.	Antiquité
Apic.	Apiculture
Aquac.	Aquaculture
Arbor.	Arboriculture
Archéol.	Archéologie
Archit.	Architecture
Ardois.	Ardoisières
Arm.	Armement
Art contemp.	Art contemporain
Arts décor.	Arts décoratifs
Assain.	Eaux et assainissement
Astrol.	Astrologie
Astron.	Astronomie
Astronaut.	Astronautique
Audiovis.	Audiovisuel
Autom.	Automobile
Bactériol.	Bactériologie
Balist.	Balistique
Banq.	Banque
Bât.	Bâtiment
Bijout.	Bijouterie
Biochim.	Biochimie
Biol.	Biologie
Bois	Industrie du bois
Bonnet.	Bonneterie
Bot.	Botanique
Bouch.	Boucherie
Boulang.	Boulangerie
Bourrell.	Bourrellerie
Bours.	Bourse
Brod.	Broderie
Bur.	Machines et articles de bureau
Bx-arts	Beaux-arts
Calligr.	Calligraphie
Cartogr.	Cartographie
Céram.	Céramique
Chapell.	Chapellerie
Charb.	Charbons
Charcut.	Charcuterie
Charp.	Charpente
Charronn.	Charronnerie
Chass.	Chasse
Chauff.	Chauffage
Chauss.	Chaussure
Ch. de f.	Chemin de fer
Chim.	Chimie
Chir.	Chirurgie
Chorégr.	Chorégraphie
Chronol.	Chronologie
Cin.	Cinéma
Cirq.	Cirque
Climatol.	Climatologie
Coiff.	Coiffure
Color.	Colorants
Comm.	Commerce
Comptab.	Comptabilité
Confis.	Confiserie
Corps gras	Corps gras
Cosmét.	Cosmétologie
Cost.	Histoire du costume
Cout.	Couture
Coutell.	Coutellerie
Cristallogr.	Cristallographie
Cuis.	Cuisine
Cybern.	Cybernétique
Cycl.	Cycles et motocycles
Décor.	Décorations
Déf.	Défense
Démogr.	Démographie
Dent.	Dentelle
Dess.	Dessin et perspective
Diplom.	Diplomatique
Docum.	Documentation
Dr.	Droit
Dr. anc.	Droit ancien
Dr. canon.	Droit canonique
Éclair.	Éclairage
Écol.	Écologie
Écon.	Économie, sciences économiques
Électr.	Électricité
Électroacoust.	Électroacoustique
Électron.	Électronique
Élev.	Élevage
Emball.	Emballage et conditionnement
Embryol.	Embryologie
Enlum.	Enluminure
Enseign.	Enseignement
Entomol.	Entomologie
Équit.	Équitation
Éthol.	Éthologie
Fauconn.	Fauconnerie
Féod.	Féodalité
Ferronn.	Ferronnerie
Fin.	Finances publiques, institutions financières
For.	Forage
Fortif.	Fortification
Fr.-maçonn.	Franc-maçonnerie
Frigor.	Industrie du froid
Gant.	Ganterie
Génét.	Génétique
Géod.	Géodésie
Géogr.	Géographie
Géogr. anc.	Géographie ancienne
Géol.	Géologie
Géom.	Géométrie
Géophys.	Géophysique
Gramm.	Grammaire
Grav.	Gravure et lithographie
Habill.	Habillement
Hérald.	Héraldique
Hippol.	Hippologie
Hist.	Histoire
Histol.	Histologie
Homéopath.	Homéopathie
Horlog.	Horlogerie
Hortic.	Horticulture
Hôtell.	Hôtellerie
Hydrol.	Hydrologie
Iconogr.	Iconographie
Impr.	Imprimerie et industries graphiques
Industr.	Industrie
Inform.	Informatique
Jard.	Arts des jardins
Jeux	Jeux
Ling.	Linguistique
Littér.	Littérature
Liturg.	Liturgie
Log.	Logique
Magnét.	Magnétisme
Manut.	Manutention et stockage
Mar.	Marine
Maréch.	Maréchalerie
Maroq.	Maroquinerie
Matér.	Matériaux
Math.	Mathématiques
Mécan.	Mécanique industrielle
Méd.	Médecine
Ménag.	Équipements ménagers, économie domestique
Menuis.	Menuiserie
Métall.	Métallurgie
Météo.	Météorologie
Métriq.	Métrique
Métrol.	Métrologie
Mil.	Militaire
Min.	Mines
Minér.	Minéralogie
Mobil.	Mobilier et décoration intérieure
Monn.	Monnaies
Mus.	Musique
Myth.	Mythologie
Navig.	Navigation intérieure
Neurol.	Neurologie
Nucl.	Génie nucléaire
Numism.	Numismatique
Occult.	Occultisme
Odont.	Odontologie et chirurgie dentaire
Œnol.	Œnologie
Opt.	Optique
Orfèvr.	Orfèvrerie
Outill.	Outillage
Paléogr.	Paléographie
Paléont.	Paléontologie

Papet. Industrie du papier
Parapsy. Parapsychologie
Parfum. Parfumerie
Passem. Passementerie
Pathol. Pathologie
Peauss. Cuirs et peaux
Pêch. Pêche
Pédag. Pédagogie et sciences de l'éducation
Pédol. Pédologie
Peint. Peintures et vernis
Peint. artist. Peinture artistique
Pellet. Pelleterie
Pétr. Industrie du pétrole
Pharm. Pharmacie
Philol. Philologie
Philos. Philosophie
Phon. Phonétique
Phot. Photographie
Photogramm. Photogrammétrie
Phys. Physique
Physiol. Physiologie
Polit. Sciences politiques
Polym. Polymères
Post. Postes
Préhist. Préhistoire
Presse Presse
Prestidig. Prestidigitation
Probab. Probabilités
Psychan. Psychanalyse
Psychiatr. Psychiatrie
Psychol. Psychologie
Publ. Publicité
Puéric. Puériculture
Pyrotechn. Pyrotechnie

Rel. Reliure
Relig. Religion
Rhét. Rhétorique

Sal. Salines
Savonn. Savonnerie
Sculpt. Sculpture
Sell. Sellerie
Séricic. Sériciculture
Serrur. Serrurerie
Sexol. Sexologie
Sigill. Sigillographie
Sociol. Sociologie
Spect. Spectacles
Sports Sports
Stat. Statistique
Sylvic. Sylviculture

Tab. Tabacs
Tapiss. Tapisserie
Techn. Technique
Télécomm. Télécommunications
Télév. Télévision
Tératol. Tératologie
Text. Textiles
Théâtr. Théâtre
Théol. Théologie
Therm. Thermique
Thermodyn. Thermodynamique
Tiss. Tissus anciens
Tonnell. Tonnellerie
Topogr. Topographie
Tour. Tourisme
Trad. pop. Traditions populaires
Transp. Transports
Trav. publ. Travaux publics
Turf Turf

Urban. Urbanisme
Usin. Usinage

Vann. Vannerie
Véner. Vénerie
Verr. Verrerie
Versific. Versification
Vétér. Médecine et chirurgie vétérinaires
Vitic. Viticulture
Vitr. Vitrail
Voit. anc. Voitures anciennes

Zool. Zoologie
Zootechn. Zootechnie

LES ABRÉVIATIONS COURANTES

abrév. abréviation
Acad. Académie
Acad. fr. Académie française
Acad. des sc. Académie des sciences
accus. accusatif
adj. adjectif
adj. dém. adjectif démonstratif
adj. indéf. adjectif indéfini
adj. interr. adjectif interrogatif
adj. num. card. adjectif numéral cardinal
adj. num. ord. adjectif numéral ordinal
adj. adjectif possessif
admin. langue administrative
adv. adverbe, adverbial
affl. affluent
all. allemand
allus. allusion
allus. hist. allusion historique
allus. litt. allusion littéraire
alphab. alphabétique
alt. altitude
altér. altération
amér. américain
anc. ancien, anciennement
angl. anglais
apr. après
apr. J.-C. après Jésus-Christ
ar. arabe

arg. argot
arg. mil. argot militaire
arg. scol. argot scolaire
arrond. arrondissement
art. article
auj. aujourd'hui
autref. autrefois
auxil. auxiliaire
av. avant
av. J.-C. avant Jésus-Christ
avr. avril

b. c. basse continue
B. N. Bibliothèque nationale
byz. byzantin

c.-à.-d. c'est-à-dire
cant. canton
cap. capitale
card. cardinal
celt. celtique
cf. confer
chap. chapitre
chin. chinois
ch.-l. chef-lieu
class. classique, langue classique
coll. collection
coll. priv. collection privée
collab. collaboration, collaborateurs
comm. commune
compar. comparatif
compl. complément
cond. conditionnel
conj. conjonction *ou* conjugaison
contr. contraire

dan. danois
déc. décembre
déf. défini
dém. démonstratif
dép. département
dér. dérivé
dialect. dialectal
diam. diamètre
dict. dictionnaire
dimin. diminutif
dir. direct
dist. distance

E. Est
ecclés. ecclésiastique
éd. édition, édité
égl. église
ellipt. elliptique, elliptiquement
empr. emprunt, emprunté
encycl. encyclopédie, partie encyclopédique
env. environ
esp. espagnol
étym. étymologie, étymologique
europ. européen
ex. exemple

f. ou *fém.*	féminin
fam.	langue familière, familièrement
févr.	février
fl.	fleuve
flam.	flamand
fr.	français
frq.	francique
fut.	futur
gaél.	gaélique
gal.	galerie
gasc.	gascon
gaul.	gaulois
génit.	génitif
germ.	germanique
gotiq.	gotique
gouvern.	gouvernement
gr.	grec
gr. byz.	grec byzantin
gr. class.	grec classique
gr. mod.	grec moderne
hab.	habitants
hébr.	hébreu, hébraïque
hongr.	hongrois
i.	intransitif
ibid.	ibidem
id.	idem
imparf.	imparfait
impér.	impératif
impers.	impersonnel, impersonnellement
ind.	indicatif *ou* indirect
indéf.	indéfini
inf.	infinitif
infl.	influence
interj.	interjection, interjectif
interr.	interrogatif, ive
inus.	inusité
inv.	invariable
irland.	irlandais
ironiq.	ironique, ironiquement
ital.	italien
janv.	janvier
jap.	japonais
J.-C.	Jésus-Christ
juill.	juillet
jurid.	juridique
lat.	latin *ou* latitude
lat. class.	latin classique
lat. ecclés.	latin ecclésiastique
lat. jurid.	latin juridique
lat. médiév.	latin médiéval
lat. pop.	latin populaire
lat. sc.	latin scientifique
litt.	langue littéraire
loc.	locution
loc. adj.	locution adjective
loc. adv.	locution adverbiale
loc. conj.	locution conjonctive
loc. interj.	locution interjective
loc. prép.	locution prépositive
loc. v.	locution verbale
long.	longitude
m. ou *masc.*	masculin
M.	Monsieur
Mlle	Mademoiselle
Mme	Madame
magnit.	magnitude
majusc.	majuscule
max.	maximum, maximal
médiév.	médiéval
Mgr	Monseigneur
mill.	millénaire
minim.	minimum, minimal
minusc.	minuscule
mod.	moderne
mus.	musée, museum
myth.	mythologique
n.	nom
N.	Nord
nat.	national
N.B.	nota bene
N.-D.	Notre-Dame
néerl.	néerlandais
nég.	négation, négatif
n. f.	nom féminin
n. f. pl.	nom féminin pluriel
n. m.	nom masculin
n. m. pl.	nom masculin pluriel
n. sc.	nom scientifique
n. pr.	nom propre
n. us.	nom usuel
n^{o}	numéro
norm.	normand
norv.	norvégien
notamm.	notamment
nov.	novembre
num.	numéral
O.	ouest
oct.	octobre
onomat.	onomatopée, onomatopéique
op.	opus
oppos. (par)	par opposition
ord.	ordinal
orig.	origine
p.	page
part.	participe
partic.	particule, particulièrement
partic. (en)	en particulier
part. passé	participe passé
part. prés.	participe présent
pass.	passif
p.-ê.	peut-être
péjor.	péjoratif, péjorativement
pers.	personne, personnel
pl.	pluriel
pl.-q.-parf.	plus-que-parfait
poét.	poétique, poétiquement
polon.	polonais
pop.	populaire, langue populaire *ou* population
port.	portugais
poss.	possessif
pr.	propre *ou* pronominal
précéd.	précédent
préf.	préfixe
prép.	préposition
prés.	présent
princ.	principal
priv.	privatif
pron.	pronom
pron. dém.	pronom démonstratif
pron. indéf.	pronom indéfini
pron. interr.	pronom interrogatif
pron. pers.	pronom personnel
pron. poss.	pronom possessif
pron. rel.	pronom relatif
prov.	province *ou* proverbe
provenç.	provençal
qqch	quelque chose
qqf	quelquefois
qqn	quelqu'un
qqpart	quelque part
rad.	radical
r. dr.	rive droite
réfl.	réfléchi
région.	régional
rel.	relatif
rem.	remarque
rép.	république
resp.	respectivement
r. g.	rive gauche
riv.	rivière
rom.	romain
roum.	roumain
s.	siècle
S.	San ; Sant ; Santo ; Santa ; Sankt ; São
S.	sud
sanskr.	sanskrit
sc.	scientifique
scand.	scandinave
sept.	septembre
seulem.	seulement
signif.	signifiant
sing.	singulier
sous la dir. de	sous la direction de
spécif.	spécifique
St, Ste	Saint, Sainte
subj.	subjonctif
suéd.	suédois
suff.	suffixe
suiv.	suivant
sup.	supérieur
superf.	superficie
superl.	superlatif
symb.	symbole
syn.	synonyme
syr.	syriaque
t.	tome
territ.	territoire
trad.	traduction, traduit
us.	usuel *ou* usité
v.	verbe *ou* vers *ou* voir *ou* ville
var.	variante de
v. i.	verbe intransitif
viet.	vietnamien
v. impers.	verbe impersonnel
vol.	volume
v. pass.	verbe passif
v. pr.	verbe pronominal
v. princ.	ville principale
v. t.	verbe transitif
v. t. ind.	verbe transitif indirect
vx.	vieux (mot ou sens)

TABLEAU DES CONJUGAISONS

	1 AVOIR	2 ÊTRE	3 CHANTER	4 BAISSER
Ind. présent	j'ai	je suis	je chante	je baisse
Ind. présent	tu as	tu es	tu chantes	tu baisses
Ind. présent	il a	il est	il chante	il baisse
Ind. présent	nous avons	nous sommes	nous chantons	nous baissons
Ind. présent	vous avez	vous êtes	vous chantez	vous baissez
Ind. présent	ils ont	ils sont	ils chantent	ils baissent
Ind. imparfait	il avait	il était	il chantait	il baissait
Ind. passé s.	il eut	il fut	il chanta	il baissa
Ind. passé s.	ils eurent	ils furent	ils chantèrent	ils baissèrent
Ind. futur	j'aurai	je serai	je chanterai	je baisserai
Ind. futur	il aura	il sera	il chantera	il baissera
Cond. présent	j'aurais	je serais	je chanterais	je baisserais
Cond. présent	il aurait	il serait	il chanterait	il baisserait
Subj. présent	que j'aie	que je sois	que je chante	que je baisse
Subj. présent	qu'il ait	qu'il soit	qu'il chante	qu'il baisse
Subj. présent	que nous ayons	que nous soyons	que nous chantions	que nous baissions
Subj. présent	qu'ils aient	qu'ils soient	qu'ils chantent	qu'ils baissent
Subj.imparfait	qu'il eût	qu'il fût	qu'il chantât	qu'il baissât
Subj.imparfait	qu'ils eussent	qu'ils fussent	qu'ils chantassent	qu'ils baissassent
Impératif	aie	sois	chante	baisse
Impératif	ayons	soyons	chantons	baissons
Impératif	ayez	soyez	chantez	baissez
Part. présent	ayant	étant	chantant	baissant
Part. passé	eu, eue	été	chanté, e	baissé, e

	5 PLEURER	6 JOUER	7 SALUER	8 ARGUER
Ind. présent	je pleure	je joue	je salue	j'argue, arguë
Ind. présent	tu pleures	tu joues	tu salues	tu argues, arguës
Ind. présent	il pleure	il joue	il salue	il argue, arguë
Ind. présent	nous pleurons	nous jouons	nous saluons	nous arguons
Ind. présent	vous pleurez	vous jouez	vous saluez	vous arguez
Ind. présent	ils pleurent	ils jouent	ils saluent	ils arguent, arguënt
Ind. imparfait	il pleurait	il jouait	il saluait	il arguait
Ind. passé s.	il pleura	il joua	il salua	il argua
Ind. passé s.	ils pleurèrent	ils jouèrent	ils saluèrent	ils arguèrent
Ind. futur	je pleurerai	je jouerai	je saluerai	j'arguerai, arguërai
Ind. futur	il pleurera	il jouera	il saluera	il arguera, arguëra
Cond. présent	je pleurerais	je jouerais	je saluerais	j'arguerais, arguërais
Cond. présent	il pleurerait	il jouerait	il saluerait	il arguerait, arguërait
Subj. présent	que je pleure	que je joue	que je salue	que j'argue, arguë
Subj. présent	qu'il pleure	qu'il joue	qu'il salue	qu'il argue, arguë
Subj. présent	que nous pleurions	que nous jouions	que nous saluions	que nous arguions
Subj. présent	qu'ils pleurent	qu'ils jouent	qu'ils saluent	qu'ils arguent, arguënt
Subj.imparfait	qu'il pleurât	qu'il jouât	qu'il saluât	qu'il arguât
Subj.imparfait	qu'ils pleurassent	qu'ils jouassent	qu'ils saluassent	qu'ils arguassent
Impératif	pleure	joue	salue	argue, arguë
Impératif	pleurons	jouons	saluons	arguons
Impératif	pleurez	jouez	saluez	arguez
Part. présent	pleurant	jouant	saluant	arguant
Part. passé	pleuré, e	joué, e	salué, e	argué, e

	9 COPIER	10 PRIER	11 PAYER (1)	
Ind. présent	je copie	je prie	je paie	je paye
Ind. présent	tu copies	tu pries	tu paies	tu payes
Ind. présent	il copie	il prie	il paie	il paye
Ind. présent	nous copions	nous prions	nous payons	nous payons
Ind. présent	vous copiez	vous priez	vous payez	vous payez
Ind. présent	ils copient	ils prient	ils paient	ils payent
Ind. imparfait	il copiait	il priait	il payait	il payait
Ind. passé s.	il copia	il pria	il paya	il paya
Ind. passé s.	ils copièrent	ils prièrent	ils payèrent	ils payèrent
Ind. futur	je copierai	je prierai	je paierai	je payerai
Ind. futur	il copiera	il priera	il paiera	il payera
Cond. présent	je copierais	je prierais	je paierais	je payerais
Cond. présent	il copierait	il prierait	il paierait	il payerait
Subj. présent	que je copie	que je prie	que je paie	que je paye
Subj. présent	qu'il copie	qu'il prie	qu'il paie	qu'il paye
Subj. présent	que nous copiions	que nous priions	que nous payions	que nous payions
Subj. présent	qu'ils copient	qu'ils prient	qu'ils paient	qu'ils payent
Subj.imparfait	qu'il copiât	qu'il priât	qu'il payât	qu'il payât
Subj.imparfait	qu'ils copiassent	qu'ils priassent	qu'ils payassent	qu'ils payassent
Impératif	copie	prie	paie	paye
Impératif	copions	prions	payons	payons
Impératif	copiez	priez	payez	payez
Part. présent	copiant	priant	payant	payant
Part. passé	copié, e	prié, e	payé, e	payé, e

(1) *Pour certains grammairiens, le verbe* rayer *(et ses composés) garde le* y *dans toute sa conjugaison.*

	12 GRASSEYER	13 PLOYER	14 ESSUYER	15 CRÉER
Ind. présent	je grasseye	je ploie	j'essuie	je crée
Ind. présent	tu grasseyes	tu ploies	tu essuies	tu crées
Ind. présent	il grasseye	il ploie	il essuie	il crée
Ind. présent	nous grasseyons	nous ployons	nous essuyons	nous créons
Ind. présent	vous grasseyez	vous ployez	vous essuyez	vous créez
Ind. présent	ils grasseyent	ils ploient	ils essuient	ils créent
Ind. imparfait	il grasseyait	il ployait	il essuyait	il créait
Ind. passé s.	il grasseya	il ploya	il essuya	il créa
Ind. passé s.	ils grasseyèrent	ils ployèrent	ils essuyèrent	ils créèrent
Ind. futur	je grasseyerai	je ploierai	j'essuierai	je créerai
Ind. futur	il grasseyera	il ploiera	il essuiera	il créera
Cond. présent	je grasseyerais	je ploierais	j'essuierais	je créerais
Cond. présent	il grasseyerait	il ploierait	il essuierait	il créerait
Subj. présent	que je grasseye	que je ploie	que j'essuie	que je crée
Subj. présent	qu'il grasseye	qu'il ploie	qu'il essuie	qu'il crée
Subj. présent	que nous grasseyions	que nous ployions	que nous essuyions	que nous créions
Subj. présent	qu'ils grasseyent	qu'ils ploient	qu'ils essuient	qu'ils créent
Subj.imparfait	qu'il grasseyât	qu'il ployât	qu'il essuyât	qu'il créât
Subj.imparfait	qu'ils grasseyassent	qu'ils ployassent	qu'ils essuyassent	qu'ils créassent
Impératif	grasseye	ploie	essuie	crée
Impératif	grasseyons	ployons	essuyons	créons
Impératif	grasseyez	ployez	essuyez	créez
Part. présent	grasseyant	ployant	essuyant	créant
Part. passé	grasseyé, e	ployé, e	essuyé, e	créé, e

	16 AVANCER	17 MANGER	18 CÉDER	19 SEMER
Ind. présent	j'avance	je mange	je cède	je sème
Ind. présent	tu avances	tu manges	tu cèdes	tu sèmes
Ind. présent	il avance	il mange	il cède	il sème
Ind. présent	nous avançons	nous mangeons	nous cédons	nous semons
Ind. présent	vous avancez	vous mangez	vous cédez	vous semez
Ind. présent	ils avancent	ils mangent	ils cèdent	ils sèment
Ind. imparfait	il avançait	il mangeait	il cédait	il semait
Ind. passé s.	il avança	il mangea	il céda	il sema
Ind. passé s.	ils avancèrent	ils mangèrent	ils cédèrent	ils semèrent
Ind. futur	j'avancerai	je mangerai	je céderai	je sèmerai
Ind. futur	il avancera	il mangera	il cédera	il sèmera
Cond. présent	j'avancerais	je mangerais	je céderais	je sèmerais
Cond. présent	il avancerait	il mangerait	il céderait	il sèmerait
Subj. présent	que j'avance	que je mange	que je cède	que je sème
Subj. présent	qu'il avance	qu'il mange	qu'il cède	qu'il sème
Subj. présent	que nous avancions	que nous mangions	que nous cédions	que nous semions
Subj. présent	qu'ils avancent	qu'ils mangent	qu'ils cèdent	qu'ils sèment
Subj.imparfait	qu'il avançât	qu'il mangeât	qu'il cédât	qu'il semât
Subj.imparfait	qu'ils avançassent	qu'ils mangeassent	qu'ils cédassent	qu'ils semassent
Impératif	avance	mange	cède	sème
Impératif	avançons	mangeons	cédons	semons
Impératif	avancez	mangez	cédez	semez
Part. présent	avançant	mangeant	cédant	semant
Part. passé	avancé, e	mangé, e	cédé, e	semé, e

	20 RAPIÉCER	21 ACQUIESCER	22 SIÉGER (1)	23 DÉNEIGER
Ind. présent	je rapièce	j'acquiesce	je siège	je déneige
Ind. présent	tu rapièces	tu acquiesces	tu sièges	tu déneiges
Ind. présent	il rapièce	il acquiesce	il siège	il déneige
Ind. présent	nous rapiéçons	nous acquiesçons	nous siégeons	nous déneigeons
Ind. présent	vous rapiécez	vous acquiescez	vous siégez	vous déneigez
Ind. présent	ils rapiècent	ils acquiescent	ils siègent	ils déneigent
Ind. imparfait	il rapiéçait	il acquiesçait	il siégeait	il déneigeait
Ind. passé s.	il rapiéça	il acquiesça	il siégea	il déneigea
Ind. passé s.	ils rapiécèrent	ils acquiescèrent	ils siégèrent	ils déneigèrent
Ind. futur	je rapiécerai	j'acquiescerai	je siégerai	je déneigerai
Ind. futur	il rapiécera	il acquiescera	il siégera	il déneigera
Cond. présent	je rapiécerais	j'acquiescerais	je siégerais	je déneigerais
Cond. présent	il rapiécerait	il acquiescerait	il siégerait	il déneigerait
Subj. présent	que je rapièce	que j'acquiesce	que je siège	que je déneige
Subj. présent	qu'il rapièce	qu'il acquiesce	qu'il siège	qu'il déneige
Subj. présent	que nous rapiécions	que nous acquiescions	que nous siégions	que nous déneigions
Subj. présent	qu'ils rapiècent	qu'ils acquiescent	qu'ils siègent	qu'ils déneigent
Subj.imparfait	qu'il rapiéçât	qu'il acquiesçât	qu'il siégeât	qu'il déneigeât
Subj.imparfait	qu'ils rapiéçassent	qu'ils acquiesçassent	qu'ils siégeassent	qu'ils déneigeassent
Impératif	rapièce	acquiesce	siège	déneige
Impératif	rapiéçons	acquiesçons	siégeons	déneigeons
Impératif	rapiécez	acquiescez	siégez	déneigez
Part. présent	rapiéçant	acquiesçant	siégeant	déneigeant
Part. passé	rapiécé, e	acquiescé	siégé	déneigé, e

(1) Assiéger *se conjugue comme* siéger, *mais son participe passé est variable.*

	24 APPELER	25 PELER	26 INTERPELLER	27 JETER
Ind. présent	j'appelle	je pèle	j'interpelle	je jette
Ind. présent	tu appelles	tu pèles	tu interpelles	tu jettes
Ind. présent	il appelle	il pèle	il interpelle	il jette
Ind. présent	nous appelons	nous pelons	nous interpellons	nous jetons
Ind. présent	vous appelez	vous pelez	vous interpellez	vous jetez
Ind. présent	ils appellent	ils pèlent	ils interpellent	ils jettent
Ind. imparfait	il appelait	il pelait	il interpellait	il jetait
Ind. passé s.	il appela	il pela	il interpella	il jeta
Ind. passé s.	ils appelèrent	ils pelèrent	ils interpellèrent	ils jetèrent
Ind. futur	j'appellerai	je pèlerai	j'interpellerai	je jetterai
Ind. futur	il appellera	il pèlera	il interpellera	il jettera
Cond. présent	j'appellerais	je pèlerais	j'interpellerais	je jetterais
Cond. présent	il appellerait	il pèlerait	il interpellerait	il jetterait
Subj. présent	que j'appelle	que je pèle	que j'interpelle	que je jette
Subj. présent	qu'il appelle	qu'il pèle	qu'il interpelle	qu'il jette
Subj. présent	que nous appelions	que nous pelions	que nous interpellions	que nous jetions
Subj. présent	qu'ils appellent	qu'ils pèlent	qu'ils interpellent	qu'ils jettent
Subj.imparfait	qu'il appelât	qu'il pelât	qu'il interpellât	qu'il jetât
Subj.imparfait	qu'ils appelassent	qu'ils pelassent	qu'ils interpellassent	qu'ils jetassent
Impératif	appelle	pèle	interpelle	jette
Impératif	appelons	pelons	interpellons	jetons
Impératif	appelez	pelez	interpellez	jetez
Part. présent	appelant	pelant	interpellant	jetant
Part. passé	appelé, e	pelé, e	interpellé, e	jeté, e

	28 ACHETER	29 DÉPECER	30 ENVOYER	31 ALLER (1)
Ind. présent	j'achète	je dépèce	j'envoie	je vais
Ind. présent	tu achètes	tu dépèces	tu envoies	tu vas
Ind. présent	il achète	il dépèce	il envoie	il va
Ind. présent	nous achetons	nous dépeçons	nous envoyons	nous allons
Ind. présent	vous achetez	vous dépecez	vous envoyez	vous allez
Ind. présent	ils achètent	ils dépècent	ils envoient	ils vont
Ind. imparfait	il achetait	il dépeçait	il envoyait	il allait
Ind. passé s.	il acheta	il dépeça	il envoya	il alla
Ind. passé s.	ils achetèrent	ils dépecèrent	ils envoyèrent	ils allèrent
Ind. futur	j'achèterai	je dépècerai	j'enverrai	j'irai
Ind. futur	il achètera	il dépècera	il enverra	il ira
Cond. présent	j'achèterais	je dépècerais	j'enverrais	j'irais
Cond. présent	il achèterait	il dépècerait	il enverrait	il irait
Subj. présent	que j'achète	que je dépèce	que j'envoie	que j'aille
Subj. présent	qu'il achète	qu'il dépèce	qu'il envoie	qu'il aille
Subj. présent	que nous achetions	que nous dépecions	que nous envoyions	que nous allions
Subj. présent	qu'ils achètent	qu'ils dépècent	qu'ils envoient	qu'ils aillent
Subj.imparfait	qu'il achetât	qu'il dépeçât	qu'il envoyât	qu'il allât
Subj.imparfait	qu'ils achetassent	qu'ils dépeçassent	qu'ils envoyassent	qu'ils allassent
Impératif	achète	dépèce	envoie	va
Impératif	achetons	dépeçons	envoyons	allons
Impératif	achetez	dépecez	envoyez	allez
Part. présent	achetant	dépeçant	envoyant	allant
Part. passé	acheté, e	dépecé, e	envoyé, e	allé, e

(1) Aller *fait à l'impér.* vas *dans* vas-y. S'en aller *fait à l'impér.* va-t'en, allons-nous-en, allez-vous-en. *Aux temps composés, le verbe* être *peut se substituer au verbe* aller : avoir été, j'ai été, *etc. Aux temps composés du pronominal* s'en aller, en *se place normalement avant l'auxiliaire :* je m'en suis allé, *mais la langue courante dit de plus en plus* je me suis en allé.

	32 FINIR (1)	33 HAÏR	34 OUVRIR	35 FUIR
Ind. présent	je finis	je hais	j'ouvre	je fuis
Ind. présent	tu finis	tu hais	tu ouvres	tu fuis
Ind. présent	il finit	il hait	il ouvre	il fuit
Ind. présent	nous finissons	nous haïssons	nous ouvrons	nous fuyons
Ind. présent	vous finissez	vous haïssez	vous ouvrez	vous fuyez
Ind. présent	ils finissent	ils haïssent	ils ouvrent	ils fuient
Ind. imparfait	il finissait	il haïssait	il ouvrait	il fuyait
Ind. passé s.	il finit	il haït	il ouvrit	il fuit
Ind. passé s.	ils finirent	ils haïrent	ils ouvrirent	ils fuirent
Ind. futur	je finirai	je haïrai	j'ouvrirai	je fuirai
Ind. futur	il finira	il haïra	il ouvrira	il fuira
Cond. présent	je finirais	je haïrais	j'ouvrirais	je fuirais
Cond. présent	il finirait	il haïrait	il ouvrirait	il fuirait
Subj. présent	que je finisse	que je haïsse	que j'ouvre	que je fuie
Subj. présent	qu'il finisse	qu'il haïsse	qu'il ouvre	qu'il fuie
Subj. présent	que nous finissions	que nous haïssions	que nous ouvrions	que nous fuyions
Subj. présent	qu'ils finissent	qu'ils haïssent	qu'ils ouvrent	qu'ils fuient
Subj.imparfait	qu'il finît	qu'il haït	qu'il ouvrît	qu'il fuît
Subj.imparfait	qu'ils finissent	qu'ils haïssent	qu'ils ouvrissent	qu'ils fuissent
Impératif	finis	haïs	ouvre	fuis
Impératif	finissons	haïssons	ouvrons	fuyons
Impératif	finissez	haïssez	ouvrez	fuyez
Part. présent	finissant	haïssant	ouvrant	fuyant
Part. passé	fini, e	haï, e	ouvert, e	fui, e

(1) Bénir *a deux participes passés :* béni, bénie et bénit, bénite. Maudire *(tableau 104) et* bruire *(tableau 105) se conjuguent sur* finir, *mais le participe passé de* maudire *est* maudit, maudite, *et* bruire *est défectif.*

	36 DORMIR (1)	37 MENTIR (2)	38 SERVIR	39 ACQUÉRIR
Ind. présent	je dors	je mens	je sers	j'acquiers
Ind. présent	tu dors	tu mens	tu sers	tu acquiers
Ind. présent	il dort	il ment	il sert	il acquiert
Ind. présent	nous dormons	nous mentons	nous servons	nous acquérons
Ind. présent	vous dormez	vous mentez	vous servez	vous acquérez
Ind. présent	ils dorment	ils mentent	ils servent	ils acquièrent
Ind. imparfait	il dormait	il mentait	il servait	il acquérait
Ind. passé s.	il dormit	il mentit	il servit	il acquit
Ind. passé s.	ils dormirent	ils mentirent	ils servirent	ils acquirent
Ind. futur	je dormirai	je mentirai	je servirai	j'acquerrai
Ind. futur	il dormira	il mentira	il servira	il acquerra
Cond. présent	je dormirais	je mentirais	je servirais	j'acquerrais
Cond. présent	il dormirait	il mentirait	il servirait	il acquerrait
Subj. présent	que je dorme	que je mente	que je serve	que j'acquière
Subj. présent	qu'il dorme	qu'il mente	qu'il serve	qu'il acquière
Subj. présent	que nous dormions	que nous mentions	que nous servions	que nous acquérions
Subj. présent	qu'ils dorment	qu'ils mentent	qu'ils servent	qu'ils acquièrent
Subj.imparfait	qu'il dormît	qu'il mentît	qu'il servît	qu'il acquît
Subj.imparfait	qu'ils dormissent	qu'ils mentissent	qu'ils servissent	qu'ils acquissent
Impératif	dors	mens	sers	acquiers
Impératif	dormons	mentons	servons	acquérons
Impératif	dormez	mentez	servez	acquérez
Part. présent	dormant	mentant	servant	acquérant
Part. passé	dormi	menti	servi, e	acquis, e

(1) Endormir *se conjugue comme* dormir, *mais son participe passé est variable.* – (2) Démentir *se conjugue comme* mentir, *mais son participe passé est variable.*

	40 VENIR	41 CUEILLIR	42 MOURIR	43 PARTIR
Ind. présent	je viens	je cueille	je meurs	je pars
Ind. présent	tu viens	tu cueilles	tu meurs	tu pars
Ind. présent	il vient	il cueille	il meurt	il part
Ind. présent	nous venons	nous cueillons	nous mourons	nous partons
Ind. présent	vous venez	vous cueillez	vous mourez	vous partez
Ind. présent	ils viennent	ils cueillent	ils meurent	ils partent
Ind. imparfait	il venait	il cueillait	il mourait	il partait
Ind. passé s.	il vint	il cueillit	il mourut	il partit
Ind. passé s.	ils vinrent	ils cueillirent	ils moururent	ils partirent
Ind. futur	je viendrai	je cueillerai	je mourrai	je partirai
Ind. futur	il viendra	il cueillera	il mourra	il partira
Cond. présent	je viendrais	je cueillerais	je mourrais	je partirais
Cond. présent	il viendrait	il cueillerait	il mourrait	il partirait
Subj. présent	que je vienne	que je cueille	que je meure	que je parte
Subj. présent	qu'il vienne	qu'il cueille	qu'il meure	qu'il parte
Subj. présent	que nous venions	que nous cueillions	que nous mourions	que nous partions
Subj. présent	qu'ils viennent	qu'ils cueillent	qu'ils meurent	qu'ils partent
Subj.imparfait	qu'il vînt	qu'il cueillît	qu'il mourût	qu'il partît
Subj.imparfait	qu'ils vinssent	qu'ils cueillissent	qu'ils mourussent	qu'ils partissent
Impératif	viens	cueille	meurs	pars
Impératif	venons	cueillons	mourons	partons
Impératif	venez	cueillez	mourez	partez
Part. présent	venant	cueillant	mourant	partant
Part. passé	venu, e	cueilli, e	mort, e	parti, e

	44 REVÊTIR	45 COURIR	46 FAILLIR (1)	47 DÉFAILLIR (2)
Ind. présent	je revêts	je cours	je faillis, faux	je défaille
Ind. présent	tu revêts	tu cours	tu faillis, faux	tu défailles
Ind. présent	il revêt	il court	il faillit, faut	il défaille
Ind. présent	nous revêtons	nous courons	nous faillissons, faillons	nous défaillons
Ind. présent	vous revêtez	vous courez	vous faillissez, faillez	vous défaillez
Ind. présent	ils revêtent	ils courent	ils faillissent, faillent	ils défaillent
Ind. imparfait	il revêtait	il courait	il faillissait, faillait	il défaillait
Ind. passé s.	il revêtit	il courut	il faillit	il défaillit
Ind. passé s.	ils revêtirent	ils coururent	ils faillirent	ils défaillirent
Ind. futur	je revêtirai	je courrai	je faillirai, faudrai	je défaillirai
Ind. futur	il revêtira	il courra	il faillira, faudra	il défaillira
Cond. présent	je revêtirais	je courrais	je faillirais, faudrais	je défaillirais
Cond. présent	il revêtirait	il courrait	il faillirait, faudrait	il défaillirait
Subj. présent	que je revête	que je coure	que je faillisse, faille	que je défaille
Subj. présent	qu'il revête	qu'il coure	qu'il faillisse, faille	qu'il défaille
Subj. présent	que nous revêtions	que nous courions	que nous faillissions, faillions	que nous défaillions
Subj. présent	qu'ils revêtent	qu'ils courent	qu'ils faillissent, faillent	qu'ils défaillent
Subj.imparfait	qu'il revêtît	qu'il courût	qu'il faillît	qu'il défaillît
Subj.imparfait	qu'ils revêtissent	qu'ils courussent	qu'ils faillissent	qu'ils défaillissent
Impératif	revêts	cours	faillis, faux	défaille
Impératif	revêtons	courons	faillissons, faillons	défaillons
Impératif	revêtez	courez	faillissez, faillez	défaillez
Part. présent	revêtant	courant	faillissant, faillant	défaillant
Part. passé	revêtu, e	couru, e	failli	défailli

(1) *La conjugaison de* faillir *la plus employée est celle qui a été refaite sur* finir. *Les formes conjuguées de ce verbe sont rares.* – (2) *On trouve aussi* je défaillerai, tu défailleras, *etc., pour le futur, et* je défaillerais, tu défaillerais, *etc., pour le conditionnel, de même pour* tressaillir *et* assaillir.

	48 BOUILLIR	49 GÉSIR (1)	50 SAILLIR (2)	51 OUÏR (3)
Ind. présent	je bous	je gis		j'ouïs, ois
Ind. présent	tu bous	tu gis		tu ouïs, ois
Ind. présent	il bout	il gît	il saille	il ouït, oit
Ind. présent	nous bouillons	nous gisons		nous ouïssons, oyons
Ind. présent	vous bouillez	vous gisez		vous ouïssez, oyez
Ind. présent	ils bouillent	ils gisent	ils saillent	ils ouïssent, oient
Ind. imparfait	il bouillait	il gisait	il saillait	il ouïssait, oyait
Ind. passé s.	il bouillit		il saillit	il ouït
Ind. passé s.	ils bouillirent		ils saillirent	ils ouïrent
Ind. futur	je bouillirai			j'ouïrai, orrai
Ind. futur	il bouillira		il saillera	il ouïra, orra
Cond. présent	je bouillirais			j'ouïrais, orrais
Cond. présent	il bouillirait		il saillerait	il ouïrait, orrait
Subj. présent	que je bouille			que j'ouïsse, oie
Subj. présent	qu'il bouille		qu'il saille	qu'il ouïsse, oie
Subj. présent	que nous bouillions			que nous ouïssions, oyions
Subj. présent	qu'ils bouillent		qu'ils saillent	qu'ils ouïssent, oient
Subj.imparfait	qu'il bouillît		qu'il saillît	qu'il ouït
Subj.imparfait	qu'ils bouillissent		qu'ils saillissent	qu'ils ouïssent
Impératif	bous		*inusité*	ouïs, ois
Impératif	bouillons			ouïssons, oyons
Impératif	bouillez			ouïssez, oyez
Part. présent	bouillant	gisant	saillant	oyant
Part. passé	bouilli, e		sailli, e	ouï, e

(1) Gésir *est défectif aux autres temps et modes.* – (2) *Le verbe* saillir *a ici le sens de « faire saillie » ; dans le sens de « jaillir » ou de « s'accoupler avec », saillir se conjugue sur le modèle de finir et n'est guère usité qu'à l'infinitif et à la troisième personne du sing. ou du pl.* – (3) *Le verbe* ouïr *n'est plus guère usité qu'à l'infinitif et dans l'expression* ouï-dire *; on l'emploie encore dans le langage juridique. Ses formes conjuguées sont rares.*

	52 RECEVOIR	53 DEVOIR	54 MOUVOIR	55 ÉMOUVOIR
Ind. présent	je reçois	je dois	je meus	j'émeus
Ind. présent	tu reçois	tu dois	tu meus	tu émeus
Ind. présent	il reçoit	il doit	il meut	il émeut
Ind. présent	nous recevons	nous devons	nous mouvons	nous émouvons
Ind. présent	vous recevez	vous devez	vous mouvez	vous émouvez
Ind. présent	ils reçoivent	ils doivent	ils meuvent	ils émeuvent
Ind. imparfait	il recevait	il devait	il mouvait	il émouvait
Ind. passé s.	il reçut	il dut	il mut	il émut
Ind. passé s.	ils reçurent	ils durent	ils murent	ils émurent
Ind. futur	je recevrai	je devrai	je mouvrai	j'émouvrai
Ind. futur	il recevra	il devra	il mouvra	il émouvra
Cond. présent	je recevrais	je devrais	je mouvrais	j'émouvrais
Cond. présent	il recevrait	il devrait	il mouvrait	il émouvrait
Subj. présent	que je reçoive	que je doive	que je meuve	que j'émeuve
Subj. présent	qu'il reçoive	qu'il doive	qu'il meuve	qu'il émeuve
Subj. présent	que nous recevions	que nous devions	que nous mouvions	que nous émouvions
Subj. présent	qu'ils reçoivent	qu'ils doivent	qu'ils meuvent	qu'ils émeuvent
Subj.imparfait	qu'il reçût	qu'il dût	qu'il mût	qu'il émût
Subj.imparfait	qu'ils reçussent	qu'ils dussent	qu'ils mussent	qu'ils émussent
Impératif	reçois	dois	meus	émeus
Impératif	recevons	devons	mouvons	émouvons
Impératif	recevez	devez	mouvez	émouvez
Part. présent	recevant	devant	mouvant	émouvant
Part. passé	reçu, e	dû, due, dus, dues	mû, mue, mus, mues	ému, e

	56 PROMOUVOIR (1)	57 VOULOIR	58 POUVOIR (2)	59 SAVOIR
Ind. présent	je promeus	je veux	je peux, puis	je sais
Ind. présent	tu promeus	tu veux	tu peux	tu sais
Ind. présent	il promeut	il veut	il peut	il sait
Ind. présent	nous promouvons	nous voulons	nous pouvons	nous savons
Ind. présent	vous promouvez	vous voulez	vous pouvez	vous savez
Ind. présent	ils promeuvent	ils veulent	ils peuvent	ils savent
Ind. imparfait	il promouvait	il voulait	il pouvait	il savait
Ind. passé s.	il promut	il voulut	il put	il sut
Ind. passé s.	ils promurent	ils voulurent	ils purent	ils surent
Ind. futur	je promouvrai	je voudrai	je pourrai	je saurai
Ind. futur	il promouvra	il voudra	il pourra	il saura
Cond. présent	je promouvrais	je voudrais	je pourrais	je saurais
Cond. présent	il promouvrait	il voudrait	il pourrait	il saurait
Subj. présent	que je promeuve	que je veuille	que je puisse	que je sache
Subj. présent	qu'il promeuve	qu'il veuille	qu'il puisse	qu'il sache
Subj. présent	que nous promouvions	que nous voulions	que nous puissions	que nous sachions
Subj. présent	qu'ils promeuvent	qu'ils veuillent	qu'ils puissent	qu'ils sachent
Subj.imparfait	qu'il promût	qu'il voulût	qu'il pût	qu'il sût
Subj.imparfait	qu'ils promussent	qu'ils voulussent	qu'ils pussent	qu'ils sussent
Impératif	promeus	veux, veuille	*inusité*	sache
Impératif	promouvons	voulons, veuillons		sachons
Impératif	promouvez	voulez, veuillez		sachez
Part. présent	promouvant	voulant	pouvant	sachant
Part. passé	promu, e	voulu, e	pu	su, e

(1) *Les formes conjuguées de ce verbe sont rares.* – (2) *À la forme interrogative, avec inversion du sujet, on a seulement* Puis-je ?

	60 VALOIR	61 PRÉVALOIR	62 VOIR	63 PRÉVOIR
Ind. présent	je vaux	je prévaux	je vois	je prévois
Ind. présent	tu vaux	tu prévaux	tu vois	tu prévois
Ind. présent	il vaut	il prévaut	il voit	il prévoit
Ind. présent	nous valons	nous prévalons	nous voyons	nous prévoyons
Ind. présent	vous valez	vous prévalez	vous voyez	vous prévoyez
Ind. présent	ils valent	ils prévalent	ils voient	ils prévoient
Ind. imparfait	il valait	il prévalait	il voyait	il prévoyait
Ind. passé s.	il valut	il prévalut	il vit	il prévit
Ind. passé s.	ils valurent	ils prévalurent	ils virent	ils prévirent
Ind. futur	je vaudrai	je prévaudrai	je verrai	je prévoirai
Ind. futur	il vaudra	il prévaudra	il verra	il prévoira
Cond. présent	je vaudrais	je prévaudrais	je verrais	je prévoirais
Cond. présent	il vaudrait	il prévaudrait	il verrait	il prévoirait
Subj. présent	que je vaille	que je prévale	que je voie	que je prévoie
Subj. présent	qu'il vaille	qu'il prévale	qu'il voie	qu'il prévoie
Subj. présent	que nous valions	que nous prévalions	que vous voyions	que nous prévoyions
Subj. présent	qu'ils vaillent	qu'ils prévalent	qu'ils voient	qu'ils prévoient
Subj.imparfait	qu'il valût	qu'il prévalût	qu'il vît	qu'il prévît
Subj.imparfait	qu'ils valussent	qu'ils prévalussent	qu'ils vissent	qu'ils prévissent
Impératif	vaux	prévaux	vois	prévois
Impératif	valons	prévalons	voyons	prévoyons
Impératif	valez	prévalez	voyez	prévoyez
Part. présent	valant	prévalant	voyant	prévoyant
Part. passé	valu, e	prévalu, e	vu, e	prévu, e

	64 POURVOIR	65 ASSEOIR (1)		66 SURSEOIR
Ind. présent	je pourvois	j'assieds	j'assois	je sursois
Ind. présent	tu pourvois	tu assieds	tu assois	tu sursois
Ind. présent	il pourvoit	il assied	il assoit	il sursoit
Ind. présent	nous pourvoyons	nous asseyons	nous assoyons	nous sursoyons
Ind. présent	vous pourvoyez	vous asseyez	vous assoyez	vous sursoyez
Ind. présent	ils pourvoient	ils asseyent	ils assoient	ils sursoient
Ind. imparfait	il pourvoyait	il asseyait	il assoyait	il sursoyait
Ind. passé s.	il pourvut	il assit	il assit	il sursit
Ind. passé s.	ils pourvurent	ils assirent	ils assirent	ils sursirent
Ind. futur	je pourvoirai	j'assiérai	j'assoirai	je surseoirai
Ind. futur	il pourvoira	il assiéra	il assoira	il surseoira
Cond. présent	je pourvoirais	j'assiérais	j'assoirais	je surseoirais
Cond. présent	il pourvoirait	il assiérait	il assoirait	il surseoirait
Subj. présent	que je pourvoie	que j'asseye	que j'assoie	que je sursoie
Subj. présent	qu'il pourvoie	qu'il asseye	qu'il assoie	qu'il sursoie
Subj. présent	que nous pourvoyions	que nous asseyions	que nous assoyions	que nous sursoyions
Subj. présent	qu'ils pourvoient	qu'ils asseyent	qu'ils assoient	qu'ils sursoient
Subj.imparfait	qu'il pourvût	qu'il assît	qu'il assît	qu'il sursît
Subj.imparfait	qu'ils pourvussent	qu'ils assissent	qu'ils assissent	qu'ils sursissent
Impératif	pourvois	assieds	assois	sursois
Impératif	pourvoyons	asseyons	assoyons	sursoyons
Impératif	pourvoyez	asseyez	assoyez	sursoyez
Part. présent	pourvoyant	asseyant	assoyant	sursoyant
Part. passé	pourvu, e	assis, e	assis, e	sursis, e

(1) *L'usage tend à écrire avec* -eoi- *les formes avec* oi : je m'asseois, il asseoira, que tu asseoies, ils asseoiraient.

	67 SEOIR (1)	68 PLEUVOIR (2)	69 FALLOIR	70 ÉCHOIR
Ind. présent				
Ind. présent				
Ind. présent	il sied	il pleut	il faut	il échoit
Ind. présent				
Ind. présent				
Ind. présent	ils siéent			ils échoient
Ind. imparfait	il seyait	il pleuvait	il fallait	il échoyait
Ind. passé s.	*inusité*	il plut	il fallut	il échut
Ind. passé s.				ils échurent
Ind. futur				
Ind. futur	il siéra	il pleuvra	il faudra	il échoira, écherra
Cond. présent				
Cond. présent	il siérait	il pleuvrait	il faudrait	il échoirait, écherrait
Subj. présent				
Subj. présent	qu'il siée	qu'il pleuve	qu'il faille	qu'il échoie
Subj. présent				
Subj. présent	qu'ils siéent			qu'ils échoient
Subj.imparfait	*inusité*	qu'il plût	qu'il fallût	qu'il échût
Subj.imparfait				qu'ils échussent
Impératif	*inusité*	*inusité*	*inusité*	*inusité*
Impératif				
Impératif				
Part. présent	seyant	pleuvant	*inusité*	échéant
Part. passé	*inusité*	plu	fallu	échu, e

(1) Seoir *a ici le sens de « convenir ». Aux sens de « être situé », « siéger »,* seoir *a seulement un participe présent* (séant) *et un participe passé* (sis, e). – (2) Pleuvoir *connaît au figuré une troisième personne du pluriel :* les injures pleuvent, pleuvaient, pleuvront, plurent, pleuvraient, *etc.*

	71 DÉCHOIR	72 CHOIR	73 VENDRE	74 RÉPANDRE
Ind. présent	je déchois	je chois	je vends	je répands
Ind. présent	tu déchois	tu chois	tu vends	tu répands
Ind. présent	il déchoit	il choit	il vend	il répand
Ind. présent	nous déchoyons	*inusité*	nous vendons	nous répandons
Ind. présent	vous déchoyez	*inusité*	vous vendez	vous répandez
Ind. présent	ils déchoient	ils choient	ils vendent	ils répandent
Ind. imparfait	*inusité*	*inusité*	il vendait	il répandait
Ind. passé s.	il déchut	il chut	il vendit	il répandit
Ind. passé s.	ils déchurent	ils churent	ils vendirent	ils répandirent
Ind. futur	je déchoirai	je choirai, cherrai	je vendrai	je répandrai
Ind. futur	il déchoira	il choira, cherra	il vendra	il répandra
Cond. présent	je déchoirais	je choirais, cherrais	je vendrais	je répandrais
Cond. présent	il déchoirait	il choirait, cherrait	il vendrait	il répandrait
Subj. présent	que je déchoie	*inusité*	que je vende	que je répande
Subj. présent	qu'il déchoie		qu'il vende	qu'il répande
Subj. présent	que nous déchoyions		que nous vendions	que nous répandions
Subj. présent	qu'ils déchoient		qu'ils vendent	qu'ils répandent
Subj.imparfait	qu'il déchût	qu'il chût	qu'il vendît	qu'il répandît
Subj.imparfait	qu'ils déchussent	*inusité*	qu'ils vendissent	qu'ils répandissent
Impératif	*inusité*	*inusité*	vends	répands
Impératif			vendons	répandons
Impératif			vendez	répandez
Part. présent	*inusité*	*inusité*	vendant	répandant
Part. passé	déchu, e	chu, e	vendu, e	répandu, e

	75 RÉPONDRE	76 MORDRE	77 PERDRE	78 ROMPRE
Ind. présent	je réponds	je mords	je perds	je romps
Ind. présent	tu réponds	tu mords	tu perds	tu romps
Ind. présent	il répond	il mord	il perd	il rompt
Ind. présent	nous répondons	nous mordons	nous perdons	nous rompons
Ind. présent	vous répondez	vous mordez	vous perdez	vous rompez
Ind. présent	ils répondent	ils mordent	ils perdent	ils rompent
Ind. imparfait	il répondait	il mordait	il perdait	il rompait
Ind. passé s.	il répondit	il mordit	il perdit	il rompit
Ind. passé s.	ils répondirent	ils mordirent	ils perdirent	ils rompirent
Ind. futur	je répondrai	je mordrai	je perdrai	je romprai
Ind. futur	il répondra	il mordra	il perdra	il rompra
Cond. présent	je répondrais	je mordrais	je perdrais	je romprais
Cond. présent	il répondrait	il mordrait	il perdrait	il romprait
Subj. présent	que je réponde	que je morde	que je perde	que je rompe
Subj. présent	qu'il réponde	qu'il morde	qu'il perde	qu'il rompe
Subj. présent	que nous répondions	que nous mordions	que nous perdions	que nous rompions
Subj. présent	qu'ils répondent	qu'ils mordent	qu'ils perdent	qu'ils rompent
Subj.imparfait	qu'il répondît	qu'il mordît	qu'il perdît	qu'il rompît
Subj.imparfait	qu'ils répondissent	qu'ils mordissent	qu'ils perdissent	qu'ils rompissent
Impératif	réponds	mords	perds	romps
Impératif	répondons	mordons	perdons	rompons
Impératif	répondez	mordez	perdez	rompez
Part. présent	répondant	mordant	perdant	rompant
Part. passé	répondu, e	mordu, e	perdu, e	rompu, e

	79 PRENDRE	80 CRAINDRE	81 PEINDRE	82 JOINDRE
Ind. présent	je prends	je crains	je peins	je joins
Ind. présent	tu prends	tu crains	tu peins	tu joins
Ind. présent	il prend	il craint	il peint	il joint
Ind. présent	nous prenons	nous craignons	nous peignons	nous joignons
Ind. présent	vous prenez	vous craignez	vous peignez	vous joignez
Ind. présent	ils prennent	ils craignent	ils peignent	ils joignent
Ind. imparfait	il prenait	il craignait	il peignait	il joignait
Ind. passé s.	il prit	il craignit	il peignit	il joignit
Ind. passé s.	ils prirent	ils craignirent	ils peignirent	ils joignirent
Ind. futur	je prendrai	je craindrai	je peindrai	je joindrai
Ind. futur	il prendra	il craindra	il peindra	il joindra
Cond. présent	je prendrais	je craindrais	je peindrais	je joindrais
Cond. présent	il prendrait	il craindrait	il peindrait	il joindrait
Subj. présent	que je prenne	que je craigne	que je peigne	que je joigne
Subj. présent	qu'il prenne	qu'il craigne	qu'il peigne	qu'il joigne
Subj. présent	que nous prenions	que nous craignions	que nous peignions	que nous joignions
Subj. présent	qu'ils prennent	qu'ils craignent	qu'ils peignent	qu'ils joignent
Subj.imparfait	qu'il prît	qu'il craignît	qu'il peignît	qu'il joignît
Subj.imparfait	qu'ils prissent	qu'ils craignissent	qu'ils peignissent	qu'ils joignissent
Impératif	prends	crains	peins	joins
Impératif	prenons	craignons	peignons	joignons
Impératif	prenez	craignez	peignez	joignez
Part. présent	prenant	craignant	peignant	joignant
Part. passé	pris, e	craint, e	peint, e	joint, e

	83 BATTRE	84 METTRE	85 MOUDRE	86 COUDRE
Ind. présent	je bats	je mets	je mouds	je couds
Ind. présent	tu bats	tu mets	tu mouds	tu couds
Ind. présent	il bat	il met	il moud	il coud
Ind. présent	nous battons	nous mettons	nous moulons	nous cousons
Ind. présent	vous battez	vous mettez	vous moulez	vous cousez
Ind. présent	ils battent	ils mettent	ils moulent	ils cousent
Ind. imparfait	il battait	il mettait	il moulait	il cousait
Ind. passé s.	il battit	il mit	il moulut	il cousit
Ind. passé s.	ils battirent	ils mirent	ils moulurent	ils cousirent
Ind. futur	je battrai	je mettrai	je moudrai	je coudrai
Ind. futur	il battra	il mettra	il moudra	il coudra
Cond. présent	je battrais	je mettrais	je moudrais	je coudrais
Cond. présent	il battrait	il mettrait	il moudrait	il coudrait
Subj. présent	que je batte	que je mette	que je moule	que je couse
Subj. présent	qu'il batte	qu'il mette	qu'il moule	qu'il couse
Subj. présent	que nous battions	que nous mettions	que nous moulions	que nous cousions
Subj. présent	qu'ils battent	qu'ils mettent	qu'ils moulent	qu'ils cousent
Subj.imparfait	qu'il battît	qu'il mît	qu'il moulût	qu'il cousît
Subj.imparfait	qu'ils battissent	qu'ils missent	qu'ils moulussent	qu'ils cousissent
Impératif	bats	mets	mouds	couds
Impératif	battons	mettons	moulons	cousons
Impératif	battez	mettez	moulez	cousez
Part. présent	battant	mettant	moulant	cousant
Part. passé	battu, e	mis, e	moulu, e	cousu, e

	87 ABSOUDRE (1)	88 RÉSOUDRE (2)	89 SUIVRE	90 VIVRE (3)
Ind. présent	j'absous	je résous	je suis	je vis
Ind. présent	tu absous	tu résous	tu suis	tu vis
Ind. présent	il absout	il résout	il suit	il vit
Ind. présent	nous absolvons	nous résolvons	nous suivons	nous vivons
Ind. présent	vous absolvez	vous résolvez	vous suivez	vous vivez
Ind. présent	ils absolvent	ils résolvent	ils suivent	ils vivent
Ind. imparfait	il absolvait	il résolvait	il suivait	il vivait
Ind. passé s.	il absolut	il résolut	il suivit	il vécut
Ind. passé s.	ils absolurent	ils résolurent	ils suivirent	ils vécurent
Ind. futur	j'absoudrai	je résoudrai	je suivrai	je vivrai
Ind. futur	il absoudra	il résoudra	il suivra	il vivra
Cond. présent	j'absoudrais	je résoudrais	je suivrais	je vivrais
Cond. présent	il absoudrait	il résoudrait	il suivrait	il vivrait
Subj. présent	que j'absolve	que je résolve	que je suive	que je vive
Subj. présent	qu'il absolve	qu'il résolve	qu'il suive	qu'il vive
Subj. présent	que nous absolvions	que nous résolvions	que nous suivions	que nous vivions
Subj. présent	qu'ils absolvent	qu'ils résolvent	qu'ils suivent	qu'ils vivent
Subj.imparfait	qu'il absolût	qu'il résolût	qu'il suivît	qu'il vécût
Subj.imparfait	qu'ils absolussent	qu'ils résolussent	qu'ils suivissent	qu'ils vécussent
Impératif	absous	résous	suis	vis
Impératif	absolvons	résolvons	suivons	vivons
Impératif	absolvez	résolvez	suivez	vivez
Part. présent	absolvant	résolvant	suivant	vivant
Part. passé	absous, oute	résolu, e	suivi, e	vécu, e

(1) *Le passé simple et le subjonctif imparfait, admis par Littré, sont rares.* – (2) *Il existe un part. passé* résous, résoute *(rare), avec le sens de* transformé, e (Un brouillard résous en pluie). – (3) Survivre *se conjugue sur* vivre, *mais son participe passé est toujours invariable.*

	91 PARAÎTRE	92 NAÎTRE	93 CROÎTRE (1)	94 ACCROÎTRE (2)
Ind. présent	je parais	je nais	je croîs	j'accrois
Ind. présent	tu parais	tu nais	tu croîs	tu accrois
Ind. présent	il paraît	il naît	il croît	il accroît
Ind. présent	nous paraissons	nous naissons	nous croissons	nous accroissons
Ind. présent	vous paraissez	vous naissez	vous croissez	vous accroissez
Ind. présent	ils paraissent	ils naissent	ils croissent	ils accroissent
Ind. imparfait	il paraissait	il naissait	il croissait	il accroissait
Ind. passé s.	il parut	il naquit	il crût	il accrut
Ind. passé s.	ils parurent	ils naquirent	ils crûrent	ils accrurent
Ind. futur	je paraîtrai	je naîtrai	je croîtrai	j'accroîtrai
Ind. futur	il paraîtra	il naîtra	il croîtra	il accroîtra
Cond. présent	je paraîtrais	je naîtrais	je croîtrais	j'accroîtrais
Cond. présent	il paraîtrait	il naîtrait	il croîtrait	il accroîtrait
Subj. présent	que je paraisse	que je naisse	que je croisse	que j'accroisse
Subj. présent	qu'il paraisse	qu'il naisse	qu'il croisse	qu'il accroisse
Subj. présent	que nous paraissions	que nous naissions	que nous croissions	que nous accroissions
Subj. présent	qu'ils paraissent	qu'ils naissent	qu'ils croissent	qu'ils accroissent
Subj.imparfait	qu'il parût	qu'il naquît	qu'il crût	qu'il accrût
Subj.imparfait	qu'ils parussent	qu'ils naquissent	qu'ils crûssent	qu'ils accrussent
Impératif	parais	nais	crois	accrois
Impératif	paraissons	naissons	croissons	accroissons
Impératif	paraissez	naissez	croissez	accroissez
Part. présent	paraissant	naissant	croissant	accroissant
Part. passé	paru, e	né, e	crû, crue, crus, crues	accru, e

(1) *L'Académie écrit* crusse, crusses, crussions, crussiez, crussent *(sans accent circonflexe).* – (2) Recroître *se conjugue comme* accroître, *mais son part. passé est* recrû, recrue, recrus, recrues.

	95 RIRE	96 CONCLURE (1)	97 NUIRE (2)	98 CONDUIRE
Ind. présent	je ris	je conclus	je nuis	je conduis
Ind. présent	tu ris	tu conclus	tu nuis	tu conduis
Ind. présent	il rit	il conclut	il nuit	il conduit
Ind. présent	nous rions	nous concluons	nous nuisons	nous conduisons
Ind. présent	vous riez	vous concluez	vous nuisez	vous conduisez
Ind. présent	ils rient	ils concluent	ils nuisent	ils conduisent
Ind. imparfait	il riait	il concluait	il nuisait	il conduisait
Ind. passé s.	il rit	il conclut	il nuisit	il conduisit
Ind. passé s.	ils rirent	ils conclurent	ils nuisirent	ils conduisirent
Ind. futur	je rirai	je conclurai	je nuirai	je conduirai
Ind. futur	il rira	il conclura	il nuira	il conduira
Cond. présent	je rirais	je conclurais	je nuirais	je conduirais
Cond. présent	il rirait	il conclurait	il nuirait	il conduirait
Subj. présent	que je rie	que je conclue	que je nuise	que je conduise
Subj. présent	qu'il rie	qu'il conclue	qu'il nuise	qu'il conduise
Subj. présent	que nous riions	que nous concluions	que nous nuisions	que nous conduisions
Subj. présent	qu'ils rient	qu'ils concluent	qu'ils nuisent	qu'ils conduisent
Subj.imparfait	qu'il rît	qu'il conclût	qu'il nuisît	qu'il conduisît
Subj.imparfait	qu'ils rissent	qu'ils conclussent	qu'ils nuisissent	qu'ils conduisissent
Impératif	ris	conclus	nuis	conduis
Impératif	rions	concluons	nuisons	conduisons
Impératif	riez	concluez	nuisez	conduisez
Part. présent	riant	concluant	nuisant	conduisant
Part. passé	ri	conclu, e	nui	conduit, e

(1) Inclure, occlure, reclure *se conjuguent comme* conclure, *mais leur participe passé est* inclus, incluse ; occlus, occluse ; reclus, recluse. – (2) Luire *et* reluire *connaissent une autre forme de passé simple :* je luis, je reluis, *etc.*

	99 ÉCRIRE	100 SUFFIRE	101 CONFIRE (1)	102 DIRE
Ind. présent	j'écris	je suffis	je confis	je dis
Ind. présent	tu écris	tu suffis	tu confis	tu dis
Ind. présent	il écrit	il suffit	il confit	il dit
Ind. présent	nous écrivons	nous suffisons	nous confisons	nous disons
Ind. présent	vous écrivez	vous suffisez	vous confisez	vous dites
Ind. présent	ils écrivent	ils suffisent	ils confisent	ils disent
Ind. imparfait	il écrivait	il suffisait	il confisait	il disait
Ind. passé s.	il écrivit	il suffit	il confit	il dit
Ind. passé s.	ils écrivirent	ils suffirent	ils confirent	ils dirent
Ind. futur	j'écrirai	je suffirai	je confirai	je dirai
Ind. futur	il écrira	il suffira	il confira	il dira
Cond. présent	j'écrirais	je suffirais	je confirais	je dirais
Cond. présent	il écrirait	il suffirait	il confirait	il dirait
Subj. présent	que j'écrive	que je suffise	que je confise	que je dise
Subj. présent	qu'il écrive	qu'il suffise	qu'il confise	qu'il dise
Subj. présent	que nous écrivions	que nous suffisions	que nous confisions	que nous disions
Subj. présent	qu'ils écrivent	qu'ils suffisent	qu'ils confisent	qu'ils disent
Subj.imparfait	qu'il écrivît	qu'il suffît	qu'il confît	qu'il dît
Subj.imparfait	qu'ils écrivissent	qu'ils suffissent	qu'ils confissent	qu'ils dissent
Impératif	écris	suffis	confis	dis
Impératif	écrivons	suffisons	confisons	disons
Impératif	écrivez	suffisez	confisez	dites
Part. présent	écrivant	suffisant	confisant	disant
Part. passé	écrit, e	suffi	confit, e	dit, e

(1) Circoncire *se conjugue comme* confire, *mais son participe passé est* circoncis, circoncise.

	103 CONTREDIRE	104 MAUDIRE	105 BRUIRE (1)	106 LIRE
Ind. présent	je contredis	je maudis	je bruis	je lis
Ind. présent	tu contredis	tu maudis	tu bruis	tu lis
Ind. présent	il contredit	il maudit	il bruit	il lit
Ind. présent	nous contredisons	nous maudissons	*inusité*	nous lisons
Ind. présent	vous contredisez	vous maudissez		vous lisez
Ind. présent	ils contredisent	ils maudissent		ils lisent
Ind. imparfait	il contredisait	il maudissait	il bruyait	il lisait
Ind. passé s.	il contredit	il maudit	*inusité*	il lut
Ind. passé s.	ils contredirent	ils maudirent		ils lurent
Ind. futur	je contredirai	je maudirai	je bruirai	je lirai
Ind. futur	il contredira	il maudira	il bruira	il lira
Cond. présent	je contredirais	je maudirais	je bruirais	je lirais
Cond. présent	il contredirait	il maudirait	il bruirait	il lirait
Subj. présent	que je contredise	que je maudisse	*inusité*	que je lise
Subj. présent	qu'il contredise	qu'il maudisse		qu'il lise
Subj. présent	que nous contredisions	que nous maudissions		que nous lisions
Subj. présent	qu'ils contredisent	qu'ils maudissent		qu'ils lisent
Subj.imparfait	qu'il contredît	qu'il maudît	*inusité*	qu'il lût
Subj.imparfait	qu'ils contredissent	qu'ils maudissent		qu'ils lussent
Impératif	contredis	maudis	*inusité*	lis
Impératif	contredisons	maudissons		lisons
Impératif	contredisez	maudissez		lisez
Part. présent	contredisant	maudissant	*inusité*	lisant
Part. passé	contredit, e	maudit, e	bruit	lu, e

(1) *Traditionnellement,* bruire *ne connaît que les formes de l'indicatif présent, imparfait* (je bruyais, tu bruyais, *etc.), futur, et les formes du conditionnel ;* bruisser *(conj. 3) tend de plus en plus à supplanter* bruire, *en particulier dans toutes les formes défectives.*

	107 CROIRE	108 BOIRE	109 FAIRE	110 PLAIRE
Ind. présent	je crois	je bois	je fais	je plais
Ind. présent	tu crois	tu bois	tu fais	tu plais
Ind. présent	il croit	il boit	il fait	il plaît
Ind. présent	nous croyons	nous buvons	nous faisons	nous plaisons
Ind. présent	vous croyez	vous buvez	vous faites	vous plaisez
Ind. présent	ils croient	ils boivent	ils font	ils plaisent
Ind. imparfait	il croyait	il buvait	il faisait	il plaisait
Ind. passé s.	il crut	il but	il fit	il plut
Ind. passé s.	ils crurent	ils burent	ils firent	ils plurent
Ind. futur	je croirai	je boirai	je ferai	je plairai
Ind. futur	il croira	il boira	il fera	il plaira
Cond. présent	je croirais	je boirais	je ferais	je plairais
Cond. présent	il croirait	il boirait	il ferait	il plairait
Subj. présent	que je croie	que je boive	que je fasse	que je plaise
Subj. présent	qu'il croie	qu'il boive	qu'il fasse	qu'il plaise
Subj. présent	que nous croyions	que nous buvions	que nous fassions	que nous plaisions
Subj. présent	qu'ils croient	qu'ils boivent	qu'ils fassent	qu'ils plaisent
Subj.imparfait	qu'il crût	qu'il bût	qu'il fît	qu'il plût
Subj.imparfait	qu'ils crussent	qu'ils bussent	qu'ils fissent	qu'ils plussent
Impératif	crois	bois	fais	plais
Impératif	croyons	buvons	faisons	plaisons
Impératif	croyez	buvez	faites	plaisez
Part. présent	croyant	buvant	faisant	plaisant
Part. passé	cru, e	bu, e	fait, e	plu

	111 TAIRE	112 EXTRAIRE	113 CLORE (1)	114 VAINCRE
Ind. présent	je tais	j'extrais	je clos	je vaincs
Ind. présent	tu tais	tu extrais	tu clos	tu vaincs
Ind. présent	il tait	il extrait	il clôt	il vainc
Ind. présent	nous taisons	nous extrayons	nous closons	nous vainquons
Ind. présent	vous taisez	vous extrayez	vous closez	vous vainquez
Ind. présent	ils taisent	ils extraient	ils closent	ils vainquent
Ind. imparfait	il taisait	il extrayait	*inusité*	il vainquait
Ind. passé s.	il tut	*inusité*	*inusité*	il vainquit
Ind. passé s.	ils turent			ils vainquirent
Ind. futur	je tairai	j'extrairai	je clorai	je vaincrai
Ind. futur	il taira	il extraira	il clora	il vaincra
Cond. présent	je tairais	j'extrairais	je clorais	je vaincrais
Cond. présent	il tairait	il extrairait	il clorait	il vaincrait
Subj. présent	que je taise	que j'extraie	que je close	que je vainque
Subj. présent	qu'il taise	qu'il extraie	qu'il close	qu'il vainque
Subj. présent	que nous taisions	que nous extrayions	que nous closions	que nous vainquions
Subj. présent	qu'ils taisent	qu'ils extraient	qu'ils closent	qu'ils vainquent
Subj.imparfait	qu'il tût	*inusité*	*inusité*	qu'il vainquît
Subj.imparfait	qu'ils tussent			qu'ils vainquissent
Impératif	tais	extrais	clos	vaincs
Impératif	taisons	extrayons	*inusité*	vainquons
Impératif	taisez	extrayez		vainquez
Part. présent	taisant	extrayant	closant	vainquant
Part. passé	tu, e	extrait, e	clos, e	vaincu, e

(1) Déclore, éclore, enclore *se conjuguent comme* clore, *mais l'Académie préconise* il éclot, il enclot *(sans accent circonflexe). Le verbe* enclore *possède les formes* nous enclosons, vous enclosez, et enclosons, enclosez.

	115 FRIRE
Ind. présent	je fris
Ind. présent	tu fris
Ind. présent	il frit
Ind. présent	*inusité*
Ind. présent	
Ind. présent	
Ind. imparfait	*inusité*
Ind. passé s.	*inusité*
Ind. passé s.	
Ind. futur	je frirai
Ind. futur	il frira
Cond. présent	je frirais
Cond. présent	il frirait
Subj. présent	*inusité*
Subj. présent	
Subj. présent	
Subj. présent	
Subj.imparfait	*inusité*
Subj.imparfait	
Impératif	fris
Impératif	*inusité*
Impératif	
Part. présent	*inusité*
Part. passé	frit, e

LISTE DES COLLABORATEURS

direction de l'ouvrage
François DEMAY
assisté de Didier CASALIS, Yves GARNIER, Jean-Pierre MÉVEL.

rédaction
Aimée ALJANCIC, Michèle BEAUCOURT, Astrid BONIFACJ, Édith CHABRIER, Jean-Noël CHARNIOT, Anne CHARRIER, Sylvie COMPAGNON, Georges de CORGANOFF, Françoise DELACROIX, Jacqueline DEMION, Jacques DEMOUGIN, François DONATIEN, Laurence DUBOIS, Armelle DUMAS, Marie-Thérèse EUDES, Philippe FAVERJON, Henri FRIEDEL, Gilbert GATELLIER, Hélène HACHARD, René HAROT, Christophe HERVÉ, Horacio HORMAZABAL, Sylvie HUDELOT, Chantal de JACQUELOT, Isabelle de JUVIGNY, Nathalie KRISTY, Philippe de LA COTARDIÈRE, Philippe LACROUTS, Jean LAMBERT, Élisabeth LAUNAY, Jérôme LECAT, Monique MAILLET, Catherine MICHAUD-PRADEILLES, Danielle NAKACHE, René OIZON, Jean-Loup PASSEK, Pierre PIERRARD, Nicole REIN-NIKOLAEV, Bernard ROUX, Jacques TRAMONI, Mady VINCIGUERRA, Nicolas WITKOWSKI.

Autres collaborateurs
BELLONE (Roger), journaliste à Sciences et Vie. BERNARD-DUQUENET (Nicole), docteur en histoire, professeur au lycée Blaise-Pascal d'Orsay. BONNEFILLE (Robert), ingénieur E.N.S.E.M., docteur ès sciences, professeur au Conservatoire national des arts et métiers, conseiller scientifique au Laboratoire central des industries électriques. CARRÉ (Olivier), docteur ès lettres, maître de recherches au C.N.R.S. (F.N.S.P.) CHASSEL (Jean-Luc), assistant d'histoire du droit à l'université de Paris-X-Nanterre. CROIZARD (Georges), agrégé d'histoire. DREVON (Guy), ingénieur de l'École polytechnique. DUCHÊNE (Michel), ingénieur civil des Mines, professeur de techniques minières à l'École des mines de Paris. ÉDMÉ (Jacques), ingénieur textiles, chef du département technologique textile (I.T.F.-Nord). FABRY (Bernard), direction de la communication à la S.N.C.F. GABORIEAU (Marc), ancien élève de l'École normale supérieure Ulm, agrégé de philosophie, directeur de recherches au C.N.R.S. et chargé de conférences à l'E.H.E.S.S. GUILBERT (Charles), chargé d'études au Centre technique du bois et de l'ameublement (C.T.B.A.). JAUNEAU (Roger), professeur technique, proviseur adjoint de l'École Estienne à Paris. LAMANT (Pierre), agrégé d'histoire, docteur en études extrême-orientales, professeur à l'Institut national des langues et civilisations orientales. LEMPÉRIÈRE (Annick), agrégée d'histoire. LE YAOUANG (Jean), agrégé de l'Université, assistant à la faculté des lettres et sciences humaines de Tours. MAZEL (Pierre), professeur au lycée de Sèvres. MENDÈS-SARGO (Emmanuel), titulaire d'un doctorat de 3e cycle en histoire. MERINO (José), docteur en histoire, chercheur au C.N.R.S. MÉTAIRIE (Guillaume), assistant d'histoire du droit à l'université de Paris-X-Nanterre. MEULEAU (Maurice), ancien élève de l'École normale supérieure. MÉVEL (Catherine), docteur ès sciences, chargée de recherches au C.N.R.S. MICHEL (Isabelle), inspecteur à la communication de la S.N.C.F. MOUREAU (Magdeleine), docteur en droit, diplômée d'Études supérieures de bibliothécaire, chef du Centre de documentation de l'Institut français du pétrole. PAYEN (Jacques), docteur d'État, sous-directeur de laboratoire au C.N.A.M. PERRIER-ROBERT (Annie), licenciée ès lettres, éditrice. PEYRAUBE (Élisabeth), agrégée d'histoire, assistante à l'Université de Paris-VII. RAMA (Louis), attaché de direction au Centre technique du cuir (Lyon). ROUMANET (André), ancien élève de l'École normale supérieure, agrégé de mathématiques, professeur de mathématiques spéciales au lycée Saint-Louis. SAISON (François), ingénieur C.E.S.T.I., ingénieur I.S.M.C.M., chef de travaux pratiques à l'Institut universitaire de technologie de Cachan. SIMON (Philippe), agrégé d'italien, enseignant à l'université de Nancy. VIVIEN (Germaine), agrégée d'histoire. ZALKIND (Sylvain), inspecteur divisionnaire à la S.N.C.F.

direction informatique éditoriale
Joaquím SUÁREZ-PRADO

secrétariat
Régine CASALIS, Anne-Marie DIENY, Janine FAURE, Marie-Thérèse SOBUSIAK.

documentation générale
Georges GRELOU
assisté de Thérèse BOURRÉE, Marie-Christine MARQUAT, Catherine NARDIN, Michel SARLIN, Marie-Odile SCHALLER, Marie-Madeleine SÈVE, VU TRÂN Tri Viên.

correction-révision
Bernard DAUPHIN, chef du service de correction, Pierre ARISTIDE, Monique BAGAÏNI, Chantal BARBOT, Nicole CHATEL, Claude DHORBAIS, Marie-Pierre GACHET, Christine LAVERGNE, René LOUIS, Denis MARESCAUX, Françoise MOUSNIER, Annick VALADE.

Pour la présente édition

coordination éditoriale
Michel GUILLEMOT

mise à jour
Mady VINCIGUERRA assistée de Christine DAUPHANT et Françoise DELACROIX

relecture éditoriale
Marie-Thérèse EUDES

lecture-correction
service de lecture-correction Larousse-Bordas

mise en page
Susan JONES, Sophie ZAGRADSKY

dessin
responsable éditorial
Jacques FLORENT
réalisation
Léonie SCHLOSSER, Claire LEVASSEUR, Gilbert MACÉ

cartographie
responsable éditorial
René OIZON

réalisation
Marie-Sophie PUTSIN

fabrication
Janine MILLE

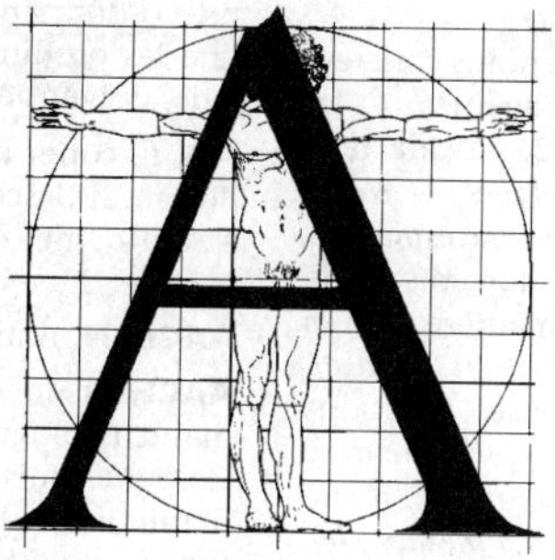

A n. m. **1.** Première lettre de l'alphabet français notant la première des voyelles et la plus ouverte. (On distingue en français le [a] antérieur de *patte* et le [ɑ] postérieur de *pâte.*) — **2.** *Bombe A,* bombe nucléaire de fission. ‖ *Depuis A jusqu'à Z, de A jusqu'à Z,* du commencement à la fin. ‖ *Ne savoir ni A ni B,* ignorer les rudiments d'une science, d'un art, etc. ‖ *Prouver par A plus B,* démontrer de façon rigoureuse.

a, symbole de l'*are* et du préf. *atto-.*

A abrév. — **Biochim.** Désigne un groupe de vitamines liposolubles. — **Méd.** Désigne un groupe sanguin du système ABO. — **Métrol.** Symbole de l'*ampère.* — **Mus.** Désigne dans certains pays (Allemagne, Grande-Bretagne) la note *la,* sixième note de la gamme majeure en *ut.* ‖ Sur une partition, désigne l'alto. — **Pédol.** Désigne l'ensemble des horizons superficiels des sols, enrichis en matière organique par les litières et racines des végétaux et par les fumures enfouies par le labour. — **Phys.** Désigne le nombre de masse d'un noyau.

Å, symbole de l'*angström.*

À prép. (lat. *ad,* vers). Établit une relation syntaxique qui s'accompagne parfois d'un rapport de but, de moyen, de lieu, de temps, etc. (*À* se combine avec *le* et *les* pour donner les formes contractées *au, aux.*)
I. Introduit des compléments de verbes (et de noms abstraits correspondant à ces verbes). Il s'emploie : **1.** Devant les compléments d'objet indirect : *Il obéit aux consignes.* — **2.** Devant l'infinitif correspondant à la complétive objet de certains verbes transitifs directs ou indirects : *Il demande à sortir. Il aime (à) rire.* — **3.** Devant le complément d'objet secondaire (dit aussi complément d'attribution) des verbes (et des noms dérivés) à double complément : *On a remis les prix aux lauréats.* — **4.** Devant les compléments de lieu indiquant le lieu où l'on est ou le lieu où l'on va : *Il est né à Paris.* (Il s'emploie devant les noms de pays masculins : *Aux États-Unis ;* devant les noms de certaines îles : *À Corfou.*) — **5.** Devant les compléments de temps indiquant une date précise : *À minuit. Au début du printemps ;* ou le terme d'une action : *Travailler du matin au soir.* — **6.** Devant les compléments indiquant la manière : *Marcher à grands pas ;* le moyen : *Circuler à bicyclette ;* le rapport d'une quantité au temps : *Faire du cent à l'heure ;* le nombre : *Ils vivent à six dans ces deux pièces.* — **7.** Suivi d'un infinitif, parfois comme équivalent d'un gérondif ou d'une proposition circonstancielle : *Il s'est fatigué à vouloir tout faire.* — **8.** Devant un attribut (du sujet ou de l'objet) dans quelques locutions : *Prendre quelqu'un à témoin.* — **9.** Pour indiquer l'agent dans les expressions *faire* (ou *laisser*) + *inf. qqch à qqn, voir* (ou *entendre*) + *inf. qqch à qqn : Faites deviner la réponse à vos amis. Je l'ai entendu dire à mon grand-père.* — **10.** Avec ou sans verbe *être,* et suivi d'un nom ou d'un pronom personnel, pour marquer l'appartenance : *Cette maison est à moi.* (*À moi, à lui,* etc., peuvent s'employer pour insister sur la relation déjà exprimée par un possessif : *Mon explication à moi est très simple.*) — **11.** *Avoir à + inf.,* indique la nécessité, l'obligation, l'intention (il est l'inverse avec agent de *être à + inf.*) : *J'ai à finir ce travail.* ‖ *Avoir (donner, servir, offrir) à + inf.,* indique la destination, le but : *J'ai à manger pour plusieurs jours.* ‖ *(C'est) à X de* (ou *à*) + *inf.,* indique la personne à qui il revient de faire qqch : *C'est à vous de jouer.* ‖ *(Être) à + inf.,* indique ce qu'il convient de faire, ce à quoi qqch est destiné (il est l'inverse sans agent de *avoir à + inf.*) : Ce paragraphe est à supprimer.

‖ *(Être) à + inf.,* indique une conséquence imaginable : *Il est homme à refuser.*
II. Introduit des compléments de noms concrets ou de noms abstraits, en indiquant : **1.** La destination : *Une tasse à café.* — **2.** La caractérisation : *Un homme à cheveux blancs.* — **3.** Le mode de fonctionnement : *Un moteur à explosion.*
III. Introduit des compléments d'adjectifs (et de noms abstraits ou d'adverbes de manière dérivés de ces adjectifs) : *Il est apte à piloter (au pilotage).*
IV. Entre dans de très nombreuses locutions adverbiales ou prépositives : *À contrecœur, à reculons, à cloche-pied, à qui mieux mieux, à vrai dire, peu à peu, à côté (de), au fur et à mesure (de), à l'encontre (de), à l'égard de, à l'instar de,* etc.
V. En corrélation ou non avec *de,* relie les deux termes marquant les limites d'une approximation : *Ces travaux ont coûté de dix à quinze millions.*

A- ou **AN-** (devant une voyelle ou un *h*), préfixe d'origine grecque entrant dans la composition de nombreux mots pour exprimer l'idée d'absence, de privation (*a* dit *privatif*) : *amoral, analgésique, anhydre.*

À bout de souffle, film français de Jean-Luc Godard (1960). Par son ton provocateur, désinvolte, et son montage non conformiste, ce film fut l'un des manifestes de la Nouvelle Vague.

À la recherche de..., oratorio-ballet en forme de triptyque *(Cantate, la Nuit obscure, Bhakti)* de Maurice Béjart, créé au festival d'Avignon (1968) par le Ballet du XXe siècle.

À la recherche du temps perdu, titre général de l'ensemble romanesque de Marcel Proust, formé par *Du côté de chez Swann* (1913), *À l'ombre des jeunes filles en fleurs* (1918), *le Côté de Guermantes* (1920), *Sodome et Gomorrhe* (1922), *la Prisonnière* (1923), *Albertine disparue* ou *la Fugitive* (1925), *le Temps retrouvé* (1927). L'œuvre se présente comme le récit d'un « Narrateur » qui relate l'expérience humaine et la découverte esthétique qui, en superposant deux moments distincts (passé/présent) en une même sensation retrouvée, permet de vivre l'événement sous l'aspect de l'éternité qui est aussi celui de l'art.

À l'est d'Eden, roman de J. Steinbeck (1952). Les conflits qui déchirent une famille servent à illustrer une conception manichéenne de la lutte du Bien et du Mal. — Film américain d'Elia Kazan (1955), interprété par James Dean.

À l'ouest, rien de nouveau, roman d'E. M. Remarque (1929) : l'horreur et l'absurdité de la guerre. — Film américain de Lewis Milestone (1930).

À rebours, roman de J. K. Huysmans (1884), tableau des modes intellectuelles et artistiques de l'époque « décadente ».

ÂA ou **āā** (gr. *ana,* marquant la distribution). Sur une ordonnance médicale, symbole indiquant que les produits prescrits, réunis par une accolade, doivent être mélangés en quantités égales.

AA, fl. côtier du nord de la France, en Flandre ; 80 km. Il descend des collines de l'Artois, passe à Saint-Omer et se jette dans la mer du Nord en aval de Gravelines.

AACHEN, nom allemand d'Aix-la-Chapelle.

AACHEN ou **ACHEN** (Hans VON), peintre allemand (Cologne 1552 - Prague 1615). Formé à Cologne, puis en Italie (1574), chef de file du maniérisme allemand avec Spranger, il se fixa à Prague (v. 1596) et travailla pour l'empereur Rodolphe II.

AAFJES (Bertus), écrivain néerlandais (Amsterdam 1914). Poète romantique (*la Lutte avec la muse,* 1940), il a évolué vers une écriture engagée (*Lanterne pour un aveugle,* 1973 ; *70 Aphorismes,* 1984).

AALBORG → ÅLBORG.

AALÉNIEN n. m. (de *Aalen,* v. d'Allemagne). Étage du système jurassique.

AALST, en fr. **Alost,** v. de Belgique, ch.-l. d'arrond. de la Flandre-Orientale, au N.-O. de Bruxelles ; 76 382 hab. Monuments gothiques.

AALTO (Alvar), architecte et designer finlandais (Kuortane 1898 - Helsinki 1976). S'écartant du style international dès le début des années 30, il illustre le courant organique par un souci des rapports du bâtiment au site, une recherche de la continuité de l'espace interne et une utilisation sensible des matériaux (bois, pierre, brique) qui traduisent son sens de l'humain et une poétique parfois baroque. Il a beaucoup construit dans son pays et, après 1945, à l'étranger (Allemagne, Proche-Orient, etc.). Il a donné des modèles de meubles (sièges en bois lamellé ployé d'une seule pièce) et des plans d'urbanisme.

AAR ou **AARE,** principale riv. de Suisse, affl. du Rhin (r. g.) ; 295 km. Bassin : 17 800 km². De régime alpin, née au pied du Grimsel à 1 879 m d'alt., elle coule dans une vallée touristique (Interlaken, Thoune) jusqu'à Berne. En aval, drainant la majeure partie du Mittelland, l'Aar traverse le lac de Bienne et longe le Jura, où les aménagements hydroélectriques ont favorisé l'industrie (à Bienne, Olten, Soleure, Aarau). L'Aar reçoit ensuite ses principaux affluents, la Reuss et la Limmat.

AARAU, v. de Suisse, ch.-l. du cant. d'Argovie, sur l'Aar, au pied du Jura ; 16 481 hab. Maisons et monuments anciens, musées. Mécanique de précision. Textile. — Après la bataille de Kappel, où fut tué Zwingli, c'est à Aarau que fut conclue la paix entre catholiques et protestants (1531).

AARE → Aar.

AAR-GOTHARD *(massif de l'),* massif cristallin des Alpes centrales suisses, qui englobe plusieurs sommets de plus de 4 000 m (Jungfrau, Mönch, et Finsteraarhorn). Centre de dispersion des eaux (Rhône, Rhin, Aar, Tessin), il conserve de puissants glaciers (Aletsch, Grindelwald, etc.).

AARHUS → Århus.

AARON, frère aîné de Moïse, dont il fut le porte-parole auprès du pharaon et du peuple d'Israël.

AARSCHOT, v. de Belgique, dans le Brabant flamand, au N.-E. de Louvain, sur le Demer ; 26 327 hab. Église des xive-xve s. Musée régional dans l'ancien béguinage.

AARSCHOT *(ducs* d') → Croÿ *(maison de).*

AASEN (Ivar), linguiste norvégien (Volden, Sunnmøre, 1813 - Christiania 1896), auteur d'une grammaire (1848) et d'un dictionnaire (1850) qui restituent la langue norvégienne authentique, dite *landsmål* ou *nynorsk.*

AB *(groupe),* groupe sanguin du système ABO. (Le groupe AB est celui des receveurs universels.)

ABA ou **ABBÉ** *(lac),* lac salé, à la frontière de l'Éthiopie et de la République de Djibouti.

ABA, v. du Nigeria, au N.-N.-E. de Port Harcourt ; 158 000 hab.

ABACA n. m. (mot esp., du tagal *abaka*). **1.** Bananier (musacée) des Philippines dont le fruit n'est pas comestible mais dont les pétioles foliaires, qui peuvent atteindre 2 m, fournissent une fibre textile. – **2.** Cette fibre textile, appelée aussi *chanvre de Manille* (corderie, tissus légers).

ĀBĀDĀN, port d'Iran (Khuzestān), dans une île du Chaṭṭ al-'Arab, sur le golfe Persique ; 296 000 hab. Aéroport. Centre commercial.

ABADIE (Paul), architecte français (Paris 1812 - Chatou 1884). Restaurateur abusif de St-Front de Périgueux, il s'inspira de ce monument pour le Sacré-Cœur de Paris.

ABAISSANT, E adj. Qui abaisse ; humiliant, dégradant.

ABAISSE n. f. (de *abaisser*). Morceau de pâte aminci au rouleau et destiné à foncer un moule.

ABAISSÉE n. f. *Abaissée d'ailes,* distance parcourue par un oiseau entre deux battements d'ailes.

ABAISSE-LANGUE n. m. inv. Instrument utilisé pour appuyer sur la base de la langue et permettre l'examen de la bouche et de la gorge.

ABAISSEMENT n. m. **1.** Action d'abaisser, de s'abaisser ; état de ce qui est abaissé, de celui qui s'est abaissé : *L'abaissement d'une manette, d'un mur, du prix des denrées.* – **2.** *Abaissement d'axe,* en géologie, inflexion de l'axe d'un pli par rapport à son inclinaison moyenne dans le plan axial.

ABAISSER v. t. (de *baisser*) [conj. **4**]. **1.** Faire descendre qqch de haut en bas ou l'incliner vers le bas ; baisser : *Abaisser le canon du fusil.* – **2.** Diminuer la hauteur de qqch : *Abaisser d'un étage un immeuble.* – **3.** Diminuer la quantité, l'importance, la valeur de qqch : *Abaisser le niveau des études.* – **4.** Placer qqn à un niveau inférieur dans une hiérarchie sociale ou de valeurs, l'humilier, le rabaisser : *Chercher à abaisser son adversaire.* – **5.** *Abaisser ses cartes, son jeu,* déposer ses cartes, face visible, sur la table. ‖ *Abaisser une pâte,* l'amincir en l'étendant au rouleau. ‖ *Abaisser une perpendiculaire,* tracer une perpendiculaire à une droite passant par un point extérieur à cette droite.

◆ **être abaissé** v. pass. En parlant d'une pièce héraldique, être placée au-dessous de la place que la règle lui assigne ; en parlant des ailes, être dirigées vers la pointe de l'écu au lieu d'être étendues.

◆ **s'abaisser** v. pr. **1.** Se diriger vers le bas ; descendre : *Le terrain s'abaisse vers le fleuve.* – **2.** Descendre de haut en bas, pouvoir être abaissé, incliné ; se baisser : *La manette ne s'abaisse plus.* – **3.** Diminuer en valeur, en quantité ; baisser : *La température s'est abaissée de 3 °C.* – **4.** Aller jusqu'à des paroles ou des actes qui humilient, qui font perdre de sa dignité, de sa fierté : *S'abaisser à des compromissions.*

ABAJOUE n. f. (de *la bajoue*). Poche bilatérale extensible de la cavité buccale de certains mammifères rongeurs ou primates, où ils entreposent leur nourriture pour la transporter.

ABAKAN, v. de Russie, dans le sud de la Sibérie, au confluent de l'Abakan (512 km) et de l'Ienisseï, cap. de la république de Khakassie ; 154 000 hab. Matériel ferroviaire.

ABAKANOWICZ (Magdalena), tisserande polonaise (Varsovie 1930). Ses « tapisseries-sculptures » animent l'espace avec une force inquiétante. D'audience internationale, elle est le chef de file de l'école polonaise d'art textile.

ABALONE n. m. (mot angl.). Autre nom de l'*haliotide.*

ABANDON n. m. (anc. fr. *mettre, laisser à bandon,* au pouvoir de). **1.** Action d'abandonner qqch ou qqn ; état qui en résulte : *L'abandon du pouvoir, d'un procédé.* – **2.** Fait de s'abandonner ; naturel, confiance : *Parler avec abandon.* – **3.** *À l'abandon,* sans soin, en désordre, ou sans protection. ‖ *État d'abandon,* état de qqch laissé sans soin ou dont on se désintéresse. ‖ *Faire abandon d'un bien à qqn,* le lui abandonner, le lui donner. • **Dr.** Renonciation à un droit, à un bien. ‖ Fait de se soustraire à l'obligation matérielle ou morale à laquelle on est tenu à l'égard de certaines personnes *(abandon de famille)* ; fait de se désintéresser manifestement depuis plus d'un an d'un enfant recueilli par un particulier ou une œuvre sociale *(abandon d'enfant)* ou de délaisser dans un lieu quelconque un enfant ou une personne hors d'état de se défendre *(abandon d'enfant* ou *d'incapable),* ou de laisser sans surveillance sur la voie publique des animaux ou des matériaux entravant la circulation, des produits d'usage dangereux ou des armes. ‖ *Abandon de poste,* faute professionnelle consistant, pour un fonctionnaire, à cesser illégalement d'accomplir les fonctions qui lui sont dévolues ou à refuser le poste qui lui est assigné. ‖ *Abandon de la résidence familiale* ou *du domicile conjugal,* en matière de divorce et en parlant d'un des époux, action de quitter le lieu où ceux-ci sont tenus de résider ensemble. — **Mil.** *Abandon de poste,* infraction (crime ou délit) commise par le militaire qui quitte l'endroit où il a été placé pour accomplir sa mission. (Cette infraction est punie de la réclusion criminelle à perpétuité si elle est commise en présence de l'ennemi.) — **Psychiatr.** *Névrose d'abandon,* ensemble des troubles présentés par un abandonnique. (Syn. ABANDONNISME.) — **Sports.** Acte de celui qui renonce à poursuivre une compétition. — **Sylvic.** Ensemble des arbres d'une exploitation qui doivent être abattus.

ABANDONNATAIRE n. Personne au profit de qui est fait un abandon de biens par un créancier.

ABANDONNATEUR, TRICE n. Personne qui fait un abandon de biens.

ABANDONNÉ, E n. *Litt.* Personne délaissée, abandonnée sans protection.

ABANDONNER v. t. (conj. 3). **1.** Laisser définitivement qqch à la discrétion de qqn, en son pouvoir ; confier, céder : *Abandonner le pouvoir à un ministre.* — **2.** Laisser qqch au pouvoir, à l'action de qqch ; laisser aller, livrer à : *Abandonner une barque au courant.* — **3.** Laisser aller un objet, le lâcher, ne plus le retenir : *Abandonner les rênes d'un attelage.* — **4.** Ne plus poursuivre qqch qui était en cours ou en projet, ne plus utiliser qqch, y renoncer définitivement : *Au troisième round, le boxeur a abandonné (le combat). Abandonner un projet, une idée.* — **5.** Quitter un lieu, une fonction, une activité pour un(e) autre : *Abandonner la ville pour la campagne.* — **6.** Laisser qqn, un animal, des objets en un lieu quelconque sans s'en soucier ni s'en occuper davantage : *Abandonner un chat.* — **7.** S'éloigner de qqn, le laisser, définitivement ou non, sans secours ; délaisser, quitter : *Tous l'avaient abandonné.* — **8.** *Abandonner son bâtiment,* le quitter après avoir sauvé l'équipage ; le délaisser aux assureurs. ‖ *Abandonner son poste,* le quitter alors qu'on devrait continuer à en assumer la charge. ‖ *Abandonner qqn à son (triste) sort,* l'y laisser, l'y livrer. ‖ *Ses forces, son courage, la chance, etc., l'abandonnent,* lui font défaut.

◆ **être abandonné** v. pass. **1.** Ne plus être habité, être laissé à l'abandon, sans soin : *Un parc abandonné.* — **2.** Qui a été laissé sans protection, délaissé : *Enfant abandonné.*

◆ **s'abandonner** v. pr. **1.** Se laisser aller à un sentiment, une habitude, un rythme, ne pas y résister : *S'abandonner au désespoir.* — **2.** *Litt.* Cesser de lutter physiquement, se détendre : *L'enfant, épuisé, s'abandonna.* — **3.** *Litt.* En parlant d'une femme, accorder ses faveurs à un homme. — **4.** *Litt.* Se confier sans retenue ; s'épancher : *Il s'abandonna et nous confia ses soucis.*

ABANDONNIQUE adj. et n. Individu qui présente des troubles d'ordre dépressif et une profonde insécurité affective, non nécessairement liés à un abandon réel par sa mère alors qu'il était enfant.

ABANDONNISME n. m. Syn. de NÉVROSE D'ABANDON*.

ABAQUE n. m. (lat. *abacus,* du gr. *abaks, -akos*). **1.** Dispositif muni de plusieurs rangs de pièces mobiles, utilisé pour les calculs arithmétiques. (Connu des Romains, ce dispositif a évolué pour donner le boulier.) — **2.** Tablette surmontant l'échine du chapiteau, pour recevoir les charges. (Dans l'architecture médiévale, on dit plutôt *tailloir.*) — **3.** *Abaque cartésien,* système de courbes planes tracées dans un repère orthogonal, utilisé pour effectuer graphiquement des calculs algébriques.

ABAQUESNE (Masséot), céramiste établi à Rouen au milieu du XVIe s. Sa production de faïences, une des premières apparues en France, se compose de pots de pharmacie, de panneaux et de carreaux de pavement (tels ceux du château d'Écouen, 1542).

ABARTICULAIRE adj. Situé en dehors d'une articulation anatomique.

À-BAS n. m. inv. Ensemble des chantiers d'exploitation au fond d'une ardoisière.

ABASIE n. f. Difficulté ou impossibilité de marcher, en l'absence d'atteinte motrice ou sensitive caractérisée.

ABASIYANIK (Sait Faik), écrivain turc (Adapazarı 1906 - Istanbul 1954), auteur de nouvelles réalistes (*l'Homme inutile,* 1948).

ABASOURDIR [-zur-] v. t. (arg. *basourdir,* tuer) [conj. 32]. **1.** *Litt.* Étourdir qqn à l'extrême par un grand bruit ; abrutir : *Le bruit des travaux* *m'abasourdit.* — **2.** Provoquer chez qqn un sentiment voisin de la stupeur ; consterner, stupéfier : *La nouvelle de sa mort nous a abasourdis.*

ABASOURDISSANT, E [-zur-] adj. Qui abasourdit, stupéfie.

ABASOURDISSEMENT [-zur-] n. m. État de qqn qui est abasourdi.

ABAT n. m. Vx. *Abat(s) d'eau, de grêlons, etc.*, forte chute de pluie, de grêle.
◆ **abats** n. m. pl. Ensemble des parties comestibles des animaux de boucherie, en dehors de la viande. (Le foie, le cœur, la langue, la cervelle, la rate, les poumons et le ris sont appelés *abats rouges.* La tête, les pieds, l'estomac sont appelés *abats blancs.*)

ABÂTARDIR v. t. (de *bâtard*) [conj. 32]. *Litt.* **1.** Faire perdre à un être vivant ses qualités originelles ; avilir, faire dégénérer. — **2.** Faire perdre à qqch, de sa force, de sa vigueur, de sa valeur en l'altérant : *Abâtardir un art.*
◆ **s'abâtardir** v. pr., **être abâtardi** v. pass. *Litt.* Perdre de ses qualités originelles, de sa valeur ; dégénérer.

ABÂTARDISSEMENT n. m. *Litt.* Fait de s'abâtardir : *L'abâtardissement d'un art.*

ABAT-CARRER v. t. (conj. 3). Remplacer par un léger méplat l'arête vive, ou carre, d'une pièce de cuir coupée net.

ABAT-FEUILLES ou **ABAT-FEUILLE** n. m. (pl. *abat-feuilles*). Dispositif qui maintient la feuille sur la table de marge de la presse d'imprimerie.

ABAT-FOIN n. m. inv. Trappe permettant de descendre directement le foin du grenier dans l'étable.

ABATIS n. m. Au Canada, terrain que l'on est en train de dessoucher pour le mettre en culture.

ABAT-JOUR n. m. inv. **1.** Dispositif qui sert à tamiser et/ou à diriger la lumière d'une lampe. — **2.** Dispositif appliqué aux fenêtres des prisons pour interdire toute communication avec le dehors.

ABAT-SONS ou **ABAT-SON** n. m. (pl. *abat-sons*). Dans les baies d'un clocher, dispositif à lames destiné à protéger le beffroi et à rabattre le son des cloches vers le sol.

ABATTAGE n. m. **1.** Action d'abattre, de faire tomber qqch, qqn, de tuer des animaux : *L'abattage des arbres. L'abattage rituel d'un animal de boucherie.* — **2.** *Fam.* Vente d'une marchandise ou d'un service par grandes quantités et à prix réduit. — **3.** *Pop.* Exercice de la prostitution à la chaîne et à vil prix. — **4.** Fam. *Avoir de l'abattage,* être capable d'abattre beaucoup de travail ; avoir beaucoup d'entrain, de brio. • **Bât.** Action d'enlever l'excédent d'une pierre formant saillie. — **Bonnet.** Sur les machines à tricoter, action de faire tomber sur les mailles précédemment formées les nouvelles boucles cueillies par les aiguilles, en formant ainsi une nouvelle rangée de mailles. — **Min.** Action de disloquer et de détacher une partie du massif rocheux. (→ *encycl.*) — **Peauss.** Action d'imbiber d'eau les peaux.
ENCYCL. **Bouch.** Parmi les opérations d'abattage, on distingue, successivement, l'étourdissement des animaux, la saignée, l'enlèvement de la peau, l'éviscération, la fente et la finition de la carcasse. L'*étourdissement* des animaux est obligatoire, sauf dans le cas des abattages rituels. On procède par trépanation, perforation ou percussion de la boîte crânienne, ou par anesthésie. Au cours des opérations d'abattage, la contamination des carcasses par des germes divers, inévitable, doit être limitée par la mise en pratique d'une hygiène rigoureuse. Carcasses et abats subissent une *inspection sanitaire* sanctionnée par l'estampillage des viandes reconnues propres à la consommation. Après l'inspection, les carcasses sont pesées et généralement classées d'après leur valeur commerciale. Quant aux viandes non estampillées, elles sont saisies.
— **Min.** L'abattage est l'opération principale de l'exploitation des mines et carrières (creusements des ouvrages d'accès, récupération du gisement), les principales techniques mises en œuvre sont : l'explosif (disposé dans des trous de mine forés), l'engin mécanique (qui attaque la roche avec des outils de coupe, pics, molettes ou burins), et le jet d'eau à haute pression (abattage hydraulique).
— **Sylvic.** L'abattage des broussailles et des menus brins se fait à la serpe ou avec des engins débroussailleurs divers ; celui des bois de petit diamètre (taillis) et des arbres de futaie s'exécute à la tronçonneuse. On emploie aussi de plus en plus, tout au moins pour les arbres de dimension moyenne, des engins comportant un bras articulé et doté de pinces coupantes, monté à l'avant d'un tracteur. Quand on veut enlever en même temps la souche *(abattage à culée noire),* on pousse l'arbre au moyen d'une barre d'acier fixée sur le bras d'un tracteur *(treepusher).* Dans le cas le plus général, l'arbre est coupé au-dessus du sol *(abattage à culée blanche).* Éventuellement, on procède ensuite au *dessouchage**.

ABATTANT n. m. **1.** Partie d'un meuble qui peut se rabattre pour former tablette : *Secrétaire à abattant.* — **2.** Pièce ovale qui se lève et se rabat sur une cuvette de W.-C.

ABATTÉE n. f. **1.** Mouvement d'un navire qui change de route ; amplitude de ce mouvement. — **2.** Mouvement du voilier dont l'axe s'écarte du lit du vent. (Contr. AULOFFÉE.) — **3.** Rupture de l'équilibre longitudinal d'un avion, à la suite d'une augmentation exagérée de l'angle de vol sur la trajectoire. (Dans une abattée, l'avion pique du nez et perd de l'altitude.)

ABATTEMENT n. m. **1.** État de qqn qui est abattu physiquement ou moralement ; épuisement, prostration, découragement : *Une période d'abattement causé par la maladie.* — **2.** Déduction faite sur une somme à payer : *Un abattement de 10 %.* — **3.** Action d'abattre une partie d'assise en pierre. — **4.** Fraction de la matière imposable exemptée d'impôt qui permet de moduler la pression fiscale selon les catégories de contribuables.

ABATTEUR n. m. **1.** Celui qui abat qqch (animaux, arbres, etc.). — **2.** Fam. *Abatteur de besogne,* grand travailleur.

ABATTIS [-ti] n. m. **1.** Pierres abattues, décombres. — **2.** Ensemble d'arbres abattus dans un bois, dans une forêt.
◆ n. m. pl. **1.** Pattes, tête, cou, ailerons, cœur, foie et gésier d'une volaille, ainsi que la crête et les rognons du coq. — **2.** *Pop.* Bras et jambes, mains et pieds de qqn. — **3.** Pop. *Numérote tes abattis,* fais attention, sois prêt physiquement avant une lutte.

ABATTOIR n. m. **1.** Établissement dans lequel sont abattus et préparés les animaux destinés à la consommation. — **2.** *Fam.* Lieu où les hommes se font massacrer, en partic. à la guerre.
ENCYCL. Dans les abattoirs modernes, les animaux progressent d'un poste de travail à l'autre à l'aide de convoyeurs. Ces établissements sont conçus de manière à assurer, avec une cadence d'abattage élevée, la séparation la plus complète des secteurs propres (viandes saines, abats...) et des secteurs souillés (peaux, panses pleines...), et à réaliser une marche en avant continue des produits, sans retour en arrière ni croisement des circuits. Le travail des animaux et des carcasses se fait généralement en position suspendue afin de supprimer tout contact des produits avec le sol. Au hall d'abattage proprement dit fait suite toute une série d'installations pour la stabilisation — par le froid — des viandes, ainsi que pour leur conditionnement et leur vente.

ABATTRE v. t. (bas lat. **abbatuere,* tuer) [conj. 83]. **1.** Faire tomber qqch, le renverser, le jeter à terre ; démolir une construction ; faire tomber et détruire un objet en vol : *Abattre des arbres, un mur, un avion.* — **2.** Tuer un animal : *Abattre un bœuf.* — **3.** Tuer volontairement qqn avec une arme à feu. — **4.** Ôter à qqn ses forces physiques ou morales ; épuiser, démoraliser : *Ne vous laissez pas abattre par ce coup du sort.* — **5.** Ruiner l'importance, la valeur, l'autorité de qqn ou de qqch ; renverser, anéantir : *Abattre le gouvernement.* — **6.** Procéder à l'abattage d'un tricot, d'une peau, etc. — **7.** *Abattre de la besogne, du travail,* l'exécuter rapidement. ‖ *Abattre une carte (sur la table),* la jouer en la mettant sur la table. ‖ *Abattre ses cartes, son jeu,* poser toutes les cartes en main sur la table pour indiquer à ses adversaires que l'issue ne fait plus de doute ; dévoiler avec netteté à son adversaire le ou les éléments qui risquent de le mettre en difficulté ou en échec. ‖ *Abattre une distance, des kilomètres,* les parcourir (malgré la difficulté). ‖ *Abattre la poussière, le vent,* en parlant de la pluie, faire retomber la poussière sur le sol, faire cesser le vent. ‖ Fam. *Ne pas se laisser abattre,* manger de très bon appétit.
◆ v. i. **1.** En parlant d'un bateau, changer de direction. — **2.** Pour les voiliers, s'écarter du lit du vent. (Syn. LAISSER PORTER.) — **3.** *Laisser abattre,* effectuer une abattée, changer de cap.
◆ **être abattu** v. pass. Avoir perdu ses forces physiques ou morales ; être déprimé : *Avoir l'air abattu.*
◆ **s'abattre** v. pr. **1.** Tomber d'un coup (sur) ; s'effondrer (sur) : *Le grand mât s'abattit sur le pont.* — **2.** En parlant de la pluie, de la grêle, de coups, etc., survenir brusquement, tomber brutalement sur qqn, qqch. — **3.** Se précipiter sur qqn, un animal, avec force et hostilité ; fondre sur eux : *L'aigle s'abattit sur sa proie.* — **4.** Survenir brusquement : *Le malheur s'abattit sur sa famille.* — **5.** En parlant d'injures, de critiques, etc., pleuvoir sur qqn.

ABATTU n. m. Position du chien d'un fusil lorsque le percuteur est à la fin de sa course vers l'arrière du canon.

ABATTURES n. f. pl. Traces laissées par le grand gibier et permettant de l'identifier.

A BATTUTA [-tu] loc. adv. (mots ital.). Indication de revenir au tempo initial, après un passage plus libre.

ABAT-VENT n. m. inv. **1.** Appareil du genre de la mitre que l'on dispose au-dessus de l'orifice extérieur des cheminées afin de faciliter le tirage. — **2.** Dispositif à lamelles inclinées permettant l'aération d'un local. — **3.** Paillasson destiné à protéger les plantes contre le vent.

ABAT-VOIX n. m. inv. Couronnement d'une chaire à prêcher.

ABAYA, lac du sud-ouest de l'Éthiopie, à plus de 1 400 m d'alt. ; 1 250 km^2.

'ABBĀDIDES, dynastie arabe qui régna à Séville au XIe s. et dont les souverains furent : ABŪ AL-QĀSIM MUḤAMMAD IBN 'ABBĀD (1023-1042), 'ABBĀD *al-Mu'taḍid* (1042-1069) et MUḤAMMAD IBN 'ABBĀD *al-Mu'tamid* (1069-1095).

ABBADIE (Antoine THOMPSON D'), voyageur français (Dublin 1810 - Paris 1897). Avec son frère

Arnaud (Dublin 1815-Urrugne, Pyrénées-Atlantiques, 1893), il étudia l'Éthiopie de 1838 à 1848 et dressa une carte du pays.

ABBADO (Claudio), chef d'orchestre italien (Milan 1933). Directeur musical de la Scala de Milan (1968-1986), chef principal (1979-1988) du London Symphony Orchestra, il a été directeur de l'Opéra de Vienne de 1986 à 1991. En 1989, il est nommé à la tête de l'Orchestre philharmonique de Berlin, succédant à Karajan.

'ABBĀS, oncle paternel de Mahomet, mort en 652-653, ancêtre des 'Abbāssides.

'ABBĀS Ier le Grand (1571 - dans le Māzandarān 1629), chāh de Perse de 1587 à 1629. Son règne marqua l'apogée de la dynastie des Séfévides. Régnant sans conteste sur un vaste empire, constitué aux dépens des Ottomans, du Grand Moghol et des Portugais, ce grand constructeur fit d'Ispahan sa capitale et l'embellit. — **'Abbās II** (1633-1667), chāh de Perse de la dynastie séfévide, qui régna de 1642 à 1667. — **'Abbās III** (1731-1736), dernier chāh de Perse de la dynastie séfévide (1732-1736).

'ABBĀS (Ferhat ou Farḥāt), homme politique algérien (Taher, auj. Tahir, 1899 -Alger 1985). Il publia, en 1943, le « Manifeste du peuple algérien » et fonda, en 1946, le parti de l'Union démocratique du manifeste algérien (U. D. M. A.), qui préconisait une Algérie fédérée à la France. De 1958 à 1961, il présida le gouvernement provisoire de la République algérienne (G.P.R.A.). Après l'indépendance, il s'opposa à Ben Bella.

'ABBĀS ḤILMĪ Ier (1813-1854), vice-roi d'Égypte (1848-1854), petit-fils de Méhémet-Ali. — **'Abbās Ḥilmī II** (Alexandrie 1874 - Genève 1944), khédive d'Égypte (1892-1914). Il tenta vainement de libérer son pays de l'influence anglaise et, en 1914, la Grande-Bretagne plaça l'Égypte sous le régime du protectorat.

'ABBĀSSIDE adj. Relatif à la dynastie des 'Abbāssides.

'ABBĀSSIDES, troisième dynastie des califes successeurs de Mahomet, fondée en 750 par Abū al-'Abbās al-Saffāḥ, descendant de 'Abbās, oncle du Prophète, qui mit fin à la dynastie des Omeyyades. Bagdad, fondée en 762, devint la résidence des 37 califes qui régnèrent jusqu'en 1258.
L'Empire 'abbāsside fut, au temps d'Hārūn al-Rachīd (calife de 786 à 809), l'un des principaux centres de la civilisation mondiale. Au IXe s., il fut agité par des soulèvements et des difficultés intérieures qui, minant le régime, contribuèrent à la dislocation de l'Empire et au déclin de la dynastie. En 836, le siège du califat fut transféré à Sāmarrā, qui resta capitale jusqu'en 892. Au XIe s., les Turcs Seldjoukides eurent la souveraineté réelle, les 'Abbāssides ne conservant qu'un rôle de chefs religieux.

ABBATIAL, E, AUX [-sjal, -o] adj. (bas lat. *abbatialis*). Relatif à l'abbé, à l'abbesse, à l'abbaye.
◆ **abbatiale** n. f. Église d'une abbaye.

ABBATUCCI, famille corse originaire de Zicavo. — Jacques Pierre (Zicavo 1723-Ajaccio 1813), maréchal de camp (1791), général de division (1796), s'opposa à Paoli en Corse. — Jacques Pierre Charles, son petit-neveu (Zicavo 1792-1857), fut député de la Corse (1830) puis du Loiret (1848-49) et ministre de la Justice (1852).

ABBAYE [abei] n. f. (lat. ecclés. *abbatia*). **1.** Communauté de moines ou de moniales gouvernée par un abbé ou une abbesse ; bâtiments abritant cette communauté. (Une abbaye était dite *nullius dioecesis* quand son territoire était totalement indépendant du diocèse où il se trouvait inclus.) — **2.** Sous l'Ancien Régime, bénéfice, revenu dont jouissait l'abbé.

Abbaye *(groupe de l'),* communauté d'écrivains (Ch. Vildrac, G. Duhamel, P. J. Jouve) et d'artistes (A. Gleizes) organisée en phalanstère, qui s'installa à Créteil en 1906.

Abbaye *(prison de l'),* ancienne prison parisienne, démolie en 1857 lors du percement du boulevard Saint-Germain.

Abbaye-aux-Bois, ancien couvent parisien (rue de Sèvres), fondé en 1640, démoli en 1907. Mme Récamier y habita de 1819 à sa mort et y tint un salon célèbre, que fréquentait Chateaubriand.

ABBE (Ernest), physicien et industriel allemand (Eisenach 1840 - Iéna 1905). Fondateur avec K. Zeiss d'une société d'instruments d'optique, il a perfectionné les verres et appareils d'optique, établi la théorie classique du microscope. Il a réalisé (1889) le premier objectif apochromatique et établi la condition d'aplanétisme des systèmes centrés.

ABBÉ n. m. (lat. ecclés. *abbas,* de l'araméen *abba,* père). **1.** Supérieur d'un monastère d'hommes qui a le titre d'abbaye. — **2.** Titre donné à tout ecclésiastique. (Le titre de *monsieur l'abbé* est de plus en plus remplacé par celui de *père.*)

ABBÉ *(lac)* → Aba.

ABBESSE n. f. (lat. ecclés. *abbatissa*). Supérieure d'un monastère de religieuses ayant titre d'abbaye.

ABBEVILLE (80100), ch.-l. d'arrond. de la Somme, en Picardie, sur la Somme, à 46 km au N.-O. d'Amiens ; 24 588 hab. *(Abbevillois).* Industries mécaniques, alimentaires.
— **Hist.** Capitale du Ponthieu, Abbeville fut célèbre jusqu'à la Révolution par ses fabriques de

drap, dont les plus importantes furent celles des Van Robais.
— **Bx-arts.** Église St-Wulfran, anc. collégiale des XVe-XVIIe s., à façade flamboyante. Folie de Bagatelle, du milieu du XVIIIe s. Musée Boucher-de-Perthes (préhistoire, beaux-arts).

Abbeville *(conférences d').* Deux conférences interalliées eurent lieu à Abbeville en 1918. La première, le 25 mars, prépara celle de Doullens. Au cours de la seconde, les 1er et 2 mai, la direction stratégique de Foch fut étendue à l'armée italienne.

ABBEVILLIEN n. m. (de *Abbeville,* n. pr.). Faciès du paléolithique ancien, dont l'industrie est caractérisée par de grossiers bifaces et un outillage fruste sur éclat. (L'abbevillien précède l'acheuléen.) [Syn. PRÉCHELLÉEN.]

Abbey Theatre, théâtre de Dublin, fondé en 1904. Haut lieu de la renaissance théâtrale irlandaise, on y joue Yeats, Strindberg, Ibsen, Shaw, O'Casey, Synge. Mêlé à l'insurrection de 1916, subventionné en 1924, brûlé (1951), reconstruit (1966), il fait office de théâtre national.

ABBON, moine de Saint-Germain-des-Prés (v. 850 - v. 923), auteur d'un poème latin *(De bellis Parisiacae urbis)* relatant le siège de Paris par les Normands (885-86).

ABBON de Fleury, érudit français (dans l'Orléanais v. 945 - La Réole 1004). Abbé de Fleury (Saint-Benoît-sur-Loire) [988], il a laissé une collection canonique.

ABBOT (Charles Greeley), astrophysicien américain (Wilton, New Hampshire, 1872 - Washington 1973). Il a, le premier, déterminé la répartition de l'énergie dans le spectre solaire et donné une valeur de la constante solaire.

ABBOTT (*sir* John Caldwell), homme politique canadien (Saint-André-d'Argenteuil 1821 - Montréal 1893). Premier ministre conservateur en 1891-92.

'ABBŪD (Mārūn), écrivain libanais ('Ayn Kfa' 1886 - Djouniyé 1962). Auteur fécond, il est surtout connu pour ses critiques littéraires (*Anciens et Nouveaux,* 1954).

'ABBŪD (Ibrāhīm), général et homme d'État soudanais (Sinkāt 1900 - Khartoum 1983), chef de l'État de 1958 à 1964.

ABC [abese] n. m. **1.** Livre où l'on apprenait à lire ; alphabet. — **2.** Premiers éléments d'une science, d'une technique, d'un art, d'une activité. — **3.** *C'est l'a b c du métier,* c'est une chose élémentaire.

ABC, quotidien espagnol de tendance monarchiste, fondé par Torcuato Luca de Tena y Álvarez-Ossorio et publié à Madrid depuis le 1er janvier 1905.

ABCÈS [-sɛ] n. m. (lat. *abscessus*). **1.** Collection de pus dans une cavité créée par le développement de l'infection et dont les parois sont faites du tissu voisin modifié et refoulé. (→ *encycl.*) — **2.** *Abcès de fixation,* abcès aseptique provoqué artificiellement dans une intention thérapeutique ; lieu où on donne aux troubles la possibilité de prendre une certaine force afin d'en éviter l'extension. ‖ *Crever, vider l'abcès,* résoudre avec une certaine violence une situation critique et dangereuse.

ENCYCL. **Méd.** Les *abcès chauds* sont dus le plus souvent à une piqûre septique, les germes le plus fréquemment rencontrés étant le staphylocoque et le streptocoque. Les signes locaux sont ceux de l'inflammation. Les *abcès froids* sont dus le plus souvent au bacille de Koch et se voient surtout dans la tuberculose ostéo-articulaire. Ils se constituent sans réaction inflammatoire.

'ABD AL-'AZĪZ IBN AL-ḤASAN (Marrakech 1878 ou 1881 - Tanger 1943), sultan du Maroc de 1894 à 1908. Rendu impopulaire pour s'être laissé influencer par les Européens (acte d'Algésiras, 1906), il fut détrôné par son frère Mūlāy 'Abd al-Ḥāfiẓ.

'ABD AL-'AZĪZ III IBN SA'ŪD (Riyāḍ v. 1880 - *id.* 1953), roi d'Arabie Saoudite (1932-1953). Roi du Hedjaz en janv. 1926, il devint en 1932 roi de l'Arabie Saoudite, pays réunissant en un seul État le Nadjd, le Ḥasā, le Ḥā'il, le Hedjaz et l''Asīr. Grâce à l'exploitation des richesses pétrolières du pays, 'Abd al-'Azīz put moderniser son pays. Il eut pour successeur son fils Sa'ūd, désigné comme héritier dès 1932.

'ABD AL-HĀDĪ ('Awnī), homme politique palestinien (1889 - 1970). Il fonda en 1932 le parti de l'indépendance (Istiqlāl), se réclamant de l'idéal panarabe et soutint l'insurrection palestinienne (1936-1939). Il s'établit en 1949 en Jordanie.

'ABD AL-ḤAMĪD IBN YAḤYĀ, écrivain arabe († v. 750), créateur de la littérature épistolaire arabe.

ABDĀLI, tribu afghane de la région de Kandahar.

'ABD AL-ILĀH (Ṭā'if 1913 - Bagdad 1958), fils d''Alī, roi du Hedjaz, neveu d'Abdullah, roi de Jordanie, et de Fayṣal Ier, roi d'Iraq, régent d'Iraq au nom de Fayṣal II de 1939 à 1953.

'ABD AL-KARĪM → ABD EL-KRIM.

'ABD ALLĀH (La Mecque 545 ou 554-570 ?), fils de 'Abd al-Muṭṭalib et père de Mahomet.

'ABD ALLĀH, roi de Jordanie → ABDULLAH.

ABDALLAH (Ahmed), homme d'État comorien (Domoni, Ndzouani, 1919 - Moroni 1989). Leader du parti démocratique des Comores, il proclame unilatéralement l'indépendance de l'archipel (1975) avant de devenir président de la République (1978). Il meurt assassiné.

'ABD ALLĀH AL-SALIM AL-ṢABBĀḤ (Koweït 1895-*id.* 1965), émir du Koweït (1950-1965). Sous son règne, la principauté accéda à l'indépendance (28 juin 1961).

'ABD ALLĀH IBN YĀSĪN, fondateur de la dynastie des Almoravides († 1059).

'ABD AL-MALIK, sultan du Maroc (1576-1578). Il mourut lors de la bataille d'Alcaçar-Quivir.

'ABD AL-MALIK IBN MARWĀN (646 ou 647-705), 5e calife omeyyade (685-705). Il rétablit l'unité de l'empire musulman et ses armées conquirent La Mecque puis l'Iraq. Il fit construire la mosquée du Rocher à Jérusalem.

'ABD AL-MU'MIN († Salé 1163), premier calife de la dynastie des Almohades (v. 1128-1163). Il conquit le Maroc sur les Almoravides et fit de Marrakech, prise en 1147, sa capitale. Puis il occupa le reste de l'Afrique du Nord et une partie de l'Espagne.

'ABD AL-QĀDIR → ABD EL-KADER.

'ABD AL-QĀDIR AL-DJĪLĀNĪ, théologien, mystique et fondateur de la confrérie des Qadirites (1077-1166).

'ABD AL-RAḤMĀN Ier (731 - Cordoue 788), émir de Cordoue (756-788), fondateur de l'émirat omeyyade de Cordoue. — **'Abd al-Raḥmān II** (Tolède 792-Cordoue 852), émir omeyyade de Cordoue (822-852). — **'Abd al-Raḥmān III** (v. 890-Cordoue 961), souverain omeyyade d'Espagne (912-961), premier calife de Cordoue. Représentant le traditionalisme islamique, il prit le titre de calife (929) et entreprit de chasser les Fāṭimides d'Afrique du Nord, mais, vainqueurs, ceux-ci ne lui laissèrent que Tanger et Ceuta, places essentielles pour le contrôle des détroits. 'Abd al-Raḥmān fit de Cordoue la capitale culturelle et artistique de l'Occident musulman.

'ABD AL-RAḤMĀN (v. 1790 - Meknès 1859), sultan chérifien du Maroc (1822-1859). Il soutint Abd el-Kader, mais fut défait par Bugeaud à la bataille de l'Isly (1844).

'ABD AL-RAḤMĀN IBN 'ABD ALLĀH AL-RHĀFIQĪ, gouverneur d'Andalousie en 721, puis de 730 à 732. Au cours de son incursion en Gaule, il fut arrêté près de Poitiers par Charles Martel et tué dans la bataille.

'ABD AL-RAḤMĀN KHĀN (1844-1901), émir d'Afghānistān (1880-1901). Il travailla à l'unification de l'Afghānistān dont les Britanniques et les Russes fixèrent les frontières (1888-1893). Il soumit et convertit à l'islām les Kāfirs.

'ABDALWĀDIDES, dynastie berbère des Banū Zayyān (ou Zayyānides), qui régna sur le royaume de Tlemcen du XIIIe au XVIe s. avant que celui-ci ne tombe sous la domination des Turcs (1550).

'ABD AL-WAHHĀB (Muḥammad), en fr. **Mohamed Abdel Wahab,** chanteur, compositeur et luthiste égyptien (gouvern. de Charkièh v. 1906 - Le Caire 1991). Fidèle aux formes musicales arabes classiques, il y introduit des éléments mélodiques et orchestraux européens. Il est en cela l'initiateur des musiciens arabes modernes.

ABD EL-KADER, en ar. **'Abd al-Qādir ibn Muḥyī al-Dīn,** émir arabe (près de Mascara 1808 - Damas 1883). Proclamé sultan des Arabes en 1832, il mène contre les Français la guerre sainte *(djihād).* Par le traité de la Tafna en 1837, Bugeaud reconnaît à Abd el-Kader la possession de la province d'Oran et d'une partie de celle d'Alger. En 1839, le duc d'Orléans ayant joint Constantine à Alger par le défilé des Portes de Fer, l'émir déclare que la France a violé le traité de la Tafna et se jette par surprise sur la Mitidja. C'est Bugeaud qui lui porte les coups décisifs aboutissant à l'occupation de toute l'Algérie. La prise de sa smala par le duc d'Aumale, en 1843, oblige Abd el-Kader à se réfugier aux confins du Maroc. Mais la défaite de son allié, le sultan du Maroc 'Abd al-Raḥmān, à la bataille de l'Isly, en 1844, force l'émir à se livrer au général Lamoricière en déc. 1847, après avoir remporté un dernier succès à Sidi-Brahim (1845) ; interné en France jusqu'en 1852, il se retire ensuite à Brousse (1853), puis à Damas (1855). Ses restes ont été transférés en Algérie en 1966.

ABD EL-KRIM, en ar. **'Abd al-Karīm** (Muḥammad ibn), chef rifain (Ajdir, Haut-Rif, 1882 - Le Caire 1963). Cadi à Melilla, il rêve de se tailler au Maroc une principauté indépendante. Emprisonné par les Espagnols à Melilla (1915), libéré, il se fixe en 1919 à Ajdir d'où il prêche la guerre sainte contre les Espagnols, auxquels il inflige la défaite d'Anoual (1921). Puis il se retourne contre les Français, avant qu'un accord soit réalisé pour une action commune franco-espagnole. (→ *guerre du* RIF.) Des pourparlers de paix ayant échoué (Oujda, mars 1926), une offensive générale franco-espagnole contraint Abd el-Krim à se rendre à la France en mai 1926. Déporté à la Réunion, il se réfugie au Caire au cours de son transfert en France (1947).

ABDEL-MALEK (Anouar), sociologue égyptien (Le Caire 1924). Ses travaux portent sur la sociologie des mouvements nationaux et l'analyse des différences entre sociétés marquées par un processus de mondialisation (*Égypte, société militaire,* 1962 ; *Idéologie et Renaissance nationale ; l'Égypte moderne,* 1969 ; *la Dialectique sociale,* 1972).

ABDÈRE, colonie grecque de Thrace, sur la mer Égée, qui fut le siège de la célèbre école philosophique des atomistes.

ABDIAS, un des douze petits prophètes (ve s. av. J.-C.).

ABDICATAIRE adj. et n. S'est dit des prêtres qui, durant la Révolution française, abandonnèrent l'état ecclésiastique.

ABDICATION n. f. (lat. *abdicatio*). Action d'abdiquer : *L'abdication de Louis-Philippe. L'abdication de toute volonté.*

ABDIQUER v. t. (lat. *abdicare,* renier) [conj. 3]. **1.** Renoncer à une fonction, un pouvoir et, en partic., renoncer à l'autorité souveraine : *Abdiquer son trône. Le roi fut obligé d'abdiquer.* — **2.** Renoncer à un sentiment, une opinion, etc. : *Abdiquer toute fierté, toute pudeur.* — **3.** Renoncer à imposer son autorité, sa volonté ; capituler : *Parents qui abdiquent toute autorité devant leurs enfants.*

ABDOMEN [-mɛn] n. m. (mot lat.). **1.** Partie inférieure du tronc de l'homme et des mammifères comprise entre le thorax et le bassin. — **2.** Partie postérieure du corps des arthropodes, située en arrière des pattes marcheuses.

ENCYCL. **Anat.** L'abdomen est limité, en haut par le diaphragme, qui le sépare du thorax, en bas par le bassin, en arrière par la colonne vertébrale, en avant et latéralement par des muscles puissants. Le contenu de l'abdomen est constitué essentiellement par l'appareil digestif enveloppé du péritoine. En arrière se trouve l'espace rétropéritonéal, contenant les reins et les surrénales. — **Zool.** Parmi les vertébrés, seuls les mammifères ont un abdomen nettement séparé du thorax par un diaphragme transversal ; de nombreux organes, digestifs, urinaires et génitaux notamment, y sont contenus. La limite antérieure de l'abdomen est marquée par une forte striction chez les araignées et chez la plupart des insectes hyménoptères (« taille de guêpe »). Dépourvu de pattes chez les insectes, il en porte chez les crustacés. C'est selon la forme de l'abdomen que l'on divise les crustacés décapodes en *macroures, brachyoures* et *anomoures.*

ABDOMINAL, E, AUX adj. **1.** Relatif à l'abdomen. — **2.** *Pelviennes abdominales,* chez les poissons, pelviennes situées vers l'arrière du corps. ◆ **abdominaux** n. m. pl. **1.** Muscles constituant les parois antérieures et latérales de l'abdomen. — **2.** Exercices de gymnastique conçus pour renforcer les muscles de l'abdomen.

ABDUCTEUR adj. m. et n. m. (lat. *abductor*). **1.** Se dit de tout muscle qui produit un mouvement d'abduction. — **2.** Se dit du ligament élastique qui assure l'ouverture des valves chez les mollusques bivalves. — **3.** Se dit du tube qui recueille les gaz dans une réaction chimique.

ABDUCTION n. f. (lat. *abductio,* action d'enlever, de séparer). **1.** Mouvement qui écarte un membre du plan sagittal du corps ; position résultant de ce mouvement. — **2.** Raisonnement par lequel on restreint dès le départ le nombre des hypothèses susceptibles d'expliquer un phénomène donné.

'ABDUH (Muḥammad) → MUḤAMMAD 'ABDUH.

ABDÜLAZIZ (Istanbul 1830 - *id.* 1876), 32e sultan ottoman (1861-1876). Il succéda à son frère Abdülmecid Ier et poursuivit les réformes du Tanzimat : création des vilayets (1864), instauration de cours séculières de justice (à partir de 1869). Son règne fut marqué par des révoltes qui éclatèrent au Monténégro, en Serbie, en Bosnie, en Herzégovine, en Bulgarie et en Crète, par l'émancipation de l'Égypte et par l'aggravation du déficit budgétaire et de la dette extérieure. Abdülaziz se heurta à l'opposition libérale animée par Midhat Paşa et Namik Kemal et à celle des milieux cléricaux. Déposé par le coup d'État du 30 mai 1876, il se serait suicidé quelques jours plus tard.

ABDÜLHAMID Ier (Istanbul 1725 - *id.* 1789), 27e sultan ottoman (1774-1789). Successeur de son frère Mustafa III, il dut accepter les conditions imposées par la Russie à la paix de Kutchuk-Kaïnardji (1774). Il modernisa l'armée et la marine. Il mourut alors que son empire était engagé dans une guerre contre la Russie (1778-1791) et contre l'Autriche (1788-1791). — **Abdülhamid II** (Istanbul 1842 - *id.* 1918), 36e sultan ottoman (1876-1909). Second fils d'Abdülmecid, il succéda à son frère déchu Murad V. Il promulgua la Constitution (déc. 1876) qui instituait un Parlement. À l'issue de la guerre russo-turque de 1877-78, désastreuse pour les Ottomans, le congrès de Berlin (juill. 1878) reconnut l'indépendance de la Roumanie, de la Serbie et du Monténégro ainsi que la cession de Kars, Ardahan et Batoumi à la Russie. Abdülhamid II renvoya le Parlement en février 1878 et rétablit le pouvoir autocratique. Ayant dû accepter le protectorat français sur la Tunisie (1881) et l'occupation anglaise de l'Égypte (1882), il tenta d'opposer aux puissances occidentales une politique panislamique. Contraint par la révolution jeune-turque (1908) de rétablir la Constitution, il fut déposé en 1909.

ABDULLAH ou **'ABD ALLĀH** (La Mecque 1882 - Jérusalem 1951), émir de Transjordanie (1921-

1949), roi de Jordanie (1949-1951). Fils de Ḥusayn ibn 'Alī, roi du Hedjaz, il fut émir (1921) puis roi (1946) de Transjordanie, qui devint le royaume hāchémite de Jordanie en 1949, et annexa en 1950 une partie de la Palestine arabe. Il fut assassiné par les Palestiniens.

ABDULLAH (*cheikh* Muḥammad), homme politique indien (Sowra, près de Srīnagar, Cachemire, 1905 - Srīnagar 1982). Chef du gouvernement provisoire de 1947 à 1948, puis Premier ministre de l'État de Jammu-et-Cachemire de 1948 à 1953, il lutta pour l'indépendance de cet État. Il fut de nouveau Premier ministre de 1975 à sa mort.

ABDÜLMECID Ier (Istanbul 1823 - *id.* 1861), 31e sultan ottoman (1839-1861). Successeur de Mahmud II, son père, il fut soutenu par les puissances occidentales contre les entreprises de Méhémet-Ali et promit de réformer son Empire. Il promulgua le *hattī şerif de Gülhane* (3 nov. 1839) et ouvrit ainsi l'ère des réformes : le Tanzimat (1839-1876). À l'issue de la guerre de Crimée (1853-1856), l'indépendance et l'intégrité de l'Empire ottoman furent garanties au traité de Paris (1856).

ABDUL RAHMAN *(Tuanku),* souverain du Negri Sembilan (Sri Menanti 1895 - Kuala Lumpur 1960), élu en 1957 premier souverain suprême de Malaisie.

ABDUL RAHMAN *(Tunku),* prince et homme politique malais (Alor Star 1903 - Kuala Lumpur 1990). Défendant la prééminence politique des Malais, il négocia avec Londres l'indépendance, proclamée le 31 août 1957. Le 16 sept. 1963, il présida, en pleine confrontation avec l'Indonésie, à la naissance de la Malaysia, dont il fut Premier ministre jusqu'en 1970.

ABEBE BIKILA → BIKILA (Abebe).

ABÉCÉDAIRE n. m. (lat. *abecedarius,* de *a b c d*). Livre d'apprentissage de l'alphabet, qui illustre, en suivant l'ordre alphabétique, chaque lettre par un ou plusieurs mots dont cette lettre est l'initiale. (Syn. ALPHABET.)

ABÉCHÉ, v. de l'est du Tchad, ch.-l. de la préfecture du Ouaddaï ; 26 000 hab.

ABEILLE n. f. (anc. provenç. *abelha,* du lat. *apicula*). **1.** Insecte hyménoptère social (apidé) dont certaines espèces sont l'objet d'un élevage (apiculture) pour la récolte du miel et de la cire élaborée par une colonie hébergée dans une ruche. (→ *encycl.*) — **2.** Figure d'armoirie représentant cet insecte, qui tient la place des fleurs de lis dans l'héraldique impériale.

ENCYCL. Le sexe d'une abeille est déterminé dès la ponte de l'œuf, qui, s'il doit donner un mâle, restera non fécondé et sera pondu dans une alvéole plus grande que celle de la plupart des femelles. Parmi ces dernières, seules quelques-unes, pondues dans une très grande « loge royale » et richement nourries à l'état larvaire (« gelée royale ») donneront des femelles fécondes, ou *reines.* Toutes les autres, étroitement logées et sous-alimentées, resteront stériles, formant la caste des *ouvrières.* Dans tous les cas, la nymphose a lieu à l'abri d'un couvercle que l'adulte perce entre 16 et 21 jours après la ponte, selon la caste.

L'abeille adulte, de couleur brune, velue, longue de 1,5 à 2 cm, présente trois parties nettement séparées : tête, thorax et abdomen. Les antennes sont courtes, les gros yeux composés sont complétés par des ocelles frontaux favorisant l'orientation par temps couvert, l'appareil buccal est de type lécheur. Les deux paires d'ailes se solidarisent pendant le vol grâce à une rangée de crochets (hamules). L'abdomen des femelles se termine par un aiguillon relié à un appareil venimeux, et dont la piqûre est douloureuse, voire dangereuse. Seule l'ouvrière possède des glandes cirières et, sur les pattes postérieures, des organes de récolte du pollen (brosse, corbeille, râteau). En été, la colonie atteint sa population maximale, de l'ordre de 60 000 ouvrières, quelques centaines de mâles, quelques milliers de larves et une seule reine. La naissance de nouvelles femelles fertiles provoque le départ de l'ancienne reine, suivie de la moitié environ des ouvrières : c'est l'*essaimage,* suivi de la fondation d'une nouvelle ruche. La reine, qui ne fait que pondre (jusqu'à 2 000 œufs par jour), vit en effet 4 ou 5 ans, tandis que les ouvrières meurent d'épuisement en quelques semaines, et que les mâles sont massacrés à l'automne.

La reine peut d'ailleurs reprendre la ponte : fécondée par 4 ou 5 mâles lors de son unique *vol nuptial* de jeunesse, elle a fait provision de sperme pour toute sa vie. Les ouvrières assurent toutes les fonctions : construction des rayons de cire (→ RUCHE), défense, nettoyage et ventilation de la ruche, mise en conserve du miel, nourrissage des larves et de la reine, enfin et surtout récolte du pollen et du nectar des fleurs (butinage), ce qui fait d'elles d'utiles agents de pollinisation des plantes fourragères. La « danse frétillante », par laquelle les premières butineuses informent leurs compagnes de l'emplacement des gîtes floraux, a la précision d'un véritable langage.

ABE KŌBŌ, écrivain japonais (Tōkyō 1924 - *id.* 1993). Son œuvre unit les mythes populaires japonais aux genres occidentaux (roman policier, science-fiction), dans une recherche passionnée de l'identité humaine (*la Femme des sables,* 1962 ; *l'Arche en toc,* 1984).

ABEL, second fils d'Adam et Ève, tué par jalousie par son frère Caïn*. Le récit biblique de ce meurtre (Genèse IV, 1-16) est peut-être l'écho du conflit de deux civilisations : celle de l'agriculteur, représentée par Caïn, et celle du berger nomade, figurée par Abel.

ABEL (1218-1252), roi de Danemark (1250-1252). Ayant considéré comme un bien héréditaire le Slesvig reçu en fief (1232) de son père Valdemar II, il entra en lutte contre son frère Erik Plovpenning, et contribua à son assassinat.

ABEL (Niels Henrik), mathématicien norvégien (île de Finnøy 1802 - Arendal 1829). Encore étudiant, il démontra l'impossibilité de résoudre par radicaux l'équation algébrique générale du 5e degré. Il étudia rigoureusement le domaine de convergence de la série du binôme et transforma la théorie des intégrales elliptiques en étudiant leurs fonctions inverses et en considérant des valeurs complexes de la variable. Il a étendu ses recherches aux *intégrales abéliennes.*

ABEL (*sir* Frederick Augustus), chimiste britannique (Londres 1827 - *id.* 1902). Il a étudié avec sir Andrew Noble les explosifs et trouvé le traitement rendant stables les nitrocelluloses.

ABEL (Antoine), écrivain seychellois d'expression française (Port Glaud 1932). Ses poèmes et ses récits s'inspirent du folklore de son pays (*Paille-en-queue,* 1969).

ABÉLARD (Pierre), théologien et philosophe français (Le Pallet, près de Nantes, 1079 - prieuré de Saint-Marcel, près de Chalon-sur-Saône, 1142). Élève d'Anselme, il vint à Paris, aima Héloïse, nièce du chanoine Fulbert, mais celui-ci le fit émasculer. La correspondance des deux amants est l'une des plus belles œuvres du Moyen Âge. Abélard distingue dans la *Dialectica* les mots des concepts universaux et voit dans leur articulation le fondement de la signification du langage. Son œuvre théologique lui valut de continuelles querelles, pour lesquelles il sollicita l'intervention du pape : mais il mourut avant d'aboutir.

ABÉLIE n. f. (de *Abel* Clark, n. pr.). Arbuste (caprifoliacée) du Mexique, cultivé en serre froide pour la beauté de ses fleurs.

ABÉLIEN, ENNE adj. (de N. H. *Abel,* n. pr.). **1.** Syn. de COMMUTATIF. — **2.** *Équation abélienne,* équation dont chaque racine peut s'exprimer rationnellement en fonction de l'une quelconque des autres. ‖ *Intégrale abélienne,* intégrale de la forme $\int_a^x R[t, y(t)] \cdot dt$, où y est une fonction algébrique de x définie par une équation polynomiale $P(x,y) = 0$, et $R(x,y)$ est une fonction rationnelle.

ABELL (Kjeld), écrivain danois (Ribe 1901-Copenhague 1961), auteur engagé (*le Cri,* 1961) et rénovateur de la technique dramatique (emprunts à l'opéra et au cinéma).

ABELLIO (Georges SOULÈS, dit **Raymond**), écrivain français (Toulouse 1907 - Nice 1986). Ses ouvrages font le bilan de son itinéraire politique et spirituel, marqué par l'ésotérisme (*Vers un nouveau prophétisme,* 1947 ; *la Fosse de Babel,* 1962 ; *Sol invictus,* 1980).

ABÉNAKIS, Indiens de la famille des Algonquins, qui vivaient en nomades sur le littoral du Maine (Amérique du Nord).

Abencérage *(les Aventures du dernier),* nouvelle de Chateaubriand, écrite en 1807 et publiée en 1826 : illustration du romantisme « troubadour ».

ABENGOUROU, v. de la Côte-d'Ivoire, ch.-l. de dép., au N.-N.-E. d'Abidjan ; 31 000 hab.

ABEOKUTA, v. du Nigeria, cap. de l'État de l'Ogun, sur le fl. Ogun, au N. de Lagos ; 226 000 hab.

ABER [abɛr] n. m. (mot celt. signif. *embouchure*). En Bretagne, partie aval de petites rivières dont les vallées ont été ennoyées par un relèvement récent du niveau de la mer.

ABERCIUS, évêque de Hiérapolis, en Phrygie, de la fin du IIe s. L'épitaphe qu'il avait composée en grec pour son tombeau (découverte en 1883) est le plus ancien monument lapidaire qui mentionne le rite eucharistique.

ABERDARE (Henry Austin BRUCE, 1er *baron*), homme politique britannique (Duffryn, Mid Glamorgan, 1815 - Londres 1895). Ministre de l'Intérieur dans le gouvernement Gladstone (1869-1873), il devint lord président du Conseil en 1873-74. Après la chute du cabinet libéral en 1874, il fut associé aux affaires d'Afrique occidentale.

ABERDEEN, port de Grande-Bretagne, dans le nord-est de l'Écosse, sur la mer du Nord, à l'embouchure de la Dee ; 216 000 hab. Résidence royale du XIIe au XIVe s., Aberdeen reçut une université en 1494. Cathédrale surtout du XVe s. et autres monuments. Musées. Aéroport et héliport. Siège des compagnies pétrolières et principale base pour l'exploitation du pétrole en mer du Nord.

ABERDEEN (George GORDON, 4e *comte* D') → GORDON.

ABERDEEN AND TEMAIR (John Campbell GORDON, 1er *marquis* D') → GORDON.

Aberdeen-Angus ou **Angus** *(race d')* [de *Aberdeen,* port d'Écosse, et de *Angus,* comté d'Écosse], race bovine à viande, de format moyen, à robe noire.

(Importante au Royaume-Uni, en Argentine, aux États-Unis.)

ABERRANCE n. f. (de *aberrant*). Singularité présentée dans une série statistique par une grandeur dont la valeur s'écarte très nettement de la valeur centrale.

ABERRANT, E adj. (lat. *aberrare,* s'écarter de). **1.** Qui s'écarte du type normal, qui va contre la logique, la vérité ; absurde : *Idée, conduite aberrante.* – **2.** Se dit d'un être ou d'un groupe d'êtres (espèce, genre, ordre, etc.) très différent de ses plus proches voisins.

1. ABERRATION n. f. (lat. *aberratio,* de *aberrare,* s'écarter de). **1.** Accès de folie, égarement, grave erreur de jugement ; absurdité : *C'est une aberration de laisser les enfants jouer près de la route.* – **2.** *Aberration chromosomique,* anomalie de nombre ou de structure des chromosomes. (Les aberrations chromosomiques peuvent porter sur les chromosomes sexuels [*aberrations sexuelles*] ou non sexuels [*aberrations autosomiques*].) [→ encycl.]

ENCYCL. **Génét.** Parmi les *aberrations autosomiques,* on distingue des aberrations de nombre (ce sont surtout des trisomies, la trisomie 21, ou mongolisme, étant la plus fréquente) et des aberrations de structure résultant de cassures chromosomiques et comprenant notamment des délétions (la délétion du chromosome 5 est responsable du syndrome du « cri du chat »). Les *aberrations sexuelles* sont surtout des aberrations de nombre. Elles s'observent notamment dans les syndromes de Turner et de Klinefelter.

2. ABERRATION n. f. (angl. *aberration,* du lat. *aberratio,* diversion). **1.** Phénomène optique dû au déplacement de la Terre dans l'espace et qui modifie la direction dans laquelle on observe les étoiles dans le ciel. – **2.** Défaut qui altère la qualité des images données par un système optique. (→ *encycl.*) – **3.** *Aberrations de l'œil normal,* altérations de l'image donnée par le système optique de l'œil.

ENCYCL. **Opt.** On distingue essentiellement les *aberrations géométriques* (aberration sphérique, coma, astigmatisme et courbure de champ, distorsion), dues au manque de stigmatisme de l'appareil, et les *aberrations chromatiques,* dues à la dispersion de la lumière par les dioptres de l'appareil. On corrige ces dernières en associant des lentilles convergentes et divergentes.

ABER-VRAC'H ou **ABER-WRACH,** fl. côtier et estuaire (parsemé d'îles) de Bretagne (Finistère), dans le Léon ; 34 km.

ABÊTIR v. t. (conj. 32). Rendre bête, stupide ; abrutir : *Ce type de lectures vous abêtira.*

◆ **s'abêtir** v. pr. Devenir bête : *S'abêtir dans la paresse et la facilité.*

ABÊTISSANT, E adj. Qui rend stupide ; abrutissant.

ABÊTISSEMENT n. m. Action d'abêtir, de s'abêtir ; abrutissement.

ABETZ (Otto), homme politique allemand (Schwetzingen, près de Mannheim, 1903-Langefeld 1958). Ambassadeur d'Allemagne à Paris de 1940 à 1944, il fut chargé d'y organiser une collaboration officielle. Il fut emprisonné en France de 1945 à 1954.

ABGAR V, roi d'Édesse (Ier s. apr. J.-C.). Une tradition rapportée par Eusèbe fait mention d'une légendaire correspondance entre ce souverain et Jésus. Ces lettres apocryphes relèvent de la volonté de donner aux anciennes fondations chrétiennes une origine apostolique.

ABH *(système),* ensemble des substances antigéniques ubiquitaires qui définissent les sujets des groupes sanguins A, B, AB et O.

ABHĀ ou **EBHĀ,** v. du sud-ouest de l'Arabie Saoudite, ch.-l. de la prov. du 'Asīr.

ABHORRER v. t. (lat. *abhorrere*) [conj. 3]. *Litt.* Éprouver de l'aversion pour qqch ou qqn ; détester, exécrer : *Abhorrer le mensonge.*

ABIA, 2e roi de Juda (913-911 av. J.-C.).

ABIDJAN, v. princ. de la Côte-d'Ivoire, cap. du pays jusqu'en 1983. Née au début du siècle, Abidjan est devenue l'une des grandes métropoles de l'Afrique occidentale (environ 2,5 millions d'hab.), centre administratif, commercial (principal port de la Côte-d'Ivoire, aéroport international), universitaire, concentrant aussi l'essentiel de l'industrie ivoirienne.

ABIÉTACÉE n. f. (lat. *abies,* sapin). Arbre résineux tel que le sapin, l'épicéa, les diverses espèces de pin, le mélèze et le cèdre. (Syn. PINACÉE.)

ENCYCL. Les *abiétacées* ont des feuilles en aiguilles, généralement persistantes ; les fleurs sont groupées en cônes unisexués ; trois ans après la pollinisation, les cônes femelles s'ouvrent en libérant des graines nues, ailées, que disperse le vent. La famille des abiétacées inclut toutes les gymnospermes des forêts françaises.

ABIÉTIQUE adj. (lat. *abies,* sapin). *Acide abiétique,* acide $C_{19}H_{29} - CO_2H$, principal constituant de la colophane produit au cours de la transformation de l'oléorésine du pin en colophane. (Il sert à modifier des résines formophénoliques ou glycérophtaliques pour donner des résines abiétoformophénoliques, abiétoglycérophtaliques ou abiétomaléiques, utilisées dans des peintures et vernis.)

ABILDGAARD (Nicolai Abraham), peintre et architecte danois (Copenhague 1743-Frederiksdal 1809). C'est le plus connu des peintres néoclassiques de son pays, dont les esquisses dénotent un sentiment préromantique.

ABÎME n. m. (lat. pop. **abismus,* du lat. ecclés. *abyssus,* du gr. *abussos,* sans fond). **1.** *Litt.* Gouffre naturel, cavité, précipice d'une profondeur insondable, ou lieu, espace qui n'a pas de limites assignables. — **2.** Division, désaccord profond entre des personnes, différence importante, distance considérable entre des choses : *Cette rivalité a creusé un abîme entre eux.* — **3.** *Un abîme de,* indique qu'un état, une qualité atteignent au plus haut degré : *Être plongé dans un abîme de perplexité.* — **4.** *Litt.* Désastre, échec, situation désespérée : *Aller, courir à l'abîme. Toucher le fond de l'abîme.* — **5.** En héraldique, point central de l'écu. (Syn. CŒUR.) — **6.** Dans l'iconographie chrétienne, séjour des démons, symbolisé parfois par une tête d'homme hideuse, de mine féroce, sortant du sommet d'un cône figurant le monde.

ABÎMER v. t. (de *abîme*) [conj. 3]. **1.** Mettre qqch en mauvais état ; endommager, détériorer, esquinter : *Avec ton couteau tu vas abîmer la table. Le soleil abîme la peau.* — **2.** *Fam.* Dire du mal de qqn, le critiquer sévèrement : *Les critiques ont abîmé l'auteur de ce roman.*

◆ **s'abîmer** v. pr., **être abîmé** v. pass. **1.** Se détériorer, être endommagé : *Le tissu risque de s'abîmer assez vite.* — **2.** Soumettre sa peau, ses yeux, etc., à rude épreuve, les avoir, les mettre en mauvais état. — **3.** Plonger dans qqch comme dans un abîme ; sombrer, disparaître : *Avion qui s'abîme dans la mer.* — **4.** *Litt.* Se plonger dans une pensée, un sentiment, s'y enfoncer profondément : *S'abîmer dans la contemplation d'une œuvre d'art.*

AB INTESTAT [abɛ̃tɛsta] adv. (lat. jurid. *abintestato,* de *ab,* de la part de, et *intestatus,* sans testament). Se dit de la succession régie par la loi en l'absence d'un testament.

ABIOGENÈSE n. f. Acquisition par la matière inerte des propriétés caractéristiques des structures vivantes. (Rapide il y a 3 à 4 milliards d'années, l'abiogenèse a cessé dès que les vivants se sont reproduits et ont profondément modifié l'atmosphère terrestre.) [Syn. GÉNÉRATION SPONTANÉE.]

ABIOTIQUE adj. **1.** Se dit d'un milieu impropre à la vie. — **2.** Qui ne concerne pas, ne conditionne pas la vie.

ABITIBI, lac du Canada (915 km²), aux confins du Québec et de l'Ontario, d'où sort la *rivière Abitibi,* tributaire de la baie James.

ABITIBI, comté de l'ouest de la province du Québec (Canada), à la frontière de l'Ontario (ch.-l. *Amos*). Exploitations minières.

ABJECT, E [abʒɛkt] adj. (lat. *abjectus,* rejeté). Qui inspire le dégoût, le mépris, par sa bassesse, sa dégradation morale ; ignoble : *Une conduite abjecte.*

ABJECTION n. f. (lat. ecclés. *abjectio,* rejet). Dernier degré de l'abaissement, de la dégradation morale ; ignominie.

ABJURATION n. f. (lat. ecclés. *abjuratio,* reniement). **1.** Action d'abjurer une religion, une hérésie. — **2.** Action de renoncer à une opinion, une doctrine.

ABJURATOIRE adj. Qui concerne l'abjuration : *Formule abjuratoire.*

ABJURER v. t. (lat. ecclés. *abjurare,* nier par serment) [conj. 3]. **1.** Renoncer solennellement à une religion. — **2.** Renoncer publiquement à une opinion.

ABKHAZES ou **ABKHAZ,** peuple caucasique du Caucase occidental (91 000 individus en 1979, dont la moitié sont musulmans).

ABKHAZIE, république autonome de Géorgie, au S. du Caucase occidental ; 8 700 km² ; 537 000 hab., dont probablement moins de 100 000 Abkhazes. Cap. *Soukhoumi.* L'Abkhazie s'identifie avec la majeure partie de l'ancienne Colchide.

ABLACTATION n. f. (lat. *ab,* hors de, et *lac, lactis,* lait). Cessation, pour la mère, de l'allaitement au sein.

ABLATIF n. m. (lat. *ablativus,* de *ablatus,* enlevé). **1.** Cas, utilisé en latin, en sanskrit, en finnois, etc., exprimant la séparation, l'éloignement. — **2.** *Ablatif absolu,* en latin, proposition participiale circonstancielle à l'ablatif.

ABLATION n. f. (lat. *ablatio*). **1.** Opération consistant à enlever un organe, une tumeur. — **2.** Sublimation du matériau constitutif d'une paroi sous l'effet d'un flux de chaleur élevé, phénomène mis à profit pour protéger la surface intérieure de la tuyère de moteurs-fusées, ou les parties extérieures des têtes de missiles et des véhicules spatiaux rentrant à grande vitesse dans l'atmosphère. — **3.** Enlèvement de matière aux dépens du relief par départ de débris solides ou par dissolution. — **4.** Perte de substance d'un glacier sous l'effet de la fusion.

ABLAUT [ablaut] n. m. (mot all.). Syn. de ALTERNANCE VOCALIQUE.

ABLE n. m. (lat. *albulus,* blanchâtre). Poisson d'eau douce (cyprinidé), voisin de l'ablette.

ABLEIGES (Jacques D'), jurisconsulte français de la fin du XIVe s. Il rédigea le *Grand Coutumier* de France* entre 1385 et 1389.

ABLÉPHARIE n. f. Absence congénitale ou acquise de paupières.

ABLERET ou **ABLIER** n. m. (de *able*). Filet de pêche carré.

ABLETTE n. f. (de *able*). Poisson (cyprinidé) insectivore, social, difficile à pêcher, des eaux douces calmes et claires, mesurant 10 à 15 cm et caractérisé par ses écailles argentées d'où l'on extrayait l'« essence d'Orient » des fausses perles.

ABLOCAGE n. m. Manière ou action d'abloquer.

ABLON-SUR-SEINE (94480), comm. du Val-de-Marne, à 12 km au S.-S.-E. de Paris ; 4 947 hab. *(Ablonnais)*. Bandes magnétiques.

ABLOQUER v. t. (de *bloc*) [conj. 3]. Fixer une pièce à la machine-outil sur laquelle on veut l'usiner.

ABLUTION n. f. (lat. *ablutio*). **1.** Dans de nombreuses religions, acte rituel de purification par l'eau. — **2.** Dans la liturgie catholique, rite de purification du calice qui a contenu le vin consacré.

◆ **ablutions** n. f. pl. Fam. *Faire ses ablutions,* faire sa toilette.

ABM [abeɛm] n. m. (sigle de *AntiBallistic Missile*). Missile défensif porteur d'une charge explosive, nucléaire ou non, destiné à détruire ou à neutraliser un missile balistique adverse.

ABNÉGATION n. f. (lat. ecclés. *abnegatio,* renoncement). Sacrifice total au bénéfice d'autrui de ce qui est pour soi l'essentiel : *Faire preuve d'abnégation.*

ABNER, dans la Bible, général de Saül (XIe s. av. J.-C.).

ABO *(système),* ensemble de quatre groupes* sanguins érythrocytaires découverts en 1900 par Landsteiner, et qui sont à la base de la transfusion sanguine. Ce système est représenté par deux antigènes, A (lui-même subdivisé en deux sous-groupes A_1 et A_2) et B, qui définissent quatre groupes sanguins selon l'antigène qui est présent sur les globules rouges : groupe A lorsque l'antigène A est seul présent, groupe B lorsque l'antigène B est seul présent, groupe AB lorsque les antigènes A et B sont tous les deux présents, groupe O lorsque aucun des deux antigènes n'est présent. Les fréquences en France sont : groupe A, 45 % ; groupe B, 9 % ; groupe O, 43 % ; groupe AB, 3 %.

Le sérum des sujets de chaque groupe contient l'anticorps correspondant à l'antigène que ses globules rouges ne possèdent pas. Le sérum du groupe A contient l'anticorps anti-B, celui du groupe B l'anticorps anti-A, celui du groupe O les anticorps anti-A et anti-B. Le sérum du groupe AB ne contient aucun anticorps.

Au cours d'une transfusion sanguine, sous peine d'accidents hémolytiques graves, parfois mortels, on ne doit pas injecter du sang contenant l'antigène au sujet qui possède dans son sérum l'anticorps correspondant à cet antigène. Le sang des sujets du groupe O (qui ne possède aucun antigène sur les hématies) peut être injecté à tout le monde (le groupe O est donneur universel). Le groupe AB qui, lui, ne contient aucun anticorps dans le sérum est receveur universel.

La transmission héréditaire des antigènes A et B suit les lois de Mendel, les gènes des groupes des systèmes ABO étant portés par le chromosome nº 9. A et B sont dominants par rapports à O. Les sujets du groupe O sont donc toujours homozygotes et ceux du groupe AB toujours hétérozygotes. Mais les sujets A et B peuvent être homozygotes (AA, BB) ou hétérozygotes (AO, BO), ce qui limite considérablement la valeur du

Schéma des compatibilités des groupes sanguins du système **ABO** pour la transfusion.

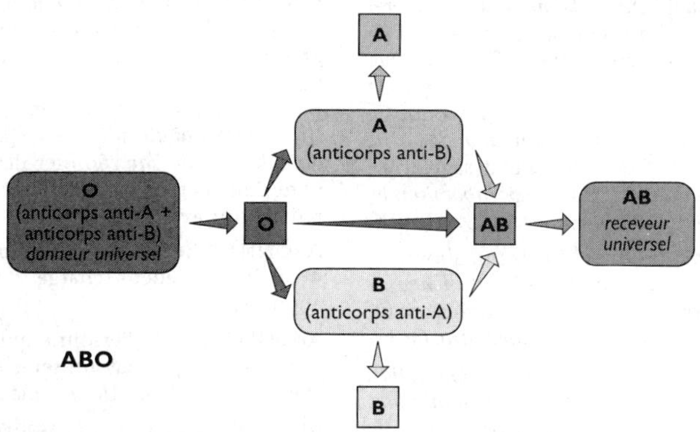

système ABO pour la recherche de la paternité. En dehors des globules rouges, les antigènes A et B sont largement répandus dans différents tissus. Ils constituent donc un important système d'histocompatibilité et jouent un rôle essentiel dans les greffes et transplantations d'organes.

ÅBO, nom suédois de Turku.

ABOIEMENT n. m. Action d'aboyer ; bruit ainsi produit.

ABOIS n. m. pl. *Être aux abois,* se dit de certains animaux de vénerie arrêtés devant la meute alors qu'ils vont être forcés ; être dans une situation désespérée.

ABOLIR v. t. (lat. *abolere,* détruire) [conj. **32**]. **1.** Annuler une loi, une coutume, etc., les supprimer : *Abolir la peine de mort.* — **2.** *Litt.* Anéantir, supprimer qqch : *On ne peut abolir le temps.*

ABOLITION n. f. (lat. *abolitio*). Action d'abolir, d'annuler, de supprimer : *L'abolition des contrôles.*

ABOLITIONNISME n. m. Attitude, doctrine de ceux qui demandent l'abolition d'une loi, d'une coutume, en partic. de l'esclavage et de la peine de mort.

ENCYCL. Le courant en faveur de l'abolition de l'esclavage naquit aux États-Unis à la fin du XVIIIe s. chez les quakers et parmi certains planteurs. Il s'amplifia après 1815 jusqu'à l'abolition de l'esclavage en 1865.

ABOLITIONNISTE adj. et n. Qui relève de l'abolitionnisme, qui en est partisan.

ABOMEY, v. du Bénin, ch.-l. du dép. de Zou et anc. cap. du *royaume d'Abomey ;* 41 000 hab. Fondée au début du XVIIe s. Abomey fut la capitale du royaume fon du Dahomey jusqu'à la conquête française. Musée historique dans les anciens palais Guézo et Glélé.

ABOMINABLE adj. (lat. *abominabilis*). **1.** Qui suscite l'aversion, l'horreur par sa cruauté, son immoralité ; monstrueux, atroce : *Un crime abominable. Un abominable individu.* — **2.** Qui est physiquement repoussant ou qui provoque le dégoût, la répulsion : *Une abominable odeur de putréfaction.* — **3.** Extrêmement désagréable ; très mauvais, affreux : *Un temps abominable.* — **4.** Fam. *L'abominable homme des neiges,* le yéti.

ABOMINABLEMENT adv. **1.** De façon abominable, horrible : *Il s'est conduit abominablement avec eux.* — **2.** Marque l'intensité : extrêmement, horriblement : *Il chante abominablement faux.*

ABOMINATION n. f. (lat. ecclés. *abominatio*). **1.** Chose abominable : *Dire des abominations.* — **2.** Litt. *Avoir qqch, qqn en abomination,* le détester, l'exécrer. ‖ Litt. *L'abomination de la désolation,* le comble de l'impiété, d'un mal qui inspire de l'horreur (allus. biblique).

ABOMINER v. t. (lat. *abominari*) [conj. **3**]. Avoir en horreur ; abhorrer, exécrer : *Abominer les hypocrites, la violence.*

ABONDAMMENT adv. Avec abondance, copieusement : *Il pleuvait abondamment.*

ABONDANCE n. f. (lat. *abundantia,* affluence). **1.** Grande quantité de qqch : *L'abondance de la récolte.* — **2.** Aisance procurée par des ressources importantes : *Vivre dans l'abondance.* — **3.** *En abondance,* en grande quantité ; beaucoup. ‖ *Parler avec abondance,* s'exprimer avec une grande facilité, en usant d'un vocabulaire riche. ‖ Litt. *Parler d'abondance,* sans préparation, sans notes. • **Astron.** Paramètre qui décrit la proportion des divers éléments entrant dans la composition chimique d'un astre. — **Bot.** Proportion de plantes d'une espèce déterminée observée sur une certaine surface de sol. — **Écon.** *Société d'abondance,* type de société que l'on estimait, dans les années 70, caractéristique des pays développés, et qui se définissait par une multiplication extrême des biens et services mis à la disposition du public, et, à la limite, par des consommations exagérées voire inutiles.

ABONDANCE (74360), ch.-l. de cant. du nord de la Haute-Savoie, dans le Chablais, sur la *Dranse d'Abondance ;* 1 353 hab. Station d'altitude et de sports d'hiver (alt. 950-2 438 m). Anc. abbaye remontant à la fin du XIIe s. (fresques du XVe dans le cloître). Fromages. Race de bovidés.

Abondance *(race d')* [de *Abondance,* n. pr.], race bovine pie rouge de montagne, d'assez grande taille, à aptitude laitière, localisée dans le sud-est de la France.

ABONDANT, E adj. (lat. *abundans*). Qui est en grande quantité ; fourni, copieux : *Une abondante chevelure. D'abondantes illustrations.*

ABONDER v. i. (lat. *abundare,* de *unda,* flot) [conj. **3**]. Se trouver qqpart en abondance, en grande quantité : *Les erreurs abondent dans ce texte.*
◆ v. t. ind. **1.** Contenir en grande quantité : *Grammaire qui abonde en exemples.* — **2.** *Abonder dans le sens de qqn,* donner des arguments qui vont dans le sens de ce que dit qqn, être tout à fait de son avis.

ABONNATAIRE adj. Concédé par abonnement.
◆ n. Entrepreneur chargé d'un marché par abonnement.

ABONNÉ, E n. **1.** Personne qui a pris un abonnement à un journal, un service, etc. — **2.** *Fam.* Habitué d'un lieu : *Un abonné du bistrot.*

ABONNEMENT n. m. **1.** Convention entre un fournisseur (commerçant, journal, théâtre, service public) et ses clients pour la livraison régulière de produits ou l'usage habituel d'un service en échange d'un paiement en un seul versement : *Souscrire un abonnement à une revue.* — **2.** Technique selon laquelle un contribuable s'engage, avec l'accord du fisc, à régler, à termes réguliers et par un paiement global, l'ensemble des droits dus au titre de plusieurs applications successives d'un même impôt sur un même objet. — **3.** En France, au Moyen Âge et sous l'Ancien Régime, convention par laquelle on rachetait à un prix fixé d'avance une redevance seigneuriale ou un impôt royal.

ABONNER v. t. (anc. fr. *aboner,* de *bone,* borne) [conj. 3]. Prendre un abonnement pour qqn, à son nom.

◆ **s'abonner** v. pr., **être abonné** v. pass. **1.** Prendre un abonnement pour soi, avoir un abonnement. — **2.** Fam. *Être abonné à un lieu,* en être un habitué, y aller fréquemment. — **3.** Fam. *Y être abonné,* se dit de qqn à qui qqch arrive fréquemment, surtout en parlant d'événements désagréables.

ABONNIR v. t. (de *bon*) [conj. 32]. Rendre meilleur (le vin).

◆ v. i. ou **s'abonnir** v. pr. Devenir meilleur, en parlant d'un vin qui vieillit.

ABÔNOU TEIKHOS, anc. ville grecque d'Asie Mineure, sur la côte sud de la mer Noire, célèbre par l'oracle d'Asclépios.

ABORD n. m. (de *aborder*). **1.** Attitude de qqn vis-à-vis de celui qu'il accueille ; contact : *Il est d'un abord facile.* — **2.** Contenu, forme d'un ouvrage, d'une œuvre, considérés par rapport à celui qui l'aborde, accès : *Roman d'un abord difficile.* — **3.** Action d'aborder un lieu ; accès : *L'abord de la place de la Concorde n'est pas facile.* — **4.** *Au premier abord, de prime abord,* à première vue (indique une première impression démentie ou modifiée par la suite). ‖ *D'abord,* avant cela, auparavant : *Je vous rejoins, mais d'abord je dois passer un coup de téléphone ;* en premier lieu : *Il faut d'abord désinfecter la plaie, puis la panser ;* introduit fam. un argument ou une objection de valeur décisive : *Je te laisse régler cette affaire : d'abord, moi je n'y connais rien.* ‖ Litt. *Dès l'abord,* dès le premier instant. ‖ *En abord,* sur le côté du navire.

◆ **abords** n. m. pl. **1.** Alentours d'un lieu, environs. — **2.** Accès immédiats d'une ville ; routes qui permettent d'y entrer : *Les abords de Paris sont encombrés.* — **3.** Dépôt graisseux situé à la base de la queue des bovins, qui est une indication du degré d'engraissement de l'animal et que l'on apprécie par palpation *(maniement des abords).* — **4.** Ensemble des bâtiments et terrains limitrophes d'un centre équestre.

ABORDABLE adj. **1.** Se dit d'un lieu qu'on peut aborder, toucher, atteindre. — **2.** Qui est d'un abord facile, aimable. — **3.** Qui est d'un prix accessible. — **4.** Se dit d'un texte que l'on peut aisément comprendre, d'une action que l'on peut entreprendre, d'un problème que l'on peut traiter.

ABORDAGE n. m. **1.** Assaut donné à un navire ennemi. (L'*abordage en belle* consiste à placer un navire bord à bord avec l'adversaire ; l'*abordage de franc étable* consiste à présenter son étrave ou son éperon à l'adversaire.) — **2.** Collision entre deux bâtiments, deux embarcations en mer ou sur un cours d'eau. — **3.** Action d'atteindre le rivage, le quai.

ABORDER v. t. (de *bord*) [conj. 3]. **1.** Arriver à un lieu par la mer, l'atteindre : *Aborder un rivage.* — **2.** Arriver à un carrefour, un virage, etc., s'y engager. — **3.** Commencer à faire face à qqch, à l'entreprendre : *Aborder une profession avec enthousiasme.* — **4.** Commencer l'étude d'un sujet, d'une question, commencer à en parler : *On aborda le problème essentiel.* — **5.** S'approcher de qqn pour lui parler, l'accoster : *Un inconnu m'aborda dans la rue.* — **6.** Venir bord contre bord avec un autre navire pour l'attaquer ou en le heurtant accidentellement. — **7.** Arriver si près de l'ennemi que le corps-à-corps s'ensuit immédiatement. — **8.** S'approcher au plus près d'un objectif en utilisant le terrain de manière à n'être pas vu.

◆ v. i. Arriver au rivage, atteindre la terre : *Il abordera à Gênes demain.*

ABORDEUR n. m. Navire responsable d'un abordage accidentel.

ABORIGÈNE adj. et n. (lat. *aborigenes,* de *origo, -inis,* origine). **1.** Qui est originaire du pays où il vit : *Les peuples aborigènes de l'Amérique du Nord.* — **2.** Se dit en particulier des ethnies autochtones de l'Australie. (Abrév. fam. ABO.)

◆ adj. Se dit d'un végétal originaire du pays où il est cultivé.

ABORIGÈNES, selon la légende, habitants les plus anciens de l'Italie centrale.

ABORNER v. t. (conj. 3). Mettre des bornes à un terrain, pour en fixer les limites.

ABORTIF, IVE adj. (lat. *abortivus,* avorté). **1.** Se dit d'un processus morbide qui ne va pas jusqu'au terme de son évolution normale : *Éruption abortive.* — **2.** Se dit d'un organe animal ou végétal qui reste normalement inachevé et non fonctionnel (ex. le mamelon chez les mammifères mâles). — **3.** Se dit d'un produit ou d'une manœuvre destinés à provoquer l'avortement.

◆ **abortif** n. m. Produit abortif.

ABOT [abo] n. m. (mot norm.). Entrave qu'on attache aux paturons des membres antérieurs du cheval.

ABOTEAU n. m. (de *abot,* mot dialect. signif. *barrage*). Petite digue en terre marquant la limite entre deux claires à huîtres.

ABOU → ABŪ.

ABOUCHEMENT n. m. **1.** Action d'aboucher, de mettre bout à bout deux tuyaux, deux tubes, etc. — **2.** Jonction de deux vaisseaux ou de deux portions du tube digestif. — **3.** Implantation du moignon d'un viscère creux sectionné dans un autre viscère ou sur la peau.

ABOUCHER v. t. (de *bouche*) [conj. 3]. **1.** Joindre bout à bout des choses : *Aboucher deux tuyaux.* — **2.** Mettre des gens en rapport : *Il l'a abouché avec un trafiquant de drogue.*
◆ **s'aboucher** v. pr., **être abouché** v. pass. **1.** Se joindre à qqch par une extrémité. — **2.** Se mettre en rapport avec qqn, le plus souvent pour une affaire suspecte ; s'accointer, s'acoquiner : *S'aboucher avec un receleur.*

ABOUDIKRO n. m. Syn. de SAPELLI.

ABOU GORÂB, lieu-dit, à env. 2 km au N. de la nécropole d'Abousir*. Vestiges du temple solaire du pharaon Niousserê (V^e^ dynastie). Célèbres reliefs conservés, pour l'essentiel, à Berlin.

ABOUKIR, localité d'Égypte, au N.-E. d'Alexandrie, sur la *presqu'île d'Aboukir.* La rade, voisine, porte le même nom.
— **Hist.** La première bataille d'Aboukir eut lieu le 1er août 1798 : l'escadre française de l'amiral Brueys fut détruite par celle de Nelson. Au cours de la deuxième bataille (25 juill. 1799), Bonaparte rejeta à la mer une armée turque débarquée par les Anglais. Lors de la troisième (8 mars 1801), le général anglais Abercromby enleva la place au général Friant.

ABOULER v. t. (de *boule*) [conj. 3]. *Pop.* Donner, apporter : *Aboule le fric.*
◆ **s'abouler** v. pr. *Pop.* et *vx.* Arriver, venir : *Allez, viens, aboule-toi !*

ABOULIE n. f. (du gr. *boulesthai,* vouloir). Indécision et impuissance à agir.

ABOULIQUE adj. et n. Qui souffre d'aboulie.

ABOUNA n. m. (ar. *abūna,* notre père). Titre honorifique désignant en Orient les dignitaires ecclésiastiques, et en particulier les évêques abyssins.

ABOU-SIMBEL, site de Haute-Égypte, à 280 km au S. d'Assouan. Sous le règne de Ramsès II, deux *spéos* furent creusés dans le grès rose ; l'ensemble colossal était dédié aux dieux Rê-Horakhty, Amon, Hathor, ainsi qu'au pharaon divinisé et à son épouse Nefertari. L'Unesco a patronné le sauvetage des sanctuaires, condamnés à être submergés par le Nil à la suite de la construction du haut barrage d'Assouan. Découpés en énormes blocs, ils ont été reconstruits au-dessus du niveau du fleuve, adossés à une falaise artificielle (1963-1972).

ABOUSIR, site d'Égypte, près de Memphis. Pyramides ruinées des rois de la Ve dynastie.

ABOUT [abu] n. m. (de *abouter*). **1.** Extrémité d'un accessoire de couverture en terre cuite (arêtier, faîtière, rive). — **2.** Extrémité d'une pièce préparée pour un assemblage.
◆ **abouts** n. m. pl. *Mineur d'abouts,* ouvrier chargé de l'entretien systématique des puits de mine.

ABOUT (Edmond), écrivain français (Dieuze 1828 - Paris 1885). Journaliste célèbre pour son esprit parisien et voltairien, il passa de la satire (*le Roi des montagnes,* 1856) à l'humour tendre (*le Roman d'un brave homme,* 1880). [Acad. fr., 1884.]

ABOUTAGE n. m. Assemblage, par enture, de courtes pièces de bois dans le sens du fil.

ABOUTEMENT n. m. Action d'abouter.

ABOUTER v. t. (de *bout*) [conj. 3]. Assembler deux pièces par leurs bouts.

ABOUTI, E adj. Qui a été mené à bien, qui a réussi : *Un projet parfaitement abouti.*

ABOUTIR v. i. et v. t. ind. (de *bout*) [conj. 32]. **1.** En parlant d'un chemin, d'une voie, d'un cours d'eau, se terminer qqpart : *Cette rue aboutit à la place du village.* — **2.** Avoir pour fin, pour résultat, pour conséquence, en parlant d'une action, d'un projet ; avoir tel ou tel but, objectif, obtenir tel ou tel résultat, en parlant de qqn : *Une démarche qui n'aboutit à rien.* — **3.** Avoir une issue favorable, un bon résultat en parlant d'une action, d'un projet ; obtenir un résultat en parlant de qqn ; réussir : *Les pourparlers ont abouti.*

ABOUTISSANTS n. m. pl. *Les tenants et les aboutissants de qqch,* ses origines et ses conséquences, tout ce qui s'y rattache, y est impliqué.

ABOUTISSEMENT n. m. Terme d'un lieu, fin, résultat, conséquence d'une action : *L'aboutissement de l'autoroute. C'est l'aboutissement de mes recherches.*

ABOVIAN (Khatchatour), pédagogue et écrivain arménien (Khanakher 1809 - disparu en 1848), fondateur de la littérature arménienne orientale (*Plaies de l'Arménie,* 1856).

ABOVILLE (Gérard D'), navigateur solitaire français (Paris 1945). Après avoir réalisé, en 1980, la traversée de l'Atlantique à la rame (5 200 km, parcourus entre le 10 juill. et le 21 sept., du cap Cod à Ouessant), il réussit en 1991 la traversée du Pacifique (10 500 km parcourus entre le 11 juill. et le 21 nov. de Chōshi, préf. de Chiba, à Ilwaco, État de Washington).

AB OVO loc. adv. (mots lat. signif. *dès l'œuf*). Dès le principe, dès l'origine, depuis le commencement.

ABOYER v. i. (anc. fr. *abaier,* du rad. onomat. *bau-*) [conj. **13**]. **1.** Crier, en parlant du chien et de quelques autres animaux. — **2.** *Fam.* Crier, hurler en parlant de qqn. — **3.** *Aboyer à la lune,* vociférer sans résultat.
◆ v. t. ind. Fam. *Aboyer après, contre qqn,* l'invectiver, le poursuivre de réclamations, crier après, contre lui.
◆ v. t. *Litt.* Crier qqch avec force et violence : *Aboyer des injures.*

ABOYEUR n. m. *Fam.* Huissier qui annonce les invités aux réceptions ; portier de boîte de nuit.

ABQAYQ, v. d'Arabie Saoudite, dans le Ḥasā ; 15 000 hab. Centre pétrolier (oléoducs vers Yanbu').

ABRA n. f. Syn. de SYNDESMIE.

ABRABANEL (Isaac) → ABRAVANEL.

ABRACADABRA n. m. (de *abrasax*). Mot réputé magique, utilisé dans la fabrication des talismans destinés en particulier à éloigner les maladies.

ABRACADABRANT, E adj. (de *abracadabra*). Dont le caractère bizarre, éloigné du bons sens, de la raison, stupéfie, ahurit ; bizarre, extravagant : *Une nouvelle abracadabrante.*

ABRAHAM *(plaines d'),* plateau dominant le Saint-Laurent, à Québec. Le 13 sept. 1759 y eut lieu le combat décisif qui marqua la fin de la domination française au Canada.

ABRAHAM, patriarche des Hébreux (XIXe s. av. J.-C.), un des personnages majeurs des religions juive, chrétienne et islamique. Chef d'un clan araméen qui émigra de la région d'Our, il appartenait à ces tribus semi-nomades qui pénétrèrent entre 2000 et 1750 av. J.-C. dans le pays de Canaan. Hormis les plaines côtières et le Nord, le pays était zone franche pour les nomades et leurs troupeaux, et le clan s'y installa, menant une vie de pasteurs semi-nomades dont les principales étapes furent Sichem, Béthel, Hébron. Selon la Genèse, Abraham fut le bénéficiaire d'une alliance divine dont le signe est la circoncision.

ABRAHAM (Karl), médecin et psychanalyste allemand (Brême 1877 - Berlin 1925). Il fut l'un de ceux qui ont le plus contribué à l'extension du courant psychanalytique hors de Vienne et à sa cohésion. Il a introduit dans la théorie analytique la notion d'objet partiel, donné la définition des processus d'introjection et d'incorporation, étudié les stades prégénitaux. Il eut une grande influence sur l'œuvre de M. Klein qui fut l'une de ses analysantes.

ABRAHAMS (Peter), écrivain sud-africain d'expression anglaise (Johannesburg 1919). Son œuvre romanesque (*Rouge est le sang des Noirs* [*Mine Boy*], 1946 ; *le Sentier du tonnerre,* 1948) est consacrée à l'évocation des rapports conflictuels qui opposent les différentes communautés raciales d'Afrique du Sud.

ABRAMOV (Fedor Aleksandrovitch), écrivain soviétique (Verkola, région d'Arkhangelsk, 1920 - Leningrad 1983). Auteur de romans relatifs aux problèmes économiques et moraux des paysans.

ABRAMOVA (Anastassia Ivanovna), danseuse russe (1902). Attachée au Ballet du Bolchoï (1918-1948), elle fut la première représentante du style de l'école soviétique de danse de Moscou.

ABRAMOVITZ (Chalom Jacob), dit **Mendele Mocher Sefarim,** écrivain russe d'expression yiddish et hébraïque (Kopyl, gouvern. de Minsk, 1835 - Odessa 1917). L'un des fondateurs de la littérature hébraïque moderne, il dépeint, en yiddish, la vie douloureuse et pittoresque des ghettos d'Europe orientale (*Fichke le Boiteux,* 1869 ; *les Voyages de Benjamin III,* 1878).

ABRAMOWITSCH (Ruth), danseuse et pédagogue d'origine allemande (Halle 1907-Varsovie 1974). Élève de Mary Wigman, connue en Pologne sous le nom de **Ruth Sorel,** elle fonda une école à Montréal puis à Varsovie. Son enseignement influença l'évolution de la danse moderne.

ABRAMS (Creighton Williams), général américain (Springfield, Massachusetts, 1914 - Washington 1974). Spécialiste des blindés, il servit à l'état-major de la IIIe armée du général Patton en 1944. Il participa à la guerre de Corée puis succéda en 1968 au général Westmoreland, commandant en chef au Viêt-nam.

ABRANTES ou **ABRANTÈS,** v. du Portugal, en Estrémadure, dans une position forte sur le Tage ; 11 000 hab. Elle fut prise en 1807 par le général Junot, qui reçut le titre de *duc d'Abrantès.*

ABRANTÈS (*duc* et *duchesse* D') → JUNOT.

ABRAS [abra] n. m. (de *bras*). Garniture métallique du manche d'un outil, pour l'empêcher de se fendre.

ABRASAX ou **ABRAXAS** n. m. (gr. *abraksas*). **1.** Démiurge du monde inférieur, selon les gnostiques. — **2.** Pierre gravée gnostique.

ABRASER v. t. (conj. 3). User par frottement à l'aide d'un abrasif.

ABRASIF, IVE adj. Susceptible de produire une abrasion : *Poudre abrasive.*

◆ **abrasif** n. m. Substance minérale dure et tranchante capable d'arracher par frottement des particules d'un matériau.

ENCYCL. Les abrasifs sont utilisés sous forme de grains (silex, quartz, émeri, grenat, ponce, oxyde d'aluminium, corindon, carbure de silicium, carbure de bore, diamant), à l'état libre (sablage, polissage), incorporés à un liquide ou à une pâte (usage ménager), à du savon (dentifrice), agglomérés entre eux, appliqués sur un support, on encore incorporés dans un tissu synthétique non tissé. Ces abrasifs sont employés manuellement ou sur machine. Les *abrasifs agglomérés* sont des corps solides de formes variées : meules, cylindres, boisseaux, assiettes et soucoupes, bâtons, segments, pierres, etc. Ils sont principalement utilisés pour le travail des métaux. Les *abrasifs appliqués* sont utilisés, sous forme de feuilles, bandes, rouleaux, disques, cônes, pour le ponçage, l'ébarbage, l'ébavurage et le polissage. Les *abrasifs incorporés,* sous forme de tampons ménagers, roues, disques et brosses industriels, permettent le nettoyage et la finition d'aspect.

ABRASIMÈTRE n. m. Appareil servant à déterminer le degré d'usure par abrasion de la surface d'un corps solide.

ABRASIN n. m. (du jap.). Nom usuel de deux espèces d'*aleurite.*

ABRASION n. f. (lat. *abrasio*). **1.** Action d'user par frottement à l'aide d'abrasifs ; son résultat. — **2.** Usure mécanique de la roche en place par l'eau chargée de débris. (Le mot s'applique surtout à l'action de la mer au niveau de l'estran et à certaines profondeurs [plate-forme d'abrasion, platier].) — **3.** Destruction d'une zone cutanée au moyen d'une brosse métallique animée d'un mouvement rotatif par un tour électrique. (Syn. DERMABRASION.) — **4.** *Abrasion dentaire,* usure et destruction progressive des parties dures de la dent. (Elle peut être physiologique, due à l'âge ou pathologique.)

ABRASIVITÉ n. f. Caractère d'une substance qui use les pièces en contact mécanique avec elle.

ABRAVANEL ou **ABRABANEL** (Isaac), dit aussi **Don Isaac Abravanel,** homme d'État, philosophe et exégète biblique juif (Lisbonne 1437 - Venise 1508). Il est l'auteur d'importants commentaires sur les livres de l'Ancien Testament. — Son fils JUDA LÉON (Lisbonne 1460 - v. 1520), plus connu sous le nom de **Léon l'Hébreu,** médecin, poète et philosophe, écrivit les *Dialogues d'amour,* empreints d'un mysticisme platonisant.

ABRAXAS [-ksas] n. m. **1.** Nom générique de la *phalène du groseillier.* — **2.** Syn. de ABRASAX.

ABRÉACTION n. f. (lat. *ab,* hors de, et *réaction*). Décharge émotionnelle accompagnant l'apparition dans le champ de la conscience d'un affect jusque-là refoulé en raison de son caractère pénible.

ABRÉGÉ n. m. (de *abréger*). **1.** Forme réduite d'un texte plus long : *C'est un long abrégé de mon ouvrage.* — **2.** Ouvrage contenant le résumé d'une science, d'un livre d'études ; précis, sommaire : *Un abrégé de géométrie.* — **3.** Partie de la mécanique d'un orgue qui met en communication les touches des claviers et les soupapes des sommiers. — **4.** Partie de la mécanique utilisée dans les beffrois supportant un carillon. — **5.** *En abrégé,* en peu de mots ; sommairement, en résumé ; en employant des abréviations.

ABRÈGEMENT n. m. Action d'abréger : *L'abrègement d'un congé, d'une phrase.*

ABRÉGER v. t. (bas lat. *abreviare,* de *brevis,* bref) [conj. 22]. **1.** Rendre qqch plus court ; écourter, raccourcir : *Abréger ses vacances.* — **2.** Réduire un texte, diminuer sa longueur. — **3.** Faire apparaître qqch moins long : *Il savait abréger les longues soirées par des anecdotes.* — **4.** Diminuer la longueur d'un mot en retranchant quelques lettres ou syllabes : *On abrège « télévision » en « télé ».* — **5.** Fam. *Abrège !,* dis plus vite ce que tu as à dire, dis l'essentiel.

◆ **s'abréger** v. pr., **être abrégé** v. pass. Être réduit à une abréviation : *« Autobus » s'abrège en « bus ».*

ABREUVAGE n. m. Défaut superficiel sur une pièce de fonderie, constitué par un mélange de métal et de sable.

ABREUVEMENT n. m. Action de fournir l'eau de boisson aux animaux domestiques.

ABREUVER v. t. (lat. pop. **abbiberare,* du lat. class. *bibere,* boire) [conj. 5]. **1.** Faire boire des animaux, les mener à l'abreuvoir. — **2.** *Litt.* Imbiber profondément la terre, l'arroser : *La rupture de l'oléoduc a abreuvé le sol de pétrole.* — **3.** Répandre des idées dans un milieu, inonder qqn de qqch, le lui donner à satiété : *Abreuver quelqu'un d'attentions indiscrètes.* — **4.** *Abreuver qqn d'injures, de critiques, de coups, etc.,* l'en accabler. • **Bât.** Mettre sur un subjectile poreux une couche d'impression ou d'enduit pour boucher les pores et rendre la surface lisse. — **Métall.** En fonderie, s'infiltrer dans la masse du sable d'un moule, en parlant du métal liquide. — **Peint.** Donner une première couche de peinture sur un objet en bois, afin de boucher les pores du matériau. — **Tonnell.** Remplir d'eau des tonneaux, des cuves pour faire gonfler le bois, et, par ce moyen, s'assurer qu'ils ne fuient pas.

ABREUVOIR n. m. Lieu, point d'eau, récipient ou dispositif permettant à l'animal de satisfaire son besoin en eau.

ABRÉVIATIF, IVE adj. Qui sert à noter une abréviation.

ABRÉVIATION n. f. (bas lat. *abbreviatio*). **1.** Réduction graphique d'un mot ou d'une suite de mots ; mot résultant de cette réduction : *L'abréviation de « kilogramme » est « kilo ».* (→ encycl.) — **2.** Signe ou caractère conventionnel destiné à simplifier l'écriture et la lecture musicales.

ENCYCL. **Ling.** L'abréviation est un important facteur de création lexicale. Ce peut être un mot réduit à quelques lettres (« km » pour *kilomètre*), un mot tronqué de son début (« bus » pour *autobus*) ou de sa finale (« prolo » pour *prolétaire*), un sigle ou un acronyme (« algol » pour *algorithmic language*). Ces sigles peuvent acquérir une autonomie telle que leur prononciation devient syllabique (C. A. P. E. S. se prononce [kapɛs]) et qu'ils peuvent donner naissance à des dérivés (C. A. P. E. S. → *capésien*).

ABRI n. m. (anc. fr. *abrier,* abriter). **1.** Lieu où l'on peut se mettre ou mettre qqch à couvert des intempéries, du soleil, du danger, etc. ; installation construite à cet effet : *Un abri souterrain contre les bombardements.* (→ encycl.) — **2.** Ce qui préserve de quelque mal, ce qui est un refuge, une protection : *La solitude est pour lui un abri.* — **3.** *À l'abri,* à couvert des intempéries, d'un danger ; en sûreté. ‖ *À l'abri de qqch, à couvert sous qqch : S'installer à l'abri d'un arbre ;* en sûreté contre, sans risquer d'être atteint par eux : *Être à l'abri de tout soupçon.* ‖ *Ne pas être à l'abri de qqch,* ne pas être protégé contre cela. • **Agric.** *Culture sous abri,* culture réalisée sous serre (en verre, en plastique) ou sous tunnel (en plastique). — **Dr.** *Abri fiscal,* placement encouragé par les pouvoirs publics, et donnant lieu à des réductions d'impôt (par ex. certains prêts immobiliers). — **Mar.** *Abri de navigation,* construction placée sur la passerelle de navigation, et qui protège des intempéries les hommes de quart et les instruments nautiques. — **Météo.** *Abri météorologique,* enceinte en forme de caisse destinée à protéger certains instruments météorologiques (thermomètre à maximum et à minimum, psychromètre, hygromètre, etc.) de l'exposition directe au soleil, des précipitations et de la condensation, et construite de telle sorte qu'elle favorise la ventilation. — **Sylvic.** *Coupe d'abri,* coupe par laquelle on enlève le sous-bois en réservant un couvert continu élevé d'arbres pour servir d'abri aux semis.

ENCYCL. **Déf.** On distingue les *abris passifs,* exclusivement destinés à la protection, et les *abris actifs,* qui comportent en outre des ouvertures de tir. Dans les *abris antinucléaires,* on distingue les *abris antisouffle,* assurant une protection contre les effets mécaniques, et les *abris antiretombées,* assurant une protection contre les retombées radioactives.

ABRIAL (Jean Marie Charles), amiral français (Réalmont, Tarn, 1879-Dourgne, Tarn, 1962). Il joua un rôle essentiel lors de l'évacuation de Dunkerque (1940). Gouverneur général de l'Algérie (1940-41), secrétaire d'État à la Marine (nov. 1942 - mars 1943), condamné en 1946, il fut libéré l'année suivante.

ABRIBUS [-bys] n. m. (n. déposé). Édicule, comportant des panneaux publicitaires, fait pour abriter les personnes qui attendent l'autobus.

ABRICOT n. m. (esp. *albaricoque,* de l'ar. *albarqūq,* calque, du lat. *praecoquum,* fruit précoce). Gros fruit charnu de l'abricotier, sucré et savoureux, dont le noyau lisse contient une amande comestible et dont la pulpe est utilisée en confiturerie et en pâtisserie.

◆ adj. inv. D'une couleur tirant sur le jaune-orangé de l'abricot.

ABRICOTER v. t. (conj. 3). Étaler une couche de marmelade d'abricots sur un gâteau.

◆ **être abricoté** v. pass. Être parfumé à l'abricot, avoir le goût de l'abricot.

ABRICOTIER n. m. **1.** Arbre fruitier (rosacée) du genre *prunus,* et dont le fruit est l'abricot. — **2.** *Abricotier des Antilles, d'Amérique* ou *de Saint-Domingue,* grand arbre (clusiacée) produisant une baie dont la saveur rappelle un peu celle de l'abricot, et qui se consomme cru, cuit ou en confitures. (Autre nom *mammée américaine.*)

ENCYCL. L'abricotier, originaire de Chine du Nord, nous est parvenu d'Arménie, d'où son nom d'espèce : *Prunus armeniaca.* C'est un arbre peu élevé (de 4 à 6 m), à rameaux étalés ou redressés. Il est cultivé en plein vent et présente souvent des exigences strictes vis-à-vis du milieu.

Abrikossov *(tumeur d'),* tumeur bénigne, rare, d'aspect verruqueux, constituée de cellules granuleuses, pouvant se trouver sur la peau et sur les muqueuses (en particulier sur la langue).

ABRI-SOUS-ROCHE n. m. (pl. *abris-sous-roche*). Partie inférieure d'un escarpement, protégée par une corniche surplombante, et ayant souvent servi d'habitat préhistorique.

ABRITER v. t. (de *abri*) [conj. 3]. **1.** Mettre qqn, qqch à l'abri de qqch ; protéger : *Abriter un passant de la pluie.* — **2.** Avoir des personnes pour occupants en parlant d'une maison ; loger : *Immeuble qui abrite dix familles.*

◆ **être abrité** v. pass. Être à l'abri des intempéries : *Une rade bien abritée.*

◆ **s'abriter** v. pr. **1.** Se mettre à l'abri, se protéger de qqch : *S'abriter du vent derrière un mur.* — **2.** Se mettre à l'abri derrière qqn, une loi, un règlement ; se couvrir de leur autorité : *Il s'abrite derrière son chef de service.*

ABRIVENT n. m. Palissade protégeant les cultures du vent.

ABROGATIF, IVE ou **ABROGATOIRE** adj. Qui a pour objet d'abroger.

ABROGATION n. f. (lat. *abrogatio*). Annulation d'une loi, d'un décret, d'un arrêté, etc. (L'abrogation est *expresse* ou *tacite*.)

ABROGEABLE adj. Qui peut être abrogé.

ABROGER v. t. (lat. *abrogare,* supprimer) [conj. 17]. Abolir une loi, un décret, etc., les déclarer nuls.

ABROTONE n. f. Nom spécifique d'une armoise aromatique. (Syn. AURONE, CITRONNELLE.)

ABROUTIR v. t. (de *brout,* jeune pousse) [conj. 32]. En parlant des animaux, brouter les pousses des jeunes arbres.

ABROUTISSEMENT n. m. Action d'abroutir ; déformation d'un arbre abrouti par les animaux.

ABRUPT, E [abrypt] adj. (lat. *abruptus,* escarpé). **1.** Se dit d'un lieu à pente très raide, escarpée, d'un relief dont les parois sont verticales. – **2.** Qui est rude, non dégrossi, brutal : *Un refus abrupt.*

◆ **abrupt** n. m. Pente très raide.

ABRUPTEMENT [abryptə-] adv. De façon abrupte, brutale.

ABRUS [abrys] n. m. (lat. *abrus,* de l'ar. *abrūz*). Arbuste (papilionacée) de l'Inde, à tige grêle et souvent volubile, dont les racines ont un goût de réglisse et dont les graines, toxiques, d'un rouge vif, fournissent des perles (chapelets, colliers).

ABRUTI, E n. *Fam.* Personne sans intelligence ; idiot (souvent terme d'injure).

ABRUTIR v. t. (de *brute*) [conj. 32]. **1.** Rendre qqn stupide, incapable de réagir, de penser et de sentir : *L'alcool l'a abruti.* – **2.** Mettre dans un état d'accablement ; accabler, écraser : *Abrutir ses élèves de travail.*

◆ **s'abrutir** v. pr., **être abruti** v. pass. **1.** Devenir stupide en agissant de telle ou telle manière : *À toujours regarder la télévision tu vas t'abrutir.* – **2.** S'exténuer à faire qqch, s'accabler : *Il s'abrutit de travail.*

ABRUTISSANT, E adj. Qui abrutit : *Travail abrutissant.*

ABRUTISSEMENT n. m. Action d'abrutir, état de qqn qui est abruti : *Abrutissement causé par la chaleur.*

ABRUZZES (les), en ital. **Abruzzi** ou **Abruzzo,** région de l'Italie centrale, formée des provinces de L'Aquila, Chieti, Pescara et Teramo ; 10 794 km² ; 1 243 690 hab. Ch.-l. *L'Aquila.* La région est principalement formée de massifs calcaires (dont le Gran Sasso) dominant des dépressions intérieures et une zone de collines argilo-sableuses elle-même limitée par une côte basse et rectiligne. Le climat est relativement rude. Les Abruzzes demeurent une région pauvre (agriculture souvent médiocre, faible industrialisation), localement animée par le tourisme sur le littoral et dans l'intérieur (où le *parc national des Abruzzes* couvre près de 30 000 ha).

ABRUZZES (Louis Amédée DE SAVOIE, *duc* DES), explorateur, alpiniste et marin italien (Madrid 1873 - Villaggio Duca degli Abruzzi, en Somalie italienne, 1933), fils du duc de Savoie-Aoste. Il effectua en 1897 la première ascension du mont Saint Elias (5 489 m), dans l'Alaska, de la pointe Marguerite (5 199 m), dans le massif du Ruwenzori, en 1906, puis tenta la conquête du K2, mais échoua à 150 m du sommet (1909). Il fut ensuite commandant en chef de la marine italienne durant la Première Guerre mondiale de 1915 à 1917.

ABS [abeɛs] n. m. (initiales de *acrylonitrile,* de *butadiène* et de *styrène*). Polymère d'acrylonitrile, de butadiène et de styrène. (Ces matériaux thermoplastiques allient de bonnes qualités thermiques, mécaniques et électriques. Emplois : automobile, téléphone, électroménager, emballage.)

ABS n. m. (abrév. de l'all. *Antiblockiert System*). Dispositif évitant le blocage des roues d'une automobile lors d'un freinage brutal.

ABSALON, fils de David. Il conspira contre son père et dut s'enfuir. Dans sa fuite, sa longue chevelure se prit dans les branches d'un chêne. Joab, qui le poursuivait, le tua.

ABSALON, prélat et homme d'État danois (Fjenneslev, près de Sorø, 1128 - couvent de Sorø 1201). Évêque de Roskilde (1158), archevêque de Lund (1177), il fut le conseiller de Valdemar Ier puis de Knud VI. Il mena une politique d'expansion dans le domaine baltique.

Absalon ! Absalon !, roman de William Faulkner (1936), superposition d'une destinée individuelle et de l'histoire du Sud esclavagiste.

ABSCISSE n. f. (lat. *abscissa linea,* ligne découpée). **1.** Coordonnée x caractérisant un point M d'un axe muni d'un repère (O, $\vec{i}$) et telle que $\overrightarrow{OM} = x.\vec{i}$. – **2.** Première coordonnée d'un point M d'un espace affine muni d'un repère cartésien. – **3.** *Abscisse curviligne,* réel caractérisant un point M d'un arc rectifiable et orienté d'une courbe.

ABSCISSION [apsisjɔ̃] n. f. (lat. *abscissio,* de *abscindere,* couper). Rupture normale du pédoncule des feuilles d'automne ou des fruits mûrs, entraînant leur chute.

ABSCONS, E [-kɔ̃, -kɔ̃s] adj. (lat. *absconsus,* caché). Très difficile à comprendre ; obscur, inintelligible : *Une doctrine absconse. Un écrivain abscons.*

ABSENCE n. f. (lat. *absentia*). **1.** Fait pour qqn, qqch de ne pas se trouver à l'endroit où l'on s'attend à ce qu'il soit ; temps pendant lequel qqn est absent de ce lieu : *On a constaté son absence. Cela s'est passé pendant mon absence.* — **2.** Fait pour qqn de ne pas se rendre là où il est censé se rendre, et, en partic., de ne pas aller à son travail, de ne pas assister à un cours, de ne pas participer à toute activité à laquelle il est tenu d'assister ; temps (fois, demi-journée, journée) où il est absent : *Ses absences se répètent trop souvent.* — **3.** Fait pour qqn ou qqch de ne pas exister ou de manquer : *L'absence de témoin rend l'enquête difficile.* — **4.** Perte momentanée de la mémoire, moment d'inattention : *Depuis son accident, il a souvent des absences.* — **5.** *En l'absence de qqn,* alors que qqn est absent. ‖ *En l'absence de qqch, de qqn,* faute de cela, de cette personne. • **Dr.** État de celui dont l'existence est incertaine, du fait de sa disparition et du manque de nouvelles pendant un temps déterminé par la loi. — **Mil.** *Absence illégale,* faute commise par le militaire qui s'absente de son corps sans droit et qui n'a pas encore dépassé les délais à l'issue desquels il serait déclaré déserteur. — **Psychiatr.** Suspension brutale et brève de la conscience, avec arrêt de l'activité en cours, sans chute ni convulsions. (L'absence est une des formes du petit mal.)

ABSENT, E adj. (lat. *absens*). **1.** Qui n'est pas en un lieu où on pourrait s'attendre à le trouver : *Il est absent de son bureau.* — **2.** Qui manque, qui fait défaut à qqch, dans un lieu : *Toute arrière-pensée n'est pas absente de son intervention.* — **3.** Qui semble rester étranger à la situation présente, qui est distrait : *Il regardait le plafond d'un air absent.*

◆ n. **1.** Personne qui n'est pas présente sur son lieu de travail ou qui n'est pas là où on pourrait s'attendre à la trouver : *Il y avait de nombreux absents en raison de la grippe.* — **2.** Personne qui, éloignée de sa résidence habituelle, a cessé de donner de ses nouvelles depuis un temps assez long pour que son existence soit devenue incertaine.

ABSENTÉISME n. m. (angl. *absenteeism,* de *absentee,* absent). **1.** Fait d'être absent du lieu de travail, de l'école, d'une réunion, d'une assemblée, de tout lieu où pour des raisons de travail, de participation à une action, etc., on est tenu d'être présent. — **2.** Comportement de certains grands propriétaires fonciers résidant loin de leurs terres, qui font administrer leurs domaines par des régisseurs. — **3.** Comportement des représentants élus de la nation qui ne participent pas régulièrement aux travaux de leur assemblée. — **4.** *Taux d'absentéisme,* rapport, pour un lieu et une catégorie professionnelle donnée, entre le nombre d'heures d'absence au travail et le nombre d'heures de présence des salariés au cours d'une certaine période.

ABSENTÉISTE adj. et n. Qui pratique l'absentéisme.

ABSENTER (S') v. pr. (lat. *absentare*) [conj. **3.**]. **1.** S'éloigner momentanément d'un lieu ; partir, sortir : *Je dois m'absenter de Paris.* — **2.** Être absent de son travail : *Cet employé s'absente souvent pour raison de santé.*

ABSIDAL ou **ABSIDIAL, E, AUX** adj. **1.** Relatif à une abside. — **2.** *Chapelle absidale,* chapelle située dans l'axe de l'abside.

ABSIDE n.f. (bas lat. *absida,* du gr. *hapsis, -idos,* cercle, voûte). **1.** Espace de plan en partie cintré ou polygonal formant, notamm., l'extrémité orientale du chœur de nombreuses églises. — **2.** Polygone de toile destiné à prolonger et à agrandir une tente.

ABSIDIA n. m. Champignon microscopique de l'ordre des mucorales pouvant contaminer les aliments (mucormycose).

ABSIDIOLE n.f. Chacune des chapelles en forme de petite abside s'ouvrant sur l'abside ou sur un mur oriental du transept d'une église.

ABSIL (Jean), compositeur belge (Péruwelz, Hainaut, 1893 - Uccle 1974). Ses compositions appartiennent à tous les genres : œuvres lyriques (*Peau d'Âne,* 1937 ; *les Voix de la mer,* 1951) ; œuvres pour orchestre, musique de chambre : un *Thrène pour le vendredi saint* (1946), *Asymétries* pour deux claviers (1968).

ABSINTHE [apsɛ̃t] n. f. (lat. *absinthium,* du gr. *apsinthion*). **1.** Espèce d'armoise d'où l'on extrayait une liqueur. — **2.** Liqueur alcoolique de couleur verte aromatisée avec cette plante. (Sa fabrication est interdite en France.)

ABSOLU, E adj. (lat. *absolutus,* achevé). **1.** Qui n'admet aucune restriction, aucune exception ni concession : *Le médecin lui a imposé un repos absolu.* — **2.** Se dit d'un état, d'une qualité arrivés à un degré extrême : *La pauvreté absolue d'une population.* — **3.** Se dit d'un pouvoir politique qui n'est soumis à aucune limitation, ou de la personne qui l'exerce : *Un monarque absolu.* — **4.** Qui ne supporte aucune contradiction, qui ignore les nuances : *Il est toujours absolu dans ses jugements.* • **Ch. de f.** *Block absolu,* système de cantonnement dans lequel la pénétration en canton occupé est interdite pendant le fonctionnement normal des installations. (Contr. BLOCK PERMISSIF.) ‖ *Signal d'arrêt absolu,* signal dont la position fermée indique l'arrêt obligatoire. — **Chim.** *Alcool absolu,* alcool éthylique anhydre. — **Chorégr.** *Danse absolue,* danse construite sur le mouvement seul et qui s'exprime sans le recours d'un autre art. (Cette expression, utilisée par les danseurs allemands des années 20, équivalente de *modern dance,* a été remplacée par celle de « danse expressionniste » par Mary Wigman et ses danseurs.) — **Math.** *Valeur absolue sur un anneau unitaire* A, application de A dans $\mathbb{R}^+$ notée $x \mapsto |x|$ satisfaisant aux conditions : $x = 0 \Leftrightarrow |x| = 0$; $|xy| = |x| . |y|$ et $|x+y| \leqslant |x| + |y|$. [Sur le corps $\mathbb{R}$ des réels est définie : $|x| = \text{Sup}(x ; -x)$.] — **Métrol.** *Appareil absolu,* instrument de mesure dont les constantes peuvent être déterminées par des mesures ne portant que sur les grandeurs fondamentales. — **Parfum.** *Essence absolue,* essence fournie par traitement des essences concrètes florales par l'alcool éthylique. — **Text.** *Masse absolue,* dans le conditionnement des produits textiles, masse des matières totalement anhydres.

◆ **absolu** n. m. **1.** Ce qui ne connaît aucune limitation, aucune imperfection : *Éprouver un besoin d'absolu.* — **2.** Entité infinie, intemporelle et dont la signification varie avec chaque philosophie. — **3.** *Dans l'absolu,* sans tenir compte des contingences, en pure théorie.

ABSOLUMENT adv. **1.** D'une manière absolue ; sans aucune réserve ni limitation : *Ce qu'il dit là est absolument faux. Maintenez-vous votre déclaration ? – Absolument.* — **2.** *Employé absolument,* se dit d'un verbe transitif (quelquefois d'un adjectif) employé sans complément (par ex. : *Ne le fais pas* ATTENDRE. *Laisse-moi* FAIRE).

ABSOLUTION n. f. (lat. *absolutio*). **1.** Action d'absoudre juridiquement un accusé qui résulte d'un jugement prononcé par un tribunal répressif, lorsque l'infraction n'est pas prévue par la loi pénale, lorsqu'elle est prescrite ou amnistiée, ou bien encore lorsque l'inculpé bénéficie d'une excuse absolutoire. — **2.** Acte par lequel le prêtre pardonne les péchés.

ABSOLUTISME n. m. (de *absolu,* d'apr. le lat. *absolutus*). **1.** Système politique dans lequel le pouvoir est concentré entre les mains du souverain, qui en exerce tous les attributs (législation, justice, administration). — **2.** Tout pouvoir exercé sans limite et sans partage.

ABSOLUTISTE adj. et n. Relatif à l'absolutisme ; partisan de l'absolutisme.

ABSOLUTOIRE adj. (lat. *absolutorius*). *Excuse absolutoire,* fait précis, prévu par la loi, dont la constatation par le juge entraîne l'exemption de la peine.

ABSORBABLE adj. Qui peut être absorbé.

ABSORBANCE n. f. (de *absorber*). Grandeur caractérisant le pouvoir absorbant d'une substance pour les radiations monochromatiques et qui est égale au logarithme du rapport de l'intensité lumineuse incidente à l'intensité transmise.

ABSORBANT, E adj. **1.** Qui peut absorber, qui absorbe qqch d'autre : *Tissu absorbant.* — **2.** Qui occupe entièrement l'esprit ou le temps de qqn : *Travail absorbant.* — **3.** *Complexe absorbant,* ensemble des colloïdes organiques et minéraux (matières humiques, argiles, hydroxydes de fer, d'aluminium) du sol dont les propriétés déterminent le *pouvoir absorbant.* ‖ *Poils absorbants,* cellules épidermiques allongées, formant un manchon autour des racines des plantes et qui absorbent l'eau et les ions minéraux du sol. ‖ *Pouvoir absorbant,* propriété des colloïdes du sol (argiles et acides humiques), chargés d'électricité négative, de retenir des cations, chargés positivement, qui détermine la capacité nutritive du sol.

◆ **absorbant** n. m. Substance douée de la propriété d'absorption.

ABSORBER v. t. (lat. *absorbere,* engloutir) [conj. 3]. **1.** Retenir une substance ou la faire disparaître en s'en imprégnant : *Le sable absorbe l'eau.* — **2.** Boire (un liquide), manger (un aliment), prendre, ingérer (un médicament, un produit, etc.) : *Il n'a rien absorbé depuis trois jours.* — **3.** Neutraliser la chaleur, le bruit, le choc, etc., ou en atténuer les effets : *Le noir absorbe la lumière.* — **4.** Faire disparaître qqch en l'utilisant, en l'intégrant, en l'engloutissant ; éponger : *Cette affaire a absorbé toutes ses économies.* — **5.** Occuper entièrement qqn, son esprit : *Cet exercice l'absorbait totalement.* — **6.** Pour une substance, produire le phénomène d'absorption. — **7.** En parlant d'une entreprise, d'une société, prendre le contrôle d'une autre entreprise. — **8.** Accueillir et assimiler une population : *Absorber un afflux soudain de réfugiés.*

◆ **s'absorber** v. pr., **être absorbé,** v. pass. Être entièrement occupé dans ses pensées, son travail ; s'y plonger : *S'aborber dans une lecture. Avoir l'air absorbé.*

ABSORBEUR n. m. **1.** Appareil utilisé pour l'absorption de certains éléments d'un mélange gazeux. — **2.** Partie d'une machine frigorifique à absorption dans laquelle le fluide frigorigène gazeux est dissous dans une solution absorbante. — **3.** Matériau ou écran servant à absorber des particules ou des rayonnements. ‖ *Absorbeur d'ultraviolets,* produit incorporé dans les matériaux macromoléculaires pour les protéger contre l'action dégradante des radiations ultraviolettes. — **4.** *Absorbeur d'ondes,* appareil de protection contre les surtensions, constitué par des bobines d'inductance montées en série sur les lignes ou par des capacités branchées en dérivation à la terre. (Il modifie les ondes mobiles et les oscillations.)

ABSORPTIOMÉTRIE n. f. Technique d'analyse physico-chimique utilisant l'absorption de la lumière par les molécules ou les ions.

ABSORPTION n. f. (lat. ecclés. *absorptio*). Action d'absorber : *L'absorption d'un somnifère.* • **Biol.** Pénétration de liquides ou de gaz dans un organisme vivant à travers une paroi perméable pour eux. (→ *encycl.* Biol., Physiol.) — **Chim.** Propriété que présentent les solides et les liquides de retenir certaines substances (gaz ou liquides) dans la totalité de leur volume. ‖ Procédé de séparation d'un mélange gazeux de certains de ses éléments par dissolution sélective dans un solvant. — **Dr.** Disparition d'une société par apport de son actif et de son passif à une autre société. — **Frigor.** *Machine frigorifique à absorption,* machine dans laquelle le fluide frigorigène subit une absorption à chaque cycle. — **Phys.** Phénomène par lequel un milieu matériel soustrait une partie de leur énergie à des rayonnements électromagnétiques ou corpusculaires, ou à des vibrations mécaniques. (→ *encycl.*)

ENCYCL. **Biol.** Chez l'homme et les animaux, l'absorption d'aliments ou de gaz respiratoires à travers la peau est très limitée, mis à part la respiration cutanée de la grenouille. L'oxygène contenu dans l'air ou dans l'eau est absorbé à travers une paroi respiratoire (poumons, branchies) ou directement par les cellules (trachées des insectes). Les aliments sont absorbés, après une digestion préalable, à travers la paroi intestinale. Chez les plantes terrestres, ce sont les surfaces foliaires qui absorbent le gaz carbonique et l'oxygène, tandis que les racines absorbent l'eau et les sels minéraux ; les plantes aquatiques et les mousses absorbent tout par les feuilles. Ce sont des processus actifs, contrevenant parfois aux lois de l'osmose, qui permettent à l'absorption d'assurer la fixité, au moins relative, et la spécificité du milieu intérieur (sang ou sève) de chaque espèce, milieu dans lequel chaque cellule puise aliments et oxygène par une *absorption cellulaire,* elle aussi active et sélective.

— **Phys.** L'énergie soustraite est transformée dans le milieu en une autre forme d'énergie (thermique, d'excitation, etc.). Lorsque l'absorption est nulle ou très faible, le milieu est dit transparent. La couleur des corps transparents dépend de la façon dont ils absorbent les diverses fréquences de la lumière visible. L'analyse spectrale de la lumière transmise révèle, quand l'absorption est grande, des raies sombres, dites *raies* d'absorption.*

— **Physiol.** L'*absorption digestive* se fait principalement dans l'intestin grêle par traversée des villosités de la muqueuse. L'*absorption respiratoire* se fait par diffusion simple dans les capillaires pulmonaires. L'*absorption cutanée* est la traversée de la peau par une substance, aboutissant à sa libération dans le courant circulatoire.

ABSORPTIVITÉ n. f. Pouvoir d'absorption d'une substance.

ABSOUDRE v. t. (lat. *absolvere,* délier) [conj. **87**]. **1.** Permettre à un coupable d'échapper à toute mesure répressive. — **2.** Remettre les péchés dans le sacrement de pénitence. — **3.** Pardonner la faute de qqn, l'en excuser.

ABSOUTE n. f. (de *absoudre*). Dernières prières de la liturgie des défunts dites avant que le cercueil ne sorte de l'église.

ABSTÈME adj. et n. (lat. *abstemius*). Qui s'abstient de boissons alcoolisées pour des raisons médicales, morales ou religieuses.

ABSTENIR (S') v. pr. (lat. *abstinere,* se tenir à l'écart) [conj. **40**]. **1.** S'interdire la consommation d'un aliment, d'une boisson, l'usage d'un produit ; renoncer à : *Abstenez-vous de fumer.* — **2.** Éviter de faire qqch : *Abstenez-vous de la questionner.* — **3.** Ne pas se prononcer, ne pas intervenir dans une action et, en partic., ne pas prendre part à un vote, à une délibération.

ABSTENTION n. f. (lat. *abstentio*). **1.** Action de s'abstenir, de ne pas intervenir. — **2.** Attitude de non-participation au vote dans le cadre d'une assemblée délibérante, d'un processus électoral ou d'un référendum.

ABSTENTIONNISME n. m. Attitude de non-participation, volontaire ou non, à une élection ou à un référendum.

ABSTENTIONNISTE adj. et n. Qui s'abstient, est partisan de l'abstention.

ABSTINENCE n. f. (lat. *abstinentia*). **1.** Action de s'interdire certains plaisirs, en partic. les plaisirs sexuels ; chasteté, continence. — **2.** Disposition disciplinaire interdisant, dans un but de pénitence, l'absorption de certains aliments, en partic. des aliments carnés, pendant certains jours de l'année. — **3.** *Abstinence périodique,* méthode contraceptive faisant appel à l'abstinence sexuelle durant la période de fécondité de la femme. ‖ *Règle d'abstinence,* principe selon lequel le psychanalyste se refuse à satisfaire les demandes du patient et à assumer les divers rôles identificatoires que celui-ci tend à lui assigner dans le transfert.

ABSTINENT, E adj. et n. (lat. *abstinens*). Qui pratique l'abstinence ; chaste, continent.

ABSTRACT [apstrakt] n. m. (mot angl.). Résumé d'un texte scientifique, d'un article de revue.

ABSTRACTEUR n. m. Litt. *Abstracteur de quintessence,* personne qui se complaît à des raisonnements trop subtils (par allusion à l'alchimiste, qui extrayait la quintessence des corps).

ABSTRACTION n. f. (bas lat. *abstractio*). **1.** Opération intellectuelle qui consiste à isoler par la pensée l'un des caractères de qqch et à le considérer indépendamment des autres caractères de l'objet. — **2.** Résultat de cette opération ; vue de l'esprit (souvent péjor.) : *Il jongle avec les abstractions.* — **3.** Être ou chose purement imaginaire : *Certaines souffrances ne sont que des abstractions pour qui ne les a pas éprouvées.* — **4.** L'art abstrait. — **5.** *Abstraction faite de qqch,* en n'en tenant pas compte. ‖ *Faire abstraction de qqch,* le laisser de côté, n'en tenir aucun compte. • **Bx-arts.** Syn. de ART ABSTRAIT* et de NON-FIGURATION. — **Log.** *Définition par abstraction,* procédure qui consiste à définir une notion non pas en elle-même, mais par le biais d'une relation d'équivalence où intervient cette notion. (On définit, par exemple, la notion de cardinal par abstraction en indiquant d'abord le sens de l'expression « l'ensemble M a même cardinal que l'ensemble N ».)

Abstraction-Création, association internationale d'artistes plasticiens fondée en 1931, à Paris, par Arp, Gleizes, Hélion, Herbin, Kupka, Léon Tutundjian, Georges Valmier, Vantongerloo. L'association a publié une revue (cinq numéros annuels, 1932-1936) et organisé des expositions ; une centaine d'artistes y furent affiliés dans plusieurs pays (France, Suisse, États-Unis, Pays-Bas...).

ABSTRACTIONNISME n. m. Selon William James, tendance naturelle chez l'homme à donner aux abstractions une valeur réelle, égale à celle des réalités concrètes.

ABSTRACTIONNISTE adj. et n. Qui concerne ou qui soutient l'abstractionnisme.

ABSTRAIRE v. t. (lat. *abstrahere,* arracher) [conj. **112**]. Isoler mentalement un élément, un caractère d'un ensemble afin de le considérer à part.

◆ **s'abstraire** v. pr. S'isoler par la pensée du milieu dans lequel on se trouve, notamment pour réfléchir, pour rêver, etc. : *S'abstraire de l'époque où on vit.*

ABSTRAIT, E adj. (lat. *abstractus*). **1.** Qui est le résultat de l'abstraction : *Le concept d'âme est une idée abstraite.* — **2.** Qui est difficile à comprendre par manque de référence à la réalité concrète : *Son exposé est trop abstrait.* • **Bx-arts.** *Art abstrait,* courant des arts graphiques et plastiques du XXe s. qui rejette la représentation du réel tangible, que celui-ci ait été pris comme point de départ, et soumis à une opération d'abstraction, ou non. (Syn. ABSTRACTION, NON-FIGURATION.) [→ *encycl.*] — **Chorégr.** *Ballet abstrait,* composition de danses abstraite, sans argument, par oppos. au *ballet d'action.* ‖ *Danse abstraite* ou *danse pure,* type de danse construite sur des mouvements abstraits susceptibles de créer une atmosphère, un état d'âme ou d'exprimer une idée abstraite. (→ *encycl.*) — **Philos.** Se dit de ce qui est conçu indépendamment de ses éléments constitutifs : *Universel abstrait.*

◆ n. Artiste qui pratique l'art abstrait.

◆ **abstrait** n. m. **1.** Ce qui est abstrait (par oppos. à *concret*) : *Se perdre dans l'abstrait.* — **2.** L'art abstrait.

ENCYCL. **Bx-arts.** La première aquarelle abstraite de Kandinsky (1910) définit un courant romantique de l'art abstrait, projection, dans la magie des lignes et des couleurs, du monde intérieur de l'artiste et de sa vision imaginaire. C'est au contraire dans la construction géométrique la plus épurée que Mondrian, puis Malevitch trouvent le lieu de rencontre de leur sens cosmique et de leur volonté rationnelle, objective. D'autres artistes ont contribué plus épisodiquement à la naissance du nouvel art : les Français Delaunay, Léger, Picabia, le Russe Larionov, le Tchèque Kupka, l'Italien Magnelli et certains de ses compatriotes futuristes, l'Américain Arthur G. Dove, etc. Entre les deux guerres, c'est la tendance géométrique, parfois baptisée « art concret » et souvent liée aux recherches architecturales, qui domine. Elle est représentée par le constructivisme de Rodtchenko ou des sculpteurs Pevsner et Gabo ; par le « néoplasticisme » de Mondrian et du groupe néerlandais De Stijl ; dans une certaine mesure par le Bauhaus allemand, où enseignent Kandinsky, rallié à un art plus froid, le Hongrois Moholy-Nagy, etc. ; par le Suisse Max Bill, épris de mathématiques ; à Paris, de 1930 à 1936, par les groupes Cercle et Carré puis Abstraction-Création, où l'on trouve Mondrian, l'Uruguayen Joaquín Torres García, les Belges Michel Seuphor et Vantongerloo, les Français Arp, Herbin, Jean Gorin, Georges Valmier, le Britannique Ben Nicholson, le sculpteur américain Calder, etc.

À partir de 1945, le courant géométrique (Vasarely, Dewasne) semble perdre du terrain à Paris, avant de donner naissance, dans les années 50, à l'*art cinétique.* À ce moment, toutefois, le courant dominant de l'abstraction (ou « non-figuration ») est celui d'un lyrisme plus ou moins spontané ; deux tendances y sont discernables. La première procède par décantation du spectacle naturel : Vieira da Silva, Bissière, Estève, Bazaine, Manessier, de Staël, Singier, Riopelle,

Messagier, que l'on a pu nommer « paysagistes abstraits ». La seconde, à laquelle la dénomination d'*abstraction lyrique* s'applique spécialement, est celle de l'expression « gestuelle » (Hartung, Soulages). Informels, matiéristes, tachistes, calligraphes (Wols, Fautrier, Dubuffet, Mathieu, Camille Bryen, Zao Wou-ki, Degottex...) représentent des variantes. Des sculpteurs, comme Stahly et Étienne-Martin, rejoignent ces courants, que l'on retrouve dans les différents pays occidentaux (en Italie : Fontana, Alberto Burri, Emilio Vedova... ; en Espagne : Tàpies), au Japon, etc.

Aux États-Unis s'est constituée à la même époque une école d'« expressionnisme abstrait » qui tire parti de l'automatisme surréaliste. Ses deux courants majeurs sont une « abstraction gestuelle », ou *action painting* (Pollock, De Kooning, Kline...), marquée par la vitesse d'exécution et une subjectivité intense, et une « abstraction chromatique » (Ad Reinhardt, Rothko, Newman...) qui, toutes deux, tendent à renoncer au principe même d'une « composition » de la toile en recouvrant celle-ci d'un foisonnement de signes (Pollock) ou de plages de couleur qui semblent flotter dans l'espace. De la volonté d'objectivité du second courant dérivent, dans les années 60, les grands formats de la « nouvelle abstraction » (Morris Louis, Kenneth Noland, Jules Olitski, Ellsworth Kelly, Frank Stella...), pure expression chromatique qui revient parfois aux contours tranchés de la géométrie (*hard-edge* ; sculptures de l'*art minimal*). Aux États-Unis comme en France, de nouvelles recherches se développent dans les années 70, souvent liées à de fines analyses théoriques sur la nature du fait plastique.

— **Chorégr.** Le *ballet abstrait* peut se passer de support musical. Le chorégraphe G. Balanchine, qui en fut l'initiateur, récuse le terme, la présence du danseur, obligatoire, détruisant toute idée d'abstraction. Dans la modern dance, une composition de *danse abstraite* est une œuvre construite sans argument, visualisant une partition musicale.

ABSTRAITEMENT adv. De façon abstraite, dans l'abstrait.

ABSTRUS, E [apstry, -yz] adj. (lat. *abstrusus,* caché). *Litt.* Difficile à comprendre, obscur, abscons : *Un poème abstrus.*

ABSURDE adj. (lat. *absurdus,* discordant). **1.** Qui est contraire à la raison, au sens commun, qui est aberrant, insensé : *Ce raisonnement absurde aboutit à un non-sens. Il est absurde de croire aux revenants.* — **2.** Qui parle ou agit d'une manière déraisonnable : *Vous êtes absurde de vous obstiner.* — **3.** Pour les existentialistes, se dit de la condition de l'homme, qu'ils jugent dénuée de sens, de raison d'être.
◆ n. m. **1.** Ce qui est absurde ; absurdité : *Il pousse son raisonnement jusqu'à l'absurde.* — **2.** *Philosophie de l'absurde,* conception du monde qu'on trouve chez Jean-Paul Sartre et Albert Camus et qui affirme que le monde n'a pas de signification. (Elle s'exprime dans un théâtre de l'incommunicabilité [Beckett, Ionesco, Gombrowicz], substitut moderne du tragique classique.) ‖ *Raisonnement par l'absurde,* raisonnement qui valide une proposition en montrant que sa négation conduit à une contradiction.

ABSURDEMENT adv. De façon absurde.

ABSURDITÉ n. f. (bas lat. *absurditas*). **1.** Caractère de ce qui est absurde : *L'absurdité de cette discussion est évidente.* — **2.** Action ou parole absurde, ineptie, sottise : *Il débite des absurdités.*

ABŪ ou **ABOU,** mot. ar. signif. *père* et entrant dans la composition de nombreux noms propres, sous cette forme ou sous la forme de son génitif *abī.*

ĀBŪ, localité de l'Inde (Rājasthān), au S.-O. d'Ajmer, voisine du *mont Ābū.* Célèbres temples des XIe-XVe s. Parfaits exemples d'art jaina ; richesse du décor sculpté.

ABŪ AL-ʿABBĀS ʿABD ALLĀH, surnommé **al-Saffāḥ** (« le Sanguinaire » ou « le Généreux ») [† al-Anbār 754], premier calife de la dynastie des ʿAbbāssides.

ABŪ AL-ʿALĀʾ AL-MAʿARRĪ, écrivain arabe (Maʿarrat al-Nuʿman, Syrie, 973 - *id.* 1057). Son œuvre poétique allie la recherche verbale à la hardiesse de la pensée religieuse.

ABŪ AL-ʿATĀHIYA, poète arabe (Kūfa 748 - Bagdad v. 826). Ses méditations ont trait à la vanité du monde et à son idéal religieux.

ABŪ AL-BARAKĀT, philosophe et médecin islamique (Balad, près de Mossoul, v. 1077 - Bagdad apr. 1164). Son livre de logique et de philosophie générale *(Livre de réflexion personnelle)* propose une philosophie infinitiste.

ABŪ AL-FAḌL (Āgrā 1551-1602), secrétaire et Premier ministre de l'empereur moghol Akbar, auteur de l'*Akbar Nāmè (Livre d'Akbar).*

ABŪ AL-FARADJ (Gregorius), surnommé **Bar Hebraeus** ou **ibn al-ʿIbrī,** moine, évêque et écrivain syriaque (Mélitène 1226 - Marārha, Azerbaïdjan, 1286), auteur de *la Science des sciences,* encyclopédie philosophique, et d'une *Chronique,* histoire universelle de la Création à 1285.

ABŪ AL-FARADJ ʿALĪ AL-IṢFAHĀNĪ, écrivain arabe (Ispahan 897 - Bagdad 967). Son *Livre des chansons* dépeint la vie sociale et culturelle des trois premiers siècles de l'islām.

ABŪ BAKR ʻABD ALLĀH (v. 573-634). Ami intime, puis beau-père de Mahomet, il lui succéda comme premier calife arabe.

ABŪ CHABAKA (Ilyās), poète libanais (New York 1903 - Zūq Mīkhā'īl 1947). Son œuvre lyrique, réaliste (*Galwa,* 1945), témoigne d'une vive révolte sociale et anticléricale.

ABŪ DHABĪ → ABŪ ẒABĪ.

ABŪ DJAʻFAR → MANṢŪR *(al-).*

ABŪ FIRĀS AL-ḤAMDĀNĪ, poète arabe (en Iraq 932 - Homs, Syrie, 968). Rival de Mutanabbī, il est l'auteur des *Rūmiyyāt,* écrites en captivité à Constantinople.

ABU GOSH, site néolithique de Palestine, dans les monts de Judée, au N.-O. de Jérusalem. Mode de vie et coutumes funéraires (crânes traités comme à Jéricho) situent l'ensemble vers la fin du VIIe mill. av. J.-C.

ABŪ ḤANĪFA AL-NU'MĀN IBN THĀBIT, théologien, législateur religieux (v. 697-767) et fondateur d'une des quatre grandes écoles ou rites de l'islām sunnite : le ḥanafisme.

ABUJA, cap. du Nigeria (depuis 1982), au centre du pays. La construction de la ville a commencé en 1980 ; 200 000 hab.

ABŪ KĀMIL, algébriste égyptien (v. 850-v. 930). Son algèbre va jusqu'aux équations du second degré. Il a réalisé une synthèse entre les anciennes pratiques babyloniennes et la théorie grecque.

ABULCASIS, en ar. **Abū al-Qāsim al-Zahrāwī,** chirurgien arabe qui vivait à Cordoue au xe s. Il est l'auteur d'un grand traité, document précieux sur la somme des connaissances médicales de l'époque.

ABŪ NUWĀS, poète arabe (Ahvāz v. 762-Bagdad v. 815). Il substitua à la poésie bédouine traditionnelle un art personnel et raffiné qui culmine dans sa poésie bachique.

ABURA n. m. Syn. de BAHIA.

ABUS [aby] n. m. (lat. *abusus,* mauvais usage). **1.** Mauvais emploi, usage excessif ou injuste de qqch : *L'abus des médicaments. Abus de confiance.* — **2.** Fait d'outrepasser certains droits, de sortir d'une norme, d'une règle et, en partic., injustice, acte répréhensible établis par l'habitude ou la coutume ; excès : *Tenter de réprimer des abus.* — **3.** *Abus de langage,* fait d'employer un mot dans un sens qu'il n'a pas. ‖ *Faire des abus,* manger, boire excessivement ; faire des excès. ‖ Fam. *Il y a de l'abus,* c'est exagéré. • **Dr.** *Abus d'autorité,* acte d'un fonctionnaire qui outrepasse son droit à l'égard d'un particulier (violation de domicile) ou de la chose publique (emploi de la force publique contre l'exécution d'une loi). ‖ *Abus de biens sociaux, de crédit, de pouvoir,* usage des biens ou du crédit de la société, ou utilisation de pouvoir consenti par la loi au dirigeant social ou à l'actionnaire, contrairement à l'intérêt social, à des fins personnelles ou pour favoriser une autre entreprise dans laquelle les dirigeants sont intéressés directement ou indirectement. ‖ *Abus de confiance,* détournements d'objets ou de valeurs confiés à qqn, à titre précaire, en vertu d'un contrat prévu par la loi, de la destination convenue au moment de la remise. ‖ *Abus de droit,* fait, pour une personne titulaire d'un droit, de porter préjudice à autrui en détournant ce droit de sa finalité, intentionnellement ou non. ‖ *Abus de fonction,* fait pour le titulaire d'un emploi ou d'une fonction de l'utiliser sciemment à une autre finalité que sa destination normale. ‖ *Abus de jouissance,* fait pour une personne qui a sur une chose un droit de jouissance limité de lui faire subir des dégradations. ‖ *Abus de position dominante,* situation d'une entreprise qui, sur un marché déterminé, entrave le jeu normal de la concurrence, du fait d'une concentration de la puissance économique ou d'un monopole non autorisé par la loi. — **Hist.** *Appel comme d'abus,* recours contre les abus de pouvoir de l'autorité ecclésiastique dans ses rapports avec l'autorité civile et réciproquement.

ABŪ SAʻĪD IBN ABĪ AL-KHAYR, mystique persan (Mayhana, Khorāsān, 967-*id.* 1049) qui contribua à orienter le soufisme vers la contemplation et l'extase mystique.

ABUSER v. t. ind. (conj. 3). **1.** User mal de qqch, en user avec excès, ou en tirer un profit excessif : *Ne pas abuser du tabac. Abuser de son autorité.* — **2.** Exagérer, dépasser la mesure. — **3.** Profiter avec excès de la bonté de qqn, de sa patience. — **4.** *Abuser d'une femme,* la violer.

◆ v. t. Tromper, égarer qqn en faisant illusion, le duper, le leurrer : *Par ces promesses on veut nous abuser.*

◆ **s'abuser** v. pr. **1.** Faire erreur, se tromper. — **2.** *Si je ne m'abuse,* si je ne fais pas erreur.

ABUSIF, IVE adj. (bas lat. *abusivus*). **1.** Qui est exagéré, qui dépasse une limite convenable : *Un emploi abusif de médicaments.* — **2.** Qui constitue un abus, qui est répréhensible : *Privilège abusif.* — **3.** Se dit de qqn qui, abusant de liens affectifs, maintient une personne, en partic. un enfant, dans une grande dépendance : *Mère, épouse abusive.* — **4.** Se dit de l'emploi d'un mot dans un sens qu'il n'a pas selon la norme.

ABUSIVEMENT adv. De façon abusive.

ABŪ SUFYĀN IBN ḤARB IBN UMAYYA (VIIe s.). Quraychite, c'était un marchand et financier influent à La Mecque. Mahomet épousa une de ses filles. Son fils Mu'āwiya fut le premier calife omeyyade.

ABŪ SULAYMĀN AL-SIDJISTĀNĪ al-Manṭiqī (« le Logicien »), philosophe islamique (912-985), disciple de Mattā ibn Yūnus et Yaḥyā ibn 'Adī, chrétiens nestoriens. Sa philosophie, de tendance syncrétiste, a eu une grande influence dans les milieux chrétiens jusqu'au XIIe s.

ABUSUS [abyzys] n. m. (mot lat. signif. *utilisation complète*). L'un des attributs du droit de propriété, celui de disposer de la chose.

ABŪ TAMMĀM AL-ṬĀ'Ī, poète arabe (Djāsim v. 804 - Mossoul 845). En réaction contre Abū Nuwās, il écrivit une anthologie de la poésie bédouine *(al-Ḥamāsa)*.

ABUTILON n. m. (ar. *abūṭilūn*). Grande herbe textile (malvacée) d'origine asiatique, cultivée dans tous les pays chauds pour son usage en corderie et dont une espèce pousse dans les marais du midi de la France. (Hauteur max. 3 m.)

ABŪ YA'QŪB YŪSUF → YŪSUF.

ABŪ YAZĪD AL-BISṬĀMĪ, mystique musulman († Bisṭām 874 ou 857). Maître du soufisme, il préconise une adoration de Dieu qu'il conçoit comme totale et sans limites.

ABŪ YŪSUF YA'QŪB → YA'QŪB et YA'QŪB AL-MANṢŪR.

ABŪ ẒABĪ ou **ABŪ DHABĪ,** le plus vaste (74 000 km^2) et le plus peuplé (670 000 hab.) des Émirats arabes unis. Cap. *Abū Ẓabī.* Le territoire englobe une partie des déserts intérieurs de l'Arabie orientale, parcourus encore par des tribus nomades, et des oasis (dont al-Djiwā' et aussi al-Buraymī [revendiquée par l'Arabie Saoudite]). Le poids politique et économique de l'émirat, son accroissement démographique récent (lié à l'immigration) résultent de l'importance des gisements de pétrole, dont l'exploitation a commencé au début des années 60. La production annuelle est de l'ordre de 35 Mt (réserves dépassant 4 000 Mt), dont la majeure partie est exportée brute.

ABŪ ẒABĪ ou **ABŪ DHABĪ,** cap. de l'émirat homonyme et de la fédération des Émirats arabes unis, sur une île du golfe Persique très proche du continent ; 243 000 hab. Port et aéroport international.

Abwehr (mot all. signif. *défense*), service de renseignement militaire reconstitué par l'Allemagne après 1919. L'amiral Canaris fut mis à sa tête de 1935 à 1944. Directement subordonnée à l'OKW, l'Abwehr passa en 1944 sous la coupe de Himmler, et ses principaux chefs furent exécutés sur ordre de Hitler.

ABYDOS, site de Haute-Égypte, sur la rive du Nil, à 11 km au S.-O. d'El-Balyana et à 560 km au S. du Caire. Cette nécropole des souverains de l'époque thinite, censée abriter le reliquaire de la tête d'Osiris, devint la cité sainte de ce dieu. Dès l'aube de l'histoire égyptienne, des temples y furent édifiés, et rois et particuliers tenaient à posséder un cénotaphe en Abydos. Des stèles des XIe et XIIe dynasties y ont été trouvées en grand nombre. Le temple de Seti Ier, aux intéressants reliefs, a livré les *tables d'Abydos,* liste royale de 76 pharaons depuis Ménès. Le cénotaphe de Seti Ier, ou *Osireion,* est un tombeau d'Osiris aux parois ornées de textes funéraires. Beaux reliefs dans le temple de Ramsès II.

ABYLA, une des deux colonnes d'Hercule, anc. nom de *Ceuta*.

ABYME n. m. (anc. orthographe de *abîme*). *En abyme,* se dit d'une œuvre citée et emboîtée à l'intérieur d'une autre de même nature (récit à l'intérieur d'un récit, tableau à l'intérieur d'un tableau, etc.).

ABYMES (Les) [97139], comm. de la Guadeloupe, banlieue de Pointe-à-Pitre ; 62 809 hab.

ABYSSAL, E, AUX adj. **1.** Relatif aux grandes profondeurs océaniques. — **2.** *Fam.* Très profond, considérable, insondable : *Une bêtise abyssale.* — **3.** *Sédiments abyssaux,* sédiments formés dans la mer, à plus de 2 000 m de profondeur (boues à globigérines, à radiolaires, argiles rouges, pélagites et turbidites).

ABYSSE n. m. (lat. *abyssus,* du gr. *abussos,* sans fond). Fond océanique de plus de 2 000 m de profondeur.

ENCYCL. L'obscurité totale des abysses exclut toute vie végétale. Aussi leur faune, de très faible biomasse (1 % de celle des surfaces océaniques les plus productives), ne peut-elle se nourrir que de proies animales vivantes capturées à une moindre profondeur, et surtout de cadavres animaux et végétaux en cours de chute vers le fond ou accumulés sur la vase du fond. Seules les sources hydrothermales entretiennent çà et là, temporairement, une vie intense et diverse fondée sur la chimiosynthèse. La rareté des aliments, l'énorme pression des eaux, la mollesse des fonds vaseux, le manque de calcium, les difficultés que la dispersion oppose à la rencontre des sexes, l'obscurité complète sont autant de facteurs défavorables nécessitant d'extraordinaires adaptations : organes lumineux, formes aplaties, bouche démesurée, mâle nain vivant en parasite de la femelle, etc. En revanche, l'absence de tout changement brusque du milieu a permis à des formes fragiles et très anciennes, éliminées de tous les autres milieux par la concurrence vitale, de subsister dans les abysses, sans évoluer, depuis l'ère primaire.

ABYSSIN, E ou **ABYSSINIEN, ENNE** adj. et n. **1.** D'Abyssinie. – **2.** *Chat abyssin* ou *abyssin* (n. m.), chat au pelage fauve nuancé de noir, au museau pointu, à longue queue. ‖ *Massif* ou *plateau abyssin,* nom donné autref. aux hautes terres occupant la majeure partie de l'Éthiopie et correspondant à l'actuel *massif* ou *plateau éthiopien.*

ABYSSINIE, nom donné jusqu'au XIXe s. par les géographes aux hauts plateaux du massif éthiopien.

A. C., abrév. de *Ante Christum* (« avant Jésus-Christ »), employée en chronologie.

Ac, symbole chimique de l'*actinium.*

AC (D') adv. Abrév. fam. de D'ACCORD.

ACABIT [-bi] n. m. (anc. provenç. *cabir,* employer). Fam. et péjor. *De cet acabit, du même acabit,* de cette espèce, du même genre.

ACACIA n. m. (mot lat.). **1.** Arbre ou arbrisseau (mimosacée) souvent épineux, à feuilles généralement persistantes. (600 espèces des régions subtropicales et tempérées chaudes.) – **2.** *Acacia de Constantinople,* nom usuel du *julibrissin.* ‖ *Acacia franc,* arbre de l'Amérique tropicale (Guyane), au bois généralement jaune, à grain plutôt grossier, mi-dur et lourd. ‖ *Acacia jaune,* espèce du genre ciste. ‖ *Faux acacia,* nom usuel du *robinier.*

ENCYCL. Les acacias, très divers, ont de petites fleurs à étamines saillantes, le fruit est une gousse. Les feuilles, très réduites dans les espèces des zones sèches, sont souvent composées imparipennées. Les rameaux fleuris de 4 espèces des zones tempérées sont vendus sous le nom impropre de *mimosa. Acacia catechu* fournit le cachou ; *A. arabica* et *A. senegal,* la gomme arabique.

ACADÉMICIEN, ENNE n. **1.** Membre d'une académie. – **2.** Membre d'une classe de l'Institut et, en partic., de l'Académie française.

◆ **académicien** n. m. Dans la Grèce antique, philosophe qui fréquentait Platon et ses disciples.

ACADÉMIE n. f. (ital. *accademia,* du lat. *Academia,* du gr. *Akadêmia,* jardin d'Akadêmos, où Platon enseignait). **1.** Société savante dont les membres se consacrent à une spécialité des lettres, des arts, des sciences, etc. (en général avec majusc.) : *Académie française. Académie de musique, d'agriculture, des beaux-arts.* – **2.** *L'Académie* (avec majusc. et sans adj. ni compl.), l'Académie française : *Discours de réception à l'Académie.* – **3.** *Académie de dessin, de peinture, de danse,* école où est pratiquée une de ces disciplines ou activités, généralement sous la direction d'un maître. – **4.** Division administrative de la France dans le domaine de l'éducation. – **5.** Figure entière dessinée, peinte ou sculptée d'après un modèle nu : *Académie d'homme, de femme.* – **6.** *Fam.* Corps d'une personne, considéré au point de vue de ses qualités esthétiques ; anatomie, morphologie. – **7.** *Académie de billard,* lieu où des joueurs émérites viennent pratiquer le billard. ‖ *Officier d'académie* ou des *académies,* nom donné de 1808 à 1955 à certains titulaires des palmes académiques.

ENCYCL. **Littér.** Si les cours d'amour, le Consistoire du Gai Savoir et les chambres de rhétorique forment en France les premiers cercles d'écrivains, le mot « académie » n'y apparaît qu'au début du XVIe s., alors qu'en Italie, dès le milieu du XVe s., les réunions d'humanistes, transformées en compagnies régulièrement constituées animées par d'éminents savants, se nomment déjà « académies », formant (souvent contre les universités) l'avant-garde philosophique et littéraire, linguistique (Académie della Crusca, à Florence, etc.), scientifique (Académie dei Lincei, à Rome), artistique (Académie degli Arti del disegno de Vasari, à Florence, 1563 ; Académie de Saint-Luc, à Rome). Les académies se développent rapidement en Europe et plus particulièrement en France, où, dès 1570, J. A. de Baïf crée la première d'entre elles, consacrée à la poésie et à la musique. En créant l'Académie française (1634), Richelieu instaure une politique d'orientation et de surveillance de toutes les disciplines intellectuelles et créatrices, suivie par Mazarin (Académie royale de peinture et de sculpture, 1648) et surtout par Colbert, qui rationalise le projet (Académies des inscriptions et belles-lettres, 1663 ; des sciences, 1666 ; de musique, 1669 ; d'architecture, 1671), dispensant appuis et crédits. Aussitôt répandues en Europe (Angleterre, Prusse, Espagne, Suède), les académies se développeront en U. R. S. S. et en Chine au XXe s., où elles jouent un grand rôle dans la recherche scientifique et culturelle. Parmi les académies régionales ou provinciales, prospères aux XVIIe et XVIIIe s. mais peu nombreuses aujourd'hui, subsistent, entre autres, les Jeux Floraux et les Rosati.

ACADÉMIE, parc situé au N.-O. d'Athènes. On y avait installé à l'époque classique un gymnase ; Platon y réunissait ses disciples (IVe s. av. J.-C.).

Académie d'agriculture de France. Fondée en 1761 sous le nom de *Société royale d'agriculture de Paris,* elle fut instituée sous sa dénomination actuelle par décret en 1915. Elle a pour mission d'étudier les questions scientifiques, techniques, économiques ou sociales intéressant l'agriculture, la population agricole et rurale, l'aménagement de l'espace rural.

Académie d'armes → ESCRIME.

Académie des beaux-arts. Une des cinq Académies qui constituent l'Institut de France, elle a remplacé l'Académie royale de peinture et de sculpture, celle d'architecture et celle de musique, supprimées en 1793. Jusqu'en 1968 (exclu), elle contrôlait l'Académie de France à Rome et organisait les concours des grands prix de Rome. D'autres prix continuent à être décernés par elle, en tant que gérante de nombreuses fondations privées. Ses 50 membres sont répartis en 7 sections (peintres, architectes, sculpteurs, graveurs, musiciens, cinéastes et membres libres).

Académie canadienne-française. Fondée en 1944, elle a son siège à Montréal et se compose de 24 membres. Elle fait paraître, depuis 1956, une publication annuelle, les *Cahiers de l'Académie.*

Académie della Crusca. Fondée à Florence en 1582, aux fins d'épurer la langue italienne, elle édita un dictionnaire (*Vocabulario,* 1612). Après une fusion avec l'Académie florentine (1783-1808), elle reprit son autonomie et ses publications philologiques.

Académie de droit international. Inaugurée en 1923 et dirigée par un curatorium de 12 membres, son siège est à La Haye et elle a une fonction d'enseignement hautement spécialisé. Les cours sont réunis dans le *Recueil des cours de l'Académie de droit international.*

Académie florentine → CAMERATA FIORENTINA.

Académie française. Fondée par Richelieu en 1634, l'Académie officialisait un cercle de lettrés qui se réunissaient depuis 1629 chez Valentin Conrart. Chargée de surveiller le langage et de juger les livres parus, l'Académie, qui compta 40 membres dès 1639, apparut d'abord comme un instrument du pouvoir royal (le roi s'institua « protecteur » de l'Académie en 1672) : elle intervint ainsi dans la querelle du *Cid* et publia un dictionnaire (1694) et, bien plus tard, une grammaire (1933). Dissoute en 1793, l'Académie fut rétablie en 1803 comme une « classe » de l'Institut de France. Avec l'élection de Julien Green (1971) et de Léopold Sédar Senghor (1983), et celle de Marguerite Yourcenar (1980), l'Académie s'est ouverte aux étrangers francophones et aux femmes. L'Académie est administrée par un bureau de 3 personnes : le directeur et le chancelier, élus pour 3 mois ; le secrétaire perpétuel, élu à vie. Elle décerne des prix de vertu et des prix littéraires et publie un dictionnaire (la 9e édition a commencé à paraître en 1986).

Académie de France à Rome. Elle fut fondée en 1666 par Colbert, pour permettre aux artistes lauréats des grands prix des académies royales de Paris de cultiver, au service du roi, « le bon goût et la manière des anciens ». Depuis 1803, elle a pour siège la Villa Médicis. Un décret de 1971 l'a réorganisée : le prix de Rome étant supprimé, les pensionnaires (environ 25) sont sélectionnés par une commission de personnalités désignées par le ministre dont relève la Culture. En plus des peintres, sculpteurs et architectes, l'Académie accueille des historiens de l'art, des restaurateurs d'art, des musiciens, des hommes de lettres, de cinéma et de télévision, et des photographes.

Académie des Goncourt → GONCOURT.

Académie des inscriptions et belles-lettres. Fondée en 1663, par les soins de Colbert, sous le nom de *Petite Académie,* ses membres étaient à l'origine chargés de rédiger les inscriptions des monuments et des médailles.

Académie de Londres → SOCIÉTÉ ROYALE DE LONDRES.

Académie de marine. Créée à Brest en 1750, officiellement fondée deux ans plus tard, elle reçut un nouveau règlement en 1769 puis fut supprimée le 8 août 1793. Elle fut reconstituée en 1921 et devint établissement public d'État en 1926. Elle a pour mission de promouvoir les sciences de la mer.

Académie nationale dei Lincei. Fondée en 1603 à Rome, elle groupa des savants éminents, parmi lesquels Galilée. Devenue Académie pontificale en 1847, elle se dédoubla en 1870 en une Académie pontificale des sciences *(Nuovi Lincei)* et une *Académie nationale royale dei Lincei.* Absorbée par l'Académie d'Italie fondée sous le régime fasciste, elle retrouva son autonomie et ses fonctions en 1944.

Académie nationale de médecine. Elle fut créée en 1820 par Louis XVIII, sous le nom d'*Académie royale de médecine.* Elle comprend 130 membres titulaires répartis en 8 sections.

Académie nationale de pharmacie. Elle a été fondée en 1803 sous le nom de *Société de pharmacie de Paris.* Elle devint en 1946 Académie de pharmacie, et Académie nationale par décret du 9 oct. 1979.

Académie nationale des sciences (États-Unis) [en amér. *National Academy of Sciences*]. Fondée en 1863, elle a un rôle honorifique et une fonction de conseiller scientifique du gouvernement.

Académie royale d'architecture. Fondée par Colbert en 1671, elle disparut le 8 août 1793, conformément au décret de la Convention.

Académie royale de Belgique. Fondée en 1772, par l'impératrice Marie-Thérèse, et réorganisée en 1845, elle comprend trois classes (lettres, beaux-arts, sciences). Elle est doublée par une *Koninklijke Academie voor Wetenschappen, Letteren en Schone Kunsten van België,* réservée aux membres d'expression néerlandaise.

ACADÉMIE FRANÇAISE
(40 MEMBRES)

	né en	élu en
Henri Troyat, écrivain	1911	1959
René Huyghe, historien de l'art	1906	1960
Jean Guitton, philosophe	1901	1961
Louis Leprince-Ringuet, physicien	1901	1966
Maurice Druon, écrivain	1918	1966
Julien Green, écrivain	1900	1971
Étienne Wolff, biologiste	1904	1971
Claude Lévi-Strauss, ethnologue	1908	1973
Jean d'Ormesson, écrivain	1925	1973
Maurice Schumann, écrivain et homme politique	1911	1974
Jean Bernard, médecin	1907	1975
Ambroise-Marie Carré, religieux (dominicain)	1908	1975
Félicien Marceau, écrivain	1913	1975
Maurice Rheims, écrivain	1910	1976
Alain Peyrefitte, écrivain et homme politique	1925	1977
Michel Déon, écrivain	1919	1978
Jean Dutourd, écrivain	1920	1978
Alain Decaux, historien	1925	1979
Michel Droit, écrivain	1923	1980
Jacques de Bourbon Busset, écrivain	1912	1981
Pierre Moinot, écrivain	1920	1982
Léopold Sédar Senghor, homme politique et écrivain	1906	1983
Michel Mohrt, écrivain	1914	1985
Bertrand Poirot-Delpech, écrivain	1929	1986
Jacques Laurent, écrivain	1919	1986
Georges Duby, historien	1919	1987
Pierre-Jean Remy, écrivain	1937	1988
Jacques-Yves Cousteau, océanographe	1910	1988
Jacqueline de Romilly, helléniste	1913	1988
Jean-Denis Bredin, écrivain	1929	1989
Michel Serres, philosophe	1930	1990
José Cabanis, écrivain	1922	1990
Hélène Carrère d'Encausse, historienne	1929	1990
Jean-François Deniau, homme politique	1928	1992
Marc Fumaroli, écrivain	1932	1995
Jean-Marie Lustiger, cardinal	1926	1995
Pierre Rosenberg, historien de l'art	1936	1995
Hector Bianciotti, écrivain	1930	1996
X***		
X***		

Secrétaire perpétuel : Maurice Druon.

Académie royale de danse. Institution fondée en 1661 et dont les statuts avaient été contresignés par le roi Louis XVI. L'Académie donnait des cours gratuits, ouverts aux amateurs. Elle cessa d'exister en 1780.

Académie royale espagnole. Fondée à Madrid en 1713, elle a publié notamment un *Dictionnaire d'autorités* (1726-1739), une édition des œuvres de Lope de Vega et, surtout, les éditions successives de son *Dictionnaire abrégé.*

Académie royale de langue et de littérature françaises (Belgique). Elle fut fondée en 1920 par le roi Albert Ier.

Académie royale de langue et de littérature néerlandaises (Belgique). Elle fut fondée en 1886.

Académie royale de musique. Créée à Paris en 1669, elle avait pour but de représenter des opéras écrits sur des textes en langue française. Elle subsista sous le nom d'*Académie impériale* puis d'*Académie nationale de musique et de danse,* appelée aussi aujourd'hui *Opéra de Paris.* L'école de danse s'y installa à partir de 1713.

Académie royale de peinture et de sculpture. C'est à Le Brun, aux frères Testelin et à Justus Van Egmont qu'appartient l'initiative de la fondation, en 1648, d'une académie qui, pendant longtemps, eut à lutter contre l'ancienne maîtrise des peintres et des sculpteurs (celle-ci prit alors le nom d'*Académie de Saint-Luc*). En 1655, des lettres patentes accordèrent à la nouvelle compagnie le droit de se nommer Académie royale et décrétèrent que ses membres seuls pourraient être peintres ou sculpteurs du roi ou de la reine. L'Académie s'installa au Louvre, où la galerie d'Apollon accueillit les *morceaux de réception,* œuvres qu'il convenait d'exécuter avant d'être agréé, puis élu académicien.

Académie royale des sciences de Stockholm. Fondée en 1739, elle décerne les prix Nobel de physique et de chimie.

Académie de Saint-Luc, à Rome. La corporation des peintres italiens, qui portait au Moyen Âge le titre de Confrérie de Saint-Luc, s'érigea au XVe s. en *Université des arts* et eut comme membres plusieurs centaines d'artistes de tous les pays. En 1577, le pape Grégoire XIII créa à Rome, sous le patronage de saint Luc, une Académie des beaux-arts qui servit de modèle aux différentes académies européennes. Elle existe toujours, sous le nom d'*Accademia nazionale di San Luca.* Florence, Paris (→ *confrérie de* SAINT-LUC), les villes des Flandres, etc., ont eu, elles aussi, une confrérie ou académie de Saint-Luc.

Académie des sciences *(chaîne de l')* → AKADEMII *(chaîne des).*

Académie des sciences, l'une des cinq Académies de l'Institut de France. Elle fut établie par Colbert en 1666 sous le nom d'*Académie royale des sciences ;* Louis XIV lui donna en 1699 un statut officiel. Supprimée en 1793 par la Convention avec toutes les Académies, elle renaquit en 1795. Réformée en 1976 et 1987, l'Académie comporte 2 divisions (sciences mathématiques et physiques et leurs applications ; sciences chimiques, naturelles, biologiques et médicales et leurs applications), comprenant chacune 4 sections. Le nombre de ses membres titulaires n'est plus fixé impérativement (l'effectif des académiciens de moins de 80 ans ne peut toutefois excéder 110).

Académie des sciences de Berlin. La *Société des sciences* de Berlin, fondée en 1700 par Frédéric Ier, à l'instigation de Leibniz, prit sous Frédéric II (1743) le titre d'*Académie royale des sciences et belles-lettres de Prusse.* Elle prit une part importante au développement de la science allemande. Elle fut réorganisée en 1946 par le gouvernement de la R.D.A., sur le modèle de l'Académie des sciences de l'U.R.S.S.

Académie des sciences morales et politiques, l'une des cinq Académies de l'Institut de France, fondée par la Convention nationale en 1795, supprimée par Napoléon en 1803, puis rétablie par Guizot en 1832. Actuellement, elle comprend 50 membres titulaires (dont un secrétaire perpétuel), répartis en 6 sections (philosophie ; morale et sociologie ; législation, droit public et jurisprudence ; économie politique, statistique et finances ; histoire et géographie ; section générale).

Académie des sciences de Russie. Fondée par Pierre le Grand (1725) sous le nom d'Académie des sciences de Saint-Pétersbourg, elle a pris le nom d'Académie des sciences de l'U. R. S. S. en 1922 et son nom actuel en 1991. Elle est l'organe principal de coordination de la recherche scientifique.

Académie suédoise. Fondée en 1786 par Gustave III sur le modèle de l'Académie française, elle compte 18 membres. Elle décerne, depuis 1901, le prix Nobel de littérature.

ACADÉMIQUE adj. (lat. *academicus*). **1.** Qui relève d'une académie et, en partic., de l'Académie française : *Récompenses académiques.* — **2.** Qui ne s'écarte pas des règles et des usages traditionnellement admis dans certains milieux officiels ou littéraires : *Employer un langage peu académique.* — **3.** Se dit d'une œuvre littéraire, artistique (de son auteur), dont la conformité à la tradition littéraire, artistique, supplée à un certain manque de naturel et d'originalité ; compassé, conventionnel : *Mise en scène trop académique.* — **4.** En Belgique et au Canada, syn. de UNIVERSITAIRE : *Année académique.* — **5.** Relatif au dessin, aux académies ou études d'après les modèles classiques. — **6.** *Conseil académique,* organisme administratif placé auprès du recteur et doté d'attributions consultatives, contentieuses et disciplinaires. ‖ *Danse académique,* syn. de DANSE CLASSIQUE. ‖ *Philosophie académique,* philosophie enseignée par Platon et ses disciples, puis par Arcésilas, dans le parc de l'Académie à Athènes.

ACADÉMIQUEMENT adv. De façon académique, traditionnelle.

ACADÉMISME n. m. **1.** Caractère d'un artiste, d'un écrivain, d'une œuvre qui observent étroitement les enseignements académiques et les conceptions esthétiques traditionnelles, au détriment de la création spontanée et originale. — **2.** *Litt.* Caractère de ce qui est gagné par l'immobilisme et la sclérose, du fait d'un respect excessif des formes et des conventions.

ACADÉMOS, héros attique, dont le tombeau donna son nom à l'Académie d'Athènes.

ACADIE, ancienne région orientale du Canada français.

Le pays est d'abord colonisé par Pierre du Gua, sieur de Monts, fondateur de Port-Royal en 1605. Ravagé par Samuel Argall en 1613, il est rendu à la France en 1632. Reprise par Robert Sedgwick en 1654, l'Acadie est restituée par le traité de Breda (1667), mais Francis Nicholson reprend Port-Royal en 1710 et toute l'Acadie est cédée à l'Angleterre au traité d'Utrecht (1713). L'Acadie devient la Nouvelle-Écosse, et Halifax est fondée en 1749.

En 1755, le gouvernement anglais décide d'expulser d'Acadie toute la population française — 10 000 âmes — vers la Nouvelle-Angleterre, où elle est très mal accueillie. C'est l'épisode du « grand dérangement ». Trois ans plus tard, les 3 000 ou 4 000 habitants de l'île Saint-Jean, comprenant environ un millier de réfugiés, sont évacués et transportés en France.

Après le traité de Paris (1763), qui cède le Canada à l'Angleterre, les Acadiens demeurés en Nouvelle-Écosse comme prisonniers de guerre sont employés à des travaux publics, puis graduellement relâchés. D'autres reviennent du Québec, des États-Unis, de Miquelon et même de France, mais les Anglais ne leur reconnaissent aucun droit. Peu à peu, les Acadiens se regroupent sur les rives du golfe du Saint-Laurent, sur le littoral de la baie des Chaleurs et de la baie Sainte-Marie et dans la région de Memramcouk, où ils obtiennent des concessions de terres.

Aujourd'hui, les Acadiens sont environ 350 000, en majorité dans les provinces atlantiques du Canada, mais on en rencontre aussi des groupes importants en Louisiane et dans diverses régions du Québec. La littérature acadienne compte des historiens comme Antoine Bernard (1890-1967) et des romanciers comme Antonine Maillet (prix Goncourt 1979).

ACADIEN, ENNE adj. et n. **1.** D'Acadie. — **2.** Se dit d'une phase tectonique hercynienne définie en Acadie et située entre le dévonien et le carbonifère (– 350 millions d'années).

◆ **acadien** n. m. **1.** Parler franco-canadien utilisé par les Acadiens. (L'acadien a conservé de nombreux termes du français des XVe et XVIe s. ; il a été d'autre part fortement contaminé par l'anglais.) — **2.** Étage du système cambrien.

ACAJOU n. m. (du tupi *acajou,* anacardier). **1.** Nom de divers arbres (méliacées) fournissant un bois apprécié pour sa teinte rougeâtre ; le bois lui-même. (Parmi les acajous d'Amérique, ou *mahoganys,* le plus anciennement exploité est *Swietenia mahogani,* ou acajou de Cuba. *S. macrophylla* est l'acajou du Honduras. L'Afrique noire fournit le grand-bassam, *Khaya ivorensis,* et l'acajou blanc, *K. anthotheca.*) — **2.** *Noix* ou *pomme d'acajou,* syn. de NOIX DE CAJOU.

◆ adj. inv. Rouge-brun entremêlé de veines claires et foncées : *Meubles acajou.*

ACAJUTLA, principal port du Salvador (importation de pétrole).

ACALCULIE n. f. Perte de la capacité de reconnaître ou de former chiffres et symboles arithmétiques, ou incapacité de les utiliser dans les opérations fondamentales *(anarithmétie),* consécutives à une lésion du cortex cérébral.

ACALÈPHE n. m. (gr. *acalêphê,* ortie). Syn. de SCYPHOZOAIRE.

ACALORIQUE adj. Dépourvu de calories : *Régime acalorique.*

ACALYPTÈRE n. m. (du gr. *kaluptêr, -êros,* gaine, plume). Mouche sans cuilleron ou à cuilleron réduit. (Syn. HAPLOSTOMATE, HOLOMÉTOPE.)

ACAMAPICHTLI, premier souverain aztèque, qui gouverna approximativement entre 1372 et 1391.

ACANTHACÉE n. f. Nom de famille donné à l'acanthe et aux plantes voisines.

ACANTHAIRE n. m. (de *acanthe*). Protiste actinopode marin globuleux, hérissé de longues et fines baguettes (axopodes), capable de modifier sa densité pour changer de niveau dans l'eau, hébergeant des symbiotes riches en chlorophylle et se nourrissant de proies microscopiques. (Les *acanthaires* sont eux-mêmes microscopiques ; ils forment une sous-classe.)

ACANTHASTER [-tɛr] n. m. Étoile de mer des côtes d'Australie, dont la prolifération (années 1975 et suivantes) a gravement menacé la survie des polypiers de la Grande Barrière corallienne. (On a enrayé cette menace en protégeant le principal prédateur naturel d'acanthaster, un mollusque gastropode abusivement récolté pour sa belle coquille.)

ACANTHE n. f. (lat. *acanthus*). **1.** Plante méditerranéenne des lieux frais (acanthacée), aux feuilles très grandes et très décoratives, aux fleurs en épis. — **2.** Motif décoratif qui interprète la feuille d'acanthe, en particulier dans le chapiteau corinthien.

ACANTHOCÉPHALE n. m. Ver à trompe munie de crochets, parasite intestinal des vertébrés. (La larve vit aux dépens d'un arthropode ; les *acanthocéphales* forment un embranchement.)

ACANTHOCINE n. m. Capricorne aux très longues antennes, dont la larve vit dans le bois des conifères. (N. usuel *charpentier*.)

ACANTHOCYTE n. m. Hématie en forme de feuille d'acanthe.

ACANTHOCYTOSE n. f. Présence d'acanthocytes dans le sang circulant observée au cours de divers états pathologiques et accompagnant souvent une anémie hémolytique. (On distingue une forme familiale héréditaire [syndrome de Bassen-Kornzweig] et une forme acquise.)

ACANTHODACTYLE n. m. Lézard des déserts, courant aisément sur le sable grâce aux écailles élargies qui bordent ses longs doigts.

ACANTHODIEN n. m. Poisson voisin des placodermes, fossile dans les terrains primaires, et qui ressemblait à un squale, mais presque sans nageoires paires. (Les *acanthodiens* constituent une classe.)

ACANTHOLYSE n. f. Lésion histologique de la peau caractérisée par la diminution de l'adhérence réciproque des cellules de la couche de Malpighi et ayant pour conséquence la formation de bulles intraépidermiques.

ACANTHOME n. m. *Acanthome à cellules claires,* tumeur cutanée bénigne, apparaissant aux membres inférieurs.

ACANTHOPTÉRYGIEN n. m. Ancien nom de groupe des poissons dont les nageoires impaires sont soutenues par des rayons épineux, tels que les perciformes.

ACANTHOSE n. f. **1.** Affection cutanée observée principalement chez le chien, caractérisée par une hyperkératose et par une accumulation de pigments dans le derme. — **2.** Chez l'homme, épaississement de la couche de Malpighi de l'épiderme. (Syn. HYPERACANTHOSE.)

ACANTHOZOÏDE n. m. Syn. de DACTYLOZOÏDE.

ACANTHURIDÉ n. m. Nom de famille des poissons usuellement nommés *chirurgiens.*

A CAPPELLA loc. adv. et adj. inv. (mots ital. signif. *comme à la chapelle*). **1.** Style des œuvres musicales religieuses exécutées dans les chapelles n'admettant pas les instruments. — **2.** Se dit d'une œuvre chorale exécutée sans accompagnement.

ACAPULCO, port et surtout grande station balnéaire internationale du Mexique sur le Pacifique, au S.-O. de Mexico ; 592 187 hab.

ACARDINE n. m. (du lat. *cardo, -inis,* charnière). Syn. de INARTICULÉ.

ACARDITE n. f. Famille de stabilisants des poudres propulsives à la nitrocellulose.

ACARIÂTRE adj. (de saint *Acaire,* évêque de Noyon, qui passait au VIIe s. pour guérir les fous). D'une humeur difficile, querelleuse ; grincheux : *Un caractère acariâtre.*

ACARICIDE adj. et n. m. Se dit d'une substance destinée à détruire les acariens parasites des animaux ou des plantes.

ACARIE (Mme) → MARIE DE L'INCARNATION.

ACARIEN n. m. (lat. *acarus,* du gr. *akari*, ciron). Arachnide, généralement minuscule, voire microscopique, au corps globuleux portant une tête conique pourvue de chélicères et de pédipalpes, vivant souvent en ectoparasite de l'homme, des animaux ou des plantes. (Les *acariens* forment une sous-classe comportant une trentaine de familles principales.)

ENCYCL. Les arbres fruitiers de la famille des rosacées (pommier, poirier, prunier, cerisier, pêcher) et la vigne sont attaqués par des acariens, qui provoquent la boursouflure et la chute des feuilles, tels que *panonychus, tetranychus, bryobia.* On combat ces parasites soit au moyen de pulvérisations toxiques de produits dits *acaricides,* soit par la lutte biologique en les livrant à leurs prédateurs naturels. Les abeilles sont parasitées mortellement par *Acarapis woodi,* que l'on tente de détruire par injection de vapeurs toxiques dans les ruches.

L'homme est directement parasité par le sarcopte de la gale *(Sarcoptes scabiei),* le rouget *(thrombicula),* le démodex des « points noirs », parfois la tique *(ixodes),* mais il est plus souvent encore allergique aux « poussières » contenant des acariens domestiques qui se nourrissent de ses squames épidermiques. Enfin, certains aliments sont atteints : fromages *(Acarus siro),* fruits secs *(glycyphagus).*

ACARIOSE n. f. Affection de l'homme et des animaux provoquée par des acariens.

ACARNANIE, en gr. mod. **Akarnanía,** région de la Grèce occidentale, entre les golfes de Patras et d'Árta. Les peuples qui l'habitaient formaient une confédération que soumirent les Macédoniens v. 225 av. J.-C.

ACAROCÉCIDIE n. f. Galle végétale due à l'action d'un acarien.

ACATALASÉMIE n. f. Déficit en catalase. (L'acatalasémie congénitale se manifeste principalement par des ulcérations buccales.)

ACATÈNE adj. (du lat. *catena,* chaîne). Se dit d'un cycle qui fonctionne sans chaîne.

ACAULE adj. (gr. *akaulos*). Se dit d'une plante sans tige, ne présentant au-dessus du sol qu'une rosette de feuilles et parfois une hampe florale nue. (Ex. le pissenlit.)

ACAULIOSE ou **ACAULINOSE** n. f. Mycose cutanée due au champignon *Acaulium vignoliputatii.* (Des piqûres d'épines entraînent le développement de nodosités qui suppurent et s'ulcèrent.)

ACAVACÉ n. m. Mollusque gastropode pulmoné arboricole pondant de gros œufs et dont les nombreux genres sont répartis depuis les temps géologiques dans les régions tropicales, y compris les îles (Sri Lanka, Seychelles, Tasmanie). [La famille des *acavacés* serait donc antérieure à la fragmentation du continent de Gondwana.]

ACCABLANT, E adj. Qui accable, écrasant : *Une chaleur accablante. Témoignage accablant.*

ACCABLEMENT n. m. État d'une personne très abattue, physiquement ou moralement.

ACCABLER v. t. (anc. fr. *chaable,* bois abattu par le vent, du gr. *kataballein,* abattre) [conj. 3]. **1.** Peser sur qqn, constituer pour lui qqch de pénible qui diminue ses possibilités ou sa volonté de réaction : *La chaleur nous accable.* – **2.** Faire peser sur qqn une charge si pénible qu'il a du mal à y faire face ; écraser : *Accabler une catégorie sociale sous le poids des impôts.* – **3.** Assaillir qqn de paroles, de reproches, etc., l'en couvrir : *Accabler quelqu'un de questions, d'injures.* – **4.** Prodiguer à qqn des choses agréables en telle quantité qu'elles produisent un effet d'écrasement : *Accabler un ami de sa sollicitude.* – **5.** Humilier qqn, le confondre : *Ces témoignages l'accablent, il est coupable.*

ACCA LARENTIA, divinité romaine de la Fertilité des champs.

ACCALMIE n. f. (de *calme*). **1.** Calme momentané du vent et de la mer. – **2.** Interruption ou forte diminution momentanées d'une activité, d'un état d'agitation, de bruit, de souffrance, etc. ; répit : *Période d'accalmie dans le travail.*

ACCAPARANT, E adj. Qui occupe exclusivement qqn, absorbant : *Travail accaparant.*

ACCAPAREMENT n. m. **1.** Action d'accumuler des denrées, des marchandises ou des valeurs de la même espèce en quantités importantes, en vue d'opérer une pression en hausse ou en baisse sur les cours. – **2.** Action d'accaparer qqch ou qqn, de le prendre, de l'occuper entièrement.

ACCAPARER v. t. (ital. *accaparrare,* retenir une marchandise, de *caparra,* arrhes) [conj. 3]. **1.** Amasser un bien en grande quantité pour en provoquer la rareté et le revendre à un prix élevé. – **2.** Prendre qqch entièrement pour soi, au détriment des autres ; s'en emparer : *Accaparer tous les pouvoirs.* – **3.** Attirer qqn près de soi sans le laisser s'occuper des autres : *La cliente accaparait la vendeuse.* – **4.** Occuper exclusivement qqn, lui prendre tout son temps ; absorber : *Les enfants l'accaparent beaucoup.* – **5.** *Accaparer la conversation,* être le seul à parler en ne laissant pas les autres prendre la parole.

ACCAPAREUR, EUSE adj. et n. Qui accapare, détient des biens de consommation dans une intention spéculative.

ACCASTILLAGE n. m. (de *accastiller*). **1.** *Vx.* Ensemble des superstructures d'un navire. – **2.** Ensemble des accessoires qui, sur un voilier, servent au réglage du gréement et à la manœuvre des voiles.

ACCASTILLER v. t. (esp. *accastillar,* de *castillo,* château) [conj. 3]. Garnir un voilier de son accastillage.

ACCÉDANT, E n. *Accédant à la propriété,* personne qui est en train d'acquérir un bien, en partic. un logement.

ACCÉDER v. t. ind. (lat. *accedere,* s'approcher) [conj. **18**]. **1.** Atteindre un lieu, y avoir accès, avoir la possibilité d'y pénétrer : *Un couloir permet d'accéder aux chambres.* – **2.** Atteindre, obtenir un état, une situation, un rang, etc., jugés supérieurs à l'état, à la situation ou au rang occupés jusque-là ; parvenir à : *Peuple qui accède à son indépendance.* – **3.** Pouvoir disposer d'une information, d'une connaissance, la posséder et la maîtriser : *Accéder à la culture, à des informations confidentielles.* – **4.** *Accéder à une demande, une prière, un désir,* y consentir, y répondre. ‖ *Accéder à la propriété,* devenir propriétaire (en général de sa résidence principale).

ACCELERANDO [akselerɑ̃do] adv. (mot ital.). Terme indiquant qu'il faut presser le mouvement d'un morceau.

ACCÉLÉRATEUR, TRICE adj. Se dit d'un dispositif, d'une force qui accélère qqch.

◆ **accélérateur** n. m. **1.** Dispositif contrôlant la puissance du moteur d'un véhicule en réglant son alimentation en gaz carburés par action sur un papillon. – **2.** *Donner un coup d'accélérateur,* faire un effort supplémentaire, prendre des mesures pour hâter la réalisation d'un projet, d'une action, pour aider à son succès. • **Chauff.** Petite pompe électrique utilisée pour faire circuler l'eau chaude. (Syn. CIRCULATEUR.) – **Chim.** Substance qui augmente la vitesse d'une réaction chimique, la prise du béton, le durcissement du plâtre, le développement d'une émulsion photographique, le durcissement d'une résine, la vulcanisation d'un élastomère, etc. — **Écon.** Syn. de PRINCIPE D'ACCÉLÉRATION*. — **Phys.** Machine permettant de communiquer de l'énergie à des ions ou à des particules élémentaires, en vue d'explorer les structures de la matière. (→ *encycl.*)

ENCYCL. **Phys.** Un accélérateur se compose généralement d'une source servant à produire les particules chargées (électrons, protons, ions), d'un système accélérateur qui leur communique de l'énergie et d'un système, magnétique ou électrostatique, destiné à les guider pendant l'accélération puis à les éjecter vers la cible. On peut distinguer trois classes d'accélérateurs : électrostatiques*, linéaires* et circulaires*. Dans les accélérateurs électrostatiques, on applique aux particules une tension constante de l'ordre du million de volts. Dans le dispositif de Cockroft et Walton, on utilise un système multiplicateur de tension. Dans un accélérateur de type Van de Graaff, des charges électriques sont déposées, par influence ou par effet de pointe, sur une courroie isolante qui les transporte jusqu'à une électrode haute tension. Les accélérateurs linéaires utilisent un champ électrique variable qui accélère les particules en ligne droite.

Le principe des accélérateurs circulaires est fondé sur le fait qu'une particule chargée, placée dans un champ magnétique uniforme, décrit une trajectoire circulaire sur laquelle elle reçoit, à chaque tour, une impulsion (donnée par un champ électrique). Les premiers cyclotrons utilisaient des électro-aimants de grande dimension. Dans les synchrocyclotrons, la pulsation du champ électrique est modulée pour qu'il reste en phase avec le passage des particules jusqu'à la fin de la période d'accélération. Une autre façon de contrôler la trajectoire consiste à faire varier le champ magnétique proportionnellement à l'énergie des particules pour qu'elles décrivent un cercle fixe. C'est le principe des bêtatrons et des synchrotrons à protons ou à électrons. Dans les synchrotrons, la trajectoire des particules est définie par un chapelet d'aimants disposés sur un parcours fermé, régulier, composé d'arcs de cercle et de sections droites. Les plus grands accélérateurs actuels (Fermilab ; synchrotrons à protons et LEP du Cern) utilisent une succession d'aimants à champ uniforme et de lentilles magnétiques. La technique des aimants supraconducteurs permet d'obtenir des champs magnétiques deux à trois fois plus forts que ceux des aimants classiques. Une autre évolution consiste à transformer ces grands accélérateurs pour les faire fonctionner en anneaux* de collisions.

ACCÉLÉRATION n. f. (lat. *acceleratio*). **1.** Fait de devenir plus rapide, d'être accéléré ou de s'accélérer : *L'accélération des travaux, du progrès.* — **2.** Aptitude d'un véhicule à augmenter sa vitesse instantanée. (Elle est liée à la puissance massique). — **3.** *Accélération de l'histoire,* cadence accélérée à laquelle, selon certains, se succèdent les événements politiques et les transformations économiques depuis la fin du XVIIIe s. • **Écon.** *Principe d'accélération,* principe selon lequel de faibles changements dans la demande de biens de consommation provoquent des variations beaucoup plus importantes dans la demande de biens de production. (Syn. ACCÉLÉRATEUR.) — **Mécan.** Quotient de la variation du vecteur vitesse par la durée correspondante. (→ *encycl.*) — **Phys.** *Accélération de la pesanteur,* accélération du mouvement de chute libre des corps pesants. (Elle est notée $\vec{g}$. Son module varie selon la latitude et l'altitude. À la latitude 45° et à l'altitude zéro, celui-ci vaut : g_0 = 9,806 65 m/s².)

ENCYCL. **Mécan.** On distingue l'*accélération moyenne,* dans laquelle la durée est finie, de l'*accélération instantanée,* égale à la dérivée du vecteur vitesse par rapport au temps. L'accélération, grandeur vectorielle, peut s'exprimer comme la somme d'une composante tangentielle γ_T de même direction que la vitesse et d'une composante normale γ_N perpendiculaire à celle-ci. Dans un mouvement circulaire uniforme, l'accélération tangentielle est nulle et l'accélération normale est constante. Dans la composition des mouvements, l'accélération n'est pas une grandeur additive comme la vitesse l'est en mécanique classique. Pour obtenir l'accélération d'un point M par rapport à un repère (R_1) en mouvement par rapport à un autre repère (R), il faut ajouter à l'accélération de M dans (R), en plus de l'accélération de (R_1) dans (R), un terme appelé *accélération de Coriolis**. L'unité d'accélération du système SI est le mètre par seconde carrée (m/s²). L'unité du système C. G. S. est le centimètre par seconde carrée, encore appelé gal (symb. Gal) et utilisé en géophysique.

accélération

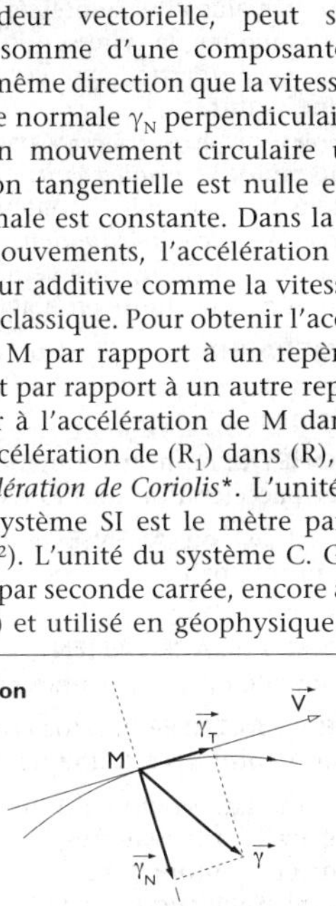

$\vec{\gamma_N}$: accélération normale
$\vec{\gamma_T}$: accélération tangentielle
$\vec{\gamma}$: accélération
$\vec{V}$: vitesse

— **Physiol.** En aviation, les accélérations de courte durée, mais importantes, déterminent des fractures et des lésions tissulaires. Les accélérations de longue durée (quelques secondes) entraînent des déplacements de la masse sanguine. Lorsque les forces s'exercent dans le sens tête-siège, la diminution de la pression artérielle rétinienne provoque le voile gris, puis le voile noir, perte temporaire de la vision, et enfin une perte de connaissance. Dans le sens siège-tête, un afflux sanguin dans la partie supérieure du corps provoque le voile rouge.

ACCÉLÉRÉ n. m. Truquage cinématographique permettant de rendre les mouvements plus rapides sur l'écran que dans la réalité.

ACCÉLÉRER v. t. (lat. *accelerare,* de *celer, -eris,* rapide) [conj. **18**]. **1.** Accroître la vitesse d'un corps en mouvement, le rythme de fonctionnement d'un moteur, d'un organe : *Le café accélère les battements du cœur. Le cheval accélère son allure.* — **2.** Rendre plus rapide une action, faire qu'un processus s'installe plus vite et avec plus d'ampleur, faire qu'un événement ait lieu plus rapidement : *Accélérer des préparatifs.* — **3.** Fam. *Accélérer le mouvement,* aller plus vite. ‖ *Accélérer le pas,* marcher plus vite, se presser.
◆ v. i. Augmenter la vitesse d'un véhicule quelconque et, en partic., appuyer sur l'accélérateur d'une voiture.
◆ **s'accélérer** v. pr., **être accéléré** v. pass. **1.** Être de plus en plus rapide : *Travailler à un rythme accéléré.* — **2.** S'intensifier, s'accroître rapidement : *Dégradation accélérée de la situation économique.* — **3.** *Mouvement accéléré,* mouvement dans lequel le module de la vitesse croît avec le temps.

ACCÉLÉROGRAPHE n. m. Instrument permettant d'enregistrer graphiquement l'accélération d'un mouvement.

ACCÉLÉROMÈTRE n. m. Instrument permettant de mesurer l'accélération du mouvement.

ACCENSE [aksɑ̃s] ou **ACENSE** [asɑ̃s] n. f. (de *accenser*). Autref., bail à rente, ou à cens proprement dit.

ACCENSEMENT ou **ACENSEMENT** n. m. Convention par laquelle on prenait une terre à cens.

ACCENSER ou **ACENSER** v. t. (de *cens*) [conj. 3]. Donner ou prendre à cens une terre.

ACCENT n. m. (lat. *accentus,* intonation). **1.** Ensemble de traits articulatoires (prononciation, intonation, etc.), propres aux membres d'une communauté linguistique (pays, région), d'un groupe ou d'un milieu social : *Accent allemand, bourguignon, faubourien. Avoir un accent.* — **2.** Ton, manière d'être qui expriment, indiquent un sentiment, un état d'esprit : *Son témoignage avait un accent de sincérité manifeste.* — **3.** Marque personnelle d'un écrivain, d'un artiste, reconnaissable dans le style, les œuvres ; ton : *Un poème d'accent baudelairien.* — **4.** Trait marqué qui donne son caractère propre, son originalité à qqch (sans adj. ni compl.) : *Une interprétation banale, sans accent.* — **5.** *(Avoir) l'accent,* avoir l'accent du midi de la France. ‖ *Mettre l'accent, faire porter l'accent sur qqch,* souligner, faire ressortir un aspect des choses, lui donner de l'importance. • **Ling.** Signe diacritique placé sur une voyelle pour noter soit un fait phonétique, soit un fait grammatical. (→ *encycl.*) — **Mus.** Intensité donnée aux sons essentiels d'une ligne mélodique ou d'une structure rythmique. — **Phon.** Mise en relief d'une syllabe au sein de l'unité accentuelle. (→ *encycl.*)
◆ **accents** n. m. pl. Traits par lesquels se distinguent, se caractérisent des œuvres surtout musicales : *Les accents d'une marche militaire.*

ENCYCL. **Ling.** En français, les trois accents (aigu [é], grave [è] et circonflexe [ê]) servent généralement à noter la prononciation ouverte ou fermée de certaines voyelles *(été / mère / être ; patte / pâte),* à distinguer des homonymes *(à / a ; du / dû)* ou à rappeler une particularité étymologique (comme dans *bête* ou dans *âne,* où l'accent circonflexe est la trace d'un *s* ancien). — **Phon.** On peut répartir les langues en deux catégories : les langues à *accent fixe* et les langues à *accent libre.* Dans les premières (français, tchèque, polonais, finnois, islandais), la place de l'accent est prévisible : en français, par exemple, l'accent frappe toujours la dernière syllabe du mot, en tchèque toujours la première. Dans les langues à accent libre (anglais, allemand, italien, russe, espagnol), la place de l'accent est déterminée par des facteurs morphologiques et sémantiques et a une fonction distinctive : la place de l'accent permet de distinguer de nombreux mots quasi homonymes. Ainsi, en anglais, *'import* « importation » et *im'port* « importer » ; en italien, *'canto* « je chante » et *can'to* « il chanta » ; en russe, *'mouka* « tourment » et *mou'ka* « farine ».

ACCENTEUR n. m. (lat. *accentor,* qui chante en accompagnement). Petit passereau (prunellidé) au bec pointu, aux formes trapues, au régime mixte, dont deux espèces, le mouchet et l'alpin, vivent en France.

ACCENTOLOGIE n. f. Partie de la phonétique qui traite de l'accent.

ACCENTUABLE adj. Se dit d'une syllabe qui peut recevoir l'accent.

ACCENTUATION n. f. **1.** Action, manière d'accentuer ; fait de s'accentuer, de s'intensifier : *Une accentuation alarmante de l'inflation.* — **2.** Action, manière d'employer les accents graphiques dans l'écriture ou l'impression. — **3.** Action, manière d'accentuer une syllabe ; ensemble des règles qui définissent les particularités accentuelles d'une langue.

ACCENTUEL, ELLE adj. **1.** Relatif à l'accent en phonétique. — **2.** *Unité accentuelle,* morphème constituant d'une phrase et portant un seul accent principal.

ACCENTUER v. t. (lat. médiév. *accentuare,* de *accentus,* accent) [conj. 7]. **1.** Affecter une lettre d'un accent graphique. — **2.** Prononcer une syllabe, un mot en les marquant d'un accent phonique. — **3.** Faire ressortir une forme, un sentiment, etc., en leur donnant un caractère plus marqué, plus expressif ; accuser, souligner, mettre en relief : *Maquillage qui accentue le regard.* — **4.** Rendre plus forts, plus intenses une sensation, un état, une action, etc. ; accroître, augmenter : *Accentuer une ressemblance, une différence.*

◆ **s'accentuer** v. pr., **être accentué** v. pass. **1.** Prendre un accent graphique ou phonique. — **2.** Devenir plus net, plus fort, plus intense : *Le froid s'est accentué ce matin.*

ACCEPTABILITÉ n. f. **1.** Caractère de qqch qui est plus ou moins tolérable. — **2.** Caractère d'un énoncé qui est facilement compris ou naturellement émis par les sujets parlants.

ACCEPTABLE adj. (lat. ecclés. *acceptabilis*). **1.** Qui peut être accepté, reçu, toléré, admis : *Une offre acceptable. Attitude qui n'est pas acceptable.* — **2.** Dont on peut se contenter ; juste satisfaisant : *Un travail tout juste acceptable.*

ACCEPTANT, E adj. et n. Se dit de qqn qui donne un consentement par lequel une convention devient valable.

◆ **acceptants** n. m. pl. Jansénistes qui se soumirent à la bulle *Unigenitus* (1713).

ACCEPTATION n. f. (lat. *acceptatio*). **1.** Action d'accepter, de recevoir, d'agréer qqch ; consentement, accord : *Donner son acceptation à un projet.* — **2.** Action d'accepter l'adversité ; soumission, résignation : *Une attitude passive faite d'acceptation.* • **Banq.** Engagement irrévocable, signé et exprimé par le mot « accepté », pris par le tiré de payer la lettre de change à son échéance. ‖ *Crédit par acceptation,* crédit réalisé grâce à un tirage effectué sur le banquier par le bénéficiaire du crédit et que le banquier accepte. — **Dr.** Consentement de qqn à qui une offre a été faite ou à qui la loi accorde la faculté d'opter. ‖ *Acceptation de succession sous bénéfice d'inventaire,* acceptation des dettes successorales jusqu'à concurrence de l'actif de la succession.

ACCEPTER v. t. (lat. *acceptare,* de *accipere,* recevoir) [conj. 4]. **1.** Consentir à prendre qqch, à recevoir ce qui est offert : *Accepter de l'argent de quelqu'un.* — **2.** Se déclarer prêt à faire qqch, à assumer une charge, à courir tel ou tel danger : *Accepter la responsabilité d'un service.* — **3.** Consentir à subir qqch, à le tolérer de la part de qqn, l'admettre, le supporter : *Je n'accepte pas sa critique. Accepter son sort sans rien dire.* — **4.** Considérer qqch comme juste, fondé, exact, l'admettre, l'approuver : *Accepter une théorie.* — **5.** Admettre qqn au sein d'un groupe à tel ou tel titre ; le considérer comme un des membres du groupe : *Accepter quelqu'un comme collaborateur.* — **6.** Permettre qu'un animal entre qqpart : *Ici on n'accepte pas les chiens.* — **7.** S'engager à payer une lettre de change à son échéance.

◆ **s'accepter** v. pr. Supporter d'être ce qu'on est avec ses défauts et ses qualités.

ACCEPTEUR, EUSE n. Personne qui s'engage à payer une lettre de change.

◆ **accepteur** n. m. **1.** Atome ou groupe d'atomes qui attire les électrons de liaison. — **2.** Dans un semi-conducteur, atome d'une impureté capable de recevoir un électron. — **3.** *Accepteur d'hydrogène,* substance telle que l'oxygène, le bleu de méthylène, etc., qui permet la respiration des cellules vivantes en déshydrogénant le dernier élément de la chaîne des transporteurs d'hydrogène.

ACCEPTION n. f. (lat. *acceptio*). **1.** Signification particulière d'un mot selon le contexte où il est employé. (Le mot « agent » a deux acceptions différentes dans « l'agent règle la circulation » et « le complément d'agent ».) — **2.** *Dans toute l'acception du mot, du terme,* dans son plein sens. ‖ *Sans acception de qqch,* sans le faire entrer en ligne de compte.

ACCÈS n. m. (lat. *accessus,* de *accedere,* arriver). **1.** Possibilité, pour qqn ou pour un véhicule, d'atteindre un lieu, d'y pénétrer : *L'accès des véhicules dans le parc est réglementé. Un port d'accès facile.* — **2.** Facilité plus ou moins grande d'approcher qqn, de s'entretenir avec lui, de pénétrer dans un milieu : *Une société dont l'accès est difficile.* — **3.** Fait ou droit d'accéder à une fonction, un état, une dignité, etc. ; accession : *L'accès aux grandes écoles.* — **4.** Possibilité pour qqn, pour un groupe, d'accéder à une connaissance, de la posséder et de la maîtriser : *Accès à la culture, à l'information.* — **5.** Possibilité pour qqch d'être compris, saisi, apprécié : *Œuvre dont l'accès est malaisé.* — **6.** Voie, passage, ouverture permettant d'arriver à un lieu, de s'y introduire ; entrée, issue : *Les accès de l'immeuble sont gardés.* — **7.** Manifestation brusque mais de courte durée d'un état affectif ou psychologique ; crise, poussée : *Des accès de tristesse, d'enthousiasme.* — **8.** *Accès de fièvre,* brusque poussée de fièvre ; état momentanément critique ou marqué par une forte agitation dans une situation, un secteur d'activité, etc. ‖ *Avoir accès à qqch,* avoir le droit, la possibilité de prendre connaissance de qqch, d'en faire usage. ‖ *Donner accès à, sur, dans un lieu, à une situation, un état, etc.*, permettre d'accéder à un lieu, de pénétrer dans un milieu ou de parvenir à un état. ‖ *Par accès,* de façon irrégulière, discontinue, par à-coups. • **Électr.** Point ou ensemble de points d'un réseau ou d'un dispositif électrique où l'on peut fournir, prélever ou observer une grandeur caractéristique (énergie ou signal). — **Inform.** Procédure caractérisant la manière de lire ou d'écrire une information dans une mémoire d'ordinateur. ‖ *Accès (mémoire),* action de lire ou d'écrire une information dans une mémoire d'ordinateur. ‖ *Temps d'accès,* intervalle de temps séparant le moment où un processeur, dans un ordinateur, demande une information et le moment où la mémoire la lui fournit. — **Méd.** Ensemble de troubles morbides aigus pouvant se répéter à intervalles réguliers, ou être isolés.

ACCESSIBILITÉ n. f. **1.** Caractère de qqch, d'un lieu qui sont accessibles : *L'accessibilité d'un sommet.* — **2.** Droit, possibilité qu'a qqn d'avoir accès à qqch : *L'accessibilité à un emploi.*

ACCESSIBLE adj. (bas lat. *accessibilis*). **1.** Se dit d'un lieu, d'une situation, etc., auxquels on peut accéder : *Village difficilement accessible.* — **2.** Se dit de qqch (livre, œuvre, art) que l'on peut comprendre ; intelligible, compréhensible. — **3.** Se dit de qqch (produit, service, loisir, etc.) que l'on peut s'offrir ; abordable : *Le ski est maintenant accessible à beaucoup de gens.* — **4.** Qui se laisse émouvoir, toucher ; sensible : *Un homme accessible à la pitié.* — **5.** Que l'on peut facilement aborder : *Un président-directeur général accessible.*

ACCESSION n. f. (lat. *accessio,* action d'approcher). **1.** Action d'accéder à un état, à une situation, à la propriété. — **2.** Extension du droit de propriété par suite du rattachement d'une chose accessoire à la chose principale ; les choses mêmes sur lesquelles ce droit est exercé.

ACCESSIT [aksesit] n. m. (mot lat. signif. *il s'est approché*). Distinction honorifique accordée dans le cadre scolaire aux élèves les plus proches des premiers prix.

ACCESSOIRE adj. (lat. médiév. *accessorius,* de *accedere,* s'ajouter à). Qui accompagne une chose principale, qui s'ajoute à titre secondaire : *Ne pas s'arrêter aux détails accessoires.*

◆ n. m. **1.** Ce qui n'est pas l'essentiel ; chose secondaire : *Laissons l'accessoire de côté.* — **2.** Objet, instrument, appareil destiné à compléter un élément principal ou à aider au fonctionnement d'un appareil dans les diverses circonstances de son utilisation. — **3.** Objet qui, dépendant étroitement d'un autre, prend la même nature juridique que celui-ci. — **4.** Élément variable qui complète la toilette (foulard, ceinture, sac, etc.). — **5.** Objet complétant le décor d'un spectacle ou servant aux acteurs (meuble, arme, ustensile quelconque).

◆ **accessoires** n. m. pl. Compléments d'une demande principale (fruits, intérêts, dépens, etc.).

ACCESSOIREMENT adv. De façon accessoire.

ACCESSOIRISER v. t. (conj. **3**). Garnir d'accessoires : *Accessoiriser une voiture.*

ACCESSOIRISTE n. **1.** Fournisseur ou gardien d'accessoires destinés à un spectacle. — **2.** Commerçant patenté assurant la vente au détail des accessoires d'automobile et de motocyclette.

ACCIAIUOLI, famille originaire de Brescia, établie à Florence au XIIe s. Cette famille joua un grand rôle politique à Florence et dans plusieurs États méditerranéens grâce à sa compagnie commerciale, qui fut l'une des plus puissantes compagnies florentines de 1282 à 1345. Ainsi, NICOLAS *(Niccolo)* [Montegufoni, Florence, 1310 - Naples 1365] dirigea en fait le royaume de Naples de 1347 à 1365 avec le titre de grand sénéchal. — Son neveu et fils adoptif RAINIER Ier *(Ranieri* ou *Nerio)* [† 1394] conquit sur les Catalans le duché d'Athènes (1387), sur lequel ses descendants régnèrent jusqu'en 1456.

ACCIDENT n. m. (lat. *accidens,* de *accidere,* survenir). **1.** Événement fortuit qui a des effets plus ou moins dommageables pour les personnes ou pour les choses : *Accident de la route.* — **2.** Événement inattendu, non conforme à ce qu'on pouvait raisonnablement prévoir, mais qui ne le modifie pas fondamentalement : *Un échec qui n'est qu'un accident dans une brillante carrière.* — **3.** Trouble morbide survenant de façon imprévue et n'ayant pas nécessairement, si ce trouble survient au cours d'une maladie, de liaison avec elle. — **4.** *Accident de terrain,* inégalité du relief, élévation du sol amenant de la variété dans un paysage uniforme. ‖ Litt. *Par accident,* fortuitement, par hasard. • **Dr.** *Accident de trajet,* accident survenu pendant le trajet que le salarié emprunte pour se rendre de son domicile à son travail et vice versa, ainsi que sur le trajet qui le mène au lieu où il prend habituellement ses repas. ‖ *Accident du travail,* accident entraînant une lésion de l'organisme humain, survenu par le fait ou à l'occasion du travail et quelle qu'en soit la cause, alors que la victime se trouvait sous l'autorité de son employeur. (L'accident du travail ouvre droit à réparation ; celle-ci est demandée à l'employeur, mais, depuis 1946, les prestations sont versées directement par les caisses de Sécurité sociale.)

— **Géol.** *Accident tectonique,* discontinuité d'origine tectonique au sein d'un ensemble géologique, d'un gisement stratiforme. — **Mus.** Altération rencontrée passagèrement (dièse, bémol, bécarre). — **Philos.** Selon Aristote, ce qui est inhérent à un sujet et ne peut exister sans lui. ‖ Dans la philosophie scolastique, caractère possible et non nécessaire d'une substance, pour autant qu'elle consiste en une manière possible d'être, d'être perçue, d'être au monde.

ENCYCL. Les *accidents de la route* causent plus de 300 000 morts par an dans le monde, dont environ 8 500 en France (parmi lesquels 19 % d'usagers des deux-roues et 13 % de piétons). Les pouvoirs publics, les constructeurs d'automobiles ainsi que des associations s'efforcent de réduire les risques d'accidents : leur action s'est traduite par une baisse constante du taux d'accidents mortels. Parmi les composantes de cette action : la sécurité des véhicules, l'aménagement des routes et la construction des autoroutes, l'organisation des secours aux accidentés, la formation et l'éducation de l'usager de la route ainsi que des mesures de limitation de vitesse, l'obligation du port de la ceinture de sécurité et des incitations par l'assurance.

La loi du 5 juill. 1985, qui vise à améliorer la situation des victimes d'accidents de la circulation, permet notamment d'accélérer les procédures d'indemnisation.

1. ACCIDENTÉ → ACCIDENTER.

2. ACCIDENTÉ, E n. Victime d'un accident (de la route, du travail, etc.).

ACCIDENTEL, ELLE adj. (bas lat. *accidentalis*). **1.** Qui est l'effet du hasard ; qui n'est pas prévu ; fortuit : *Rencontre accidentelle.* — **2.** Qui arrive par accident : *Mort accidentelle.* — **3.** Relatif à l'accident (par oppos. à *substantiel*).

ACCIDENTELLEMENT adv. **1.** Par hasard : *Retrouver accidentellement des papiers perdus.* — **2.** Par suite d'un accident : *Mourir accidentellement.* — **3.** De manière accidentelle (par oppos. à *substantiellement*).

ACCIDENTER v. t. (conj. 3). **1.** Causer un dommage à qqn, à un véhicule : *Le camion a accidenté deux voitures.* — **2.** *Litt.* Rendre mouvementé le cours de qqch, en rompre l'uniformité : *Tous ces événements qui ont accidenté sa vie.*

◆ **être accidenté** v. pass. **1.** En parlant d'un sol, être varié dans ses aspects. — **2.** En parlant d'un véhicule, avoir subi un accident entraînant des dommages.

ACCIPIENS [aksipjɛ̃s] n. (mot lat. signif. *acceptant*). Personne qui reçoit un paiement, en général le créancier.

ACCIPITRIDÉ n. m. (lat. *accipiter, -tris,* épervier). Oiseau rapace diurne tel que les faucons, les aigles, les buses, les milans, les vautours de l'Ancien Monde, etc., ayant des serres puissantes et un bec supérieur fortement recourbé. (Les *accipitridés* forment une famille.)

ACCIPITRIFORME n. m. Syn. de FALCONIFORME.

ACCISES n. f. pl. (lat. *accisia,* impôt). En Belgique, impôt indirect portant sur certaines marchandises, en partic. les alcools.

ACCISIEN n. m. En Belgique, agent du service des accises.

ACCIUS (Lucius), poète tragique latin (Pisaurum 170 - v. 84 av. J.-C.). Des 45 pièces, inspirées d'Euripide ou de l'histoire romaine, de celui qui fut le plus grand tragique romain, il ne reste que 700 vers.

ACCLAMATION n. f. (lat. *acclamatio). 1.* Cri de joie, d'approbation, d'enthousiasme collectif pour saluer ou approuver publiquement une personne, une œuvre, une nouvelle ; ovation, applaudissement : *Les acclamations de la foule.* — **2.** Ovations qui saluaient les triomphateurs ou les empereurs. — **3.** Formule exprimant la joie, un souhait, une invocation (par ex. *alleluia*). — **4.** *Par acclamation,* unanimement ou massivement, sans recourir à un scrutin.

ACCLAMER v. t. (lat. *acclamare,* de *clamare,* appeler) [conj. 3]. **1.** Saluer qqn ou qqch par des cris d'approbation, en parlant d'une foule : *Acclamer une personnalité.* — **2.** Nommer qqn par acclamation.

ACCLIMATABLE adj. Qui peut être acclimaté, qui s'acclimate facilement.

ACCLIMATATION n. f. Introduction intentionnelle d'une espèce animale ou végétale dans une région où elle n'existait pas, en vue de la culture ou de l'élevage. (Une espèce végétale acclimatée peut coloniser les espaces sauvages et devenir subspontanée ; de même, un animal introduit pour l'élevage peut envahir le milieu naturel, comme le lapin en Australie.)

ACCLIMATEMENT n. m. **1.** Action de se familiariser, de s'adapter à qqch de nouveau ; résultat de cette action. — **2.** Adaptation individuelle d'un organisme humain, animal ou végétal à un autre climat que celui de son lieu d'origine. (Syn. ACCOMMODAT, SOMATION, MORPHOSE.)

ENCYCL. Chez l'homme, il existe un acclimatement aux hautes altitudes : accélération cardiaque, puis polyglobulie ; un acclimatement à la chaleur : pigmentation de la peau, transpiration accrue ; un acclimatement au froid : accumulation de graisse dermique. Chez les plantes, la germination à haute altitude ou en région froide donne des pieds nains ou étalés, la vie en milieu sec conduit à une réduction de la surface des feuilles et à un grand développement des racines, etc.

ACCLIMATER v. t. (de *climat*) [conj. 3]. **1.** Introduire un être vivant dans un nouveau milieu : *Acclimater en France une nouvelle espèce végétale.* — **2.** Importer qqch, l'introduire dans, l'adapter à un milieu différent : *Acclimater un usage étranger chez soi.*

◆ **s'acclimater** v. pr., **être acclimaté** v. pass. **1.** S'habituer à un nouveau milieu, à un genre de vie différent. — **2.** Se développer et se reproduire dans un milieu différent de son milieu d'origine.

ACCOINTANCE n. f. (anc. fr. *acointier,* faire connaissance). Relation, liaison avec d'autres personnes, avec un milieu déterminé (surtout péjor. et pl.) : *Avoir des accointances avec le milieu.*

ACCOINTER (S') v. pr., **ÊTRE ACCOINTÉ** v. pass. (lat. pop. **accognitare,* de *accognitus,* reconnu) [conj. 3]. *Litt.* Se lier avec des gens, le plus souvent pour une affaire suspecte ; s'acoquiner, s'aboucher.

1. ACCOLADE n. f. (de *accoler,* au sens anc. de *embrasser*). Geste consistant à se serrer dans les bras l'un de l'autre en signe d'affection, d'amitié et, en partic., lors d'une remise de décoration, de la réception d'un personnage officiel.

2. ACCOLADE n. f. (de *accoler*). **1.** Signe graphique ({) servant à réunir plusieurs lignes, plusieurs colonnes, etc. — **2.** Motif décoratif de linteau associant deux talons, qui aboutit, dans les arcs, à un amortissement en gable (art gothique, XIVe-XVIe s.).

ACCOLAGE n. m. Action de fixer les sarments ou les rameaux à des piquets ou à des fils de palissage pour les préserver des secousses du vent et favoriser une meilleure répartition de l'air, de la chaleur et de la lumière solaires.

ACCOLEMENT n. m. *Litt.* Action d'accoler deux choses.

ACCOLER v. t. (anc. fr. *acoler,* de *col,* cou) [conj. 3]. **1.** Placer des choses l'une à côté de l'autre et, en partic., en parlant des mots, les faire figurer ensemble : *Accoler une particule à un nom.* — **2.** Réunir des lignes par une accolade. — **3.** Pratiquer l'accolage.

◆ **être accolé** v. pass. En parlant des meubles héraldiques, être placés à côté l'un de l'autre et se touchant.

ACCOMMODANT, E adj. Avec qui il est facile de s'entendre, conciliant, arrangeant.

ACCOMMODAT n. m. Syn. de ACCLIMATEMENT.

ACCOMMODATEUR, TRICE adj. (lat. *accommodator*). Qui relève de l'accommodation de l'œil.

ACCOMMODATICE [-tis] adj. (ital. *accomodatizio*). *Sens accommodatice,* sens donné à un texte de l'Écriture, absolument étranger à la pensée de l'auteur biblique et qui ne repose que sur une interprétation personnelle, parfois fantaisiste.

ACCOMMODATION n. f. (lat. *accommodatio*). **1.** Ensemble de tous les traits d'acclimatement présentés par le même individu et qui ne sont pas transmissibles par hérédité. — **2.** Changement qui s'opère dans l'œil pour rendre la vision distincte à des distances différentes. (L'accommodation est réalisée par une modification de forme du cristallin sous l'influence du muscle ciliaire.) — **3.** Propriété intrinsèque d'une fibre nerveuse ou d'une membrane électriquement excitables, lorsqu'elles sont traversées par un courant électrique. (Plus celui-ci s'établit lentement, plus le seuil d'excitation de la fibre nerveuse s'élève ; au-dessous d'une certaine valeur, l'excitation n'a pas lieu.)

ACCOMMODEMENT n. m. (de *accommoder*). **1.** Transaction, accord pour conclure un différend : *Propositions d'accommodement en vue d'un armistice.* — **2.** Expédient qui permet de faire cesser tout scrupule : *Trouver des accommodements avec sa conscience.* — **3.** *Accommodement de famille,* syn. de ARRANGEMENT DE FAMILLE.

ACCOMMODER v. t. (lat. *accommodare,* adapter) [conj. 3]. **1.** *Litt.* Adapter qqch, l'approprier à une situation : *Accommoder son discours aux circonstances.* — **2.** Apprêter un aliment, le préparer, le cuisiner pour le rendre plus appétissant : *Veau accommodé en ragoût.*

◆ **s'accommoder** v. pr. **1.** *Litt.* Se mettre en accord avec qqch ; se conformer, s'adapter à. — **2.** Accepter ce qui se présente, agréable ou non, et en tirer le meilleur parti possible ; se contenter de.

ACCOMPAGNAGE n. m. Trame fine de même couleur que la dorure dont l'étoffe est brochée et servant à dissimuler le fond.

ACCOMPAGNATEUR, TRICE n. **1.** Personne qui accompagne un enfant, un malade, un handicapé, etc., pour lui servir de guide ou de garde. — **2.** Personne qui accompagne dans ses déplacements un groupe de touristes pour régler les problèmes matériels au cours du voyage. — **3.** Personne qui accompagne, avec la voix ou avec un instrument, la partie principale d'un morceau de musique.

ACCOMPAGNEMENT n. m. **1.** Action d'accompagner qqn dans ses déplacements ; travail de l'accompagnateur. — **2.** Ce qui sert à accompagner un mets, un repas. — **3.** *Litt.* Ce qui accompagne qqch : *Le succès n'est pas toujours l'accompagnement du mérite.* • **Ch. de f.** Service assuré par un agent chargé de vérifier le bon fonctionnement du matériel, de la signalisation, ou les connaissances des agents de conduite et de contrôle. — **Gramm.** *Complément d'accompagnement,* nom ou pronom qui indique la personne avec laquelle une action s'accomplit. (Ex. *Ils sont sortis avec leurs enfants.*) — **Méd.** Action d'accompagner un mourant. — **Mil.** Action de soutenir ou de protéger par le feu. ‖ *Mission d'accompagnement,* mission particulière à l'aviation de chasse, qui consiste à escorter avec des chasseurs les appareils de reconnaissance, de bombardement, de transport ou d'assaut. — **Mus.** Ensemble des sons qui s'harmonisent avec une ou plusieurs parties.

ACCOMPAGNER v. t. (anc. fr. *compain,* compagnon) [conj. 3]. **1.** Être avec qqn, lui tenir compagnie : *La personne qui vous accompagne a droit à 20 % de réduction.* — **2.** Servir de guide, d'accompagnateur à qqn, à un groupe. — **3.** Aller avec qqn dans un lieu : *Accompagner un ami à une réception.* — **4.** Mener, conduire qqn qqpart : *Accompagner des enfants à l'école.* — **5.** Associer, joindre qqch à qqch ; assortir : *Accompagner une phrase d'un geste de menace.* — **6.** En parlant d'une sauce, d'une boisson, d'un légume, être servi avec un mets, convenir à : *Ce vin blanc accompagnera parfaitement votre repas.* — **7.** Être associé à un acte, un état, s'y ajouter, aller de pair avec : *Tristesse qui accompagne un état d'ivresse.* — **8.** Soutenir le chant, l'instrument ou les instruments au moyen d'un accompagnement. — **9.** *Accompagner un mourant,* l'aider durant son agonie à surmonter la douleur physique et psychique. ‖ *Accompagner qqn du regard, de ses pensées, etc.,* le suivre du regard, en pensée, etc. ‖ *Mes vœux, mes pensées, etc., vous accompagnent,* formule pour souhaiter à qqn la réussite, pour lui indiquer qu'on partage son sentiment, son espoir.

◆ **être accompagné** v. pass. **1.** Être avec qqn qui tient compagnie ou qui assure la protection : *Elle n'est pas seule, elle est accompagnée.* — **2.** En parlant d'une figure héraldique, avoir à ses côtés des pièces secondaires.

◆ **s'accompagner** v. pr., **être accompagné** v. pass. **1.** Avoir qqch comme élément associé : *Phrase accompagnée d'un geste de menace.* — **2.** En parlant d'un chanteur, jouer lui-même l'accompagnement musical sur un instrument.

ACCOMPLI n. m. Forme verbale exprimant l'aspect et indiquant que l'action est envisagée comme achevée. (Syn. PARFAIT, PERFECTIF.)

ACCOMPLIR v. t. (anc. fr. *complir,* du lat. *complere,* remplir) [conj. 32]. **1.** Mener une fonction, une période jusqu'à leur terme, les achever : *Accomplir son mandat.* — **2.** Réaliser, exécuter un projet, une action : *Accomplir la volonté de quelqu'un.*

◆ **être accompli** v. pass. **1.** En parlant d'une durée, être achevée, révolue : *Il a vingt ans accomplis.* — **2.** En parlant de qqn, être parfait en son genre : *Une maîtresse de maison accomplie.* — **3.** *Devant le fait accompli,* devant une situation qu'on subit sans pouvoir la modifier.

◆ **s'accomplir** v. pr., **être accompli** v. pass. **1.** Être exécuté, réalisé, se réaliser pleinement : *Mission accomplie.* — **2.** Se produire, se faire : *Tout ce qui s'accomplit autour de lui.* — **3.** S'épanouir, se réaliser dans une action : *S'accomplir dans son travail.*

ACCOMPLISSEMENT n. m. Action d'accomplir, de s'accomplir.

ACCON, ACCONAGE → ACON, ACONAGE.

ACCONCI (Vito), artiste américain (New York 1940), un des principaux créateurs de l'art corporel *(body art),* à partir des années 1968-69.

ACCONIER → ACONIER.

ACCORAGE n. m. Action d'accorer.

ACCORD n. m. **1.** État des relations entre personnes ou groupes qui n'ont pas ou n'ont plus de motifs de s'opposer en matière d'idées, de sentiments, d'intérêts ; entente, harmonie : *Un parfait accord entre amis.* — **2.** Déclaration par laquelle une personne privée, une collectivité reconnaît approuver, permettre qqch ; consentement, autorisation : *Donner son accord verbal.* — **3.** Arrangement entre deux ou plusieurs parties pour régler un différend, définir les modalités d'une entente ; convention, traité : *Un accord sur les salaires d'une profession.* — **4.** Rapport de concordance ou de convenance existant ou établi entre des choses et qui est satisfaisant pour l'esprit ; adaptation, harmonie : *Accord de l'expression avec la pensée.* — **5.** *D'accord, pas d'accord,* s'emploient dans une réponse pour exprimer soit son approbation, son adhésion (« j'en conviens, c'est exact ») ou son consentement (« oui, c'est entendu »), soit son refus. ‖ *D'accord, en accord avec qqn, avec l'accord de qqn,* avec son assentiment, son approbation. ‖ *D'un commun accord,* toutes les personnes concernées étant du même avis. ‖ *En accord, en parfait accord,* dans une entente parfaite, complète. ‖ Litt. *En demeurer d'accord,* en convenir. ‖ *Être d'accord (sur qqch, pour),* donner son approbation, son adhésion, son consentement. ‖ *Être, se trouver d'accord (avec qqn) que, sur, au sujet de qqch,* avoir la même manière d'envisager les choses. ‖ *Mettre d'accord des personnes,* faire qu'elles s'entendent en jouant le rôle d'arbitre, de conciliateur. ‖ *Se mettre d'accord avec qqn sur, au sujet de qqch,* trouver un terrain d'entente. ‖ *Tomber d'accord,* en parlant de plusieurs personnes, en venir au même point de vue après une discussion. • **Céram.** Bonne adhérence, après cuisson d'une glaçure, d'un émail ou d'une couverte sur le corps de la céramique. — **Dr.** Rencontre des volontés dans le but de produire les effets de droit désirés par les parties. (Un contrat est un accord.) ‖ *Accord en forme simplifiée* (équivalent de l'amér. *agreement*), convention n'exigeant aucune formalité solennelle de ratification ou d'approbation après la signature, cette dernière suffisant pour que l'accord entre en vigueur. ‖ *Accord d'entreprise* ou *d'établissement,* accord conclu entre le chef d'entreprise ou d'établissement et les syndicats représentatifs qui a pour but, en général, de déterminer l'ensemble des conditions de travail et les garanties sociales propres à l'entreprise ou à l'établissement. — **Écon.** *Accord commercial,* traité de commerce ou convention commerciale. ‖ *Accord de paiement,* entente entre nations sur les conditions de paiement des échanges intervenus entre elles. ‖ *Accord de produit,* accord international relatif à une marchandise donnée et qui a généralement pour objet la stabilisation d'un marché. — **Électr.** et **Électron.** Action de régler aux valeurs voulues la ou les fréquences de fonctionnement d'un circuit oscillant ou d'un appareil. — **Ling.** Correspondance établie entre des unités linguistiques liées syntaxiquement et dont l'une agit sur la forme des autres. — **Mus.** Union coordonnée d'au moins trois sons constituant l'harmonie. (On distingue accords plaqués et accords brisés, ou arpégés.) ‖ Réglage de la justesse d'un instrument. (Il s'opère en agissant sur la tension des cordes ou des membranes ou sur la longueur des tubes.) — **Parfum.** Harmonie olfactive résultant du mélange approprié de matières premières odorantes.

Accord monétaire européen (A.M.E.), accord de paiement, signé le 5 août 1955, entre les pays membres de l'Union européenne des paiements, à laquelle il se substitua en décembre 1958. Il a été remplacé, en 1972, par les accords de Bâle*.

ACCORDABLE adj. Qu'on peut accorder, qui peut s'accorder.

ACCORDAILLES n. f. pl. *Vx.* Accords, conventions préliminaires d'un mariage.

ACCORDANCE n. f. (de *accorder*). Tendance au parallélisme entre des surfaces structurales primitivement discordantes, sous l'effet des contraintes tectoniques.

ACCORD-CADRE n. m. (pl. *accords-cadres*). Accord conclu entre gouvernement et syndicats, ou entre syndicats et patronat, et dont les termes sont assez généraux pour servir de cadre ou de modèle à des accords ultérieurs.

ACCORDÉ, E n. *Vx.* Fiancé(e).

Accordée de village *(l'),* peinture de J.-B. Greuze, au musée du Louvre (0,92 × 1,17), chef-d'œuvre de l'artiste dans le genre sentimental et mélodramatique.

ACCORDÉON n. m. (all. *Akkordion,* refait sur *orphéon*). **1.** Instrument à air composé d'un soufflet et de deux claviers à touches ou à boutons dont le jeu déclenche des soupapes auxquelles correspondent des lamelles de métal qui vibrent au passage de l'air. — **2.** Fam. *Coup d'accordéon,* variation brutale en sens inverse d'une évolution. ‖ *En accordéon,* qui présente des plis comparables à ceux d'un soufflet d'accordéon ; qui présente des à-coups. ‖ *Porte accordéon,* porte coulissante qui évoque un soufflet d'accordéon. ‖ *Sac accordéon,* sac de dame fait de poches souples juxtaposées.

ACCORDÉONISTE n. Joueur d'accordéon.

ACCORDER v. t. (lat. pop. **accordare,* de *cor, cordis,* cœur) [conj. 3]. **1.** Mettre des choses en harmonie : *Accorder ses actes à ses principes.* — **2.** Accepter de donner qqch à qqn, de lui octroyer ce qu'il a demandé ou désiré : *Accorder un entretien à quelqu'un.* — **3.** Reconnaître, concéder ou attribuer une qualité à qqn ou à qqch : *Accorder de la valeur à un témoignage.* — **4.** Avoir telle ou telle attitude à l'égard de qqn ou de qqch : *Accorder sa confiance à quelqu'un.* — **5.** Reconnaître, admettre que qqch est vrai : *Je vous accorde que, sur ce point, vous avez raison.* — **6.** Régler la ou les fréquences propres d'un circuit oscillant sur des valeurs déterminées en faisant varier sa self-induction ou sa capacité, ou les deux à la fois. — **7.** Appliquer aux mots les règles d'accord. — **8.** Régler la justesse d'un instrument de musique. — **9.** Fam. *Accorder ses violons,* en parlant de plusieurs personnes, se mettre d'accord.

◆ **s'accorder** v. pr. **1.** Être en harmonie, en accord (avec qqch) ; aller bien avec qqch, aller bien ensemble : *Leurs caractères s'accordent parfaitement.* — **2.** *Litt.* Se mettre d'accord avec qqn : *Sa tante, avec qui elle ne s'était jamais accordée.* — **3.** Être ou se mettre d'accord pour, sur qqch : *Ils s'accordent à (pour) penser que vous avez tort.* — **4.** S'octroyer, se donner qqch : *S'accorder quelques heures de repos.* — **5.** Être en accord grammatical : *Le verbe s'accorde avec son sujet.* — **6.** À l'orchestre, en parlant des instrumentistes, se référer au *la* du diapason.

ACCORDEUR n. m. Celui qui accorde les instruments de musique.

ACCORDOIR n. m. Outil pour accorder les instruments de musique.

1. ACCORE adj. (néerl. *schor,* escarpé). Se dit d'une côte abrupte et rocheuse le long de laquelle les profondeurs augmentent rapidement et que les navires peuvent serrer de près.

2. ACCORE n. f. (moyen néerl. *schore,* étai). Pièce de bois servant à étayer l'ossature d'un vaisseau en construction.

ACCORER v. t. (conj. 3). **1.** Maintenir un navire par des accores. – **2.** Assujettir une charge pour l'empêcher de vaciller.

ACCORNÉ, E adj. En héraldique, se dit du sabot du cheval, de la corne d'un animal quand ce sabot ou cette corne sont d'un autre émail que le corps.

ACCORTE adj. f. (ital. *accorto,* avisé). *Litt.* Se dit d'une jeune fille, d'une femme gracieuse, aimable et vive ; avenante.

ACCOSTABLE adj. Où un bateau peut accoster.

ACCOSTAGE n. m. **1.** Action de s'approcher de qqch jusqu'à le toucher, en parlant d'un bateau. – **2.** Phase d'un rendez-vous spatial précédant immédiatement la jonction sur orbite des deux véhicules. – **3.** Action de rapprocher jusqu'au contact deux ou plusieurs pièces à assembler par soudage. – **4.** *Ouvrage d'accostage,* ouvrage réalisé pour permettre aux navires et aux bateaux de s'amarrer et de séjourner dans un port.

ACCOSTER v. t. (anc. provenç. *acostar,* s'approcher) [conj. 3]. **1.** Réaliser un accostage. – **2.** Aborder qqn pour lui parler.

◆ **être accosté** v. pass. **1.** En architecture, être accompagné (d'éléments quelconques) sur un ou plusieurs côtés. – **2.** En héraldique, en parlant d'une pièce verticale ou d'un sautoir, être accompagné à dextre et à senestre de meubles secondaires.

ACCOT n. m. (de *accoter,* appuyer). **1.** Dépôt de paille, de feuilles mortes ou de fumier froid pour protéger contre le gel. – **2.** Cale en terre réfractaire destinée à maintenir verticales les piles de cazettes pendant la cuisson.

ACCOTEMENT n. m. **1.** Partie latérale d'une route, comprise entre la chaussée et le fossé ou la limite de la plate-forme. – **2.** Partie de la voie comprise entre le rail et la crête voisine de la couche de ballast. – **3.** Frottement vicieux d'une pièce d'un appareil horaire contre une autre.

ACCOTER v. t. (bas lat. *accubitare,* appuyer, avec infl. de *accoster*) [conj. 3]. **1.** Appuyer qqch d'un côté contre qqch : *Accoter une échelle contre un mur.* – **2.** Mettre en place un accot.

◆ **s'accoter** v. pr., **être accoté** v. pass. S'appuyer, se caler contre, sur qqch : *Maison accotée à la colline.*

ACCOTOIR n. m. Partie latérale d'un siège où l'on peut reposer l'avant-bras.

ACCOUCHÉE n. f. Femme qui vient d'accoucher.

ACCOUCHEMENT n. m. **1.** Action de mettre un enfant au monde. – **2.** Acte médical par lequel un médecin ou une sage-femme assistent une femme en train d'accoucher. – **3.** *Fam.* Action de produire une œuvre, de prendre une décision avec peine : *L'accouchement d'un roman.* – **4.** *Accouchement sans douleur,* accouchement bénéficiant d'une préparation physique (méthode anglaise) ou psychoprophylactique (méthode russe), destinée à favoriser le déroulement des différentes étapes et à en minimiser les sensations pénibles.

ENCYCL. L'accouchement à terme se produit au bout de 280 jours. Entre 6 et 8 mois et demi, il est prématuré. Au-delà du terme, il est dit post-terme. L'accouchement comporte deux phases successives : celle de la dilatation du col, qui dure de 8 à 10 heures chez la primipare et qui est la plus longue et la plus pénible ; celle de l'expulsion de l'enfant, qui ne dure pas plus de trois quarts d'heure chez la primipare. Ces périodes sont raccourcies chez les multipares. Après l'accouchement proprement dit survient un temps de repos d'une quinzaine de minutes, terminé par l'expulsion du placenta.

ACCOUCHER v. t. ind. (de *couche*) [conj. 3]. **1.** Mettre un enfant au monde : *Elle a accouché d'un garçon.* – **2.** *Fam.* Produire qqch, une œuvre, élaborer une idée avec difficulté : *Il n'a accouché que d'un malheureux couplet de six vers.* – **3.** *Fam.* Dire ce qu'on ne voulait pas ou n'osait pas dire : *Parle, accouche, enfin !*

◆ v. t. Aider une femme à mettre au monde son enfant (en parlant d'un médecin, d'une sage-femme).

ACCOUCHEUR, EUSE n. Médecin spécialisé dans la surveillance de la grossesse et la pratique des accouchements.

◆ **accoucheur** adj. m. *Crapaud accoucheur,* n. usuel de l'*alyte.*

ACCOUDER (S') v. pr., **ÊTRE ACCOUDÉ** v. pass. (conj. 3). S'appuyer du coude ou des coudes : *S'accouder à la fenêtre.*

ACCOUDOIR n. m. Partie latérale d'un siège ou pièce de garniture parfois mobile, fixée au siège ou à une portière d'un véhicule, et sur laquelle on peut s'accouder.

ACCOUER v. t. (de *queue*) [conj. 6]. Attacher des chevaux à la queue leu leu, de manière qu'ils marchent à la file.

ACCOUPLE n. f. Lien (longe, rêne) avec lequel on assujettit deux chevaux ou plusieurs chiens de chasse pour les mener.

ACCOUPLEMENT n. m. **1.** Action d'accoupler : *Accouplement de mots.* – **2.** Union du mâle et de la femelle, rendant possible l'union de leurs cellules reproductrices (gamètes), c'est-à-dire la fécondation et par là même la reproduction de l'espèce. (Syn. COÏT, COPULATION.) [→ *encycl.*] • **Ch. de f.** Établissement d'une liaison entre deux voitures, deux appareils, etc. — **Électr.** Action de relier entre eux des appareils électriques. (L'accouplement peut se faire en *série* [addition des tensions], en parallèle [addition des courants] ou en *série-parallèle.*) [Syn. COUPLAGE.] — **Mar.** Liaison du safran du gouvernail avec sa mèche. ‖ Jonction entre deux éléments de l'installation propulsive d'un navire. — **Mécan.** Liaison établie entre deux organes d'une machine, généralement deux arbres, de manière que la rotation de l'un entraîne celle de l'autre ; dispositif permettant cette liaison. (Un accouplement peut être rigide, semi-élastique, élastique, articulé [joint] ou hydraulique [coupleur].)

ENCYCL. **Biol.** L'accouplement, très général chez les espèces terrestres, n'a pas lieu chez les poissons osseux, chez qui les œufs sont fécondés dans l'eau après leur ponte ; il manque aussi chez de rares espèces terrestres où le mâle pond des spermatophores dont la femelle se saisit ; en revanche, il est de règle même chez les hermaphrodites comme l'escargot ou le lombric, chez qui chacun des deux conjoints féconde l'autre, et bien entendu toutes les espèces vivipares le pratiquent.

ACCOUPLER v. t. (conj. 3). **1.** Joindre des animaux ou des choses, les réunir pour former un couple : *Accoupler un cheval et un bœuf pour tirer une charrue.* — **2.** Rapprocher des choses dans un ensemble : *Accoupler des mots dans une phrase.* — **3.** Unir le mâle et la femelle en vue de la reproduction. — **4.** Syn. de COUPLER. — **5.** Solidariser deux éléments dans leur mouvement.

◆ **s'accoupler** v. pr. **1.** S'unir pour la reproduction, en parlant des animaux. — **2.** *Péjor.* S'unir sexuellement, en parlant de personnes.

ACCOURIR v. i. (lat. *accurrere*) [conj. **45** ; auxil. *être* ou, plus rarement, *avoir*]. Venir, arriver en hâte (qqpart) : *Elle est accourue pour le voir.*

ACCOUTREMENT n. m. Habillement bizarre, ridicule : *Être vêtu d'un accoutrement de clown.*

ACCOUTRER v. t. (lat. pop. **acconsuturare,* de *consutura,* couture) [conj. 3]. Habiller qqn d'une façon étrange ou le vêtir d'un costume de théâtre, de cirque.

◆ **s'accoutrer** v. pr., **être accoutré** v. pass. S'habiller bizarrement.

ACCOUTUMANCE n. f. Fait de s'accoutumer à qqch, d'être accoutumé à qqch. • **Écol.** Résistance de plus en plus grande d'une population d'insectes aux insecticides. (Obligeant parfois à multiplier par 1 000, au bout de 20 ans, la dose nécessaire pour détruire la population nuisible, l'accoutumance a pour cause une sélection naturelle des lignées les plus résistantes, dès l'origine ou à la suite de mutations favorables.) — **Éthol.** Forme simple d'apprentissage caractérisée par la disparition d'une réponse à une stimulation particulière et qui résulte de la répétition de cette stimulation si elle n'est pas suivie de renforcement. (Syn. HABITUATION.) — **Méd.** Atténuation ou disparition de l'activité d'un médicament à la suite de son administration répétée, nécessitant une augmentation des doses. — **Psychiatr.** Dépendance psychique à l'égard d'une drogue.

ACCOUTUMÉ, E adj. Qui est habituel : *Se retrouver à l'heure accoutumée.*

◆ **accoutumée** n. f. *Comme à l'accoutumée,* comme d'habitude.

ACCOUTUMER v. t. (de *coutume*) [conj. 3]. Faire prendre à qqn telle ou telle habitude ; habituer à : *Accoutumer un enfant à se lever tôt.*

◆ **s'accoutumer** v. pr., **être accoutumé** v. pass. Être habitué à supporter qqch, qqn : *S'accoutumer à la fatigue.*

ACCOUVAGE n. m. Action de mettre en incubation et de faire éclore des œufs au moyen de couveuses artificielles.

ACCOUVER v. t. (conj. 3). **1.** Préparer un nid avec des œufs et y mettre à couver un oiseau. — **2.** Pratiquer l'accouvage.

ACCOUVEUR, EUSE n. Professionnel pratiquant l'accouvage.

ACCRA, cap. du Ghana, sur le golfe de Guinée ; 800 000 hab. Centre politique, commercial (exportation de cacao et d'or), universitaire, avec quelques industries (raffinerie de pétrole).

ACCRÉDITAIRE adj. *État accréditaire,* État auprès du gouvernement duquel un agent diplomatique est accrédité.

ACCRÉDITANT, E adj. *État accréditant,* État dont le gouvernement accrédite un agent diplomatique.

ACCRÉDITATION n. f. Action d'accréditer un agent diplomatique auprès d'un gouvernement étranger, généralement par la présentation des lettres de créance.

ACCRÉDITÉ, E n. Personne, souvent étrangère, qui se présente dans une banque en possession d'un accréditif.

ACCRÉDITER v. t. (esp. *acreditar,* du lat. *creditum,* crédit) [conj. 3]. **1.** Rendre qqch croyable, vraisemblable ou reconnaître officiellement comme vrai en parlant de qqn, d'un organisme : *Enquête qui accrédite la thèse de l'attentat.* — **2.** Officialiser un mot, une expression : *Accréditer un anglicisme.* — **3.** Ouvrir un crédit au moyen d'un accréditif.

— **4.** Attester des qualités diplomatiques du personnel envoyé dans un pays étranger.

◆ **être accrédité** v. pass. **1.** *Litt.* Qui jouit d'une grande réputation : *Un écrivain accrédité.* — **2.** Qui est admis : *Un fait accrédité.*

◆ **s'accréditer** v. pr. Devenir crédible, vraisemblable : *Le bruit de sa démission s'accréditait.*

ACCRÉDITEUR, EUSE n. Personne qui donne sa garantie en faveur d'un tiers pour une somme quelconque.

ACCRÉDITIF, IVE adj. Qui permet d'ouvrir un crédit.

◆ **accréditif** n. m. Lettre remise par une banque à son client, en vue de l'introduire auprès d'un correspondant de province ou de l'étranger, qui lui ouvrira un crédit ; ce crédit lui-même.

ACCRESCENT, E adj. (lat. *accrescens,* croissant). Se dit du calice d'une fleur lorsque, au lieu de disparaître lors du flétrissement, il se développe, comme chez le physalis.

ACCRÉTION n. f. (lat. médiév. *accretio,* action d'augmenter). **1.** Capture de matière par un astre, par attraction gravitationnelle. — **2.** *Accrétion continentale,* processus d'accroissement continental se produisant au cours des orogenèses successives. ‖ *Accrétion océanique,* création de croûte océanique, par activité volcanique, à l'axe des dorsales. ‖ *Accrétion tectonique,* mécanisme du type écaillage tectonique, en relation avec des processus de subduction.

ACCRO adj. et n. (de *accrocher*). *Pop.* **1.** Qui en est arrivé, à l'égard d'une drogue, à un état de dépendance; toxicomane : *Soigner des accros à l'héroïne.* — **2.** Qui est passionné pour qqch, qui ne peut plus s'en passer : *Un accro du jazz.*

ACCROC [akro] n. m. (de *accrocher*). **1.** Déchirure faite dans un tissu par qqch qui accroche (pointe, angle saillant, etc.) — **2.** *Fam.* Atteinte regrettable à qqch ; tache, entorse : *De nombreux accrocs au règlement.* — **3.** Incident qui a des conséquences fâcheuses ; anicroche : *Un voyage sans accrocs.*

ACCROCHAGE n. m. **1.** Action d'accrocher qqch à qqch d'autre : *L'accrochage du tableau au mur.* — **2.** En parlant de véhicules, action de s'accrocher, de se heurter. — **3.** *Fam.* Fait de s'accrocher avec qqn ; querelle, divergence de vues. • **Bx-arts.** Petite exposition de tableaux. — **Électr.** Passage, pour un moteur électrique, de la vitesse asynchrone à la vitesse synchrone. — **Impr.** Qualité, pour l'encre imprimée sur un support, de faire corps avec lui. — **Métall.** Dans les fours à cuve et les hauts fourneaux, arrêt de la descente des matières qui se fixent aux parois. — **Mil.** Combat de rencontre, engagé de façon inopinée entre des détachements adverses de faible importance. — **Min.** Lieu où les travaux miniers souterrains communiquent avec le puits qui les relie à la surface. (Syn. RECETTE DU FOND.) — **Pétr.** Opération qui consiste à gerber une à une les tiges de forage lors de la remontée du trépan et à les reprendre lors de sa descente. — **Sports.** Bousculade entre deux coureurs, deux joueurs.

ACCROCHE n. f. Partie d'une annonce publicitaire ou d'un article de journal destinée à attirer l'attention.

ACCROCHE-CŒURS ou **ACCROCHE-CŒUR** n. m. (pl. *accroche-cœurs*). Petite mèche aplatie en crochet sur la tempe ou le front, en vogue dans les années 1920.

ACCROCHE-PLATS ou **ACCROCHE-PLAT** n. m. (pl. *accroche-plats*). Dispositif qui permet d'accrocher au mur un plat ou une assiette.

ACCROCHE-POISSONS n. m. inv. Accessoire du chasseur sous-marin lui permettant de conserver ses captures sans être gêné dans ses mouvements.

ACCROCHER v. t. (de *croc*) [conj. 3]. **1.** Saisir, retenir qqch avec un objet pointu, un crochet : *Accrocher une embarcation avec une gaffe.* — **2.** Attacher qqch à qqch d'autre au moyen de crochets ou de mécanismes saillants : *Accrocher un wagon à un train.* — **3.** Suspendre qqch à qqch au moyen d'un crochet ou de tout autre objet : *Accrocher un tableau au mur.* — **4.** Déchirer un tissu, un vêtement, lui faire un accroc en le prenant à quelque aspérité : *Accrocher sa jupe à des ronces.* — **5.** Heurter légèrement qqn, un véhicule avec son véhicule. — **6.** Heurter un objet et le faire tomber. — **7.** Engager avec l'ennemi un combat inopiné et court. — **8.** Mettre un adversaire, un concurrent en difficulté. — **9.** *Fam.* Arrêter qqn au passage, l'aborder : *Se faire accrocher dans la rue par un voisin.* — **10.** Retenir l'attention, le regard de qqn : *Publicité qui accroche (le public).* — **11.** Procéder à l'accrochage de tiges de sondage. — **12.** *Accrocher la lumière,* en recevoir l'éclat et la refléter avec force.

◆ v. t. ind. **1.** Buter sur qqch, bloquer : *Les skis accrochent sur la neige.* — **2.** Rencontrer une difficulté sur un problème : *Accrocher sur un passage dans une traduction.* — **3.** *Fam.* Avoir un bon, un mauvais contact avec qqn : *Ça n'accroche pas avec lui.* — **4.** *Fam.* Réussir dans une discipline, être intéressé à qqch : *Ne pas accrocher en maths.*

◆ **s'accrocher** v. pr., **être accroché** v. pass. **1.** Être attaché à qqch ou se prendre dedans : *La remorque peut s'accrocher à la voiture.* — **2.** En parlant de véhicules, se heurter. — **3.** Se retenir à qqch, à qqn, surtout pour éviter de tomber, s'y suspendre ; s'y cramponner : *Accrochez-vous à mon bras !* – 4. Tenir fermement à une idée, se retenir à un espoir, etc., à qqn. – 5. Faire un maximum d'efforts pour conserver ce qu'on a : *S'accrocher à la vie, à son emploi.* – 6. *Fam.* S'attacher à qqn par intérêt, l'importuner vivement : *Il s'accroche à moi.* – 7. Persévérer dans ce qu'on fait, être tenace dans la poursuite d'un but : *S'il s'accroche, il réussira l'examen.* – 8. Se disputer avec qqn sur un point, avoir un accrochage avec lui. – 9. *Pop.* Être dépendant de l'usage d'une drogue : *S'accrocher à l'héroïne.* – 10. Fam. *Accrochez-vous, il va falloir s'accrocher,* il faut se préparer à supporter qqch de pénible. ‖ Fam. *Avoir l'estomac, le cœur bien accroché,* avoir une grande résistance physique ou psychologique pour supporter qqch. ‖ Fam. *Être (très) accroché,* être (très) amoureux. ‖ Pop. *Pouvoir se l'accrocher,* en être privé, en faire son deuil. ‖ *Être accroché à une montagne,* en parlant de plantes, de maisons, y pousser, y être construites, malgré d'apparentes difficultés.

ACCROCHEUR, EUSE adj. et n. *Fam.* Opiniâtre dans ce qu'il entreprend ; tenace, combatif.

◆ adj. *Fam.* Qui cherche à attirer l'attention : *Titre accrocheur.*

◆ **accrocheur** n. m. Ouvrier chargé de l'accrochage des tiges de forage pétrolier.

ACCROIRE v. t. (lat. *accredere,* croire) [seulem. inf.]. *Litt.* 1. *Faire accroire,* faire croire ce qu'on sait ne pas être vrai, abuser de la crédulité de qqn. – 2. *S'en faire, s'en laisser accroire,* se laisser abuser, tromper.

ACCROISSEMENT n. m. (de *accroître*). 1. *Vx.* Action de croître, de pousser ; croissance. – 2. Augmentation en quantité, en valeur, en intensité : *Accroissement de la production, de la population.* • **Démogr.** Variation de l'effectif d'une population durant une période, définie par la somme de la balance des naissances et des décès *(accroissement naturel)* et de la balance migratoire (migration nette). – **Math.** *Théorème des accroissements finis,* théorème selon lequel une fonction numérique f, continue sur $[a, b]$, dérivable sur $]a, b[$, est telle qu'il existe $c \in]a,b[$ avec $(b-a) \cdot f'(c) = f(b)-f(a)$. [On le démontre à l'aide du théorème de Rolle*.] – **Sylvic.** Augmentation des dimensions (en hauteur, en diamètre, en volume) d'un arbre pendant une période déterminée, généralement une année.

ACCROÎTRE v. t. (lat. *accrescere*) [conj. 94]. 1. Augmenter qqch, le rendre plus grand, plus important ; développer, amplifier, augmenter : *Accroître sa fortune.* – 2. Amplifier un état, un sentiment, etc., l'intensifier : *Accroître le désordre.*

◆ **s'accroître** v. pr., **être accru** v. pass. Devenir plus intense, plus important, s'étendre : *La tension s'accroît.*

ACCROUPIR (S') v. pr., **ÊTRE ACCROUPI** v. pass. (de *croupe*) [conj. 32]. S'asseoir sur les talons ou, en parlant des animaux, sur la croupe : *L'enfant s'accroupit pour ramasser ses billes.*

ACCROUPISSEMENT n. m. Action de s'accroupir, position accroupie.

1. ACCRU → ACCROÎTRE.

2. ACCRU n. m. (de *accru 1*). Rejeton produit par les racines d'un arbre.

ACCRUE n. f. (de *accroître*). 1. Maille supplémentaire qu'on ajoute au filet de pêche en la jetant entre deux mailles du rang supérieur. – 2. Augmentation d'une forêt par extension sur le terrain voisin ; parcelle abandonnée par la culture et qui s'est couverte naturellement d'une végétation forestière.

ACCU n. m. 1. Abréviation fam. de accumulateur électrique. – 2. Fam. *Recharger ses accus,* reconstituer ses forces après un effort ou une maladie.

ACCUEIL [akœj] n. m. 1. Action et manière d'accueillir, de recevoir qqn, qqch : *Hôtesse chargée de l'accueil des visiteurs.* – 2. *Bureau d'accueil,* lieu où, dans une administration, une acierentreprise, on accueille les visiteurs. ‖ *Centre d'accueil,* lieu où l'on reçoit et héberge des isolés, des sinistrés, des réfugiés, etc. ‖ *Cérémonie, discours d'accueil, etc.,* cérémonie organisée, discours prononcé, etc., lorsqu'on reçoit une personnalité, qu'on accepte un nouveau membre dans certains groupes, dans une académie, etc. ‖ *Faire bon, mauvais accueil à qqn, à qqch,* les recevoir bien, mal : *Faire mauvais accueil à une suggestion.* ‖ *Structure d'accueil,* organisme, institution, etc., permettant l'accueil, la prise en charge de réfugiés, d'immigrés, etc.

ACCUEILLANT, E adj. 1. Qui fait toujours bon accueil aux autres, qui annonce un bon accueil : *Un peuple accueillant. Un sourire accueillant.* – 2. Où l'on est bien accueilli ; hospitalier : *Une maison accueillante.*

ACCUEILLIR v. t. (bas lat. **accolligere,* de *colligere,* cueillir) [conj. 41]. 1. Être présent, venir pour recevoir qqn à son arrivée qqpart : *Accueillir un ami à la gare.* – 2. Admettre qqn au sein d'un groupe, d'une famille, d'une assemblée. – 3. Avoir telle ou telle attitude quand on reçoit qqch, qqn, quand on apprend qqch, etc. : *Accueillir une nouvelle avec scepticisme.* – 4. En parlant d'une action, d'une attitude, indiquer la manière dont qqn, qqch est accepté, reçu : *Des bravos l'accueillirent à son entrée en scène.* – 5. Recevoir qqn, lui donner l'hospitalité pour un temps plus ou moins long. – **6.** Avoir la capacité de recevoir des gens, de les héberger, en parlant d'un local : *Hôpital qui peut accueillir 3 000 malades.*

ACCUL [-ky] n. m. Fond d'un terrier.

ACCULÉE n. f. Tangage de la poupe d'un navire dans la houle.

ACCULEMENT n. m. (de *accul*). Déséquilibre d'un cheval qui met trop de poids sur ses membres postérieurs.

ACCULER v. t. (de *cul*) [conj. 3] . **1.** Pousser qqn, un animal dans un endroit où ils ne peuvent plus reculer : *Les chiens ont acculé le sanglier.* – **2.** Placer qqn dans une situation telle qu'il est contraint de supporter un état fâcheux, le réduire à faire qqch de pénible : *Acculer un commerçant à la faillite.*

◆ **être acculé** v. pass. **1.** Être contraint de supporter une situation pénible : *Être acculé au désespoir.* – **2.** En parlant d'un navire, avoir l'arrière enfoncé dans l'eau.

ACCULTURATION n. f. (amér. *acculturation*). **1.** Modification des modèles culturels de base de deux ou plusieurs groupes d'individus, de deux ou plusieurs ethnies distinctes, résultant du contact direct et continu de leurs cultures différentes. – **2.** Adaptation d'un individu ou d'un groupe à la culture environnante.

ENCYCL. On dit généralement qu'il y a acculturation quand la culture du groupe auquel le groupe de référence est confronté est survalorisée ou quand celle-ci est techniquement supérieure, ou encore quand le groupe de référence est nettement minoritaire. Les anthropologues étudient parallèlement le phénomène de déperdition de culture *(déculturation)* ou celui de sa transformation *(transculturation),* qui sont les corollaires de l'acculturation. Bien que ce terme connaisse toujours une certaine audience, la théorie à laquelle il renvoie apparaît aujourd'hui obsolète.

ACCULTURER v. t. (conj. 3). Adapter qqn, un groupe à une nouvelle culture.

ACCUMULATEUR, TRICE adj. Se dit de ce qui accumule.

◆ **accumulateur** n. m. Appareil qui emmagasine de l'énergie pour la restituer à mesure des besoins. • **Bur.** Totalisateur d'une machine comptable, utilisé pour mettre en réserve certains résultats. – **Électr.** *Accumulateur électrique,* élément électrolytique que l'on charge en courant continu et qui se décharge en restituant une partie de l'énergie accumulée sous forme chimique. (Syn. fam. ACCU[S].) [→ *encycl.*] – **Inform.** Registre de l'unité centrale d'un ordinateur où sont enregistrés les résultats des opérations effectuées. – **Mécan.** *Accumulateur cinétique d'énergie,* dispositif constitué par une partie tournante servant à emmagasiner de l'énergie sous forme cinétique et à la restituer sous forme mécanique ou électrique. ‖ *Accumulateur hydraulique,* appareil pouvant recevoir un certain volume de fluide sous pression afin de le restituer ultérieurement en fournissant de l'énergie. – **Min.** Volume de stockage. – **Therm.** Appareil capable d'emmagasiner et de restituer de la chaleur.

ENCYCL. L'élément de base d'un *accumulateur électrique* est constitué d'un électrolyte entourant deux électrodes qui, lors de la charge, sont le siège de deux réactions d'oxydoréduction donnant lieu l'une à une capture et l'autre à une libération d'électrons, le transfert de charge se faisant dans l'électrolyse. Lors de la décharge (production de courant continu), les électrodes sont ramenées à leur état initial. Un accumulateur comprend généralement plusieurs éléments montés en série à l'intérieur d'un bac en plastique, les électrodes (plaques) positives et négatives étant imbriquées.

On distingue plusieurs types d'accumulateurs.

• *Accumulateurs au plomb.* Découverts par G. Planté en 1859 et toujours les plus employés, ils sont formés de plaques de plomb (Pb) et d'oxyde de plomb (PbO_2), immergées dans une solution d'acide sulfurique. La f.é.m. des éléments est voisine de 2 V. Leur capacité massique dépasse actuellement 30 Ah/kg, et l'énergie massique 40 Wh/kg.

• *Accumulateurs alcalins.* Ils utilisent un électrolyte basique (solution de potasse) et sont fabriqués sous deux formes :

1. *Accumulateurs au nickel-cadmium et au nickel-fer.* Leurs électrodes sont d'une part des plaques d'hydrate de nickel, d'autre part des plaques de cadmium ou de fer. Particulièrement robustes et d'un entretien réduit, ils ont une capacité massique légèrement supérieure à celle des accumulateurs au plomb, une énergie massique et une durée de vie comparables mais une f.é.m. moins constante et plus faible (1,25 V en moyenne).

2. *Accumulateurs à l'argent-zinc.* L'électrode positive est à base d'oxyde d'argent et l'électrode négative à base de zinc ; leur f.é.m. est de l'ordre de 1,5 V. Bien qu'ils aient une énergie massique très grande (120 Wh/kg), leur faible durée de vie et, surtout, leur coût très élevé limitent leur emploi.

Les batteries d'accumulateurs servent pour le démarrage, l'éclairage et l'allumage des véhicules, la traction de véhicules utilitaires, l'alimentation de sous-marins, de matériels électriques transportables et comme sources de secours en cas de panne du réseau.

ACCUMULATION n. f. (bas lat. *accumulatio*). Action d'accumuler ; résultat de cette action : *Accumulation de preuves.* • **Chauff.** *Chauffage par accumulation,* dispositif de chauffage électrique utilisant le courant pendant les heures creuses (à tarif réduit) et restituant à la demande, pendant les heures de pointe, la chaleur accumulée dans des blocs ou dans de l'eau. – **Écol.** Accroissement de la concentration d'une substance toxique qui transite d'un milieu naturel (eau, sol) à une plante, puis à une série d'animaux formant une chaîne alimentaire. (→ *encycl.*) – **Géogr.** Abandon de matériel alluvial en cours de transport par un processus d'érosion quelconque. (L'accumulation est à l'origine de formes construites : cordons littoraux, dunes, moraines, levées alluviales, amas de tufs calcaires, etc. Elle aboutit à l'exhaussement du fond marin ou de la plate-forme continentale.) – **Math.** *Point d'accumulation* a *d'un ensemble* A, point d'un espace topologique E contenant A, tel que tout voisinage de *a* contient un élément A autre que *a*. (*a* peut ne pas appartenir à A.) [Dans ℝ, on prend comme voisinages les intervalles ouverts ; dans un espace métrique, les boules ouvertes B (*a*, *r*).] – **Pédol.** Redistribution de matières solubles, ou en suspension, liée à des phénomènes d'altération des roches. (Elle aboutit, dans les sols et dans les paysages, à des *horizons* et à des *niveaux d'accumulation.*) – **Philos.** *Accumulation du capital,* d'après Marx, reproduction, dans une société capitaliste, du capital dans tous ses éléments constitutifs par incorporation croissante de la plus-value. ‖ *Accumulation primitive,* pour les marxistes, période où une accumulation d'origine non capitaliste (mais qui prépare l'avènement du mode de production capitaliste) provient de situations de fait : pillages, expropriation des paysans, etc.

ENCYCL. **Écol.** De nombreux poisons, notamment les métaux lourds (mercure) et les insecticides, sont piégés dans l'organisme animal, dont l'appareil excréteur est incapable de les éliminer, de sorte que ces toxiques s'accumulent dans les tissus ; le phénomène s'aggrave le long des chaînes alimentaires et aboutit à la maladie, à la stérilité et à la mort chez les superprédateurs : oiseaux rapaces, gros poissons carnassiers, et plus encore chez l'homme.

ACCUMULER v. t. (lat. *accumulare*) [conj. 3]. **1.** Rassembler des objets en tas ; entasser : *Accumuler des lettres sur son bureau.* – **2.** Faire, avoir, etc., des choses (abstraites) en grand nombre : *Il accumule les erreurs.* – **3.** Amasser de l'argent, des richesses.

ACCURSE (Francesco ACCURSIO, en fr. **François**), jurisconsulte italien (Bagnolo, Toscane, v. 1185 - Bologne v. 1263), l'un des rénovateurs du droit romain. Élève d'Azzone, il est l'auteur de la *Grande Glose,* ou *Glossa Ordinaria.*

ACCUSATEUR, TRICE n. (lat. *accusator, -trix*). Personne qui accuse qqn, lui reproche une faute. ◆ adj. Se dit de ce qui accuse, signale comme coupable, comme responsable : *Un silence, un geste, un ton accusateur.*

◆ **accusateur** n. m. *Accusateur public,* pendant la Révolution française, membre électif du ministère public près le tribunal criminel, qui requérait à l'audience.

ACCUSATIF n. m. (lat. *accusativus*). Cas, utilisé en latin, en grec, etc., exprimant la relation grammaticale existant entre le verbe et le complément le plus directement affecté par l'action verbale.

ACCUSATION n. f. (lat. *accusatio*). Action d'accuser qqn, de lui imputer un crime, une faute ; ce dont on l'accuse : *Vos accusations ne sont pas fondées.* • **Dr.** Fait de déférer à une juridiction de jugement la connaissance d'un crime, pour en provoquer la répression. ‖ Le ministère public lui-même. ‖ *Arrêt de mise en accusation,* arrêt rendu par la chambre d'accusation qui prononce la mise en accusation de l'inculpé et le renvoie devant la cour d'assises. ‖ *Chambre d'accusation,* section de la cour d'appel, aux débats contradictoires mais non publics, qui contrôle l'instruction de toutes les affaires criminelles et statue, en appel, sur les ordonnances des juges d'instruction.

ACCUSATOIRE adj. **1.** Se dit de ce qui motive une accusation, de ce qui s'y rapporte. – **2.** *Procédure accusatoire,* procédure pénale, en vigueur dans les pays anglo-saxons, qui met sur un pied d'égalité la défense et l'accusation.

ACCUSÉ, E n. Personne à qui on impute une infraction pénale et, particulièrement, un crime. (En ce cas, l'accusé comparaît devant la cour d'assises.)

◆ **accusé** n. m. *Accusé de réception,* avis remis à l'expéditeur et témoignant que l'objet envoyé a été remis au destinataire. (Syn. AVIS DE RÉCEPTION.)

ACCUSER v. t. (lat. *accusare*) [conj. 3]. **1.** Déférer qqn en justice pour un délit ou un crime. – **2.** Reprocher à qqn une faute, un délit ou toute action ou attitude jugée blâmable : *On m'accuse d'avoir menti.* – **3.** Tenir qqch pour responsable d'une situation, d'un événement fâcheux : *Il accuse le sort, la malchance.* – **4.** En parlant de qqch, signaler qqn comme coupable : *Tout l'accuse de ce vol.* – **5.** Montrer, témoigner, mettre en évidence un état, une caractéristique : *Visage dont les traits accusent une grande fatigue.* – **6.** Souligner une forme, la mettre en relief ; accentuer, faire ressortir : *La lumière accusait les traits de son visage.* – **7.** Indiquer qqch de manière très marquée : *Les ventes accusent une forte baisse.* — **8.** Fam. *Accuser le coup,* montrer par son attitude qu'on a été durement affecté par un événement, une attaque. ‖ *Accuser réception de qqch,* notifier à l'expéditeur la réception de qqch.

◆ **être accusé** v. pass. Être accentué, ressortir : *Traits bien accusés.*

◆ **s'accuser** v. pr. **1.** S'avouer coupable de qqch : *Qui s'excuse s'accuse.* — **2.** Être mis en relief, se renforcer, s'accentuer.

ACE [es] n. m. (mot angl. signif. *as*). Au tennis, balle de service que l'adversaire ne peut toucher.

ACEH ou **ATJEH,** prov. d'Indonésie, dans le nord de Sumatra ; 55 392 km² ; 2 009 000 hab. Ch.-l. *Banda Aceh.*

ACEH ou **ATJEH** *(sultanat d'),* ancien sultanat du nord de Sumatra (Indonésie).

ACÈNE n. m. (gr. *akaina,* aiguillon). Hydrocarbure aromatique polycyclique dans lequel les noyaux benzéniques sont accolés de façon linéaire. (Le plus simple est l'anthracène.)

ACÉNOCOUMAROL n. m. Anticoagulant dérivé de la coumarine et doué d'une action antivitaminique K.

ACENSE, ACENSEMENT, ACENSER → ACCENSE, ACCENSEMENT, ACCENSER.

ACÉPHALE adj. Sans tête : *Statue acéphale.*

◆ adj. et n. Se dit d'un monstre présentant une acéphalie.

◆ n. m. Syn. de BIVALVE.

ACÉPHALIE n. f. Monstruosité congénitale consistant en l'absence d'une partie de la tête ou de la tête entière.

ACÉRACÉE n. f. (lat. *acer,* érable). Arbre à feuilles opposées et plus ou moins découpées, tel que l'érable. (Les *acéracées* forment une famille.)

ACÉRAS [-ras] n. m. Orchidacée usuellement nommée *homme pendu* à cause des quatre languettes de sa corolle pendante, disposées comme des bras et des jambes.

ACERBE adj. (lat. *acerbus*). Qui manifeste une agressivité blessante, mordante ; âpre : *Sa pièce a été l'objet de critiques acerbes.*

ACERBITÉ n. f. (lat. *acerbitas*). *Litt.* Caractère de ce qui est acerbe.

ACERBO (Giacomo), agronome et homme politique italien (Loreto Aprutino 1888 -Rome 1969). Député en 1921, il collabora à la première législation fasciste. Vice-président de la Chambre des députés (1926-1928) puis ministre, il vota en 1943 contre Mussolini.

ACERDÈSE n. f. (gr. *akerdês,* non profitable). Syn. de MANGANITE.

ACÈRE adj. (du gr. *keras,* corne). Se dit d'animaux sans cornes ou sans expansions paires, dans les groupes ordinairement pourvus de ces organes.

ACÉRÉ, E adj. (de *acier*). **1.** Dont la pointe, le tranchant sont aiguisés ; affilé, très aigu : *Lame acérée.* — **2.** Se dit de propos, d'un esprit capables de blesser ; incisif, caustique : *Critiques acérées.*

ACESCENCE n. f. (lat. *acescere,* devenir aigre). Disposition des boissons fermentées à s'aigrir, à devenir acides, provoquée par des bactéries acétiques. (Syn. PIQÛRE ACÉTIQUE.)

ACESCENT, E adj. (lat. *acescens*). Qui commence à devenir acide, s'aigrit.

ACETABULARIA n. f. (lat. *acetabulum,* calice). Algue marine verte et calcifiée, qui est parmi les plus grandes formes unicellulaires connues.

ACÉTABULE n. f., ou **ACETABULUM** [-lɔm] n. m. (lat. *acetabulum*). Cavité articulaire de l'os iliaque, recevant la tête du fémur. (Syn. CAVITÉ COTYLOÏDE.)

ACÉTABULOPLASTIE n. f. Intervention ayant pour but la réfection de la cavité cotyloïde de l'os iliaque.

ACÉTAL n. m. (pl. *acétals*) [all. *acetal ;* du lat. *acet(um),* vinaigre, et de l'all. *al(kohol)*]. **1.** Nom générique des diéthers dérivant des aldéhydes et des cétones. — **2.** *Résine d'acétal,* composé macromoléculaire obtenu par polymérisation des aldéhydes.

ACÉTALDÉHYDE n. m. Composé chimique $CH_3—CH=O$, dérivant de l'alcool éthylique par oxydation ménagée ou de l'acétylène par hydratation. (C'est un intermédiaire essentiel de l'industrie chimique, conduisant à l'acétate de vinyle, à l'acide et à l'anhydride acétiques, au butadiène, au butanol. Il donne un tétramère solide, le métaldéhyde, ou méta, utilisé comme combustible.) [Syn. ALDÉHYDE ACÉTIQUE, ÉTHANAL.]

ACÉTALISATION n. f. Transformation d'un alcool, d'un aldéhyde ou d'une cétone en acétal.

ACÉTAMIDE n. m. Amide de l'acide acétique, de formule $CH_3—CO—NH_2$. (Syn. ÉTHANAMIDE.)

ACÉTARSOL n. m. Médicament arsenical de synthèse utilisé comme antiprotozoaire et dans le traitement du lichen plan.

ACÉTATE n. m. Sel ou ester de l'acide acétique. ENCYCL. Les sels sont tous décomposés par la chaleur. Les acétates d'aluminium, de chrome (III) et de fer (III) sont employés comme mordants, ceux de magnésium et de manganèse en tannerie. Les esters sont des solvants, des arômes ou à la base de plastiques. Les acétates de la cellulose (découverts par Paul Schutzenberger en 1869) sont obtenus par acétylation de la cellulose (pâte de bois, fibre de coton) effectuée à l'aide de l'anhydride acétique. Selon le mode d'obtention, ce sont des solides blancs pulvérulents ou à structure fibreuse. Leurs usages sont très divers : matières plastiques, films, fibres textiles, vernis.

ACÉTAZOLAMIDE n. m. Puissant médicament diurétique dérivé du sulfamidothiazol. (Il diminue aussi la pression intra-oculaire, d'où son emploi dans le traitement du glaucome.)

ACÉTEUX, EUSE adj. Qui a le goût du vinaigre.

ACÉTIFICATEUR n. m. Cuve dans laquelle on acétifie un liquide alcoolisé.

ACÉTIFICATION n. f. Action d'acétifier.

ACÉTIFIER v. t. (conj. 9). Convertir par fermentation acétique un liquide alcoolisé en vinaigre.

ACÉTIMÈTRE n. m. Appareil servant à déterminer la quantité d'acide acétique contenue dans un liquide.

ACÉTINE n. f. Ester acétique d'un alcool ou d'un polyol.

ACÉTIQUE adj. (lat. *acetum,* vinaigre). **1.** Qui se rapporte au vinaigre. — **2.** *Acide acétique,* acide $CH_3—CO_2H$ contenu dans le vinaigre, auquel il donne la plupart de ses propriétés gustatives. (→ *encycl.*) [Syn. ACIDE ÉTHANOÏQUE.] ‖ *Aldéhyde acétique,* syn. de ACÉTALDÉHYDE. ‖ *Anhydride acétique,* anhydride $CH_3—CO—O—CO—CH_3$, important agent d'acétylation. ‖ *Fermentation acétique,* fermentation qui donne naissance au vinaigre. ‖ *Nitrile acétique,* syn. de ACÉTONITRILE. *Odeur acétique,* odeur qui rappelle celle du vinaigre. ‖ *Piqûre acétique,* syn. de ACESCENCE.
ENCYCL. L'*acide acétique* est le plus important des acides carboxyliques. Dans les organismes vivants, il est, sous forme d'acétylcoenzyme A, le point de passage obligé entre le métabolisme des glucides et celui des lipides. Sa production sous forme diluée, dans l'acétification des liquides alcoolisés, suffit aux besoins de l'industrie alimentaire. La production industrielle est basée sur l'oxydation catalytique de l'acétaldéhyde par l'oxygène. Vésicant et suffocant, l'acide acétique fond à 16,6 °C, bout à 118 °C. C'est un monoacide faible, dont les sels (acétates) ont une certaine importance industrielle et les esters une grande importance pratique.
— **Zootechn.** L'acide acétique, qui se forme dans la panse des ruminants par fermentation des fourrages, est le principal nutriment de ces animaux. Il se forme aussi dans les ensilages.

ACÉTOBACTER [-tɛr] n. m. inv. Bactérie aérobie, capable d'oxyder l'alcool éthylique en acide acétique, intervenant dans l'élaboration du vinaigre et responsable de l'acescence des boissons alcoolisées.

ACÉTOLYSE n. f. Décomposition provoquée par l'action de l'acide acétique.

ACÉTONE n. f. Composé $CH_3—CO—CH_3$, initialement préparé par pyrolyse de l'acétate de calcium. (Syn. PROPANONE, DIMÉTHYLCÉTONE.)
ENCYCL. L'acétone est un produit essentiel de l'industrie chimique, qui la prépare par oxydation de l'isopropanol ou du cumène. Bouillant à 56 °C et miscible à l'eau, l'acétone est d'abord un solvant très employé. Prototype des cétones, elle est à la base de la fabrication du diacétone-alcool et de l'oxyde de mésityle (sources de solvants et de plastifiants), de l'isopropanol, du pinacol et du bisphénol A.

ACÉTONÉMIE n. f. **1.** Présence d'acétone dans le sang. — **2.** État déterminé par la présence de corps cétoniques (dont l'acétone) dans le sang.
ENCYCL. Chez les enfants, l'acétonémie et son corollaire, l'acétonurie, sont fréquemment observés, soit au cours de diverses maladies infectieuses, soit à la suite d'un régime trop riche en lipides. Les vomissements en sont le symptôme prédominant.

ACÉTONÉMIQUE adj. Relatif à l'acétonémie.

ACÉTONITRILE n. m. Composé $CH_3—C{\equiv}N$. (C'est un bon solvant, souvent employé pour la synthèse de l'acétamide et de ses dérivés.) [Syn. NITRILE ACÉTIQUE.]

ACÉTONURIE n. f. Présence de corps cétoniques dans les urines.

ACÉTOSE n. f. Syn. de CÉTOSE.

ACÉTYLACÉTIQUE adj. *Acide acétylacétique,* acide $CH_3—CO—CH_2—COOH$ qui intervient dans le métabolisme des lipides. ‖ *Ester acétylacétique,* ester éthylique de l'acide acétylacétique, agent très employé en synthèse organique et pour préparer l'antipyrine.

ACÉTYLACÉTONE n. f. Dicétone de formule $CH_3—CO—CH_2—CO—CH_3$. (C'est un agent de synthèse. Elle donne, avec les métaux, des chélates.)

ACÉTYLATION n. f. Substitution, dans une molécule, d'un atome d'hydrogène par un radical acétyle.

ACÉTYLCELLULOSE n. f. Acétate de cellulose.

ACÉTYLCHOLINE [-kɔ-] n. f. Médiateur chimique très largement distribué dans l'organisme et qui augmente la perméabilité membranaire vis-à-vis des ions.
ENCYCL. Contenue dans les vésicules synaptiques, l'acétylcholine est libérée dans l'espace intersynaptique par l'excitation des fibres postganglionnaires parasympathiques, des fibres préganglionnaires parasympathiques et sympathiques, et des fibres motrices. Au niveau de la

jonction neuro-musculaire, elle est stockée dans les vésicules présynaptiques, puis, libérée dans l'espace synaptique sous l'influence de l'influx nerveux, elle agit alors au niveau de la membrane postsynaptique, où elle est inactivée par l'acétylcholinestérase.

ACÉTYLCHOLINESTÉRASE n. f. Enzyme catalysant spécifiquement l'hydrolyse de l'acétylcholine en acide acétique et choline.

ACÉTYLCHOLINOLYTIQUE adj. et n. m. Syn. de ANTICHOLINERGIQUE.

ACÉTYLCHOLINOMIMÉTIQUE adj. et n. m. Se dit d'une substance qui reproduit les effets de l'acétylcholine. (Syn. CHOLINOMIMÉTIQUE.)

ACÉTYLCOENZYME A n. m. ou f. Coenzyme jouant un rôle fondamental dans le métabolisme cellulaire des glucides, des lipides et de certains protides.

ACÉTYLDIGITOXINE n. f. Tonicardiaque obtenu à partir d'un hétéroside de la digitale laineuse.

ACÉTYLE n. m. 1. Radical monovalent CH_3—CO—. — 2. *Chlorure d'acétyle,* chlorure d'acide de l'acide acétique, important agent d'acétylation.

ACÉTYLÈNE n. m. Hydrocarbure de formule H—C≡C—H, prototype des hydrocarbures acétyléniques, ou alcynes. (Syn. ÉTHYNE.)

ENCYCL. Découvert en 1836, l'acétylène fut préparé en 1860 par Berthelot en soumettant le carbone et l'hydrogène aux températures élevées de l'arc électrique (première synthèse d'un composé organique). Dans l'industrie, il est produit par hydrolyse du carbure de calcium ou par craquage oxydant du métane ou du naphta. Il ne doit pas être manipulé sous forme simplement comprimée pour éviter des explosions très brutales. On le stocke généralement en solution dans l'acétone. La combustion de l'acétylène libère une énergie particulièrement élevée utilisée pour l'éclairage, le soudage et surtout le découpage.

L'acétylène réagit par rupture de sa liaison triple en additionnant de nombreux composés (chlore, chlorure d'hydrogène, acide acétique, acide cyanhydrique) pour donner des composés intéressants et notamment des monomères de l'industrie des matières plastiques. L'addition de l'eau fournit l'acétaldéhyde et tous les produits qui en dérivent. L'acétylène donne des dérivés de substitution nommés *acétylures.*

ACÉTYLÉNIQUE adj. 1. Qui a rapport, qui ressemble à l'acétylène. — 2. *Hydrocarbure acétylénique,* syn. de ALCYNE.

ACÉTYLER v. t. (conj. 3). Procéder à l'acétylation.

ACÉTYLSALICYLIQUE adj. *Acide acétylsalicylique,* syn. de ASPIRINE.

ACÉTYLURE n. m. Sel de l'acétylène.

A'CHĀ (Maymūn ibn Qays **al-**), poète arabe (Durnā, Arabie, av. 570-v. 629). Chrétien, il fit l'éloge du Prophète, mais n'adopta pas l'islām. Il unit la tradition bédouine aux thèmes élégiaques.

ACHAB, roi d'Israël (874 - Ramot-Galaad 853). Il s'efforça de maintenir la paix avec le roi de Juda, mais il fut vaincu à Qarqar sur l'Oronte en 853 par Salmanasar III. La Bible juge sévèrement sa politique religieuse à cause de sa tolérance à l'égard des cultes idolâtriques cananéens.

ACHAÏE, région de l'anc. Grèce, au N. du Péloponnèse, constituée par une fédération de cités qui formèrent, vers 280 av. J.-C., le noyau de la ligue Achéenne.

ACHAÏE, prov. romaine, née de la conquête au IIe s. av. J.-C., comprenant la Grèce méridionale et centrale, la Thessalie et l'Épire.

ACHAÏE *(principauté d')* ou **MORÉE** *(principauté de),* État fondé en 1205 par les croisés en Grèce. Créée par Guillaume Ier de Champlitte, premier prince d'Achaïe (1205 - 1208), à qui succédèrent Geoffroi Ier (v. 1209 - 1228/1230) et Geoffroi II (1228/1230 - 1246) de Villehardouin, cette principauté comprenait le Péloponnèse, alors appelé Morée. Dépendante de l'Empire* latin de Constantinople, elle passa sous la suzeraineté de Charles Ier d'Anjou par les traités de Viterbe (1267) et fut reconquise par les Byzantins en 1432.

ACHAINE → AKÈNE.

ACHALANDAGE n. m. 1. *Vx.* Ensemble des marchandises qu'un commerçant offre à sa clientèle. — 2. Ensemble des clients procurés par l'emplacement du fonds de commerce.

ACHALANDER v. t. (de *chaland,* client) [conj. 3]. 1. *Vx.* Attirer des clients dans un lieu de commerce. — 2. Fournir un magasin en marchandises ; approvisionner (surtout au passif) : *Magasin bien achalandé.*

ACHALASIE [-ka-] n. f. (du gr. *khalasis,* relâchement). Perte des mouvements coordonnés d'un segment du tube digestif, qui devient incapable de faire progresser son contenu.

ACHANG ou **A-TCH'ANG,** peuple de la Chine du Sud (Yunnan), qui vit le long de la frontière sino-birmane.

ACHANTIS ou **ASHANTIS,** population akan occupant le centre du Ghana. Les Achantis s'affranchirent de l'Empire denkyéra à la fin du XVIIe s. par la révolte du jeune chef Osei Toutou, qui construisit Koumassi tout en agrandissant son royaume. Son neveu Apokou Ouaré, qui lui succéda vers 1725 et régna jusque vers 1749, affermit sa puissance. Les réformes d'Osei Bonsou (v. 1800 - v. 1824) assurèrent le passage de la monarchie de droit divin à un régime constitutionnel. Les hostilités avec les Britanniques se développèrent à partir de 1863. Koumassi fut détruite en 1874. En 1896, un résident anglais s'y installa. En 1935, la confédération achanti fut solennellement restaurée.

ACHARDS ou **ACHARS** n. m. pl. (malais *ăčār,* du pers., par l'intermédiaire du portugais). Condiment fait d'un mélange de légumes ou de fruits macérés avec du sel, des épices et du vinaigre, conservé à l'huile.

ACHARD (Marcel), auteur dramatique français (Sainte-Foy-lès-Lyon 1899 - Paris 1974), auteur de comédies légères (*Jean de la Lune,* 1929 ; *Patate,* 1957) et musicales (*la Polka des lampions,* 1961). [Acad. fr., 1959.]

ACH'ARĪ (Abū al-Ḥasan **al-**), théologien musulman (Bassora v. 873 - Bagdad v. 935). Partisan de la tradition littérale de la lecture du Coran, il soutient l'idée selon laquelle les attributs de l'homme ne sont que des éléments divins, et restreint ainsi la liberté humaine.

ACHARISME [aʃa-] n. m. Doctrine d'Ach'arī et de son école.

ACHARITE [aʃa-] adj. et n. Qui professe l'acharisme.

ACHARNÉ, E adj. et n. Qui agit avec une ardeur opiniâtre, qui s'acharne : *Un acharné des jeux de cartes.*

◆ adj. Qui manifeste cette ardeur : *Travail, combat acharné.*

ACHARNEMENT n. m. **1.** Action de s'acharner ; ténacité de qqn qui s'acharne, ardeur, opiniâtreté : *Acharnement au travail.* — **2.** *Acharnement thérapeutique,* fait d'employer tous les moyens thérapeutiques pour maintenir en vie un malade qu'on estime dans un état désespéré.

ACHARNER (S') v. pr., (anc. fr. *charn,* chair) [conj. 3]. **1.** Poursuivre avec hostilité qqn, qqch, les attaquer avec opiniâtreté, ardeur, violence : *Il s'acharne sur moi, me persécute.* — **2.** Lutter avec ténacité pour acquérir qqch, continuer son effort pour obtenir qqch, persévérer dans une action : *Il s'acharnait au jeu.*

ACHAT n. m. (anc. fr. *achater,* acheter). **1.** Action d'acheter : *Faire l'achat d'un nouveau réfrigérateur.* — **2.** Chose achetée : *Montrer ses derniers achats à ses amis.* — **3.** *Achat groupé,* terme préconisé par l'Administration à la place de PACKAGE. ‖ *Groupement d'achat,* organisme commun à plusieurs entreprises, chargé de centraliser leurs achats. ‖ *Journal* ou *livre d'achats,* journal auxiliaire sur lequel sont enregistrées journellement les factures reçues des fournisseurs. ‖ *Mobile d'achat,* impulsion d'ordre psychologique participant au déclenchement d'un achat. ‖ *Ordre d'achat,* bon de commande transmis par l'acheteur à un fournisseur.

◆ **achats** n. m. pl. Ensemble des biens, droits et services acquis par l'entreprise et destinés soit à être revendus en l'état, soit à être transformés, consommés ou incorporés à des produits finis.

ACHATINELLE [-ka-] n. f. Mollusque pulmoné terrestre arboricole, des îles Hawaii.

ACHATINIDÉ [-ka-] n. m. Mollusque gastropode pulmoné comestible des forêts d'Afrique noire, introduit dans les îles de l'océan Indien, où il est nuisible aux cultures. (Les *achatinidés* forment une famille.)

ACHAZ, roi de Juda (736 - 716). Sourd aux objurgations du prophète Isaïe, il fit appel à Téglath-Phalasar III, mais compromit de ce fait l'indépendance de son royaume. La Bible stigmatise son impiété.

ACHE n. f. (lat. *apium*). **1.** Nom usuel de deux ombellifères : le céleri, ou ache des marais *(Apium graveolens),* et la livèche, ou ache des montagnes *(Levisticum officinale).* **2.** *Feuille d'ache,* élément du décor gothique ; fleuron des couronnes de duc et de marquis.

ACHEB [akɛb] n. m. (mot ar.). Formation végétale des régions sahariennes, constituée de plantes éphémères développées après une averse.

ACHEBE (Chinua), écrivain nigérian (Ogidi, près d'Onitsha, 1930). Il appartient à l'ethnie ibo. La rencontre entre l'Afrique et l'Occident au XIXᵉ s., l'accession à l'indépendance débouchant sur la décomposition de la société traditionnelle forment les thèmes essentiels de sa tétralogie : *Le monde s'effondre* (1958), *le Malaise* (1960), *la Flèche de Dieu* (1964), *le Démagogue* (1966), et de ses autres romans (*les Termitières de la savane,* 1987). Il a consacré un recueil poétique (*Beware Soul Brother,* 1972) et des essais à la fonction de l'écrivain en Afrique.

ACHÉEN, ENNE [ake-] adj. Relatif aux Achéens.

Achéenne *(ligue),* groupement de douze villes, sur la côte nord du Péloponnèse, dont les origines remontent au Vᵉ s. av. J.-C. La confédération n'acquit une véritable importance qu'en 251 grâce à la diplomatie du stratège Aratos de Sicyone. Elle s'opposa à la politique macédonienne. Elle fut soumise par les Romains en 146 av. J.-C.

ACHÉENS, la plus ancienne des familles ethniques grecques. Venus du nord, au cours du XXᵉ s. av. J.-C., les Achéens créèrent autour des palais de leurs rois (à Mycènes, Tirynthe, Pylos, Gla) une civilisation riche et puissante, dont l'apogée se place entre 1400 et 1200 av. J.-C. Ils s'imposèrent à l'Égée, conquirent la Crète, établirent de nombreuses relations commerciales avec l'Asie

Mineure, la Syrie même. Vers 1200, diverses catastrophes ruinèrent leurs royaumes. Les envahisseurs doriens les supplantèrent.

ACHEIROPOÏÈTE [akεjropɔjεt] adj. et n. f. (du gr. *cheir,* main, et *poiêtês,* créateur). Se disait à Byzance, d'une image qui, suivant la tradition, était d'origine miraculeuse.

ACHÉLIE [-ke-] ou **ACHEILIE** [-kej-] n. f. Malformation congénitale consistant en l'absence totale ou partielle de lèvres.

ACHÉLOOS, en gr. **Akhelôos,** fl. de Grèce, issu du Pinde et tributaire de la mer Ionienne ; 220 km. Centrales hydroélectriques.

ACHÉMÉNÈS, ancêtre légendaire des rois perses achéménides.

ACHÉMÉNIDE [-ke-] adj. Relatif aux Achéménides.

ACHÉMÉNIDES, dynastie qui, à partir de Cyrus II, régna sur l'Empire perse (v. 556-330 av. J.-C.), également appelé « achéménide ». Régnèrent successivement : Cyrus II (v. 556-530), Cambyse II (530-522), Darios Ier (522-486), Xerxès Ier (486-465), Artaxerxès Ier (465-424), Xerxès II (424), Darios II (423-404), Artaxerxès II (404-358), Artaxerxès III (358-338), Oarsès (338-336). Le dernier roi achéménide, Darios III, qui accéda au trône en 336 av. J.-C., périt sans héritier (330) après la défaite qu'Alexandre lui infligea. (Archéol. et Bx-arts → Iran.)

ACHEMINEMENT n. m. Action d'acheminer, de s'acheminer : *L'acheminement d'un train vers sa destination.*

ACHEMINER v. t. (de *chemin*) [conj. 3]. **1.** Diriger qqn, qqch vers un lieu précis : *Acheminer un colis. Acheminer des troupes sur le front.* – **2.** Conduire, mener qqn, qqch à tel ou tel état : *Acheminer les négociations vers une impasse.*
◆ **s'acheminer** v. pr. **1.** Se mettre en route, être en route vers un lieu. – **2.** Avancer, se diriger vers tel ou tel aboutissement : *S'acheminer vers un résultat douteux.*

ACHENWALL (Gottfried), économiste allemand (Elbing 1719 - Göttingen 1772), un des créateurs de la statistique.

ACHÈRES (78260), comm. des Yvelines ; 15 064 hab. *(Achérois).* – Au N.-E., sur la rive gauche de la Seine, station d'épuration des eaux. – À l'E., dans la forêt de Saint-Germain-en-Laye, dépôt et triage ferroviaire.

ACHERNAR, nom d'origine arabe donné à l'étoile α Éridan et qui signifie *le bout du fleuve.* Magnit. visuelle 0,6. Distance : 140 al.

ACHÉRON, fleuve ancien d'Épire (auj. *Phanariotikos*), qui, se perdant dans une faille, passait pour un fleuve des Enfers. Le nocher Charon faisait traverser ses eaux noires aux âmes des morts.

ACHERONTIA [akerɔ̃sja] n. m. (de *Achéron,* n. pr.). Nom générique du *sphinx tête-de-mort.*

ACHERY (*dom* Luc d'), bénédictin de la congrégation de Saint-Maur (Saint-Quentin 1609 - Paris 1685). Bibliothécaire de l'abbaye de Saint-Germain-des-Prés, il est l'auteur du *Spicilegium* (1655-1677), relatif à l'histoire ecclésiastique.

ACHESON (Dean), homme politique américain (Middletown, Connecticut, 1893 -Sandy Spring, Maryland, 1971). Secrétaire d'État du président Truman (1949 - 1953), c'est à son instigation que, en nov. 1950, fut votée par l'Assemblée générale des Nations unies la résolution « Union pour le maintien de la paix » (*résolution Acheson*), qui élargit les compétences de cette Assemblée en cas de menace contre la paix.

ACHETABLE adj. **1.** Qui peut être acheté, obtenu contre paiement. – **2.** Corrompu, vénal.

ACHÈTE [-kε-] n. m. (du gr. *khaitê,* longs cheveux). Annélide sans soies telle que les sangsues. (Les *achètes* forment une classe.) [Syn. hirudinée.]

ACHETER v. t. (lat. pop. **accaptare,* de *captare,* chercher à prendre) [conj. **28**]. **1.** Obtenir un bien, un droit contre paiement ; acquérir : *Acheter des pommes de terre à 3 francs le kilo.* – **2.** Acquérir qqch pour qqn, le lui offrir : *Acheter un cadeau à ses enfants.* – **3.** S'assurer contre récompense la complicité de qqn, ses faveurs ; corrompre : *Acheter un témoin.* – **4.** Obtenir qqch par des sacrifices ; payer : *Acheter sa liberté.* – **5.** *Acheter français, allemand, etc.,* acheter préférentiellement des objets ou des produits faits en France, en Allemagne, etc.
◆ **s'acheter** v. pr. **1.** Se procurer qqch à pris d'argent : *S'acheter une voiture neuve.* – **2.** Pouvoir être acheté : *C'est joli ça, où est-ce que ça s'achète ?*

ACHETEUR, EUSE adj. et n. Se dit de qqn, d'un groupe, etc., qui achète qqch : *Pays acheteur de sucre. Les acheteurs se font rares.*
◆ n. **1.** Personne chargée d'effectuer des achats groupés pour un grand magasin. – **2.** Personne chargée de l'approvisionnement d'une entreprise. – **3.** Personne qui achète à une maison de couture des modèles sur toile ou sur papier pour les reproduire.

ACHEULÉEN [aʃøleɛ̃] n. m. (de *Saint-Acheul,* n. pr.). Faciès industriel du paléolithique ancien, contemporain de l'avant-dernière glaciation (Riss), succédant à l'abbevillien. (L'outillage est constitué de bifaces soignés, certains en forme d'amande, et de nombreux éclats retouchés en racloirs, couteaux et pointes.)

ACHEVÉ, E adj. Accompli, parfait en son genre ; complet : *Il est d'un ridicule achevé.*

◆ **achevé** n. m. *Achevé d'imprimer,* texte légal placé à la fin d'un volume et qui comporte le nom et l'adresse de l'imprimeur, la date de la fin du tirage, le nom des artistes et techniciens ayant collaboré à l'exécution de l'ouvrage, le numéro et la date du dépôt légal.

ACHÈVEMENT n. m. Action d'achever, de terminer qqch, fait de s'achever : *Les travaux sont en voie d'achèvement.*

ACHEVER v. t. (anc. fr. *venir a chief,* venir à bout) [conj. **19**]. **1.** Finir une chose, une action commencée ; terminer : *Achever un travail. Achever de mettre au point un appareil.* — **2.** Finir de dire ce qu'on avait commencé à dire : *Laissez-le achever.* — **3.** En parlant de qqch, porter à son comble un état, un sentiment ; finir de : *Cette remarque acheva de l'exaspérer.* — **4.** Mener une durée (jour, vie) à son terme, la finir : *Achever sa vie à la campagne.* — **5.** *Fam.* Épuiser totalement : *Cette journée de travail m'a achevé.* — **6.** Ruiner définitivement qqn, lui donner le coup de grâce : *Ce procès l'a achevé.* — **7.** Porter à qqn ou à un animal les derniers coups qui amèneront la mort.

◆ **s'achever** v. pr., **être achevé** v. pass. **1.** Arriver à son terme ; être terminé, finir : *Les vacances s'achèvent.* — **2.** Se terminer par qqch, avoir pour fin : *Le film s'achève sur une scène magnifique.*

ACHICOURT (62217), comm. du Pas-de-Calais, banlieue sud d'Arras ; 7 986 hab. Fonderie.

ACHIGAN n. m. (mot amérindien). Au Canada, nom usuel du *black-bass.*

ACHILLE, héros homérique, personnage majeur de *l'Iliade,* fils de la déesse marine Thétis et de Pélée, roi des Myrmidons. Pour le rendre invulnérable, sa mère le plongea dans les eaux du Styx. Mais le talon par lequel Thétis tenait l'enfant ne fut pas touché par les eaux magiques et resta vulnérable. Il participa à la guerre de Troie, dont il fut le combattant le plus prestigieux. Après un différend avec Agamemnon, il se retira de la lutte : son absence valut aux Grecs de cuisants revers. La mort de son ami Patrocle, tué par le Troyen Hector, le détermina à reprendre sa place parmi les assiégeants de Troie. Il tua Hector en combat singulier, mais il mourut frappé par Pâris, frère d'Hector, d'une flèche empoisonnée qui l'atteignit au talon.

Achille *(tendon d'),* tendon par l'intermédiaire duquel les muscles du mollet (triceps sural) s'insèrent sur le calcanéum.

ACHILLÉE [-kile] n. f. (lat. *achillea*). Herbe fourragère ou ornementale (composée) aux fleurs en capitules de couleurs diverses, aux feuilles extrêmement découpées chez l'achillée millefeuille (*herbe au charpentier*).

ACHILLÉEN [-ki-] adj. m. *Réflexe achilléen,* réflexe ostéotendineux qui s'observe par la percussion du tendon d'Achille.

ACHIMÈNE [-ki-] n. m. (du gr. *kheima,* froid). Plante ornementale (gesnériacée) d'Amérique tropicale, cultivée en France en serre chaude.

ACHKENAZI ou **ACHKÉNAZE** → ASHKÉNAZE.

ACHKHABAD ou **ACHGABAT,** cap. du Turkménistan, fondée en 1881, près de la frontière iranienne ; 398 000 hab. Centre administratif, commercial et culturel (université, studios de cinéma), avec quelques industries (textile, constructions mécaniques).

ACHLEITNER (Friedrich), écrivain autrichien (Schalchen 1930). Membre du Groupe de Vienne, il pratique une écriture expérimentale.

ACHOLIE [-kɔ-] n. f. Arrêt de la sécrétionde la bile par le foie, entraînant la décoloration des selles.

ACHOLLA, site de Tunisie, près du village de Botria, à 46 km au N. de Sfax, sur la côte. Ville punique puis romaine, dont les ruines ont livré un ensemble caractéristique de mosaïques de l'école romaine africaine.

ACHONDROPLASE [-kɔ̃-] n. Personne atteinte d'achondroplasie.

ACHONDROPLASIE [-kɔ̃-] n. f. Nanisme lié à un défaut de prolifération des cartilages de conjugaison.

ACHOPPEMENT n. m. *Pierre d'achoppement,* difficulté, obstacle sur lesquels on bute.

ACHOPPER v. t. ind. (de *chopper,* buter) [conj. **3**]. Être arrêté par un obstacle, une difficulté : *Les négociations achoppèrent sur une difficulté mineure.*

ACHORION [-kɔ-] n. m. (gr. *akhôr, -ôros,* gourme). Syn. anc. de TRICHOPHYTON.

ACHOUG [aʃug] ou **AŞIK** [aʃik] n. m. (ar. *'āchiq,* amoureux). Barde itinérant, chez les Turcs d'Anatolie et d'Azerbaïdjan et chez les Arméniens, du XVe au XIXe s.

ACHROMAT [-kro-] n. m. Combinaison de lentilles qui constitue un système achromatique.

ACHROMATIQUE [-kro-] adj. **1.** Se dit d'un système optique dont la distance focale est indépendante de la fréquence des radiations utilisées. (→ *encycl.*) — **2.** En colorimétrie, sans teinte. — **3.** *Fuseau achromatique,* formation en fuseau, peu colorable par les colorants cellulaires, apparaissant dans toutes les cellules à la fin de la prophase de la mitose et le long des canaux de laquelle glissent les chromosomes lors de la métaphase et de l'anaphase. ‖ *Image achromatique,* image dépourvue d'irisations.

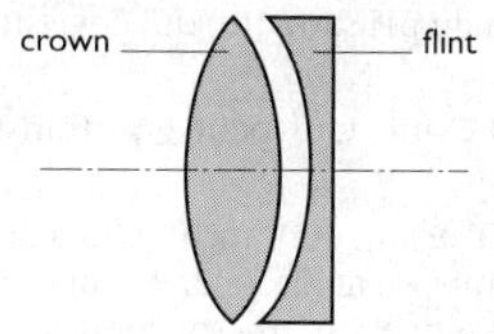

objectif **achromatique**

ENCYCL. **Opt.** J. Dollond (1757) a montré que l'on peut obtenir l'achromatisme pour deux radiations données en associant une lentille convergente en crown à une lentille divergente en flint.

ACHROMATISME [-kro-] n. m. **1.** Qualité d'un système optique dont la distance focale est indépendante de la fréquence des radiations utilisées. – **2.** En colorimétrie, absence de coloration.

ACHROMATOPSIE [-kro-] n. f. Affection, transmise génétiquement, qui empêche de distinguer les couleurs. (Le sujet ne distingue que le noir, le gris et le blanc.)

ACHROMATOPSIQUE ou **ACHROMATOPE** [-kro-] adj. et n. Atteint d'achromatopsie.

ACHROME [-krom] adj. **1.** Syn. de ACHROMIQUE. – **2.** Se dit des photos en noir et blanc.

ACHROMIE [-kro-] n. f. Décoloration de la peau se traduisant par des zones blanches, à la suite de l'absence ou de la disparition du pigment cutané (mélanine). [Syn. LEUCODERMIE.]

ACHROMIQUE [-kro-] adj. Se dit de lésions non pigmentées. (Syn. ACHROME.)

ACHRONIQUE adj. Qui ne tient pas compte du temps, de la durée.

ACHTERBERG (Gerrit), poète néerlandais (Langbroek 1905 - Oud-Leusden 1962). Dans une perspective expressionniste, un langage technico-scientifique (*Cryptogames*, 1946-1961) aboutissant à une recherche de l'absolu, il a cherché à travers toute son œuvre à surmonter un drame personnel en s'inspirant du thème central d'Orphée (*Eurydice*, 1944).

ACHUR n. m. (ar. *'āchūr*, dîme). Dans les pays musulmans, dîme prélevée sur les récoltes de céréales.

'ĀCHŪRĀ', nom que porte, dans la religion islamique, la journée de jeûne facultatif observé d'un coucher de soleil à l'autre. Chez les chī'ites, on commémore au jour de l''Achūrā' la mort de Ḥusayn.

ACHYLIE n. f. Syn. de ANACHLORHYDROPEPSIE.

ACICLOVIR n. m. Médicament antiviral utilisé dans les infections dues au virus de l'herpès et aux virus varicelle-zona.

ACICULAIRE adj. (lat. *acicula*, petite aiguille). **1.** Se dit des feuilles en forme de pointe. – **2.** Se dit d'un arrangement de cristaux ayant la forme d'aiguilles. (On parle en métallurgie de ferrite, de martensite, de bainite aciculaires.)

ACIDAGE n. m. Traitement destiné à acidifier des fibres textiles ou à les neutraliser après un traitement alcalin.

ACIDALIE n. f. (lat. *Acidalia*, surnom de Vénus). Phalène des forêts, portant des lignes brunes sur les ailes.

ACIDANTHERA n. m. Nom générique du *montbretia*.

1. ACIDE adj. (lat. *acidus*). **1.** Dont la saveur est aigre, piquante : *Le prunellier a des fruits acides.* – **2.** Se dit de paroles qui blessent, qui ont un caractère agressif : *Échanger des propos acides.* – **3.** Se dit d'une couleur vive, éclatante et un peu dure : *Des tons acides. Un vert acide.* – **4.** *Charme, beauté acide*, dont la fraîcheur et le piquant évoquent un fruit acide. • **Chim.** Qui possède les propriétés des acides. ‖ *Fermentation acide*, fermentation sous l'influence de laquelle une substance devient acide. – **Écol.** Se dit de précipitations provoquées par les fumées riches en anhydride sulfureux et en oxyde d'azote rejetées par les installations industrielles. (→ *encycl.*) – **Géol.** Se dit d'une roche éruptive ou d'un magma contenant plus de 65 % de silice. – **Pédol.** Se dit d'un sol dont le pH est inférieur à 6,5.

ENCYCL. *Pluies acides.* Au contact de l'oxygène de l'air et de l'eau atmosphérique, des molécules d'acides sulfurique et nitrique se forment, servant de germes à la condensation des gouttes de pluie. Ces pluies acides, tombant en particulier sur les forêts, ont un effet destructeur dramatique sur les arbres. En Europe, où prédomine le vent d'ouest, la Grande-Bretagne cause ainsi de graves torts à la Norvège, la France à l'Allemagne, etc. Il s'agit donc d'un problème de juridiction internationale, de la compétence de l'Union européenne.

2. ACIDE n. m. (lat. *acidus*). **1.** Nom générique des corps capables de donner des protons. – **2.** *Fam.* Nom donné au L.S.D. 25 (acide lysergique).

ENCYCL. L'acide chlorhydrique HCl, l'acide acétique CH_3CO_2H, l'acide phosphorique H_3PO_4, un grand nombre d'espèces chimiques hydrogénées possèdent des propriétés acides, c'est-à-dire : saveur acide ; action sur les indicateurs colorés, par ex. décoloration de la phtaléine, coloration du tournesol en rouge, de l'hélianthine en rouge-orangé, etc. ; action sur une base, par ex.

la soude, pour donner un ou plusieurs sels (chlorure de sodium NaCl, acétate de sodium $NaOCOCH_3$, phosphates de sodium NaH_2PO_4, Na_2HPO_4, Na_3PO_4), dans les formules desquels on remarque que le métal Na a remplacé certains hydrogènes de l'acide, qui sont les « hydrogènes acides » ; action sur un alcool, par ex. l'éthanol C_2H_5OH, pour donner des esters, par une réaction limitée.

Bien que la dissociation d'un acide dans l'eau conduise en fait à des protons hydratés (représentés par l'ion H_3O^+), l'interprétation initiale d'Arrhenius et Ostwald (libération de protons H^+) permet de rendre compte des propriétés des acides et des bases en solution aqueuse : ainsi, l'action sur la soude se ramène à l'union des ions H^+ de l'acide avec les ions OH^- de la base pour former des molécules d'eau, et le dégagement de chaleur observé dans la réaction de l'acide sur la soude est celui qui correspond à la réaction $H^+ + OH^- \rightarrow H_2O$. Cela est vrai pour les acides dits forts (acides chlorhydrique, nitrique, perchlorique...), entièrement ionisés en solution, mais non pour les acides dits faibles (acides acétique, carbonique, borique, etc.), partiellement ionisés.

Les composés binaires où l'hydrogène acide est uni à un non-métal autre que l'oxygène sont des *hydracides.* Les acides nitrique, HNO_3, sulfurique, H_2SO_4, phosphorique, H_3PO_4, qui contiennent de l'oxygène, sont des *oxacides* (ou *oxyacides*). Il leur correspond des anhydrides d'acide, formés par élimination d'eau (N_2O_5, SO_3, P_2O_5), et des halogénures d'acide, essentiellement chlorures d'acides, dont la formule s'obtient par remplacement d'un groupement OH par un atome de chlore (NO_2Cl, CH_3COCl, $COCl_2$, chlorure de carbonyle).

Selon le nombre d'hydrogènes acides que contient leur formule, on distingue les monoacides (HCl, HNO_3, CH_3CO_2H), donnant un seul sel, et les polyacides (H_2SO_4, H_3PO_4), donnant plusieurs sels (ex. $NaHSO_4$, sulfate monosodique ; Na_2HPO_4, phosphate disodique).

En chimie organique, le nom d'*acide,* sans autre qualificatif, est réservé aux acides carboxyliques.

ACIDE-ALCOOL n. m. (pl. *acides-alcools*). Composé organique renfermant une (ou plusieurs) fonction(s) acide et une (ou plusieurs) fonction(s) alcool. (De nombreux acides-alcools interviennent dans les processus biochimiques.)

ACIDE-CÉTONE n. m. (pl. *acides-cétones*). Composé organique renfermant une (ou plusieurs) fonction(s) acide et une (ou plusieurs) fonction(s) cétone. (Certains acides-citones sont importants en biochimie.) [Syn. CÉTOACIDE.]

ACIDÉMIE n. f. État d'acidose aboutissant à une diminution du pH sanguin, qui devient inférieur à 7,38.

ACIDIFIABLE adj. Qui peut être transformé en acide.

ACIDIFIANT, E adj. et n. m. **1.** Qui a la propriété de transformer en acide. – **2.** Se dit d'une plante dont la présence sur un sol tend à augmenter l'acidité de celui-ci. (C'est le cas des résineux.)

ACIDIFICATION n. f. **1.** Action d'acidifier. – **2.** Modification du lait due à la fermentation du lactose en acide lactique. – **3.** Injection d'un acide dans une formation pétrolifère productive pour en élargir les pores et faciliter le drainage du pétrole.

ACIDIFIER v. t. (conj. 9). **1.** Rendre acide ; transformer en acide. – **2.** Ajouter du vinaigre ou du citron à une préparation. – **3.** Pratiquer l'acidification d'un puits de pétrole.

ACIDIMÈTRE n. m. **1.** Appareil permettant de doser un acide. – **2.** Appareil servant à déterminer l'acidité du lait et du vin.

ACIDIMÉTRIE n. f. Dosage des acides, ou des corps qui en produisent, à l'aide d'une base ou d'une liqueur titrée et d'un indicateur de pH. (Syn. PROTOMÉTRIE.)

ACIDIPHILE adj. Se dit d'une plante qui croît mieux sur les sols acides. (C'est en général le cas des plantes calcifuges.)

ACIDITÉ n. f. (lat. *aciditas*). **1.** Saveur acide : *L'acidité du verjus.* – **2.** Causticité, mordant : *L'acidité d'une remarque.* Caractère acide d'un corps. • **Méd.** *Acidité gastrique,* acidité exprimée par la chlorhydrie, ou somme de l'acide chlorhydrique libre et du chlore organique combiné. – **Pédol.** Concentration en ions hydrogène, ou protons, dans un sol. (→ *encycl.*)

ENCYCL. **Pédol.** On mesure l'acidité d'un sol par le pH d'une suspension de sol dans l'eau distillée. Ce pH peut varier en moyenne de 3,5 (sols sur grès) à 7,5 (sols sur craie) avec des valeurs extrêmes de 2 (présence de sulfures) à 10 (présence de carbonate de sodium).

ACIDO-ALCALIMÉTRIE n. f. Mesure du caractère acide ou alcalin d'un milieu.

ACIDO-ALCALINITÉ n. f. Qualité qu'a un milieu d'être acide ou basique.

ENCYCL. Suivant la théorie d'Arrhenius, une solution aqueuse, qui contient des ions H^+ et des ions OH^-, est acide ou basique selon qu'il y a prédominance des ions H^+ ou des ions OH^-. Dans l'eau pure, qui est neutre, les concentrations de ces deux ions sont égales et valent, à 23 °C, 10^{-7} mole par litre. L'acido-alcalinité est représentée par la concentration en ions H^+ ou, plus commodément, par son cologarithme, ou pH. Ce pH, qui vaut 7 en milieu neutre, comme l'eau, est inférieur à 7 en milieu acide et supérieur à 7 en milieu basique.

À la théorie d'Arrhenius, on a été amené à substituer des théories nouvelles et plus générales. Pour Brønstedt, un acide est un corps capable de fournir des ions H^+, mais une base devient un corps capable de fixer des ions H^+. La réaction fondamentale, pour un acide A, est donc $A \rightleftarrows B + H^+$, alors que, pour la base B (dite base conjuguée de A), c'est la même, mais prise de droite à gauche.

Pour G. N. Lewis (1923), un acide est une particule, molécule ou ion, qui peut accepter un doublet électronique (fourni par une base, donneur de doublet). Cette conception permet en particulier une importante généralisation de la notion de catalyse acide-base.

ACIDO-BASIQUE adj. (pl. *acido-basiques*). Se dit de l'équilibre entre les acides et les bases présents dans l'organisme, se traduisant par la stabilité du pH sanguin régulé par les substances tampons. (Lorsque cet équilibre est rompu, il y a acidose ou alcalose.)

ACIDOCÉTOSE n. f. Acidité excessive du sang avec présence de corps cétoniques.

ACIDOLYSE n. f. Hydrolyse obtenue par action d'un acide.

ACIDOPHILE adj. Qui prend les colorants acides. (Se dit surtout des leucocytes.) [Syn. ÉOSINOPHILE.]

ACIDO-RÉSISTANCE n. f. Propriété commune à un groupe de bacilles de résister, après coloration par la fuchsine phéniquée, à l'action décolorante de l'acide nitrique.

ACIDO-RÉSISTANT, E adj. et n. m. (pl. *acido-résistants, es*). Se dit d'un bacille présentant la propriété de l'acido-résistance. (Le bacille de la tuberculose est le type des acido-résistants.)

ACIDOSE n. f. Tendance à l'augmentation de la concentration des ions H^+ dans les liquides interstitiels sans préjuger de la valeur du pH artériel (normalement compris entre 7,38 et 7,43), qui peut être préservé du fait de phénomènes tampons par compensations pulmonaire ou rénale. (Si le pH sanguin diminue, il y a acidémie*.)

ACIDULATION n. f. Action de passer la préparation lithographique sur la pierre lithographique ou sur la plaque offset.

ACIDULER v. t. (conj. 3). Rendre légèrement acide.

◆ **être acidulé** v. pass. **1.** Être légèrement acide : *Le goût acidulé de la rhubarbe.* — **2.** *Bonbon acidulé,* bonbon de sucre cuit additionné d'acide tartrique ou citrique.

ACIER n. m. (bas lat. *aciarium,* du lat. class. *acies,* pointe). **1.** Alliage de fer et de carbone contenant moins de 1,8 % de carbone, susceptible d'acquérir, par traitement mécanique et thermique, des propriétés très variées. (→ *encycl.*) — **2.** *D'acier,* très dur ; qu'on ne peut ébranler : *Muscles d'acier, cœur d'acier.*

◆ **aciers** n. m. pl. Ensemble des parties métalliques du harnachement d'un cheval de selle (mors, étriers, etc.).

ENCYCL. L'acier est élaboré en majeure partie par affinage de la fonte, mais aussi par refusion de ferrailles récupérées et, en quantité limitée, par réduction directe du minerai. (→ SIDÉRURGIE.)

La structure et les propriétés des aciers dépendent de la teneur en carbone, de la présence ou non d'éléments d'addition (aciers alliés, aciers ordinaires) et des traitements thermiques (trempe, recuit, revenu) ou physico-chimiques subis. À l'état recuit, la constitution des aciers est donnée par le diagramme fer-carbone (→ FER). La ferrite (solution solide très limitée de carbone dans le fer α) est un constituant malléable et de faible dureté des aciers à bas carbone (0,10 %). Quand la teneur en carbone croît, il apparaît de la perlite, constituée de ferrite et de carbure de fer Fe_3C, très dur (cémentite). Par trempe directe des aciers ordinaires, on ne peut maintenir à température ambiante l'austénite (solution solide de carbone dans le fer γ) ; il se forme un constituant métastable très dur, la martensite : l'acier devient dur mais peu déformable et fragile. Par revenu, la martensite se décompose en un agrégat très fin, la sorbite, formé de ferrite et de cémentite. Par trempe atténuée ou isotherme, on obtient d'autres constituants : la troostite et la bainite. Les aciers sont utilisés à partir de lingots soit sous forme moulée (fonderie), soit sous forme de produits obtenus par mise en forme mécanique (acier forgé, laminé, filé, étiré, tréfilé, embouti, estampé, fritté, etc.).

Suivant la composition chimique, on distingue deux grands groupes de nuances d'acier : les aciers ordinaires, non alliés (teneur en carbone inférieure à 1 %), et les aciers alliés, subdivisés en aciers faiblement alliés (aucun élément d'addition n'atteint 5 %) et aciers fortement alliés, ou aciers spéciaux (un élément a une teneur supérieure à 5 %). Les éléments d'addition entraînent des modifications de structure (nickel et manganèse élargissent le domaine de l'austénite, chrome et silicium celui de la ferrite), de constitution chimique (tungstène et vanadium, à forte teneur, forment des carbures), de diagramme d'équilibre (ce qui joue un grand rôle pour les traitements thermiques).

Le *nickel* à faible teneur (0,5 à 5 %) améliore la trempabilité et augmente les caractéristiques mécaniques ; à forte teneur (jusqu'à 50 %), il favorise la tenue à la corrosion. Le *chrome* (de 1 à 6 %) favorise trempabilité et caractéristiques mécaniques ; de 10 à 20 %, il rend l'acier inoxydable et à 25 % le rend réfractaire. Le *silicium* (jusqu'à 2 %) augmente l'élasticité et la résilience (ressorts) et diminue les pertes magnétiques (tôles de transformateurs). Le *manganèse* à 2 % favorise la trempe (acier indéformable) et à 13 % donne une remarquable tenue au choc et à l'usure. Le *tungstène* (jusqu'à 18 %) forme des carbures durs conférant une grande résistance à l'usure.

Les grandes classes d'application des aciers sont : les aciers de construction (aciers ordinaires ou plus souvent alliés au chrome, nickel, molybdène) ; les aciers à outils ; les aciers inoxydables, classés selon leur structure en aciers martensitiques, (0,4 % C et 12 à 16 % Cr), aciers ferritiques (< 0,3 % C, 16 à 30 % Cr) et aciers austénitiques (18 % Cr, 8 % Ni, < 0,10 % C) ; les aciers réfractaires, présentant une grande résistance à l'oxydation, à la corrosion et au fluage, et, pour des applications particulières, les aciers à roulement (2 % Cr) et les aciers à aimants permanents (jusqu'à 30 % de cobalt, avec additions de tungstène et de chrome).

• *Production.* La production mondiale avoisine aujourd'hui 770 Mt. Elle a plus que sextuplé depuis la Seconde Guerre mondiale, mais la progression est fortement ralentie depuis le milieu des années 1980, en rapport avec la conjoncture économique, l'essor aussi de produits de substitution plus légers comme l'aluminium ou les plastiques. Cinq pays (Japon, États-Unis, Russie, Chine et Allemagne) assurent plus de la moitié de la production mondiale, mais ce ne sont pas, à l'exception peut-être de la Chine, les plus dynamiques. Les années 1970 ont vu surgir de nouveaux producteurs, asiatiques (la Turquie, Taiwan et surtout la Corée du Sud) ou sud-américains (Brésil surtout). Cette mutation (partielle) de la géographie de la production est liée à l'évolution des conditions de production. Utilisatrice de matières premières pondéreuses (essentiellement minerai de fer et coke ou charbon), nécessitant de lourds investissements, la sidérurgie s'est d'abord implantée sur ou à proximité des gisements (sur le charbon dans les Appalaches et dans la Ruhr, sur le fer en Lorraine). Le développement des transports de masse, surtout maritimes, l'évolution des techniques de production, l'utilisation de minerais de fer de plus en plus riches ont facilité une diversification spatiale, profitant essentiellement aux sites littoraux, se substituant parfois aux centres anciens et entraînant alors le déclin de vieilles régions industrielles, comme celles précédemment citées. Plus généralement, les gains de productivité ont, partout, provoqué de sérieuses compressions d'effectifs.

— **Archit.** *L'acier dans la construction.* Après 1889 (date d'une Exposition universelle, à Paris, qui marque le chant du cygne du « siècle du fer »), le fer riveté, découpé, orné va être remplacé par l'acier, d'abord pour l'ossature enrobée des gratte-ciel ou pour armer le béton. L'emploi pour les ponts est autorisé en 1891 : Louis Jean Résal l'utilise laminé, au pont Mirabeau (1894), et moulé, au pont Alexandre-III (1898), à Paris.

L'obtention des aciers spéciaux et inox (1927) et l'assemblage par soudage autogène (1928) débouchent, grâce à un gain en poids et en main-d'œuvre, sur une expression architecturale où le métal et le verre expriment leur rigueur, depuis la maison du peuple de Clichy (Beaudouin et Lods, 1937) jusqu'au centre Pompidou et au courant high-tech. Avec Mies van der Rohe ou J. Prouvé, l'acier a conquis une place importante dans la construction des grands immeubles. Plus spécifiques encore sont les nappes, planes ou courbes (l'Américain R. B. Fuller), et les structures tendues, appliquées par René Sarger au pavillon français de l'Exposition de Bruxelles (1958).

Acier *(pacte d')* → BERLIN *(traité de).*

ACIÉRAGE n. m. **1.** Méthode permettant de donner à un métal une dureté identique à celle de l'acier. — **2.** Dépôt d'acier mélangé au cuivre, qui se forme dans l'âme des bouches à feu. — **3.** Opération consistant, en imprimerie, à recouvrir d'un dépôt de fer, par galvanoplastie, les planches de cuivre gravées en taille-douce.

ACIÉRATION n. f. Action d'aciérer ; résultat de cette action.

ACIÉRER v. t. (conj. **18**). **1.** Transformer le fer en acier. — **2.** Donner à un métal des propriétés semblables à celles de l'acier. — **3.** Pratiquer l'aciérage.

◆ **être aciéré** v. pass. **1.** Contenir de l'acier ; être recouvert d'acier. — **2.** *Fonte aciérée,* fonte grise dont la teneur en carbone est relativement faible et qui est utilisée pour le moulage.

ACIÉRIE n. f. Usine où l'on fabrique l'acier.

ACIÉRISER (S') v. pr. (conj. 3). Se convertir en acier.

ACIÉRISTE n. Spécialiste de la fabrication de l'acier.

ACINÉSIE → AKINÉSIE.

ACINÉTIEN n. m. (gr. *akinêtos,* immobile). Cilié holotriche fixé, dont la forme adulte est dépourvue de cils mais pourvue de tentacules suceurs creux et se nourrit de proies vivantes. (La larve est ciliée, de même que la forme prise temporairement lors des déplacements ; les *acinétiens* forment un ordre ou une sous-classe.)

ACINÉTIQUE → AKINÉTIQUE.

ACINÉTOBACTER [-tɛr] n. m. Bactérie Gram négatif parfois responsable d'infections graves telles que méningites et septicémies. (Ce genre est très répandu dans le milieu extérieur.)

ACINEUSE ou **ACINIFORME** adj. f. (lat. *acinus,* grain de raisin). Se dit des glandes simples ou complexes dont les parties sécrétrices sont des *acini.*

ACINUS [-nys] n. m. (pl. *acini*) [mot lat. signif. *grain de raisin*]. Masse arrondie de quelques cellules sécrétrices qui s'ouvre dans un canal excréteur. (Les glandes salivaires, lacrymales sont formées d'acini.)

ACIREALE, v. d'Italie, sur la côte orientale de la Sicile, au pied de l'Etna ; 46 229 hab.

ACIS, berger sicilien aimé de Galatée que le cyclope Polyphème, jaloux, écrasa sous un rocher.

ACISPERME n. m. Syn. de CORÉOPSIS.

ACLINAL, E, AUX adj. Se dit d'une structure tabulaire dans des séries sédimentaires que n'affecte aucun pendage sensible.

ACLINIQUE adj. (gr. *aklinês,* qui ne penche pas). Se dit d'un lieu où l'inclinaison du champ magnétique terrestre est nulle.

ACMÉ n. m. (gr. *akmê,* sommet). *Litt.* Point le plus élevé atteint par un art, une civilisation, une doctrine, etc., dans son développement, ou par qqn dans l'évolution de sa pensée ; apogée.

ACMÉIDÉ n. m. Mollusque gastropode marin des océans Pacifique et Indien, rampant sur les fucus. (Les *acméidés,* qui ressemblent à des patelles, forment une famille.)

ACMÉISME n. m. Mouvement littéraire russe créé au début du XXe s. en réaction contre l'esthétisme du symbolisme et illustré par Kouzmine, Goumilev, Anna Akhmatova et Mandelstam.

ACMITE n. f. (gr. *akmê,* pointe). Syn. de ÆGYRINE.

ACNÉ n. f. (altér. du gr. *akmê,* pointe). **1.** *Acné juvénile* ou *acné vulgaire,* dermatose banale commençant à la puberté, évoluant par poussées entre 13 et 25 ans, développée aux dépens du follicule pilo-sébacé. (→ *encycl.*) — **2.** *Acné rosacée,* dermatose observée surtout chez la femme entre 40 et 50 ans et caractérisée par des papulo-pustules apparaissant sur un fond de rougeur diffuse (érythrose) et de couperose (télangiectasies). [Syn. ROSACÉE.]

ENCYCL. L'*acné juvénile* se manifeste sur un terrain séborrhéique. Elle est constituée de comédons (points noirs) et de lésions inflammatoires variables suivant le degré d'infection. Les causes de l'acné sont surtout hormonales (stimulation des glandes sébacées par les androgènes). Le traitement fait principalement appel aux dérivés de la vitamine A acide et au peroxyde de benzoyle.

ACNÉIQUE adj. et n. Relatif à l'acné ou atteint d'acné.

ACOCHLIDIIDÉ [-kli-] n. m. (du gr. *kokhlidion,* coquille). Minuscule mollusque opisthobranche sans coquille, très abondant dans les sables estuariens du monde entier. (Les *acochlidiidés* forment une famille.)

ACŒLE [asel] n. m. Ver plat turbellarié sans cavité interne, tel que la convolute. (Les *acœles* forment un ordre.)

ACŒLOMATE [ase-] n. m. (du gr. *koilôma, -atos,* cavité). Animal dépourvu de cœlome, mais possédant un mésoderme, tel que les plathelminthes.

AÇOKA → AŚOKA.

ACOLYTAT n. m. Avant la réforme de 1972, le plus élevé des quatre ordres mineurs de l'Église catholique ; depuis, le seul maintenu avec celui de lecteur.

ACOLYTE n. m. (lat. ecclés. *acolytus ;* du gr. *akolouthos,* serviteur). **1.** Individu qui en aide un autre dans des actions peu recommandables ; complice. — **2.** Ministre laïque institué depuis la réforme de 1972 pour assister le diacre et le prêtre à l'autel.

ACOMAS, tribu indienne du centre du Nouveau-Mexique.

ACOMPTE [akɔ̃t] n. m. (de *à* et *compte*). **1.** Paiement partiel à valoir sur une somme due. — **2.** Partie de qqch que l'on prend ou que l'on donne à l'avance : *Prendre un acompte sur ses vacances.* — **3.** Somme d'argent versée au vendeur en cas d'exécution différée du contrat de vente. (En cas d'inexécution, l'acompte, sauf dispositions contraires, doit être restitué à l'acheteur. — **4.** *Acompte provisionnel,* ensemble des sommes que les contribuables doivent verser en cours d'années avant que soit effectué le calcul définitif de leur contribution.

ACON ou **ACCON** n. m. (mot poitevin ; p.-ê. de l'anglo-saxon *naca,* barque). **1.** Chaland plat du midi de la France. — **2.** Barque à fond plat, glissant sur la vase, utilisée dans les parcs à moules.

ACONAGE ou **ACCONAGE** n. m. **1.** Transport des marchandises d'un navire à l'aide d'un chaland. — **2.** Manutention des marchandises à bord des navires.

ACONCAGUA, sommet considéré généralement comme le point culminant de la chaîne des Andes, en Argentine, près de la frontière du Chili ; 6 959 m. Première ascension par le guide suisse Matthias Zurbriggen, seul, en janvier 1897.

ACONIER ou **ACCONIER** n. m. Entrepreneur de manutention des marchandises à bord d'un navire de commerce. (Syn. STEVEDORE.)

ACONIT [-nit] n. m. (lat. *aconitum ;* du gr. *akoniton*). Herbe vivace (renonculacée) des montagnes, très ornementale (fleurs violacées en forme de casque) mais dangereusement vénéneuse.
ENCYCL. Les racines de l'aconit napel *(Aconitum napellus),* espèce spontanée en France, sont utilisées en médecine car elles renferment divers alcaloïdes, en particulier l'aconitine. L'aconit jaune est également toxique.

ACONITINE n. f. Alcaloïde isolé de l'aconit napel. (L'aconitine est un sédatif des douleurs névralgiques [névralgies faciales], ainsi que des toux spasmodiques.)

ACONITIQUE adj. *Acide aconitique,* acide que l'on rencontre dans de nombreux végétaux (notamment l'aconit napel) et qui joue un rôle important dans le cycle de Krebs*.

A CONTRARIO loc. adv. (mots lat.). Se dit d'un raisonnement dont la forme est identique à celle d'un autre, mais dont l'hypothèse et, par conséquent, la conclusion sont les inverses de celui-ci.

ACOQUINEMENT n. m. Action de s'acoquiner avec qqn ; liaison, relation de caractère douteux.

ACOQUINER (S') v. pr., **ÊTRE ACOQUINÉ** v. pass. (de *coquin*) [conj. 3]. Être en relations suivies avec qqn de peu recommandable, le plus souvent dans le but d'actions répréhensibles.

ACORE n. m. (lat. *acorum*). Plante des marais (aracée), originaire d'Asie et qui ne se reproduit en Europe que par voie végétative.

AÇORES (les), archipel de l'océan Atlantique, constituant une région autonome du Portugal depuis 1976 ; 2 247 km² ; 241 794 hab. Cap. *Ponta Delgada.* Il comporte trois districts administratifs : Angra do Heroismo, Horta et Ponta Delgada.
— **Géogr.** À 1 500 km des côtes du Portugal, étiré sur 600 km du N.-O. au S.-E., l'archipel possède un relief volcanique (avec plusieurs sommets à plus de 1 000 m), parfois affecté de séismes. À la latitude des hautes pressions de l'Atlantique nord *(anticyclone des Açores),* au contact des masses d'air polaire et tropical, les Açores ont des pluies toute l'année, et les oscillations thermiques sont faibles. Ce climat tempéré océanique favorise l'herbe (élevage bovin) et ses nuances méditerranéennes, les cultures subtropicales bases de quelques industries de transformation : sucre, alcool, tabac, thé. La faiblesse de l'industrie est mal compensée par le tourisme et par la pêche (thon), et l'émigration se poursuit. Base aérienne américaine et bases scientifiques de l'O. T. A. N. dans l'île de Santa Maria.
— **Hist.** L'archipel fut occupé entre 1432 et 1457 par les Portugais, qui s'y installèrent. Mais les Espagnols en furent maîtres de 1580 à 1640. Les Açores devinrent un important relais sur la route de l'Amérique. Le retour des Portugais entraîna un déclin économique. Pendant la Seconde Guerre mondiale, le Portugal autorisa les forces britanniques (1943), puis américaines (1944), à utiliser les bases aériennes et maritimes des Açores. Depuis 1974 s'est développé un mouvement autonomiste, voire séparatiste. Un statut d'autonomie partielle a été accordé par le Portugal en 1976 et en 1980.

AÇORES *(anticyclone des),* cellule anticyclonique océanique marquant un renforcement de la ceinture subtropicale de hautes pressions. Son dessin est variable, en surface, selon les saisons. En été, l'anticyclone des Açores peut se prolonger sur l'Europe occidentale jusqu'à la Scandinavie et la Méditerranée occidentale. C'est un des centres d'action majeurs de la distribution des masses d'air sur l'Europe, en association avec la dépression d'Islande.

ACORIE n. f. (du gr. *korê,* pupille). Absence congénitale de la pupille.

ACOSTA (Gabriel DA COSTA, dit **Uriel d'**), gentilhomme portugais (Porto 1585 - Amsterdam 1640). Marrane, il s'enfuit à Amsterdam pour retourner au judaïsme de ses ancêtres. Mais il en vint à une critique de la religion juive. Persécuté par ses corelégionnaires, il se suicida, laissant son autobiographie.

À-CÔTÉ n. m. (pl. *à-côtés*). **1.** Ce qui constitue un élément, un aspect accessoire de la chose principale, un fait en marge d'un autre plus important : *Négliger un à-côté de la question.* — **2.** Gain, profit qui vient s'ajouter à la rémunération principale, ou dépense supplémentaire, occasionnelle (le plus souvent pl.) : *Se faire des à-côtés intéressants.*

ACOTYLÉDONE ou **ACOTYLÉDONÉ, E** adj. et n. Se dit des embryons sans cotylédon présentés par quelques plantes parasites telles que la cuscute.

ACOUCHI n. m. (mot tupi). Rongeur des forêts d'Amérique du Sud, voisin de l'agouti mais plus petit, qui a soin de peler les fruits avant de les manger.

ACOUMÈTRE, ACOUMÉTRIE, ACOUMÉTRIQUE → AUDIOMÈTRE, AUDIOMÉTRIE et AUDIOMÉTRIQUE.

À-COUP n. m. (pl. *à-coups*). **1.** Arrêt suivi d'une reprise brutale ; rupture dans la continuité d'un mouvement, dans la régularité de fonctionnement ; saccade, raté : *Un moteur qui tourne avec des à-coups.* – **2.** Incident fâcheux, difficulté qui interrompt ou trouble le cours normal de qqch ; complication, contretemps : *Le voyage s'est déroulé sans à-coups.* – **3.** *Par à-coups,* de façon intermittente, irrégulière.

ACOUPHÈNE n. m. (du gr. *akouein,* entendre, et *phainesthai,* paraître). Sensation auditive pathologique perçue par un sujet en l'absence de tout stimulus extérieur.

ACOUSMATIQUE adj. Se dit d'une situation d'écoute où, pour l'auditeur, la source sonore est invisible ; se dit d'une musique élaborée pour cette situation.

ACOUSTICIEN, ENNE n. Spécialiste d'acoustique.

1. ACOUSTIQUE adj. **1.** Qui relève de l'audition, de l'acoustique. – **2.** *Cornet acoustique,* instrument qui renforce le son et dont se servaient les malentendants. ‖ *Nerf acoustique,* syn. de NERF AUDITIF. ‖ *Phonétique acoustique,* partie de la phonétique qui étudie les propriétés physiques des ondes sonores de la parole ainsi que leur mode de transmission.

2. ACOUSTIQUE n. f. (gr. *akoustikê tekhnê,* science qui concerne l'ouïe). **1.** Science qui étudie les propriétés des vibrations des particules d'un milieu susceptible d'engendrer des sons, infrasons ou ultrasons, de les propager et de les faire percevoir. (→ *encycl.*). – **2.** Ensemble des caractéristiques d'un local pour la propagation, la réflexion et la diffusion du son. (On dit qu'une salle a une bonne ou une mauvaise acoustique.) – **3.** Étude des propriétés, de la production, de la propagation et de la réception des ondes sonores et ultrasonores dans les masses d'eau et les fonds océaniques. (Applications en hydrologie et biologie marines, dans les techniques de navigation, de plongée et de sondage.) – **4.** *Acoustique architecturale,* ensemble de techniques mises en œuvre pour maîtriser le son dans les bâtiments. (Elle recherche les meilleures conditions d'audition par l'étude des formes et le choix des matériaux. L'isolation acoustique se développe parallèlement.)

ENCYCL. Les Grecs, avec Pythagore et ses disciples, étudièrent les hauteurs des sons suivant les longueurs de corde et établirent une gamme de notes. Les Chinois ont, eux aussi, trouvé les relations harmoniques entre les sons. Il fallut attendre le XVIe s. pour trouver les bases du phénomène de la vibration sonore, avec F. Bacon, Galilée et Michael Stifel, qui introduisit la gamme tempérée (1544) ; puis Gassendi relia la hauteur des sons à la fréquence des vibrations, et l'abbé Marin Mersenne, dans son *Harmonie universelle,* donna la valeur des intervalles musicaux. Au milieu du XVIIe s., Otto von Guericke, R. Boyle, A. Kircher montrèrent que le son ne pouvait pas se propager dans le vide. Newton expliqua la propagation (1686), et Joseph Sauveur ébaucha la théorie des cordes vibrantes en s'appuyant sur la notion d'ondes stationnaires (1700). B. Taylor, D. Bernoulli, Euler, d'Alembert établirent la théorie mathématique pour les cordes, les barreaux, les cloches. Avec les travaux de Joseph Fourier (1822), l'analyse des sons les plus complexes devint possible. Helmholtz en fit la démonstration avec des résonateurs, expliqua le timbre des sons et établit une première théorie de l'audition. Doppler découvrit l'effet de modification de la fréquence d'un son produit par une source mobile. À la fin du XIXe s., lord Rayleigh établit une théorie de la production, propagation et diffraction du son. La transformation des vibrations mécaniques sonores en oscillations électriques fut réalisée avec le phonographe d'Edison (1878), le téléphone de Bell (1876), le gramophone d'Emil Berliner (1887), le microphone à charbon de D. E. Hughes (1877), le magnétophone à ruban magnétique de V. Poulsen. H. Lioret donna les principes de l'enregistrement optique des sons. Langevin utilisa le quartz piézoélectrique pour la production et la détection des ultrasons. Les bases de l'acoustique des salles furent posées par W. C. Sabine en 1895, puis par G. Lyon en 1903. Les systèmes de repérage des objets dans l'eau, ou sonars, naquirent en 1917. Les études de psychoacoustique ont débuté avec la publication des *Éléments de psychophysique* de Fechner en 1860. La psychoacoustique et l'acoustique physiologique ont connu au cours du XXe s. un grand développement. E. G. Wever et Ch. W. Bray ont montré qu'un signal électrique est propagé par le nerf auditif (1930 et 1931). H. Davis a décrit les potentiels d'action nerveux, et, en 1932, Bekesy a étudié la perception des sons en bâtissant des modèles de l'oreille interne. Les progrès en électroacoustique ont assuré le développement des appareils producteurs, enregistreurs et reproducteurs du son.

On distingue fondamentalement l'*acoustique physique,* qui est l'étude des phénomènes vibratoires produits et propagés dans les différents milieux solides, liquides et gazeux, et l'*acoustique psychophysiologique,* qui étudie l'effet de ces vibrations sur l'homme. Les branches de l'acoustique sont nombreuses : acoustique architecturale, sous-marine, aéronautique, électroacoustique, acoustique musicale, etc.

ACP, abrév. de ACYL-CARRIER-PROTEIN.

A.C.P. *(accords),* accords préférentiels avec la Communauté économique européenne conclus par 46 pays d'*Afrique*, des *Caraïbes* et du *Pacifique* lors de la convention de Lomé*, en 1975, et renouvelés en 1979 (Lomé II), en 1984 (Lomé III) et en 1989 (Lomé IV). En 1996, ces accords concernent 70 pays A. C. P.

ACQUA-TOFANA n. f. (ital. *acqua,* eau, et *Tofana,* n. de femme). Poison célèbre en Italie au XVIe et au XVIIe s. (C'était sans doute une solution d'anhydride arsénieux.)

ACQUAVIVA (Claudio), jésuite italien. (Atri 1543 - Rome 1615.) Issu d'une grande famille napolitaine, il fut général des jésuites de 1581 à sa mort.

ACQUÉREUR n. m. Personne qui acquiert un bien ; acheteur.

ACQUÉRIR v. t. (anc. fr. *aquerre,* du lat. pop. **acquaerere,* du lat. class. *acquirere*) [conj. **39**]. **1.** Devenir propriétaire d'un bien, d'un droit par achat, échange, succession : *Acquérir une terre par héritage.* — **2.** Arriver à obtenir une qualité, une connaissance, etc., par un effort personnel, le plus souvent par une recherche, des exercices, etc. : *Les jurés ont acquis la conviction que l'accusé était innocent.* — **3.** Prendre une valeur plus importante, gagner en qualité : *Titre qui acquiert de la valeur.* — **4.** Procurer qqch à qqn, le lui faire avoir, en parlant de qqch : *Ses bons services lui ont acquis ce crédit auprès de ses supérieurs.* — **5.** Gagner qqn à une idée, une doctrine : *Le discours du président les avait acquis à l'idée européenne.*

◆ **être acquis** v. pass. **1.** Être obtenu par le travail, les conditions de vie, etc., par oppos. à ce qui est naturel, inné : *Une qualité acquise.* — **2.** *Être (tout) acquis à une idée, à qqn,* avoir donné son adhésion, son approbation à cette idée, être entièrement dévoué à qqn, être en accord avec lui. — **3.** Être indiscutablement prouvé, démontré, reconnu comme certain : *Il est acquis que la loi sera votée.* — **4.** *Avantages acquis,* avantages spécifiques de cretaines catégories de personnel et sur lesquels, en principe, on ne peut revenir. ‖ *Caractère acquis,* trait distinctif qui apparaît chez un individu sous l'influence de facteurs extérieurs. (Les caractères acquis ne sont pas inscrits dans le patrimoine génétique et ne sont pas transmissibles.) ‖ *Fait acquis,* fait indiscutable sur lequel on ne peut revenir, donné comme définitif. ‖ *Tenir qqch pour acquis,* le tenir pour indiscutable, prouvé. ‖ *Vitesse acquise,* vitesse dont un corps est animé à un moment donné.

◆ **s'acquérir** v. pr. **1.** Être obtenu : *La souplesse s'acquiert à force d'exercices.* — **2.** Obtenir qqch à force d'efforts : *Il s'est acquis une solide réputation de générosité.*

ACQUÊT [akɛ] n. m. (lat. pop. **acquaesitum,* du lat. class. *acquirere,* acquérir). Dans le régime de communauté légale, bien acquis par l'un des époux à titre onéreux pendant la durée du mariage, lorsque ce bien entre dans la masse commune.

ACQUIESCEMENT [akjɛsmɑ̃] n. m. **1.** Action d'acquiescer à qqch ; consentement, accord : *Faire un geste d'acquiescement.* — **2.** Adhésion expresse ou tacite du plaideur aux prétentions de l'adversaire.

ACQUIESCER [akjese] v. t. ind. (lat. *acquiescere*) [conj. **21**]. **1.** Consentir sans réserve à une demande, donner son assentiment à qqch. — **2.** Accepter, dire oui, tomber d'accord, approuver : *Il acquiesça d'un signe de tête.* — **3.** Se soumettre aux prétentions de l'adversaire en abandonnant soit le droit de résister à la demande, soit le droit de former des voies de recours.

1. ACQUIS → ACQUÉRIR.

2. ACQUIS n. m. **1.** Avantage, privilège, expérience, droit qui ont été obtenus grâce à des actions, à une lutte syndicale, politique, au travail, etc. — **2.** Savoir obtenu par l'étude ou l'expérience : *Vivre sur son acquis.*

ACQUISITIF, IVE adj. (lat. *acquisitivus*). Relatif à l'acquisition.

ACQUISITION n. f. (lat. *acquisitio*). **1.** Action d'acquérir un bien, un droit ; achat, obtention : *Faire l'acquisition d'une terre.* — **2.** Action d'acquérir un savoir : *L'acquisition du calcul par l'enfant.* — **3.** Ce qui a été acquis, acheté : *Ces tableaux sont mes dernières acquisitions.* — **4.** Ce que l'on a acquis par l'étude ou par l'expérience. — **5.** Première réception des signaux radioélectriques d'un véhicule spatial. — **6.** Syn. de SAISIE. — **7.** *Acquisition d'objectif,* ensemble des opérations ayant pour but d'identifier et de situer un objectif en vue de faire connaître sa position à un organe de tir chargé de le détruire ou de le neutraliser.

ACQUIT [aki] n. m. (de *acquitter*). **1.** Reconnaissance écrite d'un paiement, mentionnée au bas des factures, au dos des lettres de change, des chèques, par les mots *pour acquit,* suivis de la date et de la signature de celui qui a reçu le paiement. — **2.** *Par acquit de conscience,* pour se débarrasser de tout scrupule. ‖ *Par manière d'acquit,* sans conviction, négligemment.

ACQUIT-À-CAUTION n. m. (pl. *acquits-à-caution*). Document qui permet de faire circuler librement des marchandises soumises à l'impôt indirect et de ne payer le droit qu'au lieu de destination.

ACQUI TERME, v. d'Italie, dans le Piémont, au S. d'Alexandrie ; 22 000 hab. Station thermale.

ACQUITTABLE adj. Qui peut ou doit être acquitté.

ACQUITTÉ, E n. Accusé déclaré non coupable par une juridiction répressive, et notamment par la cour d'assises.

ACQUITTEMENT n. m. **1.** Action de payer, de rembourser ce que l'on doit. — **2.** Décision de non-culpabilité envers l'accusé émanant d'une juridiction répressive et particulièrement de la cour d'assises.

ACQUITTER v. t. (de *quitte*) [conj. 3]. **1.** Payer ce que l'on doit : *Acquitter une facture.* — **2.** Apposer sa signature pour constater un paiement. — **3.** Libérer qqn d'une obligation. — **4.** Déclarer un accusé judiciairement innocent.
◆ **s'acquitter** v. pr. **1.** Se rendre quitte d'une obligation, d'une dette (envers qqn). — **2.** Remplir une tâche, accomplir un devoir.

ACRA ou **ACRAT** n. m. Dans la cuisine créole, boulette de morue ou de légume mêlée de pâte à beignet.

ACRASIÉ n. m. (du gr. *krasis,* substance). Être vivant microscopique voisin des myxomycètes et intermédiaire entre protistes et champignons. (Les *acrasiés* forment une classe.)

ACRASPÈDE adj. (du gr. *kraspedon,* frange). Syn. de SCYPHOZOAIRE.

ACRE n. f. (angl. *acre* ; du norm.). Mesure de surface agraire. (En France, l'acre valait 52 ares ; en Grande-Bretagne, elle équivaut à 4 840 yards carrés, soit 40,47 ares, de même qu'au Canada, où elle est divisée en 4 840 verges carrées.)

ACRE, en hébr. **Akko,** en ar. **'Akkā,** anc. **Saint-Jean-d'Acre,** v. d'Israël, sur la Méditerranée, au N. de la baie de Haïfa ; 37 000 hab. Centre commercial, touristique et industriel. Prise en 1104 par les croisés, qui lui donnèrent le nom de Saint*-Jean-d'Acre, elle fut ruinée lors de sa reconquête par les musulmans (1291). Elle fut assiégée en vain par Bonaparte en 1799.

ACRE, État du Brésil, sur le piémont andin, aux confins du Pérou et de la Bolivie ; 153 000 km^2 ; 417 437 hab. Cap. *Rio Branco.* Il fut bolivien de 1867 à 1903.

ÂCRE adj. (lat. *acer, acris*). **1.** Qui a une saveur ou une odeur forte, irritante : *Une fumée âcre.* — **2.** *Litt.* Qui a un caractère agressif ; acide, blessant : *Il m'a fait d'âcres reproches.*

ACREMANT (Germaine), femme de lettres française (Saint-Omer 1889 - Neuilly-sur-Seine 1986), auteur de romans sentimentaux (*Ces dames aux chapeaux verts,* 1921 ; *le Monsieur de Saint-Josse,* 1983).

ÂCRETÉ n. f. **1.** Qualité de ce qui est âcre au goût, à l'odorat. — **2.** *Litt.* Qualité de ce qui est blessant, agressif.

ACRIDIEN, n. m. Insecte orthoptère sauteur tel que le criquet et les formes voisines.
ENCYCL. Les acridiens, qui forment la famille des acrididés, sont des criquets aux antennes courtes, aux pattes postérieures sauteuses et dont la femelle possède un organe de fouissage et pond ses œufs dans le sol. Ils vivent ordinairement dispersés dans des régions relativement humides où ils ne font que peu de dégâts. Mais, en cas de restriction des zones humides, ils vivent plus serrés et un « effet de groupe » les conduit à migrer en bandes innombrables, d'abord sautant, puis volant lorsque les ailes sont poussées ; là où ils se posent, toute végétation disparaît. Les espèces les plus nuisibles sont le criquet marocain *(Dociostaurus maroccanus),* le criquet pèlerin *(Schistocerca gregaria),* le criquet migrateur *(Locusta migratoria)* ainsi que *Locustana pardalina* au sud de l'Afrique et *Schistocerca paranensis* en Amérique du Sud.

ACRIDINE n. f. (lat. *acrido, -inis,* odeur piquante). **1.** Composé $C_{13}H_9N$, faiblement basique, base de la fabrication de colorants. (L'acridine est utilisée comme mutagène expérimental en analyse génétique.) — **2.** Composé qui dérive de l'acridine par substitution.

ACRILAN n. m. (n. déposé). Nom commercial de fibres et de fils acryliques.

ACRIMONIE n. f. (lat. *acrimonia,* âcreté). Caractère agressif de qqn, qui se manifeste dans l'humeur ou dans l'aigreur du langage.

ACRIMONIEUX, EUSE adj. *Litt.* Qui manifeste de l'acrimonie ; mordant : *Un ton acrimonieux.*

ACRINIE n. f. Absence d'une sécrétion glandulaire.

ACRITE → AKRITAS.

ACROASPHYXIE n. f. Trouble vasomoteur observé dans la maladie de Raynaud, caractérisé par la cyanose des téguments avec anesthésie douloureuse.

ACROBATE n. (gr. *akrobatos,* de *akrobatein,* marcher sur la pointe des pieds). **1.** Personne dont la souplesse et la force sont artistiquement mises en valeur au cirque et dans les spectacles de variétés. — **2.** Personne très agile, capable d'exécuter des exercices physiques difficiles ou périlleux. — **3.** Personne habile à retourner les situations en sa faveur, mais peu exigeante sur le choix des moyens, et usant de manœuvres compliquées ou fantaisistes ; jongleur : *Les acrobates de la finance.*

◆ n. m. Très petit mammifère marsupial d'Australie, buveur de nectar, capable de planer d'une fleur à l'autre à l'aide d'un patagium.

ACROBATIE n. f. **1.** Exercice exécuté par un acrobate. — **2.** Exercice, mouvement, geste qui tient de la prouesse physique. — **3.** Comportement ou procédé habile, ingénieux, mais souvent dangereux ou discutable, dont une personne use pour se tirer d'une difficulté : *Faire des acrobaties pour obtenir des crédits.* — **4.** *Acrobaties en vol,* manœuvres diverses exécutées au cours d'un vol par le pilote afin de mettre en valeur son habileté ou les qualités de son avion.

ACROBATIQUE adj. Qui relève de l'acrobatie : *Saut acrobatique. Un redressement financier acrobatique.*

ACROBATIQUEMENT adv. D'une manière acrobatique.

ACROBUSTITE ou **ACROBYSTITE** n. f. (gr. *akrobustia,* prépuce). Inflammation du fourreau chez les animaux.

ACROCARPE adj. Se dit des mousses dont le sporogone se forme au sommet des tiges ou rameaux femelles. (Contr. PLEUROCARPE.)

ACROCENTRIQUE adj. Se dit d'un chromosome dont le centromètre est situé près d'une extrémité. (On divise les chromosomes en acrocentriques, télocentriques et métacentriques.)

ACROCÉPHALE adj. et n. Atteint d'acrocéphalie.

ACROCÉPHALIE n. f. Déformation pathologique du crâne, provoquée par une ossification prématurée de certaines sutures, ayant pour résultat d'accroître la hauteur de la tête et de lui imprimer une forme en pain de sucre ou en tour.

ACROCINE n. m. Coléoptère longicorne d'Amérique tropicale, aux élytres tachetés, aux pattes antérieures démesurées. (N. usuel *arlequin de Cayenne.*)

ACROCOMIA n. m. Grand palmier épineux, au stipe renflé à mi-hauteur, cultivé au Paraguay pour son fruit, dont la pulpe et l'amande fournissent deux huiles alimentaires différentes.

ACROCORINTHE, citadelle de l'antique Corinthe.

ACROCYANOSE n. f. Cyanose permanente de type vasculaire intéressant principalement les mains et les pieds.

ACRODERMATITE n. f. Dermatose siégeant aux extrémités des membres, caractérisée par un ensemble de lésions inflammatoires, érythémateuses, bulleuses, pustuleuses ou squameuses. (Chez l'adulte, la forme la plus courante est l'*acrodermatite continue d'Hallopeau.* Chez l'enfant, certaines formes sont héréditaires.)

ACRODYNIE n. f. Maladie infantile de cause inconnue, caractérisée par des troubles vasomoteurs des extrémités, des troubles circulatoires généraux et parfois des troubles psychiques.

ACROÏDE n. f. Résine végétale odorante jaune ou rouge utilisée dans la fabrication des vernis et produite par des liliacées d'Australie du genre *xanthorrhœa.*

ACROKÉRATOSE n. f. Dermatose rare caractérisée par des plaques rouges recouvertes de squames, localisées aux mains, aux pieds, à la pointe du nez et aux oreilles, et presque toujours associée à un cancer des voies digestives supérieures. (Elle fait partie des syndromes paranéoplasiques.)

ACROLÉINE n. f. (lat. *acer,* âcre, et *olere,* avoir une odeur). Aldéhyde éthylénique $CH_2{=}CH{-}CH{=}O$, d'odeur âcre, suffocante, utilisé pour produire des monomères polymérisables. (Syn. ALDÉHYDE ACRYLIQUE.)

ACROMÉGALE adj. et n. Atteint d'acromégalie.

ACROMÉGALIE n. f. Affection non congénitale, liée à une hypersécrétion de somat-hormone et caractérisée par des modifications morphologiques hypertrophiques.

ENCYCL. Cette hypersécrétion est due à un adénome hypophysaire à cellules éosinophiles. Les modifications morphologiques siègent au niveau de la face : épaississement des traits, saillie des arcades sourcilières, prognathisme. Les pieds et les mains ont un aspect de « battoir ». Tous les autres organes (foie, thyroïde, cœur, etc.) peuvent être augmentés de volume.

ACROMÉGALIQUE adj. Relatif à l'acromégalie.

ACROMÉLALGIE n. f. Douleur paroxystique des extrémités des membres, le plus souvent nocturne, survenant surtout au cours des artérites oblitérantes.

ACROMIO-ILIAQUE adj. *Indice acromio-iliaque,* quotient de la largeur des épaules (biacromiale) par la largeur des hanches (bicristale) multiplié par 100.

ACROMION n. m. (gr. *akrômion,* pointe de l'épaule). Apophyse de l'omoplate qui s'articule avec la clavicule.

ACROMYODÉ n. m. Oiseau passereau à la syrinx parfaitement différenciée en vue du chant. (Les *acromyodés* forment un sous-ordre, réunissant la grande majorité des passereaux.) [Syn. OSCINE.]

ACRONYCTE n. f. Noctuelle dont la chenille, ornée de pinceaux de poils de couleurs vives, vit sur les arbres.

ACRONYME n. m. (angl. *acronym*). Substantif dont l'origine est un sigle, mais qui se prononce comme un mot ordinaire (par ex. *C.A.P.E.S.*

[kapɛs], Certificat d'Aptitude au Professorat de l'Enseignement du Second degré, ou *fortran*, de *for*mula *tran*slator).

ACROPARESTHÉSIE n. f. Sensation d'engourdissement ou de fourmillement à l'extrémité des membres.

ACROPÈTE adj. Se dit de la floraison lorsque les fleurs les plus hautes s'ouvrent les dernières.

ACROPODE n. m. Ensemble des doigts du membre des vertébrés.

ACROPOLE n. f. (gr. *akropolis,* ville haute). **1.** Hauteur fortifiée des anciennes cités grecques abritant le palais royal (Mycènes) puis le siège de la vie politique (la Cadmée de Thèbes) ou religieuse (Athènes). – **2.** Toute cité protohistorique fortifiée sur une hauteur.

Acropole d'Athènes, plateau rocheux d'env. 270 m sur 150 qui domine la capitale grecque d'une hauteur d'un peu moins de 100 m. Ce site fut occupé dès le début du IIe mill. et consacré à Athéna dès l'âge mycénien. Après l'invasion des Perses (480 av. J.-C.), qui la saccagèrent, l'Acropole cessa d'être une forteresse et fut réservée aux cultes civiques. Elle fut alors parée de temples illustres (Parthénon*, Érechthéion*) et d'une entrée monumentale (les Propylées*), près de laquelle s'éleva, vers la fin de ce ve s., le petit temple d'Athéna. Périclès et Phidias, entourés des plus grands artistes, comme Ictinos, Callicratès ou Mnésiclès, furent les créateurs de cette nouvelle organisation. Ex-voto, statues (Athéna Promachos, Athéna Lemnia — toutes deux œuvres de Phidias), quadriges et stèles décoraient l'espace autour des temples. Entre les Propylées et le Parthénon s'élevaient le sanctuaire d'Artémis Braurônia (Braurônion) et la Chalcothèque, où étaient déposées les offrandes de bronze.
Au pied de l'Acropole se trouvent le théâtre de Dionysos (ve-ive s. av. J.-C., modifié à l'époque romaine), le sanctuaire d'Asclépios, l'Odéon d'Hérode Atticus (iie s. apr. J.-C.), etc. Le musée de l'Acropole abrite un ensemble majeur de sculptures retrouvées sur place.

ACROPOLITE (Georges), en gr. **Geôrgios Akropolitês,** homme politique et historien byzantin (Constantinople 1217 - 1282). Il négocia avec Grégoire X l'Union des Églises et signa, au concile de Lyon (1274), l'accord qui terminait le schisme. Sa *Chronique* de l'Empire de Nicée s'étend de 1203 à 1261.

ACROPORE n. m. Madréporaire constructeur de récifs coralliens.

ACROSOME n. m. Extrémité antérieure différenciée du spermatozoïde.

ACROSTICHE n. m. et adj. (gr. *akrostikhis*). Poème dont les initiales des vers, lues verticalement, composent un mot (nom de l'auteur, du dédicataire, terme clef).

ACROSTICHUM [-kɔm] n. m. inv. (gr. *akros,* sommet, et *stikhos,* rangée). Fougère (polypodiacée) tropicale. (Les *acrostichum* forment un genre de 200 espèces.

ACROTÈRE n. m. (gr. *akrôtêrion,* partie supérieure). **1.** Ornement saillant aux angles d'un fronton, éventuellement sur un socle ; ce socle lui-même. – **2.** Dé d'une balustrade. – **3.** Muret masquant un toit plat ou une terrasse.

ACROTONE adj. Se dit des espèces végétales dont les rameaux les plus hauts sont aussi les plus longs.

ACRUX, nom donné à l'étoile α Croix* du Sud. C'est une étoile double, distante de 300 al, dont les deux composantes sont de magnitude visuelle 1,6 et 2,1.

ACRYLATE n. m. Sel ou ester de l'acide acrylique.

ACRYLIQUE adj. **1.** Se dit d'une fibre synthétique obtenue par polymérisation et composée d'au moins 85 % d'acrylonitrile. – **2.** *Acide acrylique,* acide $CH_2{=}CH{-}CO_2H$, obtenu par oxydation de l'acroléine ou du propylène. (→ *encycl.*) ‖ *Aldéhyde acrylique,* syn. de ACROLÉINE. ‖ *Nitrile acrylique,* syn. de ACRYLONITRILE. ‖ *Peinture acrylique,* peinture émulsion obtenue par la dispersion de pigments de couleur, broyés à l'eau, dans un latex (résine thermoplastique) dû à la polymérisation du méthacrylate de méthyle. (Parmi les artistes, les Anglo-Saxons ont été les premiers, vers 1960, à utiliser ces peintures.)
◆ n. m. **1.** Polymère ou copolymère des acides acrylique ou méthacrylique et de leurs dérivés. – **2.** Fibre acrylique.

ENCYCL. Les sels de l'acide polyacrylique sont utilisés comme épaississants ou émulsionnants ; le polyacrylate de méthyle pour la fabrication de verres organiques, de similicuirs ou de colles et vernis ; les polymères et copolymères de l'acide acrylique et de ses dérivés dans les domaines du revêtement ou de l'imprégnation des textiles et papiers, des peintures et des vernis.
Le polyacrylonitrile est employé dans la fabrication des fibres textiles dites « acryliques » utilisées pour la lingerie et l'habillement. Parmi les polyméthacryliques, le polyméthacrylate de méthyle (Plexiglas) est le plus important par ses emplois comme verre organique. Il est aussi à la base de peintures et vernis.

ACRYLONITRILE n. m. Composé $CH_2{=}CH{-}C{\equiv}N$ obtenu à partir du propylène et qui est un des principaux monomères industriels. (Syn. NITRILE ACRYLIQUE.)

ACT, n. m. (mot angl.). Loi votée par le Parlement britannique à partir d'un projet de loi, appelé bill.

Acta sanctorum, récits relatifs à la vie des saints, et, en particulier, recueil savant ayant le même objet, entrepris par le jésuite Bolland, à qui ses continuateurs ont emprunté le nom de *bollandistes.*

ACTANCIEL, ELLE adj. Se dit de l'analyse d'un récit qui dépasse l'idée de personnage pour révéler les rapports structurels qui existent entre les actants.

ACTANT n. m. (de *action*). **1.** Agent effectif de l'action exprimée par le verbe (par ex. le sujet du verbe actif, le complément d'agent du verbe passif). – **2.** Substantif qui, à un titre quelconque, participe au procès exprimé par le verbe. – **3.** Dans l'analyse structurale du récit, terme qui définit un personnage en fonction de la place qu'il tient dans la combinatoire de la narration.

1. ACTE n. m. (lat. *actum,* fait, action). **1.** Manifestation concrète de l'activité volontaire de qqn, considérée en tant que fait objectif et accompli : *Passer de la parole aux actes.* – **2.** Toute action humaine adaptée à une fin, de caractère volontaire ou involontaire, attitude ou disposition d'esprit à l'égard de qqn, de qqch : *Un acte d'inattention. Actes de vandalisme.* – **3.** Intervention, décision émanant d'un groupe de personnes investi d'une autorité, et prise en vertu de sa compétence : *Un acte de l'autorité préfectorale.* – **4.** *Faire acte de,* accomplir dans une circonstance donnée une action qui manifeste telle ou telle qualité : *Faire acte d'autorité.* – **5.** *Faire acte de + n. de fonction,* agir en tant que tel : *Faire acte de citoyen.* – **6.** *Acte (sexuel),* union sexuelle. ‖ *Faire acte de candidature,* se porter candidat. ‖ *Faire acte de présence,* paraître en un lieu, dans une réunion, sans y participer réellement. ‖ *Passage à l'acte,* réalisation d'un désir, d'un fantasme jusque-là contenu, souvent de manière brutale ou agressive. ‖ *Passer aux actes,* passer à l'action. • **Dr.** *Acte de Dieu,* syn. de CAS DE FORCE* MAJEURE. – **Méd.** *Acte médical,* toute intervention médicale ou chirurgicale. ‖ *Acte opératoire,* syn. de INTERVENTION CHIRURGICALE. – **Philos.** Chez Aristote, notion opposée à celle de puissance et qui consiste dans la réalisation d'une activité jusque-là restée potentielle. – **Psychan.** *Acte manqué,* acte par lequel un sujet substitue, malgré lui, à un projet ou à une intention qu'il vise délibérément, une action ou une conduite totalement imprévues. (→ *encycl.*) ‖ *Passage à l'acte,* syn. de ACTING-OUT.

ENCYCL. **Psychan.** S. Freud fut le premier à postuler que les *actes manqués* résultaient d'une intention et que leur sens était à expliciter au niveau de l'inconscient du sujet. Si l'acte manqué apparaît au sujet comme un phénomène qu'il attribue volontiers à un effet du hasard ou de l'inattention, c'est que le désir qui s'y manifeste est inconscient et lui signifie précisément ce dont il ne veut rien savoir. C'est en tant que l'acte manqué réalise ce désir refoulé qu'il est un authentique acte psychique, acte que le sujet exécute toutefois à son insu et qui perturbe son intention consciente.

2. ACTE n. m. (lat. jurid. *acta,* pl. de *actum,* du lat. class. *agere,* faire). **1.** *Acte (juridique),* toute manifestation de volonté destinée à créer un effet de droit. – **2.** *Acte (instrumentaire),* acte juridique écrit dressé pour constater une opération ou une situation juridique et nécessaire à sa validité. – **3.** *Demander acte,* réclamer en justice la constatation d'une déclaration ou d'une offre ; faire constater cette déclaration ou cette offre afin qu'elle ne puisse plus être rétractée. ‖ *Donner acte,* constater en justice ; reconnaître ouvertement que telle chose a été faite. ‖ *Dont acte,* bonne note est prise. ‖ *Prendre acte,* faire constater en justice ; déclarer qu'on prend note de qqch afin de s'en prévaloir éventuellement. • **Diplom.** Écrit rédigé selon certaines règles formelles et dans lequel est consigné un fait juridique. (L'étude de l'élaboration et de la transmission des actes, ainsi que de leurs règles formelles, constitue l'objet propre de la diplomatique.) – **Dr.** *Acte administratif,* toute manifestation de volonté en vue de produire des effets de droit émanant des autorités dépendant de l'exécutif ; décision unilatérale de l'Administration conférant des droits ou imposant des sujétions aux tiers. ‖ *Acte d'administration,* acte destiné à assurer la gestion normale et courante d'un patrimoine, sans en engager gravement l'avenir (réparations d'entretien). ‖ *Acte authentique,* acte assujetti à certaines formalités et dressé par un officier public compétent pour instrumenter tant en considération du lieu que de la nature de l'acte (actes notariés, actes de l'état civil). ‖ *Acte à cause de mort,* acte ne produisant des effets qu'au moment du décès de son auteur. ‖ *Acte de commerce,* acte juridique soumis aux règles du droit commercial en raison de sa nature, de son objet, de sa forme ou en raison de la qualité de commerçant de son auteur. ‖ *Acte de disposition,* acte juridique qui entraîne la disparition d'un élément du patrimoine et, plus généralement, tout acte qui dépasse la simple administration. ‖ *Acte entre vifs,* acte produisant des effets du vivant de son auteur. ‖ *Acte extrapatrimonial,* acte dont les effets sont extérieurs au patrimoine. ‖ *Acte final,* texte adopté à la fin d'une conférence internationale et authentifiant ses résultats. (Dans la pratique, ce texte, sans valeur contraignante, sert de justification à de nombreuses actions ou abstentions diplomatiques.) ‖ *Actes de gouvernement,* actes administratifs qui, parce qu'ils intéressent les rapports entre les pouvoirs publics constitutionnels (dissolution de l'Assemblée nationale, par ex.) ou les rapports de la France avec les États étrangers, ne font l'objet d'aucun contrôle juridictionnel. ‖ *Acte d'huissier,* syn. de EXPLOIT. ‖ *Acte mixte,* acte conclu entre un commerçant et un non-commerçant. ‖ *Acte du palais* ou *d'avocat à avocat,* acte de procédure rédigé par un avocat et signifié à l'un de ses confrères au palais de justice par un huissier-audiencier. ‖ *Acte solennel,* acte dont la validité est subordonnée à l'accomplissement de formalités légales déterminées (mariage, rédaction d'un acte authentique par un officier public). ‖ *Acte sous seing privé,* acte établi par de simples particuliers et signé par les parties intéressées, qui tire sa valeur de ces signatures. ‖ *Acte à titre gratuit,* acte accompli dans une intention purement libérale, sans qu'aucune contrepartie soit recherchée de la part de son auteur (donation, remise de dette). ‖ *Acte à titre onéreux,* acte se réalisant par la commune intention des parties de rechercher un avantage réciproque (vente, échange).

◆ **actes** n. m. pl. **1.** Recueil des procès-verbaux et décisions de certaines assemblées délibérantes : *Actes des conciles.* — **2.** Recueil des mémoires et communications présentés à certaines sociétés ou assemblées savantes : *Actes d'un congrès.* — **3.** Collection de documents de caractère historique concernant certains personnages : *Actes des martyrs.*

3. ACTE n. m. (lat. *actus,* action scénique). **1.** Chacune des grandes parties d'une pièce de théâtre, séparées par un intervalle marqué par un baisser de rideau ou par un noir. — **2.** Épisode qui, dans la vie de qqn ou dans un processus historique, apparaît comme caractéristique ou décisif.

Acte additionnel aux constitutions de l'Empire, constitution que Napoléon, au retour de l'île d'Elbe, promulgua le 22 avril 1815. Ratifié par plébiscite le 1er juin suivant, l'Acte instaura en fait un régime inspiré de la Charte du 4 juin 1814, avec Chambre des pairs et Chambre des représentants. Il fut abrogé le 8 juillet 1815.

Acte unique européen, traité signé en 1985 et ratifié en 1986 et 1987 par les États membres de la Communauté européenne. Entré en vigueur le 1er juill. 1987, il avait pour but de faciliter, juridiquement, l'achèvement du « grand marché intérieur » (qui a pris effet le 1er janv. 1993).

Actes des Apôtres, livre du Nouveau Testament. La tradition l'attribue à saint Luc, auteur du troisième Évangile. L'ouvrage, sans doute rédigé entre 80 et 90, prolonge l'histoire de Jésus par celle de l'Église naissante, qu'il mène jusqu'à la captivité de Paul à Rome (61-63). Son but est de montrer que, par l'action de l'Esprit-Saint, le message chrétien est devenu universel.

Actes de courage et de dévouement *(médaille d'honneur des),* décoration française créée en 1816 et décernée par les ministres de l'Intérieur, de la Défense (marine nationale) ou des Transports (marine marchande).

ACTÉ, en gr. **Aktê,** nom anc. de la péninsule la plus orientale de la Chalcidique (où se trouve le mont Athos).

ACTÉE n. f. (lat. *actaea*). Herbe (renonculacée) des bois humides, aux baies noires toxiques. (N. usuel *herbe de Saint-Christophe.*)

ACTÉON n. m. (p.-ê. gr. *aktaios,* qui vit près du rivage). Mollusque gastropode opisthobranche marin à coquille ovoïde et operculée répandu dans toutes les mers.

ACTÉON, chasseur, fils d'Aristée, élevé par Chiron. Selon la principale tradition, ayant surpris Artémis au bain, il fut métamorphosé en cerf et dévoré par ses chiens.

ACTEUR, TRICE n. (lat. *actor,* celui qui agit). **1.** Personne dont la profession est d'être l'interprète de personnages à la scène ou à l'écran ; comédien. — **2.** Personne qui participe activement à une entreprise, qui joue un rôle effectif dans une affaire, dans un événement ; protagoniste : *Les acteurs du 18-Brumaire.* — **3.** *Acteur social* ou *économique,* individu, groupe ou institution qui entre en jeu dans un processus sociologique ou économique.

A. C. T. H. n. f. (initiales du mot angl. *Adreno-Cortico-Trophic-Hormone*). Hormone d'origine hypophysaire qui contrôle la sécrétion du cortisol par le cortex surrénalien. (Syn. CORTICOSTIMULINE, CORTICOTROPHINE, HORMONE CORTICOTROPE.)

ENCYCL. Les tumeurs hypophysaires entraînent une augmentation du taux d'A. C. T. H. et provoquent un hypercorticisme. L'insuffisance de sécrétion d'A. C. T. H. peut être consécutive aux traitements prolongés par les corticostéroïdes. L'A. C. T. H. de synthèse est employée dans le traitement de certaines formes de rhumatismes et des réactions allergiques.

ACTIAS [aktjas] n. m. Papillon saturnidé aux ailes postérieures prolongées en longue queue et dont la chenille produit de la soie.

ACTIF, IVE adj. (lat. scolast. *activus*). **1.** Qui est plein d'activité et d'énergie, dynamique : *Il reste très actif malgré son âge.* — **2.** Qui agit avec efficacité, qui donne des résultats ; efficace : *Un shampooing actif.* — **3.** Qui manifeste une participation effective à qqch : *Une propagande active.* – **4.** Qui participe effectivement à qqch : *Membre actif d'un syndicat.* – **5.** *Prendre une part active à qqch,* y participer d'une manière importante, efficace. ‖ *Vie active,* période de la vie où qqn exerce une activité professionnelle ; vie principalement consacrée à l'action, par oppos. à la vie contemplative. • **Ch. de f.** *Garage actif,* syn. anc. de ÉVITEMENT* DE CIRCULATION. – **Chim.** Se dit de certains métaux mis sous une forme favorisant la catalyse. – **Démogr.** *Population active,* fraction de la population ayant un emploi ou à la recherche d'un emploi et comprenant aussi les jeunes en apprentissage et les militaires du contingent. – **Dr.** *Citoyen actif,* celui qui, dans le cadre du suffrage censitaire (comme dans la Constitution de 1791), a le droit de vote. ‖ *Dettes actives,* sommes dont on est créancier. – **Électr.** *Courant actif,* improprement appelé *courant watté,* composante du courant alternatif en phase avec la tension. ‖ *Puissance active,* puissance moyenne, dans un circuit parcouru par un courant alternatif. – **Électron.** Se dit d'un composant (tube électronique, transistor, etc.) ou d'un circuit qui opère une conversion d'énergie à partir d'une alimentation continue. – **Hydrol.** Se dit d'une marge continentale, instable et séismique, bordée par une fosse océanique. (Syn. PACIFIQUE.) – **Inform.** Se dit d'un dispositif logiciel ou matériel en cours d'utilisation au moment considéré. ‖ *Élément actif,* en micro-informatique, dans les applications qui disposent d'une interface graphique, élément (document, fenêtre, icône, etc.) sur lequel s'applique l'action qui va suivre et qui apparaît généralement de façon contrastée sur l'écran. – **Ling.** Se dit de la forme verbale qui a comme sujet le participant effectif du procès exprimé par le verbe. (Dans la phrase *Pierre mange une pomme,* le verbe est à la voix active.) ‖ *Vocabulaire actif,* ensemble des mots qu'un locuteur est capable d'employer spontanément. – **Mil.** Se dit d'un obstacle battu par des feux. ‖ *Armée active,* ensemble des forces armées de terre, de mer et de l'air présentes sous les drapeaux en temps de paix. – **Opt.** Se dit d'une substance douée d'activité optique. – **Pathol.** *Congestion active,* congestion due à un afflux exagéré de sang artériel. – **Pédag.** Se dit des méthodes fondées sur la participation, l'initiative et l'autonomie des élèves. – **Philos.** Relatif à l'action, par opposition à la passion. – **Phys.** Syn. de RADIOACTIF. – **Relig.** *Vie active,* vie religieuse qui s'exerce dans des œuvres charitables ou dans l'apostolat (par oppos. à *vie contemplative*).

◆ **actif** n. m. **1.** Ensemble de biens ou de droits qui constituent un patrimoine ou une universalité juridique. – **2.** *Avoir qqch à son actif, mettre qqch à l'actif de qqn,* le compter au nombre de ses réussites ou de ses actions. • **Comptab.** Ensemble des droits et des biens d'une entité juridique portés au bilan. ‖ *Actif fictif,* ceux des éléments de l'actif qui sont sans valeur ou surestimés. ‖ *Actif net,* excédent des valeurs d'actif sur le total formé, au passif, par les créances des tiers. (Syn. CAPITAUX PROPRES.) ‖ *Actif réel,* excédent de l'actif revalorisé, au cours actuel, sur le passif exigible. – **Ling.** Voix active.

ACTINE n. f. (lat. sc. *actina*). Protéine contractile présente dans les structures filamenteuses de la cellule, où elle intervient dans les mouvements liés à la membrane plasmique et au niveau du muscle, où elle se lie à la myosine pour donner l'actomyosine.

ACTINÉDIDE n. m. Acarien dont les trachées sont associées aux chélicères. (Les *actinédides* forment un sous-ordre, groupant 15 familles principales, de mœurs très variées, dont le rouget et le demodex.)

ACTING-OUT [aktiŋaut] n. m. inv. (mot angl.). Comportement impulsif mais à caractère occasionnel, lié au surgissement de motions pulsionnelles refoulées. (Syn. PASSAGE A L'ACTE.)

ENCYCL. Le terme d'« acting-out » traduit le processus selon lequel le sujet est, par exemple, tenté de « mettre en acte » des représentations pulsionnelles, des fantasmes inconscients, qu'il ne parvient pas à symboliser verbalement au cours de la cure. Dès lors, l'agir va réaliser une certaine levée du refoulement dans la mesure même où il vient en place de l'« impulsion à se souvenir ».

ACTINIAIRE n. m. Cnidaire hexacoralliaire tel que les anémones de mer, la fongie, les méandrines et les madrépores. (Les *actiniaires* forment un ordre.)

ACTINIDE n. m. Élément chimique radioactif, de numéro atomique compris entre 89 et 103.

ACTINIDIA n. m. Arbuste grimpant d'origine asiatique (dilléniacée), dont une espèce est cultivée pour son fruit, le *kiwi,* très riche en vitamines.

ACTINIE n. f. Polype solitaire dépourvu de squelette calcaire, extrêmement abondant sur les côtes rocheuses. (N. usuel *anémone de mer.* Ordre des actiniaires, classe des hexacoralliaires.)

ENCYCL. Une actinie est un cylindre creux fixé au rocher par une sole adhésive et couronné d'une collerette de tentacules rétractiles ; la cavité axiale, partagée par des cloisons incomplètes issues du pourtour, et à symétrie radiaire de type 6, constitue un sac digestif où sont conduites les proies animales capturées par les tentacules venimeux. L'œuf donne d'abord une larve nageuse, ou planula.

ACTINIFÈRE adj. Qui contient de l'actinium.

ACTINIQUE adj. Se dit des radiations qui exercent une action chimique sur diverses substances.

ACTINISATION n. f. Traitement thermique du lait, associant les rayonnements infrarouge et ultraviolet.

ACTINISME n. m. Propriété que possèdent certaines radiations d'être actiniques.

ACTINISTIEN n. m. Poisson crossoptérygien tel que le cœlacanthe. (Les *actinistiens* forment un ordre.)

ACTINITE → ACTINODERMITE.

ACTINIUM [-njɔm] n. m. **1.** Élément radioactif (symb. : Ac), de nombre atomique 89, découvert en 1899 par Debierne. — **2.** *Série de l'actinium,* ensemble des noyaux résultant de la désintégration de l'uranium 235.

ACTINOBACILLOSE n. f. Maladie des bovins caractérisée par l'inflammation et l'induration de la langue (« langue de bois »).

ACTINOBACILLUS [-silys] n. m. Bactérie Gram négatif, proche des pasteurellas, agent de maladies suppuratives des mammifères.

ACTINOCONGESTINE n. f. Substance extraite des actinies, au moyen de laquelle a été établie pour la première fois l'existence de l'anaphylaxie.

ACTINODERMATOSE n. f. Dermatose due à l'action des rayons solaires.

ACTINODERMITE ou **ACTINITE** n. f. Dermite due à l'action des rayons solaires. (Syn. COUP DE SOLEIL.)

ACTINODON n. m. Amphibien labyrinthodonte fossile du permien d'Autun. (Taille 1 m.)

ACTINOLOGIE n. f. Étude de l'action des radiations du spectre solaire sur l'homme et les tissus vivants.

ACTINOMÈTRE n. m. Appareil destiné à l'actinométrie.

ACTINOMÉTRIE n. f. Mesure de l'intensité des radiations, et particulièrement des radiations solaires.
ENCYCL. Les échanges radiatifs entre le Soleil, l'atmosphère et le sol sont une des sources principales des mouvements de l'atmosphère. Aussi l'actinométrie apparaît-elle comme un fondement de la météorologie et de la climatologie. À ces considérations physiques s'ajoute un intérêt biologique, puisque les radiations influent sur la croissance des plantes et sur la santé de l'homme.

ACTINOMORPHE adj. Se dit d'un organe végétal (fleur surtout) qui présente une symétrie radiaire. (Contr. ZYGOMORPHE.)

ACTINOMYCÉTALE n. f. Bactérie à l'aspect ramifié telle que les bacilles de la diphtérie, de la lèpre et de la tuberculose. (Les *actinomycétales* forment un ordre.)

ACTINOMYCÈTE n. m. Micro-organisme filamenteux classé dans les bactéries.
ENCYCL. Certains actinomycètes du sol jouent un rôle important dans la formation de l'humus. D'autres sont parasites de l'homme et des animaux ou responsables d'affections pulmonaires par réactions allergiques. Divers actinomycètes servent à fabriquer des antibiotiques (streptomycine, actinomycine, etc.).

ACTINOMYCINE n. f. Antibiotique extrait de divers streptomyces et utilisé en chimiothérapie anticancéreuse.

ACTINOMYCOSE n. f. Maladie de l'homme et des animaux causée par des bactéries du groupe des actinomycètes. (Les actinomycoses humaines sont des infections chroniques, rarement superficielles, plus souvent sous-cutanées, osseuses et viscérales [mycétomes actinomycosiques, nocardioses, actinomycose proprement dite].)

ACTINOPODE n. m. Protiste muni de pseudopodes rigides (axopodes) et au squelette microscopique très décoratif, plus ou moins sphérique tel que les acanthaires, les radiolaires et les héliozoaires. (Les *actinopodes* forment une classe.)

ACTINOPTÉRYGIEN n. m. Poisson osseux muni d'opercules branchiaux et de nageoires rayonnées tel que les téléostéens (99 % des espèces de poissons) et les deux petits groupes des holostéens (lépisostée) et des chondrostéens (esturgeons). [Les *actinoptérygiens* forment une sous-classe.]

ACTINO-RÉTICULOSE n. f. Dermatose rare caractérisée par des lésions prurigineuses apparaissant sur les zones cutanées exposées à la lumière et s'étendant à la totalité de la surface corporelle.

ACTINOTE n. f. Amphibole calcique, magnésienne et ferrifère, monoclinique, de couleur vert olive à vert foncé, caractéristique du faciès métamorphique schiste vert.

ACTINOTHÉRAPIE n. f. Utilisation thérapeutique des rayons du spectre solaire, notamment ultraviolets.

ACTINOTRICHE n. m. **1.** Acarien au tégument biréfringent tel que les actinédides, les sarcoptiformes et les oribates. (Les *actinotriches* forment un superordre groupant la majorité des espèces d'acariens.) — **2.** Rayon squelettique qui soutient la nageoire des embryons de poissons osseux. (Syn. CÉRATOTRICHE.)

1. ACTION n. f. (lat. *actio*). **1.** Fait ou faculté d'agir, de manifester sa volonté, en accomplissant qqch : *Être poussé à l'action. Liberté d'action.* – **2.** Manifestation concrète de l'activité de qqn, d'un groupe : *Une action inconsidérée. Action politique, syndicale. Programme d'action d'un parti.* – **3.** Effet produit sur qqn ou sur qqch par une personne ou par un groupe agissant d'une manière déterminée : *Votre action sur cet enfant a été déplorable.* – **4.** Manière dont un agent, une force agit sur qqch ou sur qqn : *Action d'un acide sur un métal.* – **5.** Engagement militaire limité dans le temps et dans ses objectifs ; coup de main. – **6.** *Action directe,* méthode d'activité syndicale ou politique qui s'exprime par le recours à la violence (grèves avec occupation, barrages de routes, voire terrorisme). ‖ *Action psychologique,* ensemble de procédés employés pour inculquer certaines idées politiques et qui prétend se fonder sur une analyse de la psychologie des masses. ‖ *Champ d'action,* domaine dans lequel s'exerce l'action de qqn, de qqch. ‖ *Entrer en action,* commencer à produire l'effet prévu. ‖ *Homme, femme d'action,* personne portée à la vie active plus qu'à la réflexion et à la vie intellectuelle. ‖ *Journée, semaine d'action,* consacrées à une action syndicale. ‖ *Mettre en action,* mettre en pratique ce qu'on tenait en réserve. ‖ *Moyen d'action,* procédé choisi pour atteindre le résultat escompté. ‖ *Passer à l'action,* commencer à agir, passer à l'offensive après une période d'attente ou de préparation. • **Chim.** *Loi d'action de masse,* loi permettant de définir un équilibre chimique en fonction des concentrations des constituants ainsi que de la température et de la pression. (→ *encycl.*) – **Cybern.** Processus visant à modifier le comportement ou l'état d'un système organisé au moyen d'une grandeur de réglage, ou *grandeur réglante,* par l'intermédiaire d'un organe de réglage appelé « actionneur ». – **Dr.** *Action (en justice),* fait de s'adresser à la justice pour obtenir le respect de la loi ou la reconnaissance et la protection d'un droit. ‖ *Action civile,* action exercée par la victime d'une infraction en vue d'obtenir réparation du préjudice subi. ‖ *Action d'office,* prérogative en vertu de laquelle l'Administration peut unilatéralement conférer des droits ou imposer des sujétions sans le consentement des intéressés. ‖ *Action personnelle, réelle* ou *mixte,* action garantissant un droit personnel, un droit réel ou les deux réunis. ‖ *Action publique,* action mise en mouvement par le ministère public en vue de faire condamner l'auteur de l'infraction à une peine. ‖ *Action sanitaire et sociale,* ensemble des mesures prises par l'État ou les collectivités locales en ce qui concerne la lutte contre les fléaux sociaux, la prévention et l'information en matière de santé et l'intégration sociale des catégories les plus défavorisées de la population. ‖ *Centre communal d'action sociale (C.C.A.S.),* établissement public autonome chargé au niveau local d'un certain nombre de missions en matière sanitaire et sociale, dans le cadre de l'aide sociale. (Il a remplacé en 1986 le *bureau d'aide sociale* [*B.A.S.*].) ‖ *Contrôle par voie d'action,* contrôle non juridictionnel de la conformité d'une loi à la Constitution. (Le contrôle de la constitutionnalité des lois est réservé, en France, au Conseil constitutionnel. En cas d'annulation de la loi, la décision vaut à l'égard de tous.) [S'oppose à CONTRÔLE PAR VOIE D'EXCEPTION.] – **Mécan.** *Turbine à action,* turbine dans laquelle la détente du fluide se produit intégralement dans les aubages fixes, ou tuyères. – **Neurol.** *Potentiel d'action,* syn. de INFLUX* NERVEUX. – **Phys.** Force qu'un corps exerce sur un autre corps. (Ce terme est essentiellement utilisé pour énoncer le *principe de l'action et de la réaction.*) ‖ *Principe de moindre action,* principe variationnel très général, analogue au principe optique de Fermat, dont sont déduites les lois classiques du mouvement. (La grandeur nommée action, ayant les dimensions d'une énergie multipliée par un temps, doit être extrémale.) – **Sociol.** *Action sociale,* toute conduite d'un individu, d'un groupe ou d'une institution qui prend en compte un autre acteur, l'activité organisée d'un acteur vers un but précis. ‖ *Théorie de l'action,* théorie de Parsons et de ses disciples fondée sur l'idée que tout comportement humain et ses conséquences peuvent être compris à partir d'un schéma analytique qui s'articule autour de l'orientation des personnes vers des buts précis et la régulation normative des relations entre personnes.

ENCYCL. **Chim.** Pour une réaction équilibrée $\alpha A + \beta B \rightleftarrows \gamma c + \delta D$, où les corps sont gazeux, la loi d'action de masse s'écrit $(P_C^{\gamma}.P_D^{\delta})/(P_A^{\alpha}.P_B^{\beta}) = K_P$, où P_A, P_B, P_C et P_D sont les pressions partielles des réactifs A, B et des produits C, D et où Kp, constante d'action de masse, ne dépend que de la température.

2. ACTION n. f. (de *action 1*). **1.** Ensemble des événements qui constituent un récit, etc. : *L'action de ce film se passe en l'an 2000.* – **2.** Progression dramatique, péripéties d'une œuvre littéraire, d'un film, etc. : *Dans ce film, il y a de l'action.* – **3.** Mode d'expression artistique qui consiste à produire des gestes, des actes, un événement dont le déroulement dans le temps et les implications plus ou moins prévues constituent l'œuvre même. (Syn. PERFORMANCE.) [→ *encycl.*] – **4.** *Ballet d'action,* œuvre chorégraphique avec argument et dont l'action progresse grâce à des scènes mimées. (Syn. BALLET-PANTOMIME.) ‖ *Pas d'action,* scène de pantomime introduite dans un ballet faisant progresser la narration chorégraphique. (Le *pas d'action* s'oppose aux *pas de danse pure* et *de virtuosité.*)

ENCYCL. **Art contemp.** Le plus souvent exécutée par l'artiste lui-même, qui peut en être le matériau même comme dans l'art corporel, l'action entretient des rapports avec le happening, avec le land art et avec certaines interventions (type d'action dont le matériau est l'environnement sociologique). Photographie, dessin, film, bande vidéo sont utilisés comme mode d'enregistrement et de diffusion.

3. ACTION n. f. (lat. *actio,* avec infl. de *actif,* n. m.). **1.** Titre négociable, représentatif d'une fraction du capital et matérialisant des droits d'associé dans une société anonyme ou en commandite par actions. — **2.** Fam. *Ses actions sont en baisse, en hausse,* sa réputation diminue, augmente. ‖ *Action d'apport,* action qui représente les apports en nature faits à la société. ‖ *Action de capital,* action proprement dite qui ouvre droit à une part de bénéfices et, en cas de dissolution, à une part de l'actif. (Elle donne, en principe, un droit de vote aux assemblées générales de la société.) ‖ *Action à dividende prioritaire sans droit de vote (A.D.P.),* action qui, jouissant d'un dividende supérieur à celui des actions ordinaires, est dépourvue du droit de voter aux assemblées générales. (Elle existe en France depuis 1983.) ‖ *Action gratuite,* action remise gratuitement aux actionnaires en représentation d'une augmentation de capital réalisée par l'incorporation de réserves. ‖ *Action de jouissance,* action qui, remboursée par voie d'amortissement, continue à ouvrir droit à une part de bénéfice.

Action catholique, organisation du laïcat catholique, créée à la demande des papes pour collaborer avec la hiérarchie et sous sa direction à l'action apostolique. Le premier mouvement d'Action catholique fut l'Association catholique de la Jeunesse française, ou A.C.J.F. (1886-1956), qui rassemblait des jeunes gens chrétiens appartenant surtout à la bourgeoisie et groupés en cercles d'études. Avec la fondation de la Jeunesse ouvrière chrétienne (J.O.C.) en 1925 en Belgique, en 1926 en France, l'Action catholique se démocratisa et se spécialisa. Sur le modèle de la J.O.C. furent créées la Jeunesse agricole chrétienne, ou J.A.C. (1929 ; devenue en 1964 Mouvement rural de la jeunesse chrétienne, ou M.R.J.C.), la Jeunesse étudiante chrétienne, ou J.E.C. (1929), la Jeunesse maritime chrétienne, ou J.M.C. (1930), la Jeunesse indépendante chrétienne, ou J.I.C. (1935). Ces mouvements trouvèrent rapidement leur homologue féminin, puis, après 1945, se prolongèrent par des mouvements d'adultes.

Action française *(l'),* mouvement nationaliste et royaliste né en France au moment de l'affaire Dreyfus autour du journal du même nom. D'abord ligue républicaine et patriote, l'Action française trouve un théoricien en la personne de Charles Maurras*, qui l'oriente vers le nationalisme intégral et l'établissement d'une monarchie héréditaire, antiparlementaire et décentralisée. Appuyée sur la revue bimensuelle *l'Action française,* fondée en juillet 1899 et devenue quotidien en 1908 sous la direction de Léon Daudet, l'Action française défend vigoureusement sa doctrine par l'intermédiaire des Camelots du roi, qui constituent sa troupe de choc (1908). Le mouvement exerce, entre les deux guerres, une influence certaine sur l'opinion française, notamment sur les catholiques. La condamnation du mouvement par Pie XI (1926-1929) lui porte un rude coup, encore que Pie XII l'ait relevé de cette condamnation en 1939. La disparition de la IIIe République en juin 1940 redonne vigueur à l'Action française, qui paiera de son existence sa fidélité à l'état de choses instauré par le maréchal Pétain.

action sanitaire et sociale *(Direction départementale de l')* **[D.D.A.S.S.],** service extérieur du ministère de la Santé institué en 1964, chargé de la politique sanitaire et sociale à l'échelon départemental.

ACTIONNABLE adj. Contre qui l'on peut intenter une action judiciaire.

ACTIONNAIRE n. Possesseur d'une ou plusieurs actions d'une société.

ACTIONNALISME n. m. Analyse sociologique appliquée à la civilisation industrielle et caractérisée par l'importance qu'y prend le travail. (L'actionnalisme, mis en forme par Alain Touraine, est indissociable du fonctionnalisme.)

ACTIONNALISTE adj. et n. Relatif à l'actionnalisme ; partisan de l'actionnalisme.

ACTIONNARIAT n. m. **1.** Fait d'être actionnaire. — **2.** Ensemble des actionnaires. — **3.** Système dans lequel le capital des entreprises est divisé en actions. — **4.** Forme de participation des salariés au capital, aux résultats et, éventuellement, à la gestion de l'entreprise.

ACTIONNEMENT n. m. Action d'actionner un mécanisme, une machine.

ACTIONNER v. t. (de *action*) [conj. 3]. **1.** Mettre en mouvement un mécanisme, une machine, les faire fonctionner. — **2.** Intenter une action en justice contre qqn.

ACTIONNEUR n. m. Appareil ou organe permettant d'agir sur une machine ou un processus en vue de modifier son comportement ou son état. (Syn. impropre ACTUATEUR.)

ACTION PAINTING [akʃənpɛ̃ntiɛ] n. f. inv. (express. amér. signifiant *peinture gestuelle*). Manière de peindre caractéristique de l'expressionnisme abstrait et spécialement de J. Pollock.

ACTION RESEARCH n. f. Syn. de RECHERCHE ACTION.

ACTIUM, promontoire de la Grèce, à l'entrée du golfe d'Ambracie. Le 2 septembre 31 av. J.-C., Octavien y remporta sur Antoine une victoire qui lui assura la domination sur l'ensemble du monde romain.

ACTIVATEUR n. m. **1.** Substance nécessaire ou favorable à l'activité d'une enzyme. – **2.** Corps qui, mélangé à un catalyseur, en augmente l'activité. – **3.** *Activateur de croissance,* additif employé dans l'alimentation des animaux d'élevage pour accélérer leur croissance.

ACTIVATION n. f. Action d'activer ; accélération : *L'activation des travaux.* • **Biol.** Ensemble des transformations induites dans l'ovule animal par la pénétration du spermatozoïde, à l'exception de l'appariement des chromosomes mâles et femelles. (Il s'agit notamment du rejet du liquide périvitellin et d'un accroissement intense de la respiration cellulaire, parfois aussi de l'expulsion du second globule polaire.) – **Chim.** Passage d'une molécule, d'un atome ou d'un ion de sa forme normale à une forme plus riche en énergie et plus apte à entrer en réaction. (Elle peut être obtenue par apport d'énergie thermique, électrique ou par irradiation.) ‖ *Énergie d'activation,* grandeur définie par la loi d'Arrhenius et qui intervient dans l'expression des vitesses de réaction. – **Cristallogr.** Action de l'agitation thermique qui permet la migration des atomes dans une structure cristalline. – **Écon.** Mise en œuvre d'une procédure organisée à l'avance. (On procède, par exemple, à l'activation des droits de tirage spéciaux du Fonds monétaire international.) – **Neurol.** *Activation corticale,* excitation des neurones corticaux et sous-corticaux par l'intermédiaire d'un stimulus quelconque. – **Pétr.** Pompage ou drainage pour la récupération du pétrole d'un gisement dont l'écoulement spontané est insuffisant. – **Phys.** Action de rendre radioactif un élément soumis à l'irradiation d'un flux de particules (en général des neutrons). [Les caractéristiques du rayonnement émis par l'élément irradié permettent d'en déterminer la concentration dans l'échantillon examiné. Cette méthode est souvent utilisée pour l'étude des matériaux et en biologie.]

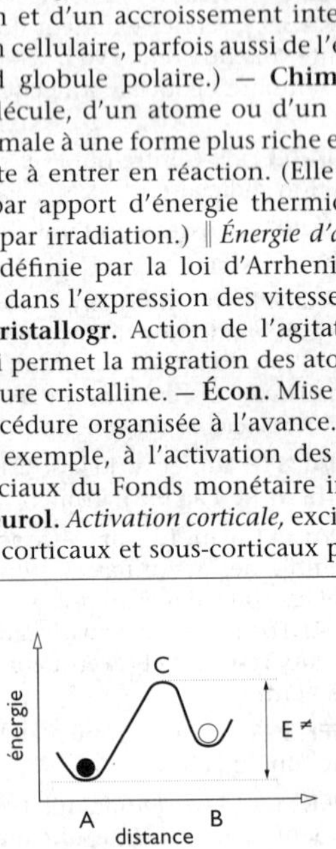

Barrière d'énergie que doit franchir un atome positionné en A pour se retrouver en B.
E ≠ est l'énergie d'**activation.**

ACTIVE → ACTIF.

ACTIVEMENT adv. De façon active.

ACTIVER v. t. (de *actif*) [conj. 3]. **1.** Rendre qqch plus rapide, plus vif : *Activer le feu. Activer la digestion.* – **2.** Hâter l'exécution d'une action : *Activer les travaux.* – **3.** Fam. *Activer le mouvement,* se dépêcher. – **4.** En informatique, rendre actif un élément logiciel ou matériel.

◆ **être activé** v. pass. En parlant d'un système atomique, moléculaire ou nucléaire, avoir emmagasiné une certaine quantité d'énergie provenant de l'extérieur.

◆ **s'activer** v. pr. **1.** Faire preuve d'une grande activité, s'affairer : *Elle s'active dans l'appartement.* – **2.** *Fam.* Se dépêcher : *Active-toi, le temps passe.*

ACTIVISME n. m. **1.** Système de conduite qui privilégie l'action directe (en partic. dans le domaine politique, social). – **2.** Attitude morale qui insiste sur les nécessités de la vie et de l'action et sur les compromissions nécessaires avec des principes trop stricts.

ACTIVISTE adj. et n. Relatif à l'activisme ; partisan de l'activisme.

ACTIVITÉ n. f. (lat. médiév. *activitas*). **1.** Ensemble de phénomènes par lesquels se manifestent certaines formes de vie, un processus, un fonctionnement : *L'activité physique, intellectuelle.* – **2.** Faculté, puissance d'agir ; manifestation de cette faculté : *Un homme débordant d'activité.* – **3.** Action de qqn, d'une entreprise, d'un pays dans un domaine défini ; champ d'action : *Activités professionnelles. Une usine qui étend son activité à de nouveaux secteurs.* – **4.** Ensemble des actions diverses menées dans un secteur, ou qui se manifestent dans un lieu : *Une période d'intense activité diplomatique.* – **5.** *En activité,* qui exerce un emploi ; qui est en service (fonctionnaire, militaire) ; qui est en fonctionnement : *Rester en activité au-delà de la limite d'âge. Industrie en pleine activité.* • **Astron.** *Activité solaire,* ensemble des phénomènes liés à des perturbations magnétiques du Soleil, d'intensité et de durée variables. (Les taches solaires en constituent la manifestation la plus connue.) – **Biochim.** *Activité moléculaire d'une enzyme,* nombre de molécules de substrat transformées par minute par une molécule d'enzyme dans les conditions optimales. — **Démogr.** *Taux d'activité,* rapport de la population active à la population totale, dans une société donnée. — **Écon.** *Activité économique,* partie de l'activité humaine consacrée à la production et à l'échange de biens et services. — **Éthol.** Ensemble des déplacements et mouvements d'un organisme. (Le niveau d'activité générale d'un animal est une fonction complexe d'une série de facteurs : rythme nycthéméral, privation de nourriture ou de boisson, état sexuel, attente d'un stimulus favorable ou nocif, frustration, etc.) — **Géol.** Manifestation (volcanisme, séismes) des forces internes de la Terre. — **Mil.** *Situation d'activité,* position de l'officier de réserve admis sur une demande, par contrat conclu pour une durée déterminée et renouvelable, à servir dans l'armée active. — **Nucl.** *Activité nucléaire,* nombre de désintégrations nucléaires spontanées qui se produisent par unité de temps dans une substance radioactive. (L'unité SI est le becquerel [Bq] ; néanmoins, on emploie encore couramment le curie [Ci].) — **Opt.** *Activité optique,* propriété que possèdent certains corps de faire tourner le plan de polarisation de la lumière.

ACTOGRAMME n. m. Tracé obtenu après analyse des enregistrements de l'activité d'un individu placé dans un actographe.

ACTOGRAPHE n. m. Dispositif permettant de mesurer la répartition temporelle de l'activité comportementale d'un individu et d'enregistrer certaines caractéristiques de celle-ci (moment, durée, intensité, fréquence, etc.).

ACTOMYOSINE n. f. Élément contractile de la fibre musculaire, qui résulte de l'association de deux protéines, l'actine et la myosine.

ACTON (*sir* John Francis Edward), homme d'État napolitain d'origine britannique (Besançon 1736 - Palerme 1811). Premier ministre de Ferdinand IV de Naples en 1785, il s'opposa à la présence française en Italie. – Son petit-fils JOHN EMERICH **Dalberg,** 1er baron **Acton,** historien et publiciste catholique britannique (Naples 1834 - Tegernsee 1902), ami et confident de Gladstone, fut le partisan d'un libéralisme fondé sur le christianisme.

ACTOPÁN, v. du Mexique (État de Hidalgo), au N.-O. de Pachuca ; 2 100 hab. Anc. monastère fondé en 1546, auj. musée (nombreuses peintures murales).

Actor's Studio, école d'art dramatique fondée en 1947 à New York et dirigée de 1951 à 1982 par Lee Strasberg. Elle propose une méthode de concentration et de recherche intérieure de la vérité dans l'expression. Son influence a marqué de nombreux acteurs américains.

ACTRICE → ACTEUR.

ACTUAIRE n. (angl. *actuary* ; du lat. *actuarius,* scribe). Spécialiste de l'application du calcul des probabilités et de la statistique aux questions de prévoyance sociale, d'assurances et de finances.

ACTUALISATEUR n. m. Élément, morphème permettant l'actualisation (par ex. *il y a, voici, voilà, c'est,* etc.).

ACTUALISATION n. f. **1.** Action d'actualiser : *L'actualisation d'une encyclopédie.* — **2.** Méthode permettant de comparer un flux monétaire à venir à un flux monétaire présent et, notamment, de confronter des projets d'investissement à échéances différentes. (C'est une des méthodes présidant à l'élaboration de la décision financière de l'investisseur, public ou privé.) — **3.** Opération par laquelle une unité linguistique est réalisée concrètement au niveau de la parole. — **4.** En philosophie, action d'actualiser. — **5.** *Taux d'actualisation,* mesure de la préférence d'un flux monétaire actuel, exprimée à l'égard d'une recette monétaire future. (Il est le reflet de la rareté du capital.)

ACTUALISER v. t. (conj. 3). **1.** Rendre qqch actuel, l'adapter à des besoins nouveaux, au monde présent : *Les événements ont actualisé ce problème ancien. Actualiser un manuel scolaire.* — **2.** Calculer la valeur actuelle d'un flux monétaire qui se réalisera à une date ultérieure en tenant compte de la dépréciation dans le temps de ce flux. — **3.** Dans la philosophie scolastique, faire passer de la puissance à l'acte ou de la virtualité à la réalité.

ACTUALISME n. m. Doctrine selon laquelle les phénomènes géologiques du passé s'expliquent de la même manière que les phénomènes actuellement observables, ce qui exclut les catastrophes planétaires imaginées pour rendre compte des grands événements tectoniques et des successions de faunes et de flores. (Syn. THÉORIE DES CAUSES ACTUELLES, UNIFORMITARISME.)

ACTUALITÉ n. f. **1.** Qualité de ce qui appartient ou convient au moment présent : *Ce roman est saisissant d'actualité.* — **2.** Événements actuels intéressant un domaine d'activité : *Se tenir au courant de l'actualité.* — **3.** *D'actualité,* actuel, à l'ordre du jour : *Cette question n'est plus d'actualité.*

◆ **actualités** n. f. pl. **1.** Journal filmé d'informations politiques et générales. — **2.** Ensemble de nouvelles diffusées par un organe d'information.

ACTUARIAT n. m. **1.** Fonction d'actuaire. — **2.** Ensemble des actuaires.

ACTUARIEL, ELLE adj. **1.** Relatif aux calculs effectués par les actuaires. — **2.** *Taux actuariel,* taux de rendement produit par un capital dont le remboursement et le paiement des intérêts sont assurés par une série de versements échelonnés dans le temps.

ACTUATION n. f. (lat. *actus,* acte). Dans la philosophie scolastique, passage de la puissance à l'acte.

ACTUEL, ELLE adj. (bas lat. *actualis*). **1.** Qui a lieu dans le moment présent : *Quel est le cours actuel du dollar ?* – **2.** Qui est en activité dans le moment présent : *L'actuel ministre des Finances.* – **3.** Qui convient au moment présent : *Ce film reste très actuel.* • **Géol.** Se dit des dépôts, des formations et des phénomènes contemporains de la période historique. – **Philos.** Qui concerne l'acte, conçu comme réel, effectif, historique. (Contr. VIRTUEL.) – **Psychan.** *Névrose actuelle,* névrose due au surgissement d'une situation conflictuelle récente, par opposition aux psychonévroses, qui résultent de conflits d'origine infantile. (→ *encycl.*) – **Relig.** *Grâce actuelle,* secours surnaturel donné par Dieu en vue d'un acte à accomplir, par opposition à *grâce habituelle* ou *sanctifiante,* don divin permanent. ‖ *Péché actuel,* péché commis par un acte délibéré de la volonté, par opposition à *péché habituel* et à *péché originel.*

ENCYCL. **Psychan.** L'opposition freudienne classique entre *névroses actuelles* (dans lesquelles on range principalement la névrose d'angoisse, l'hypocondrie et la neurasthénie) et psychonévroses ne semble plus justifiée théoriquement. Il apparaît en effet que le conflit actuel n'est pathogène que parce qu'il réactive dans le présent l'expression de conflits infantiles jusque-là neutralisés par le sujet.

ACTUELLEMENT adv. Dans les circonstances présentes ; en ce moment : *Il n'est pas actuellement en état de travailler.* • **Philos.** En acte, en réalité, par opposition à *virtuellement* et à *en puissance.*

ACUITÉ n. f. (bas lat. *acuitas*). **1.** Qualité de ce qui est aigu, intense : *L'acuité du son, de l'intelligence, de la crise économique.* – **2.** *Acuité sensorielle,* degré de sensibilité discriminative des différents organes des sens, qui varie selon les individus. ‖ *Acuité visuelle,* angle le plus petit sous lequel deux points doivent être vus pour pouvoir être distingués l'un de l'autre.

ACULÉATE n. m. (lat. *aculeus,* aiguillon). Hyménoptère apocrite dont la femelle a un aiguillon abdominal venimeux, tel que l'abeille, la guêpe, le bourdon, la fourmi. (Les *aculéates* forment un sous-ordre.) [Syn. PORTE-AIGUILLON.]

ACULÉIFORME adj. (lat. *aculeus,* aiguillon). Se dit d'un organe animal ou végétal extrêmement pointu.

ACUMINÉ, E adj. (lat. *acuminatus*). **1.** Se dit de tout organe végétal dont le sommet est terminé brusquement en une pointe fine. – **2.** Se dit de toute lésion ou tumeur en pointe.

ACUPUNCTEUR ou **ACUPONCTEUR, TRICE** n. Spécialiste de l'acupuncture. (Selon la loi française, seuls sont autorisés à exercer l'acupuncture les titulaires du diplôme d'État de docteur en médecine mais l'acupuncture n'est reconnue ni comme une spécialité ni comme une compétence par le Conseil national de l'Ordre des médecins.)

ACUPUNCTURE ou **ACUPONCTURE** n. f. (lat. *acupunctura,* de *acus,* aiguille, et *punctura,* piqûre). Médecine ayant pour but d'harmoniser l'être humain pris dans sa globalité à son environnement proche ou lointain, et qui utilise des aiguilles fines qui, une fois posées en des zones cutanées précises, appelées *points,* ont la particularité de favoriser la circulation des différents souffles animant notre corps.

ENCYCL. L'acupuncture constitue une médecine à part entière, dont les moyens diagnostiques s'appuient sur une physiologie particulière impliquant des moyens thérapeutiques appropriés. Un des premiers livres qui révèlent l'acupuncture est le *Huangdi Neijing* (le classique de la tradition orthodoxe de l'Empereur Jaune), publié au IIIe s. av. J.-C. et remontant en partie au XIIIe s. av. J.-C. Vers 1930, Georges Soulié de Morant fut un des premiers Occidentaux à introduire cette thérapeutique en Europe.
Produite par des aiguilles simples ou associées à l'électricité, l'excitation de points déterminés du corps conduit à un état d'analgésie suffisant pour pratiquer des interventions chirurgicales chez des patients conscients.

ACUTANGLE adj. Se dit d'un triangle dont les trois angles sont aigus.

ACUTO (Giovanni) → HAWKWOOD.

ACYANOPSIE n. f. Incapacité à distinguer la couleur bleue.

ACYCLIQUE adj. **1.** Se dit de l'évolution d'une région soumise à des déformations de faible amplitude qui limitent le travail de l'érosion à des retouches de détail, aux dépens de volumes topographiques toujours modestes. – **2.** *Composé acyclique,* composé organique à chaîne ouverte. ‖ *Machine acyclique,* machine homopolaire à courant continu.

ACYLATION n. f. Substitution, dans une molécule, d'un atome d'hydrogène par un radical *acyle* R–CO–. (C'est une des réactions les plus importantes de la synthèse organique.)

ACYL-CARRIER-PROTEIN (ACP) n. f. (mots angl.). Hétéropeptide comprenant 86 acides aminés et un groupement prosthétique. (C'est une véritable coenzyme de la biosynthèse des acides gras.)

ACYLE n. m. Radical monovalent R–CO–.

A.D., abrév. de *Anno Domini* (« en l'an du Seigneur »). Abréviation qui correspond à la formule française *après Jésus-Christ.*

ADA n. m. (de *Ada,* n. pr.). Langage de programmation de haut niveau adapté à la fois au traitement des données numériques et à l'écriture de logiciels de base et de systèmes fonctionnant en temps réel.

ADĀ', mot ar. désignant soit le paiement d'une dette, au sens propre ou figuré, soit l'accomplissement normal d'un devoir religieux en son temps.

ADAB, mot ar. désignant une notion sociale et culturelle capitale de la civilisation arabe classique, dont le contenu a changé au cours de l'histoire. À l'origine synonyme de « coutume », le mot adab revêt successivement une valeur morale (savoir-vivre), intellectuelle (somme de connaissances nécessaires à une bonne éducation), allant jusqu'à opposer (VIIIe-Xe s.) l'ensemble de la culture profane à la science religieuse. À l'époque 'abbāsside, il ne désigne plus qu'une aptitude technique d'ordre professionnel, puis finira par prendre la signification toute rhétorique de « littérature ».

A.D.A.C. n. m. Abrév. de AVION À DÉCOLLAGE ET ATTERRISSAGE COURTS (l'abréviation anglo-saxonne correspondante est STOL [*Short Take-Off and Landing*]).

ADACNA n. m. Mollusque bivalve (cardiidé) des embouchures fluviales (mer Noire, etc.), voisin de la coque, muni de deux longs siphons.

ADAD, dieu sémitique de l'Orage et de la Pluie.

ADAD-NĪRĀRĪ III (810-782 av. J.-C.), roi d'Assyrie, qui, après la régence exercée par sa mère Shammon-Mamat (la légendaire Sémiramis), releva la puissance assyrienne.

1. ADAGE n. m. (lat. *adagium*). Énonciation brève et frappante d'une règle de conduite, empruntée au droit coutumier ou écrit (par ex. *Nul n'est censé ignorer la loi*).

2. ADAGE n. m. (ital. *adagio*). **1.** Exercices lents, exécutés en fin de la leçon de danse et destinés à parfaire l'équilibre et la ligne des mouvements des danseurs. — **2.** Première partie du pas de deux. (Syn. ADAGIO). — **3.** *Adage acrobatique,* adage dont les enchaînements comportent plus de portés et d'exercices d'acrobatie que de pas de danse.

ENCYCL. L'*adage seul* a figuré très tôt dans le ballet classique. Sans signification dans la narration chorégraphique, il mettait en évidence la plastique de l'artiste et révélait ses capacités d'équilibre. Dans l'*adage à deux,* l'étoile exécute des pas de virtuosité et son (ou sa) partenaire lui sert de point d'appui. Le couple de danse prit toute son importance dans le ballet grâce aux créations de Marius Petipa. L'adage acquiert sa pleine signification dans le pas de deux, le rôle de l'homme restant toutefois celui d'un porteur. L'évolution de la danse a fait de l'adage un sommet de l'émotion lyrique, « chant d'amour » pouvant atteindre à l'érotisme dans les compositions chorégraphiques contemporaines. L'*adage acrobatique* a fait son apparition au music-hall et au cabaret vers le premier quart du XXe s. Utilisé dans le ballet classique, c'est un morceau d'exécution difficile tenant de l'exploit physique (*la Valse,* mus. de Moskovski, chorégr. de Vassili Vainonen [1930]).

ADAGIETTO [adadʒjɛto] n. m. (pl. *adagiettos*) [mot ital., dimin. de *adagio*]. Morceau lent de courte durée, de caractère intimiste.

ADAGIO [-dʒjo *ou* -ʒjo] adj. (mot ital. signif. *à l'aise*). Indication de tempo lent.
◆ n. m. (pl. *adagios*). **1.** Pièce musicale exécutée dans ce tempo. — **2.** Syn. de ADAGE.

ADALARD *(saint),* abbé de Corbie (Huise, près d'Oudenaarde, v. 753-Corbie 826). Conseiller de Charlemagne et de Pépin, roi d'Italie, il fut disgracié par Louis Ier le Pieux (814-821).

ADALBÉRON d'Ardenne, prélat français (en Basse-Lorraine v. 920 ou 930-Reims 989). Archevêque de Reims (969), il contribua à l'avènement de Hugues Capet, qu'il sacra à Noyon (987).

ADALBÉRON, prélat français (en Lorraine - † 1030). Évêque de Laon (977), il livra à Hugues Capet (991) Charles, duc de Basse-Lorraine, et Arnoul, archevêque de Reims.

ADALBERT de Prague *(saint),* en tchèque **Vojtěch,** en polon. **Wojciech** (v. 956-près de Fischhausen, auj. Primorsk, 997). Issu d'une famille princière de Bohême, évêque de Prague (982-994), il fut massacré au cours d'une mission d'évangélisation en Prusse (997).

ADALBERT Ier (v. 1000-Goslar 1072), archevêque de Hambourg et de Brême (1043). Un des pionniers de la civilisation chrétienne dans les pays scandinaves, il joua ensuite un rôle politique important sous le règne de l'empereur Henri III et fut tuteur du jeune Henri IV.

ADALBERT Ier de Sarrebruck, archevêque de Mayence → ALBERT Ier.

ADALGIS ou **ADALGISE,** roi des Lombards († apr. 788). Dépossédé par son beau-frère Charlemagne en 773-774, il se retira à Constantinople.

ADALIA → ANTALYA.

ADALOALD (v. 603-626), roi des Lombards (616-626).

ADAM, selon la Bible, ancêtre de l'humanité. Le récit de la Genèse le décrit vivant avec Ève, sa femme, dans l'Éden, ou paradis terrestre. Dieu les en chassa à la suite de leur désobéissance à un interdit posé par lui. Le mythe du premier homme façonné par Dieu avec de la glaise se retrouve dans les textes assyro-babyloniens. Il s'agit donc de représentations populaires communes à l'Orient ancien, reprises par l'auteur biblique mais traitées en fonction d'une théologie plus évoluée. Le terme hébreu *adam,* tiré de *adama,* la terre, est plutôt un vocable générique (celui qui vient de la terre) qu'un nom propre.

ADAM *(pic d'),* un des sommets de Sri Lanka, dans le sud de l'île ; 2 243 m. Lieu de pèlerinage bouddhiste ou musulman.

ADAM *(pont d')* ou **PONT DE RĀMA,** chaîne de récifs entre Sri Lanka et l'Inde. Selon la légende, c'est le vestige d'une chaussée édifiée par Rāma.

Adam *(Jeu d')* → JEU D'ADAM.

ADAM le Bossu ou **de la Halle,** trouvère picard (Arras v. 1240 - v. 1287). Créateur du théâtre profane français *(le Jeu de la feuillée),* il fut un des maîtres les plus importants de l'école musicale d'Arras au XIIIe s. et le seul trouvère reconnu pour avoir adapté la technique polyphonique à l'écriture du rondeau *(le Jeu de Robin et Marion).*

ADAM (les), sculpteurs français du XVIIIe s. JACOB SIGISBERT (Nancy 1670-Paris 1747), actif en Lorraine, fut le professeur de ses trois fils. — Le premier, LAMBERT SIGISBERT (Nancy 1700-Paris 1759), s'éprit, à Rome, de l'art du Bernin ; artiste officiel, fécond et véhément, il est le meilleur sculpteur de l'art rocaille en France (*Neptune et Amphitrite,* groupe du bassin de Neptune à Versailles). — NICOLAS SÉBASTIEN (Nancy 1705-Paris 1778), qui seconda parfois son aîné, est plus sensible (décors de l'hôtel de Soubise, Paris ; tombeau de la reine Catherine Opalinska à Nancy). — FRANÇOIS GASPARD (Nancy 1710 - Paris 1761) fut l'un des introducteurs du goût français en Allemagne, à la cour de Potsdam.

ADAM (Robert), architecte et décorateur écossais (Kirkcaldy 1728-Londres 1792). Après avoir étudié les monuments antiques en Italie et en Dalmatie (Split), il construisit, assisté de son frère James (1730-1794), dans la campagne anglaise, à Londres et, après 1770, en Écosse. Décorateur épris d'élégance, de clarté et de mouvement, il a donné son nom (*style Adam*) à la nouvelle mode « pompéienne ». Le recueil des deux frères, *Works in Architecture* (1er vol. 1778), eut une grande influence.

ADAM (Adolphe), compositeur français (Paris 1803 - *id.* 1856). Ses principales œuvres lyriques sont *le Chalet* (1834), *le Postillon de Longjumeau* (1836) et *Si j'étais roi* (1852), ainsi que les ballets *Giselle* (1841) et *le Diable à quatre* (1845), et un célèbre *Noël.*

ADAM (Juliette LAMBER, *Mme*), femme de lettres française (Verberie, Oise, 1836 - Callian, Var, 1936). Romancière et mémorialiste, elle fonda en 1879 *la Nouvelle Revue.*

ADAM (Paul), écrivain français (Paris 1862 - *id.* 1920), auteur d'ouvrages évoluant du naturalisme (*Chair molle,* 1885) au symbolisme (*Soi,* 1886) et débouchant sur la science-fiction (*Cité prochaine,* 1908).

ADAM (Henri Georges), sculpteur et graveur français (Paris 1904 - Perros-Guirec 1967). À la simplicité de formes élémentaires et monumentales inspirées du monde naturel (*Vénus écume de mer,* 1964), il ajoute un travail de surface (stries, graphisme en relief ou en creux) proche de sa pratique de la gravure comme de ses cartons de tapisseries (en noir et blanc).

ADAMANTANE n. m. Hydrocarbure $C_{10}H_{16}$, dans lequel l'arrangement des atomes de carbone reproduit celui du diamant.

ADAMANTIN, INE adj. (gr. *adamas, -antos,* diamant). **1.** *Litt.* Qui a la dureté, l'éclat du diamant. — **2.** *Organe adamantin,* ébauche épithéliale (origine de l'émail) qui recouvre la papille dermique dentaire.

ADAMANTOBLASTE n. m. Dans une dent, cellule épithéliale prismatique, d'origine épidermique, qui bourgeonne un diverticule apical autour duquel s'édifie un prisme d'émail.

ADAMAOUA, haut plateau camerounais, situé à 1 100 m d'altitude entre 6° et 8° de latitude N. entre le Nigeria et la République centrafricaine. Élevage bovin. V. princ. *N'Gaoundéré.*

ADAMAOUA ORIENTAL *(groupe de l'),* groupe de langues de la famille nigéro-congolaise, parlées dans l'est du Nigeria, au nord du Cameroun, en République centrafricaine et au nord du Zaïre.

ADAMELLO-PRESANELLA, partie des Alpes centrales italiennes, granitique, partiellement englacée, aux confins du Trentin et de la Lombardie, entre le val Camonica et le val Rendena ; 3 554 m. Aménagements hydroélectriques. Tourisme.

ADAMI (Valerio), peintre italien (Bologne 1935). Ses toiles, en aplats de couleurs cernés d'un graphisme acéré, morcellent et recomposent le réel sur un mode subtilement allusif (*le Gilet de Lénine,* M.N.A.M., Paris).

ADAMIQUE adj. 1. Relatif à Adam. – 2. *Langue adamique,* selon Jakob Böhme et Leibniz, nomenclature instituée par Adam dans le paradis terrestre.

ADAMISME n. m. Doctrine de certains hérétiques du IIe s., qui paraissaient nus dans leurs assemblées.

1. **ADAMITE** ou **ADAMIEN, ENNE** adj. et n. Adepte de l'adamisme.

2. **ADAMITE** n. f. Arséniate naturel de zinc hydraté, de symétrie orthorhombique.

Adamklissi *(trophée d'),* vaste monument romain élevé dans la Dobroudja méridionale, sur les rives du Danube, en Roumanie. Restauré, il est, avec celui de La Turbie, le seul trophée turriforme conservé ; c'est un remarquable exemple d'art militaire provincial du début du IIe s.

ADAMOV (Arthur), auteur dramatique français (Kislovodsk 1908-Paris 1970). Sous l'influence de Strindberg et du surréalisme, son théâtre dénonce d'abord, sur le mode allégorique, les persécutions réciproques auxquelles se livrent des personnages sans épaisseur (*la Grande et la Petite Manœuvre,* 1950), puis, à travers une redécouverte progressive du « lieu commun » (*le Ping-Pong,* 1955), il s'oriente, à la suite de Brecht, vers un engagement social et politique et une forme didactique plus marqués (*Printemps 71,* 1963 ; *M. le Modéré,* 1968). Son œuvre critique et autobiographique est une méditation sur ses contradictions, auxquelles il n'échappera que par la mort.

ADAMS (Samuel), homme politique américain (Boston 1722-*id.* 1803), un des pionniers de l'indépendance américaine.

ADAMS (John), homme d'État américain (Braintree, auj. Quincy, Massachusetts, 1735-*id.* 1826). Avocat, il contribua, aux deux congrès de 1774 et de 1775, à la rédaction des manifestes et des proclamations d'indépendance, avec Jefferson. En 1785, il devint le premier ambassadeur des États-Unis auprès du roi George III. À son retour, il participa à la rédaction définitive de la Constitution, fut élu vice-président en 1788 et en 1792, et succéda à Washington en 1797. Il fut battu aux élections de 1800 par Jefferson. – Son fils aîné, JOHN QUINCY (Braintree, auj. Quincy, Massachusetts, 1767-Washington 1848), secrétaire d'État du président Monroe de 1817 à 1825, mena de remarquables négociations avec l'Espagne au sujet de la Floride et participa activement à l'élaboration de la *doctrine de Monroe* (1823). Président des États-Unis de 1825 à 1829, il se heurta au parti démocrate rajeuni.

ADAMS (John Couch), astronome britannique (Laneast, Cornwall, 1819-Cambridge 1892). Il prédit par le calcul, indépendamment de Le Verrier, l'existence d'une planète située au-delà d'Uranus, mais son travail ne fut pas pris en considération.

ADAMS (Ansel), photographe américain (San Francisco 1902-Monterey 1984). Membre fondateur du groupe *f. 64* de Weston*, il en appliqua avec rigueur les théories, et réalisa des paysages inoubliables d'harmonie et de densité (*The High Sierra,* 1927 ; *Illustrated Guide to Yosemite Valley,* 1940).

ADAMS (Neal), dessinateur de bandes dessinées américain (New York 1941). Son graphisme violent excelle à représenter des super-héros *(Batman).* Il influença considérablement de nombreux dessinateurs réalistes aux États-Unis et en Europe.

ADAMS (Carolyn), danseuse américaine (New York 1943). Artiste aux rares qualités techniques, au sein de la Paul Taylor Dance Company à partir de 1965, elle dirige le Harlem Dance Studio depuis 1977.

ADAMSIA n. f. (de C. B. *Adams,* n. pr.). Actinie solitaire vivant fixée sur les coquilles de gastropodes abritant des pagures. (L'actinie profite des débris alimentaires du crustacé et le protège à l'aide de ses filaments urticants.)

Adams-Stokes *(syndrome d'),* syncope à début et fin brusques, survenant de façon inopinée chez des patients présentant un syndrome de pouls lent permanent et due à une interruption intermittente ou définitive du faisceau de conduction entre oreillettes et ventricules (faisceau de His).

ADANA, v. de Turquie, ch.-l. de prov., dans la plaine de Cilicie, sur le Seyhan ; 916 150 hab. Université. Constructions mécaniques. Textile. Industrie alimentaire.

ADANSONIA n. m. (de M. *Adanson,* n. pr.). Nom générique du *baobab.*

ADAPAZARI, v. du nord-ouest de la Turquie, ch.-l. de la prov. du Sakarya, sur le cours inférieur du Sakarya ; 159 116 hab. Constructions mécaniques.

ADAPIS [-pis] n. m. (lat. *ad.,* proche de, et *Apis,* bœuf sacré). Lémurien fossile (adapidé), de la taille d'un chien, présent dans les terrains tertiaires anciens.

ADAPTABILITÉ n. f. Capacité de s'adapter à de nouveaux milieux ou à de nouvelles situations.

ADAPTABLE adj. Qui peut être adapté, qui peut s'adapter à qqch.

ADAPTATEUR, TRICE n. Auteur d'une adaptation littéraire, cinématographique, théâtrale.
◆ **adaptateur** n. m. Petit appareil qui permet d'adapter un organe électrique à divers usages.

ADAPTATIF, IVE adj. **1.** Se dit de tout ce qui contribue à l'adaptation d'un organisme à son milieu. – **2.** Se dit de comportements ou de réactions qui ont pour conséquence de réduire spécifiquement l'effet de la source de stimulation qui, dans la situation considérée, avait provoqué la réaction initiale. (Les réactions adaptatives ne concernent que les récepteurs stimulés, contrairement aux réactions d'orientation qui entraînent une réponse de l'ensemble de l'organisme.) – **3.** Syn. de AUTOADAPTATIF.

ADAPTATION n. f. (lat. médiév. *adaptatio*). **1.** Action d'adapter ou de s'adapter à qqch : *Adaptation aux circonstances.* – **2.** Action d'adapter une œuvre, un texte pour un public, une technique artistique différents ; œuvre ainsi réalisée. • **Biol.** Changement survenu chez un individu animal ou végétal, à une lignée ou à une espèce, et qui augmente leurs chances de survie et de reproduction dans le milieu où ils vivent (→ *encycl.*) ‖ Disposition anatomique ou physiologique résultant de ce changement. ‖ État général d'un organisme auquel un certain milieu est seul favorable, ou plus favorable que tout autre. – **Géogr.** Conformité du relief ou du drainage aux indications de la structure, c'est-à-dire aux données lithologiques ou tectoniques. – **Méd.** Ensemble de phénomènes qui permettent à l'œil de percevoir des objets de moins en moins lumineux. – **Mus.** Transformation d'une œuvre pour la rendre propre à une autre destination. ‖ Utilisation d'œuvres musicales déjà existantes, pour servir de commentaire à des œuvres dramatiques, chorégraphiques, etc.

ENCYCL. **Biol.** L'*adaptation individuelle* n'est pas innée, mais acquise au cours de la vie. L'adaptation à un certain type de climats est l'acclimatement ou accommodation. L'adaptation à l'agression des agents infectieux est l'immunisation naturelle. Pris isolément, chaque trait adaptatif est un accommodat (ou somation). Ce type d'adaptation n'est pas transmissible aux descendants, bien qu'il puisse ressembler à un caractère héréditaire. (Il y a alors phénocopie.)

L'*adaptation génétique* est l'ensemble des traits inscrits dans le génome du sujet et susceptibles de lui être favorables, soit dans le milieu où vit son espèce, soit dans un autre milieu. Dans ce dernier cas (préadaptation), les porteurs d'un tel patrimoine génétique ne seront avantagés que si le milieu local change (adaptation des poissons pulmonés à l'assèchement des mares où ils vivent), ou si l'espèce émigre dans un milieu nouveau (préadaptation des poissons crossoptérygiens à la vie hors de l'eau). Au cours de l'évolution multimillénaire des espèces, l'adaptation par élimination des moins adaptés (sélection naturelle) a produit deux effets généraux d'apparence contraire : la divergence et la convergence. La divergence ou radiation évolutive conduit les descendants des mêmes ancêtres à acquérir des traits favorables à des modes de vie fort différents : l'Australie héberge des marsupiaux carnivores, rongeurs, insectivores, herbivores, les uns fouisseurs, les autres grimpeurs, coureurs ou sauteurs, tous assez proches parents. La convergence conduit, au contraire, des êtres sans aucune parenté, mais vivant dans le même milieu ou de la même façon, à se ressembler : les oiseaux, les chauves-souris, les ptérosauriens fossiles et les mouches volent au moyen d'une paire d'ailes antérodorsales, tandis que les vertébrés marins, qu'il s'agisse de poissons, de reptiles (ichtyosaures), de mammifères (dauphin, phoque), ont le plus souvent des nageoires disposées semblablement, mais d'origine anatomique totalement différente. Dans le règne végétal, les espèces des déserts (xérophytes) se ressemblent beaucoup par leurs tiges grasses, leurs épines, etc., qu'il s'agisse de cactacées, d'euphorbiacées ou de composées.

L'adaptation est parfois ambiguë : un même trait peut présenter à la fois avantages et inconvénients. Chez les poissons, par exemple, une livrée vivement colorée aide à la rencontre des sexes, mais elle rend les animaux plus visibles à leurs prédateurs ; dans l'espèce humaine, les porteurs hétérozygotes du gène de la drépanocytose sont gravement désavantagés partout, sauf dans les régions où sévit le paludisme, qui les épargne seuls.

ADAPTER v. t. (lat. *adaptare,* ajuster) [conj. 3]. **1.** Appliquer, ajuster une chose à une autre : *Adapter un robinet à un tuyau.* – **2.** Modifier la pensée, le comportement de qqn pour le mettre en accord avec une situation nouvelle, ou modifier qqch pour l'approprier à qqn, le mettre en accord avec qqch : *Adapter son comportement aux circonstances.* – **3.** Transposer une œuvre pour qu'elle convienne à un autre public, à une autre technique : *Adapter un roman au cinéma.*

◆ **s'adapter** v. pr., **être adapté** v. pass. **1.** Être ajusté, approprié, convenir (à qqch) : *Clé qui s'adapte mal à une serrure.* – **2.** Suivre telle ou telle direction pour convenir à une situation, avoir tel ou tel comportement, être en accord avec son milieu, une situation nouvelle : *Industrie qui doit s'adapter aux progrès techniques.*

A. D. A. V. n. m. Abrév. de AVION À DÉCOLLAGE ET ATTERRISSAGE VERTICAUX (l'abréviation anglo-saxonne correspondante est VTOL [*Vertical Take-Off and Landing*]).

ADDA, riv. d'Italie, affl. du Pô (r. g.), longue de 313 km et possédant un bassin de près de 8 000 km². Issue des Alpes, elle draine la Valteline, où elle alimente des centrales électriques, traverse le lac de Côme. Sous Napoléon Ier, l'Adda donna son nom à un département du royaume d'Italie, ch.-l. *Sondrio.*

ADDAMS (Jane), réformatrice américaine (Cedarville, Illinois, 1860-Chicago 1935). Instigatrice de l'aide sociale, elle créa en 1889 à Chicago le premier établissement d'aide sociale, Hull house. (Prix Nobel de la paix, 1931.)

ADDAX n. m. (mot lat.). Antilope des semi-déserts d'Afrique septentrionale et d'Arabie, à cornes spiralées, à la robe blanchâtre, menacée de disparition.

ADDENDA [-dɛ̃-] n. m. inv. (mot lat. signif. *choses à ajouter*). Notes additionnelles à la fin d'un ouvrage.

ADDICT n. (mot angl.) *Fam.* Toxicomane.

ADDICTIF, IVE adj. Relatif à l'addiction, qui entraîne une addiction.

ADDICTION n. f. (mot angl.). État de dépendance vis-à-vis d'une drogue.

ADDINGTON (Henry), vicomte **Sidmouth,** homme d'État britannique (Londres 1757-*id.* 1844). Choisi par George IV pour remplacer Pitt comme Premier ministre (1801), il négocia le traité d'Amiens (1802). Il dut démissionner en 1804.

ADDIS-ABEBA ou **ADDIS-ABABA,** cap. de l'Éthiopie et de la prov. du Choa, à environ 2 500 m d'alt. ; 1 413 000 hab. Musées. Les fonctions administratives, culturelles (université) et commerciales dominent. L'O.U.A. (Organisation de l'unité africaine), l'UNECA (United Nations Economic Commission For Africa, dépendant de l'O.N.U.) y ont leur siège. L'industrie est représentée par des biens de consommation. La voie ferrée vers Djibouti et une route vers Assab désenclavent la ville.
— **Hist.** Fondée par Ménélik II, Addis-Abeba remplaça en 1889 Entotto comme capitale et devint le symbole de l'unité de l'État constitué autour du Choa. Occupée par les Italiens le 5 mai 1936, la ville fut libérée le 10 avril 1941, par les Britanniques.

Addis-Abeba *(conférence d'),* conférence réunissant les chefs d'État et de gouvernement d'Afrique du 22 au 25 mai 1963. Elle mit sur pied l'Organisation de l'unité africaine (O.U.A.).

ADDISON (Joseph), écrivain et homme politique anglais (Milston, Wiltshire, 1672-Kensington 1719). Fondateur avec R. Steele du *Tatler,* puis du *Spectator,* il brosse dans ses articles, qui furent considérés comme des modèles de l'essai, le portrait du parfait gentleman. Le succès de sa tragédie *Caton* (1713) lui valut une courte carrière politique.

Addison *(maladie d')* [du n. du médecin britannique Thomas *Addison* (Long Benton, près de Newcastle-upon-Tyne, 1793-Brighton 1860)], insuffisance de sécrétion des glandes surrénales consécutive le plus souvent à leur destruction par un processus tuberculeux. La maladie est caractérisée par un grand état de fatigue, une pigmentation (mélanodermie) de la peau et des muqueuses, un amaigrissement, une baisse de pression artérielle, une diminution de la pilosité, des troubles génitaux. La résistance de l'organisme aux agressions est très affaiblie. Un traitement hormonal substitutif à vie, associé à un régime salé, permet la disparition de tous les symptômes et une espérance de vie normale.

ADDITIF, IVE adj. (lat. *additivus,* qui se joint à). — **Math.** *Groupe additif,* groupe dont la loi de composition est notée additivement. ‖ *Notation additive,* emploi du signe + pour représenter une loi de composition interne (loi additive). — **Phot.** *Synthèse additive trichrome,* restitution des couleurs par l'action conjuguée de trois flux lumineux, bleu, vert et rouge. — **Zootechn.** *Effet additif,* critère d'évaluation des qualités génétiques des reproducteurs pour l'amélioration des animaux domestiques.
◆ **additif** n. m. **1.** Article additionnel, supplément : *Un additif au budget.* — **2.** Nom générique de substances qui, additionnées à certains produits, leur confèrent des propriétés spéciales ou améliorent leurs propriétés. (Syn. PRODUIT D'ADDITION.) — **3.** *Additif (alimentaire),* substance ajoutée à un aliment, à dose faible, pour des raisons technologiques ou pour en améliorer certaines caractéristiques. (Il s'agit des colorants, des conservateurs, des antioxygènes et des agents de sapidité, d'aromatisation ou de texture.)

ADDITION n. f. (lat. *additio,* de *addere,* ajouter). **1.** Action d'ajouter des éléments de même nature, fait de s'ajouter les uns aux autres : *Un effet produit par l'addition de petites causes.* — **2.** Action d'ajouter à qqch un élément qui en modifie la composition, le caractère : *Addition d'une aile à un édifice.* — **3.** Ce qui est ajouté à qqch pour le compléter, le modifier : *Des additions marginales à une lettre.* — **4.** Note donnant le détail et le total des dépenses faites par un client au restaurant, au café : *Demander l'addition.* — **5.** *Fam.* Dépenses, frais qu'il est nécessaire de payer : *J'ai reçu mes impôts ; l'addition est lourde.* • **Chim.** Réaction au cours de laquelle un ou plusieurs atomes de substrat augmentent leur coordinence. (→ *encycl.*) ‖ *Composé d'addition,* composé dont la formule s'écrit par juxtaposition de deux ou plusieurs autres formules. — **Math.** Opération qui permet de trouver la somme de deux ou plusieurs nombres. (→ *encycl.*). ‖ Loi de composition interne associative et commutative définie sur un ensemble, notée par le signe + (se lit « plus »). — **Techn.** *Produit d'addition,* syn. de ADDITIF.

ENCYCL. **Chim.** On distingue cinq types de mécanisme pour les réactions d'addition : les *additions nucléophiles,* dont le cas le plus simple est l'addition sur la double liaison C=O des aldéhydes et des cétones ; *les additions électrophiles,* qui ne se font que sur les liaisons multiples carbone-carbone riches en électrons ; *les additions radicalaires,* pour lesquelles on distingue les réactions en chaîne avec transfert de ligands et les réactions ioniques avec transfert d'électrons ; *les additions péricycliques,* réactions sans caractère polaire ou radicalaire, qui fournissent des composés cycliques par déplacement cyclique des électrons ; *les additions catalysées par les métaux de transition,* apparentées par leur mécanisme initial aux additions électrophiles, mais plus complexes par leur déroulement ultérieur.

— **Math.** Sur ℕ, on définit la somme de deux entiers a et b par $a + b = \text{card}(A \cup B)$, A et B étant deux ensembles disjoints, de cardinal a et b. La somme de n entiers est notée

$$x_1 + x_2 + \dots + x_n = \sum_{i=1}^{n} x_i.$$

ADDITIONNABLE adj. Qui peut être additionné.

ADDITIONNEL, ELLE adj. **1.** Qui est ajouté : *Article additionnel.* — **2.** *Lentille additionnelle,* élément d'optique qu'on dispose sur un objectif pour en modifier la distance focale. (Syn. BONNETTE.) ‖ *Son additionnel,* son perçu par l'oreille résultant de la combinaison de deux ou plusieurs sons de fréquences différentes. (Syn. SON DE COMBINAISON.)

ADDITIONNER v. t. (conj. 3). **1.** Réunir en un seul nombre des unités ou fractions d'unités, en calculer le total par l'opération de l'addition ; ajouter, totaliser : *Additionner les chiffres d'une colonne.* — **2.** Modifier qqch par l'adjonction d'un élément de nature différente : *Vin additionné d'eau.*

ADDITIONNEUR n. m. Ensemble de circuits électroniques permettant d'effectuer la somme de deux nombres binaires.

ADDITIVEMENT adv. En utilisant la notation additive.

ADDITIVITÉ n. f. Propriété des valeurs d'une grandeur susceptibles d'addition et de soustraction. (De telles grandeurs sont dites *mesurables.*)

ADDUCTEUR adj. et n. m. **1.** Se dit de tout muscle qui produit un mouvement d'adduction et plus particulièrement de ceux qui sont situés à la face interne de la cuisse. — **2.** Se dit des muscles qui, chez les mollusques bivalves, assurent la fermeture de la coquille. — **3.** Se dit d'un canal amenant les eaux à un réservoir ou à une usine.

ADDUCTION n. f. (lat. *adductio,* action d'amener). **1.** *Adduction (d'eau),* conduite des eaux vers des installations de traitement puis de distribution. — **2.** Mouvement qui rapproche un membre du plan sagittal du corps ; position résultant de ce mouvement.

ADÉLAÏDE, en angl. **Adelaide,** v. d'Australie, cap. de l'État d'Australie-Méridionale, fondée en 1836-37, à une douzaine de km de l'Océan ; 1 023 700 hab. Les industries (raffinerie de pétrole, construction automobile) se localisent surtout près de Port Adelaide.

ADÉLAÏDE *(sainte)* [Orbe, Suisse, v. 931-monastère de Seltz, Bas-Rhin, 999]. Mariée au roi d'Italie Lothaire II (947), puis (951) à l'empereur Otton Ier, elle exerça la régence (991-994) pendant la minorité de son petit-fils Otton III.

ADÉLAÏDE, princesse polonaise, sœur du premier souverain historique de la Pologne, Mieszko Ier (960-992). Elle épousa le prince de Hongrie, Géza, qu'elle contribua à convertir au christianisme. Elle fut la mère de saint Étienne.

ADÉLAÏDE ou **ALIX DE SAVOIE,** reine de France († Paris 1154). Fille de Humbert II, comte de Savoie, elle épousa en 1115 Louis VI le Gros. Elle mourut au monastère de Montmartre qu'elle avait fondé en 1134.

ADÉLAÏDE (Marie Adélaïde DE FRANCE ou **Madame**), princesse française (Versailles 1732-Trieste 1800), fille de Louis XV et de Marie Leszczyńska. Intelligente et cultivée, elle anima le parti dévot et contribua à la disgrâce de Machault d'Arnouville (1757), au renvoi de Choiseul (1770), puis au rappel de Maurepas (1774).

ADÉLAÏDE (Eugénie Louise), princesse d'Orléans (Paris 1777-*id.* 1847), sœur de Louis-Philippe, roi des Français, dont elle fut la conseillère.

ADÉLARD de Bath, philosophe scolastique anglais (XIIe s.), auteur d'une philosophie platonicienne.

ADELBODEN, station estivale et de sports d'hiver (alt. 1 400-2 330 m) de Suisse (cant. de Berne), dans la haute vallée d'Engstligen (Oberland bernois) ; 3 347 hab.

ADÈLE n. f. (gr. *adêlos,* obscur). Petite teigne brillante aux longues antennes.

ADÈLE *(sainte)* [v. 675 - v. 734], abbesse de Pfalzel, près de Trèves. Elle y fonda un monastère qu'elle gouverna pendant plus de trente ans.

ADÈLE ou **ALIX DE CHAMPAGNE,** reine de France († Paris 1206), fille de Thibaud IV, comte de Blois. Troisième épouse (1160) de Louis VII, elle gouverna le royaume (1190-91) lorsque son fils Philippe II Auguste participa à la troisième croisade.

ADÉLIE *(terre),* partie française du continent antarctique, entre le pôle Sud et la côte, comprise entre 130° 20′ et 142° 20′ de longitude E. (au S. de l'Australie), couvrant environ 350 000 km². Elle a été découverte en 1840 par Dumont d'Urville, qui lui donna le prénom de sa femme. Élément le plus vaste des Terres australes et antarctiques françaises, presque totalement englacée, la terre Adélie a fait l'objet d'expéditions scientifiques, dirigées par Paul-Émile Victor, à partir de 1950. Y est installée, sur l'archipel côtier de Pointe-Géologie, la base scientifique Dumont-d'Urville, complétée par une base non permanente, à l'intérieur du continent, dite « Commandant Charcot ».

ADÉLOMYCÈTE n. m. (du gr. *adêlos,* incertain). Nom parfois donné au dentéromycète.

ADELPHOPHAGIE n. f. Mode de nutrition de l'embryon chez certaines plantes ou animaux (lombric, salamandre noire, etc.), qui consiste pour l'embryon le plus précoce ou le mieux organisé à absorber la substance des autres embryons.

ADELUNG (Johann Christoph), linguiste allemand (Spantekow, Poméranie, 1732-Dresde 1806). Il est l'auteur d'un *Dictionnaire grammatical et critique du haut allemand* (1774-1786) et de *Mithridate, ou Tableau universel des langues, avec le « Pater » en cinq cents idiomes,* vaste ouvrage qui devait recenser toutes les langues connues.

ADEM (El-), localité de Libye (Cyrénaïque). Base aérienne britannique près de Tobrouk (1953-1970), devenue en 1979 la base principale de l'aviation libyenne.

ADÉMAR (ou **ADHÉMAR**) **de Monteil,** prélat français († Antioche 1098). Évêque du Puy (v. 1077), légat apostolique (1095), il dirigea avec Raimond IV de Toulouse la première croisade, durant laquelle il mourut de la peste.

ADEN, v. du Yémen (anc. — jusqu'à l'unification des deux Yémens, en 1990 — cap. du Yémen du Sud), sur le *golfe d'Aden ;* 417 000 hab. (Somalis, Indiens, Levantins se mêlant aux Arabes indigènes). Aden possède la meilleure rade sur la côte de l'Arabie méridionale. À son rôle stratégique et de port d'escale sur la route des Indes s'est ajoutée une fonction industrielle (raffinerie de pétrole), à laquelle reste juxtaposé le cabotage.

ADEN *(golfe d'),* partie nord-ouest de l'océan Indien, entre la côte méridionale de l'Arabie et la péninsule africaine des Somalis ; il communique avec la mer Rouge par le détroit de Bāb al-Mandab. Sa longueur est de 900 km environ et sa largeur de quelque 250 km.

ADEN *(protectorat d'),* anciens territoires sous protectorat britannique sur le golfe d'Aden. Aden et ses environs immédiats devinrent colonie de la Couronne britannique en 1937, alors que le reste du protectorat, comptant une vingtaine de petits sultanats, fut institué en un protectorat oriental (région de l'Hadramaout). En 1962, une Constitution établit un régime de self-government et, en 1963, le nouvel État d'Aden devint membre de la fédération de l'Arabie du Sud. En raison des troubles intérieurs, l'indépendance, initialement prévue pour 1968, fut proclamée le 28 nov. 1967. Le nouvel État prit en 1970 le nom de République démocratique et populaire du Yémen ou Yémen du Sud (auj. intégré dans la Rép. du Yémen).

ADEN (Abdullah Osman), homme d'État somalien (Belet Uen 1908), premier président de la République de Somalie (1960-1967).

ADENA, village des États-Unis (Ohio), au S.-O. de Steubenville, site éponyme d'une phase culturelle préhistorique qui s'étend de 1000 à 300 av. J.-C. Première période de la séquence des *burial mounds,* qui se poursuivit jusqu'à 700 de notre ère, elle est caractérisée par la présence de tumulus de terre érigés au-dessus de tombes élaborées, de crémations ou d'ossuaires.

ADENANTHERA n. f. Légumineuse des régions tropicales dont la racine est vomitive et dont la graine fournit une huile.

ADENAUER (Konrad), homme politique allemand (Cologne 1876 - Rhöndorf, Rhénanie-Westphalie, 1967). Maire de Cologne (1917), Adenauer joue par ailleurs un rôle important en Rhénanie, préside le Conseil d'État prussien de 1928 à 1933 et entre au comité directeur du Centre*, parti catholique allemand. Démocrate et chrétien, il s'oppose au nazisme, ce qui lui vaut d'être révoqué (1933), puis emprisonné (1934 et 1945). Membre fondateur de l'Union chrétienne démocrate (CDU) de Rhénanie, il devient président de ce parti pour toute la zone britannique en 1946 ; à partir de 1949, il dirige l'ensemble du parti. Président en 1948 du conseil parlementaire constituant créé par les Alliés, il est nommé chancelier fédéral le 15 septembre 1949. Libéral en matière économique, Adenauer entreprend une politique d'entente avec les divers États occidentaux pour redonner à l'Allemagne sa place dans l'Europe ; il est l'un des partisans les plus actifs de la création de la Communauté économique européenne et de la réconciliation franco-allemande. Réélu chancelier en 1953, 1957, 1961, il poursuit le redressement économique de l'Allemagne, son intégration dans la

Communauté européenne, et accélère, en accord avec le général de Gaulle, la politique de rapprochement franco-allemand (1962-63). Adenauer quitta la chancellerie le 15 oct. 1963.

ADENET le Roi, trouvère brabançon (v. 1240 - v. 1300). Son œuvre applique à l'épopée la technique romanesque du récit : *Beuve de Commarchis, les Enfances Ogier, Berthe au grand pied, Cléomadès.*

ADÉNINE n. f. Base purique constitutive des acides nucléiques. (Elle intervient dans la formation de l'adénosine et de la désoxyadénosine, dont les rôles biochimiques sont capitaux.)

ADÉNITE n. f. Inflammation des ganglions lymphatiques.

ADÉNOACANTHOME n. m. Processus tumoral épidermoïde et glandulaire. (Bénins ou malins, les adénoacanthomes ont pour principales localisations la peau, l'utérus et l'ovaire.)

ADÉNOCARCINOME n. m. Tumeur maligne épithéliale, développée à partir des revêtements cylindriques et des parenchymes glandulaires.

ADÉNOCARPE n. m. Arbuste ornemental (papilionacée) à fleurs jaunes en grappes.

ADÉNOFIBROME n. m. Tumeur bénigne associant une prolifération conjonctive et un accroissement des structures épithéliales glandulaires. (Syn. FIBROADÉNOME.)

ADÉNOGRAMME n. m. Résultat de l'analyse cytologique du produit de ponction d'un ganglion lymphatique, étalé sur lame et coloré.

ADÉNOHYPOPHYSE n. f. Partie endocrinienne ou lobe antérieur de l'hypophyse.

ADÉNOÏDE adj. **1.** Qui a l'aspect d'un adénome. — **2.** Qui se rapporte au tissu ganglionnaire.

ADÉNOÏDECTOMIE n. f. Ablation des végétations adénoïdes.

ADÉNOÏDIEN, ENNE adj. **1.** Relatif aux végétations adénoïdes. — **2.** *Faciès adénoïdien,* faciès spécial des enfants ayant des végétations adénoïdes.

ADÉNOMATEUX, EUSE adj. Relatif à un adénome.

ADÉNOMATOSE n. f. (de *adénome*). *Adénomatose polyendocrinienne,* affection souvent familiale, transmissible de façon autosomique sur un mode dominant, et caractérisée par des proliférations tumorales au niveau de diverses glandes endocrines. ‖ *Adénomatose pulmonaire,* variété assez particulière et rare d'adénocarcinome. ‖ *Adénomatose pulmonaire du mouton,* pneumonie virale du mouton.

ADÉNOME n. m. Tumeur épithéliale bénigne développée aux dépens d'un tissu glandulaire.

ADÉNOMECTOMIE n. f. Ablation d'un adénome (surtout de la prostate).

ADÉNOPATHIE n. f. Affection, lésion ou inflammation des ganglions lymphatiques, se traduisant habituellement par une augmentation de leur volume.

ADÉNOPHLEGMON n. m. Abcès ganglionnaire mal limité, s'étendant au tissu cellulaire voisin.

ADÉNOSINE n. f. Nucléoside purique résultant de la condensation de l'adénine et du D-ribose. (Sa combinaison avec l'acide phosphorique donne l'acide adénylique ou A.M.P.)

ADÉNOSINE-DIPHOSPHORIQUE adj. *Acide adénosine-diphosphorique (A. D. P.),* dinucléotide constitué par l'association d'adénosine et de deux molécules d'acide phosphorique.

ADÉNOSINE-MONOPHOSPHORIQUE adj. *Acide adénosine-monophosphorique (A. M. P.),* mononucléotide constitué par l'association d'adénine et d'acide phosphorique, régulateur des principales voies métaboliques. (Syn. ACIDE ADÉNYLIQUE.) ‖ *Acide adénosine-monophosphorique cyclique (A.M.P. 3' 5' cyclique*), mononucléotide cyclique formé à partir d'A.T.P. et jouant un rôle capital comme intermédiaire de l'action de nombreuses hormones.

ADÉNOSINE-TRIPHOSPHATASE ou **A.T.PASE** n. f. Enzyme qui catalyse l'hydrolyse de l'acide adénosine-triphosphorique en acide adénosine-diphosphorique et acide phosphorique.

ADÉNOSINE-TRIPHOSPHATE ou **A. T. P.** n. f. Ester de l'acide adénosine-triphosphorique.

ADÉNOSINE-TRIPHOSPHORIQUE adj. *Acide adénosine-triphosphorique (A. T. P.),* trinucléotide à liaison riche en énergie formé par phosphorylation oxydative de l'A. D. P. et qui joue un rôle capital comme transporteur de radicaux phosphorylés et d'énergie.

ADÉNOVIRUS [-rys] n. m. Virus responsable, chez l'homme, d'infections des voies respiratoires.

ADENT n. m. (anc. fr. *adenter*). Assemblage de pièces de bois comportant des entailles en forme de dents.

ADÉNYLCYCLASE n. f. Enzyme membranaire catalysant la synthèse de l'A. M. P. cyclique.

ADÉNYLIQUE adj. *Acide adénylique,* syn. de ACIDE ADÉNOSINE-MONOPHOSPHORIQUE.

ADÉODAT Ier et **II** → DIEUDONNÉ Ier et II.

ADÉPHAGE n. m. (gr. *adêphagos,* glouton). Insecte coléoptère tel que les carabes, généralement insectivore, caractérisé par ses sternites abdominaux, par la nervation des ailes et par les ongles que porte la larve. (Les *adéphages* forment un sous-ordre.)

ADEPTE n. (lat. *adeptus,* qui a atteint). **1.** Membre d'une secte, d'un mouvement ou d'un groupement demandant un engagement personnel : *Les adeptes d'une loge maçonnique.* — **2.** Partisan convaincu d'une doctrine ou de son promoteur : *Un adepte du pacifisme.* — **3.** Personne qui privilégie et pratique une activité, un sport : *Les adeptes de la planche à voile.* — **4.** *Faire des adeptes,* gagner des partisans, recruter des adhérents.

ADÉQUAT, E [-kwa(t), -kwat] adj. (lat. *adaequatus,* de *adaequare,* rendre égal). **1.** Qui correspond parfaitement à son objet ; approprié, adapté : *Une réponse adéquate à la question.* — **2.** *Cause adéquate,* pour Spinoza, cause « dont on peut percevoir l'effet clairement et distinctement par elle-même ». ‖ *Idée adéquate,* pour Spinoza, représentation complète et fidèle de quelque chose.

ADÉQUATEMENT [-kwa-] adv. De façon adéquate.

ADÉQUATION [-kwa-] n. f. Conformité à l'objet, au but qu'on se propose : *L'adéquation de l'expression à la pensée.*

ADER (Clément), ingénieur français (Muret 1841-Toulouse 1925). S'étant consacré, à partir de 1876, au problème de la navigation aérienne par le plus lourd que l'air, il essaya successivement en 1890 et 1897 deux avions à vapeur *(Éole, Avion III),* avec lesquels il parvint à décoller et à parcourir quelques dizaines de mètres, mais sans pouvoir garder la maîtrise de sa direction. Ces essais n'eurent pas de suite.

ADEXTRÉ, E adj. Se dit d'une pièce héraldique principale accompagnée à dextre d'un ou plusieurs meubles secondaires ; se dit aussi de l'écu sur lequel une partition verticale forme un pal s'unissant au flanc dextre : *De gueules adextré d'argent.*

ADHĀN, mot ar. désignant, chez les musulmans, l'appel à la prière (les cinq « ṣalāt » quotidiennes) et au service divin du vendredi.

ADHÉMAR de Monteil ⟶ ADÉMAR *de Monteil.*

ADHERBAL, amiral carthaginois, qui battit la flotte romaine à Drepanum (249 av. J.-C.).

ADHERBAL, roi de Numidie (118 à 112 av. J.-C.), fils de Micipsa, auquel il succéda avec son frère Hiempsal et son cousin Jugurtha. Celui-ci se débarrassa de lui.

ADHÉRENCE n. f. (bas lat. *adhaerentia*). **1.** État d'une chose qui tient, qui adhère à une autre : *L'adhérence de l'affiche au mur.* — **2.** Soudure d'organes voisins, notamment de deux verticilles d'une fleur. — **3.** Ensemble des points adhérents à une partie. (L'adhérence d'une partie A se note souvent $\overline{A}$ et, si A' est l'ensemble dérivé de A, $\overline{A} = A \cup A'$.) — **4.** Accolement de deux organes ou tissus qui peut être normal et physiologique (certains feuillets péritonéaux) ou pathologique. — **5.** Liaison d'un véhicule avec son chemin de roulement. — **6.** *Valeur d'adhérence* u *d'une suite* (u_n), élément u d'un espace métrique E qui contient la suite, tel que toutes les boules ouvertes B(u, r) contiennent une infinité de termes de la suite distincts ou confondus.

ADHÉRENT, E adj. (lat. *adhaerens*). **1.** Qui est fixé, fortement attaché à qqch, qui colle à qqch : *Papier peint très adhérent au mur.* — **2.** Qui a la propriété de se fixer, de se coller : *Une résine très adhérente.* — **3.** *Ovaire adhérent,* syn. de OVAIRE INFÈRE. — **4.** *Point adhérent* a *d'une partie* A, élément a de E (espace topologique contenant A) tel que tous ses voisinages ont une intersection non vide avec A. (Dans $\mathbb{R}$, on prend comme voisinages les intervalles ouverts de centre a.)

◆ n. Membre d'un parti, d'une organisation : *Réunir les adhérents et les sympathisants.*

ADHÉRER v. t. ind. (lat. *adhaerere*) [conj. **18**]. **1.** Être fortement attaché à une surface, y coller : *Coquillages qui adhèrent à un rocher.* — **2.** Partager une idée, une opinion, les faire siennes : *Adhérer à un idéal.* — **3.** S'inscrire à un parti, une organisation, en devenir membre.

ADHÉSIF, IVE adj. (lat. médiév. *adhaesivus*). Se dit d'un produit, d'une matière qui permet l'adhérence de deux surfaces : *Bande adhésive. Ruban adhésif.*

◆ **adhésif** n. m. **1.** Substance capable d'assembler deux surfaces en contact par création de liaisons superficielles durables. — **2.** Bande, ruban, papier adhésif.

ENCYCL. On distingue selon leur état physique et/ou chimique à l'emploi les adhésifs à l'eau, en dispersion, à solvants organiques, sans solvant, en pâte, en poudre, sous forme de films secs, de solides (fusibles) ou encapsulés. Les adhésifs végétaux sont à base d'amidon, gluten, dextrine, gommes naturelles et dérivés cellulosiques, etc. ; les adhésifs animaux à base de gélatines ; les adhésifs synthétiques à base de polymères (vinyliques, époxydiques, polyuréthannes, thioplastes, phénoplastes, aminoplastes, etc.).

ADHÉSION n. f. (lat. *adhaesio*). **1.** Action d'adhérer à une association, à un parti : *L'adhésion à l'association sportive est gratuite.* — **2.** Action d'adhérer à un projet, à une idée, une doctrine : *Donner son adhésion à une proposition.* • **Dr.** Mode d'expression par un État de son consentement à être lié par une convention qu'il n'a pas signée lors de sa conclusion. (Syn. APPROBATION.) — **Méd.** *Adhésion cellulaire,* propriété de certaines cellules, plaquettes et phagocytes notamment, de s'accoler à des substances qui leur sont étrangères. — **Techn.** Phénomène physique et/ou chimique créant l'adhérence.

ADHÉSIVITÉ n. f. **1.** Aptitude d'un matériau à créer l'adhérence. — **2.** Syn. de GLISCHROÏDIE.

AD HOC [adɔk] loc. adj. (mots lat. signif. *pour cela*). **1.** D'une manière qui convient, positif : *Argument ad hoc.* — **2.** Se dit d'une personne compétente, parfaitement qualifiée pour la tâche qu'on lui confie. — **3.** Se dit d'une règle, d'un raisonnement élaborés uniquement pour rendre compte du phénomène qu'ils décrivent, ne permettant donc aucune généralisation.

AD HOMINEM [adɔminɛm] loc. adj. (mots lat. signif. *à l'homme*). *Argument ad hominem,* par lequel on attaque l'adversaire directement dans sa personne en lui opposant ses propres paroles ou ses propres actes.

ADIABATIQUE adj. (gr. *adiabatos,* infranchissable). **1.** Qui est imperméable à la chaleur. — **2.** Se dit d'une transformation au cours de laquelle un système de corps n'échange pas de chaleur avec le milieu environnant ; relatif à une telle transformation. (Une transformation réversible et adiabatique s'effectue à entropie constante.) — **3.** Se dit du léger réchauffement (quelques dixièmes de degré Celsius) produit par la pression de l'eau des océans au voisinage du fond. — **4.** *Désaimantation adiabatique,* désaimantation d'un corps isolé thermiquement. (Ce processus, qui s'accompagne d'un abaissement de la température, est utilisé pour obtenir de très basses températures [0,001 K].)

◆ n. f. Courbe représentant les variations de température d'une particule d'air en mouvement ascendant. (→ *encycl.*)

ENCYCL. Dans l'air libre (au-dessus de 3 000 m), l'absorption et les pertes de chaleur par rayonnement sont très faibles et, comme l'air est un mauvais conducteur, les variations de température suivent l'adiabatique. L'ascension d'une particule d'air non saturé entraîne un refroidissement de l'ordre de 1 °C tous les 100 m (la descente provoque un réchauffement égal), ampleur qui mesure le *gradient adiabatique.* L'ascension en atmosphère saturée, correspondant à la *pseudo-adiabatique,* entraîne un refroidissement moindre de moitié (gradient pseudo-adiabatique de 0,5 °C pour 100 m).

ADIABÈNE, en gr. **Adiabênos,** nom anc. d'une partie de l'Assyrie septentrionale, aux confins du Kurdistān actuel, entre le Tigre et le Grand Zāb. Le « sarcophage d'Hélène », la mère du roi d'Adiabène (Iᵉʳ s. apr. J.-C.), actuellement au Louvre, y fut découvert en 1863.

ADIADOCOCINÉSIE n. f. Impossibilité d'exécuter rapidement des mouvements alternatifs.

ADIANTUM [-tɔm] n. m. (mot lat. ; du gr. *adiantos,* non mouillé). Nom générique de la capillaire de Montpellier ou « cheveu-de-Vénus », petite fougère aux pétioles filiformes.

ADIEU interj. (de *à* et *Dieu*). **1.** Formule de salutation adressée à qqn qu'on quitte pour une longue période, ou même définitivement. — **2.** Formule indiquant qu'on se prépare à être séparé, privé de qqn ou de qqch : *Les vacances sont finies, adieu les bains de mer.* — **3.** *Dire adieu à qqch,* y renoncer.

◆ n. m. **1.** Action, parole qui consacre une séparation, une renonciation (souvent pl.) : *Ils échangeaient des adieux émouvants.* — **2.** *D'adieu,* qui scelle, qui caractérise une séparation : *Un pot d'adieu.* ‖ *Pas d'adieu,* dans la tradition italienne, prestation publique du danseur ou de la danseuse qui a fini ses classes et qui a obtenu son diplôme.

Adieu aux armes *(l'),* roman d'Ernest Hemingway (1929).

ADIGE, deuxième fleuve d'Italie par sa longueur (410 km). Son bassin (12 200 km²) appartient aux Alpes pour les trois quarts, ce qui explique un régime aux hautes eaux de printemps. Né au col de Resia, l'Adige traverse le Trentin alpin et entre en plaine peu avant Vérone, puis se dirige vers l'Adriatique. — La vallée de l'Adige, qui constitue le Trentin*, appartint longtemps à l'Autriche. Le Trentin fut rendu à l'Italie après la signature du traité de Saint-Germain (19 sept. 1919). En 1939, une partie de la population du Haut-Adige, de langue allemande, fut rapatriée en Allemagne.

'ĀDIL (Al-) → MALIK AL-ĀDIL.

ADIOUKROUS ou **ADIUKRUS,** population du sud de la Côte-d'Ivoire.

ADIPEUX, EUSE adj. (du lat. *adeps, adipis,* graisse). **1.** Qui a les caractères de la graisse ou qui en contient : *Tissu adipeux.* — **2.** Gras, bouffi : *Visage adipeux.*

ENCYCL. Le *tissu adipeux* est un tissu conjonctif dont les cellules se chargent en graisses. Il forme sous la peau une couche de graisse appelée *pannicule adipeux.*

ADIPIQUE adj. *Acide adipique,* acide dicarboxylique $CO_2H{-}(CH_2)_4{-}CO_2H$, dont la condensation avec l'hexaméthylène diamine conduit au polyamide 6-6. ‖ *Nitrile adipique,* nitrile $N{\equiv}C{-}(CH_2)_4{-}C{\equiv}N$, intermédiaire essentiel de la fabrication du Nylon. (Syn. ADIPONITRILE.)

ADIPOCIRE n. f. Savon ammoniacal résultant de l'altération des lipides au cours de la décomposition cadavérique (gras des cadavres), souvent observé au cours des submersions prolongées ou après inhumation dans une terre humide et froide.

ADIPOCYTE n. m. Cellule arrondie contenant une vacuole lipidique représentant 95 % du poids cellulaire, et qui forme l'élément constitutif du tissu graisseux.

ADIPONITRILE n. m. Syn. de NITRILE ADIPIQUE.

ADIPOSE n. f. État morbide déterminé par la surcharge graisseuse du tissu cellulaire.

ADIPOSITÉ n. f. **1.** État de ce qui est adipeux. — **2.** Développement excessif du tissu graisseux dans une partie localisée de l'organisme.

ADIPOSO-GÉNITAL, E, AUX adj. Se dit d'un syndrome associant une obésité et une insuffisance sexuelle (hypogonadisme).

ADIPOXANTHOSE n. f. En inspection des viandes, caractéristique des carcasses dont les graisses sont colorées en jaune.

ADIPSIE n. f. (du gr. *dupsa,* soif). Diminution ou perte complète de la soif.

ADIRONDACK ou **ADIRONDACKS** *(monts),* massif des États-Unis, dans l'État de New York. Peu élevé (1 629 m au mont Marcy), apophyse du Bouclier canadien, boisé, le massif vit surtout du tourisme (sports d'hiver à Lake Placid).

ADIVAR (Halide Edib), femme de lettres turque (Istanbul 1884 - *id.* 1964). Ses romans furent parmi les premiers à évoquer les problèmes sociaux et la condition de la femme (*l'Épicier à la mouche,* 1936).

ADIVASI, n. (sanskr. *ādivāsī*). En Inde, personne appartenant à une ethnie de culture non hindoue, organisée en tribus et non en castes.

A DIVINIS [-nis] loc. adj. (mots lat. signif. *écarté des actes divins*). Se dit d'une des formes de la suspense* canonique.

ADJACENT, E adj. (lat. *adjacens,* de *adjacere,* être situé auprès). **1.** Dans le voisinage immédiat de qqch ; attenant, voisin : *Le garage est adjacent à la maison.* — **2.** Se dit de l'élément qui précède ou qui suit un élément *a* d'un ensemble ordonné. — **3.** *Angles adjacents,* angles définis par deux couples de demi-droites, tels que la deuxième composante d'un couple soit la première de l'autre, les deux secteurs angulaires correspondants étant situés de part et d'autre de cette demi-droite. ‖ *Parties de* $\mathbb{R}$ *adjacentes,* parties non vides de $\mathbb{R}$ telles que la borne supérieure de l'une d'elles est égale à la borne inférieure de l'autre. ‖ *Suites adjacentes,* suites (u_n) et (v_n), la première croissante, la deuxième décroissante, telles que $\lim(v_n - u_n) = 0$.

ADJAL n. m. (mot ar.). Chez les musulmans, terme de la vie fixé d'avance par Allāh, et immuable.

ADJANI (Isabelle), actrice française (Paris 1955). Elle commence très jeune une brillante carrière théâtrale *(l'École des femmes ; Ondine),* avant de s'imposer au cinéma (*Histoire d'Adèle H.,* 1975 ; *Barocco,* 1976 ; *Mortelle Randonnée,* 1983 ; *Camille Claudel,* 1988 ; *la Reine Margot,* 1994).

ADJARIE, république autonome de Géorgie, au S. du Rion, au-dessus de la mer Noire ; 2 900 km² ; 393 000 hab. Cap. *Batoumi.*

ADJARS, groupe ethnique géorgien, comptant env. 150 000 individus. Leurs ancêtres furent convertis à l'islām au XVIIe s.

ADJAS, peuple du Bénin (285 000 représentants).

1. ADJECTIF, IVE ou **ADJECTIVAL, E, AUX** adj. **1.** Relatif à l'adjectif, de la nature de l'adjectif. — **2.** *Locution adjective* ou *adjectivale,* suite de mots qui joue dans la phrase le rôle d'un adjectif (par ex. : *un raisonnement* AD HOC, *un fauteuil* LOUIS XV).

2. ADJECTIF n. m. (bas lat. *adjectivum ;* traduit du gr. *epithêton,* qui s'ajoute à). Mot que l'on peut adjoindre au substantif pour exprimer une qualité de l'être, de l'objet ou de la notion désignée *(adjectif qualificatif* ou, simplement, *adjectif),* ou pour introduire ce substantif dans le discours *(adjectif déterminatif).*

ENCYCL. *L'adjectif qualificatif* varie en genre, en nombre et en degré. Certains adjectifs dits de sens absolu ne varient pas en degré : on ne peut être « plus ou moins *aîné* », « plus ou moins *solaire* », etc. L'adjectif peut aussi être substantivé : *M. X est chauve* → *M. X est un chauve.* Enfin l'adjectif peut être employé comme adverbe, soit en devenant invariable *(il boit sec),* soit en conservant ses marques de genre et de nombre *(ils marchent pensifs).* À côté des adjectifs proprement qualificatifs (exprimant une qualité de l'être ou de la chose), il existe une catégorie d'adjectifs dits relationnels, comme *universitaire, porcin, économique,* qui n'expriment pas une qualité et qui sont toujours dérivés de noms. Du point de vue de la fonction, l'adjectif peut être épithète, attribut ou mis en apposition. Les *adjectifs déterminatifs* se subdivisent en adjectifs possessifs, démonstratifs, indéfinis, numéraux, interrogatifs (et exclamatifs), relatifs et ont sur le plan sémantique des fonctions de détermination *(l'autre maison),* de quantification *(deux maisons)* ou d'actualisation *(ma maison).* Ils ne peuvent se placer après le nom ni être en position d'attribut.

ADJECTIVATEUR ou **ADJECTIVISATEUR** n. m. Morphème (le plus souvent un suffixe) qui permet de faire passer un terme de la catégorie des substantifs à celle des adjectifs.

ADJECTIVATION ou **ADJECTIVISATION** n. f. Processus qui consiste à donner à un substantif la valeur d'un adjectif. (Ainsi dans *prix plancher, plancher* est adjectivé.)

ADJECTIVEMENT adv. Dans un emploi d'adjectif, en fonction d'adjectif.

ADJECTIVER ou **ADJECTIVISER** v. t. (conj. 3). Employer (un mot) comme adjectif.

'ADJMĀN, l'un des Émirats arabes unis, sur le golfe Persique, au N.-E. de Dubayy ; 250 km^2 ; 36 000 hab. Cap. *'Adjmān.*

ADJOINDRE v. t. (lat. *adjungere*) [conj. **82**] **1.** Associer une personne à une autre comme auxiliaire, comme aide. – **2.** Joindre, ajouter une chose à une autre : *Adjoindre un surnom à un nom.*

◆ **être adjoint** v. pass. *Application bilinéaire adjointe d'une forme bilinéaire* f *définie sur* E × F, E *et* F *étant deux espaces vectoriels sur un même corps commutatif* K, forme bilinéaire définie de F × E dans K qui à tout élément (y, x) de F × E associe le scalaire $f(x, y)$. ‖ *Endomorphisme adjoint d'un endomorphisme* u *de* E, espace vectoriel sur K, *relativement à* f, *forme bilinéaire symétrique non dégénérée sur* E, endomorphisme unique, noté u^*, de E, qui vérifie : pour tout couple $[(x, y), f[u(x), y] = f[x, u^*(y)]$. ‖ *Matrice adjointe d'une matrice* $A = (a_i^j)$, a_i^j *élément de* ℂ, matrice notée A* égale à la matrice transposée de la matrice conjuguée de A, ou à la matrice conjuguée de la transposée de A.

◆ **s'adjoindre** v. pr. **1.** Prendre qqn avec soi à titre d'auxiliaire : *S'adjoindre un collaborateur.* – **2.** S'ajouter, s'associer à qqch : *À ses difficultés financières viennent s'adjoindre des problèmes de santé.*

ADJOINT, E adj. et n. **1.** Se dit d'une personne associée à une autre pour l'aider dans son travail, dans ses fonctions. – **2.** *Adjoint au maire,* membre du conseil municipal élu en son sein pour assister le maire dans ses fonctions. (Sauf à Paris, Lyon et Marseille, leur nombre varie de 1 à 12).

◆ **adjoint** n. m. Constituant d'une phrase qui n'est pas indispensable et qui peut être enlevé sans que la phrase cesse d'être une phrase. (Syn. EXPANSION.)

ADJONCTION n. f. (lat. *adjunctio*). **1.** Action d'adjoindre un élément à un ensemble ; addition, ajout : *Produit naturel sans adjonction de colorant.* – **2.** Ce qui est adjoint : *Il biffa les adjonctions faites à son texte.* – **3.** *Adjonction budgétaire,* syn. de CAVALIERS BUDGÉTAIRES.

ADJUDANT n. m. (esp. *ayudante,* officier subordonné). **1.** Grade de la hiérarchie des sous-officiers dans les armées de terre et de l'air ; sous-officier titulaire de ce grade. – **2.** *Fam.* Personne autoritaire.

ADJUDANT-CHEF n. m. (pl. *adjudants-chefs*). Grade de sous-officier immédiatement supérieur à celui d'adjudant.

ADJUDANT-MAJOR n. m. (pl. *adjudants-majors*). Autref. officier du grade de capitaine, adjoint à un chef de bataillon.

ADJUDICATAIRE n. Personne à qui l'on adjuge une chose ou une fourniture, dans une adjudication.

ADJUDICATEUR, TRICE n. Personne qui met une chose ou une fourniture en adjudication.

ADJUDICATIF, IVE adj. Qui se rattache à une adjudication.

ADJUDICATION n. f. (lat. *adjudicatio*). **1.** Attribution par l'Administration d'un marché public à l'entrepreneur ou au fournisseur qui, au terme d'une procédure publique de mise en concurrence, offre le plus bas prix. – **2.** Attribution d'un bien mis aux enchères par le juge ou l'officier ministériel qui procède à la vente.

ADJUGER v. t. (lat. *adjudicare*) [conj. **17**]. **1.** Concéder par adjudication. – **2.** Décerner un avantage, une récompense à qqn, attribuer. – **3.** *Adjugé !,* se dit, dans une vente publique, lorsque l'objet mis en adjudication est attribué à l'adjudicataire.

◆ **s'adjuger** v. pr. S'approprier qqch, s'en emparer d'une manière arbitraire : *S'adjuger la meilleure part.*

ADJURATION n. f. (lat. ecclés. *adjuratio*). **1.** Action d'adjurer ; prière instante, supplication. – **2.** Sommation solennelle faite au nom de Dieu.

ADJURER v. t. (lat. ecclés. *adjurare*) [conj. **3**]. Prier, supplier qqn de faire qqch : *On l'adjura de ne pas s'exposer inutilement.*

ADJUVANT n. m. (lat. *adjuvans,* de *adjuvare,* aider). **1.** *Litt.* Ce qui stimule : *Trouver dans le café un adjuvant.* – **2.** Produit ajouté à certaines substances pour changer ou améliorer certaines de leurs propriétés. • **Agric.** Produit chimique qui améliore le pouvoir de dispersion, d'étalement ou d'adhérence des pulvérisations de pesticides sur les plantes. – **Agroalim.** *Adjuvant de filtration,* produit pulvérulent de très fine granulométrie (5 à 30 μm) qui permet de filtrer les boissons, en fin de fabrication, afin de les rendre limpides. – **Assain.** Substance ajoutée à une eau brute ou à une boue pour en favoriser la floculation et la décantation. (Syn. FLOCULANT.) – **Cristallogr.** Corps qui facilite une réaction chimique ou la cristallisation d'un composé.

ADKŪ → EDKOU.

ADLER (Victor), socialiste autrichien (Prague 1852-Vienne 1918). D'origine aisée, il adhéra en

1886 au parti social-démocrate allemand et joua un rôle prépondérant jusqu'à sa mort au sein du parti social-démocrate autrichien. Il s'attacha notamment à la conquête du suffrage universel. Il lutta toute sa vie contre l'antisémitisme des milieux libéraux de Vienne. — Son fils, FRIEDRICH (Vienne 1879-Zurich 1960), leader, avant 1914, de la gauche du parti social-démocrate autrichien, secrétaire du parti, devint en 1923, à Zurich, secrétaire de l'Internationale socialiste après la rupture avec la IIIe Internationale.

ADLER (Alfred), médecin et psychologue autrichien (Vienne 1870-Aberdeen 1937). Élève de S. Freud dès 1902, il se sépara rapidement (1910) du mouvement psychanalytique, car il ne reconnaissait pas le rôle de la libido et pensait que l'on peut rendre compte de la vie psychique de l'individu à partir d'un *sentiment d'infériorité* résultant de l'état de dépendance dont chacun fait l'expérience dans son enfance.

ADLER (Max), philosophe autrichien (Vienne 1873-*id.* 1937). Il fut, avec Otto Bauer et Rudolf Hilferding, l'un des principaux représentants de l'austromarxisme. Il a étudié les problèmes des conseils ouvriers et lié l'approfondissement du marxisme à la tradition philosophique allemande.

Adler *(réaction d'),* réaction chimique identifiant les taches de sang humain ou animal.

ADLERCREUTZ (Carl Johan, *comte* D'), général suédois (Kiala, Finlande, 1757-Stockholm 1815). Chef du parti militaire, il fut avec Adlersparre l'un des chefs du coup d'État contre Gustave IV Adolphe (1809).

ADLÉRIEN, ENNE adj. et n. Relatif à la théorie d'Alfred Adler ; qui en est partisan.

ADLERSPARRE (Georg, *comte* D'), général suédois (Myssjö, Jämtland, 1760-Gustavsvik, près de Kristinehamn, 1835). Il fut avec Adlercreutz l'un des chefs du coup d'État contre Gustave IV Adolphe (1809).

AD LIBITUM [adlibitɔm] loc. adv. (mots lat. signif. *à volonté*). **1.** Au choix. (Abrév. AD LIB.) — **2.** Caractère facultatif d'une partie vocale ou instrumentale ; liberté de mouvement laissée à l'exécutant dans un passage.

AD LIMINA loc. adv. (du lat. *ad limina apostolorum,* au seuil des tombes des apôtres). *Visite ad limina,* voyage que les évêques catholiques, depuis 1911, doivent faire tous les cinq ans à Rome pour rendre compte de leur administration.

ADLISWIL, v. de Suisse (cant. de Zurich), au S. de Zurich ; 15 776 hab. Tourisme.

AD LITEM [adlitɛm] loc. adj. (mots lat.). Se dit d'un mandat, d'une provision, etc., relatifs à un procès donné.

ad majorem Dei gloriam, loc. lat. signif. *pour une plus grande gloire de Dieu.* Devise de la Compagnie de Jésus, en abrégé A. M. D. G., dont l'origine remonte à saint Ignace.

ADMÈTE, roi légendaire de Phères, en Thessalie, l'un des Argonautes, et époux d'Alceste ; il donna l'hospitalité à Apollon banni de l'Olympe.

ADMETTRE v. t. (lat. *admittere*) [conj. **84**]. **1.** Laisser à qqn, à un animal le passage ou l'entrée qqpart : *Le public n'est pas admis dans la salle de répétition.* — **2.** Recevoir qqn qqpart, l'y installer, l'y mettre : *Malade qui se fait admettre à l'hôpital.* — **3.** Accueillir, agréer qqn comme membre d'un groupe. — **4.** Déclarer qu'un candidat a satisfait aux épreuves d'un examen, qu'il est apte à entrer dans une école, une classe, à occuper tel ou tel poste, etc. : *On l'a admis à l'oral d'un concours.* — **5.** Pouvoir contenir des choses, des gens : *Salle qui n'admet pas plus de trois cents personnes.* — **6.** Concéder qqch à qqn, l'accepter : *J'admets que vous avez raison.* — **7.** Reconnaître que qqch est vrai, exact, fondé : *J'admets que je me suis trompé.* — **8.** En parlant de qqn, supporter, tolérer qqch. ; en parlant de qqch, permettre, pouvoir, donner lieu à : *Ton qui n'admet pas la moindre réplique. Il n'admettra jamais d'être ainsi traité.* — **9.** *Admettons !,* se dit lorsqu'on consent à tenir pour vrai, acceptable ce qui est dit, proposé. ‖ *En admettant que,* en supposant que. ◆ **être admis** v. pass. Avoir satisfait à certaines épreuves d'un examen ; être reconnu apte à entrer dans une école : *Être admis à l'E. N. A.*

ADMINICULE n. m. Commencement de preuve.

ADMINISTRABLE adj. Qui peut être administré.

ADMINISTRATEUR, TRICE n. (lat. *administrator*). **1.** Personne qui gère les biens, les affaires d'un particulier, d'une famille, d'une société : *Il est l'un des administrateurs de l'entreprise.* — **2.** Personne qui a les compétences voulues pour gérer, qui gère bien : *Avoir l'esprit d'un administrateur.* • **Dr.** Membre d'un conseil d'administration. ‖ Fonctionnaire des différents services publics chargés de l'engagement, de la liquidation et de l'ordonnancement des dépenses publiques. ‖ *Administrateur de biens,* mandataire effectuant des opérations d'administration de biens, de transactions sur des immeubles et des fonds de commerce, etc. ‖ *Administrateur civil,* fonctionnaire qui, recruté par la voie de l'E.N.A., est chargé, dans les différents ministères, des tâches de conception et d'encadrement, et de mettre en œuvre les directives ministérielles. ‖ *Administrateur judiciaire,* mandataire de justice chargé d'assurer la gestion d'une entreprise dont les responsables sont défaillants. (Avec la loi du 25 janv. 1985 relative au redressement et à la liquidation judiciaire des entreprises, l'administrateur judiciaire, qui, avec le mandataire-liquidateur, se substitue au syndic, devra par priorité dresser le bilan économique et social de l'entreprise et proposer au tribunal un projet de plan de redressement.) ‖ *Administrateur légal,* personne compétente pour exercer les pouvoirs qui lui sont conférés par la loi dans le cadre de l'administration légale. — **Mil.** *Administrateur des Affaires maritimes,* officier de marine appartenant à un corps créé en 1967 et chargé d'administrer les services de la Marine marchande et les Affaires maritimes dans les ports, sur le littoral et dans les eaux territoriales françaises. — **Relig.** *Administrateur apostolique,* prélat auquel le Saint-Siège confie momentanément le gouvernement d'un diocèse.

ADMINISTRATIF, IVE adj. **1.** Qui concerne une administration, l'Administration. — **2.** *Division administrative,* celle qui partage en circonscriptions le territoire de l'État. ‖ *Droit administratif,* ensemble des règles qui régissent l'organisation et l'activité de l'Administration. ‖ *Police administrative,* police qui a pour objet de maintenir la tranquillité, la sécurité, la salubrité et l'ordre publics (par oppos. à POLICE JUDICIAIRE).
◆ **administratif, ive** n. Personne qui travaille dans le secteur administratif d'une entreprise.

ADMINISTRATION n. f. (lat. *administratio*). **1.** Action d'administrer des affaires publiques ou privées ; gestion. — **2.** Ensemble des services publics (souvent avec une majuscule) ; ensemble des fonctionnaires chargés d'un service public. (On dit aussi ADMINISTRATION PUBLIQUE.) — **3.** Service public concernant un domaine particulier : *L'administration des douanes.* — **4.** Action de donner, de faire prendre : *L'administration d'un médicament.* • **Dr.** Pouvoir destiné à assurer la conservation de tout ou partie d'un patrimoine. ‖ Aux États-Unis, ensemble formé par le gouvernement proprement dit et par les conseillers engagés par le président pour l'aider à élaborer sa politique. ‖ *Administration légale,* administration de tout ou partie du patrimoine d'un mineur, confiée de plein droit par la loi à une personne déterminée. (L'administration légale peut être *pure et simple,* ou *sous contrôle judiciaire.*) ‖ *Clause d'administration conjointe,* clause d'un contrat de mariage qui prévoit l'administration de la communauté par les deux époux. ‖ *Instituts régionaux d'administration (I. R. A.),* établissements publics créés en 1966 et chargés de la formation de certains corps de l'État. — **Écon.** *Administrations privées,* ensemble des organismes sans but lucratif qui produisent des services non marchands au bénéfice des ménages (lesquels financent ces institutions sur la base de contributions volontaires). ‖ *Administrations publiques,* ensemble des organismes qui, produisant des services non marchands destinés à la collectivité ou effectuant des redistributions de revenus et de patrimoine, perçoivent des versements obligatoires et des subventions.

administration *(École nationale d')* **[E. N. A.],** établissement public créé par une ordonnance de 1945, placé sous l'autorité du Premier ministre et chargé de recruter et de former les membres des grands corps de l'État et de l'administration de la Ville de Paris. Le fonctionnement de l'École est réparti sur deux sites : Strasbourg, siège officiel de l'établissement, et Paris.

ADMINISTRATIVEMENT adv. Par voie administrative, du point de vue de l'administration.

ADMINISTRÉ, E n. Personne considérée par rapport à l'Administration publique.

ADMINISTRER v. t. (lat. *administrare,* servir) [conj. 3]. **1.** Diriger, gérer des affaires publiques ou privées : *Le maire administre la commune.* — **2.** Donner, faire prendre un remède à qqn : *Administrer une potion à un malade.* — **3.** *Fam.* Infliger une punition, une correction. — **4.** Conférer un sacrement à qqn, et plus spécialement conférer le sacrement des malades. *Administrer la justice,* rendre la justice. ‖ *Administrer une preuve,* la fournir, la produire.

ADMIRABLE adj. (lat. *admirabilis*). **1.** Digne d'admiration ; magnifique : *Un admirable paysage ;* et, ironiq. : *Et vous avez compris ; voilà qui est admirable.* — **2.** Excellent, très agréable : *J'ai passé une admirable soirée.*

ADMIRABLEMENT adv. **1.** De façon admirable : *Une jeune fille admirablement faite.* — **2.** Très, extrêmement : *Ils s'entendent admirablement bien.*

ADMIRATEUR, TRICE n. (lat. *admirator*). Personne qui admire qqn, qqch.

ADMIRATIF, IVE adj. (bas lat. *admirativus*). **1.** Qui éprouve, manifeste des sentiments d'admiration : *Un lecteur admiratif nous écrit...* — **2.** Qui manifeste l'admiration : *Des paroles admiratives.*

ADMIRATION n. f. (lat. *admiratio*). **1.** Sentiment de ravissement, éprouvé devant qqn ou qqch : *Il force l'admiration par son courage.* — **2.** Personne ou chose que l'on admire, ou que l'on a admirée : *Renier les admirations de sa jeunesse.* — **3.** *Être, tomber en admiration devant qqn, qqch,* les considérer avec un sentiment de ravissement.

ADMIRATIVEMENT adv. Avec admiration.

ADMIRER v. t. (lat. *admirari*) [conj. 3]. **1.** Éprouver pour qqn, qqch, un sentiment d'admiration : *Admirer un maître, un paysage.* — **2.** Constater qqch avec un étonnement mêlé d'admiration, ou, ironiq., de réprobation : *J'admire sa patience avec ses enfants.*

ADMIS, E n. Candidat reçu à un examen, à un concours dans une école, etc.

ADMISSIBILITÉ n. f. 1. Qualité de ce qui est admissible : *L'admissibilité d'une proposition.* — 2. Fait d'être admissible à un concours, à un examen.

ADMISSIBLE adj. (lat. médiév. *admissibilis,* de *admissus,* admis). Qui peut être considéré comme valable, possible ou supportable : *Son comportement n'est pas admissible.*
◆ adj. et n. Qui est jugé capable de subir la seconde série d'épreuves d'un examen, d'un concours.

ADMISSION n. f. (lat. *admissio,* de *admittere,* admettre). 1. Action d'admettre qqn, fait d'être admis qqpart, à un examen, etc. : *Faire une demande d'admission. Bureau des admissions d'un hôpital.* — 2. Entrée du fluide moteur dans le cylindre ou dans la chambre de combustion d'un moteur. — 3. *Admission à la cote,* décision du Conseil des Bourses de valeurs de faire figurer une valeur à une cote. ‖ *Admission au travail,* accès au statut de salarié. (L'âge légal d'admission au travail est, en France, 16 ans).

ADMITTANCE n. f. (angl. *admittance,* admission). 1. Quotient de la valeur efficace du courant électrique qui circule dans un circuit passif par la valeur efficace de la tension sinusoïdale appliquée. (C'est l'inverse de l'impédance, son unité est le siemens.) — 2. *Admittance complexe,* grandeur complexe dont le module est égal à l'admittance et dont l'argument est égal à l'angle de phase du courant, diminué de l'angle de phase de la tension.

ADMONESTATION n. f. *Litt.* Avertissement solennel, remontrance.

ADMONESTER v. t. (lat. pop. **admonestare,* du lat. class. *admonere,* avertir) [conj. 3]. *Litt.* Faire à qqn une réprimande sévère, une remontrance solennelle.

ADMONITION n. f. (lat. *admonitio*). 1. *Litt.* Avertissement fait à qqn sur sa conduite. — 2. Peine qui consistait à recevoir debout, devant le tribunal, un avertissement du président de ne plus commettre la faute dont on s'était rendu coupable. — 3. Syn. de MONITION.

A. D. N. n. m. 1. Abrév. de ACIDE DÉSOXYRIBONUCLÉIQUE* (en angl. DNA). — 2. *A. D. N. polymérase,* enzyme catalysant la formation d'A. D. N. à partir de monodésoxyribonucléotides. (La synthèse des chaînes se fait par complémentarité des chaînes préexistantes. Dans les systèmes eucaryotes, on a défini quatre classes principales d'A. D. N. polymérase : A. D. N. polymérase α, β, γ et mt [mitochondriale]. Toutes renferment du zinc.)

ADNÉ, E adj. (lat. *adnatus,* né auprès). Se dit, chez les champignons, d'une lamelle largement fixée sur le pied.

ADNET (Jacques), décorateur français (Châtillon-Coligny 1900 - Paris 1984). Fondateur en 1928 de la Compagnie des arts français, il a créé un mobilier sobre et linéaire, souvent inspiré de la haute époque mais très épuré, et a contribué au nouvel essor de la tapisserie. Il a été directeur de l'E. N. S. A. D. de 1959 à 1970.

ADNOMINAL, E, AUX adj. Se dit d'un mot ou d'un groupe de mots en rapport syntaxique avec un nom (par ex. « dernier » et « Pierre » dans *le dernier livre de Pierre*).

AD NUTUM [adnytɔm] loc. adv. (mots lat. signif. *au moindre signe).* De façon instantanée (révocation ad nutum d'un haut fonctionnaire, etc.).

ADO n. *Fam.* Adolescent.

ADOBE n. m. (esp. *adobe,* de l'ar.). Brique rudimentaire de terre mêlée de paille, séchée au soleil.

ADO EKITI, v. du Nigeria, à l'E. d'Oshogbo ; 190 000 hab.

ADOLESCENCE n. f. (lat. *adolescencia*). Période intermédiaire entre l'enfance et l'âge adulte, au cours de laquelle l'avènement de la maturité génitale bouleverse l'équilibre acquis antérieurement.

ENCYCL. L'adolescence débute par les transformations corporelles de la puberté, qui désorientent l'adolescent, si bien que l'image de son corps est au centre de ses préoccupations, et que de menus problèmes physiques (taille, obésité, acné, etc.) peuvent prendre une importance démesurée. Psychologiquement, avec l'accession à la *pensée formelle,* l'adolescent devient capable d'opérer sur des signes et des symboles substitués aux objets eux-mêmes, et de raisonner sur ces substituts. Le bouleversement le plus significatif se situe au niveau de la sexualité : l'adolescent a maintenant la possibilité de procréer. Mais l'ambivalence est grande vis-à-vis des désirs sexuels : la répression coexiste avec la réalisation. Le flirt, relation sentimentale et érotique, apparaît comme un phénomène typique de l'adolescence. La masturbation, très souvent culpabilisée, peut coexister avec des relations hétérosexuelles épisodiques. Il arrive que l'adolescent se réfugie dans l'ascétisme, dénonçant ou niant la sexualité.

L'adolescent est aussi à la recherche de son identité. Pour amorcer son indépendance, il doit d'abord lutter contre ce qui l'attache à son enfance, mobilisant souvent son agressivité contre son milieu familial. S'étant posé en étranger dans son milieu familial, il tente de se faire reconnaître ailleurs, recherche la compagnie de ceux de son âge, et des amitiés passionnées et exclusives prennent alors naissance. Progressivement, cependant, d'identification en identification, l'adolescent finit par se découvrir.

Adolescence clémentine, recueil des premières œuvres de Clément Marot (1532).

ADOLESCENT, E n. (lat. *adolescens,* de *adolescere,* grandir). Garçon, fille qui est dans l'adolescence. (Abrév. fam. ADO.)

ADOLPHE DE NASSAU (1248 ou 1255-1298), roi des Romains (1292-1298). Il fut tué à la bataille de Göllheim, qu'il livrait à son compétiteur impérial Albert de Habsbourg.

ADOLPHE DE NASSAU (Biebrich 1817-Hohenburg 1905), grand-duc de Luxembourg (1890-1905) à la mort de Guillaume III, roi des Pays-Bas.

Adolphe, roman de Benjamin Constant, publié à Londres en 1816. Récit autobiographique et essai sur la destinée humaine, ce roman répond au *René* de Chateaubriand.

ADOLPHE-FRÉDÉRIC (Gottorp 1710-Stockholm 1771), roi de Suède (1751-1771). Nommé prince royal de Suède en 1743, grâce à l'influence russe, il devint roi en 1751. Dominé par sa femme Louise Ulrique, sœur de Frédéric II de Prusse, il se révéla impuissant face à la lutte d'influence qui opposa le parti des Chapeaux* à celui des Bonnets.

ADONAÏ (mot hébr. signif. *mon seigneur*), nom souvent donné à Dieu dans l'Ancien Testament. Dans la Bible hébraïque, ce mot est lu à la place du tétragramme sacré YHWH (ou YHVH), dont le nom ne devait être prononcé sous peine de sacrilège. (→ YAHVÉ.)

ADONIES n. f. pl. (gr. *adônia*). Fêtes qui commémoraient la mort d'Adonis.

ADONIQUE ou **ADONIEN** adj. (lat. *adonius*). Se dit d'un vers grec composé d'un choriambe et d'une syllabe de longueur indifférente : – ∪ ∪ – | ∪.

1. ADONIS [-nis] n. m. (de *Adonis,* n. myth.). 1. Jeune homme remarquable par sa beauté (souvent ironiq.). – 2. Papillon diurne du genre lycène, d'un bleu éclatant. (N. usuel *belargus.*)

2. ADONIS [-nis] n. f. Plante herbacée (renonculacée) dangereusement vénéneuse, aux fleurs rouges ou jaunes.

ADONIS, fleuve de Phénicie, au S. de Byblos, dont les eaux, charriant des sables rouges, passaient pour teintées du sang d'Adonis.

ADONIS (du phénicien *adôn,* seigneur), divinité phénicienne de la végétation, dont le culte fut introduit dans le monde gréco-romain. Le mythe de sa mort et de sa résurrection est le symbole de la végétation qui naît et meurt chaque année.

Adonis, poème en 20 chants de Giambattista Marino, publié à Paris en 1623. À travers une structure dont la complexité rappelle les romans baroques contemporains, le poème, qui obéit à une esthétique de l'accumulation, de la symétrie et du pastiche, évoque les artifices par lesquels Vénus tente de séduire le nonchalant Adonis.

ADONIS, astéroïde du type Apollo*, découvert en 1936. Diamètre estimé : 0,3 km.

ADONIS → ADŪNĪS.

ADONNER v. i. (anc. provenç. *adonar*) [conj. 3]. En parlant du vent, tourner depuis l'allure du plus près jusqu'à celle du vent arrière, par rapport à une route donnée d'un navire. (Syn. CULER ; contr. REFUSER.)

ADONNER (S') v. pr., **ÊTRE ADONNÉ** v. pass. (lat. pop. **addonare,* donner, livrer) [conj. 3]. Se livrer à une activité par inclination et avec ardeur ; en partic., se laisser aller à un penchant néfaste : *S'adonner à la boisson.*

ADOPTABLE adj. Qui peut être adopté.

ADOPTANT, E n. Personne qui adopte.

ADOPTÉ, E n. Personne qui bénéficie de l'adoption.

ADOPTER v. t. (lat. *adoptare,* choisir) [conj. 3]. 1. Prendre, au terme d'un jugement, pour fils ou fille celui, celle qui ne l'est pas naturellement. – 2. Admettre qqn dans son milieu, le considérer comme un des siens : *La famille de mon conjoint m'a adoptée.* – 3. Faire sienne la conduite, les idées de qqn d'autre : *Adopter le point de vue de la majorité.* – 4. Choisir, prendre, avoir tel comportement, tel langage : *Quelle politique faut-il adopter ?* – 5. Choisir qqch pour soi, pour en user régulièrement : *Adopter une mode, un nouveau produit.* – 6. Approuver, voter un projet, une loi, etc.

ADOPTIANISME n. m. Hérésie de la fin du IIe s., professant que Jésus-Christ n'est pas Fils de Dieu de toute éternité mais qu'il le devint lors de son baptême, où il fut « adopté » par Dieu.

ADOPTIANISTE adj. et n. Partisan de l'adoptianisme.

ADOPTIF, IVE adj. (lat. *adoptivus*). 1. Qu'on a adopté : *Fils adoptif.* – 2. Qui a adopté : *Père adoptif.* – 3. Se dit d'un pays choisi, préféré à d'autres : *Patrie adoptive.* – 4. Relatif à l'adoption : *Filiation adoptive.*

ADOPTION n. f. (lat. *adoptio*). 1. Action d'adopter qqn : *L'adoption d'un enfant.* – 2. Action d'adopter, d'approuver qqch par un vote : *L'adoption d'un texte de loi.* – **3.** *D'adoption,* se dit d'une famille, d'un pays, etc., que l'on a adoptés, choisis, préférés à d'autres.

ENCYCL. **Dr.** L'adoption, pratiquée dans l'Antiquité, ignorée dans l'ancien droit et rétablie sous la Révolution, fut consacrée par le Code civil, mais ne s'appliqua aux mineurs qu'à partir de 1923. La réforme de 1939, complétée en 1958, 1960 et 1963, institua, à côté de l'adoption proprement dite, la légitimation adoptive, qui tentait de créer une filiation adoptive aussi proche que possible de la filiation légitime. Afin de mettre un terme aux conflits entre famille adoptive et famille par le sang, la loi du 11 juill. 1966, remaniée en 1976, a institué *l'adoption plénière* et *l'adoption simple,* dont la différence se situe essentiellement au niveau de leurs effets.

ADOR (Gustave), homme d'État suisse (Genève 1845-*id.* 1928). Il fut de 1889 à 1917 membre du Conseil national suisse (présidence en 1901). Membre du Conseil fédéral, il fut élu en 1919 président de la Confédération.

ADORABLE adj. (lat. *adorabilis*). Dont le charme, l'agrément est extrême : *Cet enfant est adorable.*

ADORABLEMENT adv. De façon adorable, exquise.

ADORANT n.m. Syn. de ORANT.

ADORATEUR, TRICE n. (de *adorator*). **1.** Personne qui adore une divinité : *Les adorateurs du feu.* – **2.** Personne qui éprouve une grande admiration pour qqn : *Elle était entourée d'une foule d'adorateurs.*

ADORATIO, mot latin s'appliquant à l'acte de poser la main sur la bouche à la fin d'une prière et à celui de plier le genou devant l'empereur romain ou byzantin.

ADORATION n. f. (lat. *adoratio*). **1.** Action d'adorer un être divin. – **2.** Sentiment d'amour passionné, de très grande affection : *Amour qui confine à l'adoration.* – **3.** *Adoration perpétuelle,* dévotion qui consiste à rendre au saint sacrement solennellement exposé sur l'autel un hommage ininterrompu.

Adoratrice *(Divine)* ou « divine main », en Égypte ancienne, « épouse » d'Amon. À partir de Osorkon III, une fille du roi fut consacrée à Amon en tant qu'épouse, chacune « adoptant » la suivante ; ces princesses acquirent, notamment sous la domination éthiopienne (XXVe dynastie), une puissance spirituelle non négligeable, à Thèbes.

ADORÉ, E n. *Mon adoré(e),* se dit à celui, à celle que l'on aime avec passion.

ADORER v. t. (lat. *adorare,* de *orare,* prier) [conj. 3]. **1.** Rendre des honneurs à Dieu, à une divinité. – **2.** Aimer passionnément qqn ou, simplement, l'apprécier beaucoup : *Elle adore son mari.* – **3.** Avoir un goût très vif pour qqch, apprécier énormément une attitude, une action : *Adorer le chocolat. Adorer marcher sous la pluie.*

ADORNO (Theodor Wiesengrund), philosophe, sociologue et musicologue allemand (Francfort-sur-le-Main 1903-Viège, Suisse, 1969). Musicologue, élève de A. Berg, il rejoignit après la Première Guerre mondiale l'école de Francfort. Marxiste de formation, il tenta de réinterpréter la psychanalyse dans la perspective de la théorie critique. Il assigne à la création artistique une fonction de protestation sociale. Il a notamment écrit *la Personnalité autoritaire* (1950).

ADOS [ado] n. m. (de *adosser*). **1.** Talus en terre, servant à soustraire les cultures à l'influence des vents du nord et à les exposer à l'action du soleil. – **2.** Portion de terre à laquelle on donne par des labours le relief d'un toit à deux ou quatre pentes.

ADOSSEMENT n. m. État de ce qui est adossé à, contre qqch.

ADOSSER v. t. (conj. 3). **1.** Placer qqn le dos contre qqch, placer, appuyer la face postérieure de qqch contre qqch : *Adosser une construction à une colline.* – **2.** Labourer en commençant par les deux raies qui formeront l'axe central de la future planche, et qui sont donc appuyées l'une contre l'autre.

◆ **être adossé** v. pass. En parlant de deux meubles héraldiques identiques, être représentés dos à dos.

◆ **s'adosser** v. pr., **être adossé** v. pass. S'appuyer le dos contre qqch, être appuyé contre qqch en parlant d'un objet, d'une construction.

ADOUA ou **ADWA,** v. du nord de l'Éthiopie, au S. d'Asmara ; 21 000 hab. Anc. cap. du Tigré. En 1896, les troupes italiennes de Baratieri y furent écrasées par les Éthiopiens. La ville fut reconquise en 1935 par les Italiens, que les Britanniques chassèrent en 1941.

ADOUBEMENT n. m. Cérémonie au cours de laquelle un homme était armé chevalier.

ENCYCL. La cérémonie de l'adoubement débutait par la remise des armes au postulant par un chevalier qui lui servait de parrain. Celui-ci donnait ensuite, du plat de la main, un fort coup (*colée* ou *paumée*) sur la nuque du nouveau chevalier ; au XIe s., l'Église transforma cette cérémonie en instituant une veillée de prières *(veillée d'armes)*, la bénédiction de l'épée et celle du futur chevalier.

ADOUBER v. t. (frq. **dubban,* frapper) [conj. 3]. **1.** Armer un chevalier au cours de l'adoubement. — **2.** Aux échecs, aux dames, etc., bouger une pièce en se réservant le droit de faire marche arrière.

ADOUCI n. m. Première façon donnée aux glaces brutes et au cristal ébauché par la taille.

ADOUCIR v. t. (conj. 32). **1.** Rendre qqch plus doux, moins âpre, moins rude au toucher, à la vue, etc. : *Ce savon adoucit la peau. Adoucir les couleurs d'un tableau.* — **2.** Rendre moins durs l'aspect, l'attitude de qqn, leur donner de la douceur : *Adoucir ses propos, son regard.* — **3.** Diminuer l'intensité des sentiments, le degré, la violence des actions de qqn : *La musique adoucit les mœurs.*— **4.** Rendre moins froid ou moins chaud le temps, le climat. • **Archit.** Raccorder deux membres d'architecture, l'un en saillie, l'autre en retrait, à l'aide d'une moulure concave. ‖ Infléchir l'extrémité d'une marche d'escalier. — **Assain.** Diminuer la dureté d'une eau. — **Matér.** Frotter la surface d'un matériau dur (pierre) avec un abrasif, de telle sorte qu'il ne subsiste d'autres irrégularités que les rayures très fines dues à cet abrasif. (L'aspect obtenu est la *taille adoucie.*) — **Métall.** Réduire par oxydation la teneur en carbone et en impuretés oxydables d'une fonte ou d'un acier. — **Pétr.** Désodoriser une essence ou un distillat léger et les rendre non corrosifs par un procédé de raffinage.
◆ **s'adoucir** v. pr. Devenir plus doux, perdre de sa dureté, de sa violence : *Il n'est plus en colère, il s'est adouci.*

ADOUCISSAGE n. m. **1.** Traitement destiné à améliorer le toucher des articles textiles en leur conférant de la souplesse, ou à faciliter certaines opérations de transformation en améliorant le glissement des fibres. — **2.** Action d'adoucir une pierre de taille dure, un marbre.

ADOUCISSANT, E adj. Qui adoucit la peau : *Une lotion adoucissante.*
◆ **adoucissant** n. m. Substance organique utilisée comme apprêt, ou en fin de lavage, pour rendre les textiles plus agréables au toucher.

ADOUCISSEMENT n. m. **1.** Action d'adoucir qqch ; fait de s'adoucir : *Adoucissement d'une peine, de la température, d'un produit pétrolier.* — **2.** Élément décoratif ou structurel (souvent un aileron) placé entre deux surfaces et comblant l'angle vif que formerait, sans lui, la rencontre de celles-ci. — **3.** Diminution de la teneur d'une eau en sels de calcium ou de magnésium. — **4.** Transformation d'une consonne forte en une consonne douce, qui se traduit généralement par une sonorisation (par ex., le passage de [k] à [g]).

ADOUCISSEUR n. m. Appareil permettant d'adoucir une eau.

ADOUR, fl. des Pyrénées centrales et du sud-ouest de l'Aquitaine ; 335 km (bassin d'environ 15 000 km²). Formé au pied des cols d'Aspin et du Tourmalet, il passe à Tarbes, Dax, Bayonne et se termine par un estuaire entre Anglet et Boucau. Torrent à régime pluvio-nival en amont, l'Adour ne reçoit ensuite que des affluents nourris par les pluies. De 40 m³/s à Aire, son débit moyen passe à plus de 90 m³/s vers Dax, et est plus que doublé par les apports des Luys et surtout des Gaves Réunis.

ADOUR *(pays de l'),* nom parfois donné à la région de collines englobée dans la boucle décrite par l'Adour, entre la chaîne pyrénéenne et la forêt landaise et comprenant la Chalosse, le Tursan et le Vic-Bilh, l'avant-pays bigourdan et surtout béarnais.

ADOXA n. m. Petite herbe (caprifoliacée) des bois humides, à légère odeur de musc.

ADOXUS [-ksys] n. m. Insecte coléoptère nuisible à la vigne, dont la larve ronge les racines. (Syn. BROMIUS, EUMOLPE, GRIBOURI.)

A. D. P. n. m. Abrév. de ACIDE ADÉNOSINE-DIPHOSPHORIQUE.

AD PATRES [adpatrɛs] loc. adv. (mots lat. signif. *vers les ancêtres*). Fam. *Aller ad patres,* mourir. ‖ *Envoyer ad patres,* tuer.

ADRAGANTE adj. f. (altér. du lat. *dragantum,* du gr. *tragakantha,* épine de bouc). *Gomme adragante,* exsudat naturel ou provoqué de divers *astragalus* (papilionacées), utilisé en pharmacie et dans l'industrie.

ADRAR n. m. (mot berbère). Syn. de DJEBEL.

ADRAR, plateau gréseux du Sahara mauritanien. V. princ. *Atar.*

ADRAR, oasis du Sahara algérien, dans le Touat, ch.-l. de la *wilaya d'Adrar ;* 22 800 hab.

ADRASTE, roi d'Argos, héros des conquérants doriens, d'origine argienne, qui aurait conquis Sicyone. Il accueillit Polynice, chassé de Thèbes par son frère Étéocle, et entreprit contre celui-ci la guerre des Sept-Chefs.

ADRÉNALINE n. f. (amér. *adrenalin,* du lat. *ad,* auprès de, et *renalis,* des reins). **1.** Hormone sécrétée par la médullosurrénale et accessoirement par les ganglions nerveux et les fibres sympathiques postganglionnaires, et qui peut être préparée synthétiquement. (Syn. ÉPINÉPHRINE.) — **2.** Fam. *Avoir une poussée d'adrénaline,* avoir un brusque accès de colère.

ENCYCL. L'adrénaline est stockée dans la médullosurrénale et passe directement dans la circulation générale après excitation du nerf splanchnique. Ses effets physiologiques sont fugaces, car elle est rapidement inactivée par la mono-

amine-oxydase (M.A.O.) dans le plasma et par une recapture intra- et extraneuronale.
L'adrénaline (dont l'action s'oppose à celle de l'acétylcholine) est sympathomimétique, douée de propriétés hypertensives et vasoconstrictrices sur la circulation périphérique, et d'un pouvoir régulateur sur la musculature lisse. En thérapeutique, on l'utilise dans les collapsus brutaux dus à des réactions allergiques graves.

ADRÉNALINÉMIE n. f. Présence d'adrénaline dans le sang ; son taux.

ADRÉNERGIQUE adj. et n. m. Se dit d'une substance agissant comme l'adrénaline sur les récepteurs alpha et bêta (récepteurs adrénergiques) du système sympathique.

ADRÉNOLYTIQUE adj. et n. m. Se dit d'une substance capable de diminuer ou de supprimer l'action de l'adrénaline sur les récepteurs adrénergiques.
ENCYCL. Les adrénolytiques alpha, ou alphabloquants, tendent à diminuer la pression artérielle en créant une vasodilatation périphérique. Les adrénolytiques bêta, ou bêtabloquants, diminuent le travail du muscle cardiaque et sa consommation d'oxygène.

ADRESSABLE adj. Se dit d'une mémoire d'ordinateur dont l'accès se fait par l'utilisation d'adresses indiquant la position des informations recherchées.

ADRESSAGE n. m. En informatique, action d'adresser ; mode de réalisation de cette action, résultat de cette action.

1. ADRESSE n. f. (anc. fr. *adrece,* bonne direction, de *adresser*). **1.** Ensemble d'indications (rue, numéro, localité, département, pays, etc.) qui situent précisément le domicile de qqn ou le siège d'une collectivité : *Il est parti sans laisser d'adresse. Carnet d'adresses.* — **2.** *À l'adresse de qqn,* à son intention. ‖ Fam. *Se tromper d'adresse,* ne pas s'adresser à la personne qui convient, notamment en formulant un reproche.

2. ADRESSE n. f. (de *adresse 1,* avec infl. de *adroit*). Qualité d'une personne adroite physiquement ou intellectuellement, ou de sa conduite : *L'adresse d'un équilibriste. Esquiver avec adresse une question délicate.*

3. ADRESSE n. f. (angl. *address,* de l'anc. fr. *adrece,* bonne direction). **1.** Discours dans lequel un corps constitué exprime au souverain ses sentiments et ses vœux. — **2.** Réponse que, dans les monarchies constitutionnelles, les députés font au discours du trône à l'ouverture de la session annuelle.
ENCYCL. L'adresse, originaire d'Angleterre, se répandit dans la plupart des États constitutionnels et revêtit en France, de 1815 à 1848, une grande importance. Supprimé après la révolution de février 1848, le droit d'adresse fut rétabli par le décret du 24 nov. 1860, mais le décret du 31 janv. 1867 sur le droit d'interpellation le rendit caduc.

4. ADRESSE n. f. (angl. *address*). **1.** Symbole, nombre, ou chaîne de caractères, qui permet d'identifier un emplacement en mémoire ou une unité dans un système informatique en vue de l'enregistrement ou de la restitution d'une information. — **2.** En lexicographie, syn. de ENTRÉE.

1. ADRESSER v. t. (anc. fr. *drecier,* diriger) [conj. 4]. **1.** Faire parvenir qqch à qqn, le lui envoyer directement : *Adresser une lettre à un ami.* — **2.** Diriger qqn vers une personne, un service : *Adresser un malade à un spécialiste.* — **3.** Proférer, dire qqch qui le concerne à l'intention de qqn : *Adresser des compliments, des reproches à quelqu'un.* — **4.** *Adresser un regard, un sourire, un signe, etc., à qqn,* exprimer par un geste, une mimique, une intention, son sentiment à qqn. — **5.** *Adresser la parole à qqn,* lui parler. — **6.** *Machine à adresser,* machine imprimant des enveloppes ou des bandes d'envoi de journaux ou de catalogues.
◆ **s'adresser** v. pr. **1.** Aller trouver qqn, avoir recours à qqn, à un service : *Adressez-vous au gardien, aux renseignements.* — **2.** *S'adresser à la conscience, au bon sens, etc., de qqn,* chercher à le toucher en faisant appel à sa conscience, etc. — **3.** Être destiné à qqn : *Cette remarque ne s'adresse pas à vous.* — **4.** Interpeller qqn, lui parler, lui adresser la parole : *Sois poli quand tu t'adresses à ton père.*

2. ADRESSER v. t. (angl. *to address*) [conj. 4]. En informatique, adjoindre une adresse à une information.

ADRET n. m. (provenç. *adreit,* bon côté). En montagne, versant le plus ensoleillé d'une vallée, opposé à l'*ubac.* (Ce terme et son syn. ENDROIT sont surtout employés dans les Alpes ; leur équivalent pyrénéen est SOULANE. L'adret est le versant le plus favorable aux cultures et à l'habitat.)

ADRET (Françoise), chorégraphe française (Versailles 1920). Animatrice et chorégraphe du Ballet-Théâtre contemporain depuis sa création en 1967 jusqu'en 1985, d'abord à Amiens, puis à Angers et à Nancy, elle a dirigé le ballet de l'Opéra de Lyon de 1985 à 1991.

ADRETS (François DE BEAUMONT, *baron* DES), homme de guerre français (château de la Frette, Isère, 1513-*id.* 1587). Colonel des légionnaires du Dauphiné (1558), il fit preuve d'une extrême cruauté envers les catholiques lors de la première guerre de Religion. Passé du parti protestant

(1562) au parti catholique (1567), il resta suspect aux deux partis.

ADRIA, v. d'Italie, en Vénétie, à l'E. de Rovigo, sur le canal Bianco ; 22 000 hab. Les alluvions du Pô et de l'Adige l'ont éloignée de la mer, sur laquelle était jadis le port d'*Atria*. Adria a donné son nom à la *mer Adriatique*.

ADRIAMYCINE n. f. Syn. de DOXORUBICINE.

ADRIAN (*sir* Edgar Douglas), médecin britannique (Londres 1889-Cambridge 1977). Il a obtenu le prix Nobel de physiologie en 1932 avec C. Sherrington pour des recherches sur le système nerveux et le fonctionnement des neurones.

Adriana *(villa)* → HADRIANA *(villa)*.

ADRIATIQUE *(mer)*, mer annexe de la Méditerranée en forme de golfe étroit (200 km) et allongé (800 km) entre les péninsules italienne et balkanique, jusqu'au canal d'Otrante. La majeure partie est occupée par une plate-forme continentale construite dans la zone d'affrontement entre les Apennins et les chaînes Dinariques. La submersion de celles-ci a produit les profondes indentations de la côte dalmate. La côte italienne, sauf au pied du Gargano et de la Pouille, est régularisée : les plaines côtières sont deltaïques et marécageuses, principalement celle du Pô, où les lagunes sont menacées de comblement par la progression des lidi. La moitié méridionale est baignée par des eaux tièdes et salées (plus de 35 ‰), mais le golfe de Venise connaît un refroidissement (5 °C en hiver quand souffle la bora) et une dessalure (18 ‰) sensibles. L'Adriatique n'a plus l'importance commerciale qu'elle eut jusqu'au XVIIe s. Les ports n'assurent plus qu'une desserte locale, sauf ceux qu'animent la pêche, l'industrie (Venise, Trieste, Bari) et le tourisme.

ADRIEN → HADRIEN.

ADRIEN *(saint)*, martyr à Nicomédie, vers 303.

ADRIEN Ier († Rome 795), pape de 772 à 795. Il fut l'allié de Charlemagne, dont il invoqua l'aide contre les Lombards.

ADRIEN II (Rome 792-*id.* 872), pape de 867 à 872. Il approuva la liturgie slave.

ADRIEN III *(saint)* [† Nonantola 885], pape de 884 à 885.

ADRIEN IV (Nicolas BREAKSPEAR) [Langley, Hertfordshire, v. 1100 - Anagni 1159], pape de 1154 à 1159. Il s'opposa à Arnaud de Brescia, qu'il chassa de Rome puis fit périr (1155).

ADRIEN V (Ottobono DE' FIESCHI) [Gênes-Viterbe 1276], pape du 11 juillet au 18 août 1276.

ADRIEN VI (Adriaan FLORISZOON) [Utrecht 1459-Rome 1523], pape de 1522 à 1523. Il tenta, sans succès, une nouvelle croisade et une réforme à la curie.

ADROIT, E adj. (de *droit*). **1.** Qui exécute avec précision et opportunité les gestes nécessaires à la réussite de ce qu'il veut réaliser : *Un conducteur adroit. Une manœuvre adroite.* — **2.** Qui fait preuve de finesse d'esprit, de savoir-faire, d'habileté dans ses démarches, ses relations avec autrui : *Un diplomate adroit.*

ADROITEMENT adv. De façon adroite.

ADSORBANT, E adj. et n. m. Se dit des corps qui adsorbent.

ADSORBER v. t. (lat. *ad.,* vers, et *sorbere,* avaler) [conj. 3]. Produire l'adsorption.

ADSORPTION n. f. (de *adsorber*). Phénomène par lequel des solides pulvérulents ou poreux, des solutions retiennent à leur surface des molécules, des ions en phase gazeuse ou liquide.
ENCYCL. L'adsorption se produit à la couche séparatrice de deux milieux de natures différentes. On distingue deux formes différentes : la physisorption (mettant en jeu des forces de nature physique) et la chimisorption (véritable réaction chimique superficielle). L'adsorption a de nombreuses applications : purification et séparation des gaz, purification de l'eau, catalyse hétérogène (craquage, synthèses), chromatographie en phases gazeuse ou liquide.

ADSTRAT n. m. (lat. *ad,* près de, et de *substrat*). Ensemble des faits concordants qui apparaissent dans des langues ou des parlers différents, mais en contact géographique, politique, culturel, et qui résultent d'un échange d'influences.

ADUATUQUES, anc. peuple de la Gaule Belgique, établi près de Tongres.

ADULA, massif des Alpes centrales suisses, partiellement englacé, culminant au Rheinwaldhorn (3 402 m) et dominant le col de San Bernardino. Il forme la ligne de partage des eaux entre le Tessin et le Rhin.

ADULAIRE n. f. (ital. *adularia,* de *Adula,* n. pr.). Feldspath potassique de basse température, à structure hétérogène. (Syn. PIERRE DE LUNE.)

ADULATEUR, TRICE adj. et n. (lat. *adulator*). *Litt.* Qui flatte bassement ou de manière excessive ; flagorneur.

ADULATION n. f. (lat. *adulatio*). *Litt.* Flatterie servile ou excessive.

ADULER v. t. (lat. *adulari*) [conj. 3]. Témoigner à qqn une admiration excessive et complaisante : *Elle était adulée du Tout-Paris.*

ADULTE adj. (lat. *adultus,* de *adolescere,* grandir). **1.** Qui est parvenu au terme de sa croissance, à son plein développement. — **2.** Qui fait preuve d'équilibre, de maturité (par oppos. à INFANTILE) : *Un comportement adulte.*

◆ n. Personne ayant atteint ou dépassé l'âge de vingt ans environ.

ENCYCL. Dans quelques espèces animales et chez toutes les plantes vivaces, la croissance continue après l'acquisition des fonctions reproductrices. Chez l'homme et les vertébrés supérieurs, elle s'arrête alors à peu près ; chez les insectes, l'adulte ou *imago* ne peut absolument pas grandir.

ADULTÉRATION n. f. (lat. *adulteratio*). Action d'adultérer, de falsifier qqch.

ADULTÈRE adj. (lat. *adulter*). Qui viole la fidélité conjugale : *Conjoint adultère.*

◆ n. m. **1.** Violation du devoir de fidélité entre époux. — **2.** *Constat d'adultère,* constat d'huissier établi à la demande de l'un des conjoints pour prouver l'adultère de l'autre conjoint dans le cadre de la procédure de divorce pour faute.

ADULTÉRER v. t. (lat. *adulterare,* corrompre) [conj. **18**]. Modifier en falsifiant ; altérer : *Adultérer un texte.*

ADULTÉRIN, E adj. (lat. *adulterinus*). Né d'un adultère : *Enfant adultérin.*

ADŪNĪS ou **ADONIS** ('Alī Aḥmad SA'ĪD, dit), écrivain d'origine syrienne, naturalisé libanais (Qasābīn,près de Lattaquié, 1930). Animateur de la revue *Chi'r* (1957), on lui doit des poèmes lyriques empreints d'inquiétude métaphysique (dont une partie ont été rassemblés et traduits en français dans un recueil intitulé *Mémoire du vent* [Poèmes 1957-1990], publié en 1991), une *Anthologie de la poésie arabe* (1964-1968) et des essais (*Introduction à la poésie arabe,* 1971).

ad usum Delphini (expression lat. signif. *à l'usage du Dauphin*). S'est dit des éditions des classiques latins entreprises, sous la direction de Bossuet et de Huet, pour le Dauphin, fils de Louis XIV, et dont on avait retranché quelques passages trop crus.

ADVAITA, mot sanskr. (de *dvaita,* dualité) désignant l'une des trois conceptions philosophiques propres au Vedānta, selon laquelle la seule réalité est le brahman.

AD VALOREM [advalɔrɛm] loc. adj. inv. (mots lat. signif. *selon la valeur*). Se dit d'une taxe ou d'un droit de douane qui atteint un bien proportionnellement à sa valeur.

ADVECTION n. f. (lat. *advectio*). Déplacement d'une masse d'air atmosphérique dans le sens horizontal.

ADVENIR v. i. (lat. *advenire*) [conj. **40**, seulem. 3e pers., auxil. *être*]. **1.** Arriver par hasard, résulter : *Qu'est-il advenu de votre projet ? Il advint qu'elle tomba malade.* — **2.** *Advienne que pourra !,* peu importe ce qui va arriver.

ADVENTICE [-vɑ̃-] adj. (lat. *adventicius*). **1.** Qui survient incidemment, qui s'ajoute accessoirement : *Un récit surchargé de remarques adventices.* — **2.** Se dit d'une plante qui pousse spontanément dans une culture et dont la présence est plus ou moins nocive à celle-ci. (La nocivité des plantes adventices s'explique par des effets de compétition avec la plante cultivée, vis-à-vis de l'eau, de la lumière et des éléments minéraux contenus dans le sol.) [Syn. MAUVAISE HERBE.] — **3.** Se dit de la structure spéciale du tissu conjonctif entourant un organe généralement tubulé. — **4.** *Idée adventice,* chez Descartes, idée qui vient des sens (par oppos. à *idée innée, idée factice*).

◆ n. f. **1.** Plante adventice. — **2.** Structure adventice.

ADVENTIF, IVE [-vɑ̃-] adj. (lat. *adventicus,* inattendu). **1.** Se dit d'un organe végétal n'occupant pas sa position typique (par ex. : *racine adventive* sur le côté d'une tige souterraine, *bourgeon adventif* non axillaire, etc.). — **2.** Se dit des cônes et des cratères secondaires qui s'établissent sur les pentes d'un volcan.

ADVENTISTE [-vɑ̃-] adj. et n. (angl. *adventist*). **1.** Se dit d'une Église protestante, fondée aux États-Unis, vers 1831, par William Miller, qui, dans une interprétation littéraliste du Nouveau Testament, croit à l'imminence de la seconde venue *(second advent)* du Christ ; se dit de ses membres. — **2.** *Adventistes du septième jour,* groupe adventiste revenu à l'observation du septième jour de la semaine biblique, le sabbat.

ADVERBE n. m. (lat. *adverbium,* de *ad,* près de, et *verbum,* verbe). Mot invariable qui modifie qualitativement ou quantitativement le sens d'un verbe, d'un adjectif, d'un autre adverbe ou d'un nom, ou bien qui sert à affirmer, à nier ou à interroger.

ENCYCL. La grammaire traditionnelle classe les adverbes selon leur sens et distingue des adverbes de lieu (*ici, là, devant,* etc.), de temps (*alors, parfois,* etc.), de manière (*aussi, vite, passionnément,* etc.), de quantité (*assez, encore,* etc.), d'affirmation, de négation, de doute. En fait, sur le plan sémantique et syntaxique, les adverbes peuvent avoir des valeurs très différentes : ainsi les adverbes de manière *(il marche lentement),* de lieu *(il habite ici),* de temps *(il viendra demain)* équivalent à un complément circonstanciel. Certains adverbes de quantité équivalent à un déterminant *(beaucoup de gens).* Des adverbes comme *oui, non, si* jouent le rôle d'une véritable phrase, en particulier dans les réponses. Placés en tête de phrase, certains adverbes comme *ainsi, aussi, ensuite, alors* assument un rôle de coordination.

ADVERBIAL, E, AUX adj. (lat. *adverbialis*). **1.** Relatif à l'adverbe ; qui a les caractères, la valeur d'un adverbe. – **2.** *Locution adverbiale,* groupe figé de mots qui équivalent, par leur sens et leur fonction dans la phrase, à des adverbes (par ex., *au fur et à mesure, tout de suite,* etc.).

ADVERBIALEMENT adv. Dans un emploi adverbial, en fonction d'adverbe.

ADVERBIALISATEUR n. m. Morphème (le plus souvent un suffixe) qui fait passer un terme de la catégorie des adjectifs dans celle des adverbes.

ADVERBIALISER v. t. (conj. **3**). Employer un mot comme adverbe.

ADVERSAIRE n. (lat. *adversarius*). **1.** Personne opposée à une autre dans un combat, un jeu, une discussion, un procès, etc. ; antagoniste, concurrent : *Un adversaire politique.* – **2.** Personne opposée à une doctrine, une théorie, une pratique, etc. : *Les adversaires d'un projet de loi.*

ADVERSATIF, IVE adj. (bas lat. *adversativus*). Se dit d'une conjonction ou d'un adverbe qui marque une opposition *(mais, toutefois).*

ADVERSE adj. (lat. *adversus*). **1.** *Litt.* Opposé, contraire : *Factions adverses.* – **2.** *Partie adverse,* celle contre laquelle on plaide.

ADVERSITÉ n. f. (lat. ecclés. *adversitas*). *Litt.* État de celui qui éprouve des revers ; malheur, malchance : *Rester courageux dans l'adversité.*

AD VITAM AETERNAM [advitametɛrnam] loc. adv. (mots lat. signif. *pour la vie éternelle*). À jamais ; pour toujours.

ADWA → ADOUA.

ADY (Endre), poète hongrois (Érmindszent 1877-Budapest 1919). Il contribua par sa participation au mouvement littéraire de la revue *Nyugat* au renouveau de la poésie nationale, et, nourri de Baudelaire et de culture biblique, communiqua une vigueur nouvelle à la langue hongroise (*Poèmes nouveaux,* 1906 ; *Sang et Or,* 1907 ; *Sur le char d'Élie,* 1909). Unissant un socialisme apocalyptique à un érotisme fantasmatique, ses recueils où règne l'angoisse (*Poèmes sur tous les secrets,* 1911 ; *En tête des morts,* 1918 ; *les Derniers Vaisseaux,* 1923) firent de lui un écrivain national engagé et un des premiers poètes lyriques de l'Europe moderne.

ADYGUÉENS *(république des),* république de la Fédération de Russie, au nord du Caucase occidental ; 7 600 km² ; 432 000 hab. Cap. *Maïkop.*

ADYNAMIE n. f. Faiblesse musculaire qui accompagne certaines maladies, surtout infectieuses, comme la fièvre typhoïde.

ÆCHMEA [ɛkmea] n. m. inv. (gr. *aikhmê,* pointe). Broméliacée épiphyte d'Amérique du Sud, cultivée comme plante d'appartement.

AÈDE n. m. (gr. *aoidos,* chanteur). Dans la Grèce primitive, poète qui chantait ou récitait, en s'accompagnant sur la lyre, des poèmes célébrant les dieux et les héros.

A.-É. F., sigle de AFRIQUE-ÉQUATORIALE FRANÇAISE.

AEG (sigle de ALLGEMEINE ELEKTRICITÄTS GESELLSCHAFT), société de constructions électriques allemande, fondée en 1883 par Emil Rathenau. Elle est passée en 1986 sous le contrôle de Daimler-Benz. Son domaine d'activité est considérable (électronique, électroménager, composants, etc.).

ÆGAGROPILE [ega-] ou **ÉGAGROPILE** n. m. (gr. *aigagros*). Boule de poils animaux, de fibres ligneuses, de débris alimentaires qui se forme dans l'estomac des ruminants et dans le gros intestin du cheval, où elle peut provoquer des obstructions mortelles.

ÆGITHALE [eʒital] n. m. (gr. *aigithalos*). Mésange d'Europe, de Sibérie et de Chine du Nord, printanière, à longue queue.

ÆGOCÈRE [egosɛr] n. m. Syn. de HIPPOTRAGUE.

ÆGOPODIUM [egopɔdjɔm] n. m. Nom générique de l'*herbe aux goutteux.*

ÆGOSOME [egozɔm] n. m. Grand coléoptère longicorne (cérambycidé) à antennes rugueuses, de mœurs nocturnes, qui se développe dans le bois des arbres non résineux.

ÆGOS-POTAMOS → AIGOS-POTAMOS.

ÆGYRINE n. f. Pyroxène sodique, monoclinique. (Syn. ACMITE.)

AEHRENTHAL (Aloys, *baron,* puis *comte* LEXA VON), diplomate autrichien (Gross-Skal, auj. Hrubá Skalá, Bohême, 1854-Vienne 1912). Ministre de la Maison impériale et des Affaires étrangères (1906), il prononça, en pleine paix, l'annexion de la Bosnie-Herzégovine et, appuyé par l'Allemagne, obligea la Serbie et la Russie à reconnaître le fait accompli.

A.E.I.O.U., abrév. du lat. *Austriae est imperare orbi universo* (« Il appartient à l'Autriche de régner sur tout l'univers »), devise de la maison d'Autriche, forgée par l'empereur Frédéric III.

A.E.L.E., sigle de ASSOCIATION EUROPÉENNE DE LIBRE-ÉCHANGE*.

ÆLFRIC, moine anglo-saxon (v. 955-v. 1020). Ses quatre-vingts *Homélies* jouèrent un rôle important dans le renouveau monastique.

AELIA CAPITOLINA, nom donné par Hadrien à Jérusalem après la révolte de Bar-Kokhba (132-135 apr. J.-C.).

ÆLIE [eli] n. f. (lat. *Aelius,* n. pr.). Punaise terrestre, commune en France, nuisible aux céréales, dont elle suce les jeunes grains.

Aemilia *(basilique),* basilique élevée au N. du Forum romain en 179 av. J.-C. La basilique a été plusieurs fois restaurée. Son état actuel remonte au Iᵉʳ s.

AEMILIUS LEPIDUS (Marcus), en fr. **Lépide,** homme politique romain († en 13 ou 12 av. J.-C.). À la mort de César, il se rangea aux côtés d'Antoine. En 43, il fit partie du second triumvirat avec Octave et Antoine, qui l'écartèrent progressivement.

ÆNIGMATITE n. f. (lat. *aenigma,* énigme). Amphibole triclinique, de couleur noire, présente dans les roches alcalines.

ÆOLIS [eɔlis] n. m. ou **ÆOLIDIA** [eɔlidja] n. f. (mots lat., du gr. *aiolos,* aux reflets changeants). Mollusque gastropode marin sans coquille, ressemblant à une limace, et dont la tête porte de longs tentacules cylindriques très allongés et le dos des papilles respiratoires dorsales.

AEPINUS (Franz Ulrich Theodor HOCH, dit), physicien et médecin allemand (Rostock 1724-Dorpat 1802) à qui l'on attribue la première idée de l'électrophore et du condensateur électrique.

ÆPYORNIS ou **ÉPYORNIS** [epjɔrnis] n. m. (gr. *aipus,* haut, et *ornis,* oiseau). Oiseau fossile ratite aux ailes réduites, aux pattes massives, haut de 3 m, et qui a survécu à Madagascar jusqu'au Xᵉ s.

AÉRAGE n. m. Ventilation des travaux miniers souterrains, le plus souvent forcée par des ventilateurs.
ENCYCL. L'aérage est indispensable pour renouveler l'oxygène consommé par la respiration, les oxydations et les combustions, et pour évacuer les gaz toxiques ou explosifs, la chaleur et la vapeur d'eau. Des ventilateurs amènent l'air frais jusqu'aux chantiers et évacuent l'air vicié vers les sorties de la mine. La complexité du réseau de galeries et chantiers et la nature des lois physiques de la circulation de l'air exigent l'utilisation systématique d'ordinateurs pour minimiser la puissance électrique consommée.

AERARIUM, mot lat. désignant le trésor public sous la République romaine.

AÉRATEUR n. m. Appareil ou dispositif permettant l'aération naturelle et continue d'une pièce. • **Agric.** Outil à dents tranchantes, que l'on enfonce dans le sol d'une pelouse pour lutter contre l'asphyxie des plantes. ‖ Appareil servant à introduire de l'air dans les réservoirs où sont stockées les déjections animales, afin d'accélérer leur dégradation biologique. ‖ *Aérateur d'andains,* faneuse à dents radiales montées sur un axe horizontal perpendiculaire au sens d'avancement. (Syn. AÉROFANEUR.) — **Aquac.** Dispositif à pales ou à turbine, destiné à accroître l'oxygénation d'un liquide. — **Matér.** Produit utilisé pour obtenir du béton aéré.
◆ adj. m. Se dit d'un agent (blanc d'œuf, gélatine, caséine) incorporé à une préparation culinaire pour l'alléger par battage.

AÉRATION n. f. Action d'aérer ; dispositif permettant d'aérer : *Conduit d'aération.*

AÉRAULICIEN, ENNE n. Spécialiste des questions d'aéraulique.

AÉRAULIQUE n. f. Science qui étudie l'écoulement de l'air non comprimé dans les conduits et qui s'applique à la ventilation, au conditionnement d'air, au dépoussiérage, au séchage et au transport pneumatique.
◆ adj. Relatif à l'aéraulique.

AÉRENCHYME n. m. Tissu aérifère de la partie immergée des tiges de jonc, des pétioles de nénuphar, etc.

AÉRER v. t. (lat. *aer, aeris,* air) [conj. **18**]. **1.** Renouveler l'air dans un espace clos ; ventiler : *Aérer une galerie de mine.* — **2.** Exposer qqch à l'air pour l'assainir, en enlever l'humidité : *Aérer des draps.* — **3.** Faire en sorte qu'un texte, un exposé, etc., soient moins compacts, moins touffus.
◆ **être aéré** v. pass. **1.** Avoir une bonne ventilation : *Une pièce bien aérée.* — **2.** Présenter un aspect clair : *Une mise en pages aérée.* — **3.** *Béton aéré,* béton contenant des bulles d'air réparties dans la masse. ‖ *Centre aéré,* établissement ou terrain aménagé qui accueille les enfants des classes maternelles et primaires sous la conduite d'animateurs.
◆ **s'aérer** v. pr. **1.** Aller prendre l'air. — **2.** *S'aérer (l'esprit),* chasser de son esprit les préoccupations en changeant d'occupation, de lieu.

AÉRIANISTE n. Juriste spécialisé en droit aérien.
◆ adj. Relatif au droit aérien.

AÉRIEN, ENNE adj. **1.** Relatif à l'air : *Des courants aériens.* — **2.** Qui se trouve dans l'air, à l'air : *Un câble aérien.* — **3.** Relatif à l'aviation : *Les transports aériens.* — **4.** *Litt.* Léger, insaisissable comme l'air : *Une démarche aérienne.* • **Aéron.** *Ligne aérienne,* itinéraire parcouru régulièrement par un service de transport aérien. ‖ *Transport aérien,* transport par des aéronefs, principalement des avions, de passagers, de marchandises (fret), de courrier postal. (→ *encycl.*) — **Anat.** Se dit de l'ensemble des conduits (larynx, trachée, bronches) par lesquels l'air parvient au poumon. — **Bot.** Se dit de tout organe qui se développe dans l'air (tiges, racines, etc.). — **Chorégr.** *Style aérien,* style du danseur doué de ballon et

TRANSPORT AÉRIEN				
	millions de km parcourus	milliards de passagers-km	millions de tonnes de fret-km	millions de tonnes de courrier-km
1929	91	0,2		
1938	300	1,7		
1948	1 270	21	420	170
1960	3 110	109	2 180	610
1970	7 010	461	11 940	2 140
1980	9 350	1 089	29 380	3 680
1990	14 000	1 888	58 790	5 300

d'élévation. — **Dr.** *Droit aérien,* ensemble de règles juridiques relatives principalement à l'espace et aux transports aériens. — **Matér.** Se dit d'une chaux ou d'un mortier dont la prise se fait par dessiccation et le durcissement par carbonation à l'air. — **Mil.** *Défense aérienne,* ensemble des mesures prises et des moyens mis en œuvre pour surveiller un espace aérien, détecter et évaluer toute menace aérienne et s'opposer aux attaques effectuées par la voie des airs. (→ *encycl.*) ‖ *Forces aériennes,* ensemble des formations de combat constituant les aviations militaires. ‖ *Région aérienne,* en France, grand commandement territorial de l'armée de l'air. — **Peint.** et **Dess.** *Perspective aérienne,* adoucissement progressif des tons des premiers plans aux lointains, donnant la sensation de l'éloignement relatif des objets. — **Télécomm.** *Circuit aérien* ou *ligne aérienne,* circuit ou ligne de télécommunications fixé sur des poteaux, ou sur des bâtiments, établi le plus souvent le long d'une route ou d'une voie ferrée. — **Transp.** *Métro aérien,* nom générique donné à diverses formes de métropolitain construit en viaduc, suspendu, etc. — **Zool.** *Sac aérien,* diverticule bronchique extrapulmonaire des reptiles et des oiseaux qui assure, par les modifications de son volume, le passage de l'air à travers les capillaires aériens du poumon.

◆ **aérien** n. m. Syn. anc. de ANTENNE.

ENCYCL. **Aéron.** Le tableau montre l'exceptionnelle progression du *transport aérien,* utilisé annuellement par plus d'un milliard de personnes (1,16 milliard en 1990, dont 280 millions sur les services internationaux). Cet essor est lié à l'extension planétaire du réseau, avec des mailles de plus en plus serrées (multiplication des lignes intérieures), résultant elle-même de la conjonction de plusieurs facteurs. Les obstacles techniques (limitations du rayon d'action, du plafond, de la vitesse) ont progressivement été levés, accroissant la compétitivité de ce mode de transport. Les problèmes juridiques (essentiellement le survol des espaces aériens nationaux) ont été en grande partie résolus, l'O.A.C.I. (*Organisation de l'aviation civile internationale,* créée en 1944) jouant désormais surtout un rôle de lien et de contrôle. L'élévation du niveau de vie a été aussi un facteur décisif, favorisant notamment l'essor du tourisme international, d'autant qu'elle s'est combinée à une utilisation de plus en plus souple de l'avion (sous-traitance par charters, abaissant considérablement les prix) qui intéresse encore l'aviation d'affaires. Celle-ci concerne essentiellement les pays développés qui, plus globalement, maintiennent leur prépondérance dans ce mode de transport par l'importance des liaisons qui les relient entre eux (la route de l'Atlantique nord demeure la plus fréquentée), la densité de leur réseau intérieur, la puissance aussi de leurs compagnies d'exploitation. S'il existe près de 2 000 compagnies aériennes dans le monde, 200 seulement assurent des dessertes régulières et une dizaine à peine ont un réseau mondial (desservant au moins 4 des 5 continents). Il s'agit de la Pan American World Airways, d'Air France, des British Airways, de la Lufthansa, de la Sabena, d'Alitalia, de la KLM, de la Swissair et de l'Aeroflot.

— **Mil.** La *défense aérienne* recouvre aussi bien la *défense passive* (mesures de protection contre les effets des projectiles aériens) que la *défense active* (ensemble des moyens militaires s'opposant par le feu à l'ennemi aérien) ; elle s'étend à la protection des forces militaires comme à celle des populations et des territoires. En France, la défense aérienne, réorganisée en 1975, est confiée à un grand commandement, le C.A.F.D.A. (Commandement air des forces de défense aérienne), créé en 1961 et installé depuis 1963 à Taverny. Le commandant de la défense aérienne dispose sur place du C.O.D.A. (Centre d'opérations de défense aérienne) et est assisté du directeur de la circulation aérienne militaire. Le dispositif de défense active, déployé depuis 1980, comprend un réseau de surveillance et de diffusion de l'alerte et des moyens : avions (mission d'interception), artillerie antiaérienne, missiles sol-air et le S.T.R.I.D.A. (Système de traitement et de représentation des informations de défense aérienne).

AÉRIFÈRE adj. Qui conduit, distribue l'air.

AÉRIUM [-rjɔm] n. m. (lat. *aerius,* relatif à l'air, d'apr. *sanatorium*). Établissement de repos au grand air qui reçoit des convalescents après une affection médicale ou chirurgicale.

AÉROBIC n. f. (amér. *aerobics*). Méthode de gymnastique en musique. (Elle provoque l'oxygénation du sang.)

AÉROBIE adj. **1.** Se dit des micro-organismes qui ne peuvent se développer qu'en présence d'air ou d'oxygène libre. (Certains de ces micro-organismes, principalement les bactéries aérobies, sont utilisés comme agents épurateurs des eaux résiduaires.) [Contr. ANAÉROBIE.] — **2.** Se dit des propulseurs d'avions et de certains missiles ne pouvant fonctionner sans l'oxygène de l'atmosphère. — **3.** *Capacité aérobie,* consommation maximale d'oxygène par l'organisme par unité de temps.

AÉROBIOLOGIE n. f. Récolte et analyse du plancton aérien (spores, bactéries, pollens, jeunes araignées, etc.).

AÉROBIOSE n. f. Condition de vie des micro-organismes dont le métabolisme dépend de la présence d'oxygène ou la tolère.

AÉROCÈLE n. f. Tumeur gazeuse du cou.

AÉROCLASSEUR n. m. Appareil de séparation et de classement des corps solides par différenciation des vitesses de déplacement de leurs particules dans un gaz.

AÉRO-CLUB n. m. (pl. *aéro-clubs*). Centre de réunion et de formation pour les pilotes de l'aviation civile.

Aéro-Club de France, société d'encouragement à la locomotion aérienne, fondée en 1898, seule instance apte à contrôler et homologuer les records et épreuves sportives en France.

AÉROCOLIE n. f. Accumulation excessive de gaz dans le côlon, qui est alors distendu.

AÉROCONDENSEUR n. m. Condenseur d'une installation frigorifique refroidi par circulation naturelle ou forcée d'air atmosphérique. (Syn. CONDENSEUR À AIR.)

AÉROCONTAMINANT n. m. Élément étranger dans l'air ambiant, nocif pour l'appareil respiratoire.

AÉRODIGESTIF, IVE adj. Qui concerne à la fois la respiration et la digestion.

AÉRODISTORSION n. f. Déformation générale ou localisée de la structure d'un avion sous l'effet des forces aérodynamiques.

AÉRODROME n. m. **1.** Terrain spécialement aménagé pour permettre aux avions de décoller ou d'atterrir, et doté de l'infrastructure nécessaire pour les préparer à leurs missions (pistes d'envol et d'atterrissage, tour de contrôle, aires de stationnement, ateliers de réparations et de vérifications, etc.). — **2.** *Aérodrome de dégagement,* aérodrome sur lequel un avion peut se poser, dans le cas où l'aérodrome de destination n'est pas utilisable.

AÉRODYNAMICIEN, ENNE n. Spécialiste de l'aérodynamique.

AÉRODYNAMIQUE adj. **1.** Qui se rapporte à l'influence de l'air sur un corps en mouvement. — **2.** Qui suit les lois de l'aérodynamique.
◆ n. f. **1.** Science qui étudie les phénomènes accompagnant tout mouvement relatif entre un corps et l'air qui l'entoure. (Le corps peut être fixe dans l'air en mouvement [écoulement autour d'un bâtiment soumis à l'action du vent] ou se déplacer dans l'air immobile [projectile, automobile, avion, etc.].) — **2.** Ensemble des caractéristiques aérodynamiques d'un véhicule.

ENCYCL. L'*aérodynamique théorique* fait appel aux procédés de l'analyse mathématique pour établir les lois régissant le mouvement de l'air dans des conditions fixées, et pour calculer les efforts auxquels est soumis le corps envisagé. L'*aérodynamique expérimentale* étudie, par des méthodes physiques, l'écoulement de l'air autour des corps ou à l'intérieur de conduits. L'aérodynamique permet notamment d'indiquer les formes des ailes d'avions dans les différentes conditions d'utilisation, de déterminer les profils à adopter et de définir ensuite la valeur de la *portance** et de la *traînée* *, ainsi que les différentes qualités de stabilité et d'équilibre de l'avion en vol.

AÉRODYNAMIQUEMENT adv. De façon aérodynamique.

AÉRODYNAMISME n. m. Forme d'un corps mobile soumis à l'influence de l'air.

AÉRODYNE n. m. Tout appareil volant (avion, planeur, hélicoptère) dont la sustentation est obtenue au moyen de forces aérodynamiques.

AÉROÉLASTICITÉ n. f. Science qui étudie les phénomènes d'aérodistorsion.

AÉROÉLASTIQUE adj. Qui se rapporte à l'aéroélasticité.

AÉROÉLECTRONIQUE n. f. Syn. de AVIONIQUE.

AÉROEMBOLISME n. m. Processus pathologique lié à la formation de bulles gazeuses (azote) dans le sang ou les tissus par suite du changement brutal de la pression ambiante. (Syn. DYSBARISME.)
ENCYCL. L'aéroembolisme peut affecter les plongeurs sous-marins autonomes (décompression trop rapide) ou les astronautes et les aviateurs atteignant trop vite les hautes altitudes. Il se traduit par un prurit, des douleurs articulaires, des vertiges, des convulsions, des paralysies, et même un coma parfois mortel.

AÉROENGRANGEUR n. m. Machine agricole utilisant un courant d'air pour transporter en vrac les fourrages. (Syn. CONVOYEUR PNEUMATIQUE.)

AÉROFANEUR n. m. Syn. de AÉRATEUR D'ANDAINS.

Aeroflot, compagnie russe de transports aériens. Compagnie d'État fondée en 1923, elle a groupé jusqu'en 1991 toutes les activités de l'aviation civile de l'U.R.S.S., assurant des liaisons à l'intérieur de l'espace soviétique et de l'Europe orientale ainsi qu'un certain nombre de grandes liaisons extérieures.

AÉROFLOTTATION n. f. Procédé consistant à améliorer la séparation des matières en suspension dans une eau usée au moyen d'une injection d'air.

AÉROFREIN n. m. Frein* aérodynamique.

AÉROGARE n. f. **1.** Ensemble de bâtiments situés sur un aéroport et utilisés pour recevoir le public et les passagers avant leur embarquement ou après leur débarquement. — **2.** À l'intérieur des grandes villes, lieu de départ et d'arrivée des moyens de transport assurant la liaison avec l'aérodrome.

AÉROGASTRIE n. f. Présence d'air dans l'estomac, entraînant la distension de cet organe.

AÉROGÉNÉRATEUR n. m. Générateur de courant électrique utilisant l'énergie éolienne.

AÉROGLISSEUR n. m. Véhicule terrestre ou marin muni de propulseurs classiques (hélices ou réacteurs) et qui glisse sur un coussin d'air injecté en dessous de lui. (Syn. HOVERCRAFT.)
ENCYCL. Le *Hovercraft SR-N1,* conçu par l'ingénieur britannique Christopher S. Cockerell, construit par Westland et mis en service en 1959, a constitué le premier aéroglisseur. En France, le premier engin de ce type a été le *Terraplane BC-4* (aéroglisseur terrestre) réalisé par la société Bertin et Cie et lancé en 1962.

AÉROGRAMME n. m. Lettre spécialement affranchie par impression et expédiée par avion.

AÉROGRAPHE n. m. (nom déposé). Pulvérisateur projetant de l'encre ou de la couleur liquide, par un jet d'air comprimé.

AÉROLITHE ou **AÉROLITE** n. m. **1.** Syn. anc. de MÉTÉORITE. — **2.** Variété de météorite composée principalement de silicates. (Syn. MÉTÉORITE PIERREUSE.)

AÉROLOGIE n. f. Science qui étudie les couches atmosphériques situées au-dessus de 3 000 m et qui échappent généralement à l'action du relief terrestre.

AÉROLOGIQUE adj. Relatif à l'aérologie.

AÉROMANCIE n. f. Selon la classification de Varron, catégorie divinatoire correspondant à l'élément air.

AÉROMOBILE adj. Qui est doué d'aéromobilité.

AÉROMOBILITÉ n. f. Accroissement de la mobilité des formations ou du matériel militaires grâce à l'utilisation de l'espace aérien.

AÉROMODÈLE n. m. Modèle réduit d'avion.

AÉROMODÉLISME n. m. Technique et pratique de la construction et de l'utilisation des modèles réduits d'avions.

AÉROMODÉLISTE n. Personne qui pratique l'aéromodélisme.

AÉROMONAS [-nas] n. m. (du gr. *monas,* unité). Bactérie largement répandue dans l'eau et le sol et dont plusieurs espèces sont pathogènes pour l'homme.

AÉROMOTEUR n. m. Moteur actionné par l'air.

AÉRONAUTE n. Membre d'équipage d'un aérostat.

AÉRONAUTIQUE n. f. **1.** Science de la navigation aérienne et de la technique des avions et des engins aériens. — **2.** *Aéronautique militaire,* appellation donnée en France, de 1910 à 1934, à l'ensemble des formations de l'aviation et de l'aérostation militaires.
◆ adj. **1.** Relatif à l'aéronautique : *Industries aéronautiques.* — **2.** *Médecine aéronautique,* syn. de MÉDECINE DE L'AIR.
ENCYCL. Depuis 1945, l'aéronautique a subi une évolution spectaculaire, due essentiellement à la très grande puissance des turboréacteurs, qui autorisent des vitesses beaucoup plus élevées que l'hélice et conduisent à une simplification de la conception d'ensemble des avions. L'aéronautique s'est ainsi orientée vers la conquête des hautes vitesses (mach 2 et 3), qui, jusqu'en 1960, a monopolisé l'effort des laboratoires et des bureaux d'études. Une réaction s'opère cependant maintenant, visant à promouvoir des avi-

ons plus économiques, grâce à l'utilisation de turboréacteurs à double flux, ou même d'hélices spéciales, tandis que des progrès importants sont réalisés en matière de confort et d'atténuation du bruit extérieur. Les appareils à voilure tournante, tels les hélicoptères, connaissent un très grand développement grâce à la mise au point de rotors plus simples et plus robustes (pales en matériaux composites) et à l'utilisation de turbo-moteurs, plus légers que les moteurs à pistons. Les avions militaires, souvent supersoniques, tendent à devenir de plus en plus maniables et faciles à piloter dans tous leurs domaines de vol grâce à l'utilisation de commandes de vol à transmission électrique et de calculateurs électroniques assistant le pilote. Les avions de transport civils, plus sûrs, sont de plus en plus gros, le premier « gros-porteur », ou jumbo-jet (400 à 500 places), apparu en 1969, le Boeing B-747, ayant tracé la voie à d'autres avions de grande capacité (McDonnell-Douglas DC-10, Lockheed L-1011, Airbus). Les avions de transport supersoniques (Concorde, Tupolev Tu-144), sur lesquels on avait fondé de grands espoirs, se sont finalement révélés trop coûteux à exploiter depuis la hausse des carburants et relativement bruyants. Les hélicoptères sont de plus en plus rapides (jusqu'à 300 km/h) et de plus en plus puissants, certains appareils pouvant soulever des charges dépassant 10 ou 20 tonnes. L'avion léger, enfin, à hélices ou même à réaction, connaît un grand succès.

La *construction aéronautique* a fait d'abord largement appel au bois et à la voile ; le métal (aluminium, acier, titane) a pris ensuite progressivement le relais. Les alliages légers à base d'aluminium sont les plus utilisés, car ils associent un coût raisonnable à un bon rapport entre leurs caractéristiques mécaniques et leur densité ; dans certaines parties des avions (compartiment moteur, pointe avant et bord d'attaque) des appareils supersoniques où la température peut rapidement dépasser 120/130 °C, on substitue aux alliages d'aluminium des alliages de titane. À présent, les matériaux composites tendent à se substituer à la fois au bois et au métal, car ils permettent de gagner du poids, facilitent la réalisation de pièces de surface extérieure non développable et offrent l'avantage d'une grande résistance aux phénomènes de fatigue. L'acier, enfin, reste irremplaçable pour la fabrication des pièces soumises à des températures élevées ou subissant des contraintes très sévères.

La construction aéronautique, nécessitant partiellement une technologie avancée avec des investissements coûteux, n'est développée que dans un petit nombre d'États, parfois associés entre eux (construction du Concorde, de l'Airbus) : essentiellement la Russie, la France, la Grande-Bretagne et surtout les États-Unis. Ceux-ci dominent le marché mondial avec quelques sociétés géantes (Boeing, McDonnell-Douglas et Lockheed-Martin), bénéficiant d'un large marché intérieur « protégé » et, à l'extérieur, d'une puissance de commercialisation qui n'est pas exclusivement technique.

Aéronautique *(médaille de l'),* décoration française, créée en 1945, destinée à récompenser les services exceptionnels ou la valeur professionnelle du personnel civil et militaire des ministères de la Défense et des Transports.

Aéronautique *(médaille d'honneur de l'),* décoration française, créée en 1921, pour récompenser les agents civils, employés et ouvriers de l'aéronautique.

aéronautique et de l'espace *(École nationale supérieure de l'),* établissement d'enseignement supérieur technique, situé à Toulouse, placé sous l'autorité du ministère de la Défense, qui forme d'une part les ingénieurs militaires de l'Air (corps des ingénieurs de l'armement), d'autre part des ingénieurs destinés à l'industrie aéronautique (ingénieurs civils de l'aéronautique).

aéronautiques *(École nationale d'ingénieurs de constructions),* établissement d'enseignement supérieur technique, situé à Toulouse, placé sous l'autorité du ministère de la Défense, qui forme, d'une part les ingénieurs militaires des travaux de l'Air pour les services de l'État, d'autre part des ingénieurs de fabrication, de contrôle et d'essais destinés à l'industrie aéronautique.

AÉRONAVAL, E, ALS adj. Qui a trait à la fois à l'aviation et à la marine.

◆ **aéronavale** n. f. Ensemble des formations de combat embarquées sur des porte-avions, des escadrilles de bombardement, de surveillance et de servitude basées à terre et des installations aériennes de la marine militaire.

ENCYCL. Les grandes marines devaient reconnaître le rôle de l'avion dès ses débuts en tant qu'instrument d'éclairage des escadres. Aussi, à la veille de la Première Guerre mondiale, possèdent-elles une aéronavale embryonnaire avec des appareils basés à terre et des hydravions agissant à partir de bâtiments de transport. La guerre démontre également l'efficacité de l'avion dans la lutte anti-sous-marine. Le croiseur de bataille britannique *Furious* est transformé en porte-avions, suivi de l'*Argus* et de l'*Eagle.*

La Seconde Guerre mondiale révèle le rôle déterminant de l'aviation navale en tant que moyen d'attaque (bombardement en piqué). Le porte-avions devient l'auxiliaire nécessaire du navire de ligne considéré comme le navire principal *(capital ship)* et joue un rôle primordial dans les engagements entre navires de surface et dans l'attaque des bases.

Cette efficacité se retrouve dans la lutte anti-sous-marine, à partir de 1942-43 ; le rôle de l'avion, doté de radar et d'armes nouvelles, devient décisif. Les appareils à long rayon d'action basés à terre finissent par couvrir tout l'Atlantique, tandis que les porte-avions d'escadre agissent sur les flancs des convois ou le long des routes suivies par les sous-marins. Les deux batailles de la mer de Corail et de Midway confirment le déclin du navire de ligne et la supériorité du porte-avions, qui le supplante comme navire principal dans les flottes modernes. À partir de 1943, c'est avec des task forces autour des porte-avions que la marine américaine mène sa victorieuse contre-offensive dans le Pacifique.

En 1995, l'aéronavale française compte 2 porte-aéronefs classiques *(Clemenceau, Foch)* dotés d'avions de combat (« Super-Étendard », « Crusader », « Alizé ») et d'hélicoptères armés. Mais, technologiquement dépassées, ces forces doivent être modernisées. Elles seront remplacées avant l'an 2000 par le *Charles-de-Gaulle,* à propulsion nucléaire, et par un éventuel « sistership » emportant le « Rafale » comme avion embarqué.

AÉRONEF n. m. Tout appareil capable de s'élever ou de circuler dans les airs.

AÉRONOME n. Spécialiste d'aéronomie.

AÉRONOMIE n. f. Science des phénomènes physiques ou chimiques qui conditionnent les propriétés de la moyenne et haute atmosphère de la Terre ou, plus généralement, des planètes.

ENCYCL. Les techniques spatiales, en autorisant la mesure directe des paramètres atmosphériques, ont, depuis les années 60, fait grandement progresser l'aéronomie terrestre, mais aussi l'aéronomie de Vénus, Mars, Jupiter, Io ou Titan (grâce aux sondes planétaires Venera, Mariner, Pioneer, Viking et Voyager). En se posant essentiellement le problème de l'action chimique de l'énergie solaire sur l'état physique d'une atmosphère planétaire, l'aéronomie demande la compréhension de l'application des concepts fondamentaux de la physique et de la chimie à un milieu hautement raréfié, constitué de particules neutres ou ionisées (plasma). En sont généralement exclues les questions relevant de l'étude de la troposphère (météorologie) et de la magnétosphère ; la description des mouvements stratosphériques appartient aussi à la météorologie, cependant que la chimie stratosphérique est plutôt un sujet aéronomique.

AÉRONOMIQUE adj. Relatif à l'aéronomie.

AÉROPHAGIE n. f. Déglutition d'air. (Pathologique si elle est excessive, elle est fréquente chez les sujets nerveux.)

AÉROPHILATÉLIE n. f. Étude et collection des timbres et marques de la poste aérienne.

AÉROPHONE n. m. Tout instrument de musique produisant des sons grâce à la vibration de l'air ambiant (rhombe) ou contenu dans un tube (flûte, clarinette, saxophone, etc.).

AÉROPLANE n. m. Syn. anc. de AVION.

AÉROPORT n. m. **1.** Installation destinée au trafic aérien public, permettant la réception et l'envol des aéronefs, assurant leur entretien, leur service et leur garage ainsi que l'embarquement et le débarquement des passagers et des marchandises. — **2.** Organisme chargé de l'aménagement, de l'exploitation et du développement de cette infrastructure.

ENCYCL. La plupart des aéroports ont deux pistes bétonnées, balisées, disposées en parallèle, afin de séparer le trafic décollage du trafic atterrissage, et orientées selon les vents dominants ; une troisième piste d'orientation différente est parfois utilisée lorsque les vents soufflent selon d'autres directions. Des radars permettent aux contrôleurs de la navigation aérienne travaillant dans la tour de contrôle de connaître à chaque instant la position des avions en approche et, éventuellement, de les placer en attente dans une zone réservée de l'espace aérien. Pour rejoindre la piste ou l'aérogare, les avions évoluent sur des chemins de roulement, ou « taxiways », également balisés. Les ordres de mise en place sur la piste, les autorisations d'atterrir et de décoller sont donnés par radio par la tour de contrôle. À la conception centralisée de l'aérogare unique se substitue maintenant le plus souvent un système de petites aérogares décentralisées, elles-mêmes dotées de « satellites » auprès desquels les avions stationnent.

Aéroports de Paris, établissement public de caractère industriel et commercial, créé en 1945 et concessionnaire de l'ensemble des aérodromes parisiens civils.

AÉROPORTAGE n. m. Action d'aéroporter des troupes ou des matériels.

AÉROPORTER v. t. (conj. 3). Transporter par voie aérienne des troupes ou des matériels jusqu'au lieu de leur emploi où ils sont parachutés ou déposés à terre.

ENCYCL. Les premières opérations aéroportées furent le fait des Allemands au cours de la guerre d'Espagne (1936), et des Italiens en Albanie (1939). Les commandos parachutistes allemands furent engagés de façon décisive, en 1940, au Danemark, en Norvège et surtout en Belgique et en Hollande. La première véritable opération aéroportée fut la prise de la Crète par les parachutistes allemands en 1941. Les divisions aéroportées anglo-saxonnes *(Airborne division)* intervinrent de façon décisive en Sicile (1943) et en Normandie (1944), avant d'être groupées en une Ire armée aéroportée, qui s'illustra à Arnhem (1944) et à Wesel (1945). La division anglaise comptait 13 000 hommes et exigeait pour son transport 310 avions et 600 planeurs. Des groupements aéroportés furent constitués en France et employés au cours des opérations d'Indochine. Au cours des années 1960-1970, l'emploi de l'hélicoptère, inauguré par les Français durant la guerre d'Algérie, s'est généralisé. Les Américains engagèrent au Viêt-nam dès 1965 la première division de cavalerie entièrement héliportée. Depuis 1970, les troupes aéroportées forment l'élément essentiel des forces dites « d'intervention », susceptibles d'être engagées sur des théâtres extérieurs.

AÉROPORTUAIRE adj. Relatif aux aéroports.

AÉROPOSTAL, E, AUX adj. Relatif à la poste aérienne.

Aéropostale *(Compagnie générale)*, compagnie française de transport aérien fondée en 1927, qui établit en 1930 la première liaison commerciale entre l'Europe et l'Amérique du Sud. Elle fut rachetée en 1933 par Air France.

AÉRORÉFRIGÉRANT n. m. Échangeur de chaleur dans lequel de l'eau est refroidie par l'air atmosphérique. (Les aéroréfrigérants permettent d'évacuer, sans pollution des rivières, les rejets thermiques des centrales thermiques ou des grosses installations frigorifiques.) [Syn. TOUR DE REFROIDISSEMENT.]

AÉROSOL n. m. (de *solution*). **1.** Dispersion ou suspension de particules très fines d'un liquide ou d'un solide dans l'air ou dans un gaz. (Servant de véhicule à certains agents médicamenteux [antibiotiques, corticoïdes, etc.], l'aérosol est employé dans le traitement des affections broncho-pulmonaires.) — **2.** Emballage, muni d'une valve de commande, permettant, à l'aide d'un gaz sous pression, de projeter un liquide sous forme de très fines particules ou de distribuer des crèmes, laques, mousses, sirops, etc. (Syn. BOMBE.) — **3.** *Aérosol atmosphérique,* suspension dans l'air troposphérique ou stratosphérique de très petites particules ou de gouttelettes de polluants d'origine naturelle (sel des océans, poussières volcaniques, grains de pollen, etc.) ou artificielle (plomb tétraéthyle, amiante, quartz...). [→ *encycl.*]

ENCYCL. *Aérosol atmosphérique.* Lorsque le diamètre des particules est de l'ordre du micromètre, celles-ci peuvent rester longtemps en suspension dans l'air et parcourir ainsi de grandes distances. Les aérosols continentaux sont principalement constitués d'ions (sulfate, nitrate, calcium), de composés organiques et de particules terrigènes insolubles. Les aérosols océaniques sont surtout constitués de sels marins. Les précipitations concentrent et déposent sur terre et sur les eaux ces particules qui sont environ un million de fois plus concentrées dans les pluies que dans l'air. Elles sont parfois, pour certains sols, la seule source d'approvisionnement en sulfate et nitrate.

D'ailleurs, certains aérosols peuvent se comporter comme des centres de condensation pour les gouttes de pluie et accroître ainsi la pluviosité. En outre, les aérosols diffusent la lumière solaire, surtout aux courtes longueurs d'ondes, et sont de ce fait des facteurs de modification du temps et du climat à l'échelle locale, régionale, voire planétaire (cendres volcaniques).

AÉROSONDAGE n. m. *Vx.* Sondage par ballon des hautes régions de l'atmosphère.

AÉROSPATIAL, E, AUX adj. Relatif à la fois à l'aéronautique et à l'astronautique.
◆ **aérospatiale** n. f. Industrie aérospatiale.

Aerospatiale, société aéronautique française créée en 1970 sous le nom de *Société nationale industrielle aérospatiale.* Son capital est détenu à 99,5 % par l'État. Elle produit des avions civils et militaires, des hélicoptères, des engins tactiques et des systèmes balistiques et spatiaux.

aérospatiales *(Office national d'études et de recherches)* **[O.N.E.R.A.],** établissement public à autonomie financière, chargé de susciter et de coordonner les efforts de la recherche aérospatiale en France. Créé par la loi du 3 mai 1946, l'O.N.E.R.A. est doté d'importantes installations techniques (souffleries, ateliers, laboratoires, etc.), gérant notamment l'établissement de Chalais-Meudon et les centres de Toulouse (Fauga) et de Modane-Avrieux.

AÉROSTAT n. m. Appareil dont la sustentation dans l'air est obtenue par l'emploi d'un gaz plus léger que l'air.

AÉROSTATION n. f. **1.** Étude, construction et manœuvre des aérostats. — **2.** Ancienne subdivision de l'aviation militaire.

ENCYCL. Aujourd'hui très utilisé pour la recherche scientifique (astronomie, météorologie), l'aérostat connaît aussi un regain de faveur dans le domaine sportif (traversée de l'Atlantique nord par les Américains Max Anderson, Ben Abruzzo et Larry Newman en août 1978 à bord du ballon libre *Double Eagle 2* et, en solitaire, par l'Américain Joe Kittinger en sept. 1984, remise à l'honneur des montgolfières).

L'*aérostation militaire,* créée le 13 germinal an II, intervint pour la première fois à Fleurus (1794). Dissoute par Napoléon Ier, elle fut réorganisée en 1901 et joua un rôle considérable pendant la Première Guerre mondiale en raison du rôle important dévolu au ballon d'observation. Après la défaite de juin 1940, elle fut dissoute en France.

AÉROSTATIQUE adj. **1.** Relatif aux aérostats et à l'aérostatique. — **2.** *Parc aérostatique,* emplacement où sont rassemblés les aérostats, leurs agrès, les ateliers de construction, de gonflement, les hangars, voitures d'hydrogène, treuils à ballons captifs, etc.
◆ n. f. Partie de la physique qui traite de l'air et des gaz à l'état de repos.

AÉROSTIER n. m. Personne qui pilote ou qui manœuvre un aérostat.

AÉROTECHNIQUE n. f. Technique ayant pour objet l'étude des corps se déplaçant dans l'atmosphère, tant au point de vue de l'aérodynamique que de la construction.
◆ adj. Relatif à l'aérotechnique.

AÉROTERRESTRE adj. Qui a trait à la fois aux combats terrestres et aériens.

AÉROTHERME n. m. Appareil autonome de chauffage comprenant un ventilateur et une batterie, pulsant directement l'air chaud dans le local à chauffer.

AÉROTHERMIQUE adj. Qui a trait à la fois à l'aérodynamique et à la thermodynamique.

AÉROTHERMODYNAMIQUE n. f. Science qui étudie les phénomènes calorifiques provoqués par les écoulements aérodynamiques aux très grandes vitesses.

AÉROTRAIN n. m. (n. déposé). Véhicule à coussins d'air à grande vitesse glissant sur une voie spéciale.
ENCYCL. Plusieurs prototypes utilisant des moyens de propulsion variés (hélice, moteurs-fusées, moteur électrique linéaire, turboréacteur) ont été expérimentés successivement de 1965 à 1976, permettant d'atteindre des vitesses supérieures à 400 km/h.

AÉROTRANSPORT n. m. Action d'aérotransporter des troupes ou du matériel.

AÉROTRANSPORTER v. t. (conj. 3). Transporter par voie aérienne des troupes ou des matériels militaires et les débarquer au sol.

AÉROTRIANGULATION n. f. Méthode de triangulation photographique qui permet de déterminer les coordonnées des points du canevas nécessaires à l'exploitation métrique d'une couverture photographique.

AERTSEN (Pieter), peintre néerlandais (Amsterdam 1508 - *id.* 1575). La nature morte, traitée dans un style réaliste et opulent, prédomine dans son œuvre, quel que soit le sujet (*le Christ et la Samaritaine,* Institut Städel, Francfort).

AES [aɛ̃s], mot lat. désignant aux débuts de l'histoire de Rome la barre de bronze, sans marque ou avec un signe, qui servait de monnaie.

ÆSCHNE [ɛskn] n. f. (lat. sc. *æschna*). Grande libellule aux couleurs vives, à l'abdomen cylindrique, au vol puissant, et dont les larves sont aquatiques et carnassières. (Sous-ordre des anisoptères.)

ÆSCULOSIDE → ESCULOSIDE.

AËTAS, population négrito occupant la partie orientale de l'île Luçon (Philippines) et parlant un dialecte malayo-polynésien.

ÆTHELBERHT ou **ETHELBERT,** roi de Kent (560-616). Converti au christianisme par saint Augustin de Canterbury, il aida celui-ci à organiser une Église anglo-saxonne. Il créa le premier code anglo-saxon connu.

ÆTHUSE ou **ÉTHUSE** n. f. (lat. *æthusa,* du gr. *aithousa,* ardente). Ombellifère âcre et très toxique appelée aussi *petite ciguë* ou *faux persil.*

AETIUS, général romain (Durostorum-454). Il fut l'un des derniers soutiens de l'Empire romain d'Occident, dont il fut le maître incontesté de 434 à 454. Il écrasa Attila aux champs Catalauniques (451). Valentinien III, craignant sa puissance, le tua.

A.F., abrév. de AUDIOFRÉQUENCE.

A.F., abrév. de ACTION* FRANÇAISE.

AFARS ou **DANAKILS,** groupe ethnique couchitique occupant la région comprise entre la mer Rouge et le plateau éthiopien (Djibouti et Érythrée).

AFARS ET DES ISSAS *(Territoire français des),* nom porté de 1967 à 1977 (avant son indépendance) par la République de Djibouti.

AFCHĀR, une des principales tribus turques (ou turkmènes) d'Iran.

AFFABILITÉ n. f. (lat. *affabilitas*). Qualité d'une personne affable ; courtoisie.

AFFABLE adj. (lat. *affabilis*). Qui accueille aimablement les gens : *Un sourire affable.*

AFFABLEMENT adv. De façon affable.

AFFABULATEUR, TRICE n. Personne qui transforme la réalité, construit des récits purement imaginaires ; fabulateur.

AFFABULATION n. f. (bas lat. *affabulatio,* moralité d'une fable). **1.** Manière purement imaginaire de présenter des faits ; fabulation. — 2. Arrangement des faits constituant la trame d'une œuvre d'imagination.

AFFABULER v. i. (conj. 3). Se livrer à une affabulation.

AFFACTURAGE n. m. Transfert de créances commerciales de leur titulaire à un organisme, le *factor,* qui se charge de leur recouvrement et en garantit la bonne fin. (Syn. FACTORING.)

AFFADIR v. t. (conj. 32). 1. Rendre un mets fade, sans saveur. — 2. Affaiblir la vigueur d'un propos, d'un texte.

AFFADISSANT, E adj. Qui affadit.

AFFADISSEMENT n. m. État de ce qui devient fade.

AFFAIBLIR v. t. (conj. 32). 1. Diminuer la résistance, l'importance, la valeur de qqch : *Ces mesures ont affaibli le franc.* — 2. Rendre qqn plus faible, diminuer ses forces physiques ou morales : *La fièvre l'a affaibli.* — 3. Faire perdre à une institution, à un groupe de son pouvoir, de son autorité : *Ces crises ont affaibli le pays.* — 4. Pratiquer l'affaiblissement d'un phototype.
◆ **s'affaiblir** v. pr., **être affaibli** v. pass. Devenir faible ou plus faible : *Le malade s'affaiblit. Le sens de ce mot s'affaiblit.*

AFFAIBLISSEMENT n. m. 1. Action d'affaiblir, de s'affaiblir ; état qui en résulte. — 2. Opération corrective destinée à diminuer les densités d'un phototype. — 3. Syn. de LÉNITION.

AFFAIBLISSEUR n. m. 1. Réactif photographique permettant de réaliser l'affaiblissement. — 2. Syn. de ATTÉNUATEUR.

AFFAIRE n. f. (de *à* et *faire*). 1. Ce qui est à faire, ce dont qqn doit s'occuper : *C'est une affaire qui peut attendre.* — 2. Ce qui concerne qqn : *Il fait ce qu'il veut, c'est son affaire.* — 3. Domaine qui relève de qqn, qui lui convient parfaitement : *La mécanique, c'est son affaire.* — 4. Ce qui relève de qqch ; question, problème : *Une affaire d'honneur, de cœur.* — 5. Source de préoccupations, de difficultés ; situation dangereuse, périlleuse : *Cette erreur, ce n'est pas une affaire.* — 6. Situation plus ou moins complexe qui fait l'objet d'un examen, d'une enquête ou d'une certaine publicité : *Affaire policière, politique.* — 7. Situation délictueuse, dont le règlement est confié à la justice ; litige, procès : *Instruire une affaire.* — 8. Entreprise commerciale ou industrielle : *Diriger une affaire.* — 9. Transaction commerciale, marché, spéculation : *Négocier, conclure une affaire.* — 10. Transaction commerciale avantageuse : *À ce prix-là, c'est une affaire.* — 11. Engagement militaire, combat localisé. — 12. *Pop.* Coup, vol, hold-up, etc. : *Être sur une affaire.* — 13. *Avoir affaire à qqn,* devoir s'adresser à lui, ou, fam., risquer des représailles de sa part. ‖ *Avoir affaire avec qqn,* être en rapport avec lui pour traiter quelque question. ‖ Fam. *La belle affaire !,* qu'importe !, qu'est-ce que cela fait ! ‖ *Ce n'est pas une petite, une mince affaire, c'est toute une affaire,* c'est une chose difficile, compliquée. ‖ *C'est l'affaire d'un instant, d'une seconde, etc.,* cela peut être réglé rapidement, facilement. ‖ *C'est une affaire entendue, une affaire faite,* c'est une chose sûre. ‖ *C'est une autre affaire,* cela change tout. ‖ *En faire son affaire,* s'en charger personnellement. ‖ *Être à son affaire,* faire une chose à laquelle on prend un vif intérêt ou qui relève directement de sa compétence. ‖ *Être hors d'affaire,* être sorti d'une situation difficile. ‖ *Faire affaire (avec qqn),* conclure une transaction (avec lui). ‖ *Faire l'affaire,* en parlant de qqn, convenir à un emploi, à une fonction ; en parlant de qqch, correspondre à ce qui est recherché. ‖ *Faire l'affaire de qqn,* être utile, profitable à qqn, l'arranger. ‖ Pop. *Faire, régler son affaire à qqn,* le tuer. ‖ *Ne rien faire à l'affaire,* n'y jouer aucun rôle, n'y rien changer. ‖ *Sortir, tirer qqn d'affaire,* le sortir d'une situation difficile ou dangereuse.
◆ **affaires** n. f. pl. 1. Ensemble des activités économiques et financières : *Un commerçant dur en affaires.* — 2. Gestion des intérêts de l'État et des collectivités publiques : *Les affaires étrangères.* — 3. Ensemble des intérêts matériels et financiers d'un particulier et des problèmes posés par la gestion de ses biens : *Administrer sagement ses affaires.* — 4. *Fam.* Ce qui concerne qqn ; situation psychologique, professionnelle de qqn : *Cette histoire n'arrange pas mes affaires.* — 5. Objets usuels, vêtements de qqn : *Ranger ses affaires.* — 6. Fam. *Les affaires sont les affaires,* les affaires se passent de considération morale. ‖ *Cabinet, bureau, agence d'affaires,* établissement qui conseille ses clients dans la gestion de leurs affaires ou de leurs biens. ‖ *Être, rester, revenir aux affaires,* à la direction de l'État. ‖ *Homme, femme d'affaires,* dont l'activité professionnelle est tournée vers les affaires commerciales ; qui s'occupe des intérêts financiers d'autrui ; qui sait gérer son budget et investir son argent. • **Dr.** *Affaires courantes,* actes dépourvus de contenu politique effectués par un gouvernement démissionnaire pour assurer la continuité des services publics. ‖ *Chargé d'affaires,* chef d'une mission diplomatique permanente, accrédité auprès du ministère des Affaires étrangères, en l'absence d'ambassadeur ou à titre intérimaire.

affaires *(Centre de perfectionnement aux)* **[C.P.A.],** organisme créé en 1930 par la Chambre de commerce et d'industrie de Paris, et qui a pour mission d'assurer le perfectionnement des cadres dirigeants des entreprises.

Affaires étrangères *(médaille d'honneur des),* décoration française créée au début de la IIIe République, pour récompenser les services exceptionnels rendus à la cause française et les actes de courage et de dévouement accomplis en faveur des Français hors de France.

Affaires étrangères *(ministère des),* administration spécialisée qui, dans chaque pays, est chargée des relations extérieures avec les autres États. (En France, de 1981 à 1986, il a eu pour dénomination ministère des Relations extérieures.)

Affaires indigènes *(service des)* **[A.I.],** organisation militaire française qui était chargée, en Afrique du Nord, de l'administration et de la sécurité de certains territoires. Le service des Affaires indigènes prit, en Algérie, la suite des Bureaux arabes chargés, dès 1833, des rapports avec la population et de l'administration du pays. Après le passage de la plus grande partie du territoire algérien à l'administration civile, il ne conserva que l'administration des territoires du Sud.

Affaires maritimes *(administration des),* service public chargé de tout ce qui intéresse le statut particulier des marins du commerce, ainsi que de l'application des règlements concernant les navires de commerce, de pêche et de plaisance. Les principaux textes ayant servi de base à l'organisation de la profession de marin et aux législations ultérieures furent les ordonnances de Colbert de 1665 et de 1681.

Affaires militaires musulmanes *(corps des)* **[A.M.M.],** de 1938 à 1960, corps d'officiers de l'armée française spécialisés dans les problèmes particuliers au monde musulman.

AFFAIREMENT n. m. État de qqn qui est affairé, qui s'affaire.

AFFAIRER (S') v. pr. (de *affaire*) [conj. 4]. S'occuper de qqch avec une activité voisine de l'agitation : *S'affairer auprès d'un malade.*

◆ **être affairé** v. pass. Avoir beaucoup d'occupations, paraître surchargé de travail : *Avoir un air affairé.*

AFFAIRISME n. m. *Péjor.* Intérêt pour les affaires, la spéculation, qui s'embarrasse peu de scrupules.

AFFAIRISTE n. *Péjor.* Homme, femme d'affaires sans scrupule.

AFFAISSEMENT n. m. **1.** État de ce qui s'affaisse, de ce qui est affaissé ; effondrement : *Affaissement de la route. Un affaissement moral.* – **2.** Abaissement du sol sous l'effet de mouvements tectoniques (formation d'un synclinal) ou sous l'influence des forces externes (effondrements de cavités naturelles ou artificielles). – **3.** Syn. de SUBSIDENCE.

AFFAISSER v. t. (de *faix*) [conj. 4]. **1.** Faire s'effondrer qqch sous une action, une charge : *Les pluies ont affaissé la route.* – **2.** Diminuer l'énergie, la volonté de qqn.

◆ **s'affaisser** v. pr., **être affaissé** v. pass. **1.** S'effondrer, se tasser : *Le plancher est affaissé par endroits.* – **2.** S'écrouler, tomber sous le coup d'une attaque, de la fatigue ; s'affaler, être affalé : *Épuisé, il s'est affaissé dans un fauteuil.* – **3.** Se tasser, diminuer de stature, se voûter : *Il s'affaisse avec l'âge.*

AFFAITAGE ou **AFFAITEMENT** n. m. Action d'affaiter un oiseau de proie.

AFFAITER v. t. (lat. pop. **affactare,* mettre en état) [conj. 3]. Dresser pour la chasse un oiseau de proie.

AFFALE n. f. Ligne de fond pour la mer, comportant plusieurs hameçons.

AFFALEMENT n. m. Action de s'affaler ; état de qqn qui est affalé.

AFFALER v. t. (néerl. *afhalen,* abaisser) [conj. 3]. – **Mar.** Faire descendre, mollir une manœuvre.

◆ **s'affaler** v. pr., **être affalé** v. pass. **1.** Se laisser tomber lourdement sur qqch ; y rester effondré : *S'affaler sur un divan.* – **2.** Se laisser glisser le long d'un filin pour descendre plus vite. – **3.** *Navire affalé* (ou *raffalé*) *à la côte,* navire poussé à la côte malgré les manœuvres d'éloignement tentées.

AFFAMÉ, E n. Personne qui a très faim.

AFFAMER v. t. (ital. *affamare,* du lat. pop. **affamare,* lat. class. *fames,* faim) [conj. 3]. **1.** Faire souffrir de la faim en privant de nourriture. – **2.** Donner un grand appétit : *La promenade a affamé les enfants.*

◆ **être affamé** v. pass. **1.** Avoir très faim : *Ventre affamé n'a pas d'oreilles.* – **2.** Avoir grande envie de qqch : *Être affamé de gloire, de cinéma.*

AFFAMEUR, EUSE n. Personne qui affame en accaparant les denrées.

AFFÉAGER v. t. (de *féage*) [conj. 17]. Aliéner une partie des terres nobles d'un fief, pour être tenues en fief ou en roture par l'acquéreur, moyennant une redevance.

AFFECT [afɛkt] n. m. (all. *Affekt*). Processus de décharge de l'énergie pulsionnelle qui constitue l'une des deux manifestations fondamentales de la pulsion, l'autre étant la représentation.

AFFECTABLE adj. Qui peut être hypothéqué.

AFFECTATAIRE adj. Se dit d'un service, public ou non, auquel est attribué, pour l'exercice de sa mission, un bien mobilier ou immobilier.

1. AFFECTATION n. f. (lat. *affectatio,* attribution). **1.** Destination, application de qqch à un usage déterminé : *Affectation de crédits à la* *construction d'une école.* — **2.** Action d'assigner un poste ; ce poste lui-même : *Rejoindre son affectation.* — **3.** Action de doter une grandeur d'un signe qui en modifie la valeur. • **Dr.** Acte ou fait ayant pour conséquence d'incorporer un bien au domaine public. ‖ *Affectation hypothécaire,* acte par lequel on hypothèque un ou plusieurs immeubles pour garantir une créance. — **Inform.** Attribution d'une valeur à une variable. (Syn. ASSIGNATION.) — **Mil.** *Affectation de défense,* attribution d'un emploi, ou emploi donné, dans le service de défense. ‖ *Affectation de mobilisation,* attribution d'un emploi, ou emploi donné à un militaire d'active ou de réserve dans une unité mobilisée. ‖ *Affectation spéciale,* affectation donnée, dans la disponibilité et la réserve du service militaire, à certains personnels, en raison de leur situation civile et de leurs capacités professionnelles, pour faire partie des corps spéciaux ou de cadres d'assimilés spéciaux. — **Sylvic.** Dans une forêt traitée en futaie régulière, surface qui doit être régénérée pendant un temps déterminé, appelé *période.*

2. AFFECTATION n. f. (de *affecté*). Manière de se comporter qui manque de naturel, de sincérité : *Parler avec affectation.*

1. AFFECTER v. t. (lat. *affectare,* assigner) [conj. **4**]. **1.** Destiner qqch à un usage particulier : *Affecter un local à des représentations théâtrales.* — **2.** Désigner qqn pour occuper une fonction, un poste : *Affecter une recrue au service des transmissions.* — **3.** Accompagner une variable d'un signe, en partic. pour en modifier le sens, la valeur. — **4.** En informatique, attribuer une valeur à une variable. (Syn. ASSIGNER.)

2. AFFECTER v. t. (lat. *affectare,* chercher à atteindre) [conj. **4**]. **1.** Montrer avec ostentation une manière d'agir, d'être ou de penser qui n'est pas naturelle ; feindre des sentiments : *Il affecte un air indifférent, en fait, il est très ému.* — **2.** Prendre telle ou telle forme : *Les cristaux affectent des formes géométriques.*

◆ **être affecté** v. pass. Manquer de naturel ; être apprêté, recherché : *Manières affectées.*

3. AFFECTER v. t. (lat. *affectare,* avec infl. de *affectus,* sentiment) [conj. **4**]. **1.** Toucher, atteindre, concerner qqn ou qqch, en parlant de qqch de pénible : *Épidémie qui affecte toute une population.* — **2.** Exercer sur qqn, une partie du corps, une action fâcheuse : *La paralysie a affecté tout le côté droit.* — **3.** Toucher qqn, l'émouvoir, le peiner : *La nouvelle de sa mort nous a beaucoup affectés.*

◆ **être affecté** v. pass. Être atteint d'une infirmité, d'un défaut : *Être affecté d'une extrême timidité.*

◆ **s'affecter** v. pr. Être touché, ému, peiné par qqch : *Il s'affecte de vous voir si malheureux.*

AFFECTIF, IVE adj. (lat. *affectivus*). **1.** Qui concerne les sentiments, les émotions, la sensibilité : *La vie affective.* — **2.** Qui relève du sentiment, non de la raison ; sentimental : *Réaction purement affective.* — **3.** Relatif à l'affectivité. — **4.** *Sens affectif, valeur affective d'un mot,* syn. de CONNOTATION.

◆ adj. et n. Qui se laisse guider par les sentiments plus que par la raison.

1. AFFECTION n. f. (lat. *affectio,* action d'affecter). Maladie envisagée sous son aspect actuel, selon l'organe atteint : *Affection aiguë, chronique. Affection cardiaque.*

2. AFFECTION n. f. (lat. *affectio,* inclination, goût). **1.** Sentiment d'amitié, de tendresse d'attachement pour qqn : *Gagner l'affection de quelqu'un.* — **2.** Chez Aristote, qualité qui est une modification transitoire d'un sujet, provenant d'une cause externe ou interne.

AFFECTIONNÉ, E adj. *Vx.* Dévoué (dans les formules de politesse).

AFFECTIONNER v. t. (conj. 3). *Litt.* **1.** Avoir de l'affection pour qqn, aimer. — **2.** Avoir un goût marqué pour qqch : *Elle affectionnait les couleurs vives.*

affectio societatis, expression latine indiquant l'intention qu'ont des associés de contracter ou de poursuivre une œuvre commune sur un pied d'égalité.

AFFECTIVITÉ n. f. (de *affectif*). **1.** Ensemble des sentiments, par oppos. à ce qui relève du raisonnement ; sensibilité. — **2.** Ensemble des réactions psychiques de l'individu face au monde extérieur.

AFFECTUEUSEMENT adv. De façon affectueuse.

AFFECTUEUX, EUSE adj. (lat. *affectuosus*). Qui montre beaucoup d'affection : *Un chien, un regard affectueux.*

1. AFFÉRENT, E adj. (anc. fr. *afférir,* convenir, du lat. pop. **afferire,* apporter). Qui revient à qqn, lui est dû.

2. AFFÉRENT, E adj. (lat. *afferens,* qui apporte). Se dit d'un vaisseau qui apporte un liquide à un organe, ou d'une voie (tractus ou nerf) qui conduit les influx nerveux à un organe ou à un centre. (Contr. EFFÉRENT.)

AFFÉRER v. t. ind. (de *afférent*) [conj. **18**]. Revenir à qqn.

AFFERMABLE adj. Qui peut être affermé.

AFFERMAGE n. m. Action de donner ou de prendre à ferme un bien rural moyennant une redevance convenue entre le fermier et le propriétaire.

AFFERMATAIRE n. Personne qui prend à ferme.

AFFERMER v. t. (de *ferme,* n. f.) [conj. 3]. Donner ou prendre un bien rural à bail.

AFFERMIR v. t. (de *ferme,* adj.) [conj. 32]. **1.** Rendre qqch plus solide ou plus stable : *Affermir les piliers d'un pont.* – **2.** Rendre qqn plus énergique, plus ferme dans son action : *Cet appui l'a affermi dans sa résolution.* – **3.** Rendre une action, un état plus forts, plus durables ; consolider : *Les difficultés ont affermi son courage.*

◆ **s'affermir** v. pr., **être affermi** v. pass. Devenir plus solide, plus stable, plus ferme.

AFFERMISSEMENT n. m. Action d'affermir, de s'affermir.

AFFÉTERIE ou, selon l'Acad. fr., **AFFÈTERIE** n. f. (anc. fr. *afaitier,* façonner, avec infl. de l'ital. *affettato,* recherché). *Litt.* Manières affectées et prétentieuses.

AFFETTUOSO [afɛtwozo] adv. (mot ital. signif. *affectueux*). De façon tendre et douce, en exécution musicale.

AFFICHABLE adj. Qui peut être affiché.

AFFICHAGE n. m. **1.** Action d'afficher, de faire connaître au public par voie d'affiche, de panneaux, etc. : *L'affichage est interdit sur ce mur.* – **2.** Action d'afficher une valeur ou de visualiser le résultat d'une mesure, d'un calcul, d'un traitement. (L'affichage est *analogique* quand l'information est donnée au moyen d'organes ou de phénomènes variant progressivement de position ou d'état ; il est *logique* lorsque l'information est donnée sous forme de grandeur entière et *numérique* quand il utilise des chiffres.) – **3.** Action de mettre en contact deux pièces à assembler par collage, clouage, cramponnage, etc.

ENCYCL. C'est la loi sur la presse du 29 juill. 1881 qui a posé le principe de la liberté d'affichage. Le droit d'affichage est reconnu à la section syndicale d'entreprise depuis les accords de Grenelle de 1968.

AFFICHE n. f. **1.** Feuille écrite ou imprimée placardée dans un lieu public et portant une annonce officielle, publicitaire ou propagandiste, à laquelle une image peut être associée : *Le mur est couvert d'affiches.* – **2.** Programme d'un spectacle, d'un match, etc., défini par les vedettes, les rencontres qui le constituent : *Il y a une belle affiche ce soir à l'Olympia.* – **3.** *À l'affiche,* au programme d'une salle de spectacle. ‖ *Tenir, quitter l'affiche,* en parlant d'un spectacle, avoir de nombreuses représentations ou cesser d'être représenté. ‖ *Tête d'affiche,* acteur qui figure en tête sur l'affiche annonçant la représentation.

ENCYCL. L'affiche publicitaire moderne, de grand format et à grand tirage, naît vers 1860-1870 en France grâce à J. Chéret, qui met à profit les progrès apportés en Angleterre à la chromolithographie. Après le papillotement joyeux de Chéret, elle apprend à concentrer ses effets grâce à la leçon des estampes japonaises et de Gauguin, et elle adopte l'arabesque de l'Art nouveau : ainsi chez Toulouse-Lautrec, Grasset, Mucha, l'Américain Will Bradley (1868-1962), Cappiello et, en Grande-Bretagne, chez les « Beggarstaff Brothers », dont la superbe économie de moyens influence l'Allemand Ludwig Hohlwein (1874-1949).

Après 1918, l'avènement du constructivisme pousse à un rigorisme des formes, à un langage d'idéogrammes que tempère le lyrisme de l'Américain E. McKnight Kauffer (1890-1954) ou du Français Cassandre. Photomontage, cinéma, bande dessinée, symbolique surréaliste influenceront à leur tour l'affiche. Citons les Français P. Colin, Ch. Loupot, J. Carlu, Savignac, Villemot, le Suisse H. Leupin, les Polonais Henryk Tomaszewski, J. ou R. Cieślewicz, le Belge Folon... En face d'une production photographique aujourd'hui croissante se détachent aussi bien la cohésion des affiches politiques cubaines que celle des publicités liées à l'ensemble du design d'une firme (Olivetti) ou produites par des ateliers comme le Push Pin Studio de M. Glaser, héritier californien du pop art, ou le groupe français Grapus.

AFFICHER v. t. (de *ficher,* lat. pop. **ficcare,* de *figere,* fixer) [conj. 3]. **1.** Poser une affiche : *Afficher une photo sur un mur.* – **2.** Annoncer qqch par des affiches : *Afficher les résultats d'un examen.* – **3.** Faire étalage d'un sentiment, d'une opinion, d'un état, les montrer avec ostentation : *Afficher son mépris. Afficher une liaison.* – **4.** Avoir de manière manifeste tel état, tel résultat : *Afficher un bel optimisme. Entreprise qui affiche d'excellents résultats.* – **5.** Réaliser l'affichage de résultats, de pièces.

◆ **être affiché** v. pass. **1.** Être porté à la connaissance du public par voie d'affiche. – **2.** *Prix affiché,* prix figurant sur les cotations du pétrole (publiées à l'origine par voie d'affiche sur les lieux de production), retraçant les cours enregistrés sur les marchés et les Bourses spécialisées.

◆ **s'afficher** v. pr. Se montrer en public avec ostentation : *Il s'affiche avec sa maîtresse.*

AFFICHETTE n. f. Petite affiche.

AFFICHEUR, EUSE n. Professionnel assurant la pose des affiches sur les emplacements réservés à cet effet.

◆ **afficheur** n. m. Organe d'affichage d'un appareil horaire, d'un tableau d'affichage électromécanique, d'un appareil électronique, etc.

AFFICHISTE n. Artiste, dessinateur spécialisé dans la création d'affiches.

AFFICHOTHÈQUE n. f. Collection d'affiches.

AFFICHURE n. f. Ornement des selles de luxe, fait à l'aide de clous et de fleurons métalliques.

AFFIDAVIT [-vit] n. m. (pl. *affidavit* ou *affidavits*) [mot angl., du lat. médiév. signif. *il affirma*]. Document délivré, pour certaines valeurs mobilières, aux porteurs étrangers, pour leur éviter de payer à deux reprises les impôts établis sur ces titres ou leurs coupons.

AFFIDÉ, E adj. et n. (lat. médiév. *affidare*, promettre). *Litt.* et *péjor.* Affilié à une société secrète ou dévoué à qqn dans l'exécution de desseins coupables.

AFFILAGE ou **AFFILEMENT** n. m. Action d'affiler un instrument tranchant.

AFFILÉE (D') loc. adv. (de *file*). De suite, sans discontinuer, sans interruption : *Parler quatre heures d'affilée.*

AFFILER v. t. (lat. pop. **affilare*, aiguiser, de *filum*, fil tranchant) [conj. 3]. Donner du fil à un outil tranchant après l'avoir affûté.
◆ **être affilé** v. pass. **1.** Être bien aiguisé. – **2.** *Intelligence affilée*, vive et pénétrante.

AFFILIATION n. f. (lat. jurid. *affiliatio*, adoption). **1.** Action d'associer ou d'être associé à un groupe : *Affiliation à un club.* – **2.** Acte par lequel une caisse de sécurité sociale inscrit un salarié sur la liste de ses adhérents afin de percevoir les cotisations et de verser les prestations.

AFFILIÉ, E n. Personne qui fait partie d'un groupement, d'une association.

AFFILIER v. t. (lat. médiév. *affiliare*, du lat. class. *filius*, fils) [conj. 9]. Faire entrer qqn dans une association.
◆ **s'affilier** v. pr., **être affilié** v. pass. S'inscrire, être inscrit à une association.

AFFILOIR n. m. **1.** Syn. de AIGUISOIR. – **2.** Pierre à aiguiser.

AFFINAGE n. m. **Agric.** Opération ayant pour but d'ameublir la terre. – **Agroalim.** Dernière phase de la fabrication du fromage. ‖ Procédé de purification des sucres roux. – **Aquac.** Opération précédant la mise sur le marché des huîtres, ayant pour but d'en améliorer le goût et la présentation. – **Céram.** et **Verr.** Élimination, par fusion prolongée, des bulles ou défauts contenus dans les verres ou les émaux lors de leur élaboration. – **Métall.** Opération consistant à éliminer les impuretés contenues dans un métal ou un alliage à l'état liquide. – **Text.** En filature, opération visant à diminuer la section des rubans ou des mèches par une action d'étirage.

AFFINE adj. (lat. *affinis*, voisin). **Biol.** *Formes affines*, espèces animales ou végétales dont les ressemblances laissent présumer une proche parenté entre elles. – **Géom.** *Espace affine*, ensemble A attaché à un espace vectoriel E sur un corps commutatif, par une application f de $A \times E$ dans A, telle que : $\forall\,(M, \vec{V}) \in A \times E$, il existe N unique dans A tel que $f\,(M,\vec{V}) = M + \vec{V} = N$, et $\forall (M,N) \in A^2$, il existe $\vec{V}$ unique de E tel que $N = M + \vec{V}$. ‖ *Géométrie affine*, étude des espaces et variétés linéaires affines, et des invariants par le groupe affine. ‖ *Repère affine cartésien*, $(n+1)$-uple formé de O (point de l'espace affine A) et de n vecteurs (base de l'espace vectoriel E), auquel est attaché A. (O est appelé *origine* du repère.) ‖ *Transformation affine*, application affine bijective d'un espace affine dans lui-même. ‖ *Variété linéaire affine*, sous-ensemble A' d'un espace affine A, tel que tous les barycentres d'une famille finie quelconque de points M_i, de A' appartiennent à A'. – **Math.** *Application affine*, application φ définie d'un espace affine A vers un espace affine B attachés respectivement aux espaces vectoriels E et F, telle qu'il existe une application linéaire f de E dans F vérifiant : $\forall \vec{v} \in E$; $\forall\ M \in A$; $\varphi\,(M + \vec{v}) = f\,(\vec{v}) + \varphi\,(M)$. [L'application linéaire f est unique et dite associée à φ.] (→ *encycl.*) ‖ *Groupe affine*, ensemble [noté GA(A)] des automorphismes d'un espace A attaché à un espace vectoriel E.
ENCYCL. Une *application* ou *fonction affine* définie de ℝ dans ℝ, est de la forme générale : $\varphi(x) = ax + b$ où $(a, b) \in \mathbb{R} \times \mathbb{R}$.
Si $\mathbb{R} \times \mathbb{R}$ est muni d'un repère cartésien $(O, \vec{i}, \vec{j})$, la représentation graphique des fonctions affines se fait par des droites passant par le point de coordonnées $(0,b)$ et de vecteur directeur $(1, a)$. Si a est positif, f est croissante ; si a est négatif, f est décroissante.

AFFINEMENT n. m. Action d'affiner, de s'affiner : *L'affinement du goût.*

AFFINER v. t. (de *fin*, adj.) [conj. 3]. **1.** Effectuer une opération d'affinage. – **2.** Rendre, ou faire paraître une forme plus fine, plus mince : *Cette coiffure affine son visage.* – **3.** Rendre l'esprit, les sens plus subtils, plus délicats, plus précis.
◆ **s'affiner** v. pr. Devenir plus fin : *Ses traits se sont affinés.*

AFFINERIE n. f. Lieu où l'on affine les métaux.

AFFINEUR, EUSE n. Professionnel qui affine le lin, le chanvre, les métaux, les fromages, les huîtres, etc.

AFFINITÉ n. f. (lat. *affinitas*, parenté). Conformité, harmonie de goûts, de sentiments, de caractère entre deux ou plusieurs personnes ; conformité, ressemblance entre des choses : *Il existe des affinités entre ces deux partis.* • **Biol.** Parenté supposée entre deux espèces. ‖ Aptitude de deux espèces à produire ensemble des hybrides féconds entre eux. – **Chim.** Tendance des

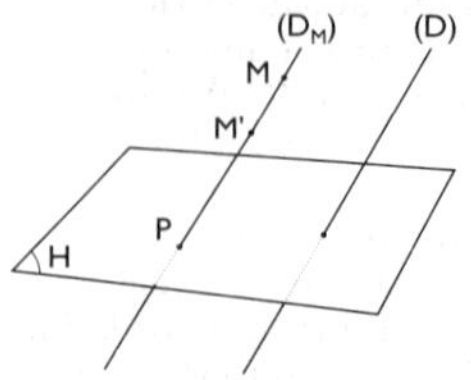

affinité dans le cas de l'espace affine E_3 de dimension 3 et $0 < k \leqslant 1$.

corps à se combiner. (On convient de prendre comme mesure de l'affinité la diminution d'énergie libre du système entre l'état initial du mélange de corps réagissants et l'état final après réaction.) ‖ *Affinité électronique,* énergie (exprimée en électronvolts) mise en jeu lorsqu'un atome neutre se lie avec un électron supplémentaire. – **Géom.** Application *f* du plan affine (resp. de l'espace affine de dimension 3) dans lui-même, définie à partir d'une droite D (resp. d'un plan P), d'une direction de droite Δ non parallèle à D (resp. à P), d'un nombre réel *k,* qui à tout point M du plan (resp. de l'espace) associe le point $M' = f(M)$ tel que si H désigne l'intersection de D (resp. P) avec Δ', parallèle à Δ passant par M, on ait : $\overline{HM'} = k \cdot \overline{HM}$. (Cette transformation est l'affinité relative à D [resp. P], de direction Δ et de rapport *k.* Cette définition se généralise facilement à un espace affine de dimension *n.* Dans un plan affine ou un espace affine de dimension 3, une symétrie affine est une affinité de rapport -1.) — **Ling.** Ressemblances structurelles (organisation de la phrase, déclinaison, etc.) entre des langues. — **Relig.** Lien juridique que le mariage établit entre les consanguins du mari ou de l'épouse.

Affinités électives *(les),* roman de Goethe (1809) où l'auteur applique à un cas psychologique le principe chimique des affinités.

AFFIRMATIF, IVE adj. (bas lat. *affirmativus*). **1.** Qui marque l'affirmation, l'approbation : *Ton affirmatif.* – **2.** Qui soutient qqch, qui l'affirme : *Je suis affirmatif : tout s'est passé ainsi.* – **3.** Se dit d'une phrase caractérisée par l'affirmation.

◆ **affirmatif !** adv. *Pop.* Oui : *M'entendez-vous ? – Affirmatif !*

◆ **affirmative** n. f. Énoncé par lequel on affirme ou approuve qqch : *Répondre par l'affirmative.*

AFFIRMATION n. f. (lat. *affirmatio*). **1.** Action d'affirmer, énoncé par lequel on affirme ; allégation, déclaration : *De telles affirmations sont invraisemblables.* — **2.** Action de rendre manifeste, éclatant : *L'affirmation de l'indépendance nationale.* – **3.** Statut de la phrase (déclarative, interrogative ou impérative) qui présente le prédicat comme vrai, possible, probable, contingent ou nécessaire (par opposition à la négation).

AFFIRMATIVEMENT adv. De façon affirmative : *Répondre affirmativement.*

AFFIRMER v. t. (lat. *affirmare*) [conj. 3]. **1.** Assurer fermement la véracité de qqch ; soutenir, certifier : *J'affirme qu'il était présent.* – **2.** Énoncer qqch avec force et conviction : *Affirmer son désir d'en finir avec les abus.* — **3.** Manifester clairement un trait de caractère, une aptitude : *Affirmer sa personnalité, son autorité.*

◆ **s'affirmer** v. pr., **être affirmé** v. pass. **1.** Se manifester nettement : *Une majorité s'affirme de plus en plus en faveur du projet.* – **2.** Devenir, être plus ferme, plus fort, en parlant de qqn, de son caractère : *Une personnalité très affirmée.* – **3.** Manifester clairement une aptitude, une opinion : *S'affirmer un directeur compétent.*

AFFIXAL, E, AUX adj. Relatif à un affixe.

AFFIXATION n. f. Création de mots nouveaux par adjonctions d'affixes à un radical.

1. AFFIXE n. m. (lat. *affixus,* de *affigere,* attacher). **1.** Morphème non autonome qui s'ajoute au radical d'un mot pour en modifier le sens et/ou la valeur grammaticale. (On distingue 3 types d'affixes : les préfixes, les suffixes et les infixes.) – **2.** Marque spécifique d'un élevage de chiens ou de chats, homologuée par un organisme officiel.

2. AFFIXE n. f. (de *affixe 1*). Nombre complexe $z = x + iy$ associé au point M (ou au vecteur $\overrightarrow{OM}$) du plan, de coordonnées *x* et *y*.

AFFIXÉ, E adj. Qui sert d'affixe.

AFFLÉCHAGE n. m. Amincissement d'un merrain à ses deux extrémités pour en faire une douelle.

AFFLEURAGE n. m. Raffinage modéré de la pâte à papier.

AFFLEUREMENT n. m. **1.** Fait d'émerger à la surface du sol, des eaux ; ce qui apparaît à fleur de terre, à fleur d'eau. — **2.** Intersection d'une formation géologique, d'un gisement avec la surface du sol. – **3.** Action d'affleurer des pièces de bois.

AFFLEURER v. t. ou v. t. ind. (de *à fleur de*) [conj. 5]. **1.** Être à fleur, au niveau du sol, des eaux, etc. ; émerger : *Les rochers affleuraient à la surface.* — **2.** En parlant d'une formation géologique, d'un gisement, apparaître en surface. – **3.** Mettre de niveau des pièces de bois assemblées. — **4.** Pratiquer l'affleurage de la pâte à papier.

AFFLEUREUSE n. f. Machine portative servant à affleurer le bois.

AFFLICTIF, IVE adj. (lat. *afflictum*). *Peine afflictive et infamante,* peine de réclusion criminelle ou de détention criminelle et qui entraîne l'interdiction légale. (Avant son abolition en 1981, la peine de mort était une peine afflictive et infamante.)

AFFLICTION n. f. (lat. ecclés. *afflictio*). Peine profonde ; abattement, détresse.

AFFLIGÉ, E n. Personne qui est profondément attristée par un malheur.

AFFLIGEANT, E adj. Qui afflige, navre, consterne : *Une nouvelle affligeante.*

AFFLIGER v. t. (lat. *affligere,* frapper) [conj. 17]. **1.** Frapper qqn d'un mal, d'un défaut, l'en affecter d'une manière durable. — **2.** Imposer à qqn la présence d'une personne désagréable, qqch de pénible : *Le sort l'a affligé d'une femme acariâtre.* — **3.** Causer à qqn une peine, un chagrin profond ; navrer, consterner : *Tu affliges tes parents en menant cette vie-là.*
◆ **s'affliger** v. pr., **être affligé** v. pass. **1.** Éprouver du chagrin, de la peine : *Je suis affligé de ne pouvoir l'aider.* — **2.** Être affecté par qqch de pénible : *Être affligé de rhumatismes.*

AFFLUENCE n. f. (lat. *affluentia*). Arrivée ou présence de nombreuses personnes en un lieu ; foule : *L'affluence dans les magasins le samedi. Heures d'affluence.*

AFFLUENT, E adj. (lat. *affluens*). Se dit d'un cours d'eau qui se jette dans un autre.
◆ **affluent** n. m. Cours d'eau qui rejoint un autre cours d'eau généralement plus important en un lieu appelé *confluent.* (Syn. TRIBUTAIRE.)

AFFLUER v. i. (lat. *affluere*) [conj. 3]. **1.** Se porter en grand nombre qqpart ; y arriver en abondance : *Les manifestants affluaient vers la place. Les dons affluent de partout.* — **2.** Couler en abondance vers un point : *Le sang afflue au cerveau.*

AFFLUX n. m. (lat. médiév. *affluxus,* flux de la mer). **1.** Arrivée soudaine d'un grand nombre de personnes, de choses en un même endroit : *Afflux de touristes, de produits étrangers.* — **2.** Abondance de liquide et en partic. du sang vers une partie du corps. — **3.** Mouvement des charges électriques vers un point.

AFFOLANT, E adj. Qui affole ; alarmant, inquiétant : *Nouvelles affolantes.*

AFFOLEMENT n. m. **1.** Trouble profond ; épouvante, effroi : *L'explosion provoqua un affolement général.* — **2.** État d'une aiguille aimantée qui est affolée. — **3.** *Affolement de l'hélice,* accélération brutale des tours de l'hélice, hors d'eau, dans un coup de tangage. ‖ *Affolement de soupapes,* dans les moteurs à combustion interne, fait pour les poussoirs de commande des soupapes de décoller de leurs cames en entraînant un déréglage de la distribution.

AFFOLER v. t. (de *fol,* fou) [conj. 3]. **1.** Rendre comme fous qqn, un animal, les épouvanter : *Les cris de la foule l'affolèrent.* — **2.** Provoquer chez qqn une grande inquiétude : *La hausse des prix m'affole.* — **3.** Provoquer chez qqn un désarroi sentimental : *Elle l'affolait par ses coquetteries.*
◆ **s'affoler** v. pr., **être affolé** v. pass. Devenir comme fou ; perdre son sang-froid ; être effrayé : *Devant l'examinateur il s'est affolé.* • **Magnét.** *Aiguille affolée,* aiguille aimantée qui, sous l'action de variations brusques du champ magnétique, subit des déviations soudaines et irrégulières.

AFFORESTAGE n. m. Droit de prendre du bois dans une forêt.

AFFORESTATION n. f. Plantation d'arbres sur un terrain nu.

AFFORESTER v. t. (anc. fr. *forest,* forêt) [conj. 3]. Concéder le droit d'afforestage.

AFFOUAGE n. m. (anc. fr. *afouer,* allumer). Droit qu'ont les habitants d'une commune de pratiquer certaines coupes de bois sur les biens communaux ; la part de chacun.

AFFOUAGÉ, E, AFFOUAGER, ÈRE ou **AFFOUAGISTE** n. Personne qui jouit d'un droit d'affouage.

1. AFFOUAGER v. t. (conj. 17). **1.** Dresser la liste des habitants d'une commune qui ont droit à l'affouage. — **2.** Déterminer, dans une forêt, les coupes réservées à l'affouage.

2. AFFOUAGER, ÈRE adj. Concédé par affouage.

AFFOUILLEMENT n. m. (de *affouiller*). Action de creusement due aux remous et aux tourbillons engendrés dans un courant fluvial ou marin butant sur un obstacle naturel (rive concave des méandres) ou artificiel (pile de pont, jetée), ou à l'activité des animaux benthiques.

AFFOUILLER v. t. (de *fouiller*) [conj. 3]. **1.** Creuser, en parlant des eaux tourbillonnaires. — **2.** Remuer le fond, en parlant des poissons qui cherchent leur nourriture.

AFFOURAGEMENT ou **AFFOURRAGEMENT** n. m. **1.** Action d'affourager le bétail. — **2.** *Affouragement en vert,* distribution de fourrage fraîchement coupé au bétail.

AFFOURAGER ou **AFFOURRAGER** v. t. (conj. **17**). Distribuer du fourrage au bétail.

AFFOURCHAGE n. m. Action d'affourcher.

AFFOURCHER v. t. (de *fourche*) [conj. 3]. Mouiller en disposant deux chaînes de mouillage en V, ou en fourche.

AFFRANCHI, E adj. et n. **1.** Se disait de l'esclave, du serf qui recevait de son maître la liberté. — **2.** *Fam.* Qui manifeste une indépendance absolue à l'égard des conventions morales ou sociales. — **3.** *Arg.* Qui appartient au milieu et en observe les règles.

AFFRANCHIR v. t. (de *franc,* libre) [conj. 32]. **1.** Rendre qqn libre, rendre un pays, une institution politiquement indépendants. — **2.** Faire d'un esclave ou d'un serf un homme libre. — **3.** Libérer qqn d'une contrainte : *Tous ces appareils ont partiellement affranchi la femme des soins du ménage.* — **4.** *Pop.* Renseigner qqn, le mettre au courant de qqch. — **5.** *Arg.* Initier qqn aux pratiques du milieu. • **Arbor.** Enterrer le bourrelet de greffe d'un arbre pour permettre au greffon de développer des racines. — **Bois.** Couper un élément en bois perpendiculairement à son axe. — **Jeux.** Rendre une carte maîtresse, en faisant tomber toutes les cartes qui lui sont supérieures. — **Œnol.** Procéder à l'affranchissement d'une cuve, d'un tonneau. — **Post.** Payer le port au moment de l'expédition, généralement en y apposant des timbres-poste. ‖ *Machine à affranchir,* machine destinée à imprimer sur les enveloppes une vignette qui remplace le timbre-poste. (Elle peut aussi imprimer des mentions publicitaires.)

◆ **s'affranchir** v. pr., **être affranchi** v. pass. Se libérer d'une contrainte, s'en débarrasser : *S'affranchir vis-à-vis de sa famille.*

AFFRANCHISSABLE adj. Qui peut ou doit être affranchi.

AFFRANCHISSEMENT n. m. **1.** Action d'affranchir un esclave, un serf. — **2.** Action d'affranchir, de rendre libre ou de s'affranchir, de se libérer : *L'affranchissement d'un peuple.* — **3.** Acquittement préalable des frais de port ; montant de ces frais, qui peut varier selon la destination et la nature de la correspondance. — **4.** Action d'affranchir une pièce de bois. — **5.** *Affranchissement d'une cuve,* traitement des parois d'une cuve par une solution d'acide tartrique ou par des enduits alimentaires, afin de les rendre inattaquables par les acides des moûts et des vins. ‖ *Affranchissement d'un tonneau,* action de le flamber, quand il est neuf, pour lui ôter le goût du bois.

AFFRE (Denis Auguste), prélat français (Saint-Rome-de-Tarn 1793-Paris 1848), archevêque de Paris en 1840. Pendant les journées de juin 1848, il tenta d'empêcher l'effusion de sang, mais fut blessé mortellement.

AFFRES n. f. pl. (provenç. *affre,* horreur, p.-ê. du gotiq.). *Litt.* Très grande angoisse, tourments physiques, intellectuels, moraux : *Les affres du désespoir.*

AFFRÈTEMENT n. m. **1.** Contrat par lequel un armateur appelé *fréteur* s'engage à mettre un bâtiment à la disposition d'un *affréteur* moyennant le paiement d'une somme appelée *fret.* — **2.** Prise en location de tout moyen de transport.

AFFRÉTER v. t. (de *fret*) [conj. **18**]. Prendre en location un navire, un avion, un camion, une voiture pour transporter des marchandises ou des voyageurs.

AFFRÉTEUR n. m. Professionnel louant tout ou partie d'un navire pour le transport d'un port à un autre de marchandises déterminées, par opposition au *fréteur,* qui le donne à loyer.

AFFREUSEMENT adv. **1.** De façon affreuse : *Il a été affreusement défiguré.* — **2.** Indique un très haut degré dans qqch de pénible, d'ennuyeux ; extrêmement : *Être affreusement inquiet.*

AFFREUX, EUSE adj. (de *affres*). **1.** Qui suscite la répulsion, le dégoût, l'horreur ; atroce : *Un crime affreux.* — **2.** Qui est très laid, hideux : *Une robe affreuse.* — **3.** Qui est très désagréable, pénible, ennuyeux : *Il fait un temps affreux.*

◆ **affreux** n. m. *Pop.* **1.** Individu dangereux, antipathique. — **2.** Mercenaire le plus souvent d'origine européenne servant dans les pays du tiers monde.

AFFREVILLE → KHEMIS MELYANA.

AFFRIANDER v. t. (de *friand*) [conj. 3]. *Litt.* Attirer qqn, l'allécher.

AFFRICATION n. f. Phénomène de détente prolongée de l'articulation, caractéristique des affriquées.

AFFRIOLANT, E adj. Qui excite le désir, séduisant, attirant : *Avoir des formes affriolantes. Promesses affriolantes.*

AFFRIOLER v. t. (moyen fr. *frioler,* frire, brûler de désir) [conj. 3]. Attirer qqn, le séduire par qqch d'alléchant, d'excitant : *La perspective de gagner de l'argent l'affriolait.*

AFFRIQUÉE adj. f. et n. f. (lat. *affricare,* frotter contre). Se dit d'une consonne qui combine très étroitement une occlusion et une frication. (Par ex., au Québec, on réalise une affriquée à l'initiale des mots *tire* et *dire,* prononcés [tsir] et [dzir].) [Syn. MI-OCCLUSIVE.]

AFFRITER v. t. (de *frire*) [conj. 3]. Rendre une poêle propre à faire une friture (en y faisant chauffer de la graisse et en l'essuyant à sec).

AFFRONT n. m. (de *affronter*). **1.** Acte ou parole témoignant publiquement du mépris ; outrage : *Subir un affront.* — **2.** *Fam.* Offense sans gravité : *Vous ne me ferez pas l'affront de refuser ce dernier verre ?* — **3.** *Laver, punir, réparer un affront,* en tirer vengeance.

AFFRONTEMENT n. m. **1.** Action d'affronter, de s'affronter : *L'affrontement des grandes puissances.* – **2.** Action d'affronter deux pièces.

AFFRONTER v. t. (de *front*) [conj. 3]. **1.** Faire front à qqn, à qqch de dangereux, de pénible, y faire face avec courage : *Affronter un adversaire. Affronter les dangers.* – **2.** Aborder un sujet, une question pour les traiter à fond. – **3.** Mettre en contact les deux lèvres d'une plaie pour en faciliter la cicatrisation. – **4.** Mettre bout à bout deux pièces d'égale section.

◆ **être affronté** v. pass. En héraldique, en parlant de deux animaux, être représentés face à face.

◆ **s'affronter** v. pr., **être affronté** v. pass. **1.** S'opposer, se heurter avec violence : *Les deux tendances se sont affrontées au congrès.* – **2.** Aborder avec énergie une entreprise difficile : *Ne pas hésiter à s'affronter à un grave problème.*

AFFRUITER v. t. (de *fruit*) [conj. 3]. **1.** Porter, produire des fruits. – **2.** Pourvoir un terrain d'arbres fruitiers.

AFFUBLEMENT n. m. *Litt.* Habillement étrange, de mauvais goût.

AFFUBLER v. t. (lat. pop. **affibulare,* agrafer) [conj. 3]. **1.** Accoutrer, vêtir qqn d'une façon bizarre, ridicule : *Elle l'avait affublé d'un costume de marin.* – **2.** Attribuer à qqn qqch de ridicule, de fantaisiste : *On l'avait affublé d'un surnom méprisant.*

◆ **s'affubler** v. pr., **être affublé** v. pass. Se vêtir, être vêtu de qqch de ridicule.

AFFUSION n. f. (lat. *affusio,* de *affundere,* répandre). **1.** Procédé d'hydrothérapie consistant à verser de l'eau en nappe et d'une faible hauteur sur une partie quelconque du corps. – **2.** Action de verser de l'eau sur la tête du baptisé.

AFFÛT n. m. (de *affûter 1*). **1.** Endroit où on se poste pour guetter le gibier dans les battues. – **2.** Bâti de bois ou de métal, destiné à soutenir, à pointer et à déplacer les bouches à feu et certains projectiles autopropulsés. – **3.** Pied télescopique qui supporte un marteau perforateur, une arme, etc. – **4.** *(Être) à l'affût de qqch,* guetter, observer le moment favorable pour prendre, pour agir, etc.

AFFÛTAGE n. m. **1.** Action d'affûter un outil pour en reconstituer le profil de coupe lorsque les arêtes tranchantes sont usées. (Cette opération se fait à la meule ou à la machine à affûter.) – **2.** *Taux d'affûtage,* salaire horaire d'un ouvrier lors de son embauche et de ses augmentations successives ; salaire horaire sur lequel est calculée une éventuelle prime au rendement.

1. AFFÛTER v. t. (de *fût,* pièce de bois) [conj. 3]. **1.** Rendre tranchantes les arêtes d'un outil de coupe. – **2.** Tailler en pointe la mine d'un crayon.

2. AFFÛTER v. t. (de *affût*) [conj. 3]. Mettre un canon sur l'affût.

AFFÛTEUR, EUSE n. Ouvrier, ouvrière spécialisés dans l'affûtage des outils.

◆ **affûteuse** n. f. Machine à affûter les tranchants de certains outils. (Elle comporte une meule, usinant par abrasion l'outil à affûter, que l'on déplace suivant son arête par rapport à la meule.)

AFFÛTIAUX n. m. pl. (de *affûter*). *Fam.* et *vx.* Outils ; objets, parure sans valeur.

AFGHAN, E adj. et n. **1.** D'Afghānistān. – **2.** *Lévrier afghan* ou *afghan* (n. m.), race de lévrier à poil long, originaire de l'Afghānistān, utilisé comme chien d'agrément.

◆ **afghan** n. m. Syn. de PACHTO.

AFGHĀNI n. m. Unité monétaire principale de l'Afghānistān, divisée en 100 pool.

AFGHĀNI ou **AFRHĀNI** → DJAMĀL AL-DIN AL-AFGHĀNI.

AFGHĀNISTĀN, État d'Asie, entre l'Iran et le Pākistān ; 650 000 km² ; 21 500 000 hab. *(Afghans).* CAP. *Kaboul.* LANGUES : *pachto* et *dari.* MONNAIE : *afghāni.*

Géographie. L'Afghānistān est un pays montagneux (plus de 40 % de la superficie au-dessus de 1 800 m), surtout au N.-E., occupé par l'Hindū Kūch. Des plaines descendent vers le N. jusqu'à 250-300 m, tandis qu'au S.-O. la dépression de Sistān est parcourue par le Helmand. Deux autres cours d'eau désenclavent ce pays continental : le Hari Rud vers l'Iran et le Turkménistan, la rivière de Kaboul vers le Pākistān (passe de Khaybar). Le climat est rude : froid en hiver, parfois torride (au S.-O.) en été, presque toujours aride. La steppe domine. Les précipitations ne sont applicables que sur l'Hindū Kūch et les chaînes du Sud-Est. Dans la mosaïque de populations, l'ethnie numériquement dominante est celle des Pachtous, ou Pathāns. Les autres ethnies notables sont les Ouzbeks et les Turkmènes au N.-E., les Tadjiks au N., les Baloutches au S.-E., les Hazāras au centre. La population est faiblement urbanisée. En dehors de Kaboul, les grandes villes sont Kandahar et Harāt. La guerre a entraîné, dans les années 1980, d'importants déplacements de population : plusieurs millions d'Afghans ont quitté leur pays pour le Pākistān et l'Iran.
L'Afghānistān demeure sous-développé. L'agriculture occupe la majorité de la population et le nomadisme pastoral persiste. L'agriculture sédentaire partiellement irriguée est fondée sur le blé, l'orge, les fruits et le coton. Si l'artisanat (tapis, soieries, orfèvrerie) reste actif, l'industrie

est limitée aux textiles et à l'agroalimentaire, et à une pétrochimie naissante à partir du gaz naturel.

Histoire. L'histoire de l'Afghānistān antique et médiéval est liée à celle de l'Iran, de l'Inde, de la Chine et des Turcs. Après la conquête d'Alexandre le Grand (329 av. J.-C.), la région est fortement marquée par la civilisation grecque, surtout en Bactriane. Elle est également influencée par le bouddhisme venu de l'Inde, sans doute dès le IIIe s. av. J.-C. Puis L'Afghānistān est progressivement intégré au monde musulman : la conversion à l'islām, commencée en 651, fait des progrès décisifs aux XIe-XIIe s. Ce sont des dynasties turques d'Afghānistān qui vont conquérir et islamiser en profondeur le sous-continent indien (actuels Inde et Pākistān). La région est ravagée par les Mongols (1221-22). Elle est dominée aux XVIe-XVIIe s. par l'Inde et l'Iran, qui se la partagent.

1747 : Fondation de la première dynastie nationale afghane.

1838-1842 : Première guerre anglo-afghane.

1878-1880 : Deuxième guerre anglo-afghane.

1921 : Traité d'amitié avec la Russie soviétique et reconnaissance de l'indépendance de l'Afghānistān.

1973 : Coup d'État qui renverse le roi Ẓāher Chāh. Proclamation de la république.

1978 : Coup d'État communiste.

1979-1989 : Intervention des troupes soviétiques dans la guerre qui oppose le gouvernement de Kaboul à des résistants qui luttent au nom de l'islām (moudjahidin).

1986 : Moḥammad Nadjibollāh accède au pouvoir.

1992 : Les moudjahidin renversent le gouvernement communiste et mettent en place un régime islamiste. Mais les luttes continuent entre factions rivales des moudjahidin.

AFIBRINOGÉNÉMIE n. f. Affection héréditaire ou acquise caractérisée par l'absence ou la très faible quantité de fibrinogène sanguin et se traduisant par un syndrome hémorragique.

AFICIONADO [afisjɔnado] n. m. (mot esp.). 1. Amateur averti de courses de taureaux. — 2. Passionné d'un sport quelconque.

AFIN QUE conj., **AFIN DE** prép. (de *à* et *fin*, but). *Afin que + subj., afin de + inf.*, indique l'intention qui guide une action, le but recherché : *Afin que tout soit bien clair, je vais répéter. Afin de me faire bien comprendre, je vais répéter.*

AFLAK ou 'AFLAQ (Michel), homme politique syrien (Damas 1909 - Paris 1989). Fondateur (1940) et président (1947) du parti de la Résurrection arabe, il visa à regrouper en « une seule nation » tous les États arabes du Proche-Orient et participa, avec son mouvement, à la fondation du parti socialiste de la Résurrection arabe, le Baath * (1953). Secrétaire général de la branche syrienne du parti, il fut éliminé de ce poste en 1966 et dut s'exiler. Réélu, en 1970, à la tête de la section nationale irakienne du Baath, il avait été confirmé dans ces fonctions en 1977.

AFLATOXINE n. f. (de *Aspergillus flavus* et de *toxine*). Nom générique d'une série de toxines sécrétées par des moisissures.

ENCYCL. La moisissure *Aspergillus flavus* se développe sur les graines et les tourteaux d'arachide conservés à l'humidité. L'aflatoxine qu'elle produit se retrouve dans les aliments pour le bétail et entraîne des troubles graves pouvant provoquer la mort des animaux.

AFNOR, sigle de ASSOCIATION FRANÇAISE DE NORMALISATION*.

AFOCAL, E, AUX adj. Se dit d'un système optique centré dont les foyers sont rejetés à l'infini.

A FORTIORI [afɔrsjɔri] loc. adv. (lat. scolast. *a fortiori ratione*). À plus forte raison : *Le proche avenir est difficilement prévisible, a fortiori un avenir aussi lointain.*

A. F.-P., sigle de AGENCE FRANCE*-PRESSE.

AFRANCESADO [-sesado] n. m. (mot esp.). Nom donné aux Espagnols qui, en 1808, se rallièrent à la cause de Joseph Bonaparte. (On les appelait aussi JOSEFINOS.)

AFRICAIN, E adj. et n. D'Afrique.

africaine *(Association internationale)* **[A. I. A.],** association fondée au cours de la conférence géographique réunie à Bruxelles en 1876 par le roi Léopold II, et dont ce dernier accepta la présidence. Elle lui permit surtout de se rendre maître du Congo.

africaine *(Compagnie royale)* [*Royal African Company*], compagnie anglaise à charte fondée en 1672 pour le commerce triangulaire entre les comptoirs de la côte occidentale de l'Afrique et les Indes occidentales. Elle disparut en 1752.

AFRICANISATION n. f. Action d'africaniser.

AFRICANISER v. t. (conj. 3). Donner aux institutions un caractère spécifiquement africain ; substituer des Africains aux fonctionnaires européens.

AFRICANISME n. m. 1. Ensemble des sciences humaines (anthropologie, archéologie, linguistique, ethnosciences, etc.) appliquées à l'étude de l'Afrique. — 2. Particularité de langage propre au français parlé en Afrique noire. — 3. Mot ou tournure d'origine africaine transposé dans la langue française.

AFRICANISTE n. Spécialiste de l'étude de l'Afrique, et en particulier des langues et des civilisations africaines.

AFRICANITÉ n. f. Caractère spécifique de la culture africaine.

African National Congress (ANC), en fr. Congrès national africain, organisation politique d'Afrique du Sud, créée en 1912. Fer de lance de la lutte contre l'apartheid, l'ANC a été interdit de 1960 à 1990. Interlocuteur privilégié du gouvernement dans les négociations qui ont abouti à l'instauration d'une démocratie multiraciale en Afrique du Sud, il a accédé au pouvoir au terme des élections de 1994 (son leader, Nelson Mandela, devenant président de la République).

AFRICANTHROPE n. m. Squelette de type pithécanthrope, découvert en Tanzanie en 1935.

AFRIKAANDER adj. et n. Syn. de AFRIKANER.

AFRIKAANS [-kɑ̃s] n. m. Langue néerlandaise parlée en Afrique du Sud dont c'est une des langues officielles.

Afrikakorps, nom donné aux troupes allemandes envoyées en février 1941 pour stopper la débâcle italienne en Libye et commandées par Rommel.

AFRIKANER [-nɛr] adj. et n. **1.** Se dit des individus de race blanche, nés en Afrique du Sud et parlant l'afrikaans. (Syn. AFRIKAANDER.) — **2.** Se dit d'une race bovine d'Afrique du Sud, de type zébu, exploitée pour la production de viande.

afrikaner *(ligue)* [*Afrikaner Bond*], ligue fondée en 1879 par J. Du Toit, dans la province du Cap, en vue de la reconnaissance de l'afrikaans comme langue, objectif atteint en 1885. Elle se fondit en 1910 dans le parti afrikaner.

afrikaner *(parti)* ou **parti sud-africain** *(South African Party),* parti fondé en 1910, lors de l'établissement de l'Union sud-africaine, par le général Louis Botha. En 1936, il s'unit au *National Party* pour former l'*United Party,* éclaté en 1939 et reconstitué en 1953.

AFRIQUE, continent couvrant (avec les dépendances insulaires) un peu plus de 30 millions de km² et comptant 720 millions d'habitants.
Traversée presque en son milieu par l'équateur, mais s'étendant pour plus des deux tiers dans l'hémisphère Nord, l'Afrique est un continent chaud.
La chaleur est naturellement liée à la situation en latitude. Les températures moyennes annuelles entre les tropiques (et au-delà dans l'hémisphère Nord) avoisinent 20 à 25 °C et l'amplitude saisonnière est faible, augmentant toutefois avec la latitude. Cette chaleur constante s'accompagne ou non de pluies, si bien que l'Afrique possède, de part et d'autre des tropiques, des zones désertiques (moins de 200 et souvent de 100 mm de pluies) plus (Sahara) ou moins (Kalahari, Namib) vastes et, aux latitudes équatoriales abondamment et constamment arrosées (plus de 1 500 mm par an), des régions de forêt dense (cuvette du Zaïre essentiellement). Les transitions s'opèrent par l'apparition et l'allongement d'une saison sèche (sans modification aussi sensible donc des températures) avec développement de la forêt sèche et claire, puis de la savane (de moins en moins arborée) et de la steppe. Seules les extrémités nord-ouest (Maghreb), nord-est (delta du Nil) et australe échappent au monde tropical, avec l'émergence partielle (littoral nord-ouest surtout et région du Cap) du climat méditerranéen. La zonalité climatique est favorisée par la massivité du relief, dont la monotonie d'ensemble tient à l'extension d'un socle de roches anciennes, précambrien (prolongé au N. par les structures alpines du Maghreb, au S. par les plis hercyniens du Cap). De vastes cuvettes, plus ou moins drainées par de grands fleuves (Niger, Tchad, Congo ou Zaïre), sont séparées par des dorsales aplanies par une longue érosion, mais sont souvent isolées de l'océan par des bourrelets périphériques, limitant parfois d'étroites plaines côtières. Toutefois, en Afrique orientale, le socle a été affecté de grandes fractures (Rift Valley, jalonnée de lacs), accompagnées d'éruptions volcaniques (le Kilimandjaro, point culminant du continent, est un volcan). La montagne apparaît ici, atténuant la chaleur, interrompant la disposition zonale des climats.
Appelée souvent « continent noir », l'Afrique n'est noire qu'en partie, puisque l'« Afrique blanche » au N. du Sahara compte (Égypte incluse) plus de 100 millions d'habitants. Plus que la race et au-delà de l'Afrique noire, l'héritage de la colonisation caractérise le continent presque tout entier concerné. De la colonisation résulte d'abord la mosaïque politique actuelle (une cinquantaine d'États indépendants), ne tenant guère compte des ethnies (indifférence à la base de bien des problèmes actuels), et expliquant la juxtaposition de pays de superficies, de poids démographiques et économiques très inégaux. La colonisation est aussi (partiellement et localement) responsable de faiblesses du peuplement, liées historiquement à l'extension de la traite. Elle a provoqué aussi le développement de l'agriculture commerciale, des plantations (étendues aux dépens de cultures vivrières et, plus globalement, de la conservation des sols), a été à la base de l'industrialisation, en premier lieu de l'exploitation du sous-sol. Les problèmes politiques et économiques qui en sont hérités expliquent aussi souvent le dualisme de la société, avec l'apparition fréquente d'une

classe dirigeante ayant succédé à la puissance coloniale, dont elle maintient souvent les comportements.

Afrique *(armée d')*, ensemble des formations militaires stationnées en Afrique du Nord à l'époque de la présence française. L'origine de ces corps particuliers remonte à la campagne d'Algérie (1830-1850).

Afrique et d'Océanie *(musée des Arts d')*, musée national, installé dans un bâtiment édifié à Paris, porte Dorée, lors de l'Exposition coloniale de 1931. Il renferme des collections touchant aux civilisations du Maghreb, de l'Afrique noire et de l'Océanie, ainsi qu'un aquarium tropical.

AFRIQUE-ÉQUATORIALE FRANÇAISE (A.-É. F.), fédération qui, héritière du Congo français et dépendances ou Ouest-Africain (1891-1910), regroupa de 1910 à 1958 les colonies du Gabon, du Moyen-Congo, de l'Oubangui-Chari et du Tchad ; 2 510 000 km² ; la capitale en était *Brazzaville*.

AFRIQUE MÉRIDIONALE ANGLAISE ou **BRITISH SOUTH AFRICA,** nom sous lequel furent désignés, à la fin du XIXe s., les territoires relevant de la Compagnie anglaise de l'Afrique du Sud, constituée à Londres en octobre 1889. (→ RHODÉSIE et ZIMBABWE.)

AFRIQUE NOIRE, ensemble des pays africains dont la population est en totalité ou en majorité de race noire, c'est-à-dire correspondant presque entièrement à la partie du continent située au S. du Sahara.

— **Hist.** Mal connue des Anciens, l'Afrique noire à l'ouest du Tchad passa lentement du néolithique à l'âge de fer. Ces siècles restent obscurs. On est mieux renseigné sur les empires qui se succédèrent pendant plusieurs siècles.

L'empire de Ghāna, entre Sénégal et Niger, se développe depuis au moins le IXe s. et est détruit en 1076-77 par les Almoravides. Son territoire, contrôlé au tout début du XIIIe s. par le royaume de Sosso, passe en 1240 sous la domination de l'empire du Mali, qui, héritier de sa richesse, s'étend sur une zone très vaste au Soudan occidental ; il agonise lentement à partir du XVe s. L'empire songhaï s'agrandit à ses dépens dès la fin du XVe s. et le royaume de Ségou lui donne le coup de grâce vers 1670. L'islām, introduit par les Almoravides, ne touche longtemps que les classes dirigeantes. Autour du Tchad se succèdent ou cohabitent différents royaumes : Baguirmi, Ouaddaï, Kanem-Bornou, islamisés superficiellement ; l'islām est pourtant à l'origine de royaumes théocratiques, dans la vallée du Sénégal et au Fouta-Djalon. Ce n'est que le déferlement des *djihād* peuls au XIXe s. qui entraînera des conversions massives.

La côte du golfe du Bénin voit la croissance de royaumes animistes, plus petits mais très centralisés, comme Achanti et Dahomey. À l'est du désert libyen, si le royaume chrétien de Nubie passe peu à peu sous le contrôle de l'islām, celui d'Éthiopie, réfugié sur ses hautes terres après la ruine d'Aksoum vers le VIe s., survit malgré une histoire troublée jusqu'à sa réorganisation dans la deuxième moitié du XIXe s. par une dynastie également abyssine. Sur la côte orientale prennent naissance une série de sultanats fondés par les Arabes, qui prospèrent jusqu'à l'arrivée des Portugais. Madagascar se peuple d'Indonésiens depuis une date inconnue jusque vers le XIIIe s. Cependant, hormis la côte orientale et les régions avec lesquelles s'établit le commerce transsaharien, l'Afrique vit pendant des siècles isolée du reste du monde, secouée par des guerres et des migrations. L'arrivée des Portugais au XVe s. introduit de grands changements ; car le commerce portugais, bientôt suivi par celui d'autres nations européennes, Pays-Bas, Danemark, Grande-Bretagne, France, par l'intermédiaire de compagnies à charte, va porter essentiellement sur les hommes. Aux esclaves qui, du VIIe au XXe s., gagnent le monde arabe par le Sahara et par les ports de la côte orientale (environ 14 millions d'individus) s'ajoutent ceux qui, du XVe au XIXe s., sont dirigés vers l'Amérique (de 15 à 20 millions, plus les décès en cours de route). Ils sont ainsi intégrés dans le commerce dit « triangulaire », qui connaît son apogée au XVIIIe s. Les chefs des régions côtières vont au cours du XIXe s. remplacer peu à peu la marchandise humaine par des produits tropicaux (huile de palme) qui sont échangés contre des tissus et des armes. À partir de l'établissement des Hollandais au Cap (1652) et de la cession de leur colonie aux Britanniques (1814), l'Afrique du Sud suit une évolution particulière. Les Boers, arrivés individuellement depuis le XVIIe s., se retirent vers le nord (Natal, puis Orange et Transvaal).

À partir de 1815, la France cherche lentement à tirer des ressources du Sénégal, où elle a pris pied en 1658, mais Faidherbe, de 1854 à 1865, est le véritable fondateur de la colonie ; le commerce français s'enracine peu à peu sur la côte du golfe de Guinée. La Grande-Bretagne s'installe plus sérieusement qu'elle ne l'avait fait jusqu'alors à la Côte-de-l'Or (Gold Coast) à partir de 1875 et au Nigeria à partir de 1880. Mais c'est la France qui déclenche la « course au clocher » en 1880 avec la marche au Niger ; en Afrique centrale, l'action déterminante de Brazza à partir d'un Gabon en léthargie devance de bien peu celle que Léopold II est déterminé à mener. La

conférence de Berlin (nov. 1884-févr. 1885), si elle ne décide pas le partage de l'Afrique, hâte sans nul doute l'installation territoriale des puissances européennes et la constitution des grands empires coloniaux : anglais, français, hollandais, italien, belge, allemand, auxquels il faut ajouter ce qu'il reste des empires espagnol et portugais.
Jusqu'à la Seconde Guerre mondiale, l'Afrique noire évolue suivant des rythmes divers en fonction du milieu et des ressources, de la précarité des voies de communication, de la densité des populations, de l'urbanisation. Seules l'Afrique du Sud, la Rhodésie, les hauts plateaux du Kenya et, à un moindre degré, les colonies portugaises font l'objet d'un peuplement blanc.
Partout la masse paysanne (90 % de la population) subit le contrecoup de la pénétration coloniale. Cependant, l'entrée de l'Afrique noire dans les circuits internationaux, l'urbanisation, d'abord limitée puis en pleine expansion après la guerre, la formation d'élites par l'école amènent peu à peu une prise de conscience de l'identité africaine, avant de pouvoir parler de nationalisme.
La Seconde Guerre mondiale entraîne en Afrique une diminution du prestige des Blancs (défaite de 1940, luttes intestines entre Français, rivalité franco-anglaise), qui a davantage de portée que la propagande des mouvements panafricanistes d'avant la guerre. L'évolution est généralement pacifique, sauf la rébellion malgache de 1947, les soulèvements kikuyus du Kenya (Mau-Mau) de 1952 à 1956, la révolte de l'Union des populations camerounaises (U. P. C.) au Cameroun (1955-1958).
Le processus de décolonisation, amorcé en 1944 (conférence de Brazzaville), s'accélère après 1960, année qui voit de nombreux pays africains accéder à l'indépendance. Une indépendance qui n'est pas sans poser de graves problèmes économiques et politiques, malgré le soutien des anciennes métropoles. Par ailleurs, l'Afrique devient un terrain privilégié de l'affrontement Est-Ouest, d'abord par l'implantation de régimes d'inspiration marxiste, et de plus en plus par des interventions d'assistance militaire des pays de l'Est et de Cuba (Éthiopie, Angola...), qui provoquent la déstabilisation du continent. La fragilité économique, voire la réelle pauvreté de beaucoup de pays africains nécessitent une aide des anciennes métropoles, le plus souvent intéressée et généralement taxée de néocolonialisme, et aussi de pays très variés, surtout — et massivement dès le départ — les États-Unis, puis l'U. R. S. S., la Chine, et enfin, sous une forme multilatérale, des organismes internationaux (O. N. U., Communauté européenne, etc.). Consciente de ses faiblesses, l'Afrique a entrepris de s'unir en une Organisation de l'unité africaine (O. U. A.), créée en 1963 à Addis-Abeba mais dont le rôle unificateur est encore très limité.

AFRIQUE DU NORD ou **AFRIQUE SEPTENTRIONALE,** ensemble régional formé par le Maroc, l'Algérie et la Tunisie (Maghreb), pays auxquels on joint parfois la Libye.

Afrique du Nord *(débarquement anglo-américain en)* [nov. 1942], opération militaire qui avait pour but de libérer l'Afrique du Nord de l'occupation germano-italienne et de créer ainsi les conditions d'un futur débarquement en Italie. Le débarquement eut lieu le 8 nov. 1942, à Casablanca, Oran et Alger.

AFRIQUE-OCCIDENTALE FRANCAISE (A.-O.F.), fédération qui regroupa de 1895 à 1958 le Sénégal, la Mauritanie, le Soudan (ancien Haut-Sénégal-Niger), la Haute-Volta, le Niger, la Guinée française, la Côte-d'Ivoire et de Dahomey ; 4 425 000 km². La capitale en était Dakar.

AFRIQUE ORIENTALE, nom parfois donné aux régions de l'est de l'Afrique, de l'Éthiopie au Malawi, englobant encore notamment l'Érythrée, Djibouti, la Somalie, le Kenya, l'Ouganda et la Tanzanie.
— **Paléont.** L'Afrique orientale, du haut Nil au Limpopo, semble être le berceau de l'humanité. Louis Leakey et son équipe, notamment, y ont trouvé des fossiles d'australopithèques et de zinjanthropes (Oldoway), de très anciens *Homo erectus,* enfin des restes d'*H. sapiens* vieux de plus de 40 000 ans (vallée de l'Omo).

AFRIQUE-ORIENTALE ALLEMANDE, en all. **Deutsch-Ostafrika,** anc. colonie allemande qui s'étendait entre l'océan Indien et les lacs Victoria et Tanganyika. Elle fut organisée en 1884-85 par la Société allemande de l'Afrique-Orientale ; elle fut conquise par les Alliés, Anglais, Belges et Portugais, de 1914 à 1917. Après la Première Guerre mondiale, elle fut placée sous mandat britannique, sauf le Ruanda-Urundi, qui fut confié aux Belges.

AFRIQUE-ORIENTALE BRITANNIQUE, en angl. **British East Africa** ou **Imperial British East Africa,** dénomination originairement portée par les territoires devenus en 1920 la colonie du Kenya. Elle fut souvent étendue à l'Ouganda et au Tanganyika.

AFRIQUE-ORIENTALE PORTUGAISE → MOZAMBIQUE.

AFRIQUE ROMAINE, ensemble des territoires de l'Afrique septentrionale colonisés par les Romains. Rome, au cours de sa conquête, divisa l'Afrique du Nord en quatre provinces : la

Proconsulaire (cap. Carthage), la Numidie, les deux provinces procuratoriennes de Mauritanie, séparées par la Moulouya.
Après la chute de Carthage (146 av. J.-C.), Rome transforma son territoire en province (*Africa,* le tiers nord-est de l'actuelle Tunisie) et, à l'issue de la guerre de Jugurtha (112-105 av. J.-C.), étendit son protectorat vers l'ouest : le royaume numide fut divité et sa partie orientale donnée au roi de Mauritanie. Après Thapsus (46 av. J.-C.), César annexa la partie orientale de la Numidie, créant une seconde province, l'*Africa Nova.* En 27 av. J.-C., les deux Afriques n'en formèrent plus qu'une seule, l'*Afrique proconsulaire.* Annexée par Caligula en 40 apr. J.-C., la Mauritanie fut divisée par Claude en deux provinces : la Mauritanie Césarienne et la Mauritanie Tingitane. La colonisation romaine, en évinçant les tribus berbères de leurs terres, suscita de violentes révoltes telles celle du Numide Tacfarinas (17-24 apr. J.-C.). Pour protéger le territoire annexé, Rome disposa une armée *(Legio III Augusta)* aux confins sahariens, qui tendait à sédentariser les nomades à l'abri du *limes.* La romanisation, brillante dans les cités nombreuses (Leptis Magna, Timgad...), pénétra l'élite urbaine : l'Afrique forma des écrivains célèbres (Augustin, Apulée, Tertullien), mais elle n'atteignit pas les campagnes où les Berbères avaient conservé leurs usages. Minée par des troubles indigènes (révolte des circoncellions, des chefs berbères Firmus et Gildon), Rome disparaît sous le coup des Vandales (429-439).

AFRIQUE DU SUD *(République d'),* État de l'Afrique australe, constitué par neuf provinces *(Cap-Nord, Cap-Est, Cap-Ouest, Nord-Ouest, Nord, Kwazulu-Natal, Mpumalanga, Gauteng* et *État libre)* ; 1 223 000 km² ; 43 500 000 hab. *(Sud-Africains).* CAP. : *Le Cap* et *Pretoria.* LANGUES : *afrikaans, anglais, ndebele, sotho du Nord, sotho du Sud, swazi, tsonga, tswana, venda, xhosa, zoulou.* MONNAIE : *rand.*

Géographie. L'Afrique du Sud est la première puissance économique du continent africain, mais sa relative prospérité est encore menacée par les tensions raciales. Celles-ci sont liées à la longue prépondérance politique et économique de la minorité blanche (13 % de la population) sur les Noirs (75 % de la population), les métis (9 %) et les Asiatiques (3 %). La disparition de l'apartheid, sur lequel s'appuyait cette prépondérance, et l'accession des Noirs au pouvoir en 1994 n'ont pas entraîné l'uniformisation des genres et des niveaux de vie, qui sera longue à venir. L'importance relative du peuplement d'origine européenne est liée à des circonstances historiques, mais aussi à des conditions naturelles, climatiques, plus favorables que sur la majeure partie du continent. Par la latitude, l'Afrique du Sud échappe largement à la zone tropicale et l'altitude (haut plateau intérieur entre 1 200 et 1 800 m, bordé de régions basses) modère les températures. Les précipitations sont plus abondantes sur le versant de l'océan Indien, amenées par l'alizé du sud-est. La barrière du Drakensberg provoque la semi-aridité d'une grande partie du bassin de l'Orange. Cette semi-aridité (combattue par les aménagements hydrauliques) explique la prépondérance de l'élevage, souvent extensif, bovin et surtout ovin, devant les cultures (sucre, blé et surtout maïs, vigne, vergers [agrumes notamment]). L'agriculture satisfait la majeure partie des besoins nationaux et permet de notables exportations.
Le secteur minier, fondement du développement, demeure essentiel et ne se limite pas à l'or (environ la moitié de la production mondiale). Le pays figure aussi parmi les premiers producteurs mondiaux de platine, de diamants, d'uranium, de chrome, d'amiante, de manganèse. La houille est la base énergétique nationale et alimente une sidérurgie favorisée par l'abondance du minerai de fer. L'énergie et la sidérurgie sont contrôlées par le secteur public, qui participe pour plus d'un tiers à l'ensemble de la production industrielle, diversifiée (agroalimentaire, textile, chimie, constructions mécaniques), provenant essentiellement, en dehors de la grande région urbaine dominée par Johannesburg (le Witwatersrand), des zones portuaires du Cap, de Port Elizabeth et de Durban, les principales villes (avec Prétoria) du pays, fortement urbanisé. Cette production est destinée en majeure partie au marché intérieur.

Histoire. Les plus anciens peuples d'Afrique australe, les Bochimans et les Hottentots, ont été refoulés par les Bantous, arrivés au XVe s.

1487 : Le Portugais Dias, le premier, contourne les côtes sud-africaines, en doublant le cap de Bonne-Espérance.

1652 : Les Hollandais s'installent au Cap.

1685 : Immigration de nombreux protestants français.
L'occupation des terres par les colons hollandais (Boers) provoque de nombreux conflits avec les Africains (guerre « cafre », 1779-80).

• *La domination britannique.*

1814 : La colonie passe sous administration britanique.
Mais les causes de désaccord se multiplient entre Boers et Anglais ; des colonies de Boers quittent le sud-est du pays en direction de l'Orange, puis, après une guerre contre les Noirs Zoulous, vers le Natal. Ce mouvement de migration appelé *Grand Trek* se poursuit de 1834 à 1852.

1852 : Les Boers fondent la république du Transvaal.
1853 : Fondation de la colonie britannique du Cap.
1854 : Création par les Boers de la république d'Orange.
1856 : Le Natal devient une colonie britannique.
La découverte de mines de diamants en Orange (1867) et d'or au Transvaal (1885) suscite la convoitise des Britanniques, qui déclenchent un premier conflit armé de 1877 à 1884, puis la guerre des Boers (1899-1902).
1910 : Les États du Cap, du Natal, d'Orange et du Transvaal se fédèrent, créant ainsi un nouvel État, l'Union sud-africaine, qui demeure sous tutelle britannique, dans le cadre du Commonwealth.
Les principaux problèmes concernent les rapports entre Britanniques et Boers d'une part, l'ensemble des Blancs et les peuples de couleur d'autre part.
1912 : Création de l'African National Congress (ANC), mouvement de lutte pour la défense des Noirs.
Privés du pouvoir politique, les Noirs, majoritaires, sont affectés dès 1913 par les premières lois de ségrégation (apartheid), votées par le parti afrikaner au pouvoir.
1920 : L'Union sud-africaine reçoit un mandat de la S. D. N. sur le Sud-Ouest africain. Gouvernée par les nationalistes (1924-1939), qui renforcent la ségrégation entre Noirs et Blancs, puis par leurs éléments les plus extrémistes (dont le Dr Daniel François Malan, Premier ministre de 1948 à 1954), l'Union sud-africaine est vivement critiquée par l'O. N. U. et la Grande-Bretagne, à partir de 1945.

• *La République d'Afrique du Sud*

1961 : Création de la République d'Afrique du Sud, qui ne conserve aucun lien politique avec le Commonwealth.
À partir des années 1970, le gouvernement (dirigé de 1966 à 1978 par Balthazar Johannes Vorster) accentue la politique de création des bantoustans et accorde son appui aux mouvements de guérilla en Angola et au Mozambique.
1976 : Graves émeutes dans les quartiers noirs.
1978 : Pieter Botha devient Premier ministre.
1983 : Nouvelle constitution accordant certains droits aux métis et aux Indiens.
1984 : P. Botha est élu président de la République.
1985 : Multiplication des manifestations contre l'apartheid et des affrontements dans les cités noires.
1986 : L'instauration de l'État d'urgence entraîne l'adoption, par nombre de pays occidentaux, de sanctions économiques contre l'Afrique du Sud.
1989 : Frederik De Klerk succède à P. Botha, démissionnaire, à la tête de l'État et du parti national.
1990 : Libération de Nelson Mandela, chef de l'ANC, légalisation des organisations antiapartheid, abolition de la ségrégation raciale dans les lieux publics et levée de l'état d'urgence. Indépendance du Sud-Ouest africain sous le nom de Namibie.
1991 : Les dernières lois instituant l'apartheid sont abrogées.
1993 : Une constitution intérimaire est adoptée, qui, pour la première fois dans l'histoire du pays, est la loi fondamentale commune à tous les citoyens.
1994 : Les premières élections multiraciales, remportées par l'ANC, portent la majorité noire au pouvoir. Nelson Mandela devient président de la République. Un gouvernement d'union nationale est formé. L'Afrique du Sud retrouve sa place au sein de la communauté internationale.
1996 : Une nouvelle constitution est élaborée. Le parti national de F. De Klerk se retire du gouvernement.

AFRO adj. inv. Se dit d'un style de coiffure où les cheveux, frisés, forment une masse volumineuse.

AFRO-AMÉRICAIN, E adj. et n. Se dit, aux États-Unis, de qqn dont les ancêtres sont originaires d'Afrique noire.

AFRO-ASIATIQUE adj. et n. **1.** Qui appartient à la fois à l'Afrique et à l'Asie. — **2.** Syn. de CHAMITO-SÉMITIQUE.

AFRO-ASIATISME n. m. Mouvement de solidarité qui, de 1949 à 1965, unit les anciens pays colonisés d'Afrique et d'Asie et visa à définir une attitude commune de ces derniers à l'égard de leurs anciennes métropoles, et plus généralement de l'Europe et des États-Unis. (L'afro-asiatisme trouva son apogée dans la tenue de la conférence de Bandung, en 1955.)

AFRO-CUBAIN, E adj. Se dit de la musique cubaine d'origine africaine.

AFTALION (Albert), économiste français (Ruse, Bulgarie, 1874 - Chambéry 1956). Auteur de travaux sur l'équilibre des échanges extérieurs et sur la monnaie, il a été le premier à formuler le principe d'accélération.

Afternoon of a Faun, ballet de Jerome Robbins, mus. de C. Debussy, scénographie de Jean Rosenthal. Création à New York par le New York City Ballet, en 1953. C'est la transposition moderne de *l'Après-midi* d'un faune,* dont l'action se déroule dans un studio de danse.

AFTER-SHAVE [aftœrʃɛv] n. m. inv. (mots angl.). Syn. de APRÈS-RASAGE.

Aftonbladet (AB), le plus ancien quotidien suédois, fondé en 1830 par L. J. Hierta.

AFYONKARAHISAR ou **AFYON,** v. de Turquie, ch.-l. de province, en Anatolie, au S.-O. d'Ankara ; 95 643 hab. Centre ferroviaire.

AFZELIA n. m. (de *Afzelius,* n. pr.). Arbre (césalpiniacée) des régions chaudes d'Afrique et d'Asie, aux fleurs très odorantes, au bois voisin du palissandre.

Ag, symbole chimique de l'*argent.*

AGAÇANT, E adj. Qui agace, qui excite désagréablement les nerfs : *Un bruit agaçant. Un enfant agaçant.*

AGACEMENT n. m. Sentiment éprouvé par une personne agacée ; légère irritation, impatience, énervement : *Geste d'agacement.*

AGACER v. t. (anc. fr. *aacier,* du lat. pop. **adaciare,* de *adacidare,* rendre aigre, croisé avec l'anc. fr. *agace,* pie) [conj. **16**]. **1.** Provoquer chez qqn un sentiment d'impatience, d'irritation, de gêne ; énerver : *Vous m'agacez par vos bavardages continuels.* — **2.** Chercher à attirer qqn, à le séduire par quelque coquetterie. — **3.** *Agacer les dents,* causer aux gencives une sensation irritante.

AGACERIE n. f. *Litt.* Légère provocation faite pour séduire.

AGADÉ → AKKAD.

AGADÈS, v. du Niger, ch.-l. de dép., dans le sud-est de l'Aïr ; 20 000 hab. Mosquée du XVIe s.

AGADIR, port et station balnéaire du Maroc méridional, ch.-l. de prov., au N. de l'embouchure du Sous ; 110 000 hab. Importante place commerciale du XVe au XVIIIe s., assoupie ensuite, détruite par un tremblement de terre en 1960 (plus de 10 000 morts), puis reconstruite.
— **Hist.** L'envoi par l'Allemagne à Agadir, en juillet 1911, de la canonnière *Panther,* conçu comme une manœuvre d'intimidation, amena la signature de la convention franco-allemande du 4 nov. 1911 : l'Allemagne obtenait un accès au Congo, mais renonçait à s'opposer à l'établissement du protectorat français au Maroc.

AGAGIANIAN (Grégoire Pierre), prélat catholique arménien (Achalziche, Géorgie, 1895-Rome 1971). Patriarche des Arméniens de 1937 à 1962, cardinal en 1946, il se préoccupa de rapprocher l'Église romaine des Églises orientales.

AGALAXIE ou **AGALACTIE** n. f. **1.** Absence ou cessation de la sécrétion lactée. — **2.** *Agalaxie contagieuse,* maladie commune aux moutons et aux chèvres des pays méditerranéens, entraînant la lésion définitive de la mamelle et souvent mortelle.

AGAM (Yaacov GIPSTEIN, dit **Yaacov**), artiste israélien (Rishon-le-Zion 1928). Susceptibles d'être recomposées de multiples façons (sculptures faites d'éléments tubulaires), voire à l'infini (peintures abstraites électroniques en vidéocassettes), parfois « tactiles », ses œuvres sont parmi les plus inventives de l'art cinétique (salon pour le palais de l'Élysée, 1974, auj. au M. N. A. M., Paris).

1. AGAME adj. Syn. de PARTHÉNOGÉNÉTIQUE.

2. AGAME n.m. Lézard africain tel que le margouillat et le stellion. (Les agames vivent autour des villages. Le mâle porte parfois de vives couleurs.)

AGAMEMNON, roi légendaire de Mycènes et d'Argos, fils d'Atrée et frère de Ménélas. Il épousa Clytemnestre, sœur d'Hélène, dont il eut trois enfants : Iphigénie, Électre et Oreste. Chef suprême des Grecs dans la guerre de Troie, il voulut sacrifier Iphigénie pour apaiser l'hostilité d'Artémis. Il fut assassiné par Clytemnestre et son amant, Égisthe.

AGAMI n. m. (mot caraïbe). Oiseau gruiforme noir (psophidé) des forêts d'Amérique du Sud, appelé « oiseau-trompette » pour son cri retentissant, et souvent apprivoisé pour garder les basses-cours.

AGAMIDÉ n. m. (de *agame 2*). Lézard à langue épaisse et courte, paupières mobiles, tympan visible, locomotion parfois bipède, corps souvent épineux, tel que les agames d'Afrique, le moloch d'Australie, les calotes d'Asie, le dragon volant et le fouette-queue. (Les *agamidés* forment une famille.)

AGAMMAGLOBULINÉMIE n. f. **1.** Affection héréditaire ou acquise de l'immunité humorale, caractérisée par l'absence ou la très faible quantité de gammaglobulines sériques et s'accompagnant généralement d'infections graves. — **2.** *Agammaglobulinémie liée au sexe,* syn. de MALADIE DE BRUTON*.

AGAPANTHE n. m. (du gr. *agapan,* aimer). Liliacée d'Afrique et d'Australie aux belles fleurs blanches ou panachées de bleu, de culture facile en Provence.

AGAPE n. f. (lat. ecclés. *agape,* du gr. *agapê,* amour). Dans l'Église primitive, repas fraternel à caractère liturgique que les chrétiens prenaient en commun.

◆ **agapes** n. f. pl. Repas copieux et joyeux entre amis ; festin.

AGAPET Ier *(saint)* [† Constantinople 536], pape de 535 à 536.

AGAPET II († Rome 955), pape de 946 à 955. Il favorisa l'œuvre de réforme monastique entreprise à Rome par Odon de Cluny.

AGAPÈTES n. f. pl. (lat. ecclés. *agapeta,* du gr. *agapêtos,* aimé). Vierges consacrées qui, dans les premiers siècles de l'Église, cohabitaient avec des clercs ou des évêques pour le service de Dieu.

AGAR ou **AGAR-AGAR** n. m. (pl. *agars-agars*) [malais *agar-agar*]. Mucilage extrait de diverses algues rouges qui sert en microbiologie, dans les industries alimentaires, pour les cosmétiques et en dentisterie. (Syn. GÉLOSE.)

AGAR, esclave égyptienne de Sara, concubine légale d'Abraham. Celui-ci en eut un fils, Ismaël, que la tradition postérieure à considéré comme l'ancêtre des Arabes.

AGÂRBICEANU (Ion), écrivain roumain (Cenade 1882-Cluj 1963). Prêtre catholique uniate, fondateur de la reuve *Luceăfărul (l'Étoile du matin),* ses nouvelles et ses romans peignent la vie rurale de Transylvanie ou les problèmes des curés de campagne.

AGARIC n. m. (lat. *agaricum*). Nom commun à tous les champignons à chapeau et à lamelles, mais désignant plus spécialement la psalliote. (Le champignon de couche est un agaric.)

AGARICACÉE n. f. (de *agaric*). Champignon basidiomycète à lamelles, tel que les amanites, lépiotes, coprins, etc. (La famille des *agaricacées* comprend près de 5 000 espèces.)

AGARICALE n. f. (de *agaric*). Champignon de la famille des hygrophoracées, des russulacées ou des agaricacées. (Les *agaricales* forment un ordre.)

AGARTALA, v. de l'Inde, cap. de l'État de Tripura, à l'E.-N.-E. de Dacca ; 157 636 hab.

AGASSIN n. m. (de *agace,* pie). Bourgeon le plus bas d'une branche de vigne et qui ne donne pas de fruit.

AGASSIZ, famille de naturalistes suisses. LOUIS (Môtier, cant. de Fribourg, 1807-Cambridge, Massachusetts, 1873) a vécu aux États-Unis à partir de 1846 ; il a surtout étudié les poissons (*Recherches sur les poissons fossiles,* 1833-1842) et les glaciers (origine des blocs erratiques, notion d'*époque glaciaire*) ; il était fixiste. — Son fils ALEXANDRE (Neuchâtel 1835 - à bord de l'*Adriatic* 1910) a étudié divers groupes d'animaux marins et dirigé de grandes expéditions navales scientifiques sur l'*Albatross ;* c'était un transformiste résolu.

AGATE n. f. (lat. *achates,* du gr. *akhatês*). Variété de silice calcédoine, divisée en zones concentriques de colorations diverses. (Pierre très dure, en partie translucide, l'agate est utilisée depuis l'Antiquité pour la confection d'objets décoratifs. Elle prend le nom d'*onyx* quand les zones sont bien tranchées.)

AGATHE *(sainte),* martyre sicilienne (IIIe s.).

AGATHIAS, surnommé **le Scolastique,** auteur byzantin du VIe s., né à Myrina (Asie Mineure). Historien, poète, il a constitué une anthologie, qui est une des sources de l'*Anthologie palatine.*

AGATHIS [-tis] n. m. (gr. *agathis,* faisceau). Grand arbre résineux (araucarioïdée) d'Australie et des îles voisines, à feuilles coriaces et persistantes, au bois utilisé en ébénisterie et dont la résine transparente est le dammar. (Syn. DAMMARA.)

AGATHOCLE, tyran de Syracuse (Thermae v. 361 av. J.-C.-† 289). Aventurier, chef de bande, il établit en 317/316 av. J.-C. sa tyrannie à Syracuse, restaurant l'hégémonie de la cité dans l'île. Il lutta contre la suprématie de Carthage.

AGATHON *(saint)* [Palerme-Rome 681], pape de 678 à 681.

AGAVE ou **AGAVÉ** n. m. (gr. *agauê,* fém. de *agauos,* magnifique). Très grande plante (amaryllidacée) ayant le port de l'aloès, mais dont les feuilles en rosette, grises, pointues et charnues, peuvent atteindre 3 m de longueur et dont certaines espèces, vivant jusqu'à 100 ans, ne fleurissent que la dernière année de leur vie. (Des feuilles on tire des fibres textiles [sisal, chanvre de Tampico]. La sève donne par fermentation des boissons alcoolisées [pulque, mescal, tequila].)

AGAY (83700 St Raphaël), station balnéaire du Var (comm. de Saint-Raphaël, à l'E. de la ville), sur la côte de l'Estérel.

AGDE (34300), ch.-l. de cant. de l'Hérault, à 4 km de la Méditerranée, sur l'Hérault, à son intersection avec le canal du Midi, au pied du *cap d'Agde* ; 17 784 hab. *(Agathois).* Fondée par les Massaliotes, la ville bénéficia du creusement du canal du Midi et du déclin d'Aigues-Mortes, et fut, un temps, le principal port du Languedoc. Elle fut le siège d'un évêché du Ve s. à la Révolution. Église St-Étienne, anc. cathédrale romane, fortifiée, de la fin du XIIe s. Musée agathois.

AGDE *(cap d'),* promontoire volcanique de la côte du Languedoc (Hérault), à 5 km au S.-E. du centre d'Agde. Important aménagement touristique.

AGE n. m. (anc. fr. *haie,* du frq. **hagja*). Pièce maîtresse longitudinale de la charrue supportant le corps (soc et versoir), le coutre et la rasette et servant à transmettre l'effort de traction. (Syn. FLÈCHE.)

ÂGE n. m. (anc. fr. *aé,* du lat. *aetatem,* accus. de *aetas, -atis*). **1.** Durée écoulée entre la naissance d'une personne ou d'un animal et une date donnée ; moment de la vie correspondant à cette durée : *Une grande différence d'âge.* (→ *encycl.* Zool.) — **2.** Temps écoulé depuis qu'un végétal existe, que certaines choses ont été formées ou produites : *L'âge d'un arbre, d'un vin.* (→ *encycl.* Bot.) — **3.** Période de la vie correspondant à une phase de l'évolution de l'être humain, ou caractérisée par un genre d'activité ou de comportement, une manière de penser, etc. : *Un sport qui peut être pratiqué à tous les âges de la vie.* — **4.** La vieillesse : *Ressentir les effets de l'âge.* — **5.** Période de l'évolution du monde ou de l'humanité, de durée assez longue, considérée en fonction d'un fait significatif qui l'a marquée, d'ordre historique, technique, culturel, religieux, etc. : *Âge du bronze, du fer. L'âge atomique.* — **6.** *Âge adulte,* celui où le corps humain atteint la plénitude de son développement. ‖ *Âge de raison,* âge auquel on estime que s'éveille la conscience morale chez l'enfant. ‖ *Âge ingrat,* ou (fam.) *âge bête,* période de formation qui termine l'enfance. ‖ *Âge mûr,* la maturité. ‖ *Âge tendre,* l'enfance, l'adolescence. ‖ *Bien porter son âge,* paraître l'âge que l'on a réellement. ‖ *C'est, ce n'est pas de son âge,* ce genre d'occupation, d'activité convient, ne convient pas à son âge. ‖ *Deuxième âge,* nourrissons à partir de six mois. ‖ *D'un certain âge,* se dit de qqn qui n'est plus jeune. ‖ *En bas âge,* dans la première enfance. ‖ *Entre deux âges,* d'un âge intermédiaire entre la maturité et la vieillesse. ‖ *Être d'âge à, en âge de,* avoir atteint l'âge qui permet de. ‖ *Hors d'âge,* suranné, désuet ; très vieux en parlant d'un vin, d'un alcool. ‖ *Il ne paraît pas son âge,* son aspect physique, son allure sont de qqn plus jeune que lui. ‖ *Premier âge,* nourrissons jusqu'à six mois. ‖ *Prendre de l'âge,* vieillir. ‖ *Quatrième âge,* les gens très âgés ; les grands vieillards. ‖ *Sans âge,* se dit de qqn à qui on ne peut donner un âge précis. ‖ *Troisième âge,* période de la vie où cessent les activités professionnelles ; la vieillesse. • **Anthropol.** *Classe d'âge,* ensemble d'individus des deux sexes de même âge, regroupés sous un même statut et soumis aux mêmes contraintes (dont la principale est de subir en même temps les mêmes rites de passage). — **Astron.** *Âge de la lune,* nombre de jours écoulés depuis la dernière nouvelle lune. ‖ *Âge de l'Univers,* durée écoulée depuis l'origine de l'expansion de l'Univers. (Elle serait d'env. 15 milliards d'années.) — **Démogr.** *Groupe d'âge,* ensemble des individus d'une population déterminée, dont l'âge est compris dans des limites données. ‖ *Pyramide des âges,* représentation graphique donnant, à une date déterminée, la répartition par âge ou groupe d'âge et par sexe d'une population donnée. — **Dr.** *Âge légal,* âge fixé par la loi pour l'exercice de certains droits civils ou politiques. (L'âge de la majorité, qui ouvre l'exercice de la plupart des droits, est fixé en France à dix-huit ans.) ‖ *Dispense d'âge,* autorisation de faire une chose, d'exercer certains droits, de subir les épreuves d'un examen avant l'âge prescrit par la loi. — **Enseign.** *Âge scolaire,* âge auquel les enfants sont légalement soumis aux obligations scolaires (en France, de 6 à 16 ans). — **Géogr.** *Âge de la marée,* période comprise entre la pleine lune et la plus forte marée suivante. — **Géol.** Durée d'un étage ou son équivalent géochronologique. ‖ *Âge absolu,* temps écoulé depuis un événement donné, déterminé généralement par des mesures radiométriques. ‖ *Âge relatif,* relation chronologique entre deux événements successifs. — **Myth.** *Les quatre âges,* périodes par lesquelles les Anciens divisaient l'histoire du monde : 1° *l'âge d'or,* sous le règne de Saturne, ère d'innocence, de bonheur, d'abondance sans travail ; 2° *l'âge d'argent,* sous le règne de Jupiter, marqua un degré de moins par rapport à l'état précédent ; 3° *l'âge d'airain,* où l'injustice, la rapine, les guerres envahirent le monde ; 4° *l'âge de fer,* où la nature devint avare de ses dons, et l'homme de plus en plus méchant. — **Pédol.** *Âge d'un sol,* temps passé depuis que le matériau minéral, ou roche mère du sol, a commencé à évoluer sous l'influence des facteurs atmosphériques et biotiques. — **Psychol.** *Âge mental,* niveau de développement intellectuel d'un sujet exprimé par l'âge auquel un groupe d'enfants normaux obtient, en moyenne, le même résultat dans le test utilisé que le sujet considéré. — **Séricic.** Intervalle de temps séparant deux mues successives chez le ver à soie. — **Sylvic.** Temps qui s'est passé depuis la dernière coupe d'un bois.

ENCYCL. **Bot.** L'âge d'une plantule se définit à partir de la fécondation, l'âge d'une graine à partir de la dissémination, l'âge d'une plante à partir de la germination. L'âge d'un arbre de naissance inconnue peut cependant, sous les climats aux saisons bien marquées, être reconnu, après coupe, en comptant les cernes annuels (dendrochronologie). Certains arbres sembleraient atteindre une longévité extrême (orme 300 ans, chêne 800, olivier 1 000, séquoia 2 000, châtaignier 4 000, baobab 6 000).

— **Zool.** L'âge des animaux se compte à partir de la naissance ou de l'éclosion, celui des œufs à partir de la ponte, celui des embryons à partir de la fécondation. On reconnaît l'âge d'un cheval ou d'un ruminant à l'usure de ses dents, celui des tortues et poissons d'eau douce aux stries des écailles (scalimétrie), celui des cerfs mâles au nombre de rameaux (« cors ») de leurs bois, etc.

Âge d'homme *(l'),* premier récit autobiographique de Michel Leiris (1939), marqué par une cure psychanalytique interrompue.

ÂGÉ, E adj. (moyen fr. *eagier,* déclarer majeur, de *eage,* majorité). **1.** Qui a tel âge : *Un enfant âgé de cinq ans.* — **2.** Qui a déjà un certain âge, vieux : *Ses parents sont très âgés. Les personnes âgées.*

AGEE (James), journaliste, scénariste et critique de cinéma américain (Knoxville, Tennessee, 1909-New York 1955), auteur d'un reportage sur l'Alabama pendant la dépression (*Louons maintenant les grands hommes,* 1941).

AGÉLÈNE n. f. (gr. *agelê,* troupeau). Grande araignée grisâtre aux toiles en entonnoir.

AGEN (47000), ch.-l. du dép. de Lot-et-Garonne, sur la Garonne, à 609 km au S.-S.-O. de Paris ; 32 223 hab. *(Agenais).* Églises médiévales, dont la cathédrale St-Caprais, romane et gothique. Musée dans quatre hôtels jointifs des XVIe-XVIIe s. (archéologie, beaux-arts [tableaux de Goya], arts décoratifs). Centre administratif, judiciaire (cour d'appel), religieux (évêché) et surtout commerçant (expédition de fruits et de légumes), c'est un nœud ferroviaire et surtout routier.

AGENA, nom donné à l'étoile β Centaure*. Magnit. visuelle 0,6. Distance 190 al.

Agena, fusée américaine mise en service en 1959 et utilisée comme dernier étage de plusieurs lanceurs de satellites : Thor-Agena, Atlas-Agena, Titan-III A, B, C.

AGENAIS, nom donné parfois à la vallée de la Garonne, de part et d'autre d'Agen, et aux collines et plateaux qui la dominent au N.

AGENAIS ou **AGENOIS** (lat. *pagus Agennensis*), ancien pays de France, cap. *Agen,* réuni à la Couronne à la mort du frère de Louis XI, Charles de Valois, duc de Guyenne, en 1472.

AGENCE n. f. (ital. *agenzia,* de *agente,* agent). **1.** Nom d'organismes administratifs chargés de tâches d'information et/ou de coordination : *Agence nationale pour l'emploi.* — **2.** Établissement commercial traitant de problèmes spécifiques et servant en partic. d'intermédiaire entre la clientèle et des professionnels : *Agence matrimoniale. Agence de mannequins.* — **3.** Établissement bancaire local n'ayant pas de comptabilité autonome et fonctionnant sous l'autorité d'une succursale. — **4.** Les locaux, les bureaux d'une agence : *L'agence ouvre à huit heures.* — **5.** *Agence de presse,* organisme qui vend régulièrement à la presse écrite et audiovisuelle des articles, informations, reportages, photographies, etc. ‖ *Agence de publicité,* ou *agence-conseil en publicité,* entreprise chargée de la conception, la réalisation et la distribution de campagnes de publicité.

Agence internationale de l'énergie atomique (A. I. E. A.) ⟶ ÉNERGIE ATOMIQUE *(Agence internationale de l').*

Agence nationale pour l'emploi ⟶ EMPLOI.

AGENCEMENT n. m. Action d'agencer ; état de ce qui est agencé ; arrangement, disposition : *L'agencement d'un magasin.*

AGENCER v. t. (de l'anc. fr. *gent,* joli) [conj. **16**]. Disposer, arranger un ensemble de sorte que ses éléments soient exactement adaptés les uns aux autres et que le tout réponde au mieux à sa destination : *Bien agencer les développements d'une intrigue.*

◆ **s'agencer** v. pr., **être agencé** v. pass. Être organisé plus ou moins harmonieusement : *Une usine dont les ateliers s'agencent parfaitement.*

AGENCIER n. m. Journaliste qui travaille dans une agence de presse.

AGENDA [ʒɛ̃-] n. m. (bas lat. *agenda,* choses qui doivent être faites). Registre ou carnet prédaté, sur lequel on inscrit jour par jour ce qu'on doit faire.

AGÉNÉSIE n. f. Absence de formation d'un organe au cours du développement embryonnaire.

AGENIASPIS [-pis] n. m. (du gr. *geneion,* dents, et *aspis,* bouclier). Insecte hyménoptère chalcidien qui se rend utile en parasitant les chenilles d'hyponomeute.

AGENOUILLEMENT n. m. *Litt.* Action de s'agenouiller, fait d'être agenouillé.

AGENOUILLER (S') v. pr., **ÊTRE AGENOUILLÉ** v. pass. (de l'anc. fr. *genoil,* genou) [conj. **3**]. Se mettre à genoux : *S'agenouiller pour nettoyer le parquet.*

AGENOUILLOIR n. m. Syn. rare de PRIE-DIEU.

1. AGENT n. m. (lat. médiév. *agens,* part. prés. de *agere,* agir). **1.** Corps, substance, force qui détermine qqch, qui est à l'origine d'un phénomène ou d'un processus ; cause, facteur : *Les enzymes sont les agents des fermentations.* — **2.** Personne qui exerce une action d'une certaine sorte, qui joue un rôle déterminant dans la production d'un fait humain ou social ; cause, moteur : *Il a été l'agent de nombreuses réformes sociales.* • **Arm.** *Agent chimique,* syn. de GAZ DE COMBAT. — **Dr.** Auteur d'une infraction. — **Écon.** *Agent économique,* unité qui constitue, du point de vue des flux économiques, un centre de décision et d'action élémentaires. — **Géogr.** Élément responsable de la morphogenèse. (Il existe des agents atmosphériques ou météoriques [précipitations, températures, vent, etc.], biologiques [plantes] et anthropiques [actions humaines].) — **Ling.** Être ou objet qui accomplit l'action exprimée par le verbe. ‖ *Complément d'agent,* complément d'un verbe passif, qui serait sujet dans la phrase active correspondante. (Il est précédé des prép. *par* ou *de.*) — **Parapsy.** Personne qui semble être la source des informations télépathiques. — **Philos.** Dans la tradition scolastique, cause qui opère, par oppos. à *patient.*

2. AGENT n. m. (ital. *agente,* du lat. *agens*). **1.** Personne qui accomplit certaines missions pour le compte d'un particulier ou d'une collectivité (société, gouvernement, État...) ; émissaire, mandataire, représentant : *Agent d'un gouvernement. Agent de l'étranger.* — **2.** Employé des secteurs public et privé exerçant une fonction d'exécution sous le contrôle d'une autorité, ou titulaire de certaines charges jouant un rôle d'intermédiaire. — **3.** *Agent double,* agent secret au service de deux puissances rivales, et qui trahit l'une au profit de l'autre. ‖ *Agent électoral,* celui qui agit en faveur d'un candidat aux élections. ‖ *Agent littéraire,* intermédiaire entre les éditeurs et les auteurs ou traducteurs. ‖ *Agent (de police),* fonctionnaire chargé, dans le cadre de la police administrative, de veiller au maintien de l'ordre et d'assurer la tranquillité sur les voies publiques et dans les agglomérations de plus de 10 000 habitants. (Syn. GARDIEN DE LA PAIX.) ‖ *Agent de recherches,* détective privé. ‖ *Agent secret,* espion. • **Bours.** *Agent de change,* personne physique nommée par les pouvoirs publics en tant qu'officier ministériel titulaire d'une charge, ayant le monopole de la négociation des valeurs mobilières et effectuant des opérations en son nom propre pour le compte de ses clients. (La loi du 22 janv. 1988 l'a remplacé par la société de Bourse, personne morale.) — **Comm.** *Agent commercial,* mandataire agissant pour le compte du mandant et en son nom, et chargé, par celui-ci, de la représentation de ses produits. — **Dr.** *Agent d'affaires,* commerçant intermédiaire chargé de gérer les affaires d'autrui, d'administrer les biens, de faciliter ou négocier les contrats. ‖ *Agent artistique,* personne physique ou morale qui procure des engagements aux artistes du spectacle et qui perçoit en retour un pourcentage de la rémunération de l'artiste. ‖ *Agent d'assurances,* personne représentant une ou plusieurs compagnies d'assurances pour le compte desquelles il fait souscrire des contrats d'assurance, dont il assure lui-même la gestion. ‖ *Agent comptable,* employé chargé, dans un service public ou dans une entreprise privée, du maniement de certains fonds. ‖ *Agent diplomatique, agent consulaire,* fonctionnaires envoyés en pays étranger pour y représenter les intérêts de leurs gouvernements et de leurs nationaux.(→ *encycl.*) ‖ *Agent de maîtrise,* salarié se situant par sa qualification entre l'ouvrier et le cadre, dans la hiérarchie des salaires et des responsabilités. ‖ *Agent de police judiciaire,* fonctionnaire secondant les officiers de police judiciaire. ‖ *Agent public,* tout collaborateur d'un service public. (Employé des services publics administratifs et n'étant pas fonctionnaire, il se distingue également d'un agent privé, en participant directement à l'exécution du service.) — **Hist.** *Agents nationaux,* représentants nommés par le gouvernement révolutionnaire dans les districts et les communes (déc. 1793-germinal an III [avr. 1795]). — **Mar.** *Agent militaire de la marine,* membre du personnel sédentaire de la marine. — **Mil.** *Agent de transmission,* militaire chargé de l'acheminement d'un document écrit. (Le fantassin employé comme agent de transmission était appelé *coureur ;* le cavalier, *estafette.*) — **Publ.** Personne qui représente un certain nombre de photographes et de graphistes auprès des agences de publicité.

ENCYCL. **Dr.** Le congrès de Vienne (19 mars 1815) a divisé les *agents diplomatiques* en trois classes : 1° les ambassadeurs, légats ou nonces ; 2° les ministres et envoyés, les uns et les autres accrédités auprès des chefs d'État ; 3° les chargés d'affaires accrédités auprès des ministres des Affaires étrangères. Sont assimilés aux agents diplomatiques, quant à leurs privilèges et immunités, les membres de la Cour permanente d'arbitrage, les membres de la Cour internationale de justice, les représentants des États à l'O. N. U. et les fonctionnaires de cette institution.

Les agents jouissent dans l'exercice de leurs fonctions : 1° de l'inviolabilité, qui leur permet de correspondre sans entraves avec leur gouvernement ; 2° de l'exemption de la juridiction de l'État auprès duquel ils sont accrédités ; 3° de l'exemption des impôts et contributions ; 4° de l'inviolabilité de l'hôtel de l'ambassade.

AGERATUM [aʒeratɔm] n. m. (lat. *ageraton,* du gr. *agêraton,* impérissable). Herbe (composée) ornementale des jardins, aux fleurs bleues.

AGER PUBLICUS, expression latine désignant dans la Rome ancienne les territoires faisant partie du domaine public. L'*ager publicus,* constitué par les conquêtes, les héritages et les confiscations, était exploité par ou affermé à des particuliers. En fait, dès le IIe s. av. J.-C., une grande partie de ces territoires était tombée aux mains des grands propriétaires, qui avaient réussi à constituer de vastes exploitations.

AGÉSILAS Ier, roi de Sparte (Xe-IXe s. av. J.-C. [?]). — **Agésilas II,** de la famille des Eurypontides, roi de Sparte de 399 à 360 av. J.-C. Il lutta avec succès contre les Perses et remporta, en 394, sur les Athéniens et les Thébains, la victoire de Coronée, mais il ne put rendre à Sparte son hégémonie.

Aggada ou **Haggada,** mot hébr. signif. *légende, récit,* et désignant l'ensemble des passages du Talmud consacrés aux interprétations éthiques et homilétiques de la Bible, en quoi elle se distingue de la Halaka, interprétation juridique de l'Écriture.

AGGÉE, un des douze « petits prophètes » de la Bible (VIe s.). Son action visait la restauration du Temple et de la communauté juive.

AGGIORNAMENTO [adʒɔrnamɛnto] n. m. (mot ital. signif. *mise à jour*). **1.** Terme qui fut appliqué par le pape Jean XXIII au renouvellement de l'Église romaine dans la ligne du deuxième concile du Vatican. — **2.** Adaptation au progrès ; modernisation, réforme : *Un aggiornamento politique.*

AGGLOMÉRANT n. m. Liant conférant de la cohésion à un sable de fonderie, par action thermique ou chimique.

AGGLOMÉRAT n. m. **1.** Ensemble de minéraux ou de fragments de roches agglomérés. — **2.** Amas de substances artificiellement agglomérées. — **3.** Amas artificiellement organisé d'éléments hétéroclites, réunion de gens disparates : *Un agglomérat de revendications, de populations.*

AGGLOMÉRATION n. f. (lat. médiév. *agglomeratio*). **1.** Action d'agglomérer, de réunir en un tout ; masse, amas ainsi constitués ; agglomérat : *Une agglomération de terre et de pierres.* — **2.** Groupe d'habitations constituant un village ou une ville indépendamment des limites administratives : *Traverser une agglomération.* (En France, la population habitant des constructions dont aucune n'est séparée de la plus proche de plus de 200 m, et comprenant au moins 50 personnes, constitue une agglomération ; une *agglomération urbaine* groupe plus de 2 000 hab.). — **3.** Ensemble d'une ville et de ses banlieues : *L'agglomération parisienne.* — **4.** Procédé de préparation des minerais pour faciliter leur traitement dans les appareils d'élaboration. (→ *encycl.*)

ENCYCL. **Min.** L'agglomération permet la récupération des produits fins, une meilleure homogénéité des charges et un enrichissement. Plusieurs méthodes sont utilisées pour ce traitement : l'agglomération sur grille (combustion d'un mélange de minerai de charbon additionné de poussier), l'agglomération au four tournant, le briquetage et l'agglomération sélective, apparentée à la flottation.

AGGLOMÉRÉ n. m. **1.** Ensemble de fines particules (bois, charbon, minerai) agglomérées. (Syn. BOIS RECONSTITUÉ.) — **2.** Matériau de construction artificiel de forme géométrique régulière, plein ou creux, résultant de la prise et du durcissement du mélange d'un liant et de matériaux inertes.

AGGLOMÉRER v. t. (lat. *agglomerare,* réunir, de *glomus, -eris,* pelote) [conj. **18**]. Réunir en une masse compacte des éléments distincts : *Agglomérer des particules de charbon par compression.*

◆ **être aggloméré** v. pass. *Population agglomérée,* dans une commune, partie de la population qui habite autour de la mairie, dans des habitations jointives ou très proches les unes des autres ; population d'un village ou d'un hameau de type concentré.

◆ **s'agglomérer** v. pr., **être aggloméré** v. pass. Se réunir, être groupé étroitement : *Les deux groupes se sont agglomérés.*

AGGLUTINANT, E adj. **1.** Se dit d'une langue qui présente le phénomène d'agglutination (par ex. le turc). — **2.** En médecine, se dit des substances qui produisent l'agglutination. — **3.** *Pouvoir agglutinant,* aptitude d'un charbon à la formation de coke.

◆ **agglutinant** n. m. Liant conférant de la cohésion à un sable de fonderie en dehors d'une action thermique ou chimique.

AGGLUTINATION n. f. (bas lat. *agglutinatio*). **1.** Action d'agglutiner, de s'agglutiner : *Une agglutination de curieux.* — **2.** Juxtaposition au radical d'affixes distincts pour exprimer les rapports syntaxiques. — **3.** Fixation des anticorps (certaines classes d'immunoglobulines) sur l'antigène particulaire, provoquant ainsi un rassemblement des particules. (→ *encycl.*) — **4.** Phénomène par lequel deux mots originairement distincts se soudent pour en former un seul (par ex., en français, *l'hierre → lierre*).

ENCYCL. **Méd.** Les bactéries présentent à leur surface un antigène dit *somatique,* ou *antigène O,* et éventuellement, sur leurs cils, un antigène flagellaire, ou *antigène H,* qui provoquent l'agglutination en présence d'un anticorps. Il s'agit d'un phénomène *spécifique,* c'est-à-dire qu'un anticorps déterminé correspond à un antigène, donc à un microbe, déterminé. D'où son importance dans le diagnostic et le traitement de certaines maladies infectieuses.

AGGLUTINER v. t. (lat. *agglutinare,* de *glutinum,* colle) [conj. **3**]. Réunir des choses en un tout, en les collant, en les faisant adhérer : *Des bonbons que la chaleur a agglutinés.*

◆ **s'agglutiner** v. pr., **être agglutiné** v. pass. Se réunir en une masse compacte : *Les mouches sont venues s'agglutiner sur la confiture.*

AGGLUTININE n. f. **1.** Anticorps (immunoglobuline) dont la fixation sur l'antigène produit une agglutination de celui-ci. — **2.** *Agglutinine froide,* anticorps agglutinant dont l'affinité pour l'antigène est beaucoup plus grande à basse température (4 °C) qu'à 37 °C.

ENCYCL. Les agglutinines sont présentes dans le sérum, soit naturellement, soit artificiellement, à la suite d'une vaccination. Elles sont spécifiques des antigènes contre lesquels elles sont actives. Il existe des agglutinines non microbiennes, actives contre certains antigènes particulaires, par ex. les globules rouges, et qui sont la cause des incompatibilités entre sangs de groupes différents.

AGGLUTINOGÈNE n. m. Substance antigénique des globules rouges.

AGGRAVANT, E adj. **1.** Qui accentue la gravité d'une situation. — **2.** *Circonstance aggravante,* circonstance prévue par la loi qui ajoute à la gravité d'une infraction et entraîne une peine plus forte.

AGGRAVATION n. f. (bas lat. *aggravatio*). **1.** Action de rendre plus grave ; fait de devenir plus grave ; accentuation, intensification : *Aggravation de l'état d'un malade.* — **2.** *Aggravation médicamenteuse,* aggravation d'un état pathologique antérieur survenant après la prise de remèdes homéopathiques. ‖ *Aggravation de peine,* augmentation de peine résultant de circonstances aggravantes.

AGGRAVÉE n. f. (moyen fr. *grave,* gravier). Inflammation du pied des animaux qui ont marché ou couru longtemps sur des sols durs ou caillouteux. (Syn. ENGRAVÉE.)

AGGRAVER v. t. (lat. *aggravare,* de *gravis,* pesant) [conj. 3]. Rendre qqch plus grave, plus violent, plus pénible à supporter : *Il aggrave son cas par ses mensonges.*

◆ **être aggravé** v. pass. En parlant d'une infraction, avoir été commise avec circonstance aggravante (par ex. *vol aggravé*).

◆ **s'aggraver** v. pr. Devenir plus grave ; empirer : *La situation s'est aggravée.*

AGHA n. m. (turc *ağa,* frère aîné). **1.** Dans l'Empire ottoman, officier de la cour du sultan ou, plus généralement, militaire. — **2.** En Algérie, chef supérieur au caïd, et au-dessus duquel était le bachagha.

AGHA KHĀN, titre donné au chef suprême (imām) de la principale branche des ismaéliens.

AGHA KHĀN III (Muḥammad Chāh), prince et chef religieux (à partir de 1885) des ismaéliens nizārites dans l'Inde, l'Asie centrale, l'Iran, la Syrie et l'Afrique orientale (Karāchi 1877-Versoix, Suisse, 1957), petit-fils d'Agha Khān Ier (1800-1881), qui avait établi son autorité religieuse sur les ismaéliens nizārites de l'Inde. Il fonda la ligue panmusulmane de l'Inde et l'université musulmane d'Aligarh — Son petit-fils, KARIM **Agha Khān IV** (Creux-de-Genthod, cant. de Genève, 1936), lui succéda.

ĀGHĀ MOḤAMMAD CHĀH ou **ĀRHĀ MOḤAMMAD CHĀH** (1742-1797), fondateur de la dynastie des Qādjārs en Iran dont il s'était rendu maître v. 1785. Il fut un remarquable chef militaire. Il mourut assassiné.

ÁGHIA TRIÁDA → HAGIA TRIADA.

AGHLABIDES → ARHLABIDES.

AGHTAMAR, île d'Arménie non loin de la côte S. du lac de Van, qui doit sa célébrité à ses églises des VIIe et Xe s. aux façades ornées d'intéressants reliefs.

AGIAUX n. m. pl. Dans le costume traditionnel, parure et surtout bijoux de femme.

AGIDES ou **AGIADES,** une des familles royales de Sparte qui détint le pouvoir de la fin du VIe s. à la seconde moitié du IIIe s. av. J.-C., conjointement avec la famille des Eurypontides.

AGILE adj. (lat. *agilis*). **1.** Qui a de l'aisance et de la promptitude dans les mouvements du corps ; souple, alerte : *Un enfant agile comme un chat.* — **2.** Qui est vif, prompt à comprendre : *Un esprit agile.*

AGILEMENT adv. Avec agilité.

AGILITÉ n. f. (lat. *agilitas*). **1.** Légèreté, souplesse dans les mouvements du corps : *L'agilité d'un acrobate, des doigts d'un pianiste.* — **2.** Vivacité intellectuelle : *Une grande agilité d'esprit.*

AGINCOURT (François D') → DAGINCOURT.

AGIOS [-aʒjo] n. m. pl. (ital. *aggio,* plus-value). Ensemble des frais grevant une opération effectuée par une banque, en partic. intérêts perçus pour un découvert sur un compte courant, une avance, etc.

A GIORNO [adʒjɔrno] loc. adv. et adj. inv. (loc. ital. signif. *à jour*). De manière à produire un éclat comparable à celui du jour : *Éclairage a giorno.*

AGIOTAGE n. m. (de *agioter*). *Vx.* Spéculation sur les fonds publics, les changes, les valeurs mobilières.

AGIOTER v. i. (de *agio*) [conj. 3]. *Vx.* Se livrer à l'agiotage.

AGIOTEUR, EUSE n. *Vx.* Personne qui se livrait à l'agiotage.

AGIR v. i. (lat. *agere,* faire) [conj. 32]. **1.** Faire qqch, entrer ou être en action : *Le moment d'agir est venu. Un gouvernement qui n'agit pas.* — **2.** Se comporter de telle ou telle manière : *Il agit en honnête homme.* — **3.** Se comporter de telle ou telle façon avec qqn : *Vous avez mal agi avec lui.* — **4.** Exercer une action, une influence sur qqn, qqch ; en parlant de qqch, avoir une efficacité sur qqch ou qqn : *La lumière agit sur la croissance des plantes.* — **5.** Être efficace, jouer son rôle, en parlant de qqch : *Laisser agir la nature.* — **6.** *Agir auprès de qqn,* intervenir auprès de lui pour obtenir qqch. ‖ *Manière, façon d'agir,* comportement, attitude.

◆ **s'agir** v. pr. **1.** *Il s'agit de qqn, de qqch,* il en est question : *Il s'agissait bien de lui.* — **2.** *Il s'agit de*

+ *inf.*, *que* + *subj.*, il convient, il est nécessaire de, que : *Il s'agit de faire vite. Il ne s'agit pas que tu échoues.* — 3. *S'agissant de*, vu qu'il est question de : *S'agissant d'un cas exceptionnel, il faut être prudent.*

AGIS, nom de plusieurs rois de Sparte. — **Agis III** (338-331) se révolta contre l'autorité d'Alexandre tandis que celui-ci combattait en Asie. Il fut vaincu par Antipatros, lieutenant d'Alexandre. — **Agis IV** (244-241) tenta vainement de restaurer la puissance de Sparte. Ses réformes sociales lui coûtèrent le trône et la vie.

ÂGISME n. m. Attitude de discrimination ou de ségrégation à l'encontre des personnes âgées.

AGISSANT, E adj. 1. Qui a une action effective : *Les minorités agissantes.* — 2. Qui a une action efficace : *Une foi agissante.*

AGISSEMENT n. m. Façon d'agir, souvent blâmable, pour arriver à un but ; menée, manœuvre (surtout pl.) : *Ses agissements ont abouti à l'écarter de la présidence.*

AGITATEUR, TRICE n. (lat. *agitator*). Personne qui fomente, exploite ou entretient des troubles politiques ou sociaux.

◆ **agitateur** n. m. 1. Dispositif actionné manuellement ou mécaniquement et destiné à remuer des mélanges pour les homogénéiser ; baguette de verre servant au même usage. — 2. Organe rotatif ou oscillant des machines d'épandage, facilitant l'écoulement du produit.

AGITATION n. f. (lat. *agitatio*). 1. Action d'agiter, de s'agiter ; état qui en résulte ; mouvement continuel et irrégulier : *L'agitation de la mer, de la rue.* — 2. Trouble profond qui se manifeste extérieurement ; émotion, excitation : *Être en proie à une grande agitation.* — 3. Mouvement de contestation, de mécontentement d'ordre politique, social, se traduisant par des manifestations, des troubles : *Une vague d'agitation dans les prisons.* — 4. *Agitation psychomotrice,* conduite paroxystique plus ou moins incohérente associant une excitation motrice et une excitation psychique. ‖ *Agitation thermique,* mouvement ou déplacement aléatoire des atomes ou des molécules sous l'effet de la température.

AGITATO adv. (mot ital.). En musique, terme d'interprétation qui s'ajoute à une indication de mouvement pour en marquer le caractère inquiet et tourmenté.

AGITÉ, E n. 1. Malade mental qui manifeste une activité violente et désordonnée. — 2. Personne qui s'agite sans cesse ; turbulent, remuant : *C'est un agité prêt à tous les excès.*

AGITER v. t. (lat. *agitare,* de *agere,* agir) [conj. 3]. 1. Remuer vivement qqch en tous sens : *Agiter le flacon avant de s'en servir.* — 2. Présenter qqch comme un danger, le brandir comme une menace : *Agiter le péril communiste devant le pays.* — 3. Discuter, débattre de qqch avec d'autres : *On a agité la question de sa candidature.* — 4. Troubler profondément qqn, l'inquiéter durablement : *Une violente colère l'agitait.* — 5. Inciter des gens à la révolte : *Agiter le peuple contre le gouvernement.*

◆ **s'agiter** v. pr., **être agité** v. pass. 1. Exécuter des mouvements désordonnés ; manifester un grand trouble intérieur par de l'agitation, être vivement excité : *Cesse de t'agiter sur ta chaise. Avoir un sommeil agité.* — 2. Manifester un mécontentement d'ordre politique, social, etc. : *Les ouvriers commencent à s'agiter.*

◆ **s'agiter** v. pr. *Fam.* Se mettre à agir, à faire qqch : *Il faudrait commencer à s'agiter si l'on veut être à l'heure à la gare.*

AGIT-PROP n. f. (de *agitation* et *propagande*). 1. Technique de diffusion des idées révolutionnaires proche de l'action directe. — 2. En U. R. S. S. et dans les pays socialistes, technique de mobilisation de l'opinion publique sur des buts proposés à la nation par les partis communistes.

AGLAIA n. m. (lat. *Aglaia,* n. myth.). Arbre d'Asie et d'Océanie, utilisé pour ses fruits et son bois et dont les fleurs sont employées en Chine pour parfumer le thé.

AGLAOPE n. f. (gr. *aglaops,* aux beaux yeux). Zygène dont la chenille est nuisible aux arbres fruitiers.

AGLIE n. m. Papillon dont la chenille se nourrit des feuilles du bouleau, du frêne, du hêtre et du chêne.

AGLOMÉRULAIRE adj. (du lat. *glomus, -eris,* peloton). Se dit des reins sans glomérules des poissons téléostéens marins. (Ce caractère leur permet de vivre dans une eau plus salée que leur sang.)

AGLOSSE adj. et n. m. (gr. *aglôssos,* sans langue). Se dit d'un individu présentant une aglossie.

◆ n. m. Crapaud sans langue tel que le pipa et le dactylèthre.

◆ n. f. Pyrale dont la chenille (teigne des graisses) vit sur divers déchets.

AGLOSSIE n. f. Absence congénitale de la langue. (Elle s'accompagne souvent d'agnathie.)

AGLUCONE ou **AGLYCONE** n. m. ou f. (de *glucide*). Composé non glucidique formé au cours de l'hydrolyse d'un hétéroside. (Syn. GÉNINE.)

AGLY, fl. côtier du sud de la France, dans le Roussillon ; 80 km. Né dans les Corbières, il coule dans les gorges de Galamus.

AGLYPHE adj. (du gr. *gluphê,* sillon). Se dit des serpents n'ayant aucune dent creusée d'un sillon, tels que les boas, les pythons et la majorité des couleuvres. (La plupart des serpents aglyphes n'ont pas de glandes venimeuses.)

AGNADEL, en ital. **Agnadello,** comm. d'Italie (Lombardie, prov. de Crémone), au N.-O. de Crema. Louis XII y battit les Vénitiens, le 14 mai 1509, lors des guerres d'Italie.

AGNAT, E [agna, -at] adj. et n. (lat. *agnatus,* de *agnasci,* naître à côté de). Se dit des personnes qui, descendant d'une même souche masculine, appartiennent à la même famille.

AGNATHE [agnat] n. m. Vertébré primitif à bouche ronde, sans mâchoires articulées, tel que les ostracodermes fossiles, les lamproies et myxines actuelles. (Les agnathes actuels sont aussi appelés *cyclostomes.*)

AGNATHIE [agnati] n. f. Absence congénitale de maxillaire inférieur.

AGNATION n. f. Chez les Romains, parenté agnatique.

AGNATIQUE [agnatik] adj. (de *agnat*). **1.** Se dit d'un individu dont la filiation est considérée exclusivement du côté mâle. – **2.** Se dit de cette filiation elle-même. (Syn. PATRILINÉAIRE.)

AGNEAU n. m. (lat. *agnellus,* de *agnus,* agneau). **1.** Petit de la brebis. – **2.** Chair d'agneau. – **3.** Peau brute d'un jeune mouton ; peausserie obtenue par tannage de cette peau en mégisserie. – **4.** *L'Agneau, l'Agneau de Dieu,* dans le langage mystique, noms donnés par saint Jean-Baptiste et par l'Église à Jésus-Christ s'immolant comme victime pour racheter les péchés du monde. ‖ *Agneau mystique,* thème iconographique figurant un agneau tenant une croix, symbole du sacrifice eucharistique et rédempteur de Jésus-Christ. ‖ *Agneau pascal,* nom que donnaient les Hébreux à l'agneau qu'ils immolaient tous les ans en mémoire du passage de la mer Rouge. ‖ *Doux comme un agneau,* très doux.

ENCYCL. La viande d'agneau provient soit d'*agneaux de lait,* issus des troupeaux de brebis laitières, abattus entre 4 et 6 semaines et fournissant des carcasses de moins de 10 kg, à viande blanche ; soit d'*agneaux blancs,* ou *laitons,* abattus vers 3-4 mois, non sevrés, fournissant des carcasses de 14 à 21 kg ; soit d'*agneaux gris,* abattus entre 5 et 9 mois, donnant des carcasses de 20 kg environ.

Agneau mystique *(l'),* chef-d'œuvre qui se situe à l'origine de l'école flamande de peinture. Ce grand retable à volets (cathédrale St-Bavon de Gand) aurait été commandé à Hubert Van Eyck, exécuté en grande partie par Jan Van Eyck et inauguré en 1432. Son complexe programme iconographique illustre le thème de la Rédemption. Stylistiquement, il s'éloigne des conventions gothiques par son réalisme attentif : précision descriptive et rendu de l'espace, auxquels contribue l'usage de la peinture à l'huile.

AGNEL ou **AIGNEL** n. m. (lat. *agnellus,* agneau). Denier d'or à l'agneau créé par Philippe le Bel et frappé jusque sous Charles VII. (Syn. MOUTON D'OR.)

AGNELAGE n. m. Mise bas, chez la brebis ; époque où une brebis met bas. (On obtient, pour une même brebis, soit trois agnelages en deux ans, soit un agnelage par an.)

AGNELÉE n. f. Portée d'une brebis.

AGNELER v. i. (de *agnel*) [conj. **24** ; dans Littré **25**]. Mettre bas, en parlant de la brebis.

AGNELET n. m. (de *agnel*). *Litt.* Petit agneau.

AGNELINE adj. et n. f. (de *agnel*). Se dit d'une laine courte, soyeuse et frisée, provenant de la première tonte de l'agneau.

AGNELLA n. m. Tissu de laine bouclé, imitant la toison de l'agneau, et qu'on utilise en doublure ou en garnitures.

AGNELLE n. f. (lat. pop. **agnella*). Jeune mouton femelle de moins d'un an.

AGNELLI (Giovanni), industriel italien (Villar Perosa 1866-Turin 1945). Il fonda en 1899 la Fiat*, dont il fut le président à partir de 1920. – Son petit-fils, GIOVANNI (Turin 1921), anime le groupe Fiat depuis 1966 et est administrateur de nombreuses sociétés financières et industrielles.

AGNÈS *(sainte),* martyre romaine (IVe s.). Elle préféra la mort à la perte de sa virginité.

AGNÈS *(Mère)* → ARNAUD (Agnès).

AGNÈS DE FRANCE (1171 - Constantinople 1220), impératrice byzantine sous le nom d'*Anne.* Fille de Louis VII et d'Adèle de Champagne, elle fut mariée à Alexis II Comnène (1180), puis à Andronic Ier Comnène (1183). Restée veuve en 1185, elle se remaria avec un noble byzantin, Théodore Branas (1204).

AGNÈS DE MÉRAN († château de Poissy 1201), reine de France. Mariée en 1196 à Philippe II Auguste, elle fut répudiée en 1200 à la suite de l'interdit mis sur le royaume par le pape Innocent III.

AGNÈS SOREL → SOREL.

AGNI, divinité de la religion védique personnifiant le feu, la sacralité du feu.

AGNIS ou **ANYIS,** population du groupe akan qui habite le sud-ouest forestier de la Côte-d'Ivoire.

AGNON (Samuel Joseph) [pseudonyme littéraire devenu le nom légal de Samuel Joseph CZACZKES], écrivain israélien d'expression yiddish et hébraïque (Buczacz, Galicie, 1888-Rehovoth 1970). Ses romans et ses nouvelles cherchent à donner, à travers une réflexion sur l'opposition entre les valeurs religieuses et l'ouverture au monde moderne (*l'Hôte de passage,* 1930) et la conscience de la dégradation de la société juive européenne (*la Dot de la fiancée,* 1931) face à l'enthousiasme des pionniers en Palestine (*Hier et avant-hier,* 1945), une définition de la conscience juive moderne, sans renier la tradition hassidique (*Contes de Jérusalem,* 1959). [Prix Nobel 1966, avec Nelly Sachs.]

AGNOSIE [agnɔzi] n. f. (gr. *agnôsia,* ignorance). Trouble de la reconnaissance des informations sensorielles, dû à une lésion localisée du cortex cérébral, sans atteinte des perceptions élémentaires. (Syn. CÉCITÉ PSYCHIQUE.)

ENCYCL. Les formes d'agnosie se distinguent selon la modalité sensorielle concernée *(agnosie visuelle, auditive, tactile)* ou selon l'objet de la reconnaissance (*agnosie corporelle* ou asomatognosie, *agnosie pour la musique* ou amusie, etc.). Le siège des lésions corticales responsables de ces agnosies varie en fonction de ces caractéristiques.

AGNOSIQUE [agnɔ-] adj. et n. Relatif à l'agnosie ; atteint d'agnosie.

AGNOSTICISME [agnɔ-] n. m. (angl. *agnosticism,* du gr. *agnostôs,* inconnu). Doctrine qui considère que l'absolu est inaccessible à l'esprit humain et qui préconise le refus de toute solution aux problèmes métaphysiques.

AGNOSTIQUE [agnɔ-] adj. et n. Relatif à l'agnosticisme ; partisan de l'agnosticisme.

AGNUS-CASTUS [agnyskastys] n. m. inv. Syn. de GATTILIER.

AGNUS DEI [agnysdei] n. m. inv. (mots lat. signif. *agneau de Dieu*). **1.** Triple invocation de la messe, qui commence par ces mots. — **2.** Dernière des cinq pièces constituant l'ordinaire de la messe. (À l'énoncé exécuté par le chantre ou le chœur [*Agnus Dei qui tollis peccata mundi*], la foule répondait, à l'origine, trois fois *miserere nobis,* remplacé plus tard, pour la troisième fois, par *dona nobis pacem.* Dans les messes grégoriennes, le plus souvent, les première et troisième invocations sont identiques.) — **3.** Petit médaillon de cire blanche représentant un agneau pascal portant l'étendard et la Croix et bénit généralement par le pape. (Dans ce sens, on écrit AGNUS-DEI.)

AGOBARD *(saint)* [Espagne 779-Lyon 840]. Archevêque de Lyon (814), il soutint Lothaire et ses frères dans leur révolte contre Louis Ier le Pieux (833). Il composa des traités contre l'adoptianisme et contre les juifs.

AGON-COUTAINVILLE (50230), comm. de la Manche, à 13 km à l'O. de Coutances ; 2 527 hab. Station balnéaire au village de *Coutainville.*

AGONIDÉ n. m. (gr. *agonatos,* sans articulation). Poisson téléostéen des mers froides, au corps couvert de plaques ossifiées, tel que la *souris de mer.* (Les *agonidés* forment une famille.)

AGONIE n. f. (gr. *agônia,* lutte, angoisse). **1.** État de l'être humain dans la période qui précède immédiatement la mort et où l'organisme peut paraître lutter pour demeurer en vie ; cette période même. — **2.** *Litt.* Disparition lente de ce qui s'achemine vers sa fin en résistant aux causes de destruction ou d'anéantissement ; décadence, déclin : *Agonie d'un régime politique.*

AGONIR v. t. (anc. fr. *ahonnir,* insulter) [conj. 32]. *Agonir qqn d'injures, de sottises,* l'en accabler.

AGONISANT, E adj. et n. Qui est à l'agonie, mourant.

◆ adj. Qui est à son déclin : *Un régime agonisant.*

AGONISER v. i. (lat. ecclés. *agonizari,* lutter) [conj. 3]. **1.** Être à l'agonie : *Le blessé agonisait.* — **2.** Toucher à sa fin, être près de disparaître : *Une entreprise qui agonise.*

AGONISTE adj. et n. m. (lat. ecclés. *agonista,* qui combat dans les jeux, du gr. *agônistês*). **1.** Se dit d'un muscle dont l'action produit le mouvement désiré (par oppos. à *antagoniste*). — **2.** Se dit d'une substance médicamenteuse qui a le même mode d'action qu'une autre substance.

AGONISTIQUE adj. (lat. ecclés. *agonisticus,* qui lutte, du gr. *agônistikos*). **1.** Qui concerne la lutte, les conflits. — **2.** Se dit d'un comportement agressif.

AGORA n. f. (mot gr. signif. *assemblée des citoyens,* puis *place publique*). **1.** À l'époque grecque classique, la place publique, centre administratif, religieux et commercial de la cité. — **2.** Dans une ville nouvelle, espace piétonnier en général couvert, centre important d'activités diverses.

ENCYCL. À Athènes, c'est vers le VIIIe s. av. J.-C. que l'agora est installée au pied de l'Acropole. Le site n'acquit son caractère monumental que vers le IIe s. av. J.-C., après de nombreux agrandissements. Les portiques sont un de ses éléments caractéristiques ; parmi eux, la *stoa* d'Attale — auj. reconstruite selon son aspect du IIe s. —, qui abrite le riche musée de l'Agora. Plusieurs constructions religieuses ou administratives ont également été mises au jour.

AGORANOME n. m. (gr. *agoranomos*). Magistrat grec chargé de la police des marchés.

AGORAPHOBE adj. et n. Qui souffre d'agoraphobie.

AGORAPHOBIE n. f. Phobie des espaces découverts (places) et des lieux publics.

AGOSTINO DI DUCCIO, sculpteur italien (Florence 1418-Pérouse 1481). Il a travaillé au décor sculpté du temple Malatesta de Rimini (autour de 1450), a réalisé les reliefs de la façade de l'oratoire de S. Bernardino à Pérouse (v. 1457-1461).

AGOU *(mont),* massif montagneux du Togo, portant le point culminant du pays (pic Baumann, 986 m), au N.-N.-O. de Lomé.

AGOULT (Marie de FLAVIGNY, *comtesse* D'), femme de lettres française (Francfort-sur-le-Main 1805-Paris 1876). Sous le pseudonyme de **Daniel Stern,** elle publia des romans (*Nélida,* 1846) et des études historiques. De sa liaison avec Liszt elle eut trois enfants dont deux filles, dont l'une épousa Émile Ollivier et l'autre Richard Wagner.

AGOUT, riv. du sud du Massif central et de l'Albigeois, née sur le versant nord de l'Espinouse, affl. du Tarn (r. g.) ; 180 km. L'Agout coule en gorges entre les monts de Lacaune et le Sidobre et traverse Castres. Barrage-réservoir de la Raviège, alimentant deux centrales hydroélectriques.

AGOUTI n. m. (mot guarani). Petit rongeur d'Amérique latine, que l'on élève pour sa chair.

ĀGRĀ, v. de l'Inde (Uttar Pradesh), sur la Yamunā ; 955 694 hab. Aéroport. Principal centre touristique de l'Inde. Artisanat (incrustations sur marbre blanc, tapis, broderies) et industries modernes (chaussures, textile et chimie).
— **Bx-arts.** Les souverains moghols Akbar, Djahāngīr et Chāh Djahān ont fait élever de prestigieux monuments : fort de grès rouge fondé en 1565, palais, salles d'audience, mosquée de la Perle, en marbre blanc (1654), tombeaux divers dont le Tādj* Maḥall.

AGRADATION n. f. Réorganisation de la structure cristalline des argiles au cours des phénomènes d'altération ou de diagenèse, par opposition à la dégradation.

AGRAFAGE n. m. **1.** Action d'agrafer, d'attacher avec des agrafes. — **2.** Assemblage de deux pièces métalliques par écrasement de leurs bords, préalablement repliés sur eux-mêmes et accrochés l'un dans l'autre.

AGRAFE n. f. (de *agrafer*). **1.** Crochet que l'on engage dans un anneau ou une bride et qui sert à joindre les bords opposés d'un vêtement. — **2.** Fil métallique replié permettant d'attacher, de fixer, d'assembler ensemble plusieurs éléments (feuilles de papier, pièces de cuir, de bois, etc.). — **3.** Languette de métal ou de plastique destinée à accrocher un stylo au rebord d'une poche. • **Bât.** Crampon plat ou coudé, scellé entre les pierres d'un mur, ou entre un placage et un mur, pour les solidariser. ‖ Mascaron ornant la clef d'une baie. — **Ch. de f.** Dispositif permettant d'immobiliser les lames d'une aiguille dans l'une ou l'autre de ses deux positions possibles. — **Chir.** *Agrafe (de Michel),* petite lame de métal munie d'une pointe à chaque extrémité, destinée à l'affrontement des plaies.

AGRAFER v. t. (moyen fr. *grafer,* de l'anc. fr. *grafe,* du germ. *krappa,* crochet) [conj. **3**]. **1.** Attacher un vêtement, en réunir les bords avec une ou des agrafes : *Agrafer une robe.* — **2.** Attacher ou fixer du papier, du tissu à qqch au moyen d'agrafes et d'une agrafeuse : *Agrafer une tenture au mur.* — **3.** *Fam.* Retenir qqn pour lui parler ; agripper : *Tâchez de l'agrafer au passage.* — **4.** *Pop.* Arrêter qqn : *Se faire agrafer par la police.* — **5.** Procéder à l'agrafage de pièces métalliques.

AGRAFEUSE n. f. Appareil, machine permettant d'attacher, d'assembler, de fixer à l'aide d'agrafes.

AGRAINAGE ou **AGRENAGE** n. m. Action d'agrainer.

AGRAINER ou **AGRENER** v. t. (de *grain*) [conj. **4**]. Répandre du grain pour le gibier, les animaux qu'on élève.

AGRAIRE adj. (lat. *agrarius,* de *ager,* champ). **1.** Qui concerne l'agriculture, la propriété agricole, les paysans, les terres : *Civilisation agraire.* — **2.** *Lois agraires,* ensemble de mesures prises, en particulier dans l'Antiquité classique, pour résoudre les problèmes posés par l'accès à la propriété du sol des classes rurales pauvres. (→ *encycl.*) ‖ *Réforme agraire,* transformation des relations existant entre les groupes sociaux pour la propriété et l'usage de la terre. (→ *encycl.*) ‖ *Système agraire,* concept permettant d'étudier et de caractériser une société agraire et son agriculture, à une époque et en un lieu donnés, à partir de l'analyse du milieu cultivé, des moyens de production utilisés, de la division du travail, des rapports d'échange et de la répartition du produit du travail.

ENCYCL. En cas de *réforme agraire,* l'expropriation des terres et leur transfert sont généralement réalisés par l'État. La redistribution des biens des grands propriétaires fonciers au bénéfice des petits paysans et des paysans sans terre se traduit par la création de nouvelles unités de production : exploitations familiales, coopératives ou fermes d'État, selon la nature et les objectifs du régime politique qui réalise la réforme agraire.

Les mesures concernant la propriété et l'usage de la terre sont accompagnées par des programmes d'assistance technique et financière permettant l'installation et le développement de ces nouvelles unités de production.
— **Hist.** En Grèce, il n'y a pas eu de *lois agraires* à proprement parler mais des réformes favorables à la paysannerie pauvre en lutte contre une aristocratie rurale puissante. Solon, en 594 av. J.-C., favorisa le morcellement des terres comme le firent par la suite Pisistrate et Périclès. La petite propriété se développa, mais ces réformes furent passagères et les luttes agraires se poursuivirent jusqu'à la conquête romaine (146 av. J.-C.).
À Rome, les *lois agraires* ne concernèrent que le domaine public (ager* publicus) qui était tombé aux mains des grands propriétaires au détriment de la classe rurale moyenne. Les Gracques* tentèrent de restaurer la petite propriété ; leur réforme se solda par un demi-échec. Malgré les efforts, entre autres, de Sulla et César, la législation agraire, dont le but était de maintenir une classe moyenne de petits propriétaires, se heurta non seulement à la résistance des grands possédants, mais aussi à la réticence de la plèbe urbaine, peu désireuse de quitter la ville pour s'installer à la campagne où l'attendait une vie plus rude.

AGRAM → ZAGREB.

AGRAMMATICAL, E, AUX adj. Qui ne répond pas aux critères de la grammaticalité.

AGRAMMATICALITÉ n. f. Caractère d'un énoncé agrammatical.

AGRAMMATIQUE adj. et n. Atteint d'agrammatisme.

AGRAMMATISME n. m. (du gr. *gramma, -atos,* lettre). Trouble rencontré dans les aphasies d'expression et caractérisé par la réduction des mots grammaticaux, des désinences et des marques syntaxiques en général.

AGRANDIR v. t. (conj. 32). **1.** Rendre plus grand qqch, en accroître les dimensions : *Agrandir une ouverture.* — **2.** Faire paraître plus grand qqch : *Cette perspective agrandit la scène.* — **3.** Rendre plus important qqch (abstrait) ; développer, étendre : *Agrandir le cercle de ses connaissances.* — **4.** Procéder à l'agrandissement photographique.
◆ **s'agrandir** v. pr. **1.** Étendre son domaine, son affaire : *Un commerçant qui s'agrandit.* — **2.** Prendre un logement plus vaste ou agrandir celui qu'on occupe.

AGRANDISSEMENT n. m. **1.** Action d'agrandir, fait de s'agrandir : *Faire des agrandissements dans une maison.* — **2.** Tirage d'une épreuve agrandie d'un phototype ; épreuve ainsi obtenue.

AGRANDISSEUR n. m. Appareil permettant de tirer un phototype par agrandissement.

AGRANULOCYTOSE n. f. Affection caractérisée par l'absence ou la très faible concentration de polynucléaires neutrophiles dans le sang (moins de 300 par mm^3). [Les formes constitutionnelles sont rares. Les formes acquises sont surtout d'origine médicamenteuse. Elles comportent un risque infectieux grave.]

AGRAPHIE n. f. Perturbation de l'écriture, indépendante de tout trouble moteur, consécutive à une lésion de l'hémisphère cérébral dominant.

AGRARIEN, ENNE adj. (de *agraire*). **1.** Se dit de partis politiques qui défendent les intérêts des grands propriétaires terriens (en Allemagne à la fin du XIXe s.) ou ceux de l'ensemble de la paysannerie (en particulier dans les pays scandinaves et en Finlande). — **2.** *Mouvement agrarien,* mouvement culturel et artistique américain créé dès les années 20, en vue de préserver les traditions du Sud.
◆ n. Partisan de l'agrarisme.

AGRARISME n. m. Courant idéologique présentant l'agriculture et le monde rural comme des ensembles économiques et sociaux spécifiques et solidaires.

AGRÉABLE adj. (de *agréer*). **1.** Qui procure un certain plaisir, un sentiment de satisfaction : *Un tableau agréable à regarder.* — **2.** Avec qui on a plaisir à se trouver : *Un garçon agréable.* — **3.** *Être agréable à qqn,* lui faire plaisir, le contenter, lui rendre service. ‖ *(Être) agréable à vivre,* avoir un caractère qui rend les relations faciles.

AGRÉABLEMENT adv. De façon agréable : *Il joue agréablement du piano.*

AGRÉAGE n. m. **1.** Formalité de réception de marchandises risquant d'avoir été détériorées au cours de leur voyage. — **2.** Syn. de AGRÉATION.

AGRÉATION n. f. Contrat au terme duquel un fournisseur reconnaît à un distributeur le droit de diffuser ses produits, sans lui accorder pour autant une exclusivité. (Syn. AGRÉAGE.)

ÁGREDA (Maria CORONEL, dite **Maria de**), mystique franciscaine espagnole (Ágreda, Vieille-Castille, 1602-*id.* 1665), célèbre par ses visions. Son livre *la Mystique Cité de Dieu* (1670) reste l'objet de controverses.

AGRÉÉ n. m. Mandataire qui représentait les parties au tribunal de commerce. (Depuis la loi du 31 déc. 1971, les agréés, supprimés, sont devenus avocats.)

AGRÉER v. t. (de *gré*) [conj. **15**]. **1.** Consentir à recevoir ce qui est proposé, offert ; accepter :

Agréer les excuses de quelqu'un, une demande. — **2.** En parlant d'une autorité, donner son agrément à qqch, le déclarer conforme aux dispositions légales, reconnaître officiellement qqn dans une fonction : *Agréer un plan d'urbanisme, un ambassadeur.* — **3.** *Veuillez agréer mes respects, mes sentiments distingués, etc.*, formules de politesse épistolaires.
◆ v. t. ind. Être à la convenance de qqn : *Ce projet m'agrée.*
◆ **être agréé** v. pass. **1.** Être reconnu, par une autorité, comme ayant les qualités requises ou comme répondant à certains critères : *Un matériel agréé par les experts.* — **2.** Être investi par une autorité d'une sorte de caractère officiel dans sa fonction : *Comptable agréé.*

AGRÉEUR, EUSE n. Personne qui constate la qualité d'un produit et sa conformité aux normes prévues par la législation.

AGRÉGANT n. m. Substance capable d'induire l'accolement des cellules entre elles (notamment l'agrégation plaquettaire).

AGRÉGAT n. m. (lat. *aggregatum,* de *aggregare,* rassembler). **1.** Réunion d'éléments matériels juxtaposés, généralement hétérogènes, présentant entre eux une certaine cohésion et formant un tout compact. — **2.** Ensemble d'éléments constituant un tout, mais n'ayant pas de forme définie, d'organisation, d'unité véritable ou de finalité : *Cette théorie n'est qu'un agrégat d'idées fausses.* — **3.** Assemblage élémentaire entre les particules minérales du sol (sables et limons) et les ciments colloïdaux (argiles, matières humiques, hydroxydes de fer et d'aluminium) qui caractérise, à l'échelle macroscopique, la structure du sol. — **4.** Ensemble ordonné d'un petit nombre d'atomes, d'ions ou de molécules. — **5.** Grandeur synthétique caractérisant l'activité économique d'un pays et obtenue par sommation d'opérations élémentaires effectuées par les divers agents de l'économie. (Les principaux agrégats sont le produit* intérieur brut [P. I. B.], le revenu* national, le produit* national brut [P. N. B.].) — **6.** Amas de cellules agrégées entre elles. — **7.** Superposition de sons constituée par un mélange de notes ne pouvant répondre aux procédés d'analyse de l'harmonie classique. — **8.** Grandeur globale synthétique représentative d'un ensemble de données statistiques.

AGRÉGATIF, IVE n. Personne qui prépare le concours de l'agrégation.

1. AGRÉGATION n. f. (bas lat. *aggregatio*). **1.** *Litt.* Réunion, agglomération : *L'agrégation des maisons autour du clocher.* — **2.** Rassemblement de nombreux individus d'une même espèce animale ou végétale sur un espace restreint. (→ *encycl.*) — **3.** Constitution d'un agrégat statistique. — **4.** *Agrégation plaquettaire,* phénomène au cours duquel les plaquettes s'agrègent. (Ce phénomène aboutit à la formation du clou plaquettaire qui obture les brèches vasculaires.)
ENCYCL. **Écol.** L'agrégation rend possible une défense collective du troupeau ou, chez les plantes, une meilleure protection contre le vent et les insectes ; elle garantit au mieux la rencontre des sexes (bancs de poissons). Mais elle peut aboutir à une compétition excessive pour l'oxygène (poissons de rivière), la nourriture (rongeurs), la lumière (arbres), etc.

2. AGRÉGATION n. f. (de *agrégation 1*). Concours de recrutement des professeurs de lycée et de certaines disciplines universitaires (droit, médecine, pharmacie).
ENCYCL. L'agrégation permet d'exercer les fonctions de professeur titulaire dans l'enseignement secondaire, pour les principales matières qui y sont enseignées, et celles de professeur titulaire dans l'enseignement supérieur en médecine, en droit et en sciences économiques. Pour l'enseignement secondaire, les concours (externe et [depuis 1989] interne) sont ouverts aux titulaires d'une maîtrise et communs aux hommes et aux femmes. On compte une vingtaine d'ordres d'agrégation, parmi lesquel se trouvent les lettres classiques, les lettres modernes, l'histoire, la géographie, de nombreuses langues vivantes (anglais, espagnol, allemand, etc.), les mathématiques, les sciences physiques, les sciences naturelles, l'économie et la gestion, etc.

AGRÉGÉ, E n. **1.** Titulaire de l'agrégation. — **2.** *Agrégé du service de santé des armées,* titre le plus élevé obtenu par concours par les médecins et pharmaciens chimistes des armées.

AGRÉGER v. t. (lat. *aggregare,* rassembler, de *grex, gregis,* troupeau) [conj. 22]. **1.** Admettre qqn dans un corps constitué, dans une société : *Nous avons fini par l'agréger à notre petit cercle.* — **2.** Réunir en un tout des parties distinctes : *La nature agrège les grains de sable en grès.*
◆ **s'agréger** v. pr. **1.** Se joindre, s'associer à : *S'agréger à un groupe.* — **2.** En parlant de cellules, adhérer entre elles, se fixer les unes sur les autres.

AGRÉMENT n. m. (de *agréer*). **1.** Action par laquelle qqn, et en partic. celui qui détient un pouvoir, approuve, autorise qqch ; consentement ainsi donné : *Agir sans l'agrément de ses supérieurs.* — **2.** Acceptation, reconnaissance, généralement de caractère officiel, de qqch ou de qqn par une autorité. — **3.** Qualité par laquelle qqn ou qqch plaît, qui les rend agréables, leur donne de l'attrait : *Un visage non dépourvu d'agrément.* — **4.** *Arts d'agrément,* activités artistiques auxquelles on s'adonnait en amateur, pour son plaisir, comme le dessin, la musique, la danse, etc. ‖ *D'agrément,* destiné à la satisfaction personnelle et sans fin utilitaire. • **Dr.** Procédé par lequel l'État fait participer certaines associations à son action en fixant les conditions auxquelles elles doivent se plier pour bénéficier, en retour, de prérogatives juridiques accrues ou d'avantages matériels. ‖ *Clause d'agrément,* clause contractuelle ou statutaire en vertu de laquelle un acte juridique est soumis à l'approbation préalable d'une ou plusieurs personnes déterminées. — **Fin.** *Agrément fiscal,* décision de l'Administration d'accorder des allégements fiscaux à certaines entreprises, dans le cadre, notamment, des politiques de développement régional. — **Mus.** Nom donné, aux XVIIe et XVIIIe s., à une formule d'ornementation mélodique.

AGRÉMENTER v. t. (conj. 3). **1.** Pourvoir d'ornements qqch, l'enrichir d'éléments propres à le rendre plus agréable, plus flatteur : *Agrémenter un récit d'anecdotes.* — **2.** Donner ou contribuer à donner plus d'agrément, plus d'attrait à qqch : *Agrémenter ses loisirs en s'exerçant à la peinture.*

AGRENAGE, AGRENER → AGRAINAGE, AGRAINER.

AGRÈS n. m. pl. (de *agréer,* équiper, mettre en état). **1.** Ce qui sert à la manœuvre d'un navire (câbles, vergues, voiles, etc.) — **2.** Accessoires destinés à arrimer les marchandises sur les wagons ou à les protéger des chocs. — **3.** Accessoires d'appareils de levage, tels que les câbles ou les cordages. — **4.** Ensemble des appareils utilisés en gymnastique sportive (anneaux, barres, cheval d'arçons et de saut, poutre et sol), en éducation physique (corde à grimper), au cirque (trapèze). [Au singulier, un agrès désigne chacun de ces appareils.]

AGRESSÉ, E n. Victime d'une agression.

AGRESSER v. t. (lat. pop. **aggressare,* de *aggredi,* attaquer) [conj. 4]. **1.** Commettre une agression contre qqn, un pays ; attaquer : *Des voyous ont agressé un promeneur.* — **2.** Attaquer verbalement qqn, le provoquer : *Pourquoi m'agresse-t-il continuellement ?* — **3.** En parlant de qqch, heurter qqn dans son goût, sa sensibilité par un caractère outré ou déplaisant : *Une publicité qui agresse le touriste.*

AGRESSEUR n. m. (bas lat. *aggressor*). Personne, pays qui attaque sans avoir été provoqué : *Identifier ses agresseurs.*

AGRESSIF, IVE adj. **1.** Qui est naturellement porté à attaquer ; provocateur : *Un interlocuteur agressif.* — **2.** Qui a un caractère d'agression ; belliqueux : *Un discours agressif.* — **3.** Qui attire l'attention, choque par sa violence, par son caractère excessif : *Porter des toilettes agressives.* — **4.** Se dit d'un vendeur qui montre un dynamisme efficace ; fonceur : *Un courtier agressif.*

AGRESSION n. f. (lat. *aggressio*). **1.** Attaque non provoquée, injustifiée et brutale contre qqn, contre un pays : *Une femme victime d'une agression. Guerre d'agression.* — **2.** Attaque d'ordre psychologique ou physiologique due à l'environnement. • **Autom.** Ensemble des caractéristiques des différents paramètres intervenant lorsque survient une collision entre deux véhicules ; ensemble des résultats qui en découlent. (Les paramètres essentiels sont la structure des véhicules, leur masse et leur rigidité.) — **Éthol.** Interaction inter- ou intraspécifique où deux ou plusieurs animaux s'affrontent (menaces, attaques, combats, etc.). [Les relations agressives sont des facteurs importants dans la dynamique interne des groupes sociaux, conditionnant souvent la survie de l'individu ou de l'espèce.] (→ *encycl.*) — **Psychan.** *Pulsion d'agression,* fraction de la pulsion de mort tournée vers l'extérieur et au service de la pulsion sexuelle, se manifestant par l'agressivité.

ENCYCL. **Éthol.** Il a été vérifié qu'à l'origine des interactions agressives se trouve une composante génétique. Ces interactions sont plus fréquentes chez les vertébrés que chez les invertébrés ; elles se manifestent davantage dans les écosystèmes instables que dans les écosystèmes stables. Cette composante génétique se manifeste aussi dans la stéréotypie des actes agressifs marquée par des séquences comportementales spécifiques dont le déroulement est régi par des systèmes de stimulus déclencheurs et inhibiteurs de nature diverse : visuelle, sonore, olfactive, etc.

Toutes les espèces sont fortement agressives à l'époque de la reproduction, des mécanismes inhibiteurs intervenant pour protéger les jeunes. La possession d'un territoire est aussi une cause importante d'agression. À l'intérieur de celui-ci, le « propriétaire » attaque tout intrus considéré comme un rival possible. Chez les espèces sociales agressives, la régulation de l'agression passe par l'établissement d'une structure hiérarchique : l'animal qui, à l'issue d'affrontements, occupe un rang déterminé dans la hiérarchie cède le pas en toute circonstance aux individus de rang supérieur. Une stabilité relative est ainsi obtenue pour chaque groupe, limitant le nombre de combats réels.

Lorsqu'un individu a la possibilité de réagir à une situation donnée par deux types de comportements (par exemple, se battre ou fuir), le conflit auquel il est soumis s'exprime fréquemment par des mouvements de déplacement : activité de creusement chez les cichlidés, de toilettage chez les laridés, etc. Au cours de l'évolution, la répétition de ces comportements a abouti à une ritualisation qui favorise la communication en substituant la menace de l'intimidation au véritable combat.

AGRESSIVEMENT adv. De façon agressive.

AGRESSIVITÉ n. f. **1.** Caractère agressif de qqn, d'un animal, de qqch ; dispositions agressives, combativité : *Faire preuve d'agressivité.* — **2.** Un des deux attributs d'un agent phytopathogène (le second étant la virulence). — **3.** Ensemble des manifestations réelles ou fantasmatiques de la pulsion d'agression.

1. AGRESTE adj. (lat. *agrestis,* de *ager,* champ). Qui appartient à la campagne, qui est d'une simplicité rustique : *Mœurs agrestes.*

2. AGRESTE n. m. (de *agreste 1*). Nom usuel d'un papillon satyre brun des rochers calcaires.

AGRIATES *(désert des),* région aride de la Haute-Corse, entre le golfe de Saint-Florent et l'anse de Peraiola.

AGRICOLA (Cnaeus Julius), sénateur romain (Forum Julii [Fréjus] 40-93 apr. J.-C.). Gouverneur en Bretagne (77-84), il paracheva la conquête de l'île. Son gendre, l'historien Tacite, lui a consacré une biographie.

AGRICOLA (Georg BAUER, dit), minéralogiste (Glauchau, Saxe, 1494-Chemnitz 1555). Son ouvrage *De re metallica* (1556) est une description des connaissances géologiques, minières et métallurgiques de son temps.

AGRICOLA (Mikael), écrivain finnois et évêque de Turku (Pernaja v. 1510-Kuole-majärvi 1557). Initiateur de la Réforme en Finlande, il est surtout connu pour son *Abécédaire* (1542) et sa traduction du *Nouveau Testament* (1548).

AGRICOLE adj. (lat. *agricola,* laboureur). **1.** Qui se consacre à l'agriculture : *Population agricole.* — **2.** Qui concerne l'agriculture : *Enseignement agricole.* — **3.** Exploité ou utilisé pour l'agriculture : *Machine agricole.* — **4.** *Centre d'études techniques agricoles (C. E. T. A.),* association de 15 à 20 agriculteurs assistée des conseils d'un technicien ayant pour but de tester des innovations susceptibles d'apporter une amélioration technique, économique ou sociale aux exploitations de ses adhérents. (Le premier C. E. T. A. a été créé en 1944, et ils sont aujourd'hui plus de 650.) ‖ *Ingénieur agricole,* titre que recevaient autrefois les diplômés des Écoles nationales d'agriculture de Grignon, Montpellier et Rennes avant que celles-ci ne soient transformées en Écoles nationales supérieures agronomiques. ‖ *Politique agricole commune (P. A. C.),* ensemble des dispositions prises par les institutions de la Communauté (économique) européenne, visant à orienter les marchés des produits agricoles (fixation de prix de campagne, décision de retraits d'excédents, fixation de quotas de production, etc.) et à modifier les structures agricoles dans les pays membres de la C. E. ‖ *Révolution agricole,* changement qualitatif profond du processus de production agricole affectant la nature de l'écosystème cultivé, la forme et la quantité d'énergie utilisée (humaine, animale, mécanique), la puissance de l'outillage et la productivité du travail.

agricole *(ordre du Mérite),* ordre français créé en 1883 et destiné à récompenser les personnes ayant rendu des services marquants à l'agriculture.

AGRICULTEUR, TRICE n. (lat. *agricultor*). Personne dont l'activité a pour objet la culture du sol ; exploitant agricole.

agriculteurs *(Centre national des jeunes)* **[C. N. J. A.],** organisation professionnelle agricole des agriculteurs-exploitants et des fils, filles ou femmes d'exploitants âgés de 18 ans au moins et de 35 ans au plus, à condition que ceux-ci travaillent effectivement sur l'exploitation. Le C. N. J. A. est partisan de l'agriculture familiale moderne et à haute productivité, du développement du mouvement coopératif, de l'accroissement du soutien global de l'État au secteur agricole.

AGRICULTURE n. f. (lat. *agricultura*). **1.** Ensemble des travaux dont le sol fait l'objet en vue d'une production végétale. — **2.** Plus généralement, ensemble des activités développées par l'homme, dans un milieu biologique et socio-économique donné, pour obtenir les produits végétaux et animaux qui lui sont utiles, en particulier ceux destinés à son alimentation.

ENCYCL. La culture de certaines plantes à graines serait née dans les collines du Proche-Orient vers le IXe millénaire av. J.-C. (et vers le VIIe millénaire en Méso-Amérique. Les premières traces d'animaux domestiques (ovins ou caprins) sont presque aussi anciennes. Mais nous ne savons presque rien des régions tropicales humides, où l'on a des raisons de postuler une domestication ancienne de plantes à tubercules (taro, igname, manioc, patate...), qui n'a malheureusement pas laissé de traces. L'agriculture étant un ensemble de techniques, celles-ci ont pu se développer indépendamment les unes des autres pendant des millénaires, jusqu'à ce que leur convergence donne graduellement naissance aux premières formes complexes d'activité agricole.

• *Les agricultures sans métal :* Amérique précolombienne, Océanie. L'outillage se limite aux haches de pierre pour l'abattage des arbres, à une sorte de sabre de bois dur, ancêtre de la machette actuelle, et au bâton à fouir. Dans ces conditions, les seuls milieux accessibles sans dépense excessive de travail sont la forêt et les zones inondables (agriculture de décrue), marécageuses ou, au contraire, semi-arides. L'association des cultures dans le même champ est la règle ; elle permet de tirer le meilleur parti possible d'un espace défriché toujours limité.

• *Les agricultures à la houe :* Afrique noire. En Afrique noire, où le fer, mais non l'attelage, est connu depuis 1 500 à 2 000 ans, la houe est l'outil de base de préparation du champ dans la plupart des régions. Elle permet de cultiver les sols de savane, où l'enchevêtrement des racines rend le défrichement particulièrement difficile. Les agricultures africaines se caractérisent par une répartition géographique complexe des plantes cultivées, indigènes ou introduites, qui servent de base à l'alimentation. L'élevage n'est nulle part intégré à l'agriculture, sauf parfois pour la fumure des champs.

• *Énergie animale et premières mécanisations :* pays méditerranéens et Proche-Orient. Une utilisation plus poussée du fer (faucille) et l'emploi de l'énergie animale (dépiquage, araire, noria, moulin) caractérisent les agricultures d'une vaste zone s'étendant de l'Occident méditerranéen à l'Inde et à l'Asie centrale. Toutes ces innovations intéressent des tâches associées à la production d'un petit nombre de céréales : blé et orge à l'ouest, millet et riz à l'est. La production du vin et de l'huile dans les pays méditerranéens ainsi que celle du sucre en Inde conduisent à d'autres développements mécaniques, plus localisés (broyeurs, pressoirs).

Dans toute cette zone, les céréales, consommées sous forme de bouillie, de couscous, de galettes ou de pain, sont la base de l'alimentation. Les techniques de production sont assez uniformes : labours de préparation du champ à l'araire *(jachère)*, au printemps et en été ; semis en automne, dès les premières pluies, en général à la volée, et enfouis par un dernier labour à l'araire *(couvrailles)* ; récolte à la faucille et dépiquage sur une aire découverte, soit par piétinement des animaux, soit à l'aide d'un *tribulum* ou d'un *plaustellum* attelés.

• *Les agricultures de l'Extrême-Orient.* C'est le climat de moussons – sécheresse d'hiver, pluies d'été – qui fait l'unité agricole de l'Extrême-Orient. Ce caractère tropical s'accompagne d'un emploi très poussé de l'énergie humaine. La mécanisation est systématiquement adaptée à la traction par un seul animal, et même par l'homme. La brouette et le tarare sont deux très anciennes inventions chinoises. Au Japon, le développement des machines hydrauliques mues à bras (ou à pieds) d'homme a été poussé plus loin que partout ailleurs. On connaît, d'autre part, l'usage que la Chine a su faire d'une autre ressource humaine : l'engrais.

• *Les innovations agricoles en Europe centrale et septentrionale.* Les transformations des techniques qu'on a appelées la « révolution agricole médiévale » sont un complexe d'innovations dont les plus anciennes, bien que difficiles à dater, remontent vraisemblablement au deuxième âge du fer. Ces innovations sont les suivantes :

– culture de l'avoine et du seigle ;
– charrue à soc plat et tranchant, coutre, versoir et avant-train ;
– emploi de la herse pour enfouir les semis à la volée ;
– faux à deux mains et fenaison ;
– stockage et battage en grange des céréales ;
– généralisation du moulin à eau à roue motrice verticale (Xe s.) ;
– étangs artificiels pour l'élevage du poisson ;
– attelage du cheval (collier d'épaules, traits, palonnier, ferrures à clous), qui prend place aux côtés du bœuf dans les travaux agricoles ;
– moulin à vent à axe horizontal (fin XIIe s.) ;
– assolement triennal ; etc.

Au XIIIe s., lorsque cette première révolution s'achève, l'Europe est déjà la zone du monde où l'emploi des énergies naturelles dans l'agriculture est le plus poussé. C'est en particulier la seule région où l'on ait résolu, grâce à la charrue, le problème de l'emploi de l'énergie animale au défrichement de sols couverts de gazon.

Une deuxième vague d'innovations s'amorce dès le début du XVIIIe s. avec le semoir, le tarare (mécanisation du vannage) et les premières cultures fourragères intégrées à l'assolement. La première machine à battre fonctionnelle est construite en 1786. C'est dans les plaines de l'Amérique du Nord que la moissonneuse se développe.

• *Les révolutions de l'agriculture moderne.* La décennie 1840-1850 marque la naissance de l'agriculture moderne ; c'est le début d'une longue série d'innovations :

– innovations mécaniques, agissant sur la rapidité et la qualité du travail. (Il faut attendre les pneumatiques, vers 1935, pour que le moteur à explosion puisse remplacer le cheval dans tous ses emplois.) ;
– innovations biophysiques, agissant sur la qualité et la conservation des produits (appertisation, pasteurisation, froid, séchage, ensilage fourrager, etc.) ;

– innovations biochimiques (fertilisation, pesticides) et biologiques (amélioration génétique), agissant sur les rendements physiques.
On estime qu'en deux siècles la productivité du travail agricole a été multipliée au moins par un facteur 50, et celle du sol par un facteur 10.

agriculture *(De l'),* par Columelle, traité d'économie rurale (Ier s. de notre ère), divisé en douze livres, dont l'intérêt tient autant aux faits qu'à la méthode.

Agriculture et Mesnage des champs *(Théâtre d'),* ouvrage d'Olivier de Serres (1600), le premier grand traité d'agriculture qui ait été écrit en France.

AGRIFFER (S') v. pr. (de *griffe*) [conj. 3]. *Litt.* S'accrocher avec les ongles, s'agripper.

AGRIGENTE, en ital. **Agrigento,** jusqu'en 1927 **Girgenti,** v. d'Italie, en Sicile, ch.-l. de prov. ; 54 603 hab.
– **Hist.** Fondée vers 582 av. J.-C. par les Doriens, la ville subit la tutelle de Carthage, dont la délivra Théron en 480 av. J.-C. Elle connut alors sa période la plus brillante. Prise et pillée en 406 av. J.-C. par les Carthaginois, elle ne retrouva plus sa splendeur passée. Disputée entre les Carthaginois et les Romains, à la fin de la première guerre punique, elle retomba définitivement sous la domination romaine (241 av. J.-C.).
– **Archéol.** Ruines de l'énorme temple de Zeus, construit après 480 av. J.-C. Le temple d'Héraclès serait de la fin du VIe s. av. J.-C., ceux d'Héra Lacinia et de la Concorde montrent l'épanouissement du style dorique vers le milieu du Ve s. Autres vestiges et Musée national archéologique.

AGRILE n. m. (gr. *agros,* champ). Bupreste allongé, à livrée métallique, dont la larve cause d'importants dégâts aux arbres forestiers ou fruitiers.

AGRION n. m. (du gr. *agrios,* sauvage). Petite libellule du groupe des demoiselles (sous-ordre des zygoptères), au vol lent, aux ailes appliquées dorsalement l'une contre l'autre au repos et dont la larve porte trois branchies à l'arrière.

AGRIONIDÉ n. m. Libellule telle que l'agrion, les caloptéryx, les lestes, etc. (Les *agrionidés* forment une famille.)

AGRIOTE n. m. (du gr. *agrios,* sauvage). Petit taupin gris dont la larve *(ver fil de fer)* est nuisible aux cultures de céréales, de betteraves, etc.

AGRIPAUME n. f. (lat. sc. *agria palma,* palme sauvage). Autre nom de la *cardiaque.*

AGRI-POUVOIR n. m. (pl. *agri-pouvoirs*) [calque de l'angl. *agri-power*]. Utilisation à des fins politiques, par certains États, de leur position dominante dans le commerce international des denrées alimentaires vitales, tel le blé.

AGRIPPA (Marcus Vipsanius), général et homme politique romain (63-12 av. J.-C.). Par ses succès militaires (Nauloque, 36 av. J.-C., et Actium, 31 av. J.-C.), il aida Octave dans sa conquête du pouvoir. En 18 av. J.-C., Auguste l'appela à ses côtés et institua en sa faveur une sorte de corégence pour éviter une vacance éventuelle du pouvoir (principat double) ; il lui donna sa fille Julie en mariage. Agrippa entreprit à Rome de grands travaux urbains : thermes, jardins, aqueducs, réorganisation des égouts, Panthéon.

AGRIPPA (Hérode) → HÉRODE.

AGRIPPA VON NETTESHEIM (Heinrich Cornelius), médecin, philosophe, alchimiste et kabbaliste chrétien originaire de Cologne (1486-Grenoble 1535). Son ouvrage *De la philosophie occulte* (1531) constitue une somme remarquable.

AGRIPPEMENT n. m. **1.** *Litt.* Action de s'agripper, d'agripper qqch ou qqn. – **2.** *Réflexe d'agrippement,* syn. de GRASPING* REFLEX.

AGRIPPER v. t. (de *gripper,* saisir) [conj. 3]. **1.** Saisir fermement et vivement qqch, qqn avec la main : *Agripper la rambarde pour se retenir.* – **2.** *Fam.* Accoster qqn de façon soudaine ; harponner : *Se faire agripper par un inconnu.*
◆ **s'agripper** v. pr. **1.** S'accrocher fermement avec les doigts à qqch, à qqn ; se cramponner : *L'enfant s'agrippait au cou de son père.* – **2.** *Fam.* Se raccrocher à qqn, à qqch avec la dernière énergie : *Un malade qui s'agrippe à la vie.*

AGRIPPINE l'Ancienne, petite-fille d'Auguste, fille de Marcus Vipsanius Agrippa et de Julie (14 av. J.-C. - 33 apr. J.-C.). Elle épousa Germanicus, dont elle eut neuf enfants (parmi lesquels Caligula et Agrippine la Jeune).

AGRIPPINE la Jeune, fille de Germanicus et d'Agrippine l'Ancienne (15-59 apr. J.-C.). Femme de Domitius Ahenobarbus, dont elle eut Néron, elle épousa ensuite (49) son oncle, l'empereur Claude, à qui elle fit adopter son fils au détriment de Britannicus. À la mort de Claude, vraisemblablement empoisonné, Néron accéda à l'empire (54), mais, trouvant trop lourde la tutelle de sa mère, il la fit assassiner.

AGROALIMENTAIRE adj. **1.** Se dit des produits agricoles conditionnés ou transformés par l'industrie. – **2.** *Complexe* ou *système agroalimentaire,* ensemble constitué par l'agriculture, l'industrie agroalimentaire et les entreprises de distribution des produits agricoles et alimentaires. ‖ *Industrie agroalimentaire,* ensemble des

entreprises qui participent à la transformation, à l'élaboration et au conditionnement des produits d'origine essentiellement agricole en vue d'une consommation alimentaire humaine ou animale.
◆ n. m. Industrie agroalimentaire ; système agroalimentaire.

AGROBACTÉRIUM [-rjɔm] n. m. Bactérie saprophyte ou pathogène pour certaines plantes, occasionnellement trouvée chez l'homme pour qui son pouvoir pathogène est discuté.

AGROBATE n. m. Fauvette (sylviidé) d'Europe méridionale, à longue queue rousse.

AGROBIOLOGIE n. f. Syn. de AGRICULTURE BIOLOGIQUE*.

AGROBIOLOGISTE n. Personne qui pratique l'agriculture biologique.

AGROBUSINESS [-biznes] n. m. Ensemble des activités et des transactions en relation avec l'agriculture et les industries agroalimentaires.

AGROCHIMIE n. f. Ensemble des activités de l'industrie chimique fournissant des produits pour l'agriculture (engrais et pesticides notamm.).

AGROCLIMATOLOGIE n. f. Étude des relations entre le climat et l'activité agricole. (Syn. CLIMATOLOGIE AGRICOLE.)

AGROÉCOSYSTÈME → AGROSYSTÈME.

AGRO-INDUSTRIE n. f. (pl. *agro-industries*). Ensemble des entreprises industrielles qui fournissent des biens à l'agriculture (engrais, pesticides, machines) et de celles qui transforment, élaborent et conditionnent les produits agricoles (industrie agroalimentaire).

AGRO-INDUSTRIEL, ELLE adj. Relatif à l'agro-industrie.

AGROLOGIE n. f. Science qui traite de la connaissance des terres cultivables.

AGROMÉTÉOROLOGIE n. f. Ensemble des moyens scientifiques et techniques prenant en compte les données météorologiques et agronomiques et ayant pour but d'aider à la conduite des exploitations agricoles et à la prévision agricole en général. (Syn. MÉTÉOROLOGIE AGRICOLE.)

AGROMYZE n. m. Très petite mouche dont la larve creuse les tissus internes de plantes très diverses.

AGRONOME n. (gr. *agronomos,* inspecteur chargé de la police des campagnes). **1.** Spécialiste d'agronomie. — **2.** *Ingénieur agronome,* élève diplômé des Écoles nationales supérieures d'agronomie.

AGRONOMIE n. f. (de *agronome*). Étude des relations entre les plantes cultivées, le sol, le climat et les techniques de culture, dont les principes régissent la pratique de l'agriculture.

agronomie tropicale *(École supérieure d')* **[E. S. A. T.],** établissement d'enseignement supérieur de troisième cycle pour la spécialisation des ingénieurs, ouvert aux titulaires du diplôme d'agronomie générale.

AGRONOMIQUE adj. Relatif à l'agronomie.

agronomique *(École nationale supérieure)* **[E. N. S. A.]**, établissement d'enseignement supérieur agricole délivrant le diplôme d'ingénieur agronome. Il existe actuellement cinq E. N. S. A. : l'Institut national agronomique Paris-Grignon, l'E. N. S. A. de Montpellier, l'E. N. S. A. de Rennes, l'École nationale supérieure d'agronomie et des industries alimentaires (E. N. S. A. I. A.) de Nancy et l'E. N. S. A. de Toulouse. L'accès à ces écoles se fait par un concours qui est devenu progressivement commun.

agronomique *(Institut national)* → AGRONOMIQUE *(École nationale supérieure).*

AGROPASTORAL, E, AUX adj. Qui concerne à la fois l'agriculture et l'élevage.

AGROPYRUM [-rɔm] n. m. (gr. *agros,* champ, et *puros,* blé). Nom générique d'un chiendent au rhizome traçant, très envahissant.

AGROSTEMMA n. f. (gr. *agros,* champ, et *stemma,* couronne). Nom générique de la *nielle des blés.*

AGROSTIS [-tis] n. f. (gr. *agrôstis,* chiendent). Graminée fourragère de haute qualité, servant également à constituer des pelouses.

AGROSYSTÈME ou **AGROÉCOSYSTÈME** n. m. Ensemble des relations entre les cultures, les techniques de production agricole et le milieu environnant.

AGROTIS [-tis] n. m. (gr. *agrotês,* campagnard). Noctuelle dont la larve *(ver gris)* cause de grands dégâts dans les cultures de betterave.

AGRUME n. m. (ital. *agrume,* du lat. médiév. *acrumen,* saveur âcre). **1.** Arbre du genre *citrus* (oranger, bigaradier, mandarinier, pomelos, cédratier, citronnier, limettier) et des genres *fortunella* (kumquat) et *poncirus.* — **2.** Fruit de cet arbre. (S'emploie le plus souvent au pl.)

AGRUMICULTEUR, TRICE n. Personne qui cultive des agrumes.

AGRUMICULTURE n. f. Culture des agrumes.

AGUARDIENTE [agwardjɛnte] n. f. (mot esp.). Eau-de-vie d'origine espagnole ou portugaise.

AGUASCALIENTES, v. du Mexique, cap. de l'État homonyme, sur le plateau central, à plus de

1 800 m d'alt. ; 506 384 hab. Monuments baroques du XVIIIe s. Sources thermales. Station climatique. Métallurgie.

AGUDES (les) [31110 Bagnères-de-Luchon], station de sports d'hiver (alt. 1600-2 241 m) de la Haute-Garonne.

AGUERRIR v. t. (de *guerre*) [conj. 32]. **1.** Habituer des militaires aux fatigues, aux dangers des combats en les soumettant à un entraînement approprié : *Aguerrir des recrues par des marches forcées.* — **2.** Habituer qqn à affronter des choses pénibles, difficiles : *La vie l'avait aguerri contre les déceptions.*

◆ **s'aguerrir** v. pr., **être aguerri** v. pass. Devenir, être plus robuste, plus résistant ; s'habituer à des choses pénibles : *S'aguerrir à la douleur. Une armée aguerrie.*

AGUERRISSEMENT n. m. *Litt.* Action d'aguerrir, de s'aguerrir.

AGUESSEAU (Henri François D'), chancelier de France (Limoges 1668-Paris 1751). Procureur général au parlement de Paris (1700), il soutint les parlementaires dans leur lutte contre Louis XIV lors de la réception en France de la bulle *Unigenitus* (1715). Nommé chancelier par le Régent (1717), il rédigea des grandes ordonnances sur les donations (1731), les testaments (1735) et les substitutions (1747), dont certaines dispositions sont passées dans le Code civil. Privé des sceaux de 1718 à 1720 et de 1722 à 1737 pour s'être opposé à Law puis à Dubois, il démissionna en 1750.

AGUETS [agɛ] n. m. pl. (anc. fr. *agaiter,* épier, guetter). *Aux aguets,* aux écoutes pour épier.

AGUEUSIE [-zi] ou **AGUEUSTIE** n. f. (du gr. *geusis,* goût). Diminution marquée du sens gustatif.

AGUICHAGE n. m. **1.** Action d'aguicher le poisson. — **2.** Syn. de TEASING.

AGUICHANT, E adj. Qui cherche à séduire par des coquetteries : *Femme aguichante.*

AGUICHE n. f. Syn. de TEASER.

AGUICHER v. t. (anc. fr. *aguichier,* garnir de courroies) [conj. 3]. **1.** Chercher à séduire qqn, à se l'attacher par des coquetteries : *Elle l'aguichait par ses taquineries.* — **2.** Manœuvrer la ligne de façon à attirer et à faire mordre le poisson.

AGUICHEUR, EUSE adj. et n. Qui cherche à aguicher : *Une jeune aguicheuse.*

◆ adj. Qui aguiche : *Sourire aguicheur.*

AGUILAR (Joseph DE MARGARIT DE BUIRE, *marquis* D'), général catalan au service de la France (La Bisbal, prov. de Catalogne, 1602-Perpignan 1685). Nommé gouverneur de Catalogne par Louis XIII en 1641, promu lieutenant général en 1651, il maintint Barcelone sous l'influence française jusqu'en 1652.

AGUILERA MALTA (Demetrio), écrivain équatorien (Guayaquil 1909). Ses romans et ses récits mêlent le réalisme du quotidien à l'évocation du surnaturel.

AGUINALDO (Emilio), patriote philippin (Imus 1869-Manille 1964). Un des chefs de la résistance à l'Espagne, il s'allia aux États-Unis et se proclama président en 1897. Il lutta contre les Américains après leur entrée à Manille (1898), mais, capturé (1901), il finit par faire acte d'allégeance (1901).

AGUIRRE (Lope DE), conquistador espagnol (Oñate, prov. de Guipúzcoa, v. 1518-Barquisimeto, Venezuela, 1561). Parti du Pérou à la recherche d'Eldorado, il renia sa fidélité à Philippe II ; ayant multiplié les crimes, il fut assassiné par ses soldats.

AGUIRRE Y LECUBE (José Antonio), homme politique basque (Guecho, près de Bilbao, 1903-Paris 1960). Leader du mouvement autonomiste basque, il le représenta aux Cortes espagnoles de 1931 à 1936.

AGULHON (Maurice), historien français (Uzès 1926). Professeur titulaire de la chaire d'histoire de la France contemporaine au Collège de France (depuis 1985), il est l'inventeur de l'histoire de la sociabilité, c'est-à-dire des groupes et des lieux où se forme l'opinion (*la République au village,* 1970 ; *Marianne au combat,* 1979, *Histoire vagabonde,* 1988 ; *Marianne au pouvoir,* 1989).

AGUNG, volcan de Bali (Indonésie), point culminant de l'île ; 3 142 m.

Ah, symbole de l'*ampère-heure.*

AH ! interj. **1.** Introduit une phrase exclamative en exprimant, selon l'intonation, la joie, l'admiration, la surprise, etc. : *Ah ! comme c'est beau ! Ah ! ça suffit ! Ah ah ! ça te surprend !* — **2.** S'emploie au début d'une phrase exprimant une idée qui vient tout à coup à l'esprit : *Ah ! un dernier conseil : soyez très discret.*

AHAD HAAM (Asher Hirsch GINZBERG, dit), écrivain russe d'expression hébraïque (Skvira, gouvern. de Kiev, 1856-Tel-Aviv 1927). Il préconisa un « sionisme spirituel » et s'opposa aux conceptions politiques de Herzl (*Au carrefour,* 1895).

AHAN [aɑ̃] n. m. (ital. *affano,* du lat. pop. **afannare,* se donner de la peine). *Litt.* Plainte marquant un effort pénible.

AHANER [aane] v. i. [conj. 3]. *Litt.* Faire entendre des ahans.

AHARONIAN (Avétis), écrivain et homme politique arménien (près d'Iğdir, auj. en Turquie,

1866-Marseille 1948). Ses romans réalistes témoignent des atrocités endurées par la population arménienne de l'Empire ottoman.

AHASVÉRUS, dit **le Juif errant,** personnage légendaire, condamné à l'errance éternelle pour avoir refusé à Jésus marchant au supplice de se reposer sur le seuil de sa maison. Ce mythe, dont on trouve des parallèles dans d'autres religions, est devenu dans la littérature populaire le symbole du peuple juif dispersé.

AHIDJO (Ahmadou), homme d'État camerounais (Garoua 1924-Dakar 1989). Devenu Premier ministre en 1958, il négocie avec la France l'indépendance du Cameroun, et est proclamé en 1961 président de la République fédérale du Cameroun (devenue République unie du Cameroun en 1972). Il crée en 1966 l'Union nationale camerounaise (U. N. C.), parti unique. Il démissionne de la présidence en 1982.

AHLFORS (Lars Valerian), mathématicien américain d'origine finlandaise (Helsinki 1907) dont les recherches concernent l'analyse complexe et les surfaces de Riemann généralisées. (Médaille Fields 1936.)

AHLGREN (Victoria BENEDICTSSON, née BRUZELIUS, dite **Ernst**), femme de lettres suédoise (Domme, Scanie, 1850-Copenhague 1888), une des meilleures représentantes du roman réaliste (*l'Argent,* 1885).

AHLIN (Lars), écrivain suédois (Sundsvall 1915). Rénovateur du roman « prolétarien », il mêle symboles chrétiens et thèmes marxistes (*Tobb au manifeste,* 1943 ; *la Nuit sous la tente foraine,* 1957).

AHLSEN (Leopold), auteur dramatique allemand (Munich 1927). Son œuvre traduit l'angoisse devant un monde issu de la guerre (*Vous allez mourir, Sire,* 1964).

AHMADĀBĀD ou **AHMEDABAD,** v. de l'Inde (la plus peuplée du Gujerat), sur la Sabarmati ; 3 297 655 hab. Ville ancienne dans une position stratégique sur la route de Bombay à Delhi, elle constitue (avec Bombay) la seconde région industrielle de l'Inde, dominée par le textile.
— **Bx-arts.** La vieille ville présente une remarquable unité de style, avec plus de 50 mosquées et de nombreux monuments (mausolées, etc.) dont les plus beaux sont du XVᵉ s. (Grande Mosquée, 1423). Le faubourg de Sarkhej est la nécropole royale. Édifices de Le Corbusier dans la ville moderne. Musée.

AḤMAD AL-MANṢŪR (Fès 1549-*id.* 1603), sultan du Maroc. Frère de ʿAbd al-Malik, il lui succéda après sa mort à la bataille d'Alcaçar-Quivir (1578). Il entretint des rapports suivis avec les puissances européennes. Maître du commerce saharien, il contribua au développement économique et culturel du Maroc.

AḤMAD ʿARABĪ AL-ḤUSAYNĪ → ʿURĀBĪ PACHA.

AḤMAD CHĀH († Morrhāb, près de Kandahar, 1773), souverain afghan (1747-1773). Issu de la tribu abdāli, il se proclama chāh à Kandahar (1747), fondant ainsi la dynastie durrāni.

AḤMAD CHĀH, chāh d'Iran (Tabriz 1898-Neuilly 1930). Il régna de 1909 à 1925.

AḤMAD FUʾĀD Iᵉʳ → FUʾĀD.

AḤMAD IBN ḤANBAL, théologien et juriste musulman (Bagdad 780-*id.* 855), fondateur de l'école ḥanbalite, une des quatre écoles juridiques orthodoxes musulmanes.

AḤMAD IBN ṬŪLŪN (835-Antioche 884), fondateur de la dynastie des Ṭūlūnides. Gouverneur de l'Égypte, il étendit son autorité sur la Tripolitaine, la Syrie et les places frontières de Cilicie, et se rendit indépendant du calife ʿabbāsside, ouvrant en Égypte une période de prospérité matérielle et de brillante culture.

AḤMAD IBN YAHYĀ (Taʿizz 1895-Sanʿāʾ 1962), imām du Yémen (1948-1962).

AḤMAD KHĀN BAHĀDUR (*sir* Sayyid), historien et réformateur musulman indien (Delhi 1817-*id.* 1898). Il chercha à rapprocher l'enseignement coranique des principes de la science moderne.

AHMADNAGAR, v. de l'Inde (Mahārāshtra), à l'E. de Bombay ; 221 710 hab. Marché du coton.

AHMADOU → AMADOU.

AḤMAD PACHA, bey de Tunis (1929-1942).

AHMAR *(tell)* → TIL BARSIP.

AHMED Iᵉʳ (Manisa 1590-Istanbul 1617), 14ᵉ sultan ottoman (1603-1617), fils et successeur de Mehmed III. — **Ahmed II** (1643-Andrinople 1695), 21ᵉ sultan ottoman (1691-1695), frère et successeur de Soliman II. — **Ahmed III** (1673-1736), 23ᵉ sultan ottoman (1703-1730), frère et successeur de Mustafa II. Après avoir donné asile à Charles XII, roi de Suède, il se battit contre Pierre le Grand, qu'il défit sur le Prout (1711). Vaincu par le Prince Eugène (1716), il signa avec l'empereur Charles VI et Venise la paix de Passarowitz (1718).

AHMED (Fakhruddin Ali), homme d'État indien (Delhi 1905-*id.* 1977). Plusieurs fois ministre, il fut président de la République d'août 1974 à sa mort.

AHMEDABAD → AHMADĀBĀD.

AHMED HÂŞIM, poète turc (Bagdad 1883-Istanbul 1933). Il introduisit le symbolisme dans la littérature de son pays (*les Heures du lac,* 1926).

AHMED YESEVI → Yesevi (Ahmed).

AHMOSIS, premier roi de la XVIIIe dynastie égyptienne (1580-1558 av. J.-C.). Libérateur de l'Égypte, il chassa les Hyksos.

AHO (Juhani Brofeldt, dit **Juhani**), écrivain finlandais de langue finnoise (Lapinlahti 1861-Helsinki 1921). Ses récits, ses romans psychologiques ou historiques et ses nouvelles (*Copeaux,* 8 vol., 1891-1921) évoquent, dans un style tantôt réaliste, tantôt impressionniste, les mœurs du peuple finlandais.

AHOMADEGBÉ (Justin Tometin), homme d'État du Bénin (Abomey 1917). Après l'élimination de Hubert Maga en 1963, il devint chef du gouvernement, tandis que S. M. Apithy était président de la République (1964). Évincé du pouvoir en 1965, un des trois membres du Conseil présidentiel constitué en 1970, redevenu président en mai 1972, il fut renversé en octobre de la même année.

Ahrām (al-) [*les Pyramides*], le plus important quotidien égyptien, créé en 1876 par Salīm et Bichāra Taqlā.

AHRIMAN, principe du mal dans la religion mazdéenne.

AḤSĀ' → Ḥasā.

AHTISAARI (Martti), diplomate et homme d'État finlandais (Viipuri 1937). Social-démocrate, il est président de la République depuis 1994.

AHUITZOTL († Tenochtitlán 1502), huitième souverain aztèque (v. 1486-1502). Il fit achever la construction du grand temple de Tenochtitlán.

AHUN (23150), ch.-l. de cant. de la Creuse, à 20 km au S.-E. de Guéret ; 2 039 hab. *(Acitodunois).* Industries alimentaires. — Aux environs, église du Moutier-d'Ahun (boiseries sculptées, 1673-1681).

AHURA-MAZDĀ, dieu suprême du mazdéisme, principe du bien auquel s'oppose l'esprit du mal, Ahriman. Il est le créateur de la sagesse.

AHURI, E n. Personne qui a perdu la tête ; idiot : *Cet ahuri a failli causer un accident.*

AHURIR v. t. (de *hure,* tête hérissée) [conj. 32]. 1. Faire perdre la tête à qqn ; abrutir : *Vous l'ahurissez avec vos questions.* — 2. Frapper qqn d'un étonnement qui le laisse interdit : *Cette réponse m'ahurit.*

◆ **être ahuri** v. pass. Être stupéfait, interdit, rendu stupide ; manifester de la stupéfaction : *Un air ahuri.*

AHURISSANT, E adj. Qui ahurit, stupéfie ; surprenant, déconcertant : *Une nouvelle ahurissante.*

AHURISSEMENT n. m. État de qqn qui est ahuri ; effarement, stupéfaction.

AHVĀZ, v. d'Iran, ch.-l. de la province du Khuzestān, sur le Kārun (où elle constitue la tête de la navigation) ; 329 000 hab. Centre administratif, carrefour fluvial, routier et ferroviaire d'une riche région pétrolière et centre industriel.

AHVENANMAA, en suéd. **Åland,** prov. maritime de Finlande ; 1505 km² ; 23 000 hab. Ch.-l. *Maarianhamina.* Archipel de 6 554 îles ou îlots séparant la Baltique proprement dite du golfe de Botnie. Pêche et tourisme.
— **Hist.** L'Ahvenanmaa était un des territoires scandinaves les plus peuplés au temps des Vikings (plus de 376 nécropoles connues). L'autonomie fut accordée à l'archipel en 1920.

1. AÏ [ai] n. m. (p.-ê. de *aïe,* interj.). Atteinte inflammatoire des gaines synoviales péritendineuses de la face dorsale du poignet.

2. AÏ [ai] n. m. (mot tupi). Mammifère frugivore et mangeur de feuilles qui vit, du Honduras à l'Argentine, suspendu aux branches des arbres sans guère se déplacer. (N. usuel *paresseux à trois doigts ;* ordre des xénarthres.)

AICARD (Jean), écrivain français (Toulon 1848-Paris 1921). Poète et romancier régionaliste (*Poèmes de Provence,* 1874 ; *Maurin des Maures,* 1908). [Acad. fr., 1909.]

'Ā'ICHA (La Mecque v. 614-Médine 678), fille d'Abū Bakr et troisième femme de Mahomet. Âgée de 18 ans à la mort du Prophète, elle se mêla à la politique. Ennemie implacable d''Alī, elle souleva les musulmans contre lui quand il devint calife. Elle tomba en son pouvoir à la bataille « du Chameau » en 656 et fut reconduite à Médine.

AICHE, AICHER → esche, escher.

AICHINGER (Gregor), compositeur allemand (Ratisbonne 1564 - Augsbourg 1628). Élève d'Andrea Gabrieli, il fut organiste des Fugger. Son œuvre religieuse est considérable (*Sacrae Cantiones,* 1590-1597 ; *Canzonette spirituali,* 1603).

AICHINGER (Ilse), femme de lettres autrichienne (Vienne 1921). Influencée par Kafka et Beckett, elle s'interroge, à travers ses romans (*le Grand Espoir,* 1948) et ses drames (*Boutons,* 1953), sur les souffrances et la destinée humaines.

Aïda, opéra de Verdi, commande du khédive pour l'inauguration simultanée de l'Opéra du Caire et du canal de Suez. Il fut créé en déc. 1871. Le livret est d'A. Ghislanzoni, d'après une idée de l'égyptologue Mariette, arrangée par C. du Locle.

AIDAN *(saint),* moine scot d'Iona († Bamburgh 651). Principal évangélisateur de la Northumbrie, il fit de ce pays le grand foyer de civilisation chrétienne anglo-saxonne au VIIe et au VIIIe s.

1. AIDE n. (anc. fr. *aie,* personne qui aide, de *aidier,* secourir). **1.** Personne qui en seconde une autre dans un travail, une fonction. – **2.** Suivi d'un nom de métier, de fonction, joint ou non par un trait d'union, personne qui seconde qqn dans ce métier, cette fonction : *Il est aide-bibliothécaire, aide anesthésiste.* ‖ *Aide de camp,* officier attaché au service personnel d'un chef militaire. (Syn. OFFICIER D'ORDONNANCE.) – **3.** *Aide familiale,* syn. de TRAVAILLEUSE FAMILIALE. ‖ *Aide familial(e) étranger(ère) au pair,* jeune étudiant(e) étranger(ère) logé(e), nourri(e) et payé(e) par la famille qui l'accueille, en échange d'une garde d'enfants régulière. (On dit couramment *jeune homme* ou *jeune fille au pair.* ‖ *Aide ménagère,* travailleuse sociale chargée dans le cadre de l'aide sociale d'aider les personnes âgées à leur domicile. ‖ *Aide moniteur,* personne bénévole qui assure l'éducation sportive des jeunes.

2. AIDE n. f. (de *aide 1*). **1.** Action d'aider qqn, de lui donner une assistance momentanée ; appui, soutien : *Avec votre aide, je réussirai.* – **2.** Secours financier, subvention accordés à certaines catégories sociales (handicapés, personnes âgées, etc.), à certaines industries ou entreprises : *Aides à la reconversion des entreprises.* – **3.** *À l'aide !,* au secours. ‖ *À l'aide de qqch,* au moyen de qqch ; grâce à. ‖ *Venir en aide à qqn,* le secourir, matériellement surtout. • **Dr.** *Aide judiciaire,* aide financière qui permet aux personnes qui ne disposent pas de ressources suffisantes de faire valoir leurs droits en justice devant toute juridiction, à l'exclusion des juridictions pénales. (La demande d'aide judiciaire est accordée par le bureau d'aide judiciaire du tribunal à saisir, après avoir été formulée auprès du procureur de la République.) ‖ *Aide personnalisée au logement (A. P. L.),* prestation familiale destinée à favoriser le logement des familles. ‖ *Aide au retour,* ensemble d'aides publiques et/ou privées, dont peuvent bénéficier les travailleurs immigrés involontairement privés de leur emploi, lorsqu'ils veulent se réinstaller dans leur pays d'origine. ‖ *Aide sociale,* assistance aux personnes les plus défavorisées, prise en charge par la collectivité qui s'est substituée à l'assistance publique ; l'administration assurant cette assistance et dénommée avant 1953 Assistance publique. (→ *encycl.*) ‖ *Bureau d'aide sociale (B. A. S.),* établissement public autonome chargé au niveau local d'un certain nombre de missions en matière sanitaire et sociale, dans le cadre de l'aide sociale (auj. CENTRE COMMUNAL D'ACTION* SOCIALE [*C. C. A. S.*]). – **Écon.** *Aide au développement,* transferts de ressources effectués par les pays disposant d'une économie avancée, en faveur des pays en voie de développement. (On distingue *l'aide publique,* d'origine budgétaire, et *l'aide privée,* constituée par les investissements, les prêts et les dons d'origine privée.) – **Mil.** *Service de l'aide technique,* forme particulière du service national actif applicable à certains jeunes gens qui possèdent la qualification professionnelle ainsi que, le cas échéant, l'aptitude physique nécessaire, et qui sont volontaires pour contribuer au développement des départements et territoires d'outre-mer.

◆ **aides** n. f. pl. Moyens dont se sert un cavalier pour communiquer avec son cheval et s'en faire obéir. (On distingue les *aides naturelles* [assiette, jambes, mains] des *aides artificielles* [voix, éperons, cravache, chambrière, enrênements divers].)

ENCYCL. **Dr.** L'action de *l'aide sociale* s'exerce, au niveau départemental, par l'intermédiaire des directions départementales de l'action sanitaire et sociale (D. D. A. S. S.) et, au niveau communal, par les centres communaux d'action sociale (C. C. A. S.).

Peuvent être admis à l'aide sociale, sous condition de ressources, les Français ou résidents dans un département français, appartenant à l'une des catégories de population que l'aide sociale prend en charge. L'aide sociale s'exerce sous diverses formes : aide sociale à la famille, à l'enfance, aux personnes âgées, aux handicapés ; aide médicale ; logement, hébergement, réadaptation sociale, etc.

aide au développement *(Comité d')* **[C. A. D.],** comité spécialisé au sein de l'O. C. D. E., créé en 1960, dont les membres ont décidé d'accroître et d'améliorer les ressources mises à la disposition des pays en voie de développement.

AIDE-COMPTABLE n. (pl. *aides-comptables*). Employé qui travaille sous les ordres d'un comptable.

AIDE-MÉMOIRE n. m. inv. Abrégé donnant l'essentiel d'une matière, d'un programme, en partic. en vue d'un examen.

AIDER v. t. (anc. fr. *aidier,* du lat. *adjutare*) [conj. 4]. **1.** Apporter son concours à qqn, joindre ses efforts aux siens dans ce qu'il fait ; lui être utile, faciliter son action, en parlant de qqch : *Aider un ami à surmonter ses difficultés.* – **2.** Apporter un soutien financier à qqn, à une entreprise : *Ces subventions doivent aider les industries en difficulté.* – **3.** *Ça aide,* expression fam. indiquant que qqch est important, sert beaucoup. ‖ *La fatigue, le temps, etc., aidant,* du fait de la fatigue, grâce au temps, etc.

◆ v. t. ind. Contribuer à qqch, le faciliter : *Les témoins ont aidé à la découverte du coupable.*

◆ **être aidé** v. pass. Fam. *Ne pas être aidé,* être peu intelligent, être plutôt laid.

◆ **s'aider** v. pr. Se servir de qqch en vue de faciliter une action : *Marcher en s'aidant d'une canne.*

AIDES n. f. pl. **1.** Prestations pécuniaires dues par le vassal à son seigneur dans des cas exceptionnels. (Ces cas sont limités à quatre au XIIIe s. : rançon du seigneur prisonnier, entrée en chevalerie de son fils aîné, mariage de sa fille aînée, son départ pour la croisade.) — **2.** En France, impôts indirects, levés de 1360 à 1791, et qui frappaient la circulation et la vente de certaines marchandises. — **3.** *Cour des aides,* juridiction créée à Paris en 1390, érigée en cour souveraine en 1425 et qui jugeait tous les procès relatifs aux tailles, aux aides et aux gabelles. (Elle subsista jusqu'en 1791 ainsi que les cours des aides provinciales établies à Clermont-Ferrand, Montauban et Bordeaux.)

AIDE-SOIGNANT, E n. (pl. *aides-soignants, -es*). Personne chargée de donner des soins aux malades mais qui n'a pas de diplôme d'infirmier ou d'infirmière.

AIDIT (Dipa Nusantara), homme politique indonésien (Sumatra 1923-Solo 1965). Il prit la direction du parti communiste indonésien (PKI) en 1951. Il collabora avec le régime de « démocratie dirigée » de Sukarno mais préconisa une ligne modérée. Il fut exécuté en novembre 1965.

AÏE ! interj. (parfois répétée) [onomat.]. Exprime la douleur, la contrariété, l'inquiétude.

A. I. E. A., sigle de AGENCE INTERNATIONALE DE L'ÉNERGIE* ATOMIQUE.

Aie d'Avignon, chanson de geste anonyme (fin XIIe s.), d'allure romanesque.

AIÉLÉ [ajele] n. m. Bois, blanc à gris jaunâtre, très tendre et très léger, fourni par un canarium d'Afrique tropicale.

AÏEUL, E n. (pl. *aïeuls, -es*) [lat. pop. **aviolus,* lat. class. *avus,* grand-père]. *Litt.* **1.** *Aïeul maternel, aïeule maternelle,* père, mère de la mère. ‖ *Aïeul paternel, aïeule paternelle,* père, mère du père. — **2.** Vieillard le plus âgé d'une famille.

◆ **aïeux** n. m. pl. **1.** *Litt.* Ancêtres : *Suivre les traces de ses aïeux.* — **2.** *Mes aïeux !,* interj. ironique indiquant la surprise.

AIGAGE → AIGUAGE.

AIGAI, une des capitales de la Macédoine antique, sur le site de l'actuelle *Verghína,* à 15 km à l'E. de Vérria (Grèce). Tombes du début de l'âge de fer (1100-600 av. J.-C.). Vestiges d'un palais hellénistique du IIIe s. av. J.-C. En 1977, plusieurs tombes princières ornées de remarquables peintures murales ont été découvertes ; l'une d'entre elles, monumentale, serait la tombe du roi Philippe II († 336 av. J.-C.).

AIGHION, usuellement **Éghio,** port de Grèce, sur la côte nord du Péloponnèse ; 18 900 hab. Dans ses environs, au bois Ainarion, consacré à Zeus, se tenaient les assemblées de la ligue Achéenne.

AIGLE n. m. (lat. *aquila*). **1.** Grand rapace diurne (accipitridé) au vol puissant et souvent plané, capturant de ses griffes (serres) des proies vivantes : serpents, mulots, lapins, très rarement agneaux, et édifiant en un lieu peu accessible un nid grossier (aire) où le couple n'élève qu'un seul petit par nichée. (→ *encycl.*) — **2.** *L'Aigle de Meaux,* Bossuet, évêque de Meaux. ‖ *L'Aigle de Patmos,* auteur de l'Apocalypse, saint Jean l'Évangéliste. ‖ *Avoir un regard d'aigle, un coup d'œil d'aigle,* avoir une grande pénétration d'esprit. ‖ *Avoir des yeux, un œil d'aigle,* avoir une vue perçante. ‖ Fam. *Ce n'est pas un aigle,* se dit de qqn d'une intelligence médiocre. ‖ *Nez (en bec) d'aigle,* busqué ou aquilin. • **Bot.** *Fougère grand aigle,* grande fougère des sols forestiers siliceux, dont la coupe du pétiole montre un dessin rappelant l'aigle héraldique. — **Décor.** *Grand aigle,* dignité la plus haute de la Légion d'honneur, créée par Napoléon Ier le 29 janv. 1805. (On dit auj. GRAND-CROIX.) — **Mobil.** Dans certains lutrins, partie qui supporte le livre posé. ‖ Syn. de LUTRIN. — **Monn.** Type monétaire des États-Unis. — **Papet.** *Grand aigle, petit aigle,* anciens formats de papier ou de carton aux dimensions respectives de 74 × 105 cm et de 60 × 94 cm. — **Zool.** *Aigle de mer,* mourine. ‖ *Aigle pêcheur,* balbuzard.

◆ n. f. **1.** Enseigne nationale ou militaire représentant un aigle. — **2.** Figure héraldique représentant un aigle vu de face, la tête tournée de profil à dextre, les ailes étendues ou parfois pendantes. — **3.** Aigle femelle.

ENCYCL. L'aigle existe en France sous plusieurs espèces : aigle royal, aigle de Bonelli, aigle botté, aigle jean-le-blanc (ou circaète), etc. Peu fécondes, chassées à l'excès malgré leur grande utilité, intoxiquées par les pesticides ingérés avec leurs proies, ces espèces menacées de disparition sont légalement protégées.

Aigle blanc *(ordre de l'),* ordre de chevalerie polonais le plus élevé, créé au XIVe s., devenu ordre impérial russe de 1831 à 1917 et réinstauré comme le premier ordre national de la Pologne de 1921 à 1939.

AIGLE, constellation boréale, sur les confins de la Voie lactée. Sa plus brillante étoile est Altaïr*.

AIGLE, v. de Suisse (cant. de Vaud) ; 7 825 hab. Château des XIIIe et XVe s. Vins. Raffinerie de pétrole.

AIGLE (L') [61300], anc. **Laigle,** ch.-l. de cant. de l'Orne, dans le pays d'Ouche, sur la Risle ; 9 799 hab. *(Aiglons).* Église St-Martin (statues et vitraux modernes). Musée. Marché des bovins. Petite métallurgie.

Aigle (l'), aménagement hydroélectrique (retenue et centrale), sur la Dordogne supérieure, aux confins du Cantal et de la Corrèze.

AIGLEFIN → ÉGLEFIN.

AIGLETTE n. f. Petite aigle figurant en nombre sur un blason.

AIGLON, ONNE n. **1.** Petit de l'aigle. – **2.** *L'Aiglon,* surnom donné au duc de Reichstadt, fils de Napoléon Ier, également popularisé par le drame du même nom d'Edmond Rostand (1900).

AIGNAN *(saint),* évêque d'Orléans († 453), âme de la résistance orléanaise contre Attila.

AIGO BOULIDO [aigobulido] n. m. (mots provenç. signif. *ail bouilli*). Soupe provençale à l'ail.

AIGOS-POTAMOS, fleuve de la Chersonèse de Thrace, se jetant dans l'Hellespont. Victoire du Spartiate Lysandre sur la flotte athénienne à la fin de la guerre du Péloponnèse (405 av. J.-C.).

AIGOUAL, massif du sud des Cévennes, culminant à 1 565 m au *mont Aigoual* (observatoire météorologique). Du massif descendent la Dourbie, la Jonte et surtout l'Hérault. – La *forêt de l'Aigoual,* en majorité domaniale, s'étend sur 10 605 ha et contient de nombreuses espèces : épicéas, sapins, mélèzes, pins sylvestres, pins Laricio de Corse, pins noirs, pins à crochets, cèdres.

AIGRAIN (René), ecclésiastique et historien français (Poitiers 1886-*id.* 1957), rénovateur de l'hagiographie.

AIGRE adj. (lat. pop. *acrus,* du lat. class. *acer,* âcre). **1.** Qui produit une sensation piquante au goût, à l'odorat : *Le lait caillé est aigre.* – **2.** Se dit d'un son criard, perçant : *Les notes aigres d'une cornemuse.* – **3.** Se dit d'un vent ou d'un froid vif, saisissant. – **4.** Se dit de paroles vives, agressives : *D'aigres reproches.*

◆ n. m. **1.** Goût, odeur aigre : *Sentir l'aigre.* – **2.** Fam. *Tourner à l'aigre,* prendre un caractère mordant, agressif, en parlant de propos, de relations, etc.

AIGRE (16140), ch.-l. de cant. du nord-ouest de la Charente ; 1 197 hab.

AIGRE-DOUX, CE adj. (pl. *aigres-doux, -ces*). **1.** Qui est d'une saveur à la fois aigre et douce : *Sauce aigre-douce.* – **2.** Qui laisse percer de l'aigreur sous une apparence de douceur : *Sourire aigre-doux.*

AIGREFEUILLE-D'AUNIS (17290), ch.-l. de cant. de la Charente-Maritime, à 20 km à l'E.-S.-E. de La Rochelle ; 3 058 hab.

AIGREFEUILLE-SUR-MAINE (44140), ch.-l. de cant. de la Loire-Atlantique, sur la Petite Maine, à 10 km à l'O. de Clisson ; 2 036 hab. Vins blancs.

AIGREFIN n. m. (de *aiglefin*). **1.** Individu qui vit de procédés indélicats ; escroc. – **2.** Syn. de ÉGLEFIN.

AIGRELET, ETTE adj. **1.** Qui est légèrement aigre : *Vin aigrelet. Voix aigrelette.* – **2.** Se dit de paroles, d'un ton un peu blessants.

AIGREMENT adv. De façon aigre ; vivement, agressivement.

AIGREMOINE n. f. (lat. *agermonia,* du gr. *argemônê,* pavot, avec infl. de *aigre*). Herbe (rosacée) aux fleurs jaunes en grappe et fruits hérissés de crochets.

AIGRETTE n. f. (anc. provenç. **aigreta,* de *aigron,* héron). **1.** Grand héron (ardéidé) blanc et gris perle, porteur de plumes ornementales recherchées. (→ *encycl.*) – **2.** Bouquet de plumes ornant la tête de cet oiseau et d'autres ardéidés. – **3.** Faisceau de poils porté par divers fruits et graines et qui favorise leur dispersion par le vent. – **4.** Décharge électrique intermittente, accompagnée d'un phénomène lumineux. – **5.** Ornement vestimentaire constitué de plumes d'aigrette ou s'en inspirant. – **6.** Ensemble de gemmes montées en faisceau. – **7.** Ornement militaire en forme de plumet rigide en crin ou en plumes. – **8.** *Aigrette d'eau, d'étincelles,* petit jet d'eau, petite gerbe d'étincelles.

ENCYCL. **Zool.** Les aigrettes se nourrissent surtout de poissons et de grenouilles et vivent en troupes nombreuses sur les arbres proches des marécages ; certaines espèces asiatiques suivent les bœufs au labour pour dévorer les insectes mis à jour par leur passage (« garde-bœuf »). En France, on rencontre la grande aigrette, blanche, de la taille d'un héron, et la garzette.

AIGREUR n. f. **1.** État, caractère de ce qui est aigre : *L'aigreur du lait tourné. L'aigreur d'une critique.* – **2.** Sentiment d'amertume mêlée d'irritation : *Il évoque avec aigreur cet échec peu glorieux.* – **3.** Sensation aigre ou amère ressentie au niveau de la bouche et provenant souvent d'une hyperacidité.

AIGRI, E n. Personne que les déceptions ont rendue amère et irritable.

AIGRIN [ɛgrɛ̃] n. m. (lat. *acrumen,* de *acrum,* aigre). Poirier, pommier jeune.

AIGRIR v. t. (conj. **32**). **1.** Rendre aigre un aliment : *Le temps orageux a aigri le lait.* – **2.** Rendre qqn amer, irritable, agressif : *Ses échecs l'ont aigri.*

◆ v. i. ou **s'aigrir** v. pr., **être aigri** v. pass. **1.** Devenir aigre : *Le lait a aigri, est aigri.* — **2.** Devenir, être irritable et amer : *Un homme aigri.*

AIGRISSEMENT n. m. *Litt.* Fait d'aigrir, de s'aigrir.

AIGU, Ë adj. (lat. *acutus*). **1.** Qui est terminé en pointe ou tranchant : *Le dard aigu d'une guêpe.* — **2.** Se dit d'un son perçant : *Des glapissements aigus.* (Les *tons aigus* ont une fréquence supérieure à env. 5 000 Hz.) — **3.** Qui est pénétrant, fin, subtil : *Fixer un regard aigu sur la réalité.* — **4.** Qui est à son paroxysme : *Un conflit aigu.* — **5.** Se dit d'un angle géométrique dont l'écart angulaire est compris entre celui de l'angle nul et celui de l'angle droit. — **6.** Se dit d'un phonème dont le spectre est caractérisé par une prédominance des hautes fréquences (par ex. les voyelles [i], [e] ou les consonnes [t], [s]). [Contr. GRAVE.] — **7.** *Accent aigu,* accent incliné en descendant de droite à gauche, utilisé en français pour noter le *e* fermé.

◆ **aigu** n. m. Son aigu ; partie élevée de l'échelle musicale.

AIGUAGE ou **AIGAGE** [egaʒ] n. m. (anc. fr. *aigue,* eau). Droit de conduire de l'eau sur son terrain à travers le terrain d'autrui, au moyen d'un tuyau.

AIGUAIL [ɛgaj] n. m. (anc. fr. *aigue,* eau). *Litt.* Rosée sur les feuilles.

AIGUEBELETTE *(lac d'),* lac de la Savoie, à l'O. de Chambéry. — Au S.-E., station estivale d'*Aiguebelette-le-Lac* (73610 ; 172 hab.).

AIGUEBELLE (73220), ch.-l. de cant. de la Savoie, dans la Maurienne, sur l'Arc ; 858 hab. *(Aiguebellains).* Station estivale. Électrométallurgie.

AIGUE-MARINE n. f. (pl. *aigues-marines*) [anc. fr. *aigue,* eau, et *marin*]. Variété commune de béryl, d'un vert bleuâtre très pâle.

AIGUEPERSE (63260), ch.-l. de cant. du nord du Puy-de-Dôme, dans la Limagne ; 2 560 hab. *(Aiguepersois).* Église Notre-Dame.

AIGUES-MORTES (30220), ch.-l. de cant. du Gard, à 6 km de la Méditerranée ; 5 033 hab. *(Aigues-Mortais).* Fondée v. 1240 par Louis IX, qui voulait en faire le grand port français en Méditerranée pour les produits du Levant et les épices, Aigues-Mortes connut son apogée dans la seconde moitié du XIIIe s. Son déclin s'amorça au XIVe s. avec l'envasement de son chenal, et fut précipité par la création de Sète (1666). Belle enceinte rectangulaire. Marais salants.

AIGUIÈRE [ɛgjɛr] n. f. (anc. provenç. *aiguiera,* du lat. *acquarius,* qui se rapporte à l'eau). Vase pansu monté sur pied, muni d'une anse et d'un bec et destiné à contenir de l'eau.

AIGUILLAGE [egɥi-] n. m. **1.** Action de diriger un convoi sur un réseau de chemin de fer en manœuvrant des branchements. — **2.** Partie mobile d'un branchement (syn. AIGUILLE) ; dans le langage courant, désignation du branchement dans son ensemble. — **3.** Action d'orienter qqn, une action dans une direction : *Aiguillage des enquêteurs sur une fausse piste.* — **4.** Dispositif logiciel permettant de sélectionner, en fonction de la valeur d'une variable, une branche de programme parmi plusieurs possibles. — **5.** *Aiguillage aérien,* dispositif électrique utilisé à la bifurcation de deux lignes de contact. ‖ *Erreur d'aiguillage,* erreur de calcul, de jugement ou d'orientation.

AIGUILLAT [egɥija] n. m. (provenç. *agulhat*). Petit requin vivipare (squalidé) des mers d'Europe, porteur d'épines venimeuses sur le dos.

AIGUILLE [egɥij] n. f. (bas lat. *acucula,* de *acus,* pointe). **1.** Petite tige fine d'acier trempé dont l'une des extrémités, pointue, sert à traverser le matériau à coudre et dont l'autre, percée d'un trou *(chas* ou *œil),* reçoit le fil. — **2.** *Aiguille (à tricoter),* tige droite (parfois circulaire) utilisée par paire pour tricoter. — **3.** Montagne de forme plus ou moins effilée. (Syn. CORNE.) — **4.** Tige métallique indiquant les heures (petite aiguille), les minutes (grande aiguille), les secondes (trotteuse) sur le cadran d'une horloge, d'une montre. — **5.** Index fixé à la partie tournante d'un instrument de mesure et dont l'extrémité libre est mobile devant un cadran. — **6.** *Chercher une aiguille dans une botte (une meule) de foin,* chercher une chose presque impossible à trouver. ‖ *De fil en aiguille,* en passant d'une chose à une autre qui lui fait suite. ‖ *Discuter sur des pointes d'aiguille,* contester sur des minuties. ‖ *On le ferait passer par le trou d'une aiguille,* se dit de qqn qui est timide, lâche. ‖ *Talon aiguille,* talon de forme très effilée vers le bas. • **Acupunct.** Tige très fine employée pour piquer certains points cutanés. — **Archit.** Obélisque, flèche ou pinacle aigus. ‖ Partie supérieure, formant épi au-dessus du toit, d'un poinçon de croupe. ‖ Tige de suspension d'un faux plafond. (Syn. PENDART, SUSPENTE.) ‖ *Aiguille pendante,* dans une charpente, pièce servant à soulager un entrait par traction verticale. — **Arm.** Mince tige d'acier destinée à frapper l'amorce de la cartouche dans les premiers fusils se chargeant par la culasse. — **Bonnet.** Tige d'acier trempé équipant les métiers de bonneterie et qui sert à former les mailles sur son extrémité recourbée, appelée *bec.* (Il existe trois sortes d'aiguilles : à bec, compound ou à piston, à palette ou à clapet.) — **Bot.** Feuille étroite et pointue du pin et d'autres conifères. — **Brod.** *Point à l'aiguille,* syn. de POINT D'ALENÇON*. — **Ch. de f.** Syn. de AIGUILLAGE. ‖ *Lame d'aiguille,* pièce de l'aiguillage constituée par un rail aminci jusqu'à l'origine de l'appareil, et destiné à guider le boudin des roues dans la direction convenable. — **Chir.** Instrument métallique effilé, creux ou plein, servant à injecter un médicament *(aiguille à injection),* à ponctionner une collection liquide *(aiguille à ponction)* ou à suturer des tissus *(aiguille à suture).* ‖ *Aiguille de radium,* petit étui contenant des corps radioactifs que l'on place au contact des tumeurs ou dans leur masse. — **Magnét.** *Aiguille aimantée,* petite lamelle d'acier qui peut tourner librement autour d'un axe et dont l'une des pointes, par suite de son aimantation, se tourne toujours vers le nord. — **Nucl.** *Aiguille de combustible,* cylindre métallique de très petit diamètre contenant du combustible nucléaire. — **Préhist.** Pointe d'os ou d'ivoire servant à coudre. (Les aiguilles à chas apparaissent au paléolithique supérieur dès le solutréen.) — **Text.** Tige métallique, munie de barbelures, servant dans l'aiguilletage.

AIGUILLE *(mont),* sommet isolé des Préalpes françaises, dans le sud de l'Isère, sur la bordure orientale du Vercors ; 2 086 m. En 1492, Antoine de Ville en fit l'escalade sur l'ordre du roi Charles VIII.

AIGUILLÉE [egɥije] n. f. Longueur de fil enfilée sur une aiguille.

AIGUILLER [egɥi-] v. t. (conj. 3). **1.** Diriger un train sur une voie en disposant convenablement les aiguilles. — **2.** Diriger qqn vers un lieu, vers un objectif, orienter qqch dans une direction : *Aiguiller un visiteur vers la sortie. Aiguiller l'enquête sur une fausse piste.*

AIGUILLES (05470), ch.-l. de cant. des Hautes-Alpes, dans la vallée du Guil (Queyras) ; 379 hab. *(Aiguillons).* Station d'altitude et de sports d'hiver (1 475-1 830 m). Musée folklorique.

AIGUILLES *(cap des),* en port. **cabo das Agulhas,** pointe la plus méridionale (34° 50′ de latitude S.) de l'Afrique, à l'est du cap de Bonne-Espérance.

AIGUILLES *(courant des),* courant marin chaud de l'océan Indien, s'écoulant vers le S.-O. à moins de 100 m des côtes de l'Afrique australe.

AIGUILLES-ROUGES (les), massif des Alpes françaises du Nord, sur la rive droite de l'Arve supérieure, en face du mont Blanc.

AIGUILLETAGE [egɥi-] n. m. Technique de fabrication d'étoffes non tissées consistant à emmêler des fibres textiles entre elles et éventuellement dans un tissu, au moyen d'aiguilles portant des barbelures.

AIGUILLETER [egɥi-] v. t. (conj. 27). **1.** Réunir deux cordages par un amarrage ou fixer un filin sur un espar. — **2.** Procéder à l'aiguilletage.

1. AIGUILLETTE [egɥi-] n. f. (de *aiguille*). **1.** Cordon, ganse ou tresse, ferré aux deux bouts, ayant, jusqu'au règne de Louis XIV, servi à fermer ou à garnir les vêtements. — **2.** Ornement de l'uniforme militaire fait de plusieurs cordons tressés. (Elles sont portées de nos jours par la gendarmerie, certains musiciens militaires et les officiers d'ordonnance.) — **3.** *Nouer l'aiguillette,* faire un maléfice auquel on attribuait le pouvoir d'empêcher la consommation du mariage.

2. AIGUILLETTE [egɥi-] n. f. (de *aiguillette 1*). **1.** Partie du romsteck. (On distingue l'*aiguillette de romsteck* proprement dite, appelée couramment *aiguillette,* et l'*aiguillette baronne,* appelée encore *baronne.*) — **2.** Mince tranche de chair prélevée sur le ventre des volailles. — **3.** Syn. de ORPHIE.

AIGUILLEUR [egɥi-] n. m. **1.** Agent de chemin de fer chargé de la manœuvre de signaux et d'appareils de voie. — **2.** *Aiguilleur du ciel,* syn. fam. de CONTRÔLEUR DE LA NAVIGATION AÉRIENNE.

AIGUILLON [egɥi-] n. m. (lat. pop. *aculeo, onis*). **1.** Longue perche pointue, utilisée pour conduire et stimuler les bœufs, en les piquant au besoin. — **2.** *Litt.* Stimulant : *L'intérêt, ce puissant aiguillon.* — **3.** Épine qui se détache selon une surface de rupture déterminée, comme celle du rosier ou de la ronce. — **4.** Dard rétractile propre aux hyménoptères aculéates femelles ou neutres, relié à une glande venimeuse et situé à l'extrémité de l'abdomen.

AIGUILLON (47190), comm. de Lot-et-Garonne, sur le Lot, près de son confluent avec la Garonne ; 4 337 hab. *(Aiguillonnais).* Tabac. Tuilerie.

AIGUILLON *(baie* ou *anse de l'),* échancrure du littoral de l'Atlantique, aux confins des dép. de la Vendée et de la Charente-Maritime, limitée à l'O. par la *pointe de l'Aiguillon,* qui est reliée à L'Aiguillon-sur-Mer par la *digue de l'Aiguillon.*

AIGUILLON (Marie-Madeleine DE VIGNEROT, *duchesse* D') [château de Glenay, Deux-Sèvres, v. 1604 - Paris 1675]. Nièce du cardinal de Richelieu, elle s'occupa des missions du Canada où elle fonda l'hôtel-Dieu de Québec (1637).

AIGUILLON (Emmanuel Armand DE VIGNEROT DU PLESSIS DE RICHELIEU, *duc* D'), homme d'État français (Paris 1720 - *id.* 1788), arrière-petit-neveu du cardinal de Richelieu. Commandant en chef en Bretagne (1753), il fut accusé d'actes arbitraires par le parlement de Rennes et son procureur général La Chalotais (1765), puis par le parlement de Paris. En 1768, il dut résigner sa charge. Mais en 1770 la procédure entamée contre lui fut annulée par Louis XV. Secrétaire d'État aux Affaires étrangères (1771) et à la Guerre (1774), il fut disgracié par Louis XVI (1774). – Son fils, ARMAND DE VIGNEROT DU PLESSIS DE RICHELIEU, duc **d'Aiguillon** (Paris 1761-Hambourg 1800), député de la noblesse aux États généraux, joua dans la nuit du 4 août 1789 un rôle décisif.

AIGUILLONNER [egɥi-] v. t. (conj. 3). **1.** Piquer les bœufs avec l'aiguillon. – **2.** Stimuler qqn, l'inciter à l'action, en parlant d'un besoin, d'une pensée, etc. : *La soif du pouvoir l'aiguillonnait.*

AIGUILLONNIER [egɥi-] n. m. (de *aiguillon*). Insecte longicorne allongé, aux antennes démesurées, et dont la larve s'attaque au blé et aux autres céréales sur pied. (Autre n. usuel *saperde chagrinée.*)

AIGUILLON-SUR-MER (L') [85460], comm. de la Vendée, au N.-O. de l'*anse de l'Aiguillon,* sur l'estuaire du Lay ; 2 186 hab. Ostréiculture et mytiliculture. Cultures florales.

AIGUILLOT [egɥi-] n. m. (de *aiguille*). Tourillon fixé sur l'avant du safran du gouvernail et qui s'encastre dans le fémelot.

AIGUISAGE ou **AIGUISEMENT** [egi-] n. m. Action d'aiguiser un instrument tranchant, un rasoir.

AIGUISER [egi-] v. t. (lat. pop. **acutiare,* de *acutus,* aigu) [conj. 3]. **1.** Rendre tranchant, pointu un couteau, un instrument, etc. ; affûter. – **2.** Rendre plus vifs, plus acérés une sensation, une faculté, un conflit, etc. : *La marche aiguise l'appétit.*

AIGUISOIR ou **AIGUISEUR** [egi-] n. m. Appareil, manuel ou électrique, muni de molettes d'acier ou d'une pierre, servant à aiguiser. [Syn. AFFILOIR.]

AIGURANDE (36140), ch.-l. de cant. de l'Indre, à 26 km au S.-O. de La Châtre ; 1 952 hab. *(Aigurandais).* Confection.

AIHOLE, site archéologique de l'Inde, au N. du Karnātaka, anc. cap. des Cālukya (VIe-VIIIe s.). Nombreux temples brahmaniques caractéristiques de l'évolution de l'art des Cālukya. Temples jaina des XIIe-XIIIe s.

AIKEN (Conrad Potter), écrivain américain (Savannah 1889-*id.* 1973). Son œuvre, poétique, romanesque et critique, scelle, dans une vision parfois joycienne ou freudienne, la dualité culturelle du Sudiste et du Yankee (*The Great Circle,* 1933 ; *The Kid,* 1947).

AIKEN (Howard Hathaway), informaticien américain (Hoboken, New Jersey, 1900-Saint-Louis, Missouri, 1973). Le calculateur électromécanique *Mark 1,* programmé par une bande perforée, qu'il conçut et réalisa de 1939 à 1943, avec l'aide d'IBM, fut l'un des premiers ordinateurs.

AÏ-KHANOUM, anc. cité hellénistique d'Afghānistān, au confluent de l'Amou-Daria et de la Kokcha. Fondée par Alexandre ou par un de ses successeurs, la ville semble avoir été abandonnée dans le courant du Ier s. av. J.-C. Les objets exhumés des ruines (découvertes en 1964) attestent une influence profonde de la Grèce.

AÏKIDO [aj-] n. m. (mot jap.). Art martial japonais créé vers 1925, forme de combat à mains nues.

AIL [aj] n. m. (pl. *aulx* [peu usuel] ou *ails*) [lat. *allium*]. **1.** Plante (liliacée) dont les bulbes (*têtes d'ail*) sont formés de caïeux (*gousses d'ail*) qui ont une odeur forte et un goût piquant, ce qui les fait rechercher pour l'assaisonnement. (Doué d'un pouvoir antibiotique dû à la garlicine et à l'alisine, l'ail a également une action hypotensive.) – **2.** *Ail d'Ascalon,* l'échalote. ‖ *Ail d'Espagne,* la rocambole. ‖ *Ail à tunique,* le poireau.

AILANTE n. m. (indonésien *ai,* arbre, et *lan'to,* ciel). Grand arbre de l'Extrême-Orient, improprement appelé *vernis du Japon,* et dont les feuilles nourrissent un ver à soie, le *bombyx de l'ailante (Samia cynthia),* élevé autref. pour sa soie.

1. AILE n. f. (lat. *ala*). **1.** Membre pair assurant le vol actif chez divers animaux (oiseaux, chauves-souris, insectes) : *Étendre, déployer ses ailes* (→ *encycl.*). – **2.** Morceau d'une volaille cuite comprenant l'aile proprement dite et toute la partie charnue attenante. – **3.** Attribut d'êtres fabuleux, surnaturels ou allégoriques : *Ailes du griffon, de la Victoire.* – **4.** *Litt.* Mouvement de la pensée et du sentiment qui semble nous emporter, nous élever au-dessus de nous-mêmes et de la réalité (au pl.) : *Les ailes de l'imagination, du rêve.* – **5.** *Avoir des ailes,* se mouvoir avec rapidité, souplesse, légèreté. ‖ Pop. *Avoir un coup dans l'aile,* être ivre. ‖ Fam. *Avoir du plomb dans l'aile,* être sérieusement touché, dans sa santé, dans sa situation matérielle ou morale ; être compromis, en parlant de qqch. ‖ *Battre de l'aile, ne (plus) battre que d'une aile,* éprouver des difficultés, péricliter. ‖ *Couper, rogner les ailes à qqn,* l'empêcher d'agir en le privant d'une partie de ses moyens. ‖ *Donner des ailes à qqn,* le faire courir très vite ; l'inciter à agir, lui inspirer de l'enthousiasme. ‖ *Sous l'aile de qqn,* sous sa bienveillante protection. ‖ *Voler de ses propres ailes,* agir seul ou se libérer d'une tutelle.

ENCYCL. Les ailes sont des organes pairs, aplatis et de grande superficie, insérés dorsalement à l'avant du corps de l'animal et mus par de puissants muscles. Chez les vertébrés ailés, les ailes sont toujours constituées par les membres antérieurs.

• *Oiseaux.* La force motrice des ailes est assurée par des muscles prenant insertion sur une lame médiane portée par le sternum, le *bréchet.* Le squelette des ailes est assez réduit, mais allongé et articulé, et leur surface est fortement accrue par des plumes, les *rémiges,* capables de prendre un appui étanche sur l'air quand l'aile s'abaisse et de laisser passer l'air sans résistance lorsque l'aile remonte. D'importantes différences existent d'un groupe à l'autre, tant dans la forme et les dimensions que dans les fonctions : vol surtout plané des rapaces diurnes, vol silencieux des hiboux, vol bourdonnant des colibris, sans parler des manchots dont l'aile n'est faite que pour la natation, et des ratites, aux ailes atrophiées ou nulles.
• *Chauve-souris.* La membrane de l'aile, « chauve » (sans poils), est soutenue par quatre doigts démesurés et s'étend le long des flancs, voire autour de la queue ; elle est pliante. Une aile analogue, mais à un seul doigt développé, soutenait le vol des ptérosauriens.
• *Insectes.* De nombreux insectes ont deux paires d'ailes motrices, insérées respectivement sur les deux derniers anneaux du thorax. Chez les coléoptères, seules les ailes postérieures sont motrices, les antérieures (élytres) n'ayant qu'un rôle protecteur. Chez les diptères, au contraire, les ailes antérieures subsistent seules. L'aile, qui n'est apte à voler que chez l'adulte, est une double membrane parcourue de *nervures* où circulent l'air et le sang. Elle serait transparente si elle ne portait parfois des poils, voire des écailles colorées (papillons). Les deux ailes du même côté peuvent être solidarisées par un dispositif anatomique (*frein* des papillons, *hamules* et *gouttière* des hyménoptères).
• *Autres animaux.* On ne leur connaît pas d'ailes motrices, mais seulement des surfaces d'appui assurant le vol plané : patagium de l'« écureuil volant », pectorales de l'exocet, etc.

2. AILE n. f. (de *aile 1*). **1.** Objet fabriqué qui, par sa forme, par sa disposition ou sa destination, évoque le membre des oiseaux : *Ailes d'un moulin à vent.* – **2.** Chacune des deux parties latérales de certaines choses, par opposition à la partie centrale : *Ailes d'un édifice.* – **3.** Surface horizontale sur laquelle s'exercent les forces aérodynamiques de portance assurant la sustentation d'un avion. (→ *encycl.*) – **4.** Partie d'une carrosserie recouvrant et entourant la roue. – **5.** Partie latérale d'une armée terrestre ou navale rangée en bataille. – **6.** *Aile droite, aile gauche,* dans une formation politique, élément conservateur ou progressiste. ‖ *Aile marchante,* dans le mouvement de conversion d'une troupe, partie la plus éloignée du pivot, qui décrit un large arc de cercle ; membres les plus dynamiques d'un mouvement et qui entraînent les autres. ‖ *D'un coup d'aile,* sans faire d'escale, en parlant d'un avion. • **Aéron.** *Aile en delta,* ou *aile delta,* aile dont la forme triangulaire rappelle celle de la lettre grecque « delta majuscule ». ‖ *Aile volante,* avion sans empennage horizontal et dont le fuselage est plus ou moins noyé dans l'épaisseur de l'aile. – **Anat.** *Ailes du nez,* parties latérales du nez. – **Antiq.** *Ailes de cavalerie,* corps auxiliaire de l'armée romaine, formé de 500 ou 1 000 hommes et divisé en turmes. – **Bot.** Expansion de certaines graines, donnant prise au vent et assurant la dissémination (pin, érable, orme, etc.). – **Céram.** Bord d'un plat, d'une assiette, par opposition au fond, dont le marli le sépare. – **Pêch.** Pièce de chalut ou de senne située près de l'ouverture de l'engin. ‖ *Mouche à aile,* mouche artificielle aux ailes faites de deux fragments de barbe de plume ou d'une pincée de fibres de hackle. – **Sports.** Chaque extrémité de la ligne d'attaque d'une équipe de football, de handball, de rugby, etc. ‖ *Aile libre,* engin utilisé pour le vol libre et constitué d'une carcasse légère, sur laquelle est tendue une voilure en tissu synthétique, et d'un harnais auquel on se suspend.

ENCYCL. **Aéron.** La face supérieure de l'aile s'appelle *extrados* et la face intérieure *intrados.* Le bord antérieur se nomme *bord d'attaque,* le bord postérieur *bord de fuite,* et les extrémités latérales *bords marginaux.* Les dimensions sont l'envergure, la profondeur et l'épaisseur, généralement indiquée en pourcentage de la profondeur (épaisseur relative). L'allongement caractérise l'effilement dans le sens de l'envergure et se définit comme le rapport du carré de l'envergure à la surface.
Les profils des ailes sont étudiés de façon à présenter une portance maximale pour une résistance à l'avancement minimale. Pour les vitesses supersoniques, on choisit le plus couramment des profils biconvexes à épaisseur relative faible (5 à 6 %, et même 3 % sur les ailes en delta). Outre ses fonctions aérodynamiques, l'aile peut contenir des réservoirs de carburant ainsi que le train d'atterrissage en position escamotée. Souvent, elle supporte les moteurs.

Ailes de la colombe *(les),* roman d'Henry James (1902) : comédie de l'amour et de la mort.

AILÉ, E adj. – **1.** Qui est pourvu d'ailes : *Insecte ailé.* – **2.** Se dit d'une diaspore pourvue d'une surface donnant prise au vent. – **3.** Se dit d'une pièce héraldique présentant des ailes d'un émail différent.

AILEFROIDE (l'), montagne des Alpes françaises, dans le massif des Écrins ; 3 953 m. Première ascension par W. A. B. Coolidge et C. Almer, en 1870.

AILERON n. m. (de *aile*). 1. Extrémité de l'aile d'un oiseau. — 2. Volet articulé placé à l'arrière d'une aile d'avion et dont la manœuvre permet l'inclinaison ou le redressement latéral de l'appareil. — 3. Nom donné à une portion d'organe en raison de sa forme (ailerons du pharynx, de la rotule, du sacrum). — 4. Nageoire des requins. — 5. Adoucissement en forme de console renversée s'inscrivant dans l'angle formé par deux lignes, horizontale et verticale, d'une élévation, ou sommant un contrefort (églises classiques ou baroques). — 6. Plan de dérive étroit et profond remplaçant la quille sur les navires légers. (Cette pièce possède souvent un lest à sa partie basse ; l'aileron lesté se nomme toutefois couramment *quille*.) — 7. *Ailerons de passerelle,* extrémités de la passerelle de navigation qui permettent d'avoir une dégagée.

AILES-DE-PIGEON n. f. pl. En chorégraphie, ensemble de battements rapides des jambes, exécutés au cours d'un saut et imitant un mouvement d'ailes.

AILETAGE n. m. Ensemble des ailettes garnissant une surface de transmission de chaleur.

AILETTE n. f. (de *aile*). 1. Pièce d'acier qui était attachée sur l'épaule de l'homme d'armes (XIVe s.). — 2. Élément stabilisateur de l'empennage arrière d'un projectile non tournant. — 3. Chacune des pièces métalliques dont la section a la forme d'un profil d'aile, fixées à intervalles réguliers autour des stators et des rotors des compresseurs et des turbines axiaux, pour modifier le sens d'écoulement du fluide, augmenter la pression ou récupérer l'énergie. — 4. Saillie destinée à augmenter la surface de transmission de chaleur entre une paroi, comme celle d'un tuyau servant au chauffage ou au refroidissement, et le fluide qui le baigne de ce côté.

AILEY (Alvin), danseur et chorégraphe noir américain (Rogers, Texas, 1931 - New York 1989). Danseur à claquettes, il devient directeur artistique du Lester Horton Dance Theatre en 1953, avant de fonder sa propre compagnie, puis son école. Sa troupe, à l'origine, est composée uniquement d'artistes noirs. Ses œuvres, s'inspirant du jazz et des negro spirituals, ainsi que de compositions contemporaines, sont une riche synthèse des techniques classique et moderne (*Blues Suite*, 1958 ; *Revelations*, 1960 ; *Roots of the Blues*, 1961 ; *Cry*, 1971 ; *Night Creature*, 1974 ; *Au bord du précipice*, 1983 ; *For Bird with Love*, 1986).

AILIER n. m. (de *aile*). 1. Chaque joueur placé aux extrémités de la ligne d'attaque d'une équipe de football, de rugby, de basket-ball, etc. (En rugby, on dit aussi *trois-quarts aile*.) — 2. Pilote d'une patrouille de chasse ; son appareil.

AILLADE [ajad] n. f. (anc. provenç. *alhada*). Croûton frotté d'ail et arrosé d'huile.

AILLANT-SUR-THOLON (89110), ch.-l. de cant. de l'Yonne, à 20 km à l'O.-N.-O. d'Auxerre ; 1 503 hab. Aux environs, à Laduz, musée des Arts populaires.

AILLAUD (Émile), architecte français (Mexico 1902 - Paris 1988). Ses ensembles de logements sociaux ont recouru à la préfabrication sans tomber dans la monotonie (façades sinueuses, ornementation originale, etc.). — Son fils GILLES (Paris 1928), peintre, pratique un art froid et objectif (animaux des zoos, etc.), caractéristique de la Nouvelle Figuration des années 60. Il est aussi décorateur de théâtre et écrivain (*Dans le bleu foncé du matin*, 1987).

AILLER [aje] v. t. (conj. 3). Garnir, frotter d'ail : *Ailler un croûton.*

AILLERET (Charles), général français (Gassicourt, Yvelines, 1907-île de la Réunion 1968). Premier chef du commandement des armes spéciales, chargé de la recherche nucléaire militaire (1951-1960), il mit au point la première bombe atomique française. Commandant supérieur des forces en Algérie, il devint, en 1962, chef d'état-major des armées.

AILLEURS adv. (lat. pop. **aliore*, abrév. de *in aliore loco,* dans un autre lieu). 1. Indique un autre lieu que celui où on est ou dont il s'agit : *Nulle part ailleurs vous ne trouverez des prix aussi bas.* — 2. Indique une autre origine, une autre cause que celle qui est donnée ou dont il est question : *C'est ailleurs qu'il faut rechercher l'origine du mal.* — 3. *D'ailleurs,* s'emploie comme adverbe de liaison pour indiquer une considération incidente : *Il avait manifestement tort ; d'ailleurs, il n'a pas osé insister ;* ou pour introduire une remarque intercalée ayant valeur de concession : *Cette proposition, d'ailleurs très raisonnable, n'a pas été retenue.* ‖ *Par ailleurs,* sous d'autres rapports, d'autre part.

AILLOLI ou **AÏOLI** [ajɔli] n. m. (provenç. *aioli,* de *ai,* ail, et *oli,* huile). 1. Sorte de mayonnaise à l'ail. — 2. Plat composé de morue et de légumes pochés servi avec cette sauce.

AILLY *(cap d'),* promontoire de la côte du pays de Caux (Seine-Maritime), à l'O. de Dieppe ; 77 m de hauteur. Phare.

AILLY (Pierre D'), prélat et théologien français (Compiègne 1350-Avignon 1420). Chancelier de l'Université de Paris, évêque du Puy (1395), puis de Cambrai (1397), cardinal en 1411, il eut une part considérable dans les tentatives faites pour mettre fin au Grand Schisme d'Occident et joua un rôle éminent au concile de Constance (1414-1418). Son traité sur la réforme de l'Église (1416) soutient la thèse de la supériorité du concile général sur le pape.

AILLY-SUR-NOYE (80250), ch.-l. de cant. de la Somme, à 18 km au S.-S.-E. d'Amiens ; 2 658 hab.

AILLY-SUR-SOMME (80470), comm. de la Somme, à 8,5 km au N.-O. d'Amiens ; 3 520 hab. Travail du jute. Conserverie.

AILUROPE n. m. (du gr. *ailouros,* chat, et *pous,* pied). Syn. de PANDA.

AIMABLE adj. (lat. *amabilis*). **1.** Qui a ou manifeste de la courtoisie, de la politesse, de la gentillesse à l'égard d'autrui : *Commerçant aimable avec tous ses clients. Il n'a jamais un mot aimable à mon égard.* — **2.** Qui, par sa politesse, sa gentillesse, son désir de faire plaisir, s'attire la sympathie d'autrui : *Un aimable garçon.* — **3.** Qui est attrayant, qui plaît, bien que n'étant pas d'une haute portée : *Un aimable divertissement.* — **4.** Dans des formules de politesse pour remercier qqn : *Nous nous rendrons volontiers à votre aimable invitation.* — **5.** Fam. *C'est une aimable plaisanterie,* ce n'est pas sérieux. ‖ Fam. et ironiq. *Vous êtes trop aimable,* formule pour marquer qu'on reçoit mal le refus, la critique de qqn.

AIMABLEMENT adv. De façon aimable : *Il m'a aimablement reçu.*

1. AIMANT n. m. (lat. pop. **adimas, -antis,* du lat. class. *adamas, -antis,* diamant, acier). **1.** Oxyde de fer qui attire le fer et quelques autres métaux. — **2.** Toute substance qui possède ou a acquis la propriété d'attirer le fer. — **3.** Dispositif (aimant permanent ou électroaimant) destiné à produire un champ magnétique extérieur. — **4.** *Litt.* Ce qui attire irrésistiblement : *L'argent est un aimant puissant.*

ENCYCL. L'aimant naturel (pierre d'aimant) ou *magnétite* est l'oxyde de fer Fe_3O_4, de la famille des spinelles. Les aimants naturels étaient connus des Grecs, qui les trouvaient dans une ville d'Asie Mineure et dans une région de Macédoine, toutes deux appelées *Magnesia.* Les aimants artificiels, de constitutions très variables, mais en général à base de fer, ne paraissent pas avoir été connus en Europe avant le XIIe siècle. Ils ont souvent la forme de barreaux ou d 'aiguilles allongés. Leurs extrémités (ou pôles) sont le siège de la plupart des actions magnétiques extérieures. On appelle *pôle nord* celui qui tend à se diriger vers le nord, et *pôle sud* le pôle opposé. L'expérience montre que deux pôles de même nom se repoussent et deux pôles de noms contraires s'attirent. *L'expérience de l'aimant brisé* montre qu'en sectionnant en deux parties n'importe quel barreau aimanté, on n'arrive jamais à isoler un pôle (ou une région polaire) unique. Chaque moitié se comporte comme un nouvel aimant complet. Les pôles nord et sud sont susceptibles d'être définis comme deux points précis et on appelle *axe magnétique* du barreau la droite qui joint ces deux points. Son *moment magnétique* est une grandeur caractérisant l'intensité des effets ou actions magnétiques. C'est le produit de la distance entre ses deux pôles par la *masse magnétique.* On appelle *intensité d'aimantation* le quotient du moment magnétique global par le volume.

Les matériaux pour aimants doivent conserver leur aimantation en dépit du champ démagnétisant créé par les pôles. Les aciers trempés furent longtemps les seules substances utilisées. Vers 1930 apparurent les alliages alnico (aluminium-nickel-cobalt) possédant un champ coercitif élevé. Les ferrites sont des céramiques à base d'oxyde de fer obtenues par frittage. Elles ont un champ coercitif très élevé, moins élevé cependant que les alliages à base de terres rares (alliage colbalt-samarium). Les aimants sont utilisés pour repérer et mesurer des champs magnétiques (boussole, compas, etc.), pour exercer des forces (appareils de levage, fermeture de portes, séparateurs, etc.), pour le champ magnétique créé dans un entrefer (inducteurs de machines électriques, spectromètres, accélérateurs de particules).

2. AIMANT, E adj. (de *aimer*). *Litt.* Porté à aimer, affectueux : *Un cœur aimant.*

AIMANTATION n. f. **1.** Action d'aimanter. — **2.** *Intensité d'aimantation,* grandeur caractéristique d'un milieu aimanté, égale au moment magnétique par unité de volume. (Elle s'exprime en ampère par mètre.)

ENCYCL. **Géol.** Au cours de leur refroidissement, les roches magmatiques, et les poteries, prennent, sous l'action du champ terrestre, et conservent la déclinaison et l'inclinaison magnétiques de l'époque où elle se sont refroidies. (→ GÉOMAGNÉTISME.)

AIMANTER v. t. (conj. 3). Doter un métal des propriétés propres à un aimant.

AIMARGUES (30470), ch.-l. de cant. du Gard ; 3 032 hab. Bonneterie.

AIME (73210), ch.-l. de cant. de la Savoie, en Tarentaise, sur l'Isère ; 3 000 hab. *(Aimerains).* Vestiges gallo-romains. Anc. basilique romane St-Martin.

AIMÉ, E n. *Litt.* Personne qui est l'objet d'une vive affection : *Mon aimée !*

AIMER v. t. (lat. *amare*) [conj. **4**]. **1.** Avoir pour qqn, qqch de l'affection, de la tendresse, de l'amitié ou de la passion : *Aimer ses amis, son pays.* — **2.** Être amoureux, éprouver de l'amour pour qqn : *Il a aimé sans être payé de retour.* — **3.** En parlant d'un animal, avoir de l'attachement pour qqn : *Le chien aime son maître.* — **4.** Avoir du goût pour qqch, trouver du plaisir à faire qqch : *Aimer le café, la lecture. J'aime (à) écouter de la musique.* — **5.** En parlant d'une plante, d'un animal, se trouver bien de qqch : *Les chats aiment qu'on les caresse.* — **6.** *Aimer à croire, à penser,* vouloir espérer. ‖ *Aimer mieux,* préférer. ‖ *Aimer mieux, aimer autant qqch,* choisir cela de préférence à toute autre solution.

◆ **être aimé** v. pass. Être l'objet de l'amour de qqn ou de sa sympathie : *Il n'est pas aimé de tout le monde.*

◆ **s'aimer** v. pr. **1.** Se trouver bien, se plaire : *Je m'aime bien dans cette robe.* — **2.** Éprouver une affection réciproque : *Il est visible qu'ils s'aiment.*

Aimeri de Narbonne, chanson de geste attribuée à Bertrand de Bar-sur-Aube (entre 1205 et 1225), dont le prologue inspira Victor Hugo *(Aymerillot).*

AIMOIN, moine de Saint-Benoît-sur-Loire (Villefranche-de-Lonchat, Dordogne, v. 970-Saint-Benoît-sur-Loire apr. 1008), auteur d'une *Histoire des Francs,* des origines à 654.

AIN, riv. du Jura, affl. du Rhône (r. dr.) ; 200 km. Née au sud du plateau de Nozeroy, la rivière ouvre les *gorges de l'Ain,* partiellement noyées auj. par le barrage de Vouglans, qui alimente la centrale hydro-électrique du même nom.

AIN (01), dép. de la Région Rhône-Alpes ; ch.-l. de dép. *Bourg-en-Bresse.* ; ch.-l. d'arrond. *Belley, Gex, Nantua* ; 4 arrond. ; 43 cant. ; 419 comm. ; 5 762 km² ; 471 019 hab. Le dép. appartient à l'académie et à la cour d'appel de Lyon, à la région militaire Méditerranée.
Il comporte une partie montagneuse à l'E. (le Bugey jurassien), souvent boisée, et une partie basse à l'O. (la Bresse et la Dombes). L'élevage (bovins, volailles) domine la vie agricole. L'industrie est représentée notamment par les constructions mécaniques (Bourg-en-Bresse) et les matières plastiques (Oyonnax), le travail du bois dans le Jura et la taille des diamants dans le pays de Gex, l'électricité nucléaire (centrale du Bugey).

1. AINE n. f. Baguette sur laquelle on enfile les harengs à fumer.

2. AINE n. f. (lat. pop. **inguinem,* du lat. class. *inguen, -guinis*). **1.** Partie du corps située à la jonction de la cuisse et du tronc. — **2.** *Pli de l'aine,* pli de flexion de la cuisse sur l'abdomen.
ENCYCL. L'aine, ou « région inguino-crurale », se trouve en avant de l'articulation de la hanche. Sa partie interne, appelée « triangle de Scarpa », donne passage au pédicule vasculo-nerveux du membre inférieur. C'est le lieu d'élection des hernies inguinales ou crurales.

AÎNÉ, E adj. et n. (anc. fr. *ains,* avant, et *né*). **1.** Se dit de celui des enfants d'une même famille qui est né le premier. — **2.** Se dit du frère, de la sœur plus âgés.

◆ n. **1.** Personne plus âgée qu'une autre : *Il est mon aîné de trois ans.* — **2.** Personne qui a été reçue dans un corps ou qui a obtenu un titre avant une autre.

◆ adj. *Branche aînée,* lignée, famille qui descend de l'aîné des enfants.

◆ **aînés** n. m. pl. Litt. *Nos aînés,* les ancêtres, les générations précédentes.

AÏN EL-BEÏDA, v. d'Algérie, au S.-E. de Constantine ; 44 300 hab.

AÏN EL-HAMMAM, anc. **Michelet,** localité d'Algérie, en Grande Kabylie, au pied du Djurdjura ; 33 000 hab. Centre touristique à 1 080 m d'alt.

AÎNESSE n. f. (de *aîné*). *Droit d'aînesse,* en France, au Moyen Âge et sous l'Ancien Régime, droit résultant de la priorité d'âge et qui réservait au fils aîné d'une famille noble, au détriment des autres enfants, une part prépondérante dans l'héritage paternel et maternel. (Adopté au XIe s. pour assurer l'indivisibilité du fief, ce droit fut aboli par la Constituante de 1790.)

AÏN FASHKHA, localité de Palestine, au N.-O. de la mer Morte. À proximité, grottes de Qumrān, où furent trouvés entre 1946 et 1956 les manuscrits dits « de la mer Morte ».

AINHOA (64250), comm. des Pyrénées-Atlantiques, dans le Pays basque, à 11 km au S.-O. de Cambo-les-Bains; 542 hab. Village pittoresque. Douane française.

AÏNHUM [ainɔm] n. m. (mot dialect. d'un peuple noir d'Afrique du Sud). Affection observée chez les Noirs d'Afrique, caractérisée par une bride annulaire étranglant un orteil et évoluant vers l'amputation spontanée.

AÏNI (Sadriddine SAÏDMOURADOVITCH, dit), écrivain tadjik (Soktar, près de Boukhara, 1878-Douchanbe 1954). Outre une fresque épique des luttes du peuple tadjik de 1800 à la collectivisation, ses Mémoires livrent un témoignage précieux sur la vie intellectuelle du Turkestan au début du XXe siècle.

AÏN MLILA, v. d'Algérie, au S. de Constantine ; 43 900 hab.

AÏNOU n. m. Langue sans parenté connue parlée par les Aïnous.

AÏN OULMANE, v. d'Algérie, entre les monts du Hodna et Stif ; 46 000 hab.

AÏNOUS, population de l'Asie extrême-orientale habitant les îles de Sakhaline, des Kouriles et d'Hokkaidō.

AÏN SEFRA v. d'Algérie, au pied du djebel Mekter (monts des Ksour) ; 22 400 hab. Centre des confins algériens du Sahara.

AINSI adv. (p.-ê. croisement de l'anc. fr. *ensi* et *eissi* [du lat. *sic,* ainsi]). **1.** Introduit ou rappelle un développement ; de cette manière : *Si tout s'est passé ainsi, le doute n'est plus permis.* — **2.** *Litt.* Introduit le deuxième terme d'une comparaison : *Comme un naufragé s'agrippe à une épave, ainsi il se raccrochait à ce faible espoir.* — **3.** Parfois renforcé par *donc,* introduit une conclusion : *Ainsi donc, tu as changé d'avis ?* — **4.** *Ainsi soit-il,* formule qui conclut les prières chrétiennes. ‖ *Pour ainsi dire,* presque, à peu près. ‖ *Puisqu'il en est ainsi,* dans ces conditions.
◆ **ainsi que** conj. **1.** Indique la comparaison ou la conformité ; comme : *Tout s'est passé ainsi que je l'avais prévu.* — **2.** Indique l'addition ; et, et aussi : *Il a amené sa famille ainsi que quelques amis.*

Ainsi parlait Zarathoustra [1883-1885], poème en prose, de Nietzsche, où il expose sa philosophie du surhomme. — Richard Strauss a composé sur cette œuvre un poème symphonique (1896).

AÏN TEMOUCHENT, v. d'Algérie, au S.-O. d'Oran ; 42 000 hab.

AINTREE, localité de la banlieue nord de Liverpool (Grande-Bretagne). Champ de courses où se dispute le « Grand National ».

Aiol, chanson de geste du XIIe s.

AÏOLI → AILLOLI.

AI QING ou **NGAI-TS'ING** (JIANG HAICHENG ou TSIANG HAI-TCH'ENG, dit), écrivain chinois (au Zhejiang 1910-Pékin 1996), théoricien de la poésie moderne (*Chant de la lumière,* 1978).

1. AIR n. m. (lat. *aer,* du gr. *aêr*). **1.** Fluide gazeux composé, constituant l'atmosphère terrestre : *Inspiration, expiration de l'air par les poumons. Air de la campagne, des grandes villes.* (→ *encycl.*) — **2.** Ce fluide en tant qu'il se déplace, qu'il est agité de divers mouvements ; vent, brise : *Chaleur étouffante, sans un souffle d'air.* — **3.** Atmosphère, ambiance d'un milieu humain, climat psychologique, etc. : *Respirer l'air du pays natal.* — **4.** *L'air, les airs,* l'espace occupé par l'atmosphère au-dessus du sol terrestre, où se meuvent les oiseaux, les aéronefs, des engins ou des projectiles divers : *S'élever dans les airs.* — **5.** *De l'air,* se dit des activités, des institutions qui ont trait à l'aviation, à la navigation aérienne, aux transports aériens : *Musée de l'Air.* — **6.** *À l'air,* à découvert ou exposé à l'extérieur, au-dehors. ‖ *À l'air libre,* hors d'un lieu fermé. ‖ *Changer d'air,* aller ailleurs, sous un autre climat plus bénéfique ; *fam.,* quitter qqn, un lieu, une situation qui pèse, et aller vivre ailleurs. ‖ *Dans l'air,* qui est latent, sur le point de se répandre dans le public, ou qui est imminent, sur le point de se produire : *Cette idée est dans l'air.* ‖ Pop. *De l'air !,* déguerpissez ! ‖ *Donner de l'air à qqch,* l'aérer. ‖ *En l'air,* vers le haut, dans la direction opposée au sol ; sans appui au sol. ‖ *En, au, de plein air,* au-dehors, à l'extérieur des maisons, et en partic. dans des espaces verts ou à l'extérieur des villes. ‖ *Être en l'air, mettre qqch en l'air,* être, mettre en désordre, sens dessus dessous. ‖ Pop. *Ficher* (ou *fiche*), *flanquer, foutre qqch en l'air,* jeter un objet, s'en débarrasser ; renoncer à une activité, la laisser tomber ; abîmer, détériorer qqch ; faire échouer une entreprise, un projet. ‖ *Le grand air,* lieu où l'air est pur. ‖ Pop. *Jouer la fille de l'air,* prendre la fuite, disparaître discrètement ou s'évader. ‖ *Libre comme l'air,* entièrement libre. ‖ Pop. *Ne pas manquer d'air,* avoir du toupet. ‖ *Parler en l'air,* avec légèreté, sans informations précises. ‖ *Paroles, promesses, etc., en l'air,* qui n'ont aucun caractère sérieux, aucune valeur. ‖ *Prendre l'air,* sortir, aller se promener au-dehors ; décoller, s'envoler, en parlant d'un avion. ‖ Fam. *Remuer de l'air,* se faire remarquer, attirer l'attention sur soi. ‖ Pop. *S'envoyer en l'air,* s'offrir un moment de plaisir, par l'amour, la drogue, etc. ‖ *Vivre de l'air du temps,* subsister sans ressources régulières. • **Arm.** *Missile air-air,* missile antiaérien lancé d'un aéronef. ‖ *Missile air-sol,* missile tactique lancé d'un aéronef sur un objectif terrestre limité (par ex. un char). ‖ *Missile air-surface,* missile tactique ou stratégique lancé d'un aéronef sur un objectif terrestre ou maritime. — **Chorégr.** *En l'air,* indique que le pas s'exécute en quittant le sol, par oppos. à *à terre.* — **Mécan.** *Montage en l'air,* sur un tour, procédé de fixation d'une pièce, consistant à en serrer une extrémité dans le mandrin, l'autre étant libre. — **Méd.** *Médecine de l'air,* étude des problèmes biologiques et physiologiques posés par le vol en haute altitude et par la protection de la santé des personnels navigants. (Elle s'étend aujourd'hui aux problèmes posés par les vols spatiaux.) [Syn. MÉDECINE AÉRONAUTIQUE.] — **Mil.** *Armée de l'air,* ensemble des forces aériennes militaires françaises, hormis l'aviation légère de l'armée de terre (A.L.A.T.) et l'aéronautique navale. — **Pathol.** *Mal de l'air,* ensemble de troubles qui apparaissent chez certains sujets au cours du vol en avion. (→ *encycl.*) — **Phys.** *Air humide,* air réel, contenant de la vapeur d'eau, par opposition à l'*air sec* dont celle-ci est absente. — **Techn.** *Air comprimé,* air dont on a diminué le volume par compression, pour en augmenter la pression, en vue de son utilisation lors de sa détente. (→ *encycl.*)

ENCYCL. L'air est un mélange qui, débarrassé de la vapeur d'eau et du gaz carbonique *(air pur),* a une composition remarquablement constante en volume : azote 78,05 %, oxygène 21,017 %, hélium 0,000 54 %, argon 0,932 %. La vapeur d'eau existe en proportion très variable, caractérisée par l'*état hygrométrique,* ou *humidité relative.* La proportion du gaz carbonique est d'environ 3/10 000.

• *Analyse de l'air pur.* Les Anciens croyaient que l'air était l'un des quatre éléments de la nature. En 1668, Mayow soupçonna l'existence de l'oxygène, découvert par Priestley, en 1774. Lavoisier, en 1777, fit la première analyse de l'air. Enfin, Ramsay, frappé par la différence de densité (1/200) entre l'azote extrait d'un composé azoté et l'azote extrait de l'air par enlèvement de l'oxygène, découvrit les *gaz rares.*

L'air est un gaz dénué d'odeur et de saveur ; incolore et transparent sous une faible épaisseur, il devient bleu sous une grande épaisseur par suite de la diffusion de la lumière par les molécules. Sa pesanteur a été mise en évidence par Galilée. Un litre d'air pur, à 0 °C et sous 76 cm de mercure, pèse 1,293 g. La *pression atmosphérique,* qui résulte de cette pesanteur, a été prouvée par Torricelli à Florence en 1643. (→ BAROMÈTRE.) Considéré longtemps comme un gaz permanent, l'air a été liquéfié en 1877 par Cailletet et par Pictet. Linde, en 1895, a rendu cette opération industrielle ; le rendement a été amélioré par le procédé de Georges Claude. L'air liquide est incolore ; il bout de - 193 °C à - 182 °C. Sa distillation fractionnée permet de préparer l'azote, l'oxygène et les gaz rares. L'air agit par son oxygène (combustion, oxydation, respiration) et par ses impuretés (vapeur d'eau, gaz carbonique) qui provoquent la corrosion : l'aluminium s'oxyde, le fer s'oxyde et s'hydrate ; le cuivre, le zinc, le plomb, sous la triple action de l'oxygène, de l'eau et du gaz carbonique, se recouvrent d'une couche de carbonate basique.

– **Pathol.** Caractérisé d'abord par une sensation de déséquilibre, d'insécurité, puis par un état nauséeux et des vomissements, *le mal de l'air* est dû à l'excitation anormale de la partie vestibulaire de l'oreille interne par les mouvements de l'avion.

– **Techn.** Produit par un ou plusieurs compresseurs, distribué par canalisations, avec éventuellement des réservoirs tampons, l'air comprimé a de nombreuses applications dans l'industrie : commande d'actionneurs pneumatiques (vérins, moteurs utilisés notamment dans les outillages portatifs), jets d'air pour nettoyer les machines et éjecter des pièces ; projection de poudres abrasives, de ciment, de béton, etc., pulvérisation de peintures, de lubrifiants, de combustibles, trempe à l'air de pièces métalliques, sustentation et manutention par coussin d'air, transport et fluidisation de matériaux pulvérulents, soufflage en métallurgie. L'air comprimé sert aussi pour le contrôle, la mesure et la régulation de processus industriels, dans lesquels la variation de la section d'écoulement constitue en général le signal traité (fluidique).

2. AIR n. m. (de *air 1*). **1.** Aspect extérieur, allure, présentation de qqn, donnant une indication générale sur sa personnalité ; expression de son visage, ton, traduisant sa disposition d'esprit : *Un air important, insignifiant. Avoir un air de bonté, un air attentif.* — **2.** Apparence extérieure de qqch : *Des édifices à l'air vétuste.* — **3.** *Avoir l'air + attribut* ou *de + inf.,* présenter telle apparence, paraître ; donner l'impression de, sembler, laisser supposer que : *Avoir l'air irrité. Ce tissu a l'air de résister au lavage.* (L'accord de l'adj. attribut se fait avec le sujet quand il s'agit de nom de choses : *Cette poire a l'air bonne ;* avec le sujet ou avec *air* s'il s'agit de noms de personnes : *Elle a l'air intelligent* [*e*].) ‖ *Avoir l'air de qqn, de qqch,* donner l'impression d'être qqn, qqch d'autre ; ressembler à : *Le gardien a l'air d'un ancien militaire.* — **4.** *Air de famille, de parenté,* une vague ressemblance. ‖ *Airs de manège,* exercices de haute école qu'un écuyer apprend à son cheval. (On distingue les *airs bas* et les *airs relevés* ou *sauts d'école.*) ‖ *(Avoir) bon air, bel air,* une bonne apparence, un bel aspect. ‖ *Avoir grand air,* avoir de la distinction, de la prestance. ‖ *Avoir mauvais air,* avoir une allure inquiétante, un genre peu recommandable. ‖ *Avoir tout l'air de, en avoir tout l'air,* être très probablement telle chose. ‖ *Des airs, des grands airs, des airs de grandeur,* une attitude hautaine, des manières arrogantes. ‖ *N'avoir l'air de rien,* ne rien laisser paraître de ce qu'on fait ou est capable de faire ; être plus important, plus difficile qu'il n'y paraît. ‖ *Sans en avoir l'air,* en dépit des apparences, de ce qu'on pourrait croire.

3. AIR n. m. (ital. *aria*). **1.** Mélodie vocale ou instrumentale, plus spécialement susceptible d'être chantée. — **2.** Mélodie et paroles, tout ensemble : *Air d'opéra.* — **3.** Fam. *C'est l'air qui fait la chanson,* c'est le ton qui donne leur vrai sens aux paroles. ‖ Fam. *En avoir l'air et la chanson,* être réellement ce qu'on paraît.

air *(École de l'),* grande école militaire créée en 1935 à Versailles et transférée, en 1937, à Salon-de-Provence. Elle forme, après deux années d'études théoriques, les futurs pilotes, mécaniciens ou officiers des bases. Ses élèves sont recrutés par concours dans les classes préparatoires.

air *(École militaire de l'),* école militaire installée à Salon-de-Provence. Elle forme des officiers d'aviation provenant du corps des sous-officiers.

Air et de l'Espace *(musée de l'),* musée créé en 1919 à Chalais-Meudon. Il a été transféré à l'aéroport du Bourget.

Air France, compagnie nationale de transports aériens, fondée en 1948, mais dont les origines remontent à une société anonyme créée en 1933 par la réunion de plusieurs compagnies aériennes. En 1990, Air France a racheté la compagnie U. T. A. - qu'elle a absorbée en 1992 - et pris de ce fait le contrôle d'Air Inter (auj. *Air France Europe*). Le réseau actuel comprend des lignes intercontinentales, des lignes moyen-courriers et un réseau postal métropolitain.

Air France Europe, société française de transports aériens, créée en 1954 sous le nom d'*Air Inter.* Traditionnellement vouée à l'exploitation du réseau métropolitain (dont elle a détenu le monopole jusqu'en 1995-96), elle s'est progressivement ouverte à partir de la fin des années 1980 à la desserte de destinations européennes. Passée en 1990 sous le contrôle d'Air France, Air Inter a changé de dénomination sociale en 1996 pour devenir *Air France Europe* (commercialisant ses produits sous la marque *Air Inter Europe*).

Air Inter → AIR FRANCE EUROPE.

Air liquide *(l'),* société anonyme française fondée en 1902 pour l'exploitation industrielle du procédé de liquéfaction de l'air, mis au point par Georges Claude*. Elle exerce aujourd'hui ses activités principalement dans 4 secteurs : le gaz industriel ; l'ingénierie ; le soudage ; la chimie. Le groupe est très largement déployé dans de nombreux pays.

AÏR, massif du Sahara méridional, dans le centre-nord du Niger. Il se compose, à l'O., de plateaux étagés entre 700 et 800 m et, à l'E., d'une série de hauteurs culminant à 1 944 m au mont Greboun. À l'intérieur, des vallées fournissent, sous quelques mètres de profondeur, l'eau de leur nappe. Dans le Sud, des barrages de terre retiennent les eaux de ruissellement et permettent la culture de fruits, de légumes et de céréales. Le massif est habité par des Touareg. Gisements d'étain et d'uranium.

AIRAIN n. m. (bas lat. *aeramen*). **1.** Syn. anc. de BRONZE. — **2.** Litt. *D'airain,* dur, résistant ; implacable, impitoyable. ‖ *Loi d'airain des salaires,* nom donné par le socialiste allemand Lassalle à une théorie du coût de la production qui considère le salaire de l'ouvrier comme le minimum nécessaire à sa vie et à celle de sa famille.

AIRAINES (80270), comm. de la Somme, à 20 km au S.-E. d'Abbeville ; 2 183 hab. Deux églises médiévales. Fermetures à glissière.

AIR BAG n. m. (nom déposé). Coussin destiné à protéger les passagers avant d'un véhicule automobile lors d'un choc, en se gonflant subitement de gaz. (On rencontre aussi la graphie *airbag.*)

Airbus, famille d'avions moyen-courriers ou long-courriers européens. Le biréacteur moyen-courrier commercialisé depuis 1974 existe en diverses versions appartenant à deux types : A-300 (250-300 passagers) et A-310 (200-240 passagers). Sa masse au décollage varie entre 130 et 165 t ; son envergure est de 44 m ; la longueur du fuselage est comprise entre 46 et 52 m. En 1988 est entré en service l'A-320, à capacité plus réduite (140-160 passagers), mais qui bénéficie des technologies de pointe. Le quadriréacteur très long-courrier A-340 (260-440 passagers) est entré en service commercial en 1992 et son dérivé, le biréacteur moyen-courrier A-330 (335-440 passagers), en 1993. La gamme d'appareils s'est encore élargie avec la mise en service de deux dérivés de l'A-320 : une version allongée, l'A-321 (185 passagers), en 1994, et une version raccourcie, l'A-319 (124 passagers), en 1996. Il faut y ajouter l'avion-cargo A-300-600 ST Belouga (premier vol en 1994), dont la capacité d'emport atteint 45 t.

ÁIRD RÍGH ou **ÁRD RÍ,** titre du roi suprême de l'Irlande gaélique.

1. AIRE n. f. (lat. *area,* emplacement). **1.** Surface plane, aménagée au sol, pour le battage ou le dépiquage non mécanisés des céréales. — **2.** Surface de terrain, partie d'un local réservée à une activité précise : *Aires de jeux, de repos.* — **3.** Domaine où s'étendent l'action, l'influence d'une personne, d'une collectivité, les effets d'un phénomène : *Aire culturelle.* — **4.** Terre-plein aménagé en bordure d'autoroute à des fins diverses (repos, service, ravitaillement). • **Aéron.** *Aire d'atterrissage,* surface de terrain destinée à recevoir les avions lors de leur atterrissage ou de leur décollage. ‖ *Aire de manœuvre,* ensemble des zones d'un aérodrome sur lesquelles les avions peuvent évoluer (pistes, chemins de roulement, aires de stationnement, etc.) ‖ *Aire de stationnement,* zone d'un aérodrome où les avions stationnent avant leur décollage ou après leur atterrissage. — **Astronaut.** *Aire de lancement,* plate-forme où sont réunis les équipements qui assurent la préparation finale et le départ d'un engin spatial. — **Bât.** Sol préparé, avec ou sans revêtement. ‖ *Aire de plancher,* remplissage et enduit sur lequel on pose un parquet, un carrelage, etc. — **Bot.** *Aire de distribution,* région ou ensemble de régions où l'on rencontre à l'état naturel une espèce végétale donnée. — **Embryol.** *Aire* ou *bandelette germinative,* point de l'œuf où la vésicule blastodermique forme la première ébauche de l'embryon. — **Géogr.** *Aire métropolitaine,* aux États-Unis, syn. de AGGLOMÉRATION. — **Géol.** *Aire continentale,* compartiment de

AIRES DE QUELQUES SURFACES

noms	notations	aires
cône	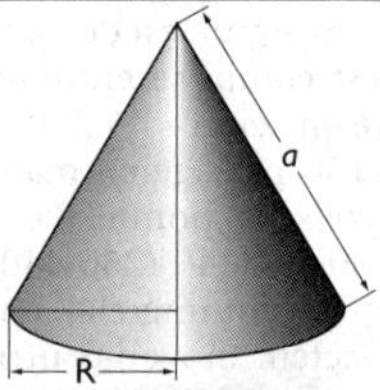	$A = \pi R \times a$
sphère	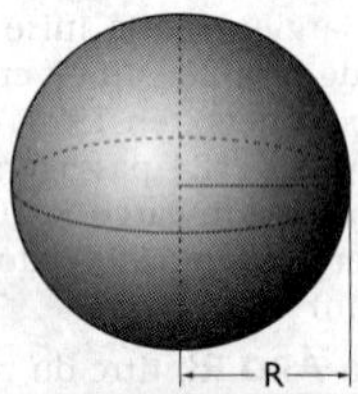	$A = 4\pi R^2$
zone sphérique	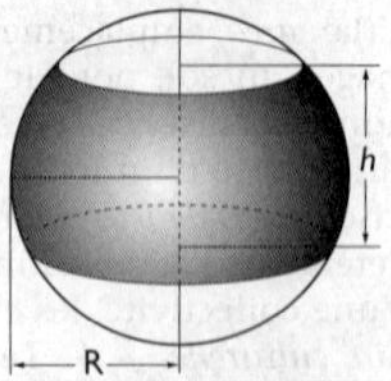	$A = 2\pi R \times h$
tore	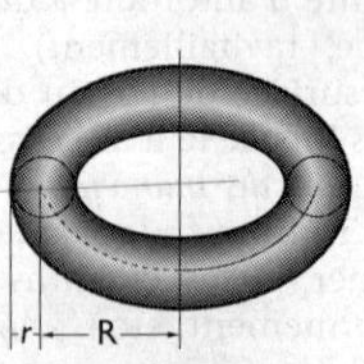	$A = 4\pi^2 R \times r$
cylindre	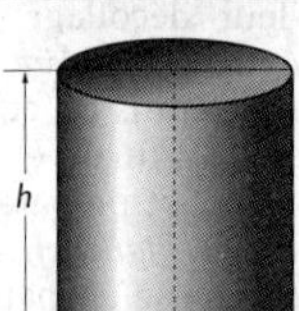	$A = 2\pi R \times h$

noms	notations	aires
triangle	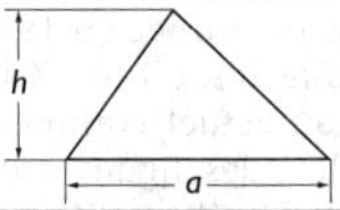	$A = \frac{a \times h}{2}$
carré	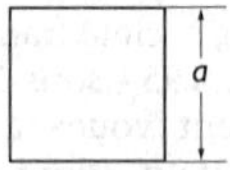	$A = a^2$
rectangle	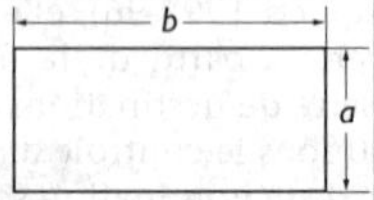	$A = a \times b$
parallélogramme	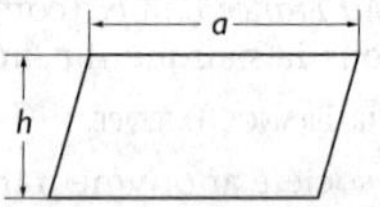	$A = a \times h$
losange	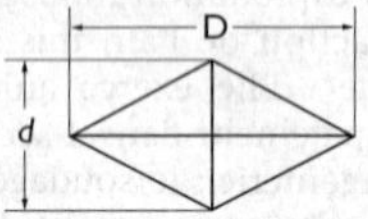	$A = \frac{D \times d}{2}$
trapèze	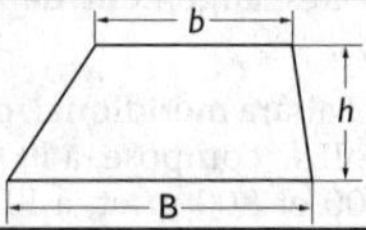	$A = \left(\frac{b+B}{2}\right) \times h$
polygones réguliers triangle, carré, pentagone, hexagone, heptagone, octogone, etc.	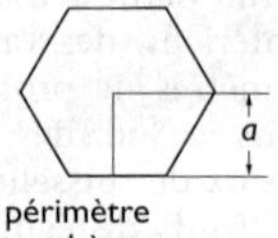 p = périmètre a = apothème	$A = p \times \frac{a}{2}$
disque	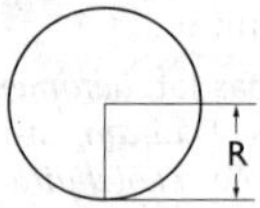	$A = \pi \times R^2$
ellipse	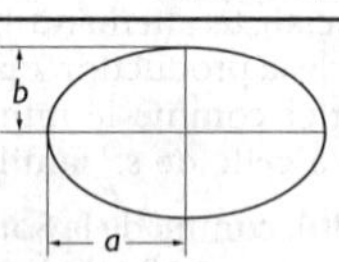	$A = \pi \times ab$

l'écorce terrestre qui, au cours des temps géologiques, est demeuré stable et rigide. — **Géom.** Mesure d'une surface. — **Mar.** *Aire de vent,* secteur mesurant 1/32 du tour d'horizon, soit 11° 15', limité par deux points de la rose du compas de marine. (Les aires se disent aussi *quarts, rumbs ou rhumbs.*) — **Mécan.** *Loi des aires,* loi du mouvement d'un point matériel se déplaçant dans un champ de forces central, selon laquelle ce mouvement s'effectue dans un plan contenant le centre de forces de façon que le rayon vecteur, joignant le point matériel au centre de forces, balaie des aires égales en des temps égaux. — **Neurol.** *Aire corticale,* région spécifique de l'écorce cérébrale déterminée d'après la structure des six couches cellulaires qui la composent. — **Psychan.** *Aire intermédiaire,* syn. de ESPACE TRANSITIONNEL. — **Techn.** Espace situé entre les cercles d'une futaille.

2. AIRE n. f. (de *aire 1*). Nid de rapaces diurnes. (C'est une construction sommaire, souvent située en des lieux d'accès difficile.)

AIRE, riv. des confins de la Champagne et de la Lorraine ; 131 km. Née dans le Barrois, affl. de l'Aisne (r. dr.), elle longe l'Argonne.

Aire à La Bassée *(canal d'),* ou, parfois, **canal de La Bassée,** canal du nord de la France, section de la liaison fluviale Dunkerque-Valenciennes, entre Aire-sur-la-Lys et Bauvin (sur la Deûle, à l'E. de La Bassée).

AIREDALE-TERRIER [ɛrdɛl-] n. m. (pl. *airedale-terriers*) [de *Airedale,* n. pr.]. Race de terrier anglais à poil dur, qui est à la fois un chien d'agrément et un chien de chasse.

AIRELLE n. f. (du provenç. *aire,* du lat. *ater,* noir). Petite baie comestible portée par un sous-arbrisseau du genre *vaccinium.* (On distingue la *myrtille,* noire, et l'*airelle de Scandinavie,* rouge.)

AIRE-SUR-L'ADOUR (40800), ch.-l. de cant. du sud-est du département des Landes, aux confins de l'Armagnac, du Béarn et du Tursan ; 7 193 hab. *(Aturins).* Évêché (résidence à Dax). Cathédrale en partie romane. Église du Mas-d'Aire (sarcophages mérovingiens). Marché des volailles. Conserveries (foies gras). Constructions aéronautiques.

AIRE-SUR-LA-LYS (62120) ou **AIRE,** ch.-l. de cant. du Pas-de-Calais, en Flandre, sur la Lys ; 9 866 hab. *(Airois).* Elle fut acquise définitivement par Louis XIV en 1713. Églises St-Pierre (XVe-XVIIIe s.) et St-Jacques (XVIIe siècle). Maison du Bailliage (v. 1600). Industries alimentaires et textiles.

AIR MISS n. m. inv. (de l'angl. *miss,* erreur). Situation de deux avions en vol qui se trouvent à une distance inférieure à celle qui est prescrite par les règlements. (On dit aussi RAPPROCHEMENT HORS NORMES OU QUASI-COLLISION.)

AIROLO, village de Suisse (Tessin), à l'extrémité sud des tunnels ferroviaire et routier du Saint-Gothard ; 1 734 hab. Sports d'hiver.

AIRVAULT (79600), ch.-l. de cant. des Deux-Sèvres, sur le Thouet ; 3 254 hab. *(Airvaudais).* Église romane du début du XIIe s., anc. abbatiale (narthex à 2 étages ; voûtes angevines et clocher du XIIIe s.).

AIRY (*sir* George Biddell), astronome britannique (Alnwick, Northumberland, 1801-Londres 1892). Directeur de l'observatoire de Greenwich de 1835 à 1881, il a donné le premier la théorie complète de la formation de l'arc-en-ciel, et a développé l'hypothèse de l'*isostasie**.

AIS [ɛ] n. m. **1.** *Vx.* Planche ou planchette de bois. — **2.** Planchette ou plaque servant à séparer et à presser les volumes mis en presse.

AISANCE n. f. (lat. *adjacentia,* environs, pl. neutre de *adjacens,* pris pour un fém. sing.). **1.** Manière aisée, naturelle d'accomplir une action, en partic. de se comporter en société ; caractère des actions ainsi accomplies : *Avoir de l'aisance dans sa démarche.* — **2.** Situation de fortune assurant une vie matérielle confortable : *Vivre dans la gêne après avoir connu l'aisance.* — **3.** *Aisance de voirie,* ensemble des droits particuliers que les riverains des voies publiques exercent sur celles-ci. (Droit d'accès, droit de vue et droit d'écoulement des eaux [droit d'égouts].) ‖ *Donner de l'aisance à un vêtement,* le retoucher de telle sorte que la personne qui le porte ait plus de liberté de mouvement.

◆ **aisances** n. f. pl. Vx. *Cabinets* ou *lieux d'aisances,* toilettes, W.-C.

1. AISE n. f. (lat. pop. *adjacens,* de *adjacere,* être situé auprès). **1.** *Litt.* Contentement, satisfaction, joie : *Rougir d'aise.* — **2.** *Être, se sentir à l'aise, à son aise,* ne ressentir aucune gêne physique, être libre de ses mouvements : *Se sentir à l'aise dans un vêtement.* ‖ *Être, se sentir, mettre qqn à l'aise, à son aise,* dans l'état de qqn qui n'est soumis à aucune contrainte d'ordre psychologique ou intellectuel, qui peut agir, s'exprimer librement : *Il est à l'aise dans tous les milieux.* — **3.** Fam. *À l'aise,* facilement. ‖ *À votre aise,* comme vous voudrez, libre à vous (souvent ironiq.). ‖ *En parler à son aise,* s'exprimer sans tenir compte de la situation d'autrui. ‖ *En prendre à son aise,* se conduire avec désinvolture. ‖ *Être à l'aise,* avoir des moyens matériels suffisants pour vivre confortablement. ‖ *(Être) mal à l'aise, mal à son aise,* éprouver une impression de gêne physique ou psychologique. ‖ *Se mettre à l'aise,* dans une tenue qui ne cause aucune gêne.

◆ **aises** n. f. pl. *Aimer ses aises,* un certain bien-être matériel qui donne de l'agrément à l'existence. ‖ *Prendre ses aises,* s'installer confortablement qqpart avec plus ou moins de désinvolture.

2. AISE adj. (de *aise 1*). Litt. *Être bien aise, fort aise de qqch,* s'en réjouir : *Je suis bien aise de ce résultat.*

AISÉ, E adj. (de l'anc. fr. *aisier,* mettre à l'aise). **1.** Que l'on fait sans peine ; facile : *Un nom aisé à retenir.* — **2.** Se dit d'un comportement dégagé, qui n'a rien de gêné : *S'exprimer d'un ton aisé.* — **3.** Qui vit dans l'aisance : *Un industriel aisé.*

AISÉMENT adv. **1.** D'une manière qui n'exige aucun effort : *Soulever aisément une charge.* — **2.** Sans difficulté financière, largement : *Il vit aisément de sa retraite.*

AISNE, riv. du Bassin parisien, longue de 280 km et drainant un bassin d'environ 8 000 km². Née dans l'Argonne, l'Aisne passe à Sainte-Menehould, Vouziers, infléchit son cours vers l'O. en amont de Rethel, et, après avoir traversé Soissons, rejoint l'Oise (r. g.), qu'elle atteint, également plus au N., par le *canal de l'Oise à l'Aisne,* dans la banlieue nord de Compiègne. L'Aire (r. dr.) et la Vesle (r. g.) sont ses principaux affluents.

Aisne *(batailles de l'),* combats livrés, lors de la Première Guerre mondiale, sur les rives de l'Aisne, dans les régions de Soissons et de Berry-au-Bac, notamment pour la maîtrise du Chemin des Dames (1917 et mai 1918). En mai-juin 1940, l'Aisne constitua, avec la Somme, l'obstacle sur lequel Weygand choisit de résister à la deuxième phase de l'offensive allemande.

AISNE (02), dép. de la Région Picardie ; ch.-l. de dép. *Laon ;* ch.-l. d'arrond. *Château-Thierry, Saint-Quentin, Soissons, Vervins ;* 5 arrond. ; 42 cant. ; 817 comm. ; 7 369 km² ; 537 259 hab. Le dép. appartient à l'académie et à la cour d'appel d'Amiens, à la région militaire Nord-Est.
Il est formé de plateaux souvent limoneux (extrémité nord de la Brie, Valois, Vermandois, Soissonnais), où la grande culture (blé, betterave à sucre), dominante, est parfois associée à l'élevage bovin. Ces plateaux sont entaillés par des vallées (Marne, Aisne et Oise), domaines de cultures maraîchères et sites des principales villes (Saint-Quentin, Soissons), en dehors de Laon. La Thiérache, herbagère, constitue l'extrémité nord du dép. L'industrie est concentrée surtout dans la vallée de l'Oise (métallugie, verrerie et chimie) et à Saint-Quentin.

AISSAUGUE ou **ESSAUGUE** n. f. (provenç. *eissaugo*). Grande senne munie d'une manche dans son centre, et que tirent deux bateaux, ou un bateau et une équipe sur la rive.

AISSELIER n. m. (anc. fr. *aissele,* planche). Lien de renfort, souvent courbe, entre une pièce de charpente verticale ou oblique et une pièce horizontale.

AISSELLE n. f. (lat. pop. **axella*). **1.** Cavité située à la racine du bras, entre celui-ci et le thorax. (→ *encycl.*) — **2.** Angle aigu formé par un axe avec le pétiole d'une feuille. (C'est à l'aisselle des feuilles que naissent les rameaux, issus de bourgeons axillaires.)

ENCYCL. Le creux de l'aisselle, ou région axillaire, donne passage au paquet vasculo-nerveux du membre supérieur. Cette région peut être le siège d'adénopathies d'origine inflammatoire ou cancéreuse, d'adénophlegmons et d'abcès tubéreux (hidrosadénites).

AISSETTE n. f. Syn. de ASSE et de ASSEAU.

AÏSSOR n. m. Dialecte araméen parlé en Transcaucasie.

AISTOLF, ASTOLF ou **ASTHOLPHE,** roi des Lombards (749-756). Il chassa les Byzantins de l'exarchat de Ravenne et menaça Rome. Il fut battu, en 754 et 756, par le roi des Francs, Pépin le Bref, que le pape Étienne II avait appelé à l'aide.

AISY ou **AIZY** n. m. (mot dialect. du Jura). Dans l'est de la France, liquide acide obtenu par mûrissement spontané ou provoqué d'une recuite dans la fabrication traditionnelle du comté.

A.I.T., sigle de ASSOCIATION* INTERNATIONALE DES TRAVAILLEURS.

AITKEN (William), 1er baron **Beaverbrook** → BEAVERBROOK.

AÏTMATOV (Tchinguiz Torekoulovitch), écrivain kirghize (Cheker 1928). Ses récits lyriques posent les problèmes éthiques clés de la société soviétique (*Face à face,* 1957 ; *le Champ de la mère,* 1963 ; *Plakha* [« le Billot », en partie trad. en français sous le titre : *les Rêves de la louve*], 1986).

Aïtone *(forêt domaniale d'),* massif boisé de la Corse-du-Sud, à l'E. d'Évisa.

AÎTRES ou **ÊTRES** n. m. pl. (lat. *extera,* ce qui est à l'extérieur). *Litt.* Disposition des diverses parties d'une habitation.

AIUN (El-), oasis du Sahara occidental. Anc. ch.-l. de la région septentrionale du Sahara espagnol.

AIX *(île d')* [17123], île de l'Atlantique, constituant une comm. de la Charente-Maritime, au S. de La Rochelle ; 200 hab. Elle fut fortifiée par Vauban. Napoléon s'y embarqua pour se livrer aux Anglais. Musée napoléonien et africain.

AIX-D'ANGILLON (Les) [18220], ch.-l. de cant. du Cher, à 20 km au N.-E. de Bourges ; 2 178 hab.

AIX-EN-OTHE (10160), ch.-l. de cant. de l'Aube, à 32 km à l'O.-S.-O. de Troyes ; 2 277 hab. *(Aixois).* Bonneterie.

AIX-EN-PROVENCE, ch.-l. d'arrond. des Bouches-du-Rhône, au N. de la chaîne de l'Étoile, dans le *bassin d'Aix,* sur la rive droite de l'Arc ; 126 854 hab. *(Aixois).* Centre tertiaire (université, cour d'appel, archevêché, commerce et tourisme) et ville résidentielle plus qu'industrielle (confiserie, électronique). Station thermale pour les affections veineuses (phlébologie) et gynécologiques. Depuis 1948, festival de musique axé sur les grandes productions lyriques.
— **Hist.** Créée en 123 av. J.-C. *(Aquae Sextiae),* siège d'un archevêché, capitale du comté de Provence, ville universitaire (1409), Aix est devenue française en 1487.
— **Bx-arts.** Cathédrale St-Sauveur, romane et gothique (baptistère attenant en partie du Ve s. ; triptyque du *Buisson ardent* de N. Froment ; tapisseries flamandes). Églises St-Jean-de-Malte (XIIIe s.) et de la Madeleine (v. 1700 ; panneau de l'*Annonciation,* de 1443). Édifices publics et beaux hôtels particuliers des XVIIe s. et XVIIIe s. Musée des Beaux-Arts, dit *musée Granet,* dans l'anc. prieuré de Malte ; musée des Tapisseries dans l'anc. archevêché (tentures de Beauvais) ; musée Dobler dans le pavillon Vendôme ; autres musées, dont celui de l'atelier de Cézanne.

AIXE-SUR-VIENNE (87700), ch.-l. de cant. de la Haute-Vienne, à 11 km à l'O.-S.-O. de Limoges ; 5 667 hab. *(Aixois).*

AIX-LA-CHAPELLE, en all. **Aachen,** v. d'Allemagne (Rhénanie-du-Nord-Westphalie), près des frontières belge et néerlandaise ; 236 987 hab. À proximité de gisements charbonniers (houille et surtout lignite), centre administratif, commercial, culturel et industriel.
— **Hist.** Déjà cité romaine, Aix-la-Chapelle devint la résidence préférée de Charlemagne, qui fit construire la cathédrale, où ses restes ont été conservés. Elle resta le lieu traditionnel du couronnement du « roi des Romains ». Deux traités y furent signés, en mai 1668 et en oct. 1748 ; ils mirent fin aux guerres de Dévolution et de la Succession d'Autriche. Chef-lieu du département de la Roer à partir de 1794, la ville devint prussienne à partir de 1815. En 1818, un congrès européen tenu à Aix consacra la fin de l'occupation étrangère en France.
— **Bx-arts.** De l'ensemble palatial de Charlemagne subsistent la chapelle octogonale (consacrée en 805) et la « salle du couronnement », devenues respectivement le noyau de la cathédrale (important trésor) et celui de l'hôtel de ville, tous deux gothiques. Musées, dont le musée municipal Suermondt (peintures néerlandaises, sculptures, objets d'art) et la Nouvelle Galerie (art contemporain).

AIX-LES-BAINS (73100), ch.-l. de cant. de la Savoie, sur le lac du Bourget, à 260 m d'alt. ; 24 826 hab. *(Aixois).* Centre touristique. Constructions mécaniques et électriques. Importante station thermale pour les rhumatismes. Vestiges romains. Mairie dans un château du XVIe s. Musée archéologique dans les restes d'un temple de Diane (IIe s.) ; musée du Docteur-Faure.

AIXOIS, E adj. et n. D'Aix-en-Provence, Aix-les-Bains, etc.

AIZENAY (85190), comm. de la Vendée, à 15 km au N.-O. de La Roche-sur-Yon ; 5 375 hab. *(Agésinates).*

AIZOACÉE n. f. (gr. *aeidzôon,* plante vivace). Plante des déserts et des zones arides, très charnue et courte, pouvant ressembler à un caillou (genre *lithops*), mais qui porte pendant quelques jours des fleurs aux vives couleurs. (Les *aizoacées* forment une famille.)

AIZOS, peuple du Bénin (plus de 180 000 représentants).

AIZU-WAKAMATSU, v. du Japon, dans l'île de Honshū ; 115 000 hab.

AIZY → AISY.

AJACCIO, ch.-l. de la Région Corse et du dép. de la Corse-du-Sud, sur la côte occidentale de l'île *(golfe d'Ajaccio) ;* 59 318 hab. *(Ajacciens).* Au rôle administratif s'est ajoutée la fonction commerciale et touristique (port de voyageurs, aéroport de Campo dell'Oro). Rectorat. Cathédrale de la seconde moitié du XVIe s. Musée municipal Fesch (peinture, dont 1 200 tableaux des écoles italiennes). Musée napoléonien.

AJAṆṬĀ *(monts),* montagnes de l'Inde, formant la limite septentrionale du Deccan. Site archéologique célèbre : 30 vihāra et caitya creusés dans une falaise abrupte du IIe s. av. J.-C. au IIe s. apr. J.-C., et entre les Ve et VIIe s., caractérisent l'évolution de l'architecture et de la sculpture rupestres bouddhiques. Les peintures pariétales sont d'une beauté exceptionnelle.

AJAR (Émile), pseudonyme littéraire de Romain Gary.

AJAX, nom de deux héros grecs de la guerre de Troie. — **Ajax,** fils d'Oïlée, roi des Locriens, qui combattit contre Troie et y enleva la prêtresse Cassandre. Poséidon l'engloutit dans une tempête. — **Ajax,** fils de Télamon, roi de Salamine. Après la mort d'Achille, il disputa les armes du héros à Ulysse. La folie d'Ajax inspira à Sophocle une tragédie (*Ajax,* v. 445 av. J.-C.).

AJISTE adj. et n. (du sigle *A. J.*). Qui appartient au mouvement des Auberges de la jeunesse.

AJJER *(tassili des),* massif d'Algérie, dans le Sahara central, flanquant le Hoggar vers le nord. Des vestiges néolithiques (peintures et gravures rupestres) attestent une occupation de la région à une époque moins aride, du VIe au IIe millénaire.

AJMALICINE n. f. Syn. de RAUBASINE.

AJMALINE n. f. Alcaloïde isolé des racines de *Rauwolfia serpentina,* utilisé dans le traitement des troubles cardiaques.

AJMER, v. de l'Inde (Rājasthān) ; 401 930 hab. Textiles. Fondée v. 1100 apr. J.-C., la ville abrite le mausolée du saint soufi Mu'īn al-dīn Tchichtī († 1236), qui introduisit en Inde le soufisme de l'ordre Tchichtiyya. Mosquées et autres monuments des XIIe-XVIIe s. Musée dans le fort d'Akbar (fin du XVIe s.).

AJOITE n. f. (de *Ajo,* n. pr.). Silicate hydraté de cuivre et d'aluminium.

AJONC [aʒɔ̃] n. m. (préroman **ajaugone,* avec infl. de *jonc*). Arbuste (papilionacée) extrêmement épineux des landes bretonnes et atlantiques, aux nombreuses fleurs d'un jaune éclatant.

AJOUR n. m. (de *à* et *jour*). **1.** Petite ouverture, motif d'ornementation percé à jour. — **2.** En broderie, syn. de JOUR.

AJOURAGE n. m. Réalisation d'un décor ajouré par découpage de la pâte céramique encore molle.

AJOURER v. t. (de *à* et *jour*) [conj. 3]. Ménager, dans un ouvrage d'architecture, une pièce de lingerie, etc., des parties évidées de caractère ornemental.

◆ **être ajouré** v. pass. **1.** Avoir des ajours, des ouvertures : *La flèche ajourée de l'église.* — **2.** En héraldique, se dit d'édifices dont les fenêtres sont d'un émail différent. — **3.** *Mailles ajourées,* mailles très lâches d'un tissu ou d'un tricot.

AJOURNABLE adj. Qui peut être ajourné.

AJOURNÉ, E n. Candidat ajourné à un examen.
◆ **ajourné** n. m. Jeune homme dont l'aptitude au service national doit être réexaminée.

AJOURNEMENT n. m. **1.** Action d'ajourner qqn, qqch. — **2.** Décision prise par une assemblée délibérante de renvoyer à une date ultérieure la discussion d'un texte de loi, la tenue d'un débat, etc. — **3.** Décision de renvoi à un nouvel examen médical d'aptitude au service national des jeunes gens qui ne peuvent être momentanément déclarés aptes ou exemptés. — **4.** *Ajournement de peine,* faculté, pour un tribunal correctionnel qui a déclaré un prévenu coupable, d'ajourner le prononcé de la peine, à une triple condition : reclassement acquis, dommage réparé, trouble supprimé.

AJOURNER v. t. (de *jour*) [conj. 3]. **1.** Renvoyer une action à un autre jour, à plus tard ; différer, reporter : *Ajourner une réunion à quinzaine.* — **2.** Renvoyer un candidat à une session ultérieure d'un examen, un jeune homme à un nouvel examen médical d'aptitude.

AJOUT ou **AJOUTÉ** n. m. Addition faite à qqch, en partic. à un texte.

AJOUTE n. f. En Belgique, ajout.

AJOUTER v. t. (anc. fr. *joster,* réunir, du lat. pop. **juxtare,* de *juxta,* près de) [conj. 3]. **1.** Additionner une quantité avec une autre : *Ajouter mille francs à la somme.* — **2.** Joindre qqch à ce qui existait déjà, le mettre en plus : *Ajouter un chapitre à un livre.* — **3.** Dire en plus de ce qui a déjà été dit : *Il ajouta qu'il ne voulait plus être dérangé.* — **4.** *Ajouter un mot,* dire qqch de plus. ‖ *Ajoutez à cela que,* considérez de plus que.
◆ v. t. ind. Augmenter un état, le rendre plus intense ; accroître : *Ces mesures n'ont fait qu'ajouter au désordre.*
◆ **s'ajouter** v. pr., **être ajouté** v. pass. Venir en plus de qqch : *Cet échec s'ajoute aux précédents.*

AJUSTABLE adj. Qui peut être ajusté.

AJUSTAGE n. m. **1.** Opération ayant pour but de donner à une pièce la dimension exacte qu'elle doit avoir pour s'assembler correctement avec une autre ; résultat de cette action. — **2.** Opération par laquelle on met les lames, dans lesquelles seront découpés les flans monétaires, à l'épaisseur devant donner à ceux-ci le poids légal.

AJUSTEMENT n. m. Action d'adapter qqch à qqch : *L'ajustement des salaires au coût de la vie.* • **Écon.** Opération qui vise à équilibrer un compte économique en ajoutant aux données comptabilisées une ligne correspondant aux erreurs et omissions. — **Mécan.** Degré de liberté ou de serrage entre deux pièces assemblées, l'une extérieure, le contenant, ou élément femelle (tel qu'un alésage), l'autre intérieure, le contenu, ou élément mâle (un arbre, par exemple). [→ *encycl.*] — **Stat.** Remplacement, dans une série de données, des valeurs observées par d'autres, obtenues par la théorie, ce qui permet de donner une représentation (graphique ou analytique) de la loi de variation du phénomène étudié. (→ *encycl.*) — **Topogr.** Procédé simplifié de calcul du canevas topographique, qui permet d'obtenir une détermination homogène des points d'un levé.

ENCYCL. **Mécan.** Si la dimension de l'élément mâle est inférieure à celle de l'élément femelle, on dit que l'ajustement a du jeu. Dans le cas contraire, le jeu est négatif : l'ajustement a du serrage. Dans l'*ajustement libre,* le contenant a pour unique fonction de recevoir le contenu. Dans l'*ajustement tournant,* une pièce doit se mouvoir dans une autre, bien guidée, sans heurts, mais avec toute sécurité de fonctionnement.

Dans l'*ajustement glissant,* chaque pièce doit avoir, par rapport à l'autre, une position exactement fixée. L'*ajustement bloqué* (avec un léger serrage) convient à un assemblage de pièces solidement fixées, mais qui doit être démontable. L'*ajustement serré* présente un serrage, plus ou moins important, suivant le degré de solidité demandé à l'assemblage.
— **Stat.** L'ajustement consiste à rechercher si, sur un graphique, les points représentatifs de la série statistique semblent s'aligner selon une portion de courbe, et à déterminer quelle est la courbe qui traduit le mieux la liaison supposée entre ces différents points représentatifs. Un des principaux procédés est la méthode des moindres carrés.

AJUSTER v. t. (de *juste*) [conj. 3]. **1.** Adapter parfaitement qqch à qqch : *Ajuster un pantalon aux mesures du client. Ajuster une théorie aux faits.* — **2.** Arranger avec soin un élément de sa toilette : *Ajuster sa cravate.* — **3.** Prendre pour cible qqch, un animal, qqn ; viser : *Ajuster un lapin et tirer.* — **4.** *Ajuster son coup, son tir,* le régler de manière à atteindre son but. • **Cout.** Réduire l'ampleur d'un vêtement en reprenant les coutures. — **Équit.** *Ajuster les étriers,* régler la longueur des étrivières. ‖ *Ajuster les rênes,* les raccourcir pour prendre un contact léger avec la bouche du cheval. — **Mécan.** Faire un ajustage. — **Stat.** Procéder à un ajustement.
◆ **être ajusté** v. pass. En parlant d'un vêtement, être cintré, serré à la taille.

AJUSTEUR n. m. (de *ajuster*). **1.** Ouvrier capable d'exécuter à la main diverses opérations d'usinage, généralement unitaires. — **2.** *Ajusteur outilleur,* ajusteur spécialisé dans la mise au point des calibres, moules, outillages et montages de fabrication.

AJUSTURE n. f. Concavité ménagée au fer à cheval pour qu'il s'adapte au pied.

AJUTAGE n. m. (de *ajuster*). Dispositif s'adaptant à l'extrémité d'une canalisation et destiné à modifier l'écoulement du fluide qui s'en échappe.

AKABA → 'AQABA *(al-)*.

AKADEMGORODOK, v. de Russie, en Sibérie ; 60 000 hab. À 30 km au S.-E. de Novossibirsk, édifiée à partir de 1958 pour les chercheurs, sur l'Ob, la « cité des savants » est le siège de la section sibérienne de l'Académie des sciences de Russie, qui a pour mission d'étudier les conditions de la mise en valeur accélérée de la Sibérie.

AKADEMII *(chaîne des)* ou **ACADÉMIE DES SCIENCES** *(chaîne de l'),* chaîne montagneuse du Tadjikistan (7 495 m au pic du Communisme).

Akālī Dal, parti politique indien régionaliste et conservateur, fondé en 1920 par des sikhs.

AKAN n. m. Langue kwa parlée par environ 5 millions de locuteurs, au Ghana et à l'est de la Côte-d'Ivoire. (Syn. TWI.)

Akanānūru, l'un des recueils poétiques tamouls, de nature intimiste, du *Sangam* (IVe-IXe s.).

AKASHI, v. du Japon, dans le sud de Honshū, à l'O. de Kōbe ; 270 722 hab. Industries chimiques et textiles. Moteurs.

AKATHISIE n. f. (gr. *kathisis,* action de s'asseoir). Impossibilité de rester assis qu'éprouvent certains sujets atteints de névralgies, de myoclonies ou d'un syndrome parkinsonien.

AKBAR (Djalāl al-Dīn Muḥammad) [Umarkot, Sind, 1542-Āgrā 1605], 3e empereur moghol de l'Inde (1556-1605). Il consacra toute son existence à agrandir un empire qui, à sa mort, s'étendait du Baloutchistan au Bengale et à la rivière Godāvari, au sud. Son Premier ministre, l'historien Abū al-Faḍl, l'aida à administrer strictement ses possessions selon un système dont hériteront ses successeurs puis les Anglais. Il reconnut le caractère composite de la société indienne et s'attacha la coopération des hindous. En 1581, il fonda une religion, la Dīn-i Ilāhī (« Divine Foi »), ce qui suscita des rébellions. La gloire de son règne tint à l'élaboration, sur une base persane, d'une culture moghole. Akbar mourut sans doute empoisonné par son fils Salīm, le futur Djahāngīr.

AKBOU, v. d'Algérie, sur la Soummam, au S.-O. de Bejaia ; 41 900 hab. Marché.

AKÈNE ou, rare, **ACHAINE** [akɛn] n. m. (lat. sc. *achena,* du gr. *khainen,* s'ouvrir). Fruit sec indéhiscent contenant une seule graine, n'adhérant pas au péricarpe.

AKERMANITE n. f. (de *Åkerman,* n. d'un métallurgiste suédois). Silicate naturel de magnésium et de calcium.

AKESSON (Birgit), danseuse et chorégraphe suédoise (Malmö 1908). Élève de Mary Wigman, elle élabore un style de danse moderne très personnel. Chorégraphe, elle collabore avec le Ballet royal suédois et est cofondatrice, en 1964, de l'Institut chorégraphique de Stockholm.

AKHAS, population montagnarde dispersée en haute Birmanie, au Yunnan (Chine), dans le N. du Laos et de la Thaïlande.

AKHDARIA (El-), anc. **Palestro,** puis **Lakhdaria,** v. d'Algérie, en Kabylie ; 28 200 hab. Centre de télécommunications spatiales.

AKHELÔOS → Achéloos.

AKHENATON, 10e roi de la XVIIIe dynastie égyptienne (1372-1354 av. J.-C.). Ce nom (« Celui qui plaît à Aton ») fut pris par Aménophis IV, en l'an 4 de son règne, lorsqu'il accomplit sa réforme religieuse et politique. Mystique, cherchant aussi à ruiner la place prépondérante prise par le clergé thébain d'Amon dans la vie de l'État, il instaura le culte unique d'Aton, dieu solaire, figuré par un disque d'or lumineux. Devant l'opposition du clergé d'Amon, Akhenaton abandonna Thèbes et fonda une nouvelle capitale, Akhetaton, l'actuelle Amarna*.

AKHETATON (« Horizon d'Aton »). Nom égyptien de l'antique Amarna.

AKHISAR, v. de Turquie, au N.-E. d'Izmir ; 60 000 hab. Ce fut la Thyateira de l'Antiquité.

AKHMATOVA (Anna Andreïevna Gorenko, dite), poétesse soviétique (Odessa 1889-Moscou 1966). Veuve du poète anarchiste Goumilev, fusillé en 1921, elle fut l'un des principaux représentants de l'acméisme*. Passant d'un lyrisme mystique (*Rosaire,* 1914), intimiste (*Anno Domini MCMXXI,* 1922), à un art plus classique (*Roseau,* 1924-1940), aux accents patriotiques (*Vent de guerre,* 1942-1944), rangée parmi les « décadents » de la littérature, puis exclue en 1946 de l'Union des écrivains soviétiques, elle fut réhabilitée après la mort de Staline. On lui doit encore une anthologie (*Vers lyriques,* 1961) et un recueil introspectif (*Poème sans héros,* 1963).

AKHṬAL (al-), poète arabe (Ḥīra ou Ruṣāfa de Syrie v. 640-Kūfa v. 710). Chrétien nestorien, auteur de panégyriques et de satires, il fut célèbre par sa rivalité avec Djarīr.

AKIBA → Aqiba.

AKIHITO, empereur du Japon (Tōkyō 1933). À la mort de son père Hirohito (1989), il lui succède et inaugure l'ère Heisei (« Accomplissement de la paix »).

AKINARI (Ueda Akinari, dit), écrivain japonais (Ōsaka 1734-Kyōto 1809). Après des débuts littéraires marqués par des romans au style ironique et frivole, inspiré de Saikaku, il se consacra à l'étude de la littérature japonaise ancienne et à des travaux d'érudition (*Poudre d'or,* 1804) et de critique (*Notes téméraires et circonspectes,* 1808). Avec ses *Contes de pluie et de lune* (1776), il a donné une forme classique aux légendes fantastiques traditionnelles.

AKINÉSIE ou **ACINÉSIE** n. f. Signe majeur du syndrome parkinsonien, qui se traduit par la rareté du geste, la difficulté de la mise en route, la perte du balancement du bras au cours de la marche. (L'akinésie est consécutive à la perte de l'activité motrice automatique, tout mouvement pour être exécuté devant être conçu volontairement.)

AKINÉTIQUE ou **ACINÉTIQUE** adj. et n. **1.** Relatif à l'akinésie ; atteint d'akinésie. — **2.** Se dit d'une substance qui immobilise un muscle ou un organe.

AKINTOLA (Samuel Ladoke), homme politique nigérian (Ogbomosho 1910-Ibadan 1966). Premier ministre du Nigeria-Occidental en 1960, fondateur (1962) du parti national démocratique nigérian, il fut assassiné pendant le coup d'État du général Ironsi (1966).

AKITA, v. du Japon, ch.-l. de préf., dans le nord de Honshū ; 302 362 hab. Centre industriel.

AKJOUJT, localité de Mauritanie, ch.-l. de cercle ; 2 500 hab. Gisement de cuivre.

AKKAD ou **AGADÉ,** cité, État et dynastie de basse Mésopotamie (v. 2325-2160 av. J.-C.). Sargon dit l'Ancien, officier du roi de Kish (cité sumérienne à l'est de Babylone), se révolta contre son maître et, à la tête d'une troupe de nomades sémites, fonda la cité-État d'Akkad. Après avoir vaincu le roi sumérien d'Oumma, Lougal-zagesi, il imposa sa domination au pays de Sumer, à l'Élam, aux pays situés à l'est du Tigre, à l'Assyrie et s'avança jusqu'en Syrie et en Anatolie. La fin du règne de Sargon se passa à réprimer les incessantes révoltes des peuples soumis. Ses deux fils, Rimoush et Manishtousou, durent faire face aux mêmes problèmes. Narām-Sin (v. 2225-2185) rétablit le prestige du royaume de Sargon l'Ancien. L'assassinat de Sharkali-sharri (v. 2160) marqua le déclin de la puissance akkadienne, qui s'effondra sous les coups de barbares venus du Zagros, les Goutis.

AKKADIEN, ENNE adj. et n. Du pays d'Akkad.
◆ **akkadien** n. m. Langue sémitique ancienne, utilisée en Mésopotamie à partir du IIIe millénaire av. J.-C. (Influencé par le sumérien, l'akkadien s'écrivait en caractères cunéiformes. Au IIe millénaire, il se scinda en deux dialectes, l'assyrien et le babylonien. Il fut supplanté par l'araméen à la fin du VIe s. av. J.-C.)
ENCYCL. C'est à Suse, et non en Mésopotamie, qu'ont été exhumés les témoignages les plus importants de l'art akkadien, emportés comme butin par un roi élamite au cours d'un raid exécuté en Babylonie v. 1200 av. J.-C. ; le chef-d'œuvre en est la *stèle de Narām-Sin,* au Louvre. Ces monuments s'écartent de l'art sumérien par des qualités d'équilibre, de clarté et d'élégance qui se sont transmises aux œuvres des époques néosumérienne et babylonienne.

AKKERMAN, anc. nom de Belgorod-Dnestrovski.

AKKO → Acre (Israël).

AKKOYUNLU, en turc « Ceux du Mouton Blanc », fédération de tribus turkmènes de haute Mésopotamie (XIVe s.-déb. du XVIe s.).

AKLAVIK, village du Canada (Territoires du Nord-Ouest), sur l'estuaire du Mackenzie ; 780 hab. Centre administratif des Esquimaux de l'Arctique occidental. Base aérienne.

AKMOLA, jusqu'en 1961 **Akmolinsk** et de 1961 à 1991 **Tselinograd,** v. du Kazakhstan, au N.-O. de Karaganda ; 277 000 hab. Nœud ferroviaire. Centre industriel.

AKOLA, v. de l'Inde (Mahārāshtra), au N.-E. des monts Ajaṇṭā ; 327 946 hab. Marché du coton.

AKOSOMBO, site du Ghana, sur la Volta. Barrage et retenue (lac Volta) de plus de 8 000 km². Centrale électrique.

AKOUMAPÉ, localité du Togo méridional. Extraction de phosphates.

AKOUTA, gisement d'uranium du Niger, dans l'Aïr.

AKOUTA ou **AKOUTENG,** chef tatar (1069-1123) qui fut le premier empereur de la dynastie chinoise Jin (1115-1123).

AKRITAS [-tas] n. m. (pl. *akritai* [-taj]) [gr. byz. *akritas*]. Soldat-paysan, défenseur des frontières de l'Empire byzantin. (Syn. ACRITE.)

AKRON, v. des États-Unis (Ohio), au S. de Cleveland ; 223 019 hab. Premier centre mondial de l'industrie du caoutchouc. Industries aéronautiques et mécaniques.

AKSAKOV (Serguei Timofeïevitch), écrivain russe (Oufa 1791-Moscou 1859). Il a donné une évocation de la nature russe et un tableau réaliste des mœurs du XVIIIe s. dans ses récits (*la Chronique de famille,* 1856). — Son fils IVAN SERGUEÏEVITCH (Nadejdino 1823-Moscou 1886), fondateur de journaux et de revues, fut un des champions du panslavisme.

AKSELROD ou **AXELROD** (Pavel Borissovitch), militant révolutionnaire russe (? 1850-Berlin 1928). Il rompit avec les populistes au nom du marxisme et quitta la Russie pour la Suisse avec Vera Zassoulitch et Plekhanov, où ils fondèrent le groupe « Libération du travail » en 1883.

AKSIONOV ou **AXIONOV** (Vassili Pavlovitch), écrivain russe (Kazan 1932), auteur de romans à succès sur la jeunesse pendant la période du « dégel » (*Billet pour les étoiles,* 1961), et de récits satiriques sur les intellectuels russes (*Notre ferraille en or,* 1978).

AKSOUM ou **AXOUM,** v. d'Éthiopie, dans le Tigré. Elle fut la capitale du florissant royaume du même nom dont l'existence paraît s'étendre du Ier au IXe s. de notre ère. Parmi les vestiges archéologiques : hautes stèles érigées dans les premiers siècles de notre ère.

AKTIOUBINSK, en kazakh **Aktobe,** v. du Kazakhstan, au S. de l'Oural ; 253 000 hab. Métallurgie. Chimie.

AKURE, v. du Nigeria, cap. de l'État d'Ondo, à l'E. d'Ibadan ; 71 000 hab.

AKUREYRI, port de la côte nord de l'Islande ; 8 200 hab. Textile. Laiterie.

AKUTAGAWA RYŪNOSUKE, écrivain japonais (Tōkyō 1892-*id.* 1927). Styliste érudit et virtuose (*le Nez,* 1916), auteur de contes inspirés de la littérature *kirishitan* (chrétienne) du XVIe s., de légendes populaires et des grandes œuvres classiques (*la Porte Rashōmon,* 1915, *Figures infernales,* 1920), il analysa, dans ses nouvelles (*les Kappa, l'Engrenage,* 1927), la montée de la folie qui devait le mener au suicide.

AKVAVIT → AQUAVIT.

AKYAB → SITTWE.

al, abrév. de ANNÉE DE LUMIÈRE ou ANNÉE-LUMIÈRE.

Al, symbole chimique de l'*aluminium*.

'ALĀ' AL-DĪN ou **ALÂEDDIN KHALDJĪ,** sultan de Dihlī (Delhi) [1296-1315].

'ALĀ' AL-DĪN MUḤAMMAD IBN TEKICH, souverain du Khārezm (1200-1220). Il porta à son apogée l'empire des Khārezm Chāh, qui fut anéanti par les Mongols (1220).

ALABAMA, riv. du sud des États-Unis, coulant dans l'État du même nom, longue de 508 km.

ALABAMA, État du sud des États-Unis ; 133 915 km² ; 4 040 587 hab. Cap. *Montgomery.* La monoculture du coton a reculé au profit de cultures, souvent associées (soja, maïs) à un élevage diversifié, aujourd'hui dominant. L'industrie (métallurgie, textile, chimie) est présente surtout à Birmingham, Mobile et Montgomery.

Alabama *(affaire de l'),* différend qui opposa les États-Unis et la Grande-Bretagne à propos de la neutralité de cette dernière pendant la guerre de Sécession. Son règlement (1872) constitua le premier arbitrage entre deux grands États par une juridiction collégiale.

ALABANDITE ou **ALABANDINE** n. f. (de *Alabanda,* n. pr.). Sulfure de manganèse naturel (MnS), qui appartient au système cubique.

ALABASTRITE n. f. (lat. *alabastrum,* albâtre). Albâtre gypseux.

ALABASTRON ou **ALABASTRE** n. m. (lat. *alabastrum,* vase d'albâtre, du gr. *alabastros*). Flacon antique à parfum, en albâtre, puis en céramique ou en verre.

ALACA ou **ALACAHÖYÜK,** localité de Turquie, en Anatolie (prov. de Çorum). Riche nécropole princière des XXIVe-XXIIe s. av. J.-C., recouverte par les vestiges d'une ville hittite.

ALACRITÉ n. f. (lat. *alacritas,* vivacité). *Litt.* Gaieté vive, entraînante.

ALADAĞ, nom de plusieurs massifs montagneux de Turquie, dont le point culminant du Taurus central (3 734 m), et un massif volcanique de l'Arménie (3 519 m).

Aladin ou la Lampe merveilleuse, conte des *Mille et Une Nuits.*

ALAGNON, riv. d'Auvergne, affl. de l'Allier (r. g.) ; 80 km. Gorges.

ALAGOAS, État du nord-est du Brésil ; 28 000 km^2 ; 2 512 515 hab. Cap. *Maceió.*

ALAGUEZ, massif volcanique d'Arménie ; 4 090 m au pic Aragats.

ALAÏ, chaîne de montagnes de l'Asie moyenne (Ouzbékistan principalement), au-dessus du Fergana et appartenant au système montagneux du Pamir ; 5 539 m.

ALAIN de Lille, en lat. **Alanus ab insulis** (Lille entre 1115 et 1128-Cîteaux 1202), dit *le Docteur universel* à cause de son immense savoir. Il fut un théologien de tendance platonicienne.

ALAIN (Émile CHARTIER, dit), philosophe français (Mortagne-au-Perche 1868-Le Vésinet 1951). Il est l'auteur d'une philosophie humaniste qui a servi de référence à l'enseignement français. Ses idées s'expriment notamment dans les *Propos d'Alain* (1908-1920).

ALAIN, famille de compositeurs et interprètes français. — JEHAN (Saint-Germain-en-Laye 1911-tué près de Saumur 1940), organiste et compositeur, a écrit pour l'orgue *(Chorals, Variations sur un thème de Janequin, Litanies),* le piano *(Suite monodique)* et la voix *(Prière pour nous autres charnels).* — MARIE-CLAIRE, organiste (Saint-Germain-en-Laye 1926), sœur du précédent, a réalisé l'enregistrement intégral de l'œuvre d'orgue de Bach, Händel et Grigny.

ALAIN-FOURNIER (Henri Alban FOURNIER, dit), écrivain français (La Chapelle-d'Angillon, Cher, 1886-bois de Saint-Rémy, Hauts de Meuse, 1914). Son roman-rêve, *le Grand* Meaulnes* (1913), marque son refus du réalisme et du psychologisme, tandis que sa *Correspondance* (1926-1928) avec Jacques Rivière témoigne de son évolution littéraire et artistique.

ALAINS, ancien peuple barbare originaire de la Caspienne, où il constitua longtemps un empire. Les Alains, chassés de leur pays par les Huns vers 375, envahirent la Gaule en 406. Certains y restèrent, d'autres s'établirent en Espagne (à partir de 409) ou suivirent les Vandales en Afrique.

ALAIRE adj. (lat. *ala,* aile). **1.** Relatif à l'aile ; en forme d'aile. — **2.** *Charge alaire,* masse que supporte une aile d'avion par unité de surface.

ALAIS → ALÈS.

ALAISE ou **ALÈSE** n. f. (de *la* et anc. fr. *laze,* largeur, du lat. *latus,* large). **1.** Drap replié en quatre placé sous le siège des alités pour protéger le drap de dessous. — **2.** Pièce de caoutchouc ou d'étoffe doublée de caoutchouc que l'on place sous le drap de dessous d'un lit pour protéger le matelas. — **3.** Petite pièce de bois fixée sur le chant d'une menuiserie ou d'un panneau.

ALAISE, ancienne commune du Doubs, aujourd'hui fusionnée avec Éternoz. Certains archéologues ont cru y voir le site d'Alésia.

ALAJOUANINE (Théophile), médecin français (Verneix, Allier, 1890-Paris 1980). Titulaire de la chaire de clinique neurologique de la Salpêtrière, il a étudié notamment les atrophies cérébelleuses et l'aphasie.

ALAJUELA, v. du Costa Rica, ch.-l. de prov., sur le Plateau central ; 40 000 hab.

ALAKALUFS, ethnie amérindienne qui habitait les archipels du Chili méridional et l'ouest de la Terre de Feu.

ALALAH, cité du bas Oronte. Des fouilles y ont livré des archives en akkadien, qui montrent, sous la domination de dynasties ouest-sémitiques, l'accroissement de l'influence des Hourrites. (C'est l'actuel *tell Atchana*).

ALAMÁN (Luca), homme politique et historien mexicain (Guanajuato 1792-Mexico 1853). Plusieurs fois ministre, il est surtout l'auteur d'une *Histoire du Mexique depuis 1808* (1849-1852).

ALAMANNIE ou **ALÉMANNIE,** territoire du royaume de Germanie, devenu duché, qui s'étendait, au Xe s., sur les deux rives du Rhin, en Souabe, en Suisse et en Bourgogne. En 1096, le duché disparut. Son nom se transforma dans le mot français *Allemagne.*

ALAMANS (en lat. Alamanni ou Alemanni), confédération guerrière de tribus germaniques. Établis au début du IIIe s. sur la rive droite du Rhin, entre le Main et le lac de Constance, les Alamans furent refoulés de l'Empire romain aux IIIe et IVe s., mais pénétrèrent en force en Lyonnaise, en Alsace et jusque dans le Palatinat après 454. Leur progression fut arrêtée à Zülpich (bataille de Tolbiac, 496) par les Francs du Rhin, puis brisée en Alsace par Clovis (v. 496 ou 506). Ils furent dès lors soumis aux Francs (sauf de la fin du VIIe s. à 712).

ALAMBIC n. m. (ar. *al-anbīq,* du gr. *ambiks, -ikos,* vase). Appareil servant à la distillation, composé d'une chaudière (cucurbite) soumise à chauffage et d'où les vapeurs se dégagent par le chapiteau, puis passent par un col-de-cygne pour gagner le réfrigérant formé par un serpentin refroidi par de l'eau.

ALAMBIQUÉ, E adj. (de *alambic*). Qui recherche une subtilité excessive ; qui est trop raffiné, contourné : *Un style alambiqué.*

ALAMEIN (El-), localité d'Égypte, à 100 km à l'O. d'Alexandrie. En juillet 1942, elle marqua l'avance extrême des forces de Rommel vers le canal de Suez. La position d'El-Alamein servit de base de départ à la VIIIe armée de Montgomery lors de son offensive victorieuse du 23 octobre suivant.

ALAMOSITE n. f. Silicate naturel de plomb.

ALANBROOKE (Alan Francis BROOKE, *vicomte*), maréchal britannique (Bagnères-de-Bigorre 1883-Hartley Wintney, Hampshire, 1963), chef d'état-major impérial de 1941 à 1946.

ÅLAND, nom suédois de l'archipel et de la province finlandais d'Ahvenanmaa.

ALANDIER n. m. (de *landier*). Foyer placé à la base d'un four et servant à produire la chaleur nécessaire à la cuisson des céramiques.

ALANGUIR v. t. (de *languir*) [conj. 32]. Mettre qqn dans un état de langueur, d'abattement, de mollesse : *Cette chaleur lourde m'alanguit.*

◆ **s'alanguir** v. pr., **être alangui** v. pass. 1. *Litt.* Tomber, être dans un état d'abattement, de faiblesse. — 2. Être dans un état de langueur amoureuse : *Un regard qui s'alanguit.*

ALANGUISSEMENT n. m. *Litt.* État de qqn qui tombe en langueur.

ALANINE n. f. (de *al* [*déhyde*]). Aminoacide simple, glucoformateur, dont le catabolisme aboutit à la formation d'acide oxalo-acétique ou d'acide pyruvique.

ALAOTRA, lac de Madagascar, au N.-O. de Toamasina, ayant pour émissaire le Maningory, qui se jette dans l'océan Indien. Rizières.

ALAOUITES → 'ALAWĪTES et ANṢARIYYA.

ALARCÓN Y ARIZA (Pedro Antonio DE), écrivain espagnol (Guadix 1833-Madrid 1891). Sa nouvelle *le Tricorne* (1874) inspira à Manuel de Falla un célèbre ballet.

ALARCÓN Y MENDOZA (Juan Ruiz DE) → RUIZ DE ALARCÓN Y MENDOZA.

ALARIA n. f. (lat. *alarius*, de *ala* aile). Algue brune marine du groupe des laminaires.

ALARIC Ier (delta du Danube v. 370-Cosenza 410), roi wisigoth de 396 à 410. Il ravagea les pays balkaniques et envahit l'Italie. Le sac de Rome par ses troupes en 410 eut un immense retentissement dans l'Empire romain d'Occident. — **Alaric II,** roi des Wisigoths (484-507). Il fut vaincu et tué par Clovis en 507 à la bataille de Vouillé. Il avait promulgué en 506 le *Bréviaire* d'Alaric.*

ALARMANT, E adj. Qui est de nature à causer une vive inquiétude ; angoissant : *Une nouvelle alarmante.*

ALARME n. f. (ital. *all'arme !*, aux armes !). 1. Signal pour prévenir de la présence d'un danger : *C'est le gardien qui a donné l'alarme.* — 2. *Litt.* Inquiétude causée par l'approche d'un danger : *Une population en alarme.* — 3. *Réaction d'alarme,* manifestation comportementale que l'animal effectue en réaction à la présence immédiate d'une source de danger pour lui ou ses congénères. ‖ *Signal d'alarme,* dispositif mis à la portée des voyageurs pour provoquer, en cas de danger, d'accident, l'arrêt d'un train en marche. ‖ *Tirer la sonnette, le signal d'alarme,* avertir d'un danger menaçant.

ALARMER v. t. (conj. 3). Plonger qqn dans l'inquiétude, la crainte : *Cet incident a alarmé la population.*

◆ **s'alarmer** v. pr., **être alarmé** v. pass. Éprouver une vive inquiétude à propos de qqch : *Il n'y a pas lieu de s'alarmer de ce retard.*

ALARMISME n. m. Tendance à être alarmiste.

ALARMISTE adj. et n. Qui répand des bruits propres à inquiéter la population.

◆ adj. Qui est de nature à alarmer l'opinion : *Les prévisions alarmistes des journalistes.*

ALASKA, État des États-Unis, à l'extrémité nord-ouest de l'Amérique du Nord ; 1 530 000 km^2 ; 550 043 hab. *(Alaskiens).* Cap. *Juneau.*

— **Géogr.** Plus vaste État de la Fédération (presque trois fois la France) et occupant une position stratégique importante, l'Alaska en est le moins peuplé (1 hab. pour 4 km^2). Cependant, il a connu récemment un grand essor démographique (quasi-doublement de la population entre 1960 et 1980) et économique, lié à la découverte d'hydrocarbures (1 600 Mt de pétrole et 900 milliards de m^3 de gaz de réserves), surtout sur la côte arctique. Le pétrole extrait à Prudhoe Bay est amené par oléoduc au terminal méridional de Valdez, un gazoduc doit aussi permettre l'évacuation du méthane. Sont aussi extraits l'or et le cuivre. L'exploitation forestière (conifères) et la pêche (saumons, crustacés) sont des ressources traditionnelles (alimentant des scieries, des conserveries) dans un milieu dont les conditions naturelles expliquent cette faiblesse du peuplement, essentiellement ponctuel, urbanisé, dans des sites miniers, commerciaux (Fairbanks) et surtout portuaires (Anchorage et Juneau). Traversé par le cercle polaire, l'Alaska a un climat rigoureux dans la cuvette intérieure (correspon-

dant au bassin du Yukon), encadrée d'une part par la chaîne de l'Alaska au S., qui domine un littoral relativement doux, mais très humide, et d'autre part par la chaîne de Brooks au N., au-dessus d'une côte arctique franchement polaire.
— **Hist.** En 1741, un Danois, Béring, au service des Russes, explora l'Alaska. La Compagnie russo-américaine reçut le monopole du trafic des fourrures en 1799. Les États-Unis achetèrent ce territoire pour 7 200 000 dollars en 1867. L'Alaska entra officiellement dans l'Union, comme État, en 1959.

ALASKA *(chaîne de l'),* chaîne située entre le territoire canadien du Yukon et la *péninsule de l'Alaska*. Point culminant de l'Amérique du Nord au mont McKinley (6 187 m).

ALASKA *(courant d'),* rotation cyclonique des eaux tièdes dans le prolongement oriental de la dérive nord-pacifique et à l'origine du courant des Aléoutiennes.

ALASKA *(golfe d'),* partie nord-est de l'océan Pacifique, entre la fosse des Aléoutiennes, la côte américaine et la dorsale nord-pacifique.

ALASKA *(péninsule de l'),* péninsule constituant l'extrémité sud-ouest de l'Alaska, étirée en direction des îles Aléoutiennes, qui la prolongent ; 3 100 m au volcan *Pavlof*.

Alaska *(route de l')* ou **Alcan,** route stratégique et commerciale construite (1942-43) entre Dawson Creek (Colombie britannique) et Fairbanks (Alaska) ; 2 500 km.

Alaska *(lapin),* race de lapin à fourrure brillante, d'un noir de jais intense.

ALASKAN MALAMUTE n. m. Chien de traîneau esquimau.

ALASKIEN, ENNE adj. et n. **1.** De l'Alaska. — **2.** Se dit des glaciers de piémont (particulièrement nombreux et bien développés en Alaska).

ALASTRIM [-trim] n. m. (mot port. du Brésil, de *alastrar,* couvrir). Forme atténuée de la variole, survenant chez des individus non vaccinés.

A. L. A. T. (sigle de *Aviation Légère de l'Armée de Terre*), appellation donnée, depuis 1954, à l'ensemble des moyens aériens appartenant en propre à l'armée de terre.

ALATAOU, nom générique de plusieurs chaînes de montagnes de l'Asie moyenne : l'*Alataou de Dzoungarie* (dans le sud-est du Kazakhstan), l'*Alataou transilien* et l'*Alataou de Koungueï,* au N. du lac Issyk-Koul ; l'*Alataou de Terski,* au S.

A LATERE [alatere] loc. adj. (mots lat. signif. *l'entourage*). Se dit d'un cardinal-légat envoyé par le pape pour le représenter personnellement dans une mission temporaire et importante.

ALATERNE n. m. (lat. *alaternus*). Autre nom du *nerprun.*

ALATRI, v. d'Italie, dans le Latium, au N. de Frosinone ; 2 200 hab. Vestiges cyclopéens du IVᵉ s. av. J.-C. Églises et maisons médiévales.

ALAUDIDÉ n. m. (lat. *alauda,* alouette). Oiseau tel que l'alouette, nichant sur le sol et vivant en troupe. (Les espèces françaises de la famille des *alaudidés* sont l'alouette des champs, le lulu, la calandre, la calandrelle, le cochevis et l'érémophile.)

ALAUNGPAYA ou **AUNG ZEYA** (Shwebo, près d'Ava, 1714-1760), roi de Birmanie (1752-1760). Il fonda en 1752 la dynastie Konbaung, qui régna sur le pays jusqu'en 1885, et organisa la résistance contre le royaume môn de Pegu, dont il s'empara en 1757.

ALAÜS [alays] n. m. (gr. *alaos,* aveugle). Grand taupin qui vit dans le tronc des palmiers, s'y nourrissant de larves d'insectes.

ÁLAVA, prov. basque d'Espagne ; 258 000 hab. Ch.-l. *Vitoria.*

ALAVI (Bozorg), écrivain iranien (Téhéran 1904). De tendance marxiste, un des fondateurs du parti Tudeh, exilé en Allemagne de l'Est (1954), il est l'auteur de récits, de nouvelles (*Ses yeux,* 1952) et d'études littéraires (*Histoire et évolution de la littérature persane moderne,* 1964).

'ALAWĪTES ou **ALAOUITES,** communauté religieuse apparentée au courant chī'ite de l'islām (→ ANṢARIYYA).

'ALAWĪTES ou **ALAOUITES** (de l'ar. *'alawī,* descendant de 'Alī), nom donné aux chérifs marocains issus de Ḥasan, fils de 'Alī, qui mirent fin à la dynastie sa'dienne, au XVIIᵉ s., et fondèrent la dynastie dite « 'alawīte », qui s'est maintenue depuis Mūlāy al-Rachīd (1666-1672).

ALBA, royaume écossais fondé par les Pictes au IXᵉ s. Il ne tarda pas à prendre le nom de royaume d'Écosse.

ALBACETE, v. d'Espagne, en Castille-La Manche, ch.-l. de province, sur la lisière orientale de la Manche ; 130 023 hab. Marché agricole. Coutellerie.

ALBACORE n. m. (esp. *albacora,* de l'ar. *bakūra,* jeune bonite). Autre nom du *germon.*

ALBA FUCENS ou **ALBA FUCENTIA,** colonie romaine fondée en 303 av. J.-C., près du lac Fucin (Abruzzes). Nombreux vestiges. (Auj. *Albe.*)

ALBAIN *(mont),* en lat. **Mons Albanus,** montagne du Latium, faisant partie des monts Albains et qui dominait Albe la Longue. C'est l'actuel mont Cavo.

ALBAINS *(monts),* en ital. **Colli Albani,** groupe de collines d'Italie, dans le Latium, au S.-E. de Rome, formées de volcans éteints. Lieu de villégiature ; viticulture.

ALBA IULIA, en hongr. **Gyulafehérvár,** en all. **Weissenburg** et **Karlsburg,** v. de Roumanie, ch.-l. de district, en Transylvanie, près du Mureș ; 51 000 hab. Cathédrale du XIIIe s. (adjonctions des XVIe-XVIIIe s.). Citadelle reconstruite au XVIIIe s. (musée archéologique). Bibliothèque Batthyanaeum (manuscrits médiévaux, incunables). – Le 1er déc. 1918 y fut proclamée la réunion de la Transylvanie à la Roumanie.

ALBAN ou **ALBANS** *(saint),* premier martyr de l'Angleterre ; il subit son supplice v. 303 à Verulamium (auj. Saint Albans).

ALBANAIS, E adj. et n. D'Albanie.
◆ **albanais** n. m. Langue indo-européenne parlée, principalement en Albanie et en Yougoslavie (Kosovo), par 4 millions de locuteurs.
ENCYCL. L'albanais se présente sous la forme de deux dialectes principaux de part et d'autre du fleuve Shkumbin : le tosque au sud, fondement de la langue standard, et le guègue au nord. Il s'écrit depuis 1908 en caractères latins. Le premier texte albanais connu est un formulaire baptismal datant de 1462. Le lexique a beaucoup emprunté aux langues environnantes (latin, turc, grec, italien, serbe).

ALBANE (Francesco ALBANI, dit en fr. **l'**), peintre italien (Bologne 1578-*id.* 1660). Élève des Carrache, il a donné des compositions décoratives (S. Maria della Pace, Rome), des tableaux d'autel (Bologne) et des peintures mythologiques aux paysages sereins et délicats.

ALBANIE, en albanais **Shqipëria,** État de la péninsule balkanique ; 29 000 km² ; 3 500 000 hab. *(Albanais).* CAP. *Tirana.* LANGUE : *albanais.* MONNAIE : *lek.*

Géographie. Au N.-O. de la Yougoslavie et de la Grèce, largement ouvert sur la Méditerranée, en face de l'Italie péninsulaire, ce petit État sort d'un long isolement politique et économique. Les conditions naturelles ne sont pas exceptionnellement favorables. En arrière d'une frange de plaines littorales, l'intérieur est montagneux (aéré toutefois par quelques bassins et vallées). Le climat se durcit avec l'altitude et la sécheresse (surtout estivale) s'accroît vers le sud. La population, qui possède le taux de natalité le plus élevé d'Europe, travaille majoritairement dans l'agriculture, laquelle a bénéficié du drainage des secteurs marécageux et du développement de la mécanisation ; la production nationale satisfait les besoins en céréales, en viande, lait, fruits et légumes, cependant que l'extension des vergers, des oliveraies, des vignobles permet quelques exportations. L'industrie exploite surtout les ressources du sous-sol, assez variées (lignite et pétrole complétant l'apport hydroélectrique, chrome, cuivre, nickel, fer), mais les branches de transformation sont peu dévoloppées. La population rurale demeure majoritaire, malgré l'essor relatif des villes, dont les principales (derrière Tirana) sont Shkodër, Durrës et Vlorë, situées, comme la capitale, sur ou à proximité de la bande littorale.

Histoire. D'abord occupé par les Illyriens, le pays est colonisé par les Grecs (VIIe s. av. J.-C.), puis par Rome (IIe s. av. J.-C.).
À la fin du VIe s., de nombreux Slaves s'y installent.
1443-1468 : Résistance de Skanderbeg à la domination turque.
1912 : L'Albanie devient une principauté indépendante.
1939 : Invasion de l'Albanie par les troupes italiennes.
1946 : L'Albanie devient une république populaire sous la direction d'Enver Hoxha.
1961 : L'Albanie rompt avec l'U.R.S.S. et s'appuie sur la Chine.
1978 : Rupture idéologique avec la Chine.
1985 : Mort d'Enver Hoxha. Ramiz Alia lui succède.
Sous sa conduite, le pays sort de son isolement économique et politique et se démocratise à partir de 1990.
1992 : L'opposition démocratique remporte les élections. Son leader, Sali Berisha, devient président de la République.

ALBANO *(lac d'),* lac d'Italie, au S.-E. de Rome, logé dans un ancien cratère des monts Albains.

ALBANY, v. des États-Unis, cap. de l'État de New York, dans la moyenne vallée de l'Hudson et au débouché du canal de l'Érié ; 102 000 hab. Centre industriel. Université.

ALBANY (Louise, *princesse* DE STOLBERG, *comtesse* D') [Mons, Belgique, 1752-Florence 1824]. En 1772, elle épousa Charles Édouard Stuart, comte d'Albany (le Jeune Prétendant), dont elle se sépara en 1784. Maîtresse d'Alfieri, elle vécut avec lui à Florence, où elle tint un salon.

ALBARELLE n. f. (ital. *alberello*). Vase cylindrique, à panse concave, qui servait surtout à contenir drogues et onguents. (D'origine islamique, ce type a été repris en Europe à la Renaissance.)

ALBARRAN (Joaquin), chirurgien français (Sagua la Grande, Cuba, 1860 - Paris 1912). Un des fondateurs de l'urologie, il fut le premier à pratiquer l'ablation d'un rein et celle de la prostate.

ALBATENIUS → BATTĀNĪ *(al-).*

ALBÂTRE n. m. (lat. *alabastrum,* du gr. *alabastros*). **1.** Variété de calcite ou de gypse. (L'*albâtre calcaire* est une variété de carbonate de calcium [calcite], et l'*albâtre gypseux,* ou alabastrite, une variété de gypse.) — **2.** Objet en albâtre (vase, sculpture, etc.). — **3.** *Litt.* Symbole de la blancheur : *Cou d'albâtre.* — **4.** *Verre d'albâtre,* syn. de PÂTE* DE RIZ.

ALBATROS [-tros] n. m. (angl. *albatross,* du port. *alcatraz,* avec infl. du lat. *albus,* blanc). **1.** Très gros oiseau marin (diomédéidé), surtout du Pacifique et de l'hémisphère Sud, nichant sur de hautes falaises et pondant chaque année un seul œuf, qu'il couve pendant 2 à 3 mois. — **2.** Au golf, score sur un trou, qui améliore le par de trois points.

ALBE *(duc-d')* → DUC-D'ALBE.

ALBE la Longue, en lat. **Alba Longa.** Ville du Latium, fondée, selon la légende, par Ascagne, fils d'Énée. Capitale de la confédération latine, elle fut la rivale de Rome naissante. Cette rivalité, illustrée par la légende des Horaces, champions de Rome, et des Curiaces, champions d'Albe, se termina par la victoire de Rome ; la destruction d'Albe la Longue, que les historiens localisent près de Castel Gandolfo, pourrait être située au VIIe s. av. J.-C.

ALBE royale → SZÉKESFEHÉRVÁR.

ALBE (Fernando ÁLVAREZ DE TOLÈDE, 3e *duc* D'), général et homme d'État espagnol (Piedrahíta, prov. d'Ávila, 1508 - Lisbonne 1582). Vainqueur à Mühlberg (1547), commandant en chef des forces impériales en Italie, il imposa la paix au pape Paul IV (1557). En 1567, il fut envoyé par Philippe II comme gouverneur aux Pays-Bas pour lutter contre la révolte protestante. Il y créa le Conseil des troubles (dit *Tribunal du sang*), fit décapiter les comtes de Hornes et d'Egmont et condamner 12 000 personnes. La révolte générale des Pays-Bas répondit à ses rigueurs et à son système d'imposition. Rappelé en Espagne (1573), il dirigea l'armée dont la campagne éclair de 1580 donna à Philippe II le trône du Portugal.

ALBÉDO n. m. (angl. *albedo,* du lat. *albedo,* blancheur). Fraction de l'énergie de rayonnement incidente, réfléchie ou diffusée par un corps, une surface ou un milieu.
ENCYCL. Un corps noir possède un albédo de 0, la neige fraîche un albédo voisin de 0,9 aux longueurs d'onde visibles. Les nuages ont un albédo de 0,4 à 0,9, variable selon leur épaisseur, leur nature et la hauteur du soleil. Ce sont les réflecteurs les plus importants du système terre-atmosphère. Au sommet de l'atmosphère, l'albédo est estimé aujourd'hui par satellite (0,33 pour le système global et compte tenu des deux hémisphères).

ALBÉDOMÈTRE n. m. Appareil destiné à mesurer l'albédo d'une surface.

ALBEE (Edward), auteur dramatique américain (Washington 1928). À travers une œuvre caractérisée par l'importance de l'action verbale (*Zoo Story,* 1959), il donne une peinture satirique des problèmes sociaux et familiaux de son pays, tels le racisme (*la Mort de Bessie Smith,* 1960), le matriarcat, le couple américain (*Qui a peur de Virginia Woolf ?,* 1962), allant jusqu'au psychodrame pour peindre la dissolution d'une existence humaine (*Tiny Alice,* 1964 ; *Delicate Balance,* 1966), ou introduire une dimension politique (*Quotations from Chairman Mao Tse Tung,* 1970). Il revient à l'action verbale dans *Seascape* (1975), *Counting the Ways* (1977), *Listening* (1977).

ALBEMARLE (George MONK, 1er *duc* D') → MONK.

ALBÉNIZ (Isaac), compositeur et pianiste espagnol (Camprodon 1860-Cambo-les-Bains 1909). Après de longues tournées en Europe et en Amérique, il étudia à Weimar avec Liszt, et à Paris avec d'Indy. Il triompha à Paris en 1899 avec *Catalonia,* puis composa des mélodies et quatre cahiers de pièces pour piano, *Iberia** (1906-1909).

ALBÉNIZ Y BASANTA (Pedro), compositeur espagnol (Logroño 1795-Madrid 1855). Il fut à l'origine de l'école de piano en Espagne. Il a écrit *Método completo de piano* (1840).

ALBENS (73410), ch.-l. de cant. de la Savoie, à 11 km au N.-N.-E. d'Aix-les-Bains ; 2 450 hab. *(Albanais).*

ALBERDINGK THIJM (Josephus Albertus), écrivain néerlandais (Amsterdam 1820-*id.* 1889), poète d'inspiration catholique et fondateur de la revue *Dietsche Warande* (1855), qui proclamait l'unité culturelle et linguistique de la Flandre et de la Hollande.

ALBÈRES *(monts),* massif de terrains anciens par lequel les Pyrénées, à l'E. du col du Perthus, s'achèvent sur la Méditerranée ; 1 256 m au *pic Neulos.* Forêts et maquis.

ALBERGE n. f. (catalan *alberge,* de l'article arabe *al* et lat. *persicum,* pêche). Pêche ou abricot à chair blanche adhérant au noyau, produite par l'albergier.

ALBERGIER n. m. Arbre (rosacée) qui donne l'alberge.

ALBÉRIC ou **AUBRI** *(saint),* deuxième abbé de Cîteaux († 1109), le véritable initiateur de la réforme dite « cistercienne ».

ALBÉRIC de Briançon ou **de Pizançon,** poète dauphinois (début XIIe s.), auteur, en franco-provençal, de la première version (avant 1130) du *Roman d'Alexandre**.

ALBERONI (Julio ou Giulio), cardinal italien et ministre d'Espagne (Fiorenzuola d'Arda 1664-Plaisance 1752). Promu ministre de Parme à Madrid, il devint cardinal et Premier ministre d'Espagne (1716). Il voulut rendre à l'Espagne les domaines perdus aux traités d'Utrecht, ce qui provoqua la formation de la Quadruple Alliance (France, Angleterre, Provinces-Unies et Empire), qui aboutit à la défaite espagnole et à sa disgrâce en 1719.

ALBERS (Josef), peintre allemand naturalisé américain (Bottrop 1888 - New Haven, Connecticut, 1976). Professeur au Bauhaus de 1923 à 1933, pionnier de l'abstraction géométrique, il a surtout étudié les problèmes de l'interaction des couleurs.

Albers-Schönberg *(maladie d'),* maladie osseuse héréditaire et familiale avec ostéosclérose, caractérisée par une condensation diffuse et généralisée du squelette, compliquée de troubles neurologiques et d'une anémie aplasique.

ALBERT (80300), ch.-l. de cant. de la Somme, sur l'Ancre, au N.-E. d'Amiens ; 10 462 hab. *(Albertins).* Appelée jusqu'en 1620 *Ancre,* la ville fut ravagée au cours des guerres. Machines-outils.

Albert *(canal),* canal de Belgique, entre Liège et Anvers, qui joint la Meuse à l'Escaut ; 129 km. Il est accessible aux convois poussés de 9 000 tonnes et dessert les régions industrielles de Liège et de la Campine.

ALBERT *(lac)* → MOBUTU *(lac).*

SAINTS

ALBERT le Grand *(saint),* théologien et philosophe souabe (Lauingen, Souabe, v. 1200-Cologne 1280). À Paris, puis à Cologne, Albert le Grand tenta de diffuser la pensée d'Aristote, qui était alors interdite par l'Église. On lui attribue la découverte de l'acide nitrique.

Albert *(le Grand* et *le Petit),* ensemble de textes de magie abusivement attribués à Albert le Grand. *Le Grand Albert* est constitué par des textes authentiques, mutilés et adultérés. *Le Petit Albert* est un recueil apocryphe de formules, recettes, images où magie et sorcellerie se mêlent.

SAINT EMPIRE

ALBERT Ier, roi des Romains (1298-1308) → ALBERT Ier DE HABSBOURG.

ALBERT II, roi des Romains (1438-39) → ALBERT V DE HABSBOURG.

AUTRICHE

ALBERT Ier DE HABSBOURG (v. 1255-Brugg, Argovie, 1308), duc d'Autriche et roi des Romains. Fils aîné de Rodolphe Ier de Habsbourg, il enleva l'Empire à Adolphe de Nassau, tué à la bataille de Göllheim (1298). Son alliance avec Philippe le Bel lui valut la défaveur du pape Boniface VIII, qui ne le reconnut qu'en 1303. La maison des Přemyslides étant éteinte, il attribua le fief bohémien à son fils Rodolphe (1306). — **Albert II de Habsbourg,** *le Sage* ou *le Boiteux* (1298-1358), duc d'Autriche (1330-1358). — **Albert III de Habsbourg,** *à la Tresse* (Vienne 1349-Laxenburg 1395), fils du précédent, successeur de son frère Rodolphe IV mort en 1365, duc d'Autriche en 1379, tige de la branche Albertine de la maison de Habsbourg. — **Albert IV de Habsbourg,** *le Merveilleux* ou *le Patient* (1377-1404), fils du précédent, duc d'Autriche (1395-1404). — **Albert V de Habsbourg,** *l'Illustre* (1397-Neszmély, Hongrie, 1439), fils du précédent, duc d'Autriche en 1404, devenu roi de Bohême et de Hongrie (1437) sous le nom d'ALBERT Ier, et roi des Romains (1438) sous celui d'ALBERT II.

ALBERT (Wiener Neustadt 1559-Bruxelles 1621), archiduc d'Autriche, fils de l'empereur Maximilien II. Cardinal, archevêque de Tolède (1595), gouverneur des Pays-Bas (1596), il épousa, en 1599, après avoir été relevé de ses vœux, l'infante Isabelle, fille de Philippe II, souveraine des Pays-Bas.

ALBERT, archiduc d'Autriche (Vienne 1817-Arco 1895). Commandant en chef en Italie en 1866, il fut vainqueur à Custoza (24 juin). Après Sadowa, il reçut le commandement des forces autrichiennes opérant en Bohême.

BELGIQUE

ALBERT Ier (Bruxelles 1875 - Marche-les-Dames 1934), roi des Belges (1909-1934). Il succéda en 1909 à son oncle paternel, Léopold II. Admirablement secondé par la reine Élisabeth, princesse bavaroise qu'il avait épousée en 1900, il sut défendre l'honneur et le sol de la Belgique lorsque les armées allemandes, au mépris de la neutralité belge, envahirent son territoire en août 1914. Il prit alors le commandement de l'armée belge. La résistance de Liège, d'Anvers, ainsi que la collaboration avec les armées alliées, lui valurent le surnom de « roi chevalier ».

ALBERT II (Bruxelles 1934), roi des Belges (depuis 1993). Fils de Léopold III, il devient roi à la mort de son frère aîné, Baudouin Ier. Il a épousé Paola Ruffo di Calabria en 1959.

Albert *(médaille du roi),* décoration belge créée en 1919.

BOHÊME ET HONGRIE

ALBERT Ier, roi de Bohême et de Hongrie → ALBERT V, duc d'Autriche.

BRANDEBOURG ET PRUSSE

ALBERT Ier DE BALLENSTÄDT, l'Ours (v. 1100-Stendal 1170), 1er margrave de Brandebourg (1134-1170). Il fut le premier grand artisan de la marche allemande vers l'Elbe *(Drang nach Osten)*.

ALBERT DE BRANDEBOURG (Ansbach 1490-Tapiau 1568), premier duc de Prusse. Grand maître de l'ordre Teutonique (1511), il sécularisa ses biens et passa au luthéranisme. Par l'accord de Cracovie (8 avr. 1525), il fut reconnu comme duc héréditaire de Prusse.

ALBERT DE HOHENZOLLERN (1490-Mayence 1545), cardinal, fils de Jean, Électeur de Brandebourg. Archevêque de Magdeburg et de Mayence, l'affaire des Indulgences l'opposa à Luther, qu'il ménagea pourtant.

GRANDE-BRETAGNE

ALBERT, prince consort du Royaume-Uni, deuxième fils du duc de Saxe-Cobourg-Gotha (Rosenau, Thuringe, 1819-Windsor 1861), il épousa, en 1840, la reine Victoria Ire.

MONACO

ALBERT Ier (Honoré Charles GRIMALDI, prince de Monaco sous le nom d') [Paris 1848-*id.* 1922]. Océanographe, il dirigea des croisières (Atlantique, Méditerranée), fonda l'Institut océanographique (à Paris) et le Musée océanographique (à Monaco).

SAXE

ALBERT (Dresde 1828-Sibbyllenort 1902), roi de Saxe (1873-1902).

SUÈDE

ALBERT III DE MECKLEMBOURG (v. 1340-Doberan 1412), roi de Suède (1363-1389). Il fut détrôné et emprisonné (1389-1395) par Marguerite, reine de Danemark et de Norvège.

DIVERS

ALBERT Ier, archevêque de Mayence (1111-1137). Négociateur du concordat de Worms, il reçut du pape Calixte II le titre de « légat de Germanie ».

ALBERT de Buxhoeveden (près de Brême v. 1160-Riga 1229), évêque de Livonie (1199). Il créa l'ordre militaire des chevaliers Porte-Glaive en 1202.

ALBERT de Saxe ou **de Helmstedt,** savant (1316-Halberstadt 1390). Recteur de la Sorbonne (1353), de l'université de Vienne (1365), il est l'auteur de nombreux ouvrages scientifiques et philosophiques.

ALBERT (Albert François DECOMBE, dit), danseur et chorégraphe français (Bordeaux 1787 ou 1789 - Fontainebleau 1865). Enthousiasmé par la danse de Vestris, il entra à l'Académie impériale de danse de Paris (1803), où il fut premier danseur (1817-1835) et chorégraphe (1829-1842). Il devint célèbre dans toute l'Europe.

ALBERT I PARADÍS (Caterina), femme de lettres espagnole d'expression catalane (La Escala 1873 - Barcelone 1966). Elle a publié des romans et des nouvelles, signés Víctor Català où la description naturaliste côtoie l'étude psychologique.

ALBERT (Joseph, dit **Libertad**) → LIBERTAD.

ALBERT (Marcel), officier aviateur français (Paris 1917). Il commanda, en 1943, une escadrille du groupe « Normandie-Niémen ». Avec 25 victoires, il est le deuxième as de la chasse française.

ALBERTA, province du Canada occidental ; 661 000 km² ; 2 545 553 hab. Cap. *Edmonton.* Bien qu'atteignant les Rocheuses au S.-O., l'Alberta, plus vaste que la France, est une province de la Prairie canadienne. Elle est formée d'une haute plaine s'élevant vers l'O., boisée au N., steppique dans le S. relativement aride et consacrée au centre à la grande culture céréalière (blé et orge), parfois associée à l'élevage bovin. La province fournit plus de 80 % de la production nationale d'hydrocarbures, à laquelle s'ajoute une notable extraction du charbon (destiné au Japon). L'accroissement démographique, rapide, profite surtout à Calgary et à Edmonton, qui regroupent plus de 55 % de la population.

Alberti *(Compagnie financière des),* la plus importante compagnie financière de Florence, dans la seconde moitié du XIVe s. Ses principaux associés étaient les membres de la famille Alberti.

ALBERTI (Leon Battista), humaniste et architecte italien (Gênes 1404 - Rome 1472). Ses traités de peinture (1435) et d'architecture (commencés v. 1450) font de lui le premier grand théoricien des arts de la Renaissance. Les références à l'Antiquité, à la nature et à la raison humaine le conduisent à la recherche d'une harmonie fondée sur des bases scientifiques. Il fournit plans et maquettes pour le temple Malatesta à Rimini (1447-1468), le palais Rucellai puis la façade de S. Maria Novella à Florence, les églises S. Sebastiano (1460) et S. Andrea (1470) à Mantoue.

ALBERTI (Domenico), compositeur italien (Venise v. 1710 - Rome 1740). Claveciniste et chanteur, il est connu comme l'inventeur de la basse dite « d'Alberti ».

ALBERTI (Rafael), écrivain et peintre espagnol (Puerta de Santa Maria 1902). Après avoir publié des œuvres d'inspiration populaire et de forme raffinée, nourries par la pratique de la peinture (*Cal y canto,* 1929), puis d'inspiration surréaliste (*Sermons et Demeures,* 1929), Alberti, après *l'Homme inhabité* (1931), se jette dans l'action politique, que ponctuent ses drames *Radio-Séville*

(1938), *D'un moment à l'autre* et son autobiographie *la Arboleda perdida* (1942-1959). Exilé à Paris, puis en Argentine, il se livre à l'évocation lyrique de l'Espagne féodale et mystique (*Entre l'œillet et l'épée,* 1941 ; *Ora maritima,* 1953) et à l'exaltation dramatique de la liberté de l'homme (*La Gallarda,* 1945 ; *Nuit de guerre au musée du Prado,* 1956). Le recueil poétique *Mépris et Merveille* (1974) précède son retour en Espagne (1976), où il est élu député communiste de Cadix (1977), mais démissionne pour se consacrer à son œuvre.

ALBERTIERI (Luigi), danseur et maître de ballet italien (en Italie v. 1860 - New York 1930). Élève et fils adoptif de Cecchetti, il le rejoignit à Moscou (1886), puis poursuivit une carrière internationale. Fixé à New York, il ouvrit une école (1915-1930).

Albertina, nom communément donné à la *Graphische Sammlung Albertina* de Vienne (Autriche), qui groupe la très importante collection de dessins (Dürer, Rubens, Rembrandt...) constituée de 1768 à 1822 par le duc Albert-Casimir de Saxe-Teschen et la collection d'estampes de l'ancienne Bibliothèque impériale.

ALBERTINE *(ligne),* branche aînée de la maison de Habsbourg, remontant à Albert III, fils d'Albert II. — Branche cadette de la maison de Saxe, remontant à Albert, fils de l'Électeur Frédéric II.

ALBERTVILLE (73200), ch.-l. d'arrond. de la Savoie, au confluent de l'Isère et de l'Arly ; 18 121 hab. *(Albertvillois).* Musée savoyard. Centre commercial. Confection.

ALBERTVILLE, anc. nom de Kalémié.

ALBI (81000), ch.-l. du dép. du Tarn, à 667 km au S. de Paris, sur le Tarn ; 48 707 hab. *(Albigeois).* Archevêché. Entre le Bassin aquitain et le Massif central, Albi est une vieille cité religieuse et surtout commerçante, devenue le centre d'une agglomération industrielle d'environ 60 000 hab. (centrale thermique, verrerie, textiles, produits chimiques, etc.).
— **Hist.** Seigneurie autonome au VIIIe s., réunie au comté de Toulouse deux siècles plus tard, Albi fut rattachée à la France en 1249.
— **Bx-arts.** Cathédrale Ste-Cécile, en brique, puissante réalisation du gothique méridional (XIIIe-XVe s. ; porche et clôture du chœur flamboyants ; peintures murales des XVe et XVIe s.). Palais de la Berbie, abritant le musée municipal Toulouse-Lautrec (important ensemble de l'œuvre de cet artiste ; antiquités gallo-romaines, sculptures romanes, art moderne).

ALBIEN n. m. (de *Aube,* n. pr.). Étage du système crétacé.

ALBIGÉISME n. m. Doctrine des albigeois.

ALBIGEOIS, E adj. et n. **1.** D'Albi. — **2.** Nom donné au XIIe s. aux cathares du Languedoc.
ENCYCL. Nombreux et puissants en Languedoc, les cathares y reçurent le nom d'albigeois peut-être en souvenir du colloque tenu en 1176 à Lombers, près d'Albi, qui révéla la force du catharisme (ou albigéisme) dans la région. Apparu en 1181, le terme d'« albigeois » est usité par tous les chroniqueurs de la croisade que le pape Innocent III fit prêcher contre les cathares languedociens après l'assassinat de son légat Pierre de Castelnau (1208), dont Raimond VI, comte de Toulouse, fut rendu responsable. Conduite par Simon de Montfort, cette *croisade* (ou *guerre*) *des albigeois* (1209-1229) s'acheva par l'expédition de Louis VIII (1226), qui s'empara de la majeure partie du comté de Toulouse, que le traité de Paris (1229) rattacha à la couronne de France. En dépit de cette croisade meurtrière, les albigeois poursuivirent leurs activités, mais la prise de leur citadelle de Montségur (1244) porta un coup fatal à l'albigéisme.

ALBIGEOIS, anc. pays de France qui couvrait la majeure partie du dép. du Tarn. Réuni au comté de Toulouse au IXe s., il fut rattaché à la France au XIIIe s. (1229 et 1271).

ALBIGEOIS, région à dominante agricole du dép. du Tarn, de part et d'autre de la vallée du Tarn, en aval d'Albi, entre l'Agout au S. et le Cérou au N.

ALBINI (Franco), architecte et designer italien (Robbiate, Côme, 1905 - Milan 1977). Il a, dans les années 50, remodelé les musées de Gênes et construit à Rome le grand magasin *Rinascente.* Ses meubles et appareils divers sont devenus des classiques du design.

ALBINISME n. m. (de *albinos*). **1.** Maladie métabolique héréditaire due à un défaut du métabolisme de la mélanine et caractérisée par une absence, totale ou partielle, de ce pigment. (→ *encycl.*) — **2.** Dans une espèce végétale verte, caractère des individus panachés ou décolorés. — **3.** Absence de pigmentation, souvent observée chez le lapin, la souris, etc. (Peu compatible avec la vie sauvage, l'albinisme affecte surtout les animaux d'élevage.)
ENCYCL. L'albinisme est la conséquence d'un défaut de synthèse de la tyrosinase, enzyme transformant la tyrosine en mélanine. L'albinisme universel complet se transmet selon le mode autosomique récessif. La peau est d'un blanc cireux ou un peu rose, les cheveux sont blancs, les iris sont très clairs, de couleur rose. Le développement mental est parfois déficient. L'albinisme oculaire est limité aux yeux et se transmet selon le mode récessif lié au sexe.

Albin Michel *(Librairie),* maison d'édition française fondée en 1903 par Albin Michel (1873-1943).

ALBINONI (Tomaso), compositeur italien (Venise 1671-*id.* 1750). Violoniste et chanteur, il composa pour le théâtre et les instruments avec une grande fécondité. Bach reprit certains de ses thèmes. Il a publié des *Sonate a tre* (1694), des *Sinfonie e concerti a cinque* (1700), des *Concerti a cinque* (1707-1722), des *Sonate da chiesa* pour violon et violoncelle (1704) et des *Sonate (trattenimenti armonici) per camera* pour violon et violoncelle (1711). Le célèbre « Adagio » est en fait une œuvre pastiche du XXe s. due à R. Giazotto.

ALBINOS [-nos] adj. et n. (esp. *albino,* du lat. *albus,* blanc). Atteint d'albinisme.

ALBINUS, nom latinisé d'une famille de médecins allemands, dont le vrai nom était **Weiss**, qui signifie *blanc.* Son membre le plus célèbre fut l'anatomiste BERNHARD SIEGFRIED (Francfort-sur-l'Oder 1697-Leyde 1770).

ALBION, nom traditionnel de la Grande-Bretagne, depuis Ptolémée.

ALBION *(plateau* ou *montagne d'),* plateau calcaire du sud-est de la France, à l'est du Ventoux. Il abrite depuis 1971 les missiles sol-sol balistiques stratégiques de la force nucléaire française.

ALBIRÉO, nom d'origine arabe donné à l'étoile β Cygne* et qui signifie *l'oiseau.* Magnit. visuelle 3,1. Distance 300 al env.

ALBITE n. f. (lat. *albus,* blanc). Feldspath alcalin triclinique (formule $NaAlSi_3O_8$). [L'albite constitue le pôle alcalin de la série des plagioclases. On la trouve dans les roches métamorphiques de basse température et dans les roches magmatiques acides.]

ALBITISATION n. f. Remplacement d'un plagioclase calcique par de l'albite.

ALBIZZI, famille florentine, originaire d'Arezzo, qui, aux XIVe et XVe s., lors des troubles politiques internes de Florence, joua un rôle important au sein du parti guelfe.

ALBIZZIA n. m. (de Filippo Degli *Albizzi,* n. pr.). Arbre des régions chaudes (mimosacée), aux feuilles composées-pennées, aux fleurs blanches à étamines en partie soudées et dont le fruit est une gousse plate.

ALBOÏN, roi des Lombards (561-572). Il envahit l'Italie (de 568 à 572, date de la prise de Pavie) et fonda un nouvel État dont Vérone fut la capitale (572).

ALBOKA n. m. Double clarinette à réserve d'air en usage au Pays basque.

ALBON *(maison d'),* famille vivaraise qui remontait au IXe s. Seigneurs de Vion (Xe s.), les membres de la branche aînée de cette maison reçurent en fief la partie méridionale du comté de Vienne (v. 1029-30) puis acquirent le Briançonnais et le Grésivaudan (v. 1050), territoires qui formèrent avec le Viennois le noyau du futur Dauphiné et sur lesquels la maison d'Albon régna jusqu'en 1162.

ALBONI (Maria Anna MARZIA, dite **Marietta**), cantatrice italienne (Città di Castello 1823 - Ville-d'Avray 1894). Contralto, elle débuta à Bologne en 1842 et chanta aux obsèques de Rossini, dont elle avait été la plus authentique disciple.

ÅLBORG ou **AALBORG,** v. du Danemark, ch.-l. de comté, sur le Limfjord, dans le Jylland septentrional ; 154 000 hab. Cathédrale des XIVe-XVIIIe s. Musée du Nord-Jylland (art moderne). Port de commerce et centre industriel (cimenterie, chantier naval, construction électrique).

ALBORNOZ (Gil Álvarez CARRILLO DE), cardinal espagnol (Cuenca v. 1300 - Viterbe 1367). Archevêque de Tolède en 1338 et chancelier de Castille, légat d'Innocent VI en Italie, il reconquit l'État pontifical de 1353 à 1360 et lui donna (1357) des constitutions.

ALBRAN → HALBRAN.

ALBRAQUE n. f. (mot d'orig. flam.). Ensemble de galeries creusées dans la partie basse d'une exploitation souterraine pour collecter les eaux avant leur exhaure.

ALBRET, LEBRET ou **LABRIT** (en lat. *Leporetum*), pays de Gascogne qui occupe essentiellement le nord du dép. des Landes, autour de Labrit (anc. Albret).

ALBRET *(maison d'),* famille gasconne issue d'AMANIEU Ier, sire d'Albret v. 1050. Possessionnée de la seigneurie d'Albret (érigée en duché en 1550), elle acquit par mariages le comté de Périgord et la vicomté de Limoges en 1470, le royaume de Navarre, la vicomté de Béarn et le comté d'Armagnac en 1527. Ses possessions furent réunies aux biens de la maison de Bourbon en 1548 par le mariage de JEANNE III d'Albret avec Antoine de Bourbon, puis rattachées au domaine royal en 1607 par Henri IV, fils de Jeanne III, qui maintint cependant la séparation théorique des couronnes de France et de Navarre.

ALBRIGHT (William Foxwell), historien et archéologue américain (Coquimbo, Chili, 1891 - Baltimore 1971). Directeur (1919-1936) de l'American School of Oriental Research à Jérusalem, il a publié des ouvrages d'archéologie biblique.

ALBUFERA, lagune côtière d'Espagne, au S. de Valence ; 85 km². En 1812, Suchet fut créé *duc d'Albufera.*

ALBUGINÉE n. f. (lat. *albugo,* de *albus,* blanc). Membrane fibreuse, solide, lisse et blanche qui enveloppe le testicule. (Elle présente en haut un renflement appelé *corps de Highmore.*)

ALBUGO n. m. (mot lat.). 1. Tache blanche qui se forme dans le tissu de la cornée. — 2. Tache blanche des ongles.

ALBULA *(col de l')* ou **ALBULAPASS,** col des Alpes suisses (Grisons), à 2 312 m d'alt., qui relie la haute Engadine au reste de la Suisse. Ligne ferroviaire passant par un tunnel (5 864 m).

1. ALBUM [-bɔm] n. m. (lat. *album,* tablette, par l'intermédiaire de l'all.). 1. Cahier destiné à recevoir des vers, des dessins, des collections de photographies, de timbres, des cartes postales, etc. — 2. Recueil imprimé de grand format comprenant des illustrations. — 3. Disque trente-trois-tours de 30 centimètres de diamètre.

2. ALBUM [-bɔm] n. m. (lat. *album,* tableau blanc). 1. Chez les Romains, tableau des actes officiels, des annonces publiques ou privées. — 2. *Album sénatorial,* liste des sénateurs par ordre hiérarchique.

ALBUMEN [-mɛn] n. m. (bas lat. *albumen,* blanc d'œuf). 1. Blanc de l'œuf des oiseaux et des reptiles, riche en eau. — 2. Tissu nourricier de la graine, aux cellules souvent triploïdes, non différenciées, issu de la fécondation du noyau secondaire et qui servira d'aliment à la plantule, soit dès la maturation (graines exalbuminées), soit seulement à la germination (graines albuminées). [Selon les espèces, l'albumen est farineux (céréales), oléagineux (ricin), protidique (café) et c'est lui qui, le plus souvent, constitue la partie comestible des graines.]

ALBUMINATE n. m. Combinaison mal définie d'une albumine avec certains métaux.

ALBUMINE n. f. 1. Matière visqueuse blanchâtre qui est l'un des principes immédiats des corps organisés. — 2. Fam. *Avoir, faire de l'albumine,* avoir de l'albumine dans les urines.

ENCYCL. L'albumine se trouve dans le sérum sanguin *(sérumalbumine),* le blanc d'œuf *(ovalbumine),* le lait *(lactalbumine),* le muscle *(myoalbumine)* ainsi que dans certains végétaux. Il s'agit de protéines de petite taille, solubles dans l'eau distillée et les solutions salées. La sérumalbumine, qui représente de 50 à 60 % des protéines sériques (taux normal : 40 à 50 g par litre), est le principal support de la pression oncotique* du plasma, dont la baisse favorise l'apparition d'œdèmes.

ALBUMINÉ, E adj. Se dit d'une graine pourvue d'albumen. (Contr. EXALBUMINÉ.)

ALBUMINEUX, EUSE adj. 1. Qui contient de l'albumine. — 2. *Eau albumineuse,* dilution de blanc d'œuf dans l'eau comme contrepoison des sels de mercure.

ALBUMINIMÈTRE n. m. Appareil servant à doser l'albumine dans un liquide physiologique.

ALBUMINOÏDE adj. et n. m. *Substance albuminoïde,* protéine en général.

ALBUMINORACHIE n. f. Terme désuet désignant la protéinorachie.

ALBUMINURIE n. f. Présence d'albumine dans les urines. (Ce terme est actuellement remplacé par celui de *protéinurie.*)

ALBUMINURIQUE adj. et n. Relatif à l'albuminurie ; atteint d'albuminurie.

ALBUMOÏDE n. m. Protéine peu soluble, parfois solide, telle que la fibrine du sang caillé, la kératine des cheveux, la gélatine extraite des os, etc., de structure différente des albumines.

ALBUMOSE n. f. (du lat. *albumen,* blanc d'œuf). Polypeptide qui se forme par hydrolyse incomplète d'une protéine. (Sa présence est normale dans l'estomac, mais pathologique dans les urines.)

ALBUMOSURIE n. f. Présence d'albumose dans l'urine. (Elle s'observe dans les myélomes multiples.)

ALBUQUERQUE, v. des États-Unis, la plus grande du Nouveau-Mexique, dans la haute vallée du Rio Grande ; 332 000 hab. Centre commercial, industriel et universitaire. Base aérienne et d'expérimentation de missiles.

ALBUQUERQUE (Afonso DE), conquistador portugais (Alhandra, près de Lisbonne, 1453-Goa 1515). Après avoir exploré Madagascar (1505), il succéda à Francisco de Almeida comme vice-roi des Indes en 1509. Il étendit l'empire portugais sur les côtes de l'Asie du Sud-Est, occupant Goa, capitale et entrepôt portugais (1510), le reste du Malabār, les côtes de Ceylan et Malacca (1511), imposant un tribut aux rois du Siam, de Sumatra et de Java.

ALBY-SUR-CHÉRAN (74540), ch.-l. de cant. de la Haute-Savoie, au pied des Bauges, à 16 km au S.-O. d'Annecy ; 1 235 hab.

ALCAÇAR-QUIVIR → KSAR EL-KÉBIR.

ALCADE n. m. (esp. *alcalde,* de l'ar. *al-qādi,* le juge). 1. Autref., fonctionnaire de justice des pays espagnols ou d'Amérique hispanique. — 2. Auj., maire dans les pays espagnols.

Alcade de Zalaméa *(l'),* titre de deux comédies dramatiques, en trois actes et en vers, l'une de Lope de Vega (1600), l'autre de Calderón (1642).

ALCADIE n. f. 1. Charge, fonction d'alcade. — 2. Résidence de l'alcade ; mairie.

ALCAÏQUE adj. (gr. *alkaikos,* d'Alcée). Désigne différents vers grecs et latins et une strophe constituée de ces vers.

ALCALÁ DE HENARES, v. d'Espagne (Castille-La Manche), sur le Henares, sous-affl. du Tage, à l'E.-N.-E. de Madrid ; 159 355 hab., siège d'une université célèbre de 1500 à 1838. Nombreux monuments des XVIe-XVIIe s.

ALCALÁ ZAMORA (Niceto), homme politique et juriste espagnol (Priego, prov. de Cordoue, 1877-Buenos Aires 1949). Membre du parti libéral, il fut ministre en 1917 et 1922 et s'opposa à la dictature du général Primo de Rivera ; il fut président de la République de 1931 à 1936.

ALCALÉMIE n. f. État d'alcalose aboutissant à une augmentation du pH sanguin, qui devient supérieur à 7,43.

ALCALESCENCE n. f. État des substances dans lesquelles il s'est formé spontanément de l'ammoniaque.

ALCALI n. m. 1. Hydroxyde d'un métal alcalin ou d'ammonium. — 2. *Alcali volatil,* solution ammoniacale.

ALCALICELLULOSE n. f. Produit résultant de l'action des bases alcalines sur la cellulose et qui, par lavage à l'eau, donne de la cellulose mercerisée.

ALCALIMÉTRIE n. f. Dosage d'une solution alcaline au moyen d'un acide titré et d'un indicateur de pH.

ALCALIN, E adj. 1. Relatif aux alcalis, aux métaux alcalins. — 2. Syn. courant de BASIQUE. — 3. Se dit d'un accumulateur, d'une pile dont l'électrolyte est alcalin. — 4. *Métaux alcalins,* métaux qui, par leur combinaison avec l'oxygène, produisent des alcalis (lithium, sodium, potassium, rubidium, césium, francium). [→ *encycl.*] ‖ *Réaction alcaline,* réaction d'un milieu dont le pH est supérieur à 7. ‖ *Roches alcalines,* roches éruptives dans lesquelles le rapport Na_2O+K_2O/Al_2O_3 est supérieur à 1. (Elles sont caractérisées par des minéraux alcalins tels que le pyroxène et l'amphibole sodiques.)

◆ **alcalin** n. m. Substance ayant des propriétés antiacides.

ENCYCL. Les *métaux alcalins* sont électropositifs et univalents. Ce sont des solides mous, aisément fusibles. Ils sont très réducteurs et décomposent l'eau à froid en donnant des alcalis.

ALCALINISATION n. f. Action d'alcaliniser.

ALCALINISER v. t. (conj. 3). 1. Donner à une substance des propriétés alcalines. — 2. Administrer des alcalins en cas d'acidose pour élever la réserve alcaline.

ALCALINITÉ n. f. Caractère d'une substance alcaline.

ALCALINOTERREUX, EUSE adj. *Métaux alcalinoterreux,* métaux comprenant le calcium, le strontium, le baryum et le radium. (Éléments bivalents très électropositifs de la deuxième colonne de la classification périodique, les métaux alcalinoterreux sont réducteurs et décomposent l'eau en donnant des bases fortes.)

ALCALOÏDE n. m. Nom générique des composés organiques azotés et basiques tirés des végétaux.

ENCYCL. L'extraction des alcaloïdes sous forme de composés chimiques purs n'a commencé qu'en 1806 (morphine). La plupart ont pu, malgré leur structure complexe, être préparés par synthèse totale. On utilise en médecine l'atropine, la caféine, la codéine, la morphine, la papavérine, la quinine et la strychnine.

ALCALOSE n. f. Tendance à la diminution de la concentration des ions H^+ dans les liquides interstitiels sans préjuger de la valeur du pH artériel. (Normalement compris entre 7,38 et 7,43, le pH sanguin peut être préservé du fait de phénomènes tampons [alcalose compensée] ou augmenté [alcalose décompensée].)

ALCAMÈNE, sculpteur grec du dernier tiers du Ve s. av. J.-C., élève de Phidias (groupe de *Procné et Itys,* musée de l'Acropole à Athènes ; *Hermès Propylaios,* copie au musée d'Istanbul).

Alcan → ALASKA *(route de l').*

ALCANE n. m. (de *alcool*). Hydrocarbure saturé à chaîne ouverte, de formule générale C_nH_{2n+2}. (Syn. PARAFFINE.)

ENCYCL. Peu réactifs, les alcanes brûlent dans l'oxygène (emploi comme combustibles) et donnent des réactions de craquage et de cyclisation (pétrochimie).

ALCÁNTARA, v. d'Espagne, en Estrémadure, sur le Tage, au N.-O. de Cáceres ; 4 600 hab. La ville fut conquise en 1214 par Alphonse IX, roi de León. Pont romain de l'époque de Trajan. Monastère en partie ruiné de S. Benito (XVIe s.), qui fut le siège de l'ordre d'Alcántara.

Alcántara *(ordre d'),* ordre religieux et militaire d'Espagne, fondé en 1156 ou en 1166 à l'imitation des Templiers. Il adopta la règle cistercienne. En 1494, il fut incorporé à la Couronne et devint progressivement une institution honorifique. Supprimé une première fois en 1872, il fut définitivement rétabli par le général Franco en 1936.

ALCAPTONE n. f. (de *alcali* et du gr. *aptein,* prendre). Produit du métabolisme de la phénylalanine et de la tyrosine. (Syn. ACIDE HOMOGENTISIQUE.)

ALCAPTONURIE n. f. Présence pathologique d'alcaptone dans les urines, qui brunissent en milieu alcalin. (L'alcaptonurie est transmise génétiquement.)

ALCARAZAS [-zas] n. m. (esp. *alcarraza,* de l'ar. *al-karrāz,* la cruche). Cruche en terre poreuse, à trois anses, col étroit, goulot sur l'épaulement, qui maintient la boisson fraîche par évaporation et sert à boire à la régalade.

Alcatel Alsthom Compagnie générale d'électricité (dénomination abrégée : **Alcatel Alsthom**), société française fondée en 1898 sous la dénomination de *Compagnie générale d'électricité* (C. G. E.). En 1991, les noms de ses deux principales filiales, *Alcatel* et *Alsthom,* y ont été accolés pour former l'appellation actuelle. Ses activités s'exercent essentiellement dans les systèmes de communication (Alcatel), l'énergie et les transports (GEC Alsthom).

ALCAZABA n. f. (mot esp., de l'ar. *al-qaṣaba,* le fortin). En Espagne, citadelle d'une ville fortifiée.

ALCAZAR n. m. (mot esp., de l'ar. *al-qaṣr,* la forteresse). En Espagne, forteresse, enceinte fortifiée ; demeure royale ou princière, fortifiée ou non.

ENCYCL. L'alcazar de Cordoue, du VIIIe s., a disparu. Celui de Séville, entrepris en 1360, est un chef-d'œuvre de l'art mudéjar. Celui de Tolède, construit du règne d'Alphonse VI à celui de Philippe II, est célèbre pour la résistance qu'opposa aux républicains, du 22 juillet au 27 septembre 1936, sa garnison de cadets, mêlés à un millier de gardes civils, commandée par le colonel Moscardó.

ALCAZARQUIVIR → KSAR EL-KÉBIR.

ALCÉDINIDÉ n. m. (lat. *alcedo, -inis,* alcyon). Nom de famille donné aux oiseaux tels que le martin-pêcheur et le martin-chasseur, aux doigts antérieurs soudés. (Ordre des coraciadiformes.)

ALCÉE, poète lyrique grec (Lesbos VIIe s. av. J.-C.). Créateur présumé de la strophe *alcaïque,* il a chanté ses amours et ses haines politiques.

ALCÈNE n. m. Hydrocarbure dérivant des alcanes, contenant une double liaison C=C et de formule générale C_nH_{2n}. (Les alcènes, à cause de leur double liaison, donnent surtout des réactions d'addition.)

ALCESTE, dans la mythologie grecque, fille de Pélias et femme d'Admète. Elle accepta de mourir à la place de son mari, mais fut arrachée des Enfers par Héraclès. Son sacrifice fut le thème d'une tragédie d'Euripide (*Alkestis,* 438 av. J.-C.) et inspira, plus tard, Hardy, Wieland et Rilke.

Alceste, principal personnage du *Misanthrope* de Molière.

ALCHÉMILLE [-kemij] n. f. (de *alchimie*). Rosacée commune dans les prairies et pâturages humides.

ALCHIMIE n. f. (lat. médiév. *alchimia,* de l'ar. *al-kīmiyā',* du gr. *khumeia,* mixtion). **1.** Art de purifier l'impur en imitant et en accélérant les opérations de la nature afin de parfaire la matière. — **2.** *Litt.* Transformation de la réalité banale en une fiction poétique, miraculeuse : *L'alchimie du verbe, de la douleur.*

ENCYCL. L'alchimie, héritière des spéculations chinoises et arabes, était au Moyen Âge le savoir par excellence, synthèse des principes de toutes les autres sciences. Ayant pour objet l'étude de la vie, elle cherche à découvrir un agent capable de retarder indéfiniment la mort et de donner aux êtres l'accès à un état supérieur. C'est d'une part l'élixir de longue vie ou la panacée propre à guérir tous les maux et d'autre part la pierre philosophale, ou pierre des sages, capable de transmuer en or les métaux vils, départ de la restauration de l'homme dans son originelle ressemblance divine. L'alchimie est une science « sacrée » ; la chimie des temps modernes sera une alchimie désacralisée.

ALCHIMIQUE adj. Relatif à l'alchimie.

ALCHIMISTE n. Praticien de l'alchimie.

ALCIAT (André), en ital. **Andrea Alciato,** humaniste et jurisconsulte italien (Alzate, Côme, 1492-Pavie 1550). Il est l'auteur de commentaires du droit romain, qui s'appuient sur l'histoire et la linguistique, et d'un traité de l'emblème (*Emblemata,* 1531).

ALCIBIADE, homme d'État athénien (v. 450-en Phrygie 404 av. J.-C.). Stratège à trente ans, il poussa les Athéniens à entreprendre l'aventureuse expédition de Sicile (415). Compromis dans un scandale religieux par ses adversaires politiques, il s'enfuit à Sparte ; en butte à la jalousie des généraux lacédémoniens, il chercha refuge auprès du satrape Tissapherne (412) ; intrigant de loin, il parvint à renouer avec les factions politiques d'Athènes. Après une série de succès militaires (victoire de Cyzique en 410, prise de Byzance en 408), il fit à Athènes une entrée triomphale (407). Mais une série de revers le contraignit à se réfugier en Thrace, où il mourut assassiné en 404 à l'instigation des Spartiates. (→ *guerre du* PÉLOPONNÈSE.)

ALCIFORME n. m. Nom d'ordre donné aux oiseaux tels que les pingouins, macareux, guillemots et mergules, oiseaux piscivores aux pattes palmées, nichant sur les falaises.

ALCIME, grand prêtre juif, contemporain de Judas Maccabée, qui fut en fonctions de 162 à 152 av. J.-C.

ALCINOOS, roi des Phéaciens, père de Nausicaa, qui accueillit Ulysse et Jason.

ALCM, sigle de *Air Launched Cruise Missile,* missile de croisière lancé depuis un bombardier et qui peut être porteur d'une charge nucléaire.

ALCMAN ou **ALKMAN,** poète lyrique grec (Sardes VIIe s. av. J.-C.), un des créateurs du lyrisme choral.

ALCMÈNE, dans la mythologie grecque, épouse du Thébain Amphitryon. Zeus la séduisit en revêtant l'apparence de son époux. De leur amour naquit Héraclès.

ALCMÉONIDES, famille noble, d'origine messénienne, établie à Athènes. Elle se distingua par son attachement à la démocratie. Les plus célèbres furent Mégaclès, qui s'opposa à la tyrannie de Cylon en 632, Clisthène, auteur de la réforme démocratique de 508-507, Périclès et Alcibiade.

ALCOA, v. des États-Unis (Tennessee), au S. de Knoxville ; 7 000 hab. Métallurgie de l'aluminium, fondée en 1913 par la société du même nom.

ALCOA, abrév. de *Aluminum Company of America,* société américaine de production d'aluminium fondée en 1888 par Charles Martin Hall, aujourd'hui le premier producteur mondial d'aluminium.

ALCOBAÇA, v. du Portugal, en Estrémadure (distr. de Leiria) ; 5 235 hab. Puissant monastère cistercien remontant au XIIe s. (tombeaux de Pierre Ier et d'Inés de Castro).

ALCOFORADO (Mariana), religieuse portugaise (Beja 1640-*id.* 1723) à qui l'on attribua longtemps les *Lettres de la religieuse portugaise.*

ALCOOL [-kɔl] n. m. (esp. *alcohol,* de l'ar. *al-kuḥl,* antimoine pulvérisé). **1.** Liquide contenant essentiellement de l'éthanol, obtenu par distillation des jus fermentés renfermant du glucose. — **2.** Toute espèce de boisson obtenue par distillation du vin ou d'un jus fermenté ; eau-de-vie, spiritueux. — **3.** Toute boisson contenant de l'alcool : *Les ravages de l'alcool.* — **4.** Composé oxygéné dérivant des *alcanes,* contenant un groupement OH et de formule générale $C_nH_{2n+1}OH$. (→ *encycl.*) — **5.** *Alcool absolu* ou *déshydraté,* alcool ne contenant que des traces d'eau et titrant pratiquement 100°. ‖ *Alcool à brûler,* forme commerciale de l'éthanol, destinée à l'usage domestique, rendu impropre à la consommation et toxique par adjonction de méthylène Régie (mélange de méthanol, d'acétone et de goudrons de bois). ‖ *Alcool de bouche,* ensemble des eaux-de-vie et de la partie des alcools industriels servant à la fabrication des liqueurs, confiseries, etc. ‖ *Alcool dénaturé,* alcool dans lequel a été volontairement introduit un produit infectant qui le rend inconsommable. ‖ *Alcool industriel,* alcool utilisé dans l'industrie et dont la production, en France, est un monopole d'État. ‖ *Alcool naturel,* eau-de-vie obtenue par fermentation et distillation de produits agricoles. ‖ *Alcool rectifié,* alcool purifié.

ENCYCL. **Chim.** On distingue trois classes d'alcools : les *alcools tertiaires* R_3COH, les *alcools secondaires* R_2CHOH et les *alcools primaires* RCH_2OH. Les alcools tertiaires ne sont pas attaqués par les oxydants, les alcools secondaires donnent des *cétones* $R_2C{=}O$, les alcools primaires donnent des *aldéhydes* $RCH{=}O$, oxydés en acides RCO_2H.

L'atome d'hydrogène du groupe OH est facilement remplacé par un métal alcalin ou alcalinoterreux en donnant un *alcoolate.* Avec les acides, on obtient des *esters.* Les alcools sont solubles dans l'eau (du moins les plus légers). Ce sont de bons solvants des composés organiques. Plusieurs d'entre eux ont une grande importance industrielle : méthanol, éthanol, propanols, butanols, cyclohexanol. La fonction alcool se rencontre dans un très grand nombre de produits complexes importants : glucides, glycérine, stérols, etc.

— **Physiol.** L'alcool a une valeur énergétique : 1 g d'alcool fournit 7 Cal. Sur le plan de l'équilibre alimentaire, l'alcool ne doit jamais dépasser 10 % de l'apport calorique journalier. Au-delà d'une dose de 1,50 g par kilogramme et par jour, l'alcool est toujours un dangereux toxique. [→ ALCOOLISME.]

Alcools, recueil poétique de Guillaume Apollinaire (1913), qui reflète les multiples visages de la poésie entre 1898 et 1912 et marque l'avènement majeur de la modernité : la grande diversité de ton et de style de l'ouvrage amorça un art poétique nouveau (suppression de toute ponctuation).

ALCOOLAT [-kɔla] n. m. Médicament obtenu par distillation de l'alcool sur une ou plusieurs substances médicamenteuses.

ALCOOLATE [-kɔlat] n. m. Sel résultant de la substitution d'un ion métallique au proton du groupe OH d'un alcool. (Les alcoolates alcalins et alcalinoterreux servent d'agents de condensation basique, ceux d'aluminium de catalyseurs d'oxydoréduction.)

ALCOOLATURE [-kɔ-] n. f. Médicament résultant de l'action dissolvante de l'alcool sur une ou plusieurs plantes fraîches.

ALCOOLÉ [-kɔ-] n. m. Préparation résultant de l'action dissolvante de l'alcool sur les drogues animales ou végétales. (Syn. TEINTURE ALCOOLIQUE.)

ALCOOLÉMIE [-kɔ-] n. f. Présence d'alcool éthylique dans le sang.
ENCYCL. L'élévation de l'alcoolémie peut n'être qu'épisodique ; c'est donc un mauvais indice pour le dépistage et la surveillance de l'alcoolisme chronique. Dans ce cas, le dosage de la gamma-glutamyl-transpeptidase (G.T.P.) et la mesure de l'élévation du volume globulaire moyen (V.G.M.) sont plus utiles.
— **Dr.** La loi permet aux officiers ou agents de la police judiciaire ou administrative de soumettre tout conducteur, impliqué dans un accident de la circulation ou non, aux épreuves de dépistage de l'imprégnation alcoolique, même en l'absence de tout signe d'ivresse manifeste. Le décret du 29 août 1995 a fixé le taux d'alcoolémie toléré à 0,50 g d'alcool pur par litre de sang et à 0,25 mg d'alcool pur par litre d'air expiré.

ALCOOLIER n. m. Industriel fabricant de l'alcool.

ALCOOLIFICATION [-kɔ-] n. f. Fermentation alcoolique.

ALCOOLIGÈNE [-kɔ-] adj. Qui est utilisé pour la production d'alcool. (Le raisin est un fruit alcooligène.)

ALCOOLIQUE [-kɔ-] adj. **1.** Qui a rapport à l'alcool : *Degré alcoolique d'une boisson.* — **2.** Qui contient de l'alcool : *Boissons alcooliques.* — **3.** Qui se rapporte à l'alcoolisme : *Délire alcoolique.* — **4.** *Fermentation alcoolique,* fermentation par laquelle le glucose est transformé en alcool éthylique et anhydride carbonique. *Teinture alcoolique,* syn. de ALCOOLÉ.
◆ adj. et n. Qui boit avec excès et de façon habituelle des boissons alcooliques.

ALCOOLISABLE [-kɔ-] adj. Susceptible d'être converti en alcool.

ALCOOLISATION [-kɔ-] n. f. **1.** Action d'alcooliser ; son résultat. — **2.** Imprégnation alcoolique chronique. — **3.** *Alcoolisation des nerfs,* injection d'alcool dans un tronc, une racine ou un ganglion nerveux sensitifs pour supprimer la douleur dans le territoire correspondant.

ALCOOLISER [-kɔ-] v. t. (conj. 3). **1.** Développer, dans les liquides, des propriétés qui caractérisent l'alcool. — **2.** Mêler de l'alcool à un autre liquide, à une préparation culinaire.
◆ **être alcoolisé** v. pass. Contenir de l'alcool : *Bière brune peu alcoolisée.*
◆ **s'alcooliser** v. pr., **être alcoolisé** v. pass. S'intoxiquer à l'alcool.

ALCOOLISME [-kɔ-] n. m. Abus de boissons alcoolisées ; dépendance à l'égard de l'alcool ; ensemble des manifestations pathologiques liées à la dépendance à l'égard de l'alcool.
ENCYCL. L'alcool éthylique, ou éthanol, est la substance toxique principale de toutes les boissons alcooliques. La voie la plus importante d'absorption de l'alcool est la muqueuse gastro-intestinale, en particulier au niveau du duodénum et du jéjunum. Absorbé, l'alcool diffuse dans tous les viscères par les capillaires et se distribue uniformément dans les compartiments intra- et extracellulaires. L'alcool est complètement transformé dans le foie à l'aide d'une enzyme cytoplasmique spécifique : l'*alcooldéshydrogénase.* Cette combustion aboutit à la formation d'eau et de gaz carbonique, libérant 7 Cal par gramme d'alcool, soit environ 600 Cal par litre de vin à 10°.
• *Intoxication alcoolique aiguë.* L'ivresse est la conséquence, sur le système nerveux central, d'une ingestion massive et récente d'alcool. Elle se manifeste, pour de relativement faibles doses d'alcool, par une phase de jovialité, de familiarité et d'excitation euphorique où parfois peut poindre l'irritabilité, mais le buveur est conscient et conserve ses possibilités. Lorsque l'alcoolémie augmente, il y a perte du contrôle, libération de l'agressivité, troubles de la parole et troubles perceptifs (le sujet « voit double »). Si la concentration sanguine d'alcool augmente encore (et surtout si l'ingestion a été rapide) s'installe une phase de somnolence avec anesthésie, qui peut aller jusqu'au coma (le sujet est alors dit « ivre mort »). En général, l'état normal revient au bout de quelques heures.
• *L'alcoolisme chronique.* Est appelé alcoolique chronique celui qui absorbe chaque jour et pendant plusieurs années une dose d'alcool supérieure ou égale à 160 g, soit 2 litres de vin à 10°. Le buveur excessif est alors incapable de s'abstenir d'alcool mais, en revanche, il peut limiter ses ingestions quotidiennes et éviter l'ivresse.
Les modifications psychologiques et l'atteinte somatique sont apparentes à ce stade. Cette atteinte est généralement attribuée à des troubles métaboliques liés en partie à une carence en vitamines B. Ceux-ci, qui ne sont que peu régressifs, même avec un traitement et l'arrêt de l'intoxication, sont à l'origine de complications graves : neurologiques (allant de la polynévrite aux encéphalopathies et démences alcooliques) et/ou digestives (gastrite, ulcère gastro-duodénal, cirrhose hypertrophique). L'alcoolisme chronique constitue également un terrain favorable pour les cancers des voies aériennes et digestives supérieures et pour la tuberculose.
L'alcoolisme chronique peut évoluer vers le delirium tremens* et mettre la vie en danger. On

constate également à ce stade des troubles du caractère et de l'affectivité, marqués surtout dans le milieu familial. L'humeur de l'alcoolique oscille très rapidement de l'expansivité, voire de la mégalomanie, à la dépression pouvant conduire au suicide. Les troubles mnésiques sont rarement absents, même au début de l'intoxication.

• *Abord thérapeutique de l'alcoolisme.* Hormis des médicaments symptomatiques (vitamines B et anxiolytiques), il n'existe pas de traitement proprement dit de l'alcoolisme. On tend de plus en plus à considérer l'alcoolisme comme un processus secondaire à des troubles psychiques, névrotiques ou psychotiques, tout en soulignant la difficulté de son abord en psychothérapie individuelle. Les groupes d'entraide et de soutien destinés aux anciens buveurs peuvent procurer un certain secours.

• *Alcoolisme, problème social.* L'alcoolisme, dans les sociétés industrielles, est la troisième cause de décès après les affections cardiovasculaires et le cancer. Il est considéré comme un fléau national en France pour ses conséquences directes et indirectes (accidents de la route et du travail, etc.). En 1995, en ce qui concerne la consommation d'alcool, la France vient, avec 11,5 l d'alcool pur par habitant et par an, au deuxième rang des pays européens, précédée par le Luxembourg (12,6 l) et suivie par l'Autriche (10,5 l), le Portugal (10,4 l), l'Allemagne (10,4 l) et la Hongrie (10,2 l). Cependant, la consommation moyenne a tendance à diminuer sensiblement en France puisqu'elle était de 16,4 l par habitant et par an en 1977.

La loi du 15 avr. 1954 sur les « alcooliques dangereux » permet à l'autorité sanitaire de se saisir d'un alcoolique qui n'est ni délinquant ni dément pour l'amener à se faire soigner. Elle s'inscrit dans un ensemble de mesures de protection sociale : ordonnance du 30 juill. 1960 sur l'extinction du privilège de bouilleur de cru ; ordonnance du 7 janv. 1959 interdisant aux débits de boissons de recevoir des mineurs de moins de 16 ans ; loi du 12 juill. 1978 généralisant le dépistage des états alcooliques par alcootest en l'absence d'infraction au Code de la route ; loi du 10 juill. 1987 instaurant une aggravation des peines en cas de conduite en état d'ivresse ; baisse drastique du taux d'alcoolémie* toléré.

ALCOOLOGIE n. f. Discipline médicale qui envisage l'alcoolisme non seulement sous l'angle somatique et psychique, mais également dans son déterminisme socio-économique et vise à la mise en œuvre d'une prévention efficace.

ALCOOLO-RÉSISTANT, E [-kɔ-] adj. Se dit des bactéries qui, colorées par la fuchsine, ne peuvent être décolorées par un séjour prolongé dans l'alcool fort.

ALCOOLYSE [-kɔ-] n. f. Transformation d'un composé par action d'un alcool.

ALCOOMANE ou **ALCOOLOMANE** [-kɔ-] n. Buveur excessif de boissons alcooliques devenu dépendant de ces dernières.

ALCOOMANIE ou **ALCOOLOMANIE** n. f. Dépendance toxicomaniaque à l'égard des boissons alcooliques.

ALCOOMÈTRE [-kɔ-] n. m. Densimètre utilisé pour la mesure de la teneur des liquides en alcool. (Syn. PÈSE-ALCOOL, PÈSE-ESPRIT.)

ALCOOMÉTRIE [-kɔ-] n. f. Mesure de la teneur en alcool des eaux-de-vie et des vins.

ALCOOTEST ou **ALCOTEST** [-kɔ-] n. m. (n. déposé). Appareil au moyen duquel on dépiste l'alcoolémie par l'air expiré.

ALCORCÓN, v. d'Espagne, dans la grande banlieue sud-ouest de Madrid ; 141 000 hab.

ALCÔVE n. f. (esp. *alcoba,* de l'ar. *al-qubba,* petite chambre). **1.** Renfoncement dans le mur d'une chambre, où l'on place un ou plusieurs lits. — **2.** Litt. *Histoire, secret d'alcôve,* relatifs à la vie intime, amoureuse.

ALCOVER I MASPONS (Joan), homme politique et écrivain catalan (Palma de Majorque 1854-*id.* 1926), un des principaux représentants de l'« école de Majorque » (*Poèmes bibliques,* 1918).

ALCOY, v. d'Espagne, au N. d'Alicante ; 66 000 hab. Centre industriel (textile, constructions mécaniques).

ALCOYLANT [-kɔi-] ou **ALKYLANT** n. m. Substance synthétique, utilisée dans la chimiothérapie du cancer et présentant 2 ou 3 chaînes de la série alcoyle, qui dénature les nucléoprotéines et provoque une altération du noyau cellulaire et des chromosomes. (L'action antimitotique des alcoylants oblige à un contrôle continu de la formule sanguine.)

ALCOYLATION, ALCOYLE → ALKYLATION, ALKYLE.

ALCUIN, en lat. **Albinus Flaccus,** moine anglo-saxon (York? v. 735 - Tours 804). Conseiller de Charlemagne, qui le chargea de diriger l'école du palais d'Aix-la-Chapelle (782), il inspira la réforme scolaire de l'empereur, composa des traités de théologie, de grammaire, de dialectique et de rhétorique, favorisant ainsi la renaissance carolingienne.

ALCYNE n. m. (de *alc*[*ool*] et suff. *-yne*). Hydrocarbure dérivant des alcanes, contenant une triple liaison C≡C et de formule générale C_nH_{2n-2}. (La triple liaison facilite toutes les réactions d'addition, propriété mise à profit en synthèse organique.) [Syn. HYDROCARBURE ACÉTYLÉNIQUE.]

ALCYON [alsjɔ̃] n. m. (mot lat., du gr. *alkuôn*). **1.** Oiseau mythique des légendes grecques, considéré comme oiseau d'heureux présage ; il faut y voir un goéland, un cygne ou un martin-pêcheur. — **2.** Syn. de ALCYONIDE. — **3.** En héraldique, cygne dans son nid voguant sur les flots.

ALCYONAIRE [-sjɔ-] n. m. (de *alcyon*). Cnidaire anthozoaire à huit tentacules tel que les alcyonides [ou corail mou], cœnothécales [ou corail bleu], gorgonides [ou corail corné] et pennatulidés [ou plumes de mer]. (Les *alcyonaires* forment une classe.)

ALCYONIDE [-sjɔ-] n. m. Nom d'ordre de cnidaires alcyonaires vivant en colonies tels que le « corail mou » ou la « main-du-diable ». (Syn. ALCYON.)

ALCYONIEN, ENNE [-sjɔ-] adj. *Jours alcyoniens,* les sept jours qui précèdent et les sept jours qui suivent le solstice d'hiver. ‖ *Mer Alcyonienne,* nom donné par les Grecs à la partie orientale du golfe de Corinthe.

ALDABRA *(îles),* archipel corallien de l'océan Indien, dépendance des Seychelles, à 350 km au N.-O. de Madagascar. Réserve de tortues géantes.

ALDAN, riv. de Russie, en Sibérie orientale, affl. de la Lena (r. dr.) ; 2 242 km. Extraction de l'or dans la vallée.

ALDE, prénom du chef de la famille des *Manuce**, imprimeurs italiens.

ALDEADÁVILA DE LA RIBERA, localité d'Espagne, dans le León, au N.-O. de Salamanque. À proximité, sur le Duero, important aménagement hydroélectrique.

ALDÉBARAN (ar. *al-dabarān,* qui suit [les Pléiades]), nom donné à l'étoile α Taureau*. Magnit. visuelle 0,8. Distance 68 al.

ALDEGREVER (Heinrich), graveur allemand (Paderborn ? 1502-Soest v. 1558). Également orfèvre et peintre, il a laissé plus de 300 petites gravures à l'eau-forte ou au burin, d'un style inventif et aisé (portraits, scènes diverses, planches ornementales).

ALDÉHYDE n. m. (de *alcool déhydrogéné*). **1.** Liquide volatil formé au cours de la déshydrogénation de l'alcool éthylique. (Syn. ACÉTALDÉHYDE, ALDÉHYDE ACÉTIQUE, ÉTHANAL.) — **2.** Composé organique se déduisant des hydrocarbures en remplaçant un groupe CH_3 par un groupe CH=O.
ENCYCL. Les aldéhydes RCO—H ne se distinguent chimiquement des cétones* RCO—R' que par les propriétés dues à l'atome d'hydrogène lié au groupe carbonyle C=O. Ils sont faciles à oxyder en acides RCOOH : dosage des aldéhydes par la réaction de Fehling. Généralement plus volatils que les alcools correspondants, ils ont une grande importance pratique. Les aldéhydes formique, acétique, acrylique, butyrique et crotonique sont des intermédiaires industriels intéressants. Les aldéhydes aromatiques et terpéniques sont des arômes naturels ou synthétiques. La *fonction aldéhyde,* caractérisée par le *groupement fonctionnel* —CH=O, se rencontre dans un grand nombre de produits complexes importants : glucides, pyridoxal, rétinal...

ALDÉHYDE-ALCOOL n. m. (pl. *aldéhydes-alcools*). Composé renfermant une (ou plusieurs) fonction(s) aldéhyde et une (ou plusieurs) fonction(s) alcool.

ALDÉHYDIQUE adj. Relatif aux aldéhydes.

ALDENHOVEN, localité d'Allemagne, à 18 km au N.-E. d'Aix-la-Chapelle. Victoire de Jourdan sur les Autrichiens (2 oct. 1794).

AL DENTE [aldɛnte] loc. adj. inv. ou loc. adv. (ital. *al dente,* à la dent). Se dit de pâtes, de légumes cuits mais encore fermes.

ALDER (Kurt), chimiste allemand (Königshütte 1902-Cologne 1958), prix Nobel de chimie (avec O. Diels) en 1950.

Alder *(anomalie d'),* anomalie morphologique caractérisée par la présence dans les leucocytes de grosses granulations pourpres. Cette anomalie héréditaire, transmise selon le mode autosomique récessif, se voit chez des sujets sains ou ayant un syndrome de Hurler-Pfaundler.

ALDERMAN [ɔldərman] n. m. (pl. *aldermen*) [mot angl.]. Magistrat d'un conseil municipal en Grande-Bretagne, en Irlande et aux États-Unis, ou d'un conseil de comté dans le Royaume-Uni. (Le terme vient d'un vieux mot anglo-saxon qui désignait tout dignitaire royal.)

ALDERNEY → AURIGNY.

ALDERSHOT, v. de Grande-Bretagne (Hampshire), au S.-O. de Londres ; 31 300 hab. Institut d'études aéronautiques contigu à la base aérienne de Farnborough. Camp militaire.

ALDICARBE n. m. Produit antiparasitaire dérivé de l'isocyanate de méthyle, très toxique, employé dans la culture de la betterave à sucre et dans les cultures florales.

ALDIN, E adj. Se dit des caractères d'imprimerie que Alde Manuce fit exécuter par d'habiles graveurs. (L'édition du *Virgile* fut le premier livre composé avec des caractères penchés, appelés aujourd'hui *italiques*.)

ALDINGTON (Richard), écrivain britannique (Portsmouth 1892-Sury-en-Vaux, Cher, 1962). Créateur de l'« imagisme », romancier (*Lawrence* *d'Arabie,* 1955), il fut aussi éditeur de la revue *The Egoist.*

ALDOBRANDINI, famille originaire de Florence et installée à Rome au XVIe s. Elle a compté parmi ses membres : HIPPOLYTE *(Ippolito),* pape sous le nom de Clément* VIII de 1592 à 1605 ; — PIERRE *(Pietro),* neveu de Clément VIII (Rome 1571-*id.* 1621), cardinal en 1593, archevêque de Ravenne en 1604. Il fut chargé de missions diplomatiques.

ALDOL n. m. Aldéhyde-alcool, produit d'autocondensation de l'acétaldéhyde, $C_2H_4(OH)CH_2\,CH{=}O$. (C'est un important intermédiaire industriel, précurseur du butanal et du butadiène.)

ALDOSE n. m. Ose renfermant une fonction aldéhyde.

ALDOSTÉRONE n. f. Hormone corticosurrénalienne, appartenant au groupe des minéralocorticoïdes, douée d'une puissante activité sur le métabolisme de l'eau et du chlorure de sodium. ENCYCL. En pathologie médicale, l'insuffisance de sécrétion d'aldostérone (hypoaldostéronisme) provoque des désordres hydroélectrolytiques graves, pouvant mettre en jeu le pronostic vital, observés dans la maladie d'Addison*. Son hypersécrétion (hyperaldostéronisme) provoque certaines formes d'hypertension artérielle dues à une tumeur de la corticosurrénale (syndrome de Conn).

ALDRICH (Robert), cinéaste américain (Cranston, Rhode Island, 1918-Los Angeles 1983). Virtuose du film d'action, il a réalisé notamment *Vera Cruz* (1954), *En quatrième vitesse* (1955), *Qu'est-il arrivé à Baby Jane ?* (1962), *Douze Salopards* (1967).

Aldrich *(syndrome d')* → WISKOTT-ALDRICH *(syndrome de).*

ALDRIGE (Robert), danseur et pédagogue irlandais (Dublin ? v. 1738-Édimbourg 1793). Il fut le premier à enseigner la danse en Grande-Bretagne.

ALDRIN (Edwin Eugene), astronaute et officier américain (Montclair, New Jersey, 1930). Il fut copilote de la capsule Gemini 12 en 1966, effectuant 59 révolutions autour de la Terre et plusieurs sorties dans l'espace. Puis, en 1969, lors de la mission Apollo 11, il pilota le module lunaire et fut ainsi le second homme, après Neil Armstrong, à poser le pied sur la Lune.

ALDROVANDI (Ulisse), médecin et naturaliste italien (Bologne 1522 - *id.* 1605). Son *Antidotarii Bononiensis epitome* a servi de prototype à toutes les pharmacopées. Ses ouvrages forment une histoire naturelle complète, qui, avec celle de Gesner, constitua le seul corps de doctrine sur l'histoire des animaux jusqu'à Buffon.

ALDROVANDIA n. f. (de *Aldrovandi,* n. pr.). Petite droséracée aquatique d'Europe, carnivore, capturant de petits crustacés d'eau douce.

ALDUDES *(vallée des),* vallée du dép. des Pyrénées-Atlantiques, dans les Pyrénées basques, drainée par la *Nive des Aldudes,* entre *Aldudes* et Saint-Étienne-de-Baïgorry.

ALE [ɛl] n. f. (moyen néerl. *ale*). Bière anglaise fabriquée avec du malt pâle, peu torréfié, et avec addition de houblon cru.

ALÉA n. m. (lat. *alea*). Tour imprévisible et le plus souvent défavorable pris par les événements et lié à une activité, une action ; risque (surtout pl.) : *Les aléas du métier.*

alea jacta est, mots lat. signif. *le sort en est jeté,* paroles de César (Suétone, *Caesar,* 32) se préparant à franchir le Rubicon avec ses troupes, en violation de la loi romaine, pour pénétrer sur le territoire italien.

ALEARDI (Gaetano, dit **Aleardo**), poète et patriote italien (Vérone 1812 - *id.* 1878), l'un des apôtres du *Risorgimento.*

ALÉATOIRE adj. (lat. *aleatorius,* de *alea,* hasard). **1.** Soumis au hasard, dont le résultat est incertain : *Entreprise aléatoire.* — **2.** Se dit d'une œuvre plastique (notamment cinétique) dont la configuration procède d'une combinatoire exploitant les possibilités du hasard, avec ou sans programmation par ordinateur. — **3.** Se dit d'un acte juridique dont la particularité réside dans l'incertitude dans laquelle se trouvent les parties quant à l'équivalence de contrepartie qu'elles peuvent espérer. — **4.** Se dit d'une musique dans laquelle l'auteur introduit des éléments de hasard ou d'improvisation soit au niveau de la composition, soit au niveau de l'exécution. (→ *encycl.*) — **5.** *Fonction aléatoire,* variable aléatoire dont la loi de probabilité varie avec une autre grandeur. ‖ *Nombre aléatoire,* nombre dont chaque chiffre est obtenu par tirage au sort à égalité de chances. ‖ *Sondage aléatoire,* sondage effectué suivant un plan se prêtant à l'emploi du calcul des probabilités. ‖ *Variable aléatoire,* application X d'un ensemble Ω appelé « univers » et muni d'une probabilité P, dans l'ensemble $\mathbb{R}$ des nombres réels. (On distingue les variables aléatoires continues et discrètes.)
ENCYCL. L'expression de *musique aléatoire* est apparue dans les années 1950 en liaison avec des expériences de John Cage puis de Karlheinz Stockhausen et de Pierre Boulez. Pour une large part, la musique aléatoire est née par réaction contre le sérialisme intégral. La question de savoir comment, dans quelles limites et à quels niveaux introduire l'imprévisibilité a provoqué la rupture entre Cage et Boulez, sur tout après l'exposé de ce dernier intitulé *Aléa* (1957).

Xenakis a confié une partie du processus de création à l'ordinateur et à la mathématique. John Cage, qui a pris la notion de hasard au sens propre, n'a parfois donné à l'interprète que des esquisses graphiques. Witold Lutosławski développe la notion de contrepoint aléatoire, et Mauricio Kagel approfondit l'idée de « work in progress ». Enfin, certains groupes (*New Phonic Art,* ensemble *Ars nova* de Marius Constant) se livrent à l'improvisation pure.

ALÉATOIREMENT adv. De façon aléatoire ; au hasard.

ALECHINSKY (Pierre), peintre et graveur belge (Bruxelles 1927). Installé en France, il s'est nourri des leçons de Cobra et de la calligraphie extrême-orientale pour élaborer une œuvre que caractérisent la liberté graphique et chromatique, l'humour, la virtuosité.

ALÉCITHE adj. Se dit des œufs très pauvres en réserves nutritives, comme c'est le cas chez l'homme et les mammifères.

ALECSANDRI (Vasile), écrivain et homme politique roumain (Bacău 1821 - Mirceşti, prov. de Iaşi, 1890). Directeur du théâtre de Iaşi (1840-1842), devenu diplomate (1859-1885), il a laissé des poèmes lyriques (*Pastels,* 1875) et patriotiques (*Nos soldats,* 1878).

ALEGRÍA [ale-] n. f. (mot esp. signif. *joie*). Danse et chant flamencos (surtout régions de Cadix et de Grenade), de rythme 3/4 ou 6/8, avec ou sans accompagnement de castagnettes.

ALEGRÍA (Ciro), écrivain péruvien (Sartimbamba, prov. de Huamachuco, 1909 -Lima 1967). Il a consacré son œuvre romanesque à la défense des Indiens (*les Chiens affamés,* 1939).

ALEIJADINHO (Antônio Francisco LISBOA, dit **l'**), architecte, sculpteur et décorateur brésilien (Ouro Preto 1730 ou 1738-*id.* 1814). Mulâtre, estropié (d'où son surnom) par suite de maladie, il a orné les églises du Minas Gerais d'œuvres d'un baroque très expressif (S. Francisco de Assis, à Ouro Preto ; voie sacrée et terrasses du Bom Jesus de Matosinhos, à Congonhas).

ALEIXANDRE (Vicente), poète espagnol (Séville 1898-Madrid 1984). D'inspiration surréaliste et panthéiste à l'origine (*la Destruction ou l'Amour,* 1933), sa poésie s'ouvre au monde contemporain (*Histoire de cœur,* 1954) et à l'expression de la solidarité humaine (*Diálogos del conocimiento,* 1974). [Prix Nobel 1977.]

ALEKHINE (Alexandre), joueur d'échecs russe naturalisé français (Moscou 1892-Estoril, Portugal, 1946), champion du monde de 1927 à 1935 et de 1937 à 1946.

ALEKSANDROPOL → GUMRI.

ALEKSANDROV (Pavel Sergueïevitch) → ALEXANDROV.

ALEKSEÏEV ou **ALEXEÏEV** (Ievgueni Ivanovitch), amiral russe (1843-1909). Vice-roi des possessions russes de Mandchourie, surpris par l'attaque de Port-Arthur, il commandait les forces russes contre le Japon et dut être relevé par Kouropatkine (fin 1904).

ALEKSEÏEV ou **ALEXEÏEV** (Mikhaïl Vassilievitch), général russe (Tver 1857-Iekaterinodar 1918), chef d'état-major général des armées en campagne de 1915 à 1917.

ALEKSEÏEV ou **ALEXEÏEV** (Vassili), haltérophile russe (dans la région de Riazan 1942) qui, sous la bannière de l'U.R.S.S., s'est attribué pratiquement tous les titres et les records des « superlourds » dans les années 70.

ALEMÁN (Mateo), écrivain espagnol (Séville 1547 - au Mexique v. 1614), célèbre par son roman picaresque *Guzmán* de Alfarache* (1599).

ALEMÁN VALDÉS (Miguel), homme d'État mexicain (Sayula, État de Veracruz, 1903 - Mexico 1983). Membre du parti révolutionnaire institutionnel (P.R.I.), il fut président de la République de 1946 à 1953.

ALÉMANIQUE adj. (lat. *alamannicus,* de l'anc. haut all. *Alaman*). Se dit de la Suisse de langue allemande.

◆ n. m. Groupe de dialectes du haut allemand employés dans le sud-ouest de l'aire germanique (Bade, Alsace, Suisse, Liechtenstein, ouest de l'Autriche).

ALÉMANNIE → ALAMANNIE.

ALEMBERT (Jean LE ROND D'), mathématicien et philosophe français (Paris 1717-*id.* 1783). Enfant naturel de Mme de Tencin, abandonné sur le parvis de l'église de Saint-Jean-le-Rond, il fut élevé par la femme d'un pauvre vitrier. Élu à vingt-trois ans à l'Académie des sciences, il y exerça son influence pendant toute une génération. Ses recherches en physique concernèrent la mécanique rationnelle (principe fondamental de la dynamique, problème des trois corps, cordes vibrantes) et l'hydrodynamique. En mathématiques, il étudia les équations aux dérivées partielles, les équations différentielles ordinaires, définit la notion de limite, inventa un critère de convergence des séries, démontra le théorème fondamental de l'algèbre affirmant que toute équation algébrique a au moins une racine réelle ou imaginaire (théorème de d'Alembert-Gauss). D'Alembert fut également le principal animateur, avec Diderot, de l'*Encyclopédie,* dont il rédigea le *Discours préliminaire* (1751) : l'esprit général de l'entreprise est celui d'un rationalisme fondé sur l'expérience, et non sur une théorie des idées innées. Son indépendance d'esprit l'entraîna à se quereller avec les jésuites ; il fut également l'ami de Frédéric II et de Catherine II de Russie.

A.L.E.N.A., sigle de ACCORD DE LIBRE-ÉCHANGE NORD-AMÉRICAIN. (→ NORTH AMERICAN FREE TRADE AGREEMENT [NAFTA]).

ALENCAR (José Martiniano DE), écrivain et homme politique brésilien (Mecejana, Ceará, 1829-Rio de Janeiro 1877), initiateur du roman historique (*le Guarani,* 1857) et indianiste (*Iracema,* 1865).

ALENÇON (61000), ch.-l. du dép. de l'Orne, à 195 km à l'O. de Paris, sur la Sarthe, à 135 m d'alt. ; 31 139 hab. *(Alençonnais)*. Centre administratif et commercial d'une agglomération d'environ 50 000 hab., aussi industrialisée (constructions mécaniques et électriques, alimentation).
— **Hist.** Marguerite d'Angoulême, sœur de François Ier, s'y établit après la mort de son mari (1525). À sa mort, en 1549, Alençon fut réunie à la Couronne.
— **Bx-arts.** Églises Notre-Dame (porche flamboyant et vitraux du XVIe s.) et St-Léonard (gothique flamboyant). Maison d'Ozé (XVe s.). Musée municipal (beaux-arts ; dentelles ; archéologie, ethnographie, etc.).

Alençon *(point d'),* dentelle à l'aiguille appelée jadis *point de France* et, au XVIIe s., *reine des dentelles.* Son décor est de fleurs ou de fougères ; son fond est à mailles ou à réseaux hexagonaux, parfois bouclés. (Syn. POINT À L'AIGUILLE.)

ALENÇON (Sophie, *princesse* DE BAVIÈRE, *duchesse* D') [Munich 1847-Paris 1897]. Fille de Maximilien, duc de Bavière, elle épousa en 1868 le second fils du duc de Nemours, le duc d'Alençon. Elle périt dans l'incendie du Bazar de la Charité, à Paris.

ALÊNE n. f. (germ. **alisna*). Poinçon qui sert à percer le cuir afin de préparer le passage du fil ; outil de machine jouant un rôle analogue.

ALÉNOIS adj. m. (de *orlenois,* d'Orléans). Se dit du cresson des jardins, qui se mange en salade.

ALENTEJO, région du Portugal, au S. du Tage. On distingue le *Haut-Alentejo (Alto Alentejo)* [ch.-l. *Évora*] et le *Bas-Alentejo (Baixo Alentejo)* [ch.-l. *Beja*]. Chênes-lièges, oliviers, céréales, riz et tomates, élevage ovin et porcin.

ALENTOUR adv. (de *à l'entour*). Aux environs, dans un espace situé tout autour (d'un endroit mentionné) : *Cette photo montre le château et le parc qui s'étend alentour.*
◆ n. m. Fond décoratif autonome sur lequel se détache le sujet central de certaines tapisseries.
◆ **alentours** n. m. pl. **1.** Les lieux qui entourent : *Les alentours de la ville sont pittoresques.* — **2.** *Aux alentours de qqch,* indique une approximation dans l'espace, le temps, la quantité.

ALÉOUTE, n. m. Langue parente de l'esquimau, parlée aux îles Aléoutiennes.

ALÉOUTIENNES *(îles),* en angl. **Aleutian Islands,** archipel du nord-ouest de l'Amérique, prolongeant vers le sud-ouest la péninsule de l'Alaska et limitant au sud la mer de Béring. Les terres principales sont Umnak, Unalaska et Unimak au nord-est, prolongées par trois groupes d'îles : Andreanof, Rat et Near. Ces îles volcaniques ont un climat relativement doux pour la latitude, mais humide et brumeux. Pêche. Élevage des moutons. Bases navales et aériennes américaines.
— **Hist.** Les îles Attu et Kiska, occupées par les Japonais en juin 1942, furent reprises par les forces américaines en mai et août 1943.

ALÉOUTIENNES *(courant des),* courant tiède qui s'achève au S. de l'archipel du même nom et dont la branche principale décrit un mouvement de retour vers l'est.

ALÉOUTIENNES *(fosse des),* grande fosse océanique (longueur : 3 700 km ; profondeur maximale : 7 822 m) produite par la subduction de la plaque Pacifique sous l'Alaska et l'arc insulaire des Aléoutiennes.

ALEP, en ar. **Ḥalab,** v. de Syrie, ch.-l. de prov., sur le Koueik ; 1 308 000 hab. *(Aleppins)*. Archevêchés grec catholique, syrien catholique, arménien catholique. Évêché maronite. Université. Carrefour routier et ferroviaire, métropole commerciale ; artisanat et industrie (cimenterie, verrerie, constructions mécaniques, chimie).
— **Hist.** Capitale d'un État amorrite, puis d'un royaume hittite, Alep tomba sous la domination des Achéménides (540 av. J.-C.). Échue aux Séleucides, qui fondèrent la nouvelle ville (301-281 av. J.-C.), elle fut prise par les Romains en 65 av. J.-C. Elle devint musulmane en 637 apr. J.-C. mais jouit rapidement d'une large autonomie au centre d'une principauté. Possession des Mongols (1260), puis des Mamelouks, elle devint ottomane en 1516. Enlevée aux Turcs par les Britanniques d'Allenby (25 oct. 1918), la ville fut placée avec la Syrie sous mandat français et devint la capitale de l'État d'Alep (1920-1925).
— **Bx-arts.** Nombreux monuments, dont les plus remarquables sont de l'époque seldjoukide : Grande Mosquée (d'origine omeyyade, mais refaite au XIIe s.), citadelle, plusieurs madrasa. Autres édifices, dus aux Mamelouks et aux Ottomans. Important musée archéologique.

ALEPH [alɛf] n. m. (mot hébreu). **1.** Nom de la première lettre de l'alphabet hébreu. — **2.** Symbole utilisé par Cantor pour désigner les cardinaux des ensembles infinis bien ordonnés.

ALERCE n. m. Grand arbre (cupressacée) des montagnes du Chili, du genre *fitzroya,* au bois utilisé notamment en lutherie.

ALÉRIA (20270), comm. de la Haute-Corse, près de l'embouchure du Tavignano ; 2 038 hab. Vestiges d'une ville antique (*Alalia* phocéenne, *Aleria* romaine), ruinée par les Vandales, puis par les musulmans. Musée archéologique. — La *plaine d'Aléria* forme la partie la plus large de la plaine orientale de la Corse. Assainie à la fin de la Seconde Guerre mondiale, défrichée à partir de 1955, elle a été transformée en un vaste vignoble, coupé de périmètres d'irrigation permettant la polyculture.

ALÉRION n. m. (frq. **adalaro,* aigle). Petite aigle héraldique représentée en nombre et sans bec ni pattes.

1. ALERTE adj. (moyen fr. *à l'herte,* sur ses gardes, de l'ital. *all'erta,* de *erta,* hauteur). Qui a des mouvements rapides, aisés ; qui montre de la vivacité, de la légèreté : *Marcher d'un pas alerte. Garder l'esprit alerte.*

2. ALERTE n. f. (de *alerte,* adj.). **1.** Signal qui prévient d'un danger imminent, en partic. d'une attaque aérienne ; durée du danger, de l'attaque : *La sonnerie a donné l'alerte.* — **2.** Menace soudaine d'un danger grave : *À la première alerte, appelez le médecin.* — **3.** *Délai d'alerte,* temps compris entre le signal d'alerte et le moment où une formation militaire est capable d'intervenir. ‖ *En état d'alerte, en alerte,* prêt à intervenir. ‖ *Fausse alerte,* signal donné pour un danger qui n'était pas réel.

◆ **alerte !** interj. Sert à prévenir d'un danger imminent : *Alerte ! voici l'ennemi.*

ALERTEMENT adv. De façon alerte.

ALERTER v. t. (conj. 3). **1.** Avertir d'un danger qqn, une collectivité, pour leur permettre d'agir, de prendre des mesures de protection : *Alerter la population sur un risque de pollution.* — **2.** En parlant de qqch, attirer l'attention de qqn par son caractère insolite, inquiétant : *Le bruit alerta le veilleur de nuit.* — **3.** En sport d'équipe, passer la balle à un partenaire le plus souvent éloigné et démarqué en vue de la poursuite de l'action offensive.

ALÈS (30100), anc. **Alais,** ch.-l. d'arrond. du Gard, en bordure des Cévennes, sur le *Gardon d'Alès,* dans le sud de l'ancien *bassin houiller d'Alès* ; 42 296 hab. *(Alésiens).* Église St-Jean, anc. cathédrale, surtout du XVIIIe s. Musée. Constructions mécaniques. Textile.

Alès *(édit de grâce* ou *paix d')* [28 juin 1629], édit signé à Alès par Louis XIII par lequel le roi laissait aux protestants les avantages religieux, civils et judiciaires accordés par l'édit de Nantes mais les privait de leurs assemblées politiques et de leurs places de sûreté.

ALÉSAGE n. m. **1.** Diamètre de chacun des cylindres d'un moteur classique à pistons. — **2.** Usinage consistant à façonner en finition (dimension et état de surface) la paroi d'un trou préalablement ébauché, trou ainsi usiné. — **3.** Élément femelle d'un ajustement circulaire, quel que soit son procédé d'usinage. — **4.** Action d'aléser un puits.

ALÈSE → ALAISE.

ALÉSÉ, E adj. Se dit des pièces héraldiques raccourcies dont les extrémités ne touchent pas les bords de l'écu.

ALÉSER v. t. (anc. fr. *alaisier,* élargir, du lat. pop. **allatiare*) [conj. **18**]. **1.** Effectuer l'alésage d'un trou. — **2.** Reforer un puits de pétrole pour lui donner un diamètre minimal déterminé.

ALÉSEUR, EUSE n. Ouvrier, ouvrière travaillant sur une aléseuse.

◆ **aléseur** n. m. Outil utilisé pour élargir un puits ou régulariser ses parois.

◆ **aléseuse** n. f. Machine-outil usinant, par enlèvement de copeaux, la paroi ou le bord d'un trou préexistant. (→ *encycl.*)

ENCYCL. Une aléseuse se compose essentiellement d'un outil tournant et d'une table sur laquelle est fixée la pièce à usiner, ces deux éléments pouvant se déplacer l'un par rapport à l'autre, soit pour effectuer les réglages préalables, soit pour l'usinage proprement dit. Son axe de travail est, suivant les machines, horizontal ou vertical.

ALÉSEUSE-FRAISEUSE n. f. (pl. *aléseuses-fraiseuses*). Aléseuse horizontale dont les mouvements d'avance permettent d'effectuer diverses opérations d'alésage, de fraisage et de perçage.

ALÉSIA, anc. v. de Gaule, cité mère des Mandubiens, située sur le mont Auxois, à Alise-Sainte-Reine (Côte-d'Or). C'est là, selon nombre d'historiens, que, en 52 av. J.-C., Vercingétorix soutint un terrible siège dirigé par César, à qui, finalement, le chef gaulois dut se rendre. La localisation du site a suscité des controverses, mais les fouilles de 1861-1865, qui révélèrent de savantes fortifications et livrèrent des ossements de combattants et de chevaux ainsi que des armes, des harnachements, des monnaies, ont attesté la présence, à Alise-Sainte-Reine, de l'oppidum où Vercingétorix s'était retranché. Sans compter les indices géographiques, toponymiques et épigraphiques, les fouilles récentes ont confirmé l'exactitude des travaux du XIXe s. On a également mis au jour les vestiges d'une ville gallo-romaine qui s'est développée après la conquête.

ALÉSOIR n. m. Outil de coupe de précision servant à aléser et généralement manœuvré à la main, au moyen d'un tourne-à-gauche, ou sur machine. (L'alésoir étant guidé par les génératrices du trou préalablement percé, leurs axes doivent coïncider parfaitement.)

ALESSANDRI PALMA (Arturo), homme d'État chilien (Linares 1868-Santiago 1950). Président de la République de 1920 à 1924, en 1925 puis de 1932 à 1938, il imposa une constitution de type présidentiel, et restaura l'économie.

ALESSANDRI RODRÍGUEZ (Jorge), homme d'État chilien (Santiago 1896 - *id.* 1986), fils du précédent, président de la République de 1958 à 1964.

ALESSANDRIA → ALEXANDRIE.

ALESSI (Galeazzo), architecte italien (Pérouse 1512-*id.* 1572), formé à Rome, actif surtout à Gênes et à Milan.

ALESTES [-tɛs] n. m. Poisson characinidé des eaux douces africaines, que l'on pêche pour en extraire de l'huile.

ALÉTHIQUE adj. (gr. *alêthês,* vrai). Se dit des modalités logiques selon lesquelles les propositions sont considérées non seulement comme vraies ou fausses, mais également comme nécessaires, contingentes, possibles ou impossibles.

ALET-LES-BAINS (11580), comm. de l'Aude, sur l'Aude, à 8,5 km au S.-S.-E. de Limoux ; 471 hab. Évêché du XIVe s. à 1790. Ruines de Notre-Dame (XIIe s.), anc. cathédrale. Église St-André, du XIVe s. Station thermale pour les maladies de l'appareil digestif et le traitement de l'obésité.

ALETSCH *(glacier d'),* le plus grand glacier des Alpes, en Suisse, dans le massif de l'Aar-Gothard, au pied de la Jungfrau (surface : 115 km^2 ; longueur : 27 km).

ALETSCHHORN, sommet des Alpes bernoises, dans le massif de l'Aar-Gothard, dominant le *glacier d'Aletsch ;* 4 182 m.

ALETTE n. f. (lat. *ala,* aile). Partie latérale, ou chacune des parties latérales, en retrait, dans un pilastre, un piédroit, un dé de balustrade.

ALEUCÉMIQUE adj. Se dit d'une leucémie ne comportant pas d'anomalie qualitative ou quantitative des éléments blancs circulant dans le sang.

ALEURITE n. m. (lat. bot. *aleurites,* du gr. *aleuritês,* pain de froment). Plante oléagineuse d'Asie et d'Océanie, dont trois espèces sont utiles : le *bancoulier des Moluques,* qui donne la noix de bancoul, comestible ; l'*abrasin,* dont l'huile peut remplacer l'huile de lin ; l'*aleurite de Ford,* d'usage analogue.

ALEURODE n. m. (gr. *aleurôdês,* qui ressemble à la farine). Insecte homoptère voisin des pucerons et dont une espèce est très nuisible au chou. (Les aleurodes ont deux paires d'ailes blanches, couvertes d'une poudre cireuse d'aspect farineux.)

ALEURONE n. f. (gr. *aleuron,* farine). Réserve alimentaire protidique des graines, contenue soit dans les assises externes de l'albumen (graminées), soit dans les cotylédons, qui se présente en grains microscopiques contenant diverses inclusions.

ALEVIN n. m. (lat. pop. **adlevamen,* du lat. class. *allevare,* élever). Jeune poisson vivant encore des réserves de son sac vitellin ou tout au moins n'ayant pas encore acquis les formes de l'adulte.

ALEVINAGE n. m. Repeuplement des eaux douces en alevins, pratiqué par l'homme en vue de la pêche ou de la pisciculture.

ALEVINER v. t. (conj. 3). Opérer l'alevinage.

ALEVINIER n. m., ou **ALEVINIÈRE** n. f. Étang où l'on élève de l'alevin.

ALEXANDER *(archipel),* archipel de la côte américaine du Pacifique, en avant des côtes de l'Alaska. Ses terres principales sont les îles Baranof, Wrangell et Prince of Wales.

ALEXANDER (Franz), psychanalyste américain d'origine allemande (Budapest 1891-New York 1964). Il fut l'un des fondateurs de la médecine psychosomatique.

ALEXANDER (Harold George), 1er comte **Alexander of Tunis,** maréchal britannique (Londres 1891-Slough, Buckinghamshire, 1969). Il commandait le 1er corps d'armée britannique, qui couvrit le rembarquement des troupes anglaises à Dunkerque en 1940. Adjoint à Eisenhower comme commandant en chef des forces alliées en Afrique du Nord (1943), puis commandant du 15e groupe d'armées en Italie, il joua un rôle de premier plan dans les campagnes de Tunisie et d'Italie. En novembre 1944, il prit la direction du théâtre d'opérations de Méditerranée. Gouverneur du Canada de 1946 à 1952, il fut ministre de la Défense dans le cabinet Churchill (1952-1954).

ALEXANDER (Dorothea MOSES, dite **Dorothy**), danseuse et chorégraphe américaine (Atlanta, Géorgie, 1904-?1986). Elle a créé, avec Anatole Chujoy, le Regional Ballet Festival (festival du ballet amateur) [1956-1959], manifestation importante aux États-Unis.

ALEXANDRA n. m. Cocktail composé de cognac, de crème fraîche et de crème de cacao.

ALEXANDRA FEDOROVNA (Darmstadt 1872 - Iekaterinbourg 1918), impératrice de Russie (1894-1917). Née Alix de Hesse, elle épousa en 1894 le futur Nicolas II. Elle donna naissance à quatre filles, puis au tsarévitch Alexis (1904), à qui elle transmit l'hémophilie. Elle tomba alors sous l'emprise de Raspoutine. Elle fut exécutée par les bolcheviks avec toute sa famille.

SAINTS ET PAPES

ALEXANDRE Ier *(saint)* [† Rome 115], pape de 105 à 115.

ALEXANDRE II (Anselmo DA BAGGIO) [? près de Milan-Rome 1073], pape de 1061 à 1073.

ALEXANDRE III (Rolando BANDINELLI) [? Sienne - Civita Castellana 1181], pape de 1159 à 1181. Élu le 7 sept. 1159, cet illustre canoniste fut reconnu aussitôt par la France, l'Angleterre, l'Espagne, le Portugal, l'empereur Manuel Comnène et le roi de Jérusalem, tandis que son rival Ottaviano di Monticelli, candidat de l'empereur Frédéric Barberousse, se proclama pape sous le nom de Victor IV. Alexandre dut s'exiler en France jusqu'en 1165. Il rentra en Italie pour diriger la lutte contre l'empereur, organisant la Ligue lombarde et faisant élever la forteresse d'Alexandrie (1168). Excommunié, vaincu à Legnano, Frédéric sollicita la paix, que le pape lui accorda à Venise (24 juill. 1177).
Au troisième concile du Latran (1179), Alexandre III apparut comme l'un des grands défenseurs des droits de l'Église romaine. Il y fut statué que désormais l'élection du pape se ferait à la majorité des deux tiers des voix des cardinaux. Par ailleurs, Alexandre III proclama que le pape seul avait le pouvoir souverain *(auctoritas),* les rois n'ayant que l'*administratio*.

ALEXANDRE IV (Rinaldo DEI SIGNORI DI IENNE) [† Viterbe 1261], pape de 1254 à 1261. Il lutta sans succès en Sicile contre Manfred, fils naturel de l'empereur Frédéric II.

ALEXANDRE V (Petros FILARGÈS ou Pierre DE CANDIE), franciscain grec (île de Candie 1340-Bologne 1410), pape de 1409 à 1410.

ALEXANDRE VI (Rodrigo BORGIA) [Játiva, Espagne, 1431-Rome 1503], pape de 1492 à 1503. Cardinal, il mena une vie dissolue et eut plusieurs enfants, dont Lucrèce et César Borgia. À la mort d'Innocent III, il devint pape. Souverain temporel plus que pasteur de l'Église, il travailla à réduire la noblesse turbulente de ses États, participa à la lutte contre Charles VIII et à la défense des intérêts italiens de son fils César. Sa bulle de 1493 partagea les nouveaux mondes découverts entre Espagne et Portugal. En 1497, Alexandre VI excommunia Savonarole, qui l'avait dénoncé comme le pire représentant de l'impureté ecclésiastique.

ALEXANDRE VII (Fabio CHIGI) [Sienne 1599-Rome 1667], pape de 1655 à 1667. Adversaire du jansénisme, il le condamna en 1656 par la bulle *Ad sacram.*

ALEXANDRE VIII (Pietro Vito OTTOBONI) [Venise 1610-Rome 1691], pape de 1689 à 1691.

ANTIQUITÉ

ALEXANDRE III le Grand (Pella, Macédoine, 356 av. J.-C.-Babylone 323), roi de Macédoine (336-323), fils de Philippe II et d'Olympias. Aristote est son précepteur et il apprend l'art militaire dans des campagnes contre les Thraces et les Illyriens et participe à la bataille de Chéronée. Il succède en 336 à son père assassiné, dont il reprend les projets de conquête asiatique. Au début de 334 av. J.-C., il franchit l'Hellespont (les Dardanelles). L'armée de Darios III, très supérieure en nombre, attend les Macédoniens sur les bords du Granique. C'est là qu'Alexandre remporte sa première victoire en Asie (printemps de 334), se rendant maître de l'Asie Mineure. Au printemps de 333, il écrase dans la plaine d'Issos l'armée perse. Alexandre, se refusant à toute négociation, poursuit son plan d'encerclement méthodique de la Méditerranée orientale. Il soumet le littoral syrien (prise de Tyr et de Gaza en 332) et pénètre en Égypte, qui, supportant mal le joug des Perses, l'accueille en libérateur. Au printemps de 331, il quitte l'Égypte après avoir fondé Alexandrie, traverse le Tigre et l'Euphrate, au-delà duquel Darios III a concentré toutes ses troupes. La bataille décisive a lieu entre Gaugamèles et Arbèles en octobre 331 et marque la fin du pouvoir et de la dynastie des Achéménides. Vainqueur de l'Empire perse, Alexandre entreprend en 327 la fabuleuse équipée qui devait le conduire au-delà de l'Indus. Mais le 13 juin 323, maître du monde oriental, il meurt à Babylone ; son empire, dont seule sa puissante personnalité maintenait l'unité, est aussitôt partagé entre ses généraux.

Alexandre *(Roman d'),* recueil de récits qui dérivent d'une histoire grecque du IIe s. attribuée au pseudo-Callisthène et sur lequel ont brodé en français, au XIIe s. : 1o Albéric de Briançon ; 2o un anonyme poitevin ; 3o Lambert* le Tort ; 4o Alexandre de Paris.

ALEXANDRE SÉVÈRE → SÉVÈRE.

BULGARIE

ALEXANDRE, prince **de Battenberg** (Vérone 1857-Graz 1893), prince de Bulgarie (1879-1886). Élu prince de Bulgarie par l'Assemblée nationale (1879), il suspendit la Constitution de 1881 à 1883 et réalisa l'union de la Roumélie orientale à la Bulgarie (1885). Il dut abdiquer en 1886.

BYZANCE

ALEXANDRE Ier († 913), empereur byzantin (912-913).

ÉCOSSE

ALEXANDRE Ier le Farouche (v. 1080-Stirling ? 1124), roi d'Écosse (1107-1124). – **Alexandre II** (Haddington 1198 - île de Kerrera, Argyll, 1249), roi d'Écosse 1214-1249). – **Alexandre III** (1241-près de Kinghorn, Fife, 1286), roi d'Écosse (1249-1286).

GRÈCE

ALEXANDRE Ier (Tatoï 1893-Athènes 1920), roi de Grèce (1917-1920), fils et successeur de Constantin Ier.

JUIFS

ALEXANDRE Jannée, grand prêtre asmonéen, qui succéda à son frère Aristobule Ier et fut le premier à prendre le titre de roi (103-76 av. J.-C.), provoquant de la part des pharisiens une violente réaction, férocement réprimée.

POLOGNE

ALEXANDRE Ier Jagellon (Cracovie 1461-Vilna 1506), grand-duc de Lituanie (1492-1506), roi de Pologne (1501-1506). Il dut accorder à la noblesse le droit d'empêcher la promulgation de toute loi sans le consentement de la Diète.

RUSSIE

ALEXANDRE Nevski (v. 1220-Gorodets, sur la Volga, 1263), prince de Novgorod (1236-1252) et grand-prince de Vladimir (1252-1263). Il remporta sur les Suédois la bataille de la Neva (1240), d'où son nom de *Nevski,* puis vainquit les chevaliers Porte-Glaive, qu'il battit sur les glaces du lac des Tchoudes (1242). En 1246, il dut reconnaître la suzeraineté mongole sur Novgorod. Il a été canonisé par l'Église orthodoxe.

Alexandre Nevski *(ordre d'),* ordre russe, créé en 1725 par Pierre le Grand. En 1942 fut constitué un ordre militaire soviétique du même nom.

ALEXANDRE Ier (Saint-Pétersbourg 1777-Taganrog 1825), empereur de Russie (1801-1825). Il accéda au trône après l'assassinat de son père, Paul Ier. Il réunit de jeunes amis libéraux en un « Comité intime », mais il ne retint du projet de réforme élaboré par Speranski que la création du Conseil d'État (1810). Il s'allia à l'Angleterre (1804) et à l'Autriche (1805) pour former la troisième coalition. Puis il dut composer avec Napoléon Ier, qu'il rencontra à Tilsit (1807) : la Russie adhéra au Blocus continental ; en contrepartie, elle put occuper la Finlande (1809) et poursuivre les hostilités contre les Ottomans (1806-1812). La guerre avec l'Iran (1804-1813) aboutit à la cession du Daguestan et de l'Azerbaïdjan septentrional. L'alliance avec la France, confirmée à Erfurt (1808), se dégrada à partir de 1810. La campagne de Russie mena la Grande Armée jusqu'à Moscou (sept. 1812). Alexandre engagea le pays dans la « guerre patriotique » contre l'envahisseur et poursuivit la libération de l'Europe. Après la « bataille des Nations » (Leipzig, 1813) et la campagne de France (1814), les Alliés réorganisèrent l'Europe au congrès de Vienne. Alexandre conclut avec l'empereur d'Autriche et le roi de Prusse la Sainte-Alliance (1815) et se rallia au conservatisme de Metternich. Il accorda au royaume de Pologne une Constitution (1815), mais, en Russie, il confia à Araktcheïev le soin de faire régner l'ordre. Il n'intervint en faveur des Grecs insurgés qu'en 1825.

ALEXANDRE II (Moscou 1818-Saint-Pétersbourg 1881), empereur de Russie (1855-1881), fils de Nicolas Ier. Alexandre II accéda au trône alors que les défaites de la guerre de Crimée révélaient le retard économique de la Russie, cause première de sa faiblesse militaire. Il dut accepter le traité de Paris (mars 1856). Il promulgua le « statut des paysans libérés du servage » du 19 février (3 mars) 1861 et confia à la « commune rurale » les fonctions fiscales et judiciaires qu'assumaient les seigneurs. Complétée par la création des assemblées territoriales, ou *zemstvos* (1864), par la réforme de la justice et de l'enseignement et par l'institution du service militaire obligatoire (1874), l'abolition du servage amorça le passage à un régime moderne de liberté individuelle et d'égalité civile. Ces réformes furent cependant appliquées dans leur sens le plus restrictif, surtout après l'insurrection polonaise (1863) et la tentative d'assassinat contre le tsar de 1866. Alexandre II accepta le rapprochement avec l'Autriche et l'Allemagne proposé par Gortchakov et par Bismarck et scellé par l'alliance des trois empereurs (1873). Il poursuivit l'expansion territoriale dans le Caucase (reddition de Chāmil en 1859), en Extrême-Orient et en Asie centrale. La victoire qu'il remporta sur les Ottomans fut consacrée par le traité de San Stefano (mars 1878), remis en cause au congrès de Berlin (juin-juill. 1878). Alexandre II échappa à plusieurs tentatives d'attentats fomentés par l'association populiste *Liberté du peuple* en 1879-80. Il fit appel en 1880 à Loris-Melikov et mourut victime d'un attentat (1er [13] mars 1881).

ALEXANDRE III (Saint-Pétersbourg 1845-Livadia 1894), empereur de Russie (1881-1894). Il proclama, dès son avènement au trône, son intention de « renforcer l'autocratie ». Conseillé par Pobedonostsev, il prit le contre-pied des réformes d'Alexandre II, mais ne put les anéantir totalement. La politique de russification et de prosélytisme orthodoxe se renforça en Ukraine et en Pologne et s'étendit aux provinces baltes et aux régions orientales. Les mesures discriminatoires à l'égard des Juifs, astreints par le statut de 1882 à se fixer dans la zone occidentale, se multiplièrent. Après avoir reconduit l'alliance avec l'Allemagne et l'Autriche en 1881 et 1884, et conclu avec l'Allemagne le traité de réassurance (1887), Alexandre III et de Giers se rapprochèrent de la France (1891). L'alliance franco-russe permit le financement de l'industrialisation du pays. Mais la famine de 1891-92 révéla la vulnérabilité de la condition paysanne et poussa à la radicalisation de l'opposition libérale et révolutionnaire.

SERBIE ET YOUGOSLAVIE

ALEXANDRE Ier Obrenović (Belgrade 1876-*id.* 1903), roi de Serbie (1889-1903), fils et successeur de Milan Ier. Il fut assassiné, ainsi que son épouse morganatique, par une conspiration d'officiers.

ALEXANDRE Ier Karadjordjević (Cetinje 1888-Marseille 1934), roi des Serbes, Croates et Slovènes (1921-1929), roi de Yougoslavie (1929-1934). Désigné comme régent par son père, Pierre Ier, en 1914, il proclama en 1918 la création du royaume des Serbes, Croates et Slovènes, dont il devint le roi en 1921. Il instaura en 1929 sa dictature sur le pays, qui prit alors le nom de Yougoslavie. Il fut assassiné (9 oct. 1934) lors d'une visite officielle en France.

DIVERS

ALEXANDRE de Hales, franciscain et théologien anglais, appelé *le Docteur irréfragable* (Hales, Gloucestershire, 1170/ 1185-Paris 1245). Il enseigna la philosophie et la théologie à Paris et fonda l'école franciscaine.

ALEXANDRE FARNÈSE (Rome 1545-Arras 1592), duc de Parme (1586-1592). Époux, en 1565, de la princesse Marie de Portugal, il se distingua à la bataille de Lépante (1571). Gouverneur général des Pays-Bas (1578), il réussit à faire reconnaître par les provinces catholiques du Sud l'autorité du roi d'Espagne par le traité d'Arras (1579). Après la défaite de l'Invincible Armada, Philippe II l'envoya en France au secours des catholiques. Il força Henri IV à lever le siège de Paris (1590) et celui de Rouen (1592).

ALEXANDRE (Jacob), facteur français d'instruments de musique (harmoniums, accordéons) [Paris 1804-*id.* 1876] qui a construit les *orgues Alexandre,* harmoniums à deux claviers et à pédalier utilisant le système à air aspiré.

ALEXANDRESCU (Grigore), poète roumain (Tîrgoviște 1810-Bucarest 1885), auteur de recueils poétiques de facture romantique (*Poésies,* 1832-1842).

ALEXANDRETTE → ISKENDERUN.

ALEXANDRIA, v. des États-Unis (Virginie), sur le Potomac, au S. de Washington ; 103 000 hab. Monuments et maisons du XVIIIe s.

ALEXANDRIE, en ar. **al-Iskandariyya,** principal port et deuxième ville d'Égypte ; 2 917 000 hab. Carrefour routier et ferroviaire, centre commercial et industriel (textile, mécanique, chimie).
— **Hist.** La ville, fondée par Alexandre en 332/ 331, devint capitale du royaume des Lagides (305-30 av. J.-C.), qui en firent une métropole intellectuelle et artistique du monde hellénistique. Le quartier dit « du Delta » fut le siège d'une importante communauté juive de langue grecque. De cette alliance de deux cultures naquirent les livres des Maccabées, le livre de la Sagesse, la traduction grecque de la Bible dite « version des Septante » et l'œuvre du philosophe Philon. En 30 av. J.-C., Alexandrie devint la capitale de la province romaine d'Égypte. L'Église d'Alexandrie joua aussi dans le développement du christianisme un rôle majeur avec saint Athanase et saint Cyrille. L'école chrétienne d'Alexandrie devint même, avec Clément et Origène, une grande école de théologie, dont la méthode allégorisante et spéculative s'opposa à l'exégèse historique et littérale de l'école d'Antioche. La prise de la ville par les Arabes (642) mit fin au prestige alexandrin. Toutefois, au Moyen Âge, Alexandrie fut une place commerciale prospère ; au XIVe s., Pisans, Génois et Vénitiens y disposèrent de privilèges importants, redistribuant en Europe les produits de l'Orient en échange des armes et des esclaves des Balkans. L'entrepôt des Vénitiens fut le plus important centre de redistribution des épices en Europe aux XIVe et XVe s. Après la découverte de la route du Cap par les Portugais, l'activité commerciale déclina. En 1517, la ville fut occupée par les Turcs. Bonaparte s'en empara en 1798. Alexandrie ne reprit de l'importance qu'au XIXe s.
— **Bx-arts.** Plusieurs musées témoignent du passé de la ville ; la nécropole d'Anfouchi (IIIe-IIe s. av. J.-C.) et les catacombes de Kōm el-Chougafā (Ier-IIe s.) illustrent les divers aspects de l'art gréco-égyptien.

Alexandrie *(bibliothèque d'),* la plus célèbre bibliothèque de l'Antiquité. Fondée par Ptolémée Sôter, elle aurait compté jusqu'à 700 000 volumes. Brûlée en 47 av. J.-C., après l'entrée de César à Alexandrie, elle fut reconstituée et de nouveau détruite en 391.

Alexandrie *(école mathématique d').* Son activité s'étendit sur près de neuf siècles et commença dès le début du IIIᵉ s. av. J.-C. La période la plus brillante (IIIᵉ et IIᵉ s. av. J.-C.) fut caractérisée par de nombreuses découvertes et par des présentations plus organisées et systématiques des connaissances de l'époque telles que les éléments d'Euclide, les coniques d'Apollonios de Perga et les travaux d'Archimède. La période qui suivit, moins fructueuse, donna le jour à de nombreux commentaires des œuvres antérieures et apporta des contributions originales et importantes dans les domaines de l'algèbre, de la trigonométrie plane et sphérique, de l'astronomie, du calcul numérique, etc. On rencontre les noms de Ménélaos, de Diophante, de Pappus, de Théon d'Alexandrie et de sa fille Hypatie, dont le décès en 415 apr. J.-C. marque le déclin de l'école mathématique d'Alexandrie.

Alexandrie *(école philosophique d')*, mouvement philosophique dont le centre était à Alexandrie (IIIᵉ s. apr. J.-C.-IVᵉ s. apr. J.-C.) et qui fit du platonisme une foi mystique. Elle est surtout représentée par Plotin et Porphyre.

Alexandrie *(Musée d')*, musée fondé, comme la bibliothèque, par Ptolémée Sôtêr.

Alexandrie *(patriarcat d')*, l'un des cinq grands patriarcats du monde chrétien (avec Antioche, Rome, Jérusalem, Constantinople).

ALEXANDRIE, en ital. **Alessandria,** v. d'Italie, dans le Piémont, ch.-l. de prov., sur le Tanaro ; 90 475 hab. Carrefour routier et ferroviaire. Centre commercial et industriel. Cédée par l'Autriche à la Savoie, en 1707, la ville fut, de 1800 à 1814, chef-lieu du département français de Marengo.

1. ALEXANDRIN, E adj. (lat. *alexandrinus,* d'Alexandrie). Relatif à l'art et à la littérature de l'Égypte ptolémaïque, dont le centre fut Alexandrie.

◆ **alexandrins** n. m. pl. École de grammairiens grecs des IIIᵉ et IIᵉ s. av. J.-C. (Ils ont publié des traités de grammaire pour expliquer les textes de la littérature grecque classique et mis en avant l'idée que la langue écrite était plus pure, plus correcte que la langue parlée, idée qui est restée longtemps à la base de la description grammaticale.)

ENCYCL. L'*art alexandrin.* Les œuvres principales sont perdues, tandis que des petits objets, nombreux, nous sont parvenus. La sculpture s'inspirait de thèmes voluptueux, réalistes, exotiques ou caricaturaux. La peinture (paysages, scènes pittoresques, etc.) a peut-être inspiré celle de Pompéi.

La *littérature alexandrine* est celle qui fleurit à la cour des Ptolémées à Alexandrie, mais aussi à Antioche, à Pergame et en Sicile (IIIᵉ-Iᵉʳ s. av. J.-C.). Elle peut se définir par le goût de la perfection formelle, la recherche de petits genres propres à mettre en valeur une facture souvent précieuse, les allusions savantes, auxquels s'ajoute une nouveauté : la peinture de l'amour humain traduite par une analyse aiguë des sentiments. Parmi ses principaux représentants, on peut citer les poètes Apollonios de Rhodes, Lycophron de Chalcis, Callimaque, Aratos, Hérondas, Philétas de Cos, Théocrite et les prosateurs Aristarque, Zénodote d'Éphèse, Cratès de Mallos, Denys de Thrace, Hégésias de Magnésie, Molon de Rhodes, Mégasthène, Pythéas, Ératosthène, Posidonios ainsi que Chariton de Lampsaque, Héliodore, Longus, Hécatée d'Abdère, Théophraste et Ménippe.

2. ALEXANDRIN n. m. (du *Roman d'Alexandre,* XIIᵉ s.). Vers français de douze syllabes. (Par ex. *On a souvent besoin d'un plus petit que soi.*)

ALEXANDRINISME n. m. Civilisation hellénistique dont Alexandrie fut le centre (IIIᵉ-Iᵉʳ s. av. J.-C.).

ALEXANDRITE n. f. (de *Alexandre Iᵉʳ*, tsar de Russie). Variété de chrysobéryl, vert foncé à la lumière naturelle, rougeâtre à la lumière artificielle.

ALEXANDROPOL → GUMRI.

ALEXANDROV ou **ALEKSANDROV** (Pavel Sergueïevitch), mathématicien soviétique (Bogorodsk, auj. Noguinsk, 1896 - *id.* 1982) dont les travaux concernent la topologie et l'analyse fonctionnelle.

ALEXEÏEV → ALEKSEÏEV.

Alexiade *(l')* ou **Vie d'Alexis Comnène,** par Anne Comnène (entre 1137 et 1143), chronique et apologie du règne de son père, Alexis Iᵉʳ.

ALEXIE n. f. Perturbation de la lecture consécutive à une lésion de l'hémisphère cérébral dominant, sans trouble de la perception visuelle. (Syn. CÉCITÉ VERBALE.)

ALEXIS *(saint)* [Vᵉ s.]. Ascète mendiant dont la légende a inspiré notamment le poème médiéval *la Vie* de saint Alexis* (XIᵉ s.) et aussi la *Passion de saint Julien.*

ALEXIS FALCONIERI *(saint)* → SERVITES *(Sept fondateurs des).*

ALEXIS *(saint),* prélat russe († 1378). Consacré en 1354 métropolite de Moscou et de toute la Russie, il joua un rôle politique de premier plan dans la lutte pour la primauté de Moscou.

ALEXIS Iᵉʳ COMNÈNE (Constantinople 1058-*id.* 1118), empereur byzantin (1081-1118). Son règne fut marqué par un énergique redressement de la puissance byzantine. Il contint les Normands de Robert Guiscard avec l'aide des Vénitiens et lutta contre les Petchenègues, les Turcs Seldjoukides, les Coumans et les Serbes. Il utilisa habilement les combattants de la première croisade (1095-1099). L'accord qu'il conclut avec Venise pour avoir l'aide de sa flotte fut le point de départ de la grande fortune des républiques italiennes en Orient.

ALEXIS II COMNÈNE (Constantinople 1167-*id.* 1183), empereur byzantin (1180-1183). Il fut contraint d'accepter, en 1182, comme coempereur son cousin sexagénaire, Andronic Ier, qui le fit étrangler.

ALEXIS III ANGE († 1210), empereur byzantin (1195-1203). Il renversa son frère Isaac II. Son règne fut une succession de désordres qui achevèrent de ruiner l'Empire. Après la création de l'Empire latin, il s'enfuit en Thrace, puis passa en Asie Mineure, où il fut arrêté par son gendre Théodore Ier Lascaris, qui s'était fait couronner empereur. Alexis mourut emprisonné.

ALEXIS IV ANGE (v. 1182-Constantinople 1204), empereur byzantin (1203-1204). Enfermé par son oncle Alexis III, qui avait détrôné son père, Isaac II, il s'échappa et s'allia avec les chefs de la quatrième croisade pour rétablir Isaac II sur le trône. Après la première prise de Constantinople par les croisés (1203), Isaac II fut rétabli sur son trône, et son fils Alexis IV créé coempereur. Mais celui-ci fut renversé par Alexis Doukas Murzuphle (1204) ; emprisonné, il périt étranglé.

ALEXIS V DOUKAS, empereur byzantin (1204). Il renversa Isaac II, puis Alexis IV (févr. 1204), mais il ne put défendre Constantinople contre les croisés. Il s'enfuit et rejoignit son beau-père, Alexis III, qui l'emmena en Asie Mineure, où il fut pris (1204) par les Latins, amené à Constantinople et mis à mort.

ALEXIS Ier COMNÈNE, surnommé **le Grand** (1182-1222), empereur byzantin de Trébizonde (1204-1222), petit-fils d'Andronic Ier. Après la prise de Constantinople par les croisés (1204), il fonda l'empire grec de Trébizonde. Il réussit à étendre ses États sur le littoral de la mer Morte, conquit la Crimée mais ne put reconstituer l'Empire byzantin.

ALEXIS II COMNÈNE, empereur de Trébizonde (1297-1330). Sous son règne, Trébizonde atteignit son plus haut point de prospérité.

ALEXIS Mikhaïlovitch (Moscou 1629-*id.* 1676), tsar de Russie (1645-1676), fils de Michel Fedorovitch. Il convoqua une assemblée *(zemski sobor)* qui rédigea le Code de 1649. Ce code concrétisa la victoire des « hommes de service », dont la condition se rapprocha de plus en plus de celle de la noblesse. Les paysans furent définitivement attachés à leurs seigneurs et les habitants des villes à leurs faubourgs *(possad)*. Ces mesures provoquèrent des révoltes, dont celle de Stenka Razine (1667). Ayant accordé sa protection à l'hetman cosaque Khmelnitski et obtenu la réunion de l'Ukraine orientale (1654), il fut en guerre avec la Pologne jusqu'au traité d'Androussovo (1667). Il réunit le concile de 1666-67, qui ratifia les réformes et condamna les partisans de la vieille foi, ce qui provoqua le schisme (→ RASKOL) des vieux-croyants.

ALEXIS Petrovitch (Moscou 1690 - Saint-Pétersbourg 1718), prince russe, fils de Pierre le Grand. En 1716, il s'enfuit à Vienne, puis gagna Naples. De retour, il fut condamné à mort.

ALEXIS Nikolaïevitch (Peterhof 1904-Iekaterinbourg 1918), tsarévitch, seul fils de Nicolas II et d'Alexandra Fedorovna. Il était atteint d'hémophilie. Il fut massacré avec la famille impériale.

ALEXIS (Sergueï Vladimirovitch SIMANSKI) [Moscou 1877-Peredelkino, près de Moscou, 1970], patriarche de toutes les Russies. À la mort de Serge (1944), il fut patriarche par intérim, dignité confirmée en 1945 par le Saint-Synode.

ALEXIS (Stephen), écrivain haïtien (Port-au-Prince 1890 - Caracas 1962), un des représentants de l'indigénisme littéraire (*le Nègre masqué,* 1933).

ALEZAN, E adj. et n. (esp. *alazán,* de l'ar. *al-az'ar,* brun rougeâtre). Se dit d'un cheval, d'un mulet dont la robe est jaune rougeâtre et les crins de la même couleur que le poil.

ALFA n. m. (ar. *ḥalfā'*). Graminée textile vivace couvrant d'immenses étendues en Afrique du Nord et en Espagne, croissant en touffes de 1 m de hauteur. (Les feuilles servent à la fabrication de cordes, de papier ou sont rouies pour le tissage.)

ALFANGE n. f. (esp. *alfanje,* de l'ar. *al-khandjar,* poignard). *Litt.* Cimeterre mauresque.

ALFANO (Franco), compositeur italien (Naples 1876-San Remo 1954). Il termina le dernier opéra de Puccini, *Turandot* (1924). Parmi ses œuvres dramatiques, citons *L'Ombra di Don Giovanni* (1914) et *Cyrano de Bergerac* (1936).

ALFARABI → FĀRĀBĪ *(al-)*.

ALFARO (Eloy), général et homme politique équatorien (Montecristi 1842 - Panoptico, près de Quito, 1912). « Chef suprême de la nation » en 1895, il gouverna dictatorialement. Président de la République de 1897 à 1901 et de 1906 à 1911, il fut massacré par la foule.

ALFATIER, ÈRE adj. Qui concerne l'alfa.

ALFIERI (Vittorio), écrivain italien (Asti 1749-Florence 1803). Après une jeunesse mondaine et voyageuse qu'il déplora dans sa *Vie de Vittorio Alfieri, écrite par lui-même* (1790-1803), il exhala son amour de la liberté dans des tragédies (1776-1781) : *Filippo, Polinice, Antigone, Ottavia,* et dans un essai, *Della Tirannide,* 1777. D'abord favorable à la Révolution française, il en stigmatisa l'évolution et les violences *(Misogallo).*

ALFISOL n. m. Sol lessivé, à accumulation d'argiles en horizon profond.

ALFÖLD, terme hongrois désignant les grandes plaines cultivées, par opposition à *Puszta,* qui s'applique à la steppe pastorale.

ALFÖLDI (András), historien américain d'origine hongroise (Pomáz 1895 - Princeton 1981), auteur d'importants ouvrages sur le Bas-Empire romain.

ALFONSÍN (Raúl), homme d'État argentin (Chascomus 1926). Président de l'Union civique radicale, il fut élu à la présidence de la République en octobre 1983, après plus de sept années de dictature militaire. Son mandat s'est achevé en 1989.

ALFORTVILLE (94140), ch.-l. de cant. du Val-de-Marne, à 2 km au S.-E. de Paris, au confluent de la Seine et de la Marne ; 36 240 hab. *(Alfortvillais).* Centre industriel : traitement du gaz naturel ; verrerie ; chimie. Centre d'échanges franco-chinois (Chinagora).

ALFRAGANUS → FARRHĀNĪ *(al-).*

ALFRED le Grand (Wantage, Berkshire, 849 ? - 899), roi de Wessex (871-878), roi des Anglo-Saxons (878-899). Après une lutte acharnée contre les Scandinaves, il fit reconnaître ses droits supérieurs par les royaumes anglo-danois. Il restaura l'autorité royale, prépara l'unité anglaise et fit bénéficier le pays d'une véritable renaissance culturelle.

ALFRINK (Bernardus Johannes), prélat néerlandais (Nijkerk, Hollande, 1900 -Utrecht 1987). Archevêque d'Utrecht (1955), il a été créé cardinal en 1960. Il a joué un rôle capital au concile de Vatican II et, par la suite, au service de l'œcuménisme.

ALFVÉN (Hannes), physicien suédois (Norrköping 1908 - Stockholm 1995). Auteur de théories relatives au déplacement des particules constituant le plasma dans la magnétosphère, il a découvert des ondes — qui portent son nom — naissant et se propageant dans ce milieu. Il s'est également préoccupé du rôle du champ magnétique dans la cosmogonie du système solaire. (Prix Nobel de phys. 1970.)

Alfvén *(ondes d'),* ondes électromagnétiques d'ultrabasses fréquences (inférieures à 10 Hz) susceptibles de se propager dans des plasmas (magnétosphères, atmosphères stellaires...) suivant un processus magnétohydrodynamique. Leur existence a été prévue en 1942 par Alfvén.

ALGAJOLA, comm. de la Haute-Corse, en Balagne ; 212 hab. Station balnéaire.

ALGAL, E, AUX adj. Qui concerne les algues.

ALGARADE n. f. (esp. *algarada,* de l'ar. *al-ghāra,* attaque à main armée). **1.** Altercation vive et inattendue avec qqn. — **2.** Raid de cavalerie que faisaient en pays musulman les seigneurs chrétiens de l'Espagne de la Reconquista.

ALGARDI (Alessandro), dit en fr. **l'Algarde,** sculpteur italien (Bologne v. 1595/ 1598-Rome 1654), élève de L. Carrache et rival du Bernin. Sa manière, chargée d'éléments baroques, s'oriente pourtant vers l'équilibre et la sobriété (tombeau de Léon XI et relief d'*Attila et saint Léon* à St-Pierre de Rome ; bustes).

ALGAROBILLE n. m. (esp. *algarobilla,* caroube, de l'ar. *al-kharrūba*). Nom commun à la caroube et à d'autres césalpiniacées tannifères, généralement d'Amérique latine.

ALGAROFF (Youly), danseur français d'origine russe (Simferopol 1918 - Paris 1995). Type du danseur noble, danseur étoile à l'Opéra de Paris (1953-1964), il a interprété les grands ballets du répertoire *(Giselle, Roméo et Juliette, l'Oiseau de feu)* et créé entre autres *Chota Roustaveli* (1946), de S. Lifar.

ALGAROTTI (Francesco), écrivain italien (Venise 1712 - Pise 1764), une des figures les plus caractéristiques de l'illuminisme par sa passion des voyages, sa correspondance avec Voltaire, son activité de vulgarisateur (*Newtonianisme pour les dames,* 1737) et son intérêt pour les arts (*Sopra l'opera in musica,* 1755 ; *Sur la peinture,* 1762).

ALGARVE, anc. prov. du Portugal, à l'extrémité sud du pays, correspondant à l'actuel district de Faro ; 323 000 hab. Cultures fruitières et maraîchères (parfois liées à l'irrigation) dans l'intérieur collinaire. Pêche, tourisme sur le littoral.

ALGAZEL → RHAZĀLĪ (Abū Ḥāmid Muḥammad *al-*).

ALGAZELLE n. f. Espèce d'oryx du Sahara et du Sahel.

ALGÈBRE n. f. (lat. médiév. *algebra,* de l'ar. *al-djabr,* réduction). **1.** Branche des mathématiques qui, dans sa partie classique, se consacre à la résolution par des formules explicites des équations algébriques et, dans sa partie moderne, étudie des structures (groupes, anneaux, corps, idéaux) et se prolonge par les algèbres linéaire et multilinéaire et par l'algèbre topologique. (→ *encycl.*) — **2.** *Algèbre de la logique,* théorie créée simultanément par Boole et De Morgan en 1847 et développée par Schröder à la fin du XIXe s. (Elle repose sur l'idée que des formules algébriques peuvent exprimer des relations logiques entre des concepts [à la disjonction et à la conjonction de concepts correspondent respectivement l'addition et la multiplication des nombres].) ‖ *Algèbre sur un corps commutatif* K, ou K-*algèbre,* ensemble E muni d'une addition et d'une multiplication, toutes les deux internes, et d'une multiplication externe définie de K × E dans E pour lesquelles : E a une structure d'espace vectoriel sur K pour l'addition et la multiplication externe ; E a une structure d'anneau pour l'addition et la multiplication interne (supposée associative) ; $\lambda(xy) = (\lambda x)y$ pour tout λ de K et tout couple (x,y) de E × E. ‖ Fam. *C'est de l'algèbre,* c'est difficile à comprendre, hermétique, trop abstrait.

ENCYCL. Dès le IIe millénaire av. J.-C., les Babyloniens résolvent des problèmes du second degré. Ils utilisent pour leurs calculs la numération de position à base 60. Au IIe s. av. J.-C., les Chinois possèdent une technique proche du calcul des déterminants et emploient nombres positifs et négatifs. Diophante d'Alexandrie (IIe s. apr. J.-C.) développe les règles du calcul abstrait. Les Hindous et les Arabes reprennent les travaux des Grecs et les prolongent. C'est d'abord par leur intermédiaire que les Européens reçoivent l'influence de l'école scientifique grecque.

Au début du XVIe s., l'algèbre connaît un nouvel essor. Les algébristes italiens Scipione dal Ferro, Tartaglia, L. Ferrari, Cardano résolvent « par radicaux » les équations du 3e et du 4e degré, ce dernier utilisant pour la première fois les racines carrées de nombres négatifs. Le symbolisme algébrique se perfectionne au XVIIe s. : François Viète représente des grandeurs de natures quelconques par des lettres. Girard énonce sans démonstration le théorème fondamental de l'algèbre selon lequel une équation algébrique de degré n a exactement n racines. Descartes perfectionne le système de notation et crée la géométrie analytique. Tout au long des XVIIe et XVIIIe s., la théorie des équations algébriques reste l'objet essentiel de l'algèbre. En 1746, d'Alembert démontre le théorème fondamental de l'algèbre. Gauss, en 1799, critique cette démonstration et en donne une version complète. Vandermonde, Lagrange, Gauss, Ruffini et Cauchy établissent des résultats sur certaines équations algébriques. Abel et surtout Galois (1830) apportent une réponse au problème de la résolution des équations algébriques. La structure de groupe apparaît sous des représentations diverses. F. Klein et S. Lie généralisent cette notion à des ensembles infinis et lui donnent un rôle fondamental en géométrie élémentaire et dans la théorie des équations aux dérivées partielles (groupe de Lie). Les recherches entreprises en 1843 par Kummer sur le « grand théorème de Fermat » (conjecture aux termes de laquelle l'équation $x^m + y^m = z^m$ n'est possible en nombres entiers que pour $m = 1$ ou 2) conduisent à la notion de nombre idéal, menant à celle d'idéal d'anneau (Dedekind 1871) puis à la théorie des corps de nombres algébriques de Hilbert.

L'algèbre linéaire et multilinéaire se développe au XIXe s. parallèlement à l'étude des structures algébriques. Après les espaces de dimension 2 ou 3, on passe aux espaces de dimension quelconque ; les concepts généraux de l'algèbre linéaire se précisent avec Grassmann, Möbius, Hamilton, Sylvester, Cayley, Kronecker... À la fin du XIXe s., Peano donne une définition axiomatique des espaces vectoriels réels et Toeplitz définit un espace vectoriel sur un corps quelconque. L'algèbre non commutative, qui a son origine dans la construction par Hamilton de la théorie des quaternions (1845), se développe à la fin du XIXe s. et au début du XXe s. Actuellement, l'algèbre continue à approfondir l'étude des structures, à en créer de nouvelles soit purement algébriques, soit en liaison avec d'autres domaines des mathématiques (algèbre topologique).

ALGÉBRIQUE adj. **1.** Qui a rapport à l'algèbre. — **2.** *Courbe algébrique de l'espace,* intersection de deux surfaces algébriques. ‖ *Courbe algébrique plane,* courbe dont une équation cartésienne est $f(X, Y) = 0$, où f est un polynôme. ‖ *Équation algébrique sur un corps commutatif* K, équation de la forme $P(x) = 0$, où $P(x)$ est un polynôme à coefficients dans K. [Si le degré de $P(x)$ est n, alors $P(x) = 0$ est une équation algébrique de degré n.] (→ *encycl.*) ‖ *Géométrie algébrique,* branche de l'algèbre issue de l'étude des courbes algébriques du plan $\mathbb{R}^2$ ou de l'espace $\mathbb{R}^3$ et des surfaces algébriques de l'espace $\mathbb{R}^3$. ‖ *Nombre algébrique,* élément z de $\mathbb{C}$ tel qu'il existe une relation de la forme $a_n z^n + ... + a_1 z + a_0 = 0$, où $a_i \in \mathbb{Q}$. (Si a_n est égal à 1, z est un entier algébrique.) ‖ *Surface algébrique,* surface dont une équation cartésienne est $f(X, Y, Z) = 0$, où f est un polynôme. (On appelle *degré de la courbe* ou *de la surface* le degré du polynôme f.)

ENCYCL. Pour l'équation du *premier degré* $ax + b = 0$,
si $a \neq 0$, il y a une seule solution : $x = -b/a$;
si $a = 0$ et $b \neq 0$, pas de solution ;
si $a = 0$ et $b = 0$, une infinité de solutions.
Pour l'équation du *second degré*, $ax^2 + bx + c = 0$, les solutions dépendent de la quantité $\Delta = b^2 - 4ac$, appelée discriminant ;
si $\Delta > 0$, deux solutions réelles : $x_1 = (-b + \sqrt{\Delta})/2a$; $x_2 = (-b - \sqrt{\Delta})/2a$;
si $\Delta = 0$, une solution double : $x = -b/2a$; si $\Delta < 0$, deux solutions complexes conjuguées : $x_1 = (-b + i\sqrt{\Delta})/2a$; $x_2 = (-b - i\sqrt{\Delta})/2a$.
Les coefficients du polynôme $ax_2 + bx + c$ et les solutions sont liés par les relations $x_1 + x_2 = -b/a$; $x_1x_2 = c/a$. En conséquence, si deux nombres ont pour somme S et pour produit P, ils sont solution de l'équation $x^2 - Sx + P = 0$.

ALGÉBRIQUEMENT adv. **1.** Suivant les règles de l'algèbre. — **2.** *Corps algébriquement clos*, corps commutatif K tel que tout polynôme à coefficientsdans K a une racine dans K.

ALGÉBRISTE n. Spécialiste de l'algèbre.

ALGECIRAS, nom espagnol d'Algésiras.

ALGER, en ar. **al-Djazā'ir** ou **El-Djazaïr,** cap. de l'Algérie et ch.-l. de wilaya (786 km²). Sur la Méditerranée, adossée aux hauteurs du Sahel, Alger est située à mi-chemin des frontières marocaine et tunisienne. L'agglomération, la plus peuplée du pays (env. 2,6 millions d'hab.), juxtapose des quartiers contrastés (Casbah et ancien quartier européen au centre, dominés ou bordés par les résidences des hauteurs ou les récentes extensions ouvrières et industrielles), témoignant surtout d'une histoire mouvementée et aussi d'un fort mouvement d'immigration rurale ajoutée au croît naturel. Alger est une capitale administrative et politique, culturelle (université), financière, une plaque tournante des transports maritimes, routiers, ferroviaires et aériens et une ville (relativement) industrialisée (raffinage du pétrole et chimie, construction mécanique, agroalimentaire et bâtiment).
— **Hist.** Petite ville musulmane à partir du Xe s., Alger, menacée par les Espagnols, fait appel au corsaire Barberousse*, qui, se plaçant sous la protection du sultan ottoman en 1518, en fait la capitale d'un État algérien relativement autonome. Prospère grâce à la course en Méditerranée, que combattent Charles Quint et Louis XIV, la ville est occupée par les Français en 1830, mais elle ne prend son essor qu'après 1880. Les Alliés y débarquent le 7 novembre 1942 et de Gaulle y crée, en 1943, le Comité français de libération nationale (C.F.L.N.), dit « comité d'Alger ». La ville, pendant la « guerre d'Algérie » (nov. 1954-juill. 1962), est l'un des principaux foyers de la lutte menée par le Front de libération nationale algérien (F.L.N.). Elle est aussi le point central des affrontements provoqués par la politique de négociations du général de Gaulle. Le « putsch d'Alger » du 22 avril 1961 est l'ultime tentative militaire contre cette même politique.
— **Bx-arts.** La ville « arabe » date essentiellement de la période turque. Seule la Grande Mosquée (XIe s.) est antérieure. La mosquée de la Pêcherie (1660) rappelle les basiliques de Constantinople. Les demeures traditionnelles sont pleines de charme avec leur patio central et leurs décors de faïence. Dans la ville moderne, cathédrale du Sacré-Cœur par Herbé, Le Couteur et Sarger (v. 1960). Principaux musées : de Préhistoire et d'Ethnographie (villa du Bardo), des Antiquités classiques et musulmanes, des Beaux-Arts.

ALGÉRIE, État du nord-ouest de l'Afrique, sur la Méditerranée, entre le Maroc à l'ouest et la Tunisie à l'est ; 2 380 000 km² ; 28 600 000 hab. *(Algériens)*. CAP. *Alger*. LANGUE : *arabe*. MONNAIE : *dinar algérien*.

Géographie.

• *Le milieu naturel.* La majeure partie du vaste territoire de l'Algérie (plus de quatre fois celui de la France), appartenant au Sahara, est désertique, presque inhabitée en dehors des oasis et des sites d'extraction des hydrocarbures, principale richesse du pays. L'Atlas saharien et ses prolongements limitent le désert et dominent (au N.) l'ensemble des Hautes Plaines (entre 500 et 1 200 m) au climat contrasté (humide et froid en hiver, chaud et sec en été). C'est le domaine de la steppe. Au N., un bourrelet presque continu (d'O. en E. : monts de Tilimsen, Ouarsenis, Kabylie) s'élève à proximité du littoral. Souvent forestiers, ces massifs dominent plaines et bassins intérieurs. La frange littorale possède un climat méditerranéen, des précipitations accrues vers l'E.

• *La population et l'économie.* La densité moyenne, avoisinant 12 hab. au km², ne reflète pas l'inégalité spatiale du peuplement, de plus en plus dense vers le N. En dehors de Constantine, les trois principales villes (Alger, Oran et Annaba) sont des ports. La rapide urbanisation est un autre trait caractéristique lié à la pression démographique des campagnes résultant d'une natalité élevée (700 000 à 800 000 personnes de plus par an). La population est marquée par le dualisme entre arabophones (largement majoritaires) et berbérophones.
La production agricole est loin de satisfaire les besoins alimentaires. Le blé est la principale céréale. Les agrumes, le vin (en régression) assurent quelques exportations. L'élevage ovin demeure notable sur les Hautes Plaines. L'irri-

gation permet localement encore des primeurs et les cultures maraîchères, mais demeure très limitée.

L'industrie est dominée par le secteur des hydrocarbures, dont la prospection et l'exploitation ont commencé pendant la période française. L'Algérie (dont toutes les grandes branches industrielles sont nationalisées) est un notable producteur de pétrole et de gaz. Le gaz est exporté liquéfié, le pétrole, brut, parfois raffiné. Pétrole et gaz constituent l'essentiel des exportations. La C.E. est le premier partenaire commercial de l'Algérie (France en tête), tandis que les États-Unis sont un client important pour les hydrocarbures. Mais le pays est endetté, le sous-emploi est important, surtout chez les jeunes. Les difficultés économiques expliquent, en partie, la montée de l'intégrisme musulman.

Histoire.

• *L'Algérie antique.* Peuplée par les Berbères, l'Algérie est dès la haute antiquité influencée par les brillantes civilisations des Phéniciens (à partir de la fin du IIe millénaire av. J.-C.) puis des Carthaginois (VIIe s. - IIIe s. av. J.-C.), qui établissent des comptoirs prospères sur ses côtes. Des Berbères, les Maures et les Numides, organisent des royaumes puissants en Numidie et en Mauritanie, que Rome soumet (victoire de Marius sur Jugurtha en 105 av. J.-C.). Sous la domination romaine (IIe s. av. J.-C. - Ve s. apr. J.-C.), l'Algérie connaît un réel essor : de nombreuses villes, comme Tbessa et Timgad, s'y développent. Le pays est christianisé.

Ve s. : Les Vandales dévastent le pays.

VIe-VIIe s. : Domination de Byzance.

• *De la conquête arabe à la domination turque.*

681-682 : Raids arabes d''Uqba ibn Nāfi'. L'Algérie est islamisée et gouvernée de Damas (par les califes omeyyades) puis de Bagdad (par les califes abbassides). Les Berbères résistent à la domination arabe.

Xe-XIe s. : Suzeraineté des Fāṭimides (dynastie chī'ite du Maghreb et d'Égypte).

XIe-XIIIe s. : Deux dynasties berbères, celle des Almoravides et celle des Almohades, dominent le Maghreb et une partie de l'Espagne.

Les villes du littoral s'ouvrent à la civilisation andalouse.

XIVe-XVe s. : Le pays est morcelé en de nombreuses principautés (dont une des plus importantes a Tlemcen pour capitale), confédérations tribales ou ports libres.

1518 : Le corsaire turc Barberousse place Alger sous la protection du sultant ottoman d'Istanbul. Sous la domination turque, l'Algérie forme la régence d'Alger. Elle est gouvernée à partir du XVIIe s. par des deys. Elle vit essentiellement de la course des navires corsaires en Méditerranée.

• *L'Algérie française.*

Juillet 1830 : Début de la conquête française : le gouvernement de Charles X fait occuper Alger.

1832-1837 : Révolte de l'émir Abd el-Kader, qui fait reconnaître son autorité sur le centre et l'ouest de l'Algérie tandis que les Français s'installent dans le Constantinois et l'Oranais.

1840-1847 : Le général Bugeaud, gouverneur de l'Algérie, finit par venir à bout de la résistance d'Abd el-Kader.

1852-1870 : La conquête est achevée avec l'occupation des oasis du Sud (Laghouat, Ouargla, Touggourt) et des régions montagneuses de Kabylie.

Des colons individuels puis, sous Napoléon III, de puissantes sociétés financières reçoivent des lots de terres, enlevées aux tribus. La population européenne s'accroît rapidement. Sous la IIIe République, une économie moderne se développe dans certains domaines, en particulier la culture de la vigne. Mais la condition des indigènes ne s'améliore guère. Entre les deux guerres mondiales, des mouvements favorables à l'autonomie ou même à l'indépendance apparaissent. Ferhat 'Abbās demande la citoyenneté française pour les musulmans.

1943 : Le « Manifeste du peuple algérien » réclame l'égalité entre les communautés musulmane et européenne.

1945 : Le mouvement nationaliste se radicalise : soulèvement du Constantinois, sévèrement réprimé.

1er nov. 1954 : Début de la guerre d'Algérie. Ben Bella fonde le « Front de libération nationale » (F.L.N.), qui dirige l'insurrection.

13 mai 1958 : Les Européens manifestent à Alger pour le maintien de « l'Algérie française ». Le général de Gaulle met peu à peu en œuvre une politique d'autodétermination pour l'Algérie.

19 mars 1962 : Les accords d'Évian mettent fin à la guerre d'Algérie.

• *L'Algérie indépendante.*

1er juill. 1962 : L'Algérie choisit l'indépendance lors d'un référendum. La plupart des Européens quittent le pays.

1963 : Ben Bella est élu président de la République. Il établit un régime socialiste à parti unique (le F.L.N.).

1965 : Le colonel Boumediene renverse Ben Bella.

Le gouvernement nationalise la majeure partie des exploitations de pétrole et de gaz (1967-1971) et lance une réforme agraire. La politique extérieure évolue de l'anti-impérialisme au non-alignement.

1979 : Après la mort de Boumediene, le colonel Chadli lui succède.

Il tente de promouvoir des réformes en vue d'une plus grande efficacité économique. Mais l'essor démographique, la cherté de la vie et les pénuries créent un grave malaise social. L'islamisme se développe.
1988 : De graves émeutes éclatent (oct.).
1989 : Une nouvelle constitution est adoptée. Le F.L.N. perd le statut de parti unique ; le multipartisme est instauré.
1992 : Après le succès remporté par le Front islamique du salut (F.I.S.) lors du premier tour des élections législatives (déc. 1991), Chadli démissionne (janv.). Le processus électoral est suspendu et un Haut Comité d'État, présidé par Mohamed Boudiaf, assure transitoirement le pouvoir. L'état d'urgence est instauré (févr.) et le F.I.S. est dissous (mars). Boudiaf est assassiné (juin) ; Ali Kafi lui succède (juill.). Le pouvoir doit faire face à la montée du terrorisme islamiste.
À partir de 1993, la violence s'accroît (multiplication des attentats islamistes, notamment contre les étrangers et les intellectuels).
1994 : Un nouveau régime de transition, présidé par le général Liamine Zeroual, répond à cette situation à la fois par la répression et par des tentatives de négociation.
1995 : Une élection présidentielle pluraliste confirme L. Zeroual à la tête de l'État.

ALGÉRIEN, ENNE adj. et n. D'Algérie.
◆ **algérien** n. m. Dialecte arabe maghrébin d'Algérie.
◆ **algérienne** n. f. Étoffe à rayures multicolores.

ALGÉROIS, E adj. et n. D'Alger.

ALGÉROIS, région d'Algérie correspondant à la partie centrale du pays.

ALGÉSIRAS, en esp. **Algeciras,** port et station balnéaire d'Espagne, dans le sud de l'Andalousie, sur le détroit de Gibraltar ; 101 256 hab. Pêche et port de voyageurs vers Ceuta et Tanger. Raffinerie de pétrole. Chimie.

Algésiras *(conférence d')* [16 janv.-7 févr. 1906], conférence qui réunit les représentants de 12 pays européens et des États-Unis. Elle consacra l'internationalisation économique du Maroc ainsi que la position privilégiée de la France et de l'Espagne.

ALGHERO, port et station touristique d'Italie, sur la côte ouest de la Sardaigne, au S.-O. de Sassari ; 36 000 hab. Cathédrale, en partie gothique, du XVIe s. Aéroport. Au N. de la ville, zone industrielle.

ALGIDE adj. (lat. *algidus,* froid). Se dit d'un état s'accompagnant d'algidité.

ALGIDITÉ n. f. État pathologique caractérisé par le refroidissement des extrémités, une sensation de froid intense avec tendance au collapsus.

ALGIE n. f. (gr. *algos*). Toute douleur, qu'elle soit locale, régionale ou généralisée.

ALGINATE n. m. Sel de l'acide alginique.

ALGINE n. f. (de *algue*). Substance glaireuse, incolore, peu soluble dans l'eau, que l'on extrait de certaines algues par traitement alcalin.

ALGINIQUE adj. *Acide alginique,* constituant essentiel de l'algine et qui, avec son sel de sodium, a de nombreux usages dans l'emballage, la papeterie, la peinture et les industries alimentaires et textiles.

ALGIQUE adj. (de *algie*). Relatif à la douleur.

ALGIROÏDE n. m. Très petit lézard de Corse et de Sardaigne.

ALGODYSTROPHIE n. f. Ensemble d'arthropathies se traduisant par l'association d'un syndrome douloureux avec de la raideur articulaire et des troubles vasomoteurs et trophiques intéressant les membres (surtout leurs extrémités).

ALGOL n. m. (de l'angl. *algorithmic language*). Langage de programmation spécialement adapté aux calculs numériques.

ALGOL (ar. [*Ra's*] *al-ghūl*, [la tête] de l'ogre), nom donné à l'étoile β Persée*. Magnit. visuelle variable de 2,2 à 3,5. Distance 90 al. Prototype des *binaires à éclipses,* elle comprend deux composantes d'éclat très différent, tournant autour de leur centre de gravité commun et dont les éclipses mutuelles provoquent une variation de la luminosité globale suivant une période de 2,867 39 j.

ALGOLAGNIE n. f. (du gr. *algos,* douleur, et *lagneia,* commerce intime). Plaisir sexuel lié à une douleur ressentie ou suscitée.

ALGOLOGIE n. f. Étude scientifique des algues.

ALGOLOGIQUE adj. Relatif à l'algologie.

ALGOLOGUE n. Spécialiste d'algologie.

ALGONKIEN, ENNE adj. et n. m. Syn. de PROTÉROZOÏQUE.

ALGONQUIN ou **ALGONKIN** n. m. Famille de langues indiennes d'Amérique du Nord qui étaient parlées sur la côte atlantique, dans tout le Canada et dans la région des plaines centrales (cree, ojibwa, blackfoot, cheyenne, micmac, etc.).

ALGONQUINS ou **ALGONKINS,** ethnie indienne d'Amérique du Nord regroupant les Arapahos, les Cheyennes, les Ojibwas (Indiens des plaines) avec les Crees et les Naskapis (Rocheuses).

ALGOPAREUNIE n. f. (du gr. *algos,* douleur, et *pareunadzein,* coucher auprès de). Copulation douloureuse chez la femme.

ALGORITHME n. m. (lat. médiév. *algorithmus,* latinisation du nom d'un mathématicien arabe, avec infl. du gr. *arithmos,* nombre). Ensemble de règles opératoires dont l'application permet de résoudre un problème énoncé au moyen d'un nombre fini d'opérations. (Un algorithme peut être traduit, grâce à un langage de programmation, en un programme exécutable par un ordinateur.)

ALGORITHMIQUE adj. **1.** Qui concerne les algorithmes, peut être exprimé par un algorithme. — **2.** Se dit des langages, tel l'algol, conçus pour faciliter l'expression d'algorithmes. — **3.** *Musique algorithmique,* mode de composition dont les possibles sont calculés au moyen de programmes et de machines électroniques. (Le promoteur principal en est Pierre Barbaud.)

ALGRANGE (57440), ch.-l. de cant. de la Moselle, à 11 km à l'O. de Thionville ; 6 356 hab. *(Algrangeois).*

ALGREN (Nelson), écrivain américain (Detroit 1909-Sag Harbor, New York, 1981). Son œuvre est surtout consacrée à la description de l'univers urbain : *l'Homme au bras d'or* (1949), *la Rue chaude* (1956).

ALGUAZIL [-gwazil] n. m. (esp. *alguacil,* de l'ar. *al-wāzir,* ministre). Autref. en Espagne, fonctionnaire subalterne de police.

ALGUE n. f. (lat. *alga*). Végétal chlorophyllien aquatique ou des lieux humides, n'ayant ni feuilles, ni racines, ni vaisseaux, ni fleurs, ni graines, tel que le fucus ou la spirogyre. (Les *algues* forment un embranchement du règne végétal.)

ENCYCL. De nombreuses espèces vertes unicellulaires (protophytes) sont souvent rangées parmi les algues : chlorelles, diatomées, desmidiées, euglènes, protocoques, volvocales, chrysomonadales, etc. Mais les algues au sens usuel du mot sont plurinucléées et généralement de structure pluricellulaire, et certaines espèces flottantes peuvent dépasser 100 m de longueur. À la chlorophylle s'ajoutent chez elles d'autres pigments : carotènes seulement chez les *chlorophycées* (ulve) et les *conjuguées* (spirogyre), phycophéine chez les algues brunes (*phéophycées,* etc.), phycocyanine chez les algues bleues *(cyanophycées),* qui font partie des procaryotes, phycoérythrine chez les algues rouges *(rhodophycées),* qui se couvrent souvent d'une gangue calcaire. Le cycle reproductif des algues est très varié, depuis la reproduction du fucus, peu différente de celle des animaux, jusqu'au cycle trigénétique compliqué de certaines algues rouges. L'habitat des algues s'étend des troncs d'arbres et des sols humides jusqu'aux profondeurs marines de 50 à 100 m, où les pigments rouges et bruns rendent encore possible la photosynthèse en dépit de l'absence de la partie rouge du spectre lumineux incident. Certaines algues unicellulaires vivent en symbiose avec des champignons (→ LICHEN) ou avec des animaux tels que l'hydre verte ou la convolute. Les grandes espèces concentrent à des taux élevés certains ions minéraux : iode, potassium.

L'homme exploite les algues soit pour son alimentation (spiruline, *porphyra*), soit comme source d'alginates *(macrocystis),* de gélose *(gelidium),* voire de méthane, ou encore pour l'épuration des eaux, la nourriture des animaux aquatiques, l'industrie pharmaceutique. À l'échelle des temps géologiques, les algues sont d'importantes créatrices de roches : charbons (boghead), pétrole, calcaires, diatomites, etc.

Les algues sont utilisées depuis longtemps en médecine, les *chondrus* (carragheen), par exemple, pour leur mucilage émollient, d'autres espèces pour leur richesse en iode et en oligoéléments. Elles sont aussi utilisées en bain dans la thalassothérapie.

Alhambra (de l'ar. *al-Ḥamrā',* la rouge), palais et forteresse des derniers souverains arabes de Grenade, sur une hauteur dominant la ville. Alcazaba du XIIIe s. Ensemble palatial du XIVe s., d'une richesse décorative exubérante, organisé autour des deux cours « des Lions » et « des Myrtes ». Palais Renaissance de Charles Quint, entrepris en 1527 et non achevé. Beaux jardins.

ALHAZEN → IBN AL-HAYTHAM.

AL-HOCEIMA → HOCEIMA *(Al-).*

'ALĪ, cousin et gendre du Prophète, quatrième calife de 656 à 661. Fils de Abū Ṭālib, l'oncle de Mahomet, il épousa la fille de celui-ci, Fāṭima. Après la mort de Mahomet (8 juin 632), il refusa de reconnaître l'élection de Abū Bakr comme calife. Après l'assassinat de 'Uthmān et la fuite des Omeyyades de Médine, 'Alī fut élu calife. Mais 'Ā'icha, la veuve du Prophète, rassembla l'opposition, soutenant la responsabilité de 'Alī dans le meurtre de 'Uthmān, et chercha à rallier Mu'āwiya, le gouverneur de la Syrie. Lors de la bataille du Chameau (9 déc. 656), les troupes de l'opposition furent battues. Ayant en vain essayé de soumettre l'Omeyyade Mu'āwiya, 'Alī livra contre lui la bataille de Ṣiffīn (juin-juill. 657), qui se termina par un compromis. 'Alī et Mu'āwiya se considérèrent chacun dès lors comme le seul vrai calife, l'un en Iraq et l'autre dans les provinces orientales. Cependant, 'Alī entra en conflit avec ses partisans, les khāridjites, et fut assassiné par l'un d'entre eux. Aujourd'hui, Nadjaf, en Iraq, où est son tombeau, selon la tradition, est un des lieux saints de pèlerinage de l'islām chī'ite, qui considère 'Alī comme le

« proche de Dieu », le détenteur de connaissances secrètes reçues de Mahomet et transmises aux imāms.

ALI (Cassius CLAY, puis **Muhammad**), boxeur américain (Louisville 1942). L'un des grands poids lourds de l'après-guerre, styliste exceptionnel, il a, hors du ring, lutté contre la discrimination raciale.

ALIA (Ramiz), homme d'État albanais (Shkodër 1925). Chef de l'État depuis 1982, secrétaire général du parti communiste albanais (1985-1991), il a succédé à E. Hoxha à la tête du pays (1985-1992).

ALIÁKMON, fl. du nord de la Grèce, qui rejoint le golfe de Thessalonique ; 314 km.

ALIAS [aljas] adv. (lat. *alias,* autrement). Précède le pseudonyme ou le surnom, très connu, d'une personne dont on vient de donner le nom ; autrement dit : *Jean-Baptiste Poquelin, alias Molière.*

Ali Baba, héros d'un conte des *Mille et Une Nuits.*

ALIBERT (Jean-Louis, *baron*), médecin français (Villefranche-de-Rouergue 1768-Paris 1837). Médecin en chef de l'hôpital Saint-Louis, il est le créateur de la dermatologie moderne.

ALIBI n. m. (lat. *alibi,* ailleurs). **1.** Moyen de défense consistant pour une personne à déclarer qu'elle se trouvait, au moment de l'infraction qui lui est imputée, dans un lieu différent de celui où l'infraction a été commise. — **2.** Raison alléguée par qqn pour se disculper, pour prévenir le reproche, la critique ; excuse, prétexte : *Se trouver des alibis pour masquer ses insuffisances.* — **3.** *Litt.* Moyen auquel qqn recourt pour échapper à une réalité désagréable ou déplaisante ; diversion, palliatif : *Trouver dans la musique un alibi à sa tristesse.*

ALIBOUFIER n. m. Nom usuel du *styrax.*

Alibour *(eau, pommade d')* → DALIBOUR.

ALICANTE n. m. **1.** Vin liquoreux, originaire de la province d'Alicante. — **2.** *Alicante de pays,* syn. de GRENACHE. ‖ *Alicante bouschet,* cépage teinturier du midi de la France. (Syn. MOURASTEL.)

ALICANTE, v. d'Espagne ch.-l. de prov., sur la Méditerranée ; 265 473 hab. Port de commerce et de pêche, avec quelques industries (alimentation, métallurgie) et centre touristique.

Alice au pays des merveilles, récit de Lewis Carroll (1865). Ce chef-d'œuvre du nonsense* se prolonge dans *À travers le miroir* (1872).

ALICE SPRINGS, v. d'Australie (Territoire du Nord), située en plein désert, au centre du continent ; 11 000 hab.

ALICOT ou **ALICUIT** n. m. (mot dialect. du Sud-Ouest, de *ale y cot,* aile et cou). Ragoût d'abattis et de gésiers de volaille.

ALICYCLIQUE adj. (de *aliphatique* et *cyclique*). Se dit d'un composé organique renfermant une chaîne fermée non aromatique.

ALIDADE n. f. (lat. médiév. *alidada,* de l'ar. *al-'idāda,* règle). **1.** Règle munie d'un dispositif de visée (pinnule ou lunette) et permettant de matérialiser une direction sur une planchette de topographe ou sur un cercle gradué. — **2.** Partie mobile d'un théodolite.

'ALIDES, descendants de 'Alī*, fils de Abū Ṭālib. Pour les chī'ites, les 'Alides sont les héritiers spirituels et religieux les plus authentiques du Prophète. La plupart des 'Alides furent victimes du massacre de Karbalā', en 680.

ALIÉNABILITÉ n. f. Qualité juridique d'un bien qui peut être transmis à titre gratuit ou à titre onéreux. (Contr. INALIÉNABILITÉ.)

ALIÉNABLE adj. Qui peut être aliéné.

ALIÉNANT, E adj. Qui soumet à des contraintes, qui rend esclave : *Un travail aliénant.*

ALIÉNATAIRE n. Personne en faveur de qui on aliène une propriété, une rente, etc.

ALIÉNATEUR, TRICE n. Personne qui aliène une propriété, une rente, etc.

ALIÉNATION n. f. (lat. jurid. *alienatio*). **1.** Transmission volontaire ou légale à autrui de la propriété d'un bien ou d'un droit. — **2.** État de qqn qui est aliéné, qui a perdu son libre arbitre. — **3.** Situation de quelqu'un qui est dépossédé de ce qui constitue son être essentiel, sa raison d'être, de vivre (→ *encycl.*). — **4.** *Aliénation mentale,* état d'un sujet dont les facultés mentales sont gravement altérées et ne lui permettent plus de mener une existence compatible avec la vie sociale. (Les termes « aliénation mentale » et « aliéné », dont l'usage était déjà tombé en désuétude mais qui continuaient d'être utilisés dans le contexte juridique de la loi du 30 juin 1838 fixant les modalités d'internement des malades mentaux, ont disparu dans la loi du 27 juin 1990 relative aux droits et à la protection des personnes hospitalisées en raison de troubles mentaux.)

ENCYCL. **Philos.** Alors que l'aliénation est, dans les théories du droit naturel, un dessaisissement d'avoir (de la liberté sauvage de l'individu) qui permet à la société politique d'exister, elle est chez Hegel un dessaisissement d'être. L'aliénation est le lot de la conscience et de la « société civile », qui sont étrangères à leur essence et ne peuvent la récupérer qu'au terme d'un devenir historique. En situant l'origine de l'aliénation dans l'économie, Marx lui fait recouvrir toute l'étendue de l'expérience humaine, car il considère que l'économie commande tous les rapports que les hommes nouent entre eux. L'ouvrier s'aliène doublement en travaillant : dans la marchandise qu'il produit et dans son travail même, qui, tous deux, appartiennent au capitaliste. L'aliénation ne peut être éliminée que par l'abolition du règne des marchandises et de la propriété : par la révolution prolétarienne.

ALIÉNÉ, E n. Sujet affecté d'aliénation mentale.

ALIÉNER v. t. (lat. jurid. *alienare,* de *alienus,* étranger) [conj. **18**]. **1.** Vendre, transférer à qqn la propriété de qqch. — **2.** Abandonner, perdre un droit, une qualité essentielle : *Pays qui aliène son indépendance.* — **3.** Soumettre qqn à des contraintes, lui enlever son libre arbitre : *La société industrielle aliène l'homme.* — **4.** Détourner, éloigner qqch, qqn de qqn : *Ces mesures lui ont aliéné toutes les sympathies.*

◆ **s'aliéner** v. pr., **être aliéné** v. pass. **1.** Perdre, avoir perdu sa liberté : *En acceptant ces contraintes, vous vous aliénez.* — **2.** Détourner qqn, qqch de soi : *Par son attitude, il s'est aliéné tous ses amis.*

ALIÉNISTE n. Syn. anc. de PSYCHIATRE.

◆ adj. Relatif à la pratique des aliénistes.

ALIÉNOR ou **ÉLÉONORE D'AQUITAINE** (1122 - Fontevrault 1204), reine de France puis d'Angleterre. Fille et héritière de Guillaume X, duc d'Aquitaine, elle épousa en 1137 le futur roi de France Louis VII. Répudiée en 1152 par le roi, qui fit prononcer la dissolution de son mariage par le concile de Beaugency sous prétexte de consanguinité, elle se remaria la même année avec le futur roi d'Angleterre Henri II Plantagenêt, à qui elle apporta en dot l'Aquitaine. Ayant soutenu la révolte de ses fils et des barons aquitains contre Henri II, elle fut enfermée par le roi (1173), qui la retint captive jusqu'en 1189. Après avoir participé au gouvernement de l'Angleterre sous le règne de son fils Richard Cœur de Lion (1190-1194), elle se retira à l'abbaye de Fontevrault, où elle mourut.

ALIÉNOR DE CASTILLE → ÉLÉONORE DE CASTILLE.

ALIÉNOR DE PROVENCE → ÉLÉONORE DE PROVENCE.

ALIFÈRE adj. Se dit des insectes qui portent des ailes.

ALIFORME adj. En forme d'aile.

ALĪGARH, v. de l'Inde (Uttar Pradesh), au S.-E. de Delhi ; 479 978 hab. Université. Industries textiles et mécaniques.

ALIGHIERI → DANTE.

ALIGNEMENT n. m. **1.** Action d'aligner, fait d'être aligné : *L'alignement des enfants devant la salle de classe.* — **2.** Ligne droite formée par des objets alignés : *Des alignements d'arbres.* — **3.** Action de se conformer à l'attitude de qqn, de se régler sur qqch : *Alignement sur la politique américaine.* — **4.** *Être, mettre à l'alignement (de qqch),* être, mettre dans le prolongement de qqch, sur la même ligne. • **Dr.** Délimitation officielle d'une voie publique existante ou à créer, arrêtée dans un *plan d'alignement* émanant de l'Administration. (Un *alignement individuel* est notifié aux propriétaires concernés, qui bénéficient de certaines garanties.) — **Écon.** *Alignement monétaire,* opération par laquelle est fixé un nouveau cours des changes, qui peut correspondre soit à une dévaluation, soit à une revalorisation d'une ou de plusieurs monnaies. — **Électron.** Action d'accorder un circuit, de façon que la fréquence propre de ses oscillations ait la même valeur que celle des sollicitations auxquelles il est soumis. — **Hortic.** *Arbres d'alignement,* arbres plantés le long des allées, des promenades, des routes. — **Mar.** Route de sécurité à suivre, faisant parer tous les dangers, constituée par deux amers remarquables (phares, balises). (Syn. RELÈVEMENT.)

◆ **alignements** n. m. pl. Rangées de menhirs implantés en lignes parallèles. (Les plus célèbres sont ceux de Carnac*.)

ALIGNER v. t. (de *ligne*) [conj. 3]. **1.** Placer des choses les unes à côté des autres sur une ligne droite : *Aligner des plants.* — **2.** Inscrire des mots, des chiffres, prononcer des mots, des arguments les uns après les autres : *Il n'a fait qu'aligner des phrases vides.* — **3.** Mettre une action, une attitude en conformité, en rapport avec une autre : *Aligner sa politique sur celle d'une grande puissance.* — **4.** Prendre les mesures administratives pour que l'unité à laquelle un militaire est rattaché perçoive la solde ou les vivres auxquels il a droit. — **5.** Pop. *Les aligner,* payer.

◆ **s'aligner** v. pr., **être aligné** v. pass. **1.** Se ranger sur la même ligne : *Les élèves s'alignaient dans la cour.* — **2.** Être sur la même ligne : *Huit chaises étaient alignées contre le mur.* — **3.** Se conformer à une autorité, se régler sur qqn : *Il faut vous aligner sur le nouveau règlement.* — **4.** Pop. *Pouvoir (toujours) s'aligner,* n'être pas de taille à soutenir la comparaison, être vaincu d'avance. — **5.** *Bois alignés parallèles,* pièces sciées de section rectangulaire.

ALIGNY (Théodore CARUELLE D'), peintre français (Chaumes, Nièvre, 1798 - Lyon 1871). Néoclassique, adepte du paysage historique, il n'en fut pas moins l'un des premiers à ressentir le besoin de l'étude en plein air. Il fut ami de Corot, rencontré en Italie.

ALIGOT n. m. Spécialité du Rouergue préparée avec une purée de pommes de terre et de la tome fraîche.

ALIGOTÉ adj. et n. m. (anc. fr. *harigoter,* déchirer, du germ. *hariôn*). **1.** Se dit d'un cépage à raisins blancs, cultivé en Bourgogne et qui donne des vins ordinaires. — **2.** Vin produit par ce cépage.

ALIGRE (Étienne D'), chancelier de France (Chartres 1550 - La Rivière, près de Chartres, 1635). Garde des Sceaux puis chancelier (1624), il fut compromis dans le complot de Chalais et disgracié à l'instigation de Richelieu (1626). – Son fils ÉTIENNE (Chartres 1592 - Versailles 1677) fut aussi garde des Sceaux (1672) et chancelier (1674-1677).

'ALĪ IBN YŪSUF IBN TACHFĪN (Ceuta 1084-1143), fils du fondateur de l'Empire almoravide. Il régna sur l'Afrique du Nord de l'Atlantique à Bougie, sur l'Espagne méridionale et les Baléares.

'ALĪ KHĀN (Turin 1911 - Suresnes 1960), fils de l'Agha Khān III, délégué du Pākistān à l'O.N.U. (1958). Son fils Karīm est l'Agha* Khān IV.

ALIMÉMAZINE n. f. Médicament dérivé de la phénothiazine utilisé pour ses propriétés antihistaminiques.

ALIMENT n. m. (lat. *alimentum*). **1.** Substance habituellement ingérée par un être vivant et lui fournissant les matières et l'énergie nécessaires à sa vie et à son développement : *Un aliment complet. Consommer des aliments facilement digestibles.* (→ *encycl.*) — **2.** Ce qui est de nature à entretenir l'activité d'un phénomène, à développer, à renforcer l'activité de l'esprit ou des sentiments : *Une lecture substantielle, qui est un aliment pour l'esprit.* — **3.** Estimation des objets ou marchandises que l'on fait assurer ; dans une police maritime d'assurance, marchandise transportée, assurée du fait de son chargement.

◆ **aliments** n. m. pl. En droit, ensemble des moyens d'existence (logement, nourriture, etc.) nécessaires à une personne pour vivre.

ENCYCL. **Biol.** Selon la définition ci-dessus, l'oxygène respiratoire fait partie des aliments. Mais on restreint en général cette notion, pour l'homme et les animaux, à ce qui est ingéré par la bouche, tandis que pour les végétaux le gaz carbonique absorbé par les feuilles vertes est tenu pour un aliment au même titre que les solutions minérales absorbées par les racines.

Les aliments dits « minéraux » (ions) n'ont qu'un rôle plastique (matière première), les aliments organiques (protides, lipides, glucides sucrés ou féculents, vitamines) ont en outre un rôle énergétique complexe, voire des fonctions catalytiques ou pharmacologiques.

— **Bot.** La recherche de l'alimentation la plus favorable au développement d'une plante se fait soit par la méthode *analytique* (comparaison entre le contenu minéral des cendres de la plante et celui du sol où elle vivait, révélant ses « préférences »), soit par la méthode *synthétique* (comparaison entre divers milieux de culture artificiels du point de vue de la croissance des plantes qui y vivent). Diverses solutions (liquides de Knop pour les plantes vertes, de Raulin pour les champignons) sont issues de cette recherche.

— **Physiol.** Les besoins de l'homme en aliments doivent être satisfaits au point de vue quantitatif (nombre de calories nécessaires) et qualitatif (équilibre entre les protéines [10 à 20 %], les lipides [30 à 35 %] et les glucides [50 à 60 %] ; l'apport de vitamines et de sels minéraux est indispensable).

— **Zootechn.** Parmi les aliments destinés aux animaux domestiques, on distingue les aliments concentrés des aliments grossiers. Ces derniers, essentiellement des fourrages, ne peuvent être ingérés avec profit que par les animaux qui possèdent un développement important de micro-organismes dans l'estomac (la panse des ruminants) ou le gros intestin et le cæcum (équidés). Ces micro-organismes sont en effet seuls capables de dégrader par voie fermentaire les substances cellulosiques des fourrages.

Les aliments concentrés sont pauvres en substances cellulosiques et possèdent, de ce fait, une valeur énergétique supérieure à celle des fourrages. Certains aliments concentrés ont une faible teneur en protéines : grains de céréales, tubercules (désignés sous le terme d'*aliments succulents*). D'autres aliments concentrés présentent des teneurs élevées en protéines (de 20 à 60 % de la matière sèche). Il s'agit notamment des graines de protéagineux, des tourteaux et des sous-produits d'origine animale.

Des analyses chimiques systématiques ont permis d'établir des tables au moyen desquelles sont calculées les rations avec précision et autorisant les substitutions des aliments entre eux.

ALIMENTAIRE adj. (lat. *alimentarius*). **1.** Relatif à la manière de s'alimenter, à la nourriture : *Produit, régime alimentaire.* — **2.** Relatif à l'alimentation : *Industries alimentaires.* — **3.** Qui n'a d'autre objet que d'assurer les moyens d'existence : *Littérature alimentaire.* — **4.** Se dit d'organes ou d'appareils servant à l'alimentation d'une machine, d'une installation. — **5.** Se dit d'un matériau, d'une substance, qui n'altère pas les qualités des aliments placés à son contact. — **6.** Se dit de personnes (créancier, débiteur) liées par une obligation alimentaire. — **7.** *Obligation alimentaire,* obligation légale de verser des aliments aux proches parents qui sont dans le

besoin. ‖ *Pension alimentaire,* somme d'argent versée périodiquement à une personne en exécution d'une obligation alimentaire (divorce, abandon de famille). [→ *encycl.*]
ENCYCL. **Dr.** En matière de divorce, la loi ne prévoit le versement d'une *pension alimentaire* qu'en cas de divorce pour rupture de la vie commune, au profit de l'époux qui n'a pas pris l'initiative de la procédure de divorce. Dans les autres cas, il s'agit d'une prestation compensatoire. La pension alimentaire subsiste toujours au bénéfice des enfants.

VALEUR CALORIFIQUE DES ALIMENTS
(EN GRANDES CALORIES [KILOCALORIES] POUR 100 G).

viandes	bœuf 200	veau 180	mouton 220	cheval 125
volailles	canard 250	dinde 270	poulet 150	oie 360
charcuterie	porc maigre 250	porc gras 560	jambon maigre 170	saucisse 420
poissons de mer	thon 225	raie 180	sardine 150	sole 100
poissons de rivière	anguille 180	brochet 80	perche 83	truite 95
légumes	carotte 45	épinard 25	salade 30	pomme de terre 90
fruits frais	pêche 60	banane 90	cerise 60	fraise 40
fruits secs	abricot 275	datte 310	figue 300	pruneau 295
fromages	gruyère 400	roquefort 300	hollande 300	camembert 250
graisses animales	beurre 800	lard 780	lard gras 800	saindoux 850
graisses végétales	margarine 750	huile d'olive 850	huile d'arachide 900	huile de tournesol 800
produits laitiers	lait de vache 70	yaourt 40	petit-suisse 150	fromage blanc 100
œufs	œuf entier 160	jaune 350	blanc 50	œuf en poudre 590
pain	farine 350	pain 250	pain grillé 400	biscotte 370
farineux	semoule 360	tapioca 370	pois cassés 330	riz 350
produits sucrés	chocolat 530	confiture 280	miel 300	pâtisseries 200 à 500
boissons (pour 1 litre)	thé – café 0	vin à 11° 620	cognac – rhum 3 000	jus de fruits 300

LES RÉGIMES ALIMENTAIRES DES ÊTRES VIVANTS			
consistance de la nourriture	nature de l'aliment	organe de capture, nom donné au régime	exemples
liquide par nature	eau et sels minéraux dissous	racines des plantes trompe aspirante	arbres éléphant
	solutions nutritives	mycélium des champignons, surface des bactéries et des vers parasites	ténia dans l'intestin
	sang ou sève	trompe piqueuse } hématophage ventouse suceuse } sanguinivore	insectes (moustiques, punaises) sangsue, vampire, plantes parasites
	nectar des fleurs	trompe aspirante ; nectarivore	papillons, colibris
rendue liquide par prédigestion externe	proies vivantes	mandibules creuses estomac retourné feuilles captatrices	larve de fourmi-lion étoile de mer plantes insectivores
	substances nutritives inertes	trompe spongieuse	mouche domestique
solide, au moins partiellement	proies minuscules flottant dans l'eau	microphagie (par filtration)	baleine, ascidies, moule
	détritus : cadavres excréments boues	nécrophagie coprophagie soprophagie	faune du sol, insectes (bousiers, larves de mouches)
	bois	xylophagie	termites, bostryches, etc.
	- herbe, feuilles - pollen - fruits - graines - proies animales	herbivore frugivore granivore carnivore	vache larves d'abeille { nombreux insectes, oiseaux et mammifères charançons, oiseaux animaux de tous groupes

ALIMENTATEUR, TRICE adj. Se dit d'un mécanisme qui alimente, qui approvisionne.
◆ **alimentateur** n. m. **1.** Dispositif assurant l'alimentation régulière d'un appareil. – **2.** *Alimentateur d'antenne,* système conducteur qui transfère l'énergie à haute fréquence de l'appareil générateur à l'antenne, sans grosse déperdition. (Syn. FEEDER.)

ALIMENTATION n. f. **1.** Action d'alimenter, de s'alimenter ; manière de s'alimenter : *Une alimentation carnée.* – **2.** Commerce et industrie des denrées alimentaires : *Travailler dans l'alimentation.* – **3.** Action d'approvisionner une collectivité, un appareil en un produit déterminé : *Alimentation d'une ville en eau.* • **Arm.** Opération ayant pour objet d'amener une à une les munitions à l'arrière du canon d'une arme à feu pour les introduire dans la chambre. (→ *encycl.*) – **Électr.** Dispositif fournissant l'énergie nécessaire au fonctionnement d'un circuit électrique ou électronique. – **Hydrol.** Approvisionnement en eau d'une nappe aquifère, d'une source, d'une rivière, d'un lac, dont le mode (abondance, étalement dans le temps, etc.) constitue le facteur essentiel du régime des cours d'eau. – **Méd.** *Alimentation artificielle,* introduction de substances nutritives dans l'organisme de sujets incapables de s'alimenter par eux-mêmes. (Il peut s'agir d'une *alimentation entérale* au moyen d'une sonde gastrique, d'une *alimentation rectale* au moyen de lavements nutritifs ou d'une *alimentation parentérale* au moyen d'une perfusion.) – **Mil.** *Prime globale d'alimentation,* allocation versée à l'unité pour

faire face aux dépenses de nourriture des militaires. — **Text.** *Alimentation pneumatique,* procédé utilisé en filature pour amener, dans des conduits par air pulsé, les fibres en bourre à certaines machines.
ENCYCL. **Arm.** Autrefois, le tireur plaçait luimême la cartouche dans l'arme. Dans les armes à répétition*, le mécanisme d'alimentation reçoit les cartouches, assure leur transport vers l'arrière du canon, leur distribution, leur présentation sur le trajet de la culasse mobile, enfin leur introduction dans la chambre, leur extraction et leur éjection après le départ du coup.
— **Zootechn.** L'alimentation rationnelle des animaux domestiques suppose la recherche des principes nutritifs (énergie, protéines, vitamines, minéraux) susceptibles d'être des facteurs limitant des performances de production ou de la qualité des produits. Pour chacun de ces éléments nutritifs, une unité d'alimentation a été créée, avec laquelle sont exprimés à la fois la valeur nutritive des aliments et les besoins nutritionnels des animaux. Par ces unités sont déterminées les quantités d'aliments nécessaires à l'animal pour fournir un certain niveau de production (lait, viande, laine). L'industrie de l'alimentation du bétail fabrique, par mélange de matières premières, des aliments complets ou complémentaires d'une ration de base produite sur l'exploitation agricole.

ALIMENTER v. t. (lat. *alimentare*) [conj. 3]. **1.** Procurer à qqn, à un animal les aliments nécessaires à leur subsistance ; nourrir : *Alimenter un malade avec du bouillon.* — **2.** Fournir à une collectivité, à un appareil, à un lieu, ce qui est nécessaire à son fonctionnement ; approvisionner : *Alimenter une chaudière en mazout, les marchés en légumes frais.* — **3.** Entretenir une action, un sentiment : *Alimenter la conversation.* — **4.** *Alimenter le feu,* ajouter du combustible.
◆ **s'alimenter** v. pr. **1.** Absorber des aliments ; se nourrir : *Il ne s'alimente que de fruits.* — **2.** S'approvisionner en qqch : *Comment la ville s'alimente-t-elle en eau ?* — **3.** Se nourrir, se développer, contribuer grâce à qqch : *Les ragots dont les conversations s'alimentaient.*

ALIMENTEUR n. m. *Alimenteur automatique,* appareil assurant la constance du niveau d'eau d'une chaudière.

ALINÉA n. m. (lat. médiév. *a linea,* en s'écartant de la ligne). **1.** Dans un texte, ligne dont le premier mot est en retrait et qui marque le début d'un paragraphe. — **2.** Passage d'un texte entre deux de ces retraits ; paragraphe.

ALINÉAIRE adj. Qui marque un alinéa.

ALIOS [aljos] n. m. (mot gasc.). Grès à ciment humique et ferrugineux d'origine pédologique, caractéristique des sols très acides, présent notamment dans la forêt landaise sur plusieurs décimètres d'épaisseur.

ALIOTH (forme anc. *Alaioc,* de l'ar. *al-'Ayyūq,* la queue), nom donné à l'étoile ε Grande Ourse*. Magnit. visuelle 1,8.

ALIOTIQUE adj. Relatif à l'alios.

ALI PACHA de Tebelen, gouverneur ottoman de Ioánnina (Tebelen [Tepelenë], Albanie, v. 1744-Ioánnina, Épire, 1822). Nommé gouverneur de Ioánnina v. 1788, il parvint à étendre son contrôle sur l'Albanie du Sud et la majeure partie de la Grèce. Révoqué par la Porte en 1820, il résista deux ans dans Ioánnina assiégée.

ALI PAŞA MEHMED EMIN, homme d'État ottoman (Istanbul 1815 - Bebek, sur le Bosphore, 1871). Ministre des Affaires étrangères et grand vizir d'Abdülmecid (1852, 1854-1856, 1858-59, 1861), puis d'Abdülaziz (1867-1871), il fut l'un des grands réformateurs de l'époque du *Tanzimat.*

ALIPHATIQUE adj. (gr. *aleiphar, -atos,* graisse). Se dit d'un composé organique renfermant une chaîne ouverte, comme les corps gras.

ALIQUOTE adj. (lat. *aliquot,* un certain nombre). Vx. *Partie aliquote d'un nombre,* diviseur de ce nombre autre que lui-même.

Aliscans, chanson de geste du XIIe s.

ALISE n. f. (gaul. **alisa,* aulne). Fruit de l'alisier torminal.

ALISE-SAINTE-REINE (21150), comm. de la Côte-d'Or, au flanc du mont Auxois ; 668 hab. Sources thermales. Hospice du XVIIe s. Musée. Site d'*Alésia**.

ALISIER n. m. (de *alise*). Rosacée arbustive du genre *sorbus* dont on cultive en France quatre espèces : l'*allouchier,* aux feuilles blanches en dessous, qui fournit un bois de tournerie ; l'*alisier torminal,* dont le bois prend un beau poli et dont le fruit blet (alise) donne une eau-de-vie ; le *cormier,* ou sorbier domestique, d'usages analogues ; enfin le *sorbier des oiseleurs,* ornemental, aux beaux fruits rouges.

ALISINE n. f. Un des principes actifs de l'ail, possédant un pouvoir antibiotique.

ALI ŞIR NEVAÎ ou **'ALĪ CHĪR NAVĀ'Ī,** poète turc djaghataï (Harāt 1441-*id.* 1501). Fondateur présumé de la littérature nationale de l'Ouzbékistan, il est l'auteur de nombreux ouvrages en turc et en persan consacrés à la défense de la poésie et de la langue turques (*Jugement sur les deux langues,* 1498).

ALISJAHBANA → TAKDIR ALISJAHBANA.

ALISMA n. m. (mot gr.). Nom générique du *plantain d'eau,* herbe des marais très commune. (Autre n. usuel *flûteau.*)

ALISMACÉE n. f. (de *alisma*). Nom de famille donné à l'*alisma,* à la *sagittaire,* au *jonc fleuri* et aux plantes voisines, monocotylédones vivaces, aux feuilles en rosette, des étangs.

ALISON (*sir* Archibald), historien écossais (Kenley, Shropshire, 1792-près de Glasgow 1867). Son principal ouvrage est une monumentale *History of Europe,* dont les 10 volumes embrassent la période 1789-1852.

ALITÉ, E n. Malade dont l'état nécessite l'alitement (par oppos. aux malades *ambulatoires*).

ALITEMENT n. m. Séjour d'un malade au lit, fait d'être alité.

ALITER v. t. (conj. 3). Forcer qqn à garder le lit. ◆ **s'aliter** v. pr., **être alité** v. pass. Garder le lit par suite de maladie : *Il est alité depuis huit jours.*

ALIX LE CLERC *(bienheureuse),* fondatrice de la congrégation enseignante de Notre-Dame (Remiremont 1576-Nancy 1622). Béatifiée en 1947.

ALIX DE CHAMPAGNE → ADÈLE.

ALIX DE SAVOIE → ADÉLAÏDE.

ALIZARI n. m. (gr. mod. *rhizari,* de *rhiza,* racine). Autref., nom commercial de la racine entière de la garance. (L'alizari reçoit le nom de *garance* quand il a été pulvérisé.)

ALIZARINE n. f. Colorant végétal dérivé de l'anthracène, existant sous forme de glucoside dans la racine de garance et préparé aujourd'hui synthétiquement. (Premier colorant naturel synthétisé industriellement [C. Graebe, K. Liebermann, 1868], l'alizarine sert à teindre les fibres en rouge, brun ou violet selon le mordant utilisé.)

ALIZAY (27460), comm. de l'Eure, à 17 km au S.-S.-E. de Rouen ; 1 092 hab. Cellulose. Aliments du bétail.

ALIZÉ n. m. (anc. provenç. *lis,* lisse, doux, p.-ê. du lat. *lixare,* lisser). Vent régulier qui souffle aux basses latitudes.
ENCYCL. Les alizés se manifestent, en direction de l'équateur, à partir des hautes pressions subtropicales qui jalonnent le 30e parallèle sur les deux hémisphères : alizés boréaux, de direction N.-E. - S.-O., et alizés austraux, S.-E. - N.-O. Le contact des alizés boréaux et austraux constitue la convergence intertropicale, siège d'une ascendance, favorisée par l'instabilité de l'air chaud et humide. L'alizé, dont l'épaisseur ne dépasse guère 3 000 m, équilibre un transport de masse en altitude de sens contraire, le contre-alizé. L'alizé est initialement un vent sec, mais s'humidifie sur son parcours océanique. Il peut s'accompagner de fortes pluies, déclenchées également par ascendance orographique (versants « au vent » des Antilles, Est malgache, etc.). Le système des alizés hémisphériques subit un balancement saisonnier en latitude qui, régionalement, provoque, par le changement d'hémisphère de l'alizé, la mousson*.

ALIZÉEN, ENNE adj. Relatif aux alizés.

ALJAMÍA n. f. (ar. *al-'adjamiyya,* la langue étrangère). Langue romane, transcrite en caractères arabes et utilisée par les musulmans restés en Espagne après la Reconquista.

ALJUBARROTA, localité du Portugal, en Estrémadure (distr. de Leiria). Le roi Jean Ier de Portugal y vainquit, en 1385, son compétiteur Jean Ier, roi de Castille.

ALKAÏD (ar. *al-qā'id,* le conducteur), nom donné à l'étoile η Grande Ourse*, appelée aussi *Benetnasch.* Magnit. visuelle 1,9. Distance 110 al.

ALKAN (Charles Valentin MORHANGE, dit), compositeur et pianiste français (Paris 1813 - *id.* 1888). Pédagogue recherché, virtuose, ami de Liszt, de Chopin, de Hugo et de Lamennais, il a exprimé ses conceptions pianistiques dans un grand nombre d'études.

ALKANNA n. f. (ar. *al-ḥinna*). Syn. de ORCANETTE.

ALKÉKENGE n. f. (ar. *al-kākandj*). Syn. de PHYSALIS.

ALKMAAR, v. des Pays-Bas, en Hollande-Septentrionale ; 90 778 hab. Marché aux fromages. Monuments gothiques des XIVe-XVIe s. Musée municipal.

ALKYDE ou **ALKYD** n. m. Résine synthétique obtenue par réaction d'un polyalcool et du mélange d'un polyacide et d'un monoacide gras.
ENCYCL. Les résines alkydes pour peinture et vernis, remarquablement résistantes aux agents atmosphériques et à la lumière, sont utilisées pour les extérieurs et les carrosseries automobiles. Celles qui contiennent une très forte proportion d'acide gras sont utilisées comme plastifiants des vernis nitrocellulosiques.

ALKYLANT → ALCOYLANT.

ALKYLATION ou **ALCOYLATION** n. f. Substitution, dans une molécule, d'un atome d'hydrogène par un radical alkyle. (C'est une des réactions les plus importantes de la synthèse organique et de la pétrochimie.)

ALKYLE ou **ALCOYLE** n. m. (de *alcane*). Radical monovalent de formule générale C_nH_{2n+1} résultant de l'arrachement d'un atome d'hydrogène à un alcane.

ALLACHE n. f. (esp. *alache,* du mozarabe). Nom usuel de l'*alose* et de la *sardinelle.*

ALLĀH, nom arabe désignant le Dieu unique, adopté par les musulmans et aussi par les chrétiens arabophones. Le nom d'Allāh vient de *al-Ilāh,* qui signifie le Dieu ; dès avant l'islām, il paraît avoir désigné le dieu suprême à La Mecque. Dans la pensée islamique, Allāh est le maître du monde et de la vie, bienfaiteur et miséricordieux mais aussi juge qui rendra au jour du Jugement à chacun selon ses œuvres. Inconnaissable et indéfinissable, il est enfermé dans une impénétrable transcendance. Il se révèle aux hommes par sa parole, le Coran. (→ ISLĀM.)

ALLĀHĀBĀD, anc. **Ilāhābād,** v. de l'Inde (Uttar Pradesh), au confluent du Gange et de la Yamunā ; 858 213 hab. Elle fut la capitale des « United Provinces » (actuel Uttar Pradesh) de 1901 à 1949. La vieille ville, aux rues étroites, est dominée par le fort d'Akbar (1583). Dans ce dernier se dresse un pilier d'Aśoka (v. 240 av. J.-C.) provenant de Kauśāmbī. Musée. Centre commercial. Important lieu de pèlerinage.

ALLAIN (Marcel), écrivain français (Paris 1885-Saint-Germain-en-Laye 1969), créateur, avec Pierre Souvestre, du personnage de Fantômas*.

ALLAIN (Pierre), alpiniste français (Mirebeau, Vienne, 1904). Il a réalisé les premières de la face sud de la Meije (1934) et de la face nord du Dru (1935). Il a mis au point plusieurs appareils et des méthodes d'entraînement.

ALLAINES (François DE GAUDART D'), chirurgien français (Paris 1892-Clémont, Cher, 1974). Il s'est consacré au traitement chirurgical du cancer du rectum et des maladies du cœur.

ALLAIRE (56350), ch.-l. de cant. du Morbihan, à 9 km à l'O. de Redon ; 3 012 hab.

ALLAIS (Alphonse), écrivain français (Honfleur 1854-Paris 1905). Cofondateur du Chat noir, il imposa dans ses récits et comédies un comique particulier, fondé sur l'absurde et la mystification (*l'Affaire Blaireau,* 1899 ; *le Pauvre Bougre et le Bon Génie,* 1899 ; *le Captain Cap,* 1902).

ALLAIS (Maurice), ingénieur et économiste français (Paris 1911). Il a contribué au développement de l'économie mathématique et à l'étude de la théorie des marchés et de l'utilisation efficace des ressources. (Prix Nobel de sciences économiques 1988.)

ALLAIS (Émile), skieur français (Megève 1912), champion du monde de la descente, du slalom et du combiné en 1937 et promoteur d'une méthode de ski.

ALLAITANT, E adj. **1.** Se dit d'une femme, d'une femelle de mammifère qui allaite. – **2.** Se dit des vaches utilisées pour l'allaitement du veau sous la mère.

ALLAITEMENT n. m. **1.** Action, manière d'allaiter. – **2.** *Allaitement artificiel,* distribution de lait reconstitué à un jeune mammifère privé de l'alimentation lactée de la mère. ‖ *Congé pour allaitement, prime d'allaitement,* prestations supplémentaires accordées aux mères qui allaitent elles-mêmes leur enfant.

ENCYCL. L'allaitement est le procédé d'alimentation exclusif de la naissance jusqu'à 2 ou 3 mois. Il peut être maternel, mixte ou artificiel. L'*allaitement maternel* doit être préféré parce qu'il est le mieux adapté aux besoins du nouveau-né. L'*allaitement mixte* est utilisé quand l'allaitement maternel est insuffisant ; celui-ci est alors complété par du lait d'origine animale.

ALLAITER v. t. (bas lat. *allactare*) [conj. **4**]. Nourrir de lait un enfant ou un animal nouveau-né : *La chienne allaite ses petits.*

ALLAITEUR n. m. Machine destinée à l'allaitement artificiel automatique.

'ALLĀL AL-FĀSĪ, homme politique et écrivain marocain (Fès v. 1906-Bucarest 1974), fondateur de l'Istiqlāl*, qu'il présida de 1946 à sa mort.

ALLANCHE (15160), ch.-l. de cant. du Cantal, à 23 km au N.-E. de Murat, sur l'*Allanche,* en bordure du Cézallier (à 985 m d'alt.) ; 1 279 hab. Église médiévale.

ALLANITE n. f. (de T. *Allan,* n. pr.). Silicate naturel de la famille des épidotes, contenant des terres rares (cérium, lanthane, néodyme, praséodyme). (Syn. ORTHITE.)

ALLANT, E adj. (de *aller*). *Litt.* Se dit de qqn qui a de l'entrain ; alerte.

◆ **allant** n. m. Entrain, ardeur mis dans une entreprise ; dynamisme : *Perdre son allant.*

ALLANTOÏDE n. f. (du gr. *allas, -antos,* boyau). Annexe embryonnaire des vertébrés amniotes.

ENCYCL. L'allantoïde assure plusieurs fonctions : la respiration de l'embryon dans son œuf (sous la paroi duquel s'étale la surface de l'allantoïde, richement vascularisée), l'excrétion urinaire (l'urine s'accumule dans la poche allantoïdienne), l'absorption par l'embryon du blanc de l'œuf et des couches internes de la coquille ou, chez les mammifères, l'irrigation des villosités fœtales du placenta.

ALLANTOÏDIEN, ENNE adj. Relatif à l'allantoïde ou qui possède une allantoïde.

◆ **allantoïdien** n. m. Syn. de AMNIOTE.

ALLANTOÏNE n. f. Forme d'élimination principale des bases puriques chez presque tous les mammifères (sauf l'homme et les primates) et certains reptiles.

ALLANTOPLACENTA n. m. Placenta dont l'irrigation sanguine est assurée par les vaisseaux allantoïdiens. (On le rencontre chez presque tous les mammifères.)

ALLA POLACCA loc. adv. (loc. ital. signif. *à la polonaise*). Se dit d'un rythme musical de polonaise.

ALLARD *(lac),* lac du Canada (Québec). – À proximité, minerai de fer.

ALLARD (Marie), danseuse française (Marseille 1742-Paris 1802), brillante interprète de Noverre *(Médée et Jason, les Petits Riens).* D'une liaison avec Gaétan Vestris, elle eut un fils, Auguste Vestris.

ALLARDE (Pierre Gilbert LEROI, *baron* D'), homme politique français (Montluçon 1752-Besançon 1809). Député à l'Assemblée constituante, il a donné son nom à la loi du 17 mars 1791 qui supprima les corporations et rendit libre l'exercice des métiers.

ALLASSAC (19240), comm. de la Corrèze, à 15 km au N.-N.-O. de Brive-la-Gaillarde ; 3 427 hab. *(Allassacois).* Bourg pittoresque. Marché. Industries alimentaires.

ALLATE adj. (lat. *allatus,* de *adferre,* apporter). *Corps allate,* glande céphalique paire des insectes sécrétant l'hormone juvénile, qui, en retardant la métamorphose, prolonge la croissance.

ALLA TURCA loc. adv. (loc. ital. signif. *à la turque*). Qui évoque une esthétique musicale orientale.

ALLAUCH (13190), ch.-l. de cant. des Bouches-du-Rhône, à 10 km à l'E.-N.-E. de Marseille ; 16 125 hab. *(Allaudiens).* Église des XVIe-XVIIIe s. Musée.

ALLÉCHANT, E adj. Qui séduit, attire en flattant le goût, l'odorat ou par le plaisir qu'on en attend ; attrayant : *Une odeur alléchante. Une proposition alléchante.*

ALLÈCHEMENT n. m. *Litt.* Action d'allécher ; ce qui attire et flatte.

ALLÉCHER v. t. (lat. pop. **allecticare,* lat. class. *allectare,* attirer) [conj. 18]. **1.** Attirer qqn, lui faire envie en flattant son goût, son odorat : *Une odeur les avait alléchés.* – **2.** Attirer qqn en lui laissant espérer qqch d'agréable, de profitable ; séduire : *Des promesses fallacieuses ont alléché les badauds.*

ALLÉCULIDÉ n. m. Coléoptère des vieux bois, voisin des longicornes. (Syn. CISTÉLIDÉ.)

ALLÉE n. f. (de *aller*). **1.** Chemin assez large, bordé d'arbres, de verdure, qui sert de lieu de promenade ou de voie d'accès dans un jardin, un parc, un bois, etc. : *Une allée bordée de tilleuls.* – **2.** Nom donné dans des agglomérations à certaines artères assez larges et bordées d'arbres. – **3.** Passage entre des rangées de chaises ou de bancs. – **4.** Rangée de pierres ou de figures sculptées, sphinx ou autres, disposées en avenue et précédant certains temples (allée des Lions à Délos). – **5.** *Allée couverte,* sépulture le plus souvent mégalithique en forme de couloir plus ou moins long. ‖ *Allée d'eau,* double rang de jets d'eau parallèles constituant un élément de décor dans un jardin, un parc.
◆ **allées** n. f. pl. Fam. *Les allées du pouvoir,* ensemble des procédures de décision qui sont l'apanage des dirigeants politiques et des cercles qui participent à l'exercice du gouvernement. ‖ *Allées et venues,* déplacements de personnes qui vont et viennent.

ALLÉGATION n. f. (lat. *allegatio*). **1.** Action d'alléguer, de citer une autorité pour s'en prévaloir. – **2.** Affirmation, assertion le plus souvent considérée comme mal fondée ou mensongère.

ALLÈGE n. f. (de *alléger*). **1.** Pan de mur léger ou panneau compris entre une fenêtre, un vitrage et le plancher. – **2.** Embarcation servant au chargement et au déchargement des navires dans les rades. – **3.** *Allège postale,* wagon-poste destiné au transport et parfois au tri des paquets.

ALLÉGÉ, E adj. et n. m. Se dit d'un produit alimentaire qui a été débarrassé de tout ou partie de ses graisses ou de ses sucres.

ALLÉGEABLE adj. Qui peut être allégé.

1. ALLÉGEANCE n. f. (angl. *allegiance*). **1.** Obligation de fidélité et d'obéissance qui incombe à une personne envers la nation à laquelle elle appartient et le souverain dont elle est sujette. – **2.** Manifestation de soutien, voire de soumission envers qqn, un groupe.

2. ALLÉGEANCE n. f. (de *alléger*). Handicap en temps, rendu par un yacht à un autre, dans une régate ou dans une course-croisière à laquelle prennent part des bateaux de ratings différents.

ALLÉGEMENT ou, selon l'Acad. fr., **ALLÈGEMENT** n. m. **1.** Action d'alléger ; diminution de poids, de charge, de quantité, etc. : *L'allégement de la cargaison.* – **2.** Diminution de la pression des skis sur la neige pour en faciliter le pivotement.

ALLÉGER v. t. (lat. ecclés. *alleviare,* de *levis,* léger) [conj. 22]. **1.** Enlever à qqch une partie de son poids ou de sa charge : *Alléger un colis postal de quelques grammes.* – **2.** Diluer ou diminuer la densité ou la concentration d'un mélange, d'une sauce, etc., les rendre plus légers : *Les blancs battus en neige vont alléger la mousse au chocolat.* – **3.** Diminuer la charge, la quantité de qqch : *Alléger les impôts de 10 %.* – **4.** Éclaircir qqch de touffu, l'aérer : *Alléger un texte.* – **5.** Atténuer la douleur de qqn, la rendre moins pénible. – **6.** Rendre un cheval plus léger sur le devant ou sur le derrière, en portant le poids du corps en arrière ou en avant. — **7.** Débarquer sur allèges, ou décharger sur un allégeur, une partie de la cargaison d'un navire. — **8.** Réduire l'épaisseur d'une pièce par un usinage approprié.

ALLÉGEUR n. m. (de *alléger*). Embarcation servant au chargement et au déchargement des navires à proximité des passes et des ports peu profonds.

ALLEGHENY ou **ALLEGHANY,** partie centrale du massif des Appalaches. — Riv. des États-Unis qui, avec la rivière Monongahela, forme l'Ohio ; 520 km.

ALLÉGIR v. t. (conj. **32**). Diminuer l'épaisseur d'une pierre, d'une pièce de bois. (Syn. ÉLÉGIR.)

Allegis → UNITED AIR LINES.

ALLÉGORIE n. f. (lat. *allegoria,* du gr. *allêgorein,* parler par images). **1.** Expression d'une idée par une métaphore (image, tableau, etc.) animée et continuée par un développement. — **2.** Œuvre littéraire ou artistique utilisant cette forme d'expression.

ALLÉGORIQUE adj. (lat. *allegoricus,* du gr. *allêgorikos*). **1.** Qui relève de l'allégorie. — **2.** *Méthode allégorique,* méthode d'exégèse biblique qui s'efforce de découvrir, au-delà du sens littéral, un sens figuratif considéré comme un approfondissement de la Révélation.

ALLÉGORIQUEMENT adv. De manière allégorique.

ALLÉGORISME n. m. Recours systématique à des allégories.

ALLÉGORISTE n. (lat. ecclés. *allegorista*). Personne qui explique un texte, un auteur dans un sens allégorique.

ALLEGRAIN (Étienne), peintre et graveur français (Paris 1644-*id.* 1736). Il est représenté au Louvre et à Versailles par des paysages qui apportent une version pittoresque de la grande tradition héroïque de Poussin. — L'œuvre de son fils et élève GABRIEL (Paris 1679-*id.* 1748) est très proche de la sienne. — CHRISTOPHE, sculpteur (Paris 1710-*id.* 1795), fils de Gabriel, épousa la sœur de Pigalle, qui facilita sa carrière (*Baigneuse* et *Diane,* exécutées pour Mme du Barry, Louvre).

ALLÈGRE adj. (lat. *alacrem,* de *alacer,* vif). Plein d'un entrain joyeux, vif : *Il marchait d'un pas allègre.*

ALLÈGRE (43270), ch.-l. de cant. de la Haute-Loire, dans le nord du Velay, à 1 021 m d'alt. ; 1 202 hab. *(Allégras).*

ALLÈGRE (Claude), géologue français (Paris 1937). Ses travaux de géologie isotopique contribuent à la compréhension du fonctionnement global de la Terre d'un point de vue chimique (évolution du manteau, formation de la croûte continentale). Il est l'auteur de plusieurs ouvrages de vulgarisation. Il a été directeur de l'Institut de physique du globe de Paris (I.P.G.) de 1976 à 1987. (Acad. des sc., 1995.)

ALLÈGREMENT adv. **1.** Vivement, avec entrain. — **2.** Avec un entrain inconscient ou insouciant : *Il a allègrement négligé nos conseils.*

ALLÉGRESSE n. f. Joie vive qui se manifeste extérieurement : *Accueillir un ami avec allégresse.*

ALLÉGRET (Marc), cinéaste français (Bâle 1900 - Paris 1973). Il a réalisé *Fanny* (1932), *Lac aux Dames* (1934), *Entrée des artistes* (1938), *Julietta* (1953), *le Bal du comte d'Orgel* (1970). — Son frère YVES (Asnières 1905 - *id.* 1987), bon spécialiste du film noir, a signé *Dédée d'Anvers* (1948), *Une si jolie petite plage* (1949), *Manèges* (1950), *les Orgueilleux* (1953).

ALLEGRETTO [alegreto] adv. (mot ital., dimin. de *allegro*). En musique, avec un tempo moins vif que l'allegro.

◆ **allégretto** n. m. (pl. *allégrettos*). Partie d'une œuvre exécutée dans ce tempo.

ALLEGRI (Gregorio), compositeur italien (Rome 1582 - *id.* 1652). Connu surtout par son *Miserere,* il a publié des *concertini* de 2 à 5 voix et des motets.

ALLEGRI (Antonio) → CORRÈGE *(le).*

ALLEGRO [alegro] adv. (mot ital. signif. *vif, enjoué*). En musique, indication de tempo (rapidement).

◆ **allégro** n. m. (pl. *allégros*). **1.** Premier mouvement d'une sonate. — **2.** Mouvement d'une œuvre exécuté *allegro.* — **3.** Exercices d'entraînement (pas de bourrée, sauts, batterie) exécutés sur un rythme vif. — **4.** Partie d'un ballet marqué par la vélocité d'exécution de l'interprète.

ALLÉGUER [-ge] v. t. (lat. *allegare,* citer en exemple) [conj. **18**]. **1.** Citer une autorité, un fait pour s'en prévaloir : *Alléguer un texte de loi.* — **2.** S'appuyer sur qqch ; prétexter : *Il alléguait qu'il avait été provoqué par la victime.*

ALLÈLE ou, vx, **ALLÉLOMORPHE** adj. et n. m. (gr. *allêlos,* l'un l'autre). Se dit de l'une des formes d'un gène, parmi deux ou plusieurs, occupant le même site (ou locus) sur un chromosome particulier.

ENCYCL. Deux allèles ne peuvent occuper le même locus en même temps. Pour beaucoup d'enzymes et de protéines, les différents allèles d'un même gène peuvent être responsables de la synthèse d'un spectre étendu de molécules ayant des activités allant de la « normale » à une absence complète d'activité, donc pathologiques. C'est le cas pour l'hémoglobine.

ALLÉLIQUE adj. Relatif à un allèle.

ALLÉLUIA [-luja] n. m. (lat. *alleluia,* de l'hébr. *halleloujah,* louez Yahvé). **1.** Acclamation de la liturgie juive qui marque l'allégresse et qui est passée dans la liturgie chrétienne. — **2.** Pièce liturgique placée, dans la messe, après le graduel et avant l'évangile. — **3.** *Litt.* Exclamation de joie. — **4.** Nom usuel de l'*oxalide.*

ALLEMAGNE, en all. **Deutschland,** État d'Europe ; 356 945 km² ; 81 800 000 hab. *(Allemands).* CAP. *Berlin.* LANGUE : *allemand.* MONNAIE : *Deutsche Mark.* Le pays, dont le nom officiel est République fédérale d'Allemagne (R.F.A., en all. *Bundesrepublik Deutschland*), est une fédération constituée de 16 Länder (ou États).

Géographie. État le plus peuplé d'Europe, l'Allemagne en est surtout la première puissance économique. Elle le doit essentiellement au développement d'une industrie qui explique largement, par sa capacité d'exportation, le niveau élevé des échanges et le traditionnel excédent de la balance commerciale et, finalement, la solidité de la monnaie, garantie également par des réserves de change abondantes.

• *Le milieu naturel.* Les bases territoriales de cette puissance ne sont pas exceptionnelles. La superficie ne représente pas les deux tiers de celle de la France. Le nord du pays est une région basse, avec un littoral souvent précédé d'îles. Celui-ci est entaillé par les estuaires de la Weser, de l'Elbe, de la Warnow, sites de grands ports : Brême et Bremerhaven, Hambourg, Rostock. Il est parfois bordé de polders. Au S., la bande lœssique des Börden, riche région agricole, forme la transition avec l'Allemagne moyenne (le Mittelgebirge). Du Massif schisteux rhénan à l'Erzgebirge, en passant par le Harz, c'est une succession de petits massifs, encore partiellement boisés, anciens centres d'exploitation minière souvent, séparés ou entaillés par de nombreuses vallées. Au S. du Danube, le plateau bavarois s'élève vers les Alpes,

DIVISIONS ADMINISTRATIVES DE L'ALLEMAGNE

Länder	Superficie (en km²)	Population	Capitale
Bade-Wurtemberg	35 751	9 618 696	Stuttgart
Bavière	70 553	11 220 735	Munich
Berlin	882	3 409 737	Berlin
Brandebourg	29 059	2 641 152	Potsdam
Brême	404	673 684	Brême
Hambourg	755	1 626 220	Hambourg
Hesse	21 114	5 660 619	Wiesbaden
Mecklembourg-Poméranie-Occidentale	23 838	1 963 909	Schwerin
Rhénanie-du-Nord-Westphalie	34 070	17 103 588	Düsseldorf
Rhénanie-Palatinat	19 847	3 701 661	Mayence
Sarre	2 568	1 064 906	Sarrebruck
Saxe	18 337	4 900 675	Dresde
Saxe (Basse-)	47 344	7 283 795	Hanovre
Saxe-Anhalt	20 445	2 964 971	Magdeburg
Schleswig-Holstein	15 727	2 594 606	Kiel
Thuringe	16 251	2 683 877	Erfurt

dont le pays ne possède qu'une frange. Au point de vue climatique, l'Allemagne est une zone de transition, partagée entre influences maritimes (favorisées par la relative proximité de l'océan et l'absence de reliefs limitant la pénétration des perturbations océaniques) et continentales (hautes pressions de Sibérie). Les écarts thermiques sont encore relativement modérés ; les hivers ne sont vraiment rudes qu'en altitude. Les précipitations oscillent entre 600 et 800 mm, assez régulièrement réparties dans le temps et l'espace, conditions favorables pour l'agriculture.

• *La population.* La densité moyenne est de l'ordre de 220 hab. au km² (plus du double de la densité française), chiffre élevé, lié à l'ancienneté de l'urbanisation et de l'industrialisation et à l'afflux, après la Seconde Guerre mondiale, de millions de réfugiés ou expulsés. Le taux de natalité (11 ‰) est l'un des plus bas du monde, et la population a commencé à décroître, d'autant que l'immigration (plus de 2 millions de travailleurs étrangers, Turcs surtout) a été ralentie par le freinage de l'activité, du moins avant l'arrivée des réfugiés de l'Europe de l'Est et surtout du Sud. Cette population est urbanisée à plus de 80 %. L'armature urbaine est caractérisée par la multiplicité des grandes villes. Berlin apparaît une métropole incontestable, mais Hambourg, Munich et Francfort-sur-le-Main pèsent d'un poids démographique, économique, culturel non négligeable.

• *L'économie.* L'industrie est la base de la puissance allemande. De tradition ancienne, elle a été stimulée au XIXe s. par la présence massive de charbon (Ruhr) et surtout par les initiatives de quelques hommes (Krupp, Siemens, Bosch, Daimler, Thyssen, Mannesmann, Grundig, etc.) qui ont créé de véritables konzerns bénéficiant précocement d'économies d'échelle. La production est très variée, dominée toutefois par la métallurgie de transformation et la chimie ; celle-ci est contrôlée par trois firmes géantes (BASF, Hoechst et Bayer). La construction automobile (Volkswagen, grande firme nationale, filiales de Ford et de General Motors [Opel]) livre plus de 4 millions de voitures de tourisme. La sidérurgie a reculé, comme le textile, la construction navale et l'extraction de la houille. Celle-ci reste la principale source d'énergie nationale, avec le lignite ; la production de pétrole est très faible, celle de gaz naturel, plus notable, mais insuffisante ; l'électricité nucléaire représente encore moins du tiers de la production totale d'électricité.

L'agriculture, pratiquée surtout dans le cadre d'exploitations familiales, parfois à temps partiel, est intensive. La production couvre la majeure partie des besoins alimentaires. Le réseau de transports est d'une grande densité : environ 400 000 km de voies ferrées (dont environ 15 000 électrifiés), 6 000 km de voies navigables (souvent au gabarit européen), plus de 10 000 km d'autoroutes.

L'Allemagne vient au deuxième rang mondial pour le volume du commerce international. Les exportations (produits industriels, métallurgiques et chimiques notamment) représentent environ le quart du P.I.B., effectuées en priorité avec les partenaires de la C.E., mais dirigées aussi vers le tiers-monde, plus que vers l'Est. La réalité de la puissance économique de l'Allemagne unifiée doit être nuancée, compte tenu du retard de la partie orientale, souffrant de la vétusté des équipements de toute nature (usines, habitat), de la médiocre productivité de la main-d'œuvre. Des investissements considérables sont nécessaires pour combler les handicaps et harmoniser géographiquement le développement et aussi les comportements. L'unification, rapide sur le plan politique, sera plus longue à réaliser dans les domaines économique et social.

Histoire. Les premiers Germains s'établissent entre le Rhin et l'Elbe et refoulent les Celtes en Gaule ; ils sont à leur tour repoussés vers l'E. par les Romains, qui construisent une frontière fortifiée, le *limes* entre *Confluentes* (Coblence, sur le Rhin) et *Regina Castra* (Ratisbonne, sur le Danube).

IVe-VIe s. : Les Grandes Invasions permettent aux Barbares germaniques de s'installer de part et d'autre du Rhin.

Le royaume franc s'impose aux autres peuplades (Alamans, Thuringiens, Bavarois, Saxons, etc.).

800 : Charlemagne fonde l'Empire d'Occident.

843 : Traité de Verdun : partage de l'Empire en trois royaumes.

Le régime féodal et les partages familiaux aboutissent à la création de duchés : Bavière, Souabe, Franconie, Lorraine, Saxe.

919-1024 : Dynastie saxonne.

Le mot « Allemagne » apparaît.

• *Le Saint Empire (962-1806).*

962 : Otton Ier fonde le Saint Empire romain germanique.

1024-1138 : La querelle des Investitures affaiblit l'autorité impériale.

1138-1250 : La dynastie souabe (Hohenstaufen) est illustrée par Frédéric Ier Barberousse et par Frédéric II. La lutte du Sacerdoce et de l'Empire oppose les « guelfes » (partisans des papes) et les « gibelins » (partisans des empereurs).

De 1273 à 1438, la couronne impériale passe aux Habsbourg, puis aux maisons de Bavière et de Luxembourg.

1356 : La Bulle d'or donne sa forme constitutionnelle définitive à l'Empire.

À la fin du Moyen Âge, l'Allemagne est un grand foyer de développement économique (Hanse au N. ; Bavière au S. ; Rhénanie à l'O.). Mais la Réforme luthérienne, au XVIe s., brise l'unité religieuse.

1519-1556 : Règne de Charles Quint, empereur germanique et roi d'Espagne.

1618-1648 : La guerre de Trente Ans dévaste les régions constituant l'Allemagne, qui restent divisées politiquement et religieusement.

1648 : Les traités de Westphalie confirment la faiblesse du pouvoir impérial.

Au XVIIIe s., la Prusse s'agrandit et devient une grande puissance sous Frédéric II.

1806 : Napoléon écrase la Prusse à Iéna et décide de supprimer le Saint Empire, qui est remplacé par une confédération du Rhin dont l'Autriche et la Prusse sont exclues.

• *L'unité allemande.*

1815 : Le congrès de Vienne crée la Confédération germanique (39 États dont la Prusse et l'Autriche).

1834 : Union douanière entre les États allemands : le « Zollverein ».

1848-1850 : Échec des révolutions libérales et nationales.

Guillaume Ier, devenu roi de Prusse en 1861, appelle Otto von Bismarck à la présidence du Conseil (1862). Ce dernier réalise l'unité allemande en battant l'Autriche (Sadowa, 1866), puis la France (Sedan, 1870).

1871 : Proclamation de l'Empire allemand (Guillaume Ier devient Kaiser, et Bismarck, chancelier du Reich).

À la fin du XIXe s. et au début du XXe s., l'Allemagne connaît de grands progrès économiques et politiques (expansion coloniale). Elle se rapproche de l'Autriche-Hongrie et de l'Italie (Triple-Alliance) face à la Triple-Entente anglo-franco-russe.

1914-1918 : La Première Guerre mondiale s'achève par la défaite de l'Allemagne (traité de Versailles, 28 juin 1919).

• *De Weimar au IIIe Reich.*

1919 : La première Constitution démocratique est promulguée. Le social-démocrate Friedrich Ebert est élu président de la République. La République de Weimar réprime le mouvement spartakiste.

L'humiliation causée par le traité de Versailles, l'occupation de la Ruhr par la France (1923-1925) et la crise économique favorisent la montée du nazisme.

1925 : Le maréchal Hindenburg remplace F. Ebert.

1933-34 : Adolf Hitler, chancelier et « Fürher », inaugure le IIIe Reich, un État dictatorial et centralisé.

1938-39 : L'Allemagne annexe l'Autriche *(Anschluss)* et une partie de la Tchécoslovaquie, puis attaque la Pologne.

1939-1945 : Seconde Guerre mondiale.

L'Allemagne envahit et occupe la France et la plupart des pays européens, mais échoue face à la résistance notamm. de la Grande-Bretagne et de l'U.R.S.S., alliées aux États-Unis. Elle capitule le 8 mai 1945.

• *De l'occupation à la partition.*

1945-46 : Vaincue, l'Allemagne est occupée par les armées alliées des États-Unis, de la France, de la Grande-Bretagne et de l'U.R.S.S., et sa frontière avec la Pologne est limitée à l'est par la ligne Oder-Neisse.

1948 : Les États-Unis, La France et la Grande-Bretagne décident la création d'un État fédéral dans leurs zones d'occupation. L'U.R.S.S. bloque les accès de Berlin-Est (jusqu'en mai 1949).

1949 : La partition de fait est consacrée par la création de la République fédérale d'Allemagne ou R.F.A. (23 mai) et, dans la zone d'occupation soviétique, de la République démocratique allemande ou R.D.A. (7 oct.). Ces deux États précisent cependant dans leurs Constitutions que l'Allemagne est une république indivisible et que le peuple allemand devra parachever son unité.

• *La République fédérale d'Allemagne.*

1949 : À l'issue des élections remportées par la CDU (Union chrétienne-démocrate), Konrad Adenauer devient chancelier. Bénéficiant de l'aide américaine (plan Marshall), l'Allemagne amorce un redressement économique rapide. Elle accueille des millions de réfugiés allemands expulsés de Hongrie, de Pologne et de Tchécoslovaquie.

1951 : Révision du statut d'occupation. La R.F.A. entre dans la C.E.C.A.

1955 : Elle devient membre de l'O.T.A.N.

1956 : Création de la Bundeswehr.

1957-58 : La R.F.A. est membre fondateur de la Communauté économique européenne.

1963 : Traité franco-allemand.

1963-1966 : Sous le chancelier Ludwig Erhard (chrétien-démocrate), le « miracle économique allemand » se poursuit.

1966-1969 : Le chancelier Kurt Kiesinger (chrétien-démocrate) forme un gouvernement de « grande coalition » CDU-SPD (parti social-démocrate).

1969-1974 : Le chancelier Willy Brandt (social-démocrate) forme un gouvernement de « petite coalition » avec le parti libéral. Il axe sa politique sur l'ouverture à l'Est *(Ostpolitik)*. Après avoir conclu un traité avec l'U.R.S.S. et reconnu la frontière Oder-Neisse comme frontière germano-polonaise (1970), la R.F.A. signe avec la

R.D.A. le traité interallemand de reconnaissance mutuelle (1972).

1974-1982 : Le chancelier Helmut Schmidt (social-démocrate) maintient la coalition avec les libéraux.

1982 : Helmut Kohl (chrétien-démocrate) devient chancelier et forme un gouvernement de coalition avec le parti libéral. Il est confirmé dans ses fonctions au terme des élections de 1983.

1987 : La coalition CDU-parti libéral remporte les élections. H. Kohl demeure chancelier.

1989 : La R.F.A. est confrontée aux problèmes posés par un afflux massif de réfugiés est-allemands et par les changements intervenus en R.D.A.

• *La République démocratique allemande.* Organisée économiquement et politiquement sur le modèle soviétique, la R.D.A. est dirigée par le parti socialiste unifié (SED).

1949 : Wilhelm Pieck devient président de la République, et Otto Grotewohl, chef du gouvernement.

1950 : Walter Ulbricht est élu premier secrétaire du SED. La R.D.A. entre dans le Comecon.

1953 : Manifestations ouvrières pour protester contre les conditions de vie.

1955 : La R.D.A. adhère au pacte de Varsovie.

1960 : Mort de W. Pieck. La fonction de président de la République est remplacée par un organe collectif, le Conseil d'État, dont W. Ulbricht devient président.

1961 : Afin d'enrayer la forte émigration des Allemands de l'Est vers la R.F.A., un mur est construit séparant Berlin-Est et Berlin-Ouest.

1963 : Le système de planification économique est assoupli.

1964 : Willi Stoph succède à O. Grotewohl comme chef du gouvernement.

1972 : Le traité interallemand de reconnaissance mutuelle est signé, ouvrant la voie à la reconnaissance de la R.D.A. par les pays occidentaux.

1973 : Mort de W. Ulbricht. W. Stoph lui succède à la tête de l'État.

1974 : Une nouvelle Constitution supprime toute référence à la réunification de l'Allemagne.

1976 : Erich Honecker (devenu premier secrétaire du SED en 1971) succède à W. Stoph, qui redevient chef du gouvernement.

1989 : Un exode massif de citoyens est-allemands vers la R.F.A. et d'importantes manifestations réclamant la démocratisation du régime provoquent à partir d'octobre la démission des principaux dirigeants (dont Honecker et Stoph), l'ouverture du mur de Berlin et de la frontière interallemande (nov.) et l'abandon de toute référence au rôle dirigeant du SED.

1990 : Lors des premières élections libres (mars), l'Alliance pour l'Allemagne, dont la CDU est la formation majoritaire, remporte une large victoire. Son leader, Lothar de Maizière, forme un gouvernement de coalition.

• *L'Allemagne réunifiée.*

1990 : L'union économique et monétaire entre la R.F.A. et la R.D.A. intervient en juillet. Le traité de Moscou (sept.) entre les deux États allemands, les États-Unis, la France, la Grande-Bretagne et l'U.R.S.S. fixe les frontières de l'Allemagne unie, dont il restaure l'entière souveraineté. Les Länder (Brandebourg, Mecklembourg-Poméranie-Occidentale, Saxe, Saxe-Anhalt et Thuringe) sont reconstitués en Allemagne de l'Est (juill.) et, avec le Land de Berlin, qui redevient la capitale de l'ensemble du pays, adhèrent à la R.F.A. L'unification de l'Allemagne est proclamée le 3 octobre. Les premières élections de l'Allemagne unie (déc.) sont remportées par la coalition CDU-parti libéral, dirigée par H. Kohl.

1993 : Une révision constitutionnelle limitant le droit d'asile est adoptée.

1994 : Les élections confirment au pouvoir la coalition CDU-parti libéral. H. Kohl est reconduit pour la quatrième fois à la tête du gouvernement.

Allemagne *(De l')*, essai de Mme de Staël, édité à Londres (1813). L'ouvrage établit une triple opposition entre les littératures romantiques du Nord et les littératures classiques du Midi, entre la France conquérante et une Europe libérale et philosophe, entre le « génie du christianisme » et l'enthousiasme mystique du protestantisme.

Allemagne *(De l')*, essai de Heinrich Heine, publié en français, dans *la Revue des Deux Mondes,* en 1834, critique de Mme de Staël et du goût des romantiques pour le spiritualisme chrétien et le Moyen Âge.

ALLEMAND, E adj. et n. **1.** D'Allemagne. — **2.** *Sauce allemande,* sauce blanche préparée avec du velouté de veau et liée aux jaunes d'œufs et à la crème.

◆ **allemand** n. m. Langue indo-européenne, du groupe germanique occidental, parlée principalement en Allemagne et en Autriche. (→ *encycl.*)

◆ **allemande** n. f. **1.** Danse à 4/4 pratiquée en couple, en Allemagne, dès le XVIe s., (En France, elle devint une danse de cour grave et contenue, exécutée par quatre couples.) — **2.** Premier mouvement de la suite. (L'allemande primitive était de mélodie simple, de mouvement modéré. Stylisée, elle devint la première pièce de la suite, dite « française », du XVIIe s. et donna naissance à l'allégro initial de la sonate.)

ENCYCL. L'allemand est parlé aujourd'hui par 100 millions de locuteurs environ. Son aire d'extension est constituée par l'Allemagne, l'Autriche, la Suisse, le Luxembourg, l'Alsace, l'est de la Belgique, le Tyrol du Sud. Issu du germanique occidental, l'allemand s'est divisé

en deux grands groupes de dialectes vers le VIe s. : le haut allemand au sud et le bas allemand *(plattdeutsch)* au nord, dont dérivera le néerlandais. L'unification linguistique, qui a donné naissance, à partir du haut allemand, à la langue commune *(hochdeutsch)* a eu lieu à la fin du Moyen Âge à partir de la chancellerie de Saxe. C'est cette langue que reprendra Luther en l'enrichissant. Bénéficiant de l'invention de l'imprimerie, ses traductions de la Bible ont diffusé et implanté la langue commune dans toute l'Allemagne au XVIe s.
L'allemand est une langue à déclinaisons. Ses quatre cas (nominatif, accusatif, datif et génitif) et ses trois genres (masculin, féminin et neutre) n'utilisent au total que six désinences. Il faut noter l'opposition entre des verbes irréguliers ou « forts », peu nombreux mais fréquents, et des verbes réguliers ou « faibles ». La conjugaison ne compte que deux temps simples, le présent et le prétérit ; le futur comme le passif s'expriment par des formes composées construites avec l'auxiliaire *werden*. En syntaxe, c'est le dernier élément qui est porteur de la valeur informative la plus grande : le déterminant précède le déterminé et le verbe est rejeté à la fin dans les subordonnées. Il existe, à côté de la langue standard, des dialectes, encore largement utilisés pour la communication orale.

ALLEMANDE *(République démocratique)*, en abrégé **R.D.A.** (en all. **Deutsche demokratische Republik,** ou **DDR**), nom porté par la partie orientale de l'Allemagne de 1949 à 1990 (également appelée *Allemagne démocratique*, *Allemagne de l'Est* ou *Allemagne orientale*). Sa superficie était de 108 000 km² et sa population de 16 700 000 hab. en 1989. Cap. *Berlin-Est*. (→ ALLEMAGNE.)

ALLEMANDS DE L'U. R. S. S., groupe ethnique de l'ancienne Union soviétique (1,9 million de personnes en 1979). Vivant au Kazakhstan, en Russie, au Kirghizistan et au Tadjikistan, ces Allemands sont en majorité des descendants des colons installés au XVIIIe s. sur la Volga. Le flux d'émigration de ces personnes vers l'Allemagne, traditionnel dans le cadre de la réunion des familles, s'est considérablement accru à partir de 1987, avant de prendre une dimension nouvelle à la faveur des bouleversements géopolitiques de 1990-91.

ALLEMANE (Jean), socialiste français (Sauveterre, Haute-Garonne, 1843-Herblay 1935). Ouvrier typographe, il prit part à la Commune. Amnistié, il dirigea le groupe ouvrier dit « possibiliste », visant à obtenir « ce qui est possible », contre les collectivistes de J. Guesde. Il préconisa la grève générale comme moyen d'action privilégié.

ALLEMONTITE n. f. Mélange naturel d'antimoine et d'arsenic.

ALLEN (William), cardinal anglais (Rossall, Lancashire, 1532 - Rome 1594). À l'avènement d'Élisabeth Ire, il refusa de reconnaître la suprématie royale sur l'Église et, en 1565, il quitta l'Angleterre pour les Pays-Bas, où il fonda en 1568, à Douai, un séminaire anglais. Cardinal en 1587, il contribua à entraîner l'Espagne contre l'Angleterre.

ALLEN (Allen Stewart KONIGSBERG, dit **Woody**), cinéaste et acteur américain (Brooklyn, New York, 1935). Il réalise et interprète des œuvres burlesques où brille l'humour juif new-yorkais : *Prends l'oseille et tire-toi* (1969), *Bananas* (1971). Après plusieurs succès internationaux, il s'engage dans un comique au ton plus grave avec *Annie Hall* (1977), *Intérieurs* (1978), *Manhattan* (1979), *Broadway Danny Rose* (1984), *la Rose pourpre du Caire* (1985), *Hannah et ses sœurs* (1986), *Radio Days* (1987), *September* (1987), *Une autre femme* (1988), *Crimes et délits* (1989), *Alice* (1990), *Ombres et brouillard* (1992), *Maris et femmes* (1992), *Meurtre mystérieux à Manhattan* (1993), *Coups de feu sur Broadway* (1994), *Maudite Aphrodite* (1995).

ALLENBY (Edmund Henry Hynman), 1er vicomte **Allenby of Megiddo and Felixstowe,** maréchal britannique (Brackenhurst, près de Southwell, Nottinghamshire, 1861-Londres 1936). Commandant la IIIe armée sur la Somme et en Artois (1916-17), placé en juin 1917 à la tête des forces britanniques de Palestine, il conquit Jérusalem, Damas et Alep, ce qui amena, après la victoire de Megiddo, l'Empire turc à capituler, le 30 oct. 1918. Maréchal en 1919 et haut-commissaire en Égypte (1919-1925), Allenby contribua à l'élaboration du traité de 1922 qui reconnaissait l'indépendance égyptienne.

ALLENDE GOSSENS (Salvador), homme d'État chilien (Valparaíso 1908 - Santiago 1973). Député socialiste de 1937 à 1945, il devint ministre de la Santé dans le gouvernement de Front populaire formé par Aguirre Cerda (1939-1941 et 1941-42). Secrétaire général du parti socialiste, sénateur (1945) et président du Sénat, il fut l'artisan du Front d'action populaire en 1956. Après avoir échoué trois fois, il fut élu président de la République en 1970, comme candidat de la coalition de gauche. Il mit alors en œuvre le programme de l'Unité populaire, mais la situation économique et politique se détériora, et l'armée, sous la direction du général Augusto Pinochet Ugarte, investit, en septembre 1973, le palais présidentiel, où Allende trouva la mort.

ALLÈNE n. m. (de *allyle*). Hydrocarbure $H_2C{=}C{=}CH_2$. (Syn. PROPADIÈNE.) [Les *hydrocar-*

bures alléniques ont des propriétés chimiques analogues à celles des alcènes, mais ils sont plus réactifs.]

ALLÉNOLIQUE adj. *Acide allénolique,* acide dérivé du naphtalène et utilisé pour la synthèse de substances œstrogéniques.

ALLENSTEIN, nom allemand de la ville polonaise d'Olsztyn.

ALLENTOWN, v. des États-Unis (Pennsylvanie), au N.-N.-O. de Philadelphie ; 103 000 hab. Constructions électriques.

ALLEPPEY, port de l'Inde (Kerala), sur la côte de Malabār ; 265 000 hab.

1. ALLER v. i. (lat. pop. **allare,* du lat. class. *ambulare,* se promener, et *vadere, ire,* aller) [conj. **31** ; auxil. *être*]. **1.** Se mouvoir d'un lieu vers un autre, s'y rendre : *Aller à pied chez soi. Aller à Brest.* — **2.** Se déplacer pour accomplir une action, pour rendre visite à qqn : *Aller dîner en ville. Aller chez le coiffeur.* — **3.** En parlant d'une voie, d'un moyen de transport, avoir telle destination, conduire, mener : *Cette route va à Lyon.* — **4.** Être dans tel état de santé, se porter : *Comment allez-vous ? Je vais bien.* — **5.** Fonctionner, marcher : *Cette montre va bien. Les affaires vont mal.* — **6.** Convenir plus ou moins bien à qqn, l'arranger en parlant de qqch (abstrait) ; être seyant en parlant d'un vêtement, d'une coiffure : *Cette jupe vous va très bien.* — **7.** Être dans un rapport d'harmonie avec qqch, s'accorder : *Ce rouge va bien avec ce bleu.* — **8.** Être sur le point de (futur proche) : *Je vais aller chercher le journal.* — **9.** *Aller en, aller + part. prés.,* indique le progressif : *Le mal va en augmentant, allait augmentant.* — **10.** *Aller et venir,* marcher en long et en large. ‖ *Aller sur tel âge,* en approcher. ‖ *Aller trop loin, y aller fort,* exagérer. ‖ *Ça va (comme ça) !,* cela suffit, c'est assez ! ‖ *Ça va de soi, il va de soi que, ça va sans dire, il va sans dire que,* c'est évident, il est évident que. ‖ *Il en va de même pour,* la situation est la même pour. ‖ *Il y va de,* ce qui est en jeu, c'est. ‖ *Ne pas aller sans,* être inséparable. ‖ *Rien ne va plus,* formule des croupiers pour prévenir qu'aucune mise n'est plus acceptée. ‖ Fam. *Y aller de,* engager une certaine somme ; produire qqch comme contribution. (V. aussi ALLEZ, ALLONS, VA.)

◆ **s'en aller** v. pr. **1.** Partir, s'éloigner pour aller dans un autre lieu : *Pierre s'en va la semaine prochaine. Ils s'en vont en promenade.* — **2.** Approcher de la mort, mourir : *Le malade s'en est allé.* — **3.** En parlant de qqch, disparaître, partir : *Cette tache ne s'en va pas. Les années s'en vont.* — **4.** Indique l'intention d'accomplir prochainement l'action : *Je m'en vais lui jouer un tour de ma façon.*

2. ALLER n. m. **1.** Action d'aller qqpart : *Il faut deux heures pour l'aller et le retour.* — **2.** Titre de transport permettant de faire un trajet dans un sens : *Prendre un aller.* — **3.** *Aller (et) retour,* billet double délivré au départ du voyage et permettant de faire en sens inverse le trajet aller ; paire de gifles (fam.). ‖ *Faire des allers (et) retours,* faire la navette.

ALLER, riv. d'Allemagne, affl. de la Weser (r. dr.) ; 263 km.

ALLERGÈNE n. m. Antigène responsable d'une réponse immunitaire de type allergique telle que asthme, rhume des foins, urticaire, eczéma, choc anaphylactique.

ALLERGIDE n. f. Toute lésion cutanée secondaire à une allergie.

ALLERGIE n. f. (all. *Allergie,* du gr. *allos,* autre, et *ergon,* action). **1.** Réaction anormale à un antigène due à un état de sensibilisation créé par un contact précédent avec cet antigène (sens originel, von Pirquet, 1908) ; réaction d'hypersensibilité de type immédiat provoquée dès le premier contact avec un allergène. (Selon ce dernier sens, qui prévaut actuellement, il s'agit d'un état de sensibilité et non de sensibilisation.) — **2.** Aversion, hostilité instinctive envers qqch ou qqn : *Allergie pour les nouveautés.*

ENCYCL. L'allergie peut se traduire cliniquement par des manifestations respiratoires (asthme, coryza spasmodique, rhume des foins) ou cutanées (urticaire, œdème de Quincke, eczéma, etc.), ou encore par des manifestations diverses : digestives, nerveuses, cardiaques, articulaires, oculaires, etc. L'allergie médicamenteuse est très fréquente, ainsi que l'allergie au sérum de cheval. On distingue l'*allergie humorale* et l'*allergie tissulaire.*

ALLERGIQUE adj. (all. *allergisch*). **1.** Qui relève de l'allergie : *Réaction allergique.* — **2.** Qui éprouve un sentiment d'aversion pour qqn, qqch : *Être allergique au jazz.*

◆ adj. et n. Sujet à l'allergie.

ALLERGISANT, E adj. Qui provoque des allergies.

ALLERGOLOGIE n. f. Étude et thérapeutique des allergies.

ALLERGOLOGUE n. Spécialiste d'allergologie.

ALLEU n. m. (pl. *alleux*) [frq. **alôd,* propriété complète]. Terre libre ne relevant d'aucun seigneur et exempte de tout devoir féodal. (Syn. FRANC-ALLEU.)

ENCYCL. Qualifiés de nobles ou de roturiers selon que leur propriétaire détenait ou non le droit de justice, les alleux étaient surtout répandus dans le sud du royaume. Victimes du développement du pouvoir royal à partir du XIIe s., ils subsistèrent cependant jusqu'à la fin de l'Ancien Régime.

ALLEUTIER n. m. Propriétaire d'un alleu.

ALLEVARD (38580), ch.-l. de cant. de l'Isère, sur le Bréda, à 475 m d'alt., 2 577 hab. Métallurgie. Bonneterie. Station thermale pour le traitement des affections des voies respiratoires. Sports d'hiver au *Collet d'Allevard.*

ALLEZ ! interj. **1.** Exprime l'encouragement, l'affection, la menace, etc. : *Allez ! on se retrouvera.* — **2.** *Allez-y,* incitation à faire qqch, à ne plus hésiter.

ALLGÄU, région des Préalpes allemandes (Bavière surtout), culminant à 2 645 m au *Mädelegabel,* dans les *Alpes de l'Allgäu.*

ALLIA, affl. du Tibre (r. g.). Victoire des Gaulois Sénonais sur les Romains (390 av. J.-C.).

ALLIACÉ, E adj. (lat. *allium,* ail). Se dit d'une odeur qui tient de l'ail.

ALLIAGE n. m. (de *allier*). **1.** Produit métallurgique résultant de l'incorporation à un métal d'un ou de plusieurs éléments (métalliques ou non), effectuée dans le but de modifier certaines de ses propriétés ou même de lui conférer des propriétés nouvelles. (→ *encycl.*) — **2.** Mélange de polymères dont les propriétés dépendent de la nature des composants et de la morphologie du mélange. (→ *encycl.*) — **3.** *Litt.* Mélange qui altère la pureté de qqch.

ENCYCL. **Métall.** En modifiant le nombre, la nature et les proportions des éléments présents dans l'alliage, ou en faisant subir à celui-ci différents traitements thermiques, on cherche à améliorer ses propriétés physiques, mécaniques et chimiques. Les constituants d'un alliage ont une influence complexe sur ses propriétés. On distingue les constituants majeurs, dont la concentration est supérieure à 0,1 % ou 0,01 %, des constituants mineurs ayant une concentration de quelques p. p. m. (parties par million). La majorité des alliages est élaborée par fusion. Au cours de celle-ci, la composition de l'alliage peut être modifiée par réaction avec le garnissage des creusets ou avec l'atmosphère ambiante. On fait alors appel à la fusion et à la coulée sous vide, ou sous flux gazeux ou liquide. La solidification à partir d'un liquide de composition plus ou moins homogène introduit des hétérogénéités structurales importantes. Des opérations métallurgiques de forgeage et de laminage sont ensuite nécessaires pour obtenir des produits semi-finis ou finis. Les alliages de fonderie* sont utilisés directement en raison de leur aptitude à remplir les moules. On réalise aussi des alliages par frittage de poudres* métalliques compactées. Les « alliages durs frittés » aux carbures de tungstène, de titane, de molybdène, de tantale sont surtout utilisés pour la confection d'outils de coupe, d'outils de mines, de pièces soumises à de fortes usures. Les alliages diamantés obtenus en mélangeant la poudre de diamant à des poudres métalliques sont employés à la confection d'outils (meules, forets), permettant de travailler et d'usiner des matériaux très durs et abrasifs. Les alliages sont souvent plus durs, moins malléables, moins ductiles et moins bons conducteurs de l'électricité que leurs constituants. Leurs propriétés dépendent essentiellement de la composition, de la structure micrographique et des traitements thermiques, mécaniques ou thermomécaniques subis.

— **Polym.** L'un des polymères de l'alliage peut constituer une matrice continue dans laquelle l'autre est dispersé sous forme de grains ou de fibrilles. Les propriétés de l'alliage correspondant dépendent beaucoup de la morphologie du mélange : par ex. particules d'un polymère flexible dispersées dans une matrice d'un polymère rigide (alliage rigide) ou l'inverse (alliage flexible). Parmi les alliages existants, on peut citer les polystyrènes chocs (polystyrène-polybutadiène) et les alliages de polychlorure de vinyle et de copolymères du butadiène et de l'acrylonitrile.

ALLIAIRE n. f. (lat. *allium,* ail). Herbe crucifère bisannuelle à petites fleurs blanches, à l'odeur d'ail.

ALLIANCE n. f. (de *allier*). **1.** Union, accord intervenant entre des pays, des personnes : *Traité d'alliance.* — **2.** Accord, union de choses de nature différente. — **3.** Bague de métal précieux portée en France à l'annulaire gauche par les personnes mariées. (Syn. ANNEAU DE MARIAGE.) — **4.** Lien qui unit un époux à son conjoint et aux parents de son conjoint. — **5.** Objet d'un traité consistant dans l'engagement d'entraide mutuelle de deux ou de plusieurs États et, par extension, nom de ce traité et, éventuellement, de l'institution qui en résulte. (Toutes les alliances ont officiellement un but défensif.) — **6.** Accord entre partis politiques dans un but électoral (candidat unique, désistement réciproque) ou gouvernemental (coalition). — **7.** Pièce en cuir ou en fer torsadé, servant dans un licol à relier le tour de tête à la muserolle. — **8.** *Alliance de mots,* rapprochement de deux termes contradictoires, dont le groupement donne un sens (par ex. *Se hâter lentement*). ‖ *Ancienne Alliance,* syn. de ANCIEN TESTAMENT. ‖ *Nouvelle Alliance,* syn. de NOUVEAU TESTAMENT.

Alliance *(Quadruple-)* [2 août 1718], alliance conclue entre la France, l'Angleterre, les Provinces-Unies et l'Autriche pour le maintien des traités d'Utrecht et de Rastatt (1714) contre l'Espagne. Cette alliance obtint de Philippe V une renonciation à la couronne de France et aux anciennes possessions espagnoles en Italie (1720).

Alliance *(Quadruple-)* [20 nov. 1815], alliance conclue, sur l'initiative de Castlereagh, entre l'Angleterre, l'Autriche, la Prusse et la Russie. Elle constitua l'élément essentiel du système de Metternich, désireux d'étouffer en Europe tout mouvement libéral.

Alliance *(Sainte-)* [26 sept. 1815], pacte de fraternité et d'assistance mutuelle conclu à Paris entre Alexandre Ier, empereur de Russie, François Ier, empereur d'Autriche, et Frédéric-Guillaume III, roi de Prusse. Les autres souverains européens y adhèrent (notamment Louis XVIII, en nov. 1815), à l'exception du prince régent de Grande-Bretagne. Communément assimilée au système de réaction instauré en Europe après 1815, la Sainte-Alliance joua, en réalité, un rôle limité, car les Alliés lui préférèrent le cadre de la Quadruple-Alliance (conclue en nov. 1815) ou celui de l'Alliance instaurée par Metternich à partir de 1818-1820.

Alliance *(Triple-)* [23 janv. 1668], alliance conclue à La Haye entre l'Angleterre, les Provinces-Unies et la Suède contre la France lors de la guerre de Dévolution*. Cette alliance empêcha Louis XIV de poursuivre la conquête des Pays-Bas.

Alliance *(Triple-)* [4 janv. 1717], alliance conclue à La Haye, contre l'Espagne, entre la France, l'Angleterre et les Provinces-Unies pour le maintien des traités d'Utrecht et de Rastatt (1714), et qui se transforma en Quadruple-Alliance* en 1718 avec l'adhésion de l'Autriche.

Alliance *(Triple-)* ou **Triplice** (20 mai 1882), nom donné au groupement politique constitué par l'Allemagne, l'Autriche-Hongrie et l'Italie. La France, isolée, lui opposa la *Triple-Entente**. La Triple-Alliance cessa officiellement en mai 1915, lors de l'entrée en guerre de l'Italie aux côtés des Alliés.

Alliance évangélique, association fondée à Londres, en 1846, entre les membres de plus de cinquante Églises protestantes de divers pays pour soutenir et promouvoir la réforme religieuse. Elle regroupe les Églises de tendance fondamentaliste.

Alliance française, association privée, reconnue d'utilité publique, fondée en 1883 par un groupe de personnalités (Renan, Taine, Pasteur furent membres du conseil d'administration) sous la présidence de Paul Cambon. L'Alliance se propose, aidée de Français et d'étrangers francophiles et francophones en collaboration avec des Français de l'étranger, de maintenir et d'étendre la connaissance de la langue et de la culture françaises dans le monde.

Alliance israélite universelle, organisation juive créée à Paris en 1860 afin de promouvoir et de défendre les libertés civiques et religieuses des juifs, ainsi que d'assurer leur égalité politique et sociale avec les autres habitants des pays où ils vivent.

ALLIÉ, E n. **1.** Peuple, pays auquel on est uni par un traité. — **2.** Personne unie à d'autres par parenté résultant de mariage. — **3.** Personne, groupe qui apporte son aide, son soutien.

◆ adj. *Acier allié,* acier contenant, en plus des éléments normaux à faible teneur de l'acier ordinaire, un ou plusieurs éléments d'addition. (Syn. ACIER SPÉCIAL.)

◆ **alliés** n. m. pl. **1.** Ensemble des puissances qui, en 1814 et 1815, envahirent la France et restaurèrent les Bourbons. — **2.** Ensemble des nations qui, pendant la Première et la Seconde Guerre mondiale, luttèrent contre l'Allemagne. (Dans ces deux derniers cas, prend une majuscule.) — **3.** Dans l'Antiquité, nom donné aux cités unies à Rome par un traité. (→ *encycl.*)

ENCYCL. **Antiq.** À l'exception de l'*ager romanus* (25 000 km^2), peuplé uniquement de citoyens romains, le reste de l'Italie péninsulaire comprenait les alliés (en lat. *socii*), représentés par les citoyens des villes italiennes liées à Rome par un traité d'alliance militaire *(fœdus)* prévoyant un appui réciproque en cas de danger. Les alliés italiens devaient fournir à Rome des contingents militaires ; en échange, il leur était reconnu certains droits. Mais souvent mal récompensés, ils obtinrent, non sans peine, après la révolte dite « guerre sociale » (91-89 av. J.-C.), leur intégration à la cité romaine. Par la suite, ils se fondirent peu à peu dans la communauté des citoyens romains.

ALLIER v. t. (lat. *alligare,* lier) [conj. 9]. **1.** Réaliser un alliage : *Allier le cuivre et l'étain pour faire du bronze.* — **2.** Mêler, combiner, réunir ensemble des choses de nature différente : *Allier la tendresse à la sévérité.* — **3.** Unir par le mariage ou par un traité.

◆ **s'allier** v. pr., **être allié** v. pass. S'unir par le mariage, un traité, un accord, etc. ; s'associer, se réunir, s'ajouter : *Les pays alliés. Roman où l'absurdité s'allie au style le plus plat.*

ALLIER, le plus long affluent de la Loire (r. g.), drainant un bassin d'environ 15 000 km^2 ; 410 km. L'Allier, né dans l'est de la Lozère, coule vers le N., dans une vallée où alternent défilés et bassins fertiles, les Limagnes (de Langeac, de Brioude, d'Issoire), s'épanouissant dans la Grande Limagne. Il passe ensuite à Vichy, Moulins, rejoignant la Loire au *bec d'Allier.* Le barrage de Naussac contribue à la régularisation du débit.

ALLIER (03), dép. de la Région Auvergne ; ch.-l. de dép. *Moulins* ; ch.-l. d'arrond. *Montluçon, Vichy* ; 3 arrond. ; 35 cant. ; 320 comm. ; 7 340 km² ; 357 710 hab. Le dép. appartient à l'académie de Clermont-Ferrand, à la cours d'appel de Riom, à la région militaire Méditerranée. Peu peuplé (densité voisine de la moitié de la moyenne nationale), l'Allier subit toujours un notable exode rural. Le dép. est, de plus, sans industries de pointe (l'extraction de la houille et la métallurgie ont disparu ou reculé) ni villes dynamiques. La vie agricole reste dominée par l'élevage (bovins surtout).

ALLIESTHÉSIE n. f. Impression que produit un stimulus externe sur un sujet, et susceptible de varier en fonction de l'état interne de celui-ci.

ALLIGATOR n. m. (mot angl., de l'esp. *el lagarto,* le lézard). Crocodilien du Mississippi ou du Yangzi Jiang, à tête large et aplatie, très peu actif, élevé en Amérique pour son cuir. (Il peut vivre 40 ans et atteindre une taille de 4 m.)

ALLIGATORIDÉ n. m. Nom de famille donné aux alligators et aux caïmans.

ALLITÉRATION n. f. (angl. *alliteration,* du lat. *ad,* vers, et *littera,* lettre). Répétition des consonnes initiales ou intérieures dans une suite de mots pour obtenir un effet d'harmonie, de pittoresque ou de surprise (par ex. *« De Ce Sacré Soleil dont je Suis deSCendue »* [Racine]).

ALLITÉRER v. i. (conj. 18). Pratiquer l'allitération.

ALLITIQUE adj. Se dit d'un sol et d'une région soumis à l'allitisation.

ALLITISATION n. f. Altération extrême des roches aluminosilicatées, en climat chaud, humide et drainé, aboutissant à l'élimination des bases et de la silice par hydrolyse et à la précipitation de l'aluminite sous forme de gibbsite.

ALLIVREMENT n. m. Fixation du revenu net imposable dans l'établissement de la contribution foncière, après inscription sur la matrice cadastrale et classification des parcelles.

ALLIVRER v. t. (de *livrée,* portion de terre valant une livre de revenu) [conj. 3]. Imposer les biens fonciers suivant leur revenu net.

ALLÔ ! interj. (anglo-amér. *hallo, hello*). Appel préparatoire à une conversation téléphonique : *Allô ! j'écoute.*

ALLOAGGLUTINATION n. f. Agglutination provoquée par un alloanticorps.

ALLOANTICORPS n. m. Anticorps produit entre individus non identiques appartenant à une même espèce.

ALLOBROGES, peuple de la Gaule qui habitait entre le Rhône et l'Isère et qui avait pour villes principales Vienne *(Vienna),* Genève *(Geneva)* et Grenoble *(Cularo).*

ALLOCATAIRE n. Personne physique à qui est reconnu le droit aux prestations familiales (par oppos. à ATTRIBUTAIRE).

ALLOCATION n. f. (de *allouer,* sur *location*). **1.** Action d'allouer de l'argent ; somme allouée : *Toucher des allocations.* — **2.** S'emploie comme premier élément de noms composés (avec ou sans trait d'union) spécifiant la destination de la somme allouée : *Allocation(-)logement.* — **3.** Prestation servie à une personne pour faire face à un besoin, notamment dans le cadre du chômage, des prestations familiales. — **4.** Secours attribué à certaines familles d'appelés ou d'engagés. — **5.** *Allocation de ressources,* attribution de ressources disponibles en faveur d'un agent économique ou d'un secteur de l'économie. ‖ *Caisses d'allocations familiales,* organismes, dépendant de la Caisse nationale des allocations familiales, chargés de verser les prestations familiales.

ALLOCHTONE [ktɔn] adj. **1.** Se dit d'une formation géologique qui a subi un transport en relation avec des événements tectoniques. — **2.** Se dit des constituants d'une roche ou d'une formation qui, par rapport au lieu de dépôt de leur matrice, sont d'origine lointaine, ou d'un magma dont le niveau de consolidation est nettement distinct de son niveau d'origine. (Syn. anc. ALLOGÈNE ; contr. AUTHIGÈNE.) — **3.** Se dit d'une espèce animale ou végétale d'apparition récente dans une région, par oppos. à *autochtone.* ◆ n.m. Unité structurale largement déplacée par rapport à son substratum originel, à la suite de la tectonique tangentielle. (C'est le cas des nappes de charriage.)

ALLOCORTEX n. m. Cortex cérébral caractérisé par sa structure primitive.

ALLOCUTAIRE n. Personne à qui s'adresse le message linguistique. (Syn. DESTINATAIRE.)

ALLOCUTION n. f. (lat. *adlocutio,* de *adloqui,* haranguer). Discours assez court, de caractère officiel, prononcé en public.

ALLODIAL, E, AUX adj. (lat. médiév. *allodialis,* qui possède un alleu). Qui concerne un alleu.

ALLOGAMIE n. f. Pollinisation d'une fleur par le pollen d'une autre fleur, y compris dans le cas d'une fleur de la même plante.

ALLOGÈNE adj. et n. **1.** Se dit des peuples qui, vivant dans une nation, y sont minoritaires et qui, tout en conservant leur langue, leur culture, coexistent sans être acculturés par la nation qui les accueille. — **2.** Syn. anc. de ALLOCHTONE.

ALLOGÉNIQUE adj. *Greffe allogénique,* syn. de ALLOGREFFE.

ALLOGLOTTE adj. et n. Qui parle une langue différente de celle du pays considéré.

ALLOGRAPHE n. m. Réalisation concrète d'un graphème. (*A* et *a* sont deux allographes du même graphème.)

ALLOGREFFE n. f. Greffe dans laquelle le greffon est prélevé sur un sujet de la même espèce, mais dont la formule génétique diffère par un ou plusieurs gènes et antigènes d'histocompatibilité. (Syn. HOMOGREFFE, GREFFE ALLOGÉNIQUE.)

ALLOMÉTRIE n. f. Changement dans les proportions du corps d'un animal au cours de sa croissance, par suite du développement plus rapide, ou plus lent, de l'un de ses membres. (L'allométrie reste symétrique pour les mandibules du lucane mâle ; elle est dissymétrique pour les pinces de l'uca, dont une seule devient démesurée, ou pour l'une des incisives du narval mâle.)

ALLOMÉTRIQUE adj. Atteint par l'allométrie.

ALLOMORPHE n. m. Variante d'un morphème en fonction du contexte. (Ainsi, en français, /al-/ dans *allons,* /v-/ dans *vais,* /ir-/ dans *irai* sont trois allomorphes du même morphème.)

ALLON (Yigal), général et homme politique israélien (Kefar Tavor 1918 - 'Afula 1980). Membre de la Haganah, général (1948), député en 1954, Allon fut ministre du Travail (1961-1967) puis vice-Premier ministre (1967-1977), fonction qu'il cumula avec celles de ministre de l'Éducation et de la Culture (1969-1974) et de ministre des Affaires étrangères (1974-1977). Il est l'auteur d'un plan de paix avec la Jordanie, fondé sur une annexion partielle de la Cisjordanie (plan Allon, 1968).

ALLONGE n. f. **1.** En boxe, longueur des bras. — **2.** Bande de papier collée à une lettre de change, à un chèque, etc., lorsqu'il ne reste plus de place pour de nouveaux endos. — **3.** Crochet pour suspendre des quartiers et des morceaux de viande. — **4.** Dans la marine en bois, toute pièce de charpente servant à prolonger une pièce maîtresse. — **5.** Peau de fourrure découpée en languettes, que l'on assemble en les déplaçant chaque fois de un, deux ou trois centimètres, afin de les allonger en les rétrécissant.

ALLONGÉ, E n. Personne couchée sur un lit, une civière.

ALLONGEABLE adj. Qui peut être allongé.

ALLONGEMENT n. m. **1.** Action d'allonger, augmentation de longueur ou de durée : *Allongement d'une robe, des vacances.* — **2.** Rapport de l'envergure d'une aile d'aéronef à sa profondeur moyenne, ou rapport du carré de l'envergure à la surface de l'aile. (Sur les planeurs, l'allongement de l'aile est supérieur à 20 ou même 25 ; sur les avions de transport, il est compris entre 6 et 10 ; sur les avions de combat supersoniques, il est compris entre 2 et 3 seulement.) — **3.** Déformation par étirement. — **4.** Mesure de la capacité de déformation d'une pièce métallique, déterminée par essai de traction.

ALLONGER v. t. (de *long*) [conj. **17**]. **1.** Augmenter la longueur de qqch en espace et en temps : *Allonger un entretien.* — **2.** Faire paraître qqn, une partie de son corps plus grand et plus mince : *Cette coiffure allonge le visage.* — **3.** Étendre, étirer un membre : *Allonger la main pour prendre quelque chose.* — **4.** Coucher, étendre qqn : *Allonger un blessé sur une civière.* — **5.** Diluer une préparation avec un ingrédient liquide pour l'éclaircir : *Allonger une sauce.* — **6.** *Pop.* Donner, verser de l'argent : *Allonger un pourboire au coiffeur.* — **7.** *Fam.* Porter à qqn un coup plus ou moins violent : *Allonger une gifle.* — **8.** Étendre les allures d'un cheval en ouvrant les doigts sur les rênes tout en l'impulsant avec l'assiette et les jambes. — **9.** Travailler une peau de fourrure pour en augmenter la longueur au détriment de la largeur. — **10.** *Allonger le pas,* presser la marche. ‖ Fam. *Allonger la sauce,* augmenter une addition, une facture ; en rajouter, diluer son discours. ‖ Pop. *Les allonger,* payer.
◆ v. i. ou **s'allonger** v. pr. **1.** Devenir plus long en durée : *Les jours allongent, s'allongent.* — **2.** En parlant du cerf, pousser sa nouvelle tête.
◆ **s'allonger** v. pr., **être allongé** v. pass. **1.** Devenir, paraître, être plus long, plus étiré : *Son pas s'allonge. Une figure allongée.* — **2.** S'étendre, se coucher, être étendu, couché : *Il s'allongea sur le divan.* — **3.** *Allure allongée,* allure d'un cheval dont les foulées sont étendues. ‖ *Ellipsoïde allongé,* ellipsoïde engendré par la rotation d'une ellipse autour de son grand axe.
◆ **s'allonger** v. pr. **1.** S'étendre, s'étirer en longueur, paraître long : *La route s'allonge devant nous.* — **2.** *Fam.* Tomber par terre de tout son long. — **3.** *Pop.* Avouer, se mettre à table, parler.

ALLONNES (49650), ch.-l. de cant. de Maine-et-Loire, à 10 km au N.-E. de Saumur, sur l'Authion ; 2 579 hab. Vins rouges.

ALLONNES (72700), ch.-l. de cant. de la Sarthe, banlieue sud-ouest du Mans ; 13 593 hab. Vestiges gallo-romains.

ALLONS ! interj. (de *aller 1*). **1.** Exprime la consolation, l'affection, l'encouragement, l'agacement, l'impatience, etc. : *Allons ! ne t'inquiète pas.* — **2.** *Allons donc !,* exprime l'incrédulité, l'ironie, etc.

ALLOPATHE n. (all. *Allopath*). Médecin qui traite selon les principes de l'allopathie.

ALLOPATHIE n. f. (all. *Allopathie*). Méthode de traitement, dans laquelle on emploie des médicaments dont l'administration produit des effets contraires à ceux de la maladie qu'il s'agit de combattre. (S'oppose à HOMÉOPATHIE.)

ALLOPATHIQUE ou **ALLOPATHE** adj. Qui relève de l'allopathie.

ALLOPATRIQUE adj. Se dit de deux races ou sous-espèces animales ou végétales de la même espèce, qui n'ont pas ou presque pas d'échanges génétiques, du fait qu'une « barrière » naturelle (bras de mer, chaîne de montagnes) les sépare.

ALLOPHANE n. f. Variété d'argile colloïdale, mélange de silicates d'aluminium hydratés où prédomine l'halloysite, abondante dans les sols développés sur roches volcaniques basiques.

ALLOPHONE n. m. Réalisation particulière d'un phonème dans un environnement phonique déterminé. (Syn. VARIANTE COMBINATOIRE, CONTEXTUELLE OU POSITIONNELLE.)

◆ adj. et n. Au Canada, se dit de qqn qui a une autre langue maternelle que l'anglais ou le français.

ALLOPHTALMIE n. f. Anomalie de coloration dans l'iris d'un seul œil ou dans l'iris des deux yeux, comme dans les yeux vairons.

ALLOPOLYPLOÏDIE n. f. Polyploïdie résultant de la fusion de chromosomes provenant d'espèces différentes.

ALLOPURINOL n. m. Médicament qui inhibe la synthèse de l'acide urique dans l'organisme. (Il est utilisé dans le traitement de la goutte.)

ALLORI (Alessandro), peintre italien (Florence 1535-*id.* 1607). Influencé par son oncle, le Bronzino, il eut une brillante carrière d'artiste maniériste. – Son fils CHRISTOFANO (Florence 1577-*id.* 1621) a peint la fameuse *Judith* conservée au palais Pitti.

ALLOS (04260), comm. des Alpes-de-Haute-Provence, sur le haut Verdon, à 1 425 m d'alt., au pied du *col d'Allos* (2 240 m) ; 709 hab. *(Allosards).* Sports d'hiver à la *Foux-d'Allos* (alt. 1 800-2 600 m) et au *Seignus-d'Allos.*

ALLOSOME n. m. Chromosome particulier jouant un rôle essentiel dans la détermination du sexe. (Syn. HÉTÉROSOME, GONOSOME, HÉTÉROCHROMOSOME ; contr. AUTOSOME.)

ENCYCL. Les allosomes sont en général au nombre de deux dans les cellules somatiques ; les gamètes n'en renferment qu'un. Les deux allosomes peuvent être identiques chez la femme (XX) ou différents chez l'homme (XY). Chez certaines espèces, les cellules somatiques ne renferment qu'un allosome ; dans ce cas, la moitié des gamètes possède l'allosome, l'autre moitié en est dépourvue.

ALLOSTÉRIE n. f. Propriété d'une enzyme dont l'activité est modifiée lorsque sa structure spatiale tertiaire est transformée par une molécule organique fixée à un site différent du site actif de l'enzyme.

ALLOTHÉRIEN n. m. Syn. de MULTITUBERCULÉ.

ALLOTIR v. t. (anc. fr. *aloter,* de *lot*) [conj. 32]. Former des lots pour un partage ou pour une vente.

ALLOTISSEMENT n. m. **1.** Partage d'un patrimoine en lots. — **2.** Entreposage de marchandises dans un ordre qui facilite leur reconnaissance et leur enlèvement.

ALLOTROPIE n. f. **1.** Changement de forme d'une espèce animale sous l'influence exclusive de la saison, tous les autres facteurs restant inchangés. — **2.** Propriété de certains corps simples ou composés minéraux d'exister sous plusieurs formes physiques. (→ *encycl.*)

ENCYCL. **Chim.** Parmi les éléments présentant des variétés allotropiques on peut citer le soufre (variétés α et β), le phosphore (phosphore blanc, phosphore rouge), le carbone (diamant, graphite), l'hélium (hélium I, hélium II), l'oxygène, etc. Dans ces variétés, les atomes du corps simple peuvent être groupés de plusieurs manières différentes (structures cristallines différentes) ou former des molécules différentes (oxygène O_2, ozone O_3).

Les caractères essentiels de l'allotropie sont : la possibilité de transitions réversibles d'une variété à l'autre et l'existence d'un équilibre univariant entre deux variétés allotropiques ne formant pas un mélange homogène.

ALLOTROPIQUE adj. Qui résulte de l'allotropie, ou qui s'y rapporte.

ALL'OTTAVA loc. adv. (loc. ital. signif. *à l'octave*). Locution indiquant dans une œuvre musicale le transfert à l'octave supérieure ou inférieure d'un passage. (Abrév. 8va.)

ALLOTYPIE n. f. Existence de structures antigéniques différentes entre des individus d'une même espèce.

ALLOUABLE adj. Qui peut être alloué.

ALLOUCHE n. f. Fruit de l'allouchier.

ALLOUCHIER n. m. (mot dialect.). Nom usuel de l'alisier à feuilles blanches.

ALLOUER v. t. (bas lat. *allocare,* de *locare,* placer) [conj. 6]. **1.** Attribuer une somme d'argent à qqn, à un organisme ; octroyer comme subvention, avantage, gratification, rétribution : *Allouer des crédits à une entreprise.* — **2.** Laisser à qqn un temps déterminé pour effectuer un travail.

ALLOUIS (18500), comm. du Cher, à 18 km au N.-O. de Bourges ; 708 hab. Station de radiodiffusion.

ALLSCHWIL, comm. de Suisse, dans la banlieue sud-ouest de Bâle (cant. de Bâle-Campagne) ; 18 000 hab. Industries chimiques et mécaniques.

ALLUMAGE n. m. **1.** Action d'allumer, de s'allumer : *L'allumage du chauffage.* – **2.** Inflammation commandée du mélange carburé provenant du carburateur ou du système d'injection ; ensemble d'organes servant à cette fonction. (→ *encycl.*) – **3.** Opération consistant à mettre le feu à l'amorce d'une cartouche ou d'une charge explosive. (Syn. MISE À FEU.) – **4.** Opération de mise à feu des propulseurs d'une fusée.

ENCYCL. **Autom.** L'*allumage électrique* utilise l'étincelle qu'une source d'énergie fait jaillir entre les deux électrodes d'une bougie. La source a été longtemps une magnéto ou un volant magnétique, réservé actuellement aux motocyclettes de faible cylindrée. Aujourd'hui l'allumage le plus usité est assuré par un système électromagnétique comportant une batterie d'accumulateurs, une bobine d'induction et un rupteur incorporé à un distributeur. La tension de la batterie est appliquée à l'enroulement primaire de la bobine, le rupteur servant à interrompre le courant dans cet enroulement. La tension créée par induction dans l'enroulement secondaire est de l'ordre de 10 000 à 12 000 V. L'*allumage électrostatique* est fondé sur la décharge d'un condensateur. L'*allumage électronique* utilise des transistors, qui permettent le passage d'un courant sans intervention d'une commande mécanique, par le simple intermédiaire d'un faible courant de commande. Le courant d'impulsion commandant le transistor est produit par un rupteur classique ou, mieux, par un générateur d'impulsions.

ALLUMANTE adj. f. *Poudre allumante,* substance simple ou mélange pyrotechnique entrant dans la confection des inflammateurs pour détonateurs.

ALLUMÉ, E adj. et n. *Pop.* **1.** Très excité par une activité : *Un allumé du micro-ordinateur.* – **2.** Fou, cinglé : *Une bande d'allumés.*

ALLUME-CIGARE(S) n. m. (pl. *allume-cigares*). Dispositif pour allumer les cigares, les cigarettes (dans les automobiles).

ALLUME-FEU n. m. inv. **1.** Petit cube imprégné d'un liquide inflammable et servant à allumer le feu. – **2.** Botte de bûchettes de bois, dont l'extrémité peut être enduite de résine. – **3.** Brûleur mobile à flamme bleue, pour allumer un foyer sans papier ni bois.

ALLUME-GAZ n. m. inv. Petit appareil servant à allumer le gaz.

ALLUMER v. t. (lat. pop. **alluminare,* de *luminare,* éclairer) [conj. 3]. **1.** Enflammer une matière, un objet, y mettre le feu, les faire brûler : *Allumer une cigarette.* – **2.** Faire qu'il y ait un feu : *Des campeurs imprudents ont allumé un incendie.* – **3.** Faire fonctionner une source de lumière : *Allumer les phares.* – **4.** Éclairer un lieu : *Allumer la chambre.* – **5.** Faire fonctionner un appareil, le mettre en marche (en partic. un appareil de chauffage, de radio, de télévision). – **6.** *Litt.* Exciter violemment qqn, ses désirs : *Cette seule idée alluma son imagination.* – **7.** *Fam.* Aguicher un homme, faire naître chez lui le désir et s'en tenir là. – **8.** *Pop.* Tirer sur qqn avec une arme à feu. – **9.** Litt. *Allumer la guerre,* la susciter. ‖ Litt. *Allumer le regard de qqn,* le faire briller sous l'effet d'un vif désir ou de la passion. – **10.** Fam. *Allumer qqn,* le critiquer violemment.

◆ **être allumé** v. pass. En parlant d'un animal héraldique, avoir les yeux d'un autre émail que celui du corps.

◆ **s'allumer** v. pr. **1.** S'enflammer, prendre feu : *Le bois mouillé ne s'allume pas facilement.* – **2.** Devenir lumineux : *Les phares s'allument.* – **3.** Fonctionner, se mettre en marche : *Le poste ne s'allume plus.*

ALLUMETTE n. f. (de *allumer*). **1.** Petite tige de bois, de carton, ou petite mèche enduite de cire, imprégnée à l'une de ses extrémités d'une composition susceptible de s'enflammer par friction. (→ *encycl.*) – **2.** *Fam.* Jambe longue et maigre. – **3.** Bâtonnet de pâte feuilletée, fourré et servi chaud. – **4.** Petit gâteau allongé en feuilletage, recouvert de glace royale. – **5.** *Pomme allumette,* pomme frite taillée en bâtonnet.

ENCYCL. Les premières allumettes chimiques, apparues vers 1809, se composaient de bûchettes dont les extrémités étaient soufrées, puis trempées dans un mélange de chlorate de potassium, de lycopode, de soufre et d'eau gommée. On les enflammait en les plongeant dans de l'acide sulfurique concentré. En 1831, Charles Sauria inventa les allumettes phosphoriques, que l'Allemand Jakob Friedrich Kammerer fut le premier à fabriquer industriellement en 1832. Les Suédois Carl Frans et Johan Edvard Lundström eurent l'idée de séparer le phosphore rouge, disposé sur un frottoir, du comburant resté sur le bouton de l'allumette. Les allumettes actuelles, dites « de sûreté » et longtemps appelées « suédoises », sont d'abord paraffinées puis reçoivent un bouton constitué par du chlorate de potassium, de la colle gélatine, un abrasif et divers catalyseurs. Le frottoir comporte un gratin constitué par un mélange de colle et de phosphore rouge.

ALLUMETTE-BOUGIE n. f. (pl. *allumettes-bougies*). Allumette faite d'une mèche imprégnée de cire.

ALLUMETTIER, ÈRE n. Personne qui fabrique des allumettes.

◆ adj. Qui concerne la fabrication des allumettes.

ALLUMEUR n. m. **1.** *Allumeur de réverbères,* personne qui était préposée à l'éclairage public. – **2.** Dispositif mécanique tournant entraîné par le moteur thermique d'un véhicule à allumage commandé et alimentant les bougies selon l'ordre d'allumage. (→ *encycl.*) – **3.** Dispositif servant à enflammer le combustible gazeux dans un brûleur. **4.** Artifice destiné à produire une flamme pour faire détoner les explosifs, semblable à une allumette géante. – **5.** *Allumeur électrique,* syn. de INFLAMMATEUR ÉLECTRIQUE.

ENCYCL. **Autom.** L'allumeur, commandé par l'arbre à cames du moteur, rassemble dans un boîtier les dispositifs d'avance à l'allumage, de rupture du courant primaire et de distribution de courant secondaire aux bougies. L'arbre d'allumeur comporte des cames (autant qu'il y a de cylindres) qui, agissant sur le linguet du rupteur, provoquent la rupture du courant primaire. Le courant secondaire est distribué aux bougies par l'intermédiaire d'une pièce, en forme de doigt métallique, qui, à chaque rupture vient se placer en face d'un des plots - reliés aux bougies - du distributeur.

ALLUMEUSE n. f. *Fam.* Femme aguicheuse.

ALLURE n. f. (de *aller*). **1.** Manière de se déplacer, d'exécuter les mouvements de la marche : *Allure légère, pesante.* – **2.** Vitesse à laquelle qqn, un véhicule se déplacent : *Rouler à une allure réduite.* – **3.** Rythme auquel agit, travaille qqn : *À cette allure, vous n'aurez jamais terminé ce soir.* – **4.** Manière qu'a qqn de se tenir, de se présenter, dans ce qu'elle a de caractéristique ; maintien, attitude : *Allure élégante, distinguée, désinvolte.* – **5.** Aspect, caractère général de qqch : *Une ruine d'allure moyenâgeuse.* – **6.** Manière dont évoluent les choses, les événements ; tournure : *Un accident qui prend l'allure d'une catastrophe.* – **7.** Fam. *À toute allure,* à grande vitesse. ‖ *Avoir grande allure, avoir de l'allure,* avoir de la distinction, de la classe ; en parlant de qqch, avoir de l'élégance, du style. • **Mar.** Position relative d'un navire, faisant une route donnée, par rapport au vent régnant. (Elle détermine l'orientation de la voilure.) – **Métall.** Mode de conduite d'un appareil de fusion ou de réchauffage. – **Zool.** Chacune des façons différentes de marcher, courir ou sauter d'un mammifère. (→ *encycl.*).

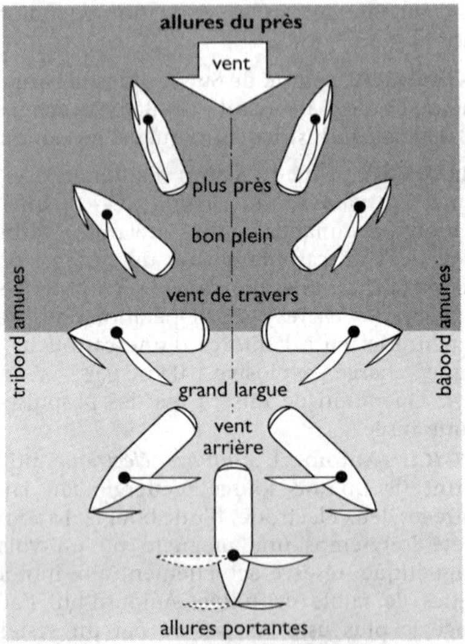

Les cinq principales **allures** maritimes.

ENCYCL. On distingue chez les quadrupèdes quatre grandes allures, selon le rythme de retour des pattes au contact du sol : le *pas* à quatre temps à peu près égaux, le *trot* à deux temps diagonaux, le *galop* à deux temps avant-arrière et l'*amble* à deux temps droite-gauche. Toutefois, les deux pattes associées ne se posent jamais tout à fait en même temps. Chez le cheval, les allures peuvent être naturelles (pas, trot et galop) ou acquises par le dressage. L'altération des mouvements des allures naturelles donne naissance à certaines allures défectueuses : l'*amble,* le *traquenard,* l'*aubin* et le *saut de pie.* Les principales allures acquises sont le *passage,* le *pas* et le *trot espagnols,* le *pas d'école* et le *piaffer.*

ALLUSIF, IVE adj. Qui contient une allusion, qui procède par allusion : *Phrase allusive. Il est resté très allusif.*

ALLUSION n. f. (bas lat. *allusio,* jeu). **1.** Manière de s'exprimer par laquelle on évoque l'idée de qqn ou de qqch sans les nommer explicitement ; sous-entendu : *Parler par allusion.* – **2.** Parole, propos évoquant une personne, un fait, sans les nommer : *Cette allusion lui a déplu.* – **3.** *Faire allusion à,* parler indirectement de qqn, de qqch ou y faire référence rapidement.

ALLUSIVEMENT adv. De façon allusive, indirecte, par sous-entendus.

ALLUVIAL, E, AUX adj. Constitué par des alluvions ou issu d'un processus d'alluvionnement.

ALLUVION n. f. (lat. *alluvio*). [Surtout pl.] **1.** Matériel résultant d'un transport à distance par les eaux courantes. (→ *encycl.*) – **2.** Agrandissement de terrain par alluvionnement. – **3.** *Alluvions anciennes, modernes,* dépôts quaternaires plus ou moins récents, d'origine fluviatile, généralement disposés en terrasses et partiellement liés aux périodes glaciaires.

ENCYCL. **Géogr.** Les alluvions sont constituées par des particules provenant des roches en place, mais ayant subi des modifications plus ou moins importantes du fait de leur transport. Ces modifications sont d'ordre pétrographique (les proportions des divers éléments de roches composant les alluvions sont modifiées en fonction de leur plus ou moins grande sensibilité à l'érosion et de leur comportement pendant le transport) et granulométrique (les fragments transportés par l'eau sont soumis à une combinaison d'actions mécaniques et chimiques qui les use et les corrode suivant des dimensions et des formes dont l'étude statistique renseigne sur les conditions de leur façonnement). Elles conditionnent aussi la disposition (agencement) des alluvions et, parfois, leur intérêt économique (concentration locale de minéraux recherchés, souvent précieux [alluvions aurifères ou diamantifères]).

ALLUVIONNAIRE adj. Relatif aux alluvions.

ALLUVIONNEMENT n. m. Formation d'alluvions.

ALLUVIONNER v. i. (conj. 3.). En parlant d'un cours d'eau, déposer des alluvions.

ALLYLE n. m. (du lat. *allium,* ail). Radical monovalent de formule $CH_2{=}CH{-}CH_2$, qui entre dans la composition de nombreuses substances organiques (alcool allylique, halogénures d'allyle permettant l'allylation, chlorure d'allyle, important intermédiaire industriel).

ALLYLIQUE adj. **1.** Relatif au radical allyle, à ses homologues. – **2.** Se dit de résines obtenues par polymérisation de monomères renfermant un ou plusieurs radicaux allyles.

ENCYCL. L'*alcool allylique* est un intermédiaire industriel important qui peut être transformé en épichlorhydrine, en glycérol et en alcool propylique et dont les esters sont des monomères pour polymérisation et copolymérisation. Infusibles, insolubles et très transparents, les matériaux obtenus sont utilisés pour faire des verres organiques.

ALLYLSÉNEVOL n. m. Liquide incolore, à odeur pénétrante qui se rencontre dans les essences de diverses crucifères (moutarde noire, raifort). [On l'emploie en solution alcoolique pour son action révulsive.] (Syn. ESSENCE DE MOUTARDE SYNTHÉTIQUE.)

ALLYLTHIO-URÉE n. f. Syn. de THIOSINAMINE.

ALMA, fl. d'Ukraine, en Crimée, qui rejoint la mer Noire à l'O. de Sébastopol ; 80 km. – La « bataille de l'Alma » est la première victoire de la guerre de Crimée*, remportée le 20 sept. 1854, à 10 km de l'embouchure de l'Alma, par les troupes franco-britanniques de Saint-Arnaud et de lord Raglan sur les Russes de Menchikov. Les zouaves du général Bosquet s'y distinguèrent.

ALMA, v. du Canada, au Québec, sur le Saguenay, à l'E. du lac Saint-Jean ; 23 160 hab. Aluminium.

ALMA-ATA ou **ALMATY**, cap. du Kazakhstan, au sud du lac Balkhach ; 1 128 000 hab. Centre commercial, culturel et industriel.

ALMADA, v. du Portugal, en Estrémadure, sur le Tage, en face de Lisbonne ; 41 000 hab.

ALMADÉN, v. d'Espagne (Castille-La Manche), au N. de la *sierra d'Almadén ;* 10 000 hab. Gisements de mercure exploités depuis l'époque romaine.

Almageste (ar. *al-midjisti*, du grec *megistos biblos*, très grand livre), traité composé par Claude Ptolémée (IIe s.), qui résume les connaissances mathématiques et astronomiques de l'Antiquité.

ALMAGRA ou **ALMAGRE** n. m. (esp. *almagra*, de l'ar. *al-marhra*). Argile ocreux, rougeâtre, qui, réduit en poudre, sert de fard rituel dans l'Inde.

ALMAGRO (Diego DE), conquistador espagnol (Almagro, prov. de Ciudad Real, 1475 -Cuzco 1538). Associé à Pizarro en 1524 pour la conquête du Pérou, il prit part à la conquête de Cuzco en 1533. Des dissensions avec les frères Pizarro sur le partage de la conquête le poussèrent à lancer une expédition vers le Chili. De retour au Pérou, il entra en lutte contre Pizarro, fut vaincu et exécuté.

ALMALYK, v. d'Ouzbékistan, au S.-E. de Tachkent ; 101 000 hab. Métallurgie des non-ferreux.

ALMANACH [-na] n. m. (lat. médiév. *almanach*, de l'ar. *al-manāḥ*, du syriaque *l-manhaï*, l'an prochain). Livre populaire publié chaque année et comportant, avec un calendrier, des renseignements scientifiques ou pratiques.

Almanach de Gotha, annuaire généalogique et diplomatique, qui paraît chaque année à Gotha, en français et en allemand, depuis 1763.

Almanach des Muses, périodique littéraire français (1765 - 1833), fondé par Sautreau de Marsy et qui offrait tous les ans un choix de poèmes récents.

ALMANDIN n. m. (de *alabandine*). Grenat alumino-ferreux rouge, cubique.

ALMANSA, v. d'Espagne (prov. de Murcie) ; 17 000 hab. Monuments des XVe-XVIIe s. – Le duc de Berwick y battit les Anglo-Portugais (25 avr. 1707) lors de la guerre de la Succession d'Espagne. — Aux environs, peintures rupestres préhistoriques du groupe stylistique du Levant*.

ALMANZOR, déformation occidentale du nom d'al-Manṣūr.

ALMASILICIUM [-sjɔm] n. m. inv. Alliage à base d'aluminium, contenant environ 1 % de silicium et 1 % de magnésium, déformable à froid (emboutissage, chaudronnage ou pliage) et présentant une bonne résistance à la corrosion.

ALMÉE n. f. (ar. *'ālima*). Danseuse égyptienne de l'Antiquité.

ALMEIDA (Francisco DE), amiral portugais (Lisbonne v. 1450 - cap de Bonne-Espérance 1510), premier vice-roi des Indes en 1505.

ALMEIDA GARRETT (João BAPTISTA DA SILVA LEITÃO, *vicomte* DE), écrivain et homme politique portugais (Porto 1799-Lisbonne 1854). Exilé pour ses idées libérales, puis ministre des Affaires étrangères (1851), il a entrepris de donner une forme portugaise à l'idéal romantique européen par ses romans, ses poèmes et son théâtre (*Frère Luis de Sousa,* 1844).

ALMÉLEC n. m. inv. (de *aluminium, magnésium,* et *électrique*) [nom déposé]. Alliage à base d'aluminium, contenant de 0,6 à 0,8 % de magnésium, de 0,6 à 0,8 % de silicium, utilisé comme conducteur électrique, en fils ou en barres.

ALMELO, v. de l'est des Pays-Bas (Overijssel) ; 63 000 hab. Métallurgie. Textile.

ALMERE, v. nouvelle des Pays-Bas, aménagée dans le sud-ouest de Flevoland-Sud.

ALMEREYDA (Eugène Bonaventure VIGO, dit **Miguel**), journaliste et révolutionnaire français (Bezins-Garreaux, Haute-Garonne, 1883-Fresnes, Seine, 1917). Anarchiste, il collabora au *Libertaire* et à *la Guerre sociale.* Arrêté en 1917, il mourut en prison. Son fils, cinéaste, est connu sous le nom de Jean Vigo.

ALMERÍA, port d'Espagne, en Andalousie, ch.-l. de prov., sur la Méditerranée ; 155 120 hab. Centre administratif commercial et touristique. Anc. forteresse mauresque (alcazaba). Cathédrale gothique du XVIe s. — Pendant la guerre civile d'Espagne*, le port d'Almería fut bombardé par les navires allemands en 1937.

ALMETIEVSK, v. de Russie, dans la république du Tatarstan (ou Tatarie), à l'E.-S.-E. de Kazan ; 110 000 hab.

ALMICANTARAT n. m. (ar. *al-muqantara,* l'astrolabe). Cercle de la sphère céleste, parallèle à l'horizon. (Syn. CERCLE OU PARALLÈLE DE HAUTEUR.)

ALMODÓVAR (Pedro), cinéaste espagnol (Calzada de Calatrava 1949). Mêlant provocation et humour noir, il fait la satire de la société espagnole contemporaine : *Dans les ténèbres* (1984), *la Loi du désir* (1986), *Femmes au bord de la crise de nerfs* (1988), *Talons aiguilles* (1991), *Kika* (1993), *la Fleur de mon secret* (1995).

ALMOHADES, en ar. **al-Muwaḥḥidūn,** dynastie berbère qui se substitua à celle des Almoravides et régna sur l'Afrique septentrionale et la moitié de l'Espagne de 1147 à 1269. Le fondateur de la doctrine almohade fut Muḥammad ibn Tūmart, qui prit le titre de *mahdī.* 'Abd al-Mu'min, fondateur de la dynastie, acheva la conquête du Maroc (1147), prit le titre de calife et établit peu à peu son autorité sur l'Andalousie et sur toute l'Afrique du Nord. Ses descendants, notamment Abū Ya'qūb Yūsuf, puis al-Manṣūr, étendirent l'autorité almohade à toute l'Espagne musulmane, tout en luttant contre les princes chrétiens (victoire d'Alarcos remportée en 1195 par al-Manṣūr sur le roi de Castille Alphonse VIII ; défaite de Las Navas de Tolosa devant les rois chrétiens d'Espagne et de Portugal en 1212). L'Empire almohade commença à se disloquer à partir de 1228. L'Espagne lui échappa et, au Maghreb, 'Abdalwāḍides de Tlemcen (1235), Ḥafṣides de Tunis (1229), Marīnides du Maroc (prise de Marrakech, 1269) éliminèrent la dynastie.

ALMOND (Gabriel Abraham), politologue américain (Rock Island 1911). Il a proposé une typologie originale et complexe du développement politique avec James S. Coleman (*The Politics of the Developing Areas,* 1960) et G. Bingham Powell (*Comparative Politics : A Developmental Approach,* 1966).

ALMONDE (Philips VAN) → VAN ALMONDE (Philips).

ALMORAVIDES, en ar. **al-Murābiṭūn,** confrérie de moines guerriers, Berbères sahariens qui, au XIe s., sous la direction spirituelle de 'Abd Allāh ibn Yāsīn, entreprirent la conquête du Maroc et y fondèrent une dynastie qui, après avoir conquis le Maghreb central jusqu'à Alger, étendit sa domination sur l'Andalousie (1086). Elle fut anéantie par les Almohades en 1147.

ALMQUIST (Carl Jonas Love), écrivain suédois (Stockholm 1793-Brême 1866). Auteur d'une des œuvres les plus originales du romantisme suédois, le *Livre de l'églantier* (1832-1851), Almquist est aussi un des premiers romanciers réalistes (*Trois Dames en Småland,* 1842-43).

ALNICO n. m. inv. (de *aluminium, nickel* et *cobalt*). Alliage de fer, de nickel (15 à 25 %) et d'aluminium (8 à 12 %), contenant des additions éventuelles de cobalt, de cuivre et de titane et utilisé pour réaliser des aimants permanents.

ALOCASIA n. m. Belle aracée des Indes, souvent cultivée en serre chaude en Europe.

ALOÈS [alɔɛs] n. m. (gr. *aloê*). Grande liliacée dont les nombreuses espèces, de taille très inégale, ont toutes des feuilles épaisses et charnues contenant un suc amer d'usage médical. (Originaires d'Afrique, les aloès sont cultivés comme ornementaux, pour leur suc, utilisé en pharmacie pour ses propriétés purgatives, et pour leurs fibres textiles imputrescibles, utilisées en natterie et corderie.)

ALOGIQUE adj. En dehors de la logique ; privé des principes et des règles de la logique.

ALOI n. m. (anc. fr. *aloier,* joindre). **1.** *Vx.* Alliage. — **2.** *Vx.* Proportion de métal précieux qui entre dans un alliage. (On dit aujourd'hui TITRE, CONCENTRATION.) — **3.** *De bon, de mauvais aloi,* se dit d'une monnaie qui a ou n'a pas le titre légal de la monnaie d'or ou d'argent ; de bonne, de mauvaise réputation, qualité : *Succès de mauvais aloi.*

ALOÏNE n. f. (de *aloès*). Hétéroside purgatif dérivé de l'anthracène, extrait de l'aloès.

ALOÏSE (Aloïse CORBAZ, dite), peintre suisse (Lausanne 1886 - asile de la Rosière, Gimel, 1964). Schizophrène, elle fut internée en 1918. Ses grands dessins aux crayons de couleurs sont marqués par une tendance au symbolisme et à la métamorphose (musées de l'Art brut et des Beaux-Arts, Lausanne).

ALONE n. m. Arbre d'Afrique tropicale, dont le fruit en capsule contient le kapok. (Syn. KONDROTI.)

ALONG *(baie d'),* baie de la côte du Viêt-nam, au N.-E. d'Haiphong, parsemée de rochers calcaires.

ALONSO (Alicia) [née Alicia MARTÍNEZ], danseuse cubaine (La Havane v. 1920). Attachée au Ballet Theatre (American Ballet Theatre depuis 1957) [1941-1960], elle fonda sa propre troupe (1948) devenue le Ballet national de Cuba, ouvrit son école (1955) devenue l'École national de ballet de Cuba (1962). Son style est marqué par l'école russe et la jeune école classique américaine. Elle fut une des plus grandes interprètes de *Giselle* dont elle donna sa propre version (1966), elle fit aussi de remarquables créations. Elle a longtemps formé un couple légendaire avec Igor Youskevitch.

ALOPÉCIE n. f. (lat. *alopecia,* du gr. *alôpekia,* de *alôpêks,* renard, à cause de la chute des poils chez cet animal). Chute ou absence de cheveux et de poils.

ENCYCL. L'*alopécie diffuse progressive* est due à la séborrhée et peut aboutir chez l'homme à la grande calvitie hippocratique. Les *alopécies diffuses aiguës* s'observent surtout après les maladies infectieuses et sont suivies de repousse. Les *alopécies circonscrites* sont représentées par la pelade et les teignes. Les *alopécies cicatricielles* consécutives à certaines dermatoses sont définitives.

ALOR, nom de deux îles d'Indonésie (et de la plus grande d'entre elles [2 330 km² ; 78 000 hab.]), au N. de Timor.

ALORS adv. (de *à* et *lors*). **1.** Indique le temps ; à ce moment-là (dans le passé ou dans l'avenir) : *J'avais alors une quinzaine d'années.* — **2.** Introduit l'expression d'une conséquence ; en ce cas, dans ces conditions : *Si vous êtes d'accord, alors vous pouvez signer.* — **3.** Souligne une alternative après *ou ;* sinon, dans le cas contraire : *Il doit être malade, ou alors il a raté son train.* — **4.** Dans la langue parlée, s'emploie pour relier très librement des éléments d'un récit : *Alors moi, ça m'a paru bizarre.* — **5.** Dans des phrases exclamatives ou interrogatives, exprime divers sentiments (surprise, impatience, indignation, etc.) : *Ça alors ! C'est incroyable ! Chic alors !* — **6.** Fam. *Alors ? Et alors ? Et puis alors ? Alors quoi ?,* cela ne change rien, ce n'est pas une objection valable. ‖ Fam. *Alors ?,* s'emploie simplement pour engager une conversation.

◆ **alors que** conj. **1.** Avec l'indicatif, marque une opposition ; tandis que, et pourtant : *Ici on grelotte, alors que là-bas on étouffe.* — **2.** *Litt.* Avec l'indicatif imparfait, marque un rapport de temps ; lorsque, quand : *Alors qu'il était encore enfant.* — **3.** Litt. *Alors même que,* avec le conditionnel, marque une opposition par rapport à une hypothèse ; même si... : *Alors même que vous me le jureriez, je ne le croirais pas.*

ALOR SETAR, v. de la Malaysia, en Malaisie, cap. de l'État de Kedah ; 72 000 hab.

ALOSE n. f. (bas lat. *alausa,* du gaul.). Poisson à opercule strié, aux pelviennes avancées, migrant entre la mer où il se nourrit et les eaux douces où il se reproduit, mais voisin du hareng, de la sardine et du sprat par ses autres caractères. (On distingue l'*alose vraie* ou *allache,* qui peut peser jusqu'à 3 kg, de l'*alose feinte* et de l'*alose du Rhône,* plus petites, ainsi que deux espèces américaines.)

ALOST → AALST.

ALOUATE n. m. (mot caraïbe). Singe hurleur (cébidé) d'Amérique tropicale, à queue prenante, arboricole et frugivore.

ALOUETTE n. f. (anc. fr. *aloe,* du lat. *alauda,* du gaul.). **1.** Petit passereau brun (alaudidé) qui niche au sol dans les champs et qui chante en plein vol. (Son régime surtout insectivore fait de l'alouette un oiseau utile.) — **2.** *Alouette sans tête,* syn. de PAUPIETTE.

Alouette 1, premier satellite canadien. Lancé le 29 septembre 1962, par une fusée américaine

Thor-Agena B., il était destiné à l'étude de l'ionosphère.

ALOURDIR v. t. (conj. 32). **1.** Rendre qqch lourd ou plus lourd : *Alourdir sa valise en la chargeant d'objets inutiles. Motifs qui alourdissent la façade de l'édifice.* – **2.** Rendre qqch plus pesant à supporter : *Les taxes vont alourdir nos charges de 10 %.* – **3.** Rendre qqn moins alerte : *Cette chaleur m'alourdit un peu.*

◆ **s'alourdir** v. pr., **être alourdi** v. pass. Devenir ou paraître plus lourd : *Taille alourdie.*

ALOURDISSEMENT n. m. État de qqn, de qqch qui est alourdi, rendu plus pesant : *L'alourdissement des impôts, de l'atmosphère.*

ALOXE-CORTON (21420), comm. de la Côte-d'Or, à 6 km au N. de Beaune ; 187 hab. Vins rouges (corton).

ALOYAU [alwajo] n. m. (anc. fr. *aloel,* de *aloe,* alouette). Morceau de la carcasse de bœuf correspondant à la région du rein et de la croupe. (Morceau de demi-gros, il renferme le filet, le contre-filet et le romsteck.)

ALPAERTS (Flor), compositeur belge (Anvers 1876-*id.* 1954). Directeur du conservatoire flamand d'Anvers (1933-1941), il fut à l'avant-garde du mouvement impressionniste belge.

ALPAGA n. m. (esp. *alpaca,* du quechua). **1.** Variété domestique du guanaco (camélidé), élevée dans les alpages des Andes pour sa toison longue et laineuse. – **2.** Tissu en armure toile composée de fibres de laine, de soie, de coton, ou de fibres artificielles et de fibres d'alpaga.

ALPAGE n. m. (de *alper,* passer l'été dans les alpages, du lat. *Alpes,* les Alpes). **1.** Pâturage d'été, en altitude, dans les Alpes et, par extension, dans les autres massifs montagneux. – **2.** Opération qui consiste à mettre un troupeau dans un pâturage d'altitude. – **3.** Saison passée par les troupeaux dans les pâturages d'altitude. – **4.** *Fromage d'alpage,* syn. de FROMAGE DE MONTAGNE.

ALPAGISTE n. Personne qui exploite un alpage avec des animaux qui lui appartiennent, ou qui lui sont confiés pendant l'été.

ALPAGUER v. t. (de *alpaga,* manteau) [conj. 3]. *Pop.* Arrêter, appréhender : *Il s'est fait alpaguer par les flics.*

AL PARI, loc. ital. signif. *au pair,* et qui a cours en France dans la langue de la Banque et de la Bourse.

ALP ARSLAN (v. 1030 - 1073), 2e sultan des Grands Seldjoukides, successeur de Toghrul Beg, seul maître de l'Empire vers 1063. Il remporta en 1071 la victoire de Mantzikert (Malazgirt) sur les Byzantins, ouvrant ainsi aux Turcs l'Asie Mineure.

ALPATOV (Mikhaïl Vladimirovitch), historien d'art soviétique (Moscou 1902 - *id.* 1986). Son *Histoire de l'art russe des origines au XVIIe s.,* publiée en France en 1975, résume de nombreuses études antérieures.

ALPAX n. m. inv. (n. déposé, de *Al,* symb. de l'aluminium, et probabl. d'une transcription du n. de son inventeur Aladar *Pacz*). Alliage de fonderie à base d'aluminium contenant 13 % de silicium, affiné par addition de 0,08 % de sodium. (L'Alpax est un alliage courant, en raison de son faible retrait à la cristallisation, de sa bonne résistance à la corrosion et de sa résistance mécanique moyenne. Il est cependant difficile à usiner [présence de grains de silicium].)

ALPE n. f. Syn. de ALPAGE, dans les Alpes.

ALPE-D'HUEZ (l') [38750], écart de la comm. d'Huez (Isère), à 13 km au N.-E. du Bourg-d'Oisans. Station estivale et de sports d'hiver (alt. 1 860-3 350 m).

ALPEDRINHA (*cardinal* D') → COSTA (Jorge DA).

ALPENSTOCK n. m. (all. *Alpenstock,* de *Alpen,* Alpes, et *Stock,* bâton). Long bâton ferré qui servait jadis aux excursions en montagne.

ALPES, principal système montagneux de l'Europe. La chaîne des Alpes se développe en un arc de cercle dissymétrique long de 1 200 km, entre le golfe de Gênes et la plaine pannonienne. Sa largeur maximale dépasse 250 km sur le méridien du Brenner, mais n'est que de 130 km au niveau du mont Blanc (4 807 m), point culminant de la chaîne et de l'Europe. D'une superficie d'environ 300 000 km², les Alpes sont partagées entre la France, l'Italie, la Suisse, l'Allemagne, le Liechtenstein, l'Autriche et la Slovénie.

La formation des Alpes, associant séries sédimentaires marines et massifs cristallins ou ophiolitiques, résulte de la convergence, puis de la collision des plaques Europe et Afrique, qui se sont traduites par le déversement de nappes de charriage, puis par des cisaillements et chevauchements, expliquant la dissymétrie de l'arc alpin (extension des Préalpes sur le versant externe et effondrements [plaine du Pô] dans « l'arrière-pays », séparés par la surrection des massifs cristallins, comme celui du Mont-Blanc). La chaîne a été recouverte au quaternaire par les glaciers, qui n'occupent plus qu'une superficie restreinte (moins de 4 000 km²), mais ont laissé leur empreinte dans le relief (lacs alpins et subalpins, creusement et élargissement des vallées, essentiels pour la mise en valeur, la circulation). L'altitude entraîne naturellement un abaissement des températures (1 °C pour 200 m),

un accroissement des précipitations (tombant en partie sous forme de neige), également plus abondantes sur l'ouest (Préalpes françaises du Nord) exposé aux influences océaniques. La chaîne est un véritable château d'eau, où naissent notamment le Rhin, le Rhône, le Pô, l'Adige, la Save, l'Inn. La végétation s'étage (différemment d'ailleurs selon l'exposition, adret exposé au S. plus favorisé que l'ubac), passant de la zone des cultures à la forêt (feuillus, puis conifères), aux alpages (apparaissant entre 1 700 et 2 300 m), aux rochers et neiges éternelles.
Les Alpes ont précocement été peuplées, mais la répartition des hommes a varié. Aux cellules (vallées) quasi autarciques a succédé, avec le désenclavement de la montagne (par la route et le rail, souvent en tunnels) et l'ouverture de l'économie qui a suivi, une concentration sur les axes de circulation, une urbanisation progressive. À l'artisanat, traditionnel complément hivernal des cultures et de l'élevage, se sont juxtaposées l'électrométallurgie et l'électrochimie, nées de l'aménagement hydroélectrique.
Aujourd'hui, l'électricité est en grande partie exportée et l'industrie s'est rapprochée des grands marchés de consommation, mais le tourisme, hivernal et estival, a pris, localement, le relais. La concentration dans les régions basses s'est poursuivie (avec le développement des villes dont Grenoble et Innsbruck sont les plus importantes), mais le dépeuplement des hautes terres s'est souvent arrêté ou du moins freiné, évolution parfois favorisée aussi (en Suisse et en Autriche, les véritables pays alpins) par une politique de soutien à l'agriculture de montagne.

Alpes (*route des* **Grandes**), itinéraire routier, long d'environ 850 km, qui dessert en été les hautes Alpes (françaises) à proximité de la frontière italienne. La route des Grandes Alpes relie Thonon-les-Bains à Nice, par Chamonix, Megève, Albertville, la Tarentaise et le col de l'Iseran, la haute Maurienne, les cols du Galibier et du Lautaret, Briançon, les cols de l'Izoard et de Vars, Barcelonnette, le col de la Cayolle, descendant enfin la vallée du Var.

ALPES (Hautes-) [05], dép. de la Région Provence-Alpes-Côte d'Azur ; ch.-l. de dép. *Gap* ; ch.-l. d'arrond. *Briançon* ; 2 arrond. ; 30 cant. ; 177 comm. ; 5 549 km² ; 113 300 hab. *(Haut-Alpins).* Le dép. appartient à l'académie d'Aix-en-Provence-Marseille, à la cour d'appel de Grenoble, à la région militaire Méditerranée.
Formé de parties du haut Dauphiné et de la Provence, c'est un dép. peu peuplé, en raison surtout des conditions naturelles difficiles (altitude élevée), voué surtout à l'élevage et à une polyculture vivrière et animé localement par le tourisme (Briançon, Serre-Chevalier, Vars). Au S., les villes (Gap, Embrun) sont situées dans les vallées. Leur progression explique l'accroissement démographique récent.

ALPES AUSTRALIENNES, nom donné à la partie méridionale de la Cordillère australienne, en particulier aux massifs les plus élevés (mont Kosciusko : 2 228 m).

ALPES COTTIENNES, province de l'Empire romain, située dans les Alpes occidentales. Sa capitale était Suse.

ALPES-DE-HAUTE-PROVENCE (04), anc. **Basses-Alpes,** dép. de la Région Provence-Alpes-Côte d'Azur ; ch.-l. de dép. *Digne-les-Bains* ; ch.-l. d'arrond. *Barcelonnette, Castellane, Forcalquier* ; 4 arrond. ; 30 cant. ; 200 comm. ; 6 925 km² ; 130 883 hab. Le dép. appartient à l'académie d'Aix-en-Provence-Marseille, à la cour d'appel d'Aix-en-Provence, à la région militaire Méditerranée.
Montagneux, surtout dans l'est et le nord, peu peuplé, il est aéré par les vallées de la Durance et de ses affluents, sites de la vie urbaine. Les conditions naturelles expliquent la faiblesse du peuplement, malgré une croissance récente, sensible dans le sud-ouest et profitant généralement aux villes. L'élevage ovin domine, en dehors de la vallée de la Durance (cultures fruitières) où l'irrigation est liée à l'aménagement hydroélectrique. L'industrie, peu importante, procure beaucoup moins d'emplois que le secteur tertiaire, stimulé localement par l'essor du tourisme estival et hivernal.

ALPES DINARIQUES → DINARIQUES *(Alpes).*

ALPES FRANÇAISES, région montagneuse du sud-est de la France, comprise entre la vallée du Rhône, la frontière italienne et la Méditerranée. Elle correspond à la partie occidentale de l'arc alpin. On la découpe, en général, en Alpes du Nord et en Alpes du Sud, séparées par une ligne allant approximativement de la vallée de la Drôme au col de Montgenèvre. Cette distinction tient à des critères naturels et humains. En général plus élevées, plus arrosées, davantage boisées, les Alpes du Nord, aérées par des vallées, reliées à l'avant-pays par des cluses, sont plus peuplées, plus urbanisées (Grenoble, Annecy, Chambéry), mieux mises en valeur. Elles comportent d'O. en E. les massifs préalpins (Chablais, Bornes, Bauges, Chartreuse et Vercors), le Sillon alpin (de Megève au Trièves) et les hauts massifs intérieurs (Mont-Blanc, Vanoise, Pelvoux) souvent entaillés par des vallées (Arve, haute Isère, Arc), axes de circulation. L'élevage bovin laitier est la ressource agricole essentielle, l'industrie (électrométallurgie et électrochimie) est née de l'aménagement hydroélectrique, pratiquement achevé, le tourisme a connu un essor prodigieux (sports d'hiver, parcs naturels). Les Alpes du Sud, au relief plus confus, ouvert seulement par la vallée de la Durance, ont déjà des affinités méditerranéennes (sécheresse estivale, extension de l'élevage ovin). Elles connaissent localement, un certain renouveau avec le développement de l'irrigation (aménagement de la Durance, canal de Provence) et aussi du tourisme.

ALPES GRÉES ET PENNINES, province de l'Empire romain créée par Auguste. Sa capitale était Moûtiers-en-Tarentaise.

ALPES JAPONAISES, nom parfois donné aux massifs du centre de Honshū.

ALPES MANCELLES, région de collines boisées du dép. de la Sarthe (au N.-O. du Mans), entaillées par la vallée de la Sarthe.

ALPES-MARITIMES (06), dép. de la Région Provence-Alpes-Côte d'Azur ; ch.-l. de dép. *Nice* ; ch.-l. d'arrond. *Grasse* ; 2 arrond. ; 51 cant. ; 163 comm. ; 4 299 km^2 ; 971 829 hab. Le dép. appartient à l'académie de Nice, à la cour d'appel d'Aix-en-Provence, à la région militaire Méditerranée.
Formé du comté de Nice et de l'extrémité orientale de la Provence, il s'étend en majeure partie sur les Préalpes du Sud (Préalpes de Grasse et de Nice), entaillées par les vallées du Var, de la Tinée et de la Vésubie. Mais le littoral (Côte d'Azur) est la région vitale. Le tourisme et les activités liées (commerce, hôtellerie) se sont fortement développés. Le secteur tertiaire occupe plus des deux tiers des actifs dans ce département à l'accroissement démographique notable. L'agglomération niçoise groupe plus de la moitié de la population totale du département.

ALPES NÉO-ZÉLANDAISES, montagnes situées dans l'île du Sud de la Nouvelle-Zélande.

ALPESTRE adj. (ital. *alpestre,* du lat. médiév. *alpestris*). **1.** Propre aux Alpes, qui les rappelle : *Paysage alpestre.* — **2.** Se dit des plantes vivant surtout en moyenne montagne (autour de 1 000 m en Europe).

ALPHA n. m. inv. (mot gr.). **1.** Première lettre de l'alphabet grec (A, α), dérivée du signe phénicien appelé *aleph.* — **2.** Se dit de la variété allotropique de basse température d'un corps (fer α, soufre α, etc.) ainsi que des solutions solides obtenues à partir de cette variété (ferrite α : solution solide de carbone dans le fer α). — **3.** Se dit du rythme caractéristique du repos sur l'électroencéphalogramme de l'adulte normal. (Il s'installe lorsque le sujet est détendu, mais non endormi, et s'arrête lors de toute stimulation lumineuse ou lors d'une focalisation de l'attention.) — **4.** Se dit du rayonnement corpusculaire dont les particules sont formées de deux protons et de deux neutrons (noyaux de l'atome d'hélium). [Il est émis par les éléments lourds, radioactifs, naturels ou artificiels.] — **5.** *L'alpha et l'oméga,* le commencement et la fin de qqch.

ALPHABET n. m. (lat. *alphabetum,* du gr. *alpha* et *bêta,* n. des deux premières lettres de l'alphabet grec). **1.** Système de signes graphiques, disposés dans un ordre conventionnel, et servant à transcrire les sons d'une langue ; ensemble de ces signes. (→ *encycl.*) — **2.** Syn. de ABÉCÉDAIRE. — **3.** Ensemble des lettres et des chiffres et signes nécessaires pour la composition des textes. — **4.** Ensemble de caractères, et éventuellement de leur codification associée, utilisé dans un système informatique. — **5.** Système de représentation des sons au moyen des lettres. (→ *encycl.*) — **6.** *Alphabet phonétique,* répertoire de caractères graphiques conventionnels, destiné à transcrire les réalisations phoniques des différentes langues du monde (le plus utilisé étant l'*alphabet phonétique* international,* en abrégé A. P. I.), selon le principe fondamental : « un seul signe pour chaque son, un seul son pour chaque signe ».
ENCYCL. Le passage de l'écriture idéographique des Égyptiens (hiéroglyphes) et des Assyriens (cunéiformes) à l'écriture alphabétique marque une progression dans le degré d'abstraction puisqu'il y a décomposition systématique du mot en ses unités élémentaires, les sons : chaque son est transcrit par une seule lettre. L'écriture alphabétique se constitue entre le XVIIIe et le XIVe s. av. J.-C. dans la région syro-palestinienne. Vers 1100 av. J.-C. apparaît chez les Phéniciens un alphabet de 22 lettres qui supplante peu à peu l'écriture cunéiforme. Servant à transcrire une langue sémitique, cet alphabet ne comportait que des consonnes. L'alphabet grec (IXe s. av. J.-C.) reprend les signes phéniciens en y ajoutant des voyelles. Il a donné naissance aux écritures copte, arménienne, géorgienne, cyrillique, etc. L'alphabet latin est l'adaptation par les Étrusques de l'alphabet grec ; il sert à transcrire les langues romanes et germaniques, certaines langues slaves, le turc, le vietnamien (quôc-ngu), l'indonésien, etc.
— **Mus.** À partir de Gui d'Arezzo (XIe s.), les lettres laissèrent la place aux signes sur portées, qui reçurent les noms connus : *do, ré, mi,* etc., mais subsistèrent dans les tablatures. Elles donnèrent leur noms aux notes dans les pays germaniques et anglais.

ALPHABÈTE adj. et n. Se dit d'une personne sachant lire et écrire.

ALPHABÉTIQUE adj. (bas lat. *alphabeticus*). **1.** Qui concerne l'alphabet ; qui suit l'ordre de l'alphabet : *Index alphabétique.* — **2.** *Écriture* *alphabétique,* celle qui note chaque phonème par un ou plusieurs signes graphiques, comme le français.

ALPHABÉTIQUEMENT adv. D'après l'ordre alphabétique.

ALPHABÉTISATION n. f. **1.** Enseignement de la lecture et de l'écriture à un groupe social déterminé. (Habituellement, ce terme s'applique surtout à l'enseignement des adultes.) — **2.** Enseignement de la langue du pays d'accueil aux immigrés.

ENCYCL. Près de la moitié de la population adulte mondiale peut être considérée comme « analphabète ». Depuis sa création, l'Unesco s'est employée à lutter contre l'analphabétisme, puis à promouvoir l'alphabétisation. Les organisations internationales ont d'abord lancé de vastes campagnes d'alphabétisation de masse portant sur l'apprentissage de la lecture, de l'écriture et parfois du calcul, reprises par certains gouvernements voulant réaliser leur développement économique et social après leur récente libération politique.

La méthode d'alphabétisation de P. Freire, qui part des situations concrètes et quotidiennes vécues par les populations, dans un objectif déclaré de conscientisation, a été mise au point dans le nord-est du Brésil (1947-1962), et est aujourd'hui mondialement connue et utilisée.

ALPHABÉTISER v. t. (conj. 3). **1.** Enseigner à un groupe social analphabète la lecture et l'écriture. — **2.** Classer par ordre alphabétique.

ALPHABÉTISEUR, EUSE n. Personne qui alphabétise.

ALPHABÉTISME n. m. Système d'écriture alphabétique.

ALPHABLOQUANT n. m. Substance sympathicolytique qui inhibe de façon élective le fonctionnement des récepteurs alpha (α) du système adrénergique sans modifier les effets de la stimulation des récepteurs bêta (β).

ALPHACHYMOTRYPSINE n. f. Enzyme protéolytique d'origine pancréatique, utilisée pour ses propriétés anti-inflammatoires.

ALPHA-FŒTO-PROTÉINE n. f. (pl. *alpha-fœto-protéines*). Protéine sanguine de type fœtal qui existe en quantité notable chez le nouveau-né, puis qui disparaît de façon progressive pour ne plus exister qu'à l'état de trace chez l'adulte. (On note sa présence en quantité importante chez ce dernier dans certains cas de cancers.)

ALPHA-GLOBULINE n. f. (pl. *alpha-globulines*). Globuline plasmatique ayant la plus grande mobilité électrophorétique à pH 8,6. (On écrit aussi α-GLOBULINE, GLOBULINE α.)

ALPHAND (Jean Charles), ingénieur français (Grenoble 1817-Paris 1891). Haussmann le chargea, en 1854, d'aménager des parcs dans Paris (bois de Boulogne, bois de Vincennes, Buttes-Chaumont, etc.).

ALPHANET n. m. (ar. *bāz al-fanak,* faucon propre à la chasse du fennec). Nom que les fauconniers donnaient à une race africaine du faucon lanier.

ALPHANUMÉRIQUE adj. Se dit des caractères informatiques qui peuvent être soit alphabétiques (A à Z), soit numériques (0 à 9), soit codés par un autre signe conventionnel (., §, &, ...).

ALPHARÉCEPTEUR adj. et n. m. Se dit du système adrénergique sensible à la fois à la noradrénaline et à l'adrénaline.

ALPHÉE, en gr. **Alpheios** ou **Alfios,** fl. de Grèce, dans le Péloponnèse, qui naît dans le Taygète et passe près d'Olympie. Il était divinisé par les anciens Grecs.

ALPHEUS [alfeys] n. m. (gr. *Alpheios,* fl. de Grèce). Crevette aux pinces dissymétriques qu'elle fait claquer bruyamment.

ARAGON ET NAVARRE

ALPHONSE Ier le Batailleur (v. 1073-1134), roi d'Aragon et de Navarre (1104-1134). Marié à Urraque, reine de Castille, il prit le titre de roi de Castille et de León, mais il dut abandonner la Castille et son mariage fut annulé. Il fut surtout l'artisan de l'expansion de l'Aragon dans le bassin de l'Èbre. En 1125, il lança un grand raid jusqu'en Andalousie, d'où il revint avec de nombreux mozarabes qui peuplèrent la vallée de l'Èbre.

ALPHONSE II le Chaste (1152 - Perpignan 1196), roi d'Aragon (1162-1196). Il donna priorité à la politique occitane sur la Reconquête en Espagne, établit sa domination sur le Roussillon, s'imposa vicomte de Béarn et hérita, en 1166, du comté de Provence, où il régna sous le nom d'ALPHONSE Ier.

ALPHONSE III le Bienfaisant (Valence 1265 - Barcelone 1291), roi d'Aragon et de Sicile (1285-1291).

ALPHONSE IV le Débonnaire (1299 -Barcelone 1336), roi d'Aragon (1327-1336).

ALPHONSE V le Magnanime (1396 - Naples 1458), roi d'Aragon et de Sicile (1416-1458), roi (ALPHONSE Ier) des Deux-Siciles (1442-1458). Fils aîné de Ferdinand Ier. Après la mort de la reine de Naples Jeanne II, qui l'avait adopté, il se rendit maître du royaume de Naples et prit pour la première fois le titre de « roi des Deux-Siciles ». Installé à Naples, il laissa le gouvernement de ses royaumes hispaniques à sa femme Marie de Castille et à son frère Jean II de Navarre.

ASTURIES, CASTILLE, GALICE, LEÓN

ALPHONSE Ier le Catholique (v. 693-757), roi des Asturies (739-757). Il profita de la grande révolte des Berbères du nord de l'Espagne pour établir la présence chrétienne au nord de la Castille.

ALPHONSE II le Chaste (Oviedo 759-842), roi des Asturies (791-842). Il transfère sa capitale à Oviedo.

ALPHONSE III le Grand (838 - Zamora 910), roi des Asturies (866-910). Il conquit sur les Arabes une partie de la Lusitanie et de la Vieille-Castille.

ALPHONSE IV le Moine († 932), roi de León. (920-931).

ALPHONSE V le Noble (994-Viseu 1028), roi de León (999-1028).

ALPHONSE VI (1040-1109), roi de León (1065-1109), de Castille (1072-1109) et de Galice (1073-1109), fils de Ferdinand Ier le Grand, roi de Castille et de León. S'étant imposé en Castille et en León, ayant agrandi son domaine en s'emparant du royaume de Galice et au détriment de la Navarre, il se fit appeler empereur (1077) puis s'attaqua au royaume musulman de Tolède, qu'il conquit en 1085. Mais, écrasé par les Almoravides à Zalaca (Sagrajas) en 1086, il perdit une partie de ses conquêtes et dut faire appel à des chevaliers étrangers.

ALPHONSE VII le Bon ou **l'Empereur** (1105 - Fresneda 1157), roi de Castille et de León (1126-1157). Après avoir dû lutter quelques années contre sa mère la reine de Castille Urraque, il fut couronné empereur à León (1135) entouré par ses vassaux le roi de Navarre et les comtes de Toulouse et de Barcelone, mais il dut reconnaître en 1143 l'indépendance du Portugal.

ALPHONSE VIII le Noble (Soria 1115 -Ávila 1214), roi de Castille (1158-1214). Écrasé, d'abord, par les Almohades à Alarcos (1195), il remporta, avec l'aide des rois de Navarre et d'Aragon, la victoire de Las Navas de Tolosa (1212) qui porta un coup décisif aux musulmans.

ALPHONSE IX (Zamora 1171 - Villanueva de Sarria 1230), roi de León (1188-1230). Il combattit les Arabes avec succès et reconquit l'Estrémadure. En 1188, il réunit les premières Cortes.

ALPHONSE X le Sage (Tolède 1221 - Séville 1284), roi de Castille et de León (1252-1284), empereur germanique (1257-1272), fils aîné du roi Ferdinand III. Héritier de la maison Hohenstaufen, il prétendit en 1254 à la couronne impériale mais dut renoncer à faire reconnaître son élection de 1257 par le pape. La question de sa succession entraîna une guerre civile où il dut affronter son fils Sanche, qu'il déshérita au profit de ses petits-fils. Un des princes les plus éclairés de son temps, il fut l'animateur de tout le mouvement intellectuel qui se développa en Espagne au XIIIe s. Il est l'auteur, notamment, de cantiques à la Vierge et de plusieurs ouvrages relatifs à la langue castillane, au droit et à l'astronomie. Il dirigea la publication des *tables Alphonsines*. Il rassembla, compila et composa plus de 400 chants pieux en l'honneur de la Vierge *(Cantigas de Santa María)*.

Alphonse X le Sage *(ordre d')*, ordre espagnol créé en 1902, réorganisé en 1939 et en 1945, récompensant les services rendus dans la recherche scientifique, les lettres et les arts.

ALPHONSE XI le Vengeur (Salamanque 1311 - Gibraltar 1350), roi de Castille (1312-1350). Il mena une politique d'expansion, s'empara d'Algésiras (1344) et mourut de la peste noire au siège de Gibraltar.

ESPAGNE

ALPHONSE XII (Madrid 1857 - *id.* 1885), roi d'Espagne (1874-1885), fils de la reine Isabelle II et de François d'Assise de Bourbon. Sa mère, avec qui il fut en exil, abdiqua en sa faveur en 1870, mais il ne put rentrer en Espagne qu'après le soulèvement du général Martínez Campos (1875). Ayant mis fin à la guerre carliste en 1876, il se montra un monarque constitutionnel respecté.

ALPHONSE XIII (Madrid 1886 - Rome 1941), roi d'Espagne (1886-1931), fils posthume d'Alphonse XII. La régence de sa mère Marie-Christine fut marquée par la guerre hispano-américaine (1898). Le 17 mai 1902, Alphonse XIII monta sur le trône. Pendant son règne se désagrégea le système politique d'alternative mis en place par Cánovas del Castillo ; le souverain intervint alors de plus en plus activement dans l'action politique, puis accepta en 1923 la dictature du général Primo de Rivera. Les élections municipales d'avril 1931 ayant été un triomphe pour les républicains, le roi quitta le pays. En 1941, il abdiqua en faveur de son fils, Jean, comte de Barcelone.

FRANCE

ALPHONSE Ier Jourdain (près de Tripoli, Syrie, 1103 - Césarée 1148), comte de Toulouse (1112-1148). Fils de Raimond IV de Saint-Gilles, il annexa à l'État toulousain, le marquisat de Provence (terres entre Isère et Durance) en 1125 et fonda Montauban en 1144.

ALPHONSE DE POITIERS, prince capétien (1220 - Savone 1271), comte de Poitiers et d'Auvergne (1241-1271) et comte de Toulouse

(1249-1271). Fils de Louis VIII et de Blanche de Castille, il épousa v. 1237 Jeanne de Toulouse, fille de Raimond VII, en vertu du traité de Paris (1229). Avec son frère Louis IX, il participa à la septième croisade au cours de laquelle il fut fait prisonnier à Mansourah (1250). À sa mort, la majeure partie de ses États (Poitou, Auvergne, comté de Toulouse, nord de la Saintonge) fut réunie au domaine royal par Philippe III le Hardi.

PORTUGAL

ALPHONSE Ier Henriques (Guimarães v. 1110 - Coimbra 1185), comte de Lusitanie (1112-1139), roi de Portugal (1139-1185), premier souverain de la dynastie de Bourgogne, fils de Henri de Bourgogne, prince capétien. En 1139, victorieux des Maures à Ourique, il fut proclamé roi de Portugal par ses soldats sur le champ de bataille, mais il dut mener plusieurs campagnes contre son voisin castillan (1163, 1165, 1166, 1180) et affronter l'invasion des Almohades, qu'il arrêta à Santarem (1184).

ALPHONSE II le Gros (Coimbra 1185-1223), roi de Portugal (1211-1223).

ALPHONSE III le Boulonnais (Coimbra 1210 - Lisbonne 1279), roi de Portugal (1248-1279). Sous son règne, la Reconquête s'acheva avec la prise de Faro (1249) et l'occupation de tout l'Algarve.

ALPHONSE IV le Brave (Lisbonne 1291 -*id.* 1357), roi de Portugal (1325-1357). Inquiet du mariage secret de son fils Pierre avec Inés de Castro, il fit tuer celle-ci (1355), provoquant la révolte de l'infant. Sous son règne, les *juizes de fora,* magistrats nommés par le roi, vinrent limiter l'autorité des fonctionnaires.

ALPHONSE V l'Africain (Sintra 1432 - *id.* 1481), roi de Portugal (1438-1481). Pour consolider la présence portugaise dans le nord du Maroc, il y entreprit plusieurs expéditions (1458-1471).

ALPHONSE VI (Lisbonne 1643 - Sintra 1683), roi de Portugal (1656-1683). Ses victoires sur l'Espagne assurèrent l'indépendance du Portugal, reconnue au traité de Lisbonne (1668). Malade, Alphonse VI fut déposé en novembre 1667 et emprisonné.

SICILE

ALPHONSE Ier, roi des Deux-Siciles. → ALPHONSE V *le Magnanime,* roi d'Aragon.

ALPHONSE II (Naples 1448 - Messine 1495), roi de Sicile péninsulaire (1494-95).

ALPHONSE LAVALLÉE n. m. Raisin de table de saison à gros grains noirs.

ALPHONSE-MARIE de' Liguori *(saint),* missionnaire et théologien italien (Marianella, près de Naples, 1696-Nocera 1787). Orientant son apostolat vers les milieux populaires, il fonda, en 1732, l'ordre des Rédemptoristes. Son œuvre théologique, consacrée à la morale et à la spiritualité, lui valut (1871) le titre de docteur de l'Église. Il contribua pour une grande part à la décadence du rigorisme janséniste. Canonisé en 1839.

Alphonsines *(tables),* tables astronomiques dressées en 1252 sur l'ordre du roi de Castille Alphonse X le Sage, pour remplacer celles de Ptolémée.

ALPHORN [alpɔrn] n. m. En Suisse, nom de la trompe de bois ou cor des Alpes.

ALPIEN, ENNE adj. Se dit des végétaux que l'on trouve uniquement dans la chaîne des Alpes.

ALPILLES (les), anc. **Alpines,** petit massif calcaire de Provence, entre la Crau et la plaine de la basse Durance ; 493 m aux *Opiès.*

ALPIN, E adj. (lat. *alpinus*). **1.** Qui concerne les Alpes : *Massif alpin.* — **2.** Qui concerne l'alpinisme : *Club alpin.* — **3.** Se dit des plantes vivant surtout au-dessus de 1 500 m d'altitude en Europe et montant jusqu'aux limites de la végétation. — **4.** Se dit du cycle orogénique couvrant la période allant du début de l'ère secondaire à la période actuelle, et dont les phases tectoniques paroxysmales vont du crétacé supérieur au miocène. (Le cycle alpin est à l'origine de toutes les chaînes de montagnes dites récentes, mésogéennes et péripacifiques.) — **5.** Se dit aussi du style tectonique des chaînes montagneuses caractérisé par l'importance de la tectonique tangentielle. — **6.** *Chasseurs alpins, troupes alpines,* unités militaires spécialisées dans la guerre de montagne, et particulièrement dans la défense des Alpes. (→ *encycl.*) ‖ *Chèvre alpine,* race de chèvre très bonne laitière, originaire des Alpes suisses et françaises, très répandue en France.

ENCYCL. **Mil.** Les *troupes alpines,* créées en 1888, ont été réorganisées en 1976. Regroupées en une division d'infanterie alpine dont le P. C. est à Grenoble, elles comprennent des bataillons de chasseurs alpins, un régiment d'infanterie alpine et des unités de toutes armes. Les cadres reçoivent une instruction particulière à l'École militaire de haute montagne de Chamonix.

alpin français *(Club)* **[C. A. F.],** association française d'alpinistes fondée en 1874, et dont le siège est à Paris.

Alpine Club, association britannique d'alpinistes, fondée en 1857 dont le siège est à Londres.

ALPINIA n. m. (de *Alpini,* n. pr.). Zingibéracée vivace d'Asie tropicale, aux belles fleurs, au rhizome parfumé *(galanga).*

ALPINISME n. m. (de *alpin*). Sport des ascensions en montagne.

ENCYCL. La conquête des sommets est achevée depuis longtemps déjà pour les massifs européens et les points culminants des continents américain et africain ; les 14 « 8 000 m » himalayens ont plus longtemps résisté, mais ont cédé ensuite rapidement (entre 1950 et 1964), devant des expéditions soigneusement préparées, avec un matériel amélioré (allégement de la tenue assurant pourtant une meilleure protection contre le froid, emploi de l'oxygène audessus de 7 000 m). On s'est alors orienté vers la conquête de sommets, moins élevés, mais difficiles techniquement (tour de Mustagh, Jannu), l'ouverture de voies nouvelles, l'ascension en période hivernale (Everest gravi en 1980) ou en solitaire, le retour à un alpinisme plus naturel (allégement des équipes, abandon de l'oxygène et des cordes fixes équipant les parois) dont R. Messner a été, depuis 1970, le grand représentant. L'escalade artificielle recule, avec même parfois la suppression des points d'ancrage artificiels pour progresser, voire s'assurer. L'escalade, véritablement libre, apparaît avec le grimpeur solitaire, chaussons d'escalade aux pieds et les mains enduites de magnésie pour assurer les prises.

GRANDES DATES DE L'ALPINISME

sommets	première ascension
Mont Blanc	1786
Cervin	1865
Kilimandjaro	1889
Aconcagua	1897
McKinley	1913
Annapūrnā	1950
Everest	1953
K2	1954

ALPINISTE n. Personne qui pratique les ascensions de montagne. (On précise parfois *andiniste, himalayiste, pyrénéiste.*)

ALPISTE n. m. (esp. *alpiste,* du lat. médiév. *pistum*). Graminée fourragère dont les grains sont donnés en nourriture aux oiseaux de cage.

Alport *(syndrome d'),* néphropathie familiale hématurique, avec surdité, aboutissant à une insuffisance rénale.

ALQUIFOUX n. m. (esp. *alquifol,* de l'ar. *alkuḥūl,* l'alcool). Sulfure de plomb (ou galène) que certains potiers emploient, mêlé à du sable siliceux, pour préparer les glaçures.

ALSACE n. m. Vin d'Alsace. (Ce sont le plus souvent des vins blancs secs qui se consomment jeunes. Les cépages caractéristiques sont le traminer, le riesling, le muscat, le pinot et le sylvaner.)

ALSACE, Région de l'est de la France, regroupant les deux départements du Bas-Rhin et du Haut-Rhin ; 8 280 km² ; 1 624 372 hab. *(Alsaciens).* Ch.-l. *Strasbourg.*

Géographie. C'est la plus petite, mais non la moins peuplée des Régions françaises. Elle possède une densité de population presque double de la moyenne nationale, situation qui est liée à la forte urbanisation, à la présence de trois agglomérations majeures (Strasbourg, Mulhouse et Colmar) qui concentrent environ 45 % de la population régionale, dominant un semis dense de villes petites et moyennes. La plaine d'Alsace, parfois boisée (Hardt ou Harth au S.), est souvent intensément cultivée (dans l'Ackerland, le Kochersberg) et porte des champs de blé, de betterave à sucre, de houblon, de tabac, de chou à choucroute, de maïs (lié aux progrès de l'élevage). Elle est bordée par les collines sous-vosgiennes, site d'un vignoble réduit (12 000 ha) mais réputé (vins blancs). La montagne vosgienne boisée (avec toutefois des prairies d'altitude) est dépeuplée, mais localement revivifiée par le tourisme. L'Alsace est le site (au moins partiel) de deux parcs naturels régionaux. L'industrie, représentée par les constructions mécaniques et électriques, précédant le textile (en déclin), l'agroalimentaire, la chimie, bénéficie du pétrole raffiné près de Strasbourg, de l'électricité d'origine hydraulique et nucléaire du grand canal d'Alsace. La potasse est extraite près de Mulhouse. En dépit d'une situation géographique privilégiée, au cœur de l'Europe communautaire (dont Strasbourg est l'une des capitales), d'investissements étrangers (allemands, mais aussi japonais), le plein emploi n'est pas assuré et des dizaines de milliers d'Alsaciens vont quotidiennement travailler en Allemagne et en Suisse (aux salaires attractifs).

Histoire. À partir de 352 apr. J.-C., les invasions éprouvent l'Alsace celtique — prospère sous les Romains —, qui voit s'installer dans la plaine rhénane les Alamans ; ceux-ci, avec les Francs, leurs vainqueurs, constitueront le fond de la population germanique. Sous les Mérovingiens, par l'action du christianisme, l'Alsace dégage sa personnalité au sein de l'Alamannie. Strasbourg apparaît comme un carrefour international : en

842, les rois Charles le Chauve *(Francia occidentalis)* et Louis le Germanique *(Francia orientalis)* y scellent leur alliance. D'abord lotharingienne (843), l'Alsace est intégrée au royaume de Germanie en 870. Sous les Hohenstaufen (XIIe-XIIIe s.) elle voit prospérer ses villes, Strasbourg notamment, dont c'est l'« âge d'or » : en 1353, dix villes alsaciennes constituent la Décapole, pratiquement indépendante. L'Alsace devient, aux XVe et XVIe s., un grand foyer d'humanisme (naissance de l'imprimerie à Strasbourg, 1434) ; le luthéranisme et le calvinisme y trouvent un terrain propice. La guerre de Trente Ans (1618-1648) ravage la région et la fait passer peu à peu sous l'influence française. En 1648, les traités de Westphalie transfèrent au roi de France les droits des Habsbourg en Alsace, qui reste cependant terre impériale. À partir de 1657, Mazarin, puis Louis XIV entreprennent l'investissement politique du pays, qui devient officiellement français en 1678 (traité de Nimègue). Louis XIV renforce son acquisition en faisant appliquer par la cour souveraine de Brisach la politique de réunions aboutissant, en 1681, à l'annexion de la ville libre de Strasbourg qui devient le siège de l'intendance d'Alsace puis du Conseil souverain de la province. La Révolution française (1790), en créant les deux départements du Haut-Rhin (Colmar) et du Bas-Rhin (Strasbourg), achève l'intégration à la France de l'Alsace, à laquelle s'incorpore la République de Mulhouse (1798). Au XIXe s. se poursuit l'essor économique, démographique et politique de la province. Quand éclate la guerre franco-allemande de 1870, l'Alsace redevient un champ de bataille. Strasbourg résiste six semaines aux Allemands ; Belfort ne se rend pas, ce qui lui vaudra de rester français. Les Allemands exigent l'annexion au Reich du Bas-Rhin et du Haut-Rhin (sauf le Territoire de Belfort), en même temps que celle de la partie de la Lorraine qui est de langue germanique. Le 10 mai 1871, l'Alsace-Lorraine devient officiellement allemande ; le 9 juin, elle est proclamée « Terre d'Empire » *(Reichsland) ;* elle est dotée d'un statut d'exception et d'un régime d'assimilation qui exclut la langue française au profit de l'allemand. Une partie importante de la population, encadrée par le clergé catholique, résiste à cette politique. En 1874, les dix députés alsaciens au *Reichstag* sont des « protestataires ». Puis, avec le temps, l'antagonisme germanophobe est contrebalancé par un esprit autonomiste qui amène le gouvernement allemand à doter le *Reichsland* d'une Constitution (1879) : un lieutenant impérial *(Statthalter)* est placé à sa tête. Les générations qui ont connu le régime français étant peu à peu relevées, le calme se fait. Cependant, l'idée de « revanche » en France et la politique malhabile de Guillaume II en Alsace réveillent, après 1906, l'esprit d'opposition, naturellement favorable à la France. La Première Guerre mondiale (1914-1918) rend d'ailleurs l'Alsace à celle-ci. Mais les défauts de l'Administration française, la crise économique, l'instabilité ministérielle, le sectarisme de certains gouvernants créent un malaise qui réveille en Alsace l'esprit autonomiste ; la menace de l'hitlérisme, à partir de 1933, contribue à faire reculer cet esprit. Évacuée en partie dès septembre 1939, l'Alsace est annexée en juin 1940 par les Allemands, qui se proposent dès lors de germaniser le pays en dix ans. Mais, pendant l'hiver 1944-45, la province est libérée grâce à l'action conjuguée de la VIIe armée américaine de la 2e division blindée (Leclerc) et de la Ire armée française (de Lattre de Tassigny).

ALSACE *(ballon d'),* montagne des Vosges méridionales, à 38 km au N. de Belfort ; 1 247 m. Sports d'hiver.

Alsace *(campagne d'),* ensemble des opérations menées par la Ire armée française du général de Lattre, de novembre 1944 à mars 1945, autour de Mulhouse (libérée le 20 novembre) et de Colmar (libérée le 9 février).

Alsace *(grand canal d'),* canal latéral au Rhin en amont de Vogelgrun, formé de biefs séparés en aval, destiné à l'amélioration de la navigation et surtout à la production d'hydroélectricité (d'amont en aval, centrales de Kembs, d'Ottmarsheim, Fessenheim, Vogelgrun, Marckolsheim, Rhinau, Gerstheim et Strasbourg).

Alsace *(oie d'),* race d'oie exploitée pour la production du foie gras.

ALSACE *(porte d'),* anc. **Trouée de Belfort** ou **porte de Bourgogne,** seuil entre les massifs des Vosges et du Jura, reliant les plaines du Rhin aux plateaux et plaines du bassin de la Saône, c'est-à-dire l'Alsace à la Franche-Comté et à la Bourgogne.

ALSACE-LORRAINE, traduction française de l'expression allemande *Elsass-Lothringen,* qui désignait l'ensemble administratif et politique formé par l'Alsace et la Lorraine, soumises à l'Allemagne, de 1871 à 1918 et de 1940 à 1944. (→ ALSACE.)

ALSACIEN, ENNE adj. et n. D'Alsace.

◆ **alsacien** n. m. Dialecte alémanique parlé en Alsace, dans la vie quotidienne, par plus de la moitié de la population.

alsacienne *(École),* établissement privé sous contrat d'enseignement primaire et secondaire, créé en 1874, à Paris.

ALSAMA, sigle désignant l'ensemble des provinces de la Prairie canadienne (*Al*berta, *Sa*skatchewan et *Ma*nitoba).

ALSATIQUE adj. et n. m. Se dit d'un ouvrage ou d'un document littéraire ou scientifique traitant de l'Alsace.

ALSINA (Carlos Roqué), pianiste et compositeur argentin (Buenos Aires 1941). Cofondateur en 1969 du New Phonic Art, groupe spécialisé dans l'improvisation, il s'est souvent orienté vers le théâtre musical. Il s'est imposé avec des œuvres comme *Überwindung* (1970), *Omnipotenz* (1972), le ballet *Fusion* (1973-74), *Stücke* (1976-77), *Suite indirecte* pour orchestre (1989).

ALSINE n. f. (gr. *alsinê*). Syn. de STELLAIRE.

ALSOP (les frères), Joseph Wright (Avon 1910 - Washington 1989) et Stewart Johonnot Oliver (Avon 1914 - Bethesda, Maryland, 1974), journalistes politiques américains au *New York Herald Tribune,* dont les articles, au lendemain de la Seconde Guerre mondiale, ont joué un rôle important dans l'opinion publique américaine et internationale.

ALSOPHILA n. m. (gr. *alsos,* bois, et *philos,* ami). Phalène des forêts d'Europe, dont la femelle est sans ailes, et dont la chenille, arpenteuse, vit sur l'érable et le chêne.

Alsthom → Alcatel Alsthom Compagnie générale d'électricité.

ALSTONIA n. m. (de Ch. *Alston,* n. pr.). Bel arbre (apocynacée) afro-asiatique et océanien, dont l'écorce fébrifuge a autrefois remplacé le quinquina.

ALSTRŒMERIA n. m. (de Klas *Alströmer,* n. pr.). Plante vivace ornementale à souche rhizomateuse, d'Amérique du Sud. (N. usuel *lis des Incas.* Le genre [50 espèces] fait partie des amaryllidacées.)

Alström *(syndrome d'),* syndrome associant une obésité, une dégénérescence atypique de la rétine, une surdité et un diabète sucré.

ALTAÏ, système montagneux étendu sur le territoire de la Russie, de la Mongolie et de la Chine ; 4 506 m.
Des forêts couvrent les versants les mieux exposés, tandis que les dépressions intérieures, plus arides, sont steppiques. Les populations altaïques, d'origine mongole, sont devenues minoritaires depuis l'industrialisation (minerai de fer, travail du bois).

ALTAÏ *(république de l'),* république de la Fédération de Russie ; 92 600 km^2 ; 112 000 hab. Cap. *Gorno-Altaïsk.*

ALTAÏENS, ethnie turco-mongole habitant principalement le Haut-Altaï (60 000 individus en 1979).

ALTAÏQUE adj. et n. (de *Altaï,* n. pr.). Se dit de l'ensemble constitué par les langues turques, mongoles et toungouses.
ENCYCL. Les langues altaïques, parlées par environ 70 millions de locuteurs (dont 66 millions pour les langues turques), sont des langues agglutinantes, pauvres en voyelles, riches en consonnes, présentant le phénomène d'harmonie vocalique.

ALTAÏR (ar. *al-ṭaīr,* l'oiseau en vol), nom donné à l'étoile α Aigle*. Magnit. visuelle 0,9. Distance 17 al.

ALTAMIRA *(grottes d'),* grottes préhistoriques d'Espagne (prov. de Santander), près du village de Santillana del Mar. Les peintures du plafond de la grotte ont été découvertes en 1879. Longtemps regardées comme des faux, elles appartiennent au magdalénien et constituent l'un des plus remarquables exemples de l'art pariétal du paléolithique.

ALTAMURA, v. d'Italie, dans la Pouille, au S.-O. de Bari ; 51 000 hab. Cathédrale des XIIIe-XVe s.

ALTAN KHĀN, souverain gengiskhanide de Mongolie orientale (1543-1583). Converti au bouddhisme tibétain (1576), il organisa l'Église mongole.

ALTAR DE SACRIFICIOS, site maya des basses terres du Guatemala, dans le sud-ouest du Petén, occupé d'env. 900 av. J.-C. à 900 apr. J.-C. Pyramide à degrés de l'époque classique ancienne (250-600 apr. J.-C.). Stèles ornées d'hiéroglyphes.

ALTAZIMUTAL, E, AUX adj. En astronomie, se dit d'un instrument, d'une monture mobile autour d'un axe horizontal et d'un axe vertical.

ALTDORF, v. de Suisse, ch.-l. du canton d'Uri, dans la vallée de la Reuss ; 8 282 hab. Demeures anciennes. Musée historique. Centre commercial et de séjour. Industrie chimique.

ALTDORFER (Albrecht), peintre, graveur et architecte allemand (? v. 1480-Ratisbonne 1538). Représentant majeur de l'« école du Danube », influencé par Dürer et par Cranach, il se signale par son sens de la nature et du paysage, ses dons de coloriste et de luministe (*Retable de la Passion* de Sankt Florian, v. 1511-1518 ; *la Bataille d'Alexandre,* 1529, pinacothèque de Munich). Il a travaillé pour l'empereur Maximilien, pour la ville de Ratisbonne, a exécuté de fines gravures sur cuivre ou sur bois et de capricieux dessins en blanc et noir sur fonds de couleurs sombres.

ALTENBURG ou **ALTENBOURG,** v. d'Allemagne (Thuringe), au S. de Leipzig ; 55 000 hab. Anc.

cap. du duché de *Saxe-Altenbourg.* Industries textiles, mécaniques, alimentaires.

ALTENKIRCHEN, localité d'Allemagne, à 35 km à l'E. de Bonn. Victoire de Kléber sur les Autrichiens (4 juin 1796). Marceau périt près de là, en protégeant la retraite de Jourdan (19 sept. 1796).

ALTÉRABILITÉ n. f. Propriété de ce qui peut être altéré, dénaturé.

ALTÉRABLE adj. Susceptible d'être altéré.

ALTÉRANT, E adj. *Litt.* Qui donne soif : *Une chaleur altérante.*

ALTÉRATION n. f. (bas lat. *alteratio,* changement). **1.** Modification des traits, de la voix sous l'effet d'une émotion, d'une maladie. – **2.** Changement qui dénature l'état normal de qqch : *Altération des faits.* • **Cartogr.** Dans un système de projection, différence entre l'angle formé par deux lignes dans le plan de projection et par les lignes correspondantes sur l'ellipsoïde de référence *(altération angulaire),* ou bien entre l'aire d'une figure élémentaire dans le plan de projection et l'aire de la figure correspondante sur l'ellipsoïde de référence *(altération de surface).* – **Géol.** Modification chimique superficielle des roches provoquée essentiellement par l'eau, plus ou moins chargée de gaz carbonique et dont l'activité est liée à la nature des roches et au milieu climatique. – **Mus.** Signe qui élève ou abaisse un son. (Il existe trois altérations : le *dièse* [♯], le bémol [♭], le bécarre [♮].)

ALTERCATION n. f. (lat. *altercatio*). Querelle brève, soudaine et violente.

ALTER EGO [altɛrego] n. m. inv. (mots lat. signif. *un autre moi-même*). Personne qui a toute la confiance d'une autre et peut la remplacer en toutes circonstances.

1. ALTÉRER v. t. (bas lat. *alterare,* changer, de *alter,* autre) [conj. **18**]. **1.** Modifier en mal l'état normal de qqch ; dégrader, dénaturer : *Le soleil altère les couleurs.* – **2.** Changer la vraie valeur, la vraie nature de qqch : *Altérer les faits historiques.* – **3.** Provoquer l'altération d'un sol, d'une roche, d'un minéral. – **4.** *Altérer un accord,* modifier la constitution d'un accord musical. ‖ *Altérer un intervalle,* abaisser ou élever une des notes dont il se compose. ‖ *Altérer une monnaie,* la falsifier. ‖ *Altérer une note,* la diéser ou la bémoliser. ‖ *Altérer la voix, le visage de qqn,* les modifier sous l'effet de l'émotion.

◆ **s'altérer** v. pr., **être altéré** v. pass. **1.** Se détériorer, se gâter ; être détérioré : *Sa santé s'est altérée.* – **2.** Subir, avoir subi une modification à la suite d'une émotion : *Il avait la voix altérée par l'émotion.*

2. ALTÉRER v. t. (de *altérer 1*) [conj. **18**]. Donner soif à qqn : *Cette marche nous avait altérés.*

◆ **être altéré** v. pass. **1.** Avoir soif. – **2.** *Litt.* Être avide de qqch : *Être altéré de gloire.*

ALTÉRITE n. f. Formation superficielle issue de l'altération de la roche en place. (Syn. RÉGOLITE.)

ALTÉRITÉ n. f. (bas lat. *alteritas,* différence). État, qualité de ce qui est autre, distinct. (Contr. IDENTITÉ.)

ALTERMAN (Nathan), écrivain israélien d'expression hébraïque (Varsovie 1910 -Tel Aviv 1970). Les problèmes sociaux et politiques ainsi que le destin historique du peuple juif font l'objet de ses chroniques versifiées (*la Septième Colonne,* 1943) et de son œuvre lyrique et théâtrale d'inspiration nationaliste.

ALTERNANCE n. f. **1.** Succession alternée et généralement régulière : *Alternance des saisons.* – **2.** *En alternance,* alternativement, selon une succession régulière et alternée. • **Agric.** Succession de diverses espèces végétales cultivées sur un même sol. – **Arbor.** Succession d'années de récoltes fruitières excessives et de récoltes insuffisantes, due principalement à une cause variétale et à des accidents bioclimatiques. – **Bot.** Disposition propre aux feuilles alternes. ‖ *Alternance des générations,* cycle reproductif caractérisé par la succession œuf → sporophyte → spore → gamétophyte → œuf, aisément visible lorsque le sporophyte et le gamétophyte sont tous deux des plantes bien développées et différentes l'une de l'autre (mousses, hépatiques, fougères, nombreuses algues), mais le plus souvent masquée par l'extrême réduction du gamétophyte (plantes à graines). – **Géol.** Dans des dépôts sédimentaires stratifiés, succession régulièrement répétée d'une roche et d'une autre roche. – **Homéopath.** *Alternances morbides,* épisodes pathologiques patents, qui se succèdent ou alternent dans le temps, sans avoir entre eux de lien apparent, et qui ne sont cependant que l'expression d'un même désordre profond. – **Horlog.** Déplacement d'un oscillateur, pendule par ex., entre deux positions extrêmes et correspondant à la moitié de l'oscillation. – **Ling.** Variation subie par un phonème ou un groupe de phonèmes dans un système morphologique donné. (→ *encycl.*) – **Métriq.** Entrelacement régulier de rimes masculines et de rimes féminines. – **Phys.** Demi-période d'un phénomène alternatif. – **Polit.** Succession régulière au pouvoir de partis ou de coalitions de partis, dans le cadre des institutions existantes. (L'alternance est facilitée par l'existence du bipartisme et l'emploi d'un mode de scrutin majoritaire). – **Zool.** Dans le règne animal, fait, pour une génération sexuée, de succéder, à l'automne de chaque année, à une série de générations parthénogénétiques et d'engendrer des œufs capables de passer l'hiver.

ENCYCL. **Ling.** On distingue l'*alternance vocalique* (apophonie ou *ablaut*) : changement du timbre ou de la durée de la voyelle (ex. en all. *nehmen, nimm, nahm*) et l'*alternance consonantique* : transformation d'une même consonne originelle en deux consonnes distinctes.

ALTERNANT, E adj. Qui alterne : *Cultures alternantes.*

ALTERNARIA n. m. (de *alterner*). Champignon imparfait, parasite des pommes de terre, tomates, choux, œillets, etc.

ALTERNARIOSE n. f. Maladie des plantes due à l'action d'un alternaria.

ALTERNAT n. m. (de *alterner*). **1.** Exploitation d'un tronçon de voie, d'un téléphérique, d'un chemin de fer à crémaillère, par deux véhicules ou convois qui font le parcours en même temps, en sens inverse l'un de l'autre, sur des voies parallèles ou avec un évitement intermédiaire. — **2.** Droit en vertu duquel les États, pour maintenir entre eux l'égalité, prennent tour à tour le premier rang, notamment dans la signature des traités. — **3.** Privilège en vertu duquel plusieurs puissances, plusieurs villes deviennent successivement le siège d'un gouvernement ou d'une administration.

ALTERNATEUR n. m. (de *alterner*). **1.** Générateur destiné à produire des tensions et des courants alternatifs. (→ *encycl.*) — **2.** Machine tournante, génératrice de courant alternatif, entraînée de façon permanente par le moteur thermique et qui est associée à un ensemble redresseur de courant à diodes, le courant redressé servant à l'alimentation du système électrique et à la charge de la batterie d'accumulateurs.

ENCYCL. **Électr.** Les alternateurs des réseaux sont de deux types. Dans les centrales hydroélectriques, des turbines Pelton, Francis ou Kaplan entraînent, à des vitesses variant entre 1 000 et 75 tr/min, des *alternateurs à pôles saillants,* dont le rotor est constitué d'un volant d'acier sur lequel sont clavetés des noyaux polaires, en nombre pair, portant des bobines inductrices et dont le stator est une couronne de grand diamètre de 1 à 3 m de hauteur, constituée par un empilage de tôles magnétiques. Dans les centrales thermiques ou nucléaires, des turbines à vapeur ou à gaz entraînent, à grande vitesse (3 000 ou 1 500 tr/min, en France), des *turbo-alternateurs* ou *alternateurs à pôles lisses,* dont le rotor est une pièce de forge massive, de diamètre limité à 1,20 m, portant dans des encoches un enroulement à bobines concentriques, distribué de façon à constituer 2 ou 4 pôles et dont le stator a une structure feuilletée, comparable à celle du stator des alternateurs à pôles saillants.

Grandeur **alternative** sinusoïdale.

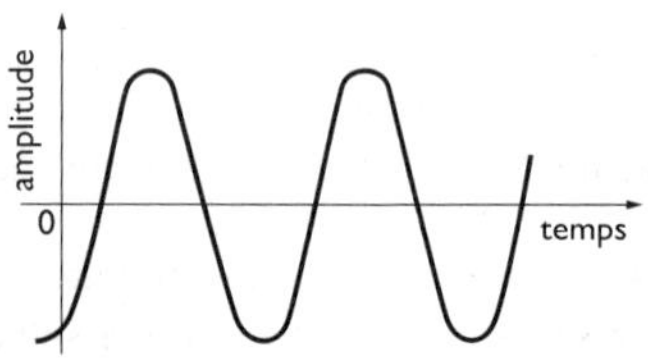

ALTERNATIF, IVE adj. (rad. lat. *alternatum,* alterné). **1.** Qui se répète ou se reproduit à des intervalles plus ou moins réguliers : *Mouvement alternatif.* — **2.** Qui présente ou propose une alternative, un choix entre deux solutions : *Un modèle alternatif de croissance économique.* • **Agric.** Se dit de certaines variétés de plantes annuelles cultivées, tel le blé, n'ayant pas absolument besoin d'une période de froid pour produire des fleurs. — **Hydrol.** Se dit d'un courant marin de trajectoire constante, mais dont le sens s'inverse périodiquement (comme certains courants de marée). — **Mécan.** Se dit d'un mouvement dont le sens change régulièrement, d'une machine comportant un tel mouvement. — **Phys.** Se dit d'une grandeur périodique de valeur moyenne nulle. — **Sociol.** *Mouvement alternatif,* ensemble de communautés qui entendent montrer que sont possibles des genres de vie et des modes de production différents de ceux qu'imposent les sociétés industrielles contemporaines.

ALTERNATION n. f. Syn. de DISJONCTION.

ALTERNATIVE n. f. (de *alternatif*). **1.** Succession d'états opposés qui reviennent plus ou moins régulièrement : *Des alternatives de colère et d'abattement.* — **2.** Obligation de choisir entre deux possibilités ; dilemme : *L'alternative est embarrassante : parler ou se taire.* — **3.** Possibilité de faire alterner, de faire succéder deux états, deux partis opposés : *L'alternative démocratique.* • **Log.** Système de deux propositions telles que la vérité de l'une entraîne la fausseté de l'autre, et réciproquement. (Ex. *Le monde a été créé, ou il existe de toute éternité.* Entre les deux propositions d'une alternative, il est pas de milieu. L'alternative est à la base du jugement disjonctif.) — **Probab.** *Alternative généralisée,* expérience qui peut avoir *r* résultats différents ($r > 2$). ‖ *Alternative simple,* expérience qui ne peut avoir que deux résultats. — **Sports.** En tauromachie, investiture officielle donnée à un torero, lui permettant d'exercer au milieu de matadors confirmés.

ALTERNATIVEMENT adv. Tour à tour, en alternant.

ALTERNE adj. (lat. *alternus*). **1.** Se dit des feuilles insérées isolément en spirale, sur l'axe qui les porte. — **2.** Se dit de la structure centrale des jeunes racines de dicotylédones, dans lesquelles alternent faisceaux du bois et faisceaux libériens.

ALTERNER v. t. ind. (lat. *alternare*) [conj. 3]. **1.** En parlant de deux ou plusieurs choses qui s'opposent, se succéder avec plus ou moins de régularité : *Le bruit alternait avec le silence.* — **2.** En parlant de deux ou de plusieurs personnes, faire tour à tour qqch ; se relayer : *Nous avons alterné au volant.*
◆ v. t. Faire se succéder des choses à tour de rôle ou de façon variée : *Alterner les cultures.*
◆ **être alterné** v. pass. **1.** Se répondre, se succéder en s'opposant, présenter une alternance. — 2. *Stationnement (unilatéral) alterné,* autorisé du 1er au 15 du mois du côté des numéros impairs, et du 16 à la fin du mois du côté des numéros pairs.
• **Hérald.** En parlant des pièces d'émaux différents et de forme régulière, être placées côte à côte et se renouvelant alternativement. ‖ En parlant des figures semblables, être placées dans chaque partition de l'écu, quand il y a un changement régulier des émaux de cette partition. — **Math.** Se dit d'une application multilinéaire qui s'annule pour tout vecteur ayant deux composantes égales. ‖ Se dit d'une série, d'une suite dont les termes, réels, son alternativement positifs et négatifs. ‖ *Groupe alterné,* ensemble des permutations paires d'un ensemble. (C'est un sous-groupe du groupe symétrique de cet ensemble.) — **Métriq.** En parlant de rimes, de vers, être caractérisés par l'alternance. — **Polym.** Se dit d'un copolymère dans lequel les deux motifs monomères alternent régulièrement.

ALTESSE n. f. (ital. *altezza,* du lat. *altus,* haut). **1.** Titre d'honneur donné aux princes et aux princesses. — **2.** Personne qui porte ce titre. (Abrév. S.A., *Son Altesse.*)

ALTHÆA [altea] ou **ALTHÉE** n. m. (lat. *althœa*). Nom générique de la *guimauve* et de la *rose trémière.*

ALTHIBUROS, anc. v. numide puis romaine de Tunisie centrale, à 40 km au S. du Kef, actuelle *Medeïna.* Ruines romaines (Ier-IVe s. apr. J.-C.) qui ont livré de riches pavements de mosaïques (musée du Bardo).

ALTHUSSER (Louis), philosophe français (Birmandreis, Algérie, 1918 - La Verrière 1990). Il s'est efforcé de dissocier les œuvres de jeunesse de Marx du *Capital,* dans lequel il voit la naissance de l'économie politique scientifique. Althusser définit la philosophie marxiste comme une pratique nouvelle de la philosophie, qui a pour tâche principale de distinguer les sciences de l'idéologie (*Lire « le Capital »*, 1965 ; *Lénine et la philosophie,* 1968-69 ; *Réponse à John Lewis,* 1973 ; *Éléments d'autocritique,* 1974 ; *Positions,* 1976 ; *Ce qui ne peut plus durer dans le parti communiste,* 1978).

ALTICHIERO, peintre italien, actif à Vérone et à Padoue dans le 3e tiers du XIVe s. Ses deux cycles de fresques de Padoue (chapelle S. Felice au *Santo* ; oratoire S. Giorgio) allient à l'influence toscane (Giotto) un remarquable talent narratif.

ALTIER, ÈRE adj. (ital. *altiero,* fier). *Litt.* Qui manifeste un dédain méprisant ; hautain, orgueilleux.

ALTIMÈTRE n. m. Dispositif qui indique l'altitude par sondage sonore, éléctromagnétique, par radar ou par mesure barométrique.

ALTIMÉTRIE n. f. **1.** Technique de la détermination des altitudes ; son résultat. — **2.** En cartographie, représentation géométrique du relief, généralement au moyen de points cotés et de courbes de niveau.

ALTIMÉTRIQUE adj. Relatif à l'altimétrie.

ALTIN TEPE → ALTYN DEPE.

ALTIPLANO, région des Andes, s'étendant principalement en Bolivie, où elle forme une haute plaine (plus de 4 000 m d'alt.) entre la Cordillère occidentale et la Cordillère orientale.

ALTIPORT n. m. (de *altitude* et *aéroport*). Terrain d'atterrissage aménagé en montagne pour la desserte des stations de sports d'hiver.

ALTISE n. f. (lat. sc. *altica,* du gr. *haltikos,* sauteur). Petit coléoptère (chrysomélidé), phytophage, sauteur, qui s'attaque aux plantes potagères et à la vigne.

ALTISTE n. Instrumentiste qui joue de l'alto.

ALTISURFACE n. f. Piste d'atterrissage non aménagée située en altitude. (Syn. AVISURFACE.)

ALTITUDE n. f. (lat. *altitudo, -inis,* hauteur). **1.** Élévation verticale, hauteur (d'un point) par rapport au niveau moyen de la mer : *La pression atmosphérique diminue avec l'altitude.* — **2.** Région terrestre ou de l'espace située à une hauteur élevée au-dessus du niveau de la mer : *Une station d'altitude.*
ENCYCL.
• *Action de l'altitude chez l'homme.* L'altitude agit surtout sur l'organisme par la diminution de la pression partielle de l'oxygène dans l'air inspiré, par la diminution de la pression totale, par l'abaissement de la température et du degré hygrométrique et par l'action du rayonnement solaire. En montagne, c'est surtout à la forte diminution de la pression partielle de l'oxygène qu'est dû le mal aigu des montagnes. Chez

l'aviateur, le mal d'altitude prend soit la forme de l'ivresse d'altitude, caractérisée par des troubles excitomoteurs, soit celle d'un syndrome dépressif. Ces deux formes évoluent vers la perte de conscience.
• *Action de l'altitude chez les végétaux.* À haute altitude, les plantes sont rampantes, à croissance lente, souvent en coussinets, vivaces, et se couvrent chaque été de fleurs vivement colorées. Les feuilles sont courtes, épaisses, velues, la chlorophylle très abondante. Ces particularités adaptatives ont pour causes le froid, l'intensité du rayonnement solaire, la longue durée de l'enneigement, la violence du vent.

ALTITUDE-CABINE n. f. (pl. *altitudes-cabines*). Altitude fictive correspondant à la pression atmosphérique artificiellement maintenue à l'intérieur de la cabine d'un aéronef.

ALTITUDE-DENSITÉ n. f. (pl. *altitudes-densités*). Altitude estimée, à bord des aéronefs, à partir de l'altitude-pression corrigée en fonction de la température locale.

ALTITUDE-PRESSION n. f. (pl. *altitudes-pressions*). Altitude estimée, à bord des aéronefs, à partir d'une mesure de pression.

ALTITUDINAL, E, AUX adj. Qui résulte de l'altitude ou qui la concerne.

ALTKIRCH (68130), ch.-l. d'arrond. du Haut-Rhin, dans le Sundgau ; 5 869 hab. Hôtel de ville du XVIIIe s. (musée du Sundgau). Textile. Cimenterie.

ALTMAN (Robert), cinéaste américain (Kansas City 1925). Auteur de *M.A.S.H.* (grand prix du Festival de Cannes 1970), ce critique mordant de la société américaine a tourné notamment : *John MacCabe* (1971), *le Privé* (1972), *Nashville* (1975), *Quintet* (1979), *Fool for Love* (1985), *Beyond Therapy* (1987), *The Player* (1991), *Short Cuts* (1993), *Prêt-à-porter* (1994), *Kansas City* (1996).

ALTMAYER (Robert), général français (Bordeaux 1875-Paris 1959). Inspecteur général de la cavalerie de 1932 à 1936, il reprit en 1940 un commandement à la tête de la Xe armée, mais ne put arrêter les forces allemandes sur la Somme le 5 juin.

ALTO n. m. (mot ital.). **1.** La plus grave des voix de femme ; celle qui a cette voix. (On dit de préférence CONTRALTO.) — **2.** Instrument à quatre cordes de la famille du violon, accordé à la quinte grave. (Légèrement plus grand que le violon, il fait partie du quatuor à cordes.)

ALTOCUMULUS [-lys] n. m. Ensemble de nuages moyens (vers 4 000 m), disposés en gros flocons plus ou moins espacés.

ALTO DOURO, région du Portugal septentrional, de part et d'autre du Douro. Vignoble célèbre (porto).

ALTOLAGUIRRE (Manuel), poète espagnol (Málaga 1906 - Burgos 1959). De facture romantique (*Las islas invitadas,* 1926), sa poésie se teinte de néogongorisme dans *Ejemplo* (1927) et *Soledades juntas* (1931).

ALTON (Robert), danseur et chorégraphe américain (Bennington 1902 - Hollywood 1957). Chorégraphe le plus en vogue au cours des années 30, il a collaboré à de nombreuses comédies musicales à Broadway *(Ziegfield Folies),* puis à des films à Hollywood *(Ziegfield Folies, Show Boat, White Christmas, Dady Long Legs).*

ALTONA, anc. ville d'Allemagne, mentionnée dès 1537, intégrée à Hambourg depuis 1937.

ALTOSTRATUS [-tys] n. m. Nuage moyen (entre 2 000 et 6 000 m), en voile fibreux, de couleur grise.

ALTRUISME n. m. (du lat. *alter,* autre, avec infl. de *égoïsme*). Souci désintéressé du bien d'autrui : *Agir par altruisme.*

ALTRUISTE adj. et n. Qui se soucie du bien d'autrui d'une manière désintéressée.
◆ adj. Empreint d'altruisme : *Une morale altruiste.*

ALTYN DEPE ou **ALTIN TEPE,** site archéologique du Turkménistan, dans le piémont du Kopet-Dag, au sud-est du désert du Karakoum. Cette cité néolithique du IIIe millénaire connaissait l'usage du cuivre coulé ; on y a recueilli de nombreuses statuettes féminines en argile. L'activité s'est poursuivie jusqu'au XVe s. av. J.-C.

ALTYNTAGH, en chin. **Aerjinshanmai,** massifs cristallins de Chine, bordure nord du Tibet, hauts de 4 000 à 5 500 m.

ALUCITE n. f. (lat. *alucita,* moucheron). Nom commun à plusieurs papillons nuisibles tels que la teigne des céréales (tinéidé) et divers ptérophoridés.

ALUCITÉ, E adj. Se dit d'un pain, d'une farine, de grains qui renferment des cadavres d'alucites.

ALUETTE n. f. (p.-ê. du moyen fr. *luettes,* jeu de cartes). Jeu de cartes que l'on joue en utilisant des mimiques codifiées pour faire comprendre son jeu au partenaire.

ALULE n. f. (lat. *alula,* petite aile). Partie de l'aile des oiseaux formée par les plumes insérées sur le pouce.

ALUMAG n. m. (n. déposé). Alliage à base d'aluminium dont le titre en magnésium est compris entre 0,05 % et 5 %, employé soit comme conducteur électrique, soit pour sa tenue à la corrosion ou au soudage.

ALUMBRADO n. m. (mot esp. signif. *illuminé*). Membre d'une secte chrétienne mystique apparue en Espagne vers 1509 et décimée par l'Inquisition.

ALUMEL n. m. (n. déposé). Alliage de nickel contenant 2 % d'aluminium, 2 % de manganèse et 1 % de silicium, surtout utilisé comme élément de couples thermoélectriques.

ALUMINATE n. m. Sel complexe de formule $MAlO_2$, où M est un métal monovalent.
ENCYCL. Le précipité gélatineux d'alumine hydratée se dissout dans les alcalis, avec formation de sels solubles, tel l'*aluminate de sodium* $NaAlO_2$ dont l'hydrolyse redonne l'alumine, propriété utilisée dans la préparation de cette dernière. Avec d'autres oxydes métalliques, l'alumine donne des aluminates insolubles, dont le type est le rubis spinelle Al_2O_3,MgO. Les aluminates colorés servent de pigments pour certaines couleurs céramiques.

ALUMINE n. f. (lat. *alumen, -inis,* alun). Oxyde Al_2O_3 ou hydroxyde $Al(OH)_3$.
ENCYCL. L'alumine anhydre Al_2O_3 est une poudre blanche, fondant à 2 050 °C, insoluble dans l'eau. L'alumine hydratée est un précipité incolore gélatineux, soluble dans les acides et dans les alcalis. Indécomposable par la chaleur, l'alumine est réduite par le carbone au four électrique, avec production de carbure d'aluminium. Avec les acides, elle donne des sels d'aluminium, et avec les bases des aluminates.
Le procédé le plus généralement employé pour la production d'alumine pure à partir des bauxites est le procédé Bayer de lixiviation à la soude caustique. L'alumine dissoute sous forme d'aluminate est séparée de la solution refroidie par hydrolyse, puis filtrée, lavée et calcinée.
L'alumine calcinée sert essentiellement à la fabrication de l'aluminium*. L'alumine pure constitue un matériau réfractaire de haute qualité ; elle entre pour 15 à 40 % dans la composition des poteries céramiques et est utilisée sous forme de cristaux fins pour le polissage des verres d'optique et des métaux. Une variété dite alumine bêta sert d'électrolyte dans des accumulateurs.

ALUMINERIE n. f. **1.** Usine d'aluminium. — **2.** Industrie de l'aluminium.

ALUMINEUX, EUSE adj. (lat. *aluminosus*). **1.** Qui contient de l'alumine ou un autre composé de l'aluminium. — **2.** *Ciment alumineux,* ciment obtenu en fondant un mélange de bauxite et de calcaire ou de chaux, employé dans les bétons réfractaires.

ALUMINIAGE n. m. **1.** Protection de l'acier ou de la fonte par une mince couche d'aluminium déposée par trempage ou par évaporation sous vide. — **2.** Syn. de ALUMINISATION.

ALUMINISATION n. f. Dépôt d'une couche mince et régulière d'aluminium sur le verre des miroirs. (On procède sous vide par condensation de vapeur d'aluminium.) [Syn. ALUMINIAGE, ALUMINURE.]

ALUMINITE n. f. (all. *Aluminit*). Sulfate d'aluminium naturel $Al_2SO_4(OH)_4,7H_2O$.

ALUMINIUM [-njɔm] n. m. (mot angl., de *alumina,* terre d'alun). **1.** Métal blanc, léger, le plus employé après le fer. (Élément chimique de symbole Al.) — **2.** *Feuille d'aluminium,* aluminium souple utilisé comme emballage ménager.

Numéro atomique : 13
Masse atomique : 26,98
Température de fusion : 660 °C
Masse volumique : 2,7 g/cm^3

ENCYCL. L'aluminium, isolé par Œrsted en 1825 et par Wöhler en 1827, est fabriqué industriellement depuis 1854, grâce à Sainte-Claire Deville ; sa métallurgie par électrolyse a été mise au point en 1886, simultanément par Héroult et Hall.

chimie de l'aluminium

L'aluminium à l'état pur est mou et très malléable. Oxydable, il ne s'altère pas à l'air car il est protégé par une mince couche d'alumine. Il est dissous par la soude et la potasse, en donnant des aluminates. Parmi ses composés, le plus important est son oxyde, l'alumine*. Le fluorure AlF_3 existe sous forme de sel complexe, la cryolite, $Na_3[AlF_6]$. Le chlorure $AlCl_3$ est employé en chimie organique comme catalyseur. Le sulfate $Al_2(SO_4)_3$ sert à l'encollage du papier, au tannage des peaux et au mordançage des tissus. Les silicates d'aluminium sont très abondants dans la nature, en général combinés à des oxydes alcalins ou à la chaux (feldspaths, mica, argiles, zéolites, etc.). L'aluminium représente 8,5 % du poids de l'écorce terrestre.

métallurgie

La métallurgie de l'aluminium est fondée sur la réduction électrolytique de l'alumine obtenue à partir de la bauxite. L'alumine dissoute dans la cryolite fondue est soumise, à haute température, à l'action d'un courant électrique continu. Pratiquement, on a un dépôt d'aluminium fondu sur le fond de la cuve (cathode) et un dégagement d'oxygène sur l'anode en charbon, qui est oxydée. L'aluminium ainsi obtenu titre 99,5 à 99,8 %. On prépare l'aluminium raffiné à 99,99 % et plus par un raffinage électrolytique ou par ségrégation.

utilisations

Le métal pur est utilisé pour sa grande conductibilité électrique et thermique (condensateurs, réflecteurs) ainsi que pour sa bonne tenue à l'air et à certaines corrosions courantes (feuilles minces pour l'emballage ; articles ménagers ; industries chimique et pharmaceutique ; construction automobile, où son emploi tend à croître). Les alliages d'aluminium ont une faible masse volumique, des résistances mécaniques moyennes et fortes et une bonne tenue à certaines corrosions. L'alliage avec le cuivre et le magnésium (Duralumin) peut subir un traitement de durcissement structural (trempe et maturation) qui le fait utiliser dans l'aviation. Ce secteur se tourne également vers le nouvel alliage aluminium-lithium, qui devrait permettre un allègement de 10 à 15 % des structures. Sous forme de pièces de fonderie, l'alliage aluminium-silicium est utilisé pour la confection de blocs-moteurs et de pistons d'automobile. Enfin, il tend à se répandre dans le bâtiment, aussi bien pour les cadres de fenêtres qu'au sein de grandes réalisations architecturales (Institut du monde arabe à Paris).

production

La production mondiale a connu une progression foudroyante pendant la majeure partie du siècle : de 7 000 t en 1900 à 18,7 Mt en 1980. Elle stagne depuis, concurrencée notamment par des produits de substitution (comme les plastiques) et le développement du recyclage. Sa localisation est conditionnée par la disponibilité d'électricité et la proximité des marchés de consommation, plus accessoirement par la présence de l'alumine (tirée de la bauxite), qui peut être importée. On s'explique ainsi que les États-Unis et le Canada soient les deux principaux producteurs, alors que la Norvège (où l'hydroélectricité est exceptionnellement abondante) occupe le premier rang en Europe.

ALUMINOSE n. f. Pneumoconiose fibrogène provoquée par l'inhalation prolongée de poussières contenant un silicate d'alumine (bauxite, émeri, mica...).

ALUMINOSILICATE n. m. Composé contenant en même temps du silicium et de l'aluminium.

ALUMINOTHERMIE n. f. Obtention de températures élevées à l'aide de la chaleur dégagée par certaines réactions chimiques entre l'aluminium pulvérulent et des oxydes métalliques. (Elle est utilisée pour la préparation de certains métaux et pour le soudage, notamment des rails.)

ALUMINURE n. f. Syn. de ALUMINISATION.

ALUMNAT [alymna] n. m. (lat. *alumnus*, disciple). Dans quelques ordres religieux, établissement d'instruction secondaire réservé à leur propre recrutement. (Syn. JUVÉNAT.)

ALUN [alœ̃] n. m. (lat. *alumen*). Nom générique des sulfates doubles, de formule générale M_2SO_4, $M'_2(SO_4)_3$, $24H_2O$, où M représente un métal alcalin ou l'ammonium, et M' un métal trivalent : aluminium, fer ou chrome.

ENCYCL. L'alun proprement dit est le sulfate double de potassium et d'aluminium hydraté. C'est un solide incolore, cristallisé en octaèdres réguliers, du système cubique, astringent. Il est employé comme mordant, pour la conservation des peaux, le collage de la pâte à papier, le durcissement du plâtre. En thérapeutique, on emploie des solutions d'alun pour leur action astringente et antiseptique légère. La préparation de l'alun se fait par action de l'acide sulfurique sur des argiles pures ou par une légère calcination de l'alunite.

ALUNÉ adj. m. (de *alun*). Se dit d'un plâtre obtenu par imprégnation d'alun dans du plâtre fin, cuit à 600-700 °C et moulu.

ALUNERIE n. f. Fabrique d'alun.

ALUNIFÈRE adj. Qui contient de l'alun.

ALUNIR v. i. (conj. 32). Prendre contact avec le sol de la Lune.

ALUNISSAGE n. m. Action d'alunir. (L'Acad. recommande *atterrir* et *atterrissage sur la Lune*.) [C'est la sonde soviétique Luna 9 qui s'est posée la première en douceur sur la Lune le 3 février 1966. Le premier alunissage d'un engin américain, Surveyor 1, eut lieu le 2 juin 1966.]

ALUNITE n. f. (de *alun*). Sulfate d'aluminium naturel d'où l'on tire l'alun.

ALURS ou **LURIS**, population du groupe luo, parlant une langue nilotique, répartie entre l'Ouganda et le Zaïre.

ĀLVĀR, mot sanskr., désignant un important auteur de poèmes mystiques consacrés à Viṣṇu.

ALVARADO (Pedro DE), conquistador espagnol (Badajoz 1485-Guadalajara, Mexique, 1541). Il accompagna au Mexique Cortés, qui lui confia le commandement de Mexico. Alvarado est responsable du massacre de la noblesse aztèque (1520), qui provoqua le soulèvement de la ville et la retraite des Espagnols. Après avoir conquis le Guatemala et le Salvador, il fonda en 1524 Santiago de los Caballeros de Guatemala (auj. Antigua). Il fut gouverneur du Guatemala.

ALVARALHÃO n. m. Cépage rouge du Portugal, fournissant une grande partie des vins de Porto.

ÁLVAREZ (Juan), général mexicain (Concepción de Atoyac, auj. Ciudad Álvarez, 1790-Acapulco 1867). Homme fort de l'État du Guerrero. Il se révolta contre Santa Anna en promulguant le plan libéral d'Ayutla en 1854 et contribua avec Comonfort à la défaite de Santa Anna (1855).

ALVAREZ (Luis Walter), physicien américain (San Francisco 1911 - Berkeley 1988). Il a découvert la capture K (1937), les propriétés magnétiques du neutron (avec F. Bloch, en 1939), l'hélium 3, le tritium et, en 1960, des « résonances » de particules déjà connues. (Prix Nobel de phys. 1968.)

ÁLVAREZ CRUZ (Carlos), poète espagnol (Jerez de la Frontera 1933). Plusieurs fois emprisonné sous le franquisme, il écrit une poésie de combat, simple et directe (*Versos de un tiempo sombrío,* 1976).

ÁLVAREZ ENPARANTZA (José Luis) → TXILLARDEGI.

ÁLVAREZ Y MÉNDEZ (Juan), dit **Mendizábal,** homme d'État espagnol (Cadix 1790-Madrid 1853). Président du Conseil en 1835, pressé par les besoins financiers provoqués par la guerre carliste, il nationalisa et vendit aux enchères les biens de l'Église.

ALVARO (Corrado), écrivain et journaliste italien (San Luca, Reggio de Calabre, 1895-Rome 1956). Sa fresque vériste *Gente in Aspromonte* (1930) évoque le monde archaïque calabrais.

ALVEAR (Carlos María DE), général argentin (Santo Ángel, Misiones Orientales, 1788-Washington 1852). Il lutta, en 1811, avec San Martín, enleva Montevideo aux Espagnols (1814) et devint directeur suprême des Provinces-Unies du Río de la Plata (janv.-nov. 1815). Son monument, à Buenos Aires, est un chef-d'œuvre de Bourdelle (1912-1923). — Son petit-fils, MARCELO TORCUATO **de Alvear**, fut président de la république d'Argentine de 1922 à 1928.

ALVÉOGRAPHE n. m. (lat. *alveus,* cavité). Appareil utilisé en boulangerie servant à déterminer le comportement mécanique des pâtes de farines, fondé sur l'analyse de leur déformation sous l'effet d'une pression d'air. (Syn. EXTENSIMÈTRE.)

ALVÉOLAIRE adj. **1.** Qui appartient aux alvéoles ; en forme d'alvéole. — **2.** Se dit d'une consonne articulée avec la pointe de la langue au niveau des alvéoles dentales supérieures. — **3.** *Air alvéolaire,* air contenu dans les alvéoles pulmonaires et seul en contact avec le sang. ‖ *Béton alvéolaire,* syn. de BÉTON CELLULAIRE*.

ALVÉOLE n. f. (n. m. selon l'Acad.) [lat. *alveolus,* petit panier]. **1.** Logette des rayons du nid des abeilles ou des guêpes, destinée à recevoir soit un œuf, soit aussi, chez les abeilles, du miel. (Syn. CELLULE.) — **2.** *Litt.* Cavité où s'encastre qqch ; excavation. — **3.** Pièce conductrice destinée à recevoir une broche pour assurer un contact électrique. — **4.** Cavité de dimensions centimétriques excavée dans une roche cohérente. — **5.** *Alvéole dentaire,* cavité osseuse située dans le bord masticatoire des maxillaires et destinée à loger les racines dentaires. ‖ *Alvéole pulmonaire,* cul-de-sac terminal d'une subdivision bronchique au niveau duquel s'effectuent les échanges respiratoires.

ALVÉOLÉ, E adj. Qui comporte des alvéoles.

ALVÉOLINE n. f. (de *alvéole*). Foraminifère dont les tests accumulés ont formé d'importantes assises calcaires à l'ère tertiaire.

ALVÉOLITE n. f. Lésion inflammatoire de l'alvéole dentaire.

ALVÉOLO-DENTAIRE adj. *Ligament alvéolodentaire,* ensemble de faisceaux ligamentaires et conjonctifs qui fixent la dent dans son alvéole. (Syn. DESMODONTE.)

ALVES (Francisco DE PAULA RODRIGUES) → RODRIGUES ALVES.

ALVIER n. m. Autre nom du pin cembro. (Syn. AUVIER.)

ALVIN, E adj. (lat. *alvinus,* de *alvus,* ventre). Relatif à la partie terminale de l'intestin.

ALVINCZY VON BARBEREK (Josef), feld-maréchal autrichien (Alvinc, Transylvanie, 1735-Budapest 1810). Il fut vaincu par Bonaparte à Arcole (17 nov. 1796) et à Rivoli (14 janv. 1797), ce qui entraîna la capitulation de Mantoue (2 févr. 1797).

ALWAR, v. de l'Inde (Rājasthān), au N.-E. de Jaipur ; 140 000 hab.

ALYMPHOCYTOSE n. f. Absence de lymphocytes dans le sang.

Alyscamps ou **Aliscamps** *(les)* [du lat. *Elysii campi,* champs Élysées], à Arles, allée bordée de sarcophages antiques, qui aboutit à l'église St-Honorat.

ALYSSUM [-sɔm] n. m. (gr. *alusson,* plante salutaire contre la rage). Crucifère aux nombreuses petites fleurs en grappes, telle que la *corbeille-d'argent* et la *corbeille-d'or,* utilisées en bordure dans les jardins.

ALYTE n. m. (gr. *alutos,* qu'on ne peut délier). Nom générique du crapaud accoucheur, qui recueille autour de ses pattes le chapelet d'œufs de la femelle, la transporte avec lui et le trempe dans l'eau à intervalles réguliers.

ALZETTE, riv. du Luxembourg, sous-affl. de la Moselle (par la Sûre) ; 65 km. Née en France, elle pénètre dans le grand-duché et traverse la ville de Luxembourg.

Alzheimer *(maladie d')* [du n. du neurologue all. Alois *Alzheimer* (Marktbreit 1864-Breslau 1917)], démence présénile qui débute vers la cinquantaine et se caractérise par une détérioration intellectuelle profonde et massive s'associant à

une désorientation temporo-spatiale, alors que la conscience du trouble est relativement conservée.
En 1993-94 a été mis sur le marché un médicament, la THA (tétrahydro-amino-acrine), ou tacrine, qui permet de traiter certains symptômes de la maladie.

ALZON (Emmanuel DAUDÉ D'), ecclésiastique français (Le Vigan 1810-Nîmes 1880). Cofondateur de la congrégation des Dames augustines de l'Assomption, il institua aussi la congrégation des Augustins de l'Assomption ou Assomptionnistes (1845) et les Oblates de l'Assomption (1865).

ALZONNE (11170), ch.-l. de cant. de l'Aude, à 16 km à l'O.-N.-O. de Carcassonne ; 1 235 hab.

Am, symbole chimique de l'*américium.*

a.m., abrév. des mots *ante meridiem,* avant midi, usitée dans les pays anglo-saxons.

A/m, symbole de l'*ampère par mètre.*

A.m², symbole de l'*ampère-mètre carré.*

AMA n. f. (mot jap.) Au Japon, religieuse bouddhique.

AMABILE [-le] adv. (mot ital. signif. *aimablement*). Indique que le caractère de l'exécution du morceau de musique doit être doux et plaisant.

AMABILITÉ n. f. (lat. *amabilitas*). Politesse affable et prévenante ; courtoisie : *Un accueil plein d'amabilité.*
◆ **amabilités** n. f. pl. Prévenances, attentions délicates : *Il m'a fait mille amabilités.*

AMADE (Albert D'), général français (Toulouse 1856-Fronsac 1941). De 1908 à 1913, il mena de vigoureuses opérations dans la Chaouïa. En 1915, il commanda le contingent français envoyé aux Dardanelles.

AMADEO (Giovanni Antonio), sculpteur et architecte italien (Milan 1447 - *id.* 1522), auteur, à Bergame, de la chapelle Colleoni (1470), à la façade envahie d'un riche décor polychrome. Il a travaillé à la chartreuse de Pavie (partie inférieure de la façade, avec ses reliefs, 1491-1499).

AMADINE n. f. (gr. *ama,* ensemble, et *dinos,* tournoiement). Petit passereau africain, porteur d'une tache rouge sur la gorge, souvent élevé en cage. (N. usuel *cou-coupé.*)

Amadis de Gaule, héros d'un roman de chevalerie espagnol, publié en 1508 par García Rodríguez de Montalvo. Surnommé *Beau Ténébreux,* Amadis s'impose comme le modèle des chevaliers errants et des amants fidèles.

AMADO (Jorge), écrivain brésilien (Pirangi, Bahia, 1912). Écrivain engagé, il unit, dans ses romans, la critique sociale à un humour et à un lyrisme inspirés de la vie à Bahia (*Bahia de tous les saints,* 1935 ; *Dona Flor et ses deux maris,* 1966 ; *Tiéta d'Agreste,* 1977 ; *Tocaia Grande,* 1984 ; *Yansan des orages,* 1988).

AMADORA, v. du Portugal, dans la banlieue nord-ouest de Lisbonne ; 94 000 hab.

AMADOU n. m. (p.-ê. provenç. *amadou,* amoureux, à cause de sa facilité à s'enflammer). Substance spongieuse, provenant de divers arbres et qui prend feu aisément.

AMADOU ou **AHMADOU TALL** (1833-Maïkoulki, Sokoto, 1898), souverain toucouleur. Fils et héritier de El-Hadj Omar, régent de Ségou en 1862, il lui succéda à sa mort (1864). Le traité de Nango en 1880, et surtout celui de Gouri en 1887, conclus par Gallieni, imposèrent à Amadou un véritable protectorat. À partir de 1889, Archinard entreprit le démantèlement de son empire.

AMADOUER v. t. (p.-ê. de *amadou*) [conj. 6]. Calmer ou gagner qqn par des promesses ou des flatteries adroites ; enjôler.

AMADOUR *(saint),* ermite en Quercy, qui aurait bâti un oratoire dédié à la Sainte Vierge, et qui devint un pèlerinage célèbre *(Rocamadour).*

AMADOUVIER n. m. (de *amadou*). Champignon du groupe des polypores, agent de la pourriture blanche du hêtre, et dont le carpophore peut atteindre 50 cm de diamètre. (On en extrayait l'amadou.)

AMAGASAKI, v. du Japon, dans l'île de Honshū, au N.-O. d'Ōsaka ; 524 000 hab. Métallurgie. Équipements aéronautiques. Plastiques.

AMAGAT (Émile), physicien français (Saint-Satur, Cher, 1841 - *id.* 1915). Il a effectué des travaux sur la statique des fluides ainsi qu'une étude des variations de la température de fusion sous les fortes pressions.

AMAGER, île du Danemark, dans l'Øresund, unie à l'île de Sjaelland par des ponts et tunnels ; 65 km². Sa partie septentrionale est une banlieue de Copenhague.

AMAIGRIR v. t. (conj. 32). **1.** Rendre qqn maigre, lui faire perdre du poids : *Les fatigues l'ont fortement amaigri.* — **2.** Diminuer l'épaisseur d'une pierre, d'une pièce de bois ou de métal. — **3.** Rendre une pâte céramique ou une argile moins plastique. — **4.** Réduire le pouvoir liant d'un ciment. — **5.** Diminuer la teneur en argile d'un sable de fonderie.
◆ **s'amaigrir** v. pr., **être amaigri** v. pass. **1.** Maigrir ou avoir maigri : *Je l'ai trouvé très amaigri.* — **2.** En parlant d'un vin, avoir perdu du corps.

AMAIGRISSANT, E adj. **1.** Qui fait maigrir : *Régime amaigrissant.* — **2.** Se dit d'une substance qui diminue la plasticité d'une argile ou d'une pâte céramique.

AMAIGRISSEMENT n. m. **1.** Diminution graduelle du volume et du poids du corps par maladie, privations ou régime. — **2.** Action d'amaigrir une pierre, une pâte céramique, etc.

'Amal, parti et milice chī'ites du Liban, issus du mouvement fondé par l'imam Mūsā Sadr en 1974 et dirigés depuis 1980 par Nabih Berri.

AMALARIC (502 - Barcelone 531), roi des Wisigoths d'Espagne et de Septimanie de 526 à 531. Il épousa Clotilde, fille de Clovis.

AMALASONTE (498-Bolsena 535), fille de Théodoric le Grand et mère d'Athalaric, sous la minorité duquel elle exerça la régence (526-534). Théodat, son cousin et mari, la détrôna et la fit étrangler.

AMALÉCITES, tribus nomades apparentées aux Édomites et qui nomadisaient dans le désert du Sinaï et du Néguev. Les Hébreux les combattirent.

AMALFI, station balnéaire d'Italie, en Campanie, à l'O. de Salerne, sur le golfe de Salerne ; 6 000 hab. Bâtie en amphithéâtre au-dessus de la mer, la ville est dominée par sa cathédrale de style arabo-normand, qui remonte à environ 1200 ; cloître « du Paradis », de 1266. .
— **Hist.** Amalfi devint très tôt le plus important centre d'échanges entre l'Italie du Sud et l'Empire byzantin. Devenue république libre vers 850, elle connut en Méditerranée orientale un essor commercial prodigieux, qui atteignit son apogée au XIe s. En 1131, elle fut incorporée au royaume de Sicile.

AMALGAMATION n. f. Action d'amalgamer pour extraire l'or, l'argent, de certains de leurs minerais.

AMALGAME n. m. (lat. médiév. des alchimistes *amalgama,* de l'ar. *'amal al-djamā, a,* fusion, union charnelle). **1.** Alliage de mercure avec un autre métal. (→ *encycl.*) — **2.** Mélange d'éléments hétérogènes : *Un étrange amalgame de gens.* — **3.** Réunion dans un même corps d'unités de recrutement différent. (→ *encycl.*) — **4.** Minéral, à structure cubique, de formule chimique Ag_2Hg_3. — **5.** *Faire l'amalgame entre des choses* ou *des gens,* les mêler intentionnellement pour créer la confusion.
ENCYCL. **Chim.** Le mercure possède la propriété de s'allier, dès la température ambiante, à un certain nombre de métaux (sodium, potassium, étain, cuivre, plomb, argent, or) en formant des amalgames liquides ou solides. Par chauffage, on peut ensuite extraire les métaux de ces amalgames. Ce procédé est utilisé pour l'extraction des métaux précieux. L'amalgame de cuivre sert de mastic pour réparer la porcelaine ; l'amalgame d'argent-étain (avec un peu de cuivre) est utilisé en chirurgie dentaire.
— **Mil.** L'amalgame le plus connu eut lieu sous la Révolution quand, en 1793, Carnot et Dubois-Crancé prescrivirent la réunion en une *demi-brigade* d'un bataillon de ligne, de deux bataillons de volontaires et d'une batterie. Fut aussi appelée amalgame la réunion, en 1944-45, des unités F.F.I. à celles de la Ire armée française (de Lattre).

AMALGAMER v. t. (conj. **3**). **1.** Faire un amalgame. — **2.** Unir et fondre ensemble des choses différentes ; mélanger pour amener la confusion : *Amalgamer des revendications à des menées subversives.*

AMALTHÉE, chèvre qui allaita Zeus enfant.

AMALTHÉE, satellite de la planète Jupiter découvert en 1892. C'est un astéroïde sombre et rougeâtre, mesurant env. 155 sur 270 km. Demi-grand axe de son orbite : 181 000 km. Période de révolution sidérale : 0,498 j.

AMĀN [aman] n. m. (mot. ar. signif. *protection*). En droit religieux musulman, sauf-conduit accordé à un étranger ou à un ennemi ayant fait sa soumission.

AMAN, personnage du livre d'Esther. Haut dignitaire de la cour des Perses, il voulut exterminer les Juifs. Mais l'intervention d'Esther les sauva et le perdit.

AMĀN ALLĀH KHĀN (Parhmān 1892-Zurich 1960), émir, puis roi d'Afghānistān (1919-1929). Il fit reconnaître par la Grande-Bretagne l'indépendance de son pays (traité de Kaboul, 1921). La modernisation qu'il entreprit provoqua des révoltes qui le forcèrent à abdiquer (1929).

Amance *(forêt domaniale d'),* forêt de 970 ha située dans la Meurthe-et-Moselle, peuplée de feuillus et traitée en futaie régulière.

AMAND *(saint),* évêque de Tongres-Maastricht (au pays d'Herbauge, Bas-Poitou, v. 584-monastère d'Elnone 676 ou 679). Apôtre des Flandres, il créa des monastères dont le plus célèbre, celui d'Elnone, dans le Hainaut, fut le berceau de Saint-Amand-les-Eaux.

AMANDAIE ou **AMANDERAIE** n. f. Lieu, terrain planté d'amandiers.

AMANDE n. f. (bas lat. *amandula,* du lat. class. *amygdala*). **1.** Fruit de l'amandier. — **2.** Noyau de ce fruit ; graine contenue dans ce noyau. — **3.** Toute graine contenue dans un noyau. — **4.** Syn. de MANDORLE. — **5.** *Amande de mer,* syn. de PÉTONCLE. ‖ *Amande de terre,* fruit comestible du souchet *(Cyperus esculentus).* ‖ *En amande,* qui a la forme oblongue d'une amande : *Des yeux en amande.* ‖ *Essence d'amande,* essence d'amande amère utilisée comme parfum en pâtisserie. ‖ *Huile d'amande douce,* huile fournie par la graine de la rosacée *Amygdalus communis* variété *dulcis,* qui entre dans la composition des émulsions et des loochs. ‖ *Pâte d'amande,* produit obtenu à partir du broyage d'amandes avec du sucre.

AMANDIER n. m. Arbre fruitier (rosacée) de 6 à 8 m de haut, aux fleurs blanches apparaissant tôt au printemps et produisant l'amande.

AMANDINE n. f. Tartelette en pâte sucrée garnie d'une frangipane.

AMANDON n. m. **1.** Graine de l'amandier débarrassée de l'écale et de la coque. — **2.** Amande du noyau de l'olive.

AMANITE n. f. (gr. *amanitês*). Champignon du groupe des agarics dont le pied porte une collerette (ou anneau) proche du chapeau et une volve basale.

ENCYCL. L'oronge, ou amanite des Césars, est comestible ; la fausse oronge, l'amanite panthère sont vénéneuses, mais plus encore les amanites phalloïde, printanière et vireuse, dont l'ingestion est mortelle et qui abondent en bordure des bois.

AMANITINE n. f. Une des deux toxines de l'amanite phalloïde. (L'autre est la phalloïdine.)

AMAN-JEAN (Edmond), peintre français (Chevry-Cossigny 1858-Paris 1936). Ami de Seurat et disciple de Puvis de Chavannes, il allie le divisionnisme au symbolisme. Il est l'auteur de portraits, de scènes d'intimité et de genre et de peintures décoratives.

AMANOS ou **AMANUS,** massif de Turquie, dans le Taurus oriental, limitant à l'E. le golfe d'Iskenderun ; 2 262 m. Il est entaillé par le défilé des *Portes syriennes* ou *amaniques,* près desquelles se déroula la bataille d'Issos * (333 av. J.-C.).

AMANT n. m. (de l'anc. fr. *amer,* aimer). **1.** Homme avec qui une femme a des relations sexuelles en dehors du mariage. (En ce sens, le féminin est MAÎTRESSE.). — **2.** Avec un adjectif, homme qui a les qualités attribuées à l'amant : *Un bon, un mauvais amant.*

◆ **amante** n. f. Syn. litt. de MAÎTRESSE.

Amant de lady Chatterley *(l'),* roman de D. H. Lawrence : le triomphe d'une passion violemment sensuelle sur toutes les conventions.

Amants de Teruel *(les),* légende espagnole apocryphe inspirée de Boccace, qui relate des amours malheureuses.

AMANUS → AMANOS.

AMAPÁ, État du nord du Brésil, au N. des bouches de l'Amazone ; 140 000 km² ; 289 050 hab. Cap. *Macapá.*

'AMĀRA, v. de l'est de l'Iraq, ch.-l. de la prov. de Maysan, sur le Tigre ; 80 000 hab.

AMARANTE n. f. (lat. *amarantus,* du gr. *amarantos,* qui ne flétrit pas). **1.** Herbe (amarantacée) au fruit en akène, dont plusieurs espèces sont nuisibles aux cultures, mais dont une espèce de l'Inde est cultivée comme ornementale. — **2.** *Bois d'amarante,* bois violacé de la peltogyne, utilisé pour la tabletterie, les parquets, les queues de billard.

◆ adj. inv. De couleur pourpre.

◆ n. m. Colorant azoïque utilisé pour teindre la laine et colorer les aliments en rouge.

AMARAPURA, v. de Birmanie, sur l'Irrawaddy, au S. de Mandalay. Deux pagodes du XIXe s. au décor de qualité sculpté ou peint. Tissage (coton). — Fondée en 1783 par le roi Bodawpaya, elle fut capitale jusqu'en 1823, puis de nouveau de 1837 à 1860.

AMARĀVATĪ, site archéologique bouddhique du S.-E. de l'Inde (Andhra Pradesh). Un grand stupa, démoli, a livré de remarquables bas-reliefs datant du IIe s. av. J.-C. au IVe s. apr. J.-C. (musées de Madras, Calcutta ; British Museum). L'art d'Amarāvatī a exercé une influence durable dans l'Inde du Sud, à Ceylan et en Asie du Sud-Est.

AMAREYEUR, EUSE n. (de *marée*). Personne qui travaille sur les parcs à huîtres.

AMARIL, E adj. (mot esp., de *amarillo,* jaune). Se dit du virus de la fièvre jaune.

AMARILLO, v. des États-Unis, dans le nord du Texas ; 157 615 hab. Centre ferroviaire, raffinage du pétrole, production d'hélium.

AMARILLOSE n. f. Syn. de FIÈVRE JAUNE.

AMARINAGE n. m. Action d'amariner.

AMARINER v. t. (anc. provenç. *amarinar,* équiper) [conj. 3]. **1.** Habituer un équipage à la mer, aux manœuvres, au régime du bord. — **2.** Envoyer des hommes pour remplacer l'équipage d'un bâtiment pris sur l'ennemi.

AMARINIER n. m. (lat. *amarus,* amer). Nom usuel du *saule-osier jaune.*

AMARNA ou **TELL AL-AMARNA,** site de Moyenne-Égypte, sur la rive est du Nil, au N. d'Assiout, à l'emplacement des ruines d'Akhetaton, l'éphémère capitale d'Aménophis IV Akhenaton (1372-1354 av. J.-C.). Les archives royales qu'on y a retrouvées ont fourni une masse de renseignements sur les rapports de l'Égypte avec les autres pays du Proche-Orient. Temples du culte solaire, palais, demeures privées, quartier des ouvriers et nécropole ont été mis au jour, ainsi que divers ateliers.

AMARNIEN, ENNE adj. De Amarna.

AMARRAGE n. m. **1.** Liaison, par un cordage, d'un objet ou de deux cordages. – **2.** Fixation, au moyen d'amarres, d'un bâtiment à une structure fixe. – **3.** Ensemble de ces amarres. – **4.** Opération au cours de laquelle deux véhicules spatiaux établissent entre eux une liaison rigide.

AMARRE n. f. Câble ou cordage servant à relier un navire à un point fixe.

AMARRER v. t. (néerl. *aenmarren,* attacher) [conj. 3]. **1.** Fixer une amarre, une manœuvre. – **2.** Attacher un navire, le maintenir au moyen d'amarres, de câbles, de chaînes. – **3.** Fixer, attacher qqch avec des cordes : *Amarrer des bagages sur le toit d'une voiture.*

AMARYLLIDACÉE n. f. (de *amaryllis*). Herbe monocotylédone bulbeuse telle que le narcisse, la jonquille, le perce-neige et l'amaryllis, aux fleurs portées par une hampe sans feuille. (Les *amaryllidacées* forment une famille voisine des liliacées.)

1. AMARYLLIS [-lis] n. f. (lat. *Amaryllis,* n. pr.). Plante ornementale aux grandes fleurs roses parfumées, originaire du Cap.

2. AMARYLLIS [-lis] n. m. (de *amaryllis 1*). Papillon satyridé brun et fauve.

AMAS n. m. (de *amasser*). **1.** Accumulation de choses formant une masse confuse ; monceau, tas : *Un amas de ruines.* – **2.** Gisement qui s'étend dans les trois dimensions, par opposition aux *couches* et aux *filons* (deux dimensions). – **3.** Ensemble formé d'un grand nombre d'astres, étoiles ou galaxies, appartenant à un même système. – **4.** *Amas globulaire,* système stellaire approximativement sphérique où la densité des étoiles est très grande. ‖ *Amas ouvert* ou *amas galactique,* système d'étoiles beaucoup moins concentré que le précédent et de forme irrégulière. (→ *encycl.*)
ENCYCL. **Astron.** Les *amas globulaires* constituent des essaims de 20 à 100 parsecs de diamètre, contenant plusieurs dizaines de milliers d'étoiles, avec une très forte condensation centrale. Une centaine environ sont catalogués dans notre Galaxie. Ils sont répartis sphériquement autour du centre des galaxies et sont les témoins de la formation initiale des galaxies. Ils ne contiennent pratiquement pas de gaz et sont formés de vieilles étoiles. *Les amas ouverts* contiennent de quelques dizaines à un millier d'étoiles, et occupent des dimensions inférieures à 100 parsecs, sans concentration centrale. Environ 1 000 amas ouverts sont catalogués, tous localisés au voisinage du disque de la Galaxie. Ils renferment du gaz interstellaire et des étoiles jeunes, très bleues. Les galaxies elles-mêmes sont souvent groupées en *amas.* Notre Galaxie fait partie d'un amas d'une trentaine de membres, le Groupe (ou Amas) local, lui-même inclus dans un système plus vaste. Le plus important amas de galaxies est celui de la Chevelure de Bérénice qui, située à 100 Mpc, contient 1 000 galaxies dans un volume de 3 Mpc de diamètre.

AMASIAS, roi de Juda (796-781 av. J.-C.).

AMASIS, potier athénien, actif entre 555 et 525 av. J.-C. Le « peintre d'Amasis » qui a décoré ses vases est un des maîtres de la figure noire.

AMASSER v. t. (de *masse*) [conj. 3]. **1.** Réunir des choses en grande quantité, les accumuler, les rassembler : *Amasser des documents sur un sujet.* – **2.** Économiser pour s'enrichir ; thésauriser.
◆ **s'amasser** v. pr., **être amassé** v. pass. **1.** S'amonceler, s'entasser, se trouver en grand nombre : *Les preuves s'amassent contre lui.* – **2.** Se grouper, se rassembler en grand nombre, en parlant de personnes : *La foule s'amassait sur la place.*

AMASSETTE n. f. Syn. de COUPE-PÂTE.

AMASTRIDÉ n. m. (de *Amastris,* n. pr.). Mollusque gastropode pulmoné terrestre, des îles Hawaii.

AMATELOTER v. t. (conj. 3). Répartir les matelots d'un navire par groupes de deux.

AMATERASU (mot jap. signif. *ciel radieux*), divinité shintoïste, déesse du Soleil, dont la famille impériale japonaise affirme tirer ses origines.

AMATEUR n. m. et adj. (lat. *amator,* celui qui aime). **1.** Personne qui a une préférence marquée ou exclusive pour un genre de choses : *Il est amateur de westerns.* – **2.** Personne qui est susceptible de se laisser tenter par quelque objet et de l'acquérir : *Un antiquaire qui attend l'amateur.* – **3.** Personne qui s'adonne à une activité artistique, sportive, etc., pour son plaisir et sans en faire profession, par oppos. au *professionnel : Faire du théâtre en amateur.* – **4.** *Péjor.* Personne qui manque de compétence, de qualification dans ce qu'elle fait, ou qui exerce une activité sans y apporter l'application ou l'assiduité désirable ; dilettante, fantaisiste : *Travail d'amateur.* – **5.** *Amateur (d'art),* personne qui s'intéresse à l'art, à un art, et qui réunit, généralement avec goût et discernement, des œuvres, des objets d'art ; connaisseur. ‖ Fam. *Avis aux amateurs !,* formule ironique d'avertissement, de menace. ‖ Fam. *Je ne suis pas amateur,* cela ne m'intéresse pas, je ne suis pas preneur.

AMATEURISME n. m. **1.** Situation, statut de sportif amateur. – **2.** Caractère de qqn qui pratique une activité en amateur, sans jamais parvenir à la maîtrise du professionnel. – **3.** *Péjor.* Défaut de qqn qui manque d'application et de sérieux dans ce qu'il fait ; dilettantisme : *Détester l'amateurisme dans les études.*

AMATHONTE, en gr. **Amathous,** cité ancienne de la côte sud de Chypre. Son temple consacré à Aphrodite était célèbre dans l'Antiquité.

AMATI, famille de luthiers originaires de Crémone. — ANDREA (v. 1505-1580 ?), fondateur de l'école crémonaise, fut à l'origine des premiers violons. — ANTONIO (v. 1540-av. 1600) et GIROLAMO (1561-1630), fils d'Andrea, continuèrent les travaux de leur père. — NICOLA (1596-1684), fils et élève de Girolamo, forma A. Guarnerius et Stradivarius. — GIROLAMO II (1649-1740), fils de Niccolo, collabora avec lui jusqu'en 1684.

AMATIR v. t. (conj. 32). Rendre mat l'or, l'argent, en attaquant leur poli à l'aide de ciselets spéciaux.

AMAUROBIUS [-bjys] n. m. (gr. *amaurobios,* qui vit obscurément). Araignée d'Europe, brune et roussâtre, aux pattes courtes. (*Amaurobius ferox* est commun dans les caves, les vieux placards, etc.)

AMAUROSE n. f. (gr. *amaurôsis,* obscurcissement). Absence complète, transitoire ou définitive, de perception de la lumière.

AMAUROTIQUE adj. Relatif à l'amaurose.

AMAURY Ier ou **AMAURI Ier** (1135-1174), roi de Jérusalem (1163-1174). Second fils de Foulques V d'Anjou, frère et successeur de Baudouin III, il établit son protectorat sur l'Égypte (1167). Mais, en tentant de conquérir ce pays (1168), il y suscita l'intervention et l'établissement de Saladin. — **Amaury** ou **Amaury II** *de Lusignan* (v. 1144-Saint-Jean-d'Acre 1205), roi de Chypre (1194-1205) et de Jérusalem (1197-1205). Frère et successeur de Gui de Lusignan et époux (1197) d'Isabelle d'Anjou, il reprit Beyrouth aux Turcs (1197).

AMAURY (Émilien), journaliste français (Étampes 1909-Vineuil-Saint-Firmin, Oise, 1977). Il a fondé un groupe de presse publiant *le Parisien libéré, l'Équipe,* etc.

AMAY, comm. de Belgique, dans la prov. de Liège, au N.-E. de Huy ; 13 000 hab. Église Ste-Ode, des XIe-XVIIIe s.

AMAYA (Carmen), dite **la Capitana,** danseuse gitane (Barcelone 1909/1913-Bagur, près de Gérone, 1963). Avec sa propre troupe composée des membres de sa famille, elle rendit célèbres à travers le monde, dès 1936, ses vertigineuses improvisations sur des rythmes populaires espagnols.

AMAZIGH (pl. *imazighen*), terme berbère signifiant « homme libre », sous lequel se désignent les Berbères.

AMAZONAS, État du Brésil, 1 564 000 km² ; 2 088 682 hab. Cap. *Manaus.*

1. AMAZONE n. f. (lat. *Amazon,* du gr. *Amadzôn*). **1.** Femme qui monte à cheval. — **2.** *Arg.* Prostituée qui racole ses clients en voiture. — **3.** Tenue composée d'une jaquette et d'une jupe longue et ample que portaient les femmes pour monter à cheval. — **4.** *Monter en amazone,* monter à cheval avec les deux jambes du même côté.

2. AMAZONE n. f. (de *Amazone,* n. pr.). Grand perroquet domestique, vert et bleu, parleur, d'origine américaine.

AMAZONE, en esp. et en port. **Amazonas,** fl. de l'Amérique du Sud, le plus important du globe par la masse de ses eaux (7 000 km environ depuis les sources de l'Apurímac) et son débit (près de 200 000 m³/s à l'embouchure dans l'Atlantique). Le bassin (correspondant en majeure partie à l'*Amazonie*) couvre près de 7 millions de km², essentiellement au Brésil. L'Amazone, proprement dit, naît de la confluence (en amont d'Iquitos) de cours d'eau andins (Marañón et Ucayali [elle-même formée de la réunion de l'Apurímac et de l'Urubamba]). Il porte souvent le nom de *Solimões* jusqu'à la confluence du rio Negro. Son cours brésilien s'étale dans un lit majeur très large (avec méandres, bras morts et marécages). Le régime, toujours abondant (à proximité de l'équateur, fortement arrosé), est caractérisé par une crue survenant à la mi-juin, liée à l'apport des grands affluents de rive gauche (Madeira, Tapajós).

AMAZONES, femmes guerrières légendaires de l'Antiquité, des bords de la mer Noire. Une de leurs reines, Hippolyte, fut vaincue par Héraclès ; une autre, Penthésilée, qui avait porté secours aux Troyens, fut tuée par Achille.

AMAZONIE, vaste région de l'Amérique du Sud, correspondant aux bassins moyen et inférieur de l'Amazone, s'étendant principalement au Brésil. L'*Amazonie brésilienne* couvre plus de 4,5 millions de km², soit près de 60 % de la superficie totale du pays, mais à peine 4 % de la population brésilienne y vit. S'étendant sur plus de 20° de latitude (5° de lat. N.-15° de lat. S.), l'Amazonie est, en effet, couverte presque entièrement par une épaisse forêt pluviale, développée sous un climat tropical humide (précipitations annuelles toujours supérieures à 2 m) et chaud (autour de 25 °C). Les plateaux constituent l'essentiel du relief. La vie s'est concentrée initialement dans les vallées, surtout dans les várzeas, terrasses inondables fertiles. Les genres de vie traditionnels sont adaptés au milieu naturel associant la chasse et la pêche, aux cultures vivrières (maïs, manioc), à la cueillette, celle-ci parfois (châtaigne, latex) à but commercial. Mais l'économie est localement bouleversée (avec de pénibles conséquences pour les populations indiennes et une dégradation de la forêt équatoriale) depuis 1970, avec la construction des routes transamazoniennes*, amenant la création de fronts pionniers agropastoraux, visant aussi l'exploitation du sous-sol (fer, bauxite, étain, manganèse, etc.).

AMAZONIEN, ENNE adj. et n. De l'Amazonie ou de l'Amazone.

AMAZONITE n. f. Variété verte de microcline.

AMBA ALAGI, localité de l'Éthiopie, dans le Tigré, au S. de Makale. Le duc d'Aoste, vice-roi d'Éthiopie, s'y rendit aux Britanniques le 19 mai 1941.

AMBACTE n. m. (gaul. **ambactos,* serviteur). Dans la société gauloise, compagnon dévoué d'un guerrier noble.

AMBAGES n. f. pl. (lat. *ambages,* détours). Litt. *Sans ambages,* nettement, sans détours.

AMBĀLA, v. de l'Inde, dans l'Haryana, au S. de Chandigarh ; 139 615 hab. Nœud ferroviaire.

AMBARÈS-ET-LAGRAVE (33440), comm. de la Gironde, à 15 km au N.-E. de Bordeaux ; 10 407 hab. Produits pharmaceutiques.

AMBARTSOUMIAN (Viktor Amazaspovitch), astrophysicien arménien (Tiflis 1908). Il a découvert les associations stellaires et a été le premier à soupçonner l'existence et l'importance des phénomènes explosifs dans les noyaux de galaxies.

AMBASSADE n. f. (ital. *ambasciata,* de l'anc. provenç. *ambayassada*). **1.** Représentation diplomatique permanente d'un État auprès d'un État étranger ; fonction d'ambassadeur. — **2.** Ensemble du personnel et des services qui assurent cette mission. — **3.** Lieu, bâtiment où réside l'ambassadeur et où sont installés ses services. — **4.** Mission envoyée auprès d'un chef d'État à titre occasionnel. — **5.** Mission, démarche importante ou difficile auprès d'un particulier, effectuée par une ou plusieurs personnes en tant que mandataire(s) ; délégation : *Envoyer un délégué en ambassade.*

AMBASSADEUR, DRICE n. (ital. *ambasciatore*). **1.** Représentant(e) permanent(e) d'un État auprès d'un État étranger, accrédité(e) auprès du chef d'État et dirigeant la mission diplomatique. — **2.** Représentant(e) personnel(le) du chef de l'État pour un temps limité ou une mission donnée, dans plusieurs pays (ambassadeur itinérant). — **3.** Personne susceptible de représenter à l'étranger une certaine image de son pays ou qui est chargée d'une mission : *Un ambassadeur de la chanson française.* — **4.** *Ambassadeur de France,* dignité accordée par la France à certains de ses ambassadeurs.

◆ **ambassadrice** n. f. Femme d'un ambassadeur.

Ambassadeurs *(les),* roman de Henry James (1903) : le conflit entre le puritanisme américain et l'esthétisme européen.

AMBATO, v. de l'Équateur, ch.-l. de prov. dans les Andes, au N.-E. du Chimborazo ; 221 000 hab.

AMBAZAC (87240), ch.-l. de cant. de l'est de la Haute-Vienne, au S.-E. des *monts d'Ambazac ;* 4 924 hab. *(Ambazacois).* Église des XIIe et XVe s. (châsse limousine d'env. 1200). Confection. Céramique.

AMBER, v. de l'Inde (Rājasthān), à proximité immédiate de Jaipur ; 10 000 hab. Anc. cap. des Rājputs. Riches palais construits au temps des Grands Moghols.

AMBERG, v. d'Allemagne, en Bavière, au N. de Ratisbonne ; 45 000 hab. Monuments médiévaux. Métallurgie. Verrerie.

AMBERG (George H.), critique et écrivain de la danse d'origine allemande (Halle 1901-New York 1971), naturalisé américain (1946). Il fut conservateur des Dance Archives et du Museum of Modern Art de New York (1943), et y organisa le département de la danse et des décors de théâtre. Il a publié des essais.

AMBÉRIEU-EN-BUGEY (01500), ch.-l. de cant. de l'Ain, dans le Bugey, sur l'Albarine ; 11 166 hab. *(Ambarrois).* Gare de triage. — Au N.-O., aérodrome.

AMBÉRIQUE n. f. Légumineuse tropicale annuelle cultivée comme légume vert et fourrage *(Vigna Mungo).* [Les graines germées sont appelées *germes de soja.*]

AMBERT (63600), ch.-l. d'arrond. du Puy-de-Dôme, sur la Dore (ouvrant ici le *bassin d'Ambert,* dépression entre les monts du Forez et du Livradois) ; 7 779 hab. *(Ambertois).* Anc. cap. du Livradois. Église St-Jean (autour de 1500). Fromages. Textile. Chapelets.

AMBÈS *(bec d'),* pointe de terre en amont du confluent de la Garonne et de la Dordogne, dans le dép. de la Gironde. Port pétrolier et site industriel (centrale thermique, chimie, métallurgie).

AMBIANCE n. f. (de *ambiant*). **1.** Ensemble des caractères définissant le contexte dans lequel se trouve qqn, un groupe ; climat, atmosphère : *Une ambiance chaleureuse, triste.* — **2.** Contexte de gaieté, d'entrain ou de désordre : *Mettre de l'ambiance.* — **3.** Constitution et propriétés du milieu dans lequel se déroule une opération ; ensemble des conditions thermométriques et hygrométriques d'un local. — **4.** *D'ambiance,* se dit d'un éclairage atténué, tamisé, d'une musique qui facilite la détente et l'intimité. ‖ *En ambiance,* se dit d'objets, de meubles à vendre qui sont présentés intégrés dans un décor conçu pour leur usage.

AMBIANCER v. i. (conj. **16**). En Afrique, mettre de l'ambiance, de l'animation ; se comporter gaiement.

AMBIANCEUR n. m. En Afrique, homme qui fréquente les bars, les boîtes de nuit ; fêtard.

AMBIANI, peuple de la Gaule Belgique qui occupait l'Amiénois.

AMBIANT, E adj. (lat. *ambiens,* entourant). **1.** Se dit du milieu environnant (air, température, etc.) : *Renouveler l'air ambiant.* — **2.** Se dit du contexte intellectuel, moral, etc. : *Être influencé par la neutralité ambiante.*

AMBIDEXTRE adj. et n. Se dit de qqn qui présente une ambidextrie.

AMBIDEXTRIE ou **AMBIDEXTÉRITÉ** n. f. Possibilité d'utiliser l'une ou l'autre main selon le geste considéré.

AMBIERLE (42820), comm. de la Loire, à 18 km au N.-O. de Roanne ; 1 781 hab. Église du XVe s. (triptyque peint et sculpté de style flamand, vitraux). Musée forézien.

AMBIGU, Ë adj. (lat. *ambiguus,* équivoque). **1.** Dont l'interprétation, le sens sont incertains ; équivoque : *Réponse ambiguë.* — **2.** *Péjor.* Qui laisse volontairement planer un doute ; énigmatique : *Un éloge ambigu.* — **3.** Dont le caractère, la conduite sont complexes et se laissent malaisément définir : *Hamlet est un personnage ambigu.* ◆ **ambigu** n. m. Repas dont tous les éléments étaient servis en même temps et que l'on prenait en guise de souper au XVIIe et au XVIIIe s.

Ambigu-Comique *(théâtre de l'),* théâtre parisien fondé par le comédien Audinot sur le boulevard du Temple (1770). Au début du XIXe s., l'Ambigu est devenu le temple du mélodrame ; il a disparu en 1965.

AMBIGUÏTÉ [-gɥi-] n. f. (lat. *ambiguitas*). **1.** Caractère de ce qui est ambigu : *L'ambiguïté d'un texte, d'un personnage.* — **2.** Point ambigu ; expression, mot ambigus : *Texte qui ne comporte aucune ambiguïté.* — **3.** Propriété d'un système d'axiomes dont tous les modèles ne sont pas isomorphes. — **4.** *Ambiguïté sexuelle,* anomalie de la morphologie génitale externe d'un individu ne permettant pas de fixer le sexe réel.

AMBIGUMENT adv. De façon ambiguë.

AMBILLY (74100), comm. de la Haute-Savoie, à la frontière suisse ; 5 926 hab.

AMBIOPHONIE n. f. Ambiance sonore créée par une réverbération artificielle des sons produite dans la salle même où se trouvent les auditeurs.

AMBIORIX, chef des Éburons, qui se révolta en 54 av. J.-C. contre l'occupant romain.

AMBISEXUÉ, E adj. et n. Se dit d'un individu qui possède des tendances sexuelles à la fois masculines et féminines.

AMBITIEUSEMENT adv. Avec ambition.

AMBITIEUX, EUSE adj. et n. (lat. *ambitiosus*). Qui a de l'ambition : *C'est un ambitieux sans scrupule.* ◆ adj. Qui témoigne d'ambition ou de trop d'ambition : *Projet ambitieux.*

AMBITION n. f. (lat. *ambitio,* de *ambire,* entourer, briguer). **1.** Désir ardent de posséder qqch, de parvenir à (faire) qqch : *Avoir l'ambition de réussir.* — **2.** Désir ardent de gloire, d'honneurs, de réussite sociale : *Un homme dévoré d'ambition.* — **3.** Prétention de réussir qqch : *Je n'ai pas l'ambition de résoudre cette énigme.*

AMBITIONNER v. t. (conj. **3**). Rechercher qqch avec ardeur : *Ambitionner le poste de directeur.*

AMBIVALENCE n. f. (all. *Ambivalenz*). **1.** Caractère de ce qui peut avoir deux sens, recevoir deux interprétations : *L'ambivalence des rêves.* — **2.** Caractère de qqn qui présente ou manifeste des comportements, des goûts contradictoires ou opposés. — **3.** Disposition psychique d'un sujet qui éprouve ou manifeste simultanément deux sentiments, deux attitudes opposés à l'endroit d'un même objet, d'une même situation. (Par exemple, l'amour et la haine, le désir et la crainte, l'affirmation et la négation.)

AMBIVALENT, E adj. (all. *ambivalent*). Qui présente une ambivalence.

AMBLE n. m. (de *ambler*). Allure des quadrupèdes, dans laquelle les deux pattes du même côté du corps se posent au sol à peu près en même temps.

AMBLER v. i. (anc. provenç. *amblar,* du lat. *ambulare,* marcher) [conj. 3]. Aller l'amble.

AMBLER (Eric), écrivain britannique (Londres 1909). Ses récits policiers sont aussi des romans psychologiques (*le Masque de Dimitrios,* 1939 ; *les Visiteurs du crépuscule,* 1979).

AMBLETEUSE (62164), comm. du Pas-de-Calais, sur la Manche ; 2 013 hab. Station balnéaire.

AMBLEUR, EUSE adj. Se dit d'un animal qui va l'amble, tel que la girafe, le chameau et certains chevaux.

AMBLYGONITE n. f. Fluophosphate d'aluminium et de lithium, de symétrie triclinique.

AMBLYOPE adj. et n. Atteint d'amblyopie. (Syn. MALVOYANT.)

AMBLYOPIE n. f. Diminution de l'acuité visuelle. (Syn. MALVOYANCE.)

AMBLYORNIS [-rnis] n. m. Très bel oiseau (paradisier) de Nouvelle-Guinée, dont le mâle construit une hutte de parade.

AMBLYOSCOPE n. m. Appareil utilisé pour l'examen des sujets atteints de strabisme.

AMBLYPYGE n. m. Arachnide voisin des araignées, insectivore et non venimeux, des régions chaudes et humides (Les *amblypyges* forment un superordre, ne comptant que 70 espèces environ.)

AMBLYSTOME n. m. Nom donné à la forme adulte, rare, de l'axolotl.

AMBOINE ou **AMBOINA,** en indonésien **Ambon,** île du groupe des Moluques, en Indonésie. Ville princ. *Amboine* (209 000 hab.), ch.-l. de la province des Moluques.
— **Hist.** En 1605, les Hollandais prirent l'archipel aux Portugais et firent d'Amboine leur principal centre en Insulinde jusqu'à la fondation de Batavia, en 1619. Amboine resta sous le contrôle des Pays-Bas jusqu'à son intégration dans la République d'Indonésie en 1949.

AMBOISE (37400), ch.-l. de cant. d'Indre-et-Loire, en Touraine, sur la Loire ; 11 541 hab. *(Amboisiens).* Château résultant de la reconstruction fastueuse, par Charles VIII (ainsi que par Louis XII et François Ier), d'une forteresse médiévale : tour des Minimes, à large rampe hélicoïdale ; logis du roi et chapelle St-Hubert, de style gothique flamboyant. Autres monuments, dont l'église St-Denis, en partie du XIIe s. Manoir du Clos-Lucé, où Léonard de Vinci termina sa vie. Musée postal. Constructions mécaniques. Chaussures. Articles de pêche. — La *forêt d'Amboise* s'étend sur 4 179 ha au sud de la ville.

Amboise *(conjuration d')* [mars 1560], complot organisé par les protestants pour soustraire François II à l'influence des Guises. Préparé par La Renaudie et encouragé par le prince Louis de Condé, il fut révélé aux Guises qui procédèrent à une rigoureuse répression.

Amboise *(édit d')* [19 mars 1563], édit de pacification promulgué par Charles IX et qui mit fin à la première guerre de Religion. Il accordait aux protestants la liberté de culte dans les demeures des seigneurs hauts justiciers et dans une ville par bailliage, Paris excepté.

AMBOISE (Georges Ier, *cardinal* D'), prélat et homme d'État français (Chaumont-sur-Loire 1460-Lyon 1510). Archevêque de Rouen (1494), cardinal (1498), légat du pape en France (1501), il tint une place éminente dans l'État de 1498 à 1510 en tant que principal ministre de Louis XII, dont il dirigea la politique italienne. — Son neveu GEORGES II (1488-château de Vigny, près de Pontoise, 1550) lui succéda comme archevêque de Rouen (1510) et fut cardinal en 1545.

AMBON n. m. (gr. byz. *ambôn,* chaire). Dans certaines églises paléochrétiennes et médiévales (IVe-XIIe s.), petite tribune, ou chacune des deux petites tribunes placées latéralement à la clôture du chœur, utilisées pour les lectures du rituel de la messe et pour la prédication. (Jubé et chaire à prêcher les ont remplacés par la suite.)

AMBOS ou **OVAMBOS,** population bantoue répartie entre l'Angola, la Namibie et la Zambie.

AMBRACIE, en gr. **Amprakia** → ÁRTA.

AMBRE n. m. (lat. médiév. *ambar,* de l'ar. *al-'anbar,* ambre gris). **1.** *Ambre (gris),* substance formant à la surface des mers des masses flottantes très parfumées, et provenant de la digestion par les cachalots de la sépia des grands poulpes. (Son odeur musquée devient agréable après dessiccation.) — **2.** Parfum préparé avec l'ambre gris. — **3.** *Ambre (jaune),* résine fossile jaune ou rouge, récoltée dans les terrains oligocènes des rivages de la Baltique, mêlée au lignite, l'un et l'autre provenant des vastes forêts de pins de cette période. (L'ambre jaune contient souvent des insectes englués, parfaitement conservés. C'est à la découverte des propriétés électrostatiques de cet ambre, nommé en grec *êlektron,* que l'électricité doit son nom.) [Syn. SUCCIN.] — **4.** Litt. *D'ambre,* jaune doré ou rougeâtre.

AMBRÉINE n. f. Alcool triterpénique contenu dans l'ambre gris et utilisé en parfumerie.

AMBRER v. t. (conj. 3). *Litt.* Parfumer d'ambre gris.
◆ **être ambré** v. pass. **1.** Avoir la couleur dorée de l'ambre jaune. — **2.** Être parfumé à l'ambre gris.

AMBRETTE n. f. (de *ambre*). Graine d'une malvacée de l'Inde, au parfum fortement musqué, cultivée pour son usage en parfumerie.

AMBREVADE n. f. (mot malgache signif. *pluie de pierres*). Légumineuse cultivée des régions chaudes, fourragère, à la graine comestible, utilisée en sériciculture à Madagascar et donnant une laque en réaction à la piqûre d'un puceron.

AMBRIÈRES-LES-VALLÉES (53300), ch.-l. de cant. de la Mayenne, à 12 km au N. de Mayenne ; 2 878 hab.

AMBROISE de Milan *(saint),* Père et docteur de l'Église latine (Trèves v. 340-Milan 397). Issu d'une famille de haut rang, Ambroise, après avoir été fonctionnaire impérial, devint en 374 évêque de Milan. Saint Augustin, alors professeur dans cette même ville, lui dut une grande part de sa conversion. Sa politique religieuse tendit à christianiser les institutions impériales et à faire admettre, dans le domaine religieux, la suprématie de l'Église sur le pouvoir impérial. Dans ses écrits théologiques se fait sentir l'influence d'Origène. Avec ses *Hymnes*, Ambroise a créé une liturgie populaire que reprendra le Moyen Âge.

AMBROISE d'Évreux, chroniqueur français († apr. 1207). Il a relaté la troisième croisade dans un poème intitulé *Histoire de la guerre sainte.*

1. AMBROISIE n. f. (lat. *ambrosia,* nourriture des dieux, du gr. *ambrosios,* immortel). **1.** Selon les anciens Grecs, substance à base de miel servant de nourriture aux dieux et qui leur procurait l'immortalité. — **2.** Liqueur obtenue par macération de coriandre, de clous de girofle et d'anis vert dans un mélange de vieille eau-de-vie et de vin blanc vieux.

2. AMBROISIE ou **AMBROSIA** n. f. (de *ambroisie 1*). Plante annuelle, à fleurs jaunâtres, proche des composées.

AMBRONAY (01500), comm. de l'Ain, dans le Bugey ; 2 072 hab. *(Ambrons)*. Anc. abbaye bénédictine dont il reste l'église (XIIIe-XVe s. ; œuvres d'art) et le cloître (XVe s.).

AMBROSE (Kay), artiste britannique (Woking, Surrey, 1914-Londres 1971). Dessinatrice, elle a réalisé des décors pour le Sadlers's Wells Ballet Theatre et pour le National Ballet du Canada, dont elle a été directrice artistique (1952-1961).

AMBROSIEN, ENNE adj. (lat. *ambrosianus,* de *Ambroise,* évêque de Milan). Qui appartient à saint Ambroise, au rite, au chant liturgique qui lui est attribué.

Ambrosienne *(bibliothèque),* bibliothèque fondée à Milan en 1602 par le cardinal Frédéric Borromée.

AMBRUSSUM, station romaine sur la voie Domitienne, près de Lunel (Hérault). Habitat néolithique et oppidum gaulois.

AMBULACRAIRE adj. **1.** Qui concerne les ambulacres. — **2.** *Trou ambulacraire,* orifice du test des oursins, donnant passage à un podion. — **3.** *Plaque ambulacraire,* plaque porteuse de trous ambulacraires.

AMBULACRE n. m. (lat. *ambulacrum,* promenade, de *ambulare,* marcher). **1.** Chacune des cinq zones percées de trous qui forment des méridiens sur le test des oursins. (Les podions qui sortent par les trous font ressembler l'ambulacre à une avenue plantée d'arbres, d'où son nom.) [Syn. RADIUS.] — **2.** Syn. impropre de PODION.

AMBULANCE n. f. (de *ambulant*). **1.** Véhicule destiné à transporter les malades et les blessés dans les hôpitaux. (→ *encycl.*) — **2.** Ancien nom donné aux formations mobiles suivant les troupes en campagne, en vue de soigner les malades et les blessés.

ENCYCL. Il existe des unités mobiles de réanimation (S. M. U. R.) installées dans des ambulances dotées d'un matériel perfectionné et permettant de traiter avant et pendant le transport les malades et blessés graves. Elles sont reliées par radiotéléphone aux centres de régulation (S. A. M. U.) et aux hôpitaux.

AMBULANCIER, ÈRE n. et adj. Personne attachée au service d'une ambulance.

AMBULANT, E adj. (lat. *ambulans,* de *ambulare,* se promener). **1.** Qui se déplace d'un lieu à un autre pour l'exercice d'une profession ou d'une activité, tout en revenant périodiquement à un point fixe : *Commerçant, comédien ambulant.* — **2.** Se dit de l'activité que l'on pratique en se déplaçant : *Vente ambulante.* — **3.** *Fam.* S'emploie, après certains noms, pour indiquer qu'une personne rassemble en elle toutes les caractéristiques attribuées à ces noms : *Il sait tout, c'est un dictionnaire ambulant.*
◆ n. **1.** Employé qui travaille dans un wagon-poste. — **2.** Commerçant qui fréquente les marchés et les foires.

Ambulants (en russe *Peredvijniki*), groupement de peintres réalistes russes ainsi appelés parce que leurs expositions furent, de 1870 à 1923, itinérantes à travers la Russie. Ils ont exécuté paysages, portraits, tableaux religieux et d'histoire et, dans la peinture de genre, se sont livrés à une critique des tares de la société de leur temps. Les plus connus sont Repine*, Alekseï Savrassov (1830-1897), Nikolaï Gay (1831-1894), Vassili Sourikov (1848-1916).

AMBULATOIRE adj. (lat. *ambulatorius*). **1.** Se dit d'un traitement durant lequel les activités normales du malade ne sont pas interrompues. — **2.** Se dit d'un malade dont l'état ne nécessite pas l'alitement ou l'hospitalisation. — **3.** Se disait d'une juridiction qui n'avait pas de siège fixe. — **4.** *Patte ambulatoire,* nom donné à la patte marcheuse dans les groupes animaux (crustacés en particulier) où certaines pattes ont d'autres fonctions. ‖ *Typhoïde ambulatoire,* forme de fièvre typhoïde fruste dont la bénignité permet au patient de vaquer à ses occupations.

A. M. D. G., abrév. des mots lat. *Ad majorem Dei gloriam.*

1. ÂME n. f. (lat. *anima,* souffle, vie). **1.** Principe de vie, de mouvement et de pensée de l'homme, différent de l'esprit, conçu comme activité intellectuelle et fréquemment opposé au corps, du moins dans la tradition judéo-chrétienne. — **2.** *Litt.* Siège de l'activité psychique et des états de conscience de qqn, ensemble des dispositions intellectuelles, morales, affectives qui forment son individualité, son moi profond ; esprit, intellect, cœur, conscience : *Connaître l'âme humaine. Avoir l'âme d'un poète.* — **3.** *Litt.* Ensemble des manières de penser ou d'agir propres aux membres d'un groupe social et qui le caractérisent : *L'âme slave.* — **4.** Ce qui donne à qqch son originalité, ce qui l'anime et fait qu'il touche la sensibilité : *Une ville sans âme.* — **5.** Être humain, personne vivante ; habitant : *Il n'y a pas âme qui vive. Un village d'un millier d'âmes.* — **6.** Personne considérée sous l'angle de ses qualités morales ou psychologiques fondamentales : *Un roman qui devrait plaire aux âmes sensibles.* — **7.** Personne qui anime une entreprise, une action collective, un groupe, qui y joue un rôle déterminant : *Il a été l'âme de la résistance à l'occupant.* — **8.** *Avec âme,* avec une grande sensibilité. ‖ *Bonne âme,* personne simple et compatissante ou, ironiq., personne peu charitable, malveillante, hypocrite. ‖ *Dans l'âme,* par nature, de façon essentielle : *Être commerçant dans l'âme.* ‖ *De, avec toute son âme,* de tout son être, de toutes ses forces. ‖ *En mon (ton, son) âme et conscience,* en toute honnêteté ; en se laissant guider par son seul sentiment de justice. ‖ *(Errer, être) comme une âme en peine,* être ou paraître désemparé, en proie à l'inquiétude, à l'ennui, au désœuvrement. ‖ *État d'âme,* impression ressentie, sentiment éprouvé ; scrupule de conscience remettant en question une ligne d'action. ‖ *Force, grandeur d'âme,* fermeté, noblesse de caractère. ‖ *Rendre l'âme,* mourir. ‖ *Vendre son âme (au diable),* sacrifier une valeur morale essentielle pour quelque avantage.

2. ÂME n. f. (de *âme 1*). **1.** Évidement intérieur d'une bouche à feu. — **2.** Partie centrale de certains objets (panneau de contreplaqué, porte plane, électrode de soudage, cathode d'électrodéposition, câble, corde, etc.). — **3.** Petite pièce de sapin cylindrique placée à l'intérieur des instruments à cordes frottées pour soutenir la table et transmettre les vibrations des cordes au fond. — **4.** Noyau, en général de bois, d'une figure, complété par un revêtement soit de feuilles de métal, soit de plâtre ou de stuc. (Techniques médiévales.) — **5.** Fil, généralement synthétique, incorporé, lors de la filature, au centre du filé fabriqué. (L'enrobage en fibres peut être de nature quelconque.) — **6.** *Âme d'un fer profilé,* partie de ce fer située entre deux ailes. ‖ *Âme d'une poutre,* partie médiane verticale, pleine ou évidée, qui relie les deux ailes ou semelles d'une poutre composée. ‖ *Âme d'un rail de chemin de fer,* partie située entre le patin et le champignon.

Âmes mortes *(les),* roman de Nikolaï Gogol (1842 ; 2e partie inachevée et posthume 1852). Mélange d'imagination et de réalisme sordide, c'est le prétexte d'une impitoyable revue de la vie de province et du portrait de l'« homme russe tout entier » par son côté négatif.

AMÉDÉE, en ital. **Amedeo,** nom de neuf comtes de Savoie dont les plus importants sont : **Amédée V** (v. 1252-Avignon 1323), comte de Savoie de 1285 à 1323 ; — **Amédée VI** (Chambéry 1334-San Stefano 1383), comte de Savoie de 1343 à 1383 ; il obtint de la France la cession définitive du Faucigny ; — **Amédée VII** (Chambéry 1360-château de Ripaille 1391), comte de Savoie de 1383 à 1391. Il acheta le comté de Nice en 1388 ; — **Amédée VIII** (Chambéry 1383-Ripaille 1451), comte, puis (1416) duc de Savoie de 1391 à 1440. Véritable créateur de l'État savoyard, il racheta, en 1401, le Genevois et Annecy, et, en 1419, il incorpora définitivement le Piémont. En 1434, il se retira au monastère de Ripaille et fut élu pape en 1439 sous le nom de FÉLIX V, mais il dut abdiquer en 1449. (Il fut le dernier des antipapes.)

AMÉDÉE de Savoie (Turin 1845-*id.* 1890), roi d'Espagne (1870-1873). Après l'échec de la candidature Hohenzollern au trône d'Espagne en 1870, il fut proclamé roi par les Cortes, mais l'agitation républicaine et carliste l'obligea à abdiquer.

AMEIVE n. m. (mot indien du Brésil). Grand lézard du Brésil, voisin du téju.

AMEL n. m. (ar. *'āmil*). Préfet du gouvernement marocain.

AMÉLANCHE n. f. (provenç. *amelanco*). Fruit noir, comestible de l'amélanchier.

AMÉLANCHIER n. m. (provenç. *amelanquier,* de *amelanco ;* du gaul.). Arbuste (rosacée) des rocailles de montagne, aux petites feuilles rondes, au fruit comestible.

AMÉLIE n. f. Malformation congénitale caractérisée par l'absence d'un ou de plusieurs membres.

AMÉLIE D'ORLÉANS, reine de Portugal → MARIE-AMÉLIE D'ORLÉANS.

AMÉLIE-LES-BAINS-PALALDA (66110), comm. des Pyrénées-Orientales, dans le Vallespir, sur le Tech ; 3 272 hab. *(Améliens* et *Palaldéens).* Station thermale pour les voies respiratoires et les rhumatismes.

AMÉLIORABLE adj. Qui peut être amélioré ; perfectible.

AMÉLIORANT, E adj. *Plante améliorante,* plante dont la culture enrichit le sol en azote, telle que les légumineuses, l'aulne, le robinier, l'orme et le frêne.

AMÉLIORATION n. f. **1.** Action d'améliorer, de s'améliorer ; état qui en résulte, progrès : *L'amé-*

lioration de la condition ouvrière. — **2.** Modification, changement qui améliorent : *La météo prévoit une amélioration du temps.* — **3.** Technique de compression et d'imprégnation du bois par de la bakélite ou des résines synthétiques. — **4.** *Amélioration génétique,* ensemble des opérations ayant pour objet l'amélioration du potentiel héréditaire des individus d'une population animale. ‖ *Amélioration de l'habitat,* adaptation, totale ou partielle, des locaux d'habitation à des normes de salubrité, de sécurité, d'équipement et de confort.

◆ **améliorations** n. f. pl. Aménagements nécessaires, utiles ou d'agrément (voluptuaires) en vue de la conservation et de l'entretien d'un bien.

AMÉLIORER v. t. (anc. fr. *meillor,* du lat. *melior,* meilleur) [conj. 3]. Augmenter les qualités, les capacités, le niveau de qqch, de qqn, les rendre meilleurs : *Améliorer le cadre de vie.*

◆ **être amélioré** v. pass. *Bois amélioré,* bois ayant subi une amélioration.

◆ **s'améliorer** v. pr. Devenir meilleur : *Sa santé s'est améliorée.*

AMEN [amɛn] n. m. inv. (mot lat. ; de l'hébr. *āmēn,* assurément). **1.** Mot signifiant « qu'il en soit ainsi », et qui sert de conclusion à une prière ou à une doxologie dans les liturgies juive et chrétiennes. — **2.** *Dire amen,* approuver ce qui est dit ou fait.

AMENAGE n. m. (de *amener*). **1.** Dans une machine-outil, opération qui met à portée de l'outil la pièce à travailler. — **2.** Engagement, souvent automatique, du bois à débiter dans la machine.

AMÉNAGEABLE adj. Qui peut être aménagé.

AMÉNAGEMENT n. m. **1.** Action d'aménager un local, un lieu ; résultat de cette action : *L'aménagement d'un appartement.* — **2.** Action d'aménager qqch ; arrangement, disposition particulière visant à une meilleure adéquation de qqch à sa destination : *L'aménagement d'un texte de loi.* — **3.** Ensemble des règles à appliquer pour la mise en valeur et la bonne gestion d'une forêt. — **4.** *Aménagement du littoral,* ensemble des mesures visant à réglementer l'utilisation et l'équipement de la zone littorale tout en préservant les équilibres naturels. ‖ *Aménagement du territoire,* politique consistant à rechercher, dans le cadre géographique national, la meilleure répartition de la population en fonction des ressources naturelles et à promouvoir des activités économiques dans les régions qui en sont dépourvues. (→ *encycl.*) ‖ *Office public d'aménagement et de construction (O. P. A. C.),* établissement public à caractère industriel et commercial, créé en 1971, et qui a pour objet de réaliser toutes opérations d'urbanisme (aménagement d'agglomérations nouvelles, lotissements...). ‖ *Société d'aménagement foncier et d'établissement rural (S. A. F. E. R.),* société d'économie mixte, qui a pour but d'améliorer les structures agraires et notamment de faciliter la mise en culture des terres et l'établissement d'agriculteurs.

◆ **aménagements** n. m. pl. *Aménagements (intérieurs),* ensemble des éléments qui équipent un local, un véhicule.

ENCYCL. L'aménagement du territoire consiste, par une action volontariste de l'État, à répartir harmonieusement sur le territoire national les hommes, les activités, les outils d'éducation, les infrastructures de transport. Cette politique s'inscrit donc en opposition avec les lois économiques du simple jeu de marché. Elle se veut correctrice des déséquilibres géographiques, entre régions, entre villes et campagnes, entre zones dynamiques et zones déshéritées. Elle va souvent de pair avec la planification. Initiée en 1955, cette politique a pris réellement son essor dans les années 1960-1970 (avec, notamment, la création de la Délégation à l'aménagement du territoire et à l'action régionale, ou D.A.T.A.R.). Elle est passée ensuite à une phase de stagnation, d'hésitation, voire d'usure, et semble avoir repris un certain élan depuis le début des années 1990. Depuis 1981, l'aménagement du territoire a été fortement influencé par deux phénomènes marquants. En premier lieu, à partir des lois Defferre de 1982-83, la décentralisation a donné aux communes, aux départements et aux Régions des pouvoirs politiques et économiques considérables. Mais, profitant de cette nouvelle liberté, les collectivités locales les plus riches ont eu tendance à accentuer leur avance et, en dix ans, les écarts de richesse entre régions riches et pauvres se sont, selon les statistiques de l'I.N.S.E.E., creusés. En second lieu, l'Europe est désormais le cadre naturel de l'aménagement du territoire, notamment via le F.E.D.E.R. (Fonds européen de développement régional).

En 1991-92, une politique de délocalisation en province d'administrations et de services publics est lancée. En 1994 est publié, avec le concours de la D.A.T.A.R., un « schéma national de développement du territoire », document qui fait l'inventaire des politiques à suivre jusqu'en 2015 et propose une division de la France en 7 espaces interrégionaux d'aménagement et de développement (Bassin parisien, Nord, Grand-Est, Centre-Est, Midi-Méditerranée, Sud-Ouest et Loire-Armorique) préfigurant ce que pourraient être de grandes régions à l'échelle européenne. Une loi d'orientation pour l'aménagement du territoire est adoptée (loi du 4 février 1995).

aménagement foncier et d'urbanisme *(Fonds national d')* **[F. N. A. F. U.]**, organisme, créé en 1963, qui a pour rôle de faciliter l'exécution des acquisitions et des aménagements fonciers en accordant des aides financières aux collectivités locales et aux établissements publics ou aux sociétés d'économie mixte.

aménagement du territoire *(Fonds d'intervention pour l')* **[F. I. A. T.],** organisme, créé en 1963, destiné à financer les opérations complémentaires d'équipement reconnues comme nécessaires à la mise en œuvre de la politique d'aménagement du territoire.

aménagement du territoire et à l'action régionale *(Délégation à l')* **[D. A. T. A. R.],** organisme créé en 1963 et chargé de préparer, d'harmoniser et de mettre en œuvre les décisions relatives à l'aménagement du territoire. Il dépend du Premier ministre.

AMÉNAGER v. t. (moyen fr. *mesnagier,* administrer) [conj. **17**]. **1.** Arranger un lieu, un local, en disposer les éléments en vue d'un usage précis : *Aménager une petite pièce en salle de bains.* – **2.** Installer qqch dans un ensemble plus vaste : *Aménager un coin repas dans une cuisine.* – **3.** Pourvoir une habitation du confort nécessaire : *Il a fini d'aménager son appartement.* – **4.** Arranger un texte, éventuellement le modifier, pour qu'il convienne à qqn, qu'il soit plus adéquat à une situation : *Aménager une législation ancienne.*

◆ **être aménagé** v. pass. En parlant d'un local, contenir tous les éléments nécessaires préalablement installés : *Acheter une cuisine aménagée.*

AMÉNAGEUR n. m. Personne ou organisme qualifiés dans les études d'aménagement du territoire et des agglomérations urbaines et dans l'établissement et l'application des plans découlant de ces études.

AMÉNAGISTE n. Personne chargée de l'aménagement des forêts.

AMENDABLE adj. Qui peut être amendé.

AMENDE n. f. (de *amender*). **1.** Sanction ou peine pécuniaire édictée par la loi en matières civile, fiscale ou pénale, consistant en une somme d'argent payable à l'État. – **2.** Sanction pécuniaire frappant les salariés d'une entreprise, partiellement prohibée en 1932 et interdite en 1978. – **3.** *Amende civile,* sanction pécuniaire prévue par la loi civile en cas d'inaccomplissement de certaines formalités d'ordre civil limitativement énumérées. ‖ *Amende fiscale,* peine pécuniaire infligée par le juge répressif à l'auteur d'une fraude fiscale. ‖ *Amende forfaitaire,* sanction pécuniaire qui oblige le contrevenant à verser une amende en dehors de toute intervention du tribunal de police. ‖ *Amende pénale,* peine pécuniaire qui consiste dans l'obligation faite à un délinquant de payer au Trésor public une certaine somme d'argent. ‖ *Amende pénale fixe,* amende infligée au contrevenant qui s'est refusé à payer l'amende forfaitaire et qui n'a formulé aucune réclamation. ‖ *Faire amende honorable,* reconnaître ouvertement ses torts. ‖ Fam. *Mettre qqn à l'amende, être à l'amende,* dans un groupe, infliger à qqn ou se voir infliger une sanction légère et amicale pour avoir enfreint une consigne établie d'un commun accord.

1. AMENDEMENT n. m. (de *amender*). Substance qui a pour effet d'améliorer les propriétés physiques des sols auxquels on l'incorpore et peut en modifier les propriétés chimiques et biologiques.

2. AMENDEMENT n. m. (angl. *amendement,* de l'anc. fr. *amendement,* amélioration). **1.** Modification apportée à un projet ou à une proposition de loi en discussion devant une assemblée délibérante. (Les parlementaires ou le gouvernement disposent du *droit d'amendement.*) – **2.** En droit ancien, correction d'un jugement.

1. AMENDER v. t. (lat. *emendare,* améliorer) [conj. **3**]. **1.** *Litt.* Rendre qqn meilleur, le corriger. – **2.** Incorporer un amendement au sol.

◆ **s'amender** v. pr., **être amendé** v. pass. Devenir meilleur, se corriger.

2. AMENDER v. t. (angl. *to amend,* de l'anc. fr. *amender,* corriger) [conj. **3**]. Modifier un texte soumis à l'approbation d'une assemblée délibérante.

AMENDOLA (Giovanni), homme politique italien (Salerne 1882-Cannes 1926). Ministre pour les Colonies en 1922, il conduisit l'opposition au Parlement contre le fascisme et constitua l'Union nationale démocratique. Agressé par les fascistes (1925), il dut s'exiler en France, où il succomba à ses blessures.

AMÈNE adj. (lat. *amoenus*). *Litt.* **1.** Qui est agréable, qui charme par sa douceur : *Un visage amène.* – **2.** D'une courtoisie aimable ; affable (parfois ironiq.) : *Échanger des propos amènes.*

AMENÉE n. f. Action d'amener l'eau.

AMENEMHAT (mot égypt. signif. *Amon est en tête*), nom porté par quatre pharaons de la XIIe dynastie (XXe-XIXe s. av. J.-C.). Ils rétablirent l'unité, la puissance et la prospérité de l'Égypte au Moyen Empire. Le plus célèbre fut **Amenemhat III,** dont le temple funéraire fut assimilé par les Grecs au Labyrinthe.

AMENER v. t. (de *mener*) [conj. **19**]. **1.** Faire venir qqn avec soi : *Amenez votre ami à la maison.* – **2.** Provoquer la venue de qqn : *Dites-moi ce qui vous amène.* – **3.** *Fam.* Apporter qqch : *Amenez vos cahiers en classe.* – **4.** Transporter qqn, qqch vers un lieu ; mener, conduire, transporter : *Ce* *bus vous amène à la gare.* — **5.** Avoir pour conséquence un état, un événement ; provoquer, entraîner : *Crise économique qui risque d'amener des problèmes sociaux.* — **6.** Présenter un mot, une idée, etc., dans un discours, un texte : *Dans son exposé il a habilement amené une citation.* — **7.** Conduire qqch à un certain état : *Amener l'eau à ébullition.* — **8.** Faire en sorte qu'un sujet soit abordé : *Amener la conversation sur le problème du chômage.* — **9.** Pousser qqn à telle action, telle idée : *Son métier l'amène à des déplacements fréquents.* — **10.** Aux dés, obtenir un certain nombre de points. — **11.** Abaisser les voiles, descendre le pavillon d'un navire (pour indiquer qu'il se rend à son adversaire). — **12.** *Mandat d'amener,* ordre donné par le juge d'instruction à la force publique de faire comparaître immédiatement une personne devant lui. ‖ *Quel bon vent vous amène ?,* se dit à qqn qui vient à l'improviste, mais qu'on est content de voir.

◆ **s'amener** v. pr. *Pop.* Venir, arriver : *Amène-toi !*

AMENHOTEP, fils de Hapou, architecte du pharaon Aménophis III. On lui doit notamment le temple de Louqsor.

AMÉNITÉ n. f. (lat. *amoenitas,* charme). **1.** *Litt.* Politesse, affabilité qui charme : *Accueillir quelqu'un avec aménité.* — **2.** *Sans aménité,* avec rudesse, vivacité : *Le perturbateur fut expulsé sans aménité.*

◆ **aménités** n. f. pl. *Ironiq.* Paroles blessantes : *Un échange d'aménités.*

AMENÔKAL n. m. (mot berbère signif. *sultan*). Titre porté par le chef de la famille des Imanan, la plus noble des Touareg.

AMÉNOPHIS, nom de quatre pharaons du Nouvel Empire dont les plus importants sont : **Aménophis III** (1408-1372 av. J.-C.), qui porta l'empire d'Égypte à son apogée ; excellent administrateur, il fut aussi un grand bâtisseur. — **Aménophis IV** (1372-1354 av. J.-C.), fils d'Aménophis III, qui tint une grande place dans l'histoire religieuse de l'Égypte et dans l'histoire des religions en général sous le nom d'Akhenaton*.

AMÉNORRHÉE n. f. Absence de menstruation.
ENCYCL. On distingue, en dehors de l'état de grossesse, les aménorrhées primaires (lorsque les règles ne sont jamais survenues) et les aménorrhées secondaires (lorsque la femme a eu normalement ses règles pendant un certain temps). Les causes des premières sont des malformations congénitales portant sur le vagin, l'utérus ou les ovaires. La cause des aménorrhées secondaires est le plus souvent une absence d'ovulation.

AMENSAL, E, AUX [-mɑ̃-] adj. (du lat. *mensa,* nourriture). Se dit d'une plante inhibée dans sa croissance par amensalisme.

AMENSALISME [-mɑ̃-] n. m. (de *amensal*). Action inhibitrice exercée autour d'elle par une plante, au moyen de sécrétions toxiques de ses racines, et qui lui assure l'exclusivité du terrain en empêchant la germination ou la croissance des autres espèces. (Le romarin, la piloselle exercent l'amensalisme, de même que les champignons et bactéries sécrétant des antibiotiques et que diverses algues qui provoquent les « eaux rouges » ou les « fleurs d'eau » toxiques).

AMENTALE n. f. ou **AMENTIFÈRE** [-mɑ̃-] n. m. (lat. *amentum,* courroie). Nom de groupe donné aux arbres à chatons répartis dans les ordres des salicales (saule) et des fagales (hêtre, chêne).

AMENTIFÈRE [-mɑ̃-] adj. (du lat. *amentum,* courroie). Se dit d'une plante qui porte des chatons.

AMENUISEMENT n. m. Action d'amenuiser, de s'amenuiser ; diminution.

AMENUISER v. t. (anc. fr. *menuisier,* couper en morceaux) [conj. 3]. **1.** Rendre qqch plus mince, plus fin ; amincir : *Amenuiser une planche.* — **2.** Rendre qqch plus faible, moins important ; réduire, diminuer : *De fortes demandes ont amenuisé les stocks.*

◆ **s'amenuiser** v. pr., **être amenuisé** v. pass. Devenir plus faible, plus mince, moins important : *Ses chances de succès s'amenuisent.*

1. AMER, ÈRE adj. (lat. *amarus*). **1.** Se dit d'une saveur rude et désagréable ; aigre : *L'écorce d'orange est amère.* — **2.** Se dit de qqn que la déception a rendu triste, plein de ressentiment : *Cet échec l'avait rendu amer.* — **3.** Qui cause de la tristesse, qui exprime la déception : *Une amère désillusion.* — **4.** Se dit d'un propos blessant, dur, mordant : *Il nous a adressé d'amers reproches.*

◆ **amer** n. m. **1.** Produit végétal (gentiane, quinquina) qui excite l'appétit, active la digestion, et peut également avoir un effet tonique. — **2.** Liqueur apéritive à base d'oranges amères, de gentiane et de diverses plantes aromatiques infusées dans de l'alcool. — **3.** *Maladie de l'amer,* syn. de AMERTUME.

2. AMER [-mɛr] n. m. (de *à* et *mer*). Tout objet fixe et remarquable situé sur la côte ou en mer, utilisé pour prendre des relèvements ou pour contrôler la route à suivre près de terre.

AMÉRASIEN, ENNE adj. et n. Se dit de qqn qui est métis d'Américain et d'Asiatique, en partic. en Asie du Sud-Est.

AMÈREMENT adv. Avec amertume : *Regretter amèrement son erreur.*

America, voilier américain dont le propriétaire, en 1851, défia les Britanniques pour une course autour de l'île de Wight. La reine Victoria offrit une coupe, gagnée par l'*America.* Cette coupe, mise en jeu tous les 4 ans et dénommée *Coupe de* *l'America*, ou *America's Cup*, a été détenue par le New York Yacht Club jusqu'en 1983. Ravie alors par l'Australie, elle est revenue aux États-Unis en 1987, avant d'être remportée par la Nouvelle-Zélande en 1995.

AMÉRICAIN, E adj. et n. 1. D'Amérique. — 2. Des États-Unis d'Amérique. — 3. *Emmanchure américaine*, emmanchure d'un vêtement sans manches, fendue très haut sur l'épaule. ‖ *Filet américain*, en Belgique, steak tartare. ‖ *Nuit américaine*, technique permettant de filmer de jour des scènes d'extérieur en donnant à la projection l'impression de scènes de nuit. ‖ *Vedette américaine*, chanteur, artiste de music-hall qui entre en scène juste avant la vedette principale.

◆ **américain** n. m. Forme de l'anglais parlé aux États-Unis d'Amérique. (Syn. ANGLO-AMÉRICAIN.) [→ *encycl.*]

◆ **américaine** n. f. 1. Véhicule hippomobile très léger, à quatre roues, dont les deux sièges étaient interchangeables. — 2. En cyclisme, épreuve sur piste, disputée par équipes de deux coureurs qui se relaient. — 3. *À l'américaine*, se dit de la façon d'accommoder un poisson ou un crustacé revenu à l'huile avec une mirepoix, flambé au cognac, mouillé au vin blanc et au fumet de poisson, et cuit avec des tomates concassées. ‖ *Enchères à l'américaine*, enchères permettant l'acquisition de l'objet non par le plus fort, mais par le dernier enchérisseur. ‖ *Vol à l'américaine*, vol doublé d'une mystification.

ENCYCL. **Ling.** L'américain se distingue de l'anglais par l'articulation de certains phonèmes, leur distribution, ainsi que par l'accentuation. La diversité des dialectes est importante dans l'Est et le Sud et diminue vers l'Ouest à cause des brassages de populations. Certains américanismes (grammaire, prononciation) sont des survivances archaïques, d'autres (orthographe, néologismes) sont des innovations. Renouvellement lexical rapide (emprunt, dérivation) et rejet de toute norme puriste sont les traits marquants de l'américain.

American Ballet Theatre, dénomination officielle, depuis 1957, du Ballet Theatre, compagnie de ballet américaine, fondée à New York en 1939. Depuis 1951, il dispose de sa propre école, la Ballet Theatre School, dont les meilleurs éléments ont formé, en 1972, la Ballet Repertory Company.

American Express Company, société de services américaine créée en 1850, mais dont les origines remontent à 1839. Elle émit, en 1891, son premier chèque de voyage et inaugura, en 1915, un service de voyages. Ce groupe exerce aujourd'hui ses activités dans les domaines du tourisme, des services bancaires et financiers et des assurances.

American Federation of Labor-Congress of Industrial Organizations (AFL-CIO), organisation syndicale américaine. Fondée en 1886 par Samuel Gompers et constituée en fédération de métiers, l'American Federation of Labor pratique un syndicalisme réformiste. En 1955, au terme de longues négociations, AFL et CIO fusionnèrent pour former l'AFL-CIO. L'ensemble réunit alors 16,5 millions d'adhérents, soit 90 % des syndiqués des États-Unis.

American Geographical Society, la plus ancienne des sociétés américaines de géographie, fondée à New York en 1852. Elle publie *The Geographical Review*.

AMÉRICANISATION n. f. Action d'américaniser, fait de s'américaniser.

AMÉRICANISER v. t. (conj. 3). Marquer des traits propres à la civilisation américaine des États-Unis.

◆ **s'américaniser** v. pr., **être américanisé** v. pass. Adopter les manières de vivre, les usages américains.

AMÉRICANISME n. m. (angl. *americanism*). 1. Ensemble des sciences humaines appliquées à l'étude du continent américain. — 2. Engouement pour les États-Unis, leurs idées, leurs manières de vivre. — 3. Idiotisme propre à l'anglais d'Amérique du Nord. — 4. Tendance à préférer l'action pratique à l'étude ou à la contemplation, attribuée à certains milieux ecclésiastiques des États-Unis, groupés à la fin du XIXe s. autour du professeur Th. Hecker. (Une lettre de blâme de Léon XII, en 1899, mit fin à cette tendance.)

AMÉRICANISTE adj. et n. Relatif à l'américanisme ; qui en est partisan.

◆ n. Spécialiste des civilisations et des langues du continent américain.

American Legion, organisation d'anciens combattants américains des deux guerres mondiales, fondée en 1919 et dont le siège est à Washington.

AMÉRICANO n. m. (n. déposé ; esp. *americano*, américain). Cocktail composé de bitter et de vermouth additionnés d'eau gazeuse et de zeste de citron.

American Telephone and Telegraph Company (ATT), société américaine de télécommunications fondée en 1885 et qui représentait, avec ses filiales, l'ensemble connu sous le nom de « Bell System ». La firme a été à l'origine de nombreuses inventions (magnétophone, transistor, satellites de télécommunications). En 1984, elle a dû renoncer à son monopole de fait sur le réseau téléphonique aux États-Unis. Elle a alors largement développé ses implantations à l'étranger, notament en Europe, tout en cherchant à diversifier ses activités. Elle s'est scindée en 1996 en deux entités distinctes : l'une (qui garde le nom d'ATT) regroupant les activités de services de télécommunications ; l'autre (Lucent Technologies) étant chargée des équipements de télécommunications et de l'informatique.

AMÉRICIUM [-sjɔm] n. m. (de *America,* par analogie avec l'*europium*). Élément chimique artificiel de numéro atomique 95, qui suit le plutonium dans la série des corps transuraniens. (Symb. Am.)
ENCYCL. L'américium, qui n'existe pas dans la nature, a été obtenu par bombardement de l'uranium au moyen de particules α. C'est l'un des principaux déchets nucléaires.

AMERIC VESPUCE → VESPUCCI (Amerigo).

AMÉRINDIANISTE n. Spécialiste des langues et des cultures amérindiennes.

AMÉRINDIEN, ENNE adj. et n. (amér. *amerindian*). Se dit des Indiens d'Amérique.

AMÉRIQUE, continent couvrant 42 millions de km² et peuplé de 774 millions d'hab. On y a distingué trois grands ensembles : l'*Amérique du Nord* et l'*Amérique du Sud,* constituant l'essentiel du continent et séparées par un isthme formant (avec les Antilles, pour certains auteurs) l'*Amérique centrale.*
Étiré sur plus de 15 000 km du N. au S., le continent juxtapose d'O. en E. trois grands types de paysages. La façade pacifique est dominée par des hautes chaînes (l'Aconcagua culmine à 6 959 m), étirées, les cordillères (Rocheuses au N. et Andes au S. notamment), partiellement volcaniques, enserrant souvent des plateaux d'altitude (Grand Bassin américain ou Altiplano bolivien par ex.). La façade atlantique, parfois bordée de plaines littorales, est dominée par de moyennes montagnes (où l'altitude n'atteint jamais 3 000 m), comme les Appalaches au N., ou de hauts plateaux, comme le plateau brésilien au S. Le centre est occupé par de vastes régions sédimentaires plus basses, comme la Prairie américaine (débordant au Canada) ou la forêt amazonienne, correspondant souvent aux bassins de gigantesques organismes fluviaux (comme l'ensemble Mississippi-Missouri au N., l'Amazone au S.). La végétation varie avec le relief et la latitude. Une grande partie de l'Amérique du Nord est dans le domaine tempéré. Les hivers sont souvent rudes en altitude et dans l'intérieur (éloigné des influences océaniques adoucissantes). Les précipitations sont abondantes sur l'Ouest montagneux, se raréfiant vers l'E. plus abrité, avant de se relever en bordure de l'Atlantique. On passe de la toundra de l'extrême nord à la forêt et rapidement dans l'intérieur, à tendance aride, à la steppe. L'Amérique centrale montagneuse, étroite, est abondamment arrosée, comme le sont les îles ou versants au vent des Antilles. La forêt a souvent été défrichée par les plantations commerciales à des latitudes tropicales. Elle domine en revanche dans l'Amazonie équatoriale, abondamment arrosée, toujours chaude. Elle cède la place à une forêt plus clairsemée, puis à la savane et à la steppe sur le plateau brésilien, à la prairie plus au S. (Pampa). La steppe réapparaît dans la Patagonie abritée par les Andes. La façade pacifique présente une succession de climats influencés naturellement par la latitude (climat méditerranéen de la Californie et du littoral chilien à la hauteur de Santiago), mais aussi par l'existence de courants marins (comme le courant de Humboldt) expliquant la bande désertique de l'Atacama.
La densité moyenne de peuplement est faible, environ 18 habitants au km², chiffre sans grande signification sur un espace aussi vaste et aussi diversifié. À des secteurs très peuplés comme le Nord-Est américain et le pourtour oriental des Grands Lacs, ou le sud-est du Brésil (triangle São Paulo-Rio de Janeiro-Belo Horizonte) et certaines îles des Antilles, s'opposent d'immenses régions presque vides comme le Nord canadien ou l'Amazonie. Le peuplement précolombien s'est souvent maintenu dans les Andes, site de quelques métropoles (Bogotá, Quito, La Paz), bien que des migrations se soient produites vers le littoral, jalonné sur l'ensemble du continent de très grandes agglomérations (San Francisco, Los Angeles, mégalopolis de Boston à Washington, Buenos Aires et Montevideo, Rio de Janeiro, Recife) ; Caracas, Lima et Santiago sont proches du littoral. Mais humainement, pour des raisons tenant à l'histoire surtout (peuplement portugais et surtout espagnol, par le sud de l'Atlantique, peuplement à dominante britannique des actuels États-Unis et Canada), plus accessoirement à des considérations physiques, comme le poids du relief et surtout du climat, s'opposent Amérique du Nord et Amérique latine. (→ AMÉRIQUE LATINE, CANADA et ÉTATS-UNIS.)

AMÉRIQUE CENTRALE, partie la plus étroite de l'Amérique (traditionnellement limitée par les isthmes de Tehuantepec au Mexique et de Darién au Panamá), englobant (outre la partie méridionale du Mexique) sept États : Guatemala, Belize, Honduras, Salvador, Nicaragua, Costa Rica et Panamá, regroupant, sur un peu plus de 500 000 km², environ 32 millions d'habitants. C'est une région tropicale, où la dissymétrie des reliefs (montagnes généralement volcaniques de la façade pacifique et plaines atlantiques) explique des nuances de précipitations, toujours (ou presque) abondantes, mais continues au N., atteint par l'alizé, avec une saison sèche marquée au S., abrité. L'histoire (avec la colonisation et la proximité des puissants États-Unis) plus que le climat (toujours chaud, tempéré seulement par l'altitude) ou les sols, explique la longue prépondérance des cultures de plantation (café, bananes, coton) associée à une structure agraire et sociale inégalitaire, qui constitue toujours un facteur d'instabilité politique.

AMÉRIQUE ESPAGNOLE, ensemble des pays issus de l'ancien empire espagnol d'Amérique.

AMÉRIQUE LATINE, ensemble des pays de l'Amérique du Sud et de l'Amérique centrale (plus le Mexique) qui ont été des colonies espagnoles ou portugaises (Brésil) ; 20 500 000 km^2 ; 481 millions d'hab. *(Latino-Américains).*

— **Géogr.** L'Amérique latine s'étend du Mexique à la Terre de Feu, recouvrant la partie méridionale de l'Amérique du Nord, l'Amérique centrale, l'archipel antillais et l'Amérique du Sud. N'ont échappé à l'influence ibérique que des espaces limités des Antilles et des Guyanes colonisés par la France, l'Angleterre et la Hollande.

L'Amérique latine, en majeure partie tropicale, traduit certes les contraintes du milieu naturel, relief et climat, mais surtout le poids de l'histoire, grande responsable des structures politiques et économiques, qu'il s'agisse du découpage de l'espace ou des choix de sa mise en valeur. L'histoire explique : la présence d'un pays géant (le Brésil, plus du tiers de la superficie et de la population de l'Amérique latine), la multiplicité des petites républiques d'Amérique centrale, des États (ou parfois encore dépendances) insulaires des Antilles (rattachées globalement un peu abusivement à cet ensemble) ; la composition, généralement mêlée, de la population, où au fonds précolombien se sont ajoutés les Européens (surtout de la péninsule Ibérique) et des Noirs africains ; les structures agraires (extension de la grande propriété) et socio-professionnelles (inexistence fréquente d'une classe moyenne entre une aristocratie foncière et politique et la masse du peuple) ; le développement de certaines productions à vocation commerciale (café, cacao, canne à sucre), aux dépens de cultures vivrières ; la croissance rapide de la population, à la base, par le biais de l'exode rural (malgré la permanence de l'importance relative de l'activité agricole), de la prolifération des bidonvilles dans des métropoles. Beaucoup de ces caractéristiques (liées entre elles) contiennent une charge politico-sociale explosive, souvent aggravée par un effrayant endettement extérieur). Certes, des nuances apparaissent entre les États (et aussi à l'intérieur de chacun d'entre eux). Aujourd'hui, un certain nombre d'accords commerciaux ont été conclus entre différents pays afin de créer des zones de libre-échange. Le Mercosur regroupe l'Argentine, le Brésil, le Paraguay et l'Uruguay. Le Mexique est intégré dans le NAFTA (North American Free Trade Agreement).

— **Hist.** L'histoire de l'Amérique latine est d'abord celle des civilisations précolombiennes (Aztèques, Toltèques, Mayas et Incas). C'est ensuite l'histoire de la colonisation espagnole et portugaise, cette dernière ayant intéressé l'immense Brésil. L'émancipation des anciennes colonies et le morcellement politique se situent entre 1808 et 1825 (→ INDÉPENDANCE DE L'AMÉRIQUE LATINE). Progressivement, le vaste empire colonial d'Amérique échappe à l'Espagne, et le Brésil se sépare du Portugal en 1822. Après son indépendance, l'Amérique latine connaît une évolution chaotique. Les officiers qui ont mené les guerre d'indépendance s'imposent d'abord au pouvoir (« caudillisme »), puis les systèmes politiques évoluent vers des régimes autoritaires civils qui n'excluent jamais les dictatures militaires. À l'instabilité politique s'ajoutent des conflits frontaliers, relayés par des guérillas internes (Pérou, Nicaragua, Colombie, Argentine, Salvador, Uruguay, Bolivie). Dans les années 1980, les États de la région s'engagent sur la voie de la démocratisation politique.

AMÉRIQUE DU NORD, partie septentrionale du continent américain, englobant le Canada, les États-Unis, et, selon les auteurs, la totalité ou seulement une partie du Mexique (jusqu'à l'isthme de Tehuantepec).

AMÉRIQUE DU SUD, partie méridionale du continent américain se développant depuis l'isthme de Panamá jusqu'au détroit de Magellan et au cap Horn.

AMÉRISANT n. m. Additif alimentaire destiné à rendre un aliment plus amer.

AMERLO ou **AMERLOQUE** n. *Pop.* Américain des États-Unis.

AMERRIR v. i. (de *mer*, par analogie avec *atterrir*) [conj. 32]. Se poser à la surface de l'eau, en parlant d'un aéronef (hydravion ou avion amphibie) ou d'un vaisseau spatial.

AMERRISSAGE n. m. Action d'amerrir.

AMERSFOORT, v. des Pays-Bas, à l'E. d'Utrecht, sur l'Eem ; 101 974 hab. Villégiature. Vieux quartiers ceints de canaux. Restes de fortifications. Tour Notre-Dame, des XVe et XVIIe s.

AMERTUME n. f. (lat. *amaritudo*). **1.** Saveur amère : *L'amertume du café.* — **2.** Ressentiment causé par le regret ou la déception : *Évoquer avec amertume l'échec de ses projets.* — **3.** Maladie des vins due à des bactéries qui provoquent la production d'acroléine et l'apparition d'une saveur amère. (Syn. MALADIE DE L'AMER.)

AMESHA SPENTAS ou **AMSHASPENDS,** dans la religion zoroastrienne, les six esprits immortels du Bien, au service d'Ahura-Mazdā pour guider le monde.

AMÉTABOLE adj. (gr. *ametabolos,* sans changement). Se dit des espèces d'insectes, peu nombreuses, chez lesquelles l'adulte diffère peu de la jeune larve.

AMÉTALLIQUE adj. Se dit d'un système monétaire dans lequel le billet de banque a cours forcé et n'est garanti par aucun stock de métal précieux.

AMÉTHYSTE n. f. (lat. *amethystus ;* du gr. *amethustos,* qui préserve de l'ivresse). **1.** Variété violette de quartz colorée par de l'oxyde de fer et utilisée en bijouterie. — **2.** Oiseau-mouche vert, à gorge rouge d'Amazonie. — **3.** *Améthyste orientale,* variété violette de corindon.
◆ adj. inv. et n. m. De couleur violette.

AMÉTROPE adj. et n. (gr. *ametros,* sans mesure). Atteint d'amétropie.

AMÉTROPIE n. f. Anomalie de la réfraction oculaire, groupant la myopie, l'hypermétropie et l'astigmatisme.

AMEUBLEMENT n. m. (de *ameubler,* garnir de meubles). **1.** Ensemble des meubles et objets qui garnissent ou ornent un logement, une pièce. — **2.** *Textiles, tissus d'ameublement,* ceux destinés à décorer des appartements, à recouvrir des sièges.

1. AMEUBLIR v. t. (de *meuble 1*) [conj. 32]. Fragmenter une terre en vue d'améliorer les conditions de semis et de développement des jeunes plantes.

2. AMEUBLIR v. t. (de *meuble 2*) [conj. 32]. **1.** Convertir en biens meubles. — **2.** Faire entrer tout ou partie de ses immeubles dans la communauté. (Syn. MOBILISER.)

1. AMEUBLISSEMENT n. m. **1.** Action d'ameublir la terre. — **2.** Transformation d'une roche cohérente en débris meubles, mobilisables par l'érosion.

2. AMEUBLISSEMENT n. m. Syn. de APPORT IMMOBILIER.

AMEUTER v. t. (de *meute*) [conj. 3]. **1.** Rassembler des personnes dans un dessein hostile, dans l'intention de provoquer des désordres ou de les exciter contre qqn, qqch ; soulever : *Ameuter la foule contre l'orateur.* — **2.** Provoquer l'émotion de qqn et le faire accourir : *Ses cris ameutèrent les voisins.* — **3.** Faire chasser ensemble les chiens de meute. (Syn. RALLIER.)

ÁMFISSA, AMPHISSA ou **SÁLONA,** v. de Grèce, à l'O. du Parnasse ; 6 600 hab. En 338 av. J.-C., la ville fut occupée et détruite par Philippe II de Macédoine.

AMFREVILLE-LA-MI-VOIE (76920), comm. de la Seine-Maritime, banlieue de Rouen, sur la Seine ; 2 561 hab. Tréfilerie.

AMHARAS, population démographiquement la plus importante de l'Éthiopie, parlant l'amharique.

AMHARIQUE adj. Qui appartient aux Amharas.
◆ n. m. Langue sémitique du groupe méridional (éthiopien). [Langue officielle de l'Éthiopie, l'amharique y est parlé par plus du quart de la population.]

AMHERST (Jeffrey, *baron*), maréchal britannique (Sevenoaks, Kent, 1717-*id.* 1797). Commandant les forces britanniques en Amérique du Nord (1758), il s'empara de Louisbourg (1758) puis de Montréal (1760), achevant ainsi la conquête du Canada, dont il fut gouverneur général jusqu'en 1763.

AMHERSTIA n. m. (de lady *Amherst,* n. pr.). Superbe arbre (césalpiniacée) de l'Inde, aux longues grappes de fleurs écarlates.

AMI, E n. (lat. *amicus, amica*). **1.** Personne avec laquelle on est uni par l'amitié : *Une amie d'enfance, de lycée.* — **2.** Se dit des animaux et des objets familiers, de toutes les choses pour lesquelles on a un attachement sentimental : *Nos fidèles amis les livres.* — **3.** *Ami(e), petit(e) ami(e), bon(ne) ami(e),* personne qui est liée à une autre par un sentiment tendre, par l'amour ; flirt ou amant, maîtresse. ‖ *Ami de la maison,* celui qui est reçu dans l'intimité d'une famille. ‖ *Faux ami,* terme d'une langue étrangère qui présente une ressemblance graphique ou phonique avec un terme de la langue maternelle, mais ne possède pas le même sens. ‖ *Mon ami, mon petit ami, mon jeune ami, mes petits amis, les amis,* apostrophes familières, de ton condescendant, ironique ou affectueux. ‖ *Venir en ami,* avec des intentions bienveillantes.
◆ adj. et n. Qui porte un attachement particulier à des êtres vivants, à des choses, à une idée, une cause : *Un ami du peuple. Les amis de la nature.*
◆ adj. **1.** Qui est lié d'amitié avec qqn : *Nous avons été très amis jadis.* — **2.** Qui appartient à un ami et témoigne de dispositions bienveillantes : *Un visage ami. Entendre des voix amies.* — **3.** Se dit d'une collectivité qui entretient des relations d'amitié avec une autre : *Des peuples amis.* — **4.** *Litt.* Qui est accueillant, favorable, propice : *Un rivage ami.* — **5.** Fam. *Faire ami-ami avec qqn,* lui faire des démonstrations d'amitié.

Ami du peuple *(l')*, feuille révolutionnaire, rédigée par Marat, qui y dénonça violemment les ennemis de la Révolution. Le premier numéro parut le 12 sept. 1789 ; le dernier, avec un titre changé, le lendemain de la mort de Marat, le 14 juill. 1793.

Ami du peuple *(l')*, quotidien fondé en 1928 par le parfumeur François Coty. Vendu 10 centimes (les autres journaux se vendant 25 centimes), et sympathisant du fascisme, il cessa de paraître en 1937.

Ami de la religion *(l')*, périodique catholique français, d'inspiration conservatrice et gallicane (1814-1848), puis organe du catholicisme libéral (1848-1862).

Ami et Amile, chanson de geste (fin XIIe s.). C'est l'histoire d'une amitié merveilleuse entre deux hommes qui se ressemblent.

Ami Fritz *(l')*, roman d'Erckmann-Chatrian (1864), histoire de la société de l'Alsace traditionnelle d'avant 1870.

Amis de la Constitution *(Société des)* → JACOBINS.

Amis des Noirs *(Société des)*, société fondée à Paris par Brissot, en 1788. Son but était de préparer l'affranchissement des Noirs.

AMIABLE adj. (lat. *amicabilis*). Se dit de ce qui concilie des intérêts opposés : *Constat amiable.* ◆ loc. adv. *À l'amiable,* qui a lieu par voie de conciliation, par oppos. à la voie contentieuse ; qui est fait de gré à gré, directement avec la personne concernée : *S'arranger à l'amiable.*

AMIABLEMENT adv. De façon amiable ; par voie de conciliation.

AMIANTE n. m. (gr. *amiantos,* incorruptible). **1.** Nom donné aux variétés fibreuses de certains minéraux (amphiboles et serpentines) qui peuvent se tisser. (Syn. ASBESTE.) — **2.** *Amiante bleu,* syn. de CROCIDOLITE.

ENCYCL. Les fibres d'amiante, extraites du minerai par broyage, sont insensibles à l'action des feux de foyer. Elles sont utilisées pour la fabrication d'étoffes incombustibles, de garnitures de freins, ainsi qu'à des fins de calorifugeage et comme joints d'étanchéité thermique. L'inhalation de poussières d'amiante ou d'asbeste est responsable de l'asbestose et serait à l'origine de nombreux cas de mesothéliome (cancer primitif de la plèvre).

AMIANTE-CIMENT n. m. (pl. *amiantes-ciments*). Matériau composé d'amiante et de pâte de ciment permettant la fabrication de composants et de produits divers utilisés dans le bâtiment et les travaux publics.

AMIANTIFÈRE adj. Qui contient de l'amiante.

AMIATA *(monte)*, massif d'Italie, dans l'Apennin toscan ; 1 734 m. Mines de mercure. Carrières pour la terre d'ombre.

AMIBE n. f. (lat. sc. *amiba,* du gr. *ameibein,* changer). Protiste rhizopode sans chlorophylle des eaux, des sols humides, ou vivant en parasite, et caractérisé par l'absence complète de cils ou de flagelle et par l'aptitude à se déplacer ou à ingérer ses proies par déformation du contour cellulaire (amiboïsme).

ENCYCL. Outre les éléments permanents communs à toute cellule vivante, une amibe ne présente que des expansions temporaires (pseudopodes) ; elle se déplace et se nourrit à la façon des leucocytes du sang humain. Certaines espèces peuvent s'enkyster lorsque les conditions deviennent défavorables. L'espèce *Entamœba histolytica* est l'agent de l'amibiase.

AMIBIASE n. f. Maladie parasitaire causée par l'amibe *Entamœba histolytica.*

ENCYCL. L'amibiase est fréquente dans la zone intertropicale mais présente des cas autochtones dans les régions tempérées. L'amibe existe sous trois formes. Les formes *E. histolytica minuta* et *kyste à quatre noyaux,* végétatives, n'envahissent pas les tissus mais leur présence dans les selles permet d'affirmer l'existence d'une amibiase. La forme pathogène E. *histolytica histolytica,* en plus des lésions graves causées à la muqueuse du côlon (→ DYSENTRIE), est susceptible d'envahir certains viscères (foie, poumon, rate, cerveau) et d'y créer des abcès. La prophylaxie repose sur l'hygiène et la lutte contre le péril fécal.

AMIBIEN, ENNE adj. **1.** Relatif aux amibes, qui en a l'allure ou certaines propriétés. — **2.** Se dit d'une maladie causée par les amibes.
◆ adj. et n. Atteint d'amibiase.
◆ **amibien** ou **amœbien** n. m. Nom commun à tous les rhizopodes autres que les foraminifères.

AMIBOÏDE adj. *Mouvement amiboïde,* déplacement d'une cellule vivante sur son support par une reptation fondée sur l'émission d'un pseudopode vers l'avant, tel qu'on l'observe chez les amibes.

AMIBOÏSME n. m. Caractère des cellules capables de mouvement amiboïde. (Seules de telles cellules peuvent se nourrir par phagocytose.)

AMICAL, E, AUX adj. (lat. *amicalis*). **1.** Qui est inspiré par l'amitié ; qui est empreint d'amitié : *Un geste amical. Une discussion amicale.* — **2.** Dont l'attitude exprime l'amitié : *Il est très amical avec moi.* — **3.** Se dit d'une rencontre sportive sans enjeu : *Match amical.*
◆ **amicale** n. f. Association de membres d'une même profession, d'un même établissement, de personnes qui ont la même activité.

AMICALEMENT adv. De façon amicale.

AMICHAI (Yehuda), écrivain israélien d'expression hébraïque (Würzburg 1924), poète (*le Temps,* 1977) et auteur dramatique marqué par la technologie contemporaine (*Voyage à Ninive,* 1962).

AMICI (Giovanni Battista), astronome et opticien italien (Modène 1786-Florence 1863). Il est l'inventeur d'un spectroscope à prismes à vision directe, de lunettes équatoriales et méridiennes, d'instruments de nivellement.

AMICROBIEN, ENNE adj. Qui ne contient pas de microbes.

AMICT [-mi] n. m. (lat. ecclés. *amictus*). Linge bénit qui couvre le cou et les épaules du prêtre, revêtu des ornements sacerdotaux. (Le port de l'amict n'est plus obligatoire.)

AMICTIQUE adj. Se dit d'un lac toujours gelé en surface.

AMIDA, nom japonais du Bouddha Amitābha.

AMIDE n. m. (de *ammoniac*). Nom générique des composés se déduisant des acides en remplaçant le groupe OH par un groupe NR_2.
ENCYCL. On distingue les amides *primaires* R—CO—NH_2, les *amides secondaires* R—CO—NHR' et les *amides tertiaires* R—CO—NR'_2. Tous sont caractérisés par la présence d'une liaison partiellement double entre le carbone et l'azote, appelée parfois liaison peptidique à cause de sa présence dans les polypeptides. Il en résulte un phénomène de mésomérie qui explique les propriétés de ces composés. Ce sont toujours des úcomposés associés, à hauts points d'ébullition ; les amides primaires et secondaires plus encore que les tertiaires, à cause des possibilités de ponts hydrogène. Ceux-ci jouent un rôle essentiel dans la structure secondaire des protéines.
– **Pharm.** Les amides ont donné naissance à un grand nombre de médicaments doués de propriétés analgésiques, antipyrétiques, hypnotiques et anticonvulsivantes.

AMIDON n. m. (lat. médiév. *amidum,* du lat. class. *amylum,* du gr. *amulon,* non moulu). Réserve glucidique intracellulaire, insoluble dans l'eau, hautement polymérisée caractéristique du règne végétal et qui abonde dans les organes souterrains (pomme de terre, igname, manioc), les graines (légumineuses, céréales), etc.
ENCYCL. L'amidon se présente sous forme de grains microscopiques, colorables en violet par l'eau iodée, de forme variable selon l'espèce (amyloplastes). Il est utilisé dans les industries alimentaires, en glucoserie, dextrinerie, pour la fabrication de colles, l'amélioration des pâtes à papier, le tannage du cuir.

AMIDONNAGE n. m. Action d'amidonner ; résultat de cette opération.

AMIDONNER v. t. (conj. 3). Empeser le linge d'amidon avant le repassage.

AMIDONNERIE n. f. Usine d'amidon.

AMIDONNIER, ÈRE n. Fabricant d'amidon.

AMIDOPYRINE ou **AMINOPYRINE** n. f. Médicament utilisé pour son action analgésique et antipyrétique dans les syndromes douloureux et les états grippaux. (Substance très toxique, elle peut provoquer une agranulocytose mortelle.) [Syn. AMINOPHÉNAZONE.]

AMIDURE n. m. Dérivé de l'ammoniac par substitution d'un métal à un atome d'hydrogène. (L'amidure de sodium NH_2NA est préparé par action directe du gaz ammoniac sur le sodium chauffé. Il sert à la préparation des amines et des amides, et à la synthèse de l'indigo.)

1. AMIE → AMI.

2. AMIE n. f. (gr. *amia,* sorte de thon). Grand poisson holostéen d'Amérique du Nord, possédant une vessie natatoire apte à la respiration aérienne et divers caractères primitifs.

AMIEL (Henri Frédéric), écrivain suisse de langue française (Genève 1821-*id.* 1881). Poète, traducteur, essayiste, il est surtout l'auteur d'un manuscrit autobiographique partiellement publié (*Fragments d'un journal intime,* 1883-1965) : analyse de son inquiétude et de sa timidité fondamentales devant la vie.

AMIEL (Josette), danseuse française (Vanves 1930). Danseuse étoile à l'Opéra de Paris (1958-1973), elle a mené également une carrière internationale comme artiste invitée interprétant les grands ballets classiques et des œuvres contemporaines (*la Leçon,* de F. Flindt, 1964).

AMIÉNOIS, en lat. **Ambianensis pagus,** pays de Gaule Belgique occupé par les Ambiani ; cap. Amiens. Érigé en comté en 823 (comté d'Amiens), il fut occupé et réuni au domaine royal par Philippe II Auguste en 1185.

AMIENS , ch.-l. de la Région Picardie et du dép. de la Somme, à 132 km au N. de Paris ; 136 234 hab. *(Amiénois).* Administration départementale et régionale, académie et université, cour d'appel, évêché ; plus de 150 000 habitants dans l'agglomération, qui regroupe plus de la moitié des effectifs industriels de la Somme (constructions mécaniques et électriques, pneumatiques, agroalimentaire ayant partiellement relayé le traditionnel textile).
– **Hist.** Étape importante sur la route reliant Lyon à Boulogne et à la Bretagne insulaire durant la période romaine, évangélisée par saint Firmin

(IIIe s.), Amiens fut évêché au IVe s. Au Moyen Âge, une oligarchie marchande y prospéra grâce à la draperie et à la charte octroyée par Philippe Auguste en 1185. Au XVe s., la ville fut longtemps disputée par Charles VII et Louis XI et par les ducs de Bourgogne. Au XVIIIe s., Amiens devint l'un des plus importants centres textiles du royaume (draperie, sayetterie), fonction qu'elle conserva au XIXe s. grâce notamment au velours de coton. Menacée par la percée allemande du 21 mars 1918, la ville fut dégagée par l'offensive alliée du 8 août 1918. Occupée par la Wehrmacht le 20 mai 1940, elle fut libérée par les Anglais le 1er septembre 1944.
— **Bx-arts.** Cathédrale gothique (la plus vaste de France, hauteur des voûtes : 42,30 m), exemple majeur du style rayonnant (1220-1270 pour l'essentiel) ; l'ensemble de la sculpture des portails est conservé, mais non les vitraux ; stalles de bois sculpté (début du XVIe s.). Deux églises du XVe s. et quelques édifices civils anciens. Musée des beaux-arts et d'archéologie, dit *Musée de Picardie* (riche collection de peintures).

Amiens *(charte d')* [octobre 1906], texte voté par le congrès de la Confédération générale du travail, réuni à Amiens. Il développe la conception de l'indépendance du syndicalisme vis-à-vis des partis politiques, y compris la S. F. I. O., préconise l'action directe et reconnaît la lutte des classes.

Amiens *(paix d')* [25 mars 1802], traité de paix entre la France et l'Angleterre, par lequel celle-ci restituait à la France et à ses alliées, Espagne et Hollande, les colonies conquises, sauf la Trinité et Ceylan. Les Français devaient, en échange, évacuer les ports de Tarente, Otrante et Brindisi. Cette paix ne dura qu'un an.

AMIET (Cuno), peintre suisse (Soleure 1868 - Oschwand, Berne, 1961). Il travailla en Bretagne avec les amis de Gauguin (1892) et revint dans son pays jouer le rôle d'introducteur des idées nouvelles.

AMIGONI (Iacopo), peintre italien (Naples 1682-Madrid 1752). Actif à Venise et dans les principales cours d'Europe (Munich, Londres, Madrid), il fut un des initiateurs de la peinture rococo.

AMIKACINE n. f. Antibiotique majeur de la famille des aminosides, doté d'un vaste spectre antibactérien, mais ayant une toxicité pour le rein et l'oreille interne.

AMILAKVARI (*prince* Dimitri), officier de la Légion étrangère française (Gori, Géorgie, 1906-El-Alamein 1942). Dans les Forces françaises libres, pendant la Seconde Guerre mondiale, il captura, par surprise, dans la rade de Massaouah, plusieurs destroyers italiens. Lieutenant-colonel, il se distingua à Bir-Hakeim avant d'être tué à El-Alamein.

AMILCAR → HAMILCAR.

AMILLY (45200), ch.-l. de cant. du Loiret, banlieue sud-est de Montargis ; 11 742 hab. Télécommunications.

AMIMIE n. f. (du gr. *mimêma,* imitation). Perte plus ou moins complète de la mimique, qui s'observe dans certaines affections neurologiques.

AMIN (Samir), économiste égyptien (Le Caire 1931). Spécialiste des problèmes du tiers monde, il a analysé les processus du sous-développement et notamment approfondi les concepts nouveaux de « centre » et de « périphérie ».

AMIN DADA (Idi), homme d'État ougandais (Koboko, près d'Arua, 1925). Commandant suprême des forces armées en 1966-67, il renversa Milton Obote en janv. 1971 et s'empara du pouvoir. Une tentative de coup d'État en 1974 accentua le caractère autoritaire et répressif de son régime. Une véritable terreur s'instaura, tandis que l'économie se dégradait. En avr. 1979, Amin Dada fut renversé par les forces tanzaniennes qui avaient pénétré en Ouganda depuis nov. 1978.

AMINATION n. f. Substitution dans une molécule d'un atome d'hydrogène par un groupe NR_2.

AMINCIR v. t. (conj. **32**). **1.** Rendre qqn, qqch plus mince : *Amincir une planche. Les privations ont aminci son visage.* — **2.** Faire paraître qqn plus mince : *Sa robe l'amincissait.*
◆ v. i. ou **s'amincir** v. pr. Maigrir, devenir plus mince : *Vous avez aminci. Sa taille s'amincit.*
◆ **s'amincir** v. pr., **être aminci** v. pass. Devenir plus mince, plus fin, en parlant de qqch : *La tige s'amincit à son extrémité.*

AMINCISSANT, E adj. Qui amincit.

AMINCISSEMENT n. m. Action d'amincir, fait de s'amincir.

1. AMINE n. f. Cotte de mailles qui protégeait des flèches le haut du corps.

2. AMINE n. f. (de *ammoniac*). **1.** Composé organique de formule générale $NH_{3-n}R_n$ résultant du remplacement d'un ou plusieurs atomes d'hydrogène de l'ammoniac par des radicaux carbonés monovalents. (→ *encycl.*) — **2.** *Amine cérébrale,* syn. de CATÉCHOLAMINE.
ENCYCL. On distingue les *amines primaires* RNH_2, les *amines secondaires* R_2NH et les *amines tertiaires* R_3N. Les plus importantes sont les amines saturées (R=alkyle). Elles sont un peu plus basiques que l'ammoniac. Ce sont des composés relativement associés, dont les premiers termes sont solubles dans l'eau et qui ont des odeurs désa-

gréables. La *fonction amine,* caractérisée par l'atome d'azote lié à trois substituants différents (atomes d'hydrogène ou radicaux monovalents), se rencontre dans des produits complexes importants : aminoacides, polypeptides, protéines, hormones, alcaloïdes.

AMINÉ, E adj. *Acide aminé,* syn. de AMINOACIDE.

AMINE-OXYDE n. m. (pl. *amines-oxydes*). Composé organique azoté de formule R_3NO formé à partir des amines tertiaires et dont la décomposition catalytique (donnant des aldéhydes) joue un rôle important dans la dégradation des amines tertiaires par les êtres vivants.

AMINER v. t. (conj. 3). Procéder à l'amination.

AMINOACIDE n. m. Nom générique des composés renfermant une ou plusieurs fonctions amines et une ou plusieurs fonctions acides. (Syn. ACIDE AMINÉ.)

ENCYCL. Les produits naturels contiennent 23 acides α-aminés. Le caractère indispensable de nombreux aminoacides tient à ce qu'ils sont utilisés dans un but précis et bien délimité (par ex., rôle de la méthionine dans les transméthylations et transsulfurations...). Certains peuvent être utilisés pour former des glucides et des lipides de réserve.

AMINOACIDÉMIE n. f. Teneur du sang en aminoacides libres.

AMINOACIDURIE n. f. Présence d'aminoacides libres dans l'urine.

AMINOALCOOL n. m. Composé renfermant une ou plusieurs fonctions amines, et une ou plusieurs fonctions alcools.

AMINOAZOÏQUE adj. Se dit d'un dérivé provenant de la copulation d'un composé diazoïque avec une aniline.

AMINOBENZOÏQUE adj. Se dit d'un aminoacide dérivé de l'acide benzoïque.

AMINOFFITE n. f. Aluminosilicate naturel de béryllium et de calcium, du système quadratique.

AMINOGÈNE n. m. Radical monovalent $-NH_2$, qui, soudé à un alkyle, un aryle, etc., donne une amine primaire.

AMINOLÉVULIQUE adj. *Acide aminolévulique,* aminoacide formé dans les cellules à partir de la glycine et de l'acide succinique, et qui joue le rôle de précurseur de la cobalamine.

AMINOPÉNICILLANIQUE adj. *Acide aminopénicillanique,* aminoacide servant à la préparation des pénicillines synthétiques.

AMINOPHÉNAZONE n. f. Syn. de AMIDOPYRINE.

AMINOPHÉNOL n. m. Composé renfermant une ou plusieurs fonctions amines et une ou plusieurs fonctions phénols. (Parmi les trois isomères de formule $H_2N-C_6H_4-OH$, l'isomère méta sert à la fabrication des rhodamines, l'isomère ortho à la préparation de colorants, l'isomère para étant surtout employé comme révélateur photographique.)

AMINOPHYLLINE n. f. Dérivé de la théophylline utilisé essentiellement en thérapeutique comme bronchodilatateur.

AMINOPLASTE n. m. Matériau macromoléculaire obtenu par polycondensation de composés renfermant des fonctions amides ou amines avec les aldéhydes.

ENCYCL. Les aminoplastes les plus connus sont les résines urée-formol et mélamine-formol. Les premières, ininflammables, résistantes à l'humidité, aux solvants, aux graisses, aux huiles, connaissent un développement remarquable dû à leur prix peu élevé, leur aptitude à être colorées, leur dureté, leur brillant. Elles ont trouvé de nombreux usages : verres organiques, peintures et vernis, colles, adhésifs, apprêts pour tissus infroissables. Les secondes sont utilisées pour préparer des poudres à mouler, des liants pour vernis et des stratifiés. Elles présentent une excellente résistance à l'eau, aux solvants organiques et aux bases alcalines.

AMINOPYRINE → AMIDOPYRINE.

AMINOSALICYLIQUE adj. *Acide aminosalicylique,* composé dérivé de l'acide salicylique par remplacement d'un atome d'hydrogène par un groupe NH_2.

AMINOSIDE n. m. Antibiotique bactéricide exclusivement composé de sucres aminés. (Syn. OLIGOSACCHARIDE.)

ENCYCL. Les aminosides, doués d'un pouvoir bactéricide puissant, à très large spectre, sont surtout actifs sur les germes Gram négatif. Certains (streptomycine, kanamycine) ont une activité antituberculeuse. Ils sont tous toxiques pour le rein et l'oreille interne.

Aminta, comédie pastorale du Tasse, représentée en 1573 à Ferrare. Elle influença fortement la poésie baroque.

AMIRAL n. m. (ar. *amīr al-'ālī,* très grand chef). 1. Dignité équivalente à celle de maréchal de France. (On disait dans ce sens AMIRAL DE FRANCE.) — 2. Grade des marines militaires française et étrangères, correspondant à celui d'officier général dans les armées de terre et de l'air.

◆ **amirale** n. f. Épouse d'un amiral.

◆ **amiral, e, aux** adj. Se dit de tout bâtiment ayant à son bord un amiral et, en partic., de celui du chef d'une formation navale.

ENCYCL. Le premier amiral de France fut Florent de Varennes (1270). La charge, illustrée par

Coligny (1552), Joyeuse (1582), Charles de Montmorency (1596), fut supprimée par Richelieu en 1627. En 1669, Colbert la rétablit. Le dernier à porter ce titre fut l'amiral Tréhouart (1869).

AMĪR AL-MU'MINĪN, titre arabe signifiant *émir* ou *commandeur des croyants,* porté d'abord par 'Umar, puis par les califes omeyyades et 'abbāsides, et par tous ceux qui prétendaient avoir droit au califat.

AMIRANTES *(îles),* archipel corallien de l'océan Indien, à l'O. des Seychelles, dont il dépend ; 10 km² ; env. 200 hab.

AMIRAUTÉ n. f. (de *amiral*). **1.** Dignité d'amiral de France. — **2.** Corps des amiraux, haut commandement de la marine militaire. — **3.** Siège du commandement d'un amiral. — **4.** *Amirauté de France,* tribunal maritime placé autrefois sous la juridiction de l'Amiral de France et recevant les appels des neuf amirautés particulières de son ressort. ‖ *Conseil de l'Amirauté,* nom porté en France, de 1824 à 1889, par le Conseil supérieur de la marine et en Grande-Bretagne, du XVIe s. à 1964, par l'état-major de la marine. ‖ *Premier lord de l'Amirauté,* titre porté, en Grande-Bretagne, jusqu'en 1967, par le ministre de la Marine.

AMIRAUTÉ *(îles de l'),* en angl. **Admiralty Islands,** archipel de la Mélanésie, découvert en 1616 par Le Maire et Schouten, au N. de la Nouvelle-Guinée ; 2 100 km² ; 30 000 hab. L'île principale est Manus. — Les Japonais occupèrent les îles en 1942, puis les Américains les reprirent en 1944. Elles font partie aujourd'hui de la Papouasie-Nouvelle-Guinée.

AMIR HAMZAH, écrivain indonésien (Binjai 1911-Kuala Binjai 1946), auteur de poèmes élégiaques (*Fruits de nostalgie,* 1941) écrits en malais.

AMIR KHOSROW DEHLAVI ou **AMĪR KHUSRAW DIHLAWĪ,** poète de langue persane à la cour des princes turcs de l'Inde (Paṭiyālī, Uttar Pradesh, 1253-Delhi 1325). Il a donné à travers son œuvre un tableau complet de la civilisation indo-persane médiévale.

AMIS *(îles des)* → TONGA.

AMIS ou **AMIAS,** ethnie malayo-polynésienne, qui vit sur la côte est de Taiwan.

AMIS (Kingsley), écrivain britannique (Londres 1922-*id.* 1995). L'un des représentants les plus marquants des « Jeunes Gens en colère » (*Jim-la-Chance,* 1954), il a évolué vers la science-fiction et la critique des conventions (*le Dossier James Bond,* 1965 ; *l'Homme vert,* 1969 ; *The Alteration,* 1976 ; *Stanley and the Women,* 1984).

AMISH adj. et n. Se dit d'un groupe mennonite américain, concentré dans la région de Philadelphie, remarquable par son austérité et son attachement aux traditions.

AMISSIBLE adj. (lat. ecclés. *amissibilis*). Qui peut être perdu.

AMISSION n. f. (lat. *amissio*). Perte d'un bien, d'un droit, de la grâce divine.

AMITĀBHA, le « Bouddha de la Lumière infinie », vénéré par les bouddhistes mahāyāna japonais. Le culte d'Amitābha, né au VIIe s. apr. J.-C., marque un tournant important dans le culte bouddhique, l'accent y étant mis non sur l'ascétisme mais sur le mysticisme.

AMITIÉ n. f. (lat. pop. *amicitas,* class. *amicitia*). **1.** Sentiment d'affection entre deux personnes ; attachement, sympathie qu'une personne témoigne à une autre : *Être lié d'amitié avec quelqu'un.* — **2.** Bienveillance, gentillesse, courtoisie chaleureuse manifestées dans les relations sociales, privées, mondaines : *Dire un mot d'amitié. Fais-nous l'amitié de venir dîner.* — **3.** Relations entre collectivités fondées sur le bon voisinage, la bonne entente, la collaboration : *Conclure un traité d'amitié.* — **4.** *Amitié particulière,* liaison homosexuelle entre adolescents.

◆ **amitiés** n. f. pl. **1.** Relations de sympathie, de cordialité avec d'autres personnes ; ces personnes elles-mêmes : *Être fidèle à ses amitiés.* — **2.** Marques, témoignages d'affection, d'intérêt ; paroles amicales : *Faire, transmettre ses amitiés à quelqu'un.*

Amitié *(oléoduc de l'),* pipeline desservant, à partir de Samara (Russie), des raffineries polonaises, allemandes, slovaques, tchèques et hongroises (5 000 km).

AMITOSE n. f. (de *mitose*). Division directe des cellules par scissiparité, par étranglement ou par bourgeonnement, sans qu'il apparaisse de structure filamenteuse.

ENCYCL. L'amitose est le mode le plus simple de la multiplication cellulaire. N'assurant pas une répartition égale des divers organites entre les deux cellules filles, elle ne peut assurer ni l'édification d'organismes pluricellulaires, ni la formation des gamètes, contrairement à la mitose* et à la méiose*.

AMITOTIQUE adj. Relatif à l'amitose.

AMITRIPTYLINE n. f. Antidépresseur, dérivé tricyclique de l'imipramine, utilisé pour ses effets sédatifs de l'anxiété et contre la dépression.

AMIXIE n. f. Impossibilité de croisement entre deux espèces animales ou végétales très proches parentes. (Les causes sont très diverses : éloignement géographique, différence de taille ou de rythme saisonnier, absence d'attirance sexuelle, etc.)

AMMAN [-mã] n. m. (néerl. *amman*). Titre donné à certains magistrats locaux brabançons, flamands, lorrains, suisses, etc., dont les attributions sont variables.

'AMMĀN, cap. de la Jordanie ; 1 160 000 hab. La ville est établie à l'aval des grosses sources de l'une des têtes de la Zerqa, affluent du Jourdain. Principal centre commercial, culturel et industriel de la Jordanie. Théâtre romain (IIe s.) ; imposante citadelle. Intéressants musées. — 'Ammān est l'antique *Ammon* ou *Rabbath Ammon,* cap. des Ammonites, la *Philadelphie* des Grecs (IIIe s. av. J.-C.). Elle devint la capitale de la Transjordanie en 1921.

AMMAN ou **AMMANN** (Jost), peintre et graveur suisse (Zurich 1539 - Nuremberg 1591). Son œuvre gravé, abondant, offre un grand intérêt documentaire.

AMMANIE n. f. District administré par un amman.

AMMANNATI (Bartolomeo), sculpteur et architecte italien (Settignano 1511 - Florence 1592). Formé auprès de Vignole, maniériste, il réalisa, à Florence, la cour du palais Pitti (1560), le pont S. Trinità et la fontaine de Neptune ; à Rome, le collège des jésuites (1582).

AMMIEN MARCELLIN, historien latin d'origine grecque (Antioche v. 335 - v. 400). Ses *Rerum gestarum libri XXXI,* continuant Tacite, allaient de Nerva à la mort de Valens. Elles sont en partie perdues.

AMMINE n. f. Complexe renfermant de l'ammoniac ou une amine substituée contenue dans un ion, en même temps qu'un métal (ex. une *cobaltiammine*).

AMMOCÈTE n. f. (du gr. *koitê,* gîte). Larve de la lamproie. (L'ammocète vit enfouie dans le fond vaseux des rivières et se métamorphose au bout de 2 ou 3 ans.) [Syn. LAMPRILLON, CHATOUILLE.]

AMMODORCADE n. f. (du gr. *dorkas, -ados,* antilope). Syn. de DIBATAG.

AMMODYTE n. f. (gr. *ammodutês*). Grande vipère à museau retroussé et à tête triangulaire des Balkans et du Proche-Orient. (N. usuel *anguille des sables.)*

AMMODYTIDÉ n. m. Poisson allongé des fonds sableux littoraux tel que le lançon. (Les *ammodytidés* forment une famille.)

AMMOMANE n. f. (du lat. *manere,* rester, séjourner). Alouette des déserts, ayant la couleur des sols où elle se pose.

AMMON ou **RABBATH AMMON,** ville de l'Arabie Pétrée, cap. des Ammonites. Au temps de Ptolémée II Philadelphe, elle prit le nom de *Philadelphie.* C'est l'actuelle *'Ammān,* cap. de la Jordanie.

AMMON → AMON [divinité égyptienne].

AMMON, fils de Lot, ancêtre éponyme des Ammonites.

AMMONAL n. m. (de *ammonium* et *aluminium*). Explosif composé de nitrate d'ammonium, de poudre d'aluminium et de tolite.

AMMONIAC n. m. (lat. *ammoniacum,* du gr. *Ammoniakon,* de *Ammôn,* n. grec d'Amon, dieu égyptien, parce qu'on préparait autrefois cette substance en Libye, près de son temple). **1.** Combinaison gazeuse d'azote et d'hydrogène de formule NH_3 existant à l'état libre ou dissoute dans l'eau. (Cette solution, qui ne constitue pas une combinaison, est appelée *ammoniaque.*) — **2.** *Sel ammoniac,* nom commercial du chlorure d'ammonium.

ENCYCL. L'ammoniac, dont la solution était connue depuis le XVe s., a été isolé à l'état gazeux par Priestley en 1774. C'est Berthollet qui, en 1785, en a donné la composition exacte. C'est un gaz incolore, d'odeur vive, piquant les yeux, plus léger que l'air (densité 0,60), se liquéfiant aisément, à –33 °C sous la pression atmosphérique. Particulièrement soluble dans l'eau, qui en dissout 1 000 volumes à 0 °C, il se sépare de la solution par chauffage de celle-ci. Il brûle dans l'oxygène en donnant de la vapeur d'eau et de l'azote. Son oxydation, catalysée par le platine, fournit de l'acide nitrique. Dans le sol, les composés ammoniacaux subissent une oxydation analogue en formant des nitrates (nitrification). L'ammoniac donne avec les acides des sels d'ammonium contenant l'ion NH_4^+. Les matières organiques azotées, sous l'influence de certains ferments, se décomposent en donnant de l'ammoniac. Le procédé de préparation industrielle le plus important est la synthèse directe à partir de l'azote et de l'hydrogène : $N_2 + 3H_2 \rightleftharpoons 2NH_3$, sous forte pression et en présence d'un catalyseur. L'hydrogène est obtenu par vapocraquage de gaz naturel, de gaz de raffinerie ou d'essence lourde, ou encore par craquage à l'oxygène. L'azote est fourni par l'air, directement ou par liquéfaction. L'ammoniac est un composé très important. Les sels ammoniacaux servent comme engrais azoté. L'ammoniac sert à fabriquer l'acide nitrique, les nitrates, les nitrites, le carbonate de sodium (par le procédé Solvay) et l'urée. La solution ammoniacale est employée comme dégraissant et comme caustique et l'ammoniac comme fluide frigorigène.

AMMONIACAL, E, AUX ou **AMMONIQUE** adj. Qui contient de l'ammoniac, ou qui s'y rapporte.

AMMONIACÉ, E adj. Qui contient de l'ammoniac ou en possède les propriétés.

AMMONIAQUE n. f. Solution de gaz ammoniac dans l'eau. (Elle a été considérée, à tort, pendant longtemps comme un composé défini de formule NH_4OH.)

AMMONIAQUÉ, E adj. Se dit d'un produit d'entretien qui contient de l'ammoniac.

AMMONIFICATION ou **AMMONISATION** n. f. Seconde phase de la minéralisation bactérienne des débris organiques du sol, transformant les acides aminés résultant de la protéolyse en sels ammoniacaux aptes à subir la nitrification. (L'ammonification est donc une phase importante du cycle biochimique de l'azote.)

AMMONIOPHANÉRÈSE n. f. Libération au niveau de certains organes, et surtout du rein, de l'ammoniaque contenue dans les composés qui stockent cette substance dans le sang.

AMMONIOS, surnommé **Sakkas,** philosophe grec (v. 175-v. 242), à l'origine du néoplatonisme.

AMMONIQUE adj. **1.** Se dit des sels d'ammonium. — **2.** Syn. de AMMONIACAL.

AMMONITE n. f. (lat. sc. *ammonites,* de *Ammonis cornu,* corne d'Ammon, dieu de Thèbes). **1.** Céphalopode fossile du secondaire, de la sous-classe des ammonoïdes, abondant dans les sédiments marins. — **2.** Au sens large, syn. de AMMONOÏDE.

ENCYCL. Les coquilles d'ammonites se reconnaissent à leur enroulement plan, généralement spiral et serré, voire recouvrant, et aux sutures très complexes des loges sur la paroi externe. Leur évolution rapide fait d'elles d'excellents moyens de datation fine des terrains (fossiles caractéristiques). Les espèces les plus récentes, du crétacé supérieur, sont plus ou moins déroulées.

AMMONITES, peuple apparenté aux Hébreux, d'origine amorrite et installé au N.-E. de la mer Morte. Organisés en royaume au XIe s. av. J.-C., en perpétuel conflit avec Israël, ils disparurent, après avoir perdu leur indépendance, au début de notre ère.

AMMONITRATE n. m. Engrais azoté fabriqué par voie chimique, renfermant essentiellement du nitrate d'ammonium.

AMMONIUM [-njɔm] n. m. **1.** Groupement monovalent NH_4, qui fait fonction de métal alcalin dans les sels ammoniacaux. — **2.** Cation organique $^{+}NH_{4-n}R_n$, où R est un radical carboné monovalent.

ENCYCL. L'ammoniac se combine avec les acides pour donner des solides cristallisés présentant tous les caractères des sels alcalins. Ampère, en 1816, admit l'existence d'un groupement NH_4 (que Berzelius nomma *ammonium*), se comportant comme un métal dans les sels ammoniacaux. Ainsi, les sels d'ammonium sont analogues aux sels de potassium correspondants et les propriétés basiques de la solution ammoniacale s'interprètent par l'existence de l'hydroxyde d'ammonium NH_4OH, analogue à la potasse KOH. Les sels d'ammonium sont volatils et se dissocient par chauffage ; au contact d'une base forte, ils dégagent de l'ammoniac. Le *chlorure d'ammonium* (sel ammoniac) est employé pour décaper les métaux avant soudage et sert d'électrolyte dans la pile Leclanché. Le *sulfate* neutre $(NH_4)_2SO_4$ est le plus employé des engrais azotés. Le *nitrate* est un engrais azoté particulièrement riche et sert comme explosif dans les mines. L'orthophosphate diammonique est un engrais à la fois azoté et phosphoré.

— **Pharm.** Le chlorure et le mandélate d'ammonium sont utilisés comme acidifiants de l'urine. Les sels d'ammonium quaternaire sont des antiseptiques cutanés.

AMMONIURIE n. f. Élimination urinaire d'ammoniaque (normale entre 30 et 50 mmol/24 h).

AMMONOÏDE n. m. (de *ammonite*). Mollusque céphalopode fossile marin à coquille partagée en loges séparées par des cloisons et ne communiquant que par un siphon, ayant vécu aux ères primaire ou secondaire, tel que les clyménies, les goniatites, les cératites et les ammonites. (Les *ammonoïdes* forment une sous-classe.) [Syn. AMMONITE.]

ENCYCL. La coquille, seule partie bien conservée, est le plus souvent enroulée en spirale dans un plan, mais il existe des formes droites, en hélice, etc. La suture des loges sur la paroi s'est constamment compliquée au cours de l'évolution du groupe, ce qui a sans doute permis aux ammonoïdes, résistant mieux à la pression de l'eau, de descendre plus profondément dans les mers. Le diamètre des fossiles d'ammonoïdes varie, selon l'espèce, de 1 cm à plus de 2 m. La paroi s'orne souvent de côtes ou de tubercules, la section est de forme variable (ronde, ovale, carénée, etc.) de sorte que l'identification des milliers d'espèces de ce groupe, présentes dans les sédiments marins du monde entier, est relativement aisée.

AMMONOTÉLIE n. f., ou **AMMONOTÉLISME** n. m. Caractère des espèces animales dont les déchets azotés circulent dans le sang, et sont éliminés, sous la forme de sels ammoniacaux. (S'oppose à URÉOTÉLIE et à URICOTÉLIE.)

AMMONOTÉLIQUE adj. Caractérisé par l'ammonotélie (par ex. les requins).

AMMOPHILA n. f. (lat. sc. *ammophila*). Nom générique de l'*oyat.*

AMMOPHILE n. f. (du gr. *ammos,* sable). Insecte hyménoptère voisin des sphex, qui, par ses piqûres venimeuses, paralyse des chenilles pour les transporter dans son terrier, où elles servent de nourriture aux larves.

AMMOXYDATION n. f. Oxydation catalytique d'un hydrocarbure en présence d'ammoniac, opération importante de la pétrochimie.

AMNÉSIE n. f. (gr. *amnêsia*). **1.** Diminution ou perte de la mémoire. — **2.** *Amnésie de fixation,* syn. de AMNÉSIE ANTÉROGRADE*.

ENCYCL. L'amnésie, résultant de lésions cérébrales, revêt divers aspects : spécifique, elle est provoquée par des lésions unilatérales et ne porte que sur un certain type de matériel (verbal ou non verbal) ; globale, elle résulte de lésions bilatérales et est présente aussi bien pour les tâches verbales que non verbales ; antérograde, elle signifie l'impossibilité d'enregistrer en mémoire les faits survenant après un événement donné ; rétrograde, elle rend impossible le rappel des faits survenus avant un événement donné. L'amnésie caractéristique du syndrome de Korsakov est dite rétro-antérograde, car s'y expriment simultanément ces deux derniers aspects. L'amnésie peut être transitoire : ictus amnésique, ou permanente. L'amnésie psychogène est d'origine affective et traduit l'existence de conflits psychiques. Elle serait un mécanisme de défense contre l'anxiété. Elle peut prendre alors la forme de fugues, de dédoublements de la personnalité, voire d'oublis de noms de personnes ou d'événements.

AMNÉSIQUE adj. et n. Relatif à l'amnésie ; atteint d'amnésie.

Amnesty International, organisation humanitaire, privée et apolitique, créée en 1961 par Peter Benenson, pour la défense des personnes emprisonnées à cause de leur race, de leur religion ou de leurs opinions et pour la lutte contre la torture sur un plan international. Représentée auprès de l'O. N. U., elle a reçu le prix Nobel de la paix en 1977.

AMNÉVILLE (57360), comm. de la Moselle, sur l'Orne ; 8 965 hab. Cimenterie. Métallurgie. Eau minérale.

AMNICOLE adj. (du lat. *amnis,* cours d'eau). Se dit des animaux ou plantes vivant dans les cours d'eau.

AMNIOCENTÈSE [-sɛ̃] n. f. Ponction de la cavité amniotique à travers la paroi abdominale chez une femme enceinte, permettant de retirer une certaine quantité de liquide amniotique aux fins d'analyse.

ENCYCL. L'*amniocentèse précoce,* pratiquée entre la 16e et la 18e semaine, permet de faire le diagnostic prénatal d'une anomalie fœtale pouvant conduire à un avortement. L'*amniocentèse tardive* du dernier trimestre est faite afin de déceler une souffrance fœtale chronique.

AMNIOGRAPHIE n. f. Radiographie du contenu utérin pratiquée après injection de substances iodées radio-opaques dans la cavité amniotique.

AMNIOS [amnjɔs] n. m. (gr. *amnion*). Annexe embryonnaire des vertébrés supérieurs, constituant une poche remplie de liquide, sous la protection de laquelle se développe l'embryon.

AMNIOSCOPE n. m. Endoscope utilisé pour faire une amnioscopie.

AMNIOSCOPIE n. f. Examen du liquide amniotique à travers le col de l'utérus, par transillumination des membranes de l'œuf. (Cet examen permet notamment de dépister une souffrance fœtale, de surveiller les incompatibilités Rhésus et de reconnaître les grossesses prolongées.)

AMNIOTE n. m. Vertébré dont l'embryon est accompagné d'un amnios et d'une allantoïde. (C'est le cas des reptiles, des oiseaux et des mammifères.) [Syn. ALLANTOÏDIEN.]

AMNIOTIQUE adj. (lat. sc. *amnioticum*). **1.** Relatif à l'amnios. — **2.** *Infection amniotique,* pullulation microbienne dans le liquide amniotique et génératrice d'infection fœtale ou néonatale. ‖ *Liquide amniotique,* liquide contenu dans la poche de l'amnios et qui baigne le fœtus.

AMNISTIABLE adj. Qui peut être amnistié.

AMNISTIANT, E adj. Qui entraîne l'amnistie.

AMNISTIE n. f. (gr. *amnêstia,* oubli, pardon). Acte du législateur qui a pour effet d'éteindre l'action publique ou d'effacer une peine prévue pour une infraction et, en conséquence, soit d'empêcher ou d'arrêter les poursuites, soit d'effacer les condamnations.

AMNISTIÉ, E n. Personne à qui une amnistie a été accordée.

AMNISTIER v. t. (conj. 9). Accorder une amnistie à qqn ; effacer une condamnation par amnistie. ◆ **être amnistié** v. pass. **1.** En parlant de qqn, se voir accorder une amnistie. — **2.** En parlant d'un acte, faire l'objet d'une amnistie.

AMOCHER v. t. (de *moche*) [conj. 3]. *Fam.* **1.** Abîmer qqch, l'endommager ; esquinter, détériorer : *Un camion a amoché l'aile de la voiture.* — **2.** Blesser qqn, le défigurer : *Le voleur s'est fait amocher par les passants.*

Amoco Cadiz, navire pétrolier échoué le 16 mars 1978 sur les côtes du Finistère. Les 223 000 t de pétrole brut issues de l'épave polluèrent plus de 400 km de rivage ; un jugement américain d'avril 1984 a mis l'ensemble des frais de dépollution à la charge conjointe des divers responsables de l'accident, ce qui a créé un précédent juridique.

AMODIATAIRE n. 1. Preneur à bail de terres cultivables. — 2. Personne à laquelle la concession d'une mine est amodiée.

AMODIATEUR, TRICE n. Bailleur de terres cultivables. — 2. Loueur d'une exploitation minière, en vertu d'un contrat d'amodiation.

AMODIATION n. f. (lat. médiév. *admodiatio*). 1. Mode d'exploitation agricole dans lequel le propriétaire de la terre concède l'entreprise à un tiers en échange de prestations en nature et, accessoirement, en argent. — 2. Acte de louage d'une concession d'une mine, pendant une durée déterminée.

AMODIER v. t. (lat. médiév. *admodiare*, du lat. class. *modius*, boisseau) [conj. 9]. Louer à qqn une terre ou une mine moyennant une redevance.

AMŒBICIDE n. m. et adj. (lat. sc. *amœba*, amibes). Médicament utilisé dans le traitement de l'amibiase.

AMŒBIEN → AMIBIEN.

AMOINDRIR v. t. (de *moindre*) [conj. 32]. 1. Diminuer la force, l'importance ou la valeur de qqch ; affaiblir : *Cette erreur a amoindri son autorité.* — 2. Enlever à qqn une partie de ses forces physiques ou morales ; diminuer : *La maladie l'a beaucoup amoindri.*

◆ **s'amoindrir** v. pr., **être amoindri** v. pass. Perdre de son importance, en parlant de qqch ; perdre de ses forces, en parlant de qqn : *Il est sorti très amoindri de cette épreuve.*

AMOINDRISSEMENT n. m. Fait d'être amoindri ; diminution, affaiblissement.

AMOK n. m. (angl. *amuck*, du malais *āmuk*, furie). Brusque accès de folie sanguinaire, observée chez les Malais.

◆ adj. et n. Individu fou furieux en proie à l'amok.

AMOLLIR v. t. (anc. fr. *mol*, mou) [conj. 32]. Rendre mou qqn, qqch (on dit plutôt RAMOLLIR) : *La chaleur amollit le bitume.*

◆ **s'amollir** v. pr., **être amolli** v. pass. Devenir mou : *Avec la chaleur le beurre s'amollit.*

AMOLLISSANT, E adj. Qui amollit, affaiblit, débilite.

AMOLLISSEMENT n. m. Fait de s'amollir ; affaiblissement, relâchement.

AMOME n. m. (lat. *amomum*, gr. *amômon*). Zingibéracée vivace, rhizomateuse, aromatique, des régions chaudes.

AMON ou **AMMON**, dieu égyptien de Thèbes. La gloire de Thèbes, capitale du Nouvel Empire, fit de ce dieu local une divinité impériale dont les prêtres constituèrent une caste très influente. La destruction de Thèbes par les Assyriens (664-663 av. J.-C.) sonna le glas du culte d'Amon. (→ RÊ.)

AMON, roi de Juda (642-640 av. J.-C.).

AMONCELER v. t. (anc. fr. *moncel*, monceau) [conj. 24]. 1. Mettre des objets en tas : *Amonceler des pierres sur le bord de la route.* — 2. Réunir des choses en grand nombre ; accumuler, amasser : *Amonceler les preuves de son innocence.*

◆ **s'amonceler** v. pr., **être amoncelé,** v. pass. Former un tas ; se réunir en grand nombre ; s'accumuler : *La foule s'amoncelle sur la place.*

AMONCELLEMENT n. m. Action d'amonceler des choses ; entassement, accumulation : *Des amoncellements d'ordures.*

AMON D'ABY (François Joseph), écrivain ivoirien (Aby 1913 - Abidjan 1988). Cofondateur du Théâtre indigène de la Côte-d'Ivoire (1938), il consacre ses pièces de théâtre (*la Sorcière*, 1957) et ses essais aux problèmes culturels et sociaux de son pays.

AMONT n. m. 1. Par rapport à un point considéré, partie d'un cours d'eau comprise entre ce point et la source. — 2. *D'amont*, du point le plus haut d'un cours d'eau ; se dit d'une industrie, d'une usine qui fournit des produits destinés à une activité située après elle dans le processus de production. ‖ *En amont d'une rivière, d'un fleuve*, plus près de la source, par rapport à un point considéré : *Troyes est en amont de Paris sur la Seine.* ‖ *En amont de qqch*, plus près de son origine. ‖ *Vent d'amont*, nom donné, sur certaines côtes, au vent venant de l'intérieur des terres.

◆ **amont** adj. inv. Se dit du ski, ou du skieur lui-même, qui est du côté de la montagne.

AMONTILLADO [amɔntijado] n. m. (esp. *vino amontillado*, de *Montilla*, n. pr.) Variété de jerez.

AMONTONS (Guillaume), physicien français (Paris 1663-*id.* 1705). Il imagina une machine à feu (1699), des thermomètres à mercure et à air et proposa un système de communication rapide au moyen de signaux lumineux.

AMONT-PENDAGE n. m. (pl. *amont-pendages*). Partie de gisement située au-dessus d'un niveau de référence. (Contr. AVAL-PENDAGE.)

AMOR, astéroïde découvert en 1932, prototype d'un groupe de petites planètes qui peuvent s'approcher fortement de la Terre. Diamètre estimé : 0,8 km.

AMORAL, E, AUX adj. Indifférent, étranger aux prescriptions morales.

AMORALISME n. m. 1. Attitude de qqn qui est amoral. — 2. Négation de toute morale universelle. — 3. Éthique qui ne laisse place à aucun jugement de valeur.

AMORALISTE adj. et n. Qui prône l'indifférence aux impératifs de la morale ou qui nie toute morale universelle.

AMORALITÉ n. f. Caractère de ce qui est amoral, conduite d'une personne amorale.

AMORC, sigle de *Ancient and Mystical Order Rosae Crucis* (ordre ancien et mystique de la Rose-Croix*).

AMORÇAGE n. m. **1.** Action d'amorcer, de commencer la réalisation de qqch : *L'amorçage des discussions.* — **2.** Dispositif placé sur une cartouche ou un projectile explosif, pour assurer l'inflammation de la poudre propulsive, ou la détonation du projectile. — **3.** Ensemble des phénomènes transitoires précédant l'établissement du régime permanent d'une génératrice autoexcitatrice. — **4.** Mise en charge d'une pompe obtenue grâce au remplissage de l'ensemble pompe-tuyauterie. — **5.** Action d'amorcer une ligne, des poissons. — **6.** Étape initiale d'une polymérisation au cours de laquelle certaines molécules de monomère sont portées dans un état excité. — **7.** Pour un ordinateur, opération de vérification de son environnement (bus, mémoire, périphériques, etc.) et de chargement de son système d'exploitation, dès sa mise sous tension. — **8.** *Amorçage de l'arc,* mise en court-circuit, suivie de la séparation de l'électrode de soudage et de la pièce à souder, le courant continuant alors à passer de l'une à l'autre sous forme d'un arc électrique.

AMORCE n. f. (part. passé de l'anc. fr. *amordre,* du lat. pop. *admordere,* mordre). **1.** Produit servant à attirer les poissons. — **2.** Ce qui constitue la phase initiale d'une action ; début, commencement, ébauche : *L'amorce d'une négociation.* — **3.** Premier élément, ce qui forme le début de qqch : *Cet ouvrage est l'amorce de la nouvelle autoroute.* — **4.** Très petite masse de matière fulminante entre deux rondelles de papier et produisant une légère explosion quand on la frappe. — **5.** Longueur de film ou de bande magnétique ajoutée au début et en fin de bobine pour en faciliter la manipulation. • **Apic.** Dans une ruche, fragment de rayon ou de feuille de cire, destiné à inciter les abeilles à construire. — **Bât.** Syn. de PIERRE D'ATTENTE*. — **Inform.** Programme généralement stocké en mémoire morte et destiné à assurer le démarrage d'un ordinateur. — **Presse.** Début, à la une, d'un article dont la suite est en page intérieure. ‖ Premier article d'une série publiée sur plusieurs numéros. — **Pyrotechn.** Petite masse d'un explosif sensible au choc, à la flamme ou à l'étincelle électrique, destinée à provoquer l'explosion d'une charge de poudre ou d'explosif. ‖ Artifice de mise de feu comprenant essentiellement une enveloppe métallique et l'explosif d'amorçage qui y est logé. ‖ *Amorce fulminante,* amorce servant à la mise de feu d'une poudre propulsive.

AMORCER v. t. (conj. **16**). **1.** Commencer la réalisation de qqch, entamer un mouvement, une action : *Amorcer un virage, une discussion.* — **2.** Préparer la réalisation de qqch, en indiquer le début par un ouvrage initial : *Amorcer une route.* — **3.** Placer une amorce sur une cartouche, dans une charge explosible. — **4.** Remplir un siphon, ou y faire le vide pour y déterminer l'ascension d'un liquide. — **5.** Garnir d'un appât une ligne, un hameçon. — **6.** Chercher à attirer les poissons en jetant de l'amorce dans l'eau. — **7.** *Boîte à amorcer,* syn. de AMORÇOIR.
◆ **s'amorcer** v. pr., **être amorcé** v. pass. Débuter, commencer à se manifester, à se produire, s'esquisser : *La décrue du fleuve s'amorce.*

AMORCERIE n. f. Fabrique d'amorces.

AMORCEUR n. m. **1.** Dispositif destiné à l'allumage de lampes à décharge. — **2.** Petit robinet à entonnoir placé sur un corps de pompe et servant à l'amorcer. — **3.** Substance susceptible de déclencher la réaction d'amorçage d'une polymérisation.

AMORÇOIR n. m. **1.** Poire en bois contenant la poudre d'amorce destinée aux bassinets des armes à feu, aux XVIe et XVIIe s. — **2.** Ustensile au moyen duquel le pêcheur dépose l'amorce au fond de l'eau. (Syn. BOÎTE À AMORCER.)

AMORIM (Enrique), écrivain uruguayen (Salto 1900-Montevideo 1960). Poète (*Visitas al cielo,* 1930) et romancier réaliste des milieux ruraux (*El caballo y su sombra,* 1941) et urbains (*La desembocadura,* 1958).

AMORION *(dynastie d'),* dynastie byzantine qui régna de 820 à 867. Elle comporte trois empereurs : MICHEL II LE BÈGUE (820-829), THÉOPHILE (829-842) et MICHEL III L'IVROGNE (842-867). C'est sous cette dynastie que se conclut la crise iconoclaste et s'amorça la rupture avec Rome.

AMORISTE n. m. Membre d'un groupe de poètes anglais de la Renaissance, connus surtout pour leurs poésies amoureuses.

AMOROSO adv. (mot ital. signif. *amoureux*). En musique, indication de nuance : de façon tendre, langoureuse.

AMOROSO (Luigi), économiste et sociologue italien (Naples 1886-Rome 1965). Il s'est particulièrement intéressé aux applications des mathématiques aux sciences économiques et a mené des recherches consacrées aux domaines des équilibres partiels et de l'équilibre général.

AMORPHE adj. **1.** Qui manque de personnalité, de caractère, d'énergie : *Un gros garçon amorphe.* — **2.** En cristallographie, se dit des substances dont la structure n'est pas cristallisée. — **3.** Se dit des matières qui entrent comme éléments accessoires dans la constitution de tissus organiques, mais qui n'ont pas d'autre forme particulière que celle des interstices qu'elles remplissent.

ENCYCL. L'*état amorphe* de la matière est caractérisé par l'absence d'ordre dans la distribution des molécules, atomes ou ions qui la constituent. Les fluides (gaz et liquide) sont dans l'état amorphe. Dans la matière solide, l'état amorphe est un état rigide désordonné. Il se différencie de l'état cristallin par l'absence d'ordre à longue distance. Les verres en constituent l'exemple type.

AMORPHOPHALLUS [-lys] n. m. (gr. *amorphos,* sans forme, et *phallus*). Grande aracée bulbeuse décorative, d'Afrique et d'Asie tropicale, aux feuilles très développées.

AMORRITES (de l'akkadien *Amourrou*), peuple sémitique installé en Syrie et en Mésopotamie aux environs de l'an 2000 av. J.-C. Les Amorrites s'établirent à Larsa, Assour, Mari et Babylone, où leur dynastie, avec le règne d'Hammourabi (1793-1750), assura la prédominance politique. À la fin du IIe millénaire, la vague araméenne les fit disparaître de la scène politique.

AMORTI, E n. *Pop.* Personne qui a perdu l'ardeur, la vivacité de la jeunesse.

◆ **amorti** n. m. **1.** Au football, action de freiner ou d'immobiliser le ballon pour s'en rendre maître. — **2.** Au tennis et au tennis de table, action d'envoyer une balle très courte, rebondissant peu.

◆ **amortie** n. f. ou **amorti** n. m. Au tennis et au tennis de table, balle résultant d'un amorti.

AMORTIR v. t. (lat. pop. **admortire,* class. *mortuus,* mort) [conj. 32]. **1.** Diminuer l'intensité d'un bruit, la violence d'un choc ; affaiblir, atténuer : *Le tapis amortit le bruit des pas.* — **2.** Affaiblir la violence, l'ardeur d'un sentiment : *Le temps amortira ta douleur.* — **3.** Rentabiliser l'achat d'un appareil, d'un véhicule par l'usage qui en est fait. — **4.** Déterminer la perte subie par la valeur d'actif des immobilisations qui se déprécient avec le temps. — **5.** Reconstituer, par une dotation prélevée sur les résultats, la valeur des actifs d'une entreprise, atteints par l'usure ou l'obsolescence. — **6.** Rembourser un capital ou une fraction de celui-ci (actions) ou le montant d'un emprunt. — **7.** Au football, au tennis, faire un amorti.

◆ **s'amortir** v. pr., **être amorti** v. pass. **1.** Devenir plus faible ; perdre de sa force, de sa violence, de son intensité : *Son ressentiment s'amortit avec le temps.* — **2.** Être rentabilisé par l'usage : *Achat qui s'amortit sur deux ans.* — **3.** *Fam.* Perdre toute ardeur, vivacité, en parlant de qqn. — **4.** *Oscillation, vibration amortie,* oscillation, vibration dont l'amplitude maximale décroît à chaque alternance.

AMORTISSABLE adj. Qui peut être amorti : *Rente amortissable.*

AMORTISSEMENT n. m. Action d'amortir, de s'amortir ; état de ce qui est amorti : *L'amortissement d'un coup.* • **Archit.** Élément ornemental placé au sommet d'un axe vertical d'une élévation (acrotère, fleuron au faîte d'un pignon ; statue, pot à feu à l'aplomb d'un support ; etc.). — **Comptab.** Constatation comptable de la dépréciation de certains éléments d'actif résultant de l'usure ou de l'obsolescence. ‖ *Amortissement du capital social,* remboursement aux actionnaires de la totalité ou d'une partie de la valeur nominale des actions dont ils sont détenteurs. ‖ *Amortissement financier,* remboursement du montant d'un emprunt. ‖ *Tables d'amortissement,* tables qui donnent la charge annuelle de remboursement du capital d'une dette. — **Fin.** *Amortissement de l'emprunt* ou *de la dette publique,* procédé par lequel est progressivement éteinte la dette publique. — **Phys.** Phénomène ayant pour effet de réduire l'énergie cinétique d'un corps en mouvement. ‖ Diminution progressive de l'amplitude dans un mouvement oscillatoire, sous l'effet de résistances diverses.

ENCYCL. **Comptab.** Les règles du calcul de l'amortissement combinent le choix d'une durée de vie utile des immobilisations et d'un mode de répartition de leur dépréciation dans le temps : *amortissement linéaire,* où l'annuité d'amortissement est constante ; *amortissement progressif,* tel que l'annuité est croissante avec le temps (méthode peu usitée) ; *amortissement dégressif,* qui consiste généralement à appliquer un taux constant à la valeur résiduelle (amortissement exponentiel) ou des taux variables décroissants à la valeur initiale (amortissement accéléré), et a pour effet d'anticiper la dépréciation physique

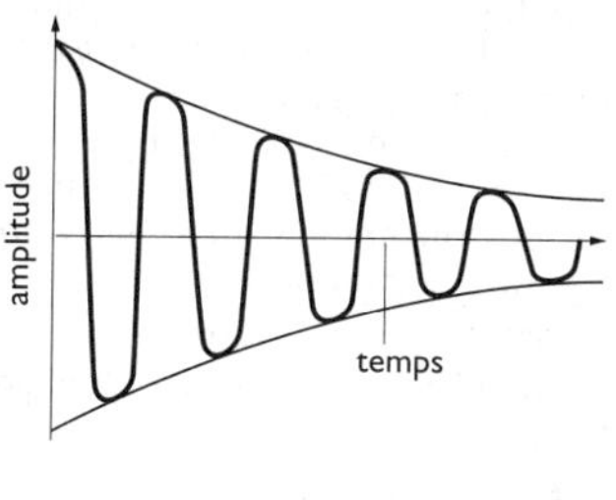

amortissement
dans un système pseudo-périodique.

des immobilisations. En comptabilité générale, l'entreprise calcule un amortissement de caractère fiscal, tandis qu'en comptabilité analytique elle cherche à déterminer un amortissement, élément du prix de revient, apte à compenser le coût futur réel de remplacement des équipements (prise en compte du progrès technique, de la dépréciation monétaire...).

AMORTISSEUR, EUSE adj. Qui amortit les chocs, les bruits, qui affaiblit la violence, l'intensité de qqch.

◆ **amortisseur** n. m. **1.** Dispositif servant à amortir le mouvement provoqué par un choc ou par une vibration. – **2.** Dispositif à frottement mécanique, destiné à absorber partiellement ou totalement les oscillations d'un moteur, d'une timonerie de direction ou, dans le sens le plus fréquent, les débattements verticaux des roues d'un véhicule. (→ *encycl.*) – **3.** Enroulement placé sur les pièces polaires d'une machine synchrone.

ENCYCL. La suspension des voitures ou des motocyclettes est assurée par des ressorts dont les oscillations doivent être freinées par des « amortisseurs de suspension ». L'amortisseur hydraulique est composé d'un cylindre rempli d'huile dans lequel se meut un piston solidaire, par une tige coulissante, du support de fusée de la roue. Le piston refoule l'huile dans les ajutages calibrés et munis de clapets, ce qui freine, plus ou moins énergiquement, les oscillations de la suspension. Il existe aussi des amortisseurs mixtes, faisant appel à l'action conjuguée d'un liquide et d'un gaz.

AMOS, un des douze petits prophètes de la Bible (v. 750 av. J.-C.) dans le royaume d'Israël.

AMOU (40330), ch.-l. de cant. des Landes, au N. d'Orthez ; 1 492 hab. *(Amollais)*. Coopérative fruitière. Fromages.

AMOU-DARIA ou **AMOUDARIA,** fl. de l'Asie moyenne, long de 2 540 km et drainant un bassin de 227 000 km². Descendu du Pamir, il traverse les déserts de la dépression touranienne, séparant l'Ouzbékistan et le Turkménistan, avant de rejoindre, par un large delta, la mer d'Aral. Formé du Piandj et du Vakhch, il prend le nom d'Amou-Daria à partir de leur confluence, à 1 415 km de son embouchure. Ses eaux sont utilisées pour l'irrigation.

AMOUILLANTE adj. et n. f. (anc. v. *amouiller,* de *mouiller*). Se dit d'une vache qui doit prochainement vêler.

1. AMOUR n. m. (lat. *amor, -oris*). **1.** Mouvement de dévotion qui porte un être vers une divinité, vers une entité idéalisée ; adhésion à une idée, à un idéal : *Amour de Dieu.* – **2.** Intérêt, goût très vif manifesté par qqn pour une catégorie de choses, pour telle source de plaisir ou de satisfaction : *Amour des objets d'art. Son amour du jeu le perdra.* – **3.** Affection ou tendresse entre les membres d'une famille : *Amour paternel, filial.* – **4.** Inclination d'une personne pour une autre, de caractère passionnel et/ou sexuel : *Déclaration d'amour.* – **5.** Liaison, aventure amoureuse, sentimentale, galante : *Un amour de jeunesse.* – **6.** Personne aimée (surtout dans des apostrophes) : *Mon amour.* – **7.** Représentation symbolique des désirs de l'amour par un très jeune enfant ou un petit cupidon. – **8.** *Amour de soi,* intérêt excessif pour sa propre personne, égoïsme. ‖ *À tes (vos) amours !,* formule de souhait employée quand on trinque ou lorsqu'on éternue. ‖ Fam. *Être un amour,* être très gentil. ‖ *Faire l'amour,* accomplir l'acte sexuel. ‖ *Filer le parfait amour,* avoir une liaison heureuse, exempte de troubles. ‖ *Pour l'amour de qqn, de qqch,* par égard pour qqn, par considération pour qqch. ‖ *Pour l'amour de Dieu !,* exclamation renforçant un ordre, une prière, et qui exprime parfois l'irritation, l'impatience. ‖ *La saison, le temps des amours, de l'amour,* moment où les animaux sont poussés par leur instinct à s'accoupler. ‖ Fam. *Un amour de,* superlatif de « joli », « charmant », de nuance affectée.

◆ **amours** n. m. pl. **1.** Vie amoureuse : *Les amours de Don Juan.* – **2.** (parfois fém.) *Litt.* Inclination d'un être pour un autre : *Les amours enfantines.*

2. AMOUR n. m. (de *amour 1*). *Amour blanc,* poisson herbivore originaire de Chine et introduit en Russie pour combattre l'envahissement des voies d'eau par les plantes aquatiques.

Amour *(De l'),* essai de Stendhal (1822). Dans la tradition matérialiste des idéologues, Stendhal étudie les formes que prend l'amour selon les individus et les sociétés, rompant ainsi avec l'universalisme classique, aussi bien qu'avec l'érotisme simpliste du XVIIIe s.

Amour de Dieu *(Traité de l'),* ouvrage de saint François de Sales écrit de 1607 à 1616.

Amour et la Vie d'une femme *(l'),* cycle de 8 lieder de Schumann (op. 42, 1840), sur des poèmes de Chamisso. Rencontre, bonheur, larmes s'expriment au travers d'accents mélodiques pénétrants.

Amour et l'Occident *(l'),* essai de Denis de Rougemont (1938 ; seconde édition modifiée 1956). La passion malheureuse comme définition de la culture occidentale.

Amour fou *(l'),* récit d'André Breton (1937). Chronique de l'amour heureux selon le surréalisme.

Amour médecin *(l')*, comédie-ballet de Molière en 3 actes et en prose, musique de Lully (1665).

Amour sacré et l'Amour profane *(l')*, titre donné v. 1700 à une peinture de la jeunesse de Titien, précédemment appelée *la Beauté parée et la Beauté sans parure* (v. 1515-16 ; 1,18×2,79 m ; gal. Borghèse, Rome). On y voit une expression de l'idée néoplatonicienne des deux amours.

Amour sorcier *(l')*, ballet en un acte ; argument de G. Martínez Sierra, mus. de Manuel de Falla, chorégr. de Pastora Imperio (Madrid, 1915).

Amours *(les)*, titre de plusieurs recueils lyriques de Ronsard célébrant tour à tour Cassandre Salviati (1552), Marie Dupin (1555-56) et Hélène de Surgères (1578).

Amours jaunes *(les)*, recueil de poèmes de Tristan Corbière (1873).

Amours du poète *(les)*, cycle de mélodies de Schumann, sur des poèmes de Heine (1840).

AMOUR, en chin. **Heilong Jiang,** fl. d'Extrême-Orient, dont le bassin (1 843 000 km^2) s'étend sur les territoires de la Chine, de la Mongolie et de la Russie. Formé de deux rivières, la Chilka et l'Argoun, il sert de frontière entre la Chine et la Russie, jusqu'à la hauteur de Khabarovsk, puis se dirige vers le nord pour se jeter dans la Manche de Tartarie ; 4 440 km.

AMOUR *(djebel)*, massif de l'Algérie méridionale, partie de l'Atlas saharien, entre les monts des Ksour et les monts des Ouled Naïl ; 1 977 m au *Touïlet Makna*.

AMOURACHER (S') v. pr., **ÊTRE AMOURACHÉ** v. pass. (ital. *amoraccio,* amour ridicule) [conj. 3]. Porter à qqn un amour soudain et souvent temporaire ; s'éprendre, se toquer.

AMOUR-EN-CAGE n. m. (pl. *amours-en-cage*). Nom usuel du *physalis.*

1. AMOURETTE n. f. (dimin. de *amour*). Amour passager et sans conséquence.

2. AMOURETTE n. f. (de l'anc. provenç. *amoretas,* testicules de coq). Moelle épinière des animaux de boucherie, utilisée en friture ou en garniture de bouchée, timbale et vol-au-vent.

3. AMOURETTE n. f. (anc. fr. *amarouste,* du lat. médiév. *amarusca,* class. *amalusta,* avec infl. de *amour*). **1.** Nom usuel commun à diverses plantes : brize, muguet, etc. — **2.** *Bois d'amourette,* bois d'Amérique tropicale, rouge sombre moucheté de noir, dur et très lourd, d'usage important en tabletterie et lutherie. (Syn. LETTRE ROUGE.)

AMOUREUSEMENT adv. **1.** Avec amour, tendrement : *Regarder amoureusement quelqu'un.* — **2.** D'une manière attentive, avec un soin particulier : *Arranger amoureusement son appartement.*

AMOUREUX, EUSE adj. (bas lat. *amorosus*). **1.** Qui aime qqn d'autre, qui éprouve de l'amour : *Il est tombé amoureux de sa voisine.* — **2.** Qui marque de l'amour, qui est propre à l'amour : *Regards amoureux.*

◆ adj. et n. Qui est passionné de qqch : *Un amoureux de la musique, de la nature.*

◆ n. **1.** Personne qui fait la cour à une jeune fille ; celle à qui on fait la cour. — **2.** Personne qui vit avec passion ses amours.

AMOUR-PROPRE n. m. (pl. *amours-propres*). **1.** Sentiment qu'on a de sa propre valeur, de sa dignité, et qui pousse à agir pour mériter l'estime d'autrui. — **2.** Opinion trop avantageuse qu'on a de soi-même.

AMOVIBILITÉ n. f. État du fonctionnaire qui peut être déplacé ou changé d'emploi par une décision de ses supérieurs hiérarchiques.

AMOVIBLE adj. (lat. *amovere,* écarter). **1.** Se dit d'un fonctionnaire qui peut être muté ou destitué. — **2.** Se dit d'une fonction qui peut être retirée à qqn pour être attribuée à qqn d'autre. — **3.** Qui peut être enlevé, séparé : *Capuchon amovible.* — **4.** Se dit d'une mémoire dont le support d'enregistrement d'information peut être séparé du mécanisme d'entraînement et de l'unité de lecture-écriture.

AMOY ou **XIAMEN,** port de Chine, sur une île de la province du Fujian, proche de Quemoy et en face de Taiwan ; 260 000 hab.

A. M. P. n. m. **1.** Abrév. de ACIDE ADÉNOSINE-MONOPHOSPHORIQUE ou de ADÉNOSINE-MONOPHOSPHATE. — **2.** *A. M. P. cyclique,* dérivé déshydraté de l'A. M. P.

ENCYCL. L'*A. M. P. cyclique* a un rôle régulateur fondamental dans l'organisme : il permet la synthèse et la sécrétion de nombreuses hormones, il agit sur la synthèse de certaines enzymes, et intervient dans de nombreux mécanismes cellulaires et physiologiques.

AMPARO n. m. (esp. *amparo,* secours, protection). Procédure de contrôle de la constitutionnalité, en vigueur dans certains pays (Espagne, Mexique, par ex.).

AMPÉLIDACÉE n. f. (lat. *ampelidacae,* du gr. *ampelos,* vigne). Arbrisseau ou arbuste volubile, aux sarments portant des vrilles en face des feuilles, au fruit globuleux, tel que la vigne. (Les *ampélidacées* forment une famille.) [Syn. VITACÉE.]

AMPÉLITE n. f. (lat. *ampelitis,* du gr. *ampelitis,* propre à l'entretien de la vigne). Schiste noir argileux, riche en matière organique.

AMPÉLOGRAPHIE n. f. Étude de la vigne.

AMPÉLOLOGIE n. f. Traité sur la vigne.

AMPÉLOPSIS [-psis] n. m. Nom générique de la vigne vierge et d'autres arbustes grimpants voisins de la vigne, utilisés pour recouvrir les murs.

AMPÉRAGE n. m. Désignation incorrecte de l'intensité d'un courant électrique.

AMPÈRE n. m. (de *Ampère,* n. pr.). **1.** Unité de mesure SI d'intensité de courant électrique (symb. A) équivalant à l'intensité d'un courant constant qui, maintenu dans deux conducteurs parallèles, rectilignes, de longueur infinie, de section circulaire négligeable et placés à une distance de 1 mètre l'un de l'autre dans le vide, produit entre ces conducteurs une force de 2.10^{-7} N/m. [L'ampère est l'une des sept unités de base du Système international d'unités (SI).] — **2.** Unité SI de force magnétomotrice et de différence de potentiel magnétique (symb. A), égale à la force magnétomotrice produite le long d'une courbe fermée quelconque qui entoure une seule fois un conducteur parcouru par un courant électrique de 1 ampère. — **3.** *Ampère par mètre,* unité SI de champ magnétique (symb. A/m), équivalant au champ magnétique produit dans le vide le long d'un cercle de 1 mètre de circonférence par un courant de 1 ampère maintenu dans un conducteur rectiligne, infini, de section circulaire négligeable, formant l'axe du cercle considéré.

AMPÈRE (André Marie), physicien français (Lyon 1775-Marseille 1836). D'abord auteur précoce de travaux de mathématique, professeur de physique à l'École polytechnique (1809) et au Collège de France (1824), il s'intéresse aussi aux grands problèmes de la chimie : en 1814, il distingue entre atomes et molécules et développe l'hypothèse (déjà formulée indépendamment par Avogadro) selon laquelle tous les gaz renferment, à volume égal, le même nombre de molécules. En 1820, après avoir vu l'expérience d'Œrsted (déviation de l'aiguille aimantée par un courant électrique), il en édifie en quelques jours la théorie, montrant, dans l'électricité en mouvement, la source des actions magnétiques. Il étudie les actions réciproques des courants et des aimants, et donne la règle de cette déviation par rapport à un observateur couché dans le sens du courant. Il prouve que deux courants fermés agissent l'un sur l'autre, créant ainsi toute l'électrodynamique. Dès 1821, il émet l'hypothèse que les molécules des corps sont l'objet de « courants particulaires », que l'aimantation peut diriger. Il imagine le galvanomètre, invente le premier télégraphe électrique et, avec Arago, l'électroaimant. (Acad. des sc., 1814.)

AMPÈRE-HEURE n. m. (pl. *ampères-heures*). Quantité d'électricité (symb. Ah) transportée pendant une heure par un courant de 1 ampère. (1 ampère-heure = 3 600 coulombs.)

AMPÈREMÈTRE n. m. Instrument, gradué en ampères, destiné à mesurer l'intensité d'un courant électrique.
ENCYCL. Les ampèremètres peuvent être classés en appareils à cadre mobile et aimant fixe, électromagnétiques, à bobine fixe et fer mobile, électrodynamiques, thermiques, et à couple thermoélectrique.

AMPÈRE-MÈTRE CARRÉ n. m. (pl. *ampères-mètres carrés*). Unité SI de moment magnétique (symb. $A.m^2$).

AMPÈRE-TOUR n. m. (pl. *ampères-tours*). Nom donné naguère à l'unité de force magnétomotrice du système M. K. S. A. (symb. At). [L'unité SI est l'ampère (symb. A).]

AMPÉROMÉTRIE n. f. Méthode électrochimique d'analyse utilisant la détermination du courant d'électrolyse qui, fonction de la concentration des corps électroactifs et du potentiel, permet, dans des conditions déterminées et après étalonnage, de déduire la concentration des corps électrolysés.

AMPHÉTAMINE n. f. Dénomination courante du phényl-1 amino-2 propane et des dérivés médicamenteux qui en découlent.
ENCYCL. L'amphétamine est un sympathomimétique puissant au niveau périphérique, dont l'action essentielle au niveau central est de stimuler la vigilance : elle diminue le besoin global de sommeil, fait disparaître la sensation de fatigue, exagère l'activité motrice. De plus, elle réduit la sensation de faim et la prise de nourriture (anorexigène). Les amphétamines sont de moins en moins prescrites en raison des risques cardiaques qu'elles font courir et surtout de leurs potentialités toxicomanogènes (doping intellectuel ou sportif). Les effets recherchés par les toxicomanes sont variables : état d'excitation et d'euphorie brutale par l'injection intraveineuse, ou, par la prise orale, sentiment d'aisance intellectuelle, d'euphorie, d'augmentation de la créativité, de levée des inhibitions.

AMPHÉTAMINIQUE adj. Relatif aux amphétamines.

AMPHI n. m. *Fam.* Amphithéâtre d'une université, d'un lycée.

AMPHIARTHROSE n. f. Articulation semi-mobile dans laquelle les surfaces articulaires, planes ou concaves, sont réunies par des ligaments fibreux ou fibro-cartilagineux. (Par ex. la symphyse pubienne.)

AMPHIBIE adj. (gr. *amphibios,* qui vit dans deux éléments). **1.** Se dit des animaux et des plantes qui ne peuvent vivre, ou tout au moins se reproduire, que dans les biotopes partiellement aériens et partiellement aquatiques (étangs et mares, rivages marins, fluviaux ou lacustres, etc.). [→ *encycl.*] — **2.** Se dit de véhicules, de matériels qui peuvent être utilisés sur terre ou sur l'eau selon les besoins. (Un aéronef amphibie est muni de dispositifs d'atterrissage [train escamotable] et d'amerrissage [flotteurs ou coque].) — **3.** *Génie amphibie* ou *génie de plage,* corps chargé, après le débarquement des unités, de l'organisation et de la défense des plages. ‖ *Opérations amphibies,* opérations qui ont pour objet de débarquer de vive force des unités terrestres sur un territoire côtier occupé par l'ennemi.

◆ n. m. **1.** Aéronef amphibie. — **2.** Organisme amphibie.

ENCYCL. **Bot.** et **Zool.** Chez les plantes aquatiques, c'est la pollinisation qui se fait hors de l'eau, par émersion des fleurs. Parmi les animaux amphibies, les uns ont une respiration exclusivement aérienne (mammifères marins, reptiles aquatiques), d'autres un appareil respiratoire utilisable dans l'air ou dans l'eau (divers crabes et poissons de la mangrove), d'autres enfin, comme la grenouille, respirent dans l'eau à l'état larvaire et dans l'air après la métamorphose. L'éclosion des œufs ou la mise-bas des jeunes peut avoir lieu dans le milieu opposé à celui où vit principalement l'animal.

AMPHIBIEN n. m. (de *amphibie*). Vertébré anamniote à peau nue, aux membres conformés en pattes, généralement capable de respirer hors de l'eau à l'état adulte, tel que la grenouille ou la salamandre. (Les *amphibiens* forment une classe.) [Syn. BATRACIEN.]

ENCYCL. La classe des amphibiens voit son unité contestée par les zoologistes contemporains, ses deux principales sous-classes, *urodèles* et *anoures,* ayant peu de caractères communs ; cependant les ani maux de ces deux groupes respirent en grande partie par la peau sitôt qu'ils se trouvent hors de l'eau. Certains urodèles conservent des branchies toute leur vie, et ces animaux ne changent que peu de forme et de mœurs lors de la métamorphose, restant de forme allongée et munis d'une queue. Les anoures, au contraire, ont toujours une larve aquatique caudée (*têtard*), qui par métamorphose devient un adulte amphibie et sans queue, très différent du têtard à tous égards. Il n'existe pas d'amphibiens marins ; les amphibiens de l'ère primaire, du groupe des stégocéphales, nombreux et de grande taille, ont été les premiers de tous les vertébrés terrestres.

AMPHIBIOSE n. f. Mode de vie des espèces amphibies.

AMPHIBIOTIQUE adj. Syn. de AMPHIDROME.

1. AMPHIBOLE n. f. (gr. *amphibolos,* ambigu). Famille de silicates en chaîne, dont la composition chimique peut être représentée par $A_{0\text{-}1}B_2C_5T_8O_{22}(OH)_2$, où A peut être Na ou K ; B, Na ou Ca ; C, Fe, Mg ou Al ; T, Si ou Al. (Les amphiboles sont classées en fonction de leur composition chimique : ferromagnésiennes, calciques, calco-sodiques, sodiques.)

2. AMPHIBOLE ou **AMPHIBOLIQUE** adj. Se dit de la période qui, dans les maladies, est intermédiaire entre la période d'état et la défervescence.

AMPHIBOLIE n. f. (lat. *amphibolia,* du gr. *amphibolos,* ambigu). Syn. de AMPHIBOLOGIE.

AMPHIBOLITE n. f. **1.** Roche métamorphique composée essentiellement d'amphibole. — **2.** *Faciès amphibolite,* degré de métamorphisme moyen correspondant au domaine de stabilité de la hornblende.

AMPHIBOLOGIE n. f. (lat. *amphibologia,* du gr. *amphibolos,* ambigu, et *logos,* discours). **1.** Construction maladroite qui rend le sens d'un énoncé équivoque, obscur ou ridicule. — **2.** Nom donné par Kant à une forme particulière d'équivoque, qui consiste à rapporter à la même faculté les objets propres de deux facultés différentes. (Syn. AMPHIBOLIE.)

AMPHIBOLOGIQUE adj. Qui présente une amphibologie ; équivoque, ambigu.

AMPHIBOLURE n. m. (gr. *amphibolos,* qui peut se lancer des deux côtés, et *oura,* queue). Grand lézard (agamidé) d'Australie, à longue queue, à la course bipède, à la gorge ornée d'une collerette gonflable.

AMPHICŒLE [ɑ̃fisɛl] adj. Se dit des vertèbres concaves sur les deux faces, comme celles de certains anoures.

AMPHICTYONIE n. f. (gr. *amphiktuonia*). Assemblée qui, dans l'ancienne Grèce, réunissait autour d'un sanctuaire commun les habitants des environs. La plus célèbre amphictyonie a été celle de Delphes. Cependant, le particularisme des cités grecques les empêcha de jouer le rôle unificateur qui aurait dû être le leur.

AMPHICTYONIQUE adj. Relatif aux amphictyonies.

AMPHIDROME adj. (gr. *amphidromos,* qui court autour). Se dit des poissons qui migrent des eaux fluviales vers la mer ou inversement, une ou plusieurs fois au cours de leur vie. (On en distingue trois catégories : les *anadromes,* marins, qui remontent les fleuves pour s'y reproduire ; les *catadromes,* fluviaux, qui vont se reproduire en mer ; les *amphidromes* au sens strict, qui effectuent des migrations saisonnières indépendantes de leur âge.) [Syn. AMPHIBIOTIQUE.]

◆ n. m. Mollusque pulmoné terrestre d'Asie tropicale et d'Océanie, aux couleurs brillantes, aux individus les uns dextres et les autres sénestres.

AMPHIDROMIQUE adj. Se dit d'un point de l'océan où la marée est nulle.

AMPHIGASTRE n. f. Écaille ventrale bilobée existant chez diverses hépatiques rampantes.

AMPHIGOURI n. m. *Litt.* Langage ou écrit obscur, embrouillé, peu intelligible.

AMPHIGOURIQUE adj. *Litt.* Se dit d'un style, d'un écrivain embrouillé et obscur.

AMPHIMALLE n. m. (du gr. *mallos,* touffe de laine). Nom générique du hanneton de la Saint-Jean, espèce très velue.

AMPHIMIXIE n. f. Appariement des chromosomes mâles et femelles dans l'ovule fécondé, constituant le point de départ d'un nouvel individu. (Syn. CARYOGAMIE.)

AMPHINEURE n. m. Mollusque d'un type archaïque tel que les chitons, rampant sur les rochers dans la mer, le dos protégé par des plaques calcaires articulées. (On range aussi dans ce groupe certains mollusques vermiformes, les *aplacophores.*) [Syn. LORICATE.]

AMPHION, musicien et poète légendaire grec. Il éleva les remparts de Thèbes ; les pierres venaient se placer d'elles-mêmes au son de sa lyre.

AMPHION-LES-BAINS (74500 Publier), écart de la comm. de Publier (Haute-Savoie), sur le lac Léman. Station thermale et touristique. Embouteillage.

AMPHIOXUS [-ɔksys] n. m. (du gr. *oksus,* pointu). Procordé des rivages marins sableux, constituant à lui seul l'embranchement des *céphalocordés* à cause de ses nombreux caractères originaux : absence de cœur et de cerveau, néphridies rappelant celles des annélides, etc.

AMPHIPHILE adj. Se dit de certaines molécules qui ont une moitié hydrophile et une moitié hydrophobe.

AMPHIPNOUS [-pnus] n. m. (du gr. *pnoê,* respiration). Poisson des eaux douces et saumâtres de l'Inde, muni d'un appareil de respiration aérienne, ainsi que de branchies rudimentaires.

AMPHIPODE n. m. Crustacé marin ou d'eau douce, au corps comprimé latéralement, tel que le gammare des ruisseaux et le talitre ou puce de mer des laisses d'algues. (Les *amphipodes* forment un ordre.)

AMPHIPOLIS, ville de Macédoine. Colonie athénienne de Thrace fondée en 436 av. J.-C., important centre stratégique et commercial, elle fut détruite par Philippe de Macédoine en 357 av. J.-C. Vestiges antiques et paléochrétiens.

AMPHIPRION n. m. (du gr. *priôn,* scie). Poisson des récifs coralliens, aux vives couleurs, s'abritant entre les tentacules des actinies, dont il ne craint pas le venin. (N. usuel *poisson-clown.*)

AMPHIPROSTYLE adj. Se dit d'un temple présentant une rangée de colonnes sur chacune de ses deux façades, avant et arrière.

AMPHIPTÈRE ou **AMPHISBÈNE** n. m. En héraldique, serpent ailé qui a une seconde tête au bout de la queue.

AMPHISBÈNE n. m. (lat. *amphisbaena,* du gr. *amphisbaina,* de *bainein,* marcher). Reptile fouisseur des régions chaudes, vermiforme, aveugle et décoloré, et dont l'avant et l'arrière sont presque semblables.

AMPHISILE n. m. (du gr. *silê,* nez). Petit poisson des océans Indien et Pacifique, au corps cuirassé de plaques dermiques, et ayant l'habitude de nager en position verticale.

AMPHISSA → ÁMFISSA.

AMPHISTOME n. m. (du gr. *stoma,* bouche). Ver plat trématode, hôte habituel de la panse de ruminants, mais dont une espèce infeste l'homme en Asie du Sud-Est.

AMPHISTOMOSE n. f. Syn. de PARAMPHISTOMOSE.

AMPHITHALLISME n. m. Mode de reproduction des champignons aux spores bi-sexuées.

AMPHITHÉÂTRE n. m. (lat. *amphitheatrum,* du gr. *amphitheatron*). **1.** Édifice de plan souvent elliptique, à gradins, arène et coulisses, élevé par les Romains et destiné aux spectacles (combats de gladiateurs, chasses, etc.). [→ *encycl.*] — **2.** Dans les théâtres d'architecture traditionnelle, ensemble des places situées au-dessus des balcons et des galeries. — **3.** Salle de cours aménagée en gradins, d'abord tout autour de la table d'expériences (amphithéâtre de chirurgie), puis d'un seul côté ; vaste salle de cours ou de conférences à gradins. — **4.** Lieu rappelant cette forme : *Un amphithéâtre de verdure.* — **5.** À l'hôpital, lieu où se pratiquent les autopsies. — **6.** *Amphithéâtre morainique,* moraines terminales, disposées en arc de cercle autour de l'extrémité d'une langue glaciaire.

ENCYCL. L'amphithéâtre antique se compose d'une aire elliptique sablée, l'*arena,* qu'entourent des gradins, la *cavea,* formant un entonnoir divisé en secteurs *(cunei)* par des escaliers et par des paliers *(praecinctiones)* en trois ceintures étagées *(podium, maeniana, porticus).* L'ensemble est supporté par des galeries annulaires *(ambulacres),* des passages rayonnants et des accès aux gradins *(vomitoria).* Les coulisses étaient installées soit sous les gradins, soit sous l'*arena,* qui

dans certains cas pouvait être inondée pour les spectales de naumachie.
Parmi les amphithéâtres les plus célèbres, citons le Colisée (Rome) et ceux de Capoue, de Vérone, de Pula (Croatie) et d'El-Djem (Tunisie).

AMPHITONE adj. Se dit du développement des arbres tels que le cèdre, dont les rameaux poussent en nappe des deux côtés des grosses branches.

AMPHITRITE, divinité grecque, épouse de Poséidon et reine de la mer. Elle est souvent représentée allant sur les eaux sur un char traîné par des tritons.

AMPHITRYON n. m. (de *Amphitryon,* n. pr.). *Litt.* Personne chez qui ou aux frais de qui on dîne.

AMPHITRYON, fils d'Alcée, roi de Tirynthe, époux d'Alcmène. Zeus revêtit son apparence pour tromper la fidélité d'Alcmène, qu'il rendit mère d'Héraclès.

Amphitryon, comédie de Molière en trois actes et en vers libres (1668).

AMPHIUME n. f. (lat. sc. *amphiuma*). Grand amphibien urodèle du sud-est des États-Unis, sans paupières, conservant des fentes branchiales à l'état adulte, et dont les pattes sont très réduites.

AMPHOLYTE n. m. (de *amphotère* et de *électrolyte*). Tout corps qui, pouvant jouer le rôle d'un acide ou le rôle d'une base, subit simultanément deux dissociations électrolytiques de types différents.

AMPHORE n. f. (lat. *amphora,* du gr. *amphoreus*). Vase à deux anses, de forme ovoïde, généralement terminé à sa partie inférieure par une pointe ou un pied étroit et qui servait surtout au transport et au stockage des denrées.

AMPHORIQUE adj. Qui concerne l'étude des amphores.

AMPHOTÈRE adj. (gr. *amphoteros,* les deux à la fois). Se dit d'une substance, d'un ion pouvant avoir un rôle tantôt acide, tantôt basique. (L'oxyde d'aluminium, ou alumine, est amphotère : avec l'acide chlorhydrique, il donne le chlorure d'aluminium et, avec la soude, l'aluminate de sodium.)

AMPHOTÉRICINE B n. f. Médicament antifongique obtenu à partir de cultures de *Streptomyces nodosus,* spécialement actif sur les levures du genre *candida.*

AMPHOTRICHE adj. Se dit des bacilles qui ne possèdent qu'un cil vibratile à chacune de leurs extrémités.

AMPICILLINE n. f. Premier antibiotique semi-synthétique dérivé de la pénicilline, actif sur les germes Gram négatif.

AMPLE adj. (lat. *amplus*). **1.** Se dit d'un vêtement large, qui n'est pas ajusté. – **2.** Se dit de ce qui est abondant, large, puissant : *Un geste, une voix ample.* – **3.** *Jusqu'à plus ample informé,* en attendant de nouvelles informations.

AMPLECTIF, IVE adj. (lat. *amplecti,* entourer). Se dit d'un organe végétal qui en enveloppe un autre.

AMPLEMENT adv. De façon plus que suffisante ; abondamment, largement : *C'est amplement suffisant.*

AMPLEPUIS (69550), ch.-l. de cant. de l'ouest du Rhône ; 4 871 hab. *(Amplepuisiens).* Textile.

AMPLEUR n. f. **1.** Qualité d'un vêtement ample, large. – **2.** Importance, étendue, portée de qqch : *Constater l'ampleur du désastre.* – **3.** Excédent de tissu prévu dans un vêtement soit pour réaliser un effet spécial de coupe ou pour sa mise en œuvre dans des fronces, plis, smocks, ou encore pour assurer une grande aisance de mouvement.

AMPLEXICAULE adj. (du lat. *amplexus, étreinte). Se dit des feuilles qui entourent la tige des plantes.*

AMPLI n. m. *Fam.* Amplificateur électroacoustique.

AMPLIATEUR, TRICE n. Personne qui fait une ampliation.

AMPLIATIF, IVE adj. (lat. *ampliare,* augmenter). **1.** Relatif à l'ampliation. – **2.** *Mémoire ampliatif,* mémoire qui développe des moyens exposés dans le mémoire introductif.

AMPLIATION n. f. (lat. *ampliatio*). **1.** Copie de l'original d'un acte administratif, revêtue du caractère d'authenticité. – **2.** Acte qui ajoute à ce qui a été dit dans un acte précédent. (La formule *pour ampliation* figure au bas de ces actes.) – **3.** Variation du périmètre thoracique au cours des mouvements inspiratoire et expiratoire.

AMPLIDYNE n. f. Génératrice amplificatrice et régulatrice à courant continu.

AMPLIFIANT, E adj. *Induction amplifiante,* raisonnement qui consiste à passer d'un certain nombre de cas particuliers à une loi générale, valable pour tous les cas du même genre. (Syn. INDUCTION BACONIENNE.)

AMPLIFICATEUR, TRICE adj. (lat. *amplificator*). Qui développe, donne plus de force à qqch, qui en exagère l'effet.

◆ **amplificateur** n. m. **1.** Élément d'une chaîne haute-fidélité qui précède les haut-parleurs. – **2.** Appareil qui augmente l'intensité d'un phénomène par emprunt d'énergie à une source extérieure. – **3.** *Amplificateur (de courant, de puissance* ou *de tension*), circuit électronique ayant pour fonction d'élever l'intensité du courant que fournit un signal électrique, la puissance qu'il développe dans une charge ou la tension de ce signal. (→ *encycl.)* ‖ *Amplificateur paramétrique*, amplificateur qui comporte une réactance variant avec l'amplitude instantanée du signal.

ENCYCL. **Électron.** Les *amplificateurs de courant, de puissance* ou *de tension* sont utilisés dans la technique des communications radioélectriques, et comme relais sur les longs circuits téléphoniques dans les câbles sous-marins. La performance des amplificateurs de tension ou de courant s'exprime par leur amplification, celle des amplificateurs de puissance par leur gain.

AMPLIFICATION n. f. (lat. *amplificatio*). **1.** Action d'augmenter, d'accroître l'étendue, le volume : *L'amplification du son.* — **2.** Action de rendre plus important, de donner plus d'ampleur à qqch ; état de ce qui est ainsi grossi : *L'amplification des revendications.* — **3.** Mesures ajoutées aux mesures d'un patron type pour obtenir des tailles différentes. — **4.** Accroissement d'une tension, d'une intensité de courant ou d'une puissance électrique, obtenu à l'aide d'un amplificateur. — **5.** *Amplification génique*, v. PCR. — **6.** *Pouvoir d'amplification d'un appareil*, rapport de la valeur de la grandeur soumise à l'amplification, que l'on obtient à la sortie, à celle qui est appliquée à l'entrée de l'amplificateur.

AMPLIFIER v. t. (lat. *amplificare,* agrandir, augmenter) [conj. **9**]. **1.** Accroître le volume, l'étendue de qqch : *Amplifier le son de la voix.* — **2.** Donner une plus grande extension à une action, en accroître l'importance : *Ces mesures ont amplifié la hausse des prix.* — **3.** Développer qqch outre mesure, en ajoutant des détails imaginés ; exagérer : *Les journaux amplifient le scandale par leurs révélations.* — **4.** Accroître, à l'aide d'un amplificateur, une tension, une intensité de courant ou une puissance électrique.

◆ **s'amplifier** v. pr. Devenir plus grand, plus important : *Le scandale s'est amplifié.*

AMPLI-SYNTONISEUR n. m. (pl. *amplis-syntoniseurs*). Syn. de AMPLI-TUNER.

AMPLITUDE n. f. (lat. *amplitudo*). Étendue considérable de qqch : *L'amplitude d'une catastrophe.* • **Climatol.** Écart entre les deux valeurs extrêmes d'un élément périodique du climat. (La notion d'amplitude s'applique en particulier à la température et constitue un élément de base de la classification des climats.) — **Écol.** *Amplitude écologique,* écart entre la valeur maximale et la valeur minimale de la température, de la salinité, etc., entre lesquelles une espèce vivante peut vivre et se reproduire normalement. (→ *encycl.*) — **Écon.** *Amplitude de la journée de travail,* temps pendant lequel le salarié reste à la disposition de l'employeur compte tenu des coupures de travail. — **Géol.** *Amplitude d'un pli,* demi-hauteur mesurée dans le plan axial entre les plans tangents à la crête et au creux d'un pli. — **Hydrol.** *Amplitude d'une marée,* écart entre le niveau de la haute mer et celui de la basse mer suivante. ‖ *Amplitude d'une vague,* dénivellation entre le creux et la crête de la vague. — **Math.** *Amplitude d'un intervalle d'extrémités* a *et* b, distance $|b - a|$ entre les bornes a et b de l'intervalle. — **Phys.** Fonction qui représente l'importance d'une grandeur physique variable soit dans le temps, soit dans l'espace, soit dans l'espace-temps. ‖ Dans certains cas particulièrement simples, valeur maximale de cette fonction. ‖ En physique quantique, grandeur complexe qui caractérise les transitions d'un système d'un état à un autre.

ENCYCL. **Écol.** Une plante de grande amplitude écologique est dite *rustique ;* un animal est *euryèce* lorsque son amplitude est grande pour plusieurs facteurs à la fois, *eurytherme, euryhalin, eurybathe,* etc., s'il est tolérant aux écarts de température, de salinité, de profondeur marine, etc.

AMPLI-TUNER [-tynɛr] n. m. (pl. *amplis-tuners*). Élément d'une chaîne haute-fidélité qui réunit en un seul ensemble un tuner et un amplificateur sans les haut-parleurs. (Syn. AMPLI-SYNTONISEUR.)

1. AMPOULE n. f. (lat. *ampulla,* petite fiole). **1.** Dispositif d'éclairage, constitué d'une enveloppe, transparente ou translucide, étanche aux gaz, renfermant un corps lumineux. — **2.** Récipient à col assez long et à gros ventre servant à divers usages. — **3.** Tube de verre à paroi mince, effilé à ses extrémités, destiné à contenir et à conserver un médicament liquide ou pulvérulent ; son contenu. — **4.** Récipient dans lequel on garde les saintes huiles et le saint chrême.

2. AMPOULE n f. (de *ampoule 1*). **1.** Dilatation ou renflement que présentent certains organes. — **2.** Collection liquide à contenu séreux, louche ou hémorragique, saillante à la surface de la peau. — **3.** Syn. de AMPULLAIRE. — **4.** *Ampoule frontale,* syn. de PTILINUM.

ampoule *(sainte),* fiole contenant le saint chrême qui servait à oindre les rois de France le jour de leur sacre. Apportée, selon la tradition, par une colombe le jour du baptême de Clovis, elle fut brisée par le Conventionnel P. J. Ruhl en 1793.

AMPOULÉ, E adj. (anc. fr. *ampouler,* enfler). Plein d'emphase et d'exagération ; boursouflé, emphatique.

AMPULLAIRE n. f. Très gros mollusque gastropode prosobranche des lacs et fleuves des régions chaudes de l'Ancien Monde. (Syn. AMPOULE.)

AMPURDÁN, plaine d'Espagne, dans le nord de la Catalogne, entre la chaîne des Albères, au N., et l'extrémité des chaînes côtières catalanes, au S.

AMPURIAS, bourgade espagnole (Catalogne, prov. de Gérone), sur le golfe de Rosas. C'est l'antique *Emporion,* colonie grecque fondée par les Phocéens au VIe s. av. J.-C. Traces de la ville grecque et vestiges de nombreux monuments romains (forum, gymnase, amphithéâtre).

AMPUTATION n. f. (lat. *amputatio*). **1.** Opération par laquelle on enlève, à l'aide d'instruments tranchants, un membre, une portion de membre, un viscère, un organe ou un tissu quelconque, etc. — **2.** Retranchement important d'un élément d'un tout : *Faire subir une amputation au patrimoine national.* — **3.** *Amputation congénitale,* malformation congénitale des membres caractérisée par l'absence d'un segment distal du membre.

AMPUTÉ, E n. Personne qui a subi une amputation.

AMPUTER v. t. (lat. *amputare,* couper) [conj. 3]. **1.** Enlever à qqn, par une opération chirurgicale, tout ou partie d'un membre : *On l'amputa d'un bras.* — **2.** Retrancher un élément d'un tout : *On a amputé cet article de sa conclusion.*

AMR n. m. (mot ar., de *amara,* commander). Commandement divin contenu dans le Coran, et auquel se soumet le croyant.

AMRATIEN n. m. (de *El-Amrah,* n. pr.). Faciès culturel chalcolithique de Moyenne-Égypte qui succède au badarien, dont il conserve de nombreux traits, et qui remonte au IVe millénaire.

AMRAVATI ou **AMRAOTI,** v. de l'Inde, dans le Mahārāshtra, à l'O. de Nāgpur ; 433 746 hab. Marché du coton.

AMRI, roi d'Israël → OMRI.

'AMR IBN AL-'AṢ, compagnon de Mahomet et conquérant de l'Égypte (mort vers 663). En 640, il battit les troupes byzantines à Héliopolis. En 642, il prit Alexandrie.

AMRITĀ ou **AMṚTA,** mot sanskr. signif. *non-mort, immortalité,* et désignant, dans la mythologie de l'Inde, la libération finale.

AMRITSAR, v. de l'Inde, au Pendjab, à l'E. de Lahore ; 709 456 hab. Métropole religieuse des sikhs. Célèbre Temple d'or (XVIe s.). Centre commercial, artisanal, textile, chimie.

AMROUCHE (Jean), écrivain algérien de nationalité française (Ighil Ali, Petite Kabylie, 1906-Paris 1962). Un des fondateurs à Alger de la revue *l'Arche,* célèbre pour ses entretiens radiophoniques (Gide, Mauriac, Claudel), c'est aussi un poète, un traducteur (*Chants berbères de Kabylie,* 1939) et un essayiste (*l'Éternel Jugurtha,* 1946).

AMSHASPENDS → AMESHA SPENTAS.

AMSTEL, riv. des Pays-Bas (Hollande-Septentrionale), canalisée de Uithoorn à Amsterdam, où elle se jette dans le golfe de l'IJ.

AMSTELVEEN, v. des Pays-Bas, dans la banlieue sud d'Amsterdam ; 70 000 hab.

AMSTERDAM, cap. des Pays-Bas, en Hollande-Septentrionale, au confluent de l'Amstel et de l'IJ ; 702 444 hab. (1 038 000 hab. avec les banlieues).

— **Géogr.** Noyau d'une agglomération presque millionnaire, Amsterdam est un centre administratif, commercial et financier (Bourse, banques), culturel (universités et musées) et touristique (surtout dans le centre historique coupé de canaux), site du principal aéroport néerlandais (Schiphol). La ville, bien desservie par le rail et la route, est reliée par canaux à la mer du Nord (vers IJmuiden) et au Rhin (vers Rotterdam), mais le rôle portuaire a décliné, ainsi que la fonction industrielle (encore représentée par l'agroalimentaire, la taille des diamants, l'édition et surtout la métallurgie de transformation).

— **Hist.** En 1275, bénéficiant d'une charte communale, Amsterdam, jusque-là petit port de pêcheurs, accède au rang de ville. Au XIVe s., les comtes de Hollande en font un instrument de leur politique de monopole économique dans l'Europe du Nord-Est. Amsterdam triomphe de la concurrence des Hanséates, en 1441, en signant avec la Hanse un armistice, constamment renouvelé. Ayant rompu, en 1578, avec l'Espagne catholique et bénéficiant du recul d'Anvers et de l'afflux des protestants français, Amsterdam accède à une vocation impériale, épices et soieries des Indes orientales constituant la base du trafic intercontinental. Chantiers navals vastes et bien équipés, compagnies de commerce colonial à monopole, banques, Bourse de commerce..., font d'Amsterdam, au XVIIe s., le laboratoire du monde capitaliste et libéral. En 1700, la ville a 200 000 habitants. Cependant, dans la seconde moitié du XVIIIe s., elle subit la concurrence de Londres. La Révolution française, l'annexion du royaume de Hollande par la France (1810), le blocus continental, l'indépendance de la Belgique (1830) et la concurrence renouvelée d'Anvers frappent durement la prospérité de la ville. Après avoir été la capitale de la République batave (1795) et du royaume de Hollande (1806), Amsterdam est, depuis 1815, la capitale du royaume des Pays-Bas.

— **Bx-arts.** Oude Kerk (XIVe-XVIe s.) et Nieuwe Kerk (XVe-XVIIe s.), toutes deux gothiques à voûtes de bois, abritant de nombreux tombeaux. Palais royal (ancien hôtel de ville) de style classique par J. Van Campen (milieu du XVIIe s.). Demeures anciennes le long des canaux. Bourse par Berlage. Principaux musées : Rijksmuseum* ; Musée historique ; maison de Rembrandt ; musée Van Gogh, dans un bâtiment conçu par G. T. Rietveld ; Stedelijk Museum, centre de promotion de l'art contemporain avancé.

AMSTERDAM *(île)* ⟶ NOUVELLE-AMSTERDAM.

Amsterdam au Rhin *(canal d')*, canal des Pays-Bas, unissant Amsterdam à la branche principale du Rhin inférieur (Waal) ; 72 km.

AMSTETTEN, v. d'Autriche (Basse-Autriche), sur l'Ybbs ; 13 000 hab. — Aux environs, église d'Ardagger Stift et anc. abbaye bénédictine de Seitenstetten.

AMT n. m. Division administrative du Danemark.

Amtrak, société fédérale américaine, chargée de l'exploitation des services ferroviaires voyageurs de grandes lignes aux États-Unis.

AMUAY, v. du Venezuela, dans la péninsule de Paraguaná, sur le golfe du Venezuela. Raffinage du pétrole.

AMUÏR (S') v. pr., **ÊTRE AMUÏ** v. pass. (lat. pop. **admutire*, rendre muet) [conj. 32 ; toujours *i*]. Devenir muet, s'effacer de la prononciation, en parlant d'un son. (Ainsi, le [s] s'est amuï au XIIᵉ s. dans *beste* > bête.)

AMUÏSSEMENT n. m. Fait de s'amuïr.

AMULETTE n. f. (lat. *amuletum*). Objet qu'on porte généralement sur soi, fabriqué selon les règles de la magie, de l'astrologie, réputé prophylactique et bénéfique.

AMULIUS, roi légendaire d'Albe, frère de Numitor qu'il détrôna. Il fut tué par Romulus et Remus qui rendirent à Numitor son trône.

AMUNDSEN *(mer d')*, mer bordière de l'Antarctique, entre les méridiens de l'île Thurston et du mont Siple.

AMUNDSEN (Roald), explorateur norvégien (Borge, Østfold, 1872 - dans l'Arctique 1928). Dès 1897, il participa à une expédition dans l'Antarctique. À partir de 1903, il multiplia les voyages d'exploration, étudiant notamment le pôle magnétique, dont il confirma le continuel déplacement, et découvrit, en 1906, le passage du Nord-Ouest. Le 14 déc. 1911, il atteignit le pôle Sud, devançant d'un mois l'Anglais R. F. Scott ; en 1926, Amundsen survola le pôle Nord. Il disparut en allant à la recherche de Nobile.

AMURE n. f. (de *amurer*). **1.** Cordage servant à fixer le point d'une voile du côté du vent. — **2.** *Avoir les amures à tribord, à bâbord,* en parlant d'un navire, avoir sa voilure disposée pour recevoir le vent par la droite, ou par la gauche. ‖ *Point d'amure d'une voile,* point bas du vent de cette voile.

AMURER v. t. (esp. *amurar*, de *muro*, paroi latérale d'un navire) [conj. 3]. Raidir l'amure d'une voile.

AMUSANT, E adj. **1.** Qui amuse, divertit, chasse l'ennui ; divertissant, gai, drôle : *Un convive, un jeu amusant.* — **2.** Qui amuse l'esprit, l'œil, etc., qui sort de l'ordinaire ; original, plaisant : *Une robe amusante.*

AMUSE-GUEULE n. m. (pl. *amuse-gueule* ou *amuse-gueules*). **1.** Menu hors-d'œuvre excitant l'appétit et servi avec l'apéritif. — **2.** *Fam.* Préliminaire sans importance, sans valeur.

AMUSEMENT n. m. **1.** Action d'amuser, de s'amuser ; distraction, divertissement : *Il a fait cela pour l'amusement des lecteurs.* — **2.** Sentiment de plaisir, de gaieté, éprouvé par celui qui s'amuse : *Je l'écoutais avec beaucoup d'amusement.*

AMUSER v. t. (de *muser*) [conj. 3]. **1.** Occuper agréablement le temps de qqn, le divertir ; égayer, distraire : *Le cirque amuse les enfants.* — **2.** Plaire à qqn, le réjouir, être pour lui une cause de plaisir : *Cette visite ne m'amuse guère.* — **3.** *Litt.* Détourner l'attention de qqn pour l'empêcher d'agir, par des ruses, des moyens dilatoires : *Amuser l'ennemi par des manœuvres de diversion.*

◆ **être amusé** v. pass. Manifester une certaine gaieté : *Écouter d'un air amusé.*

◆ **s'amuser** v. pr. **1.** Avoir des occupations divertissantes, prendre du bon temps, jouer : *Les enfants s'amusent dans la cour.* — **2.** Trouver du plaisir, se divertir à faire qqch : *S'amuser à des jeux stupides.* — **3.** Se moquer de qqn, en rire : *On s'est amusé de lui.* — **4.** Perdre son temps, faire autre chose que ce qu'il y a à faire : *Il ne s'agit pas de s'amuser en chemin.* — **5.** S'aviser de, avoir l'idée inopportune de (surtout négatif) : *Ne t'amuse pas à toucher ce fil.*

AMUSETTE n. f. *Fam.* Distraction sans portée ; bagatelle : *Cette œuvre n'est qu'une amusette.*

AMUSEUR, EUSE n. Personne qui amuse, qui divertit et, péjor., personne qui n'est pas prise au sérieux.

AMUSIE n. f. Agnosie auditive consécutive à une lésion cérébrale et consistant soit dans l'impossibilité de chanter ou de fredonner un air, soit dans l'incapacité de reconnaître les sons et les airs musicaux.

AMUZGOS, ethnie du Mexique (États d'Oaxaca et de Guerrero).

AMVRACIQUE *(golfe)* ou **GOLFE D'ÁRTA,** golfe de la côte occidentale de la Grèce, limité par les promontoires de Préveza et d'Actium. À l'entrée de ce golfe fut livrée la bataille d'Actium, en 31 av. J.-C.

AMX (abrév. de *Atelier de construction d'Issy-les-Moulineaux*), se dit d'un système de matériel blindé provenant d'un atelier relevant de la Direction technique des armements terrestres et qui fut mis au point à partir de 1948.

AMY (Gilbert), compositeur et chef d'orchestre français (Paris 1936). Successeur de Boulez aux concerts du Domaine musical (1967-1973), il dirige le Conservatoire national supérieur de musique de Lyon depuis 1984. Une des personnalités des courants sériels et postsériels (*Mouvements,* pour 17 instruments, 1958 ; *Diaphonies,* pour orchestre de chambre, 1962), son tempérament de poète s'épanouit dans *Chant,* pour orchestre (1969). On lui doit encore, entre autres, *D'un espace déployé,* pour orchestre et deux chefs (1972), *Une saison en enfer* (1980), *Praeludium* (1986) et la messe *Cum jubilo* (1981-1983).

AMYÉLINIQUE adj. Se dit d'une fibre nerveuse dépourvue de myéline. (Elle possède néanmoins une gaine de Schwann.)

AMYGDALAIRE [amida-] adj. **1.** Se dit de la structure d'une roche dont certains éléments ont pris une forme d'amande. – **2.** Se dit d'éléments tectoniques lenticulaires au niveau d'une zone de cisaillement.

AMYGDALE [amidal] n. f. (gr. *amugdalê,* amande). **1.** Organe lymphoïde en forme d'amande, situé dans le pharynx. (L'*amygdale linguale* est située à la base de la langue, dans l'hypopharynx ; les deux *amygdales palatines* sont situées de chaque côté de l'oropharynx ; l'*amygdale pharyngée* est située sur la paroi postérieure du rhino-pharynx. L'hypertrophie de l'amygdale pharyngée constitue les végétations adénoïdes). – **2.** Masse de substance grise située dans le rhinencéphale et qui joue un rôle important dans la régulation des réactions émotionnelles ainsi que dans les processus d'apprentissage. – **3.** *Amygdale cérébelleuse,* lobule pair du cervelet, situé sur la face antéro-inférieure des hémisphères cérébelleux, de chaque côté du bulbe rachidien.

AMYGDALECTOMIE [amidal-] n. f. Ablation des amygdales.

AMYGDALIEN, ENNE [amida-] adj. Relatif aux amygdales.

AMYGDALITE [amida-] n. f. Inflammation des amygdales palatines. (Syn. TONSILLITE.)

AMYGDALOSIDE [amida-] n. m. Hétéroside extrait des amandes amères et de divers noyaux de fruits.

ENCYCL. L'amygdaloside est sans toxicité intrinsèque. Il libère cependant par hydrolyse enzymatique le nitrile mandélique ainsi que de l'acide cyanhydrique, extrêmement toxique.

AMYLACÉ, E adj. Qui contient de l'amidon.

AMYLASE n. f. Enzyme catalysant l'hydrolyse de l'amidon en dextrine puis en maltose.

AMYLE n. m. Radical monovalent C_5H_{11}, dont il existe huit isomères. (L'acétate d'amyle à odeur de poire est utilisé en confiserie, en parfumerie et comme solvant des dérivés de la cellulose. Le nitrite d'amyle est un vasodilatateur.) [Syn. PENTANOL, PENTYLE.]

AMYLIQUE adj. *Alcool amylique,* alcool $C_5H_{11}OH$ dont il existe huit isomères. (Syn. PENTYLIQUE.)

AMYLOBACTER [-baktɛr] n. m. Bactérie anaérobie très répandue, en particulier dans le tube digestif des mammifères, et possédant une action fermentative intense (fermentation butyrique).

AMYLOÏDE adj. **1.** Se dit de la substance glycoprotéique anormale qui infiltre électivement le tissu conjonctif au cours de l'amylose. – **2.** Se dit aussi d'un corps réagissant par un changement de teinte (coloration en brun acajou) au contact d'une solution iodée. – **3.** *Maladie amyloïde,* amylose généralisée.

◆ n. f. Substance, corps amyloïde.

AMYLOLYSE n. f. Processus de dégradation de l'amidon et du glycogène par hydrolyse, dont le dernier terme est le glucose. (Au cours de la digestion, il est le résultat de l'action de l'amylase.)

AMYLOMYCES [-misɛs] n. m. Moisissure qui transforme l'amidon en sucre puis en alcool, utilisée pour préparer l'arak en Extrême-Orient et pour fabriquer industriellement de l'alcool à partir de matières amylacées.

AMYLOPLASTE ou **AMYLOLEUCITE** n. m. Plaste végétal ayant, à l'état jeune, l'aspect d'un leucoplaste, puis accumulant autour d'un hile des couches successives d'amidon, jusqu'à constituer un grain intracellulaire, d'aspect souvent zoné et de forme caractéristique de chaque espèce végétale.

AMYLOSE ou **AMYLOÏDOSE** n. f. Affection caractérisée par l'infiltration de différents organes (particulièrement le rein, évoluant d'ordinaire vers l'insuffisance rénale) et tissus par la substance amyloïde.

AMYNTAS, nom de trois rois de Macédoine du VIe au IVe s. av. J.-C. – **Amyntas III,** qui régna probablement de 393 à 369/70 av. J.-C., fut le père de Philippe II.

AMYOT (Jacques), humaniste français (Melun 1513-Auxerre 1593). Précepteur des futurs Charles IX et Henri III, grand aumônier de France en 1560, évêque d'Auxerre en 1570, il fut un des créateurs, par ses traductions des *Vies* de Plutarque (1559), de la prose classique.

AMYOTROPHIE n. f. Diminution de volume des muscles squelettiques, qui peut aboutir à la disparition de la fibre musculaire striée, elle-même consécutive à une lésion de la fibre musculaire (myopathies) ou à une lésion du système nerveux périphérique.

AMYRINE n. f. (lat. *amyris*). Nom donné à deux alcools triterpéniques isomères $C_{30}H_{50}O$ prototypes de produits naturels importants.

AMYRTÉE, prince de Saïs, fondateur et seul représentant de la XXVIIIe dynastie (404-398 av. J.-C.). Il mit fin à la première domination perse sur l'Égypte.

AN n. m. (lat. *annus*). **1.** Durée conventionnelle voisine de la période de révolution de la Terre autour du Soleil. – **2.** Durée de douze mois complets sans précision sur le début de la période : *Un délai de deux ans.* – **3.** Mesure de l'âge : *Un enfant de quatre ans.* – **4.** Avec l'art. déf. et suivi d'un numéral cardinal ou d'un adj., indique la date selon un certain calendrier ou par rapport au moment où l'on parle, ou bien une date jugée importante : *L'an 50 av. J.-C. L'an mille.* – **5.** Espace de douze mois compté à partir du 1er janvier : *L'an dernier, l'an passé, l'an prochain.* – **6.** *Bon an mal an,* une bonne année en compensant une mauvaise, l'un dans l'autre ; en moyenne. ‖ *Jour de l'an, premier de l'an, nouvel an,* le premier jour de l'année. ‖ *Par an,* chaque année, annuellement. ‖ Fam. *S'en soucier, s'en moquer, s'en fiche comme de l'an quarante,* ne pas attacher la moindre importance à qqch. ‖ *Une fois, deux fois, etc., l'an,* une fois, deux, fois, etc., dans le courant de l'année.

◆ **ans** n. m. pl. *Litt.* Âge : *Le poids des ans.*

an mille, année que les historiens, du XVIe s. au XIXe s., ont présentée comme une année de terreur que les chrétiens d'Occident auraient vécue dans l'attente de la fin du monde et du jugement dernier. Les historiens contemporains (tels M. Bloch et G. Duby) ont dénoncé cette légende et montré, au contraire, qu'à cette date s'affirmait le renouveau de l'Occident (transformation des techniques agricoles, défrichements, expansion démographique, essor du commerce et des villes). [On écrit aussi AN MIL.]

AN- ⟶ A-.

ANA n. m. inv. (suff. lat. d'adj. formé sur un nom propre). *Litt.* Recueil d'anecdotes, de bons mots d'un auteur.

ANABÆNA n. m. (gr. *anabainein,* monter). Algue cyanophycée, commune dans le plancton d'eau douce.

ANABAPTISME [-batism] n. m. (gr. ecclés. *anabaptismos,* nouveau baptême). Doctrine et pratique des anabaptistes.

ANABAPTISTE [-batist] adj. et n. Se dit de groupes chrétiens issus de la Réforme, qui, considérant le baptême des enfants comme nul à cause de l'absence de tout acte personnel de foi, rebaptisaient les adultes.

ENCYCL. Le mouvement anabaptiste est représenté par deux mouvements religieux et sociaux : celui de Thomas Müntzer, qui fut à l'origine de la guerre des Paysans (1524-25), et celui de Jean de Leyde, qui tenta de constituer à Münster un royaume théocratique fondé sur la communauté des biens. Aujourd'hui, le terme « anabaptiste » est appliqué aux mennonites et autres Églises libres qui refusent pacifiquement toute dépendance par rapport au pouvoir et mettent l'accent sur l'aspect personnel et intérieur de la foi.

ANABAR, fl. de Russie, tributaire de la mer des Laptev ; 897 km. Il donne son nom à la partie la plus ancienne du socle sibérien *(bouclier de l'Anabar).*

ANABAS [-bas] n. m. (du gr. *anabainein,* monter). Poisson (anabantidé) des eaux douces d'Asie tropicale, insectivore, possédant un appareil de respiration aérienne (organe labyrinthiforme) et des épines operculaires qui lui permettent de grimper aux arbres. (N. usuel *perche grimpeuse.*)

Anabase *(l'),* récit, par Xénophon, de la campagne de Cyrus le Jeune contre Artaxerxès II et de la retraite des *Dix Mille,* que l'auteur avait lui-même conduite : un modèle de narration précise et vivante.

Anabase, poème de Saint-John Perse (1924), en 10 chants et 2 chansons, célébrant l'épopée mystérieuse des fondateurs d'empire, dans le double mouvement, jamais achevé, de la conquête guerrière et de la création esthétique.

ANABATIQUE adj. (gr. *anabasis,* action de monter). Se dit d'un vent qui possède une composante ascendante, par exemple l'air qui s'élève le long d'un versant fortement ensoleillé. (Contr. CATABATIQUE.)

ANABIOSE n. f. (gr. *anabiôsis,* résurrection). Syn. de REVIVISCENCE.

ANABIOTIQUE adj. Syn. de REVIVISCENT.

ANABLEPS [-bleps] n. m. (gr. *anablepsis,* action de regarder en haut). Poisson nageant à la surface des fleuves d'Amérique latine, l'œil à moitié immergé et organisé pour bien voir dans l'air par sa moitié supérieure et dans l'eau par sa moitié inférieure. (L'anableps est vivipare.)

ANABOLIQUE adj. Relatif à l'anabolisme.

ANABOLISANT, E adj. et n. m. Se dit d'une substance (et de ses effets) qui augmente l'anabolisme en favorisant la synthèse des protéines et en atténuant leur désintégration excessive.
ENCYCL. Essentiellement dérivés de la testostérone ou d'autres hormones mâles, les anabolisants provoquent augmentation de poids, amélioration de l'appétit et de l'état général. Ils sont utilisés dans la convalescence, le surmenage, dans diverses maladies chroniques, l'ostéoporose, les asthénies des vieillards.

ANABOLISME n. m. Ensemble des phénomènes d'assimilation. (Il s'oppose au CATABOLISME.)

ANACAPRI, centre touristique d'Italie, en Campanie, dans l'île de Capri ; 4 200 hab. Villa S. Michele (jardins avec panorama sur la baie de Naples). — Aux environs, ruines d'une villa de Tibère (panorama).

ANACARDE n. m. (lat. médiév. *anacardus*). Fruit de l'anacardier. (Syn. NOIX DE CAJOU.)

ANACARDIACÉE n. f. Syn. de TÉRÉBINTHACÉE.

ANACARDIER n. m. (de *anacarde*). Arbre fruitier (thérébinthacée) cultivé dans les régions chaudes d'Afrique et d'Amérique. (Le pédoncule du fruit est charnu et comestible [*pomme de cajou*] ; on mange aussi l'amande du fruit ou *noix de cajou,* dont la pulpe fournit une huile caustique ; n. usuel *espavel.*)

ANACHARSIS, philosophe scythe (VIe s. av. J.-C.). La légende fait de lui un ami de Solon et de Périandre de Corinthe, souvent considéré comme le symbole de l'homme de la nature que la civilisation n'a pas corrompu.

ANACHLORHYDRIE (-klɔ-] n. f. Disparition complète de l'acide chlorhydrique du suc gastrique.

ANACHLORHYDROPEPSIE [-klɔ-] n. f. Absence dans le suc gastrique de l'acide chlorhydrique et de la pepsine. (Syn. ACHYLIE.)

ANACHORÈTE [-kɔ-] n. m. (lat. ecclés. *anachora,* du gr. *anachôrêtês,* de *anakhôrein,* se retirer). Moine se retirant de la société des hommes pour vivre en ermite, par opposition au *cénobite,* qui vit en communauté. (Le berceau de l'anachorétisme se situe dans le désert de Thébaïde en Haute-Égypte.)

ANACHORÉTISME [-kɔ-] n. m. Mode de vie des anachorètes.

ANACHRONIQUE [-krɔ-] adj. **1.** Entaché d'anachronisme : *Un détail anachronique dans un roman historique.* — **2.** En retard sur son époque, suranné : *Des théories anachroniques.*

ANACHRONIQUEMENT [-krɔ-] adv. De façon anachronique.

ANACHRONISME [-krɔ-] n. m. **1.** Erreur qui consiste à ne pas remettre un événement à sa date ou dans son époque ; confusion entre des époques différentes. — **2.** Mœurs aujourd'hui périmées ; ce qui appartient à un autre âge : *Le port du monocle est un anachronisme.*

ANACLET ou **CLET** *(saint)* [† Rome 88], pape de 76 à 88.

ANACLET II (Pietro PIERLEONI), antipape de 1130 à 1138.

ANACLINAL, E, AUX adj. Se dit d'un cours d'eau dont la direction d'écoulement (ou d'un versant dont la pente) est contraire au pendage. (Syn. OBSÉQUENT.)

ANACLITIQUE adj. (angl. *anaclitic,* du gr. *anaklinein,* incliner en arrière). *Dépression anaclitique,* syndrome dépressif de la première enfance consécutif à une séparation brutale et plus ou moins prolongée d'avec la mère, après que l'enfant a eu une relation normale avec celle-ci.

ANACOLUTHE n. f. (bas lat. *anacoluthon,* du gr. *anakolouthos,* sans suite). Rupture ou discontinuité dans la construction d'une phrase (par ex. *Rentré chez lui, sa femme était malade*).

ANACONDA n. m. (mot indien du Brésil). Grand serpent constricteur non venimeux des eaux douces d'Amérique du Sud tropicale. (Voisin du boa, l'anaconda est ovovivipare ; les plus grands spécimens atteignent 8 m de long.)

ANACRÉON, poète lyrique grec (VIe s. av. J.-C.). Les *Odes* qui lui ont été attribuées et qui célèbrent l'amour et les plaisirs éphémères ont inspiré la poésie dite *anacréontique* de la Renaissance.

ANACRÉONTISME n. m. Imitation de la poésie d'Anacréon.

ANACROISÉS n. m. pl. (de *anagramme* et [*mots*] *croisés*) [n. déposé]. Jeu de mots croisés où il s'agit de trouver un mot présenté dans l'ordre alphabétique des lettres qui le composent.

ANACROUSE n. f. Note ou groupe de notes précédant le temps fort de la première mesure.

ANACTINOTRICHE n. m. Acarien tel que la tique du chien. (Les *anactinotriches* forment un super-ordre.)

ANACYCLIQUE adj. (gr. *anakuklikos,* qu'on peut retourner). Se dit d'un mot ou d'une suite de mots qui présentent toujours un sens si on les lit à l'endroit ou à l'envers.
◆ n. m. Mot, phrase, vers anacycliques (par ex. *Léon* et *Noël*).

ANADROME adj. (gr. *anadromos,* qui court en remontant). Se dit des poissons amphidromes qui, de la mer, remontent les fleuves pour y pondre. (Syn. POTAMOTOQUE ; contr. CATADROME.)

ANADYOMÈNE, autre nom d'*Aphrodite.*

ANADYR, fl. de Russie, long de 1 145 km, au S. des *monts de l'Anadyr,* qui draine le nord-est de la Sibérie et rejoint la mer de Béring, au fond de la *baie de l'Anadyr,* partie du golfe homonyme.

ANAÉROBIE adj. **1.** Se dit des êtres vivants qui peuvent ou qui doivent vivre en l'absence d'oxygène libre, ainsi que des réactions chimiques se faisant à l'abri de l'air. (→ *encycl.*) — **2.** Se dit d'un propulseur capable de fonctionner en l'absence d'air (par ex. un moteur-fusée). — **3.** Se dit de l'appauvrissement en oxygène des eaux marines et continentales.

ENCYCL. **Biol.** Aérobies ou anaérobies, les réactions respiratoires des êtres vivants se traduisent toujours par la déshydrogénation, exothermique, de certaines molécules organiques. Il y a anaérobiose lorsque l'« accepteur d'hydrogène » n'est pas l'oxygène. Les fermentations lactique et alcoolique, par exemple, sont anaérobies, de même que la biodégradation des déchets (ordures, boues résiduaires, broussailles, fumier), qui fournit d'abord les premiers termes de la série des acides gras, puis du gaz carbonique, et aussi du méthane utilisable comme source d'énergie. L'agent de telles réactions est toujours une bactérie ou une levure. La « flore » microbienne de l'intestin humain ou de la panse des ruminants est évidemment anaérobie. Elle est indispensable à la digestion de la cellulose et, éventuellement, à celle du bois.

La plupart des espèces anaérobies se développent aussi bien, voire mieux, en présence d'oxygène (levure de bière). Mais le sol végétal héberge des êtres anaérobies stricts que l'oxygène tue, tels que les bactéries du tétanos, de la gangrène gazeuse, du botulisme, etc.

ANAÉROBIOSE n. f. Condition nécessaire à la vie des micro-organismes dont le métabolisme peut s'effectuer en absence d'oxygène *(anaérobiose facultative)* ou est inhibé par la présence d'oxygène *(anaérobiose stricte).*

ANAGALLIS [-lis] n. f. (gr. *anagallis*). Nom générique du *mouron rouge.*

ANAGLYPHE ou **ANAGLYPTE** n. m. (bas lat. *anaglyphus,* gr. *anagluphos*). Procédé assurant la perception du relief binoculaire à partir d'images et de filtres en couleurs complémentaires.

ANAGLYPTIQUE adj. et n. f. (bas. lat. *anaglypticus*). Se dit d'un mode d'écriture ou d'impression en relief de l'écriture Braille, à l'usage des aveugles.

ANAGNI, v. d'Italie, dans le Latium, au N.-O. de Frosinone ; 18 000 hab. Cathédrale romane. Électronique. Pneumatiques.

Anagni *(attentat d')* [sept. 1303], coup de main réalisé par G. de Nogaret, envoyé de Philippe IV le Bel, et par S. Colonna qui arrêtèrent, dans son palais d'Anagni, le pape Boniface VIII, que la population de la ville libéra.

ANAGOGIE n. f. (lat. médiév. *anagogia,* du gr. *anagôgê,* action d'élever l'âme). Interprétation des Écritures, par laquelle on s'élève du sens littéral au sens spirituel.

ANAGOGIQUE adj. (lat. ecclés. *anagogicus,* du gr. *anagôgikôs,* en un sens spirituel). Se dit d'un concept qui permet de se représenter de façon plus abstraite, plus figurée, un objet de pensée.

ANAGRAMMATIQUE adj. Qui tient de l'anagramme.

ANAGRAMME n. f. (gr. *anagramma,* renversement de lettres). Mot formé en changeant de place les lettres d'un autre mot. (Une anagramme de *gare* est *rage.*)

ANAGYRIS [-ris] ou **ANAGYRE** n. m. (lat. *anagyros,* du gr. *anaguris*). Nom scientifique du *bois puant,* papilionacée de la garrigue méditerranéenne, aux graines dangereusement toxiques.

ANAHEIM, v. des États-Unis (Californie), au S.-E. de Los Angeles ; 266 406 hab. Agrumes. Matériel électrique. Parc d'attractions de Disneyland.

ANÂHITÂ ou **ANAÏTIS,** déesse iranienne de la Fécondité. Elle était une des formes de la *Grande Déesse* honorée dans l'Orient ancien, identifiée à Cybèle et à Aphrodite.

ANÁHUAC, plateau volcanique des environs de Mexico. C'était, pour les précolombiens, le pays de Tenochtitlán. Par la suite, le nom a parfois été appliqué abusivement à l'ensemble du plateau mexicain.

ANAÏTIS → ANÂHITÂ.

ANAL, E, AUX adj. **1.** Relatif à l'anus. — **2.** *Glandes anales,* syn. de GLANDES NIDORIENNES*. ‖ *Nageoire anale* ou *anale* (n.f.), nageoire ventrale impaire des poissons, souvent voisine de l'anus. ‖ *Sphincter anal,* appareil musculaire circulaire qui enserre la partie terminale du rectum, ou *canal anal,* et qui permet la continence des matières fécales. (Il existe un *sphincter anal externe* et un *sphincter anal interne.*) ‖ *Stade anal,* stade prégénital d'organisation libidinale que S. Freud situe entre les stades oral et phallique (entre deux et quatre ans). [Syn. STADE SADIQUE-ANAL.] (→ *encycl.*)

ENCYCL. **Psychan.** Le stade anal est caractérisé par la prédominance des pulsions sadiques de la zone anale comme zone érogène, et par l'opposition activité-passivité. Pour S. Freud, dans l'inconscient, « les concepts d'excrément (argent, cadeau), d'enfant et de pénis se séparent mal et s'échangent facilement entre eux ». L'excrément constitue le premier cadeau du nourrisson à la personne aimée, et selon S. Freud l'enfant se trouve alors pour la première fois devant le choix suivant : ou bien il cède l'excrément et le « sacrifie à l'amour » ou il le retient « pour la satisfaction autoérotique et, plus tard, pour l'affirmation de sa propre volonté ». Ce dernier choix préfigure l'un des aspects du caractère anal : l'obstination, l'ordre et l'économie, aspects qui se retrouvent très souvent dans le caractère obsessionnel.

ANALCITE ou **ANALCIME** n. f. (du gr. *alkimos,* robuste). Zéolite sodique des roches magmatiques alcalines sous-saturées en silice et les roches faiblement métamorphiques.

ANALEPTIQUE adj. et n. m. (bas. lat. *analepticus,* du gr. *analêptikos,* propre à réparer les forces). Se dit d'une substance stimulante qui rétablit les forces et le fonctionnement des différents appareils de l'organisme. (On distingue les *analeptiques respiratoires* et les *analeptiques circulatoires.*)

ANALGÉSIANT, E adj. Se dit d'un processus, d'une affection qui supprime la perception douloureuse.

ANALGÉSIE n. f. (gr. *analgêsia*). Abolition de la sensibilité à la douleur, spontanée ou thérapeutique.

ANALGÉSIER v. t. (conj. **9**). Rendre indolore par l'analgésie.

ANALGÉSIQUE adj. et n. m. Se dit d'une substance (et de ses effets) qui produit l'insensibilité à la douleur.

ANALITÉ n. f. Caractère d'ensemble du stade anal.

ANALLAGMATIE n. f. (du gr. *allagma, -atos,* changement). Propriété d'une courbe ou d'une surface, invariante pour certaines inversions.

ANALLAGMATIQUE adj. et n. f. Se dit d'une courbe ou d'une surface qui possèdent une ou plusieurs anallagmaties.

ANALLERGIQUE adj. Qui ne provoque pas d'allergie.

ANALOGIE n. f. (lat. *analogia,* mot gr.). **1.** Rapport existant entre des choses ou entre des personnes qui présentent des caractères communs ; ressemblance, similitude : *Analogie de deux situations, entre deux situations, d'une situation avec une autre.* — **2.** Point commun à des choses et qui crée leur ressemblance : *Deux romans dans lesquels on relève de nombreuses analogies.* — **3.** Action qui détermine l'apparition dans la langue de nouvelles formes à partir de correspondances qui existent entre des termes d'une même classe. (→ *encycl.*) • **Philos.** *Analogie de l'expérience,* chez Kant, principes de l'entendement qui déterminent l'existence des phénomènes dans le temps. ‖ *Par analogie,* en se fondant sur la ressemblance constatée : *Raisonner par analogie.*

ENCYCL. **Ling.** L'analogie agit par assimilation de formes habituellement rapprochées : ainsi *cloutier* (de *clou*) présente un *t* par analogie avec *potier, laitier,* etc. L'analogie est à la fois un facteur de changement et de conservation des formes linguistiques. Ainsi une action analogique a généralisé la finale *-ez* de la deuxième personne du pluriel au détriment des autres formes *-eiz, -iz, -tes.* Plus la fréquence d'une forme est grande, plus elle résiste à la pression analogique : c'est ainsi que la forme *dites* (de *dire*) a résisté à l'unification.

ANALOGIQUE adj. (lat. *analogicus*). **1.** Qui repose sur l'analogie : *Raisonnement analogique.* — **2.** Se dit d'un fait linguistique (changement, création, etc.) dû à l'analogie. — **3.** Se dit d'un dictionnaire regroupant les mots en fonction des relations sémantiques qu'ils entretiennent entre eux. — **4.** Se dit d'une grandeur physique mesurée par une fonction continue ou d'un signal dont les variations sont continues. — **5.** *Calcul analogique,* calcul effectué en utilisant les mesures continues des signaux à traiter. ‖ *Calculateur analogique,* calculateur où les informations à traiter sont représentées par des signaux analogiques. ‖ *Convertisseur analogique numérique,* organe assurant la conversion d'une grandeur analogique en un signal numérique.

ANALOGIQUEMENT adv. De façon analogique.

ANALOGISME n. m. Raisonnement par analogie.

ANALOGISTE n. m. Grammairien de l'Antiquité qui considérait que le grec et, par conséquent, toutes les langues présentaient un caractère fondamental de régularité (par oppos. à *anomaliste*).

ANALOGUE adj. (lat. *analogus,* du gr. *analogos,* proportionnel). Qui présente de l'analogie, des rapports de similitude avec une autre chose ; comparable, semblable, similaire : *Une matière poisseuse, analogue à la résine.*

◆ **analogues** n. m. pl. **1.** Organes très différents par leur origine embryologique et phylogénétique, mais qui se ressemblent par leur forme et leur fonction du fait d'une convergence (aile de l'oiseau et de l'insecte, patte fouisseuse de la taupe et de la courtilière, cladode de petit houx et feuille de houx, etc.). — **2.** Dans le langage du XVIIIe s., organes de même origine embryologique et phylogénétique mais différents par la forme et la fonction, appelés *homologues* en langue moderne, tels que le membre antérieur du cheval, l'aile de la chauve-souris et la nageoire antérieure du phoque. (La « théorie des analogues », professée par Étienne Geoffroy Saint-Hilaire, repose sur le fait que de tels organes, si diversifiés que les rende l'évolution, conservent cependant les mêmes *connexions* avec les organes voisins.)

ANALPHABÈTE adj. et n. (gr. *analphabêtos*). Qui ne sait ni lire ni écrire ; illettré.

ANALPHABÉTISME n. m. État de qqn qui ne sait ni lire ni écrire ; ensemble des analphabètes d'un pays ; situation de ce pays au regard du nombre d'analphabètes.

ANALYCITÉ n. f. Syn. de ANALYTICITÉ.

ANALYSABILITÉ n. f. Caractère de ce qui est analysable.

ANALYSABLE adj. Qu'on peut analyser : *Une évolution difficilement analysable.*

ANALYSANT, E n. Sujet ayant entrepris une cure psychanalytique.

ANALYSE n. f. (gr. *analusis,* décomposition). **1.** Action d'identifier dans une substance les éléments constituants et d'en déterminer la teneur : *Analyse de sang. Analyse chimique.* (→ encycl. Chim.) — **2.** Opération par laquelle l'esprit décompose un ensemble constitué, pour en déceler l'autonomie des parties, pour en apprécier mieux la congruence ou la finalité, ou simplement pour rendre accessible chacun de ses éléments : *Analyse des faits économiques et politiques.* — **3.** Étude minutieuse, précise faite pour dégager les éléments qui constituent un ensemble, pour l'expliquer, l'éclairer : *Faire l'analyse de la situation.* — **4.** Action de résumer un texte en le décomposant en ses éléments essentiels ; résultat de cette action. — **5.** Syn. courant de PSYCHANALYSE. — **6.** *En dernière analyse, après avoir bien tout examiné ; en définitive.* • **Déf.** *Analyse d'objectif,* étude très poussée d'un objectif justiciable d'un tir nucléaire. — **Électron.** *Analyse d'une image,* opération consistant à explorer une image par un faisceau lumineux ou électronique et à produire un signal électrique représentant à chaque instant les caractéristiques du point exploré. — **Inform.** Étape de la programmation sur ordinateur consistant en l'étude de l'énoncé du problème à traiter, la recherche des algorithmes propres à le résoudre et la rédaction des spécifications du programme. (→ *encycl.*) ‖ *Analyse numérique,* étude des algorithmes utilisés pour la résolution numérique des problèmes mathématiques. — **Ling.** Procédure qui vise à dégager des unités (phonème, morphème, mot, etc.) et les relations qui existent entre ces unités. ‖ *Analyse grammaticale,* exercice scolaire visant à découvrir la nature et la fonction des mots constituant une phrase. ‖ *Analyse logique,* exercice scolaire visant à découvrir la nature et la fonction des propositions constituant une phrase complexe. — **Math.** Branche des mathématiques qui comprend le *calcul infinitésimal,* la *théorie des fonctions* et le *calcul des variations.* (L'analyse trouve des applications dans plusieurs autres branches des mathématiques ainsi qu'en physique.) [→ *encycl.*] — **Psychol.** Processus d'investigation du psychisme d'un individu ou du fonctionnement d'un groupe, généralement dans un but thérapeutique. (On distingue notamment, outre l'analyse freudienne, ou psychanalyse [dans laquelle se range l'analyse didactique], l'analyse existentielle, l'analyse directe, l'analyse institutionnelle et l'analyse de groupe.) — **Stat.** Ensemble des méthodes correctes d'interprétation des statistiques (inférence statistique et analyse des données).

ENCYCL. **Chim.** L'*analyse qualitative,* qui se propose en général d'indiquer les éléments contenus dans un échantillon, peut aussi avoir pour objet de définir la forme chimique sous laquelle l'élément est engagé ou d'indiquer comment il participe à la structure de l'échantillon. Aux méthodes chimiques se sont substituées les techniques physico-chimiques et physiques. L'*analyse quantitative,* qui se propose de déterminer les quantités relatives des éléments d'un échantillon (pourcentage pondéral ou volumique, concentration, pression partielle de l'élément ou du composé considéré), s'effectue dans certains cas directement sur l'échantillon à doser (spectroscopie d'arc et étincelle, spectrométrie de masse, thermogravimétrie) ou après la mise en solution de l'échantillon (spectrophotométrie de flamme). En solution, il est souvent nécessaire d'utiliser des réactifs pour effectuer un dosage qui se fera par analyse gravimétrique, volumétrique ou électrochimique. Il est d'usage de distinguer deux types de méthodes : d'une part, les méthodes chimiques ou électrochimiques, et, d'autre part, les méthodes purement physiques, permettant souvent une mesure directe et dont la précision, la rapidité, la spécificité justifient le développement actuel. Les méthodes chimiques comprennent la gravimétrie et la volumétrie. Les méthodes électrochimiques utilisent les propriétés thermodynamiques des éléments et des composés en solution (réactions d'oxydoréduction à une électrode) ; les plus courantes sont : la potentiométrie, l'ampérométrie, la polarographie et la conductimétrie. Les méthodes physiques comprennent des méthodes thermiques (thermogravimétrie, analyse thermique différentielle, calorimétrie et microcalorimétrie), la chromatographie, des méthodes optiques utilisant les interactions entre le rayonnement et la matière (spectrophotométrie par absorption, fluorimétrie, analyse par fluorescence X, analyse par microsonde électronique, microscopie électronique par balayage, spectroscopie d'émission, complétée par la spectrophotométrie de flamme, spectrophotométrie d'absorption atomique, diffraction des rayons X et diffraction électronique), des méthodes magnétométriques (résonance magnétique nucléaire [R. M. N.] et résonance paramagnétique de l'électron [R. P. E.]), la spectrométrie de masse, des méthodes radiochimiques (utilisation de radioéléments, analyse par activation). D'autres propriétés physiques sont également utilisées : polarisation rotatoire, susceptibilité magnétique, biréfringence, électromigration, etc.

— **Inform.** La première phase de l'analyse, appelée *analyse fonctionnelle*, amène à définir divers modules fonctionnels spécifiés par leurs relations entre les données en entrées et les résultats en sorties, et dont l'enchaînement permettrait de résoudre le problème. La deuxième phase est celle de l'*analyse organique*, où chaque module fonctionnel est décomposé en modules organiques spécifiés tenant compte du système informatique sur lequel seront exécutés les programmes. Le résultat de l'analyse peut souvent être mis sous la forme d'un *organigramme.*

— **Math.** Les diverses branches des mathématiques qui constituent l'analyse moderne (fonctions analytiques, fonctions elliptiques, séries infinies, calcul des variations, équations différentielles et aux dérivées partielles, géométrie différentielle, mesure et intégration, analyse fonctionnelle, topologie) sont toutes issues d'un tronc commun : le calcul infinitésimal, création du XVIIe s. dont l'origine remonte à la plus haute antiquité. On en trouve des traces dans les techniques d'approximation des Babyloniens et des Grecs. Avec Aristote, on prend conscience de l'existence de grandeurs irrationnelles justifiant de telles techniques. Avec Euclide et surtout Archimède, les géomètres grecs adoptent des techniques illimitées pour l'étude des volumes (pyramide, sphère) ou des aires (quadrature du cercle, aire du segment de parabole). D'autre part, ils précisent la notion de droite tangente à une courbe. Ainsi apparaissent les premiers exemples de calcul intégral (aires et volumes) et de calcul différentiel (tangentes). En 1635, Cavalieri crée sa géométrie des indivisibles, qui veut systématiser et promouvoir les techniques archimédiennes.

Les idées plus classiques de Pierre de Fermat s'imposent dans ce qui deviendra le calcul intégral. Mais, surtout par ses techniques différentielles, il détermine les tangentes aux courbes planes. Par leur méthode cinématique, Roberval et Torricelli arrivent à des résultats analogues. Les études sur la cycloïde permettent de trouver les quadratures des expressions où se mêlent fonctions entières et fonctions trigonométriques. À la fin du XVIIe s., avec Newton et Leibniz, apparaissent véritablement le calcul différentiel et le calcul intégral en même temps que se précise la notion de fonction, destinée à jouer un rôle fondamental aux XVIIIe et XIXe s. Des techniques nouvelles apparaissent : calcul des séries entières, fonctions exponentielles, fonctions circulaires directes et inverses, logarithmes. Le problème des cordes vibrantes passionne les esprits de la génération de Lagrange, de Bernoulli et d'Euler. Au début du XIXe s., il amène Fourier au calcul des séries trigonométriques. Les besoins de rigueur qui se manifestent alors vont conduire les mathématiciens à la suite de Gauss, et surtout d'Abel et de Cauchy, à admettre qu'une série n'a de sens que si l'on a établi sa convergence. Cauchy définit clairement les bases de l'étude des fonctions analytiques, et pour cela étudie directement les fonctions de la variable complexe. Cette étude est reprise par Weierstrass, puis par de très nombreux mathématiciens. Au XXe s., cette théorie a été généralisée aux fonctions de plusieurs variables, puis à la théorie des espaces analytiques.

Parmi les fonctions de la variable complexe, les plus célèbres sont les fonctions elliptiques. Nées des recherches de Legendre, elles sont appliquées par Abel et par Jacobi au domaine de la variable complexe, où elles ont révélé leur importance en analyse, en géométrie algébrique et en théorie des nombres. Dans sa remise en ordre de l'analyse, Cauchy précise la notion d'intégrale en s'inspirant des conceptions archimédiennes ; Riemann étend cette notion à d'autres fonctions de la variable réelle. Cependant, ses conceptions seront profondément modifiées au moyen de la « mesure » introduite par Lebesgue en 1902. La généralisation de cette notion et des « espaces » sur lesquels elle s'applique donnera à l'intégration un rôle très important en analyse fonctionnelle et en calcul des probabilités.

L'étude des équations différentielles, dont les débuts remontent à Leibniz, et celle des équations aux dérivées partielles, qui remontent à d'Alembert ainsi qu'au problème des cordes vibrantes, fournissent au cours du XIXe s. un important sujet de recherches. Les équations aux dérivées partielles, résolues par Lagrange, sont interprétées géométriquement par Monge. Les recherches sur la courbure des surfaces donnent de même une interprétation géométrique aux équations du second ordre. Enfin, les travaux de

L. Schwartz sur les distributions (1945) sont un des prolongements de ces études.

ANALYSÉ, E n. Sujet s'étant soumis à une cure psychanalytique. (Syn. PSYCHANALYSÉ.)

ANALYSER v. t. (conj. 3). **1.** Faire l'analyse d'une matière, d'un produit, en déterminer les éléments constituants : *Analyser l'eau d'une source.* – **2.** Faire une étude approfondie d'un ensemble abstrait pour en dégager les éléments principaux : *Analyser un phénomène social.* – **3.** Dégager l'essentiel d'un texte, en faire le résumé. – **4.** Syn. usuel de PSYCHANALYSER.

◆ **s'analyser** v. pr. **1.** Être décomposé en éléments constituants : *Cette musique se sent, elle ne s'analyse pas.* – **2.** Étudier ses propres sentiments, son comportement.

ANALYSEUR n. m. **1.** Appareil qui permet de déterminer le spectre d'un son ou d'une vibration matérielle. – **2.** Appareil de contrôle utilisé dans les industries chimique et pétrolière pour renseigner les opérateurs sur la qualité des produits mis en œuvre. – **3.** Système permettant de déterminer l'état de polarisation d'une lumière. – **4.** Événement, objet dont l'action inconsciente, souvent imprévisible, produit un effet de sens et fait éclater des groupes ou des personnes précédemment unis sous les images du moi. – **5.** *Analyseur logique* ou *analyseur d'états logiques,* appareil de mesure utilisé dans les techniques numériques, qui permet l'observation des états logiques d'un grand nombre de voies numériques et leur représentation binaire ou hexadécimale. ‖ *Analyseur de spectre,* appareil de mesure électronique destiné à visualiser sur un écran cathodique le module de l'amplitude, en fonction de la fréquence, des diverses raies spectrales d'un signal.

ANALYSTE n. **1.** Spécialiste de l'analyse mathématique, financière, etc. – **2.** Personne qui se plaît à l'analyse, qui sait analyser une pièce, un film, un texte, le caractère de qqn, etc. – **3.** Officier chargé de procéder à l'analyse des objectifs justiciables d'un tir nucléaire. – **4.** Informaticien chargé d'analyser les problèmes qui lui sont soumis et de définir les procédures ou algorithmes susceptibles de les résoudre à l'aide d'un ordinateur. – **5.** Syn. de PSYCHANALYSTE. – **6.** *Analyste financier,* personne qui, dans une banque, une entreprise, un organisme économique, sélectionne des placements, des projets d'investissement, effectue des études de rentabilité.

ANALYSTE-PROGRAMMEUR, EUSE n. (pl. *analystes-programmeurs, euses*). Informaticien chargé des problèmes d'analyse et de la programmation correspondante.

ANALYTICITÉ n. f. **1.** Propriété des énoncés dans lesquels le prédicat est logiquement contenu dans le sujet et dont un exemple trivial est « tous les octogénaires ont plus de 80 ans ». (Syn. ANALYCITÉ.) – **2.** Propriété d'une fonction analytique.

ANALYTIQUE adj. (gr. *analutikos*). **1.** Qui procède par voie d'analyse : *Esprit analytique.* – **2.** Qui contient une analyse, qui consiste en une analyse : *Un compte rendu analytique.* – **3.** Se dit d'une phrase nécessairement vraie du fait des propriétés sémantiques des termes qui la constituent (par ex. *Mon père est un homme ; le vendredi précède le samedi*). – **4.** Se dit des énoncés ou des jugements qui possèdent la propriété d'analyticité. – **5.** Se dit, depuis Kant, des jugements dans lesquels la notion du sujet renferme logiquement et nécessairement l'attribut ou prédicat. (Il suffit donc d'analyser l'un des termes pour en tirer l'autre.) – **6.** Syn. de PSYCHANALYTIQUE. – **7.** *Chimie analytique,* partie de la chimie qui utilise des moyens analytiques pour identifier et quantifier les substances chimiques et leurs transformations. ‖ *Fonction analytique de* n *variables,* fonction *f* à valeurs réelles ou complexes, définie sur un ouvert D et telle que *f* est développable en série entière en tout point de D. (→ *encycl.*) ‖ *Géométrie analytique,* étude des courbes, surfaces, etc., représentées dans un système de coordonnées au moyen de fonctions numériques des coordonnées de leurs points. ‖ *Langue analytique,* syn. de LANGUE ISOLANTE. ‖ *Philosophie analytique,* ensemble de courants de pensée considérant la méthode philosophique comme un certain type d'analyse. (Syn. PHILOSOPHIE ANGLO-SAXONNE.) [→ *encycl.*]

◆ n. m. **1.** Condensé des comptes rendus des débats parlementaires. (Syn. COMPTE RENDU ANALYTIQUE.) – **2.** Dans un journal, compte rendu limité aux aspects essentiels d'une information complexe.

◆ n. f. **1.** Nom donné par Husserl à la logique formelle issue d'Aristote. – **2.** *Analytique des concepts,* chez Kant, théorie des concepts, puis de l'entendement. ‖ *Analytique des principes,* chez Kant, théorie des principes a priori qui règlent a priori l'application des concepts puis de l'entendement. ‖ *Analytique transcendantale,* chez Kant, théorie des concepts et des principes de l'entendement qui rendent possible la pensée des objets de l'expérience.

ENCYCL. **Log.** *Philosophie analytique.* Cette expression recouvre un ensemble de courants de pensée en définitive assez hétérogènes, qui se sont développés principalement dans les pays anglo-saxons au cours du XXe siècle. Partant de Russell et Wittgenstein, les personnalités les plus marquantes sont Austin et Quine. Il s'agit pour

eux de montrer que les énoncés traditionnels de la métaphysique sont dénués de sens, et que la philosophie elle-même doit se ramener à une analyse logique du langage.
– **Math.** *Propriétés des fonctions analytiques.* Pour une fonction analytique, il existe en tout point x_0 *de D un réel* $\rho(x_0) > 0$ et une série $S(X) = \sum_{n\geqslant 0} a_n X^n$, de rayon de convergence supérieur ou égal à $\rho(x_0)$, telle que $f(x) = \sum_{n\geqslant 0} a_n (x - x_0)^n$ pour $| x - x_0| < \rho(x_0)$. Une fonction analytique dans D est indéfiniment dérivable dans D et ses dérivées successives sont analytiques dans D.

ANALYTIQUEMENT adv. De façon analytique.

ANAMIRTE n. m. (lat. sc. *anamirta,* p.-ê. du sanskr.). Liane dont le fruit (coque du Levant), utilisé autref. dans la bière comme substitut du houblon et dans la pêche en rivière pour engourdir les poissons, est d'usage aujourd'hui illicite à cause de sa dangereuse toxicité.

ANAMNÈSE n. f. (gr. *anamnêsis,* action de rappeler à la mémoire). **1.** Ensemble des renseignements fournis au médecin par le malade ou par son entourage sur l'histoire d'une maladie et les circonstances qui l'ont précédée. – **2.** Prière de la messe qui suit la consécration.

ANAMNIOTE n. m. (*an* priv. et *amnios*). Vertébré dont les embryons sont dépourvus d'amnios et d'allantoïde. (C'est le cas des agnathes, des poissons et des amphibiens, animaux généralement aquatiques et ovipares.)

ANAMORPHE adj. Se dit des mille-pattes qui n'acquièrent que peu à peu, lors des mues, leur nombre définitif d'anneaux. (Contr. ÉPIMORPHE.)

ANAMORPHOSE n. f. (gr. *anamorphoûn,* transformer). **1.** Phénomène produit à l'aide de miroirs ou de lentilles cylindriques ou toriques, observé lorsque le système optique qui permet de passer d'un objet à son image amplifie différemment les dimensions horizontales et verticales de l'objet. – **2.** Œuvre, ou partie d'œuvre, graphique ou picturale, dont les formes sont distordues de telle manière qu'elle ne reprenne sa configuration véritable qu'en étant regardée soit, directement, sous un angle particulier (anamorphoses par allongement), soit, indirectement, dans un miroir cylindrique, conique, etc. (Les anamorphoses par allongement apparaissent dans l'art à l'époque de la Renaissance ; les anamorphoses à miroir se développent à partir du XVIIe s., jusqu'à devenir un objet de divertissement très répandu au XIXe s.) – **3.** Transformation du plan qui ramène à des droites les courbes d'un abaque cartésien. – **4.** Déformation volontaire des clichés radiographiques pour mettre en évidence des détails anatomiques dont l'image obtenue par les procédés habituels est mal visible et mal définie. – **5.** Caractère des mille-pattes anamorphes.

ANAMORPHOSER v. t. (conj. 3). Transformer par anamorphose.

ANAMORPHOSEUR adj. m. Se dit d'un dispositif qui produit l'anamorphose.

ANANAS [anana ou -nas] n. m. (tupi *anana,* par l'intermédiaire du port.). **1.** Plante basse semi-pérenne, cultivée en régions tropicales qui fournit un fruit à la pulpe savoureuse. – **2.** Gros fruit de cette plante, de forme oblongue, surmonté d'un bouquet foliacé.

ANAN BEN DAVID (VIIIe s. apr. J.-C.), rabbin de Bagdad considéré par les karaïtes comme le fondateur de leur secte.

ANANCHYTES [-kitɛs] n. m. (gr. *anagkhein,* étouffer). Syn. anc. de ECHINOCORYS.

ĀNANDA, un des premiers disciples et le cousin du Bouddha Śākyamuni.

ANAPESTE n. m. (lat. *anapaestus,* du gr. *anapaistos,* frappé à rebours). Pied de vers grec ou latin, composé de deux syllabes brèves, suivies d'une longue.

ANAPHASE n. f. Troisième étape de la mitose, au cours de laquelle les centromères se clivent, libérant les deux chromatides, dont chacune glisse vers l'un des deux pôles du fuseau achromatique, préparant ainsi la reconstitution de deux noyaux semblables.

ANAPHORE n. f. (lat. *anaphora,* du gr. *anaphora,* action d'élever). **1.** Reprise du même mot au début de phrases successives. (Ex. *Mon bras qu'avec respect toute l'Espagne admire, / Mon bras qui tant de fois a sauvé cet empire* [Corneille].) – **2.** Processus par lequel un segment du discours (dit *anaphorique*) renvoie à un autre segment (dit *antécédent*) apparu dans le même contexte. (Les anaphoriques renvoient au contexte linguistique et non, comme les déictiques, à la réalité extralinguistique. Ainsi le démonstratif *ce* a un emploi déictique dans *Ce livre est beau* et un emploi anaphorique dans *Il y a un livre sur la table ; je veux ce livre.*) – **3.** Partie centrale de la liturgie orthodoxe, au cours de laquelle se fait la consécration eucharistique.

ANAPHORÈSE n. f. (gr. *anaphoreîn,* porter en haut). Déplacement vers l'anode, sous l'influence d'un champ électrique, de particules colloïdales en suspension.

ANAPHORIQUE adj. et n. m. (gr. *anaphorikos*). Se dit d'un élément linguistique qui assure une anaphore.

ANAPHYLACTIQUE adj. **1.** Qui relève de l'anaphylaxie. – **2.** *Choc anaphylactique,* ensemble des manifestations violentes qui se produisent après la pénétration d'une substance, chez un sujet sensibilisé à cette même substance.

ANAPHYLACTOÏDE adj. Qui ressemble à un phénomène anaphylactique.

ANAPHYLAXIE n. f. État d'un être vivant qui, sensibilisé par l'introduction d'une substance dans son organisme, est susceptible de réagir violemment à l'introduction ultérieure d'une nouvelle dose, même minime, de cette substance. (Syn. IDIOSYNCRASIE.)
ENCYCL. La première injection est dite *sensibilisante* et la deuxième est dite *déchaînante*. Le choc anaphylactique ainsi provoqué est dû à un conflit entre l'antigène et les anticorps qui se sont développés dans l'organisme. Chez l'homme il peut se traduire par un collapsus vasculaire parfois mortel ou des manifestations cutanées (urticaire géante) ou respiratoires (cas des piqûres d'abeille ou de guêpe, par ex.).

ANAPLASIE n. f. Perte des caractères morphologiques et fonctionnels des cellules du tissu originel, qui s'observe dans les tumeurs malignes.

ANAPLASIQUE adj. Se dit de certains néoplasmes dont l'absence de différenciation histologique rend difficile le diagnostic d'origine. (Syn. INDIFFÉRENCIÉ.)

ANAPLASMOSE n. f. Maladie des bovins et des ovins caractérisée par une anémie et un ictère, et due à un protozoaire parasite du sang transmis par les ixodes.

ANAPOLIS, v. du Brésil (État de Goiás), au N.-E. de Goiânia ; 239 047 hab. Industries alimentaires.

ANAPSIDE n. m. (du gr. *apsis, -idos,* voûte). Reptile sans fosses temporales, tel que les tortues.

ANAR adj. et n. *Fam.* Anarchiste.

ANARCHIE n. f. (gr. *anarkhia,* absence de chef). **1.** État d'une société caractérisée par un gouvernement ne disposant pas de l'autorité nécessaire, et en prise à des conflits désordonnés : *Faire sortir un pays de l'anarchie.* — **2.** État de désordre, de confusion dans un domaine d'activité, du fait de l'absence de règles, ou de leur inobservation : *Anarchie économique, monétaire.* — **3.** Syn. de ANARCHISME.

ANARCHIQUE adj. **1.** Se dit d'un état de désordre et de trouble résultant de l'absence d'autorité politique : *Une situation anarchique.* — **2.** Qui échappe à toute direction ou organisation, qui n'obéit à aucune règle : *S'opposer au développement anarchique d'un secteur industriel.*

ANARCHIQUEMENT adv. De façon anarchique.

ANARCHISANT, E adj. et n. Qui manifeste de la sympathie pour l'anarchisme.
◆ adj. Qui manifeste cet état d'esprit : *Conceptions anarchisantes.*

ANARCHISME n. m. Conception politique et sociale qui se fonde sur le rejet de toute tutelle gouvernementale, administrative, religieuse et qui privilégie la liberté et l'initiative individuelles. (Syn. de ANARCHIE.)
ENCYCL. L'anarchisme est un mouvement idéologique né au XIXe s. du refus de l'autorité et de l'exigence de la liberté, qui, selon Proudhon, résulte de l'action de minorités impulsant les masses et organisant production et consommation au nom du fédéralisme. La pensée anarchiste entretient des rapports complexes avec le socialisme de Marx. Bakounine, qui, avec le fondateur de l'anarchie en Espagne, Giuseppe Fanelli, adhéra à la Ire Internationale, affirmait que « l'égalité doit s'établir dans le monde par l'organisation spontanée du travail et de la propriété collective des associations de productions, librement organisées et fédéralisées dans les communes ». Ainsi, dès les débuts de l'Internationale, les travailleurs se divisèrent en deux tendances opposées, l'une marxiste et l'autre proudhonienne, notamment au congrès de Genève (1866) et à Lausanne (1867). Mais les anarchistes furent battus aux congrès suivants de la Ire Internationale.
Au XIXe et au XXe s., les noms les plus importants de l'anarchie furent les Italiens Carlo Cafiero et Enrico Malatesta, les Russes Bakounine, Kropotkine et Makhno. C'est en Espagne, lors de la lutte contre le franquisme en 1936, que l'anarchie trouva son impact le plus populaire, notamment grâce à Francisco Ferrer Guardia et Buenaventura Durruti. En France, les noms de Élisée Reclus, Louise Michel, Émile Henry, Sébastien Faure ont marqué la pensée anarchiste.

ANARCHISTE adj. et n. **1.** Qui se réclame de l'anarchisme : *Les milieux anarchistes.* — **2.** Qui rejette toute autorité, toute règle : *Des marginaux un peu anarchistes.*
◆ adj. Qui appartient à l'anarchie, relève de cette doctrine : *Thèses anarchistes.*

ANARCHO-SYNDICALISME [-ko-] n. m. Au sein du mouvement syndical, tendance qui réclame pour les syndicats la gestion des affaires économiques sous le contrôle direct des travailleurs.

ANARCHO-SYNDICALISTE [-ko-] adj. et n. (pl. *anarcho-syndicalistes*). Relatif à l'anarcho-syndicalisme ; partisan de l'anarcho-syndicalisme.

ANARITHMÉTIE n. f. Forme d'acalculie.

ANARTHRIE n. f. (gr. *anarthria,* faiblesse d'articulation). Difficulté ou impossibilité d'émettre les sons consécutive à une lésion cérébrale malgré l'intégrité des organes de la phonation. (Syn. DYSARTHRIE.)

ANAS [ana] n. m. pl. Parties ligneuses des plantes textiles, principalement du lin, situées en arrière de la fibre et réduites au cours de l'opération de broyage-teillage en petites particules constituant un sous-produit utilisé pour la fabrication de panneaux d'agglomérés, pour l'alimentation d'animaux d'élevage et comme combustible.

ANASARQUE n. f. (du gr. *sarks, sarkos,* chair). **1.** Œdème généralisé du tissu cellulaire sous-cutané avec épanchement dans les cavités séreuses (plèvre, péricarde, péritoine). [L'anasarque est due le plus souvent à une insuffisance rénale ou cardiaque ou à une cirrhose.] – **2.** *Anasarque fœto-placentaire,* anasarque observée chez le prématuré avec œdème du placenta en cas d'incompatibilité Rhésus fœto-maternelle.

Anasazi *(culture d'),* séquence culturelle (100 av.-1700 apr. J.-C.) du sud-ouest des États-Unis qui regroupe plusieurs périodes successives ; période « Basket makers » (100 av. J.-C. à 700) ou fabricants de paniers (début de sédentarisation, agriculture, céramique et vannerie) ; phase Pueblo (apr. 700) avec, vers 1100, la construction de grands complexes architecturaux tel Pueblo Bonito.

A. N. A. S. E., sigle de ASSOCIATION DES NATIONS DE L'ASIE DU SUD-EST. (→ ASEAN.)

ANASPIDE n. m. Poisson fossile de l'ère primaire, voisin des lamproies.

ANASTASE le Sinaïte *(saint)* [† apr. 700], théologien byzantin. Il combattit principalement les monophysites.

ANASTASE Ier *(saint)* [† Rome 401], pape de 399 à 401.

ANASTASE II *(saint)* [† Rome 498], pape de 496 à 498. Il rétablit les liens de Rome avec Constantinople.

ANASTASE III († Rome 913), pape de 911 à 913.

ANASTASE IV (CORRADO) [† Rome 1154], pape de 1153 à 1154.

ANASTASE Ier (Dyrrachium, auj. Durrës, 431 ? - Constantinople ? 518), empereur byzantin de 491 à 518.

ANASTASE II, empereur byzantin de 713 à 715.

ANASTASE, patriarche de Constantinople (730-753). En 741, il prit le parti de l'usurpateur Artavasde contre Constantin V.

ANASTASI (Anne), psychologue américaine (New York 1908). Ses travaux ont porté essentiellement sur la psychologie différentielle et sur la construction de tests. Elle a élevé la psychologie au rang d'une science expérimentale rigoureuse (*Psychological Testing,* 1954).

ANASTASIE *(sainte),* martyre du IVe s.

Anastasie, nom plaisant donné à la censure dans le monde littéraire et artistique.

ANASTATIQUE n. f. (lat. sc. *anastatica,* du gr. *anastasis,* résurrection). Autre nom de la *rose de Jéricho.*

ANASTIGMAT ou **ANASTIGMATIQUE** adj. m. **1.** Dépourvu d'astigmatisme. – **2.** Se dit d'un objectif photographique corrigé de l'astigmatisme.

ANASTIGMATISME n. m. Propriété que possèdent certains systèmes optiques d'éviter l'astigmatisme.

ANASTILLOSE ou **ANASTYLOSE** n. f. (du gr. *anastellein,* remonter). Reconstruction d'un édifice ruiné, exécutée, en majeure partie, avec les éléments retrouvés sur place et selon les principes architecturaux en vigueur lors de son érection, sans négliger une éventuelle consolidation visible avec des matériaux modernes.

ANASTOME n. m. Cigogne des Indes et d'Afrique dont le bec ne peut pas se fermer entièrement. (Elle se nourrit de mollusques.) N. usuel *bec-ouvert.*

ANASTOMOSE n. f. (gr. *anastomôsis,* ouverture). **1.** Abouchement de deux vaisseaux. – **2.** Rameau vasculaire mettant deux vaisseaux en communication. – **3.** Confluence des plus fines nervures des feuilles, permettant une circulation harmonieuse des sèves. – **4.** Communication créée chirurgicalement entre deux vaisseaux, nerfs, conduits ou canaux. – **5.** *Anastomose porto-cave,* abouchement chirurgical de la veine porte dans la veine cave inférieure, pratiqué dans les cas d'hypertension de la veine porte.

ANASTOMOSER v. t. (conj. 3). Pratiquer une anastomose.

◆ **s'anastomoser** v. pr., **être anastomosé** v. pass. **1.** S'aboucher, se joindre, être joint en formant une anastomose. – **2.** En parlant du tracé d'un fleuve, avoir son lit divisé en nombreux bras courts, qui se séparent et se réunissent fréquemment.

ANASTROPHE n. f. (du gr. *anastrophê,* retournement). Renversement de l'ordre grammatical habituel. (Il y a anastrophe du pronom dans *me voici* [au lieu de *voici* + *moi*].)

ANASTYLOSE → ANASTILLOSE.

ANATASE n. f. (gr. *anatasis,* extension). Oxyde de titane naturel, quadratique, de couleur bleu indigo, jaune ou brun, dénommé aussi *octaédrite.*

ANATEXIE n. f. (gr. *anatêksis,* fonte). **1.** Fusion des roches de la croûte continentale à la base des séries métamorphiques, produisant des magmas de composition granitique. — **2.** *Anatexie différentielle,* fusion partielle des roches en fonction des conditions thermodynamiques et de la composition chimique, donnant naissance à un magma liquide et à un résidu solide.

ANATEXITE n. f. Roche résultant d'une anatexie et associant les produits de fusion et les résidus.

ANATHÉMATISATION n. f. Action d'anathématiser ; formule employée pour anathématiser.

ANATHÉMATISER v. t. (conj. 3). Frapper d'anathème.

ANATHÈME n. m. (lat. ecclés. *anathema,* du gr. *anathêma,* offrande votive, puis malédiction). **1.** Dans le christianisme, excommunication qui exclut celui qui en est l'objet de la société des fidèles. — **2.** Condamnation, réprobation sévère ou malédiction visant une personne, ses actes ou ses opinions.
◆ n. et adj. Personne frappée d'anathème.

ANATIDÉ n. m. (lat. *anas, -atis,* canard). Oiseau aquatique aux pattes palmées tel que le canard, la sarcelle, l'oie et le cygne. (Caractérisés par leur bec plat, bordé de lamelles, leur langue parfois dentée, leur régime microphage, les *anatidés,* qui forment une vaste famille, sont divisés en deux tribus : les *ansérinés* tels que l'oie et les *anatinés* tels que le canard.) [Syn. ANSÉRIDÉ.]

ANATIFE n. m. (lat. *anas, -atis,* canard, et *ferre,* porter). Crustacé cirripède fixé par un long pédoncule aux objets marins flottants.

ANATOCISME n. m. (lat. *anatocismus,* intérêt composé, du gr. *anatokismos*). Capitalisation des intérêts d'une somme prêtée calculée sur une période inférieure à une année.

ANATOLIE, en turc **Anadolu,** du gr. **Anatolê** (le Levant, l'Orient, c'est-à-dire les pays à l'est de Constantinople), péninsule occidentale de l'Asie, appelée également *Asie Mineure.* Le nom « Anatolie » est employé aujourd'hui en Turquie pour désigner tout le territoire asiatique de la République (y compris Arménie et Kurdistān), et est utilisé par les archéologues qui étudient les premières civilisations de cette région.

Histoire. L'Anatolie passe à la vie agricole à partir du VIIIe millénaire. Entre 6500 et 5500 av. J.-C., elle possède à Çatal Höyük (Lycaonie) une agglomération villageoise importante (6 000 hab.). À partir du milieu du IVe millénaire s'édifient des forteresses, autour desquelles, en Anatolie centrale (Cappadoce, Lycaonie, Cilicie), se constituent bientôt de petits royaumes. Les premières villes apparaissent avant 2000 av. J.-C. À partir du XVIIIe s. av. J.-C., une dynastie des Hittites, peuple indo-européen, unifie le Hatti (Cappadoce) et cherche notamment à assujettir les Hourrites, qui de l'Anti-Taurus ont débordé en Cappadoce orientale et contrôlent de nombreux royaumes en Syrie, Mésopotamie, Anatolie orientale. L'Empire hourrite du Mitanni est ruiné par les Hittites v. 1371-1345 av. J.-C. Mais, vers 1191, les États anatoliens, épuisés par les guerres, sont ruinés par les Peuples de la Mer. Ceux-ci font place à des groupes guerriers qui s'installent sur les ruines des cités. Des États « néo-hittites » occupent la Cilicie et la région du Taurus. Ils seront annexés par l'Assyrie, qui les a attaqués à partir du IXe s. av. J.-C. À l'est, des descendants ou parents des Hourrites forment le grand royaume de l'Ourartou (v. 870-600). Au centre de l'Anatolie, les Phrygiens constituent vers le milieu du VIIIe s. un État puissant, ruiné par les Cimmériens (début du VIIe s. av. J.-C.). Ceux-ci s'en prennent ensuite, et en vain, aux Lydiens, dont le royaume tente, après celui des Phrygiens, de dominer toute l'Anatolie. Mais les Lydiens se heurtent aux Mèdes et doivent accepter avec eux une frontière commune (585 av. J.-C.).
Le Perse Cyrus met fin à la domination de Crésus, dernier roi des Lydiens (547), après avoir détrôné le roi des Mèdes. La domination des Perses, après Cyrus, ne sera que nominale, laissant le champ libre à l'hellénisme venu des cités grecques de la côte occidentale : l'Anatolie devient *l'Asie Mineure.*

ANATOLIEN n. m. Branche de l'indo-européen constituée de langues parlées en Anatolie au cours du IIe millénaire (hittite, louvite) et au Ier millénaire av. J.-C. (lycien, lydien).

ANATOMIE n. f. (bas lat. *anatomia,* du gr. *anatomê,* de *anatemnein,* disséquer). **1.** Science qui a pour objet l'étude de la forme et de la structure des êtres organisés, et celle des rapports des organes qui les constituent : *Anatomie humaine, anatomie végétale.* (→ encycl.) — **2.** Structure d'un être organisé : *L'anatomie d'une plante.* — **3.** Forme extérieure du corps considéré sous son aspect esthétique ou athlétique : *Une belle anatomie.* — **4.** *Anatomie artistique,* art de la représentation des formes corporelles dans les œuvres d'art. (Cet art suppose une étude préliminaire de la charpente osseuse [ostéologie] et de la musculature [myologie].) ‖ *Anatomie comparée,* étude comparative des organes homologues de divers animaux ou végétaux, révélant les adaptations, les radiations évolutives, les parentés probables entre espèces, etc.

ENCYCL. On distingue : *l'anatomie descriptive,* qui décrit les différents organes : os *(ostéologie),* articulations *(arthrologie),* etc. ; *l'anatomie topographique,* qui précise les rapports qu'ont entre eux les organes d'une même région ; *l'anatomie comparée,* qui étudie les différences entre les espèces ; *l'anatomie pathologique,* ou *anatomo-*

pathologie, qui est devenue un examen essentiel avant *(biopsie)* et après toute intervention chirurgicale.

Anatomie de la mélancolie *(l'),* par Robert Burton (1621) : un des premiers traités européens de psychologie.

ANATOMIQUE adj. (bas. lat. *anatomicus*). **1.** Relatif à l'anatomie : *Iconographie anatomique.* — **2.** Qui s'adapte à l'anatomie du corps humain : *Siège anatomique.* — **3.** *Piqûre anatomique,* blessure faite avec un instrument servant à la dissection d'un cadavre. (Elle expose à des infections graves.)

ANATOMIQUEMENT adv. Du point de vue de l'anatomie.

ANATOMISTE n. Spécialiste d'anatomie.

ANATOMOCLINIQUE adj. Se dit d'une méthode médicale basée sur la comparaison des résultats des examens cliniques et des données anatomiques.

ANATOMOPATHOLOGIE n. f. Science qui étudie les modifications organiques provoquées par la maladie.

ANATOMOPATHOLOGIQUE adj. Relatif à l'anatomopathologie.

ANATOMOPATHOLOGISTE n. Spécialiste d'anatomopathologie.

ANATONOSE n. f. Fragmentation moléculaire se produisant dans les cellules des racines des plantes en cas de sécheresse et rétablissant l'hypertonie, ce qui permet à la plante de continuer à s'alimenter.

ANATOXINE n. f. Toxine microbienne, modifiée par la chaleur et le formol, et qui perd de la sorte son pouvoir toxique, tout en conservant sa qualité d'antigène capable de créer l'immunité. (La vaccination contre la diphtérie et le tétanos notamment est pratiquée au moyen d'anatoxines.)

ANATROPE adj. (gr. *anatropê,* renversement). Se dit d'un ovule végétal entièrement renversé. (C'est le cas général.)

ANAX n. m. (gr. *anaks,* roi). Grande libellule au vol puissant, très carnassière, voisine de l'aeschne.

ANAXAGORE, philosophe grec (Clazomènes 500 av. J.-C.-Lampsaque 428). Selon Anaxagore, qui fut le compagnon de Périclès, la nature est constituée d'un nombre infini d'éléments semblables, dont la composition est à l'origine de toute chose. Tout est dans tout et rien ne naît de rien. C'est l'esprit qui donne mouvement à l'ensemble de la chose matérielle, c'est-à-dire l'univers, et l'esprit est lui-même conçu par Anaxagore comme une sorte de matière plus subtile.

ANAXARQUE, philosophe d'Abdère (IVe s. av. J.-C.), ami d'Alexandre et promulgateur de la théorie atomistique de Démocrite.

ANAXIMANDRE, philosophe et astronome grec (Milet v. 610 av. J.-C.-v. 547). Il considérait que la Terre a la forme d'un disque. Il définit l'essence de l'univers comme un ensemble indéterminé, qui contient en lui-même ses propres contraires. Pour lui, toute naissance est la séparation des contraires ; toute mort est leur réunion.

ANAXIMÈNE de Milet, philosophe ionien (v. 585-v. 525 av. J.-C.). Il retient de son maître Anaximandre l'idée que le principe de l'univers est indéterminé : ce principe, comme l'avait affirmé Thalès, est observable. Pour Anaximène, tout provient de l'air et y retourne.

ANC, sigle de AFRICAN* NATIONAL CONGRESS.

ANCEL (Paul), biologiste français (Nancy 1873-Paris 1961). Il a étudié l'embryologie, en particulier les agents tératogènes, et il a démontré les fonctions endocriniennes de l'ovaire et du testicule.

ANCENIS (44150), ch.-l. d'arrond. de la Loire-Atlantique, sur la rive nord de la Loire ; 7 061 hab. *(Anceniens).* Restes (XVe-XVIIe s.) du château. Constructions mécaniques et électriques. Industrie alimentaire. — En 1468, Louis XI y imposa une paix au duc de Bretagne François II.

ANCERVILLE (55170), ch.-l. de cant. de la Meuse, à l'E. de Saint-Dizier ; 2 887 hab. Métallurgie.

ANCESTRAL, E, AUX adj. (de *ancestre,* forme anc. de *ancêtre*). **1.** Qui appartient aux ancêtres, vient des ancêtres : *Préserver des vertus ancestrales.* — **2.** Qui remonte à un passé très lointain et assez imprécis : *Une tradition ancestrale.*

ANCÊTRE n. (lat. *antecessor,* prédécesseur). **1.** Ascendant d'une personne ou d'une famille antérieur aux parents ; aïeul : *Il a un ancêtre général d'Empire.* — **2.** Précurseur lointain d'une personne notoire, initiateur d'une idée, d'une doctrine, ou, en parlant de qqch, réalisation qui en préfigure une autre : *Considérer Buffon comme l'ancêtre des évolutionnistes.* — **3.** *Fam.* Personne d'un âge respectable, vieillard.
◆ **ancêtres** n. m. pl. **1.** Ascendance lointaine de qqn, ceux dont il est issu, pris indistinctement ; ascendants : *Ses ancêtres sont originaires du Midi.* — **2.** Tous ceux qui ont vécu dans les siècles passés et dont un peuple est la continuation ; aïeux : *Nos ancêtres les Gaulois.*

ANCHE n. f. (frq. *ankja, tuyau). **1.** Languette de roseau, de bois ou de métal, dont les vibrations produisent le son dans les instruments à vent. — **2.** *Anche battante,* anche simple (clarinette) ou double (hautbois) dont l'extrémité heurte un corps solide. ‖ *Anche libre,* anche dont l'extrémité vibre sous l'action de l'air insufflé (accordéon).

ANCHISE, prince troyen, père d'Énée qui, après la chute de Troie, l'emmena avec lui.

ANCHIZONE [-ki-] n. f. (gr. *agkhi,* près de, et *zone*). Domaine proche de la surface terrestre où apparaissent les premières manifestations du métamorphisme.

ANCHOIS n. m. (anc. provenç. *anchoia,* du gr. *aphuê,* par l'intermédiaire du lat. pop. **apiua*). **1.** Poisson argenté (engraulidé) voisin du hareng, mais dont la bouche a une forme spéciale, et qui vit en bancs immenses près des côtes lors de la reproduction. — **2.** *Filet d'anchois,* anchois conservé au sel ou à l'huile.

ANCHORAGE, la plus grande ville de l'Alaska, sur le Cook Inlet ; 173 000 hab. Grande base militaire pendant la Seconde Guerre mondiale. Aéroport international.

ANCHORELLE [-kɔ-] n. f. (lat. *anchora,* ancre). Crustacé copépode parasite très dégradé, qui vit fixé aux branchies de certains poissons. (Syn. CLAVELLE.)

ANCHOVETTE n. f. (esp. *anchoveta*). Anchois des côtes du Chili et du Pérou.

ANCHOYADE ou **ANCHOÏADE** n. f. (provenc. *anchouiado*). Purée d'anchois mélangée d'ail écrasé et d'huile d'olive.

ANCHUSA [-ky-] n. f. (lat. *anchusa,* du gr. *agkhousa,* orcanète). Autre nom de la *buglosse.*

ANCIEN, ENNE adj. (lat. pop. **antianu,* de *ante,* avant). **1.** Qui existe depuis longtemps, ou qui date de longtemps : *Un meuble ancien.* — **2.** Qui a existé autrefois ou qui appartient à une époque révolue : *L'ancienne Grèce. Les langues anciennes.* — **3.** Qui n'est plus en fonction ; qui a cessé d'être ou de remplir son office, en parlant de qqch : *Mon ancien patron. Une ancienne colonie française.* — **4.** *Appartement ancien,* qui a déjà été la propriété d'un autre (par oppos. à *neuf*). ‖ *Histoire ancienne,* dans l'enseignement, partie de l'histoire qui traite de l'Antiquité.

◆ adj. et n. Qui a précédé d'autres personnes dans une fonction, ou qui est entré avant eux dans un service, une école, une entreprise : *Il est plus ancien que moi dans la fonction. Respecter les anciens.*

◆ **ancien** n. m. **1.** Personnage et, en partic., écrivain de l'Antiquité gréco-latine (souvent avec majusc. et pl.) : *Les traductions des Anciens.* — **2.** Tout bijou, meuble, etc., appartenant au style d'une époque révolue : *Acheter de l'ancien.* — **3.** Ensemble des immeubles anciens : *Préférer l'ancien au neuf.* — **4.** Recrue ayant achevé la première moitié de son temps de service. — **5.** Nom donné autref. dans l'Ancien Israël aux notables qui exerçaient collégialement une autorité religieuse morale et sociale. — **6.** Dans l'Église primitive, nom donné au collège des chefs spirituels des Églises locales. — **7.** Chez les calvinistes, nom donné autref. aux membres du conseil presbytéral chargés avec le pasteur de veiller au culte, au maintien de la discipline et à l'administration de la paroisse.

◆ **ancienne** n. f. *À l'ancienne,* à la manière d'autrefois : *Moutarde à l'ancienne.*

ANCIEN EMPIRE, période de l'histoire d'Égypte, dite aussi *période memphite,* s'étendant de la IIIe à la VIe dynastie (env. 2778-2420 av. J.-C.). Les IIIe et IVe dynasties donnèrent à l'Égypte un prodigieux essor avec Djoser, Snefrou le Conquérant et Kheops, Khephren, Mykerinus qu'immortalisèrent les grandes pyramides et le sphinx de Gizeh. L'empire égyptien atteignit son apogée avec Sahourê, Niouserê, Ounas (Ve dynastie). Mais le déclin était proche. Avec Pepi Ier et Pepi II (VIe dynastie) commença l'effondrement d'une civilisation que les Égyptiens de la décadence considéreront comme un âge d'or.

ANCIEN RÉGIME, régime social et politique de la France depuis le règne de François Ier (1515-1547) jusqu'à la proclamation de l'Assemblée nationale le 17 juin 1789 et l'abolition des privilèges dans la nuit du 4 août, lors de la Révolution.

L'Ancien Régime est solidement enraciné dans un territoire qui atteint un demi-million de km^2 et porte environ 20 millions d'hab. du XVIe au XVIIIe s. Cette population fait de la France le pays le plus peuplé d'Europe. Bien qu'il subsiste « beaucoup de médiévalité » dans son économie, la France est aussi, avec les Provinces-Unies, le pays le plus riche du continent. Sa force réside dans l'importance de ses productions agricoles, fruits du labeur des masses paysannes qui représentent les quatre cinquièmes de la population du royaume.

La société d'Ancien Régime, juridiquement fondée sur l'inégalité naturelle, se divise en trois ordres dont deux (clergé, noblesse) jouissent de privilèges (en partic. fiscaux), tandis que le troisième (tiers état) ne bénéficie d'aucune franchise particulière. Le clergé, premier ordre du royaume, occupe une position éminente, la religion catholique étant la religion de l'État et celle de 95 % des Français. Comptant environ 130 000 clercs, l'ordre est divisé en deux groupes : l'un, le haut-clergé (évêques, abbés, chanoines), se recrute essentiellement dans la noblesse et possède d'importants revenus ; l'autre, le bas-clergé (curés, vicaires, moines), appartient à la petite bourgeoisie et à la paysannerie et dispose de maigres ressources. Les tensions entre ces deux groupes s'accentuent sous Louis XIV dont l'édit de 1695 assujettit le bas-clergé aux évêques. Placée juridiquement derrière le clergé, la noblesse est socialement prééminente. À la base de cette prééminence, la terre et ses revenus, les nobles (1,5 % des Français) détenant 20 % du sol. L'ordre nobiliaire se compose d'une noblesse ancienne (ou d'épée) et d'une noblesse moderne (ou de robe) au sein desquelles les Grands, les nobles de Cour et les parlementaires se distinguent, par leur richesse, de la masse des gentilshommes campagnards appauvris par la hausse des prix. Dépouillée de son pouvoir politique par la monarchie (XVIIe s.) et humiliée par la montée de la bourgeoisie dont une fraction se fait anoblir, la noblesse restaure sa primauté au XVIIIe s. en accaparant toutes les hautes charges de l'État, du clergé et de l'armée dont elle interdit l'accès à la bourgeoisie, élément moteur du tiers état. Rassemblant l'immense majorité des Français, ce dernier se subdivise en plusieurs strates hiérarchisées. Au sommet de l'ordre, se tiennent les financiers, les officiers et les grands négociants : cette haute bourgeoisie, riche et cultivée, acquiert une place prépondérante dans l'État monarchique sous le règne de Louis XIV, mais voit son ascension enrayée par la noblesse au XVIIIe s. alors qu'elle devient majeure économiquement. Au-dessous de cette élite bourgeoise se situent les gens des professions libérales, ceux du petit commerce et de l'artisanat (petite bourgeoisie) et les laboureurs, qui sont tous des gens indépendants et plus ou moins aisés. En bas de l'échelle se tient la foule misérable, dépendante et analphabète des brassiers (ou manouvriers) des villes et des campagnes qui forment la majorité de la population, majorité que le régime prive de toute participation au pouvoir politique. Ce régime est une monarchie dont la nature est triple : chrétienne, féodale et absolue. Personnage sacré, le roi est le représentant de Dieu sur la terre, le suzerain de tous les seigneurs du royaume et un souverain absolu. Tenant son pouvoir directement de Dieu, il n'a de compte à rendre qu'à Lui seul et doit être obéi par tous. Il détient la totalité des pouvoirs mais doit cependant respecter les lois divines et les lois fondamentales du royaume (loi salique, inaliénabilité du domaine royal, etc.). Du XVIe au XVIIIe s., cette monarchie absolue reste surtout un idéal prôné par les juristes, fort éloigné de la réalité en dépit de la volonté des derniers Valois et des Bourbons de perfectionner l'appareil gouvernemental et administratif, et de réaliser un système de gouvernement qui assure le respect de l'autorité royale et l'unité du royaume. La lenteur des communications, le faible nombre des agents royaux dans les provinces, la vigueur des langues régionales et des particularismes provinciaux sont autant de freins à l'action centralisatrice de la monarchie. L'absolutisme royal se heurte à la vigoureuse résistance des corps intermédiaires (états provinciaux, parlement, municipalités, noblesse, officiers), détenteurs de privilèges et garants des coutumes et des libertés publiques. Ainsi le parlement, porte-parole des ordres privilégiés, tient en échec le pouvoir royal tout au long du XVIIIe s. : usant jusqu'à la rébellion de son droit de remontrances, il rejette tous les projets royaux de réforme visant à instaurer l'égalité des droits et à abolir les privilèges (surtout fiscaux) du clergé et de la noblesse. Il interdit ainsi à Louis XV puis à Louis XVI de juguler la crise financière de l'État et de procéder aux indispensables réformes des structures politiques et sociales de l'Ancien Régime, que la Révolution renverse en 1789.

Ancien Testament → BIBLE et TESTAMENT.

Anciens *(conseil des)*, chambre haute instituée par la Constitution de l'an III et qui formait, avec le conseil des Cinq-Cents, le Corps législatif. Elle comptait 250 membres, et n'avait pas l'initiative des lois, adoptant ou rejetant les propositions présentées par les Cinq-Cents.

Anciens et des Modernes *(querelle des)*, débat d'idées de la fin du XVIIe s. sur les mérites respectifs des écrivains de l'Antiquité et de ceux du siècle de Louis XIV. Déjà ancienne, cette discussion prend une forme aiguë avec Charles Perrault, partisan des Modernes (*le Siècle de Louis le Grand,* 1687 ; *Parallèle des Anciens et des Modernes,* 1688-1697). L'originalité de la polémique tient dans le fait que les écrivains modernes qu'il cite ont pris le parti des Anciens (le débat littéraire recouvre une opposition philosophique et politique entre ceux qui voient dans les institutions monarchiques du XVIIe s. la dégradation d'un âge d'or et ceux qui ont une conception dynamique de l'histoire). Momentanément apaisée, la querelle reprend en 1714 entre Mme Dacier et Houdar de La Motte, qui traduit Homère en l'adaptant au goût du jour, puis elle se fixe sur Marivaux et sa « néologie » (à pensée neuve, langage nouveau), condamnée par les Anciens. Reprises par les Encyclopédistes, les idées des Modernes seront, pour une part, à la source de l'esprit romantique.

ANCIENNE-LORETTE, v. du Canada, à l'O. de Québec ; 13 000 hab. Aéroport.

ANCIENNEMENT adv. À une époque lointaine, autrefois.

ANCIENNETÉ n. f. **1.** État de ce qui est ancien, qui existe depuis longtemps : *L'ancienneté d'une* *coutume.* — **2.** Temps passé dans une fonction, un emploi, à compter du jour de la nomination : *Avancement à l'ancienneté.*

ANCILLAIRE adj. (lat. *ancillaris,* de *ancilla,* servante). *Litt.* Relatif aux servantes : *Amours ancillaires.*

ANCISTRODON n. m. (du gr. *agkistron,* crochet). Nom générique du *mocassin,* serpent piscivore venimeux, mais peu dangereux, d'Amérique du Nord et d'Asie.

ANCIZES-COMPS (Les) [63770], comm. du nord-ouest du Puy-de-Dôme ; 1 924 hab. Aciers spéciaux.

ANCKARSTRÖM (Jacob Johan), gentilhomme suédois (Lindö 1762 - Stockholm 1792). Meurtrier du roi Gustave III, il fut décapité.

ANCOHUMA, sommet des Andes de Bolivie, à l'E. du lac Titicaca, dont l'altitude a été estimée à plus de 7 000 m et qui serait alors le point culminant des Andes.

ANCOLIE n. f. (lat. médiév. *aquilea,* du lat. class. *aquilegus,* qui recueille l'eau). **1.** Herbe vivace (renonculacée) dont les fleurs, aux couleurs vives, ont 5 pétales en forme de cornet où s'accumule l'eau de pluie. — **2.** En héraldique, fleur de fantaisie, comprenant trois pétales, une tige et des feuilles stylisés.

ANCÓN, port et station balnéaire du Pérou, au N. de Callao. Important site archéologique aux environs. — En 1883 y fut signé un traité mettant fin à la guerre entre le Pérou et le Chili.

ANCÔNE, port d'Italie, cap. des Marches, ch.-l. de prov., sur l'Adriatique ; 101 179 hab. Arc de Trajan. Cathédrale romano-byzantine. Église et palais médiévaux, baroques, etc. Musées. Chantiers navals. — Ancône fut incorporée aux États de l'Église en 1532 ; elle entra dans le royaume de Piémont-Sardaigne en 1860.

ANCONÉ n. m. (lat. sc. *anconœus,* du gr. *agkôn,* courbure du bras). Muscle court, triangulaire, situé à la face postérieure du coude, de l'épicondyle à l'olecrâne. (Il est extenseur de l'avant-bras.)

ANCORNÉ, E adj. (de *encorné*). En héraldique, se dit d'un animal dont la corne ou le sabot est d'un autre émail que le corps.

ANCRAGE n. m. **1.** Action d'ancrer un bateau. — **2.** Syn. rare de MOUILLAGE. — **3.** Redevance payée par un navire pour avoir le droit de mouiller et de séjourner dans certains ports ou rades. — **4.** Action d'ancrer qqch, fait d'être ancré ; implantation, enracinement : *L'ancrage d'un parti dans la vie politique.* — **5.** Disposition des abouts du chaînage d'une maçonnerie (ancre) ou d'une armature de béton armé (crosse) pour assurer leur rôle de contension. — **6.** Attache d'une poutre, d'un hauban, d'un câble quelconque à un point fixe pris sur une maçonnerie ou dans le sol. — **7.** Pour un alpiniste, fait de s'assurer un point d'appui solide sur la glace ou sur le rocher. — **8.** *Massif d'ancrage,* construction massive transmettant au terrain les tractions qui s'exercent à l'extrémité des câbles d'un pont suspendu. ‖ *Ancrage dynamique,* syn. de POSITIONNEMENT* DYNAMIQUE. ‖ *Point d'ancrage,* point, élément fondamental autour duquel s'organise un ensemble ; endroit de l'habitacle d'une automobile où est fixée une ceinture de sécurité.

ANCRE n. f. (lat. *ancora,* du gr. *agkura*). **1.** Lourde pièce d'acier, en général à deux pattes, qui, prenant appui sur le fond, permet à un engin flottant auquel elle est reliée par une chaîne de se maintenir en place. — **2.** Pièce de fer en forme de croix, de fleuron, de lettre (S, X, Y...) fixée sur ou dans un mur à l'une des extrémités d'un tirant, d'une armature de chaînage. — **3.** Pièce de l'échappement se présentant sous forme d'un levier d'entrée et d'un levier de sortie soulevés alternativement par les dents de la roue d'échappement pour donner l'impulsion d'entretien au balancier-spiral d'une montre ou au pendule d'une horloge. — **4.** *Ancre de corps-mort,* ancre à une seule patte, utilisée pour retenir un corps mort. ‖ *Ancre de détroit,* ancre installée à poste fixe à l'arrière d'un bâtiment pour assurer la tenue à la renverse du courant. ‖ *Ancre de salut, de miséricorde,* dernière ressource. ‖ *Jeter l'ancre,* mouiller ; s'établir qqpart. ‖ *Lever l'ancre,* quitter le mouillage, appareiller ; s'éloigner, partir.

ANCRE *(marquis d')* → CONCINI (Concino).

ANCRER v. t. (conj. 3). **1.** Fixer un bateau qqpart à l'aide d'une ancre. — **2.** Fixer profondément un sentiment, une habitude chez qqn ; inculquer : *On lui a ancré ce préjugé.* — **3.** Établir solidement une institution, un parti, etc., qqpart : *La propagande a ancré le parti dans cette région.* — **4.** Réaliser un ancrage.

◆ **être ancré** v. pass. En parlant d'une pièce héraldique, avoir les extrémités en forme d'ancre.

◆ v. i. ou **s'ancrer** v. pr. Se fixer qqpart au moyen d'une ancre.

◆ **s'ancrer** v. pr., **être ancré** v. pass. **1.** Se fixer, s'établir solidement qqpart. — **2.** *Fam.* S'attarder qqpart de façon importune.

ANCUS MARTIUS, quatrième roi légendaire de Rome (640-616 av. J.-C.). Selon la tradition, il agrandit Rome et fonda le port d'Ostie.

ANCYLE n. m. (gr. *agkulos,* recourbé). Très petit mollusque gastropode pulmoné des eaux douces, à la coquille en forme de bonnet phrygien, rampant sur les pierres ou les plantes d'eau. (Les ancyles ont laissé de nombreuses coquilles dans la région baltique au quaternaire.)

ANCY-LE-FRANC (89160), ch.-l. de cant. de l'est de l'Yonne, sur l'Armançon ; 1 181 hab. Château Renaissance (v. 1546, participation possible de Serlio) ; décors intérieurs de l'école de Fontainebleau.

ANCYLOPODE n. m. Mammifère fossile du tertiaire, dont la patte avait trois doigts munis chacun de deux griffes, tel que le chalicotherium.

ANCYRE, en gr. **Ankura,** anc. ville d'Asie Mineure, sur le plateau d'Anatolie, actuellement *Ankara.* Déjà importante à l'époque hittite, elle était située sur la route des caravanes qui, au temps de l'Empire achéménide, prit le nom de Route royale. Elle conserva son importance sous la domination romaine, particulièrement sous Auguste. Conquise par les Arabes en 838, elle fut reprise par les Byzantins, et définitivement occupée par les Turcs Seldjoukides, au XIIe s.

ANDA n. m. (mot sanskr. signif. *œuf*). Dôme du stūpa.

ANDAIN n. m. (lat. pop. **ambitanus,* de *ambitus,* mouvement circulaire). **1.** Alignement d'herbe, de foin ou de céréales que le faucheur ou la machine laisse au fur et à mesure qu'avance le travail. — **2.** Bande de branchages et de rémanents constituée à l'occasion d'une coupe ou du dégagement d'un terrain à reboiser.

ANDAINE *(forêt domaniale d'),* forêt de l'Orne, qui s'étend sur 5 542 ha et dont les essences principales sont le chêne, le hêtre, le pin sylvestre et l'épicéa. Elle est traitée en taillis sous futaie.

ANDAINEUSE n. f. Machine agricole destinée à rassembler le fourrage en andains.

ANDALOU, SE adj. et n. **1.** D'Andalousie. — **2.** Se dit de la musique classique arabe telle qu'elle s'est développée à Cordoue depuis le IXe s., puis à Grenade. (Elle subsiste encore en Afrique du Nord [Nūba].) — **3.** Se dit d'une race de chevaux originaire d'Andalousie et qui s'est répandue dans le monde entier.

ANDALOUSIE, en esp. **Andalucía,** région du sud de l'Espagne, qui constitue une communauté autonome, regroupant les huit provinces d'Almería, Cadix, Cordoue, Grenade, Huelva, Jaén, Málaga et Séville ; 87 268 km^2 ; 6 963 116 hab. *(Andalous).*

Géographie. Encore densément peuplée (malgré une émigration persistante), l'Andalousie juxtapose, sous un climat chaud et sec, des paysages variés : montagnes de la sierra Morena (extraction minière) et de la cordillère Bétique (avec la sierra Nevada), dépression du Guadalquivir (riz, coton, canne à sucre, agrumes, vins, olives), frange littorale animée par le tourisme (actif également dans les grandes villes de l'intérieur : Séville, Cordoue et Grenade).

Histoire. À partir du VIe s. av. J.-C., le pays est colonisé par les Phéniciens et les Carthaginois, qui y fondent d'importants comptoirs, notamment Gadès (Cadix), et en font le centre de leur puissance en Espagne. Conquise par Scipion l'Africain (206 av. J.-C.), l'Andalousie, devenue la province romaine d'Hispania Ulterior (la Bétique), devient un grenier pour Rome, et est l'une des régions les plus prospères de l'Empire ; elle est christianisée dès la seconde moitié du IIIe s. Envahie par les Vandales au début du Ve s., la région fait ensuite partie du royaume wisigothique et passe aux mains des Arabes de 711 à 716. Cordoue est la capitale d'un émirat, puis (929) d'un puissant califat, foyer de la culture musulmane en Occident. Au milieu du XIe s., le califat se défait en petites principautés, ou *taifas,* ce qui facilite la *Reconquista** espagnole. La victoire chrétienne de Las Navas de Tolosa (1212) marque le début de la décadence musulmane ; en 1492, la prise de Grenade par les Rois Catholiques met fin à l'histoire de l'Andalousie maure. Au XVIe s., les Maures d'Andalousie sont pratiquement acculés à la conversion au christianisme (les morisques). Mais Philippe III, les soupçonnant de ne s'être pas réellement convertis, les chasse (1610), ce qui a pour conséquence d'affaiblir gravement l'économie espagnole. Au début du XIXe s., l'Andalousie (Cadix) est le foyer le plus important de la résistance à Napoléon. Pendant le XIXe s., l'Andalousie maintient dans les villes la tradition révolutionnaire libérale, l'esprit anarchiste se répandant dans les campagnes. Mais l'Andalousie, pendant la guerre civile, est rapidement contrôlée par les militaires partisans de Franco. En octobre 1981, les Andalous ont adopté, par référendum, un statut d'autonomie.

ANDALOUSITE n. f. (de *Andalousie,* n. pr.). Silicate d'alumine, orthorhombique, blanc ou rose, fréquent dans les roches alumineuses métamorphiques de basse pression.

ANDAMAN n. m. Langue sans parenté connue des populations indigènes des îles Andaman.

ANDAMAN *(îles),* archipel du golfe du Bengale, formant, avec les îles Nicobar, un territoire de l'Union indienne. Le territoire a 8 300 km^2 et 277 989 hab. Ch.-l. *Port Blair.* Les Negritos des îles Andaman sont en voie de disparition.

ANDAMOOKA, v. d'Australie (Australie-Méridionale). Mines d'opale.

ANDANTE [ɑ̃dɑ̃t ou ɑ̃dɑ̃te] adv. (ital. *andante*, de *andare*, aller). Indication de tempo : modérément.
◆ n. m. Partie de sonate, de symphonie, etc., exécutée dans ce tempo.

ANDANTINO adv. (ital. *andantino*, de *andante*). Indication de tempo : moins modéré qu'andante.
◆ n. m. Morceau joué dans ce mouvement.

ANDELOT → COLIGNY (François DE), seigneur d'Andelot.

ANDELOT-BLANCHEVILLE (52700), anc. **Andelot**, ch.-l. de cant. de la Haute-Marne, à 22,5 km au N.-E. de Chaumont ; 1 028 hab. Église du XIIe s. Meubles. — En 587, Gontran, roi de Bourgogne, et Childebert II, roi d'Austrasie, y signèrent un traité par lequel les deux rois se choisissaient réciproquement comme successeur.

ANDELYS [-li] **(Les)** [27700], ch.-l. d'arrond. de l'Eure, sur la Seine ; 8 580 hab. *(Andelysiens)*. Le Petit-Andely, dominé par la forteresse en ruine du Château-Gaillard, possède l'église St-Sauveur (1197) et l'hospice St-Jacques (1784). Le Grand-Andely, très endommagé en 1940, conserve son église Notre-Dame, des XIIIe et XVe-XVIIe s. Constructions électriques. École militaire préparatoire. — Près des Andelys fut livrée la bataille de Brémule (1119).

ANDENNE, v. de Belgique (prov. de Namur), sur la Meuse ; 21 800 hab. Collégiale Ste-Begge, anc. abbatiale reconstruite au XVIIIe s. (mobilier, œuvres d'art). Musée de la céramique. Métallurgie.

ANDEREGG (Melchior), guide suisse (Zaun, près de Meiringen, 1827-Husen, près de Meiringen, 1914), qui a découvert la voie classique du mont Blanc (par l'arête des Bosses, 1859) et conquis l'éperon de la Brenva (1865) et la pointe Walker des Grandes-Jorasses (1868).

ANDERLECHT, comm. de Belgique (Bruxelles-Capitale), banlieue sud-ouest de Bruxelles, sur la Senne ; 101 600 hab. Collégiale des XIe-XVe s. Musée Érasme.

ANDERMATT, comm. de Suisse (cant. d'Uri), au pied du Saint-Gothard ; 1 319 hab. Station estivale (à 1 447 m d'alt.) et de sports d'hiver (jusqu'à 3 000 m).

ANDERNACH, v. d'Allemagne (Rhénanie-Palatinat), sur le Rhin, en aval de Coblence ; 27 000 hab. Restes de fortifications ; église paroissiale d'env. 1200. — En 876, Charles II le Chauve y fut vaincu par Louis le Jeune, fils de Louis le Germanique.

ANDERNOS-LES-BAINS (33510), comm. de la Gironde, sur la rive nord-est du bassin d'Arcachon ; 7 219 hab. Vestiges gallo-romains. Ostréiculture. Station balnéaire.

ANDERS (Władysław), général polonais (Błonie, près de Varsovie, 1892-Londres 1970). Général en 1936, il combattit en 1939 et fut pris par les Russes. Interné à Moscou, il fut libéré pour prendre le commandement des forces polonaises qu'il constitua en U. R. S. S. en 1941-42. Il se battit en Afrique contre l'Afrikakorps (1941-42), puis en Italie (1943-44), s'illustra à Cassino et à Bologne, puis fut placé en 1945 à la tête des forces polonaises du front occidental.

ANDERSCH (Alfred), écrivain allemand naturalisé suisse (Munich 1914-Berzona 1980). Communiste, interné à Dachau (1933), cofondateur du Groupe 47, il poursuivit dans ses romans (*les Cerises de la liberté*, 1952) et ses nouvelles (*Un amateur de demi-teintes*, 1963) une méditation sur la solitude.

ANDERSEN (Hans Christian), écrivain danois (Odense 1805-Copenhague 1875). Sa vie fut, selon sa propre expression, « un beau conte » : fils d'un pauvre cordonnier, il tenta dès quatorze ans sa chance au théâtre (comme danseur, choriste et auteur de tragédies), parcourut l'Europe, s'entoura d'amitiés célèbres (Dickens, Hugo, Liszt, Wagner), pour finir familier des souverains danois et statufié de son vivant. Entre-temps, il a obstinément poursuivi, et sans jamais le connaître, le succès à la scène (*la Mulâtresse*, 1839 ; *la Nouvelle Chambre de l'accouchée*, 1840) et en amour. Cette insatisfaction fondamentale nourrit la mélancolie et l'ironie de ses souvenirs (*le Bazar d'un poète*, 1842), de ses romans (*l'Improvisateur*, 1835 ; *Peer le chanceux*, 1870) et surtout de ses *Contes** (1835-1872).

ANDERSEN (Tryggve), écrivain norvégien (Ringerike 1866-Gran 1920). Chef de file des « néoromantiques », il a renouvelé le roman norvégien en réagissant contre le naturalisme des années 80 (*Du temps du chef de cabinet*, 1897 ; *Vers le soir*, 1900).

ANDERSEN NEXØ (Martin), écrivain danois (Christianshavn, Copenhague, 1869-Dresde 1954). Ses romans, parfois autobiographiques, en font le principal représentant de la littérature prolétarienne (*Ditte, fille des hommes*, 1917-1921).

ANDERSON (Sherwood), écrivain américain (Camden 1876-Colón, Panamá, 1941). Peintre de la médiocrité provinciale, le réalisme objectif de ses nouvelles (*Winesburg, Ohio*, 1919) et de ses romans (*le Rire noir*, 1925) influencera Hemingway et Faulkner.

ANDERSON (*sir* Kenneth Arthur), général britannique (Bombay, Inde, 1891 - Gibraltar 1959). Commandant la Ire armée britannique en Afrique du Nord (1942), il fut gouverneur de Gibraltar de 1947 à 1952.

ANDERSON (Carl David), physicien américain (New York 1905 - San Marino, Californie, 1991). Ses études sur les rayons cosmiques aboutirent, en 1932, à la découverte de l'électron positif et à celle de certains mésons (1937). [Prix Nobel 1936.]

ANDERSON (Lindsay), cinéaste britannique (Bangalore, Inde, 1923 - Saint-Saud-Lacoussière, Dordogne, 1994). L'un des fondateurs, vers 1955, avec Karel Reisz et Tony Richardson du mouvement « free cinema », opposé au traditionalisme de la production nationale courante. Il remporta la palme d'or du festival de Cannes en 1969 pour *If...* (1968). Il a réalisé également *Britannia Hospital* (1982) et *les Baleines du mois d'août* (1987).

ANDERSON (Philip W.), physicien américain (Indianapolis 1923). Ses travaux sur la superfluidité et sur l'hélium 3 le conduisirent à étudier la matière constituant les étoiles à neutrons. Il a aussi étudié les propriétés électroniques des solides amorphes. (Prix Nobel 1977.)

ANDERSSON (Dan), écrivain suédois (Skattlösberg, Dalécarlie, 1888-Stockholm 1920), un des initiateurs de la littérature « prolétarienne » (*Chansons du charbonnier*, 1915 ; *Ballades noires*, 1917).

ANDERSSON (Kent), acteur et auteur dramatique suédois (Göteborg 1933), un des chefs de file du nouveau théâtre engagé suédois (*le Tas de sable*, 1968).

ANDES *(cordillère des)*, chaîne de montagnes de l'Amérique du Sud, s'étendant sur sept pays (Argentine, Bolivie, Chili, Colombie, Équateur, Pérou et Venezuela) ; 6 959 m à l'Aconcagua.

Du Venezuela à la Terre de Feu, les Andes s'allongent sur près de 8 000 km en bordure du Pacifique, constituant le plus grand relief du monde entre des sommets à près de 7 000 m et des fosses océaniques d'une profondeur comparable. Au N., au Venezuela et en Colombie, s'individualisent trois cordillères séparées par les fossés du Cauca et du Magdalena. En Équateur et surtout au Pérou et en Bolivie, où la chaîne s'élargit, deux cordillères, occidentale et orientale, portant de hauts volcans (Chimborazo, Cotopaxi) enserrent une haute plaine (l'Altiplano), encore partiellement lacustre (Titicaca, Poopó). Au S. (Chili et Argentine), la chaîne, unifiée, se rétrécit mais demeure élevée (Aconcagua, Ancohuma) jusqu'à Santiago ; au-delà, elle ne dépasse plus qu'exceptionnellement 4 000 m, découpée en archipels.

L'étirement en latitude sur 66° (de 10° N. à 56° S.), l'altitude, l'exposition, le rôle du courant froid de Humboldt sur la côte du Pérou et du Nord chilien expliquent la variété des climats et des formations végétales. Dans le Nord tropical humide et équatorial, la forêt dense monte (dégradée) jusqu'à près de 4 000 m. L'étagement des cultures est le suivant : jusqu'à 900 m, *tierras calientes* (terres chaudes), avec le cacaoyer, la canne à sucre ; jusqu'à 2 000 m, *tierras templadas* (terres tempérées), avec la canne à sucre, le maïs, les caféiers ; jusqu'à 3 000 m, *tierras frías* (terres froides), avec le blé, l'orge et la pomme de terre ; au-dessus de 3 000 m, c'est le *páramo,* prairie humide avec des tourbières ; au-delà de 4 500 m, les neiges éternelles.

Les Andes centrales sont plus sèches, parfois arides, avec des cactées au-dessous de 2 500 m, des céréales jusqu'à 3 500 m, les tubercules jusqu'à près de 4 000 m, au-delà (jusqu'à 4 800 m), la *puna* est le domaine de l'élevage. À la latitude de Santiago, le climat méditerranéen (blé, vigne, arboriculture irriguée) succède au désert côtier. Il devient océanique au S., puis froid. Dans l'extrême Sud chilien, les glaciers descendent jusqu'à la mer.

Partie autrefois la plus humanisée de l'Amérique du Sud avec une population et une exploitation agricole adaptées à l'altitude, les Andes se sont partiellement dépeuplées au profit du littoral. Il y subsiste cependant de grandes villes (Bogotá, Quito, La Paz), des exploitations minières (fer et cuivre notamment, pétrole surtout dans l'avant-pays).

ANDÉSINE n. f. (de *Andes*, n. pr.). Minéral de la famille des feldspaths, dits plagioclases, intermédiaire entre le labrador et l'oligoclase, abondant dans les porphyres et les trachytes.

ANDÉSITE n. f. (de *Andes*, n. pr.). Roche volcanique caractéristique de la série calco-alcaline, très abondante dans les marges continentales actives et les arcs insulaires, contenant généralement une forte proportion de plagioclases zonés, des orthopyroxènes, des amphiboles et/ou des biotites.

ANDHRA, royaume de l'Inde ancienne où régnait la dynastie du même nom (Iᵉʳ s. av. J.-C. au IIIᵉ s. apr. J.-C.).

ANDHRA PRADESH, État de l'Inde, dans le Deccan ; 275 000 km^2 ; 66 304 854 hab. Cap. *Hyderābād.* Regroupant des territoires de langue telugu, l'Andhra Pradesh comprend, à l'O., une région de plateaux, et, à l'E., une zone montagneuse et une plaine littorale. Il est traversé par la Krishnā et la Godāvari. La plaine littorale est une région riche grâce aux sols alluviaux et à l'irrigation : riz, tabac, épices, coton, élevage bovin. L'industrie est représentée par les mines, le textile, la métallurgie et la chimie, notamment à Hyderābād et Visakhapatnam.

ÁNDHROS → ANDROS.

ANDIJAN, v. d'Ouzbékistan, dans le Fergana ; 293 000 hab.

ANDIN, E adj. et n. **1.** Des Andes. – **2.** Se dit du style tectonique de chaînes de montagnes dont la tectogenèse et l'orogenèse sont liées au fonctionnement d'une zone de subduction.

andin *(pacte),* organisation issue du pacte signé à Cartagena en 1969 par différents pays latino-américains en vue d'établir une meilleure intégration économique. La réalisation du programme adopté par les 5 États membres (Bolivie, Colombie, Équateur, Pérou et Venezuela) en 1991 – création d'une zone de libre-échange dès 1992 et mise en place d'un marché commun andin en 1995 – a pris du retard. Pourtant, la constitution d'un système andin d'intégration, censé convertir le pacte andin en un instrument de représentation politique, a été décidée en 1996.

ANDIRA n. m. (mot tupi). Arbre d'Amérique exploité pour son bois, le *saint-martin rouge.*

'ANDJAR ou **ANJAR,** site archéologique du Liban, entre Beyrouth et Damas. Ville omeyyade, important témoin des premières réalisations urbaines de l'islām.

ANDLAU (67140), comm. du Bas-Rhin dans les collines sous-vosgiennes, sur l'*Andlau* ; 1 697 hab. Église, anc. abbatiale en partie romane (sculptures).

ANDOCIDE, orateur athénien et homme politique (v. 440 av. J.-C.-v. 390). Ses discours présentent un grand intérêt historique.

ANDON (06750), comm. des Alpes-Maritimes, au N.-O. de Grasse ; 301 hab. Sports d'hiver (alt. 1 195-1 642 m).

ANDONG ou **NGAN-TONG,** port de la Chine (Liaoning), à l'embouchure du Yalu, près de la frontière coréenne ; 420 000 hab. Textile. Sidérurgie. Papeterie.

ANDORRAN, E adj. et n. D'Andorre.

ANDORRE *(principauté d'),* État d'Europe, dans les Pyrénées, placé depuis 1607 sous la souveraineté conjointe du roi (ou du chef d'État) de France et de l'évêque de Seo de Urgel (Espagne) ; 465 km² ; 62 500 hab. *(Andorrans).* CAP. *Andorre-la-Vieille (Andorra la Vella)* [15 000 hab.]. LANGUE : *catalan.* MONNAIES : *franc* (français) et *peseta.* Union postale avec l'Espagne et la France.

Géographie. L'Andorre est un pays montagneux (altitude moyenne de 1 800 m), au climat rude, qui vit de l'élevage, de quelques rares cultures (dont le tabac) et, surtout, du tourisme, favorisé par la modernisation des communications et par la vente de produits importés en franchise. La principauté accueille annuellement environ 12 millions de visiteurs.

Histoire. Les vallées qui constituent aujourd'hui la principauté d'Andorre appartiennent au IXe s. aux comtes d'Urgel, qui les cèdent par la suite à l'évêque d'Urgel. Au XIe s., elles sont inféodées aux Caboet et échoient, par succession, aux comtes de Foix (XIIIe s.). En 1278, les Andorrans se donnent une administration d'inspiration féodale qui place définitivement le pays sous la double suzeraineté de l'évêque d'Urgel et du comte de Foix, dont les droits passent, par l'intermédiaire de la maison d'Albret, à la Couronne de France (1607), puis aux présidents de la République. En 1993, Andorre se dote de sa première constitution écrite, qui modernise les institutions (affirmation de la souveraineté de l'État, suivie de l'entrée à l'O.N.U.), tout en maintenant formellement les coprinces.

ANDORRE-LA-VIEILLE, en catalan **Andorra la Vella,** cap. de l'Andorre, sur le Gran Valira ; 15 000 hab. Centre touristique. Aux environs, églises romanes de S. Coloma (à tour-clocher ronde du XIe s.) et de S. Juliá de Lória.

ANDOSOL n. m. Sol noir fertile, sur roches volcaniques des régions humides, riche en matière organique et en constituants amorphes.

ANDO TADAO, architecte japonais (Ōsaka 1941). Épris de dépouillement, jouant des variations de la lumière sur quelques figures géométriques d'un béton brut très soigné, il est surtout connu pour des maisons individuelles, des chapelles (celle du mont Rokko, près de Kōbe, 1986), des musées et pour le pavillon du Japon à l'Exposition universelle de Séville (1992), d'une sobre envolée.

ANDOUILLE n. f. (lat. pop. **inductile,* du lat. class. *inducere,* introduire). **1.** Produit de charcuterie cuite, emballé en boyaux et constitué principalement d'éléments du tube digestif des animaux de boucherie et spécialement du porc. – **2.** *Fam.* Personne idiote et maladroite ; imbécile.

ANDOUILLER n. m. (lat. pop. *ante oculare cornu,* corne devant les yeux). Chacun des rameaux du bois des cervidés.

ENCYCL. Le *maître andouiller,* ou *andouiller de massacre,* se forme chez le cerf de deux ans et joue un rôle offensif dans les combats entre mâles. Un andouiller de plus pousse chaque année, de sorte que le cerf de cinq ans a « dix cors » (quatre andouillers et une perche de chaque côté).

ANDOUILLETTE n. f. (de *andouille*). Produit de charcuterie cuite, emballé en boyaux, préparé à partir du gros intestin de porc.

ANDRADA E SILVA (José Bonifácio DE), savant et homme politique brésilien (Santos 1763-Niterói 1838). Premier ministre du nouvel Empire brésilien (1822), il fut tuteur du jeune Pierre II (1831-1833).

ANDRADE (António DE), jésuite portugais (Oleiros, Alentejo, v. 1580-Goa 1634), l'un des plus grands missionnaires du XVIIe s. Il pénétra au Cachemire et au Tibet.

ANDRADE (Olegario Victor), poète argentin (Alegrete, Brésil, 1839-Buenos Aires 1882). Disciple de Victor Hugo, il donna une forme épique au sentiment national (*Prometeo*, 1877).

ANDRADE (José Oswald DE SOUSA, dit **Oswald de**), écrivain brésilien (São Paulo 1890-*id.* 1954). Poète, romancier, fondateur du « mouvement anthropophagique » (1928), il fut l'un des animateurs du modernisme (*Marca zero*, 1943-1945).

ANDRADE (Mário Raul DE MORAIS, dit **Mario de**), écrivain brésilien (São Paulo 1893-*id.* 1945), un des initiateurs du modernisme (*Macounaïma*, 1928).

ANDRADITE n. f. (de *Andrada e Silva*, n. pr.). Grenat calcique.

ANDRAGOGIE n. f. (du gr. *anêr, andros,* homme, et *pédagogie.*). Science et pratique de l'éducation des adultes.

ANDRÁSSY (Gyula ou Jules, *comte*), dit **l'Aîné,** homme politique hongrois (Kassa, auj. Košice, Slovaquie, 1823-Volosca, auj. Volosko, Croatie, 1890). Président du Conseil en 1867, il fut l'un des principaux artisans du compromis austro-hongrois. Ministre des Affaires étrangères de l'Autriche-Hongrie (1871-1879), il obtint au congrès de Berlin (1878) le droit de poursuivre l'occupation de la Bosnie-Herzégovine et signa avec Bismarck un traité instaurant la Duplice (1879).

ANDRAULT (Michel), architecte français (Montrouge 1926). Il a construit, en association avec Pierre Parat (Versailles 1928), de nombreux immeubles de logement ou de bureaux qui évitent la monotonie, ainsi que le Palais omnisports de Paris-Bercy (1979-1984).

ANDRÉ *(saint),* l'un des apôtres de Jésus, originaire de Bethsaïde (Ier s.). Frère de l'apôtre Pierre, il aurait évangélisé le sud de la Russie et les pays balkaniques et subi le martyre à Patras en Achaïe, crucifié sur une croix en forme d'X.

ANDRÉ de Crète *(saint)* [Damas v. 660-Lesbos 740], un des plus grands hymnographes de l'Église byzantine. Évêque de Gortyne en Crète (692), il fonda avec ses *Canons* un nouveau genre de chants liturgiques formés de courtes compositions *(tropaires)* correspondant à chaque fête de l'année.

ANDRÉ, nom de trois rois de la dynastie des Árpád : **André Ier** (v. 1013-Zirc 1060), roi de Hongrie (1047-1060). — **André II** (1175-1235), roi de Hongrie (1205-1235), fils de Béla III. Il ne put empêcher les luttes entre factions seigneuriales, qui provoquèrent notamment le meurtre de son épouse, Gertrude de Méran, en 1213, et dut accorder en 1222 la Bulle d'or. Il anima la cinquième croisade en 1217-18. — **André III** (Venise v. 1250-1301), roi de Hongrie (1290-1301), dernier souverain de la dynastie des Árpád.

ANDRÉ d'Anjou (1327-Aversa 1345), roi de Naples (1343-1345). Fils de Charles Ier Robert, roi de Hongrie, il fut assassiné (1345) avec la complicité de sa femme Jeanne Ire d'Anjou, ce qui provoqua l'invasion du royaume de Naples par son frère Louis Ier le Grand, roi de Hongrie.

ANDRÉ (Louis), général français (Nuits-Saint-Georges 1838-Dijon 1913). En 1900, il remplaça le général de Gallifet comme ministre de la Guerre. Son nom reste attaché à l'« affaire des fiches ».

ANDRÉ (Géo), athlète français (Paris 1889-Mateur, Tunisie, 1943). De 1908 à 1924, il se distingua dans les courses de 110 m et de 400 m haies, et dans le saut en hauteur. Il fut aussi international de rugby.

ANDRÉ (Maurice), trompettiste français (Alès 1933). Professeur au Conservatoire de Paris (1967-1979), il a contribué à augmenter le répertoire de son instrument (transcriptions, créations).

ANDRÉ (Carl), sculpteur américain (Quincy, Massachusetts, 1935). Il a utilisé la brique, le métal et surtout le bois, notamment en madriers bruts, pour créer des installations minimalistes non exemptes d'implications culturelles et poétiques.

ANDRÉ BOGOLIOUBSKI (v. 1111-Bogolioubovo, près de Vladimir, 1174), prince de Rostov-Souzdal (1157-1174), fils de Iouri Dolgorouki. Ayant conquis Kiev en 1169, il délaissa cette ville et transféra sa capitale à Vladimir.

ANDREA del Castagno, peintre italien (dans le Mugello v. 1420 - Florence 1457). Continuateur de Masaccio et de Donatello, d'une âpre puissance, il est épris de rigueur géométrique, cherche le relief jusqu'au trompe-l'œil, mais aussi le mouvement. Il a travaillé à Florence (fresques à l'anc. monastère de S. Apollonia) et à Venise.

ANDREA del Sarto, peintre italien (Florence 1486 - *id.* 1530). Il marque à la fois l'aboutissement de la Renaissance classique et le point de départ du maniérisme toscan dans ses fresques des couvents de Florence (*Vie de saint Jean-Baptiste,* cloître des Scalzi, 1514) et dans ses tableaux, faits d'eurythmie et de sereine grandeur (*la Charité,* 1518, Louvre).

ANDREA Pisano ou **da Pontedera,** sculpteur et architecte italien (Pontedera, près de Pise, v. 1290 - Orvieto v. 1347-1349). Ses reliefs, à Florence (1re porte en bronze du baptistère, 1330-1336, puis médaillons du campanile), réalisent une harmonieuse synthèse de l'élégance gothique et du classicisme de Giotto. (→ NINO PISANO.)

ANDRÉALE n. f. (de *André,* n. pr.). Mousse des montagnes et des régions froides, au sporogone d'un type particulier. (Les *andréales* forment un petit ordre.)

ANDREANOF *(îles),* archipel du centre des Aléoutiennes.

ANDREAS-SALOMÉ (Lou), femme de lettres allemande (Saint-Pétersbourg 1861-Göttingen 1937). Amie de Nietzsche et de Rilke, disciple de Freud, on lui doit des essais, des romans, et une autobiographie (*Ma vie,* 1951).

ANDRÉE (Salomon August), ingénieur et explorateur suédois (Gränna 1853-île Kvitøya, Svalbard, 1897). Ayant conçu le projet d'atteindre le pôle Nord en ballon libre, il trouva la mort au cours de cette tentative.

ANDRÉ-HUBERT FOURNET *(saint),* prêtre français (Maillé, Vienne, 1752-La Puye, Vienne, 1834), fondateur de la congrégation des Filles de la Croix. Canonisé en 1933.

Andreï Roublev, film d'Andreï Tarkovski (1965-66). Réflexion sur le rapport entre la création artistique et l'histoire, ce film fut interdit en U. R. S. S. mais accueilli dans le monde entier comme une œuvre majeure.

ANDREÏANOVA (Elena Ivanova), danseuse russe (Saint-Pétersbourg 1819-Paris 1857), la première à avoir interprété *Giselle* en Russie (théâtre Bolchoï de Saint-Pétersbourg, 1842) et à se produire hors de son pays (Paris, 1845).

ANDREÏEV (Leonid Nikolaïevitch), écrivain russe (Orel 1871-Mustamäggi, Finlande, 1919). Si ses nouvelles expriment le désarroi de la jeunesse russe à la veille de la Révolution (*le Gouffre,* 1902), ses drames allégoriques en font le représentant le plus typique de l'esthétique symboliste (*la Vie humaine,* 1907).

ANDRÈNE n. m. (lat. sc. *andrena,* du gr. *anthrênê,* frelon). Abeille des sables, qui creuse des terriers et y emmagasine le pollen, mais ne fait pas de miel.

ANDREOTTI (Giulio), homme politique italien (Rome 1919). Journaliste catholique, député à partir de 1945, membre influent de la Démocratie chrétienne, plusieurs fois ministre, il dirige le gouvernement de 1972 à 1973 puis de 1976 à 1979. Ministre des Affaires étrangères de 1983 à 1989, il retrouve la présidence du Conseil de 1989 à 1992. Accusé de collusion avec la Mafia, il est traduit en justice à partir de 1995.

ANDRÉSY (78570), ch.-l. de cant. des Yvelines, sur la Seine, au pied des hauteurs de l'Hautil ; 12 613 hab. Église des XIIIe-XIVe s. Barrage-écluse sur le fleuve.

ANDREUS (Johan Wilhelm VAN DER ZANT, dit **Hans**), écrivain néerlandais (Amsterdam 1926-Putten 1977). Poète expérimental de la « génération des années 50 », il évolua vers une perspective tragique (*Creux de lumière,* 1976).

ANDREVON (Jean-Pierre), écrivain français (Grenoble 1937), auteur, critique et éditeur de nouvelles (*Paysages de mort,* 1978) et de romans de science-fiction (*les Hommes-machines contre Gandahar,* 1969).

ANDREWS (Thomas), physicien irlandais (Belfast 1813-*id.* 1885). Il a découvert l'existence de la température critique (1869) et reconnu la continuité des états liquide et gazeux.

ANDREWS (Roy Chapman), explorateur et naturaliste américain (Beloit, Wisconsin, 1884-Carmel, Californie, 1960). Il a parcouru l'Asie orientale et centrale et découvert de nombreux fossiles de grands mammifères.

ANDRÉZIEUX-BOUTHÉON (42160), comm. de la Loire, au confluent de la Loire et du Furan ; 9 522 hab. C'est entre Andrézieux et Saint-Étienne que le premier chemin de fer de France fut mis en service, en 1828. Aéroport de Saint-Étienne. Constructions mécaniques. Industrie du bâtiment et des travaux publics.

ANDRIA, localité d'Italie, dans la Pouille, au N.-O. de Bari ; 85 000 hab. Cathédrale des XIIe-XVe s. (crypte du Xe). Centre agricole. À 18 km au S., Castel del Monte, remarquable château octogonal de Frédéric II.

ANDRIANAMPOINIMERINA ou **NAMPOINA,** roi de l'Imérina (Madagascar) [v. 1740-1810]. Remarquable organisateur, il distribua des terres, aménagea des rizières, fit lever l'impôt et créa des lois civiles et pénales.

ANDRIĆ (Ivo), écrivain serbe (Dolac, près de Travnik, 1892-Belgrade 1975). Ses recueils lyriques (*Ex Ponto,* 1918), ses romans (*le Pont sur la Drina,* 1945), ses nouvelles (*l'Éléphant du vizir,* 1977) évoquent sa Bosnie natale et les luttes politiques de son pays. (Prix Nobel 1961).

ANDRIESSEN, famille de compositeurs néerlandais. — WILLEM (Haarlem 1887-Amsterdam 1964), pianiste, fut directeur du Conservatoire d'Amsterdam (1937 à 1953). — HENDRIK (Haarlem 1892-*id.* 1981), frère du précédent, organiste, a dirigé le Conservatoire de La Haye (1949) ; il est l'auteur de partitions religieuses. — JURRIAAN (Haarlem 1925), fils du précédent, pianiste et chef d'orchestre, a écrit beaucoup de musiques de film et de musiques de scène, et s'est intéressé au jazz (*Concerto Rotterdam,* 1967). — LOUIS (Utrecht 1939), frère du précédent, élève de son père puis de L. Berio à Milan, a subi les influences de Stravinski, Stockhausen et Cage. Ses œuvres utilisent aussi l'électronique.

ANDRIEU (D') → DANDRIEU.

ANDRINGITRA, massif granitique de Madagascar, au S. de Fianarantsoa ; 2 666 m.

ANDRINOPLE n. f. (de *Andrinople,* n. pr.). **1.** *Vx.* Couleur rouge vif. — **2.** Toile de coton de cette couleur.

ANDRINOPLE, anc. nom de la ville turque d'*Edirne.* Cette ville thrace (Hadrianopolis*) fut un grand centre de commerce. Constantin le Grand y battit Licinius (324), et les Goths l'empereur Valens (378). Prise par le sultant turc Murad Ier (1362), par les Russes (1829), par les Serbes et les Bulgares (1913), Andrinople, où avait été signé en 1829 le traité qui reconnaissait l'indépendance de la Grèce, devint grecque à la fin de la Première Guerre mondiale puis fut restituée à la Turquie (paix de Lausanne, 1923).

ANDROCÉE n. m. (du gr. *anêr, andros,* mâle, et de *gynécée*). Ensemble des étamines d'une fleur, disposées soit en spirale, soit en un ou deux verticilles.

ENCYCL. L'androcée est diadelphe lorsque les étamines forment deux faisceaux, tétradyname si quatre étamines sont plus grandes que les autres, monandre s'il n'y a qu'une étamine, synanthéré si les étamines sont soudées par le bord de l'anthère comme chez les composées, extrorse si les anthères sont tournées vers l'extérieur, etc. Tous ces caractères sont utilisés en classification.

ANDROCÉPHALE adj. Se dit des êtres composites à tête d'homme (ex. les taureaux ailés des palais assyriens).

ANDROCLÈS, esclave romain. Selon Aulu-Gelle et Sénèque, il avait fui en Afrique, où il pansa la blessure d'un lion, qui devint son compagnon. Repris, livré aux bêtes à Rome, il se retrouva face au lion qu'il avait soigné ; l'animal s'étant couché à ses pieds, l'empereur lui fit grâce.

ANDROCLÈS, chef du parti démagogique à Athènes, entre 415 et 410 av. J.-C. Il fut à l'origine de l'exil d'Alcibiade.

ANDROCONIE n. f. Organe odorant des ailes des papillons mâles, qui attire les femelles.

ANDROCTONUS [-nys-] n. m. (gr. *androktonos,* meurtrier). Scorpion d'Afrique du Nord, à la piqûre souvent mortelle.

ANDROGÈNE adj. et n. m. Se dit d'une substance hormonale mâle, qui, en fait, existe dans les deux sexes.

ENCYCL. Les androgènes sont des stéroïdes. Leur chef de file est la testostérone, hormone naturelle mâle qui a servi de point de départ pour l'obtention de nombreux androgènes de synthèse. Sécrétée par les testicules chez l'homme, la testostérone existe également chez la femme où elle est produite par la corticosurrénale. Les androgènes ont surtout une action sur les récepteurs et les caractères sexuels. Ils ont également un effet anabolisant très utilisé en thérapeutique.

ANDROGENÈSE ou **ANDROGÉNIE** n. f. Forme de parthénogenèse purement expérimentale, et dans laquelle la cellule initiale de l'individu est faite du seul noyau mâle baignant dans le cytoplasme de l'ovule. (Les animaux obtenus sont haploïdes et très fragiles.)

ANDROGYNE adj. (lat. *androgynus,* du gr. *androgunos*). **1.** Qui tient des deux sexes ; hermaphrodite. — **2.** Se dit des plantes qui ont des fleurs mâles et des fleurs femelles dans la même inflorescence, mais dont aucune fleur n'est hermaphrodite. (Syn. MONOÏQUE.)

◆ n. m. **1.** Être androgyne. — **2.** Être que les Grecs imaginaient pourvu de deux corps, l'un masculin, l'autre féminin.

ANDROGYNIE n. f. **1.** Caractère de l'androgyne. — **2.** Pseudohermaphrodisme ou hermaphrodisme apparent.

ENCYCL. Le pseudohermaphrodisme masculin se définit par un caryotype XY. Les gonades sont des testicules, mais les conduits génitaux ou les organes génitaux externes sont insuffisamment différenciés. Au maximum l'appareil génital externe est de type féminin.

ANDROÏDE adj. Qui présente des caractères masculins.

◆ n. m. Automate à forme humaine.

ANDROLOGIE n. f. (d'après *gynécologie*). Étude de l'appareil génital de l'homme dans sa morphologie, son fonctionnement et ses maladies.

ANDROMAQUE, Troyenne, épouse d'Hector et mère d'Astyanax. À la chute de Troie, elle perdit son mari et son fils et fut amenée captive en Grèce où elle échut à Pyrrhos, fils d'Achille. Andromaque a inspiré une tragédie à Euripide (v. 426 av. J.-C.) et à Racine (1667).

ANDROMÈDE n. f. (lat. *Andromeda,* n. pr.). Bruyère arbustive des rocailles, aux feuilles toxiques, des régions tempérées.

ANDROMÈDE, héroïne de la mythologie grecque. Elle fut délivrée par Persée du monstre auquel elle avait été livrée en victime expiatoire. L'histoire d'Andromède a inspiré de nombreux artistes, dont Rubens et Puget.

Andromède, tragédie musicale et romantique de Corneille (1650). Cette « pièce à machines » préfigure l'opéra moderne.

ANDROMÈDE (en lat. *Andromeda, -ae*), constellation boréale. Elle renferme l'objet céleste le plus éloigné visible à l'œil nu : la *galaxie d'Andromède* (M 31), galaxie spirale du type de celle qui renferme le système solaire, distante de 2,2 millions d'années de lumière.

ANDROMÉDIDES, autre nom des *Biélides**.

ANDRONIC, nom de plusieurs empereurs byzantins : **Andronic Ier Comnène** (Constantinople 1122-1185), empereur de 1183 à 1185. Il s'empara du trône après avoir fait étrangler Alexis II ; mais il fut renversé par Isaac II Ange. — **Andronic II Paléologue** (Nicée 1256-Constantinople 1332), empereur de 1282 à 1328. Il s'opposa sans succès à l'avance turque. Après une longue guerre civile, vaincu par son petit-fils Andronic III, il abdiqua. — **Andronic III Paléologue** (Constantinople v. 1296-*id.* 1341), petit-fils du précédent, empereur de 1328 à 1341. Il réforma la justice, favorisa la renaissance des lettres et des arts mais il ne put empêcher les Turcs d'achever la conquête de l'Asie Mineure. — **Andronic IV Paléologue** (1348-1385), empereur de 1376 à 1379. Il avait détrôné son père Jean V que les Vénitiens replacèrent après 3 ans sur le trône. Jean V lui pardonna.
Trois souverains de l'empire grec de Trébizonde ont porté le nom d'Andronic : **Andronic Ier Gidos,** empereur de 1222 à 1235 ; **Andronic II Comnène,** empereur de 1263 à 1267 ; **Andronic III Comnène,** empereur de 1330 à 1332.

ANDRONOVO, village de Russie, en Sibérie, aux environs d'Atchinsk, éponyme d'une culture de l'âge du bronze (IIe millénaire av. J.-C.) qui s'étendit sur toute la Sibérie méridionale et rayonna jusqu'à la Volga.

ANDROPAUSE n. f. (d'après *ménopause*). Diminution de l'activité génitale chez l'homme, à partir d'un certain âge.

ANDROPOGON n. m. (du gr. *anêr, andros,* homme, et *pôgôn,* barbe). Très haute graminée des steppes et des savanes, vivace, mais très envahissante.

ANDROPOV (Iouri Vladimirovitch), homme politique soviétique (Nagoutskaïa, région de Stavropol, 1914-Moscou 1984). Membre du secrétariat du Comité central du parti de 1962 à 1967, il y revint en 1982 après avoir présidé le KGB de 1967 à 1982. Secrétaire général du parti (1982-1984), il assuma la présidence du Soviet suprême en 1983-84.

ANDROS ou **ÁNDHROS,** île grecque de la partie nord des Cyclades ; 10 500 hab. V. princ. *Andros* (1 800 hab.).

ANDROSACE n. m. (lat. *androsaces,* du gr. *androsakês,* acétabulaire). Petite plante des hautes montagnes, vivace, se développant en coussinets, voisine des primevères.

ANDROSPHINX n. m. Sphinx à tête d'homme.

ANDROSTANE n. m. (de *androsérone*). Hydrocarbure saturé tétracyclique, $C_{19}H_{32}$, dont le squelette carboné se retrouve dans de nombreux composés stéroïdes, notamment l'androstérone et la testostérone.

ANDROSTÉRONE n. f. (du gr. *anêr, andros,* homme, et de *stérol*). Stéroïde isolé de l'urine masculine et considéré comme un métabolite de la testostérone.

ANDROUET DU CERCEAU → DU CERCEAU.

Androussovo *(traité d')* [1667], traité signé entre la Pologne et la Russie, qui entérinait le partage de l'Ukraine entre la Pologne (r. dr. du Dniepr) et la Russie (r. g. du Dniepr).

ANDROY, région sèche de l'extrémité méridionale de Madagascar, dont les habitants, les *Antandroys,* pratiquent l'élevage.

ANDRZEJEWSKI (Jerzy), écrivain polonais (Varsovie 1909-*id.* 1983), l'un des initiateurs de la révolte des intellectuels (l'« Octobre polonais ») en 1956, pris entre les délires du nazisme et un communisme déshumanisé (*Cendres et Diamant,* 1948 ; *la Pulpe,* 1981).

ANDÚJAR, v. d'Espagne, en Andalousie, au N.-O. de Jaén, sur le Guadalquivir ; 36 000 hab. Vieux quartiers typiques. Production agricole (olives). Céramiques. Métallurgie.

ANDUZE (30140), ch.-l. de cant. du Gard, en bordure des Cévennes, à la sortie d'une cluse du Gardon d'Anduze ; 2 940 hab. *(Anduziens).* Ville ancienne et pittoresque. Poteries. Bambouseraie.

ÂNE n. m. (lat *asinus*). **1.** Mammifère équidé, assez voisin du cheval pour avoir avec lui un accouplement fécond et dont il existe deux espèces : *l'âne de Nubie,* surtout domestique, et l'*hémione,* sauvage et en voie de disparition. (→ *encycl.*)— **2.** *Âne (bâté),* personne ignorante, à l'esprit borné ; ignare, imbécile, cancre. ‖ *Bonnet d'âne, oreilles d'âne,* coiffure en papier, garnie de deux longues oreilles, qu'on mettait aux mauvais élèves, et qui est devenue symbole d'ignorance. ‖ *Coup de pied de l'âne,* dernier coup que porte un lâche quand l'adversaire n'est plus à craindre. ‖ *Faire l'âne pour avoir du son,* faire le niais pour obtenir ce qu'on désire. ‖ *Méchant comme un âne rouge,* très méchant. ‖ *Le pont aux ânes,* une chose qu'on n'a pas le droit d'ignorer ; une difficulté, un obstacle qui ne devrait arrêter personne.

ENCYCL. L'âne est pourvu de longues oreilles terminées par un pinceau de poils. Le pelage est généralement gris cendré, et les jambes rayées de bandes étroites. La robe est assez variable. La taille de l'âne diffère suivant les climats et les races ; en France, elle est grande, et en moyenne de 1,40 m. La longévité de l'âne est de trente à quarante ans. La durée de gestation est d'un an. Le croisement de l'âne avec la jument donne le *mulet ;* celui du cheval avec l'ânesse donne le *bardot.* Le bruit émis par l'âne est le *braiment.* L'âne accepte les nourritures végétales les plus diverses.

Âne *(fête de l')* → FOUS *(fête des).*

Âne d'or *(l')* → MÉTAMORPHOSES.

ANÉANTIR v. t. (de *néant*) [conj. 32]. **1.** Réduire qqch à rien, le détruire entièrement : *L'orage a anéanti la récolte.* – **2.** Écraser complètement un groupe, le réduire à néant : *Les blindés anéantirent le régiment.* – **3.** Écraser qqn de fatigue ou le jeter dans la consternation, le désespoir ; briser, abattre : *L'annonce de cette catastrophe l'avait anéanti.* ◆ **s'anéantir** v. pr., **être anéanti** v. pass. **1.** Disparaître, s'effondrer : *Nos espoirs se sont anéantis : l'opération a échoué.* – **2.** *Litt.* Se perdre dans qqch, s'y donner tout entier : *S'anéantir dans le travail.*

ANÉANTISSEMENT n. m. Action d'anéantir, fait de s'anéantir ; destruction, effondrement : *L'anéantissement de tous nos espoirs.*

ANECDOTE n. f. (gr. *anekdotos,* non publié). **1.** Fait de caractère marginal, relatif à une ou à des personnes, inédit ou peu connu, auquel on peut attacher une signification, mais qui reste accessoire par rapport à l'essentiel : *Récit historique qui se perd dans l'anecdote.* – **2.** Bref récit d'un fait curieux ou pittoresque, susceptible de divertir ; histoire.

ANECDOTIER, ÈRE n. *Litt.* Personne qui recueille ou raconte des anecdotes.

ANECDOTIQUE adj. Qui a le caractère de l'anecdote, qui ne touche pas à l'essentiel : *L'intérêt de cet ouvrage est anecdotique.*

ANECDOTISME n. m. Tendance à privilégier les anecdotes, à les mettre en valeur dans un texte, un récit.

ANÉCHO → ANÉHO.

ANÉCHOÏQUE [-kɔik] adj. Se dit d'un local dont les parois sont construites de manière à absorber totalement les ondes sonores qui les frappent.

ÂNÉE n. f. Charge d'un âne.

ANÉHO, anc. **Petit Popo,** puis **Anécho,** v. du Togo, à l'E. de Lomé ; 11 400 hab.

ANEIMUDI (mot tamoul signif. *tête d'éléphant*), montagne de l'Inde, point culminant du Deccan (2 687 m).

ANÉJACULATION n. f. Absence d'émission de sperme malgré des frictions prolongées au cours d'un acte sexuel.

ANÉJACULATOIRE adj. Relatif à l'anéjaculation.

ANÉLASTICITÉ n. f. Comportement d'un corps qui ne présente pas une élasticité parfaite, et caractérisé par le fait que le corps ne reprend pas, après sollicitation, la forme et les dimensions qu'il avait au préalable. (L'anélasticité a pour cause l'existence d'un frottement intérieur lié à des phénomènes physico-chimiques complexes.)

ANÉLASTIQUE adj. Qui possède la propriété d'anélasticité.

ANÉMIANT, E adj. Qui provoque une anémie.

ANÉMIE n. f. (gr. *anaimia,* manque de sang). **1.** État morbide caractérisé par une diminution de la quantité totale d'hémoglobine du sang. (Concentration sanguine de l'hémoglobine inférieure à 0,13 g/ml chez l'homme et à 0,12 g/ml chez la femme.) – **2.** Affaiblissement, dépression : *L'anémie de l'économie.*

ENCYCL. L'anémie s'observe dans de nombreux états pathologiques : hémorragie, hémolyse, déficit en fer, en vitamine B6, en vitamine B12, affections inflammatoires chroniques, affections malignes, thalassémie, saturnisme, etc. L'analyse de sang permet de définir différentes formes d'anémie et d'en déterminer la cause. On distingue : 1° selon le volume globulaire moyen (des hématies), des anémies *microcytaires, normocytaires, macrocytaires* et *mégalocytaires ;* 2° selon la concentration corpusculaire moyenne en hémoglobine (chromie), des anémie *hypochromes* ou *normochromes ;* 3° selon la concentration sérique du fer et de la sidérophiline, des anémies *hypo-, normo-* ou *hypersidérémiques* avec sidérophiline basse, normale ou augmentée. Plusieurs de ces facteurs peuvent être associés. Par ailleurs, on distingue : 1° selon l'aspect de la moelle osseuse, des formes *mégaloblastiques* ou *normoblastiques ;* 2° selon le nombre de réticulocytes du sang circulant, des anémies *arégénératives* ou *régénératives ;* 3° selon la localisation du facteur responsable de l'hémolyse, des anémies *hémolytiques corpusculaires* ou *extracorpusculaires.*

ANÉMIER v. t. (conj. **9**). **1.** Causer l'anémie de qqn : *Ce régime trop sévère l'a anémié.* – **2.** Affaiblir qqch : *L'insuffisance des exportations anémie l'économie.*

◆ **s'anémié** v. pr., **être anémié** v. pass. S'affaiblir, devenir anémique : *Un organisme anémié.*

ANÉMIQUE adj. **1.** Se dit de qqn qui souffre d'anémie. – **2.** Qui est affaibli, sans vigueur, sans force : *Une industrie anémique.* – **3.** *Syndrome anémique,* ensemble des symptômes cliniques d'une anémie (pâleur, asthénie, signes cardiovasculaires, manifestations neurologiques [lipothymies, vertiges, céphalées] et fièvre).

ANÉMOCHORE [-kɔr] adj. (du gr. *anemos,* vent, et *khôrein,* avancer). Se dit des espèces végétales dont la diaspore (fruit ou graine) est dispersée par le vent. (Les graines anémochores sont souvent pourvues de poils [coton, clématite, pissenlit] ou d'une aile [orme, érable, pin].)

ANÉMOMÈTRE n. m. Appareil servant à mesurer la vitesse d'écoulement d'un fluide gazeux, en partic. la vitesse du vent.

ANÉMOMÉTRIE n. f. Mesure de la vitesse d'écoulement des fluides gazeux, en partic. du vent.

ANÉMOMÉTRIQUE adj. Relatif à l'anémométrie.

ANÉMONE n. f. (lat. *anemone,* du gr. *anemonê,* de *anemos,* vent, car la fleur s'ouvre au vent). **1.** Herbe renonculacée des bois, à floraison très précoce, au périanthe formé d'un seul verticille, coloré. (La sylvie, la pulsatille et l'hépatique sont des anémones.) – **2.** *Anémone de mer,* syn. de ACTINIE.

ANÉMOPHILE adj. Se dit des espèces végétales dont le pollen est transporté par le vent (arbres, graminées).

ANÉMOPHILIE n. f. Mode de pollinisation des plantes anémophiles.

ANÉMOSCOPE n. m. Nom scientifique de la girouette.

ANENCÉPHALE n. Individu privé d'encéphale.

ANENCÉPHALIE n. f. Malformation caractérisée par l'absence d'encéphale et incompatible avec une survie au-delà de quelques heures.

ANÉPIGRAPHE adj. Se dit d'un monument ou d'une médaille dépourvus d'inscription, d'une monnaie qui n'a pas de légende.

ANÉRECTION n. f. Au cours d'un acte sexuel, absence ou fugacité de l'érection. (Ce trouble peut être primaire [sujet n'ayant jamais eu de vie sexuelle normale], réactionnel à un traumatisme affectif, ou encore s'inscrire dans un contexte d'atteinte neurologique ou vasculaire.)

ANERGATE n. m. (du gr. *ergatês,* actif). Fourmi parasite vivant dans les nids d'une autre fourmi, le *tetramorium.*

ANERGIE n. f. (d'après *allergie*). Perte de la capacité de réagir à un antigène à l'égard duquel l'organisme était antérieurement sensibilisé.

ANERGIQUE adj. Qui relève de l'anergie.

ANERGISANT, E adj. Qui provoque un état d'anergie.

ÂNERIE n. f. (de *âne*). Parole ou acte stupide d'un ignorant ou d'un sot.

ANERIO (Felice), compositeur italien (Rome 1560-*id.* 1614). Il succéda à Palestrina comme compositeur de la chapelle pontificale. Il écrivit des messes, des motets, des madrigaux religieux et profanes.

ANÉROÏDE adj. *Baromètre anéroïde,* baromètre fonctionnant par déformation élastique d'une capsule à parois minces où l'on a fait un vide partiel déterminé, munie d'un dispositif évitant l'écrasement par la pression atmosphérique et qui se déforme sous l'action de cette pression.

ÂNESSE n. f. Femelle de l'âne.

ANESTHÉSIANT, E adj. et n. m. Syn. de ANESTHÉSIQUE.

ANESTHÉSIE n. f. (angl. *anesthesia,* du gr. *anaisthêtos,* insensible). **1.** Privation plus ou moins complète de la sensibilité générale ou de celle d'une région du corps, produite par une maladie ou par un agent anesthésique. (L'anesthésie est dite *totale* lorsqu'elle affecte tous les types de sensibilité, ou *dissociée,* lorsqu'elle n'en intéresse que certains, à l'exclusion des autres.) – **2.** Action d'endormir qqn, un groupe, de les rendre amorphes : *L'anesthésie de l'opinion publique.* – **3.** *Anesthésie générale,* anesthésie provoquée qui agit sur l'ensemble du système nerveux quelle que soit la voie d'introduction et qui produit un sommeil profond ou narcose. (→ *encycl.*). ‖ *Anesthésie régionale,* anesthésie provoquée dans laquelle le produit anesthésique est porté directement au niveau du système nerveux à anesthésier. (Elle comprend les anesthésies locale, tronculaire, rachidienne et péridurale.)

ENCYCL. L'anesthésie générale est réalisée le plus souvent par inhalation. Différentes techniques d'administration des gaz anesthésiques sont employées (méthodes ouverte, semi-ouverte ou fermée). En vue de prévenir ou de combattre une éventuelle défaillance respiratoire, on utilise des appareils comprenant un double circuit anesthésique et ventilatoire qui permet d'assurer une ventilation artificielle. On distingue quatre stades : I, analgésie ; II, excitation ; III, anesthésie véritable, stade chirurgical au cours duquel se pratiquent les interventions ; IV, qui ne doit pas être atteint car ce serait le stade terminal d'arrêt respiratoire et cardiaque. L'anesthésie générale par voie intraveineuse est également couramment pratiquée. On a beaucoup plus rarement recours à la voie rectale.

— **Bot.** Le chloroforme « anesthésie » les plantes en bloquant la photosynthèse sans altérer la respiration, qui peut alors être mesurée.

ANESTHÉSIER v. t. (conj. 9). **1.** Endormir avec un anesthésique. — **2.** Endormir qqn, le rendre amorphe.

ANESTHÉSIOLOGIE n. f. Science de l'anesthésie proprement dite et des activités complémentaires (réanimation, notamment).

ANESTHÉSIOLOGISTE n. Spécialiste d'anesthésiologie. (Syn. ANESTHÉSISTE-RÉANIMATEUR.)

ANESTHÉSIQUE n. m. **1.** Substance qui produit l'anesthésie. (→ *encycl.*). — **2.** *Anesthésique général,* hypnotique, barbiturique ou non barbiturique, provoquant un sommeil total. ‖ *Anesthésique local,* substance qui, déposée au contact ou à proximité d'une fibre nerveuse, produit une anesthésie régionale. (La lignocaïne et la procaïne sont les substance les plus employées).

◆ adj. Qui se rapporte à l'anesthésie.

ENCYCL. Depuis le milieu du XIXe s. divers gaz anesthésiques ont été employés : protoxyde d'azote, éther, chloroforme, chlorure d'éthyle, cyclopropane. Les anesthésiques halogénés (méthoxyflurane) sont venus compléter les anesthésiques par inhalation. Dans les années 30, les anesthésiques intraveineux font leur apparition, d'abord anesthésiques barbituriques (le plus important étant le penthiobarbital) puis non barbituriques (telle l'alfaxalone).

ANESTHÉSISTE n. Médecin qui pratique l'anesthésie.

ANESTHÉSISTE-RÉANIMATEUR, TRICE, n. (pl. *anesthésistes-réanimateurs, -trices*). Syn. de ANESTHÉSIOLOGISTE.

ANET (28260), ch.-l. de cant. d'Eure-et-Loir, entre l'Eure et la forêt de Dreux ; 2 813 hab. *(Anétais).* Du château dessiné en 1548 par Ph. Delorme pour Diane de Poitiers, chef-d'œuvre de la Renaissance classique, subsistent le portail d'entrée, une aile (remaniée au XVIIe s.), la chapelle en croix grecque coiffée d'une coupole.

ANETH [anɛt] n. m. (lat. *anethum,* du gr. *anêthon,* fenouil). Ombellifère aromatique très voisine du fenouil et dont la graine fournit une essence d'usage pharmaceutique.

ANÉTHOL ou **ANÉTHOLE** n. m. Constituant prépondérant de l'essence d'anis utilisé en photographie, parfumerie, et pour fabriquer des liqueurs.

ANETO *(pic d'),* montagne des Pyrénées espagnoles (3 404 m), point culminant de la chaîne, dans le massif de la Maladeta. Première ascension par le comte Albert de Franqueville et Platon de Tshihatcheff, en 1842.

ANEUPLOÏDE adj. Se dit d'un noyau cellulaire, d'une population ou clone cellulaire, d'un organisme, d'une population d'individus, dont le lot chromosomique diffère du caryotype euploïde normal de l'espèce par la présence ou la perte d'un ou plusieurs chromosomes entiers. (La trisomie [2N+1], la monosomie [2N–1] sont des aneuploïdes.)

ANEUPLOÏDIE n. f. Caractère des cellules ou des individus aneuploïdes.

ANEURINE n. f. Syn. de VITAMINE B1.

ANÉVRYSMAL, E, AUX ou **ANÉVRISMAL, E, AUX** adj. Relatif à l'anévrysme.

ANÉVRYSME ou **ANÉVRISME** n. m. (gr. *aneurusma,* dilatation). **1.** Poche formée par les parois altérées d'une artère. — **2.** *Anévrysme artério-veineux cérébral,* autre nom de l'angiome cérébral.

ENCYCL. La cause de l'*anévrysme artériel* est généralement l'artériosclérose ou athérome. Ses localisations les plus fréquentes sont l'aorte abdominale, ou thoracique. Les anévrysmes d'origine syphilitique de l'aorte thoracique sont devenus rares. L'*anévrysme artério-veineux* est une communication directe entre une artère et une veine, d'origine traumatique ou congénitale *(anévrysme cirsoïde).* L'*anévrysme du cœur* est une complication assez fréquente des infarctus du myocarde.

Anfa *(conférence de)* [13-24 janv. 1943]. Elle réunit dans la banlieue de Casablanca Roosevelt et Churchill pour préparer le débarquement en Sicile.

ANFINSEN (Christian Boehmer), biochimiste américain (Monessen, Pennsylvanie, 1916 - Pikesville, Maryland, 1995). Il a établi la structure dans l'espace de la ribonucléase, enzyme qui détruit les molécules d'acide ribonucléique. (Prix Nobel de chimie 1972.)

AN-FO, abrév. de AMMONIUM NITRATE-FUEL-OIL. (→ NITRATE-FUEL.)

ANFOSSI (Pasquale), compositeur italien (Taggia, Naples, 1727-Rome 1797). Élève de Piccinni, il a écrit plus de 70 opéras *(La finta giardiniera, Didone abbandonata).*

ANFRACTUOSITÉ n. f. (bas lat. *anfractuosus,* tortueux). Cavité profonde et irrégulière : *Les anfractuosités d'un rocher.*

ANGARA, riv. de Sibérie orientale émissaire du lac Baïkal et affl. de l'Ienisseï (r. dr.) ; 1 826 km ; son cours inférieur était autrefois appelé Toungouska Supérieure. Par l'importance de son débit

(1 700 m³/s à Irkoutsk, 2 900 m³/s à Bratsk), l'Angara équipée fournit un apport hydroélectrique considérable (centrales d'Irkoutsk, Bratsk, Oust-Ilimsk, Bogoutchany), alimentant notamment les industries du bois et l'électrométallurgie (aluminium).

ANGARIE n. f. (gr. *aggareia,* contrainte). Obligation imposée par un État aux bâtiments étrangers de naviguer dans l'intérêt de cet État. (Elle est exercée, en temps de guerre, par un des belligérants sur un navire neutre, et donne droit à une indemnité.)

ANGARIER v. t. (de *angarie*) [conj. 9]. Retarder un bâtiment en lui imposant une angarie.

ANGARSK, v. de Russie, sur l'Angara ; 266 000 hab. Raffinage du pétrole et industries chimiques.

ANG DUONG († 1860), roi du Cambodge de 1845 à 1860. Il réorganisa le Cambodge, et cherche en 1853 et 1856 à lier des relations amicales avec la France.

1. ANGE n. m. (lat. ecclés. *angelus,* du gr. ecclés. *aggelos,* messager de Dieu). **1.** Être céleste intermédiaire entre Dieu et l'homme. (→ *encycl.*) – **2.** Personne qui semble douée de toutes les perfections. – **3.** Personne qui possède au plus haut degré une qualité physique ou morale : *C'est un ange de beauté, de douceur.* – **4.** Terme d'affection : *Mon ange. Mon petit ange.* – **5.** *Ange gardien,* dans la religion catholique, ange attaché à la personne de chaque chrétien pour le protéger ; *fam.* et *ironiq.,* policier, gendarme, etc., qui garde un prisonnier ; garde du corps d'un personnage officiel ; toute personne qui exerce sur une autre une surveillance vigilante. ‖ *Comme un ange,* exprime le haut degré d'une qualité chez qqn ou la perfection dans l'exécution d'une action. ‖ *Discuter sur le sexe des anges,* s'occuper de questions futiles alors que des problèmes importants attendent une solution. ‖ *Être aux anges,* être au comble de la joie. ‖ *Être le bon ange, le mauvais ange de qqn,* le protéger, le guider dans la voie du bien, ou, au contraire, lui donner de mauvais conseils, l'inciter à mal faire. ‖ Fam. *Faiseuse d'anges,* avorteuse. ‖ *Patience d'ange,* patience exemplaire. ‖ *Rire aux anges,* en parlant d'un bébé, sourire pendant son sommeil ; en parlant d'un adulte, rire béatement, sans raison. ‖ *Un ange passe,* se dit quand, en société, un silence un peu long se produit dans la conversation. • **Chorégr.** *Saut de l'ange,* temps sauté, presque exclusivement masculin, pendant lequel le corps et les jambes sont arqués vers l'arrière. – **Mobil.** *Lit à l'ange,* lit comportant un ciel en porte à faux qui surplombe la moitié de la couche seulement (XVIIᵉ-XVIIIᵉ s.). – **Relig.** *Ange exterminateur* ou *ange de la mort,* ange qui frappa de mort tous les premiers-nés d'Égypte, lors du départ des Hébreux pour la Terre promise, selon le livre de l'Exode (XII, 33). ‖ *L'ange déchu, l'ange des ténèbres,* le diable. – **Sports.** *Saut de l'ange,* plongeon ou saut dans lequel le plongeur s'élance droit devant soi les bras écartés.

ENCYCL. **Relig.** Dans la Bible, les anges sont les messagers de Dieu auprès des humains. C'est probablement sous l'influence zoroastrienne que les anges furent conçus comme des êtres immatériels. Pour la théologie chrétienne, les anges sont des substances incorporelles, intelligentes, supérieures à l'âme de l'homme. On les partage en trois hiérarchies, distribuées chacune en trois chœurs. La première hiérarchie comprend les séraphins, les chérubins et les trônes ; la deuxième, les dominations, les vertus et les puissances ; la troisième, les principautés, les archanges et les anges. Ce dernier nom est employé aussi pour désigner tous ces esprits en général.

2. ANGE n. m. (de *ange 1*). Requin squaliforme dont le corps déprimé ressemble à celui d'une raie par de nombreux caractères. (L'espèce la plus commune atteint 2 m de long, vit presque enfouie dans le sable et se nourrit de divers animaux marins ; les anges sont vivipares.)

Ange bleu *(l'),* film allemand de Josef von Sternberg (1930). Tiré du roman de Heinrich Mann *Professeur Unrat* (1905), ce film fit de Marlene Dietrich un mythe cinématographique.

ange vient à Babylone *(Un),* pièce de Friedrich Dürrenmatt (1953) : l'impossibilité pour une époque de vice de reconnaître la vertu.

ANGE, dynastie byzantine qui régna de 1185 à 1204 et qui succéda à celle des Comnènes. Elle donna trois empereurs : ISAAC II* (1185-1195 et 1203-04) ; ALEXIS III*, frère du précédent (1195-1203) ; ALEXIS IV* (1203-04), coempereur avec son père Isaac II. Le règne des Anges vit l'effondrement de la puissance byzantine.

ANGÉIOGRAPHIE, ANGÉIOLOGIE → ANGIOGRAPHIE, ANGIOLOGIE.

ANGÉITE n. f. Toute affection générale à systématisation vasculaire (ex. thrombo-angéite oblitérante). [Syn. VASCULARITE.]

ANGÈLE de Foligno *(bienheureuse),* mystique italienne (Foligno 1248-*id.* 1309). Elle se rendit célèbre par ses visions, dont elle fit le récit dans *l'Arbre de la vie crucifiée de Jésus.*

ANGÈLE MERICI *(sainte),* franciscaine italienne (Desenzano del Garda 1474-Brescia 1540). Elle fonda à Brescia l'ordre des Ursulines (1535). Canonisée en 1807.

ANGELES, v. des Philippines, dans l'île de Luçon, au N.-O. de Manille ; 236 000 hab.

ANGELICO (Guidolino DI PIETRO, en religion **Fra Giovanni da Fiesole,** dit **Fra** ou **Beato**), peintre italien (dans le Mugello v. 1400-Rome 1455), béatifié en 1982. Dominicain au couvent de Fiesole (dont il deviendra le prieur en 1449), il peint pour celui-ci, avant 1435, le magistral tableau d'autel du *Couronnement de la Vierge* (Louvre). De 1437 à 1445, il dirige la décoration à fresque du nouveau couvent de S. Marco, à Florence (où une grande partie de son œuvre est auj. réunie), et exécute pour son maître-autel le retable de *la Vierge à l'Enfant avec des saints* (1438-1440), première conversation sacrée, à l'espace unifié, de la peinture de la Renaissance. Il travaille ensuite à Orvieto (1447) et à Rome (notamm. fresques de la chapelle de Nicolas V au Vatican, v. 1448). Formé au style gothique courtois, Fra Angelico n'ignore pas la leçon naturaliste de Masaccio, mais il choisit en priorité l'évocation d'un espace spirituel où prime soit l'intensité lumineuse du coloris (retables), soit un dépouillement propre à la méditation (fresques du couvent S. Marco). Son influence s'est exercée non seulement sur ses élèves et collaborateurs, tel Gozzoli, mais aussi sur Pesellino, Filippo Lippi, Domenico Veneziano, Piero della Francesca, etc. Son rôle n'a pas été moindre en iconographie et pour la transmission du message de l'Église. Il est le saint patron de tous les artistes, et spécialement des peintres.

1. ANGÉLIQUE adj. (lat. ecclés. *angelicus,* du gr. *aggelikos*). **1.** Relatif aux anges : *Les chœurs angéliques.* — **2.** Qui a les qualités qu'on attribue aux anges : *Elle a une patience angélique.* — **3.** *Le Docteur angélique*, saint Thomas d'Aquin. ‖ *École angélique*, l'école thomiste. ‖ *Salutation angélique*, paroles que l'ange Gabriel adressa à la Sainte Vierge, quand il vint lui annoncer qu'elle serait la mère du Sauveur ; prière qui commence par ces paroles : *Ave Maria...*

2. ANGÉLIQUE n. f. (de *angélique 1,* à cause de ses vertus médicinales). **1.** Grande ombellifère aromatique (jusqu'à 3 m de haut) dont on utilise la tige et le pétiole en pâtisserie et confiserie, les graines en liquorerie, le rhizome dans la fabrication de la chartreuse et en pharmacie. — **2.** Liqueur obtenue par macération, dans de l'eau-de-vie, de tiges d'angélique et d'amandes amères. — **3.** Tige d'angélique confite dans le sucre.

3. ANGÉLIQUE n. m. (de *angélique 1,* en raison des qualités de ce bois). Bois de Guyane, utilisé pour de grosses pièces (ponts, navires, cuverie) et dans l'habitation (charpente, escaliers, parquets).

ANGÉLIQUE *(Mère)* ⟶ ARNAULD.

Angélique, nom de deux héroïnes de la poésie épique italienne : celle du *Roland amoureux* de Boiardo, celle du *Roland furieux* de l'Arioste.

ANGÉLIQUEMENT adv. D'une manière angélique.

ANGÉLISME n. m. Désir de pureté extrême et refus d'admettre certaines réalités charnelles, sociales, matérielles.

ANGELL (*sir* Norman), publiciste britannique (Holbeach, Lincolnshire, 1874-Croydon 1967). Auteur de la *Grande Illusion,* partisan convaincu de la S. D. N., il reçut le prix Nobel de la paix en 1933.

ANGÉLOLOGIE n. f. Étude relative aux anges ; traité sur ce sujet.

ANGELOPOULOS (Theodhoros), cinéaste grec (Athènes 1936). Il tourna son premier long métrage en 1970 *(la Reconstitution).* Évoquant souvent l'histoire politique de son pays, il est le chef de file du cinéma grec contemporain (*Jours de 36,* 1972 ; *Alexandre le Grand,* 1980 ; *l'Apiculteur,* 1986 ; *Paysage dans le brouillard,* 1988 ; *le Pas suspendu de la cigogne,* 1991; *le Regard d'Ulysse,* 1995).

ANGELOT n. m. (anc. fr. *angele,* ange). Petit ange.

ANGÉLUS [-lys] n. m. (lat. *angelus,* ange, mot initial de cette prière). **1.** Prière chrétienne en l'honneur du mystère de l'Incarnation. — **2.** Sonnerie de cloches qui se fait entendre le matin, à midi et le soir, pour indiquer aux fidèles l'heure de cette prière.

Angélus *(l'),* tableau de J.-F. Millet (55×66 cm, 1857). Une cascade d'achats et de ventes spéculatives a précédé son entrée au Louvre, en 1909, avec le legs Chauchard (auj. musée d'Orsay).

ANGELUS SILESIUS (Johann SCHEFFLER, dit), poète et controversiste allemand (Breslau 1624-*id.* 1677). Il écrivit des poésies mystiques remarquables.

ANGENNE ou **ANGEMME** n. f. En héraldique, fleur de fantaisie à cinq arrondis, et dont le centre laisse apercevoir le champ.

ANGENNES (Julie D') ⟶ MONTAUSIER (Julie d'Angennes, *duchesse* DE).

ÅNGERMAN, fl. de la Suède du Nord, tributaire du golfe de Botnie ; 450 km. Flottage du bois et aménagements hydroélectriques.

ANGERS, ch.-l. du dép. de Maine-et-Loire, anc. cap. de l'Anjou, à 296 km au S.-O. de Paris ; 146 163 hab. *(Angevins).*
— **Géogr.** Sur la Maine, dans une situation de carrefour naturel (valorisée par le rail et surtout la route), au contact du Massif armoricain (Segréen et Mauges) et des pays de Loire (Baugeois et val d'Anjou), Angers est un centre de services

(cour d'appel, évêché, foires, marché d'intérêt national), culturel (université d'État et facultés catholiques ; siège du centre national de danse contemporaine) et aussi industriel (fonderie, liqueurs, électronique, projecteurs, aéronautique), élément principal d'une agglomération d'environ 200 000 hab.

— **Hist.** Angers devint, grâce aux Plantagenêts, la capitale d'un grand État féodal. (→ ANJOU.) Au XVIIe s. et au XVIIIe s., profitant du trafic fluvial, des industries s'y créèrent (textiles, corderies, raffineries) et, aux XIXe et XXe s., de nouvelles voies de communication accrurent encore l'importance de la ville.

— **Bx-arts.** Église romane St-Martin. Anc. abbaye St-Aubin (tour du XIIe s., bâtiments du XVIIe). Édifices gothiques à voûtes bombées dites « angevines » (XIIe-XIIIe s.) : cathédrale St-Maurice, à nef unique (portail sculpté, vitraux, trésor), églises de la Trinité et St-Serge, grande salle de l'anc. hôpital St-Jean. Château, forteresse aux 17 grosses tours reconstruite par Saint Louis. Musée des Beaux-Arts dans le logis Barrault, de la fin du XVe s. ; galerie David d'Angers dans une anc. église ; musée Turpin de Crissé dans le logis Pincé, de la Renaissance. Le château abrite un musée de la Tapisserie (célèbre tenture de l'*Apocalypse**), tandis que *le Chant du monde* de Lurçat est exposé à l'hôpital St-Jean.

ANGEVIN, E adj. et n. **1.** D'Angers ou d'Anjou. — **2.** *Voûte angevine,* voûte sur croisée d'ogives bombée, propre à l'art gothique de l'Anjou.

ANGIECTASIE n. f. Toute dilatation des vaisseaux.

ANGILBERT, abbé de Saint-Riquier (v. 745-814), conseiller de Charlemagne, il eut de Berthe, fille de l'empereur, deux enfants dont Nithard.

ANGINE n. f. (lat. *angina*). **1.** Inflammation des membranes muqueuses de l'isthme du gosier et du pharynx. — **2.** *Angine de poitrine,* syndrome douloureux de la région précordiale, traduisant l'ischémie du myocarde due à une insuffisance de débit des artères coronaires. (Syn. ANGOR PECTORIS.)

ENCYCL. Les angines banales sont d'origine infectieuse, virale (angines rouges) ou bactérienne (généralement angines blanches). Certaines angines, telles que l'angine diphtérique et l'angine de Vincent (association fusospirillaire), sont dues à des germes spécifiques. Les angines précèdent ou accompagnent parfois des maladies générales, infectieuses (typhoïde) ou malignes (leucémies).

L'*angine de poitrine* se manifeste par une douleur rétrosternale irradiant typiquement vers le bras gauche, survenant à l'effort, imposant l'arrêt de l'effort et cédant au repos. La survenue de ce symptôme nécessite la pratique d'un électrocardiogramme.

ANGINEUX, EUSE adj. et n. Relatif à l'angine, à l'angine de poitrine ; atteint par ces maladies.

ANGIOCARDIOGRAMME n. m. Image cardiologique, série de clichés obtenus par angiocardiographie.

ANGIOCARDIOGRAPHIE n. f. Examen radiographique des cavités cardiaques et des gros vaisseaux de la base du cœur, après injection d'un produit opaque aux rayons X.

ANGIOCARPE adj. et n. m. Se dit des champignons tels que la vesse-de-loup, dont les spores restent encloses dans un sac jusqu'à maturité. (S'oppose à HÉMIANGIOCARPE et à GYMNOCARPE.)

ANGIOCHOLÉCYSTITE n. f. Inflammation de la vésicule et des voies biliaires.

ANGIOCHOLITE n. f. Inflammation des voies biliaires intra-ou extrahépatiques.

ANGIO-ENDOTHÉLIOME n. m. (pl. *angio-endothéliomes*). Syn. de HÉMANGIO-ENDOTHÉLIOME MALIN.

ANGIOGRAPHIE ou **ANGÉIOGRAPHIE** n. f. **1.** Radiographie des vaisseaux après introduction dans leur lumière de produits de contraste opaques aux rayons X. — **2.** *Angiographie oculaire en fluorescence,* individualisation des divers territoires vasculaires de l'œil grâce à une substance de contraste fluorescente.

ANGIOKÉRATOME n. m. Lésion cutanée caractérisée par l'association d'une prolifération vasculaire et d'un processus d'hyperkératose.

ANGIOLEUCOLOGIE n. f. Partie de l'anatomie qui étudie les vaisseaux lymphatiques.

ANGIOLIERI (Cecco), poète italien (Sienne v. 1260-v. 1312), dont l'œuvre caricatura jusqu'à l'obscénité les motifs courtois du *dolce stil nuovo.*

ANGIOLINI (Gasparo), maître de ballet et compositeur italien (Florence 1731-Milan 1803). Disciple d'Hilferding, il lui succéda comme maître de ballet à Vienne (1759) et à Saint-Pétersbourg (1766). À Vienne, il collabora avec Gluck : *Don Juan ou le Festin de pierre* (1761 ; livr. et chorégr.), ballet qui stigmatisait la danse académique et faisait prévaloir musique et pantomime sur la danse pure. Face à Noverre, qu'il rencontra à Milan (1774), il revendiqua pour Hilferding et lui-même la paternité du ballet d'action.

ANGIOLOGIE ou **ANGÉIOLOGIE** n. f. Partie de l'anatomie qui étudie les organes de la circulation.

ANGIOMATOSE n. f. **1.** Maladie caractérisée par la formation d'angiomes multiples à la surface des téguments ou dans la profondeur des organes. — 2. *Angiomatose hémorragique familiale de Rendu-Osler,* maladie héréditaire transmise suivant le mode dominant autosomique. (Elle se manifeste par des hémorragies souvent graves dues à des télangiectasies et des angiomes de la peau et des muqueuses, coexistant parfois avec des angiomes viscéraux et des anévrysmes artério-veineux.) ‖ *Angiomatose neuro-cutanée,* ensemble d'affections caractérisées par l'existence d'angiomes affectant le système nerveux et la peau, tous deux dérivés de l'ectoderme.

ANGIOME n. m. 1. Tumeur bénigne conjonctive développée aux dépens des structures vasculaires. (Il existe des *hémangiomes* [tumeurs bénignes des vaisseaux sanguins] et des *lymphangiomes* [tumeurs bénignes des vaisseaux lymphatiques].) [→ *encycl.*] — 2. *Angiome cérébral,* malformation vasculaire caractérisée par l'existence de communications artério-veineuses anormales siégeant dans le cortex cérébral, les noyaux gris de la base, le tronc cérébral et le cervelet, ou encore les méninges et les plexus choroïdes. (Ces malformations, à évolution lente, sont à l'origine d'hémorragies cérébro-méningées ou d'un retentissement sur le tissu cérébral.) [Syn. ANÉVRYSME ARTÉRIO-VEINEUX CÉRÉBRAL.]

ENCYCL. On distingue essentiellement les *angiomes tubéreux* (en relief) qui se traitent facilement et les *angiomes plans* (communément appelés « taches de vin ») dont le traitement, à l'exception parfois du laser, est généralement décevant, les *angiomes stellaires,* constitués par un point rouge d'où partent des ramifications en étoile, et les *taches rubis,* petits angiomes saillants de la taille d'une tête d'épingle, qui sont très fréquents.

ANGIONEUROSE n. f. *Angioneurose cutanée,* syn. de ŒDÈME* DE QUINCKE.

ANGIONEUROTIQUE adj. *Œdème angioneurotique,* syn. de ŒDÈME* DE QUINCKE.

ANGIOPATHIE n. f. Toute maladie des vaisseaux.

ANGIORRAPHIE n. f. Intervention consistant à pratiquer une suture vasculaire ou bien à anastomoser deux vaisseaux entre eux.

ANGIOSARCOME n. m. Tumeur maligne conjonctive développée aux dépens des structures vasculaires.

ANGIOSCINTIGRAPHIE n. f. Exploration des vaisseaux par injection d'une molécule marquée par un isotope radioactif (le plus souvent le technétium 99 m).

ANGIOSCOPE n. m. Loupe binoculaire à éclairage direct, permettant l'observation des vaisseaux capillaires in vivo et sans prélèvement.

ANGIOSPASME n. m. Contraction de la musculature lisse de la paroi d'un vaisseau, principalement artériel, entraînant une diminution du flux sanguin ou son interruption.

ANGIOSPERME n. f. Plante à graines dont l'ovule, fécondé par l'intermédiaire d'un tube pollinique, se transforme en un fruit clos. (Les *angiospermes* portent généralement des fleurs typiques. Elles forment un sous-embranchement, s'opposant aux *gymnospermes.*)

ENCYCL. Les angiospermes comprennent la plupart des plantes de grande dimension et bon nombre de petites espèces de la flore terrestre actuelle. Ces plantes sont les seules chez lesquelles la fécondation soit « double », l'un des deux spermatozoïdes du tube pollinique fécondant l'oosphère pour donner l'embryon, l'autre fécondant un noyau secondaire en donnant un albumen qui nourrira l'embryon. Ce sont aussi les seules plantes à posséder souvent un périanthe avec ses deux enveloppes : calice vert et corolle aux pétales colorés. Contrairement à celle des gymnospermes, la fleur des angiospermes est souvent bisexuée, portant étamines et pistil. Annuelles ou vivaces, arborescentes ou herbacées, les angiospermes ont toujours des vaisseaux « parfaits » (non cloisonnés) pour la circulation de la sève brute. On divise les angiospermes en deux classes profondément différentes : les *dicotylédones* (haricot, pavot, marguerite, sauge, chêne), extrêmement nombreuses, et les *monocotylédones* (graminées, palmiers, orchidées).

ANGIOSTRONGYLOSE n. f. Maladie parasitaire localisée dans le Pacifique et en Asie, due aux larves d'un nématode, l'*Angiostrongylus cantonensis,* et qui se traduit notamment par une « méningite à éosinophiles » d'évolution le plus souvent bénigne.

ANGIOTENSINE n. f. Hormone octapeptidique à grand pouvoir vasoconstricteur. (Syn. HYPERTENSINE.)

ENCYCL. L'angiotensine est formée dans le plasma à partir de la rénine. Il se constitue d'abord une angiotensine I inactive puis une angiotensine II qui a un rôle essentiel dans l'hypertension artérielle.

Certaines molécules (captopril, énalapril) inhibent l'enzyme de conversion (transformation) de l'angiotensine ou E.C.A. et empêchent ainsi la formation d'angiotensine II. Elles sont employées pour traiter l'hypertension artérielle.

ANGIVILLER (Charles Claude DE LA BILLARDERIE, *comte* D'), administrateur français (Saint-Rémy-sur-l'Eau, Beauvaisis, 1730 - Altona, Holstein, 1809). Directeur des bâtiments et jardins de Louis XVI (1774), il protégea artistes, savants et écrivains.

Angkar (mot khmer signif. *l'Organisation*), organisation qui constitua le fer de lance de la révolution cambodgienne entreprise sous le régime des Khmers rouges (1975-1978). Elle fit régner la terreur.

ANGKOR, site archéologique du Cambodge, au N. de Siem Reap. Capitale presque sans interruption depuis sa fondation par Yaśovarman Ier (889 - v. 900) jusqu'à 1431 (sujétion au royaume d'Ayuthia), elle comprend plus de 80 monuments élevés du VIIe au XIIIe s. Les temples royaux dits *temples-montagnes,* l'importance des aménagements hydrauliques (sacrés plus qu'utilitaires) et une volonté de géométrie font l'unité de l'ensemble centré une première fois sur le Phnom Bakheng (temple-montagne au symbolisme complexe), puis sur l'énorme temple-montagne du Bayon pour Angkor Thom, la capitale édifiée par Jayavarman VII (1181-v. 1218) au N. du Phnom Bakheng. Derrière de hautes murailles percées de cinq portes, celle-ci, à l'ombre du Bayon, abrite sanctuaires et terrasses (palais royal), et avec ses nombreux temples extra-muros (Tà Prohm, 1186, Preah Khan, 1191, etc.), elle est l'évocation d'une véritable cité des dieux de la cosmologie bouddhique.

ANGKORIEN, ENNE adj. D'Angkor.

Angkor Vat, temple khmer consacré à Viṣṇu, édifié au S. d'Angkor Thom par Sūryavarman II (1113-apr. 1144) et qui est considéré comme son mausolée. Des galeries pourtournantes – ornées de bas-reliefs illustrant l'épopée du dieu – relient les cinq tours disposées en quinconce. L'ensemble est bordé d'un large bassin et entouré de cinq enceintes. Vers le XVe s., il devint un sanctuaire bouddhique.

ANGLAIS, E adj. et n. (de *Angles,* n. pr.). **1.** D'Angleterre. – **2.** De Grande-Bretagne. – **3.** *Col anglais,* col maintenu sous la cravate par une patte en même tissu. ‖ *Crème anglaise,* crème cuite qui consiste en un mélange de jaunes d'œufs et de sucre, additionné de lait parfumé. ‖ *Point anglais,* unité de mesure égale à 1/3 de pouce (inch) ou 8,466 mm. ‖ *Pur-sang anglais,* race de chevaux de course, qui, depuis l'arrêté du 23 juillet 1976, est dénommée *pur-sang.*

◆ **anglais** n. m. Langue indo-européenne du groupe germanique, parlée principalement en Grande-Bretagne et en Amérique du Nord.

◆ **anglaise** n. f. **1.** Écriture cursive, penchée sur la droite. – **2.** Variété de cerise acidulée. – **3.** Broderie, autrefois uni quement blanche, au point de cordonnet, exécutée sur le tracé d'un œillet ou d'une amande dont le centre a été préalablement fendu. – **4.** Danse populaire anglaise à 2/4 du XIXe s. (C'est un solo masculin, composé de pas vifs, le danseur serrant une baguette sous son bras droit.) – **5.** Longue boucle de cheveux roulée en spirale. (À la mode au XIXe s.) – **6.** Mélange d'huile et d'œuf assaisonné qui, employé avec de la farine ou de la chapelure, sert à paner les aliments. – **7.** Caractère typographique inspiré des maîtres d'écriture anglais. – **8.** Gros galon de fil ou de soie dont on garnit les étoffes pour meubles. – **9.** *À l'anglaise,* se dit d'un aliment cuit à l'eau ou à la vapeur. ‖ *Escalier, limon à l'anglaise,* syn. de ESCALIER, LIMON À CRÉMAILLÈRE. ‖ *Fermeture à l'anglaise,* rideau en acier ondulé s'enroulant sur une bobine et guidé par deux coulisses. ‖ *S'en aller, filer à l'anglaise,* sans que personne s'en aperçoive, en douce.

ENCYCL. L'anglais est, après le chinois, la langue la plus répandue dans le monde : 350 millions de locuteurs la parlent (dont 220 millions en Amérique et 60 millions en Grande-Bretagne). De plus, c'est la première langue utilisée pour les échanges commerciaux et la diffusion de l'information technique et scientifique. Son aire d'extension est constituée de l'ensemble des îles Britanniques, de certains pays du Commonwealth (Australie, Nouvelle-Zélande), du Canada et des États-Unis (américain).

L'anglais appartient au groupe occidental des langues germaniques. Venant d'Allemagne du Nord et du Jylland, les Angles, les Saxons et les Jutes, qui parlaient des dialectes appartenant au germanique occidental, envahirent aux Ve et VIe s. la Britannia. L'anglo-saxon ou vieil anglais supplante ainsi le parler romano-celtique antérieur et devient la langue littéraire de l'Angleterre du IXe s. Cette langue subit également l'influence scandinave, particulièrement dans le vocabulaire militaire et juridique (invasions vikings). La conquête normande (1066) impose le français comme langue officielle. Les structures grammaticales de la langue indigène n'en seront pas affectées, mais il marquera profondément son vocabulaire dans le domaine de la politique, de l'habillement, de la vie artistique et religieuse. Au XIVe s., le dialecte de la région de Londres s'impose comme langue commune et littéraire dans l'île et en Irlande. Le poète Geoffrey Chaucer fixe la langue et la grammaire anglaises.

L'anglais s'isole de toutes les autres langues européennes par sa phonétique. Presque toutes les voyelles ont un timbre mixte (*a* prononcé [ej] ; *i* et *y* [aj] ; *o* [əu] ; *u* [ju]). En position non accentuée, elles sont fréquemment neutralisées en son atone [ə] (ex. *particularly* [ə'tkjuləli]). Le système est enfin caractérisé par la présence d'un accent tonique libre : *ímport* (importation) et *impórt* (importer).

L'anglais a trois genres (masculin, féminin et neutre). Les verbes n'ont que trois désinences : *-s* pour la 3e personne du singulier du présent de l'ind., *-ed* pour le prétérit et le participe passé, *-ing* pour le participe présent. À côté des verbes réguliers, on compte une série d'environ 200 verbes irréguliers et quelques auxiliaires modaux *(can, may, must).*

ANGLAISAGE n. m. Action d'anglaiser.

ANGLAISER v. t. (de *anglais*) [conj. **4**]. Sectionner les muscles abaisseurs de la queue d'un cheval, afin de lui donner un port relevé. (Syn. NIQUETER.)

ANGLE n. m. (lat. *angulus*). **1.** Intersection de deux lignes droites ou de deux surfaces planes ; coin : *L'immeuble se trouve à l'angle des deux rues.* – **2.** Partie d'un lieu, d'une surface, d'un objet comprise entre deux limites, lignes ou surfaces, qui se coupent ; encoignure : *Les angles d'une table.* – **3.** Partie visible d'un espace, d'un objet, etc., considérée par rapport à la position de celui qui les regarde : *Prendre une photo sous le bon angle.* – **4.** *Angle mort,* partie de la route dont l'observation, dans le rétroviseur, est inaccessible au conducteur. ‖ *Arrondir* ou *adoucir les angles,* supprimer ou réduire les difficultés, les dissensions. ‖ *Faire l'angle avec un lieu, faire l'angle d'un lieu,* être situé à l'intersection de deux voies. ‖ *Faire un angle,* changer de direction, faire un coude. ‖ *Sous cet angle, sous un certain angle, sous l'angle de,* de ce point de vue. • **Aéron.** *Angle de vol,* angle que forment l'axe longitudinal d'un avion et l'axe de sa trajectoire. – **Aéron.** et **Mar.** *Angle de route,* angle que forme la route suivie par un avion ou un navire avec la direction du nord. – **Anat.** *Angle optique,* angle formé par les axes des deux yeux lorsqu'ils sont dirigés simultanément vers un même point. ‖ *Angle visuel,* angle formé au centre optique de l'œil par les rayons partis des extrémités de l'objet considéré. (Cet angle sert à mesurer l'acuité visuelle.) – **Balist.** *Angle mort,* zone du terrain dans laquelle le tir ou l'observation sont rendus impossibles par un écran naturel ou artificiel. ‖ *Angle de transport,* écart en direction entre l'objectif et un point de pointage. – **Fortif.** Saillant ou rentrant du tracé de la ligne de défense. ‖ *Angle de défense,* angle formé par le flanc d'un bastion et le prolongement de la face du bastion voisin. ‖ *Angle de flanc* ou *de courtine,* angle formé par le flanc d'un bastion et la courtine. ‖ *Angle mort,* angle extérieur formé par les prolongements des deux faces d'un bastion. – **Géom.** Dénomination ancienne pour les notions actuelles de « secteur angulaire » ou de « mesure d'un secteur angulaire ». ‖ *Angle de couple de demi-droites,* classe d'équivalence définie à l'aide des isométries directes du plan vectoriel, sur l'ensemble des couples de ses demi-droites vectorielles. (→ *encycl.*) ‖ *Angle de couple de vecteurs,* angle de couple des demi-droites vectorielles qu'ils engendrent. ‖ *Angle de paire de demi-droites,* classe d'équivalence définie à l'aide des isométries d'un espace vectoriel de dimension finie quelconque sur l'ensemble des paires de demi-droites vectorielles qu'il contient. (→ *encycl.*) ‖ *Angle de paire d'une demi-droite* d *et d'un plan* P, plus petit angle de paire de demi-droites *d* et *d'*, où *d'* est une demi-droite incluse dans P. ‖ *Angle de paire d'une droite* D *et d'un plan* P, plus petit angle de paire de demi-droites *d*, incluse dans D, et *d'*, incluse dans P. ‖ *Angle de paire de deux plans,* plus petit angle de paire de deux demi-droites orthogonales à chacun d'eux. ‖ *Angle de paire de vecteurs,* angle de paires demi-droites vectorielles qu'ils engendrent respectivement.

ENCYCL. **Géom.** • *Angle de couple de demi-droites.* Deux couples (d, d') et (d_1, d'_1) *sont en relation s'il existe une même isométrie directe f* du plan, telle que $f(d)=d'$ et $f(d_1)=d'_1$. Cette isométrie unique est une rotation du plan. C'est une relation d'équivalence dont les classes d'équivalence sont les « angles de couple de demi-droites ». Celui de (d, d') est noté $(\widehat{d, d'})$. Chaque angle de couple de demi-droites est invariant dans une rotation plane, et il existe une bijection canonique de l'ensemble $\mathcal{R}$ des rotations planes sur l'ensemble $\mathcal{A}$ des angles de couple de demi-droites, sur lequel on peut transporter la structure de groupe commutatif de $(\mathcal{R}, \circ)$.

• *Angle de paire de demi-droites.* Deux paires $\{d, d'\}$ et $\{d_1, d'_1\}$ sont en relation s'il existe une même isométrie *f* telle que $f(d)=d'$ et $f(d_1)=d'_1$. C'est une relation d'équivalence dont les classes d'équivalence sont les « angles de paire de demidroites ». Celui de $\{d, d'\}$ est noté $\{\widehat{d, d'}\}$. (On dit aussi *angle géométrique.*)

– **Métrol.** *Mesure des angles.* Les unités de mesure généralement utilisées sont : le *degré,* avec ses sous-multiples, *minute* et *seconde** sexagésimales, le *grade,* avec ses sous-multiples décimaux, et le *radian**.

• *Mesure des angles solides* → SOLIDE.

ANGLEBERT (D') → DANGLEBERT.

ANGLES, peuple germanique (est du Schleswig) qui envahit le nord et le centre de l'île de Bretagne (Ve s.) et qui donna son nom à l'Angleterre.

ANGLES (Les) [30133], comm. du Gard, à 5 km à l'O. d'Avignon ; 6 881 hab.

ANGLES (Les) [66210], comm. des Pyrénées-Orientales, à 13 km au N.-N.-O. de Mont-Louis ; 533 hab. Sports d'hiver (alt. 1 600-2 400 m).

ANGLÉS (Higinio), prêtre et musicologue espagnol (Maspujols, Tarragone, 1888-Rome 1969). Directeur de l'Institut espagnol de musicologie et de l'Institut pontifical de musique sacrée de Rome, il a laissé des études et éditions de Morales (5 vol., 1952-1957) et des *Cantigas* d'Alphonse X.

ANGLÉSAGE n. m. Mode d'assemblage des lés d'un tissu d'ameublement, consistant à retourner le tissu sur un carton ou une baguette (dits *d'anglésage*).

ANGLÉSER v. t. (conj. 22). Pratiquer l'anglésage.

ANGLESEY, île de Grande-Bretagne (pays de Galles), sur la mer d'Irlande ; 715 km^2 ; 67 800 hab. V. princ. *Holyhead.* Élevage bovin. Tourisme.

ANGLES-SUR-L'ANGLIN (86260), comm. de l'E. de la Vienne ; 429 hab. Ruines d'une forteresse des XIIe-XVe s. Dans un abri-sous-roche fut découverte en 1949 une frise en bas relief (bisons, chevaux, bouquetins et trois torses féminins) attribuée au magdalénien moyen.

ANGLET n. m. (de *angle*). Moulure creuse de profil triangulaire que l'on rencontre notamment entre les bossages.

ANGLET (64600), ch.-l. de cant. des Pyrénées-Atlantiques, entre Bayonne et Biarritz ; 33 956 hab. *(Angloys).* Constructions aéronautiques. Station balnéaire.

ANGLETERRE, en angl. **England,** partie méridionale de la Grande-Bretagne, limitée par l'Écosse au N. et par le pays de Galles à l'O. ; 130 400 km^2 ; 46 170 300 hab. Cap. *Londres.*

— **Géogr.** L'Angleterre couvre « seulement » 57 % de la superficie de l'île de Grande-Bretagne, mais concentre 85 % de sa population. La densité moyenne de population y dépasse 350 hab. au km^2, chiffre lié surtout à l'histoire, à la précocité et à l'ampleur de la révolution industrielle, précipitant l'urbanisation. Les bases de cette industrialisation sont aujourd'hui en difficulté, qu'il s'agisse de l'extraction houillère, d'une partie de la métallurgie (sidérurgie, chantiers navals) qui en est issue, du textile. Le relais a été pris, mais en partie seulement, par d'autres branches (constructions électriques, chimie), par les services surtout. Si la région londonienne reste relativement favorisée (grâce à la gamme étendue de ses activités), les Midlands houillers et métallurgiques, le Lancashire cotonnier, le Yorkshire lainier ont été durement touchés et le chômage y est important.

— **Hist.** L'histoire de l'Angleterre commence au Ve s. avec l'installation, dans la Bretagne* *(Britannia),* des Anglo-Saxons. Ceux-ci, refoulant ou assimilant les anciens occupants, colonisent le pays qui leur doit son nom (*England,* terre des Angles) et s'organisent en petits royaumes rivaux (Kent, Essex, Wessex, Sussex, Northumbrie, Mercie, East Anglia). Le Wessex domine le pays à partir du IXe s. et connaît la prospérité sous les règnes d'Alfred le Grand (871-899) et de ses successeurs (IXe-XIe s.). L'introduction du christianisme en Angleterre (VIIe s.) avait rendu possible l'essor et le rayonnement de la civilisation anglo-saxonne, dont les deux métropoles religieuses, York et Canterbury, et de nombreux monastères ont assuré la pérennité.
Mais les Danois, qui ont envahi l'île au IXe s. et se sont installés dans le Danelaw, conquièrent le pays au XIe s. Cependant, leur implantation reste superficielle. Aussi, après la mort de Knud le Grand (1035), la dynastie anglo-saxonne est-elle restaurée par Édouard le Confesseur (1042-1066). Celui-ci était lié aux Normands, et le principe de la légitimité royale ayant été remis en cause par son successeur Harold II, le duc de Normandie, Guillaume, conquiert l'Angleterre (bataille d'Hastings, 14 oct. 1066). Il est aussitôt couronné roi (Guillaume Ier le Conquérant, 1066-1087). Ses fils et successeurs se livrent de terribles luttes, mais Henri Ier Beauclerc (1100-1135) poursuit l'œuvre unificatrice et administrative de son père. À sa mort, toutefois, la guerre civile éclate. Henri II Plantagenêt (1154-1189), en épousant Aliénor d'Aquitaine, devient le maître du vaste empire anglo-angevin, qui s'étend à la fois sur la France, où le roi doit se défendre contre les Capétiens, et sur l'Angleterre, où il doit réduire une féodalité turbulente et se heurte à l'opposition de Thomas Becket. La présence fréquente des Plantagenêts en France et l'incapacité des successeurs d'Henri (Richard Cœur de Lion [1189-1199], Jean sans Terre [1199-1216], Henri III [1216-1272]) à résister à la poussée de l'aristocratie donnent à celle-ci un pouvoir qui s'incarne dans le Parlement ; l'emprise de l'aristocratie sur les paysans s'accroît, réduisant ceux-ci à la servitude et faisant des « manoirs », en même temps que d'importants foyers d'exploitation agricole, des centres judiciaires locaux. Le règne d'Édouard Ier (1272-1307) marque le retour à un certain équilibre. Il conquiert le pays de Galles. Mais Édouard II (1307-1327) échoue, lui, dans la conquête de l'Écosse. Sous les règnes d'Édouard III (1327-1377), de Richard II (1377-1399) et des Lancastres Henri IV (1399-1413), Henri V (1413-1422), Henri VI (1422-1461), l'Angleterre s'épuise dans la guerre contre les Valois (guerre de Cent Ans) cependant que la crise monétaire et économique, les épidémies et les famines affectent la population. À la faveur de la faiblesse des Lancastres se manifestent les ambitions nobiliaires qui provoquent la guerre des Deux-Roses (1450-1485), opposant les Lancastres aux York. Cependant, Édouard IV (1461-1483) achève la guerre de Cent Ans (1475), mais son œuvre de rétablissement de l'ordre intérieur est ruinée par Richard III (1483-1485).
L'avènement d'Henri VII Tudor (1485-1509) rend à l'Angleterre la prospérité et l'équilibre. La

politique intérieure du souverain, fondée sur l'accord avec le Parlement et la noblesse, et une diplomatie prestigieuse, qui profite de la rivalité entre la France et les Habsbourg, sont poursuivies, avec plus d'éclat encore et malgré les conséquences du schisme religieux, par Henri VIII (1509-1547). Sous le règne d'Édouard VI (1547-1553), l'Église évolue vers le protestantisme. Elle est ramenée, non sans troubles, vers le catholicisme par Marie Ire Tudor (1553-1558), mais Élisabeth Ire (1558-1603) restaure l'Église nationale. Celle-ci, mise au service de la monarchie, renforce l'unité du pays. L'Angleterre moderne, favorisée par l'extension de l'élevage, qu'accompagne le mouvement des « enclosures », naît alors, à la fois précapitaliste et maritime. À la mort d'Élisabeth, Jacques VI Stuart, roi d'Écosse, devient Jacques Ier d'Angleterre ; ainsi est constituée, en fait, la Grande-Bretagne ; l'union des deux royaumes sera achevée par l'Acte de 1707.

Angleterre *(bataille d'),* ensemble des opérations aériennes qui opposèrent d'août à oct. 1940, dans le ciel d'Angleterre, les 850 chasseurs britanniques à 1 000 chasseurs et 1 500 bombardiers allemands. Afin d'acquérir la maîtrise de l'air en vue d'un débarquement, les premiers objecifs de la Luftwaffe furent les bases aériennes et l'industrie aéronautique anglaises. La chasse de la R.A.F. était à bout de souffle quand Hitler imposa le 7 septembre un nouvel objectif : le bombardement de Londres (le *Blitz*). Cette erreur facilita la défense aérienne anglaise qui put mettre fin à la bataille.

Angleterre *(point d'),* nom traditionnel, fautif, d'une dentelle aux fuseaux très délicate qui se fabriquait autrefois à Bruxelles. Ses riches ornements, exécutés séparément, étaient assemblés avec un point invisible puis appliqués sur un fond de tulle très fin.

ANGLICAN, E adj. et n. (lat. médiév. *anglicanus*, anglais). Qui appartient à l'anglicanisme, qui professe l'anglicanisme.

ANGLICANISME n. m. Doctrine, principes et institutions de l'Église officielle d'Angleterre.
ENCYCL. L'anglicanisme est né non pas d'un mouvement d'idées, mais de la politique religieuse d'Henri VIII, dont les épisodes de la vie conjugale provoquèrent un sérieux désaccord avec la papauté. En 1534, l'*Acte de suprématie* stipula que le roi devait être regardé comme « unique » et chef suprême de l'Église d'Angleterre. À l'origine, l'Église anglicane fut donc seulement une dissidence catholique. Mais la rupture avec Rome favorisa la pénétration des idées luthériennes dont l'influence se concrétisa par le *Book of Common Prayer*, qui, par la suite, ne sera pas exempt d'influences calvinistes. En fait, la Réforme anglicane apparaît comme une voie moyenne entre le catholicisme dont elle conserve, avec la hiérarchie, les formes extérieures du culte, et le protestantisme dont elle maintient les grands principes doctrinaux. À ce double titre elle joue un rôle de premier plan dans le rapprochement des Églises. (→ ŒCUMÉNISME.)

ANGLICHE adj. et n. *Pop.* Anglais.

ANGLICISATION n. f. Action d'angliciser, de s'angliciser.

ANGLICISER v. t. (conj. 3). Donner un caractère anglais à qqch.
◆ **s'angliciser** v. pr., **être anglicisé** v. pass. Prendre le caractère anglais : *Le vocabulaire technique s'est anglicisé.*

ANGLICISME n. m. (angl. *anglicism*). **1.** Idiotisme propre à la langue anglaise. (Ex. *How do you do ?* [Comment allez-vous ?]) — **2.** Mot, tour syntaxique ou sens de la langue anglaise introduit dans une autre langue. — **3.** Solécisme consistant à calquer en français un tour syntaxique propre à l'anglais.

ANGLICISTE n. Spécialiste de la langue et de la civilisation anglaises.

ANGLO-AMÉRICAIN, E adj. et n. **1.** Se dit d'un Américain de souche anglaise. — **2.** Se dit de ce qui appartient à la fois aux Anglais et aux Américains.
◆ **anglo-américain** n. m. Syn. de AMÉRICAIN.

ANGLO-ANGEVIN, E adj. **1.** Qui concerne l'Angleterre et l'Anjou. — **2.** Se dit des éléments de culture issus, en particulier, de l'Anjou que la dynastie des Plantagenêts introduisit en Angleterre à partir de 1154.

ANGLO-ARABE adj. Se dit d'une race de cheval provenant du croisement entre le pur-sang et l'arabe. (Elle est utilisée comme cheval de selle et de course.)

ANGLO-FRANÇAIS, E adj. Se dit de chiens courants de sang anglais et français.

ANGLO-IRLANDAIS, E adj. et n. S'est dit jusqu'au XXe s. de la population d'origine anglaise établie en Irlande et non assimilée par la population autochtone.

ANGLOMANE n. et adj. Imitateur, admirateur excessif des usages anglais.

ANGLOMANIE n. f. Mode qui consiste à imiter de façon excessive tout ce qui appartient à l'Angleterre ou rappelle les Anglais.

ANGLO-NORMAND, E adj. Se dit des éléments de culture normande introduits en Angleterre à partir de 1066 par Guillaume le Conquérant et, d'une manière plus générale, des éléments de culture française établis en Angleterre après 1154 par la dynastie des Plantagenêts, celle-ci ayant gouverné pendant la seconde moitié du XIIe s. une partie de la France.

◆ **anglo-normand** n. m. Dialecte de langue d'oïl parlé, après 1066, des deux côtés de la Manche, langue officielle de la monarchie anglaise jusqu'à la fin du XIVe s.

ANGLO-NORMANDES *(îles),* en angl. **Channel Islands,** archipel de la Manche, à l'O. du Cotentin, dépendance de la Couronne britannique ; 136 000 hab. Le groupe comprend deux îles principales, Jersey au S.-E. et Guernesey au N.-O., et sept îlots dont Sercq (Sark) et Aurigny (Alderney). Éléments du Massif armoricain, les îles sont bordées de hautes falaises et de belles plages. Le climat océanique est doux, ensoleillé, modérément humide, favorisant le développement du tourisme.
L'agriculture reste une ressource importante à Guernesey (tomates et fleurs). L'industrie est représentée par le textile, la mécanique de précision et l'électronique. Un régime fiscal privilégié a stimulé l'essor de services financiers (implantation de sièges sociaux).

ANGLOPHILE adj. et n. Qui a de la sympathie pour les Anglais, pour ce qui est anglais.

ANGLOPHILIE n. f. Sympathie pour les Anglais et ce qui se rattache à leur pays.

ANGLOPHOBE adj. et n. Qui a de l'aversion pour les Anglais, pour ce qui est anglais.

ANGLOPHOBIE n. f. Aversion pour les Anglais, pour ce qui est anglais.

ANGLOPHONE adj. et n. Qui parle l'anglais.

ANGLO-SAXON, ONNE adj. et n. **1.** Qui relève des peuples de civilisation britannique. — **2.** *Écriture anglo-saxonne,* écriture minuscule employée en Angleterre du VIIe au XIIe s. ‖ *Philosophie anglo-saxonne,* syn. de PHILOSOPHIE ANALYTIQUE.

◆ **anglo-saxon** n. m. Autre nom du vieil anglais (450-1150).

ANGLO-SAXONS, nom générique des groupes germaniques (Jutes, Saxons, Angles), qui envahirent l'île de Bretagne et la colonisèrent au Ve s.

ANGO (Jean), armateur français (Dieppe 1480-*id.* 1551). Capitaine du château de Dieppe (1534) et lieutenant de l'amiral de France (1536), il arma des navires de course qui firent d'importantes prises sur les Espagnols et les Portugais dans l'Atlantique. Commanditaire de l'expédition de Verrazano en Amérique (1523), il prit la direction des armements pour les opérations navales contre l'Angleterre (1544-45).

ANGOISSANT, E adj. Qui cause de l'angoisse, une inquiétude profonde : *Une situation angoissante.*

ANGOISSE n. f. (lat. *angustia,* resserrement). **1.** Grande inquiétude, anxiété profonde née du sentiment d'une menace imminente mais vague : *Passer une nuit d'angoisse.* — **2.** Pour certains philosophes existentialistes, comme Heidegger, expérience fondamentale de l'homme, qui lui permet de saisir la réalité du monde, ainsi que la sienne propre. — **3.** Sentiment pénible d'alerte psychique et de mobilisation somatique devant une menace ou un danger indéterminés et se manifestant par des symptômes neurovégétatifs caractéristiques (spasmes, sudation, dyspnée, accélération du rythme cardiaque, vertiges, etc.). [→ *encycl.*] — **4.** *Névrose d'angoisse,* syndrome névrotique caractérisé par un fond permanent d'angoisse. (La névrose d'angoisse, qui entre dans le cadre des névroses actuelles, se distingue des psychonévroses en ce qu'elle n'est pas liée à une situation conflictuelle ancienne.)

ENCYCL. **Psychan.** et **Psychiatr.** Dans ses premiers travaux et spécialement dans ceux sur la névrose d'angoisse, S. Freud attribuait la formation de l'angoisse à une conversion directe de l'excitation sexuelle au niveau somatique. Puis, à partir de 1926, sous l'influence des travaux d'Otto Rank sur le traumatisme de la naissance, il fut amené à remanier sa théorie : l'angoisse éprouvée lors de la naissance réapparaîtrait chaque fois que le sujet serait confronté à une situation qui pourrait évoquer ou reproduire cette première situation de danger. L'angoisse devient alors une réaction générale du sujet à une situation de danger associée métonymiquement à la détresse psychique de la naissance. Certains psychiatres établissent une distinction entre l'*anxiété,* qui serait d'ordre psychique, et l'*angoisse,* qui serait circonscrite à une étiologie somatique, comme en témoignent, par exemple, certaines affections organiques (angine de poitrine, asthme, etc.) qui détermineraient des états d'angoisse en l'absence de toute cause d'ordre psychique.
Cependant, il apparaît plus opératoire de considérer l'angoisse et l'anxiété comme deux aspects d'un même processus dont la théorie analytique permet de rendre compte. La psychanalyse, en effet, ne retient pas nettement la distinction angoisse/anxiété et précise sous quels modes se négocie chez le sujet l'angoisse qui affecte des formes d'expression privilégiées du côté somatique et/ou du côté psychique en fonction de son histoire personnelle.

ANGOISSÉ, E n. Personne qui éprouve de l'angoisse.

ANGOISSER v. t. (conj. 3). Causer de l'angoisse à qqn : *L'avenir l'angoissait : il se voyait au chômage.*

◆ v. i. *Fam.* S'angoisser.

◆ **s'angoisser** v. pr., **être angoissé** v. pass. Être inquiet, anxieux, manifester un sentiment d'angoisse : *Un cri angoissé.*

ANGOLA, État de l'Afrique australe, sur l'Atlantique ; 1 246 700 km² ; 11 500 000 hab. *(Angolais).* CAP. *Luanda.* LANGUE : *portugais.* MONNAIE : *kwanza.*

Géographie. Pays tropical, juxtaposant une étroite plaine côtière, assez sèche et chaude, et un vaste haut plateau, où l'altitude augmente les précipitations et modère les températures (18 à 20 °C en moyenne), l'Angola est relativement peu peuplé, sinon ponctuellement (ports de Luanda, Lobito, Benguela, Cabinda). L'économie coloniale (avec la présence de 500 000 Portugais, dominant la majorité noire, bantoue) associait cultures vivrières (manioc, maïs), plantations (café surtout, sucre, coton, sisal) et extraction minière (pétrole de l'enclave de Cabinda, diamants). La guerre civile, ouverte ou latente depuis 1975, a ruiné l'économie, au potentiel agricole et minier pourtant notable.

Histoire. Le Portugais Diogo Cão découvre le pays en 1482. Des relations sont établies avec le royaume du Kongo, qui décline au XVIe s. La traite des Noirs se développe.
1889-1901 : Des traités fixent les limites de la colonie portugaise.
1961 : Plusieurs mouvements nationalistes déclenchent une insurrection en vue d'obtenir l'indépendance du pays.
1975 : L'Angola devient indépendant ; la guerre civile éclate. Le mouvement populaire de libération de l'Angola (M.P.L.A.) d'Agostinho Neto (devenu président de la République) s'impose avec l'aide de Cuba, sans vaincre totalement la rébellion soutenue par l'Afrique du Sud.
1979 : Mort de A. Neto. José Eduardo Dos Santos lui succède à la tête de l'État.
1988 : Accord entre l'Angola, l'Afrique du Sud et Cuba, suivi d'un cessez-le-feu et du retrait des troupes sud-africaines et cubaines (1989-1991).
1991 : Le gouvernement abandonne le marxisme-léninisme et conclut un accord de paix avec la guérilla (Union nationale pour l'indépendance de l'Angola, ou U.N.I.T.A., dirigée par Jonas Savimbi).
1992 : Premières élections libres et pluralistes. Mais le refus de la guérilla d'accepter des résultats qui lui sont défavorables entraîne une reprise de la guerre civile, qui se poursuit en dépit de la signature, en 1994, d'un nouvel accord de paix.

ANGOLAIS, E adj. et n. D'Angola.

ANGON n. m. (du frq. **ango,* crochet). **1.** Javelot franc en fer, à pointe barbelée. — **2.** Pince barbelée pour pêcher les crustacés.

ANGOR n. m. (mot lat.). *Angor abdominal,* crise douloureuse abdominale médiane, survenant souvent après les repas. (Dû à une athérosclérose oblitérante de l'artère mésentérique, il peut se compliquer d'infarctus intestinal.) ‖ *Angor pectoris,* syn. de ANGINE* DE POITRINE.

ANGORA adj. (de *Angora,* ville de Turquie, auj. *Ankara*). **1.** Se dit d'un animal présentant des poils longs, soyeux et doux. — **2.** Se dit de la toison de ces animaux, de vêtements faits avec elle.
◆ n. Animal (chèvre, chat, lapin) angora.

ANGORA, anc. nom d'Ankara.

ANGOSTURA → CIUDAD BOLÍVAR.

Angot *(Madame),* type littéraire de « nouvelle riche », surgi lors des bouleversements sociaux de la Révolution.

ANGOULÊME (16000), ch.-l. du dép. de la Charente, sur la Charente, anc. cap. de l'Angoumois, à 439 km au S.-S.-O. de Paris ; 46 194 hab. *(Angoumoisins).* Sur l'axe ferroviaire et routier Paris-Bordeaux (R. N. 10, mais à l'écart de l'autoroute), Angoulême est un centre administratif et commercial, noyau d'une agglomération de plus de 100 000 hab., industrialisée (constructions électriques surtout, papeterie, fonderie, cimenterie, bijouterie).
— **Hist.** → ANGOUMOIS.
— **Bx-arts.** La cathédrale, commencée v. 1110 (altérée au XIXe s.), est un des plus anciens édifices à nef unique couverte d'une file de coupoles de l'ouest de la France ; remarquable façade sculptée. Musée municipal (collections d'ethnographie africaine et océanienne, de sculpture romane, etc.). Centre national de la bande dessinée et de l'image (Festival international de la bande dessinée, annuel).

ANGOULÊME (Charles DE VALOIS, *comte* d'Auvergne, puis [1619] *duc* D'), prince français (Le Fayet 1573-Paris 1650), fils naturel de Charles IX et de Marie Touchet.

ANGOULÊME (Louis Antoine DE BOURBON, *duc* D'), dernier dauphin de France (Versailles 1775-Görz, Autriche, 1844). Fils du comte d'Artois (Charles X), il épousa en 1799 sa cousine Marie-Thérèse, fille de Louis XVI, dont il n'eut pas d'enfants. En 1815, il essaya de soulever le Midi contre Napoléon. Il dirigea l'expédition d'Espagne en 1823 mais dut s'exiler, comme son père, en 1830.

ANGOULÊME (Marie-Thérèse Charlotte DE BOURBON, *duchesse* D'), fille de Louis XVI (Versailles 1778 - Görz, Autriche, 1851), appelée MADAME ROYALE. Emprisonnée au Temple en 1792, elle fut échangée trois ans plus tard contre des Conventionnels prisonniers des Autrichiens. Elle épousa en 1799 son cousin le duc d'Angoulême.

ANGOUMOIS, région occupant la majeure partie du dép. de la Charente autour d'Angoulême. Élevage bovin laitier et (à l'O.) vignobles pour la production du cognac.
– **Hist.** L'Angoumois resta longtemps dans la mouvance des comtes de Poitiers, ducs d'Aquitaine. Après un sursaut d'indépendance (1221-1242), le comté fut incorporé une première fois au royaume par Philippe le Bel (1308). Cédé à l'Angleterre (1360), reconquis par Charles V (1373), il fut réuni définitivement à la Couronne à l'avènement de François Ier, en 1515.

ANGRA DO HEROÍSMO, v. des Açores, sur l'île de Terceira ; 13 800 hab. Fondée en 1534, anc. capitale de l'archipel. Forteresse du XVIIe s.

ANGRA DOS REIS, v. du Brésil, à l'O. de Rio de Janeiro ; 85 220 hab. Port pétrolier. Chantiers navals. Centrale nucléaire.

ANGRÆCUM [-grekɔm] n. m. (malais *angarek*). Orchidée épiphyte des régions côtières d'Afrique et des îles voisines, dont les fleurs aux éperons très longs peuvent servir à parfumer le thé. (N. usuel *faam*.)

ANGRA PEQUEÑA → LÜDERITZ.

ANGREN, v. de l'Ouzbékistan oriental, sur l'*Angren* (affl. du Syr-Daria) ; 106 000 hab. – À proximité, gisement de charbon.

ANGROIS n. m. (forme dialect. de *engrais*, épaississement). Petit coin que l'on enfonce à travers l'œil du marteau, dans le bois, afin d'affermir le manche.

Angry Young Men → JEUNES GENS EN COLÈRE.

ANGSTRÖM [ɑ̃gstrœm] n. m. (de *Ångström*, n. pr.). Anc. unité de mesure de longueur (symb. Å), utilisée pour la mesure des longueurs d'onde et des dimensions atomiques, valant un dix-milliardième de mètre, soit 10^{-10} mètre.

ÅNGSTRÖM (Anders Jonas), physicien suédois (Lödgö 1814-Uppsala 1874). Spécialiste de l'analyse spectrale, il est le premier à avoir mesuré des longueurs d'onde et déterminé les limites du spectre visible.

ANGUIDÉ n. m. (du lat. *anguis*, serpent). Lézard à pattes très réduites ou sans pattes, serpentiforme, tel que l'orvet. (Prédateurs et nocturnes, surtout américains, les *anguidés* forment une famille.)

ANGUIER, nom de deux frères (FRANÇOIS [1604-1669] et MICHEL [1612-1686]), sculpteurs français nés à Eu et morts à Paris. Passés par Rome, ils sont à la charnière du style de la Renaissance, réaliste et maniériste, et du classicisme antiquisant du règne de Louis XIV (mausolée d'Henri II de Montmorency à Moulins et décors du Louvre, par les deux frères ; priant de Gasparde de La Châtre [François] et *Amphitrite* [Michel] au Louvre ; décors du Val-de-Grâce et de la porte Saint-Denis à Paris [Michel]).

ANGUILLA, île des Petites Antilles britanniques (Leeward Islands), entre les îles Vierges et Saint Christopher ; 6 500 hab. Ch.-l. *The Valley*. Occupée par les Anglais à partir de 1666, elle a obtenu un statut d'autonomie interne en 1976.

ANGUILLE [-gij] n. f. (lat. *anguilla*, dimin. de *anguis*, serpent). **1.** Poisson serpentiforme au corps visqueux, aux nageoires réduites, capable de respirer hors de l'eau et qui vit dans les cours d'eau, étangs et prairies mais se rend jusqu'au milieu des océans pour y pondre. – **2.** *Anguille électrique*, syn. de GYMNOTE. ‖ *Filer, glisser, échapper comme une anguille*, qui échappe sans qu'on puisse le retenir, sur qui on ne peut rien fonder. ‖ *Il y a anguille sous roche*, il y a qqch de secret dont on soupçonne l'existence.
ENCYCL. La première larve, ou *leptocéphale*, gagne les estuaires européens où elle se métamorphose en *civelle* qui remonte le cours des fleuves et rivières ; l'*avalaison*, ou descente vers l'océan, a lieu à l'âge de dix ans environ.

ANGUILLÈRE [-gijɛr] n. f. **1.** Vivier à anguilles. – **2.** Pêcherie à anguilles.

ANGUILLIFORME [-gili-] n. m. Poisson tel que l'anguille, le congre, la murène et d'autres poissons allongés, sans nageoires pelviennes. (Les *anguilliformes* forment un ordre.)

ANGUILLULE [-gilyl] n. f. (dimin. de *anguille*). Très petit ver nématode, au mode de vie très divers selon l'espèce. (Certaines anguillules vivent dans le sol ou sur les mousses et peuvent survivre en anhydrobiose très longtemps, d'autres attaquent diverses plantes [betterave, pomme de terre, blé], des animaux ou l'homme [strongyles].)

ANGUILLULOSE [-gily-] n. f. Parasitose de l'homme provoquée par l'anguillule *(Strongyloïdes stercoralis)*, fréquente sous les tropiques, mais qu'on peut rencontrer également en France. (Syn. STRONGYLOÏDOSE.)
ENCYCL. L'anguillulose évolue en trois phases : pénétration cutanée des larves strongyloïdes ; migration, par voie sanguine, des larves qui gagnent l'intestin grêle après un passage par les poumons ; pénétration de la muqueuse duodénale par la femelle adulte vers le 17e jour. La symptomatologie peut être respiratoire et surtout digestive (diarrhées, douleurs abdominales...). Le parasite engendre parfois une auto-infection qui explique les formes graves consécutives à une diffusion massive et certaines évolutions prolongées (jusqu'à 35 ans).

ANGUIMORPHE [-gi-] n. m. (du lat. *anguis*, serpent). Lézard tel que l'orvet, les varans, les hélodermes (actuels) et les mosasaures fossiles. (Les *anguimorphes* constituent un ordre ou un sous-ordre, selon les auteurs.)

ANGULAIRE adj. (lat. *angularis*). **1.** Qui forme un ou plusieurs angles ou qui a la forme d'un angle : *Figure angulaire.* — **2.** *Pierre angulaire,* pierre d'angle qui assure la solidité d'un édifice ; élément essentiel, fondamental : *La pierre angulaire d'un raisonnement.* • **Anat.** *Artère angulaire,* artère qui suit le sillon naso-génien et s'anastomose à l'angle interne de l'œil avec l'artère nasale, branche de l'ophtalmique. ‖ *Région angulaire,* région de l'angle interne de l'œil. ‖ *Veine angulaire,* veine qui anastomose les veines ophtalmiques supérieure et faciale. — **Archit.** *Arc angulaire,* sorte d'arc dont le tracé est fait de deux droites rampantes formant un angle au faîte. (Syn. ARC EN MITRE OU EN FRONTON.) — **Géom.** Relatif aux angles, ou de la nature des angles. ‖ *Distance angulaire,* distance définie sur l'ensemble des demi-droites vectorielles, grâce à une bijection de [0, *a*] (*a* demi-période d'une phase donnée) sur l'ensemble des angles de paires de demi-droites vectorielles. ‖ *Écart angulaire,* écart défini sur l'ensemble des demi-droites affines, grâce à une bijection de [0, *a*] sur l'ensemble des angles de paires de demi-droites affines. ‖ *Secteur angulaire,* l'une ou l'autre des deux régions du plan limitées par deux demi-droites (côtés) de même origine (sommet). (→ *encycl.*) — **Opt.** *Distance angulaire de deux points,* angle formé par les demi-droites joignant l'œil de l'observateur à chacun des deux points. — **Phys.** *Accélération angulaire,* dérivée par rapport au temps de la vitesse angulaire. (L'unité SI est le radian par seconde carrée [rad/s²].) ‖ *Moment angulaire,* syn. de MOMENT CINÉTIQUE. ‖ *Vitesse angulaire,* dérivée par rapport au temps de la phase d'un mouvement de rotation autour d'un axe fixe. (L'unité SI de vitesse angulaire est le radian par seconde [rad/s] ou le tour par minute [tr/min].)

◆ n. m. Os dermique formant l'angle postérieur de la mandibule chez les vertébrés autres que les mammifères, mais réduit chez ces derniers à un minuscule os tympanique.

ENCYCL. **Géom.** Selon que les côtés son compris ou non dans *le secteur angulaire*, celui-ci est fermé ou ouvert. On distingue les secteurs saillants, rentrants, plats, nuls et pleins.

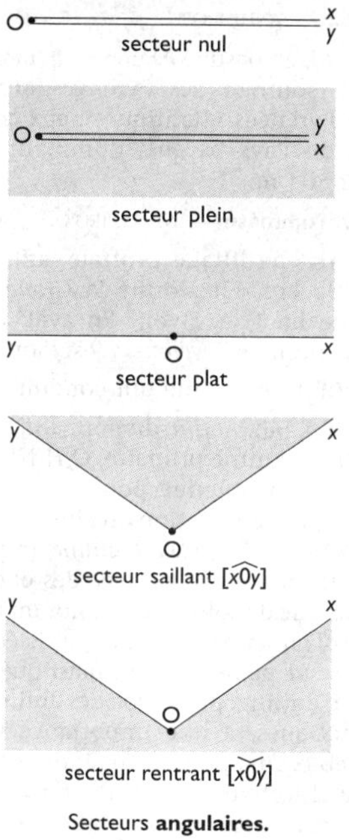

Secteurs **angulaires.**

ANGULATION n. f. (du lat. *angulus*, angle). Attitude du skieur dans laquelle les articulations (genoux et hanches) sont décalées par rapport à l'axe du corps.

ANGULEUX, EUSE adj. (lat. *angulosus*). **1.** Qui présente des angles aigus, des arêtes saillantes : *Visage anguleux.* — **2.** Se dit d'un point d'une courbe où la demi-tangente à droite et la demi-tangente à gauche n'ont pas le même support.

Angus → ABERDEEN-ANGUS.

ANGUS, anc. comté de Grande-Bretagne, dans l'est de l'Écosse, illustré aux XVe et XVIe s. par les Douglas.

ANGUS MAC FERGUS, roi des Pictes (731-761). Il étendit sa domination à presque toute l'Écosse.

ANGUSTICLAVE n. m. (lat. *angustus,* étroit, et *clavus,* bande de pourpre). Tunique munie de haut en bas de deux étroites bandes de pourpre parallèles, et réservée aux chevaliers romains.

ANGUSTURE ou **ANGUSTURA** n. f. (de *Angostura,* anc. nom d'une ville du Venezuela). **1.** Écorce d'une rutacée de l'Orénoque, utilisée en pharmacie, en distillerie et dans la fabrication des cocktails. — **2.** *Fausse angusture,* écorce toxique du vomiquier.

ANHALT, anc. duché souverain de l'Allemagne centrale, composé de parties enclavées dans les provinces prussiennes de Brandebourg, de Saxe et de Brunswick.

ANHARMONIQUE adj. *Rapport anharmonique,* syn. vieilli de BIRAPPORT. ‖ *Oscillateur anharmoni-*

que, système oscillant pour lequel la force de rappel n'est pas proportionnelle à l'écart par rapport à la position d'équilibre.

ANHÉLER v. i. (lat. *anhelare,* haleter) [conj. **18**]. Respirer avec peine.

ANHIDROSE ou **ANIDROSE** n. f. Suppression ou diminution de la sécrétion sudorale.

ANHIMIDÉ n. m. (du gr. *hima,* vêtement). Oiseau des marais d'Amérique du Sud, dont l'aile porte deux éperons au poignet. (La famille des *anhimidés* comprend deux espèces, le chauna et le kamichi.)

ANHINGA n. m. (mot tupi). Oiseau des régions chaudes, au long cou, plongeur, se nourrissant de poissons des eaux douces.

ANHISTE adj. Se dit d'un matériel anatomique dépourvu de toute structure tissulaire.

ANHISTORIQUE adj. Qui ne tient pas compte du point de vue historique.

ANHUI ou **NGAN-HOUEI** ou **ANHOUEI,** prov. de la Chine orientale, de part et d'autre du Yangzi Jiang ; 140 000 km^2 ; 56 200 000 hab. Cap. *Hefei.* L'agriculture juxtapose céréales (blé, riz) et plantations (coton, thé). Gisements de fer et de houille.

ANHYDRASE n. f. **1.** Enzyme qui catalyse une déshydradation. – **2.** *Anhydrase carbonique,* enzyme qui catalyse la déshydradation réversible de l'acide carbonique : $H_2CO_3 \rightleftharpoons CO_2 + H_2O$. (Elle joue un rôle important au niveau du sang, des poumons, de l'estomac et du rein. Ses inhibiteurs [certains sulfamides] sont utilisés comme diurétiques.)

ANHYDRE adj. Qui ne contient pas d'eau.

ANHYDRIDE n. m. Composé dont la formule résulte de celle d'un oxacide par déshydratation complète.
ENCYCL. Les anhydrides d'acides minéraux sont les oxydes de certains non-métaux ou métaux (ex. CO_2 anhydride carbonique, CrO_3 anhydride chromique). Les acides organiques peuvent donner naissance à deux types d'anhydrides par déshydratation : RCO—O—CO—R, provenant de l'élimination d'une molécule d'eau entre deux groupes carboxyles, à qui l'on réserve le nom d'anhydride ; $R_2C{=}C{=}C{=}O$, appelés cétènes et formés à partir d'un acide de formule $R_2CH{-}CO_2H$.

ANHYDRITE n. f. Sulfate naturel anhydre de calcium CaSO orthorhombique.

ANHYDROBIOSE n. f. (du gr. *anhudros,* sans eau). État de suspension temporaire des activités vitales permettant à un organisme animal ou végétal de supporter une forte et longue dessiccation. (L'anhydrobiose permet le retour à la vie active [reviviscence] dès que l'humidité revient. Elle constitue l'état normal des graines jusqu'à la germination, celui des mousses et de leur faune à la saison sèche.)

ANI n. m. Coucou insectivore noir d'Amérique du Sud, non parasite, nidifiant en communautés.

ANI, anc. v. d'Arménie. Forteresse (ve s.), elle devint la capitale de la dynastie des Bagratides et fut mise à sac par Alp Arslan en 1064. Elle fut détruite par un tremblement de terre en 1319. Importantes ruines : deux enceintes successives, plusieurs ponts et églises dont la cathédrale, élevée entre 989 et 1001, caractéristique de l'architecture arménienne.

ANIANE (34150), ch.-l. de cant. de l'Hérault, près de l'Hérault ; 1 768 hab. *(Anianais).* Vers 780, une abbaye, l'une des plus importantes de l'Europe carolingienne, fut fondée à Aniane par Benoît, fils du comte Aigulfe de Maguelone.

ANICET *(saint)* [en Syrie-Rome 166], pape de 155 à 166.

ANICHE (59580), comm. du Nord, à 13 km à l'E.-S.-E. de Douai ; 9 728 hab. Verrerie.

ANICROCHE n. f. (de *croche,* crochet). *Fam.* Petit obstacle qui arrête la réalisation de qqch ; ennui, incident.

ANICTÉRIQUE adj. Se dit d'une affection qui ne s'accompagne pas d'ictère.

ANIDROSE → ANHIDROSE.

ANIE *(pic d'),* en basque **Ahunmendi** *(montagne du Chevreau),* sommet des Pyrénées occidentales (dép. des Pyrénées-Atlantiques), aux confins du Béarn et du Pays basque, dominant la vallée d'Aspe ; 2 504 m.

ANIELLO Tommaso → MASANIELLO.

ANIENE, riv. de l'Italie centrale, affl. du Tibre (r. g.) ; 100 km. Elle forme la *Grande Cascade* (108 m de haut) à Tivoli. En aval, elle porte souvent le nom de *Teverone.* C'est l'antique *Aniv.*

ÂNIER, ÈRE n. Personne qui conduit des ânes.

ANILINE n. f. (all. *Anilin,* du port. *anil,* indigo, de l'ar. *alnil*). **1.** Amine primaire, $C_6H_5NH_2$, dérivée du benzène, et obtenue pour la première fois en 1826 par distillation sèche de l'indigo. (→ *encycl.*) – **2.** *Procédé à l'aniline,* impression à partir de formes en relief avec des encres constituées par une dissolution de colorants d'aniline dans un solvant à base d'alcool, utilisée pour des coloriages sur papier, métal, plastiques.
ENCYCL. L'aniline, prototype des amines primaires aromatiques, a une importance technique considérable. On l'obtient en réduisant, par le fer et l'acide chlorhydrique dilué, le nitrobenzène. C'est une base faible. La chloration, la nitration, la sulfonation de l'aniline donnent des dérivés

utilisés dans le domaine des colorants. La méthylation et l'éthylation conduisent aux amines secondaires et tertiaires correspondantes qui ont une grande importance technique (→ ARYLAMINE). L'acide nitreux conduit aux sels de benzènediaézonium $C_6H_5N_2X^-$, donnant par réduction la phénylhydrazine et par condensation avec d'autres composés aromatiques des colorants azoïques. Liquide incolore d'odeur caractéristique, brunissant rapidement à l'air, l'aniline bout à 184 °C. C'est un poison violent.

ANILINO-ACÉTIQUE adj. *Acide anilino-acétique,* aminoacide $C_6H_5—NH—CH_2— CO_2H$, préparé par action de l'aniline sur l'acide chloracétique et intermédiaire important de l'une des deux synthèses industrielles de l'indigo.

ANILISME n. m. Intoxication par l'aniline et les couleurs d'aniline.

ENCYCL. L'anilisme est caractérisé principalement par des sueurs, des vertiges, des maux de tête, de la cyanose due à une méthémoglobinémie ; la mort survient par paralysie respiratoire. La mise en caisson d'oxygène hyperbare (sous pression) permet la survie de l'intoxiqué.

ANILLE n. f. (du lat. *anaticula,* petit canard). Meuble héraldique constitué par deux crochets en forme de C adossés et accolés.

ANILOCRE n. f. Crustacé ressemblant à un cloporte et qui vit fixé sur la peau des poissons.

ANIMA n. m. (mot lat. signif. *âme*). Chez C. G. Jung, archétype caractérisant la fraction féminine de l'âme du sujet, par oppos. à *animus.*

ANIMADVERSION n. f. (lat. *animadversio,* blâme). *Litt.* Antipathie déclarée.

1. ANIMAL, E, AUX adj. (lat. *animalis,* animé, vivant). **1.** Propre à l'animal, par oppos. à *végétal.* — **2.** Qui caractérise plutôt l'animal que l'homme : *Il mène une vie tout animale.* — **3.** *Chaleur animale,* chaleur rayonnée par le corps humain et par les animaux homéothermes (mammifères, oiseaux). ‖ *Échelle animale,* classement des espèces animales selon leur degré supposé d'évolution progressive. (On y place généralement l'homme au sommet, les protozoaires à la base.) ‖ *Esprits animaux,* partie la plus légère du sang imaginée par Descartes pour expliquer l'action de l'âme sur le corps et celle du corps sur l'âme. ‖ *Pôle animal de l'œuf,* région à partir de laquelle se différenciera le système nerveux chez les vertébrés, par oppos. au *pôle végétatif.* ‖ *Psychologie animale,* branche de la psychologie qui s'intéressait aux comportements des animaux. (Elle a été relayée par d'autres sciences, parmi lesquelles l'éthologie tient la place prépondérante.) ‖ *Règne animal,* ensemble des espèces animales.

2. ANIMAL n. m. (lat. *animal, -alis,* être vivant, de *anima,* souffle, principe vital). **1.** Par oppos. à *végétal,* être vivant organisé, généralement capable de se déplacer et n'ayant ni chlorophylle ni paroi cellulaire cellulosique. — **2.** Par oppos. à *homme,* être animé, dépourvu de langage articulé : *Animal sauvage, domestique. Animaux de boucherie.* — **3.** Fam. *Cet animal(-là), l'animal, etc.,* expressions péjor., appliquées à qqn dont on a à se plaindre, qui manque de correction ou de délicatesse. ‖ *Grands animaux,* en vénerie, les cerfs et les biches. ‖ *Un animal politique,* politicien très actif, particulièrement doué.

ENCYCL. Presque tous les animaux pluricellulaires ont les caractères suivants :
— *Cellule.* Ni paroi cellulosique, ni chlorophylle, ni grains d'amidon, vacuoles discrètes.
— *Tissus.* Les uns, de type *épithélial,* forment une couche (ou quelques couches) de cellules séparant la partie « interne », où circule le sang, d'une partie externe ou cavitaire. Les autres, de type *conjonctif* (os, derme, sang), ont leurs cellules séparées par un milieu interstitiel de consistance variable. Aucun n'est formé de cellules mortes, comme chez les végétaux ligneux.
— *Forme.* La plupart des animaux sont mobiles et présentent un plan de symétrie vertical, le *plan sagittal ;* ils ont un avant et un arrière, une droite et une gauche, une face dorsale et une face ventrale. Seules les formes fixées (anémone de mer) ou peu mobiles (oursin) ont une symétrie axiale comme les plantes.
— *Nutrition.* Presque tous les animaux ont une bouche, souvent très complexe, la plupart ont un tube digestif et un anus. Les animaux capturent activement des proies organisées et, en général, les ingèrent avant de les digérer. Tous les animaux de dimensions notables ont une circulation du sang, un appareil respiratoire (aérien, aquatique ou amphibie), un appareil excréteur qui leur évite en général toute accumulation interne des déchets.
— *Cycle reproductif.* Il est à 2N chromosomes, sauf les gamètes eux-mêmes, et il n'y a jamais ni spores ni prothalle, alors que les végétaux en possèdent presque tous.
— *Information et réaction.* L'animal a toujours plusieurs types d'organes sensoriels, un système nerveux central, des organes d'exécution (muscles) permettant des mouvements rapides, souvent même le déplacement de l'animal entier (locomotion).
— *Classification du règne animal.* V. tableau.
— **Dr.** *Protection des animaux.* Elle a été instaurée par la loi Grammont (2 juill. 1850), qui fut abrogée. C'est une loi de 1963, modifiée par la loi du 10 juillet 1976 (dite « charte de l'animal »), qui sanctionne pénalement tant les mauvais

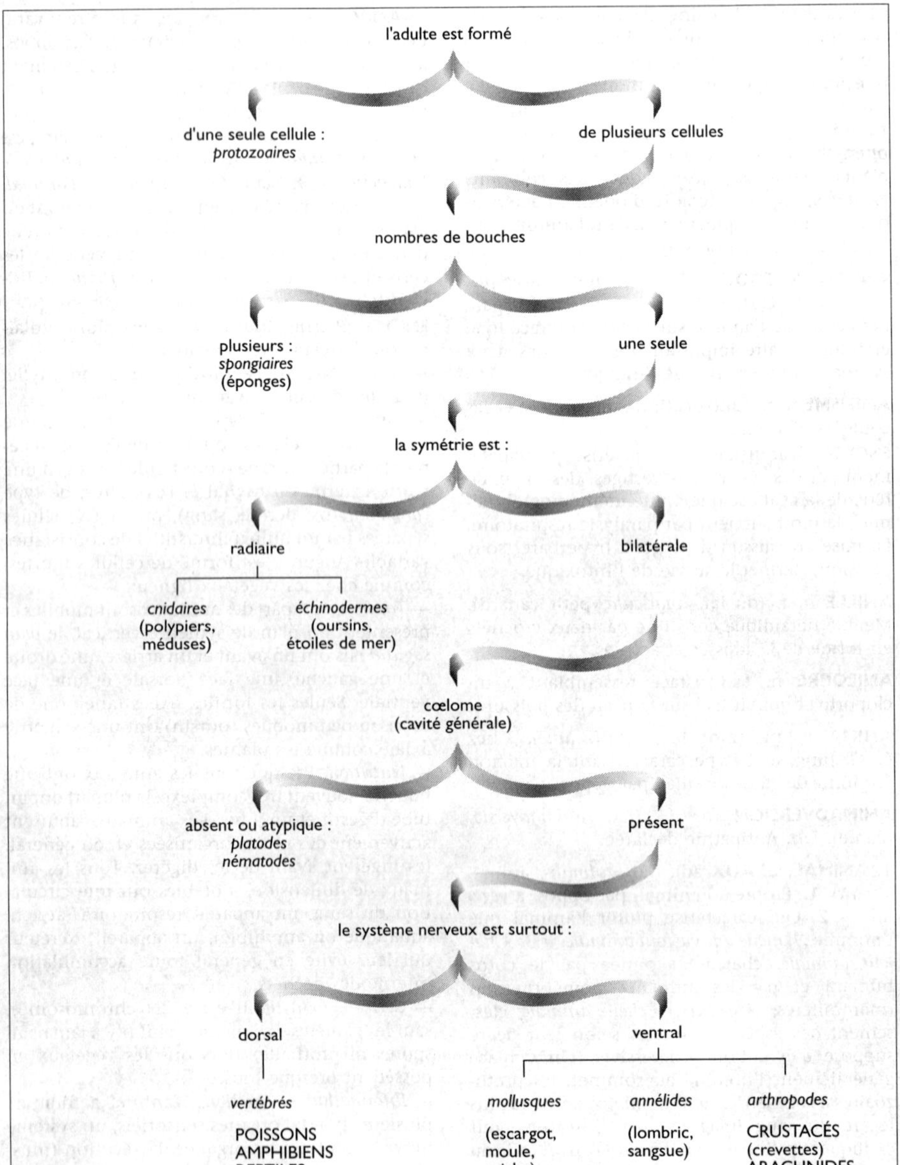

Classification du règne **animal.**

traitements que les actes de cruauté exercés, publiquement ou non, sur les animaux domestiques ainsi que sur les animaux sauvages apprivoisés ou tenus en captivité.
– **Iconogr.** Dès l'Antiquité, des animaux réels ou fabuleux ont été choisis pour symboliser les vertus, pour servir d'attributs aux héros et aux dieux, qu'ils incarnent parfois. En Égypte, le dieu Rê était incarné par une panthère et d'autres animaux. Les Assyriens voyaient dans le lion et le taureau les symboles du bien et du mal. Le griffon était protecteur du souverain dans tout l'Orient méditerranéen.
Le panthéon gréco-romain donne aux dieux des attributs : l'aigle à Jupiter, le paon à Junon, la chouette à Minerve, la biche à Diane, etc.
L'art chrétien primitif (ex. : catacombe de Calixte à Rome) se sert, pour représenter le Christ, des images de l'agneau, de la colombe, du cerf, du paon et du poisson. Ce symbolisme animal a son origine dans la Bible. De l'Apocalypse viennent les attributs des évangélistes.
Dans la faune scolastique du Moyen Âge, les monstres, licorne, sphinx, griffon, centaure, sirène, etc., peuvent être mêlés aux animaux réels. Ceux-ci peuvent représenter un moment particulier de la vie du Christ (l'aigle pour l'Ascension, le pélican pour la Crucifixion). Il existait aussi un bestiaire de Satan, qu'on trouve représenté par un bouc, une chauve-souris, un basilic... Mais le symbolisme animal est ambivalent : ainsi le lion peut représenter soit le Christ, soit l'Antéchrist. La source de ce bestiaire scolastique est le *Physiologos*, compilation grecque du IIe s. traduite en latin au Ve : c'est une sorte de Légende dorée des bêtes.

animaux *(Société protectrice des)* **[S.P.A.],** association fondée en 1845, reconnue d'utilité publique en 1860, qui a pour but d'apporter assistance aux animaux trouvés, abandonnés ou maltraités.

ANIMALCULE n. m. *Litt.* Animal microscopique.

ANIMALERIE n. f. **1.** Lieu où se trouvent, dans un laboratoire, les animaux destinés aux expériences. – **2.** Magasin spécialisé dans la vente d'animaux de compagnie.

ANIMALIER, ÈRE adj. **1.** Qui se rapporte aux animaux : *Société animalière.* – **2.** *Danse animalière,* danse imitative, reproduisant les allures de l'animal que le chasseur primitif voulait envoûter, puis capturer. ‖ *Parc animalier,* parc ouvert au public et dans lequel les animaux vivent en liberté. ‖ *Peintre, sculpteur animalier,* qui s'attache à reproduire l'image des animaux.
◆ n. **1.** Peintre, sculpteur d'animaux. – **2.** Personne chargée de l'élevage des animaux dans un laboratoire, un zoo.

ENCYCL. L'art égyptien et l'art assyrien ont laissé de magnifiques études d'animaux (par ex. les reliefs de Karnak et ceux de Ninive). L'art des steppes* est justement célèbre. Une salle du Vatican renferme une riche collection de sculptures grecques et romaines d'après divers animaux domestiques. On trouve de nombreuses figurations animales dans les divers arts du Moyen Âge et la Renaissance offre de belles réussites (dessins de Pisanello, de Dürer). Mais la représentation des animaux ne devint un genre artistique particulier qu'au XVIIe s. : peintures des Flamands et Hollandais Snijders, Fyt, Potter, Cuyp, suivis au siècle suivant par les Français Desportes et Oudry. Pour le XIXe s., on citera les peintres Géricault (chevaux), Charles Jacque, Rosa Bonheur, les sculpteurs Barye et Frémiet. Le XXe s. offre des évocations sculptées aussi différentes que celles de Pompon, Brancusi, Picasso.

ANIMALISER v. t. (angl. *to animalize*) [conj. 3]. Rabaisser qqn à l'état d'animal.

ANIMALITÉ n. f. (bas lat. *animalitas*). **1.** Ensemble des caractères, des attributs propres à l'animal, par oppos. aux facultés humaines. – **2.** Comportement bestial.

ANIMAL-MACHINE n. m. (pl. *animaux-machines*). Hypothèse de Descartes selon laquelle la matière vivante n'a pas de spécificité par rapport à la matière inerte.

ANIMATEUR, TRICE n. (bas lat. *animator*). **1.** Personne qui est l'élément dynamique d'une entreprise collective : *Il a été l'animateur du congrès.* – **2.** Personne chargée de l'encadrement d'un groupe d'enfants, de vacanciers, d'adultes et qui propose des activités, facilite les relations entre les membres du groupe, suscite l'émulation, l'intérêt, etc. – **3.** Personne chargée de diriger, de dynamiser, d'orienter un service commercial, la vente de produits, etc. – **4.** Au music-hall, à la radio ou à la télévision, personne qui présente et créé le climat du spectacle ou de l'émission.
◆ adj. Se dit d'un personnel chargé de l'animation au sein d'un groupe.

ANIMATION n. f. (lat. *animatio*). **1.** Action de mettre de la vivacité, de l'entrain dans qqch : *Mettre un peu d'animation dans un dîner.* – **2.** Chaleur, ardeur, fougue mises dans une action, une expression, un comportement : *Discuter avec animation.* – **3.** Mouvement, grande activité au sein d'un groupe, dans un lieu : *L'animation des rues de Paris à 6 heures du soir.* – **4.** Action d'animer un groupe, un débat, une émission, un service commercial, etc. – **5.** Ensemble des moyens et méthodes mis en œuvre pour faire participer activement les membres d'une collectivité à la vie du groupe.

— **6.** Toute méthode consistant à filmer image par image des dessins ou des marionnettes qui paraîtront animés sur l'écran. (→ *encycl.*) — **7.** Manifestation ayant pour objet de présenter une œuvre à une partie de son futur public, de réfléchir collectivement sur un spectacle déjà vu.

ENCYCL. **Cin.** Inventée en 1906 par l'Américain J. Stuart Blackson, la prise de vues image par image marque l'essor du dessin animé. Les premiers personnages vedettes naissent en 1919 (*Félix le chat,* de Pat Sullivan) et 1920 (Koko le clown, héros d'une série de Max et Dave Fleischer), mais surtout en 1926 avec l'apparition de Mickey, la souris de Walt Disney. En 1937, Disney triomphe avec le long métrage *Blanche-Neige et les sept nains* qui naît de son atelier, véritable multinationale du rêve. Seuls les frères Fleischer et leur série des *Popeye* font alors figure de concurrents. À partir de 1940, de nouveaux talents entraînent le dessin animé vers la loufoquerie (Tex Avery) ou la recherche graphique (Stephen Bosustow). À la fin de la Seconde Guerre mondiale, les écoles nationales se développent. Au Canada, Norman MacLaren essaie des techniques inexplorées d'animation (dessin direct sur pellicule, stéréoscopie, etc.). En Europe centrale, les marionnettistes tchécoslovaques Jiří Trnka et Karel Zeman, les humoristes caustiques de l'école yougoslave de Zagreb, les Polonais Jan Lenica et Walerian Borowczyk recueillent les faveurs du public. En France, Paul Grimault impose un style au charme poétique et fantaisiste. Par la suite, l'animation cherche à conquérir les amateurs de musique rock, de bandes dessinées ou de science-fiction (*le Sous-marin jaune,* de George Dunning [1968] ; *Fritz the Cat ;* de Ralph Bakshi [1972] ; *la Planète sauvage,* de René Laloux et Roland Topor [1973]). Plus récemment, le recours à l'informatique révolutionne les techniques d'animation en réduisant considérablement les temps de réalisation, en autorisant les combinaisons techniques originales (*Qui veut la peau de Roger Rabbit ?,* de Robert Zemeckis [1988]) et en permettant la production d'images de synthèse (*Tron,* de Steven Lisberger [1982] ; *Toy Story,* de John Lasseter [studios Walt Disney, 1995]).

ANIMATO adv. (mot ital.). Indication de tempo : avec vivacité.

ANIMELLE n. f. (ital. *animelle,* abats). Chacun des testicules d'animaux, plus spécialement ceux du bélier, apprêtés de façons diverses.

ANIMER v. t. (lat. *animare,* de *anima,* souffle vital) [conj. 3]. **1.** Donner à qqch la vie ou l'apparence de la vie : *Les flammes animaient les visages des statues.* — **2.** Douer qqch de mouvement : *Le moteur animait la roue d'un mouvement très rapide.* — **3.** Inspirer qqn, le pousser à agir : *C'est la passion qui l'anime.* — **4.** Rendre un propos, un récit plus vif, plus vivant : *Animer la conversation.* — **5.** Donner du mouvement, de l'activité à un lieu, à une entreprise : *Coureur qui anime la course.* — **6.** Être l'animateur d'un groupe, d'une émission, faire de l'animation. — **7.** *Animer le regard,* lui donner de l'éclat, le faire briller : *L'alcool anime son regard.*

◆ **être animé** v. pass. ‖ *Dessin animé,* procédé d'animation qui nécessite 24 dessins différents par seconde ; film réalisé selon ce procédé. ‖ *Noms animés,* noms qui dénotent des êtres vivants, hommes ou animaux (par oppos. aux noms *non-animés* ou *inanimés*). *Les êtres animés,* les êtres vivants. ‖ *Yeux animés,* en héraldique, yeux d'un autre émail que la tête.

◆ **s'animer** v. pr., **être animé** v. pass. **1.** *Litt.* Prendre vie ou prendre l'apparence de la vie : *Dans ce film, les statues s'animent.* — **2.** Devenir vif, plein d'ardeur, d'éclat : *Le débat commence à s'animer.* — **3.** Être le lieu d'une grande activité, d'une grande animation : *Le marché de l'or est animé.*

ANIMISME n. m. (rad. lat. *anima,* âme). **1.** Conception générale qui attribue aux êtres de l'univers, aux choses, une âme analogue à l'âme humaine. (→ *encycl.*) — **2.** Tendance qu'ont les enfants à considérer les choses comme animées et à leur prêter des intentions.

ENCYCL. L'animisme a connu une grande fortune à la fin du XIXe s., à l'époque du triomphe du scientisme et du positivisme. Le terme reste aujourd'hui employé, mais recouvre des croyances et des pratiques hétérogènes.

ANIMISTE adj. et n. Relatif à l'animisme ; qui est adepte de l'animisme.

ANIMOSITÉ n. f. (lat. ecclés. *animositas*). **1.** Sentiment d'hostilité à l'égard de qqn, qui pousse à lui vouloir du mal, à lui faire du tort ; antipathie, ressentiment : *Être en butte à l'animosité d'un adversaire politique.* — **2.** Violence, agressivité qui se manifeste dans l'attitude, les propos, et qui traduit des dispositions malveillantes ; âpreté, véhémence : *Une atmosphère d'animosité.*

ANIMUCCIA (Giovanni), compositeur italien (Florence apr. 1500-Rome 1571). Ami de Philippe Neri, il travailla à constituer le répertoire de la congrégation. Ses 2 livres de *Laudi spirituali* (1563 et 1570) sont des recueils de cantiques destinés aux réunions de l'Oratoire. Il succéda à Palestrina en 1555 comme maître de la chapelle Giulia.

ANIMUS [-mys] n. m. (lat. *animus,* esprit). **1.** État d'esprit de celui qui pense, de bonne foi, être titulaire d'un droit. (S'oppose à *corpus.*)

— **2.** Chez C. G. Jung, archétype figurant la fraction masculine de l'âme du sujet, par oppos. à *anima.*

ANION n. m. (gr. *anion,* ce qui s'élève). Ion qui possède une charge d'électricité négative. (C'est un atome ou un groupe d'atomes ayant gagné un ou plusieurs électrons.)

ANIONIQUE adj. Relatif aux anions.

ANIRIDIE n. f. Absence congénitale de l'iris.

ANIS [ani ou anis] n. m. (lat. *anisum,* du gr. *anison*). **1.** Nom usuel de plusieurs plantes aromatiques utilisées pour la boisson : l'*anis vert,* cultivé, l'*anis des Vosges* ou cumin des prés, le *faux anis* ou aneth, le fenouil, succédané usuel de l'anis vert, qui sont des ombellifères ; la badiane ou *anis étoilé,* qui est une magnoliacée, d'usage pharmaceutique. — **2.** Dragée dont l'intérieur est un grain d'anis.

ANISAKIASE n. f. Impasse parasitaire, identifiée aux Pays-Bas et au Japon, et provoquée par des larves de nématodes (*Anisakis simplex* et autres), qui ont pour hôtes définitifs des mammifères marins et pour hôtes intermédiaires des poissons, dont le hareng. (Mangés crus, ces poissons contaminent l'homme.)

ANISÉ n. m. Liqueur anisée.

ANISER v. t. (conj. 3). Parfumer avec de l'anis.

ANISETTE n. f. Liqueur obtenue par mélange d'alcool, d'eau, de sucre et d'esprit d'anis vert.

ANISOCHROMIE [-kro-] n. f. Inégalité de la coloration des hématies sur frottis en rapport avec des différences dans leurs charges en hémoglobine.

ANISOCORIE n. f. Inégalité de dimension des pupilles.

ANISOCYTOSE n. f. Inégalité anormale des diamètres des différentes hématies.

ANISOGAMIE n. f. Mode de reproduction hétérogame dans lequel les gamètes, tous deux mobiles, sont cependant différents, la cellule femelle étant plus grosse. (Contr. ISOGAMIE, OOGAMIE.)

ANISOLE n. m. Éther méthylique du phénol, $CH_3O—C_6H_5$, bon solvant des composés organiques et intermédiaire industriel.

ANISOMÉTRIQUE adj. Se dit d'une contraction musculaire dynamique dans laquelle la longueur du muscle actif varie.

ANISOMYAIRE adj. et n. m. Se dit des mollusques bivalves qui ont leurs valves reliées par deux muscles inégaux, comme la moule.

ANISOPLIE n. f. (du gr. *oplon,* arme). Scarabée dont la larve ronge les racines des plantes.

ANISOPTÈRE n. m. Insecte odonate au vol rapide et zigzaguant, aux ailes étalées transversalement au repos, tel que l'æschne et la libellule. (Les *anisoptères* forment un sous-ordre.)

ANISOTONIE n. f. Différence de pression osmotique entre les deux faces d'une paroi perméable ou semi-perméable, ce qui permet les échanges d'eau et d'ions à travers cette paroi. (Il y a hypertonie sur une face, hypotonie sur l'autre.)

ANISOTROPE ou **ANISOTROPIQUE** adj. Se dit des substances dont les propriétés physiques varient en fonction de la direction.

ANISOTROPIE n. f. Qualité d'une substance anisotrope.

ANITE n. f. Inflammation de l'anus.

ANIZY-LE-CHÂTEAU (02320), ch.-l. de cant. de l'Aisne, à 20 km au S.-O. de Laon ; 1 902 hab. *(Anéziens).* Le bourg fut donné par Clovis à saint Remi et fortifié ensuite par les évêques de Laon.

ANJERO-SOUDJENSK, v. de Russie, en Sibérie occidentale, dans le Kouzbass ; 108 000 hab. Centre houiller.

ANJOU, ancienne province de France, axée sur la Loire, entre la Bretagne, le Maine, la Touraine et le Poitou ; cap. *Angers.* (Hab. *Angevins.*)

Géographie. Au nord-ouest, le Segréen (ou Anjou noir), au sol schisteux, est voué à l'élevage bovin et porcin ; l'extraction minière (fer, ardoise) y est une survivance. Au sud-ouest, les Mauges (ou Choletais) sont une terre d'élevage aussi et une nébuleuse industrielle. Au nord-est, le Baugeois (ou Anjou blanc) est un plateau juxtaposant élevage bovin et cultures fruitières. Au sud-est, le Saumurois associe aux céréales, des vignobles et des champignonnières. Au N., les vallées du Loir, de la Sarthe et de la Mayenne sont des rubans de prairies ; au centre, dans la Vallée d'Anjou, prospèrent primeurs, fruits, fleurs, produits de pépinière. Angers, au centre, assure l'unité de la région.

Histoire. Territoire des Andes ou Andécaves, occupé par César en 57-56 av. J.-C., l'Anjou fut, à l'époque carolingienne, administré par des comtes, parmi lesquels Robert le Fort qui mit fin aux dévastations des Normands (866). Vers 870, il fut doté, par le futur roi Robert Ier, d'un vicomte, du nom d'Ingelger, dont le fils Foulques Ier prit le titre comtal (929), fondant ainsi la première des trois maisons d'Anjou*. Uni au Maine par Foulques V (1109-1131), le comté d'Anjou devint le cœur du vaste Empire angevin sous Henri II Plantagenêt. Occupé par Philippe II Auguste (1205) puis donné en apanage à Charles Ier d'Anjou (1246), il fut alors inclus dans l'Empire angevin centré sur le royaume de Sicile. Réincorporé au domaine royal à l'avènement de

Philippe VI de Valois (1328), il fut de nouveau constitué en apanage et érigé en duché (1360) en faveur de Louis Iᵉʳ, roi de Sicile. À la mort du dernier duc d'Anjou, le roi René Iᵉʳ (1480), il fit retour au domaine de la Couronne (1481). Victime des guerres de Religion, de la Fronde et des guerres de Vendée, l'Anjou forma pour l'essentiel le département du Maine-et-Loire en 1790.

ANJOU (*duc* D'), titre porté, après la réunion de l'Anjou au domaine royal, par le futur Henri III de 1566 à 1574, puis par son frère Hercule François de 1576 à 1584, et enfin par le futur roi d'Espagne Philippe V de 1683 à 1700.

ANJOU *(maisons d')*, titre porté par trois familles, du Xᵉ au XVᵉ s. — La *première maison d'Anjou* est issue d'Ingelger, vicomte d'Angers (v. 870), dont le fils Foulques Iᵉʳ prit le titre de comte d'Anjou en 929. Avec le comte d'Anjou Foulques V, cette maison accéda en 1131 à la couronne de Jérusalem qu'elle conserva jusqu'en 1186. Elle accéda aussi au trône d'Angleterre avec Henri Plantagenêt, fils du comte d'Anjou Geoffroi V, qui devint roi d'Angleterre en 1154 sous le nom de Henri II, premier souverain de la dynastie des Plantagenêts*. — La *deuxième maison d'Anjou* a pour fondateur Charles Iᵉʳ d'Anjou, fils de Louis VIII qui fut apanagé des comtés d'Anjou et du Maine en 1246, et devint roi de Sicile (1266). La politique expansionniste de ce prince explique la multiplication des branches de cette maison (branches de Hongrie, de Naples, de Durazzo, de Tarente). — La *troisième maison d'Anjou* est issue de Charles Iᵉʳ de France, comte de Valois, père de Philippe VI, qui reçut en dot l'Anjou et le Maine (1290) de sa femme Marguerite de Sicile, petite-fille de Charles Iᵉʳ d'Anjou. Cette maison s'est éteinte en 1481 avec le neveu du roi René Iᵉʳ, Charles V, comte du Maine et roi titulaire de Naples, qui légua ses possessions et ses droits sur le royaume de Naples à Louis XI.

Anjou *(vins d')*, vins d'appellation d'origine contrôlée, blancs, rouges et rosés produits dans les départements de Maine-et-Loire, des Deux-Sèvres et de la Vienne.

ANJOU, v. du Canada, au Québec, au N.-E. de Montréal ; 37 000 hab. Constructions mécaniques.

ANJOU (Hercule François, *duc* D'), prince français (Saint-Germain-en-Laye 1554 - Château-Thierry 1584), fils de Henri II et de Catherine de Médicis. Duc d'Alençon (1566), il s'allia aux protestants lors de la cinquième guerre de Religion à l'issue de laquelle il fit conclure la paix de Monsieur (1576) qui lui donna le titre de duc d'Anjou. Il tenta vainement d'épouser Élisabeth Iʳᵉ d'Angleterre et dut renoncer à la souveraineté des Pays-Bas après avoir été vaincu à Anvers (1583).

ANJOUAN → NDZOUANI.

Anjouan *(ordre de l'Étoile d')*, ordre créé en 1874 par le sultan de l'île d'Anjouan, devenu en 1896 ordre colonial français ; il a cessé d'être décerné en 1964.

ANKARA, anc. **Angora,** cap. de la Turquie ; 2 559 471 hab. De climat rude, à 950-1 000 m d'altitude, comportant, autour d'un noyau central planifié, d'immenses quartiers périphériques d'habitat sommaire, Ankara est un centre politique, artisanal et universitaire, à la fonction industrielle réduite.

— **Hist.** Ankara, l'antique Ancyre*, appartint définitivement aux Turcs à partir du XIIᵉ s. Elle fut choisie en 1920 par Mustafa Kemal comme siège de la Grande Assemblée nationale et devint en 1923 la capitale de la Turquie.

— **Bx-arts.** Monuments romains (temple d'Auguste, thermes de Caracalla, colonne attribuée à Julien), seldjoukides et ottomans (mosquée Aslanhane du XIIIᵉ s.). Musées consacrés aux civilisations anatoliennes et à l'art islamique.

Ankara *(bataille d')* [1402], bataille au cours de laquelle Tīmūr Lang vainquit et fit prisonnier Bayezid Iᵉʳ.

ANKARATRA, massif de Madagascar, dominant l'Imérina, au S.-O. d'Antananarivo et possédant un des points culminants de l'île, le *Tsiafajavona* (2 638 m) [le *Rassembleur de nuages*].

ANKER (Albert), peintre suisse (Ins 1831-*id.* 1910). Élève de Gleyre, il vécut trente ans à Paris, puis rentra en Suisse (1891) pour y peindre des scènes de la vie rustique bernoise.

ANKÉRITE n. f. Variété de dolomie, contenant du carbonate ferreux et brunissant à l'air.

ANKH adj. *Croix ankh,* syn. de CROIX ANSÉE*.

ANKRAH (Joseph Artur), général et homme d'État ghanéen (Accra 1915). Il renversa le gouvernement de Nkrumah et fut chef de l'État et des forces armées de 1966 à 1969.

ANKYLOSANT, E adj. Qui provoque l'ankylose.

ANKYLOSE n. f. (gr. *agkulôsis*). Processus de limitation de la mobilité d'une articulation pouvant aboutir au blocage complet de celle-ci quel qu'en soit l'angle.

ENCYCL. L'ankylose peut se faire en bonne ou en mauvaise position et entraîner une invalidité variable, au niveau d'un segment de membre. Elle peut être consécutive à un traumatisme articulaire ou résulter d'une maladie articulaire chronique.

ANKYLOSER v. t. (conj. 3). Déterminer une ankylose.

◆ **s'ankyloser** v. pr., **être ankylosé** v. pass. **1.** Être atteint d'ankylose : *Son genou est ankylosé.* — **2.** Perdre la rapidité à agir, à s'adapter, etc. ; se scléroser : *S'ankyloser dans l'inactivité.*

ANKYLOSTOME n. m. Petit ver rond (nématode), parasite intestinal de l'homme, agent de l'ankylostomiase.

ANKYLOSTOMIASE ou **ANKYLOSTOMOSE** n. f. Maladie parasitaire provoquée par les ankylostomes.

ENCYCL. L'ankylostomiase est fréquente en régions tropicales *(Necator americanus)*, subtropicales et tempérées *(Ancylostoma duodenale)*. En Europe, elle atteint surtout les personnes travaillant dans certaines mines. La migration tissulaire des larves, qui pénètrent par la peau en provoquant souvent un érythème (« gourme des mineurs » en Europe), s'accompagne de manifestations respiratoires (« catarrhe des gourmes »). Le parasitisme intestinal peut entraîner au début des signes de duodénite et ultérieurement une anémie parfois profonde (« anémie des mineurs »).

AN LUSHAN ou **NGAN LOU-CHAN,** général d'origine turque au service de la Chine († 757). Il se révolta contre l'empereur Xuanzong et ébranla l'autorité des Tang.

ANNA IVANOVNA (Moscou 1693 - Saint-Pétersbourg 1740), impératrice de Russie (1730-1740), fille d'Ivan V, mariée en 1710 à Frédéric-Guillaume de Courlande († 1711). À la mort de Pierre II, elle accepta les « conditions » du Haut Conseil secret. Mais, dès son accession au trône, elle revint à l'autocratie et confia le gouvernement à Biron et aux Allemands de son entourage. Sous son règne, la Russie intervint en 1733-1735 dans la guerre de la Succession de la Pologne et remporta de brillantes victoires sur les Turcs (1736-1739).

Anna Karenine, roman de Léon Tolstoï (1875-1877) : les ravages d'une passion illégitime opposés à l'image paisible d'un couple uni.

ANNABA, anc. **Bône,** port d'Algérie, ch.-l. de wilaya, au pied du massif de l'Edough, en bordure de la *plaine d'Annaba,* près de l'embouchure de la Seybouse ; 256 000 hab. Mosquée du XIᵉ s. Centre commercial et industriel (sidérurgie, engrais). Université. — Bône fut occupée par les Français en 1832.

ANNABERGITE n. f. (de *Annaberg,* v. d'Allemagne). Arséniate hydraté de nickel.

ANNADURAI (Conjeevaram Natarajan), homme politique indien (Kāñcīpuram 1909-Madras 1969). « Chief Minister » de l'État de Tamil Nadu, il incarna les aspirations d'une large majorité de Tamouls.

ANNAL, E adj. (lat. *annalis,* de *annus,* année). Qui ne dure qu'un an. (Le pluriel masc. est inusité.)

ANNALES n. f. pl. (lat. *annales,* de *annus,* année). **1.** Ouvrage qui rapporte les événements en suivant l'ordre chronologique. — **2.** Nom donné à certains titres de revue. — **3.** Histoire passée d'événements notoires : *Les annales du crime.*

Annales, de Tacite (IIᵉ s.). Partiellement publiées de 115 à 117, elles exposent en seize livres, dont plusieurs sont perdus, l'histoire romaine depuis la mort d'Auguste jusqu'à celle de Néron.

Annales, revue historique française, créée en 1929, sous le titre *Annales d'histoire économique et sociale,* par Lucien Febvre et Marc Bloch, pour substituer à l'histoire événementielle une histoire intégrée à l'ensemble des sciences humaines. À partir de 1946, les *Annales* ont porté le sous-titre : « Économies, Sociétés, Civilisations », auquel a été substitué en 1994 celui de « Histoire, Sciences sociales ».

Annales de géographie, revue géographique française, fondée en 1891 par P. Vidal de La Blache.

Annales politiques et littéraires *(les),* revue publiée de 1883 à 1939 par Adolphe Brisson et sa femme (Yvonne Sarcey), puis par Pierre Brisson. Suspendue de 1940 à 1946, la revue reparut sous le titre *les Annales Conferencia (revue mensuelle de lettres françaises),* mais cessa sa publication en décembre 1971.

Annales de la religion, journal animé par l'abbé Grégoire, qui servit d'organe à l'Église constitutionnelle de 1795 à 1803.

ANNALISTE n. Personne qui écrit des annales.

ANNALITÉ n. f. (de *annal*). État de ce qui dure un an.

ANNAM ou **TRUNG BÔ,** région centrale et la plus étroite du Viêt-nam, entre le Tonkin et la Cochinchine. La chaîne annamitique ne laisse place qu'à d'étroites plaines côtières qui concentrent la quasi-totalité des populations vietnamiennes, essentiellement rurales (riziculture surtout). Les principales villes littorales, sont Huê et Da Nang. La situation explique la fonction de passage entre le Tonkin et la Cochinchine.
— **Hist.** Le nom d'Annam fut donné par la Chine à l'ancien royaume vietnamien du Nam Viêt (v. 208-111 av. J.-C.), qu'elle occupa de 111 av. J.-C. à 939. Quand les Vietnamiens retrouvèrent leur indépendance, ils donnèrent à leur pays le nom de *Dai Co Viêt* (968). Le terme « Annam » réapparut en 1790 quand le roi usurpateur Quang Trung reçut l'investiture de la Chine, qui lui décerna le titre de roi d'Annam ;

mais quand Gia Long monta sur le trône (1802), il reçut l'investiture sur le Viêt-nam. L'intervention militaire de Francis Garnier fut à l'origine du protectorat français d'Annam (1884). Après la création de l'Union indochinoise (1887), la France réorganisa le pays (1898) en deux protectorats, celui du Tonkin (au N.) et celui de l'Annam (au centre) et une colonie, la Cochinchine.

ANNAMITE adj. et n. D'Annam.

ANNAMITIQUE (*chaîne* ou *cordillère*), chaîne montagneuse d'Asie, aux confins du Viêt-nam et du Laos, boisée et peu peuplée, culminant à 2 598 m au Ngoc Linh.

ANNAPOLIS, fl. du Canada, en Nouvelle-Écosse, tributaire de la baie de Fundy. Vergers de pommiers dans sa vallée.

ANNAPOLIS, v. des États-Unis, cap. du Maryland, sur la baie de Chesapeake ; 33 187 hab. Pêche.

Annapolis *(Académie navale d'),* école navale américaine, créée en 1845 sur l'emplacement du fort Severn et formant les officiers de la marine militaire, de l'aéronautique navale et du corps des marines.

ANNAPPES → VILLENEUVE-D'ASCQ.

ANNAPŪRNĀ, massif de l'Himālaya, au Népal ; 8 078 m. Premier sommet de plus de 8 000 m atteint par l'homme (le 3 juin 1950 par les Français M. Herzog et L. Lachenal).

ANN ARBOR, v. des États-Unis (Michigan), à l'O. de Detroit ; 109 592 hab. Université. Industries métallurgiques et électriques.

ANNAT (François), jésuite français (Estaing, près de Rodez, 1590-Paris 1670). Provincial de France (1653), confesseur de Louis XIV (1654-1670), il combattit le jansénisme.

ANNATE n. f. (lat. médiév. *annata*). Redevance que payait au Saint-Siège le bénéficier lors de son investiture et qui équivalait à une année de revenu.

ANNAUD (Jean-Jacques), cinéaste français (Juvisy-sur-Orge 1943). On lui doit quelques-unes des superproductions françaises des années 1980 : *la Guerre du feu* (1981), *le Nom de la rose* (d'après l'œuvre d'Umberto Eco, 1986), *l'Ours* (1988). En 1992, il réalise *l'Amant*, adapté du roman de M. Duras, et, en 1995, *les Ailes du courage,* premier film de fiction en trois dimensions (procédé IMAX 3 D), évoquant l'épopée de l'Aéropostale.

ANNE *(sainte)*, épouse de saint Joachim et mère de la Sainte Vierge, selon une ancienne tradition chrétienne. Elle est particulièrement vénérée en Bretagne.

ANNE ou **HANNE,** grand prêtre juif de 6 à 15 apr. J.-C. Lors du procès de Jésus devant le sanhédrin, il est mentionné à côté de son gendre Caïphe.

BYZANCE

ANNE COMNÈNE, princesse byzantine (1083-1148). Elle a été l'historienne du règne d'Alexis Ier Comnène, son père, à qui elle a consacré une longue chronique, *l'Alexiade,* ouvrage intéressant pour l'histoire de la première croisade.

FRANCE

ANNE (1024-apr. 1075), reine de France. Fille de Iaroslav le Sage, grand-prince de Kiev, et épouse (1051) du roi Henri Ier, elle partagea la régence de son fils Philippe Ier avec Baudouin V de Flandre de 1060 à 1066.

ANNE D'AUTRICHE (Valladolid 1601 -Paris 1666), reine de France. Fille de Philippe III d'Espagne et de Marguerite d'Autriche, elle épousa Louis XIII en 1615. Écartée du pouvoir par le roi et Richelieu, elle participa aux complots ourdis contre ce dernier (tel le complot de Chalais, 1626) et anima le parti dévot dont elle subit l'échec (journée des Dupes, 10 nov. 1630). À la mort de Louis XIII (1643), son fils Louis XIV étant à peine âgé de 5 ans, elle se fit donner la régence avec les pleins pouvoirs par le parlement. Jusqu'en 1661, elle gouverna le royaume en étroite collaboration avec Mazarin qu'elle épousa peut-être secrètement.

ANNE DE BRETAGNE (Nantes 1477-Blois 1514), duchesse de Bretagne et reine de France. Fille de François II, duc de Bretagne, auquel elle succéda en 1488, elle épousa Charles VIII en 1491. Après la mort de ce dernier (1498), elle se remaria avec Louis XII (1499). Reine de France pour la seconde fois, elle conserva le gouvernement de la Bretagne dont elle sauvegarda l'indépendance.

ANNE DE FRANCE ou **ANNE DE BEAUJEU,** duchesse de Bourbon (Genappe, Brabant, 1461-Chantelle 1522). Fille aînée de Louis XI et de Charlotte de Savoie, elle épousa en 1474 Pierre, sire de Beaujeu, futur duc de Bourbon, avec lequel elle gouverna le royaume de 1483 à 1491 au nom de son frère Charles VIII. Poursuivant l'œuvre de Louis XI, elle brisa la révolte des grands féodaux (guerre folle, 1485-1488) et prépara la réunion de la Bretagne à la France en mariant Charles VIII à Anne de Bretagne (1491).

ANNE DE GONZAGUE, dite **la Princesse Palatine** (Paris 1616-*id.* 1684). Fille de Charles Ier de Gonzague et épouse (1645) d'Édouard de Bavière, fils de l'Électeur palatin Frédéric V, elle participa activement à la Fronde ; elle contribua notamment au retour de Mazarin à Paris (1653).

GRANDE-BRETAGNE

ANNE BOLEYN (v. 1507 - Londres 1536), reine d'Angleterre par son mariage avec Henri VIII (1533-1536). Pour l'épouser, le roi divorça d'avec Catherine d'Aragon. Mais il n'eut d'elle qu'une fille, la future reine Élisabeth. En 1536, supplantée par Jane Seymour, elle fut accusée d'adultère, condamnée à mort et exécutée.

ANNE DE CLÈVES (Düsseldorf 1515-Chelsea 1557), quatrième femme de Henri VIII, roi d'Angleterre, qui la renvoya après 6 mois de mariage (1540).

ANNE STUART (Londres 1665-*id.* 1714), reine de Grande-Bretagne et d'Irlande (1702-1714). Seconde fille de Jacques II Stuart, restée fervente protestante, elle succéda en 1702 à sa sœur Marie et à Guillaume III, morts sans postérité. Son règne fut marqué par l'Acte d'union (1707), qui de l'Angleterre et de l'Écosse fit un État unique, la Grande-Bretagne. À l'extérieur, les victoires de Marlborough et la paix d'Utrecht (1713) firent de la Grande-Bretagne la première puissance maritime d'Europe. La disparition d'Anne entraîna la substitution de la dynastie de Hanovre à celle des Stuarts.

DIVERS

ANNE JAGELLON (Prague 1503-*id.* 1547), reine de Hongrie et de Bohême, fille de Vladislav II, épouse de Ferdinand Ier de Habsbourg, élu roi de Hongrie et de Bohême en 1526.

ANNE JAGELLON (Cracovie 1523-Varsovie 1596), reine de Pologne (1575-1586). Elle épousa Étienne Báthory, élu roi de Pologne, et fut couronnée avec lui à Cracovie en 1576.

ANNEAU n. m. (lat. *anellus,* dimin. de *anus,* anneau). **1.** Cercle de matière dure, qui sert à retenir qqch : *Les anneaux d'un rideau.* – **2.** Petit cercle, généralement de métal, qu'on porte au doigt. – **3.** Ce qui a la forme d'un cercle : *Anneau de corde.* – **4.** *Anneau de mariage,* syn. de ALLIANCE. • **Anat.** Nom donné à certaines régions de passage (anneau inguinal, anneau crural). ‖ *Anneau tactile,* terminaison nerveuse cutanée, disposée autour du poil ou du cheveu. – **Astron.** Zone circulaire de matière entourant certaines planètes (Jupiter, Saturne, Uranus, Neptune), peuplée d'une multitude de petits corps solides de faibles dimensions se déplaçant chacun avec sa vitesse propre. – **Bot.** Collerette de certains champignons (amanites, lépiotes). ‖ Organe hygroscopique assurant la déhiscence du sporange chez les mousses et les fougères. – **Ch. de f.** *Anneau dansant,* élément de transmission de moteurs de locomotive entièrement suspendus permettant le débattement de la suspension par l'intermédiaire de biellettes le reliant d'une part à un plateau d'entraînement solidaire de l'arbre creux, d'autre part à la roue. – **Cristallogr.** *Anneau de diffraction,* ensemble circulaire des taches de diffraction des rayonnements par une poudre cristalline. – **Électr.** *Enroulement en anneau,* disposition de spires autour d'un noyau magnétique de forme torique. – **Géom.** Syn. de COURONNE. ‖ *Anneau sphérique,* solide engendré par la révolution d'un segment de cercle autour d'un diamètre de ce cercle ne traversant pas ce segment. – **Géophys.** *Anneau équatorial de courant,* syn. de COURANT ANNULAIRE*. – **Math.** Ensemble E muni de deux lois de composition interne, notées + (loi additive) et × (loi multiplicative), telles que (E, +) a une structure de groupe additif, et que la loi multiplicative est associative et distributive par rapport à la loi additive. (L'exemple le plus simple d'anneau est donné par l'ensemble $\mathbb{Z}$ des entiers relatifs muni de l'addition et de la multiplication. ‖ *Anneau commutatif* ou *abélien,* anneau dont la loi multiplicative est commutative. ‖ *Anneau unitaire,* anneau dont la loi multiplicative a un élément neutre appelé élément unité de l'anneau. – **Opt.** *Anneau* ou *cercle oculaire,* dans la lunette astronomique ou dans le microscope, image réelle de l'objectif fournie par l'oculaire. ‖ *Anneaux colorés,* série d'anneaux concentriques qu'on observe par réflexion et par transmission lorsque la lumière tombe sur une lame mince (1 à 2 µ au plus) dont l'épaisseur varie lentement et d'une façon régulière. (→ *encycl.*) ‖ *Anneaux à l'infini,* anneaux d'interférences que l'on observe derrière une lame mince de verre ou de mica. – **Pêch.** *Hameçon à anneau,* hameçon dont la hampe se termine en cercle fermé. (Syn. HAMEÇON À ŒILLET.) – **Phys.** *Anneaux de collisions* ou *de stockage,* dispositif permettant d'amener à se croiser, à des fins d'expérimentation scientifique, deux faisceaux de particules d'énergie élevée, circulant en sens inverse. (→ *encycl.*) – **Relig.** *Anneau pastoral,* anneau orné d'une pierre précieuse que les évêques portent à la main droite. ‖ *Anneau du pêcheur,* sceau personnel du pape, représentant saint Pierre jetant ses filets, et utilisé à partir de la fin du XIIIe s. (Il est brisé à la mort du pape.) – **Serrur.** Partie de la clef que l'on tient dans la main pour ouvrir une serrure. – **Sports.** *Anneau de vitesse,* piste en circuit fermé, de forme régulière, qui sert aux épreuves de vitesse, notamment pour le patinage. – **Text.** Pièce essentielle du continu à filer ou à retordre, ayant la forme d'une piste circulaire sur laquelle glisse un curseur entraîné par le fil, lui-même entraîné par la broche, ce qui permet de tordre et de bobiner le fil simultanément. – **Trav. publ.** Partie de voûte construite entre deux plans longitudinaux verticaux. – **Urban.** Rocade autour d'un centre-ville. – **Zool.**

Chacun des métamères (segments) d'une annélide ou d'un arthropode. (Un anneau comprend une pièce dorsale ou *tergite,* une pièce ventrale ou *sternite,* des pièces latérales ou *pleurites* et éventuellement une paire [unique] d'appendices [articulés ou non].) [Syn. ARTICLE.] – **Zootechn.** *Anneau nasal,* anneau passé au travers de la cloison nasale médiane d'un taureau pour en permettre la contention.

◆ **anneaux** n. m. pl. Agrès de gymnastique sportive, composé de deux cercles en acier fixés aux extrémités de câbles accrochés à un portique.

ENCYCL. **Opt.** *Anneaux colorés.* Ils ont été étudiés pour la première fois par Newton. Young a montré que la formation des anneaux réfléchis est due aux interférences des rayons renvoyés par la première et la seconde surface de la lame mince, et que la formation des anneaux transmis résulte de l'interférence des rayons transmis directement avec ceux qui ne l'ont été qu'après deux réflexions consécutives.

– **Phys.** Les anneaux de collisions ou de stockage sont dérivés des accélérateurs et utilisent les mêmes particules (électrons, protons, ions lourds). Si les particules de chaque faisceau ont des charges de signes opposés (e^-e^+, $p\bar{p}$), un seul anneau d'aimants, analogue à un synchrotron, suffit : c'est un *anneau de collisions.* Si les charges sont de même signe (e^-e^-, pp), deux anneaux sont alors nécessaires pour les faire tourner en sens inverse : ce sont des *anneaux d'intersection.* Pour des dimensions comparables, les anneaux permettent d'atteindre des énergies de réaction beaucoup plus élevées que les accélérateurs. Les zones d'interaction sont aménagées dans des sections droites. Des détecteurs, installés autour de ces zones, permettent de déterminer les caractéristiques des particules produites par les collisions. Les anneaux de collisions ont permis de nombreuses découvertes et leur importance va croissant en physique des hautes énergies.

Anneau du Nibelung *(l')* ⟶ TÉTRALOGIE.

ANNEBAUT (Claude D'), baron **de Retz** († La Fère 1552), amiral de France. Maréchal (1538) puis amiral (1544), il fut l'un des principaux ministres de François Ier (1543-1547).

ANNECY (74000), ch.-l. du dép. de la Haute-Savoie, à 540 km au S.-E. de Paris, au pied de la chaîne du Semnoz, à 448 m d'alt., sur le *lac d'Annecy ;* 51 143 hab. *(Anneciens).* Évêché. Dans l'une des grandes cluses préalpines, atteinte par l'autoroute, Annecy est un grand centre touristique et l'élément principal d'une agglomération comptant plus de 110 000 hab., industrialisée : constructions mécaniques et électriques (électronique), articles de sport, confection, alimentation, combustibles nucléaires, etc.

– **Hist.** Capitale du comté de Genevois, puis cédée à la Savoie en 1401, la ville devint, en 1535, le siège du diocèse de Genève.

– **Bx-arts.** Château reconstruit aux XVe-XVIe s. (Musée régional), cathédrale du XVIe s. (anc. église des franciscains) et autres églises (St-François, XVIIe s.), « palais de l'Isle », médiéval (Musée d'histoire de la ville), et maisons anciennes.

ANNECY *(cluse d'),* dépression des Préalpes entre les Bauges et les Bornes en partie occupée par le *lac d'Annecy.*

ANNECY *(lac d'),* lac subalpin de France (Haute-Savoie). À 448 m d'alt., long de 12 km, large (au maximum) de 3,2 km, il couvre une superficie de 27 km^2. Alimenté par l'Eau Morte et quelques torrents, il s'écoule dans le Fier par le Thiou, qui traverse Annecy. Sauvé de l'eutrophisation, il abrite de nombreux débris d'habitations lacustres et ses rives sont jalonnées de stations touristiques.

ANNECY-LE-VIEUX (74000), ch.-l. de cant. de la Haute-Savoie, banlieue nord-est d'Annecy ; 17 969 hab.

ANNÉE n. f. (lat. pop. *annata,* class. *annus,* an). **1.** Durée conventionnelle voisine de la période de révolution de la Terre autour du Soleil. (⟶ *encycl.*) – **2.** Temps que met une planète à faire sa révolution autour du Soleil : *Année martienne.* – **3.** Période de douze mois correspondant à la révolution de la Terre autour du Soleil, commençant le 1er janvier et se terminant le 31 décembre, considérée dans sa durée ou dans sa situation relative : *Les quatre saisons de l'année.* – **4.** Suivi d'une date, cette même période datée par rapport à un système chronologique, le plus souvent le système grégorien : *L'année 0 de notre ère. L'année 1789.* – **5.** Durée de douze mois : *Une interruption de deux années.* – **6.** Période de douze mois comptée depuis le début de qqch : *La première année de la guerre.* – **7.** Durée de douze mois, considérée sous le rapport des événements qui l'ont marquée dans un domaine donné : *Trois années sèches consécutives. Cinq années de prison.* – **8.** Période égale ou plus souvent inférieure à douze mois, commençant ou non le 1er janvier, pendant laquelle s'exerce effectivement une activité : *L'année judiciaire. L'année scolaire.* – **9.** Période annuelle où est mis en honneur qqch ou qqn : *L'année de la femme, de l'enfance.* – **10.** Titre de revue périodique qui rend compte de l'activité manifestée au cours d'une année dans un domaine donné. – **11.** *Années folles,* période allant de 1918 à 1929, caractérisée par l'influence culturelle nord-américaine et une effervescence artistique dont Paris fut le centre. ‖ *Année liturgique,* année qui s'écoule depuis le premier dimanche de l'avent jusqu'au même jour de l'année suivante. ‖ *Année de lumière,* unité de longueur équivalant à la distance parcourue en un an par la lumière dans le vide. (Elle vaut environ $9{,}461 \times 10^{12}$ km [symb. al].) [La forme courante est ANNÉE-LUMIÈRE.] ‖ *Année sainte* ou *année jubilaire,* année pendant laquelle on ouvre à Rome le grand jubilé. ‖ *D'année en année,* de façon continue et progressive. ‖ *Être, entrer dans telle année (d'activité, d'âge),* la commencer, y être. ‖ *Souhaiter la bonne année à qqn,* lui adresser ses vœux pour le nouvel an.

ENCYCL. Suivant l'origine choisie, fixe ou mobile par rapport aux étoiles, on peut définir diverses années dont les durées diffèrent légèrement. L'*année tropique* est le temps écoulé entre deux passages consécutifs du Soleil par la position moyenne du point vernal. Sa durée est approximativement de 365 j 5 h 48 min 46 s, ou 365,242 2 j. L'*année sidérale* est le temps écoulé entre deux passages consécutifs du Soleil par le même point de son orbite apparente. Elle diffère de l'année tropique moyenne du temps qu'il faut au Soleil pour parcourir un arc égal à la précession annuelle de l'équinoxe (50, 256"). Elle vaut 365 j 6 h 9 min 9 s. L'*année civile,* pour un pays donné, rattaché à un fuseau horaire donné, commence le 1er janvier à 0 h, temps légal.
La date du début de l'année a varié au cours des siècles. Chez les Romains, Romulus la fixa au 1er mars ; Numa et César au 1er janvier. Sous Charlemagne, c'était le 1er mars ; au XIIe s., l'Église fixa le 1er de l'an au samedi saint, et Charles IX le rétablit au 1er janvier. Le gouvernement républicain de 1792 décréta que le début de l'année serait le jour de l'équinoxe d'automne : le 22 septembre fut appelé *1er vendémiaire de l'an I de la République.* L'année grégorienne commençant le 1er janvier fut rétablie en 1806.

Année dernière à Marienbad *(l'),* film français d'Alain Resnais (1961). Exercice de style somptueux et raffiné où l'imaginaire et le réel, le passé et l'avenir se confondent, et dont le scénariste est Alain Robbe-Grillet.

Année littéraire *(l'),* revue publiée par Élie Fréron de 1754 à 1776, pour combattre Voltaire et les Encyclopédistes.

Année terrible *(l'),* recueil de poèmes composés par Victor Hugo sous l'impression du siège de Paris et de la Commune (1872).

Années de pèlerinage *(les),* titre de trois recueils de Franz Liszt (édités en 1855, 1858 et 1883), réunissant une trentaine de pièces pour piano qui évoquent la Suisse et l'Italie *(Églogue, Après une lecture du Dante, Jeux d'eau à la villa d'Este).*

ANNÉE-LUMIÈRE n. f. (pl. *années-lumière*). **1.** Forme courante de ANNÉE DE LUMIÈRE. — **2.** Distance incommensurable.

ANNELER v. t. (de *annel,* forme anc. de *anneau*) [conj. **24**]. Passer un anneau dans les naseaux d'un taureau ou dans le groin d'un porc. (Syn. BOUCLER, FERRER.)
◆ **être annelé** v. pass. **1.** Être disposé en anneaux. — **2.** *Colonne annelée,* syn. de COLONNE BAGUÉE.

ANNELÉS n. m. pl. Nom donné par H. Milne-Edwards aux animaux à métamérie extérieurement visible (vers et arthropodes).

ANNELET n. m. (dimin. de *annel,* forme anc. de *anneau*). Petit anneau.
◆ **annelets** n. m. pl. Nom des filets parallèles (3 en général) qui entourent la base de l'échine du chapiteau dorique.

ANNÉLIDE n. f. (de *annel,* forme anc. de *anneau*). Animal invertébré souvent vermiforme, caractérisé par sa forte métamérisation (anneaux nombreux, très semblables entre eux, contenant chacun des organes de tous les appareils) et dépourvu de pattes articulées. (Les *annélides* forment un embranchement.)

ENCYCL. On distingue trois classes d'annélides : les polychètes, surtout marines, riches en soies et en appendices divers, les unes errantes (néréide), les autres fixées au sol sous-marin (spirographe) ; les oligochètes, hôtes fréquents des eaux douces et des sols (lombric), aux soies peu nombreuses ; les achètes ou hirudinées (sangsues), dépourvues de soies, souvent buveuses de sang, aquatiques ou terrestres.

ANNE-MARIE JAVOUHEY *(bienheureuse),* religieuse française (Jallanges, Bourgogne, 1779-Paris 1851). Fondatrice de la congrégation missionnaire des sœurs de Saint-Joseph de Cluny, elle fut un des témoins majeurs du grand élan missionnaire du XIXe s.

ANNEMASSE (74100), ch.-l. de cant. de la Haute-Savoie, à 7 km à l'E. de Genève ; 27 927 hab. *(Annemassiens).* Nœud routier et ferroviaire. Centre industriel : métallurgie et surtout mécanique de précision.

ANNENSKI (Innokenti Fedorovitch), poète russe (Omsk 1856-Saint-Pétersbourg 1909). Helléniste érudit, il a, dans ses recueils de facture mallarméenne, renouvelé le langage poétique russe (*Chants à voix basse,* 1904 ; *le Coffret de cyprès,* 1910).

ANNEXE adj. (lat. *annexus,* attaché). **1.** Qui se rattache accessoirement à qqch de plus important pour le compléter : *Article annexe de la loi.* — **2.** Se dit d'un service, d'un établissement dépendant d'un service ou d'un établissement principal : *Mairie annexe.*

◆ n. f. **1.** Établissement commercial, administratif, etc., dépendant d'un autre ; bâtiment complétant un bâtiment principal : *L'annexe d'un lycée.* – **2.** Pièce jointe à un ouvrage, un rapport, un procès-verbal, une loi. – **3.** Chapelle, église détachée d'une paroisse pour la commodité d'un certain nombre d'habitants. – **4.** Document comptable qui explique et complète les indications fournies par le bilan et le compte de résultat. – **5.** *Annexes embryonnaires,* organes contenus dans l'œuf fécondé, extérieurement à l'embryon, qu'ils nourrissent ou protègent. (→ *encycl.*) *Annexes de l'utérus,* les trompes, les ovaires, leurs mésos et leurs ligaments.

ENCYCL. *Annexes embryonnaires.* Poissons et amphibiens possèdent seulement un sac vitellin ou vésicule ombilicale, réserve alimentaire qui peut subsister chez l'alevin. Les amniotes ou vertébrés terrestres (reptiles, oiseaux, mammifères) y ajoutent un amnios ou capuchon céphalique protecteur rempli de liquide et une allantoïde, nourricière, collectrice de déchets et participante du placenta chorial chez les mammifères.

ANNEXER v. t. (conj. 4). **1.** Faire entrer qqch dans une nouvelle unité, rattacher à qqch de principal ; joindre : *Annexer un témoignage à un dossier.* – **2.** Faire entrer plus ou moins volontairement qqn dans un groupe : *Ils ont tenté de m'annexer à leur association.* – **3.** Accaparer qqn, le circonvenir : *Tu te laisses annexer par ta sœur.* – **4.** Faire passer tout ou partie d'un État sous la souveraineté d'un autre.

◆ **être annexé** v. pass. En parlant d'une rime, avoir sa dernière syllabe répétée au début du vers suivant.

◆ **s'annexer** v. pr. S'attribuer de façon exclusive qqn ou qqch : *Il s'est annexé la meilleure part.*

ANNEXION n. f. **1.** Action d'annexer, de rattacher : *Réaliser l'annexion des pays occupés.* – **2.** Région, pays annexés : *Être obligé de rendre ses annexions.*

ANNEXIONNISME n. m. Politique visant à l'annexion d'un ou de plusieurs pays.

ANNEXIONNISTE adj. et n. Qui vise à l'annexion d'un autre pays; partisan de l'annexionnisme.

ANNEXITE n. f. Inflammation des annexes de l'utérus.

ANNEYRON (26140), comm. de la Drôme, dans le bas Dauphiné (plaine de la Valloire) ; 3 190 hab. Conception et réalisation d'équipements collectifs. Articles de sport.

ANNEZIN (62232), comm. du Pas-de-Calais, banlieue ouest de Béthune ; 5 891 hab.

ANNIBAL → HANNIBAL.

ANNIBALE PADOVANO (ou **PADOANO**), compositeur et organiste italien (Padoue 1527-Graz 1575). Après avoir tenu le premier orgue de Saint-Marc, à Venise, il devint, à Graz (1570), maître de chapelle de l'archiduc Charles. Parmi ses œuvres on trouve des motets, des ricercari, des madrigaux.

ANNIELLINÉ n. m. Lézard vivipare, proche de l'orvet d'Europe, et qui vit dans les sables des plages californiennes. (Les *anniellinés* forment une tribu, de la famille des anguidés.)

ANNIHILATION n. f. (bas lat. *annihilatio*). **1.** Action d'annihiler ; anéantissement. – **2.** Réaction entre une particule et son antiparticule au cours de laquelle elles disparaissent pour se transformer en un ensemble d'autres particules (généralement plus légères). [Par exemple, l'annihilation nucléon-antinucléon produit le plus souvent des mésons π.]

ANNIHILER v. t. (bas lat. *annihilare,* du lat. class. *nihil,* rien) [conj. 3]. **1.** Anéantir un ensemble abstrait, le détruire, le ruiner complètement : *Cette nouvelle annihila leurs espérances.* – **2.** *Litt.* Anéantir la volonté de qqn, sa personnalité.

ANNIVERSAIRE adj. (lat. *anniversarius,* annuel). Qui rappelle le souvenir d'un événement arrivé à pareil jour une ou plusieurs années auparavant : *Le jour anniversaire du coup d'État.*

◆ n. m. Commémoration d'un événement célébrée au jour anniversaire de la date où il a eu lieu : en particulier, jour anniversaire de la naissance de qqn : *Fêter son anniversaire.*

ANNIVIERS *(val d'),* vallée de Suisse (Valais), drainée par la Navigenze, affl. (r. g.) du Rhône supérieur.

anno aetatis suae (mots lat. signif. *dans l'année de son âge*), formule tumulaire, que l'on fait suivre du nombre d'années atteint par la personne décédée. (On la trouve aussi sur des portraits, indiquant l'âge du modèle.)

ANNOBÓN, anc. (de 1973 à 1979) **Pagalu**, île de la Guinée-Équatoriale, d'origine volcanique ; 17 km² ; 1 400 hab. Pêche. Exploitation du bois.

ANNŒULLIN (59112), comm. du Nord, à 18 km au S.-O. de Lille ; 8 799 hab. *(Annœullinois).* Industrie textile. Semences.

ANNONAIRE adj. (de *annone*). *Provinces annonaires,* provinces (Afrique, Égypte) qui étaient tenues d'approvisionner Rome en denrées alimentaires, principalement en blé.

ANNONAY (07100), ch.-l. de cant. du nord de l'Ardèche ; 19 155 hab. *(Annonéens).* Implantée au XVIIᵉ s., l'industrie du papier est encore présente, ainsi que la chaussure et le textile, éclipsés cependant par la construction automobile (transports en commun).

ANNONCE n. f. **1.** Action d'annoncer qqch, de le faire connaître : *L'annonce de la démission d'un ministre.* — **2.** Ce qui laisse prévoir un événement ; indice précurseur : *Le retour des hirondelles est l'annonce du printemps.* — **3.** Avis par lequel on fait savoir qqch au public et, en partic., message publicitaire en faveur d'un produit inséré dans les journaux, dit à la radio ou montré à la télévision. — **4.** Aux cartes, déclaration d'intention faite au début du jeu. — **5.** *Annonce administrative, annonce judiciaire,* avis légal par lequel un acte administratif ou judiciaire est porté à la connaissance des intéressés, soit à l'avance (adjudications), soit postérieurement (jugements de divorce). ‖ *Effet d'annonce,* retentissement dans l'opinion publique d'une annonce faite par une autorité responsable, lié non au contenu même de l'annonce mais au fait qu'elle constitue en soi un évènement. ‖ *Petites annonces* ou *annonces classées,* dans un journal, rubrique émanant d'une personne physique ou morale et proposant un bien ou un service (offres et demandes d'emploi, immobilières, divers, etc.). [Les petites annonces sont tarifées.]

Annonce faite à Marie *(l'),* drame en 4 actes de Paul Claudel (1912). Dans cette œuvre mystique, proche du mystère médiéval, un équilibre, rompu par les passions humaines, est rétabli par le sacrifice d'une âme prédestinée.

ANNONCER v. t. (lat. *adnuntiare,* de *nuntius,* messager) [conj. **16**]. **1.** Faire connaître une nouvelle, un événement ; communiquer : *Je lui ai annoncé que Pierre était arrivé.* — **2.** Indiquer qqch par avance, le laisser présager, prévoir, en parlant de qqch : *Cette belle journée annonce le printemps.* — **3.** Être le signe certain de qqch ; dénoter : *Sa physionomie annonce la bonté.* — **4.** Faire savoir que qqn ou qqch vont arriver : *On annonce la visite de l'inspecteur pour vendredi.* — **5.** Faire savoir que qqn est présent et demande à être reçu : *Se faire annoncer.* — **6.** Aux cartes, faire une annonce.

◆ **s'annoncer** v. pr. **1.** Commencer, se présenter de telle ou telle manière : *La saison touristique s'annonce bien.* — **2.** *Fam.* Prévenir de son arrivée ; être prévu : *Pierre s'annonce pour la semaine prochaine.*

ANNONCEUR, EUSE n. Personne qui présente les programmes à la radio ou à la télévision. (Syn. SPEAKER, SPEAKERINE.)

◆ **annonceur** n. m. Personne ou société qui insère des messages publicitaires dans les journaux, ou qui les fait passer à la radio ou à la télévision.

ANNONCIADE n. f. (ital. *annunziata,* annonciation). **1.** Nom commun à plusieurs ordres militaires et religieux. — **2.** Religieuse d'une congrégation de l'Annonciade.

Annonciade *(ordre de l'),* ordre de chevalerie italien fondé en 1364 par le duc Amédée VI de Savoie.

ANNONCIATEUR, TRICE adj. (lat. *adnuntiator*). Qui annonce, avant-coureur : *Les signes annonciateurs de la tempête.*

◆ **annonciateur** n. m. Dispositif optique (voyant, lampe) destiné à indiquer à un opérateur de central manuel l'état d'un circuit, ou à un conducteur d'installation l'état de fonctionnement d'un appareil.

ANNONCIATION n. f. (lat. ecclés. *adnuntatio,* annonce). **1.** Message de l'ange Gabriel à la Vierge Marie, pour lui annoncer qu'elle deviendrait la mère du Messie. — **2.** Fête instituée par l'Église en mémoire de cette annonce. — **3.** Œuvre d'art figurant l'annonce de l'ange Gabriel à la Vierge.

Annonciation d'Aix, panneau central (1,65 × 1,76 m), conservé à l'église de la Madeleine d'Aix-en-Provence, d'un triptyque peint entre 1443 et 1445 pour la cathédrale de cette ville et auj. démembré. Influences de Van Eyck, du Maître de Flémalle, de C. Sluter. Attribution possible au Maître du Cœur * d'amour épris.

ANNONCIER n. m. Ouvrier chargé de la composition et de la mise en pages des annonces ou des petites annonces d'un journal.

ANNONE n. f. (lat. *annona,* récolte de l'année). **1.** Dans l'Antiquité romaine, produit de la récolte annuelle. — **2.** Approvisionnement en blé dans les greniers publics. — **3.** Impôt direct en nature perçu dans les provinces. — **4.** Administration des greniers publics et des distributions gratuites ou à bas prix. — **5.** Unité de salaire payée en nature aux fonctionnaires de l'Empire romain, au IVe s., en échange de bons sur les greniers. — **6.** *Annone militaire,* prestations en nature pour l'entretien de l'armée romaine.

ANNOT (04240), ch.-l. de cant. de l'est des Alpes-de-Haute-Provence, à 680 m d'alt. ; 1 094 hab. *(Annotains).* Vieux bourg pittoresque. Station estivale.

ANNOTATEUR, TRICE n. (lat. *adnotator*). Personne qui annote.

ANNOTATION n. f. (lat. *adnotatio*). Action de faire des remarques sur un texte pour l'expliquer ou le commenter ; ces remarques.

ANNOTER v. t. (lat. *adnotare,* noter) [conj. 3]. **1.** Faire sur un texte des remarques explicatives ou critiques : *Annoter un livre.* — **2.** Donner une note et des appréciations à un devoir.

ANNUAIRE n. m. (lat. *annuus,* annuel). **1.** Recueil annuel contenant des renseignements statistiques, des notices biographiques, etc., sur l'année précédente, ou des indications sur l'état du personnel, les membres d'une société, etc. – **2.** *Annuaire (téléphonique),* recueil qui donne les adresses et numéros d'appel des abonnés au téléphone, leur profession.

ANNUALISATION n. f. Action d'annualiser.

ANNUALISER v. t. (conj. 3). **1.** Donner une périodicité annuelle à qqch. – **2.** Prendre l'année comme base pour établir qqch.

ANNUALITÉ n. f. **1.** Qualité de ce qui est annuel. – **2.** *Annualité budgétaire,* règle selon laquelle le budget est voté pour une seule année par le Parlement et doit être exécuté en une seule année par le gouvernement.

ANNUEL, ELLE adj. (bas lat. *annualis,* du lat. class. *annus,* année). **1.** Qui revient chaque année : *Fête annuelle.* – **2.** Qui dure un an : *Charge annuelle.* – **3.** *Plante annuelle,* plante qui fructifie, disperse ses graines et meurt moins d'un an après sa germination.
◆ n. m. Publication annuelle.

ANNUELLEMENT adv. Par an, chaque année.

ANNUITÉ n. f. (lat. médiév. *annuitas*). **1.** Paiement annuel, au moyen duquel l'emprunteur éteint sa dette, intérêts et capital, au bout d'un certain nombre d'années. – **2.** Unité théorique de décompte des services civils et militaires permettant de définir les droits à pension ou à retraite. (Dans l'armée, comptent notamment comme annuités les années de services, les campagnes, les blessures.) – **3.** *Annuité d'amortissement,* montant dont sont annuellement affectés les résultats d'une entreprise, tendant à reconstituer la valeur des actifs dépréciés par l'usure ou l'obsolescence.

ANNULABILITÉ n. f. Qualité d'un acte annulable.

ANNULABLE adj. Qui peut être annulé.

ANNULAIRE adj. (lat. *annularius,* de *annulus,* anneau). **1.** Qui a la forme d'un anneau : *Atoll annulaire.* – **2.** *Courant annulaire,* courant électrique magnétosphérique engendré par des protons dérivant vers l'ouest et qui, pendant la phase principale d'un orage magnétique, se manifeste en zone équatoriale à une distance de la Terre de l'ordre de 4 rayons terrestres. (Syn. ANNEAU ÉQUATORIAL DE COURANT.) ‖ *Éclipse annulaire de Soleil,* éclipse de Soleil dans laquelle la Lune ne parvient pas à masquer la totalité du disque solaire et en laisse apparaître une mince portion en forme d'anneau. ‖ *Protubérance annulaire,* partie moyenne de la face antérieure du tronc cérébral située entre le bulbe rachidien en dessous, et les pédoncules cérébraux au-dessus. (Syn. PONT DE VAROLE.)
◆ n. m. Quatrième doigt à partir du pouce, auquel on met l'anneau de mariage.

ANNULATEUR, TRICE adj. Se dit d'un organe, d'un appareil destiné à annuler le résultat d'une action.

ANNULATIF, IVE adj. Qui annule.

ANNULATION (lat. ecclés. *adnullatio*). **1.** Action d'annuler qqch ; abolition, abrogation, résiliation : *Annulation d'un contrat.* – **2.** Décision judiciaire ou administrative anéantissant un acte entaché de nullité. – **3.** Processus psychologique par lequel un sujet essaie d'effacer, d'invalider un comportement en produisant immédiatement après un comportement de signification directement opposée.

ANNULER v. t. (lat. ecclés. *adnullare,* mépriser, de *nullus,* nul) [conj. 3]. **1.** Rendre, déclarer qqch nul, sans effet ; supprimer, résilier, décommander : *Annuler une invitation.* – **2.** Contrepasser au débit un article déjà passé au crédit, ou vice versa.
◆ **s'annuler** v. pr. Donner un résultat nul, en s'opposant ; se neutraliser : *Deux forces qui s'annulent.*

ANOA n. m. (mot malais). Buffle nain des Célèbes, aux cornes droites, vivant souvent dans l'eau.

ANOBIE n. m. Nom scientifique des *vrillettes,* coléoptères qui creusent d'innombrables galeries dans le bois ouvré, et le rendent vermoulu, leur larve ressemblant à un ver.

ANOBLI, E n. Personne ayant accédé à la noblesse.

ANOBLIR v. t. (de *noble*) [conj. 32]. Faire accéder qqn à la noblesse.

ANOBLISSANT, E adj. Qui confère la noblesse : *Charge anoblissante.*

ANOBLISSEMENT n. m. Fait d'accéder à la noblesse.

ENCYCL. Réservé en France au roi à partir de 1270, l'anoblissement se faisait, sous l'Ancien Régime, soit par lettre patente d'anoblissement (ou de noblesse) soit par charge. Rarement gratuit, l'anoblissement par lettre était moins fréquent que l'anoblissement obtenu par l'achat de certaines charges de gouvernement, de judicature, de finances et municipales, qui conféraient la noblesse à leur titulaire lorsqu'elles étaient exercées pendant un certain temps.

ANODE n. f. (mot angl., du gr. *anodos,* de *ana,* en haut, et *hodos,* chemin.). Électrode par laquelle le courant entre dans le milieu de conductivité différente.

ANODIN, E adj. (gr. *anôdunos,* qui calme la douleur). 1. Sans gravité, sans danger, inoffensif : *Un médicament anodin.* — 2. Sans grande portée : *Mesures anodines.* — 3. Sans importance, sans relief ; falot, insignifiant : *Personnage anodin.*

ANODIQUE adj. Relatif à l'anode.

ANODISATION n. f. Oxydation superficielle d'une pièce métallique, prise comme anode dans une électrolyse, pratiquée surtout sur l'aluminium et les alliages légers pour en améliorer le poli et augmenter la résistance à l'abrasion et à la corrosion.

ANODISER v. t. (conj. 3). Procéder à l'anodisation.

ANODONTE n. m. (gr. *anodous, -ontos,* édenté). Moule d'eau douce de grande taille, à la charnière non dentée, voisine de la mulette.

ANODONTIE [-si] n. f. Anomalie caractérisée par l'absence partielle ou totale des dents.

ANOLIS [-lis] n. m. (mot caraïbe). Petit lézard iguanidé américain, apte à se dissimuler par homochromie active. (150 espèces.)

ANOLYTE n. m. (de *anode* et *électrolyte*). Électrolyte placé dans le compartiment anodique d'une pile ou d'une cellule électrolytique.

ANOMAL, E, AUX adj. (gr. *anômalos,* inégal). 1. Qui s'écarte du fait habituel ; exceptionnel. — 2. Se dit d'un produit dont la faible fréquence d'achat implique une démarche d'achat spécifique. — 3. Se dit d'un énoncé présentant des divergences par rapport aux règles de la langue. — 4. *Succession anomale,* possibilité accordée par la loi à certains donateurs d'hériter ab intestat des biens qu'ils ont donnés au défunt.

ANOMALA n. m. (bas lat. *anomalus*). Scarabée cosmopolite nuisible à la vigne.

ANOMALIE n. f. (bas lat. *anomalia,* du gr. *anômalia,* inégalité). 1. Ce qui s'écarte de la norme, de la régularité, de la règle. — 2. Variation importante de certaines grandeurs géophysiques, souvent due à la présence d'accidents géologiques. — 3. Caractère d'un énoncé anomal. — 4. Écart positif ou négatif des valeurs d'un élément météorologique par rapport à sa moyenne, ou normale.

ANOMALISTE n. m. Grammairien de l'Antiquité qui considérait que le grec (et donc la langue en général) était caractérisé fondamentalement par l'irrégularité (par oppos. aux *analogistes*).

ANOMALOPIDÉ n. m. Poisson pourvu d'un organe lumineux où il héberge des bactéries symbiotiques et qu'il peut occulter à volonté. (Les poissons de la famille des *anamalopidés* vivent dans l'océan Indien et aux Caraïbes.)

ANOMALOSCOPE n. m. Appareil permettant le diagnostic précis des déficiences de la vision des couleurs, congénitales ou acquises.

ANOMALURIDÉ n. m. Rongeur arboricole d'Afrique tropicale, capable de vols planés étendus grâce à une membrane (patagium) tendue entre ses pattes, latéralement. (Les *anomaluridés* forment une famille.)

ANOMÈRE n. m. (gr. *anô,* en haut, et *isomère*). Stéréo-isomère des formes cycliques des sucres pour lequel la stéréo-isomérie provient de l'atome de carbone doublement lié à l'oxygène dans la structure non cyclique de ces composés.

1. ANOMIE n. f. (gr. *anomia,* désordre). Désorganisation sociale résultant de l'absence de normes communes dans une société. (Notion élaborée par Durkheim.)

2. ANOMIE n. f. (gr. *anomos,* sans lois). Petit mollusque bivalve des rivages à la coquille arrondie, percée d'un trou pour la fixation aux supports.

ANOMIQUE adj. Qui résulte de l'anomie.

ANOMMA n. m. Nom scientifique d'une fourmi africaine nomade, dite aussi *fourmi légionnaire, fourmi de visite* ou *magnan* et qui, en troupes immenses, envahit les maisons pour y dévorer les animaux. (Famille des dorylidés.)

ANOMODONTE n. m. (du gr. *anomos,* irrégulier). Reptile fossile herbivore du permotrias, dont certains traits annoncent les mammifères.

ANOMOURE n. m. (du gr. *anomos,* irrégulier). Crustacé décapode tel que les galathées à l'abdomen réduit et les pagures à l'abdomen mou et tordu.

ÂNON n. m. 1. Petit de l'âne. — 2. Autre nom de l'*églefin.*

ANONACÉE n. f. Nom de famille attribué aux anones.

ANONE n. f. (esp. *anona,* de l'arawak de Haïti). Arbre ou arbrisseau des régions équatoriales, cultivé pour son fruit comestible. (On distingue cinq espèces principales, dont les fruits sont respectivement le cœur de bœuf, le corossol ou cachiman épineux, la chérimole, la pomme-cannelle et l'anone des marais.)

ÂNONNEMENT n. m. Action d'ânonner.

ÂNONNER v. t. (de *ânon*) [conj. 3]. Lire ou réciter un texte d'une façon laborieuse et monotone : *Ânonner sa leçon.*

◆ v. i. Mettre bas, en parlant de l'ânesse.

ANONYCHIE [-ki] n. f. Malformation congénitale caractérisée par l'absence d'un ou de plusieurs ongles.

ANONYMAT n. m. État de qqn, de qqch qui reste anonyme : *Garder l'anonymat.*

ANONYME adj. et n. (bas lat. *anonymus,* du gr. *anônumos,* de *an* priv., et *onoma, -atos,* nom). Se dit de qqn dont on ignore, le nom : *Poète anonyme.*
◆ adj. **1.** Dont l'auteur reste inconnu : *Pamphlet anonyme.* – **2.** Sans originalité, sans personnalité : *Appartement anonyme.* – **3.** *Auteur anonyme,* auteur qui dissimule son identité tout en conservant ses droits, pécuniaire et moral, sur son œuvre.

ANONYMEMENT adv. En gardant l'anonymat.

ANOPHÈLE n. m. (lat. sc. *anophelos,* du gr. *anôphelês,* nuisible). Moustique, agent vecteur du paludisme dans toutes les régions chaudes ou tempérées chaudes du globe.

ANOPHTALMIE n. f. Absence congénitale des yeux.

ANOPLOTHERIUM [-terjɔm] n. m. (du gr. *anoplos,* sans arme, et *thêrion,* bête). L'un des mammifères fossiles découverts par Cuvier dans le gypse éocène de Montmartre. (Il avait trois doigts par patte.)

ANOPLOURE n. m. Nom d'ordre attribué aux poux.

ANOR (59186), comm. du Nord, en Thiérache, à 5 km au S.-E. de Fourmies ; 3 128 hab. Aciérie électrique. Tourisme.

ANORAK n. m. (mot esquimau). Veste de sport imperméable et chaude, à capuchon fixe ou amovible.

ANORATHA ou **ANIRUDDHA,** roi de Birmanie (1044-1077), fondateur du premier royaume birman unifié (cap. *Pagan*). Il se convertit au bouddhisme du Theravāda, qu'il imposa à ses sujets.

ANORCHIDIE [-ki-] n. f. Absence de testicules.

ANORDIR v. i. (de *nord*) [conj. 32]. Tourner au nord, en parlant du vent.

ANO-RECTAL, E, AUX adj. Qui se rapporte à la fois à l'anus et au rectum.

ANOREXIE n. f. (gr. *anoreksia,* de *oreksis,* désir). **1.** Perte de l'appétit quelle que soit son origine, organique ou fonctionnelle. – **2.** *Anorexie mentale,* trouble de la conduite alimentaire caractérisé par un refus plus ou moins systématisé de s'alimenter, intervenant comme mode de réponse à des conflits psychiques.
ENCYCL. Observée chez certains nourrissons et, ultérieurement, presque exclusivement chez les jeunes filles (15-20 ans), l'*anorexie mentale* entraîne un amaigrissement considérable et, à long terme, un état cachectique, pouvant aboutir à la mort. L'état mental de ces sujets est caractérisé par un fond généralement dépressif associé à des réactions d'autopunition, des idées de culpabilité, des manifestations phobiques, régressives, agressives et d'opposition.
Selon la théorie analytique, l'enfant demande à être nourri et aimé dans le même temps où la mère qui l'aime lui demande aussi d'absorber la nourriture qu'elle prépare pour lui. Comme le désir de l'enfant s'insère entre le besoin et la demande en se fondant sur un manque, l'enfant peut être amené à rejeter la nourriture en refusant de répondre à la demande excessive d'une mère qui confond nourriture et amour, d'une mère qui aime trop nourrir à défaut de pouvoir aimer.

ANOREXIGÈNE adj. et n. m. Se dit de substances, généralement dérivées de l'amphétamine, supprimant la sensation de faim.

ANOREXIQUE adj. et n. Relatif à l'anorexie ; atteint d'anorexie.

ANORGANIQUE adj. Se dit d'un phénomène qui semble indépendant de toute lésion d'un organe. (Syn. FONCTIONNEL, INORGANIQUE ; contr. ORGANIQUE.)

ANORGASMIE n. f. Absence ou insuffisance d'orgasme au cours d'un acte sexuel.

ANORGASMIQUE adj. Relatif à l'anorgasmie.

ANORMAL, E, AUX adj. (lat. médiév. *anormalis,* du lat. class. *anomalus*). **1.** Contraire à l'ordre habituel des choses ; non conforme au modèle courant ; irrégulier, inhabituel : *Température anormale.* – **2.** Contraire à l'ordre juste des choses ; injuste surprenant : *Il est anormal que nous n'ayons pas été augmentés.* – **3.** *Contact anormal,* contact secondaire entre deux formations géologiques par le fait d'un événement tectonique (faille, chevauchement, charriage, etc.).
◆ adj. et n. Atteint d'une anomalie mentale ; déséquilibré, fou.

ANORMALEMENT adv. De façon anormale.

ANORMALITÉ n. f. Caractère de ce qui est anormal.

ANOROGÉNIQUE adj. Qui est sans rapport avec une orogenèse.

ANORTHITE n. f. (all. *Anorthit,* du gr. *orthos,* droit). Minéral constituant le pôle calcique de la série des plagioclases ($CaAl_2Si_2O_8$), triclinique.

ANORTHOSE n. f. Feldspath alcalin riche en sodium $(Na,K)AlSi_3O_8$, triclinique, fréquent dans les laves alcalines.

ANORTHOSITE n. f. Roche plutonique presque entièrement constituée de plagioclases. (Syn. PLAGIOCLASITE.)

ANOSMATIQUE adj. Syn. de MICROSMATIQUE.

ANOSMIE n. f. Diminution ou perte de l'odorat.

ANOSMIQUE adj. et n. Qui souffre d'anosmie.

ANOSOGNOSIE n. f. Méconnaissance par le patient de sa maladie ou de la perte de capacité fonctionnelle dont il est atteint.

ANOSOGNOSIQUE adj. et n. Atteint d'anosognosie.

ANOSTRACÉ n. m. Crustacé branchiopode sans carapace, aux antennes préhensiles chez le mâle, tel que l'artemia. (Les *anostracés* forment un ordre.)

ANOTE adj. et n. Se dit d'un monstre né sans oreilles.

ANOU, nom du maître des dieux dans les religions babyloniennes.

ANOUAL, localité du Maroc oriental. Victoire d'Abd el-Krim sur les Espagnols en 1921.

ANOUILH (Jean), auteur dramatique français (Bordeaux 1910 - Lausanne 1987). Son théâtre est caractérisé par un pessimisme fondamental, dans lequel médiocrité et avilissement court-circuitent pureté et tendresse. Dans une œuvre qu'il a divisée en pièces « roses » (*le Bal des voleurs,* 1938), « noires » (*Antigone,* 1944), « brillantes » (*la Répétition ou l'Amour puni,* 1950), « grinçantes » (*la Grotte,* 1961), « costumées » (*l'Alouette,* 1953), « secrètes » (*l'Arrestation,* 1975) voire « farceuses » (*le Nombril,* 1981), Anouilh pousse son désir de démystification jusqu'à sa propre remise en question (*Cher Antoine,* 1969).

ANOULD (88230), comm. des Vosges, à 12 km au S. de Saint-Dié ; 2 987 hab. Fonderie. Papeterie.

ANOURE n. m. Vertébré amphibien dont la larve est aquatique (têtard) et dont l'adulte, dépourvu de queue, souvent apte au saut, peut vivre hors de l'eau, tel que les grenouilles et les crapauds. (Chez les anoures, les œufs et les têtards sont souvent l'objet des soins parentaux les plus variés, allant jusqu'à la paraviviparité. La métamorphose est très profonde et souvent meurtrière. Les *anoures* forment une sous-classe.)

ANOVULATION n. f. État caractérisé par l'absence d'ovulation régulière.
ENCYCL. Physiologique avant la puberté, après la ménopause et au cours de la grossesse, l'anovulation est pathologique pendant la période d'activité génitale. Elle est artificielle au cours de la prise d'œstro-progestatifs dans un but de contraception.

ANOVULATOIRE adj. 1. En rapport avec une absence d'ovulation. — 2. *Cycle anovulatoire,* période de temps terminée par un saignement utérin, en l'absence d'ovulation. (Ce saignement, appelé « hémorragie de privation », survient de façon irrégulière. On l'observe particulièrement dans les mois qui suivent la puberté et peu avant la ménopause, époques où l'anovulation est habituelle.)

ANOXÉMIE n. f. Absence d'oxygène dans le sang, qui ne se produit qu'en cas d'arrêt cardio-respiratoire.

ANOXÉMIQUE adj. et n. Relatif à l'anoxémie ; atteint d'anoxémie.

ANOXIE n. f. (de *oxygène*). Interruption ou suppression de l'oxygène délivré au niveau des tissus. (Elle entraîne des altérations cellulaires ; les organes nerveux sont le plus rapidement lésés.)

A. N. P. E., sigle de AGENCE NATIONALE POUR L'EMPLOI*.

ANSON (*sir* William REYNELL, *baronet*), juriste britannique (Walberton, Sussex, 1843 - Oxford 1914). Auteur de *Loi et Pratique constitutionnelle de l'Angleterre* (1886-1892), œuvre fondamentale du droit public anglais.

ANQING ou **NGAN-K'ING,** port de Chine, dans la prov. d'Anhui, sur le Yangzi Jiang ; 105 300 hab. Raffinage du pétrole et pétrochimie.

ANQUETIL (Jacques), coureur cycliste français (Mont-Saint-Aignan 1934 - Rouen 1987). Spécialiste des épreuves contre la montre et des courses par étapes, il a notamment remporté cinq fois le Tour de France (1957, 1961, 1962, 1963, 1964), deux fois le Tour d'Italie (1960, 1964), une fois le Tour d'Espagne (1963), neuf fois le Grand Prix des Nations. Il a été recordman du monde de l'heure (46,159 km en 1956).

ANQUETIL-DUPERRON (Abraham Hyacinthe), orientaliste français (Paris 1731-*id* 1805). Il ramena d'un voyage en Inde une collection de manuscrits zoroastriens qui furent utilisés par les grammairiens comparatistes. En 1771, il publia le texte et la traduction en latin de l'*Avesta.*

ANQUETIN (Louis), peintre français (Étrépagny 1861-Paris 1932). Influencé par l'impressionnisme et par l'estampe japonaise, il créa vers 1887 le *cloisonnisme,* qui préludait au synthétisme. Rompant ensuite avec l'avant-garde, il se livra à des recherches sur la technique des maîtres anciens.

ANS, comm. de Belgique, banlieue nord-ouest de Liège ; 25 000 hab. Métallurgie.

ANṢARIYYA ou **ANSARIEH** *(djabal),* montagne de Syrie (culminant à 1 583 m), qui s'étend sur 110 km de long et 25 km de large, entre les deux Nahr al-Kabīr, parallèlement au littoral, et domine le fossé du Rhāb.

ANṢARIYYA, ʿALAWĪTES ou **NUṢAYRĪ,** population du djabal Anṣariyya, composée de tribus arabophones converties à la doctrine d'Ibn Nuṣayr et qui forme une secte chīʿite d'environ 600 000 membres. Sous le nom d'ʿAlawītes, ils ont constitué un État pendant la période du mandat français en Syrie (1920-1941).

ANSBACH, v. d'Allemagne (Bavière), au S.-O. de Nuremberg ; 38 600 hab. Anc. ch.-l. de la principauté d'Ansbach. Collégiale gothique et baroque. Château du XVIIIe s. Siège d'un festival Bach.

ANSBACH *(principauté d'),* anc. principauté d'Allemagne, possession des Hohenzollern.

ANSCHAIRE ou **OSCAR** *(saint),* apôtre des Scandinaves (près de Corbie 801-Brême 865). Moine à Corbie, il évangélisa la Scandinavie.

Anschluss, rattachement de l'Autriche à l'Allemagne imposé par Hitler en 1938.

ANSE n. f. (lat. *ansa*). **1.** Partie recourbée en arc, en anneau, etc., par laquelle on prend certains récipients. — **2.** Petite baie peu profonde. — **3.** Nom donné à toute portion d'organe qui décrit un arc (anse intestinale, anse artérielle). — **4.** *Anse d'anastomose,* évagination cellulaire propre aux champignons basidiomycètes, et qui permet à la structure dicaryotique de se transmettre à toutes les cellules du mycélium secondaire. ‖ *Anse de panier,* type d'arc ou de voûte surbaissés présentant un profil courbe à plusieurs centres (3 ou 5 le plus souvent). [Renaissance française.] ‖ *Faire danser, sauter, l'anse du panier,* majorer indûment le prix des achats faits pour qqn.

ANSE (69480), ch.-l. de cant. du Rhône, sur l'Azergues ; 4 542 hab.

ANSÉE adj. f. (de *anse*). *Croix ansée,* dans l'Égypte ancienne, croix suspendue à une anse, dont l'extrémité supérieure se termine par un petit anneau. (De forme proche du nœud d'Isis, elle symbolise la vie ; le hiéroglyphe égyptien « ankh » signifie « vie ». Syn. CROIX ANKH.)

ANSEELE (Édouard), homme politique belge (Gand 1856-*id.* 1938), l'un des fondateurs du parti socialiste belge, plusieurs fois ministre entre 1920 et 1930.

ANSÉGISE *(saint),* abbé de Fontenelle (Saint-Wandrille) [près de Lyon v. 770-† 833], auteur d'une collection des capitulaires de Charlemagne et de Louis Ier le Pieux (827).

ANSELME *(saint)* [Aoste 1033-Canterbury 1109]. Abbé bénédictin de Sainte-Marie-du-Bec, en Normandie (1078), il devint archevêque de Canterbury en 1093 ; il fut quelque temps exilé. Sa théologie affirme que la connaissance, bien que nécessaire pour croire, ne constitue ni le point de départ ni le point d'achèvement de la foi, car elle est en elle-même synonyme d'amour et de contemplation de Dieu. Saint Anselme doit une grande part de sa réputation à une preuve qu'il pense avoir trouvée à l'existence de Dieu, et qu'il a exposée sous la forme suivante : nous avons l'idée d'un être parfait ; or, la perfection absolue implique l'existence ; donc l'être parfait existe. (Cette argumentation est également appelée preuve ontologique.)

ANSELME (Pierre GUIBOURS, dit **le Père**), augustin déchaussé (Paris 1625-*id.* 1694), auteur de l'*Histoire généalogique et chronologique de la Maison royale de France* (1674).

ANSELME (Philippe D'), général français (Voreppe 1864-Aix-en-Provence 1936). Il se distingua lors de la bataille de Dobro Polje (Macédoine, 1918) à la tête du groupement franco-hellénique.

ANSÉRIDÉ n. m. Syn. de ANATIDÉ.

ANSÉRIFORME n. m. (du lat. *anser,* oie). Oiseau aquatique au bec aplati et filtrant, aux pattes palmées, microphage, tel que l'oie, le canard et le kamichi. (Les *ansériformes* forment un ordre, de l'ancien groupe des palmipèdes.)

ANSÉRINE n. f. Nom usuel commun aux *chénopodes* et à une *potentille* dite aussi *patte-d'oie.*

ANSÉRINÉ n. m. Nom de tribu attribué à l'oie et aux oiseaux voisins (cygne, bernache, etc.), de la famille des anatidés.

ANSERMET (Ernest), chef d'orchestre suisse (Vevey 1883 - Genève 1969). Il dirigea les Ballets russes (1915-1923). À la tête de l'orchestre de la Suisse romande, il révéla les partitions de Stravinski, Prokofiev, Ravel, Debussy, Hindemith, Bartók, Honegger, Fr. Martin. Il est l'auteur de l'orchestration des *Six Épigraphes antiques* de Debussy.

ANSHAN ou **NGAN-CHAN,** v. de la Chine du Nord-est, dans le Liaoning, au S. de Shenyang ; 1 278 000 hab. Grand centre sidérurgique et métallurgique, développé à proximité d'importants gisements de houille et de fer.

ANSHAN ou **ANZAN,** capitale orientale de l'Élam, retrouvée près de Persépolis. La ville remonte au IVe millénaire. À partir du XIXe s. av. J.-C., les rois élamites se dirent « roi d'Anshan et de Suse ».

ANSON (George, *baron*), amiral anglais (Shugborough, Staffordshire, 1697 - Moor Park, Hertfordshire, 1762). Il accomplit un voyage autour du monde au cours d'une campagne contre les Espagnols (1740-1744).

ANSPECT [ɑ̃spɛk] n. m. (néerl. *handtspeecke,* bâton que l'on tient dans la main). Grand levier utilisé pour manœuvrer de lourdes charges.

ANSPESSADE n. m. (ital. *lancia spezzata,* lance brisée). **1.** Gentilhomme servant dans l'infanterie aux XVIe et XVIIe s. — **2.** Autref., premier grade de la hiérarchie militaire réservé aux fusiliers anciens secondant le caporal.

A. N. T., abrév. de *Armement Nucléaire Tactique,* appellation remplacée en 1984 par *armement préstratégique.*

ANTAGONIQUE adj. Qui est en antagonisme ; opposé : *Des forces antagoniques.*

ANTAGONISME n. m. (gr. *antagônisma,* émulation). **1.** État d'opposition entre des personnes, des nations, des classes sociales, des doctrines, etc. : *Antagonisme de deux caractères.* — **2.** Opposition fonctionnelle entre deux systèmes, deux organes ou deux substances biochimiques. — **3.** *Antagonisme microbien,* opposition qu'exerce un microbe donné sur la croissance ou la multiplication d'un germe d'une autre espèce.

ANTAGONISTE adj. (gr. *antagônistês,* adversaire). **1.** Qui s'oppose à qqch, qui y est contraire : *Tendance antagoniste.* — **2.** Se dit des muscles qui ont une action contraire, par exemple sur une articulation.
◆ adj. et n. Se dit de personnes qui s'opposent dans une lutte idéologique, dans un conflit.

ANTAISAKAS ou **TÉSAKAS,** peuple de Madagascar, comprenant env. 500 000 représentants.

ANTAKYA, anc. **Antioche,** v. de Turquie, ch.-l. de la prov. de Hatay, sur l'Oronte inférieur ; 123 871 hab. Les nombreux monuments publics de l'anc. Antioche n'ont pas été retrouvés, mais plusieurs rues ont été dégagées, dont la fameuse rue à portiques, large de 27 m, artère principale du quartier central. Belles mosaïques de pavement conservées au Louvre.

ANTALAHA, v. de Madagascar, sur l'océan Indien ; 18 900 hab. Centre commercial (vanille).

ANTALCIDAS, navarque lacédémonien qui exerça son activité entre 393 et 367 av. J.-C. Il négocia avec Artaxerxès II le compromis (dit « paix du Roi ») qui imposait aux Grecs l'abandon de l'Asie Mineure et d'une partie des îles Ioniennes.

ANTALGIE n. f. Abolition ou atténuation sélective de la perception douloureuse.

ANTALGIQUE adj. et n. m. **1.** Se dit d'une substance (et de ses effets) propre à calmer la douleur. — **2.** *Attitude antalgique,* attitude que prennent certains malades pour atténuer leur douleur.
ENCYCL. On distingue les *antalgiques centraux* (substances morphiniques), qui agissent au niveau du système nerveux central, des *antalgiques périphériques,* qui se différencient des précédents par l'absence d'effet toxicomanogène et psychotrope, et qui agissent directement au niveau du siège de la douleur, à condition que celle-ci ne soit pas d'origine viscérale.

ANTALL (József), homme politique hongrois (Budapest 1932 - *id.* 1993). Président du Forum démocratique à partir de 1989, il fut président du Conseil de 1990 à sa mort.

ANTALYA, anc. **Adalia,** port de Turquie, ch.-l. de prov., sur la Méditerranée *(golfe d'Antalya),* au pied du Taurus occidental ; 378 208 hab. Aéroport. Monuments islamiques, dont le minaret (Yivli Minare) du XIIIe s. Métallurgie. Textile. — Fondée au IIe s. av. J.-C. par les Attalides, place forte à l'époque romaine et byzantine, elle tomba aux mains des Turcs Seldjoukides en 1207.

ANTAN (D') loc. adj. (lat. pop. *ante anu,* du lat. class. *ante annum,* il y a un an). *Litt.* D'autrefois, du temps passé : *Les neiges d'antan.*

ANTANANARIVO, anc. **Tananarive,** cap. de Madagascar, sur les hautes terres centrales, au cœur de l'Imérina, entre 1 250 m et 1 460 m d'altitude ; 1 050 000 hab. Archevêché. Université. Centre administratif, commercial et culturel avec quelques industries (agroalimentaire, textile et travail du cuir, constructions mécaniques).

ANTAPEX n. m. Point de la sphère céleste diamétralement opposé à l'apex.

'ANTARA AL-'ABSĪ, poète et guerrier arabe († début du VIe s.). Héros du *Roman d'Antar,* récit de chevalerie en prose rimée qui alimente le répertoire des conteurs populaires. On lui attribue une des sept *mu'allaqāt.*

ANTARCTIDE → ANTARCTIQUE.

ANTARCTIQUE adj. (lat. *antarcticus,* du gr. *antartikos*). Relatif au pôle Sud et aux régions environnantes.

ANTARCTIQUE ou **ANTARCTIDE,** ensemble continental et insulaire de l'hémisphère Sud (en quasi-totalité au-delà de 60° de latitude Sud). Le terme Antarctique en- globe parfois aussi la zone océanique (océan Austral) entourant la masse continentale (à laquelle on réserve alors le nom d'*Antarctide*), seule étudiée ici.
— **Géogr.** Massif élevé juxtaposant, séparées par une ligne jalonnée de volcans (Erebus), une partie orientale (vestige du continent de Gondwana, recouvert de sédiments, mais aséismique) et une partie occidentale, parfois insulaire (prolongeant les Andes), formée de roches plus récentes, sismique (et volcanique), où la très grande rigueur du climat (les températures sont toujours négatives) explique le caractère désertique (en dehors de quelque stations scientifiques) et l'épaisseur de la glace (malgré la faiblesse générale des précipitations).

— **Hist.** → DÉCOUVERTES.
— **Dr. intern.** Conformément aux dispositions du traité de Washington du 1er octobre 1959, les 25 États parties consultatives ont tenu une conférence consacrée à la protection de l'environnement dans l'Antarctique (Wellington, Nouvelle-Zélande, 1988 - Paris 1989). Le traité de Washington stipule une internationalisation fonctionnelle de la zone, caractérisée par la liberté de recherche scientifique et par l'interdiction de toute activité à des fins militaires. De nouvelles réunions du traité de l'Antarctique ont abouti en 1991 à un accord (ratifié par une quarantaine d'États) sur l'interdiction, pendant 50 ans, de l'exploitation minière du continent. En 1994, la Commission baleinière internationale a décidé la création en zone antarctique d'un sanctuaire pour tous les cétacés.

Superficie (en km²) : 16 500 000, dont : 140 000 (îles), 200 000 (roche nue), 12 160 000 (continent sous la glace), 2 400 000 (plate-forme continentale libre de glace), 1 600 000 (plate-forme de glace flottante).
Rayon (km) : 2 200 à 2 300.
Altitude (m). Moyenne : 2 300 (2 040 en incluant les plates-formes flottantes). Maximale : 4 270 (glace), 5 140 (roche : mont Vinson).
Longueur des côtes (km) : 24 000.
Toit du soubassement rocheux (m). Moyenne : 1 900. Maximum : 3 000 (environ).
Température (°C). Minimum absolu : - 88,3 (Vostok, août 1960).
Épaisseur de la glace (m). Moyenne : 2 200-2 600. Maximale : 4 335.

ANTARCTIQUE *(océan)*, nom ancien de l'océan Austral*.

ANTARCTIQUE BRITANNIQUE *(territoire de l')*, colonie britannique constituée en 1962, comprenant le secteur britannique de l'Antarctique (dont une partie est revendiquée par l'Argentine et le Chili), les Shetland du Sud et les Orcades du Sud.

ANTARÈS, nom d'origine grecque donné à l'étoile α Scorpion* et qui signifie *l'anti-Mars* (par allusion à sa couleur rougeâtre, analogue à celle de la planète Mars). Magnit. visuelle variable entre 1,9 et 1,2 selon une période de 1 733 j environ. Distance : 170 al.

ANTE n. f. (lat. *anta*, pilastre). Pilier engagé ou pilastre à une, deux ou trois faces, formant un piédroit de baie, la rencontre de deux murs ou la tête d'un mur (cas, notamm., des temples *in antis*).

ANTEBOIS ou **ANTIBOIS** n. m. Bâti de bois disposé à plat sur le plancher, le long d'un mur, pour empêcher un meuble de heurter celui-ci.

ANTÉBRACHIAL ou **ANTIBRACHIAL, E, AUX** [-kjal, -kjo] adj. Relatif à l'avant-bras.

ANTÉCAMBRIEN n. m. Syn. de PRÉCAMBRIEN.

ANTÉCÉDENCE n. f. (lat. *antecedentia*). Phénomène caractérisant l'évolution d'un cours d'eau ou d'une section de cours d'eau dont le tracé est antérieur à des déformations tectoniques.

ANTÉCÉDENT, E adj. (lat. *antecedens*, précédent). **1.** Se dit de ce qui marque une antériorité logique d'une chose par rapport à une autre. — **2.** Se dit de ce qui marque une antériorité chronologique de qqch par rapport à qqch d'autre, dans une suite de phénomènes qui se suivent dans le temps. — **3.** Se dit d'un cours d'eau ou d'une section de cours d'eau qui présente le phénomène d'antécédence.
◆ **antécédent** n. m. **1.** Fait antérieur sur lequel on appuie un raisonnement, une conclusion : *Invoquer un antécédent.* — **2.** Élément qui précède et auquel se rapporte un pronom relatif (par ex. *homme* dans *l'homme dont je parle*). — **3.** Élément auquel renvoie un anaphorique. — **4.** Propositon introduite par « si » et constituant la première partie d'un énoncé conditionnel. (La seconde constitue le conséquent.) — **5.** Événement pathologique, personnel ou familial, qui, chez un sujet, a précédé sa maladie actuelle. (Syn. COMMÉMORATIF.) — **6.** *Antécédent d'un élément* y *d'un ensemble* B *pour une application* φ *d'un ensemble* A *dans* B, élément *x* de A ayant *y* pour image. (Un élément peut avoir plusieurs antécédents.)
◆ **antécédents** n. m. pl. **1.** Actes antérieurs de qqn qui permettent de comprendre ou de juger sa conduite présente : *Avoir de bons antécédents.* — **2.** Origine, état antérieur de qqch : *Les antécédents d'une affaire.*

ANTÉCESSEUR n. m. (lat. *antecessor*). Sous l'Ancien Régime, professeur de droit dans une université.

ANTÉCHRIST ou **ANTICHRIST,** personnage symbolique, représentant les forces hostiles à Dieu et à l'établissement de son royaume, qui doit se manifester avant la seconde venue du Christ à la fin du monde.

ANTÉCLISE n. f. (du gr. *klinein*, incliner). Unité régionale exhaussée correspondant à une plate-forme soumise à des mouvements épirogéniques à grand rayon de courbure. (Contr. SYNÉCLISE.)

ANTÉDILUVIEN, ENNE adj. (angl. *antediluvian*, du lat. *ante*, avant, et *diluvium*, déluge). **1.** Antérieur au Déluge : *Animaux antédiluviens.* — **2.** Dont l'ancienneté est très grande et, de ce fait, ridicule ; tout à fait passé de mode, suranné : *Une voiture antédiluvienne.*

ANTÉDON n. m. (gr. *anthêdôn,* nèfle). Nom scientifique de la *comatule.*

ANTÉE, géant, fils de Gaia (la Terre) et de Poséidon. Il reprenait force chaque fois qu'il touchait celle dont il était issu. Héraclès l'étouffa en le maintenant en l'air.

ANTEF, nom des trois premiers pharaons de la XIe dynastie, fondateur du Moyen Empire (v. 2160-2069 av. J.-C. env.). Ils recréèrent l'unité monarchique et choisirent Thèbes comme capitale.

ANTÉFIXE n. f. (lat. *antefixum,* ce qui est fixé devant). Chacun des éléments décoratifs, généralement en céramique, qui peuvent garnir la ligne inférieure du versant d'un toit.

ANTÉFLEXION n. f. Situation anatomique normale du corps utérin, dont l'axe forme avec l'axe du col utérin un angle ouvert en bas et en avant de 120°.

ANTÉHYPOPHYSE n. f. Lobe antérieur de l'hypophyse.

ANTÉISLAMIQUE adj. Antérieur à l'islām. (Syn. PRÉISLAMIQUE.)

ANTELAMI (Benedetto), sculpteur italien (fin XIIe-début XIIIe s.). Il passe de l'esthétique romane de son relief de la *Descente de croix* (1178) de la cathédrale de Parme à l'inflexion à la fois gothique et antiquisante des statues du baptistère voisin.

ANTÉMÉMOIRE n. f. Mémoire de faible capacité et de temps d'accès très faible, servant de tampon entre la mémoire centrale et l'unité de traitement d'un ordinateur et qui contient, statistiquement, la plupart des informations dont l'unité centrale peut avoir besoin. (Syn. MÉMOIRE CACHE, CACHE.)

ANTENAIS, E adj. (lat. *annotinus,* âgé d'un an). Se dit des moutons dans leur deuxième année.

1. ANTENNAIRE adj. Relatif aux antennes des arthropodes.

2. ANTENNAIRE n. m. (de *antenne*). Curieux poisson des récifs, voisin des baudroies.

3. ANTENNAIRE n. f. (de *antenne*). Composée cotonneuse des pelouses sommitales des montagnes d'Europe, voisine de l'edelweiss. (N. usuel *pied-de-chat.*)

ANTENNATE n. m. (de *antenne*). Arthropode muni d'antennes. (Le sous-embranchement des *antennates* comprend les insectes, les mille-pattes et les crustacés.) [Syn. MANDIBULATE.]

ANTENNE n. f. (lat. *antemna,* vergue). **1.** Organe pair souvent en forme de fouet, mobile, porté par la tête des arthropodes antennates. (Les crustacés ont deux paires d'antennes, les autres antennates une paire, de formes très diverses. Organes du toucher et de l'olfaction, les antennes peuvent aussi avoir des fonctions auditives, voire excrétrices [glande verte des crustacés].) — **2.** Dispositif permettant de rayonner ou de capter des ondes radioélectriques dans l'espace. (Une antenne de réception est dite *collective* si elle dessert plusieurs récepteurs.) [→ *encycl.*] — **3.** Élément dépendant d'un organisme, d'un établissement principal et qui est détaché par lui à l'extérieur afin de le représenter, de le renseigner : *Entreprise qui a des antennes en province.* — **4.** Connexion qui permet la retransmission directe d'une émission ; temps pendant lequel cette retransmission a lieu : *Temps d'antenne.* — **5.** *Avoir des antennes,* avoir de l'intuition ; avoir des sources d'information plus ou moins secrètes. • **Aéron.** *Antenne anémométrique,* ou *antenne de Pitot,* dispositif utilisé en soufflerie ou à bord des avions, pour déterminer la vitesse d'écoulement du vent relatif. (Syn. PITOT.) — **Ch. de f.** Ligne en impasse se greffant sur une ligne principale. — **Chir.** *Antenne chirurgicale,* unité chirurgicale légère, destinée au ramassage des blessés, à l'administration des premiers soins et à l'exécution des interventions de première urgence. — **Dr.** *Droit à l'antenne,* droit reconnu par la loi aux principales tendances de pensée et aux grands courants d'opinion, ainsi qu'aux formations politiques et aux organisations syndicales représentatives, de s'exprimer sur les ondes de la radio et de la télévision nationales. — **Mar.** Vergue longue, oblique par rapport au plan de l'horizon, qui soutient une voile latine. — **Pêch.** Fine partie surmontant un flotteur de pêche. — **Pétr.** Conduite de gaz alimentant des utilisateurs situés en dehors d'une agglomération. — **Trav. publ.** Branche de route ou d'autoroute qui se sépare d'un tronc commun.

ENCYCL. **Télécomm.** Quel que soit son type, une antenne peut être considérée et indifféremment comme une antenne d'émission ou une antenne de réception. On spécifie ou on détermine ses propriétés lorsqu'elle est employée à l'émission, et ses propriétés à la réception s'en déduisent. Toutes les antennes sont plus ou moins directives. Leurs propriétés de directivité (intensité de rayonnement, gain) sont les éléments essentiels de leur conception. Les autres caractéristiques des antennes sont le rendement en énergie, les propriétés mécaniques, les dimensions et la forme géométrique, les propriétés aérodynamiques, la résistance aux agents atmosphériques, le prix de revient et la faculté de conserver des propriétés satisfaisantes dans une bande de fréquence assez large. Enfin, pour les antennes de réception travaillant à des fréquences très élevées, spécialement pour les radiocommunications spatiales, interviennent une température de bruit, qui est une mesure du bruit d'agitation des électrons, déterminée aux bornes de l'antenne, et un facteur de qualité, fonction de cette température de bruit et du gain maximal en décibels.

ANTENNÉ, E ou **ANTENNIFÈRE** adj. Se dit d'un animal pourvu d'antennes.

ANTENNISTE n. Professionnel spécialisé dans la pose d'antennes de télévision.

ANTENNULE n. f. Le plus antérieur des appendices pairs des crustacés, formé d'une base contenant un statocyste et de deux fouets, aux fonctions tactiles.

ANTÉNOR, sculpteur grec (fin du VIe s. av. J.-C.), auteur du groupe des Tyrannochtones, qui fut emporté par Xerxès en Asie. Il signa la Koré 681 de l'Acropole d'Athènes.

ANTEPENDIUM [-djɔm] n. m. (lat. ecclés. *antependium*). Décor de la face antérieure d'un autel, en métal précieux ciselé, pierre sculptée, bois peint, tissu brodé, etc. (Surtout usité à l'époque romane.) [Syn. DEVANT D'AUTEL, FRONTAL.]

ANTÉPÉNULTIÈME adj. et n. f. (lat. *antepaenultimus*). Se dit de la syllabe qui précède l'avant-dernière syllabe d'un mot.

ANTÉPOSER v. t. (conj. 3). Placer un élément de la phrase devant un autre élément : *Adjectif antéposé.*

ANTÉPOSITION n. f. Position d'un élément avant un autre.

ANTÉPRÉDICATIF, IVE adj. En logique, se dit de ce qui précède la proposition selon laquelle il existe un rapport entre le sujet et ce que l'on en dit, ou prédicat.

ANTEQUERA, v. d'Espagne, en Andalousie, au N. de Málaga ; 38 765 hab. Monuments anciens. Musée. Centre d'une région d'agriculture irriguée. — À proximité, chambres funéraires mégalithiques.

ANTÈRE *(saint)* [en Grèce - Rome 236], pape du 21 nov. 235 au 3 janv. 236.

ANTÉRIEUR, E adj. (lat. *anterior*). **1.** Qui précède qqn, qqch dans le temps : *Écrivains antérieurs au XIXe s.* — **2.** Placé devant, à l'avant de qqch : *La partie antérieure d'un édifice.* — **3.** Se dit de tout organe ou partie du corps situé plus près de la tête que d'autres organes du même type : *Membres antérieurs.* — **4.** Dans les descriptions anatomiques, se dit d'une région, d'une face, d'un bord ou d'une extrémité d'un organe pour marquer leur position relative (*face antérieure* de l'omoplate) ou de certains organes placés en avant d'autres de même espèce (*ligaments antérieurs* de l'articulation du genou). — **5.** Se dit d'une forme verbale exprimant l'antériorité (en français, passé antérieur, futur antérieur). — **6.** Dans une relation d'ordre, se dit d'un élément qui en précède un autre. — **7.** Se dit d'un phonème dont le lieu d'articulation se situe vers l'avant de la cavité buccale. (En français [i], [e], [y] sont des voyelles antérieures.) [Syn. D'AVANT.]
◆ **antérieur** n. m. Membre du devant d'un cheval (par oppos. à *postérieur*).

ANTÉRIEUREMENT adv. Avant, précédemment : *Cela s'est produit antérieurement à ma cure.*

ANTÉRIORISATION n. f. Déplacement du lieu d'articulation vers l'avant de la cavité buccale dans la réalisation d'un phonème.

ANTÉRIORISER v. t. (conj. 3). Réaliser l'antériorisation d'un phonème.

ANTÉRIORITÉ n. f. Caractère de ce qui est antérieur dans le temps.

ANTÉROGRADE adj. *Amnésie antérograde,* forme d'amnésie dans laquelle le sujet oublie les événements dès qu'ils se sont produits. (Syn. OUBLI À MESURE, AMNÉSIE DE FIXATION.)

ANTES, peuple de la région pontique, connu du Ve au VIIe s. Un texte de Procope le rapproche des Slaves.

ANTÉTECTONIQUE adj. Se dit de tout élément d'une roche, d'une formation géologique ou d'un ensemble structural dont l'existence a précédé une phase de déformation.

ANTÉVERSION n. f. (lat. *vertere,* tourner). *Antéversion de l'utérus,* situation anatomique normale de l'utérus, dont le col fait avec l'axe du vagin un angle d'environ 100°.

ANTHEIL (George), pianiste et compositeur américain (Trenton 1900-New York 1959). Étroitement mêlé au mouvement dada, fixé à Paris, il y composa *Jazz Symphony* et *Transatlantic,* ainsi que *Ballet mécanique,* en 1925. De retour aux États-Unis en 1933, il revint à un style moins révolutionnaire (musiques de scène, de films, ballets et opéras, dont *Volpone,* 1953).

ANTHÉLIE n. f. Phénomène lumineux atmosphérique dû à la réflexion des rayons solaires sur des cristaux de glace présents dans certains nuages, et qui consiste en une image diffuse du Soleil à l'opposé de cet astre, sur le cercle parhélique.

ANTHÉLIX n. m. Circonvolution du pavillon de l'oreille, située au-devant et en dedans de l'hélix.

ANTHELMINTHIQUE ou **ANTIHELMINTHIQUE** adj. et n. m. Se dit d'un médicament destiné à débarrasser l'organisme humain ou animal de la présence des helminthes. (Syn. VERMIFUGE.)

ANTHEM n. m. (anc. angl. *antefn,* du lat. ecclés. *antiphona,* du gr. *antiphonos,* qui répond à). Composition religieuse propre à l'Église anglicane et reposant sur des traductions de textes bibliques. (Elle prend la forme de motet polyphonique au XVIe s.)

ANTHÉMIOS de Tralles, mathématicien et architecte byzantin (VIe s.). Appelé par Justinien, il a donné les plans de la basilique Sainte-Sophie de Constantinople.

ANTHÉMIS [-mis] n. f. (lat. *anthemis,* du gr. *anthos,* fleur). Nom scientifique de la camomille.

ANTHEMIUS, homme d'État de l'empire d'Orient, du début du Ve s. Après la mort d'Arcadius, il fut régent pendant la minorité de Théodose II (408-414).

ANTHEMIUS, empereur romain d'Occident (467-472), petit-fils du précédent, renversé et tué par le Suève Ricimer.

ANTHÉOR (83700 St Raphaël), station balnéaire du Var (comm. de Saint-Raphaël), sur la côte de l'Esterel.

ANTHÈRE n. f. (lat. *anthera,* du gr. *anthêros,* fleuri). Partie supérieure fertile de l'étamine des fleurs, où se forment les grains de pollen, et qui s'ouvre à maturité par déhiscence en libérant ces derniers.

ANTHERICUM [-kɔm] n. m. (gr. *antherikos,* asphodèle). Liliacée des coteaux calcaires du Midi. (N. usuel *phalangère.*)

ANTHÉRIDIE n. f. (de *anthère*). Organe mâle des mousses, des fougères et de certaines algues, au sein duquel se forment les spermatozoïdes, aussi nommés de ce fait *anthérozoïdes.*

ANTHÉROZOÏDE n. m. Spermatozoïde de certains végétaux, issu d'une anthéridie. (Contrairement au grain de pollen, qui n'en est pas l'homologue, l'anthérozoïde se déplace activement, et toujours en milieu liquide.)

ANTHÈSE n. f. (gr. *anthêsis,* floraison). Syn. de FLORAISON.

ANTHESTÉRIES n. f. pl. (gr. *Anthestêria,* fête des fleurs). Fêtes célébrées dans l'ancienne Grèce en l'honneur de Dionysos à la fin de la période qui correspond à notre mois de février.

ANTHICIDÉ n. m. (gr. *anthikos,* fleur). Petit coléoptère des rives sablonneuses des cours d'eau. (Les *anthicidés* forment une famille.)

ANTHIDIE n. f. (gr. *anthêdôn,* abeille). Abeille solitaire qui fait son nid dans diverses cavités et l'enduit de résine ou de poils végétaux.

ANTHOCÉROS [-rɔs] n. m. Hépatique à thalle des fossés et des terrains humides, dont le sporophyte et le gamétophyte sont d'une importance à peu près égale, ce qui est exceptionnel chez les plantes terrestres.

ANTHOCYANE ou **ANTHOCYANINE** n. f. Pigment végétal rouge, violet ou bleu des feuilles, des pétales et des fruits, situé dans les vacuoles des cellules.

ANTHOCYANIDINE n. f. Aglycone des anthocyanines, rouge en milieu acide et bleu en milieu alcalin, constituant un indicateur coloré du terrain où poussent les plantes qui les renferment.

ANTHOCYANOSIDE n. m. Nom générique des pigments (flavonoïdes) à activité vitaminique P utilisés dans le traitement des troubles veineux et de la perméabilité des capillaires.

ANTHOGÈNE adj. Qui provoque ou favorise la floraison.

ANTHOGÉNÉSIQUE adj. Se dit de la forme ailée sexupare du phylloxéra, qui pond sur les fleurs de la vigne.

ANTHOINE (François Paul), général français (Le Mans 1860-Paris 1944). En 1917, il commanda l'armée des Flandres lors de l'attaque britannique d'octobre, avant d'être major général de nov. 1917 à juill. 1918.

ANTHOLOGIE n. f. (gr. *anthos,* fleur, et *legein,* cueillir, choisir). **1.** Recueil de morceaux choisis d'œuvres littéraires ou musicales. — **2.** *Morceau d'anthologie,* chose si remarquable qu'elle mérite de passer à la postérité.

Anthologie grecque, recueil de poésies réunies du IIe s. av. J.-C. (Méléagre de Gadara) au XIIIe s. apr. J.-C. (Planude), qui servit de modèle aux écrivains classiques.

Anthologie de la littérature *(Wenxuan* ou *Wensiuan),* première grande anthologie de littérature chinoise, établie par Xiao Tong (Ve-VIe s.).

ANTHOLOGIQUE adj. Relatif à l'anthologie.

ANTHOMÉDUSE n. f. Méduse à vélum développé, portant quatre tentacules oculés et reproducteurs. (L'œuf éclot en un hydraire fixé au sol sous-marin, sans squelette.)

ANTHONOME n. m. (lat. sc. *anthonomus,* du gr. *anthonomos,* de *anthos,* fleur, et *nemesthai,* se nourrir de). Charançon nuisible aux arbres fruitiers et au cotonnier, et proie favorite des oiseaux.

ANTHOPHAGE adj. Se dit des insectes qui dévorent les fleurs.

ANTHOPHILE adj. Syn. de FLORICOLE.

ANTHOPHORE n. f. Abeille solitaire, au vol très rapide, nidifiant dans le sol et qui nourrit ses larves de pollen.

ANTHOPHYLLITE n. f. Amphibole ferromagnésienne orthorhombique, d'aspect fibreux, présente dans les roches métamorphiques, basiques ou ultrabasiques.

ANTHOZOAIRE n. m. Cnidaire tel que l'actinie, ne formant jamais de méduse et dont la cavité digestive est partagée par des cloisons. (Toutes marines, les espèces de la classe des *anthozoaires* vivent fixées.) [Syn. anc. CORALLIAIRE.]

ANTHRACÈNE n. m. Hydrocarbure $C_{14}H_{10}$, extrait des goudrons de houille. (C'est un solide blanc, fondant à 217 °C et bouillant à 351 °C ; ses solutions présentent une fluorescence bleue. Prototype des acènes, il en présente les propriétés chimiques. Son oxydation normale fournit l'anthraquinone.)

ANTHRACÉNIQUE adj. Relatif ou apparenté à l'anthracène.

ANTHRACIFÈRE adj. Qui contient de l'anthracite. (Syn. ANTHRACITEUX.)

ANTHRACITE n. m. (lat. *anthracitis*, du gr. *anthraks, -akos*, charbon). Charbon naturel de très faible teneur en matières volatiles (moins de 6 à 8 %), qui brûle avec une courte flamme bleue, sans fumée, et dégage beaucoup de chaleur. (Ses gisements sont assez rares, mais c'est un combustible idéal pour le chauffage domestique.)
◆ adj. inv. Gris foncé.

ANTHRACITEUX, EUSE adj. **1.** Syn. de ANTHRACIFÈRE. — **2.** *Charbon anthraciteux*, charbon contenant un peu plus de matières volatiles, et un peu moins dur, que le véritable anthracite.

ANTHRACNOSE n. f. Maladie cryptogamique de la vigne et de diverses légumineuses (haricot, pois) se traduisant par des taches nécrosées sur les parties aériennes.

ANTHRACOÏDE adj. **1.** Se dit d'une lésion qui a la couleur du charbon. — **2.** Qui ressemble à l'anthrax.

ANTHRACOSAURIEN n. m. Amphibien fossile de l'ère primaire, souvent rencontré dans la houille. (Les *anthracosauriens* forment un superordre.)

ANTHRACOSE n. f. Infiltration des poumons, des bronches et des ganglions médiastinaux, secondaire à l'inhalation de particules de charbon chez les sujets exposés le plus souvent professionnellement (mineurs). [L'affection a pour signe caractéristique les crachats noirs. Elle évolue vers la fibrose pulmonaire et se complique souvent de tuberculose.]

ANTHRACOSILICOSE n. f. Affection pulmonaire associant une anthracose et une silicose.

ANTHRANILIQUE adj. *Acide anthranilique*, acide ortho-aminobenzoïque, de formule $H_2N—C_6H_4CO_2H$. (C'est un important intermédiaire de la synthèse de l'indigo. Son ester méthylique est le constituant principal de l'essence de fleur d'oranger.)

ANTHRANOL n. m. Dérivé de l'anthracène hydroxylé à la position γ.

ANTHRAQUINONE n. f. Composé de formule $C_{14}H_8O_2$, obtenu pour la première fois en 1835 par oxydation de l'anthracène mais préparé maintenant par condensation de l'anhydride phtalique avec le benzène. (Solide jaune sublimable, sa nitration ou sa sulfonation fournit des intermédiaires pour la synthèse des colorants anthraquinoniques.)

ANTHRAQUINONIQUE adj. Qui se rapporte à l'anthraquinone, qui en dérive.
ENCYCL. *Colorants anthraquinoniques.* L'anthraquinone constitue un chromogène très important, qui conduit à des colorants par introduction de radicaux auxochromes OH, NH_2, NR_2. Les colorants anthraquinoniques sont des *hydroxyanthraquinones* (alizarine et ses dérivés : orangé, bleu, rouge d'alizarine ; purpurine et ses dérivés), des *aminoanthraquinones* (vert d'alizarine, cyanine, alizarine astrol), des *hydroxyaminoanthraquinones*, ou des dérivés de ces corps. De plus, on a pu préparer des colorants de cuve, dérivés des aminoanthraquinones : indanthrène, flavanthrène.

ANTHRAX n. m. (gr. *anthraks*, charbon, ulcère). **1.** Tuméfaction inflammatoire du tissu cellulaire sous-cutané et des glandes sébacées due au staphylocoque doré. (→ *encycl.*) — **2.** Mouche orthoraphe (bombyliidé) qui dévore les œufs de divers hyménoptères et orthoptères.
ENCYCL. **Méd.** Accumulation de furoncles, l'anthrax siège surtout au cou, à la face, au cuir chevelu et à la fesse. Plus grave chez les sujets en mauvaise santé et chez les diabétiques, il peut se compliquer sur le plan local (phlegmon), ou sur le plan général (septicémie).

ANTHRÈNE n. m. (gr. *anthrênê*, guêpe). Minuscule coléoptère du groupe des dermestes, qui attaque les fourrures et les collections d'insectes.

ANTHRIBIDÉ n. m. Insecte coléoptère à longues antennes et à rostre allongé, vivant dans le bois mort. (Les *anthribidés* forment une famille.)

ANTHROL n. m. Dérivé de l'anthracène, hydroxylé aux positions α ou β.

ANTHRONE n. f. Composé $C_{14}H_{10}O$, tautomère de l'anthranol.

ANTHROPIEN, ENNE adj. et n. Syn. anc. de HOMINIEN, surtout employé en suffixe *(paléanthropien, néanthropien).*

ANTHROPIQUE adj. Se dit d'un paysage, d'un sol, d'un relief dont la formation résulte essentiellement de l'intervention de l'homme.

ANTHROPOBIOLOGIE n. f. Étude de la variation et de la diversité biologique des êtres humains à la surface de la Terre et au cours du temps. (Syn. ANTHROPOLOGIE PHYSIQUE OU BIOLOGIQUE.)

ENCYCL. Au carrefour des sciences biologiques et des sciences humaines, l'anthropobiologie étudie les variations et les différences biologiques des individus ou des populations au niveau de la molécule, de la cellule, du tissu et de l'organisme entier. Elle tente de préciser la part que jouent dans les différences la diversité génétique et l'influence de conditions diverses du milieu sur l'expression des gènes (le phénotype). Elle s'attache à déceler les multiples interactions entre le biologique et le culturel, et entre les communautés humaines (sous l'angle biologique) et leur environnement, rejoignant ainsi l'objet de l'écologie humaine. Elle tente d'expliquer la diversité génétique des individus et des populations sur la base des mécanismes proposés par la génétique des populations. Les attributs qu'elle étudie sur le vivant couvrent tout le champ de la variation biologique. Ces attributs comprennent des traits déterminés par un mécanisme génétique simple (systèmes de groupes sanguins) et des caractères déterminés par l'interaction du milieu et des gènes (dermatoglyphes digitaux ; densité des glandes sudoripares, mensurations externes, dosage sanguin, etc.). L'anthropobiologie est susceptible de multiples applications : dans les domaines de l'éducation, du travail, du sport, de la confection, de l'hygiène et de l'adaptation à des conditions particulières de milieu.

ANTHROPOBIOLOGIQUE adj. Qui relève de l'anthropobiologie.

ANTHROPOCENTRIQUE adj. Relatif à l'anthropocentrisme.

ANTHROPOCENTRISME n. m. Système ou attitude qui place l'homme au centre de l'univers et qui considère que toute chose se rapporte à lui.

ANTHROPOCHORE [-kɔr] adj. Se dit des espèces végétales dont la dispersion est assurée involontairement par l'homme.

ANTHROPOCLIMATOLOGIE n. f. Science qui étudie les effets du climat sur l'homme.

ANTHROPOGENÈSE ou **ANTHROPOGÉNIE** n. f. Étude de l'apparition et du développement de l'espèce humaine.

ANTHROPOGÉOGRAPHIE n. f. Terme ancien désignant l'étude de l'extension et de la répartition de l'homme sur le Terre.

ANTHROPOGRAPHIE n. f. Description des différences biologiques entre individus et populations humaines.

ANTHROPOGRAPHIQUE adj. Qui relève de l'anthropographie.

ANTHROPOÏDE n. m. **1.** Singe anthropomorphe, tel que le chimpanzé ou le gibbon. – **2.** Grue d'Afrique du Sud et de Numidie, appelée aussi *demoiselle.*

ANTHROPOLOGIE n. f. **1.** Étude de l'homme et des groupes humains. – **2.** Théorie philosophique qui met l'homme au centre de ses préoccupations. – **3.** *Anthropologie culturelle,* étude des croyances et des institutions d'un groupe, conçues comme fondement des structures sociales, et envisagées dans leur rapports avec la personnalité. ‖ *Anthropologie économique,* analyse théorique comparée de différents systèmes économiques. ‖ *Anthropologie linguistique,* syn. de ETHNOLINGUISTIQUE. ‖ *Anthropologie physique* ou *biologique,* syn. de ANTHROPOBIOLOGIE. ‖ *Anthropologie politique,* étude des institutions et du fonctionnement du pouvoir politique dans les sociétés. ‖ *Anthropologie religieuse,* étude d'un groupe social considéré en fonction de ses croyances collectives et de ses rites.

ENCYCL. *Anthropologie culturelle.* À la fois domaine (étude des faits culturels) et école (américaine essentiellement) au sein de l'histoire de l'anthropologie, l'anthropologie culturelle connaît ses premiers développements avec F. Boas et les diffusionnistes, qui entendent réagir contre l'évolutionnisme* dominant. Insistant sur l'aspect original, spécifique du développement de chaque culture, elle aboutit cependant chez certains auteurs à des positions tout autant excessives (tant chez les « relativistes » comme F. Boas et R. Lowie*, qui en arrivent à nier toute existence de loi en anthropologie, que chez les tenants de l'hyperdiffusionnisme allemand) que celles qu'elle condamne dans l'évolutionnisme. Mais ce sont surtout les disciples de Boas (A. Kardiner, R. Linton, R. Benedict*, M. Mead*) qui lui ont donné la consistance d'une véritable école. Créant une nouvelle sous-discipline (« culture et personnalité »), ils ont démontré l'importance de la culture sur la formation de la personnalité. L'anthropologie culturelle a eu le mérite de montrer que, dans une certaine mesure, les comportements normaux et pathologiques variaient selon les cultures. Dans une tout autre perspective, Lévi-Strauss a recours à une méthode, dite « structuraliste », mettant en relation

les faits culturels entre eux, par exemple les mythes et les comportements alimentaires.
• *Anthropologie économique.* Elle analyse le système économique des sociétés « primitives ». Depuis les travaux de Malinowski*, trois écoles sont apparues. Se contentant d'emprunter les concepts et la démarche de la science économique dominante (marginalisme), l'école formaliste (Herskovits, Firth, etc.) a été très critiquée par les tenants du substantivisme (K. Polanyi, G. Dalton), qui ont démontré l'inadéquation des concepts de l'économie classique aux économies non marchandes. Allant plus loin, le marxisme (et surtout l'école française : M. Godelier, Cl. Meillassoux, E. Terray) a reproché aux substantivistes de négliger l'aspect déterminant des rapports de production dans les sociétés « primitives ».
• *Anthropologie politique.* Elle analyse le pouvoir, les conflits et l'État dans les sociétés « primitives ». Dès ses débuts, dans les années 30, l'anthropologie politique (essentiellement britannique) a distingué deux types de système politique : les sociétés sans État et les sociétés à État. Mais, par la suite, est apparu le manque de pertinence de cette dichotomie (les sociétés à chefferie constituant un système politique spécifique). Au cours des années 50, l'approche dynamiste s'est intéressée particulièrement aux problèmes des conflits sociopolitiques. L'apport essentiel de l'anthropologie politique a été de montrer que le pouvoir n'est pas fondé uniquement sur la coercition.
• *Anthropologie religieuse.* Elle s'attache non seulement à décrire son domaine (culte des ancêtres, des esprits, cérémonies et rites d'initiation, mythes), mais également à expliquer ces phénomènes sociaux en tant qu'il participent au renforcement du contrôle social. Elle a montré que le fait religieux déborde ce qu'on appelle la « religion ».

Anthropologie structurale, œuvre de Claude Lévi-Strauss (*Anthropologie structurale,* 1958 ; *Anthropologie structurale II,* 1973), regroupant des articles écrits antérieurement, dans laquelle l'auteur expose ses principes et sa méthode.

ANTHROPOLOGIQUE adj. Qui relève de l'anthropologie.

ANTHROPOLOGIQUEMENT adv. Du point de vue anthropologique.

ANTHROPOLOGISME n. m. Théorie philosophique qui considère l'homme sous l'angle matérialiste et biologique, comme lié à la nature et indissociable d'elle.

ANTHROPOLOGUE n. Spécialiste d'anthropologie ou d'anthropobiologie.

ANTHROPOMÈTRE n. m. Instrument permettant de mesurer les distances au sol de différents repères anatomiques, par exemple du sommet du crâne au sol (taille), de l'épine iliaque antérosupérieure au sol (longueur des membres inférieurs).

ANTHROPOMÉTRIE n. f. Ensemble des techniques de mesure de l'organisme humain utilisées en anthropobiologie et dans le domaine de la justice.
ENCYCL. L'*anthropométrie judiciaire,* ou bertillonnage, basée sur la constance de certaines mesures osseuses, est une méthode d'identification des délinquants récidivistes, mise au point par Alphonse Bertillon vers 1880. La dactyloscopie s'est ajoutée à cette méthode, qui s'est avérée insuffisante.

ANTHROPOMÉTRIQUE adj. Relatif à l'anthropométrie.

ANTHROPOMORPHE adj. Qui a la forme d'un corps humain ou qui a l'apparence humaine.
◆ n. m. Singe catarhinien sans queue ni callosités fessières, muni de 32 dents, se déplaçant par brachiation ou marche bipède, tel que le gibbon (famille des hylobatidés) et les pongidés (chimpanzé, gorille, orang-outan). [Les *anthropomorphes* forment une superfamille.]

ANTHROPOMORPHIQUE adj. Relatif à l'anthropomorphisme.

ANTHROPOMORPHISATION n. f. Action d'anthropomorphiser.

ANTHROPOMORPHISER v. t. (conj. 3). Donner un aspect, un comportement humains à un animal ou à une chose.

ANTHROPOMORPHISME n. m. Tendance à attribuer à Dieu, à un dieu les sentiments, les passions, les idées et les actes de l'homme.

ANTHROPOMORPHISTE adj. et n. Relatif à l'anthropomorphisme ; qui en est partisan.

ANTHROPOMORPHOLOGIE n. f. Étude de la forme du corps humain en termes d'anthropométrie ou de biotypologie.

ANTHROPONYME n. m. Nom de personne (prénom, surnom, nom de famille).

ANTHROPONYMIE n. f. Étude de l'étymologie et de l'histoire des noms de personnes.

ANTHROPONYMIQUE adj. Relatif à l'anthroponymie.

ANTHROPOPHAGE adj. et n. Se dit d'un être vivant qui mange de la chair humaine.

ANTHROPOPHAGIE n. f. Comportement qui consiste à ingérer de la chair humaine.

ANTHROPOPHILE adj. Se dit des animaux (blatte, souris) et des plantes (ortie) que l'on rencontre surtout dans les lieux habités.

ANTHROPOPITHÈQUE n. m. Ancien nom donné aux hominiens fossiles de type primitif.

ANTHROPOSOPHE n. Adepte de l'anthroposophie.

ANTHROPOSOPHIE n. f. Mouvement d'ésotérisme chrétien fondé en 1913 par Rudolf Steiner. (L'anthroposophie est une doctrine d'inspiration rosicrucienne et manichéenne. Elle développe une gnose chrétienne de source théosophique.)

ANTHROPOTECHNIQUE n. f. Discipline visant à réaliser le meilleur équilibre possible entre l'homme et la machine dans les systèmes de commande et de conduite comportant un ou plusieurs opérateurs humains.
◆ adj. Relatif à l'anthropotechnique.

ANTHROPOZOÏQUE adj. et n. m. Se dit parfois de l'ère quaternaire, caractérisée par l'apparition de l'homme.

ANTHURIDÉ n. m. Nom de sous-ordre donné à des crustacés isopodes au corps très grêle.

ANTHURIUM [-rjɔm] n. m. Aracée ornementale originaire d'Amérique tropicale.

ANTHYLLIS [ɑ̃tilis] n. f. (lat. *anthyllis,* du gr. *anthul-*
lis). Nom scientifique de la vulnéraire et des légumineuses voisines, fourragères ou ornementales.

ANTI-, préfixe, du gr. *anti,* en face de, contre, entrant dans la composition de nombreux mots pour exprimer l'idée d'opposition, d'hostilité, de défense contre.

ANTIABOLITIONNISTE adj. et n. Hostile à l'abolition de la peine de mort.

ANTIABRASION adj. inv. Se dit d'une couche protectrice, coulée sur les surfaces sensibles pour les protéger des frottements et des rayures.

ANTIACIDE adj. inv. et n. m. **1.** Qui combat l'hyperacidité gastrique. – **2.** Qui protège contre l'action des acides.

ANTIACRIDIEN, ENNE adj. Se dit de la lutte contre les acridiens nuisibles.

ANTIADHÉSIF, IVE adj. et n. m. Se dit d'un revêtement qui empêche les adhérences. (Les récipients de cuisson en aluminium sont souvent dotés intérieurement d'un revêtement antiadhésif [silicone, Téflon].)

ANTIAÉRIEN, ENNE adj. Se dit des moyens de défense contre la navigation aérienne ou l'action aérienne.
ENCYCL. Les canons antiaériens, nés pendant la Première Guerre mondiale (autocanons de 75), employés dans le cadre de la D.C.A., ont permis d'abaisser le nombre de coups tirés par avion abattu de 11 000 en 1916 à 3 200 en 1918. L'artillerie antiaérienne connaît à partir de 1940 un essor considérable. En 1945, la Flak (Flugabwehrkanone) allemande constitue une arme particulière, disposant de 17 000 canons lourds et de 25 000 pièces légères. Sur mer, certains navires sont spécialisés dans cette forme de lutte. Les progrès techniques permettent d'abaisser le nombre de coups tirés par avion abattu de 2 000 en 1942 à 365 en 1945 (D.C.A. américaine en Europe).
Actuellement, la défense à basse altitude est assurée par des armes automatiques, associées à des radars, tel le bitube de 30 mm sur châssis blindé AMX 13 (portée 3 km), ainsi que par des missiles du type français Roland, d'une portée de 6 km, ou par des missiles portatifs. La défense à moyenne et haute altitude est confiée exclusivement à des missiles sol-air, tel le Hawk américain, adopté par la France (portée 40 km), ou le SAM 2 russe.

ANTIAGRÉGANT n. m. *Antiagrégant plaquettaire,* substance s'opposant à l'agrégation des plaquettes sanguines.

ANTIALCOOLIQUE adj. Qui lutte contre l'alcoolisme : *Ligue antialcoolique.*

ANTIALCOOLISME n. m. Lutte contre l'alcoolisme.

ANTIALDOSTÉRONE n. f. Médicament capable de s'opposer aux effets de l'aldostérone, utilisé dans les cas d'hyperaldostéronisme (cirrhoses, œdèmes cycliques, hypertension artérielle, etc.).

ANTIALLEMAND, E adj. et n. Hostile aux Allemands, germanophobe.

ANTIALLERGIQUE adj. et n. m. Qui est utilisé dans le traitement ou la prévention des allergies.

ANTIAMARIL, E adj. et n. m.Qui est employé contre la fièvre jaune.

ANTIAMÉRICAIN, E adj. et n. Hostile aux États-Unis, à leur politique.

ANTIAMÉRICANISME n. m. Hostilité à l'égard des États-Unis, de leur politique.

ANTIANDROGÈNE adj. et n. m. Qui s'oppose à l'action des androgènes.
ENCYCL. Les antiandrogènes, substances synthétiques, ont une action inhibitrice puissante, mais réversible, sur les glandes et la fonction sexuelle ainsi que sur la libido. On les utilise dans certains pays chez les délinquants et les pervers sexuels.

ANTIANGOREUX ou **ANTIANGINEUX, EUSE** adj. et n. m. Se dit d'un médicament actif contre l'angine de poitrine.

ANTIARCHE n. m. Nom de sous-classe donné à des poissons cuirassés fossiles du dévonien. (Classe des placodermes.)

ANTIARIS [-ris] n. m. (lat. sc. *antiaris,* du malais *antjar*). Grand arbre (moracée) d'Australie, d'Indonésie et du Sud-Est asiatique, utilisé pour son bois, son écorce textile et son latex (redoutable poison de flèche).

ANTI-ART n. m. et adj. inv. Se dit d'une activité para-artistique ne visant pas, en principe, à la création d'œuvres, mais cherchant à miner le fonctionnement traditionnel de l'art. (*Ready-mades* de M. Duchamp ; mouvement dada et ses divers prolongements.)

ANTIARYTHMIQUE adj. et n. m. Qui s'oppose à l'hyperexcitabilité du myocarde et régularise le rythme cardiaque.

ANTIASTHMATIQUE adj. et n. m. Qui est utilisé dans le traitement de l'asthme.

ANTI-ATLAS, montagne du Maroc méridional, s'étendant sur près de 600 km de la côte atlantique au Tafilalet et formée de deux ensembles de hauteurs séparés par la vallée du Draa : l'Anti-Atlas proprement dit à l'O. (2 531 m), le Sagho et l'Ougnat à l'E. (2 560 m). Le développement du tourisme, dans les palmeraies du S. (Tafraout, Zagora), n'a pas arrêté l'émigration.

ANTIATOMIQUE adj. **1.** Qui protège des effets d'une explosion nucléaire. (Syn. PARANUCLÉAIRE.) — **2.** *Défense antiatomique,* défense qui se propose de protéger les populations et les combattants des effets des armes nucléaires et d'éliminer la radioactivité induite.

ENCYCL. La protection collective exige la construction d'abris dans lesquels l'adaptation au souffle et à la chaleur a fait l'objet d'aménagements particuliers. La protection individuelle vise à préserver le corps de la pollution des produits radioactifs, pulvérulents ou en gouttelettes (masques individuels, gants, survêtements, etc., à détruire après contamination).

Les exigences de la protection antiatomique influent sur la conception des matériels militaires (notamment les navires et les chars). Les bases navales modernes ont été dotées de vastes abris souterrains antiatomiques. L'immersion assurant la meilleure protection contre les radiations nucléaires, c'est le sous-marin nucléaire qui, devenu presque indépendant de ses bases, apparaît comme l'arme antiatomique par excellence.

ANTIAUTOADJOINT, E adj. *Endomorphisme antiautoadjoint,* endomorphisme admettant un endomorphisme adjoint et égal à l'opposé de celui-ci. (Syn. ENDOMORPHISME ANTIHERMITIEN.) ‖ *Forme bilinéaire antiautoadjointe,* forme bilinéaire égale à l'opposé de sa forme bilinéaire adjointe. (Syn. FORME SESQUILINÉAIRE ANTIHERMITIENNE.)

ANTIAUTORITAIRE adj. Hostile à toute sujétion, politique ou intellectuelle.

ANTIBACTÉRIEN, ENNE adj. Qui s'oppose à la croissance des bactéries.

ANTIBALANÇANT n. m. Tige métallique assurant le maintien latéral de la caténaire.

ANTIBÉLIER n. m. Dispositif servant à amortir les ondes de choc dues à de brusques variations de pression dans une canalisation.

ANTIBES, ch.-l. de cant. des Alpes-Maritimes, sur la Côte d'Azur ; 70 688 hab. *(Antibois).* Église en partie romane. Ancien château des Grimaldi (XIVe et XVIe s.) abritant un musée surtout consacré à Picasso. Musée archéologique dans un anc. bastion. Importante station balnéaire (port de plaisance) [→ CAP-D'ANTIBES et JUAN-LES-PINS]. École d'horticulture. Cultures florales (roses). Parfumerie. Constructions électriques.
— **Hist.** Antibes *(Antipolis),* fondée par des colons grecs après Marseille, fut le siège d'un évêché du Ve au XIIIe s.

ANTIBIOGRAMME n. m. Méthode biologique permettant de déterminer quels antibiotiques peuvent entraver le développement d'une souche donnée de bactérie pour une concentration donnée de la substance antibiotique.

ENCYCL. La technique la plus commune se pratique sur milieu de culture solide ensemencé à l'aide de la souche bactérienne à éprouver. Des disques de papier imprégnés d'antibiotiques sont ensuite déposés sur la culture. L'inhibition de cette croissance au voisinage des disques d'antibiotiques est appréciée, puis mesurée.

ANTIBIOTHÉRAPIE n. f. Thérapeutique qui fait appel aux antibiotiques.

ANTIBIOTIQUE n. m. Substance naturelle ou synthétique ayant la propriété d'inhiber la croissance ou de détruire des bactéries et autres micro-organismes.
◆ adj. Relatif aux antibiotiques.

ENCYCL. Le médecin français E. Duchesne démontra, en 1897, que certaines moisissures pouvaient arrêter la croissance de souches microbiennes. En 1929, A. Fleming mit en évidence l'action lytique, sur le staphylocoque doré, d'une souche de *Penicillium notatum.* Le premier antibiotique, la pénicilline, en fut isolé en 1941 par E. B. Chain.

Les antibiotiques sont produits par les organismes vivants les plus variés, mais surtout par des champignons inférieurs, d'autres ont été obtenus par synthèse. Chacun agit électivement sur un groupe déterminé de germes (spectre d'activité). Il est possible de titrer l'activité des antibiotiques sur un germe pathogène au moyen d'un antibiogramme.

Les principales familles d'antibiotiques sont : 1° les *bêta-lactamines,* comprenant les différentes pénicillines, les céphalosporines, les monobactames (azthreonam), le N formimidyolthienamycine ; peu toxiques, elles donnent parfois des réactions allergiques ; 2° les *aminosides,* regroupant des antibiotiques majeurs tels que la streptomycine, la kanamycine, la gentamicine, mais ayant une grande toxicité rénale et auditive ; 3° les *tétracyclines,* actives également sur les chlamydiae, les mycoplasmes et les rickettsies ; peu toxiques ; 4° les *phénicoles* (chloramphénicol), réservés aux infections graves (typhoïde) en raison d'une grande toxicité pour le système hématopoïétique ; 5° les *macrolides* (tels que érythromycine, spiramycine, josamycine), agissant surtout sur les germes Gram positif ; peu toxiques ; 6° les *rifamycines* (rifamycine et rifampicine), agissant sur le bacille tuberculeux, mais ayant une toxicité hépatique ; 7° les *polymyxines* (polymyxine B et colistine), agissant sur les germes Gram négatif, mais néphrotoxiques et neurotoxiques.

ANTIBLOCAGE adj. Se dit d'un système qui permet de contrôler le freinage pour éviter que les roues d'un véhicule ne se bloquent.

ANTIBOIS → ANTEBOIS.

ANTIBOURGEOIS, E adj. Hostile aux bourgeois, à la bourgeoisie.

ANTIBRACHIAL → ANTÉBRACHIAL.

ANTIBROUILLAGE n. m. Ensemble des contremesures techniques visant à faire échec au brouillage des émissions d'ondes électromagnétiques.

ANTIBROUILLARD adj. inv. Se dit de phares propres à améliorer la visibilité des véhicules par temps de brouillard.

ANTIBRUIT adj. inv. Se dit d'un matériau, d'un équipement propre à empêcher ou à diminuer l'intensité d'un bruit.

ANTICABREUR adj. m. Se dit d'un dispositif mécanique qui s'oppose au cabrage d'un véhicule au démarrage ou lors d'une accélération.

ANTICALAMINANT, E adj. et n. m. Se dit des additifs introduits dans le carburant pour ralentir la formation de calamine.

ANTICALCAIRE adj. Se dit d'un produit qui désincruste un circuit de distribution d'eau ou qui solubilise les sels de l'eau et les empêche ainsi de se déposer.

ANTICALCIQUE adj. et n. m. Se dit d'un médicament qui inhibe la pénétration du calcium dans les fibres musculaires lisses, notamm. celles du cœur et des vaisseaux, et dont l'action vasodilatatrice est utilisée dans le traitement de l'angor et de l'hypertension artérielle.

ANTICANCÉREUX, EUSE adj.et n. m. Qui est employé dans la lutte contre le cancer ; qui détruit ou inhibe la prolifération des cellules cancéreuses. (Syn. ANTINÉOPLASIQUE.)

ANTICAPILLAIRE adj. Se dit d'une couche de chaussée qui arrête les remontées capillaires d'eau venant du sol ou des couches sous-jacentes.

ANTICAPITALISTE adj. et n. Hostile au régime capitaliste.

ANTICASSEURS adj. *Loi anticasseurs,* loi du 8 juin 1970 qui réprimait les violences et dommages matériels causés lors d'actions concertées de type « commando » ou lors de rassemblements illicites ou interdits, les violations ou occupations de lieux affectés à certains services publics, les violences à agents de la force publique et les arrestations, détentions et séquestrations arbitraires. (Elle fut abrogée le 23 déc. 1981.)

ANTICATHODE n. f. Cible, généralement métallique, placée à l'intérieur d'un tube à vide pour arrêter les rayons cathodiques en émettant éventuellement des rayons X.

ANTICHAMBRE n. f. (ital. *anticamera,* chambre de devant). **1.** Sorte de vestibule qui précède immédiatement un grand bureau ou un salon de réception. (Dans les demeures nobles des XVIe et XVIIe s., l'antichambre était une vaste pièce à usages multiples précédant la salle de parade.) – **2.** Ce qui précède immédiatement, prépare qqch : *Les antichambres de la politique.* – **3.** *Courir les antichambres,* solliciter de tous côtés. ‖ *Faire antichambre,* attendre pour être reçu.

ANTICHAR adj. Se dit de ce qui s'oppose à l'action des chars et autres engins blindés en les détruisant (armes antichars) ou en gênant leur progression (obstacles antichars).

ENCYCL. Les *obstacles antichars* peuvent être naturels (coupure, marécage, bois touffu) ou artificiels (fossé, champ de rails, etc.). Les mines explosives, commandées à distance et difficiles à détecter, constituent, sous forme de *champ de mines,* l'un des meilleurs obstacles en campagne. Les *armes antichars* ont été considérablement accrues et diversifiées depuis les premières armes spécialisées allemandes de 1918 (Minenwerfer de 75 mm : obusier de tranchée adapté au tir direct). Les canons tractés à roues ont été progressivement remplacés, à partir de 1943, par des canons montés sur châssis de char *(automoteur)* ou par des chars spécialisés puissamment armés et fortement blindés (« tank destroyer » américain ; chasseurs de chars allemands ; SU-85, SU-122/152, SU-100 soviétiques). En même temps apparaissent des canons à frein de bouche et des canons sans recul ainsi que les LRAC (lance-roquettes antichars), armes légères et rustiques, de portée réduite.

Après la Seconde Guerre mondiale, les *chasseurs de chars* sont devenus peu nombreux, sauf en R. F. A. et en U. R. S. S. (ASU-85 aérotransportable), les missions étant plutôt confiées aujourd'hui aux chars de bataille et à l'infanterie mécanisée dotée d'armes antichars. Les *canons sans recul* d'infanterie disparaissent eux aussi progressivement. Par contre, les canons légers (de 20, 30, 57 mm), montés sur engins blindés ou sur avions, gardent toute leur importance. Les *projectiles à charge creuse* donnent une puissance de destruction très supérieure à celle des obus perforants, aux canons et aux LRAC modernes, rendus cependant plus performants et plus précis en distance que leurs ancêtres de 1943-1945 (bazooka américain, piat britannique, Panzerfaust et Panzerschreck allemands).

ANTICHEMINANT n. m. Dispositif servant à fixer d'une façon absolument rigide le rail de chemin de fer aux traverses et à empêcher le cheminement.

ANTICHOC adj. inv. Se dit d'un casque, d'un dispositif servant à protéger contre les chocs.

ANTICHOLINERGIQUE [-ko-] adj. et n. m. Qui empêche l'acétylcholine d'activer certains types de récepteurs. (Syn. ACÉTYLCHOLINOLYTIQUE, CHOLINOLYTIQUE.)

ANTICHOLINESTÉRASE [-kɔ-] n. f. Substance s'opposant à l'hydrolyse de l'acétylcholine par inhibition de l'acétylcholinestérase.

ANTICHRÈSE [-krɛz] n. f. (gr. *antikrêsis,* usage d'une chose pour une autre, de *krêsis,* usage). Contrat par lequel un débiteur abandonne à son créancier la possession et l'usufruit d'un immeuble jusqu'au complet acquittement de sa dette.

ANTICHRÉSISTE [-kre-] adj. et n. Se dit d'un créancier qui a reçu de son débiteur un immeuble en antichrèse.

ANTICIPATION n. f. (lat. *anticipatio*). **1.** Action d'anticiper qqch, de le faire avant le moment prévu ou fixé : *Anticipation de paiement.* — **2.** Action de prévoir, de supposer ce qui va arriver ; hypothèse, supposition : *Anticipation sur l'avenir.* — **3.** Imagination (souvent fantastique) d'événements situés dans l'avenir ; récit conçu sur ces bases : *Littérature, film d'anticipation.* (→ *encycl.*) • **Comm.** Système de vente dans lequel l'acheteur verse, en une ou plusieurs fois, tout ou partie du prix d'une marchandise avant que celle-ci lui soit remise. — **Dr.** *Meubles par anticipation,* immeubles (tels les produits des mines ou les fruits et les récoltes), encore attachés au sol ou à l'arbre, qui font l'objet d'une saisie ou d'une vente. — **Écon.** Prévision des sujets économiques quant à l'évolution future d'une variable qui les intéresse. ‖ *Anticipation rationnelle,* concept fondé sur le postulat selon lequel les agents économiques utilisent toutes les informations dont ils peuvent disposer pour formuler leurs prévisions. — **Fin.** Expédient financier ayant pour objet de permettre au Trésor de percevoir des acomptes sur les impôts non encore échus. ‖ *Crédits d'anticipation,* investissements destinés, en période de crise, à ranimer l'économie. (Les investissements de la période de crise sont ainsi financés par anticipation sur les excédents de la période de prospérité.) — **Inform.** Technique d'organisation d'un système informatique qui essaie de prévoir les futures demandes de mots en mémoire par l'unité centrale pour les mettre en place dans une mémoire d'accès plus rapide. — **Ling.** Syn. de PROLEPSE. — **Phon.** Action assimilatrice exercée par un phonème sur le phonème précédent (ainsi, il y a assimilation de la sonore [b] à la sourde [t] dans *obtenir* [prononcé *optenir*]). — **Psychol.** Activité adaptée à un stimulus futur, qu'un sujet développe lorsqu'il est informé de la prochaine apparition de ce stimulus. — **Sports.** À skis, position du buste incliné et tourné vers l'aval, généralement due à son inertie et consécutive à une reprise de carre.

ENCYCL. La *littérature d'anticipation* s'apparente aux récits de voyage dans des pays imaginaires (*Histoire vraie,* de Lucien de Samosate ; *les Voyages de Gulliver,* de Swift), mais elle esquisse un univers futur en partant de connaissances scientifiques acquises et en préjugeant de leur évolution (Jules Verne). Dénonçant les dangers matériels (*la Guerre des mondes* de H. G. Wells) ou spirituels (*R. U. R.,* de Karel Čapek ; *le Meilleur des mondes,* d'Aldous Huxley) du développement scientifique, cette forme de littérature se prolonge et se diversifie dans les domaines du fantastique, de la science-fiction et de la politique-fiction.

ANTICIPATOIRE adj. Qui anticipe, est capable d'anticiper.

ANTICIPER v. t. (lat. *anticipare,* de *ante,* avant, et *capere,* prendre) [conj. 3]. Faire qqch avant le moment prévu ou fixé : *Anticiper un paiement de huit jours.*

◆ v. t. ind. **1.** Agir comme si on pouvait disposer de qqch qui n'existe pas encore : *Il a anticipé sur l'héritage de son oncle.* — **2.** Révéler ce qui, dans un discours, un récit, ne doit être connu que plus tard : *Mais j'anticipe, et ne voudrais pas gâcher mon récit.* — **3.** Prévoir, supposer ce qui va arriver et adapter sa conduite à cette supposition : *Politicien qui anticipe sur les élections à venir.* — **4.** *(Mais) n'anticipons pas,* se dit lorsqu'on ne

veut pas dévoiler la suite d'un récit ou lorsqu'on ne veut pas faire de suppositions sur l'avenir.
◆ v. i. — Devancer l'action ou l'intervention prévue de l'adversaire.
◆ **être anticipé** v. pass. **1.** Se produire plus tôt que prévu ; être prématuré : *Retraite anticipée.* — **2.** *Remerciements anticipés,* formule de politesse pour remercier à l'avance du service demandé.

ANTICITÉ adj. inv. Se dit d'une mise en œuvre d'armes nucléaires stratégiques visant à atteindre les villes et les centres économiques d'un pays adverse pour briser toute résistance de la population.

ANTICLÉRICAL, E, AUX adj. et n. Opposé à l'influence du clergé dans les affaires publiques, dans l'enseignement, etc.

ANTICLÉRICALISME n. m. Ensemble d'idées, d'attitudes ou de tendances par lesquelles se marque l'hostilité au clergé ou tout au moins à son intervention dans le domaine temporel.

ANTICLINAL, E, AUX adj. **1.** Se dit d'un pli dont les éléments à l'intérieur de la courbure étaient, originellement, les plus bas. — **2.** Se dit de la conformation autour d'une simple liaison d'une molécule dans laquelle les deux liaisons de référence font un angle voisin de 120°.
◆ **anticlinal** n. m. **1.** Pli anticlinal. — **2.** Syn. anc. de ANTIFORME.

ANTICLINORIUM [-rjɔm] n. m. Association de plis plus ou moins parallèles dont l'ensemble a une allure anticlinale.

ANTICO ou **DE ANTIQUIS** (Andrea), éditeur et compositeur de musique italien (Montona, Istrie, v. 1470/1480 - v. 1540). Il fut l'un des premiers éditeurs de musique imprimée.

ANTICOAGULANT, E adj. et n. m. **1.** Se dit d'un corps s'opposant à la coagulation du sang. — **2.** *Anticoagulant circulant,* inhibiteur endogène et acquis d'un des facteurs de la coagulation ou d'une phase de celle-ci.
ENCYCL. Les anticoagulants permettent de conserver le sang à l'état liquide pour les examens de laboratoire. Deux catégories d'anticoagulants (l'héparine et les antivitamines K) sont utilisées pour le traitement des maladies cardiovasculaires. L'*anticoagulant circulant* peut inhiber un seul facteur de la coagulation (il apparaît parfois après des transfusions répétées) ou toute une phase de celle-ci (il se voit surtout au cours des maladies auto-immunes). Il se manifeste généralement par un syndrome hémorragique.

ANTICOCCIDIEN, ENNE adj. et n. m. Qui vise à détruire les coccidies parasites des animaux.

ANTICODON n. m. Séquence de trois nucléotides dans la molécule d'A. R. N. de transfert qui lui permet de reconnaître le codon correspondant de la molécule d'A. R. N. messager et de se fixer en face de lui.

ANTICOLLISION adj. inv. Se dit de tout dispositif ayant pour but d'éviter les collisions en vol des aéronefs.

ANTICOLONIALISME n. m. Attitude politique de ceux qui luttent contre le colonialisme.

ANTICOLONIALISTE adj. et n. Opposé au colonialisme.

ANTICOMMUNISME n. m. Hostilité à l'égard du communisme.

ANTICOMMUNISTE adj. et n. Hostile au communisme.

ANTICOMMUTATIF, IVE adj. Se dit d'une opération dans laquelle l'échange des composants conduit à un résultat de signe ou de sens contraires.

ANTICOMPOUND [-kɔ̃pund] adj. inv. Se dit d'une machine à courant continu possédant un enroulement inducteur série qui produit un flux magnétique de signe contraire à celui de l'inducteur principal.

ANTICONCEPTIONNEL, ELLE adj. Relatif à la contraception.

ANTICONCORDATAIRE adj. et n. Se dit d'un catholique qui refusait de reconnaître en France le concordat de 1801. (Dans l'ouest de la France survécut longtemps une *Petite Église* dont les membres étaient anticoncordataires.)

ANTICONCURRENTIEL, ELLE adj. Qui s'oppose à la concurrence commerciale.

ANTICONFORMISME n. m. Opposition aux usages établis, aux traditions.

ANTICONFORMISTE adj. et n. Qui fait preuve d'anticonformisme.

ANTICONJONCTUREL, ELLE adj. Qui vise à renverser une conjoncture défavorable.

ANTICONSTITUTIONNEL, ELLE adj. Contraire à la Constitution. (Syn. INCONSTITUTIONNEL.)

ANTICONSTITUTIONNELLEMENT adv. D'une manière anticonstitutionnelle.

ANTICONVULSIVANT, E adj. et n. m. Se dit de toute substance capable d'arrêter les convulsions.

ANTICORPS n. m. Protéine du sérum (immunoglobuline) sécrétée par certains lymphocytes après introduction d'un antigène dans l'organisme.
ENCYCL. L'anticorps est spécifique de l'antigène. Il s'agit d'une globuline peu différente des globulines normales du plasma, d'où son nom d'« immunoglobuline », adaptée à l'élimination

de la substance antigénique. Le produit de la fixation de l'anticorps sur l'antigène peut être parfois responsable d'une réaction néfaste pour l'organisme de l'hôte (maladies auto-immunes).

ANTICORROSION adj. inv. Se dit des techniques, des procédés concernant la protection des matériaux métalliques contre la corrosion et des produits qui permettent d'assurer cette protection.

ANTICOSTI, île du Canada (Québec), dans le golfe du Saint-Laurent ; 8 160 km^2 ; 230 hab.

ANTICOUPLE adj. inv. et n. m. Se dit d'une hélice ou d'un rotor de faible diamètre, à pas variable, situé à l'arrière d'un hélicoptère pour annuler le couple de réaction engendré par le rotor sustentateur principal et piloter l'appareil en direction.

ANTICRISE adj. inv. Qui vise à lutter contre une crise économique.

ANTICRYPTOGAMIQUE adj. et n. m. Qui s'oppose aux maladies cryptogamiques ou protège le bois contre les champignons lignivores. (Syn. FONGICIDE.)

ANTICYCLIQUE adj. Qui vise à combattre les effets du cycle économique.

ANTICYCLOGENÈSE n. f. Ensemble des processus qui aboutissent à la formation d'un anticyclone.

ANTICYCLONAL, E, AUX ou **ANTICYCLONIQUE** adj. Qui se rapporte à un anticyclone.

ANTICYCLONE n. m. Masse de hautes pressions atmosphériques. (On dit aussi parfois MAXIMUM.)
ENCYCL. Dans un anticyclone, la pression décroît du centre vers l'extérieur. Les vents divergent, à partir des anticyclones, vers la droite dans l'hémisphère Nord, vers la gauche dans l'hémisphère Sud. Les hautes pressions majeures s'implantent selon la latitude : hautes pressions polaires, anticyclones saisonniers des latitudes moyennes et hautes pressions subtropicales. Le substratum introduit une distinction entre anticyclones maritimes (dont ceux des Hawaii et des Açores aux latitudes subtropicales de l'hémisphère Nord) et anticyclones continentaux (Sibérie).
Les anticyclones imposent des temps caractéristiques : les anticyclones arctiques projettent vers de plus basses latitudes des vents froids ou frais (advections polaires). Les anticyclones subtropicaux émettent, pour leur part, d'un côté les alizés, vents secs initialement, de l'autre les vents d'ouest, doux et humides, au contact des océans, et qui affrontent, aux latitudes moyennes, les advections polaires (front polaire). Au cœur des anticyclones, le temps est normalement beau.

ANTICYTHÈRE, en ital. **Cerigotto,** îlot grec situé entre Cythère et la Crète ; 250 hab.

ANTIDATE n. f. Date, apposée sur un acte, antérieure de un (ou plusieurs) jour(s) à celle à laquelle l'acte a été réellement passé. (Les parties ne peuvent rétablir la date véritable qu'au moyen d'une preuve écrite.)

ANTIDATER v. t. (conj. 3). Inscrire sur un document une date antérieure à celle de sa rédaction.

ANTIDÉFLAGRANT, E adj. Se dit d'un appareil conçu pour fonctionner dans une atmosphère inflammable et pourvu d'une enveloppe telle qu'une explosion se produisant à l'intérieur ne puisse ni la briser, ni la détériorer, ni propager la déflagration. (L'enveloppe antidéflagrante n'est pas étanche mais munie de chicanes très fines dans lesquelles la flamme due à une explosion interne est laminée et refroidie.)

ANTIDÉMOCRATIQUE adj. Opposé, contraire aux principes démocratiques.

ANTIDÉPLACEMENT n. m. Isométrie non directe.

ANTIDÉPRESSEUR adj. et n. m. Psychotrope employé pour stimuler l'humeur.
ENCYCL. Les antidépresseurs sont capables d'entraîner un retour à la normale de l'humeur dépressive, mais ils dépassent parfois leur but et peuvent produire une exaltation de type maniaque. Les antidépresseurs en général ne sont pas sédatifs de l'anxiété et agissent surtout en levant les inhibitions. Leur mode d'action n'est pas totalement éclairci : on pense qu'ils élèvent la concentration cérébrale de noradrénaline et de sérotonine. Outre les IMAO (de moins en moins prescrits à cause de leurs contre-indications) et les tricycliques, des antidépresseurs traitant également l'anxiété ont fait leur apparition, comme l'amitryptiline.

ANTIDÉPRESSIF, IVE adj. Qui a une action contre les dépressions.

ANTIDÉRAPANT, E adj. et n. m. Se dit d'un matériau qui diminue la glissance.

ANTIDÉTONANT, E adj. et n. m. Se dit d'un produit qui résiste à la détonation ou empêche le cliquetis du moteur.

ANTIDIABÉTIQUE adj. et n. m. Qui est utilisé dans le traitement du diabète. (À l'insuline sont venus s'ajouter les antidiabétiques de synthèse : biguanides et sulfamides hypoglycémiants.)

ANTIDIARRHÉIQUE adj. et n. m. Qui combat la diarrhée sans s'attaquer à ses causes (par ex. charbon, élixir parégorique).

ANTIDIPHTÉRIQUE adj. et n. m. Qui prévient et combat la diphtérie.

ANTIDIURÈSE n. f. Syn. de SYNDROME DE SCHWARTZ-BARTTER*.

ANTIDIURÉTIQUE adj. et n. m. **1.** Qui s'oppose à la sécrétion urinaire. — **2.** *Hormone antidiurétique,* syn. de VASOPRESSINE.

ANTIDOGMATIQUE adj. et n. Hostile à tout dogmatisme.

ANTIDOGMATISME n. m. Hostilité à tout dogmatisme.

ANTIDOPAGE ou **ANTIDOPING** [-piɲ] adj. inv. Se dit de tout ce qui s'oppose à la pratique du dopage (ou doping) dans les sports.

ANTIDOTE n. m. (bas. lat. *antidotum,* du gr. *antidotos,* donné contre). **1.** Substance capable d'empêcher un corps d'exercer ses effets toxiques. (Syn. CONTREPOISON.) — **2.** Remède contre un mal moral, psychologique.

ANTIDOTISME n. m. Propriété d'un antidote.

ANTIDREYFUSARD, E adj. et n. Hostile à la révision du procès du capitaine Dreyfus.

ANTIDROGUE adj. inv. Qui vise à lutter contre la drogue.

ANTIDROMIQUE adj. Se dit d'un influx nerveux qui, dans une racine sensitive, va de la moelle épinière vers la périphérie.

Anti-Dühring, ouvrage de F. Engels, paru en 1878, renfermant les articles écrits par l'auteur en 1877 et en 1878 contre Eugen Dühring et contenant un exposé complet du marxisme.

ANTIDUMPING [-dœmpiɲ] adj. inv. Se dit d'une taxe douanière à laquelle peut être soumis, à son entrée dans un pays, un produit dont le prix de vente est inférieur au prix pratiqué dans son pays d'origine.

ANTIÉCONOMIQUE adj. Contraire à une gestion économique efficace.

ANTIÉMÉTIQUE adj. et n. m. Se dit d'un médicament qui combat le vomissement. (Syn. ANTIVOMITIF.)

ANTIENGIN → ANTIMISSILE.

ANTIENNE [-tjɛn] n. f. (bas lat. *antefana,* du gr. *antiphônos,* qui répond à). **1.** Refrain à deux chœurs qui alternent des versets. — **2.** Pièce mélismatique exécutée par deux chœurs avant et après la récitation chantée du psaume. — **3.** *Litt.* Répétition continuelle et lassante de qqch, refrain.

ANTIENRAYEUR n. m. Dispositif destiné à éviter le glissement des roues du matériel ferroviaire lors du freinage.

ANTIENZYME n. f. Substance qui s'oppose à une activité enzymatique donnée.

ANTIÉPILEPTIQUE adj. et n. m. Destiné à combattre les manifestations cliniques de l'épilepsie.
ENCYCL. Les premiers antiépileptiques furent le phénobarbital et les hydantoïnes, puis suivirent les diones et l'éthosuxinimide et, depuis 1960, la carbamazépine, le valproate de sodium et le clonazépam. On associe souvent deux ou plusieurs antiépileptiques dans le souci soit de diminuer les accidents de surcharge en prescrivant de chacun des produits des doses plus faibles que s'il était prescrit seul, soit de mieux contrôler les crises.

ANTIER (Benjamin CHEVRILLON, dit), auteur dramatique français (Paris 1787 - *id.* 1870), auteur du mélodrame célèbre *l'Auberge des Adrets* (1823).

ANTIESCLAVAGISTE adj. et n. Hostile à l'esclavage.

ANTIÉTATIQUE adj. Opposé à l'étatisme, à l'intervention de l'État.

ANTIÉVANOUISSEMENT ou **ANTIFADING** adj. inv. Se dit d'un dispositif destiné à combattre les fluctuations de réception d'ondes radioélectriques, dues à des variations des conditions de propagation.

ANTIFASCISME n. m. Opposition au fascisme sous ses diverses formes et, plus généralement, aux régimes politiques autoritaires.

ANTIFASCISTE adj. et n. Opposé au fascisme.

ANTIFER *(cap d'),* promontoire calcaire de la côte du pays de Caux (Seine-Maritime), au S.-O. d'Étretat ; 110 m de hauteur. Phare. — Au S. a été aménagé un terminal, accessible aux superpétroliers et constituant une annexe du port du Havre.

ANTIFERROÉLECTRICITÉ n. f. Propriété de certains matériaux dont le réseau cristallin est formé de deux sous-réseaux présentant une polarisation électrique égale en module et de sens opposé, donnant une polarisation globale nulle. (C'est l'analogue électrique de l'antiferromagnétisme.)

ANTIFERROMAGNÉTISME n. m. Propriété de certains cristaux dont les moments magnétiques des atomes pointent alternativement dans un sens puis dans le sens opposé.
ENCYCL. À basse température, les spins forment deux sous-réseaux dont les aimantations sont les mêmes en valeur absolue mais sont orientées en sens opposé. L'aimantation totale du cristal est alors nulle, mais l'ordre magnétique peut être observé par diffraction de neutrons. L'agitation thermique détruit cet ordre, et, au-dessus d'une température de transition appelée *température de Néel,* le corps devient paramagnétique.

ANTIFEUTRANT, E adj. Se dit d'un produit qui empêche la laine de feutrer au lavage.

ANTIFIBRILLANT, E adj. et n. m. Se dit d'un médicament qui s'oppose à la fibrillation du myocarde.

ANTIFIBRINOLYTIQUE n. m. Inhibiteur d'une des étapes de la fibrinolyse.

ANTIFISCAL, E, AUX adj. Hostile à la fiscalité, à l'augmentation des impôts.

ANTIFOLIQUE adj. et n. m. **1.** Se dit de ce qui s'oppose à l'action biologique de l'acide folique. — **2.** Se dit d'une substance inhibant de façon compétitive la synthèse des acides nucléiques. (Les antifoliques sont utilisés comme antimétabolites anticancéreux, antipaludéens ou antibactériens associés à un sulfamide.)

ANTIFONGIQUE adj. et n. m. Qui est utilisé contre les infections provoquées par des champignons inférieurs ou par des levures.

ANTIFORCES adj. Se dit d'une mise en œuvre d'armes nucléaires stratégiques visant en priorité la destruction des moyens nucléaires d'un pays adverse pour lui interdire toute possibilité de riposte.

ANTIFORMANT n. m. Région du spectre acoustique dépourvue d'énergie ou comportant une énergie très affaiblie. (Syn. ZÉRO ACOUSTIQUE.)

ANTIFORME n. f. Pli dessinant une courbure convexe vers le haut. (Syn. anc. ANTICLINAL.)

ANTIFOULING adj. Syn. de ANTISALISSURE.

ANTIFRANÇAIS, E adj. et n. Hostile à la France, aux Français, à leur politique.

ANTIFRICTION adj. inv. Se dit d'un métal ou d'un alliage ayant des propriétés particulières qui diminuent le frottement d'organes de machines en mouvement.

ENCYCL. Les alliages antifriction ont une structure comprenant un constituant relativement dur, dispersé dans une matrice plastique à bas point de fusion. Le plomb, l'étain et le cuivre sont les constituants classiques de ces alliages. On distingue principalement les alliages plomb-antimoine-étain, étain-antimoine-cuivre et zinc-cuivre-étain. Les alliages à base de plomb ou d'étain sont souvent appelés *alliages blancs*. D'autres alliages à base de cuivre sont aussi utilisés : bronzes ou laitons, des cuproplombs, ou *métaux roses*, et des cupro-aluminiums. Les alliages à base d'aluminium, d'argent, de cadmium ou de zinc, ainsi que certaines fontes grises, ont de nombreux emplois industriels (coussinets, bagues, paliers). Il existe des alliages antifriction poreux, autolubrifiants, à base de bronze ou de fer (éventuellement avec graphite), obtenus par métallurgie des poudres.

ANTI-G adj. inv. Se dit d'une combinaison destinée à combattre les effets d'une pesanteur accrue par application d'une surpression sur la partie inférieure du corps.

ANTIGALACTIQUE adj. Syn. de ANTILAITEUX.

ANTIGANG adj. inv. Se dit d'un service de police destiné à lutter contre le grand banditisme, la grande criminalité.

ANTIGAUCHISME n. m. Hostilité à l'égard du gauchisme.

ANTIGAUCHISTE adj. et n. Hostile aux gauchistes.

ANTIGAULLISME n. m. Hostilité à l'égard du général de Gaulle, de sa politique.

ANTIGAULLISTE adj. et n. Hostile à la politique du général de Gaulle.

ANTIGEL adj. inv. et n. m. Se dit d'une substance dont l'adjonction à un liquide abaisse notablement le point de congélation de celui-ci.

ANTIGELIF n. m. Adjuvant incorporé au béton et qui le garantit contre l'altération par le gel.

ANTIGÈNE n. m. **1.** Substance qui, introduite dans un organisme, est capable d'y provoquer la stimulation des cellules immunocompétentes responsables de la production d'anticorps ou d'une réaction immunitaire à médiation cellulaire. (→ *encycl.*) — **2.** Réactif utilisé pour le diagnostic sérologique de certaines maladies, et notamment de la syphilis. — **3.** *Antigène Australia*, ou *HBs*, antigène du virus à A.D.N. de l'hépatite B. ‖ *Antigène d'histocompatibilité*, antigène responsable de la tolérance ou du rejet des greffes de cellules ou de tissus. (Ces antigènes appartiennent surtout au système H.L.A.) ‖ *Antigènes tumoraux*, antigènes mis en évidence dans les cas de très nombreuses tumeurs induites aussi bien par des agents chimiques, physiques que viraux.

ENCYCL. L'injection à un animal d'une substance qui n'est pas un constituant normal de son organisme provoque une réaction de défense qui se traduit par la production des anticorps correspondants à cette substance. La propriété antigénique caractérise donc la plupart des substances étrangères à l'organisme, par exemple en cas de transfusion sanguine entre des individus de groupes sanguins différents. La plupart des microbes (bactéries, champignons microscopiques, parasites unicellulaires et virus) sont antigéniques.

ANTIGÉNICITÉ n. f. Degré ou qualité d'un antigène. (Syn. IMMUNOGÉNICITÉ.)

ANTIGÉNIQUE adj. Relatif aux antigènes.

ANTIGIRATOIRE adj. Se dit, en mécanique, de tout ce qui s'oppose à un mouvement de rotation.

ANTIGIVRAGE n. m. Technique visant à empêcher la formation de givre sur un aéronef.

ANTIGIVRANT, E adj. et n. m. Qui empêche la formation de givre sur un aéronef.

ANTIGLISSE adj. inv. Se dit de vêtements de ski conçus pour accrocher la neige.

ANTIGLOBULINE n. f. Anticorps spécifique élaboré par un organisme en réponse à l'injection d'une immunoglobuline d'une autre espèce. (C'est donc un anti-anticorps.)

ANTIGONE, fille d'Œdipe et de Jocaste, sœur d'Étéocle et de Polynice ; elle accompagna dans son exil son père aveugle et mourut pour avoir, malgré les ordres de Créon, roi de Thèbes, rendu les honneurs funèbres à son frère Polynice.

Antigone, tragédie de Sophocle (v. 442 av. J.-C.). L'héroïne défend les lois « non écrites » du droit moral contre la fausse justice de la raison d'État et des sociétés humaines. Présente dans les pièces d'Euripide, de Robert Garnier et dans *la Thébaïde* de Racine (1664), Antigone a donné son nom à une tragédie d'Alfieri (1783), un opéra de Honegger (1927), un drame d'Anouilh (1944) et un ballet de J. Cranko (1959).

ANTIGONIDES, dynastie fondée par Antigonos Monophthalmos et qui régna sur la Macédoine de la fin du IVe s. à la conquête romaine (défaite de Persée à Pydna en 168 av. J.-C.).

ANTIGONOS Monophthalmos *(le Borgne),* lieutenant d'Alexandre, un des principaux diadoques. Après la mort de ce dernier (323 av. J.-C.), il tenta de reconstituer à son profit l'empire du conquérant, ambition qui suscita l'opposition armée des autres diadoques. Après une série de campagnes aux fortunes diverses, il fut vaincu et tué à Ipsos en 301.

ANTIGONOS Ier Gonatas (Thessalie v. 320 av. J.-C. - 240/239 av. J.-C.), roi de Macédoine de 276 à 239 av. J.-C. Fils de Démétrios Poliorcète, il rétablit la puissance de la Macédoine, affaiblie par les luttes entre Pyrrhos et Démétrios. Il imposa sa domination sur les cités grecques soutenues par la ligue Achéenne.

ANTIGONOS II Dôsôn (263-221 av. J.-C.), fils de Démétrios, roi de Macédoine de 229 à 221.

ANTIGONOS, roi des Juifs de 40 à 37 av. J.-C., dernier représentant des Asmonéens.

ANTIGORITE n. f. (de *Antigorio,* n. pr.). Variété lamellaire de serpentine.

ANTIGOUVERNEMENTAL, E, AUX adj. Hostile au gouvernement en fonction.

ANTIGRÈVE adj. inv. Opposé à la grève : *Une loi antigrève.*

ANTIGRISOUTEUX, EUSE adj. **1.** Qui peut être utilisé, sans risquer de provoquer d'inflammation, dans une mine grisouteuse. — **2.** *Explosif antigrisouteux,* syn. de EXPLOSIF DE SÉCURITÉ*.

ANTIGUA, île des Petites Antilles (Leeward Islands) ; 280 km^2. Elle fait partie de l'État d'Antigua et Barbuda.

ANTIGUA, v. du Guatemala, ch.-l. du dép. de Sacatepéquez, anc. cap. du pays ; 26 600 hab. Centre commercial et touristique. Bien que maintes fois bouleversée par des séismes, la ville conserve d'importants témoignages monumentaux de style baroque (2e moitié du XVIIe-XVIIIe s.).

ANTIGUA ET BARBUDA, État des Antilles, formé des îles d'Antigua et de Barbuda et de l'îlot inhabité de Redonda, constituant un État associé à la Grande-Bretagne de 1967 à 1981, puis indépendant depuis 1981 ; 442 km^2 ; 85 000 hab. CAP. *Saint John's* (sur Antigua). LANGUE : *anglais.* MONNAIE : *dollar des Caraïbes orientales.* Canne à sucre et coton. Tourisme. Raffinerie de pétrole.

ANTIGUA GUATEMALA, v. du sud du Guatemala ; 16 000 hab. Bel ensemble baroque d'époque coloniale.

ANTIGUÉRILLA adj. inv. Qui s'oppose à une action de guérilla.

ANTIHALO adj. inv. et n. m. Se dit d'une couche, déposée sur le film photographique, qui évite le halo.

ANTIHAUSSE adj. inv. Qui est destiné à enrayer la hausse des prix.

ANTIHELMINTHIQUE → ANTHELMINTHIQUE.

ANTIHÉMORRAGIQUE adj. *Vitamine antihémorragique,* syn. de VITAMINE K.

ANTIHERMITIEN, ENNE adj. *Endomorphisme antihermitien,* syn. de ENDOMORPHISME ANTIAUTO-ADJOINT*. ‖ *Forme sesquilinéaire antihermitienne,* syn. de FORME BILINÉAIRE ANTIAUTOADJOINTE*. ‖ *Matrice antihermitienne,* matrice carrée à éléments complexes qui est égale à l'opposé de sa matrice adjointe.

ANTIHÉROS n. m. **1.** Personnage d'une œuvre littéraire aux caractéristiques contraires à celles du héros traditionnel. — **2.** Personnage du nouveau roman sans identité ni psychologie.

ANTIHISTAMINIQUE adj. et n. m. Qui inhibe la production d'histamine dans l'organisme ou s'oppose à ses effets.

ENCYCL. Il existe dans l'organisme deux types de récepteurs de l'histamine : les récepteurs H_1 et les récepteurs H_2, auxquels correspondent deux séries d'antagonistes. Les antihistaminiques classiques (anti-H_1) inhibent les manifestations générales déclenchées par l'histamine. Ils sont utilisés dans le traitement des maladies allergiques. Les antagonistes des récepteurs H_2 (anti-H_2) sont représentés par la cimétidine, qui est employée dans le traitement de l'ulcère de l'estomac et du duodénum.

ANTIHORAIRE adj. *Sens antihoraire*, sens de rotation d'une machine dont le rotor, vu de face, tourne dans le sens inverse des aiguilles d'une montre.

ANTIHUMANISTE adj. et n. Hostile à l'humanisme.

ANTIHYGIÉNIQUE adj. Contraire aux règles de l'hygiène.

ANTI-IMPÉRIALISME n. m. Opposition à l'impérialisme.

ANTI-IMPÉRIALISTE adj. et n. Hostile à l'impérialisme.

ANTI-INFECTUEUX, EUSE adj. et n. m. (pl. *anti-infectueux, euses*). Se dit d'un médicament propre à combattre l'infection.

ANTI-INFLAMMATOIRE adj. et n. m. Se dit d'un médicament (de ses propriétés) qui combat l'inflammation : cortisone et ses dérivés, salicylés, phénylbutazone, indométacine, etc.

ANTI-INFLATIONNISTE adj. Qui vise à lutter contre l'inflation.

ANTI-INTELLECTUALISME n. m. Refus de reconnaître la prééminence de l'intelligence et la valeur des sciences.

ANTI-INTELLECTUALISTE adj. et n. Partisan de l'anti-intellectualisme.

ANTIJEU n. m. *Faire de l'antijeu*, ne pas respecter la règle du jeu, commettre des irrégularités.

ANTIJEUNES adj. Hostile à la jeunesse.

ANTIJUIF, IVE adj. Se dit d'organisations antisémites et des actions qu'elles mènent.

Antikomintern *(pacte)* [25 nov. 1936], pacte contre l'Internationale communiste conclu entre l'Allemagne et le Japon, auquel adhérèrent l'Italie en 1937, le Mandchoukouo, la Hongrie et l'Espagne en 1939.

ANTILACET adj. inv. Se dit d'un dispositif utilisé sur certains véhicules pour engendrer un couple s'opposant à la rotation du bogie autour d'un axe vertical.

ANTILAITEUX, EUSE adj. Qui supprime la sécrétion du lait. (Syn. ANTIGALACTIQUE.)

ANTILARVAIRE adj. Destiné à détruire les larves.

ANTILEUCÉMIQUE adj. et n. m. Qui est utilisé dans le traitement des leucémies.

ANTI-LIBAN ou **DJABAL AL-CHARQĪ**, chaîne de montagnes du Proche-Orient, parallèle au mont Liban, dont elle est séparée par la plaine de la Beqaa ; 2 629 m au *Tal 'at Mūsā,* à la frontière libano-syrienne. Elle domine vers l'E. la Ghouta (Rhūṭa) de Damas et le désert de Syrie. Le climat est aride et la vie sédentaire, limitée aux points d'eau. Pâturages estivaux pour les ovins hivernant dans la plaine syrienne.

ANTILITHIQUE adj. et n. m. Qui prévient la formation des calculs et, plus particulièrement, des calculs urinaires.

ANTILLAIS, E adj. et n. Des Antilles.

ANTILLES, archipel de l'Amérique moyenne, étiré sur 2 500 km, du golfe du Mexique au large du Venezuela, entre le tropique du Cancer et 10° de lat. N., qui sépare la mer des Antilles de l'océan Atlantique. Le Nord est constitué de quatre îles qui forment les Grandes Antilles : Cuba, Jamaïque, Haïti (ou Saint-Domingue), Porto Rico. On y rattache l'archipel des Bahamas et celui des Turks et Caicos, qui s'émiettent en de nombreuses îles entre la Floride et Haïti. À l'E., les Petites Antilles sont disposées en arc de cercle des îles Vierges à la Grenade. Au S., en avant de la côte vénézuélienne, se localisent notamment les Antilles néerlandaises et les deux îles de Trinité et Tobago. Les Antilles s'étendent sur près de 240 000 km² et regroupent environ 34 millions d'hab.

— **Géogr.** Souvent montagneuses et volcaniques, les Antilles ont un climat chaud et assez humide. Les températures varient peu autour de 25 °C. L'air est humide, le ciel souvent nuageux, mais s'opposent une saison pluvieuse (mai-juin à nov.-déc.) et une saison plus sèche, des versants au vent exposés à l'alizé et des versants sous le vent, abrités. Des cyclones affectent la région au moment de la saison des pluies. La chaleur et l'humidité, la fertilité aussi de sols volcaniques expliquent le développement des plantations (caféiers, cacaoyers, bananiers et surtout canne à sucre), ressources essentielles (avec aujourd'hui le tourisme), la composition ethnique (avec un fréquent métissage, d'ordre également culturel) d'une population souvent dense, l'émiettement politique actuel (héritage de la colonisation).

— **Hist.** Découvertes par Christophe Colomb, les Antilles, où vivent alors les Caraïbes, sont d'abord occupées par les Espagnols (Saint-Domingue, Porto Rico, Cuba, Jamaïque). Puis les Anglais s'installent au nord des Petites Antilles vers 1620, à la Jamaïque en 1655 ; les Hollandais à Curaçao, Bonaire et Aruba entre 1620 et 1640 ; les Français à la Guadeloupe et à la Martinique en 1635, tandis que des boucaniers d'origine française envahissent peu après la partie occidentale de Saint-Domingue. L'exploitation, do-

minée par le sucre, des îles non espagnoles commence réellement dans la seconde moitié du XVIIe s.
Le XIXe s. est une période de crises : Saint-Domingue connaît une guerre sociale qui aboutit à l'indépendance d'Haïti en 1804. Par suite de la crise du sucre de canne, concurrencé en Europe par le sucre de betterave, et de l'abolition de l'esclavage, de nouveaux moyens de mise en valeur sont recherchés : concentration, industrialisation, engagement de travailleurs venus des Indes orientales.
La révolte cubaine contre l'Espagne et la guerre qui oppose les États-Unis à l'Espagne en 1898 modifient profondément la situation des Antilles, qui passent sous l'influence américaine. Un nouvel essor sucrier se poursuit jusqu'à la crise de 1929. La période récente est marquée, d'une part, par un fort courant indépendantiste, qui s'est déjà concrétisé par l'accession à l'indépendance de plusieurs colonies. Trinité et Tobago, Jamaïque (1962), Barbade (1966), Bahamas (1973), Grenade (1974), Dominique (1978), Sainte-Lucie et Saint-Vincent (1979), Antigua et Barbuda (1981), Saint Christopher et Nevis (1983) et, d'autre part, par la révolution castriste de 1959.

ANTILLES *(courant des)*, branche du courant nord-équatorial, déviée vers le N.-O. jusqu'aux Bahamas, où elle se jette dans le système du Gulf Stream.

ANTILLES *(mer des)* ou, parfois, **MER CARAÏBE** ou **DES CARAÏBES,** mer marginale de l'Atlantique tropical, limitée par le continent américain et les arcs insulaires des Grandes et Petites Antilles, communiquant avec le golfe du Mexique par le détroit du Yucatán et avec le Pacifique par le canal de Panamá ; 2 500 000 km^2.

ANTILLES FRANÇAISES, groupe de départements d'outre-mer, dans les Petites Antilles, comprenant la Martinique, la Guadeloupe (et ses dépendances).

ANTILLES NÉERLANDAISES, ensemble des colonies des Pays-Bas au large du Venezuela (Curaçao et Bonaire) et au N.-O. de la Guadeloupe (Saba, Saint-Eustache et partie de Saint-Martin) ; env. 1 000 km^2 ; 260 000 hab. Ch.-l. *Willemstad.*

ANTILOCAPRIDÉ n. m. (de *antilope* et *capridé*). Nom de famille attribué uniquement au *pronghorn.*

ANTILOGARITHME n. m. *Antilogarithme de x,* nombre *y* tel que *x* est le logarithme décimal de *y.*

ANTILOGIE n. f. Contradiction entre deux idées, entre des passages d'un livre ou entre les opinions d'un auteur dans des ouvrages différents.

ANTILOPE n. f. (lat. médiév. *antholops,* animal fabuleux, du gr. byz. *antholôps*). **1.** Nom commun à de nombreux bovidés sauvages de la savane ou de la steppe chaude, au régime herbivore, vivant en troupes et de couleur souvent brune. (Principaux types : céphalophe, coudou, dik-dik, éland du Cap, gazelle, gérénuk, gnou, oryx, saïga, etc.) — **2.** Peausserie fine et souple obtenue à partir d'une peau d'antilope ou de gazelle.

ANTILOPINÉ n. m. Nom de tribu attribué à de petites antilopes telles que l'antilope pygmée, le dik-dik, le cervicapre, l'impala, le dibatag, le gérénuk, le springbok et les gazelles. (Famille des bovidés.)

ANTILUEUR adj. inv. et n. m. Se dit d'une substance qui, juxtaposée ou incorporée à une poudre, supprime ou réduit la lueur produite par le tir dans une bouche à feu.

ANTILYMPHOCYTAIRE adj. *Sérum antilymphocytaire,* sérum hétérologue préparé en injectant des lymphocytes humains purifiés à des lapins ou à des chevaux. (Les sérums antilymphocytaires ont été surtout employés pour éviter les rejets de greffe.)

ANTIM IVIREANUL, prélat et écrivain roumain († 1716). Métropolite de Valachie (1708-1716), il a contribué au développement de la langue et de la littérature roumaines par ses traductions de textes liturgiques et ses sermons.

Anti-Machiavel *(l')* ou *Essai de critique sur « le Prince », de Machiavel,* ouvrage écrit par Frédéric II de Prusse alors qu'il n'était encore que prince royal (1739). Il tente de réfuter la théorie de Machiavel selon laquelle ce qui est criminel chez un particulier ne saurait l'être chez un souverain. Ces idées ont été vivement approuvées et diffusées par Voltaire.

ANTIMAÇONNIQUE adj. Opposé à la franc-maçonnerie.

ANTIMACULATEUR n. m. Dispositif qui, à la sortie des presses typo ou offset, empêche l'encre fraîche de salir le verso de la feuille suivante.

ANTIMALARIQUE adj. et n. m. Syn. de ANTIPALUDÉEN.

ANTIMAOÏSTE adj. et n. Opposé à la politique, à la doctrine de Mao Zedong.

ANTIMATIÈRE n. f. Forme de la matière constituée d'antiparticules, par opposition à la matière ordinaire, constituée de particules.
ENCYCL. Le phénomène d'annihilation mutuelle des particules et des antiparticules empêche la stabilité de l'antimatière au sein de la matière. Quelques atomes d'antimatière ont été obtenus en 1995, au Cern, pendant une infime fraction de seconde.

Antimémoires, d'André Malraux → MIROIR DES LIMBES *(le).*

ANTIMENSE [-mɛ̃s] n. f. (gr. *anti*, à la place, et lat. *mensa*, table). Dans l'Église orthodoxe, nappe consacrée qui peut tenir lieu d'autel.

ANTIMENTALISME n. m. Théorie considérant que le langage est un comportement dont on ne peut rendre compte qu'à partir des conditions externes de sa production. (Prôné par L. Bloomfield, l'antimentalisme, dérivé du béhaviorisme, a été vivement critiqué par la linguistique générative, qui lui reproche de ne pas rendre compte de la créativité du sujet parlant.) [Syn. MÉCANISME.]

ANTIMÉRIDIEN n. m. Demi-cercle passant par la ligne des pôles et opposé à 180° au demi-cercle passant par un point donné.

ANTIMÈRE n. m. Chacune des parties semblables d'une plante (fleurs) ou d'un animal (échinodermes, cnidaires) se répétant par rotation autour d'un axe commun (symétrie radiaire).

ANTIMÉTABOLITE n. m. Médicament chimiquement voisin de certains métabolites normaux nécessaires à la biosynthèse des acides nucléiques, capable, lorsqu'il est assimilé par la cellule à la place du métabolite, d'entraver et d'arrêter la chaîne des réactions qui conduit à la biosynthèse des acides nucléiques.
ENCYCL. Les antimétabolites sont des antimitotiques* employés dans la chimiothérapie du cancer. Ils inhibent la synthèse des nucléoprotéines qui sont des facteurs essentiels de la croissance des cellules tumorales. Ils comprennent les antagonistes de l'acide folique (ou antifoliques), les antagonistes de la purine et de la pyrimidine ainsi que l'azasérine, antibiotique inhibiteur compétitif de la glutamine.

ANTIMICROBIEN, ENNE adj. Qui combat les microbes.

ANTIMILITARISME n. m. Hostilité à l'égard de l'esprit et des institutions militaires.

ANTIMILITARISTE adj. et n. Qui fait preuve d'antimilitarisme.

ANTIMISSILE ou, vx, **ANTIENGIN** adj. inv. Qui a pour objet la neutralisation de missiles assaillants.

ANTIMITE adj. inv. et n. m. Qui protège des mites les fourrures, lainages, tapis, tentures, etc.

ANTIMITOTIQUE adj. et n. m. Qui s'oppose à la multiplication cellulaire.
ENCYCL. Les antimitotiques sont utilisés dans la chimiothérapie du cancer. Ils doivent détruire le plus grand nombre possible de cellules cancéreuses ou, du moins, en éviter la prolifération tout en épargnant au maximum les cellules-souches hématopoïétiques, qui sont également très sensibles à leur action. Les principaux antimitotiques appartiennent à trois groupes : les substances chimiques de synthèse, les antibiotiques et des substances extraites de plantes. On a recours le plus souvent à des associations de deux ou plusieurs drogues qui varient suivant le type et la localisation du cancer.

ANTIMOINE n. m. (bas lat. *antimonium,* p.-ê. de l'ar. *itmid*). Corps solide, qui se rapproche beaucoup de l'arsenic. (Élément chimique de symbole Sb.)

Numéro atomique : 51
Masse atomique : 121,75
Température de fusion : env. 630 °C
Masse volumique : 6,6 g/cm³

ENCYCL. Les Anciens confondaient l'antimoine avec son sulfure *(stibium).* Ses propriétés furent décrites au XVe s. par Basile Valentin. C'est généralement un solide blanc d'argent, ressemblant aux métaux, cassant et fragile. On connaît aussi un antimoine gris et un antimoine jaune. Intermédiaire entre les métaux et les non-métaux, il appartient à la famille de l'azote, où il suit l'arsenic, avec lequel il présente de grandes analogies. Il brûle dans le chlore et dans l'oxygène. Son principal minerai est la stibine, sulfure de formule Sb_2S_3, dont on l'extrait par grillage donnant l'oxyde, lui-même réduit au four à réverbère. L'antimoine s'allie à un grand nombre de métaux, dont il augmente la dureté ; avec le plomb et l'étain, il entre dans la composition des caractères d'imprimerie et figure dans divers alliages antifriction. Longtemps utilisé comme émétique et purgatif, l'antimoine est aujourd'hui abandonné comme médicament. Les principaux composés de l'antimoine sont les oxydes : l'anhydride antimonieux, Sb_2O_3, qui donne avec les alcalis des antimonites et entre dans la composition de l'émétique ; l'anhydrique antimonique, Sb_2O_5, auquel correspondent des sels ; deux chlorures, $SbCl_3$ et $SbCl_5$; deux sulfures, Sb_2S_3, qui constitue la stibine, et Sb_2S_5, utilisé dans la vulcanisation du caoutchouc. L'antimoine donne des composés organiques, les stibines.

ANTIMOISISSURE adj. inv. Se dit d'un composé destiné à combattre la croissance de bactéries, d'algues, de champignons, de moisissures et d'autres micro-organismes susceptibles de détruire les vernis, les peintures, le cuir, les textiles, le bois, le latex, etc.

ANTIMONARCHIQUE adj. Se dit de ce qui est hostile au régime monarchique.

ANTIMONARCHISTE adj. et n. Hostile au régime monarchique.

ANTIMONIAL, E, AUX adj. et n. m. Se dit d'un médicament qui contient de l'antimoine, qui en est dérivé. (Les antimoniaux ne sont plus guère utilisés que pour le traitement des leishmanioses.)

ANTIMONIATE n. m. Sel dérivant de l'anhydride antimonique.

ANTIMONIÉ, E adj. Qui contient de l'antimoine.

ANTIMONIEUX adj. m. *Anhydride antimonieux,* composé Sb_2O_3.

ANTIMONIQUE adj. Se dit de l'anhydride Sb_2O_5 et de l'acide $HSbO_3$.

ANTIMONIURE n. m. Combinaison binaire de l'antimoine avec un corps simple.

ANTIMONYLE n. m. **1.** Radical monovalent SbO—. — **2.** *Chlorure d'antimonyle,* composé SbOCl.

ANTIMORPHINIQUE adj. et n. m. Se dit de substances morphinomimétiques qui, administrées après les morphiniques, combattent la dépression respiratoire induite par ces derniers et précipitent un syndrome de sevrage chez les toxicomanes aux opiacés.

ANTIMOUSSE adj. inv. et n. m. Se dit d'un produit qui ralentit ou empêche la formation de mousses.

ANTIN (Louis Antoine DE PARDAILLAN DE GONDRIN, *duc* D') [Paris 1665 - *id.* 1736], fils de la marquise de Montespan, future favorite de Louis XIV. Célèbre pour sa courtisanerie, il fut nommé par Louis XIV gouverneur de l'Orléanais (1707) puis surintendant des Bâtiments du roi (1708) et dirigea le Conseil des affaires du dedans du royaume (1715-1718), pendant la Régence.

ANTINATALISTE adj. et n. Qui vise à réduire la natalité.

ANTINATIONAL, E, AUX adj. Opposé aux intérêts de la nation.

ANTINATUREL, ELLE adj. Contraire à l'ordre naturel des choses.

ANTINAZI, E adj. et n. Hostile au nazisme.

ANTINÉOPLASIQUE adj. et n. m. Syn. de ANTICANCÉREUX.

ANTINEUTRINO n. m. Antiparticule du neutrino.

ANTINEUTRON n. m. Antiparticule du neutron.

ANTINÉVRALGIQUE adj. et n. m. Se dit d'un médicament propre à calmer les névralgies.

ANTINÉVRITIQUE adj. *Vitamine antinévritique,* syn. de VITAMINE B1.

ANTINIDATEUR, TRICE ou **ANTINIDATOIRE** adj. et n. m. Qui empêche la nidation de l'œuf fécondé dans la muqueuse utérine.

ANTINODAL, E, AUX adj. (du lat. *nodus,* nœud). Se dit de deux points de l'axe optique d'un système centré tels que tout rayon passant par l'un fournisse un rayon passant par l'autre, ces deux rayons formant avec l'axe des angles égaux et de sens contraires.

ANTINOË → ANTINOOUPOLIS.

ANTINOMIE n. f. (gr. *antinomia,* contradiction). **1.** Contradiction entre deux propositions de significations opposées ; plus spécialement, entre deux idées générales (ou abstractions) issues de la réalité. — **2.** Chez Kant, principe transcendantal contradictoire de la cosmologie, valable au plan de son argumentation logique, mais qu'on ne peut vérifier dans la réalité. — **3.** Contradiction qui surgit à l'intérieur d'une théorie naïve. (Syn. PARADOXE.) [Depuis Ramsey (1926), on rétablit une distinction entre les antinomies *logiques* (celles de Cantor, Burali-Forti, Russell), qui mettent en jeu des concepts strictement mathématiques (ensemble, ordinal, cardinal), et les antinomies *sémantiques,* qui concernent des notions sémantiques comme « nommer » et « définir ».]

ANTINOMIQUE adj. Qui forme antinomie, qui relève de l'antinomie.

ANTINOMISME n. m. Doctrine qui enseigne, au nom de la suprématie de la Grâce, l'indifférence à l'égard de la Loi. (Cette tendance est représentée dans le quiétisme et le protestantisme.)

ANTINOOUPOLIS ou **ANTINOË,** v. d'Égypte romaine, qui reçut d'Hadrien le nom de son jeune favori Antinoüs.

ANTINOÜS ou **ANTINOOS,** jeune Grec de Bithynie, d'une grande beauté, favori de l'empereur Hadrien. Il se noya dans le Nil en 130. L'empereur le rangea parmi les dieux.

ANTINUCLÉAIRE adj. et n. Hostile à l'emploi de l'énergie nucléaire.

ANTIOCCIDENTAL, E, AUX adj. Hostile à la politique des puissances occidentales.

ANTIOCHE de Syrie, capitale de l'Empire séleucide, auj. **Antakya,** en Turquie.
— **Hist.** Fondée en 301 av. J.-C. par Séleucos Ier, elle fut sous le règne d'Antiochos Ier la capitale de l'Empire séleucide et l'un des centres intellectuels et économiques de l'époque hellénistique. Pompée en fit en 64 av. J.-C. la capitale de la province romaine de Syrie. Évangélisée dès le Ier s., elle fut un important centre chrétien avec la célèbre *école d'Antioche,* qu'illustrèrent les noms de Jean Chrysostome et Théodore de Mopsueste. L'invasion perse sassanide (540) et la conquête arabe (636) mirent fin à sa période glorieuse. Elle tomba en 1084 au pouvoir des Seldjoukides et en 1098 aux mains des croisés

(→ *principauté d'*ANTIOCHE). Arrachée aux croisés par les Mamelouks en 1268, elle passa sous la domination des Ottomans (1517). Placée sous mandat français en 1920, elle fut restituée à la Turquie en 1939.

ANTIOCHE *(patriarcat d')*, l'un des cinq grands patriarcats du monde chrétien (avec Alexandrie, Rome, Jérusalem, Constantinople).

ANTIOCHE *(principauté d')*, État latin du Levant qui dura de 1098 à 1268. Fondée lors de la première croisade par Bohémond de Sicile (Bohémond Ier), qui conquit Antioche sur les Turcs seldjoukides en juin 1098, cette principauté franque fut agrandie par Tancrède de Hauteville, régent puis prince d'Antioche (1101-1112). Elle s'étendait alors de la Cilicie au N. à Margat (Marqab) au S. et comprenait à l'E. les territoires d'outre-Oronte. Passée sous la suzeraineté de l'Empire byzantin en 1137, elle fut conquise par Saladin (1188). Restaurée par la troisième croisade (1191-92), elle fut réunie en 1201 au comté de Tripoli par Bohémond IV (1201-1216 et 1219-1233), puis tomba au pouvoir du sultan mamelouk Baybars Ier, qui s'empara d'Antioche en mai 1268.

ANTIOCHE *(pertuis d')*, détroit séparant les îles de Ré et d'Oléron (Charente-Maritime).

ANTIOCHOS, nom de treize rois séleucides*. Les plus importants sont : **Antiochos III Mégas,** roi de 223 à 187 av. J.-C. Ses visées expansionnistes d'abord couronnées de succès en Orient le mirent en conflit avec l'Égypte et surtout avec Rome, qui, en 188 av. J.-C. (paix d'Apamée), le contraignit à livrer sa flotte et à renoncer à ses conquêtes d'Asie Mineure. — **Antiochos IV Épiphane,** roi de 175 à 164 av. J.-C. Profitant de la jeunesse de Ptolémée VI (→ LAGIDES), il prit pied à Alexandrie, qu'il dut abandonner sous la pression de Rome. Sa politique d'hellénisation provoqua en Judée la révolte des Maccabées (167).
Le nom d'Antiochos a été aussi porté par quatre rois de Commagène.

ANTIOPE, fille du roi de Thèbes Nyctée. Séduite par Zeus, elle en eut deux jumeaux : Amphion*, célèbre dans la légende thébaine, et Zéthos.

Antiope (sigle de *Acquisition Numérique et Télévisualisation d'Images Organisées en Pages d'Écriture*), système français de télétexte, comportant la diffusion par un canal de télévision d'informations numérisées, consultables à l'aide d'un clavier sur un téléviseur spécialement équipé.

ANTIOXYDANT, E adj. et n. m. Se dit d'un agent dont l'intervention dans les essences, huiles, vernis gras, matériaux macromoléculaires, etc., ralentit la dégradation due aux effets de l'oxydation en assurant un meilleur vieillissement.

ANTIOXYGÈNE adj. inv. et n. m. Se dit d'un corps dont la présence, en petite quantité, est capable d'empêcher l'oxydation spontanée.

ANTIPALUDÉEN, ENNE ou **ANTIPALUDIQUE** adj. et n. m. Qui traite et prévient le paludisme. (Syn. ANTIMALARIQUE.)

ANTIPAPE n. m. (lat. médiév. *antipapa*). Nom donné aux candidats à la papauté irrégulièrement élus et que l'Église romaine ne reconnaît pas.

ANTIPARALLÈLE adj. **1.** Se dit d'une paire de droites {D,D'} pour une autre {Δ,Δ'} quand $(\widehat{D,\Delta})$ est l'opposé de $(\widehat{D',\Delta'})$. — **2.** Se dit, en physique, de deux vecteurs de même module, de supports parallèles mais de sens contraires.

ANTIPARASITAGE n. m. Action d'antiparasiter ; son résultat.

ANTIPARASITAIRE adj. et n. m. Se dit d'un produit destiné à lutter contre les parasites internes ou externes.

ANTIPARASITE adj. inv. et n. m. Se dit d'un dispositif destiné à réduire près de leur source les perturbations électromagnétiques produites par certaines machines ou activités humaines ou à diminuer leurs effets sur les récepteurs radioélectriques.

ANTIPARASITER v. t. (conj. 3). Munir d'un dispositif antiparasite une source de perturbations électromagnétiques.

ANTIPARKINSONIEN, ENNE [-parkin-] adj. et n. m. Se dit d'une substance utilisée dans le traitement des syndromes parkinsoniens.

ANTIPARLEMENTAIRE adj. **1.** Hostile au régime parlementaire. — **2.** Contraire aux usages parlementaires.

ANTIPARLEMENTARISME n. m. Hostilité à l'égard du régime parlementaire.

ANTIPARTI adj. inv. Qui, à l'intérieur d'un parti (notamment un parti unique), s'oppose à la ligne générale.

ANTIPARTICULE n. f. Particule possédant des charges opposées à celles d'une particule ordinaire.
ENCYCL. La notion d'antiparticule a fait son apparition avec l'équation de Dirac traitant de la théorie quantique relativiste de l'électron (1930) et prévoyant l'existence du positron. Celui-ci fut observé dès 1933 par Anderson dans le rayonnement cosmique. On sait maintenant qu'il s'agit d'une caractéristique très générale de la théorie quantique relativiste. La dualité particule-antiparticule se manifeste systématiquement dans toutes les expériences sur les

particules fondamentales, de quelque espèce qu'elles soient.

ANTIPAS → Hérode Antipas.

ANTIPASTI n. m. pl. (ital. *antipasto,* hors-d'œuvre). Hors-d'œuvre variés servis en Italie.

ANTIPATER → Antipatros.

ANTIPATER (Lucius Caelius) → Caelius Antipater (Lucius).

ANTIPATHAIRE n. m. (gr. *antipathês,* remède contre la souffrance). Cnidaire hexacoralliaire colonial des grands fonds marins, dont le squelette est le *corail noir.* (Les *antipathaires* forment un ordre.)

ANTIPATHIE n. f. (lat. *antipathia,* du gr. *antipatheia*). Aversion instinctive, non raisonnée, à l'égard de qqn, de qqch ; hostilité.

ANTIPATHIQUE adj. Qui inspire de l'antipathie ; désagréable, déplaisant.

ANTIPATINAGE n. m. Dispositif d'annulation du glissement des roues motrices d'un véhicule ferroviaire provenant d'un défaut d'adhérence lors du démarrage.

ANTIPATRIOTIQUE adj. Contraire au patriotisme, aux intérêts de la patrie.

ANTIPATRIOTISME n. m. Hostilité à l'égard du patriotisme.

ANTIPATROS ou **ANTIPATER,** général macédonien (v. 397 - 319 av. J.-C.), lieutenant de Philippe et d'Alexandre, qui lui confia le gouvernement de la Macédoine durant l'expédition d'Asie. À la mort d'Alexandre (323), il réprima la révolte des cités grecques (guerre lamiaque*, 323-222) et devint régent de Macédoine en 321.

ANTIPEAUX adj. Se dit d'un adjuvant qui ralentit ou empêche la formation de peaux à la surface des huiles, vernis gras, peintures grasses ou synthétiques.

ANTIPÉDAGOGIQUE adj. Contraire aux règles de la pédagogie.

ANTIPELLICULAIRE adj. Destiné à lutter contre les pellicules du cuir chevelu.

ANTIPÉRISTALTIQUE adj. Se dit des contractions se produisant de bas en haut dans l'estomac et l'intestin et faisant cheminer les matières alimentaires dans le sens inverse du trajet normal.

ANTIPERSONNEL adj. inv. Se dit des armes et engins destinés à la mise hors de combat du personnel.

ANTIPHALLINIQUE adj. Se dit d'un sérum utilisé dans le traitement de l'intoxication par l'amanite phalloïde.

ANTIPHLOGISTIQUE adj. *vx.* Qui combat les inflammations.

ANTIPHON, orateur athénien (v. 480 -v. 411 av. J.-C.). Un des chefs du parti aristocratique, il fut exécuté pour avoir participé au gouvernement des Quatre-Cents.

ANTIPHONAIRE n. m. (bas lat. *antiphonarium,* du gr. *antiphonos,* qui répond à). **1.** Ensemble des chants de l'Église romaine (office et messe). — **2.** Depuis le VIIIe s., recueil des offices diurnes, auquel s'ajoutaient parfois l'hymnaire et l'office nocturne.

ANTIPHONE n. m. (gr. *antiphonos,* qui répond à). Nom que donne l'Église orthodoxe à l'antienne dans la liturgie byzantine.

ANTIPHONIE n. f. Procédé d'exécution en alternance, entre deux chœurs, dans les liturgies chrétiennes.

ANTIPHONIQUE adj. Relatif à l'antiphonie.

ANTIPHRASE n. f. (bas lat. *antiphrasis ;* du gr. *antiphrasis*). Manière de s'exprimer consistant à faire usage, par ironie ou euphémisme, d'un mot ou d'un groupe de mots signifiant le contraire de ce que l'on pense.

ANTIPLASMINE n. f. Inhibiteur de la plasmine, qui possède une activité antifibrinolytique. (Il existe des antiplasmines physiologiques et non physiologiques, celles-ci étant utilisées en thérapeutique.)

ANTIPLASTIQUE adj. Syn. de dégraissant.

ANTIPODE n. m. (lat. *antipodes,* du gr. *antipoûs, -podos,* qui a les pieds opposés aux nôtres). **1.** Lieu de la Terre diamétralement opposé à un autre lieu. — **2.** Chacune des trois cellules situées à l'opposé de l'oosphère et des synergides dans le sac* embryonnaire des angiospermes. — **3.** *Antipode optique,* syn. de énantiomère. ‖ *Être à l'antipode, aux antipodes de,* en être à l'opposé. ‖ *Habiter, partir, vivre, etc., aux antipodes,* vivre dans un lieu très éloigné de l'endroit où on se situe soi-même.

ANTIPODISME n. m. Figure acrobatique exécutée par un artiste qui, couché sur le dos, jongle avec ses pieds.

ANTIPODISTE n. Acrobate spécialisé dans l'antipodisme.

ANTIPOÉTIQUE adj. Contraire aux règles de la poésie.

ANTIPOISON(S) adj. inv. *Centre antipoison,* établissement spécialisé dans la prévention et le traitement des intoxications.

ENCYCL. L'organisation des centres anti-poison consiste essentiellement en un réseau téléphonique associé à un réseau de secours d'urgence permettant les premiers soins et le transport dans les services d'urgence ou de toxicologie clinique. Les centres antipoison se sont dotés en outre d'un système de fichiers et de dossiers informatisés permettant de préciser l'épidémiologie des intoxications humaines et de reconnaître les intoxications mortelles ou invalidantes.

ANTIPOLIOMYÉLITIQUE adj. Qui combat ou prévient la poliomyélite.

ANTIPOLLUTION adj. inv. Destiné à éviter ou à diminuer la pollution.

ANTIPRINCIPAL, E, AUX adj. Se dit, pour un système optique centré, des deux plans conjugués avec grandissement linéaire égal à - 1.

ANTIPROTECTIONNISTE adj. et n. Opposé au protectionnisme ; favorable au libéralisme en matière d'échanges.

ANTIPROTHROMBINASE n. f. Inhibiteur de la conversion de la prothrombine en thrombine. [Syn. ANTITHROMBOPLASTINE.)

ANTIPROTON n. m. Antiparticule du proton.

ANTIPRURIGINEUX, EUSE adj. et n. m. Se dit d'un médicament (de ses propriétés) qui s'oppose au prurit.

ANTIPSORIQUE adj. et n. m. Qui combat la gale. (Syn. ANTISCABIEUX.)

ANTIPSYCHIATRE n. m. Psychiatre qui soutient les thèses de l'antipsychiatrie, pratique ses méthodes.

ANTIPSYCHIATRIE n. f. Mouvement d'interrogation critique de la psychiatrie traditionnelle se situant dans une perspective d'alternative à la société.

ENCYCL. L'antipsychiatrie remet en cause la psychiatrie traditionnelle et la notion de maladie mentale sur laquelle celle-ci s'appuie : un phénomène morbide ayant son origine dans la personne malade, selon un modèle issu de la médecine du corps. L'antipsychiatrie a pour origine les travaux — développés à partir des années 60 — de D. Cooper et R. Laing, psychiatres et psychanalystes britanniques.

Renonçant à réformer la structure de l'hôpital psychiatrique, le courant antipsychiatrique britannique a proposé le modèle de lieux de vie communautaire où les distinctions soignant-soigné sont abolies et où le « patient » peut mener jusqu'au bout un « voyage », c'est-à-dire une expérience psychotique allant de l'« effondrement » à une « percée » et débouchant, après une crise spirituelle, sur une re-naissance symbolique.

ANTIPSYCHIATRIQUE adj. Relatif à l'antipsychiatrie.

ANTIPSYCHOTIQUE adj. Se dit de toute substance utilisée pour combattre les manifestations comportementales de nature psychotique.

ANTIPULSATEUR n. m. Organe des moteurs à gaz qui sert à maintenir constante la pression dans les canalisations d'alimentation.

ANTIPURINE n. f. Substance antinéoplasique du groupe des antimétabolites agissant par inhibition de la synthèse des bases puriques.

ANTIPUTRIDE adj. Qui empêche la putréfaction.

ANTIPYRÉTIQUE adj. et n. m. Qui fait baisser la fièvre. (Syn. FÉBRIFUGE.)

ANTIPYRINE n. f. Dénomination courante d'un médicament doué d'un pouvoir antipyrétique et analgésique. (L'antipyrine sous sa forme naturelle a une action toxique sur la moelle osseuse.) [Syn. PHÉNAZONE.]

ANTIQUAILLE n. f. (ital. *anticaglia,* du lat. *antiquus,* ancien). *Fam.* Objet ancien de peu de valeur.

ANTIQUAIRE n. (lat. *antiquarius,* qui aime l'Antiquité). **1.** Commerçant qui achète et vend des objets anciens de qualité. — **2.** Spécialiste d'histoire ancienne. — **3.** Syn. anc. de ARCHÉOLOGUE. — **4.** Recueil contenant la description d'antiquités locales, tel que l'*Antiquaire de la ville d'Alençon* (1685).

ANTIQUARK n. m. Antiparticule du quark.

ANTIQUE adj. (lat. *antiquus*). **1.** Qui appartient, qui remonte à l'Antiquité : *Les monuments antiques de l'Acropole d'Athènes.* — **2.** *Litt.* Qui date d'une époque reculée : *Une demeure antique.* — **3.** Passé de mode, suranné : *Une redingote antique.*

◆ n. m. L'art antique.

◆ n. m. ou (vieilli) f. Œuvre d'art de l'Antiquité gréco-romaine.

◆ n. f. **1.** Broderie pleine dont le tracé uniforme ne comporte aucune partie amincie ou élargie. — **2.** Caractère d'imprimerie dont les jambages des lettres ne comportent pas d'empattement. — **3.** *À l'antique,* à la manière d'autrefois.

ANTIQUISANT, E adj. et n. Se dit d'un artiste, d'une œuvre qui s'inspirent de l'Antiquité gréco-romaine.

ANTIQUITÉ n. f. (lat. *antiquitas*). **1.** Période qui va des origines des temps historiques à la chute de l'Empire romain ; civilisation antique, en partic. grecque et romaine (en ce sens, avec majusc.). — **2.** Caractère de ce qui est très ancien ; ancienneté : *L'antiquité d'une coutume.* — **3.** Meuble, objet ancien. (Pour l'Administration des douanes, le terme d'antiquité, longtemps réservé aux objets de plus de 100 ans d'âge, s'applique aujourd'hui aux objets de plus de 20 ans.) — **4.** *Fam.* Chose très vieille, anachronique : *Sa voiture ? Tu parles d'une antiquité !* — **5.** *De toute antiquité,* depuis les temps les plus reculés.

◆ **antiquités** n. f. pl. Ce qui reste d'un art ancien (ruines, monuments, meubles, armes, ustensiles, etc.), qui aide à la connaissance des croyances et usages des peuples.

ENCYCL. En France, chaque Région dispose d'une direction des Antiquités préhistoriques et d'une direction des Antiquités historiques, dépendantes du ministère de la Culture. Toute découverte fortuite de vestiges archéologiques doit être signalée aux autorités et les fouilles sont réglementées par la loi du 27 sept. 1941 validée.

Antiquités judaïques, ouvrage de Flavius Josèphe rédigé vers 95. Histoire du peuple juif de la Création au début de la première révolte juive, en 66, elle est d'un grand intérêt pour la période du Second Temple.

Antiquités nationales *(musée des)* → SAINT-GERMAIN-EN-LAYE *(musée des Antiquités nationales de).*

Antiquités de Rome *(les),* recueil poétique de Joachim du Bellay, composé à Rome en 1553 et publié en 1558.

ANTIRABIQUE adj. Qui prévient ou combat la rage.

ANTIRACHITIQUE adj. Qui prévient ou combat le rachitisme.

ANTIRACISME n. m. Opposition au racisme.

ANTIRACISTE adj. et n. Hostile au racisme.

ANTIRADAR adj. inv. Destiné à neutraliser les radars.

ENCYCL. Les *mesures antiradar passives* visent à perturber le fonctionnement des radars ennemis en créant des échos parasites s'ajoutant aux échos réels. Pendant la Seconde Guerre mondiale, on utilisait des bandes de papier métallisé (windows), remplacées aujourd'hui par des fils de plastique métallisé (chaffs). Les *mesures antiradar actives* font appel à des brouilleurs antiradar qui émettent des ondes analogues aux signaux du radar à perturber. Enfin, les *missiles antiradar* sont destinés à détruire les radars ennemis.

ANTIRADIATION adj. inv. Qui protège de certaines radiations, particulièrement de la radioactivité.

ANTIRATIONNEL, ELLE adj. Opposé à ce qui est rationnel.

ANTIREDÉPOSANT adj. m. Se dit d'un composant d'une lessive qui empêche les salissures en suspension dans l'eau de lavage de se redéposer sur le linge.

ANTIREDÉPOSITION n. f. Action qu'exercent certains composés pour maintenir en suspension des particules insolubles.

ANTIREFLET adj. inv. **1.** Se dit d'une couche transparente, très mince, déposée sur la surface des verres d'optique pour diminuer l'intensité de la lumière réfléchie. — **2.** Se dit des verres ainsi traités.

ANTIRÉGLEMENTAIRE adj. Contraire au règlement.

ANTIRELIGIEUX, EUSE adj. Hostile à la religion.

ANTIRÉPUBLICAIN, E adj. et n. Hostile au régime républicain.

ANTIRÉSONANCE n. f. **1.** Phénomène présenté par un circuit antirésonant au voisinage de sa fréquence propre. — **2.** Phénomène observé dans le cas du mouvement forcé d'un oscillateur harmonique soumis à l'action d'une force excitatrice périodique lorsque la réponse de l'oscillateur est minimale.

ANTIRÉSONANT, E adj. *Circuit antirésonant,* circuit électrique formé d'une inductance et d'une capacité en parallèle ayant, à la fréquence propre du circuit, des réactances égales et de signes contraires.

ANTIRÉVISIONNISME n. m. Attitude des antirévisionnistes.

ANTIRÉVISIONNISTE adj. et n. Hostile au révisionnisme politique.

ANTIRHÉSUS ou **ANTI-RH** adj. inv. *Anticorps antirhésus,* anticorps qui reconnaît spécifiquement l'antigène D du système Rhésus. ‖ *Gammaglobulines antirhésus,* gammaglobulines utilisées dans la prévention de la maladie hémolytique du nouveau-né.

ANTIRIDES adj. et n. m. Se dit d'un produit cosmétique destiné à prévenir les rides.

ANTIROI n. m. Dans le Saint Empire romain germanique, roi élu par le collège électoral alors qu'un autre roi ou empereur est en exercice.

ANTIROMAN n. m. Forme de la littérature romanesque écrite en opposition aux règles des romans traditionnels (effacement du héros, flou temporel, refus de l'analyse psychologique, etc.).

ANTIROUILLE adj. inv. et n. m. Se dit d'une substance destinée à protéger le fer et les aciers contre la rouille ou à enlever celle-ci.

ANTIROULIS adj. Se dit d'un dispositif qui s'oppose à l'apparition du roulis d'un véhicule, notamment dans un virage pris rapidement, ou qui, sur un navire, tend à le diminuer.

ANTIRRHINUM [-nɔm] n. m. (lat. *antirrhinon,* du gr. *antirrhinon*). Nom scientifique du *muflier.*

ANTIRUSSE adj. Hostile à la Russie, à sa politique.

ANTIS (IN) → TEMPLE *in antis.*

ANTISALISSURE adj. inv. et n. m. — **1.** Se dit d'un produit incorporé dans une peinture (à base de cuivre ou de mercure) servant à la protection des coques de navires contre les algues, les crustacés et autres salissures marines susceptibles de réduire la vitesse du bâtiment. (Syn. ANTIFOULING.) — **2.** Se dit de tout traitement ou produit destiné à diminuer la propension des tissus à accumuler la poussière ou les souillures.

ANTISATELLITE adj. inv. et n. m. Destiné à s'opposer à l'utilisation par l'adversaire de ses satellites militaires par destruction ou neutralisation de ceux-ci.

ANTISCABIEUX, EUSE adj. et n. m. Syn. de ANTIPSORIQUE.

ANTISCIENTIFIQUE adj. Contraire à la science, à l'esprit scientifique.

ANTISCORBUTIQUE adj. Qui prévient ou traite le scorbut.

ANTISÉBORRHÉIQUE adj. et n. m. Se dit d'un produit destiné à freiner le regraissage de la peau et des cheveux, entraîné par une sécrétion excessive des glandes sébacées.

ANTISÈCHE n. m. ou f. *Fam.* Répertoire de notes qu'un élève utilise en fraude à un examen.

ANTISÉGRÉGATIONNISTE adj. et n. Hostile à la ségrégation raciale.

ANTISÉMITE adj. et n. Hostile aux juifs.

ANTISÉMITISME n. m. Doctrine ou attitude systématique de ceux qui sont hostiles aux juifs et proposent contre eux des mesures discriminatoires.

ENCYCL. Dans l'Antiquité païenne, l'hostilité à l'égard des juifs est suscitée par leur fidélité au Dieu unique, Yahvé, et au message de la Bible. Les premiers chrétiens, encore confondus avec les juifs, subissent les effets de la même intolérance. Mais, quand le christianisme devient religion officielle de l'Empire romain, les juifs sont peu à peu considérés comme appartenant à une « race maudite » constituant le peuple « déicide », responsable de la mort sanglante de Jésus-Christ. D'où les mesures de plus en plus rigoureuses pour les exclure de la société chrétienne. Cette ségrégation, rendue sensible par la multiplication des ghettos, favorise l'éclosion et le développement de fausses accusations : profanations d'hosties, crimes rituels, empoisonnement des sources... Il faut attendre la Révolution française pour voir se normaliser quelque peu la condition des juifs dans les pays chrétiens. Le 27 septembre 1791, l'Assemblée constituante accorde aux juifs français la citoyenneté pleine et entière. L'Europe suivra généralement ce mouvement. Cependant, la seconde moitié du XIXe s. et le XXe s. connaissent une résurgence d'un antisémitisme d'autant plus violent qu'il prétend se fonder sur les théories pseudo-scientifiques du racisme : en France, c'est l'affaire Dreyfus, en Russie la xénophobie tsariste, en Allemagne l'idéologie aryenne du national-socialisme qui, de 1940 à 1945, fait plus de cinq millions de victimes parmi la population juive européenne. L'horreur de ce massacre ne fait pas disparaître l'antisémitisme, notamment en U. R. S. S. (auj. en Russie et dans les États voisins), dans les pays de l'Est européen et dans le Moyen-Orient arabe, où l'antisionisme prend parfois les formes de l'antisémitisme.

ANTISEPSIE n. f. Ensemble des méthodes qui ont pour but de détruire les microbes. (On peut employer la chaleur, les radiations [rayons ultraviolets, rayons γ] et surtout les agents chimiques, utilisés en application externe ou par voie générale.)

ANTISEPTIQUE adj. et n. m. Propre à détruire les germes pathogènes ou à s'opposer à leur prolifération, à l'extérieur ou à l'intérieur de l'organisme et, plus particulièrement, dans le tube digestif.

ANTISÉROTONINE n. f. Substance qui inhibe les effets de la sérotonine. (Ces substances sont surtout utilisées dans le traitement et la prévention des maladies allergiques et des migraines.)

ANTISÉRUM [-rɔm] n. m. Syn. de IMMUNSÉRUM.

ANTISEXISME n. m. Opposition au sexisme.

ANTISEXISTE adj. et n. Qui s'oppose au sexisme.

ANTISIONISME n. m. Hostilité à l'existence ou à l'extension de l'État d'Israël.

ANTISISMIQUE adj. Relatif à une construction conçue pour résister aux séismes.

ANTISKATING n. m. (angl. *antiskating,* antipatinage). Dispositif agissant sur le bras de lecture d'un tourne-disque de façon à compenser la force tendant à ramener la pointe de lecture vers le centre du disque, ce qui évite ainsi l'usure inégale des deux flancs du sillon.

ANTISOCIAL, E, AUX adj. **1.** Hostile à la société, à l'ordre social : *Une attitude antisociale.* — **2.** Contraire aux intérêts des travailleurs : *Des mesures antisociales.* — **3.** Se dit de conduites opposées aux normes morales d'un groupe social donné.

ANTISOLAIRE adj. **1.** Se dit de la direction située à l'opposé du Soleil par rapport à l'observateur. — **2.** Se dit d'un produit destiné à protéger des coups de soleil. — **3.** *Lueur antisolaire,* syn. de

GEGENSCHEIN. ‖ *Lunettes antisolaires,* lunettes dont les verres absorbent une partie du rayonnement solaire dans le spectre visible et le rayonnement ultraviolet qui n'a pas été absorbé par l'atmosphère. ‖ *Vitrage antisolaire,* vitrage éliminant une partie du rayonnement solaire susceptible de pénétrer dans un local. (Les verres employés contiennent des oxydes métalliques [fer, nickel, cobalt] ou ont leur face interne revêtue d'un dépôt d'or ou d'oxyde.)

ANTI-SOUS-MARIN, E adj. Qui sert à combattre les sous-marins.

ENCYCL. La lutte anti-sous-marine, tributaire en 1918 de la mine et de la grenade, s'est transformée pendant la Seconde Guerre mondiale par la découverte de l'asdic (devenu le sonar), du radar et du schnorchel. Actuellement, à courte portée (de 1 500 à 2 000 m), la lutte anti-sous-marine (A. S. M.) met en jeu des mortiers lançant des roquettes autopropulsées à forte charge d'explosif. À moyenne portée interviennent des missiles type Asroc américain, Malafon français ou Ikara australien. La plupart des grands escorteurs mettent encore en jeu un ou deux hélicoptères armés de sonars et de torpilles à autodirecteur. Toutes les grandes marines disposent aussi d'appareils basés à terre, à long rayon d'action, type Orion américain ou Atlantic français. La plupart des marines, notamment la marine américaine et la Royal Navy, réservent à leurs sous-marins nucléaires d'attaque une capacité A. S. M.

ANTISOVIÉTIQUE adj. Hostile à l'U. R. S. S.

ANTISOVIÉTISME n. m. Hostilité à l'U. R. S. S., à sa politique.

ANTISPASMODIQUE adj. et n. m. Se dit d'une substance (de ses propriétés) employée pour calmer les spasmes.

ANTISPORTIF, IVE adj. Contraire à l'esprit sportif.

ANTISTALINIEN, ENNE adj. et n. Opposé au stalinisme.

ANTISTATIQUE adj. Se dit d'un produit destiné à diminuer ou empêcher l'accumulation de charges d'électricité statique.

ANTISTHÈNE, philosophe grec (Athènes v. 444 - 365 av. J.-C.), fondateur de l'école cynique. Reprenant la conception socratique selon laquelle la vertu est le souverain bien, Antisthène pense qu'elle réside dans l'indépendance à l'égard de toute chose. La vertu consiste pour l'homme à vivre comme il l'entend, selon ses propres désirs et non comme la société le désire.

ANTISTREPTOLYSINE n. f. Anticorps élaboré par l'organisme lors de l'infection par certains streptocoques.

ANTISTROPHE n. f. (gr. *antistrophê*). En poésie grecque et latine, dans un chant lyrique, seconde strophe dont le schéma métrique est identique à celui de la première.

ANTISUDORAL, E, AUX adj. et n. m. Se dit d'un produit qui inhibe la sudation ou absorbe l'excès de sueur lors de son excrétion à la surface de la peau.

ANTISURFACE adj. inv. Qui vise à détecter, attaquer et détruire les bâtiments de guerre naviguant à la surface de la mer.

ANTISYMÉTRIE n. f. Caractère d'une loi antisymétrique.

ANTISYMÉTRIQUE adj. 1. Se dit d'une relation binaire entre éléments d'un ensemble telle que, si elle est vérifiée pour un couple (a, b) et pour un couple (b, a), les éléments a et b sont identiques. — 2. *Application antisymétrique,* application f définie de E^n dans F, groupe additif, telle que
$f(x_{p(1)}, x_{p(2)}, ..., x_{p(n)}) = \varepsilon(p)\, f(x_1, x_2, ..., x_n)$,
où p est une permutation de l'intervalle $[1, n]$ et $\varepsilon(p)$ sa signature. ‖ *Déterminant antisymétrique,* déterminant dont les éléments obéissent à la même loi que ceux d'une matrice antisymétrique. ‖ *Endomorphisme antisymétrique,* endomorphisme admettant un endomorphisme adjoint et égal à l'opposé de celui-ci. ‖ *Forme bilinéaire antisymétrique,* forme qui, pour tout couple (x, y), vérifie $f(x, y) = - f(y, x)$. ‖ *Matrice antisymétrique,* matrice carrée qui est égale à l'opposé de sa transposée.

ANTISYNDICAL, E, AUX adj. Contraire à l'action, aux droits des syndicats.

ANTISYPHILITIQUE adj. et n. m. Qui prévient ou combat la syphilis.

ANTITABAC adj. inv. ou **ANTITABAGIQUE** adj. Se dit de mesures, d'actions destinées à lutter contre l'usage du tabac.

ANTITACHE adj. inv. Se dit d'un produit qui, vaporisé sur un tissu à sec, est destiné à enlever des taches.

ANTITARTRE adj. inv. Se dit d'un nettoyant pour W.-C., à base d'acides, utilisé pour dissoudre le dépôt calcaire laissé par l'eau.

ANTI-TAURUS, partie du Taurus central qui prolonge, au N.-E., le Taurus cilicien ; 3 014 m au *Berit Dağ.*

ANTITERRORISTE adj. Qui vise à réprimer les actions terroristes.

ANTITÉTANIQUE adj. Qui prévient ou combat le tétanos.

ANTITHERMIQUE adj. et n. m. Se dit de ce qui tend à abaisser la température du corps.

ANTITHÈSE n. f. (gr. *antithesis*). **1.** Procédé stylistique qui consiste à opposer, dans la même phrase, deux mots ou groupes de mots de sens contraire afin de mettre une idée en relief par un effet de contraste. — **2.** Personne ou chose nettement opposée à une autre : *Il est l'antithèse de sa sœur.* — **3.** Idée, proposition qui forme le second terme d'une antinomie (philosophies rationalistes du type kantien) ou d'une contradiction de type dialectique (philosophies hégélienne et marxiste). [La *thèse* est le premier terme, l'*antithèse* la négation de ce premier terme, la *synthèse* l'idée supérieure dans laquelle se concilient la thèse et l'antithèse.]

ANTITHÉTIQUE adj. **1.** Qui forme une antithèse, qui contient des antithèses. — **2.** Se dit, dans un système de fractures conjuguées, des failles dont le jeu s'effectue en sens contraire de l'accident principal. — **3.** Chez Kant, se dit d'une affirmation contradictoire avec une autre, dont le couple forme une antinomie.

ANTITHROMBINE n. f. Inactivateur de la thrombine. (Les antithrombines sont des substances physiologiques ou pathologiques.)

ANTITHROMBOPLASTINE n. f. Syn. de ANTIPROTHROMBINASE.

ANTITHYROÏDIEN, ENNE adj. et n. m. Qui diminue les effets périphériques des hormones thyroïdiennes. (Les antithyroïdiens de synthèse sont employés dans le traitement de la maladie de Basedow.)

ANTITOTALITAIRE adj. Hostile aux régimes totalitaires.

ANTITOUT adj. inv. *Fam.* Qui est systématiquement hostile à tout ce qu'on lui propose.

ANTITOXINE n. f. Anticorps que l'organisme développe contre les toxines qu'élaborent certaines bactéries.

ANTITOXIQUE adj. et n. m. **1.** Se dit des fonctions par lesquelles l'organisme détruit certains produits toxiques. — **2.** Se dit d'une substance qui combat les effets d'un poison ou d'une toxine.

ANTITRAGUS [-gys] n. m. Repli du pavillon auditif des mammifères qui borde ventralement la conque où s'ouvre le conduit auditif externe.

ANTITRUST [-trœst] adj. inv. **1.** Opposé à l'action des coalitions de producteurs qui empêchent toute concurrence entre eux. — **2.** Opposé à la constitution des grands groupes industriels qualifiés de trusts.

ANTITUBERCULEUX, EUSE adj. et n. m. **1.** Se dit d'un antibiotique actif dans le traitement de la tuberculose. — **2.** Se dit de tout moyen employé dans la lutte contre la tuberculose.

ANTITUSSIF, IVE adj. et n. m. Qui calme la toux.

ANTITYPHIQUE adj. et n. m. Qui prévient ou guérit le typhus.

ANTITYPHOÏDIQUE adj. et n. m. Qui prévient ou guérit la fièvre typhoïde.

ANTIULCÉREUX, EUSE adj. et n. m. Se dit d'un médicament visant à traiter les ulcères de l'estomac et du duodénum.

ANTIUM, ville du Latium, sur la mer Tyrrhénienne. Capitale des Volsques, elle fut prise par les Romains en 338 av. J.-C. Sa flotte fut détruite et les proues *(rostra)* de ses navires ornèrent à Rome la tribune aux harangues.

ANTIUNITAIRE adj. Qui s'oppose à l'union de plusieurs forces (politiques, syndicales) qui cherchent à s'entendre.

ANTIUSURE adj. inv. et n. m. Se dit d'un additif incorporé à une huile pour automobile afin de diminuer l'usure du moteur.

ANTIVARIOLIQUE adj. Qui prévient ou guérit la variole.

ANTIVÉNÉNEUX, EUSE adj. Qui s'oppose au poison d'un aliment (champignon, plante, poisson) naturellement toxique.

ANTIVÉNÉRIEN, ENNE adj. Relatif à la lutte contre les maladies vénériennes.

ANTIVENIMEUX, EUSE adj. Qui combat l'action nocive des venins.

ANTIVIBRATILE adj. Se dit de tout système ou matériau qui réduit l'amplitude des vibrations matérielles sur le trajet desquelles il se trouve.

ANTIVIRAL, E, AUX adj. et n. m. Qui s'oppose à la multiplication d'un virus.

ANTIVITAMINE n. f. ou **ANTIVITAMINIQUE** n. m. Substance qui s'oppose aux effets d'une vitamine.

ANTIVOILE adj. En photographie, se dit d'une substance ajoutée au révélateur pour éviter ou diminuer le voile de développement.

ANTIVOL adj. inv. et n. m. Qui protège contre le vol : *Cadenas antivol. Fermer son antivol.*

ANTIVOMITIF, IVE adj. et n. m. Syn. de ANTIÉMÉTIQUE.

ANTIVRILLE adj. inv. Se dit de tout dispositif destiné à faire sortir un aéronef d'une vrille. (On a muni certains appareils de parachutes ou de fusées en bout d'ailes, qui détruisent l'équilibre de la vrille et rendent leur efficacité aux gouvernes.)

ANTIVRILLEUR n. m. Sorte de devon tournant employé pour la pêche des carnassiers.

ANTOFAGASTA, port du Chili septentrional, ch.-l. de région et de prov., sur le Pacifique ;

226 749 hab. Centre ferroviaire. Industries alimentaires, mécaniques et chimiques. — À proximité, gisement de cuivre.

ANTOINE (Marc), en lat. **Marcus Antonius,** général romain (83-30 av. J.-C.). Il se distingua en Gaule comme lieutenant de César (52 av. J.-C.). En 44, il exerça avec César le consulat. Après l'assassinat de César, il entra en conflit avec Octave (devenu Octavien après son adoption par César), l'un et l'autre revendiquant la succession. Mais, comprenant qu'un conflit était inutile, il forma avec Octavien et Lepidus le second triumvirat. La paix de Brindes en 40, qui partagea le monde entre les triumvirs, lui donna l'Orient, et cette « paix » fut scellée entre les deux principaux signataires par le mariage d'Antoine et d'Octavie, sœur d'Octavien. Devenu maître du monde oriental, il établit sa capitale à Alexandrie, où il prit de plus en plus les allures d'un dynaste hellénistique. Sa politique, ses ambitions et celles de Cléopâtre, qu'il avait épousée, répudiant Octavie, firent l'objet d'une habile propagande menée en Occident par Octavien : Rome put craindre de se voir supplanter par Alexandrie. Octavien déclara la guerre : vaincu à Actium (31), Antoine se suicida.

Antoine et Cléopâtre, drame de Shakespeare (v. 1606), d'une exubérance déjà romantique.

ANTOINE le Grand *(saint),* un des fondateurs du monachisme chrétien (Qeman, Haute-Égypte, 250 - mont Golzim, près de la mer Rouge, 356). Vers l'âge de 20 ans, il se retira dans le désert. Sa réputation de sainteté lui attira de nombreux disciples, qui formèrent autour de lui des colonies d'ermites. Son influence fut considérable : ermites et cénobites se multiplièrent autour de lui et, après sa mort, dans le désert d'Égypte. Sa biographie a été rédigée (v. 360) par Athanase d'Alexandrie.

ANTOINE de Padoue *(saint),* franciscain portugais (Lisbonne v. 1195 - Padoue 1231). Il entra chez les Frères mineurs en 1220. Prédicateur renommé en France et en Italie, sa science scripturaire et son éloquence lui valurent d'être proclamé docteur de l'Église (1946). On l'invoque pour retrouver les objets perdus.

ANTOINE DANIEL *(saint),* missionnaire jésuite français (Dieppe 1601 - mission de Saint-Joseph 1648). Envoyé en 1632 au Canada, il s'occupa des missions huronnes de la baie Géorgienne et fut massacré par les Iroquois. Canonisé en 1930.

ANTOINE (Jacques Denis), architecte français (Paris 1733 - *id.* 1801). Un des premiers maîtres du néoclassicisme, il a donné son chef-d'œuvre avec l'hôtel de la Monnaie de Paris (1768 -1777).

ANTOINE (Louis), mystique belge (Mons-Crotteux 1846 - Jemeppe-sur-Meuse 1912). Cet ouvrier passionné de spiritisme prétendit posséder des dons de guérisseur et fonda une nouvelle religion, l'*antoinisme**.

ANTOINE (André), acteur, metteur en scène et directeur de théâtre français (Limoges 1858 - Le Pouliguen 1943). Fondateur du Théâtre*-Libre (1887 ; devenu Théâtre-Antoine en 1897), tirant parti du naturalisme de Zola, il devint le metteur en scène de l'opposition dramatique et de créations remarquées (*les Tisserands,* de Hauptmann, *la Puissance des ténèbres,* de Tolstoï, drames de Shakespeare). Directeur de l'Odéon (1906 - 1914), il domina la scène française jusqu'à la réaction antinaturaliste de Copeau.

ANTOINE DE BOURBON (1518 - Les Andelys 1562), duc de Vendôme (1537-1562), roi de Navarre (1555-1562), duc d'Albret (1556-1562). Deuxième fils de Charles, duc de Vendôme, il épousa en 1548 Jeanne (III) d'Albret, reine de Navarre, qui lui donna le futur Henri IV. Après la mort de François II, il fut nommé lieutenant général du royaume (1561). Revenu au catholicisme (1560) après avoir incliné au calvinisme, il fut mortellement blessé au siège de Rouen (1562) lors de la première guerre de Religion.

ANTOINE DE BOURGOGNE, dit le **Grand Bâtard** (1421-1504), fils naturel de Philippe II le Bon. Fidèle à Charles le Téméraire, il passa après la mort de ce prince au service de Louis XI (1477) puis de Charles VIII, qui le légitima (1486).

ANTOINE-MARIE ZACCARIA *(saint)*, religieux italien (Crémone 1502 - *id.* 1539), fondateur (1530) d'une congrégation de clercs réguliers – la congrégation de Saint-Paul – qui prirent le nom de barnabites. Canonisé en 1897.

ANTOINISME n. m. Religion théosophique fondée par Louis Antoine, dit « le Père Antoine ». (Le culte antoiniste fait une grande place à l'imposition des mains et à la prière en vue de la guérison des malades.)

ANTOINISTE n. Adepte de l'antoinisme.

ANTOMMARCHI ou **ANTONMARCHI** (François), médecin de Napoléon Ier à Sainte-Hélène (Morsiglia, Corse, 1780 - Cuba 1838). Il publia en 1823 son témoignage sur « les derniers moments de Napoléon ».

ANTONELLI (Giacomo), cardinal et homme d'État romain (Sonnino, près de Terracina, 1806 - Rome 1876). Créé cardinal en 1847 (sans être prêtre), il prit un grand ascendant sur Pie IX. Secrétaire d'État en 1848, il réorganisa, après la chute de la République romaine, l'administration des États pontificaux en évitant toute réforme de fond.

ANTONELLO da Messina, peintre italien (Messine v. 1430 - *id.* v. 1479). Formé dans le milieu cosmopolite de Naples, il unit le sens méditerranéen des volumes et de la composition ample à l'observation méticuleuse des Flamands (sujets religieux, portraits d'hommes). Son voyage à Venise (1475-76) fut l'occasion d'importants échanges d'influences avec les artistes de cette ville.

ANTONESCU (Ion), maréchal et homme d'État roumain (Pitești 1882 - prison de Jilava 1946). Général et chef d'état-major (1937-1938), il fut nommé Premier ministre (sept. 1940) par le roi Charles II, dont il exigea aussitôt l'abdication. Il établit une dictature fasciste sur la Roumanie, qu'il engagea dans la guerre aux côtés de l'Axe. Arrêté lors du coup d'État du 23 août 1944, il fut condamné à mort et exécuté en 1946.

ANTONGIL *(baie d'),* échancrure de l'océan Indien sur la côte nord-orientale de Madagascar.

ANTONIN n. m. **1.** Membre d'une congrégation hospitalière se réclamant de saint Antoine le Grand. (Elle disparut en 1790.) — **2.** Religieux maronite appartenant à l'une des quatre congrégations qui suivent la règle dite de « Saint-Antoine ».

ANTONIN *(saint),* prélat italien (Florence 1389 - Montughi, près de Florence, 1459). Dominicain, il devint archevêque de Florence en 1446. Son œuvre principale, *Somme théologique,* est une étude très étendue de théologie morale et spirituelle.

ANTONIN le Pieux, en lat. **Titus Aelius Hadrianus Antoninus Pius** (Lanuvium 86 - 161), empereur romain (138-161). Membre d'une riche famille sénatoriale, consul en 120, proconsul d'Asie (133-136), il fut adopté par Hadrien (138) et, la même année, lui succéda. Empereur pacifique, humain et économe des deniers publics, il assura la paix aux provinces. Durant son règne, l'Empire atteignit son apogée.

Antonin *(muraille d'),* mur de défense construit en Grande-Bretagne sous Antonin, au N. du mur d'Hadrien.

ANTONINS (les), dynastie impériale qui régna à Rome de 96 à 192 apr. J.-C. et qui compte : NERVA (96-98) ; TRAJAN (98-117) ; HADRIEN (117-138) ; ANTONIN LE PIEUX (138-161) ; LUCIUS VERUS (161-169) et MARC AURÈLE (161-180) ; COMMODE (180-192). Cette période, dite « siècle des Antonins », est considérée comme l'âge d'or de l'Empire romain.

ANTONIO (Antonio RUIZ SOLER, dit), danseur et chorégraphe espagnol (Séville 1921). Avec sa partenaire Rosario, il gagna l'Amérique du Sud, puis les États-Unis en 1940. En 1953, Antonio fonda, seul, son Ballet espagnol, qui poursuivit une carrière internationale pendant près de vingt ans. Excellant dans le flamenco (zapateado), il a composé des œuvres réalisant une élégante synthèse des styles classique (espagnol) et folklorique. En 1973, il a constitué une nouvelle troupe.

ANTONIO da Noli, navigateur génois, (Gênes v. 1425 - île São Tiago, archipel du Cap-Vert, 1497). Il découvrit les îles du Cap-Vert vers 1460.

ANTONIONI (Michelangelo), cinéaste italien (Ferrare 1912). D'abord critique puis scénariste et documentaliste, il réalise son premier film de fiction en 1950 (*Chronique d'un amour*). Après *Femmes entre elles* (1955) et *le Cri* (1956), la modernité controversée de l'*Avventura* (1959) lui apporte la consécration internationale. Il s'attache alors à explorer les angoisses de son époque : incommunicabilité des êtres, soumission de l'individu à l'environnement, malaise devant les incertitudes de l'avenir (*la Nuit,* 1960 ; *l'Éclipse,* 1961 ; *le Désert rouge,* 1964 ; *Blow up,* 1966 ; *Zabriskie Point,* 1969 ; *Profession : reporter,* 1974 ; *Identification d'une femme,* 1982 ; *Par-delà les nuages,* 1995).

ANTONOMASE n. f. (gr. *antonomasia,* de *anti,* à la place de, et *onoma,* nom). Figure de style consistant à remplacer un nom commun par un nom propre ou inversement. (Par ex. *un Tartufe* pour *un hypocrite,* ou *l'empereur des Français* pour *Napoléon.*)

ANTONY (92160), ch.-l. d'arrond. des Hauts-de-Seine, à 8 km au S. de Paris ; 57 916 hab. Commune surtout résidentielle, avec quelques industries (constructions mécaniques, laboratoires pharmaceutiques). Résidence universitaire Jean-Zay.

Antony, drame en cinq actes et en prose d'Alexandre Dumas père (1831), caractéristique du héros et du théâtre romantiques.

ANTONYME n. m. et adj. (de *synonyme*). Mot ayant un sens contraire à celui d'un autre (par ex. *chaud* et *froid, laideur* et *beauté*). [Syn. CONTRAIRE.]
ENCYCL. Les antonymes appartiennent à la même classe grammaticale *(grand* est l'antonyme de *petit* et non de *petitesse)* et s'opposent par un ou plusieurs traits sémantiques, les autres étant communs : *monter* et *descendre* possèdent en commun le trait « déplacement vertical » et s'opposent par les traits « vers le haut » et « vers le bas ».

ANTONYMIE n. f. Relation qui existe entre des mots antonymes.

ANTONYMIQUE adj. Relatif aux antonymes, à l'antonymie.

ANTRAIN (35560), ch.-l. de cant. d'Ille-et-Vilaine, à 25 km au N.-O. de Fougères ; 1 540 hab.

ANTRAL, E, AUX adj. Relatif à l'antre pylorique.

ANTRE n. m. (lat. *antrum,* du gr. *antron*). *Litt.* **1.** Excavation naturelle, qui peut servir d'abri aux hommes ou aux animaux. – **2.** Repaire de fauve : *L'antre du tigre.* – **3.** Lieu, pièce où on s'isole des autres pour pouvoir travailler, réfléchir, lire. – **4.** Lieu obscur et mystérieux ou dangereux du fait de ceux qui le fréquentent ou l'habitent : *L'antre des conspirateurs.* – **5.** *Antre de Highmore,* syn. de SINUS MAXILLAIRE. ‖ *Antre mastoïdien,* cavité située dans la mastoïde et communiquant avec l'oreille moyenne. ‖ *Antre pylorique,* partie de l'estomac située en amont du pylore.

ANTRECTOMIE n. f. Résection de l'antre pylorique qui, complétant la vagotomie, est pratiquée dans le traitement chirurgical de certains ulcères gastro-duodénaux.

ANTRIM, v. de l'Irlande du Nord, près de l'extrémité nord-est du Lough Neagh ; 7 500 hab. Textile. Curieuse tour du Xe s. Les côtes du *plateau* (basaltique) *d'Antrim* sont entaillées en falaises pittoresques (Chaussée des Géants).

ANTRITE n. f. Inflammation de l'antre mastoïdien, complication infectieuse des otites.

ANTROTOMIE n. f. Opération consistant à trépaner l'antre de Highmore (sinus maxillaire) ou l'antre mastoïdien.

ANTRUSTION n. m. (bas lat. *antrustio,* de l'anc. haut all. *trust,* fidélité). Sous les Mérovingiens, guerrier au service du roi à qui il prêtait serment de fidélité et qui faisait partie de sa suite armée, ou truste.

ANTSERANANA, anc. **Diégo-Suarez,** v. du nord de Madagascar, ch.-l. de prov., sur la *baie d'Antseranana ;* 55 000 hab. Port militaire. Métallurgie.

ANTSIRABÉ, v. de Madagascar, sur les hautes terres centrales ; 79 000 hab. Station thermale et climatique. Manufacture de cigarettes. Travail du coton. Brasserie.

ANTWERPEN, nom néerlandais d'Anvers.

ANUAKS ou **ANOUAKS,** population nilotique du Soudan méridional.

ANUBIS, dieu égyptien, adoré sous la forme d'un chacal (ou d'un chien sauvage) ou sous la forme humaine avec une tête de chacal. Grand dieu funéraire de l'Ancien Empire, il fut par la suite supplanté par Osiris.

ANURĀDHAPURA, v. de Sri Lanka, ch.-l. de prov. ; 36 000 hab. Fondée au Ve s. av. J.-C., elle connut un grand éclat et fut la capitale de Ceylan jusqu'au Xe s., puis fut abandonnée au XIe s. après avoir subi plusieurs raids tamouls. Monastères, palais, installations hydrauliques, grands stūpa (Thūpārāma, IIIe s. av. J.-C., Ruvanvaliseya, IIe s. av. J.-C., etc.) en font un important site archéologique. Musée.

ANURIE n. f. Tarissement de la sécrétion urinaire, dont le volume devient inférieur à 100 ml par 24 h.

ANURIQUE adj. et n. Relatif à l'anurie ; atteint d'anurie.

ANUS [anys] n. m. (lat. *anus,* anneau). **1.** Orifice extérieur du rectum, donnant passage aux matières fécales, chez l'homme et chez la plupart des animaux. (→ *encycl.*) – **2.** *Anus artificiel* ou *contre nature,* abouchement du côlon à la peau au niveau de la paroi abdominale, permettant une dérivation totale des matières. (Cette dérivation peut être temporaire ou définitive.)

ENCYCL. **Anat.** Chez l'homme, l'anus forme un canal de 1,5 à 2 cm, très dilatable ; de son pourtour partent en rayonnant les *plis radiés de l'anus.* L'anus est entouré d'un double appareil musculaire, les sphincters externe et interne, qui permet la continence des matières fécales. Autour de l'anus, la peau des régions voisines constitue la *marge de l'anus.*

– **Zool.** L'existence d'un anus permet à l'appareil digestif de constituer un *tube* parcouru en sens unique par les aliments, qui y subissent les étapes successives de la digestion, puis une absorption sélective. L'anus dérive du blastopore embryonnaire chez les échinodermes, les procordés et les vertébrés (deutérostomiens) ; il a une autre origine chez les protostomiens (annélides, mollusques, arthropodes). Seuls les animaux très primitifs (cnidaires) ont un *sac* digestif avec un seul orifice, servant à la fois de bouche et d'anus.

ANUSCOPE n. m. Spéculum destiné à l'examen de l'anus.

ANVAR, sigle de AGENCE NATIONALE DE VALORISATION DE LA RECHERCHE*.

ANVĀRI, poète persan (près d'Abivard, Khorāsān - v. 1190), dont l'élégie *les Pleurs du Khorāsān* est un des plus beaux poèmes de la langue persane.

ANVERS, en néerl. **Antwerpen,** port de Belgique, sur la r. dr. de l'Escaut, ch.-l. de la *province d'Anvers ;* 467 518 hab. *(Anversois).* Anvers, premier port belge (env. 100 Mt de trafic), bien relié (autoroutes, voies ferrées et navigables) à un arrière-pays débordant le cadre national, concentre, au sein d'une agglomération d'environ 800 000 habitants, le dixième du potentiel industriel du pays (raffinage et pétrochimie, automobile, agroalimentaire, taille des diamants, etc.).

— **Hist.** Au XIIIe s., Anvers fut érigée en cité, incorporée (1288) au duché de Brabant et promue au rang de ville libre impériale. Au XVe s. elle devint la capitale économique de l'Occident (premier centre financier d'Europe) et au XVIe s. le plus important entrepôt et centre de redistribution des produits européens ; s'y développèrent également les industries régionales (draperie), l'imprimerie et des ateliers d'artistes. Ruinée par les guerres de Religion et les traités de Westphalie (1648), la ville fut détrônée par Amsterdam. Elle fut l'enjeu, en raison de son importance stratégique, de nombreuses batailles : prise par les Français en 1792 et en 1794, défendue par Carnot en 1814, elle fut de nouveau assiégée par les Français en 1832. Elle connut un nouvel essor après 1833, quand, néerlandaise depuis 1814, elle devint le principal port du jeune royaume de Belgique. Occupée par les Allemands de 1914 à 1918, puis de 1940 à 1944, la ville fut libérée par les Britanniques.

— **Bx-arts.** Vaste cathédrale gothique à sept nefs et à tour de 123 m, construite de 1350 à 1530 env. (chefs-d'œuvre de Rubens). Églises gothiques. Sur le Grote Markt, maisons de guildes et monumental hôtel de ville par C. Floris de Vriendt (1565). Églises baroques St-Augustin et St-Charles-Borromée, du début du XVIIe s. Centre majeur de la peinture flamande, surtout aux XVIe s. (les Metsys, Patinir, J. Van Cleve, P. Coecke Van Aelst, J. S. Van Hemessen, F. Floris de Vriendt) et XVIIe s. (Bruegel de Velours, Rubens, Jordaens, Van Dyck, Snijders, les Teniers...), et de la sculpture décorative au XVIIe s. Principaux musées : royal des Beaux-Arts, prestigieux rassemblement de l'école flamande du XVe au XXe s. ; Mayer Van den Bergh (sculptures, miniatures, peintures) ; Plantin-Moretus (imprimerie, gravures, dessins) ; de la maison de Rubens ; de Sculpture du XXe s. au parc de Middelheim.

ANVERS *(province d')*, prov. de Belgique ; 2 867 km² ; 1 605 167 hab. Ch.-l. *Anvers.* 3 arrond. *(Anvers, Malines, Turnhout)* et 70 comm. À l'O. de l'Escaut, la province occupe la partie occidentale de la Campine où l'agriculture (élevage bovin) est éclipsée par l'industrie (métallurgie lourde et de transformation, constructions électriques, chimie, textile, etc.) concentrée dans l'agglomération d'Anvers, animant aussi les villes (Malines, Turnhout, Geel) jalonnant les grands axes de circulation (autoroutes, canal Albert).

ANVILLE (Jean-Baptiste BOURGUIGNON D'), géographe français (Paris 1697-*id.* 1782), auteur de 211 cartes ou plans considérés comme les plus exacts du XVIIIe s. et de 78 ouvrages ou mémoires traitant de la géographie ancienne et moderne.

ANWAR (Chairil) → CHAIRIL ANWAR.

ANXIÉTÉ n. f. (lat. *anxietas*). Inquiétude pénible, tension nerveuse, causée par l'incertitude, l'attente ; angoisse : *Son regard trahissait son anxiété.*

ANXIEUSEMENT adv. Avec anxiété.

ANXIEUX, EUSE adj. et n. (lat. *anxiosus*). Qui éprouve de l'anxiété ; angoissé : *Un anxieux qui s'inquiète toujours du moindre retard.*

◆ adj. **1.** Se dit d'une attitude qui manifeste une vive tension nerveuse : *Regard anxieux.* — **2.** *Être anxieux de,* attendre qqch avec une grande impatience : *Je suis anxieux de connaître les résultats.*

ANXIOGÈNE adj. Se dit d'une situation ou d'un objet susceptible de mobiliser de l'angoisse (ou de l'anxiété) chez un sujet.

ANXIOLYTIQUE adj. et n. m. Se dit d'une substance psychotrope agissant essentiellement sur l'anxiété et ses composantes somatiques. (Syn. TRANQUILLISANT.)

ENCYCL. Bien que les anxiolytiques appartiennent à des familles chimiques variées, leurs propriétés pharmacologiques sont assez voisines : action sédative (sur l'anxiété d'origine névrotique), myorelaxante et anticonvulsivante particulièrement nette pour les benzodiazépines. Celles-ci représentent un groupe homogène et très largement utilisé ; les carbamates, d'élimination plus rapide, semblent avoir un potentiel toxicomanogène plus élevé. À dose faible, tous les hypnotiques pris dans la journée ont des effets anxiolytiques (et, réciproquement, les anxiolytiques sont actifs sur l'insomnie d'endormissement alimentée par des ruminations anxieuses), de même les neuroleptiques à dose faible ont des propriétés anxiolytiques.

Les anxiolytiques ont une action dépressive sur le système nerveux central, ils provoquent une baisse du niveau de vigilance et un ralentissement psychomoteur, et potentialisent les autres dépresseurs comme l'alcool et les barbituriques.

ANXUR → TERRACINA.

ANYANG ou **NGAN-YANG,** v. de Chine, dans le nord du Henan ; 125 000 hab. Sidérurgie. — Anyang fut la capitale des Shang, deuxième dynastie chinoise (XVIe-XIe s. av. J.-C.). Les fouilles ont livré de nombreux vestiges et une nécropole royale avec un mobilier funéraire riche et abondant comprenant des bronzes rituels, des os gravés, parmi les plus vieux exemples d'écriture chinoise.

ANYANG, v. de la Corée du Sud, au S. de Séoul ; 480 000 hab.

ANZAC, sigle de *Australian and New Zealand Army Corps,* désignant les unités australiennes et néo-zélandaises qui combattirent avec les Britanniques pendant la Première Guerre mondiale.

ANZAN → ANSHAN.

ANZÈRE, station estivale et de sports d'hiver (alt. 1 500-2 420 m) de Suisse, dans le Valais, près de Sion.

ANZIN (59410), ch.-l. de cant. du Nord, sur la rive gauche de l'Escaut, en face de Valenciennes ; 14 172 hab. *(Anzinois).* Anc. centre houiller. Industrie métallurgique.

ANZIO, v. d'Italie, dans le Latium, au S. de Rome ; 32 383 hab. Port de pêche. Station de villégiature. Centre commercial. C'est l'anc. *Antium**. — Le 22 janv. 1944, 50 000 Anglo-Américains débarquèrent près d'Anzio pour couper les arrières allemands entre Cassino et Rome. Ils firent la jonction, le 22 mai 1944, avec la Ve armée américaine.

ANZUS → PACIFIQUE *(Conseil du).*

ANZY-LE-DUC (71110), comm. de Saône-et-Loire, aux confins du Bourbonnais et du Charolais ; 500 hab. Remarquable église romane, anc. abbatiale des XIe-XIIe s.

A. O. C., abrév. de APPELLATION* D'ORIGINE CONTRÔLÉE.

A.-O. F., sigle de AFRIQUE-OCCIDENTALE FRANÇAISE.

AOMORI, ville du Japon, dans le nord de Honshū ; 288 000 hab. Le port assure les relations entre Honshū et Hokkaidō.

AORISTE n. m. (lat. *aoristus,* gr. *aoristos,* indéterminé). Temps de la conjugaison grecque, qui exprime une action arrivée à son terme, une action à son début ou une action de caractère général *(aoriste gnomique).*

AORTE n. f. (gr. *aortê*). Tronc commun des artères portant le sang oxygéné à toutes les parties du corps.
ENCYCL. Le sang circule d'arrière en avant dans l'aorte des mollusques et des arthropodes, d'avant en arrière dans celle des vertébrés, qui reçoit le sang provenant d'un ou de plusieurs *arcs aortiques.* Chez les poissons, ces arcs, branchiaux, sont eux-mêmes irrigués par une *aorte ventrale* issue du cœur et contenant du sang désoxygéné. Chez les vertébrés terrestres, le sang hématosé retourne au cœur avant d'être expulsé, seul, vers l'aorte.
Chez l'homme, l'aorte, née du ventricule gauche du cœur, comporte trois segments. La *crosse,* qui donne dans sa portion ascendante les artères coronaires, se dirige en arrière et à gauche, puis s'infléchit au niveau de la 4e vertèbre dorsale, devenant l'*aorte thoracique descendante,* qui longe la paroi postérieure du thorax jusqu'au diaphragme, à gauche de la colonne vertébrale. L'*aorte abdominale* traverse le diaphragme et descend contre la paroi postérieure de l'abdomen en donnant des artères à tous les organes abdominaux. Au niveau de la 4e vertèbre lombaire, l'aorte se divise en ses branches terminales : iliaques primitives droite et gauche, et sacrée moyenne. L'aorte peut être le siège d'affections graves : l'anévrysme* aortique, la dissection*. Les modifications pariétales peuvent aussi être le fait de maladies inflammatoires ou infectieuses (syphilis). Enfin, l'aorte peut être le siège d'affections congénitales.

AORTIQUE adj. **1.** Qui se rapporte à l'aorte. — **2.** *Arcs aortiques,* segments artériels parcourant les branchies chez les poissons et dont certains subsistent en changeant de fonctions chez les vertébrés terrestres. ‖ *Insuffisance aortique,* incontinence de l'orifice valvulaire aortique. ‖ *Orifice aortique,* orifice de communication du ventricule gauche du cœur avec l'aorte. ‖ *Rétrécissement aortique,* diminution pathologique de la surface offerte au passage du sang lorsqu'il est éjecté durant la systole ventriculaire à travers l'orifice aortique.
◆ n. Personne qui souffre d'une maladie de l'aorte.
ENCYCL. L'évolution biologique se traduit par une diminution du nombre des *arcs aortiques :* 5 paires chez les sélaciens, 4 chez les poissons osseux, 3 chez les vertébrés supérieurs : arc carotidien, arc aortique au sens strict, arc pulmonaire. En outre, une seule des deux aortes proprement dites subsiste chez les homéothermes : la droite chez les oiseaux, la gauche chez les mammifères.

AORTITE n. f. **1.** Inflammation de l'aorte. — **2.** Ensemble des lésions qui atteignent l'aorte. (Ce terme n'est habituellement employé que pour l'aortite syphilitique.)

AORTOGRAPHIE n. f. Radiographie de l'aorte après opacification par un produit de contraste.

AOSTE, en ital. **Aosta,** v. d'Italie, dans les Alpes occidentales, ch.-l. de la *région autonome du Val d'Aoste ;* 35 895 hab. Centre commercial et touristique, au débouché des tunnels du Mont-Blanc et du Grand-Saint-Bernard. Métallurgie. Monuments romains. Collégiale des XIe-XVIe s. et cathédrale reconstruite en style gothique à la fin du XVe s.

AOSTE *(Val d'),* région administrative du nord-ouest de l'Italie, dans les Alpes ; 3 262 km² ; 115 397 hab. *(Valdôtains).* Ch.-l. *Aoste.*
— **Géogr.** C'est un pays de hautes terres (plus de 2 000 m d'alt. en moyenne) parcouru et aéré par la Doire Baltée, au climat d'abri (précipitations

modérées et fort ensoleillement). L'équipement hydroélectrique et l'industrie se sont ajoutés à l'élevage, aux cultures et à l'exploitation de la forêt, mais le tourisme est devenu la ressource essentielle (Courmayeur, Breuil-Cervinia, Saint-Vincent, etc., parc national du Grand-Paradis), favorisé par l'ouverture des tunnels transalpins du Grand-Saint-Bernard et du Mont-Blanc.
— **Hist.** Peuplé par les Salasses (ve s. av. J.-C.), occupé par les Romains (25 av. J.-C.) qui fondèrent *Augusta Praetoria,* son actuelle capitale (Aoste), le Val d'Aoste fut conquis par les Burgondes (ve s. apr. J.-C.) puis par les Francs (VIIe s.). Après le traité de Verdun (843), il passa aux mains de différents féodaux, puis fut acquis en 1032 par Humbert Ier aux Blanches Mains, comte de Savoie. Le Val d'Aoste suivit dès lors les destinées de la maison de Savoie*, tout en conservant un certain particularisme, lié à sa francophonie, laquelle fut à plusieurs reprises menacée, notamment à l'époque fasciste. Revendiqué par la France en 1945, le Val d'Aoste resta territoire italien et devint une région autonome en 1948.

AOSTE *(maison d'),* branche cadette de la maison de Savoie*.

AOUDAGHOST, anc. ville caravanière et commerçante du royaume de Ghāna.

AOUDH, région de l'Inde du Nord, arrosée par la Saraju, affl. du Gange, au N.-O. d'Allāhābād. Elle fut l'un des premiers États aryens. Conquise par les musulmans en 1192, elle fut annexée par les Anglais en 1856.

AOUEZOV (Moukhtar Omarkhanovitch), écrivain kazakh (dans le Tchinguiztaou 1897-Moscou 1961). Il a consacré son œuvre à l'évolution historique et sociale de son pays (*Abaï,* 1942-1956).

Aouïna (El-), aéroport de Tunis.

AOUÏTA (Saïd), athlète marocain (Kenitra 1960). Champion olympique (1984), champion du monde (1987) et recordman du monde (1985) du 5 000 m, il a également détenu plusieurs records du monde en demi-fond (1 500 m, 2 000 m, 3 000 m).

AOUL n. m. (mot russe, du turc). Village, chez un certain nombre de peuples de l'Asie centrale, du Kazakhstan et du Caucase du Nord.

AOÛT [u ou ut] n. m. (lat. *Augustus mensis,* de l'empereur *Auguste,* à qui ce mois était consacré). **1.** Huitième mois de l'année. — **2.** *Le 15-Août,* le quinzième jour du mois d'août, fête de l'Assomption de la Sainte Vierge.

août 1789 *(nuit du 4),* nuit au cours de laquelle les députés de l'Assemblée nationale votèrent la suppression des privilèges féodaux qui subsistaient encore, en même temps que furent décidés le rachat des redevances et des dîmes, l'abolition des corvées et de la vénalité des offices, l'égalité devant l'impôt.

août 1792 *(journée du 10),* journée révolutionnaire provoquée par l'invasion du pays par les Prussiens, le manifeste de Brunswick et la résistance de Louis XVI aux décrets de l'Assemblée législative. La commune insurrectionnelle installée à Paris lança contre les Tuileries les sections des faubourgs et les fédérés marseillais. L'Assemblée législative décréta la suspension du roi.

AOÛTAT [auta] n. m. (de *août*). Minuscule acarien (thrombiculidé) rouge vif des prairies, qui peut creuser des galeries dans la peau de l'homme en occasionnant des démangeaisons. (L'aoûtat est une larve.) [Syn. ROUGET, VENDANGEON.]

AOÛTEMENT [au-] n. m. Lignification des jeunes rameaux avant l'hiver, avec accumulation de réserves dans leurs tissus ligneux.

AOÛTER [aute] v. t. (de *août*) [conj. 3]. **1.** Rendre mûrs les végétaux. — **2.** Transformer en bois les bourgeons.
◆ v. i. ou **s'aoûter** v. pr., **être aoûté** v. pass. En parlant des bourgeons, se transformer en bois ; en parlant des fruits, mûrir à la chaleur d'août.

AOÛTIEN, ENNE [ausjɛ̃, -ɛn] n. Vacancier du mois d'août.

AOZOU *(bande d'),* extrémité septentrionale du Tchad, Revendiquée et occupée par la Libye à partir de 1973, elle a été rétablie sous autorité tchadienne en 1994 par un jugement de la Cour internationale de justice de La Haye.

AP, sigle de ASSOCIATED* PRESS.

APABHRAMŚA n. m. (mot sanskr. signif. *déviation*). Langue littéraire à multiples variétés, intermédiaire entre les dialectes moyen-indiens et les langues vernaculaires néo-indiennes.

APACHE n. m. (de *Apache,* n. d'une tribu indienne). *Vx.* Voyou des grandes villes.
◆ adj. Qui relève des Apaches.

APACHES, ensemble de tribus indiennes descendues des régions du nord des États-Unis entre 900 et 1000 de notre ère, et comprenant notamment les Chiricahuas, les San Carlos, les Jicarillas, les Lipans, les Kiowas et les Mescaleros. Ils appartiennent au groupe linguistique athabascan du Sud-Ouest. Malgré l'action de Cochise et de Geronimo (1886), les Apaches ont été décimés. Aujourd'hui, ils vivent surtout dans la réserve de Mescalero, au Nouveau-Mexique.

APADĀNA n. f. Salle du trône de plan carré dans les palais des rois achéménides, à la toiture supportée par une multitude de colonnes.

APAGOGIE n. f. (gr. *apagôgê eis to adunaton,* réduction à l'absurde). Dans la logique scolastique et traditionnelle, raisonnement par lequel on démontre la vérité d'une proposition en prouvant l'absurdité de la proposition contraire.

APAGOGIQUE adj. *Raisonnement apagogique,* raisonnement par l'absurde.

APAISANT, E adj. Qui apaise, calme : *Paroles apaisantes.*

APAISEMENT n. m. **1.** Fait de s'apaiser, de se calmer ; état de qqn, de qqch qui est apaisé. – **2.** *Donner des apaisements,* promettre qqch à qqn pour le rassurer.

APAISER v. t. (de *paix*) [conj. 4]. **1.** Mettre fin (chez qqn) à la violence d'un sentiment, d'une sensation pénible, à un trouble ; calmer, radoucir : *Apaiser une personne en colère.* – **2.** Mettre fin à un trouble, à une agitation : *Apaiser une querelle par des promesses.* – **3.** Assouvir un besoin, un désir : *Apaiser sa soif.*

◆ **s'apaiser** v. pr., **être apaisé** v. pass. Se calmer, revenir au calme : *Le malade s'apaise. Un visage apaisé.*

APAMÉE, en gr. **Apameia.** Nom de plusieurs villes de l'Empire séleucide : **Apamée-Kibôtos,** ville de Phrygie méridionale aux sources du Méandre (auj. *Aydın*) ; – **Apamée-sur-l'Oronte,** en Syrie, important centre commercial de l'Empire romain, où subsistent des ruines romaines et des monuments paléochrétiens ornés de mosaïques.

Apamée *(paix d')* [188 av. J.-C.], paix signée à Apamée-Kibôtos après la victoire de Rome sur Antiochos III, à Magnésie du Sipyle, en 189. Elle assurait aux Romains la mainmise sur l'Asie Mineure.

APANAGE n. m. (anc. fr. *apaner,* donner du pain, doter, du lat. médiév. *appanare,* de *panis,* pain). **1.** En France, portion du domaine royal que le roi assignait à ses fils puînés ou à ses frères et qui faisait retour au domaine si son détenteur mourait sans héritier direct mâle. – **2.** *Avoir l'apanage de qqch,* en avoir l'exclusivité. ‖ *Être l'apanage de qqn,* lui appartenir en propre.

ENCYCL. Concédés au roi à partir du Xe s., les apanages devinrent indivisibles et inaliénables au XIVe s. Abolis en 1792, rétablis en 1810, les apanages ne furent plus constitués après 1830.

1. APANAGER, ÈRE adj. Donné en apanage.

2. APANAGER v. t. (conj. **17**). Donner en apanage.

APANAGISTE n. Personne qui possédait un apanage.

APANTELES [-lɛs] n. m. (du gr. *pantelês,* complet). Insecte hyménoptère, parasite très fréquent de la piéride du chou.

APAREUNIE n. f. (du gr. *pareunasthai,* coucher auprès de). Impossibilité totale de copulation normale, due à une malformation congénitale ou acquise de la vulve et du vagin.

APARTÉ n. m. (ital. *a parte,* à part.) **1.** Ce qu'un acteur dit à part soi sur la scène, et qui est censé n'être entendu que des spectateurs. – **2.** Conversation discrète tenue à l'écart, dans une réunion, dans un petit groupe. – **3.** *En aparté,* en évitant d'être entendu.

APARTHEID [-tɛd] n. m. (mot afrikaans signif. *séparation*). Ségrégation systématique des populations de couleur, en Afrique du Sud.

ENCYCL. Progressivement institué à partir du début du XXe siècle, l'apartheid se renforce avec l'arrivée au pouvoir, en 1948, du parti nationaliste. Sa législation est alors principalement constituée par la loi sur la terre (1913), les lois de 1950 instituant l'habitat séparé et classant la population sud-africaine selon des critères raciaux, et la loi de 1953 concernant la ségrégation dans les lieux publics. Par ailleurs, le gouvernement développe une politique de regroupement des populations africaines dans des États *(bantoustans)* dont l'indépendance politique et économique reste factice. Privés de droits politiques, les Noirs sont alors les principales victimes d'une ségrégation touchant des domaines aussi variés que l'enseignement, le travail, l'administration et le transport, ainsi que le mariage et les relations sexuelles. Assouplie dans les années 1980, la législation de l'apartheid est officiellement abolie par le président De Klerk en 1990-91. La Constitution de 1993, commune à tous les citoyens d'Afrique du Sud, et les élections multiraciales de 1994 permettent aux Noirs d'accéder au pouvoir. Mais les séquelles de l'apartheid (notamm. socio-économiques) seront longues à effacer.

APATHIE n. f. (bas lat. *apathia,* du gr. *apatheia*). **1.** Indolence ou indifférence de qqn poussée jusqu'à l'insensibilité complète ; nonchalance, inertie. – **2.** Lenteur à agir ou à réagir, passivité, inertie d'un groupe, de l'économie, etc.

APATHIQUE adj. Qui fait preuve d'apathie, qui en est la marque ; indolent, mou, passif : *Administration apathique.*

◆ n. Personne apathique.

APATHIQUEMENT adv. De façon apathique.

APATITE n. f. (gr. *apatân,* tromper, parce que sa transparence lui donne l'aspect d'une pierre précieuse). Phosphate de calcium naturel hexagonal contenant du fluor et du chlore, qui se rencontre dans les roches éruptives ou métamorphiques et dans le tissu osseux.

APATRIDE n. Personne qui, ayant perdu sa nationalité, n'en a pas légalement acquis une autre.

APATRIDIE n. f. Absence de nationalité ; situation de celui qui est apatride.

APATURA n. m. (gr. *apatân*, tromper). Beau papillon des forêts (nymphalidé), aux reflets changeants, tel que le grand mars et le petit mars.

APCHÉRON *(presqu'île d')*, presqu'île de l'Azerbaïdjan, terminaison orientale du Grand Caucase, qui s'avance dans la mer Caspienne. Bakou est situé sur la rive sud.

APEL (Willi), musicologue allemand naturalisé américain (Konitz 1893 - Bloomington, Indiana, 1988), auteur du *Harvard Dictionary of Music* (1944 ; 2e éd. 1969).

APELDOORN, v. des Pays-Bas (Gueldre), au S.-E. de l'IJselmeer ; 148 204 hab. Palais royal *Het Loo*. Mécanique électronique.

APELLE, peintre grec († Cos IVe s. av. J.-C.). Il étudia à Sicyone puis fut appelé à la cour de Macédoine par Philippe, où il devint l'ami et le portraitiste d'Alexandre. Ses œuvres ne sont connues que par les descriptions qu'en ont faites les Anciens.

APENNIN *(l')* ou **APENNINS** *(les)*, en ital. **Appennino** ou **Appennini**, chaîne de montagnes qui parcourt l'Italie de la Ligurie à la Calabre et se prolonge en Sicile nord-orientale. Véritable épine dorsale de la péninsule italienne, étiré sur près de 1 500 km, l'Apennin est formé de plusieurs éléments (*Apennin ligure et septentrional, Apennin central,* calcaire [culminant au Gran Sasso, 2 914 m], et *Apennin calabrais,* granitique [massifs de la Sila et de l'Aspromonte]). Montagne-refuge ayant subi une longue émigration, très localement et temporairement réanimée par le tourisme.

APERCEPTIBILITÉ n. f. Qualité de ce qui est aperceptible.

APERCEPTIBLE adj. Qui peut être objet d'une aperception.

APERCEPTIF, IVE adj. Qui possède la faculté d'aperception.

APERCEPTION n. f. (de *apercevoir,* d'après *perception*). **1.** Chez Leibniz, faculté propre aux esprits, par opposition à la simple perception, dont sont dotées toutes les monades. – **2.** Chez Kant, vérité de la conscience à laquelle se rapportent toutes les représentations possibles.

APERCEPTIVITÉ n. f. Faculté d'aperception.

APERCEVOIR v. t. (de *percevoir*) [conj. 52]. **1.** Voir qqn, qqch que l'éloignement, la petitesse de l'objet, l'obscurité, etc., empêchent de découvrir à première vue, entrevoir un instant : *J'ai cru l'apercevoir hier dans le métro.* – **2.** Voir qqch plus ou moins nettement : *L'eau est très claire : on aperçoit le fond de la rivière.* – **3.** Découvrir, déceler ce qu'on ne saisissait pas nettement ; comprendre, se rendre compte : *On aperçoit les causes de son échec.*

◆ **s'apercevoir** v. pr. **1.** Prendre conscience de qqch, s'en rendre compte : *Tout le monde s'est aperçu de son anxiété.* – **2.** Être vu : *La tache s'aperçoit à peine.*

APERÇU n. m. (de *apercevoir*). **1.** Vue générale, synthétique et rapide, coup d'œil jeté sur qqch ; observation succincte : *Donner un aperçu d'une question.* – **2.** *Pavillon d'aperçu,* pavillon qui indique, en mer, que l'on a vu et compris un signal.

APERGHIS (Georges), compositeur grec (Athènes 1945). Il vit depuis 1963 à Paris. On lui doit notamment un *Hommage à Jules Verne* (1972), des œuvres de théâtre musical, *Pandaemonium* (1973), *Jacques le Fataliste,* d'après Diderot (1974), *Je vous dis que je suis mort,* d'après Edgar Poe (1979), *Énumérations* (1988), et des opéras, *Jojo* (1990), *Tristes Tropiques* (1996).

APÉRIANTHÉ, E adj. Se dit des fleurs dépourvues de périanthe.

APÉRIODIQUE adj. **1.** Se dit d'un mouvement, d'un phénomène dont la grandeur caractéristique tend progressivement vers une limite sans osciller. – **2.** *Circuit apériodique,* circuit électrique ne présentant pas de fréquence propre d'oscillation.

APÉRITEUR n. m. (lat. *aperire,* ouvrir). En matière d'assurance couverte par plusieurs assureurs, celui d'entre eux qui, d'une manière générale, représente le groupe d'assureurs.

◆ **apériteur, trice** adj. Se dit de l'assureur, de la compagnie d'assurances, qui joue le rôle d'apériteur.

APÉRITIF, IVE adj. (bas lat. *aperitivus,* de *aperire,* ouvrir). Qui stimule l'appétit : *Promenade apéritive.*

◆ **apéritif** n. m. Boisson le plus souvent alcoolisée, prise avant le repas ; moment où l'on prend cette boisson.

APÉRO n. m. *Fam.* Apéritif.

APERT, E [apɛr, œrt] adj. (lat. *apertus,* ouvert). Se dit d'une voyelle de grande aperture.

APERTOMÈTRE n. m. Appareil servant à mesurer l'ouverture d'un microscope.

APERTURE n. f. (lat. *apertura,* ouverture). Distance qui sépare l'articulateur du lieu d'articulation pendant l'émission d'une unité phonique.

APESANTEUR n. f. État dans lequel les effets de la pesanteur sont annihilés. (Syn. IMPESANTEUR.)

ENCYCL. Un objet se trouve en apesanteur lorsqu'il décrit une trajectoire balistique sous le seul effet de l'attraction des corps célestes. En fait, l'absence de pesanteur n'est jamais totale à l'intérieur ou à proximité d'un engin spatial. De légères accélérations parasites subsistent, du fait des mouvements du véhicule autour de son centre de gravité, de ses vibrations, de l'attraction mutuelle des objets en présence. Il est donc plus correct de parler de « microgravité ».

• *Effets physiologiques de l'apesanteur en vol orbital.* Ces effets se manifestent chez l'homme par des perturbations dans les voies nerveuses de l'équilibre sans troubles de l'audition. L'acuité visuelle semble meilleure. La suppression des sensations musculaires et articulaires, dites proprioceptives, a pour conséquence une difficulté d'orientation et de repérage des positions des différentes parties du corps. Il n'y a pas d'altération des fonctions supérieures de l'esprit (intelligence). La circulation sanguine, la respiration et la digestion s'effectuent normalement. Le problème le plus préoccupant est celui de l'augmentation de l'élimination urinaire du calcium due à une décalcification des os.

APÉTALE adj. Se dit des plantes n'ayant qu'une seule enveloppe périanthaire (qui est alors formée, par définition, de sépales). [Syn. MONOCHLAMYDÉ.]

◆ n. f. Ancienne dénomination commune à diverses familles de plantes aux fleurs apétales ou apérianthées.

À-PEU-PRÈS n. m. inv. Approximation grossière, réalisation imparfaite : *Se contenter d'à-peu-près.*

APEURER v. t. (conj. 5). Faire peur à qqn, l'effrayer : *L'obscurité l'apeurait.*

◆ **être apeuré** v. pass. Avoir peur, manifester de la peur : *Un regard apeuré.*

1. APEX n. m. (lat. *apex*, sommet). **1.** Pointe ou sommet d'un organe de forme conique. — **2.** Sommet de la coquille des gastropodes. — **3.** Pointe de la langue. — **4.** Baguette d'olivier garnie de laine, qui surmontait le bonnet des saliens et des flamines. — **5.** Sommet du casque antique, auquel s'attachait la crinière. — **6.** Point de l'espace situé dans la constellation d'Hercule et vers lequel semble se diriger le système solaire à une vitesse de l'ordre de 20 km/s.

2. APEX adj. (abrév. de *Advance Purchase Excursion,* voyage acheté à l'avance). *Billet apex,* billet d'avion à tarif réduit, payé d'avance pour des dates fixes de départ et de retour, non modifiables.

APÉXIEN, ENNE adj. **1.** Relatif à l'apex. — **2.** *Souffle apéxien,* souffle cardiaque perçu à la pointe du cœur.

Apgar *(score d'),* confrontation de cinq critères, cotés chacun de 0 à 2, et qui permettent d'apprécier de façon chiffrée l'état d'un nouveau-né à sa naissance.

APHAKE ou **APHAQUE** adj. (du gr. *phakos,* lentille). Se dit d'un œil privé de cristallin.

APHAKIE ou **APHAQUIE** n. f. Absence du cristallin, congénitale ou provoquée.

APHANIPTÈRE n. m. (gr. *aphanês,* caché). Insecte tel que les puces. (Les *aphaniptères* forment un ordre.) [Syn. SIPHONAPTÈRE.]

APHANUS [-nys] n. m. (gr. *aphanês,* invisible). Punaise étroite, colorée, des landes à bruyères.

APHASIE n. f. (gr. *aphasia,* mutisme). Perte de la compréhension et de l'usage des différents symboles parlés ou écrits par lesquels l'homme communique avec ses semblables, à la suite d'une lésion corticale focalisée, malgré l'intégrité des organes d'émission et de réception qui concourent à cette fonction et malgré l'intégrité de l'intelligence.

ENCYCL. On distingue deux grands groupes d'aphasies, chaque variété d'aphasie renvoyant à des lésions cérébrales de localisation précise : le groupe des *aphasies d'expression* et le groupe des *aphasies sensorielles* ou *de réception.*

Les aphasies d'expression comprennent essentiellement : 1° l'*aphasie motrice,* découverte par Broca (1861), qui se caractérise par un trouble de l'expression orale et écrite et par une atteinte de la compréhension, qui toutefois s'améliore rapidement ; 2° l'*aphasie de conduction,* dont le symptôme majeur est un déficit de la programmation s'exprimant par l'atteinte de la répétition, de l'écriture sous dictée et de la lecture à voix haute, de la reproduction de rythmes et par la présence de paraphonies dans le langage spontané.

Les aphasies sensorielles sont caractérisées par un trouble de la compréhension, une parole spontanée très altérée, souvent incompréhensible, avec la présence de jargonaphasie.

APHASIQUE adj. et n. Qui concerne l'aphasie ; atteint d'aphasie.

APHELANDRA n. m. (gr. *aphelês,* simple, et *anêr, andros,* mâle). Plante ornementale (acanthacée) d'Amérique tropicale.

APHÉLIE n. m. (gr. *apo,* loin, et *hêlios,* soleil, d'après *apogée*). Point de l'orbite d'un corps céleste où la distance de ce corps au Soleil est maximale. (Contr. PÉRIHÉLIE.)

APHÉLINE n. m. (gr. *aphelês*, simple). Hyménoptère chalcididé, utile prédateur du puceron lanigère du pommier.

APHÉRÈSE n. f. (lat. *aphaeresis*, du gr. *aphairein*, enlever). Chute d'un ou de plusieurs phonèmes à l'initiale d'un mot. (Par ex. *le bus* < *l'autobus*, *le pitaine* < *le capitaine*.)

APHIDIDÉ n. m. (lat. sc. *aphis*, puceron). Insecte homoptère tel que les pucerons. (Les *aphididés*, qui forment une famille, sont des pucerons suceurs de sève.)

APHIDIEN n. m. (lat. sc. *aphis*, puceron). Nom d'un groupe d'insectes comprenant les pucerons et les chermès.

APHODIUS [-djys] n. m. (gr. *aphodos*, excrément). Scarabée coprophile.

APHONE adj. (gr. *aphônos*, sans voix). Qui est privé de l'usage de la voix ou dont la voix est très affaiblie.

APHONIE n. f. (gr. *aphônia*). Perte de la voix. (L'aphonie peut être due à une inflammation du larynx, à une tumeur, à une paralysie des nerfs récurrents [nerfs moteurs du larynx]. Elle est parfois sans cause apparente : on la dit alors *hystérique*.)

APHORISME n. m. (lat. *aphorismus*, du gr. *aphorismos*, définition). **1.** Phrase, sentence qui résume en quelques mots une vérité fondamentale. (Ex. *Rien n'est beau que le vrai*.) — **2.** Énoncé succinct d'une vérité banale. (Ex. *Pas de nouvelles, bonnes nouvelles*.)

Aphorismes, d'Hippocrate (ve s. av. J.-C.), traité de médecine par préceptes, étudié dans les écoles de médecine jusqu'au XVIIIe s.

APHORISTIQUE adj. Qui a les caractères de l'aphorisme.

APHOTIQUE adj. *Zone aphotique*, zone profonde des océans, où la lumière ne pénètre pas, par oppos. à la *zone euphotique*.

APHRAATES *(saint)*, écrivain ecclésiastique de Syrie († apr. 345). Ses écrits sont les premiers témoins de la littérature syriaque et une source importante pour l'histoire du christianisme dans l'Empire perse.

APHRODISIAQUE adj. et n. m. Se dit de substances propres à exciter le désir sexuel.

APHRODISIAS, nom de plusieurs villes du monde hellénique. La plus connue était en Asie Mineure, en Carie (auj. Turquie). Elle est célèbre pour son école (IIe s.-IIIe s. apr. J.-C.) de sculpture qui travailla à la Villa Hadriana. Ruines romaines dont un temple d'Aphrodite. Musée.

APHRODISIES n. f. pl. (gr. *Aphrodisia*). Fêtes en l'honneur d'Aphrodite.

APHRODITE n. f. (de *Aphrodite*, n. pr.). Superbe annélide en forme d'amande, couverte de soies irisées et qui vit en surface dans les sables marins.

APHRODITE, déesse grecque de la Beauté et de l'Amour, assimilée à Vénus dans la mythologie romaine.
— **Bx-arts.** L'art grec, à la fin du Ve s. et au IVe s. av. J.-C., a créé les images les plus célèbres de la déesse représentée debout, à demi vêtue. Les originaux sont le plus souvent connus seulement par des copies romaines (appelées Aphrodite ou Vénus) : par exemple, de Callimaque, l'*Aphrodite Genitrix* (Louvre) ; de Praxitèle, l'*Aphrodite d'Arles* (Louvre) et surtout l'*Aphrodite de Cnide* (Vatican, Louvre). Le type de l'Aphrodite accroupie apparaît à l'époque hellénistique.

APHROPHORE n. f. (gr. *aphros*, écume). Insecte homoptère cercopidé qui, en piquant les plantes, en fait surgir une mousse écumeuse dite *crachat de coucou*.

APHTE n. m. (lat. *aphtae*, du gr. *aphthai*, de *aptein*, brûler). Ulcération superficielle des muqueuses.
ENCYCL. Les ulcérations jaunâtres, entourées d'un liséré inflammatoire, siègent électivement sur la muqueuse buccale, la langue et les lèvres. La guérison se fait en quelques jours, mais il y a des récidives. Des aphtes génitaux peuvent se voir simultanément ou apparaître isolément.

APHTEUX, EUSE adj. **1.** Caractérisé par la présence d'aphtes. — **2.** Qui relève de la fièvre aphteuse. — **3.** *Fièvre aphteuse*, maladie infectieuse extrêmement contagieuse, due à un ultravirus spécifique, qui atteint les bovins, les ovins, les caprins et les porcs.
ENCYCL. Le virus aphteux est extrêmement résistant. Il provoque un état fébrile suivi d'une éruption d'aphtes sur la muqueuse buccale, sur la mamelle et entre les onglons. L'obligation faite en France de vacciner les bovins de plus de 6 mois a été suspendue en 1991. L'apparition d'un foyer de fièvre aphteuse dans une exploitation entraîne l'abattage de tous les animaux réceptifs et l'indemnisation de l'exploitant.
L'homme est contaminé par voie externe (contact avec les animaux malades) ou interne (absorption du lait des vaches atteintes). Les symptômes sont ceux de toute infection ; il s'y joint l'apparition de productions aphteuses dans la bouche et la gorge. L'affection est toujours suivie de guérison.

APHTOSE n. f. Maladie rare, caractérisée par des aphtes buccaux, cutanés et génitaux, multiples et profonds, associés à des manifestations viscérales, avec fièvre et atteinte de l'état général.

APHYLLOPHORALE n. f. Champignon basidiomycète tel que les clavaires, les hydnes, les chanterelles et les polypores. (Les *aphyllophorales* forment un ordre.)

APHYTAL, E, AUX adj. Se dit des parties de l'océan où la photosynthèse est impossible par manque de lumière. (Le *système aphytal* comprend les étages bathyal, abyssal et hadal.)

API n. m. (de Claudius *Appius,* n. pr.). *Pomme d'api,* petite pomme rouge et blanc, ferme et sucrée.

A. P. I., abrév. de ALPHABET* PHONÉTIQUE INTERNATIONAL.

APIA, cap. et port des Samoa, sur la côte nord d'Upolu ; 34 000 hab.

APIANUS (Peter BIENEWITZ ou BENNEWITZ, dit **Petrus**), mathématicien, géographe et astronome allemand (Leisnig, Saxe, 1495-Ingolstadt 1552). Célèbre pour ses cartes et ses ouvrages d'astronomie, il observa plusieurs comètes, notamment, en 1531, la comète de Halley*, et remarqua que leurs queues sont toujours dirigées à l'opposé du Soleil.

À-PIC n. m. inv. Versant d'une montagne, d'une falaise dont la pente est abrupte et verticale.

APICAL, E, AUX adj. **1.** Situé au sommet d'un organe animal ou végétal, c'est-à-dire à l'extrémité opposée au point d'insertion ou *base.* (Contr. BASAL.) — **2.** *Consonne apicale* ou *apicale* (n. f.), consonne dont l'articulation implique une participation active de l'apex. (L'apex peut entrer en contact avec les alvéoles [consonne *apicoalvéolaire*] ou avec les incisives supérieures [consonne *apicodentale*].)

APICIUS, nom de trois gastronomes romains, dont MARCUS GAVIUS **Apicius** (né v. 25 av. J.-C.), auteur présumé des *Dix Livres de la cuisine,* inventaire de nombreuses recettes insolites ou déjà mises au point sous leur forme actuelle (boudin, civet).

APICOLE adj. Qui concerne l'élevage des abeilles.

APICULTEUR, TRICE n. Personne qui pratique l'apiculture.

APICULTURE n. f. Art d'élever et de soigner les abeilles en vue d'obtenir de leur travail dirigé le miel, la cire et les autres produits du rucher.
ENCYCL. Les principales opérations apicoles sont : la visite au printemps, pour s'assurer de l'état des ruches, le nourrissement, dans le cas où les provisions sont épuisées, la réunion des colonies faibles, le remplacement des reines (ou mères), la mise en place des hausses et des cadres supplémentaires, l'essaimage, la récolte, l'hivernage. L'apiculture peut se pratiquer partout où se trouvent des prairies naturelles ou artificielles, des bois et des plantes donnant de nombreuses fleurs. Dans certaines contrées, lorsque les fleurs du printemps sont épuisées, on transporte les ruches dans les lieux où d'autres fleurs abondent, pour faire une seconde récolte ; c'est la transhumance des ruches, appelée *apiculture pastorale.* L'apiculture est dite *fixiste,* quand on fait usage de ruches dans lesquelles les abeilles construisent et fixent elles-mêmes leurs rayons, ou *mobiliste,* quand on emploie des ruches renfermant des cadres mobiles. (→ RUCHE.) Le Gâtinais, la Bretagne, les Landes, le Narbonnais, la haute Provence et les Alpes du Sud sont les principales régions apicoles de France.

APIDÉ n. m. Hyménoptère à aiguillon tel que l'abeille, les bourdons, le xylocope, etc. (Les *apidés,* qui forment une famille, se nourrissent en léchant le nectar des fleurs, dont ils font du miel, et construisent des nids.)

APIDOLOGIE n. f. Partie de la zoologie qui traite des abeilles.

APIÉCEUR, EUSE n. Personne qui travaille à domicile à assembler, pour la confection, les pièces déjà coupées d'un vêtement.

APIFORME adj. Se dit des insectes non apidés, mais qui ressemblent à des abeilles.

APIFUGE adj. Se dit d'un produit qui éloigne les abeilles.

APIOL n. m. (lat. *apium,* persil). Principe actif des graines de persil, ayant des propriétés emménagogues et fébrifuges.

APION n. m. (gr. *apion,* poire). Petit charançon (curculionidé) des légumineuses.

APIOS [apjɔs] n. m. (gr. *apios,* sorte d'euphorbe). Légumineuse d'Asie et des États-Unis, dont les tubercules farineux sont mangeables.

APIQUAGE n. m. Action d'apiquer.

APIQUER v. t. (de *à pic*) [conj. 3]. Incliner les vergues d'un navire sur l'horizontale en réglant leurs balancines.

APIS, dieu de l'ancienne Égypte adoré sous la forme d'un taureau sacré. À leur mort les taureaux sacrés étaient embaumés et solennellement ensevelis dans un tombeau. Mais Apis mort renaissait dans un nouveau taureau, reconnu par les prêtres à certaines marques distinctives.

APISKIGAMISH → BIENVILLE *(lac).*

APITHÉRAPIE n. f. Usage thérapeutique des produits du rucher (miel, pollen, venin, propolis).

APITHY (Sourou Migan), homme d'État du Bénin (Porto-Novo 1913 - Paris 1989). Député à l'Assemblée constituante française en 1945, fondateur en 1951 du parti républicain dahoméen (P. R. D.), Premier ministre du Dahomey de 1958 à 1959, président de la République (1964-65), il fit partie, de 1970 à 1972, avec H. Maga et J. Ahomadegbé, du Conseil présidentiel.

APITOIEMENT n. m. Fait de s'apitoyer, d'être apitoyé.

APITOYER v. t. (de *pitié*) [conj. **13**]. Susciter la pitié de qqn ; attendrir : *Je cherche à l'apitoyer sur mon sort.*

◆ **s'apitoyer** v. pr. Avoir pitié de qqn, de qqch.

APIVORE adj. et n. Se dit des animaux qui dévorent les abeilles.

APL n. m. (abrév. de *a programming language*). Langage de programmation très concentré dans son expression symbolique et bien adapté aux traitements interactifs ou conversationnels ainsi qu'au maniement de tableaux.

A. P. L., abrév. de AIDE* PERSONNALISÉE AU LOGEMENT.

APLACENTAIRE [-sɛ̃-] n. m. Mammifère inférieur, sans placenta. (Ce terme ne s'applique plus auj. qu'aux monotrèmes.)

APLACOPHORE n. m. Mollusque primitif, sans coquille ni plaques protectrices, vermiforme, de la classe des amphineures.

APLANAT n. m. (all. *Aplanat,* du gr. *planan,* égarer, détourner). Objectif aplanétique.

APLANÉTIQUE adj. (angl. *aplanatic,* du gr. *aplanêtos,* qui ne trompe pas). Se dit d'un système optique possédant la propriété d'aplanétisme.

APLANÉTISME n. m. Qualité d'un système optique ne présentant pas d'aberration géométrique pour un point objet situé à faible distance de l'axe de l'instrument. (Après l'achromatisme, l'aplanétisme est la condition la plus importante que doit réaliser un bon objectif. Elle nécessite le stigmatisme à la fois pour les points de l'axe et pour ceux voisins de l'axe.)

APLANIR v. t. (anc. fr. *aplanier,* de *plain,* uni, du lat. *planus*) [conj. **32**]. **1.** Rendre une surface plane, unie : *Aplanir une route.* — **2.** Rendre aisé ce qui était hérissé de difficultés ; supprimer ou atténuer les difficultés, les obstacles : *Aplanir un différend.*

◆ **s'aplanir** v. pr., **être aplani** v. pass. **1.** Apparaître comme plan, uni, en parlant d'une surface. — **2.** Être facile, aisé, en parlant d'une situation ; disparaître, en parlant de difficultés.

APLANISSEMENT n. m. **1.** Action d'aplanir ; état qui en résulte : *L'aplanissement de toutes les difficultés.* — **2.** Travail de l'érosion tendant à une régularisation des reliefs saillants. — **3.** *Surface d'aplanissement,* forme plane résultant de cette action, indépendante de la structure et s'étendant sur des superficies de quelques milliers à plusieurs dizaines de milliers de kilomètres carrés. (Syn. SURFACE D'ÉROSION.)

APLASIE n. f. **1.** Absence d'épanouissement d'une ébauche embryonnaire présente. — **2.** Absence de multiplications cellulaires dans un tissu, notamment dans la moelle osseuse hématopoïétique *(aplasie myéloïde).* [L'*aplasie myéloïde* se manifeste par une anémie très grave, des infections secondaires et des hémorragies.]

APLASIQUE ou **APLASTIQUE** adj. Relatif à l'aplasie.

APLAT ou **À-PLAT** n. m. (pl. *à-plats*). **1.** Teinte plate, unie, dans le langage des artistes peintres, des graveurs, des imprimeurs, etc. — **2.** État d'un papier dont la surface ne présente aucune déformation.

APLATIR v. t. (de *à* et *plat*) [conj. **32**]. **1.** Rendre qqch plat, plus plat : *Aplatir une pointe de métal.* — **2.** Plaquer, écraser qqch sur une surface : *Aplatir son nez contre la vitre.* — **3.** *Fam.* Briser qqch, un véhicule sur un obstacle : *Aplatir sa voiture contre un arbre.* — **4.** *Fam.* Vaincre qqn, le confondre. — **5.** Amincir, en particulier avec une batte, un morceau de viande pour en faciliter la cuisson. — **6.** Au rugby, marquer un essai, poser le ballon dans l'en-but de l'adversaire.

◆ **s'aplatir** v. pr., **être aplati** v. pass. **1.** En parlant de qqch de rond ou de bombé, devenir plat à un endroit, présenter une surface plate : *Son crâne s'aplatit curieusement à l'arrière.* — **2.** En parlant de qqn, se plaquer contre qqch ; s'écraser contre : *Il était aplati contre le mur.* — **3.** Tomber de tout son long, à plat ventre par terre. — **4.** *Fam.* En parlant d'un véhicule, se jeter violemment contre, sur qqch : *Sa voiture s'est aplatie contre un platane.* — **5.** *Fam.* S'humilier devant qqn, prendre une attitude de bassesse, de servilité : *S'aplatir devant un supérieur.* — **6.** *Ellipsoïde aplati,* ellipsoïde de révolution engendré par la rotation d'une ellipse autour de son petit axe.

APLATISSEMENT n. m. **1.** Action d'aplatir, de s'aplatir ; état de ce qui est aplati. — **2.** Paramètre sans dimension, caractérisant la non-sphéricité d'un astre en rotation, égal à la variation relative d'une grandeur (distance au centre, pesanteur) entre l'équateur et le pôle de cet astre. (Pour une planète, l'aplatissement est le rapport $(a-b)/a$ de la différence des rayons mesurés à l'équateur (a) et au pôle (b), au rayon à l'équateur.)

APLATISSEUR n. m. Machine servant à écraser les grains destinés à l'alimentation des animaux.

APLITE n. f. (gr. *aploos,* simple). Roche magmatique filonienne, à grain fin, hololeucocrate, généralement granitique ou syénitique.

APLOMB n. m. (de *à* et *plomb*). **1.** Direction perpendiculaire au plan de l'horizon. — **2.** Équilibre entre diverses tendances, différentes forces opposées : *La société n'avait pas retrouvé son* *aplomb.* — **3.** Confiance en soi que rien ne déconcerte : *Perdre son aplomb.* — **4.** *Péjor.* Audace, hardiesse effrontée ; toupet, culot : *Ne pas manquer d'aplomb.* — **5.** Stabilité contrôlée permettant à un danseur aussi bien le départ précis d'un mouvement que sa conclusion. — **6.** *D'aplomb,* perpendiculairement au plan horizontal, en position stable. ‖ *Remettre qqn d'aplomb,* le rétablir physiquement, moralement, financièrement. ‖ Fam. *Se sentir, être d'aplomb,* se sentir, être bien portant.

◆ **aplombs** n. m. pl. Direction des membres d'un animal pour que le corps soit supporté de la manière la plus solide et en même temps la plus favorable aux mouvements.

APLYSIE n. f. (gr. *aplusia,* éponge d'un jaune sale). Nom scientifique du *lièvre de mer,* gros mollusque marin sans coquille, limaciforme, aux tentacules buccaux charnus, et qui émet un liquide violet.

APNÉE n. f. (gr. *apnoia*). Arrêt plus ou moins prolongé et plus ou moins volontaire de la respiration.

APNEUMONE adj. (gr. *apneumôn,* sans souffle). Se dit de certains amphibiens urodèles, de certains arachnides, de certaines holothuries, dépourvus de poumons ou de branchies.

APNEUSTIQUE adj. (gr. *apneutos,* qui ne respire pas). **1.** Se dit des insectes dépourvus de trachée ou tout au moins de stigmates. — **2.** *Centre apneustique,* chez l'homme, centre bulbaire de l'inspiration.

APO *(mont),* volcan de l'île de Mindanao (Philippines) ; 2 954 m. Point culminant des Philippines, au cœur d'un parc national (776 km²).

APOASTRE n. m. Point de l'orbite d'un astre gravitant autour d'un autre où la distance des deux corps est maximale. (L'apoastre d'une orbite autour de la Terre [Lune, satellites artificiels] s'appelle *apogée,* celui d'une orbite autour du Soleil [planètes, comètes], *aphélie.*)

APOCALYPSE n. f. (lat. ecclés. *apocalypsis,* du gr. *apokalupsis,* révélation divine). **1.** Genre littéraire du judaïsme des IIe et Ier s. av. J.-C. et du christianisme primitif traitant sous une forme conventionnelle et symbolique de la destinée du monde et du peuple de Dieu. — **2.** Catastrophe effrayante qui évoque la fin du monde : *S'acheminer vers une apocalypse nucléaire.* — **3.** *Bête de l'Apocalypse,* monstre symbolique qui joue un grand rôle dans l'Apocalypse de saint Jean.

ENCYCL. Aux IIe et Ier s. av. J.-C. se développa dans le judaïsme, faisant suite au genre prophétique, une abondante littérature qui décrivait, sous une forme conventionnelle et mystérieuse pour les non-initiés, l'instauration du royaume messianique et la fin des temps : le livre biblique de Daniel, le livre d'Hénoch et quelques écrits de Qumrān, par ex. Le christianisme primitif a aussi produit des apocalypses, dont l'Apocalypse de saint Jean.

Apocalypse, de saint Jean, la seule apocalypse que l'Église ait insérée dans le canon des textes bibliques (Nouveau Testament). Rédigée vers la fin du règne de Domitien (81-96), c'est un ensemble de visions symboliques qui annonce aux chrétiens persécutés le triomphe du Christ sur les puissances du mal. La tradition attribue l'ouvrage à saint Jean, mais il n'est pas certain que l'apôtre en soit l'auteur.
— **Iconogr.** Certaines écoles de miniature du haut Moyen Âge ont illustré des apocalypses ; l'école espagnole, marquée d'influences arabes, a produit, avec le commentaire du moine Beato, celles de Gérone (975), de saint Isidore de León, de Silos (1109), etc. (→ BEATUS) ; dans la France du Sud-Ouest, la même tradition a produit l'*Apocalypse de Saint-Sever* (1028 ; B.N., Paris). Les chefs-d'œuvre sur ce thème sont, au XIVe s., la série des tapisseries d'Angers (→ *tenture de l'*APOCALYPSE) et, au XVe s., l'*Apocalypse* de Dürer, suite de 14 gravures sur bois (1498).

Apocalypse *(tenture de l'),* au château d'Angers, ensemble de tapisseries historiées (sept pièces totalisant 107 m de long et regroupant 69 scènes [plus de 80 à l'origine]), exécutées, à partir de 1374, par le tapissier parisien Nicolas Bataille, pour Louis Ier d'Anjou, sur des cartons de Jean de Bruges, peintre de Charles V.

APOCALYPTIQUE adj. (gr. ecclés. *apokaluptikos,* qui révèle). **1.** Relatif aux apocalypses en général, ou à l'Apocalypse de saint Jean. — **2.** Qui évoque la fin du monde ; épouvantable : *La guerre atomique serait apocalyptique.*

APOCHROMATIQUE [-krɔ-] adj. Se dit d'un objectif corrigé de l'aberration chromatique axiale pour au moins trois longueurs d'onde et de l'aberration sphérique pour deux longueurs d'onde.

APOCOPE n. f. (lat. *apocopa,* gr. *apokopê,* de *apokoptein,* retrancher). Chute d'un ou de plusieurs phonèmes à la fin du mot (par ex. *cinéma*[*tographe*], *métro*[*politain*]).

APOCOPÉ, E adj. Se dit d'un mot qui a subi une apocope.

APOCRINE adj. Se dit des glandes dont le produit de sécrétion suinte à travers le pôle sécréteur de chaque cellule, sans que les structures cellulaires soient détruites. (S'oppose à *mérocrine, holocrine.*)

APOCRISIAIRE n. m. (bas lat. *apocrisiarius,* du gr. *apokrisiarios,* légat). **1.** Dans l'Empire romain puis dans l'Empire byzantin, officier chargé de transmettre les rescrits de l'empereur. — **2.** Légat permanent du pape ou d'un patriarche auprès de l'empereur byzantin. — **3.** Sous les Carolingiens, titre parfois donné à l'archichapelain. — **4.** Trésorier d'un monastère.

APOCRITE n. m. (gr. *apokritos,* séparé). Hyménoptère dont l'abdomen est séparé du thorax par une striction nette. (Le sous-ordre des *apocrites* comprend la très grande majorité des hyménoptères.)

APOCRYPHE adj. et n. m. (lat. *aprocryphus,* du gr. *apokruphos,* secret). **1.** Se dit d'un texte qui n'est pas authentique ; faux : *Testament apocryphe.* — **2.** Se dit de tout écrit qui, se présentant comme un livre inspiré de Dieu, ne fait pas partie du canon biblique juif ou chrétien.

APOCYNACÉE n. f. (du gr. *apokunon,* n. d'une plante). Plante telle que la pervenche ou le laurier-rose, aux fleurs gamopétales, au suc vénéneux. (Les *apocynacées* forment une famille.)

APOCYTAIRE adj. Formé d'apocytes.

APOCYTE n. m. Cellule végétale allongée et à plusieurs noyaux. (Syn. ARTICLE.)

APODE adj. (gr. *apous, apodos,* sans pied). Se dit des espèces animales sans pattes, ou sans nageoires pelviennes, ou n'ayant que les pattes antérieures.

◆ n. m. Animal apode voisin d'espèces pédifères, tel que certaines holothuries, des poissons (anguille, murène), des amphibiens fouisseurs (cécilies).

APODÈME n. m. (gr. *apodêmia,* action de s'éloigner). Lame chitineuse interne au tégument des arthropodes, donnant insertion aux muscles.

APODICTIQUE adj. (lat. *apodicticus,* du gr. *apodeiktikos,* démonstratif, évident). Se dit d'un énoncé nécessaire, qui ne saurait être nié. (S'oppose à *assertorique* et à *catégorique.*)

APODIDÉ n. m. Oiseau aux pattes réduites tel que le martinet. (Syn. MICROPODIDÉ.)

APODIE n. f. Absence congénitale de pieds.

APODIFORME n. m. Oiseau très bon voilier, aux pattes réduites et incapable de marcher, tel que les martinets (apodidés) et les colibris (trochilidés). [Les *apodiformes* constituent un ordre.] (Syn. MICROPODIFORME.)

APODOSE n. f. (gr. *apodosis,* restitution). Proposition principale qui, placée après une subordonnée conditionnelle (dite *protase*), en indique la conséquence. (Ex. *Si j'insiste* [protase], *il viendra* [apodose].)

APOENZYME n. f. Fraction protéique de certaines enzymes, dépourvue d'activité enzymatique. (Pour constituer une enzyme active, l'apoenzyme doit être associée à une partie non protéique dite coenzyme.)

APOFERRITINE n. f. Protéine présente dans les cellules des muqueuses digestives et qui, avec le fer trivalent, forme la ferritine.

APOGAMIE n. f. Mode anormal de reproduction d'une plante, à partir d'une cellule non fécondée.

APOGAMIQUE adj. Qui résulte d'une apogamie.

APOGÉE n. m. (gr. *apogeion,* éloigné de la Terre). **1.** Point de l'orbite d'un corps céleste où la distance de ce corps à la Terre est maximale. (Contr. PÉRIGÉE.) — **2.** *(Être) à l'apogée de qqch, à son apogée,* au plus haut degré qu'on puisse atteindre : *Être à l'apogée de sa carrière.*

APOGONIDÉ n. m. Petit poisson des récifs, incubant ses œufs dans sa bouche, et dépourvu de barbillons. (Les *apogonidés* forment une famille.)

APOGRAPHE n. m. (gr. *apographon,* copie). En paléographie, manuscrit constituant la mise au net par un copiste de l'original d'un auteur.

APOLITIQUE adj. et n. Qui se place en dehors de la politique, qui ne s'occupe pas de politique.

APOLITISME n. m. Refus de tout engagement politique, à partir de motivations ou de justifications diverses.

APOLLINAIRE adj. (lat. *Apollinaris*). *Jeux apollinaires,* jeux institués à Rome lors de la deuxième guerre punique, en l'honneur d'Apollon.

APOLLINAIRE *(saint),* premier évêque de Ravenne († v. 200). Une très belle basilique lui est dédiée à Ravenne.

APOLLINAIRE de Laodicée, écrivain chrétien (Laodicée v. 310-v. 390), évêque de Laodicée de Syrie en 361. Ami de saint Athanase, il combattit l'arianisme. Sa doctrine sur l'Incarnation (apollinarisme) fut condamnée en 377 par le pape Damase.

APOLLINAIRE (Sidoine) → SIDOINE APOLLINAIRE.

APOLLINAIRE (Guillaume Apollinaire DE KOSTROWITZKY, dit **Guillaume**), écrivain français (Rome 1880-Paris 1918). Il collabora à *la Plume,* au *Mercure de France* et témoigna de toutes les découvertes et avant-gardes de son temps : l'art naïf (le Douanier Rousseau), l'art nègre, le fauvisme, le cubisme avec Braque et Picasso (*les Peintres cubistes,* 1913). Plus encore que ses contes, pleins de fantaisie et d'humour (*l'Enchanteur pourrissant,* 1909 ; *l'Hérésiarque et Cie,* 1910 ; *le Poète assassiné,* 1916), ses recueils poétiques, d'inspiration autobiographique et où le mystère est une constante (*le Bestiaire ou Cortège d'Orphée,* 1911 ; *Alcools,* 1913 ; *Calligrammes,* 1918), constituent une quête constante de la beauté et une tentative d'association immédiate entre l'image et son expression verbale. Porte-parole de la modernité et de la « surprise » (*l'Esprit nouveau et les poètes,* 1917), il annonça le surréalisme (*les Mamelles de Tirésias,* 1917).

APOLLINARISME n. m. Doctrine d'Apollinaire de Laodicée, qui refuse au Christ une âme humaine, la jugeant incompatible avec sa divinité.

APOLLINIEN, ENNE adj. **1.** Relatif à Apollon. — **2.** Chez Nietzsche, se dit d'un style ou d'une réalité qu'on peut rapporter à Apollon, qui symbolise, en opposition avec Dionysos, une attitude caractérisée par l'équilibre et la mesure.

APOLLINISME n. m. Selon Nietzsche, style qui met en valeur l'harmonie de la forme.

APOLLO, astéroïde découvert en 1932, perdu, puis retrouvé en 1973, prototype d'un groupe de petites planètes dont l'orbite coupe celle de la Terre. (Diamètre estimé 2 km).

Apollo, programme américain d'exploration de la Lune par des astronautes, décidé en 1961 et réalisé entre 1969 et 1972. C'est lors du vol Apollo 11 qu'eut lieu, le 20 juill. 1969, le premier atterrissage sur la Lune d'un vaisseau piloté, à bord duquel se trouvaient Neil Armstrong et Edwin Aldrin. Six vols, au total, comportèrent un atterrissage sur la Lune, permettant l'exploration de l'astre par 12 astronautes. En juill. 1975 eut lieu un rendez-vous spatial entre une cabine Apollo et un vaisseau soviétique Soïouz.

APOLLODORE de Damas, dit **le Damascène,** architecte d'origine syrienne, qui travailla à Rome au IIe s. apr. J.-C. : forum de Trajan et basilique Ulpienne. Il est aussi l'auteur d'un ouvrage sur les machines de guerre.

1. APOLLON n. m. (de *Apollon,* n. pr.). *Fam.* Homme d'une beauté idéale.

2. APOLLON n. m. (de *Apollon,* n. pr.). Papillon des montagnes d'Europe et d'Asie, très rare, aux ailes en partie transparentes.

APOLLON, dieu qui parcourait quotidiennement le ciel sur son char, le plus beau des dieux. Fils de Zeus et de Léto, frère d'Artémis, il est né à Délos ; à son retour du pays des Hyperboréens, il s'établit à Delphes, tua le monstre Python et prit possession de l'oracle de Delphes. Personnalité multiple, Apollon rassemble plusieurs divinités. Dans son sanctuaire de Delphes, il inspirait la pythie, dont les oracles faisaient courir les foules. Dieu de la Musique et de la Poésie, Apollon conduisait lui-même le chœur des Muses *(Musagète)* en jouant de la lyre. Les Romains l'ont souvent appelé *Phoebus.*
— **Bx-arts.** Apollon est le dieu éphèbe par excellence, normalement représenté nu, sauf lorsqu'il tient la lyre ou la cithare. L'époque archaïque nous le montre souvent tenant l'arc (*Apollon du Pirée,* musée nat. d'Athènes). Puis c'est le dieu lumineux et purificateur qui inspira surtout les artistes des Ve et IVe s. av. J.-C., dont les œuvres ne nous sont connues que par des copies antiques. Citons l'*Apollon Sauroctone* (copie d'un original de Praxitèle, Louvre), l'*Apollon de Kassel* (copie d'un original attribué à Phidias, musée de Kassel), l'*Apollon du Belvédère* (Vatican), qui passera, à la Renaissance, pour le modèle de la beauté masculine.
À partir de cette époque, les thèmes apolliniens seront souvent traités en peinture (Raphaël ; les Bolonais Annibal Carrache, le Dominiquin, G. Reni ; Delacroix à la galerie d'Apollon du Louvre). À Versailles, les représentations d'Apollon sont un élément du mythe solaire (groupes sculptés de Girardon et Regnaudin, de Tubi ; *Char d'Apollon,* de Ch. de La Fosse).

Apollon Musagète, ballet en deux tableaux de I. Stravinski (argum. et mus.), chorégr. de G. Balanchine, créé à Paris en 1928 par les Ballets russes.

APOLLONIA, nom donné, en l'honneur d'Apollon, à plusieurs villes de l'Antiquité, dont **Apollonia** *d'Illyrie,* à l'embouchure de l'Aoos, qui fut un centre intellectuel et commercial à l'époque hellénistique.

APOLLONIOS de Rhodes, poète et grammairien alexandrin (Alexandrie v. 295-v. 230 av. J.-C.). Élève de Callimaque, il est l'auteur de l'épopée *les Argonautiques*.*

APOLLONIOS ou **APOLLONIUS de Perga,** mathématicien et astronome grec (fin du IIIe s.-début du IIe s. av. J.-C.), lié à l'école d'Alexandrie*, auteur d'un ouvrage sur les coniques, qu'il considère comme sections planes d'un cône circulaire.

APOLLONIOS de Tyane, philosophe néopythagoricien (Tyane, Cappadoce-Éphèse 97), propagateur des doctrines de Pythagore, fondateur à Éphèse d'une école pythagoricienne.

APOLOGÉTIQUE adj. (du gr. *apologêtikos*). **1.** Qui contient une apologie. — **2.** Relatif à l'apologétique.
◆ n. f. Partie de la théologie qui a pour objet de démontrer la crédibilité rationnelle et historique du dogme. (Depuis Vatican II, l'apologétique s'inscrit dans une perspective plus irénique et constructive.)

APOLOGIE n. f. (gr. *apologia,* défense). **1.** Éloge ou justification de qqn, de qqch, présentés dans un écrit, un discours ; cet écrit ou ce discours : *Cet article est une apologie de la violence.* — **2.** Discours ou écrit glorifiant un acte expressément réprimé par la loi pénale et qui constitue un délit de presse.

Apologie de Socrate, dialogue de Platon : autodéfense fictive de Socrate devant ses juges. — Récit, par Xénophon, du procès et de la mort de Socrate.

APOLOGISTE n. **1.** Personne qui fait l'apologie de qqn, de qqch. — **2.** Nom donné à un certain nombre d'écrivains chrétiens qui ont écrit, à partir du IIe s., des apologies de la foi chrétienne contre ses détracteurs juifs et païens.

APOLOGUE n. m. (lat. *apologus,* du gr. *apologos,* récit). Court récit en prose ou en vers, dont on tire une instruction morale.

APOMÉIOSE n. f. L'une des modalités de l'aposporie.

APOMIXIE n. f. Reproduction végétale sans méiose ni fécondation, mais ayant pour origine des cellules de l'appareil reproducteur. (L'apomixie inclut l'apogamie, l'aposporie et la parthénogenèse.)

APOMORPHINE n. f. Produit résultant de la déshydratation de la morphine, et utilisé dans les cas d'empoisonnement pour son action vomitive puissante. (Syn. DÉHYDROMORPHINE.)

APONÉVROSE n. f. (gr. *aponeurôsis,* durcissement en tendon). Membrane résistante et inextensible formée de fibres conjonctives qui enveloppe un muscle ou qui sert de moyen d'insertion à un muscle.

APONÉVROTIQUE adj. Relatif aux aponévroses.

APONOGÉTON n. m. (gr. *aponos,* mou, et *geitôn,* voisin). Plante aquatique ornementale, originaire d'Australie et d'Afrique du Sud.

APOPHANTIQUE n. f. (gr. *apophantikos,* qui affirme). Partie de la logique qui concerne le jugement.

APOPHATIQUE adj. (gr. *apophatikos,* négatif). Se dit d'une théologie qui approche de la connaissance de Dieu en partant de ce qu'il n'est pas plutôt que de ce qu'il est. (Syn. THÉOLOGIE NÉGATIVE.)

APOPHONIE n. f. Syn. de ALTERNANCE* VOCALIQUE.

APOPHTEGME n. m. (gr. *apophthegma*). Parole, sentence mémorable, exprimée de façon concise et claire ; aphorisme, maxime.

APOPHYLLITE n. f. Silicate fluoré hydraté de calcium et de potassium.

APOPHYSAIRE adj. Relatif aux apophyses.

APOPHYSE n. f. (lat. *apophysis,* du gr. *apophusis,* rejeton). **1.** Saillie osseuse qui peut supporter une surface articulaire *(apophyse articulaire)* ou donner insertion à un muscle ou à un tendon. — **2.** Prolongement sommital d'un massif de roches éruptives.

APOPHYSITE n. f. Ostéite limitée à une apophyse osseuse.

APOPI, nom porté par trois chefs hyksos des XVe et XVIe dynasties égyptiennes (1700-1600 av. J.-C.).

APOPLECTIQUE adj. (lat. *apoplecticus,* du gr. *apoplêktikos*). Relatif à l'apoplexie.

APOPLEXIE n. f. (lat. *apoplexia,* du gr. *apoplêksia,* de *apoplêttein,* renverser). **1.** Foyer de nécrose tissulaire hémorragique ne s'accompagnant d'aucune oblitération artérielle ou veineuse. (Le trouble initial est purement vasomoteur.) [Syn. ICTUS APOPLECTIQUE.] — **2.** Dépérissement très rapide d'une plante. — **3.** Perte de connaissance brutale avec suspension de la motilité volontaire et de la sensibilité et conservation des fonctions végétatives. (Syn. ATTAQUE.) — **4.** *Apoplexie utéro-placentaire,* décollement du placenta associé à un infarctus utérin pouvant diffuser à l'ensemble du petit bassin.

APORÉPRESSEUR n. m. Substance protéique synthétisée par le gène régulateur qui, combinée à un corépresseur, agit sur le gène opérateur pour bloquer le fonctionnement de l'opéron.

APORÉTIQUE adj. (gr. *aporêtikos,* de *aporeîn,* être embarrassé). Relatif à l'aporie.

APORIA n. f. (gr. *aporos,* embarrassant). Grande piéride blanche aux nervures noires, dont la chenille vit en société sur l'aubépine et le cerisier.

APORIE n. f. (gr. *aporia,* embarras, difficulté). Contradiction insoluble qui apparaît dans un raisonnement.

APORTIONNEMENT n. m. Donation faite par l'auteur adultère, de son vivant, à l'enfant adultérin, en règlement anticipé de ses droits successoraux.

APOSÉLÈNE n. m. (gr. *apo,* loin de et *selênê,* lune). Point de l'orbite d'un corps céleste où la distance de ce corps à la Lune est maximale.

APOSÉMATIQUE adj. (gr. *sêma, -atos,* signe distinctif). Se dit de la livrée très voyante d'insectes toxiques ou immangeables.

APOSIOPÈSE n. f. (gr. *aposiôpêsis,* réticence). Interruption d'une phrase par un silence brusque suivi d'une anacoluthe.

APOSPORIE n. f. Développement d'un individu végétal à partir d'une spore restée diploïde. (L'aposporie proprement dite fournit un gamétophyte diploïde, donc anormal, et l'apoméiose fournit un sporophyte normal.)

APOSTASIE n. f. (bas. lat. *apostasia,* du gr. *apostasia,* abandon). **1.** Abandon volontaire et public d'une religion, en partic. de la foi chrétienne. — **2.** Pour un prêtre ou un religieux, abandon de l'état sacerdotal ou de la vie religieuse sans avoir obtenu les dispenses canoniques. — **3.** Renonciation publique à une doctrine, à un parti.

APOSTASIER v. t. (conj. 9). **1.** Faire acte d'apostasie. — **2.** Abandonner une doctrine, un parti.

APOSTAT n. m. (lat. ecclés. *apostata,* du gr. *apostatês,* rebelle, traître). **1.** Personne qui fait acte d'apostasie. — **2.** Personne qui abandonne une doctrine, une opinion, un parti. — **3.** *L'Apostat,* surnom de l'empereur Julien.

APOSTER v. t. (de *poste 1*) [conj. 3]. *Litt.* Placer qqn en un lieu pour observer, guetter, exécuter un mauvais coup, etc.

A POSTERIORI adv. et adj. inv. (lat. médiév. *a posteriori,* en partant de ce qui vient après). En s'appuyant sur l'expérience, sur les faits constatés (par oppos. à *a priori*) : *Raisonner a posteriori.*

APOSTÉRIORISME n. m. **1.** Méthode de raisonnement a posteriori. — **2.** Doctrine considérant telle ou telle notion comme acquise a posteriori.

APOSTÉRIORISTE adj. et n. Qui raisonne a posteriori.

APOSTÉRIORITÉ n. f. Caractère de ce qui est a posteriori.

APOSTILLE n. f. Addition ou modification portée en marge ou au bas d'un acte.

APOSTILLER v. t. (anc. fr. *postille,* glose, explication, du bas lat. *postilla,* de *post illa,* après ces choses) [conj. 3]. Mettre une apostille en marge ou au bas d'un acte.

APOSTOLAT n. m. (lat. ecclés. *apostolatus,* de *apostolus,* apôtre). **1.** Mission d'un apôtre ou des apôtres. — **2.** Activité en vue de la diffusion de la foi chrétienne. — **3.** Activité désintéressée impliquant du dévouement et de l'abnégation : *La médecine était pour lui un apostolat.*

APOSTOLICITÉ n. f. **1.** Qualité de ce qui est apostolique. (C'est la marque de l'Église, qui se relie aux apôtres par une suite ininterrompue de pasteurs légitimes.) — **2.** Tendance, dans l'Antiquité chrétienne, surtout en Occident, à faire attribuer la fondation d'une Église particulière à un apôtre ou à un disciple immédiat d'un apôtre du Christ.

APOSTOLIQUE adj. (lat. ecclés. *apostolicus,* du gr. *apostolikos,* de *apostolos,* envoyé de Dieu). **1.** Qui vient, qui procède directement des apôtres. — **2.** Qui concerne la propagation de la foi chrétienne. — **3.** Qui concerne le Saint-Siège, qui en émane. — **4.** *Bénédiction apostolique,* bénédiction donnée par le pape. ‖ *Chambre apostolique,* un des six offices de la curie romaine, chargée d'administrer les biens du Saint-Siège. ‖ *Constitutions apostoliques,* ancien recueil touchant la discipline et les cérémonies de l'Église. (Elles donnent d'importants renseignements sur la discipline et la liturgie de la fin du IVe s.) ‖ *Délégué apostolique,* représentant du Saint-Siège, sans caractère diplomatique. ‖ *Lettres apostoliques,* documents émanés de l'autorité des papes. (On distingue les bulles, les brefs, les motu proprio et les signatures de la Cour de Rome.)

APOSTOLIQUEMENT adv. De façon apostolique.

1. APOSTROPHE n. f. (gr. *apostrophê,* action de se détourner). **1.** Interpellation brusque et peu courtoise adressée à qqn : *Lancer une apostrophe.* — **2.** Fonction grammaticale du mot qui désigne l'être à qui on s'adresse (ex. « Jean » dans *Jean, viens ici !*). — **3.** Figure par laquelle on désigne un être (personne, animal, objet personnifié) comme destinataire d'un message linguistique. (Ex. *Ô rage ! ô désespoir ! ô vieillesse ennemie !* [Corneille].)

2. APOSTROPHE n. f. (bas lat. *apostrophus,* du gr. *apostrophos,* signe courbé, retourné). Signe graphique (') servant à indiquer l'élision d'une voyelle (en français de « a » [*l'amie*], de « e » [*j'avais*], de « i » [*s'il vient*] ou de « u » [*t'as vu ?*]).

APOSTROPHER v. t. (conj. 3). S'adresser brutalement et impoliment à qqn : *Apostropher un passant.*

APOTHÉCIE n. f. Appareil reproducteur, en forme de disque ou de coupe largement ouverte, de certains champignons ascomycètes, notamment des lichens.

APOTHÈME n. f. (gr. *apothesis,* action de déposer, avec infl. du gr. *upothema,* base). **1.** Segment ayant pour extrémités le centre d'un polygone régulier et un point de contact de ce dernier avec son cercle inscrit. — **2.** Segment ayant pour extrémités le sommet S d'une pyramide régulière et le pied de la perpendiculaire abaissée de S sur un côté du polygone de base. — **3.** Longueur de ces deux segments.

APOTHÉOSE n. f. (lat. *apotheosis,* du gr. *apotheôsis,* action d'élever au rang des dieux). **1.** En Grèce ancienne et à Rome, admission d'un mortel parmi les dieux ; à Rome, divinisation d'un empereur. — **2.** Dernière partie, la plus brillante, d'une action, d'une manifestation sportive, artistique, etc. : *Ce film a été l'apothéose du festival.* — **3.** Fin, très brillante, d'une pièce à grand spectacle (féerie, revue, ballet, etc.), à laquelle participe toute la troupe.

APOTHICAIRE n. m. (bas lat. *apothecarius,* boutiquier, du lat. class. *apotheca,* du gr. *apothêkê,* magasin). **1.** Sous l'Ancien Régime, préparateur, détenteur et distributeur des drogues utiles à la santé. — **2.** Fam. *Compte d'apothicaire,* compte d'une grande complexité, peu clair et de caractère suspect, ou compte fortement majoré.

APOTHICAIRERIE n. f. Local où l'apothicaire exerçait sa profession.

APOTHICAIRESSE n. f. Religieuse qui avait la direction d'une apothicairerie d'hôpital.

APÔTRE n. m. (bas. lat. *apostolus,* du gr. *apostolos,* envoyé de Dieu). **1.** Nom qui désigne dans les premiers temps de l'Église soit les douze disciples choisis par Jésus (Simon Pierre, André, Jacques fils de Zébédée, Jean, Philippe, Barthélemy, Thomas, Matthieu, Jacques fils d'Alphée, Thaddée, Simon le Zélote et Judas l'Iscariote), soit les premiers messagers de l'Évangile appelés par vocation particulière (ainsi Paul, Matthias, Barnabé). — **2.** Nom de ceux qui ont, les premiers, porté l'Évangile dans une ville ou dans un pays. — **3.** *L'Apôtre des gentils,* saint Paul. ‖ *Faire le bon apôtre,* affecter une franchise et une probité qu'on n'a pas. ‖ *Les Princes des apôtres,* saint Pierre et saint Paul.
◆ n. Personne qui se met au service d'une cause, d'une idée, d'une doctrine : *Une apôtre du pacifisme.*

Apôtres *(Actes des)* → ACTES DES APÔTRES.

APOTROPAÏQUE adj. (gr. *apotropaios,* qui détourne les maux). Se dit d'un objet, d'une formule servant à détourner vers qqn d'autre les influences maléfiques.

APPAIRAGE n. m. **1.** Action d'appairer. — **2.** Activité des bureaux de fret qui rapprochent les offres et les demandes de transport terrestre.

APPAIRER v. t. (de *paire*) [conj. **4**]. **1.** Réunir, par paires, des articles chaussants de même pointure ou des pièces destinées à être assemblées en confection en vue de leur conditionnement commercial. — **2.** Assortir ou réunir des pièces qui doivent fonctionner par couple.

APPAIREUSE n. f. Ouvrière chargée de faire l'appairage en bonneterie.

APPALACHES, chaîne de montagnes des États-Unis, qui s'étend de la dépression Hudson-Mohawk aux plaines de l'Alabama méridional. Cette chaîne appartient au système appalachien, qui inclut son prolongement vers le N.-E. jusqu'à Terre-Neuve comprise. Les Appalaches se divisent en quatre régions : 1° au S.-E., le plateau du Piedmont ; 2° au N.-O. du Piedmont, le Blue Ridge porte les plus hauts sommets (2 037 m au mont Mitchell) ; 3° à cette région succède celle des crêtes et vallées ; c'est le relief appalachien typique avec des crêtes coupées de cluses ; 4° une dénivellation, l'*Allegheny Front,* marque le rebord des plateaux calcaires inclinés vers l'Ohio ou les Grands Lacs inférieurs. Région souvent boisée et encore localement domaine d'une polyculture médiocre, les Appalaches constituent surtout le premier bassin houiller américain.

Appalachian Spring, « modern dance work » en un acte, chorégr. de Martha Graham, mus. d'Aaron Copland, créé à Washington, en 1944, par la Martha Graham Dance Company.

APPALACHIEN, ENNE adj. **1.** Des Appalaches. — **2.** Se dit de la phase tectonique hercynienne infrapermienne (datant d'env. 250 millions d'années), définie dans les Appalaches. — **3.** *Relief appalachien,* relief résultant d'une reprise d'érosion dans une structure plissée aplanie et caractérisé par l'alternance de crêtes d'altitude voisine, armées de roches dures, et de sillons parallèles évidés dans des bandes de roches de moindre résistance.

APPAMÉEN, ENNE adj. et n. (de *castrum Appamiae*). De Pamiers.

APPARAÎTRE v. i. (bas lat. **apparescere,* lat. class. *apparere*) [conj. **91** ; auxil. *être*]. **1.** Se manifester en tel lieu, à tel moment, commencer à être : *Quand l'homme est-il apparu sur Terre ? De nouveaux problèmes apparaissent tous les jours.* — **2.** Devenir visible, se montrer soudain qqpart : *Les sommets commencent à apparaître à travers les nuages.* — **3.** Se matérialiser et devenir visible à qqn : *Elle dit que la Vierge lui est apparue.* — **4.** Devenir évident, se faire jour, se manifester à l'esprit de qqn : *Il m'apparaît que vous vous êtes trompé.* — **5.** Se présenter (à qqn) sous tel ou tel aspect : *Cette explication apparaissait simpliste.*

APPARAT n. m. (lat. *apparatus,* préparatifs). **1.** Éclat particulier dans la tenue et le maintien de qqn ou dans le décor d'une cérémonie. — **2.** *Apparat critique,* ensemble des variantes et des notes accompagnant l'édition scientifique d'un texte, en partic. littéraire.

APPARATCHIK n. m. (mot russe). **1.** Ancienn., membre salarié à temps plein du parti communiste de l'U.R.S.S. ou d'une démocratie populaire. — **2.** *Péjor.* Membre de l'appareil d'un parti, d'un syndicat.

APPARAUX n. m. pl. (anc. pl. de *appareil*). Matériel d'équipement de navire permettant d'assurer des manœuvres de mouillage, d'amarrage, de remorquage, de levage ou de pêche.

APPAREIL n. m. (de *appareiller*). **1.** Objet, machine, dispositif électrique, électronique, mécanique, etc., formés d'un assemblage de pièces destinées à fonctionner ensemble. — **2.** Avion : *L'appareil s'est posé au sol.* — **3.** Ensemble d'organes concourant à une fonction : *Appareil digestif, urinaire.* — **4.** Ensemble des organes directeurs, administratifs, etc., d'un parti, d'un syndicat, d'une institution, etc. ; ensemble des responsables d'une organisation : *L'appareil administratif de l'État. C'est un homme de l'appareil.* — **5.** *Appareil (dentaire),* appareil de prothèse dentaire ; dentier. ‖ *Appareil ménager,* tout dispositif utilisé pour le traitement des aliments ou pour l'entretien domestique. ‖ *Appareil (photographique),* instrument destiné à la prise de vues photographiques. ‖ *Appareil (téléphonique),* poste de téléphone. ‖ *Dans le plus simple appareil,* nu. ‖ *L'appareil des lois,* l'ensemble des dispositions qu'elles contiennent. • **Archit.** et **Bât.** Taille et disposition des pierres ou des briques d'une construction. (Dans les appareils de pierre formant des assises régulières, on distingue le *grand,* le *moyen* et le *petit appareil,* selon que la hauteur visible des blocs mis en œuvre est respectivement de plus de 35 cm, de 35 à 20 cm et de moins de 20 cm.) [→ *encycl.*] — **Chir.** Dispositif permettant d'immobiliser et de traiter une fracture, de mobiliser une articulation, de remédier à une difformité, de remplacer certains membres. — **Cuis.** Préparation de base constituée des ingrédients permanents d'un type de plat donné. — **Géol.** Ensemble de roches qui résulte d'une dynamique commune (*appareil plutonique, volcanique, sédimentaire,* etc.). [Syn. ÉDIFICE, COMPLEXE.] — **Mar.** *Appareil à gouverner,* ensemble des dispositifs de liaison entre la barre et la mèche de gouvernail. — **Philos.** *Appareil idéologique d'État,* selon certains marxistes, ensemble d'institutions publiques et privées par lesquelles la bourgeoisie maintient son hégémonie idéologique dans la formation sociale de type capitaliste. (Les *appareils idéologiques d'État,* dont Louis Althusser a émis la théorie, sont notamm. l'école, l'Église, la justice, toutes institutions susceptibles d'aider l'État comme superstructure d'oppression et de reproduction de la dictature d'une classe sur les autres.) — **Psychan.** *Appareil psychique,* modèle proposé par S. Freud pour rendre compte du fonctionnement psychique en déterminant la fonction des systèmes (instances) qui le constituent. — **Sports.** En gymnastique, syn. de AGRÈS.

ENCYCL. **Archit.** et **Bât.** La Grèce a d'abord connu les *appareils cyclopéens* (énormes blocs sommairement rectifiés, aux interstices garnis de pierraille) et *polygonaux* (aux joints vifs, droits ou courbes, bien ajustés). Puis sont venus les appareils faits de blocs à face quadrangulaire posés à sec et cramponnés de métal, réglés en hauteur et en largeur *(appareil isodome)* ou en largeur *(pseudisodome)* ; l'*emplecton* est un appareil fourré (à garniture intérieure de blocage). Chez les Romains, l'appareil monumental régulier en pierre de taille, ou *opus quadratum,* a été utilisé à toutes les époques. Au début du IIe s. av. J.-C., l'utilisation du blocage lié avec du ciment transforme l'appareil en un simple parement cachant le cœur du mur, en concrétion. Ce parement est fait d'abord de moellons irréguliers *(opus incertum),* puis de moellons posés de manière à créer un réseau de lignes obliques entrecroisées *(opus pseudo-reticulatum* puis *reticulatum).* Sous Auguste apparaît le parement régulier en brique, qui, associé au Ier s. au reticulatum, donne l'*opus mixtum,* dont l'usage devient prépondérant. Le Moyen Âge européen a repris les appareils romains, puis a développé, pour les besoins de la construction gothique, un art remarquable de

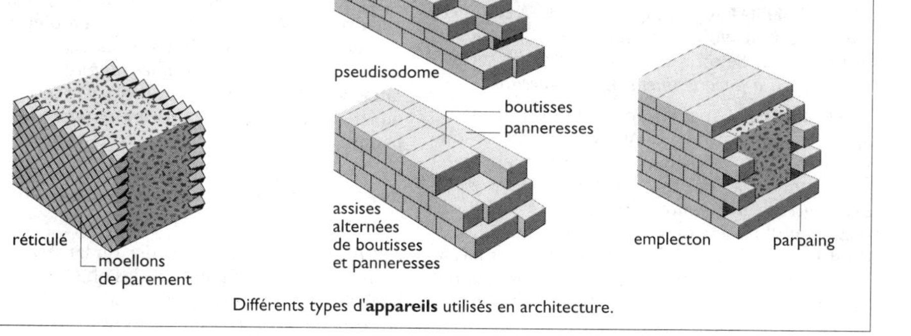

Différents types d'**appareils** utilisés en architecture.

la stéréotomie. Cet art s'est maintenu en France notamment, du XVIe au XIXe s.

APPAREILLABLE adj. Qui peut être appareillé.

1. APPAREILLAGE n. m. 1. Ensemble des objets et des appareils techniques de petit volume comportant indistinctement des systèmes mécaniques, électriques, électroniques, magnétiques, fluidiques, optiques et autres. — 2. Secteur de l'industrie correspondante.

2. APPAREILLAGE n. m. 1. Projet et exécution d'un appareil d'architecture. — 2. Syn. de PROTHÈSE.

3. APPAREILLAGE n. m. Ensemble des préparations et manœuvres d'un navire pour quitter un port.

APPAREILLEMENT n. m. 1. Action d'appareiller des objets. — 2. Action d'appareiller des animaux de trait.

1. APPAREILLER v. t. (bas lat. **appariculare*, du lat. class. *apparare,* préparer) [conj. 4]. 1. Donner les dessins et les mesures nécessaires à la taille des pierres d'un appareil ; projeter ou réaliser l'appareillage d'une façade, d'un pavage, etc. — 2. Placer une prothèse sur qqn.

2. APPAREILLER v. i. (de *appareiller 1*) [conj. 4]. Pour un navire, quitter le port, prendre la mer.

3. APPAREILLER v. t. (de *pareil*) [conj. 4]. 1. Unir qqch à qqch de pareil, des choses pareilles ; assortir : *Appareiller des vases.* — 2. Réunir des animaux de trait d'après leur taille, leur force, pour les faire travailler ensemble.
◆ **s'appareiller** v. pr., **être appareillé** v. pass. 1. Ressembler à qqch, être en harmonie : *Tentures appareillées au mobilier.* — 2. S'accoupler, en parlant des animaux.

APPAREILLEUR n. m. 1. Ouvrier chargé de tracer ou de mettre en œuvre l'appareillage d'une maçonnerie, d'un pavage, etc. — 2. Auxiliaire médical chargé de la mise en place des prothèses.

APPAREIL(-)PHOTO n. m. (pl. *appareils (-) photos*). Syn. de APPAREIL* PHOTOGRAPHIQUE.

APPAREMMENT adv. (de *apparent*). 1. À en juger par ce qu'on voit : *Apparemment, il semble satisfait.* — 2. Selon toute vraisemblance, certainement : *Il a apparemment de gros revenus.*

APPARENCE n. f. (bas lat. *apparentia,* du lat. class. *apparere,* apparaître). 1. Aspect, conforme ou non à la réalité, sous lequel qqch, qqn apparaît à la vue ou à l'esprit : *Une maison de belle apparence. Un enfant d'apparence chétive.* — 2. État d'un acte ou d'une situation juridique dont les caractéristiques ne correspondent pas à sa véritable nature, mais qui permet parfois de créer une situation juridique valable. — 3. Ce qui apparaît à la surface des choses, par oppos. à ce qui est en profondeur, essentiellement. — 4. *En apparence,* extérieurement, à en juger d'après ce qu'on voit. ‖ *Sauver, ménager les apparences,* ne rien laisser paraître qui puisse nuire à la réputation ou blesser les bienséances.

APPARENT, E adj. (lat. *apparens,* apparaissant). 1. Qui est clairement perceptible à la vue ou à l'esprit ; visible, évident : *Des traces de pas très apparentes. Il a changé d'avis sans raison apparente.* — 2. Dont l'aspect ne correspond pas à la réalité : *Un phénomène très complexe sous son apparente simplicité.* — 3. Dans une situation juridique d'apparence. — 4. Se dit d'un paramètre physique (diamètre, éclat, magnitude...) ou cinématique (vitesse, trajectoire...) d'un astre tel qu'il est perçu ou observé. — 5. *Diamètre apparent d'un objet,* angle sous lequel est vu cet objet. ‖ *Puissance apparente,* en courant alternatif, produit (exprimé en voltampères) de la valeur efficace U de la tension par celle I, du courant. ‖ *Variable apparente,* syn. de VARIABLE LIÉE*.

APPARENTEMENT n. m. 1. Fait de s'apparenter à qqn, à qqch : *Son apparentement à la bourgeoisie.* — 2. Attachement d'un élu à un groupe parlementaire, plus souple que l'adhésion, notamment en ce qui concerne la discipline de vote. — 3. Dans une élection à la proportionnelle, possibilité offerte aux listes en présence de s'associer pour le décompte des voix. (L'apparentement fut pratiqué en France pour les élections législatives de 1951 et 1956.) — 4. *Apparentement biologique,* situation de deux individus quand, parmi les ascendants de l'un, figurent un ou plusieurs ascendants de l'autre, ou l'autre lui-même.

APPARENTER v. t. (de *parent*) [conj. 3]. 1. Établir des liens de parenté entre qqn et qqn ou un groupe social : *Ce mariage l'apparente à une très ancienne famille.* — 2. Faire ressembler qqn, qqch à qqn ou qqch, faire appartenir des êtres ou des choses à une même catégorie : *Des caractères qui apparentent deux espèces minérales.*
◆ **s'apparenter** v. pr., **être apparenté** v. pass. 1. Être allié à un groupe social : *Être apparenté à une dynastie d'industriels.* — 2. Ressembler, pouvoir être assimilé à qqch, à une catégorie : *Cette séparation s'apparente à une rupture.* — 3. Se rattacher à un groupe politique par ses opinions ou être lié à lui sur le plan parlementaire. — 4. En parlant de deux listes, de deux partis, être liés par un accord d'apparentement.

APPARIEMENT n. m. Action d'apparier ; état de ce qui est apparié, assorti.

APPARIER v. t. (anc. fr. *apairier,* du lat. *appariare*) [conj. 9]. 1. Mettre par paire des objets : *Apparier des gants.* — 2. Joindre des choses, des êtres qui se conviennent, sont en harmonie ; assortir.

◆ **être apparié** v. pass. **1.** Aller (bien, mal) ensemble, en parlant des éléments d'un couple : *Deux êtres bien appariés.* — **2.** Se dit de deux électrons ne différant que par leur état de spin mais dont le spin total est nul.

◆ **s'apparier** v. pr. Se réunir en couples reproducteurs, notamment en parlant des oiseaux.

APPARITEUR n. m. (lat. *apparitor,* huissier attaché au service d'un magistrat). **1.** Autref., en France, huissier des cours ecclésiastiques. — **2.** Préparateur de laboratoire. — **3.** Employé attaché à une université comme huissier ou chargé d'assurer différents services auprès des enseignants.

APPARITION n. f. (lat. *apparitio*). **1.** Action d'apparaître, de commencer à être, de se manifester, de devenir visible : *L'apparition de l'homme sur la Terre. L'apparition de nouveaux troubles chez un malade.* — **2.** Manifestation visible de qqch, de qqn (de surnaturel surtout) : *L'apparition s'évanouit dès qu'on s'en approcha.* — **3.** Fait pour qqn d'arriver de manière inattendue, imprévisible chez qqn, dans un groupe : *Chacune de ses apparitions au bureau nous surprenait.* — **4.** *Faire son apparition,* apparaître, se manifester soudainement ou pour la première fois. ‖ *(Ne) faire (qu')une apparition (qqpart),* rendre une courte visite à qqn, rester un bref moment dans un lieu.

APPARTEMENT n. m. (ital. *appartamento,* de l'esp. *apartamiento,* lieu écarté, habitation). **1.** Partie d'un immeuble comportant plusieurs pièces qui forment un ensemble destiné à l'habitation. — **2.** *Appartement témoin* ou *modèle,* appartement fini et décoré dans un immeuble neuf en cours de construction, que l'on fait visiter aux futurs acquéreurs. ‖ *Appartement thérapeutique,* dans le cadre des alternatives à l'hospitalisation, structure d'hébergement conçue pour un petit groupe de personnes malades, handicapées (vieillards) ou souffrant de désinsertion sociale (toxicomanes, jeunes délinquants).

APPARTENANCE n. f. **1.** Fait d'appartenir à un groupe, à un ensemble : *L'appartenance à un parti.* — **2.** En logique, rapport de l'individu à la classe dont il fait partie. — **3.** *Groupe d'appartenance,* groupe social dont l'individu fait partie par son milieu. (S'oppose à *groupe de référence.*) ‖ *Relation d'appartenance,* relation binaire, notée « $\in$ », telle que l'entité représentée par le symbole à gauche du « $\in$ » soit élément de l'entité représentée par le symbole de droite.

◆ **appartenances** n. f. pl. Dépendances d'un domaine (hangars, cours, etc.).

APPARTENIR v. t. ind. (bas lat. *appartinere,* être attenant, de *pertinere,* se rapporter à) [conj. **40**]. **1.** Être la propriété de qqn, son bien, soit de fait, soit de droit : *Cette maison appartient à un industriel.* — **2.** Être à la disposition de qqn, dépendre de lui, se prêter à une quelconque activité de sa part : *L'avenir appartient aux audacieux.* — **3.** Se donner à qqn d'autre par amour. — **4.** Être le propre de qqn, lui revenir, relever de lui : *Il lui appartient de décider, de juger.* — **5.** Faire partie d'un groupe, d'un ensemble, d'une classe, en être un élément : *Appartenir à une famille d'ouvriers.* — **6.** *Ainsi qu'il appartiendra,* selon ce qui sera convenable. (On dit dans le même sens : *Ce qu'il appartiendra.*) ‖ *À tous ceux qu'il appartiendra,* à tous ceux qui auront droit, devoir ou intérêt à en prendre connaissance. ‖ *Aux dépens de qui il appartiendra,* aux dépens de ceux qui seront désignés à cet effet.

◆ **s'appartenir** v. pr. *Ne plus s'appartenir,* ne plus être libre de ses actions, être dans un état de grande dépendance.

APPAS n. m. pl. (pl. anc. de *appât*). *Litt.* Charmes extérieurs d'une femme et, en partic., les seins.

Appassionata *(l'),* titre donné par l'éditeur Cranz à la sonate pour piano op. 57 de Beethoven (composée en 1804-1806).

APPASSIONATO adv. (ital. *appassionato,* de *passione,* passion). Terme d'interprétation musicale indiquant que le morceau ou la phrase doit prendre un caractère passionné.

APPÂT n. m. (de *appâter*). **1.** Produit qui sert pour attirer le gibier, le poisson, et qui se fixe sur le piège même, sur l'hameçon. — **2.** Ce qui attire, excite la cupidité, le désir ; attrait : *L'appât du gain, d'une récompense.*

APPÂTER v. t. (anc. fr. *past,* nourriture, du lat. *pastus,* nourriture, de *pascere,* nourrir) [conj. **3**]. **1.** Attirer, allécher un animal avec un appât : *Appâter des poissons.* — **2.** Garnir d'un appât un piège, une ligne. — **3.** Attirer, séduire qqn par l'espoir d'un avantage : *Appâter quelqu'un par de belles promesses.* — **4.** Mettre la nourriture dans le bec des petits oiseaux ; faire manger de force aux volailles une pâtée destinée à les engraisser rapidement.

APPAUVRIR v. t. (conj. **32**). **1.** Rendre (plus) pauvre qqn, une collectivité, réduire ses ressources : *Cette politique appauvrit les épargnants.* — **2.** Priver qqch d'une partie de ses réserves, de sa capacité de production ou de renouvellement : *Un régime qui appauvrit l'organisme.* — **3.** Priver d'une partie de ses possibilités un moyen d'expression, un art, etc. : *Appauvrir la langue par un purisme étroit.*

◆ **s'appauvrir** v. pr., **être appauvri** v. pass. **1.** Devenir pauvre, plus pauvre : *Des populations appauvries.* — **2.** *Uranium appauvri,* uranium dans lequel la proportion de l'isotope 235 est inférieure à celle de l'uranium naturel (0,72 %).

APPAUVRISSEMENT n. m. **1.** Action de rendre ou fait de devenir (plus) pauvre ; état qui en résulte : *L'appauvrissement d'un pays, d'une langue.* – **2.** Érosion des éléments les plus fins du sol, argiles et limons, entraînés par ruissellement sur pente faible.

APPEAU n. m. (anc. pl. de *appel*). Petit instrument à vent ou à friction avec lequel on imite le cri des oiseaux et des mammifères pour les attirer.

APPEL n. m. **1.** Invitation à venir, adressée par la voix ou par tout autre moyen : *Répondre à l'appel de quelqu'un.* – **2.** Action d'inviter qqn, un groupe à une action : *Un appel à la révolte.* – **3.** Action de recourir à un groupe, à son action, à son influence : *Un appel à l'intervention étrangère.* – **4.** Action, pouvoir de ce qui attire, exerce un attrait sur qqn : *L'appel du large, de la forêt.* – **5.** Action par laquelle on vérifie, en appelant successivement leurs noms, la présence de certaines personnes en un lieu : *Être présent au moment de l'appel.* – **6.** Action d'appeler qqn au téléphone. – **7.** *Appel d'air,* création volontaire ou accidentelle d'un courant d'air. ‖ Fam. *Appel au peuple,* demande d'argent. ‖ *Appel de phares,* action d'alterner rapidement deux feux d'automobile pour attirer l'attention. ‖ Fam. *Appel du pied,* avance discrète faite à qqn. ‖ *Faire appel à qqn, à qqch,* solliciter qqn, recourir à qqch. ‖ *Sans appel,* définitif ou définitivement. • **Banq.** *Appel de fonds,* demande de nouveaux fonds à des actionnaires, à des associés, à des souscripteurs. – **Comm.** *Prix d'appel,* procédé qui consiste, pour un distributeur, à attirer la clientèle en lançant une campagne publicitaire pour un produit déterminé sur lequel est prélevée une très faible marge, la rentabilité de l'opération étant attendue d'un report des achats sur d'autres articles. ‖ *Produit d'appel,* produit doté d'un prix d'appel. – **Dr.** Voie de recours, qui a pour objet de soumettre à une juridiction supérieure un jugement déjà rendu en premier ressort. (→ *encycl.*) ‖ *Acte d'appel,* acte par lequel la cour d'appel est saisie. ‖ *Appel en cause,* mise en cause, au cours d'un procès, d'une tierce personne, afin que le jugement ait l'autorité de la chose jugée à son égard. ‖ *Appel des causes,* en début d'audience, énumération des affaires qui seront soumises au tribunal le jour même de l'audience. ‖ *Appel en garantie,* mise en cause, au cours d'un procès, d'une personne obligée de substituer sa responsabilité pécuniaire civile à celle de la partie qui la met en cause. ‖ *Appel incident,* appel formé en réponse à un appel principal ou partiel. ‖ *Appel nominal,* procédure de vote couramment utilisée dans les assemblées, chacun votant à l'appel de son nom. ‖ *Appel d'offres,* mode de passation des marchés publics dans lequel l'Administration conserve le choix de son cocontractant après avoir mis publiquement en concurrence les candidats. ‖ *Appel partiel,* appel qui ne porte que sur certains points du jugement. ‖ *Appel principal,* appel formé par la partie qui saisit en premier la juridiction supérieure. – **Impr.** *Appel de note,* signe placé dans le texte pour indiquer qu'il se trouve une note à un endroit déterminé de l'ouvrage. – **Inform.** Terme indiquant l'ordre de rupture de l'exécution séquentielle des instructions d'un programme pour se brancher vers une autre séquence d'instructions considérée comme un sous-ensemble autonome : autre programme, sous-programme, procédure ou fonction. ‖ *Appel récursif,* appel d'un sous-programme qui peut se rappeler lui-même au cours de son exécution. – **Jeux.** Aux cartes, défausse conventionnelle signalant à un partenaire la couleur que l'on désire voir jouer. – **Mar.** *Appel d'un cordage* ou *d'une chaîne,* direction suivant laquelle ce cordage ou cette chaîne transmet l'effort qu'on lui applique. – **Mil.** Ensemble des opérations annuelles de sélection et de recensement des jeunes gens, au terme desquelles ceux qui sont déclarés aptes au service national reçoivent un ordre d'appel. (L'appel du contingent comprend successivement le recensement, la sélection, la répartition et l'affectation des recrues.) ‖ Rassemblement de militaires aux fins de constater leur présence. ‖ Batterie de tambour ou sonnerie de clairon prescrivant ce rassemblement. ‖ *Ordre d'appel,* document indiquant au jeune appelé la formation qu'il doit rejoindre et lui précisant le jour et l'heure auxquels il doit s'y présenter. – **Polit.** *Appel au peuple,* pratique qui consiste à invoquer et à rechercher directement l'adhésion du peuple pour justifier un pouvoir autocratique. – **Presse.** Annonce en première page d'un article publié à l'intérieur du journal. – **Sports** et **Chorégr.** Action par laquelle un sauteur ou un danseur prend appui sur une jambe *(jambe d'appel)* en vue de déclencher un saut en hauteur ou en longueur. – **Therm.** *Appel d'air,* dispositif créant une dépression dans un foyer, au moment de l'allumage, afin de faciliter l'entrée de l'air nécessaire à la combustion, avant l'établissement du tirage normal.

ENCYCL. **Dr.** La *juridiction d'appel* (*cours d'appel* au civil et au pénal ; *Conseil d'État* et *cours administratives d'appel* [entrées en activité en 1989] pour les jugements rendus par les tribunaux administratifs) peut soit confirmer, soit réformer la décision rendue par la juridiction inférieure. Par application du principe du double degré de juridiction, l'appel est une voie de recours de droit commun ouverte à toute partie à un procès, tant en matière administrative que civile ou pénale, à condition de respecter les délais légaux. L'appel est toutefois impossible lorsque l'intérêt litigieux n'excède pas un certain taux fixé réglementairement et lorsqu'il s'agit d'un crime jugé par la cour d'assises.

Appel au peuple *(Comité de l'),* comité bonapartiste organisé au début de la IIIe République, sous la présidence de Rouher, en vue de préparer le rétablissement de l'Empire. Le Comité, défait aux élections de 1876, se divisa après la mort du Prince impérial.

APPEL (Karel), peintre et sculpteur néerlandais (Amsterdam 1921), cofondateur du mouvement Cobra. L'intensité du coloris est un trait caractéristique de sa production.

APPELANT, E adj. et n. Se dit de qqn qui appelle d'un jugement.
◆ adj. *Programme appelant,* programme informatique comportant une instruction d'appel d'un autre programme ou d'un sous-programme.
◆ **appelant** n. m. **1.** Oiseau captif (appelant vivant) ou oiseau artificiel qui sert à attirer ses congénères libres. — **2.** Baron anglais faisant partie d'un groupe de nobles qui s'opposèrent aux ministres de Richard II et à l'absolutisme du roi. — **3.** En France, évêque ou prêtre qui, en 1717, interjeta appel, au futur concile, de la bulle *Unigenitus* (1713) condamnant le jansénisme.

APPELÉ n. m. Soldat accomplissant son service militaire, par opposition à l'engagé ou au militaire de carrière.

APPELER v. t. (lat. *appellare,* adresser la parole) [conj. **24**]. **1.** Héler, interpeller qqn, attirer son attention par une parole, un cri, un signal sonore : *Appeler un ami qu'on aperçoit dans la rue.* — **2.** Inviter qqn, un animal à venir près de soi, convoquer qqn ou faire venir qqch qqpart, au moyen d'un signe verbal ou autre, d'un message, d'un ordre, etc. : *Appeler les enfants pour le repas. Appeler un taxi par téléphone.* — **3.** En parlant de qqch, amener qqn à se rendre qqpart, requérir son concours pour une action : *Je sors, une affaire m'appelle en ville.* — **4.** Demander qqn, un organisme par le téléphone. *On vous appelle de Londres.* — **5.** Inciter, pousser qqn à une action, à faire qqch : *Parti qui appelle ses adhérents à une manifestation.* — **6.** Nommer, désigner qqn à un état, une fonction, le destiner à tel genre d'action : *Appeler une personnalité à un poste important.* — **7.** Réclamer, entraîner qqch, le rendre nécessaire, inévitable : *La violence appelle la violence.* — **8.** Pourvoir qqn, qqch d'un nom, d'une appellation, d'un qualificatif ; dénommer : *Si c'est un garçon, nous l'appellerons Jean.* — **9.** Interpeller qqn d'une certaine manière quand on s'adresse à lui : *Appeler un collègue par son prénom.* — **10.** *Appeler aux armes,* essayer de soulever le peuple. ‖ *Appeler l'attention de qqn (sur qqch),* l'engager à y réfléchir ; réclamer son attention, en parlant de qqch. ‖ *Appeler les choses par leur nom,* dire nettement, crûment ce qui est, ne pas avoir peur des mots. ‖ *Appeler la mort, l'indépendance, la délivrance, etc. (de ses vœux),* la réclamer, la souhaiter fortement. • **Inform.** Pratiquer l'appel, au sein d'un programme, d'un autre programme ou d'un sous-programme. — **Mar.** Exercer une traction dans une direction donnée en parlant d'un cordage ou d'une chaîne.
◆ v. t. ind. **1.** *En appeler à qqch, à qqn,* s'en remettre à qqch, à qqn : *J'en appelle à votre témoignage.* — **2.** *En appeler de qqch,* le contester, en refuser la validité : *J'en appelle de cette décision.*
◆ v. i. *Appeler à bord,* faire des signaux pour demander un canot. ‖ *Manœuvre qui appelle bien,* manœuvre qui vient en bonne direction.
◆ **être appelé** v. pass. Être destiné à être tel : *Quartier appelé à disparaître.*
◆ **s'appeler** v. pr. **1.** Avoir comme nom ; se dénommer : *Il s'appelle Pierre.* — **2.** *Voilà qui s'appelle parler, gouverner, etc.,* se dit lorsqu'on estime que qqn a agi avec détermination.

APPELFELD (Aharon), écrivain israélien d'expression hébraïque (Czernowitz 1932). Ancien déporté, émigré en Palestine (1947), il dépeint, à travers son œuvre, l'holocauste du peuple juif.

APPELL (Paul Émile), mathématicien français (Strasbourg 1855-Paris 1930). Ses travaux portent sur la géométrie projective, les fonctions algébriques, les équations différentielles et l'analyse complexe.

APPELLATIF, IVE adj. (lat. *appellativus*). Se dit de la fonction grammaticale remplie par les appellatifs.
◆ **appellatif** n. m. Mot servant, dans la communication directe, à interpeller l'interlocuteur (les noms propres, les termes de parenté, certains noms spécifiques comme *papa, monsieur,* etc.).

APPELLATION n. f. (lat. *appellatio*). **1.** Nom, qualificatif que l'on donne à qqch, à qqn : *Appellation injurieuse.* — **2.** *Appellation et indication d'origine,* dénomination garantissant l'origine d'un produit, en partic. des vins.
ENCYCL. Les *appellations d'origine* spécifient la localisation invariable d'un produit et en garantissent certaines conditions de fabrication. La protection de l'appellation d'origine résulte soit d'une législation générale (loi du 6 mai 1919 modifiée), soit de législations particulières. Pour les vins, les appellations d'origine contrôlées (A. O. C.) doivent présenter les qualités requises par l'Institut national des appellations d'origine (I. N. A. O.).

APPENDICE [-pɛ̃-] n. m. (lat. *appendix, -icis,* ce qui est suspendu, de *appendere,* suspendre). **1.** Ensemble de notes et de remarques à la fin d'un ouvrage. — **2.** Partie qui complète un ensemble et en forme le prolongement : *Un hangar formant un appendice à la ferme.* — **3.** *Fam.* Nez (surtout quand il est long). — **4.** Expansion corporelle quelconque de l'homme, des animaux ou des plantes. (→ *encycl.*) — **5.** *Appendice (iléo-cæcal* ou *vermiculaire),* prolongement atrophié du cæcum. (→ *encycl.*)

ENCYCL. Le terme d'« appendice », qui désigne chez l'homme deux organes internes : l'appendice iléo-cæcal (ou *appendice* tout court) et l'appendice xiphoïde*, s'applique chez les animaux à la queue*, ou appendice caudal. Mais il désigne surtout des expansions paires ventro-latérales portées par les anneaux des arthropodes, telles que les pattes, les pièces buccales et les antennes.

Chez l'homme, l'*appendice iléo-cæcal* mesure environ 8 cm de long et 4 à 8 mm de diamètre. Sa position par rapport au cæcum est sujette à de nombreuses variations. En position normale, l'appendice se projette sur la paroi abdominale au niveau du point de McBurney. La cavité de l'appendice est tapissée par un tissu lymphoïde semblable à celui des amygdales.

APPENDICECTOMIE n. f. Ablation de l'appendice iléo-cæcal.

APPENDICITE n. f. Inflammation de l'appendice iléo-cæcal, pouvant avoir une forme chronique ou une forme aiguë qui se manifeste par une douleur violente dans la fosse iliaque droite, plus particulièrement au point de McBurney.

APPENDICULAIRE adj. **1.** Qui soutient ou qui constitue un appendice animal ou végétal. — **2.** Relatif à l'appendice iléo-cæcal.

◆ n. m. Tunicier conservant à l'état adulte son appendice caudal et sa corde dorsale. (Les *appendiculaires* forment une classe.)

APPENDRE v. t. (lat. *appendere,* suspendre) [conj. 73]. *Litt.* Pendre, suspendre un objet, en partic. comme ex-voto, comme décoration ou en hommage.

APPENTIS [-pɑ̃ti] n. m. (de *appent,* anc. part. passé de *apprendre*). **1.** Toit à un seul versant dont le faîte s'appuie sur ou contre un mur. — **2.** *Bâtiment en appentis* ou *appentis,* petit bâtiment adossé à un plus grand et couvert d'un tel toit.

APPENZELL n. m. Fromage suisse d'environ 10 kg fabriqué au lait de vache écrémé.

APPENZELL, cant. de Suisse, enclavé dans celui de Saint-Gall, au S. du lac de Constance ; 415 km² ; 66 099 hab. de langue allemande. Formé, au S., du massif calcaire du Säntis, au N., de faibles plis molassiques, ce canton, densément peuplé, vit de l'élevage, du textile (en déclin) et du tourisme. Le canton est constitué de deux demi-cantons : *Rhodes-Extérieures* (243 km² ; 52 229 hab., ch.-l. *Herisau*), *Rhodes-Intérieures* (172 km² ; 13 870 hab., ch.-l. *Appenzell*).

APPENZELL, v. de Suisse, ch.-l. du demi-canton des Rhodes-Intérieures (cant. d'Appenzell) ; 5 194 hab. Hôtel de ville du XVIe s. (musée).

APPERT (IL) v. i. (anc. fr. *apparoir,* du lat. *apparere,* apparaître). Il ressort avec évidence que : *Il appert des dépositions des témoins que le crime a eu lieu à 3 heures.*

APPERT (Nicolas), inventeur français (Châlons-sur-Marne 1749-Massy 1841). Industriel, il s'intéressa au problème de la conservation des aliments et découvrit que le chauffage en vase clos pouvait arrêter définitivement la fermentation. À partir de 1790, il commercialisa des aliments conservés en bouteille, et publia, la même année, *le Livre de tous les ménages ou l'Art de conserver pendant plusieurs années toutes les substances animales et végétales,* à l'origine de la création d'industries de la conserve dans plusieurs pays.

APPERT (les frères), maîtres, dans la 2e moitié du XIXe s., d'une importante verrerie sise à Clichy. Ils ont inventé le soufflage à air comprimé pour les grosses pièces (1878). Certaines de leurs recherches ont profité à la verrerie artistique (E. Gallé, les Daum).

APPERTISATION n. f. (de N. *Appert,* n. pr.). Procédé de conservation des denrées alimentaires par stérilisation à la chaleur, dans des récipients hermétiquement clos.

APPERTISER v. t. (conj. 3). Traiter une denrée alimentaire par appertisation.

APPESANTIR v. t. (conj. 32). **1.** Rendre plus pesant qqch, l'alourdir : *La pluie appesantit les vêtements.* — **2.** Rendre moins actifs, moins prompts qqn, ses mouvements : *La fatigue appesantit sa marche.* — **3.** Litt. *Appesantir son bras, sa main (sur qqn),* infliger un châtiment, en parlant de Dieu ou d'une autorité supérieure.

◆ **s'appesantir** v. pr. **1.** Peser de plus en plus sur qqn, qqch, les frapper durement : *La fatalité s'appesantissait sur nous.* — **2.** Insister sur un sujet, en parler trop longuement.

APPESANTISSEMENT n. m. **1.** Fait de devenir plus pesant. — **2.** État d'une personne rendue moins alerte de corps ou d'esprit.

APPÉTENCE n. f. (lat. *appetentia,* de *appetere,* désirer). Désir instinctif qui porte vers tout objet propre à satisfaire un penchant naturel, en partic. vers la nourriture.

APPÉTIBILITÉ n. f. Aptitude des aliments à susciter l'appétence des animaux d'élevage.

APPÉTISSANT, E adj. **1.** Qui excite l'appétit : *Un mets appétissant.* — **2.** Se dit d'une femme qui provoque le désir ou le plaisir des yeux.

APPÉTIT n. m. (lat. *appetitus,* désir). **1.** *Litt.* Inclination par laquelle on est porté à désirer qqch ; désir : *Appétit de possession, de bonheur.* — **2.** Désir de manger, sensation de faim : *Ce récit m'a coupé l'appétit.* — **3.** *Appétit de loup, d'ogre,* violent appétit. ‖ *Appétit d'oiseau,* très petit appétit. ‖ *Appétit sexuel,* manifestation du désir sexuel, de la sexualité. ‖ *Avoir bon appétit,* manger beaucoup. ‖ *Bon appétit !,* souhait adressé à qqn avant le repas. ‖ *Mettre qqn en appétit,* lui donner le désir de manger ; lui donner l'envie de faire qqch, de poursuivre une action, de connaître la suite de qqch. ‖ *Rester sur son appétit,* rester sur sa faim, n'être pas satisfait dans ses désirs.

Appia *(via)* ou **Appienne** *(voie),* ancienne voie romaine qui allait de Rome à Brindisi. Elle était bordée de tombeaux dont plusieurs subsistent encore. Le plus célèbre est celui de Caecilia Metella.

APPIA (Adolphe), metteur en scène suisse (Genève 1862-Nyon 1928). Opposé à l'esthétique réaliste, il préféra les éléments expressifs et affectifs du théâtre (musique, éclairage, jeu de l'acteur) aux éléments intellectuels et explicatifs.

APPIA (Edmond), chef d'orchestre suisse (Turin 1894-Genève 1961). Il a été professeur au conservatoire de Lausanne (1928-1943) et chef d'orchestre à la radio de Genève (après 1938).

APPIEN, historien grec (Alexandrie v. 95 apr. J.-C.-apr. 160). Son *Histoire romaine,* qui subsiste en partie, embrasse l'histoire de Rome des origines à Trajan.

APPLAUDIMÈTRE n. m. Enregistreur supposé qui mesurerait la quantité d'applaudissements recueillis par qqn au cours d'un spectacle, après un discours, etc.

APPLAUDIR v. t. (lat. *applaudere*) [conj. **32**]. **1.** Louer, approuver qqn, qqch, lui marquer son admiration en battant des mains : *Applaudir des comédiens.* — **2.** Approuver entièrement qqn, qqch : *Applaudir la fermeté du gouvernement.*
◆ v. t. ind. *Litt.* Acquiescer à qqch, s'en réjouir : *Applaudir à une décision.*
◆ **s'applaudir** v. pr. Se féliciter, se réjouir de qqch : *S'applaudir d'avoir eu de la clairvoyance.*

APPLAUDISSEMENT n. m. Action d'applaudir (surtout pl.) : *Il quitta la scène sous les applaudissements.*

APPLETON (*sir* Edward Victor), physicien britannique (Bradford 1892-Édimbourg 1965). Après sa théorie de la réflexion des ondes électromagnétiques, il a étudié l'ionosphère dont il a découvert une deuxième couche. Il a participé à la réalisation du radar. (Prix Nobel de phys. 1947.)

APPLICABILITÉ n. f. Caractère de ce qui est applicable (loi, méthode).

APPLICABLE adj. **1.** Susceptible d'être appliqué, posé, collé sur qqch. — **2.** Qui peut ou doit être appliqué à qqn, à qqch : *Une loi applicable à tous.* — **3.** Qui peut être utilisé, mis en pratique : *Des théories peu applicables.*

APPLICAGE n. m. Action d'appliquer qqch sur une surface.

APPLICATEUR n. m. **1.** Appareil permettant l'application directe de divers produits sur une partie du corps donnée sans contact manuel. — **2.** Type de conditionnement muni d'un bouchon perméable et souple permettant d'étaler un produit d'entretien sur une surface.

APPLICATION n. f. (lat. *applicatio*). **1.** Action d'appliquer qqch, de poser, d'étendre une chose sur une autre pour qu'elle y adhère. — **2.** Action d'employer qqch à une fin déterminée ou de le mettre en pratique : *Les applications d'une nouvelle technique.* — **3.** Qualité de qqn qui apporte soin et attention à ce qu'il fait : *Élève travaillant avec application.* • **Bours.** Technique qui permet aux actionnaires d'une société cotée de vendre à d'autres leurs titres ou une partie d'entre eux en bloc, par l'intermédiaire d'une société de Bourse, en assurant la publicité du prix auquel s'effectue la transaction. ‖ Partie des transactions qui se compensent chez un même intermédiaire en Bourse et qui n'influencent pas les cours. — **Brod.** Élément rapporté se distinguant du fond par la matière, la technique ou la couleur. — **Céram.** Procédé de décoration consistant à poser la couleur vitrifiable sous la couverte à la façon d'un engobe. ‖ *Pâtes d'application,* pâtes colorées placées en épaisseur sur un fond de couleur différente pour créer un décor en relief. (Syn. PÂTE SUR PÂTE.) — **Cout.** Motif décoratif en tissu, en cuir, etc., fixé sur un vêtement par des points au ras du bord. — **Dent.** *Dentelle d'application,* dentelle dont les motifs, exécutés séparément, à l'aiguille ou aux fuseaux, sont ensuite appliqués et cousus sur un fond de tulle. — **Inform.** Domaine délimité pour le traitement duquel est écrit un programme. ‖ Programme ou ensemble de programmes destiné à aider l'utilisateur d'un ordinateur pour le traitement d'une tâche précise. — **Math.** Opération qui fait correspondre à tout élément x d'un ensemble A (ensemble de départ ou de définition) un élément y et un seul d'un ensemble B (ensemble d'arrivée). [y est l'image de x ; x est un antécédent de y. On distingue les applications injectives, surjectives et bijectives.] — **Mil.** *École d'application,* école où les jeunes officiers d'active sortant des écoles de formation reçoivent la formation technique spéciale de leur arme. – **Peint.** Action de déposer sur un subjectile une peinture, un vernis ou une préparation assimilée. (→ *encycl.*)

ENCYCL. **Peint.** L'application doit être précédée d'une mise en état du subjectile ; on dépose ensuite un véritable système multicouche (couche primaire ou d'impression, couche(s) intermédiaire(s), et couche de finition). Les principaux procédés sont l'application à la brosse, au pinceau, au pistolet, au trempé, au rouleau, en vrac ou en tonneau.

APPLIQUE n. f. (de *appliquer*). **1.** Dispositif d'éclairage destiné à être fixé à une paroi. (Syn. anc. BRAS DE LUMIÈRE.) – **2.** *Décor d'applique, relief d'applique,* ou *applique,* se dit, en arts décoratifs et en sculpture, d'un ornement ou d'un motif surajouté se détachant en relief sur un fond.

APPLIQUÉ, E adj. **1.** Se dit de tout domaine d'activité scientifique où les recherches théoriques sont mises en œuvre pour résoudre des problèmes pratiques. – **2.** *Arts appliqués,* ensemble des activités qui ont pour but d'apporter une dimension esthétique dans le quotidien ; syn. de ARTS DÉCORATIFS. ‖ *Mathématiques appliquées,* mathématiques considérées dans leurs applications à l'industrie, à l'économie, et également à d'autres sciences telles que la physique, la chimie, la biologie, etc., par opposition aux *mathématiques pures.*

APPLIQUER v. t. (lat. *applicare*) [conj. 3]. **1.** Poser, mettre un objet, une matière sur qqch de façon qu'ils le recouvrent, y adhèrent, s'y impriment : *Appliquer un calque sur un dessin. Peintre qui applique ses couleurs au couteau.* – **2.** Poser, placer qqch sur ou contre qqch : *Appliquer l'échelle contre le mur.* – **3.** Utiliser un procédé dans une action ; le faire porter sur qqch ou qqn : *Appliquer la même règle à tout le monde.* – **4.** Mettre en œuvre, en pratique ce qui a été défini, prévu, décidé : *Appliquer une consigne sans la discuter.* – **5.** Faire usage d'une faculté, d'une aptitude à qqch, à une activité déterminée : *Appliquer son intelligence à résoudre une énigme.* – **6.** *Appliquer une appellation, une remarque, etc., à qqn, à qqch,* en faire usage à son sujet, la lui rapporter. ‖ *Appliquer un coup, un baiser, etc., à qqn,* le lui donner avec une certaine force. ‖ *Appliquer une peine à qqn,* lui infliger la sanction prévue par la loi.

◆ **être appliqué** v. pass. **1.** Apporter de l'attention, du soin à ce qu'on fait : *Élève appliqué.* – **2.** Manifester un soin méticuleux : *Écriture appliquée.*

◆ **s'appliquer** v. pr. Faire porter son effort, son attention sur une action, sur l'exécution d'une tâche : *S'appliquer à satisfaire la clientèle.*

APPOGGIATURE n. f. (ital. *appoggiatura,* de *appoggiare,* appuyer). Note d'ornement, étrangère à l'accord sur lequel elle s'appuie, marquée par une petite note *(appoggiature longue)* ou une note barrée *(appoggiature brève).*

APPOINT n. m. (de *appointer,* rétribuer). **1.** Complément en petite monnaie permettant de réunir le montant exact d'une somme due. – **2.** Aide complémentaire, appui : *Cette subvention est pour nous un appoint utile.* – **3.** Somme ajoutée à un décompte de paie pour obtenir un « net à payer » arrondi. – **4.** *Appoint avancé,* somme retenue sur le décompte de paie pour compenser l'appoint précédent. ‖ *D'appoint,* qui vient en complément, qui s'ajoute au principal : *Salaire d'appoint.* ‖ *Faire l'appoint,* payer un achat, un service en remettant exactement la somme due en numéraire.

APPOINTAGE n. m. Action de tailler en pointe.

APPOINTÉ, E adj. Se dit de pièces héraldiques qui se touchent par une pointe.

APPOINTEMENTS n. m. pl. Salaire attaché à un emploi, à une fonction. (Se dit surtout en parlant des employés.)

1. APPOINTER v. t. (de *point*) [conj. 3]. Donner à qqn des appointements ; le rétribuer.

2. APPOINTER ou **APPOINTIR** v. t. (conj. 3 et 32). Tailler en pointe.

APPOINTURE n. f. (de *point*). Ensemble de points de couture destinés à maintenir réunis les bords de deux morceaux de cuir.

APPOMATTOX, village de Virginie (États-Unis), où, le 9 avr. 1865, l'armée des confédérés se rendit aux troupes nordistes, mettant ainsi fin à la guerre de Sécession.

APPONTAGE n. m. Prise de contact d'un avion avec la piste d'un porte-avions.

ENCYCL. Jusqu'au début des années 50, la manœuvre d'appontage reposait sur les indications visuelles données au pilote par l'officier d'appontage *(bat's man)* qui tenait à bout de bras deux panneaux en forme de raquettes. L'automaticité a été introduite en 1953 : le pilote règle son approche en fonction du repère lumineux renvoyé par un miroir. L'aide électronique permet l'appontage par mauvaise visibilité.

APPONTEMENT n. m. (de *pont*). Plate-forme fixe, en général en bois ou en métal, supportée par des pieux, et destinée à permettre le chargement et le déchargement de bâtiments de navigation.

APPONTER v. i. (de *pont*) [conj. 3]. Prendre contact avec la piste d'envol d'un porte-avions.

APPONYI, famille de nobles hongrois. – GEORGES ou GYORGY (Pozsony, Bratislava, 1808-Eberhard 1891), comte, fut chancelier du royaume de Hongrie (1844-1848). – ALBERT (Vienne 1846-

Genève 1933), comte, fils de Georges, chef de l'opposition conservatrice, il créa le parti national en 1892 et participa aux gouvernements de coalition en 1906-1910 puis en 1917-18. Après la Première Guerre mondiale, il présida la délégation hongroise à la conférence de la paix puis à la S. D. N.

APPORT n. m. (de *apporter*). **1.** Action d'apporter, de procurer qqch ; ce qui est apporté : *L'apport de capitaux dans une entreprise.* – **2.** Part, contribution, participation à une œuvre, à une action : *L'apport de la civilisation grecque à l'art.* – **3.** Biens que chaque époux possède au jour du mariage ou qui leur sont échus depuis par succession ou libéralité. – **4.** Bien mis à la disposition de la société par l'associé, consistant en une somme d'argent, en meuble, en immeuble ou en activité (dit *apport en industrie*), et qui permet l'exploitation de l'objet social. (L'associé reçoit en contrepartie le droit au bénéfice et celui d'intervenir dans la gestion de la société.) – **5.** *Apport immobilier,* clause de communauté conventionnelle par laquelle les époux, ou l'un d'eux, assimilent un immeuble à un meuble, pour le faire entrer dans la communauté. (Syn. AMEUBLISSEMENT, MOBILISATION.) ‖ *Matériau d'apport,* matériau que l'on ajoute par fusion à la matière de base pour réaliser la soudure ou la brasure. ‖ *Métal d'apport,* syn. de BRASURE.

APPORTER v. t. (lat. *apportare*) [conj. 3]. **1.** Porter avec soi qqch en venant dans un lieu : *N'oubliez pas d'apporter vos disques.* – **2.** Porter ou transporter qqch jusqu'à un lieu, en partic. pour le remettre à qqn qui s'y trouve : *Un jeune homme a apporté ces fleurs.* – **3.** Venir auprès de qqn pour lui annoncer qqch, lui transmettre un message : *Je vous apporte de bonnes nouvelles.* – **4.** Fournir, procurer, donner qqch (à qqn, à qqch) : *Il doit nous apporter des preuves de ses allégations.* – **5.** Être la cause, l'agent de qqch : *Cette réforme apportera des changements.* – **6.** Mettre telle qualité, telle aptitude au service de qqch, d'une action, d'une œuvre : *Apporter tous ses soins à la réalisation d'un projet.* – **7.** *Apporter beaucoup, peu, quelque chose, rien, etc. (à qqn),* l'enrichir intellectuellement, lui être utile moralement. ‖ *Apporter sa pierre, son tribut, etc., à qqch,* y participer, y donner sa part.

APPORTEUR n. m. Dans un mariage, une société, celui qui fait un apport.

APPOSER v. t. (de *poser*) [conj. 3]. **1.** Appliquer qqch sur qqch : *Apposer une affiche sur un mur.* – **2.** Inscrire une signature, une marque, etc., sur un document : *Apposer un visa sur un passeport.* – **3.** *Apposer une clause, une condition à un acte, etc.,* l'y insérer. ‖ *Apposer les scellés,* appliquer un sceau de caractère officiel sur une porte d'appartement ou un meuble, afin qu'on ne puisse soustraire aucun des objets qui y sont renfermés.
◆ **être apposé** v. pass. En parlant d'un terme, être mis en apposition à un autre.

APPOSITION n. f. (lat. *appositio,* de *apponere,* poser). **1.** Action d'apposer : *L'apposition des scellés.* – **2.** Procédé grammatical par lequel un mot ou une proposition qualifient un nom (ou un pronom) en lui étant juxtaposés ; le mot ou la proposition ainsi juxtaposés.
ENCYCL. **Ling.** L'apposition peut être : 1° un nom (*Louis XIV,* roi de France) ; 2° un adjectif (satisfait, *le chat ronronne*) ; 3° une proposition relative *(l'employé,* qui était malade, *n'est pas venu) ;* 4° une proposition complétive (*cela me peine,* que tu doives t'en aller).

APPRÉCIABILITÉ n. f. Qualité de ce qui est appréciable.

APPRÉCIABLE adj. **1.** Qui peut être apprécié, évalué : *Distance difficilement appréciable.* – **2.** Qui est digne d'être estimé ; assez considérable : *Des bénéfices appréciables.*

APPRÉCIATEUR, TRICE n. *Litt.* Personne qui apprécie qqch.

APPRÉCIATIF, IVE adj. Qui exprime une appréciation, un jugement de valeur : *Un relevé appréciatif des frais.*

APPRÉCIATION n. f. (lat. *appretiatio*). **1.** Action d'apprécier qqch ; estimation, évaluation : *L'appréciation d'une distance.* – **2.** Jugement, remarque qui résulte d'un examen critique : *Des appréciations élogieuses.* – **3.** Augmentation de valeur : *Appréciation du franc par rapport au mark.*

APPRÉCIER v. t. (lat. ecclés. *appretiare,* de *pretium,* prix) [conj. 9]. **1.** Déterminer la valeur vénale d'un bien, d'un objet : *Apprécier des meubles à leur juste prix.* – **2.** Évaluer approximativement une chose mesurable : *Apprécier la distance qui sépare deux maisons.* – **3.** Juger de la valeur (intellectuelle, morale, artistique, etc.) de qqn, de qqch : *Les élèves appréciaient différemment leur professeur.* – **4.** Estimer qqn, qqch, en faire cas, lui reconnaître du mérite, des qualités ; aimer, goûter : *Apprécier un écrivain.*
◆ **s'apprécier** v. pr. Prendre de la valeur : *Le mark s'est apprécié par rapport au dollar.*

1. APPRÉHENDER v. t. (lat. *apprehendere,* prendre) [conj. 3]. Procéder à l'arrestation de qqn : *Appréhender un voleur.*

2. APPRÉHENDER v. t. (lat. *apprehendere,* comprendre) [conj. 3]. **1.** Saisir qqch par l'entendement, la pensée : *Appréhender la complexité du réel.* – **2.** Craindre la réalisation d'une éventualité fâcheuse ; redouter : *J'appréhende de la revoir.* – **3.** Chez Kant, exercer la fonction de l'imagination relativement à un objet.

APPRÉHENSION n. f. (bas lat. *apprehensio,* action de saisir). **1.** Action d'appréhender qqch, de le saisir par l'intelligence : *Être peu préparé à l'appréhension d'une question.* – **2.** Crainte vague d'un danger futur : *Envisager l'avenir avec appréhension.* – **3.** Chez Kant, acte par lequel la conscience se représente le divers des perceptions. – **4.** *Champ d'appréhension,* limitation que l'on observe dans les activités de perception et de mémoire à court terme.

APPRENANT, E n. Personne qui suit un enseignement quelconque.

APPRENDRE v. t. (lat. *apprehendere,* saisir, prendre) [conj. **79**]. **1.** Acquérir par l'étude, par la pratique, par l'expérience une connaissance, un savoir-faire, qqch d'utile : *Apprendre l'anglais. Un enfant qui apprend facilement.* – **2.** Être informé de qqch qu'on ignorait : *Je viens d'apprendre sa mort.* – **3.** Enseigner à qqn qqch, lui faire acquérir une connaissance, un savoir-faire, une expérience : *Il essayait de leur apprendre le dessin.* – **4.** Communiquer une information à qqn, lui faire savoir qqch : *Il nous a appris qu'il avait réussi.* – **5.** Fam. *Apprendre à vivre à qqn,* lui infliger un châtiment, le traiter durement. ‖ Fam. *Ça vous apprendra,* cet échec vous servira de leçon.

APPRENTI, E n. (lat. pop. **apprenditicius,* du lat. class. *apprendere,* apprendre). **1.** Celui, celle qui apprend un métier, une technique sous la direction d'un contremaître, d'un instructeur : *Un apprenti boulanger.* – **2.** Celui, celle qui s'initie à une activité et qui n'a pas encore acquis l'expérience nécessaire (souvent lié au mot suivant par un trait d'union) : *C'est un travail d'apprenti.* – **3.** Nom du premier grade symbolique de la franc-maçonnerie. – **4.** Jeune garçon, âgé d'au moins 14 ans, se destinant à la carrière de jockey, et lié par un contrat d'apprentissage à un entraîneur qui le forme. – **5.** *Apprenti marin,* grade le moins élevé du corps des équipages de la marine militaire. ‖ *Apprenti sorcier,* celui qui se livre imprudemment à des expériences dangereuses qu'il ne sait pas maîtriser.

Apprenti sorcier *(l'),* ballade de Goethe (1797), qui raconte les mésaventures d'un élève magicien. Elle a inspiré à P. Dukas un brillant *Scherzo symphonique* (1897).

APPRENTISSAGE n. m. (de *apprenti*). **1.** Formation professionnelle des jeunes en vue d'apprendre un métier ; temps pendant lequel on est apprenti : *Entrer en apprentissage.* – **2.** Initiation par l'expérience à une activité, à une réalité : *Faire l'apprentissage du malheur.* – **3.** Ensemble des processus de mémorisation mis en œuvre par l'animal ou l'homme pour élaborer ou modifier les schèmes comportementaux spécifiques sous l'influence de son environnement et de son expérience. (→ *encycl.*) – **4.** *Contrat d'apprentissage,* contrat aux termes duquel un chef d'entreprise s'engage à donner une formation professionnelle à une personne, qui, en échange, s'engage à travailler pour lui à des conditions convenues. (→ *encycl.*) ‖ *Taxe d'apprentissage,* taxe à laquelle sont assujettis, en principe, tous les employeurs.

ENCYCL. **Dr.** Depuis la loi du 16 juill. 1971, le *contrat d'apprentissage* est un contrat de travail de type particulier. La formation de l'apprenti se fait en partie dans les entreprises, en partie dans les centres de formation d'apprentis subventionnés et contrôlés par l'État ; le financement de l'apprentissage se fait partiellement grâce à la taxe d'apprentissage à laquelle sont soumis les employeurs. La loi du 12 juill. 1977 simplifie la procédure d'embauche et précise le statut et les conditions de travail de l'apprenti. Avec la loi du 24 juillet 1987, l'apprentissage s'ouvre à la préparation de diplômes supérieurs au C. A. P. : B. E. P., baccalauréat professionnel et même diplôme d'ingénieur, et l'âge autorisé pour les apprentis est étendu : de 16 à 25 (au lieu de 20) ans.
– **Éthol.** L'acquisition de toutes les aptitudes propres à l'adulte n'exige pas toujours un apprentissage. La maturation de diverses structures anatomiques peut suffire : si l'on empêche de jeunes oiseaux de mouvoir leurs ailes jusqu'à l'âge adulte, on constate, lors de leur libération, des mouvements de vol parfaits, sans apprentissage.
Mais, le plus souvent, l'individu apprend progressivement le comportement correct à partir d'un modèle fourni par le milieu extérieur ; dans les conditions naturelles c'est un congénère qui assure ce rôle. Une autre forme d'apprentissage est l'*empreinte,* qui, en général, a pour caractéristique d'être irréversible. D'autres modalités d'apprentissage se fondent sur la confrontation avec les actes des congénères et en fonction des conditions écologiques particulières auxquelles l'individu est soumis. Parmi ces processus, il faut citer l'induction sympathique, l'apprentissage latent, l'apprentissage par essai et erreur, par réflexe conditionné, l'insight et l'habituation.
– **Psychol.** Jusqu'à ces dernières décennies, la notion d'apprentissage avait été appliquée de façon extensive aux phénomènes de conditionnement, aux modifications sensori-motrices, à la mémoire, voire à l'acquisition de connaissances, à de nombreux phénomènes relevant de la perception, des processus intellectuels ou de la motivation. Cette façon de penser correspondait à une théorie générale unitaire de l'apprentissage qui reposait sur l'acceptation de lois au centre desquelles se trouvaient celle de la répétition et

celle de la contiguïté des stimulus, ou des réponses et de leurs effets.
Puis une série de phénomènes mnémoniques jusque-là négligés ont été mis en lumière, et la notion de mémoire a été réhabilitée ; elle est aujourd'hui préférée à celle d'apprentissage pour la plupart des problèmes touchant à la cognition. D'autre part, les faits n'ont pas confirmé l'importance accordée antérieurement à la notion de renforcement, que les théories dominantes de l'apprentissage considéraient comme centrale. En même temps, s'est produit un bouleversement théorique qui a substitué aux conceptions du béhaviorisme de type « stimulus-réponse » les vues du cognitivisme : les notions de connaissance, de transformation et de traitement de l'information ont supplanté les concepts de liaison ou d'association.

APPRÊT n. m. (de *apprêter*). **1.** Opération que l'on fait subir à certains objets soit pour les préparer à des manipulations ultérieures, soit pour leur donner un éclat et un aspect favorables à la vente, soit pour leur conférer de nouvelles propriétés. — **2.** Matière servant à ces opérations. — **3.** *Sans apprêt,* très simple, sans affectation. • **Boulang.** Deuxième phase de la fermentation panaire entre la tourne et la mise au four. — **Brod.** Traitement qui a pour objet de fixer les points sur l'envers d'un tissu brodé, et de donner à la broderie un maintien plus ferme et plus net. — **Chapell.** Liquide dont on imprègne un chapeau pour le raidir. — **Cuis.** Façon de préparer un plat. — **Ménag.** Résultat de l'empesage du linge. — **Passem.** Assemblage de fils retors servant de trame ou de chaîne dans le tissage des crêtes, franges et galons, ou comme ornement. (Il en existe de nombreux types.) — **Peint.** Peinture de caractéristiques spéciales utilisée pour garnir la surface des subjectiles en vue d'obtenir une meilleure finition. — **Pellet.** Ensemble des traitements chimiques employés pour rendre imputrescibles les peaux pour fourrures ; ensemble des opérations chimiques et mécaniques employées pour la transformation d'une peau brute en une fourrure apprêtée. — **Text.** Traitement ou produit ayant pour but de donner aux tissus et aux tricots l'apparence, le toucher et les propriétés que requièrent la mode, la fonction et l'usage. (Syn. APPRÊTAGE.) [→ *encycl.*]

◆ **apprêts** n. m. pl. *Litt.* Préparatifs, préparation : *Les apprêts d'une fête.*

ENCYCL. **Text.** On distingue les opérations mécaniques (tondage ou rasage, grattage ou lainage, brossage et battage des velours), les opérations mixtes mécaniques et chimiques (foulage, mercerisage, décatissage), mécaniques et thermiques (calandrage, moirage, gaufrage) et les opérations chimiques consistant à déposer sur les textiles les apprêts (fécules, amidons, dextrines, polymères de synthèse, agents adoucissants, insecticides, fongicides ou bactéricides, ignifuges, antisalissures).

APPRÊTAGE n. m. **1.** Action ou manière d'apprêter qqch. — **2.** Syn. de APPRÊT.

APPRÊTER v. t. (lat. médiév. **appraestare,* de *praesto,* à la portée de) [conj. **4**]. **1.** *Litt.* Mettre qqch en état de servir ; préparer : *Apprêter ses bagages.* — **2.** *Litt.* Vêtir, parer qqn, le mettre dans la tenue voulue pour qqch : *Apprêter une mariée.* — **3.** Accommoder, préparer un mets d'une certaine manière. — **4.** Réaliser l'apprêt d'une peau, d'une étoffe, etc.

◆ **être apprêté** v. pass. **1.** Être affecté, dépourvu de naturel, de simplicité : *Style apprêté.* — **2.** *Papier, carton, apprêté,* dont on a amélioré le lissé et l'uniformité des deux faces à l'aide d'une lisse ou d'une calandre.

◆ **s'apprêter** v. pr. **1.** Se mettre en état de faire qqch, se disposer à qqch : *S'apprêter à partir.* — **2.** Faire des préparatifs de toilette en vue de qqch : *S'apprêter pour un gala.*

APPRÊTEUR, EUSE n. Personne qui réalise l'apprêt d'une matière.

APPRÊTURE n. f. Ensemble des opérations précédant la couvrure d'un livre (pose des signets et des tranchefiles, préparation des cartons, encollage et ponçage du dos, taille de la peau, parure).

APPRIVOISABLE adj. Que l'on peut apprivoiser.

APPRIVOISEMENT n. m. Action d'apprivoiser ; fait de s'apprivoiser.

APPRIVOISER v. t. (lat. pop. **apprivatiare,* de **apprivatare,* familiariser) [conj. **3**]. **1.** Rendre moins farouche, plus traitable, plus docile un animal sauvage, le domestiquer. — **2.** Rendre qqn plus sociable, plus doux, plus affable, le séduire : *Apprivoiser un enfant.*

◆ **s'apprivoiser** v. pr., **être apprivoisé** v. pass. Devenir, être moins sauvage, moins farouche : *Animal apprivoisé.*

APPROBATEUR, TRICE n. (lat. *approbator*). Personne qui approuve.

◆ adj. Qui témoigne d'une approbation : *Sourire approbateur.*

APPROBATIF, IVE adj. (bas lat. *approbativus*). Qui exprime, marque l'approbation : *Auditoire approbatif.*

APPROBATION n. f. (lat. *approbatio*). **1.** Action d'approuver qqn, qqch ; consentement donné : *Donner son approbation à un projet.* — **2.** Syn. de ADHÉSION, en droit international. — **3.** Procédure par laquelle le gouvernement français reconnaît qu'un traité engage internationalement l'État et qui est utilisée dans les cas où la Constitution n'a pas prévu la ratification par le président de la

République. — **4.** *Approbation préalable,* action de suspendre l'application d'une décision prise par une autorité sous tutelle administrative jusqu'à ce que l'autorité de tutelle ait admis la conformité à la loi de ladite décision. (Les décisions soumises à approbation préalable sont énumérées limitativement par la loi.)

APPROBATIVEMENT adv. De façon approbative.

APPROCHABLE adj. Qu'on peut approcher ; accessible (surtout avec la négation) : *Il n'est plus guère approchable.*

APPROCHANT, E adj. **1.** Qui est proche de qqch d'autre : *Il m'a dit zut ou un mot approchant.* — **2.** *Quelque chose d'approchant, rien d'approchant,* quelque chose, rien d'analogue, de comparable.

APPROCHE n. f. **1.** Mouvement par lequel qqn, un véhicule s'approche de qqn ou de qqch : *L'approche du surveillant a dispersé les élèves.* — **2.** Proximité d'une période, d'un événement : *À l'approche du danger, tout le monde s'enfuit.* — **3.** Manière dont qqn accueille ceux qui l'abordent ; abord : *Il est d'une approche difficile.* — **4.** Action, manière d'aborder un sujet, un problème : *Approche sociologique d'une œuvre littéraire.* — **5.** *Travail d'approche,* ensemble de démarches, de procédés mis en œuvre pour arriver à une fin. • **Aéron.** Ensemble des manœuvres qu'un avion doit effectuer à proximité d'un aérodrome durant sa prise de terrain, avant de se poser sur la piste d'atterrissage. (L'approche est suivie par radio et aidée de nuit ou en cas de mauvaise visibilité par des radars et des dispositifs de guidage automatique tels que l'ILS* [Instrument Landing System]. — **Comm.** *Frais d'approche,* dépenses impliquées par l'acheminement d'un produit de son point d'achat ou de fabrication jusqu'à son point d'utilisation ou de vente. — **Impr.** Blanc minimal que comporte latéralement chaque lettre, lors de la composition, pour être isolée convenablement de sa voisine. — **Mil.** Mouvement qu'une troupe effectue en sûreté pour se porter au contact de l'ennemi. — **Sports.** Au golf, coup joué aux alentours du green et envoyant la balle près du trou.

◆ **approches** n. f. pl. **1.** *Litt.* Abords, accès d'un lieu. — **2.** Syn. de CHEMINEMENTS.

APPROCHER v. t. (bas lat. *appropiare,* s'approcher, du lat. class. *prope,* près de) [conj. **3**]. **1.** Mettre qqch (plus) près de qqch, de qqn : *Approcher sa chaise de la fenêtre.* — **2.** Venir se placer près de qqn : *Ne l'approchez pas trop, il a la grippe.* — **3.** Pouvoir rencontrer, aborder qqn, avoir accès auprès de lui : *Son métier lui permet d'approcher de nombreuses personnalités.* — **4.** Être sur le point d'atteindre qqch : *Elle approche la trentaine.* — **5.** *Approcher un marché,* prendre des contacts, développer son action pour obtenir un contrat, un marché.

◆ **être approché** v. pass. **1.** Être approximatif : *Une idée approchée de la vérité.* — **2.** *Valeurs approchées d'un réel x,* nombres réels vérifiant $a < x < b$, où a est une valeur approchée par défaut et b une valeur approchée par excès. (Si $|x - a| \leqslant \varepsilon$, a est une valeur approchée à ε près.)

◆ v. i. ou **s'approcher** v. pr. **1.** Se déplacer pour venir (plus) près de qqn, de qqch ; arriver à proximité d'un lieu : *Le bateau s'approche de la côte. Approchez, je vous vois mal.* — **2.** Être sur le point d'atteindre un objectif, une limite abstraite : *Nous approchons du résultat.* — **3.** Être près de parvenir à un moment proche d'une date, d'un limite temporelle : *On approchait de l'hiver.* — **4.** Être voisin de qqch, de qqn par ses caractères, lui être comparable : *Une fiction qui s'approche de la réalité.* — **5.** En parlant d'un événement, d'un phénomène, être imminent, sur le point de se produire : *Le dénouement de cette affaire approche.*

APPROFONDIR v. t. (conj. 32). **1.** Rendre (plus) profond qqch : *Approfondir un canal.* — **2.** Rendre plus intense, accroître un état affectif ou autre : *Approfondir un désaccord.* — **3.** Pénétrer plus avant dans l'analyse, l'étude de qqch : *Approfondir une question.*

◆ **être approfondi** v. pass. Être poussé, étendu très loin, détaillé : *Examen médical approfondi.*

◆ **s'approfondir** v. pr. Devenir plus profond : *Un mystère qui s'approfondit.*

APPROFONDISSEMENT n. m. Action d'approfondir ; fait de s'approfondir.

APPROPRIATION n. f. (bas lat. *appropriatio*). **1.** Action d'approprier qqch à qqch d'autre, d'être approprié à. — **2.** Action de s'approprier qqch : *L'appropriation des moyens de production par une minorité.*

APPROPRIER v. t. (lat. médiév. *appropriare*) [conj. **10**]. Adapter qqch à un emploi, à une destination : *Approprier un traitement à l'état général du malade.*

◆ **être approprié** v. pass. Convenir, être adapté à : *Discours approprié aux circonstances.*

◆ **s'approprier** v. pr. Faire sa propriété de qqch, souvent indûment ; en partic., s'attribuer la paternité d'une œuvre, d'une idée : *S'approprier une invention.*

APPROUAGUE, fl. de la Guyane française, qui rejoint l'Atlantique entre Cayenne et l'Oyapock ; 270 km.

APPROUVABLE adj. Qui peut ou qui doit être approuvé.

APPROUVER v. t. (lat. *approbare*) [conj. 3]. **1.** Donner raison à qqn, être de son avis : *Je vous approuve d'avoir résisté aux menaces.* — **2.** Considérer qqch comme bon, juste, fondé, louable, y donner son accord : *Approuver la vente d'une propriété.* — **3.** Autoriser qqch par décision administrative, juridique, etc. : *Le Sénat a approuvé le budget.* — **4.** *Lu et approuvé,* formule précédant la signature, employée au bas d'un acte, d'un compte, pour indiquer qu'on en a pris connaissance et qu'on y a donné son accord.

APPROVISIONNEMENT n. m. **1.** Action d'approvisionner ; ensemble des fournitures, des produits destinés à approvisionner : *L'approvisionnement en eau d'une ville.* — **2.** Action d'approvisionner une arme à feu. — **3.** *Officier d'approvisionnement,* officier qui était chargé, dans un corps de troupe, de percevoir et de distribuer les approvisionnements aux unités.
◆ **approvisionnements** n. m. pl. **1.** Ressources matérielles fournies aux unités militaires (vivres, matériels d'habillement, de couchage, de campement, etc.). — **2.** *Service des approvisionnements,* service qui, dans une entreprise ou une collectivité, a pour but de fournir à tous les autres services ce dont ils ont besoin.

APPROVISIONNER v. t. (de *provision*) [conj. 3]. **1.** Pourvoir, munir qqn, qqch de ce qui lui est nécessaire (vivres, matériel, énergie, argent, etc.) : *Commerçant qui attend qu'on l'approvisionne.* — **2.** Introduire, dans le magasin d'une arme à feu à répétition, une ou plusieurs cartouches, en vue d'alimenter son tir.
◆ **s'approvisionner** v. pr. Se fournir en provisions : *S'approvisionner au marché.*

APPROVISIONNEUR, EUSE n. Personne chargée, dans le commerce de détail, d'approvisionner les surfaces où les produits sont présentés.

APPROXIMANTE n. f. Consonne réalisée de telle sorte que l'articulateur se rapproche du lieu d'articulation, mais sans que le conduit vocal soit suffisamment rétréci pour donner lieu à un bruit de friction. (Par ex. [w] dans « ouate » [wat].)

APPROXIMATIF, IVE adj. **1.** Qui est le résultat d'une approximation, qui n'est pas d'une exactitude rigoureuse ; approché : *Une évaluation approximative des dégâts.* — **2.** Qui est plus ou moins exact, plus ou moins précis : *Un récit approximatif des faits.*

APPROXIMATION n. f. (lat. médiév. *approximatio,* action d'approcher de). **1.** Action de s'approcher de la réalité, de la vérité ; évaluation approchée : *Chercher par approximations à cerner la vérité.* — **2.** *Approximation des racines d'une équation,* détermination approchée des racines d'une équation dans des conditions déterminées. ‖ *Méthode des approximations successives,* méthode permettant d'établir une suite indéfinie d'approximations de plus en plus voisines de la solution cherchée.

APPROXIMATIVEMENT adv. De façon approximative ; à peu près.

APPUI n. m. (de *appuyer*). **1.** Tout ce qui sert à maintenir qqch ou qqn, à en assurer la solidité ou la stabilité ; support : *Avoir besoin d'un appui pour marcher.* — **2.** Soutien, aide, protection apportés par qqn ; personne qui intervient en faveur de qqn, qui le soutient : *Compter sur l'appui d'une personnalité.* — **3.** *À l'appui (de),* pour appuyer, prouver, soutenir qqch : *Une accusation sans preuves à l'appui.* ‖ *Point d'appui,* élément matériel sur lequel qqch s'appuie ; tout ce qui permet de soutenir, d'étayer une action. ‖ *Prendre appui sur, contre qqch, qqn,* s'appuyer dessus. • **Bât.** Élément, en général à hauteur du coude, sur lequel on peut s'appuyer. ‖ Surface horizontale inférieure de la baie d'une fenêtre. ‖ *À hauteur d'appui,* à la hauteur ordinaire du coude. ‖ *Appui d'un balcon, d'un garde-corps,* partie haute sur laquelle on peut s'accouder. ‖ *Appui rampant,* appui en pente, comme la rampe d'un escalier. ‖ *Barre d'appui,* barre horizontale scellée à hauteur d'appui dans les tableaux d'une fenêtre. ‖ *Mur d'appui,* mur à hauteur d'appui formant garde-corps. — **Bât.** et **Trav. publ.** Élément capable de produire des réactions susceptibles d'équilibrer le système des forces extérieures. — **Dr.** *Servitude d'appui,* faculté d'appuyer tout objet nécessaire à la prise d'eau, naturelle ou artificielle, sur la propriété du riverain opposé. — **Équit.** Temps pendant lequel un membre est employé à soutenir le poids du corps du cheval sur le sol. ‖ Sensation produite sur la main du cavalier par la tension que le cheval exerce sur les rênes. — **Mil.** Aide apportée par une unité à une autre, spontanément ou sur ordre, et comportant le plus souvent le déclenchement des feux. ‖ *Appui aérien,* mission exécutée par l'aviation militaire au profit des forces de surface, terrestres ou maritimes. (→ *encycl.*) ‖ *Appui direct,* mission de l'artillerie dont les feux s'appliquent au bénéfice immédiat d'une unité au contact, d'un niveau inférieur à celui de la division. ‖ *Appui indirect,* mission de l'artillerie dont les feux, effectués dans le cadre de la manœuvre d'une grande unité (division ou corps d'armée), facilitent indirectement l'action des unités subordonnées. ‖ *Point d'appui,* ensemble d'organisations défensives, occupé par un effectif de l'ordre de grandeur d'une compagnie. (Le point d'appui est articulé en un certain nombre de postes de combat.) — **Phys.** *Appui* ou *point d'appui d'un levier,* point de contact du levier avec un support fixe, autour duquel le levier peut pivoter. — **Sports.** *Appui tendu renversé,* en gymnastique, équilibre sur les mains, bras tendus, jambes à la verticale dans le prolongement du tronc.

ENCYCL. **Mil.** La Première Guerre mondiale vit apparaître, à côté de l'*appui renseignement,* principale mission dévolue à l'aviation, le concept nouveau d'*appui feu.* Au cours de la guerre-éclair de 1939-40, les Allemands appliquèrent avec succès la tactique du couple char-avion et, entre 1941 et 1945, les Soviétiques engagèrent la quasi-totalité de leur aviation dans l'appui aux troupes terrestres. La Seconde Guerre mondiale et les conflits qui lui ont succédé ont révélé l'importance de l'*appui transport* (opérations aéroportées, ravitaillement en matériel et en carburant).

APPUI-BRAS n. m. (pl. *appuis-bras*). Support, généralement mobile, placé dans les compartiments de tramways, de chemins de fer ou dans les voitures, et permettant aux voyageurs d'appuyer le bras.

APPUI-LIVRES n. m. (pl. *appuis-livres*). Syn. de SERRE-LIVRES.

APPUI-TÊTE n. m. (pl. *appuis-tête*). **1.** Sommet du dossier d'un siège qui permet d'appuyer la tête. – **2.** Élément de garnissage intérieur des véhicules à voyageurs, placé à la partie supérieure des dossiers et qui joue un rôle de protection en cas de choc arrière. – **3.** Dispositif réglable adapté à un siège de dentiste, de coiffeur, etc., et destiné à soutenir la tête.

1. APPUYER v. t. (lat. médiév. *appodiare,* du lat. class. *podium,* plate-forme) [conj. **14**]. **1.** Placer qqch contre qqch qui lui sert de support : *Appuyer son dos au mur.* – **2.** Appliquer une chose sur une autre en pressant, en pesant : *Appuyer un doigt à l'endroit douloureux.* – **3.** Fonder, établir qqch (abstrait) sur qqch d'autre : *Appuyer une accusation sur des témoignages.* – **4.** Soutenir qqn, une action, un projet, les approuver, les aider de son crédit, de son influence : *Appuyer une proposition de loi.* • **Bât.** Soutenir par le moyen d'un appui, d'un étai. – **Mar.** Haler, raidir un cordage pour soutenir la pièce à laquelle il est fixé. – **Mil.** Apporter une aide à une troupe par le feu ou la manœuvre. – **Véner.** *Appuyer les chiens,* les encourager de la trompe ou de la voix.

◆ v. t. ind. **1.** Exercer une pression, peser sur qqch : *Appuyer sur la pédale de frein.* – **2.** Reposer sur qqch, y avoir son point d'appui : *Les solives appuient sur le sommet du mur.* – **3.** Insister, s'attarder sur qqch, pour le mettre en valeur, lui donner de l'importance : *Appuyer trop sur les fautes de ses prédécesseurs.* – **4.** *Appuyer sur la droite, la gauche (à droite, à gauche),* prendre cette direction.

◆ **être appuyé** v. pass. Être particulièrement insistant, marqué, souligné : *Allusion appuyée.*

◆ **s'appuyer** v. pr., **être appuyé** v. pass. Faire porter son poids sur qqch, qqn, s'en servir comme d'un support : *Elle s'appuie sur, à mon bras. Maisonnette appuyée contre la colline.*

◆ **s'appuyer** v. pr. **1.** Se fonder sur qqch, s'en servir comme base pour une action, une argumentation : *S'appuyer sur des faits irréfutables.* – **2.** Compter sur qqn, sur son appui : *Il sait qu'il peut s'appuyer sur nous.* – **3.** *Fam.* Faire seul, par obligation, par devoir, une tâche pénible : *Je me suis appuyé toute la vaisselle.* – **4.** *Cheval qui s'appuie,* cheval qui prend sur le mors un appui trop fort.

2. APPUYER n. m. (de *appuyer 1*). Exercice dans lequel le cheval progresse diagonalement par rapport à l'axe de son corps, les membres antérieurs et postérieurs suivant deux pistes distinctes et parallèles, la tête étant légèrement tournée dans la direction suivie (mouvement de basse école).

Apra, base navale américaine, dans l'île de Guam.

APRAGMATIQUE adj. et n. Relatif à l'apragmatisme ; atteint d'apragmatisme.

APRAGMATISME n. m. (du gr. *pragma, -atos,* action d'entreprendre). Incapacité d'origine psychique à réaliser des actes familiers.

APRAXIE n. f. Perte de la capacité d'exécuter certains gestes, indépendante de toute paralysie motrice ou d'une incohérence intellectuelle, et qui est consécutive à une lésion cérébrale.

APRAXIQUE adj. et n. Relatif à l'apraxie ; atteint d'apraxie.

ÂPRE adj. (lat. *asper*). **1.** Qui produit une sensation désagréable à l'oreille, au goût : *Une voix âpre. Des poires âpres.* – **2.** Qui présente un caractère de violence, de dureté : *Une lutte très âpre pour le pouvoir.* – **3.** Qui est rude, difficile à supporter : *Froid âpre.* – **4.** *Âpre au gain,* avide de profits, cupide. ‖ *Ligne âpre du fémur,* bord postérieur du fémur qui donne insertion à de nombreux muscles.

ÂPREMENT adv. De façon âpre, violente.

APRÈS prép. ou adv. (bas lat. *adpressum,* de *ad,* à, et de *pressum,* comprimé, serré). **1.** Indique une relation temporelle ; plus tard, postérieurement à : *Je passerai vous voir après les vacances.* – **2.** Indique une relation spatiale ; plus loin, au-delà de : *Le cinéma est après la mairie.* – **3.** Indique une relation de valeur ; à un rang inférieur à : *Le capitaine vient après le commandant dans la hiérarchie.* – **4.** Avec quelques verbes, indique une idée de poursuite : *Courir après les honneurs.* – **5.** *Fam.* Indique l'être ou la chose visés par une activité, objets d'un sentiment : *Il crie après ses enfants. J'attends après cette somme.* – **6.** *Après* *cela,* exprime une relation de conséquence. ‖ *Après quoi,* ensuite. ‖ *Après tout,* tout bien considéré. ‖ *Et (puis) après ?,* qu'est-ce que cela peut faire ? ‖ Fam. *Être après qqch,* s'en occuper activement. ‖ Fam. *Être après qqn,* s'en prendre à lui, le harceler.

◆ **après** prép., **après que** conj. *Après + inf. passé, après que + ind.,* indiquent la postériorité dans le temps : *Après avoir tout examiné, ils se retirèrent.*

◆ **d'après** prép. **1.** Selon les propos de, en s'en rapportant à : *D'après le témoin, il y aurait eu quatre coups de feu.* — **2.** En prenant pour modèle, pour référence : *Peindre d'après nature.*

APRÈS-, préfixe exprimant la postériorité dans le temps (*après-demain, après-rasage*).

APRÈS-COUP n. m. (pl. *après-coups*). En psychanalyse, processus par lequel certains événements traumatiques ne prennent leur portée qu'ultérieurement et dans un autre contexte historique qui leur donne un sens nouveau.

APRÈS-DEMAIN adv. Le second jour après celui où l'on est.

APRÈS-DÎNER n. m. (pl. *après-dîners*). *Vx.* Temps qui suit le dîner.

APRÈS-GUERRE n. m. ou f. (pl. *après-guerres*). Période qui suit une guerre.

APRÈS-MIDI n. m. ou f. inv. Partie de la journée comprise entre midi et le soir.

Après-midi d'un faune *(l'),* églogue de Stéphane Mallarmé (1876) : tel le faune après les Nymphes, le poète court après la création qui lui échappe. Debussy s'en inspira pour son *Prélude à l'Après-midi d'un faune* (1894). Ce poème et la musique de Debussy ont inspiré à V. Nijinski une chorégraphie créée par les Ballets russes et l'auteur (Paris, théâtre du Châtelet, 1912) [déc. et cost. de L. Bakst]. Serge Lifar a donné une version « sans nymphes » en 1932. La version de Jerome Robbins, sous le titre *Afternoon* of a faun,* a été créée à New York en 1953.

APRÈS-RASAGE n. m. (pl. *après-rasages*). Préparation cosmétique astringente et cicatrisante destinée à atténuer les sensations provoquées par le rasage. (Syn. AFTER-SHAVE.)

APRESSIAN (Iouri Derenikovitch), linguiste russe (Moscou 1930). Spécialiste de sémantique et de lexicologie, il est un des premiers à avoir introduit en U. R. S. S. les concepts et les méthodes de la linguistique structurale.

APRÈS-SKI n. m. (pl. *après-skis*). **1.** Activité, période suivant la journée de ski : *Tenue d'après-ski.* — **2.** Bottillon étanche, à doublure fourrée.

APRÈS-VENTE adj. inv. *Service après-vente,* ensemble d'opérations effectuées après la conclusion d'une vente afin d'assurer au client l'entretien et la réparation du bien vendu ; service chargé d'effectuer cette assistance.

ÂPRETÉ n. f. (lat. *asperitas*). Qualité de ce qui est âpre ou de qqn qui poursuit qqch avec acharnement : *L'âpreté d'un fruit vert, d'une discussion.*

APRIÈS, 4e roi de la XXVIe dynastie égyptienne (588-568 av. J.-C.). Il tenta sans succès d'enlever la Palestine et la Phénicie à la suprématie babylonienne.

A PRIORI adv. et adj. inv. (lat. *a priori,* en partant de ce qui est avant). **1.** En se fondant sur des données antérieures à l'expérience (par oppos. à *a posteriori*) : *Un raisonnement a priori.* — **2.** Avant tout examen approfondi ; de prime abord : *Je ne rejette pas a priori cette proposition.* — **3.** *Péjor.* En ne tenant aucun compte des réalités : *Ne pas juger a priori.*

◆ n. m. inv. **1.** Jugement, affirmation, proposition formulés a priori. — **2.** *Péjor.* Affirmation sans preuve, gratuite, arbitraire : *Argumenter par a priori.*

APRIORIQUE adj. Fondé sur des a priori.

APRIORISME n. m. **1.** *Péjor.* Méthode de raisonnement fondée sur des idées a priori. — **2.** Nom donné quelquefois à la philosophie kantienne.

APRIORISTE adj. et n. Fondé sur l'apriorisme ; qui raisonne a priori.

APRIORITÉ n. f. Caractère d'une notion, d'un raisonnement a priori.

APRIORITIQUE adj. Qui procède par des a priori.

APRON n. m. (du lat. *asper,* âpre). Petit poisson des bassins du Rhône, du Rhin et du Danube, voisin de la perche.

À-PROPOS n. m. inv. Qualité de ce qui vient au bon moment ; qualité de qqn qui dit ou fait les choses opportunément, présence d'esprit : *Avoir l'esprit d'à-propos.*

APROTIQUE adj. Se dit de milieux, ou de solvants, qui ne peuvent contenir ou fournir des protons.

APSARA ou **APSARAS** n. f. (mot sanskrit). Déesse de rang inférieur dans la mythologie hindoue, représentée comme danseuse ou musicienne.

APSIDE n. f. (lat. *apsida,* du gr. *apsis, -idos,* voûte). *Ligne des apsides,* droite joignant l'apoastre au périastre d'une orbite.

APSIDOSPONDYLE n. m. Amphibien tel que les anoures actuels et les stégocéphales de l'ère primaire. (Les *apsidospondyles* forment une sous-classe.)

APT (84400), ch.-l. d'arrond. du Vaucluse, dans le *bassin d'Apt,* au pied du Luberon ; 11 702 hab. *(Aptésiens* ou *Aptois).* Anc. cathédrale Ste-Anne, des XIIe-XVIIIe s. Musée (archéologie, faïences, etc.). Production de fruits confits. – À proximité, extraction des ocres.

APTE adj. (lat. *aptus,* propre à). **1.** Qui a les qualités nécessaires pour faire qqch, à qqch : *Être apte à exercer une fonction.* – **2.** Qui a les qualités juridiques requises.
◆ n. m. et adj. *Apte d'office,* jeune homme qui, sans excuse valable, ne s'est pas présenté au centre de sélection où il était convoqué pour y subir les examens médicaux d'aptitude au service national. (Syn. anc. BON ABSENT.)

APTER (David E.), politologue américain (New York 1924). Par son approche « développementaliste » des systèmes politiques, il est un de ceux qui ont renouvelé la sociologie politique.

APTÈRE adj. (gr. *apteros*). **1.** Se dit des animaux sans ailes dans les espèces ou les groupes pourvus d'ailes (fourmis ouvrières, par ex.). – **2.** Se dit des statues de divinités représentées sans ailes. – **3.** Se dit des temples dépourvus de colonnes sur les faces latérales.

APTÉRYGOTE n. m. (gr. *apterugos,* qui est encore sans ailes). Insecte primitif sans ailes ni métamorphoses, tel que le lépisme et les collemboles. (Les *aptérygotes* forment une sous-classe.)

APTÉRYX n. m. (gr. *apteros,* sans ailes). Nom scientifique du *kiwi* (oiseau).

APTIEN n. m. (de *Apt,* n. pr.). Étage du système crétacé.

APTITUDE n. f. (bas lat. *aptitudo*). **1.** Disposition naturelle ou acquise de qqn à faire qqch : *Avoir une étonnante aptitude aux mathématiques.* – **2.** État de qqn que la loi considère comme qualifié pour jouer un rôle ou exécuter un acte. – **3.** Disposition organique et fonctionnelle d'un animal d'élevage qui le rend plus propre à tel emploi, à telle nature de services ou de produit qu'à telle autre. – **4.** *Aptitude au service,* ensemble des normes et conditions particulières requises des jeunes gens appelés à effectuer le service national, des candidat(e)s à l'engagement et des personnels militaires de carrière ou sous contrat.
◆ **aptitudes** n. f. pl. Dispositions, qualités naturelles ou acquises : *Les aptitudes physiques et intellectuelles.*

APTYALISME n. m. (du gr. *ptualon,* salive). Diminution notable ou absence de la sécrétion salivaire. (Syn. ASIALIE.)

APUD *(cellules)* [abrév. de l'angl. *Amine Precursor Uptake and Decarboxylation*], ensemble de cellules dérivées de la crête neurale embryonnaire éparpillées dans l'organisme et douées de propriétés histochimiques particulières leur permettant de synthétiser des hormones polypeptidiques.

APUDOME n. m. Tumeur développée aux dépens des cellules APUD.
ENCYCL. La plupart des apudomes sécrètent des polypeptides ou des amines semblables aux hormones auxquelles donnent normalement naissance les cellules dont ils dérivent. Certaines tumeurs de structure non endocrinienne peuvent également produire des hormones (cancer du poumon à petites cellules). Ces tumeurs peuvent s'associer et réaliser des ensembles complexes (adénomatose polyendocrinienne).

APULÉE, écrivain latin (Madaure, Numidie, v. 125-Carthage apr. 170). Adepte du platonisme, conférencier *(les Florides),* il est avant tout l'auteur des *Métamorphoses* (ou *l'Âne d'or*).

APULIE, en lat. **Apulia,** nom ancien de la Pouille*, dans l'Italie méridionale. Colonisée par les Grecs qui y fondèrent Tarente (v. 708 av. J.-C.), elle fut conquise par les Romains après les guerres samnites et la guerre contre Pyrrhos (IVe-IIIe s. av. J.-C.).

APURE, riv. du Venezuela, affl. de l'Orénoque (r. g.), navigable à 670 km du confluent ; 1 000 km environ.

APUREMENT n. m. (de *apurer*). **1.** Vérification de l'exactitude d'un compte. (En droit public, la Cour des comptes ou les tribunaux administratifs sont, selon les cas, chargés de l'apurement des comptes des personnes ayant le maniement des deniers publics ; l'acte de libération délivré à ces comptables s'appelle « arrêt de quitus ».) – **2.** *Apurement du passif,* procédure par laquelle un débiteur rembourse, par des paiements échelonnés, tout ou partie de ses dettes.

APURER v. t. (de *pur*) [conj. 3]. **1.** Solder son passif. – **2.** S'assurer que les articles d'un compte (recettes et dépenses) sont régulièrement établis et appuyés des pièces justificatives.

APURIMAC, riv. du Pérou, la plus importante des deux branches mères de l'Ucayali ; 885 km.

APUS [apys] n. m. Crustacé branchiopode des eaux douces, au fort bouclier dorsal, et ayant jusqu'à 60 paires d'appendices.

APUSENI *(monts),* anc. **Bihar** puis **Bihor,** massif de l'ouest de la Roumanie ; 1 848 m au *Curcubăta Mare.* Élevage bovin. Exploitation du bois. Extraction minière (non-ferreux). Aménagements hydroélectriques.

APYRE adj. Inaltérable au feu et difficilement fusible.

APYRÈNE adj. (du gr. *purên, -ênos,* noyau). Se dit d'un cépage qui produit des raisins sans pépins.

APYRÉTIQUE adj. **1.** Se dit de qqn qui n'a pas de fièvre. – **2.** Se dit d'une maladie, d'un syndrome qui se manifeste sans fièvre.

APYREXIE n. f. (gr. *apureksia*). Absence de fièvre.

APYROGÈNE adj. **1.** Qui ne donne pas de fièvre. — **2.** *Soluté apyrogène,* soluté isotonique, débarrassé de toutes les substances d'origine bactérienne capables d'élever la température du sujet à qui on l'injecte.

Aq (du lat. *aqua,* eau), abrév. désignant une molécule d'eau.

'AQABA *(golfe d'),* golfe du nord de la mer Rouge, entre la péninsule du Sinaï (Égypte) et l'Arabie Saoudite. Quelques kilomètres de rivages, à l'extrémité nord du golfe, sont partagés entre la Jordanie (port d'al-'Aqaba) et l'État d'Israël (port d'Eilat). Allongé sur près de 200 km, le golfe ne dépasse pas 30 km de large. Son entrée est commandée par les îles de Tiran.

'AQABA (al-) ou **AKABA,** port de Jordanie, au fond du golfe d'*'Aqaba ;* 10 000 hab. Exportation de phosphates. Aéroport. Tourisme. Engrais. — À l'E., site d'Ezion Geber, le port du roi Salomon.

AQARQUF → DOUR-KOURIGALZOU.

AQIBA (ou **AKIBA**) **BEN JOSEPH** *(Rabbi),* rabbin palestinien (50 à 135 apr. J.-C.). Sa méthode originale d'interprétation et de classification des textes bibliques servit, plus tard, à l'élaboration de la Mishna.

'AQL → DIYA.

'AQQĀD ('Abbās Maḥmūd **al-**), écrivain égyptien (Assouan 1889-Le Caire 1964). Un des fondateurs de l'école moderniste du *Dīwān* (1913) et rénovateur de la poésie arabe. Intégriste, membre du *Wafd,* il a donné des romans (*Sāra,* 1938), des poèmes didactiques (*Dīwān,* 1921), des essais et des ouvrages de critique littéraire (*Mémoires,* 1971).

Aqṣā (al-) ou **al-Djāmi' al-Aqṣā,** mosquée de Jérusalem, fondée au VIIIe s., construite sur l'emplacement du Temple de Salomon. Elle fait face à la Coupole du Rocher.

AQUACOLE [-kwa-] ou **AQUICOLE** [-kɥi-] adj. **1.** Qui vit dans l'eau. — **2.** Qui a trait à l'aquaculture.

AQUACULTEUR [-kwa-] ou **AQUICULTEUR, TRICE** [-kɥi-] n. m. Personne qui pratique l'aquaculture.

AQUACULTURE [-kwa-] ou **AQUICULTURE** [-kɥi-] n. f. Élevage et multiplication des animaux et des plantes aquatiques, à des fins commerciales.
ENCYCL. Aux formes anciennes de l'aquaculture : élevage des huîtres et des moules (conchyliculture), des poissons d'étang et de la truite, s'ajoutent de nouvelles formes d'élevage en milieu marin : élevage des crevettes, des coquilles Saint-Jacques, des saumons, des bars, etc.

AQUAFORTISTE [-kwa-] n. (ital. *acqua forte,* eau-forte). Graveur à l'eau-forte.

AQUAGYM n. f. Exercices de gymnastique pratiqués dans l'eau.

AQUAMANILE [-kwa-] n. m. (bas lat. *aquaemanile,* du lat. class. *aqua,* eau, et *manus,* main). Aiguière médiévale, souvent zoomorphe, qui servait aux ablutions.

AQUAPLANE [-kwa-] n. m. **1.** Planche, remorquée sur l'eau par un canot automobile, sur laquelle se tient debout une personne s'aidant d'une corde fixée à la planche ; sport qui consiste à se tenir sur cette planche. — **2.** Bâtiment à ailes portantes pouvant atteindre des vitesses élevées grâce à son déjaugeage.

AQUAPLANING [akwaplaniŋ] ou **AQUAPLANAGE** n. m. Sur une chaussée où stagne de l'eau, perte du pouvoir directeur, provoquant le dérapage d'un véhicule et due à la présence d'une pellicule d'eau entre le sol et le pneu. (Syn. HYDROPLANAGE.)

AQUARELLE [-kwa-] n. f. (ital. *acquarello,* du lat. *aquarius,* relatif à l'eau). **1.** Peinture délayée à l'eau, légère, transparente, appliquée le plus souvent sur du papier blanc. — **2.** Œuvre obtenue à l'aide d'une telle peinture. (L'aquarelle apparaît, en Europe, au XVe s., et devient un genre autonome vers la 2e moitié du XVIIIe s.)

AQUARELLÉ, E adj. Se dit d'un dessin, d'une gravure coloriés à l'aquarelle.

AQUARELLISTE [-kwa-] n. Personne qui peint à l'aquarelle.

AQUARIOPHILE [-kwa-] adj. et n. Qui pratique l'aquariophilie.

AQUARIOPHILIE [-kwa-] n. f. Élevage en aquarium de poissons d'ornement.

AQUARIUM [akwarjɔm] n. m. (lat. *aquarium,* réservoir d'eau, de *aqua,* eau). **1.** Réservoir d'eau salée ou douce dans lequel sont conservés et nourris des plantes et des animaux, et dont les parois permettent l'observation. — **2.** Local où sont rassemblés plusieurs aquariums.
ENCYCL. Un aquarium comporte un volume d'eau restreint surmontant un sédiment, souvent à base de sables et de graviers. Il est généralement équipé d'un système de circulation d'eau et d'aération par pompe à air, d'un filtre biologique, d'un éclairage artificiel et d'un système de régulation thermique. Son bon fonctionnement nécessite une distribution régulière d'aliment, naturel ou artificiel, et le contrôle de la qualité de l'eau.

AQUASTAT [-kwa-] n. m. Thermostat servant à la régulation automatique d'une température d'eau.

AQUATINTE [-kwa-] n. f. (ital. *acquatinta,* eau colorée). Procédé de gravure à l'eau-forte imitant le lavis.

AQUATIQUE [-kwa-] adj. (lat. *aquaticus,* de *aqua,* eau). **1.** Qui est formé d'eau, qui contient beaucoup d'eau : *Paysage aquatique.* — **2.** Qui croît, qui vit dans l'eau ou à proximité : *Plantes aquatiques.*

ENCYCL. **Bot.** Peu lignifiées, peu ou pas vascularisées, riches en cavités remplies d'oxygène, les *plantes aquatiques* peuvent être fixées au fond par des crampons (algues) ou par des racines peu absorbantes, ou flotter librement. La reproduction, souvent adaptée au milieu aquatique (algues), reste aérienne chez les angiospermes des eaux peu profondes, dont la partie supérieure émergée porte les fleurs.

— **Zool.** Parmi les *animaux aquatiques,* on distingue les espèces fixées au fond ou vivant sur le fond (benthos), celles de la masse des eaux (pelagos), dont certaines nagent (necton) tandis que d'autres (plancton) flottent passivement, celles du littoral, de la surface des eaux, des lagunes, estuaires, mangroves, etc. La plupart des animaux aquatiques ont des branchies et respirent l'oxygène en solution dans l'eau. Tous les embranchements animaux ont des représentants aquatiques et nombre d'entre eux sont entièrement aquatiques, voire exclusivement marins.

AQUATUBULAIRE [-kwa-] adj. Se dit d'une chaudière à vapeur ou à eau chaude dont la surface de chauffe est constituée par des tubes que parcourt l'eau et qui sont exposés à la chaleur du foyer ou à des gaz chauds. (Syn. MULTITUBULAIRE.)

AQUAVIT ou **AKVAVIT** [akwavit] n. m. (suéd. *akvavit,* eau de vie). Eau-de-vie des pays nordiques, à base d'alcool aromatisé par diverses substances végétales.

AQUEDUC n. m. (lat. *aquaeductus,* conduit d'eau, de *aqua,* eau, et *ducere,* conduire). **1.** Canal creusé ou construit pour assurer l'adduction de l'eau dans une agglomération ou pour irriguer des cultures. — **2.** Ouvrage d'art, pont supportant ce canal. (→ *encycl.*) — **3.** Nom donné à certains canaux de l'organisme : *aqueduc de Fallope,* par lequel le nerf facial traverse le rocher ; *aqueduc du limaçon,* dans l'oreille interne ; *aqueduc de Sylvius,* cavité épendymaire qui fait communiquer le IIIe ventricule avec le IVe ventricule.

ENCYCL. L'Égypte antique et l'Assyrie ont établi des aqueducs à ciel ouvert, pour l'irrigation. Les Romains multiplièrent les aqueducs à arcades ; les plus célèbres qui aient subsisté sont ceux de Ségovie et de Mérida, en Espagne, et celui qu'en France on appelle le « pont du Gard ».

AQUEDUC-LARRON n. m. (pl. *aqueducs-larrons*). Galerie faisant communiquer avec le sas d'une écluse un aqueduc longitudinal et destiné à amener l'eau du bief amont dans le sas, ou du sas dans le bief aval.

AQUEUX, EUSE adj. (lat. *aquosus,* humide, de *aqua,* eau). **1.** Qui contient de l'eau, chargé d'eau : *Fruit aqueux.* — **2.** Se dit d'une solution dont le solvant est l'eau. — **3.** *Humeur aqueuse,* liquide contenu dans la chambre antérieure de l'œil, entre la cornée d'une part, le cristallin et l'iris d'autre part.

À QUIA [akɥija] adv. (de *à* et lat. *quia,* parce que). Vx. *Être à quia,* ne plus savoir que répondre, éprouver un grand embarras. ‖ *Réduire qqn à quia,* l'amener à ne plus savoir que répondre.

AQUICOLE, AQUICULTEUR, AQUICULTURE
→ AQUACOLE, AQUACULTEUR, AQUACULTURE.

AQUIFÈRE [-kwi-] adj. **1.** Qui porte, qui contient de l'eau. ‖ *Nappe aquifère,* masse d'eau souterraine emplissant les vides de roches, à travers lesquelles elle circule lentement, et que soutient un horizon imperméable. (La nappe aquifère est dite superficielle ou phréatique ou libre lorsqu'elle n'est surmontée d'aucune couche imperméable, profonde ou captive, entre deux couches imperméables.) — **2.** *Stomates aquifères,* stomates rejetant des gouttelettes d'eau et situés à l'extrémité des nervures foliaires de certaines plantes (capucine). ‖ *Système aquifère,* appareil des échinodermes (oursins, etc.) où circule de l'eau qui érige ou rétracte les *podia* ou ventouses assurant la reptation. ‖ *Tissus aquifères,* tissus assurant la rétention de l'eau chez les plantes dites *grasses.*

◆ n. m. **1.** Ensemble de terrains se prêtant à l'emmagasinement et à la circulation de l'eau. — **2.** Couche, formation géologique imprégnée d'eau, qui se trouve à la base d'un gisement de pétrole.

AQUIFOLIACÉE [-kɥi-] n. f. (lat. *aquifolium,* houx). Nom de famille attribué au houx et aux arbustes voisins. (Syn. ILICACÉE.)

AQUILA, prosélyte juif (Sinope IIe s.). Il donna une traduction grecque du texte hébreu de la Bible.

AQUILA (L'), v. d'Italie, dans les Abruzzes, ch.-l. de prov. ; 66 863 hab. Églises des XIIIe-XVe s. Musée national des Abruzzes dans le château du XVIe s. Constructions mécaniques et électriques.

AQUILAIN [-ki-] ou **AQUILANT** [-ki-] adj. et n. m. (lat. *aquilus,* brun). Se dit d'un cheval de couleur fauve ou brune.

AQUILÉE, en ital. **Aquileia,** v. d'Italie, sur la mer Adriatique (prov. d'Udine) ; 3 300 hab. Elle fut le siège d'un patriarcat ecclésiastique dont dépendait la Vénétie (554-1751). Imposant forum d'époque impériale, mausolées, et basilique d'époque constantinienne pavée de mosaïques.

AQUILIN [-ki-] adj. m. (lat. *aquilinus,* de *aquila,* aigle). *Nez aquilin,* nez fin et recourbé en bec d'aigle.

AQUILON n. m. (lat. *aquilo, -onis,* vent du nord). *Litt.* Vent du nord, fort et froid.

AQUIN (Louis Claude D') → DAQUIN.

AQUIN (Hubert), écrivain québécois (Montréal 1929-*id.* 1977), auteur de pièces (*Double Sens,* 1972) et de romans (*Neige noire,* 1974) influencés par l'esthétique du nouveau roman.

AQUINO (Corazón, dite **Cory**), femme d'État philippine (Manille 1933). Veuve du leader de l'opposition B. Aquino, assassiné en 1983, elle remporte l'élection présidentielle de 1986 contre Ferdinand Marcos, qui doit s'exiler. Son mandat s'achève en 1992.

AQUITAIN, E adj. et n. (lat. *aquitanus*). D'Aquitaine.

AQUITAIN *(Bassin)* ou **AQUITAINE** *(bassin d'),* bassin sédimentaire du sud-ouest de la France, ouvert sur l'Atlantique, entre le Massif armoricain, au N., le Massif central, à l'E., et les Pyrénées, au S. ; env. 80 000 km². Beaucoup plus étendu que la région actuelle du même nom, formé surtout de plateaux (à prédominance calcaire) et de collines, correspondant en majeure partie au bassin hydrographique de la Garonne, il possède un climat océanique (se dégradant vers l'E.), avec des affinités méridionales (chaleur de l'été). C'est, en fait, le traditionnel « Sud-Ouest » où le secteur rural reste important, l'urbanisation encore assez modeste, comme l'industrialisation ou les services (malgré l'essor ponctuel du tourisme). La densité de population est inférieure à la moyenne nationale, l'émigration, traditionnelle, n'a pas cessé et la population est vieillie.

AQUITAINE, région historique du sud-ouest de la France. Sise entre la Garonne, les Pyrénées et l'Atlantique, l'Aquitaine (ou Gaule Aquitaine) fut conquise par Crassus en 56 av. J.-C. Agrandie par Auguste des territoires situés entre la Garonne et la Loire, elle forma en 27 av. J.-C. la province romaine d'Aquitaine, laquelle fut divisée en trois provinces (*Aquitaine Première,* cap. Bourges ; *Aquitaine Seconde,* cap. Bordeaux ; *Novempopulanie,* cap. Eauze) à la fin du IIIe s. apr. J.-C. Occupée par les Wisigoths au Ve s., elle fut intégrée au royaume franc après la victoire de Clovis à Vouillé (507), mais forma un duché indépendant de la fin du VIIe s. à 768. Érigée en royaume (781) par Charlemagne en faveur du futur Louis Ier le Pieux, elle redevint un duché en 889. Par les mariages d'Aliénor d'Aquitaine avec Louis VII puis Henri II Plantagenêt, ce duché fut rattaché au domaine capétien en 1137, puis incorporé à l'empire anglo-angevin en 1152. Reconnue possession anglaise au traité de Paris (1258-59) qui lui donna le nom de Guyenne*, elle comprenait alors le Bordelais, le Périgord, le Limousin, le Quercy et la Gascogne. Dévastée par la guerre de Cent Ans, elle fut reconquise par Charles VII (victoire de Castillon, 1453) et définitivement réunie à la Couronne de France en 1472.

AQUITAINE, Région du sud-ouest de la France, regroupant cinq dép. (Dordogne, Gironde, Landes, Lot-et-Garonne et Pyrénées-Atlantiques) ; 41 308 km² ; 2 795 830 hab. Ch.-l. *Bordeaux.* Vaste région, mais assez peu peuplée, elle correspond approximativement à la partie occidentale du bassin d'Aquitaine, du Périgord au Pyrénées occidentales, Périgord et Pyrénées étant séparés par la forêt landaise et la vallée de la Garonne.

L'extension de la forêt explique, en partie, la faiblesse du peuplement. Son exploitation est à la base d'une industrie du bois, moins active aujourd'hui que l'agroalimentaire, diversifié. Des branches plus modernes se sont développées (aéronautique, électronique), alors que le raffinage du pétrole importé a disparu et que l'extraction du gaz naturel (à Lacq) s'éteint. En fait, l'agriculture (à la base d'ailleurs de l'agroalimentaire) demeure une activité essentielle et l'Aquitaine constitue encore largement une mosaïque de terroirs aux productions variées et souvent de qualité (fruits et légumes, vins du Bordelais, aviculture, etc.).

Excentrée, adossée aux Pyrénées, avec une métropole (Bordeaux) longtemps plus maritime que terrienne, sans grandes ressources minières, délaissée par les grands axes de circulation, l'Aquitaine peut aujourd'hui bénéficier de l'incorporation de l'Espagne et du Portugal dans la Communauté européenne, et de l'amélioration récente des dessertes autoroutières, ferroviaires (T.G.V.) et aériennes. Celle-ci a stimulé le tourisme estival, balnéaire, mais aussi gastronomique, alors que se sont multipliées les résidences secondaires dans l'intérieur. Le secteur tertiare occupe déjà plus de 60 % des actifs, malgré une urbanisation modeste.

AQUITAINE *(l'),* autoroute française (A 10), reliant Paris à Bordeaux par Orléans, Tours, Poitiers, Niort et Saintes.

AQUITANIEN n. m. (de *Aquitaine,* n. pr.). Étage de la série miocène.

Ar, symbole chimique de l'*argon.*

AR, symbole indiquant la présence d'un radical *aryle* dans la formule d'un composé organique.

ALPHABET ARABE

figure 1	figure 2	figure 3	figure 4	nom	transcription
ا	ـا	ـا	ا	alif	ā
ب	ـب	ـبـ	بـ	bā'	b
ت	ـت	ـتـ	تـ	tā'	t
ث	ـث	ـثـ	ثـ	thā'	th *(interdentale spirante sourde)*
ج	ـج	ـجـ	جـ	djīm	dj
ح	ـح	ـحـ	حـ	ḥā'	ḥ
خ	ـخ	ـخـ	خـ	khā'	kh
د	ـد	ـد	د	dāl	d
ذ	ـذ	ـذ	ذ	dhāl	dh *(interdentale spirante sonore)*
ر	ـر	ـر	ر	rā'	r *(r roulé)*
ز	ـز	ـز	ز	zāy	z
س	ـس	ـسـ	سـ	sīn	s
ش	ـش	ـشـ	شـ	chīn	ch
ص	ـص	ـصـ	صـ	ṣād	ṣ
ض	ـض	ـضـ	ضـ	ḍād	ḍ
ط	ـط	ـطـ	طـ	ṭā'	ṭ
ظ	ـظ	ـظـ	ظـ	ẓā'	ẓ
ع	ـع	ـعـ	عـ	'ayn	ʕ̣ *(laryngale)*
غ	ـغ	ـغـ	غـ	rhayn	rh, *(r grasseyé)*
ف	ـف	ـفـ	فـ	fā'	f
ق	ـق	ـقـ	قـ	qāf	q
ك	ـك	ـكـ	كـ	kāf	k
ل	ـل	ـلـ	لـ	lām	l
م	ـم	ـمـ	مـ	mīm	m
ن	ـن	ـنـ	نـ	nūn	n
ه	ـه	ـهـ	هـ	hā'	h
و	ـو	ـو	و	wāw	ū, w
ي	ـي	ـيـ	يـ	yā'	ī, y

1. Isolées 2. Finales 3. Médiales 4. Initiales

Remarque : le point souscrit dans la transcription indique l'emphase.

ARA n. m. (mot tupi). Perroquet d'Amérique latine, aux vives couleurs, au bec fort et crochu, vivant en bandes.

ARA, nom lat. de la constellation de l'Autel* (au génit. *Arae ;* abrév. Ara).

ARABE adj. et n. (lat. *arabs, -abis,* de l'ar. *'Arab*). **1.** D'Arabie et de tout pays ou communauté dont la langue est l'arabe. — **2.** *Broderie arabe,* broderie très colorée, parfois rehaussée de fils de métal, d'inspiration végétale, les éléments du décor étant traités de façon géométrique. ‖ *Cheval arabe,* race de chevaux de selle, très énergiques et très résistants, ayant servi à la création de nombreuses races de chevaux. ‖ *Chiffres arabes,* les dix signes de numération décimale : 0, 1, 2, 3, 4, 5, 6, 7, 8, 9. ‖ *Dentelle arabe,* frange nouée à la main, formant parfois une véritable dentelle. (Syn. MACRAMÉ.)

◆ n. m. Langue sémitique parlée principalement en Afrique du Nord, dans le Proche-Orient et en Arabie.

ENCYCL. Parlé sous ses différentes formes par environ 230 millions de locuteurs de l'Atlantique à l'Asie centrale, l'arabe est une réalité linguistique complexe : *l'arabe littéraire,* ou *arabe classique,* est une langue écrite uniforme à caractère religieux ; en revanche, les *dialectes* ne possèdent pas d'expression écrite et leur grande variété rend difficile l'intercompréhension entre arabophones. Issu du groupe méridional des langues sémitiques, l'arabe s'est forgé en Arabie centrale et a connu à partir du VIIe s. une diffusion extraordinaire due à l'expansion de l'islām. Perpétuant la langue du Coran, l'arabe classique est resté la langue littéraire et religieuse des musulmans. Au XXe s. s'édifie une langue commune dérivée de l'arabe classique ; cet arabe dit « moyen » ou « moderne » est la langue utilisée par les médias, les hommes politiques, les universitaires, dans tous les pays arabes mais n'est pratiquement jamais la langue de la conversation : les échanges de la vie quotidienne se font dans les différents dialectes. L'arabe possède un vocalisme pauvre (3 voyelles *i, u, a*) et un consonantisme riche (28 consonnes). Ce sont les consonnes emphatiques (ou pharyngalisées) qui en font la spécificité phonique, ainsi que la consonne hamza qui se réalise par un coup de glotte et que l'on note par une apostrophe. Le trait linguistique fondamental est l'existence de racines consonantiques, souvent trilitères, qui, en se combinant à d'autres éléments phoniques, sont à la base du fonctionnement de la langue. L'arabe s'écrit de droite à gauche. Chaque lettre s'écrit différemment selon sa position (isolée, initiale, médiale, finale). Seules les consonnes et les voyelles longues sont notées. L'alphabet arabe sert également à transcrire le persan, l'urdū et le swahili.

arabe *(Ligue),* association d'États arabes indépendants, destinée à promouvoir leur coopération et dont la charte fut signée en 1945 au Caire par l'Égypte, la Syrie, le Liban, l'Iraq, la Transjordanie, l'Arabie Saoudite et le Yémen. Quatorze États nouveaux ainsi que l'Organisation de libération de la Palestine (O. L. P.) y ont adhéré entre 1953 et 1993. L'Égypte, suspendue en 1979, après les accords de Camp David, a été réintégrée en 1989. Les conflits entre pays membres ont toujours constitué un frein à l'activité de la Ligue. Son siège est au Caire.

ARABE UNIE *(République),* fédération constituée par l'Égypte et la Syrie de 1958 à 1961.

ARABES, ensemble des peuples de langue arabe, occupant une zone qui s'étend du golfe Persique à l'Atlantique. Leur nombre est évalué à 230 millions, chiffre incluant d'importantes minorités berbères, nilotiques, kurdes, plus ou moins arabisées.

Depuis au moins la seconde moitié du Ier millénaire, les Arabes sont établis dans la péninsule entre la mer Rouge et le golfe Persique. Après la révélation coranique (VIIe s.), ils se lancent au nom de l'islām* à la conquête d'un vaste empire qui atteint au début du VIIIe s. l'Inde et l'Espagne. Au sein de l'Empire musulman, de vastes zones s'arabisent, plus par assimilation des autochtones que par émigration massive.

À partir du XVIe s. de nombreuses régions arabes sont sous domination ottomane ; elles seront colonisées par les puissances occidentales ou placées sous leur tutelle aux XIXe-XXe s. Les guerres de libération nationale aboutissent à l'indépendance politique, parfois acquise de haute lutte (Maroc, Tunisie, Soudan [1956], Algérie [1962]), puis des révolutions renversent les dynasties au pouvoir (Égypte [1952], Iraq [1958], Libye [1969]). Les divers régimes nationaux arabes sont confrontés à des problèmes majeurs : particulièrement, l'attachement des masses aux traditions musulmanes, la question palestinienne et la dépendance envers la technologie des pays développés.

ARABES BÉDOUINS → BÉDOUINS.

ARABES DU SUD *(fédération des Émirats)* → ARABIE DU SUD *(fédération d').*

ARABES UNIS *(fédération des Émirats)* → ÉMIRATS ARABES UNIS.

ARABESQUE n. f. **1.** Ornement peint ou sculpté spécial, d'origine islamique ou non, employé en décoration. — **2.** Ligne idéale, sinueuse, résumant le rythme essentiel d'une composition peinte, dessinée ou sculptée. (→ *encycl.*)

— **3.** Figure d'équilibre de la danse académique, de forme linéaire, dans laquelle une jambe étant en appui au sol (pied à plat, sur pointe ou demi-pointe), l'autre élevée en arrière, le buste prend différentes positions, un des bras tendus en avant, l'autre en arrière.

ENCYCL. L'arabesque est constituée d'enroulements végétaux où chaque feuille ou palmette, née de la tige, donne naissance à des rameaux nouveaux qui s'épanouissent selon un ou plusieurs axes de symétrie. Ce décor couvrant obéit à des lois strictes : respect des proportions entre pleins et vides, alternance des courbes en sens contraire et, surtout, unité d'ensemble, qui parfois conduit la stylisation jusqu'à l'abstraction. C'est probablement dans les arts orientaux (Égypte, Iran, mais aussi art des steppes) qu'il faut chercher l'origine de l'arabesque. Connue de l'art hellénistique tardif, elle sera adoptée par les Romains (*Domus Aurea* de l'Esquilin ; Pompéi) avant d'être, sous une forme assez fruste, l'un des thèmes favoris de l'art copte, et d'atteindre sa pleine maturité, vers le début du XIe s., dans l'art islamique (d'où le mot de « arabesque »).
Les décors antiques d'arabesques devaient ressusciter en Italie avec la Renaissance ; leur révélation dans les excavations des fouilles archéologiques de Rome leur valut également le nom de grotesques*.

ARABETTE n. f. Autre nom de la *corbeille-d'argent.*

'ARĀBĪ PACHA → 'URĀBĪ PACHA.

Arabian American Oil Company (ARAMCO), compagnie pétrolière d'Arabie Saoudite, fondée en 1933, et qui extrait la quasi-totalité du pétrole de ce pays.

ARABICA n. m. Espèce de caféier la plus cultivée dans le monde ; café qu'elle produit.

ARABIE, en ar. **Djazīrat al-'Arab,** péninsule du sud-ouest de l'Asie, entre la mer Rouge et le golfe Persique ; 3 millions de km^2 ; 32 millions d'hab. env. L'Arabie est partagée entre l'Arabie Saoudite (qui en occupe la majeure partie), le Yémen, le sultanat d'Oman, la fédération des Émirats arabes unis et les principautés de Qaṭar, Bahreïn, Koweït.

Géographie. La plaine désertique de la Tihāma (sur la mer Rouge) est dominée par un bourrelet montagneux continu. Le socle s'abaisse beaucoup plus doucement vers la mer d'Oman et le golfe Persique, localement recouvert de sédiments : immenses ergs de Rub' al-Khālī et du Nufūd, plateaux du Nord-Est recelant les accumulations pétrolifères.
La péninsule, traversée par le tropique et prolongeant le Sahara, a un climat de désert chaud, altéré toutefois par l'altitude et l'exposition qui valorisent (par un accroissement des précipitations) certaines régions (reliefs du Yémen, du Zufār et de l'Oman, voire l''Asīr). C'est ainsi que l'on a pu opposer une Arabie méridionale, l'« Arabie heureuse » à la population sédentaire (agricole ou citadine), et une Arabie centrale et septentrionale, véritablement désertique, domaine du traditionnel nomadisme pastoral et parsemée de quelques oasis, dont les villes saintes islamiques du Hedjaz (La Mecque et Médine). Le nomadisme a reculé avec les retombées de l'exploitation pétrolière, bouleversant localement l'économie, sinon la structure sociale et religieuse de la péninsule, en faisant un enjeu stratégique.

Histoire. Dans la seconde moitié du Ier millénaire, des États organisés prennent naissance en Arabie du Sud dont les négociants monopolisent le commerce entre l'Inde et l'Occident. Les Bédouins de l'Arabie du Nord pratiquent une économie précaire tandis que les oasis du Hedjaz sont d'actifs centres commerciaux. La présence romaine en Orient (IIe s. av. J.-C.-IVe s. apr. J.-C.) amène le développement des cités-États au débouché des routes caravanières : Pétra, capitale des Nabatéens, puis de la province romaine d'Arabie (106 apr. J.-C.), Bostra, Palmyre (IIIe s.). Le déclin du commerce aux IVe et Ve s. coïncide avec la décadence romaine et la désorganisation de l'Arabie du Sud. Le christianisme et le judaïsme se répandent. Deux États arabes chrétiens se forment : Rhassān, vassal de Byzance, et Ḥīra, vassal des Sassanides, aux confins de la Syrie et de la Mésopotamie. La Mecque, centre de pèlerinages autour de la Ka'ba et de la Pierre noire, se développe grâce au commerce prospère des Quraychites.
Mahomet commence sa prédication au début du VIIe s. Celle-ci, recueillie dans le Coran, est capable d'unir l'Arabie autour d'une nouvelle religion et de donner une dimension nouvelle à l'expansion vers les terres plus riches. Yathrib (Médine), où la communauté a dû émigrer en 622, devient le centre de l'islām naissant et la capitale du premier État islamique. À partir de 630, année de la conquête de La Mecque par Mahomet, des tribus de toute la péninsule se convertissent. À la mort de Mahomet, en 632, se pose le problème de sa succession. Le calife Abū Bakr (de 632 à 634) soumet toute l'Arabie et lance les premières expéditions contre les Empires perse et byzantin. 'Umar Ier (de 634 à 644) remporte les victoires décisives qui assurent aux Arabes le contrôle de la Syrie et de la Palestine (Yarmouk, 636), de la Mésopotamie et de l'Iran (Qādisiyya, 637 ; Nehavend, 642), puis de l'Égypte (640-642). Il jette les bases d'un État

organisé. Les califats d'‘Uthmān ibn ‘Affān (de 644 à 656) et de ‘Alī (de 656 à 661) sont marqués par les rivalités entre les grandes familles. Le gouverneur de Syrie Mu‘āwiya s'empare du pouvoir et fonde la dynastie omeyyade. Le centre de l'empire se déplace alors vers la Syrie, puis vers la Mésopotamie, où s'opéreront les synthèses qui donneront naissance à la civilisation arabo-islamique classique. Gouvernées par les Omeyyades, l'Arabie et surtout les villes saintes profitent de la prospérité de l'empire. Les ‘Abbāssides ne peuvent maintenir leur autorité après 860. Les Ismaéliens, ou Qarmates, sont au xe s. les maîtres du Yémen, de l'Oman et du Ḥasā, et menacent l'Iraq à partir de ces bases.
Vers 960, des chérifs hasanides prennent le pouvoir à La Mecque, mais l'Arabie, qui, depuis le XIIe s., est devenue sunnite, divisée en une multitude de principautés ou de cités-États, continue à vivre dans l'anarchie et l'isolement. À partir de la fin du XVe s., les Portugais s'assurent des bases (Ormuzd, Bahreïn) sur le golfe Persique. Ils se heurtent aux prétentions des Ottomans (XVIe s.), puis des Hollandais et des Britanniques (XVIIe s.).
Un réformateur religieux du Nadjd, Muḥammad ibn ‘Abd al-Wahhāb (1703-1792), s'allie aux Saoudites pour regrouper les Arabes autour d'un idéal religieux, le wahhābisme. Sa‘ūd le Grand (de 1803 à 1814) achève la conquête de l'Arabie. Les Ottomans envoient Méhémet-Ali écraser son royaume (1811-1819) et rétablir leur autorité, tandis que les Britanniques installent leurs protectorats sur les côtes du golfe Persique et de l'océan Indien (Aden, Oman, Trucial States, Bahreïn). Mais le wahhābisme a éveillé le nationalisme arabe : allié aux Anglais durant la Première Guerre mondiale, ‘Abd al-‘Azīz III ibn Sa‘ūd conquiert sur les Ottomans et sur les Hāchémites les régions de la future Arabie Saoudite (fondée en 1932). Les autres pays constituant la péninsule arabique (Yémen, Trucial States, Oman, Koweït, Qaṭar, Bahreïn, etc.) se libèrent les uns après les autres de la tutelle britannique et forment les États indépendants de l'Arabie contemporaine.

ARABIE *(mer d')* ou **MER ARABIQUE** ou **MER D'OMAN,** partie nord-ouest de l'océan Indien entre la Somalie, la péninsule arabique et la côte indienne, les archipels des Maldives et des Laquedives. Superficie 7 500 000 km². Elle communique avec la mer Rouge et le golfe Persique.

ARABIE SAOUDITE, en ar. **al-Mamlaka al-‘Arabiyya al-Sa‘ūdiyya,** État occupant la majeure partie de la péninsule d'Arabie ; 2 150 000 km² ; 18 400 000 hab. *(Saoudiens).* CAP. *Riyāḍ.* LANGUE : *arabe.* MONNAIE : *riyal.*

Géographie. Issu des tribus nomades de l'Arabie centrale, peuplé initialement presque exclusivement d'Arabes islamisés (de confession dominante sunnite wahhābite), l'État saoudien a d'abord rempli le rôle de gardien des lieux saints et d'organisateur du pèlerinage de La Mecque. Il conserve ce rôle, mais l'exploitation pétrolière (à partir des années 1940), dont la production approchait 340 Mt en 1990, ajoutée aux revenus du pétrole (le pays est le premier exportateur mondial), a accéléré la sédentarisation (urbanisation rapidement croissante), l'intensification de l'élevage (ovins) et localement (grâce à l'irrigation) celle des cultures, et permis aussi une amorce d'industrialisation (raffinage et pétrochimie, biens de consommation). Parallèlement, le nombre des immigrés (qui représentent 3 actifs sur 4) s'est considérablement accru, ce qui, à terme, peut modifier une organisation sociale et politique qui a encore peu évolué.

Histoire. L'Arabie Saoudite est née des conquêtes de l'émir du Nadjd, ‘Abd al-‘Azīz ibn Sa‘ūd, faites à partir de 1902 sur les régions possédées par des Turcs.
1932 : Création du royaume d'Arabie Saoudite, qu'‘Abd al-‘Azīz ibn Sa‘ūd modernise grâce aux revenus du pétrole.
1953 : Sa‘ūd ibn ‘Abd al-‘Azīz succède à son père, ‘Abd al-‘Azīz.
1964 : Fayṣal dépose son frère Sa‘ūd, à qui il succède. Il se fait le champion du panislamisme et le protecteur des régimes conservateurs arabes.
1975 : Après l'assassinat de Fayṣal, son frère, Khalīd, lui succède.
1982 : Début du règne de Fahd, frère de Khalīd.
1991 : À la suite de l'invasion du Koweït, une force multinationale à prépondérance américaine déployée sur le territoire saoudien intervient contre l'Iraq (guerre du Golfe).

ARABIE DU SUD *(fédération d'),* fédération constituée en 1962, qui comprenait l'essentiel des territoires sous influence britannique de l'Arabie méridionale (seize États sur vingt et Aden). Après son accession à l'indépendance, la fédération devint, en 1967, la République populaire du Yémen du Sud, puis, en 1970, la République démocratique et populaire du Yémen (auj. intégrée dans la Rép. du Yémen).

ARABIE DU SUD *(protectorat d'),* anc. protectorat britannique de la partie sud-est de la péninsule arabique qui regroupait les territoires non fédérés dans l'Arabie du Sud. Ils ont été inclus dans la République démocratique et populaire du Yémen (Yémen du Sud, auj. intégré dans la Rép. du Yémen).

ARABINOSE n. m. (de *Arabie,* n. pr.). Pentose non fermentescible, que l'on trouve dans les urines en cas de pentosurie.

ARABIQUE adj. (lat. *arabicus*). **1.** Relatif à l'Arabie. — **2.** Se dit des dialectes arabes d'Arabie Saoudite, des deux Yémens et de l'Oman. — **3.** *Gomme arabique,* produit d'exsudation naturelle ou provoquée de diverses espèces d'acacia (notamment Acacia verek), utilisé comme excipient et émulsionnant dans de nombreuses préparations pharmaceutiques.

ARABIQUE *(golfe),* anc. nom de la *mer Rouge.*

ARABIQUE *(mer)* → ARABIE *(mer d').*

ARABISANT, E n. Spécialiste de la langue et de la civilisation arabes.

ARABISATION n. f. Action d'arabiser.

ARABISER v. t. (conj. **3**). Donner à un pays, à une institution, etc., un caractère propre à la civilisation ou à la langue arabe.

ARABISME n. m. **1.** Construction, expression propre à la langue arabe. — **2.** Particularité propre à la civilisation arabe. — **3.** Idéologie du nationalisme arabe.

'ARABISTĀN → KHUZESTAN.

ARABISTE adj. Relatif à l'arabisme.

ARABITÉ n. f. Caractère de ce qui est arabe.

ARABLE adj. (lat. *arabilis,* de *arare,* labourer). **1.** Se dit de la partie du sol périodiquement retournée par la charrue. — **2.** *Terres arables,* terres régulièrement labourées et cultivées.

ARABO-ISLAMIQUE adj. Relatif au monde arabe considéré dans ses relations avec l'islām.

ARABO-PERSIQUE *(golfe)* → PERSIQUE *(golfe).*

ARABOPHONE adj. et n. Qui parle l'arabe.

ARACAJU, port du Brésil, cap. de l'État de Sergipe ; 401 244 hab.

ARACÉE ou **AROÏDÉE** n. f. (lat. *arum,* du gr. *aron,* arum). Plante monocotylédone des lieux humides, à l'inflorescence en épi (spadice), entourée d'une grande bractée (spathe), telle que l'arum, le philodendron, le taro. (Les *aracées* forment une famille.)

ARACHIDE n. f. (lat. *arachidna,* du gr. *arakhidna,* gesse). Légumineuse annuelle cultivée dans les pays chauds, originaire d'Amérique du Sud, dont les pédoncules floraux ont la particularité de se recourber vers le sol après la fécondation pour y enterrer le fruit, et dont la graine, usuellement appelée *cacahuète,* est consommée après torréfaction ou peut être pressée pour en retirer l'huile utilisée en cuisine et en savonnerie. (N. sc. *Arachis hypogœa.* Les deux plus grands producteurs sont l'Inde et la Chine.)

ARACHIDONIQUE adj. *Acide arachidonique,* acide $C_{19}H_{31}-CO_2$ qui se rencontre dans les *sphingolipides* et joue un rôle métabolique important.

ARACHNÉ, jeune fille lydienne qui, pour avoir osé défier Athéna dans l'art du tissage, fut métamorphosée en araignée.

ARACHNÉEN, ENNE [-rak-] adj. *Litt.* Qui a la légèreté d'une toile d'araignée.

ARACHNIDE [-rak-] n. m. Arthropode terrestre ou dulcicole sans antennes ni mandibules, tel que les araignées, les scorpions, les acariens, etc. (La classe des *arachnides* compte plus de 50 000 espèces.)

ENCYCL. La tête des arachnides, toujours soudée à l'avant du thorax, porte des yeux simples (ocelles), une paire de crochets ou chélicères, souvent venimeux, une paire de pédipalpes, parfois développés en pinces (scorpions). Il y a quatre paires de pattes marcheuses, portées par le thorax. L'abdomen ne porte jamais de pattes. L'appareil respiratoire des arachnides est varié : poumons, trachée, les deux à la fois ou ni l'un ni l'autre, mais jamais de branchies. La reproduction est ovipare, sans métamorphoses.

ARACHNODACTYLE [-rak-] adj. et n. Atteint d'arachnodactylie.

ARACHNODACTYLIE [-rak-] n. f. Déformation transmise génétiquement des doigts et des orteils et caractérisée par leur allongement et leur gracilité.

ARACHNOÏDE [-rak-] n. f. (gr. *arakhnoeidês,* semblable à un fil). Une des trois méninges située entre la dure-mère, qui lui est externe, et la pie-mère, qui lui est interne.

ARACHNOÏDIEN, ENNE [-rak-] adj. Qui appartient à l'arachnoïde.

ARACHNOÏDITE [-rak-] n. f. Épaississement de l'arachnoïde limitant la circulation du liquide céphalo-rachidien.

ARACHNOLOGIE [-rak-] n. f. Étude scientifique des araignées.

ARAD, v. de Roumanie, ch.-l. de district, sur le Mureș ; 190 088 hab. Métallurgie.

'ARAD, v. d'Israël, dans le Néguev. À proximité le site de *tell 'Arad* a livré les vestiges d'une ville fortifiée appartenant au bronze ancien, et ceux d'une citadelle israélite du xᵉ s. av. J.-C.

'ARAFĀT (Yāsir ou Yasser), homme politique palestinien (Jérusalem 1929). Fondateur de l'organisation militaire d'al-Fatḥ (1959), il devient en févr. 1969 président du comité exécutif de l'Organisation de libération de la Palestine* (O. L. P.), dont il incarne la tendance modérée. En mars 1989, l'O. L. P. le nomme président de l'« État palestinien » proclamé en nov. 1988. Un des principaux artisans de l'accord israélo-palestinien signé à Washington en 1993, il reçoit l'année suivante le prix Nobel de la paix avec Y. Rabin et S. Peres. Devenu en 1994 président de l'Autorité nationale palestinienne, il est élu en 1996 raïs (président) de l'instance exécutive du Conseil de l'autonomie palestinienne.

ARAFURA *(mer d')*, partie de l'océan Indien, entre l'Australie, la Nouvelle-Guinée, l'arc insulaire de Banda et la mer de Timor ; 650 000 km^2.

ARAGNOUET (65170), comm. du sud des Hautes-Pyrénées ; 336 hab. — À 8 km au S.-S.-O., entrée du tunnel routier *Aragnouet-Bielsa.* — À l'O. du bourg, sports d'hiver.

ARAGO (François), astronome, physicien et homme politique français (Estagel, Roussillon, 1786-Paris 1853). Avec Biot, il achève la mesure d'un arc de méridien terrestre et effectue les premières mesures précises de la densité de l'air et de divers gaz (1806). En 1809, il est élu à l'Académie des sciences, dont il deviendra secrétaire perpétuel en 1830. Directeur de l'Observatoire de Paris, il y donne des cours d'astronomie célèbres. Esprit libéral, très populaire, il est élu député des Pyrénées-Orientales en 1832 et devient membre du Gouvernement provisoire (1848), comme ministre de la Marine et de la Guerre, et fait abolir l'esclavage dans les colonies françaises.
En optique, il adopta et propagea la théorie ondulatoire. On lui doit la découverte des phénomènes de polarisation rotatoire et de polarisation chromatique (1811), de l'aimantation du fer au voisinage d'un courant électrique (1820), de la chromosphère solaire (1840), etc.

ARAGO (Étienne), écrivain et homme politique français (Estagel 1802 - Paris 1892), frère du précédent. Il fut maire de Paris en sept. 1870.

ARAGO (Emmanuel), homme politique français (Paris 1812 - *id.* 1896), fils de François. Il fit partie du gouvernement de la Défense nationale après le 4 septembre 1870, comme ministre de la Justice, puis de l'Intérieur en 1871.

ARAGON, en esp. **Aragón,** région de l'Espagne du Nord regroupant trois provinces (Saragosse, Huesca et Teruel) ; 47 700 km^2 ; 1 212 025 hab. — **Géogr.** Cette région historique, axée sur le cours de l'Èbre entre les Pyrénées et les monts Celtibériques, englobe Saragosse (regroupant la moitié de la population régionale) et des campagnes désertiques. La montagne, dépeuplée, associe élevage et sylviculture et fournit de l'hydroélectricité. Dans le bassin de l'Èbre, l'irrigation a permis l'extension des cultures (céréales, betteraves, luzerne).
— **Hist.** Le comté d'Aragon apparaît au IXe s. ; il reste dans l'orbite du royaume de Pampelune jusqu'au XIe s., puis se constitue à son tour en royaume. La chute du royaume taifa de Saragosse (1118) — désormais capitale —, grâce à l'action d'Alphonse Ier le Batailleur (de 1104 à 1134), marque le début de la prospérité de l'Aragon. En fiançant sa fille au comte de Barcelone en 1137, Ramire II fait de l'Aragon — pour quatre siècles — une puissance méditerranéenne. En 1172, Alphonse II (de 1162 à 1196) acquiert le Roussillon. Les Baléares (1229-1235) sont prises par Jacques Ier (de 1213 à 1276), qui marie son fils Pierre à l'héritière de Sicile. Pierre, devenu Pierre III, chasse les Angevins de Sicile en 1282 (Vêpres siciliennes) ; en 1325, Jacques II (de 1291 à 1327) soumet la Sardaigne ; l'Aragon est alors une grande puissance maritime. Martin Ier étant mort sans enfants en 1410, Ferdinand Ier de Castille est désigné comme prétendant.
En épousant Isabelle de Castille, Ferdinand d'Aragon (de 1479 à 1516) réalise l'unité espagnole ; mais, en même temps, le premier rôle échappe à l'Aragon au profit de la Castille et de l'Andalousie, puissances atlantiques. L'Aragon perdra même ses institutions en 1707.
L'Aragon constitue une communauté * autonome depuis 1982.

ARAGON (Louis), écrivain français (Paris 1897-*id.* 1982). Dadaïste (*Feu de joie,* 1920), l'un des fondateurs du surréalisme (*le Paysan de Paris,* 1926 ; *le Mouvement perpétuel,* 1926), il adhère au parti communiste, illustrant dans ses romans des thèmes marxistes (*les Cloches de Bâle,* 1934 ; *les Beaux Quartiers,* 1936 ; *les Communistes,* 1949-50). Poète le plus populaire de la Résistance (*le Crève-Cœur,* 1941), il affirme que « l'amour est absolu » (*les Yeux d'Elsa,* 1942 ; *le Fou d'Elsa,* 1963). Directeur de l'hebdomadaire *les Lettres françaises* (1953-1972), il célèbre l'action politique (*Élégie à Pablo Neruda,* 1966), présente les *Littératures soviétiques* (1956) et l'histoire de l'U. R. S. S. (*les Deux Géants,* avec A. Maurois) et élabore une réflexion sur la création artistique (*Collages,* 1965 ; *Henri Matisse, roman,* 1971) et littéraire, (*Je n'ai jamais appris à écrire ou les Incipit,* 1969), qui anime ses derniers romans (*la Semaine sainte,* 1958 ; *la Mise à mort,* 1965 ; *Blanche ou l'Oubli,* 1967 ; *Théâtre/Roman,* 1974).

ARAGONAIS, E adj. et n. D'Aragon.

ARAGONITE n. f. Variété de carbonate de calcium $CaCO_3$, orthorhombique, qui forme les coquilles de certains mollusques et que l'on trouve dans des roches métamorphiques carbonatées.

ARAGUAIA, riv. du Brésil, née dans la serra do Caiapó et rejoignant le Tocantins (r. g.) ; 2 640 km.

'ARĀ'ICH (al-), anc. **Larache,** port du Maroc, sur la côte du Rharb, à l'embouchure de l'oued Loukkos ; 45 700 hab.

ARAIGNÉE n. f. (anc. fr. *aragne,* du lat. *aranea,* araignée). **1.** Arachnide caractérisé par son abdomen souple et non segmenté, ses chélicères (crochets) venimeux, son aptitude à produire et à filer la soie. (Les *araignées,* ou aranéides, forment un ordre ou une sous-classe.) [→ *encycl.*]. — **2.** *Araignée d'eau,* non usuel du GERRIS. ‖ *Araignée de mer, gros crabe épineux des côtes de France, de forme plutôt triangulaire, comestible estimé.* ‖ *Avoir une araignée dans le plafond,* avoir l'esprit dérangé, être un peu fou. • **Bouch.** Nom donné aux muscles obturateurs des bovins, et qui fournissent une viande très tendre. — **Dent.** Point de dentelle formant roue au centre de fils tendus. — **For.** Outil utilisé pour récupérer les pièces tombées au fond d'un puits. — **Pêch.** Grand filet rectangulaire à mailles carrées. ‖ *Mouche araignée,* mouche artificielle assez fournie en hackle.

ENCYCL. Les araignées les plus primitives (mygales) ont des crochets parallèles et verticaux, deux paires de poumons et pas de trachées. La plupart des espèces ont des crochets croisés, une seule paire de poumons et des trachées. La soie, issue de l'abdomen, est la matière première du cocon, dans lequel la mère enveloppe sa ponte, de la toile qui sert à la capture des proies, du fil qui retient l'animal dans sa chute, etc. Le venin est rarement dangereux pour l'homme.

ARAIRE n. m. ou qqf f. (anc. provenc. *araire,* du lat. *aratrum,* charrue.) Instrument de labour à traction animale, qui rejette la terre de part et d'autre du sillon, à la différence de la charrue, qui retourne la terre.

ARAJA (Francesco), compositeur italien (Naples 1709-*id.* v. 1770). Il écrivit le premier opéra sur un livret russe, *Tsefal i Prokris* (Saint-Pétersbourg, 1755).

ARAK n. m. (ar. *'araq,* liqueur de palmier). Nom de diverses eaux-de-vie en usage dans les pays musulmans.

ARAK, v. de l'Iran, au pied du Zagros ; 114 500 hab. Ville militaire à l'origine (1808), puis centre commercial. Fonderie d'aluminium. Biens d'équipement.

ARAKAN ou **ARAKANYOMA,** chaîne de montagnes de Birmanie, très humide et boisée, peuplée par les Chins.

ARAKANAIS, population tibéto-birmane de la basse Birmanie et du Bangladesh.

ARAKAWA (ARAKAWA SHŪSAKU, dit), peintre japonais (Tōkyō 1936), installé à New York en 1961. Son travail se situe à la charnière du courant néodadaïste américain (J. Johns) et de l'art conceptuel.

ARAKTCHEÏEV (Alekseï Andreïevitch), général et homme politique russe (près de Novgorod 1769-Grouzino, dans le gouvern. de Novgorod, 1834). Chargé de la réorganisation de l'armée par Paul Ier, puis ministre de la Guerre (1808-1810) d'Alexandre Ier, il exerça, de 1815 à 1825, son contrôle sur toutes les affaires intérieures de l'empire et imposa un régime d'ordre militaire brutal et réactionnaire.

ARAL *(mer d'),* grand lac salé d'Asie, aux confins du Kazakhstan et de l'Ouzbékistan, qui reçoit le Syr-Daria et l'Amou-Daria. D'une profondeur moyenne de 20-25 m, la mer d'Aral, à 53 m d'altitude, couvre environ 39 000 km^2 (68 000 km^2 en 1960). Un appauvrissement de l'alimentation lié aux prélèvements de l'irrigation accroît la salinité et provoque une diminution considérable de la superficie du lac.

ARALDITE n. m. (n. déposé). Nom commercial de diverses matières plastiques et colles à base de résines époxydes.

ARALIACÉE n. f. (lat. sc. *araliaceæ*). Arbre ou plante grimpante aux fleurs en ombelles, au fruit en baie, tel que le lierre. (Les *araliacées* forment une famille, proche des ombellifères.) [Syn. HÉDÉRACÉE.]

ARALO-CASPIEN *(bassin)* ou **ARALO-CASPIENNE** *(dépression),* dépression couvrant environ 3 millions de km^2, occupée partiellement par la Caspienne et la mer d'Aral.

ARAM, d'après la Bible, un des fils de Sem, ancêtre éponyme des *Araméens.*

ARAMBOURG (Camille), paléontologiste français (Paris 1883 - *id.* 1969), auteur de travaux importants sur les hommes fossiles d'Afrique du Nord.

ARAMBURU (Pedro Eugenio), général et homme d'État argentin (Río Cuarto, Córdoba, 1903-prov. de Buenos Aires 1970). Président provisoire de la République Argentine (nov. 1955) à la suite du coup d'État militaire renversant le général Perón, il se retira en mai 1958 ; il fut assassiné.

ARAMCO, sigle de ARABIAN* AMERICAN OIL COMPANY.

ARAMÉEN, ENNE adj. et n. (de *Aram,* n. pr.). Qui appartient aux Araméens.

◆ **araméen** n. m. Langue sémitique parlée principalement pendant l'Antiquité dans tout le Proche-Orient.

ENCYCL. Proche du phénicien et de l'hébreu, l'araméen devient au VIIe s. av. J.-C. la principale langue de relations dans l'Empire assyrien (où il supplante l'akkadien) puis perse. Il se diffuse dans tout l'Orient comme langue écrite (son alphabet est en effet plus simple que les cunéiformes) et comme langue parlée (le Christ a prêché en araméen). À partir du VIIe s. apr. J.-C., il est peu à peu supplanté par l'arabe. Aujourd'hui, il est encore parlé, sous différentes formes dialectales, par quelques millions de locuteurs en Syrie, en Iraq (syriaque) et dans le Caucase (aïssor).

ARAMÉENS, peuple sémitique d'origine nomade. Durant les XIe et Xe s. les Araméens dominèrent le cours de l'Euphrate au point que l'Assyrie fut presque totalement encerclée et qu'un usurpateur araméen occupa un temps le trône de Babylone. Mais ils ne formèrent jamais une unité politique ; ils créèrent en Syrie, sur l'Euphrate, et même en pays hittite de petits royaumes (dont celui de Damas mentionné dans la Bible) qui disparurent aux IXe-VIIIe s. avec le retour de la puissance assyrienne. Dès lors, les Araméens entrèrent dans la mouvance des grands empires d'Orient ; ils se répandirent dans l'administration de l'Empire perse.

ARAMIDE adj. (de *aromatique* et *amide*). Se dit de fibres et de fils synthétiques obtenus à partir de polyamides aromatiques ou de polyamide-imide. (Ces fibres conservent d'excellentes propriétés mécaniques à haute température. Elles peuvent se substituer aux fibres de verre et au métal et trouver leurs applications dans les pneumatiques, les cordages, les gilets pare-balles, et les matériaux spéciaux destinés à l'industrie aérospatiale.)

ARAMIS n. m. (n. déposé, abrév. de *Agencement en Rames Automatisées de Modules Indépendants en Station*). Système de transport comportant des cabines automotrices sur pneumatiques d'une capacité de six ou dix places, à propulsion électrique et à conduite entièrement automatique. (Les véhicules circulent en rames par le biais d'un accouplement électronique et restent programmables individuellement, autorisant ainsi les scindements ou regroupements de rames aux aiguillages.)

ARAMON n. m. (de *Aramon,* n. pr.). Cépage très productif, répandu dans le midi de la France, qui donne des vins agréables en coteau et des vins communs en plaine.

ARAMON (30390), ch.-l. de cant. du Gard, sur le Rhône ; 3 361 hab. *(Aramonais)*. Église romane et gothique. Centrale thermique.

ARAN *(îles d'),* archipel d'Irlande, fermant la baie de Galway. Pêche. Tourisme.

ARAN *(val d'),* haute vallée des Pyrénées espagnoles (Catalogne), sur la frontière française, au cœur des Pyrénées centrales, où naît la Garonne.

ARANA Y GOIRI (Sabino), homme politique et écrivain basque (Abando, Biscaye, 1865-Pedernales, Biscaye, 1903). Il jeta les bases du nationalisme basque.

ARAÑA OSORIO (Carlos), militaire et homme d'État guatémaltèque (Guatemala 1918), président de la République de 1970 à 1974.

ARANDA (Pedro Pablo ABARCA DE BOLEA, *comte* D'), général et homme d'État espagnol (Siétamo, Huesca, 1719-Épila, Aragon, 1798). Président du Conseil de Castille de 1766 à 1773, franc-maçon, il expulsa en 1767 les jésuites d'Espagne.

ARANDAS ou **ARUNTAS,** population tribale aborigène de l'Australie centrale.

ARANÉIDE n. m. Nom d'ordre ou de sous-classe attribué aux araignées.

ARANÉIDÉ n. m. Syn. de ARGIOPIDÉ.

ARANÉISME n. m. Intoxication produite par le venin d'araignée. (Les araignées européennes n'occasionnent que des lésions cutanées ; celles des régions tropicales peuvent provoquer des accidents mortels.)

ARANÉOLOGIE n. f. Étude scientifique des araignées.

ARANÉOMORPHE n. m. Nom attribué au groupe des araignées supérieures, à crochets croisés. (Syn. LABIDOGNATHE.)

ARANJUEZ, v. d'Espagne (Castille – La Manche), au S. de Madrid ; 36 000 hab. Palais royal des XVIe-XVIIIe s. (beaux jardins) et petit palais de la fin du XVIIIe s.

Aranjuez *(concierto de),* concerto pour guitare et orchestre écrit en 1940 par le compositeur espagnol Joaquín Rodrigo.

Aranjuez *(insurrection d')* [nuit du 17 au 18 mars 1808], soulèvement populaire qui aboutit à l'abdication de Charles IV en faveur de son fils Ferdinand VII et à l'intervention directe de Napoléon Ier en Espagne.

ARANTIUS → ARANZI.

Arantius *(canal d'),* vaisseau embryonnaire des vertébrés, conduisant le sang du placenta (ou de l'allantoïde) au cœur sans traverser le foie, ce qui rend la distribution de l'oxygène beaucoup plus rapide.

ARANY (János), poète hongrois (Nagyszalonta, auj. Salonta, Roumanie, 1817 - Budapest 1882), célèbre pour sa trilogie épique *Toldi* (1847-1879).

ARANZI, ARANZIO ou **ARANTIUS** (Giulio Cesare), anatomiste italien (Bologne 1530 - *id.* 1589), élève de Vésale.

ARAONAS → TACANAS.

Ara Pacis Augustae, autel de la paix d'Auguste, consacré en 13 av. J.-C. et dédié en 9 av. J.-C. par le sénat pour célébrer la paix instaurée par Auguste. Édifié à Rome, au nord du champ de Mars, il a été reconstitué près de son emplacement, et se compose de l'autel et d'une enceinte rectangulaire en marbre qui porte l'essentiel du décor sculpté. L'ensemble symbolise la conception de la politique de l'empereur à cette époque ; il est caractéristique de l'art augustéen marqué à la fois par Athènes et par Pergame.

ARAPAHOS, tribu indienne de la Prairie nord-américaine appartenant à la famille des Algonquins. Ils vivent aujourd'hui dans le Wyoming et l'Oklahoma.

ARAPAÏMA n. m. (d'une langue amérindienne). Poisson d'eau douce du Brésil (appelé aussi *pirarucu*) atteignant couramment 2 m de longueur et 100 kg.

ARAPI (Fatos), écrivain albanais (Shkodër 1930). Auteur de poèmes et de romans évoquant l'édification du socialisme en Albanie (*Vers des centaines de siècles,* 1978).

ARAPILES, village d'Espagne (à 10 km au S. de Salamanque). Wellington y vainquit Marmont (22 juill. 1812).

ARAPONGA n. m. (d'une langue amérindienne). Oiseau frugivore des forêts d'Amérique du Sud, surnommé *oiseau-cloche* pour son cri métallique.

ARARAQUARA, v. du Brésil (État de São Paulo), au S. de Ribeirão Prêto ; 130 000 hab. Industries alimentaires et textiles.

ARARAT *(mont),* en turc **Ağrı dağı,** massif volcanique de la Turquie orientale (Arménie), près des frontières soviétique et iranienne, point culminant de la Turquie (5 165 m au *Grand Ararat*). L'Arche de Noé s'y échoua à la fin du Déluge, selon la tradition biblique.

ARASCHNIA [arasknija] n. f. (gr. *arakhnê,* toile d'araignée). Vanesse bivoltine, aux ailes fauves pour la génération de printemps et d'un brun sombre pour celle de l'été. (N. usuel *carte géographique.*)

ARASE n. f. (de *araser*). Élément de faible épaisseur, pierre ou brique, destiné à compenser une différence de niveau dans un mur.

ARASEMENT n. m. **1.** Action de mettre de niveau un mur, les assises d'une construction. — **2.** Lit supérieur, parfaitement horizontal, d'une assise de maçonnerie. — **3.** Érosion jusqu'à disparition des principales saillies d'un relief. — **4.** Départ d'un tenon sur une pièce de menuiserie ; coupe à la scie de l'extrémité du tenon. — **5.** Largeur de travail d'une carde. — **6.** Usure des rayures de l'âme d'une bouche à feu, produite par le découpage de la ceinture et le frottement du projectile.

ARASER v. t. (lat. *rasus,* de *radere,* enlever en grattant) [conj. 3]. Réaliser l'arasement d'un mur, d'un relief, d'un tenon, etc.

ARATOIRE adj. (lat. *aratorius*). Qui concerne le labourage, le travail du sol.

ARATOS DE SICYONE, chef de la ligue Achéenne (v. 271-213 av. J.-C.). Après avoir chassé les Macédoniens du Péloponnèse (228), il n'hésita pas à faire appel à eux contre Sparte (222). Le retour dans le Péloponnèse des Macédoniens permit la constitution d'une puissante ligue hellénique. Philippe V de Macédoine le fit assassiner. Ses Mémoires ont été utilisés par Polybe et Plutarque.

ARATU, centre industriel (métallurgie, cimenterie) du Brésil, banlieue sud de Salvador.

ARAUCAN n. m. Famille de langues indiennes parlées par environ 200 000 locuteurs au Chili et en Argentine.

Araucana *(la),* poème épique espagnol d'Alonso de Ercilla (1569-1589) : relation de la conquête du Chili par les Espagnols et hommage aux Indiens vaincus.

ARAUCANS, nom générique donné par les Espagnols au XVIe s. aux Indiens du Chili central, vivant auj. dans des réserves chiliennes.

ARAUCARIA n. m. (de *Arauco,* n. pr.). Grand conifère des forêts d'Océanie et d'Amérique du Sud, très souvent cultivé dans les parcs européens pour son port très ornemental. (Les araucarias ont un manchon de feuilles triangulaires coriaces autour des rameaux.)

ARAÚJO DE AZEVEDO (António), 1er comte **da Barca,** homme d'État portugais (Sâ, près de Ponte de Lima, 1754 - Rio de Janeiro 1817). Ministre d'État en 1804, il poussa le roi Jean VI à se réfugier au Brésil (1807). À la fin de sa vie, il devint ministre de la Marine, des Affaires étrangères et ministre d'État du Portugal.

ARĀVALLI *(monts),* montagnes de l'Inde, limitant le Deccan au N.-O. dans le Rājasthān.

ARAVIS *(chaîne des),* chaîne calcaire des Alpes françaises, limitant, à l'E., le massif des Bornes ; 2 752 m à la Pointe-Percée. — Le *col* (routier) *des Aravis* (1 498 m) la franchit.

ARAWAK n. m. Famille de langues indiennes parlées par les Arawaks.

ARAWAKS, peuples indiens d'Amérique répartis au Pérou, au Venezuela, au Guyana et au Surinam. Installés jadis au Antilles, ils furent refoulés par les Caribs dans les seules Grandes Antilles, où, après la conquête espagnole, ils ne survécurent, acculturés, qu'à Cuba.

ARAXE, riv. d'Asie occidentale, née en Turquie orientale ; 994 km. L'Araxe sert de frontière entre les pays du Caucase (Arménie et Azerbaïdjan) et la Turquie, puis l'Iran, avant de rejoindre la Koura, avec laquelle elle constitue un delta commun.

ARBAÂ NATH IRATHEN (El-), anc. **Fort National,** puis **Larbaa Nait Irathen,** v. d'Algérie, en Grande Kabylie ; 39 300 hab.

ARBALESTÉE n. f. Portée d'une arbalète.

ARBALÈTE n. f. (lat. *arcuballista,* de *arcus,* arc, et *ballista,* baliste). **1.** Arme ancienne formée d'un arc d'acier monté sur un fût et qui se bandait avec un ressort ; arme moderne du même type utilisée en compétition sportive ou pour la chasse. (→ *encycl.*) — **2.** En chasse sous-marine, syn. de FUSIL. — **3.** *Pêche à l'arbalète,* pêche par projection de l'esche en tenant l'hameçon entre deux doigts, en bandant la canne et en lâchant brusquement.

ENCYCL. L'arbalète se compose essentiellement d'un arc fait de bois, de corne ou d'acier, et de la pièce de bois qui le supporte, l'arbrier. Mentionnée au IVe s., proscrite par le concile du Latran (1139) comme perfide et trop redoutable, l'arbalète est restée en usage jusqu'au XVIe s. Elle porte à 200 pas (150 m) ; ses traits ou carreaux ne percent point une armure mais produisent des chocs parfois mortels.

ARBALÉTRIER n. m. (anc. fr. *arbalestre,* arbalète). **1.** Soldat armé d'une arbalète. — **2.** Une des deux pièces rampantes d'une charpente assemblées dans l'entrait (et le poinçon) pour constituer une ferme triangulée. — **3.** *Faux arbalétrier,* syn. de EMPANON.

ARBASINO (Alberto), écrivain italien (Voghera, Pavie, 1930). Son « roman-conversation » *Fratelli d'Italia* (1963) met en scène la comédie intellectuelle de l'Italie des années 60.

ARBAUD (Joseph D'), écrivain français d'expression provençale (Meyrargues 1874 - Aix-en-Provence 1950). Poète (*les Chants palustres,* 1951) et conteur (*la Bête du Vaccarès,* 1926), il fut majoral du félibrige.

ARBEAU (Thoinot), pseudonyme anagrammatique de Jean TABOUROT.

ARBED (sigle de *Aciéries Réunies de Burbach-Eich-Dudelange*), société métallurgique, constituée en 1911. Devenue la première entreprise du Luxembourg, la société exploite aussi des concessions minières.

ARBÈLES, anc. ville d'Assyrie (auj. *Arbil*), près de laquelle Alexandre vainquit définitivement Darios III (331 av. J.-C.).

ARBENZ GUZMÁN (Jacobo), militaire et homme d'État guatémaltèque (Quezaltenango 1913 - Mexico 1971). Élu président de la République en 1950, il mit en œuvre une réforme agraire radicale et nationalisa les propriétés de l'United Fruit. Accusé de collusion avec les pays communistes, il dut s'exiler en 1954.

ARBER (Werner), microbiologiste suisse (Gränichen, Argovie, 1929). Il a reçu en 1978, avec D. Nathans et H. Smith, le prix Nobel pour la découverte des enzymes de restriction, qui jouent un rôle important dans le génie génétique.

ARBES (Jakub), écrivain et journaliste tchèque (Prague 1840-*id.* 1914). Romancier des banlieues populaires et industrielles, peintre des marginaux, il fut précurseur de la science-fiction (*le Cerveau de Newton,* 1877).

ARBIL ou **ERBIL,** v. d'Iraq, ch.-l. de prov., au N. de Kirkūk ; 145 000 hab. Carrefour routier et centre commercial. C'est l'antique *Arbèles.*

ARBITRABLE adj. Qui peut être soumis à un arbitrage.

ARBITRAGE n. m. **1.** Action d'arbitrer : *Recourir à l'arbitrage d'un sage.* — **2.** Opération consistant à acheter des monnaies, métaux précieux ou valeurs mobilières sur une place financière, pour les revendre simultanément sur une autre place où leur cours est plus élevé. — **3.** Opération consistant à vendre une valeur mobilière considérée comme trop chère, pour la remplacer par une autre dont le cours paraît plus avantageux. — **4.** Procédure de règlement d'un litige par l'intermédiaire d'un ou de plusieurs arbitres ; décision rendue. — **5.** Opération par laquelle les courtiers de commerce constatent ou dénient la conformité des marchandises livrées avec les échantillons et stipulent, s'il y a lieu, une diminution de prix d'achat, dite *réfaction.* — **6.** Pouvoir de trancher souverainement un différend en matière administrative ou politique. (La Constitution de 1958, dans son article 5, prévoit que le président de la République « assure par son arbitrage le fonctionnement régulier des pouvoirs publics ainsi que la continuité de l'État ».) — **7.** Procédure de règlement juridique des différends entre États par les juges de leur choix et sur la base du respect du droit. — **8.** Règlement d'un conflit collectif du travail par une sentence arbitrale ou par une décision d'un tribunal institué à cet effet.

ARBITRAGISTE n. Opérateur boursier qui fait des arbitrages.

ARBITRAIRE adj. (lat. *arbitrarius,* qui relève d'un arbitre). — **1.** Qui résulte d'un libre choix et ne répond à aucune nécessité logique : *Classification*

arbitraire. — **2.** Qui dépend de la volonté, du bon plaisir de qqn et intervient en violation de la loi ou de la justice : *Arrestation arbitraire.* — **3.** *Pouvoir arbitraire,* pouvoir qui n'a d'autres limites et fondements que le bon vouloir de celui qui l'exerce.
◆ n. m. **1.** Autorité qui s'exerce sans autre règle que le bon plaisir : *Le règne de l'arbitraire.* — **2.** *Arbitraire du signe,* selon F. de Saussure, absence de relation de causalité ou de nécessité entre les deux faces du signe, le signifiant et le signifié.

ARBITRAIREMENT adv. De façon arbitraire.

ARBITRAL, E, AUX adj. (lat. *arbitralis*). **1.** Prononcé par un arbitre. — **2.** Composé d'arbitres.

ARBITRALEMENT adv. Par l'intermédiaire d'un arbitre.

1. ARBITRE n. m. (lat. *arbiter*). **1.** Personne qui a pour mission de trancher un litige à la place d'un juge public ; membre d'un tribunal arbitral. — **2.** Personne qu'on choisit pour trancher un débat ou apaiser une querelle (en ce sens, peut être aussi fém.) : *Prendre un ami commun comme arbitre d'un conflit.* — **3.** Personne, groupe qui, du fait des circonstances, peut imposer sa volonté : *Ce petit parti est l'arbitre de la consultation électorale.* — **4.** Personne chargée de diriger un match, de faire respecter les règles du jeu par les adversaires. — **5.** *Arbitre des éléganes,* celui qui donne le ton à la mode masculine.

2. ARBITRE n. m. (lat. *arbitrium*). *Libre arbitre,* faculté qu'a la volonté de se déterminer (par oppos. au *serf arbitre*) ; volonté non contrainte : *Conserver son libre arbitre.*

ARBITRER v. t. (conj. 3). **1.** Trancher un différend en qualité d'arbitre. — **2.** Diriger un match, une partie en qualité d'arbitre. — **3.** Décider par son intervention de l'évolution d'une situation politique.

ARBLAY (*Mme* D') → BURNEY.

ARBOGAST, général d'origine franque au service des Romains († 394). Il fit assassiner Valentinien II et proclamer le rhéteur Eugène empereur d'Occident (392). Vaincu par Théodore, il se tua.

ARBOIS (39600), ch.-l. de cant. du Jura, dans le Vignoble, en bordure des plateaux du Jura, sur la Cuisance ; 4 118 hab. *(Arboisiens).* Église romane St-Just et autres témoignages du passé. Musées, dont celui de la maison de Pasteur.

ARBOIS *(vignoble d'),* vignoble du Jura doté d'une appellation contrôlée communale, produisant divers types de vins, dont le plus connu est le rosé d'Arbois.

ARBON, v. de Suisse (cant. de Thurgovie), sur le lac de Constance ; 12 000 hab. Château reconstruit au XVIe s. Constructions mécaniques.

ARBORÉ, E adj. (lat. *arbor, -oris,* arbre). Planté d'arbres dispersés : *Savane arborée.*

ARBORER v. t. (ital. *arborare,* dresser un mât, du lat. *arbor, -oris,* arbre) [conj. 3]. **1.** Élever, hisser en haut d'un mât, d'un édifice un drapeau, une bannière, etc. : *Navire qui arbore son pavillon.* — **2.** Porter sur soi qqch de manière à attirer l'attention : *Arborer une décoration.* — **3.** Montrer ostensiblement ce qu'on veut faire paraître ; afficher : *Arborer un sourire.* — **4.** *Arborer l'étendard de la révolte, de l'indépendance, etc.,* se montrer ouvertement et activement partisan de la révolte, de l'indépendance, etc.

ARBORESCENCE n. f. **1.** État d'un végétal arborescent. — **2.** *Litt.* Forme arborescente : *Les arborescences des veines.*

ARBORESCENT, E adj. (lat. *arborescens,* de *arborescere,* devenir arbre). **1.** Qui prend la taille, l'apparence d'un arbre : *Fougères arborescentes.* — **2.** Dont la forme rappelle celle d'un arbre : *Schéma arborescent.* — **3.** *Organes arborescents,* organes ramifiés ayant généralement une fonction respiratoire aquatique (holothuries) ou aérienne (poisson-chat).

ARBORETUM[-retɔm] n. m. (lat. *arboretum,* lieu planté d'arbres). **1.** Parc consacré à la culture expérimentale d'arbres et arbustes en vue d'étudier leur comportement. — **2.** Partie d'un jardin botanique plantée d'espèces arborescentes ou arbustives.

ENCYCL. Les arboretums les plus importants sont, en France, l'arboretum des Barres, près de Nogent-sur-Vernisson, dans le Loiret, et ceux d'Amance (Meurthe-et-Moselle), de Grignon (Yvelines), de Chèvreloup (domaine de Versailles), du domaine d'Harcourt (Eure), du mont Aigual (Cévennes) et de la villa Thuret (Alpes-Maritimes).

ARBORICOLE adj. **1.** Relatif à l'arboriculture. — **2.** Se dit d'un animal qui vit dans les arbres.

ARBORICULTEUR, TRICE n. Personne qui cultive les arbres.

ARBORICULTURE n. f. Culture des arbres ou arbrisseaux à fruits de table ou d'industrie (arboriculture fruitière), et celle des arbres ou arbrisseaux destinés aux jardins.

ARBORISATION n. f. **1.** Dessin naturel, représentant des végétations, et que l'on remarque à la surface, ou parfois à l'intérieur, des corps minéraux (par ex. les arborisations de glace sur les vitres ou les dendrites de manganèse sur les roches). — **2.** *Arborisation terminale* ou *synaptique,* ensemble des subdivisions terminales de l'axone.

ARBORISER (S') v. pr., **ÊTRE ARBORISÉ** v. pass. (conj. 3). Présenter des arborisations, des dessins rappelant un arbre.

ARBOUSE n. f. (provenç. *arbusso,* du lat. *arbuteus,* de l'arbousier). Petit fruit rouge, comestible et aigrelet, de l'arbousier.

ARBOUSIER n. m. (de *arbouse*). Arbre forestier (éricacée) à l'écorce rouge, aux feuilles persistantes, et dont le fruit est l'arbouse.

ARBOVIROSE n. f. Maladie infectueuse due à un arbovirus. (Les principales arboviroses sont la dengue, la fièvre à phlébotomes, la fièvre jaune, les fièvres hémorragiques et certaines méningoencéphalomyélites.)

ARBOVIRUS [-rys] n. m. Virus transmis par piqûre d'arthropode et plus spécialement d'insecte (moustique, phlébotome, tique).

ARBRE n. m. (lat. *arbor, -oris*). **1.** Végétal vivace, ligneux, rameux, atteignant au moins 7 m de hauteur et ne portant de branches durables qu'à une certaine distance du sol. (→ *encycl.*) — **2.** Figure arborescente servant à représenter schématiquement les filiations entre les éléments d'un ensemble : *Arbre généalogique.* — **3.** *Abattre, couper l'arbre pour avoir le fruit,* supprimer une source de profit pour obtenir immédiatement un seul avantage. ‖ *L'arbre cache la forêt,* les détails empêchent d'appréhender l'ensemble. ‖ *Arbre de Noël,* sapin que l'on orne et illumine à l'occasion de la fête de Noël ; distribution de cadeaux faite vers Noël par une entreprise ou une association aux enfants du personnel ou des adhérents ; ensemble des vannes, raccords, etc., qui constituent la tête d'un puit de pétrole. ‖ *Arbre de vie,* nom usuel de divers thuyas ; représentation symbolique d'un arbre figurant la médiation entre le ciel et la terre, thème fréquent de l'iconographie orientale ; partie centrale blanche du cervelet, qui se découpe en forme d'arborisations sur la partie corticale grise. ‖ *Faire l'arbre fourchu, l'arbre droit,* se tenir en équilibre sur la tête, les jambes en l'air écartées ou jointes. ‖ Fam. *Monter, grimper à l'arbre,* être la dupe d'une mystification, marcher ; se mettre en colère. • **Autom.** *Arbre primaire, secondaire, intermédiaire,* pièces de la boîte de vitesses d'une automobile qui portent les différents engrenages. ‖ *Arbre de roue,* pièce transmettant le mouvement du différentiel à une roue motrice. — **Bot.** *Arbre de Judée,* n. usuel du *gainier.* ‖ *Arbre-poison, arbre de mort,* n. usuels du *mancenillier.* ‖ *Arbre de soie,* n. usuel du *julibrissin.* — **Ch. de f.** *Arbre creux,* pièce de transmission cylindrique alésée, recevant le couple fourni par un moteur et transmettant ce couple à l'essieu moteur, dont l'axe, logé dans son alésage, peut subir par rapport à lui, de petits déplacements verticaux et horizontaux. — **Chim.** Nom donné à divers dépôts métalliques présentant la forme d'arborisations. — **Écon.** *Arbre de décision,* méthode d'analyse et d'élaboration du processus de prise de décisions multiples et séquentielles. (On s'attache à déterminer la meilleure décision terminale avant de déterminer la première.) — **Électr.** Ensemble connexe de branches reliant tous les nœuds d'un réseau sans former de boucle. ‖ *Arbre électrique,* dispositif assurant la synchronisation permanante de deux ou de plusieurs arbres mécaniques. — **Hist.** *Arbres de la Liberté,* arbres plantés au début de la Révolution de 1789 et au printemps de 1848 pour symboliser la liberté conquise. — **Inform.** Représentation d'un programme, ou d'un algorithme, sous la forme d'un graphe faisant apparaître les diverses séquences de calcul, leurs enchaînements et les aiguillages entre ces séquences. — **Ling.** Représentation graphique de la structure en constituants d'une phrase. (→ *encycl.*) — **Math.** En théorie des graphes, graphe connexe et dont la condition d'unicité des chemins depuis la source implique l'absence de cycle et de circuit. — **Mécan.** Pièce de révolution utilisée pour transmettre un mouvement de rotation. (→ *encycl.*) — **Psychol.** *Test de l'arbre,* test projectif dans lequel on demande au sujet de dessiner un arbre. (L'interprétation de ce test est fondée sur l'hypothèse que l'arbre est la représentation symbolique du corps vécu du dessinateur.) — **Relig.** *Arbre de la croix,* la croix où Jésus-Christ fut attaché. ‖ *Arbre de Jessé,* arbre généalogique de Jésus, établi par l'iconographie chrétienne à partir des données bibliques.

ENCYCL. **Bot.** La tige principale de l'arbre est le tronc, les rameaux sont les branches, dont l'ensemble constitue le houppier, ou frondaison, le sommet étant la cime. Certains grands arbres (eucalyptus, séquoia) dépassent 100 m de hauteur et atteignent 2 000 ans d'âge.

Tout arbre est surtout constitué de bois : bois de cœur, mort, sombre et imputrescible au centre, aubier clair et vivant à la périphérie : liège et écorce recouvrent le tout. L'homme utilise non seulement le bois, mais aussi de nombreuses écorces tannantes ou d'usage médicinal, les résines, latex ou baumes sécrétés par diverses espèces, enfin les fruits comestibles des très nombreux arbres fruitiers. Il plante aussi des arbres pour l'ornement, l'ombrage, l'assèchement des marécages, la protection contre le vent, le bruit ou la pollution. L'arbre dégage beaucoup d'oxygène, protège les pentes de l'érosion, reconstitue des sols végétaux.

On distingue les arbres à feuilles caduques (chêne rouvre, châtaignier, mélèze), dont les feuilles tombent en hiver, et les arbres à feuilles persistantes (chêne vert, pin, sapin), qui conservent toute l'année leurs feuilles ou leurs aiguilles. Les forestiers distinguent les feuillus (chêne, hêtre, etc.) et les conifères (pin, sapin, etc.), dont les fruits ont en général la forme d'un cône et dont les feuilles sont conformées en aiguilles.

— **Ling.** La structure de la phrase *le garçon mange une pomme* peut être représentée par un arbre contenant les symboles catégoriels suivants : P = phrase, SN = syntagme nominal, SV = syntagme verbal, D = déterminant, N = nom, V = verbe.

— **Mécan.** On distingue : l'*arbre moteur,* directement entraîné lors de la production d'énergie mécanique (cas du *vilebrequin* d'un moteur), et les *arbres de transmission,* qui transmettent l'énergie aux organes récepteurs. Les arbres sont supportés par des *paliers ;* ils sont réunis entre eux au moyen d'accouplements.

ARBRESLE (L') [69210], ch.-l. de cant. du Rhône, dans les monts du Lyonnais ; 5 341 hab. (*Breslois*). Église des XIIIe et XVe s. Constructions mécaniques. Velours. — À Éveux, couvent construit par Le Corbusier (1957-1959).

ARBRIER n. m. (de *arbre.*) Fût de l'arbalète.

ARBRISSEAU n. m. (lat. pop. * *arboriscellus,* du lat. class. *arbuscula*). Plante ligneuse vivace, rameuse dès la base et ne dépassant pas 4 m de hauteur.

ARBUS (André), ébéniste, décorateur et sculpteur français (Toulouse 1903 - Paris 1969). Réagissant contre les sévérités du fonctionnalisme, il s'est inspiré des styles Louis XVI et Directoire.

ARBUS (Diane), photographe américaine (New York 1923 - *id.* 1971). Élève de Lisette Model, elle a réalisé, avant de se suicider, le portrait d'une humanité contrefaite, déchue et solitaire, étrange antithèse de la norme d'une Amérique triomphante.

ARBUSTE n. m. (lat. *arbustum*). Plante ligneuse vivace ne dépassant pas 10 m de hauteur et dont le tronc n'est pas ramifié dès la base. (Un arbuste jeune a le port d'un arbrisseau, puis il acquiert celui d'un arbre par perte des branches les plus basses.)

ARBUSTIF, IVE adj. **1.** Se dit d'une végétation, d'une espèce végétale composée d'arbustes ou d'arbrisseaux. (Syn. FRUTESCENT.) — **2.** *Vigne arbustive,* vigne que l'on plante au pied des arbres isolés.

ARBUTHNOT (John), médecin et écrivain écossais (Arbuthnot, comté de Kincardine, 1667-Londres 1735). Médecin de la reine Anne et pamphlétaire, il popularisa le personnage de John Bull.

ARC n. m. (lat. *arcus*). **1.** Arme formée d'une verge de bois ou de métal, que l'on courbe au moyen d'une corde tendue avec effort, et servant à lancer des flèches. (→ *encycl.* Arm.). — **2.** Tout objet qui a cette forme, toute forme, toute ligne qui rappelle un arc : *L'arc d'un sourcil.* • **Archit.** Membre architectonique franchissant un espace en dessinant une ou plusieurs courbes (haut d'une baie, renfort d'une voûte, etc.). [→ *encycl.*] ‖ *Arc de triomphe* ou *arc triomphal,* monument constitué d'une ou de plusieurs grandes arches, orné de sculptures, d'inscriptions et commémorant la gloire d'un vainqueur, un fait mémorable, etc. (→ *encycl.*) — **Charp.** *Poutre en arc,* poutre courbe tendant à fonctionner comme une ferme. (Ce type est souvent réalisé, auj., en bois lamellé-collé. Le plus souvent sans entrait, la poutre en arc libère une grande hauteur au-dessus du sol.) — **Électr.** *Arc (électrique* ou *voltaïque),* conduction gazeuse autonome dans laquelle la plupart des porteurs de charge sont des électrons produits par émission électronique primaire. (→ *encycl.*) — **Géol.** *Arc insulaire,* guirlande d'îles disposées en arc à l'aplomb du plan de subduction entre la fosse océanique profonde et le bassin marginal (arcs du Pacifique nord et ouest, Petites Antilles, etc.). ‖ *Arc orogénique,* portion ou totalité d'un orogène présentant une courbure marquée (arc alpin, carpatique, arc de Gibraltar). — **Géom.** Portion limitée d'un seul tenant d'une courbe quelconque. (On mesure les arcs de cercle soit en degrés, minutes et secondes, soit en grades et ses sous-multiples, soit en radians.) — **Mar.** Courbure prise par la coque d'un navire lorsque ses extrémités s'affaissent. — **Maths.** *Arc cosinus* ou *Arc cos,* fonction réciproque de la fonction cos, définie de $[-1,1]$ dans $[\pi, 0]$. ‖ *Arc cotangente* ou *Arc cotg,* fonction réciproque de la fonction cotg, définie de $]-\infty, +\infty[$ dans $]\pi, 0[$. ‖ *Arc d'un graphe orienté* $(X,\mathcal{U})$, élément de l'ensemble $\mathcal{U}$ représenté par un trait continu orienté allant d'un sommet x de X, appelé origine ou extrémité initiale, à un autre sommet y, appelé extrémité terminale. ‖ *Arc sinus* ou *Arc sin,* fonction réciproque de la fonction sin, définie de $[-1,1]$ dans $[-\pi/2, \pi/2]$. ‖ *Arc tangente* ou *Arc tg,* fonction réciproque de la fonction tg, définie de $]-\infty, +\infty[$ dans $]-\pi/2, \pi/2[$. — **Méd.** *Arc sénile,* zone circulaire blanche et opaque entourant la cornée chez beaucoup de vieillards, constituée par un dépôt de cholestérol. (Syn. GÉRONTOXON.) — **Métall.** *Four à arc,* four métallurgique utilisant le chauffage par arc électrique. ‖ *Soudage à l'arc,* technique de soudage utilisant un arc électrique qui jaillit entre l'électrode et la pièce à souder. — **Mus.** *Arc musical,* instrument composé d'une corde tendue entre les deux extrémités d'une branche courbée. (Le son produit est amplifié par la cavité

ARCS

Différents types d'arcs.

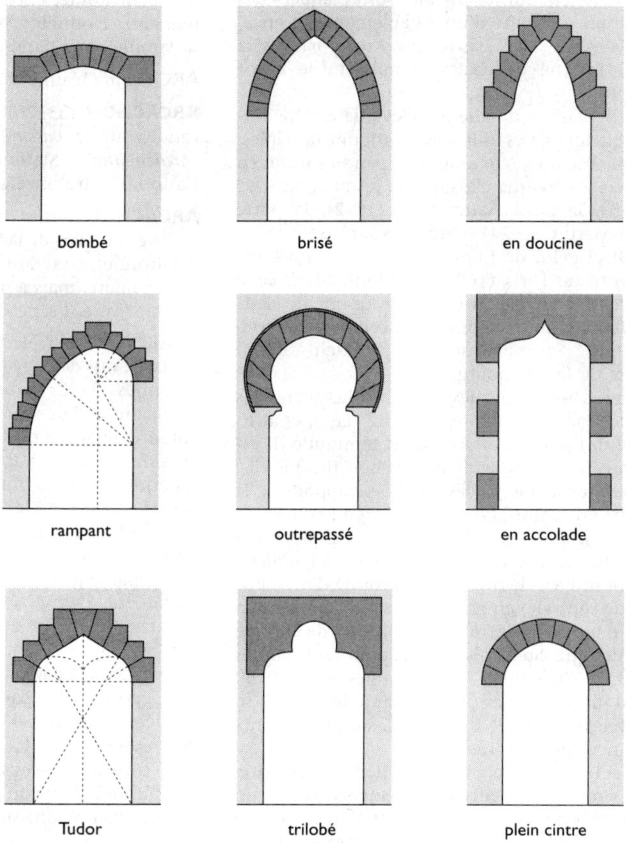

buccale du musicien.) – **Neurol.** *Arc réflexe,* trajet suivi par l'influx nerveux du récepteur sensoriel à l'effecteur (en général un muscle). [Au niveau médullaire, l'arc réflexe comporte au minimum deux neurones : le neurone sensoriel et le motoneurone (réflexe monosynaptique). Tous les autres réflexes sont polysynaptiques.] – **Trav. publ.** Structure porteuse de pont, courbe en élévation, exerçant une poussée sur ses appuis.

ENCYCL. **Archit.** Les exigences techniques liées au matériau et à sa mise en œuvre, ainsi que les impératifs stylistiques se sont toujours traduits dans la forme des arcs et dans leur décor. Le *plein cintre,* d'usage constant dans l'Antiquité romaine, reste habituel à l'époque romane et réapparaîtra aux temps classiques et néoclassiques. L'arc *brisé,* qui se rencontre très tôt en Arménie, est typiquement gothique. Le gothique tardif tend à surbaisser les arcs *(arc Tudor, arc en accolade),* et la Renaissance utilise *l'anse de panier.* L'*arc outrepassé* se trouve en Syrie, en Espagne wisigothique, au Maghreb et dans tout l'islām.

• *Arcs de triomphe.* D'origine proprement romaine, les premiers arcs (constructions provisoires avant de devenir permanentes) se rattachaient à un rituel religieux pour ne conserver par la suite que la signification triomphale et commémorative de la victoire. L'arc le plus ancien fut érigé à l'entrée du Forum romain, sur la Voie sacrée, il célébrait la victoire d'Actium. L'arc de triomphe consiste en deux pylônes reliés par une voûte de plein cintre surmontée d'un attique qui supporte les statues. Certains arcs, à partir du Iᵉʳ s. av. J.-C., comportent trois baies (Rome [arc de Septime Sévère], Orange, Reims, Timgad), d'autres sont quadrifronts : quatre arches percées dans les massifs sont réunies par

une coupole centrale (Rome, arc de Janus ; Tripoli ; etc.). Sur les pylônes sont plaquées des colonnes sommées d'un entablement qui encadre la voûte ; des bas-reliefs ornant parfois la paroi interne des baies complètent le décor sculpté.
Si la Renaissance italienne éleva dans la péninsule quelques arcs imités de l'Antiquité (à Naples, Milan, Ancône), leur usage se répandit surtout en France, à l'époque classique et jusqu'au XIXe s. : à Paris, la porte Saint-Denis (1672), la porte Saint-Martin (1674), l'arc du Carrousel (1806-1808) et celui de l'Étoile (1806-1836) ; à Lille, la porte de Paris (1682) ; à Montpellier, celle du Peyrou (1691). Il en existe de même dans plusieurs grandes villes européennes : Madrid, Londres, Saint-Pétersbourg, Munich, Berlin (porte de Brandebourg).
— **Arm.** L'arc est une des armes les plus anciennes (on le trouve dès l'époque de La Tène), et aussi l'une des plus répandues dans le monde. Il est simple, fait d'une seule tige de bois flexible (if), ou composé de pièces de bois rapportées et jointes ensemble ; la corde qui le tend est faite de fibres animales ou végétales. Au bois, on a substitué parfois la corne ou l'acier *(arc italien).*
En sport, l'arc démontable est formé d'un corps (partie centrale) en bois lourd et de branches, en résine synthétique, reliées par une corde en fibre synthétique. Sport olympique pour les hommes (à 30, 50, 70 et 90 m) et les femmes (à 30, 50, 60 et 70 m). Les cibles ont un diamètre de 1,22 m pour les tirs à 60 m et plus, de 80 cm, aux distances plus courtes.
— **Électr.** Si on éloigne graduellement les extrémités de conducteurs dans lesquels passait un courant, on voit se produire entre elles, lorsque l'espace qui les sépare n'est pas trop grand, un jet lumineux qui remplit constamment cet espace. C'est l'*arc électrique,* observé d'abord vers 1811 par Davy. On utilise habituellement des électrodes en charbon. Le charbon positif se creuse en un cratère dont la luminance est voisine de 10^8cd/m^2 et la température de couleur de 3 700 K. Avec des charbons à mèche, on obtient un arc plus stable, dont la flamme est la partie la plus brillante. L'arc peut être produit en courant alternatif.
L'arc est utilisé comme source de lumière dans les projecteurs, comme source calorifique dans les fours ; le soudage à l'arc a pris un développement considérable.

ARC, riv. des Alpes du Nord, affl. de l'Isère (r. g.) ; 150 km. Né près de l'Iseran, l'Arc contourne (au S.) le massif de la Vanoise, puis ouvre une vallée industrialisée, la Maurienne, dont l'essor a été lié à l'aménagement hydroélectrique de la rivière et de ses affluents.

ARC (Jacques ou Jacob D') [v. 1370-1431]. Époux d'Isabelle Romée et père de Jeanne d'Arc. Laboureur aisé à Domrémy, il fut anobli ainsi que toute sa famille par Charles VII en 1429.

ARC (*sainte* Jeanne D') → JEANNE D'ARC.

ARCACHON (33120), ch.-l. de cant. de la Gironde, sur le *bassin d'Arcachon* ; 12 164 hab. *(Arcachonnais).* Station balnéaire et climatique. Casino. Centre ostréicole.

ARCACHON *(bassin* ou *baie d'),* le plus vaste des « étangs » côtiers de la région des Landes (dép. de la Gironde), couvrant plus de 15 000 hectares à marée haute, mais à peine 5 000 à marée basse. Ostréiculture. Pêche. Tourisme.

1. ARCADE n. f. **1.** Ouverture faite d'un arc portant sur des piédroits, des piliers ou des colonnes. — **2.** *Arcade à ordonnance,* arcade associant à l'arc sur impostes et piédroits la colonne engagée ou le pilastre surmontés d'un entablement. • **Anat.** Nom de différentes formations osseuses, fibreuses, vasculaires ou nerveuses en forme d'arc. ‖ *Arcade crurale,* bandelette fibreuse tendue de l'épine iliaque antérosupérieure au pubis. ‖ *Arcade dentaire,* arc formé par la juxtaposition des dents d'un même maxillaire. ‖ *Arcade sourcilière,* rebord saillant de la partie supérieure de l'orbite et qui correspond aux sourcils. — **Bât.** Élément de ferronnerie, répétitif, arqué dans sa partie supérieure. — **Bourrell.** Partie cintrée qui se trouve à l'avant et à l'arrière de l'arçon d'une selle.
◆ **arcades** n. f. pl. **1.** Portique, galerie à arcades. — **2.** *Grandes arcades,* arcades formant le premier niveau de l'élévation du vaisseau central d'une église, et s'ouvrant sur les bas-côtés.

2. ARCADE n. f. (angl. *arcade,* galerie marchande). *Jeu d'arcade,* jeu électronique sur grand écran que l'on trouve dans des établissements d'accès payant.

ARCADELT (Jacob ou Jacques), compositeur (en Flandre v. 1504-Paris 1568). Maître de la chapelle papale à Rome (1540), rentré en France en 1551, il semble avoir appartenu à la chapelle royale (de 1554 à 1562) et à celle du cardinal de Lorraine (v. 1557). Il est l'un des maîtres du madrigal.

ARCADIE, en gr. **Arkadhía,** nome de Grèce, dans le centre du Péloponnèse ; 4 419 km^2 ; 103 840 hab. Ch.-l. *Trípolis.*
— **Hist.** La population de l'Arcadie antique était faite de pasteurs. Elle résista à l'hégémonie de Sparte, la ville de Mégalopolis ayant constitué, au IVe s. av. J.-C., une confédération alliée d'Athènes. En 229 av. J.-C., l'Arcadie entra dans la ligue Achéenne qui lui dut son plus illustre chef, Philopœmen.

— **Iconogr.** Traditionnellement, l'Arcadie symbolise un séjour de bonheur ; la mort, cependant, ne l'épargne pas (*les Bergers d'Arcadie,* Nicolas Poussin, v. 1650-1655, Louvre).

Arcadie *(l')* [1504], roman pastoral de Sannazzaro qui eut une grande influence sur la littérature baroque européenne.

ARCADIUS (v. 377-408), empereur romain d'Orient de 395 à 408. À la mort de son père, Théodose Ier, il hérita de la partie orientale de l'Empire, la partie occidentale étant laissée à son frère Honorius.

ARCAND (Denys), cinéaste canadien (Deschambault, Québec, 1941). D'abord attaché à l'Office national du film, où il réalise des documentaires, souvent polémiques, il acquiert une renommée internationale avec *le Déclin de l'empire américain* (1986) et *Jésus de Montréal* (1989).

ARCANE n. m. (lat. *arcanum,* de *arcanus,* secret). **1.** Toute opération hermétique dont le secret ne doit être connu que des seuls initiés. (En occultisme, c'est le nom des cartes, ou lames, du jeu de tarot utilisé à des fins divinatoires : 22 arcanes majeurs et 56 arcanes mineurs.) — **2.** Litt. *Les arcanes d'une science, d'une technique, etc.,* ses secrets.

ARCANSON n. m. (provenç. *arcansoun,* de *Arcachon,* n. pr.). Syn. de COLOPHANE.

ARCASSE n. f. (provenç. **arcassa,* de *arca,* coffre, caisse). Dans la construction navale en bois, partie renforcée de la charpente arrière de navire.

ARCATURE n. f. Motif ornemental composé d'une suite de petites arcades réelles ou feintes.

ARC-BOUTANT n. m. (pl. *arcs-boutants*) [de *arc* et *bouter,* pousser]. **1.** Organe de contrebutement extérieur des voûtes gothiques, employé en nombre, et fait d'un arc rampant surmonté d'un petit mur plein ou à claire-voie. (→ *encycl.*) — **2.** Fourchette d'un parapluie. — **3.** Chez les animaux, syn. de BARRE.

ENCYCL. **Archit.** L'arc-boutant neutralise par sa propre poussée une partie des poussées du secteur de voûtement auquel il s'applique et reporte le reste sur une pile verticale de maçonnerie dite *culée.* Il existe des batteries d'arcs-boutants, soit superposés dans un même plan vertical, soit successifs (cas des églises à plusieurs collatéraux).

ARC-BOUTEMENT n. m. (pl. *arcs-boutements*). **1.** Action d'arc-bouter qqch, de s'arc-bouter. — **2.** Conséquence de l'arrêt du mouvement relatif de deux pièces dû à une augmentation de leur frottement, la persistance de la cause du mouvement créant une déformation qui renforce le blocage.

ARC-BOUTER v. t. (de *arc-boutant*) [conj. **3.**]. **1.** Soutenir une construction au moyen d'un arc-boutant : *Arc-bouter une voûte.* — **2.** Appuyer avec force une partie du corps contre qqch en se raidissant : *Arc-bouter son dos contre le mur.*

◆ **s'arc-bouter** v. pr. Prendre fortement appui sur une partie du corps, et en partic. sur les pieds, pour exercer un effort de résistance : *S'arc-bouter contre un arbre.*

ARC-DE-CLOÎTRE n. m. (pl. *arcs-de-cloître*). *Voûte en arc-de-cloître,* voûte à arêtes rentrantes, composée de portions de berceaux en triangles ou en trapèzes curvilignes, reposant sur une base carrée, rectangulaire ou polygonale *(coupole à pans).*

ARCEAU n. m. (de *arc*). **1.** Courbure d'une voûte, d'un arc. — **2.** Petit arc décoratif, employé en série. — **3.** Objet qui a la forme, la courbure d'un arc, d'une arcade : *Les arceaux du jeu de croquet.* — **4.** Chacun des brins arqués, souvent en noisetier, constituant la carcasse d'un panier.

ARC-EN-BARROIS (52210), ch.-l. de cant. de la Haute-Marne, au N. de la *forêt d'Arc,* à 24 km au S.-S.-O. de Chaumont ; 875 hab. *(Arquois).*

ARC-EN-CIEL [arkɑ̃-, même au pl.] n. m. (pl. *arcs-en-ciel*). **1.** Météore en forme d'arc, présentant les couleurs du spectre, et résultant de la réfraction et de la réflexion des rayons du Soleil dans certains nuages. (Les couleurs conventionnelles de l'arc-en-ciel sont : le violet, le bleu, le vert, le jaune, l'orangé, le rouge.) — **2.** *Truite arc-en-ciel,* truite de pisciculture, aux reflets irisés, introduite d'Amérique en Europe en 1880.

ENCYCL. Le phénomène de l'arc-en-ciel s'observe quand un nuage se résout en pluie dans la partie du ciel opposée au Soleil par rapport à l'observateur. On voit alors un arc ou deux arcs concentriques présentant les couleurs du spectre solaire. Dans l'arc primaire, le plus lumineux, le violet est à l'intérieur, le rouge à l'extérieur ; dans l'arc secondaire, plus pâle et extérieur au précédent, l'ordre des couleurs est inversé. Ce phénomène est dû à la réfraction et à la réflexion totale des rayons solaires dans les gouttes de pluie. La déviation des rayons solaires se produit sous des angles tels que le phénomène ne peut être observé lorsque le soleil est trop élevé dans le ciel.

ARCÉSILAS, philosophe grec (Pitane, Éolide, v. 316-241 av. J.-C.). Il fonda la Nouvelle Académie. La dialectique n'était pour lui que l'art de soutenir sur chaque question le pour et le contre.

ARC-ET-SENANS (25610), comm. du Doubs, sur la Loue ; 1 291 hab. La « Saline royale de Chaux » fut conçue par C. N. Ledoux comme une cité industrielle modèle pourvue de nombreuses annexes sociales ; seule fut réalisée (1775-1779) la moitié de la partie centrale, aux bâtiments disposés en hémicycle. L'ensemble, restauré, est devenu un centre de conférences, de congrès, de recherches en futurologie et de promotion de l'architecture contemporaine (fondation Claude Nicolas Ledoux, créée en 1972).

ARCHÆOCÈTE [-keɔ-] n. m. (du gr. *archaeos*, vieux, et *kêtos*, monstre marin). Mammifère aquatique fossile de l'éocène, ancêtre des cétacés actuels. (Le sous-ordre des *archæocètes* comprenait déjà des formes géantes, comme le zeuglodon de 20 m de long.)

ARCHAÏQUE [-kaik] adj. (de *archaïsme*). **1.** Se dit d'un mot, d'une construction, etc., qui présente un ou plusieurs traits appartenant à une époque antérieure à celle où il est employé. — **2.** Qui n'est plus en usage ; périmé : *Structures archaïques d'une société.* — **3.** Se dit parfois de la phase initiale du développement d'une culture, d'un art. (Syn. PRIMITIF.)

ARCHAÏSANT, E [-kai-] adj. et n. Qui fait usage de l'archaïsme : *Poète archaïsant.*
◆ adj. Qui contient des archaïsmes : *Style archaïsant.*

ARCHAÏSME [-kaism] n. m. (bas lat. *archaismos*, du gr. *arkhaismos*, de *arkhaios*, ancien). **1.** Caractère d'une forme, d'une construction, d'un mot, etc., qui appartient à une époque antérieure à celle où ils sont employés ; mot, construction présentant ce caractère. (Par ex. *roy* pour « roi », *moult* pour « beaucoup ».) — **2.** Caractère d'une œuvre artistique, ou d'un élément à l'intérieur d'une œuvre, qui se rattache à une époque antérieure. — **3.** Caractère de ce qui est périmé, date d'une autre époque : *L'archaïsme de ces procédés de fabrication.*

ARCHAL n. m. (lat. *aurichalcum*, du gr. *oreikhalkos*, laiton). Vx. *Fil d'archal*, fil de laiton passé à la filière.

ARCHANGE [-kɑ̃ʒ] n. m. (lat. *archangelus*, du gr. *arkhaggelos*, ange qui commande). Ange d'un ordre supérieur (Gabriel, Michel et Raphaël).

ARCHANGÉLIQUE [-kɑ̃-] adj. (lat. ecclés. *archangelicus*, du gr. *arkhaggelikos*). Qui est propre à l'archange.

ARCHANTHROPIEN [-kɑ̃-] n. m. Nom commun aux divers types fossiles de l'espèce *Homo erectus* (pithécanthrope, sinanthrope, atlanthrope, etc.).

ARCHDEACON (Ernest), mécène français de l'aviation (Paris 1863-Versailles 1950). Il participa à la fondation de l'*Aéro-Club de France* (1898) et dota de 50 000 F la coupe Deutsch-de-la-Meurthe (1904).

1. ARCHE n. f. (bas lat. *arca*, du lat. class. *arcus*, arc). **1.** Arcade d'une certaine profondeur, voûtée. — **2.** Partie d'un pont-voûte ou d'un pont en arc comprise entre deux appuis successifs.

2. ARCHE n. f. (lat. *arca*, coffre). **1.** *Arche de Noé*, vaisseau que, selon la Bible, Noé construisit par ordre de Dieu pour échapper au Déluge ; ou, *fam.*, maison où vivent toutes sortes de gens ou de bêtes. — **2.** *Arche d'alliance*, coffre de bois d'acacia recouvert d'une plaque d'or, dans lequel étaient déposées les Tables de la Loi reçues par Moïse sur le mont Sinaï ; armoire où est enfermé le rouleau de la Torah qui sert aux offices de la synagogue. — **3.** Mollusque bivalve d'un type primitif, à longue charnière formée de dents nombreuses.

Arche *(la Grande)* → DÉFENSE *(quartier de la).*

1. ARCHÉE n. f. (du gr. *arkhê*, principe). Nom donné par les alchimistes au feu central de la Terre, ainsi qu'au principe immatériel qui serait à l'origine de tous les phénomènes vitaux.

2. ARCHÉE n. f. (gr. *arkhaia*, ancienne). Araignée à très longues pattes, aux chélicères insérés comme des antennes et à la tête non soudée au thorax.

ARCHÉEN [-ke-] n. m. (gr. *arkhaios*, primitif). Ensemble des terrains les plus anciens du globe (2,5 milliards d'années et plus).

ARCHÉGONE [-ke-] n. m. Organe femelle de certaines algues et des plantes vertes terrestres, formé en général de cellules haploïdes et au sein duquel se différencie l'oosphère ou gamète femelle.

ENCYCL. L'archégone mature est comme une bouteille microscopique dont la panse contient l'oosphère et dont le col est rempli d'une gelée riche en acide malique. Situé au sommet des tiges femelles chez les mousses, sous le prothalle chez les fougères, encore typique chez les gymnospermes dites « natrices », il se réduit chez les angiospermes à un simple sac embryonnaire de huit cellules.

ARCHÉGONIATE [-ke-] n. m. Plante verte terrestre ayant un archégone typique (bryophyte, ptéridophyte ou gymnosperme).

ARCHÉLAOS de Milet, philosophe de l'école ionienne, disciple d'Anaxagore (Ve s. av. J.-C.). Une tradition en fait le maître de Socrate, parce qu'il avait déjà des préoccupations morales.

ARCHÉLAOS, roi de Macédoine (413-399 av. J.-C.). Il fit de son royaume un État de type militaire avec Pella comme capitale. Il manœuvra habilement entre Athènes et Sparte. Dans son palais, décoré par Zeuxis, il accueillit artistes et écrivains. Il fut assassiné.

ARCHÉLAOS, fils d'Hérode le Grand (v. 23 av. J.-C.-18 apr. J.-C.). Ethnarque de Judée, de Samarie et d'Idumée en 4 av. J.-C., il fut exilé par Auguste en 6 apr. J.-C. dans les Gaules pour sa mauvaise gestion et son despotisme.

ARCHELLE n. f. (de *arche*). En Belgique, étagère simple de salle à manger pourvue de crochets pour suspendre des récipients à anse.

ARCHENDA [-kɑ̃-] n. m. Poudre de henné, dont les Égyptiennes se servent traditionnellement pour peindre en rouge la paume de leurs mains et la plante de leurs pieds.

ARCHENTÉRON [-kɑ̃-] n. m. Cavité embryonnaire de la gastrula, dont l'orifice est le blastopore. (L'archentéron deviendra le tube digestif de l'adulte.)

ARCHÉOCÉRÉBELLUM [arkeoserebɛlɔm] ou **ARCHICÉRÉBELLUM** n. m. Partie du cervelet phylogénétiquement la plus ancienne, et qui constitue le centre fonctionnel des voies de contrôle de l'équilibration.

ARCHÉOCIVILISATION [-keo-] n. f. Science qui dégage les tests de continuité culturelle fournis par l'archéologie, l'ethnoscience, l'anthropologie physique et sociale, ainsi que par les autres disciplines annexes.

ARCHÉOCORTEX → ARCHICORTEX.

Archéodrome, musée de plein air créé en 1978 le long de l'autoroute A6 près de Beaune (Côte-d'Or), comportant des reconstitutions et des salles d'informations relatives à l'archéologie bourguignonne.

ARCHÉOLOGIE [-keo-] n. f. **1.** Étude des civilisations anciennes réalisée à partir des vestiges matériels d'une activité exercée par les hommes, ou à partir des éléments de leur contexte. (→ *encycl.*) — **2.** Selon Michel Foucault, analyse qui a pour objet de révéler le champ épistémologique, dans lequel les connaissances, envisagées comme formations discursives, trouvent leurs conditions de possibilité d'exister comme connaissances. — **3.** *Archéologie industrielle,* étude des installations industrielles du passé lointain ou récent.

ENCYCL. Quête utopique de la Grèce antique, passion avide de collectionneur, mais aussi recherche d'émotion esthétique — Michel-Ange lors de la découverte, en 1506, du *Laocoon* — seront les ferments de l'archéologie. Après les fouilles d'Herculanum (1738) et de Pompéi (1748), qui suscitent un grand intérêt artistique, l'archéologie connaît ses premières bases techniques grâce à Caylus et à Winckelmann. Le XIXᵉ s. voit non seulement la révélation de grands sites (Khursabād, Nimroud, Our, Troie, la civilisation minoenne), mais aussi les récits des grands voyageurs qui décrivent la Nubie ou Angkor, ainsi que les premières constatations de Boucher de Perthes. L'ampleur et la diversité de ces découvertes sont à l'origine des spécialisations, dont l'égyptologie est l'une des premières (publication, dès 1809, de la *Description de l'Égypte* à la suite de la campagne française et déchiffrement, en 1822, des hiéroglyphes par Champollion).

L'archéologie orientale, avec la lecture du bas-relief de Béhistoun, suit de très peu, de même que l'archéologie gréco-romaine (fondations des grands instituts de recherches : École française d'Athènes [1846], Institut allemand d'archéologie [1871], etc.). Ce n'est qu'au XXᵉ s. que l'archéologie devient véritablement une science auxiliaire de l'histoire.

• *L'organisation de l'archéologie.* En France, c'est la législation relative aux fouilles et aux *Antiquités* nationales* qui régit l'archéologie. Celle-ci a étendu son domaine de recherche à tous les continents et à toutes les époques, depuis l'apparition de l'homme ; elle a acquis ses propres méthodes et fait appel aux sciences exactes (mathématiques, physique, chimie), aux sciences naturelles (paléontologie humaine et animale, palynologie, géologie et pédologie...) et aux sciences humaines (ethnologie, sociologie, philosophie).

On distingue diverses phases de travaux. En premier lieu se placent la *détection et la prospection* par repérage d'anomalie topographique, présence de tessons de céramique, analyse de la densité végétale par photographie aérienne, archéomagnétisme et sonde photographique.

La *fouille** consiste non seulement à recueillir des objets, mais aussi à les situer dans leur contexte en réunissant les éléments d'une chronologie relative avant de pouvoir, à la suite d'analyses et de comparaisons, obtenir une chronologie absolue, à laquelle concourt le relevé stratigraphique. Interroger la terre c'est aussi hélas détruire les données inscrites dans le sol. Le fouilleur doit pouvoir garder sur le papier la trace de tout ce qu'il fait disparaître sur le terrain.

La *recherche subaquatique* est développée à partir de 1950. L'invention du scaphandre Cousteau-Gagnan a marqué, à cet égard, un progrès décisif. Une Direction des recherches archéologiques sous-marines pour l'ensemble du littoral des côtes françaises a été créée en 1966. L'*Archéonaute,* premier navire entièrement consacré aux recherches archéologiques, est entré en service en 1967.

La *sauvegarde* s'exerce de plusieurs façons : déplacement de monument (Abou-Simbel), protection d'objet ou de gisement (Pincevent), étude des problèmes de conservation (Lascaux), consolidation ou reconstitution (Barabudur), nettoyage et stabilisation des objets (drakkar viking d'Oseberg, à Oslo) ; les ateliers de net-

toyage et de restauration sont devenus de véritables laboratoires.
Afin de mieux *maîtriser* l'information, plusieurs projets de banques de données archéologiques sont en cours de constitution sur les matériels les plus divers (poteries, outil de pierre ou de métal, iconographie, etc.).
Devant la multitude de renseignements recueillis, les *publications* se font souvent en plusieurs temps, et les rapports préliminaires précèdent les études exhaustives.

archéologie *(Société française d'),* société savante fondée en 1834 par A. de Caumont, pour l'étude de l'architecture et du décor des monuments de France. Elle publie les volumes du *Congrès archéologique* et du *Bulletin monumental.*

archéologie orientale *(Institut français d')* **[I. F. A. O.]** → CAIRE *(Institut français d'archéologie orientale du).*

Archéologie du savoir *(l'),* ouvrage de Michel Foucault (1969), qui met en évidence la notion de coupure séparant la continuité apparente de l'histoire des idées.

ARCHÉOLOGIQUE [-keo-] adj. Relatif à l'archéologie.

ARCHÉOLOGUE [-keo-] n. Spécialiste d'archéologie.

ARCHÉOMAGNÉTISME n. m. Détermination de la valeur et de la direction du champ magnétique terrestre dans le passé par l'étude des restes archéologiques.

ARCHÉOMÉTRIE [-keo-] n. f. Partie de l'archéologie qui fait appel aux méthodes physiques et chimiques et qui s'applique par exemple à la prospection géophysique, aux méthodes de datation physico-chimiques, à la paléométallurgie, etc.

ARCHÉOPTÉRYX [-keo-] n. m. Oiseau fossile du jurassique, remarquable par ses caractères reptiliens (dents, longue queue vertébrale souple), mais à trois doigts pourvus de griffes.

ARCHÉOZOÏQUE [-keo-] n. m. et adj. Période la plus ancienne des temps géologiques.
ENCYCL. L'archéozoïque représente une très longue durée depuis la formation du globe (–4,6 milliards d'années) jusqu'à –570 millions d'années, soit environ 4 milliards d'années. On le subdivise en archéen (de l'origine à –2,5 milliards d'années) et en protérozoïque (de –2,5 milliards à –570 millions d'années). Les premières traces de vie sont datées de –3,8 milliards, sous la forme de bactéries associées à des algues bleues.

ARCHER n. m. **1.** Combattant armé de l'arc. – **2.** Tireur à l'arc. – **3.** Agent subalterne de justice et de police, sous l'Ancien Régime. – **4.** *Franc archer,* soldat de la première troupe régulière d'infanterie française, instituée par Charles VII en 1448.

ARCHÈRE → ARCHIÈRE.

ARCHERIE n. f. **1.** Art de tirer à l'arc. – **2.** Matériel du tireur à l'arc. – **3.** Au Moyen Âge, produit de la chasse à l'arc. – **4.** Au XIVᵉ s., corporation d'archers.

ARCHES (88380), comm. des Vosges, au S.-E. d'Épinal, sur la Moselle ; 1 814 hab. Papeterie.

ARCHET n. m. (de *arc*). **1.** Baguette aux extrémités de laquelle est tendue une mèche de crin de cheval, permettant de frotter les cordes d'un instrument de musique. – **2.** Arc composé d'une baleine ou lame d'acier et d'une grosse corde de boyau, utilisé pour faire tourner une pièce ou un outil, en imprimant un rapide mouvement de va-et-vient. – **3.** Syn. de ASTE et de SEMELLE DE PANTOGRAPHE.

ARCHÈTERIE n. f. Commerce et fabrication des archets pour instruments à cordes.

ARCHETIER n. m. Artisan fabriquant des archets.

ARCHÉTYPAL, E, AUX ou **ARCHÉTYPIQUE** [-ke-] adj. Qui concerne les archétypes.

ARCHÉTYPE [-ke-] n. m. (lat. *archetypos,* original, du gr. *arkhetupon*). **1.** Modèle original ou idéal sur lequel est fait un ouvrage, une œuvre. – **2.** Manuscrit ancien qui est, par son texte, l'ancêtre d'un ou de plusieurs autres. – **3.** Chez Platon, prototype des réalités visibles du monde. – **4.** Chez C. G. Jung, structure universelle issue de l'inconscient collectif qui apparaît dans les mythes, les contes et toutes les productions imaginaires du sujet sain, névrosé ou psychotique. – **5.** Organe animal peu différencié dont dérivent, par radiation évolutive, des organes plus spécialisés et nettement différents d'un groupe à l'autre (patte, aile ou nageoire par exemple), appelés *organes homologues.*

ARCHEVÊCHÉ n. m. **1.** Siège d'un archevêque. – **2.** Dignité d'archevêque.

ARCHEVÊQUE n. m. Évêque qui préside une province ecclésiastique. (Certains titres d'archevêque sont donnés à titre honorifique.)

ARCHI-, préfixe (du gr. *arkhein,* commander), exprimant une idée de superlatif, d'intensité extrême ou indiquant un rang hiérarchiquement supérieur.

ARCHIAS, tyran de Thèbes († 378 av. J.-C.). Imposé par Sparte en 382, il bannit les principaux citoyens et périt dans la conjuration de Pélopidas.

ARCHICÉRÉBELLUM → ARCHÉOCÉRÉBELLUM.

ARCHICHAMBELLAN n. m. Titre attribué, dans le Saint Empire, à l'Électeur de Brandebourg.

ARCHICHANCELIER n. m. **1.** Titre porté, dans le Saint Empire, par les archevêques électeurs de Mayence, de Cologne et de Trèves. — **2.** *Archichancelier de l'Empire français* ou *archichancelier,* dignitaire de la cour de Napoléon Ier. Il présidait le Conseil d'État, la Haute Cour impériale et promulguait les sénatus-consultes.

ARCHICHAPELAIN n. m. Sous les Carolingiens, chef de la chapelle royale et principal conseiller du souverain.

ARCHICHLAMYDÉE [-kla-] n. f. Plante dicotylédone sans pétales (apétale) ou à pétales séparés (dialypétale). [Les *archichlamydées* forment une sous-classe.]

ARCHICONFRÉRIE n. f. Titre que reçoivent du Saint-Siège certaines associations pieuses, qui servent de centres à des sociétés affiliées.

ARCHICORTEX ou **ARCHÉOCORTEX** n. m. Cortex hippocampique.

ARCHICUBE n. m. *Arg.* Ancien élève de l'École normale supérieure.

ARCHIDAMOS, nom de plusieurs rois de Sparte de la dynastie des Eurypontides.

ARCHIDIACONAT n. m. Dignité d'archidiacre.

ARCHIDIACONÉ n. m. (lat. médiév. *archidiaconatus*). Partie d'un diocèse soumise à la juridiction d'un archidiacre.

ARCHIDIACRE n. m. (lat. ecclés. *archidiaconus*). Titre donné à un vicaire général responsable de l'administration d'une certaine portion du diocèse sous l'autorité de l'évêque.

ARCHIDIOCÉSAIN, E adj. Qui est relatif à un archevêché.

ARCHIDIOCÈSE n. m. Diocèse d'un archevêque.

ARCHIDUC n. m. Titre particulier à la maison d'Autriche, créé par Rodolphe IV (1358).

ARCHIDUCAL, E, AUX adj. Relatif à un archiduc.

ARCHIDUCHÉ n. m. Domaine d'un archiduc.

ARCHIDUCHESSE n. f. **1.** Femme ou fille d'un archiduc. — **2.** Princesse de la maison d'Autriche.

ARCHIÉPISCOPAL, E, AUX adj. Relatif à l'archevêque.

ARCHIÉPISCOPAT n. m. **1.** Dignité d'archevêque. — **2.** Temps pendant lequel un archevêque a occupé son siège.

ARCHIÈRE ou **ARCHÈRE** n. f. (de *arc*). Ouverture verticale et étroite, dans une muraille, pour tirer à l'arc ou à l'arbalète.

ARCHIFOU, ARCHIFOLLE adj. *Fam.* Complètement fou.

ARCHILEXÈME ou **ARCHISÉMÈME** n. m. Lexème représentant, sur le plan du signifiant, des sèmes communs à deux ou plusieurs unités lexicales. (Par ex. *siège* est l'archilexème de la série *pouf, tabouret, chaise, fauteuil, canapé,* etc.)

ARCHILOQUE, poète lyrique grec (Paros v. 712 - v. 664 av. J.-C.), inventeur présumé du vers ïambique, qu'il utilisa dans ses poèmes satiriques, célèbres par leur violence.

ARCHIMANDRITE n. m. (gr. mod. *arkhimandritês,* de *mandra,* enclos). Syn. de HIGOUMÈNE.

ARCHIMÈDE, savant de l'Antiquité (Syracuse 287 av. J.-C.-*id.* 212). Le premier, il donna une méthode permettant d'obtenir de π une approximation aussi grande que l'on veut par la mesure des polygones réguliers inscrits et exinscrits. Il perfectionna le système numéral grec, en donnant un procédé commode pour représenter de très grands nombres, fit les premiers travaux de géométrie infinitésimale (aire d'un segment de parabole, d'un secteur de la spirale qui porte son nom, de la sphère, du cylindre, etc.). Il étudie les solides engendrés par la rotation d'ellipses, de paraboles et d'hyperboles autour de leurs axes. En mécanique, on lui attribue l'invention de la vis sans fin, de la poulie mobile, des moufles, des roues dentées ; il établit la théorie du levier. En physique, il est le fondateur de la statique des solides, ainsi que de l'hydrostatique, dont il établit les lois fondamentales dans son *Traité des corps flottants.* Le fameux principe qui porte son nom aurait été élaboré pour répondre à Hiéron, roi de Syracuse, qui lui demandait de trouver si sa couronne était d'or pur. Il aurait trouvé la solution en prenant son bain et se serait élancé nu dans la rue en criant : « Eurêka ! Eurêka ! » (« J'ai trouvé ! »). Pendant trois ans, il tint en échec l'armée de Marcellus qui assiégeait Syracuse ; il fit construire des machines pour lancer des traits ou des pierres ; au moyen de miroirs ardents formés par des miroirs plans, judicieusement associés, il enflammait, dit-on, les vaisseaux des assiégeants, mais la chose paraît douteuse. Il fut tué lors de la prise de la ville.

Archimède *(principe d'),* principe fondamental de l'hydrostatique qui énonce que : « Tout corps plongé dans un fluide éprouve une poussée verticale, dirigée de bas en haut, égale au poids du fluide qu'il déplace et appliquée au centre de gravité du fluide déplacé, ou centre de poussée. »

Archimède, bathyscaphe français, lancé en 1961, désarmé en 1975. Il a effectué de nombreuses plongées dans les fosses océaniques (jusqu'à 9 500 m).

ARCHIMÉDIEN, ENNE adj. Qui concerne, qui satisfait à l'axiome d'Archimède, selon lequel quels que soient $a > O$ et $b \geqslant O$, éléments d'un groupe totalement ordonné, il existe un entier naturel k tel que $ka \geqslant b$.

ARCHIMILLIONNAIRE adj. et n. *Fam.* Plusieurs fois millionnaire ; très riche.

ARCHINARD (Louis), général français (Le Havre 1850 - Villiers-le-Bel 1932). Il succéda à Gallieni comme commandant du Haut-Sénégal-Niger. À partir de 1888, il lutta contre Amadou, et, en 1893, établit le protectorat de la France dans le Macina. En 1891, il combattit Samory au Soudan.

ARCHINE n. f. (russe *archin,* du turc). Ancienne mesure de longueur autrefois utilisée en Russie (où elle valait 71,12 cm) et dans quelques pays d'Orient.

ARCHIPALLIUM [-ljɔm] n. m. Région corticale phylogénétiquement ancienne caractérisée par trois couches cellulaires. (L'archipallium est constitué de l'archicortex et du paléocortex.)

ARCHIPEL n. m. (ital. *arcipelago,* du gr. byz. *arkhipelagos,* mer principale). Ensemble d'îles en groupe, sur une surface maritime plus ou moins étendue.

Archipel du Goulag *(l'), essai d'investigation littéraire, 1918-1956,* œuvre d'A. Soljenitsyne (1973-1976), dossier d'accusation sur la répression politique et culturelle en U. R. S. S.

Archipels, titre donné par A. Boucourechliev, dès 1967, à un ensemble de compositions instrumentales diverses, de forme imprévisible.

ARCHIPÉLAGIQUE adj. *Eaux archipélagiques,* eaux baignant les archipels et dont le régime juridique est comparable à celui des eaux territoriales.

ARCHIPENKO (Alexander), sculpteur américain d'origine russe (Kiev 1887-New York 1964). À Paris, vers 1910-1914, se place la production qui le classe comme grand novateur. De caractère dynamique, elle fait appel à l'évidement des formes, à la polychromie (reliefs dits « sculpto-peintures ») et à l'assemblage de matériaux divers. Aux États-Unis, à partir de 1923, sa manière se stabilise dans l'élégance.

ARCHIPHONÈME n. m. Unité fonctionnelle qui possède l'ensemble des particularités distinctives communes à deux phonèmes dont l'opposition est neutralisable dans certaines positions. (Ainsi, l'opposition /o/~/ɔ/, qui est neutralisée en syllabe ouverte finale [où l'on a toujours /o/ : *sot, beau, gros, etc.*], peut être représentée par l'archiphonème /O/.)

ARCHIPRÊTRE n. m. (lat. ecclés. *archipresbyter,* du gr. *akhipresbuteros*). **1.** Titre donné aux curés de certaines églises de canton. — **2.** Dans d'autres diocèses, titre donné aux curés d'arrondissement.

ARCHIPRÊTRE DE HITA → RUIZ (Juan).

ARCHIPRÊTRÉ n. m. Territoire soumis à la juridiction de l'archiprêtre.

ARCHIPTÈRE [-ki-] n. m. Ancien nom commun à plusieurs ordres d'insectes (libellules, éphémères et termites), sans parenté proche.

ARCHIPTÉRYGIE [-ki-] n. f. Nageoire paire des poissons dipneustes, dont peut être issue la patte des vertébrés tétrapodes.

ARCHISÉMÈME → ARCHILEXÈME.

ARCHITECTE n. (lat. *architectus,* avec infl. de l'ital. *architetto*). **1.** Personne qui conçoit le parti, la réalisation et la décoration de bâtiments de tous ordres, et en dirige l'exécution. (→ *encycl.*) — **2.** Promoteur, maître d'œuvre d'une réalisation importante : *L'architecte d'un projet grandiose.* — **3.** *Architecte naval,* ingénieur en construction navale, chargé de la conception d'un navire, d'une plate-forme marine ou d'un voilier de plaisance. ‖ *Architecte paysagiste,* syn. de PAYSAGISTE. ‖ *Le Grand Architecte (de l'univers), l'Architecte du monde,* Dieu.

ENCYCL. Le titre d'architecte appartient exclusivement aux personnes physiques inscrites à un tableau régional, les personnes morales portant le titre de « sociétés d'architecture ». L'architecte doit être titulaire d'un diplôme reconnu par l'État ou être reconnu qualifié par le ministère de la Culture, sur présentation de références professionnelles. La loi de 1977 a en outre créé le titre d'*agréé en architecture,* décerné, sur leur demande, aux personnes qui exerçaient à titre exclusif ou principal, avant la publication de la loi, des activités de conception architecturale. L'architecte exerce une profession libérale mais il peut exercer en qualité d'associé d'une société d'architecture ou en qualité de salarié d'un organisme public ou privé.
L'ensemble des architectes constitue l'*Ordre des architectes,* placé sous la tutelle du ministre chargé de la Culture. Dans chaque région un *conseil régional* assure la tenue du tableau (inscriptions et radiations) et concourt à la représentation de la profession. Le *conseil national,* élu par les membres des conseils régionaux, coordonne l'action de ces conseils et contribue à leur information.

ARCHITECTONICA n. f. Syn. de SOLARIUM.

ARCHITECTONIQUE adj. (gr. *arkhitektonikos*). **1.** Qui a rapport à la science de l'architecture, qui est conforme aux techniques de la construction. — **2.** Chez Aristote, se dit d'une science par rapport à une autre, lorsque les objectifs de la seconde se trouvent soumis aux objectifs fondamentaux de la première.
◆ n. f. **1.** Structure, construction, organisation systématique de qqch. : *L'architectonique d'un cycle romanesque.* — **2.** Chez Kant, théorie de ce

ARCHONTAT [-kɔ̃-] n. m. **1.** Dignité d'archonte. — **2.** Temps pendant lequel l'archonte était en charge.

ARCHONTE [-kɔ̃-] n. m. (lat. *archon, -ontis,* du gr. *arkhôn, -ontos*). Titre de certains magistrats dans diverses cités grecques anciennes. (Au pluriel ce mot peut désigner indifféremment tout magistrat, quel que soit son titre exact.)
ENCYCL. À Athènes, l'institution des archontes marqua le passage du pouvoir de la royauté à l'oligarchie foncière. À l'origine, il n'y avait qu'un seul archonte et la charge était héréditaire. Par la suite, l'archontat fut limité à dix ans (752 av. J.-C.) jusqu'à ce que, vers la fin du VIIe s., fût institué un collège annuel de neuf archontes. Primitivement réservée aux eupatrides ou aristocrates, cette magistrature se démocratisa avec Solon et Aristide. Chefs du gouvernement jusque vers la fin du Ve s. av. J.-C., les archontes ne conservèrent guère par la suite que des fonctions religieuses et judiciaires.

ARCHOSAURIEN [-ko-] n. m. Nom d'un vaste groupe de reptiles groupant notamment les dinosaures, les ptérosauriens et les crocodiles.

ARCHYTAS de Tarente, général, savant et homme d'État (Tarente v. 430 av. J.-C.-v. 360). Philosophe pythagoricien, il s'intéressa aux mathématiques, à la mécanique, à la physique, à l'astronomie et à la théorie musicale. Il fut le principal représentant de l'école de Tarente, qui fixa la terminologie de la géométrie. Stratège durant plusieurs années, il assura à Tarente la prépondérance économique et intellectuelle en Italie.

ARCIFÈRE n. m. (lat. *arcifer*, archer). Amphibien anoure (crapauds, rainettes) dont les coracoïdes s'articulent sur le sternum. (Les *arcifères* forment un ordre.)

ARCIMBOLDO ou **ARCIMBOLDI** (Giuseppe), peintre italien (Milan 1527 - *id.* 1593). Il fut, dans le climat maniériste de Prague, l'inventif metteur en scène des fêtes des Habsbourg. Ses peintures sont d'étranges caprices où végétaux, fruits, crustacés, etc., composent des figures humaines.

ARCIS (Marc), sculpteur français (Cunq, près de Mouzens, Tarn, 1655 - Toulouse 1739). Il a travaillé à Paris, à Versailles et surtout à Toulouse.

ARCIS-SUR-AUBE (10700), ch.-l. de cant. de l'Aube, à 28 km au N. de Troyes ; 2 954 hab. *(Arcisiens)*. Église gothique des XVe-XVIe s. Bonneterie. Sucrerie. Le 20 mars 1814, Napoléon y fut mis en difficulté par Schwarzenberg.

ARCOAT, ou parfois **ARGOAT,** nom donné qqfois à la Bretagne intérieure, par oppos. à l'Armor*.

ARCOLE, village d'Italie, en Vénétie, à l'E.-S.-E. de Vérone ; 2 000 hab. Bonaparte y remporta une victoire difficile sur les Autrichiens (15, 16, 17 nov. 1796). Le premier jour, un drapeau à la main, il entraîna lui-même ses troupes à l'assaut du pont d'Arcole.

ARÇON n. m. (lat. pop. **arcionem*, accus. de *arcio, -onis,* du lat. class. *arcus,* arc). **1.** Armature de la selle, formée de deux arcades, le pommeau et le troussequin, reliées entre elles. — **2.** Sarment de vigne ou rameau d'arbre fruitier qu'on soumet à l'arcure. — **3.** *Être ferme dans, sur ses arçons,* se tenir bien en selle. ‖ *Perdre, vider les arçons,* tomber de cheval. ‖ *Pistolet d'arçon,* destiné à être mis dans chacune des deux fontes.

ARÇONNAGE n. m. Syn. de ARCURE.

ARÇONNER v. t. (de *arçon*) [conj. 3]. Réaliser une arcure.

ARCOS DE LA FRONTERA, v. d'Espagne, en Andalousie, au N.-E. de Cadix ; 25 000 hab. Église du XVe s.

ARCOSOLIUM [-ljɔm] n. m. (lat. *arcus,* arc, et *solium,* cercueil). Tombe formée d'une niche creusée dans le tuf, déjà présente dans l'Antiquité classique, fréquente dans les catacombes paléochrétiennes.

ARCOT, v. de l'Inde, à l'O-S.-O. de Madras, cap. de l'anc. Carnatic. Soumise à l'influence française par Dupleix en 1749, la ville fut prise en 1751 par R. Clive de Plassey, qui la fit passer sous l'influence britannique.

ARCS (Les) [83460], comm. du Var, dans la dépression de l'Argens, à 12 km au S. de Draguignan ; 4 874 hab.

ARCS (les) [73700 Bourg St Maurice], station de sports d'hiver de Savoie, à 14 km au S.-E. de Bourg-Saint-Maurice. Altiport.

ARCTIA n. f. (gr. *arktos,* ours). Nom générique des papillons nommés *écailles.* (Leurs chenilles, très velues, sont dites oursonnes ou hérissonnes.) [Syn. CHELONIA.]

ARCTIQUE adj. (lat. *articus,* du gr. *arktikos,* de *arktos,* ours, pôle Nord). Relatif au pôle Nord et aux régions environnantes.

ARCTIQUE *(archipel),* archipel canadien compris entre le continent américain et le Groenland, et dépendant des Territoires du Nord-Ouest dont les principales terres sont la terre de Baffin, la terre d'Ellesmere et l'île Victoria.

ARCTIQUE *(océan),* ensemble des mers situées au-delà du cercle polaire arctique. Il se compose du *bassin arctique* et de mers annexes. L'océan est dans un isolement relatif, plus marqué du côté pacifique (détroit de Béring) que du côté atlantique (large ouverture entre le Groenland et la

Scandinavie). Les plates-formes continentales sont étendues en bordure de la Russie et de l'Alaska. Sur les côtes basses et marécageuses se succèdent les estuaires profonds (Ob, Ienisseï) et les larges deltas (Lena, Mackenzie). La plate-forme est plus étroite, plus accidentée, creusée de dépressions profondes en bordure des socles anciens et fracturés de l'archipel canadien, du Groenland et de la Scandinavie. Les rivages à falaises sont bordés par le skärgård et profondément découpés par des fjords. L'importante couverture de glaces (banquise permanente aux plus hautes latitudes, banquise hivernale dérivante dont se détachent les icebergs) est aussi favorisée par la faible salinité des eaux superficielles (moins de 30 ‰).

ARCTIQUES *(régions)* ou **ARCTIQUE,** ensemble formé par les terres arctiques et l'océan Arctique, en grande partie recouvert par la banquise.
— **Hist.** → DÉCOUVERTES.

ARCTIQUES *(terres),* ensemble des régions continentales (Amérique et Eurasie) et insulaires situées au N. du cercle arctique. Les régions insulaires sont : l'archipel canadien ; le Groenland (Danemark) ; le Spitzberg ou Svalbard (Norvège) ; la Nouvelle-Zemble, l'archipel François-Joseph, la Severnaïa Zemlia et les îles de Nouvelle-Sibérie (Russie). Le froid de l'hiver (moyennes mensuelles souvent inférieures à -10 °C ou même -20 °C) conditionne toute la vie. Il explique : la présence d'un sol gelé jusqu'à une grande profondeur ; la durée du manteau nival ; l'importance d'une banquise interdisant l'écoulement superficiel pendant près de 200 jours par an ; la persistance d'inlandsis et des calottes insulaires dont les émissaires donnent naissance à des icebergs. En été, les eaux de fonte et les débâcles transforment les plaines en un immense champ de boue semé de marais et de lacs, et, sur les terres non inondées, les fontes redonnent vie aux plantes de la toundra. Les formes traditionnelles de l'élevage, de la chasse et de la pêche ont subi de profonds bouleversements. La vie industrielle et commerciale est localement parvenue à se développer (sites miniers notamment, ports jalonnant la voie maritime du Nord en Russie, aéroports et bases stratégiques).

ARCTOCÈBE n. m. Loris africain insectivore, aux mouvements lents. (Syn. PARESSEUX, DORMEUR.)

ARCTURUS, nom d'origine grecque donné à l'étoile α Bouvier*. Magnit. visuelle 0,2. Distance 37 al.

ARCUEIL (94110), ch.-l. de cant. du Val-de-Marne, à 2,5 km au S. de Paris, sur la Bièvre ; 20 420 hab. Église du XIIIe s. Aqueduc des XVIIe et XIXe s. Centre résidentiel et industriel.

Arcueil *(école d'),* nom donné en 1921 à un groupe de musiciens français (Henri Sauguet, Maxime Jacob, Henri Cliquet-Pleyel et Roger Desormière), rassemblés sous l'égide d'Erik Satie, qui habitait Arcueil.

ARCURE ou **ARQÛRE** [arkyr] n. f. (de *arc*). **1.** Opération qui consiste à courber les rameaux d'arbres fruitiers ou les sarments de vigne pour en diminuer la vigueur afin d'accroître la production de fruits. [Syn. ARÇONNAGE, COURBURE.] — **1.** Chez les quadrupèdes, défaut d'aplomb du membre antérieur par déviation du genou vers l'avant. (L'animal est dit *arqué* ou *brassicourt.*)

ARCY-SUR-CURE (89270), comm. de l'Yonne, à 32 km au S.-E. d'Auxerre ; 511 hab. Aux environs, important gisement préhistorique (industrie lithique et osseuse, restes de squelettes néandertaliens, traces d'habitat). Les gravures pariétales de la grotte du Cheval appartiennent au magdalénien.

ARDABIL ou **ARDÉBIL,** v. de l'Iran, dans l'Azerbaïdjan oriental ; 147 000 hab. Mausolée et mosquée funéraire octogonale (XVIe-XVIIe s.) de cheikh Ṣafi al-Din.

ARDACHÊR, nom de trois rois de la dynastie des Sassanides : **Ardachêr Ier,** premier roi perse sassanide, après avoir vaincu l'Arsacide Artaban IV. Sous son règne (226-241), le mazdéisme devint religion d'État. — **Ardachêr II,** roi de 379 à 383, persécuteur des chrétiens, et **Ardachêr III,** qui régna de 628 à 629, eurent un rôle mineur.

ARDAHAN, v. du nord-est de la Turquie, près de la frontière avec la Géorgie et l'Arménie ; 10 900 hab. Elle fut rattachée à la Russie de 1878 à 1918.

ARDANT DU PICQ (Charles), officier et écrivain militaire français (Périgueux 1821-près de Gravelotte 1870). Il fut tué à la tête du 10e de ligne en 1870. Ses *Études sur le combat* furent publiées après sa mort (1880). Ses idées sur la valeur morale des troupes comme facteur déterminant de la victoire ont influencé la pensée militaire française.

ARDEAL, un des noms roumains de la Transylvanie.

ARDÉATINE *(cave* ou *fosse),* carrière souterraine, près de Rome, où, le 24 mars 1944, 335 patriotes italiens et étrangers furent massacrés par les Allemands.

ARDÈCHE, affl. du Rhône (r. dr.), de 120 km. Née dans le Vivarais (à 1 467 m d'alt.), l'Ardèche est un véritable torrent dans son cours supérieur. Dans le cours aval, surtout à partir de Vallon-Pont-d'Arc, elle coule dans des gorges entaillées entre les plateaux calcaires des Gras [au N.] et d'Orgnac [au S.] .

ARDÈCHE (07), dép. de la Région Rhône-Alpes ; ch.-l. de dép. *Privas ;* ch.-l. d'arrond. *Largentière, Tournon-sur-Rhône ;* 3 arrond. ; 33 cant. ; 339 comm. ; 5 529 km^2 ; 277 581 hab. (*Ardéchois*). Le dép. appartient à l'académie de Grenoble, à la cour d'appel de Nîmes, à la région militaire Méditerranée.
Constituant la bordure sud-est du Massif central, le département est formé au N. -O. de plateaux granitiques (monts du Vivarais) ou volcaniques (Mézenc, Gerbier-de-Jonc), domaines de la forêt et de l'élevage, et au S. -E. (bas Vivarais) de collines surtout calcaires, arides. La population se concentre dans les vallées des affluents du Rhône (Eyrieux, Ouvèze, Ardèche), sites de villes (Annonay, Aubenas, Privas) jalonnant aussi le cours du fleuve (Tournon-sur-Rhône, Le Teil, Viviers).

ARDÉCHOIS, E adj. et n. De l'Ardèche.

ARDÉIFORME n. m. Oiseau échassier longiligne tel que le héron, la cigogne ou l'ibis. (Les *ardéiformes,* nidifiants, sociaux et souvent migrateurs, forment un ordre.) [Syn. CICONIIFORME.]

ARDEMMENT [-damɑ̃] adv. Avec ardeur : *Voyage ardemment désiré.*

ARDEN (John), auteur dramatique britannique (Barnsley, Yorkshire, 1930). Influencé par Brecht, il oriente son théâtre vers un antihéroïsme sardonique que parcourt un souffle épique (*Vous vivrez comme des porcs,* 1958 ; *l'Âne de l'hospice,* 1963) et tente de susciter la créativité des spectateurs (*The Hero rises up,* 1968).

Arden de Faversham, drame anglais (1586), attribué à Thomas Kyd, l'un des chefs-d'œuvre du théâtre élisabéthain.

ARDENNAIS, E adj. et n. **1.** Des Ardennes. — **2.** Se dit d'une race de poules très rustiques, bonnes pondeuses et d'une race de chevaux de trait.
◆ **ardennaise** n. f. Phase tectonique définie dans les Ardennes, appartenant à l'orogenèse calédonienne (datant d'environ 395 M d'années).

ARDENNE ou, parfois, **ARDENNES,** région naturelle située dans la partie orientale de la Belgique, le nord du grand-duché de Luxembourg et le tiers septentrional du département français des Ardennes. S'étendant sur plus de 10 000 km^2, l'Ardenne est un plateau froid et humide, couvert de forêts, landes ou tourbières, coupé de vallées encaissées (Meuse) et dont l'altitude oscille entre 400 et près de 700 m.
— **Hist.** Les immenses forêts de l'Ardenne, connues dès l'époque romaine, donnèrent naissance à des légendes (saint Hubert, les quatre fils Aymon), et de nombreuses abbayes s'y fondèrent (Orval, Saint-Hubert, Saint-Lambert, Saint-Vith, Stavelot). Facteur d'insécurité pour les riches pays d'alentour, le massif fut entouré dès le XVIe s. par des villes fortifiées : Longwy, Sedan, Charleville, Givet, Dinant, Rocroi, Philippeville, Marienbourg. Les défrichements ouvrirent trois axes principaux de circulation : au centre, Malmédy-Sedan ; au N., Düren-Chimay par Dinant ; au S., Martelange-Arlon vers Montmédy. L'Ardenne fut le théâtre d'importantes opérations militaires au cours des deux guerres mondiales. En août 1914, trois armées allemandes en marche vers l'O. se heurtèrent, dans les Ardennes, aux IIIe et IVe armées françaises, provoquant de nombreux combats de rencontre (Neufchâteau, Ethe, Virton). En mai 1940, 7 divisions blindées allemandes (sur 10) occasionnèrent, dans les Ardennes, la rupture du front français de la Meuse à Houx, Monthermé et Sedan. En décembre 1944, l'Ardenne fut le théâtre de la dernière contre-offensive stratégique menée par la Wehrmacht (Rundstedt). La résistance américaine (Bastogne) brisa la poussée allemande.

ARDENNES (08), dép. de la Région Champagne-Ardenne ; ch.-l. de dép. *Charleville-Mézières ;* ch.-l. d'arrond. *Rethel, Sedan, Vouziers ;* 4 arrond. ; 37 cant. ; 462 comm. ; 5 229 km^2 ; 296 357 hab. (*Ardennais*). Le dép. appartient à l'académie et à la cour d'appel de Reims, à la région militaire Nord-Est.
Près du tiers de la population active du département est employée dans l'industrie, représentée surtout par la métalurgie de la vallée de la Meuse (également site énergétique : centrales de Revin et de Chooz). L'élevage et l'exploitation forestière sont les principales ressources des plateaux du nord et de l'est (Ardenne et Argonne) ; les cultures apparaissent sur les terres calcaires du sud-ouest (Champagne crayeuse, Porcien).

ARDENT, E adj. (lat. *ardens, -entis,* brûlant).**1.** *Litt.* Qui est très chaud, qui brûle : *Soleil ardent.* — **2.** Qui cause une sensation de chaleur, de brûlure : *Une soif ardente. Une fièvre ardente.* — **3.** Qui a un caractère fougueux, passionné, violent ; qui manifeste de l'ardeur dans son action, son attitude : *Un ardent désir de liberté.* — **4.** Qui a ou rappelle l'éclat, la couleur du feu : *Chevelure ardente.* — **5.** Se dit d'un voilier qui a tendance à présenter son avant face au vent. — **6.** *Être ardent à,* se donner avec fougue à une action.
◆ **ardent** n. m. *Bal des Ardents* ou *bal des Sauvages,* bal masqué donné en 1393 en l'hôtel Saint-Paul, à Paris, au cours duquel Charles VI fut sauvé des flammes par la duchesse de Berry alors que cinq seigneurs, déguisés comme lui en sauvages, furent brûlés vifs. ‖ *Mal des ardents,* affection provoquant de vives douleurs des extrémités, une gangrène et des troubles psychi-

ques. (Appelée encore *feu sacré, feu de Saint-Antoine,* cette affection, qui sévissait au Moyen Âge, est due à l'ergotisme.)

ARDENTES (36120), ch.-l. de cant. de l'Indre, sur l'Indre, au S.-E. de Châteauroux ; 3 555 hab. *(Ardentais).* Église du XIIe s.

ARDEUR n. f. (lat. *ardor,* de *ardere,* brûler). **1.** Vivacité, fougue qui porte ou que l'on met à faire qqch ; impétuosité : *L'ardeur au travail.* — **2.** Acharnement avec lequel qqch est fait : *L'ardeur de la lutte.* — **3.** Chaleur extrême : *L'ardeur du soleil.*

ARDILLON n. m. (frq. **hard,* fils tordus). **1.** Pointe métallique articulée sur une boucle qui, en pénétrant dans une perforation d'une courroie, permet de la boucler. — **2.** Partie de l'hameçon, à son extrémité pointue, qui s'oppose à sa sortie de la gueule du poisson.

ARDOISAGE n. m. Action d'ardoiser.

ARDOISE n. f. (lat. pop. **ardesia,* p.-ê. du gaul. **ard[u],* haut, élevé). **1.** Roche schisteuse fissile gris foncé *(gris ardoise)* se débitant en feuillets minces ; ce feuillet lui-même. — **2.** Feuille d'ardoise ou d'une autre matière, sur laquelle ce qu'on écrit ou ce qu'on dessine peut facilement s'effacer. — **3.** *Fam.* Compte de marchandises, de consommations prises à crédit chez un commerçant, dans un café : *Avoir une ardoise chez le boucher.* — **4.** *Ardoise magique,* ensemble constitué d'une feuille de plastique recouvrant une feuille de papier carbone. ‖ *Ardoise synthétique,* imitation d'ardoise en matériaux divers (amiante-ciment, feutre asphalté, etc.), utilisée dans le bâtiment.

◆ adj. inv. Qui a la couleur gris foncé ou gris bleuté de l'ardoise.

ENCYCL. L'ardoise est utilisée pour la couverture des maisons, les revêtements et les carrelages. La poudre d'ardoise est une matière inerte utilisée comme support ou charge dans plusieurs industries.

ARDOISE (l') [30290 Laudun], écart de la comm. de Laudun (Gard), sur le Rhône. Port fluvial. Métallurgie.

ARDOISÉ, E adj. *Litt.* De la couleur grise de l'ardoise.

ARDOISER v. t. (conj. 3). Couvrir d'ardoises.

ARDOISERIE n. f. Atelier où on fabrique des objets en ardoise.

ARDOISIER, ÈRE adj. **1.** De la nature de l'ardoise, qui contient de l'ardoise. — **2.** Qui possède le clivage des ardoises : *Schiste ardoisier.* — **3.** Relatif à l'ardoise : *Industrie ardoisière.*

◆ **ardoisier** n. m. **1.** Celui qui exploite une carrière d'ardoise. — **2.** Ouvrier employé dans une carrière d'ardoise. — **3.** En Belgique, couvreur. — **4.** Suiveur qui renseigne, au moyen d'une grande ardoise, les coureurs sur les écarts en temps qui les séparent.

◆ **ardoisière** n. f. Carrière d'ardoise.

ARDRES (62610), ch.-l. de cant. du Pas-de-Calais, à 17 km au S.-E. de Calais ; 3 951 hab. *(Ardrésiens).* Église des XIVe et XVe s. Entre Ardres et Guînes eut lieu en 1520 l'entrevue dite du Camp* du Drap d'or. À Ardres, un traité de paix fut conclu en 1546 entre François Ier et Henri VIII, qui prévoyait la restitution de Boulogne à la France contre une forte indemnité.

ÁRD-RÍ → ÁIRD-RÍGH.

ARDU, E adj. (lat. *arduus,* escarpé). **1.** Qui est difficile à résoudre, pénible à faire : *Problème ardu. Tâche ardue.* — **2.** *Litt.* Qui est raide, escarpé : *Un sentier ardu.*

ARE n. m. (lat. *area,* surface). Unité de surface agraire égale à 100 m² (symb. a).

ARÉAGE n. m. Mesurage des terres par ares.

AREC [arɛk] n. m. *Noix d'arec,* fruit de l'aréquier.

ARÊCHES (73270 Beaufort), hameau de la comm. de Beaufort (Savoie). Station de sports d'hiver (alt. 1 080-1 950 m).

ARECIBO, v. de la côte nord de Porto Rico ; 87 000 hab. Radiotélescope paraboloïdal de 300 m de diamètre.

AREF (Abdul Salam), en ar. **'Abd al-Salam Muḥammad 'Ārif,** maréchal et homme d'État irakien (Bagdad 1921-près de Bassora 1966). Avec l'aide des baassistes, il renversa le régime du général Kassem, qu'il fit exécuter (8 févr. 1963). Proclamé maréchal et chef d'État, il se rapprocha de l'Égypte de Nasser. Il trouva la mort dans un accident d'hélicoptère. — Son frère, ABDUL RAHMAN (en ar. *'Abd al-Raḥman 'Ārif*) [Bagdad 1916], général de l'armée irakienne, lui succéda comme président de la République ; il fut destitué en juillet 1968 par un coup d'État militaire.

ARÉFLEXIE n. f. Absence congénitale ou acquise des réflexes.

ARÉGÉNÉRATIF, IVE adj. Qui ne montre pas de signes de régénération.

ARÉIQUE adj. (du gr. *rhein,* couler). Se dit d'une région sans écoulement permanent. (Les régions aréiques couvrent le sixième de la surface du globe.)

ARÉISME n. m. État d'une région aréique.

ARELIGIEUX, EUSE adj. Qui n'appartient à aucune religion.

ARÉNACÉ, E adj. **1.** Se dit des roches détritiques entrant dans la classe des arénites. — **2.** Se dit d'un terrain riche en éléments siliceux, sans plus de cohérence que le sable.

ARENARIA [-re-] n. f. Herbe (caryophyllacée) des sables et éboulis, aux fleurs blanches.

ARENAS (Reinaldo), écrivain cubain (La Havane 1943 - New York 1990), auteur de nouvelles et de romans fantasmatiques (*le Puits,* 1973 ; *le Palais des très blanches mouffettes,* 1975 ; *Encore une fois la mer,* 1982 ; *le Portier,* 1987).

ARÉNAVIRUS n. m. (du lat. *arena,* sable). Nom générique d'un groupe de virus responsables de plusieurs zoonoses transmissibles à l'homme (fièvres hémorragiques d'Amérique du Sud, d'Afrique, fièvre de Lassa et chorioméningite lymphocytaire).

ARENBERG (Léopold Philippe DE LIGNE, *duc* D'AERSCHOT et D') [Bruxelles 1690-Heverlee 1754]. Il remplit en Autriche diverses fonctions militaires et civiles. Il fut en correspondance avec Voltaire. — Son fils, CHARLES MARIE RAYMOND (1721-1778), feld-maréchal au service de l'Autriche, eut un rôle actif dans la guerre de Sept Ans.

ARENBERG (Auguste, *prince* D'), comte **de La Marck** (Bruxelles 1753-*id.* 1833). Après avoir servi la France puis l'Autriche, il se rallia à Guillaume Ier de Nassau, roi des Pays-Bas, qui le nomma lieutenant général.

ARENDT (Hannah), philosophe et politologue américaine d'origine allemande (Hanovre 1906-New York 1975). Disciple de Jaspers et de Heidegger, elle fuit le nazisme en 1934 et s'installa en 1941 aux États-Unis. Son œuvre réfute tout déterminisme historique. *The Origins of Totalitarianism* (1951), dont les trois volumes ont été traduits en français (*le Système totalitaire,* 1972 ; *Sur l'antisémitisme,* 1973 ; *l'Impérialisme,* 1982), lie le développement du totalitarisme à l'antisémitisme et à l'impérialisme du XIXe s.

1. ARÈNE n. m. (de *aromatique*). Nom générique des hydrocarbures aromatiques.

2. ARÈNE n. f. (lat. *arena*) **1.** Espace circulaire sablé, au centre des amphithéâtres romains, où se livraient les combats de gladiateurs. — **2.** Aire sablée où se donnent les corridas. — **3.** Lieu qui sert de champ clos aux luttes politiques, idéologiques, littéraires : *L'arène politique, internationale.* — **4.** Formation sableuse grossière résultant d'une décomposition chimique modérée de roches cristallines grenues et constituées de grains libérés par l'attaque sélective des constituants les plus vulnérables.

◆ **arènes** n. f. pl. **1.** Amphithéâtre romain tout entier. — **2.** Emplacement pour les courses de taureaux.

ARÈNE (Paul), écrivain français d'expression française et provençale (Sisteron 1843-Antibes 1896), célèbre pour ses récits de Provence (*Jean des Figues,* 1868 ; *Contes de Paris et de Provence,* 1887).

Arenenberg, château de la Suisse (cant. de Thurgovie), sur les bords du lac de Constance, où séjournèrent la reine Hortense et son fils Louis Napoléon, le futur Napoléon III.

ARENGA n. m. (malais *areng*). Nom générique du *palmier à sucre* des Philippines, de l'Inde et d'Indonésie, dont la sève fournit un sucre brun et la moelle un sagou.

ARÉNICOLE adj. Se dit des animaux et des plantes qui vivent dans le sable.

◆ n. f. Annélide marine des sables du littoral qui vit dans un nid en forme de U, utilisée comme appât par les pêcheurs.

ARÉNIÈRE n. f. Carrière de sable.

ARÉNIGIEN n. m. (de *Arenig,* n. pr.). Étage du système ordovicien.

ARÉNISATION n. f. Décomposition des roches cristallines en arènes.

ARÉNITE n. f. Roche détritique, dont la majorité des grains est comprise entre 2 mm et 64 µm.

ARÉOGRAPHIE n. f. (de *Arès,* n. pr.). Étude de la surface de la planète Mars.

ARÉOLAIRE adj. **1.** Relatif à une aréole. — **2.** *Creusement aréolaire,* action latérale de l'érosion, par oppos. à son action *linéaire.* ‖ *Échantillonnage aréolaire,* dans un sondage, méthode qui consiste à prélever l'échantillon de la population visée en partant de sa répartition géographique. ‖ *Vitesse aréolaire du point* M, dérivée $A'(t)$ de l'aire $A(t)$ du secteur balayé par le rayon-vecteur $\overrightarrow{OM}$ pendant l'intervalle de temps $[t_o, t]$.

ARÉOLE n. f. (lat. *areola,* petite surface). **1.** Cercle de couleur plus foncée qui entoure le mamelon du sein. — **2.** Zone circulaire, ordinairement rouge, qui entoure et circonscrit un point inflammatoire.

ARÉOLÉ, E adj. *Ponctuation aréolée,* tache ronde, amincie, microscopique, de la paroi des vaisseaux, caractéristique des gymnospermes.

ARÉOMÈTRE n. m. Instrument fonctionnant suivant le principe d'Archimède et destiné à mesurer la densité d'une solution, pour en déterminer la concentration (acide, alcool, sirop, etc.).

ENCYCL. L'aréomètre est constitué d'une partie renflée et lestée, surmontée d'une tige graduée. Plongé dans un liquide, il flotte verticalement et s'enfonce d'autant plus que le liquide est moins dense. Dans les aréomètres à *volume constant,* le volume immergé est constant, mais le poids peut être augmenté ou diminué. Dans les aréomètres à *poids constant*, beaucoup plus employés, le volume immergé et donc la hauteur de la tige au-dessus du liquide varie avec la densité du liquide. *Les densimètres* sont gradués directement en densité, et les traits de la graduation ne sont pas régulièrement espacés. Les *pèse-acides, pèse-alcools (alcoomètres), pèse-sels, lactomètres,* dont les noms indiquent l'usage, possèdent des graduations donnant directement le titre d'une solution. L'*aréomètre Baumé* a une graduation arbitraire, mais permet d'évaluer la concentration de n'importe quelle solution avec la même unité (degré Baumé) et le même appareil.

ARÉOMÉTRIE n. f. Mesure de la densité d'un liquide par usage des aréomètres.

ARÉOMÉTRIQUE adj. De l'aréométrie.

ARÉOPAGE n. m. (gr. *Areios pagos,* colline d'Arès). **1.** Colline d'Athènes, à l'O. de l'Acropole (avec majusc.). – **2.** Tribunal suprême d'Athènes que la tradition fait remonter aux origines de la ville. – **3.** Groupe de personnages importants qui ont à juger, à décider qqch (parfois ironiq.) : *Un aréopage littéraire.*

ENCYCL. Composé d'abord des chefs des grandes familles (eupatrides), l'Aréopage fut doté au temps de la réforme de Solon (v. 640-558 av. J.-C.), où son recrutement s'élargit, d'un grand pouvoir politique. La réforme d'Éphialtès (461) réduisit ses attributions à des fonctions judiciaires.
Des vestiges (escalier, banc, sièges creusés en demi-cercle) de l'Aréopage ont été dégagés.

ARÉOPAGITE n. m. **1.** Membre de l'Aréopage. – **2.** Surnom de saint Denys. (Prend une majuscule en ce sens.)

ARÉQUIER n. m. (port. *areca,* du malais *adkka*). Palmier de l'Asie du Sud-Est, à tige très élancée, cultivé pour son bourgeon (chou-palmiste) et pour son fruit (noix d'arec), qui fournit un cachou et dont l'amande broyée est un élément du bétel.

AREQUIPA, v. du Pérou méridional, ch.-l. du dép., au pied du volcan Misti ; 634 000 hab. Université. Centre commercial. Fondée en 1540, cette ville pittoresque conserve des églises et des couvents de la période coloniale.

ARÈS (33740), comm. de la Gironde, à l'extrémité N. du bassin d'Arcachon ; 3 917 hab. Station balnéaire et climatique. Ostréiculture.

ARÈS, dieu grec de la Guerre. Il ne fut jamais très populaire, contrairement au Mars italique auquel les Romains l'ont identifié.

ARÉTAS, nom de quatre rois nabatéens dont deux, **Arétas Ier** (IIe s. av. J.-C.) et **Arétas IV** (Ier s. apr. J.-C.) sont mentionnés dans les livres bibliques.

ARÊTE n. f. (lat. *arista*). **1.** Pièce osseuse du corps des poissons, se formant dans l'intervalle des masses musculaires et sans homologue chez les vertébrés terrestres. – **2.** Ligne de relief osseux particulièrement saillante. (Ex. arête du nez.) – **3.** Ligne qui sépare deux versants d'une montagne. • **Bât.** Angle saillant formé par la rencontre de deux surfaces. ‖ *Voûte d'arêtes,* voûte composée de portions de berceaux en triangles curvilignes qui reposent sur une pointe, localisant les poussées dans le plan des arêtes, aux angles du compartiment voûté. – **Bot.** Soie raide prolongeant certains organes pointus (glumes des graminées, etc.). – **Cristallogr.** Ligne formée par l'intersection de deux faces naturelles d'un cristal. – **Géom.** Intersection de deux faces d'un polyèdre. – **Math.** *Arête d'un graphe non orienté* (X, A), élément de l'ensemble A des paires (x, y) où x et y sont des sommets de l'ensemble X. – **Pellet.** Ligne médiane du dos d'une peau, dont c'est la plus belle partie.

ARÉTHUSE, nymphe qui fut métamorphosée en fontaine pour échapper au dieu-fleuve Alphée.

ARÊTIER n. m. **1.** Pièce de charpente oblique formant une arête saillante d'un toit. – **2.** Élément de la couverture d'un bâtiment recouvrant un angle saillant.

ARÊTIÈRE n. f. Chacune des tuiles qui recouvrent une arête d'un toit. (On dit aussi TUILE ARÊTIÈRE.)

ARÉTIN (Pietro ARETINO, dit **l'**), écrivain italien (Arezzo 1492 - Venise 1556). Protégé des princes et des prélats, il poursuit à Rome puis à Venise une carrière de pamphlétaire licencieux laissant surtout des *Lettres* (1537-1557), sur la vie culturelle et politique de son temps, et des *Dialogues* (1534), où il analyse l'institution courtisane comme une prostitution et comme un phénomène typique d'une société en crise.

ARETTE (64570), comm. des Pyrénées-Atlantiques, à 18 km au S.-O. d'Oloron-Sainte-Marie ; 1 143 hab. – À 22 km au S., station de sports d'hiver d'*Arette-Pierre-Saint-Martin* (alt. 1 650-2 200 m).

ARÉVALO (Juan José), homme d'État guatémaltèque (Taxisco 1904 - Guatemala Ciudad 1990), président de la République de 1945 à 1951.

ARÉVALO MARTÍNEZ (Rafael), écrivain guatémaltèque (Quezaltenango 1884 - *id.* 1975), auteur original de récits « psycho-zoologiques » dont les personnages agissent comme l'animal auquel ils ressemblent (*El Señor Monitot,* 1922).

AREZZO, v. d'Italie, en Toscane, ch.-l. de prov. ; 90 577 hab. *(Arétins)*. C'est l'anc. *Arretium,* une des 12 villes de la Confédération étrusque. Cathédrale des XIIIe-XVe s. Églises de la Pieve (XIIe-XIIIe s.), S. Francesco (XIVe s. ; fresques de

Spinello Aretino et de Piero Della Francesca), S. Maria delle Grazie (XVe s.), etc. Palais des XIVe-XVIe s. Piazza Grande, remodelée par Vasari. Musées.

Arezzo *(céramique d')*, céramique produite de façon industrielle sous Auguste et Tibère, caractérisée par un vernis rouge brillant et un décor sigillé. Très exportée, on la retrouve en Inde.

ARGALI n. m. (pers. *argāli*). Grand mouton sauvage des montagnes d'Asie centrale, aux très grandes cornes spiralées.

ARGAN n. m. *Noix d'argan*, fruit de l'arganier.

ARGAND (Aimé), inventeur suisse (Genève 1755-Londres 1803). Il créa en 1784 la lampe d'éclairage à double courant d'air et cheminée de verre, abusivement désignée ensuite par le nom du pharmacien Quinquet.

ARGAND (Jean Robert), mathématicien suisse (Genève 1768-Paris 1822). Il a imaginé une représentation géométrique des nombres complexes.

ARGAND (Émile), géologue suisse (Genève 1879-Neuchâtel 1940). Adoptant la théorie de Wegener, il l'appliqua à l'Asie et aux Alpes et apparaît ainsi comme un précurseur de la tectonique globale.

ARGANIER n. m. (ar. *arqān*). Arbrisseau épineux à petites feuilles, très résistant à la sécheresse, mais à croissance lente, spontané et cultivé dans une région très limitée du Sud marocain, le Sous. (L'arganier est utilisé pour son bois [à charbon], son feuillage [nourriture des chèvres et des dromadaires], son fruit, ou *noix d'argan,* dont l'amande fournit une huile).

ARGAS [-gas] n. m. (gr. *argas*, brillant). Acarien parasite des poules et des pigeons *(Argas reflexus)* ou des chameaux *(A. persicus),* qui peut communiquer aux volailles une spirochétose mortelle.

ARGÉE *(mont)* → ERCIYAS DAĞI.

ARGELANDER (Friedrich Wilhelm August), astronome allemand (Memel 1799-Bonn 1875). Il contribua à développer l'étude des étoiles variables, et ses observations confirmèrent l'existence des mouvements propres stellaires. On lui doit surtout un catalogue, le *Bonner Durchmusterung,* donnant la position et l'éclat de quelque 324 000 étoiles de l'hémisphère boréal, et l'atlas céleste correspondant.

ARGELÈS-GAZOST (65400), ch.-l. d'arrond. des Hautes-Pyrénées ; 3 419 hab. *(Argelésiens)*. Station thermale et climatique.

ARGELÈS-SUR-MER (66700), ch.-l. de cant. des Pyrénées-Orientales, près de la Méditerranée ; 7 217 hab. *(Argelésiens)*. Église du XIVe s. Station balnéaire à *Argelès-Plage.*

ARGÉMONE n. f. (lat. *argemonia,* du gr. *argemônê,* aigremoine). Sorte de pavot d'origine américaine, aux fleurs rouges décoratives.

ARGENLIEU (Georges THIERRY D'), en religion **R. P. Louis de la Trinité,** amiral français (Brest 1889-carmel de Relecq-Kerhuon 1964). Entré en religion après ses études à l'École navale, il est mobilisé à Cherbourg en 1939. Prisonnier en juin 1940, il s'évade et rejoint la France libre. Nommé haut-commissaire pour le Pacifique (1941-1943), il est ensuite promu contre-amiral et commande les Forces navales françaises libres puis commande en chef en Indochine (1945-1947). En 1948, il reprend la vie monastique mais conservera les fonctions de grand chancelier de l'ordre de la Libération jusqu'en 1958.

ARGENS, fl. côtier de Provence ; 115 km. Il se jette dans le golfe de Fréjus, après avoir séparé les massifs des Maures et de l'Esterel.

ARGENS (Jean-Baptiste DE BOYER, *marquis* D'), écrivain français (Aix-en-Provence 1704 - La Garde, près de Toulon, 1771). Auteur de pamphlets (*Lettres juives,* 1736), il fut chambellan de Frédéric II.

ARGENSON (famille DE VOYER D'), famille française originaire de Touraine, qui remontait au XIVe s. et dont plusieurs membres ont accédé aux plus hautes charges de l'État sous l'Ancien Régime. — MARC RENÉ **de Voyer,** comte puis (1700) marquis **d'Argenson** (Venise 1652-Paris 1721), lieutenant général de police (1697-1718), créa la police politique. Garde des Sceaux et président du conseil des Finances (1718-1720) sous la Régence, il s'opposa au système de Law. (Acad. fr., 1718.) — Son fils RENÉ LOUIS **de Voyer,** marquis **d'Argenson** (Paris 1694-*id.* 1757), intendant du Hainaut et du Cambrésis (1720-1725), fut secrétaire d'État aux Affaires étrangères (1744-1747) lors de la guerre de la Succession d'Autriche. Outre des *Mémoires et Journal inédit* (1859-1867), il a laissé des *Considérations sur le gouvernement de la France* (1764), où il se montre partisan du despotisme éclairé. — MARC PIERRE **de Voyer,** comte **d'Argenson** (Paris 1696-*id.* 1764), frère du précédent, fut lieutenant général de police (1720-1724) puis secrétaire d'État à la Guerre (1743-1757). Il créa le corps des grenadiers royaux (1745) et contribua à la fondation de l'École militaire (1751). — Son neveu ANTOINE RENÉ **de Voyer,** marquis **de Paulmy d'Argenson** (Valenciennes 1722-Paris 1787), fils de René Louis, lui succéda comme secrétaire d'État à la Guerre (1757-58) et fut ambassadeur en Suisse (1748-1751), en Pologne (1762-1764) et à Venise (1766-1770). [Acad. fr., 1748.]

ARGENT n. m. (lat. *argentum*). **1.** Métal précieux, blanc, brillant et très ductile, inoxydable.

(Élément chimique de symbole Ag.) — **2.** Ce même métal mêlé à une certaine quantité de cuivre : *Vaisselle d'argent.* — **3.** Autref., monnaie à base de ce métal. — **4.** Toute monnaie métallique ou tout papier-monnaie accepté comme numéraire : *Un portefeuille contenant de l'argent.* — **5.** Ensemble du numéraire, des valeurs, des biens ; fortune : *Il a beaucoup d'argent.* — **6.** Un des deux métaux héraldiques, s'indiquant en gravure par un fond uni. — **7.** *Argent anglais,* maillechort argenté. ‖ *Argent bas,* argent qui est inférieur au titre requis. ‖ *Argent filé,* argent qui est retors avec des fils de soie. ‖ *Argent fin,* argent du plus haut titre. ‖ *Argent trait,* fil d'argent très fin. ‖ Litt. *D'argent,* qui a la blancheur, l'éclat de l'argent (métal) ou le son clair d'une pièce d'argent. ‖ *En avoir, en vouloir pour son argent,* en proportion de l'argent qu'on a déboursé ou de la peine que l'on a prise. ‖ *Faire argent de qqch,* le vendre ou l'employer pour se procurer de l'argent. ‖ *Faire argent de tout,* user de tous les moyens pour se procurer de l'argent, savoir tirer profit de tout. ‖ *Homme, femme d'argent,* qui aime l'argent, intéressé. ‖ *Manger de l'argent,* perdre de l'argent dans une opération commerciale ou financière. ‖ *Puissances d'argent,* milieux financiers et économiques qui exercent une action dans le domaine politique.

Numéro atomique : 47
Masse atomique : 107,87
Température de fusion : 960 °C
Température d'évaporation : 1 950 °C
Masse volumique : 10,5 g/cm³

ENCYCL. L'argent est le plus blanc de tous les métaux et après l'or, le plus malléable et le plus ductile. À l'état pur, il est assez mou. C'est le meilleur conducteur de tous les corps. Inoxydable par l'oxygène de l'air, il se ternit et noircit en présence de traces d'hydrogène sulfuré ; l'acide nitrique le dissout à froid. Dans ses composés, il est presque exclusivement monovalent. Les principaux sont l'oxyde Ag_2O, soluble dans l'ammoniaque ; le chlorure et le bromure, insolubles dans l'eau, lentement décomposés par la lumière, propriété utilisée en photographie ; le sulfure Ag_2S, noir ; le nitrate $AgNO_3$, incolore, soluble dans l'eau, oxydant et employé comme caustique. L'argent est obtenu à partir de différents minerais et surtout par traitement du plomb argentifère. Les principaux procédés d'élaboration sont la cyanuration et l'amalgamation, qui s'appliquent aux minerais d'argent, et la désargentation, qui s'applique aux minerais argentifères. Comme ils contiennent de l'or, du platine et des métaux de la famille du platine, on raffine l'argent par électrolyse. L'argent peut aussi être récupéré des boues électrolytiques (résidus du raffinage du cuivre, du nickel et d'autres métaux).

La production mondiale dépasse 14 000 t. Cinq pays, le Mexique (2 300 t), les États-Unis (1 800), le Pérou (1 600), l'Australie (1 200) et le Canada (1 100) en fournissent ensemble un peu plus de la moitié.

Les besoins industriels (photographie, électronique) excédant largement l'offre, le déficit est comblé par recyclage du métal.

L'argent pur est utilisé pour sa résistance aux agents corrosifs (hydrogène sulfuré excepté), pour sa bonne conductibilité électrique et pour ses propriétés antifriction. Les *alliages d'argent* sont très employés, car les additions permettent d'améliorer en particulier la faible dureté du métal. Les alliages argent-cuivre servent à confectionner des monnaies, des médailles, des objets de bijouterie. Pour l'orfèvrerie, les titres légaux sont, en France, de 950 millièmes (1er titre) et de 800 millièmes (2e titre). Pour les contacts électriques, on utilise des alliages d'argent, de cuivre et de tungstène. Les métaux d'apport de brasage à l'argent sont constitués d'argent, de cuivre et de zinc.

Le nitrate d'argent est employé en médecine, sous forme de crayon comme caustique et cicatrisant. On continue parfois à employer comme antiseptique local des pommades contenant 15 % d'argent colloïdal.

L'argent, métal précieux, a eu très tôt un rôle monétaire. Au XIVe s., le système monétaire français lui juxtapose l'or, mais c'est encore l'argent qui constitue l'unité monétaire de la loi de Germinal. En Europe, l'argent cesse de jouer un rôle important au cours du XIXe s. et ne subsiste plus qu'inclus dans les monnaies divisionnaires. (→ BIMÉTALLISME.)

ARGENTA (Ataúlfo), chef d'orchestre espagnol (Castro Urdiales 1913 - Los Molinos, Madrid, 1958). Nommé en 1946 à la tête de l'Orchestre national d'Espagne, il a mis son talent au service du répertoire symphonique traditionnel et dans la création d'œuvres contemporaines.

ARGENTAGE n. m. Action d'argenter.

ARGENTAN n. m. Alliage de cuivre (60 %), zinc (20 %) et nickel (20 %), dont la couleur blanche rappelle celle de l'argent.

ARGENTAN (61200), ch.-l. d'arrond. de l'Orne, dans la *plaine* (ou *campagne*) céréalière *d'Argentan,* sur l'Orne ; 17 157 hab. *(Argentanais).* Églises St-Germain (XVe-XVIIe s.) et St-Martin (vitraux du XVIe s.). Centre commercial et industriel (constructions mécaniques, produits alimentaires). La ville changea souvent de maître lors de la rivalité opposant les rois de France et d'Angleterre.

Philippe Auguste la reconquit en 1204. Elle fut très endommagée en 1944.

Argentan *(point d')*, dentelle à l'aiguille dérivée du point d'Alençon. Il présente des jeux de fond obtenus par un réseau de mailles de grosseur différente. Les motifs, plus grands, ont moins de reliefs que dans le point d'Alençon.

ARGENTAT (19400), ch.-l. de cant. du sud-est de la Corrèze ; 3 386 hab. (*Argentacois*). Barrage et centrale hydroélectrique sur la Dordogne.

ARGENTATION n. f. Imprégnation d'un tissu organique par l'argent avant examen microscopique, pour colorer en noir certains de ses éléments.

ARGENTER v. t. (conj. 3). **1.** Recouvrir (un objet quelconque) d'une mince feuille ou couche d'argent. — **2.** *Litt.* Donner la blancheur, l'éclat de l'argent : *Le soleil argente les cimes.*

◆ **être argenté** v. pass. **1.** Être recouvert d'une couche d'argent : *Couverts en métal argenté.* — **2.** Être recouvert d'une couche métallique rappelant l'argent : *Glace argentée.* — **3.** *Litt.* Avoir la couleur blanche, l'éclat de l'argent : *Un fleuve argenté.* — **4.** En parlant des cheveux, de la barbe, être mêlés de poils blancs. — **5.** *Fam.* Avoir de l'argent dont on peut disposer : *Être peu argenté.* — **6.** *Gris argenté,* gris mêlé de blanc éclatant. ‖ *Lapin argenté de Champagne,* race française de lapins de couleur vieil argent.

ARGENTERA *(cime de l')*, point culminant du massif du Mercantour ; 3 297 m.

ARGENTERIE n. f. Ensemble des pièces (vaisselle, couverts et accessoires) en argent ou en métal argenté servant aux usages de la table.

ARGENTEUIL (95100), ch.-l. d'arrond. du Val-d'Oise, à 9 km au N.-O. de Paris ; 94 162 hab. *(Argenteuillais)*. Cité résidentielle et industrielle sur la rive droite de la Seine. Constructions mécaniques et électriques ; chimie. Musée du Vieil-Argenteuil dans l'anc. hôpital.

ARGENTEUR, EUSE n. Personne dont le métier est d'argenter, notamment du métal non précieux.

ARGENTIER n. m. (lat. *argentarius*). **1.** Celui qui gère les finances d'un royaume ou d'un grand seigneur. — **2.** En France, au Moyen Âge et sous l'Ancien Régime, officier de l'hôtel du roi, institué en 1317, qui était chargé de l'ameublement des résidences royales et de l'habillement des membres de la maison du roi. — **3.** Meuble servant à présenter ou à ranger l'argenterie. — **4.** Fam. *Le grand argentier,* le ministre des Finances.

ARGENTIÈRE *(aiguille d')*, sommet de la partie nord du massif du Mont-Blanc (Haute-Savoie) [3 900 m], dominant le *glacier d'Argentière* qui s'avance dans la vallée de l'Arve vers le *village d'Argentière* (station touristique).

ARGENTIÈRE *(col de l')*, nom parfois donné au col de Larche.

ARGENTIÈRE-LA-BESSÉE (L') [05120], ch.-l. de cant. des Hautes-Alpes, sur la Durance ; 2 215 hab. *(Argentiérois)*. Chapelle du XIIe s. et église du XVe s. Centrale hydroélectrique.

ARGENTIFÈRE adj. Se dit d'un minerai qui renferme de l'argent.

1. ARGENTIN, E adj. et n. D'Argentine.

2. ARGENTIN, E adj. (de *argent*). *Litt.* Dont le son clair rappelle celui des pièces d'argent : *Le murmure argentin d'une source.*

◆ **argentin** n. m. Nom usuel d'un poisson du genre *trachyptère.*

◆ **argentine** n. f. Poisson marin à deux dorsales, comestible, et dont les grandes écailles cténoïdes fournissent la meilleure des essences d'Orient.

ARGENTINA (Antonia MERCÉ Y LUQUE, dite **la**), danseuse et chorégraphe espagnole (Buenos Aires 1890-Bayonne 1936). Virtuose des castagnettes à l'éblouissant zapateado, elle mêla la tradition des danses populaires et du flamenco à la danse académique. Sa synthèse entre la danse orientale et la danse occidentale fit école et influença de nombreux artistes. La Argentina triompha dans *l'Amour sorcier.*

ARGENTINE (*République*), en esp. **República Argentina,** État fédéral d'Amérique du Sud ; 2 780 000 km² ; 35 millions d'hab. (*Argentins*). CAP. *Buenos Aires.* LANGUE : *espagnol.* MONNAIE : *peso.*

Géographie. L'Argentine est cinq fois plus étendue que la France, mais presque dix fois moins densément peuplée. Buenos Aires regroupe le tiers de la population du pays, qui comprend de vastes espaces presque vides. Le peuplement est en majeure partie d'origine européenne. Le développement a été relativement précoce, le pays a une vocation largement agricole : les produits du sol (blé, maïs, sorgho, etc.) et de l'élevage (laine et surtout viande) sont prépondérants dans les exportations.

Entre les Andes et l'Atlantique, étirée sur près de 4 000 km du tropique à la terre de Feu, l'Argentine est formée surtout de plaines et de plateaux : Chaco subtropical au nord, couvert par la savane ou portant des forêts de quebrachos ; Pampa au centre, domaine de la prairie (au climat de type tempéré vers le Río de la Plata) qui cède la place au *monte* (formation forestière médiocre) vers les Andes ; Patagonie, froide et souvent aride, au sud.

L'étendue des surfaces disponibles a été une cause du développement de l'élevage bovin et ovin, de l'importance des récoltes de blé et de vin souvent liées aussi à l'élevage (maïs, sorgho, soja). Elle explique également la prépondérance des grandes exploitations, et la relative faiblesse des rendements. Le pays dispose de ressources énergétiques notables (pétrole et gaz naturel, électricité hydraulique, importantes réserves d'uranium), mais insuffisantes (très peu de houille, importations de pétrole nécessaires). En revanche, les minerais métalliques sont rares et peu abondants. L'industrie valorise en priorité les produits de l'agriculture et de l'élevage, mais s'est diversifiée (métallurgie de transformation surtout), avec l'apport de capitaux étrangers. Elle est concentrée dans l'agglomération de Buenos Aires (débouché maritime du pays), présente toutefois aussi à Rosario et Córdoba, principales villes, avec les cités du piémont andin (San Miguel de Tucumán, Mendoza [centre du vignoble]) et les ports (Bahía Blanca) ou stations (Mar del Plata) du littoral. L'urbanisation concerne plus de 80 % d'une population qui, aujourd'hui, s'accroît plus en raison d'un notable excédent naturel (le taux de natalité dépasse encore 20 %) que de l'immigration (à la base du peuplement, et intense au XIXe et au début du XXe s.).

Histoire.

1516 : L'Espagnol Díaz de Solis aborde dans le Río de la Plata.

1580 : Fondation de Buenos Aires.

Les Espagnols s'établissent progressivement à l'intérieur du pays. Ils y introduisent le cheval et les bovins, qui s'y multiplient rapidement. Au XVIIIe s. se créent d'immenses propriétés, ou estancias. Les propriétaires de grands troupeaux tiennent une place prépondérante dans la hiérarchie sociale.

1776 : Création de la vice-royauté de La Plata.

1810 : Le vice-roi, représentant du roi d'Espagne, est déposé.

1816 : José de San Martín fait proclamer l'indépendance du pays par le congrès de Tucumán.

1853 : L'Argentine se donne une Constitution libérale et fédérale.

De 1850 à 1929, la croissance économique s'accompagne d'une très forte immigration européenne.

1929-1943 : Période de crise économique, de tensions sociales et de dictatures militaires.

1946-1955 : Gouvernement autoritaire de Juan Domingo Perón, qui, assisté de sa femme Eva Duarte, met en œuvre un programme de réformes sociales et économiques fondamentales et s'efforce de rendre l'Argentine économiquement indépendante, en particulier à l'égard des États-Unis. Mais l'opposition de la bourgeoisie, de l'Église et de l'armée provoque le départ de Perón.

1966 : L'armée prend le pouvoir.

Des difficultés politiques et économiques l'amènent à organiser des élections, qui aboutissent au retour au pouvoir de Perón (1973). Mais Perón meurt en 1974, et sa seconde femme, Isabel, lui succède.

1976 : Isabel Perón, incapable de faire face au chaos économique et politique, est renversée par une junte militaire.

1982 : Échec d'une tentative de conquête des îles Malouines (ou Falkland), possession britannique.

1983 : Retour des civils au pouvoir. Raúl Alfonsín, leader du parti radical, est élu président de la République.

L'équilibre entre le pouvoir civil, confronté à une grave crise économique et sociale, et l'armée reste cependant fragile.

1989 : Le péroniste Carlos Saúl Menem est élu président de la République. (Il est réélu en 1995.)

ARGENTINITA (Encarnación LÓPEZ JULVES, dite **la**), danseuse et chorégraphe espagnole (Buenos Aires 1895-New York 1945). Sœur de Pilar López, elle est une des meilleures représentantes du pur style classique espagnol. Créatrice de l'ensemble gitan, la Gran Compañía de Bailes Españoles, elle fonda avec Federico García Lorca le Ballet de Madrid (1932). Elle a collaboré avec Massine pour son *Capriccio espagnol* (1939).

ARGENTIQUE adj. Se dit des composés chimiques à base d'argent.

ARGENTITE n. f. Syn. de ARGYROSE.

ARGENTON-CHÂTEAU (79150), ch.-l. de cant. du nord des Deux-Sèvres ; 1 089 hab. *(Argentonnais).* Église avec portail roman sculpté.

ARGENTON-SUR-CREUSE (36200), ch.-l. de cant. de l'Indre, sur la Creuse ; 5 451 hab. *(Argentonnais).* Centre touristique. Confection. — Beaux vestiges de la ville gallo-romaine d'*Argentomagus,* près du village actuel de Saint-Marcel.

ARGENTOPYRITE n. f. Sulfure naturel de fer et d'argent $AgFe_3S_5$, gris orthorhombique. (Syn. STERNBERGITE.)

ARGENTRÉ (53210), ch.-l. de cant. de la Mayenne, à 11 km à l'E. de Laval ; 2 177 hab. *(Argentréens).*

ARGENTRÉ-DU-PLESSIS (35370), ch.-l. de cant. d'Ille-et-Vilaine, à 10 km au S.-E. de Vitré ; 3 349 hab. *(Argentréens).* Constructions métalliques.

ARGENT-SUR-SAULDRE (18410), ch.-l. de cant. du Cher, en Sologne, sur la Sauldre ; 2 546 hab. *(Argentais).* Église du XVe s. Imprimerie.

ARGENTURE n. f. **1.** Résultat de l'opération d'argentage. — **2.** Syn. de ARGENTAGE, notamment dans les revêtements chimiques.

ENCYCL. L'*argenture galvanique* ou *électrochimique* permet l'obtention de dépôts de toute épaisseur. Les objets à argenter sont plongés dans une solution de cyanure double de potassium et d'argent et reliés à la cathode du bain galvanique. L'anode est formée d'une plaque d'argent.
Pour l'*argenture des glaces,* celles-ci sont traitées avec une solution de nitrate d'argent contenant de l'acide tartrique, du glucose et d'autres corps capables de réduire le sel d'argent sous l'action d'une faible chaleur.

ARGERICH (Martha), pianiste argentine (Buenos Aires 1941). Elle s'est imposée particulièrement dans les œuvres de Liszt, Chopin et Prokofiev.

ARGEŞ, riv. de Roumanie, affl. du Danube (r. g.) ; 344 km.

ARGHEZI (Ion N. THEODORESCU, dit **Tudor**), écrivain roumain (Bucarest 1880-*id.* 1967). Ancien étudiant en théologie, chroniqueur de journaux, pamphlétaire, déporté de guerre, il a rénové, avec *Paroles assorties* (1927), un lyrisme, qui, chez lui, est nourri de la double expérience de la vie monastique et des luttes politiques (*Fleurs de moisissure,* 1931 ; *Cantique à l'homme,* 1956 ; *Feuilles,* 1961).

ARGHUN → ARRHUN.

ARGHYRÓKASTRON → GJIROKASTËR.

ARGIEN, ENNE adj. et n. D'Argos.

ARGILANE n. f. Accumulation argileuse organisée en fins revêtements ou lits dans les sols, les arènes et les fissures des roches.

ARGILE n. f. (lat. *argilla*). **1.** Roche sédimentaire, souvent meuble (glaise), qui, imbibée d'eau, peut former une pâte plus ou moins plastique pouvant être façonnée et durcissant à la cuisson. — **2.** Silicate d'alumine et/ou de magnésie, cristallisé en très petites particules minérales et entrant dans la composition des roches argileuses. — **3.** Fraction fine d'un sol, constituée des particules inférieures à 2 µm. — **4.** Symbole litt. de la terre avec laquelle, selon la Bible, le premier homme a été formé ; symbole litt. de ce qui est malléable, aisé à façonner. — **5.** *Argile à blocaux,* argile mêlée de sable, de gravier et de blocs, correspondant à d'anciennes moraines glaciaires. ‖ *Argile rouge,* dépôt marin des grandes profondeurs. ‖ *Argile à silex,* argile brune contenant des rognons durs de silex, résultant de la dissolution sur place des calcaires à silex. ‖ *Colosse, statue aux pieds d'argile,* personne, État, institution dont la puissance repose sur une base fragile.

ENCYCL. **Céram.** La plasticité des argiles (grasses ou maigres) détermine leur mode de façonnage. Selon leur réaction en cours de cuisson, elles sont dites argiles fusibles et, à partir d'une résistance à 1 580 °C, argiles réfractaires ; celles-ci servent à fabriquer les matériaux ayant à résister à de hautes températures. De nombreux gisements d'argile réfractaire existent en France, ceux du Limousin étant les plus importants pour le kaolin. Les argiles à faïence fine et les kaolins employés dans la fabrication des porcelaines résistent à des températures de 1 700 °C et blanchissent à la cuisson. Les argiles fusibles à grès cérame se vitrifient entre 1 000 et 1 400 °C, celles utilisées pour les tuiles, les briques ordinaires, la faïence, les poteries mates et vernissées subissent une cuisson qui n'excède pas 1 000 °C environ.
— **Géol.** L'argile est une roche meuble, de dureté très faible, constituée de minéraux argileux accompagnés d'impuretés qui lui donnent des couleurs variées. Grasse au toucher, elle est avide d'eau, imperméable. Lorsqu'elle se dessèche, elle diminue de volume et acquiert une certaine dureté. La plus grande partie des argiles est d'origine sédimentaire. L'altération des roches cristallines ou la reprise d'anciens sédiments argileux produisent des minéraux argileux qui sont transportés par les cours d'eau et déposés dans les zones de sédimentation, sous forme de vases. Celles-ci sont ensuite compactées sous l'effet de la diagenèse. Mais il existe également des argiles néoformées dans les océans ou liées à une activité hydrothermale.
— **Minér.** Les argiles sont des minéraux silicatés dont la dimension est inférieure à 2 µm. Ce sont des phyllosilicates, formés par l'empilement de feuillets élémentaires de 7 à 15 Å. d'épaisseur, contenant essentiellement Al, Fe et Mg. Dans les argiles gonflantes, les feuillets sont liés par des cations échangeables (Ca, Na, Mg) et des molécules d'eau.
— **Techn.** L'argile est utilisée pour la fabrication de ciments, obtenus en cuisant à haute température des mélanges d'argile et de calcaire. Certaines argiles particulières sont utilisées dans l'industrie pour le dégraissage, la décoloration, le raffinage, etc.

ARGILEUX, EUSE adj. (lat. *argillosus*). Qui contient de l'argile, est constitué par l'argile : *Terres argileuses.*

ARGILIÈRE n. f. Endroit d'où l'on tire de l'argile.

ARGILIQUE adj. Se dit d'un horizon caractérisé par l'accumulation d'argile.

ARGILITE n. f. Argile indurée, un peu schisteuse.

ARGININE n. f. Aminoacide dérivé de la guanidine, un des 20 constituants fondamentaux des protéines, et qui joue un rôle important dans la croissance.

ARGINUSES, en gr. **Arginoussai,** archipel de la mer Égée. Victoire navale des Athéniens sur les Lacédémoniens (406 av. J.-C.).

ARGIOPE n. f. (gr. *argos,* brillant). Grande araignée à l'abdomen rayé tranversalement.

ARGIOPIDÉ n. m. Araignée telle que l'argiope, l'épeire ou la néphile. (La famille des *argiopidés* compte plus de 1 000 espèces.) [Syn. ARANÉIDÉ.]

Argo, navire qui transporta les *Argonautes* en Colchide, à la conquête de la Toison d'or ; Athéna le changea en constellation.

ARGO, groupe de constellations de l'hémisphère austral, plus communément appelé LE NAVIRE ARGO ou LE NAVIRE*.

ARGOAD → ARCOAT.

ARGOL n. m. (mot mongol). Excréments desséchés des yacks, chameaux, etc., que certains peuples d'Asie centrale emploient comme combustible.

ARGOLIDE, en gr. anc. **Argolis,** auj. **Argholídha,** nome de Grèce, dans le nord-est du Péloponnèse ; 2 214 km² ; 93 000 hab. Ch.-l. *Nauplie.*
— **Hist.** À l'époque achéenne, l'Argolide fut le centre, entre 1400 et 1220 av. J.-C., d'une brillante civilisation dont témoignent les fouilles de Mycènes, d'Argos et de Tirynthe. Après l'invasion dorienne, son histoire se confondit avec celle d'Argos. Lorsque celle-ci perdit sa suprématie (VIe s. av. J.-C.), les cités d'Argolide subirent la rivalité de Sparte et d'Athènes. En 146 av. J.-C., l'Argolide passa sous la domination romaine.

ARGON n. m. (mot angl., du gr. *argon,* inactif). Gaz rare, incolore, inodore, insipide, qui constitue environ le centième de l'atmosphère terrestre. (Élément chimique de symbole Ar.)

Numéro atomique : 18
Masse atomique : 39,95
Température d'ébullition : –185 °C.
Température de fusion : –189 °C.
Densité (par rapport à l'air) : 1,38.

ENCYCL. L'argon a été découvert en 1894 par lord Rayleigh et W. Ramsay qui observèrent une différence de densité entre l'azote préparé par voie chimique et l'azote retiré de l'air. Il est monoatomique et dénué d'activité chimique. On a cependant pu isoler un hydrate d'argon. On emploie l'argon dans les ampoules à incandescence, dans certains tubes à gaz raréfiés et dans les opérations nécessitant une atmosphère inerte.

ARGONAUTE n. m. (lat. *Argonautes,* du gr. *Argonautês,*). Céphalopode des mers chaudes dont la femelle (jusqu'à 60 cm de long) sécrète une coquille flottante pour y pondre et couver ses œufs et dont le mâle, minuscule, a pour organe de fécondation un tentacule détachable.

Argonaute, petit voilier de course et d'initiation (monotype gréé en sloop Marconi), utilisé dans les écoles de voile.

ARGONAUTES, héros de la mythologie grecque qui, sous la conduite de Jason, sur le navire *Argo,* allèrent en Colchide s'emparer de la Toison d'or. Ils réussirent grâce aux sortilèges de Médée.

Argonautiques *(les),* épopée d'Apollonios de Rhodes (IIIe s. av. J.-C.).

ARGONAY (74370), comm. de la Haute-Savoie, banlieue nord d'Annecy ; 2 003 hab. Construction aéronautique.

ARGONNE, région boisée des confins de la Champagne et de la Lorraine, comprise entre les vallées de l'Aisne supérieure et de l'Aire, et partagée entre les dép. des Ardennes, de la Marne et de la Meuse.

Argonne *(batailles de l'),* ensemble des combats qui se déroulèrent en Argonne de 1914 à 1918. Tahure, la main de Massiges, Vauquois restent quelques-uns des hauts lieux de l'héroïsme de l'infanterie française.

ARGOS ou **ÁRGHOS,** v. de Grèce, dans le nord-est du Péloponnèse (nome d'Argolide) ; 22 256 hab. Centre commercial et artisanal.
— **Hist.** Aux XIVe-XIIe s. av. J.-C., Argos fut mycénienne. Au VIIe s. av. J.-C., à la tête d'une puissante confédération, elle domina dans le Péloponnèse aux dépens de Sparte qui brisa cette hégémonie.
— **Archéol.** L'occupation du site remonte au néolithique ; de ce grand centre artistique et classique, florissant à l'époque géométrique, il reste peu de vestiges impressionnants (traces d'agora, théâtre, odéon, thermes, etc.).

ARGOS ou **ARGUS,** personnage de la mythologie grecque qui avait cent yeux dont la moitié restaient toujours ouverts. Il est le symbole d'une vigilance à laquelle rien n'échappe. (→ IO.)

Argos, système de localisation et de collecte de données par satellite réalisé en coopération par le C. N. E. S., la NASA et la NOAA et opérationnel depuis 1979.

ARGOSARONIQUE *(golfe),* golfe de la mer Égée, en Grèce, entre l'Attique et l'Argolide (port du Pirée, îles de Salamine et d'Égine).

ARGOT n. m. (orig. obscure). Ensemble des mots particuliers qu'adopte un groupe social vivant replié sur lui-même et qui veut se distinguer et/ou se protéger du reste de la société (certains corps de métiers, grandes écoles, prisons, monde de la pègre, etc.).

ENCYCL. Un argot ne constitue pas véritablement une langue car seul son vocabulaire est original, la syntaxe demeurant en gros celle de la langue commune. Aussi les procédés de création lexicale sont-ils fondamentaux : métaphore (*quilles* [jambes]), métonymie (*feu* [revolver]), euphémisme (*endormir* [tuer]), calembour (*cloporte* [concierge] qui « clôt les portes »), troncation par aphérèse (*troquet* [mastroquet]) ou par apocope (*came* [camelote]), redoublement (*jojo* [joli]), suffixation (*-dingue, -muche, -zigue*), etc. Des codages peuvent aussi transformer les mots (javanais, loucherbem, verlan).

ARGOTIER n. m. Homme qui connaît, qui utilise l'argot ; spécialiste d'argot.

ARGOTIQUE adj. Qui appartient à l'argot.

ARGOTISME n. m. Mot, expression argotique.

ARGOULET n. m. (p.-ê. de *arc,* avec infl. de *argousin*). Soldat de cavalerie légère, recruté en Albanie et en Grèce, servant en France au XVIe s.

ARGOUN, riv. de la Chine du Nord-Est, une des branches de l'Amour, née dans le Grand Khingan ; 1 530 km.

ARGOUSIER n. m. (p.-ê. de *arbousier*). Arbrisseau épineux, aux jeunes feuilles couvertes de poils argentés, aux fleurs sans pétales, aux baies très riches en diverses vitamines. (On se sert de l'argousier pour constituer des haies.)

ARGOUSIN n. m. (sicilien *algozino,* de l'anc. catalan *algutzir,* officier de justice). **1.** Autref., surveillant chargé, dans les bagnes, de la garde des forçats. — **2.** *Litt.* Agent de police.

ARGOVIE, en all. **Aargau,** cant. de Suisse, à la zone de confluence Rhin-Aar-Limmat-Reuss ; 1 404 km^2 ; 507 508 hab. (de langue allemande). Ch.-l. *Aarau.* Formé, en 1803, sans grande ville, mais très densément peuplé, le canton est dominé par l'industrie (constructions mécaniques surtout), stimulée par la proximité de Zurich.

ÁRGÜEDAS (Alcides), diplomate, historien et romancier bolivien (La Paz 1879 -Santiago, Chili, 1946), initiateur de la littérature « indigéniste » (*Race de bronze,* 1919).

ARGUEDAS (José Maria), écrivain et ethnologue péruvien (Andahuaylas 1911-Lima 1969). Il a peint la décomposition de la culture indigène (*les Fleuves profonds,* 1958 ; *Tous sangs mêlés,* 1964).

ARGÜELLES (Agustín), homme d'État espagnol (Ribadesella, Asturies, 1776-Madrid 1844), tuteur d'Isabelle II et président du Conseil de 1840 à 1843.

ARGUER [argɥe] v. t. (lat. *arguere,* prouver) [conj. **8**]. **1.** Déduire qqch de qqch, l'en tirer comme une conséquence ; conclure : *De ces témoignages on ne peut arguer que l'accusé est coupable.* — **2.** Alléguer qqch, l'avancer en tant qu'argument ; prétexter : *Il demanda un interprète, arguant qu'il ignorait la langue.*

◆ v. t. ind. Se servir de qqch comme argument, comme motif ; prétexter : *Il argua d'un violent mal de tête pour se retirer.*

◆ v. t. ind. *Arguer de faux,* prétendre qu'une pièce, qu'un document est faux.

ARGULE n. m. (dimin. de *argus*). Crustacé branchioure aplati, parasite externe de divers poissons tels que la carpe. (N. usuel *pou des poissons.*)

ARGUMENT n. m. (lat. *argumentum*). **1.** Raisonnement, preuve destinés à appuyer une affirmation : *Des arguments convaincants.* — **2.** Moyen auquel on recourt pour convaincre qqn, pour l'amener à modifier sa conduite : *Comme ultime argument, il sortit un billet de cent francs.* — **3.** Grandes lignes d'une œuvre littéraire ou artistique, d'une action chorégraphique, etc. — **4.** Prologue contenant l'exposition sommaire d'une pièce de théâtre. — **5.** *Argument de vente,* motif invoqué pour susciter l'intérêt d'un acheteur potentiel d'un bien ou d'un service. ‖ *Tirer argument de qqch,* s'en servir comme d'un motif pour faire qqch. • **Inform.** Paramètre transmis entre un programme appelant et un programme appelé. — **Log.** Entité à laquelle s'applique une fonction et pour laquelle elle possède une valeur. — **Math.** Variable *x*, élément de départ d'une fonction. ‖ Variable des fonctions hyperboliques. ‖ *Argument cosinus hyperbolique* ou *Arg ch., argument cotangente hyperbolique* ou *Arg coth., argument sinus hyperbolique* ou *Arg sh., argument tangente hyperbolique* ou *Arg th,* fonctions réciproques des fonctions cosinus, cotangente, sinus et tangente hyperboliques. ‖ *Argument d'un nombre complexe z non nul, noté Arg z,* angle ($\overrightarrow{OU}$, $\overrightarrow{OM}$), M étant le point d'affixe *z* dans le repère orthonormé (O, $\overrightarrow{OU}$, $\overrightarrow{OV}$).

ARGUMENTAIRE n. m. **1.** Liste d'arguments de vente établie pour donner au vendeur une connaissance précise des caractéristiques et qualités du produit qu'il est chargé de commercialiser. — **2.** Ensemble d'arguments à l'appui d'une opinion, d'une thèse.

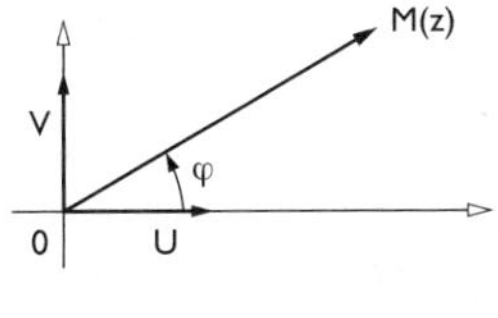

argument d'un nombre complexe.

ARGUMENTATEUR, TRICE n. (bas lat. *argumentator*). *Litt.* Personne qui a la manie d'argumenter.

ARGUMENTATIF, IVE adj. Qui concerne l'argumentation.

ARGUMENTATION n. f. (lat. *argumentatio*). **1.** Action d'argumenter ; ensemble d'arguments. — **2.** Ensemble de techniques discursives destinées à provoquer ou à accroître l'adhésion de l'interlocuteur aux thèses qui lui sont présentées.

ARGUMENTER v. t. ind. (lat. *argumentari*) [conj. 3]. Présenter un ensemble d'arguments pour soutenir, étayer une idée : *Journal qui argumente contre la peine de mort.*
◆ v. i. **1.** Discuter sans fin, ergoter : *Cessons d'argumenter et agissons.* — **2.** Tirer des conséquences d'un raisonnement.
◆ v. t. Justifier, appuyer une thèse, un exposé, etc., par un nombre suffisant d'arguments : *Argumenter avec soin une démonstration.*

ARGUS [-gys] n. m. (de *Argus,* n. myth.). **1.** *Litt.* Surveillant vigilant qu'il est difficile de tromper ; homme très clairvoyant, espion. — **2.** Publication qui fournit certaines informations spécialisées à ses lecteurs. (L'argus des automobiles fixe le prix des voitures d'occasion.) — **3.** Miroir partiellement transparent posé entre deux locaux inégalement éclairés, permettant de voir sans être vu. — **4.** Nom donné, pour leurs nombreuses taches oculiformes, à un poisson marin brun à taches bleues, à chair toxique, de Polynésie, et à un grand faisan d'Indo-Malaisie, au plumage richement ocellé. — **5.** Litt. *Yeux d'argus,* yeux très pénétrants.

Argus de la presse, société créée en 1879 par Alfred Chérié, qui établit des dossiers de presse pour ses clients concernant leur propre activité ou une question particulière.

ARGUS → ARGOS.

ARGUTIE [-si] n. f. (lat. *argutiae,* loquacité, subtilité). Subtilité de langage, raison spécieuse qui dissimule l'absence réelle d'arguments sérieux (surtout pl.).

ARGYLL, titre comtal écossais créé en 1457 par Jacques II en faveur de Colin Campbell. (→ CAMPBELL.)

Argyll Robertson *(signe d'),* perte du réflexe pupillaire à la stimulation lumineuse directe et conservation de la constriction pupillaire qui accompagne la convergence des globes oculaires et l'accommodation du cristallin. La constatation d'un tel signe doit faire rechercher avant tout une syphilis.

ARGYNNE n. m. (gr. *Argunnos,* surnom de Vénus). Joli papillon fauve tacheté de noir et argent, tel que le *nacré* et le *tabac d'Espagne.*

ARGYRASPIDE n. m. (gr. *arguraspides*). Fantassin de l'armée d'Alexandre, constituant une troupe d'élite de 3 000 vétérans armés de boucliers lamés d'argent.

ARGYRESTHIA n. m. Papillon du groupe des teignes, dont la chenille attaque le bouton floral des rosacées fruitières (cerisier, pommier, etc.).

ARGYRIE n. f. Coloration ardoisée générale ou locale de la peau et des muqueuses, due à l'administration prolongée de sels d'argent.

ARGYRISME n. m. État des individus dans l'organisme desquels l'argent a pénétré par ingestion ou par contact. (L'*argyrisme généralisé* s'observe chez les individus soumis à un traitement interne prolongé par les sels d'argent. Chez les orfèvres travaillant l'argent, on peut voir un *argyrisme local* au niveau des mains.) [Syn. ARGYROSE.]

ARGYRITE n. f. Syn. de ARGYROSE.

ARGYRONÈTE n. f. Araignée des étangs qui vit dans une cloche de soie immergée, remplie de bulles d'air apportées de la surface entre les poils de son abdomen.

ARGYROPLOCÉ n. f. (du gr. *plokê,* action de tresser). Papillon dont la chenille (tordeuse), nuisible aux arbres fruitiers, aux rosiers, etc., enroule les pousses dans des fils de soie. (Syn. OLETHREUTES.)

ARGYROSE n. f. **1.** Sulfure naturel d'argent Ag_2S, cubique, exploité comme minerai d'argent au Chili, au Pérou et au Mexique. (Syn. ARGENTITE, ARGYRITE.) — **2.** Syn. de ARGYRISME.

ARHAT n. (mot sanskr.). Dans le bouddhisme, être qui s'est libéré par ses mérites du cycle des existences conditionnées (saṃsāra), mais sans avoir atteint l'état de bouddha.

ARHLABIDES ou **AGHLABIDES,** dynastie arabe de l'Afrique du Nord (IXe s.). Fondée par le gouverneur abbasside Ibrāhīm ibn al-Arhlab, avec pour capitale Kairouan, cette dynastie régna de 800 à 909 sous la souveraineté nominale des 'Abbāssides. Les Arhlabides entreprirent la conquête de la Sicile (827) et de l'île de Malte (870). Ils furent éliminés par les Fāṭimides.

ÅRHUS ou **AARHUS,** port du Danemark, dans le Jylland oriental, sur la *baie d'Århus ;* 259 000 hab. Cathédrale romane et gothique. Université. Métallurgie. Papeterie. Industrie alimentaire. Musées.

1. ARIA n. m. (anc. fr. *harier,* harceler). *Litt.* Obstacle imprévu qui provoque du désagrément ou de l'embarras ; ennui, souci.

2. ARIA n. f. (ital. *aria,* air). **1.** Mélodie vocale ou instrumentale accompagnée. — **2.** Dans l'opéra, grand air pour soliste.

ARIANE, ancienne déesse crétoise, devenue dans la mythologie grecque la fille de Minos et de Pasiphaé. Elle donna à Thésée le fil à l'aide duquel il put sortir du Labyrinthe après avoir tué le Minotaure.

Ariane *(fil d'),* métaphore empruntée à la mythologie grecque pour désigner ce qui sert de guide et permet de se tirer d'une situation difficile.

Ariane, lanceur spatial européen, conçu pour la mise en orbite de satellites d'applications géostationnaires.
Dans ses versions de 1 à 4, la fusée Ariane comporte trois étages : les deux premiers utilisent comme ergols de la diméthyl hydrazine dissymétrique (UDMH) et du peroxyde d'azote (N_2O_4), le troisième consomme de l'hydrogène et de l'oxygène liquides, conservés à basse température. Primitivement construite par l'Agence spatiale européenne sous la maîtrise d'œuvre du Centre national d'études spatiales, elle est, depuis 1984, réalisée et commercialisée sous la responsabilité de la société Arianespace. Son premier tir (réussi) a eu lieu le 24 déc. 1979. Dans sa version initiale, Ariane 1 (47,4 m de hauteur, 208 t au décollage), elle pouvait placer une charge utile de 1 700 kg sur la trajectoire de transfert vers l'orbite des satellites géostationnaires. La version Ariane 3 (1984-1989), dotée de moteurs plus puissants, d'un supplément d'ergols et de deux propulseurs auxiliaires à poudre, permettait de placer 2 600 kg de charge utile sur cette même trajectoire et autorisait le lancement simultané de deux satellites. Avec Ariane 4, disponible depuis 1988, la capacité d'emport peut varier entre 2 020 et 4 460 kg, ses six versions différant entre elles par le nombre (4, 2 ou 0) et par le type (à ergols liquides ou à poudre) des propulseurs d'appoint utilisés au niveau du premier étage.
Ariane 5 est un lanceur de conception entièrement nouvelle. Il comprend une partie inférieure identique pour toutes les missions et une partie supérieure qui varie selon la charge utile emportée. La partie inférieure est constituée d'un étage à hydrogène et à oxygène liquides (étage principal cryotechnique, EPC) flanqué de deux propulseurs auxiliaires à propergol solide (étages d'accélération à poudre, EAP). Pour les lancements de charges utiles automatiques, ce composite inférieur est surmonté d'un étage à ergols stockables, d'une case à équipements, de la charge utile (une structure porteuse spéciale autorisant, le cas échéant, le lancement simultané de plusieurs satellites) et d'une coiffe, courte ou longue selon les cas. Pour les vols habités, le composite inférieur supporte directement la case à équipements et le véhicule spatial habité. La capacité d'emport d'Ariane 5 est de 19 à 20 t en orbite basse à 300 km d'altitude et de 5, 9 t (lancement double) à 6, 8 t (lancement simple) en orbite de transfert géostationnaire. Le premier vol d'essai, le 4 juin 1996, a échoué.

Ariane et Barbe-Bleue, conte lyrique de Maurice Maeterlinck (1901), musique, de conception symphonique et d'une grande richesse orchestrale, de Paul Dukas (1907).

Arianespace, société anonyme de droit français mais à capitaux européens, créée en 1980, qui finance, gère et commercialise la production des lanceurs Ariane.

ARIANISME n. m. (bas lat. *ariani*, les ariens). Doctrine d'Arius et de ses adeptes.
ENCYCL. L'arianisme professait que dans la Trinité, le Fils n'est pas parfaitement égal au Père ; il n'est pas de même nature (consubstantiel) et ne participe pas à son éternité (coéternel), donc sa divinité est secondaire. L'agitation suscitée dans les Églises amena l'empereur Constantin à provoquer la réunion d'un concile qui se tint à Nicée en 325 et définit l'identité de nature du Père et du Fils. Mais, entre les ariens et les orthodoxes, s'insérèrent en pacificateurs quelques doctrinaires qui, jouant sur les mots « identique » et « semblable », ne firent qu'augmenter la confusion, jusqu'à ce que le concile de Constantinople, en 381, consacrât officiellement la doctrine de Nicée. Toutefois l'arianisme survécut encore quelque temps parmi les peuples barbares (Goths, Vandales, Burgondes, Lombards) qui le réimportèrent en Italie, en Gaule, en Espagne, en Afrique ; il disparut aux VIe-VIIe s. avec la conversion des Lombards.

ARIAS SÁNCHEZ (Oscar), homme politique costaricain (Heredia 1941). Président du Costa Rica de 1986 à 1990, il a obtenu en 1987 le prix Nobel de la paix pour son action en faveur de la paix en Amérique centrale.

ARIBAU (Buenaventura Carles), économiste et écrivain catalan (Barcelone 1798-*id.* 1862). Son *Ode à la patrie* (1833) est le symbole de la renaissance de la Catalogne.

ARIBOFLAVINOSE n. f. Maladie consécutive à la privation prolongée de vitamine B2 (riboflavine), et qui se manifeste principalement par des troubles de la peau et des muqueuses.

ARICA, port du Chili septentrional, près de la frontière péruvienne ; 169 217 hab. Centre commercial et industriel.

ARICH (El-) ou **AL-'ARĪCH,** oasis et port dans le nord du Sinaï, à proximité de la Méditerranée. Le traité d'évacuation de l'Égypte par les Français y fut signé en 1800. Enlevée par les Turcs en janvier 1915, El-Arich fut reprise par les Anglais en décembre 1916.

ARIDE adj. (lat *aridus*). **1.** Dépourvu d'humidité, stérile : *Une terre aride.* — **2.** Dépourvu d'attrait, d'agrément, ou difficile : *Sujet aride.* — **3.** Se dit des matières qui diminuent la plasticité d'une pâte céramique. (Syn. ANTIPLASTIQUE.) — **4.** Litt. *Cœur aride,* sans générosité, sec. ‖ Litt. *Esprit aride,* peu productif, peu imaginatif.

ARIDITÉ n. f. (lat. *ariditas*). **1.** État de ce qui est aride ; sécheresse. — **2.** Insuffisance en eau, mesurée au sol et dans l'atmosphère, résultant de la faiblesse (ou de l'absence) des précipitations, souvent associée à des températures élevées (accroissant l'évaporation). [Elle se traduit par la disparition de la végétation, souvent par celle de l'écoulement permanent des eaux.]

ARIDOCULTURE n. f. Ensemble de techniques de culture permettant de tirer parti de très faibles pluviométries.

ARIÈGE, affl. de la Garonne (r. dr.), qu'elle rejoint au S. de Toulouse ; 170 km. Elle naît dans les Pyrénées, à l'O. du massif du Carlitte, traverse Ax-les-Thermes, Tarascon-sur-Ariège, Foix, Pamiers et Saverdun. Aménagements hydroélectriques.

ARIÈGE (09), dép. de la Région Midi-Pyrénées ; ch.-l. de dép. *Foix ;* ch.-l. d'arrond. *Pamiers, Saint-Girons ;* 3 arrond ; 22 cant. ; 332 comm. ; 4 890 km² ; 136 455 hab. (*Ariégeois*). Le dép. appartient à l'académie et à la cour d'appel de Toulouse, à la région militaire Atlantique.
Une partie des hautes Pyrénées (Pyrénées ariégeoises), pays d'élevage ovin localement animé par le tourisme et le thermalisme, est séparée, par les chaînons du Plantaurel, de collines vouées à la polyculture. L'industrie est représentée traditionnellement par la métallurgie, le textile et l'extraction du talc, activités souvent en crise, ce qui explique, avec la faiblesse de l'urbanisation, la persistance de l'émigration.

ARIÉGEOIS, E adj et n. **1.** De l'Ariège. — **2.** Se dit d'une race française de chien de chasse (chien courant) à poil ras, à robe blanc et noir.

ARIEL, dans la littérature rabbinique, nom d'un esprit céleste, tantôt bénéfique, tantôt maléfique.

Ariel, esprit de l'air et de la soumission heureuse dans *la Tempête* de Shakespeare ; nom d'un ange rebelle dans *le Paradis perdu* de Milton.

ARIEL, satellite de la planète Uranus*, découvert en 1851. Demi-grand axe de son orbite 191 800 km. Période de révolution sidérale 2,520 j. Diamètre 900 km environ.

ARIEN, ENNE adj. et n. Qui appartient à l'arianisme ; qui en est partisan.

ARIÈS (Philippe), historien français (Blois 1914-Toulouse 1984). Il fut l'un des pionniers de l'histoire des mentalités (*Histoire des populations françaises et de leurs attitudes devant la vie depuis le* XVIII*e* *siècle,* 1948 ; *l'Enfant et la Vie familiale sous l'Ancien Régime,* 1960 ; *l'Homme devant la mort,* 1977).

ARIETTE n. f. (ital. *arietta,* dimin. de *aria,* air). Petite mélodie, de caractère aimable.

ARIKHA (Avigdor), peintre, dessinateur, graveur et écrivain d'art israélien (Rădăuți, Roumanie, 1929). Installé à Paris en 1954, il a pratiqué à partir de 1965 un art figuratif remarquable d'acuité et de pouvoir expressif.

ARILLE n. m. (lat. médiév. *arillus,* grain de raisin). Expansion du funicule de l'ovule, qui s'accroît après la fécondation pour recouvrir la graine. (L'arille de l'if est charnu, rouge et toxique.)

ARIMATHIE [-ti] ou **RAMA,** anc. ville de Judée, patrie de Joseph, qui ensevelit Jésus-Christ.

ARINTHOD [-to] (39240), ch.-l. de cant. du Jura, à 17 km au S. d'Orgelet ; 1 203 hab. *(Arinthodiens).* Église du XIIe s.

ARION n. m. (de *Arion,* n. pr.). Autre nom de la loche, mollusque ressemblant à une limace, sécrétant un mucus abondant et dont deux espèces, l'une orangée et l'autre noire, sont nuisibles aux cultures maraîchères.

ARION, poète lyrique grec (Méthymne, Lesbos, VIIe s. av. J.-C.). Auteur présumé de la forme littéraire du dithyrambe, il aurait été, d'après Hérodote, jeté à la mer par des pirates et sauvé par un dauphin.

ARIOSO n. m. et adj. (ital. *arioso,* de *aria,* air). Forme vocale expressive tenant à la fois du récitatif et de l'air.

ARIOSTE (Ludovico ARIOSTO, dit **l'**), poète italien (Reggio Emilia 1474-Ferrare 1533). Contraint à la servitude courtisane auprès des ducs d'Este, il exprima son idéal de vie paisible consacrée aux plaisirs du cœur et de l'étude dans ses *Satires* (1517-1525), composa des *Poésies latines* (1494-1503), tout en participant, par ses comédies, à la brillante activité culturelle de Ferrare (*La Cassaria,* en prose, 1508, versifiée en 1531 ; *La Lena,* 1529). Son chef-d'œuvre, le poème épique *Roland* furieux* (1516-1532), est une parfaite illustration de la Renaissance parvenue à sa maturité.

ARIOVISTE, roi des Suèves (Ier s. av. J.-C.). Il fut vaincu par César dans la plaine d'Alsace en 58 av. J.-C.

ARISARUM [-rɔm] n. m. (gr. *arisaron*). Plante (aracée) des haies du midi de la France, aux feuilles cordiformes tachetées de brun.

ARISER v. t. (de *ris*) [conj. 3]. Réduire la surface d'une voile en prenant des ris.

ARISTAGORAS, tyran de Milet (fin du VIe s. av. J.-C.). Il souleva l'Ionie contre Darios Ier. Cette révolte est à l'origine de la première guerre médique.

ARISTARQUE n. m. (de *Aristarque* de Samothrace, n. pr.). *Litt.* Censeur, critique éclairé, mais sévère.

ARISTARQUE de Samos, astronome grec (Samos 310-† 230 av. J.-C.). Précurseur de Copernic, il eut le premier l'idée de la rotation de la Terre sur elle-même et en même temps autour du Soleil. Il inventa aussi une méthode permettant de calculer les distances relatives de la Terre au Soleil et à la Lune.

ARISTARQUE de Samothrace, grammairien et critique grec (v. 215 - v. 143 av. J.-C.). Il édita avec des commentaires l'œuvre d'Homère et rédigea le canon d'Alexandrie.

ARISTÉE, fils d'Apollon ; il apprit aux humains l'élevage des abeilles. Sa légende a inspiré à Virgile un des plus beaux épisodes des *Géorgiques.*

ARISTIDE n. f. (lat. *arista,* barbe de blé). Graminée des régions chaudes et tempérées (100 espèces env.).

ARISTIDE, homme d'État athénien (v. 540-v. 468). Stratège à Marathon aux côtés de Miltiade (489), il devint archonte l'année suivante. Son conservatisme, qui l'opposa à Thémistocle, le fit frapper d'ostracisme (483). Rappelé de son exil lors de la seconde invasion perse, il combattit à Salamine (480) puis à Platées (479) et contribua au rapide succès de la ligue de Délos (478-477), dont il géra les finances. Sa probité le fit surnommer « le Juste ».

ARISTIDE (Jean-Bertrand), homme d'État haïtien (Port-Salut, Haïti, 1953). Apôtre de la théologie de la libération, il est dans son pays le premier président de la République démocratiquement élu (1990). Renversé par un coup d'État militaire (1991), il est rétabli dans ses fonctions en 1994, avec l'aide de l'armée américaine. Son mandat s'achève en 1996.

ARISTIPPE de Cyrène, philosophe grec (Cyrène v. 430-355 av. J.-C), fondateur de l'école cyrénaïque. Il pensait qu'il fallait donner un caractère pratique à la philosophie. Il aurait ainsi passé une partie de sa vie à flatter les tyrans de Syracuse.

ARISTIPPE le Jeune, philosophe grec, petit-fils du précédent, qui vivait vers 360 av. J.-C. Il a mis en valeur le plaisir de l'action.

ARISTOBULE, philosophe juif d'Alexandrie, qui aurait vécu vers 150 av. J.-C. Il a voulu concilier la philosophie grecque et la Torah.

ARISTOBULE Ier, grand prêtre juif, de la dynastie des Asmonéens. Il ne régna qu'un an (v. 104 av. J.-C.) — **Aristobule II,** fils d'Alexandre Jannée. Sa rivalité avec son frère Hyrcan II donna l'occasion à Pompée d'imposer la tutelle de Rome sur la Judée (63 av. J.-C.).

ARISTOCRATE n. **1.** Membre de l'aristocratie, la classe des nobles. — **2.** *Litt.* Personne qui a de la distinction, des manières et des qualités mondaines. — **3.** Pendant la Révolution française, partisan de l'Ancien Régime.

ARISTOCRATIE [-si] n. f. (gr. *aristokratia*). **1.** Forme de gouvernement dans lequel le pouvoir est détenu par un petit groupe de personnes constituant l'élite. (Dans la Grèce antique, l'aristocratie fut, aux VIIe-VIe s. av. J.-C., un régime de transition entre la monarchie et la tyrannie à laquelle succéda la démocratie). — **2.** Groupe de personnes qui détient le pouvoir dans cette forme de gouvernement ; classe des nobles. (Syn. NOBLESSE.) — **3.** *Litt.* Petit nombre de personnes qui ont la prééminence, qui se distinguent dans un domaine quelconque ; élite : *L'aristocratie des lettres, de l'industrie.*

ARISTOCRATIQUE adj. (gr. *aristokratikos*). **1.** Qui appartient à l'aristocratie, à la noblesse : *Gouvernement aristocratique.* — **2.** Qui est distingué, raffiné, propre à l'élite : *Des goûts aristocratiques.*

ARISTOCRATIQUEMENT adv. De façon aristocratique.

ARISTOCRATISME n. m. Conception politique élitiste qui réserve le pouvoir aux meilleurs par l'intelligence, le rang ou la fortune.

ARISTOGENÈSE n. f. Théorie de l'évolution, proposée par H. F. Osborn, et qui attire l'attention sur les novations, les radiations évolutives et la préadaptation.

ARISTOGITON, Athénien qui, avec Harmodios, poignarda le tyran Hipparque en 514 av. J.-C.

ARISTOLOCHE n. f. (lat. *aristolochia,* du gr. *aristolokhia,* plante qui facilite les accouchements). Herbe vivace volubile, aux fleurs en cornets irréguliers, aux feuilles cordiformes, très décorative.

ARISTOMÈNE, héros messénien de la résistance à Sparte durant la deuxième guerre de Messénie (v. 650-620).

ARISTON de Chio, philosophe stoïcien, surnommé *la Sirène* à cause de son éloquence persuasive (v. 270 av. J.-C.). Il enseigna une doctrine affirmant que le souverain bien réside dans la vertu seule.

ARISTOPHANE, poète comique grec (Athènes v. 445 - v. 386 av. J.-C.). Ses pièces (dont onze seulement nous sont parvenues) constituent des variations satiriques sur des thèmes d'actualité et défendent les traditions contre les idées nouvelles. Apologiste de la paix (*les Acharniens,* 425), il dénonce les démagogues (*les Cavaliers**, 424), les sophistes (*les Nuées**, 423), les utopies politiques (*l'Assemblée* des femmes,* 392 ; *les Oiseaux**, 414), les ambitions guerrières (*la Paix**, 421 ; *Lysistrata**, 411), la manie de juger des Athéniens (*les Guêpes**, 422), l'évolution du goût littéraire (*les Thesmophories,* 411 ; *les Grenouilles**, 405). *Ploutos** (388) marque le passage du théâtre « engagé » à l'allégorie moralisatrice.

ARISTOTE, philosophe grec (Stagire 384-Chalcis 322 av. J.-C.). Il quitte la Macédoine à 17 ans pour Athènes, et rejoint l'Académie où enseigne Platon. Il y reste 20 ans, jusqu'à ce que, outré de ne pas succéder à Platon, il parte pour l'Asie Mineure (Assos) afin de créer un centre d'enseignement. Vers la quarantaine, Aristote compose le dialogue *Sur la philosophie,* la « charte d'Assos », qui servira à des générations de source principale sur le projet aristotélicien. Puis il accepte l'invitation du roi Philippe II de Macédoine et rentre à la cour de Pella comme précepteur d'Alexandre, alors âgé de 13 ans. Après l'avènement de son élève, Aristote reprend le chemin d'Athènes. Il y fonde le Lycée, où il enseigne « en se promenant » — d'où le nom de l'école « péripatéticienne » —, mais tout en ayant d'intenses activités plus sédentaires dans les domaines les plus divers, art dramatique, constitutions politiques, sports olympiques, poissons et fruits de mer, etc., et en élaborant une vingtaine d'ouvrages. À l'annonce de la disparition brutale d'Alexandre à 33 ans, Aristote, qui se sent menacé, quitte la ville, mais il ne survivra guère à sa retraite forcée.
C'est essentiellement grâce à Aristote que nous connaissons la science positive de son époque, l'acquis et les systématisations de ses devanciers, les conceptions de ses contemporains et le contenu de ses propres travaux. Aristote a laissé la description de plus de 400 espèces animales. Il a été le premier a définir l'espèce et à classer les animaux en deux grands groupes : les vertébrés, qu'il appelait « sanguins »), et les invertébrés (« exsangues »). Outre l'immense œuvre documentaire, Aristote a laissé, parfois sous la forme de notes rapides, parfois en un style élaboré, une vaste entreprise d'interprétation systématique, de métascience, pour ainsi dire. L'époque à laquelle il vivait, après les présocratiques et Platon, le conduisait à poser des questions de fond : la structure de la matière, l'organisation de la vie, le pouvoir de l'esprit et ses limites, la liberté de l'homme et son sens, la transcendance de la divinité et son mystère.
En distinguant quatre éléments d'une part et quatre propriétés d'autre part, portées deux à deux par chaque élément, et en postulant la quintessence, source inépuisable d'énergie, Aristote parvient à constituer un modèle physicochimique qui intègre les transformations dans un système qui avantage l'état stable. Plus biologiste que mathématicien, Aristote fonde l'anatomie et la physiologie comparées. Il a créé la logique en tant que système formel ; il utilise des symboles pour les variables, formule des principes qu'il respecte et réfléchit à cette mécanique combinatoire ; il multiplie les distinctions : contenus et fonctions, niveaux de principes, acte et puissance, matière et forme.
Des ouvrages de jeunesse, *Eudème, Protreptique,* notamment, on ne connaît plus que des fragments. Sous le nom d'*Organon,* la tradition rassemble les ouvrages de logique : les *Catégories, De l'interprétation, Premiers* et *Seconds Analytiques, Topiques, Réfutation des sophismes.* Outre la *Rhétorique* et la *Poétique* (en partie), et *Sur l'âme,* l'anthropologie d'Aristote comprend *Éthique à Eudème, Éthique à Nicomaque, Politique, Constitution d'Athènes.* Les ouvrages sur la nature sont nombreux : *De la génération et de la corruption, Du ciel, les Météores, Mécaniques ; Des parties des animaux, De la génération des animaux, Sur la marche, Sur le mouvement,* etc. En plusieurs livres, *Physique* et *Métaphysique* fondent et couronnent l'ensemble.

Aristote *(Commentaires sur),* ouvrage d'Averroès, célèbre dans les écoles du Moyen Âge.

ARISTOTÉLICIEN, ENNE adj. et n. Relatif à la philosophie d'Aristote ; partisan de cette philosophie.

ARISTOTÉLIQUE adj. *Vx.* Relatif à Aristote.

ARISTOTÉLISME n. m. **1.** Doctrine d'Aristote et de ses disciples. (Syn. PÉRIPATÉTISME.) — **2.** Courant d'idées médiéval, dont l'essentiel réside dans l'interprétation de l'œuvre d'Aristote à partir de commentaires théologiques d'origine chrétienne et musulmane (Roger Bacon, Albert le Grand).

ARITHMÉTICIEN, ENNE n. Mathématicien spécialiste d'arithmétique.

ARITHMÉTIQUE n. f. (lat. *arithmetica*). **1.** Étude des propriétés de l'ensemble des nombres rationnels. — **2.** *Litt.* Manière de calculer, de faire des hypothèses ; supputation.
◆ adj. **1.** Qui relève de l'arithmétique. — **2.** *C'est arithmétique,* c'est sûr, évident. • **Inform.** *Unité arithmétique,* partie de l'unité centrale de traitement d'un ordinateur dans laquelle sont effectuées les opérations arithmétiques. ‖ *Unité arithmétique et logique,* partie de l'unité centrale de traitement d'un ordinateur dans laquelle sont effectuées les opérations arithmétiques et logiques. — **Math.** *Moyenne arithmétique*

de n *nombres,* quotient par *n* de la somme de ces *n* nombres. ‖ *Progression arithmétique,* suite extraite d'une suite arithmétique, relative à un intervalle fini. ‖ *Suite arithmétique,* suite réelle telle que la différence de deux éléments consécutifs de la suite est constante. — **Techn.** *Machine arithmétique,* instrument avec lequel on peut exécuter mécaniquement les principales opérations de l'arithmétique. (La première machine arithmétique est la machine de Pascal.)

ENCYCL. Depuis l'Antiquité, les mathématiciens se sont intéressés à la recherche des propriétés des nombres. Pour les Babyloniens et les Égyptiens, les nombres entiers et fractionnaires restent étroitement liés à des besoins pratiques. Le caractère abstrait des nombres n'est explicitement reconnu que par l'école grecque des pythagoriciens (500 av. J.-C.). Les mathématiciens d'Alexandrie opèrent avec les nombres irrationnels. Les savants de l'Inde introduisent les nombres négatifs et le zéro. Par l'intermédiaire des Arabes, le système de numérotation positionnelle à base décimale avec zéro, probablement originaire de l'Inde, est diffusé en Occident vers le XIe ou le XIIe s. L'arithmétique s'y développe alors sous la pression des besoins pratiques du commerce, de la banque et de l'astronomie. Napier (1594), puis indépendamment Bürgi (vers 1600) inventent les logarithmes. Pascal invente une véritable machine arithmétique.

Pierre de Fermat (1601-1665) est le premier mathématicien des temps modernes à s'intéresser à la science des nombres. Les mathématiciens du XVIIIe s. tentent de démontrer les théorèmes de Fermat, qui se révèlent corrects à l'exception d'une erreur et d'un « théorème » toujours non démontré ($x^n + y^n = z^n$ n'a pas de solutions entières pour $n > 2$). Malgré les travaux importants d'Euler et de Le Gendre, la théorie des nombres reste, à la fin du XVIIIe s., un amas de propriétés isolées. Les *Disquisitiones arithmeticae* (1801) de C. F. Gauss, systématisant la théorie déjà existante tout en l'étendant, inaugureront une ère nouvelle. (→ *théorie des* NOMBRES.)

ARITHMÉTIQUEMENT adv. D'une manière arithmétique ; par le calcul seul.

ARITHMÉTISATION n. f. *Arithmétisation de l'analyse,* tendance à construire l'analyse à partir des nombres entiers, qui est caractéristique de la pensée mathématique de la fin du XIXe s. (Weierstrass).

ARITHMOMANCIE n. f. Syn. de NUMÉROLOGIE.

ARITHMOMANIE n. f. Compulsion à compter contraignant le sujet à des calculs mentaux et à régler toute action sur des chiffres.

ARITHMOSOPHIE n. f. Partie de l'occultisme qui s'appuie sur les nombres. (Syn. NUMÉROLOGIE.)

ARIUS, prêtre d'Alexandrie (Libye v. 256-Constantinople 336). Son enseignement est à l'origine d'une des plus importantes hérésies christologiques, l'arianisme.

ARIZONA, État du sud-ouest des États-Unis ; 295 000 km² ; 3 665 228 hab. Cap. *Phoenix.* L'Arizona, souvent montagneux et aride (paysages désertiques ayant favorisé le tourisme [Grand Canyon]), a un peuplement (en dehors des vastes réserves d'Indiens) ponctuel : périmètres irrigués (coton et fruits), sites miniers (cuivre surtout) et villes (Phoenix et Tucson) groupent plus de 80 % de la population.

— **Hist.** À la suite de la guerre contre le Mexique, les États-Unis en obtinrent la cession en 1848. L'Arizona fut élevé au rang d'État en 1912.

ARJUNA, l'un des cinq frères *pāṇḍava,* grand archer, ami intime de Kriṣṇa.

ARKANSAS, riv. des États-Unis, affl. du Mississippi (r. dr.) ; 2 300 km. Née dans les Rocheuses, elle draine une partie des Grandes Plaines.

ARKANSAS, État des États-Unis ; 138 000 km² ; 2 350 725 hab. Cap. *Little Rock.* Dans cet État du Sud historique, bordant le Mississippi, le coton a été éclipsé par le riz, puis par le soja. Le sous-sol fournit la quasi-totalité de la bauxite américaine.

— **Hist.** Cédée aux États-Unis en 1803, la région dépendit de la Louisiane (1805), puis du Missouri (1812), avant de devenir territoire indépendant en 1819 et État en 1836.

ARKHANGELSK, port de Russie, sur la mer Blanche ; 416 000 hab. Exportation et travail du bois (bois d'œuvre, cellulose, pâte à papier). Pêche et conserveries.

— **Hist.** Construit sur l'ordre d'Ivan IV à partir de 1584, Arkhangelsk fut le premier port russe à commercer avec l'Europe occidentale (Angleterre principalement).

ARKHIPOVA (Irina), cantatrice russe (Moscou 1925). Elle appartient depuis 1956 au théâtre Bolchoï de Moscou comme mezzo-soprano.

ARKOSE n. f. Grès feldspathique, dérivant de l'érosion de roches granitiques sédimentées et constitué de grains de quartz, feldspaths et micas.

ARKWRIGHT (*sir* Richard), mécanicien britannique (Preston, Lancashire, 1732 - Cromford, Derbyshire, 1792), un des créateurs de l'industrie cotonnière anglaise. Il diffusa l'emploi de la mule-jenny, machine de filature réalisée par Hargreaves.

ARLANC (63220), ch.-l. de cant. du Puy-de-Dôme, à 16 km au S. d'Ambert ; 2 132 hab. *(Arlancois).* Petit musée de la Dentelle.

ARLAND (Marcel), écrivain français (Varennes-sur-Amance 1899 - Saint-Sauveur-sur-École,

Seine-et-Marne, 1986). Codirecteur avec J. Paulhan de la N. R. F., il est l'auteur de romans (*l'Ordre,* 1929), de nouvelles (*le Grand Pardon,* 1965), et d'essais critiques dans la ligne de l'analyse et du moralisme classiques. (Acad. fr., 1968.)

ARLANDES (François, *marquis* D'), aéronaute français (Anneyron, Drôme, 1742-1809). Il effectua avec Pilâtre de Rozier la première ascension en ballon libre (21 nov. 1783).

ARLBERG, col des Alpes autrichiennes, entre les bassins de l'Inn et du Rhin, à 1 802 m d'altitude. Il est percé de deux tunnels : un tunnel ferroviaire, long de 10 239 m et ouvert à la circulation en 1884 ; un tunnel routier, long de 13 973 m, ouvert à la circulation en 1978.

ARLEQUIN n. m. (de *Arlequin,* n. pr.). **1.** Personnage, masque reproduisant le type et le costume d'Arlequin. — **2.** *Vx.* Homme sans principes arrêtés, qui change souvent d'opinion. — **3.** Litt. *Habit d'arlequin,* ensemble composé de pièces disparates. • **Chass.** Bateau utilisé autrefois pour chasser le gibier d'eau en rivière. — **Cuis.** Assortiment constitué par les restes provenant de la desserte des tables et qui, au XIXe s., étaient revendus par les plongeurs à des consommateurs peu fortunés. — **Théâtr.** *Manteau d'Arlequin,* ensemble de panneaux ou de draperies qui encadrent l'ouverture de scène, en arrière du rideau d'avant-scène. — **Zool.** *Arlequin de Cayenne,* nom usuel de l'*acrocine.*

Arlequin (ital. *Arlecchino ;* de l'anc. fr. *Hellequin,* nom d'un diable malfaisant dans les légendes du Moyen Âge), personnage de la commedia dell'arte. Héros de plusieurs comédies de Regnard, de Lesage et de Goldoni, c'est chez Marivaux qu'il déploie toutes les facettes de sa personnalité.

ARLEQUINADE n. f. **1.** Pièce de théâtre où Arlequin jouait le rôle principal. — **2.** *Péjor.* Écrit d'une bouffonnerie involontaire ou d'un intérêt mince. — **3.** *Litt.* Conduite dont la lâcheté ou le comique sont dignes d'Arlequin.

ARLEQUINE n. f. *Litt.* Femme vêtue d'un habit d'arlequin.

ARLES (13200), ch.-l. d'arrond. des Bouches-du-Rhône, à la tête du delta du Rhône ; 52 593 hab. *(Arlésiens).* Centre touristique, carrefour routier et ferroviaire, avec quelques industries : constructions métalliques, papeterie, etc. Arles, englobant la majeure partie de la Camargue, est la plus vaste commune de France (750 km^2).
— **Hist.** À la fin du IIe s. av. J.-C., Marius, vainqueur des Teutons, mit Arles en communication directe avec la mer. Devenue la ville principale de la Provence, Arles se couvrit dès l'époque d'Auguste de monuments luxueux. À la fin du IVe s., elle devint le centre de la préfecture des Gaules. Tôt christianisée, elle fut le siège de plusieurs conciles au IVe s. Capitale du « royaume d'Arles » au Xe s., elle devint ville impériale au XIe s. République au début du XIIIe s., elle se soumit au comte de Provence (1251). Elle fut réunie à la France en 1535.
— **Bx-arts.** Les ruines gallo-romaines d'Arles sont parmi les plus belles du monde romain : restes de plusieurs tours de l'enceinte du Haut-Empire, vestiges du grand aqueduc et du théâtre, amphithéâtre daté du règne d'Auguste, cryptoportiques, thermes d'époque constantinienne. Des sculptures de grande qualité ont été recueillies, parmi lesquelles la *Vénus d'Arles,* restaurée au XVIIe s. par Girardon (Louvre). L'art paléochrétien est représenté par de nombreux sarcophages historiés, dont ceux qui proviennent du cimetière des Alyscamps. Arles possède encore l'église St-Trophime, en partie romane (vaste portail historié de tradition antique [fin du XIIe s.] ; cloître roman et gothique). Musée de l'Arles antique, musées lapidaires (beaux sarcophages), musée Arlaten, fondé par F. Mistral (ethnographie provençale), musée Réattu (beaux-arts ; photographie), tous installés dans les chapelles ou demeures anciennes. La ville est le siège des Rencontres photographiques annuelles, fondées par L. Clergue en 1970. — Au S.-E. de la ville, allée des Alyscamps* ; au N.-E., abbaye de Montmajour*.

ARLES *(royaume d'),* autre nom du royaume de Bourgogne (ou de Bourgogne-Provence) [cap. Arles], constitué en 934-935 par l'union des royaumes de Bourgogne Cisjurane (ou de Provence) et de Bourgogne Transjurane.

ARLÈS-DUFOUR (François Barthélemy), homme d'affaires français (Sète 1797-Golfe-Juan 1872). Disciple de Saint-Simon, important négociant à Lyon, il fit campagne pour le percement du canal de Suez et contribua à l'élaboration du traité de commerce libre-échangiste de 1860.

ARLÉSIEN, ENNE adj. et n. D'Arles.
◆ **arlésienne** n. f. *Fam.* Personne dont on parle tout le temps mais qu'on ne voit jamais.

Arlésienne *(l'),* drame en 3 actes et 5 tableaux, d'Alphonse Daudet, musique de scène de Georges Bizet (1872). De sa partition, Bizet a tiré une suite d'orchestre.

ARLES-SUR-TECH (66150), ch.-l. de cant. des Pyrénées-Orientales, dans le Vallespir, sur le *Tech ;* 2 855 hab. D'une ancienne abbaye restent l'église romane (XIe-XIIe s.) et le cloître gothique.

ARLETTE ou **HERLÈVE** (XIe s.). Fille d'un pelletier de Falaise, elle fut la maîtresse (v. 1027) de

Robert le Magnifique (ou le Diable), duc de Normandie, et la mère de Guillaume le Conquérant.

ARLETTY (Léonie BATHIAT, dite), actrice française (Courbevoie 1898 - Paris 1992). Après des débuts au music-hall en 1920, elle imposa son ton gouailleur et son esprit de répartie dans des films de Marcel Carné (*Hôtel du Nord*, 1938 ; *Le jour se lève*, 1939 ; *les Visiteurs du soir*, 1942 ; *les Enfants du paradis*, 1944).

ARLEUX (59151), ch.-l. de cant. du Nord, à 10 km au S. de Douai ; 2 668 hab.

ARLINGTON, v. des États-Unis (Texas), entre Dallas et Fort Worth ; 160 000 hab.

ARLINGTON, v. des États-Unis (Virginie), sur le Potomac, en face de Washington ; 261 721 hab. Cimetière national (1864), abritant les corps de nombreuses personnalités.

ARLIT, localité du Niger septentrional, au N. d'Agadès ; env. 20 000 hab. Minerai d'uranium.

ARLON, v. de Belgique, ch.-l. de la prov. de Luxembourg dans la Lorraine belge ; 23 422 hab. Centre commercial. Thermes antiques, musée archéologique. — Victoires de Jourdan sur les Impériaux (1793 et 1794).

ARLT (Roberto), écrivain argentin (Buenos Aires 1900 - *id.* 1942), conteur et auteur dramatique, romancier de la déchéance (*le Jouet enragé,* 1926 ; *El amor brujo,* 1932).

ARLY, riv. des Alpes du Nord ; 32 km. Elle passe à Megève et Ugine (centrale hydro-électrique) et rejoint l'Isère (r. dr.) à Albertville. Une partie de sa vallée constitue l'extrémité septentrionale du Sillon alpin.

ARMADA n. f. (de l'Invincible *Armada*). *Fam.* Grand nombre de personnes ou de choses : *Une armada de campeurs.*

Armada *(l'Invincible),* flotte de 130 vaisseaux envoyée par Philippe II en Angleterre en 1588, pour venger la mort de Marie Stuart, détrôner Élisabeth et rétablir le catholicisme. Harcelée par les Anglais, meilleurs tacticiens, elle échoua : seuls, 63 bateaux et environ 10 000 hommes rentrèrent en Espagne.

ARMADILLO n. m. (esp. *armadillo,* dimin. de *armado,* armé). Nom usuel commun au *tatou* et à un *cloporte,* capables de se rouler en boule en cas de danger.

ARMAGH, v. de l'Irlande du Nord, métropole religieuse de l'île, résidence d'un archevêque catholique, primat d'Irlande, et d'un archevêque anglican ; 14 000 hab. La tradition prétend que son évêché fut créé par saint Patrick.

ARMAGNAC [-ɲak] n. m. Eau-de-vie de vin, d'appellation d'origine contrôlée, fabriquée dans l'ancien pays d'Armagnac (Gers, Landes, Lot-et-Garonne).

ARMAGNAC, région du Bassin aquitain (Gers et est du dép. des Landes). Polyculture (céréales, élevage des bovins et des volailles, viticulture). Vins blancs donnant, après distillation, l'eau-de-vie d'Armagnac. Les petites villes, Eauze et Condom, sont des centres commerciaux.

ARMAGNAC *(comté d'),* anc. comté de France (cap. Auch puis Lectoure). Compris dans le duché de Gascogne, il fut constitué en 960. Agrandi par la maison d'Armagnac* qui lui annexa de 1140 à 1420 une quarantaine de seigneuries sises en Gascogne, en Auvergne, dans le Rouergue, le Gévaudan, le Quercy et l'Albigeois, il devint l'une des plus puissantes principautés du S.-O. de la France. Confisqué par Charles VII en 1444 et en 1460, restitué en 1484 par Charles VIII au comte Charles Ier, il passa par mariage en 1527 à la maison d'Albret et fut réuni à la couronne de France en 1607 par Henri IV.

ARMAGNAC *(maison d'),* famille gasconne remontant au IXe s. Issue de Sanche Mittara, fondateur du duché de Gascogne (v. 852), elle reçut en 960 de Guillaume Garcie, comte de Fezensac, le comté d'Armagnac*. Elle atteignit son apogée sous Bernard VII, comte d'Armagnac (v. 1364-1418), chef de la faction des Armagnacs*, qui devint connétable de France et principal ministre de Charles VI (1415). Elle déclina sous les comtes Jean IV (1396-1450) et Jean V (v. 1420-1473), dont l'indépendance politique fut brisée par Charles VII, et s'éteignit avec le comte Charles Ier, mort en 1497 sans postérité.

Armagnacs *(faction des),* faction qui s'opposa en France à celle des Bourguignons* de 1411 à 1435, pendant la guerre de Cent Ans. Constitué en 1410 autour de Bernard VII, comte d'Armagnac (qui lui donna son nom), pour venger l'assassinat du duc Louis d'Orléans par le duc de Bourgogne Jean sans Peur (1407), ce parti soutint Charles d'Orléans puis Charles VII dans leur lutte contre Jean sans Peur et Philippe III le Bon, et contre les Bourguignons, alliés aux Anglais. Cette lutte prit fin avec la réconciliation de Charles VII et de Philippe III le Bon (traité d'Arras*, 1435).

ARMAH (Ayi Kwei), écrivain ghanéen (Takoradi 1939), auteur de romans critiques sur l'évolution de l'Afrique au lendemain des indépendances (*The Beautiful ones are not yet born,* 1968).

ARMAILLI ou **ARMAILLÉ** n. m. En Suisse, nom donné au pâtre de la Gruyère.

ARMAN (Armand FERNANDEZ, dit), artiste français naturalisé américain (Nice 1928). Membre fondateur du groupe des Nouveaux Réalistes en

1960, il a traité l'objet quotidien selon des partis tels que l'*accumulation, l'inclusion,* la *coupe* ou la *combustion.*

ARMANÇON, riv. du Bassin parisien, née dans l'Auxois, principal affl. de l'Yonne (r. dr.) ; 174 km.

ARMAND *(aven),* gouffre du causse Méjean (Lozère), ouvert au public depuis 1927. E. Martel, avec l'aide du serrurier Louis Armand, l'explora le premier.

ARMAND (Louis), ingénieur et administrateur français (Cruseilles, Haute-Savoie, 1905 - Villers-sur-Mer 1971). Il fut président de la S. N. C. F. et s'occupa de la mise en valeur du Sahara ainsi que du développement de l'industrie atomique. Il présida l'Euratom de 1957 à 1959.

ARMAND (Vieil-) → HARTMANNSWILLERKOPF.

ARMATEUR n. m. (lat. *armator*). Personne physique ou morale qui assure l'armement d'un bâtiment, qu'elle en soit ou non propriétaire.

ARMATOLE n. m. (gr. mod. *armatolos,* homme armé). Dans la Grèce sous domination ottomane, membre d'une milice composée de chrétiens.

ARMATURE n. f. (lat. *armatura,* de *armare,* armer). **1.** Assemblage, en général métallique, destiné à maintenir ensemble, à renforcer ou à soutenir les différentes parties d'un tout : *L'armature d'un abat-jour.* – **2.** Ce qui maintient, soutient ; base d'une organisation : *Entreprise qui a une solide armature financière.* – **3.** Partie rigide qui sous-tend la toile d'une tente. • **Bât.** et **Trav. publ.** Ferraillage du béton armé. – **Électr.** Dans un condensateur, chacun des deux conducteurs séparés par le diélectrique. ‖ Dans un électroaimant, pièce magnétique qui peut se déplacer sous l'action magnétique de l'électroaimant. – **Habill.** Tout ce qui renforce une partie de vêtement ou de sous-vêtement, de façon à soutenir ou à maintenir. – **Magnét.** *Armature de protection,* pièce en matériau magnétique placée entre les pôles d'un aimant permanent pour réduire la réluctance du circuit magnétique ou pour protéger l'aimant d'une désaimantation accidentelle. – **Mus.** Ensemble des altérations du ton d'un morceau. (Syn. ARMURE.) – **Sculpt.** Assemblage de pièces de soutien, souvent en métal, constituant le squelette d'une statue en argile, en plâtre, etc. – **Vitr.**

ARMATURE

Ensemble de pièces métalliques (plombs exclus) assurant l'assemblage et le soutien d'un vitrail.

ARMAVIR, v. de Russie, sur le Kouban ; 166 000 hab. Nœud ferroviaire.

ARME n. f. (lat. *arma,* armes). **1.** Tout objet, appareil, engin qui sert à attaquer *(arme offensive)* ou à se défendre *(arme défensive) : Arme blanche. Arme à feu. Arme atomique, chimique.* — **2.** Tout moyen d'attaquer qqn ou de se défendre ; argument : *Arme psychologique.* — **3.** Chacun des éléments de l'armée de terre chargés d'une mission particulière au combat. (→ *encycl.*) — **4.** *Arme absolue,* toute chose (arme, moyen, argument, remède, etc.) considérée comme ayant une efficacité totale et contre laquelle aucune défense n'est possible. ‖ *Faire arme de tout,* employer n'importe quel moyen pour réussir. ‖ Fam. *Passer l'arme à gauche, mourir.* • **Arm.** *Arme collective,* arme à feu dont le service requiert plusieurs servants (canon, mitrailleuse, mortier, etc.). ‖ *Arme de jet* ou *de trait,* celle qui constitue par elle-même un projectile ou qui le lance (javelot, fronde, arc, baliste, etc.). ‖ *Arme de main,* celle qui est maniée à la main (épée, massue, etc.). ‖ *Arme de poing,* arme à feu ou courte arme blanche que l'on utilise serrée dans la main (poignard, revolver, etc.). — **Brod.** *Points d'arme,* points de broderie superposés. — **Dr.** *Arme par nature,* tout objet tranchant, perçant ou contondant, servant par sa nature à attaquer ou à se défendre. ‖ *Arme par l'usage,* tout objet autre qu'une arme par nature, dès lors qu'on s'en est servi pour tuer, blesser ou frapper. ‖ *Arme prohibée,* toute arme dont la fabrication, la vente ou le port sont interdits par la loi ou les règlements. — **Mil.** *Arme d'honneur,* récompense militaire décernée jadis pour des actions d'éclat. ‖ *Système d'armes,* ensemble défensif ou offensif comprenant des appareils de détection, radar ou sonar, associés à un calculateur qui assure directement la mise en œuvre de l'arme (mortiers A. S. M., missiles).

◆ **armes** n. f. pl. **1.** Entreprise militaire, combat, force militaire (seulem. dans des loc.). — **2.** *Carrière des armes,* profession militaire. ‖ *Donner, fournir des armes contre soi,* donner prise sur soi, par des actes ou par des paroles. ‖ *Faire ses premières armes,* débuter dans la carrière militaire ou dans une activité quelconque. ‖ *Fait d'armes,* exploit militaire. ‖ *Frère d'armes,* camarade de guerre, compagnon de lutte. ‖ *Mettre bas les armes, déposer les armes,* cesser les hostilités, se rendre ; s'avouer vaincu. ‖ *Par les armes,* par la violence, par la force militaire. ‖ *Passe d'armes,* rencontre entre des combattants, dans une joute, un tournoi ; discussion vive ou brillante entre deux personnes. ‖ *Passer qqn par les armes,* le fusiller. ‖ *Port d'armes,* autorisation de porter sur soi des armes, que l'autorité accorde dans certains cas. ‖ *Prendre les armes,* se soulever, partir pour combattre. ‖ *Présenter les armes,* en parlant d'un soldat, saluer avec ses armes selon des modalités précises. ‖ *Sous les armes,* à l'armée. ‖ *Tourner ses armes contre qqn,* le combattre après avoir été son allié ou son ami. • **Hérald.** Syn. de ARMOIRIES. ‖ *Armes parlantes,* armes dans lesquelles figure une pièce ou un meuble qui rappelle le nom du titulaire (comme le créquier du blason des Créqui). — **Mar.** *Capitaine d'armes,* officier marinier chargé de la police intérieure à bord d'un bâtiment de guerre. — **Mil.** *Aux armes !,* cri poussé par une sentinelle appelant les soldats d'un poste de garde. ‖ *Commandant d'armes,* dans une garnison, sur un navire transportant des troupes, l'officier le plus ancien dans le grade le plus élevé. ‖ *Place d'armes,* lieu de rassemblement des troupes dans une ville de garnison. ‖ *Prise d'armes,* rassemblement de troupes en armes pour une cérémonie militaire. ‖ *Suspension d'armes,* cessation momentanée des hostilités entre partis belligérants. — **Sports.** Pratique de l'épée, du fleuret ou du sabre.

ENCYCL. **Mil.** Dès l'origine, on a distingué dans les armées les éléments combattant à pied *(armes à pied)* de ceux qui utilisent le cheval *(armes montées).* Ils donnèrent naissance aux armes de base : *l'infanterie, la cavalerie, l'artillerie.* Ensuite sont nés le *génie* (XVIIIe s.), le *train* (1807), et, très récemment, les *blindés,* les *transmissions* et le *matériel.*

1. ARMÉ, E adj. Se dit d'un câble électrique isolé muni d'une armure. — **2.** Se dit, en héraldique, des animaux dont les griffes sont d'un émail particulier. — **3.** Se dit d'un matériau (béton, bitume, plastique, verre, etc.) dans lequel on a incorporé à la fabrication une armature faite généralement de fibres et de fils.

ENCYCL. Les premières applications du *béton armé* remontent à 1848. En 1877, Joseph Monier prend un brevet qui précise le rôle d'éléments de tension assigné aux armatures de métal dans une poutre soumise à la flexion. En utilisant des formules simples, Hennebique commença, vers 1890, à construire de grands ouvrages d'art en béton armé. Auguste Perret, le premier, tira, de l'emploi du béton armé, les principes d'une architecture nouvelle. Le béton armé permet de réaliser des constructions monolithiques très résistantes (ponts, couvertures, parois minces).

2. ARMÉ n. m. **1.** Position d'une arme prête à tirer (bombe, grenade, etc.). — **2.** Phase du fonctionnement d'une arme à feu visant à la mettre dans cette position et consistant à faire reculer l'ensemble percuteur-masse percutante en comprimant un ressort et à le maintenir accroché vers l'arrière sur une tête de gâchette.

ARMÉE n. f. (de *armer*). **1.** Ensemble des forces militaires d'un État : *L'armée française. L'armée belge.* — **2.** Ensemble des moyens militaires affectés à une expédition, à un théâtre d'opérations ou à une mission, ou placés sous le commandement d'un grand capitaine : *L'armée d'Italie. L'armée de Frédéric II, de Napoléon.* — **3.** Grande unité des forces militaires comprenant plusieurs corps d'armée et combinant l'action du combat vers l'avant et l'organisation des arrières. — **4.** Foule, multitude d'êtres ou de choses formant groupe : *Un armée de cyclistes.* — **5.** *Armée de l'air, de mer,* en France, noms donnés respectivement à l'aviation et à la marine militaires ou nationales. ‖ *Armée navale,* réunion, sous les ordres d'un même chef, de plusieurs flottes ou escadres. ‖ *Aux armées,* expression désignant l'ensemble du territoire où stationnent ou combattent des forces armées en opérations.

ENCYCL. Plusieurs types d'armées, qui ont pu exister simultanément, peuvent être distingués.
— *L'armée nationale.* Tout citoyen est un soldat en puissance. Les progrès de la tactique et de la technique, la volonté de disposer instantanément d'une force armée *(armée permanente)* ont conduit les États à instaurer un service militaire actif suivi d'une possibilité d'incorporation dans l'armée de réserve ou dans l'armée territoriale. (Dans les républiques communales du Moyen Âge, comme dans la Confédération helvétique de nos jours, le contingent n'est appelé que pour une courte période ; ce système de *milices* repose sur la mobilisation très rapide des réserves.)
— *Les armées féodales* sont la réunion temporaire de vassaux sous l'autorité d'un suzerain (nobles à cheval entourés de gens de pied).
— *Les armées de métier* sont formées de volontaires nationaux ou étrangers.
— *Les armées mercenaires* sont composées d'étrangers qu'un contrat lie à un État ou à un souverain.

Armée *(Grande),* nom donné, de 1805 à 1814, aux troupes commandées en personne par Napoléon Ier. La Grande Armée comprenait la Garde impériale, six corps français et la réserve de cavalerie, un corps bavarois, une division badoise et une wurtembergeoise.

Armée *(musée de l'),* musée constitué en 1905, à l'hôtel des Invalides, à Paris, par la réunion du *musée de l'Artillerie* (créé en 1685) et d'un *Musée historique* (créé en 1896). Ses collections sont réparties entre une *section des armes et armures,* qui comprend tout l'armement depuis les origines de l'histoire de France et une *section historique* renfermant les souvenirs des armées françaises, du Moyen Âge à nos jours.

Armée blanche, nom donné à des formations contre-révolutionnaires qui, de 1918 à 1921, s'efforcèrent de renverser le nouveau gouvernement soviétique par des opérations menées en Sibérie (Koltchak), en Russie méridionale (Denikine et Wrangel) et en Estonie (Ioudenitch).

Armée rouge, nom donné aux forces soviétiques après la Seconde Guerre mondiale. Elles ont porté de 1918 à 1946 le nom d'*Armée rouge des ouvriers et paysans.*

Armée du salut → SALUT.

ARMEMENT n. m. (de *armer*). **1.** Action de pourvoir en armes ou en accessoires d'armes : *Procéder à l'armement des recrues.* — **2.** Ensemble des armes dont sont équipés une force ou un matériel militaire : *Armement d'une compagnie, d'un char.* — **3.** Catégorie d'armes d'un genre particulier : *Armement individuel, collectif.* — **4.** Ensemble des moyens offensifs et défensifs de tous ordres nécessaires à un État pour assurer sa sécurité ; préparatifs de guerre : *Course aux armements.* — **5.** Étude et technique du fonctionnement des armes. — **6.** Opération consistant à rendre une arme prête à faire feu, un appareil prêt à fonctionner : *Levier d'armement d'un appareil photographique.* • **Dr.** Exploitation commerciale d'un bâtiment de navigation à titre de propriétaire ou de locataire. ‖ Société qui fait naviguer des bâtiments pour son propre compte. ‖ Capacité de transport par mer d'un port ou d'une nation. — **Inform.** *Armement d'une interruption,* mise en état de veille, ou attente d'interruption, d'un processus informatique. — **Mar.** Action de munir un bâtiment de tout ce qui est nécessaire à son fonctionnement et à sa sûreté. (Syn. ÉQUIPEMENT.) ‖ Phase de la construction d'un bâtiment qui succède au lancement ou à la mise à flot et au cours de laquelle on place à bord les appareils moteurs et auxiliaires et les équipements divers. — **Mil.** Ensemble et puissance globale de feu des armes d'un navire de guerre. — **Min.** Ensemble de l'équipement intérieur d'un puits pour le guidage des cages. — **Pêch.** Ensemble des hameçons qui garnissent un leurre. — **Sports.** En aviron, placement des portants sur les bordages de l'embarcation.

ENCYCL. *Industrie de l'armement.* Artisanale sous l'Antiquité, confiée aux corps de métiers au Moyen Âge, la fabrication des armements est passée sous le contrôle de plus en plus attentif de leurs futurs utilisateurs ; création de l'Arsenal de Paris par François Ier, fonderies royales, manufactures d'armes et magasin Royal des armes à la Bastille sous l'impulsion de Colbert. Au XVIIIe s., une inspection des manufactures, le contrôle des fonderies et l'accroissement de la production des poudres sous la Révolution resserrent le dispositif pour aboutir au XIXe s. à la nationalisation des manufactures d'armes. La Première Guerre mondiale voit la France développer une puissante industrie d'armements dont le ralentissement, dès la fin du conflit, mettra en évidence l'avance allemande dans les domaines de l'aviation, des armes antichars et antiaériennes. L'entrée en guerre des États-Unis va jeter sur les différents théâtres d'opérations un arsenal sans précédent (80 000 canons, 130 000 blindés...). Le programme français de 1950 conduit à l'adoption de l'arme automatique, d'obusiers de 105 et de 155 mm. La mise en service de la famille de blindés AMX et la généralisation du fusil FAMAS assurent la modernisation des équipements ainsi engagée.

L'avènement de l'arme nucléaire en 1960, la révolution de l'électronique et de l'informatique rendent de plus en plus complexes les problèmes de l'armement.

armement *(Délégation générale pour l')* **[D. G. A.],** ensemble des directions techniques des armées, chargées des programmes d'armement. Créée en févr. 1977, la D. G. A. a succédé à la Délégation ministérielle pour l'armement, créée en 1961.

ARMENIA, v. de Colombie, ch.-l. de dép., sur le versant ouest de la Cordillère centrale ; 160 000 hab.

ARMÉNIE, en arménien **Hayastan,** région du Proche-Orient, aujourd'hui partagée entre la Turquie (pour la plus grande part), la République d'Arménie et l'Iran (pour une part très faible). Le concept géographique d'Arménie correspond à une région historique et ethnique dont les frontières ont varié. À l'époque moderne, le terme s'est appliqué essentiellement au pays situé entre les lacs de Van et Sevan, les cours supérieurs du Murat, de l'Euphrate et du Çoruh. Ce haut pays, accidenté de bassins et de reliefs volcaniques (Ararat), au climat continental rude, presque complètement déboisé, avait gardé une importante population qui, à la suite des événements de la Première Guerre mondiale (déportations, exode et massacres), a été dispersée en ce qui concerne la partie ottomane.

Histoire. Probablement peuplée dès l'ère paléolithique, l'Arménie est l'un des berceaux de la révolution néolithique. Autour du lac de Van, un État, l'Ourartou, se forme vers le IXe s. av. J.-C. Les Arméniens, qui seraient des Indo-Européens, se seraient mélangés à la population ourartéenne au VIIe s. av. J.-C. Ils donnent leur nom au pays. L'Arménie est d'abord une satrapie vassale de l'empire des Mèdes (612-549 av. J.-C.), puis des Achéménides (549-330 av. J.-C.), avant d'être intégrée à l'empire d'Alexandre le Grand. Mais la défaite d'Antiochos III à Magnésie (189 av. J.-C.) permet à Artaxias de proclamer l'indépendance de la Grande Arménie. Celle-ci connaît la période la plus glorieuse de son histoire sous Tigrane II le Grand (95-54 av. J.-C.). Cependant, défait par Pompée en 66 av. J.-C., ce dernier doit s'allier à Rome. L'Arménie joue désormais le rôle d'un État tampon entre les Empires romain et parthe, qui se la partagent en 390 apr. J.-C. Elle est le premier État à adopter officiellement le christianisme (301). Le schisme avec les Églises d'Occident, l'invention d'un alphabet original par Mesrop Machtots (Ve s.), enfin le rôle dirigeant de l'Église favorisent la confusion entre identités religieuse, culturelle et nationale.

Après la conquête arabe (640), l'affaiblissement du pouvoir 'abbāsside au IXe s. permet la constitution du royaume souverain des Bagratides (885-1079). Sa capitale, Ani, succombe aux coups portés par Byzance (1045) puis par les Turcs Seldjoukides (1064). La Grande Arménie est tour à tour ravagée par les Seldjoukides, les Mongols de Gengis Khān, les armées de Tīmūr Lang et les Turkmènes. Sous la conduite d'un prince bagratide, Rouben, des Arméniens émigrent en masse vers la Cilicie, où la Petite Arménie est fondée en 1080. Ses princes soutiennent les croisés dans leur lutte contre l'islām. La prospérité du royaume cilicien, notamment sous le règne de Léon II le Magnifique (1187-1219), est liée au commerce méditerranéen. Ce royaume succombe aux attaques des Mamelouks d'Égypte en 1375.

De la fin du XIVe s. au XVIIe s., les Ottomans se rendent maîtres de toute l'Arménie, excepté du khānat d'Erevan, du Nakhitchevan et du Karabakh qui, disputés du XVIe au XVIIIe s. entre Turcs et Persans, reviennent finalement à ces derniers. Dans l'Empire ottoman, les Arméniens constituent depuis 1461 la nation arménienne, sous la responsabilité du patriarcat arménien de Constantinople. Une petite oligarchie de financiers et de grands commerçants se forme à Constantinople. Mais les paysans et les artisans des provinces orientales sont soumis à l'arbitraire des gouverneurs et des grands propriétaires ainsi qu'aux brigandages des tribus kurdes.

Après avoir attendu en vain l'aide de la papauté et des princes européens, les Arméniens reportent leurs espoirs de libération sur la Russie. Cette dernière annexe de 1813 à 1829 l'Arménie orientale et occupe Kars, Ardahan et Batoum en 1878. La Porte s'engage, au congrès de Berlin (1878), à accomplir les réformes nécessaires dans les provinces arméniennes. Cependant, sous Abdülhamid II, les massacres de 1895 provoquent la mort de 100 000 à 200 000 Arméniens. Au Caucase, la politique tsariste envers les allogènes se durcit. Le parti Dachnaktsoutioun ou dachnak, créé à Tiflis en 1890, contribue au

succès de la révolution jeune-turque (1908). Cependant le gouvernement jeune-turc fait perpétrer en 1915 le génocide qui fait 1 500 000 victimes. Après la révolution russe de 1917, la République d'Arménie est proclamée, en mai 1918. Dirigée par les dachnaks, elle est reconnue par les Alliés au traité de Sèvres (août 1920), qui lui confère la majeure partie des vilayets de Van, Bitlis, Erzurum et Trébizonde. Mais l'offensive des armées kémalistes turques provoque la chute de cette république. L'Arménie est soviétisée en décembre 1920. Elle redevient indépendante en 1991. (→ *Arménie* [RÉP. D'].)
Actuellement, les Arméniens sont 6 à 7 millions, dont la moitié vit en diaspora : env. 1,5 million dans diverses régions du Caucase et de Russie, et 2 millions répartis entre le Moyen-Orient, les États-Unis, le Canada, la France (env. 350 000) et l'Amérique latine. Après 1920, l'histoire de la diaspora a été ponctuée par les campagnes de rapatriement en Arménie ; par les démarches à l'O. N. U. pour la reconnaissance du génocide et la résolution de la question arménienne ; et, depuis la fin des années 60, par l'apparition d'organisations extrémistes et par des attentats contre les représentants et organismes officiels turcs.

ARMÉNIE *(République d'),* État du Caucase ; 29 800 km² ; 3 600 000 hab. *(Arméniens).* CAP. *Erevan.* LANGUE : *arménien.* MONNAIE : *dram.*

Géographie. Dans le Petit Caucase, limitrophe de la Turquie, c'est un pays montagneux (90 % du territoire au-dessus de 1 000 m), coupé de dépressions (dont celle de l'Araxe), où se concentrent hommes et activités (coton, fruits), enclavé, dans un environnement souvent hostile. L'industrie est représentée par les mines, l'agroalimentaire, la chimie et la métallurgir de transformation. Erevan regroupe plus du tiers d'une population augmentant rapidement et constituée d'environ 90 % d'Arméniens de souche.

Histoire. L'Arménie, convertie au christianisme dès la fin du IIIe s., passe sous la domination romaine puis parthe avant d'être envahie par les Arabes en 640. Du milieu du XIe s. au début du XVe s., la Grande Arménie est ravagée par les invasions turques et mongoles, tandis que la Petite Arménie, créée en Cilicie sur la Méditerranée par Rouben, soutient les croisés dans leur lutte contre l'islam puis succombe sous les coups des Mamelouks en 1375. Les Ottomans soumettent toute l'Arménie (sauf quelques khanats, rattachés à l'Iran) et placent les Arméniens sous l'autorité du patriarche arménien de Constantinople.

1813-1828 : Les Russes conquièrent l'Arménie orientale.

1915 : Le gouvernement jeune-turc fait perpétrer le génocide de la population arménienne (1 500 000 victimes).

1918 : Une république indépendante d'Arménie est proclamée.

1920 : Les Alliés se prononcent pour la création d'une Grande Arménie (traité de Sèvres, août), mais les troupes turques kémalistes et l'Armée rouge occupent le pays.

1922-1991 : La République d'Arménie fait partie de l'U. R. S. S.

1991 : Elle redevient indépendante. Levon Ter-Petrossian est élu à la présidence de la République.

Arménie *(papier d'),* papier aromatique qui brûle lentement, en parfumant l'atmosphère.

ARMÉNIEN, ENNE adj. et n. **1.** D'Arménie. – **2.** *Église arménienne,* église monophysite dont le siège suprême est depuis 1441 à Etchmiadzine (Arménie). ‖ *Rite arménien,* liturgie en arménien ancien commune aux Arméniens unis à Rome ou séparés.

◆ **arménien** n. m. Groupe de langues indo-européennes parlées par 6 à 7 millions de locuteurs, dont la moitié en Arménie et l'autre moitié dans la diaspora (France, Iran, États-Unis, Liban, Syrie, Turquie, etc.).

ENCYCL. L'arménien classique s'est fixé lors de l'invention de l'alphabet national par Mesrop Machtots vers 400 apr. J.-C. Sur le modèle de l'alphabet grec, il note à la fois les consonnes et les voyelles : ses 36 lettres correspondent à un phonétisme complexe. L'arménien classique présente un substrat caucasien et des emprunts au vieux perse, au grec et au syriaque. Au XIXe s., on assiste à la création de deux langues littéraires modernes : l'arménien occidental, fondé sur le dialecte parlé à Constantinople (dont le génocide de 1915 a fait la langue de la diaspora), et l'arménien oriental, qui est aujourd'hui la langue de la République d'Arménie et des Arméniens d'Iran. Les deux langues modernes ont été fortement influencées par le turc et les langues caucasiennes.

ARMENTIÈRES (59280), ch.-l. de cant. du Nord, sur la Lys, près de la frontière belge ; 26 240 hab. *(Armentiérois).* Brasserie. Textile.

ARMER v. t. (lat. *armare*) [conj. **3**]. **1.** Pourvoir d'armes, d'un armement qqn, une collectivité, les doter de moyens d'attaque ou de défense : *Armer des rebelles.* – **2.** Garnir d'armes un lieu, une place, les munir des défenses nécessaires : *Armer une citadelle.* – **3.** Doter qqn, un groupe, un lieu de telle arme ou de tel objet pouvant servir d'arme : *Armer un gardien d'un revolver.* – **4.** Inciter qqn, un groupe à l'hostilité contre d'autres : *Armer un peuple contre ses voisins.*

— 5. Garnir, munir qqch d'un élément qui en fait une arme, ou le renforce : *Armer une canne d'une pointe d'acier.* — 6. Mettre qqn en état de résister à un danger, une épreuve : *Armer ses enfants contre les difficultés de la vie.* — 7. Mettre un appareil (photo), une arme, un mécanisme, etc., dans un état permettant son fonctionnement. — 8. Faire entrer qqn dans la chevalerie. — 9. Procéder à l'armement d'un navire.

◆ **être armé** v. pass. En parlant d'un bâtiment, être pourvu de son équipage, du combustible et des approvisionnements nécessaires pour naviguer et effectuer le voyage prévu.

◆ **s'armer** v. pr., **être armé** v. pass. 1. Être pourvu d'armes, pour se défendre, attaquer, faire la guerre : *S'armer contre un envahisseur éventuel. Un pays puissamment armé.* — 2. Être muni d'une arme, de ce qui peut en tenir lieu ou d'un objet utile à telle ou telle fin : *Des soldats armés de bazookas.* — 3. Se prémunir contre un danger, un risque, avoir les moyens d'y résister : *Être bien armé contre les grands froids.* — 4. *S'armer, être armé de courage, de patience, etc.,* être prêt à affronter une difficulté exigeant courage, patience...

ARMERIA n. f. Plante du bord de la mer, aux fleurs réunies en capitules denses. (Les genres *armeria, statice* et *limonium,* très voisins, sont parfois réunis.)

Armeria, musée d'armes anciennes, constitué par Philippe II en 1564, installé aujourd'hui dans une dépendance de l'ancien palais royal de Madrid.

ARMET n. m. (ital. *elmetto,* de l'anc. fr. *helmet,* dimin. de *heaume*). Casque complètement clos en usage du XVe au XVIIe s.

Armide, héroïne de *la Jérusalem délivrée* du Tasse.

Armide, tragédie en 5 actes de Quinault, musique de Lully (1686). Le monologue d'Armide reste un modèle de déclamation.

1. ARMILLAIRE adj. (lat. *armillarius,* de *armilla,* anneau). *Sphère armillaire,* assemblage de cercles de métal, de bois ou de carton représentant des cercles remarquables de la sphère céleste (horizon, méridien, équateur, etc.) dans un but pédagogique ou décoratif.

2. ARMILLAIRE n. f. (de *armillaire 1*). Champignon couleur de miel, parasite des racines des arbres, agent d'un pourridié mortel pour l'arbre atteint.

ARMINIANISME n. m. Doctrine d'Arminius, qui contestait l'interprétation rigide de Calvin sur la prédestination, à l'encontre des Gomaristes, disciples de Gomar, calviniste rigoriste.
ENCYCL. Arminius soutenait que la grâce de Dieu est offerte à tous et que l'usage de la liberté intervient dans la détermination de la destinée éternelle. La querelle des Arminiens et des Gomaristes perturba les Pays-Bas de 1610 à 1650.

ARMINIEN, ENNE adj. et n. Qui appartient à l'arminianisme.

ARMINIUS (v. 18 av. J.-C.-19 apr. J.-C.), chef des Chérusques au temps d'Auguste et de Tibère. Il détruisit les légions de Varus en 9 apr. J.-C. dans la forêt de Teutoburg, où un monument lui a été élevé. Il est resté en Allemagne un héros populaire sous le nom de *Hermann.*

ARMINIUS (Jacob HARMENSZ., dit **Jacobus**), théologien protestant hollandais (Oudewater, Hollande, 1560-Leyde 1609). Ses positions théologiques furent à l'origine de l'arminianisme.

ARMISTICE n. m. (lat. médiév. *armistitium,* du lat. class. *arma,* arme, et *statio,* état d'immobilité). Convention par laquelle les belligérants suspendent les hostilités. (L'armistice est conclu non par des plénipotentiaires civils, mais par les chefs militaires suprêmes, et n'a donc pas de conséquences sur l'état de guerre : seules cessent les hostilités, d'où l'utilisation accrue du terme « cessez-le-feu » pour désigner cet accord.)

ARMOIRE n. f. (lat. *armarium,* de *arma,* ustensiles). 1. Meuble de rangement, plus haut que large, subdivisé intérieurement par des tablettes et fermé par une ou plusieurs portes (qui parfois portent une glace). — 2. *Armoire chauffante,* armoire spécialement conçue pour sécher ou chauffer. ‖ *Armoire frigorifique,* petite enceinte que l'on utilise pour la préservation des denrées. ‖ Pop. *Armoire à glace,* homme aux épaules larges et carrées. ‖ *Armoire à pharmacie, armoire de toilette,* petit meuble de rangement mural, destiné aux objets de pharmacie, de toilette.

Armoire de fer (l'), coffre dissimulé dans le mur d'un corridor des Tuileries qui, ouvert sur les ordres du ministre Roland, révéla des correspondances de Louis XVI avec les ennemis de la nation.

ARMOIRIES n. f. pl. (anc. fr. *armoier,* porter les armes). Marques distinctives de familles, de collectivités ou d'individus, représentées selon des règles définies, sur un écu. (Syn. ARMES.)

ARMOISE n. f. (lat. *artemisia,* du gr. *artemisia,* herbe d'Artémis). Nom générique commun à l'absinthe, l'estragon, le génépi et l'aurone. (Ce sont des plantes aromatiques, utilisées en liquoristerie, pharmacie ou comme condiments ; famille des composées.)

ARMON n. m. (moyen néerl. *arm,* bras, sur *timon*). Ensemble des pièces métalliques de l'avant-train d'une voiture hippomobile sur lesquelles se fixent les brancards et le timon.

ARMOR ou, parfois, **ARVOR,** nom celtique de la Bretagne, signifiant « sur la mer ». De là vient le nom d'*Armorique.* – Le terme Armor est souvent utilisé pour désigner seulement le littoral de la Bretagne. En 1990, le département, breton, des Côtes-du-Nord a changé de nom pour devenir *Côtes-d'Armor.*

ARMORIAL, E, AUX adj. Relatif aux armoiries. ◆ **armorial** n. m. Recueil des armoiries de la noblesse d'une nation, d'une province, d'une famille.

ARMORICAIN, E adj. (bas lat. *armoricanus*). D'Armorique.

ARMORICAIN *(Massif),* unité géologique formée de terrains cristallins et primaires, qui s'étend sur l'ouest de la France, en Bretagne, en Vendée, dans l'Anjou et le bas Maine et dans la Normandie occidentale, culminant à 417 m à la forêt d'Écouves et au signal des Avaloirs. Pénéplané, le Massif armoricain présente des reliefs peu marqués, souvent monotones, dominés toutefois par quelques lignes de hauteurs (monts d'Arrée et landes du Mené, Montagne noire, Gâtine vendéenne, Bocage normand), au-dessus parfois de dépressions (bassins de Rennes et de Châteaulin).

ARMORIER v. t. (de *armoiries,* d'apr. *historier*) [conj. 9]. Décorer d'armoiries un objet, un livre, la vaisselle.

ARMORIQUE, en lat. **Armorica** ou **Aremorica** (du celte *Armor,* sur la mer), contrée de la Gaule s'étendant, jusqu'à l'époque franque, de la Basse-Seine à la Gironde, puis limitée à la péninsule et synonyme de Bretagne.

Armorique *(parc naturel régional d'),* parc régional de la Bretagne occidentale, englobant notamment les monts d'Arrée, l'estuaire de l'Aulne, le Menez Hom et une partie de l'ouest de la presqu'île de Crozon, ainsi que les îles de Molène et d'Ouessant. Inauguré en 1969, il couvre près de 65 000 ha.

Arm's Park, stade de rugby de Cardiff (pays de Galles).

ARMSTRONG (William George, *baron*), industriel et inventeur britannique (Newcastle 1810 - Cragside, Northumberland, 1900). Il mit au point (1854) un canon rayé se chargeant par la culasse, adopté par l'armée britannique (1858). Il se spécialisa dans les industries d'armement.

ARMSTRONG (Edwin Howard), ingénieur et industriel américain (New York 1890 -*id.* 1954). En 1912-13, il découvrit la fonction amplificatrice de la triode. En 1918, il mit au point le montage récepteur hétérodyne. Dès 1933, il créa la modulation de fréquence. Il essuya plusieurs revers dans une « guerre des brevets », ce qui le conduisit au suicide.

ARMSTRONG (Louis), surnommé **Satchmo,** trompettiste, chanteur et chef d'orchestre américain (La Nouvelle-Orléans v. 1898 - New York 1971). Chanteur des rues puis trompettiste de cabaret, il est lancé par King Oliver en 1922 et engagé par Fletcher Henderson en 1924. Il fonde sa propre formation en 1925, le Hot Five, et sa réputation ne cesse de s'élargir après 1930. Imprégné des traditions de La Nouvelle-Orléans, il sera pendant plus d'un demi-siècle le porte-drapeau du jazz classique. Révolutionnant la technique de la trompette, il brode des solos limpides prolongés par un vibrato nuancé. Sa voix chaude, au timbre voilé, servira à merveille une expression tour à tour pathétique et drôle.

ARMSTRONG (Neil Alden), astronaute américain (Wapakoneta, Ohio, 1930). Il commanda en 1966 la mission Gemini 8, au cours de laquelle fut réalisé le premier amarrage de deux véhicules spatiaux. Son second vol, à bord d'Apollo 11, le conduisit sur la Lune, dont il fut le premier homme à fouler le sol, le 21 juill. 1969.

ARMURE n. f. (lat. *armatura,* ensemble des armes). **1.** Ensemble des armes défensives qui protègent le corps et les membres, comme le casque, la cuirasse, etc. (→ *encycl.*) – **2.** *Litt.* Moyen de protection : *Une armure d'indifférence.* • **Arm.** *Armure à l'antique,* au XVIe s., harnois de parements qui rappelaient les armes de l'Antiquité classique. ‖ *Armure à tonne,* armure du XVIe s., dont la braconnière formait un jupon de fer évasé, descendant presque jusqu'aux genoux. – **Électr.** Enveloppe métallique destinée à protéger un câble électrique. – **Mus.** Syn. de ARMATURE. – **Text.** Mode d'entrecroisement des fils de chaîne et de trame constituant un tissu. (→ *encycl.)* – **Zool.** Ensemble des pièces protectrices recouvrant le corps d'un animal. (Syn. CARAPACE, CUIRASSE.)

ENCYCL. L'armure complète comprend un grand nombre de pièces (jusqu'à cent) savamment ajustées et articulées : l'*armet,* la *mentonnière,* l'*épaulière,* la *cubitière,* le *gantelet,* le *plastron,* la *braconnière,* le *cuissot,* la *genouillère,* la *jambière,* le *soleret,* etc.

– **Text.** Pour représenter l'armure d'un tissu, on utilise un papier quadrillé. Les interlignes verticaux représentent les fils de chaîne, et les interlignes horizontaux les fils de trame, ou duites. Pour indiquer qu'un fil de chaîne évolue au-dessus d'un fil de trame, on colorie la case placée à l'intersection des deux fils. Dans le cas contraire, on laisse la case vierge. Ce procédé permet de représenter toutes les évolutions respectives des fils de chaîne et de trame et, donc, toutes les armures. Les armures fondamentales sont la toile, le sergé et le satin.

ARMURERIE n. f. **1.** Fabrique ou magasin d'armes. — **2.** Activité de l'armurier.

ARMURIER n. m. **1.** Professionnel qui fabrique, répare ou vend des armes. — **2.** Au Moyen Âge, fabricant d'armures. — **3.** Sous-officier chargé de l'entretien et des petites réparations des armes, dans un corps de troupe.

A. R. N. n. m. Abrév. de ACIDE RIBONUCLÉIQUE (en angl. RNA). ‖ *A. R. N.-m.,* abrév. de ACIDE RIBONUCLÉIQUE MESSAGER. ‖ *A. R. N.-t,* abrév. de ACIDE RIBONUCLÉIQUE DE TRANSFERT.

A. R. N.-POLYMÉRASE n. f. Enzyme permettant la synthèse de l'A. R. N. à partir de quatre mononucléotides triphosphates, en présence d'une petite quantité d'A. D. N. dont une des chaînes sert de matrice. [Syn. TRANSCRIPTASE.]

ARNAC-POMPADOUR (19230), comm. de l'ouest de la Corrèze ; 1 460 hab. En 1745, Louis XV y acheta un château et son domaine, qu'il érigea en marquisat pour les donner à la marquise de Pompadour. Église du XIIe s. Restes du château des XVe et XVIIIe s., auj. haras national.

ARNAGE (72230), comm. de la Sarthe, à 9 km au S. du Mans, sur la Sarthe ; 5 735 hab. Aéroport du Mans. Constructions mécaniques.

ARNAQUE n. f. (de *arnaquer*). *Pop.* Vol, escroquerie, duperie.

ARNAQUER v. t. (forme picarde de *harnacher,* accoutrer, travestir) [conj. 3]. *Pop.* **1.** Escroquer, voler, duper : *Arnaquer un client.* — **2.** Arrêter, appréhender : *Se faire arnaquer après un hold-up.*

ARNAQUEUR, EUSE n. *Pop.* Escroc, filou.

ARNAUD de Brescia, réformateur italien (Brescia fin du XIe s.-Rome 1155). Admirateur d'Abélard, il entreprit, dans une Rome dont il avait expulsé le pape Eugène III (1145), une réforme fondamentale du clergé, dans un sens évangélique, en même temps que l'instauration d'un régime républicain. Il fut finalement arrêté, torturé et brûlé.

ARNAUD de Villeneuve, alchimiste et médecin catalan (près de Lérida v. 1240 ou 1250 - av. 1312). Il inventa peut-être la fabrication des liqueurs spiritueuses.

ARNAUD (François Thomas Marie DE BACULARD D'), écrivain français (Paris 1718 -*id.* 1805), précurseur du mélodrame et du roman noir (*Fayel,* 1770 ; *Mérinval,* 1774).

ARNAUD de l'Ariège (Frédéric), homme politique français (Saint-Girons, Ariège, 1819 - Versailles 1878), l'un des précurseurs du catholicisme social, maire de Paris en 1870.

ARNAUDIN (Félix), ethnologue et écrivain français (Labouheyre 1844 - *id.* 1921), défenseur de la langue gasconne (*Chants populaires de la Grande-Lande,* 1912).

ARNAULD, ARNAULT ou **ARNAUT,** famille française, originaire d'Auvergne, et dont la destinée est liée à l'histoire du jansénisme et de Port-Royal. ANTOINE **Arnaud** (Paris 1560-*id.* 1619), avocat au parlement de Paris, eut 20 enfants, dont six filles, qui toutes prirent le voile à Port-Royal. — ROBERT **Arnauld d'Andilly** (Paris 1588-1674), fils aîné du précédent, écrivit plusieurs ouvrages de spiritualité. — Le marquis SIMON **Arnauld de Pomponne*,** un de ses fils, fut nommé ministre d'État par Louis XIV (1672). — La sœur d'Arnauld d'Andilly, JACQUELINE MARIE ANGÉLIQUE **Arnauld de Sainte-Madeleine** dite *Mère Angélique (Paris 1591-id.* 1661), fut abbesse de Port-Royal à onze ans. Elle y introduisit une règle très stricte, d'inspiration janséniste. — JEANNE CATHERINE AGNÈS **Arnauld** (1593-1671), autre sœur d'Arnauld d'Andilly, plus connue sous le nom de *Mère Agnès,* fut prieure ou abbesse de Port-Royal-des-Champs (1636-1642) puis de Port-Royal de Paris ; elle refusa la signature du *Formulaire* en 1661. — ANTOINE **Arnauld** (Paris 1612-Bruxelles 1694), frère des précédents, dit *Le Grand Arnauld,* fut reçu docteur en Sorbonne en 1641. Dans son livre *De la fréquente communion,* il critiquait la morale des jésuites et y vulgarisait les doctrines de l'*Augustinus* de Jansénius. Exclu de la Sorbonne, il se retira à Port-Royal, où il composa la *Grammaire générale et raisonnée* (1660), avec Lancelot, et la *Logique de Port-Royal* (1662), avec Nicole. Réfugié aux Pays-Bas (1679), il publia son *Apologie du clergé de France et des catholiques d'Angleterre contre le ministre Jurieu* (1681).

ARNAULD DE LA PÉRIÈRE (Lothar VON), amiral allemand (Poznań 1886-Paris 1941). Issu de protestants français passés au XVIIIe s. au service de la Prusse, il se classa en 1918 « premier sous-marinier allemand » (500 000 t de navires coulés). Vice-amiral en 1939, il commanda la marine à Dantzig, avant d'être mis, après l'armistice de juin 1940, à la tête du front de mer occidental, des Pays-Bas à la Bidassoa.

ARNAUT de Mareuil, troubadour de la fin du XIIe s., auteur d'un *Ensenhamen,* poème didactique intéressant par ses notations sur les mœurs du temps.

ARNAUT DANIEL, troubadour (Ribérac v. 1150 - apr. 1200), représentant le plus illustre du *trobar clus.*

ARNAY-LE-DUC (21230), ch.-l. de cant. de la Côte-d'Or, sur l'Arroux ; 2 143 hab. *(Arnétois).*

Restes d'enceinte. Église des XVe et XVIe s. En 1570, les catholiques y furent défaits par Coligny.

ARNDT (Ernst Moritz), écrivain et homme politique allemand (Schoritz, île de Rügen, 1769-Bonn 1860). Par ses écrits politiques (*l'Esprit du temps,* paru à partir de 1806 et qui inspira les doctrines de la *Jeune-Allemagne*) et plus encore par ses *Chants de guerre (Lieder für Teutsche),* il contribua à soulever l'Allemagne contre Napoléon et à créer chez ses compatriotes l'esprit nationaliste.

Arneth *(formule d'),* formule résultant d'une classification des polynucléaires neutrophiles suivant le nombre des lobes nucléaires. Elle peut révéler un déficit en vitamine B12 ou en folates.

ARNHEM, v. des Pays-Bas, ch.-l. de la Gueldre, sur le Rhin inférieur ; 131 703 hab. Industrie textile et chimique. Musée d'archéologie et d'art. Musée ethnographique de plein air. La ville adhéra à la Hanse et tomba au pouvoir des ducs de Bourgogne en 1473.

Arnhem *(bataille d'),* double opération lancée par Montgomery le 17 sept. 1944, pour ouvrir la route de l'Allemagne du Nord en saisissant les ponts du Rhin et de la Meuse. Elle combina le largage de trois divisions aéroportées avec une action de la IIe armée britannique ; la réaction allemande fut si violente que les Alliés furent obligés de se replier, le 26 sept. au sud du Lek.

ARNHEM *(terre d'),* presqu'île d'Australie, extrémité septentrionale du Territoire du Nord, entre la mer de Timor, la mer d'Arafura et le golfe de Carpentarie.

ARNICA n. f. (altér. du gr. *ptarmikê,* sternutatoire). Composée aux capitules jaune orangé, qui pousse dans les alpages, d'usage classique comme résolutif des ecchymoses (teinture d'arnica).

ARNIM (Ludwig Joachim, dit **Achim von**), écrivain allemand (Berlin 1781 - Wiepersdorf, près de Jüterbog, 1831). Outre des romans d'inspiration poétique et fantastique, il a rassemblé avec C. Brentano, dans *le Cor merveilleux* (1806-1808), les chants populaires de l'Allemagne. — Sa femme, Elisabeth BRENTANO, dite *Bettina* (Francfort-sur-le-Main 1785-Berlin 1859), sœur de Brentano, fut la correspondante de Goethe et de Beethoven et l'un des premiers auteurs à décrire le prolétariat industriel.

ARNIM (Jürgen VON), général allemand (Ernsdorf 1889 - Bad Wildungen, Hesse, 1962). Il commanda la IVe armée blindée en Tunisie (1943), succéda à Rommel à la tête des forces de l'Axe en Afrique, et dut capituler à Tunis le 12 mai 1943.

ARNO, fl. d'Italie, en Toscane, long de 241 km, qui passe à Florence et Pise, avant de rejoindre la Méditerranée.

ARNOBE l'Ancien, écrivain latin d'Afrique (seconde moitié du IIIe s. apr. J.-C.). Converti au catholicisme, il écrivit vers 300 un ouvrage *Contre les païens.*

ARNOLD de Lantins, compositeur du XVe s., originaire de la principauté de Liège. Après un séjour à Venise en 1428, il fut membre de la chapelle pontificale en 1431-32. On lui doit 14 chansons françaises, d'un style apparenté à celui de Dufay, 3 motets *(Totra pulchra)* et une messe.

ARNOLD de Melchtal, un des fondateurs légendaires, au Grütli, de la confédération des cantons suisses de Schwyz, Uri et Unterwalden.

ARNOLD de Winkelried, héros suisse qui se distingua à la bataille de Sempach, où il fut tué (1386).

ARNOLD von Bruck, compositeur flamand (Bruges v. 1500 - Linz v. 1554). Il entra à la chapelle impériale comme chantre puis comme maître de chapelle. Sa technique du contrepoint vocal se rapproche de celle de Josquin. Quoique catholique, il composa des lieder allemands, spirituels ou profanes.

ARNOLD (John), horloger britannique (Bodmin, Cornwall, 1736 - Well Hall, près d'Eltham, 1799). On lui doit l'invention et l'application du spiral cylindrique, et les courbes terminales (1775) ayant pour but d'améliorer l'isochronisme du système balancier-spiral. En 1782, il fit breveter un échappement libre à détente à ressort droit.

ARNOLD (Benedict), général américain (Norwich 1741-Londres 1801). Il trahit son pays en tentant de livrer l'arsenal de West Point aux Anglais.

ARNOLD (Matthew), écrivain britannique (Laleham, Middlesex, 1822 - Liverpool 1888). Poète, ami de Renan, il fut un défenseur de l'hellénisme (*Culture et Anarchie,* 1869) et confia à l'État et à l'école la tâche de lutter contre les inégalités sociales (*Écoles et universités continentales,* 1868).

ARNOLD (Henry Harley), général américain (Gladwyne, Pennsylvanie, 1886 - près de Sonoma, Californie, 1950). Véritable créateur de l'aviation militaire américaine, il en prit en 1942 le commandement, désormais autonome, et en dirigea le plan d'emploi sur l'ensemble des théâtres d'opérations.

Arnold *(grand nerf occipital d'),* branche postérieure du deuxième nerf cervical, qui innerve la partie postérieure du cuir chevelu.

Arnolfini et sa femme, peinture sur panneau de Jan Van Eyck, signée et datée 1434 (82 × 60 cm, Nat. Gal. de Londres). C'est le premier exemple de scène intimiste bourgeoise dans la peinture occidentale.

ARNOLFO DI CAMBIO, sculpteur et architecte italien (près de Florence v. 1240 -Florence 1302). Collaborateur de Nicola Pisano, averti du gothique français comme de l'art antique, il renouvela le genre funéraire (tombeau du cardinal de Braye à Orvieto, 1282). Actif à Rome, il revint en 1296 à Florence, où il donna l'impulsion à un renouveau architectural.

ARNOTT (Archibald), médecin écossais (comté de Dumfries 1771-1855), médecin militaire à Sainte-Hélène qui assista Napoléon à ses derniers moments.

ARNOUL *(saint)* [v. 580 - v. 640], évêque de Metz. Père d'Ansegisel, époux de Begga, et grand-père de Pépin de Herstal, il est l'ancêtre des Carolingiens.

ARNOUL ou **ARNULF** (850 - Ratisbonne 899), roi de Germanie (877-899) et empereur d'Occident (896-899), fils naturel de Carloman, roi de Bavière.

ARNOUL, archevêque de Reims (989-1021). Fils du roi Lothaire, il fut déposé (991-998) à l'instigation de Hugues Capet pour avoir livré Reims à Charles, duc de Basse-Lorraine.

ARNOULT de Nimègue ou **ARNOULT de la Pointe** → VAN ORT (Arnoult).

ARNOUVILLE-LÈS-GONESSE (95400), comm. du Val-d'Oise, à 11 km au N.-N.-E. de Paris ; 12 378 hab. Appareillage pour les chemins de fer.

ARNOUX (Alexandre), écrivain français (Digne 1884 - Paris 1973). Son œuvre révèle son attirance pour la science et l'histoire, le mystère et la poésie (*le Cabaret,* 1919 ; *le Rossignol napolitain,* 1937 ; *Poésie du hasard,* 1947).

ARNOUX (Maurice), pilote français (Montrouge 1895 - abattu en combat aérien à Angivilliers, Somme, 1940). Il remporta la coupe Deutsch de La Meurthe (1934) avec 388,970 km/h sur 2 000 km, ainsi que de nombreux records de vitesse et d'altitude.

ARNSBERG, anc. **Arensberg,** v. d'Allemagne fédérale (Rhénanie-du-Nord-Westphalie), à l'E. du bassin de la Ruhr ; 79 000 hab.

ARNULF → ARNOUL.

AROBASE n. f. Caractère typographique utilisé dans les adresses du courrier électronique.

AROÏDÉE → ARACÉE.

AROL ou **AROLE** n. m. (du gallo-rom. **areilla*). Nom usuel du *pin cembro.*

AROMATE n. m. (lat. *aromata*, pl. de *aroma, -atis,* aromate). Substance parfumée d'origine végétale.

ENCYCL. Principaux aromates : angélique, anis, basilic, céleri, cerfeuil, coriandre, cumin, estragon, fenouil, genièvre, girofle, laurier, lavande, marjolaine, mélisse, menthe, persil, romarin, sarriette, sauge, serpolet, thym, vanille. Ils sont utilisés en cuisine, médecine, parfumerie.

AROMATHÉRAPIE n. f. Utilisation d'huiles essentielles à des fins thérapeutiques.

AROMATICITÉ n. f. (lat. médiév. *aromaticitas*). Ensemble de propriétés physiques et chimiques caractéristiques des hydrocarbures aromatiques et de leurs dérivés.

ENCYCL. Dans une molécule organique ou minérale, l'aromaticité est associée à la présence d'un système cyclique et plan de doubles liaisons conjuguées (ou de leur équivalent) contenant $(4n + 2)$ électrons π, comme ceux que l'on rencontre dans le benzène (où $n = 1$), le naphtalène ($n = 2$), l'anthracène et le phénanthrène ($n = 3$) et dans de nombreux composés analogues. Le concept d'aromaticité, développé d'abord pour les hydrocarbures, a été ensuite étendu à d'autres composés dans lesquels les électrons π sont délocalisés sur l'ensemble du squelette. L'aromaticité se traduit physiquement par une forte anisotropie magnétique et, chimiquement, par une *énergie de résonance* élevée.

AROMATIQUE adj. (bas lat. *aromaticus*). **1.** De la nature des aromates ; qui exhale une odeur agréable : *Huile aromatique.* – **2.** Se dit d'un composé présentant un ensemble de propriétés physiques et chimiques comparables à celles du benzène.

◆ **aromatique** n. m. Composé aromatique.

AROMATISANT, E adj. et n. m. Se dit d'une substance qui sert à aromatiser.

AROMATISATION n. f. **1.** Action d'aromatiser un plat, un aliment. – **2.** Réaction par laquelle un composé organique est transformé par déshydrogénation en composé aromatique.

AROMATISER v. t. (bas lat. *aromatizare*) [conj. 3]. **1.** Parfumer un aliment, un plat, une boisson, avec une substance aromatique. – **2.** Procéder à l'aromatisation d'un composé organique.

ARÔME n. m. (lat. *aroma,* du gr. *arôma*). Principe odorant qui s'échappe de différentes substances d'origine végétale ou animale : *L'arôme du café.*

ARON (Raymond), philosophe et sociologue français (Paris 1905-*id.* 1983). Avec *la Sociologie allemande contemporaine* (1936), l'*Essai sur la théorie de l'histoire dans l'Allemagne contemporaine* (1938) et l'*Introduction à la philosophie de l'histoire* (1938), Raymond Aron met en lumière le lien entre le devoir historique et l'existence dans l'histoire. En 1955, dans *l'Opium des intellectuels,* il tente d'expliquer l'attrait du marxisme, dont les prédictions lui semblent démenties, en France, par l'évolution économique et sociale. Professeur à la Sorbonne en 1956, membre de d'Institut en 1963, professeur au Collège de France en 1970, R. Aron se veut à la fois sociologue et philosophe (*Dix-Huit* Leçons sur la société industrielle,* 1963 ; *Démocratie et Totalitarisme,* 1965 ; *Penser la guerre, Clausewitz,* 1976). Il n'a jamais cessé de s'opposer à l'interprétation de l'histoire donnée par les marxistes : *D'une sainte famille à l'autre, Essai sur les marxismes imaginaires* (1965), *Plaidoyer pour l'Europe décadente* (1977). En 1983, il a publié ses *Mémoires.*

ARONA, v. d'Italie, dans le Piémont, sur le lac Majeur ; 16 000 hab. Centre touristique.

ARONDE n. f. **1.** Syn. de HIRONDE. — **2.** *Assemblage à queue d'aronde,* ou *d'hironde,* assemblage à mortaise en forme de queue d'hirondelle.

AROSA, comm. de Suisse (Grisons), au S.-E. de Coire ; 2 271 hab. Station thermale et de sports d'hiver.

AROUET (François Marie) → VOLTAIRE.

AROUMAINS, population d'origine roumaine, qui a émigré aux IXe-Xe s. dans la péninsule balkanique et vit auj. en Grèce, en Yougoslavie et en Albanie.

ARP (Hans ou Jean), peintre, sculpteur et poète français (Strasbourg 1887 - Bâle 1966). Cofondateur de dada à Zurich (1916) et à Cologne (1919), il épouse en 1921 le peintre abstrait suisse Sophie Taeuber (1889-1943), s'installe en 1926 à Meudon et associe désormais surréalisme et abstraction. Les formes embryonnaires de ses reliefs peints (depuis 1916) et de ses sculptures (depuis 1930) sont d'une invention aussi savoureuse qu'épurée. Un recueil posthume de ses poèmes et écrits divers a été publié en 1966 sous le titre *Jours effeuillés.*

ARPACHIYAH, site préhistorique de la vallée du Tigre, au sud de Ninive, dont les niveaux inférieurs relèvent de la civilisation de Halaf* alors que les niveaux supérieurs marquent l'expansion de la civilisation d'Obeïd* vers le nord.

ÁRPÁD, chef hongrois († 907), sous la conduite de qui les Hongrois conquirent la Pannonie (v. 890-902). Se proclamant prince v. 904, il fonda la dynastie des Árpád.

ÁRPÁD, dynastie qui a régné sur la Hongrie de 904 env. à 1301. Fondée par Árpád, elle eut pour principaux souverains : GÉZA (972-997), ÉTIENNE Ier (997-1038), ANDRÉ Ier (1047-1060), LADISLAS Ier (1077-1095), KÁLMÁN Ier (1095-1116), BÉLA III (1173-1196), ANDRÉ II (1205-1235), BÉLA IV (1235-1270), LADISLAS IV *Le Couman* (1277-1290), ANDRÉ III (1290-1301).

ARPAJON (91290), ch.-l. de cant. de l'Essonne, sur l'Orge ; 8 785 hab. *(Arpajonnais).* Église des XIIIe et XVe s. Halle en charpente du XVIIe s. Foire aux haricots, en septembre. Constructions mécaniques. Industries chimiques.

ARPAJON-SUR-CÈRE (15130), ch.-l. de cant. du Cantal, banlieue sud-est d'Aurillac ; 5 411 hab. *(Arpajonnais).* Mobilier. Industrie du bâtiment.

ARPÈGE n. m. (ital. *arpeggio*). Exécution successive des notes d'un accord à des fins ornementales ou expressives.

ARPÉGER v. t. (de *arpège*) [conj. **22**]. Exécuter successivement les notes d'un accord.

ARPENT [-pã] n. m. (lat. *arepennis,* du gaul.). **1.** Ancienne mesure de surface qui valait, selon les régions, de 35 à 51 ares. — **2.** Surface peu étendue de terrain : *Quelques arpents de terre.*

ARPENTAGE n. m. **1.** Évaluation de la superficie des terres. — **2.** Technique de la mesure des éléments géométriques des parcelles de terrain. — **3.** *Documents d'arpentage,* plan établi par un géomètre expert lors du changement de limite d'une parcelle, permettant la mise à jour du plan cadastral.

ARPENTER v. t. (de *arpent*) [conj. **3**]. **1.** Mesurer la superficie d'un terrain. — **2.** Parcourir à grands pas un lieu : *Il arpentait son bureau en réfléchissant.*

ARPENTEUR n. m. Professionnel chargé de l'arpentage.

ARPENTEUSE n. f. et adj. Chenille des phalènes (géométridé), qui se déplace en faisant avancer alternativement les extrémités avant et arrière de son corps, comme pour mesurer la longueur parcourue. (Syn. GÉOMÈTRE.)

ARPÈTE ou **ARPETTE** n. (all. *Arbeiter,* travailleur). *Pop.* et *vx.* Apprenti(e), dans la couture en particulier.

ARPIN (*le cavalier* D') → CESARI (Giuseppe).

ARPINO (Gennaro ARPINO, dit **Gerald**), danseur et chorégraphe américain d'origine italienne (West New Brighton, près de New York, 1929). Formé à la danse classique et à la danse moderne, il entre au Robert Joffrey Ballet (1952), dont il devient directeur assistant en 1965. Il en est également chorégraphe.

ARPION n. m. (de l'anc. provenç. *arpa,* griffe). *Arg.* Orteil, pied.

ARQUEBUSADE n. f. *Vx.* Coup d'arquebuse.

ARQUEBUSE n. f. (tchèque *hákovnice,* canon à crochets, avec l'infl. de l'ital. *archibugio*). Arme à feu qui se portait sur l'épaule et qui utilisait la déflagration de la poudre, allumée à l'aide d'une mèche *(arquebuse à mèche)* ou d'une roue dentée tirant d'un morceau de pyrite une étincelle *(arquebuse à rouet).* [Vers 1570, l'arquebuse fut remplacée par le mousquet.]

ARQUEBUSIER n. m. **1.** Soldat armé d'une arquebuse. — **2.** Membre d'une compagnie qui tirait à l'arquebuse.

ARQUER v. t. (lat. *arcuare*) [conj. 3]. Courber en arc : *Arquer une barre de fer.*

◆ v. i. Pop. *Ne plus pouvoir arquer,* marcher, avancer avec peine, du fait de la fatigue, de l'âge.

◆ v. i., **s'arquer** v. pr., **être arqué** v. pass. Prendre ou présenter la forme d'un arc : *Cette poutre commence à s'arquer. Avoir les jambes arquées.*

◆ **être arqué** v. pass. En parlant d'un cheval, avoir les genoux portés en avant de la ligne d'aplomb.

ARQUES, petit fleuve côtier de Normandie, qui forme le port de Dieppe et constitué par la réunion de la Béthune (45 km), la Varenne (30 km), et l'Eaulne (40 km).

ARQUES (62510) ch.-l. de c. du Pas-de-Calais, banlieue de Saint-Omer, sur l'Aa ; 9 056 hab. *(Arquais).* Petit port fluvial. Verrerie. Cimenterie.

ARQUES-LA-BATAILLE (76880), comm. de la Seine-Maritime, à 6 km au S.-E. de Dieppe ; 2 569 hab. Ruines d'un château des ducs de Normandie. Église gothique des XVIᵉ et XVIIᵉ s. Produits cellulosiques. — Henri IV y remporta une victoire sur le duc de Mayenne le 21 sept. 1589.

ARQUET n. m. Syn. de ASTE.

ARQÛRE → ARCURE.

ARRABAL (Fernando), écrivain et cinéaste espagnol d'expression espagnole et française (Melilla 1932). Son théâtre « panique » met en scène des personnages dérisoires et absurdes (*le Couronnement,* 1965 ; *l'Architecte et l'empereur d'Assyrie,* 1967). L'allusion politique est perpétuellement contaminée par l'inspiration fantastique (*le Cimetière des voitures,* 1966 ; *Sur le fil,* 1974 ; *la Cervelle du jaguar,* 1978). Au cinéma, on lui doit notamment *Viva la muerte* (1971) et *J'irai comme un cheval fou* (1973).

ARRACHAGE n. m. Action d'arracher qqch : *L'arrachage des pommes de terre, d'une dent.*

ARRACHART (Ludovic), officier aviateur français (Besançon 1897 - en vol à Étampes 1933). Il se signala dès 1924 par des records et des raids qui en font un des pionniers de l'aviation intercontinentale (Paris - Bassora en 1926 ; Paris-Madagascar en 1931).

ARRACHÉ n. m. **1.** Mouvement d'haltérophilie à un ou à deux bras par lequel la barre est amenée en un seul temps au-dessus de la tête, à bout de bras tendu(s). — **2.** Type de tissu de laine cardée, dont l'aspect duveteux est obtenu par passage du tissu sur une laineuse, qui ouvre les fils de trame et met en évidence les fibres de laine constitutives. — **3.** Fam. *À l'arraché,* avec un effort violent, et souvent de justesse : *Obtenir une victoire à l'arraché.*

ARRACHE-CLOU n. m. (pl. *arrache-clous*). Instrument pour arracher les clous.

ARRACHEMENT n. m. **1.** Action d'arracher, en partic. qqn à qqn ou à qqch, de s'arracher à qqn, à qqch : *L'arrachement d'un enfant à sa mère.* — **2.** *Litt.* Peine, déchirement causés par une séparation. — **3.** Série de pierres d'attente ménagée à l'extrémité d'un mur, ou saignée dans ce mur, pour permettre la liaison avec une construction ultérieure. — **4.** *Courant d'arrachement,* courant violent et étroit, exportant au-delà de la ligne de déferlement l'eau apportée par la convergence de deux dérives littorales. (Syn. COURANT SAGITTAL.) — **5.** *Pierre d'arrachement,* syn. de PIERRE D'ATTENTE.

ARRACHE-MOYEU n. m. (pl. *arrache-moyeux*). Appareil servant au décalage des roues fixées sur des moyeux à portées coniques.

ARRACHE-PIED (D') adv. Avec acharnement : *Discuter d'arrache-pied.*

ARRACHER v. t. (anc. fr. *esrachier,* du lat. *eradicare,* enlever avec la racine) [conj. 3]. **1.** Enlever, détacher avec effort qqch de ce à quoi il tient : *Arracher des pages à un carnet.* — **2.** Enlever, prendre par la force à qqn qqch qu'il tient ou retient : *Arracher l'arme des mains du meurtrier.* — **3.** Séparer par la violence qqn de qqn, le tirer brutalement du lieu ou du milieu où il vit : *Arracher un enfant à sa mère.* — **4.** *Litt.* Soustraire avec peine qqn à ceux qui le retiennent : *Arracher un captif à ses geôliers.* — **5.** Tirer qqn de qqch (situation, état...), l'en faire sortir brusquement ou avec difficulté : *La sonnerie l'arracha à sa rêverie.* — **6.** Obtenir (de qqn) qqch avec peine, au prix d'efforts considérables ou par la contrainte : *Ils lui ont arraché ses aveux.* — **7.** Tirer de qqn une réaction, donnée à regret ou malgré lui : *La douleur lui arracha un cri.* — **8.** *Fam.* Déchirer qqch, et en partic. écorcher profondément la peau : *Le coup de griffe lui arracha la joue.* — **9.** Fam. *Arracher la gorge,* en parlant d'une boisson, produire une sensation de violente âpreté, de brûlure. ‖ *Arracher un titre, un rang, etc.*, l'obtenir de haute lutte et de justesse. ‖ *Je vais lui arracher les yeux,* expression marquant l'exaspération à l'égard de qqn.

◆ **être arraché** v. pass. En héraldique, en parlant des arbres et des plantes, avoir les racines apparentes.

◆ **s'arracher** v. pr. **1.** Se tirer ou s'éloigner avec effort, avec difficulté ou à regret d'un lieu, d'une situation, d'un état ; se séparer avec peine de qqn : *S'arracher péniblement de son fauteuil.* – **2.** *Fam.* Se disputer âprement qqn, qqch dont on recherche la compagnie, la possession : *Les milieux littéraires s'arrachaient cet écrivain à la mode.* – **3.** *Pop.* S'en aller, partir : *Arrache-toi de là !* – **4.** *Pop.* Se distinguer, faire un effort exceptionnel : *Pour réussir, il va falloir s'arracher.* – **5.** Fam. *S'arracher les cheveux,* être au désespoir ; s'évertuer à résoudre un problème insoluble ou compliqué.

ARRACHE-TUBE n. m. (pl. *arrache-tubes*). Outil utilisé pour le repêchage des tubes, ou tiges, de forage coincés dans un puits.

ARRACHEUR, EUSE n. Fam. et vx. *Arracheur de dents,* dentiste. ‖ *Mentir comme un arracheur de dents,* mentir effrontément.

◆ **arracheuse** n. f. Machine pour l'arrachage des racines (betteraves), des tubercules (pommes de terre), des graines (arachide) ou des tiges (lin).

ARRACHIS [-ʃi] n. m. **1.** Arbres et souches que l'on a arrachés sur une terre précédemment boisée. – **2.** Plant arraché dont les racines sont à nu.

ARRAISONNEMENT n. m.Action d'arraisonner un navire, un avion.

ARRAISONNER v. t. (lat. pop. *adrationare*) [conj. 3]. Procéder à un contrôle pour vérifier la destination, la cargaison d'un navire, la nationalité, l'état sanitaire de son équipage et de ses passagers ; procéder à un contrôle analogue pour un avion.

ARRAN, île de Grande-Bretagne, sur la côte ouest de l'Écosse ; 3 600 hab. Ch.-l. *Lamlash.* Élevage. Pêche. Tourisme.

ARRANGEABLE adj. Qui peut être arrangé, équipé, réparé, réglé.

ARRANGEANT, E adj. Qui est disposé à s'arranger, à s'entendre, à trouver des accommodements ; conciliant.

ARRANGÉE n. f. Noctuelle aux ailes grises, noires et blanchâtres.

ARRANGEMENT n. m. **1.** Action de disposer les choses d'une certaine manière, en partic. dans un lieu ; manière dont les choses sont arrangées : *Modifier l'arrangement de sa coiffure.* – **2.** Mesure prise pour organiser qqch : *L'arrangement de cette entrevue n'a pas été facile.* – **3.** Accord amiable, transaction entre deux personnes ou deux groupes : *Trouver un arrangement.* – **4.** Transformation d'une œuvre, en vue de son exécution par des voix ou des instruments différents. – **5.** En jazz et variétés, organisation des différentes parties instrumentales, groupées en sections, qui habillent un thème. (Syn. ORCHESTRATION.) – **6.** *Arrangement de famille,* pacte conclu entre membres d'une même famille, en vue du règlement d'intérêts communs en matière matrimoniale ou successorale. (Syn. ACCOMMODEMENT DE FAMILLE.) ‖ *Arrangement sans répétition de* n *éléments* m *à* m ($m \leqslant n$), suite de *m* éléments distincts deux à deux, pris parmi les *n*. [Le nombre de ces arrangements, noté A_n^m est égal à $A_n^m = n!/(n-m)! = n(n-1)\ldots(n-m+1)$.

ARRANGER v. t. (de *ranger*) [conj. 17]. **1.** Mettre des objets, qqch dans l'ordre ou la disposition estimés convenables, satisfaisants : *Arranger les fleurs d'un bouquet. Arranger une vieille maison avec goût.* – **2.** Remettre en ordre qqch, en replacer les éléments de façon appropriée ou harmonieuse : *Arranger des papiers sur un bureau.* – **3.** Disposer, mettre en état, décorer qqch, un lieu en vue d'une certaine fin : *Arranger un grenier en bibliothèque.* – **4.** Transformer, modifier qqch pour l'adapter à telle destination : *Arranger une nouvelle pour la télévision.* – **5.** Remettre en état de marche, réparer un appareil, ou mettre dans l'état souhaitable qqch : *Faire arranger sa voiture.* – **6.** Préparer, organiser qqch, en fixer les modalités, le développement : *Arranger une rencontre entre deux délégations.* – **7.** Concevoir, présenter qqch selon sa convenance personnelle, sans égard pour la vérité : *Arranger l'histoire à sa façon.* – **8.** Régler ce qui fait problème, en levant les difficultés : *Arranger une dispute.* – **9.** Satisfaire qqn, être à sa convenance, lui procurer facilités ou agrément : *Cela m'arrange tout à fait.* – **10.** *Fam.* Malmener, maltraiter qqn en actes ou en paroles ; le mettre dans un piteux état ; le tromper ou le voler : *Un hôtel où l'on arrange le touriste.* – **11.** Faire un arrangement musical.

◆ **s'arranger** v. pr. **1.** *Fam.* Ordonner avec goût sa toilette, sa coiffure, son maquillage, etc. : *Elle ne sait pas s'arranger.* – **2.** *Fam.* Prendre un aspect plus avenant, un visage plus séduisant, des manières plus agréables, etc. : *Le malheureux homme ne s'arrange pas avec l'âge.* – **3.** Évoluer dans un sens favorable, vers une conclusion heureuse, en parlant d'un état de choses : *Le temps ne s'arrange pas.* – **4.** Prendre ses dispositions afin que qqch arrive : *Arrange-toi pour être à l'heure.* – **5.** Se mettre d'accord, trouver un terrain d'entente avec qqn : *Ils ont préféré s'arranger à l'amiable.* — **6.** S'accommoder de qqch, s'en contenter en prenant son parti des inconvénients : *La pièce est petite, mais on s'en arrangera.*

ARRANGEUR, EUSE n. Personne qui adapte un morceau de musique pour une formation.

ARRAPHIQUE adj. *Reliure arraphique,* syn. de RELIURE* SANS COUTURE.

ARRAS (62000), ch.-l. du dép. du Pas-de-Calais, à 172 km au N. de Paris, dans l'Artois, sur la Scarpe ; 42 715 hab. *(Arrageois).* Évêché. École d'agriculture. Nœud routier, élément principal d'une agglomération de plus de 80 000 habitants, centre administratif, commercial et industriel (constructions mécaniques, textile, alimentation).
— **Hist.** Capitale des *Atrébates,* active à l'époque gallo-romaine, Arras fut détruite par les Barbares, relevée de ses ruines au VIe s. par saint Vaast, son premier évêque. La fondation, au VIIIe s., de l'abbaye de Saint-Vaast détermina l'essor de la ville, qui, capitale du comté d'Artois et commune à charte (1180), devint une métropole de la draperie, de la tapisserie et de la banque ; les guerres du XVe s., et notamment sa destruction par Louis XI en 1477, marquèrent son déclin. Arras devint définitivement française en 1659 (traité des Pyrénées).
— **Bx-arts.** Grand-Place et Petite-Place restaurées ou reconstruites après 1918 (maisons de style Renaissance flamande du XVIIe s. ; beffroi des XVe et XVIe s. ; hôtel de ville). Anc. abbaye Saint-Vaast, rebâtie au XVIIIe s. (palais, auj. musée municipal, 1746-1783 ; abbatiale, entreprise en 1755 par Contant d'Ivry, devenue cathédrale en 1833). Centre majeur de la tapisserie de lisse aux XIVe et XVe s.

Arras *(dentelle d'),* dentelle aux fuseaux rappelant la malines, mais en plus ordinaire, le fil étant plus gros.

Arras *(porcelaines d'),* porcelaines tendres, à décor bleu ou polychrome, marquées AR, fabriquées à Arras à la fin du XVIIIe s.

Arras *(Recueil d'),* célèbre collection de portraits conservés à la bibliothèque du palais Saint-Vaast. Ces 304 dessins à la sanguine semblent dater de la fin du XVIe s. et reproduire des œuvres plus anciennes : rois de France (de Philippe VI à Charles IX), grands personnages de la cour de Bourgogne, de Flandre ou d'Artois.

Arras *(traité d')* [21 sept. 1435], traité signé entre Charles VII et Philippe III le Bon pendant la guerre de Cent Ans, par lequel le roi de France se réconciliait avec le duc de Bourgogne et désavouait le meurtre de Jean sans Peur.

ARRAU (Claudio), pianiste chilien (Chillán 1903 - Vienne 1991), un des plus grands interprètes de Brahms et de Schumann.

ARREAU (65240), ch.-l. de cant. des Hautes-Pyrénées, au confluent des Nestes d'Aure et de Louron ; 860 hab. Anc. ch.-l. de la vallée d'Aure. Édifices des XIIe-XVIe s. Marché agricole et centre touristique.

ARRECTEUR adj. m. et n. m. (lat. *arrectus,* de *arrigere,* dresser). Se dit d'un muscle redresseur du poil des mammifères. (Syn. HORRIPILATEUR.)

ARRÉE *(monts d'),* ligne de hauteurs de la Bretagne entre le Léon et le bassin de Châteaulin ; 384 m au Tuchenn Gador et au roc Trévezel. Élément essentiel du parc naturel régional d'Armorique.

ARRENS-MARSOUS (65400), comm. des Hautes-Pyrénées, près du Balaïtous ; 794 hab. Station d'altitude (878 m) et centre d'excursions. Sports d'hiver. — Sur une hauteur, chapelle de Pouey-Laün.

ARRÉRAGES n. m. pl. (anc. fr. *arrère,* arrière). Somme d'argent échue ou à échoir versée périodiquement au créancier d'une rente ou d'une pension.

ARRESTATION n. f. (de *arrester,* forme anc. de *arrêter*). Action d'appréhender une personne, par autorité de justice ou de police en recourant, si besoin est, à la coercition ; résultat, durée de cette action.

ARRÊT n. m. **1.** Action d'arrêter, de s'arrêter ; interruption, cessation d'une action, d'un fonctionnement, etc. ; état de ce qui est arrêté : *Véhicule qui fait des arrêts fréquents. Décider l'arrêt des poursuites. Un arrêt de travail de trois jours.* — **2.** Station, endroit où s'arrête un véhicule de transport en commun : *Un arrêt d'autobus.* — **3.** Litt. *Arrêt du Destin, de la Providence, etc.,* événement malheureux auquel on ne saurait s'opposer. ‖ *Arrêt (de) maladie,* interruption de travail due à un accident de santé, et enregistrée à la Sécurité sociale. ‖ *Arrêt de mort,* décision d'un tribunal condamnant qqn à la peine capitale ; attitude, événement qui risque de provoquer la mort ou la ruine de qqn, d'une entreprise. ‖ *Être, tomber, rester en arrêt devant qqch, qqn,* s'arrêter soudain, rester immobile devant eux, sous l'effet de la surprise ou de l'admiration. ‖ *Sans arrêt,* continuellement, sans cesse. ‖ *Temps d'arrêt,* courte période pendant laquelle un mouvement, une opération sont suspendus. • **Arm.** *Arrêt de cuirasse, de lance,* dispositif permettant au chevalier d'assurer sa lance. — **Autom.** *Distance d'arrêt,* distance minimale parcourue par un véhicule avant de s'arrêter devant un obstacle. — **Bât.** Pièce de quincaillerie servant à maintenir ouverts un volet, une persienne. — **Ch. de f.** *Signal d'arrêt,* signal (fixe ou mobile) prescrivant l'arrêt immédiat (*signal d'arrêt absolu*) ou à distance (*signal d'arrêt différé*). — **Chass.** *Chien d'arrêt,* chien dressé à s'arrêter quand il sent le gibier. ‖ *Forcer l'arrêt,* en parlant du chien, s'élancer sur le gibier avant qu'on le lui commande. ‖ *Tenir l'arrêt,* en parlant du chien, demeurer immobile devant le gibier. ‖ *Tomber en arrêt,* en parlant du chien courant, sentir le gibier. — **Dr.** Décision rendue par toute juridiction portant le nom de « cour », ainsi que par le Conseil d'État. ‖ Défense faite, en cas de troubles, aux navires marchands de quitter momentanément leur mouillage. ‖ Opposition mise sur des marchandises ou sur un navire par une puissance étrangère. ‖ *Arrêt de travail,* interruption du travail prescrite par un médecin à un salarié en cas de maladie, maternité ou d'accident du travail. ‖ *Maison d'arrêt,* prison destinée à recevoir les inculpés, prévenus et accusés soumis à la détention provisoire et, dans un quartier distinct, les condamnés à une peine de moins d'un an. ‖ *Mandat d'arrêt,* ordre donné à la force publique par le juge d'instruction, après avis du procureur de la République, ou par le tribunal correctionnel, de rechercher un inculpé en fuite ou résidant à l'étranger, afin de l'arrêter. — **Géom.** *Point d'arrêt d'une courbe,* point où n'aboutit qu'un seul arc de la courbe. — **Habill.** En tricot, série de mailles rabattues l'une sur l'autre après avoir été tricotées, de façon à former une chaînette. ‖ *Point d'arrêt,* en couture, point de finition formé par une simple bride plate ou par une série de points entrecroisés en triangle et utilisés comme ornement pour fixer un pli, une poche, etc. — **Hist.** Décision des parlements et autres cours souveraines et du Conseil du roi. — **Mil.** Action défensive ayant pour but de bloquer l'avance adverse. — **Pathol.** *Arrêt cardiaque,* cessation des contractions du cœur entraînant l'inefficacité circulatoire et l'absence de toute pression artérielle (disparition des pouls fémoraux). [Il provoque des lésions cellulaires irréversibles, l'organe le plus précocement atteint étant le cerveau, qui ne supporte que 2 à 4 minutes d'anoxie.] — **Phot.** *Bain d'arrêt,* solution interrompant l'action du révélateur sur un phototype. — **Sports.** En escrime, action de contre-offensive qui consiste à toucher avant la fin de l'attaque adverse. ‖ *Arrêt de volée,* au rugby, sur coup de pied adverse, réception du ballon avant qu'il touche le sol, les deux pieds au sol et en deçà de la ligne des 22 m.

◆ **arrêts** n. m. pl. Punition disciplinaire restrictive de liberté, pouvant être infligée tant aux officiers et aux sous-officiers qu'aux hommes du rang.

ARRÊTAGE n. m. **1.** Couche de vernis appliquée sur un fond, afin d'isoler celui-ci. — **2.** Système d'horlogerie limitateur de nombre de tours.

ARRÊT-BARRAGE n. m. (pl. *arrêts-barrages*). Dispositif utilisé dans les mines de charbon pour arrêter la propagation d'une éventuelle explosion dans les principales galeries d'accès aux zones exploitées, grâce à la pulvérisation d'eau ou de poussières inertes.

ARRÊTÉ n. m. (de *arrêter*). **1.** Décision exécutoire, réglementaire ou individuelle, prise par une ou plusieurs autorités de la hiérarchie administrative (le ministre, le préfet, le maire). — **2.** Calcul des intérêts à servir sur un compte bancaire rémunéré ou à prélever sur un compte débiteur. (Le fonctionnement du compte n'est pas suspendu.) — **3.** Opération qui consiste à faire les totaux des mouvements d'une comptabilité et à en déterminer le solde. (En comptabilité, tous les comptes sont obligatoirement arrêtés en fin d'exercice, et le solde des comptes de bilan reporté à nouveau.) — **4.** *Arrêté d'assurance,* simple écrit qui constate l'accord des parties, mentionne les traits caractéristiques de l'assurance maritime conclue et marque le point de départ de la couverture du risque en attendant la rédaction de la police. (Syn. SLIP.) ‖ *Arrêté de conflit,* décision du préfet, tendant à dessaisir une juridiction de l'ordre judiciaire d'un litige à l'égard duquel l'Administration estime que cette juridiction est incompétente, et qui porte la question de compétence devant le tribunal des conflits.

ARRÊTE-BŒUF n. m. inv. Syn. de BUGRANE.

ARRÊTE-MAILLES n. m. inv. Grande épingle de sûreté sur laquelle on enfile les mailles d'un tricot qui doivent être laissées en attente.

ARRÊTER v. t. (lat pop. **arrestare,* du lat. class. *restare,* rester) [conj. **4**]. **1.** Empêcher un être ou une chose d'aller plus avant, de continuer son mouvement ; assujettir, maintenir en place, bloquer une chose mobile : *Arrêter un passant pour lui demander l'heure. Il arrêta avec son pied la porte qui se refermait.* — **2.** Interrompre, faire cesser le fonctionnement d'un mécanisme, d'un appareil : *Arrête la radio, on ne s'entend plus.* — **3.** Interrompre, stopper un mouvement, un processus, une évolution : *Arrêter une hémorragie avec un garrot.* — **4.** Suspendre, faire cesser une action, une entreprise en cours : *Arrêter la réalisation d'un programme.* — **5.** Interrompre, cesser ce qu'on est en train de faire : *Elle n'arrête pas de se plaindre.* — **6.** Empêcher qqn de poursuivre son action, ses desseins ; en partic., empêcher qqn de parler, l'interrompre : *Quand il veut quelque chose, rien ne l'arrête. Si on l'arrête constamment, jamais il ne terminera son exposé.* — **7.** Appréhender qqn par autorité de justice ou de police, l'incarcérer : *On n'a pas arrêté les auteurs de ce vol.* — **8.** *Fam.* Autoriser qqn à suspendre son travail pour raison de santé : *Le médecin l'a arrêté 8 jours.* — **9.** Attacher les yeux ou concentrer une faculté sur qqch, qqn, pour observer, étudier, comprendre : *Arrêter sa pensée sur une idée.* — **10.** Fixer, décider qqch de façon précise et définitive ; édicter par un arrêté : *Parti qui arrête sa tactique pour les élections.* — **11.** Faire l'arrêté d'un compte. — **12.** Procéder à l'arrêt d'un tricot ; faire un point d'arrêt. — **13.** *Arrêter le regard, l'esprit, etc., de qqn,* retenir son attention, son intérêt. ‖ *Arrêter ses soupçons sur qqn,* le soupçonner. ‖ *Ne pas arrêter,* travailler sans relâche.

◆ v. i. *Fam.* **1.** Cesser d'avancer, stopper, en parlant d'un véhicule ; cesser de fonctionner, en parlant d'un appareil : *Le bus arrête à Vavin.* — **2.** En parlant d'un chien, demeurer immobile dès qu'il perçoit ou sent le gibier. — **3.** *Ne pas arrêter,* en parlant de qqch, se produire de façon continue ou se répéter fréquemment.

◆ **être arrêté** v. pass. Être fixé de façon irrévocable (surtout épithète) : *Avoir l'intention bien arrêtée d'agir.*

◆ **s'arrêter** v. pr., **1.** Séjourner plus ou moins longtemps qqpart : *Nous nous arrêterons deux jours à Lyon.* — **2.** Ne pas aller au-delà d'un certain point ; se terminer : *L'affaire ne s'arrêtera pas là.* — **3.** Ne pas poursuivre ce qui a été commencé ; renoncer : *Pourquoi s'arrêter en si bon chemin ?* — **4.** Cesser de faire qqch, d'agir d'une certaine façon : *Il s'est enfin arrêté de fumer.* — **5.** Porter son attention sur qqch, s'y attarder : *Ne pas s'arrêter sur (à) des détails.* — **6.** Fixer son choix sur qqch et s'y tenir : *S'arrêter à la décision la plus sage.*

◆ **s'arrêter** v. pr., **être arrêté** v. pass. **1.** En parlant d'un véhicule ou du conducteur, cesser d'avancer, faire une halte, stationner : *Un taxi s'est arrêté devant notre porte.* — **2.** En parlant d'un mécanisme, d'un appareil, cesser, avoir cessé de fonctionner ; en parlant d'une action, d'un processus, s'interrompre, être interrompu : *Ma montre s'est encore arrêtée. L'hémorragie semble arrêtée.* — **3.** Cesser de travailler, être en arrêt de travail : *Je suis arrêté depuis un mois.*

ARRÊTISTE n. Juriste qui commente et publie des décisions de jurisprudence.

ARRÊT-MALADIE n. m. (pl. *arrêts-maladies*). Syn. de ARRÊT* (DE) MALADIE.

ARRÊTOIR n. m. (de *arrêter*). Taquet d'arrêt dans un mécanisme.

ARRHÉNATHÉRUM [-rɔm] n. f. (du gr. *athêr, -eros,* barbe d'épi). Nom générique de la fenasse ou fromental, de l'avoine élevée et de certains chiendents, grandes graminées des landes et des sables.

ARRHENIUS (Svante), physicien et chimiste suédois (Wijk, près d'Uppsala, 1859 -Stockholm 1927). Il est l'auteur de la théorie de l'ionisation des électrolytes (1887), d'une théorie de la queue des comètes (1900) fondée sur l'existence de la pression de rayonnement et de l'hypothèse de la *panspermie,* ainsi que d'une théorie cosmogonique. (Prix Nobel de chimie 1903.)

ARRHÉNOBLASTOME n. m. Tumeur virilisante de l'ovaire, sécrétant des androgènes. (Habituellement bénigne, elle a pour origine un reliquat embryonnaire de l'ovaire.)

ARRHÉNOTOQUE adj. *Parthénogenèse arrhénotoque,* parthénogenèse qui n'engendre que des individus mâles, comme chez les abeilles. (Syn. ARRHÉNOTOQUIE.)

ARRHÉNOTOQUIE n. f. Syn. de PARTHÉNOGENÈSE ARRHÉNOTOQUE.

ARRHES n. f. pl. (lat. *arra,* gage, du gr. *arrhabôn,* arrhes). Somme d'argent remise lors de la conclusion d'un contrat par le débiteur ou le créancier et leur permettant de se dédire. (Dans ce cas, celui qui a versé les arrhes les perd, celui qui les a reçues doit en restituer le double.)

ARRHUN ou **ARGHUN** (1250 -1291), fils d'Abaqa et chef mongol *(Ilkhān)* d'Iran (1284-1291).

ARRIAGA (Manuel DE), homme d'État portugais (Horta, île de Faial, Açores, 1841-Lisbonne 1917), premier président constitutionnel de la République (1911-1915).

ARRIEN, en lat. **Flavius Arrianus,** historien et philosophe grec (v. 95 - v. 175). Citoyen romain, disciple d'Épictète, il rapporta les leçons de celui-ci dans les *Entretiens* et le *Manuel.* Admirateur d'Hérodote et de Xénophon, il composa un *Traité de tactique,* un *Traité sur la chasse* et plusieurs ouvrages historiques, dont *l'Anabase.*

ARRIÉRATION n. f. *Arriération mentale* ou *intellectuelle,* insuffisance majeure et précoce du développement mental, marquée en particulier par un déficit intellectuel important.

ARRIÈRE adv. (lat. pop. **adretro,* du lat. class. *ad,* vers, et *retro,* en arrière). *Avoir le vent arrière, naviguer vent arrière,* naviguer avec le vent en poupe. ‖ *Faire machine, marche arrière,* se rétracter, rabattre de ses prétentions. ‖ *Faire marche arrière,* reculer, revenir en arrière.

◆ interj. S'emploie pour faire reculer des personnes : *Allons, arrière les badauds !*

◆ adj. inv. **1.** Qui est situé à l'arrière, qui concerne l'arrière, permet de se diriger vers l'arrière : *Les places arrière d'une voiture.* — **2.** *Point* *arrière,* point exécuté de droite à gauche en piquant l'aiguille en arrière du fil.

◆ n. m. **1.** Partie postérieure, notamment d'un véhicule (par oppos. à *l'avant*) : *Les bagages sont à l'arrière de la voiture.* – **2.** En temps de guerre, territoire ou ensemble des populations se trouvant en dehors de la zone des opérations militaires (par oppos. au *front*). – **3.** *En arrière,* dans le sens opposé à celui de la marche ou du regard : *Regarder en arrière ;* à une certaine distance derrière : *Plusieurs traînards sont restés en arrière.* ‖ *Revenir en arrière,* revenir sur ses pas ; se reporter par la pensée à une période antérieure. • **Bouch.** Partie postérieure de la carcasse de bœuf. – **Mar.** Partie d'un navire située entre le maître couple et le gouvernail. ‖ *Sur l'arrière,* se dit d'un navire quand il a l'arrière trop enfoncé. (Syn. SUR LE CUL.) – **Sports.** Joueur essentiellement chargé d'un rôle défensif dans certains sports d'équipe (rugby et jeu à XIII, football, handball, basket-ball), mais pouvant cependant participer à une attaque.

◆ **arrières** n. m. pl. **1.** Zone où des unités en opérations déploient leurs moyens logistiques. – **2.** Base sûre à partir de laquelle on développe ses activités : *Protéger ses arrières.*

ARRIÈRE-, préfixe exprimant la postériorité dans le temps (*arrière-saison*) ou dans l'espace (*arrière-boutique*).

ARRIÉRÉ, E adj. **1.** Dont le développement économique, social et intellectuel et les mœurs sont à un niveau inférieur à ceux d'une autre collectivité prise comme référence : *Une région arriérée.* – **2.** Qui appartient à une époque révolue ; démodé, ancien : *Des idées arriérées.* – **3.** Se dit d'une dette non acquittée.

◆ adj. et n. Dont le développement intellectuel est très insuffisant par rapport à l'âge.

◆ **arriéré** n. m. **1.** Somme qui n'a pas été payée à la date convenue. – **2.** Retard dans un domaine quelconque : *Avoir beaucoup d'arriéré dans son travail.*

ARRIÈRE-BAN n. m. (pl. *arrière-bans*) [altér. de l'anc. fr. *herban,* du frq. **hariban*]. **1.** Levée en masse des arrière-vassaux par le souverain. – **2.** Ensemble des combattants ainsi levés. – **3.** *Le ban et l'arrière-ban,* la totalité des personnes qui composent un groupe.

ARRIÈRE-BEC n. m. (pl. *arrière-becs*). Partie profilée aval d'une pile de pont, destinée à améliorer l'écoulement des eaux.

ARRIÈRE-BOUCHE n. f. (pl. *arrière-bouches*). Partie postérieure de la bouche, qui communique avec le nez par les choanes, avec les oreilles par les trompes d'Eustache, avec l'estomac par l'œsophage et avec les poumons par le larynx.

ARRIÈRE-BOUTIQUE n. f. (pl. *arrière-boutiques*). Pièce située derrière une boutique.

ARRIÈRE-CAVITÉ n. f. (pl. *arrière-cavités*). *Arrière-cavité des épiploons,* diverticule de la cavité péritonéale situé en arrière de l'estomac, en avant du pancréas et communiquant avec la grande cavité péritonéale par l'hiatus de Winslow. ‖ *Arrière-cavité des fosses nasales,* syn. de RHINO-PHARYNX.

ARRIÈRE-CHŒUR n. m. (pl. *arrière-chœurs*). Dans certaines églises monastiques, chœur situé derrière le maître-autel et réservé aux moines ou moniales, ainsi isolés des laïcs.

ARRIÈRE-CORPS n. m. inv. **1.** Partie d'un bâtiment en arrière de l'alignement principal. – **2.** Partie de boiserie posée en arrière d'une autre.

ARRIÈRE-CÔTE n. f. (pl. *arrière-côtes*). Partie haute du littoral située au-dessus de l'estran dont elle est séparée par le trait de côte.

ARRIÈRE-COUR n. f. (pl. *arrière-cours*). Petite cour située à l'extérieur d'un bâtiment et servant de dégagement.

ARRIÈRE-COUSIN, E n. (pl. *arrière-cousin* [*e*]*s*). Cousin à un degré éloigné.

ARRIÈRE-CUISINE n. f. (pl. *arrière-cuisines*). Petite pièce située derrière une cuisine.

ARRIÈRE-FAIX n. m. inv. Ce qui reste dans l'utérus après l'expulsion du fœtus, c'est-à-dire le placenta et les membranes, dont la sortie constitue la délivrance. (Syn. DÉLIVRE.)

ARRIÈRE-FIEF n. m. (pl. *arrière-fiefs*). Fief relevant d'un autre fief.

ARRIÈRE-FOND n. m. (pl. *arrière-fonds*). Ce qu'il y a de plus profond en qqn, en qqch : *Avoir un arrière-fond de tristesse.*

ARRIÈRE-GARDE n. f. (pl. *arrière-gardes*). **1.** Détachement de sûreté rapproché agissant en arrière d'une troupe en marche pour la renseigner et la couvrir. – **2.** *Combat d'arrière-garde,* action visant à retarder l'avance d'un adversaire au cours d'une opération de repli ; lutte menée avec le seul espoir de retarder des changements jugés inévitables.

ARRIÈRE-GORGE n. f. (pl. *arrière-gorges*). Portion du pharynx, située derrière les amygdales et le bord mobile du voile du palais.

ARRIÈRE-GOÛT n. m. (pl. *arrière-goûts*). **1.** Goût qui vient à la bouche après l'absorption d'un aliment ou d'une boisson, différent de son goût normal : *Ce café laisse un arrière-goût de brûlé.* – **2.** Souvenir, état affectif qui reste après le fait qui lui a donné naissance : *Un arrière-goût de regret.*

ARRIÈRE-GRAND-MÈRE n. f. (pl. *arrière-grands-mères*). Mère du grand-père ou de la grand-mère ; bisaïeule.

ARRIÈRE-GRAND-ONCLE n. m. (pl. *arrière-grands-oncles*). Frère de l'arrière-grand-père ou de l'arrière-grand-mère.

ARRIÈRE-GRAND-PÈRE n. m. (pl. *arrière-grands-pères*). Père du grand-père ou de la grand-mère ; bisaïeul.

ARRIÈRE-GRANDS-PARENTS n. m. pl. Père et mère des grands-parents.

ARRIÈRE-GRAND-TANTE n. f. (pl. *arrière-grands-tantes*). Sœur de l'arrière-grand-père ou de l'arrière-grand-mère.

ARRIÈRE-MAIN n. f. (pl. *arrière-mains*). Partie postérieure des animaux, notamment du cheval, et correspondant à la musculature située autour de la ceinture pelvienne.

ARRIÈRE-MONDE n. m. (pl. *arrière-mondes*). Selon Nietzsche, univers de formes immuables, soustraites au devenir, dont les philosophes traditionnels (surtout Platon) ont supposé l'existence.

ARRIÈRE-NEVEU n. m., **ARRIÈRE-NIÈCE** n. f. (pl. *arrière-neveux, arrière-nièces*). Fils, fille du neveu ou de la nièce, par rapport à l'oncle ou à la tante. (Syn. PETIT-NEVEU et PETITE-NIÈCE.)

ARRIÈRE-PAYS n. m. inv. **1.** Intérieur d'une région, par oppos. à la côte, au bord de la mer. — **2.** Aire d'attraction ou de desserte commerciale d'un port. (Syn. HINTERLAND.)

ARRIÈRE-PENSÉE n. f. (pl. *arrière-pensées*). Pensée qu'on n'exprime pas et qui est le mobile véritable d'un acte.

ARRIÈRE-PETIT-COUSIN n. m., **ARRIÈRE-PETITE-COUSINE** n. f. (pl. *arrière-petits-cousins, arrière-petites-cousines*). Fils, fille d'un petit-cousin ou d'une petite-cousine.

ARRIÈRE-PETIT-FILS n. m., **ARRIÈRE-PETITE-FILLE** n. f. (pl. *arrière-petits-fils, arrière-petites-filles*). Fils, fille du petit-fils ou de la petite-fille, par rapport au bisaïeul ou à la bisaïeule.

ARRIÈRE-PETIT-NEVEU n. m., **ARRIÈRE-PETITE-NIÈCE** n. f. (pl. *arrière-petits-neveux, arrière-petites-nièces*). Fils, fille d'un petit-neveu ou d'une petite-nièce.

ARRIÈRE-PETITS-ENFANTS n. m. pl. Enfants du petit-fils ou de la petite-fille.

ARRIÈRE-PLAGE n. f. (pl. *arrière-plages*). Partie haute de la plage formée de matériaux accumulés au-dessus du niveau des plus hautes mers.

ARRIÈRE-PLAN n. m. (pl. *arrière-plans*). **1.** Ce qui, dans une perspective, est le plus éloigné : *Un village avec un arrière-plan de montagnes.* — **2.** Ce qui, dans une situation, reste dans l'ombre ou a une importance secondaire : *Ce projet est passé à l'arrière-plan.*

ARRIÈRE-PORT n. m. (pl. *arrière-ports*). Partie la plus reculée d'un port, où sont généralement remisés les chalands, les bâtiments de servitude, et où sont établis le plus souvent les bassins de radoub, les chantiers de construction et de réparation.

ARRIÉRER v. t. (conj. **18**). **1.** Différer, reporter un paiement. — **2.** Maintenir qqn, un groupe dans un état d'arriération.

ARRIÈRE-RADIER n. m. (pl. *arrière-radiers*). Ouvrage en maçonnerie, placé en fondations en aval d'une construction hydraulique, pour préserver celle-ci des affouillements.

ARRIÈRE-SAISON n. f. (pl. *arrière-saisons*). **1.** Dernière partie de l'année, l'automne ou la fin de l'automne, qui succède à la belle saison et parfois la prolonge. — **2.** Fin d'une saison agricole, juste avant la nouvelle récolte : *Fruits d'arrière-saison.* — **3.** *Litt.* Commencement de la vieillesse.

ARRIÈRE-SALLE n. f. (pl. *arrière-salles*). Salle située derrière une autre.

ARRIÈRE-SCÈNE n. f. (pl. *arrière-scènes*). Partie postérieure de la scène d'un théâtre.

ARRIÈRE-TAILLE n. f. (pl. *arrière-tailles*). Partie du gisement récemment exploitée. (Syn. VIEUX-TRAVAUX.)

ARRIÈRE-TRAIN n. m. (pl. *arrière-trains*). **1.** Ensemble formé par les deux pattes de derrière des animaux quadrupèdes, la ceinture pelvienne et la musculature avoisinante. — **2.** *Pop.* Les fesses. — **3.** Dans un véhicule hippomobile à quatre roues, partie qui est portée par les roues de derrière.

ARRIÈRE-VASSAL, E, AUX n. Vassal relevant d'un seigneur qui était lui-même vassal. (Syn. VAVASSAL, VAVASSEUR.)

ARRIÈRE-VOUSSURE n. f. (pl. *arrière-voussures*). Petite voûte couronnant l'embrasure d'une baie cintrée. (Elle permet, par sa forme gauche, l'ouverture des vantaux.)

ARRIGHI de Casanova (Jean Toussaint), duc **de Padoue,** général français, pair de France (Corte 1778-Paris 1853). Cousin par alliance de Napoléon Ier, il fut gouverneur de la Corse pendant les Cent-Jours.

ARRIGO (Girolamo), compositeur italien (Palerme 1930). Directeur du Teatro Massimo de Palerme, il a retenu l'attention avec *Fluxus* (1961), *Orden,* œuvre de théâtre musical (festival d'Avignon, 1969) et *Addio Garibaldi* (1972).

ARRIMAGE n. m. **1.** Action d'arrimer. — **2.** *Bois d'arrimage,* pièce de bois servant à immobiliser la futaille.

ARRIMER v. t. (moyen angl. *rimen,* faire place, débarrasser, du moyen néerl. *rumen*) [conj. 3]. **1.** Disposer méthodiquement et fixer solidement ce qui doit entrer dans l'armement ou le chargement d'un navire, d'un avion, d'une voiture. — **2.** Fixer une charge utile à un véhicule spatial.

ARRIMEUR n. m. Marin de l'aéronautique chargé du réglage et de l'entretien des cellules des avions et des hydravions.

ARRIMEUR-JURÉ n. m. (pl. *arrimeurs-jurés*). Expert qui constate, à la demande du capitaine, la qualité de l'arrimage à l'arrivée du navire. (En France, il porte le titre de *capitaine-expert.*)

ARRIVAGE n. m. **1.** Arrivée de marchandises ; les marchandises elles-mêmes. — **2.** *Fam.* Arrivée massive de personnes qqpart : *Un arrivage de touristes dans une station.*

ARRIVANT, E n. Personne qui arrive qqpart : *Accueillir les nouveaux arrivants.*

ARRIVÉ, E n. Personne qui vient d'arriver qqpart : *Les derniers arrivés.*

ARRIVÉE n. f. **1.** Action d'arriver qqpart ; moment où arrive qqn, qqch : *L'arrivée d'un visiteur, d'un avion. L'arrivée précoce de l'hiver.* — **2.** Lieu où des voyageurs, des coureurs, etc., arrivent : *Franchir l'arrivée.* — **3.** *Arrivée d'air, d'essence, etc.,* alimentation en air, en essence, etc., d'un moteur ; canalisation, ouverture par laquelle se fait cette alimentation. ‖ *Juge à l'arrivée,* commissaire spécialement chargé de constater l'ordre dans lequel les concurrents franchissent la ligne d'arrivée. ‖ *Ligne d'arrivée,* ligne tracée sur le sol, qui permet de classer les concurrents selon l'ordre dans lequel ils la franchissent.

ARRIVER v. i. (lat. pop. **arripare,* de *ripa,* rive) [conj. 3 ; auxil. *être*]. **1.** Parvenir à son lieu de destination : *Nous n'arriverons à Rome que demain. Votre colis est arrivé.* — **2.** Venir de qqpart ; voyager, être acheminé par tel moyen : *Des touristes qui arrivent d'Amérique.* — **3.** Approcher de qqn, d'un lieu, venir vers eux : *Il arrivait sans se presser.* — **4.** Parvenir à qqn, lui être perceptible : *Une odeur agréable arrive de la cuisine.* — **5.** Atteindre un certain niveau (taille, hauteur, valeur...) : *Son adversaire lui arrive à peine à l'épaule.* — **6.** Parvenir à un état, une situation, une étape d'une action ; atteindre le but que l'on s'est fixé : *Arriver à un âge avancé, à une phase décisive de ses recherches.* — **7.** Réussir du point de vue social, professionnel : *C'est un homme qui veut arriver.* — **8.** En venir à qqch, aborder un point d'un exposé : *J'arrive à la question du financement de ce projet.* — **9.** Réussir à faire qqch, y parvenir enfin : *Je n'arrive pas à comprendre les raisons de son geste.* — **10.** *En arriver, en arriver là,* en venir, après hésitation, réflexion, presque à faire, à penser qqch ; aboutir en fin de compte à tel comportement, telle situation : *J'en arrive à m'interroger sur ses véritables intentions.* — **11.** Se rapprocher, être imminent, sur le point de survenir : *Le jour du départ ne tardera pas à arriver.* — **12.** Se produire, se passer, avoir lieu : *Ce genre d'incident n'arrive pas souvent.* — **13.** *Arriver le premier, le dernier, en tête, en bonne place, etc.,* avoir tel ou tel rang dans un classement, une hiérarchie, une file, etc. ‖ Fam. *Croire, penser que c'est arrivé,* manifester une excessive confiance en soi, se croire à l'abri des difficultés. ‖ *Laisser arriver,* en manœuvre, venir de telle façon que l'avant du navire s'éloigne du lit du vent. (Syn. LAISSER PORTER.) ‖ *Quoi qu'il arrive,* quelles que soient les circonstances.

ARRIVISME n. m. Conduite inspirée par l'ambition, le désir de réussir à tout prix.

ARRIVISTE adj. et n. Qui veut réussir, arriver à tout prix ; ambitieux sans scrupule.

ARROCHE n. f. (altér. du lat. *atriplex, -plicis,* du gr. *atraphaksus*). Chénopodiacée comestible, voisine de l'épinard.

ARROGAMMENT adv. *Litt.* Avec arrogance.

ARROGANCE n. f. (lat. *arrogantia*). Attitude qui se manifeste par des manières hautaines, blessantes ; morgue.

ARROGANT, E adj. et n. (lat. *arrogans,* de *arrogare,* revendiquer). Qui manifeste, à l'égard des autres, un orgueil méprisant : *Ton arrogant.*

ARROGER (S') v. pr. (lat. *arrogare,* réclamer pour soi) [conj. 17]. *Litt.* S'attribuer qqch (qualité, pouvoir, etc.) sans y avoir droit : *S'arroger une prérogative.*

ARROMANCHES-LES-BAINS (14117), comm. du Calvados, sur la Manche, à 10 km au N.-E. de Bayeux ; 411 hab. Station balnéaire. Musée du Débarquement. — Après le débarquement du 6 juin 1944, les Alliés construisirent à Arromanches un port artificiel qui, jusqu'à ce que Cherbourg fût utilisable, permit le transit de 9 000 t de matériel par jour.

ARRONDI n. m. **1.** Partie arrondie de qqch : *L'arrondi d'une jupe.* — **2.** Manœuvre finale d'un atterrissage permettant d'amener l'avion tangentiellement au sol. — **3.** *Erreur d'arrondi,* erreur que l'on commet en remplaçant un nombre par un autre dont la représentation est plus simple. (Le cumul et la propagation des erreurs d'arrondi peuvent entraîner, lors de calculs compliqués, des erreurs importantes sur les résultats obtenus.) [Syn. ERREUR DE TRONCATURE.]

ARRONDIR v. t. (conj. 32). **1.** Rendre rond qqch, lui donner une forme circulaire ou courbe, sans arêtes : *Arrondir le dos d'un livre à relier.* — **2.** Agrandir, étendre qqch pour constituer un ensemble plus important : *Arrondir son capital.* — **3.** Modifier une quantité, une somme en plus ou en moins, pour obtenir un chiffre rond, plus simple ou plus complet : *Arrondir un total à la centaine inférieure.* — **4.** Fam. *Arrondir ses fins de mois,* augmenter son salaire par des travaux annexes. ‖ *Arrondir ses phrases,* leur donner du rythme, de l'harmonie. ‖ *Arrondir les yeux,* les écarquiller en signe de surprise. • **Cout.** Dessiner l'ourlet d'un vêtement afin qu'il soit sur tout son pourtour à égale distance du sol. — **Parfum.** Améliorer l'harmonie d'un parfum, en réduisant ou en masquant certaines imperfections pour donner du fini à la composition.

◆ **s'arrondir** v. pr., **être arrondi** v. pass. En parlant d'une voyelle ou d'une consonne, avoir son articulation accompagnée d'un arrondissement des lèvres.

◆ **s'arrondir** v. pr. *Fam.* Prendre de l'embonpoint, grossir, notamment en parlant d'une femme enceinte.

ARRONDISSAGE n. m. Opération exécutée par le batteur d'or, qui aplatit le lingot au marteau.

ARRONDISSEMENT n. m. **1.** Action d'arrondir, de donner une forme ronde, courbe ; état de ce qui est arrondi. — **2.** Fait d'arrondir une somme, un total : *Arrondissement au franc supérieur.* — **3.** Circonscription administrative intermédiaire, en France, entre le département et le canton, administrée par un sous-préfet. (En 1995, on compte 341 arrondissements, dont 329 en France métropolitaine.) — **4.** Subdivision administrative d'une grande ville. — **5.** Circonscription d'un réseau ferroviaire, d'une conservation forestière, d'une région maritime, etc.

ARRONDISSEMENTIER, ÈRE n. Partisan du scrutin uninominal majoritaire à deux tours, dans le cadre de l'arrondissement.

ARRONDISSEUR n. m. Appareil servant à mesurer la distance au sol d'un ourlet afin de l'arrondir.

ARRONDISSURE n. f. Opération consistant à arrondir le dos du livre à relier.

ARROSABLE adj. Que l'on peut arroser.

ARROSAGE n. m. **1.** Action d'arroser, de répandre de l'eau : *Tuyau d'arrosage.* — **2.** Action d'arroser de projectiles un objectif : *L'arrosage d'une position par des obus.* — **3.** *Fam.* Action de corrompre qqn par des gratifications. — **4.** *Fam.* Petite réunion où l'on boit pour fêter un événement. — **5.** Distribution d'un nombre réduit d'exemplaires de journaux d'une édition spéciale sur les points de vente les plus importants, permettant d'informer le public d'un événement survenu trop tard pour figurer dans les éditions normales.

ARROSEMENT n. m. **1.** Syn. rare de ARROSAGE. — **2.** Action de rendre une poterie déjà cuite imperméable en la nappant d'un enduit vitreux.

ARROSER v. t. (lat. pop. **arrosare,* du lat. class. *ros, roris,* rosée) [conj. 3]. **1.** Mouiller qqch, qqn en répandant ou en projetant de l'eau à l'aide d'un instrument : *Arroser un trottoir au jet.* — **2.** Mouiller, asperger qqch, qqn d'un liquide en le versant sur eux : *Arroser le sol contaminé avec un désinfectant.* — **3.** En parlant d'un cours d'eau, irriguer un lieu, y couler : *La Seine arrose Paris.* — **4.** Bombarder un lieu, des personnes par une pluie de projectiles : *L'aviation a arrosé les lignes ennemies.* — **5.** Accompagner un mets, un repas de tel ou tel vin : *Arroser copieusement son déjeuner.* — **6.** *Fam.* Fêter un événement en offrant à boire : *Il faut arroser ce succès.* — **7.** *Fam.* Corrompre par de l'argent des personnes dont on veut s'assurer l'appui : *Il prétendait avoir arrosé des notabilités.* — **8.** Mêler de l'alcool à un café. — **9.** Répandre du jus, un corps gras ou de la sauce sur une préparation culinaire. — **10.** *Arroser ses créanciers,* leur payer de petites sommes, pour les faire patienter. ‖ Fam. *Se faire arroser,* se faire mouiller par la pluie.

◆ **être arrosé** v. pass. *Café arrosé,* dans lequel on a versé de l'alcool. ‖ *Région (bien) arrosée,* qui reçoit suffisamment de pluie, qui est parcourue de nombreux cours d'eau.

◆ **s'arroser** v. pr. Fam. *Ça s'arrose,* on va fêter l'événement en buvant qqch.

ARROSEUR, EUSE n. **1.** Personne préposée à l'arrosage. — **2.** Fam. *L'arroseur arrosé,* personne qui est la victime indirecte de ses propres machinations.

◆ **arroseur** n. m. **1.** Tout organe de pulvérisation dans un système d'irrigation. — **2.** Machine automatique ou semi-automatique d'arrosage.

◆ **arroseuse** n. f. Machine servant à arroser les rues.

ARROSEUSE-BALAYEUSE n. f. (pl. *arroseuses-balayeuses*). Machine automobile effectuant l'arrosage et le balayage des rues.

ARROSOIR n. m. **1.** Récipient muni d'une anse et d'un tuyau terminé par une pomme percée de petits trous, dont on se sert pour arroser ; contenu de ce récipient. — **2.** Mollusque bivalve qui sécrète un grand tube calcaire terminé en pomme d'arrosoir vers le bas, enfoui dans la vase littorale.

ARROUX, riv. du nord-est du Massif central, affl. de la Loire (r. dr.) ; 120 km. L'Arroux passe à Autun.

ARROW (Kenneth Joseph), économiste américain (New York 1921). Spécialiste de l'étude des choix collectifs et de la théorie du bien-être collectif, il a partagé le prix Nobel, en 1972, avec J. R. Hicks.

ARROW-ROOT [arorut] n. m. (pl. *arrow-roots*) [mot angl., de *arrow,* flèche, et *root*, racine]. Nom commun à des fécules comestibles extraites le plus souvent des organes souterrains de monocotylédones des régions chaudes.

ARROYO [arɔjo] n. m. (mot esp., du lat. pop. **arrugium*). En diverses régions tropicales (Indochine, Brésil, etc.), chenal ordinairement à sec, transformé en cours d'eau temporaire après une averse.

ARROYO (Eduardo), peintre espagnol (Madrid 1937). En France à partir de 1958, il se signale, au sein de la Nouvelle Figuration, par sa démarche allusive et ironique appliquée à un contenu politique.

ARRUDA (les), architectes portugais de la première moitié du XVIe s. — DIOGO est l'auteur du chœur de l'église de l'ordre du Christ à Tomar et de sa sacristie (à partir de 1510), au décor manuélin exubérant. — Son frère FRANCISCO, architecte militaire, a élevé la tour de Belém à Lisbonne (1515).

ARRUPE (*R. P.* Pedro), jésuite espagnol (Bilbao 1907 - Rome 1991). Supérieur de la vice-province (1954-1958) puis premier provincial (1958-1965) du Japon, il fut préposé général de l'ordre de 1965 à 1983.

ARS [ar ou ars] n. m. (lat. *armus,* épaule). Chez les quadrupèdes, région où les membres antérieurs se rattachent au poitrail.

ARS *(curé d')* → JEAN MARIE VIANNEY (saint).

ARSACE, seigneur parthe, fondateur (v. 250 av. J.-C.) de la dynastie des *Arsacides* et de l'empire des Parthes.

ARSACIDES, dynastie parthe, fondée par *Arsace* et qui a régné sur les régions iraniennes de 250 av. J.-C. à 224 apr. J.-C. Elle compta trente-huit rois et fut renversée par les Sassanides. Une branche de la famille arsacide a régné en Arménie. (→ PARTHES.)

Ars antiqua, période primitive de l'école polyphonique occidentale qui s'arrête aux environs de 1300. Elle se caractérise par des *modi* (cellules rythmiques), et des mesures ternaires. Les formes musicales pratiquées sont l'*organum* simple *(déchant)* ou complexe *(organum fleuri* ou *à vocalises),* le *motet* essentiellement profane ; le *conduit* polyphonique, d'inspiration religieuse ; le *rondeau* profane. Les quelques noms d'auteurs parvenus sont Léonin, Pérotin, Pierre de la Croix, Adam de la Halle.

ARSENAL n. m. (anc. vénitien *arzana,* de l'ar. *al-ṣināʿa,* art mécanique). **1.** Établissement industriel d'un port, où les bâtiments de guerre sont construits, réparés, ravitaillés et armés. — **2.** Autref., établissement construisant des matériels de l'armée de terre. (On dit auj. ATELIER DE CONSTRUCTION ou MANUFACTURE.) — **3.** Grande quantité d'armes réunies : *La voiture renfermait un véritable arsenal.* — **4.** *Fam.* Équipement, matériel important ou complexe : *L'arsenal d'un reporter photographe.* — **5.** *Un arsenal de choses,* des moyens d'action nombreux et variés. ‖ *L'arsenal des lois,* l'ensemble des lois et des ressources juridiques qu'elles présentent.

Arsenal *(bibliothèque de l'),* à Paris. Ancien arsenal, reconstruit en 1594 comme hôtel du grand maître de l'artillerie, cet édifice fut remanié sous Louis XIV, puis agrandi par Boffrand. La bibliothèque, constituée au milieu du XVIIIe s., fut ouverte au public en 1797. Elle compte plus de 1 500 000 imprimés, 15 000 manuscrits, 124 000 estampes, 12 000 titres de périodiques.

ARSÈNE Autôreianos († 1273), patriarche de Constantinople (1255 -1259 et 1261-1264). Il fut déposé deux fois pour avoir d'abord critiqué Michel VIII Paléologue, puis pour l'avoir excommunié. Sa seconde déposition (1264) engendra le « schisme arsénite », qui perturba la vie religieuse de l'Empire byzantin jusque v. 1310.

Arsène Lupin, personnage créé par Maurice Leblanc, en 1905, pour le journal *Je sais tout :* c'est un cambrioleur mondain et anarchisant.

ARSÉNIATE n. m. Sel dérivant d'un acide arsénique.

ARSENIC [-nik] n. m. (lat. *arsenicum,* du gr. *arsenikon*). **1.** Corps simple d'apparence métallique, très répandu dans les minerais métalliques. (Élément chimique de symbole As.) — **2.** Nom donné à l'anhydride arsénieux, poison violent. — **3.** Toute espèce de composé arsenical vénéneux.

Numéro atomique : 33
Masse atomique : 74,92
Température de fusion
sous 36 atmosphères : 817 °C
Masse volumique (variété stable) :
5,7 g/cm³

ENCYCL. **Chim.** L'arsenic a des propriétés intermédiaires entre celles des métaux et celles des non-métaux. C'est un solide qui possède plusieurs variétés allotropiques. On peut signaler :

l'arsenic gris ou arsenic métallique, le plus commun, rhomboédrique, se sublimant vers 630 °C sous la pression atmosphérique ; *l'arsenic noir,* d'apparence amorphe ; *l'arsenic jaune,* cubique et instable. L'arsenic se ternit à l'air par oxydation lente et brûle avec une flamme livide en donnant de l'anhydride arsénieux As_2O_3. Il se combine aux halogènes, au soufre et à divers métaux. Ses principaux minerais sont des sulfures d'arsenic, (le *réalgar,* As_2S_2, orangé, et *l'orpiment,* As_2S_3, jaune citron), des arséniures métalliques et des arséniosulfures, comme le *mispickel,* FeAsS. L'arsenic se rencontre dans la plupart des sulfures métalliques dont le grillage donne comme sous-produit de l'anhydride arsénieux qui, réduit par le carbone, libère l'arsenic. Le plus important des composés de l'arsenic est l'anhydride arsénieux As_2O_3, qu'on désigne souvent sous le nom d'*arsenic blanc,* ou même d'*arsenic.* C'est une poudre blanche, inodore, peu soluble dans l'eau. Divers oxydants le transforment en acide arsénique, d'où son emploi dans les dosages. Sa solution a les propriétés de l'*acide arsénieux* H_3AsO_3, inconnu à l'état libre, mais auquel correspondent des sels, les *arsénites.* L'anhydride arsénique As_2O_5 correspond à l'acide arsénique H_3AsO_4, qui présente de grandes analogies avec l'acide phosphorique. L'*hydrogène arsénié* AsH_3 est un gaz incolore, d'odeur alliacée, très toxique. L'arsenic donne des composés organiques : les arsines.

L'arsenic est utilisé dans le plomb de chasse. Ses composés sont employés comme colorants toxiques (raticide) et en médecine (arsenicaux), où leur usage s'est beaucoup restreint du fait de leur toxicité. L'anhydride arsénieux (As_2O_3) est utilisé en thérapeutique dentaire pour la dévitalisation des dents.

— **Physiol.** Dans l'organisme, l'arsenic est constamment présent à l'état de traces en combinaison organique constitutive des cellules. Son rôle physiologique est mal connu. La dose toxique d'anhydride arsénieux est de l'ordre de 2 mg par kilogramme de poids. L'identification et le dosage de l'arsenic dans l'organisme se font par les méthodes de Marsh, de Cribier et de Griffon et Barbaud. Leur interprétation est souvent délicate en médecine légale.

ARSENICAL, E, AUX adj. Qui renferme de l'arsenic ; qui a rapport à l'arsenic.

◆ **arsenical** n. m. Médicament dérivé de l'arsenic.

ARSENICISME n. m. Intoxication par l'arsenic.

ENCYCL. L'anhydride arsénieux est le corps qui a été le plus souvent employé dans les empoisonnements. Les symptômes consistent en une constriction de la gorge et du pharynx, brûlures de l'estomac, puis vomissements, coliques, diarrhées profuses, soif ardente, crampes, refroidissement des extrémités ; parfois dominent les signes nerveux : céphalée, vertiges, convulsions. La mort survient par collapsus cardiaque. L'*arsenicisme chronique* est généralement d'ordre professionnel. Les symptômes digestifs sont plus atténués. Il est surtout caractérisé par une polynévrite très douloureuse avec paralysie.

ARSÉNIÉ, E adj. 1. Syn. de ARSÉNIFÈRE. — 2. *Hydrogène arsénié,* composé AsH_3, gaz incolore très toxique.

ARSÉNIEUX adj. m. *Acide arsénieux,* acide faible non isolé H_3AsO_3. ‖ *Anhydride arsénieux,* anhydride solide As_2O_3 ou gazeux As_4O_6, appelé aussi *mort-aux-rats.*

ARSÉNIFÈRE adj. Se dit d'un terrain, d'un minerai, d'un composé contenant de l'arsenic. (Syn. ARSÉNIÉ.)

ARSÉNIOSIDÉRITE n. f. Arséniate de fer et de calcium hydraté.

ARSÉNIOSULFURE n. m. Composé à base d'arsenic, de soufre et d'un métal.

ARSÉNIQUE adj. m. (lat. médiév. *arsenicus,* qui contient de l'arsenic). *Acide arsénique,* acide H_3AsO_4. ‖ *Anhydride arsénique,* anhydride As_2O_5.

ARSÉNITE n. m. Sel ou ester de l'acide arsénieux.

ARSÉNIURE n. m. Combinaison de l'arsenic avec un corps simple.

ARSÉNOÏQUE adj. Se dit des analogues arséniés des composés azoïques.

ARSÉNOPYRITE n. f. Syn. de MISPICKEL.

ARS-EN-RÉ (17590), ch.-l. de cant. de la Charente-Maritime, dans l'île de Ré ; 1 234 hab. *(Arsais).* Église des XIIe et XVe s. Station balnéaire. Pêche (conserverie). Ostréiculture. Marais salants.

ARSIN n. m. (anc. fr. *arsin,* incendie, de *ardre,* brûler). Peine fréquemment appliquée en France au Moyen Âge et qui consistait à brûler la maison du condamné.

ARSINE n. f. (lat. médiév. *arsinicum,* du lat. class. *arsenicum*). Composé organique de formule générale $AsH_{3-n}R_n$, résultant du remplacement d'un ou de plusieurs atomes d'hydrogène de l'hydrogène arsénié AsH_3 par des radicaux carbonés monovalents. (Analogues arséniés des amines et des phosphines, les arsines ressemblent à ces dernières par leurs propriétés chimiques et physiques.)

ARSINOÉ, nom de quatre reines égyptiennes de la dynastie des Lagides : la plus notable est **Arsinoé II** *Philadelphe* (v. 316-v. 270). Elle épousa

Ptolémée II Philadelphe, sur lequel elle eut, par son génie politique, une grande influence.

ARSLĀN TASH, anc. **Hadatou,** site d'une ville assyrienne de Haute-Syrie, dont les vestiges du temple ont livré des statues de divinités, et ceux du palais des plaques d'ivoire sculpté.

ARSLĀN TEPE ou **ARSLANTEPE,** site de la ville hittite de Milid, près de Malatya (Turquie) : porte des Lions ornée de bas-reliefs et tombeau royal.

Ars nova, nom donné à la deuxième période de l'école polyphonique occidentale principalement française de 1300 à 1380. Les théoriciens français sont : Philippe de Vitry, Johannes de Muris et Jacques de Liège (XIVe s.). L'*Ars nova* se caractérise par la recherche de formes nouvelles (le *motet,* le *virelai,* le *rondeau,* la *ballade*) ; l'emploi de textes d'une plus grande qualité poétique ; une rythmique plus souple ; une écriture plus libre. Les compositeurs représentatifs sont en France Philippe de Vitry et Guillaume de Machaut.

ARSONIUM [-njɔm] n. m. Cation organique de formule générale R_4As^+.

ARSONVAL (Jacques Arsène D'), médecin et physicien français (La Borie, près de La Porcherie, Haute-Vienne, 1851-*id.* 1940). Il succéda à Claude Bernard au Collège de France (1894). Il a fait des travaux sur le muscle strié et a étudié l'action thérapeutique des courants de haute fréquence *(darsonvalisation).* Ses recherches l'amenèrent à fabriquer ou à perfectionner nombre d'appareils de physique, notamment le galvanomètre à cadre mobile.

ARSONVALISATION (D') → DARSONVALISATION.

ARSOUF, auj. **Tel-Arshaf,** site de l'État d'Israël, au N. de Tel-Aviv-Jaffa. Occupée en 1101 par Baudouin Ier et les croisés qui la baptisèrent *Arsur,* cette ville fut prise par Saladin en 1187. Reconquise par Richard Ier Cœur de Lion en 1191, elle fut détruite en 1265 par le sultan Baybars Ier.

ARSOUILLE n. (arg. *arsouiller,* mener une vie débauchée). *Pop.* et *vx.* Mauvais garçon, voyou.

ARS-SUR-FORMANS (01480), comm. de l'Ain, dans la Dombes, à 9 km à l'E. de Villefranche-sur-Saône ; 864 hab. Saint Jean-Marie Vianney en fut le curé. Basilique.

ARS-SUR-MOSELLE (57130), ch.-l. de cant. de la Moselle, à 11 km au S.-O. de Metz ; 5 107 hab. *(Arsois).* Boulonnerie.

ART n. m. (lat. *ars, artis*). **1.** Ensemble des procédés, des connaissances et des règles intéressant l'exercice d'une activité ou d'une action quelconque : *Faire quelque chose selon les règles de l'art.* — **2.** Toute activité, toute conduite considérée comme un ensemble de règles, de méthodes à observer : *Bien vivre, aimer, penser est un art.* — **3.** Habileté, talent, don pour faire qqch (parfois ironiq. et surtout dans des expressions) : *Avoir l'art du compromis.* — **4.** Manière de faire qui manifeste du goût, un sens esthétique poussé : *Disposer un bouquet avec art.* — **5.** Création d'objets ou de mises en scène spécifiques destinées à produire chez l'homme un état particulier de sensibilité , plus ou moins lié au plaisir esthétique : *Les révolutions de l'art moderne.* — **6.** Ensemble d'œuvres artistiques ; caractère de cet ensemble : *L'art italien, l'art du Bénin, l'art roman, l'art du portail occidental de Chartres, l'art de Rembrandt.* — **7.** *D'art,* se dit de tout objet manifestant un souci esthétique ; qui relève des œuvres de peinture, sculpture, architecture, gravure, etc. ; se dit de qqn qui s'y intéresse : *Objet d'art. Amateur d'art.* — **8.** *Art culinaire,* manière de préparer les aliments pour qu'ils procurent des sensations gustatives agréables. ‖ *Art déco* ou *Arts déco,* se dit d'un style propre aux années 20, mis en vedette par l'*Exposition des arts décoratifs* et industriels modernes* (Paris 1925). ‖ *Art dentaire,* ensemble des techniques de la chirurgie dentaire. ‖ *Art dramatique,* ensemble des œuvres destinées à être représentées sur la scène, des techniques et des moyens artistiques concourant à cette représentation. ‖ *Art et essai,* classement accordé à certaines salles, retenues pour la qualité de leurs programmes, et qui les fait bénéficier d'avantages financiers. ‖ *Art de la guerre,* stratégie et tactique militaires. ‖ *Art militaire,* ensemble des connaissances qui se rapportent à la constitution et à l'emploi des forces armées ou, plus généralement, au métier des armes. ‖ *Art oratoire,* l'éloquence. ‖ *Art poétique,* titre de nombreux ouvrages didactiques, en vers ou en prose, qui définissent les caractères principaux de la création poétique et enseignent les moyens de composer des poèmes. ‖ *L'art pour l'art,* conception de l'art qui refuse l'engagement de l'écrivain ; expression utilisée par Benjamin Constant dans son *Journal* (1804), puis reprise par Victor Cousin (*Cours d'histoire de la philosophie,* 1828) et enfin appliquée par les historiens de la littérature au mouvement préparnassien. ‖ *Art thérapie,* ensemble des modes d'expression artistique utilisés à des fins psychothérapiques. ‖ *Art vétérinaire,* art de soigner, de guérir les animaux domestiques. ‖ *Homme de l'art,* personne qui a des connaissances dans une matière précise ; spécialiste ; en partic., médecin. ‖ *Le grand art,* l'alchimie. ‖ *Le 7e art,* le cinéma. ‖ *Métiers d'art,* ceux qui, de nos jours, maintiennent les normes d'une production de qualité dans les différents domaines des arts décoratifs ou appliqués.

◆ **arts** n. m. pl. **1.** Au Moyen Âge, les diverses disciplines telles qu'on les enseignait dans les écoles et les universités. (Les arts, dits aussi « arts libéraux », se répartissaient en deux groupes, le *trivium* [grammaire, rhétorique, dialectique] et le *quadrivium* [arithmétique, géométrie, astronomie, musique].) — **2.** *Arts décoratifs* → DÉCORATIF. ‖ *Arts ménagers,* techniques qui ont pour objet de faciliter les tâches domestiques et de contribuer au confort. ‖ *Arts plastiques,* ceux qui sont producteurs ou reproducteurs de volumes, de formes, surtout la peinture et la sculpture. ‖ *Faculté des arts,* dans l'ancienne université, faculté où l'on enseignait les humanités et la philosophie. ‖ *Maître ès arts,* celui qui avait pris les grades permettant d'enseigner les humanités et la philosophie.

ENCYCL. Le sens du mot « art », comme la classification des activités qui s'y rattachent, a beaucoup varié depuis le début du Moyen Âge européen. Celui-ci avait hérité de l'Antiquité la notion d'*arts libéraux,* activités intellectuelles opposées à celles où interviennent la main et le matériau. Mais, tout en considérant les *métiers* comme inférieurs, on dut reconnaître qu'il y avait un *art* (ensemble de moyens adéquats) pour les exercer au mieux. Par ailleurs, certains de ces métiers, où la spéculation intellectuelle avait sa part, formèrent au XVIIIe s. le groupe des *beaux-arts :* architecture, sculpture, peinture, gravure, auxquels on joint musique et chorégraphie ; leurs praticiens, selon un processus entamé dès la Renaissance et amplifié par l'académisme, passèrent du statut d'ouvriers ou d'artisans, attelés à des tâches souvent collectives, à celui d'*artistes,* moins dépendants. On exigera encore longtemps de ces derniers qu'ils aient du *métier,* mais les *métiers d'art* seront désormais ceux des *arts décoratifs,* ou *appliqués,* auxquels architectes, peintres, sculpteurs peuvent toutefois collaborer.
Finalement, et face à une civilisation industrielle qui entend assurer à elle seule la production des biens matériels, selon de nouvelles normes collectives jugées oppressantes par certains, ce qui était jusque-là l'exception (le privilège intellectuel dont jouissait un Léonard de Vinci) est devenu habituel en Occident au XIXe et, plus encore, au XXe s. : le « grand » peintre ou sculpteur, comme le poète, se voit largement reconnaître — à moins que sa solitude ne fasse de lui un artiste « maudit » — la mission d'exprimer, en dehors de toute finalité utilitaire à court terme et, presque, de toute contrainte socioculturelle, certaines dimensions privilégiées de l'existence. Tâche d'ailleurs trop lourde pour d'innombrables artistes pleins de talent, mais simplement attachés à la production d'« images d'agrément » (et d'évasion) conformes au goût moyen d'une majorité de consommateurs, qui, eux-mêmes, n'ont pas le loisir, les occasions, la préparation ou l'orientation d'esprit nécessaires pour tirer profit d'une plus ambitieuse aventure artistique.
Cette façon nouvelle de voir la mission de l'art (et non plus *des* arts) résulte de l'exigence de *liberté* de plus en plus mise en avant, face aux aliénations socio-économico-culturelles, par des artistes qui se veulent « créateurs » ou « chercheurs ». À la poursuite de la *beauté* et de ses « règles », les avant-gardes ont en effet préféré, dans leurs balancements successifs, celle d'une *expression* aussi authentique que possible des pulsions de l'être en tant que résonateur de toutes choses (du romantisme à l'expressionnisme et au surréalisme), ou d'une *spéculation* sur toutes choses et, notamment, sur la nature même de l'art (de l'abstraction en tant que plastique pure aux tendances conceptuelles, en passant par l'« anti-art » de dada).

Or la nature de l'art s'avère indéfinissable : activité humaine que l'on ressent bien comme spécifique, mais dont les contours se dérobent, comme se dérobent les frontières entre disciplines naguère codifiées (peinture, sculpture), voire même parfois la frontière entre art, écriture, sciences humaines, etc. Son domaine est fait de contradictions. Ainsi l'art « engagé », qui utilise les moyens du réalisme ou du symbolisme pour une démonstration extérieure à lui-même, nous satisfait rarement, écartelé qu'il est entre une « forme » et un « fond » (cette dichotomie que refusent, elles aussi, les plus hautes formes de littérature) ; à l'opposé, l'art « expérimental », alors même qu'il se voudrait au service de tous, demeure hermétique et se voit (comme le précédent) « récupéré » par le snobisme et par l'argent, n'ayant souvent plus de la liberté qu'une apparence. Ici et là, les réussites semblent des exceptions, dont chacune ne touche d'ailleurs qu'une partie des adeptes de l'art, et qu'on ne saurait garantir pour l'éternité. Surtout, ces réussites n'existent que *par* et *dans* le processus de la création ; l'archétype ou le champ de sensibilité nouveau que découvre un artiste perd le plus souvent sa vertu à être copié (et par son auteur même) ; il ne peut qu'être pris en compte pour d'autres dépassements.
Vu sous cet angle extrême de prophétie délirante ou raisonneuse, l'art est une activité absolument subversive, exorbitante des normes serviles de la réalité vécue, mais dont la finalité pourrait être de participer à une hypothétique libération de la vie (seul idéal humain vraiment sérieux), jusqu'à se fondre en elle.

Art d'aimer *(l'),* poème didactique d'Ovide, publié au début de l'ère chrétienne.

Art déco ou **Arts déco** → DÉCORATIFS* ET INDUSTRIELS MODERNES *(Exposition internationale des arts).*

Art d'être grand-père *(l'),* recueil de poésies inspirées à V. Hugo par ses petits-enfants (1877).

art français *(Société de l'histoire de l'),* association fondée en 1870 par un groupe d'historiens d'art, dont Ph. de Chennevières, A. de Montaiglon, L. Courajod, D. Clément de Ris, J. Guiffrey, reconnue d'utilité publique en 1927. Les communications de ses membres sont éditées, avec d'autres études, dans un *Bulletin* annuel. Elle publie aussi des volumes d'*Archives de l'art français.*

Art de la fugue *(l'),* recueil inachevé de J.-S. Bach, écrit en 1749-50 et comprenant 21 contrepoints et canons. L'œuvre épuise toutes les combinaisons d'un thème unique.

Art moderne *(musée national d')* → CENTRE* NATIONAL D'ART ET DE CULTURE GEORGES-POMPIDOU.

Art nouveau, nom le plus généralement donné au mouvement de rénovation des arts décoratifs et de l'architecture survenu en Occident vers la fin du XIXe s.
Préparé par l'Anglais W. Morris, nostalgique d'un artisanat qui fût « un bonheur pour le créateur et pour l'usager », par les premiers tissus, meubles et typographies de son compatriote Arthur H. Marckmurdo (1851-1942), par l'influence de l'estampe japonaise aussi, ce mouvement – dont le nom est celui d'une boutique ouverte à Paris en 1895, mais qui s'appelle aussi *Modern style* en France et en Belgique, *Secession Stil* en Autriche, *Jugendstil* en Allemagne, *Stile floreale* en Italie, *Modernismo* en Espagne – a assuré la décisive rupture avec l'académisme et l'éclectisme du XIXe s., c'est-à-dire avec le ressassement des styles du passé. Reconnaissable à son emploi, tant structurel que décoratif, de l'arabesque souvent empruntée à une flore plus ou moins stylisée, il surgit à Nancy avec Gallé, à Paris avec, notamment, les immeubles et bouches de métro de Guimard, à Bruxelles avec Horta et son usage du fer, à Munich avec le sculpteur suisse Hermann Obrist (1863-1927), célèbre pour ses tissus brodés, et l'architecte August Endell (1871-1925), à Barcelone avec l'œuvre très personnelle de Gaudí. Affiche, verrerie (Gallé ; L. C. Tiffany à New York), bijou (en France, R. Lalique), meuble – de façon plus laborieuse – reflètent l'exaltation plastique et symbolique du mouvement. Cependant, à Glasgow Mackintosh, à Vienne O. Wagner et J. Hoffmann, en Allemagne H. Van de Velde et Behrens s'expriment bientôt avec plus de retenue, répudiant l'exubérance de la ligne jusqu'à participer pour certains d'entre eux à ce qui est le contraire de l'Art nouveau, la tendance puriste annonciatrice, en architecture, du *style international* (ou *mouvement moderne*).

Art poétique, titre donné à l'*Épître aux Pisons* d'Horace (entre 20 et 8 av. J.-C.). Dans cette méditation sur l'art d'écrire, il insiste sur la séparation des genres et la responsabilité morale du poète.

Art poétique *(l'),* poème didactique de Boileau, imité d'Horace, en quatre chants (1674), qui définit le classicisme*.

Art romantique *(l'),* recueil posthume (1868) rassemblant les articles critiques de Baudelaire concernant la littérature.

Arts d'Afrique et d'Océanie *(musée des)* → Afrique et Océanie *(musée des Arts d').*

Arts décoratifs *(musée des)* → décoratifs *(musée des Arts).*

arts graphiques et plastiques *(Association pour la diffusion des)* **[A. D. A. G. P.],** association fondée en 1953 à Paris, pour assurer aux artistes la perception de leurs droits de suite et de reproduction, concourir à la défense de leurs intérêts matériels et moraux.

arts et industries graphiques *(École supérieure Estienne des)* → ESTIENNE.

Arts et des Lettres *(ordre des),* ordre français, créé le 2 mai 1957 pour récompenser les créateurs ou ceux qui ont contribué au rayonnement des arts et des lettres.

arts et manufactures *(École centrale des)* → CENTRALE DES ARTS ET MANUFACTURES *(École).*

arts ménagers *(Salon des),* salon fondé en 1923 par Jules Louis Breton, qui a pour objet de révéler au grand public les dernières recherches entreprises dans le domaine des arts ménagers.

arts et métiers *(Conservatoire national des)* **[C. N. A. M.],** musée et établissement d'enseignement supérieur technique public, pour l'application des sciences à l'industrie. Le musée fut fondé en 1794, installé en 1802 dans l'ancien prieuré de Saint-Martin-des-Champs. Premier musée technologique, il détient de nombreuses machines, dessins, appareils, et collections. Actuellement, les 70 chaires du C. N. A. M. organisent des enseignements scientifiques, techniques, de sciences économiques et de sciences humaines appliquées.

arts et métiers *(École catholique d')* **[E. C. A. M.],** établissement privé d'enseignement technique supérieur, formant des ingénieurs. Fondée à Reims en 1900, cette école se trouve à Lyon depuis 1940.

arts et métiers *(École nationale supérieure d')* **[E. N. S. A. M.],** établissement public à caractère scientifique, culturel et professionnel, placé sous l'autorité du ministère de l'Éducation nationale et formant des ingénieurs. Fondée en 1801, à Compiègne, elle fut transférée à Châlons-sur-Marne en 1806. Une deuxième école fut établie en 1814 à Angers. Cinq autres écoles furent créées, de 1843 à 1963, à Aix-en-Provence, Cluny, Lille, Paris et Bordeaux. L'ensemble constitue depuis 1963 une seule grande école.

Arts et Traditions populaires *(musée des)* → POPULAIRES *(musée des Arts et Traditions).*

ÁRTA, v. de Grèce, en Épire, ch.-l. de nome, près du *golfe d'Árta* ; 21 000 hab. Árta est l'antique *Ambracie,* colonie de Corinthe fondée au VIIe s. av. J.-C. et capitale du roi d'Épire Pyrrhos vers 295 av. J.-C. Très prospère à l'époque byzantine elle fut le siège du despotat d'Épire (1204-1318). Belles églises byzantines des XIIIe-XIVe s. (décor céramoplastique et mosaïques pariétales).

ÁRTA *(golfe d')* → AMVRACIQUE *(golfe).*

ARTABAN, nom de plusieurs rois parthes de la dynastie des Arsacides. **Artaban Ier** (v. 214 -191) en fut le fondateur et **Artaban V** († 224 apr. J.-C.) le dernier souverain.

Artaban, héros d'un roman de La Calprenède, dont la fierté de caractère est devenue proverbiale : *Fier comme Artaban.*

ARTABOTRYS [-tris] n. f. (gr. *artân,* pendre et *botrus,* grappe). Arbuste des régions chaudes d'Asie et d'Afrique, qui fournit l'huile d'ylang-ylang.

ARTAGNAN (D') → MONTESQUIOU (Charles et Pierre de), comtes d'Artagnan.

ARTAN DE SAINT-MARTIN (Louis), peintre belge (La Haye 1837-Nieuport 1890), un des meilleurs marinistes du XIXe s.

ARTAUD (Antonin), écrivain français (Marseille 1896-Ivry-sur-Seine 1948). Poète symboliste (*Tric-trac du ciel,* 1923), un moment surréaliste (*le Pèse-Nerfs,* 1925), il découvrit la nécessité du cri et l'impuissance du langage (*Pour en finir avec le jugement de Dieu,* 1948). Comédien formé par Dullin, acteur de cinéma, scénariste, il fonda le théâtre Alfred-Jarry (1926-1930). Son esthétique du « théâtre de la cruauté » exerça une influence profonde sur les animateurs modernes (*le Théâtre* et son double,* 1938). Son besoin de communication s'est affirmé dans une abondante correspondance (*Correspondance avec Jacques Rivière,* 1927 ; *Lettres de Rodez,* 1946 ; *Lettres à Génica Athanasiou,* 1969). Par son désir d'expérience absolue, qui le conduisit à la folie, Artaud s'est placé lui-même dans la lignée d'Hölderlin, de Nietzsche et de Van Gogh (*Van Gogh, le suicidé de la société,* 1947).

ARTAVAZDE III, fils de Tigrane II le Grand, roi d'Arménie (v. 53-34 av. J.-C.).

ARTAXATA, cap. de la Grande Arménie, sur l'Araxe.

ARTAXERXÈS Ier, roi achéménide des Perses (465-424 av. J.-C.), fils et successeur de Xerxès Ier. Il signa avec les Athéniens la paix de Callias (449) qui mit fin aux guerres médiques. — **Artaxerxès II,** roi achéménide des Perses (404 - 358 av. J.-C.), fils aîné et successeur de Darios II. Dès son avènement il dut faire face à la révolte de son frère Cyrus le Jeune à la tête de dix mille soldats grecs, qu'il vainquit à Counaxa (401). — **Artaxerxès III,** roi achéménide des Perses (358-338 av. J.-C.), fils et successeur d'Artaxerxès II. Il rétablit l'autorité royale sur les satrapes d'Asie occidentale (356-351) et reconquit l'Égypte.

ARTAXIAS Ier, roi d'Arménie (v. 189-159 av. J.-C.), fondateur du premier royaume indépendant d'Arménie et de la dynastie des Artaxiades (v. 189-1 av. J.-C.).

Arte, chaîne de télévision européenne, à vocation culturelle, opérationnelle depuis 1992. Elle est issue du rapprochement des sociétés d'édition de programmes française et allemande, *La Sept* (auj. *La Sept-Arte*) et *Arte Deutschland TV GmbH.* Reçue par câble en Allemagne, elle est diffusée en France à la fois par voie hertzienne, sur le canal précédemment occupé par La Cinq (qu'elle partage avec La Cinquième), et par câble.

ARTEDI (Peter), naturaliste suédois (Anundsjö 1705 - Leyde 1735). Collaborateur de Linné, il a assuré seul la nomenclature des poissons, des reptiles, des ombellifères, etc.

ARTEFACT [artefakt] n. m. (mot angl., du lat. *artis facta,* effets de l'art). **1.** Structure ou phénomène d'origine artificielle ou accidentelle qui altère une expérience ou un examen portant sur un phénomène naturel. — **2.** En anthropologie, produit ayant subi une transformation, même minime, par l'homme, et qui se distingue ainsi d'un autre provoqué par un phénomène naturel.

ARTEL n. m. (mot russe). **1.** Dans l'ancienne Russie, association volontaire de travailleurs. — **2.** En U. R. S. S., principale forme de l'exploitation collective (kolkhoz) avant la réforme de 1969.

ARTÉMIA n. f. (gr. *artemia,* bonne santé). Crustacé branchiopode des estuaires et lagunes, capable de vivre en eau sursalée et en eau douce et dont les œufs sont doués de reviviscence.

ARTÉMIS, l'une des grandes divinités grecques. Fille de Zeus et de Léto, sœur d'Apollon, chaste et vierge, elle est armée de l'arc et tue impitoyablement ceux qui osent l'insulter. Elle a été identifiée avec la *Diane* des Romains.

ARTÉMISE Ire, reine de Carie. Elle participa à la bataille de Salamine (480 av. J.-C.) dans la flotte de Xerxès. — **Artémise II,** reine de Carie (353-351 av. J.-C.). Elle éleva à son époux Mausole un tombeau (d'où le nom de mausolée) considéré dans l'Antiquité comme une des sept merveilles du monde.

ARTÉMISION *(cap),* cap au N. de l'île d'Eubée, près duquel eut lieu un combat entre la flotte grecque et la flotte perse de Xerxès (480 av. J.-C.), pendant la deuxième guerre médique.

ARTENAC, lieu-dit de la commune de *Saint-Mary* (Charente), éponyme d'une culture chalcolithique qui a joué un rôle, sans doute important, dans l'apparition de la métallurgie du cuivre dans l'ouest de la France.

ARTENAY (45410), ch.-l. de cant. du nord-ouest du Loiret, dans la Beauce ; 2 025 hab. Sucrerie. Musée du Théâtre forain. Combats des 10 oct. et 3 déc. 1870, qui entraînèrent la prise d'Orléans.

ARTÈRE n. f. (lat. *arteria,* du gr. *artêria*). **1.** Vaisseau qui véhicule le sang sous pression du cœur vers les capillaires. (→ *encycl.*). – **2.** Grande voie de communication à l'intérieur des villes. – **3.** Conduite principale d'un réseau de transport de gaz de ville. (Syn. FEEDER.) – **4.** Ligne qui relie directement une usine électrique ou une sous-station à un point du réseau de distribution, sans aucun branchement sur son parcours. (Syn. FEEDER.) – **5.** *Avoir l'âge de ses artères,* être dans l'état physique correspondant à son âge réel.

ENCYCL. On distingue : 1) les *artères motrices,* souvent longitudinales, disposées dorsalement, ventralement ou l'un et l'autre, propres aux invertébrés (le sang circule d'arrière en avant dans l'artère dorsale, qui subsiste seule chez les insectes) ; 2) les *artères non-motrices,* situées en aval d'un cœur, chez les mollusques et chez les vertébrés. Ces derniers ont typiquement une aorte ventrale dont les rameaux irriguent l'organe respiratoire (branchies, poumons), puis confluent en une aorte dorsale dont les rameaux ou arcs aortiques irriguent tout l'organisme. Chez les homéothermes (oiseaux et mammifères), le sang traverse à nouveau le cœur avant de parcourir la crosse aortique.

Chez l'homme, le système artériel comprend deux troncs ramifiés : l'*artère pulmonaire,* qui part du ventricule droit du cœur, transporte le sang chargé de gaz carbonique vers les poumons (petite circulation) ; l'*aorte,* qui naît du ventricule gauche, transporte le sang oxygéné dans tous les autres organes (grande circulation). Du tronc artériel initial se détachent des branches qui se subdivisent à leur tour, et se continuent à leurs extrémités par les *capillaires,* qui forment un réseau intermédiaire entre artères et veines. La paroi des artères est constituée par trois tuniques : interne (intima), moyenne (média), externe (adventice). Les artères sont à la fois élastiques et contractiles, permettant ainsi le maintien d'une pression artérielle stable.

ARTÉRIALISATION n. f. Transformation du sang veineux en sang artériel, par son contact avec l'air alvéolaire lors de son passage à travers les poumons.

ARTÉRIECTOMIE n. f. Résection d'un segment artériel.

ARTÉRIEL, ELLE adj. (lat. médiév. *arterialis*). **1.** Relatif aux artères. – **2.** *Canal artériel,* conduit sanguin qui, chez le fœtus, fait communiquer l'artère pulmonaire avec l'aorte. (Après la naissance, ce canal s'oblitère et se change en un cordon fibreux, le *ligament artériel.*)

ARTÉRIOGRAPHIE n. f. Examen radiologique des troncs artériels et de leurs branches après injection dans leur lumière d'un produit miscible au sang et opaque aux rayons X.

ARTÉRIOLE n. f. Petite artère.

ARTÉRIOPATHIE n. f. Toute maladie des artères.

ARTÉRIOPATHIQUE adj. *Démence artériopathique,* détérioration intellectuelle caractérisée par la survenue d'importants troubles de la mémoire associés à une labilité de l'humeur et par des signes neurologiques. (Elle constitue une des complications de l'artériosclérose.)

ARTÉRIORRAPHIE n. f. Suture d'une artère.

ARTÉRIOSCLÉREUX, EUSE adj. et n. Qui concerne l'artériosclérose ; atteint d'artériosclérose.

ARTÉRIOSCLÉROSE n. f. Maladie involutive du système artériel, faite surtout d'athérome, de nécrose et de calcification de la tunique moyenne de l'artère, et d'inflammation scléreuse de la tunique interne.

ENCYCL. L'artériosclérose se localise surtout sur les artères du cœur (athérome coronarien), l'aorte, les vaisseaux des membres inférieurs, les artères du rein et de l'encéphale. Elle est caractérisée par la formation de blocs jaunâtres qui contiennent du cholestérol en abondance. Elle peut provoquer la formation de thromboses intra-artérielles.

ARTÉRIOTOMIE n. f. Incision de la paroi d'une artère, le plus souvent pratiquée pour extraire un caillot sanguin.

ARTÉRITE n. f. **1.** Altération inflammatoire ou dégénérative des tuniques artérielles. (→ *encycl.*)

— 2. *Artérite temporale,* affection du sujet âgé intéressant électivement les artères céphaliques et parfois les gros troncs artériels. (Elle se manifeste par des céphalées violentes et une altération de l'état général avec fièvre modérée.) [Syn. MALADIE DE HORTON.]
ENCYCL. Les artérites peuvent être aiguës ou chroniques ; leur gravité résulte de la réduction circulatoire ou de son arrêt dans un territoire souvent vital. Les *artérites inflammatoires* sont soit infectieuses, soit aseptiques. Les *artérites dégénératives* se groupent sous le terme d'artériosclérose, et sont souvent représentées par l'athérome. Ce sont des lésions chroniques, qui donnent lieu couramment à des crampes d'effort (claudication intermittente).

ARTÉRITIQUE adj. et n. Relatif à l'artérite ; atteint d'artérite.

ARTÉSIEN, ENNE adj. et n. **1.** D'Artois. — **2.** *Puits artésien,* trou de sonde donnant un jaillissement spontané de liquide (eau ou pétrole). [Pour le pétrole, on dit plutôt *sondage éruptif.*]

ARTEVELDE (Jacob VAN) → VAN ARTEVELDE.

ARTHAUD (Florence), navigatrice française (Boulogne-Billancourt 1957), première femme vainqueur d'une course transocéanique en solitaire (Route du rhum, 1990).

ARTHEZ-DE-BÉARN (64370), ch.-l. de cant. des Pyrénées-Atlantiques, à 8 km au N. de Lacq ; 1 645 hab. *(Arthéziens).*

ARTHOIS (Jacques D'), paysagiste flamand (Bruxelles 1613 - *id.* 1686). Il a peint de nombreuses vues de la forêt de Soignies, très décoratives, agrémentées de figures dont il confiait l'exécution à des confrères.

ARTHRALGIE n. f. Douleur articulaire.

ARTHRALGIQUE adj. Relatif à l'arthralgie.

ARTHRECTOMIE n. f. Opération qui a pour objet d'extirper toutes les parties malades d'une articulation en respectant les surfaces articulaires.

ARTHRITE n. f. (bas lat. *arthritis,* du gr. *arthritis,* goutte). **1.** Atteinte articulaire inflammatoire caractérisée par la douleur, la rougeur, la chaleur et parfois le gonflement de l'articulation, et s'accompagnant de modifications biologiques caractéristiques. (→ *encycl.*) — **2.** Inflammation du ligament alvéolo-dentaire.
ENCYCL. Les arthrites sont le plus souvent d'origine interne et, mis à part les arthrites du rhumatisme articulaire aigu ou maladie de Bouillaud, on distingue deux grandes causes : le rhumatisme inflammatoire, et le rhumatisme infectieux par présence d'un germe dans l'articulation. Les arthrites peuvent aussi être dues quelquefois à une cause externe (traumatisme).

ARTHRITIQUE adj. et n. Relatif à l'arthrite ou à l'arthritisme ; qui en est atteint.

ARTHRITISME n. m. *Vx.* Ensemble de troubles très variés touchant des appareils différents, et qui regroupait des affections telles que le rhumatisme chronique, la goutte, l'eczéma, la migraine, le diabète.

ARTHROBRANCHIE n. f. Branchie des crustacés, insérée à l'articulation d'un appendice avec le thorax. (S'oppose à *pleurobranchie.*)

ARTHROCENTÈSE [-sɛ̃-] n. f. Ponction d'une articulation.

ARTHRODÈSE n. f. (du gr. *desis,* action de lier). Intervention chirurgicale consistant à bloquer définitivement une articulation.

ARTHRODIRE n. m. (du gr. *deirê,* cou). Poisson cuirassé de l'ère primaire, aux pectorales réduites, tel que *coccosteus.* (Les *arthrodires* forment une sous-classe probablement à l'origine des requins actuels.)

ARTHROGRAPHIE n. f. Technique radiographique permettant de mettre en évidence les éléments d'une articulation ne donnant pas spontanément d'image aux rayons X. (Elle consiste à injecter préalablement dans l'articulation un produit opaque aux rayons X ou un gaz. Elle est surtout pratiquée au niveau du genou.)

ARTHROGRYPOSE n. f. Maladie congénitale caractérisée par des déformations articulaires et des troubles musculaires.

ARTHROLOGIE n. f. Partie de l'anatomie qui traite des articulations.

ARTHROPATHIE n. f. Toute maladie des articulations.

ARTHROPLASTIE n. f. Réfection de surfaces articulaires, permettant de rétablir la mobilité en créant un nouvel espace articulaire.

ARTHROPLEURA n. m. inv. Grand anthropode fait de nombreux segments tous identiques, fossile dans le carbonifère, apparenté aux trilobites.

ARTHROPODE n. m. Animal constitué d'une suite d'anneaux durs extérieurement, souplement articulés entre eux et dont certains portent une paire d'appendices ventro-latéraux (pattes par ex.), eux-mêmes divisés en segments articulés.
ENCYCL. Les arthropodes, qui forment un embranchement, représentent à eux seuls une large majorité des espèces animales marines (crustacés) ou terrestres (insectes, arachnides). Ils ont une symétrie bilatérale et une tête, sauf de rares crustacés fixés (anatife, balane). Le thorax est souvent nettement différent de l'abdomen. Certains organes (antennes, yeux composés, ailes

ARTHROPODES					
partie du corps	organe	classes			
		Crustacés	Mille-pattes	Insectes	Arachnides
Tête	antennes	2 paires	1 paire	1 paire	néant
	yeux composés	oui	oui	oui	non
	yeux simples	non	oui	oui	oui
	pièces buccales	souvent 6 paires : mandibules, mâchoires 1 et 2, pattes-mâchoires 1, 2, 3	3 paires : mandibules, maxilles, maxillules	3 paires : mandibules, maxilles, maxillules, + des palpes conformées diversement selon le régime	2 paires : chélicères (crochets), pédipalpes
Thorax	pattes marcheuses ou préhensiles	souvent 5 paires (décapodes)	nombreuses paires	3 paires (une par anneau)	4 paires
	ailes	non	non	2, 1 ou 0 paire(s) (jamais sur le 1er anneau)	non
Abdomen		souvent muni de pattes, voire de nageoires caudales	identique au thorax	– appendice, sauf tarière de ponte à l'arrière ou aiguillon – des orifices respiratoires	– souvent souple, appendice sauf filières pour la soie

membraneuses) leur sont propres. Les principales classes d'arthropodes sont les trilobites (fossiles), les arachnides, les crustacés, les myriapodes ou mille-pattes et les insectes. Le développement des arthropodes peut comporter d'importantes métamorphoses et la croissance ne peut se faire que par mues, le tégument chitineux étant inextensible.

ARTHROSCOPE n. m. Instrument comportant un trocart, une enveloppe et un système optique, permettant, après introduction dans l'articulation du genou, de pratiquer une arthroscopie.

ARTHROSCOPIE n. f. Méthode endoscopique, qui permet d'analyser de façon précise les anomalies des différents éléments de l'articulation du genou. (Elle permet également de pratiquer des biopsies.)

ARTHROSE n. f. (gr. *arthrôsis,* articulation). Arthropathie chronique, douloureuse, déformante, non inflammatoire, se caractérisant par des destructions du cartilage articulaire et des remaniements osseux sans modifications biologiques.

ENCYCL. L'arthrose atteint plus électivement le rachis à ses étages cervical, dorsal ou lombaire, voire dans son ensemble, ainsi que les articulations portantes (hanche, genou) ou fréquemment mobiles (articulations des mains). Elle peut se généraliser. Sa fréquence augmente avec l'âge du sujet.

ARTHROSIQUE adj. et n. Relatif à l'arthrose ; atteint d'arthrose.

ARTHROSPORE n. f. Diaspore unicellulaire provenant du mycélium d'un champignon.

ARTHUR ou **ARTUS,** chef britannique à demi légendaire, qui anima la résistance victorieuse des Celtes de Grande-Bretagne à la conquête anglo-saxonne (fin du Ve s.-début du VIe s.).
— **Littér.** Le personnage doit beaucoup aux conteurs bretons (*Historia Britonum* de Nennius, 826), mais aussi à la propagande anglo-normande (*Historia regum Britanniae* de Geoffroi de Monmouth, 1136), dont l'adaptation par Wace (*le Roman de Brut,* 1155) fit connaître en France la « matière celtique », le « cycle breton ».

De Chrétien de Troyes, Béroul et Marie de France à *la Mort Arthur,* tout un rêve collectif s'organisa autour de la Table ronde, animé par la mystique du Graal*.

ARTHUR Ier (Nantes 1187-Rouen 1203), comte (ou duc) de Bretagne (1196-1203). Fils posthume du duc Geoffroi II de Bretagne (Geoffroi V d'Anjou), il fut écarté de la couronne d'Angleterre par son oncle Jean sans Terre en 1199. Investi par Philippe II Auguste de l'Aquitaine, de l'Anjou et du Maine (1202), il fut vaincu à Mirebeau (août 1202) par Jean sans Terre qui le fit exécuter (ou l'exécuta lui-même). – **Arthur III** (1393-Nantes 1458), comte de Richemont, duc de Bretagne (1457-58), fils du duc Jean IV, fut connétable de France (1425) et prit une part importante à l'œuvre de reconquête de Charles VII.

ARTHUR (Chester Alan), homme d'État américain (près de Fairfield, Vermont, 1830-New York 1886). Vice-président (1880), il devint, après l'assassinat de Garfield, président des États-Unis (1881-1885).

Arthur, entre dans la loc. fam. *se faire appeler Arthur,* se faire réprimander.

ARTHUS (Maurice), biologiste français (Angers 1862-Fribourg 1945). Il a découvert le phénomène de l'anaphylaxie locale.

Arthus *(phénomène d'),* ensemble d'accidents locaux déterminés par des injections intradermiques d'un sérum étranger, consistant tantôt en œdème, tantôt en abcès aseptique. C'est une manifestation locale de l'anaphylaxie.

ARTIBONITE, fl. le plus long (200 km) de l'île d'Haïti, né en République Dominicaine, qui traverse une plaine fertile (polyculture irriguée) dans la République d'Haïti.

ARTICHAUT n. m. (ital. dialect. *articiocco,* de l'ar.). **1.** Plante cultivée de la famille des composées, dont l'inflorescence fournit, avant de s'ouvrir, un réceptable (fond) qui est comestible ainsi que la base des bractées (feuilles). [→ *encycl.*] — **2.** Partie comestible de cette plante. — **3.** Pièce de serrurerie, hérissée de pointes, placée sur une clôture pour en empêcher l'escalade. (Syn. CHARDON.) — **4.** *Cœur d'artichaut,* partie centrale de l'artichaut, constituée par ses feuilles les plus tendres. ‖ *Fond d'artichaut,* partie charnue à la base de l'artichaut. ‖ Fam. *Avoir un cœur d'artichaut,* être inconstant en amour, volage.

ENCYCL. L'artichaut, plante vivace, forme une volumineuse rosette de feuilles amples et découpées. La hampe florale se termine par 3 à 10 capitules. L'artichaut est surtout cultivé en zone méditerranéenne, d'où il est originaire, et également en Bretagne, dans le Léon. La production, normalement printanière, peut se faire tout au long de l'année selon les techniques de culture et les conditions climatiques.
L'artichaut possède un pouvoir cholérétique et diurétique dû à la cynarine.

ARTICLE n. m. (lat. *articulus,* dimin. de *artus,* articulation). **1.** Partie formant une division ou une subdivision, le plus souvent numérotée, dans un code, un contrat, un traité, un catalogue, etc., et ayant un rapport d'ensemble avec ce qui précède et ce qui suit : *Les articles du Code civil.* — **2.** Écrit formant un tout distinct dans une publication, un journal : *Publier un article sur la situation politique.* — **3.** Sujet, matière dont on parle : *C'est un article sur lequel il ne transige pas.* — **4.** Objet destiné à être commercialisé, à être vendu dans les magasins : *Articles d'alimentation, de voyage, de mercerie.* — **5.** *À l'article de la mort,* au moment ou sur le point de mourir. ‖ *Article de foi,* vérité fondamentale d'une religion ; point sur lequel la discussion n'est pas possible. ‖ *Article de fond,* article de presse qui traite une question en présentant le point de vue du journal. ‖ *Article de Paris,* objet de mode et de fantaisie, qui se fabrique plus spécialement à Paris (bimbeloterie, bijouterie fantaisie, etc.). ‖ *Article de tête,* article de journal publié en tête sur la première page et la première colone. ‖ *Faire l'article,* faire valoir une marchandise ; *fam.,* vanter les mérites de qqn ou qqch. ‖ *Ne pas être un article d'exportation,* en parlant d'une doctrine, ne pas pouvoir être introduite dans un autre pays. • **Bot.** Syn. de APOCYTE. — **Fin.** Subdivision d'un budget. ‖ Poste de dépense. — **Inform.** Ensemble de données élémentaires se rapportant au même objet et constituant la plus petite quantité d'informations accessible dans un fichier. — **Ling.** Mot qui précède le nom et le détermine de manière plus ou moins précise, tout en indiquant son genre et son nombre. (→ *encycl.*)

ENCYCL. **Ling.** L'article est un déterminant du nom qu'il introduit dans le discours et avec lequel il varie en genre et en nombre. Il indique comment doit être appréhendée l'entité désignée par le nom : LE *cheval,* UN *cheval,* DU *cheval.* On distingue : 1° *l'article défini* (LE, LA, L', LES), qui s'emploie devant un nom déjà identifié par le discours antérieur ou identifiable grâce au contexte extralinguistique, ainsi que devant un nom désignant un objet unique ou une abstraction (LE *soleil,* LA *beauté*) ; 2° *l'article indéfini* (UN, UNE, DES), qui peut exprimer une valeur numérale (l'unité) ou s'opposer à l'article défini pour indiquer que l'entité désignée par le nom n'a pas encore été identifiée. Au pluriel, lorsque le nom est précédé d'un adjectif, *des* est normalement remplacé par *de* (DE *curieux objets*) ; 3° *l'article partitif* (DU, DE LA, DES) qui ne s'emploie que devant les noms non-comptables (DU *beurre,* DE LA *couleur*). L'article est absent dans certaines locutions, dans les énumérations et les proverbes.

article 16, article de la Constitution française du 4 oct. 1958, inspiré notamment de l'article 14 de la Charte de 1814 et de l'article 48 de la Constitution de Weimar, et qui confère des pouvoirs exceptionnels au président de la République en cas de crise. Il a été mis en œuvre par le général de Gaulle lors des événements d'Algérie, du 23 avr. au 30 sept. 1961.

Articles *(Déclaration des Quatre),* autre nom donné à la DÉCLARATION* DU CLERGÉ DE FRANCE.

Articles *(traité des Vingt-Quatre),* traité conclu le 14 oct. 1831 à la suite de la conférence de Londres et qui fixa les frontières de la Belgique et des Pays-Bas. Un statut juridique international confirma la neutralité armée et perpétuelle de la Belgique, garantie par l'Angleterre, la France, la Prusse, l'Autriche, la Russie.

ARTICULAIRE adj. (lat. *articularis*). **1.** Relatif aux articulations. — **2.** *Capsule articulaire,* enveloppe fibreuse enserrant les articulations. ‖ *Surface articulaire,* partie de l'os, généralement recouverte d'un cartilage, qui s'unit ou s'adapte à un ou plusieurs os contigus pour former une articulation.

◆ n. m. Os assurant l'articulation de la mandibule chez les vertébrés autres que les mammifères.

ARTICULATEUR n. m. Organe qui participe activement à l'émission des sons de la parole (les lèvres, la langue, les alvéoles, le voile du palais, etc.).

ARTICULATION n. f. (lat. *articulatio*). **1.** Fait, pour deux os, de s'articuler l'un à l'autre ; jointure entre deux os, chez l'homme et les vertébrés. (→ *encycl.*) — **2.** Action d'articuler un élément à un autre, fait de s'articuler à qqch ; liaison entre deux éléments : *L'articulation d'un développement.* — **3.** Manière de prononcer les sons d'une langue : *Avoir une mauvaise articulation.* • **Anat.** Région de contact entre deux pièces dures, assurant la mobilité relative de ces deux pièces ou leur emboîtement en position fixe. (→ *encycl.*) — **Bât.** et **Trav. publ.** Organe de transmission des efforts entre deux parties de poutre ou entre une poutre et son appui, caractérisé par le fait qu'il permet une libre rotation autour d'un axe et qu'il ne peut équilibrer que des forces perpendiculaires à cet axe et situées dans le même plan. — **Dr.** Énonciation écrite et détaillée de faits dont on offre de rapporter la preuve en justice. — **Écon.** Faculté, pour une économie, de bénéficier d'un progrès ou d'une croissance qui, réalisés en un point du territoire, se propagent de proche en proche à l'ensemble de la nation. (Elle manque, en général, aux économies des pays en voie de développement.) — **Ling.** *Double articulation,* propriété universelle qu'ont les langues naturelles de s'articuler à deux niveaux distincts, celui des morphèmes (unités significatives en nombre indéfini) dépendant de celui des phonèmes (unités non significatives en nombre restreint). — **Mécan.** Assemblage dont l'élément de liaison est constitué par un axe ou par une rotule permettant un déplacement angulaire relatif des pièces assemblées. — **Mus.** Exécution distincte des sons vocaux ou instrumentaux en fonction des signes d'interprétation. — **Pathol.** *Troubles d'articulation,* difficultés constantes dans la réalisation de certains sons, en raison d'une mauvaise position des organes bucco-faciaux ou d'une mauvaise utilisation des cordes vocales (sigmatisme, chuintement, nasonnement, etc.). — **Phon.** Ensemble des facteurs physiologiques et anatomiques qui rendent compte de l'émission d'une unité phonétique. (L'articulation est déterminée par le *mode d'articulation* et le *lieu* [ou *point*] *d'articulation.*) ‖ *Lieu* (ou *point*) *d'articulation,* endroit où se situe le resserrement maximal du chenal phonatoire (lèvres, dents, alvéoles, palais dur ou mou, pointe, dos ou racine de la langue, luette, pharynx, larynx). ‖ *Mode d'articulation,* façon dont l'air s'écoule à travers le chenal phonatoire (vibration des cordes vocales, occlusion, constriction, nasalité).

ENCYCL. **Anat.** On divise les articulations en trois classes : les articulations immobiles ou *synarthroses,* semi-mobiles ou *amphiarthroses,* mobiles ou *diarthroses.* Ces dernières mettent en contact des surfaces articulaires lisses, recouvertes de cartilage et séparées par une cavité articulaire ; les deux extrémités osseuses sont réunies par une capsule articulaire et des ligaments ; la face interne de la capsule est tapissée par la synoviale, qui sécrète un liquide incolore, visqueux, filant, la synovie. Dans certaines articulations, les surfaces articulaires ne s'adaptent pas exactement et la concordance est rétablie par des formations fibrocartilagineuses, les *ménisques.*

ARTICULATOIRE adj. **1.** Relatif à l'articulation d'un phonème. — **2.** *Phonétique articulatoire,* étude des sons du langage en fonction des mécanismes mis en œuvre lors de leur production.

ARTICULÉ n. m. **1.** Animal présentant des articulations externes. (Ce terme, employé par Cuvier pour désigner l'ensemble des annélides et des arthropodes terrestres, s'applique seulement auj. aux crinoïdes et à la plupart des brachiopodes.) — **2.** Relation d'engrènement des dents antagonistes entre elles lorsque les deux arcades dentaires, supérieure et inférieure, sont en position d'occlusion.

ARTICULER v. t. (lat. *articulare*) [conj. 3]. **1.** Émettre les sons vocaux à l'aide de mouvements des lèvres et de la langue ; régler la disposition des organes vocaux pour former un phonème : *Il ne put articuler une seule parole.* — **2.** Prononcer en marquant nettement chaque syllabe : *On ne te comprend pas bien, articule.* — **3.** Joindre, relier harmonieusement ou dans un ordre logique les éléments d'un ensemble : *D'habiles transitions qui articulent bien les principaux points d'un discours.* — **4.** Assembler des pièces de manière à permettre leur rotation l'une par rapport à l'autre.

◆ **être articulé** v. pass. — **1.** Être formé d'éléments qui peuvent se mouvoir grâce à des articulations mécaniques : *Jouet articulé.* — **2.** *Langage articulé,* langage formé de sons distincts et reconnaissables (par oppos. à *inarticulé*). ‖ *Système articulé,* système de pièces mécaniques réunies les unes aux autres de telle façon que le déplacement de l'une d'entre elles entraîne la déformation de la figure géométrique formée par le système. ‖ *Véhicules articulés,* véhicules ferroviaires composés de plusieurs châssis distincts liés d'une façon permanente.

◆ **s'articuler** v. pr., **être articulé** v. pass. **1.** Se joindre par une articulation, spécialement en parlant des os ou des segments du corps des insectes et des crustacés. — **2.** Se lier de façon logique, cohérente à qqch d'autre, ou s'organiser par rapport à qqch : *Une démonstration dont les parties s'articulent bien.*

ARTICULET n. m. (lat. *articulus*). Petit article, dans un journal, une publication.

ARTIFICE n. m. (lat. *artificium*). **1.** Moyen habile visant à cacher la vérité, à tromper sur la réalité : *User d'artifices pour dissimuler une situation financière déplorable.* — **2.** *Litt.* Moyen ingénieux d'agir, de sortir de difficulté : *Les artifices d'une mise en scène, du cinéma.* — **3.** Objet contenant une composition pyrotechnique et dont l'agencement ingénieux permet l'obtention d'un effet déterminé (lumineux, sonore, fumigène, mécanique, etc.). — **4.** *Feu d'artifice,* suite organisée de tirs d'artifices à effets lumineux et sonores, pour une fête en plein air ; succession rapide de traits d'esprit, de répliques brillantes.

ARTIFICIALISATION n. f. Modification du milieu (sol, climat) ou des plantes, provoquée par l'homme, en vue d'améliorer les conditions d'une production agricole.

ARTIFICIALISME n. m. Chez les enfants, tendance à croire que les objets et les phénomènes naturels sont l'œuvre de l'homme.

ARTIFICIEL, ELLE adj. (lat. *artificialis,* conforme à l'art). **1.** Produit par le travail de l'homme et non par la nature : *Lac artificiel. Fleurs artificielles.* — **2.** Qui résulte de la vie en société et n'est pas essentiel : *Besoins artificiels.* — **3.** Qui n'est pas conforme à la réalité : *La psychologie artificielle d'un roman.* — **4.** Qui est affecté, manque de naturel : *Sentiments artificiels.* — **5.** *Dermatose artificielle,* lésion cutanée résultant de l'action nocive d'une cause mécanique, physique ou chimique. (Elle peut présenter toutes les formes dermatologiques.) ‖ *Escalade artificielle,* ensemble des procédés d'ascension (pitons, étriers, etc.) utilisés quand les prises naturelles manquent. ‖ *Langue artificielle,* langue créée de manière systématique pour permettre l'intercompréhension universelle. (→ *encycl.*) ‖ *Mouche artificielle* ou *artificielle* (n. f.), hameçon portant une pointe de plumes appelée « hackle », imitant un insecte ailé et employé comme leurre.

ENCYCL. Depuis la fin du XIXe s., un grand nombre de *langues artificielles* (dites aussi langues auxiliaires internationales) ont été créées et proposées pour unifier la communauté internationale : le volapük (1879), l'espéranto (1887), l'interlingua (1903, rénové vers 1950), l'ido (1907), l'occidental (1922), le novial (1928), le basic-english (1930). Toutes ces créations partent d'une langue ou d'un groupe de langues existantes auxquelles elles empruntent les racines des mots les plus courants, les procédés de dérivation et les structures grammaticales.

ARTIFICIELLEMENT adv. De façon artificielle, factice.

ARTIFICIER n. m. (de *artifice*). **1.** Personne employée à la fabrication ou à la mise en œuvre de pièces pyrotechniques. — **2.** Personne capable de monter ou de démonter une munition. — **3.** Servant d'un canon dont la tâche est de préparer la munition avant le chargement.

ARTIFICIEUSEMENT adv. De façon artificieuse.

ARTIFICIEUX, EUSE adj. (lat. *artificiosus,* fait avec art). *Litt.* Qui vise à tromper par des mensonges, des ruses ; hypocrite.

ARTIGAS (José Gervasio), général uruguayen (Montevideo 1764 - Ibiray, près d'Asunción, 1850). Il défit les Espagnols à Las Piedras (1811) et se joignit aux troupes argentines pour assiéger Montevideo ; mais délaissé par Buenos Aires il dut, face à l'invasion brésilienne, se retirer en Argentine. De là, Artigas dirigea la reconquête de la Bande orientale (1812), avant d'être finalement vaincu à Tucuarembó (1820). Il est le héros national de l'Uruguay.

ARTIGAS (Joseph Llorens), céramiste espagnol (Barcelone 1892-*id.* 1980.) À Paris, il collabora avec Raoul Dufy, Albert Marquet, Georges Braque, et notamment Joan Miró. Son œuvre personnelle comprend surtout des grès de grand feu aux formes pures.

ARTILLERIE n. f. (anc. fr. *artillier,* munir d'engins de guerre). **1.** Ensemble des matériels de guerre comprenant les bouches à feu, leurs munitions et les véhicules chargés de leur transport ou de leur traction. — **2.** Arme chargée de la mise en œuvre de ces matériels. (On distingue aujourd'hui, en France, dans l'armée de terre, *l'artillerie sol-air, l'artillerie sol-sol* et *l'artillerie sol-sol nucléaire.*) [→ encycl.] — **3.** *Pop.* Arme à feu individuelle de gros calibre. — **4.** *Artillerie de l'air,* artillerie ayant pour mission la défense aérienne des bases de l'armée de l'air. ‖ *Artillerie d'assaut,* première désignation des chars de combat en 1916. ‖ *Artillerie de campagne,* artillerie chargée autref. de l'appui des troupes en campagne. ‖ *Artillerie lourde,* autref., artillerie de gros calibre (120 mm et au-delà pour les canons rayés). ‖ *Artillerie de marine,* subdivision des troupes d'outre-mer (appelée de 1900 à 1958 *artillerie coloniale*). ‖ *Artillerie de montagne,* artillerie dont les canons étaient autref. fractionnables en fardeaux transportés à dos de mulet. ‖ *Artillerie navale,* ensemble des matériels d'artillerie installés à bord des navires de guerre. ‖ *Artillerie de tranchée,* nom donné pendant la Première Guerre mondiale aux matériels à tir courbe servis par l'artillerie et utilisés dans la guerre des tranchées. ‖ Fam. *Grosse artillerie,* produits constituant le fonds d'une entreprise, produits de grande vente ; arguments de bon sens, sans finesse mais qui portent.

ENCYCL. Les premières bouches à feu du XIVᵉ s. tiraient sans précision et à faible portée (50 à 100 m) des boulets en pierre. Le XVᵉ s. voit l'adoption de l'affût, la possibilité de varier la portée et l'apparition de boulets de métal. L'artillerie va s'organiser sous forme d'un service civil concédé à des particuliers au XVIᵉ s. pour devenir un corps militaire à la fin du XVIIᵉ s. Louvois crée les fusiliers du roi et le royal-bombardier. La standardisation des calibres, une maniabilité accrue, l'adoption de la hausse de pointage permettent à Gribeauval de distinguer l'artillerie de campagne (canons de 12, 8 et 4 livres) et l'artillerie de siège (canons de 24 et 16 livres). Ses idées sur l'emploi en masse des pièces et sur leur mobilité tactique vont marquer l'artillerie jusqu'en 1825. Le XIXᵉ s. est marqué par le canon rayé (1858), le chargement par la culasse (1870) et la découverte de la mélinite (1885) permet de réaliser des obus explosifs d'une puissance supérieure à celle des obus chargés en poudre noire. Le principe du long recul appliqué au canon de 75 modèle 1897 et repris sur le 155 C. T. R. modèle 1904 de Rimailho est encore aujourd'hui d'un emploi universel. Durant la Première Guerre mondiale, outre le nombre des mortiers engagés (guerre de tranchées) et le développement rapide de l'artillerie antiaérienne, on compte, en 1918, 200 pièces d'artillerie lourde à grande puissance, 500 pièces sur voie ferrée, 1 000 pièces d'artillerie lourde à tracteurs, 3 300 pièces d'artillerie hippomobile et 800 pièces d'artillerie à pied. La Seconde Guerre mondiale est marquée par le canon automoteur, les projectiles autopropulsés, l'amélioration des liaisons radio et la généralisation des calibres de 105 et 155 mm. Sur mer, le 417 japonais tire à 40 km des projectiles de 1 380 kg, surclassant dans la course au calibre le 406 américain. Si le radar permet, dès 1941, les tirs de nuit et le pointage en permanence sur l'objectif, c'est dans la défense aérienne que l'artillerie navale va jouer en 1943 un rôle déterminant en repoussant les attaques de l'aéronavale japonaise.
Depuis 1960, la précision accrue des missiles guidés condamne l'artillerie de gros calibre. De plus, la miniaturisation des charges nucléaires permet d'en munir des obus de 203, 175 et 155 mm qui peuvent être tirés par des canons classiques. Avec les révolutions de l'électronique et de l'informatique, l'artilleur dispose pour la conduite du tir d'instruments de plus en plus perfectionnés.

artillerie *(École d'application de l'),* école installée à Draguignan et assurant l'instruction de l'arme aux officiers sortant des écoles de formation.

ARTILLEUR n. m. Militaire servant dans l'artillerie.

ARTIMON n. m. (bas. lat. de Gênes, *artimonus,* du lat. class. *artemo*). **1.** Mât arrière d'un voilier. (On dit aussi MÂT D'ARTIMON.) — **2.** Voile gréée sur ce mât.

ARTIN (Emil), mathématicien allemand (Vienne 1898-Hambourg 1962). Il a joué un rôle important en algèbre et en théorie des nombres.

ARTIODACTYLE n. m. (gr. *artios,* pair). Mammifère ongulé dont chaque patte a deux doigts principaux égaux flanqués ou non de doigts plus petits. (L'ordre des *artiodactyles* comprend les porcins, les camélidés et les ruminants.)

ARTISAN n. m. (ital. *artigiano,* qui exerce un métier). **1.** Travailleur indépendant qui effectue des prestations dans lesquelles entrent, pour une part essentielle, son propre travail manuel et le cas échéant celui des membres de sa famille, de compagnons ou apprentis. — **2.** Personne qui pratique un métier manuel selon des normes traditionnelles. – 3. Litt. *Artisan du verbe,* poète, écrivain. ‖ *Être l'artisan de qqch,* en être l'auteur, le responsable, la cause. ‖ *Maître artisan,* artisan en possession du brevet de maîtrise institué par le Code de l'artisanat.

ARTISANAL, E, AUX adj. 1. Qui relève de l'artisan, qui concerne l'artisanat. – 2. Qui est élaboré selon des méthodes traditionnelles, individuelles, par oppos. à *industriel.* – 3. Qui est fait avec des moyens rudimentaires, quelquefois des moyens de fortune ; qui présente une facture grossière.

artisanal *(ordre du Mérite),* ordre français (1948-1964) qui récompensait les personnes ayant contribué au maintien, au développement et au rayonnement des activités artisanales.

ARTISANALEMENT adv. De façon artisanale.

ARTISANAT n. m. 1. Métier, activité de l'artisan ; ensemble des artisans. – 2. *Artisanat local,* activité de ceux qui fabriquent et vendent eux-mêmes certains objets spécifiques de la région et destinés principalement aux vacanciers et aux touristes.

ENCYCL. Ressortissent à l'artisanat les activités qui ont pour raison d'être de produire, d'installer, d'entretenir ou de réparer des objets divers, ou de fournir des services. L'artisanat se distingue du commerce et de l'industrie par des critères d'activité (prédominance du travail manuel) et de taille.

ARTISON n. m. (anc. provenç. *arta*). Tout petit insecte qui attaque le bois, les étoffes ou les peaux (vrillettes, psoques, teignes, etc.).

ARTISTE n. (lat. médiév. *artista,* du lat. class. *ars, artis,* art). 1. Personne qui exerce professionnellement un des beaux-arts ou, à un niveau supérieur à celui de l'artisanat, un des arts appliqués. – 2. *Vx.* Personne dont le mode de vie s'écarte délibérément de celui de la bourgeoisie ; non-conformiste, marginal. – 3. Personne qui a le sens de la beauté et est capable de créer une œuvre d'art : *Une sensibilité d'artiste.* – 4. Personne qui interprète des œuvres théâtrales, cinématographiques, musicales ou chorégraphiques : *Artiste dramatique.* – 5. Personne qui fait qqch avec beaucoup d'habileté, selon les règles de l'art : *Travail d'artiste.* – 6. *Fam.* Bon à rien, fantaisiste. – 7. Fam. *Artiste capillaire,* coiffeur. ‖ *Entrée des artistes,* entrée spécialement réservée aux artistes, au personnel, dans une salle de spectacle.

◆ adj. 1. Qui a le sentiment du beau, le goût de l'art : *Un milieu artiste.* – 2. *Écriture artiste,* expression inventée par les frères Goncourt pour désigner un style proche de l'impressionnisme et qui use de substantifs abstraits et d'épithètes rares.

Artiste *(l'),* revue illustrée publiée de 1831 à 1904, à laquelle collaborèrent, entre autres, Baudelaire, Nerval, Murger.

Artistes associés *(United Artists Corporation),* firme américaine de production et de distribution de films, fondée en 1919 par Charles Chaplin, Douglas Fairbanks, David Wark Griffith et Mary Pickford.

ARTISTE-INTERPRÈTE n. (pl. *artistes-interprètes*). Personne qui représente, exécute, etc., une œuvre littéraire ou artistique, un numéro de variétés, de cirque ou de marionnettes, et bénéficie de droits voisins du droit d'auteur.

ARTISTEMENT adv. Avec de l'art, du goût ; artistiquement.

ARTISTIQUE adj. 1. Relatif aux arts (peinture, sculpture, architecture, etc.), aux œuvres d'art, aux artistes : *Les richesses artistiques d'un pays.* – 2. Qui est fait avec art, avec un souci de la beauté : *Une reliure artistique.* – 3. *Sens artistique,* sens du beau, goût.

ENCYCL. *Enseignement artistique.* Dans l'Antiquité, il se fait directement de maître à élève ; au Moyen Âge, les monastères y pourvoient. Au XIVe s., les corporations s'en font attribuer l'exclusivité légale, en assimilant l'art à l'artisanat ; on accède à la maîtrise par l'exécution d'un « chef-d'œuvre ». Les peintres, et souvent les sculpteurs, se regroupent ici et là dans des confréries de Saint-Luc.

Au XVIe s., les Italiens introduisent en France les petites académies privées. L'une d'entre elles, devenue en 1648 l'Académie* royale de peinture et de sculpture, monopolise l'enseignement des beaux-arts. En 1664 est institué le grand prix de Rome. En 1766 s'ouvre la première école gratuite. La Révolution regroupe les diverses écoles en une École supérieure des beaux-arts. La 2e moitié du XIXe s. voit s'ouvrir de nombreuses académies libres (Julian, de la Grande-Chaumière, etc., à Paris).

Aujourd'hui, en France, deux ministères se partagent la responsabilité de l'enseignement artistique (que s'efforce de promouvoir la loi du 6 janvier 1988).

1° Le ministère de la Culture exerce sa tutelle ou son contrôle sur l'École nationale supérieure des beaux-arts* (E. N. S. B. A.), sur l'École nationale supérieure des arts décoratifs* (E.N.S.A.D.), sur l'École nationale supérieure de création industrielle (E. N. S. C. I., à Paris), sur l'École du Louvre et sur l'École nationale du patrimoine (carrières des musées), sur l'École pilote internationale d'art et de recherche (Villa Arson, à Nice), sur 7 écoles nationales (Aubusson, Bourges, Cergy-Pontoise, Dijon, Limoges, Lyon, Nancy) et sur de nombreuses écoles régionales et municipales d'art. Ces écoles de province préparent notamment, en 3 ou 5 ans, au diplôme national des arts et techniques (D. N. A. T.), au diplôme national d'arts plastiques (D. N. A. P.) et au diplôme national supérieur d'expression plastique (D. N. S. E. P.).

2° Du ministère de l'Éducation nationale dépendent, à Paris, quatre établissements dont les études sont sanctionnées, notamment, par des B. T. S. : l'École nationale supérieure des arts appliqués et des métiers d'art (E. N. S. A. A. M. A.), qui prépare aux professions liées à la création de modèles pour l'industrie et l'artisanat et au décor du cadre de vie (design), l'École supérieure des arts appliqués Duperré (métiers des arts de la mode, des arts textiles et de la communication visuelle), l'école Boulle (métiers de l'ameublement et de l'architecture intérieure), l'école Estienne (métiers du livre, de l'imprimerie, des arts et industries graphiques). Les universités offrent des enseignements d'histoire de l'art (avec pour sanction le D. E. U. G., la licence, la maîtrise et le doctorat) et forment des professeurs dans les U. F. R. d'arts plastiques (D. E. U. G., licence, maîtrise, C. A. P. E. S., agrégation et doctorat).

ARTISTIQUEMENT adv. De façon artistique.

ARTIX (64170), comm. des Pyrénées-Atlantiques, dans la vallée du gave de Pau, en amont de Lacq ; 3 052 hab. Centrale thermique.

ARTMANN (Hans Carl), écrivain autrichien (Vienne 1921). Animateur du « groupe de Vienne », il poursuit une exploration systématique du dialecte viennois, fondée sur des jeux linguistiques (*Med ana schwoazzn dintn,* 1958).

ARTOCARPUS [-pys] n. m. (lat. sc. *artocarpus*, du gr. *artos*, pain, et *karpos*, fruit). Nom générique de l'arbre à pain et du jacquier (famille des moracées), arbres aux très gros fruits à pulpe amylacée, comestibles après cuisson et dont la graine se mange également.

ARTOIS, anc. prov. du nord de la France, correspondant à la majeure partie du département du Pas-de-Calais.

— **Géogr.** C'est une région de collines *(collines de l'Artois)*, étirée du littoral au seuil de Bapaume, séparant les plaines de Flandre et de Picardie et dont l'altitude s'abaisse du N.-O. (culminant à 209 m) au S.-E., vers Arras, capitale historique et principale ville. L'élevage bovin domine sur sol argileux aux confins du Boulonnais, la grande culture (céréales, betterave à sucre et fourrages) sur les placages limoneux recouvrant le soubassement crayeux.

— **Hist.** Le comté d'Artois est issu, au XIIe s., du comté de Flandre. Incorporé au domaine royal par Louis VIII en 1223, l'Artois fut donné, en 1237, par Saint Louis, en apanage, à son frère Robert Ier et érigé en comté. Il revint, en 1382, à Louis de Mâle et, à la mort de celui-ci (1384), il fit partie des États bourguignons, puis devint possession des Habsbourg. Rattaché en fait à la France par le traité d'Arras (1482), cédé par Charles VIII à la maison d'Autriche (traité de Senlis, 1493), donné aux Habsbourg d'Espagne (1529), il fit définitivement retour à la France par le traité des Pyrénées (1659), sauf « l'Artois réservé » (châtellenies de Saint-Omer et d'Aire), rendu à la couronne par le traité de Nimègue (1678).

Artois *(batailles de l'),* opérations qui, au cours de la Première Guerre mondiale, se sont déroulées dans les régions d'Arras et de Lens (Notre-Dame-de-Lorette, Loos, Souchez et Ablain-Saint-Nazaire) : combats défensifs de l'automne 1914, offensives françaises de mai et de septembre 1915, offensive anglaise d'avril 1917.

ARTOIS (Charles Philippe, *comte* D') → CHARLES X, roi de France.

ARTOM (Alessandro), physicien italien (Asti 1867-Rome 1927). Ses travaux contribuèrent à la découverte des radiocommunications. Il mit au point le cadre et le radiogoniomètre, ce qui en fait un pionnier de la navigation radioélectrique.

ARTOTHÈQUE n. f. (de *art* et *bibliothèque*). Organisme pratiquant le prêt d'œuvres d'art ou de reproductions.

ARTSIMOVITCH (Lev Andreïevitch), physicien soviétique (Moscou 1909-*id.* 1973). Il a joué un rôle de premier plan dans la réalisation de prototypes des Tokamaks*.

ARTSYBACHEV (Mikhaïl Petrovitch), écrivain russe (Achtyrka, gouvern. de Kharkov, 1878-Varsovie 1927). Il fut expulsé d'U. R. S. S. (1923) pour ses nouvelles et romans à scandale (*À l'extrême limite,* 1910).

ARTUS → ARTHUR.

ARTUSI (Giovanni Maria), compositeur et théoricien italien (Bologne v. 1540 - *id.* 1613), auteur d'un pamphlet, *l'Artusi, ovvero delle imperfettioni della musica moderna* (1600 -1603), qui critique les madrigaux de Monteverdi.

ARUBA, île de la mer des Antilles (îles Sous-le-Vent), au large de la côte du Venezuela ; 193 km² ; 65 000 hab. Néerlandaise depuis 1634, l'île est dotée depuis le 1er janvier 1986 d'un statut particulier, première étape vers l'indépendance.

'ARŪDJ, corsaire turc originaire de Mytilène et l'un des fondateurs, avec son frère Khayr al-Dīn Barberousse, de l'État turc d'Alger (1514-1518).

ARUDY (64260), ch.-l. de cant. des Pyrénées-Atlantiques, dans le Béarn, sur le gave d'Ossau ; 2 551 hab. Église du XVe s. Marbre. Métallurgie. Nombreux sites préhistoriques (du magdalénien aux âges des métaux).

ARUM [-ɔm] n. m. (lat. *arum,* du gr. *aron*). Herbe (aracée) vivace rhizomateuse des forêts, aux feuilles en fer de flèche, tachetées de brun, aux fruits rouges toxiques groupés en haut d'un axe floral enveloppé dans une sorte de cornet (spathe). [Syn. GOUET].

ARUNACHAL PRADESH, État du nord-est de l'Inde (appelé, avant 1972, Agence de la frontière du Nord-Est), limitrophe de la Chine ; 84 000 km^2 ; 858 392 hab. Cap. *Itanagar.*

Arundel *(marbres d'),* nom donné à des inscriptions grecques trouvées au XVIIe s. et acquises par Thomas Howard, comte d'Arundel. Elles contiennent la *Chronique de Paros,* relatant les principaux événements de l'histoire grecque, de la fondation d'Athènes à 264 -263 av. J.-C.

ARUNTAS → ARANDAS.

ARUP (*sir* Ove), ingénieur britannique et danois (Newcastle-upon-Tyne 1895 - ? 1988). Constructeur habile à résoudre les problèmes de structure, il a collaboré avec de nombreux architectes européens.

ARUSHA, v. de Tanzanie, ch.-l. de région, au pied du mont Meru ; 86 800 hab. Centre commercial et industriel (pneumatiques, textiles).

ARVALE n. m. (lat. *arvalis,* de *arvum,* champ). Dans l'Antiquité romaine, membre du collège consacré au culte de la déesse agraire Dea Dia. (Le collège des arvales comportait douze membres.)

ARVE, riv. du nord des Alpes, affl. du Rhône (r. g.) ; 100 km. L'Arve draine le massif du Mont-Blanc. Défilés et élargissements de la vallée alternent avant la confluence dans la banlieue de Genève. Dans sa section moyenne, la vallée de l'Arve est industrialisée (mécanique de précision).

ARVERNES, peuple de la Gaule qui occupait l'Auvergne actuelle. Sous la conduite de leur chef Vercingétorix, ils prirent la direction de la révolte générale qui embrasa la Gaule en 52 av. J.-C.

ARVERS (Félix), écrivain français (Paris 1806-*id.* 1850). Son célèbre « Sonnet imité de l'italien » : « Mon âme a son secret, ma vie a son mystère... » a illustré son nom.

ARVERT (17530), comm. de la Charente-Maritime, à 3 km au S. de La Tremblade ; 2 799 hab. Ostréiculture.

ARVICOLINÉ n. m. (lat. *arvum,* champ et *colere,* habiter). Nom de tribu attribué à des rongeurs muridés tels que les lemmings, les campagnols et les rats musqués. (Syn. MICROTINÉ.)

ARVIEUX (05350), comm. des Hautes-Alpes, dans le Queyras, au S. de l'Izoard ; 339 hab. Tourisme.

ARVOR → ARMOR.

ĀRYABHAṬA, mathématicien et astronome indien (Pāṭaliputra, auj. Pāṭnā, 476 - † 550), auteur de travaux d'arithmétique et partisan de la rotation de la Terre.

Āryabhaṭa (du nom du précéd.), premier satellite artificiel indien, d'une masse de 360 kg, lancé par une fusée soviétique le 19 avr. 1975. Conçu pour l'étude des sources célestes de rayonnement X et la réalisation de mesures intéressant l'aéronomie, il tomba rapidement en panne.

ARY-ARYTÉNOÏDIEN adj. m. et n. m. Se dit d'un muscle du larynx qui prend ses insertions sur les faces postérieures des deux cartilages aryténoïdes.

Aryā Samāj, mouvement religieux et politique indien. Fondé en 1875, à Bombay, par Dayānanda Sarasvatī afin de promouvoir une renaissance de l'hindouisme dans une Inde indépendante.

ARYBALLE n. m. (gr. *aruballos,* bourse à cordons). Petit vase pansu dont les larges bords du goulot permettaient d'étaler sur la peau les huiles parfumées.

ARYEN, ENNE adj. **1.** Relatif aux Aryens. — **2.** Se dit parfois du groupe linguistique indo-iranien.

ARYENS (sanskr. *ārya* et avestique *airya,* nobles), populations indo-iraniennes qui envahirent le nord de l'Inde à partir du XVIIIe s. av. J.-C. et y installèrent une communauté linguistique et culturelle. La notion d'« aryen », individu typique des populations blanches et plus particulièrement nordiques, qui s'était considérablement développée avec l'idéologie nazie, ne repose sur aucune base scientifique.

ARYLAMINE n. f. Amine aromatique de formule générale $ArNR_2$, dans laquelle l'atome d'azote est lié directement au noyau aromatique. (Les arylamines ont des propriétés chimiques qui les rapprochent des alkylamines et d'autres qui les rapprochent des arènes. Elles sont à la base de la synthèse de certains colorants.)

ARYLATION n. f. Substitution dans une molécule d'un radical aryle à un atome d'hydrogène. (C'est une réaction importante de la synthèse organique.)

ARYLE n. m. Radical carboné monovalent résultant de l'arrachement d'un atome d'hydrogène à un arène.

ARYTÉNOÏDE adj. et n. m. (gr. *arutainoeidês,* en forme d'aiguière). Se dit d'une pièce cartilagineuse paire du larynx située au-dessus du cartilage cricoïde.

ARYTÉNOÏDIEN, ENNE adj. Relatif au cartilage aryténoïde.

ARYTHMIE n. f. (gr. *aruthmia*). Irrégularité et inégalité des contractions cardiaques perceptibles à l'auscultation du cœur, à la palpation du pouls et sur l'électrocardiogramme.
ENCYCL. L'arythmie complète est caractérisée par des battements inégaux en intensité et inégalement espacés. Elle complique souvent les cardiopathies valvulaires rhumatismales et les cardiopathies artérielles. Dans d'autres cas, l'arythmie est due soit à des contractions surajoutées et inopinées (extrasystoles), soit à l'absence d'une ou de plusieurs contractions.

ARYTHMIQUE adj. Se dit de contractions cardiaques, d'un pouls irréguliers.

ARZACHEL → ZARQĀLĪ (al-).

ARZAWA, royaume de l'Anatolie ancienne. À partir du XVIIe s. av. J.-C., les Hittites tentèrent de l'assujettir. Il fut détruit par l'invasion des Peuples de la Mer (v. 1191 av. J.-C.).

ARZIW, anc. **Arzew,** v. d'Algérie, sur la Méditerranée, à l'E. d'Oran ; 22 200 hab. Port pétrolier et surtout terminal gazier. Raffinage du pétrole. Industrie chimique.

1. AS [as] n. m. (mot lat.). Unité monétaire romaine de bronze pesant une livre (324 g env.) et frappée à partir du IIIe s. av. J.-C. (Le poids en fut rapidement diminué jusqu'à 1/12 de livre [as oncial]. C'était la plus petite pièce sous l'Empire.)

2. AS [as] n. m. (de *as 1*). **1.** Carte à jouer marquée d'un seul point : *As de cœur.* — **2.** Face d'un dé à jouer marquée d'un seul point. — **3.** Moitié de domino ne portant qu'un point. — **4.** Désigne le numéro 1 dans certains jeux (loto), dans les courses de chevaux, dans les restaurants (table numéro 1), etc. — **5.** *Fam.* Personne qui excelle dans une activité, un domaine quelconque : *Un as du volant.* — **6.** En aviron, chef de nage des rameurs d'un même équipage. — **7.** Fam. *As de pique,* croupion d'une volaille servie à table. ‖ Fam. *Être fichu comme l'as de pique,* être mal vêtu ; être mal exécuté, en parlant de qqch. ‖ Fam. *Passer à l'as,* ne pas avoir lieu, être oublié, être escamoté ou escamoter. ‖ Fam. *Plein aux as,* très riche.

A. S., abrév. de ALTESSE SÉRÉNISSIME.

As, symbole chimique de l'*arsenic.*

ASA, abrév. de *American Standards Association,* qui servait à désigner des indices de sensibilité des émulsions photographiques, aujourd'hui abandonné au profit d'une norme internationale ISO.

ASA, roi de Juda (911-870 av. J.-C.).

ASAD *(lac),* lac de Syrie, barrage sur l'Euphrate, à l'O. de Raqqa ; 640 km^{2}.

ASAD (Ḥāfiẓ **al-**), général et homme d'État syrien (Qardāḥa, près de Lattaquié, 1928). Il contribue à l'arrivée du parti Baath au pouvoir (1963) et devient commandant en chef de l'aviation (mars 1965). Le 23 févr. 1966, il joue avec Ṣalāḥ Djadīd un rôle capital dans le coup de force qui entraîne le renversement du président Amīn al-Ḥāfiẓ. Ministre de la Défense, il prend le pouvoir le 13 nov. 1970. D'abord Premier ministre, il est élu président de la République en mars 1971 et réélu en 1978, 1985 et 1991.

ASA FŒTIDA n. f. Syn. de ASE FÉTIDE.

ASAHIGAWA ou **ASAHIKAWA,** v. du Japon, dans le centre de Hokkaidō ; 353 000 hab.

Asahi Shimbun (« *Journal du soleil levant* »), le plus important quotidien japonais, par son tirage, avec le *Yomiuri Shimbun.* Il a été fondé en 1879 par Maruyama Ryohei et Ueno Riichi.

ASAM *(les frères),* COSMAS DAMIAN, peintre et architecte allemand (Benediktbeuern 1686 - Munich 1739) et EGID QUIRIN, sculpteur et stucateur allemand (Tegernsee 1692 - Mannheim 1750), figures exemplaires du baroque de l'Allemagne du Sud. Formés auprès de leur père, Hans Georg, peintre fresquiste, et à Rome (1712-13), ils ont travaillé ensemble aux abbayes de Weltenburg, Rohr, Osterhofen ainsi qu'à l'église St-Jean-Népomucène de Munich (v. 1733).

ASAMA, le plus grand volcan actif du Japon, au centre de Honshū ; 2 542 m.

ĀSANA n. f. (mot sanskr. signif. *siège, posture).* Posture de yoga.

ASANSOL, v. de l'Inde (Bengale-Occidental), sur la Dāmodar ; 763 845 hab. Gisement houiller. Métallurgie et chimie.

ASARET [-rɛ] n. m. (lat. *asarum,* du gr. *asaron*). Herbe (aristolochiacée) vivace des bois humides, aux feuilles cordiformes, au rhizome d'odeur poivrée. (N. usuels *cabaret, oreille-d'homme.*)

ASBESTE n. f. (gr. *asbestos,* inextinguible). Syn. de AMIANTE.

ASBESTOS, v. du Canada (Québec), à l'E. de Montréal ; 6 487 hab. Production d'amiante.

ASBESTOSE n. f. Pneumoconiose minérale fibrogène consécutive à l'inhalation prolongée et massive de fibres d'amiante.

ASBJØRNSEN (Peter Christen), écrivain et folkloriste norvégien (Christiania 1812-*id.* 1885).

Influencé par le romantisme nationaliste, il publia avec J. Moe des *Contes populaires norvégiens* (1842-1852) et, seul, les *Contes norvégiens de la Houldre et récits populaires* (1845-1848) dont s'inspirera Ibsen *(Peer Gynt)*.

ASCAGNE ou **IULE,** fils d'Énée, à qui il succéda comme roi de Lavinium. Il fonda Albe la Longue. Jules César le considérait comme son ancêtre.

ASCAIN (64310), comm. des Pyrénées-Atlantiques, près de la Rhune, sur la Nivelle ; 2 672 hab. Place et église basques typiques. Centre de villégiature.

ASCALON, en ar. **'Asqalān,** cité ancienne de Palestine, sur la partie sud de la côte méditerranéenne. Cité cananéenne, elle fut au XIIe s. av. J.-C. une des cinq métropoles philistines. Prospère à l'époque du royaume d'Israël, elle conserva son importance aux époques romaine et byzantine ; elle fut ruinée par Saladin en 1191. C'est l'actuelle *Ashkelon* de l'État d'Israël.

ASCANIENS, une des dynasties de l'Empire germanique. La maison ascanienne régna sur le Brandebourg jusqu'en 1320, sur la Saxe jusqu'en 1422, sur le Lauenburg jusqu'en 1689 et sur l'Anhalt jusqu'en 1918.

ASCARICIDE adj. et n. m. Se dit d'un produit qui tue les ascaris.

ASCARIDIOSE ou **ASCARIDIASE** n. f. Maladie parasitaire provoquée par un nématode intestinal (*Ascaris lumbricoïdes* chez l'homme).

ENCYCL. L'ascaridiose est une helminthiase « transmise par le sol », dont l'épidémiologie repose sur le péril fécal. Elle présente deux phases. La première est liée à la migration larvaire, dans les voies respiratoires. Elle provoque un syndrome de Löffler et s'accompagne d'une éosinophilie sanguine. La seconde phase est liée à la présence de parasites adultes dans l'intestin. Elle est surtout marquée par des signes généraux, allergiques et digestifs.

ASCARIDOL n. m. Peroxyde monoterpénique, que l'on rencontre dans l'essence de chénopode, utilisé comme anthelminthique.

ASCARIS [-ris] ou **ASCARIDE** n. m. (bas lat. *ascaris, -idis,* du gr. *askaris,* ver intestinal). Grand ver némathelminthe fusiforme, parasite du gros intestin de l'homme et des mammifères. (La larve accomplit des migrations compliquées dans l'organisme de l'hôte ; l'homme, les bovins, le porc et le cheval sont parasités par des espèces différentes.)

ASCÁSUBI (Hilario), poète argentin (Fraile Muerto, Córdoba, 1807 - Buenos Aires 1875), chantre de la Pampa (*Santos Vega,* 1872).

ASCENDANCE n. f. **1.** Ensemble des générations qui ont précédé une génération donnée : *Ascendance maternelle, paternelle.* — **2.** Origine, extraction : *Avoir une ascendance terrienne.* — **3.** Mouvement d'un astre qui s'élève sur l'horizon. — **4.** Courant aérien possédant une composante verticale dirigée vers le haut, et utilisé par les pilotes de planeurs. (D'origines variées, les ascendances sont souvent liées au relief [*ascendance orographique*] ou aux contrastes de température de la surface terrestre [*ascendance thermique* ou simplement *thermique*].)

1. ASCENDANT, E adj. (lat. *ascendens,* de *ascendere,* monter). **1.** Qui va en montant, en progressant : *Mouvement ascendant de l'air chaud.* — **2.** Se dit de ce qui permet à un aéronef de gagner de l'altitude. — **3.** Se dit des organes du corps se dirigeant de bas en haut. — **4.** Se dit du mouvement apparent d'un astre sur la sphère céleste, entre le lever de cet astre et son passage au méridien. — **5.** Se dit de tout intervalle ou mouvement mélodique progressant du grave à l'aigu. — **6.** *Aorte ascendante,* portion initiale de l'aorte, allant du ventricule gauche à la crosse. ‖ *Côlon ascendant,* nom quelquefois donné à la portion initiale du côlon, comprise entre le cæcum et l'angle hépatique. ‖ *Ligne ascendante,* les aïeux, les parents dont qqn descend. ‖ *Sève ascendante,* sève brute circulant dans les vaisseaux du bois, des racines vers les feuilles et ne contenant que de l'eau et des sels minéraux.

◆ n. Parent dont on descend (père, mère, aïeul[e], bisaïeul[e], etc.) [souvent pl.].

◆ **ascendant** n. m. Point de l'écliptique qui se lève à l'horizon. (Il est l'origine de l'horoscope.)

2. ASCENDANT n. m. (lat. médiév. *ascendens,* influence dominante). Grande influence que l'on exerce sur qqn ; autorité morale : *Avoir de l'ascendant sur ses élèves.*

ASCENDEUR n. m. Syn. de AUTOBLOQUEUR.

ASCENSEUR n. m. (rad. lat. *ascensum,* de *ascendere,* monter). **1.** Appareil élévateur permettant de transporter des personnes dans une cabine se déplaçant entre des guides verticaux, ou faiblement inclinés sur la verticale. (→ *encycl.*) — **2.** Élévateur à bateaux assurant la liaison entre deux biefs de niveau différent. — **3.** Fam. *Renvoyer l'ascenseur,* répondre par une action comparable à une action dont on est le bénéficiaire ou la victime ; rendre la pareille.

ENCYCL. **Bât.** L'usage d'une cabine compensée par un contrepoids, suspendue dans une cage verticale pour desservir les étages d'un édifice, est déjà signalé par Vitruve, il y a deux mille ans. Au milieu du XIXe s., l'Américain E. G. Otis applique à l'élévation des charges et des personnes le mécanisme du treuil à vapeur, déjà employé pour les bennes des puits de mines. À partir de 1864, L. Édoux utilise la force hydraulique

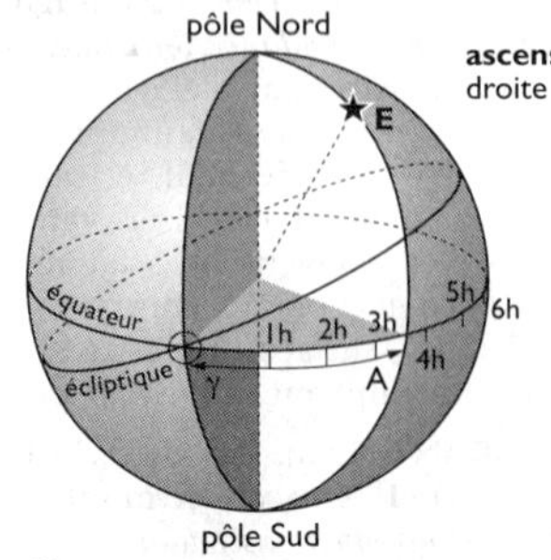

γÂ : ascension droite de l'étoile E

(*ascenseurs* de l'Exposition universelle de Paris en 1867). La traction électrique, qui devait bientôt triompher, est inaugurée par W. von Siemens à l'exposition de Mannheim (1880). Tout ascenseur se compose d'une *cabine* qui se déplace, suspendue à un *treuil* à moteur, dans une *gaine* munie de portes à chaque étage ; les commandes sont aujourd'hui associées à une mémoire électronique.

1. **ASCENSION** n. f. (lat. *ascensio*, de *ascendere*, monter). **1.** Fait de s'élever, de prendre de la hauteur : *L'ascension d'un ballon dans les airs.* – **2.** Action de gravir un lieu élevé, de l'escalader : *Faire l'ascension d'un sommet.* – **3.** Action de s'élever socialement : *L'ascension d'une famille.* – **4.** Fait d'atteindre des valeurs de plus en plus élevées : *L'ascension des taux d'intérêt.* – **5.** *Ascension droite,* distance angulaire de la projection d'un point de la sphère céleste sur le plan de l'équateur, comptée dans le sens direct à partir du point vernal. (C'est l'une des deux coordonnées équatoriales, l'autre étant la déclinaison.)

2. **ASCENSION** n. f. (de *ascension 1*). **1.** Élévation de Jésus au ciel, quarante jours après sa résurrection. – **2.** Fête liturgique célébrée le jeudi de la cinquième semaine après Pâques. – **3.** Œuvre d'art figurant cet événement.

ASCENSION *(île de l'),* île britannique de l'océan Atlantique austral, à 1 330 km au N.-O. de Sainte-Hélène, dont elle dépend ; 88 km² ; 300 hab. Découverte en 1501, le jour de l'Ascension, par João da Nova ; anglaise depuis 1815.

ASCENSIONNEL, ELLE adj. **1.** Qui tend à monter ou à faire monter : *Mouvement ascensionnel de l'air chaud.* – **2.** *Force ascensionnelle,* force qui, en vertu du principe d'Archimède, permet à un ballon de s'élever dans les airs. ‖ *Parachute ascensionnel,* type de parachute à tuyères s'élevant dans les airs lorsqu'il est tiré par un véhicule. ‖ *Vitesse ascensionnelle,* gain d'altitude réalisé par un avion par unité de temps.

ASCENSIONNER v. t. (conj. 3). *Vx.* Faire l'ascension (d'une montagne).

ASCENSIONNISTE n. *Vx.* Personne qui fait une ascension en montagne.

ASCÈSE [asɛz] n. f. (gr. *askêsis,* exercice). **1.** Effort visant à la perfection spirituelle par une discipline constante de vie. – **2.** Manière de vivre de qqn qui s'impose certaines privations.

ASCÈTE [asɛt] n. (gr. ecclés. *askêtês,* de *askein,* s'exercer). **1.** Nom que l'on donnait, avant l'institution des monastères, à ceux qui menaient une vie d'oraison et de mortification. – **2.** Personne qui s'impose une vie rude et austère.

ASCÉTIQUE [asetik] adj. (gr. *askêtikos*). **1.** Qui appartient à l'ascétisme : *Une vie ascétique.* – **2.** Propre à un ascète : *Une maigreur ascétique.* ◆ n. f. Partie de la théologie qui traite de l'ascèse chrétienne.

ASCÉTISME n. m. **1.** Doctrine morale ou philosophique axée sur l'ascèse. – **2.** Vie rude et austère, où l'on se prive des plaisirs matériels.

ASCHAFFENBURG, v. d'Allemagne (Bavière), au confluent du Main et de l'Aschaff ; 63 057 hab. Château reconstruit de 1605 à 1614 (musée). Stiftskirche, basilique romane et gothique. Centre industriel.

ASCHAM (Roger), humaniste anglais (Kirby Wiske, Yorkshire, 1515-Londres 1568). Son *Maître d'école* (1570), système d'éducation rigoureux, contribua à créer l'idéal anglais du gentleman.

ASCHOFF (Jürgen), biologiste allemand (Fribourg-en-Brisgau 1913). Il s'est consacré à l'étude des problèmes d'organisation temporelle de l'activité animale et est considéré comme l'un des fondateurs de la chronobiologie.

Aschoff *(nodule d'),* lésion formée d'une association de cellules de types divers (histiocytes, lymphocytes, plasmocytes), siégeant le plus souvent au niveau du tissu conjonctif du myocarde, et observée surtout au cours de l'évolution du rhumatisme articulaire aigu.

ASCIDIACÉ n. m. Ascidie telle que la cione et la claveline. (Les *ascidiacés* forment une sous-classe.)

ASCIDIE [asidi] n. f. (gr. *askidion,* petite outre). **1.** Feuille en forme d'urne, assurant la capture et la digestion des insectes chez certaines plantes insectivores (népenthès, sarracenia). – **2.** Tunicier marin solitaire ou colonial, fixé, en forme de sac, et dont la larve ressemble à un têtard. (→ *encycl.*)

ENCYCL. Les ascidies, animaux marins très communs, sont enveloppés d'une tunique cellulosique ; le pharynx, percé de nombreuses fentes branchiales, sert à la fois à la respiration et à la rétention des particules alimentaires ; un courant d'eau le traverse et il fonctionne comme un filtre. Le cœur propage indifféremment le sang dans un sens ou dans l'autre. De nombreuses ascidies forment des colonies à structure fixe (ascidies dites « composées »). On distingue deux sous-classes : les *entérogones* (ou ascidiacés) et les *pleurogones*.

ASCII *(code)* [abrév. de *American Standard Code for Information Interchange*], code informatique standardisé de représentation, utilisant des mots de 7 bits, qui permet de codifier 128 caractères différents.

ASCITE [asit] n. f. (lat. *ascites,* du gr. *askitês,* hydropisie). Épanchement liquidien de la cavité péritonéale, à l'exclusion des épanchements purulents (péritonites) ou purement sanglants (hémopéritoines).

ASCITIQUE [asi-] adj. et n. Relatif à l'ascite ; atteint d'ascite.

ASCLÉPIADACÉE n. f. (lat. *asclepias, -adis*). Plante telle que le dompte-venin et la stapélie, aux étamines soudées en un tube au pollen aggloméré en deux pollinies, au suc âcre et toxique. (Les *asclépiadacées* forment une famille.)

ASCLÉPIADE, médecin grec (Prousa, Bithynie, 124-40 av. J.-C.). Il exerça la médecine en Grèce, puis vint à Rome, où il apporta les notions scientifiques de l'école médicale grecque.

ASCLÉPIADES, famille de médecins grecs qui prétendaient descendre d'Asclépios (Hippocrate en est le membre le plus célèbre).

ASCLEPIAS [-pjas] n. f. (lat. *asclepias, -adis*). Plante ornementale (asclépiadacée) portant des ombelles de fleurs roses et parfumées.

ASCLÉPIOS, dieu guérisseur de la mythologie grecque, particulièrement honoré à Épidaure. C'est l'Esculape des Romains.

ASCOLI (Graziadio Isaia), linguiste italien (Görz, auj. Gorizia, 1829-Milan 1907). Il a souligné l'importance de l'étude de la langue vernaculaire et élaboré la classification des dialectes italiens.

ASCOLICHEN [-kɛn] n. m. Lichen dont le champignon est un ascomycète. (C'est le cas de la plupart des espèces.)

ASCOLI PICENO, v. d'Italie, dans les Marches, ch.-l. de prov., sur le Tronto ; 54 000 hab. Nombreux monuments anciens, notamment autour de la Piazza del Popolo et de la Piazza Arringo. Textile.

ASCOMYCÈTE n. m. Champignon dont les spores sont contenues dans des asques. (Les *ascomycètes* forment une sous-classe, de près de 15 000 espèces.)

ENCYCL. Les espèces d'ascomycètes sont très diverses : truffe, morille, pezizes, levures, moisissures (penicillium) agents de maladies des plantes (cloque, ergot du seigle, oïdium, chanvre, tavelure, moniliose, etc.). La plupart des lichens unissent un ascomycète à une algue.

ASCOPHYLLE n. m. Algue brune vésiculeuse extrêmement commune sur les côtes françaises dans la zone des marées.

ASCORBIQUE adj. *Acide ascorbique,* syn. de VITAMINE C.

ASCOSPORE n. f. Spore formée dans un asque.

ASCOT, localité de Grande-Bretagne, à l'O. de Londres ; 12 500 hab. Champ de courses.

ASCQ, anc. comm. du Nord, qui fait aujourd'hui partie de la comm. de Villeneuve-d'Ascq*, et où, en représailles d'un attentat, les S.S. massacrèrent 86 habitants dans la nuit du 1er au 2 avril 1944.

ASDIC n. m. (abrév. de *Allied Submarine Detection Investigation Committee*). Appareil de détection sous-marine par ultrasons. (Mis au point en Grande-Bretagne dans les années 20 et utilisé pendant la Seconde Guerre mondiale, c'est l'ancêtre du sonar.)

ASDRUBAL → HASDRUBAL.

ASE n. f. (gr. *asê,* dégoût). *Ase fétide,* gomme-résine extraite par incision de la racine des *Ferula asa fœtida* (ombellifères). [Elle est utilisée pour ses propriétés antispasmodique et vermifuge.] (Syn. ASA FŒTIDA.)

Asea → BROWN, BOVERI ET Cie.

ASEAN, sigle de *Association of South East Asian Nations* (Association des nations de l'Asie du Sud-Est [A. N. A. S. E.]), organisation, fondée à Bangkok en août 1967, pendant la guerre du Viêt-nam, par l'Indonésie, la Malaysia, les Philippines, Singapour et la Thaïlande, pour resserrer la coopération entre les pays non communistes. Brunei en est devenu membre en 1984, et le Viêt-nam, en 1995.

ASÉISMICITÉ ou **ASISMICITÉ** n. f. Absence de phénomènes sismiques.

ASÉISMIQUE ou **ASISMIQUE** adj. **1.** Qui ne présente pas de phénomènes sismiques – **2.** *Dorsale aséismique,* élévation du fond océanique, allongée sur plusieurs milliers de kilomètres et dépourvue de toute activité sismique.

ASÉITÉ n. f. (lat. scolast. *aseitas,* de *ens a se,* être existant par lui-même). Modalité de l'être qui possède en lui-même le principe propre de son existence. (C'est un attribut propre à Dieu.)

ASELLE n. m. (lat. *asellus,* poisson de mer). Crustacé isopode d'eau douce, à longues antennes, très commun.

ASÉMANTIQUE adj. Se dit d'une phrase qui ne peut recevoir aucune interprétation sémantique. (Par ex. la phrase *la lampe pense à son frère.*)

ASÉMANTISME n. m. Caractère d'une phrase asémantique.

ASÉNIDES, dynastie bulgare (1187-1280) fondée par JEAN Ier ASEN Ier (1187-1196) et PIERRE II (1196-97). Les règnes de JEAN II KALOJAN (1197-1207) et de JEAN III ASEN II (1218-1241) marquèrent son apogée et celui du second Empire bulgare.

ASENOVGRAD, v. de Bulgarie, au S.-E. de Plovdiv ; 44 000 hab. C'est l'anc. *Stanimaka.* Ruines de la forteresse médiévale et chapelle de style byzantin.

ASEPSIE n. f. **1.** Absence de tout germe infectieux. — **2.** Ensemble des moyens visant à empêcher la contamination par des germes infectieux. (Le moyen de l'asepsie est la stérilisation de tout ce qu'on emploie en chirurgie de telle sorte qu'on ne puisse introduire aucun microbe dans la plaie.)

ASEPTIQUE adj. **1.** Exempt de tout germe. — **2.** Relatif à l'asepsie.

ASEPTIQUEMENT adv. De façon aseptique.

ASEPTISER v. t. (conj. 3). Syn. rare de STÉRILISER. ◆ **être aseptisé** v. pass. En parlant d'un mode de vie, d'un milieu, être à l'abri des risques et des difficultés ; ouaté.

ASER ou **ASHER,** tribu israélite établie en haute Galilée. Son ancêtre éponyme est un fils de Jacob.

ASES, dieux guerriers de la mythologie scandinave dont Odin (ou *Wotan* dans la mythologie germanique) était le chef.

ASEXUÉ, E adj. **1.** Dépourvu de sexe : *Individu asexué.* — **2.** *Reproduction asexuée,* reproduction ou multiplication végétative.

ASFELD (08190), ch.-l. de cant. du sud-ouest des Ardennes, sur l'Aisne ; 1 068 hab. *(Asfeldois).* Église à plan centré, en brique, de 1683. Fromagerie.

ASFELD (Claude François BIDAL, *marquis* D'), maréchal de France (v. 1665-1743). Directeur général des Fortifications (1715-1743), il fit exécuter des grands travaux notamment à Metz, Sedan, Briançon et Thionville.

ÁSGEIRSSON (Ásgeir), homme d'État islandais (Kóranes 1894 - Reykjavík 1972). Premier ministre (1932-1934), gouverneur du Fonds monétaire international (1946-1952), il fut président de la République de 1952 à 1968.

ÁSGRÍMSSON (Eysteinn), moine et poète islandais († v. 1361), auteur d'un poème scaldique *(le Lys).*

ASHANTIS → ACHANTIS.

ASHBURTON (Alexander BARING, 1er *baron*), banquier et homme politique britannique (Londres 1774-Longleat 1848), membre des Communes de 1806 à 1835, président du « Board of Trade » dans le ministère Peel (1834-35).

ASHBY (William Ross), neurologue et cybernéticien britannique (Londres 1903-1972). Auteur de *Introduction to Cybernetics* (1956).

ASHDOD, port d'Israël, au S. de Tel-Aviv-Jaffa ; 75 000 hab. Exportations d'agrumes, de phosphates et de potasse.

ASHER → ASER.

ASHIKAGA, v. du Japon, au centre de Honshū ; 166 000 hab. Textile. Musée Kurita (porcelaines).

ASHIKAGA, famille noble japonaise, issue des Minamoto, qui, de 1338 à 1573, donna quinze shōguns au Japon. Le premier, TAKAUJI (1305 - 1358), shōgun de 1338 à 1358, s'installa dans un quartier de Kyōto, appelé *Muromachi.* Il déposa l'empereur Daigo II, qui se réfugia au sud de Kyōto (1336), et mit en place Kōmyō, inaugurant ainsi une période de près de soixante ans, dite des dynasties du Nord et du Sud. Le troisième Ashikaga, YOSHIMITSU, shōgun de 1367 à 1395, soumit la dynastie du Sud.

ASHKELON ou **ASHQELON,** v. d'Israël, au N.-E. de Gaza ; 60 000 hab. Port pétrolier relié par oléoduc à Eilat.

ASHKÉNAZE adj. et n. (hébr. *ashkenazi,* allemand). Se dit d'un Juif dont les origines se situent dans une zone englobant les pays d'Europe centrale, orientale et septentrionale. (Les Ashkénazes sont de langue et de culture yiddish, par oppos. aux *Séfarades.*) [On écrit parfois *achkénaze.*]

ASHKENAZY ou **ACHKENAZI** (Vladimir), pianiste d'origine russe naturalisé islandais (Gorki 1937). Il aborde tous les genres avec une préférence pour le répertoire russe.

ASHLEY (*sir* William James), historien et économiste britannique (Londres 1860-Canterbury 1927), disciple de Toynbee, auteur de travaux portant sur l'histoire des doctrines et des théories économiques de l'Angleterre (1888-1893).

ASHLEY COOPER (Anthony), 1er comte **de Shaftesbury,** homme politique anglais (Wimborne, Dorset, 1621-Amsterdam 1683). S'étant rallié à Charles II, dont il fut le chancelier en 1672, il intrigua en faveur de Monmouth.

ASHQELON → ASHKELON.

ASHRAM n. m. (hindī *āśram,* du sanskr. *śram,* s'exercer). 1. Ermitage destiné aux exercices spirituels et où le guru vit avec ses disciples. – 2. Chacune des quatre étapes de la vie de l'initié hindou (étudiant des Veda, maître de maison, anachorète, renonçant).

ASHTART, ISTAR ou **ISHTAR,** déesse du panthéon assyro-babylonien, apparentée à l'Astarté syrienne dont il est fait mention dans la Bible. La prostitution sacrée était pratiquée dans les sanctuaires de cette déesse de la Fécondité.

ASHTON (William MALLANDAINE, *sir* Frederick), danseur et chorégraphe britannique (Guayaquil 1906 - Eye, Suffolk, 1988). Il a joué un rôle prépondérant dans la création du ballet anglais contemporain. À partir de 1935, il est chorégraphe permanent au Vic Wells Ballet (créé par Ninette De Valois), directeur artistique (1938) puis directeur adjoint (1952) et directeur (1963-1970). D'une grande rigueur technique, ses compositions sont d'une rare musicalité. Ashton est également un maître du pas de deux.

ASIADEVISE n. f. Nom donné aux dépôts, effectués dans des banques asiatiques, de devises étrangères au pays du dépôt.

ASIADOLLAR n. m. Nom donné aux asiadevises libellées en dollars.

ASIAGO n. m. (de *Asiago,* n. pr.). Fromage italien, au lait de vache, à pâte cuite, utilisé comme fromage à râper.

ASIALIE n. f. Syn. de APTYALISME.

ASIALORRHÉE n. f. Absence d'écoulement de la sécrétion salivaire occasionnée par un calcul ou par l'asialie.

ASIANIQUE adj. et n. (gr. *asianos,* asiatique). Relatif aux anciens peuples de l'Asie antérieure. ◆ adj. Se dit des langues non indo-européennes de l'Asie Mineure antique (hatti, hourri, ourartéen).

ASIAOBLIGATION n. f. Nom donné aux émissions d'emprunts effectuées sur des places financières asiatiques.

ASIATE n. Personne originaire d'Asie ; habitant de l'Asie.

ASIATIQUE adj. et n. (lat. *asiaticus*). 1. D'Asie. – 2. *Mode de production asiatique,* notion historique et sociologique marxiste qui caractérise le mode de production dominant d'une société où le surplus de production de communautés villageoises éparses, pratiquant l'artisanat et l'agriculture, était prélevé par un État (une monarchie despotique le plus souvent) qui, en contrepartie, assurait l'exécution des travaux publics (irrigation, communications).

ASIE, le plus vaste des continents (44 millions de km², 30 % des terres émergées) et surtout le plus peuplé (3,5 milliards d'hab., environ 65 % de la population mondiale).

Les limites sont nettes au N. (océan Arctique), à l'E. (océan Pacifique) et au S. (océan Indien). Par convention, on considère que l'Oural sépare l'Asie de l'Europe à l'O., et que l'isthme de Suez la sépare de l'Afrique au S.-O. Toute la partie continentale est dans l'hémisphère Nord (entre 1° et 77° de lat.) ; seules des îles d'Indonésie sont situées au S. de l'équateur. De l'O. à l'E., le continent s'étire sur 164° de longitude. L'altitude moyenne (env. 950 m) est la plus élevée des continents. Le centre est en effet occupé par le plus important ensemble montagneux de la planète, étiré du Taurus à l'archipel de la Sonde et englobant notamment l'Himālaya (8 846 m à l'Everest). Parfois volcaniques (surtout à l'E. et dans le S.-E. insulaire), les montagnes enserrent des plaines ou plateaux : Anatolie, plateau iranien, Tibet, Ordos, plaine de Mandchourie. Les grands fleuves d'Asie des moussons y ont trouvé les matériaux des plaines alluviales et deltaïques (plaine Indo-Gangétique, delta du Mékong, grandes plaines de Chine). Au N. et au S., de vastes régions de plaines et de plateaux correspondent à la présence de boucliers cristallins précambriens (Arabie, Deccan, Sibérie orientale), parfois recouverts d'épais sédiments (Sibérie occidentale). L'extension en latitude explique la diversité des climats. Le Nord est le domaine du climat sibérien très rude en hiver. Le sol, constamment gelé en profondeur, porte une maigre végétation, la toundra (à laquelle succède vers le S., la taïga). Au S., de l'Arabie et de la Caspienne au Gobi, c'est un climat désertique ou du moins aride (avec une maigre steppe). Tout le Sud-Est, plus chaud, est surtout affecté par la mousson, qui apporte des pluies d'été, essentielles pour l'agriculture. La forêt dense recouvre partiellement l'Insulinde, constamment et abondamment arrosée.

La Chine et l'Inde sont les deux pays les plus peuplés de la planète. L'Indonésie vient au quatrième rang, le Japon au septième. De plus, la croissance démographique demeure globalement élevée. La population est encore essentiellement rurale. Si la densité moyenne dépasse 60 hab. au km², de très vastes régions sont sous-peuplées : la Sibérie et certains pays du Moyen-Orient. Par contre, les densités sont fortes en Asie des moussons (Inde, Japon, Bangladesh, Chine orientale).

Le poids démographique global et la prépondérance de la population rurale expliquent la prédominance des cultures vivrières et souvent leur caractère intensif (notamment dans les deltas). Le riz est la céréale de l'Asie des moussons, le blé tient une place essentielle dans les régions moins chaudes et moins arrosées (Asie occidentale et surtout ouest de la plaine Indo-Gangétique et moitié septentrionale de la Chine). L'Asie possède toutefois quelques grandes cultures de plantations, fournissant l'essentiel des productions mondiales de thé, de caoutchouc naturel. Les ressources énergétiques sont localement importantes (hydrocarbures au Moyen-Orient, en Sibérie occidentale, en Indonésie ; houille en Sibérie méridionale [Kouzbass], en Chine et en Inde), mais absentes dans le seul grand pays industrialisé, le Japon.

ASIE *(province d'),* province constituée en Asie Mineure, après l'annexion du royaume de Pergame par les Romains, en 129 av. J.-C., et comprenant la Mysie, l'Éolie, la Lydie, l'Ionie, la Doride, la Carie, la Phrygie et la Pisidie.

ASIE ANTÉRIEURE → ASIE OCCIDENTALE.

ASIE CENTRALE, partie centrale de l'Asie, qui s'étend de la mer Caspienne à la Chine, correspondant essentiellement au sud du Kazakhstan, à l'Ouzbékistan, au Turkménistan, au Kirghizistan et au Tadjikistan, et englobant également la partie occidentale de la province chinoise du Xinjiang.

– **Hist.** L'Antiquité, avec l'apparition des Scythes (VIIIe s. av. J.-C.), puis des Sarmates (IIIe s. av. J.-C.), peut être caractérisée par la poussée des Indo-Européens. En revanche, dès les premiers siècles de l'ère chrétienne, prévaut le mouvement inverse, d'est en ouest, qui mène les Huns (IVe s. apr. J.-C.) et les Avars (VIe s.) jusqu'en Hongrie. En marge de la steppe, mais toujours exposés aux attaques des nomades, survivent les États sédentaires de la vallée du Tarim et des vallées de l'Amou-Daria et du Syr-Daria. Lieux de rencontre des influences venues de l'Inde, de la Chine, de l'Iran et du monde méditerranéen grâce à la route de la soie * qu'empruntent pèlerins bouddhistes et marchands, ces régions sont atteintes au VIIe-VIIIe s. par l'islām. La vallée du Tarim sert de refuge aux Ouïgours et se turquifie à partir du IXe s. Le renversement par les Rhaznévides des Sāmānides et des souverains du Khārezm, sous lesquels s'était épanouie au IXe-Xe s. une brillante civilisation iranienne et islamique, accélère le processus de turquisation (XIe s.). Il ne reste plus aujourd'hui dans la région qu'un peuple de langue iranienne : les Tadjiks.

Au début du XIIIe s., la conquête mongole des Gengiskhanides inclut l'Asie centrale dans un vaste empire s'étendant de la Chine à la Russie. Au sein de l'Asie centrale s'opère une symbiose entre les populations turques locales et les conquérants mongols. Le démembrement de l'Empire ouzbek des Chaybānides (XVe-XVIe s.) aboutit à la formation des khānats de Khiva (1512) et de Boukhara. À la fin du XVIIe s., les Mongols occidentaux fondent l'Empire dzoungar qui est anéanti par la Chine (1754-1756). Cette dernière conquiert la Kachgarie en 1759. Les Russes organisent le gouvernement général du Turkestan en 1867 et établissent leur protectorat sur Boukhara (1868) et sur Khiva (1873). Les républiques, instaurées au Turkestan, à Boukhara et au Khārezm après la révolution de 1917, seront réorganisées en 1924-25 sur des bases ethniques.

ASIE MÉRIDIONALE, partie de l'Asie, englobant l'Inde, le Bangladesh et l'ensemble de l'Asie du Sud-Est.

ASIE MINEURE, nom donné en histoire ancienne à la pointe occidentale de l'Asie comprise entre la Méditerranée orientale, la mer Égée et la mer Noire. Elle correspondait approximativement au territoire de la Turquie actuelle. (→ ANATOLIE.)

ASIE DES MOUSSONS ou **ASIE DE LA MOUSSON,** nom parfois donné à la partie orientale et méridionale de l'Asie, du Pākistān au Japon, arrosée par la mousson d'été.

ASIE OCCIDENTALE ou **ASIE ANTÉRIEURE,** partie de l'Asie allant du pourtour oriental de la Méditerranée à l'Afghānistān et au Pākistān, recouvrant largement les acceptions de Proche et de Moyen-Orient.

ASIE DU SUD-EST, ensemble des pays ou régions de l'Indochine (Viêt-nam, Laos, Cambodge, Thaïlande, Birmanie, Malaisie et Singapour) et de l'Insulinde (Indonésie, Malaysia orientale, Brunei et Philippines).

Asie du Sud-Est *(Organisation du traité de l')* **[O. T. A. S. E.],** alliance défensive conclue à Manille le 8 sept. 1954 entre l'Australie, les États-Unis, la France, la Grande-Bretagne, la Nouvelle-Zélande, le Pākistān, les Philippines et la Thaïlande et dont le siège était à Bangkok. Ayant perdu toute raison d'être depuis le désengagement américain au Viêt-nam en 1973, l'Organisation a été officiellement dissoute le 30 juin 1977.

ASIENTO [asjɛnto] n. m. (esp. *asiento,* traité, accord). Contrat entre la Couronne d'Espagne et un individu, une compagnie ou un État, leur donnant un monopole commercial. (Le plus connu est l'*asiento de negros,* licence octroyée pour l'introduction d'esclaves noirs en Amérique [1517-1750].)

ASIK → ACHOUG.

ASILAIRE adj. Qui se rapporte à l'hôpital psychiatrique.

1. ASILE n. m. (lat. *asylum,* du gr. *asulon,* lieu inviolable). **1.** Lieu où l'on peut se réfugier pour être à l'abri d'un danger, d'un besoin, etc. ; refuge, retraite : *Trouver asile chez quelqu'un.* – 2. Établissement qui était destiné à des indigents, des handicapés ou des vieillards. – 3. *Asile (d'aliénés),* établissement hospitalier public où étaient traités les malades mentaux. (Ce terme a été remplacé sur le plan administratif, en 1938, par HÔPITAL PSYCHIATRIQUE, lequel tend à son tour à être délaissé pour celui de CENTRE HOSPITALIER SPÉCIALISÉ ou de CENTRE PSYCHOTHÉRAPIQUE). – 4. *Asile de nuit,* établissement où l'on recueille la nuit des indigents sans domicile. ‖ *Asile diplomatique,* protection qui peut être assurée par un État à une personne poursuivie, en raison de l'inviolabilité des locaux diplomatiques. ‖ *Droit d'asile,* droit d'inviolabilité qui était accordé à certains lieux, soit à cause de leur sainteté propre, soit à cause des personnes qui les habitaient ; autorisation de séjour accordée par un État à un individu faisant l'objet de poursuites de la part de l'État dont il est citoyen. (En principe, l'asile n'est accordé qu'aux personnes poursuivies pour des motifs politiques.)

2. ASILE n. m. (lat. *asilus,* taon). Grande mouche carnassière qui capture ses proies en plein vol. (Certaines espèces de la vaste famille des *asiles* ou *asilidés* protègent les récoltes, dont elles dévorent les prédateurs.)

ASILÉ, E n. Personne qui, demandant l'asile, est, avant d'avoir obtenu le statut de réfugié, prise en charge par l'État qui l'accueille.

ASIMINIER n. m. Arbrisseau (anonacée) d'Amérique du Sud, au fruit comestible.

ASIMOV (Isaac), écrivain américain d'origine russe (Petrovitchi, près de Smolensk, 1920 - New York 1992), célèbre pour ses récits de science-fiction (*Fondation,* 1942-1982).

ASINIEN, ENNE adj. (lat. *asinus,* âne). Relatif à l'âne.

ASINIUS POLLIO (Caius), homme d'État et écrivain romain (76 av. J.-C. - 5 apr. J.-C.). Ami de César, consul en 41 av. J.-C., il a laissé des poésies, des tragédies et une *Histoire de la guerre civile entre César et Pompée.*

'ASĪR, prov. d'Arabie Saoudite, en bordure de la mer Rouge, entre le Hedjaz et le Yémen, au-dessus de la Tihāma. Ch.-l. *Abhā.*

ASISMICITÉ, ASISMIQUE → ASÉISMICITÉ, ASÉISMIQUE.

ASKARI n. m. (ar. *'askarī,* soldat). Soldat indigène de diverses armées coloniales d'Afrique orientale (troupes italiennes, allemandes et britanniques).

ASKENAZY (Szymon), historien et homme politique polonais (Zawichost 1866 - Varsovie 1935), professeur à Lwów, auteur de *Napoléon et la Pologne* (1918-19).

ASKIA, dynastie songhaï fondée en 1492 et éliminée par le sultan du Maroc en 1591.

ASKR ou **ASK,** le premier homme dans la théogonie scandinave.

A. S. M., abrév. de *anti-sous-marin,* désignant tout ce qui se rapporte à la lutte contre les sous-marins.

ASMAR *(tell)* → ESHNOUNNA.

ASMARA, cap. de l'Érythrée, à 2 400 m d'alt. ; 374 000 hab., reliée par voie ferrée à la mer Rouge. Centre universitaire et industriel.

ASMATS, ethnie qui occupe la région du lac Sentani, au nord de la baie Flamingo, en Nouvelle-Guinée occidentale.

ASMODÉE, démon du folklore oriental ancien qui apparaît dans le livre de Tobie et dans la littérature talmudique et populaire juive. – Personnage du folklore et de la littérature populaire espagnols, des romans de Luis Vélez de Guevara (1641), de Lesage (1707), et de la première pièce de théâtre de F. Mauriac (1938).

ASMONÉENS ou **HASMONÉENS,** dynastie sacerdotale et royale issue des Maccabées. Elle régna de 134 à 37 av. J.-C. sur la Palestine, redevenue indépendante après le soulèvement des Maccabées. L'accession au pouvoir d'Hérode le Grand mit fin au règne des Asmonéens.

A. S. M. P., abrév. de *air sol moyenne portée,* désignant la charge nucléaire propulsée lancée depuis un bombardier vers un objectif terrestre.

ASNAM (El) → CHELIFF *(Ech-).*

ASNIÈRES-SUR-SEINE (92600), anc. **Asnières,** ch.-l. de cant. des Hauts-de-Seine, à 2 km au N.-O. de Paris ; 72 250 hab. *(Asniérois).* Centre résidentiel et industriel (construction automobile, notamment), sur la rive gauche de la Seine.

ASNYK (Adam), écrivain polonais (Kalisz 1838-Cracovie 1897). Auteur de pièces de théâtre et de recueils lyriques (*Au-dessus des abîmes,* 1883-1894).

ASO, volcan actif du Japon, dans l'île de Kyūshū ; 1 592 m d'alt. Parc national.

ASOCIABILITÉ n. f. Caractère de qqn qui ne peut s'adapter à la vie sociale.

ASOCIAL, E, AUX adj. et n. Qui montre ou marque une incapacité à s'adapter à la vie sociale.

ASOCIALITÉ n. f. Comportement des sujets qui refusent les normes du groupe ; situation de ceux qui se placent en dehors des circuits de production ; état de ce qui est asocial.

AŚOKA ou **AÇOKA,** célèbre souverain de l'Inde ancienne, le troisième de la dynastie maurya. Il régna d'environ 269 à 232 av. J.-C., depuis

Pațaliputra (auj. Pāṭnā), sur un territoire qui comprenait, outre une partie de l'Afghānistān, la totalité de l'Inde actuelle, à l'exception du sud du Deccan. Il joua un rôle décisif dans le développement, l'organisation et la réforme du bouddhisme, dont l'esprit inspira sa politique.

ASOMATOGNOSIE n. f. Trouble du schéma corporel, ou non-reconnaissance du corps ou de certaines de ses parties, consécutif à une lésion cérébrale.

ASOPIA n. f. (gr. *Asôpos,* n. pr.). Nom générique de la teigne de la farine.

A. S. P., abrév. de la locution commerciale ACCEPTÉ SANS PROTÊT.

ASPARAGINASE n. f. Enzyme protéolytique utilisée en thérapeutique anticancéreuse (leucémies), détruisant la l-asparagine, substance indispensable au développement de certaines cellules cancéreuses.

ASPARAGINE n. f. Amide de l'acide aspartique, dont l'une des trois formes, la l-asparagine, fait partie des 20 constituants fondamentaux des protéines et se rencontre dans les germes d'asperge, dans les betteraves, les pois.

ASPARAGOPSIS [-psis] n. m. Algue rouge marine utilisée pour le dosage des retombées radioactives à cause de son aptitude à concentrer l'iode.

ASPARAGUS [-gys] n. m. (mot lat.). **1.** Nom générique de l'asperge. — **2.** Feuillage délicat que les fleuristes ajoutent aux bouquets.

ASPARTAM ou **ASPARTAME** n. m. Succédané du sucre utilisé dans la fabrication industrielle de certaines boissons (sodas, colas), ainsi que dans l'alimentation.

ASPARTATE n. m. Sel ou ester de l'acide aspartique.

ASPARTIQUE adj. *Acide aspartique,* diacide aminé présent dans presque toutes les protéines. (Il existe sous trois formes correspondant aux trois asparagines.)

ASPARUH ou **ISPERIH,** chef bulgare sous la conduite duquel les Bulgares émigrèrent vers les bouches du Danube, défirent v. 680 les armées byzantines et assujettirent les tribus slaves de Mésie.

ASPASIE de Milet, femme grecque, célèbre par son esprit et sa beauté (seconde moitié du Ve s. av. J.-C.). Amie de Périclès, son influence politique en fit la cible des poètes comiques et des adversaires de Périclès.

1. ASPE ou **ASPLE** n. m. (all. *Haspel,* dévidoir). Appareil servant à dévider la soie, c'est-à-dire à la tirer des cocons.

2. ASPE n. m. Poisson cyprinidé des eaux douces et des estuaires de l'Europe de l'Est, comestible, et dont la pêche est sportive. (Il atteint 1 m de long et 8 kg.)

ASPE *(gave d'),* torrent des Pyrénées-Atlantiques qui draine la *vallée d'Aspe* (voie de passage vers l'Espagne par le Somport) et rejoint, à Oloron-Sainte-Marie, le gave d'Ossau, formant alors le gave d'Oloron. Aménagements hydroélectriques.

ASPECT [-pɛ] n. m. (lat. *aspectus,* regard). **1.** Manière dont qqn ou qqch se présente à la vue ; apparence, extérieur : *Une vallée d'aspect sauvage.* — **2.** Chacune des faces sous lesquelles peut être examinée une question : *Étudier un projet sous tous ses aspects.* • **Astrol.** Distance angulaire entre deux astres sur la sphère céleste, à laquelle est attribuée une vertu astrologique particulière. (→ *encycl.*) ‖ Point du zodiaque faisant avec un astre ou un point important de l'horoscope (ascendant, milieu du ciel, etc.) un angle auquel est attribuée une vertu astrologique particulière. — **Astron.** Terme désignant indifféremment les configurations appelées conjonction, opposition et quadrature. — **Ling.** Ensemble des procédés qui permettent d'exprimer la manière dont le sujet parlant envisage le procès exprimé par le verbe. (→ *encycl.*)

ENCYCL. **Astrol.** On distingue cinq aspects : la conjonction (0°) et l'opposition (180°), en principe neutres ; le carré (90°), maléfique ; le sextile (60°) et le trigone (120°), bénéfiques.

— **Ling.** Contrairement au nom qui a une représentation stable, le procès exprimé par le verbe est susceptible d'être envisagé dans son déroulement, sa durée, son achèvement, etc. La distinction d'aspect perfectif/imperfectif commande tout le système verbal des langues slaves ; ainsi en russe J'AI LU *(un roman hier soir)* sera traduit *protchital* ou *tchital* selon que l'action de lire a été achevée et le roman terminé (perfectif) ou qu'il s'agit d'une simple description de l'action (imperfectif). En français, l'aspect accompli, ponctuel, s'oppose à l'inaccompli, duratif, et s'exprime par la distinction à tous les temps de la forme simple et de la forme composée : *je mange* (inaccompli, duratif)/*j'ai mangé* (accompli, ponctuel). L'anglais connaît deux distinctions aspectuelles avec le parfait *(I have read)* et la forme progressive *(I am reading).* D'autres nuances du même type (aspect terminatif, itératif, déterminé ou indéterminé, intensif, etc.) peuvent être exprimées, selon les langues, par des moyens très variés (syntaxiques, morphologiques, lexicaux). En français, les oppositions aspectuelles sont masquées par la prédominance des temps, mais dans certaines langues (arabe, chinois, bantou, etc.) ces distinctions sont fondamentales.

ASPECTUEL, ELLE adj. Relatif à l'aspect linguistique.

ASPENDOS ou **ASPENDUS,** site archéologique de Turquie, en Pamphylie, à 30 km à l'est d'Antalya. Ruines d'époque impériale : agora, basilique, nymphée, et surtout théâtre romain avec mur de scène à deux étages.

ASPENSTRÖM (Werner), poète suédois (Norrbärke, Dalécarlie, 1918). Il se caractérise par une langue imagée et originale, un sens très personnel du rythme (*Intérieur*, 1969).

ASPERGE n. f. (lat. *asparagus,* du gr. *asparagos,* asperge, tige). **1.** Plante cultivée vivace (liliacée), du genre *asparagus,* dont on consomme les jeunes pousses, cuites. – **2.** Pousses comestibles de cette plante. – **3.** Fam. *Asperge, asperge montée (en graine),* personne maigre et très grande.

ASPERGER v. t. (lat. *aspergere,* arroser) [conj. 17]. **1.** Mouiller légèrement qqn, qqch, en projetant sur eux un liquide, une eau en pluie : *Le tourniquet d'arrosage aspergeait les passants.* – **2.** Projeter un liquide en pluie sur qqch : *Asperger un insecticide sur les rosiers.*
◆ **s'asperger** v. pr. Se projeter un liquide sur le corps : *S'asperger d'eau froide pour se réveiller.*

ASPERGERAIE, ASPERGERIE ou **ASPERGIÈRE** n. f. Terrain planté d'asperges.

ASPERGÈS [-ʒɛs] n. m. (lat. *asperges,* tu aspergeras, mot par lequel commence l'antienne *Asperges me*). **1.** Aspersoir, goupillon. – **2.** Moment où le célébrant fait l'aspersion d'eau bénite sur les fidèles.

Asperges me (mots lat. signif. *tu m'aspergeras*), antienne processionnelle qui accompagnait l'aspersion d'eau bénite sur les fidèles avant la grand-messe du dimanche.

ASPERGILLAIRE adj. (de *aspergillus*). *Truffe aspergillaire,* syn. de ASPERGILLOME.

ASPERGILLOME n. m. (de *aspergillus*). Variété d'aspergillose pulmonaire caractérisée par une masse pseudotumorale formée dans une bronche ou dans une lésion pulmonaire. (Syn. TRUFFE ASPERGILLAIRE.)

ASPERGILLOSE n. f. (de *aspergillus*). Maladie mycosique, observée chez tous les animaux et plus particulièrement chez les oiseaux, dont l'agent est un champignon ascomycète (aspergillus) et dont les symptômes sont assez proches de ceux de la tuberculose.

ENCYCL. Chez l'homme, l'aspergillose, rare, peut atteindre l'appareil respiratoire, parfois les organes des sens. Il existe également des formes cutanées, osseuses, cardiaques, cérébrales, et surtout une forme généralisée de haute gravité.

ASPERGILLUS [-lys] n. m. (lat. sc. *aspergillus*). Champignon responsable de l'aspergillose et de diverses moisissures, caractérisé par ses conidies en chaînes rayonnantes autour d'une tête sphérique.

ASPÉRITÉ n. f. (lat. *asperitas*). **1.** Inégalité, rugosité, saillie qui donne de la rudesse à une surface : *Les aspérités du sol, d'un rocher.* – **2.** *Litt.* Rudesse désagréable : *Sa voix avait une certaine aspérité.*

ASPERMATISME n. m. Impossibilité ou difficulté de l'éjaculation du sperme.

ASPERME adj. Se dit d'un végétal ou d'un fruit qui ne produit pas de graines. (Les fruits parthénocarpiques sont aspermes.)

ASPERMIE n. f. Absence de la sécrétion du sperme.

ASPERSEUR n. m. Petit arroseur rotatif fonctionnant à basse pression. (Syn. SPRINKLER.)

ASPERSION n. f. (lat. *aspersio*). **1.** Action d'asperger ou de s'asperger. – **2.** Action de saupoudrer une poterie, avant cuisson, de l'enduit vitreux destiné à la rendre imperméable. – **3.** Action de projeter de l'eau bénite sur qqn ou qqch que l'on veut bénir. – **4.** *Baptême par aspersion,* baptême que l'on confère en aspergeant d'eau les catéchumènes.

ASPERSOIR n. m. (lat. médiév. *aspersorium,* goupillon). **1.** Pomme d'arrosoir percée de petits trous. – **2.** Goupillon pour projeter de l'eau bénite.

ASPÉRULE n. f. (lat. *asper,* âpre). Rubiacée des sols rocailleux, voisin du gaillet, aux feuilles odorantes.

ASPHALTAGE n. m. Action d'asphalter.

ASPHALTE n. m. (bas lat. *asphaltus,* du gr. *asphaltos,* bitume). **1.** Terme général désignant des substances noirâtres, visqueuses ou solides, appartenant aux bitumes et imprégnant certaines roches, d'où l'on peut les extraire par chauffage. – **2.** Syn. fréquent de BITUME. – **3.** *Fam.* Rue bitumée, trottoir bitumé. – **4.** Roche calcaire imprégnée de bitume (généralement de 6 à 11 %) servant à la construction des chaussées et des trottoirs.

ASPHALTÈNE n. m. Mélange d'hydrocarbures de masses molaires élevées contenus dans le bitume.

ASPHALTER v. t. (conj. 3). Couvrir d'asphalte.

ASPHALTEUX, EUSE ou **ASPHALTIQUE** adj. Qui contient de l'asphalte ; qui possède les propriétés de l'asphalte.

ASPHALTIER n. m. Navire pétrolier conçu spécialement pour le transport du bitume. (Syn. BITUMIER.)

ASPHALTITE n. f. Bitume naturel produit par l'altération des pétroles que l'on trouve parfois dans les cavités (pores, fractures) des roches sédimentaires, partiellement soluble dans les solvants organiques usuels.

ASPHÉRIQUE adj. En optique, se dit d'une surface courbe qui n'est pas sphérique.

ASPHODÈLE n. m. (lat. *asphodelus,* du gr. *asphodelos*). Liliacée aux fleurs blanches à pétales étroits, au tubercule amylacé.

ASPHYGMIE n. f. Disparition momentanée du pouls (ordinairement sous l'influence d'un spasme artériel).

ASPHYXIANT, E adj. Qui asphyxie : *Atmosphère asphyxiante.*

ASPHYXIE n. f. (gr. *asphuksia*). **1.** État d'un sujet chez lequel l'oxygène n'arrive pas en quantité normale au niveau des tissus. (→ *encycl.* Méd.) — **2.** Paralysie progressive d'un secteur d'activité : *Asphyxie de la vie politique.* — **3.** État des parties des végétaux qui se trouvent privées d'oxygène, dans un sol trop compact ou inondé ou dans une eau stagnante. (→ *encycl.* Bot.)

ENCYCL. **Bot.** Certaines plantes croissant normalement en milieu anaérobie évitent l'asphyxie soit à l'aide d'organes spéciaux (pneumatophores* du cyprès chauve), soit par circulation interne d'oxygène issu des parties aérées (riz). Mais la pullulation des bactéries anaérobies crée dans les sols asphyxiés un environnement chimique très défavorable (alcool, ammoniaque, méthane, etc.).

— **Méd.** L'asphyxie peut être due à un arrêt ventilatoire ou circulatoire ou à une atteinte des appareils ventilatoires ou circulatoires. Elle peut être due également à une atteinte neurologique ou à une respiration en atmosphère confinée ou encore à l'inhalation d'un gaz toxique.

ASPHYXIÉ, E n. Personne qui a subi une asphyxie.

ASPHYXIER v. t. (conj. 9). **1.** Mettre en état d'asphyxie un être vivant : *La fumée de l'incendie a asphyxié l'un des sauveteurs.* — **2.** Faire dépérir, paralyser une activité, une entreprise, etc. : *Asphyxier un secteur industriel.*

◆ **s'asphyxier** v. pr., **être asphyxié** v. pass. Se donner la mort, succomber par asphyxie : *S'asphyxier au gaz.*

ASPHYXIQUE adj. Relatif à l'asphyxie.

1. ASPIC n. m. (lat. *aspis, -idis,* du gr. *aspis, -idos,* serpent venimeux). **1.** Vipère de France et d'Italie, au museau retroussé et à la tête triangulaire. — **2.** Canon français du XVIe s., lançant des boulets de 12 livres. — **3.** Litt. *Langue d'aspic,* mauvaise langue, langue de vipère.

2. ASPIC n. m. (de *aspic 1*). Entrée froide composée d'éléments divers (filets de volaille, de poisson, légumes, etc.), enrobés de gelée aromatisée et décorée.

3. ASPIC ou **SPIC** n. m. (anc. provenç. *espic,* épi). Sorte de lavande à feuilles relativement larges, à odeur camphrée, dont l'huile essentielle est surtout d'usage industriel.

ASPIDIOTUS [-tys] n. m. Nom générique du pou de San José, cochenille qui est un redoutable parasite des arbres fruitiers. (Le mâle est ailé et inoffensif.)

ASPIDISTRA n. m. (mot lat. sc., du gr. *aspis, -idos,* bouclier). Liliacée ornementale d'Extrême-Orient, aux fleurs mauves, souvent cultivée en appartement.

ASPIN *(col d'),* col routier des Pyrénées (Hautes-Pyrénées), entre Bagnères-de-Bigorre et Arreau ; 1 489 m.

ASPIRAIL n. m. (pl. *aspiraux*) [de *aspirer*]. Ouverture pratiquée dans un poêle, un fourneau, etc., pour donner passage à l'air.

ASPIRAN ou **SPIRAN** n. m. Cépage noir, cultivé dans le Languedoc. (Syn. RIBEYRENC.)

1. ASPIRANT, E adj. **1.** Qui aspire un liquide ou un fluide. — **2.** *Pompe aspirante,* pompe qui élève un liquide en faisant le vide.

2. ASPIRANT, E n. Personne qui aspire à un titre, à une dignité, à un emploi.

◆ **aspirant** n. m. Grade de la hiérarchie militaire générale situé entre le grade de major et celui de sous-lieutenant ou d'enseigne de vaisseau de deuxième classe.

ASPIRATEUR n. m. Appareil servant à aspirer les fluides (air, gaz, vapeurs, liquides, etc.), purs ou chargés de corps solides en suspension, les poussières ; ce type d'appareil destiné au nettoyage des sols, des tentures, etc. (On distingue l'*aspirateur-balai,* l'*aspirateur-traîneau* et l'*aspirateur-batteur,* ou *aspiro-batteur,* ainsi que l'*aspirateur-brosseur,* qui permettent le dépoussiérage des tapis et moquettes.)

ASPIRATION n. f. (lat. *aspiratio,* souffle). **1.** Action d'aspirer, d'absorber l'air, un gaz par les voies respiratoires ou d'attirer un liquide, un fluide, chargés éventuellement de matières solides, en créant un vide. — **2.** Force intérieure, tendance profonde qui pousse qqn vers un idéal ou une meilleure situation ; ce désir, ce souhait lui-même : *L'aspiration d'un peuple à la liberté.* • **Chir.** Technique consistant à évacuer des liquides de l'appareil digestif à l'aide d'un tube souple branché sur un aspirateur et introduit par la bouche ou le nez jusque dans l'estomac, le duodénum ou l'intestin grêle. — **Mécan.** Période pendant laquelle un cylindre de moteur thermique aspire les gaz combustibles. — **Méd.** *Aspiration endo-utérine*, aspiration et évacuation du contenu de l'utérus à l'aide d'une canule métallique ou en plastique, branchée sur une source de vide. (Elle est utilisée notamment pour l'interruption volontaire de grossesse sous le nom de *méthode de Karman.*) ‖ *Aspiration trachéale,* aspiration des sécrétions bronchiques chez les malades intubés ou trachéotomisés pour permettre une ventilation assistée. — **Métall.** Procédé de grillage appliqué spécialement aux minerais sulfureux tels que galène, pyrite, minerai de cuivre. — **Phon.** Souffle d'air expiratoire qui accompagne l'émission de certaines unités phonétiques. (→ *encycl.*).

ENCYCL. **Phon.** L'importance phonétique de l'aspiration diffère selon les langues. Inexistante dans les langues romanes, elle est fortement marquée en anglais et en allemand : l'aspiration initiale du mot anglais *hill* ou de l'allemand *hundert* est notée [h]. En général, les aspirées sont des consonnes occlusives sourdes. En français, le *h* initial dans *héros* ou *hasard* est improprement appelé « aspiré », puisqu'il n'est jamais prononcé.

ASPIRATOIRE adj. Relatif à l'aspiration de l'air par les voies respiratoires.

ASPIRER v. t. (lat. *aspirare,* souffler) [conj. 3]. **1.** Absorber l'air, un gaz, etc., par les voies respiratoires, le faire pénétrer dans les poumons : *Il ouvrit la fenêtre pour aspirer un peu d'air frais.* — **2.** Attirer un liquide en créant un vide partiel ; déplacer un fluide pouvant entraîner ou véhiculer des matières solides : *Aspirer la poussière de la moquette.* — **3.** Réaliser une aspiration.

◆ v. t. ind. Être porté à faire qqch par un désir profond : *Aspirer au repos.*

◆ **être aspiré** v. pass. *Consonne aspirée* ou *aspirée* (n. f.), consonne dont l'émission s'accompagne d'une aspiration.

ASPIRINE n. f. (all. *Aspirin* ; de *a* priv. et lat. sc. *spiraea,* spirée). **1.** Médicament utilisé pour son action analgésique, antipyrétique et antirhumatismale. (Syn. ACIDE ACÉTYLSALICYLIQUE.) [Nom déposé dans certains pays.] — **2.** Fam. *Blanc comme un cachet d'aspirine,* très pâle.

ENCYCL. Obtenue par Charles Gerhardt, chimiste français, en 1853, l'aspirine fut préparée à l'état pur et stable en 1899 par Felix Hofmann, chimiste des Laboratoires Bayer à Elberfeld. Sa faible toxicité, sa large activité, son action anti-inflammatoire font de l'aspirine un précieux médicament contre la fièvre et les douleurs, en particulier d'origine rhumatismale. Mais son acidité entraîne une irritation importante de la muqueuse gastrique et rend son usage prolongé dangereux. L'emploi de l'aspirine potentialise l'action des anticoagulants, aussi leur association est-elle contre-indiquée.

ASPIRO-BATTEUR n. m. (pl. *aspiro-batteurs*). Syn. de ASPIRATEUR-BATTEUR.

ASPLE → ASPE.

ASPLENIUM [-njɔm] n. m. (lat. *asplenos,* du gr. *asplênos,* cétérach). Genre de fougères comprenant près de 250 espèces, dont 12 en France.

ASPORULÉE n. f. Bactérie ne formant jamais de spores.

ASPRES n. f. pl. Dans le Roussillon, collines caillouteuses arides, en particulier entre la Têt et le Tech, dominant la plaine.

ASPROMONTE, massif granitique d'Italie, extrémité méridionale de la Calabre ; 1 956 m. — Garibaldi y fut blessé et fait prisonnier (29 août 1862).

ASQUE n. m. (gr. *askos,* outre). Sac microscopique porté en grand nombre par les champignons ascomycètes et qui contient 4 ou 8 spores reproductrices libérées à maturité.

ASQUITH (Herbert Henry), 1er comte **d'Oxford et Asquith,** homme politique britannique (Morley, Yorkshire, 1852 -Londres 1928). Député libéral, ministre de l'Intérieur (1892-1895), chancelier de l'Échiquier (1905), Premier ministre (1908-1916), il soutint les projets audacieux de son collègue Lloyd George et défendit aussi le projet de *Home Rule* pour l'Irlande, qu'il fit passer en 1914. Il entra résolument, la même année, dans la Première Guerre mondiale. En 1916, il passa le pouvoir à Lloyd George et reprit la direction du parti libéral, dont il ne put éviter le déclin.

ASQUITH (*sir* Anthony), cinéaste britannique (Londres 1902 - *id.* 1968), fils du précédent. Il est l'auteur de *Pygmalion* (1938), *le Chemin des étoiles* (1945), *l'Ombre d'un homme* (1951).

ASSAB, principal port d'Érythrée, sur la mer Rouge ; 22 000 hab. Salines. Raffinerie de pétrole.

ASSABLER v. t. (conj. 3). Tendre des filets sur un fond de sable.

ASSACU n. m. Arbre d'Amérique tropicale, dont le fruit s'ouvre en projetant les graines et dont on utilise le bois en caisserie. (N. usuels *sablier, hura.*)

ASSAFIEV (Boris Vladimirovitch), dit **Igor Glebov,** musicologue et compositeur soviétique (Saint-Pétersbourg 1884 - Moscou 1949). Il a écrit des ouvrages et des articles sur Glinka, Moussorgski, Tchaïkovski et les musiciens soviétiques. Auteur de maints opéras et de 27 ballets *(le Prisonnier du Caucase,* 1938), il fut professeur aux conservatoires de Leningrad et de Moscou.

ASSAGIR v. t. (conj. 32). **1.** Rendre qqn sage, moins impulsif : *Cette expérience malheureuse l'a assagi.* — **2.** Rendre qqch moins violent, plus calme : *L'âge assagit les passions.*

◆ **s'assagir** v. pr., **être assagi** v. pass. Devenir sage, se ranger : *Un adolescent assagi.*

ASSAGISSEMENT n. m. Action d'assagir, de s'assagir : *L'assagissement des esprits.*

ASSAI [asaj] adv. (mot ital. signif. *beaucoup*). En musique, indique un superlatif.

ASSAILLANT, E n. Personne qui donne l'assaut à l'ennemi ou à ses positions : *Repousser les assaillants.*

◆ adj. Qui prend l'initiative du combat : *Les forces assaillantes.*

◆ **assaillant** n. m. Celui qui, dans un tournoi, combattait contre le tenant.

ASSAILLIR v. t. (lat. pop. **assalire,* du lat. class. *assilire,* sauter sur) [conj. 47]. **1.** Attaquer qqn en se jetant délibérément sur lui : *Des voyous l'ont assailli dans une rue déserte.* — **2.** En parlant d'une force naturelle, soumettre qqn, qqch à une action violente, à un assaut : *Des vagues énormes assaillent la jetée.* — **3.** En parlant de qqch, accabler qqn, le tourmenter sans répit : *Les difficultés l'ont assailli dès sa prise de fonctions.* — **4.** *Assaillir qqn de questions, de demandes, etc.,* le harceler, l'importuner de sollicitations incessantes.

ASSAINIR v. t. (conj. 32). **1.** Rendre sain un lieu, qqch, en faire disparaître les causes de pollution ou d'insalubrité : *On a assaini les régions où régnait la malaria.* — **2.** Débarrasser un lieu, un milieu des éléments jugés indésirables ou responsables d'un état de fait inacceptable : *Assainir un quartier par des opérations de police.* — **3.** Ramener à un état normal une situation, qqch en éliminant les causes de trouble ou de déséquilibre : *Assainir le marché boursier.* — **4.** Rendre plus pur qqch du point de vue moral : *Assainir les mœurs.*

ASSAINISSEMENT n. m. **1.** Action d'assainir ; état de ce qui est assaini : *L'assainissement du climat social.* — **2.** Suppression de l'excès d'eau dans le sol au moyen de fossés ou de drains. — **3.** Ensemble des techniques d'évacuation et de traitement des eaux usées et des boues résiduaires. (→ *encycl.*)

ENCYCL. L'assainissement comprend la collecte des eaux usées et pluviales et leur acheminement vers une station de traitement ou leur rejet extérieur ; le traitement des eaux usées, comportant en général un étage mécanique, un étage biologique et une décantation ; le traitement et l'évacuation des boues, afin de les rendre acceptables pour le milieu extérieur (décharge) ou utiles à l'agriculture.

ASSAINISSEUR n. m. **1.** Désodorisant solide ou liquide dont la lente évaporation ou la vaporisation assainissent l'atmosphère. — **2.** Appareil électrique produisant de l'ozone pour assainir l'air d'un local.

ASSAISONNEMENT n. m. **1.** Action d'assaisonner les mets ; manière dont ils sont assaisonnés : *L'assaisonnement d'une salade.* — **2.** Ingrédients divers ajoutés aux aliments crus ou cuits pour en relever le goût.

ASSAISONNER v. t. (de *saison*) [conj. 3]. **1.** Accommoder un mets de façon à en relever le goût à l'aide de condiments (sel, poivre, vinaigre, moutarde, etc.) : *Assaisonner des poireaux à la vinaigrette.* — **2.** *Litt.* Rendre plus agréable, plus piquant, moins sévère qqch, par divers procédés ou artifices : *Assaisonner un exposé sérieux de quelques traits d'esprits.* — **3.** *Fam.* Maltraiter qqn en paroles ou en actes : *Se faire assaisonner par la critique.* — **4.** *Fam.* Présenter à un client une facture excessive. — **5.** *Pop.* et *vx.* Transmettre à qqn une maladie vénérienne.

ASSAL, lac salé de la République de Djibouti, situé à 155 m au-dessous du niveau de la mer ; 57 km^2.

ASSAM, État du nord-est de l'Inde ; 78 500 km^2 ; 22 294 562 hab. Cap. *Dispur.* Correspondant surtout à la longue vallée encaissée du Brahmapoutre, c'est un pays humide et forestier, marécageux, difficilement pénétrable.

— **Hist.** Du XIIIe au XIXe s., l'Assam fut indépendant sous la dynastie Ahom. Les Britanniques y pénétrèrent dans les années 1820, à la suite des guerres contre la Birmanie, et l'annexèrent en 1826. Depuis l'indépendance de l'Inde, les non-hindous des montagnes du Sud ont obtenu la création de trois États autonomes dans le cadre de l'Union indienne, le Nagaland (1963), le Meghalaya (1970) et le Mizoram (1986). La venue en 1971 de nombreux musulmans du Bangladesh a encore aggravé les tensions.

ASSAMAIS, E adj. et n. D'Assam.

◆ **assamais** ou **assami** n. m. Langue indo-aryenne parlée en Assam dans la vallée du Brahmapoutre par environ 7 millions de locuteurs. (Proche du bengali et de l'oriya, mais influencé par les langues tibéto-birmanes proches, l'assamais est une des 15 langues reconnues par la Constitution indienne.)

ASSARHADDON, nom donné par la Bible à **Assour-aha-iddin** (680-669 av. J.-C.), célèbre pour ses palais de Ninive. Fils de Sennachérib, il pratiqua une politique d'apaisement à l'égard de Babylone. Après plusieurs campagnes en Syrie-Palestine, il pénétra dans le delta du Nil.

ASSARMENTER v. t. (conj. 3). Débarrasser une vigne des sarments, après la taille.

ASSAS (Louis, *chevalier* D') [Le Vigan 1733 - Clostercamp 1760]. Capitaine au régiment d'Auvergne, il aurait sauvé son régiment d'une attaque inopinée de l'ennemi, à la veille de la bataille de Clostercamp (1760), en criant « À moi, Auvergne, ce sont les ennemis ! ».

1. ASSASSIN n. m. (ital. *assassino,* de l'ar. *ḥachīchiyya,* fumeur de haschisch). **1.** Personne qui commet un assassinat et, plus généralement, qui attente à la vie d'un être humain ou est responsable de sa mort. — **2.** *À l'assassin !,* cri de détresse de qqn qui est menacé de mort. — **3.** *Vx.* Mouche noire que les femmes se mettaient au-dessous de l'œil.

2. ASSASSIN, E adj. *Litt.* **1.** Qui tue, qui est malfaisant, funeste : *Une main assassine.* — **2.** Qui est capable d'inspirer une grande passion : *Un regard assassin.*

ASSASSINAT n. m. **1.** Meurtre commis avec préméditation ou guet-apens. — **2.** Action provoquant la disparition, l'anéantissement de qqch : *L'assassinat des libertés.*

ENCYCL. Depuis l'abolition de la peine de mort, l'assassinat est un crime passible de la réclusion criminelle à perpétuité, sauf dans le cas où il est commis par une mère sur son enfant nouveau-né (réclusion criminelle de dix à vingt ans).

ASSASSINER v. t. (ital. *assassinare*) [conj. 3]. **1.** Tuer avec préméditation un être humain ; commettre un meurtre. — **2.** Ruiner, anéantir qqch, y porter atteinte par des moyens indignes : *Assassiner les libertés.* — **3.** *Fam.* Exiger de qqn un paiement exagéré.

Assassins *(secte des)* [de l'ar. *ḥachīchiyyīn* et *ḥachīchiyya,* c'est-à-dire fumeur de chanvre indien (en ar. *ḥachīch*)]. Nom donné par les Européens, au temps des croisades, aux adeptes de la branche nizārite de la secte des ismaéliens. Organisés en société secrète (XIe s.), les assassins employaient systématiquement le terrorisme contre leurs adversaires. Ils furent éliminés au XIIIe s.

ASSAUT n. m. (lat. pop. **assaltus,* du lat. class. *assultus*). **1.** Attaque faite dans le dessein d'emporter de vive force une position ennemie : *L'assaut d'une forteresse par les troupes.* — **2.** *Litt.* Attaque violente d'un élément naturel : *L'assaut des vagues contre la digue.* — **3.** Attaque, critique, harcèlement de qqn : *Subir l'assaut des journalistes.* — **4.** *Donner, livrer l'assaut à qqn, qqch,* l'attaquer avec fougue. ‖ *Faire assaut de qqch (avec qqn),* essayer de se montrer supérieur à qqn en qqch ; rivaliser de. ‖ *Monter, s'élancer, grimper, partir à l'assaut de qqch,* s'en prendre soudain et violemment à qqch. ‖ *Prendre un lieu d'assaut,* s'en emparer par la force, ou s'y précipiter en grand nombre, l'envahir. • **Mil.** Dernier bond de l'attaque, qui permet à l'assaillant l'abordage au corps à corps. ‖ *Aviation d'assaut,* formations aériennes spécialisées dans l'intervention au profit direct des troupes terrestres. ‖ *Distance d'assaut,* distance d'une position ennemie à partir de laquelle l'assaillant ne peut, sans danger, recevoir l'appui des feux de son artillerie et de ses armes lourdes. ‖ *Transport d'assaut,* transport de troupes par avion au niveau de la ligne de front. ‖ *Vague d'assaut,* ensemble de formations d'infanterie en petites colonnes et en ordre déployé, constituées pour l'assaut surtout pendant la Première Guerre mondiale. — **Sports.** En escrime, situation d'opposition de deux escrimeurs.

ASSE n. f. (lat. *ascia,* hache). Outil de tonnelier composé d'un marteau d'un côté et d'une hache recourbée de l'autre. (Syn. AISSETTE.)

ASSE, comm. de Belgique (Brabant flamand), au N.-O. de Bruxelles ; 27 000 hab. Église surtout gothique.

ASSEAU n. m. ou **ASSETTE** n. f. (de *asse*). Marteau de couvreur, dont une des extrémités est tranchante. (Syn. ESSETTE.)

ASSEC n. m. Période pendant laquelle un étang est maintenu vide pour y cultiver des céréales.

ASSÈCHEMENT n. m. Action d'assécher, fait d'être asséché : *L'assèchement d'un marais.*

ASSÉCHER v. t. (lat. *adsiccare,* sécher) [conj. **18**]. **1.** Priver de son eau, de son humidité naturelle un sol, un terrain : *Assécher des terres par drainage.* — **2.** Mettre à sec un réservoir, un bassin : *Assécher une pièce d'eau.*
◆ v. i. Rester à sec, sans eau à marée basse.

A. S. S. E. D. I. C. (abrév. de *ASSociations pour l'Emploi Dans l'Industrie et le Commerce*), associations paritaires créées en 1958 au niveau départemental par convention collective interprofessionnelle, dans le but d'assurer aux chômeurs une indemnisation complémentaire de l'aide publique. Depuis 1984, les A. S. S. E. D. I. C., dont le financement est assuré par les cotisations des employeurs et des salariés, gèrent le régime de l'assurance chômage.

ASSEMBLAGE n. m. **1.** Action d'assembler les éléments d'un tout ; montage : *Procéder à l'assemblage d'une charpente.* — **2.** Tout formé d'éléments assemblés : *Un livre est un assemblage de cahiers.* — **3.** Réunion inattendue ou disparate de personnes, de choses ; collection, mélange : *Un assemblage de peuples divers.* • **Art contemp.** Œuvre à trois dimensions dans laquelle sont réunis divers matériaux ou objets hétérogènes. (→ *encycl.*) — **Cout.** Réunion par des épingles, puis par des points de bâti des différentes pièces d'un vêtement, en vue de l'essayage ou de la mise au point sur patron. – **Cristallogr.** *Assemblage compact,* type d'empilement dans lequel les atomes, au contact les uns des autres, occupent un volume maximal. – **Inform.** Opération de traduction d'un programme écrit en langage d'assemblage en un programme objet écrit en langage machine. ‖ *Langage d'assemblage, programme d'assemblage,* syn. de ASSEMBLEUR. – **Nucl.** *Assemblage (de) combustible,* ensemble rigide, constitué principalement d'éléments de combustible, formant l'unité de chargement du cœur du réacteur nucléaire. – **Œnol.** Réunion de vins d'un même cru en vue d'obtenir un vin homogène. – **Rel.** Opération consistant à réunir dans l'ordre les cahiers et feuillets qui forment le livre. – **Techn.** Action, manière de réunir différentes pièces préalablement ajustées pour qu'elles forment un ensemble rigide ; résultat de cette action. (→ *encycl.*)

ENCYCL. **Art contemp.** L'assemblage participe de l'esprit du *collage* lorsqu'il réalise une métaphore visuelle inhabituelle, chargée de significations imprévues. À l'origine de l'assemblage non identifiable à de la sculpture se trouvent les œuvres en matériaux divers construites par Boccioni, Picasso et Archipenko dès 1912, ainsi que le phénomène majeur de l'intrusion de l'*objet* dans l'art depuis le premier *ready-made* de M. Duchamp en 1913. Après dada (Schwitters, Man Ray...) et le surréalisme *(objets surréalistes),* l'art de l'assemblage, fortifié aux États-Unis par la pratique du happening et par ces agencements visant à investir le spectateur que sont les *environnements* (Oldenburg, Kienholz...), se répand autour de 1960 avec, par exemple, le pop art et le nouveau réalisme.

– **Techn.** Les assemblages de charpente se divisent en assemblages d'angle, entures et moises. Les assemblages de menuiserie sont similaires aux précédents ou en dérivent. Pour les assemblages de pièces de menuiserie ou de meubles, on utilise aussi, à présent, des organes en métal ou en matière plastique.

En mécanique, un assemblage démontable est maintenu en place par des vis, des boulons, des goujons avec écrous, par un clavetage, par des manchons, des raccords, des brides, etc. Un assemblage non démontable est réuni par soudage, par brasage, par rivetage, par collage ou par frettage.

ASSEMBLÉ n. m. ou **ASSEMBLÉE** n. f. Pas de conclusion d'un enchaînement ou temps de préparation à un pas battu consistant, une jambe étant en l'air, à sauter puis retomber sur les deux pieds joints.

ASSEMBLÉE n. f. (de *assembler*). **1.** Réunion, dans un même lieu, d'un nombre plus ou moins considérable de personnes ; public, assistance : *Il parla en présence d'une nombreuse assemblée.* – **2.** Réunion de délégués, d'élus, de députés, de particuliers qui délibèrent ensemble en vue de prendre certaines décisions. – **3.** *Fam.* Lieu, bâtiment où se tient une telle réunion : *Les couloirs de l'assemblée.* – **4.** *Assemblée générale constitutive,* première réunion de tous les actionnaires d'une société par actions, convoquée par les fondateurs, qui donne l'être juridique à la société. ‖ *Assemblée générale extraordinaire,* réunion des actionnaires d'une société par actions, dont le but est de statuer sur les modifications de statut. ‖ *Assemblée générale ordinaire,* réunion des actionnaires d'une société par actions ou des membres d'une association, de façon régulière prévue par les statuts. ‖ *Assemblée nationale,* assemblée élue au suffrage universel direct, qui, avec le Sénat, constitue le Parlement français. ‖ *Assemblée plénière,* organe de la Cour de cassation, présidé par le premier président de la Cour, qui comprend les présidents et doyens des six chambres ainsi que deux conseillers de chaque chambre, désignés par le premier président ; la plus haute formation de jugement du Conseil d'État, qui connaît des questions les plus importantes. ‖ *Régime* ou *gouvernement d'assemblée,* mode d'organisation des pouvoirs publics caractérisé par l'assujettissement de l'exécutif au législatif.

ENCYCL.

assemblées politiques pendant la Révolution

- *Assemblée nationale constituante* → CONSTITUANTE.
- *Assemblée législative* → LÉGISLATIVE.
- *Convention,* v. ce mot.

de 1814 à 1848

→ CHAMBRE DES DÉPUTÉS.

de 1848 à 1875

- *Assemblée constituante de 1848.* L'Assemblée constituante fut élue au suffrage universel les 23 et 24 avril. Dans tout le pays, la victoire des républicains modérés, choisis pour la plupart parmi les notables, fut écrasante. À droite, on compta environ 300 élus (190 orléanistes et 100 légitimistes). L'extrême gauche n'obtint que 90 sièges. L'Assemblée proclama, le 4 mai, la république démocratique et vota, le 4 nov. 1848, la Constitution qui prévoyait un président élu au suffrage universel et une assemblée unique. Après l'élection du prince Louis Napoléon comme président de la République, le 10 déc., l'Assemblée se sépara le 27 mai 1849.
- *Assemblée législative de 1849.* Succédant à l'Assemblée constituante, elle fut élue le 13 mai

1849. Les résultats du scrutin marquèrent l'écrasement des républicains modérés. À l'extrême gauche, le parti de la Montagne obtint environ 200 sièges, tandis que le parti de l'Ordre enlevait 450 sièges. En conflit presque permanent avec le gouvernement et avec le prince-président, l'assemblée vota de nombreuses lois conservatrices ou réactionnaires (loi Falloux sur l'enseignement ; loi sur la presse marquant la réaction contre la liberté de la presse ; loi restrictive sur le suffrage universel, notamment). L'impopularité croissante de cette assemblée impuissante aida le chef de l'État, Louis Napoléon, à tenter le coup d'État du 2 déc. 1851, par lequel il la dissolvait.

• *Assemblée nationale de 1871.* La prolongation de l'armistice du 28 janv. 1871 était subordonnée par Bismarck à l'élection d'une Assemblée nationale, qui eut lieu le 8 févr. Le scrutin fut marqué par le triomphe des monarchistes (400 élus), face à 200 républicains et 30 bonapartistes. L'assemblée, réunie à Bordeaux puis (20 mars 1871) à Versailles, nomma Thiers chef du pouvoir exécutif, ratifia la paix avec l'Allemagne et dut lutter contre la Commune de Paris pendant deux mois. Conservatrice, elle obligea Thiers à démissionner quand il proclama son ralliement à une « république, même conservatrice » (crise du 24 mai 1873). Le maréchal Mac-Mahon, élu aussitôt par la droite, choisit un ministère présidé par le duc de Broglie ; mais l'intransigeance du comte de Chambord, en reculant l'échéance d'une restauration monarchique, contraignit les députés à porter à sept ans le pouvoir présidentiel (nov. 1873). Après l'échec de plusieurs projets de constitution, l'Assemblée adopta, le 30 janv. 1875, l'amendement Wallon, qui reconnaissait au chef de l'État le titre de président de la République. Elle vota ensuite les lois constitutionnelles des 24 et 25 févr. et du 16 juill. 1875 qui fondèrent le régime républicain ; elle se sépara le 30 décembre 1875.

IIIe République

→ CHAMBRE DES DÉPUTÉS.

IVe République

• *Assemblées constituantes de 1945 et de 1946.* Elles furent élues, la première le 21 oct. 1945, la seconde le 2 juin 1946, pour donner à la France une nouvelle constitution. Elles siégèrent respectivement du 6 nov. 1945 au 26 avr. 1946, et du 11 juin au 5 oct. 1946. Leur composition révéla l'importance prise dans le pays par les trois partis issus de la Résistance ou confortés par elle, P. C. F., S. F. I. O. et M. R. P., et l'effacement temporaire du radicalisme et des partis de droite. Le projet constitutionnel fut repoussé par le référendum du 5 mai 1946 (53 % de « non ») ; celui de 1946 fut finalement accepté par le référendum du 13 oct. 1946 et devint la Constitution de la IVe République.

• *Première législature* (28 nov. 1946-24 mai 1951). Le tripartisme (P. C. F., M. R. P., S. F. I. O.) de 1946 est détruit par l'exclusion du gouvernement des ministres communistes (7 mai 1947). L'axe de la majorité est déplacé vers le centre, qui est attaqué de l'extérieur par la création du R. P. F. du général de Gaulle.

• *Deuxième législature* (5 juill. 1951-1er déc. 1955). La deuxième législature voit les partis du centre lutter contre une double opposition, le P. C. F. et le R. P. F. ; celui-ci se trouve quelque temps brisé par de multiples scissions. L'Assemblée est dissoute à la suite d'un vote refusant pour la seconde fois la confiance au gouvernement.

• *Troisième législature* (19 janv. 1956-3 juin 1958). Les élections du 2 janv. 1956 amènent à l'Assemblée une vague « poujadiste » (Union et fraternité française). Les communistes obtiennent une augmentation de 50 sièges, tandis que les républicains sociaux gaullistes en perdent 48. L'instabilité de la majorité gouvernementale et les événements d'Algérie (13 mai 1958) provoquent le rappel du général de Gaulle, qui reçoit des pouvoirs législatifs et constituants.

Ve République

L'Assemblée nationale, dont les membres sont les députés, forme avec le Sénat le Parlement, chargé du pouvoir législatif. C'est l'Assemblée qui statue définitivement après « navettes » entre les deux assemblées et à la demande du gouvernement sur les projets et propositions de loi. Elle est la seule des deux chambres à pouvoir mettre en jeu la responsabilité du gouvernement (motion de censure), et également la seule à pouvoir être dissoute par le président de la République. L'Assemblée siège en une session ordinaire de neuf mois (de début octobre à fin juin), mais peut être convoquée en session extraordinaire, sur un ordre du jour déterminé, par le Premier ministre ou la majorité de ses membres. Les séances sont en principe publiques. Les députés forment des groupes parlementaires selon leurs affinités politiques. Certains peuvent s'apparenter (ou non) à un groupe de leur choix. Le bureau de l'Assemblée, dont le président est élu pour la législature, assure la direction des débats et le fonctionnement matériel de l'Assemblée. Outre les commissions parlementaires spéciales ou temporaires, six commissions permanentes spécialisées examinent tous les projets se rapportant à leur domaine.

• *Assemblée nationale de nov. 1958.* Les élections sont caractérisées par une majorité presque absolue au parti gaulliste de l'Union pour la nouvelle République (U. N. R.), un recul sensible des partis de gauche (P. C. F., 10 élus) et une augmentation des indépendants (118 sièges).

• *Assemblée nationale de nov. 1962.* Le vote, le 5 oct. 1962, d'une motion de censure contre le gouvernement de G. Pompidou est suivi de la dissolution de l'Assemblée le 10 oct. Après l'adoption par référendum (28 oct.) d'un amendement constitutionnel organisant l'élection du président de la République au suffrage universel direct, les partis qui soutiennent le général de Gaulle (U. N. R., U. D. T. et indépendants dissidents) obtiennent la majorité aux législatives. Les accords de la gauche et de l'extrême gauche permettent l'élection de 66 députés socialistes et de 41 communistes. Au centre, le M. R. P. voit son rôle parlementaire encore réduit et, à droite, le Centre national des indépendants subit une grave défaite.

• *Assemblée nationale de mars 1967.* Les gaullistes, avec 200 sièges, sont en recul, et la majorité (244 sièges) est très réduite par suite du succès de l'alliance conclue entre le P. C. F., qui obtient 73 sièges, et la Fédération de la gauche démocrate et socialiste (118 sièges).

• *Assemblée nationale de juin 1968.* À la suite des événements de mai 1968, le président de la République dissout l'Assemblée le 30 mai. Les nouvelles élections législatives valent une grande victoire aux gaullistes, qui, regroupés dans l'Union pour la défense de la République, emportent, avec leurs apparentés, 294 sièges, la F. G. D. S. n'en comptant que 57 et le P. C. F. 34.

• *Assemblée nationale de mars 1973.* La majorité ne garde que 275 sièges, les socialistes en comptant 91 et les communistes 73.

• *Assemblée nationale de mars 1978.* La majorité l'emporte avec 290 sièges, les socialistes en comptant 103 et les communistes 86.

• *Assemblée nationale de juin 1981.* Après son élection à la présidence de la République, F. Mitterrand dissout l'Assemblée le 22 mai. Les élections législatives de juin donnent la majorité absolue au parti socialiste (269 sièges), les communistes n'obtenant que 44 sièges.

• *Assemblée nationale de mars 1986.* Les élections législatives se traduisent par une victoire de la coalition R.P.R.-U.D.F. (286 sièges), le recul des socialistes (212 sièges), la chute des communistes (35 sièges) et l'entrée du Front national (35 sièges).

• *Assemblée nationale de juin 1988.* Réélu à la présidence de la République, F. Mitterrand dissout l'Assemblée le 14 mai. Au terme des élections législatives de juin, les socialistes retrouvent une majorité relative (275 sièges). La coalition R. P. R.-U. D. F. totalise 262 sièges (132 pour le R. P. R. et 130 pour l'U. D. F., au sein de laquelle 40 députés du C. D. S. et apparentés constituent un groupe parlementaire autonome dénommé Union du Centre [U. D. C.]). Les communistes obtiennent 25 sièges et le Front national n'a plus qu'une représentante.

• *Assemblée nationale de mars 1993.* Les élections législatives des 21 et 28 mars 1993 voient la victoire écrasante de la coalition R.P.R.-U.D.F., qui, rassemblée sous l'étiquette U.P.F. (Union pour la France), remporte 473 sièges, soit plus des 4/5 de l'effectif total de l'Assemblée (résultat lui conférant une position forte dans le jeu des équilibres de la deuxième période de cohabitation). Parallèlement, les socialistes connaissent un véritable effondrement, ne sauvant avec les divers gauche que 68 sièges (dont 57 pour le P.S. stricto sensu). Tandis que le P.C. se maintient approximativement à son niveau de 1988 (23 sièges), ni le Front national ni les écologistes ne sont représentés. Le R.P.R. redevient le premier parti de la nouvelle majorité et le C.D.S. convient avec l'U.D.F. de la reconstitution d'un groupe parlementaire unique (Union pour la démocratie française et du centre).

assemblées religieuses en France

• *Assemblée générale du clergé en France.* Sous l'Ancien Régime, cette assemblée réunissait tous les cinq ans, à partir de 1586, les représentants du clergé du royaume, élus dans le cadre des diocèses. Elle votait le montant des contributions (don* gratuit, subvention) que le clergé versait au roi et traitait des questions intéressant la religion et l'Église de France.

• *Assemblée des cardinaux et archevêques de France.* Créée en 1921 pour assurer un minimum de coordination dans l'Église de France, cette assemblée a été remplacée, en 1964, par un organisme plus structuré, la Conférence* épiscopale.

Assemblée européenne → PARLEMENT EUROPÉEN.

Assemblée des femmes *(l')*, comédie d'Aristophane, représentée en 392 av. J.-C.

ASSEMBLER v. t. (lat. pop. **assimulare*, mettre ensemble, du lat. class. *simul*, ensemble) [conj. 3]. **1.** Réunir, en les adaptant les unes aux autres, les diverses parties d'un tout : *Assembler les morceaux d'un puzzle.* — **2.** Réunir des choses distinctes pour les faire aller ensemble, pour former un tout cohérent, harmonieux : *Assembler des dalles irrégulières pour constituer un sol.* — **3.** Mettre ensemble, en les combinant, des choses abstraites : *Être incapable d'assembler ses idées.* — **4.** *Litt.* Réunir, rassembler des personnes. — **5.** Procéder à l'assemblage d'un vêtement, d'un programme informatique, d'un vin, etc. — **6.** En textile, syn. de DOUBLER.

◆ **s'assembler** v. pr., **être assemblé** v. pass. Se réunir, en parlant de personnes, d'un groupe (auj. plutôt SE RASSEMBLER) : *La foule s'est assemblée devant la mairie.*

ASSEMBLEUR n. m. **1.** Programme réalisant la fonction d'assemblage. (Syn. PROGRAMME D'ASSEMBLAGE.) — **2.** Langage de programmation, spécifique d'un ordinateur ou d'une gamme d'ordinateurs, qui utilise des instructions symboliques représentant des suites d'instructions en langage machine. (Syn. LANGAGE D'ASSEMBLAGE.)

ASSEMBLEUSE n. f. **1.** Matériel destiné à la confection de circulaires, brochures, documents divers. — **2.** En reliure, machine effectuant automatiquement l'assemblage. — **3.** Syn. de DOUBLEUSE.

ASSEN, v. du nord des Pays-Bas, ch.-l. de la Drenthe ; 50 357 hab. Métallurgie. Confection. Musée provincial.

ASSÉNER ou **ASSENER** [asene] v. t. (anc. fr. *sen,* sens, direction, du frq. ; proprem. « donner une direction ») [conj. **18** et **19**]. **1.** Porter à qqn un coup violent et bien appliqué : *Asséner un coup de bâton à un agresseur.* — **2.** Appliquer un coup vigoureux sur qqch : *Asséner un coup de poing sur la table.* — **3.** Exprimer, émettre, produire avec force une opinion, un propos : *Asséner des arguments sans réplique.* — **4.** *Asséner les filets,* les développer sur le rivage pour recueillir la pêche.

ASSENTIMENT n. m. (anc. fr. *assentir,* du lat. *assentire,* approuver). Acte par lequel qqn exprime son adhésion, son approbation à une idée, une proposition formulée par un autre ; accord, consentement : *Hocher la tête en signe d'assentiment.*

ASSEOIR v. t. (lat. pop. **adsedere,* du lat. class. *adsidere*) [conj. **65**]. **1.** Mettre qqn sur son séant en le plaçant sur un siège ou sur une autre chose : *Asseoir un jeune enfant sur sa chaise.* — **2.** Installer, établir qqch sur sa base et dans une position stable : *Asseoir une statue sur son socle.* — **3.** Faire reposer, appuyer qqch sur un fondement solide, sûr ; le rendre plus ferme, le renforcer : *Asseoir sa réputation sur la compétence.* — **4.** *Fam.* Frapper qqn de surprise, le déconcerter, le stupéfier : *Son toupet nous a assis.* • **Arm.** *Asseoir une pièce,* tirer un ou deux coups de canon pour que l'affût s'ancre dans le sol. — **Dr.** Définir puis évaluer la matière imposable. — **Équit.** *Asseoir un cheval (sur ses hanches),* combiner l'action des aides pour que le cheval s'équilibre sur l'arrière-main, les hanches plus basses que les épaules et les postérieurs engagés sous la masse. — **Sylvic.** *Asseoir une coupe,* fixer son assiette sur le terrain.
◆ v. i. *Faire asseoir qqn,* l'inviter à prendre un siège : *Faire asseoir un visiteur.*

◆ **s'asseoir** v. pr., **être assis** v. pass. **1.** Se mettre, être sur son séant, sur un siège : *S'asseoir dans le fauteuil présidentiel.* — **2.** *Être (bien, solidement, etc.) assis,* être stable, établi dans une position ferme : *Un régime politique des mieux assis.* — **3.** *Magistrature assise,* corps de magistrats qui siègent au tribunal, par opposition aux magistrats du parquet (magistrature debout), qui plaident devant le tribunal. (Syn. MAGISTRATURE DU SIÈGE.) ‖ *Place assise,* où l'on peut s'asseoir. ‖ *Position, station assise,* position de qqn qui est assis. ‖ Pop. *S'asseoir sur qqch, s'asseoir dessus,* se moquer de qqch, n'en faire aucun cas. ‖ *Travail assis,* que l'on exécute en restant assis.

ASSER (Tobias Michael Carel), juriste néerlandais (Amsterdam 1838 - La Haye 1913). Professeur de droit international à Amsterdam, il représenta les Pays-Bas à la convention de La Haye en 1899. (Prix Nobel de la paix 1911.)

ASSERMENTER v. t. (de *serment*) [conj. **3**]. Faire prêter serment à qqn.
◆ **être assermenté** v. pass. **1.** Avoir prêté serment en vue de l'exercice d'une mission, d'une fonction, d'une profession... — **2.** Avoir prêté serment devant un tribunal, avant de témoigner à la barre ou d'y exprimer un avis. — **3.** *Curé, évêque assermenté,* celui qui, en 1790, avait prêté serment à la Constitution civile du clergé.

ASSERTIF, IVE adj. **1.** Relatif à l'assertion. — **2.** Se dit d'une phrase caractérisée par l'assertion. (Syn. DÉCLARATIF, ÉNONCIATIF.)

ASSERTION n. f. (lat. *adsertio,* de *adserere,* affirmer). **1.** Proposition, de forme affirmative ou négative, qu'on avance et qu'on donne comme vraie. — **2.** Affirmation catégorique de qqch qu'il n'est pas possible de vérifier. — **3.** Statut d'une phrase dans laquelle le sujet parlant énonce une vérité, déclare un fait (par opposition à l'*interrogation,* à l'*exclamation,* à l'*injonction*). — **4.** Opération qui consiste à poser la vérité d'une proposition et qui est généralement symbolisée par le signe placé devant elle ; cette proposition.

ASSERTORIQUE adj. (all. *assertorisch*). **1.** Se dit d'un jugement dans lequel l'affirmation ou la négation est vraie et non nécessaire. — **2.** Se dit d'un jugement qui exprime une vérité de fait, par oppos. au jugement *apodictique.*

ASSERVIR v. t. (de *serf*) [conj. **32**]. **1.** Réduire qqn, une collectivité à la servitude, à un état de dépendance complète : *Asservir les peuples vaincus.* — **2.** Priver qqn, qqch de sa liberté d'action, de son indépendance : *Une organisation sociale qui asservit l'homme.* — **3.** Soumettre qqn, qqch à qqch, les placer sous sa dépendance étroite : *Asservir un enfant à ses volontés.* — **4.** Relier deux grandeurs physiques par un dispositif tel que la deuxième, ou grandeur menée, obéisse aux variations de la première, ou grandeur menante, selon une loi déterminée, cela sans perturber les variations de la grandeur menante.

◆ **être asservi** v. pass. *Système asservi,* syn. de ASSERVISSEMENT.

ASSERVISSANT, E adj. Qui asservit, supprime la liberté : *Travail asservissant.*

ASSERVISSEMENT n. m. **1.** Action d'asservir ; état de dépendance absolue : *Asservissement à un travail.* — **2.** Action d'asservir une grandeur physique à une autre ; dispositif permettant de réaliser une telle action. — **3.** Système automatique dont le fonctionnement est régi par l'écart entre le comportement actuel et le comportement désiré. (Syn. AUTOMATISME DE RÉGLAGE, SYSTÈME ASSERVI, SYSTÈME À RÉGULATION.)

ENCYCL. **Cybern.** Toute grandeur physique peut être asservie à toute autre grandeur physique, pourvu que ces deux grandeurs soient mesurables et qu'on puisse agir sur la première. On réalise ainsi des télécommandes asservissant un déplacement à une commande mécanique ou électrique, des copieurs asservissant le mouvement d'un outil au profil d'un gabarit, des régulateurs de vitesse angulaire, de température, de pression, de débit, etc., des pilotes automatiques d'avions et de missiles, des radars de poursuite, etc. L'asservissement s'accompagne d'une amplification de puissance et d'une résistance aux perturbations extérieures.

ASSESSEUR n. m. (lat. *assessor,* celui qui aide, conseille). **1.** Juge qui assiste le président du tribunal et délibère avec lui. — **2.** Nom donné aux membres de certaines juridictions d'exception (tribunaux paritaires des baux ruraux, tribunaux maritimes commerciaux...) ou aux membres de bureaux d'assemblées électorales, etc. — **3.** Chez les Romains, jurisconsulte qui avait pour mission d'éclairer les magistrats en vue de leurs décisions. — **4.** Sous l'Ancien Régime, juge qui suppléait le chef de la juridiction ou officier de justice adjoint qui assistait les juges.

ASSESSORAT ou **ASSESSORIAT** n. m. Charge, fonction d'assesseur.

ASSETTE → ASSEAU.

ASSEZ adv. (lat. pop. **adsatis,* du lat. class. *satis,* assez). **1.** Indique la quantité suffisante ; autant qu'il faut : *Vous avez assez travaillé, reposez-vous. Il a une maison assez grande pour loger dix invités.* — **2.** *Assez de + n.,* une quantité, un nombre suffisants : *Il gagne assez d'argent pour vivre à l'aise.* — **3.** Indique l'intensité ; passablement, particulièrement : *J'aime assez ce petit vin de pays.* — **4.** Fam. *En avoir assez (de qqch, de qqn),* en être excédé. ‖ Fam. *En voilà assez !, C'en est assez !, C'est assez !,* expriment l'impatience, l'irritation.

ASSI (Aldophe Alphonse), membre de la Commune de Paris (Roubaix 1841 - Nouméa 1886). Il joua un rôle important dans la grève du Creusot (janv. 1870). Il fut déporté en Nouvelle-Calédonie.

ASSIBILATION n. f. Passage de certaines occlusives à la constrictive [s]. (L'assibilation du [t] a eu lieu dans *inertie, idiotie,* etc.)

ASSIBILER v. t. (lat. *adsibilare,* siffler) [conj. **3**]. Réaliser l'assibilation.

ASSIDÉEN n. m. Syn. rare de HASSIDIM.

ASSIDU, E adj. (lat. *assiduus,* de *assidere,* être assis auprès). **1.** Qui est constamment présent auprès de qqn ou dans un lieu, ou qui s'adonne sans discontinuer à une occupation : *Un lecteur assidu de romans. Un élève assidu.* — **2.** Qui a lieu, est fait sans discontinuité : *Une présence assidue dans un bar.*

ASSIDUITÉ n. f. (lat. *assiduitas*). Exactitude à se trouver là où on est appelé par ses fonctions ou ses obligations ; application constante à un travail, une action : *Assister aux cours avec assiduité.*

◆ **assiduités** n. f. pl. Manifestations indiscrètes d'empressement auprès d'une femme : *Il importunait sa voisine de ses assiduités.*

ASSIDÛMENT adv. Avec assiduité.

ASSIÉGÉ, E n. Personne qui se trouve dans la place au moment du siège.

ASSIÉGEANT, E adj. et n. Qui assiège : *Les assiégeants subirent de lourdes pertes.*

ASSIÉGER v. t. (lat. pop. **assedicare,* du lat. class. *adsidere,* être assis, camper auprès de) [conj. **22**]. **1.** Soumettre à un siège une ville, ses occupants : *César assiégea la place forte d'Alésia.* — **2.** Entourer en grand nombre un lieu, se presser à ses accès pour tenter d'y pénétrer : *Assiéger les guichets d'une banque.* — **3.** En parlant des éléments naturels, entourer, cerner qqn, qqch de façon dangereuse, menaçante : *Les eaux assiégeaient les habitants réfugiés sur les toits.* — **4.** Poursuivre, harceler qqn par des actions importunes ou désagréables : *Les journalistes assiégeaient la vedette de questions indiscrètes.* — **5.** Être sans cesse présent devant qqn pour le solliciter, obtenir de lui qqch.

◆ **être assiégé** v. pass. **1.** Subir un siège : *Armée assiégée.* — **2.** Être obsédé, tourmenté par qqch : *Être assiégé de demandes d'argent.*

1. ASSIETTE n. f. (lat. pop. **assedita,* manière d'être assis). **1.** Manière dont un cavalier est assis sur sa selle : *Avoir une bonne assiette.* — **2.** Manière dont qqn repose sur ses pieds ; stabilité : *Écarter les jambes pour se donner de l'assiette.* — **3.** Manière dont qqch repose sur sa base ; cette base elle-même : *L'assiette d'une statue.* — **4.** *As-*

siette politique, base politique constituée par l'électorat ou le programme. ‖ Fam. *Ne pas être dans son assiette,* ne pas être dans son état normal, être mal à l'aise. • **Aéron.** Position du trièdre d'un avion par rapport au trièdre de référence terrestre. — **Arts décor.** Dernière couche de préparation, rougeâtre, dont on revêt une surface avant la dorure à la feuille. — **Chorégr.** *Assiette du pied,* manière dont il repose sur le sol : à plat, sur la demi-pointe, sur la pointe. — **Dr.** Détermination de la base d'un droit. ‖ *Assiette d'un impôt,* matière imposable que l'on a déterminée en quantité et en qualité. — **Mar.** Quotient de la différence des tirants d'eau arrière et avant d'un navire par sa longueur. (L'assiette traduit l'inclinaison longitudinale du navire et conditionne sa bonne marche.) — **Mil.** *Assiette d'un casernement,* répertoire détaillé des caractéristiques d'un casernement et répartition de ses occupants. ‖ *Assiette d'un ouvrage, d'un camp,* son implantation par rapport au terrain. — **Sylvic.** Caractéristiques d'une coupe en forêt, comportant sa situation, ses limites et sa surface. — **Trav. publ.** Surface occupée par la chaussée et les parties accessoires d'une route.

2. ASSIETTE n. f. (de *assiette 1*). **1.** Pièce de vaisselle individuelle, dont le centre est plus ou moins creux. — **2.** Contenu d'une assiette : *Une assiette de crudités.* — **3.** Dispositif tournant à grande vitesse utilisé pour la fabrication de la fibre de verre par centrifugation. — **4.** *Assiette anglaise,* assiette volante garnie d'un assortiment de viande, de volaille et de charcuterie froides. ‖ Fam. et vx. *L'assiette au beurre,* la source des profits et des faveurs que donne le pouvoir. ‖ *Assiette volante,* assiette garnie passée directement de la cuisine à la table.

Assiette au beurre *(l'),* feuille illustrée mensuelle (1901-1936), hebdomadaire en 1923 et 1924. D'esprit satirique, elle fut illustrée notamment par Véber, Caran d'Ache, Abel Faivre, Steinlen, Grandjouan, Van Dongen, Vallotton, etc.

ASSIETTÉE n. f. Contenu d'une assiette.

ASSIGNABLE adj. Qui peut être assigné.

ASSIGNAT n. m. (de *assigner*). Billet émis en France de 1789 à 1796. (L'assignat n'était pas convertible en espèces, mais remboursable sur le produit de la vente des biens du clergé. Il devint rapidement du papier-monnaie qui subit une dépréciation constante.)

ASSIGNATION n. f. (lat. *assignatio*). **1.** Action d'assigner, de prescrire, d'attribuer. — **2.** Acte de procédure délivré par huissier de justice, par lequel le demandeur cite son adversaire à comparaître en justice. (On emploie, dans certains cas, le nom de CITATION.) — **3.** Syn. de AFFECTATION. — **4.** *Assignation des parts,* détermination, par un testateur ou un donateur, de la part des biens attribuée à chacun des bénéficiaires ; attribution faite sans tirage au sort, en matière de partage. ‖ *Assignation à résidence,* mesure qui astreint à résider en un lieu déterminé un étranger frappé d'expulsion, qui ne peut quitter le territoire ou qu'il est nécessaire de soumettre à surveillance dans l'intérêt de l'ordre et de la sécurité publics.

ASSIGNÉ, E n. Personne qui a reçu une assignation.

ASSIGNER v. t. (lat. *assignare,* attribuer) [conj. 3]. **1.** Attribuer ou prescrire plus ou moins impérativement à qqn, à un groupe ce qui lui est destiné ou le concerne : *Assigner un poste à un fonctionnaire.* — **2.** Donner, fixer à qqch une détermination, un caractère : *Assigner une limite à une enquête.* — **3.** Affecter des fonds à une dépense : *Assigner des crédits à l'étude de nouvelles techniques.* — **4.** Délivrer à qqn une assignation en justice, une assignation à résidence. — **5.** Syn. de AFFECTER.

ASSIMILABLE adj. Qui peut être assimilé ou s'assimiler.

ASSIMILATEUR, TRICE adj. Qui assimile.

ASSIMILATION n. f. (lat. *assimilatio*). Action d'assimiler ou de s'assimiler : *La bonne assimilation des immigrés à la population locale.* • **Biol.** Propriété caractéristique de tous les êtres vivants et qui consiste à introduire dans l'organisme des molécules différentes de celles qui le constituent et à les transformer de façon à les rendre identiques à ces dernières. (→ *encycl.*) ‖ *Assimilation chlorophyllienne,* syn. de PHOTOSYNTHÈSE. — **Géol.** Incorporation d'un matériel à un magma par fusion partielle ou totale des roches traversées et mélange des deux liquides. (Syn. HYBRIDATION.) — **Mil.** Correspondance entre les grades d'un corps militaire et ceux d'un autre corps, ou entre les grades militaires et certaines fonctions occupées par des cadres civils. — **Phon.** Action par laquelle un phonème (l'élément assimilateur) communique un ou plusieurs de ses traits à un phonème voisin (l'élément assimilé). [L'assimilation est progressive si l'élément assimilateur précède l'élément assimilé (*subside* prononcé [sybzid] et non [sybsid]) et régressive dans le cas inverse (*absurde* prononcé [apsyrd]). (Contr. DISSIMILATION.) — **Psychol.** Selon J. Piaget, processus par lequel l'individu modifie son environnement au moyen de schèmes.

ENCYCL. **Biol.** L'assimilation rend possible non seulement la réparation des pertes des cellules vivantes par *désassimilation,* mais aussi la croissance et la multiplication tant de la cellule que de l'individu multicellulaire. Elle est nécessairement couplée, chez les hétérotrophes, à des processus (respiration, fermentation) qui fournissent l'énergie nécessaire aux réactions endothermiques de synthèse des macromolécules organiques. Les virus, qui ont des structures plus simples que la cellule, se font reproduire « du dehors » par les cellules qu'ils infestent.

ASSIMILATOIRE adj. Relatif à l'assimilation d'un phonème.

ASSIMILÉ, E n. **1.** Personne qui a le statut d'une catégorie donnée sans avoir le titre attaché à la fonction : *Le traitement des cadres et assimilés.* — **2.** *Assimilé spécial,* spécialiste civil destiné à compléter l'encadrement de certaines formations et de certains services des armées.

ASSIMILER v. t. (lat. *assimilare,* de *similis,* semblable) [conj. 3]. **1.** Exercer la fonction d'assimilation : *Ce bébé assimile mal les laitages.* — **2.** Considérer qqch ou qqn comme semblable à qqch ou qqn d'autre, ou le traiter comme tel : *Une convention qui assimile les agents de maîtrise à des cadres.* — **3.** Intégrer qqn, une minorité à un groupe social, lui faire prendre les caractères de celui-ci : *Un pays qui a assimilé des millions d'étrangers.* — **4.** Saisir par la pensée un objet de connaissance et l'intégrer à son propre fonds intellectuel ; acquérir des connaissances nouvelles : *Il a rapidement assimilé les principes de cette technique.*
◆ **s'assimiler** v. pr., **être assimilé** v. pass. Devenir, être devenu semblable aux membres du groupe social dans lequel on vit ; s'intégrer : *Des étrangers depuis longtemps assimilés.*

ASSINIBOINE, riv. du Canada, qui conflue à Winnipeg avec la rivière Rouge ; 960 km.

ASSINIBOINS, Indiens de l'Amérique du Nord parlant un dialecte sioux et dont il reste auj. quelques centaines, notamment dans les réserves du Montana.

ASSINIE, complexe touristique de la Côte-d'Ivoire, sur le littoral, à l'E. d'Abidjan. ; anc. établissement français (1687-1705).

ASSIOUT ou **ASYŪṬ,** v. d'Égypte, en Haute-Égypte, ch.-l. de gouvernorat ; 291 000 hab. Assiout (la *Lycopolis* des Grecs) fut la capitale du 13ᵉ nome de Haute-Égypte. Au S.-O. de la ville, nécropole de la fin de l'Ancien Empire et du Moyen Empire. Centre administratif. Université. Barrage sur le Nil (irrigation de plus de 500 000 ha). Centrale hydroélectrique. Cimenterie.

ASSIS, E ⟶ ASSEOIR.

ASSIS (Joaquim MACHADO DE) ⟶ MACHADO DE ASSIS.

ASSISE n. f. (de *asseoir*). **1.** Rangée de pierres de même hauteur, posée de niveau ou rampante. (Syn. RANG.) — **2.** Ensemble des éléments qui donnent de la solidité à un système ; base, fondement (surtout pl.) : *Établir son pouvoir sur des assises solides.* • **Bât.** *Assise de parpaing,* assise dont les pierres ont l'épaisseur même du mur. ‖ *Bâtir par assises réglées,* bâtir avec des pierres de même hauteur et dont le milieu correspond en principe aux joints de l'assise inférieure. — **Biol.** Couche continue et unistratifiée de cellules vivantes, animales ou végétales. (Une assise est dite *génératrice* lorsque, nourrie par l'une de ses faces, elle engendre sur l'autre face de nouvelles couches cellulaires : épiderme animal, bois, liber ou liège chez les végétaux.) [Syn. COUCHE.] — **Géol.** Couche identifiable, d'âge déterminé et pouvant servir de repère. (Syn. NIVEAU.) — **Trav. publ.** Syn. de COUCHE.
◆ **assises** n. f. pl. **1.** Congrès, réunion plénière d'un mouvement, d'un parti, d'une association : *Les assises du parti socialiste.* — **2.** *Fam.* Cour* d'assises. — **3.** En France, au Moyen Âge, assemblée principalement judiciaire, tenue régulièrement par le roi, un haut seigneur ou un agent représentant leur autorité. (Les assises les plus importantes étaient celles des baillis.) — **4.** En Angleterre, au Moyen Âge, acte législatif écrit émanant de la *Curia regis* et se présentant sous forme d'instructions que les fonctionnaires royaux devaient appliquer. — **5.** Recueil de textes juridiques rédigé au Moyen Âge. — **6.** *Tenir ses assises,* en parlant d'une assemblée, tenir séance.

Assises de Jérusalem, recueil des coutumes en vigueur dans les royaumes de Jérusalem et de Chypre aux XIIᵉ et XIIIᵉ s. Les *Assises* constituent la principale source de l'histoire des institutions et du droit féodal de l'Orient latin.

ASSISE, en ital. **Assisi,** v. d'Italie, en Ombrie ; 24 088 hab. Saint François y fonda, en 1208, l'ordre des Franciscains. Ville pittoresque aux importants monuments, dont un anc. temple romain, la basilique S. Francesco, formée de deux églises superposées (XIIIᵉ s. ; remarquable ensemble de fresques de Cimabue, Giotto, P. Lorenzetti, S. Martini...), la cathédrale (XIIᵉ-XIIIᵉ s.), l'église S. Chiara (XIIIᵉ s.).

Assise *(broderie d'),* broderie au point de croix exécutée sur le fond avec motif en réserve.

ASSISTANAT n. m. **1.** Fonction d'assistant dans l'enseignement supérieur et dans les industries du spectacle. — **2.** Fait d'être assisté, d'être secouru par des organismes publics ou privés.

ASSISTANCE n. f. **1.** Action d'assister à qqch, d'être présent en un lieu : *L'assistance aux cours est obligatoire.* — **2.** Ensemble des personnes présentes à une réunion, à une cérémonie, etc. : *Une assistance nombreuse.* — **3.** Action d'assister qqn, de l'aider dans une difficulté, un danger : *Prêter assistance à un blessé.* • **Dr.** *Assistance culturelle, économique et technique internationale,* aide apportée aux pays en voie de développement par des organismes rattachés à l'O. N. U. en vue d'accroître le potentiel intellectuel, la capacité productive de ces pays et de les aider financièrement. ‖ *Assistance éducative* (anciennement *droit de correction*), ensemble des mesures prises par le juge des enfants lorsque la santé, la sécurité ou la moralité d'un mineur non émancipé sont en danger ou lorsque les conditions de son éducation sont gravement compromises. ‖ *Assistance hostile,* celle qui est pratiquée par un navire neutre qui participe directement aux hostilités et qui est alors assimilé aux navires ennemis. ‖ *Assistance publique,* assistance accordée par l'État ou les collectivités locales aux personnes les plus défavorisées et à laquelle la réforme de 1953-1955 a substitué l'*aide sociale.* (Cette dénomination subsiste à Paris et à Marseille pour l'administration des hôpitaux et des services d'aide.) ‖ *Assistance et sauvetage maritimes,* secours qu'un navire porte à un autre navire en danger de perte. ‖ *Société d'assistance,* société qui propose un contrat couvrant les risques médicaux, mécaniques ou autres rencontrés par ses souscripteurs lors de voyages d'affaires ou de tourisme en France ou à l'étranger, durant une période déterminée et choisie par l'abonné. — **Écon.** *Assistance technique,* aide accordée à un cessionnaire de brevets ou de « savoir-faire » pour lui permettre l'utilisation des connaissances cédées ; forme d'aide, distincte de l'aide financière, apportée aux pays en voie de développement. — **Méd.** *Assistance circulatoire,* technique permettant de pallier temporairement une défaillance cardiaque aiguë. (Elle comprend notamment le massage cardiaque externe et l'utilisation de diverses drogues.) ‖ *Assistance respiratoire,* technique permettant de pallier temporairement ou définitivement une insuffisance respiratoire aiguë. (Syn. VENTILATION ASSISTÉE.) — **Relig.** Dans certains ordres religieux, corps des assistants qui composent le conseil de l'ordre. ‖ Circonscription régie par un assistant. — **Techn.** Dispositif permettant, par un apport extérieur d'énergie, d'amplifier, de réguler ou de répartir l'effort exercé par l'utilisateur d'une machine, d'une installation ou d'une automobile (direction, freinage).

Assistance publique *(médaille d'honneur de l'),* décoration française créée en 1903 pour récompenser les personnes dévouées à la cause de l'assistance publique.

assistance publique de Marseille *(Administration générale de l'),* établissement public, institué en 1939, chargé de la gestion des établissements hospitaliers et des services d'aide de la ville de Marseille.

assistance publique de Paris *(Administration générale de l'),* établissement public, créé en 1849, chargé de la gestion des établissements hospitaliers et des services d'aide de la ville de Paris, ainsi que de celle de certains établissements hospitaliers de la région parisienne.

ASSISTANT, E n. **1.** Personne qui en seconde une autre dans un travail. — **2.** Personne qui assiste à une réunion, à une cérémonie : *L'un des assistants a pris la parole.* — **3.** Personne chargée de seconder les responsables de la réalisation d'un film ou d'une émission. — **4.** Dans l'enseignement supérieur, enseignant chargé des travaux pratiques. — **5.** Dans certains instituts religieux, conseiller (ou conseillère) du (de la) supérieur(e) général(e). — **6.** *Assistant(e) des facultés de médecine, assistant(e) des hôpitaux, chef de clinique assistant, attaché assistant,* médecins ayant des fonctions universitaires ou hospitalières sous l'autorité d'un professeur ou d'un chef de service. ‖ *Assistant(e) maternel(le),* personne qui garde un ou plusieurs enfants à son domicile ou qui est employée par un organisme public ou privé pour garder des enfants en collectivité. ‖ *Assistant(e) social(e),* personne munie d'un diplôme d'État et chargée par un service social, public ou privé, de venir en aide aux personnes ayant des problèmes d'ordre moral, médical ou matériel, et de les conseiller sur les démarches administratives.

◆ **assistant** n. m. **1.** Prêtre qui seconde un autre prêtre ou un prélat dans les fonctions liturgiques. — **2.** *Assistant des hôpitaux ou des laboratoires de chimie, assistant de recherche du service de santé des armées* ou *médecin assistant de psychologie du service de santé des armées,* titres conférés aux médecins militaires qui ont été reçus aux concours organisés à cet effet.

◆ **assistante** n. f. *Assistante de police,* membre du personnel féminin de police chargé spécialement des affaires relatives aux mineurs.

ASSISTÉ, E n. Personne dont les ressources sont insuffisantes et qui est à la charge d'une collectivité, d'un État, etc. : *Avoir une mentalité d'assisté.*

ASSISTER v. t. ind. (lat. *assistere,* se tenir auprès de, aider) [conj. 3]. **1.** Être présent à qqch (spectacle, cérémonie, événement...) en tant que témoin ou spectateur : *Assister à un match de boxe.* — **2.** Être le témoin de qqch, le constater, le remarquer : *On assiste à une aggravation du chômage.*

◆ v. t. **1.** Seconder, aider qqn dans son activité : *Se faire assister par un adjoint.* — **2.** Secourir qqn, un groupe qui est dans le besoin, lui apporter une aide matérielle ou morale : *Assister une population sinistrée.* — **3.** Aider qqn qui va mourir, être auprès de lui dans ses derniers instants. — **4.** En justice, prêter son concours à qqn.

◆ **être assisté** v. pass. **1.** Bénéficier de l'aide sociale. – **2.** Être à la charge de la collectivité en raison de l'insuffisance de ses ressources, de son état physique, etc. – **3.** En parlant d'une machine, être pourvue d'un dispositif d'assistance.

ASSMANN (Richard), météorologiste allemand (Magdeburg 1845 - Giessen 1918). Il découvrit en 1902 la stratosphère, en même temps que Teisserenc de Bort.

Associated Press (AP), agence de presse américaine fondée en 1848 sous le nom de *New York Associated Press* et devenue l'une des cinq grandes agences de presse mondiales.

ASSOCIATIF, IVE adj. **1.** Relatif à une association, aux associations régies par la loi de 1901, au mouvement associatif. – **2.** *Mouvement associatif,* ensemble des groupements de personnes qui se réunissent en associations dans le but d'avoir des activités culturelles, sociales, etc., communes ou de défendre des intérêts communs. • **Inform.** Se dit d'un procédé de calcul concernant des données identifiées par une partie de leur contenu ou d'un calculateur utilisant ce procédé. – **Math.** Se dit d'une loi de composition interne T définie sur un ensemble E lorsque, pour tout triplet (a,b,c) d'éléments de E, on a $(a\mathrm{T}b)\mathrm{T}c = a\mathrm{T}(b\mathrm{T}c)$. [Les parenthèses peuvent être supprimées et on écrit $a\mathrm{T}b\mathrm{T}c$.] – **Psychol.** Qui concerne les phénomènes ou les processus d'association.

◆ **n.** Membre d'un mouvement associatif.

ASSOCIATION n. f. (lat. médiév. *associatio*). **1.** Action d'associer, de s'associer : *Travailler en association avec un ami.* – **2.** Groupement, réunion en un tout de choses diverses : *Association de couleurs.* – **3.** Groupement de personnes qui s'associent à une fin déterminée : *Association sportive.* – **4.** *Association d'idées,* ensemble, suite d'idées entre lesquelles existe un lien, une relation. • **Astron.** Groupe diffus d'étoiles jeunes ou en formation, plongées dans la matière interstellaire dont elles sont issues. – **Bactériol.** *Association microbienne,* association, dans une même infection, de plusieurs espèces microbiennes, qui semblent vivre ainsi comme en symbiose (par ex. l'association fuso-spirillaire dans l'angine de Vincent). – **Bot.** *Association végétale,* ensemble stable, mais non invariable, d'espèces végétales que l'on rencontre généralement associées dans les mêmes sites parce qu'elles ont d'une part des exigences écologiques semblables, d'autre part des relations de tolérance, voire d'entraide, permettant leur cohabitation. (Syn. PHYTOCÉNOSE.) [→ *encycl.*] – **Dr.** Convention par laquelle deux ou plusieurs personnes mettent en commun, d'une façon permanente, leurs connaissances ou leurs activités dans un but autre que de partager des bénéfices ; personne morale née d'une telle convention. (→ *encycl.*) ‖ *Association cultuelle,* association créée à la suite de la séparation des Églises et de l'État et chargée de gérer les biens de l'État destinés à l'exercice du culte. ‖ *Association de malfaiteurs,* groupe formé dans le but de préparer ou de commettre des crimes contre les personnes ou les propriétés. (La formation d'une association de malfaiteurs constitue en elle-même un crime contre la paix publique.) ‖ *Association syndicale,* association de propriétaires créée en vue de réaliser des travaux d'intérêt commun. – **Géol.** Groupement spatial de différentes espèces minérales ou de différentes roches liées génétiquement. – **Pharm.** *Association médicamenteuse,* administration simultanée de deux ou de plusieurs médicaments dans le traitement d'une maladie, sous forme séparée ou dans une seule préparation. (Cette association permet d'administrer chaque médicament à dose plus faible.) – **Psychan.** *Méthode* (ou *règle*) *de libre association,* méthode constitutive de la technique psychanalytique selon laquelle le patient doit exprimer, pendant la cure, tout ce qui lui vient à l'esprit sans aucune discrimination. – **Psychol.** Fait par lequel la présence d'une certaine unité psychologique (un mot, une représentation) suscite chez un sujet la production d'une unité déterminée du même type. (On distingue les *associations d'idées* et les *associations verbales.*) [→ *encycl.*] – **Sociol.** *Association volontaire,* groupe existant indépendamment de l'État, organisé pour poursuivre un but ou un intérêt commun, auquel la majorité des membres ont adhéré librement. (Les *associations volontaires* se distinguent des groupements involontaires : famille, armée, classes sociales, etc.) – **Zool.** *Association animale,* fait, pour deux ou plusieurs espèces animales, de vivre généralement ensemble, en relation de symbiose, parasitisme, commensalisme, prédation, confinement, cohabitation, etc.

ENCYCL. **Bot.** L'étude des associations végétales est la *phytosociologie.* La plupart des auteurs définissent l'association par l'espèce végétale dominante, les autres espèces étant, selon le cas, dites exclusives, préférantes, compagnes, accidentelles, etc. Mais l'évolution à long terme des associations végétales permet de distinguer des *séries,* progressives ou régressives, dont les termes se succèdent sur un même terrain. On appelle *végétation* d'un lieu l'ensemble de ses associations végétales, tandis que la *flore* de ce lieu n'est que la liste des espèces rencontrées, sans considération de fréquence ni d'association.

– **Dr.** C'est la loi du 1er juill. 1901 qui consacra le principe de la liberté d'association, que le

Conseil constitutionnel a érigé en règle à valeur constitutionnelle par sa décision du 16 juill. 1971.

On distingue :

– les *associations non déclarées,* ou *associations simples,* qui bénéficient de la liberté la plus absolue, mais qui ont une capacité juridique restreinte ;

– les *associations déclarées,* qui, après déclaration à la préfecture, obtiennent le droit de recevoir des subventions, d'acquérir des biens et d'ester en justice ;

– les *associations reconnues d'utilité publique,* qui bénéficient de la capacité la plus étendue puisqu'elles peuvent « accomplir tous les actes de la vie civile ». La reconnaissance d'utilité publique est accordée par décret en Conseil d'État aux associations dont les statuts sont conformes à la loi.

– **Psychol.** Aristote applique la notion d'association aux « idées » ; le premier, il énonce des « lois » d'association par contiguïté, ressemblance ou contraste. Les philosophes et les psychologues introspectionnistes du XIXe s. ont repris ces notions ; toutefois, l'expression « association des idées » tend à être abandonnée par les psychologues.

– *Les associations verbales.* On indique à un sujet qu'on va lui présenter des mots (dits « inducteurs ») et qu'il doit, en réponse, donner pour chacun « le plus vite possible le premier mot qui lui vient à l'esprit ». L'observation la plus notable est l'existence de grandes régularités dans les résultats de cette épreuve et on a pu constituer des *normes d'association* concernant les réponses dominantes à un ensemble de mots inducteurs. Un certain nombre de réponses sont particulières au sujet interrogé. Ce sont de telles réponses idiosyncrasiques que C. G. Jung recherchait par sa technique d'association libre pour détecter les conflits inconscients du sujet.

Association internationale des travailleurs (A. I. T.), nom donné par ses fondateurs à ce que l'on a appelé par la suite la Ire Internationale*.

ASSOCIATIONNISME n. m. **1.** Doctrine des socialistes associationnistes. (→ *encycl.*) – **2.** Système qui explique par l'association des idées toutes les opérations intellectuelles et l'ensemble de la vie mentale. (Cette théorie s'est surtout développée dans les pays anglo-saxons, notamment à la suite de Stuart Mill.)

ENCYCL. L'associationnisme regroupe des auteurs de la première moitié du XIXe s., tels que Louis Blanc, Étienne Cabet, Victor Considérant, Charles Fourier, Pierre Leroux, Robert Owen, qui préconisent une transformation de l'organisation industrielle en petits groupes autonomes de producteurs se fédérant librement. Les réalisations du mouvement coopératif sont à mettre à leur actif.

ASSOCIATIONNISTE adj. Qui concerne l'associationnisme ; qui en est partisan.

ASSOCIATIVITÉ n. f. Propriété d'une loi de composition associative.

ASSOCIÉ, E n. **1.** Personne qui est liée par des intérêts communs à une ou à plusieurs autres personnes, qui partage ses ou leurs activités au sein d'une association. – **2.** Membre d'une société civile ou commerciale ou plus rarement d'une association. – **3.** Membre d'une société commerciale qui participe à la gestion des affaires sociales, par opposition à celui qui ne fait que participer aux bénéfices.

ASSOCIER v. t. (lat. *associare,* joindre, unir, de *socius,* compagnon) [conj. **9**]. **1.** Réunir des personnes, des collectivités pour une action, une entreprise commune : *Associer un littéraire à un angliciste pour la traduction d'un ouvrage.* – **2.** Faire participer qqn à qqch (action, résultat, événement...) : *Il a associé son fils à ses recherches.* – **3.** Réunir des choses en vue de les rendre solidaires, de les mettre en accord ; joindre en soi différents éléments ou caractères : *Associer la culture à l'élevage dans une exploitation.* – **4.** Unir dans sa pensée des êtres, des choses entre lesquels on voit des points communs : *Elle associait cette maison aux moments heureux de son existence.* – **5.** *Associer sa vie, sa destinée à celle de qqn,* se marier, vivre avec.

◆ **s'associer** v. pr., **être associé** v. pass. **1.** S'unir (à, avec qqn, un groupe) pour une action commune, dans une association : *S'associer à (avec) un concurrent pour la réalisation d'un projet.* – **2.** S'adjoindre qqn comme associé, comme collaborateur : *Avocat qui s'associe un stagiaire.* – **3.** Se déclarer solidaire de l'action de qqn, partager ses vues, ses sentiments : *Je m'associe aux déclarations de mon confrère.* – **4.** S'allier, être allié (à, avec qqch) en un ensemble, généralement cohérent, harmonieux : *Un caractère où s'associent des tendances contradictoires.* – **5.** *S'associer à une entreprise criminelle,* y participer, en être le complice.

ASSOIFFER v. t. (conj. **3**). Donner soif à qqn, à un animal.

◆ **être assoiffé** v. pass. **1.** Avoir soif : *Bétail assoiffé.* – **2.** *Litt.* Manquer d'eau, en parlant du sol, d'une plante : *Terre assoiffée.* – **3.** Être avide de qqch : *Homme assoiffé d'argent.*

ASSOLEMENT n. m. Répartition des cultures de l'année entre les parcelles d'une exploitation ou entre les quartiers d'un terroir villageois.

ENCYCL. La notion d'assolement est liée à celle de rotation, c'est-à-dire à la succession de différentes cultures sur une même parcelle, assolement et rotation étant deux aspects indissociables d'une même réalité : la programmation des productions en fonction des ressources et des contraintes de l'exploitation. Les choix de l'assolement et des rotations des cultures sont orientés par la destination des produits végétaux : commercialisation ou transformation par les animaux dans l'exploitation ; par les potentialités agricoles du milieu et par les possibilités de les corriger grâce à des amendements, au drainage, à l'irrigation, etc. ; par la dimension et par les capacités économiques de l'exploitation ; par le niveau des connaissances techniques de l'agriculteur. Ils sont aussi liés à des facteurs externes à l'exploitation tels que les prix, la possibilité d'écouler les productions, la main-d'œuvre disponible, l'entraide et l'association entre agriculteurs.

ASSOLER v. t. (conj. 3). Réaliser un assolement.

ASSOLLANT (Jean BERNACHE-ASSOLLANT, dit **Jean**), aviateur français (Versailles 1905 - Diégo-Suarez 1942). Le 13 juin 1929, en compagnie de Lefèvre et de Lotti, il réalisa, sur matériel français, la première traversée de l'Atlantique nord.

ASSOMBRIR v. t. (conj. 32). **1.** Rendre sombre, obscurcir un lieu : *Ces rideaux assombrissent la pièce.* – **2.** Rendre moins gai, marquer par la gravité ou l'inquiétude qqn, qqch : *Un accident stupide a assombri nos vacances.* – **3.** Rendre qqch inquiétant, préoccupant : *Des menaces qui assombrissent l'avenir.*

◆ **s'assombrir** v. pr. **1.** Devenir sombre : *Le ciel s'assombrit.* – **2.** Devenir triste, grave, perdre de sa gaieté : *Son humeur s'assombrit.* – **3.** Devenir inquiétant, menaçant : *La situation s'assombrit !*

ASSOMBRISSEMENT n. m. Fait d'assombrir, de s'assombrir.

ASSOMMANT, E adj. *Fam.* Qui est fatigant, ennuyeux à l'excès.

ASSOMMEMENT n. m. Façon d'abattre les animaux de boucherie, en les assommant.

ASSOMMER v. t. (de *somme,* du lat. *somnus,* sommeil) [conj. 3]. **1.** Tuer qqn, un animal en lui portant un coup violent sur la tête : *Assommer un bœuf.* – **2.** Frapper un être vivant d'un coup qui l'étourdit : *Assommer son agresseur d'un coup de poing.* – **3.** Abattre, éprouver physiquement qqn, ou l'accabler moralement : *Son échec aux élections l'a assommé.* – **4.** Ennuyer, importuner profondément qqn : *Il m'assomme avec ses récriminations.*

ASSOMMOIR n. m. **1.** *Pop.* et *vx.* Débit de boissons de dernière catégorie. – **2.** *Coup d'assommoir,* événement qui stupéfie. – **3.** Piège à bascule destiné à assommer les carnassiers et les rongeurs.

Assommoir *(l'),* roman d'Émile Zola (1877), septième volume du cycle des *Rougon-Macquart.* La vie ratée de Gervaise Macquart, symbole de la déchéance du petit peuple marginal, miné par le travail abrutissant et l'alcool.

ASSOMPTIF, IVE adj. (lat. *assomptivus,* qui vient du dehors). Se dit d'une proposition que l'on admet comme vraie pour pouvoir en démontrer une autre.

1. ASSOMPTION n. f. (lat. *assumptio,* de *assumere,* prendre sur soi). Opération qui consiste à affirmer qqch pour pouvoir démontrer une proposition.

2. ASSOMPTION n. f. (même étym. que le précéd.) **1.** Élévation et présence corporelle de la Vierge Marie au ciel après sa mort. (L'Assomption est un dogme de l'Église catholique, défini par Pie XII le 1er nov. 1950. Elle est célébrée le 15 août.) – **2.** Œuvre d'art représentant l'entrée de la Vierge dans la gloire céleste.

ASSOMPTION *(île de l')* → ANTICOSTI.

ASSOMPTIONNISTE n. m. Membre d'une congrégation religieuse d'hommes, fondée en 1845 par le P. Emmanuel d'Alzon et dont le titre officiel est *Augustins de l'Assomption.* (Son but premier est la rechristianisation du monde moderne par l'enseignement, les pèlerinages [notamment celui de Jérusalem] et surtout la presse [*le Pèlerin, la Croix*...].)

ASSONANCE n. f. (esp. *asonancia,* du lat. *assonare,* faire écho). **1.** Reprise d'un même son, particulièrement de la voyelle accentuée, à la fin de chaque vers. – **2.** Tout jeu vocalique dans un texte littéraire.

ASSONANT, E adj. Qui produit une assonance.

ASSORTIMENT n. m. **1.** Action d'assortir des choses, manière dont elles sont assorties : *Un assortiment de couleurs.* – **2.** Série, collection complète de choses formant un ensemble : *Un assortiment d'échantillons de tissu.* – **3.** Collection des marchandises d'un magasin : *Un bel assortiment de vêtements.* – **4.** Présentation d'aliments variés mais de même catégorie : *Un assortiment de fromages.* – **5.** Choix de peaux nécessaires à la confection d'un vêtement suivant la qualité, la couleur et la hauteur du poil. – **6.** Ensemble des machines de filature formant une chaîne de production.

ASSORTIR v. t. (de *sorte*) [conj. 32]. **1.** Réunir des choses qui se conviennent, dont les caractères sont en harmonie : *Assortir les accessoires de sa toilette.* – **2.** Accompagner qqch d'un complément, d'un élément accessoire : *Assortir un contrat d'une clause particulière.*

◆ **s'assortir** v. pr., **être assorti** v. pass. Être approvisionné des articles nécessaires, en parlant d'un commerce : *Un magasin bien assorti.*

◆ **être assorti** v. pass. **1.** En parlant de qqch, être adapté, approprié à qqch : *Infliger une peine assortie à la faute.* — **2.** *Être bien, mal assorti(s),* aller bien, mal ensemble, former un couple harmonieux, disparate. ‖ *Hors-d'œuvre, fromages, etc., assortis,* variété d'aliments appartenant à la même catégorie et présentés ensemble.

ASSOS, site archéologique de Turquie, au N. de l'île de Lesbos. Vestiges d'un temple dorique (v. 540 av. J.-C.) ; fragments du décor sculpté au musée du Louvre.

ASSOUAN, en ar. **Uswān** ou **Aswān** (anc. *Syène*), v. d'Égypte (Haute-Égypte), ch.-l. de gouvernorat sur le Nil ; 196 000 hab. Carrières de granite rouge exploitées dès l'époque pharaonique (obélisque inachevé). À proximité, monastère copte de St-Siméon. Site d'usines d'engrais et, à proximité, gisements de minerai de fer ; deux barrages, dont le second (dit « haut barrage » ou Sadd al-ʿĀlī), mis en eau en 1970, crée une retenue de 130 km³ (70 utiles) couvrant une immense superficie (lac Nasser, 400 km de long, dont 200 au Soudan). Régularisant le Nil et l'irrigation à partir du fleuve, il a permis la mise en valeur de 800 000 ha supplémentaires et fournit 10 milliards de kWh, constituant ainsi une pièce maîtresse de l'économie égyptienne.

ASSOUCY (Charles COYPEAU D'), musicien et poète français (Paris 1605 - *id.* 1677). Poète burlesque *(Ovide en belle humeur,* 1650), luthiste et compositeur, il est l'auteur de la musique (perdue) d'*Andromède* de Corneille (1650). Il a raconté sa vie dans *les Aventures du sieur d'Assouci* (1677).

ASSOUPIR v. t. (du bas lat. *assopire,* rassasier) [conj. 32]. **1.** Plonger qqn dans un sommeil peu profond : *Le roulement régulier du train l'avait assoupi.* — **2.** Rendre moins vif ou faire disparaître momentanément un état corporel ou affectif : *Le calmant avait assoupi sa douleur.*

◆ **s'assoupir** v. pr., **être assoupi** v. pass. **1.** S'endormir d'un sommeil léger : *Des convives à demi assoupis par la bonne chère.* — **2.** Perdre tout ressort, tout dynamisme : *Des industries assoupies.* — **3.** *Litt.* Cesser de se manifester, devenir plus calme, en parlant d'un sentiment, d'un phénomène, etc. : *Laissons les vieilles rancunes s'assoupir.*

ASSOUPISSEMENT n. m. **1.** Fait de s'assoupir ; état de qqn qui est assoupi : *Vieillard sujet à des assoupissements.* — **2.** *Litt.* Fait d'avoir perdu son acuité, sa violence, en parlant d'un sentiment, d'une sensation : *L'assoupissement d'un chagrin avec le temps.* — **3.** *Litt.* Fait de perdre son dynamisme : *L'assoupissement d'une entreprise.*

ASSOUPLIR v. t. (conj. 32). **1.** Rendre souple ou plus souple une matière, un objet : *On assouplit le cuir par divers traitements.* — **2.** Rendre plus souples qqn, son corps, ses muscles, leur donner une plus grande aisance à se mouvoir : *Des exercices propres à assouplir les membres.* — **3.** Rendre le linge moins raide et plus doux au toucher au moyen d'un assouplisseur. — **4.** Rendre qqn, son comportement moins rigide, plus tolérant, plus facile à diriger : *Les épreuves ont assoupli son caractère.* — **5.** Rendre une règle, son application moins stricte, moins rigoureuse : *Assouplir le règlement.* — **6.** *Assouplir sa position,* se montrer moins exigeant, plus accommodant au cours d'une discussion, d'une négociation.

◆ **s'assouplir** v. pr., **être assoupli** v. pass. Devenir souple ou plus souple : *Le règlement s'est assoupli.*

ASSOUPLISSAGE n. m. Action d'assouplir le linge.

ASSOUPLISSEMENT n. m. Action d'assouplir, de s'assouplir : *Exercices d'assouplissement.*

ASSOUPLISSEUR n. m. Produit de rinçage qui évite au linge de devenir raide après son lavage dans une eau calcaire.

ASSOUR ou **ASSUR,** auj. **al-Charqāṭ,** cité de Mésopotamie, sur la rive droite du Tigre. Fondée au XXVIe s. av. J.-C., elle fut le berceau et l'une des capitales de l'Empire assyrien (XIVe-VIIe s. av. J.-C.). Les fouilles ont permis de connaître le tracé de la ville et ont dégagé les vestiges de plusieurs temples, palais et ziggourats.

ASSOUR ou **ASSUR,** dieu de la cité mésopotamienne du même nom et dieu suprême du panthéon assyrien. Sa parèdre était Ishtar.

ASSOUR-AHA-IDDIN → ASSARHADDON.

ASSOUR-BANI-APLI → ASSURBANIPAL.

ASSOURDIR v. t. (conj. 32). **1.** Rendre comme sourd qqn : *Le sifflement des réacteurs nous avait assourdis.* — **2.** Étourdir, fatiguer qqn par un excès de bruit, de paroles : *Il m'assourdit avec son bavardage.* — **3.** Rendre un bruit, un son moins intense, l'amortir : *La neige assourdit les pas.* — **4.** Diminuer l'éclat des tons d'une peinture. — **5.** Rendre sourde une consonne sonore. (Syn. DÉVOISER.)

◆ **s'assourdir** v. pr., **être assourdi** v. pass. Devenir moins sonore, plus sourd : *Voix assourdie.*

ASSOURDISSANT, E adj. Qui assourdit : *Un fracas assourdissant.*

ASSOURDISSEMENT n. m. **1.** Action d'assourdir, de s'assourdir, état qui en résulte : *L'assourdissement d'un bruit.* — **2.** Action d'assourdir une consonne (par ex. l'assourdissement de [b] dans *absent,* prononcé [apsɑ̃]). [Syn. DÉVOISEMENT.]

ASSOUR-OUBALLIT, nom de deux rois d'Assyrie. **Assour-ouballit Ier** (1366-1330 av. J.-C.) fonda l'Empire assyrien. – **Assour-ouballit II** fut le dernier roi d'Assyrie (612 - v. 609 av. J.-C.).

ASSOUVIR v. t. (lat. pop. **assopire,* calmer, class. *sopire,* dormir) [conj. 32]. **1.** Apaiser totalement la faim, la soif, etc. : *Un appétit difficile à assouvir.* – **2.** Satisfaire pleinement un instinct, un désir, un sentiment : *Assouvir sa curiosité.*
◆ **s'assouvir** v. pr., **être assouvi** v. pass. **1.** Être satisfait, rassasié : *Leur haine ne pourra jamais s'assouvir.* – **2.** Voir ses instincts satisfaits : *Une brute assouvie.*

ASSOUVISSEMENT n. m. Action d'assouvir ; fait d'être assouvi.

ASSUÉRUS, dans le latin de la Vulgate, transcription du nom du roi perse achéménide Xerxès Ier (486-465 av. J.-C.). Ce roi apparaît surtout dans le livre d'Esther*.

ASSUÉTUDE n. f. (lat. *assuetudo, -inis,* habitude). Syn. de DÉPENDANCE.

ASSUJETTI, E n. Personne tenue d'acquitter un droit ou de s'affilier à un organisme.

ASSUJETTIR v. t. (de *sujet*) [conj. 32]. **1.** *Litt.* Placer un peuple, un pays sous sa domination, dans un état de dépendance politique : *Un conquérant qui a assujetti tous ses voisins.* – **2.** Astreindre qqn à une obligation, le soumettre à l'application d'une loi, d'un règlement : *Assujettir les conducteurs à un contrôle médical périodique.* – **3.** Soumettre, plier qqn, qqch à une règle, à une norme : *Assujettir ses journées à un strict emploi du temps.* – **4.** Fixer qqch pour le maintenir dans une position stable : *Assujettir un portail avec une barre.*
◆ **être assujetti** v. pass. Être astreint à une obligation : *Les contribuables assujettis à l'impôt sur la fortune.*
◆ **s'assujettir** v. pr. *Litt.* Se soumettre, se plier à qqch : *Elle s'assujettit aux exigences de la mode.*

ASSUJETTISSANT, E adj. Qui rend dépendant ; astreignant : *Métier assujettissant.*

ASSUJETTISSEMENT n. m. **1.** Action d'assujettir ; état de dépendance, de soumission : *Assujettissement à l'impôt.* – **2.** *Litt.* Contrainte, sujétion : *La grandeur a ses assujettissements.*

ASSUMATION n. f. Action d'assumer qqch, de s'assumer.

ASSUMER v. t. (lat. *assumere,* prendre sur soi) [conj. 3]. **1.** Prendre en charge une activité, une responsabilité : *Assumer une fonction.* – **2.** Se considérer comme solidaire d'un état, d'une situation, d'un acte et en accepter les conséquences : *Assumer pleinement ses origines bourgeoises.*
◆ **s'assumer** v. pr. S'accepter consciemment, s'admettre tel qu'on est.

ASSUR → ASSOUR.

ASSURABLE adj. Qui peut être assuré, garanti par une compagnie d'assurance.

ASSURAGE n. m. Ensemble des procédés utilisés en alpinisme et spéléologie permettant de progresser en terrain difficile, avec le minimum de risques en cas de chute. (Syn. ASSURANCE.)

ASSURANCE n. f. **1.** Affirmation, promesse formelle que qqch est vrai, certain, sûr : *Recevoir l'assurance qu'un délai sera respecté.* – **2.** Garantie donnée au sujet de qqch ; preuve de qqch (souvent pl.) : *Avoir des assurances suffisantes sur la solvabilité d'un acheteur.* – **3.** Confiance en soi : *Cet échec lui a fait perdre toute son assurance.* – **4.** S'emploie dans des formules de politesse à la fin d'une lettre : *Veuillez croire à l'assurance de ma considération.* – **5.** Contrat par lequel l'assureur s'engage à indemniser l'assuré, moyennant une prime ou une cotisation, de certains risques ou sinistres éventuels. (→ *encycl.*) – **6.** Syn. de ASSURAGE. – **7.** *Assurances conjointes,* assurances d'un même risque contractées auprès de plusieurs assureurs, sans que l'indemnisation totale puisse dépasser la valeur de la chose assurée. ‖ *Assurance de groupe,* assurance souscrite par une personne morale ou un chef d'entreprise en vue de l'adhésion d'un ensemble de personnes qui ont un lien de même nature avec le souscripteur. ‖ *Assurance maritime,* assurance de certains risques encourus pendant un voyage par les navires *(assurance sur corps),* les marchandises *(assurance sur facultés)* ou des tiers *(assurance de responsabilité).* ‖ *Assurance personnelle,* régime ouvrant droit aux prestations en nature de l'assurance maladie et maternité que peuvent adopter certaines personnes qui sont sans protection sociale et qui résident en France. ‖ *Assurance prospection,* système d'encouragement à l'exportation fonctionnant en complément de l'assurance-crédit* et qui vise à garantir à un exportateur une partie des frais de prospection engagés pour qu'il puisse s'ouvrir un marché donné. ‖ *Assurances sociales,* système légal de protection du travailleur et de sa famille contre certains risques sociaux, maladie, maternité, décès, invalidité, vieillesse, veuvage et, dans certains pays ou certaines professions, chômage. ‖ *Assurance volontaire,* assurance couvrant certains risques et à laquelle peut souscrire toute personne qui n'est pas assujettie à un régime obligatoire de sécurité sociale.
ENCYCL. **Dr.** Trois notions sont à la base de l'assurance : la mutualisation des risques par le groupement des assurés ; l'utilisation des lois statistiques pour la détermination des primes ; le recours à la réassurance quand les capacités de couverture du marché direct sont dépassées.
L'assurance comprend deux grandes catégories d'activités : les assurances de personnes

(assurance-décès, assurance-vie, assurance contre les accidents, la maladie, etc.) et les assurances de dommages, divisées en assurances de choses (assurance contre l'incendie, le vol, le dégât des eaux, la grêle, la mortalité du bétail, etc.) et en assurances de responsabilité (assurance responsabilité de la famille, de l'entreprise). Chacune de ces deux catégories est gérée soit par capitalisation*, soit par répartition*.

• *Le marché français de l'assurance.* L'assurance était traditionnellement distribuée en deux secteurs : un secteur public et un secteur privé.

Le secteur public, constitué en 9 grandes sociétés lors de la nationalisation des assurances (1946), avait été restructuré en 1968 en trois groupes : l'Union des assurances de Paris (U. A. P.) ; les Assurances générales de France (A. G. F.) ; le Groupe des assurances nationales (G. A. N.). Ces groupes rejoignent aujourd'hui progressivement le secteur privé : l'U. A. P. en 1994, les A. G. F. en 1996.

Le secteur privé est composé de sociétés commerciales (comme — outre les groupes dénationalisés — le groupe Axa, le groupe Victoire, le groupe Via, la Préservatrice foncière, Rhin-et-Moselle) et de sociétés mutualistes (notamment les Assurances mutuelles agricoles, la Mutuelle assurance des instituteurs de France [M. A. I. F.], la Mutuelle assurance des commerçants et industriels de France [M. A. C. I. F.], la Mutuelle assurance artisanale de France [M. A. A. F.], les Mutuelles du Mans, la Garantie mutuelle des fonctionnaires [G. M. F.], la Mutuelle assurance des travailleurs mutualistes [MATMUT]).

Les années 80 ont vu l'émergence d'autres canaux de distribution : vente en grandes surfaces, par correspondance, auprès des guichets postaux et, phénomène récent, par l'intermédiaire des banques (d'où le concept nouveau de *bancassurance*).

La mise en place de la liberté d'établissement et de la libre prestation de services (L. P. S.) dans le cadre du marché communautaire [loi du 31 décembre 1989 portant adaptation du Code des assurances] donne à l'assurance actuelle une dimension européenne.

ASSURANCE-CRÉDIT n. f. (pl. *assurances-crédits*). Opération d'assurance qui garantit un créancier contre le risque de non-paiement de la part du débiteur.

ASSURANCE-DÉCÈS n. f. (pl. *assurances-décès*). Assurance qui garantit aux ayants droit, au conjoint de l'assuré décédé ou à un tiers le paiement d'un capital ou d'une rente.

ASSURANCE-VIE n. f. (pl. *assurances-vie*). Contrat d'assurance garantissant le versement d'un capital ou d'une rente en faveur du conjoint, d'un ayant droit ou d'un tiers au décès de l'assuré et, en cas de non-décès, après un certain délai mentionné sur le contrat, en faveur de l'assuré.

ASSURBANIPAL ou **ASSOUR-BANI-APLI,** dernier grand roi d'Assyrie (669 - v. 627 av. J.-C.). Il porta à son apogée la puissance assyrienne, conquérant l'Égypte, soumettant Babylone et détruisant l'empire élamite. Esprit brillant et cultivé, il constitua à Ninive une bibliothèque, en partie retrouvée, qui renferme avec ses archives plus de 20 000 tablettes de textes suméro-akkadiens, aujourd'hui au British Museum.

ASSURÉ, E n. **1.** Personne qui est garantie par un contrat d'assurance. — **2.** *Assuré social,* personne qui bénéficie des prestations des assurances sociales.

ASSURÉMENT adv. **1.** Indique la certitude ou la grande probabilité de qqch ; sûrement, sans aucun doute : *Cette décision est assurément très opportune.* — **2.** Renforce une affirmation ou une négation, en annonçant souvent une réserve : *C'est assurément un homme extraordinaire.* — **3.** Indique une réponse affirmative : *Il est malade ? — Assurément.*

ASSURER v. t. (bas lat. **assecurare,* rendre sûr, du lat. class. *securus,* sûr) [conj. 3]. **1.** Rendre stable, solide qqch, le maintenir dans une position fixe : *Assurer le chargement d'une voiture avec des cordages.* — **2.** Rendre plus ferme, plus sûr un mouvement, un geste, une action, etc., de qqn : *Tousser pour assurer sa voix.* — **3.** Établir qqch de façon sûre, exempte de risques : *Un traité visant à assurer la paix.* — **4.** Procurer à qqn qqch de sûr, lui en garantir le bénéfice : *Ses revenus lui assurent une totale indépendance.* — **5.** Exercer une activité avec régularité, faire en sorte qu'un service, un fonctionnement ne s'interrompe pas : *Assurer le ramassage scolaire.* — **6.** Mettre qqch à l'abri du danger, des risques éventuels : *Assurer ses arrières.* — **7.** Faire garantir un bien, une personne par un contrat d'assurance ; couvrir qqn, qqch en tant qu'assureur : *Assurer sa maison contre l'incendie.* — **8.** Affirmer à qqn que ; donner pour vrai que : *Je vous assure qu'il s'agit d'une erreur.* — **9.** Persuader qqn de ne pas douter de qqch ; être le garant, la confirmation de qqch : *Sa compétence nous assure de la réussite.* — **10.** *Je t'assure, je vous assure,* sert à appuyer une affirmation. • **Mar.** *Assurer un bout,* amarrer un cordage. — **Sports.** Rendre sûr l'ascension ou la descente en utilisant la corde qui permet de bloquer une chute.

◆ v. i. *Pop.* **1.** Être à la hauteur de la situation. — **2.** Être compétent dans tel ou tel domaine : *Philippe n'assure pas en maths.*

◆ **être assuré** v. pass. **1.** Être d'une éventualité certaine, être garanti : *Un succès assuré.* — **2.** En parlant d'un comportement, être plein de fermeté, marquer la confiance en soi : *Un regard assuré.* — **3.** *Sois, soyez assuré que + ind.,* sois, soyez convaincu que, ne doutez pas que.

◆ **s'assurer** v. pr., **être assuré** v. pass. **1.** Avoir une certaine stabilité ou fermeté dans sa position, son maintien : *Cavalière bien assurée sur sa selle.* — **2.** Souscrire un contrat d'assurance : *Automobiliste qui n'est pas assuré.*

◆ **s'assurer** v. pr. **1.** Se garantir, par son action, la possession ou le bénéfice de qqch : *S'assurer une retraite confortable.* — **2.** Agir de façon à acquérir une entière certitude au sujet de qqch : *S'assurer de l'exactitude d'un témoignage.* — **3.** Se saisir de qqn, de sa personne, l'arrêter : *S'assurer d'un malfaiteur.*

ASSUREUR n. m. Personne qui s'engage, moyennant le paiement d'une prime ou d'une cotisation, à payer à l'assuré ou au bénéficiaire désigné un capital ou une rente en cas de survenance d'un risque déterminé.

ASSY → PLATEAU D'ASSY.

ASSYNTIEN, ENNE ou **ASSYNTIQUE** adj. Se dit de la phase de plissement, intéressant la région du lac Baïkal, située vers la limite précambrien/cambrien, aux environs de - 570 millions d'années.

ASSYRIE, empire mésopotamien qui, aux XIVe-XIIIe s. et aux IXe-VIIe s. av. J.-C., domina l'Orient ancien.

— **Hist.** L'histoire de l'Assyrie commence avec celle de la cité d'Assour*. Le terme d'*Assyrie* est la dénomination grecque du « pays d'Assour ». Assour-ouballit Ier (1366-1330) fonde le *premier Empire assyrien* (XIVe-XIe s. av. J.-C.). Trois rois en feront l'État le plus puissant de l'Asie occidentale : Adad-nīrārī Ier (1307-1275), Salmanasar Ier (1275-1245) et Toukoultî-Ninourta Ier (1245-1208). Les invasions araméennes, malgré le sursaut de Téglath-Phalasar Ier (1116-1077), submergeront la Mésopotamie et réduiront l'Empire assyrien à la moyenne vallée du Tigre. Il faut attendre la fin du Xe s. av. J.-C. pour que renaisse la puissance assyrienne. Assurnazirpal II (883-858), premier grand roi du *second Empire assyrien,* étend sa domination jusqu'à la Méditerranée. Après une période de crise, les règnes de Sargon II (722-705) et de ses successeurs Sennachérib (705-680), Assarhaddon (680-669) et surtout Assurbanipal (669-v. 627) font de l'Assyrie un empire grandiose qui, du haut Nil au golfe Persique, unifie l'Orient civilisé. Mais cet empire fondé sur la violence et la terreur — prisonniers torturés et massacrés, populations déportées, massacrées ou durement rançonnées, villes rasées — n'a pas le souci d'assimiler les peuples vaincus. Sa chute sera rapide : les Mèdes alliés aux Babyloniens, qui ont recouvré leur indépendance, portent les coups décisifs ; en 612 av. J.-C., Cyaxare (v. 625-585) s'empare de Ninive, qui est à son tour brûlée et rasée.

— **Bx-arts.** C'est entre le XIIIe et le VIIe s. av. J.-C. que l'art assyrien connaît sa pleine expansion. Les moyens techniques sont ceux de Sumer et des autres civilisations de l'ancienne Mésopotamie, avec la brique pour matériau essentiel ; grands travaux (installations hydrauliques de Ninive), villes (Assour, Ninive, Khursabād [Dour-Sharroukên]) et ziggourats en témoignent. Les palais sont formés par de simples parallélépipèdes où se juxtaposent les quartiers (sanctuaires, salle d'apparat, appartements royaux et communs). Briques émaillées et alternance de redans et de saillants constituent le décor extérieur de ces énormes façades. L'intérieur est orné d'un décor plaqué : grands orthostates sculptés en léger relief illustrant les récits mythologiques ou les exploits du souverain. Perspective hiérarchique et représentation de profil n'excluent pas un talent certain d'animalier. On distingue entre le IXe et le VIIe s. une évolution vers l'aisance et la sensibilité (*Lionne blessée,* British Museum). Des fragments de peinture murale, proches de ceux de Dour-Kourigalzou (auj. Aqarquf), ont été recueillis à Til Barsip sur le haut Euphrate. Glyptique, ivoires, reliefs de bronze (porte de Balāwāt, British Museum) attestent l'épanouissement des arts appliqués, alors qu'une multitude de tablettes (British Museum) ont révélé la richesse de la bibliothèque du roi Assurbanipal.

ASSYRIEN, ENNE adj. et n. D'Assyrie.

◆ **assyrien** n. m. Dialecte de l'akkadien utilisé en Assyrie de 1950 à 600 av. J.-C.

ASSYRIOLOGIE n. f. Science qui traite des cultures anciennes du Proche-Orient (Assyrie, Mésopotamie, etc.) à partir des textes cunéiformes.

ASSYRIOLOGIQUE adj. Relatif à l'assyriologie.

ASSYRIOLOGUE n. Spécialiste d'assyriologie.

ASTABLE adj. Se dit d'un montage électronique multivibrateur comportant deux états instables et capable de basculer périodiquement et spontanément de l'un à l'autre.

ASTACICOLE adj. Qui relève de l'astaciculture.

ASTACICULTEUR n. m. Spécialiste d'astaciculture.

ASTACICULTURE n. f. Élevage et multiplication des écrevisses.

ASTACIDÉ n. m. Crustacé décapode tel que l'écrevisse et autres animaux d'eau douce à trois paires de pinces, dont l'antérieure seule est très développée. (Les *astacidés* forment une famille.)

ASTACOURE n. m. Nom donné au groupe formé par les écrevisses, les homards, les langoustines et d'autres décapodes macroures à fortes pinces.

ASTAFFORT (47220), ch.-l. de cant. de Lot-et-Garonne, sur le Gers, au S. d'Agen ; 1 918 hab. Anc. bourg fortifié.

ASTAIRE (Frederick E. AUSTERLITZ, dit **Fred**), danseur, chanteur et acteur américain (Omaha, Nebraska, 1899 - Los Angeles 1987). Virtuose des claquettes, bon danseur classique, il forma avec Ginger Rogers le couple symbole de la comédie musicale entre 1933 et 1939. Dans les années 40 et 50, il fut la vedette de nombreux films clefs de ce genre cinématographique, aux côtés de partenaires prestigieux (Gene Kelly, Cyd Charisse, Judy Garland).

ASTARTÉ n. f. (gr. *Astarté,* n. pr.). Mollusque bivalve fouisseur des sables littoraux des mers froides, à coquille arrondie, à 3 dents cardinales. (Le genre est surtout riche en espèces fossiles.)

ASTARTÉ → ASHTART.

ASTASIE n. f. (gr. *astasia,* instabilité). Difficulté ou impossibilité de maintenir la station debout survenant en l'absence d'atteinte motrice ou sensitive caractérisée. (Elle est souvent associée à l'abasie).

ASTATE n. m. (gr. *astatos,* instable). Corps simple le plus lourd du groupe des halogènes, dont aucun isotope n'est stable. (Élément chimique de symbole At, de numéro atomique 85, de masse atomique 210.)

ASTATIQUE adj. **1.** Qui présente un état d'équilibre indifférent. — **2.** *Aiguille astatique,* aiguille aimantée soustraite, par un artifice de construction, à l'action directrice de la Terre.

ASTE n. m. (anc. fr. *aste,* bois de lance, hampe). Branche à fruit sur un pied de vigne. (Syn. ARCHET, ARQUET.)

ASTER [-tɛr] n. m. (lat. *aster,* du gr. *astêr,* étoile). Composée ornementale aux capitules formés de fleurons jaunes entourés de ligules violettes ou blanches (200 espèces).

ASTÉRÉOGNOSIE n. f. Perte de la capacité de reconnaître les objets par le tact consécutive à une lésion cérébrale, indépendamment de troubles sensitifs.

ASTÉRIDE n. m. Nom de classe donné aux étoiles de mer, ou astéries.

1. ASTÉRIE n. f. (gr. *asterias,* poisson à la peau étoilée). Échinoderme marin tel que les étoiles de mer.

ENCYCL. Les astéries se caractérisent par leurs bras (5 en général) en étoile, épais et plutôt courts, par leur pouvoir de régénération des bras amputés, par leur mode d'alimentation, consistant souvent à retourner leur sac digestif, à l'appliquer sur la proie et à digérer celle-ci extérieurement ; on en décrit 200 genres, dont l'astérie au sens strict (genre *asterias*).

2. ASTÉRIE n. f. (lat. *asteria,* pierre précieuse). Point étincelant que l'on observe quelquefois dans une lame cristalline taillée perpendiculairement à l'axe et frappée par un rayon lumineux.

ASTÉRINE n. f. (de *astérie*). Étoile de mer, type de la famille des astérinidés.

ASTÉRION n. m. (gr. *asterion,* étoilé). Point situé à la rencontre de l'occipital, du pariétal et du temporal.

ASTÉRISME n. m. **1.** Groupe d'étoiles voisines sur la sphère céleste, dessinant une figure plus ou moins arbitraire. — **2.** Phénomène lumineux observé d'abord sur le saphir, qui, exposé à une vive lumière, la diffuse en formant une étoile à six branches appelée astérie.

ASTÉRISQUE n. m. (lat. médiév. *asteriscus,* du gr. *asteriskos,* petite étoile). Signe typographique en forme d'étoile (*) pouvant avoir diverses valeurs conventionnelles. (Il peut indiquer un renvoi à une note ou à un autre mot du texte. En philologie, on place un astérisque devant une forme hypothétique ou reconstituée considérée comme l'étymon d'un mot de la langue. En informatique, il indique une multiplication.)

Astérix, héros de bande dessinée, imaginé en 1959 par le scénariste René Goscinny et le dessinateur Albert Uderzo, pour l'hebdomadaire *Pilote* : les aventures d'un petit guerrier gaulois qui met en perspective les stéréotypes nationaux.

ASTÉROÏDE n. m. Planète dont les dimensions ne dépassent pas quelques centaines de kilomètres. (Syn. PLANÉTOÏDE, PETITE PLANÈTE.)

ENCYCL. Plus de 3 000 astéroïdes sont répertoriés ; plusieurs centaines attendent que l'on ait pu calculer leurs éléments orbitaux. Des milliers d'autres restent probablement à découvrir : on estime à 400 000 le nombre d'objets dont le diamètre est supérieur à 1 km. Il n'y en a guère plus d'une centaine dont le diamètre atteint ou dépasse 100 km, le plus gros, Cérès, ayant un diamètre de 1 000 km environ. La plupart ont une forme irrégulière, que révèlent leurs fluctuations périodiques d'éclat, et se concentrent entre l'orbite de Mars et celle de Jupiter, à des distances moyennes du Soleil comprises entre 2,17 et 3,3 unités astronomiques. Mais, dans l'anneau ainsi formé, certaines régions *(lacunes de Kirkwood)* apparaissent pratiquement vides parce qu'elles correspondent à des zones de résonance où l'attraction de Jupiter interdit aux astéroïdes de se maintenir. Certains astéroïdes toutefois décrivent des orbites très excentriques qui leur permettent de s'approcher périodiquement de la Terre, de Vénus, voire de Mercure. Ceux qui peuvent ainsi frôler la Terre sont appelés *earth-grazers* ou *earth-grazing asteroids,* en abrégé *EGA.* Les planètes *troyennes** constituent d'autres spécimens particuliers de petites planètes évoluant en dehors de la ceinture d'astéroïdes. De nombreuses techniques (photométrie, spectrophotométrie, polarimétrie, radiométrie dans l'infrarouge, etc.) sont désormais mises en œuvre pour étudier les caractéristiques physiques des astéroïdes. La plupart ont une surface comparable à celle des météorites carbonées ou à celle des météorites pierreuses. Les astéroïdes seraient des condensations de la nébuleuse solaire originelle n'ayant pas réussi à s'agglomérer en une planète par suite de perturbations gravitationnelles engendrées par Jupiter.

ASTÉRONYME n. m. Ensemble d'astérisques employés en typographie pour remplacer un nom qu'on ne veut pas faire connaître.

ASTÉROZOAIRE n. m. Nom de sous-embranchement donné à deux classes d'échinodermes munis de bras, les astérides et les ophiures.

ASTHÉNIANT, E adj. Qui est à l'origine d'une asthénie.

ASTHÉNIE n. f. État de fatigue physique et psychique, lié ou non à l'effort.

ASTHÉNIQUE adj. et n. Relatif à l'asthénie ; atteint d'asthénie.

ASTHÉNOPIE n. f. Incapacité de la vue à se soutenir longtemps, surtout à la lecture.

ASTHÉNOSPERMIE n. f. Diminution de la mobilité des spermatozoïdes, dont le nombre reste normal.

ASTHÉNOSPHÈRE n. f. Zone située à l'intérieur de la Terre, dans le manteau supérieur, à la base de la lithosphère, entre 100 et 200 km de profondeur. (Elle est caractérisée par une faible résistance mécanique et une faible vitesse sismique, résultant d'une fusion partielle des roches.)

ASTHMATIFORME [asma-] adj. Se dit d'une affection qui ressemble à l'asthme.

ASTHMATIQUE [asma-] adj. et n. (lat. *asthmaticus*). Qui se rapporte à l'asthme ; qui est atteint d'asthme.

ASTHME [asm] n. m. (lat. *asthma,* du gr. *asthma,* essoufflement). **1.** Affection respiratoire caractérisée par des crises de dyspnée paroxystique à prédominance expiratoire surtout nocturnes. — **2.** *Asthme cardiaque,* crise d'étouffement nocturne survenant chez des malades atteints d'insuffisance ventriculaire gauche.

ENCYCL. Les crises d'asthme, qui donnent au malade la sensation d'étouffer, sont liées aux spasmes, à l'œdème et à l'hypersécrétion des bronches. Entre les crises persiste une insuffisance respiratoire. Il existe des asthmes allergiques purs, souvent saisonniers, provoqués par des allergènes variés entraînant une réaction immédiate de type anaphylactique. C'est la forme la plus fréquente chez l'enfant, où il coexiste souvent avec un eczéma atopique. Il existe des asthmes d'origine neuropsychique et endocrinienne, ainsi que des asthmes microbiens.

ASTHOLPHE ou **ASTOLFE** → AISTOLF.

ASTI n. m. Vin d'Italie de la région d'Asti, dont une partie est traitée en mousseux *(asti spumante).*

ASTI, v. d'Italie, dans le Piémont, ch.-l. de la prov. homonyme, sur le Tanaro ; 72 384 hab. Ancienne colonie romaine, Asti fut, au Moyen Âge, l'une des plus puissantes cités de la Ligue lombarde. Elle fut cédée à la Savoie en 1575. Beaux monuments religieux. Centre d'études sur le poète Alfieri. Musées. Centre viticole.

ASTIC n. m. (d'un v. **astiquer,* mot du dialecte hennuyer). **1.** Outil à main de cordonnier ou de sellier servant à polir et lisser le cuir. — **2.** Mélange de blanc d'Espagne, d'alcool et de savon, utilisé pour nettoyer les pièces métalliques d'équipements militaires.

ASTICOT n. m. (p.-ê. de *asticoter*). Larve, en forme de ver tronqué à l'arrière, des mouches à viande, utilisée pour escher l'hameçon.

ASTICOTER v. t. (moyen fr. *dasticoter,* parler allemand, de l'all. *dass dich Gott !,* que Dieu te damne !) [conj. 3]. *Fam.* Taquiner qqn jusqu'à l'irritation, l'énervement.

ASTICOTIER n. m. Pêcheur de truites qui amorce à l'aide d'asticots, pratique d'ailleurs interdite.

ASTIEN n. m. (de *Asti,* n. pr.). Étage de la série pliocène. (Syn. PLAISANCIEN.)

ASTIER DE LA VIGERIE (François D'), général aviateur français (Le Mans 1886 -Paris 1956). Il commanda en 1939-40 les opérations aériennes sur le front nord, rejoignit de Gaulle à Londres (1942) et devint inspecteur des forces aériennes françaises libres (1942-1944). — Son frère HENRI (Villedieu 1897 - Genève 1952), officier, joua un grand rôle dans la préparation et l'exécution du putsch d'Alger, le 8 nov. 1942. Représentant de la Résistance à l'Assemblée consultative, il organisa des « corps francs » et combattit à leur tête en France. — EMMANUEL (Paris 1900 - *id.* 1969), frère des précédents, journaliste et homme politique, fonda en 1940 le mouvement de résistance Libération-Sud, puis, en 1941, le journal *Libération,* qu'il dirigea jusqu'en 1964. Membre du Conseil national de la Résistance, il devint ministre de l'Intérieur du Gouvernement provisoire en sept. 1944.

ASTIGMATE adj. et n. Atteint d'astigmatisme. ◆ adj. Se dit d'un système optique doué d'astigmatisme.

ASTIGMATISME n. m. **1.** Défaut de courbure des milieux réfringents de l'œil, tel qu'un point lumineux donne sur la rétine une tache de forme et de dimensions spéciales. (L'astigmatisme est dû à une modification des rayons de courbure de la cornée.) — **2.** Aberration que peut présenter un objectif et qui se manifeste, sur l'image que donne cet objectif, par une différence de netteté entre les lignes horizontales et les lignes verticales. (→ *encycl.*)

ENCYCL. Lorsqu'on diaphragme suffisamment un instrument d'optique, tous les rayons formant le pinceau issu d'un point lumineux de l'objet s'appuient sur deux petits segments de droites perpendiculaires, que l'on appelle *focales.* La section du pinceau est généralement elliptique, sauf si l'on se place sur l'une des focales. Entre les deux se trouve le cercle de moindre diffusion. L'astigmatisme nuit à la qualité des images de points situés loin de l'axe.

ASTILBE n. f. (du gr. *stilbos,* brillant). Plante décorative aux feuilles très découpées, aux fleurs blanches, voisine des saxifrages.

ASTIQUAGE n. m. Action d'astiquer.

ASTIQUER v. t. (de *astic*) [conj. **3**]. Faire briller des objets métalliques, du cuir, des meubles, etc., en les frottant.

ASTLEY (Philip), écuyer et acrobate britannique (Newcastle-under-Lyme, Stattfordshire, 1742 - Paris 1814). Il eut, le premier, l'idée du spectacle de piste en présentant à Londres en 1769 des exhibitions équestres dans un manège cerné de gradins.

ASTOMIE n. f. Monstruosité due à l'absence congénitale de la bouche.

ASTON (Francis William), physicien britannique (Harborne 1877 - Cambridge 1945). Étudiant la décharge dans les gaz raréfiés, il découvrit l'existence des isotopes du néon, pour l'étude desquels il perfectionna le spectrographe de masse. (Prix Nobel de chimie 1922.)

ASTORGA, v. d'Espagne (prov. de León), au S.-O. de León ; 14 000 hab. Cathédrale gothique à façade plateresque (œuvres d'art). Hôtel de ville Renaissance.

ASTRAGALE n. m. (lat. *astragalus,* gr. *astragalos*). **1.** Os court du pied, qui forme le sommet de la voûte tarsienne. (Sa face supérieure est constituée par la *poulie astragalienne,* qui s'enfonce dans la mortaise formée par les extrémités inférieures du tibia et du péroné. L'astragale s'articule en bas avec le calcanéum, en avant avec le scaphoïde.) — **2.** Légumineuse fourragère dont certaines espèces fournissent la gomme adragante. (Le genre compte plus de 1 000 espèces, dont 25 en France.) — **3.** Moulure arrondie à la jonction du fût et du chapiteau d'une colonne ou au nez d'une marche d'escalier. — **4.** Bourrelet aménagé autour du canon des anciennes pièces d'artillerie.

ASTRAKAN n. m. (de *Astrakhan,* n. pr.). Fourrure noire, grise, brun tacheté marron, provenant de la dépouille d'un agneau caracul de quelques jours ou d'un agneau mort-né (breitschwanz). Originaires de l'Ouzbékistan et du Turkménistan, les agneaux caraculs sont élevés aussi en Afghānistān, en Iran et en Afrique du Sud.

ASTRAKHAN, v. de Russie, à la tête du delta de la Volga, au dernier pont sur le fleuve ; 481 000 hab. Pêcheries (conserveries, préparation du caviar), port de transit entre la mer Caspienne et la Volga et centre industriel. — Astrakhan devint en 1466 la capitale d'un khānat gengiskhānide qui fut annexé par la Russie en 1556.

ASTRAL, E, AUX adj. (bas lat. *astralis*). **1.** Relatif aux astres. — **2.** Qui appartient à un monde intermédiaire (subtil) entre le terrestre (matériel) et le divin (spirituel) et entretient un lien sympathique avec les astres. — **3.** *Corps astral,* le double semi-matériel, ou éthérique, du corps physique. ‖ *Danse astrale,* chez les peuples primitifs, danse (sacrée ou profane) tendant à imiter le mouvement des astres (Soleil ou Lune).

ASTRANTIA [-sja] n. f. (de *astre*). Ombellifère des montagnes, cultivée en rocailles pour ses bractées blanchâtres ornementales. (N. usuel *sanicle de montagne.*)

ASTRAPIE n. f. (gr. *astrapê,* éclair). Paradisier à longue queue de Nouvelle-Guinée.

ASTRAPOTHÉRIEN n. m. (du gr. *astrapê,* éclair). Nom d'ordre donné à des mammifères fossiles d'Amérique du Sud, voisins des ongulés.

ASTRE n. m. (lat. *astrum,* du gr. *astron*). **1.** Tout corps céleste naturel (Soleil, Lune, planète, comète, étoile, etc.). [Les nébuleuses, les amas d'étoiles et les galaxies sont souvent désignés sous le nom d'*objets célestes.*] — **2.** En astrologie, terme générique utilisé pour désigner le Soleil, la Lune et les planètes. – **3.** *Beau, belle comme un astre,* d'une beauté resplendissante. ‖ *Être né sous un astre favorable,* avoir de la chance. ‖ Litt. *L'astre du jour,* le Soleil. ‖ Litt. *L'astre des nuits, l'astre nocturne, l'astre d'argent,* la Lune.

ASTRÉE, divinité grecque de la Justice et de la Vertu devenue la constellation de la Vierge.

Astrée *(l'),* roman pastoral d'Honoré d'Urfé (1607-1628). C'est une des sources majeures de la préciosité.

ASTREIGNANT, E adj. Qui astreint, tient sans cesse occupé : *Travail astreignant.*

ASTREINDRE v. t. (lat. *astringere,* lier, attacher) [conj. **81**]. *Litt.* Soumettre qqn à une obligation stricte : *Le jugement l'a astreint à verser une indemnité.*

◆ **s'astreindre** v. pr., **être astreint** v. pass. Se contraindre à qqch, à faire qqch : *S'astreindre à une discipline rigoureuse.*

ASTREINTE n. f. (part. passé de *astreindre*). **1.** Moyen de contrainte qui consiste à condamner une personne à payer une somme d'argent par période de retard dans l'exécution d'une obligation résultant d'une décision de justice. – **2.** *Litt.* Obligation rigoureuse ; contrainte : *Les astreintes d'une profession.*

ASTRID, reine des Belges (Stockholm 1905 - près de Küssnacht am Rigi, Suisse, 1935), fille du prince Charles de Suède. Elle épousa en 1926 le futur Léopold III, roi des Belges, à qui elle donna trois enfants. Elle mourut accidentellement.

ASTRILD n. m. Petit passereau de la tribu des estrildinés, recherché comme oiseau de cage pour ses vives couleurs.

ASTRINGENCE n. f. Qualité de ce qui est astringent.

ASTRINGENT, E adj. (lat. *astringens,* de *astringere,* resserrer). **1.** Se dit d'un produit qui resserre les tissus et diminue les sécrétions. – **2.** Se dit d'un vin trop chargé en tanins et qui resserre les papilles gustatives.

◆ **astringent** n. m. Produit astringent.

ASTROBIOLOGIE n. f. Syn. de EXOBIOLOGIE.

ASTROBLÈME n. m. (du gr. *blêma,* blessure). Cratère formé sur une planète, en particulier la Terre, par l'impact d'une grosse météorite.

ASTROCYTAIRE adj. Relatif à l'astrocyte.

ASTROCYTE n. m. Cellule constitutive de la névroglie possédant un corps volumineux autour duquel rayonnent de nombreux prolongements fins et ramifiés.

ASTROCYTOME n. m. Tumeur bénigne du système nerveux, développée aux dépens des astrocytes et siégeant surtout dans le cerveau et le cervelet.

ASTROGLIE n. f. Ensemble des astrocytes. (Syn. MACROGLIE.)

ASTROGRAPHE n. m. Instrument destiné à photographier des champs stellaires, plus particulièrement en vue de déterminer les positions des astres qu'ils renferment.

ASTROÏDE n. f. Hypocycloïde à 4 rebroussements.

ASTROLABE n. m. (lat. médiév. *astrolabium,* du gr. *astrolabion*). **1.** Instrument qui fournissait une représentation du ciel à un instant donné, en projection sur un plan. – **2.** Instrument d'astrométrie servant à déterminer l'instant du passage d'une étoile à une hauteur déterminée, généralement 60°, au-dessus de l'horizon.

ASTROLOGIE n. f. Discipline ayant pour objet l'étude des corrélations entre la configuration, la qualité propice ou néfaste du ciel géocentrique lors d'un événement terrestre, d'une part, et la nature, les développements de cet événement d'autre part.

ENCYCL. L'*astrologie naturelle* considère tous les phénomènes intéressant la Terre (atmosphériques, géologiques, etc.) ; l'*astrologie généthliaque* s'attache plus particulièrement à la naissance, considérée comme un événement et que l'astrologue s'efforce d'apprécier selon les règles de l'*astrologie* dite *judiciaire,* qui s'applique à tirer de l'horoscope des conjectures sur l'individu.

ASTROLOGIQUE adj. Relatif à l'astrologie.

ASTROLOGUE n. Personne qui s'occupe d'astrologie.

ASTROMANCIE n. f. Tout procédé divinatoire utilisant le vocabulaire astrologique.

ASTROMÉTRIE n. f. Branche de l'astronomie dont l'objet est la mesure de la position des astres et la détermination de leurs mouvements dans des repères préalablement définis.

ASTROMÉTRIQUE adj. Qui relève de l'astrométrie.

ASTROMÉTRISTE n. Spécialiste d'astrométrie.

ASTRONAUTE n. Pilote ou passager d'un engin spatial. (L'usage s'est établi de réserver le terme *cosmonaute* pour désigner une personne voyageant à bord d'un vaisseau spatial soviétique. En France, on utilise aussi le terme *spationaute.*)

ASTRONAUTIQUE n. f. **1.** Science de la navigation dans l'espace. – **2.** Ensemble des sciences, des techniques et des activités humaines rendant possibles les vols spatiaux, ou rendues possibles par ceux-ci.

QUELQUES GRANDES DATES DE L'ASTRONAUTIQUE	
1957	
4 octobre	Lancement du premier satellite artificiel de la Terre, Spoutnik 1 (83,6 kg), par l'U. R. S. S.
1958	
1er février	Lancement réussi du premier satellite artificiel américain, Explorer 1.
1959	
2 janvier	Lancement de la première sonde lunaire, Luna 1 (362 kg), qui passe à 6 000 km de la Lune le 4 janvier.
13 septembre	Premier impact réussi d'une sonde cosmique, Luna 2 (350 kg), sur la Lune.
7 octobre	Premières photographies de la face cachée de la Lune, prises par Luna 3 (278,5 kg).
1960	
1er avril	Lancement du premier satellite météorologique, Tiros 1 (É. -U.).
11 août	Première récupération d'un véhicule revenant de l'espace : la capsule du satellite américain Discoverer 13.
12 août	Mise sur orbite du premier satellite de télécommunications (passif), Echo 1, un ballon de 30 m réfléchissant les ondes radioélectriques (É. -U.).
20 août	Première récupération d'êtres vivants (deux chiens) revenant de l'espace à bord du vaisseau cosmique nº 2 soviétique.
1961	
12 avril	Premier vol d'un homme dans l'espace, Iouri Gagarine, à bord du vaisseau soviétique Vostok 1. (Durée : 108 minutes.)
1962	
20 février	Premier vol d'un Américain dans l'espace, John Glenn, à bord de la capsule Mercury MA-G.
10 juillet	Mise sur orbite du premier satellite actif de télécommunications, Telstar (É.-U.).
27 août	Lancement de la sonde américaine Mariner 2, qui accomplira la première mission planétaire réussie (survol de Vénus le 14 déc.).
1963	
14 février	Lancement du premier satellite géostationnaire, Syncom 1 (É.-U.).
16 juin	Premier vol d'une femme dans l'espace, Valentina Terechkova, Vostok 6 (U.R.S.S.).
1964	
12 octobre	Premier vol d'un vaisseau piloté multiplace (Voskhod, U.R.S.S.).
1965	
18 mars	Première sortie d'un homme hors de sa cabine, Alekseï Leonov, pendant le vol du vaisseau Voskhod 2.
26 novembre	Première mise sur orbite d'un satellite (Astérix, français), par une fusée ni américaine ni soviétique (lanceur Diamant).
15 décembre	Premier rendez-vous spatial réussi entre les cabines américaines Gemini 6 et 7.
1966	
3 février	Premier atterrissage en douceur sur la Lune réussi, par la sonde soviétique Luna 9.
16 mars	Premier amarrage dans l'espace, entre la cabine Gemini 8 et une cible, Agena.
1968	
21-27 décembre	Première mission lunaire pilotée (Apollo 8, É.-U.).
1969	
21 juillet	Premier débarquement humain (Armstrong, Aldrin) sur la Lune (vol américain Apollo 11).
1970	
11 février	Premier lancement d'un satellite par le Japon.
24 avril	Premier lancement d'un satellite par la Chine.

1971	
19 avril	Lancement de la première station orbitale. Saliout 1 (U.R.S.S.).
1972	
23 juillet	Mise sur orbite du premier satellite d'étude des ressources terrestres, Landsat 1 (É.-U.).
1973	
14 mai	Satellisation de la première station orbitale américaine, Skylab.
1975	
17 juillet	Rendez-vous spatial Apollo-Soïouz (américano-soviétique).
1976	
20 juillet	Premier atterrissage en douceur sur Mars (sonde Viking 1, É.-U.).
1978	
22 janvier	Premier ravitaillement d'une station orbitale, Saliout 6, par un vaisseau automatique, Progress 1 (U.R.S.S.).
1979	
5 mars	Survol de Jupiter par la sonde américaine Voyager 1.
24 décembre	Premier vol (réussi) de la fusée européenne Ariane.
1980	
12 novembre	Survol de Saturne par la sonde américaine Voyager 1.
1981	
12-14 avril	Premier vol de la navette spatiale américaine.
1984	
11 avril	Première réparation dans l'espace d'un satellite artificiel (SMM, É.-U.).
1986	
24 janvier	Premier survol d'Uranus (à 82 000 km) par une sonde spatiale (Voyager 2, É.-U.).
28 janvier	Explosion de la navette spatiale américaine « Challenger », entraînant la mort des 7 astronautes de l'équipage.
8-13 mars	Survol de la comète de Halley par les sondes Vega 1 et Vega 2 (U.R.S.S.), Giotto (Europe), Suisei et Sakigake (Japon).
1989	
25 août	Premier survol de Neptune (à 4 900 km) par une sonde spatiale (Voyager 2, É.-U.).
1990	
25 avril	Mise en orbite autour de la Terre du télescope spatial Hubble (É.-U./Europe), le plus grand jamais satellisé.
1992	
13-14 mai	Première sortie extravéhiculaire conjointe de trois astronautes et sauvetage en orbite d'un satellite, Intelsat 6.
1993	
5-9 décembre	Réparation dans l'espace du télescope spatial Hubble.
1995	
22 mars	Retour sur la Terre de Valeri Poliakov (Russie), nouveau détenteur du record de présence dans l'espace, en un seul vol (437 j 18 h) et en durée cumulée (678 j 16 h).
29 juin-4 juillet	Premier amarrage dans l'espace de la navette américaine (orbiter « Atlantis ») à la station russe Mir.
7 décembre	Un module largué par la sonde américaine Galileo (lancée en octobre 1989) pénètre pour la première fois dans l'atmosphère de Jupiter.

astronautique *(Fédération internationale d'),* organisation scientifique fondée en 1950 pour favoriser le développement de l'astronautique dans des buts pacifiques.

ASTRONEF n. m. Véhicule spatial.

ASTRONOME n. (gr. *astronomos*). Spécialiste d'astronomie.

ASTRONOMIE n. f. (lat. *astronomia,* du gr. *astronomia*). **1.** Science qui étudie les positions relatives, les mouvements, la structure et l'évolution des astres. — **2.** Ensemble des connaissances astronomiques d'un peuple ou d'un individu : *L'astronomie chinoise.* — **3.** *Astronomie de position,* syn. anc. de ASTROMÉTRIE.

ENCYCL. Les Anciens n'avaient que des connaissances astronomiques rudimentaires, se bornant à l'observation des phénomènes célestes visibles à l'œil nu, généralement à des fins pratiques ou religieuses. L'autorité d'Aristote (IVe s. av. J.-C.) imposa la croyance dans l'immobilité de la Terre. Le plus grand astronome observateur de l'Antiquité fut Hipparque (fin du IIe s. av. J.-C.) ; son œuvre ne nous est connue que par celle de Ptolémée (fin du IIe s. apr. J.-C.), dont la version arabe, ou *Almageste,* nous est parvenue et représente une vaste compilation des connaissances astronomiques de l'Antiquité.

L'astronomie classique prend naissance au XVIe s. grâce à Copernic, qui propose en 1543 un système du monde héliocentrique ; puis Kepler établit de 1609 à 1619, à l'aide des observations de Tycho Brahe, les lois du mouvement des planètes ; vers la même époque, Galilée effectue les premières observations du ciel à la lunette et fait de nombreuses découvertes (taches solaires, relief lunaire, phases de Vénus, satellites de Jupiter, etc.) ; enfin, Newton établit en 1687 les lois fondamentales de la mécanique céleste en déduisant des lois de Kepler et de la mécanique de Galilée le principe de la gravitation universelle. On peut, dès lors, calculer avec précision les mouvements de la Lune, des planètes et des comètes. Aux XVIIIe et XIXe s., la mécanique céleste devient de plus en plus précise, ce qui permet, en 1846, la découverte de la planète Neptune à la position prévue par le calcul. Dans la seconde moitié du XIXe s., l'application de la photographie et de la spectroscopie à l'étude des corps célestes permet l'essor de l'astrophysique*. La théorie de la relativité généralisée d'Einstein en 1916 renouvelle la cosmologie*.

L'*astrométrie,* ou *astronomie de position,* a pour objet de déterminer le plus précisément possible les coordonnées des étoiles et de définir avec précision une échelle de temps* uniforme. Les méthodes d'observation modernes (astrolabe impersonnel, télémétrie laser, techniques spatiales), les mesures précises d'intervalles de temps au moyen d'étalons de fréquence et la construction d'une échelle de temps atomique (TAI) ont permis des progrès considérables en ce domaine.

La *mécanique céleste* s'intéresse aux mouvements des planètes et de leurs satellites avec toutes les complexités introduites par les perturbations dues aux interactions des différents corps du système solaire. Appliquée à des groupes d'étoiles dont on connaît à la fois la distance et le mouvement, elle a permis de mettre en évidence la rotation d'ensemble de la Galaxie autour de son noyau central. L'astronomie de position et la mécanique céleste permettent aussi d'évaluer les masses stellaires par analyse des orbites des étoiles doubles.

Les techniques spatiales jouent désormais un rôle fondamental dans l'étude de l'Univers : des sondes spatiales survolent à faible distance les planètes du système solaire et leurs satellites et, dans certains cas, se posent à leur surface, tandis que des satellites en orbite autour de la Terre apportent une contribution essentielle à l'astrophysique.

ASTRONOMIQUE adj. (gr. *astronomikos*). **1.** Relatif à l'astronomie : *Découvertes astronomiques.* — **2.** *Fam.* Très élevé, exagéré : *Prix astronomique.*

astronomique internationale *(Union),* organisation internationale, fondée en 1919, dont le siège est à Paris et qui constitue la plus haute instance mondiale dans le domaine de l'astronomie.

ASTRONOMIQUEMENT adv. Suivant les lois ou les règles de l'astronomie.

ASTROPHOTOGRAPHIE n. f. Photographie des astres.

ASTROPHOTOGRAPHIQUE adj. Relatif à l'astrophotographie.

ASTROPHYLLITE n. f. Silicate naturel de titane, zirconium, fer, manganèse, sodium et potassium, se présentant en lamelles jaune foncé.

ASTROPHYSICIEN, ENNE n. Spécialiste d'astrophysique.

ASTROPHYSIQUE n. f. Partie de l'astronomie qui étudie la nature physique, la formation et l'évolution des astres.

ENCYCL. On distingue souvent l'astrophysique des hautes énergies (étude des rayonnements γ, X et ultraviolet) et celle des basses énergies (étude des rayonnements visible, infrarouge et radio). L'astrophysique s'est beaucoup développée depuis 1945 grâce à la radioastronomie et, depuis 1957, grâce aux observations spatiales. La radioastronomie a permis de découvrir les quasars, les molécules interstellaires, le rayonnement cosmologique de 3 K, les pulsars et de mettre en évidence la structure spirale de notre Galaxie. L'astronomie infrarouge montre les étoiles en formation dans le milieu interstellaire. Les observations en ultraviolet ont révélé l'importance des phénomènes de vents stellaires et des échanges de masse qui s'établissent entre les étoiles chaudes et le milieu interstellaire et leur impact sur l'évolution générale des galaxies. Les observations dans le domaine des rayons X révèlent l'existence d'étoiles effondrées (pulsars, trous noirs), capturant la matière d'étoiles voisines, ou de galaxies actives dont le noyau est le siège de phénomènes cataclysmiques. Enfin, le rayonnement γ constitue un traceur de la matière interstellaire et révèle aussi la présence d'étoiles effondrées.

ASTROS (Paul Thérèse David D'), cardinal français (Tourves 1772 - Toulouse 1851). Évêque de Bayonne en 1820, archevêque de Toulouse en 1830, cardinal en 1850, il fut l'adversaire le plus déterminé de La Mennais.

ASTROTAXIE n. f. Réaction locomotrice dans laquelle l'animal oriente son déplacement en relation avec la position d'un corps céleste : Soleil, Lune, étoile.

ASTRUC (Jean), médecin et bibliste français (Sauve, Gard, 1684 - Paris 1766). Il publia en 1753 un ouvrage de critique biblique sur la composition du livre de la Genèse qui a fait de lui l'un des précurseurs de la critique biblique moderne.

ASTUCE n. f. (lat. *astutia*). **1.** Manière habile d'agir, de parvenir à ses fins, de se tirer de difficulté, etc. : *Ce garçon est plein d'astuce.* — **2.** *Fam.* Trouvaille, invention pratique et ingénieuse ; truc : *Une astuce pour économiser de l'essence.* — **3.** *Fam.* Plaisanterie, jeu de mots : *Faire des astuces.*

ASTUCIEUSEMENT adv. De façon astucieuse.

ASTUCIEUX, EUSE adj. Qui fait preuve d'astuce, qui dénote de l'ingéniosité.

ASTURIAS (Miguel Ángel), écrivain et diplomate guatémaltèque (Guatemala 1899 -Madrid 1974). Il fait revivre la splendeur des mythes mayas dans ses *Légendes du Guatemala* (1930) puis consacre ses poèmes et romans à l'histoire et aux problèmes sociaux de son pays : *Monsieur le Président* (1946), *Hommes de maïs* (1949), *le Pape vert* (1954), *Week-end au Guatemala* (1956), où réalisme et magie interfèrent sans cesse. L'inspiration d'Asturias devient lyrique et incantatoire dans *la Flaque du mendiant* (1961), *Une certaine mulâtresse* (1963). [Prix Nobel de littérature 1967.]

ASTURIEN, ENNE adj. et n. Des Asturies.
◆ **asturienne** n. f. Phase tectonique hercynienne, dans les Asturies, située entre le westphalien et le stéphanien (env. – 290 millions d'années).

ASTURIES (les), en esp. **Asturias,** région historique de l'Espagne, formant une communauté autonome et correspondant à la province d'Oviedo ; 10 565 km² ; 1 096 155 hab. L'humidité du climat a favorisé l'élevage bovin laitier, éclipsé toutefois par l'industrie (extraction de la houille, métallurgie surtout), représentée notamment à Gijón, Avilés, Oviedo et Mieres. — **Hist.** Les peintures rupestres d'Altamira attestent une très ancienne implantation humaine. Relativement peu marqué par la civilisation romaine, ce pays montagneux devint, après l'écroulement de la monarchie wisigothique (711), le refuge de ses derniers partisans. Il s'y créa même, dès 718, un royaume chrétien des Asturies, dont Oviedo* fut la capitale sous le règne d'Alphonse II (791-842). Alphonse III, roi de 866 à 910, réorganisa et unifia les provinces chrétiennes du Nord-Ouest. Son État comprenait la Galice, les Asturies, le León, qui, vers 920, donna son nom au royaume. Depuis 1388, l'héritier présomptif de la couronne de Castille puis d'Espagne porte le titre de « prince des Asturies ». Région fortement industrialisée au XIXe s., les Asturies furent rapidement gagnées au socialisme et à l'anarchie : cœur de la révolution manquée de 1934, elles résistèrent de 1936 à 1937 aux nationalistes. Un statut d'autonomie régionale a été adopté en 1981.

ASTYAGE, dernier roi des Mèdes (v. 585 -550).

ASTYANAX, fils d'Hector et d'Andromaque. Tout jeune, il fut précipité du haut des murailles de Troie par Ulysse.

ASUKA, site archéologique du Japon (île de Honshū), près de Nara. Siège d'une cap. des souverains du Yamato, éponyme d'une période qui vit l'arrivée du bouddhisme, puis l'épanouissement des premières manifestations artistiques (552-645).

ASUNCIÓN, cap. du Paraguay, sur le río Paraguay ; 729 000 hab. Fondée en 1537 (le jour de l'Assomption), développée comme port de commerce (liaison par les ríos Paraguay et Paraná avec Buenos Aires), elle est un centre administratif et commercial, métropole incontestée du pays.

ASURA, mot sanskr. signif. *fait de souffle* et qui désigne des êtres habitant les mondes inférieurs. Ce sont des démons, ennemis des dieux, semant la perturbation dans le monde.

A. S. V. (abrév. de *Atterrissage Sans Visibilité*). *Dispositif, instrumentation A. S. V.*, dispositif, instrumentation permettant l'atterrissage d'un avion sans visibilité.

AŚVIN, dieux védiques jumeaux, correspondant aux Dioscures. Ils guérissent les maladies.

ASYMBOLIE n. f. Tout déficit de la reconnaissance des symboles lors d'une atteinte du cortex cérébral.

ASYMÉTRIE n. f. Absence de symétrie : *L'asymétrie du visage humain.*

ASYMÉTRIQUE adj. **1.** Dépourvu de symétrie : *Un bâtiment asymétrique.* – **2.** Se dit d'un atome de carbone ayant quatre substituants différents. – **3.** Se dit d'un pli géologique dont le plan axial n'est pas vertical et dont les flancs n'ont pas le même développement (flanc long, flanc court). – **4.** Se dit d'une relation binaire $\mathcal{R}$ sur un ensemble E telle que, x et y étant deux éléments quelconques de E, seule une des deux affirmations $(x, y) \in \mathcal{R}$ et $(y, x) \in \mathcal{R}$ est vraie.

ASYMPTOMATIQUE adj. Qui ne présente pas de symptômes cliniques.

ASYMPTOTE n. f. (gr. *asumptôtos,* qui ne s'affaisse pas). Tangente à une courbe en un point à l'infini. (Syn. DROITE ASYMPTOTE.)
◆ adj. *Branche asymptote à une droite* D, branche infinie ayant D pour droite asymptote. ‖ *Droite asymptote* ou *asymptote à une branche infinie* $\mathcal{B}$, droite D telle que la distance d'un point de la branche infinie $\mathcal{B}$ à la droite D tend vers zéro. ‖ *Point asymptote à une branche infinie* $\mathcal{B}$, pôle O tel que, pour un point M parcourant la branche, la distance OM tend vers zéro.

ASYMPTOTIQUE adj. 1. Relatif à l'asymptote. – 2. *Direction asymptotique,* direction d'une droite D obtenue comme « limite » de la droite (OM), O étant l'origine de l'espace ponctuel et $M = f(t)$, pour $t \to t_0$, t_0 étant la borne de l'intervalle dont l'image par f admet une branche* infinie. ‖ *Ligne asymptotique,* ligne d'une surface où la courbure est nulle en chacun des points.

ASYNCHRONE adj. **1.** Qui n'est pas synchrone. – **2.** Se dit d'une machine (par ex. génératrice ou moteur) à courants alternatifs dont la fréquence des forces électromotrices induites n'est pas dans un rapport constant avec la vitesse. – **3.** Se dit d'un calculateur dans lequel le passage d'une opération à une autre s'effectue sous le contrôle d'un signal déclenché lors de la fin d'exécution de la première opération ; se dit d'un mode de transmission de données où chaque caractère à envoyer est précédé et suivi d'un bit.

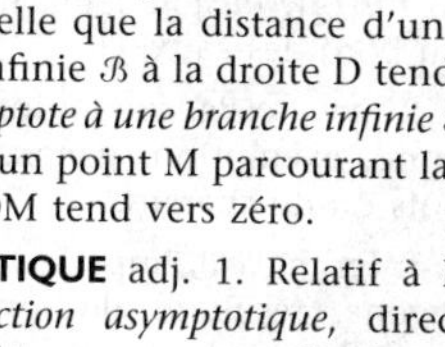

D droite **asymptote** et
β branche **asymptote**

ASYNCHRONISME n. m. Absence de synchronisme.

ASYNDÈTE n. f. (bas lat. *asyndeton,* du gr. *asundeton,* absence de jonction). Suppression du terme de liaison entre des mots ou des propositions qui se trouvent cependant dans un rapport de coordination. (Ex. *Femmes, enfants, parents, il a tout sur les bras.*)

ASYNERGIE n. f. Incapacité d'exécuter simultanément les différents mouvements élémentaires qui entrent dans la constitution d'une activité motrice.

ASYNTAXIQUE ou **ASYNTACTIQUE** adj. Contraire aux règles de la syntaxe.

ASYSTOLIE n. f. *Vx.* Insuffisance cardiaque.

ASYSTOLIQUE adj. et n. Relatif à l'asystolie ; atteint d'asystolie.

ASYŪT → ASSIOUT.

At, symbole chimique de l'*astate.* • **Mus.** Abréviation de *a tempo.* – **Phys.** Symbole de l'*ampère-tour.*

A. T., abrév. de *Ancien Testament.*

ATABEK ou **ATABEG** n. m. (turc *atabek*). Titre porté par les précepteurs des princes chez les Seldjoukides. (Les atabeks devinrent au milieu du XIIe s. des chefs héréditaires, détenant la réalité du pouvoir.)

ATACAMA, région désertique du nord du Chili. V. princ. *Antofagasta.* Cuivre. – La région est éponyme d'une vaste aire culturelle classifiée en plusieurs périodes précéramique (v. 4300 av. J.-C.) et céramique (apparue vers 500 av. J.-C.). Au IXe s. apr. J.-C. s'épanouirent plusieurs centres urbains occupés par les Indiens Atacameños, encore présents dans les oasis, au XVe s., lors de l'arrivée des Incas.

ATACAMITE n. f. (de *Atacama,* n. pr.). Oxychlorure de cuivre hydraté, d'un beau vert émeraude, exploité comme minerai.

ATACTIQUE adj. (gr. *ataktos,* irrégulier). Se dit d'un polymère dans lequel les groupes latéraux de la chaîne se répartissent dans l'espace sans aucune régularité.

ATAHUALPA (v. 1500 - Cajamarca 1533), treizième souverain inca (v. 1528-1533). Après une guerre civile menée contre son frère aîné, Huáscar, il fut capturé par surprise et exécuté par

Pizarro, qui affirma ainsi la domination espagnole sur le Pérou.

ATAKORA, chaîne de montagnes de l'Afrique, dans le nord du Bénin et du Togo, allant du Niger à la frontière du Ghana.

Atala, roman de Chateaubriand (1801). D'abord épisode des *Natchez**, intégré au *Génie* du christianisme* en 1802, il parut sous sa forme autonome en 1805. C'est le récit d'une passion religieuse et romantique dans le cadre de l'Amérique du Nord à la fin du XVIIe s.

ATALANTE, héroïne de la mythologie grecque. Elle avait promis sa main à celui qui la vaincrait à la course. Seul Hippomène y réussit, grâce aux conseils d'Aphrodite.

Atalante *(l'),* film français de Jean Vigo (1934), dont l'originalité fut tardivement reconnue.

ATAMAN n. m. (mot russe, du turc). Titre porté par les chefs cosaques élus à la tête d'unités militaires ou de villages.

ATANASSOFF (Cyril), danseur français d'origine bulgare (Puteaux 1941). Danseur étoile à l'Opéra de Paris (1964-1986), il a créé *Danses brèves* (1963), *la Damnation de Faust* (de M. Béjart, 1964), *Casse-Noisette* (version de M. Rayne, 1965), *le Sacre du printemps* (version de M. Béjart, 1965), *Notre-Dame de Paris* (de R. Petit, 1965), *Coppélia* (version de M. Descombey, 1966), etc., et fait la reprise de *l'Après-midi d'un faune* (de S. Lifar, 1967).

ATAOUATS, groupe humain vivant dans la région du Se Kong supérieur (Laos), estimé à quelques milliers.

ATARAXIE n. f. (gr. *ataraksia*). Quiétude absolue de l'âme, idéal du sage, selon l'épicurisme et le stoïcisme.

ATARAXIQUE adj. Relatif à l'ataraxie.

ATATÜRK, nom adopté par Mustafa* Kemal en 1934.

ATAVIQUE adj. Relatif à l'atavisme.

ATAVISME n. m. (lat. *atavi,* ancêtres). **1.** Apparition imprévue, chez le descendant, d'un ou de plusieurs caractères qui s'étaient manifestés chez un ancêtre et qui avaient disparu depuis une ou plusieurs générations (vx). [Cette réapparition est aisément explicable par la génétique classique.] — **2.** Instincts héréditaires, habitudes ancestrales : *Conserver un vieil atavisme paysan.*

ATAXIE n. f. (gr. *ataksia,* confusion). Trouble de la coordination qui, en dehors de tout déficit de la force musculaire, affecte la direction et l'amplitude du mouvement volontaire et perturbe les contractions musculaires, volontaires ou réflexes, nécessaires aux ajustements posturaux et, chez l'homme, au maintien de la station debout. (Syn. INCOORDINATION.)

ATAXIQUE adj. et n. Qui concerne l'ataxie ; atteint d'ataxie.

ATBARA, riv. de l'Éthiopie et du Soudan née sur le plateau d'Éthiopie, affl. du Nil (r. dr.), 1 100 km env. Dernier affluent pérenne du fleuve, dont il provoque le début de la crue. — La ville soudanaise d'*Atbara* est située au confluent ; 66 000 hab.

ATCHINSK, v. de Russie, en Sibérie, à l'O. de Krasnoïarsk ; 122 000 hab. Lignite. Usine d'alumine. Ciment.

ATÈLE n. m. (gr. *atelês,* inachevé). Singe platyrhinien arboricole d'Amérique du Sud, à très longue queue prenante et aux membres allongés. (N. usuel *singe-araignée.*)

ATÉLECTASIE n. f. Lésion pulmonaire caractérisée par un aplatissement et un affaissement des alvéoles et par une vasodilatation capillaire. (Le poumon du fœtus n'ayant pas respiré est en état d'atélectasie jusqu'au premier cri. Après la naissance, l'atélectasie est la conséquence de la sténose ou de l'obstruction d'une bronche.)

ATÉLESTE n. m. (gr. *atelestos,* inachevé). Petit coléoptère du bord des eaux.

1. ATÉLIE n. f. (gr. *ateleia,* exemption). Dans la Grèce ancienne, exemption, générale ou partielle, d'impôts ou de charges.

2. ATÉLIE n. f. (gr. *ateleia,* imperfection). Inutilité d'un organe, résultant de son caractère rudimentaire ou vestigial.

ATELIER n. m. (anc. fr. *astelier,* tas de bois, chantier, de *astele,* éclat de bois, du lat. pop. **astella,* planchette). **1.** Local où travaille manuellement qqn pour son métier artisanal ou pour son plaisir : *Atelier de couturière.* — **2.** Local, service, secteur où travaillent des ouvriers en usine ; ensemble des ouvriers qui y travaillent : *Chef d'atelier.* — **3.** Groupe de travail constitué autour d'une activité, d'un thème, etc., en particulier dans le domaine de l'enseignement, d'un congrès scientifique, etc. — **4.** Ensemble des collaborateurs, aides ou élèves d'un artiste ; unité d'enseignement, ensemble des élèves d'un même maître dans une école d'art, une académie. — **5.** *Atelier chorégraphique,* lieu de recherche et d'expériences dans le domaine de la danse et du mouvement ; rencontre et présentation de ces travaux expérimentaux ; groupe de danseurs qui se consacrent à ces recherches. — **6.** Nom générique des groupements maçonniques (loges, chapitres, conseil, aréopages, etc.). — **7.** *Atelier d'artiste,* local aménagé pour le travail d'un peintre, d'un sculpteur, d'un photographe ; type de logement qui se caractérise par une grande hauteur sous plafond, la présence d'une grande verrière ou baie vitrée et qui est normalement orienté au nord. ‖ *Ateliers de charité,* ateliers publics destinés à employer les ouvriers sans travail. (Sous l'Ancien Régime, ils furent institués à plusieurs reprises en période de crise, notamment par Louis XIV [1685, 1699, 1709]. À Paris, en août 1789, la municipalité ouvrit de nombreux ateliers, que la Constituante supprima en juin 1791.) ‖ *Atelier de construction,* syn. de ARSENAL. ‖ *Ateliers nationaux,* institution créée en 1848 par le gouvernement provisoire pour occuper les ouvriers sans travail. (Les ouvriers étaient occupés à des travaux de terrassement ou de voirie. Très vite, les ateliers nationaux apparurent coûteux et dangereux : l'Assemblée constituante décida leur dissolution le 21 juin 1848.) ‖ *Atelier protégé,* unité économique de production dans laquelle peuvent être employés des travailleurs handicapés. ‖ *Ateliers sociaux,* coopératives de production imaginées par Louis Blanc et qui ont servi de référence pour la création des ateliers nationaux. ‖ *Atelier de taille,* dans les habitats préhistoriques, zone recouverte de débris provenant du débitage du silex ou de toute autre roche dure.

Atelier *(l'),* troupe d'acteurs fondée et dirigée par Charles Dullin et qui s'installa en 1922 dans l'ancien théâtre Montmartre.

Atelier *(l'),* journal socialiste chrétien, « organe des intérêts moraux et matériels des ouvriers », qui parut de 1840 à 1850.

Atelier du peintre *(l'),* composition de Gustave Courbet (3,59 × 5,98 m), exposée en 1855 avec le sous-titre *Allégorie réelle déterminant une phase de sept années de ma vie artistique et morale,* achetée par le Louvre (1920), auj. au musée d'Orsay.

ATELIER DU SCULPTEUR → SCULPTEUR.

ATELIER-MAGASIN n. m. (pl. *ateliers-magasins*). Organisme de ravitaillement et d'entretien d'une base militaire aérienne.

ATÉLIQUE adj. Se dit d'un organe frappé d'atélie, tel que l'œil pinéal des reptiles actuels, les muscles de l'oreille externe de l'homme.

ATELLANE n. f. (de *Atella*). Farce romaine d'origine osque, née, selon la tradition, dans la ville campanienne d'Atella.

ATÉMI n. m. (mot jap.) Dans les arts martiaux, coup frappé avec le tranchant de la main, le coude, le genou ou le pied.

A TEMPO loc. adv. (ital. *a tempo,* à temps). En musique, indique que l'on doit reprendre le mouvement primitif. (Abrév. At.)

ATEMPOREL, ELLE adj. **1.** Qui ne dépend pas du temps, qui est hors du temps. — **2.** Syn. de GNOMIQUE.

ATENI, v. de Géorgie, à l'ouest de Tbilissi, qui abrite l'une des plus belles églises de l'architecture géorgienne du VIIe s. (À l'intérieur, peintures murales du XIe s.)

ATÉRIEN n. m. (de *Bir el-Ater,* n. pr.). Faciès du paléolithique moyen d'Afrique du Nord, dont l'outillage rappelle le moustérien européen.

ATERMOIEMENT n. m. Accord par lequel un débiteur s'engage à payer ses dettes au créancier à termes convenus.

◆ **atermoiements** n. m. pl. Remise à plus tard d'une décision qu'il faudrait prendre sur le moment ; tergiversations.

ATERMOYER v. i. (anc. fr. *termoier,* vendre à terme, ajourner) [conj. **13**]. Remettre les choses à plus tard, gagner du temps par des faux-fuyants : *Un gouvernement qui ne cesse d'atermoyer.*

ATEUCHUS [-kys] n. m. (gr. *ateukhês,* non armé). Bousier (scarabéidé) de la région méditerranéenne.

ATGET (Eugène), photographe français (Libourne 1856 - Paris 1927). Avec un appareil de grand format, il a pratiqué une technique très simple. Sa principale source d'inspiration : un Paris souvent désert, presque irréel, dont il a capté l'atmosphère magique.

ATH, en néerl. **Aat,** v. de Belgique, ch.-l. d'arrond. du Hainaut, sur la Dendre ; 24 000 hab. Donjon du XIIe s. et autres monuments. Industries chimiques et alimentaires. Carrières. Une « ducasse » célèbre a lieu le dernier dimanche d'août.

ATHABASCA ou **ATHABASKA,** riv. du Canada, née dans les Rocheuses, qui traverse l'Alberta et se jette dans le *lac d'Athabasca ;* 1 200 km. Section supérieure du Mackenzie*, sa vallée renferme d'immenses gisements de schistes bitumineux (très partiellement exploités).

ATHABASCAN n. m. Famille de langues indiennes d'Amérique du Nord, appartenant au groupe na-déné et comprenant l'apache et le navaho.

ATHABASCANS, famille ethnolinguistique de l'Amérique du Nord qui groupait plusieurs tribus entre le Labrador et les Rocheuses.

ATHALARIC (v. 516-534), roi des Ostrogoths d'Italie. Il régna, de 526 à sa mort, sous la tutelle maternelle.

ATHALIE n. f. (de *Athalie,* n. pr.). Insecte hyménoptère (tenthrédinidé) très nuisible aux cultures de chou, moutarde et colza.

ATHALIE, reine de Juda (841-835 av. J.-C.). Fille d'Achab, roi d'Israël, et de Jézabel, elle épousa Joram, roi de Juda. À la mort de son fils Ochozias, elle fit exterminer tous les princes de la famille royale et s'imposa comme reine. Après six ans d'un pouvoir tyrannique, elle fut renversée et mise à mort.

Athalie, tragédie de Racine, avec chœurs, composée pour les demoiselles de Saint-Cyr (1691).

ATHAMANIE, en gr. **Athamanes,** région de la Grèce ancienne située en Épire, dans la haute vallée de l'Achéloos.

ATHANAGILD (531 - Tolède 567), roi des Wisigoths d'Espagne (554-567).

ATHANASE *(saint),* patriarche d'Alexandrie, Père de l'Église grecque et docteur de l'Église (Alexandrie v. 295 - *id.* 373). Les fluctuations de la politique religieuse et la rigueur dont il fit montre à l'égard du moindre compromis avec l'arianisme le conduisirent à cinq reprises à l'exil : dix-huit années au total sur les quarante-cinq années de son épiscopat (328-373). Son œuvre est presque entièrement consacrée à la controverse antiarienne. Sa *Vie de saint Antoine* eut pour la diffusion de l'idéal monastique en Occident une influence considérable.

ATHANASE *(saint),* dit **l'Athonite,** moine originaire de Trébizonde († v. 1000). Au mont Athos, il fonda (961-963) le plus grand couvent de la Sainte-Montagne, Lávras.

ATHANASE Ier**,** patriarche de Constantinople (1289-1293 et 1303-1309). Il fut nommé patriarche par l'empereur Andronic II Paléologue. Il s'appliqua avec un zèle intraitable à réformer l'Église et le haut clergé et à secourir les pauvres.

ATHANOR n. m. (lat. médiév. *athanor,* de l'ar. *al-tannūr,* le four). Fourneau dans lequel les alchimistes placent le récipient qui contient la matière de la pierre philosophale.

Atharvaveda, Veda des formules et des incantations. C'est le quatrième recueil des Veda.

ATHAULF, roi des Wisigohts (410-415). Il conquit le midi de la Gaule, où les Wisigoths s'implantèrent durablement. Il fut assassiné.

ATHÉE adj. et n. (gr. *atheos,* sans dieu). Se dit de qqn qui nie l'existence de Dieu ; incroyant.
◆ adj. Qui témoigne de cette opinion : *Une propagande athée.*

ATHÉISME n. m. 1. Doctrine qui nie l'existence de Dieu. (Cette position philosophique ne se confond ni avec l'agnosticisme, qui est le refus de prendre parti dans les débats métaphysiques, ni avec le panthéisme, qui implique que Dieu puisse exister partout dans l'univers et se confondre avec lui.) — 2. Attitude de qqn qui nie l'existence de Dieu ; incroyance religieuse.

ATHÉISTIQUE adj. Relatif à l'athéisme.

ATHÉNA, déesse grecque. Son père Zeus l'avait fait sortir de son front tout armée. Ses attributions, comme celles de toutes les divinités helléniques, étaient multiples. Protectrice des villes, en particulier d'Athènes, déesse des Combats, des Arts et de la Raison, elle symbolisait l'action de la raison et de l'intelligence sur la vie de la cité. — **Iconogr.** L'époque archaïque la représente armée, casquée et tenant le bouclier (frontons d'Égine) ; elle devient moins belliqueuse v. le Ve s. av. J.-C. et apparaît plus juvénile (stèle de l'*Athéna mélancolique* ou métope d'Olympie au Louvre). Parmi plusieurs types nouveaux créés par Phidias, citons la *Parthénos,* statue chryséléphantine dressée à l'intérieur du Parthénon.

ATHÊNAGORAS, philosophe grec (IIe s. apr. J.-C.) qui, venu au christianisme, adressa à Marc Aurèle et à son fils Commode une *Apologie* en faveur des chrétiens (177 apr. J.-C.).

ATHÊNAGORAS, prélat orthodoxe (Tsaraplana, auj. Vassilikón, Épire, 1886 - Istanbul 1972). Élu patriarche œcuménique de Constantinople (1948), il s'efforça de réaliser l'unité du monde orthodoxe en dehors de l'influence de Moscou. Il rencontra le pape Paul VI à Jérusalem en janv. 1964 ; en accord avec ce dernier furent levés, simultanément, le 7 déc. 1965, les anathèmes réciproques lancés, au XIe s., par les deux Églises.

ATHÉNÉE n. m. (bas lat. *athenæum,* du gr. *athênaion,* temple d'Athéna). 1. Temple d'Athéna où les orateurs et les poètes venaient lire leurs œuvres. — 2. En Belgique, établissement d'enseignement secondaire.

ATHÉNÉE, rhéteur et grammairien grec (Naucratis, Égypte, IIe-IIIe s. apr. J.-C.), auteur du *Banquet des sophistes,* recueil des curiosités glanées dans ses lectures. Y sont cités 1 500 ouvrages perdus.

Athénée *(théâtre de l'),* théâtre parisien. Sous la direction de Louis Jouvet (1934-1951), qui y créa les principales pièces de Giraudoux, le théâtre oscilla entre les succès du boulevard et les recherches du « Théâtre vivant », avant de s'adjoindre, en 1978, *le Petit Athénée,* consacré au théâtre d'essai.

ATHÈNES, en gr. **Athínai,** cap. de la Grèce ; 748 110 hab. *(Athéniens)* pour la ville seule ; 3 096 775 avec les banlieues. L'agglomération, débordant largement la plaine de l'Attique, concentre près du tiers de la population du pays, dont elle est la métropole incontestée, centre administratif, commercial (port du Pirée, aéroport d'Ellinikón), universitaire et aussi industriel (métallurgie, chimie, textile, agroalimentaire). Le rayonnement dépasse le cadre national, dans les domaines touristique, culturel et aussi, aujourd'hui, financier (ayant profité du déclin de Beyrouth).

Histoire. À l'époque achéenne (XXe-XIIe s. av. J.-C.), Athènes n'était qu'une simple bourgade que son isolement sauva lors des invasions des Doriens, au XIIe s. av. J.-C. C'est au cours des « siècles obscurs » (XIIe-IXe s.) qui suivirent qu'eut lieu l'unification politique de l'Attique (synœcisme*), jusqu'alors divisée en une multitude de cités rivales ; Athènes paraît y avoir joué un rôle important. Dès le VIIe s. av. J.-C., Athènes va prendre du poids dans la vie de la Grèce. Pourtant, il faudra attendre l'époque de Pisistrate (v. 560-527) pour que la cité devienne (après être passée par une période de crises que ni Dracon ni Solon ne purent définitivement résoudre) une puissance politique et un centre de rayonnement intellectuel. Clisthène en 507 met en place les institutions démocratiques qui, continuées par Éphialtès (v. 495 - v. 461) et Périclès (v. 495-429), feront d'Athènes la cité la plus influente de Grèce.

La période qui suit les guerres médiques (490-479), qui voient Athènes accéder au rang de grande puissance maritime, est la plus brillante de l'histoire de la cité. Mais la rivalité avec Sparte, face à laquelle s'est constituée la ligue de Délos, est à l'origine de la guerre du Péloponnèse (431- 404) ; vaincue, Athènes perd sa puissance politique au profit de Sparte. Face à l'expansion macédonienne, Athènes, déjà affaiblie, ne peut résister ; la défaite de Chéronée (338) la contraint à se soumettre à la domination de Philippe II de Macédoine. Malgré quelques sursauts (guerre lamiaque*, 323-322), l'indépendance de la cité n'existe plus que de nom ; son rôle politique prééminent est terminé : en 196 av. J.-C., elle tombe sous la domination romaine. Mais son rayonnement intellectuel est considérable : de tout l'Empire romain, on y vient étudier la philosophie et la rhétorique.

Au IVe s. de notre ère, lorsque s'opère la partition entre l'empire d'Orient et l'empire d'Occident, c'est Constantinople qui représente un hellénisme que le christianisme a transformé. Athènes mènera dès lors une vie précaire et ne retrouvera plus son lustre premier. Après la prise de Constantinople (1204) par les croisés, elle devient la capitale du duché d'Athènes (1205-1456). Conquise par Mehmed II en 1456, elle est une petite ville de l'Empire ottoman (1456-1830). Prise par les Grecs pendant la guerre d'indépendance (1821-1826), elle devient la capitale du royaume de Grèce en 1834. Occupée par la Wehrmacht (1941-1944), elle est libérée par le débarquement britannique d'octobre 1944.

Beaux-arts. Occupée dès le néolithique, l'Acropole* reste le brillant témoignage du siècle de Périclès, de même que le temple dorique d'Héphaistos (dit « Théséion »). Sur les pentes méridionales de l'Acropole, à l'est, le théâtre de Dionysos est terminé au IVe s. av. J.-C. et embelli par l'empereur Hadrien. Les constructions de l'époque hellénistique ne frappent que par leurs dimensions colossales (portique d'Attalos sur l'Agora* ; portique d'Eumenês ; reprise des travaux de l'Olympieion, terminé sous Hadrien ; reconstruction de l'Odéon de Périclès). Les Romains continueront les aménagements : Hadrien crée une véritable cité romaine ; Hérode Atticus lui offre un nouvel Odéon, au sud-ouest de l'Acropole, et refait le stade. L'époque byzantine laisse de petites églises, parmi lesquelles : la Kapnikaréa, la Petite-Métropole, les Saints-Apôtres et les Saints-Théodores. Le monastère de Kaisariani date du Xe s., tandis que l'église de celui de Dháfni (fin XIe s.), sur la route d'Éleusis, est célèbre pour ses mosaïques. Le XXe s. a vu la protection des zones archéologiques (Acropole, Agora, théâtre de Dionysos, etc.) ainsi que de nouvelles présentations du Musée national, le plus riche du monde en antiquités grecques. Près du Parthénon, l'important musée de l'Acropole abrite toutes les pièces provenant des fouilles voisines. Restitution réalisée par l'École américaine, le portique d'Attalos contient les objets du musée de l'Agora. Un musée est installé dans le cimetière du Céramique, qui a livré un mobilier funéraire important de l'époque géométrique et de nombreuses stèles. De belles icônes sont présentées dans le musée d'Art byzantin ; le musée Benaki possède une riche collection d'arts décoratifs, antiques et byzantins.

Athènes *(Charte d'),* manifeste rédigé par un groupe d'architectes en 1933 (4e Congrès international d'architecture moderne), donnant en formules simples des principes essentiels pour l'aménagement des villes. Elle comporte cinq grandes rubriques : habitation, loisirs, travail, circulation, patrimoine historique. La *Charte d'Athènes* a été remise en forme et publiée par Le Corbusier en 1942.

ATHÈNES *(duché d'),* État fondé en Grèce par les croisés en 1205. Comprenant l'Attique et la Béotie, que Boniface de Montferrat conquit sur les Byzantins (1204-1205), cet État passa aux mains des mercenaires catalans (1311) puis de Rainier Ier Acciaiuoli (1387) et tomba au pouvoir des Turcs après la prise d'Athènes par Mehmed II en 1456.

Athènes *(École française d'),* établissement créé en 1846 pour faire progresser la connaissance de la langue et de la civilisation grecques. Les membres de l'École, choisis parmi des titulaires de l'agrégation et du D. E. A. par une commission comprenant notamment des membres de l'Académie des inscriptions et belles-lettres et des professeurs d'université, sont nommés pour un an (renouvelable une, deux ou trois fois consécutivement). L'École, qui accueille en outre des membres étrangers et peut accorder des bourses à de jeunes chercheurs, est responsable de la conduite d'importants chantiers de fouilles.

ATHÉNIEN, ENNE adj. et n. **1.** D'Athènes. – **2.** Fam. *C'est là que les Athéniens s'atteignirent,* c'est le moment où les choses commencent à se gâter.

◆ **athénienne** n. f. Guéridon à usages divers inspiré du trépied antique (époques Louis XVI et Empire).

ATHÉNODORE de Rhodes, sculpteur grec, auteur, avec Hagesandros et Polydoros, du *Laocoon*.*

ATHÈQUE adj. et n. m. Se dit des animaux dépourvus de carapace protectrice, dans les groupes qui en ont généralement une. (Il s'agit notamment des anthoméduses, des polypiers aux polypes jointifs tels que la méandrine, enfin de la « tortue-luth ».)

ATHÉRINE n. f. Poisson des eaux côtières, à bouche oblique, vivant en bancs nombreux, tel que le *prêtre.*

ATHÉRINIFORME n. m. Syn. anc. de BÉLONIFORME.

ATHÉRIX n. m. (gr. *athêr, -eros,* pointe). Mouche pondant en groupe nombreux au bord des eaux douces. (On trouve des amas de ses œufs accrochés aux herbes.)

ATHERMANE adj. Se dit d'un matériau non conducteur de la chaleur.

ATHERMIQUE adj. Qui se produit sans absorption ni dégagement de chaleur.

ATHÉROGÈNE adj. et n. m. Se dit d'une substance qui produit l'athérome.

ATHÉROMATEUX, EUSE adj. et n. Relatif à l'athérome ; atteint d'athérome.

ATHÉROMATOSE n. f. État résultant de lésions d'athérome plus ou moins étendues.

ATHÉROME n. m. (lat. *atheroma,* gr. *athêrôma*). Dégénérescence lipidique de la tunique interne et de la partie interne de la tunique moyenne des artères, entraînant localement la formation de dépôts de cholestérol et de sels de calcium.

ENCYCL. Le danger de l'athérome est dans la réduction du débit sanguin. Il peut provoquer la rupture des artères (hémorragie foudroyante) et des thromboses au niveau des membres (gangrène), du cœur (infarctus) ou du cerveau (ramollissement cérébral).

ATHÉROSCLÉROSE n. f. (all. *Atherosklerose*). Sclérose d'une paroi artérielle présentant des dépôts athéromateux.

ATHÉRURE n. m. (du gr. *athêr,* pointe de javelot). Porc-épic des régions chaudes, aux piquants courts, à la queue écailleuse terminée par un pinceau de poils.

ATHÉTOSE n. f. (amér. *athetosis,* gr. *thetos,* de *tithenai,* poser). Affection caractérisée par l'existence de mouvements involontaires lents, arythmiques, irréguliers, de faible amplitude et prédominant aux extrémités des membres.

ATHÉTOSIQUE adj. et n. Relatif à l'athétose ; atteint d'athétose.

ATHIS-DE-L'ORNE (61430), anc. **Athis,** ch.-l. de cant. de l'Orne, à 9 km au N.-E. de Flers ; 2 420 hab. *(Athisiens).*

ATHIS-MONS (91200), ch.-l. de cant. de l'Essonne, situé entre la Seine et l'aéroport d'Orly ; 29 695 hab. *(Athégiens).* Métallurgie. Centre de contrôle de la navigation aérienne. Triage ferroviaire (dit de Juvisy-sur-Orge). – Le 23 juin 1305, à Athis-Mons fut signé un traité par lequel Robert III comte de Flandre cédait la Flandre wallonne à Philippe le Bel.

ATHLÈTE n. (lat. *athleta,* du gr. *athlêtês*). **1.** Personne qui pratique un sport (en général un sport individuel, l'athlétisme) : *Un athlète complet.* – **2.** Personne dont la musculature est très développée et qui est de constitution robuste : *Un corps d'athlète.* – **3.** *Pied d'athlète,* dermatose mycosique très fréquente des orteils et des pieds, due à des champignons dermatophytes du genre trichophyton ou épidermophyton.

◆ n. m. Celui qui, dans l'Antiquité, disputait des concours organisés dans le cadre des fêtes et jeux publics.

ATHLÉTIQUE adj. (lat. *athleticus,* du gr. *athlêtikos*). **1.** Propre à l'athlète ; très musclé : *Carrure athlétique.* – **2.** *Exercices athlétiques,* conçus pour améliorer la valeur physique, la musculature.

ATHLÉTISME n. m. Ensemble des épreuves sportives codifiées comprenant des courses à pied, des sauts et des lancers.

ENCYCL. C'est le sport de base des jeux Olympiques, seule véritable compétition internationale avant l'instauration des championnats du monde (1983). L'athlétisme est régi au plan international par l'I. A. A. F. (International Amateur Athletic Federation), au plan national par la F. F. A. (Fédération française d'athlétisme).

ATHLÉTISME RECORDS DU MONDE AU 4 AOÛT 1996				
Hommes	100 m	1996	D. Bailey (Can.)	9″84
	200 m	1996	M. Johnson (É.-U.)	19″32
	400 m	1988	H. Reynolds (É.-U.)	43″29
	800 m	1981	S. Coe (G.-B.)	1′41″73
	1 500 m	1995	N. Morceli (Alg.)	3′27″37
	5 000 m	1995	H. Gébrésilasié (Éth.)	12′44″39
	10 000 m	1995	H. Gébrésilasié (Éth.)	26′43″53
	110 m haies	1993	C. Jackson (G.-B.)	12″91
	400 m haies	1992	K. Young (É.-U.)	46″78
	3 000 m steeple	1995	M. Kiptanui (Ken.)	7′59″18
	Hauteur	1993	J. Sotomayor (Cuba)	2,45 m
	Longueur	1991	M. Powell (É.-U.)	8,95 m
	Triple saut	1995	J. Edwards (G.-B.)	18,29 m
	Perche	1994	S. Bubka (Ukr.)	6,14 m
	Poids	1990	R. Barnes (É.-U.)	23,12 m
	Disque	1986	J. Schult (R.D.A.)	74,08 m
	Marteau	1986	Y. Sedykh (U.R.S.S.)	86,74 m
	Javelot	1993	J. Zelezny (Rép. tchèque)	95,66 m
	Décathlon	1992	D. O'Brien (É.-U.)	8 891 pts
	4 × 100 m	1992	États-Unis	37″40
	4 × 400 m	1993	États-Unis	2′54″29
	20 km marche	1994	B. Segura (Mex.)	1 h 17′25″5
	50 km marche	1994	R. Piller (Fr.)	3 h 41′28″2
	Marathon	1988	B. Dinsamo (Éth.)	2 h 06′50″
Femmes	100 m	1988	E. Griffith-Joyner (É.-U.)	10″49
	200 m	1988	E. Griffith-Joyner (É.-U.)	21″34
	400 m	1985	M. Koch (R.D.A.)	47″60
	800 m	1983	J. Kratochvilova (Tch.)	1′53″28
	1 500 m	1993	Qu Junxia (Chine)	3′50″46
	3 000 m	1993	Wang Junxia (Chine)	8′06″11
	5 000 m	1995	F. Ribeiro (Port.)	14′36″45

ATHLÉTISME RECORDS DU MONDE AU 4 AOÛT 1996				
Femmes	10 000 m	1993	Wang Junxia (Chine)	29'31"78
	100 m haies	1988	Y. Donkonva (Bulg.)	12"21
	400 m haies	1995	K. Batten (É.-U.)	52"61
	Hauteur	1987	S. Kostadinova (Bulg.)	2,09 m
	Longueur	1988	G. Chistiakova (U.R.S.S.)	7,52 m
	Triple saut	1995	I. Kravets (Ukr.)	15,50 m
	Perche	1995	E. George (Austr.)	4,42 m
	Poids	1987	N. Lissovskaïa (U.R.S.S.)	22,63 m
	Disque	1988	G. Reinsch (R.D.A.)	76,80 m
	Javelot	1988	P. Felke (R.D.A.)	80 m
	Heptathlon	1988	J. Joyner-Kersee (É.-U.)	7 291 pts
	4 × 100 m	1985	R.D.A.	41"37
	4 × 400 m	1988	U.R.S.S.	3'15"17
	10 km marche	1990	S. Ryachkina (U.R.S.S.)	41'56"23
	Marathon	1985	I. Kristiansen (Norv.)	2 h 21'06"

ATHOLL ou **ATHOL** (*comtes, marquis* et *ducs* D'), titre écossais porté par une branche de la famille Stuart* de 1457 environ à 1595, puis par les Murray* à partir de 1629.

AT HOME [atom] loc. adv. (mots angl.). *Fam.* Chez soi.

ATHONITE adj. Relatif au mont Athos.

ATHOS *(mont),* nom de la plus orientale des trois péninsules de la Chalcidique, en Grèce, et de la montagne la dominant (2 033 m).
— **Hist.** Dès la fin du VIIe s., des ermites s'établirent sur l'Athos. Les édits impériaux de Constantin Monomaque (1042-1055) constituent leur charte. La spiritualité hésychaste s'y développa jusqu'à nos jours. À son apogée, au XVe s., l'Athos comptait trente couvents de mille moines chacun. Il n'en compte plus que 1 300. Il forme une république confédérale autonome sous le protectorat politique de la Grèce et la juridiction canonique du patriarcat de Constantinople.
— **Bx-arts.** Près d'une vingtaine de monastères témoignent des donations des empereurs byzantins et conservent des manuscrits, de l'orfèvrerie, des sculptures sur bois et des peintures murales d'époque plus tardive.

ATHOUS [-tɔys] n. m. (gr. *athôos,* qui ne cause aucun dommage). Taupin dont la larve, carnassière, est très commune dans le sol forestier.

ATHREPSIE n. f. (du gr. *trephein,* se nourrir). État cachectique constituant la phase ultime de la dénutrition chez le nourrisson.

ATHREPSIQUE adj. et n. Relatif à l'athrepsie ; atteint d'athrepsie.

ATHROCYTE n. m. (gr. *athroos,* compact). Cellule fréquente dans les parois vasculaires de divers invertébrés et où s'accumulent des déchets.

ATHYRIUM [-rjɔm] n. m. (du gr. *thurion,* petite porte). Nom générique de la fougère dite, à tort, *fougère femelle.*

ATIMIE n. f. (gr. *atimia*). Privation des droits civils et politiques chez les Grecs de l'Antiquité.

ATĪŚA ou **DĪPAṄKARA** (v. 982 - près de Lhassa 1054), restaurateur du bouddhisme tibétain. Son œuvre la plus marquante est le *Bodhipatha pradīpa (Lumière sur la voie de l'illumination).*

ATITLÁN, lac du Guatemala, au N. du volcan *Atitlán* (3 524 m).

ATIYAH (Michael Francis), mathématicien britannique (Londres 1929), créateur avec Grothendieck et Hirzebruch de la K-théorie. (Médaille Fields, 1966.)

ATJEH → ACEH.

ATLAN (Jean-Michel), peintre français (Constantine 1913 - Paris 1960). Il fut vers 1944, à Paris, un des initiateurs des courants informel et gestuel. Son lyrisme, âpre et passionné, se nourrit de sources magiques et ésotériques (la kabbale) autant que d'exemples primitifs (océaniens, africains).

ATLANTA, v. des États-Unis, cap. de la Géorgie, sur le piémont des Appalaches ; 394 017 hab. (2 833 511 hab. dans l'aire métropolitaine). Fondée en 1837, la ville reçut son nom définitif en 1845. Nœud ferroviaire, routier et aérien. Centre commercial, industriel et universitaire. Musée de beaux-arts.

1. ATLANTE n. m. (de *Atlas,* n. du géant qui portait la voûte du ciel). Statue masculine soutenant un entablement, un balcon, un escalier. (Syn. TÉLAMON.)

2. ATLANTE n. m. (gr. *Atlantis*). Mollusque gastropode marin du grand large, à la coquille transparente et operculée et à la nageoire ventrale foliacée.

3. ATLANTE n. Habitant de l'Atlantide.

ATLANTHROPE n. m. Hominien fossile d'Afrique du Nord, voisin du pithécanthrope de Java.

ATLANTIC CITY, station balnéaire des États-Unis, sur le littoral du New Jersey ; 40 000 hab.

ATLANTIDE, île fabuleuse de l'Atlantique, jadis engloutie, dont parle Platon. Elle a inspiré de nombreux auteurs : F. Bacon, Rudbeck, Verdaguer, G. Hauptmann, P. Benoit.

ATLANTIQUE adj. (lat. *atlanticus,* du gr. *Atlantikos,* de *Atlas,* n. myth.). **1.** Relatif à l'océan Atlantique. — **2.** Relatif au traité de l'Atlantique Nord. — **3.** En géologie, syn. de PASSIF.
◆ n. m. *Atlantique occidental*, se dit d'un groupe de langues de la famille nigéro-congolaise, parlées principalement au Sénégal, en Gambie, en Guinée-Bissau, en Guinée, en Sierra Leone et au Liberia. (Ce groupe comporte le balante, le diola, le ouolof, le sérère, le timné et surtout le foulani [ou peul].)

ATLANTIQUE *(océan),* une des subdivisions majeures de l'océan mondial, allongée dans l'hémisphère occidental, entre l'Europe et l'Afrique, à l'E., l'Amérique, à l'O. L'Atlantique se caractérise par : un développement en longitude modeste, sauf dans la partie sud, largement ouverte sur l'océan Austral ; un étirement méridien qui lui assure une grande diversité climatique et hydrologique ; une profondeur modérée, comparée à la moyenne mondiale (4 117 m) ; un drainage étendu aux deux tiers des continents, qui lui fait jouer un rôle considérable dans le maintien de l'équilibre hydrologique mondial. Une dorsale médio-océanique, jalonnée d'îles et fragmentée en tronçons, sépare deux rangées de bassins, en partie occupées par des plaines abyssales. Relativement chaudes et salées, les eaux sont soumises à la double influence de l'onde de marée et des courants produits par les vents ou les différences de densité. En surface ou à sa proximité, dans le domaine tropical, deux courants (nord- et sud-équatorial) dirigés vers l'O. sont compensés par un contre-courant équatorial ramenant en partie les eaux vers l'Afrique ; dans le domaine tempéré, les vents d'ouest dominants envoient vers l'Europe (dans l'hémisphère Nord) des eaux tièdes ou chaudes, c'est le Gulf Stream. En profondeur circulent des courants naturellement de sens contraire, qui, surtout partiellement méridiens, assurent un brassage actif entre les latitudes.

L'ATLANTIQUE EN CHIFFRES	
superficie d'ensemble (millions de km²)	82,4 (23 % de l'océan mondial)
Superficie par étages bathymétriques (profondeurs en km)	
0 - 0,2	4,6
0,2 - 1	3,3
1 - 2	3,0
2 - 3	6,2
3 - 4	15,9
4 - 5	26,7
5 - 6	21,9
> 6	0,8
Volume (millions de km³)	323,6
Profondeur moyenne (m)	3 926
Profondeur maximale (m)	9 218 (fosse de Porto Rico)
Largeur (km)	Terre-Neuve - Irlande : 3 300 équateur : 6 500 cap Horn - cap de Bonne-Espérance : 6 700

N. B. Les chiffres de ce tableau se rapportent à l'Atlantique sans ses dépendances (dont les mers bordières comme la Méditerranée par exemple). Avec celles-ci l'Atlantique couvre environ 106 millions de km² (près du tiers de l'océan mondial).

L'Atlantique offre des conditions très favorables au développement de la vie, notamment en raison de l'abondance des substances nutritives apportées par les fleuves et de l'intensité des échanges hydrologiques. La richesse planctonique a permis le développement d'une pêche active (40 % des captures mondiales). Les réseaux d'échanges commerciaux établis depuis cinq siècles en font le trait d'union de civilisations complémentaires. La partie nord sépare (ou relie) des régions peuplées et industrialisées, entre lesquelles s'est établie la plus intense circulation maritime et aérienne du monde.

Atlantique *(charte de l'),* déclaration faite le 14 août 1941 par Roosevelt et Churchill, définissant les principes de leur politique de sécurité après la défaite allemande.

Atlantique *(mur de l'),* ensemble de fortifications construit par les Allemands de 1941 à 1944, du cap Nord au golfe de Gascogne.

Atlantique *(poches de l'),* regroupements, après le débarquement de juin 1944, des forces allemandes de terre et de mer autour de Lorient, Saint-Nazaire, Rochefort, La Rochelle, Royan et dans la pointe de Grave. Elles résistèrent jusqu'en avril-mai 1945.

Atlantique Nord *(pacte de l')* ou **O. T. A. N.** *(Organisation du traité de l'Atlantique Nord)* ou **NATO** *(North Atlantic Treaty Organization),* pacte signé à Washington, le 4 avr. 1949, par la Belgique, le Canada, le Danemark, la France, la Grande-Bretagne, l'Islande, l'Italie, le Luxembourg, les Pays-Bas, la Norvège, le Portugal et les États-Unis, puis, en 1952, par la Grèce et la Turquie et, en 1955, par la République fédérale d'Allemagne, enfin, en 1982, par l'Espagne, en vue de « sauvegarder la paix et la sécurité, et développer la stabilité et le bien-être dans la région de l'Atlantique Nord ». Le traité de 1949, inscrit dans le cadre de la charte des Nations unies, se veut strictement défensif. Il établit un système de sécurité collective sans aliéner la souveraineté des États. Son organe de direction est le *Conseil de l'Atlantique Nord.* Depuis 1966, les problèmes de défense sont traités par le *Comité des plans de défense.* Un secrétaire général permanent préside le Conseil et le Comité, dont les sièges sont à Bruxelles, et coordonne l'action des organismes civils et militaires.
Le *Comité militaire,* haut commandement de l'alliance, est composé des représentants des chefs d'état-major des pays alliés. La zone de défense de l'O. T. A. N. est répartie en trois commandements :
1° *le commandement suprême allié en Europe (SACEUR),* créé en 1951 et dont le quartier général *(SHAPE)* a été installé à Rocquencourt (France) de 1951 à 1967, puis à Casteau (auj. comm. de Mons) [Belgique] ;
2° *le commandement suprême allié de l'Atlantique (SACLANT),* créé en 1950 et installé à Norfolk (États-Unis) ;
3° *le commandement allié de la Manche (CINCHAN),* créé en 1952 et installé à Northwood (Grande-Bretagne) ; s'y ajoute le *groupe stratégique régional Canada-États-Unis.*
La France décide, le 7 mars 1966, tout en demeurant membre de l'alliance, de dénoncer son adhésion à l'organisation militaire atlantique et de demander le retrait de son territoire de tous les organismes de l'O. T. A. N. En oct. 1967, le Conseil, le secrétaire général et le Comité militaire quittent Paris pour Bruxelles. Ils ont été précédés en Belgique, en avril, par le SHAPE.
En 1974, à la suite de la crise de Chypre, la Grèce, tout en restant dans l'alliance, se retire de son organisation militaire. Elle la réintègre en 1980.
L'O. T. A. N. s'est ouverte à la coopération avec les pays d'Europe de l'Est ou issus de l'ex-U. R. S. S. dans le cadre du Conseil de coopération nord-atlantique (C. O. C. O. N. A.), créé en 1991, et du programme de «partenariat pour la paix», instauré en 1994. En 1995, l'Organisation est chargée du commandement de la force d'application de la paix (IFOR) dans l'ex-Yougoslavie.

ATLANTISME n. m. Attitude politique de ceux qui font du pacte de l'Atlantique Nord la base et le principe de leur action et qui s'alignent sur la politique des États-Unis au nom même de ces principes.

ATLANTISTE adj. et n. Relatif à l'atlantisme ; partisan de l'atlantisme.

1. ATLAS [-las] n. m. (de *Atlas,* n. pr. d'un héros myth.). Recueil ordonné de cartes, conçu pour représenter un espace donné et exposer un ou plusieurs thèmes (géographie, économie, histoire, astronomie, linguistique, etc.) ; ensemble de planches de même destination joint à un ouvrage.

2. ATLAS [-las] n. m. (de *atlas 1*). Première vertèbre cervicale, chez l'homme. (Elle s'articule avec l'occipital en haut, avec la deuxième vertèbre cervicale [axis] en bas.)

ATLAS, ensemble montagneux d'Afrique du Nord, connu dès l'Antiquité, qui en avait donné le nom au géant condamné à supporter le monde, dans lequel on distingue principalement : le Haut Atlas, le Moyen Atlas et l'Anti-Atlas au Maroc ; la chaîne de l'Atlas tellien et celle de l'Atlas saharien en Algérie.

ATLAS, géant de la mythologie grecque. Comme il avait pris parti pour les Titans dans leur lutte contre les dieux, Zeus le condamna à soutenir la voûte du ciel sur ses épaules.

Atlas, missile balistique intercontinental américain (de 1957 à 1965), utilisé aussi comme lanceur ou comme étage de base de lanceurs (Atlas-Agena, Atlas-Centaur) d'engins spatiaux. Six versions ont été construites, différant essentiellement par la poussée qu'elles développent.

ATLAS (HAUT) ou **GRAND ATLAS,** chaîne de montagnes du Maroc la plus importante (750 km de l'Atlantique aux confins algéro-marocains) et la plus élevée (4 165 m au Toubkal) du Maghreb. Véritable muraille (percée seulement de cols élevés, dont le Tizi n'Tichka) entre le Maroc maritime et le Maroc saharien, domaine surtout de populations berbères, elle est plus sèche dans l'est (où domine l'élevage, encore partiellement semi-nomade) que dans l'ouest (plus proche de l'Atlantique et plus élevé, où une paysannerie de dialecte chleuh associe depuis longtemps, à l'élevage, les cultures sèches et irriguées, l'arboriculture). Le développement du tourisme (à proximité de Marrakech) n'a pas arrêté la traditionnelle émigration.

ATLAS (MOYEN), montagne coupant le Maroc obliquement, entre le Haut Atlas et le Rif, sur 400 km de longueur (3 354 m au Bou Naceur), partiellement forestière, peuplée de Berbères, juxtaposant céréales et élevage ovin.

ATLAS SAHARIEN ou **PRÉSAHARIEN,** ensemble montagneux d'Algérie, s'étendant sur 700 km de la frontière marocaine au défilé d'El-Kantara, séparant les Hautes Plaines (au N.) du Sahara proprement dit (au S.). Il est formé de plusieurs massifs, séparés par des cluses (d'O. en E., monts des Ksour, djebel Amour, monts des Ouled Naïl, monts du Zab). Relativement humide, il est parcouru épisodiquement par des éleveurs berbères, mais la population se concentre dans les (rares) oasis du Sud (Laghouat) et les petites villes, débouchés des vallées vers le N. (Aïn Sefra, El-Djelfa, Boussaâda).

ATLAS TELLIEN, ensemble montagneux d'Algérie, allongé en bordure du littoral et ayant de 70 à 150 km de profondeur, du N. au S. Il juxtapose massifs (Kabylie et Ouarsenis notamment) et dépressions (Mitidja, vallées du Cheliff, de la Soummam, plaine d'Annaba), qui constituent depuis longtemps la région vitale du pays, concentrant la majeure partie des hommes, des villes (Oran, Alger, Constantine, Annaba) et des richesses (hydrocarbures exceptés).

ATLASIQUE adj. Relatif à l'Atlas.

ĀTMAN, mot sanskr. désignant dans l'hindouisme le principe essentiel, le souffle vital à partir duquel s'organise tout être vivant.

ATMIDOMÈTRE ou **ATMOMÈTRE** n. m. (du gr. *atmis, -idos,* vapeur). Instrument destiné à mesurer la quantité d'un liquide évaporée en un temps donné.

ATMIDOMÉTRIE n. f. Mesure de la quantité de vapeur dégagée par un liquide.

ATMOLYSE n. f. Séparation des constituants d'un mélange gazeux par effusion.

ATMOSPHÈRE n. f. **1.** Enveloppe gazeuse entourant une planète, en partic. la Terre. (→ *encycl.*) — **2.** Partie de l'atmosphère terrestre la plus proche du sol, dans laquelle se déroulent les phénomènes météorologiques. — **3.** Milieu gazeux inclus dans une enceinte, un local et dont les caractéristiques sont adaptées à l'opération à mener. (→ *encycl.* Techn.) — **4.** Air d'un pays, d'un lieu ; air que l'on respire en un lieu : *L'atmosphère humide du littoral. La pluie a rafraîchi l'atmosphère.* — **5.** Milieu dans lequel on vit, considéré par rapport à l'influence qu'il exerce sur les êtres qui y vivent ; climat, ambiance : *Une atmosphère familiale pesante.* • **Aéron.** *Atmosphère standard,* modèle d'atmosphère utilisé en aéronautique pour l'établissement de normes de construction ou la circulation aérienne. — **Astron.** *Atmosphère stellaire,* région périphérique d'une étoile. — **Métrol.** *Atmosphère normale,* pression de référence (symb. atm) égale à la pression exercée par une colonne de mercure d'une hauteur de 76 cm à 0 °C et sous l'accélération normale de la pesanteur de 980,665 cm/s². (L'atmosphère normale correspond à 101 325 pascals.)

TEMPÉRATURE ET PRESSION DE L'AIR

altitude en m	température en °C	pression en mm	pression en hPa
0	15,0	760	1 013
1 000	8,5	674	899
2 000	2,0	596	795
5 000	- 17,5	403	537
10 000	- 50,0	198	264
11 000	- 56,5	170	226
15 000	- 56,5	90	120
20 000	- 56,5	41	55
30 000	- 46,5	8	11
40 000	- 22,1	2	2,8

COMPOSITION VOLUMÉTRIQUE DE L'AIR SEC AU NIVEAU DE LA MER
Cette composition reste pratiquement constante au-dessous de 100 km.

	nom	symbole	composition (%)	remarques
Composants principaux	Azote	N_2	78,084	
	Oxygène	O_2	20,946	
	Argon	Ar	0,934	
	Dioxyde de carbone	CO_2	0,032	variable avec la pollution
Composants minoritaires	Néon	Ne	$1{,}8 \times 10^{-3}$	le gaz le plus léger
	Hélium	He	$5{,}2 \times 10^{-4}$	après l'hydrogène
	Méthane	CH_4	$2{,}0 \times 10^{-4}$	
	Krypton	Kr	$1{,}1 \times 10^{-4}$	
	Hydrogène	H_2	$5{,}0 \times 10^{-5}$	le gaz le plus léger de l'air
	Xénon	Xe	$8{,}7 \times 10^{-6}$	
	Ozone	O_3	environ 10^{-6}	variable avec la pollution
	Oxydes d'azote	N_2O, NO, NO_2	environ 10^{-6}	variable avec la pollution
	Ammoniac	NH_3	moins de 10^{-6}	variable avec la pollution
	Anhydride sulfureux	SO_2	moins de 10^{-6}	variable avec la pollution
	Oxyde de carbone	CO	moins de 10^{-6}	variable avec la pollution
	Radon	Rn	moins de 10^{-6}	variable avec la pollution

ENCYCL. La structure de l'atmosphère terrestre est liée à de nombreux paramètres, dont les valeurs, en général couplées, peuvent varier très sensiblement en fonction de l'heure, de la latitude, de l'activité solaire, etc. Il est d'usage de stratifier cette atmosphère en zones, désignées par le suffixe *-sphère,* dans lesquelles un paramètre reste constant ou varie de façon monotone ; ces zones sont séparées par des surfaces désignées par le suffixe *-pause.*
Les résultats (radiation nette) de l'apport radiatif solaire et des pertes radiatives, au niveau du substratum et de l'atmosphère, expliquent la zonation thermique majeure de la surface du globe (air froid des hautes latitudes ; air chaud des latitudes sub- et intertropicales) : d'où deux grandes masses d'air et une zone de conflit aux latitudes moyennes, ce que traduit la présence du front polaire. Au contact des masses d'air chaudes de chaque hémisphère se place la convergence intertropicale (C. I. T.), ou zone intertropicale de convergence (Z. I. C.). On parle aussi plus généralement d'équateur météorologique. Un morcellement supplémentaire, à caractère azonal, résulte de la répartition des terres et des mers. Il s'ensuit une mosaïque des masses d'air et des fronts. La répartition majeure des masses d'air froides et chaudes dans l'épaisseur de la troposphère impose des échanges méridiens, qui, combinés à la rotation de la Terre sur elle-même, aboutissent à la circulation* atmosphérique générale, à composantes zonale et méridienne.
— **Techn.** Le caractère réducteur, oxydant ou neutre des atmosphères de four joue un rôle important (notamment sur la couleur) dans la cuisson des céramiques et dans la fusion du verre. Les atmosphères contrôlées sont utilisées dans l'industrie du froid pour compléter les effets de la réfrigération et dans les fours de traitement métallurgique.

ATMOSPHÉRIQUE adj. **1.** Relatif à une atmosphère, en partic. à l'atmosphère terrestre. — **2.** *Conditions atmosphériques,* état du temps, défini par la température, l'ensoleillement ou la nébulosité, les précipitations, les vents, etc. ‖ *Moteur atmosphérique,* moteur dans lequel l'alimentation des cylindres s'opère à partir de la pression atmosphérique extérieure, sans dispositif surpresseur de suralimentation.

ATOCA n. m. (mot amérindien). Au Canada, nom usuel de l'*airelle canneberge.*

ATOLL n. m. (maldive *atolu,* du cinghalais *ätul,* à l'intérieur). Récif corallien annulaire, partie émergée d'une construction de madréporaires reposant sur un soubassement rocheux. (L'atoll porte des îles basses et encercle un lagon pouvant communiquer avec l'océan par une ou plusieurs passes.)

ATOMARIA n. m. Minuscule coléoptère nuisible à la betterave.

ATOME n. m. (lat. *atomus,* du gr. *atomos,* qu'on ne peut couper). **1.** Constituant fondamental de la matière dont les mouvements et les combinaisons rendent compte de l'essentiel des propriétés macroscopiques de celle-ci. (Un corps constitué d'atomes de même espèce est appelé corps simple ou élément chimique.) [→ *encycl.*]

— **2.** Syn. fam. de ÉNERGIE NUCLÉAIRE : *L'ère de l'atome.* — **3.** Partie infiniment petite de qqch ; grain, miette : *Il n'a pas un atome de bon sens.* — **4.** Fam. *Avoir des atomes crochus avec qqn,* avoir avec qqn des points communs qui font naître un courant de sympathie. • **Anthropol.** *Atome de parenté,* structure la plus élémentaire de parenté, comprenant le sujet, la mère, le père et l'oncle maternel. — **Philos.** Élément indivisible, chez les philosophes matérialistes grecs. ‖ *Atomes crochus,* atomes que les systèmes de Démocrite et d'Épicure supposent recourbés en croc, pour leur permettre de s'attacher les uns aux autres.

ENCYCL. **Phys.** et **Chim.** Après la formulation de l'hypothèse atomique par les philosophes de la Grèce antique, ce n'est qu'au XIXe s. que l'atome devient une véritable théorie scientifique. Les processus chimiques ne peuvent en effet s'expliquer qu'en admettant que les corps sont constitués de particules indestructibles qui, lors d'une réaction chimique, s'associent ou s'échangent sans subir de modification. Sur ce modèle s'élabore la mécanique statistique classique, qui rend compte des propriétés macroscopiques de la matière considérée comme collection d'un grand nombre d'atomes.

Après la découverte de l'électron par J. J. Thomson (1897) et les expériences de Rutherford (v. 1910) apparaît le modèle d'atome planétaire : les électrons porteurs de charges négatives tournent autour d'un noyau très petit (10 000 fois plus petit que l'atome), porteur d'un nombre égal de charges positives et dans lequel la quasi-totalité de la masse de l'atome est concentrée. En contradiction avec les lois de l'électromagnétisme, ce modèle s'avère incapable d'expliquer la stabilité de l'atome ainsi que le caractère discontinu du rayonnement émis par les corps (« raies » de fréquences bien déterminées). Bohr résout le problème, en 1913, en incorporant l'hypothèse des quanta au modèle de Rutherford.

L'atome d'hydrogène, comportant un seul électron, est le plus simple de tous les atomes et celui qui a été le plus étudié. La théorie quantique prévoit que l'énergie de l'électron ne peut prendre que des valeurs discrètes qui définissent des états stationnaires. Si E_1 est l'énergie la plus faible (état fondamental) de l'atome, les autres états ont pour énergie $E_n = E_1/n^2$, où n est un nombre entier supérieur ou égal à 1. Ces niveaux d'énergie sont appelés « états excités » de l'atome, car il faut fournir de l'énergie pour les atteindre. L'absorption d'un photon d'énergie (E_n-E_1) par exemple excite l'atome dans l'état d'énergie E_n. De cet état instable, l'atome effectue spontanément une transition (fig. 1) soit vers son état fondamental en réémettant un photon d'énergie (E_n-E_1), soit vers un état intermédiaire d'énergie E_n' en émettant un photon d'énergie E_n-E_n'. Ces processus d'émission quantique sont à l'origine du spectre de raies des atomes.

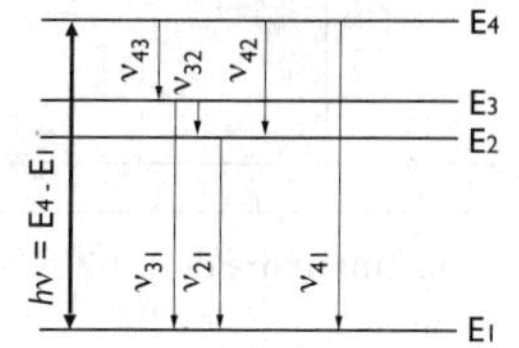

fig. 1

L'équation de Schrödinger permet de calculer la probabilité de présence de l'électron en fonction de la distance au noyau (fig. 2). La position du maximum de probabilité (0,5.10-10 m) donne l'ordre de grandeur de la taille de l'atome.

Bien que plus compliquée, la structure de l'atome à Z électrons peut en partie se comprendre à partir de celle de l'atome d'hydrogène. Le noyau est porteur de la charge positive (+ *Ze*) et les électrons se répartissent sur les différents niveaux d'énergie en obéissant au « principe d'exclusion de Pauli ». Ce principe stipule que

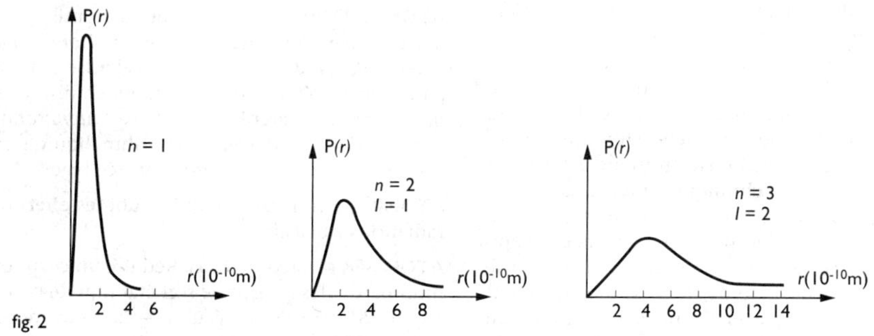

fig. 2

deux électrons ne peuvent avoir le même ensemble de nombres quantiques, chacun de ces nombres caractérisant le niveau d'énergie *(n)*, le moment angulaire *(l)*, l'orientation du moment angulaire *(m)* et le « spin » (± 1/2). Les deux électrons de l'atome d'hélium, par exemple, sont, à l'état fondamental, dans les états (n = 1, l = 0, m = 0 ; 1/2) et (n = 1, l = 0, m = 0 ; - 1/2). Ces deux électrons de spins différents sont particulièrement difficiles à dissocier, ce qui explique l'inertie chimique de l'hélium.

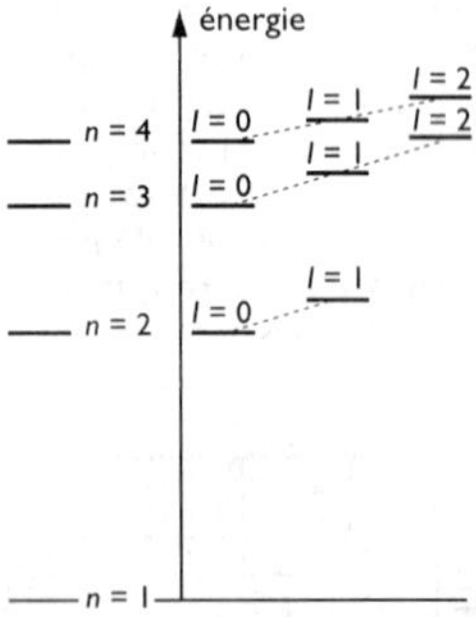

fig. 3

L'électron supplémentaire du lithium (Z = 3), ne pouvant occuper les deux états ci-dessus, se trouve dans un état d'énergie supérieur (n = 2, l = 0) [fig. 3], situé plus loin du noyau. L'atome de lithium apparaît ainsi comme formé de deux couches électroniques. L'une, n = 1, occupée par deux électrons, est complète ; l'autre, n = 2, ne comporte qu'un seul électron. Il en résulte que l'atome de lithium est plus gros que l'atome d'hydrogène ou d'hélium et que l'électron de la couche n = 2, moins lié au noyau, peut être plus facilement arraché à l'atome pour former une liaison chimique. On peut ainsi décrire la configuration électronique des autres éléments, dont les propriétés chimiques dépendent essentiellement du nombre d'électrons présents sur la couche externe, dite couche de valence. La présence d'un électron sur cette couche confère des propriétés chimiques analogues à celles de l'hydrogène, du lithium, du sodium, du potassium ; la présence de trois électrons correspond au bore, à l'aluminium et au gallium, qui présentent aussi des propriétés chimiques voisines. Lorsque la couche électronique externe est complète, l'inertie chimique est maximale. C'est le cas des gaz rares : hélium, néon, argon, etc.
Si l'explication des phénomènes macroscopiques doit être recherchée dans la structure électronique de l'atome, il n'est généralement pas possible de passer du niveau atomique au niveau macroscopique en effectuant un simple changement d'échelle. L'observation de chacun des quelque 10^{24} atomes qui se trouvent dans un gramme de matière, si elle était possible, ne permettrait pas de prévoir l'état de cette matière. Des effets collectifs et statistiques, en effet, modifieraient la nature des phénomènes quantiques. Il s'agit donc de déterminer les propriétés moyennes d'un grand nombre d'atomes pour élaborer une physique essentiellement statistique*. Ainsi, la température est une mesure de l'énergie « moyenne » des atomes d'un corps, mais pas de l'énergie de tel ou tel atome.

ATOME-GRAMME n. m. (pl. *atomes-grammes*). Masse en grammes d'une mole d'atomes.

ATOMICITÉ n. f. **1.** Nombre d'atomes constituant la molécule d'un corps simple. — **2.** Caractère de l'offre (ou de la demande) sur un marché où les vendeurs (ou les acheteurs) sont suffisamment peu importants et assez nombreux pour qu'aucun d'entre eux ne puisse, par sa seule action, exercer une influence sur le fonctionnement du marché et sur la détermination du prix. (L'atomicité est une des conditions définissant un marché de concurrence pure.)

ATOMIQUE adj. **1.** Relatif à l'atome ou aux atomes. — **2.** Qui se rapporte à la désintégration des noyaux d'atomes et à l'énergie qui en provient (tend à être remplacé par *nucléaire*) : *Explosion atomique.* • **Chim.** *Masse atomique,* rapport de la masse de l'atome d'un élément au douzième de la masse du carbone 12. ‖ *Numéro* ou *nombre atomique* (symb. Z), numéro d'ordre d'un élément dans la classification périodique. (Il est égal au nombre de protons du noyau ou à celui des électrons de l'atome.) — **Déf.** *Arme atomique,* arme qui utilise les réactions de fission à base de plutonium ou d'uranium. (La puissance de ces armes est exprimée en kilotonnes. Elles servent d'amorce aux armes thermonucléaires * beaucoup plus puissantes.) ‖ *Bombe atomique,* syn. de BOMBE* DE FISSION. — **Nucl.** *Pile atomique,* syn. vieilli de RÉACTEUR NUCLÉAIRE.

ATOMISATION n. f. **1.** Action d'atomiser, de détruire par l'énergie nucléaire : *Atomisation d'une ville.* — **2.** Action de parcellariser, de se parcellariser ; état de dispersion qui en résulte et qui engendre anarchie et faiblesse : *Atomisation d'un parti.* — **3.** Pulvérisation d'un liquide en fines gouttelettes, en vue de son séchage.

ATOMISÉ, E n. Personne qui a subi les effets de radiations nucléaires.

ATOMISER v. t. (conj. 3). **1.** Réduire un corps en fines particules à partir de son état liquide ou en atomes à partir de molécules. — **2.** Détruire un objectif au moyen d'armes atomiques. — **3.** Faire perdre à un groupement, à un organisme, etc., son unité, son efficacité en le divisant en une multitude d'éléments : *Atomiser un parti politique.*

◆ **être atomisé** v. pass. Avoir subi les effets des radiations nucléaires : *Ville atomisée.*

ATOMISEUR n. m. Appareil servant à disperser finement des liquides, solutions ou suspensions.

ATOMISME n. m. **1.** Système qui considère l'univers comme formé par la combinaison mécanique et fortuite d'atomes. (L'atomisme antique est représenté par Démocrite, Épicure et Lucrèce.) — **2.** Jusqu'au XIXe s., nom donné à l'hypothèse atomistique. — **3.** *Atomisme logique,* théorie de B. Russell selon laquelle le monde se compose de faits exprimables dans un langage formalisé.

ATOMISTE adj. et n. **1.** Partisan de l'atomisme. — **2.** Spécialiste de physique atomique ou de l'énergie nucléaire.

ATOMISTIQUE adj. **1.** Relatif à l'atomisme. — **2.** Se dit de la théorie chimique selon laquelle tous les corps simples sont formés d'atomes. — **3.** Se dit d'un marché sur lequel se rencontrent un grand nombre d'acheteurs et de vendeurs ; se dit de l'offre ou de la demande sur un tel marché. (Dans le cas contraire, on parle de marché [ou de capitalisme] « moléculaire ».)

◆ n. f. Partie de la science qui traite des atomes et de leurs propriétés.

ATON, dieu égyptien du disque solaire. Il prit avec Aménophis III une grande importance, sans doute en réaction contre l'emprise du clergé d'Amon. Il fut érigé en dieu unique par Akhenaton* (Aménophis IV), mais son culte exclusif fut ensuite abandonné.

ATONAL, E, ALS ou **AUX** adj. **1.** Qui obéit aux principes de l'atonalité. — **2.** *Écart atonal,* pour un auditeur donné et un signal de fréquence déterminé, différence entre le maximum et le minimum de niveau de pression acoustique que cet auditeur peut percevoir.

ATONALITÉ n. f. Écriture musicale qui utilise la totalité des ressources de la gamme chromatique en se fondant sur l'émancipation de la dissonance.

ENCYCL. À partir de 1907, les œuvres de Schönberg (2e quatuor à cordes, 1908 ; *Cinq Pièces pour orchestre,* 1909) et de ses disciples, dites « atonales libres », permettent de définir l'atonalité comme une extension du chromatisme wagnérien jusqu'à ses limites extrêmes. Le dodécaphonisme* sériel « découvert » par Schönberg au début des années 20 devait être la première étape dans la construction d'un langage non tonal. Le terme « atonal » est spécialement réservé à la musique de Schönberg, Berg et Webern, mais l'esprit atonal et nombre de ses techniques se retrouvent chez beaucoup de leurs contemporains.

ATONE adj. (gr. *atonos,* relâché). **1.** Qui manque d'énergie, de dynamisme, de vitalité ; morne, apathique : *Un monde politique atone.* — **2.** *Œil, regard atone,* sans expression, sans vie. • **Ling.** Se dit de certaines formes de pronoms, comme *me, te, se, le,* qui s'opposent à des formes dites toniques *(moi, toi, soi, lui).* — **Méd.** Se dit d'un organe dépourvu de tonicité. ‖ Se dit d'une plaie torpide n'ayant pas de tendance spontanée à la cicatrisation. — **Phon.** Se dit d'une syllabe ou d'une voyelle inaccentuée.

ATONIE n. f. (gr. *atonia,* affaiblissement). **1.** Diminution de la tonicité normale d'un organe contractile. — **2.** Défaut de vitalité, d'énergie, d'activité ; dépression : *L'atonie de la vie économique.*

ATONIQUE adj. **1.** Relatif à l'atonie. — **2.** Qui a perdu sa tonicité normale.

ATOPIE n. f. (gr. *atopia,* étrangeté). Caractère constitutif de certains individus qui présentent des réactions allergiques avec une fréquence anormalement élevée.

ATOPIQUE adj. Qui se rapporte à l'atopie.

ATOUR n. m. (anc. fr. *atourner,* se parer). *Dame* ou *demoiselle d'atour,* femme qui était chargée de présider à la toilette d'une souveraine, d'une princesse, etc.

◆ **atours** n. m. pl. *Litt.* Tout ce qui sert à la parure des femmes.

ATOUT n. m. (de *à* et *tout*). **1.** Aux jeux de cartes, couleur choisie ou déterminée par le hasard et qui l'emporte sur les trois autres ; carte de cette couleur. — **2.** Chance de réussir : *Son atout principal, c'est son énergie.* — **3.** *Avoir tous les atouts en main, dans son jeu,* avoir toutes les chances de réussir dans une entreprise.

ATOXIQUE adj. Dépourvu de toxicité.

A T. P., abrév. de ACIDE ADÉNOSINE-TRIPHOSPHORIQUE et de ADÉNOSINE-TRIPHOSPHATE.

A. T. P., sigle de ASSOCIATION DES TENNISMEN PROFESSIONNELS. (→ TENNIS.)

A. T. Pase, abrév. de ADÉNOSINE-TRIPHOSPHATASE.

ATRABILAIRE adj. et n. (de *atrabile*). *Litt.* Qui a un caractère désagréable, aigre, irritable.

ATRABILE n. f. (lat. *atra bilis,* bile noire). Substance hypothétique de l'ancienne médecine qui passait pour causer la mélancolie et l'hypochondrie. (On l'appelait aussi *bile noire.*)

ATRAK → ATREK.

ATRAMENTAIRE adj. (lat. *atramentum,* encre). Se disait d'une expertise faite pour s'assurer que toutes les parties d'un acte juridique avaient été écrites avec la même encre et à la même époque.

ATRAX n. m. Grande mygale australienne à morsure dangereuse.

ÂTRE n. m. (lat. pop. *astracum,* pavé, du gr. *ostrakon,* tesson). **1.** Partie de la cheminée où l'on fait le feu ; la cheminée même. – **2.** Partie du foyer qui entoure immédiatement le combustible dans les fours, les fourneaux et les cheminées.

ATRÉBATES, peuple belge de l'Antiquité qui occupait la région correspondant à l'Artois.

ATRÉE, ancêtre de la famille des Atrides dans la mythologie grecque.

ATREK ou **ATRAK,** riv. née dans le nord-est de l'Iran ; 669 km. Elle sépare, sur une partie de son cours, l'Iran et le Turkménistan, puis rejoint la Caspienne.

ATRÉSIE n. f. (du gr. *trêsis,* trou). **1.** Forme particulière de l'aplasie dans laquelle la cavité centrale ne se développe pas dans un cordon tissulaire plein. – **2.** Développement incomplet ou oblitération d'un orifice ou d'un conduit naturel.

ATRÉSIQUE ou **ATRÉSIÉ, E** adj. Se dit d'un organe atteint d'atrésie.

ATRIAU n. m. En Suisse, sorte de crépinette ronde.

ATRICHIE [-ki] n. f. Malformation congénitale rare, caractérisée par l'absence complète de cheveux et de poils.

ATRIDES, famille de la mythologie grecque célèbre par son destin tragique. Ses représentants les plus célèbres sont Agamemnon, Ménélas, Égisthe, Électre, Iphigénie et Oreste, qu'illustreront les grandes œuvres du classicisme grec.

ATRIPLEX n. m. (lat. *atriplex*). Nom générique de l'arroche et des plantes voisines, dont un arbrisseau qui sert de coupe-vent sur les côtes françaises.

ATRIUM [atrijɔm] n. m. (mot lat.). **1.** Pièce principale, commandant la distribution de la maison romaine traditionnelle, éclairée par une ouverture carrée (le compluvium) au cintre de la toiture. – **2.** Avant-cour fermée par des portiques à colonnes dans les basiliques paléochrétiennes, qui était accessible aux incroyants et aux catéchumènes. – **3.** Étage inférieur de la caisse du tympan. – **4.** Cavité interne où confluent des canaux chez les animaux. (Divers organes des éponges, bryozoaires, insectes, sangsues, poissons et mammifères ont reçu ce nom, en partic. l'oreillette unique du cœur des vertébrés inférieurs).

ATROCE adj. (lat. *atrox, -ocis*). **1.** Extrêmement pénible à supporter : *Des souffrances atroces.* – **2.** Qui révolte par sa cruauté : *Un crime atroce.* – **3.** *Fam.* Très désagréable par sa laideur, son mauvais goût, etc. : *Elle portait une robe atroce.*

ATROCEMENT adv. **1.** De façon atroce, cruelle, pénible : *Damiens fut atrocement torturé.* – **2.** *Fam.* Excessivement, horriblement : *Un livre atrocement ennuyeux.*

ATROCITÉ n. f. (lat. *atrocitas*). **1.** Caractère de ce qui est atroce : *Des massacres d'une atrocité bouleversante.* – **2.** Action cruelle, qui fait horreur : *Commettre des atrocités.* – **3.** Imputation déshonorante, calomnie : *On a répandu des atrocités sur mon compte.*

ATROPHIANT, E adj. Qui provoque une atrophie.

ATROPHIE n. f. (gr. *atrophia,* dépérissement). **1.** Diminution acquise de poids et de volume d'une cellule, d'un tissu ou d'un organe. (→ *encycl.*). – **2.** Perte ou affaiblissement d'une faculté : *Atrophie de l'intelligence.* – **3.** Réduction de l'activité : *L'atrophie progressive d'une industrie.* – **3.** *Atrophie cutanée,* diminution du nombre ou du volume des éléments cellulaires constitutifs de la peau. (Syn. ATROPHODERMIE.)

ENCYCL. **Méd.** L'*atrophie physiologique* de certains organes, au cours de la vie intra- ou extra-utérine, est un fait normal : telle est l'atrophie du corps de Wolff, du thymus, etc. L'*atrophie anormale,* ou *pathologique,* résulte d'états morbides divers (intoxications, troubles de fonctionnement, etc.).

ATROPHIER v. t. (conj. **9**). **1.** Faire subir une atrophie. – **2.** Provoquer l'affaiblissement, le dépérissement de qqch : *L'alcoolisme a atrophié sa volonté.*

◆ **s'atrophier** v. pr., **être atrophié** v. pass. **1.** Subir une atrophie, en parlant des membres, des organes, etc. : *Avec la paralysie, les muscles s'atrophient.* – **2.** Perdre de sa force, en parlant d'une faculté, d'une qualité : *Des facultés mentales atrophiées.*

ATROPHIQUE adj. et n. Relatif à l'atrophie ; atteint d'atrophie.

ATROPHODERMIE n. f. Syn. de ATROPHIE CUTANÉE.

ATROPINE n. f. (lat. sc. *atropa,* belladone). Alcaloïde extrait des feuilles de certaines solanacées (belladone), utilisé comme médicament.

ENCYCL. L'atropine, forme racémique de l'hyoscyamine, accélère le rythme cardiaque, dilate la pupille et paralyse l'accommodation, relâche les muscles lisses (action antispasmodique), diminue ou arrête les sécrétions, propriété utilisée dans le traitement des ulcères gastriques. L'atropine est très toxique.

ATROPINIQUE adj. et n. m. Se dit de substances dont l'effet pharmacologique principal est proche de celui de l'atropine.

ATROPINISATION n. f. **1.** Administration d'atropine à un sujet. — **2.** Introduction d'atropine dans l'œil pour produire la dilatation de la pupille.

ATROPIQUE adj. *Isomérie atropique,* isomérie provoquée par un empêchement stérique à la rotation autour d'une liaison simple. (Syn. ATROPISOMÉRIE.)

ATROPISOMÉRIE ou **ATROPO-ISOMÉRIE** n. f. Syn. de ISOMÉRIE ATROPIQUE.

ATROPOS [-pɔs] n. m. (gr. *Atropos,* n. myth.). Nom spécifique du *sphinx tête-de-mort,* papillon du genre acherontia.

ATROPOS, celle des trois Parques qui coupait le fil rattachant l'homme à la vie.

ATSUGI, v. du Japon, au S.-O. de Tōkyō ; 197 283 hab. Électronique.

ATT, sigle de AMERICAN TELEPHONE AND TELEGRAPH COMPANY.

ATTA n. m. Fourmi champignonniste américaine, qui circule en tenant un morceau de feuille coupée destiné à la culture du champignon dont elle nourrit sa larve. (N. usuel *fourmi parasol.*)

ATTABLER (S') v. pr., **ÊTRE ATTABLÉ** v. pass. (conj. 3). S'asseoir à une table pour manger, jouer ou travailler : *S'attabler au café devant une consommation.*

ATTACHANT, E adj. Qui touche la sensibilité, qui suscite un intérêt d'ordre surtout sentimental : *Une œuvre attachante.*

ATTACHE n. f. **1.** Tout ce qui sert à attacher, à retenir, lien, courroie, agrafe, etc. : *Une attache de harnais.* — **2.** Sentiment qui unit à qqch, à qqn ; lien affectif (surtout pl.) : *N'avoir aucune attache nulle part.* — **3.** Liaison, relation qui fait dépendre qqn d'une autre personne ou d'un milieu (surtout pl.) : *Avoir des attaches avec la police.* — **4.** Articulation des membres, et en partic. le poignet et la cheville : *Avoir les attaches fines.* — **5.** *(Être) à l'attache,* être retenu par un lien, en parlant d'un animal. ‖ *Port, point d'attache,* lieu où on revient habituellement au cours d'une série de déplacements. • **Anat.** Endroit où vient se fixer un muscle, un ligament. — **Bât.** Ligature des aciers de béton armé, pour maintenir en place les armatures pendant le coulage du béton. — **Ch. de f.** Ensemble des diverses pièces servant à la fixation des rails sur les traverses et au serrage des éclisses de joints. ‖ *Attache doublement élastique,* attache du rail Vignole comportant une semelle de caoutchouc cannelée placée entre le patin du rail et la traverse, et un crapaud élastique en acier. (Elle donne à la voie une élasticité d'ensemble génératrice de confort et diminuant l'usure ainsi que l'entretien.) — **Dr.** *Droit d'attache,* droit d'attacher ou de fixer à la rive opposée, à travers un cours d'eau, l'extrémité d'une digue ou tout autre barrage. ‖ *Port d'attache d'un navire,* port où il est immatriculé ; son point de départ ou d'arrivée. — **Dr. anc.** Toute cédule annexée, attachée à un acte authentique, pour en autoriser ou en attester l'exécution. — **Sigill.** Lanière de parchemin ou cordon de soie ou de chanvre qui rattache le sceau au document écrit. — **Trav. publ.** *Attache de pont suspendu,* appareil par lequel une suspente s'accroche aux câbles porteurs ou soutient le tablier. — **Zootechn.** Dispositif permettant d'attacher un animal par le cou, en général devant son auge.

ATTACHÉ, E n. **1.** Personne remplissant certaines fonctions auprès d'un cabinet ministériel, d'un organisme, d'une entreprise. — **2.** *Attaché(e) d'administration centrale,* fonctionnaire appartenant au corps du même nom et chargé de seconder les administrateurs civils. ‖ *Attaché(e) d'ambassade,* agent diplomatique placé sous les ordres de l'ambassadeur et affecté à un service particulier de l'ambassade. ‖ *Attaché(e) commercial(e),* fonctionnaire en poste auprès d'une ambassade ou d'un consulat et chargé de seconder sur les marchés extérieurs les entreprises du pays qui le mandate. ‖ *Attaché militaire,* auxiliaire militaire d'un chef de mission diplomatique. ‖ *Attaché(e) de presse,* personne chargée d'assurer, dans une entreprise ou dans un organisme public ou privé, les relations avec les médias et d'informer les journalistes des activités de l'entreprise ou de l'organisme en question. ‖ *Attaché(e) de recherche au C. N. R. S.,* agent contractuel recruté par le C. N. R. S. en fonction de ses aptitudes à la recherche. ‖ *Médecin attaché* ou *attaché,* médecin chargé dans un hôpital d'assurer une consultation ou de pratiquer certains traitements ou examens spécialisés sous la responsabilité d'un chef de service.

ATTACHÉ-CASE [ataʃekɛz] n. m. (pl. *attachés-cases*) [fr. *attaché* et angl. *case,* mallette]. Mallette plate et rigide permettant de transporter des documents.

ATTACHE-LETTRE n. f. (pl. *attache-lettres*). Nom générique de fournitures de bureau (coin de lettres, trombone) servant à maintenir ensemble plusieurs feuillets.

ATTACHEMENT n. m. **1.** Sentiment d'affection, de sympathie ou vif intérêt qui lie fortement à qqn, à un animal, à qqch : *Avoir de l'attachement pour son chien.* — **2.** Procédure permettant de constater, contradictoirement et au fur et à mesure de leur déroulement, les conditions dans lesquelles sont exécutés les travaux compris dans un marché public.

ATTACHER v. t. (anc. fr. *estachier,* ficher, du frq. *stakka,* pieu) [conj. 3]. **1.** Fixer qqn, qqch, un animal à qqch, les maintenir, les immobiliser ou limiter leur liberté de mouvement au moyen d'un lien ; en parlant du lien, les maintenir dans cet état : *Attacher un chèque à une lettre avec une agrafe. La corde qui attachait le chien s'est rompue.* — **2.** Réunir, entourer par un lien un ensemble de choses, un paquet, etc. : *Attacher ses cheveux avec un ruban.* — **3.** Nouer, réunir les deux bouts d'un lien : *Attacher ses lacets de chaussures.* — **4.** Fermer un vêtement, le boutonner, l'agrafer, etc. : *Attacher sa ceinture.* — **5.** Établir un lien d'amitié, de sympathie, d'habitude, une relation durable entre qqn et qqch ou qqn d'autre : *De tendres souvenirs l'attachent à son pays natal.* — **6.** Lier qqn par un engagement, un contrat : *Attacher quelqu'un à son service.* — **7.** Donner, attribuer (dans des express.) : *Attacher son nom à une découverte. Attacher de l'importance à des détails. Attacher une signification à un geste.* — **8.** *Attacher son regard, sa pensée sur qqn, qqch,* les regarder ou y penser fortement.

◆ v. t. ind. Coller, adhérer à qqch, en parlant d'une matière et en partic. d'une préparation culinaire : *Le riz a attaché au fond de la casserole.*

◆ v. i. En parlant d'un ustensile de cuisson, provoquer l'adhérence des aliments : *Cette casserole attache.*

◆ **être attaché** v. pass. Être employé par un service, un organisme, etc., en dépendre sur le plan professionnel : *Médecin attaché à un hôpital.*

◆ **s'attacher** v. pr., **être attaché** v. pass. **1.** Se fixer, se fermer par tel moyen : *Robe qui s'attache par des boutons.* — **2.** Aller de pair avec qqch, en être inséparable : *Les avantages qui s'attachent à ce titre sont nombreux.* — **3.** Éprouver un vif intérêt pour qqch, un sentiment durable pour qqn ou qqch : *Être attaché à un pays.* — **4.** S'appliquer, se consacrer à une action : *Je me suis attaché à découvrir la vérité.* — **5.** *S'attacher aux pas de qqn, à qqn,* le suivre sans relâche.

ATTACHEUR n. m. Juriste spécialiste de l'exécution des attachements.

ATTACHOT n. m. (de *attacher*). Ruban fixé à la cuvette et au couvercle d'une mallette, d'un coffret, d'un écrin pour limiter l'ouverture vers l'arrière.

ATTACUS [-kys] n. m. du gr. *attakês,* sorte de sauterelle). Genre de papillons séricigènes, remarquables par leur grande taille et leurs ailes falquées, tels que *Attacus atlas* d'Indonésie (27 cm d'envergure) et *A. cynthia (Samia cynthia)* de l'ailante, acclimaté en Europe.

ATTAGÈNE n. m. (gr. *attagên, -ênos,* sorte d'oiseau inconnu). Petit coléoptère (dermeste) dont la larve ronge les peaux, fourrures et lainages.

ATTAINGNANT (Pierre), imprimeur parisien, peut-être originaire de Picardie († Paris 1552). Ayant inventé un nouveau procédé d'impression de la musique en un seul tirage, il édita, à partir de 1528, la presque totalité de la production française de la première moitié du XVIe s.

ATTALIDES, dynastie hellénistique des souverains de Pergame qui régna du IIIe s. au IIe s. av. J.-C.

ATTALOS ou **ATTALE,** nom de trois rois de Pergame. **Attalos Ier** (241-197 av. J.-C.) fut l'allié de Rome contre Philippe V de Macédoine ; il développa la bibliothèque de Pergame, qui devint la deuxième du monde après celle d'Alexandrie. — **Attalos II** *Philadelphe* (159-138 av. J.-C.) participa à côté des Romains à l'écrasement de la ligue Achéenne* (146 av. J.-C.). — **Attalos III** (138-133 av. J.-C.), sans héritier, légua son royaume aux Romains.

ATTAPULGITE n. f. (de *Attapulgus*). Argile alumino-magnésienne fibreuse.

ATTAQUABLE adj. **1.** Qui peut être attaqué militairement avec succès. — **2.** Qui est critiquable ou vulnérable. — **3.** Qui peut être altéré par un produit. — **4.** Qui peut être attaqué en justice.

ATTAQUANT, E adj. et n. Qui attaque, engage l'offensive ; assaillant.

◆ **attaquant** n. m. Joueur qui fait partie de la ligne d'attaque dans les sports d'équipe, ou dont l'action est essentiellement offensive dans certains sports individuels.

ATTAQUE n. f. **1.** Action d'attaquer qqn, qqch ; agression : *Une attaque à main armée.* — **2.** Action militaire visant à conquérir un objectif ou un pays, à défaire ou à détruire des forces adverses. (→ *encycl.*) — **3.** Accusation, critique adressée à qqn, à une institution : *Les attaques de l'opposition contre le gouvernement.* — **4.** Première atteinte ou retour aigu d'un état pathologique ; en partic., crise nerveuse ou hémorragie cérébrale. (Syn. ICTUS.) — **5.** *(Être) d'attaque,* être en forme, en bonne condition (pour). ‖ *Passer à l'attaque,* prendre l'offensive. • **Aéron.** *Angle d'attaque,* angle formé par la corde d'un profil d'aile, ou droite joignant le bord d'attaque au bord de fuite, et la direction des filets d'air qui atteignent l'aile. ‖ *Bord d'attaque,* bord antérieur d'une aile. — **Chim.** Action chimique ou électrochimique à la surface d'un corps. — **Chorégr.** Moment précis où commence un mouvement ou une variation. — **Jeux.** Aux jeux de cartes, action de jeter la première carte. — **Mus.** Dans l'interprétation, émission des sons de la voix ou de l'instrument, à leur départ. — **Pêch.** Touche d'un poisson. — **Phon.** Début d'émission d'une voyelle caractérisé par son intensité. — **Sports.** Action offensive exécutée par les joueurs pour marquer l'essai au rugby, le but au football ou au handball, un point au tennis ou au volley-ball, réussir le panier au basket-ball, etc. ‖ Dans les sports d'équipe, ensemble des joueurs plus spécialement chargés de conduire les mouvements offensifs. (On dit aussi LIGNE D'ATTAQUE.) ‖ Dans les sports nautiques, début brusque de l'action propulsive du rameur, du pagayeur, du nageur (en crawl notamment). ‖ Dans les courses, accélération soudaine d'un concurrent pour distancer ses rivaux. ‖ *Attaque de la balle,* manière de frapper la balle au football, au tennis, au golf, etc. — **Techn.** *Angle d'attaque,* angle limité par l'arête d'un outil et par la normale à sa trajectoire. — **Véner.** Action de découpler les chiens courants afin de les mettre sur la voie de l'animal rembuché.

ENCYCL. **Mil.** L'*attaque en force* consiste à détruire ou, au moins, à neutraliser l'adversaire par une action de feux brutale et puissante, puis à parachever les résultats obtenus par l'engagement rapide des formations de combat blindées et mécanisées. L'*attaque en souplesse* consiste à paralyser et à désorganiser le dispositif ennemi par des infiltrations profondes, puis à détruire progressivement les éléments dépassés et isolés.

ATTAQUER v. t. (ital. *attacare,* attacher) [conj. 3]. **1.** Exécuter une action offensive contre un groupe, un pays, etc. : *Attaquer une armée, une ville, un navire.* — **2.** Sans compl., commencer un combat, la guerre : *L'ennemi attaquera à l'aube.* — **3.** Être à l'origine d'un combat, d'une lutte quelconques contre qqn : *Ce sont toujours les mêmes qui nous attaquent dans la cour de l'école.* — **4.** Commettre un acte de violence contre qqn, un véhicule, un lieu, pour voler, détruire, etc. : *Des malfaiteurs qui attaquent une banque.* — **5.** Critiquer qqn, son œuvre, son action, les prendre à partie ; contenir des accusations, des critiques, en parlant d'un texte, d'un discours : *Attaquer la politique d'un parti. Toute son œuvre attaque la société.* — **6.** Essayer de venir à bout d'une difficulté, d'un problème, d'un mal : *Il faudra bien attaquer cette question délicate.* — **7.** Creuser une matière, l'endommager en la rongeant, en la détruisant peu à peu : *La rouille attaque le fer.* — **8.** Commencer à faire qqch, l'entamer : *Quand attaquerez-vous votre prochain livre ?* — **9.** *Fam.* Commencer à manger : *Attaquer le plat de résistance.* — **10.** Être le premier à jouer : *Attaquer à trèfle.* • **Bx-arts.** Travailler une matière dure avec un outil. (Le graveur attaque sa planche de bois ou de métal, le sculpteur son bloc de pierre, de bois, etc.) — **Dr.** Contester la validité d'un jugement, d'un contrat, etc. ‖ Intenter une action judiciaire à l'encontre de qqn. — **Équit.** Piquer vigoureusement le cheval avec les éperons. — **Mar.** S'approcher d'une terre. — **Mus.** Débuter avec netteté l'exécution d'un morceau ou l'émission d'une note ou d'une syllabe. — **Sports.** Entreprendre une action offensive dans un sport collectif ou individuel. — **Véner.** Mettre sur pied, avec des chiens, le cerf, le sanglier rembuché.

◆ **s'attaquer** v. pr. **1.** Ne pas craindre d'affronter qqn, qqch, s'en prendre à eux : *S'attaquer à plus fort que soi.* — **2.** Essayer de venir à bout de qqch : *Ces mesures ne s'attaquent pas aux racines du mal.* — **3.** Entreprendre énergiquement qqch, l'entamer hardiment : *S'attaquer à la rédaction d'un article.* — **4.** Atteindre qqn, qqch, en parlant de qqch : *Mal qui s'attaque aux enfants.*

'AṬṬĀR (Farid al-Din), poète persan (Nichāpur v. 1119 - v. 1190 ou v. 1220), auteur d'écrits mystiques dans la tradition soufie de l'école d'al-Ḥallādj *(la Conférence des oiseaux, le Livre des secrets),* de récits biographiques *(Mémorial des saints)* et d'épopées romanesques *(le Livre de Khosrô).*

ATTARDÉ, E n. **1.** Personne qui est déficiente sur le plan intellectuel. — **2.** Personne qui est en retard sur son époque.

ATTARDER v. t. (conj. 3). Mettre en retard qqn ; retarder.

◆ **être attardé** v. pass. **1.** Être en retard sur son époque : *Des gens un peu attardés.* — **2.** Être déficient sur le plan intellectuel : *Une école pour enfants attardés.*

◆ **s'attarder** v. pr. **1.** Se mettre en retard : *La nuit tombe, ne nous attardons pas.* — **2.** Rester qqpart plus longtemps que prévu : *S'attarder chez des amis.* — **3.** Rester longuement à faire qqch, ou perdre, gaspiller son temps sur qqch, à faire qqch : *S'attarder à des détails.*

ATTEINDRE v. t. (lat. pop. **attangere*, *du lat. class. attingere,* d'après *tangere,* toucher) [conj. **81**]. **1.** Gagner un lieu, y arriver en se déplaçant : *Tenter d'atteindre le rivage.* — **2.** Parvenir à une date, à un âge : *Atteindre ses quarante ans.* — **3.** Parvenir, au cours d'une évolution, d'une progression, à un état, un niveau, une valeur, etc. : *Les prix des appartements atteignent des sommes astronomiques.* — **4.** Parvenir à une limite abstraite : *Vous atteignez là le cœur du problème.* — **5.** Parvenir à toucher, avec une partie du corps, un instrument, ce qui est élevé ou éloigné : *S'aider d'un bâton pour atteindre un* *objet.* — **6.** Parvenir à entrer en contact avec qqn, le joindre : *Essayez de l'atteindre par téléphone.* — **7.** Parvenir à frapper, à toucher un objet, à blesser ou tuer qqn, un animal, avec un projectile : *Atteindre la cible en plein centre.* — **8.** Parvenir à un but : *L'entreprise avait atteint ses objectifs de vente.* — **9.** En parlant d'un mal, gagner, toucher qqn, un groupe, ou s'étendre jusqu'à frapper telle personne, telle partie du corps : *La maladie l'a atteint dans la force de l'âge.* — **10.** En parlant de qqch, parvenir à toucher psychologiquement qqn, un groupe : *Publicité télévisée qui vise à atteindre un large public.* — **11.** Toucher qqn dans son moral, ses convictions, le blesser : *Vos remarques ne m'atteignent pas.*

◆ v. t. ind. *Litt.* Parvenir avec effort à un but, à un état : *Atteindre à la gloire.*

◆ **être atteint** v. pass. **1.** Souffrir d'un mal, d'une déficience, en être affecté : *Il est atteint d'un mal incurable.* — **2.** *Être très, peu atteint,* être très ou peu touché par la maladie. ‖ Fam. *Être très, un peu atteint,* être bizarre, déraisonnable.

ATTEINTE n. f. **1.** Action, fait d'atteindre un but, un objectif, d'y parvenir : *L'atteinte de cet objectif n'est pas pour demain.* — **2.** Effet pénible produit sur qqn par un mal, par l'âge (surtout au pl.) : *Résister aux atteintes du froid.* — **3.** Action, fait de causer à qqch un dommage, un préjudice matériel ou moral : *Atteinte à la liberté, à la propriété privée.* — **4.** *Hors d'atteinte, hors de l'atteinte de qqch, de qqn,* qu'on ne peut atteindre (dans l'espace, dans une action, dans une évolution, une hiérarchie) ; hors de portée. ‖ *Porter atteinte à qqch,* lui causer un dommage, un préjudice. • **Dr.** *Atteinte au crédit de la nation,* délit consistant soit à répandre sciemment dans le public des faits faux ou des allégations mensongères capables d'ébranler directement ou indirectement la confiance dans la solidité de la monnaie ou des fonds publics, soit à inciter le public à retirer des fonds des caisses ou établissements publics, à vendre des fonds publics ou à s'abstenir d'en acquérir, soit à organiser ou tenter d'organiser le refus collectif de l'impôt. ‖ *Atteinte à la défense nationale,* crime constitué par des actes susceptibles de nuire à la sûreté de l'État sans toutefois constituer, pour autant, des actes de trahison ou d'espionnage. ‖ *Atteinte à la liberté du travail,* délit consistant en des violences, des voies de fait, des menaces ou des manœuvres frauduleuses, dans le but d'amener ou de maintenir une cessation concertée de travail ou de porter atteinte au libre exercice du travail. ‖ *Atteinte à la sûreté de l'État,* crime ou délit de nature à compromettre la sûreté intérieure ou extérieure de l'État (par ex. l'espionnage, la trahison). ‖ *Atteinte à la vie privée,* délit constitué par le fait d'écouter, d'enregistrer ou de transmettre les paroles d'une personne ou bien de fixer ou transmettre son image lorsqu'elle est dans un lieu privé et sans son consentement. — **Hippol.** Blessure d'un membre antérieur par le fer d'un postérieur. ‖ Toute blessure d'un membre par un autre.

ATTÉLABE n. m. (gr. *attelabos,* sorte de sauterelle). Nom scientifique d'un charançon, le *cigarier* du chêne et de la vigne.

ATTELABLE adj. Qui peut être attelé.

ATTELAGE n. m. **1.** Action ou manière d'atteler un animal ou un groupe d'animaux de trait. — **2.** Dispositif de liaison entre l'animal de trait ou le tracteur et les outils ou les machines. — **3.** Animal ou groupe d'animaux attelés à un même objet à tirer. — **4.** Action d'atteler des véhicules ; dispositif de liaison mécanique des véhicules entre eux. • **Min.** Système de fixation de la cage au câble qui la soutient. — **Techn.** Type de liaison articulée de deux pièces, l'une tractrice, l'autre tractée.

ENCYCL. L'attelage des animaux domestiques a joué et joue encore dans beaucoup de pays un rôle fondamental dans l'agriculture. Il existe plusieurs dispositifs d'attelage. Le joug permet d'atteler deux animaux par la nuque (joug de cornes) ou par le garrot (joug de garrot), le timon de l'instrument agricole ou du véhicule étant placé au centre. L'attelage à un seul animal est réalisé par un jouguet et une bricole de poitrail (bœuf) ou par un collier (cheval) et par deux limons qui se substituent au timon.
— **Ch. de f.** Selon les véhicules, l'attelage se fait par chaînes et crochets (wagonnets de chantier), barres (tramways) ou tendeurs à vis et crochets maintenant les tampons en contact (voitures et wagons). Sur certains matériels spécialisés, on utilise un attelage automatique qui réalise simultanément la jonction des organes de choc et de traction, des conduites de frein et, le cas échéant, des conducteurs électriques.

ATTELÉE n. f. **1.** Temps pendant lequel les animaux de trait travaillent sans être dételés. — **2.** Groupe d'animaux de trait susceptibles d'être attelés ensemble.

ATTELER v. t. (lat. pop. **attelare,* du bas lat. *protelum,* attelage) [conj. **24**]. **1.** Harnacher un animal de trait et le relier par des pièces du harnais à un véhicule ou à une machine agricole. — **2.** Relier un véhicule ou une machine agricole à un animal de trait. — **3.** Relier un véhicule à un autre pour le tracter. — **4.** Mettre qqn à une tâche, dans la position de l'exécuter : *Je l'ai attelé au dépouillement de ces documents.* — **5.** Réaliser un attelage entre deux pièces.

◆ **s'atteler** v. pr., **être attelé** v. pass. Entreprendre un travail long et difficile, y être occupé : *S'atteler à un travail ingrat.*

ATTELET ou ***HÂTELET** n. m. (lat. *hasta,* lance, avec infl. du frq. **harst,* gril). Brochette en métal, ouvragée à sa partie supérieure et qui, garnie d'apprêts, sert à décorer les plats.

ATTELLE n. f. (bas lat. *astella,* copeau). **1.** Pièce de bois fixée de chaque côté du collier des chevaux pour recevoir les moyens de fermeture et de tirage. – **2.** Appareil destiné à servir de tuteur à un membre fracturé. (Syn. ÉCLISSE.)

ATTELLOIRE ou **ATELLOIRE** n. f. Cheville mobile qui sert à fixer les traits du cheval au brancard ou au palonnier.

ATTENANT, E adj. (anc. fr. *attenir,* dépendre). Qui est contigu à un lieu, qui le touche : *Un bois attenant à une propriété.*

ATTENDOLO ou **ATTENDOLO MUZIO,** dit **Sforza** ⟶ SFORZA.

ATTENDRE v. t. (lat. *attendere,* être attentif) [conj. 73]. **1.** Rester en un lieu jusqu'à ce que qqn arrive, que qqch soit prêt ou se produise : *Attendre un ami à la gare. Il attend qu'on le serve.* – **2.** Sans compl., rester longtemps jusqu'à ce que qqch se produise ; patienter : *Il n'aime pas attendre.* – **3.** Différer d'agir jusqu'à ce que qqch se produise, jusqu'à une certaine date : *Attendez que je revienne pour sortir.* – **4.** Sans compl., rester intact ou dans le même état, en parlant de qqch : *Ce travail peut attendre.* – **5.** Compter sur la venue de qqn, sur l'arrivée de qqch : *Nous vous attendions pour huit heures.* – **6.** Compter sur une action de qqn, sur le résultat de qqch : *Qu'attendez-vous de moi ?* – **7.** Être préparé pour qqn, lui être destiné : *Il ne savait pas ce qui l'attendait à son retour.* – **8.** Fam. *Attendre qqn (au tournant, au passage, là),* compter qu'il s'engage dans une difficulté pour prendre sur lui une revanche, pour obtenir de lui ce qu'on désire (se dit surtout par menace ou par défi). ‖ *Attendre un enfant,* être enceinte. ‖ *Attendre famille,* en Belgique, être enceinte. ‖ *En attendant,* provisoirement, jusqu'au moment où ce qu'on attend se produira ; quoi qu'il en soit, toutefois. ‖ *En attendant de + inf., que + subj.,* jusqu'au moment de, jusqu'à ce que. ‖ *Se faire attendre,* être en retard à un rendez-vous ; en parlant de qqch, tarder à se produire, à arriver.

◆ v. t. ind. Compter sur qqn, sur qqch dont on a un besoin urgent : *Vous pouvez garder ce livre, je n'attends pas après.*

◆ **être attendu** v. pass. **1.** Être qqn sur l'arrivée de qui on compte, être espéré : *Vous êtes attendu, le directeur va vous recevoir.* – **2.** Être prévu avec certitude : *Un événement attendu.*

◆ **s'attendre** v. pr. Prévoir qqch, le considérer comme probable ou compter dessus : *J'aurais dû m'attendre à son refus.*

ATTENDRIR v. t. (conj. 32). **1.** Rendre une viande plus tendre, en la laissant séjourner au froid, en la faisant mariner ou en utilisant un attendrisseur. – **2.** Toucher qqn de compassion, l'émouvoir, éveiller sa sensibilité : *Un spectacle qui attendrirait les plus durs.*

◆ **s'attendrir** v. pr., **être attendri** v. pass. Éprouver ou témoigner de l'émotion, de la tendresse : *S'attendrir en pensant au passé. Poser un regard attendri sur ses enfants.*

◆ **s'attendrir** v. pr. **1.** Avoir à l'égard de qqch, de qqn un mouvement de tendresse, de pitié : *Il s'attendrissait sur le malheur des autres.* – **2.** *S'attendrir sur soi-même,* gémir avec complaisance sur son propre sort, sur ses malheurs.

◆ **être attendri** v. pass. Être passée à l'attendrisseur, en parlant de la viande : *Bifteck attendri.*

ATTENDRISSAGE n. m. Action d'attendrir la viande par voie mécanique ou chimique.

ATTENDRISSANT, E adj. **1.** Qui attendrit, touche, suscite l'émotion : *Scène attendrissante.* – **2.** Qui suscite une indulgente ironie : *Il est attendrissant avec ses idées humanitaires.*

ATTENDRISSEMENT n. m. Fait de s'attendrir, d'être attendri ; mouvement de tendresse, de compassion.

ATTENDRISSEUR n. m. Appareil pour attendrir la viande.

1. ATTENDU prép. (de *attendre*). Vu, en raison de : *Il a bénéficié de circonstances atténuantes, attendu sa bonne conduite passée.*

◆ **attendu que** conj. Vu que, puisque : *Attendu qu'il n'est pas là, partons.*

2. ATTENDU n. m. Chacun des alinéas d'une décision judiciaire qui commence par les mots *attendu que* et qui la motive. (Les attendus sont suivis de *par ces motifs.*) [Surtout pl.]

ATTENTAT n. m. (lat. *attemptatum,* de *attemptare,* attaquer qqn). **1.** Tentative criminelle ou illégale contre les personnes, les droits, les biens et même les sentiments collectifs lorsque ces derniers sont reconnus et protégés par la loi ; en partic. tentative criminelle contre une personnalité pour des raisons politiques. – **2.** Acte qui heurte les droits, les grands principes, les traditions : *Attentat à la liberté.* – **3.** *Attentat à la liberté individuelle,* atteinte illégale portée par un simple particulier ou par un fonctionnaire à la liberté individuelle (arrestation illégale, détention arbitraire, séquestration...). ‖ *Attentat contre l'autorité de l'État,* crime commis par celui qui a tenté soit de détruire ou de changer le régime constitutionnel, ou bien d'exciter les citoyens ou les habitants à s'armer les uns contre les autres ou contre l'autorité de l'État, soit de porter atteinte à l'intégrité nationale.

ATTENTATOIRE adj. Qui porte atteinte, préjudice à qqch : *Acte attentatoire à la dignité de l'homme.*

ATTENTE n. f. (lat. **attendita*, de *attendere*, attendre). **1.** Action d'attendre qqn, qqch, de compter sur qqn, sur qqch ; temps pendant lequel on attend : *Il y a trois heures d'attente entre les deux avions.* – **2.** *Contre toute attente,* contrairement à ce qui était prévu. ‖ *Dans l'attente de,* en espérant que, en comptant sur (surtout dans les formules de politesse). ‖ *Salle d'attente,* salle, local où des voyageurs attendent un train, un avion. ‖ *Salle, salon d'attente,* où des patients attendent d'être reçus par le médecin, le dentiste, où des clients attendent une consultation chez l'avocat, etc. • **Aéron.** Circuit que décrivent les avions, à proximité d'un aérodrome, avant d'atterrir, lorsque plusieurs appareils se présentent en même temps. (On dit aussi CIRCUIT D'ATTENTE.) – **Bât.** *Pierre d'attente,* chacune des pierres saillantes ménagées d'espace en espace, au bout d'un mur, pour faire liaison avec une éventuelle construction ultérieure. (Syn. PIERRE D'ARRACHEMENT, HARPE, AMORCE.)

ATTENTER v. t. ind. (lat. *attentare,* surprendre) [conj. 3]. **1.** Faire une tentative criminelle contre qqch : *Attenter à la vie d'autrui.* – **2.** Porter atteinte, s'attaquer à qqch : *Attenter à l'honneur de qqn.* – **3.** *Attenter à sa vie, à ses jours,* tenter de se suicider.

ATTENTIF, IVE adj. (lat. *attentus*). **1.** Qui prête une attention soutenue ; qui dénote de l'attention : *Prendre la parole devant un auditoire attentif. Un regard attentif.* – **2.** Qui veille soigneusement à qqch : *Soyez attentif à chacun de vos gestes.* – **3.** Qui marque des attentions, de la prévenance : *Entourer un malade de soins attentifs.*

ATTENTION n. f. (lat. *attentio*). **1.** Capacité de concentrer volontairement son esprit sur un objet déterminé ; cette concentration elle-même : *Il est incapable de fixer son attention.* – **2.** Sollicitude, gentillesse envers qqn ; marque d'intérêt, d'affection (surtout pl.) : *Je suis très sensible aux attentions qu'il a pour moi.* – **3.** *À l'attention de qqn,* formule utilisée pour désigner, dans une administration, le destinataire d'une note, d'une lettre, etc. ‖ *Attention !,* prenez garde ! ‖ *Attirer, appeler l'attention de qqn,* lui signaler particulièrement qqch ; se signaler, se remarquer, en parlant de qqch : *J'attire votre attention sur ce point. Un lieu où rien n'attire l'attention.* ‖ *Faire attention à,* être conscient de qqch, y prendre garde ou en prendre soin ; être attentif à. ‖ *Faire attention à qqn,* le remarquer, être attentif à ce qu'il fait, s'en méfier. ‖ *Prêter attention à qqch, à qqn,* en tenir compte. ‖ *Retenir l'attention de qqn,* être spécialement remarqué par lui. • **Psychan.** *Attention flottante,* règle technique à laquelle tente de se conformer le psychanalyste en ne privilégiant, dans son écoute, aucun des éléments particuliers du discours de l'analysant. – **Psychol.** Activité ou état par lesquels un sujet augmente son efficience à l'égard de certains contenus psychologiques (perceptifs, intellectuels, mnésiques, etc.), le plus souvent en en sélectionnant certaines parties ou certains aspects et en inhibant ou négligeant les autres.

ATTENTIONNÉ, E adj. Qui est plein de prévenances, d'attentions, de gentillesse : *Un mari attentionné.*

ATTENTIONNEL, ELLE adj. Relatif à l'attention.

ATTENTISME n. m. Pratique politique ou syndicale ou attitude individuelle qui consiste à refuser l'initiative et à se déterminer suivant les circonstances.

ATTENTISTE adj. et n. Qui pratique l'attentisme.

ATTENTIVEMENT adv. Avec attention.

ATTÉNUANT, E adj. *Circonstances atténuantes,* faits accompagnant une infraction, laissés à l'appréciation du juge, et qui déterminent dans certaines limites un abaissement de la peine encourue par son auteur. ‖ *Excuse atténuante,* excuse légale qui entraîne une réduction de peine (excuse de minorité, de provocation).

ATTÉNUATEUR n. m. (angl. *attenuator*). Dispositif permettant de diminuer l'amplitude d'une grandeur électrique (courant, tension ou, plus souvent, puissance). [Syn. AFFAIBLISSEUR.]

ATTÉNUATION n. f. (lat. *attenuatio,* affaiblissement). Action d'atténuer, fait de s'atténuer : *L'atténuation de la douleur sous l'effet d'un calmant.* • **Bactériol.** Diminution du pouvoir pathogène d'un microbe par des moyens chimiques (antisepsie) ou physiques (chaleur, lumière, radiations, etc.), ou par vieillissement de la souche. (Syn. INACTIVATION ; contr. EXALTATION.) – **Dr.** *Atténuation de peine,* diminution de la peine résultant de circonstances atténuantes. – **Électron.** Opposé, exprimé en décibels, du rapport entre la grandeur d'entrée (tension ou courant) et celle de sortie dans un montage électronique. – **Phys.** Diminution de l'amplitude d'une onde avec la distance parcourue.

ATTÉNUER v. t. (lat. *attenuare,* affaiblir, de *tenuis,* mince) [conj. 7]. **1.** Rendre moins forts, moins intenses, moins graves une sensation, un sentiment, etc. : *Ceci atténue sa responsabilité dans l'affaire.* – **2.** Rendre un énoncé moins violent, moins brutal : *Atténuer une expression trop vive.*

◆ **s'atténuer** v. pr., **être atténué** v. pass. Être moins fort, moins violent, moins important, etc. : *La différence de salaire entre eux s'atténue.*

ATTERBOM (Per Daniel Amadeus), écrivain suédois (Åsbo 1790 - Uppsala 1855), l'un des plus purs romantiques suédois (*l'Oiseau bleu,* 1814 ; *l'Île de la félicité,* 1824-1827).

ATTERBURY (Francis), prélat et pamphlétaire anglais (Milton, Buckinghamshire, 1663 - Paris 1732). Évêque de Rochester, il défendit la haute Église pendant le règne d'Anne Stuart.

ATTEREAU ou ***HÂTEREAU** n. m. (lat. *hasta,* lance, avec infl. du frq. **harst,* gril). **1.** Morceaux d'apprêts enfilés sur brochettes, panés, puis frits. – **2.** Brochette en bois utilisée pour préparer des attereaux.

ATTERRAGE n. m. (de *atterrer,* au sens de *aborder*). **1.** Approche de la première terre rencontrée après un trajet long-courrier. – **2.** Trait particulier de cette terre permettant de contrôler la position.

ATTERRANT, E adj. Qui atterre, jette dans la consternation : *Réponse atterrante.*

ATTERREMENT n. m. *Litt.* Accablement extrême.

ATTERRER v. t. (de *terre*) [conj. 4]. Jeter qqn dans la stupéfaction, l'abattement ; consterner, accabler : *Les résultats scolaires de mon fils m'ont atterré.*

◆ **être atterré** v. pass. Être consterné : *Je suis atterré de le voir dans cet état.*

ATTERRIR v. i. (de *terre*) [conj. 32]. **1.** Se poser sur le sol, en parlant d'un avion, d'un engin spatial, etc. – **2.** *Fam.* Se retrouver sur le sol après un saut, une chute, une glissade, etc. – **3.** *Fam.* Arriver, se retrouver inopinément qqpart : *Je ne sais comment ce dossier a atterri sur mon bureau.* – **4.** Sur un bateau, procéder à l'atterrissage.

ATTERRISSAGE n. m. **1.** Action d'atterrir, de se poser sur le sol, en parlant d'un avion, d'un engin spatial, etc. – **2.** Reconnaissance de la terre et manœuvres de sécurité à son approche, sur un bateau. – **3.** *Atterrissage automatique,* atterrissage d'un avion sans intervention du pilote (→ *encycl.*) ‖ *Train d'atterrissage,* dispositif, généralement escamotable, placé sous un avion pour lui permettre de décoller et d'atterrir. (Syn. ATTERRISSEUR.)

ENCYCL. **Aéron.** Tous les gros avions modernes sont, à présent, dotés de systèmes d'*atterrissage automatique* très perfectionnés, à base de calculateurs redondants utilisant les signaux fournis par des capteurs aérodynamiques ou radioélectriques (radiobalises, radiosondes altimétriques, émissions du système ILS). La qualité des aides au sol et celle des systèmes de bord permettent de définir différentes catégories d'atterrissage automatique, la plus évoluée autorisant l'atterrissage par visibilités horizontale et verticale nulles, ou « zéro-zéro ».

ATTERRISSEMENT n. m. (anc. fr. *s'atterrir,* se remplir de terre). En bordure d'une étendue d'eau, accumulation de matériel (terre, limon, sable, gravier) qui en réduit la surface.

ATTERRISSEUR n. m. Syn. de TRAIN D'ATTERRISSAGE*.

ATTESTATION n. f. (lat. *attestatio*). **1.** Déclaration verbale ou plus souvent écrite témoignant de la véracité d'un fait. – **2.** Témoignage, preuve de qqch : *Ce piteux résultat est une nouvelle attestation de son imprévoyance.* – **3.** Exemple daté de l'emploi d'un mot, d'une forme de la langue.

ATTESTER v. t. et v. t. ind. (lat. *attestari,* de *testis,* témoin) [conj. 3]. **1.** Certifier, garantir l'exactitude ou la réalité de qqch : *J'atteste la sincérité de ses déclarations.* – **2.** Être la preuve, le témoignage de qqch, en parlant de qqch : *Les ruines attestent (de) la violence de l'incendie.* – **3.** Litt. *Attester le ciel, les dieux, de qqch,* les prendre à témoin, les invoquer.

◆ **être attesté** v. pass. En parlant d'un mot, d'une forme de la langue, être établi, prouvé par un emploi daté.

ATTICISME n. m. (lat. *atticismus,* du gr. *attikos,* attique). **1.** Forme de la langue grecque particulière au dialecte attique. – **2.** Élégance du style propre aux écrivains de l'Attique. – **3.** *Litt.* Délicatesse de goût et de langage.

ATTICURGE adj. et n. f. (lat. *atticurges,* du gr. *attikourgês,* travaillé à la mode attique). Se dit d'une baie dont les piédroits sont inclinés de telle sorte que cette baie est plus étroite en haut qu'en bas.

ATTICUS (Titus Pomponius), correspondant et ami de Cicéron (Rome 109 av. J.-C. -32 av. J.-C.). Les 396 lettres de celui-ci à Atticus, de 65 à 44 av. J.-C., constituent une grande part du recueil de la correspondance de Cicéron.

ATTIÉDIR v. t. (conj. 32). **1.** Rendre tiède un milieu, un lieu en le refroidissant ou en le chauffant légèrement : *Le soleil attiédit l'atmosphère.* – **2.** *Litt.* Rendre moins vif un sentiment, le modérer : *Le temps attiédit l'amitié.*

ATTIÉDISSEMENT n. m. *Litt.* Action d'attiédir, fait de s'attiédir ; état qui en résulte.

ATTIER n. m. Nom usuel d'une anone des Antilles, dont le fruit est la pomme-cannelle.

ATTIFEMENT n. m. *Fam.* Manière d'attifer ou d'être attifé ; accoutrement.

ATTIFER v. t. (anc. fr. *tifer,* parer) [conj. 3]. *Fam.* Habiller, parer qqn avec mauvais goût ou d'une manière bizarre ; accoutrer : *Elle attifait ses enfants de façon ridicule.*

◆ **s'attifer** v. pr., **être attifé** v. pass. *Fam.* S'habiller d'une manière bizarre, avec un goût douteux.

ATTIFET n. m. (de *attifer*). Petit bonnet monté sur des fils métalliques, avançant en pointe sur le front et mis à la mode par Catherine de Médicis.

ATTIGER v. i. (var. de l'arg. *aquiper,* faire ou avoir mal) [conj. **17**]. *Pop.* Exagérer : *Tu attiges de te conduire comme ça !*

ATTIGNOLE n. f. (norm. *hatille,* abats, de *âte, hâte,* pièce de viande rôtie). Boulette de charcuterie cuite dans la graisse.

ATTIGNY (08130), ch.-l. de cant. des Ardennes, sur l'Aisne ; 1 221 hab. Église surtout des XVe-XVIIe s. Sucrerie. Laiterie. — En 822, Louis Ier le Pieux et les évêques y firent une pénitence publique.

ATTILA (m. en 453), roi des Huns (434-453). Il ravagea l'empire d'Orient (441-443) et poursuivit sa politique expansionniste vers l'Occident. Il envahit la Gaule ; battu aux champs Catalauniques (451), il reconstitua ses forces en Pannonie et, en 452, marcha sur l'Italie du Nord ; mais, malgré quelques succès, il se laissa persuader par le pape Léon Ier le Grand et abandonna sa conquête moyennant un tribut. Il mourut peu après. Son empire ne lui survécut pas.

ATTIQUE adj. (gr. *attikos*). **1.** Relatif à l'Attique, à Athènes ou aux Athéniens. — **2.** Litt. *Sel attique,* manière de s'exprimer finement railleuse, spirituelle et polie.

◆ n. m. **1.** Étage supérieur de la caisse du tympan, où sont logés les osselets. — **2.** Construction élevée au-dessus de la corniche d'un entablement pour masquer la naissance du toit. — **3.** Petit étage supplémentaire servant d'amortissement à une façade. — **4.** Dialecte ionien, qui était la langue de la cité d'Athènes. (L'influence politique et surtout culturelle d'Athènes en a fait la base essentielle de la koinê de la période hellénistique.)

ATTIQUE, en gr. **Attikê** ou **Attikí,** région de la Grèce, sur le golfe de Corinthe et la mer Égée, juxtaposant massifs cristallins et calcaires et plaines alluviales. — Il existe un *nome d'Attique* dont le ch.-l. est *Athènes,* mais dont la superficie (3 380 km^{2}) et la population (342 000 hab.) excluent la capitale.

— **Hist.** Dès la période achéenne, l'Attique comprenait une douzaine de bourgades indépendantes, dont Athènes, Éleusis, Braurôn, Aphidna, etc. Vers 750 av. J.-C., Athènes annexa Éleusis, et bientôt toute l'Attique se retrouva sous sa domination. Dès lors, l'histoire de l'Attique se confondit avec celle d'Athènes.

ATTIRABLE adj. Susceptible d'être attiré.

ATTIRAIL n. m. (anc. fr. *atirier,* équiper, de *tire,* ordre). Ensemble d'objets divers et encombrants, destinés en principe à un usage précis : *Un attirail de photographe.*

ATTIRANCE n. f. **1.** Force qui attire par le plaisir, le charme, le vertige, etc. : *L'attirance des voyages à l'étranger.* — **2.** Sentiment de qqn qui est attiré, séduit : *Éprouver une forte attirance pour quelqu'un.*

ATTIRANT, E adj. Qui attire, qui séduit : *Un métier attirant.*

◆ **attirante** n. f. Nœud de ruban que les femmes, au XVIIe s., fixaient à leur corsage.

ATTIRER v. t. (de *tirer*) [conj. **3**]. **1.** Exercer sur qqch une action physique qui le fait venir à soi, qui le fait se rapprocher : *L'aimant attire le fer.* — **2.** En parlant de certaines choses, exercer sur qqn une action qui tend à l'amener à elles : *J'ai le vertige et le vide m'attire.* — **3.** Faire venir en un lieu un être animé par tel ou tel moyen : *Attirer quelqu'un dans un guet-apens.* — **4.** Susciter l'intérêt de qqn, exercer sur lui un attrait, une séduction, et en partic. lui plaire physiquement : *La perspective de ce long voyage ne l'attirait guère. Cette femme l'attire, cela se voit.* — **5.** Susciter à qqn tel sentiment ou jugement d'autrui à son égard, tel événement qui le concerne : *Cette affaire risque de vous attirer des ennuis.* — **6.** *Attirer l'attention, le regard, l'œil, etc.,* éveiller l'intérêt, la curiosité, être marquant.

◆ **s'attirer** v. pr. Provoquer tel événement qu'on aura à subir, susciter chez autrui tel sentiment à son égard : *Par sa franchise, il s'attire des inimitiés.*

ATTIRET (Jean Denis), jésuite et peintre français (Dole 1702 - Pékin 1768). Envoyé en Chine en 1737, il devint le peintre favori de l'empereur Qianlong.

ATTIRET (Claude François), sculpteur français (Dole 1728-*id.* 1804), neveu du précédent. Il a surtout travaillé à Dijon.

ATTIS ou **ATYS,** dieu phrygien de la Végétation, aimé de la déesse Cybèle. Dans un accès de folie, il s'émascula. Son culte était l'objet de pratiques initiatiques.

ATTISEMENT n. m. Action d'attiser, fait d'être attisé.

ATTISER v. t. (lat. pop. **attitiare,* du class. *titio,* tison) [conj. **3**]. **1.** Aviver un feu en lui fournissant de nouveaux matériaux, en soufflant, etc. : *Le vent a attisé l'incendie de forêt.* — **2.** Exciter, rendre plus violent un sentiment : *Attiser les convoitises.*

ATTISOIR ou **ATTISONNOIR** n. m. **1.** Ustensile au moyen duquel on attise le feu dans certains métiers. – **2.** Crochet dont on se sert pour attirer les scories sortant en fusion du fourneau. (Syn. RINGARD, TISONNIER.)

ATTITRÉ, E adj. **1.** Qui est chargé en titre, par choix ou par habitude, d'un emploi, d'un rôle, à l'exclusion de toute autre personne : *Le critique littéraire attitré d'un journal.* – **2.** Qui est réservé exclusivement à qqn : *Avoir sa place attitrée à table.*

ATTITUDE n. f. (ital. *attitudine*, du bas lat. *aptitudo*, aptitude). **1.** Manière de tenir son corps, position qu'on lui donne ; posture : *Avoir une attitude gauche, nonchalante.* – **2.** Manière d'être qui manifeste certains sentiments ; comportement : *Avoir une attitude ferme.* – **3.** Ensemble des opinions manifestées par un individu, un groupe social ou une institution, se traduisant par un comportement habituel ou circonstancié : *Attitude politique d'un journal.* – **4.** Comportement affecté par qqn qui veut cacher ses sentiments réels : *Il a l'air sévère, mais ce n'est qu'une attitude.* • **Astronaut.** Syn. de ORIENTATION. – **Chorégr.** Pose de la danse académique dans laquelle une jambe est sur pointe, demi-pointe ou à plat, l'autre levée et pliée en arrière, un bras ou les deux étant levés. – **Psychol.** Système organisé et relativement stable de dispositions cognitives d'un sujet vis-à-vis d'un objet ou d'une situation dont il évalue le contenu comme vrai ou faux, bon ou mauvais, désirable ou indésirable. (→ *encycl.*) – **Zootechn.** Aspect général que présente un animal au repos ou immobile. (S'oppose à ALLURE.)

ENCYCL. **Psychol.** Prendre une attitude signifie être pour ou contre, faire preuve d'une orientation globale par rapport à un objet donné et représente la connaissance du sujet, ses réactions émotionnelles et ses orientations cognitives face à cet objet. Nombreux sont les synonymes du mot « attitude » : prédisposition, hypothèse, intention, attente, préparation à l'action, etc. Ils ne mettent suffisamment en évidence ni l'organisation orientée de l'attitude, qui se traduit par la direction qu'elle imprime aux processus d'estimation, de jugement et de reconnaissance, ni son activité sélective, qui influe sur les définitions ou la perception de l'objet ou du stimulus même. En effet, les perceptions peuvent renfermer des données qui ne sont pas contenues immédiatement dans le stimulus, mais qui sont le résultat de l'activation des attitudes. Celles-ci peuvent être apprises par l'expérience.

ATTITUDINAL, E, AUX adj. Qui concerne l'attitude psychologique de qqn.

ATTLEE (Clement Richard, 1er *comte*), homme d'État britannique (Londres 1883-*id.* 1967). Député travailliste en 1922, il fit partie du gouvernement McDonald (1929-1931). De 1940 à 1945, il fut membre du cabinet de guerre dirigé par W. Churchill. Chef du parti travailliste quand celui-ci l'emporta aux élections de 1945, il fut Premier ministre jusqu'en 1951. Il engagea progressivement le pays dans la voie des nationalisations et de l'économie planifiée.

ATTO- (dan. *atten*, dix-huit). Préfixe SI (symb. *a*) qui divise par 10^{18} l'unité devant laquelle il est placé.

ATTORNEY [-nɛ] n. m. (angl. *attorney*, de l'anc. fr. *atorner*, charger qqn de). **1.** Auxiliaire de la justice qui, aux États-Unis, cumule les fonctions d'avocat et d'avoué. – **2.** *Attorney général*, ministre, chef du barreau anglais, qui représente la Couronne auprès des cours supérieures et criminelles ; aux États-Unis, ministre qui représente l'Administration auprès de la Cour suprême et des autres cours supérieures, ou fonctionnaire qui, dans chaque État, représente la collectivité auprès des tribunaux locaux.

ATTOUCHEMENT n. m. (anc. fr. *attoucher*, toucher). Action de toucher, principalement avec la main et d'une manière délicate, légère ; en partic., toucher causant un plaisir sexuel.

ATTRACTIF, IVE adj. (bas lat. *attractivus*). **1.** Qui a la propriété d'exercer une attraction : *L'aimant a une force attractive.* – **2.** Qui plaît, séduit, attire par son charme ; attrayant, captivant : *Un programme très attractif.*

ATTRACTION n. f. (bas lat. *attractio*, action de tirer à soi). **1.** Force, d'origine électrique, magnétique ou gravitationnelle, qui tend à rapprocher les corps matériels. – **2.** Action exercée sur les êtres animés par qqch (lieu, milieu, élément, etc.) qui les attire : *Pouvoir d'attraction d'une grande ville.* – **3.** Action exercée sur qqn par qqn ou par qqch qui éveille en lui un intérêt puissant, intellectuel ou affectif ; attirance, attrait : *Une doctrine qui conserve un grand pouvoir d'attraction sur la jeunesse.* – **4.** Distraction mise à la disposition du public dans certains lieux ou à l'occasion de manifestations collectives (le plus souvent au pl.) : *Attractions d'une fête foraine.* – **5.** Chose, événement, personne qui attire le public, éveille sa curiosité, l'amuse : *Pierre a été l'attraction de la soirée.* – **6.** Numéro de cirque ou de music-hall. – **7.** *Centre d'attraction*, lieu qui, par l'intérêt qu'il suscite, les activités qu'il propose, etc., attire la population, les gens. ‖ *Pôle d'attraction*, lieu, chose ou personne qui éveille l'intérêt, retient l'attention, suscite la curiosité, etc. • **Éthol.** Tendance des individus à se rapprocher les uns des autres et à constituer des groupes plus ou moins stables pour la réalisation d'activités particulières (reproduction, hivernage, agression, etc.), observée chez diverses espèces animales. – **Ling.** Modification morphologique subie par un mot sous l'influence d'un autre mot avec lequel il est en rapport syntaxique. – **Phys.** *Attraction universelle,* loi énoncée par Newton et selon laquelle deux masses quelconques s'attirent proportionnellement aux valeurs des masses, en raison inverse du carré de la distance qui les sépare et selon la droite qui les joint.

ATTRAIRE v. t. Assigner ou citer qqn en justice.

ATTRAIT n. m. (part. passé de l'anc. v. *attraire,* attirer). **1.** Qualité par laquelle qqch ou qqn plaît et attire, apparaît comme une promesse de plaisir ou d'agrément : *Attrait de l'inconnu, de l'aventure. Une femme pleine de charme et d'attrait.* – **2.** Sentiment qui pousse qqn vers qqn, vers qqch ; penchant, inclination : *Avoir un grand attrait pour la vie active.*

◆ **attraits** n. m. pl. *Litt.* La beauté d'une femme, son charme, tout ce qui rend sa personne séduisante.

ATTRAPADE n. f. ou, vx, **ATTRAPAGE** n. m. *Fam.* Dispute soudaine et bruyante ; vifs reproches.

ATTRAPE n. f. (de *attraper*). **1.** Petite tromperie faite par plaisanterie, farce ; objet utilisé dans ce but : *Les attrapes traditionnelles du 1er avril.* – **2.** Pince coudée qui sert à retirer du fourneau les creusets lorsqu'ils se cassent.

ATTRAPE-NIGAUD ou, fam., **ATTRAPE-GOGO** n. m. (pl. *attrape-nigauds, attrape-gogos*). Ruse grossière, qui ne peut attraper que les gens trop crédules.

ATTRAPER v. t. (de *trappe*) [conj. 3]. **1.** Prendre un animal avec un piège : *Attraper des oiseaux avec de la glu.* – **2.** Rejoindre qqn, un animal en mouvement et se saisir d'eux, les capturer : *Attends que je t'attrape !* – **3.** Saisir, prendre qqn, qqch par une de ses parties : *Attraper quelqu'un par le bras, une bouteille par le goulot.* – **4.** Réussir à saisir qqch en mouvement : *Le gardien de but a attrapé le ballon.* – **5.** Arriver juste à temps pour prendre un moyen de transport, pour ne pas le rater. – **6.** Recevoir un coup, subir qqch de fâcheux : *Attraper une gifle.* – **7.** Être atteint d'une maladie, la contracter : *Attraper un rhume.* – **8.** Tromper qqn, le duper par ruse, ou lui causer une surprise désagréable : *Il m'a bien attrapé en ne venant pas au rendez-vous.* – **9.** *Fam.* Gronder qqn, le réprimander : *Se faire attraper par son professeur.* – **10.** Saisir une manière de faire et pouvoir la reproduire, l'imiter : *Attraper le style d'un auteur.* – **11.** Parvenir à entendre, à comprendre au passage ce qui est dit : *Je n'ai pu attraper que quelques mots de leur conversation.* – **12.** Fam. *Attrape !,* se dit à qqn qui vient d'être l'objet d'une plaisanterie ou d'une réprimande. ‖ Fam. *Si je t'attrape à + inf.,* si je te surprends à faire cela.

◆ **être attrapé** v. pass. Être trompé, dupé ou éprouver une surprise désagréable.

◆ **s'attraper** v. pr. Être contagieux, en parlant d'une maladie, d'un mal : *Cette maladie-là s'attrape facilement.*

ATTRAPE-TOUT adj. inv. (calque de l'angl. *catch-all-party*). **1.** Se dit d'un parti politique qui cherche à rassembler sur un programme assez large des électeurs d'horizons les plus divers. – **2.** Se dit d'un produit qui cherche à plaire au plus grand nombre possible de consommateurs.

ATTRAYANT, E adj. (part. prés. de *attraire,* attirer). Qui attire par son caractère, son aspect agréable, séduisant : *Lecture attrayante.*

ATTREMPAGE n. m. Action d'attremper.

ATTREMPER v. t. (de *tremper*) [conj. 3]. Chauffer très progressivement un four de verrerie, un creuset ou un pot pour le porter à la température d'emploi.

ATTRIBUABLE adj. Qui peut être attribué à qqn, à qqch.

ATTRIBUER v. t. (lat. *attribuere,* donner) [conj. 7]. **1.** Donner en partage qqch à qqn : *Attribuer un rôle à un acteur.* – **2.** Accorder une qualité, un avantage à qqn, à qqch, considérer qu'il en est doté : *Attribuer des avantages imaginaires à une fonction sociale.* – **3.** Considérer qqn comme l'auteur de qqch ; imputer : *Il faut lui attribuer le mérite de cette découverte.* – **4.** Considérer que qqch est à l'origine de qqch : *Le médecin attribue cette maladie à un virus. Une fièvre qu'il faut attribuer à un refroidissement.* – **5.** *Attribuer une œuvre à un artiste,* juger d'après certains critères qu'elle est de lui.

◆ **s'attribuer** v. pr. **1.** S'approprier qqch, se l'octroyer : *Il s'est attribué la meilleure part.* – **2.** Revendiquer qqch : *Il s'attribue le mérite de cette réussite.*

ATTRIBUT n. m. (lat. médiév. *attributum,* chose attribuée). **1.** Ce qui appartient en propre à qqn, à qqch : *La parole est un attribut de l'homme.* – **2.** Signe symbolique d'une fonction, d'un métier : *La balance est l'attribut de la justice.* – **3.** Accessoire, emblème servant à caractériser une figure mythologique ou allégorique. (Zeus a pour attributs le foudre et l'aigle ; l'Amour, l'arc, les flèches et la torche ; saint Matthieu, l'homme ailé ; saint Laurent, le gril ; etc. Séparé du personnage auquel il est lié, l'attribut devient symbole.) – **4.** Terme indiquant une manière d'être ou une qualité attribuée au sujet ou à l'objet par l'intermédiaire d'un verbe. (→ *encycl.*)

— **5.** Dans la philosophie classique, ce que l'on sait de la substance en général.

◆ **attributs** n. m. pl. *Arg.* Testicules.

ENCYCL. **Ling.** On distingue l'attribut du sujet, lié à celui-ci par les verbes *être, devenir, rester, sembler, paraître,* etc., et l'attribut du complément d'objet direct, que l'on trouve après des verbes comme *choisir, considérer, connaître, dire, juger, savoir, trouver,* etc. L'attribut peut être : 1° un adjectif, un participe, un adverbe pris adjectivement : *Jean est* MALADE ; 2° un nom ou un pronom : *Jean est mon* VOISIN ; 3° un infinitif : *Lutter c'est* VIVRE ; 4° une proposition conjonctive : *Le malheur est* QU'IL N'EST PAS VENU.

ATTRIBUTAIRE n. **1.** Personne à qui a été attribué un lot, une gratification, un héritage, etc. — **2.** Personne, physique ou morale, à qui est effectivement versé le montant des prestations familiales. (Par oppos. à ALLOCATAIRE.)

ATTRIBUTIF, IVE adj. **1.** Qui indique ou énonce un attribut. — **2.** Qui donne un droit qu'on n'avait pas antérieurement, qui le fait passer d'une tête sur une autre. — **3.** Se dit d'une phrase qui contient un attribut, d'un verbe qui admet un attribut.

ATTRIBUTION n. f. (lat. *attributio*). Action d'attribuer qqch à qqn : *L'attribution de ce tableau à Titien est douteuse.* (En matière artistique, une attribution s'effectue selon un ensemble de critères stylistiques, iconographiques, techniques et au besoin avec l'aide d'examens de laboratoire.) • **Bours.** *Attribution gratuite*, répartition de titres au profit des actionnaires d'une société, effectuée grâce à l'incorporation de réserves au capital social et n'entraînant pas à leur charge de versement en numéraire. — **Dr.** Indication, en matière de liquidation et de partage, des parts revenant à chacun des copartageants. ‖ *Attribution préférentielle,* modalité du partage qui permet à l'un des indivisaires, lors de la cessation de l'indivision, de faire mettre dans son lot certains biens, en accord avec les successibles. — **Gramm.** *Complément d'attribution,* fonction grammaticale du nom (ou du pronom) en faveur duquel un acte est accompli (par ex. *il donne un cadeau* À SA FEMME). [Syn. COMPLÉMENT D'OBJET SECONDAIRE.]

◆ **attributions** n. f. pl. Pouvoirs, compétence, obligations qui s'associent à une charge, une fonction, un poste : *Les attributions d'un ministre.*

ATTRISTANT, E adj. Qui attriste ; affligeant, navrant.

ATTRISTER v. t. (conj. 3). Rendre triste qqn, le désoler : *Cette nouvelle nous a profondément attristés.*

◆ **s'attrister** v. pr., **être attristé** v. pass. Devenir triste à cause de qqch : *Je suis attristé de le voir si déprimé.*

1. ATTRITION n. f. (bas. lat. *attritio,* action de broyer). **1.** Broiement traumatique d'un tissu entraînant une mortification et une nécrose. (Dans les grandes attritions étendues par écrasement [broiement de membre] se surajoutent un syndrome de choc et un syndrome toxique.) — **2.** Séparation de particules ou usure de matériaux par frottements et par chocs.

2. ATTRITION n. f. (bas lat. *attritio,* action de réprimer ses vices). Regret du péché, procédant d'un motif humain tel que la crainte du châtiment éternel.

ATTROUPEMENT n. m. (de *attrouper*). Action de s'attrouper ; rassemblement de personnes sur la voie publique ou dans un lieu public et qui dans certains cas constitue un délit.

ATTROUPER v. t. (de *troupe*) [conj. 3]. Rassembler des gens d'une manière plus ou moins fortuite ; grouper, ameuter : *La dispute avait attroupé quelques curieux.*

◆ **s'attrouper** v. pr., **être attroupé** v. pass. Former un rassemblement : *Les manifestants se sont attroupés devant le ministère.*

ATWOOD (George), physicien britannique (Londres 1746 - *id.* 1807). Il imagina, pour étudier les lois de la chute des corps, un appareil, la *machine d'Atwood* (1784).

ATWOOD (Margaret), femme de lettres canadienne d'expression anglaise (Ottawa 1939). Son œuvre poétique (*The Journals of Susanna Moodie,* 1970), critique et romanesque (*la Servante écarlate,* 1985 ; *Œil-de-chat,* 1988) traduit la difficulté d'être face à une nature hostile et à la ville déshumanisante.

ATYPIQUE adj. **1.** Se dit d'un tissu, d'une tumeur qui diffère du type normal. (Syn. PEU DIFFÉRENCIÉ.) — **2.** Se dit d'une maladie qui ne réunit pas les signes et symptômes habituels et revêt des manifestations trompeuses. — **3.** *Travail atypique,* forme de travail n'entrant pas dans le cadre du travail normal et à plein temps.

ATYPUS [-pys] n. m. (gr. *atupos,* anormal). Araignée du groupe des mygales, vivant dans un tube de soie très profondément enfoncé dans le sol.

ATYRAOU → GOURIEV.

ATYS → ATTIS.

Au, symbole chimique de l'*or.*

AU, AUX, art. contractés, pour *à le, à les.*

Au bord de l'eau, roman de cape et d'épée chinois (XIVᵉ s.) de Shi Naian et Luo Guanzhong, dont il existe plusieurs versions jusqu'au XVIᵉ s.

Au clair de la lune, complainte anonyme datant probablement du temps de Louis XIII, la plus célèbre des chansons populaires françaises.

AUBADE n. f. (provenç. *aubada*). *Litt.* Concert donné à l'aube sous les fenêtres de qqn.

AUBAGE n. m. (de *aube 3*). Surface rigide permettant de guider un fluide en écoulement.

AUBAGNE (13400), ch.-l. de cant. des Bouches-du-Rhône, à 16 km à l'E. de Marseille ; 41 187 hab. *(Aubagnais)*. Poteries. Aluminium. Alimentation. Dépôt commun aux unités de la Légion étrangère.

1. AUBAIN n. m. (p.-ê. lat. pop. *alibanus,* de *alibi,* ailleurs). En France, au Moyen Âge et sous l'Ancien Régime, personne fixée dans un pays étranger sans être naturalisée et qui était soumise au droit d'aubaine*.

2. AUBAIN → AUBIN.

AUBAINE n. f. (de *aubain*). **1.** Profit inattendu, avantage inespéré ; occasion qui présente cet avantage : *Profiter de l'aubaine.* — **2.** *Droit d'aubaine,* en France, au Moyen Âge et sous l'Ancien Régime, droit en vertu duquel la succession d'un étranger non naturalisé et décédé sans postérité était attribuée au seigneur du lieu ou au roi.

AUBANEL (Laurent), fondeur de caractères (Avignon 1784 - *id.* 1864), inventeur de la lettre à pont.

AUBANEL (Théodore), écrivain français d'expression provençale (Avignon 1829 - *id.* 1886), éditeur et l'un des fondateurs du félibrige (*li Fiho d'Avignoun* [*les Filles d'Avignon*], 1885).

AUBAZINES ou **AUBAZINE** (19190), comm. de la Corrèze, à 14 km à l'E. de Brive-la-Gaillarde ; 791 hab. Église romane du XIIe s., anc. abbatiale (tombeau de saint Étienne d'Obazine, du XIIIe s. ; armoire romane du XIIe s.).

1. AUBE n. f. (lat. pop. *alba,* fém. de *albus,* blanc). **1.** Clarté blanchâtre qui précède le jour naissant ; moment où le jour se lève : *Travailler dès l'aube.* — **2.** Début, commencement : *À l'aube d'une période, des Temps modernes.*

2. AUBE n. f. (lat. ecclés. *alba vestis*). Longue robe blanche retenue ou non par un cordon à la taille, utilisée dans les cérémonies catholiques.

3. AUBE n. f. (lat. pop. *alapa,* palette). **1.** Partie d'une roue hydraulique sur laquelle s'exerce l'action du fluide moteur. — **2.** Surface métallique, fixe ou mobile, servant à canaliser un fluide dans une turbomachine.

AUBE, riv. longue de 248 km, affl. de la Seine (r. dr.). Descendue du plateau de Langres, l'Aube traverse la Champagne, passant notamment à Bar-sur-Aube et Arcis-sur-Aube, confluant au N. de Romilly-sur-Seine. — Un *réservoir Aube* doit être aménagé au S. de Brienne-le-Château.

AUBE (10), dép. de la Région Champagne Ardenne ; ch.-l. de dép. *Troyes ;* ch.-l. d'arrond. *Bar-sur-Aube, Nogent-sur-Seine ;* 3 arrond. ; 33 cant. ; 431 comm. ; 6 004 km^2 ; 289 207 hab. (*Aubois*). Le dép. appartient à l'académie et à la cour d'appel de Reims, à la région militaire Nord-Est.
Le nord-ouest (Champagne crayeuse), céréalier, s'oppose au S. -E., surtout argileux, où dominent la forêt et la prairie (Champagne humide, pays d'Othe). L'industrie, bien que souvent déclinante, occupe encore une place importante. Elle est représentée essentiellement par le textile (bonneterie), l'agroalimentaire, les constructions mécaniques (surtout dans l'agglomération troyenne, qui rassemble presque la moitié de la population totale du département) et la centrale nucléaire de Nogent-sur-Seine.

Aube *(l'),* quotidien fondé en mars 1932 par Fr. Gay et G. Tessier dans l'esprit de la démocratie chrétienne. Organe du M. R. P. après la Libération, il cessa de paraître en 1951.

AUBENAS (07200), ch.-l. de cant. de l'Ardèche, sur l'Ardèche ; 12 379 hab. *(Albenassiens)*. Textile. Agroalimentaire. Monuments anciens.

AUBÉPINE n. f. (lat. pop. **albispinus,* du class. *alba spina,* aubépine). Arbre épineux (rosacée) aux fleurs parfumées blanches ou roses, aux fruits rouges comestibles *(cenelles),* utilisé comme haie de clôture et dont le bois, compact, convient au tournage. (Genre *crataegus*.) [Syn. ÉPINE BLANCHE.]

AUBER (Esprit), compositeur français (Caen 1782 - Paris 1871). Connu dès 1806 par sa musique de chambre et ses concertos, il se tourna vers le théâtre à partir de 1812 et écrivit de nombreux ouvrages, opéras ou opéras-comiques, en collaboration avec Scribe : *Leicester* (1823) et surtout *la Muette de Portici* (1828), *Fra Diavolo* (1830), *les Diamants de la Couronne* (1841) et *Manon Lescaut* (1856). Auber fut directeur du Conservatoire de Paris (1842) et maître de la chapelle impériale (1857).

AUBÈRE adj. et n. (esp. *hobero,* tacheté). Se dit d'un cheval dont la robe est mélangée de poil blanc et de poil alezan.
◆ n. m. Couleur du cheval aubère.

AUBERGE n. f. (provenç. *aubergo,* de l'anc. fr. *arberjer,* héberger). **1.** Maison, située généralement dans un village ou dans une petite ville, où on peut loger et se restaurer. — **2.** Hôtel, restaurant d'une classe touristique élevée. — **3.** *Auberge espagnole,* lieu où l'on ne trouve que ce qu'on y a apporté. ‖ *Auberge de (la) jeunesse* ou *A.J.*, centre d'accueil et de vacances pour les jeunes qui voyagent. (→ *encycl.*) ‖ Fam. *Ne pas être sorti de l'auberge,* être loin d'en avoir fini avec les difficultés.

ENCYCL. La première *auberge de la jeunesse* s'ouvrit en Allemagne en 1909. Introduites en 1929 en France, les A.J. se développèrent sous l'impulsion de Marc Sangnier. Depuis 1945, elles sont groupées sous l'autorité d'une Fédération internationale.

AUBERGENVILLE (78410) ch.-l. de cant. des Yvelines, au S.-O. de Meulan, près de la Seine ; 11 809 hab. Ventilateurs industriels. — À Élisabethville, plage et centre de séjour.

AUBERGINE n. f. (catalan *albergínia,* de l'ar. *al-bādhindjān*). **1.** Plante annuelle (solanacée) cultivée, qui demande beaucoup de chaleur et qui produit un légume très consommé dans les pays méditerranéens. — **2.** Fruit de cette plante souvent volumineux, allongé et violet, peu nourrissant mais de saveur très caractéristique.
◆ adj. inv. De couleur violette.

AUBERGISTE n. **1.** Personne qui tient une auberge. — **2.** *Père* ou *mère aubergiste,* dénomination familière de la personne qui gère une auberge de jeunesse.

AUBERJONOIS (René), peintre et dessinateur suisse (Montagny, près d'Yverdon, 1872 - Lausanne 1957). Cet ami de Ramuz allie sève populaire et intimisme raffiné.

AUBERON n. m. **1.** Cramponnet fixé au moraillon d'un coffre. — **2.** Petit goujon comportant une mortaise ou une entaille dans laquelle s'engage le pêne de la serrure.

AUBERONNIÈRE n. f. Plaque de fer que l'on fixe sur le devant d'un coffre, d'une malle, etc., et dans laquelle pénètre l'auberon.

AUBERT *(saint),* évêque d'Avranches († 725). Il éleva à saint Michel une chapelle qui fut à l'origine de l'abbaye du Mont-Saint-Michel.

AUBERT (Jean), architecte français († 1741), auteur des *Grandes Écuries* de Chantilly (1719-1735).

AUBERT (Marcel), archéologue et historien d'art français (Paris 1884 - *id.* 1962). Il a publié de nombreux ouvrages sur l'histoire du Moyen Âge.

AUBERT DE GASPÉ (Philippe Joseph), écrivain canadien de langue française (Saint-Jean-Port-Joli 1786 - Québec 1871), peintre des mœurs ancestrales dans son roman *les Anciens Canadiens,* 1863.

AUBERVILLIERS (93300), ch.-l. de cant. de la Seine-Saint-Denis, limitrophe (au N.) de Paris ; 67 836 hab. *(Albertivilliariens).* Industries métallurgiques et chimiques.

AUBESPINE (Charles de L'), marquis **de Châteauneuf,** homme d'État français (1580 - Leuville 1653). Garde des Sceaux (1630-1633 et 1650-51), il conspira contre Richelieu (1633) et fut impliqué dans la cabale des Importants (1643), tramée contre Mazarin.

AUBETERRE-SUR-DRONNE (16390), ch.-l. de cant. de la Charente, à 11 km à l'E. de Chalais ; 392 hab. *(Aubeterriens).* Deux églises médiévales, dont l'une rupestre (XIIe s.).

AUBETTE n. f. (anc. fr. *hobe,* cabane, du frq. **hûba,* coiffe). En Belgique, en Alsace, kiosque à journaux ou abri pour les usagers des transports en commun.

AUBEVOYE (27940), comm. de l'Eure, dans la vallée de la Seine, près de Gaillon ; 3 890 hab. Matériel ferroviaire.

AUBIER n. m. (lat. *laburnum,* altéré sous l'infl. de *alburnum,* de *albus,* blanc). Partie périphérique, jeune, vivante et de teinte claire, du bois des arbres (par oppos. au *cœur*).

AUBIÈRE (63170), ch.-l. de cant. du Puy-de-Dôme, banlieue sud-est de Clermont-Ferrand ; 9 214 hab.

AUBIGNAC (François HÉDELIN, *abbé* D'), écrivain français (Paris 1604-Nemours 1676). Sa *Pratique du théâtre* (1657) fixa les règles des *trois unités*.*

AUBIGNÉ (Théodore Agrippa D'), écrivain français (près de Pons, Saintonge, 1552-Genève 1630). Ardent calviniste, compagnon d'Henri IV, il mit sa plume au service des idéaux et du parti protestants, défendant ses convictions dans une épopée mystique (*les Tragiques**, 1616), une *Histoire universelle depuis 1550 jusqu'en 1601* (1616-1620) et deux grands pamphlets (*la Confession catholique du sieur de Sancy* et *les Aventures du baron de Faeneste,* 1617). *Le Printemps* (1570-1573), œuvre lyrique de jeunesse publiée en 1874, annonce, par-delà le baroque, les fureurs de l'âge romantique.

AUBIGNY-SUR-NÈRE (18700), ch.-l. de cant. du Cher, en Sologne ; 5 905 hab. *(Albiniens).* Restes de remparts. Église des XIIe et XVe s. Château et maisons des XVe-XVIe s. Constructions mécaniques. Bijouterie. Industrie alimentaire. Travail du bois.

AUBIN ou **AUBAIN** n. m. (anc. fr. *hober,* remuer, du moyen néerl. *hobbelen*). Allure défectueuse d'un cheval qui galope avec les antérieurs alors qu'il trotte avec les postérieurs.

AUBIN (12110), ch.-l. de cant. de l'Aveyron, à 4 km au S. de Decazeville ; 5 174 hab. *(Aubinois).* Église des XIIe et XVe s. Métallurgie.

AUBIN (Tony), compositeur et chef d'orchestre français (Paris 1907 - *id.* 1981). Prix de Rome *(Actéon,* 1930*),* professeur de composition au Conservatoire de Paris (1946), membre de l'Institut (1969), il a également composé un opéra *(la Jeunesse de Goya).*

AUBINAGE n. m. Action d'aubiner un signal.

AUBINE n. f. (de *Aubin,* n. pr.). Dispositif destiné à l'aubinage.

AUBINER v. t. (de *aubine*) [conj. 3]. Mettre automatiquement à l'arrêt un signal, placé le long d'une voie ferrée, par le passage d'un convoi au droit de ce signal.

AUBISQUE *(col d'),* col des Pyrénées (Pyrénées-Atlantiques), entre Eaux-Bonnes et Argelès-Gazost ; 1 709 m.

AUB MOHRENWITZ (Max), écrivain espagnol (Paris 1903-Mexico 1972). Combinant l'inspiration de l'expressionnisme allemand à celle de Crommelynck et de Cocteau (*Narciso,* 1922 ; *Teatro incompleto,* 1931), il collabora avec Malraux à la réalisation du film *l'Espoir* et consacra à la guerre civile espagnole une série de romans (*El laberinto mágico,* 1943-1968).

AUBOUÉ (54580), comm. de Meurthe-et-Moselle, au S.-E. de Briey ; 3 229 hab. Métallurgie.

AUBOUIN (Jean), géologue français (Évreux 1928). Spécialiste de la Méditerranée moyenne et des chaînes alpines mésogéennes et péripacifiques, il a développé les notions de polarité orogénique, de tectoniques superposées, en les intégrant dans le concept de la tectonique des plaques. (Acad. des sc., 1981.)

AUBRAC, plateau basaltique du sud de l'Auvergne, entre les vallées du Lot et de la Truyère, culminant au *signal* ou *truc de Mailhebiau* (1 469 m). Entre 1 000 et 1 200 m, l'Aubrac, humide, parfois boisé, est d'abord une région d'élevage bovin.

Aubrac *(race d'),* race de bovins du sud du Massif central, à robe fauve et muqueuses noires et dont les effectifs régressent.

AUBRAIS (les), section de la comm. de Fleury-les-Aubrais (Loiret), dans la banlieue nord d'Orléans. Triage ferroviaire.

AUBRIETIA [-sja] n. m. (de *Aubriet,* n. pr.). Petite crucifère tapissante des jardins, aux fleurs violettes, originaire des régions méditerranéennes orientales.

AUBRIOT (Hugues) [† Sommières v. 1389], prévôt de Paris de 1367 à 1382. Investi de cette charge par Charles V, il acheva la construction de l'enceinte de Paris entreprise sur la rive droite par É. Marcel, et fit élever le principal ouvrage défensif de cette enceinte, la Bastille (1370-1382).

AUBRY (Charles Antoine), jurisconsulte et magistrat français (Saverne 1803-Paris 1883). Il a publié avec Rau en 1856 un *Cours de droit civil français.*

AUBUN n. m. Cépage rouge rustique du Sud-Est. (Syn. COUNOISE.)

AUBURN [obɛrn] adj. inv. (angl. *auburn,* de l'anc. fr. *auborne,* du bas lat. *alburnus,* de couleur claire). Se dit de cheveux châtains avec des reflets roux.

AUBURNIEN, ENNE adj. (de *Auburn,* n. pr.) Se dit d'un régime pénitentiaire institué en 1816, dans lequel les détenus travaillent en commun en atelier le jour et sont isolés la nuit.

AUBUSSON (23200), ch.-l. d'arrond. de la Creuse, sur la Creuse ; 5 546 hab. *(Aubussonnais).* École nationale des arts décoratifs. La ville doit son développement à la tapisserie (v. art. suiv.). Musée de la tapisserie. Constructions électriques. — Aubusson fut, au XVIe s., un foyer de protestantisme : sa forteresse fut rasée par Richelieu en 1632.

Aubusson *(tapisseries d').* En 1456, le Flamand Jacques Bennyn installa une manufacture dans la région, à Felletin. Henri IV favorisa Aubusson, puis Colbert lui accorda le titre de manufacture royale. Après une éclipse due à la révocation de l'édit de Nantes, celle-ci se releva au XVIIIe s. (production de *verdures,* de tapis...). Grâce à certains lissiers et à des peintres comme Lurçat ou Gromaire, une nouvelle renaissance s'est produite au XXe s.

AUBUSSON (Pierre D'), grand maître des hospitaliers de Saint-Jean-de-Jérusalem (Monteil-au-Vicomte 1423-Rhodes 1503). Il résista victorieusement à l'armée de Mehmed II qui assiégea Rhodes en 1480.

AUBY (59950), comm. du Nord, sur le canal de la haute Deûle, à 6 km au N.-N.-O. de Douai ; 8 480 hab. Métallurgie du zinc.

Aucassin et Nicolette, chantefable (XIIIe s.), qui raconte les amours contrariées du fils du comte de Beaucaire et d'une esclave sarrasine.

AUCH (32000), ch.-l. du dép. du Gers, à 680 km au S.-S.-O. de Paris, sur le Gers ; 24 728 hab. *(Auscitains).* À la fin du VIIIe s., Auch supplanta Eauze comme capitale du pays qui devint l'Armagnac ; son évêché, fondé au VIe s., devint une métropole. Cathédrale de style gothique flamboyant à façade classique (célèbres stalles et vitraux du XVIe s.). Musée dans l'anc. couvent des Jacobins. Archevêché. Centre administratif et commercial (marché).

AUCHEL (62260), ch.-l. de cant. du Pas-de-Calais, à 5 km au N.-O. de Bruay-la-Buissière ; 11 872 hab. *(Auchellois)*. Équipements automobiles.

AUCHÉNORHYNQUE [okenorɛ̃k] n. m. (du gr. *aukhên, -enos,* cou). Insecte homoptère aux antennes courtes, au rostre fixé sur la tête, tel que les cigales, cercopes, fulgores, etc. (Le sous-ordre des *auchénorhynques* s'oppose à celui des *sternorhynques*.)

AUCHINLECK (*sir* Claude John Eyre), maréchal britannique (Aldershot, Hampshire, 1884 - Marrakech 1981). Il commanda les forces britanniques aux Indes (1941). Commandant en chef dans le Moyen-Orient en 1941-42, il débloqua Tobrouk et rejeta Rommel sur El-Agheila (fin 1941). Contre-attaqué, il battit en retraite sur El-Alamein (1942). Il reprit le commandement de l'armée des Indes de 1943 à 1947.

AUCKLAND, v. de Nouvelle-Zélande dans l'île du Nord ; 888 000 hab. Célèbre musée maori et université. Port de commerce. Centre industriel (alimentation, textile, métallurgie) et principale ville du pays.

AUCKLAND (*baron* et *comte* D') → EDEN.

AUCTORITAS, mot lat. désignant (*auctoritas patrum*) le pouvoir de confirmation des lois par le sénat sous la République. L'*auctoritas principis* est l'autorité conférée à l'empereur romain en raison de son titre de princeps.

AUCUBA n. m. (jap. *aoki*). Arbuste dioïque très rameux, aux feuilles luisantes, aux baies rouges, d'usage commun dans les jardins et les cours.

AUCUN, E adj. et pron. indéf. (lat. pop. **alicunu,* du lat. class. *aliquem unum,* un certain). **1.** Accompagné de *ne* ou de *sans,* indique l'absence complète ; nul, pas un, personne : *Aucune décision n'a été prise. Aucun d'entre eux n'a été capable de répondre ;* dans une réponse elliptique, il peut s'employer seul : *Avez-vous une objection ? — Aucune ;* comme adj. et avec *sans,* il peut être placé après le nom : *Il a fait connaître son choix sans hésitation aucune ;* s'emploie parfois au pluriel devant des noms qui n'ont pas de singulier : *Ces réparations n'entraîneront aucuns frais supplémentaires.* — **2.** *Litt.* Sans la négation, indique la quantité indéterminée ; quelque, quelqu'un, l'un ou l'autre : *Je doute qu'aucun résultat puisse être obtenu de cette façon.*

◆ **d'aucuns** pron. indéf. pl. *Litt.* Certains, certaines personnes : *Quoi qu'en pensent d'aucuns, la situation est sérieuse.*

AUCUNEMENT adv. Dans une phrase négative, nullement, en aucune façon : *Je ne souhaite aucunement son échec ;* dans une réponse, il peut s'employer seul : *Êtes-vous déçu ? — Aucunement.*

AUDACE n. f. (lat. *audacia,* de *audere,* oser). **1.** Hardiesse qui ne connaît ni obstacle ni limite ; courage : *Manquer d'audace.* — **2.** *Péjor.* Attitude de qqn qui méprise les limites imposées par les convenances ; impertinence, insolence : *Avoir l'audace d'interrompre quelqu'un.* — **3.** Acte qui viole les convenances, les règles : *Audaces de style.* — **4.** *Coup d'audace,* action hardie, aventureuse. ‖ *Payer d'audace,* chercher à se tirer d'une situation difficile par une attitude résolue.

AUDACIEUSEMENT adv. Avec audace.

AUDACIEUX, EUSE adj. et n. Qui a de l'audace, de la hardiesse ou de l'insolence : *Un garçon entreprenant et audacieux.*

◆ adj. Qui annonce, qui prouve de l'audace, du courage et de l'impertinence : *Un pari audacieux.*

AUDE, fl. du sud de la France, long de 220 km et drainant un bassin de 5 300 km². Née dans le Capcir (Pyrénées-Orientales) sur le flanc oriental du Carlitte à 2 377 m d'alt., elle passe à Quillan, Limoux et Carcassonne et se jette dans la Méditerranée au grau de Vendres. Barrages-réservoirs (Matemale, Puyvalador) sur le cours supérieur.

AUDE (11), dép. de la Région Languedoc-Roussillon ; ch.-l. de dép. *Carcassonne ;* ch.-l. d'arrond. *Limoux. Narbonne ;* 3 arrond. ; 34 cant. ; 438 comm. ; 6 139 km² ; 298 712 hab. (*Audois*). Le dép. appartient à l'académie et à la cour d'appel de Montpellier, à la région militaire Méditerranée.
En dehors de la plaine littorale, il est surtout montagneux. Il s'étend sur l'extrémité méridionale du Massif central (Montagne Noire) et l'avant-pays pyrénéen (Corbières), séparés par le seuil du Lauragais et la vallée de l'Aude, qui sont jalonnés de villes (Castelnaudary, Carcassonne et Narbonne). La viticulture demeure une ressource essentielle, développée surtout en bordure de la Méditerranée, dans les Corbières et dans la région de Limoux. Le tourisme s'est développé, surtout sur le littoral.

AU-DEDANS (DE) prép. et adv. **1.** À l'intérieur d'un lieu : *L'escargot s'est retiré au-dedans de sa coquille.* — **2.** Au fond de soi-même : *Il paraît calme, mais au-dedans il est bouleversé.*

AU-DEHORS (DE) prép. et adv. Au-delà des frontières d'un pays : *Il a beaucoup voyagé au-dehors de son pays.*

◆ **au-dehors** adv. **1.** Hors de la maison, à l'extérieur d'un lieu clos : *Il fait bon dans la maison, mais au-dehors il gèle.* — **2.** Par l'aspect extérieur : *Au-dehors il est bourru, mais au fond c'est un homme sensible.*

AU-DELÀ (DE) prép. et adv. **1.** Plus loin (que tel lieu), de l'autre côté (de) : *Vous voyez la poste, la boulangerie est un peu au-delà.* — **2.** À un degré, un niveau plus élevé (que qqch) : *Le succès a été au-delà de nos espérances.*

◆ **au-delà** n. m. inv. Ce qui fait suite à la vie terrestre, le monde où l'on situe la vie future : *La peur de l'au-delà.*

AUDEN (Wystan Hugh), écrivain américain d'origine anglaise (York 1907-Vienne 1973). Son œuvre poétique (*Poems,* 1930 ; *l'Âge de l'anxiété,* 1947 ; *le Bouclier d'Achille,* 1955 ; *Homage to Clio,* 1960), dramatique (*The Dance of Death,* 1933) et critique (*The Dyer's Hand,* 1962) a évolué d'un engagement social et politique à l'angoisse existentialiste puis à l'acceptation de la vision chrétienne.

AUDENARDE → OUDENAARDE.

AUDENGE (33980), ch.-l. de cant. de la Gironde sur le bassin d'Arcachon ; 2 991 hab. *(Audengeois).* Station balnéaire. Ostréiculture.

AUDÉOUD (René), général français (Buxières-sous-les-Côtes, Meuse, 1854-Paris 1909). En 1896, il dirigea au Soudan les opérations contre Samory.

AUDERGHEM, en néerl. **Oudergem,** comm. de Belgique, dans la banlieue sud-est de Bruxelles ; 30 000 hab.

AU-DESSOUS (DE) prép. et adv. **1.** À un point, un endroit plus bas (que tel lieu) : *Il a des poches au-dessous des yeux. Remplissez ce questionnaire et mettez votre signature au-dessous.* — **2.** À un rang, un degré, un niveau plus bas (que qqch) : *Il s'est montré au-dessous de sa réputation.* — **3.** Fam. *Être au-dessous de tout,* être d'une nullité, d'une incapacité complètes.

Au-dessous du volcan, roman de Malcolm Lowry (1947). Le délire alcoolique d'un consul déchu dans une petite ville du Mexique symbolise les fantasmes d'autodestruction de l'homme contemporain.

AU-DESSUS (DE) prép. et adv. **1.** À un point, un endroit plus élevé (que tel lieu) : *Il a neigé au-dessus de 1 000 mètres.* — **2.** À un rang, un degré, un niveau plus élevé (que qqch) : *Le capitaine est au-dessus du lieutenant.* — **3.** *(Être) au-dessus de qqch,* ne pas se sentir atteint par une critique, un jugement ; mépriser telle ou telle chose.

AU-DEVANT (DE) prép. et adv. **1.** À la rencontre (de qqn, de qqch) : *Il était venu au-devant de nous pour nous accueillir.* — **2.** *Aller au-devant de qqch,* le prévenir, le devancer. ‖ *Aller au-devant d'une difficulté, d'un problème, etc.,* s'y exposer.

AUDIARD (Michel), scénariste et cinéaste français (Paris 1920-Dourdan 1985). Le plus prolifique des scénaristes-dialoguistes du cinéma français de l'après-guerre, il a travaillé avec des metteurs en scène populaires (Grangier, Verneuil, Lautner).

AUDIBERT (Alexandre), général français (Bordeaux 1874-Gorges, Loire-Atlantique, 1955). Résistant de 1940, il mit sur pied l'armée secrète de l'Ouest et fut déporté.

AUDIBERTI (Jacques), écrivain français (Antibes 1899-Paris 1965). Ses poèmes lyriques *(l'Empire et la Trappe,* 1930 ; *Des tonnes de semence,* 1941 ; *Ange aux entrailles,* 1964), ses romans picaresques (*Abraxas,* 1938 ; *Les tombeaux ferment mal,* 1963), et son théâtre (*Quoat-Quoat,* 1946 ; *Le mal court,* 1947 ; *l'Effet Glapion,* 1959 ; *Cavalier seul,* 1963) témoignent d'un monde où s'affrontent le bien et le mal, que la langue — langage en liberté aux maints aspects surréalistes — réunifie.

AUDIBILITÉ n. f. **1.** Caractère que possède un son de pouvoir être entendu. — **2.** *Maximum d'audibilité,* intensité à laquelle la perception d'un son devient une sensation douloureuse. ‖ *Seuil d'audibilité,* intensité minimale que doit avoir un son pour que sa perception soit possible.

AUDIBLE adj. (bas. lat. *audibilis*). **1.** Se dit des sons que l'oreille peut à la fois percevoir et supporter. — **2.** Que l'on peut entendre ou dont on peut supporter l'audition : *Un enregistrement à peine audible.*

AUDIENCE n. f. (lat. *audientia,* de *audire,* entendre). **1.** Attention, intérêt portés par le public à une personne, à une chose, une action, etc. ; étendue de ce public, clientèle : *Un livre dont l'audience est limitée.* — **2.** Public touché par tel ou tel média. — **3.** Entrevue accordée par une personnalité à qqn qui la sollicite : *Demander audience à un chef d'État.* — **4.** Séance au cours de laquelle le tribunal interroge les parties, entend les plaidoiries et rend son jugement. (→ *encycl.*) — **5.** Lieu où se tient cette séance. (Syn. SALLE D'AUDIENCE, AUDITOIRE.) — **6.** *Délit d'audience,* faute professionnelle commise à l'audience par un avocat. ‖ *Duplication d'audience,* audience commune à deux supports, à deux médias. (Syn. RECOUVREMENT D'AUDIENCE.)

ENCYCL. **Dr.** L'audience est en principe publique. Les débats ont cependant lieu en chambre du conseil dans certains cas. L'*audience solennelle,* au cours de laquelle sont débattues certaines affaires graves, est tenue devant plusieurs magistrats du siège. L'*audience de rentrée,* tenue chaque année dans les premiers jours du mois de janvier, est aussi une audience solennelle.

AUDIENCEMENT n. m. *Service de l'audiencement,* service chargé, près d'une juridiction, de mettre les affaires au rôle de l'audience des différentes chambres.

AUDIENCER v. t. (conj. **16**). Mettre une cause au rôle de l'audience.

AUDIENCIA n. f. (mot esp.). Cour qui administrait la justice royale dans les royaumes hispaniques et aux Indes de Castille.

AUDIENCIER n. m. **1.** Syn. de HUISSIER-AUDIENCIER. — **2.** *Grand audiencier,* officier de la chancellerie royale de France, chargé d'instruire les demandes de lettres de grâce, de noblesse, etc.

AUDIERNE (29770), comm. du Finistère, sur la *baie d'Audierne* (échancrure du littoral entre la pointe du Raz et la pointe de Penmarch) ; 2 829 hab. *(Audiernais).* Port de pêche et conserveries. Station balnéaire.

AUDIFFRET (Charles, *marquis* D'), administrateur et économiste français (Paris 1787 - *id.* 1878). Président de la Cour des comptes en 1829, il améliora le système de la comptabilité publique et fut l'auteur d'ouvrages sur les finances publiques.

AUDIFFRET-PASQUIER (Edme Armand Gaston, *duc* D'), homme politique français (Paris 1823 - *id.* 1905). Député orléaniste à l'Assemblée nationale (1871), il contribua à la chute de Thiers et coopéra à l'établissement du septennat (20 nov. 1873). Président de l'Assemblée nationale (15 mars 1875), sénateur inamovible, il fut président du Sénat de 1876 à 1879. (Acad. fr., 1878).

AUDIMAT n. m. (nom déposé). **1.** Audimètre très utilisé par les chaînes de télévision françaises. — **2.** Par ext., taux d'écoute d'une chaîne de télévision ; audience : *La course à l'Audimat.*

AUDIMÈTRE n. m. Appareil que l'on fixe sur un récepteur de radio pour relever les longueurs d'onde et les durées de réception et mesurer l'audience radiophonique.

AUDIMÉTRIE n. f. Mesure de l'audience d'une émission de radio ou de télévision.

AUDIMÉTRIQUE adj. Relatif à l'audimétrie.

AUDIMUTITÉ n. f. Non-acquisition du langage oral chez des enfants de plus de 6 ans en absence de déficit intellectuel ou auditif et d'organisation psychotique patente de la personnalité.

AUDINCOURT (25400), ch.-l. de cant. du Doubs, sur le Doubs, banlieue sud-est de Montbéliard ; 16 537 hab. *(Audincourtois).* Église de M. Novarina (1949) avec vitraux de Léger, Bazaine et Le Moal. Métallurgie.

AUDIO adj. inv. Qui concerne l'enregistrement ou la transmission des sons.

AUDIOCASSETTE n. f. Cassette utilisée pour l'enregistrement et la reproduction des sons. (On dit plus souvent CASSETTE.)

AUDIOCONFÉRENCE n. f. Téléconférence assurée grâce à des moyens de télécommunication permettant seulement la transmission de la parole et éventuellement celle de documents graphiques.

AUDIODISQUE n. m. Disque sur lequel sont enregistrés des sons. (On dit plus souvent DISQUE.)

AUDIOFRÉQUENCE n. f. Fréquence audible utilisée pour la transmission ou la reproduction des sons entre 300 à 3 400 Hz pour la téléphonie usuelle et 40 à 15 000 Hz pour des transmissions sonores de haute qualité. (Abrév. A. F.)

AUDIOGRAMME n. m. **1.** Représentation graphique des variations du seuil d'audibilité. — **2.** Terme générique regroupant les disques et les cassettes audio.

AUDIOLOGIE n. f. Science qui étudie l'audition.

AUDIOMÈTRE n. m. Appareil de mesure servant à pratiquer l'audiométrie et permettant d'établir des audiogrammes.

AUDIOMÉTRIE n. f. Ensemble des mesures et des techniques permettant d'apprécier la valeur de l'appareil auditif.

ENCYCL. L'audiométrie classique nécessite la coopération du sujet. L'audiométrie objective est indépendante de celle-ci et plus précise. Différentes techniques sont utilisées, notamment l'audiométrie électroencéphalographique et l'électrocochléographie.

AUDIONUMÉRIQUE adj. *Disque audionumérique,* audiodisque sur lequel les sons sont enregistrés sous forme de signaux numériques et dont la retransmission s'effectue grâce à un procédé de lecture optique par laser.

AUDIO-ORAL, E, AUX adj. Se dit d'un enseignement faisant particulièrement appel à l'expression orale des élèves.

AUDIOPHILE n. Personne passionnée par l'électroacoustique.

AUDIOPROTHÉSISTE n. Personne qui procède à l'appareillage des déficients de l'ouïe.

AUDIOVIDÉOGRAPHIE n. f. Technique de transmission de l'information permettant de recevoir à la fois des sons, des images et des textes.

AUDIOVISUEL, ELLE adj. **1.** Se dit d'une technique ou d'une œuvre associant l'image et le son. — **2.** Se dit d'une méthode d'enseignement fondée sur la sensibilité auditive et visuelle de l'élève. — **3.** *Presse audiovisuelle,* ensemble des moyens d'information ayant recours aux techniques de transmission du son et de l'image (essentiellement la radio et la télévision).

◆ **audiovisuel** n. m. **1.** Ensemble des techniques, des méthodes audiovisuelles. — **2.** Œuvre, montage associant l'image, fixe ou animée, et le son enregistré.

audiovisuel *(Conseil supérieur de l')* **[C.S.A.]**, autorité administrative indépendante instituée par la loi du 17 janvier 1989 pour assurer la liberté et contrôler l'exercice de la communication audiovisuelle. Il est composé de 9 membres, renouvelables par tiers tous les deux ans.

audiovisuel *(Institut national de l')* **[I.N.A.]**, établissement public industriel et commercial, créé en 1974, chargé de la conservation des archives de la radiodiffusion et de la télévision, des recherches de création audiovisuelle et de la formation professionnelle.

AUDISIO (Gabriel), écrivain français (Marseille 1900 - Issy-les-Moulineaux 1978). Poète (*Hommes au soleil,* 1923), romancier, essayiste, il fut entre les deux guerres, en Algérie, un animateur du mouvement de recherche d'une culture méditerranéenne.

AUDIT [odit] n. m. (angl. *auditor*). **1.** Procédure consistant à s'assurer du caractère complet, sincère et régulier des comptes d'une entreprise, à s'en porter garant auprès des divers partenaires intéressés de la firme et, plus généralement, à porter un jugement sur la qualité et la rigueur de sa gestion. — **2.** Personne chargée de cette mission. (Syn. AUDITEUR.) — **3.** *Audit social,* ensemble des procédures par lesquelles est examiné le fonctionnement des relations sociales au sein de l'entreprise.

AUDITER v. t. (conj. 3). Pratiquer une procédure d'audit sur une entreprise, un compte, etc.

AUDITEUR, TRICE n. (lat. *auditor, -trix,* de *audire,* entendre). **1.** Personne qui écoute un discours, un cours, une émission radiophonique, un concert. — **2.** Syn. de AUDIT. — **3.** Personne qui était commise pour l'instruction d'un procès ou pour la rédaction d'un rapport juridique ; notaire ou témoin qui assistait à la passation ou à la lecture d'un acte, et qui y apposait sa signature. — **4.** *Auditeur au Conseil d'État, auditeur à la Cour des comptes,* fonctionnaires de ces corps qui, recrutés par la voie de l'École nationale d'administration, y occupent le degré inférieur de la hiérarchie. ‖ *Auditeur de justice,* dénomination, depuis 1958, des futurs magistrats, élèves de l'École nationale de la magistrature. ‖ *Auditeur libre,* celui qui suit les cours d'un établissement d'enseignement sans avoir satisfait aux conditions d'entrée et de sortie de celui-ci. ‖ *Auditeur de nonciature,* conseiller diplomatique du nonce. ‖ *Auditeur de rote,* titre de chacun des juges du tribunal romain de la rote.

AUDITIF, IVE adj. (du lat. *auditum,* de *audire,* entendre). **1.** Qui appartient à l'ouïe, à l'oreille, à l'audition : *Troubles auditifs.* — **2.** *Conduit auditif externe,* canal qui s'étend du fond de la conque de l'oreille à la caisse du tympan. ‖ *Conduit auditif interne,* canal creusé dans l'épaisseur du rocher, et dans lequel se trouve le nerf auditif. ‖ *Nerf auditif,* huitième paire des nerfs crâniens, formée de fibres d'origine vestibulaire et de fibres d'origine cochléaire. (Le nerf auditif est un nerf sensoriel qui assure l'audition et l'équilibration.)

◆ n. Personne plus sensible aux perceptions auditives qu'aux perceptions visuelles.

AUDITION n. f. (lat. *auditio*). **1.** Action d'entendre, d'écouter : *Juger d'une pièce de théâtre à la première audition.* — **2.** Présentation par un artiste de variétés, un acteur, un danseur, de son répertoire ou d'un extrait de son répertoire en vue d'obtenir un engagement : *Passer une audition.* — **3.** Perception des sons résultant de l'excitation par des ondes sonores de l'organe sensoriel (organe de Corti) qui transforme un message mécanique en un courant bioélectrique transmis aux centres supérieurs d'intégration, où a lieu l'élaboration de la sensation auditive. (→ *encycl.*) — **4.** *Audition des parties,* faculté qu'a le juge à tout moment et même d'office d'entendre les parties en dehors de la procédure de comparution personnelle. ‖ *Audition des témoins,* action d'entendre les dépositions des témoins, soit à la barre du tribunal, soit devant un juge ou un expert désigné à cette fin. ‖ *Audition des tiers,* faculté qu'a le juge d'entendre sans formalités les personnes qui peuvent l'éclairer au cours d'une affaire ainsi que celles dont les intérêts risquent d'être affectés par sa décision.

ENCYCL. **Physiol.** La transmission des vibrations sonores se fait par l'oreille externe et l'oreille moyenne jusqu'à l'oreille interne qui est l'organe essentiel de l'audition. Les mouvements oscillatoires de la platine de l'étrier provoquent une variation de pression des liquides cochléaires qui entraînent une vibration de la membrane basilaire de l'organe de Corti. Il apparaît un influx nerveux auditif qui sera transmis aux aires auditives temporales par le nerf auditif et les voies auditives centrales.

— **Zool.** Les organes assurant l'audition ont aussi fréquemment d'autres fonctions : les cellules de la ligne latérale *(neuromastes)* des poissons enregistrent l'écoulement de l'eau le long des flancs, mais aussi les infrasons, tandis que l'oreille interne, qui perçoit l'orientation spatiale, enregistre aussi les sons graves, parfois amplifiés par résonance de la vessie gazeuse (cyprinidés). Les insectes portent des *soies cercales,* sensibles aux sons graves, et des *organes scolopidiens,* sensibles aux sons aigus et aux ultrasons, parfois jusqu'à 250 000 Hz. Chez les vertébrés terrestres, l'audition est voisine de celle de l'homme mais les ultrasons peuvent être perçus par les chauves-souris et le chien, notamment.

AUDITIONNER v. i. (conj. 3). Pour un artiste, présenter son numéro en vue d'obtenir un engagement.
◆ v. t. Entendre un artiste présenter son numéro, lui faire passer une audition.

AUDITOIRE n. m. (lat. *auditorium*). **1.** Ensemble des personnes réunies pour l'audition de qqch, de qqn ; public, assistance. – **2.** Syn. de AUDIENCE.

AUDITORAT ou **AUDITORIAT** n. m. **1.** Grade ou fonction d'auditeur (au Conseil d'État, à la Cour des comptes). – **2.** Période durant laquelle est assurée la formation professionnelle des auditeurs de justice.

AUDITORIUM [-rjɔm] n. m.(lat. *auditorium*). Salle pour l'audition d'une œuvre musicale ou théâtrale, pour les émissions de radio ou de télévision, ou pour les enregistrements sonores.

AUDOMAROIS, E adj. et n. (lat. *Audomarus,* Omer). De Saint-Omer.

AUDONIEN, ENNE adj. et n. (lat. *Audoenus*). De Saint-Ouen.

AUDOUX (Marguerite), romancière française (Sancoins 1863 - Saint-Raphaël 1937), auteur d'un roman autobiographique (*Marie-Claire,* 1910), où elle raconta sa vie de fille de ferme, orpheline en Sologne.

AUDRAN, famille d'artistes français des XVIIe et XVIIIe s., dont les plus illustres sont GÉRARD II (Lyon 1640 - Paris 1703), « graveur ordinaire du roi » et rénovateur de l'estampe de reproduction (à l'eau-forte et au burin, non plus au burin seul), d'après les œuvres de Raphaël, Le Brun, Mignard, Poussin..., et CLAUDE III (Lyon 1657-Paris 1734), qui contribua à libérer l'art ornemental de la pompe classique par l'usage d'arabesques et de grotesques allégées (décors muraux perdus ; tapisseries).

AUDRAN (Edmond), compositeur français (Lyon 1842-Tierceville 1901). Établi à Paris en 1877, il composa une quarantaine d'opéras-comiques et d'opérettes dont *la Mascotte** (1880) et *Miss Helyett* (1890).

AUDRUICQ (62370), ch.-l. de cant. du Pas-de-Calais, à 26 km au S.-E. de Calais ; 4 626 hab. *(Audruicquois).* Remparts. Église et château reconstruits au XVIIIe s. Textile.

AUDUBON (John James), ornithologue et peintre américain d'origine française (île de Saint-Dominique 1785-New York 1851), auteur de très belles et nombreuses planches d'oiseaux et de quadrupèdes.

AUDUN-LE-ROMAN (54560), ch.-l. de cant. de Meurthe-et-Moselle, à 26 km au S.-E. de Longwy ; 2 134 hab. *(Audunois).*

AUDUN-LE-TICHE (57390), comm. de la Moselle, près de la frontière du Luxembourg ; 5 992 hab. Métallurgie.

AUER (Carl), baron **von Welsbach,** chimiste autrichien (Vienne 1858-château de Welsbach, Carinthie, 1929). Ses recherches sur les terres rares l'amenèrent à l'invention d'un manchon réfractaire porté à incandescence par la flamme du gaz (bec Auer, 1883).

Auer *(bâtonnet* ou *corps d'),* inclusion azurophile, allongée en forme d'aiguille, visible dans le cytoplasme de certaines cellules de leucémie aiguë granuleuse.

AUERBACH (Erich), critique américain d'origine allemande (Berlin 1892-Wallingford, Connecticut, 1957). Il a donné, avec *Mimesis* (1946), une étude du réalisme dans la littérature occidentale de Dante à Zola.

AUERSPERG, famille de Carniole, dont le membre le plus célèbre fut ANTON ALEXANDER, comte **von Auersperg,** plus connu sous le nom de Anastasius Grün*.

Auerstedt *(bataille de)* [14 oct. 1806], victoire de Davout sur les Prussiens, à 20 km au N. d'Iéna (Allemagne).

AUERSWALD (Alfred VON), homme politique prussien (Marienwerder 1797-Berlin 1870). Appelé en 1858 à faire partie du ministère, il entreprit la réorganisation de l'armée et demeura en fonctions jusqu'à l'arrivée de Bismarck (1862).

Aufklärung *(Zeitalter der)* [« siècle des Lumières »], mouvement de pensée rationaliste, qui s'efforça de promouvoir une émancipation intellectuelle dans l'Allemagne du XVIIIe s., représenté par Wolf, Lessing et Herder.

AUGE n. f. (lat. *alveus,* vase). **1.** Récipient servant à donner à boire ou à manger aux animaux, en partic. aux porcs. – **2.** *Pop.* Assiette. – **3.** Bac utilisé en pisciculture dans les opérations d'incubation ou d'alevinage. – **4.** Récipient dans lequel les maçons, les cimentiers délaient du plâtre, du mortier, de la terre, du ciment, etc. – **5.** Vallée à fond plat et à versants raides, généralement d'origine glaciaire. – **6.** Baquet carré rempli d'eau, placé près de la forge, qui permet aux forgerons, serruriers, etc., d'arroser le feu ou de rafraîchir les outils. – **7.** Rigole qui conduit l'eau à un réservoir ou à la roue d'un moulin. – **8.** Espace compris entre les deux branches du maxillaire inférieur des quadrupèdes.

AUGE *(pays d'),* petite région vallonnée de Normandie (Calvados et Orne), traversée par les vallées de la Touques et de la Dives. C'est un pays bocager, voué surtout à l'élevage bovin laitier (fromages réputés : camembert, livarot, pont-l'évêque). Le littoral (à proximité de l'autoroute), de Deauville à Cabourg, est animé par le tourisme.

AUGÉ (Claude), éditeur et lexicographe français (L'Isle-Jourdain 1854 - Fontainebleau 1924). Il dirigea la publication du *Nouveau Larousse illustré* (1897-1904) et du *Dictionnaire complet illustré* (1889), devenu en 1905 le *Petit Larousse illustré.*

AUGÉ (Marc), anthropologue français (Poitiers 1935). Promoteur d'une théorie originale sur les rapports entre le pouvoir et l'idéologie chez les peuples non industriels, il a choisi ensuite, par un renversement de perspective, d'appliquer son regard à la société occidentale. Il a notamment écrit *Pouvoirs de vie, pouvoirs de mort* (1977), *Génie du paganisme* (1982), *la Traversée du Luxembourg* (1985), *Domaines et châteaux* (1989), *le Sens des autres* (1994), *Pour une anthropologie des mondes contemporains* (1995).

AUGEARD (Mathieu), jurisconsulte français (Tours 1673 - Paris 1751), avocat au parlement de Paris. Il continua le *Journal du Palais,* en publiant des *Arrêts notables de différents tribunaux du royaume.*

AUGER (Émond), jésuite français (Allemant, Marne, 1530 - Côme 1591). Confesseur d'Henri III (1575-1584) et prédicateur, il lutta contre le protestantisme.

AUGER (Pierre Victor), physicien français (Paris 1899 - *id.* 1993). Il a été à l'origine de la création du Cern, ainsi que de l'organisation du centre européen pour la recherche spatiale (ESRO), dont il a assuré la direction. Il a étudié l'effet photoélectrique des rayons X, découvert les grandes gerbes du rayonnement cosmique et, en 1925, l'effet qui porte son nom. (Acad. des sc., 1977.)

Auger *(effet),* processus d'auto-ionisation d'un atome, au cours duquel un électron excité communique à un autre électron d'une couche externe une énergie suffisante pour l'extraire de l'atome sans émission de photon.

AUGEREAU (Antoine), graveur de poinçons et imprimeur français (Paris 1485 - *id.* 1534). Il développa l'emploi des caractères romains en typographie. Claude Garamond fut son élève. Il fut condamné à mort comme hérétique à la suite de l'affaire des Placards.

AUGEREAU (Pierre François Charles), duc **de Castiglione,** maréchal et pair de France (Paris 1757 - La Houssaye 1816). Vainqueur à Castiglione, il se distingua pendant toute la campagne d'Italie et participa au coup d'État du 18 fructidor an V (4 sept. 1797). Il prit part aux campagnes de l'Empire, s'illustrant particulièrement à Iéna et Eylau. Il fut l'un des premiers à se rallier à Louis XVIII.

AUGERON, ONNE adj. et n. Du pays d'Auge.

AUGET n. m. **1.** Petite auge. – **2.** Élément d'une turbine Pelton permettant de dévier l'écoulement du fluide.

AUGIAS, roi légendaire d'Élide. Héraclès nettoya ses étables, en détournant les eaux du fleuve Alphée. Mais, le roi ayant refusé la récompense promise, Héraclès le tua.

AUGIER (Émile), auteur dramatique français (Valence, Drôme, 1820 - Paris 1889). Ses comédies sociales illustrent la morale bourgeoise traditionnelle (*le Gendre de Monsieur Poirier,* 1854). [Acad. fr., 1857.]

AUGITE n. f. (gr. *augitês*). **1.** Pyroxène monoclinique, calcique et ferromagnésien, commun dans les basaltes et les gabbros. – **2.** *Augite aegyrinique,* pyroxène de composition intermédiaire entre l'augite et l'aegyrine.

AUGMENT n. m. (lat. *augmentum,* accroissement). Dans certaines langues indo-européennes (grec, arménien), affixe préposé à la racine verbale dans la conjugaison de certaines formes du passé.

AUGMENTABLE adj. Qu'on peut augmenter.

AUGMENTATIF, IVE adj. Se dit d'un élément qui sert à renforcer le sens des mots (par ex. les préfixes *archi-, extra-, super-, sur-,* le suffixe *-issime*).

◆ **augmentatif** n. m. Affixe augmentatif ; mot formé grâce à cet affixe. (Contr. DIMINUTIF).

AUGMENTATION n. f. (bas lat. *augmentatio*). **1.** Accroissement en valeur, en nombre, en prix, etc. : *L'augmentation du prix du pain.* – **2.** Quantité qui vient s'ajouter à une autre pour l'accroître. – **3.** Accroissement de salaire : *Donner une augmentation à une employée.* • **Bours.** *Augmentation de capital,* accroissement du capital social d'une société, réalisé soit par une souscription d'actions en numéraire, soit par une incorporation de réserves donnant lieu à une attribution gratuite, soit dans le cadre d'une absorption ou d'une fusion, en représentation d'actifs recueillis. – **Habill.** Ajout d'une ou de plusieurs mailles sur un rang de tricot.

AUGMENTER v. t. (bas lat. *augmentare,* du lat. class. *augere,* accroître) [conj. 3]. **1.** Rendre qqch plus grand, plus considérable ; accroître, grossir : *Augmenter ses tarifs de vingt pour cent.* – **2.** Accroître le prix de qqch : *Augmenter le pain.* – **3.** Rendre qqch plus important, plus intense :

Cette remarque n'a fait qu'augmenter sa colère. – **4.** Faire bénéficier qqn d'un salaire plus élevé : *On a augmenté les employés de dix pour cent.*
◆ v. i. **1.** Devenir plus grand, croître en valeur, en quantité, en intensité, etc. : *Les prix ont augmenté. Sentir ses craintes augmenter.* – **2.** Hausser de prix : *L'essence ne cesse d'augmenter.*
◆ **être augmenté** v. pass. **1.** Avoir, recevoir une augmentation de salaire : *J'ai été augmenté ce mois-ci.* – **2.** *Édition revue et augmentée,* qui a été révisée, corrigée et à laquelle on a fait des ajouts. ‖ *Intervalle augmenté,* qui a été agrandi par l'adjonction d'un demi-ton chromatique.
◆ **s'augmenter** v. pr. S'accroître de tant : *La propriété s'est augmentée de plusieurs hectares.*

AUGNATHE [ɔgnat] n. Monstre à deux têtes, dont la seconde est à peu près réduite à une mâchoire inférieure attachée sur la mâchoire normale.

AUGOUARD (Prosper), missionnaire de la congrégation du Saint-Esprit et prélat français (Poitiers 1852 - Paris 1921). Premier vicaire apostolique de l'Oubangui (1890), archevêque titulaire de Cassiope (1915), il fut le type du missionnaire moderne.

AUGSBOURG, en all. **Augsburg,** v. d'Allemagne (Bavière), sur le Lech ; 250 197 hab. Université. Centre textile. Constructions mécaniques et électriques.
– **Hist.** Évêché au VIe s., ville libre impériale en 1276, Augsbourg devint au XIVe s. un grand centre bancaire et commercial, illustré notamment par les Fugger et les Welser. Au XVIe s., elle fut au cœur de la propagande luthérienne. L'évêché d'Augsbourg fut sécularisé en 1803 ; en 1806, la ville devint bavaroise.
– **Bx-arts.** Cathédrale des XIe-XVe s. (vitraux du XIIe s.) et autres églises médiévales. Hôtel de ville (1615) dû à l'architecte Elias Holl. Cité ouvrière dite « Fuggerei », du début du XVIe s. Musées, dont la Galerie municipale (Burgkmair, Holbein l'Ancien...) et le palais Schaezler (art baroque allemand).

Augsbourg *(Confession d'),* formulaire des Églises luthériennes rédigé par Melanchthon en 1530 pour exposer la foi des Réformés à la diète d'Augsbourg réunie par Charles Quint. Melanchthon voulait montrer que les Églises évangéliques ne s'écartaient pas de la tradition chrétienne ; les quelques changements introduits visaient à la correction de certains abus.

Augsbourg *(guerre de la ligue d'),* conflit qui opposa, de 1688 à 1697, la France à la seconde coalition* européenne. Provoqué par Louis XIV, qui fit dévaster le Palatinat en 1688-89, ce conflit se déroula sur mer, où les Anglo-Hollandais infligèrent à la flotte française la défaite de la Hougue (1692), et sur le continent, où la France remporta sur les coalisés des victoires précaires à Fleurus (1690), Steinkerque (1692) et Neerwinden (1693) aux Pays-Bas, et à Staffarde (1690) et La Marsaille (1693), en Piémont. Indécise, cette guerre prit fin avec les traités de Ryswick* (1697).

Augsbourg *(Intérim d'),* compromis qui réglait provisoirement la question doctrinale entre luthériens et catholiques (1548). Mal accepté par les deux partis, il ne fut guère appliqué.

Augsbourg *(paix d')* [1555], texte signé par les luthériens et les catholiques. L'Empire se trouvait partagé entre les deux confessions, les princes recevant le droit d'imposer celle de leur choix à leurs sujets, suivant le principe *cujus regio, ejus religio.*

AUGST, comm. de Suisse (cant. de Bâle-Campagne), près du Rhin ; 800 hab. *Augusta Rauracorum,* colonie de citoyens romains, fut fondée en 43 av. J.-C. Vestiges antiques et, à proximité, *castrum* du Bas-Empire, Kaiser-Augst.

AUGURAL, E, AUX (lat. *auguralis*). **1.** Relatif aux augures. – **2.** *Bâton augural,* bâton recourbé délimitant le territoire sacré où devaient se prendre les auspices ; insigne de la fonction de l'augure. (Syn. LITUUS.)

AUGURAT n. m. Dignité, fonctions d'augure.

AUGURE n. m. (lat. *augur*). **1.** Membre d'un collège sacerdotal romain chargé de la divination officielle et de l'interprétation de la volonté des dieux. (Les augures jouèrent un rôle important jusqu'à l'époque impériale.) – **2.** Présage tiré par ces prêtres de l'observation et de l'interprétation de certains signes. – **3.** *Fam.* Personnage important qui se croit en mesure de connaître et de prédire l'avenir, de faire des pronostics. – **4.** *(Être) de bon, de mauvais augure,* présager une issue heureuse, malheureuse. ‖ *J'en accepte l'augure,* j'espère que ce que vous prévoyez se réalisera, se produira. ‖ *Oiseau de mauvais augure,* personne dont l'arrivée et les paroles annoncent toujours qqch de fâcheux.

AUGURER v. t. (lat. *augurare*) [conj. 3]. **1.** Tirer d'un événement une conséquence pour l'avenir ; conjecturer : *De ce premier succès, j'augure la réussite de votre projet.* – **2.** *Augurer bien, mal de qqch,* prévoir que l'issue de qqch sera favorable ou non.

AUGUST (Bille), cinéaste danois (Brede, comté du Sønderjylland, 1948). Cet ancien chef-opérateur a obtenu deux palmes d'or : au festival de Cannes de 1988 avec *Pelle le Conquérant* et à celui de 1992 avec *les Meilleures Intentions* (scénario de Ingmar Bergman).

AUGUSTA, v. des États-Unis, cap. de l'État du Maine ; 21 000 hab. Électronique.

AUGUSTA, v. d'Italie, sur la côte orientale de la Sicile ; 24 000 hab. Raffinage et pétrochimie.

AUGUSTA (Caroline Augusta Joséphine Thérèse Fuchs, *comtesse* de Saint-James, dite **Mademoiselle**), danseuse française (1806-1901). Elle remporta un succès considérable en Amérique en dansant *la Bayadère* (1836). Elle fut la première Française à danser *Giselle* à New York (1846).

AUGUSTALE n. m. (lat. *Augustales,* prêtres d'Auguste). Dans l'Empire romain, prêtre chargé d'assurer le culte de l'empereur divinisé.

1. AUGUSTE adj. (lat. *augustus*). *Litt.* **1.** Sert à qualifier des princes ou des rois. — **2.** Qui a qqch d'imposant et de solennel ; majestueux : *Le geste auguste du semeur.*

2. AUGUSTE n. m. Titre donné aux empereurs romains et qui leur confère un caractère sacré.

3. AUGUSTE n. m. (de *Auguste,* n. pr.). Type de clown grotesque.

AUGUSTE, en lat. **Caius Julius Caesar Octavianus Augustus,** empereur romain (Rome 23 sept. 63 av. J.-C.-Nola 19 août 14 apr. J.-C.). Par sa mère petit-neveu de César, il porte d'abord le nom d'Octave ; il deviendra *Octavien* en 43 quand son adoption par César (45) sera officiellement reconnue.
À la mort de César (44), il revendique l'héritage de son père adoptif et se pose en rival d'Antoine, le maître de l'heure à Rome. En 43, il forme avec Antoine et Lépide le second triumvirat, solution de compromis qui partage le monde romain entre les triumvirs : l'Occident revient à Octavien, l'Orient à Antoine, l'Afrique à Lépide, qui est dépouillé de ses pouvoirs en 36 ; restent seuls en présence Antoine et Octavien. La victoire d'Actium, en 31, sur les forces d'Antoine et de Cléopâtre VII, reine d'Égypte, fait d'Octavien le maître du monde romain. En janvier 27, le sénat lui décerne les titres d'Auguste et de princeps qui lui confèrent l'ensemble des pouvoirs jusqu'alors répartis entre les autres magistratures.
Un nouveau régime est fondé, le principat, qui est en fait une monarchie organisée derrière une façade républicaine. De nouvelles institutions consolident le nouvel État : Auguste s'entoure d'un conseil impérial et le sénat réformé est dépouillé de la grande part de ses pouvoirs politiques ; il crée un corps de fonctionnaires nommés et recrutés par lui : l'ordre sénatorial et l'ordre équestre. Ce souci de centralisation se retrouve dans la réorganisation des provinces. Celles-ci sont réparties d'une part en provinces impériales, nécessitant la présence de troupes, et où l'empereur envoie ses légats, d'autre part en provinces sénatoriales, pacifiées et qui relèvent du sénat.
Élu grand pontife à la mort de Lépide, en 12 av. J.-C., Auguste rétablit les formes traditionnelles de la religion : culte de Mars, de Vénus...
En politique extérieure, Auguste préfère aux conquêtes la sécurité des frontières : il recourt autant à l'action diplomatique que militaire. Mis à part quelques interventions, notamment dans la péninsule Ibérique et dans les Alpes, la seule grande entreprise offensive de son règne, la conquête de la Germanie jusqu'à l'Elbe, se clôt par l'échec de Varus (9 apr. J.-C.) ; réaliste, il reportera au Rhin bien fortifié la frontière de l'Empire.
Auguste n'avait pas d'héritier direct. Il adoptera son beau-fils Tibère, fils de Livie, qui lui succédera. Fondateur du régime impérial, il a laissé derrière lui une œuvre durable. Son règne (*le siècle d'Auguste*) est une étape décisive dans l'histoire de la grandeur de Rome : Virgile en sera le chantre.

auguste *(Histoire)* ⟶ Histoire auguste.

AUGUSTE Ier (Freiberg 1526-Dresde 1586), Électeur de Saxe (1553-1586). Il fit établir le *Livre de concorde* (1580), qui imposait une doctrine confessionnelle destinée à réaliser l'unité des luthériens. — **Auguste II le Fort** (Dresde 1670-Varsovie 1733), Électeur de Saxe et roi de Pologne (1697-1733). Détrôné par Charles XII de Suède (1704), il fut rétabli sur le trône par les troupes russes (1710). — **Auguste III** (Dresde 1696-*id.* 1763), Électeur de Saxe et roi de Pologne (1733-1763).

AUGUSTE, orfèvres parisiens : Robert Joseph (Mons v. 1725 - Paris apr. 1795) travailla pour les cours de France et de Suède et fut l'un des premiers à rompre avec la rocaille ; — Son fils Henri (Paris 1759-Port-au-Prince 1816) innova sur le plan de la technique (pièces coulées, voire embouties, au lieu d'être travaillées au marteau, usage de vis et écrous), comme sur celui du style, solennel et monumental (commandes de Louis XVI et de Napoléon).

AUGUSTE (Jules Robert), dit **Monsieur Auguste,** peintre et sculpteur français (Paris 1789 - *id.* 1850), fils de l'orfèvre Henri Auguste. Promoteur de l'orientalisme en France, il a influencé Delacroix.

AUGUSTENBORG *(famille ducale d'),* en all. **Augustenburg,** branche collatérale de la famille royale danoise d'Oldenburg. Ses principaux représentants furent : Christian-Auguste (1798-1869), célèbre pour ses prétentions à la succession du Slesvig-Holstein ; — Frédéric (1800-1869), frère du précédent, qui soutint, comme membre du Parlement du Slesvig, les prétentions de son frère à l'héritage du duché ; — FRÉDÉRIC (1829-1880), fils de Christian-Auguste. À la mort de Frédéric VII (1863) et malgré la renonciation de son père, il se proclama duc Frédéric VIII du Slesvig et du Holstein, ce qui provoqua l'intervention prussienne. (→ *guerre des* DUCHÉS.)

AUGUSTIN, E adj. Relatif à saint Augustin.

◆ n. Religieux qui suit les directives spirituelles de saint Augustin.

◆ **augustine** n. f. Moniale ou religieuse dont la congrégation se réfère à la conception de la vie religieuse de saint Augustin. (On compte une cinquantaine de congrégations d'augustines : la plupart sont hospitalières.)

ENCYCL. Les religieux augustins comprennent deux catégories :

— *Ordre de Saint-Augustin.* Ce sont les *Ermites de Saint-Augustin* (1256), ordre mendiant exempt, à vœux solennels, dit encore *ordre des Grands Augustins ;* les *Ermites récollets* (1588) ; les *Augustins déchaussés* (XVIe s.), dont la branche française (XVIIe s.) était familièrement appelée « Petits Pères ».

— *Instituts s'inspirant de la règle dite de saint Augustin.* Ils forment une quarantaine d'ordres ou de congrégations très divers comme les rédemptoristes et les assomptionnistes (ou Augustins de l'Assomption) ; une quarantaine de congrégations de *chanoines réguliers ;* une quinzaine d'*ordres militaires.*

Augustins *(musée des)* → TOULOUSE.

Augustins (*musée des* **Petits-**), à Paris, ancien musée des Monuments français, constitué v. 1795 par A. Lenoir dans les bâtiments d'un couvent du XVIIe s. Il fut supprimé en 1816 et fit place en 1820 à l'École des beaux-arts.

AUGUSTIN *(saint),* docteur de l'Église latine (Tagaste, auj. Souq Ahras, 354-Hippone 430). Romain d'Afrique, Augustin, malgré sa mère Monique, resta longtemps étranger à l'Église, cherchant dans les plaisirs charnels et les séductions du manichéisme une réponse à son inquiétude. Converti à Milan sous l'influence de l'évêque Ambroise, il y fut baptisé (387) et rentra à Tagaste pour amorçer, avec quelques compagnons, une forme de vie cénobitique : expérience qu'il poursuivra étant évêque et qui lui permettra d'élaborer, à l'usage des religieux, ce qu'on appellera la *règle* de saint Augustin.
Ordonné prêtre malgré lui, puis élu évêque d'Hippone (396), ville où il mourra alors que les Vandales l'assiégeaient, Augustin a joué un rôle capital dans l'Église d'Occident par le rayonnement de sa pensée, de sa parole, de son zèle et de son immense œuvre écrite, d'où se détachent *la Cité de Dieu* (413-427), *les Confessions* (397) et une correspondance universelle. Adversaire des doctrines hétérodoxes (manichéisme, donatisme, pélagianisme...), Augustin fut un prédicateur (400 sermons authentifiés), en même temps qu'un exégète et un théologien, un pasteur attentif et un écrivain qui donna ses lettres de noblesse au latin chrétien. Toute la pensée de saint Augustin est centrée sur deux thèmes essentiels : Dieu et le destin de l'homme, perdu par le péché, sauvé par la grâce. Les grands thèmes augustiniens, connaissance et amour, mémoire et présence, sagesse, domineront toute la théologie occidentale jusqu'à la scolastique thomiste. Saint Augustin a rédigé (entre 387 et 391) un important traité inachevé, *De musica.*

AUGUSTIN ou **AUSTIN** *(saint),* évêque de Canterbury († Canterbury 604 ou 605). Moine bénédictin, prévôt des missionnaires que le pape envoya évangéliser les Anglo-Saxons, il se heurta au refus du clergé breton de prendre part à la conversion des Anglo-Saxons.

AUGUSTINIEN, ENNE adj. Relatif à saint Augustin ou aux religieux augustins.

◆ n. **1.** Personne qui adopte la doctrine de saint Augustin sur la grâce. — **2.** Nom que prirent les jansénistes, parce qu'ils prétendaient être les disciples de saint Augustin.

AUGUSTINISME n. m. **1.** Doctrine conforme à l'esprit de saint Augustin. — **2.** Dénomination donnée souvent à la doctrine des jansénistes.

Augustinus (l'), ouvrage posthume de Jansénius, évêque d'Ypres, paru en 1640, ainsi nommé parce que, dans la pensée de son auteur, il exposait les doctrines de saint Augustin sur la grâce et la prédestination. Les adversaires de Jansénius retrouvèrent dans son livre les théories de Calvin et le pape Urbain VIII le condamna (1642). [→ JANSÉNISME.]

AUGUSTÓW, v. du nord-est de la Pologne, 24 000 hab. Victoire des armées allemandes qui, en février 1915, y encerclèrent une armée russe, l'obligeant à capituler.

AUGUSTULE → ROMULUS AUGUSTULE.

Aujeszky *(maladie d'),* maladie infectieuse, contagieuse, due à un herpès virus, affectant les bovins, les porcins et les carnivores, non transmissible à l'homme et dont les symptômes cliniques sont assez proches de ceux de la rage, d'où son nom de « pseudo-rage ».

AUJOURD'HUI adv. (de *à le jour d'hui,* de l'anc. fr. *hui,* le jour où on est, du lat. *hodie*). **1.** Le jour où nous sommes : *Il ne viendra pas aujourd'hui. À partir d'aujourd'hui, l'horaire est modifié.* — **2.** Au temps où nous vivons, à présent, maintenant : *La France d'aujourd'hui.* — **3.** Fam. *Au jour d'aujourd'hui,* par les temps qui courent, actuellement. ‖ *Aujourd'hui en huit, en quinze,* dans huit jours, dans quinze jours à partir d'aujourd'hui.

AUKRUST (Olav), poète norvégien (Gudbrandsdal 1883 - Lom 1929). Poète mystique, il contribua à donner au néonorvégien ses lettres de noblesse (*le Cairn du ciel,* 1916 ; *Des Norvégiens,* 1931).

AULA n. f. (lat. *aula,* palais, du gr. *aulê*). Dans certaines universités et, en partic. dans des universités de pays francophones, salle d'actes, de fêtes.

AULACOMNION n. m. (du gr. *aulaks, -akos,* sillon, et *mnion,* mousse). Grande mousse, très commune.

AULARD (Alphonse), historien français (Montbron, Charente, 1849 - Paris 1928), premier titulaire de la chaire d'histoire de la Révolution à la Sorbonne (1886). Son *Histoire politique de la Révolution française* (1901) est favorable à Danton.

AULAX n. m. (gr. *aulaks,* sillon). Hyménoptère cynipidé qui provoque les galles du pavot, de la piloselle, etc.

AULENTI (Gae), architecte d'intérieur et designer italien (Palazzolo dello Stella, prov. d'Udine, 1927). Elle a notamment conçu des magasins pour Knoll, Olivetti, etc., et a réalisé l'aménagement intérieur du musée d'Orsay à Paris.

AULIDE, nom donné par les poètes classiques français au territoire de la ville d'Aulis.

AULIQUE adj. (lat. *aulicus,* du gr. *aulikos*). **1.** Se dit de qqch qui appartient à la cour d'un souverain. — **2.** *Conseil aulique,* tribunal suprême institué en 1501, dans l'Empire germanique, par Maximilien Ier. ‖ *Conseiller aulique,* membre de ce tribunal, puis membre de tout conseil supérieur, politique, administratif et militaire, de la cour de Vienne.

AULIS, port de la Grèce continentale antique, en Béotie, où se rassembla, selon la légende, la flotte des Grecs partant pour Troie et où Agamemnon fut contraint de sacrifier sa fille Iphigénie. C'est *l'Aulide* de Racine.

AULNAIE ou **AUNAIE** [onɛ] n. f. (bas lat. *alnetum,* du lat. class. *alnus,* aulne). Forêt marécageuse ou plantation où prédomine l'aulne.

AULNAT (63510), comm. du Puy-de-Dôme, banlieue est de Clermont-Ferrand ; 4 957 hab. Aéroport de Clermont-Ferrand.

AULNAY (17470), ch.-l. de cant. du nord-est de la Charente-Maritime ; 1 470 hab. Église St-Pierre, chef-d'œuvre de l'art roman saintongeais.

AULNAY-SOUS-BOIS (93600), ch.-l. de cant. de la Seine-Saint-Denis, à 10 km au N.-E. de Paris; 82 537 hab. *(Aulnaisiens).* Église des XIIe et XVIIIe s. Construction automobile, produits chimiques. (→ GARONOR.)

AULNE ou **AUNE** n. m. (lat. *alnus*). Arbre du bord des eaux, voisin du bouleau, aux inflorescences en chatons unisexués, aux racines traçantes capables de fixer l'azote de l'air par leurs nodosités, au bois rougeâtre imputrescible dans l'eau, à l'écorce tannifère. (Syn. VERGNE, VERNE.)

AULNE, fl. côtier de Bretagne, né dans les monts d'Arrée et rejoignant la rade de Brest ; 140 km.

AULNOY (Marie Catherine LE JUMEL DE BARNEVILLE, *comtesse* D'), femme de lettres française (Barneville v. 1650-Paris 1705). Elle fut l'un des plus féconds auteurs de contes de fées (*les Illustres Fées,* 1698).

AULNOYE-AYMERIES (59620), comm. du Nord, sur la Sambre, à 14 km au S.-O. de Maubeuge ; 10 279 hab. Nœud ferroviaire. Métallurgie.

AULNOY-LEZ-VALENCIENNES (59300), anc. **Aulnoy,** comm. du Nord, banlieue sud de Valenciennes ; 8 041 hab. Confection.

AULOFFÉE n. f. (de *au loff*). Mouvement du navire à voiles qui, dans une survente, vient dans le lit du vent. (Contr. ABATTÉE.)

AULOS [-lɔs] n. m. (gr. *aulos*). Instrument de musique à air de l'Antiquité, à anche simple ou double, composé de un ou deux tuyaux cylindriques ou coniques percés de trous.

AULOSTOMIFORME n. m. (du gr. *aulos,* tuyau, et *stoma,* bouche). Poisson marin à bouche en tube, sans épines sur le dos, tel que les bécasses de mer. (Les *aulostomiformes* constituent un ordre.)

AULT (80460), ch.-l. de cant. de la Somme ; 2 065 hab. *(Aultois).* Station balnéaire.

AULU-GELLE, grammairien latin (Rome v. 130-v. 180). Auteur des *Nuits attiques,* source de renseignements sur la langue, la littérature et la civilisation antiques.

Aulularia *(la Marmite),* comédie de Plaute (v. 195 av. J.-C.), dont Molière s'inspira dans *l'Avare.*

AULUS-LES-BAINS (09140), comm. de l'Ariège, à 33 km au S.-E. de Saint-Girons ; 213 hab. Station thermale. Sports d'hiver.

AULX [o] n. m. pl. Pluriel anc. de *ail.*

AUMALE, anc. **Albemarle,** comté depuis le XIe s., érigé en duché en 1547, acheté par Louis XIV en 1686.

AUMALE (76390), ch.-l. de cant. de la Seine-Maritime, sur la Bresle ; 2 732 hab. *(Aumalois).* Église et hôtel de ville remontant aux XVIe-XVIIe s. Verrerie.

AUMALE → Sour El Ghozlan.

AUMALE (Charles de Lorraine, *duc* d') [1555 - Bruxelles 1631]. Cousin d'Henri Ier, duc de Guise, il fut l'un des chef de la Ligue.

AUMALE (Henri Eugène Philippe d'Orléans, *duc* d'), quatrième fils de Louis-Philippe et de Marie-Amélie (Paris 1822 - Zucco, Sicile, 1897). Il se distingua en Algérie, où il enleva la smala d'Abd el-Kader. Lieutenant général, puis gouverneur des possessions françaises d'Afrique (1847), il se retira en Angleterre après la révolution de 1848. En 1871, il fut élu à l'Assemblée nationale. Son attitude ambiguë contribua à l'échec de la restauration monarchique. Il fut exilé de 1886 à 1889 ; il légua son domaine de Chantilly à l'Institut. (Acad. fr., 1871.)

AUMANCE, riv. du dép. de l'Allier, affl. du Cher (r. dr.) ; 58 km. Gisement houiller dans son bassin supérieur.

AUMÔNE n. f. (lat. pop. **elemosina,* du gr. *eleêmosunê,* pitié). **1.** Don, en général de faible valeur, que l'on fait à celui qui est dans la misère, pour l'assister : *Vivre d'aumônes.* — **2.** Peine pécuniaire qui était perçue au profit des ordres charitables. — **3.** *Faire, accorder à qqn l'aumône de qqch,* lui en faire la faveur par commisération : *Faire à quelqu'un l'aumône d'un regard.*

AUMÔNERIE n. f. **1.** Charge d'aumônier ; administration centrale du service des aumôniers ; lieu où se tient l'aumônier. — **2.** Service du culte assuré dans des établissements publics ou à proximité (lycées, hospices, prisons, etc.).

AUMÔNIER n. m. (lat. ecclés. *elemosynarius,* qui fait l'aumône). **1.** Ministre d'un culte attaché à un corps ou à un établissement pour y assurer le service religieux et l'instruction religieuse (communauté religieuse, lycée, collège, armée, prison, etc.). — **2.** *Aumônier du testateur,* exécuteur testamentaire, au Moyen Âge. ‖ *Grand aumônier de France,* titre que porta à partir de 1543 l'officier de la maison du roi de France qui était chargé de la direction de la chapelle royale et des cérémonies religieuses à la cour.

AUMÔNIÈRE n. f. (de *aumône*). **1.** Sac plat que l'on portait pendu à la ceinture, et qui servait de bourse. (Syn. escarcelle.) — **2.** Bourse des grands personnages, le plus souvent en velours brodé avec fermoir armorié. — **3.** Petit sac de dame en forme de bourse.

AUMONT (Jean VI, *sire* d'), maréchal de France (1552 - Rennes 1595). Rallié à Henri IV dès 1589, il périt en combattant les ligueurs en Bretagne.

AUMONT (à la d') loc. adv. (du n. du duc *d'Aumont* [1762-1831]). Se dit d'un attelage composé de quatre chevaux attelés sans volée, conduits par deux postillons.

AUMONT-AUBRAC (48130), ch.-l. de cant. du nord-ouest de la Lozère ; 1 064 hab. Centre d'excursions.

AUMUSSE n. f. (lat. médiév. *almutia*). **1.** Cape ou pèlerine de fourrure, à capuchon, du Moyen Âge, adoptée par les chanoines et les chantres. — **2.** Bande de fourrure portée sur le bras gauche par certains dignitaires ecclésiastiques.

AUNAIE → aulnaie.

AUNAY-SUR-ODON (14260), ch.-l. de cant. du Calvados, à 29 km au S.-O. de Caen ; 2 889 hab. *(Aunais).* Laiterie.

1. AUNE n. f. (frq. **alina*). **1.** Anc. mesure de longueur française, utilisée surtout pour mesurer les étoffes, et qui valait, selon les régions, de 0,676 m à 1,118 m. — **2.** Règle de bois pour mesurer les longueurs, étalonnée différemment suivant les régions.

2. AUNE → aulne.

AUNEAU (28700), ch.-l. de cant. d'Eure-et-Loir, en Beauce ; 3 134 hab. *(Alnélois).* Restes d'un château médiéval. Cheminées. — Victoire d'Henri Ier, duc de Guise, sur les protestants (1587).

AUNÉE n. f. (anc. fr. *eaune,* du bas lat. *helena*). Plante voisine du topinambour.

AUNEUIL (60390), ch.-l. de cant. de l'Oise, au S.-O. de Beauvais ; 2 735 hab. Plâtrerie.

Aung San Suu Kyi, femme politique birmane (Rangoon 1945). Leader de l'opposition démocratique, elle a été maintenue en résidence surveillée par le pouvoir militaire de 1989 à 1995. (Prix Nobel de la paix 1991.)

AUNG ZEYA → Alaungpaya.

AUNIS, anc. province de France, entre le Poitou et la Saintonge, correspondant essentiellement au nord-ouest du dép. de la Charente-Maritime. V. princ. *La Rochelle.* — **Hist.** Séparé de la Saintonge au xe s., l'Aunis entra dans la dépendance du Poitou. En 1271, il fut réuni au domaine royal. Le traité de Brétigny le céda en 1360 aux Anglais, mais Charles V réincorpora l'Aunis dès 1373. Les guerres de Religion ravagèrent l'Aunis, ce foyer du parti protestant dont la véritable capitale, La Rochelle, fut prise par Richelieu en 1628.

AUPARAVANT adv. (de *au, par* et *avant*). D'abord, avant cela ou avant ce moment-là : *Une semaine auparavant, il m'avait annoncé son arrivée.*

AUPHAN (Gabriel Paul), amiral français (Alès 1894 - Versailles 1982). Chef d'état-major des forces maritimes en 1941, secrétaire d'État aux Marines marchande et militaire sous Vichy, il entra en désaccord avec Laval et démissionna en nov. 1942. Condamné par contumace aux travaux forcés à perpétuité (1946), il se présenta en 1955 à la Haute Cour, qui lui infligea une simple condamnation de principe.

AUPIAIS (Francis), missionnaire français (Saint-Père-en-Retz 1877 - Paris 1945). Membre des Missions africaines de Lyon dès 1903, vicaire général du Dahomey, il a étudié les anciens cultes dahoméens.

AUPRÈS (DE) prép. et adv. (de *au* et *près*). **1.** Près de qqn, à ses côtés : *Venez vous asseoir auprès de moi.* – **2.** À proximité de qqch : *L'école est située auprès de la mairie.* – **3.** En comparaison de qqch : *Le préjudice matériel n'est rien auprès du préjudice moral.* – **4.** En s'adressant à qqn, à un organisme : *Se plaindre auprès de la direction.* – **5.** En relation avec qqn, une institution : *Un ambassadeur auprès d'un État étranger.* – **6.** Dans l'opinion de qqn : *Il a cherché à me nuire auprès de mes amis.*

AUPS (83630), ch.-l. de cant. du Var, à 29 km à l'O.-N.-O. de Draguignan ; 1 803 hab. *(Aupsois).* Église gothique. Miel.

AUQUEL → LEQUEL.

AURA n. f. (lat. *aura*, souffle). **1.** Vapeur, exhalaison subtile que l'on supposait s'élever d'un corps. – **2.** *Litt.* Atmosphère immatérielle qui enveloppe ou semble envelopper certains êtres : *L'aura qui émane de cet être exceptionnel.* – **3.** Ensemble des manifestations, habituellement subjectives, qui précèdent la survenue d'une crise d'épilepsie et fournissent de précieux renseignements sur la localisation de la lésion dans les hémisphères cérébraux. – **4.** Bande de lumière entourant les êtres humains, que pourraient voir les médiums et dont la couleur varierait selon l'état spirituel du sujet.

AURAMINE n. f. Colorant basique de nuance jaune, de grande vivacité, dérivé du diphénylméthane, utilisé dans la teinture et l'impression du coton mordancé au tanin.

AURANGĀBĀD, v. de l'Inde (Mahārāshtra), au N.-E. de Bombay ; 592 052 hab. La ville a été bâtie par Aurangzeb, qui en fit sa résidence favorite et y mourut. Enceinte élevée par Aurangzeb. Grottes bouddhiques décorées au VIe s. dans un style voisin de celui d'Ajaṇṭā.

AURANGZEB ou **AWRANGZĪB** (1618-Aurangābād 1707), 6e empereur moghol de l'Inde, fils de Chāh Djahān. Il devint empereur en juillet 1658 avec le titre d'*Alamgīr* (« Conquérant du monde »). Il se montra un administrateur brillant et un homme d'État exceptionnel : il porta à son apogée l'Empire moghol. L'aggravation de la fiscalité provoqua des révoltes qui, à la longue, affaiblirent l'Empire.

AURANITIDE, nom hellénisé de l'Hauran, qui fit partie du royaume d'Hérode.

AURANTIACÉE n. f. Syn. de RUTACÉE.

AURAY (56400), ch.-l. de cant. du Morbihan, à la tête de la *rivière d'Auray* (estuaire du Loch) ; 10 589 hab. *(Alréens).* Église du XVIIe s. et autres témoignages du passé. Mobilier. Travail des plastiques. Marché.

Auray *(bataille d')* [29 sept. 1364], bataille qui eut lieu près d'Auray pendant la guerre de la Succession de Bretagne et au cours de laquelle Jean, comte de Montfort, vainquit Charles de Blois qui périt dans la mêlée.

AURE *(vallée d'),* région du sud-est des Hautes-Pyrénées, au S. d'Arreau, drainée par la Neste de Louron et le cours supérieur de la Neste, ou *Neste d'Aure* (qui forme le *bassin d'Aure* proprement dit, entre Arreau et Saint-Lary-Soulan). Voie de passage vers le tunnel d'Aragnouet. Tourisme.

AURE (Léon, *vicomte* D'), écuyer français (Toulouse 1799 - Saint-Cloud 1863). Écuyer en chef de l'École de Saumur, il est l'auteur d'un *Traité d'équitation,* d'un *Cours d'équitation* et de *l'Industrie chevaline en France.*

AUREC-SUR-LOIRE (43110), ch.-l. de cant. du nord de la Haute-Loire ; 4 879 hab. Constructions mécaniques. Caoutchouc.

AUREILHAN *(étang d'),* étang du dép. des Landes, couvrant environ 550 ha au N.-E. de Mimizan et communiquant avec l'Océan par le courant de Mimizan.

AUREILHAN (65800), ch.-l. de cant. des Hautes-Pyrénées, banlieue nord-est de Tarbes ; 7 644 hab. *(Aureilhannais).*

Aurelia *(via)* ou **voie Aurélienne,** voie romaine qui partait de Rome pour aboutir à Arles.

Aurélia, ou le Rêve et la Vie, dernière œuvre de Gérard de Nerval (1855), publiée en deux parties. Le texte superpose trois quêtes – celle de la femme aimée et perdue, celle du pardon et celle du sens du rêve – à travers un foisonnement de mythes et de croyances.

AURÉLIE n. f. Grande méduse sans voile, à ombrelle échancrée et bordée de nombreux tentacules, à quatre bras, et dont la larve bourgeonne par strobilation.

AURÉLIEN, en lat. **Lucius Domitius Aurelianus** (v. 214-275), empereur romain (270-275). Pour parer aux invasions barbares, il édifia autour de Rome une enceinte fortifiée (mur d'Aurélien). Puis il se consacra à la réunification de l'Empire, en voie de désagrégation, battant les Goths sur le Danube en 271, prenant Palmyre en 273, obtenant enfin, la même année, l'abdication de Tetricus, maître de l'empire des Gaules. Ses réformes administratives et religieuses marquèrent un renforcement de l'autorité impériale et furent à l'origine du redressement du Bas-Empire.

Aurélien *(enceinte d'),* mur fortifié, construit sur l'ordre de l'empereur Aurélien pour tenter de mettre Rome à l'abri des Barbares (271-282).

AURÉLIEN de Réomé, moine bénédictin du monastère de Réomé (diocèse de Langres) au IXe s., auteur du premier traité de théorie musicale du Moyen Âge : *Musica Disciplina.*

AURELIUS VICTOR, historien latin du IVe s. Il écrivit en 360 une histoire abrégée des empereurs, d'Auguste à Julien *(Liber de Caesaribus),* qui fait suite à l'*histoire* de Tite-Live : c'est le premier en date des « bréviaires » (abrégés) du IVe s.

AURELLE DE PALADINES (Louis Jean-Baptiste D'), général français (Le Malzieu 1804-Versailles 1877). Commandant de la Ire armée de la Loire en 1870, il remporta la victoire de Coulmiers sur les Bavarois.

AURENCHE (Jean), scénariste français (Pierrelatte 1903 - Bandol 1992). Avec la collaboration habituelle de Pierre Bost, il a été l'un des plus féconds parmi les scénaristes, adaptateurs et dialoguistes du cinéma français ; il a travaillé notamment avec C. Autant-Lara (*le Diable au corps,* 1947), R. Clément (*Jeux interdits,* 1952), B. Tavernier (*l'Horloger de Saint-Paul,* 1973).

AURÉOLE n. f. (lat. *aureola corona,* couronne d'or). **1.** Cercle lumineux dont les peintres et les sculpteurs entourent souvent la tête de Dieu, de la Vierge, des saints. (Également usité dans des religions autres que chrétiennes.) [Syn. NIMBE.] — **2.** Cercle lumineux ou coloré, halo : *La lune n'a pas d'auréole ce soir.* — **3.** Trace circulaire laissée par un liquide, un détachant sur une étoffe, un papier, etc. — **4.** *L'auréole de la jeunesse, du bonheur, etc.,* le rayonnement que donne la jeunesse, le bonheur. ‖ *L'auréole du martyre, de la victoire, etc.,* la gloire éclatante qui vient des souffrances endurées, du succès. ‖ *Auréole métamorphique,* zone recristallisée à la périphérie des intrusions.

Aureole, ballet de modern dance, chorégr. de Paul Taylor ; mus. de Händel, créé aux États-Unis en 1962. Type du « ballet blanc » moderne.

AURÉOLER v. t. (conj. 3). *Litt.* **1.** Entourer qqn, qqch d'une auréole, le ceindre comme d'une auréole : *Un bandeau auréolait sa tête blonde.* — **2.** Parer qqn de qualités éminentes : *Un héros qu'on auréole de toutes les vertus.*

◆ **être auréolé** v. pass. **1.** *Litt.* Être ceint d'une auréole : *La tête auréolée de soleil.* — **2.** Être paré de qqch qui donne de l'éclat, du prestige, etc. : *Être auréolé d'une gloire récente.*

AURÈS, massif de l'est de l'Algérie, culminant à 2 328 m au *djebel Chelia,* point le plus élevé de l'Algérie non saharienne. De relief très contrasté, relativement humide et forestier, l'Aurès est peuplé de Berbères (les Chaouïas) traditionnellement rebelles aux influences extérieures, à la colonisation (l'Aurès fut le point de départ de l'insurrection de 1954). L'économie associe toujours élevage ovin, céréaliculture sèche et, localement, agriculture irriguée.

AUREUS n. m. (lat. *aureus,* en or). Monnaie d'or de la Rome antique, émise à la fin de la République et tout au long de l'Empire. (Son poids a varié de 10,85 à 4,13 g.)

AUREUX adj. m. (lat. *aurosus,* de couleur d'or). Se dit des sels d'or monovalent.

AUREVILLY (BARBEY D') → BARBEY D'AUREVILLY.

AURIC (Georges), compositeur français (Lodève 1899 - Paris 1983). Membre du groupe des Six, influencé par Satie, Stravinski et Chabrier notamment, il s'imposa dès 1924 avec un ballet, *les Fâcheux.* Ses musiques de film sont célèbres (tous les films de Cocteau ; *À nous la liberté* [R. Clair, 1931] ; *Moulin-Rouge* [J. Huston, 1952] ; *Lola Montès* [M. Ophuls, 1954]). Il a été président de la S. A. C. E. M. (1954-1978) et administrateur général de la Réunion des théâtres lyriques nationaux (1962-1968).

AURICHALCITE [-kal-] n. m. (lat. *aurichalcum,* cuivre jaune). Hydrocarbonate naturel de cuivre et de zinc, de nuance vert-de-gris.

AURICHLORURE [-klɔ-] n. m. Sel complexe $M[Au(Cl_4)]$, où M est un métal monovalent.

AURICULAIRE adj. (lat. *auricularius,* de *auris,* oreille). **1.** Relatif à l'oreille, qui a la forme d'une oreille. — **2.** Qui appartient aux oreillettes du cœur. — **3.** Se dit des affections de l'oreille et des médicaments utilisés dans ces affections. — **4.** *Style auriculaire,* style de certaines pièces d'orfèvrerie dont le décor contourné rappelle le dessin de l'oreille humaine, particulièrement en Hollande au début du XVIIe s. ‖ *Témoin auriculaire,* celui qui a entendu de ses propres oreilles ce sur quoi il est appelé à témoigner.

◆ n. m. Cinquième doigt de la main ; petit doigt.

AURICULARIA n. f. (lat. *auricularius,* de *auris,* oreille). Forme larvaire de certaines holothuries.

AURICULARIALE n. f. Champignon à basides d'un type primitif, saprophyte (tel *auricularia* ou oreille-de-Judas), ou vivant en symbiose avec des insectes.

AURICULE n. f. (lat. *auricula,* petite oreille). **1.** Lobe ou bout de l'oreille. — **2.** Nom donné à deux appendices qui surmontent chacune des oreillettes du cœur. — **3.** Nom donné à des organes divers, n'ayant en commun que leur ressemblance de forme avec une oreille.

AURICULÉ, E adj. Qui comporte des auricules.

AURICULO-CARDIAQUE adj. Se dit d'un réflexe dont le point de départ est auriculaire et qui se traduit par une onde vasculaire perceptible manuellement, principalement au niveau du pouls radial.

AURICULOMÉDECINE n. f. Diagnostic et traitement de différentes affections par la puncture de points précis au niveau du pavillon de l'oreille, en fonction d'un diagnostic établi à partir de moyens spécifiques et en partic. du réflexe auriculo-cardiaque.

AURICULOTHÉRAPIE n. f. Méthode thérapeutique développée sur la base de l'acupuncture traditionnelle, et qui consiste à traiter différentes affections par la piqûre de points déterminés du pavillon de l'oreille.

AURICULO-VENTRICULAIRE adj. (pl. *auriculo-ventriculaires*). Relatif à la fois aux oreillettes et aux ventricules du cœur. (Les orifices auriculo-ventriculaires sont au nombre de deux : un dans la partie droite du cœur, muni de la valvule tricuspide ; l'autre dans le cœur gauche, muni de la valvule mitrale.)

AURICYANURE n. m. Sel complexe $M[Au(CN)_4]$, où M est un métal monovalent.

AURIFÈRE adj. Qui renferme de l'or : *Sable aurifère.*

AURIFICATION n. f. Reconstitution de la partie manquante d'une dent, obtenue en y tassant de petits cylindres d'or mou.

AURIFIER v. t. (conj. 9). Pratiquer l'aurification.

AURIGE n. m. (lat. *auriga*, cocher). Dans l'antiquité, conducteur de char dans les courses du cirque.

Aurige de Delphes, statue grecque en bronze, de grandeur nature, du début du Vᵉ s. av. J.-C. Trouvée dans les fouilles du sanctuaire, elle faisait partie d'un quadrige (musée de Delphes).

AURIGNAC (31420), ch.-l. de cant. de la Haute-Garonne, à 22 km au N.-E. de Saint-Gaudens ; 1 106 hab. *(Aurignaciens).* Gisement préhistorique éponyme de l'aurignacien.

AURIGNACIEN n. m. (de *Aurignac*, n. pr.). Faciès industriel du début du paléolithique supérieur, contemporain du périgordien, qui apparaît dans le sud-ouest de la France vers 33 000 av. J.-C., caractérisé par de nombreux grattoirs et des sagaies en os.

AURIGNY, en angl. **Alderney,** la plus septentrionale des îles Anglo-Normandes, à 15 km au large du cap de la Hague ; 1 700 hab. Ch.-l. *Sainte-Anne.*

AURILLAC (15000), ch.-l. du dép. du Cantal, à 547 km au S. de Paris ; 32 654 hab. *(Aurillacois).* Sous l'Ancien Régime, la ville était la capitale de la haute Auvergne. C'est aujourd'hui un centre administratif et commercial, où l'industrie s'est aussi développée (parapluies, mobilier, alimentation, produits pharmaceutiques). Églises St-Géraud (anc. abbatiale, reconstruite aux XVIIᵉ et XIXᵉ s.) et N.-D.-des-Neiges (XVIᵉ s.). Maison des Volcans dans le château St-Étienne. Musées du Vieil-Aurillac dans la maison des Consuls (XVIᵉ s.). Musées J.-B.-Rames et H.-de-Parieu. Haras national.

AURIN n. m. (lat. *aurinus*, doré). Petit poisson sans écailles ni nageoires pelviennes, à queue effilée, qui s'abrite dans les cavités des animaux marins fixés. (N. sc. *fierasfer.*)

AURINE n. f. Dérivé du triphénylméthane, de formule $C_{19}H_{14}O_3$, utilisé pour colorer le papier en rouge.

AURIOL n. f. Chardon à capitules dorés du midi de la France.

AURIOL (13390), comm. des Bouches-du-Rhône, au N. de la Sainte-Baume, sur l'Huveaune; 6 808 hab. Restes de fortifications.

AURIOL (Vincent), homme d'État français (Revel, Haute-Garonne, 1884-Paris 1966). Avocat, militant socialiste, député de Muret dès 1914, il fut ministre des Finances du Front populaire (juin 1936-juin 1937), puis ministre de la Justice dans le cabinet Chautemps (juin 1937-mars 1938). Il présida les deux Assemblées constituantes de 1945-46, puis l'Assemblée nationale. De 1947 à 1954, il fut le premier président de la IVᵉ République.

1. AURIQUE adj. (néerl. *oorig*, en forme d'oreille, d'apr. le lat. *auris*, oreille). **1.** Se dit de toute voile, en général trapézoïdale, située dans l'axe du navire. — **2.** *Gréement aurique*, gréement d'un voilier de plaisance muni de voiles auriques.

2. AURIQUE adj. m. (du lat. *aurum*, or). Se dit des composés de l'or trivalent.

AUROBINDO (Śri), mystique et philosophe indien (Calcutta 1872-Pondichéry 1950). Il commença à suivre des études en Grande-Bretagne, puis consacra le reste de sa vie à la cause indienne. Participant d'abord au mouvement nationaliste, il se retira de toute action politique et vécut dans un ashram qu'il fonda à Pondichéry en 1914. Sa doctrine s'exprime notamment dans *Synthèse des yogas* et *Vie divine.* Le yoga est au centre de sa réflexion : il le conçoit comme la voie qui permet de reconnaître en soi la vérité de Dieu. C'est grâce à son impulsion qu'a pu être élevée la ville d'Auroville.

AUROCÉRAMIQUE adj. et n. f. Se dit d'une prothèse dentaire fixe se composant de céramique cuite directement sur une armature en or spécial.

AUROCHS [-rɔk] n. m. (moyen haut all. *urohse,* de *ur,* aurochs, et *ohse,* bœuf). Bœuf sauvage d'Europe centrale, d'extinction récente.

AURON (06660 St Étienne de Tinée), station estivale et de sports d'hiver des Alpes-Maritimes (comm. de Saint-Étienne-de-Tinée). École de ski.

AURONE n. f. (forme pop. du lat. *habrotanum*). Syn. de ABROTONE.

AURORAL, E, AUX adj. **1.** *Litt.* Qui appartient à l'aurore ; qui en a les caractères : *Lumière aurorale.* — **2.** Relatif à une aurore polaire. — **2.** *Zone aurorale,* région annulaire située approximativement entre 60° et 70° de latitude géomagnétique N. ou S., où des arrivées de particules provoquent fréquemment l'apparition d'aurores polaires.

AURORE n. f. (lat. *aurora*). **1.** Lueur qui paraît à l'horizon un peu avant le lever du soleil ; moment correspondant au début du jour ; aube : *Se lever dès l'aurore.* — **2.** *Litt.* Commencement de qqch, d'une période : *On était à l'aurore du* XX*e* *siècle.* — **3.** Papillon piéridé blanc aux ailes tachées de rouge ou d'orange. — **4.** *Aurore polaire,* phénomène lumineux atmosphérique, essentiellement visible à haute latitude nord *(aurore boréale)* ou sud *(aurore australe),* quand des particules électrisées sont précipitées dans la haute atmosphère. (→ *encycl.*) ‖ Fam. *Aux aurores,* très tôt le matin. ‖ *Sauce aurore,* sauce suprême à la tomate.

◆ adj. inv. D'un jaune doré.

ENCYCL. Les *aurores polaires* découlent de l'interaction du vent solaire et de la magnétosphère terrestre. Leur base se situe entre 80 et 300 km d'altitude, et leur extension verticale peut atteindre 500 km. Elles présentent des structures variées : taches diffuses (aurores diffuses), arcs auroraux isolés, rubans de plusieurs milliers de kilomètres ; la présence de stries parallèles aux lignes du champ géomagnétique peut leur donner l'aspect de draperies aux multiples replis ou de couronnes dont les rayons semblent converger vers le zénith magnétique. L'observation spatiale met en évidence l'existence simultanée de ces diverses structures tout au long de l'ovale auroral qui entoure les pôles géomagnétiques, à 12° environ du côté jour et 22° du côté nuit. La luminosité des aurores peut parfois dépasser celle de la pleine lune ; les aurores boréales sont généralement plus lumineuses que les aurores australes qui leur sont conjuguées. Lorsque le seuil de détection de la couleur est atteint, les aurores paraissent verdâtres ou, plus exceptionnellement, pourpres, violettes ou bleutées. L'analyse spectroscopique met en évidence des raies atomiques et des bandes moléculaires caractéristiques de l'excitation des constituants atmosphériques.

AURORE, personnification de l'aurore chez les Romains, identifiée avec l'Éos de la mythologie grecque.

Aurore *(l'),* quotidien républicain-socialiste, fondé à Paris en 1897 par E. Vaughan. Au moment de l'affaire Dreyfus, il publia le fameux pamphlet d'É. Zola « J'accuse » (1898). Il disparut en 1914. En sept. 1944, un quotidien d'information parut à Paris sous le même titre. En 1984, *l'Aurore,* racheté en 1978 par R. Hersant, n'est plus qu'une édition parisienne du *Figaro.*

Aurore *(l'),* film américain de F. W. Murnau (1927). Adapté d'un roman de Hermann Sudermann, ce film fut l'un des derniers joyaux du cinéma muet. Il connut pourtant un échec commercial.

Auroux *(lois),* lois promulguées en 1982, sous l'impulsion du ministre du Travail J. Auroux et relatives aux libertés des travailleurs dans l'entreprise, au développement des institutions représentatives du personnel, à la négociation collective et au règlement des conflits collectifs du travail ainsi qu'aux comités d'hygiène, de sécurité et des conditions de travail.

AUROVILLE, cité du Tamil Nadu, près de Pondichéry, dont la première pierre a été posée en 1968 par Mira Alfassa, dite « la Mère » (1878-1973), pour étendre l'action de l'ashram fondé par Śri Aurobindo. Plan circulaire élaboré par l'architecte français Roger Anger.

AURURE n. m. (du lat. *aurum,* or). Alliage d'or avec un autre métal.

Auschwitz, le plus grand ensemble de camps allemands de concentration et d'extermination, créé en mai 1940 à Oświęcim*, à 60 km au S.-O. de Cracovie. Birkenau *(Auschwitz II),* avec quatre grandes chambres à gaz, devint le lieu où l'extermination du peuple juif atteignit jusqu'à 20 000 incinérations par jour. À Auschwitz même *(Auschwitz I),* les détenus servaient de cobayes aux expériences in vivo des médecins SS ; d'autres travaillaient à Monowitz *(Auschwitz III)* pour l'usine de l'IG Farben. Entre 1940 et 1945, environ 1,5 million de personnes y périrent, dont 1 million de Juifs. Musée de la Déportation.

AUSCITAIN, E adj. et n. (lat. *Ausci*). D'Auch.

Ausculta, fili (« Écoute, mon fils... »), incipit d'une bulle célèbre, adressée, le 5 déc. 1301, au roi

Philippe le Bel par le pape Boniface VIII et qui posait en principe la supériorité du pape sur les rois.

AUSCULTATION n. f. (lat. *auscultatio,* action d'écouter). **1.** Méthode d'examen clinique consistant à écouter les bruits normaux ou anormaux produits par les organes ou par les vaisseaux. (→ *encycl.*) — **2.** Analyse, étude attentive, réalisée afin de repérer les causes d'un dysfonctionnement : *Auscultation d'une entreprise par un organisme extérieur.* — **3.** Ensemble des opérations d'examen, de contrôle, etc., d'un ouvrage d'art, conduites à la suite de constatations traduisant un comportement anormal des structures considérées.

ENCYCL. **Méd.** On considère Laennec comme le véritable inventeur de l'auscultation, dont il consigna les résultats dans un *Traité de l'auscultation médiate* (1819). On distingue *l'auscultation immédiate,* qui se fait par application directe de l'oreille sur le patient, et *l'auscultation médiate,* qui fait appel à des instruments divers, dont le plus simple est le stéthoscope. L'auscultation permet de reconnaître si les bruits entendus résultent du fonctionnement normal des organes ou s'ils sont dus à des lésions. Indispensable pour établir le diagnostic des maladies du cœur et du poumon, elle est aussi utilisée en obstétrique pour contrôler les battements du cœur du fœtus.

AUSCULTATOIRE adj. Qui se rapporte à l'auscultation clinique.

AUSCULTER v. t. (lat. *auscultare*) [conj. 3]. **1.** Pratiquer l'auscultation d'un patient. — **2.** Examiner avec attention une situation, qqch, pour en repérer les points faibles, les points forts : *Ausculter le marché financier.* — **3.** Procéder à l'auscultation d'un ouvrage d'art.

AUSFORMING [-miŋ] adj. (de *austenite* et angl. *forming,* mise en forme). *Acier ausforming,* acier au chrome-molybdène mis en forme dans le domaine austénitique.

AUSONE, poète latin (Burdigala, auj. Bordeaux, v. 310-v. 395). Précepteur du futur empereur Gratien, il fut l'un des meilleurs représentants de la poésie descriptive (*la Moselle*).

AUSPICES n. m. (lat. *auspicium,* présage). **1.** À Rome, présages qui se tiraient du vol, du chant des oiseaux ou de la manière dont ils mangeaient. (Toute personne avait le droit de consulter les auspices pour s'assurer de l'avis de certains dieux sur une action projetée.) — **2.** *Sous les meilleurs auspices, sous d'heureux, de fâcheux auspices,* dans des circonstances favorables, avec toutes les chances de succès ou, au contraire, dans une conjoncture défavorable. ‖ *Sous les auspices de qqn, d'un groupe, etc.,* sous sa protection, avec son appui.

AUSSI adv. (lat. pop. **ale,* du lat. class. *aliud,* autre chose, et *sic,* ainsi). **1.** Dans une phrase affirmative, indique une quantité, une qualité égale, un fait identique ; également, dans la même mesure, de même : *Il croit que nous pouvons réussir, je le crois aussi.* (Dans les phrases négatives, on emploie *non plus*). — **2.** Indique une addition ; en outre : *Il y avait beaucoup d'enfants, et aussi quelques adultes.* — **3.** Exprime une relation d'égalité : *Il est aussi bavard que son frère.* — **4.** Exprime le degré extrême (rapport de concession) : *Aussi surprenant que cela puisse paraître, son nom m'était totalement inconnu.* — **5.** *Aussi bien que,* indique la comparaison ; de même que, tout autant que : *Cette nouvelle intéresse les citadins aussi bien que les ruraux.*

◆ conj. **1.** Indique la conséquence, la conclusion ; c'est pourquoi, en conséquence : *J'étais au courant, aussi la nouvelle ne m'a(-t-elle) pas surpris.* — **2.** *(Mais) aussi,* introduit une causale incidente : *Personne n'a pensé à l'inviter, mais aussi pourquoi n'a-t-il pas téléphoné ?* — **3.** Litt. *Aussi bien,* introduit une considération causale accessoire : *Tous les efforts sont restés inutiles : aussi bien était-il déjà trop tard.*

AUSSIÈRE ou ***HAUSSIÈRE** n. f. (lat. pop. **helciaria,* du lat. class. *helcium,* collier de trait). **1.** Gros cordage qui sert à la confection des manœuvres dormantes, à l'amarrage des navires et aux manœuvres de force. — **2.** Ralingue qui passe dans les mailles supérieures d'un filet de pêche et porte les lièges destinés à le soutenir ; filin reliant un casier à une bouée.

AUSSILLON (81200), comm. du Tarn, banlieue sud-ouest de Mazamet ; 7 710 hab. *(Aussillonnais).*

AUSSITÔT adv. (de *aussi* et *tôt*). **1.** Indique la postériorité immédiate ; immédiatement : *Je l'ai appelé et il est accouru aussitôt.* — **2.** *Aussitôt dit, aussitôt fait,* dès que la chose a été décidée, on est passé à l'exécution.

◆ **aussitôt que** conj. Dès que : *Nous partirons aussitôt que tu seras prêt.*

AUSSOIS (73500), comm. de Savoie, au N.-E. de Modane ; 533 hab. Station estivale et de sports d'hiver. Installation hydroélectrique.

AUSTEN (Jane), romancière britannique (Steventon, Hampshire, 1775 - Winchester 1817). Son œuvre romanesque, publiée anonymement d'abord, est marquée par le réalisme de la peinture sociale et l'ironie froide de l'analyse psychologique (*Raison et Sentiments,* 1811 ; *Orgueil et Préjugé,* 1813 ; *Mansfield Park,* 1814 ; *Northanger Abbey,* 1818).

AUSTÉNITE n. f. (de *Austen,* n. pr.). Constituant micrographique des aciers, solution solide de fer γ et de carbone.

AUSTÉNITIQUE adj. Qui renferme de l'austénite.

AUSTER (Paul), écrivain américain (Newark 1947). Dès *l'Invention de la solitude* (1982), enquête intime, ses romans explorent les thèmes récurrents des limites du langage, de la solitude, du mystère des origines et de la dépossession. Sa triologie new-yorkaise (*la Cité de verre,* 1985 ; *la Chambre dérobée,* 1986 ; *Revenants,* 1986) joue brillamment avec les structures du roman policier pour révéler dans une écriture dépouillée la précarité de l'identité. *Le Voyage d'Anna Blume* (1987), *Moon Palace* (1989) *Léviathan* (1992) et *Mr Vertigo* (1994) affrontent la même expérience de la perte.

AUSTÈRE adj. (lat. *austerus,* âpre, du gr. *austêros*). **1.** Qui a de la sévérité dans ses principes moraux, de la gravité dans son caractère ; qui obéit à des règles sévères, rigoureuses : *Un savant austère. Mener une vie austère.* — **2.** Qui est dépourvu de tout ornement, de tout agrément ; sévère : *Des lectures austères.*

AUSTÈREMENT adv. De façon austère.

AUSTÉRITÉ n. f. (lat. *austeritas,* âpreté). **1.** Caractère de qqn ou de qqch qui est austère ; sévérité, rigorisme : *L'austérité de la vie monacale.* — **2.** Politique qui tend à réduire la masse des revenus disponibles pour la consommation, par le recours à l'impôt, au blocage des salaires, à l'emprunt forcé, aux restrictions de crédit et au contrôle des investissements.

AUSTERLITZ, en tchèque **Slavkov,** localité de la Rép. tchèque, en Moravie, à l'E. de Brno ; 6 300 hab.

Austerlitz *(bataille d')* [2 déc. 1805], victoire de Napoléon Ier sur les Austro-Russes, qui entraîna la dislocation de la troisième coalition. La « bataille des Trois Empereurs » se déroula entre Brünn (Brno) et Austerlitz sur un terrain reconnu et choisi par Napoléon. L'ennemi manœuvra comme Napoléon avait su le lui suggérer par son dispositif initial.

AUSTIN, v. des États-Unis, cap. du Texas, sur le rio Colorado, dans la plaine côtière ; 346 000 hab. Université.

AUSTIN *(saint)* → AUGUSTIN (saint).

AUSTIN (John), juriste britannique (Creeting Mill, Suffolk, 1790 - Weybridge, Surrey, 1859), qui renouvela l'enseignement du droit en Grande-Bretagne et participa à la réforme judiciaire de 1833.

AUSTIN (John Langshaw), logicien britannique (Lancaster 1911 - Oxford 1960). Son ouvrage essentiel (*Quand dire, c'est faire,* 1970) a été publié après sa mort. Convaincu qu'un inventaire exhaustif des situations où se posent certains emplois du langage est possible, il distingue l'énoncé constatif (une chose est vraie ou fausse) de l'énoncé performatif (l'acte de parole constitue un acte au même titre que les autres actes humains).

AUSTRAL, E, AUX ou **ALS** adj. (lat. *australis,* de *auster,* vent du midi). **1.** Se dit de tout ce qui concerne la direction opposée à celle du nord *(boréal).* — **2.** Se dit du pôle Sud et des régions voisines. — **3.** *Constellation australe,* constellation située dans l'hémisphère céleste austral. ‖ *Latitude australe,* latitude comptée de l'équateur (terrestre ou céleste) vers le pôle austral.

AUSTRAL *(océan),* partie des trois océans formant une ceinture continue autour de l'Antarctique. Le continent antarctique est bordé par une large marge sous-marine formée par : une plate-forme creusée de cuvettes profondes et encadrée de bancs élevés et étendus ; une pente continentale entaillée de canyons ; un glacis étendu. Plus au large, les dorsales médio-océaniques individualisent une couronne de bassins. Les vents violents et le froid imposent la formation de glaces flottantes (banquise, icebergs) dont la concentration autour du continent en rend l'accès difficile ou impossible.

AUSTRALANTHROPIEN n. m. Syn. anc. de AUSTRALOPITHÈQUE.

AUSTRALASIE, terme désignant parfois l'ensemble géographique formé par l'Australie, la Nouvelle-Zélande et, généralement, la Nouvelle-Guinée.

AUSTRALES *(îles),* archipel du Pacifique, partie de la Polynésie française, de part et d'autre du tropique, au S. de Tahiti ; 164 km² ; 6 509 hab. Il est formé de quatre îles principales volcaniques, Rimatara, Rurutu, Tubuaï (qui donne parfois son nom à l'archipel) et Raïvavae, auxquelles s'ajoutent l'île isolée de Rapa et quelques atolls. Le climat tropical, humide, est un peu plus frais qu'à Tahiti (22,8 °C à Tubuaï, 20,5 °C à Rapa).

AUSTRALES ET ANTARCTIQUES FRANÇAISES *(terres),* territoire français d'outre-mer, regroupant l'archipel des Kerguelen, la terre Adélie, les îles Saint-Paul et Nouvelle-Amsterdam, l'archipel Crozet.

AUSTRALIA adj. *Antigène australia,* antigène du virus à A.D.N. de l'hépatite B. (Syn. ANTIGÈNE HBs.)

Australian Ballet, la plus importante compagnie de ballet classique australienne, fondée en 1962. La troupe, dont le siège est à Melbourne, a été étroitement liée dès sa fondation au Royal Ballet et à la Royal Ballet School de Grande-Bretagne.

AUSTRALIE, en angl. **Commonwealth of Australia,** État de l'Océanie, formé de six États (Australie-Méridionale, Australie-Occidentale, Nouvelle-Galles du Sud, Queensland, Tasmanie, Victoria) et de deux territoires (Territoire du Nord et Territoire de la Capitale australienne) ; 7 700 000 km² ; 18 300 000 hab. (*Australiens*). CAP. *Canberra.* V. princ. *Sydney* et *Melbourne.* LANGUE : *anglais.* MONNAIE : *dollar australien.*

Géographie.

• *Le milieu naturel.* L'Australie est un pays de plaines et de plateaux, si l'on excepte sa bordure orientale montagneuse (Cordillère australienne), traversé en son milieu par le tropique. Le climat est à dominante aride dans l'intérieur (70 % du territoire reçoivent moins de 500 mm d'eau par an et 40 % moins de 250 mm), tropical au N.-E. (Queensland, chaud, mais humide en été austral), tempéré au S.-E. (dans le Victoria et la Tasmanie, aux températures modérées et aux précipitations tombant en toutes saisons), méditerranéen enfin au S.-O. (vers Perth) et au S. (Adélaïde). Le désert occupe de vastes espaces au centre. Par les formations steppiques et la savane, on passe (au moins à la périphérie orientale, arrosée) à la véritable forêt (tropicale au N., à boisements d'eucalyptus au S.). L'aridité fréquente explique la faiblesse des écoulements et l'existence d'un seul réseau hydrographique notable, celui du Murray.

• *La population.* Avec 2 hab. en moyenne au km², le pays apparaît sous-peuplé. Il juxtapose en fait de vastes régions pratiquement inhabitées (sinon par des aborigènes, au nombre de 250 000, 1 à 2 % de la population totale environ, ou des mineurs) et des bandes littorales (notamment de Brisbane à Adélaïde) plus ou moins larges, fortement urbanisées : 85 % des Australiens vivent en ville, plus de 40 % même dans les deux seules métropoles de Sydney et Melbourne. D'origine européenne, la population s'est accrue surtout par immigration. Celle-ci a toutefois diminué, et, comme le taux de natalité a fortement baissé depuis 1970 (de l'ordre de 15 ‰ aujourd'hui), la croissance démographique s'est ralentie.

• *L'économie.* L'agriculture n'occupe plus guère que 6 % de la population active et contribue pour une part équivalente à la formation du produit intérieur brut (P. I. B.). Pourtant, en raison des surfaces disponibles, de la modernisation des techniques et des matériels, la production est notable. Le blé est de loin la culture dominante ; localement apparaissent le vignoble (en zone « méditerranéenne » et la canne à sucre (en zone tropicale). Mais l'élevage domine largement . Le troupeau ovin est le premier du monde, assurant notamment le quart de la production mondiale de laine brute. L'Australie dispose de richesses minières exceptionnelles, souvent récemment découvertes. Elle est devenue le deuxième producteur (et premier exportateur) de minerai de fer, le premier producteur de bauxite et d'alumine, et figure parmi les 5 premiers producteurs mondiaux de cobalt, manganèse, plomb, zinc, argent. Ses ressources énergétiques ne sont pas négligeables : une extraction houillère en progression, complétée par un apport de lignite ; des ressources en hydrocarbures, toutefois encore incomplètement prospectées (mais déjà près de 25 Mt de pétrole et plus de 10 milliards de m³ de gaz naturel) et d'abondants gisements d'uranium (près de 20 % des réserves mondiales).

L'industrie a naturellement profité de ces bases agricoles et minières. L'agroalimentaire et la

DIVISIONS ADMINISTRATIVES DE L'AUSTRALIE

territoires	superficie (en km²)	population	capitale
Queensland	1 727 000	2 978 617	Brisbane
Nouvelle-Galles du Sud	801 600	5 731 926	Sydney
Victoria	227 600	4 243 719	Melbourne
Australie-Méridionale	984 000	1 400 656	Adélaïde
Australie-Occidentale	2 525 000	1 586 396	Perth
Tasmanie	67 800	452 847	Hobart
Territoire de la Capitale	2 400	297 300	Canberra
Territoire du Nord	1 346 200	175 253	Darwin

métallurgie (sidérurgie, construction mécanique, automobile) se sont développés, puis la chimie. L'ensemble de l'industrie assure près de 40 % du P. I. B., dont la majeure partie provient du secteur des services qui occupe environ 60 % de la population active (à peine le tiers dans l'industrie). L'industrie (extractive ou de transformation) est en grande partie sous contrôle étranger (essentiellement américain), notamment pour l'exploitation de la bauxite, le montage automobile, le raffinage du pétrole et la chimie.
L'avion est le mode de transport priviligié pour les personnes, tandis que les marchandises sont transportées par route plutôt que par voie ferrée. Le cabotage est également utilisé pour les pondéreux. L'équilibre de la balance commerciale dépend beaucoup des variations des cours de matières premières puisque 60 % des exportations sont des produits agricoles ou miniers, alors que les produits manufacturés constituent encore la majeure partie des importations du pays, dont les États-Unis sont le premier fournisseur. À ce point de vue, l'Australie demeure un pays (relativement) neuf, ce qui n'empêche pas un niveau de vie élevé, à l'avenir prometteur du fait d'un potentiel naturel exceptionnel.

Histoire. Occupée partiellement par des populations dites « australoïdes » (aborigènes), l'Australie fut atteinte par les Hollandais au XVIIe s.
1770 : James Cook aborde le continent.
1788 : Début de la colonisation anglaise, qui va s'étendre progressivement sur tout le continent au cours du XIXe s. L'Australie est tout d'abord une terre de bagne pour les condamnés britanniques. En 1851, la découverte de mines d'or près de Melbourne attire une abondante immigration, en grande majorité britannique. Celle des Noirs et des Asiatiques est limitée par la loi. Cultivateurs et éleveurs de moutons rivalisent pour l'occupation du sol. De nouvelles colonies sont progressivement créées.
1901 : Après s'être fédérées, les colonies australiennes forment le Commonwealth australien. Membres du Commonwealth britannique, elles accentuent leur politique protectionniste.
Au XIXe s., l'Australie maintient sa tradition démocratique. Elle participe activement aux deux guerres mondiales aux côtés des Alliés. Depuis 1945, l'économie progresse rapidement. L'immigration demeure importante. Le pays soutient l'action des États-Unis dans le Sud-Est asiatique et envoie des troupes en Corée et au Viêt-nam, mais il s'efforce également d'accroître ses relations économiques avec le Japon, vaste débouché pour ses exportations, et établit des relations avec la Chine et le Viêt-nam. L'Australie est une des grandes puissances du Pacifique.
1986 : L'Australia Act abolit les derniers pouvoirs d'intervention directe de la Grande-Bretagne dans les affaires australiennes.
La vie politique est marquée par l'alternance au pouvoir des libéraux (dont Robert Gordon Menzies, 1939-1941 et 1949-1966 ; Malcolm Fraser, 1975-1983 ; John Howard, depuis 1996) et des travaillistes (Robert Hawke, 1983-1991 ; Paul Keating, 1991-1996).

AUSTRALIE-MÉRIDIONALE, en angl. **South Australia,** anc. colonie anglaise fondée en 1836, devenue État du Commonwealth d'Australie en 1901 ; 984 000 km² ; 1 400 656 hab. Cap. *Adélaïde.* Le Centre et le Nord sont semi-désertiques et la population se concentre dans le Sud-Est, au climat de type méditerranéen (céréales, vigne, élevage ovin), notamment sur le littoral (Adélaïde regroupe près de 75 % de la population totale).

AUSTRALIEN, ENNE adj. et n. 1. D'Australie. — 2. *Langues australiennes,* langues parlées par les aborigènes de l'Australie.

◆ **australienne** n. f. *Fenêtre à l'australienne,* fenêtre à deux châssis en largeur superposés, ouvrant simultanément selon des plans parallèles, l'un vers l'extérieur, l'autre vers l'intérieur.

ENCYCL. On a dénombré environ 260 *langues australiennes,* dont plus de 50 sont aujourd'hui éteintes : une douzaine seulement regroupent 90 % des quelque 40 000 locuteurs localisés surtout dans le désert occidental, dans le nord du continent, ainsi que dans les îles du détroit de Torres.

AUSTRALIENS, population indigène de l'Australie. Ces populations confectionnent leurs armes en pierre taillée ou polie, en bois. Leur armement est composé de lances projetées au moyen du propulseur, de bâtons de jet (boomerang) et de boucliers.
Jusqu'au XIXe s., les Australiens étaient divisés en petites tribus (Arandas au centre de l'Australie, Murngins au nord, Karieras à l'ouest, etc.) ; elles tendent auj. à se regrouper. La filiation est le plus souvent matrilinéaire. Les pratiques religieuses sont centrées sur le culte des ancêtres totémiques. Les Australiens sont cantonnés dans des réserves aménagées sur les terres les plus pauvres. Leur art décoratif est d'une qualité remarquable : boucliers, propulseurs, tablettes sacrées enfermant les esprits ancestraux sont gravés et décorés de motifs géométriques ou de spirales. Les écorces peintes de thèmes mythologiques sont les modèles des peintures corporelles.

AUSTRALIE-OCCIDENTALE, en angl. **Western Australia,** établissement anglais fondé en 1829, colonie en 1891, devenue État du Commonwealth d'Australie en 1901 ; 2 525 000 km² (le tiers de la superficie de l'Australie) ; 1 586 393 hab. Cap. *Perth.* L'État est désertique en dehors des centres miniers (fer surtout, or, bauxite, nickel, uranium) et de l'extrémité sud-ouest, au climat de type méditerranéen, site de Perth (qui concentre environ 75 % de la population totale).

AUSTRALOPITHÈQUE n. m. Ancêtre probable de l'homme, connu par des fossiles d'Afrique australe et orientale découverts à partir de 1924.
ENCYCL. Ces êtres de faible capacité crânienne (450 cm^3) semblent pourtant avoir taillé les premiers galets. On tend à distinguer deux espèces, l'une dite « gracile » et l'autre « robuste », mais certains auteurs ne voient dans cette différence qu'un dimorphisme sexuel. (→ HOMME.)

AUSTRASIE, royaume mérovingien (cap. Metz) qui comprenait les territoires du N.-E. de la Gaule. Constitué en 561 au profit de Sigebert Ier, ce royaume substitua sa prépondérance en Gaule à celle de la Neustrie après la victoire de Tertry (687). Cette victoire fut remportée sur les Neustriens par Pépin de Herstal, dont le fils Charles Martel restaura l'unité du royaume franc (739), et le petit-fils Pépin le Bref se fit attribuer la dignité royale (751), fondant ainsi la dynastie des Carolingiens.

AUSTRÉGALE n. f. Tribunal d'arbitrage, chargé, à partir du Moyen Âge, de régler les différends entre les membres de l'Empire germanique.

AUSTRÈGUE n. m. (all. *austragen,* juger en arbitre). Membre d'une austrégale.

AUSTREMOINE *(saint)* [† v. 300], apôtre et premier évêque d'Auvergne.

AUSTRO-ASIATIQUE adj. et n. m. Se dit d'une famille de langues hypothétique réunissant diverses langues du Sud-Est asiatique continental. (L'austro-asiatique regrouperait, autour du groupe môn-khmer, le vietnamien, diverses langues de l'intérieur de la péninsule malaise [sakaï, semang], ainsi que le nicobarais et le groupe mundā [Inde].)

AUSTRO-HONGROIS, E adj. Relatif à l'empire d'Autriche-Hongrie.

AUSTROMARXISME n. m. Mouvement politique et philosophique des sociaux-démocrates (marxistes) autrichiens Otto Bauer, Rudolf Hilferding, Max Adler, Karl Renner, etc., qui s'intéressa notamment à la question nationale et à l'impérialisme.

AUSTROMARXISTE adj. et n. Qui appartient à l'austromarxisme.

AUSTRONÉSIEN, ENNE adj. et n. m. Se dit d'une famille de langues dont le domaine s'étend de Taiwan à la Nouvelle-Zélande et de Madagascar à l'île de Pâques, en exceptant l'Australie et une partie de la Nouvelle-Guinée. (Syn. MALAYO-POLYNÉSIEN.) [On divise l'austronésien en une branche occidentale, l'indonésien, qui comprend quelque 200 langues parlées par plus de 300 millions de locuteurs, et une branche orientale (le mélanésien, le micronésien et le polynésien) qui comprend quelque 300 langues parlées par environ 1 million de locuteurs.]

austro-prussienne *(guerre),* conflit qui opposa en 1866 la Prusse, soutenue par l'Italie, à l'Autriche, appuyée par les principaux États de la Confédération allemande, (Bade, Bavière, Wurtemberg, Saxe, Hanovre, Hesse), et qui se termina par la victoire de la Prusse et de l'Italie. Ce conflit, voulu par Bismarck, avait pour objet de contraindre l'Autriche à renoncer, au profit de la Prusse, à sa position de puissance dominante *(Machtstellung)* en Allemagne. L'occasion de la guerre fut une querelle entre Vienne et Berlin à propos de l'administration des duchés danois. La campagne, dirigée par Moltke, se déroula sur trois théâtres d'opérations : en Bohême, trois armées prussiennes battirent les Autrichiens à Münchengrätz, à Náchod et surtout à Sadowa, victoire décisive (3 juill.) ; en Allemagne, les Prussiens s'opposèrent aux Hanovriens (à Langensalza), aux Bavarois (à Kissingen) et aux Hessois (à Francfort) ; en Italie, cependant, les Autrichiens avaient battu les Italiens à Custoza (24 juin) et, sur mer, à Lissa (20 juill.). Le traité de Prague (23 août 1866) sanctionna la réorganisation de l'Allemagne selon les vues prussiennes. Par le traité de Vienne (3 oct. 1866), l'Italie, grâce à l'arbitrage de Napoléon III, reçut la Vénétie.

AUSTROSLAVISME n. m. Doctrine élaborée dans les années 1820, qui affirmait la fidélité des Slaves de l'empire d'Autriche aux Habsbourg et réclamait l'égalité complète de toutes les nationalités au sein de l'Empire.

AUTAN n. m. (provenç. *autan,* du lat. *altanus,* vent de la haute mer). Vent sec et chaud du sud-est sur le haut Languedoc (Toulousain notamment) et les régions situées à l'O. des Corbières et de la Montagne Noire. (On dit parfois *autan blanc* pour le distinguer d'un *autan noir,* plus rare, originaire d'Espagne et générateur de pluie.)

AUTANT adv. (lat. pop. **aliud tantum,* du lat. class. *alterum tantum,* une autre fois autant). **1.** Après un v. ou un adj., indique une égalité en quantité, en valeur, en nombre : *La nouvelle est heureuse autant qu'inattendue.* — **2.** *Autant de + n.,* une quantité égale (de choses ou de personnes) : *Il y a autant de risques d'échec que de chances de réussite.* — **3.** *Autant... (que ça),* indique une quantité, un degré élevés : *Je n'ai jamais vu ici autant de monde que ça.* — **4.** *Autant...,*

autant..., insiste sur une relation de symétrie entre deux termes en opposition : *Autant j'approuve ses principes, autant je condamne ses méthodes.* ‖ *Autant de + n., autant de + n.,* exprime une relation d'égalité : *Autant de têtes, autant d'avis.* — **5.** *Autant de + n. attribut,* équivaut à *des,* avec insistance sur la quantité : *Toutes ces affirmations sont autant de mensonges.* — **6.** *Autant + inf., autant vaut + inf.,* il y a autant, ou même plus d'avantages à : *Autant nous résigner.* ‖ *Autant dire que + ind.,* introduit une conclusion logique ; en somme. ‖ *Autant en emporte le vent,* se dit de promesses, de propos qui restent sans effet. ‖ *C'est autant de pris, de fait,* c'est toujours cela qui est pris, fait. ‖ *D'autant,* dans la même proportion. ‖ *D'autant plus, moins, mieux que + ind.,* exprime une relation causale en insistant sur l'importance de la cause. ‖ *D'autant (plus) que + ind.,* introduit une considération supplémentaire à valeur causale. ‖ *Pour autant,* malgré cela : *Il n'a encore jamais réussi, mais il n'est pas pour autant découragé.* ‖ *Pour autant que + subj.,* dans la mesure où : *Vous êtes sûr du résultat, pour autant que vous respectiez les recommandations.* ‖ *Tout autant,* aussi bien.

Autant en emporte le vent, roman de Margaret Mitchell (1936), fresque historique du Sud pendant la guerre de Sécession, où le déchirement d'une famille symbolise la rupture nationale. — Film de Victor Fleming (1939), avec Clark Gable et Vivien Leigh, demeuré longtemps l'un des plus grands succès commerciaux du cinéma américain.

AUTANT-LARA (Claude), metteur en scène français (Luzarches 1901). Il mit au point le procédé du doublage, à Hollywood (1930-1932), et, à partir de 1940, devint l'un des principaux metteurs en scène français : *le Mariage de Chiffon* (1942), *Douce* (1943), *le Diable au corps* (1947), *l'Auberge Rouge* (1951), *le Blé en herbe* (1954), *le Rouge et le Noir* (1954), *la Traversée de Paris* (1956), *En cas de malheur* (1958), *la Jument verte* (1959).

AUTARCIE n. f. (gr. *autarkeia,* de *autos,* soi-même, et *arkein,* suffire). **1.** Situation d'un pays qui tend volontairement à se suffire à lui-même sur le plan économique. (Elle peut résulter de la volonté d'un État de modifier la structure sociale et économique à l'abri des influences étrangères ou, en vue de la préparation à la guerre, du refus de toute dépendance économique à l'égard de l'étranger.) — **2.** Doctrine qui préconise cette situation.

AUTARCIQUE adj. Relatif à l'autarcie.

AUTÉCOLOGIE → AUTOÉCOLOGIE.

AUTEL n. m. (lat. ecclés. *altare*). **1.** Dans l'Antiquité, construction en pierre de forme cylindrique ou quadrangulaire, sur laquelle on déposait les offrandes à la divinité. — **2.** Dans le culte catholique, table de pierre ou de bois sur laquelle est célébrée la messe. — **3.** *Litt.* La religion, l'état ecclésiastique, l'Église (avec majusc.) : *Le Trône et l'Autel.* — **4.** Litt. *Conduire une personne à l'autel,* l'épouser. ‖ *S'approcher de l'autel,* aller communier. • **Hist.** *Autels de la patrie,* symboles du culte nouveau élevés pendant l'époque révolutionnaire, notamment à Paris (Champ-de-Mars). — **Therm.** Petit mur limitant un foyer du côté de la sortie des gaz de combustion, et par-dessus lequel ces gaz doivent passer pour pénétrer dans le four ou dans les carneaux de la chaudière.

AUTEL (lat. *Ara, -ae*), petite constellation australe, située au sud de la queue du Scorpion.

AUTEL (DES) → DES AUTELS.

AUTERIVE (31190), ch.-l. de cant. de la Haute-Garonne, sur l'Ariège, au S. de Toulouse ; 5 847 hab. *(Auterivains).* Marché. Confection.

AUTEUIL, quartier résidentiel de Paris (XVIe arrond.), entre le bois de Boulogne et la Seine. L'agglomération remonte au VIIe s.

Auteuil *(hippodrome d'),* hippodrome (courses d'obstacles) de l'ouest de Paris, occupant l'angle sud-est du bois de Boulogne.

AUTEUR n. m. (lat. *auctor*). **1.** Personne qui est à l'origine de qqch de nouveau, qui en est le créateur, qui l'a conçu, réalisé ; initiateur, inventeur : *L'auteur d'une découverte.* — **2.** Personne qui a accompli une action, à qui l'on attribue la responsabilité d'un acte répréhensible ou dommageable ; instigateur, agent : *Quel est l'auteur de cette farce stupide ?* — **3.** Créateur d'une œuvre didactique, littéraire, artistique, etc. : *L'auteur d'un film.* — **4.** Personne qui fait profession d'écrire, homme ou femme de lettres ; écrivain : *Un auteur à succès. Une femme auteur.* — **5.** Œuvre ou ensemble des œuvres d'un écrivain : *Relire les auteurs du XVIIIe s.* — **6.** Personne de qui une autre (l'ayant cause) tient un droit ou une obligation. — **7.** Personne qui a exécuté matériellement l'infraction *(auteur matériel)* ou qui l'a incitée *(auteur intellectuel).* — **8.** *Citer ses auteurs,* donner la ou les sources de son information. ‖ Fam. *L'auteur, les auteurs de mes jours,* mon père, mes parents. ‖ *Droits d'auteur,* droits moral et patrimonial d'un auteur sur son œuvre artistique ou littéraire.

auteurs et compositeurs *(Confédération internationale des sociétés d')* **[C.I.S.A.C.],** organisation internationale créée en 1926, regroupant des sociétés d'auteurs et de compositeurs et qui siège à Paris.

auteurs et compositeurs dramatiques *(Société des)* **[S. A. C. D.],** association créée en 1829 et qui a mandat de l'auteur d'exercer le droit de reproduction et de représentation sur les œuvres dramatiques.

auteurs, compositeurs et éditeurs de musique *(Société des)* **[S.A.C.E.M.],** organisme professionnel fondé en 1851 et regroupant la majorité des auteurs, compositeurs (et leurs héritiers) et éditeurs de musique français, qui lui ont fait apport, à titre exclusif, des droits de représentation publique et de reproduction de leurs œuvres. Elle perçoit les droits d'exécution publique et des droits de reproduction et de répartition des œuvres de ses membres.

AUTEUR-COMPOSITEUR n. m. (pl. *auteurs-compositeurs*). Chanteur qui écrit, compose et interprète lui-même ses chansons.

AUTHENTE [otɛ̃t] adj. (gr. *authentês,* maître absolu). Se dit de chacun des 4 modes principaux dans la musique byzantine et médiévale.

AUTHENTICITÉ n. f. **1.** Caractère de ce qui est authentique, exact : *L'authenticité d'une nouvelle.* – **2.** Sincérité des sentiments, vérité d'un témoignage : *L'authenticité d'un amour.* – **3.** Caractère de certains actes juridiques qui font foi par eux-mêmes.

AUTHENTIFICATION n. f. Action d'authentifier.

AUTHENTIFIER v. t. (conj. 9). Certifier l'authenticité de qqch : *Authentifier une signature.*

AUTHENTIQUE adj. (bas lat. *authenticus,* du gr. *authentikos*). **1.** Dont l'exactitude, la vérité ne peut être contestée : *Histoire authentique.* – **2.** Dont l'origine est indubitable : *Un authentique Rubens.* – **3.** D'une totale sincérité : *Une passion authentique.*

AUTHENTIQUEMENT adv. De façon authentique.

AUTHENTIQUER v. t. (conj. 3). Syn. vieilli de AUTHENTIFIER.

AUTHIE, fl. côtier du nord de la France, dans les collines de l'Artois, qui rejoint la Manche dans la *baie d'Authie ;* 100 km.

AUTHIGÈNE adj. (du gr. *authi,* ici même). Syn. de AUTOCHTONE.

AUTHION, riv. de Touraine et surtout d'Anjou *(val d'Authion),* affl. de la Loire qu'elle rejoint aux Ponts-de-Cé (r. dr.) ; 100 km.

AUTISME n. m. (all. *Autismus,* du gr. *autos,* soi-même). Repliement sur son monde intérieur du sujet qui refuse le contact avec le monde extérieur.

ENCYCL. Le terme d'« autisme » recouvre presque tout le champ des psychoses infantiles précoces (avant 5 ans). Suivant les auteurs, on distingue des formes déficitaires, avec distorsion précoce de la personnalité, ou des formes secondaires consécutives, par exemple, à une encéphalite. Le diagnostic différentiel avec l'arriération pose souvent un problème. Chez l'adulte, l'autisme est l'un des symptômes majeurs de la schizophrénie. L'autisme est non seulement la perte du contact vital avec la réalité, mais surtout la reconstruction par le schizophrène d'un monde impénétrable autour du noyau délirant hallucinatoire paranoïde.

AUTISTE adj. et n. Atteint d'autisme.

AUTISTIQUE adj. Caractéristique de l'autisme.

AUTO-, préfixe, du gr. *autos,* soi-même, lui-même *(autodidacte, autodéfense),* ou du fr. *automobile (autocar, auto-école).*

1. AUTO n. f. **1.** Abrév. de AUTOMOBILE. – **2.** En apposition d'un nom et avec un trait d'union, indique l'appartenance à l'automobile : *Assurance-auto.*

2. AUTO → AUTO SACRAMENTAL.

AUTOACCUSATEUR, TRICE adj. et n. Qui s'autoaccuse.

AUTOACCUSATION n. f. Action de s'accuser soi-même de fautes réelles ou imaginaires.

AUTOACCUSER (S') v. pr. (conj. 3). Se livrer à des autoaccusations.

AUTOADAPTATIF ou **AUTOADAPTIF, IVE** adj. Se dit d'un système capable d'autoadaptation.

AUTOADAPTATION n. f. Aptitude d'un système à modifier ses paramètres de structure de manière que son fonctionnement demeure satisfaisant en dépit des variations de son environnement.

AUTOADHÉSIF, IVE adj. et n. m. Se dit d'une surface recouverte d'une masse adhésive lui permettant d'adhérer, telle quelle, par légère pression sur une autre surface. (Syn. AUTOCOLLANT.)

AUTOADJOINT, E adj. *Endomorphisme autoadjoint,* endomorphisme admettant un adjoint et égal à celui-ci. ‖ *Forme bilinéaire* ou *sesquilinéaire autoadjointe,* forme bilinéaire ou sesquilinéaire égale à son adjointe.

AUTOADMINISTRATION n. f. Prise en charge des collectivités, des groupes sociaux par eux-mêmes, et non par une autorité extérieure.

AUTOAGGLUTINATION n. f. Agglutination provoquée in vitro par une autoagglutinine.

AUTOAGGLUTININE n. f. Autoanticorps agglutinant in vitro les propres hématies du sujet.

AUTOAGRESSIF, IVE adj. Qui exprime l'autoagressivité.

AUTOAGRESSIVITÉ n. f. Agressivité consciente ou inconsciente tournée contre soi-même.

AUTOALARME n. m. Appareil d'alarme automatique destiné aux stations de navire.

AUTOALIMENTATION n. f. Alimentation en énergie d'un dispositif automatique, commandée par ce dispositif lui-même, afin de rendre durable un fonctionnement provoqué par une alimentation extérieure.

AUTOALLUMAGE n. m. **1.** Inflammation spontanée et accidentelle du mélange carburé (provoquant le cognement et l'échauffement du moteur). — **2.** *Moteur à autoallumage,* moteur à cycle Diesel.

AUTOAMORÇAGE n. m. Amorçage spontané d'une machine, d'un appareil, d'une réaction.

AUTOAMORCEUR, EUSE adj. Capable de provoquer l'autoamorçage.

AUTOAMPUTATION n. f. Syn. de AUTOTOMIE.

AUTOANALYSE n. f. Analyse du sujet par lui-même, empruntant à la psychanalyse les techniques de l'association libre et de l'interprétation des rêves.

AUTOANALYSER (S') v. pr. (conj. 3). Pratiquer une autoanalyse.

AUTOANCRAGE n. m. Dispositif consistant à ancrer dans le tablier les extrémités des câbles d'un pont suspendu.

AUTOANCRÉ, E adj. Se dit d'un pont muni d'un dispositif d'autoancrage.

AUTOANTICORPS n. m. inv. Anticorps produit par un individu contre des structures de son propre organisme (globules rouges, thyroïde, etc.). [L'autoanticorps apparaît au cours des maladies auto-immunes.]

AUTOANTIGÈNE n. m. Antigène présent dans les cellules mêmes d'un sujet considéré et pouvant être la cible d'un autoanticorps.

AUTOAPPRENTISSAGE n. m. Aptitude d'un système cybernétique à modifier progressivement son programme de travail d'après l'efficacité plus ou moins grande de ses actions antérieures.

AUTOASSEMBLAGE n. m. Association spontanée, obéissant à des lois précises, des longues molécules polypeptidiques des cellules vivantes.

AUTOBIOGRAPHIE n. f. Vie de qqn écrite par lui-même.

AUTOBIOGRAPHIQUE adj. Relatif à la vie même de l'auteur.

AUTOBLOQUEUR ou **AUTOBLOQUANT** n. m. Appareil employé en alpinisme et en spéléologie pour l'ascension ou la descente de passages verticaux par glissements et coincements successifs le long d'une corde. (Syn. ASCENDEUR.)

AUTOBRONZANT, E adj. et n. m. Se dit d'un produit cosmétique permettant de bronzer sans soleil.

AUTOBUS [-bys] n. m. Grand véhicule automobile de transport en commun urbain et suburbain. (Syn. BUS.)

AUTOCAR n. m. Grand véhicule automobile à carrosserie vitrée et équipé pour le transport collectif, routier ou touristique. (Syn. CAR.)

AUTOCARISTE n. Personne qui affrète des autocars.

AUTOCASSABLE adj. Se dit d'une ampoule médicamenteuse dont les deux extrémités peuvent être cassées sans lime.

AUTOCATALYSE n. f. Catalyse d'une réaction par un de ses propres produits.

AUTOCENSURE n. f. Censure pratiquée par soi-même sur ce que l'on dit, ce que l'on écrit, et anticipant une censure présumée.

AUTOCENSURER (S') v. pr. (conj. 3). Pratiquer l'autocensure.

AUTOCENTRE n. m. Syn. de CENTRE-AUTO.

AUTOCENTRÉ, E adj. Se dit du développement d'un pays, fondé sur ses propres ressources matérielles et humaines et ne faisant pas appel à l'extérieur, notamment à l'échange international.

AUTOCÉPHALE adj. Se dit des Églises orthodoxes qui élisent leur propre primat.

AUTOCHENILLE n. f. Véhicule automobile utilisant pour se mouvoir une large bande continue, ou chenille, qui s'interpose entre les roues et le sol.

AUTOCHROME [-krom] adj. Se dit d'un procédé de photographie en couleur fondé sur la synthèse additive, dont la marque a été déposée en 1906 par A. et L. Lumière.
◆ n. f. Plaque obtenue par ce procédé.

AUTOCHTONE [-kton] adj. et n. (gr. *autokhthôn, -onos,* de *khthôn,* terre). Originaire du pays qu'il habite, dont les ancêtres ont vécu dans ce pays.
◆ adj. **1.** Se dit des constituants d'une roche lorsque ceux-ci se sont formés sur place. (Syn. AUTHIGÈNE ; contr. ALLOCHTONE.) — **2.** Se dit d'un magma produit et consolidé au même niveau et, par extension, des roches qui en dérivent.
◆ n. m. Formation non déplacée tectoniquement.

AUTOCHTONIE [-ktɔ-] n. f. Formation sur place d'une roche ou d'un minéral.

AUTOCITATION n. f. Citation que qqn fait de son propre discours.

AUTOCLAVE adj. Se dit d'une fermeture pour récipient sous pression, maintenue fermée par la

pression même qui règne à l'intérieur ; se dit du récipient lui-même.
◆ n. m. Récipient à parois épaisses et à fermeture hermétique, destiné à réaliser sous pression soit une réaction industrielle, soit la cuisson ou la stérilisation à la vapeur.

AUTOCOAT [-kot] n. m. (angl. *coat,* manteau). Vêtement de longueur intermédiaire entre celle de la veste et celle du manteau.

AUTOCOLLANT, E adj. et n. m. Syn. de AUTO-ADHÉSIF.

AUTOCOLLIMATEUR, TRICE adj. Se dit d'un instrument d'optique muni d'un réticule, que l'on peut, grâce à la réflexion de rayons lumineux sur une surface plane, orienter normalement à cette surface. (La lunette autocollimatrice sert à des mesures d'angles.)

AUTOCOMMUTATEUR n. m. Installation destinée à établir automatiquement une connexion entre deux postes d'un réseau téléphonique.

AUTOCOMPATIBILITÉ n. f. Capacité d'une plante à former des graines par autofécondation de chaque fleur.

AUTOCONCURRENCE n. f. Concurrence d'un produit sur d'autres produits de la même entreprise.

AUTOCONDENSATION n. f. Condensation d'un composé sur lui-même.

AUTOCONSERVATION n. f. Tendance de l'organisme à se maintenir en vie, malgré d'autres exigences, entre autres sexuelles, qui, satisfaites inconditionnellement, le mèneraient à sa destruction.

AUTOCONSOMMATION n. f. Fait, pour un producteur, de consommer les produits de sa propre activité. (C'est le fait, notamment, des agriculteurs et d'une large partie de la population dans les pays en voie de développement.)

AUTOCONSOMMER v. t. (conj. 3). Consommer des produits provenant de sa propre activité.

AUTOCONSTRUCTION n. f. Construction par qqn de sa propre maison.

AUTOCONTRÔLE n. m. **1.** Contrôle par soi-même d'un certain nombre de fonctions physiologiques ou de comportements généralement involontaires. — **2.** Contrôle par une société de son propre capital par l'intermédiaire de filiales détenant une part importante des actions de leur société mère.

AUTOCONVERGENT, E adj. Se dit d'un tube de télévision trichrome dans lequel les trois canons sont alignés, permettant une convergence simultanée pour les trois faisceaux.

AUTOCOPIANT, E adj. *Papier autocopiant,* papier servant à obtenir des copies d'un original écrit à la main ou à la machine, sans papier carbone intercalaire.

AUTOCORRECTEUR, TRICE adj. Se dit d'un procédé de codage permettant, après transmission ou traitement d'une information ainsi codée, de déterminer si l'information obtenue est exacte et, le cas échéant, de la corriger.

AUTOCORRECTIF, IVE adj. Qui permet l'autocorrection.

AUTOCORRECTION n. f. **1.** Correction spontanée d'une erreur, d'un défaut. — **2.** Dispositif permettant au sujet de contrôler ses réponses à une épreuve de connaissances.

AUTOCORRÉLATION n. f. Corrélation existant entre les valeurs successives d'une grandeur variable dans le temps.

AUTOCORRIGER (S') v. pr. (conj. **17**). Pratiquer l'autocorrection.

AUTOCOUPLEUR n. m. Coupleur électrique automatique.

AUTOCRATE n. et adj. **1.** Monarque détenant un pouvoir absolu. — **2.** Chef politique ou personne particulièrement tyrannique.

AUTOCRATIE [-si] n. f. Système politique dans lequel le pouvoir est détenu par un seul homme, qui l'exerce en maître absolu.
ENCYCL. En Russie, ce système fut appliqué à partir du règne d'Ivan III, qui adopta v. 1500 le titre d'autocrate *(samoderjets),* que ses successeurs, tsars et empereurs, portèrent jusqu'en 1917.

AUTOCRATIQUE adj. Se dit de ce qui relève de l'autocratie ; despotique, tyrannique.

AUTOCRATIQUEMENT adv. De façon autocratique.

AUTOCRATISME n. m. Caractère de ce qui est autocratique, autoritaire ; autoritarisme.

AUTOCRATOR n. m. (gr. *autokratôr,* absolu). **1.** Titre donné, dans la Grèce antique, aux détenteurs d'une autorité absolue. — **2.** À Rome, équivalent de IMPERATOR. — **3.** *Basileus autocrator,* à Byzance, nom officiel de l'empereur.

AUTOCRITIQUE n. f. **1.** Jugement que porte un militant, un parti politique sur son propre comportement, en référence à l'idéologie dont il se réclame et à sa pratique. — **2.** *Faire son autocritique,* reconnaître ses torts.

AUTOCRITIQUER (S') v. pr. (conj. 3). Pratiquer l'autocritique.

AUTOCROSS n. m. Sport automobile pratiqué sur terre battue.

AUTOCUISEUR n. m. Appareil hermétique de cuisson qui, utilisant la vapeur sous pression, permet d'atteindre des températures supérieures à la température normale d'ébullition et réduit ainsi notablement le temps de cuisson ordinaire.

AUTOCURAGE n. m. Entraînement spontané des matières en suspension d'une eau usée lorsque la vitesse d'écoulement est suffisante.

AUTODAFÉ n. m. (esp. *auto de fe,* jugement sur des matières de foi). **1.** En Espagne, à partir du XIVe s., et dans l'empire espagnol, proclamation solennelle d'un jugement prononcé par l'Inquisition sur un impie, un juif ou un hérétique ; exécution du coupable, généralement par le feu. — **2.** Destruction par le feu d'un objet (en particulier des livres) que l'on désavoue, que l'on condamne.

AUTODÉBRAYAGE n. m. Appareil actionnant automatiquement l'embrayage pendant les changements de vitesse, et désolidarisant le moteur quand celui-ci tombe au régime du ralenti.

AUTODÉFENSE n. f. Défense assurée par soi-même, par un groupe, sans faire appel aux services de sécurité, à la police.

AUTODÉFINIR (S') v. pr. (conj. 32). Donner de soi telle définition, telle description.

AUTODÉPRÉCIATIF, IVE adj. Relatif à l'autodépréciation.

AUTODÉPRÉCIATION n. f. Comportement d'un sujet qui émet, sincèrement ou non, des jugements défavorables à son propre égard.

AUTODÉRISION n. f. Fait de se prendre soi-même en dérision.

AUTODÉSAIMANTATION n. f. *Champ d'autodésaimantation,* dans un matériau magnétique, champ provenant d'une discontinuité de l'aimantation le long du circuit magnétique.

AUTODESTRUCTEUR, TRICE adj. Qui vise à se détruire soi-même.

AUTODESTRUCTION n. f. Fait de s'autodétruire.

AUTODÉTERMINATION n. f. Action de décider par soi-même, et, en partic., action par laquelle un peuple choisit librement son statut politique et économique.

AUTODÉTERMINER (S') v. pr. (conj. 3). Se décider par soi-même ; choisir librement son statut politique ou économique.

AUTODÉTRUIRE (S') v. pr. (conj. 98). **1.** Se détruire psychologiquement ou physiquement. — **2.** Se détruire spontanément, en parlant d'un logiciel soumis à une tentative de copie.

AUTODIAGNOSTIC n. m. Diagnostic de sa maladie, réelle ou supposée, effectué par le sujet lui-même en dehors d'un avis médical.

AUTODICTÉE n. f. Exercice d'orthographe consistant à restituer par écrit un texte précédemment lu et mémorisé.

AUTODIDACTE adj. et n. Qui s'est instruit par lui-même, sans professeur.

AUTODIDACTIQUE adj. Se dit d'un système capable d'autoapprentissage.

AUTODIDACTISME n. m. Attitude d'un autodidacte ; instruction par soi-même.

AUTODIFFUSION n. f. Déplacement des atomes dans un métal pur.

AUTODIGESTION n. f. Digestion de la muqueuse de l'estomac par ses propres sécrétions après la mort ou in vivo lors de la constitution des ulcères gastriques.

AUTODIRECTEUR n. m. Composant d'un missile destiné à capter un signal provenant de la cible à atteindre et à fournir les informations permettant d'orienter le missile vers cette cible. (Le signal peut être émis par la cible elle-même ou provenir de celle-ci par réflexion d'un signal émis par l'autodirecteur ou par un autre dispositif [avion, radar].)

AUTODISCIPLINE n. f. Fait pour un individu (ou une collectivité) de s'imposer de lui-même une discipline sans contrôle extérieur.

AUTODROME n. m. Piste spéciale destinée à l'étude, au réglage et à l'épreuve (éventuellement à la compétition sportive) des voitures automobiles.

AUTODUPLICATION n. f. Reproduction de la molécule d'A. D. N., qui assure le maintien du patrimoine héréditaire dans toutes les générations cellulaires par la formation de nouvelles molécules rigoureusement identiques à la molécule d'origine. (Syn. DUPLICATION.)

AUTO-ÉCOLE n. f. (pl. *auto-écoles*). Établissement où l'on enseigne la conduite automobile à des candidats au permis de conduire.

AUTOÉCOLOGIE ou **AUTÉCOLOGIE** n. f. Science qui étudie l'ensemble des relations d'une espèce vivante avec son milieu, délimite les conditions qui permettent la survie de l'espèce, sa reproduction, etc. (S'oppose à SYNÉCOLOGIE.)

AUTOÉDUCATION n. f. Démarche visant à s'éduquer soi-même.

AUTOÉLÉVATEUR, TRICE adj. **1.** Se dit d'un engin capable de modifier une de ses dimensions verticales par déplacement de certains de ses éléments. — **2.** *Plate-forme autoélévatrice,* support de travail en mer, qui prend appui sur le fond grâce à des piles verticales susceptibles d'être hissées pour permettre le déplacement du support en flottaison. (Utilisations : génie portuaire, forage pétrolier en mer.)

AUTOENSEIGNEMENT n. m. Démarche visant à se doter soi-même de ressources pour apprendre.

AUTOENTRETENU, E adj. Se dit d'un phénomène (oscillation, réaction chimique ou nucléaire) qui s'entretient de lui-même.

AUTOÉPURATION n. f. Ensemble de processus biologiques déterminant la minéralisation des polluants organiques en milieu aquatique.
ENCYCL. Essentiellement réalisée par des unicellulaires, l'autoépuration s'effectue en quatre stades : une *digestion* bactérienne aboutissant à des produits organiques simples, l'*incorporation* de ceux-ci par des protistes ciliés ou flagellés, l'*ingestion* directe des bactéries par les protistes, enfin l'*oxygénation* du milieu par des autotrophes (diatomées, algues vertes). Industriellement, l'autoépuration nécessite un apport initial d'oxygène (bassins étendus et peu profonds, à l'air libre).

AUTOÉQUIPEMENT n. m. Production de biens d'équipement, réalisation de travaux de gros entretien qu'une entreprise effectue pour son propre compte.

AUTOÉROTIQUE adj. Relatif à l'autoérotisme.

AUTOÉROTISME n. m. Comportement sexuel dans lequel le sujet obtient une satisfaction sans recourir à un objet extérieur, comme dans la masturbation.

AUTOEXCITATEUR, TRICE adj. et n. f. Se dit d'une machine électrique dans laquelle le courant continu alimentant les inducteurs est fourni par l'induit même de la machine.

AUTOEXCITATION n. f. Propriété des machines autoexcitatrices.

AUTOEXPLOSIF, IVE adj. Se dit d'un gaz qui est explosif sans addition de comburant.

AUTOEXTINGUIBLE adj. Se dit d'une substance qui peut brûler dans une flamme, mais qui s'éteint d'elle-même dès qu'on l'en retire.

AUTOFÉCONDATION n. f. **1.** Fécondation du pistil d'une fleur par les étamines de la même fleur, propre aux espèces cléistogames et à de rares espèces aux fleurs ouvertes telles que l'épine-vinette. (Syn. AUTOGAMIE.) — **2.** Fécondation d'un individu bisexué par lui-même. (Ce phénomène caractérise les parasites qui, comme le ténia, vivent isolément ; il ne permet aucun renouvellement de l'espèce.)

AUTOFERTILE adj. Se dit d'une plante chez laquelle le pistil d'une fleur peut être fécondé par le pollen d'une autre fleur du même pied. (Les espèces à pied bisexué ne sont pas toutes autofertiles.)

AUTOFERTILITÉ n. f. Caractère des plantes autofertiles.

AUTOFINANCEMENT n. m. Financement des investissements d'une entreprise au moyen d'un prélèvement sur les bénéfices réalisés.
ENCYCL. La notion d'autofinancement relève de l'analyse de la formation des résultats dans l'entreprise. (→ CASH FLOW.) Sur le plan comptable, sa mesure est donnée par la somme du résultat bénéficiaire, des amortissements et des provisions à caractère de réserves, dont il faut déduire l'impôt sur les bénéfices et, éventuellement, les dividendes distribués. Les ressources d'autofinancement consistent donc en profits réalisés et non distribués.

AUTOFINANCER v. t. (conj. **16**). Financer les investissements d'une entreprise grâce à l'emploi des bénéfices réalisés.
◆ **s'autofinancer** v. pr. Financer ses propres investissements.

AUTOFOCUS adj. (angl. *autofocus,* de *to focus,* mettre au point). Se dit d'un système de mise au point automatique de la distance équipant un appareil photo, une caméra, un appareil de projection, etc.
◆ n. m. **1.** Système autofocus. — **2.** Appareil photo équipé d'un tel système.

AUTOFONDANT, E adj. Se dit d'un minerai dont la gangue a une composition qui ne nécessite aucun ajout facilitant la fusion.

AUTOFORMATION n. f. *Programme d'autoformation,* programme d'initiation au fonctionnement d'un micro-ordinateur, permettant à l'utilisateur néophyte d'apprendre par lui-même à se servir de la machine.

AUTOFRETTAGE n. m. Procédé permettant d'accroître à froid la résistance d'un tube métallique en le soumettant à une pression intérieure.

AUTOFRETTER v. t. (conj. **4**). Effectuer l'autofrettage.

AUTOGAME adj. Se dit des plantes se reproduisant par autofécondation.

AUTOGAMIE n. f. Syn. de AUTOFÉCONDATION.

AUTOGÈNE adj. (gr. *autogenês,* existant par soi-même). *Soudage autogène,* soudage de pièces d'un même matériau, sans utilisation d'un produit d'apport.

AUTOGÉRER v. t. (conj. 3). Pratiquer l'autogestion de qqch.
◆ **s'autogérer** v. pr., **être autogéré** v. pass. Pratiquer l'autogestion, être géré suivant le système de l'autogestion.

AUTOGESTION n. f. **1.** Gestion d'une entreprise par les travailleurs eux-mêmes, soit directement, soit au moyen d'organismes élus et révocables par eux. — **2.** Gestion d'une collectivité par elle-même.

AUTOGESTIONNAIRE adj. Qui relève de l'autogestion : *Socialisme autogestionnaire.*

AUTOGIRE n. m. (esp. *autogiro,* nom donné à cet appareil par son inventeur, Juan de La Cierva, en 1923). Aéronef dont la sustentation est due au mouvement circulaire d'un rotor tournant librement sous l'action du vent relatif créé par le déplacement horizontal de l'appareil.

AUTOGOUVERNER (S') v. pr. (conj. 3). En parlant d'un système, se gouverner de lui-même, en fonction d'un programme initial sans nouvelles instructions au cours de son fonctionnement.

AUTOGRAPHE adj. et n. m. (gr. *autographos*). Écrit de la main même de l'auteur : *Des lettres autographes. Demander un autographe à un chanteur.*

AUTOGRAPHIE n. f. Transfert sur une pierre lithographique des traits tracés sur un papier dit « à report », à l'aide d'une encre grasse ; reproduction ainsi obtenue.

AUTOGRAPHIQUE adj. Relatif à l'autographie.

AUTOGREFFE n. f. Greffe dans laquelle le greffon est prélevé sur l'individu lui-même.

AUTOGUIDAGE n. m. Procédé permettant à un mobile de diriger lui-même son mouvement, sans intervention d'un opérateur, en fonction de la mission qui lui a été assignée.
ENCYCL. On distingue l'autoguidage astronomique, fondé sur l'observation de sources célestes de rayonnement optique ou radio, et l'autoguidage par inertie, qui utilise une plate-forme stabilisée par gyroscopes, portant des accéléromètres de très grande sensibilité.
— **Arm.** L'autoguidage d'un missile peut être réalisé soit à l'aide d'un autodirecteur, soit à l'aide d'un faisceau directeur, soit à l'aide d'une centrale inertielle, assistée ou non d'un système complémentaire destiné à améliorer sa précision (viseur stellaire, corrélation d'altitude).

AUTOGUIDÉ, E adj. Se dit d'un mobile qui navigue de manière autonome grâce à ses appareils de bord.

AUTOHÉMOLYSE n. f. Destruction prématurée des hématies, se produisant sans adjonction de substance hémolytique exogène. (L'étude de l'autohémolyse in vitro permet de distinguer différents groupes d'anémies hémolytiques.)

AUTOHÉMOTHÉRAPIE n. f. Mode de traitement, tendant à tomber en désuétude, utilisé surtout en allergologie, consistant à réinjecter immédiatement au patient par voie intramusculaire 20 à 30 ml de son propre sang, qu'on vient de prélever.

AUTO-IMMUN, E adj. Qui est dû à une auto-immunisation.

AUTO-IMMUNISATION n. f. État pathologique dû à la production par un organisme d'anticorps agissant à l'encontre de ses propres constituants.
ENCYCL. Les maladies par autoanticorps, ou maladies auto-immunes, sont responsables de nombreux états pathologiques, en particulier de collagénoses (lupus érythémateux systémique, polyarthrite rhumatoïde, etc.).

AUTO-IMMUNITAIRE adj. Relatif à l'auto-immunisation.

AUTO-IMMUNITÉ n. f. État d'immunisation d'un sujet vis-à-vis de ses propres constituants antigéniques.

AUTO-IMPOSITION n. f. Procédé fiscal consistant à soumettre à l'impôt les établissements publics.

AUTO-INCOMPATIBILITÉ n. f. Incapacité d'une plante produisant du pollen et des ovules fonctionnels à former des graines lorsque son propre pollen est déposé sur les stigmates de ses fleurs.

AUTO-INDUCTANCE n. f. Quotient du flux d'induction magnétique à travers un circuit par le courant qui le parcourt. (Syn. INDUCTANCE PROPRE, SELF-INDUCTANCE, COEFFICIENT DE SELF-INDUCTION.)
ENCYCL. D'après les lois de l'induction électromagnétique, un circuit parcouru par un courant variable d'intensité devient le siège d'un courant induit, qui se superpose au premier pour en retarder les variations. Il apparaît dans le circuit une force électromotrice e, qu'on écrit : $e = - L di/dt$. Cette expression définit l'auto-inductance L, qui s'exprime en henrys, quand les autres unités sont respectivement le volt, l'ampère et la seconde.
Ce phénomène est à l'origine de l'extracourant de fermeture et de celui de rupture qui produit une échelle lors de la coupure d'un circuit. En courant alternatif, l'auto-inductance est cause, dans un circuit non capacitif, d'un retard du courant sur la tension et permet le blocage des courants de haute fréquence.

AUTO-INDUCTION n. f. Induction électromagnétique imputable, dans un circuit électrique, au courant qui y circule. (Syn. INDUCTION PROPRE, SELF-INDUCTION.)

AUTO-INFECTION n. f. Infection due aux microbes qui existent normalement dans un organisme, sans y avoir jusqu'alors provoqué de troubles. (Ces germes deviennent virulents lorsqu'il y a une diminution de résistance de l'organisme.)

AUTO-INTOXICATION n. f. Ensemble des troubles provoqués par des poisons élaborés dans l'organisme lui-même. (L'auto-intoxication peut être due à un défaut d'élimination des déchets normaux produits par les différents métabolismes ou à la production de déchets anormaux.)

AUTO-IONISATION n. f. Ionisation d'un atome ou d'une molécule sans intervention d'un agent extérieur. (Ex. effet Auger.)

AUTOÏQUE adj. Se dit d'un parasite qui a tout son cycle de développement sur le même hôte. (Syn. MONOXÈNE ; contr. MÉTÉROÏQUE.)

AUTOJUSTIFICATION n. f. Justification par soi-même de ses propres actes.

AUTOLAVABLE adj. Se dit d'un matériau que les précipitations pluviales suffisent à maintenir propre.

AUTOLIMITATION n. f. **1.** Action de limiter soi-même sa consommation. — **2.** Capacité de l'État de lier sa propre volonté, en vertu de sa souveraineté, et de créer ainsi le droit international. (Théorie de Jellinek.)

AUTOLOGUE adj. Se dit d'une substance organique, d'une greffe lorsque le donneur et le receveur sont le même individu.

AUTOLUBRIFIANT, E adj. Se dit d'une pièce mécanique constituée d'un matériau permettant son fonctionnement sans apport de lubrifiant.

AUTOLUSTRANT, E adj. et n. m. Se dit d'un produit d'entretien constitué par une émulsion riche en résines et en cires, qui dépose à la surface d'un sol un film brillant.

AUTOLYSAT n. m. Produit de l'autolyse.

AUTOLYSE n. f. **1.** Destruction des tissus vivants par leurs propres enzymes, sans agent extérieur : cadavres, fruits en postmaturité (blettissement des poires). — **2.** Syn. de SUICIDE.

AUTOMATE n. m. (gr. *automatos,* qui se meut de soi-même). **1.** Machine qui, par le moyen de dispositifs mécaniques, pneumatiques, hydrauliques, électriques ou électroniques, est capable d'actes imitant ceux des corps animés. (Pris souvent dans le sens d'*androïde.*) [→ encycl.] — **2.** Personne qui agit comme une machine, d'une manière inconsciente ou sous l'impulsion d'une force extérieure. (S'emploie parfois en ce sens au fém.) — **3.** Machine et mécanisme automatiques, utilisés par exemple pour la peinture et le soudage dans l'industrie automobile. — **4.** *Automate programmable,* type de processeur programmable destiné à des applications industrielles.

ENCYCL. L'Antiquité aurait connu des statues animées et des jouets mécaniques. Au Moyen Âge, des automates remarquables auraient été construits par Albert le Grand ou Regiomontanus, mais les véritables automates apparurent avec l'art de l'horlogerie et connurent leur grand essor au XVIIIe s. Vaucanson en construisit de nombreux : *le Joueur de flûte traversière, le Joueur de tambourin, la Vielleuse* et surtout son célèbre *Canard,* capable de battre des ailes, de nager, de barboter, d'avaler du grain, etc. Parmi les automates célèbres du XVIIIe s., il faut citer aussi : les *Têtes parlantes,* de l'abbé Mical ; l'*Androïde écrivain,* de Friedrich von Knauss ; les automates des frères Jaquet-Droz ; les horloges de Lyon, Cambrai, Strasbourg, etc.

L'électricité et, surtout, l'électronique ont donné naissance à une nouvelle génération d'automates, capables d'imiter réellement certaines fonctions intellectuelles et non plus seulement de reproduire certains comportements (joueur d'échecs électrique de Torres Quevedo [1912], joueur de Nim [1951], joueur d'échecs électronique [1977], etc.).

AUTOMATICIEN, ENNE n. Spécialiste de l'automatique et de l'automatisation.

AUTOMATICITÉ n. f. Qualité d'un appareil, d'une machine ou d'une installation qui fonctionne automatiquement.

AUTOMATION → AUTOMATISATION.

AUTOMATIQUE adj. (de *automate*). **1.** Qui fonctionne par des moyens mécaniques sans intervention humaine : *Fermeture automatique.* — **2.** Se dit d'un geste qui s'exécute sans la participation de la volonté ; machinal. — **3.** Qui s'accomplit en vertu de règles fixées d'avance ou d'un enchaînement inéluctable : *À cet âge, la mise à la retraite est automatique.* — **4.** *Arme automatique,* arme dans laquelle la force produite par les gaz de combustion de la poudre effectue à la place du tireur la plupart des opérations nécessaires à son fonctionnement. (→ *encycl.*) ‖ *Écriture automatique,* procédé d'écriture qui est à la base de la pratique littéraire du surréalisme. (→ *encycl.*)

◆ n. m. **1.** Téléphone automatique. — **2.** Pistolet automatique. — **3.** Moulinet pour la pêche à la mouche, dont la rotation du tambour est assurée par un ressort puissant.

◆ n. f. Science et technique de l'automatisation, groupant l'ensemble des disciplines théoriques et technologiques intervenant dans la conception, la construction et l'emploi des systèmes automatiques. (→ *encycl.*)

ENCYCL. **Arm.** On distingue deux types d'armes automatiques : l'*arme à chargement automatique,* ou *arme semi-automatique,* dans laquelle la manœuvre de la culasse se produit sans l'intervention du tireur, qui doit cependant provoquer le départ du coup (tir coup par coup) ; l'*arme automatique* proprement dite, dans laquelle l'action du tireur sur la détente provoque le départ

successif de plusieurs coups (tir par rafales ou tir en mitrailleuse). Le fonctionnement des armes automatiques repose sur deux procédés : le premier utilise directement le recul de l'arme au départ du coup (cas du fusil FAMAS) ; le second capte, en un point fixe du canon, la pression des gaz et la dirige sur un piston solidaire de la culasse et mobile à l'intérieur d'un cylindre (cas du fusil-mitrailleur modèle 1924-1929). Dans les deux procédés, c'est un ressort récupérateur qui, comprimé dans le mouvement arrière de la culasse, renvoie ensuite celle-ci en avant pour provoquer le départ du coup suivant. Les deux procédés sont parfois combinés : c'est le cas des mitrailleuses à tir ultrarapide des avions de combat, dans lesquelles un court recul du canon précède et provoque un long recul de la culasse.
— **Cybern.** L'automatique est l'aspect technique de la cybernétique. Elle se divise en *automatique théorique,* ensemble des méthodes mathématiques d'analyse et de synthèse des systèmes automatiques, et en *automatique appliquée,* qui traite des problèmes pratiques d'automatisation grâce à la théorie et à la technologie des capteurs, des amplificateurs, des actionneurs et des ordinateurs. Le fonctionnement de tout système automatique repose sur la confrontation d'une *information de commande,* décrivant le programme désiré, à une *information d'état,* confrontation d'où résultent les ordres donnés aux actionneurs qui agissent sur le système commandé, modifiant ainsi son état. Cette suite d'opérations constitue une boucle fermée, siège d'opérations de *commande* et de *contrôle,* dont l'ensemble assure la *conduite* de l'installation.
— **Littér.** *Écriture automatique.* Définie dans le *Premier Manifeste,* en 1924, et appliquée dès les premières expériences de Breton et de Soupault *(les Champs magnétiques),* elle consiste à écrire en l'absence de tout contrôle rationnel, esthétique ou moral sur le jaillissement spontané des mots et des images.

AUTOMATIQUEMENT adv. **1.** De façon automatique, sans intervention humaine. — **2.** D'une manière inéluctable.

AUTOMATISATION n. f. (de *automatiser*) ou **AUTOMATION** n. f. (mot angl.). Suppression totale ou partielle de l'intervention humaine dans l'exécution de tâches diverses, industrielles, agricoles, domestiques, administratives ou scientifiques.

ENCYCL. L'automatisation ne consiste pas simplement à remplacer l'homme par un automate, mais conduit à repenser plus ou moins profondément le processus considéré et à remettre en question les habitudes acquises et les solutions traditionnelles. Prenant en charge tout ou partie des fonctions intellectuelles intervenant dans la conduite d'un processus, elle se situe à un niveau supérieur à la simple mécanisation. Partie intégrante de la conception et de la gestion des grands ensembles industriels, administratifs et commerciaux, elle constitue l'un des facteurs d'accroissement de la productivité et d'amélioration de la qualité. Ses principaux composants sont les émetteurs et les capteurs d'information, les actionneurs et leurs amplificateurs de puissance, ainsi que les ordinateurs et les microprocesseurs.

AUTOMATISER v. t. (conj. **3**). Procéder à l'automatisation d'un processus, d'une opération : *Automatiser un procédé de fabrication.*

AUTOMATISME n. m. (de *automate*). **1.** Qualité des appareils et installations qui fonctionnent sans intervention humaine. — **2.** Acte accompli mécaniquement, sans intervention de la volonté : *Des automatismes créés par l'habitude.*
• **Bx-arts** et **Littér.** Processus, repris des expériences médiumniques du XIXe s., dont les surréalistes ont prôné l'usage dans la création littéraire et artistique. (→ *encycl.*) — **Cybern.** Système à fonctionnement automatique. (Les automatismes comprennent les automatismes séquentiels, les asservissements, ou systèmes asservis, les systèmes adaptatifs et les systèmes autodidactiques.) ‖ *Automatisme de réglage,* syn. de ASSERVISSEMENT. ‖ *Automatisme séquentiel* ou *à séquences,* système automatique dont le fonctionnement met en jeu une suite, ou séquence, de phases s'enchaînant les unes aux autres d'après un ensemble de règles préétablies. (Il peut être à programme câblé ou à programme enregistré.) — **Neurol.** *Automatisme médullaire,* ensemble des réactions réflexes traduisant l'activité autonome de la moelle épinière libérée du contrôle des centres nerveux sus-jacents, après une section complète de la moelle d'origine traumatique, compressive ou vasculaire. — **Physiol.** Propriété d'un organe qui possède en lui-même tous les éléments de son fonctionnement (par ex. l'automatisme cardiaque). — **Psychiatr.** *Automatisme mental,* trouble au cours duquel le sujet a le sentiment que sa pensée et ses actes lui sont annoncés à l'avance. (Il s'y ajoute des hallucinations verbales, cénesthésiques et autres. L'automatisme mental est caractéristique des psychoses.)

ENCYCL. **Bx-arts.** Dans le dessin, la peinture, l'automatisme peut procéder de techniques matérielles (frottage, grattage, plissage, etc.) ou de mécanismes psychiques fondés sur le rêve, l'hallucination et le hasard. Ce refus de la raison et cette quête de la spontanéité ont trouvé des échos dans l'expressionnisme abstrait et l'abstraction lyrique.

AUTOMÉDICATION n. f. Utilisation thérapeutique par un malade de médicaments en dehors d'un avis médical. (Syn. AUTOPRESCRIPTION.)

AUTOMÉDON, conducteur du char d'Achille.

AUTOMÉDUSE n. f. Méduse dont l'œuf donne directement de petites méduses, sans passage par un stade polype. (La classe des *automéduses* regroupe les acalèphes et les trachylides.)

AUTOMITRAILLEUSE n. f. Engin blindé rapide, à roues (parfois à chenilles), armé d'un canon ou de mitrailleuses.

ENCYCL. Les premières automitrailleuses utilisaient des châssis de voitures civiles protégés par un blindage léger et une mitrailleuse. Entre 1914 et 1918, Rolls-Royce, Renault, Peugeot, Ehrhardt, Fiat improvisèrent des modèles qui ne purent rivaliser avec les chars (manque d'autonomie, blindage peu efficace). Les aptitudes tous terrains des automitrailleuses produites entre 1928 et 1945, leur plus grande autonomie, l'accroissement des calibres firent des voitures blindées des instruments utiles pour la reconnaissance, l'éclairage des divisions blindées, les liaisons. Depuis 1945, les progrès ont porté sur l'équipement, canons de 90 mm capables de détruire des chars (Panhard ERC-90), sur la mobilité (EE-9 Cascavel brésilienne) et sur la généralisation des capacités amphibies. Certains modèles sont équipés de mortiers (ERC Sagaie) ou de missiles antichars (BRDM-1 russe).

AUTOMNAL, E, AUX [-tɔnal, -no] adj. (lat. *autumnalis*). **1.** Qui appartient à l'automne : *Un soleil automnal.* — **2.** *Point automnal,* ou *point équinoxial d'automne,* l'un des deux points d'intersection du plan de l'écliptique et du plan de l'équateur, correspondant au passage du Soleil de l'hémisphère boréal dans l'hémisphère austral. (Le point opposé est dit *point vernal,* ou *point équinoxial de printemps.*)

AUTOMNE [-tɔn] n. m. (lat. *autumnus*). **1.** Saison qui succède à l'été et précède l'hiver, et qui, dans l'hémisphère boréal, commence le 22 ou le 23 sept. pour finir le 21 ou le 22 déc. — **2.** *Litt.* Maturité allant sur son déclin.

1. AUTOMOBILE adj. **1.** Se dit d'un appareil qui possède en lui-même son moteur de propulsion : *Bateau automobile.* — **2.** Se dit de ce qui concerne l'automobile : *Le parc automobile.* — **3.** Relatif au sport de l'automobile : *Coureur automobile.*

2. AUTOMOBILE n. f. **1.** Véhicule routier mû par un moteur à explosion, à combustion interne, électrique, ou par turbine à gaz. — **2.** Pratique, utilisation, sport de l'automobile. — **3.** Industrie de l'automobile.

ENCYCL. Les premiers essais de véhicule automobile font appel à la force motrice de la vapeur : « fardier » de Cugnot (1770-71), diligences de J. Griffith (1821) et W. Hancock (1831), l'*Obéissante* et la *Mancelle* d'Amédée Bollée (1875-1878). Mais l'essor ne viendra qu'avec l'apparition du moteur à explosion, léger, à puissance massique élevée. Le principe de ce moteur est énoncé simultanément par A. Beau de Rochas et N. Otto (1862) : c'est le moteur à 4 temps, d'une puissance potentielle bien supérieure à celle du moteur à gaz réalisé par Étienne Lenoir (1862). Des pionniers se livrent à des essais intéressants : notamment E. Delamare-Deboutteville, dont la voiture circule en 1883. G. Daimler et W. Maybach, anciens de la firme Otto-Langen, réalisent un moteur à 4 temps qu'ils installent sur différents véhicules, dont une automobile (1886). Benz construit une voiture à moteur horizontal (1886). L'automobile pratique naît en France avec R. Panhard et E. Levassor qui, ayant acquis des brevets Daimler, fabriquent couramment des prototypes (1891). À partir de 1890, et surtout vers la fin du siècle, se créent de nombreuses entreprises en France et à l'étranger. L'automobile connaît un succès croissant avec les épreuves routières (Paris-Rouen, 1894 ; Paris-Bordeaux, 1895 ; Paris-Marseille, 1896, etc.). La voiture de course est consacrée par les grandes épreuves Paris-Amsterdam (1898), Paris-Berlin (1901), Paris-Vienne (1902), etc. Après 1900, les progrès nés de la compétition sont adoptés sur les modèles courants. À partir de 1910, l'industrie automobile américaine s'implante très fortement autour de Detroit avec la production en série de H. Ford. Ce mode de production gagne l'Europe après la Première Guerre mondiale, tandis que de petites marques de pionniers explorent toutes les possibilités des techniques de pointe : traction avant (Grégoire), roues indépendantes (Sizaire), aérodynamique (Claveau), caisse monocoque (Lancia), solutions adoptées et perfectionnées par les constructeurs de grande série après 1932. À partir de 1945, l'automobile commence la conquête de la planète. La voiture légère de série est dotée peu à peu des perfectionnements réservés autrefois aux voitures de luxe. Les énormes moyens industriels nécessaires à la production ainsi que les investissements pour améliorer la productivité (C. A. O. pour la carrosserie, atelier s flexibles, robots de soudage et de peinture, etc.) entraînent une concentration et une concertation des firmes au niveau national et même mondial.

description

Une voiture automobile de tourisme est composée des parties suivantes : un *moteur,* qui fournit l'énergie mécanique nécessaire à la propulsion du véhicule ; des organes mécaniques assurant la *transmission* de cette énergie aux roues motrices ;

une *suspension,* qui absorbe les chocs dus aux inégalités de la route ; un système de *freinage ;* une *direction ;* une *carrosserie ;* le tout reposant sur ou intégré à un *châssis* qui prend lui-même appui sur les roues.

• *Les organes moteurs.* Le moteur, monté élastiquement sur le châssis, est un convertisseur qui utilise l'énergie fournie par la combustion d'un mélange carburé pour transmettre un couple moteur aux roues du véhicule. Malgré l'apparition du moteur à piston rotatif et le développement du moteur Diesel, le plus utilisé reste, pour la voiture individuelle, le moteur à allumage commandé.

La disposition des organes moteurs et de la transmission existe sous quatre formes : a) moteur à l'avant et transmission aux roues arrière, longtemps la plus répandue ; b) rassemblement des organes à l'avant, dont les roues correspondantes deviennent tractrices et directrices, solution qui se généralise à partir de 1960 ; c) disposition inverse de la précédente, où tous ces organes sont reportés à l'arrière ; d) transmission aux roues avant et arrière (4 × 4).

La solution moteur à l'avant avec roues avant motrices est souvent retenue pour son confort et son habitabilité : tout l'arrière de la voiture demeure disponible pour le chargement des personnes et des bagages. La tenue de route est aussi meilleure : une voiture à traction avant est tirée par son moteur, tandis qu'une voiture à propulsion arrière est poussée. Le comportement routier de la voiture s'en ressent. La traction avant garde bien la ligne droite et se montre peu sensible aux vents latéraux, mais il faut lui imposer fermement la courbe des virages : les tractions avant sont sous-vireuses. Au contraire, les voitures à propulsion arrière sont plutôt survireuses : dans un virage serré pris trop rapidement, l'arrière de la voiture a tendance à déraper vers l'extérieur de la courbe, les roues avant continuant normalement leur trajectoire.

• *Le moteur.* Il utilise la force de poussée de l'explosion du mélange air-carburant préalablement comprimé et produit, par l'intermédiaire des bielles et du vilebrequin, le mouvement rotatif nécessaire à la voiture. Le bloc-cylindres est le cœur du moteur ; c'est une pièce en fonte ou en aluminium, moins lourd et meilleur conducteur de la chaleur. Il comporte de nombreux passages ménagés au moment de la fonte de la pièce ; les plus gros logent les pistons, les plus petits sont réservés aux canalisations de graissage et de refroidissement. La culasse s'installe sur le bloc-cylindres ; elle contient plusieurs évidements, dont les chambres d'explosion au-dessus des cylindres, qu'elles ferment. Elle porte le plus souvent deux soupapes par cylindre, une pour l'admission du mélange air-carburant, une autre pour l'échappement des gaz brûlés.

• *La transmission et la boîte de vitesses.* Pour qu'une voiture puisse se déplacer, il est indispensable que le mouvement rotatif de l'arbre moteur soit transmis aux roues. Il faut pouvoir établir ou couper cette transmission tant au démarrage qu'à l'arrêt, comme en marche pour changer les vitesses. C'est le rôle de l'embrayage, mécanique ou automatique. Associé à l'électronique, l'embrayage automatique offre l'efficacité d'une boîte de vitesses conventionnelle sans l'inconvénient de la pédale d'embrayage.

La boîte de vitesses sert à modifier le régime du moteur par rapport aux roues. Elle est constituée d'un ensemble de pignons de grandeurs différentes. Au démarrage, le moteur doit fournir un gros effort : il tourne beaucoup plus vite que les roues, le conducteur choisit la combinaison de pignons correspondant à la première. Lorsque la voiture prend de la vitesse, le conducteur change de combinaisons, les pignons mis en rapport ont un nombre de dents de plus en plus voisin. La transmission du mouvement, depuis cette boîte jusqu'aux arbres de roues, se fait par l'arbre de transmission, le couple conique et le différentiel, qui permet aux roues motrices de tourner à des vitesses différentes l'une de l'autre dans les virages. Enfin, un arbre intermédiaire assure la marche arrière.

• *La direction.* La direction est à vis ou à crémaillère. Dans la direction *à vis,* une vis solidaire du volant entraîne en rotation un galet ou un écrou dont les mouvements déforment la timonerie agissant sur l'orientation des roues avant ; cette direction est douce mais requiert un nombre élevé de renvois et d'articulations, ce qui nuit à la précision de conduite. La direction *à crémaillère* comporte une crémaillère placée dans l'axe des roues, ce qui permet une transmission directe du mouvement. Elle assure une grande précision du guidage des roues et contribue à la stabilité de la voiture en ligne droite.

Sur la plupart des poids lourds et des voitures de haut de gamme, la direction est assistée par un servomécanisme à air comprimé (camions) ou à huile sous pression (direction hydraulique), qui prend en charge l'effort nécessaire au pivotement des roues dès que le conducteur tourne le volant.

• *Le freinage.* Comme la direction, le freinage est assisté par l'hydraulique : le mouvement du pied sur la pédale de frein est transmis aux roues par un liquide spécial. Les dispositifs de freinage sont des tambours ou des disques qui frottent contre des garnitures. Le frein à disque est progressif et dosable ; son action est liée à l'effort du pied sur la pédale. Quant au frein à tambour, il offre des arrêts énergiques sans effort notable. De nombreuses voitures rapides associent tambours à l'arrière et disques à l'avant. Tout freinage s'ac-

compagne, en effet, d'un report partiel du poids sur l'avant de la voiture ; les freins avant travaillant donc plus que les freins arrière, ils ne doivent absolument pas perdre leur efficacité.
L'*ABS* (système d'antiblocage des roues) assure un freinage efficace en même temps qu'une meilleure stabilité de la voiture. La distance d'arrêt est optimisée car le freinage s'effectue à la limite d'adhérence de la roue sur le sol. Une régulation électronique contrôle chaque roue, module le freinage et l'adapte instantanément à l'adhérence grâce aux informations transmises par des capteurs. Ces informations servent aussi à l'*ASR* (système antipatinage à l'accélération), qui évite le patinage des roues motrices et permet à la voiture de démarrer dans les conditions optimales.
• *La suspension.* La suspension conditionne la tenue de route, le confort des passagers et la possibilité de rouler sur des revêtements de qualité inégale. Cette fonction est assurée grâce à l'action conjuguée des ressorts et des amortisseurs. Un ressort flexible filtre les inégalités de la route ; l'amortisseur élimine les oscillations de la carrosserie et maintient les roues au contact du sol. Pour un confort moelleux, il faut une suspension à grande flexibilité et à faible taux d'amortissement. Un bon comportement routier exige par contre une suspension ferme : flexibilité moindre et fort taux d'amortissement. La

IMMATRICULATION DES AUTOMOBILES

Le numéro d'immatriculation, inscrit sur la carte grise et reproduit sur la plaque d'immatriculation, comprend un numéro d'ordre dans la série, une, deux ou trois lettres de série et l'indicatif du département.

codification française

01	Ain	34	Hérault	69	Rhône
02	Aisne	35	Ille-et-Vilaine	70	Saône (Haute-)
03	Allier	36	Indre	71	Saône-et-Loire
04	Alpes-de-Haute-Provence	37	Indre-et-Loire	72	Sarthe
05	Alpes (Hautes-)	38	Isère	73	Savoie
06	Alpes-Maritimes	39	Jura	74	Savoie (Haute-)
07	Ardèche	40	Landes	75	Paris
08	Ardennes	41	Loir-et-Cher	76	Seine-Maritime
09	Ariège	42	Loire	77	Seine-et-Marne
10	Aube	43	Loire(Haute-)	78	Yvelines
11	Aude	44	Loire-Atlantique	79	Sèvres (Deux-)
12	Aveyron	45	Loiret	80	Somme
13	Bouches-du-Rhône	46	Lot	81	Tarn
14	Calvados	47	Lot-et-Garonne	82	Tarn-et-Garonne
15	Cantal	48	Lozère	83	Var
16	Charente	49	Maine-et-Loire	84	Vaucluse
17	Charente-Maritime	50	Manche	85	Vendée
18	Cher	51	Marne	86	Vienne
19	Corrèze	52	Marne (Haute-)	87	Vienne (Haute-)
2A	Corse-du-Sud	53	Mayenne	88	Vosges
2B	Haute-Corse	54	Meurthe-et-Moselle	89	Yonne
21	Côte-d'Or	55	Meuse	90	Territoire de Belfort
22	Côtes-d'Armor	56	Morbihan	91	Essonne
23	Creuse	57	Moselle	92	Hauts-de-Seine
24	Dordogne	58	Nièvre	93	Seine-Saint-Denis
25	Doubs	59	Nord	94	Val-de-Marne
26	Drôme	60	Oise	95	Val-d'Oise
27	Eure	61	Orne	971	Guadeloupe
28	Eure-et-Loir	62	Pas-de-Calais	972	Martinique
29	Finistère	63	Puy-de-Dôme	973	Guyane
30	Gard	64	Pyrénées-Atlantiques	974	Réunion
31	Garonne (Haute-)	65	Pyrénées (Hautes-)	975	Saint-Pierre et-Miquelon
32	Gers	66	Pyrénées-Orientales	976	Mayotte
33	Gironde	67	Rhin (Bas-)		
		68	Rhin (Haut-)		

IMMATRICULATION DES AUTOMOBILES

codification internationale

A	Autriche
ADN	République du Yémen
AFG	Afghānistān
AL	Albanie
AND	Andorre
AUS	Australie
B	Belgique
BD	Bangladesh
BDS	Barbade
BG	Bulgarie
BH	Belize
BR	Brésil
BRN	Bahreïn
BS	Bahamas
BUR	Birmanie
C	Cuba
CDN	Canada
CH	Suisse
CI	Côte-d'Ivoire
CL	Sri Lanka
CO	Colombie
CR	Costa Rica
CY	Chypre
CZ	République tchèque
D	Allemagne
DK	Danemark
DOM	République Dominicaine
DY	Bénin
DZ	Algérie
E	Espagne
EAK	Kenya
EAT	Tanzanie
EAU	Ouganda
EC	Équateur
ES	Salvador
ET	Égypte
F	France
FDI	Fidji
FL	Liechtenstein
FR	Féroé
GB	Grande-Bretagne
GBA	Aurigny
GBG	Guernesey
GBJ	Jersey
GBM	Man (île de)
GBZ	Gibraltar
GCA	Guatemala
GE	Géorgie
GH	Ghana
GR	Grèce
GUY	Guyana
H	Hongrie
HK	Hongkong
HKJ	Jordanie
HR	Croatie
I	Italie
IL	Israël
IND	Inde
IR	Iran
IRL	Irlande
IRQ	Iraq
IS	Islande
J	Japon
JA	Jamaïque
K	Cambodge
KWT	Koweït
L	Luxembourg
LAO	Laos
LAR	Libye
LB	Liberia
LS	Lesotho
M	Malte
MA	Maroc
MAL	Malaysia
MC	Monaco
MEX	Mexique
MS	Maurice (île)
MW	Malawi
N	Norvège
NA	Antilles néerlandaises
NAM	Namibie
NIC	Nicaragua
NL	Pays-Bas
NZ	Nouvelle-Zélande
P	Portugal
PA	Panamá
PAK	Pākistān
PE	Pérou
PL	Pologne
PNG	Papouasie-Nouvelle-Guinée
PY	Paraguay
RA	Argentine
RB	Botswana
RC	Taïwan
RCA	République centrafricaine
RCB	Congo
RCH	Chili
RH	Haïti
RI	Indonésie
RIM	Mauritanie
RL	Liban
RM	Madagascar
RMM	Mali
RN	Niger
RO	Roumanie
ROK	Corée du Sud
ROU	Uruguay
RP	Philippines
RSM	Saint-Marin
RSR	Zimbabwe
RU	Burundi
RUS	Russie
RWA	Ruanda
S	Suède
SD	Swaziland
SF	Finlande
SGP	Singapour
SK	Slovaquie
SME	Surinam
SN	Sénégal
SY	Seychelles
SYR	Syrie
T	Thaïlande
TG	Togo
TN	Tunisie
TR	Turquie
TT	Trinité-et-Tobago
UA	Ukraine
USA	États-Unis
V	Cité du Vatican
VN	Viêt-nam
WAG	Gambie
WAL	Sierra Leone
WAN	Nigeria
WD	Dominique
WG	Grenade
WL	Sainte-Lucie
WS	Samoa
WV	Saint-Vincent
YU	Yougoslavie
YV	Venezuela
Z	Zambie
ZA	Afrique du Sud
ZRE	Zaïre

IMMATRICULATIONS SPÉCIALES	
C	Corps consulaire
CD	Corps diplomatique
CMD	Chef de mission diplomatique
D	Véhicule des domaines
K	Fonctionnaires internationaux non assimilés diplomatiques ; membres du personnel administratif, technique et de services, missions consulaires, titulaires de cartes spéciales
TT	Transit temporaire
W	Véhicule en essai, à l'étude ou destiné à la vente
WW	Véhicule en attente d'immatriculation

suspension traditionnelle (ressorts à lames, amortisseurs hydrauliques) ne parvient pas à concilier ces exigences contradictoires, ce qui oblige les constructeurs à favoriser plutôt l'une ou l'autre.

Dans la suspension hydropneumatique, le lien élastique est constitué par un gaz (azote) enfermé dans une sphère ; un liquide (huile minérale) lui transmet les mouvements de la roue. Pour l'amortissement et la garde au sol, un *correcteur d'assiette* fait varier automatiquement le volume de liquide, maintenant constantes l'horizontalité et la hauteur de la carrosserie par rapport au sol. Cette suspension confère aux véhicules un excellent confort et un comportement sur route de qualité. Pour augmenter encore la stabilité de la caisse et améliorer le comportement en virage, une solution consiste à confier le pilotage de la suspension à un microprocesseur.

• *La protection de l'environnement.* L'automobile représente une source importante de pollution. Celle-ci est due à la présence, dans les gaz d'échappement, de monoxyde de carbone, d'oxyde d'azote, d'hydrocarbures imbrûlés et de plomb (provenant du plomb tétraéthyle ajouté à l'essence pour augmenter son indice d'octane). On y remédie par un meilleur réglage de la carburation et par une postcombustion des gaz d'échappement dans un réacteur catalytique placé sur le conduit d'échappement ; cette dernière méthode nécessite l'emploi d'une essence sans plomb. Pour des trajets courts, et particulièrement pour la circulation urbaine, on utilise aussi de plus en plus des voitures électriques. Le développement de ce type de véhicules est lié à celui d'accumulateurs de capacité suffisante pour assurer un rayon d'action raisonnable sans être excessivement encombrants.

• *L'électronique dans l'automobile.* Les nouvelles réglementations antipollution ainsi que les exigences croissantes en matière de sécurité et de confort imposent de plus en plus de composants électroniques dans les automobiles. En 1990, les systèmes électroniques embarqués représentaient 6 % du prix d'une voiture ; les experts estiment que ce pourcentage aura triplé en l'an 2000. L'allumage et l'injection électroniques sont déjà très répandus, mais les dispositifs encore réservés aux véhicules haut de gamme devraient progressivement équiper tous les modèles : systèmes d'antiblocage de roues et d'antipatinage, suspension active, coussins gonflables de sécurité (Air Bags), climatisation pilotée, etc. On prévoit aussi le développement des systèmes d'aide extérieure à la conduite, qui, à partir d'informations embarquées et de signaux reçus à l'extérieur (encombrements, météorologie, etc.), donnent au conducteur des indications et des conseils lui permettant de suivre le meilleur itinéraire. Simultanément, on devrait assister à une simplification du réseau de bord avec le multiplexage, grâce auquel l'ensemble des signaux électriques représentant les informations nécessaires à la bonne marche du véhicule peuvent être acheminés par un petit nombre de lignes, voire par un câble unique.

le parc et la production automobiles

Le parc automobile mondial était estimé à 550 millions d'unités au début de 1990 (près de 420 millions de voitures de tourisme), dont plus du tiers encore aux États-Unis (1 voiture de tourisme pour 2 hab. à peine). Le taux de motorisation est également élevé (moins de 4 hab. pour 1 voiture particulière) au Canada, en Europe occidentale et au Japon. Il demeure plus faible en Europe orientale, où le nombre de véhicules utilitaires est souvent important, et, plus encore, dans le tiers-monde (1 voiture pour plus de 500 hab. en Inde).

La production annuelle, voisine de 35 millions de voitures de tourisme et de 12 millions de véhicules utilitaires par an, provient essentiellement des États-Unis, du Japon et de l'Europe occidentale (Allemagne et France en tête). Elle est pratiquement assurée par quelques grandes firmes multinationales (General Motors, Ford et Chrysler, américaines ; Toyota, Nissan et Honda, japonaises ; Fiat, Volkswagen, Renault et Peugeot, européennes).

le sport automobile

Il a connu un grand développement après 1945. Le championnat du monde des conducteurs de formule 1, supervisé par la Fédération internationale du sport automobile (F. I. S. A.), a été créé en 1950. Il se dispute chaque année sur une quinzaine de Grands Prix, courus dans autant de pays. Le classement s'effectue par addition des points obtenus en fonction de places acquises dans ces Grands Prix. Figurent à son palmarès les plus grands noms de ce sport : J. M. Fangio,

J. Clark, J. Stewart, N. Lauda, N. Piquet, A. Prost, A. Senna. Les rallyes (dont celui de Monte-Carlo créé en 1911 demeure célèbre) se sont également multipliés, reliant parfois des continents (Paris-Dakar).

Automobile-Club de France (A. C. F.), société fondée à Paris en 1895, pour le développement de l'industrie automobile, au moyen d'expositions, de patronage d'épreuves, etc.

AUTOMOBILISME n. m. Ensemble des activités de construction, de distribution, d'utilisation et de promotion qui se rapportent à l'automobile.

AUTOMOBILISTE n. Conducteur d'une automobile.

AUTOMORPHE adj. Se dit des minéraux des roches limités par les formes cristallines propres à leur espèce. (Contr. XÉNOMORPHE.)

AUTOMORPHISME n. m. **1.** Isomorphisme d'un ensemble sur lui-même. — **2.** *Automorphisme intérieur,* automorphisme défini sur un groupe G qui, a étant un élément de G, associe à tout x une image de la forme axa^{-1}.

ENCYCL. . L'ensemble des automorphismes d'un ensemble E, relativement à une structure algébrique, est, pour la composition des applications, un groupe appelé groupe des automorphismes de E.

AUTOMOTEUR, TRICE adj. Se dit d'un véhicule, d'un engin ou d'un appareil capable de se déplacer par ses propres moyens.

◆ **automoteur** n. m. **1.** Engin blindé de l'artillerie dont le canon est placé en casemate ou sous tourelle. — **2.** Syn. vieilli de CANON AUTOMOUVANT*. — **3.** Bâtiment porteur motorisé, par opposition aux bâtiments porteurs non motorisés (péniches tractées ou chalands remorqués) et aux bâtiments non porteurs motorisés (remorqueurs, pousseurs).

◆ **automotrice** n. f. Véhicule se déplaçant sur rails par ses propres moyens. (Le terme d'*automotrice* est réservé plus spécialement aux véhicules à traction électrique, celui d'*autorail* aux véhicules à moteur thermique.)

ENCYCL. Les engins automoteurs sont doués de fortes accélérations appréciables pour le trafic banlieue et les dessertes régionales. Ils sont le plus souvent utilisés avec des remorques spécialisées pour constituer des éléments indéformables et couplables entre eux. Le véhicule extrême est alors doté d'une cabine de conduite qui permet la marche en réversibilité. Compte tenu de leur capacité d'adhérence et de leur masse par essieu relativement faible, les rames automotrices sont également utilisées sur les lignes à grande vitesse (T. G. V. en France, réseau Shinkansen au Japon).

AUTOMOUVANT, E adj. et n. m. Se dit d'un matériel d'artillerie dont le canon est monté sur un châssis chenillé mais dépourvu de blindage de protection. (Syn. AUTOMOTEUR.)

AUTOMUTILATEUR, TRICE adj. Se dit du comportement d'un sujet qui s'inflige des automutilations.

AUTOMUTILATION n. f. Blessure ou mutilation provoquée volontairement sur soi-même.

AUTONASTIE n. f. Mouvement spontané, sans cause apparente, des feuilles d'un végétal, tel que le sainfoin oscillant.

AUTONETTOYAGE n. m. Opération effectuée par un appareil autonettoyant.

AUTONETTOYANT, E adj. Se dit d'un dispositif qui se débarrasse par son fonctionnement des déchets ou souillures entraînés par son utilisation : *Four autonettoyant.*

AUTONOME adj. (gr. *autonomos,* qui se gouverne par ses propres lois). **1.** Se dit d'un territoire qui s'administre librement, se gouverne par ses propres lois. — **2.** Se dit d'un organisme qui gère lui-même les affaires qui lui sont propres. — **3.** Se dit de qqn qui a une certaine indépendance, qui est capable d'agir sans avoir recours à autrui : *Individu autonome.* — **4.** Dont l'évolution est réglée par des facteurs qui lui sont propres. — **5.** Se dit d'une variable économique (investissement, prix, consommation) exerçant une influence sur d'autres sans que, en retour, elle soit influencée par elles. — **6.** *Gestion autonome,* système d'organisation des entreprises dans lequel chaque atelier est considéré comme indépendant des autres. ‖ *Groupe autonome,* cellule de travail disposant dans une entreprise de l'autonomie financière et organisationnelle. ‖ *Syndicat autonome,* qui ne se rattache à aucune des grandes centrales syndicales. ‖ *Système nerveux autonome,* syn. de SYSTÈME NERVEUX VÉGÉTATIF.

◆ adj. et n. Se dit de personnes, de groupes contestataires qui agissent en marge de toute organisation politique, et qui sont partisans de l'action directe.

AUTONOMIE n. f. (gr. *autonomia*). **1.** Situation d'une collectivité, d'un organisme public dotés de pouvoirs et d'institutions leur permettant de gérer les affaires qui leur sont propres sans interférence du pouvoir central. — **2.** Capacité de qqn à être autonome, à ne pas être dépendant d'autrui ; caractère de qqch qui fonctionne ou évolue indépendamment d'autre chose : *L'autonomie d'une discipline scientifique.* — **3.** Intervalle d'espace ou de temps pendant lequel un véhicule, un appareil peut fonctionner sans nouvel apport d'énergie, de carburant, sans intervention extérieure : *Voiture qui a une autonomie de*

300 km. — **4.** *Autonomie de la volonté,* principe juridique en vertu duquel l'auteur d'un acte juridique a la faculté de le passer librement et d'en déterminer le contenu et les effets (sous réserve du respect des lois relatives à l'ordre public et aux bonnes mœurs). ‖ *Autonomie financière,* situation d'un service public qui, bénéficiant de ressources propres, administre librement ses dépenses.

AUTONOMISATION n. f. **1.** Action d'assurer l'autonomie d'un appareil. — **2.** Fait de se rendre autonome, de conquérir son autonomie.

AUTONOMISME n. m. Revendication militante de l'autonomie politique, souvent d'inspiration régionaliste.

AUTONOMISTE adj. et n. Relatif ou favorable à l'autonomie politique.

AUTONYME adj. Se dit de l'emploi d'un mot dans le cas où celui-ci se désigne lui-même en tant que signe linguistique (par ex. l'usage de « soir » et « espoir » dans *Soir rime avec espoir*). ◆ n. m. Mot, signe considéré dans son emploi autonyme. (Syn. AUTORÉFÉRENT.)

AUTONYMIE n. f. Usage autonyme d'un mot, d'un signe.

AUTONYMIQUE adj. Relatif à l'autonymie.

AUTO-OPTIMALISATION ou **AUTO-OPTIMISATION** n. f. Recherche et maintien automatique d'un fonctionnement optimal d'un système selon un critère déterminé.

AUTOPALPATION n.f. Méthode de dépistage du cancer du sein chez la femme, consistant à palper soi-même ses seins.

AUTOPERSUADER (S') v. pr. (conj. **3**). Se convaincre soi-même jusqu'à s'intoxiquer psychologiquement.

AUTOPHAGIE n. f. Dernier recours de l'homme, des animaux et des plantes après une longue inanition, et consistant à digérer certains organes non vitaux pour alimenter les organes vitaux. (L'histolyse qui accompagne la nymphose des insectes est une autophagie).

AUTOPLASTIE n. f. Comblement d'une perte de substance cutanée au moyen de la peau voisine.

AUTOPODE n. m. **1.** Axe végétal s'accroissant principalement par son bourgeon terminal. — **2.** Partie distale du membre des vertébrés tétrapodes, comprenant le basipode (carpe ou tarse), le métapode (paume, plante du pied) et l'acropode (doigts).

AUTOPOLAIRE adj. *Triangle autopolaire,* triangle dont chaque sommet est le pôle du côté opposé pour une conique donnée.

AUTOPOLYPLOÏDIE n. f. Polyploïdie résultant de la juxtaposition de chromosomes provenant d'une même espèce.

AUTOPOMPE n. f. Véhicule automobile portant une pompe d'incendie, des matériels et le personnel correspondant à leur mise en œuvre.

AUTOPORT n. m. Vaste parking pour camions près des marchés de gros, des postes de douane, etc.

AUTOPORTANT, E ou **AUTOPORTEUR, EUSE** adj. **1.** Se dit de certaines structures en béton armé, en métal ou en matière plastique, dont la stabilité est assurée par la seule rigidité de leur forme. — **2.** *Coque autoportante,* ensemble monobloc de la carrosserie et du châssis d'une automobile.

AUTOPORTRAIT n. m. Portrait d'une personne fait par elle-même.

AUTOPRESCRIPTION n. f. Syn. de AUTOMÉDICATION.

AUTOPRODUIT, E adj. Se dit d'un disque, d'une cassette réalisés en dehors des circuits habituels par l'artiste lui-même.

AUTOPROPULSÉ, E adj. Se dit des missiles, des lanceurs et des véhicules spatiaux évoluant dans l'atmosphère ou dans l'espace par autopropulsion.

ENCYCL. L'ensemble propulsif est constitué de réservoirs contenant les propergols (carburant et comburant) sous forme solide ou liquide ou uniquement le carburant pour les missiles propulsés par turboréacteur, statoréacteur, pulsoréacteur. Les propergols sont brûlés dans une chambre de combustion, et la poussée est obtenue par la détente, dans une tuyère, des gaz résultant de la combustion.

AUTOPROPULSEUR n. m. Dispositif de propulsion capable de fonctionner de façon automatique.

AUTOPROPULSION n. f. Propriété qu'ont certains engins de se propulser par leurs propres moyens.

AUTOPROTECTION n. f. Protection contre le vol et l'effraction grâce à un système automatique d'alarme.

AUTOPROTOLYSE n. f. Réaction dans laquelle deux molécules d'un même corps (l'eau en particulier) échangent un proton, l'une se comportant comme un acide, l'autre comme une base.

AUTOPSIE n. f. (gr. *autopsia,* action de voir de ses propres yeux). **1.** Ouverture et examen d'un cadavre pour se rendre compte de l'état des organes et des causes de la mort. (La loi ordonne l'autopsie dans les cas de mort suspecte.) [Syn.

NÉCROPSIE.] — **2.** Examen minutieux, approfondi de qqch. : *L'autopsie d'un crime.*

ENCYCL. Pour pratiquer une autopsie, on ouvre la paroi des cavités splanchniques, afin de mettre à découvert les organes qu'elles renferment. Ces cavités sont le thorax, l'abdomen, le crâne, le rachis. L'examen histologique des pièces les plus significatives et éventuellement l'analyse toxicologique des viscères complètent cet examen macroscopique.

AUTOPSIER v. t. (conj. 9). Pratiquer l'autopsie d'un cadavre.

AUTOPUBLICITÉ n. f. Publicité faite par le moyen d'un produit sur les autres produits d'une entreprise commerciale.

AUTOPUNITIF, IVE adj. Se dit d'une conduite marquée par l'autopunition.

AUTOPUNITION n. f. Conduite de punition de soi-même liée à une culpabilité imaginaire.

AUTORADIO n. m. Poste récepteur de radiodiffusion destiné à fonctionner à bord des automobiles et alimenté par la batterie du véhicule.

AUTORADIOGRAPHIE n. f. Empreinte laissée sur un support photographique par un objet contenant un produit radioactif.

AUTORAIL n. m. Voiture automotrice dont la propulsion est assurée par un moteur thermique. (Syn. usuel MICHELINE.)

AUTORAPPORT n. m. Pratique d'organisation qui confie au titulaire d'un poste de travail le soin d'analyser et de contrôler lui-même son activité à l'aide d'un document de référence, supprimant ainsi la nécessité d'une surveillance par un supérieur.

AUTORÉDUCTEUR, TRICE adj. Se dit d'un tachéomètre qui mesure la distance réduite à l'horizontale et non la distance suivant la pente.

AUTORÉFÉRENCE n. f. Propriété d'un énoncé dont le contenu sémantique est exclusivement en relation avec cet énoncé, et qui, par cela même, est susceptible d'engendrer une antinomie. (Ainsi la phrase « Je mens toujours », qui donne lieu au paradoxe du menteur, se réfère en particulier à elle-même, car elle est l'affirmation du caractère mensonger de toutes mes phrases, et, comme telle, s'applique aussi à la phrase qui exprime cette affirmation.)

AUTORÉFÉRENT n. m. Syn. de AUTONYME.

AUTORÉFÉRENTIEL, ELLE adj. Se dit des énoncés qui ont la propriété d'autoréférence.

AUTORÉGLAGE n. m. Propriété d'une installation dans laquelle, en l'absence de toute régulation extérieure, un régime établi est atteint de nouveau après une perturbation.

AUTORÉGULATEUR, TRICE adj. Se dit d'une installation dont le fonctionnement est tel qu'il s'adapte de lui-même aux changements de charge ou de régime.

AUTORÉGULATION n. f. **1.** Propriété d'une installation ou d'un dispositif autorégulateur. — **2.** Caractère d'une fonction qui assure sa propre régulation. (Ainsi, dans le cas de l'autorégulation de la pression artérielle, une hypertension ou une hypotension au niveau des grosses artères, près de leur origine, déterminent des réflexes provoquant des réactions compensatrices.) — **3.** *Autorégulation chromosomique,* dans quelques espèces animales, processus suivant immédiatement la méiose et consistant pour l'ovocyte à réabsorber le globule polaire, ce qui permet le développement d'un embryon parthénogénétique diploïde.

AUTORÉPARABLE adj. Se dit d'un objet ou d'un système qui, en cas de défaut, peut automatiquement se réparer.

AUTOREPRODUCTEUR, TRICE adj. Qui assure l'autoreproduction ou la concerne.

AUTOREPRODUCTION n. f. Caractère propre aux êtres vivants, résultant directement de l'assimilation, et consistant en une duplication à l'identique des structures vivantes de toutes dimensions : organites cellulaires, cellule, individu.

AUTO-REVERSE adj. et n. m. (de l'angl. *reverse,* marche arrière). Se dit d'un magnétophone ou d'un magnétoscope muni d'un dispositif permettant le retournement automatique de la bande en fin de course.

AUTORISABLE adj. Que l'on peut autoriser.

AUTORISATION n. f. **1.** Action d'autoriser : *Sortir sans autorisation.* — **2.** Document écrit constatant cette permission. • **Banq.** Montant limite que peut atteindre le débit en compte d'un client bénéficiaire d'une avance, pendant une certaine durée. ‖ *Autorisation d'escompte,* encours maximal d'effets escomptés et non échus que peut avoir un client chez son banquier. — **Dr.** *Autorisation administrative,* autorisation émanant soit du chef de l'État, soit des ministres, soit des agents de l'Administration. ‖ *Autorisation préalable,* accord préalable obligatoire de l'Administration auquel est soumis l'exercice d'une activité (par oppos. à *déclaration préalable*). — **Fin.** *Autorisation budgétaire,* vote par lequel le Parlement, en adoptant le budget, autorise le gouvernement à effectuer les dépenses et à percevoir les recettes qui y sont inscrites. ‖ *Autorisation de programme,* autorisation budgétaire qui, figurant dans la loi de finances, permet à l'Administration d'engager des dépenses mais non de les payer.

AUTORISER v. t. (lat. médiév. *auctorizare,* du lat. class. *auctor,* auteur) [conj. 3]. **1.** Donner (à qqn) la permission, le droit de faire qqch, rendre possible son action, lui permettre d'user de qqch : *On l'a autorisé à sortir de l'hôpital.* – **2.** Rendre possible un sentiment, une action, les légitimer, les justifier : *Les nouvelles autorisent quelques espoirs.*

◆ **être autorisé** v. pass. **1.** Être permis : *Liste des aliments autorisés.* – **2.** En parlant d'un ouvrage, d'une information, etc., faire autorité (surtout épithète) : *Un avis autorisé.* – **3.** *Personne autorisée,* celle qui a l'autorité pour déclarer, exécuter qqch. – **4.** En parlant d'un étalon, être agréé à la monte publique et susceptible de maintenir les qualités de la race.

◆ **s'autoriser** v. pr. S'appuyer sur un droit, un précédent, un prétexte, etc., pour faire qqch : *Puis-je m'autoriser de vous pour faire cette démarche ?*

AUTORITAIRE adj. **1.** Qui use de toute l'autorité qu'il possède sans s'imposer de limite ; qui ne supporte pas la contradiction : *Un directeur autoritaire.* – **2.** Se dit de ce qui manifeste l'autorité : *Avoir une voix autoritaire.* – **3.** Se dit de tout régime politique où l'exécutif est investi d'une très grande autorité, d'un pouvoir absolu, dictatorial.

AUTORITAIREMENT adv. De façon autoritaire.

AUTORITARISME n. m. **1.** Conception ou pratique autoritaire du pouvoir. (L'autoritarisme se traduit notamment par la primauté de l'exécutif et la restriction des libertés politiques.) – **2.** Caractère d'une personne autoritaire : *L'autoritarisme d'un chef de service.*

AUTORITÉ n. f. (lat. *auctoritas*). **1.** Pouvoir de décider ou de commander, d'imposer ses volontés à autrui : *Affermir, perdre, rétablir son autorité.* – **2.** Secteur administratif, organisme auquel est confié un pouvoir de décision légalement défini : *Autorité judiciaire, municipale.* – **3.** Le pouvoir politique ou les organes qui le représentent pris collectivement : *Les représentants de l'autorité.* – **4.** Ensemble de qualités par lesquelles qqn impose à autrui sa personnalité, ascendant grâce auquel qqn se fait respecter, obéir, écouter : *Manquer d'autorité personnelle.* – **5.** Crédit, influence, pouvoir dont jouit qqn ou un groupe dans le domaine de la connaissance ou d'une activité quelconque, du fait de sa valeur, de son expérience, de sa position dans la société, etc. ; caractère de qqch dont la valeur, le sérieux, communément reconnus, lui permettent de servir de référence : *L'autorité des Anciens. Autorité d'un ouvrage, d'une étude.* – **6.** Considération qui s'attache habituellement à certaines choses : *L'autorité de l'âge.* – **7.** Auteur, ouvrage dont les opinions sont admises par le plus grand nombre : *C'est une autorité en matière de droit civil.* – **8.** *Autorité judiciaire,* ensemble des magistrats des juridictions civiles et pénales. ‖ *Autorité de justice,* droit ou obligation qui résultent d'un jugement ou d'une décision exécutoire. ‖ *Autorité parentale,* autorité dévolue par la loi aux père et mère ou à l'un des deux seulement, sur la personne et les biens de leur(s) enfant(s) mineur(s) et non émancipé(s). [Elle s'est substituée à la puissance paternelle par la loi du 4 juin 1970.] ‖ *D'autorité,* de sa propre autorité, sans consulter personne, sans permission. ‖ *Faire autorité,* être considéré comme une référence dans un domaine donné.

◆ **autorités** n. f. pl. Représentants de la puissance publique, hauts fonctionnaires : *Les autorités civiles et militaires.*

ENCYCL. **Pédag.** Comme K. Lewin l'a montré, les climats autoritaires influent massivement dans un groupe sur les comportements individuels quotidiens : une animation autoritaire bloque le groupe, ouvre sur l'agressivité et la recherche de boucs émissaires ; mais une animation refusant l'autorité angoisse profondément le groupe, et amène sa destructuration rapide et des passages à l'acte. Seule l'animation présentée par Lewin comme démocratique permet au groupe d'affronter la réalité, de fonctionner solidairement, et d'instaurer la permissivité protégée qui facilite, voire fonde une éducation.

Autorité de la communication audiovisuelle *(Haute),* institution créée par la loi du 29 juill. 1982 dans le but de garantir l'indépendance du service public de la radiodiffusion et de la télévision. La loi du 30 sept. 1986 la remplaça par la Commission nationale de la communication et des libertés.

AUTOROTATION n. f. Mode de fonctionnement d'un rotor d'hélicoptère dont le système d'entraînement mécanique ou par réaction n'agit plus.

AUTOROUTE n. f. (calque de l'ital. *autostrada*). Voie exclusivement réservée à la circulation des véhicules automobiles, ne comportant qu'un nombre limité d'accès, établis de façon à éviter tout cisaillement et ne présentant aucun croisement à niveau.

ENCYCL. L'autoroute, qui comporte deux chaussées unidirectionnelles, est conçue de façon à écouler des débits très importants, à permettre la circulation à vitesse élevée et régulière, et à procurer aux usagers une plus grande sécurité. La limitation des points d'accès permet de percevoir des péages.

AUTOROUTIER, ÈRE adj. Relatif aux autoroutes.

◆ **autoroutière** n. f. Voiture dont les caractéristiques sont appropriées à l'utilisation sur autoroute.

AUTO SACRAMENTAL ou **AUTO** n. m. (pl. *autos sacramentales*) [mots esp. signif. *représentation du Saint-Sacrement*]. Pièce édifiante jouée autrefois en Espagne le jour de la Fête-Dieu sur des tréteaux ambulants dressés dans les rues.
ENCYCL. Inspirés des Écritures ou des légendes hagiographiques chrétiennes, ou encore de sujets profanes, les *autos sacramentales* devinrent au XVIe s. et au XVIIe s. des pièces de la plus haute valeur dramatique, constituant avec Juan del Encina, Lope de Vega, et surtout Calderón, l'âge d'or du théâtre espagnol avant d'être interdits, en 1765.

AUTOSATISFACTION n. f. Contentement de soi-même ; témoignage de bonne conduite que l'on se donne à soi-même.

AUTOSATISFAIT, E adj. Qui manifeste de l'autosatisfaction.

AUTOS-COUCHETTES adj. Se dit d'un train spécialisé dans le transport simultané des voyageurs et de leurs automobiles.

AUTOSEXABLE adj. Se dit des races d'oiseaux dans lesquelles le mâle et la femelle présentent à l'éclosion des caractères morphologiques facilement reconnaissables.

AUTOSITAIRE adj. (du gr. *sitos*, nourriture). Se dit d'un monstre double dans lequel chaque individu est capable de vivre par lui-même.

AUTOSOME n. m. Chromosome quelconque, à l'exclusion des chromosomes sexuels ou allosomes. (Contr. ALLOSOME.)

AUTOSOMIQUE ou **AUTOSOMAL, E, AUX** adj. **1.** Qui se rapporte à un autosome. — **2.** Se dit d'un caractère dont le gène responsable est porté par un autosome.

AUTOSTABILISATION n. f. Stabilisation spontanée d'un dispositif, d'un véhicule, etc.

AUTOSTABILISÉ, E adj. Se dit de la flamme d'un brûleur à gaz dont le soufflage est rendu impossible, quel que soit le débit.

AUTOSTABILITÉ n. f. Qualité de ce qui est autostable.

AUTOSTABLE adj. **1.** Se dit de la structure d'un bâtiment, d'un ouvrage d'art lorsqu'elle assure par elle-même sa propre stabilité. — **2.** Se dit d'un avion tendant à revenir à sa position d'équilibre, quand il en est écarté par une turbulence. — **3.** Se dit d'un système de freinage dont la manœuvre, même brutale, ne peut provoquer le dérapage des roues arrière.

AUTOSTART n. m. Véhicule automobile muni de deux bras métalliques derrière lesquels sont placés les chevaux au départ des courses de trot.

AUTOSTÉRILE adj. Se dit des plantes qui ne peuvent être fécondées par le pollen issu du même pied.

AUTOSTIMULATION n. f. Comportement observé chez des animaux qui portent des électrodes implantées dans certaines structures cérébrales, et qui, en appuyant sur un levier, peuvent déclencher directement une stimulation électrique, de niveau approprié, de leur propre cerveau.

AUTO-STOP n. m. Procédé consistant, pour un piéton, à arrêter par un geste un automobiliste, pour lui demander de le transporter gratuitement. (Syn. STOP.)

AUTO-STOPPEUR, EUSE n. (pl. *auto-stoppeurs, euses*). Personne qui fait de l'auto-stop. (Syn. STOPPEUR.)

AUTOSUBSISTANCE n. f. Organisation économique d'un groupe social assumant par lui-même l'ensemble de ses besoins.

AUTOSUFFISANCE n. f. État de qqn, d'un pays autosuffisant.

AUTOSUFFISANT, E adj. **1.** Dont les ressources propres sont suffisantes pour assurer les besoins essentiels. — **2.** Syn. de CONSISTANT.

AUTOSUGGESTIF, IVE adj. Qui est déterminé par l'autosuggestion.

AUTOSUGGESTION n. f. Influence non rationnelle bien que volontaire d'une idée sur les conduites d'un sujet.

AUTOSUGGESTIONNER (S') v. pr. (conj. 3). Être soumis à une autosuggestion.

AUTO(-)TAMPONNEUSE n. f. (pl. *autos*[-] *tamponneuses*). Petite voiture électrique qui sert comme attraction de fête foraine en circulant et en entrechoquant d'autres voitures sur une piste.

AUTOTEST n. m. Test présenté de telle sorte que le sujet puisse le faire seul et en mesurer seul les résultats. (Sa validité est douteuse.)

AUTOTOMIE n. f. Moyen de fuite de quelques animaux qui, saisis par la queue ou par une patte, peuvent rompre l'attache de cet organe au corps pour se libérer. (Syn. AUTOAMPUTATION.)
ENCYCL. L'autotomie repose sur l'existence d'une zone préadaptée à se rompre : tégument fragile, muscle annulaire puissant ; elle est connue pour la queue des lézards et commune pour les pattes des arthropodes et les bras des ophiures.

AUTOTRACTÉ, E adj. Se dit d'un engin doté d'un dispositif permettant une traction autonome.

AUTOTRANSFORMATEUR n. m. Transformateur électrique dans lequel les enroulements primaire et secondaire ont des parties communes.

AUTOTRANSFUSION n. f. Technique consistant à réinjecter par voie veineuse après un laps de temps plus ou moins long le propre sang du sujet. (Cette technique est considérée comme un dopage pour les sportifs et les chevaux de course.)

AUTOTREMPANT adj. m. Se dit d'un alliage dont la trempe se produit par simple refroidissement à l'air.

AUTOTROPHE adj. Se dit des plantes vertes et de certaines bactéries qui se nourrissent par autotrophie.

AUTOTROPHIE n. f. Mode de nutrition des êtres qui peuvent se nourrir uniquement d'aliments non organiques.
ENCYCL. La forme majeure de l'autotrophie est la *phototrophie* *, commune à toutes les plantes chlorophylliennes. Mais de nombreuses bactéries se procurent par *chimiotrophie* l'énergie nécessaire à la synthèse de leurs aliments, notamment dans les sources hydrothermales des abysses.

1. AUTOUR n. m. (bas lat. *acceptor,* oiseleur, du lat. class. *accipiter,* avec p.-ê. l'infl. de *vautour*). Grand rapace diurne à longue queue des régions tempérées, rare en France. (Cet oiseau attaque surtout les pigeons, les geais, les corbeaux et les pies.)

2. AUTOUR (DE) prép. et adv. (de *à* et *tour*). **1.** Indique l'espace environnant ou la périphérie (qqf renforcé par *tout*) : *Les cultures s'étendent autour du village. De la viande avec des légumes autour.* — **2.** Indique le voisinage immédiat, les relations habituelles : *Le romancier observe les gens autour de lui.* — **3.** Environ, à peu près : *Cela vous coûtera autour de 5 000 francs.* — **4.** À partir d'un sujet, d'un thème, dans un certain contexte : *Organiser un débat autour d'un livre.*

AUTOURSERIE n. f. Art d'élever et dresser les accipitridés, autours et éperviers, pour la chasse.

AUTOURSIER n. m. Éleveur, dresseur d'autours et d'éperviers.

AUTOVACCIN n. m. Vaccin obtenu par la culture du microbe même qui a déterminé l'infection en évolution. (Il a été surtout utilisé pour combattre la furonculose.)

AUTOVACCINATION n. f. Vaccination par un autovaccin.

AUTOVIREUR adj. m. Se dit d'un papier photographique à noircissement direct, dont la couche sensible contient les sels nécessaires au virage.

AUTRANS (38880), comm. de l'Isère, à 28 km à l'O. de Grenoble ; 1 537 hab. Station touristique et centre de sports d'hiver, à 1 050 m d'alt.

AUTRE adj. et pron. indéf. (lat. *alter*). **1.** Distinct, différent des êtres ou des choses de même catégorie : *Quelle autre solution voyez-vous ? Il a tué un lièvre et en a manqué deux autres.* — **2.** Comme pronom, désigne seulement des personnes : *L'égoïste ne s'intéresse pas aux autres.* — **3.** Indique la supériorité : *Son premier film était intéressant, mais celui-ci est d'une autre qualité !* — **4.** Indique la différence ; distinct, différent : *Mes raisons sont tout autres que celles que vous imaginez.* — **5.** *À d'autres !,* n'espérez pas me faire croire cela ! ‖ Fam. *Comme dit l'autre,* se dit en citant une phrase de caractère sentencieux. ‖ *En avoir vu d'autres,* avoir eu suffisamment d'expériences pour ne pas se laisser impressionner par la situation présente. ‖ *Entre autres,* sert à présenter un élément qu'on veut distinguer d'un ensemble, sert à présenter des exemples ; parmi, notamment : *Il a exposé plusieurs arguments, entre autres celui-ci.* ‖ *Et autres,* indique une généralisation à l'intérieur d'une même catégorie. ‖ Fam. *Il n'en fait jamais d'autres !,* c'est encore une de ses sottises ! ‖ *L'autre jour, l'autre fois, l'autre semaine,* il y a quelques jours, quelques semaines. ‖ *L'autre monde, l'autre vie,* l'au-delà, la vie future. ‖ *Nous autres, vous autres,* nous, vous (par oppos. à des personnes différentes). ‖ *Sans autre,* en Suisse, sans façon, sans faire de manières. ‖ *Vous me prenez pour un autre,* vous me connaissez mal (se dit en général pour exprimer un refus).
◆ n. m. **1.** Pour les présocratiques et pour Hegel, principe de l'être et de la pensée, par opposition au « même », par lequel un objet diffère d'un autre, ou par lequel l'homme reconnaît le caractère différent d'un objet de pensée par rapport à un autre. — **2.** *L'Autre et l'autre,* distinction fondatrice de la structure du sujet, introduite par J. Lacan dans la théorie analytique. (L'autre ou *a* désigne le sujet imaginaire de l'image spéculaire, l'Autre ou *A* est le lieu de la Loi et de la parole.)

AUTREFOIS adv. Dans le temps passé, il y a longtemps ; jadis : *Des légendes d'autrefois. Il a été autrefois un excellent boxeur.*

AUTREMENT adv. **1.** D'une autre façon : *Il agit autrement qu'il ne parle.* — **2.** À un plus haut degré : *La crise est autrement plus sérieuse qu'on ne l'avait prévu.* — **3.** Dans le cas contraire, sinon, sans quoi : *Tout a dû bien se passer, autrement on nous aurait prévenus.* — **4.** *Autrement dit,* pour user d'un autre terme ; en d'autres mots. ‖ *Pas autrement,* guère : *Sa démission ne m'a pas autrement surpris.*

DIVISIONS ADMINISTRATIVES DE L'AUTRICHE			
Länder	Superficie (en km²)	Population	Capitale
Vienne	415	1 533 176	Vienne
Autriche (Basse-)	19 172	1 480 927	Sankt Pölten
Autriche (Haute-)	11 980	1 340 076	Linz
Burgenland	3 966	273 541	Eisenstadt
Carinthie	9 533	558 421	Klagenfurt
Salzbourg	7 154	483 880	Salzbourg
Styrie	16 387	1 184 593	Graz
Tyrol	12 647	630 358	Innsbruck
Vorarlberg	2 601	333 128	Bregenz

AUTRICHE, en all. **Österreich,** État de l'Europe centrale, formé de neuf provinces ou Länder (Basse-Autriche, Haute-Autriche, Burgenland, Carinthie, Salzbourg, Styrie, Tyrol, Vienne et Vorarlberg) ; 84 000 km² ; 8 millions d'hab. *(Autrichiens).* CAP. *Vienne.* LANGUE : *allemand.* MONNAIE : *Schilling.*

Géographie. Dans une situation historique de carrefour, l'Autriche, plus que la Suisse, est le véritable pays alpin. La chaîne (massifs de l'Ötztal, des Tauern, etc.) occupe plus des deux tiers du territoire, touchant au bassin pannonien à son extrémité orientale, à l'Europe centrale, hercynienne, au N., parcourue ici par la vallée unificatrice du Danube. La montagne est humide, portant au-dessous de 2 200-2 500 m des forêts et des pâturages, mais aussi souvent ensoleillée. La continentalité du climat (forts écarts thermiques) augmente vers l'E., où apparaît une relative sécheresse dans une situation climatique d'abri.

La densité est élevée (90 hab. au km²) pour un pays montagneux. L'existence de villes notables non alpines (Vienne, Graz, Linz) explique en partie seulement cette moyenne, la montagne (Voralberg plus que Tyrol) demeurant peuplée. La population ne s'accroît plus guère, en raison de la chute du taux de natalité (12,5 ‰).

L'agriculture n'emploie plus que 8 % de la population active et assure un pourcentage encore moindre du P. I. B. Les cultures (céréales, betterave à sucre, localement vigne) sont localisées dans les plaines ou collines de l'Autriche danubienne. L'élevage (bovins et porcins) est la ressource presque exclusive de la montagne, avec le tourisme estival et hivernal, dont les revenus aident à combler le traditionnel déficit de la balance commerciale.

L'industrie emploie près de 40 % de la population active et contribue pour une part à peu près égale à la formation du P. I. B. En partie contrôlée par l'État (le cinquième de la valeur de la production [énergie, métallurgie lourde, chimie] et de la main-d'œuvre), elle est dominée par les constructions mécaniques et électriques, devant la chimie et des branches plus traditionnellles (agroalimentaire, textile, travail du bois, verrerie, etc.). Cette industrie est souvent tributaire des importations imposées par la pauvreté minérale (un peu de fer) et énergétique (peu de pétrole et de gaz) du sous-sol, que ne pallie pas le développement de l'hydroélectricité.

Histoire.

• *Les origines.* Très anciennement peuplés, les territoires qui ont constitué l'Autriche ont été occupés par Rome avant l'ère chrétienne, puis envahis par les Barbares.

803 : Charlemagne forme la marche de l'Est.

Au Xᵉ s., le pays est attribué à la famille des Babenberg. Le nom d'Österreich (Autriche) apparaît en 996.

• *L'Autriche des Habsbourg.*

1156 : La marche est constituée en duché héréditaire.

Au XIIIᵉ s., le duché devient possession de Rodolphe Iᵉʳ, de Habsbourg, à la tête du Saint Empire depuis 1273. Le sort de l'Autriche est désormais lié à celui de la maison de Habsbourg, qui va agrandir ses territoires (acquisition de la Carinthie et du Tyrol au XIVᵉ s.). Héritier de tous les territoires des Habsbourg et de la couronne du Saint Empire (restée dans la famille depuis 1438),

Maximilien Ier (1493-1519) y ajoute la Franche-Comté et les Pays-Bas et jette les bases du futur empire de Charles Quint.
1521-22 : Charles Quint abandonne le domaine autrichien à son frère Ferdinand, qui reçoit l'héritage des royaumes de Bohême et de Hongrie en 1526.
1529 : Les Turcs assiègent Vienne.
1618-1648 : Guerre de Trente Ans. Les Habsbourg perdent tout espoir de refaire l'unité religieuse de l'Empire mais combattent efficacement le protestantisme dans leurs États (Contre-Réforme).
1683 : Les Turcs assiègent de nouveau Vienne.
Le XVIIIe s. voit l'apogée de la maison d'Autriche et le début du recul des Ottomans.
1714 : Au traité de Rastatt, la maison d'Autriche obtient les Pays-Bas, le Milanais et Naples, après sa victoire contre Louis XIV.
De 1740 à 1790, Marie-Thérèse, puis son fils Joseph II réorganisent le pays et pratiquent une politique de centralisation et de germanisation, en appliquant les principes du despotisme éclairé.
1742 : L'Autriche cède la Silésie à la Prusse.
1772 : Le premier partage de la Pologne attribue à l'Autriche la Galicie.
À partir de 1791 (déclaration de Pillnitz), l'Autriche lutte contre la France révolutionnaire puis impériale.
1804 : François II prend le titre d'empereur héréditaire d'Autriche (François Ier).
1806 : Napoléon Ier supprime le Saint Empire.
Au congrès de Vienne (1815), l'Autriche recouvre finalement les territoires perdus au cours de ses défaites successives et obtient une situation prépondérante en Italie et dans la Confédération germanique. Puis, jusqu'en 1848, l'Autriche est dirigée en fait par le chancelier Metternich : elle est l'arbitre de l'Europe et la championne de la réaction antilibérale.
1848 : Révolutions en Autriche, en Bohême, en Hongrie et en Italie. Ferdinand 1er (empereur depuis 1835) abdique en faveur de son neveu François-Joseph.
1866 : La défaite de Sadowa devant les Prussiens consacre l'effacement des Habsbourg en Allemagne.
1867-1918 : L'Autriche forme avec la Hongrie la double monarchie (→ AUTRICHE-HONGRIE), avec un seul souverain, François-Joseph (qui meurt en 1916), et doit compter avec l'agitation de nombreuses nationalités qui la composent.
En 1918, à l'issue de la Première Guerre mondiale, l'empire des Habsbourg, démantelé, disparaît.

• *La république autrichienne.*

1920 : La République autrichienne est proclamée et forme un État fédéral.
1938 : L'Autriche est absorbée par l'Allemagne de Hitler *(Anschluss)* et fait partie du Reich jusqu'en 1945.
1955 : Après dix ans d'occupation par les puissances alliées, l'Autriche devient un État neutre.
Depuis 1945 alternent au pouvoir, séparément ou formant une coalition, le parti populiste (ou chrétien-social) et le parti socialiste (devenu *social-démocrate* en 1991). Jusqu'en 1974, tous les présidents de la République ont été socialistes ; puis à Rudolf Kirchschläger (1974-1986), sans étiquette, ont succédé Kurt Waldheim (1986-1992) et Thomas Klestil (depuis 1992), tous deux populistes. À la chancellerie, la domination des populistes (dont Leopold Figl, 1945-1953) a laissé place en 1970 à celle des socialistes, avec Bruno Kreisky (1970-1983), Fred Sinowatz (1983-1986) et Franz Vranitzky (depuis 1986).
1995 : L'Autriche entre dans l'Union européenne.

AUTRICHE (Basse-), prov. d'Autriche ; 19 172 km² ; 1 480 927 hab. Ch.-l. *Sankt Pölten.*

AUTRICHE (Haute-), prov. d'Autriche ; 11 980 km² ; 1 340 076 hab. Ch.-l. *Linz.*

Autriche *(guerre de la Succession d')* → SUCCESSION D'AUTRICHE *(guerre de la).*

AUTRICHE-HONGRIE, AUSTRO-HONGRIE ou **EMPIRE AUSTRO-HONGROIS,** ancien État de l'Europe centrale, issu du « compromis » austro-hongrois de 1867. Il se disloqua en 1918. Sa superficie était, en 1914, de 676 000 km², et sa population de 51 390 000 hab. *(Austro-Hongrois).* Cap. *Vienne* et *Budapest.* (→ AUTRICHE.)

AUTRICHE PROPRE, ancien archiduché d'Autriche, un des États de l'Empire autrichien, que l'Enns divisait en deux gouvernements, la *Basse-Autriche* (ch.-l. *Vienne*) et la *Haute-Autriche* (ch.-l. *Linz*).

AUTRICHIEN, ENNE adj. et n. **1.** D'Autriche. — **2.** Se dit de la phase tectonique d'âge anté-cénomanien, définie dans les Alpes orientales.

AUTRUCHE n. f. (lat. pop. **austruthio,* du lat. class. *avis,* oiseau, et *struthio,* autruche, du gr. *strouthion*). **1.** Très grand oiseau ratite (struthionidé) d'Afrique et du Proche-Orient, ne volant pas mais courant très vite sur des pattes à deux doigts, couvant en groupes polygames et élevé autrefois pour ses plumes. — **2.** *Avoir un estomac d'autruche,* être capable d'avaler et de digérer n'importe quoi. ‖ *Pratiquer la politique de l'autruche, faire l'autruche,* s'imaginer qu'un danger est supprimé quand on s'abstient de le regarder.

AUTRUCHERIE n. f. Lieu où l'on élève des autruches.

AUTRUI pron. indéf. (anc. cas oblique de *autre,* du bas lat. **alterui,* datif de *alter,* autre). Toute personne autre que soi-même, surtout considérée sur le plan moral ; ensemble des personnes autres que soi-même : *Se dévouer à autrui.*

AUTUN (71400), ch.-l. d'arrond. de Saône-et-Loire, à l'E. du Morvan ; 19 422 hab. *(Autunois).* Évêché. Collège militaire. Centre industriel : bonneterie, appareils de chauffage, parapluies, mobilier, etc.
— **Hist.** Sous la domination romaine, Autun *(Augustodunum)* succéda à Bibracte comme capitale des Éduens, reçut le titre de *cité* et de *municipe* et devint la résidence du préfet des Gaules. Ruinée par Tetricus (269) puis par les Barbares, la ville ne renaquit qu'à la fin du IXe s. avec un comte d'Autun, Richard le Justicier, qui fonda le duché de Bourgogne.
— **Bx-arts.** Portes monumentales et vestiges divers de l'époque gallo-romaine (temple d'origine indigène dit à tort « de Janus »). Cathédrale St-Lazare, chef-d'œuvre du roman bourguignon (v. 1120-1140 ; tympan du Jugement dernier, signé Gislebertus). Riche musée dans l'hôtel du chancelier Rolin (XVe s.).

AUTUNIEN n. m. (de *Autun*, n. pr.) Étage du système permien.

AUTUNITE n. f. Uranophosphate naturel de calcium se présentant en cristaux tabulaires et qui est un minéral d'altération des gisements d'uranium. (Syn. URANITE.)

AUTUNOIS, région de Saône-et-Loire, entre le Morvan et les monts du Charolais, à l'E. et au S. d'*Autun.*

AUVENT n. m. (anc. provenç. *amban,* retranchement, p.-ê. du gaul. [*ande*] *banno,* corne). **1.** Petit toit en saillie, servant à garantir de la pluie. — **2.** Avancée de toile destinée à protéger l'entrée d'une tente. — **3.** Abri en paillasson ou en bois, placé en haut d'un mur d'espalier pour le garantir du vent.

AUVERGNAT, E adj. et n. D'Auvergne.
◆ **auvergnat** n. m. Dialecte de langue d'oc, parlé en Auvergne.

AUVERGNE, région historique du centre de la France correspondant aujourd'hui aux départements du Puy-de-Dôme et du Cantal et à l'arrondissement de Brioude (Haute-Loire).
Habitée dans ses vallées depuis le début du paléolithique, l'Auvergne fut occupée par des peuples d'origine ibérique ou ligure (IIe millénaire av. J.-C.) puis par les Arvernes (VIe s. av. J.-C.), auxquels elle doit son nom. Conquise par César (défaite de Vercingétorix à Alésia, 52 av. J.-C.), elle forma la *civitas Arvernorum,* dépendante de la province romaine d'Aquitaine* (27 av. J.-C.), et transféra alors sa capitale de Gergovie à *Augustonometum* (futur Clermont). Dévastée par les Vandales (Ve s.), elle passa sous la domination des Wisigoths (474) puis fut incorporée au royaume franc après la victoire de Clovis à Vouillé (507). Rattachée au duché (718) puis au royaume (781) d'Aquitaine, elle forma à partir de 980 un comté indépendant. Vers 1155, une querelle d'héritage aboutit à la création d'une seigneurie au cœur du comté, le Dauphiné d'Auvergne (du nom de Dauphin, auquel elle fut attribuée). Au XIIIe s., l'Auvergne fut divisée en quatre grands fiefs : le *comté d'Auvergne* fut réduit à la région de Vic-le-Comte ; le *comté épiscopal de Clermont* engloba un vaste territoire à l'est de Clermont ; le *Dauphiné d'Auvergne* comprit la région du sud de Vodable ; le reste de l'Auvergne forma la *Terre d'Auvergne* avec Riom pour capitale. Annexée au domaine royal par Philippe II Auguste (1212-13), la Terre d'Auvergne fut érigée en duché en 1360 et donnée en apanage à Alphonse de Poitiers (1241) puis à Jean, duc de Berry, et devint possession de Jean Ier, duc de Bourbon, gendre du duc de Berry (1416). Le Dauphiné d'Auvergne passa également à la maison de Bourbon par mariage (1427). Désormais inclus dans l'État bourbonnais, le duché et le Dauphiné d'Auvergne furent confisqués par François Ier lors de la trahison du connétable de Bourbon (1523), puis réunis à la Couronne (1531). Constitué en 1230 par Louis IX, le comté d'Auvergne passa par héritage au XVe s. à la maison de La Tour d'Auvergne, qui le légua à Catherine de Médicis en 1524. Rattaché au comté épiscopal de Clermont en 1551, il fut réuni à la Couronne par Louis XIII en 1610.
Rattachée dès lors tout entière à la France, l'Auvergne forma un gouvernement (cap. Clermont puis [1631] Clermont-Ferrand) et reçut un intendant en 1616. En 1790, la Constituante la divisa en deux départements (Cantal et Puy-de-Dôme) et incorpora sa partie sud-est au département de la Haute-Loire.

AUVERGNE, Région formée de quatre départements (Allier, Cantal, Haute-Loire et Puy-de-Dôme) ; 26 013 km² ; 1 321 214 hab. *(Auvergnats).* Ch.-l. *Clermont-Ferrand.* L'Auvergne occupe la partie la plus élevée du Massif central, avec notamment plusieurs ensembles volcaniques, du puy de Dôme au massif du Cantal en passant par les monts Dore (massif le plus élevé). Le climat est souvent rude en hiver dans la montagne, ouverte par de nombreuses vallées, dont celles de la Loire et de l'Allier. Au N., le Bourbonnais fait transition avec les plaines du sud du Bassin parisien.
La Région est globalement peu peuplée avec une densité à peine supérieure à 50 hab. au km² (moins de 30 même pour le Cantal), approchant seulement la moitié de la moyenne nationale.

Un long exode rural a vidé les hautes terres, au climat ingrat : massifs volcaniques, Velay, Margeride, Livradois.
La vie s'est concentrée dans la vallée de l'Allier, ouvrant les fertiles Limagnes et devenue l'axe vital de la Région, de Brioude à Moulins, relativement industrialisée. La vie urbaine (et industrielle) est dominée par Clermont-Ferrand, éclipsant les villes du Bourbonnais (Montluçon, Vichy et Moulins) et du sud de la Région (Aurillac et Le Puy-en-Velay). L'élevage bovin (hors des Limagnes cultivées) est l'activité agricole dominante, alors que le tourisme s'est ajouté à (ou a parfois relayé) un traditionnel thermalisme.
Longtemps enclavée, la Région a bénéficié comme d'autres d'une amélioration des voies de communication, de la voie ferrée (du moins jusqu'à Clermont-Ferrand) et surtout routière (l'autoroute traverse aujourd'hui l'Auvergne, des environs de Montluçon jusqu'au-delà de Saint-Flour, vers Montpellier). Mais l'industrie est souvent en crise (c'est le cas de la branche dominante, le caoutchouc). La Région a continué à se dépeupler dans les années 1980 ; le Cantal a perdu 40 % de sa population et la Haute-Loire, le tiers depuis le milieu du XIXe siècle.

Auvergne *(dentelle d'),* dentelle exécutée aux fuseaux, par passées et croisées, sur un métier appelé carreau ou coussin. Principaux centres : Le Puy-en-Velay, Aurillac, Craponne.

AUVERGNE (Pierre D') → PIERRE D'AUVERGNE.

AUVERGNE (Antoine D') → DAUVERGNE.

AUVERS-SUR-OISE (95430) ch.-l. de cant. du Val-d'Oise, sur la rive droite de l'Oise, en amont de Pontoise ; 6 156 hab. *(Auversois).* Église des XIIe et XIIIe s. Le village est célèbre par le séjour qu'y firent, à partir de 1860, des peintres illustres, Daubigny, puis notamment Guillaumin, Cézanne et surtout Van Gogh, qui y mourut et y est enterré.

AUVIER → ALVIER.

AUVILLAR (82340), ch.-l. de cant. de Tarn-et-Garonne, sur la Garonne, à 20 km à l'O.-N.-O. de Castelsarrasin ; 1 014 hab. *(Auvillarais).* Vieux bourg fortifié. Musée.

AUXERRE [osɛr] (89000), ch.-l. du dép. de l'Yonne, à 162 km au S.-E. de Paris, sur l'Yonne ; 40 597 hab. *(Auxerrois).* Constructions mécaniques et électriques, alimentation, reliure, etc. Laboratoire d'essais industriels.
— **Hist.** Centre de communications gallo-romain, foyer religieux important, évêché, la ville se resserra dans une étroite enceinte dès la fin du IIIe s. Le comté d'Auxerre, constitué sous les Carolingiens, revint en 1184 à Pierre de Courtenay, empereur de Constantinople, qui octroya à Auxerre une charte d'affranchissement (1186). En 1371, le comté passa à la Couronne de France.
— **Bx-arts.** Anc. abbatiale bénédictine St-Germain, reconstruite aux XIIIe-XIVe s. (cryptes du IXe s. avec peintures, clocher roman). Cathédrale, reconstruite à partir du XIIIe s. (crypte romane à voûte peinte, vitraux du XIIIe s., portails sculptés). Autres églises. Vieilles maisons. Musées.

AUXERROIS, région de plateaux calcaires, située au S. de la Champagne, entaillée par le Serein et l'Yonne, entre 200 et 250 m d'alt.

AUXI-LE-CHÂTEAU (62390), ch.-l. de cant. du Pas-de-Calais, à 26 km au N.-E. d'Abbeville ; 3 077 hab. Église gothique du XVIe s. Constructions mécaniques.

AUXILIAIRE n. et adj. (lat. *auxiliaris,* de *auxilium,* secours). **1.** Personne qui apporte sa collaboration, son aide à qqn d'autre dans l'exécution d'un travail : *Elle m'a été une auxiliaire précieuse.* — **2.** Employé, ouvrier, manœuvre, etc., dont les services sont utilisés temporairement. — **3.** Fonctionnaire d'une catégorie régie par un statut particulier caractérisé par la moindre permanence de l'emploi. — **4.** *Auxiliaire de justice,* homme de loi (avocat, avoué, notaire, huissier de justice, etc.) qui a pour rôle de faciliter le déroulement des procédures et la bonne administration de la justice. ‖ *Auxiliaire médical,* personne qui exerce une activité (thérapeutique ou prothétique) par délégation du médecin. [Les auxiliaires médicaux sont les infirmiers, opticiens-lunetiers, masseurs-kinésithérapeutes, pédicures, orthophonistes, orthoptistes et audioprothésistes.] ‖ *Évêque auxiliaire,* prélat qui, ayant reçu la consécration épiscopale, est nommé pour aider l'évêque résidentiel. (Contrairement à l'évêque coadjuteur, l'évêque auxiliaire n'a pas de droit de succession.)
◆ adj. Qui s'ajoute à qqch d'autre, momentanément ou accessoirement : *Service auxiliaire.*
• **Électr.** *Pôle auxiliaire,* dans une machine à courant continu, pôle magnétique destiné à améliorer la commutation. (Syn. PÔLE DE COMMUTATION.) — **Inform.** Se dit de toute mémoire d'ordinateur autre que la mémoire centrale. — **Ling.** Se dit d'un verbe ou d'une locution verbale qui, perdant son sens plein, se combine avec un autre verbe à une forme impersonnelle (participe, infinitif) soit pour conjuguer ce dernier, soit pour exprimer un aspect du procès. (→ *encycl.*).— **Mar.** *Flotte auxiliaire,* ensemble des navires de commerce réquisitionnés et équipés par l'État pour assurer un service de guerre. ‖ *Officier auxiliaire,* officier de la marine marchande mobilisé sur un bâtiment de guerre.
◆ n. m. **1.** Moyen, objet, instrument qui fournit une aide dans un travail déterminé : *Le*

dictionnaire est l'auxiliaire indispensable de tout enseignement. — **2.** Verbe auxiliaire.

◆ **auxiliaires** n. m. pl. **1.** Troupes étrangères, dans l'armée romaine. — **2.** À bord d'un navire, appareils nécessaires au fonctionnement des machines propulsives, à la sécurité et à la vie du bord (pompes, groupes électrogènes, guindeau, treuils de chargement, etc.).

ENCYCL. **Ling.** Perdant leur sens de « posséder » et d'« exister », *avoir* et *être* deviennent des auxiliaires pour former, en combinaison avec le participe passé des autres verbes, les temps composés de la voix active et de la voix pronominale et l'ensemble de la conjugaison passive. Il existe des verbes et des locutions verbales qui, de la même manière, perdent leur sens plein pour traduire certains aspects de l'action verbale ; ce sont : 1° les auxiliaires de mode (ou modaux), *pouvoir* et *devoir*, exprimant une modalité logique de l'action, contingente ou nécessaire, probable ou possible (en anglais, par exemple, cette classe de modaux est beaucoup plus riche : *can, may, will, must,* etc.) ; 2° les auxiliaires de temps (ou semi-auxiliaires) qui peuvent exprimer le futur proche (*je* VAIS *partir*), le passé immédiat (*il* VIENT DE *partir*), le progressif (*il* EST EN TRAIN DE *partir*), l'inchoatif (*il* S'EST MIS À *chanter*), le résultatif (*j'*AI FINI DE *travailler*), le causatif (*il m'*A FAIT *tomber*), etc.

AUXILIAIREMENT adv. De façon auxiliaire.

AUXILIARIAT n. m. Dans l'enseignement secondaire, fonction des maîtres auxiliaires.

AUXILIATEUR, TRICE adj. et n. Qui porte secours.

◆ **auxiliatrices** n. f. pl. Religieuses appartenant à l'une des deux congrégations suivantes : les auxiliatrices de la Charité, fondées en 1926, par le P. Anizan, pour aider le clergé, et les auxiliatrices fondées en 1856 par la bienheureuse Marie de la Providence.

AUXINE n. f. (gr. *auksein,* accroître). Substance assurant la croissance en longueur et l'orientation des axes végétaux (tiges et racines).

ENCYCL. Découverte en 1927 par le Néerlandais Went, l'auxine est une hormone végétale produite dans le méristème terminal des tiges et agissant, à très petite dose, en des points éloignés de celui-ci. Elle favorise l'allongement des cellules végétales, leur multiplication, leur différenciation et l'organogenèse. Inhibitrice de la croissance, à forte dose, elle peut devenir nuisible. Aussi est-elle détruite par la plante elle-même, à mesure qu'elle est produite. L'auxine est un mélange assez complexe, au sein duquel la substance dominante est l'acide indole-acétique, ou A. I. A.

AUXOCHROME [-krom] adj. Se dit d'un radical qui, introduit dans un corps coloré appelé *chromogène,* le transforme en matière colorante.

AUXOIS [oswa], petite région de Bourgogne (Côte-d'Or), correspondant historiquement au *pagus Alesiensis,* dont le ch.-l. était Alésia *(Alise-Sainte-Reine).* L'Auxois borde le Morvan au N.-E. Plaine argileuse, accidentée de buttes témoins *(mont Auxois),* c'est un axe de passage et une région d'élevage bovin.

AUXOIS *(mont),* butte située en bordure du plateau de Langres (Côte-d'Or), dominant le village d'Alise-Sainte-Reine ; 407 m. La ville gauloise d'Alésia était installée sur cette butte.

AUXOLOGIE n. f. Étude de la croissance des êtres vivants.

AUXOLOGIQUE adj. Relatif à l'auxologie.

AUXONNE [oson] (21130), ch.-l. de cant. de la Côte-d'Or, sur la Saône ; 7 546 hab. *(Auxonnois).* Anc. ville forte. Église des XIIe-XVIe s.

AUXOSPORE n. f. Zygote des diatomées, qui est dépourvu de valves siliceuses, ce qui lui permet de grandir avant d'élaborer deux nouvelles valves.

AUXOTROPHE adj. Se dit d'un organisme (micro-organisme, moisissure) auquel il faut fournir un facteur de croissance qu'il ne peut plus synthétiser.

AUXQUELS, AUXQUELLES → LEQUEL.

AUZANCES (23700), ch.-l. de cant. de l'est de la Creuse ; 1 633 hab. *(Auzançais).* Église romane et gothique. Industries alimentaires.

AUZAT (09220), comm. de l'Ariège, sur le Vicdessos ; 763 hab. Centrale hydroélectrique. Aluminium. — La *forêt d'Auzat* couvre près de 12 000 ha.

AUZON (43390), ch.-l. de cant. de la Haute-Loire, à 12 km au N. de Brioude ; 931 hab. *(Auzonnais).* Église romane (œuvres d'art). Constructions mécaniques.

AUZOUT (Adrien), astronome français (Rouen 1622-Rome 1691). On le regarde comme l'inventeur du micromètre à fils mobiles, pour mesurer les diamètres apparents des petits objets et corps célestes. Il perfectionna les lunettes astronomiques.

AVA, ville de Birmanie, ancienne capitale royale sous le nom de **Ratnapura** (1635-1837). Parmi les monuments anciens, deux beaux monastères du XIXe s.

AVACHIR v. t. (frq. *waikjan, rendre mou, avec infl. de *vache*) [conj. 32]. **1.** Déformer qqch en l'élargissant, en le rendant mou, flasque : *Avachir ses poches en les bourrant.* — **2.** Faire perdre toute énergie, tout dynamisme à qqn ; amollir : *L'inaction l'avait avachi.*

◆ **s'avachir** v. pr., **être avachi** v. pass. **1.** Perdre de sa forme, de sa fermeté, devenir mou : *Un fauteuil avachi.* — **2.** S'affaler : *S'avachir dans un fauteuil.* — **3.** Perdre tout dynamisme, se laisser aller : *Un être avachi, sans réaction devant la vie.*

AVACHISSEMENT n. m. Action de s'avachir, fait d'être avachi.

AVADHĪ ou **AWADHĪ** n. m. Dialecte hindī oriental parlé dans l'est de l'Uttar Pradesh, l'ouest du Bihār et le sud du Népal.

AVAILLES-LIMOUZINE (86460), ch.-l. de cant. du sud de la Vienne, sur la Vienne ; 1 337 hab. Marché agricole (ovins).

1. AVAL n. m. (pl. *avals*) [de *à* et *val*]. **1.** Par rapport à un point considéré, partie d'un cours d'eau comprise entre ce point et l'embouchure ou le confluent. — **2.** *En aval d'un lieu,* plus près de l'embouchure ou du confluent, par rapport à ce lieu : *Nantes est en aval de Tours, sur la Loire.* ‖ *En aval de qqch,* plus près de son point d'aboutissement : *La distribution est en aval de la production.*

◆ adj. inv. Se dit du ski ou du skieur qui se trouve du côté de la vallée.

◆ adv. *Virer aval,* à skis, effectuer un virage en recoupant la ligne de plus grande pente.

2. AVAL n. m. (p.-ê. abrév. de *à valoir*) [pl. *avals*]. **1.** Garantie donnée, au porteur d'une lettre de change ou d'un billet à ordre, par un tiers qui s'oblige à en payer le montant s'il n'est pas acquitté par les autres signataires. — **2.** Garantie, approbation donnée par un supérieur à la réalisation d'une action : *Donner son aval à un plan.*

AVALAISON ou **AVALLAISON** n. f. (de *avaler*). Descente des anguilles de l'amont vers l'aval pour atteindre les eaux maritimes, où elles pourront se reproduire. (Syn. DÉVALAISON.)

AVALANCHE n. f. (dialecte savoyard *la lavanche,* avec infl. de *aval,* du lat. *labina,* éboulement, de *labi,* glisser). **1.** Chute d'une masse de neige qui se détache de la montagne et dévale sur un versant en direction de la vallée ; cette masse de neige : *Une maison ensevelie sous une avalanche.* — **2.** Masse de matières diverses qui tombent, roulent d'un lieu élevé : *Une avalanche de pierres.* — **3.** Grande quantité de choses qui arrivent, surviennent en même temps : *Une avalanche de catastrophes.* — **4.** Augmentation brutale, à partir d'un certain seuil, du courant dans un système de semi-conducteurs, provoquée par l'ionisation cumulative des atomes du cristal.

ENCYCL. **Géogr.** et **Alp.** Le déclenchement de l'avalanche est lié à l'épaisseur et à la cohésion de la neige, aux conditions météorologiques, à l'état du sol sous-jacent et à la vigueur de la pente. L'avalanche est dite *poudreuse* quand elle est formée de neige gelée, aux grains petits et durs, *de fond* lorsqu'il s'agit de neige lourde et humide dégageant entièrement la surface du sol, entraînant rochers et terre.

AVALANCHEUX, EUSE adj. **1.** Où il se produit fréquemment des avalanches, où il y a risque d'avalanches : *Couloir avalancheux.* — **2.** Susceptible de provoquer une avalanche : *Amas avalancheux.*

AVALANT, E adj. et n. m. Se dit d'un bâtiment se dirigeant vers l'aval d'une voie navigable.

AVALE n. f. (de *aval*). Face postérieure des incisives des ruminants, dont l'aspect varie avec l'âge.

AVALEMENT n. m. À skis, mouvement de flexion des jambes, permettant de supprimer l'effet de tremplin d'une bosse ou d'alléger les skis pour en faciliter le pivotement.

AVALER v. t. (de *aval 1*) [conj. 3]. **1.** Faire descendre qqch par le gosier en déglutissant : *Avaler un cachet.* — **2.** Absorber un aliment, le manger : *Je n'ai rien avalé depuis deux jours.* — **3.** Pop. *Avaler son bulletin de naissance,* mourir. ‖ Fam. *Avaler une histoire, un récit, etc.,* les croire sans le moindre esprit critique. ‖ Fam. *Avaler des kilomètres,* les parcourir rapidement. ‖ *Avaler un livre,* le lire avec avidité et rapidement. ‖ Fam. *Avaler le morceau, la pilule,* subir un affront sans réagir. ‖ *Avaler un mot, un son,* ne pas les prononcer clairement. ‖ Fam. *Avoir avalé son parapluie, sa canne,* être guindé. ‖ Fam. *Dur à avaler,* se dit de ce qu'il est difficile de croire ou d'accepter, de supporter. ‖ Fam. *(Vouloir) avaler qqn,* le regarder avec des yeux furieux. ‖ Fam. *Vouloir tout avaler,* être plein de fougue, croire qu'aucun obstacle ne vous résistera. • **Mécan.** *Fraisage en avalant,* opération de fraisage où la composante de l'effort de coupe suivant l'axe du mouvement d'avance de la pièce est orientée dans le sens de ce mouvement. — **Techn.** *Usiner en avalant,* travailler à la machine avec un outil rotatif attaquant dans le sens d'avance du bois.

◆ **être avalé** v. pass. **1.** En parlant de la croupe d'un cheval, former un plan trop incliné d'avant en arrière. — **2.** *Ventre avalé,* ventre volumineux et tendant à s'abaisser.

AVALEUR, EUSE n. **1.** *Fam.* et *vx.* Personne, animal qui avale ; glouton, gros mangeur. — **2.** *Avaleur de sabres,* bateleur qui fait pénétrer une lame dans son gosier et dans son œsophage.

AVALIES n. f. pl. (de *avaler*). Laines qui proviennent des peaux de moutons égorgés à l'abattoir.

AVALISER v. t. (de *aval 2*) [conj. 3]. **1.** Revêtir un effet de commerce d'un aval. — **2.** Appuyer une action, une décision, etc., en donnant sa garantie, la cautionner.

AVALISTE ou **AVALISEUR, EUSE** n. Personne qui donne son aval.

AVALLAISON → AVALAISON.

AVALLON (89200), ch.-l. d'arrond. du sud de l'Yonne, au N. du Morvan, sur le Cousin ; 8 948 hab. *(Avallonnais).* Place forte disputée déjà au VIe s., Avallon fut réunie à la Couronne en 1477. Église St-Lazare, des XIe-XIIe s. (portails sculptés), restes de fortifications, hôtel de ville de 1770. Musée régional. Constructions mécaniques.

AVALOIR n. m. Exutoire destiné à recueillir les eaux de ruissellement et à les évacuer à l'égout.

À-VALOIR n. m. inv. Paiement effectué, en déduction d'une somme plus forte qui est due.

AVALOIRE n. f. (de *avaler*). Pièce de harnachement enveloppant la croupe du cheval et lui permettant de reculer. (Syn. RECULEMENT.)

AVALOIRS *(monts* ou *signal des),* point culminant (avec la forêt d'Écouves) du Massif armoricain, à 417 m d'alt., à l'O. d'Alençon.

AVALOKITEŚVARA, bodhisattva du courant mahāyāna qui, avec compassion, baisse les yeux sur le monde humain depuis le ciel Tusita, vers lequel on regarde pour implorer son aide.
Il est vénéré sous le nom de *Guanyin* en Chine et *Kannon* au Japon.

AVALON, péninsule du sud-est de Terre-Neuve, rattachée au reste de l'île par l'*isthme d'Avalon.* V. princ. *Saint John's.*

ÁVALOS (Fernando D'), marquis **de Pescara** (royaume de Naples 1489 - Milan 1525). L'un des principaux capitaines des rois d'Espagne dans les guerres d'Italie, il battit les Vénitiens à Motta (1513), prit Milan en 1521 et Gênes en 1522 et commanda les gens de pied à Pavie (1525).

AVAL-PENDAGE n. m. (pl. *aval-pendages*). Partie de gisement située au-dessous d'un niveau de référence. (Contr. AMONT-PENDAGE.)

AVALURE n. f. Accroissement naturel de la corne du sabot du cheval.

AVANCE n. f. **1.** Action d'avancer, de progresser : *L'avance d'une armée.* — **2.** Action d'avancer une somme à qqn, de la lui prêter ; cette somme : *Demander une avance sur son salaire.* — **3.** Distance ou durée qui sépare de qqn ou de qqch que l'on précède ; anticipation sur un moment fixé au préalable ; intervalle de temps qui sépare l'heure indiquée par une montre de l'heure réelle moins tardive : *Cheval qui arrive avec une longueur d'avance. Ma montre a cinq minutes d'avance.* — **4.** Avantage acquis antérieurement et qui permet de dépasser les autres ; somme de travail déjà accompli et qui sert par la suite : *Élève qui a de l'avance sur ses camarades.* — **5.** *À l'avance, d'avance, par avance,* par anticipation, avant l'événement, avant le temps fixé ou prévu. ‖ *En avance,* avant l'heure, la date, etc., prévue : *Arriver en avance à un rendez-vous.* ‖ *En avance (sur les autres),* avant le moment considéré comme normal dans un cursus, un développement, etc. : *Élève en avance de deux ans sur ses camarades.* ‖ *En avance sur son temps, son époque,* qui devance son temps, son époque par son modernisme. • **Autom.** *Avance à l'allumage,* temps dont l'éclatement de l'étincelle à la bougie précède l'arrivée du piston à son point mort haut en fin de compression ; dispositif permettant le réglage de ce temps. — **Banq.** *Avance en compte,* forme de crédit permettant au client d'une banque de rendre son compte débiteur dans la limite d'une autorisation, pendant un certain délai. — **Cin.** *Avance sur recettes,* aide financière attribuée à la production de films par le Centre national de la cinématographie. — **Comptab.** Paiement par anticipation (le plus souvent partiel) à des entrepreneurs de travaux ou à des constructeurs de matériels, et qui est porté au débit du fournisseur. — **Dr.** *Avance d'hoirie,* syn. de AVANCEMENT* D'HOIRIE. — **Fin.** *Avances de trésorerie,* avances faites au Trésor par la Banque de France et consenties en contrepartie de son privilège d'émission. ‖ *Comptes d'avances,* comptes spéciaux du Trésor qui enregistrent les avances que le ministre des Finances est autorisé à consentir aux établissements publics et aux collectivités locales. ‖ *Décrets d'avances,* décrets permettant au gouvernement d'ouvrir des crédits supplémentaires sans autorisation parlementaire préalable. — **Mécan.** Déplacement relatif d'un outil et de la pièce qu'il usine, qui fait progresser la ligne suivant laquelle s'exerce l'effort de coupe. — **Phys.** Déphasage positif d'une grandeur sinusoïdale par rapport à une autre grandeur sinusoïdale de même fréquence.

◆ **avances** n. f. pl. Tentatives, premières démarches en vue de nouer ou de renouer des relations et, en partic., tentatives pour séduire qqn.

AVANCÉE n. f. **1.** Partie qui avance, qui fait saillie : *L'avancée d'un toit.* — **2.** Progression, marche en avant : *L'avancée spectaculaire du dollar.* — **3.** Fortification secondaire extérieure. — **4.** Partie terminale d'une ligne de pêche depuis le nœud de raccord du corps de ligne jusqu'à l'hameçon. — **5.** Position du skieur obtenue par flexion des chevilles et destinée à compenser les effets de l'accélération.

AVANCEMENT n. m. **1.** Action de porter en avant, d'être porté en avant : *L'avancement d'un pion sur l'échiquier.* — **2.** Action de s'avancer, de faire saillie ; état de ce qui fait saillie : *L'avance-*

ment d'une corniche. — **3.** État de ce qui approche de son terme, action de progresser : *L'avancement des travaux.* — **4.** Fait de monter en grade, d'avancer dans une carrière ; promotion : *Obtenir de l'avancement.* • **Dr.** *Avancement d'hoirie,* donation faite à un héritier présomptif, par anticipation sur sa part dans la succession ; ensemble des biens faisant l'objet de cette donation. (Syn. AVANCE D'HOIRIE.) ‖ *Tableau d'avancement,* liste annuelle des fonctionnaires susceptibles de recevoir une promotion à un grade supérieur, établie par ordre de mérite. — **Min.** Longueur dont progresse en un temps déterminé un chantier, une galerie ou un trou de mine. ‖ Front d'attaque d'une galerie en creusement, et, même, toute galerie en creusement.

AVANCER v. t. (lat. pop. **abantiare,* de *abante,* avant) [conj. **16**]. **1.** Porter qqch, une partie du corps en avant : *Tu es trop loin du bureau, avance ta chaise. Avancez le pied droit.* — **2.** Porter, faire venir qqch près de qqn, pour le mettre à sa disposition : *Avancer une chaise à un invité.* — **3.** Faire qu'un événement ait lieu avant le moment prévu : *Avancer son départ de huit jours.* — **4.** Faire qu'une action progresse vers son terme, son but, faire gagner du temps à qqn dans son action : *Cela vous avancera dans votre travail.* — **5.** Prêter de l'argent à qqn directement ou en payant pour son compte : *Avancer le montant du loyer.* — **6.** Faire en sorte qu'une montre, une horloge indique une heure plus tardive que l'heure réelle : *Avancer une montre d'un quart d'heure.* — **7.** Affirmer, mettre en avant une idée, une hypothèse, la proposer comme argument : *Vous avez avancé qu'il a menti, mais il faut le prouver.* — **8.** *Avancer qqn à quelque chose, à rien,* lui être utile, être un avantage pour lui : *Cela ne vous avance à rien de vous fâcher.* — **9.** Hâter, forcer, rendre précoce une plante.

◆ v. i. **1.** Faire des progrès, progresser dans l'espace, dans l'action : *Avancer dans une enquête.* — **2.** En parlant d'une montre, d'une pendule, etc. (ou de son possesseur), indiquer une heure plus tardive que l'heure réelle : *Il est 10 h à ma montre, mais j'avance.* — **3.** *Avancer en âge,* vieillir. ‖ *Avancer en grade,* monter en grade, obtenir de l'avancement. ‖ *Avancez au ralliement !,* commandement par lequel une sentinelle demande de se faire reconnaître par le mot de passe.

◆ **être avancé** v. pass. **1.** Être loin de son début, avoir progressé : *La maladie est déjà à un stade avancé.* — **2.** En parlant des denrées, commencer à se gâter : *Viande avancée.* — **3.** Avoir une maturité plus grande que la moyenne : *Cet enfant est très avancé pour son âge.* — **4.** En parlant de qqch, être en avance sur son temps, marquer un progrès par rapport à la moyenne : *Une civilisation avancée.* — **5.** Professer des opinions d'avant-garde, en particulier sur le plan social ou politique. — **6.** Être en dehors des lignes et plus près de l'ennemi. — **7.** Fam. *Être bien avancé,* s'être donné beaucoup de mal pour rien. ‖ *D'un âge avancé,* vieux. ‖ *Heure avancée,* tardive. ‖ *Ouvrage avancé,* ouvrage de fortification qui n'est pas contigu au corps de la place, et qui contribue à la couvrir. ‖ *Pays les moins avancés (P. M. A.),* appellation donnée, à partir de 1981, aux pays considérés comme les plus pauvres du monde.

◆ v. i. ou **s'avancer** v. pr. **1.** Faire saillie, être placé en avant dans l'espace, sortir d'un alignement, en parlant de qqch : *Pointe de terre qui avance dans la mer.* — **2.** Se déplacer, se mouvoir vers l'avant, dans un lieu, dans une direction : *Avance, tu gênes la circulation.* — **3.** Progresser, prendre de l'avance dans une tâche.

◆ **s'avancer** v. pr. Émettre une hypothèse hardie, sortir de sa réserve, se hasarder : *Je me suis avancé en prévoyant qu'il accepterait.*

AVANCHERS (les), section de la comm. d'Aigueblanche (Savoie), à l'O. de Moûtiers. Sports d'hiver (alt. 1 000-1 800 m).

AVANÇON n. m. (de *avancer*). Partie la plus ténue d'une ligne de pêche, et qui porte le ou les hameçons (Syn. MONTURE.)

AVANIE n. f. (gr. médiév. *abania,* de l'ar. *hawān,* traître). *Litt.* Affront public, traitement humiliant, brimade, vexation : *Subir des avanies.*

AVANT-, préfixe exprimant l'antériorité dans le temps (*avant-hier*) ou dans l'espace (*avant-scène*).

AVANT prép. ou adv. (bas lat. *abante,* de *ab* et *ante*). **1.** Indique une relation temporelle ; plus tôt (que), antérieurement (à) : *Je partirai avant vous. Il est affaibli par la maladie ; avant, c'était un solide gaillard.* — **2.** Indique une relation spatiale ; plus près (que), en deçà (de) : *Vous vous arrêterez avant le pont.* — **3.** Indique un degré supérieur dans une hiérarchie, une relation de valeur : *Le colonel est avant le commandant.* — **4.** *Avant peu,* dans peu de temps, bientôt. ‖ *Avant tout, avant toute chose,* principalement, surtout. ‖ *D'avant,* qui précède, précédent. ‖ *En avant (de),* devant. ‖ *En avant !,* commandement ou exhortation invitant à avancer. ‖ *Mettre qqch en avant,* l'avancer, le faire valoir, l'alléguer comme justification. ‖ *Mettre qqn en avant,* le mettre en vue pour se mettre soi-même à couvert ou pour le faire valoir, l'engager dans une action. ‖ *Se mettre en avant,* attirer l'attention sur soi, se faire valoir. • **Mar.** *Avant partout !,* commandement donné aux hommes d'une embarcation de nager tous ensemble. (Il suit le commandement *Armez !*) ‖ *Chasser en avant,* s'avancer rapidement pour reconnaître la route, une escadre ou un danger.

◆ adv. (dans quelques express. et avec un adv. de quantité). Indique un éloignement dans le temps ou dans l'espace à partir d'un certain point : *Fort avant dans la nuit. Creusez plus avant.*
◆ adj. inv. Situé à l'avant ou dirigé vers l'avant : *Les pneus avant.*

◆ **avant que** conj., **avant de** prép. Indiquent une antériorité dans le temps : *Dépêchez-vous d'intervenir avant qu'il (ne) soit trop tard. Réfléchis avant de te décider.*
◆ **avant** n. m. **1.** Partie antérieure, notamment d'un véhicule : *L'avant du bateau.* – **2.** En temps de guerre, zone de combat. – **3.** Partie antérieure de la carcasse du bœuf. – **4.** Partie d'un navire qui va du maître couple à l'étrave. – **5.** Au rugby et au jeu à XIII, chacun des joueurs dont le rôle est de gagner le ballon dans les mêlées et les touches et de préparer l'action des lignes arrière ; dans d'autres sports d'équipe, comme le football, le basket-ball, le hand-ball, chacun des joueurs de la ligne d'attaque. – **6.** *Aller de l'avant,* progresser résolument, ne pas se laisser arrêter par les obstacles ; continuer à avancer.

AVANTAGE n. m. (de *avant,* ce qui est placé en avant). **1.** Ce qui constitue ou apporte un profit matériel ou moral : *Avantage financier. Évaluer les avantages et les inconvénients d'une proposition.* – **2.** Fait, pour qqn, un groupe, de l'emporter sur un autre ou sur d'autres, de lui être ou de leur être supérieur sous un certain rapport ; supériorité : *Prendre l'avantage sur son adversaire. Avoir l'avantage de l'âge, de l'expérience.* – **3.** *À l'avantage de qqn,* de nature à le servir, ou de façon à lui donner la supériorité : *La situation peut tourner à notre avantage.* ‖ *Avantages acquis,* avantages spécifiques d'une catégorie de personnel et sur lesquels, en principe, on ne peut revenir. ‖ *Avoir avantage à,* avoir intérêt à faire telle chose : *Vous auriez avantage à accepter.* ‖ *Avoir l'avantage de,* avoir le privilège, la satisfaction, le plaisir de faire telle chose (dans quelques formules de politesse). ‖ *Être, paraître, se montrer à son avantage,* sous un aspect, dans des conditions qui mettent en valeur, soulignent les qualités personnelles. ‖ *Tirer avantage de qqch,* en tirer un profit, ou en tirer parti de façon à se donner la supériorité. • **Dr.** *Avantage matrimonial,* enrichissement résultant, au profit de l'un des époux et au détriment de l'autre, de l'existence du régime matrimonial adopté. ‖ *Avantage en nature,* élément de rémunération fourni par l'employeur à son salarié et qui n'est pas versé en argent (logement, nourriture, etc.). – **Écon.** *Théorie des avantages comparatifs,* théorie, soutenue notamment par Ricardo, qui met en lumière les atouts dont bénéficie particulièrement un pays par rapport aux autres dans une production donnée et justifie, par là même, les échanges internationaux. – **Sports.** Bénéfice d'une faute commise par l'adversaire dans les sports d'équipe. ‖ Au tennis, premier point marqué après un score de 40 partout. ‖ *Règle de l'avantage,* poursuite de la partie, permise par l'arbitre s'abstenant de siffler une faute qui, si elle était sanctionnée, favoriserait le joueur qui l'a commise.
◆ **avantages** n. m. pl. *Litt.* Charmes physiques d'une femme.

AVANTAGER v. t. (conj. **17**). **1.** Faire profiter qqn d'un avantage, en partic. le favoriser dans un partage : *Le testament avantage un des héritiers.* – **2.** Faire paraître qqn à son avantage, mettre en valeur ses qualités physiques : *Cette robe l'avantage.* – **3.** *La nature l'a avantagé(e),* il (elle) a des qualités physiques ou des dons exceptionnels.

AVANTAGEUSEMENT adv. **1.** De façon avantageuse, profitable : *L'opération se solde avantageusement pour lui.* – **2.** De façon honorable, flatteuse : *Une entreprise avantageusement connue.* – **3.** D'un air satisfait, supérieur : *Sourire avantageusement.*

AVANTAGEUX, EUSE adj. **1.** Qui offre un avantage, un profit ; intéressant, profitable : *Marché avantageux. Une solution avantageuse pour tous.* – **2.** Dont le prix est intéressant, compte tenu de la qualité, de la quantité, de l'usage, etc. ; se dit de ce prix lui-même ; économique. – **3.** Qui est à l'avantage de qqn ou de qqch, qui est propre à le favoriser, à le faire valoir ; flatteur : *Avoir une idée trop avantageuse de soi-même.* – **4.** Se dit de l'attitude de qqn qui cherche à se mettre en valeur avec complaisance, qui tire vanité de ses qualités réelles ou supposées ; fat, suffisant : *Prendre des airs avantageux.*

AVANT-BEC n. m. (pl. *avant-becs*). **1.** Partie profilée en amont d'une pile de pont. – **2.** Élément de charpente prolongeant un portique pour faciliter le chargement ou le déchargement. – **3.** *Avant-bec de lancement,* structure légère fixée provisoirement à l'extrémité avant d'un pont mis en place par lancement.

AVANT-BOUCHE n. f. (pl. *avant-bouches*). Partie de la bouche qui s'étend des lèvres jusqu'aux dents.

AVANT-BRAS n. m. inv. **1.** Partie du membre supérieur comprise chez l'homme entre le coude et le poignet. (Le squelette de l'avant-bras est composé du radius en dehors et du cubitus en dedans.) – **2.** Chez les quadrupèdes, région du membre antérieur comprise entre le coude et le genou.

AVANT-CALE n. f. (pl. *avant-cales*). Prolongement d'une cale de construction en dessous du niveau de la mer.

AVANT-CENTRE n. m.

AVANT-CHŒUR n. m. (pl. *avant-chœurs*). Partie antérieure du chœur d'une église, devant le maître-autel.

AVANT-CLOU n. m. (pl. *avant-clous*). Vrille servant à percer des trous pour y enfoncer des clous assez forts.

AVANT-CŒUR n. m. (pl. *avant-cœurs*). Maniement des bovins, situé près de la pointe de l'épaule.

AVANT-CONTRAT n. m. (pl. *avant-contrats*). Convention conclue provisoirement en vue de la réalisation d'une convention future.

AVANT-CORPS n. m. inv. Corps de bâtiment (ou simple décrochement) en avancée sur l'alignement principal d'une façade.

AVANT-COUR n. f. (pl. *avant-cours*). Cour d'un édifice précédant la cour d'honneur.

AVANT-COUREUR adj. m. (pl. *avant-coureurs*). Qui précède et annonce un événement prochain ; précurseur, annonciateur : *Les signes avant-coureurs de l'orage.*

AVANT-CREUSET n. m. (pl. *avant-creusets*). Cuve placée à côté du creuset des fours à cuve et des cubilots et communiquant avec lui par sa partie inférieure.

AVANT-DERNIER, ÈRE adj. et n. (pl. *avant-derniers, -ères*). Qui est immédiatement avant le dernier.

AVANT DIRE DROIT loc. adv. *Jugement avant dire droit,* jugement qui se borne à ordonner une mesure d'instruction ou une mesure provisoire au cours de l'instance.

AVANT-FOSSÉ n. m. (pl. *avant-fossés*). Fossé doublant, en avant, le fossé principal d'une place. (Syn. CONTRE-FOSSÉ.)

AVANT-GARDE n. f. (pl. *avant-gardes*). **1.** Détachement de sûreté rapprochée agissant en avant d'une troupe en marche, pour la renseigner, la couvrir et faciliter son engagement. — **2.** Groupe, mouvement novateur dans le domaine intellectuel, technique, artistique, etc. — **3.** Escadre ou division qui, en formation de combat, se trouve en avant du gros. — **4.** *Combat d'avant-garde,* lutte pour le progrès menée avant les autres. ‖ *D'avant-garde,* en avance sur son temps par son audace : *Littérature d'avant-garde.* ‖ *Être à l'avant-garde,* être à la pointe de qqch. dans le domaine politique, esthétique, etc.

AVANT-GARDISME n. m. Fait d'être à l'avant-garde politique, littéraire, etc. ; attitude de ceux qui se veulent d'avant-garde.

AVANT-GARDISTE adj. et n. Se dit d'un écrivain, d'un artiste d'avant-garde.

AVANT-GOÛT n. m. (pl. *avant-goûts*). Première impression que provoque l'évocation d'un événement futur.

AVANT-GUERRE n. m. ou f. (pl. *avant-guerres*). Temps, régime qui a précédé une guerre et, en partic., une des deux guerres mondiales.

AVANT-HIER adv. Le jour qui a précédé la veille du jour où l'on est.

Avanti !, quotidien socialiste italien, fondé en 1896 par Leonida Bissolati. Mussolini, qui en fut le rédacteur en chef de 1912 à 1914, le supprima en 1926. Il reparut en 1944 comme organe du parti socialiste italien.

AVANT-MAIN n. f. (pl. *avant-mains*). Partie antérieure des animaux, et en particulier du cheval, comprenant la tête, l'encolure, le garrot, le poitrail et les membres antérieurs.

AVANT-MÉTRÉ n. m. (pl. *avant-métrés*). **1.** Ensemble des différentes mesures d'un ouvrage à construire. — **2.** Devis estimatif d'un travail à exécuter.

AVANT-MIDI n. m. ou f. inv. En Belgique et au Canada, syn. de MATINÉE.

AVANT-NEF n. f. (pl. *avant-nefs*). Partie de certaines églises comprise entre la façade et un mur percé d'ouvertures qui la sépare de la nef proprement dite.

AVANT-PAPIER n. m. (pl. *avant-papiers*). Article de présentation d'un événement ou d'une manifestation (culturelle, sportive, etc.) à venir.

AVANT-PAYS n. m. inv. Dans les chaînes de montagnes, zone vers laquelle sont en général déversées les structures tangentielles, elle-même étant restée peu affectée par cette tectonique.

AVANT-PIED n. m. (pl. *avant-pieds*). **1.** Nom usuel du métatarse. — **2.** Partie antérieure de la forme ou de la chaussure.

AVANT-PLAGE n. f. (pl. *avant-plages*). Partie d'un littoral, immédiatement en dessous du niveau des basses mers. (Syn. ÉTAGE INFRALITTORAL.)

AVANT-PLAN n. m. (pl. *avant-plans*). En Belgique, syn. de PREMIER PLAN.

AVANT-PORT n. m. (pl. *avant-ports*). **1.** Partie d'un port située entre la passe d'entrée et les bassins dans lesquels les navires sont chargés ou déchargés. (L'avant-port doit être abrité de la houle et des courants [pour faciliter la prise des amarres par les remorqueurs], mais aussi des vents gênants [pour l'évitage].) — **2.** Port construit en aval d'un premier port, généralement sur un estuaire. (Saint-Nazaire est un avant-port de Nantes.)

AVANT-PORTE n. f. (pl. *avant-portes*). Porte extérieure d'un dispositif à double porte.

AVANT-POSTE n. m. (pl. *avant-postes*). Détachement de sûreté qu'une troupe en station disposait en avant d'elle pour la prémunir contre toute surprise.

AVANT-PREMIÈRE n. f. (pl. *avant-premières*). **1.** Présentation d'un spectacle, d'un film aux critiques, aux amateurs, avant la première représentation ou première projection publique ; article publié à cette occasion. — **2.** Présentation publicitaire d'extraits d'une émission de télévision programmée pour une date ultérieure. — **3.** *En avant-première,* avant la présentation officielle et publique : *Présenter en avant-première la mode d'hiver.*

AVANT-PROJET n. m. (pl. *avant-projets*). Étude préparatoire d'un projet.

AVANT-PROPOS n. m. inv. Courte introduction, placée en tête d'un ouvrage, où l'auteur expose ses intentions.

AVANT-PUITS n. m. inv. Trou creusé au début d'un forage pour recevoir les appareils dont le dépassement serait gênant.

AVANT-RADIER n. m. (pl. *avant-radiers*). Ouvrage destiné à prévenir les affouillements, placé en amont d'une construction hydraulique.

AVANT-RASAGE n. m. (pl. *avant-rasages*). Produit qui prépare la barbe et la peau du visage au rasage électrique. (Syn. PRÉRASAGE.)

AVANT-SCÈNE n. f. (pl. *avant-scènes*). **1.** Partie de la scène en avant du rideau. — **2.** Chacune des loges disposées de chaque côté de la scène.

AVANT-SOIRÉE n. f. (pl. *avant-soirées).* **Télév.** Tranche horaire précédant les émissions du soir et, notamm., le journal télévisé.

AVANT-SOLIER n. m. (pl. *avant-soliers*). Partie d'un bâtiment s'élevant soit au-dessus d'un portique, soit en encorbellement.

AVANTS-SONLOUP (Les), station d'été (alt. 968 m) et de sports d'hiver de Suisse (cant. de Vaud), au-dessus de Montreux.

AVANT-TOIT n. m. (pl. *avant-toits*). Partie d'un toit qui fait saillie.

AVANT-TRAIN n. m. (pl. *avant-trains*). **1.** Partie avant des anciennes voitures. — **2.** Partie antérieure du corps des quadrupèdes. — **3.** Partie de certaines charrues dotée de deux roues et servant de support à l'age. — **4.** Véhicule hippomobile à deux roues, qui servait à la traction des canons et des caissons d'artillerie.

AVANT-TROU n. m. (pl. *avant-trous*). Perçage préalable du bois améliorant la pénétration ultérieure des vis et des pointes.

AVANT-VEILLE n. f. (pl. *avant-veilles*). Jour qui précède immédiatement la veille.

AVAR n. m. Langue caucasienne du Nord-Est, parlée dans l'ouest et le centre du Daguestan et dans le nord de l'Azerbaïdjan par environ 440 000 locuteurs.

AVARE adj. et n. (lat. *avarus*). Qui se plaît à accumuler l'argent en restreignant ses dépenses : *À père avare enfant prodigue.*

◆ adj. Qui ne prodigue pas facilement qqch, qui l'épargne le plus possible : *Il est avare de paroles.*

Avare *(l'),* comédie de Molière, en cinq actes et en prose (1668), sur la trame de l'*Aulularia* de Plaute : la passion de thésauriser est devenue une manie obsessionnelle qui relève moins de la condamnation morale que de l'étude clinique de la folie.

AVARICE n. f. (lat. *avaritia*). Attitude, caractère de qqn qui restreint à l'excès ses dépenses.

AVARICIEUX, EUSE adj. et n. *Litt.* Qui fait preuve d'une avarice sordide dans les petites choses.

AVARICUM, anc. v. de Gaule. (Auj. *Bourges.*)

AVARIE n. f. (ital. *avaria,* de l'ar. *awārīya,* de *awār,* manque). **1.** Dommage survenu à des marchandises au cours de l'exécution d'un contrat. — **2.** Dommage survenu au bâtiment et aux marchandises depuis leur départ ou leur chargement jusqu'à leur arrivée ou leur déchargement *(avarie matérielle),* et frais imprévus nécessaires pour éviter ou réparer ces dommages *(avarie frais).*

AVARIER v. t. (conj. 9). **1.** Causer une avarie, endommager un navire, une cargaison. — **2.** Causer un dommage, gâter un produit, un aliment.

◆ **s'avarier** v. pr., **être avarié** v. pass. Se gâter, se détériorer, être gâté, détérioré (sous l'effet de la chaleur, de l'humidité, etc.) : *Des fruits avariés.*

AVARIS, capitale des rois Hyksos ; parfois identifiée à Tanis*.

AVARS, peuple ancien, originaire de l'Asie centrale et qui envahit l'Europe ; ils s'établirent dans le territoire de l'actuelle Hongrie, menacèrent l'Italie et furent soumis par Charlemagne. Ils disparurent au début du IXe s.

AVARS, peuple caucasien et musulman du Daguestan.

AVARUA, cap. de l'archipel Cook, dans l'île de Rarotonga.

Avataṃsaka-sūtra, texte du bouddhisme mahāyāna, précieux en ce qu'il révèle la transition du bouddhisme primitif au bouddhisme mahāyāna dans sa maturité.

AVATAR n. m. (sanskr. *avatāra,* descente sur la terre d'une divinité). **1.** Événement fâcheux, accident ; mésaventure. — **2.** Changement, transformation : *Après de multiples avatars, la loi fut votée.*

AVATĀRA, mot sanskr., de *ava,* vers le bas, et *tṝ,* descendre, et qui s'applique à la descente d'une divinité, spécialement de Viṣṇu, dans une forme humaine ou animale qui n'est pas une incarnation mais une apparence. On cite habituellement 10 avatāra de Viṣṇu.

AVAUX (Claude DE MESMES, *baron* puis *comte* D'), diplomate français (1595-1650). Plénipotentiaire au congrès de Münster (1644), il fut l'un des négociateurs des traités de Westphalie (1648). – Son neveu JEAN ANTOINE *de Mesmes,* comte d'**Avaux** (1640-Paris 1709), fut ambassadeur en Hollande (1678-1689) et en Suède (1693-1697) et participa aux négociation des traités de Nimègue (1678-79) et de Ryswick (1697).

AVE → AVE MARIA.

AVÉ n. m. Grain du chapelet sur lequel on dit un Ave.

Ave, Caesar, morituri te salutant, express. lat. signif. *Salut, César, ceux qui vont mourir te saluent,* paroles que prononçaient, en s'inclinant devant la loge impériale, les gladiateurs qui défilaient dans le cirque avant le combat.

AVEBURY, village de Grande-Bretagne (Wiltshire), à l'O. de Marlborough. Cromlech de la fin du néolithique.

AVEC prép. (bas lat. *apud hoc, avec cela). Indique : **1.** L'accompagnement de qqn : *Pierre est venu avec sa femme.* – **2.** Le fait d'être muni de qqch : *Sortir avec un parapluie.* – **3.** L'identité de sentiments, de vues, l'association : *Avec cet auteur, je pense que le progrès n'est pas linéaire.* – **4.** La simultanéité : *Paul se lève avec le jour.* – **5.** La relation, comme compl. d'adj. et de verbe : *Être aimable avec tout le monde.* – **6.** Le moyen : *Creuser le sol avec une pioche.* – **7.** La manière : *Répondre avec humour.* – **8.** La cause : *Avec ce brouillard, on n'y voit pas à vingt mètres.* – **9.** L'opinion de qqn (auquel on s'oppose) : *Avec toi, l'argent seul compte.* – **10.** La possession, comme compl. du nom : *Un appartement avec terrasse.* – **11.** Fam. *Avec ça (que...),* en outre, sans compter que : *Il est très compétent, et avec ça très serviable ;* exprime dans une exclamative l'incrédulité, une dénégation énergique : *Avec ça que je me gênerais !* ‖ *D'avec,* indique la séparation, la distinction : *Il a divorcé d'avec cette femme.* ‖ *Avec le temps,* en laissant faire le temps.
◆ adv. Emploi limité au sens de moyen et d'accompagnement : *J'ai la documentation, je suis venu avec.*

AVEDON (Richard), photographe américain (New York 1923). Une extrême sophistication (photographies de mode) et un réalisme incisif et brutal caractérisent son œuvre. Parmi ses publications : *Observations* (1959), *Alice in Wonderland* (1973).

AVEIRO, v. du Portugal, ch.-l. de district et port de la plaine de la Beira, sur une lagune ; 35 246 hab. Musée régional dans l'anc. couvent de Jésus, des XVᵉ-XVIIIᵉ s.

AVELINE n. f. (lat. *abellana nux,* noix d'Abella). Fruit de l'avelinier.

AVELINE (Albert), danseur, chorégraphe et maître de ballet français (Paris 1888-Asnières 1968). Il a été le partenaire de Carlotta Zambelli et d'Olga Spessivtseva. Directeur de l'école de danse de l'Opéra de Paris, il a réglé (1945) le défilé traditionnel du corps de ballet.

AVELINIER n. m. Variété de noisetier à gros fruits.

AVELLANEDA (Nicolàs), homme d'État argentin (Tucumán 1836-1885). Président de la République (1874-1880), il réprima l'insurrection de Mitre (1874), entreprit une expédition contre les Indiens de Patagonie, favorisa l'immigration européenne et fit définitivement accepter Buenos Aires comme capitale fédérale.

AVELLINO, v. d'Italie, en Campanie, ch.-l. de la prov. homonyme ; 54 343 hab. Noisetiers.

AVE MARIA ou **AVE** [ave] n. m. inv. (mots lat. signif. *Salut Marie*). Prière catholique à la Vierge Marie commençant par ces mots ; dite aussi « salutation angélique » ou « Je vous salue, Marie ». (Son usage est très ancien.)

Ave maris stella *(Salut, étoile de la mer),* hymne latine à la Sainte Vierge, qui remonte au moins au IXᵉ s.

AVEMPACE, en ar. **Abū Bakr Muḥammad... ibn Bādjdja,** philosophe arabe (Saragosse fin du XIᵉ s.-Fès 1138). Il est l'auteur de commentaires sur les traités d'Aristote. Dans son livre le *Régime du solitaire,* il énumère les différentes constitutions de la Cité. Comme aucune ne peut être parfaite, il analyse les qualités qu'il faut avoir pour vivre dans la communauté humaine. Le moyen le plus efficace est la recherche du bonheur par la connaissance, qui, partant de la connaissance rationnelle, aboutit à la connaissance intuitive et globale, sommet de l'acte de l'intelligence. Cette démarche doit conduire le sage près de Dieu.

AVEN [avɛn] n. m. (rouergat *avenc*). Puits naturel formé en région calcaire, par dissolution ou effondrement de la voûte de cavités karstiques.

1. AVENANT, E adj. Qui plaît par sa bonne grâce ; affable, gracieux.

2. AVENANT n. m. (anc. fr. *avenir,* convenir). **1.** Acte par lequel on modifie les termes d'un contrat. — 2. *À l'avenant (de qqch),* en accord ou en harmonie avec ce qui précède ; semblable (à qqch) : *Le discours était stupide et les questions du débat à l'avenant.*

AVENARIUS (Richard), philosophe et épistémologue allemand (Paris 1843-Zurich 1896), créateur, avec Ernst Mach, de l'empiriocriticisme, doctrine positiviste d'inspiration néokantienne, idéaliste et empiriste.

AVENCHES, localité de Suisse (cant. de Vaud), au S. du lac de Morat. Avenches *(Aventicum),* ville principale des *Helvetii,* fut, à l'époque gallo-romaine, leur capitale. Elle fut détruite par les Barbares. Ruines (temples, théâtre, thermes...) de l'antique cité gallo-romaine. Mosaïques ; buste d'or de Marc-Aurèle. Musée archéologique.

AVÈNE (34260), comm. de l'Hérault, près de l'Escandorgue ; 273 hab. — Au N., barrage et retenue (destinée à l'irrigation) sur l'Orb. — Au S.-E., station thermale d'*Avène-les-Bains.*

AVENEL (Georges, *vicomte* D'), économiste et historien français (Neuilly-sur-Seine 1855-Paris 1939). On lui doit de nombreuses et importantes contributions à l'histoire économique et sociale.

AVÈNEMENT n. m. (anc. fr. *avenir,* arriver). 1. Fait d'accéder à un état, à une dignité de caractère élevé, en partic. au pouvoir suprême : *Avènement d'un souverain.* — 2. Installation d'un nouveau régime, de nouvelles institutions politiques dans un État : *L'avènement de la seconde République.* — 3. Venue, établissement de qqch d'important : *Souhaiter l'avènement d'une ère de justice.* — 4. *L'avènement du Messie,* le temps où le Fils de Dieu s'est manifesté corporellement sur la terre. ‖ *Le second avènement du Messie,* retour glorieux du Christ à la fin du monde, au jour du Jugement dernier.

AVÉNETTE n. f. (lat. *avena,* avoine). Graminée fourragère des prairies calcaires, voisine de l'avoine, appelée aussi *petit fromental* ou *avoine jaunâtre.*

AVENIR n. m. (de *le temps à venir*). 1. Le temps à venir, le futur : *Vivre dans le présent et non dans l'avenir.* — 2. Les événements futurs : *Avoir confiance en l'avenir.* — 3. Les générations futures, les personnes qui vivront plus tard, la postérité : *L'avenir lui rendra justice.* — 4. Situation, sort de qqn dans le temps à venir, évolution, destinée de qqch : *Compromettre son avenir. L'avenir d'une entreprise.* — 5. *À l'avenir,* à partir de maintenant, désormais. ‖ *D'avenir,* se dit de qqn qui doit réussir, s'imposer, parvenir à la notoriété, se dit de qqch qui s'imposera par sa valeur, sa qualité, sa nécessité, dans le temps à venir. ‖ *Arbre d'avenir,* syn. de ARBRE DE PLACE*. ‖ *Valeur d'avenir,* valeur qui sera atteinte par un peuplement forestier au moment de sa réalisation.

Avenir *(l'),* journal publié à Paris du 16 oct. 1830 au 15 nov. 1831, sous la direction de La Mennais, et rédigé par des catholiques libéraux, dont Lacordaire, Montalembert et Gerbert. Il souhaitait que le catholicisme prenne la direction de l'évolution sociale et politique du siècle, l'Église devant se rapprocher des masses. *L'Avenir* fut âprement combattu par les gallicans, et ses positions furent condamnées par le pape Grégoire XVI (1832).

Avenir *(Tour de l'),* course cycliste par étapes, créée en 1961, disputée en France.

Avenir de la science *(l')* [*Pensées de 1848*], par E. Renan, publié en 1890.

AVENT [avɑ̃] n. m. (lat. *adventus,* arrivée). 1. Période de l'année liturgique de quatre semaines qui précède et prépare la fête de Noël. — 2. Recueil ou ensemble de sermons prêchés pendant l'Avent.

AVENTIN *(mont),* une des sept collines de Rome. Exclue du consulat par le patriciat en 494 av. J.-C., la plèbe menaça de faire sécession. Elle se retira sur la colline de l'Aventin située en dehors du *pomœrium* (enceinte religieuse de la cité) jusqu'à ce qu'elle obtînt le droit d'élire les tribuns.
— *Se retirer sur l'Aventin,* c'est refuser de participer à un débat, à une discussion, se retirer sous sa tente.

AVENTURE n. f. (lat. pop. **adventura,* choses qui doivent arriver, de *advenire*). 1. Événement fortuit, de caractère singulier ou surprenant, qui concerne une ou plusieurs personnes ; histoire, péripétie : *Une aventure tragique.* — 2. Entreprise comportant des difficultés, une grande part d'inconnu, parfois des aspects extraordinaires, à laquelle participent une ou plusieurs personnes : *Le récit d'une aventure en mer.* — 3. Toute entreprise où le risque est considérable et dont la réussite est douteuse : *Adopter ce projet, c'est se lancer dans une aventure.* — 4. Liaison amoureuse, le plus souvent superficielle et sans lendemain. — 5. *À l'aventure,* au hasard, sans but précis. ‖ *D'aventure, par aventure,* par hasard. ‖ *Dire la bonne aventure,* prédire l'avenir. ‖ *Film, roman, livre d'aventures,* genre où l'action a la place principale.

AVENTURER v. t. (conj. 3). 1. Exposer qqch à des risques ; hasarder : *Aventurer une somme importante au jeu.* — 2. Avancer (une idée, une hypothèse) sans preuves suffisantes, comme une simple suggestion ; hasarder.

◆ **être aventuré** v. pass. **1.** Comporter des risques importants : *Entreprise aventurée.* – **2.** Être affirmé sans preuves suffisantes, être hasardeux.

◆ **s'aventurer** v. pr. **1.** Pénétrer qqpart en courant un risque ; se risquer : *S'aventurer le soir dans des ruelles obscures.* – **2.** Oser faire qqch malgré les risques encourus : *S'aventurer à faire une démarche.*

AVENTUREUSEMENT adv. De façon aventureuse, en s'exposant à des risques.

AVENTUREUX, EUSE adj. **1.** Qui aime et recherche l'aventure ; audacieux, téméraire. – **2.** Qui comporte des risques, peu sûr : *Projet aventureux.* – **3.** Semé d'aventures, d'événements extraordinaires ; risqué : *Vie, existence aventureuse.*

AVENTURIER, ÈRE n. **1.** Personne sans scrupule, qui recourt à l'intrigue, l'abus de confiance, la spéculation malhonnête, la violence pour parvenir à la notoriété, à la fortune, au pouvoir, etc. : *Une affaire tombée aux mains d'un aventurier.* – **2.** Personne qui cherche l'aventure par goût du risque, du danger.

◆ n. m. Au Moyen Âge et sous l'Ancien Régime, soldat volontaire qui servait sans solde.

AVENTURINE n. f. (de *aventure*). **1.** Variété de quartz, de tonalité rougeâtre, contenant des particules de mica miroitant sous la lumière. – **2.** Verre imitant ce minéral grâce à la formation, qu'on y provoque, de minuscules paillettes de cuivre.

AVENTURISME n. m. Tendance à prendre en politique des décisions impulsives et opportunistes.

AVENTURISTE adj. et n. Qui fait preuve d'aventurisme.

AVENU, E adj. (part. passé de l'anc. fr. *avenir,* arriver). *Nul et non avenu,* considéré comme n'ayant jamais existé.

AVENUE n. f. (part. passé fém. de l'anc. fr. *avenir,* arriver). **1.** Allée large, généralement rectiligne et plantée d'arbres, conduisant à une habitation, un bâtiment officiel, un lieu public. – **2.** Large voie urbaine, le plus souvent bordée d'arbres.

◆ **avenues** n. f. pl. *Litt.* Moyens qui permettent d'accéder à qqch qu'on ambitionne : *Les avenues du pouvoir.*

AVENZOAR, en ar. **Abū Marwān ibn Zuhr,** médecin arabe (Peñaflor, Andalousie, 1073-Séville 1162). Grand clinicien, il fut l'un des principaux représentants de la civilisation almohade d'Andalousie et le maître d'Averroès.

AVERCAMP (Hendrick), peintre néerlandais (Amsterdam 1585 - Kampen 1634). Ses paysages d'hiver sont animés de petits personnages dont il évoque la vie sur un mode spirituel.

AVERDEPOIS → AVOIRDUPOIS.

AVÉRER (S') v. pr. (lat. médiév. *adverrare,* du lat. class. *verus,* vrai) [conj. **18**]. Se révéler réellement, se manifester, apparaître : *L'escalade s'avère difficile. Il s'avère que le plan est inapplicable.*

◆ **être avéré** v. pass. Être reconnu comme vrai, authentique, exact : *C'est un fait avéré.*

AVERESCU (Alexandru), maréchal et homme politique roumain (Ismail, auj. Izmaïl, 1859 - Bucarest 1938). Chef d'état-major pendant les guerres balkaniques de 1912-13, il présida, en mars 1918, le gouvernement qui négocia avec les puissances centrales. Il fut à nouveau chef du gouvernement en 1920-21 et en 1926.

AVERNE *(lac),* auj. **Averno,** lac d'Italie, près de Naples. Les Anciens plaçaient sur ses rives une des entrées des Enfers et l'antre de la sibylle de Cumes.

AVERROÈS, en ar. **Abū al-Walīd Muḥammad... ibn Ruchd,** philosophe islamique (Cordoue 1126 - Marrakech 1198). Il s'efforce de placer la pensée de l'islām sous l'autorité des raisonnements attribués à Aristote. Contre plusieurs adversaires, il maintient la tradition exégétique du Coran, dont la vérité est selon lui une et non double. Cependant la vérité est susceptible d'être interprétée à trois niveaux (philosophie, théologie et foi) selon le degré de savoir de chacun. La philosophie d'Averroès a été condamnée par l'Église en 1270 : elle n'en a pas moins exercé une profonde influence sur les penseurs chrétiens du Moyen Âge.

AVERROÏSME n. m. Doctrine philosophique d'Averroès.

AVERROÏSTE adj. et n. Qui relève de la philosophie d'Averroès ou qui en est partisan.

AVERS n. m. (lat. *adversus,* qui est en face de). Côté d'une monnaie ou d'une médaille qui porte l'empreinte du coin inférieur (et, en général, le dessin et/ou l'inscription principale). [Syn. FACE. L'autre côté est appelé REVERS.]

AVERSA, v. d'Italie, en Campanie, au N. de Naples ; 56 000 hab. Centre commercial. – Premier établissement des Normands en Italie en 1030, capitale d'un comté-fief du Saint-Siège en 1061.

AVERSE n. f. (de *à verse*). **1.** Pluie subite, abondante et généralement de courte durée. – **2.** *Litt.* Grande quantité de choses qui s'abat sur qqn, flot : *Une averse d'injures.* – **3.** *Averse météorique,* arrivée dans l'atmosphère de nombreux météoroïdes, donnant l'impression d'une pluie d'étoiles. (Ce phénomène se produit quand la Terre traverse un essaim de météoroïdes.) [Syn. PLUIE D'ÉTOILES FILANTES.]

AVERSION n. f. (lat. *aversio*, de *avertere*, détourner). **1.** Sentiment d'antipathie violente, voire de répulsion, ressenti par qqn à l'égard d'une personne ou d'une catégorie de personnes ; haine, inimitié : *Les hypocrites lui inspirent de l'aversion.* — **2.** Vive répugnance, dégoût éprouvés par qqn à l'égard de certains animaux, de qqch ; horreur : *Avoir de l'aversion pour les mondanités.*

AVERTCHENKO (Arkadi Timofeïevitch), écrivain russe (Sébastopol 1881-Prague 1925). Humoriste célèbre, il a dû principalement son succès au *Satirikon**.

AVERTIR v. t. (lat. pop. **advertire*, du lat. class. *advertere*, remarquer) [conj. **32**]. **1.** Prévenir qqn de qqch, l'en informer, attirer l'attention de qqn sur un fait : *Il faut l'avertir que Pierre viendra.* — **2.** En parlant d'un automobiliste, faire un signal avec ses phares pour indiquer sa présence. — **3.** *Je vous (en) avertis*, se dit, par menace ou par défi, pour annoncer une chose comme inévitable.

◆ **être averti** v. pass. **1.** Être au courant des choses : *Un homme averti en vaut deux.* — **2.** Être un connaisseur : *Un critique averti.* — **3.** Être au courant des réalités de la vie : *Jeune fille avertie.*

AVERTISSEMENT n. m. **1.** Action d'avertir, de faire savoir : *Il est parti sans le moindre avertissement.* — **2.** Appel à l'attention de qqn pour le détourner d'une action, le garder d'un danger, etc. : *Il n'a pas tenu compte de mon avertissement.* — **3.** Rappel à l'ordre avec inscription au dossier pour un fonctionnaire ; blâme avec menace de sanction à l'égard d'un enfant, d'un élève, d'un sportif. — **4.** Petite introduction ou courte préface qu'on place en tête d'un livre. — **4.** Signal annonçant à distance au mécanicien d'une locomotive un signal d'arrêt fermé. — **6.** Premier avis adressé au contribuable d'avoir à s'acquitter des contributions mises en recouvrement. — **7.** Punition disciplinaire non restrictive de liberté infligée à un officier, à un sous-officier ou à un homme du rang.

AVERTISSEUR n. m. **1.** Dispositif utilisé pour donner un signal, en particulier un signal sonore. — **2.** Série statistique dont l'évolution reflète, avec plusieurs mois d'avance, la tendance de l'activité économique générale. (Syn. INDICATEUR AVANCÉ.) — **3.** *Avertisseur (public) d'incendie*, borne d'appel téléphonique placée sur des lieux de circulation publics ou privés et permettant d'alerter le centre de secours le plus proche.

◆ **avertisseur, euse** adj. Qui avertit : *Sirène avertisseuse.*

AVERTY (Jean-Christophe), réalisateur et producteur d'émissions à la radio et à la télévision (Paris 1928). Humoriste grinçant, il a renouvelé le langage télévisuel en utilisant les trucages électroniques.

AVERY (Oswald Theodore), médecin américain (Halifax, Canada, 1877-Nashville 1955). Il a démontré, en 1944, que l'A. D. N. est le support de l'hérédité.

AVERY (Tex), dessinateur et réalisateur de dessins animés américain (Dallas 1907-Burbank, Los Angeles, 1980). Doté d'un humour féroce et surréaliste, il inventa plusieurs vedettes du dessin animé : Daffy Duck le canard, le lièvre Bugs Bunny, le chien Droopy.

AVESNES-LE-COMTE [avɛn] (62810), ch.-l. de cant. du Pas-de-Calais, dans l'Artois ; 2 022 hab. Église de style gothique flamboyant.

AVESNES-SUR-HELPE [avɛn] (59440), ch.-l. d'arrond. du Nord, sur l'Helpe Majeure ; 5 612 hab. *(Avesnois)*. La ville, dotée d'une charte au XIIe s., devint française en 1659 ; Vauban la fortifia. Restes des fortifications. Église des XIIIe-XVIe s. Industrie textile.

AVESNOIS, région bocagère de l'est du dép. du Nord, autour d'*Avesnes-sur-Helpe*. Élevage bovin laitier.

Avesta, livre sacré du mazdéisme ; ses diverses sections constituent un ensemble de textes rituels et liturgiques, de prières et d'hymnes. Le texte actuel paraît avoir été rédigé à l'époque sassanide ; cependant, certains hymnes pourraient remonter à l'époque achéménide, au temps de Zarathushtra.

AVESTIQUE n. m. Langue iranienne du groupe oriental, dans laquelle est écrit l'*Avesta.*

AVEU n. m. (de *avouer*). **1.** Fait de reconnaître qu'on est l'auteur d'un crime, d'une action blâmable, ou simplement pénible à révéler : *Obtenir les aveux d'un criminel. L'aveu de son ignorance lui a coûté.* — **2.** *Litt.* Action d'avouer son amour : *De tendres aveux.* — **3.** *De l'aveu de qqn, de son propre aveu*, comme il le reconnaît lui-même. ‖ Litt. *Homme sans aveu*, sans foi ni loi. ‖ Litt. *Ne rien faire sans l'aveu de qqn*, sans son autorisation. ‖ *Passer aux aveux*, avouer un crime, une faute. • **Dr.** Déclaration par laquelle une personne reconnaît la véracité d'un fait de nature à produire des conséquences juridiques à son encontre. (Si la déclaration est faite en justice, l'aveu est judiciaire.) — **Féod.** Charte délivrée par le vassal à son seigneur, attestant sa prestation de foi et d'hommage et l'acquisition de son fief. (L'aveu était accompagné du dénombrement.)

AVEUGLANT, E adj. **1.** Qui éblouit au point d'empêcher de voir : *Une lueur aveuglante.* — **2.** Dont l'évidence apparaît clairement ; éclatant, patent : *Une preuve aveuglante de son innocence.*

AVEUGLE adj. et n. (bas lat. **ab oculis*, privé des yeux). **1.** Qui est privé du sens de la vue. (Syn. NON-VOYANT.) [→ *encycl.*] — **2.** Se dit de qqn qui se refuse à voir la réalité, qui manque de jugement : *La passion la rend aveugle.* — **3.** *En aveugle,* imprudemment, sans réflexion ; en parlant d'un test, effectué sur des échantillons ne portant aucune mention. ‖ *Jouer en aveugle,* en parlant d'un joueur d'échecs, jouer sans regarder l'échiquier.

◆ adj. **1.** Se dit de qqn qui suit sa propre impulsion, sans discernement, sans esprit critique, qui agit de façon irrationnelle : *Fureur aveugle.* — **2.** *Litt.* Se dit d'une puissance surnaturelle qui frappe au hasard : *L'aveugle instrument du destin.* — **3.** Se dit d'un sentiment qui ne connaît pas de limite ; entier, total : *Confiance aveugle.* • **Anat.** Se dit de certaines cavités qui se terminent en cul-de-sac. — **Bât.** Se dit du vaisseau central d'une église qui ne reçoit la lumière du jour que par les collatéraux. ‖ Se dit d'une arcade, d'une baie simulées (non ajourées), d'un mur, d'une façade sans fenêtres. — **Géogr.** Se dit d'une vallée sèche que termine à l'aval une contre-pente au pied de laquelle se perdent, par absorption karstique, les eaux qui la drainent épisodiquement à la suite de fortes pluies. — **Méd.** *Essai thérapeutique en aveugle,* méthode d'étude d'un traitement par comparaison avec un traitement connu, dans laquelle les malades seuls *(simple aveugle)* ou les malades et les médecins *(double aveugle)* ignorent lequel des deux traitements est appliqué. — **Physiol.** *Point aveugle,* région de la rétine où aboutit le nerf optique et qui, dénuée de cellules sensorielles, n'est pas sensible à la lumière.

ENCYCL. **Méd.** Est « aveugle » légalement toute personne dont la vision centrale du meilleur œil, après correction, est égale ou inférieure à 1/20 de la normale. La majorité des personnes aveugles en France est constituée de personnes âgées ; on compte 2 500 aveugles de 0 à 20 ans sur un total d'environ 50 000. L'éducation systématique des aveugles s'est développée à partir de 1784, grâce à l'action de Valentin Haüy. À partir de 1825, un aveugle de 16 ans, Louis Braille, proposa un système de lettres en points saillants qui se révéla progressivement très facile à écrire et d'une lecture rapide par les deux index. Il existe aujourd'hui une véritable formation professionnelle destinée aux aveugles, dispensée dans le cadre de centres d'aide par le travail et d'ateliers protégés.

aveugles *(Institut national des jeunes),* établissement public d'enseignement fondé à Paris en 1784 par V. Haüy. Il accueille les jeunes aveugles aptes à poursuivre des études secondaires ou des études musicales.

aveugles *(Lettre sur les),* œuvre de Diderot → LETTRE SUR LES AVEUGLES.

AVEUGLEMENT n. m. Manque de discernement par passion, obstination : *Un aveuglement coupable.*

AVEUGLÉMENT adv. Sans examen, sans réflexion, en aveugle.

AVEUGLE-NÉ, E n. (pl. *aveugles-nés, -nées*). Aveugle de naissance.

AVEUGLER v. t. (conj. 3). **1.** Rendre qqn aveugle : *La bombe en explosant l'a aveuglé.* — **2.** Éblouir qqn, l'empêcher momentanément de voir : *La lueur des phares m'a aveuglé.* — **3.** Priver qqn de sa lucidité, lui faire perdre tout discernement : *La haine l'aveugle.* — **4.** Colmater provisoirement une voie d'eau, une ouverture, la fermer.

◆ **s'aveugler** v. pr. Manquer de jugement, se tromper sur qqn, qqch : *Ne vous aveuglez pas sur vos possibilités.*

AVEUGLETTE (À L') loc. adv. **1.** À tâtons, sans y voir : *Marcher à l'aveuglette.* — **2.** Au hasard : *Prendre une décision à l'aveuglette.*

AVEULIR v. t. (conj. 32). *Litt.* Rendre qqn veule, faible, sans volonté.

AVEULISSEMENT n. m. *Litt.* Action d'aveulir, fait de s'aveulir, d'être aveuli.

AVEYRON, riv. longue de 250 km, née sur le causse de Sévérac. Elle passe à Rodez, puis à Villefranche-de-Rouergue, sort du Massif central pour pénétrer dans le Bassin aquitain, et reçoit le Viaur (r. g.), avant de rejoindre le Tarn (r. dr.).

AVEYRON (12), dép. de la Région Midi-Pyrénées ; ch.-l. de dép. *Rodez ;* ch.-l. d'arrond. *Millau, Villefranche-de-Rouergue ;* 3 arrond. ; 46 cant. ; 304 comm. ; 8 735 km² ; 270 141 hab. (*Aveyronnais*). Le dép. appartient à l'académie de Toulouse, à la cour d'appel de Montpellier, à la région militaire Atlantique.

Dans le sud du Massif central, faiblement peuplé, ayant subi une intense émigration, il est formé de plateaux cristallins (Viadène, Ségala) ou calcaires (partie des Grands Causses, appartenant à un parc naturel régional). Ces plateaux sont découpés par les profondes vallées de la Truyère, du Lot, de l'Aveyron et du Tarn, où se localisent les principales villes (Rodez, Millau). L'agriculture juxtapose céréales dans le Ségala et élevage des brebis pour la fabrication du roquefort dans les Causses. L'industrie est représentée par le travail du cuir et les aménagements hydroélectriques (sur la Truyère surtout).

AVIAIRE adj. (lat. *aviarius*). Se dit des maladies des oiseaux.

AVIALE adj. f. *Couronne aviale,* couronne héraldique dotée de symboles aéronautiques.

AVIANISÉ, E adj. Se dit d'un virus modifié, pour la fabrication d'un vaccin, par passages successifs sur des œufs de poule en incubation ou sur des cultures d'embryons de poulets.

AVIATEUR, TRICE n. **1.** Personne qui pilote un avion. — **2.** Militaire de l'armée de l'air, appartenant ou non au personnel navigant. — **3.** *Mal des aviateurs,* ensemble de symptômes anormaux présentés par des sujets qui sont en avion. (Il s'agit d'une affection psychosomatique due à la répétition de vols trop fréquents ou trop prolongés.)

AVIATION n. f. (lat. *avis,* oiseau). **1.** Navigation aérienne au moyen d'appareils plus lourds que l'air. — **2.** Technique dont l'objet est l'étude et la construction des avions. — **3.** Ensemble des avions, du personnel à bord et des installations utilisés pour la navigation aérienne. — **4.** *Aviation commerciale,* ensemble des avions, des installations et du personnel employés au transport des voyageurs et des marchandises. ‖ *Aviation générale,* toute forme d'aviation qui n'est ni militaire ni commerciale. ‖ *Aviation militaire,* aviation utilisée à des fins militaires. (Les aviations militaires ont reçu, dans certains pays, des appellations particulières : *armée de l'air** française, *Royal Air Force* britannique, *US Air Force* américaine, *Luftwaffe* allemande.) [→ *encycl.*] ‖ *Aviation sanitaire,* aviation utilisée au transport aérien des blessés. ‖ *Code de l'aviation civile,* réglementation des transports aériens sur le territoire français (décret du 30 mars 1957 et loi du 8 déc. 1972 ; toutefois, la responsabilité du transporteur est régie par la loi du 2 mars 1957, qui renvoie à la convention de Varsovie).

ENCYCL. On distingue l'aviation civile et l'aviation militaire. L'aviation civile comprend l'aviation commerciale, destinée au transport commercial des voyageurs et des marchandises, et l'aviation générale, qui englobe l'aviation légère et sportive, l'aviation d'affaires, la surveillance du trafic routier et des zones côtières et diverses activités regroupées sous le vocable de « travail aérien » (aviation agricole, évacuation sanitaire, photographie aérienne, publicité aérienne, etc.). Quant à l'aviation militaire, elle assure, bien sûr, les missions de combat, mais aussi les missions de reconnaissance et de renseignement ainsi que le transport de troupes et de matériels.

les différents types d'avions

En fonction du *mode de propulsion,* on distingue les avions sans moteur, ou planeurs, les avions à hélice(s) et à moteur à pistons, les avions à turboréacteurs ou à turbopropulseurs, etc. Par opposition aux avions à hélices, on parle également d'avions à propulsion par réaction et, parmi ceux-ci, d'avions-fusées.

Du point de vue de la *destination* ou de l'*emploi,* on distingue les avions légers, les avions de transport et les avions militaires. Les *avions légers* comprennent les U. L. M. (ultralégers motorisés), les avions-écoles, les avions d'entraînement, de tourisme ou d'amateur, certains avions sanitaires ainsi que les avions remorqueurs, destinés au lancement des planeurs. Les *avions de transport* sont classés selon leur capacité d'emport (gros-porteurs, moyens-porteurs) ou leur rayon d'action. Ils peuvent être militaires ou civils ; dans ce dernier cas, on les appelle aussi « avions commerciaux » ou « avions de ligne » lorsqu'ils effectuent des vols réguliers, afin de les distinguer des avions-taxis et des avions d'affaires. Parmi les *avions commerciaux,* on distingue les très long-courriers (plus de 12 000 km), les long-courriers (6 000-12 000 km), les moyen-courriers (1 500-6 000 km), les court-courriers (500-1 500 km) et les petits appareils de l'aviation de troisième niveau (ou commuters), principalement destinés aux liaisons régionales. Un appareil de transport de fret est un *avion-cargo ;* s'il est utilisé pour le transport de carburant ou le ravitaillement en vol, on parle d' *avion-citerne* (ou *avion ravitailleur*). Les *avions militaires* peuvent être des avions de chasse, des avions d'appui (attaque au sol), des avions de bombardement, des chasseurs-bombardiers, des avions d'observation, des avions de reconnaissance.

la structure d'un avion

Schématiquement, un avion se compose de trois éléments fondamentaux : les moteurs (voir plus loin « la propulsion »), le fuselage et la voilure. Le *fuselage* est le corps central de l'appareil. Il comprend lui-même plusieurs parties. D'abord la *cellule,* enceinte pressurisée à une pression équivalente à celle qui règne à 2 500 m d'altitude — aisément supportable par tous — même lorsque l'avion évolue à 10 000 ou 11 000 m, comme les *jets* commerciaux actuels. Fermée par des parois internes semi-étanches, cette cellule regroupe le *cockpit,* où se trouvent les moyens de pilotage, et l'habitacle pour les passagers, ainsi qu'un logement spécial pour ce qui ne supporterait pas la dépressurisation, les animaux par exemple. Le reste du fuselage contient la soute à bagages, des compartiments de service où sont logés le train d'atterrissage et des équipements annexes.

La *voilure* assure le rôle fondamental de l'avion : voler. Elle se compose principalement des *ailes,* autrefois réalisées comme le fuselage en alliage d'aluminium ou de titane, mais aujourd'hui de plus en plus construites en matériaux composites, résistant à l'échauffement provoqué par le frottement de l'air. Les ailes ont pour fonctions annexes le soutien des moteurs, dans la plupart des avions civils, et le logement pour les réservoirs de kérosène. Leur fonction principale est d'assurer la portance de l'avion en établissant une force verticale qui équilibre son poids. L'autre facteur concourant à la bonne tenue en vol est la traînée de l'appareil, force qui s'oppose à l'avancement de l'avion. La *dérive arrière* est une autre partie de la voilure. Elle stabilise la trajectoire de l'appareil. Quant aux *gouvernes,* leur rôle est d'assurer la rotation de l'avion autour de chacun de ses trois axes.

la mécanique du vol

Les quatre forces s'exerçant sur un avion en vol sont : la *traînée,* due à la résistance de l'air ; la *poussée,* provoquée par les moteurs ; le *poids,* qui résulte de la pesanteur ; la *portance,* engendrée par l'écoulement de l'air sur les ailes.

Une aile d'avion a une forme spéciale que l'on appelle son *profil.* Sa surface supérieure *(extrados)* et sa surface inférieure *(intrados)* ont une courbure, ou inclinaison, différente. Une coupe d'aile subsonique classique montre toujours un extrados très incurvé. Dans les avions lents, l'intrados est assez plat et la partie la plus épaisse de l'aile très près du « bord d'attaque ». Une aile d'avion rapide est quasi symétrique et l'épaisseur maximale se situe environ à mi-chemin entre le bord d'attaque et le bord de fuite. Dans tous les cas, la portance vient surtout de la pression réduite de l'air s'incurvant à vitesse accrue sur l'extrados. La suppression à l'intrados ajoute un peu de portance.

La portance d'une aile dépend de son incidence (angle sous lequel l'aile rencontre l'air). Plus l'angle est important, plus la portance est grande... jusqu'à un certain point. Elle est aussi fonction du carré de la vitesse par rapport à l'air : pour un angle d'attaque donné, elle peut être de 10 000 N à 100 km/h, 40 000 N à 200 km/h, 90 000 N à 300 km/h.

Un avion doit pouvoir être manœuvré, c'est-à-dire obéir aux changements de hauteur et de direction imprimés par le pilote. Les organes de direction sont des surfaces mobiles articulées, situées aux bords postérieurs des ailes *(ailerons)*, de l'emprennage *(gouverne de profondeur)* et de la dérive *(gouverne de direction)*, actionnées depuis le cockpit.

Le *tangage* est contrôlé par la gouverne de profondeur, le *lacet* par la gouverne de direction, et le *roulis* par les ailerons.

Pour pouvoir atterrir en toute sécurité, un avion doit voler aussi lentement que possible sans tomber au-dessous de la vitesse critique, ou « de décrochage ». L'avion « décroche » quand il a tellement ralenti que l'air ne circule pas uniformément sur les ailes. Celles-ci n'ont plus alors assez de portance, et l'avion commence à tomber. Si l'appareil est proche du sol, il risque de s'y écraser. Pour pouvoir voler lentement et en toute sécurité, les avions modernes sont munis d'hypersustentateurs, de spoilers et de volets d'atterrissage. Les *hypersustentateurs* sont des surfaces articulées placées sur chaque aile, entre l'aileron et le fuselage. Ils sont toujours abaissés ensemble pour augmenter la portance. On a recours à eux pour le décollage et l'atterrissage. Les *spoilers* et les *volets d'atterrissage* peuvent être ouverts pour régulariser le débit d'air à vitesse réduite et supprimer la portance résiduelle.

la propulsion

Les avions à moteurs les plus simples sont dotés de moteurs à pistons qui les propulsent par la rotation d'hélices rejetant de l'air vers l'arrière, exactement comme un navire avance dans l'eau. Principal inconvénient : la vitesse de rotation de l'hélice est limitée, de graves perturbations et une onde de choc destructrice apparaissent lorsque le bout des pales approche de la vitesse du son.

Pour surmonter ces difficultés, on a caréné les hélices et on les a fait tourner par l'intermédiaire d'une turbine *(turbopropulseurs)*, qui favorise l'accélération de l'air éjecté vers l'arrière et améliore le rendement à haute vitesse. Toutefois, c'est avec l'apparition du *turboréacteur,* au début des années 1940, que le mur du son a pu être dépassé. Fondamentalement, un turboréacteur est constitué d'une enceinte carénée qui aspire l'air à l'extérieur et le comprime. Chauffé dans une chambre de combustion, l'air passe ensuite dans une turbine, à laquelle il cède une partie de son énergie, qui est utilisée pour la compression. Enfin, il est éjecté vers l'arrière, où il se détend à grande vitesse dans une tuyère, exerçant sur les parois de celle-ci une poussée qui assure la propulsion de l'avion par réaction.

Le *statoréacteur,* conçu dès 1907 et mis au point dans les années 1950, est basé sur le même principe. D'une conception simplifiée à l'extrême, il ne comporte plus aucune pièce tournante, l'admission de l'air résultant simplement du déplacement même de l'appareil. Son rendement n'est intéressant qu'à haute vitesse. Il devrait connaître de grands développements au XXIe siècle.

quelques grandes dates de l'aviation

1890 : premier soulèvement (9 oct.) d'un avion équipé d'un moteur à vapeur, l'*Éole* de Clément Ader, à Armainvilliers.

1903 : premier vol (17 déc.) d'un avion à moteur, piloté par Wilbur et Orville Wright, à Kitty Hawk (Caroline du Nord), sur 284 m.

1909 : première traversée de la Manche (25 juill.), de Calais à Douvres (durée de vol, 37 min), par Louis Blériot.

1910 : premier vol à plus de 1 000 m d'altitude (7 janv.) par le Français Hubert Latham ; premier vol d'un hydravion (28 mars), sur l'étang de Berre, par Henri Fabre ; premier vol à plus de 100 km/h (9 sept.) par Léon Morane, à Reims.
1916 : première installation de la radio à bord des avions.
1923 : premier ravitaillement en vol d'un avion (26 juin).
1926 : réalisation du pilote automatique et des instruments de pilotage sans visibilité.
1927 : première traversée de l'Atlantique nord sans escale (20-21 mai) de New York à Paris, par Charles Lindbergh à bord du *Spirit of Saint Louis.*
1930 : première liaison Paris-New York sans escale (1er-2 sept.) par Dieudonné Costes et Maurice Bellonte à bord du Breguet *Point-d'Interrogation.*
1940 : premier vol (30 avr.) d'un avion propulsé par un turboréacteur, le Caproni-Campini.
1947 : premier vol à vitesse supersonique (14 oct.) effectué par le Bell X-1, propulsé par un moteur-fusée, piloté par l'Américain Charles Yeager.
1949 : premier vol (27 juill.) du De Havilland 106 Comet, premier avion de transport propulsé par turboréacteur.
1969 : premier vol (9 févr.) de l'avion de transport supersonique franco-britannique Concorde. Boeing 747, premier long-courrier à grande capacité ; premier vol (2 mars) de l'avion de transport.
1974 : mise en service (23 mai) de l'Airbus A-300 européen, premier moyen-courrier gros-porteur.
1988 : mise en service de l'Airbus A-320 européen, premier avion de transport civil disposant de commandes de vol entièrement automatiques.
1995 : livraison (15 mai) du premier Boeing 777, avion de transport biréacteur à grande capacité (plus de 300 passagers).

l'aviation militaire

• *Le développement.* C'est entre la Première et la Seconde Guerre mondiale que l'aéronautique militaire connaît un prodigieux essor, que ce soit dans le domaine technologique (performances accrues, tir à la mitrailleuse à travers l'hélice) ou dans celui des doctrines d'emploi (création de la chasse, avions de bombardement). La puissance du bombardement aérien, par vagues d'avions équipés de très lourdes bombes, est rapidement perçue par des théoriciens comme l'Italien Giulio Douhet (1869-1930), qui va jusqu'à envisager que la décision stratégique puisse être obtenue par la dévastation des forces adverses militaires et civiles en arrière de la ligne de front des armées. Ces conceptions seront appliquées par les Allemands durant la bataille d'Angleterre et surtout par les stratèges anglo-saxons durant la Seconde Guerre mondiale mais sans parvenir à produire le résultat escompté.

• *Les missions.* L'aviation a pour but stratégique premier d'acquérir la maîtrise de l'air dès les premières heures du conflit en mettant hors de combat les forces aériennes ennemies. Dès lors, elle peut soit se consacrer à ses missions autonomes de chasse et de bombardement des objectifs adverses, soit contribuer aux autres opérations, notamment l'appui tactique au sol. Ce dernier rôle tend, dans les armées modernes, à être de plus en plus confié aux hélicoptères. Le renseignement, la reconnaissance et l'éclairage constituent également une mission traditionnelle toujours plus importante de l'aviation militaire. Dans ces domaines, les technologies américaines manifestent leur supériorité : le SR-71 *Blackbird* (retiré du service actif en 1990), le *Hawkeye,* l'AWACS et le J-STARS ont démontré dans la guerre du Golfe la puissance de leurs capacités de surveillance et de détection électroniques.
Enfin, le transport militaire aérien (Transall, C-130 Hercules) constitue aujourd'hui un élément essentiel de la projection de force et de mobilité tactique.

• *Stratégie et tactique.* À l'ère nucléaire, le rôle de l'aviation s'est diversifié. Les appareils disposent soit d'une capacité nucléaire, soit d'une capacité conventionnelle, mais certains peuvent disposer d'une double capacité (B-1 B de l'US Air Force) en changeant le type de charge des missiles qu'ils emportent.
L'appellation *aviation stratégique* a été attribuée par les États-Unis aux bombardiers dont le rayon d'action atteint 9 000 km et qui sont équipés de missiles nucléaires de longue ou de courte portée. L'*aviation nucléaire tactique* est caractérisée par une capacité d'intervention plus limitée dans l'espace. La fin de la guerre froide tend à considérablement diminuer son rôle en Europe.

• *La modernisation.* L'accélération du progrès technologique a profondément modifié l'aviation et la contraint à une adaptation permanente. Le missile accroît l'allonge, la puissance de destruction et la précision... Il donne à l'avion une capacité de tir à distance de sécurité (« tire et oublie »). Mais il constitue également un adversaire dangereux. La compétition entre mesures et contre-mesures électroniques devient la clé de l'efficacité de l'action aérienne. La *furtivité* (chasseur F-117 de Lockheed, bombardier B-2 de Northrop) apporte à l'aviation de nouvelles perspectives dans son effort pour échapper à la détection du radar. Aussi le développement des technologies nouvelles a-t-il pour conséquence une hausse considérable des coûts de production, à laquelle s'efforce de répondre une plus

grande polyvalence des appareils. De même, pour faire face à la concurrence sur le marché mondial, les coopérations entre constructeurs de nationalités différentes (Jaguar franco-britannique, Eurofighter) se multiplient au point de devenir, en Europe du moins, une nouvelle règle.
Néanmoins, la fin de la guerre froide, les inquiétudes liées à une excessive prolifération des technologies de pointe font que, dans les années prochaines, le nombre d'unités dans chaque série sera de plus en plus limité.

aviation civile *(École nationale de l')* **[E. N. A. C.],** établissement public d'enseignement technique fondé en 1948, qui assure le recrutement et la formation des fonctionnaires chargés de tous les problèmes techniques et économiques liés à l'organisation du transport et du travail aériens.

aviation civile internationale *(Organisation de l')* **[O. A. C. I.]** → ORGANISATION DE L'AVIATION CIVILE INTERNATIONALE.

AVICÉBRON, en ar. **Abū Ayyūb Sulaymān... ibn Gabīrūl,** poète et philosophe juif (Málaga v. 1021-Valence v. 1058). Sa philosophie est surtout connue par un ouvrage traduit en latin, *la Source de la vie,* qui se situe dans une perspective néoplatonicienne : les êtres se hiérarchisent suivant leur plus ou moins grande unité intrinsèque, plus ils sont élevés, plus ils sont unifiés.

AVICENNE, en ar. **Abū ʿAlī al-Ḥusayn ibn Sīnā,** philosophe et médecin iranien (Afchana, près de Boukhara, 980 - Hamadhān 1037). Enfant prodige, il assimila très tôt les sciences de son temps et surtout la médecine. Après la chute des Sāmānides, il voyagea à travers l'Iran. Son *Canon de la médecine* a été traduit en latin et a eu une grande influence en Europe jusqu'au milieu du XVIIe s. Avicenne y étudie les tempéraments et l'équilibre des humeurs, sous l'influence de Galien. Le *Poème de la médecine* est un abrégé en vers du *Canon.* L'œuvre philosophique, notamment logique, d'Avicenne est considérable et a influencé le Moyen Âge chrétien. Au plan de la métaphysique, il cherche à fonder une cosmologie qui repose sur les êtres possibles et les êtres nécessaires : ces derniers ne peuvent arriver à l'existence que par l'intermédiaire d'une cause. Cette cause est Dieu, dans la mesure où, se pensant lui-même, il pense le monde dont procèdent les êtres.

AVICENNIA n. m. (de *Avicenne,* n. pr.). Arbuste (verbénacée) de la mangrove possédant des racines respiratoires (pneumatophores) qui se dressent au-dessus de la vase.

AVICOLE adj. **1.** Qui concerne l'aviculture. — **2.** Se dit des parasites qui vivent sur les oiseaux.

AVICULA n. f. (lat. *avicula,* petit oiseau). Syn. de PTERIA.

AVICULTEUR, TRICE n. Personne qui élève des oiseaux, des volailles.

AVICULTURE n. f. Élevage des oiseaux, des volailles.
ENCYCL. L'aviculture moderne se pratique dans des unités de production comprenant plusieurs dizaines ou centaines de milliers d'animaux nourris avec des aliments composés, préparés industriellement. Les unités de production sont spécialisées. Les élevages de sélection se consacrent à l'amélioration des performances zootechniques. Les élevages de multiplication obtiennent une descendance aussi nombreuse et homogène que possible. Les accouveurs, par les moyen de l'incubation artificielle, produisent les poussins. Ceux-ci sont vendus à des élevages fermiers ou industriels, qui les soignent et les nourrissent de manière à obtenir des animaux de chair (poulet, pintadeau, caneton, dindonneau) ou des poules pondeuses d'œufs pour la consommation.

AVIDE adj. (lat. *avidus*). **1.** Qui désire qqch avec voracité : *Un requin avide d'une nouvelle proie.* — **2.** Qui désire qqch avec passion ou impatience : *Un homme avide d'honneurs. Je suis avide d'apprendre la nouvelle.* — **3.** Qui manifeste de la cupidité. — **4.** Qui manifeste une attention passionnée : *Écouter d'une oreille avide.*

AVIDEMENT adv. Avec avidité.

AVIDITÉ n. f. (lat. *aviditas*). Désir immodéré de dévorer ou de posséder qqch : *Manger avec avidité.*

AVIEN, ENNE adj. (lat. *avis,* oiseau). Qui concerne les oiseaux.

AVIFAUNE n. f. Ensemble des espèces d'oiseaux d'une région donnée. (L'avifaune comprend des espèces sédentaires et des espèces saisonnières.)

AVIGNON (84000), ch.-l. du dép. de Vaucluse, à 683 km au S.-S.-E. de Paris, sur le Rhône ; 89 440 hab. *(Avignonnais).* Avignon est un grand centre touristique (patrimoine monumental, festival annuel de théâtre) et commercial (marché-gare pour les produits du Comtat), une traditionnelle cité religieuse (archevêché) et une ville universitaire récente. C'est l'élément principal d'une agglomération de plus de 180 000 hab., industrialisée surtout dans la banlieue (produits réfractaires, poudrerie, engrais, papeterie, etc.), bien desservie par le rail et la route.
— **Hist.** De 1309 à 1417, Avignon fut le séjour des souverains pontifes ; Jeanne Ire, reine de Naples, vendit la ville, en 1348, au pape Clément VI ; la présence des papes, avant et après le schisme de 1378, fit d'Avignon une place financière d'importance européenne et un grand foyer d'huma-

nisme. Après le transfert définitif du siège pontifical à Rome, Avignon, demeurée possession de la papauté et archevêché, fut gouvernée par des légats ou vice-légats pontificaux. Le 12 juin 1790, Avignon vota son annexion à la France ; le décret du 14 sept. 1791 confirma ce vote. Pie VI ne consentit à l'abandon d'Avignon et du Comtat que par le traité de Tolentino (19 févr. 1797).
— **Bx-arts.** Sur le rocher des Doms, cathédrale romane et palais-forteresse des papes du XIVe s. : austère Palais-Vieux de Benoît XII, complété par le Palais-Neuf de Clément VI (fresques exécutées sous la direction de Matteo Giovannetti, de Viterbe). La ville a un riche capital monumental : restes du pont Saint-Bénezet (XIIe s.) ; églises gothiques ; Petit Palais des légats italiens (XVe s., auj. musée : primitifs italiens et avignonnais) ; hôtels et chapelles du XVIIe s., dont celle du collège des Jésuites, auj. musée lapidaire ; hôtels du XVIIIe s., dont l'un abrite les collections de peinture et d'arts décoratifs du musée Calvet.

AVIGNON *(comtat d')* → COMTAT VENAISSIN.

Avignon *(festival d'),* festival de théâtre créé en 1947, qui fut le lieu privilégié de création de Jean Vilar et du T.N.P. Il s'est ouvert depuis 1967 à la danse, au cinéma, à la musique et au théâtre d'essai.

Avignon-Sauveterre, aménagement du Rhône au N. d'Avignon, comportant le barrage et la centrale de Sauveterre, le barrage de Villeneuve-lès-Avignon, alimentant la centrale dite d'Avignon.

ÁVILA, v. d'Espagne, en Castille-León, ch.-l. de prov. ; 45 977 hab. Évêché. Constructions mécaniques. Les Comuneros y constituèrent la Junte sainte en 1520 pour diriger la lutte contre la royauté.
— **Bx-arts.** Derrière son enceinte restaurée aux quelque quatre-vingts tours de granite, la ville conserve une cathédrale gothique des XIIe-XIIIe s. (nombreuses œuvres d'art), des églises, des couvents, etc. Plusieurs églises romanes, dont S. Vincente (portail sculpté de la fin du XIIe s.), et le couvent S. Tomás, en gothique tardif (retable de P. Berruguete), sont hors les murs, comme le Musée provincial (dans une demeure du XVIe s.).

ÁVILA (Pedro ARIAS DE) ou **DÁVILA** (Pedrarias), conquistador espagnol (Ségovie v. 1440-León, Nicaragua, 1531). Gouverneur du Darién, il défit en peu de temps l'œuvre de conciliation avec les Indiens de Balboa, et fit exécuter ce dernier. Il établit la nouvelle capitale de Panamá.

ÁVILA CAMACHO (Manuel), général et homme d'État mexicain (Teziutlán, État de Puebla, 1897-Mexico 1950). Président de la République (1940-1946), il mit fin au radicalisme de Cárdenas.

AVILÉS, port d'Espagne, dans les Asturies ; 88 000 hab. Centre industriel : sidérurgie ; chimie ; aluminium.

AVILIR v. t. (de *vil*) [conj. **32**]. **1.** Abaisser qqn jusqu'à le rendre méprisable, lui faire perdre sa dignité ; dégrader, déshonorer : *De tels mensonges vous avilissent.* — **2.** *Vx.* Faire perdre à une chose sa valeur ; déprécier : *L'inflation a avili le franc.*
◆ **s'avilir** v. pr., **être avili** v. pass. **1.** Se dégrader, s'abaisser, avoir perdu toute dignité : *Il s'avilit dans l'alcoolisme.* — **2.** *Vx.* Perdre de sa valeur.

AVILISSANT, E adj. Se dit de ce qui avilit ; dégradant : *Un travail avilissant.*

AVILISSEMENT n. m. **1.** Action d'avilir, fait de s'avilir, de se dégrader : *L'avilissement est le but de la torture.* — **2.** *Vx.* Fait de perdre de sa valeur : *L'avilissement du franc.*

AVILLON n. m. Griffe postérieure d'un oiseau de proie.

AVINAGE n. m. Action d'aviner.

AVINER v. t. (conj. **3**). Imbiber de vin une futaille neuve.
◆ **être aviné** v. pass. Être en état d'ivresse ; être troublé par l'ivresse.

AVION n. m. (lat. *avis,* oiseau). **1.** Tout appareil de navigation aérienne plus lourd que l'air, muni d'ailes et propulsé par un ou plusieurs moteurs. (→ AVIATION.) — **2.** *Avion à décollage et à atterrissage courts (A. D. A. C.),* avion pouvant décoller d'une piste de très faible longueur (inférieure à 300 m) et y atterrir. ‖ *Avion à décollage et à atterrissage verticaux (A. D. A. V.),* avion pouvant décoller et atterrir à la verticale. ‖ *Avion à flèche variable,* avion dont les ailes peuvent changer de configuration en fonction de la vitesse de vol. (On dit parfois, mais à tort, avion à géométrie variable.)

Avions Marcel Dassault-Breguet-Aviation *(Société anonyme des)* → DASSAULT AVIATION.

AVION (62210), ch.-l. de cant. du Pas-de-Calais, banlieue sud de Lens ; 18 595 hab.

AVION-BUT ou **AVION-CIBLE** n. m. (pl. *avions-buts, avions-cibles*). Avion servant de cible au cours d'un exercice de tir photographique ou de tir réel.

AVION-CARGO n. m. (pl. *avions-cargos*). Avion de gros tonnage, destiné uniquement au transport de fret.

AVION-CITERNE n. m. (pl. *avions-citernes*). Avion utilisé comme transporteur de carburant, et destiné à ravitailler d'autres appareils en vol. (Syn. AVION RAVITAILLEUR.)

AVION-ÉCOLE n. m. (pl. *avions-écoles*). Avion destiné à la formation initiale des pilotes.

AVION-FUSÉE n. m. (pl. *avions-fusées*). Avion propulsé par un moteur-fusée.

AVIONIQUE n. f. (de *aviation* et *électronique*). **1.** Application des techniques de l'électronique au domaine de l'aviation. (Syn. AÉROÉLECTRONIQUE.) — **2.** Terme générique désignant l'ensemble des équipements électroniques d'un aéronef.

AVIONNERIE n. f. Au Canada, usine de constructions aéronautiques.

AVIONNEUR n. m. Constructeur d'avions.

AVION-RADAR n. m. (pl. *avions-radars*). Avion spécialisé dans la veille radar aérienne, muni d'un système de type AWACS.

AVION-SUICIDE n. m. (pl. *avions-suicides*). Syn. de KAMIKAZE.

AVION-TAXI n. m. (pl. *avions-taxis*). Avion qui peut être affrété pour un transport particulier à la demande.

AVIOTH (55600), comm. de la Meuse, près de la frontière belge ; 122 hab. Belle église de pèlerinage des XIVe-XVe s.

AVIPELVIEN n. m. Dinosaure végétarien, tel que les iguanodons, les stégosaures et les cératopsiens, dont le bassin préfigure celui des oiseaux. (Les *avipelviens* forment un superordre.) [Syn. ORNITHISCHIEN.]

AVIR v. t. (lat. *haurire,* tirer) [conj. **32**]. Pratiquer une avissure.

AVIRON n. m. (anc. fr. *viron,* rond, cercle, de *virer*). **1.** Syn. de RAME. — **2.** Sport nautique pratiqué sur un plan d'eau aménagé, où une embarcation est propulsée à l'aide de rames.

ENCYCL. Les embarcations réservées à la compétition sont armées en couple lorsque le rameur utilise deux avirons, en pointe s'il tire des deux mains sur un seul. Ce sport olympique comporte huit disciplines principales : trois en couple : le skiff (un rameur), le double scull (deux rameurs) et le quatre ; cinq en pointe : le deux et le quatre sans barreur ; le deux, le quatre et le huit avec barreur.

AVIRULENT, E adj. Se dit d'un micro-organisme qui, chez un hôte ou dans un milieu donné, possède une faible capacité de multiplication.

AVIS n. m. (loc. *ce m'est a vis,* lat. pop. **mihi est visum,* il me semble). **1.** Ce que qqn pense sur qqch ou sur qqn, exprimé généralement dans une discussion ou à la demande d'une autre personne ; opinion, point de vue, sentiment : *Exprimer son avis sur une question.* — **2.** Information au public émanant d'une autorité officielle ou d'un particulier ; texte affiché présentant cette information : *Avis de décès.* — **3.** Opinion exprimée avant ou dans une délibération, émanant d'un conseil, d'un jury, d'un supérieur, etc., et n'ayant pas force de décision : *Avis favorable.* — **4.** *À mon (ton, son, etc.) avis,* selon ce que je pense, tu penses, etc. ‖ *Avis au lecteur,* courte préface de l'auteur ou de l'éditeur. ‖ *Être d'avis de, que,* estimer qu'il serait nécessaire ou opportun de ou que. ‖ *Jusqu'à nouvel avis,* jusqu'à ce qu'une consigne différente soit donnée. ‖ *Sauf avis contraire,* sauf si une autre décision est prise, sauf si qqn s'y oppose. • **Banq.** *Avis de domiciliation,* autorisation donnée au banquier, par un client, de débiter son compte du montant des effets indiqués, qui sont présentés à ses caisses. — **Dr.** Résultat de consultations facultatives ou obligatoires demandées à des organes divers (commission, conseils, etc.). ‖ Délibération de certains organismes très importants, obligatoire dans certains cas (ex. : décrets en Conseil d'État). ‖ Lettre ou document émanant d'une administration ou d'un organisme privé informant le destinataire de l'arrivée, du départ ou du dépôt d'un objet, ou encore d'une somme à payer. (Passé le délai mentionné sur l'avis, le destinataire engage sa responsabilité.) — **Post.** *Avis de réception,* syn. de ACCUSÉ DE RÉCEPTION. — **Sports.** En tauromachie, rappel à l'ordre signifié par sonnerie de trompette au matador qui ne tue pas l'animal dans le délai réglementaire imparti.

AVIS → AVIZ.

1. AVISER v. t. (de *viser*) [conj. **3**]. Apercevoir soudain qqch, qqn alors qu'on ne les avait pas d'abord remarqués : *Aviser dans la foule une personne que l'on connaît.*

◆ v. t. ind. Réfléchir à qqch, y pourvoir, faire un plan pour atteindre un but : *Les vacances arrivent : il va falloir aviser ; où va-t-on ?*

◆ **être avisé** v. pass. Être averti, plein de sagesse, de prudence, d'expérience : *Un conseiller avisé.*

◆ **s'aviser** v. pr. **1.** S'apercevoir de qqch, en prendre conscience : *S'aviser trop tard de son erreur.* — **2.** Se mettre en tête l'idée singulière de ; oser témérairement : *Avise-toi de la déranger et tu verras sa réaction.*

2. AVISER v. t. (de *avis*) [conj. **3**]. Informer qqn de qqch, le lui faire savoir ; avertir, prévenir : *Il m'a avisé de son refus.*

AVISO n. m. (esp. *aviso,* nouvelle). **1.** Autref., navire de faible tonnage chargé de porter le courrier. — **2.** Au XXe s., bâtiment léger conçu pour les missions lointaines, l'escorte, la protection des côtes et la lutte anti-sous-marine (A. S. M.).

AVISSEAU (Charles Jean), céramiste français (Tours 1796 - *id.*1861). Il copia les techniques et la manière de B. Palissy sur des poteries vernissées à reliefs d'animaux, de plantes et de coquillages.

AVISSURE n. f. (de *avir*). Assemblage de deux pièces de tôle, par rabattement du rebord de l'une sur le rebord de l'autre, également rabattu.

AVIS-TRAIN n. m. (pl. *avis-trains*). Avis annonçant aux services intéressés la mise en marche d'un train non prévu à l'horaire normal.

AVISURFACE n. f. Syn. de ALTISURFACE.

AVITAILLEMENT n. m. Action d'avitailler un navire ou un aéronef.

AVITAILLER v. t. (anc. fr. *vitaille,* vivres) [conj. 3]. **1.** Fournir à un navire ses approvisionnements de voyage (vivres et matériel de rechange). — **2.** Fournir à un aéronef un produit quelconque, en particulier son carburant.

AVITAILLEUR n. m. **1.** Navire pétrolier spécialisé dans le transport et la fourniture des soutes. (Syn. MAZOUTEUR.) — **2.** Dispositif ou véhicule-citerne servant à avitailler un aéronef ou une fusée.

AVITAMINOSE n. f. Ensemble des phénomènes pathologiques dus à une insuffisance d'apport, d'absorption ou d'utilisation des vitamines.
ENCYCL. **Pathol.** *Vitamines liposolubles. L'avitaminose A* entraîne des lésions des muqueuses, des épithéliums, de la peau et de la cornée. *L'avitaminose D* est assez fréquente, surtout chez la femme enceinte. Elle provoque chez l'adulte l'ostéomalacie et chez l'enfant le rachitisme. *L'avitaminose K* est révélée par des hémorragies. *Vitamines hydrosolubles. L'avitaminose C* historique provoquait le scorbut*. *L'avitaminose B1* ne s'observe sous ses formes majeures (béribéri) que dans les régions où l'alimentation est pauvre ou déséquilibrée. *L'avitaminose B2* (riboflavine) entraîne des lésions oculaires ou cutanéo-muqueuses (glossite, cheilite). *L'avitaminose B6* est rare. Les troubles sont cutanéo-muqueux ou nerveux (polynévrites ou troubles psychiques). *L'avitaminose B12* est due à un défaut d'absorption digestive et se manifeste par l'anémie de Biermer. *L'avitaminose PP* (nicotinamide) provoque la pellagre.

AVITUS, noble arverne († Privas 456), que les Wisigoths firent couronner empereur romain pour combattre les Vandales : il échoua et fut déposé (455-456).

AVITUS (Sextus Alcimus Ecdicius), en fr. **Avit** *(saint)* [Vienne, Dauphiné (?) 450-*id.* 518], évêque de Vienne (v. 490-518). Il convertit au catholicisme le roi burgonde Sigismond, qui était arien, et exerça une influence notable dans ce royaume.

AVIVAGE n. m. (de *aviver*). **1.** Action de donner de l'éclat, de raviver les couleurs. — **2.** Opération de polissage des métaux, qui permet d'obtenir un poli spéculaire. — **3.** Traitement à base de savon, opéré sur tissus teints, et ayant pour objet de donner plus d'éclat au coloris. (Syn. RAVIVAGE.)

AVIVÉ n. m. Bois scié à quatre arêtes vives, généralement à 90°.

AVIVEMENT n. m. Action d'aviver les bords d'une plaie.

AVIVER v. t. (de *vif*) [conj. 3]. **1.** Donner de la force à qqch ; raviver : *Un vent violent avivait l'incendie.* — **2.** Donner de l'éclat à qqch, à une couleur : *Une brusque montée de sang avive ses joues.* — **3.** Donner du brillant à un marbre, à une pierre polie ou à une pièce métallique. — **4.** Rendre qqch plus vif, plus aigu, plus violent ; raviver : *Aviver le désir de quelqu'un, une querelle.* — **5.** Scier du bois pour obtenir des avivés. — **6.** Mettre à nu les portions saines d'une plaie, en faisant disparaître les parties malades.

AVIZ ou **AVIS,** v. du Portugal (distr. de Portalegre), sur le Seda, dans l'Alentejo. Jadis siège de l'ordre d'Aviz.

AVIZ *(dynastie d'),* deuxième dynastie royale du Portugal (1385-1580), du nom de son fondateur, JEAN Ier, grand maître de l'ordre d'Aviz, et qui comprend ÉDOUARD*, ALPHONSE V*, JEAN II*, MANUEL Ier*, JEAN III*, SÉBASTIEN*, HENRI* *le Cardinal.*

Aviz *(ordre d'),* appelé aussi *ordre de Saint-Benoît d'Aviz,* ordre militaire et religieux portugais, fondé en 1147 et sécularisé en 1789. Transporté au Brésil, il y devint un ordre national.

AVIZE (51190), ch.-l. de cant. de la Marne, au S.-E. d'Épernay ; 1 896 hab. *(Avizois).* Église des XIIe et XVe s. Vins de Champagne.

AVOCAILLON n. m. *Fam.* Avocat médiocre.

AVOCASSERIE n. f. *Fam.* et *vx.* Mauvaise chicane d'avocat.

AVOCASSIER, ÈRE adj. *Fam.* et *vx.* Qui est procédurier.

1. AVOCAT, E n. (lat. *advocatus,* de *advocare,* appeler auprès de). **1.** Auxiliaire de justice dont la mission consiste à assister et à représenter en justice les plaideurs qui se présentent à lui et à défendre leurs intérêts devant les différentes juridictions. (→ *encycl.*) — **2.** Personne qui intercède pour une autre ou lui fournit un moyen de défense : *Se faire l'avocat d'une mauvaise cause.* — **3.** *Avocat au Conseil d'État et à la Cour de cassation,* officier ministériel qui exerce auprès du Conseil d'État et de la Cour de cassation. (Les avocats à la Cour de cassation sont en même temps avocats au Conseil d'État depuis 1817 et sont réunis dans un ordre qui assure la discipline de la profession.) ‖ *Avocat commis* ou *commis d'office,* celui qui est chargé d'une commission* d'office. ‖ *Avocat défendeur,* celui qui se présente en défense au procès. ‖ *Avocat demandeur,* celui qui se présente en demande et engage le procès. ‖ *Avocat du diable,* nom donné au promoteur général de la foi, dont le rôle est de contester la sainteté de celui dont on instruit le procès de béatification ou de canonisation ; celui qui défend, non sans paradoxe, la cause contraire de celle qui vient d'être soutenue. ‖ *Avocat général,* membre du ministère public auprès de la Cour de cassation, de la Cour des comptes, des cours d'assises et des cours d'appel, qui assiste le procureur général. ‖ *Avocat plaidant,* celui qui assume la défense orale des intérêts de ses clients, lors de l'audience de plaidoirie. ‖ *Avocat postulant,* celui qui effectue une postulation. ‖ *Certificat d'aptitude à la profession d'avocat (C. A. P. A.),* diplôme obtenu après examen par les titulaires d'une maîtrise en droit, qui permet d'accéder à la profession d'avocat et d'être admis au stage.

ENCYCL. La profession d'avocat, déjà profondément modifiée par la loi du 31 déc. 1971, a été de nouveau réformée par la loi du 31 déc. 1990. Une nouvelle profession d'avocat a été substituée, dans un premier temps, à celles d'avocat près les cours et les tribunaux de grande instance et d'agréé près les tribunaux de commerce et, dans un second temps, à celles d'avocat et de conseil juridique. Cependant, la dualité avocat-avoué subsiste devant les cours d'appel. De plus, si l'avocat peut *assister* son client par sa plaidoirie devant toutes les juridictions et organismes juridictionnels ou disciplinaires, sans limitation territoriale, il n'en est pas de même quant à l'exercice des activités antérieurement dévolues au ministère obligatoire de l'avoué près le tribunal de grande instance : l'avocat ne peut, en effet, *représenter* son client que devant le tribunal de grande instance auquel son barreau est rattaché. Les avocats établis près de chaque tribunal de grande instance forment un *barreau,* administré par un *conseil de l'ordre des avocats* présidé par un bâtonnier.

La liberté de parole de l'avocat est en principe absolue. Il prête serment d'exercer la défense et le conseil avec dignité, conscience, indépendance et humanité. La profession d'avocat peut être exercée soit en groupe (dans le cadre d'associations, au sein de sociétés civiles professionnelles ou, à compter de 1992, de sociétés de participation), soit à titre individuel. L'avocat perçoit des honoraires fixés librement en accord avec le client.

2. AVOCAT n. m. (esp. *abogado,* du nahuatl *auacatl*). Fruit de l'avocatier, comestible, vert ou violet, en forme de poire, à peau grumeleuse, à chair fondante et savoureuse, au gros noyau lisse.

AVOCATIER n. m. Arbre fruitier (lauracée) des régions chaudes, dont le fruit est l'avocat.

AVOCETTE n. f. (lat. sc. *avocetta,* de l'ital. *avosetta*). Oiseau échassier noir et blanc des marécages, vivant en troupes, caractérisé par son bec fortement recourbé vers le haut.

AVODIRÉ n. m. Arbre (méliacée) d'Afrique tropicale, au bois jaune clair et moiré, très recherché pour le placage d'ébénisterie.

AVOGADOR n. m. (ital. *avogador*). Chacun des trois magistrats vénitiens qui remplissaient, dès le XIIe s., les fonctions du ministère public.

AVOGADRO (Amedeo DI QUAREGNA E CERETTO, *comte*), chimiste et physicien italien (Turin 1776 -*id.* 1856). Il interpréta les lois de Gay-Lussac sur les combinaisons gazeuses par la théorie moléculaire des gaz et émit, en 1811, l'hypothèse selon laquelle il y a toujours le même nombre de molécules dans des volumes égaux de gaz différents, à la même température et à la même pression. La *loi d'Avogadro,* qui établit une relation de proportionnalité entre la masse molaire moléculaire et la densité d'un gaz, est l'une des bases de la chimie.

Avogadro *(nombre d'),* nombre d'entités élémentaires contenues dans une mole de matière. La valeur actuellement admise est $6{,}022\ 1 \cdot 10^{23}$ mol^{-1}.

AVOINE n. f. (lat. *avena*). **1.** Céréale dont les grains, portés par des grappes lâches, servent à l'alimentation du bétail mais aussi à l'alimentation humaine (flocons d'avoine). [L'avoine devait son importance à son utilisation comme aliment spécifique du cheval. Avec la régression de celui-ci dans l'agriculture et les transports, sa culture a considérablement diminué. Famille des graminées.] — **2.** Nom donné à d'autres espèces du genre *avena* (*folle avoine,* adventice des champs de céréales, *avoine jaunâtre* ou avénette) ou d'un genre voisin, comme l'*avoine élevée* ou fromental. — **3.** Grain fourni par cette céréale. — **4.** *Pop.* Correction ; coups de poing, gifle.

ENCYCL. La production mondiale d'avoine est de l'ordre de 35 millions de tonnes. La Russie est le principal producteur, suivie d'assez loin par les États-Unis et le Canada. En Europe, l'Allemagne, la Pologne, la Finlande, la Suède et la France arrivent en tête.

AVOINE (37420), comm. d'Indre-et-Loire, à 8 km au N.-O. de Chinon ; 1 676 hab. Centrale nucléaire, dite aussi de Chinon *, sur la Loire. Musée du Nucléaire.

1. AVOIR v. t. (lat. *habere*) [conj. 1]. **1.** Auxiliaire de temps et d'aspect, servant à former les temps composés et surcomposés des verbes transitifs, de la plupart des intransitifs, des formes passées et accomplies des verbes passifs. — **2.** *Avoir + nom,* forme des locutions verbales équivalentes à un verbe ou à *être + adj.* : *Avoir faim* (= être affamé), *avoir de la patience* (= être patient), *avoir l'air* (= paraître), etc. — **3.** En parlant de qqn, posséder qqch, en disposer, subir, atteindre, obtenir qqch, éprouver tel sentiment, présenter telle caractéristique : *Avoir beaucoup d'argent. Avoir une profession intéressante. J'ai de la sympathie pour lui. On a le temps. Il a la main leste.* — **4.** En parlant de qqch, comporter, contenir, présenter telle caractéristique : *L'appartement a trois pièces, tout le confort. La table a un défaut.* — **5.** Mesurer tant, être âgé de tant : *Le mur a trois mètres de haut. Pierre a vingt ans.* — **6.** *Avoir à,* devoir faire qqch, être dans l'obligation de : *J'ai à régler quelques détails.* ‖ *Avoir bon, avoir mauvais,* en Belgique, avoir du plaisir, jouir ; avoir mal, être mal à l'aise. ‖ *Avoir facile, avoir dur,* ou *difficile,* en Belgique, avoir de la facilité ; éprouver de la difficulté à. ‖ Fam. *Avoir qqn,* en venir à bout, triompher de lui ; le tromper, le duper : *On s'est fait avoir.* ‖ *Avoir quelque chose, ne rien avoir,* être, ne pas être touché, endommagé, abîmé, en parlant de qqch ; être, ne pas être perturbé, gêné, malade, en parlant de qqn : *La télé ne marche pas. Qu'est-ce qu'elle a ? Il a l'air triste, il a quelque chose.* ‖ *Avoir quelque chose contre qqch, ne rien avoir contre (qqch),* s'y opposer, ne pas s'y opposer : *Vous avez quelque chose contre ce projet ?* ‖ Pop. *En avoir, ne pas en avoir,* être courageux, être lâche. ‖ *En avoir pour tant,* indique qu'une durée, une quantité, une somme d'argent ont été ou sont nécessaires pour qqch. ‖ *En avoir contre, après qqn,* lui en vouloir, être irrité contre lui. ‖ Fam. *L'avoir mauvaise, l'avoir sec,* être indigné, contrarié, vexé. ‖ *N'avoir qu'à,* il (nous, lui, etc.) suffit de : *Il n'a qu'à parler pour être obéi.* (Voir aussi IL Y A.)

◆ **être eu** v. pass. *Fam.* Être dupé, trompé, volé : *On a été eus dans cette affaire.*

2. AVOIR n. m. (de *avoir 1*). **1.** Argent, biens possédés : *Doubler son avoir.* — **2.** Crédit dont un client dispose chez un commerçant à la suite d'un rendu ; papier attestant le montant de ce crédit. — **3.** Partie du compte recevant les éléments du crédit, notamment une créance ou une diminution de dette du titulaire du compte. (Contr. DOIT.) — **4.** *Avoir fiscal,* dégrèvement fiscal destiné à amoindrir les conséquences d'une double imposition frappant la même matière imposable. (Il est principalement utilisé dans le cadre des bénéfices distribués par les sociétés.)

AVOIRDUPOIS ou **AVERDEPOIS** n. m. (anc. fr. *aveir de peis,* avoir du poids). Système de poids appliqué en Grande-Bretagne et aux États-Unis dans lequel un pound vaut 16 ounces (453,592 428 g).

AVOISINANT, E adj. Situé dans le voisinage ; proche, voisin : *Les rues avoisinantes.*

AVOISINER v. t. (conj. 3). **1.** Être voisin, proche d'un lieu : *La propriété avoisine la rivière.* — **2.** Ressembler à qqch, en être très proche : *Son attitude avoisine l'insolence.* — **3.** Atteindre presque tel nombre, telle somme : *Les dégâts avoisinent le million.*

AVON, nom de plusieurs cours d'eau de Grande-Bretagne, dont : un affluent de la Severn, qui passe à Stratford, patrie de Shakespeare ; une rivière née sur le revers des Cotswold Hills, qui rejoint l'estuaire de la Severn.

AVON (77210), comm. de Seine-et-Marne, banlieue de Fontainebleau ; 14 168 hab. *(Avonnais).* Centre de séjour. Église des XIIe et XVIe s. Matériaux de construction. Matériel roulant.

AVON, comté de Grande-Bretagne, en Angleterre, sur l'estuaire de la Severn ; 1 337 km^2 ; 920 000 hab. Ch.-l. *Bristol.*

AVORD (18520), comm. du Cher ; 3 021 hab. — Base aérienne créée en 1911, à vocation d'école.

AVORIAZ (74110 Morzine), station de sports d'hiver (alt. 1 800-2 275 m) de Haute-Savoie (comm. de Morzine). Festival du film français.

AVORTÉE n. f. *Pop.* Femme ayant subi un avortement.

AVORTEMENT n. m. **1.** Expulsion naturelle ou provoquée d'un embryon ou d'un fœtus et des annexes ovulaires avant la date de viabilité. (→ *encycl.*) — **2.** Développement incomplet ; insuccès, échec : *L'avortement d'une tentative.*

ENCYCL. **Méd.** *Avortement involontaire* (ou *fausse couche*). On distingue l'avortement du premier trimestre, où l'œuf meurt d'abord et s'expulse ensuite, et l'avortement du second trimestre, où l'œuf de bonne qualité s'expulse d'abord et meurt secondairement. La cause la plus fréquente des avortements involontaires précoces du *premier trimestre* est d'origine génétique. Dans près de 70 % des cas, ces embryons sont porteurs d'anomalies chromosomiques incompatibles avec la vie. Dans les avortements du *second trimestre,* l'œuf est expulsé pour des causes extérieures à lui (béance du col utérin, malformation utérine, insuffisance de développement utérin, fibrome, infection de l'embryon et de ses annexes).

• *Avortement volontaire* ou *interruption volontaire de grossesse (I. V. G.).* Les techniques précoces (avant le 3e mois) se partagent entre la méthode classique par curetage utérin et la méthode moderne par aspiration endo-utérine (méthode de Karman) qui n'est utilisable sans anesthésie que pour les grossesses très jeunes de 8 semaines d'aménorrhée (6 semaines de grossesse). La prise de la pilule abortive RU 486 (avant la 7e semaine d'aménorrhée) représente une alternative médicale à l'aspiration utérine. Au-delà de 8 semaines et jusqu'à 12 semaines, l'aspiration doit être réalisée sous anesthésie et avec un aspirateur électrique. Les techniques tardives, rares en France, sont limitées aux interruptions thérapeutiques.

• *Législation.* L'avortement volontaire était un délit en France jusqu'à la suspension, par la loi du 17 janv. 1975, de l'application des dispositions pénales sur l'avortement, pour une période de cinq ans dépénalisant l'*interruption volontaire de grossesse (I. V. G.).* La loi du 31 déc. 1979 a légalisé définitivement, sous certaines conditions, l'interruption* volontaire de grossesse.

AVORTER v. i. (lat. *abortare*) [conj. **3**]. **1.** (auxil. *avoir*). Expulser un embryon ou un fœtus non viable. — **2.** (auxil. *avoir* ou *être*). Ne pas réussir, ne pas aboutir, en parlant d'une action, d'un projet ; échouer : *La révolution a avorté. Une réforme avortée.*

◆ v. t. Procéder à l'avortement d'une femme, en parlant d'un médecin.

AVORTEUR, EUSE n. et adj. *Péjor.* Personne qui pratique un avortement.

AVORTOIR n. m. *Péjor.* Clinique, service médical où l'avortement est pratiqué dans de mauvaises conditions.

AVORTON n. m. Enfant ou homme chétif, mal fait, parfois monstrueux.

AVOUABLE adj. Qui peut être avoué sans honte : *Un motif avouable.*

AVOUÉ n. m. (lat. *advocatus,* défenseur). **1.** Officier ministériel établi près les cours d'appel pour y représenter les parties et faire les actes de procédure pendant la durée de l'instance. (La loi du 31 déc. 1971 a supprimé les avoués près les tribunaux de grande instance. Il y a une Chambre nationale des avoués et dans chaque ressort de cour d'appel une chambre de discipline.) — **2.** Au Moyen Âge, laïc choisi par un évêque ou un abbé pour le représenter en justice devant les juridictions laïques et conduire au suzerain ou au roi les hommes d'armes de sa seigneurie.

AVOUER v. t. (lat. *advocare,* recourir à) [conj. **6**]. **1.** Reconnaître qu'on a fait, pensé qqch de mal, de fâcheux, de regrettable : *Les suspects arrêtés ont avoué leur crime.* — **2.** Reconnaître qqch comme vrai, comme exact : *Il a finalement avoué son ignorance.*

◆ **être avoué** v. pass. Être reconnu, déclaré tel : *But avoué.*

◆ **s'avouer** v. pr. **1.** Confesser à soi-même : *S'avouer ses pensées les plus inquiétantes.* — **2.** Se reconnaître tel défaut ou telle incapacité : *S'avouer coupable.*

AVOUERIE n. f. Au Moyen Âge, charge d'avoué.

AVOYAGE n. m. Action d'avoyer.

AVOYER v. t. (de *voie*) [conj. **13**]. Donner de la voie à une lame de scie.

AVRANCHES (50300), ch.-l. d'arrond. de la Manche, sur une hauteur qui domine l'estuaire de la Sée ; 9 523 hab. *(Avranchins).* Jardin des plantes. Confection. Industrie alimentaire. — On donne le nom de *trouée d'Avranches* à la brèche opérée le 31 juill. 1944 dans le front allemand par la Ire armée américaine, dans laquelle Eisenhower allait, le lendemain, lancer la IIIe armée Patton, en direction de la Bretagne et du Bassin parisien.

AVRANCHIN, pays de la Gaule Celtique (cap. Avranches), occupé par les Abrincatuens et correspondant à l'actuel arrondissement d'Avranches.

AVRE, riv. de Normandie, affl. de l'Eure (r. g.) ; 72 km. Elle passe à Verneuil-sur-Avre.

AVRIEUX (73500), comm. de Savoie, à 6 km à l'E.-N.-E. de Modane ; 310 hab. Église du XVIIe s. Centrale hydro-électrique et soufflerie.

AVRIL n. m. (lat. *aprilis*). **1.** Quatrième mois de l'année. — **2.** *Poisson d'avril,* attrape, plaisanterie traditionnelle du 1er avril.

avril 1834 *(journées d'),* tentatives insurrectionnelles des républicains à Lyon (9-12 avr.) et à Paris (13-14 avr.), organisées par les corporations mutuellistes d'ouvriers et la Société des droits de l'homme.

AVRILLÉ (49240), comm. de Maine-et-Loire, à 5 km au N.-O. d'Angers ; 12 936 hab. Menhirs.

AVULSION n. f. (lat. *avulsio,* arrachement). **1.** Extraction d'une dent. — **2.** Force subite par laquelle un fleuve ou une rivière enlève une partie considérable et reconnaissable d'un champ riverain et la porte vers un champ inférieur ou sur la rive opposée. (Le propriétaire de la partie enlevée peut réclamer sa propriété dans l'année.)

AVUNCULAIRE [avɔ̃-] adj. (lat. *avunculus,* oncle maternel). Relatif à l'oncle, à la tante ou à l'avunculat.

AVUNCULAT [avɔ̃-] n. m. (lat. *avunculus,* oncle maternel). Système d'organisation et de relations sociales, selon lequel, pour un individu considéré, le rôle du père est faible, parfois même inexistant, par rapport à celui de l'oncle maternel.

AVUNCULOCAL, E, AUX [avɔ̃-] adj. Se dit du mode de résidence imposé à un couple de jeunes mariés, dans lequel ceux-ci doivent aller habiter dans la maison du frère de la mère de l'épouse, ou dans le village de celui-ci.

AVVAKOUM, protopope et écrivain russe (Grigorovo v. 1620-Poustozersk, sur la Petchora, 1682). Il s'insurgea contre la révision des livres et des rites liturgiques que le patriarche Nikon fit entreprendre. Refusant tout compromis, il fut condamné par le concile de 1666. De sa prison, il exhorta ses fidèles à souffrir le martyre et il fut brûlé en 1682. (→ RASKOL.) Sa *Vie* est un récit d'une truculence exceptionnelle.

Avventura *(L'),* film italien de Michelangelo Antonioni (1959). Traduisant en images le thème de l'incommunicabilité des êtres et l'angoisse de vivre du monde moderne, ce film ouvrit une nouvelle voie au cinéma.

AVYŽIUS ou **AVIJIOUS** (Jonas), écrivain lituanien (Miadginiaï 1922). Auteur de récits sur la collectivisation et de romans décrivant les luttes sociales de son pays (*la Montagne de verre,* 1961 ; *l'Abri perdu,* 1970).

AWACS, abrév. amér. de *Airborne Warning and Control System* (système aéroporté de détection et de contrôle), système de surveillance électronique fondé sur l'utilisation de radars mis en œuvre à bord d'avions spécialisés ; avion muni de ce système.

AWADHĪ → AVADHĪ.

AWAJI, île du Japon, la plus importante de la mer Intérieure, dont elle barre l'entrée orientale, entre Honshū et Shikoku.

AWALÉ ou **WALÉ** [awele] n. m. Jeu africain qui consiste à placer et à prendre des graines sur un parcours de trous creusés dans le sol ou sculptés dans du bois.

Awami *(ligue),* parti politique fondé en mars 1949, au Pākistān, et qui fut le fer de lance de la lutte pour l'indépendance du futur Bangladesh.

AWOONOR (Kofi), d'abord connu sous le nom de **George Awoonor-Williams,** écrivain ghanéen d'expression anglaise (Wheta 1936), essayiste, romancier (*This Earth, my Brother,* 1971) et poète (*Night of my blood,* 1971).

AWRANGZĪB → AURANGZEB.

Axa → ASSURANCE.

AXAT (11140), ch.-l. de cant. de l'Aude, sur l'Aude, à 11 km au S.-S.-E. de Quillan ; 945 hab. Centre d'excursions.

AXAYACATL, sixième souverain aztèque, qui régna de 1469 à 1481. Il agrandit son territoire et assura la primauté des Aztèques sur le royaume de Tlatelolco.

AXE n. m. (lat. *axis,* axe, essieu). **1.** Pièce de révolution servant à articuler une ou plusieurs autres pièces qui décrivent autour d'elle un mouvement circulaire : *Axe d'une roue de brouette, d'une poulie.* — **2.** Ligne qui partage un objet, un corps en deux parties symétriques dans le sens de la plus grande dimension : *L'axe du corps humain.* — **3.** Direction générale, orientation que l'on donne à une action ; ligne idéale : *L'axe de la politique extérieure d'un pays.* — **4.** Voie de communication importante, reliant deux régions : *L'axe Paris-Lyon.* — **5.** *Dans l'axe de qqch,* dans la direction : *Tu n'es pas dans l'axe de la caméra.* • **Anat.** *Axe cérébro-spinal,* syn. de SYSTÈME NERVEUX* CENTRAL. ‖ *Axe optique,* ligne passant par le centre de la cornée et le centre optique de l'œil. ‖ *Axe visuel,* ligne allant de l'objet fixé à la région la plus sensible de la rétine en passant par le centre optique de l'œil. — **Astron.** *Axe du monde,* direction parallèle à l'axe de rotation de la Terre, orientée vers le pôle céleste nord. — **Biol.** *Axe de symétrie,* ligne imaginaire traversant un être ou un organe animal ou végétal. (→ *encycl.*) — **Bot.** Tige principale ou racine principale d'un végétal ; l'un quelconque de ses rameaux ou de ses racines. — **Cristallogr.** *Axe cristallographique,* droite portant un des vecteurs de base définissant la maille cristalline. ‖ *Axe optique,* direction de propagation d'une onde lumineuse dépourvue de biréfringence. ‖ *Axe de symétrie d'ordre* « n » ou *axe de répétition d'ordre* « n », droite telle qu'une rotation de $2\,\pi/n$ ramène le milieu sur lui-même. — **Géol.** *Axe de déformation,* un des axes de l'ellipsoïde de déformation, généralement nommés X (allongement) ou Z (raccourcissement) ou Y (intermédiaire). ‖ *Axe d'un pli,* ligne correspondant à la charnière du pli. ‖ *Axe de symétrie,* axe définissable sur toute structure tectonique (pli, faille, élément déformé) comportant au moins un plan de symétrie. — **Géom.** Droite orientée. ‖ Droite des invariants de l'isométrie qui laisse invariante une figure *(axe d'un cercle, axe d'une ellipse).* ‖ Droite qui contient des points ayant une propriété donnée. (→ *encycl.*) — **Hist.** *Axe Rome-Berlin,* nom donné à l'alliance conclue entre l'Allemagne hitlérienne et l'Italie fasciste à la suite de l'accord secret germano-italien du 23 oct. 1936. ‖ *Puissances de l'Axe,* pendant la Seconde Guerre mondiale, groupement constitué par l'Allemagne, l'Italie et leurs alliés : Japon, Hongrie, Bulgarie, Roumanie. — **Magnét.** *Axe magnétique,* droite support du moment magnétique d'un aimant. — **Mil.** *Axe d'effort,* ligne idéale suivant laquelle un chef entend mener une action au combat pour atteindre un objectif. — **Opt.** *Axe d'une lentille,* droite qui passe par les centres des deux surfaces sphériques qui la limitent. ‖ *Axe optique,* droite qui passe par les centres de l'oculaire et de l'objectif. — **Phys.** *Axe d'un couple,* droite perpendiculaire au plan du couple. ‖ *Axe instantané de rotation,* droite autour de laquelle s'effectue la rotation en laquelle, avec un mouvement de translation, peut se décomposer le mouvement instantané d'un solide. ‖ *Axes principaux d'inertie d'un solide en un de ses points,* droites passant par ce point, et par rapport auxquelles les moments d'inertie du solide sont maximaux ou minimaux. — **Sports.** En aviron, partie verticale du système sur laquelle pivote la dame de nage.

ENCYCL. **Biol.** Les animaux, plantes ou organes ayant un *axe* de symétrie sont dits *actinomorphes* ou, en langage ancien, *rayonnés.* Les éléments qui se répètent par rotation autour de l'axe sont des *antimères.* L'axe est trimère, pentamère, *n*-mère selon qu'il y a 3, 5 ou *n* antimères, etc.

— **Géom.** Les *axes de coordonnées, axe des abscisses, axe des ordonnées* (pour un repère cartésien), ou *axes polaires* (pour un système de coordonnées polaires), sont des droites orientées par un vecteur unitaire (variable en coordonnées polaires), sur lesquelles on a choisi une origine (le pôle dans le second cas). L'*axe d'un cercle, d'un disque* ou *d'une figure de révolution* est l'axe de rotation, d'angle arbitraire, qui les laisse invariants, et donc n'est pas orienté.

AXEL n. m. Dans le patinage artistique, saut de carre où l'appel se fait en avant sur une jambe, la réception sur l'autre jambe en arrière, le patineur effectuant une rotation d'un tour et demi en l'air. (L'axel peut être simple, double ou triple.)

Axel, poème dramatique en prose de Villiers de L'Isle-Adam (1890).

AXEL HEIBERG, principale île de l'archipel Sverdrup (archipel arctique canadien), en partie englacée ; 41 000 km².

AXELROD (Pavel Borissovitch) → AKSELROD.

AXELROD (Julius), biochimiste et pharmacologue américain (New York 1912), lauréat du prix Nobel de médecine et de physiologie en 1970 avec Bernard Katz et Ulf von Euler pour ses travaux portant sur le mécanisme de la transmission de l'influx nerveux.

AXÉNIE n. f. Condition de vie des animaux en l'absence de bactéries, de virus, de champignons microscopiques ou de parasites.

AXÉNIQUE ou **AXÈNE** adj. Se dit d'un élevage ou d'un animal totalement indemne de germes saprophytes ou pathogènes.

AXÉNISATION n. f. Élimination des germes saprophytes ou pathogènes d'un élevage ou d'un animal.

AXER v. t. (conj. 3). **1.** Orienter qqch suivant un axe. — **2.** Organiser qqch autour d'un thème principal, d'une idée essentielle ; diriger, orienter : *Il a axé son argumentation sur trois points.*

AXÉROPHTOL n. m. Syn. de VITAMINE A.

AXIAL, E, AUX adj. **1.** Relatif à un axe : *Symétrie axiale.* — **2.** Disposé suivant un axe : *Éclairage axial d'une rue.* • **Géol.** *Surface axiale,* lieu défini par toutes les charnières dans un ensemble plissé. (Un cas particulier est constitué par le *plan axial* qui peut être matérialisé par la schistosité dans un pli synschisteux.) — **Phys.** *Vecteur axial,* vecteur qui ne peut être défini sans que l'orientation de l'espace soit connue. (Contr. VECTEUR POLAIRE.)

AXIALEMENT adv. Selon l'axe.

AXIFUGE adj. Se dit des structures, végétales en particulier, qui se développent en s'éloignant de l'axe. (Syn. CENTRIFUGE.)

AXILE adj. Se dit d'un mode de placentation des ovules végétaux où ceux-ci sont groupés autour de l'axe d'un ovaire à plusieurs loges.

AXILLAIRE adj. (bas lat. *axilla,* aisselle). **1.** Qui appartient à l'aisselle ou qui est en rapport avec l'aisselle. — **2.** Se dit d'un bourgeon ou d'un rameau situé à l'aisselle d'une feuille.

AXINITE n. f. (gr. *aksinê,* hache). Borosilicate d'aluminium, de fer, de manganèse, de calcium, triclinique.

AXIOLOGIE n. f. (du gr. *aksios,* valable). Théorie des valeurs philosophiques, morales, métaphysiques.

AXIOLOGIQUE adj. Qui concerne l'axiologie.

AXIOMATIQUE adj. (gr. *aksiômatikos*). **1.** Relatif à un axiome ; qui a le caractère d'un axiome ; indémontrable. — **2.** *Méthode axiomatique,* méthode qui consiste à axiomatiser une théorie mathématique, c'est-à-dire à la présenter sous forme de théorie axiomatique. ‖ *Théorie axiomatique,* théorie mathématique dont les termes non définis et les postulats non démontrés ont été explicités (ex. la théorie axiomatique des nombres réels).

◆ n. f. Théorie mathématique axiomatisée constituée à la fois par un système logique sous-jacent, représenté par des *axiomes logiques* (par exemple $A \vee \neg A$[« A ou non-A »]) et par une partie spécifique, particulière à la théorie considérée (et qui est parfois la seule à être explicitée).

ENCYCL. L'axiomatique est constituée d'axiomes non-logiques, dans lesquels figurent des symboles non-logiques (par ex. les axiomes $x + 0 = x$ et $x + y' = (x + y)'$ [où x' désigne le *successeur de x,* égal à $x + 1$] sont des axiomes non-logiques qui définissent le symbole non-logique « + »).

On distingue généralement entre les *axiomatiques matérielles* et les *axiomatiques formelles.* Selon Hilbert, l'*axiomatique matérielle* introduit les notions fondamentales en renvoyant à des états de choses supposés bien connus, et présente les propositions fondamentales soit comme des données évidentes, soit comme des résultats de l'expérience. Dans l'*axiomatique formelle,* au contraire, les symboles non-logiques ne font pas l'objet de définitions préliminaires ; ils sont considérés comme dépourvus de signification, et leur dénotation n'est fixée que par les axiomes.

AXIOMATIQUEMENT adv. De façon axiomatique.

AXIOMATISABILITÉ n. f. **1.** Possibilité d'être axiomatisé. — **2.** *Axiomatisabilité finie,* propriété d'une théorie finiment axiomatisable.

AXIOMATISABLE adj. Se dit d'une théorie qui peut être axiomatisée. (Une théorie est *finiment axiomatisable* quand elle l'est au moyen d'un nombre fini d'axiomes.)

AXIOMATISATION n. f. Opération consistant à présenter une théorie mathématique sous forme de théorie axiomatique.

AXIOMATISER v. t. (conj. 3). **1.** Soumettre qqch à une axiomatisation. — **2.** Expliciter les termes non définis et les postulats non démontrés sur lesquels repose une théorie mathématique déductive.

AXIOME n. m. (lat. *axioma,* proposition évidente, du gr. *aksiôma, -atos*). **1.** Dans la logique aristotélicienne, point de départ d'un raisonnement considéré comme non démontrable, évident. — **2.** Énoncé initial d'une théorie axiomatisée, qui sert de point de départ aux démonstrations dans cette théorie. — **3.** Énoncé indiscuté, admis comme base d'une construction intellectuelle, sociale, morale, etc. ; vérité admise par tous sans discussion.

AXIONOV → AKSIONOV.

AXIOTI (Melpo), femme de lettres grecque (Athènes 1905-*id.* 1973). Elle a introduit en Grèce, dans ses romans, un style poétique qui rompt avec la tradition réaliste (*Nuits difficiles,* 1938 ; *Kadmo,* 1972).

1. AXIS [aksis] n. m. (lat. *axis,* axe). Deuxième vertèbre cervicale de l'homme, dont l'articulation avec l'atlas permet la rotation de la tête.

2. AXIS [aksis] n. m. (lat. *axis,* bœuf sauvage). Cerf de l'Inde à trois andouillers, à la robe rousse tachée de blanc.

AXISYMÉTRIQUE adj. Qui est invariant par une symétrie orthogonale par rapport à une droite.

AX-LES-THERMES (09110), ch.-l. de cant. de l'Ariège, sur l'Ariège, à 720 m d'alt. ; 1 536 hab. *(Axéens).* Station thermale pour les maladies des voies respiratoires et les rhumatismes.

AXOLOTL n. m. (mot aztèque). Amphibien urodèle des eaux douces du Mexique, se reproduisant en général à l'état larvaire et ne se métamorphosant que très exceptionnellement en adulte. (La forme albinos est commune dans les laboratoires ; l'axolotl a des houppes branchiales rouges très visibles.)

AXONAL, E, AUX adj. Relatif à l'axone.

AXONE n. m. (angl. *axon,* du gr. *aksôn, -onos,* axe). Long prolongement unique émergeant du corps cellulaire du neurone, généralement à l'opposé des dendrites, et émettant de place en place des collatérales. (Syn. CYLINDRAXE, FIBRE NERVEUSE.)

ENCYCL. L'axone prend naissance au sommet d'un cône d'implantation cytoplasmique dépourvu de corps de Nissl. Dans sa portion initiale, il contient des mitochondries, des neurotubules, des neurofilaments et du réticulum endoplasmique. L'axone se termine en arborisation simple ou très étendue. La plupart des axones font synapse avec d'autres neurones ou avec des effecteurs spécifiques, telle la plaque motrice dans le muscle.

Dans le système nerveux, les axones sont myélinisés ou non. Dans le système nerveux périphérique, certaines fibres s'entourent d'une gaine de myéline s'étranglant à intervalles réguliers pour former les nœuds de Ranvier. Les fibres issues d'un certain nombre d'axones se réunissent pour former les nerfs moteurs ou sensitifs. La présence ou l'absence d'une gaine de myéline ainsi que la mesure du diamètre de l'axone servent de base à une classification des axones. Il existe, pour les fibres myéliniques, une relation à peu près constante entre le calibre d'une fibre et sa vitesse de conduction des potentiels d'action. La stimulation d'un axone crée un potentiel d'action entraînant une entrée et une sortie massive d'ions Na^+ et K^+ dans la fibre. Ce phénomène, continu le long des fibres amyéliniques, ne se produit qu'au niveau des nœuds de Ranvier dans les fibres myélinisées.

La croissance d'un axone se fait par l'écoulement de matériaux protéiniques à partir du corps cellulaire (flux axonal). Lors de la section de l'axone, les protéines ne pouvant plus alimenter les fibres nerveuses, le bout périphérique dégé-

nère, perdant ses propriétés fonctionnelles (dégénérescence wallérienne), phénomène qui ne se produit pas chez les vertébrés inférieurs.
– **Zool.** L'évolution du règne animal fait apparaître d'abord des axones que l'influx peut parcourir dans un sens ou dans l'autre (cnidaires), puis des neurones à corps cellulaire latéral, semblables à ceux du ganglion spinal de la moelle humaine (planaires), enfin des neurones à péricaryone terminal dans les embranchements les plus évolués (mollusques, arthropodes, vertébrés).

AXONGE n. f. (lat. *axungia*, graisse pour les essieux). **1.** Graisse de porc fondue, utilisée comme excipient pour des préparations dermatologiques. – **2.** *Axonge de verre,* espèce d'écume qui se forme sur le verre en fusion.

AXONOMÉTRIE n. f. (gr. *aksôn, aksonos*, axe). Représentation en perspective dans laquelle les valeurs angulaires seules sont déformées, les dimensions linéaires restant proportionnelles.

AXONOMÉTRIQUE adj. Qui se rapporte à l'axonométrie.

AXOPODE n. m. Expansion cytoplasmique longue, fine et pointue des protozoaires actinopodes.

AXOUM → AKSOUM.

AXULAR (Pedro DE), prêtre et écrivain basque (Urdax, Navarre, 1556 ?-Sare 1644). Son *Guero (Après)* [1643] reste un modèle de prose basque.

AY [ai] n. m. Champagne qui se récolte sur le territoire d'Ay.

AY (51160), ch.-l. de cant. de la Marne, au S. de la Montagne de Reims, sur la Marne ; 4 323 hab. *(Agéens).* Vins de Champagne. Matières plastiques.

AY, roi d'Égypte. Il fut le conseiller du jeune Toutankhamon, il épousa ensuite sa veuve et monta sur le trône d'Égypte vers 1320 av. J.-C. Sa tombe est dans la Vallée des Rois.

ĀYA, mot ar. (pl. *āyāt*) signif. *signe miraculeux de la puissance de Dieu* et désignant les versets du Coran.

AYACUCHO, v. du Pérou, ch.-l. de dép. sur le versant oriental de la Cordillère occidentale, à près de 3 000 m d'alt., au-dessus de la *vallée d'Ayacucho ;* 102 000 hab. C'est en 1825 que la ville prit le nom d'Ayacucho, celui de la victoire remportée par Sucre en déc. 1824 sur le vice-roi du Pérou, et qui consacra l'indépendance de l'Amérique du Sud. Université. Centre touristique et artisanal.

AYACUCHO *(vallée d'),* vallée des hautes terres du Pérou, où, grâce à des fouilles, une longue séquence (20000-1000 av. J.-C.) d'occupation humaine a été établie.

Ayala *(plan d'),* plan révolutionnaire mexicain promulgué en nov. 1911 à Ayala (État de Morelos) par Emiliano Zapata et qui ouvrit l'ère des réformes agraires de l'Amérique latine.

AYANT CAUSE n. m. (pl. *ayants cause*). Celui qui tient son droit d'une autre personne, qu'on appelle son « auteur ». (Syn. AYANT DROIT.)

AYANT DROIT n. m. (pl. *ayants droit*). **1.** Personne ayant des droits à qqch. – **2.** Syn. de AYANT CAUSE.

AYATOLLAH n. m. (ar. *āyāt allāh,* signes d'Allāh). **1.** Titre honorifique donné aux principaux chefs religieux de l'islām chī'ite. – **2.** *Fig., fam.* Personne aux idées rétrogrades qui use de manière arbitraire et tyrannique des pouvoirs étendus dont elle dispose.

AYDAT *(lac d'),* lac volcanique d'Auvergne (Puy-de-Dôme), dans les monts Dôme, à 23 km au S.-S.-O. de Clermont-Ferrand, à 825 m d'alt. Tourisme.

AYDIN, v. de Turquie, ch.-l. de prov., au S.-E. d'Izmir, au pied des *monts d'Aydin ;* 72 000 hab. Industries textiles, alimentaires, chimiques et mécaniques.

AYE-AYE [ajaj] n. m. (pl. *ayes-ayes*). Prosimien nocturne de Madagascar, en voie de disparition, gros comme un chat, doué d'une excellente audition et muni d'un long doigt adapté à la capture des insectes sous les écorces.

AYERS ROCK, monadnock gréseux du centre de l'Australie, au S.-O. d'Alice Springs ; 867 m. Montagne sacrée des aborigènes et site touristique.

AYGLIER (Bernard), prélat français (Lyon 1216-Mont-Cassin 1282). Abbé du Mont-Cassin (1263) et cardinal (1266), il remit son abbaye en possession de ses biens et y restaura la discipline.

AYGUESPARSE (Albert), écrivain belge de langue française (Bruxelles 1900), romancier (*Simon la Bonté*, 1965) et poète (*le Partage des jours*, 1972).

AYLER (Albert), saxophoniste américain (Cleveland 1936-New York 1970). Il travailla avec Cecil Taylor en 1963 et devint l'un des musiciens les plus originaux du free jazz en créant un univers lyrique où se mêlent blues, stridences et citations musicales inattendues.

AYLWIN AZÓCAR (Patricio), homme d'État chilien (Viña del Mar 1918). Succédant au général Pinochet, il a été président de la République de 1990 à 1994.

AYMARA n. m. Famille de langues indiennes d'Amérique du Sud, parlées par les Aymaras.

(L'aymara a sans doute des liens génétiques avec le quechua, devant lequel il a reculé.)
◆ adj. *Déformation aymara,* déformation traditionnelle et rituelle du crâne, pratiquée dans certains peuples, notamment chez les Aymaras, qui résulte de la compression de la tête de l'enfant dans un système de bandelettes.

AYMARAS, Indiens de Bolivie et du Pérou, dont le nombre dépasse auj. le million.

AYMÉ (Marcel), écrivain français (Joigny 1902-Paris 1967). Tout en donnant de la société française - notamment celle de l'Occupation - une peinture désabusée et ironique dans ses romans (*la Table-aux-Crevés,* 1929 ; *la Jument verte,* 1933 ; *Travelingue,* 1941), ses nouvelles (*le Passe-muraille,* 1943) et son théâtre (*Clérambard,* 1950 ; *la Tête des autres,* 1952), il reste un écrivain de la sensibilité et de l'émerveillement (*les Contes * du Chat perché,* 1934-1958).

Aymeri → AIMERI DE NARBONNE.

AYMERICH (Joseph), général français (Estagel 1858-Toulon 1937). Il commanda de 1914 à 1916 les troupes françaises qui participèrent à la conquête du Cameroun.

Aymon → QUATRE FILS AYMON *(les).*

AYODHYĀ, anc. v. de l'Inde (Uttar Pradesh), une des sept villes sacrées hindoues.

AYR, port de Grande-Bretagne, sur la côte ouest de l'Écosse ; 48 000 hab.

AYROLLE *(étang de l'),* étang littoral de l'Aude, au S. de la montagne de la Clape, entre l'étang de Sigean et la mer (couvrant environ 1 500 ha).

AYTRÉ (17440), ch.-l. de cant. de la Charente-Maritime, banlieue de La Rochelle ; 7 902 hab. Église fortifiée. Matériel ferroviaire.

AYUNTAMIENTO [ajuntamjɛnto] n. m. (mot esp.). En Espagne et en Amérique espagnole, corps de magistrats municipaux d'une ville ; lieu où ils se réunissent. (Syn. CABILDO.)

AYURVÉDIQUE adj. (de *Āyurveda,* Veda de la vie). *Médecine ayurvédique,* médecine traditionnelle de l'Inde.

AYUTHIA, AYUTTHAYA ou **AYUDHYĀ,** v. de Thaïlande, ch.-l. de prov., au N. de Bangkok, sur une île du Ménam ; 38 400 hab. Capitale du Siam (1350-1767) à la place de Sukhothai, elle fut détruite par les Birmans et remplacée par Thonburi. Temples, stūpa, en partie restaurés. Riches collections au musée national Chao Sam Phraya.

Ayutla *(plan d'),* plan révolutionnaire mexicain promulgué contre le président Santa Anna par les généraux Álvarez et Comonfort en 1854, à Ayutla (État de Guerrero). Avec lui s'ouvrit la période des guerres civiles dites de « Réforme ».

AYYŪB (Abū), compagnon et porte-étendard de Mahomet (VIIe s.).

AYYŪB (Dhū al-Nūn), écrivain irakien (Mossoul 1908). Rédacteur de la revue *al-Madjalla* (1938-1944), polémiste, il a exercé une grande influence sur les écrivains de sa génération par ses romans (*Docteur Ibrāhim,* 1940) et ses nouvelles paysannes (*le Réfugié réfugié,* 1957).

AYYŪB KHĀN (Muḥammad), homme d'État pakistanais (province de la frontière du N.-O. 1907-Islāmābād 1974). Commandant en chef des forces pakistanaises (1951), président de la République (1958), il transfère la capitale de Karāchi à Rāwalpindī et fait voter une nouvelle Constitution (1962). Réélu président de la République en janv. 1965, il doit démissionner en 1969.

AYYŪBIDES, dynastie musulmane fondée par Saladin et qui succéda en Égypte à celle des Fāṭimides, en 1171, et en Syrie à celle des atabeks zangīdes. Elle forma quatre branches. La principale, celle d'Égypte, dura de 1171 à 1250 et fut remplacée par les Mamelouks baḥrites. Les autres furent celles du Yémen (1173-1229), de Damas (1176-1260), d'Alep (1183-1260).

AZALÉE n. f. (lat. bot. *azalea,* du gr. *adzaleos,* sec). Petite espèce de rhododendron (éricacée), aux fleurs le plus souvent roses.

AZALĪS → BABI.

AZAN (Paul), général et écrivain militaire français (Besançon 1874 - Lons-le-Saunier 1951). Il dirigea de 1928 à 1933 le Service historique de l'armée. Il a écrit *Conquête et pacification de l'Algérie* (1930).

AZAÑA Y DÍAZ (Manuel), homme d'État espagnol (Alcalá de Henares 1880-Montauban 1940). Ministre de la Guerre dans le gouvernement provisoire républicain de 1931, Premier ministre de 1931 à 1933, il fit approuver la réforme agraire et le statut d'autonomie de la Catalogne. En 1936, son parti fut l'axe de la coalition du Front populaire. Président de la République en mai et jusqu'à la fin de la guerre civile, il démissionna en 1939, après la victoire de Franco, et se réfugia en France.

AZANDÉS → ZANDÉS.

AZANZA (Miguel José DE), homme politique espagnol (Aviz 1746-Bordeaux 1826), vice-roi de la Nouvelle-Espagne de 1798 à 1800.

AZARIAS ou **OZIAS,** 10e roi de Juda (781-740 av. J.-C.). Son règne fut marqué par une grande prospérité économique.

AZASÉRINE n. f. Antibiotique antinéoplasique du groupe des antimétabolites, utilisé dans le traitement des leucémies aiguës.

AZATHIOPRINE n. f. Antimétabolite dérivé de la mercaptopurine, utilisé comme immunodépresseur dans les transplantations d'organes et les maladies auto-immunes.

AZAY-LE-RIDEAU (37190), ch.-l. de cant. d'Indre-et-Loire, en Touraine, sur l'Indre ; 3 116 hab. Château exemplaire de la première Renaissance (1518-1529). Église à façade carolingienne.

AZEDARACH n. m. Nom spécifique d'une méliacée ornementale, usuellement nommée *lilas des Indes* ou *arbre aux chapelets.*

AZEGLIO (Massimo TAPARELLI, *marquis* D'), homme politique et écrivain italien (Turin 1798 - *id.* 1866). Ses deux romans historiques, *Ettore Fieramosca* (1833) et *Niccolo de' Lapi* (1841), firent de lui un des chefs du *Risorgimento.* En 1846, il publia son œuvre capitale, *Gli Ultimi Casi di Romagna (les Derniers Événements de Romagne),* dans laquelle il préconisait la création d'une confédération italienne libérale autour de Charles-Albert, roi de Sardaigne. Après l'abdication de ce dernier, il se vit confier par Victor-Emmanuel II, le 7 mai 1849, la présidence du ministère. Il fut remplacé en 1852 par Cavour.

AZEMMOUR, port du Maroc, au S.-O. de Casablanca, à l'embouchure de l'Oum er-Rebia ; 17 200 hab. Cité ancienne et pittoresque, conservant son enceinte fortifiée.

AZÉOTROPE ou **AZÉOTROPIQUE** adj. et n. m. (du gr. *dzein,* bouillir). Se dit d'un mélange binaire de liquides, homogènes et de composition fixe, qui bout à une température constante. (Les courbes de rosée et d'ébullition passent soit par un maximum [*azéotropisme négatif*], soit par un minimum [*azéotropisme positif*].)

AZÉOTROPIE n. f. ou **AZÉOTROPISME** n. m. Phénomène présenté par les mélanges azéotropes.

AZERBAÏDJAN, région de l'Asie occidentale, aujourd'hui divisée entre la République d'Azerbaïdjan et l'Iran. Ancienne province de l'Empire achéménide sous le nom d'*Atropatène,* le pays fit partie, à l'époque romaine, du royaume parthe. Conquis par les Arabes en 639-643 et converti à l'islām, il fut envahi au XIe s. par les Turcs Seldjoukides. Sa population d'origine iranienne devint turcophone. Séfévides et Ottomans se le disputèrent aux XVIe-XVIIe s. L'Iran céda la partie septentrionale de l'Azerbaïdjan à la Russie en 1828. L'Azerbaïdjan russe devint une république socialiste soviétique (1920), incorporée à la Fédération transcaucasienne en 1922 et érigée en République fédérée de l'U. R. S. S. en 1936. Il est redevenu indépendant en 1991.

AZERBAÏDJAN, en pers. **Ādharbaydjān,** région du nord-ouest de l'Iran, haut plateau à climat rude, couronné de volcans et compartimenté de bassins, parfois lacustres. V. princ. *Tabriz* et *Ourmia.* C'est le principal foyer de la minorité turque d'Iran. (→ AZÉRIS.)

AZERBAÏDJAN *(République d'),* État d'Asie, sur la mer Caspienne ; 87 000 km^2 ; 7 600 000 hab. *(Azerbaïdjanais).* CAP. *Bakou.* LANGUE : *azéri.* MONNAIE : *manat.*

Géographie. L'État possède une petite enclave entre Arménie et Iran, le Nakhitchevan, mais il occupe surtout l'est de la Transcaucasie, correspondant à la vaste plaine de la Koura et à son encadrement montagneux (Grand Caucase au N., Petit Caucase aux confins de l'Arménie au S.). L'Azerbaïdjan connaît une rapide croissance démographique. L'aménagement de la plaine a permis l'extension des cultures (coton surtout, fruits et légumes, vigne, riz, tabac). L'industrie est née de l'extraction, aujourd'hui en déclin, du pétrole de la région de Bakou et est représentée par la chimie (pétrochimie), la métallurgie de transformation et l'agroalimentaire.

Histoire.

1828 : L'Iran cède l'Azerbaïdjan septentrional à la Russie.

1918 : Une république indépendante est proclamée.

1920 : Elle est occupée par l'Armée rouge.

1922-1991 : La république d'Azerbaïdjan fait partie de l'U. R. S. S. En 1923-24, la république du

AZÉOTROPE

Courbes des températures d'ébullition et de liquéfaction en fonction du titre du mélange azéotrope.

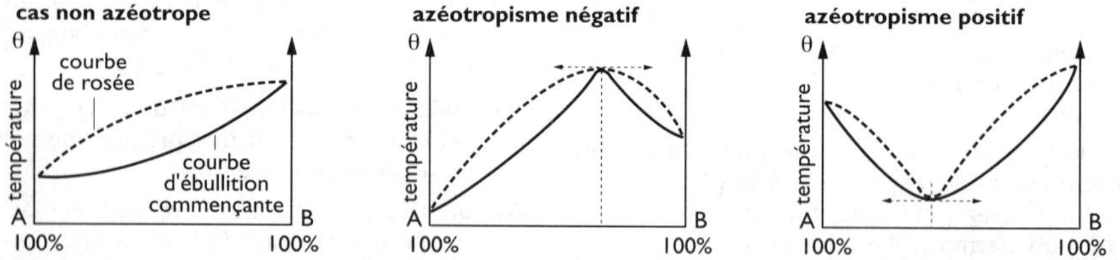

Nakhitchevan et la région autonome du Haut-Karabakh* sont instituées et rattachées à l'Azerbaïdjan.
1991 : L'Azerbaïdjan devient indépendant. Le Haut-Karabakh, à majorité arménienne, s'autoproclame indépendant et ses troupes occupent le sud-ouest de l'Azerbaïdjan.

AZERBAÏDJANAIS, E adj. et n. D'Azerbaïdjan.

AZERGUES, riv. du dép. du Rhône, qui coule dans le Beaujolais, reçoit la Brévenne et se jette dans la Saône (r. dr.) ; 64 km.

AZÉRI ou **AZERBAÏDJANAIS** n. m. Langue turque parlée par les Azéris. (L'azéri est très proche du turc parlé en Turquie.)

AZÉRIS, peuple vivant dans la République d'Azerbaïdjan et dans la région iranienne du même nom (1 100 000 individus, répartis de manière sensiblement égale entre les deux pays).

AZEROLE n. f. (anc. aragonais *azarolla*). Fruit de l'azerolier.

AZEROLIER n. m. Espèce d'aubépine au fruit comestible (azerole).

AZEVEDO (Aluísio Tancredo GONÇALVES DE), écrivain brésilien (São Luís, Maranhão, 1857-Buenos Aires 1913)). Il fut l'initiateur du naturalisme dans son pays (*le Mulâtre,* 1881 ; *la Ruche,* 1890).

Azhar (al-) ou **al-Djāmi' al-Azhar** (« [la Mosquée] splendide »), université musulmane du Caire, fondée par les Fāṭimides en 973. Elle joua dans l'Orient islamique le rôle de l'Université de Paris dans l'Occident médiéval. Elle a repris de l'importance, grâce à des réformes intérieures (1936) et au réveil de l'islām. Malgré de continuels agrandissements au cours des siècles, l'ensemble conserve son unité et constitue une des plus belles réalisations du Caire.

AZIDE n. m. Composé organique de formule $R—N_3$, dérivé de l'acide azothydrique en remplaçant l'atome d'hydrogène par un radical alkyle, aryle ou acyle.

AZIKIWE (Nnamdi), homme d'État nigérian (Zungeru 1904 - Enugu 1996), d'origine ibo. Gouverneur général du Nigeria en 1960, lors de l'indépendance de la Fédération (1963), il devint président de la République ; il fut déposé dès 1966.

AZILIEN n. m. (de [Maz-d']*Azil,* n. pr.). Faciès industriel du paléolithique supérieur, succédant au magdalénien final et caractérisé par une industrie de microlithes, de l'outillage osseux et des galets décorés à l'ocre rouge de taches géométriques.

AZIMUT [-myt] n. m. (esp. *acimut,* de l'ar. *al-Samt,* le droit chemin). **1.** Angle que fait le

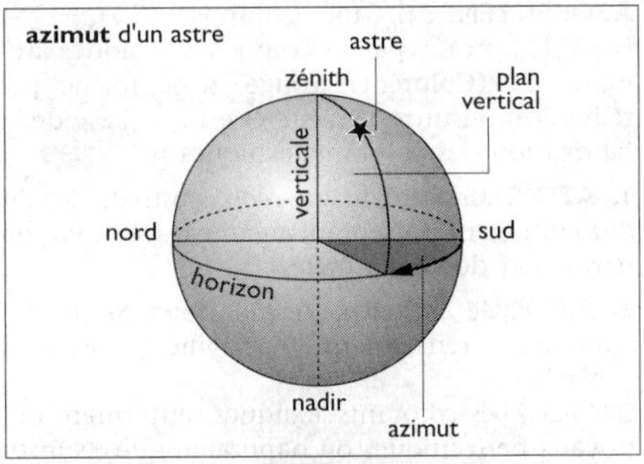

plan vertical passant par un point donné avec le plan méridien du lieu, compté dans le sens rétrograde à partir du sud en astronomie et à partir du nord en géodésie. (C'est l'une des deux coordonnées horizontales, l'autre étant la distance zénithale.) — **2.** *Azimut magnétique,* angle formé par le méridien géographique d'un lieu et le nord magnétique. ‖ Fam. *Dans tous les azimuts, tous azimuts,* dans toutes les directions, dirigé de tous les côtés à la fois : *Publicité tous azimuts.*

AZIMUTAL, E, AUX adj. Qui a rapport aux azimuts.

AZIMUTÉ, E adj. *Pop.* Fou, cinglé.

AZINCOURT *(bataille d')* [25 oct. 1415], défaite infligée à Azincourt (près d'Hesdin) à l'armée du roi de France Charles VI par les troupes anglaises, sous les ordres du roi Henri V, pendant la guerre de Cent Ans. Cette bataille décima la noblesse française et permit aux Anglais de conquérir la Normandie.

AZINE n. f. Composé résultant de la condensation de deux molécules d'aldéhyde ou de cétone avec une molécule d'hydrazine.

AZNAR LÓPEZ (José María), homme politique espagnol (Madrid 1953). Président du parti populaire depuis 1990, il devient président du gouvernement après la victoire de son parti aux élections de 1996.

AZNAVOUR (Charles), chanteur, auteur-compositeur et acteur de cinéma français (Paris 1924). Remarqué à ses débuts par Édith Piaf, il s'est imposé sur la scène internationale vers 1960, en interprétant de sa voix feutrée des textes mélodramatiques et directs *(Je m'voyais déjà, les Comédiens, la Mamma).*

AZO ou **AZZO** (Porcius) → AZZONE.

AZOBÉ n. m. Arbre d'Afrique tropicale, dont le bois brun, très dur et très lourd, est utilisé pour des travaux hydrauliques, des pièces exposées à l'usure (chemin de roulement des métros sur pneus, etc.).

AZOBENZÈNE n. m. Composé $C_6H_5—N=N—C_6H_5$, prototype des composés azoïques aromatiques. (Coloré en rouge, il se forme par réduction du nitrobenzène et est à la base de la fabrication des colorants azoïques.)

1. AZOÏQUE adj. (du gr. *zôon,* animal). Se dit d'un milieu ne présentant aucune trace de vie, en particulier de vie animale.

2. AZOÏQUE adj. et n. m. (de *azote*). Se dit des composés renfermant le radical bivalent —N=N—.
ENCYCL. Les colorants azoïques renferment des noyaux benzéniques ou naphtaléniques, substitués par des groupes auxochromes OR ou NR_2. On les produit par condensation d'un sel de diazonium avec un phénol ou une arylamide. On peut préparer également des *colorants bis-azoïques.* Très nombreux, les colorants azoïques permettent de donner aux fibres toutes les teintes du jaune au bleu et les bis-azoïques d'atteindre les bruns et les noirs.

AZOLE n. m. Composé hétérocyclique aromatique qui renferme un groupe NR dans le cycle à la place d'un groupe CH=CH d'un *arène.*

AZOLLA n. f. Petite fougère (salviniacée) des eaux stagnantes de l'ouest de la France, à petites feuilles serrées.

AZONAL, E, AUX adj. Qui peut se produire en tous les points du globe, quelle que soit leur latitude.

AZOOSPERMIE [azoo-] n. f. Absence de spermatozoïdes dans le sperme, cause de stérilité masculine.
ENCYCL. Dans l'*azoospermie excrétoire,* les spermatozoïdes, formés normalement dans le testicule, n'arrivent pas à l'extérieur par suite d'un blocage des voies excrétrices ; dans l'*azoospermie sécrétoire,* les spermatozoïdes ne se forment plus dans le testicule.

AZOPHÉNOL n. m. Composé hydroxyazoïque, obtenu par condensation d'un sel de diazonium avec un phénol et utilisé comme colorant.

AZORÍN (José MARTÍNEZ RUIZ, dit), écrivain espagnol (Monóvar 1873-Madrid 1967). Ses écrits (*Sur la route de Don Quichotte,* 1905 ; *Castille,* 1912) et ses essais (*le Licencié de verre,* 1915) sont une analyse pénétrante de l'âme du peuple espagnol.

AZOTATE n. m. Syn. de NITRATE.

AZOTE n. m. (du gr. *dzôê,* vie). **1.** Corps gazeux (N_2) à la température ordinaire, qui constitue environ les quatre cinquièmes en volume de l'air atmosphérique. (Élément chimique de symbole N.) [→ *encycl.*] — **2.** *Azote ammoniacal,* azote combiné avec l'hydrogène pour former le radical chimique NH_4.

Numéro atomique : 7
Masse atomique : 14,006 7
Point d'ébullition : –195,8 °C
Point de fusion : –210 °C
Densité par rapport à l'air : 0,97

• **Écol.** et **Agric.** *Cycle de l'azote,* série de transformations par lesquelles l'azote circule entre les règnes minéral, végétal et animal. (→ *encycl.*)
ENCYCL. • *Propriétés.* L'azote a été découvert en 1772, par D. Rutherford, étudié par Cavendish (1784) et identifié comme corps simple par Lavoisier. C'est un gaz incolore et inodore, difficile à liquéfier et peu soluble dans l'eau. À basse température, il est sans activité chimique, d'où son nom, mais le devient à haute température, où il passe à l'état monoatomique. Certaines de ses réactions sont d'une extrême importance, à cause du rôle que jouent ses composés dans la nature et dans l'industrie. Avec l'hydrogène à chaud, il donne de l'ammoniac, par une réaction réversible. Dans l'industrie, cette réaction de synthèse est réalisée à 550 °C, sous haute pression avec un catalyseur. Avec l'oxygène, l'azote donne, dans un arc électrique, le monoxyde d'azote NO.
• *État naturel, préparation et usages.* L'azote existe à l'état libre dans l'air, dont il constitue 78 % en volume. On le trouve combiné dans les nitrates et les sels ammoniacaux. Il entre enfin dans la constitution des protéines, des acides nucléiques des êtres vivants.
Obtenu industriellement par distillation fractionnée de l'air liquide, il est utilisé dans la fabrication des engrais, de l'ammoniac, de la cyanamide calcique, comme atmosphère inerte dans le magasinage de liquides inflammables. Comme liquide cryogénique, l'azote liquide a des applications alimentaires (congélation), médicales (conservation de tissus et organes, thérapie), industrielles (simulation spatiale, ébarbage, congélation des sols, etc.). L'azote se combine avec divers métaux pour donner des nitrures ou des azotures.
• *Oxydes de l'azote.* Endothermiques à partir de leurs éléments, ils sont peu stables à température modérée et peuvent jouer le rôle d'oxydants.
1° *Oxyde nitreux* ou *azoteux,* ou *protoxyde d'azote* N_2O. C'est un gaz incolore et inodore, assez facile à liquéfier, produisant une excitation cérébrale (gaz hilarant) puis une anesthésie. Il se décompose à la chaleur en ses éléments et peut de ce fait entretenir des combustions vives.
2° *Monoxyde d'azote* ou *oxyde nitrique* NO. C'est un gaz incolore, difficile à liquéfier qui se décompose complètement au rouge vif et présente alors des propriétés comburantes. Au contact de l'oxygène, il s'oxyde spontanément

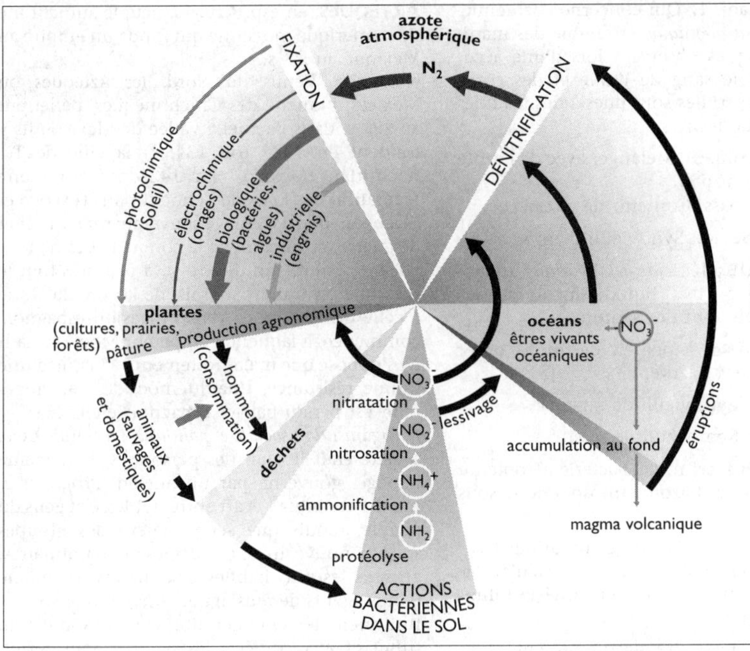

Cycle de l'**azote.**

en donnant de l'anhydride nitreux et du peroxyde d'azote. Il réduit ainsi le permanganate de potassium, l'acide nitrique concentré, etc. Il est obtenu dans l'industrie par synthèse directe dans l'arc électrique ou par oxydation catalytique de l'ammoniac, mais est aussitôt transformé en acide nitrique* ou en acide nitreux.

3° *Peroxyde* ou *dioxyde* NO_2. C'est un liquide jaune pâle qui bout à 21 °C en émettant des vapeurs rouges dont la coloration augmente par chauffage. Cela provient de l'existence de deux variétés moléculaires : dimère N_2O_4, incolore et stable à froid, et monomère NO_2, fortement coloré et se produisant à chaud par une réaction réversible. Dès 180 °C, la molécule NO_2 se dissocie en NO et oxygène. Le peroxyde d'azote présente donc des propriétés comburantes et oxydantes qui le font employer comme ergol et pour réaliser des explosifs, dénommés *panclastites.* Au contact de l'eau, il se comporte comme un anhydride mixte.

4° *Anhydride nitreux* N_2O_3 → NITREUX.

5° *Anhydride nitrique* N_2O_5 → NITRIQUE.

• *Composés hydrogénés* → AMMONIAC, *acide* AZOTHYDRIQUE, HYDRAZINE.

• *Acides oxygénés* → HYPONITREUX, NITREUX, NITRIQUE.

— **Biol.** *Cycle de l'azote.* Élément essentiel des acides aminés, l'azote est l'un des quatre constituants universels de la matière vivante, avec le carbone, l'hydrogène et l'oxygène. Il constitue environ 80 % de la masse de l'atmosphère, mais seules quelques espèces vivantes dites *prototrophes* (bactéries libres ou symbiotiques du sol, cyanophycées) sont capables de l'absorber utilement. Les *phototrophes* (plantes vertes) se procurent l'azote dans l'eau ou dans le sol, surtout sous forme de nitrates. Une exception est constituée par les plantes dites *enrichissantes,* légumineuses surtout, qui hébergent des bactéries prototrophes dans les nodosités de leurs racines et dont l'enfouissement comme « engrais vert » enrichit le sol en azote. Les animaux utilisent l'azote contenu sous forme organique dans leurs proies animales ou végétales.

Excréments et cadavres rendent cet azote organique au sol, où une série d'actions microbiennes (ammonisation, nitrosation, nitratation) redonnent à cet élément la forme de nitrates, assimilables par les plantes. Mais des processus de dénitrification font équilibre à la fixation de l'azote dans le sol, de sorte qu'aucune évolution de la teneur de l'atmosphère en azote n'est constatée.

AZOTÉMIE n. f. Quantité d'azote présente dans le sang sous forme de composés azotés (urée, ammoniac, acide urique, acides aminés, créatine, créatinine), à l'exception de l'azote contenu dans les protéines (azote protéique). [Taux normal : de 0,20 à 0,40 g par litre.]

AZOTÉMIQUE adj. 1. Qui concerne l'azotémie. — 2. *Syndrome azotémique,* ensemble des manifestations cliniques observées lors d'une accumulation dans le sang de l'urée et des corps azotés similaires. (Elles sont dues à des troubles hydroélectrolytiques.)

AZOTER v. t. (conj. 3). Mélanger avec de l'azote ou combiner à l'azote.
◆ **être azoté** v. pass. Contenir de l'azote.

AZOTEUX, EUSE adj. Syn. vieilli de NITREUX.

AZOTHYDRIQUE adj. *Acide azothydrique,* hydracide de formule HN_3, liquide incolore, très toxique. (Ses sels sont des azotures.)

AZOTIMÈTRE n. m. Appareil destiné à doser volumétriquement l'azote.

AZOTIQUE adj. Syn. vieilli de NITRIQUE.

AZOTITE n. m. Syn. vieilli de NITRITE.

AZOTOBACTER [-tɛr] n. m. Bactérie aérobie du sol capable de fixer l'azote atmosphérique sous nos climats.

AZOTURE n. m. Sel de l'acide azothydrique HN_3. (L'*azoture de plomb,* PbN_6, est un explosif d'amorçage qui a presque partout supplanté le fulminate de mercure.)

AZOTURIE n. f. Quantité d'azote présente dans les urines sous forme de composés azotés, à l'exception de l'azote des protéines. (Taux normal : 10 à 18 g par litre.)

AZOTYLE n. m. Syn. vieilli de NITRYLE.

AZOV *(mer d'),* mer bordière, peu profonde, partagée entre l'Ukraine et la Russie, enclavée entre la presqu'île de Crimée et les plaines du Kouban, et qui communique avec la mer Noire par le détroit de Kertch ; 38 000 km².

AZOV, v. de Russie, au débouché du Don, sur la mer d'Azov ; 75 000 hab. Musée archéologique (Sarmates).
— **Hist.** La ville fut occupée (v. 1316) par les Génois, puis par les Vénitiens (1332) qui la nommèrent *Tana.* Elle fut conquise en 1475 par les Ottomans. Les Russes s'en emparèrent à plusieurs reprises (1637, 1696) et l'annexèrent définitivement en 1774.

AZPEITIA, v. d'Espagne, dans le Pays basque (Guipúzcoa) ; 10 800 hab. — Aux environs, sanctuaire de Loyola, avec église en rotonde sur plans de C. Fontana.

A.Z.T. (abrév. de AZIDOTHYMIDINE ou ZIDOVUDINE). Substance antivirale inhibant la multiplication du rétrovirus HIV du sida.

AZTÈQUE adj. Relatif aux Aztèques.
◆ n. m. Syn. de NAHUA ou, plus particulièrement, de NAHUATL (dit aussi *aztèque classique*).

AZTÈQUES, en esp. **Aztecas,** peuple autochtone de l'Amérique moyenne qui fonda un empire au Mexique au XVe s.
• *Histoire.* Venus du Nord, les Aztèques ou Mexicas, branche des Chichimèques, pénètrent au XIIIe s. dans l'actuelle vallée de Mexico ; ils y fondent en 1325 (ou 1345 ?) la ville de Tenochtitlán (Mexico). En 1428 se forme une fédération des États de Tenochtitlán, Texcoco et Tlacopan, que domine le souverain mexica. Chef de guerre, celui-ci mène la conquête des régions voisines : au début du XVIe s., à peu près tout le Mexique central est soumis, de la côte du Golfe à celle du Pacifique. Mais l'invasion espagnole commence, à laquelle l'empereur Moctezuma II ne s'oppose que maladroitement ; à l'issue d'une ultime résistance, Cuauhtémoc, dernier empereur, est pendu par les Espagnols en 1525.
• *Organisation sociale et politique.* La cellule de la société était le clan des personnes d'un même lignage, gouverné par un ancien. Progressivement s'accentua l'écart entre noblesse et gens du peuple, tandis que se formaient des groupes sociaux nouveaux et privilégiés : fonctionnaires, artisans les plus habiles, marchands (en même temps agents de renseignements). Au-dessous se trouvaient les citoyens libres, mais soumis au tribut et aux corvées, les paysans sans terres, travaillant pour un seigneur, enfin les esclaves. À la tête de l'État était le souverain, personnage puissant entouré par un cérémonial compliqué, assisté d'un Premier ministre (également juge suprême et chef des armées) et de quatre conseillers élus en même temps que le souverain. La noblesse n'était pas une caste entièrement fermée : les exploits guerriers permettaient d'y accéder.
• *Économie.* Les Aztèques pratiquaient la culture sur brûlis de maïs, haricots, piments, courges, etc., et cultivaient aussi des jardins flottants dans la lagune de Mexico ; l'élevage était restreint (dindon et chien). Le commerce était très développé, fondé sur le troc entre produits manufacturés dans la capitale et matières premières importées ; les tributs en nature payés par les 38 provinces de l'empire fournissaient aussi de grandes richesses.
• *Religion.* Ses deux caractères principaux sont le polythéisme et l'attribution d'une divinité ou d'un rite à chaque instant de la vie humaine. Seuls les prêtres étaient capables de contrôler les forces de la nature, d'où leur pouvoir. Un calendrier liturgique précis réglait toutes les cérémonies. Parmi les nombreuses divinités du panthéon mexica, on peut citer Huitzilopochtli, dieu de la Nuit et de la Guerre, rival de Quetzalcoatl, le dieu civilisateur ; Tlaloc, le dieu de la Pluie ; Chalchiuhtlicue, sa compagne ; Tlazol-

teotl, déesse de l'Amour, etc. L'une des pratiques rituelles les plus courantes était le sacrifice humain : la guerre devait permettre la capture de victimes toujours plus nombreuses.
• *Littérature.* Le nahuatl, ou aztèque classique — transcrit à l'aide des caractères latins et partiellement déchiffré sous sa forme « pictographique » —, fut le véhicule d'une riche littérature, en grande partie disparue lors de la conquête. Une large place était accordée à la narration historique. Nombreux sont les codex, rédigés aux XVIe et XVIIe s., qui relatent de hauts faits historiques, des légendes et des généalogies (codex *Boturini, Misantla, Ramirez*). Ils constituent une source précieuse d'informations sur les civilisations précolombiennes.
• *Arts.* L'architecture dérive de l'art classique de Teotihuacán et de celui des Toltèques, avec aussi des emprunts à la tradition huaxtèque ; peu d'édifices ont échappé à une complète destruction (temples de Tlaloc et de Huitzilopochtli sur une même pyramide, à Mexico ; temple rupestre de Malinalco, au S.-E. de la capitale). La sculpture en pierre, à la fois sévère et symbolique, est puissamment réaliste (statue géante de Coatlicue, musée d'Anthropologie de Mexico). Parmi les arts mineurs, citons : l'orfèvrerie et la plumasserie. Les Mexicas excellaient également dans l'exécution de masques et d'autres objets en pierres semi-précieuses. Palais et sanctuaires étaient ornés de fresques, alors que les textes sacrés et profanes, manuscrits en hiéroglyphes, étaient rehaussés d'illustrations polychromes.

AZUELA (Mariano), écrivain mexicain (Lagos de Moreno 1873-Mexico 1952), auteur du premier roman sur la révolution mexicaine (*Ceux d'en bas,* 1916).

AZULEJO [azuleʒo] n. m. (esp. *azulejo,* p.-ê. de *azul,* bleu). Carreau de revêtement mural en faïence, de tradition arabe, fabriqué en Espagne et au Portugal à décor bleu, ou parfois polychrome.

AZULÈNE n. m. (de *azur*). Hydrocarbure $C_{10}H_8$, isomère du naphtalène, qu'on trouve dans les goudrons de houille.

AZUR n. m. (ar. *lāzaward,* lapis-lazuli, du persan *lāzward,* par l'intermédiaire du lat. médiév. *azurium*). *Litt.* **1.** Le ciel ou l'air. — **2.** Couleur d'un bleu intense. — **3.** Une des couleurs du blason. (En gravure, il s'indique par des tailles horizontales.) — **4.** Verre coloré en bleu par l'oxyde de cobalt.

AZURAGE n. m. Opération effectuée en vue de parfaire l'effet de blancheur d'un tissu, d'un papier ou du linge (notamment au cours du rinçage). [Elle consiste à neutraliser, à l'aide de colorants bleus ou de produits fluorescents, le très faible ton jaunâtre, très sensible à l'œil.]

AZURANT n. m. *Azurant optique,* produit organique utilisé pour l'azurage.

AZURÉ, E adj. *Litt.* D'un bleu d'azur.
◆ **azuré** n. m. Nom usuel des *lycènes.*

AZURÉEN, ENNE adj. Relatif à la Côte d'Azur.

AZURER v. t. (conj. **3**). Procéder à l'azurage.

AZURITE n. f. Carbonate naturel de cuivre de couleur bleue. (Syn. CHESSYLITE.)

AZUROPHILE adj. *Granulation azurophile,* granulation électivement colorable par l'éosinate d'azur et caractéristique des cellules de la lignée granulocytaire. (Syn. GRANULATION PRIMAIRE.)

AZYGOS adj. et n. f. Se dit de veines appartenant au système cave, et qui drainent le sang des parois thoracique et abdominale.

ENCYCL. La *grande veine azygos* se forme dans la cavité thoracique, monte sur le flanc droit de la colonne vertébrale, forme au-dessus du pédicule pulmonaire droit la *crosse de l'azygos,* qui se jette dans la veine cave supérieure, après avoir reçu les deux *petites veines azygos,* des veines intercostales et des veines du médiastin.

AZYME adj. (lat. ecclés. *azymus,* du gr. *adzumos,* sans levain). Se dit d'un pain non fermenté utilisé par les Juifs pour la Pâque et par l'Église romaine pour la célébration eucharistique.
◆ n. m. *Fête des azymes,* autre nom de la pâque juive.

ENCYCL. L'usage du pain azyme se généralisa dans l'Église d'Occident au début du IXe s., tandis que l'Église byzantine adoptait le pain fermenté. Ce fut au XIe s. l'occasion d'un différend entre chrétiens occidentaux et orientaux *(querelle des azymes).*

AZYMITE n. Nom que les chrétiens d'Orient donnaient aux catholiques romains qui faisaient usage de pain azyme à la messe.

AZZONE, AZZO ou **AZO dei Porci,** jurisconsulte italien (Bologne - v. 1230). Sa *Somme* sur le Code et les *Institutes* de Justinien est son œuvre capitale.

B n. m. **1.** Deuxième lettre de l'alphabet français. – **2.** Consonne occlusive bilabiale sonore.

b, symbole du *barn.*

B – **Biochim.** Désigne un groupe de vitamines hydrosolubles. – **Chim.** Symbole du *bore.* – **Méd.** Désigne un groupe sanguin du système ABO. ‖ *Lymphocyte B,* lymphocyte des lignées de cellules immunocompétentes productrices d'anticorps circulants. – **Métrol.** Symbole de *Baumé* (°B : degré Baumé). ‖ Symbole du *bel.* – **Mus.** Chez les Anglais, septième degré de la gamme d'*ut,* c'est-à-dire *si ;* chez les Allemands, *si* bémol. – **Pédol.** Ensemble des horizons minéraux du sol, qui procèdent à la fois de l'altération de la roche mère sous-jacente (C) et de l'accumulation, par migration de matière depuis les horizons supérieurs (A). – **Pyrotechn.** *Poudre B,* poudre propulsive à la nitrocellulose, inventée par Vieille en 1884.

Ba, symbole chimique du *baryum.*

B. A. [bea] n. f. inv. Bonne action, dans le langage du scoutisme et des patronages.

BÂ (Amadou Hampâté), écrivain malien (Bandiagara 1901 - Abidjan 1991). Diplomate, historien, ethnologue, il est notamment l'auteur du roman *l'Étrange Destin de Wangrin* (1973).

BAADE (Walter), astronome allemand (Schröttinghausen, Westphalie 1893 - Göttingen 1960). Il a établi l'existence de deux types de populations stellaires. Ses études sur les céphéides ont conduit à réviser l'estimation des distances des galaxies et à doubler les dimensions admises de l'Univers observé.

BAAL ou **BA'AL,** terme sémitique signifiant « Seigneur », appliqué à nombre de divinités patronnes des cités et en particulier à Hadad, dieu de l'Orage. Dans la Bible, Baal désigne les faux dieux.

BAALAT (fém. de Baal), déesse phénicienne de Byblos, que l'on peut identifier à Ashtart.

BAALBEK ou **BALBEK,** en ar. **Ba'labakk,** v. du Liban, dans la Beqaa ; 18 000 hab. Principale cité phénicienne de la Beqaa, elle devint colonie romaine sous Auguste : le dieu Soleil y était adoré comme Jupiter Héliopolitain. L'acropole de la cité conserve d'imposants vestiges romains : colonnes du temple de Jupiter Héliopolitain, temple de Bacchus, temple de Vénus auj. restauré.

BAAL HAMMON (« le maître des stèles » ou le « maître du brasier »), grand dieu de Carthage, que les Grecs assimilèrent parfois à Apollon, à cause de son caractère solaire.

BAALITE adj. et n. Adorateur de Baal.

BAASA ou **BASHA,** 3e roi d'Israël (v. 909-v. 886).

BAASSISTE ou **BAASISTE** adj. et n. Qui appartient au *Baath.*

Baastrup *(syndrome de),* syndrome entrant dans le cadre de l'arthrose vertébrale lombaire chez des sujets obèses et hyperlordosés et se traduisant par des lombalgies.

Baath, Ba'th ou **Baas** (« Résurrection ») ou *parti socialiste de la Résurrection arabe,* parti fondé en 1953 par Michel Aflak, par fusion de son propre mouvement, le parti de la Résurrection arabe, avec le parti socialiste arabe d'Akram al-Ḥawrānī, en vue de regrouper en une seule nation arabe tous les États arabes du Proche-Orient. Le Baath essaima rapidement : Jordanie, Iraq, Libye, Aden. Ayant favorisé plusieurs rébellions, il fut rapidement démantelé en Jordanie (1957). En Syrie, par contre, il fut l'artisan actif de la création, en

1958, de la République arabe unie ; et il y détient le pouvoir, malgré la rivalité des deux tendances qui le composent, depuis 1962. Et si, en Iraq, le Baath domine la vie politique depuis le coup d'État de juill. 1968, les relations entre les deux États n'en connaissent pas moins de fréquentes crises.

BĀB n. m. (mot ar. signif. *porte*). Dans le chī'isme primitif, disciple de l'imām de rang le plus élevé.

BĀB (Sayyid 'Alī Muḥammad, dit **le**), fondateur du babisme (Chirāz 1819-Tabriz 1850). Après avoir reçu à Karbalā', où il s'était rendu en pèlerinage, l'enseignement des chaykhī, secte chī'ite dissidente, il se proclama en 1844 le « Bāb », c'est-à-dire « la Porte conduisant à la connaissance de la vérité divine ». Sa renommée s'étendit, mais sa doctrine inquiéta le clergé et le gouvernement, qui le fit arrêter. Le Bāb fut jugé et fusillé et la secte fut persécutée dans tout l'Empire.

B. A.-BA [beaba] n. m. (des lettres *b* et *a*). Connaissance élémentaire d'une science, d'un domaine intellectuel.

1. BABA adj. (p.-ê. de *ébahi*). Fam. *En être, en rester baba,* stupéfait.

2. BABA n. m. (mot polon.) 1. Gâteau en pâte à savarin additionnée de raisins secs, arrosé de rhum. — 2. *Pop.* Postérieur. — 3. Pop. *L'avoir dans le baba,* être déçu dans son attente, dupé, trompé.

3. BABA ou **BABA COOL** [babakul] n. (pl. *babas cool*) [de l'hindī *bābā,* papa, et angl. *cool,* calme]. Personne qui, dans les années 1970, perpétuait la mode hippie.

BABAÏEVSKI (Semen Petrovitch), écrivain russe (Kounie, région de Kharkov, 1909), auteur de romans sur la reconstruction des kolkhozes (*Lumière sur la terre,* 1947-1950).

BĀB AL-MANDAB ou **BAB EL-MANDEB** (« la Porte des pleurs »), détroit qui fait communiquer la mer Rouge et l'océan Indien. Large d'environ 25 km, entre l'Arabie et l'Afrique, il a un rôle stratégique et économique, lié au canal de Suez.

BABANGIDA (Ibrahim), général et homme d'État nigérian (Minna 1941). Chef de l'armée de terre (1984), il dirige le coup d'État (1985) à l'issue duquel il devient président de la République. Il abandonne le pouvoir en 1993.

BABASSU n. m. Grand palmier du Brésil, dont les fruits contiennent des grains fournissant une huile comparable à celle du coprah.

BABBAGE (Charles), mathématicien britannique (Teignmouth, Devon, 1792-Londres 1871). À partir de 1833, il s'efforça de mettre au point une machine à calculer, basée sur le calcul des différences finies et capable d'effectuer des séries d'opérations. Mais, trop complexe pour la technologie de l'époque, cette machine ne vit jamais le jour. Il est aussi l'auteur d'un traité sur la fabrication en série (1832).

Babbitt, roman de Sinclair Lewis (1922), satire de l'Américain moyen.

BABEL, dans la Bible, nom hébreu de Babylone. Dans le Nouveau Testament, Babel désigne Rome, symbole de la ville idolâtre.

Babel *(tour de),* tour que les descendants de Noé, selon la Genèse (XI, 9), tentèrent d'élever pour escalader le ciel. Ce thème, qui symbolise l'orgueil de l'homme, a été retrouvé dans la mythologie grecque. Le châtiment biblique de cette tentative impie (dispersion de l'humanité) est une explication populaire de la diversité des nations et des langues. ‖ *Tour de Babel* ou simplement, *Babel* (n. f.), lieu où l'on parle un grand nombre de langues différentes ; endroit où règne une grande confusion, où tout le monde parle sans pouvoir s'entendre.

BABEL (Issaak Emmanouïlovitch), écrivain soviétique (Odessa 1894 - Moscou 1940). Ses nouvelles (*Cavalerie rouge,* 1926 ; *Contes d'Odessa,* 1931) et ses drames peignent la guerre civile et la société née de la révolution.

BABÉLISME n. m. (de *la Tour de Babel*). *Litt.* Confusion où on ne s'entend plus, où on ne se comprend plus ; jargon incompréhensible.

BAB EL-OUED, quartier nord d'Alger, proche de la Casbah.

BABENBERG (*famille* DE), famille originaire de Franconie, qui tire son nom du château de Babenberg construit par Henri, margrave de Nordgau (pays situé au N. de Ratisbonne). Déjà puissante à la fin du IXe s., la famille développa son influence lorsque l'empereur Otton II investit le comte Léopold Ier de la marche d'Autriche devenue duché en 1156. La famille s'éteignit dès 1246 avec Frédéric II le Batailleur, tué dans une expédition contre les Hongrois.

BĀBER ou **BĀBUR** (Mīrzā), arrière petit-fils de Tīmūr († 1457), souverain du Khorāsān à partir de 1447.

BĀBER ou **BĀBUR** (Ẓahīr al-Dīn Muḥammad) [Andijan 1483-Āgrā 1530], premier souverain moghol de l'Inde. Il descendait de Tīmūr par son père et de Gengis Khān par sa mère. Après une longue période d'errance et d'échecs, il fit de Kaboul le point de départ de ses conquêtes. Vainqueur du sultan de Delhi à Pānīpat, le 21 avril 1526, il établit définitivement son pouvoir grâce aux victoires sur les Rājputs (1527) et sur Maḥmud Lodī (1529). Il laisse une œuvre littéraire importante.

BABÉSIELLOSE ou **BABÉSIOSE** n. f. (de *Babes,* n. pr.). Syn. de PIROPLASMOSE.

BABÉSIOÏDÉ n. m. Très petit protozoaire parasite des globules rouges des mammifères, agent des piroplasmoses.

BABEUF (François Noël, dit **Gracchus**), révolutionnaire français (Saint-Quentin 1760-Vendôme 1797). Commissaire à terrier à Roye (Somme) [1784], il publia à Paris en 1790 une brochure, le *Cadastre perpétuel,* où il préconisait une réforme fiscale et une loi agraire combinant la propriété commune de la terre et l'exploitation individuelle. Membre du conseil général de la Somme (1792), il se fixa à Paris après le 9-Thermidor. Dans *le Manifeste des Égaux* (1795), rédigé par S. Maréchal et dans son journal, *le Tribun du peuple* (lancé en oct. 1794), il attaqua le Directoire et exposa ses théories communistes. En mars 1796, il forma la « conjuration des Égaux » avec ses adeptes (dont Buonarroti) pour renverser le Directoire et appliquer sa doctrine, le babouvisme *. Ce complot ayant été dénoncé à Carnot, les conjurés furent arrêtés (10 mai 1796). Condamné à mort par la Haute Cour de Vendôme, Babeuf fut guillotiné avec Darthé (27 mai 1797).

BABEURRE n. m. (de *battre* et *beurre*). Liquide laiteux qui se sépare du beurre au cours du barattage de la crème.

BABI ou **BĀBĪ** n. m. Partisan du babisme.

BABIL [-bil] n. m. (de *babiller*). **1.** *Litt.* Bavardage continuel, enfantin ou futile. — **2.** Chant des fauvettes.

BABILÉE (Jean GUTMANN, dit **Jean**), danseur et chorégraphe français (Paris 1923). Il s'est illustré au sein des Ballets des Champs-Élysées dans ses créations de *Jeu de cartes* (de J. Charrat, 1945), du *Jeune Homme et la Mort* (de R. Petit, 1946). Il réintègre l'Opéra de Paris (1953) avant de fonder sa propre compagnie pour laquelle il compose plusieurs chorégraphies (*Sable,* 1956). S'étant consacré un temps au théâtre (*le Balcon,* de J. Genet), il retourne à la danse (*la Reine verte* de M. Béjart, 1963 ; *le Fils prodigue* de J. Lazzini, 1966 ; *Life* de M. Béjart, 1979 ; *Vita Nova* de M. Béjart, 1995).

BABILLAGE n. m. **1.** Action de babiller ; propos puérils. — **2.** Vocalisations spontanées émises par les nourrissons en dehors de toute expérience auditive. (Syn. BALLATION.)

BABILLARD, E adj. et n. *Vx.* Qui parle beaucoup et sans réflexion.

◆ **babillard** n. m. Chien courant qui crie en travaillant une voie.

◆ **babillarde** n. f. Fauvette des buissons d'Europe et d'Asie, hivernant en Afrique et en Inde.

BABILLER v. i. (onomat.) [conj. 3]. **1.** Parler très vite, parfois avec charme, pour dire des choses futiles. — **2.** Pousser leur cri, en parlant d'oiseaux tels que le merle, la grive.

BABINE n. f. (onomat. *bab-*). **1.** Lèvre d'un animal. (Se dit surtout lorsque la lèvre est saillante ou pendante.) — **2.** *Fam.* Lèvres d'un gourmand (surtout pl.) : *S'essuyer les babines.*

BABINET (Jacques), physicien français (Lusignan, Vienne, 1794-Paris 1872). On lui doit un polariscope, le goniomètre à collimateur pour la mesure des indices de réfraction, un hygromètre. En cartographie, il a proposé un type de projection homographique.

BABINGAS → BINGAS.

BABINSKI (Joseph), médecin français d'origine polonaise (Paris 1857 - *id.* 1932). Élève de Charcot, il est connu pour ses travaux sur les maladies du système nerveux. Ses études les plus remarquables ont porté sur les réflexes, la physiopathologie du cervelet, le tabès. On lui doit la description de plusieurs « signes » qui permettent de distinguer certaines maladies organiques du système nerveux des névroses.

Babinski *(signe de),* extension lente (et non flexion) du gros orteil, lorsqu'on recherche le réflexe cutané plantaire par excitation du bord externe du pied. Le signe de Babinski traduit l'existence d'une lésion de la voie pyramidale.

BABIOLE n. f. (ital. *babbola*). **1.** Petit objet de peu de valeur. — **2.** Chose sans importance, négligeable.

BABIROUSSA n. m. (malais *bābirūsa,* de *bābi,* cochon, et *rūsa,* cerf). Porc sauvage de Célèbes, à la peau nue, aux canines très dépassantes et recourbées chez le mâle.

BABISME ou **BĀBISME** n. m. Doctrine religieuse professée par le Bāb, visant à réformer l'islām dans un sens libéral.

BABISTE ou **BĀBISTE** adj. Relatif au babisme.

BABITS (Mihály), écrivain hongrois (Szekszárd 1883-Budapest 1941). Directeur de la revue *Nyugat,* il est l'auteur de poèmes s'inspirant de l'Antiquité et des grands lyriques anglais (*le Livre de Jonas,* 1941) et de romans psychologiques (*le Calife Cigogne,* 1910 ; *le Fils de Virgil Timar,* 1922).

BABLAH n. m. Gousse de certaines variétés d'*Acacia arabica* utilisée en tannerie et en teinturerie.

BABO (Lamprecht, *baron* VON), agronome allemand (Mannheim 1790-Weinheim 1862), spécialiste de viticulture et d'œnologie. — Son fils AUGUST WILHELM, baron **von Babo** (Weinheim 1827-Weidling, près de Klosterneuburg, 1894), a écrit sur les mêmes sujets.

BABOEN n. m. Arbre d'Amérique tropicale fournissant un excellent bois de déroulage. (Syn. VIROLA, YAYAMADOU.)

BÂBORD n. m. (moyen néerl. *bakboord,* de *bak,* dos, et *boord,* bord). Partie gauche d'un navire, quand on regarde vers l'avant. (Contr. TRIBORD.)

BÂBORDAIS n. m. et adj. Homme de l'équipage d'un navire, faisant partie de la deuxième bordée de veille (bordée de bâbord).

BABORS *(chaîne* ou *Kabylie des)*, massif d'Algérie, partie de l'Atlas tellien, à l'E. de la Grande Kabylie ; 2 004 m au *djebel Babor.* C'est une région humide et boisée, peuplée par des Kabyles surtout arboriculteurs (oliviers, figuiers).

BABOTTE n. f. Dans le midi de la France, nom de divers insectes nuisibles : pyrale de la vigne, négril (ou colaspidème) de la luzerne.

BABOU DE LA BOURDAISIÈRE (Philibert), prélat et diplomate français (château de La Bourdaisière, Indre-et-Loire, v. 1512-Rome 1570). Évêque d'Angoulême (1532), puis de Sens (1562), il fut ambassadeur auprès du pape (1558-1562) qui le nomma cardinal (1561).

BABOUCHE n. f. (turc *papuş,* chaussure, du pers.). **1.** Pantoufle sans quartier et sans talon, portée dans les pays musulmans. — **2.** Chaussure d'appartement sans contrefort.

BABOUIN n. m. (racine onomat. *bab-*). Singe cercopithèque d'Afrique et d'Arabie caractérisé par son museau allongé. (Les babouins, ou *cynocéphales,* vivent en groupes sociaux importants ; on en distingue sept espèces [drill, mandrill, etc.].)

BABOUVISME n. m. Doctrine de Babeuf et de ses disciples.
ENCYCL. Selon les babouvistes, l'égalité civile et politique resterait purement formelle si elle n'était complétée par l'« égalité parfaite » en matière sociale, obtenue par la mise en commun des biens et l'obligation du travail pour tous, chacun devant recevoir sa part de la richesse produite. Le babouvisme n'aboutissait pas à un communisme de la production mais de la répartition. Il influença la nouvelle génération révolutionnaire, notamment Blanqui et ses disciples, par l'intermédiaire de l'ouvrage de Buonarroti, *Conspiration pour l'Égalité dite « de Babeuf »* (1828).

BABOUVISTE adj. et n. Qui relève du babouvisme, qui en est partisan.

BĀBUR → BĀBER.

BABY [bebi] n. m. (pl. *babies* [bebiz] ou *babys*) [angl. *baby*]. **1.** Syn. fam. et vx de BÉBÉ. — **2.** Demi-dose de whisky.

BABY-BEEF [bebibif] n. m. (pl. *baby-beefs*) [mots angl. signif. *petit bœuf*]. Jeune bovin, mâle et non castré, abattu vers l'âge de 16 mois, après avoir reçu une alimentation intensive, et destiné à fournir de la viande.

BABY-BOOM [bebibum] n. m. (pl. *baby-booms*) [angl. *baby,* bébé, et *boom* explosion]. Augmentation brusque de la natalité dans les pays d'Europe, immédiatement après la Seconde Guerre mondiale.

BABY-FOOT [babifut] n. m. inv. (angl. *baby,* bébé, et *football*). Jeu simulant le football, sur une sorte de billard muni de figurines actionnées par des tiges mobiles.

BABYLONE, en akkadien **Bābilou** (que l'on a interprété, plus tard et à tort, comme « Porte du dieu »), cité du pays d'Akkad.
— **Hist.** Babylone apparaît dans l'histoire au IIe millénaire av. J.-C. Hammourabi (1793-1750) en fait sa capitale mais son empire ne lui survivra pas. Détruite par les Hittites (1595), Babylone sera gouvernée par les souverains kassites pendant quatre siècles, ne jouant qu'un rôle politique assez effacé. Mais, au XIIe s., elle retrouve, avec Nabuchodonosor Ier (v. 1127-1105), une place prépondérante. Suit une période troublée où la prédominance en Mésopotamie passe de Babylone à l'Assyrie. La ruine de l'Empire assyrien (612 av. J.-C.) rend à Babylone son prestige avec Nabopolassar (626-605 av. J.-C.) et son fils et successeur Nabuchodonosor II (605-562), qui prend Jérusalem et emmène en captivité un grand nombre d'habitants. Mais son vaste empire s'effrite. La puissance babylonienne disparaît avec la conquête par Cyrus (prise de Babylone en 539 av. J.-C.). Babylone va désormais suivre la destinée des empires auxquels elle sera soumise (Achéménides, Alexandre, Séleucides, Parthes) pour s'enfoncer peu à peu dans l'obscurité.
— **Archéol.** Les premières fouilles systématiques ont été menées entre 1899 et 1917. La ville mise au jour est surtout néobabylonienne. De plan rectangulaire, la cité du Ier millénaire était parcourue de canaux reliés à l'Euphrate et entourée de fortifications colossales. Ouvrant la voie processionnelle, la porte d'Ishtar (reconstituée à Berlin) était la plus importante ; un revêtement de briques émaillées en formait le décor. D'autres monuments étaient célèbres dans l'Antiquité : ziggourat (tour de Babel), jardins de la légendaire Sémiramis, palais et jardins de Nabuchodonosor, Esagil, ou grand temple du dieu Mardouk, qui couvrait une surface de 550 × 450 m. Les dimensions et proportions de ces édifices obéissaient aux règles rigoureuses des nombres sacrés.

BABYLONIE, nom donné à la basse Mésopotamie réunifiée autour de Babylone et de son empire.
— **Bx-arts.** Art de la basse Mésopotamie à partir des débuts du IIe millénaire, l'art babylonien résulte d'une fusion des arts akkadien et néosumérien (*Code d'Hammourabi,* musée du Louvre). La glyptique est abondante. La période kassite est illustrée par de nombreux *koudourrous* (bornes) aux bas-reliefs minutieux. L'art *néobabylonien* appartient à l'époque du renouveau politique de la Babylonie, dont l'apogée est le règne de Nabuchodonosor II au VIe s. av. J.-C. (palais et porte d'Ishtar à Babylone).

BABYLONIEN, ENNE adj. et n. De Babylone ou de Babylonie.
◆ **babylonien** n. m. Dialecte de l'akkadien utilisé en Mésopotamie du début du IIe millénaire aux environs de l'ère chrétienne.

BABY-SITTER [bebisitœr ou babi-] n. (pl. *baby-sitters*) [angl. *baby,* bébé, et *sitter,* poule couveuse]. Personne payée pour garder occasionnellement un enfant en l'absence de ses parents.

BABY-SITTING [bebisitiŋ ou babi-] n. m. (pl. *baby-sittings*). Activité d'un(e) baby-sitter.

BABY-TEST [bebitɛst] n. m. (pl. *baby-tests*) [angl. *baby,* bébé, et *test,* test]. Test destiné aux enfants de moins de 4 ans et qui, explorant surtout le développement psychomoteur, entend fournir une indication du développement intellectuel.

1. BAC n. m. (lat. pop. **baccu,* récipient). **1.** Bâtiment large et plat qui permet le passage, d'une rive à l'autre d'un cours d'eau, de voyageurs, de véhicules, etc. — **2.** *Servitude de bac,* droit de passage qui peut grever un cours d'eau ou un lac.

2. BAC n. m. (de *bac 1*). **1.** Récipient servant à divers usages (souvent suivi d'un compl. indiquant sa destination). — **2.** *Bac à disques,* chez les disquaires, récipient dans lequel les disques sont présentés à la clientèle. ‖ *Bac à plantes,* récipient pour plantes d'appartement, parfois muni d'un dispositif à réserve d'eau. • **Aquac.** Petit récipient pour l'incubation des œufs des espèces aquatiques. — **Bur.** Meuble contenant des cartes perforées, des fiches ou des dossiers classés verticalement. — **Électr.** Récipient qui renferme les électrodes et l'électrolyte d'une pile ou d'un accumulateur. — **Ménag.** Cuve servant de réceptacle à l'eau d'une douche ou d'un évier. ‖ Casier amovible d'un réfrigérateur. — **Min.** *Bac à pistonnage,* appareil de concentration gravimétrique dans lequel un minerai est soumis à un mouvement vertical alternatif (pistonnage). — **Pétr.** Syn. de RÉSERVOIR DE STOCKAGE. — **Sports.** Emplacement dans lequel le sauteur à la perche plante sa perche au moment de l'appel. — **Text.** *Bac de teinture,* récipient destiné à contenir en même temps le bain de teinture et la marchandise à teindre.

3. BAC n. m. *Fam.* Baccalauréat.

BACALL (Lauren), actrice de cinéma et de théâtre américaine (New York 1924). Du *Port de l'angoisse* (1944) à *Key Largo* (1948), elle forma avec Humphrey Bogart, qu'elle épousa en 1945, un couple célèbre de l'écran. Elle a interprété ensuite de nombreux autres rôles.

BACANTES → BACCHANTES 2.

BACĂU, v. de Roumanie, en Moldavie, ch.-l. de district ; 204 495 hab. Industrie alimentaire. Textile. Chaussures. Meubles.

BACCALAURÉAT n. m. (lat. médiév. *baccalaureatus,* de *baccalarius,* bachelier, avec infl. de *laureare,* couronner de lauriers). **1.** Examen marquant la fin du second cycle de l'enseignement du second degré. — **2.** Diplôme sanctionnant le succès à cet examen.

ENCYCL. Dans la triple perspective d'une simplification de l'organisation scolaire, d'une revalorisation des cursus littéraires et d'une diversification des profils des bacheliers, la réforme des lycées de 1993 a amené un remodelage complet des séries du baccalauréat pour les formations générales et technologiques. Les vingt-cinq filières existantes ont été, à partir de la session de 1995, ramenées à sept : trois pour l'enseignement général (littéraire, scientifique, économique et social) et quatre pour l'enseignement technologique (sciences et technologies tertiaires, sciences et technologies de laboratoire, sciences et technologies industrielles, sciences médico-sociales). À l'intérieur de ces grandes voies, plusieurs profils sont proposés. Ainsi, la filière littéraire (L) comprend quatre spécialités : lettres classiques, lettres-langues vivantes, lettres-arts, lettres-mathématiques ; la filière scientifique (S) offre également quatre choix : mathématiques, physique-chimie, sciences de la vie et de la Terre, technologie industrielle, et la filière économique et social (ES), trois : économie et sciences sociales, économie et mathématiques, économie et langues vivantes. Par un système très ouvert d'options, les lycéens ont la possibilité de se composer une sorte de cursus à la carte. Il existe par ailleurs une quarantaine de baccalauréats professionnels.

BACCARA n. m. (provenç. *bacarra*). Jeu de cartes consistant à s'approcher aussi près que possible, avec 2 ou 3 cartes, du chiffre 9 et qui se pratique sous deux versions : le chemin de fer et le baccara en banque ou banque.

BACCARAT n. m. Cristal de la manufacture de Baccarat.

BACCARAT (54120), ch.-l. de cant. de Meurthe-et-Moselle, en bordure des Vosges ; 5 049 hab. *(Bachanois).* Église moderne (1957). Cristallerie et musée du cristal. (Le premier four à cristal y fut allumé en 1817.)

BACCHANALE [-ka-] n. f. (lat. *bacchanalia,* fête de Bacchus). *Litt.* Débauche bruyante ; orgie.
◆ **bacchanales** n. f. pl. Fêtes religieuses célébrées en l'honneur de Bacchus dans le monde romain. (Le mot désigne aussi bien la fête grecque [*dionysies*] que les mystères dionysiaques spécifiques de l'Italie.)

1. BACCHANTE [-kɑ̃-] n. f. (lat. *bacchans, -antis,* part. prés. de *bacchari,* avoir le délire inspiré par Bacchus). **1.** Prêtresse ou femme qui célébrait les mystères et les fêtes dionysiaques. — **2.** *Litt.* Femme à qui l'ivresse ou la lubricité fait perdre toute réserve.

2. BACCHANTES ou **BACANTES** n. f. pl. (p.-ê. du précéd., par allus. à la longue chevelure des bacchantes). *Fam.* Moustaches.

Bacchantes *(les),* tragédie d'Euripide, représentée en 405 av. J.-C. Penthée, roi de Thèbes, est châtié pour avoir refusé, au nom de la raison humaine et de la raison d'État, les mystères de Dionysos.

BACCHARIS [-karis] n. m. (lat. *baccaris*). Grand séneçon arborescent des jardins, d'origine américaine.

BACCHELLI (Riccardo), écrivain italien (Bologne 1891 - Monza 1985). Il excelle surtout dans le roman historique (*la Folie Bakounine* [*Il diavolo al Pontelungo*], 1927) où le cycle des *Moulins du Pô* constitue son chef-d'œuvre.

BACCHIADES, famille aristocratique de Corinthe, qui, de 747 à 657 av. J.-C., dirigea les destinées de la cité.

BACCHUS, nom sous lequel les Romains adoptèrent Dionysos, l'assimilant au dieu italique *Liber Pater.* Virgile montre en lui le dieu du Vin et de la Vigne, dont les célébrations reçurent le nom de *bacchanales.*

BACCHYLIDE, poète lyrique grec (Céos v. 500 av. J.-C.-v. 450 av. J.-C.). Il fut le rival de Pindare.

BACCIFÈRE adj. Se dit des plantes, des rameaux qui portent des baies.

BACCIFORME adj. Se dit des fruits en forme de baie.

BACCINELLO, mine d'Italie (Toscane, prov. de Grosseto). On y a découvert le premier squelette d'oréopithèque.

BACEWICZ (Grazyna), violoniste et compositrice polonaise (Łódź 1913-Varsovie 1969). Ses œuvres sont composées dans un style national teinté de néoclassicisme, puis parfois de sérialisme (*Aventure du roi Arthur,* 1959).

BACH, dynastie de musiciens originaires de Thuringe. On peut distinguer quatre branches : Meiningen, Erfurt, Franconie, Arnstadt. Jean-Sébastien est issu de la troisième. Ses ancêtres aujourd'hui connus remontent au XVIe s. — CHRISTOPH (Wechmar 1613-Arnstadt 1661), grand-père de Jean-Sébastien, fut musicien de cour et de ville à Weimar, Prettin, Erfurt, Arnstadt. — Son fils, JOHANN AMBROSIUS (Erfurt 1645-Eisenach 1695), père de Jean-Sébastien, fut violoniste et altiste à Erfurt (1667) et devint musicien de ville et de cour à Eisenach en 1671. De ses six fils, on citera : JOHANN CHRISTOPH (Erfurt 1671-Ohrdruf 1721). Élève de Pachelbel, il fut dès 1690 organiste à Ohrdruf ; — JOHANN JAKOB (Eisenach 1682-Stockholm 1732), hautboïste au service de l'armée suédoise (1704).

BACH (Johann Sebastian ou Jean-Sébastien), compositeur allemand (Eisenach 1685-Leipzig 1750). Chanteur dans la maîtrise de Saint-Michel de Lüneburg, il tient ensuite quelque temps le violon à la cour de Weimar. Son premier poste d'organiste est à St-Boniface d'Arnstadt. De là il se rend à pied à Lübeck pour entendre le fameux Buxtehude à son instrument de la Marienkirche. Son deuxième poste important se situe à Köthen où, de 1717 à 1723, il dirige l'orchestre du prince Leopold d'Anhalt. C'est l'époque où il perd son épouse, sa cousine Maria Barbara Bach (1720) et où il rencontre, à Karlsbad, le margrave Christian Louis de Brandebourg, pour lequel il écrira six *concerts* (1721). En secondes noces, il épouse la chanteuse Anna Magdalena Wülcken (1721). En 1723, cantor de St-Thomas de Leipzig, il s'installe en cette ville à laquelle il restera attaché jusqu'à sa mort. Il y enseigne à la Thomasschule, organise la musique du culte à St-Nicolas, St-Matthieu, St-Pierre, dirige le *Collegium musicum* fondé par son ami Telemann. Il compose cantates et passions destinées aux services religieux. Le roi Frédéric II de Prusse l'invite à Potsdam (1747), où son fils, Carl Philipp Emanuel, est claveciniste. J. S. Bach y élabore l'*Offrande musicale.* Il termine l'*Art de la fugue,* en dépit de sa cécité. Il meurt en dictant ses derniers chorals à son gendre et élève Altnikol.
J. S. Bach a touché à tous les genres, sauf à l'opéra. Toute sa musique est fonctionnelle et de commande ; elle correspond aux trois aspects de sa carrière : le musicien d'église, l'homme de cour, le professeur.
• MUSIQUE D'ÉGLISE. D'inspiration luthérienne, elle comporte :
— des *œuvres vocales :* chorals harmonisés, oratorios, passions (saint Jean, 1723 ; saint Matthieu, 1729), motets ; plusieurs cycles de cantates pour l'année liturgique, ainsi que des cantates profanes ; deux œuvres qui relèvent du culte

catholique : un *Magnificat* (1723) et une *Messe en « si » mineur* (1724-1747) ;
— des *œuvres instrumentales :* 145 chorals *(Orgelbüchlein),* 50 préludes, ou toccatas, ou fantaisies et fugues, partitas et variations, 1 *Passacaille et thème fugué.*
• MUSIQUE PROFANE. Elle concerne surtout le clavecin : inventions et symphonies, suites françaises, suites anglaises, partitas, 2 vol. du *Clavier bien tempéré, Variations Goldberg, Concert dans le goût italien, Fantaisie chromatique et fugue ;* il faut y ajouter les concertos, originaux ou transcrits. La musique de chambre sacrifie à la mode de la suite et de la sonate pour violon (seul ou avec b. c.), viole de gambe, violoncelle seul, flûte (seule ou avec b. c.). — La musique d'orchestre a bénéficié d'une popularité que notre époque ne peut démentir (6 *Concerts pour plusieurs instruments,* dits *Concerts brandebourgeois ;* 4 *Suites*).
• Le théoricien a donné toute la mesure de sa science de l'écriture avec les *Variations canoniques, l'Offrande musicale, l'Art de la fugue.* Bach se révèle comme le représentant d'un art international. Assimilateur de génie, il ne crée pas de formes nouvelles, mais amplifie et transcende celles de ses prédécesseurs. Héritier de plusieurs siècles de polyphonie, il marque du sceau allemand le motet, le prélude et la fugue, le choral et la variation. On le sent plus proche des Italiens, qu'il a tant admirés, dans le choix de ses mélodies, dans le traitement de la sonate et du concerto ; la France enfin lui dicte un certain ton de noblesse dans ses ouvertures, le goût de l'ornementation, le sens du divertissement dans ses suites de danses. Après une courte éclipse, l'œuvre de ce grand architecte servira de références à bien des maîtres des XIXe s. et XXe s., de Beethoven, Mendelssohn, Schumann, Liszt, à Franck, Schönberg, Honegger et Stravinski.

BACH (Wilhelm Friedemann), compositeur allemand (Weimar 1710-Berlin 1784), fils aîné de J. S. Bach. Il devint, en 1746, cantor de Notre-Dame de Halle, avec le titre de *director musicae* de la ville. En 1774, il s'installa à Berlin pour exercer son talent d'organiste. Ses œuvres (fugues, sonates, polonaises, fantaisies, concertos) montrent une tendance déjà romantique.

BACH (Carl Philipp Emanuel), compositeur allemand (Weimar 1714-Hambourg 1788), cinquième enfant de J. S. Bach. En 1738, il entra dans l'orchestre du prince héritier de Prusse, puis suivit Frédéric II à Potsdam, lors de son accession au trône, avec le titre de *Kammercembalist.* En 1767, il obtint le poste de directeur de la musique à Hambourg. Ses œuvres sont d'une facture souvent prébeethovénienne (6 *sinfonie* pour cordes, *Preussische Sonaten* pour clavecin, fantaisies, rondos).

BACH (Johann Christian ou Jean-Chrétien), compositeur allemand (Leipzig 1735-Londres 1782), dernier fils de J. S. Bach. Il partit pour l'Italie en 1756, se convertit au catholicisme et devint organiste à la cathédrale de Milan (1760). En 1762, il gagna l'Angleterre. Compositeur attitré du King's Theatre, il créa en 1764 une des premières organisations de concerts par abonnement : les « Bach-Abel Concerts ». Il a composé des symphonies, des concertos, des sonates de style galant, qui annoncent Mozart.

BACH (Alexander, *baron* VON), homme d'État autrichien (Loosdorf 1813 - château de Schöngrabern, Basse-Autriche, 1893). Ministre de la Justice en juin 1848, ministre de l'Intérieur en mai 1849, il donna son nom à un système politique centralisateur dit « système Bach » ou « néoabsolutisme », qui l'amena à réduire à néant le rôle des diètes locales, à poursuivre une politique de germanisation à outrance des minorités et à signer avec le Saint-Siège le concordat de 1855. Il fut renvoyé en 1859.

BÂCHAGE n. m. Action de recouvrir d'une bâche.

BACHAGHA n. m. (turc *bas,* tête, et *ağa,* frère aîné). En Algérie, titre supérieur à celui de l'agha.

BACHAUMONT (Louis PETIT DE), écrivain français (Paris 1690 -*id.* 1771). Ses *Mémoires secrets pour servir à l'histoire de la république des lettres,* connus sous le nom de *Mémoires de Bachaumont,* sont une description de la vie parisienne à la fin du XVIIIe s.

BACHCHĀR IBN BURD, poète arabo-irakien (Bassora v. 714 - v. 784), célèbre pour ses élégies amoureuses et ses épigrammes féroces.

BÂCHE n. f. (anc. fr. *baschoe,* sorte de hotte, du lat. *bascauda,* cuvette). **1.** Tissu en lin, en coton ou en fibres synthétiques, épais et imperméabilisé. — **2.** Pièce de ce tissu servant à couvrir les marchandises exposées aux intempéries.
• **Géogr.** Dépression allongée sur la partie basse de l'estran et séparant des crêtes de plage ; flaque d'eau qui l'occupe après le retrait de la mer. (Syn. BAÏNE.) — **Hortic.** Abri pour la culture des plantes délicates ou des primeurs, formé d'un coffre recouvert d'un châssis vitré. — **Mécan.** Réservoir où l'huile aspirée par les pompes retourne après utilisation de l'énergie transmise. ‖ Carter d'une turbine hydraulique. — **Pêch.** Espèce de chalut que l'on traîne sur les fonds de sable. — **Text.** Enceinte ou bac destiné à humidifier un tissu. — **Therm.** Réservoir qui renferme l'eau servant à l'alimentation d'une chaudière à vapeur. — **Trav. publ.** Dans un pont-canal, enveloppe destinée à contenir l'eau.
◆ **bâches** n. f. pl. *Pop.* Draps.

BACHELAGE n. m. École de chevalerie, où l'on apprenait le métier des armes.

BACHELARD (Gaston), philosophe français (Bar-sur-Aube 1884-Paris 1962). Il fut successivement commis des Postes et Télégraphes de Paris (1907-1913), professeur de physique et de chimie à Bar-sur-Aube (1919-1930), professeur d'histoire et de philosophie des sciences à la Sorbonne (1940-1954). Il a élaboré une épistémologie historique, au moyen de laquelle il cherche à rendre compte des sciences dans leur développement, et ce qu'on a appelé une psychanalyse de la connaissance objective. L'analyse qu'il fait de l'imagination commune aux sciences et à la poésie le conduit à dresser un inventaire des archétypes à la base de toute création. Il a notamment écrit *la Formation de l'esprit scientifique* (1938), *l'Eau et les Rêves* (1942), *la Poétique de l'espace* (1957), *la Poétique de la rêverie* (1960).

BACHÈLERIE n. f. État du vassal bachelier.

BACHELET (Alfred), compositeur français (Paris 1864-Nancy 1944). Chef de chœur à l'Opéra de Paris, il est l'auteur d'œuvres lyriques (*Un jardin sur l'Oronte,* d'après Barrès).

1. BACHELIER n. m. (anc. fr. *bacheler,* du lat. médiév. *baccalarius*). **1.** *Vx.* Jeune homme d'origine modeste. — **2.** Vassal n'ayant pas encore reçu de fief. — **3.** *Chevalier bachelier,* celui qui ne pouvait lever bannière, n'ayant pas assez de vassaux, par opposition au chevalier banneret.

2. BACHELIER, ÈRE n. (de *bachelier 1*). Titulaire du baccalauréat.

BACHELIER (Nicolas), sculpteur et architecte français (? v. 1487 - Toulouse 1556/ 57). Il a travaillé à Toulouse (hôtel de Bagis [1538], sculptures pour l'église de la Dalbade [fragments au musée des Augustins], etc.) et dans la région.

BACHELIER (Jean-Jacques), peintre français (Paris 1724 - *id.* 1806). Reçu à l'Académie en 1752 comme peintre de fleurs, et en 1763 comme peintre d'histoire, il fut appelé à diriger les ateliers de décoration de la manufacture de Sèvres (1756-1793). Il fonda l'École gratuite de dessin (1766), ancêtre de l'E. N. S. A. D.

BÂCHER v. t. (conj. **3**). Couvrir d'une bâche : *Bâcher une voiture, des colis.*
◆ **se bâcher** v. pr. *Pop.* Se mettre au lit.

BACHI-BOUZOUK n. m. (pl. *bachi-bouzouks*) [turc *başibozuk,* mauvaise tête]. Soldat irrégulier de l'armée ottomane.

BACHIQUE [-ʃi-] adj. (lat. *bacchicus*). **1.** Qui a rapport à Bacchus ou à son culte : *Fête bachique.* — **2.** *Litt.* Relatif au vin, à l'ivresse : *Chanson bachique.*

BACHĪR CHIHĀB → CHIHĀB BACHĪR II.

BACHKIRIE, république de la Fédération de Russie ; 143 600 km^2 ; 3 952 000 hab. Cap. *Oufa.* Au contact de l'Oural et des pays de la Volga, la république (où les Bachkirs représentent à peine le quart de la population) juxtapose sylviculture et élevage (dans la montagne) et céréales (dans l'ouest) mais l'extraction du pétrole (Second-Bakou) demeure la ressource essentielle.

BACHKIRS, peuple turc de l'Oural méridional, comptant 1 371 000 individus en 1979. Islamisés entre le XIe et le XIIIe s., ils devinrent des sujets de l'État russe entre 1552 et les premières années du XVIIIe s. Ils se révoltèrent à plusieurs reprises aux XVIIe-XVIIIe s.

BACHMANN (Ingeborg), femme de lettres autrichienne (Klagenfurt 1926 - Rome 1973). Son œuvre lyrique, romanesque (*Malina,* 1971) et dramatique (*Die Zikaden,* 1955) est marquée par l'influence de Heidegger et son expérience de la Seconde Guerre mondiale.

BACHOLLE ou **BACHOLE** n. f. Cuvette intégrée au foulard d'exprimage et qui contient le bain de colorant ou d'apprêt.

BACHON n. m. Rondin de sapin servant au bachonnage.

BACHONNAGE n. m. Garnissage des chemins forestiers de montagne avec des rondins de sapin posés en travers et recouverts d'une couche de terre ou de sable.

BACHONNER v. t. (conj. **3**). Réaliser le bachonnage.

1. BACHOT n. m. (de *bac*). Petite barque, petit bac.

2. BACHOT n. m. (de *bachelier*). *Fam.* Baccalauréat.

BACHOTAGE n. m. *Fam.* Action de bachoter.

BACHOTER v. i. (de *bachot 2*) [conj. **3**]. *Fam.* Préparer un examen ou un concours avec intensité, mais trop rapidement, sans viser à une formation de l'esprit.

BACHOTEUR, EUSE n. *Fam.* Candidat(e) qui bachote.

BACHOTTE n. f. (de *bac*). Tonneau pour le transport de poissons vivants.

BACICCIA ou **BACICCIO** (Giovanni Battista GAULLI, dit **il**), peintre italien (Gênes 1639-Rome 1709). Il fut, à Rome, le plus brillant décorateur baroque de la seconde moitié du XVIIe s. (*la Gloire du nom de Jésus,* plafond du Gesù, 1672-1679).

BACILLACÉE n. f. Bacille Gram positif, comportant dans la classification de Prévot deux genres : bacillus (mobile) et bactéridie (immobile). [Les *bacillacées* forment une famille.]

BACILLAIRE adj. (lat. sc. *bacillaria,* de *bacillus,* bâtonnet). Se dit de bactéries en forme de bâtonnet.
◆ adj. et n. Se dit d'un malade atteint de tuberculose pulmonaire, pendant la phase contagieuse de la maladie.

BACILLALE n. f. Bactérie de forme cylindrique, formant des spores. (Les *bacillales* constituent un ordre.)

BACILLE n. m. (lat. *bacillus,* petit bâton). **1.** Toute bactérie ayant la forme d'un bâtonnet, soit isolé, soit articulé avec d'autres. — **2.** Nom générique commun des phasmes d'Europe.

BACILLIFORME adj. En forme de bâtonnet ou de bacille.

BACILLOSCOPIE n. f. Recherche de bactéries par examen microscopique dans les crachats, liquides de ponction, urine, etc.

BACILLOSE n. f. Nom donné quelquefois à la tuberculose pulmonaire.

BACILLUS [-lys] n. m. Bactérie Gram positif ayant la morphologie d'un grand bâtonnet de large diamètre. (*Bacillus anthracis* est l'agent responsable du charbon.)

BACIOCCHI (Félix Pascal), officier français (Ajaccio 1762-Bologne 1841). En 1805, Napoléon ayant donné à Elisa la principauté de Piombino et de Lucques, Baciocchi, qui l'avait épousée en 1797, fut couronné avec elle.

BACITRACINE n. f. (mot angl., du lat *bacillum,* bâton, et angl. *Trace,* n. pr.). Antibiotique produit par une souche de *Bacillus subtilis.* (On l'utilise dans les infections de la peau et des muqueuses.)

BACK (*sir* George), amiral et navigateur britannique (Stockport 1796-Londres 1878). Il explora le Nord-Ouest canadien.

BAČKA, région essentiellement yougoslave entre le Danube et la Tisza associant cultures céréalières et industrielles à l'élevage. V. princ. *Novi Sad, Subotica, Sombor.*

BACKCROSS n. m. (mot angl., de *back,* en arrière, et *cross,* croisement). Accouplement d'un hybride avec l'un de ses parents.

BACKGAMMON [-mɔn] n. m. (angl. *backgammon*). Jeu très proche du jacquet et du trictrac.

Back-Goudsmit *(effet),* modification de l'effet Zeeman qui se produit lorsqu'on applique un champ magnétique intense à un atome possédant un spin nucléaire.

BACKGROUND [bakgraund] n. m. (mot angl.). **1.** Contexte, arrière-plan sous-tendant des événements, la vie littéraire, artistique, etc. — **2.** Formation antérieure de qqn.

BACKHAUS (Wilhelm), pianiste allemand (Leipzig 1884-Villach, Autriche, 1969). Il s'était spécialisé dans les œuvres de Beethoven.

BACKHUYSEN (Ludolf), peintre néerlandais de marines (Emden 1631-Amsterdam 1708), également aquafortiste.

BACKING [-iŋ] n. m. (mot angl.). **1.** Matériau que l'on met au fond de la gorge d'un tambour de moulinet de pêche pour en diminuer la contenance. — **2.** Fil de pêche que l'on peut avoir en réserve au fond du moulinet.

BACK-OFFICE n. m. (mot angl., de *back,* en arrière, et *office,* service). Département d'une société de Bourse ou d'une banque, chargé d'enregistrer les ordres de Bourse exécutés dans la journée et d'effectuer toutes les opérations postérieures annexes (règlement, livraison des titres).

BAČKOVO, localité de Bulgarie, dans le massif du Rhodope. Monastère fondé en 1083 (peintures murales du XIIe au XIXe s. ; petit musée). Station de montagne.

BÂCLAGE n. m. *Fam.* Action de bâcler.

BÂCLE n. f. (lat. *baculus,* bâton). Pièce de bois ou de fer qu'on assujettit en travers, derrière une porte, une fenêtre, pour la tenir fermée.

BÂCLER v. t. (lat. pop. **bacculare,* fermer, du class. *baculum,* bâton) [conj. **3**]. *Fam.* Effectuer un travail, une action vite et peu consciencieusement : *C'est du travail bâclé.*

BACLER D'ALBE (Louis Albert Ghislain, *baron*), général français (Saint-Pol 1761-Sèvres 1824). Chef du bureau topographique de l'armée d'Italie (1796) puis de la Grande Armée, directeur du dépôt de la guerre en 1814, il est l'auteur de nombreuses cartes et de peintures.

BACO n. m. Nom de cépages hybrides (*baco blanc* recommandé en Armagnac, donnant un vin blanc en grande partie distillé ; *baco noir* cultivé en Vendée).

BACOLOD, port des Philippines, ch.-l. de prov., sur la côte nord-ouest de l'île Negros ; 364 000 hab. Industrie alimentaire.

BACON [bekɛn] n. m. (frq. **bakko,* jambon). Pièce de porc crue, traitée en salaison et fumée, puis débitée en fines tranches.

BACON (Roger), philosophe et savant anglais (Ilchester, Somerset, ou Bisley, Gloucester, v. 1220-Oxford 1292), surnommé « le docteur admirable ». Esprit universel, versé dans les lettres comme dans les sciences exactes, sans oublier l'alchimie, il est un des premiers à commenter l'œuvre d'Aristote. Dans son livre *Opus Majus,* il propose une organisation des différentes sciences de son époque afin de promouvoir leur étude et leurs progrès. Sa grande originalité a été de proposer la méthode expérimentale, par opposition à la scolastique, qui, selon lui, tournait à vide. Cette position s'apparentait à un sacrilège, dans la mesure où elle préconisait « l'amour du savoir » *(libido sciendi)*, explicitement récusé par la Genèse. Son œuvre fut en effet condamnée par le Syllabus de 1277 et lui-même resta emprisonné jusqu'en 1292. Bacon s'est aperçu que le calendrier julien était erroné et a relevé les points faibles du système de Ptolémée. En optique, il a indiqué les lois de la réflexion et observé les phénomènes de réfraction.

BACON (Francis), baron **Verulam,** chancelier d'Angleterre et philosophe (Londres 1561-*id.* 1626). Il fit d'abord une carrière politique. Élu à la Chambre des communes (1584-1593), il chercha à se concilier les faveurs du comte d'Essex, de Jacques Ier puis de Buckingham. Il parvint ainsi à se faire nommer grand chancelier en 1618. Accusé de vénalité trois ans plus tard, il dut se retirer de la vie publique et se consacra alors à la science et à la philosophie. Il a écrit notamment *les Essais* (1597) et le *Nouvel Organon* (1620). Dans son ouvrage *la Grande Reconstitution* (1623), il soutient qu'on ne peut connaître la nature qu'en l'observant, rationnellement et méthodiquement, puis en tirant les lois générales par induction dont il dégage les fondements.

BACON (Francis), peintre britannique (Dublin 1909 - Madrid 1992). Exprimant, à partir de 1944, l'inadaptation et le malaise des êtres par de violentes déformations, des stridences de couleurs, des « tremblés » de l'image, il a influencé, notamment, la nouvelle figuration internationale. (*Trois Études pour une crucifixion,* triptyque, 1962 [musée Gugenheim, New York].)

BACONER [bekœnœr] n. m. Porc adapté à la production de bacon.

BACONIEN, ENNE adj. et n. **1.** Relatif à Roger ou à Francis Bacon ; partisan de leurs systèmes. — **2.** *Induction baconienne,* syn. de INDUCTION AMPLIFIANTE.

BACONISME n. m. Système du philosophe Francis Bacon et de ses disciples.

BACOVIA (George VASILIU, dit George), poète roumain (Bacău 1881 - Bucarest 1957), marqué par le symbolisme (*Morceaux de nuit*, 1926).

BACOVIER n. m. Bananier des Guyanes, dont le fruit est la *bacove* ou *figue-banane.*

BACQUIER (Gabriel), chanteur français (Béziers 1924). Baryton, il s'est imposé en 1960 à Aix-en-Provence *(Don Giovanni)*, poursuivant ensuite une carrière internationale.

BACTÉRIACÉE n. f. **1.** Nom d'une famille de bacilles Gram positif, de l'ordre des bactériales. — **2.** Bactérie en général.

BACTÉRIALE n. f. Bactérie de morphologie cylindrique, ne formant pas de spores. (Les *bactériales* constituent un ordre.) [Syn. EUBACTÉRIALE.]

BACTÉRICIDE adj. et n. m. Se dit d'une substance qui a la propriété de tuer les bactéries.

BACTÉRIDIE n. f. Dans la classification de Prévot, espèce immobile des bacillacées, telle que la bactérie du charbon (désignée auj. sous le nom de *Bacillus anthracis.*)

BACTÉRIDIEN, ENNE adj. Relatif à la bactéridie charbonneuse.

BACTÉRIE n. f. (lat. sc. *bacterium,* du gr. *baktêria,* bâton). Être unicellulaire, à structure très simple, à noyau diffus, généralement sans chlorophylle et se reproduisant par scissiparité.

ENCYCL. Les bactéries se différencient à la fois des végétaux et des animaux et constituent par leur multiplication rapide et leur action biochimique un groupe d'une importance capitale pour l'équilibre du monde vivant. Ce sont des cellules procaryotes qui se distinguent des virus par le fait qu'elles contiennent, comme les cellules eucaryotes, de l'acide désoxyribonucléique et de l'acide ribonucléique, et par le fait que leur reproduction n'est pas inféodée à un organisme supérieur qu'elles parasitent. Elles se distinguent des cellules eucaryotes car elles ne possèdent pas de membrane séparant le noyau du cytoplasme, ni d'appareil respiratoire organisé (mitochondries). Elles possèdent généralement une paroi enveloppant le cytoplasme ; la structure de cette paroi permet de différencier les bactéries Gram positif des bactéries Gram négatif.

Les bactéries se reproduisent par scissiparité. Beaucoup ont des formes de résistance qu'on appelle *spores,* et qui leur permettent de survivre un certain temps à des températures extrêmes ou à la dessiccation. Malgré leur petitesse, les bactéries sont visibles au microscope optique. Certaines bactéries sont mobiles, grâce à des cils ; les autres, non ciliées, sont immobiles. Mais c'est surtout leur forme qui les différencie : elles sont soit sphériques (cocci), soit cylindriques (bacilles), soit incurvées (vibrions), soit spiralées (spirilles). Elles peuvent être isolées, ou rester groupées avec les individus résultant de leur scission. Certaines méthodes de coloration des frottis bactériens (Gram, Ziehl, etc.) permettent de différencier divers groupes de bactéries. Ensemencées sur certains milieux, les bactéries s'y développent en colonies qui ont souvent un aspect particulier. Il existe plusieurs classifications des bactéries. Celle de A. Prévot est la plus utilisée en France.

BACTÉRIÉMIE n. f. Présence passagère, au cours d'une infection locale, de bactéries dans le sang où elles sont rapidement détruites par les défenses naturelles de l'organisme.

BACTÉRIEN, ENNE adj. **1.** Relatif aux bactéries. – **2.** *Lit bactérien,* couche de matériaux poreux sur lesquels prolifèrent des micro-organismes destinés à épurer une eau.

BACTÉRIOCHLOROPHYLLE n. f. Chlorophylle propre aux bactéries phototrophes.

BACTÉRIOLOGIE n. f. Partie de la microbiologie qui s'occupe spécialement des bactéries. (La bactériologie date, en fait, des travaux de Davaine et Rayer [1850], et surtout de ceux de Pasteur et de Koch.)

BACTÉRIOLOGIQUE adj. **1.** Relatif à la bactériologie. – **2.** *Arme, guerre bactériologique,* qui utilise les bactéries.

BACTÉRIOLOGISTE n. Spécialiste de bactériologie.

BACTÉRIOLYSE n. f. Destruction des bactéries sous l'action de diverses substances ou d'autres microbes, ou de modifications physiques du milieu.

BACTÉRIOPHAGE n. m. Virus qui se comporte comme parasite d'une bactérie donnée, et qui provoque sa destruction par lyse. (Les bactériophages sont utilisés en thérapeutique, associés aux vaccins et aux antibiotiques.) [Syn. PHAGE.]

BACTÉRIOSTASE n. f. Inhibition de la multiplication des bactéries.

BACTÉRIOSTATIQUE adj. et n. m. Se dit d'un antibiotique qui empêche la multiplication des bactéries sans les détruire.

BACTÉRIURIE n. f. Présence de bactéries en grande quantité dans l'urine fraîchement émise.

BACTÉROÏDE n. m. Bactérie faisant partie d'une genre qui comprend des bactéries Gram négatif anaérobies strictes le plus souvent. (Les bactéroïdes sont isolés du tube digestif et des muqueuses.)

BACTOFUGATION n. f. Épuration centrifuge du lait, à grande vitesse, à la température de pasteurisation, qui permet d'éliminer les bactéries sporulées.

BACTRES, en gr. **Baktra,** anc. capitale de la Bactriane. Zarathushtra y commença sa mission. C'est l'actuelle *Balkh*.*

BACTRIANE, en gr. **Baktrianê,** anc. région de l'Asie centrale, dans le N. de l'Afghānistān. Ce pays était occupé par une population iranienne et avait Bactres pour capitale. Premier foyer du zoroastrisme, il a joué un rôle commercial important sur la route de la soie reliant l'Occident à la Chine. – **Archéol.** Des tombes « scythes » ont livré des trésors d'orfèvrerie. Blocs ou briques d'argile séchées ou cuites ont servi à la construction des villes hellénistiques (Aï-Khanoum) aussi bien que des monastères bouddhiques, des palais, etc. Des peintures murales nous renseignent sur les habitants de la Bactriane jusqu'à l'arrivée des Arabes.

BACTRIS [-tris] n. m. (gr. *baktron,* bâton). Palmier d'Amérique tropicale, à tige grêle.

BACUL [-ky] n. m. (de *battre* et *cul*). Pièce de harnachement des bêtes de halage à laquelle s'attache la corde de traction.

BACULA n. m. (lat. *baculum,* bâton). Sorte de lattis pour plafond.

BACULARD D'ARNAUD → ARNAUD (François Marie de Baculard D').

BACULITE n. f. (lat. *baculus,* bâton). Ammonite déroulée, fossile dans le crétacé supérieur.

BACULUM [-lɔm] n. m. Syn. de OS PÉNIEN*.

BADA n. m. (abrév. de *badaboum*). *Arg.* Chapeau.

BADAJOZ, v. d'Espagne (Estrémadure), ch.-l. de prov., sur le Guadiana, près de la frontière portugaise ; 122 225 hab. Ville celtibère, romaine, wisigothe, musulmane. Monuments et demeures anciennes. Musées. Industrie textile. Centre commercial.

BADAKHCHAN, montagnes du Tadjikistan, dans le Pamir occidental, dont les points culminants s'échelonnent entre 4 000 et 6 000 m d'alt.

BADALONA, v. d'Espagne, en Catalogne, dans la banlieue nord-est de Barcelone ; 218 725 hab. Textile (coton). Engrais.

BĀDĀMI, site archéologique du Deccan, anc. cap. des Calukya occidentaux. Grottes brahmaniques dont les décors sculptés et peints s'apparentent au style d'Ajaṇṭā et temples du type dravidien (Mālegitti, début du VIIe s.).

BADAMIER n. m. (pers. *bādām,* amande). Arbre d'Asie tropicale et d'Océanie, utile pour son bois (caisserie, contreplaqué) et pour son fruit, le myrobalan.

BADARIEN n. m. Faciès culturel chalcolithique de moyenne Égypte, défini sur le site de Badari, caractérisé par le travail du métal, une poterie rouge ou brune montée à la main et l'apparition de la ronde-bosse (statuettes féminines).

BADA SHANREN ou **PA-TA CHAN-JEN,** pseudonyme du peintre chinois **Zhu Da (Tchou Ta)** [Nanchang 1625 - ? 1705], un des plus grands peintres individualistes de l'époque Ming (paysages, fleurs et oiseaux au lavis).

BADAUD, E n. (anc. provenç. *badau,* niaiserie, de *badar,* rester bouche bée). Promeneur curieux de tous les spectacles de la rue et qui s'attarde à les regarder (rare au fém.) : *Un attroupement de badauds.*

◆ adj. *Litt.* Qui montre une curiosité peu exigeante pour les spectacles de la rue.

BADAUDER v. i. (conj. 3). *Litt.* Flâner par les rues, en quête de tout ce qui peut satisfaire une curiosité peu difficile.

BADAUDERIE n. f. *Litt.* Caractère du badaud ; comportement de badaud.

BADE, en all. **Baden,** anc. État de l'Allemagne rhénane. Margraviat, le pays de Bade, agrandi d'une partie du Palatinat (1803) et du Brisgau (1805), fut érigé en grand-duché en 1806. Membre de la Confédération du Rhin (1806), puis de la Confédération germanique (1815) et de l'Empire allemand (1871), le grand-duché de Bade devint république en 1919. En 1951, après la fondation de la R.F.A., Bade et Wurtemberg furent réunis en un seul *Land* (Bade-Wurtemberg).

BADE (Josse) → BADIUS.

BADE (Maximilien de) → MAXIMILIEN.

BADÈCHE n. f. (port. *badejo*). Poisson (serranidé) du littoral, voisin du mérou, et dont on pêche deux espèces.

BADEGOULIEN n. m. Faciès industriel du paléolithique supérieur (15000 av. J.-C.), défini sur le gisement éponyme de Badegoule en Dordogne.

BADELAIRE ou **BAZELAIRE** n. m. Coutelas à lame courbe, utilisé comme arme jusqu'au milieu du XIVe s.

BAD EMS ou **EMS,** v. d'Allemagne (Rhénanie-Palatinat), à l'E. de Coblence ; 12 000 hab. Station thermale et centre touristique. (→ *dépêche d'*EMS.)

BADEN, station thermale d'Autriche (Basse-Autriche), au S. de Vienne ; 23 000 hab.

BADEN, v. de Suisse (cant. d'Argovie) ; 14 000 hab. Vieille ville haute, avec son église des XVe-XVIIe s. Musée historique. Station thermale. Électrotechnique.

BADEN-BADEN, v. d'Allemagne (Bade-Wurtemberg), au pied N.-O. de la Forêt-Noire ; 49 000 hab. Vestiges romains et médiévaux. Ville d'eaux internationale, depuis la fin du XVIIIe s.

BADEN-POWELL (Robert, 1er *baron*), général britannique (Londres 1857-Nyeri, Kenya, 1941). En 1908, il fonda l'organisation, bientôt internationale, des boy-scouts, puis, en 1910, avec l'aide de sa sœur Agnès, celle des girl-guides.

BADER (*sir* Douglas Robert Stewart), pilote de chasse britannique (Londres 1910-*id.* 1982). Amputé des deux jambes en 1931, il réussit néanmoins à piloter de nouveau dans la R. A. F. en 1939 et à remporter 30 victoires aériennes.

BADERNE n. f. (p.-ê. provenç. *baderno,* grosse tresse). Pop. *Vieille baderne,* officier, homme assez âgé, d'esprit borné.

BADE-WURTEMBERG en all. **Baden-Württemberg,** État (Land) d'Allemagne ; 35 751 km² ; 9 618 696 hab. Cap. *Stuttgart.* Occupant le S.-O. du pays, densément peuplé, le Land juxtapose des régions variées : plaine de Bade (agricole), massif de la Forêt-Noire (forestier et touristique), paysages souvent tabulaires du Jura et du Plateau souabe (élevage) ; villes et activités se concentrent dans les vallées, celle du Neckar surtout, plus urbanisée que celles du Rhin et du Danube naissant. L'industrie, anciennement implantée et soutenue par un excellent réseau de communications ferroviaires, autoroutières et aussi fluviales, domine, représentée surtout par la construction automobile et l'électrotechnique, notamment à Stuttgart.

BADGASTEIN, v. d'Autriche (prov. de Salzbourg), dans le Gasteiner Tal ; 5 800 hab. Station climatique et thermale. Sports d'hiver (alt. 1 083-2 246 m).

BADGE [badʒ] n. m. (angl. *badge*). **1.** Emblème de scout indiquant une compétence particulière. — **2.** Insigne rond, porté de façon apparente, qui signale l'identité du porteur ou manifeste ses opinions. — **3.** Document d'identité plastifié, comportant des informations codées sous forme magnétique.

BAD GODESBERG, anc. v. d'Allemagne, sur le Rhin, aujourd'hui incorporée à Bonn. Sources minérales (affections du cœur et des nerfs). Cité résidentielle et quartier d'ambassades et siège d'organismes fédéraux et internationaux.

BAD HOFGASTEIN, v. d'Autriche (prov. de Salzbourg) ; 6 000 hab. Station thermale, centre estival et de sports d'hiver.

BAD HOMBURG VOR DER HÖHE ou **HOMBURG,** v. d'Allemagne (Hesse), au N. de Francfort ; 50 800 hab. Station touristique et thermale. Château surtout du XVIIe s.

BADĪʿ AL-ZAMĀN, titre honorifique arabe (« la Merveille du siècle »), porté notamment par **Aḥmad Badīʿ al-Zamān al-Hamadhāni,** poète iranien (Hamadhān 968 - Harāt 1008), créateur de la *maqāma,* saynète en prose rimée.

BADIANE n. f. (pers. *badian,* anis). Arbuste (magnoliacée) originaire du Sud-Est asiatique, qui fournit l'anis étoilé.

BADIGEON n. m. **1.** Lait de chaux destiné à former sur un mur, etc., un film hydrofuge et hygiénique. — **2.** Couche de peinture passée rapidement pour donner l'aspect du neuf.

BADIGEONNAGE n. m. Action de badigeonner ; résultat de cette action.

BADIGEONNER v. t. (conj. 3). **1.** Revêtir une surface d'une couche de badigeon, de vernis, etc. : *Badigeonner une façade avec de la chaux.* — **2.** Enduire une partie du corps, qqch d'une préparation liquide : *Badigeonner la gorge de bleu de méthylène.*

BADIGEONNEUR, EUSE n. **1.** Peintre en bâtiment spécialisé dans le badigeonnage. — **2.** *Vx.* Mauvais peintre.

BADIGOINCES n. f. pl. *Pop.* Lèvres.

1. BADIN n. m. (du n. R. E. *Badin*). Appareil utilisé pour mesurer la vitesse d'un avion par rapport à l'air ambiant.

2. BADIN, E adj. (provenç. *badin,* sot, de *badar,* rester bouche bée). Qui aime la plaisanterie légère ; qui manifeste un caractère enjoué : *Ton badin.*

BADINAGE n. m. Action de badiner ; propos où la plaisanterie est mêlée d'enjouement.

BADINE n. f. (de *badiner*). **1.** Baguette mince et flexible servant de fouet, de cravache. — **2.** Canne flexible et légère.

BADINER v. i. (de *badin 2*) [conj. 3]. Dire ou faire qqch pour s'amuser, pour plaisanter.
◆ v. t. ind. Plaisanter (avec, sur qqch), prendre (qqch) à la légère (surtout nég.) : *On ne badine pas avec l'amour.*

BADINERIE n. f. *Litt.* Action de badiner ; action, parole badine.

Badinguet, surnom donné par les républicains à Napoléon III.

BADINTER (Robert), avocat et homme politique français (Paris 1928). Ministre de la Justice (1981-1986), il a fait voter l'abolition de la peine de mort (9 oct. 1981). Il a été président du Conseil constitutionnel de 1986 à 1995.

BAD ISCHL, station thermale et touristique d'Autriche (Haute-Autriche) au centre du Salzkammergut ; 13 000 hab.

BADIUS (Josse Bade, dit **Jodocus**), surnommé **Ascensius**, imprimeur et humaniste (Asse, près de Bruxelles, 1462-Paris 1535). Il fit paraître près de quatre cents volumes (Érasme, Budé, Ange Politien) et des classiques annotés par lui.

BAD-LANDS n. f. pl. (amér. *badlands,* de l'angl. *bad,* mauvais, et *land,* terre). Modelé de dissection associant des entailles vives à des crêtes d'interfluves aiguës, produit dans les régions sèches, par des averses soudaines ravinant des matériaux meubles et imperméables.

BADMINTON [badmintɔn] n. m. (mot angl., de *Badminton House*). Sport pratiqué sur un court, et qui consiste à se renvoyer, dans les limites de ce court, un volant par-dessus un filet à l'aide de raquettes.

BADOGLIO (Pietro), maréchal et homme politique italien (Grazzano Monferrato 1871-*id.* 1956). Gouverneur de Libye de 1929 à 1933, il remplaça De Bono dans le commandement du corps expéditionnaire italien en Éthiopie en 1935, occupa Addis-Abeba en 1936, fut nommé vice-roi d'Éthiopie en 1938, puis chef d'état-major général en 1939. Commandant en chef des armées italiennes en 1940, il négocia l'armistice avec la France. En juill. 1943, après l'arrestation de Mussolini, placé à la tête du gouvernement, il négocia l'armistice avec les Alliés et déclara la guerre à l'Allemagne, puis quitta le pouvoir avec le roi, en juin 1944.

Badr *(bataille de)* [an 2 de l'hégire, 624 apr. J.-C.], victoire célèbre remportée par Mahomet, à Badr, au S.-O. de Médine sur une troupe de Quraychites de La Mecque.

BADR (Muḥammad **al-**) [né en 1927], imām du Yémen de 1962 à 1970. Réputé libéral, il fut renversé par la révolution du colonel Sallāl, le mois même de sa montée sur le trône. Il se réfugia dans les montagnes, et dut céder la réalité du pouvoir à un conseil de l'imāmat (1966), et finalement s'exiler.

BAD RAGAZ, en fr. **Ragaz-les-Bains,** station thermale de Suisse (cant. de Saint-Gall), au N. de Coire ; 3 700 hab.

BADRĪNĀTH, localité de l'Inde (État d'Uttar Pradesh), dans l'Himālaya, aux sources du Gange (alt. 3 100 m). Un sanctuaire dédié à Viṣṇu est un célèbre lieu de pèlerinage annuel, de mai à octobre.

BADURA-SKODA (Paul), pianiste autrichien (Vienne 1927), interprète du répertoire viennois classique et romantique, sur *piano-forte.*

BAEDEKER (Karl), libraire et écrivain allemand (Essen 1801-Coblence 1859), célèbre pour sa collection de guides de voyage.

BAEKELAND (Leo Hendrik), chimiste belge naturalisé américain (près de Gand 1863-Beacon, État de New York, 1944). Il est surtout connu pour sa découverte, en 1907, de la *Bakélite,* première résine de synthèse.

BAER (Karl Ernst von), naturaliste russe d'origine allemande (Gut-Piep, Estonie, 1792-Dorpat 1876). Ses travaux sont d'une importance capitale en embryologie : découverte de l'œuf des mammifères, de la notocorde, théorie des feuillets germinatifs (ectoderme, endoderme, mésoderme), lois de correspondance du développement embryonnaire dans les divers groupes zoologiques, etc.

BAERENDS (Gerardus Pieter), zoologiste et éthologiste néerlandais (La Haye 1916). Il a défini la notion de stimulus-signal orienteur et déclencheur et mis en évidence l'importance de la sommation hétérogène des stimulus dans la modulation des comportements, ainsi que le rôle de l'interaction des milieux interne et externe dans leur réalisation. Sur le plan technique, il a affiné la méthode des leurres.

BAERZE (Jacques DE), sculpteur flamand, originaire de Dendermonde. Il a exécuté, v. 1390, deux grands retables destinés à la chartreuse de Champmol, auj. au musée de Dijon.

BAEYER (Johann Jakob VON), géodésien allemand (Müggelsheim, près de Köpenick, 1794-Berlin 1885). Sur son initiative fut créée en 1864 la première association scientifique internationale : l'*Europäische Gradmessung,* ancêtre de l'Association internationale de géodésie. — Son fils ADOLF (Berlin 1835-Starnberg, Bavière, 1917) a découvert les phtaléines en 1871 et a réalisé la synthèse de l'indigo en 1883. (Prix Nobel de chimie 1905.)

BAEZ (Joan), auteur-compositeur, chanteuse et guitariste américaine (Staten Island, New York, 1941). Révélée au Festival de Newport en 1959, elle est devenue, après sa rencontre avec Bob Dylan, une vedette internationale de la chanson « engagée ». (*Farewell Angelina, la Ballade de Sacco et Vanzetti.*)

BAFFE n. f. (onomat. *baf,* à rapprocher de l'anc. fr. *buffe,* coup de poing). *Pop.* Coup à la figure ; gifle : *Prendre une baffe.*

BAFFIN *(mer* ou *baie de),* bras de mer entre le Groenland et le nord de la terre de Baffin, communiquant avec l'océan Arctique (détroit de Smith) et la mer du Labrador (détroit de Davis).

BAFFIN *(terre de),* île du Canada (Territoires du Nord-Ouest), la plus importante de l'archipel Arctique (environ 470 000 km^2), séparée du Groenland par la mer de Baffin. Parc national. Stations radars américaines.

BAFFIN (William), navigateur anglais (Londres ? v. 1584-golfe Persique 1622). Il fit, en 1615 et en 1616, deux expéditions dans l'Arctique, à la recherche d'un passage maritime vers la Chine. La mer qu'il découvrit, que l'on pensait fermée, reçut d'abord le nom de *baie de Baffin.*

BAFFLE n. m. (mot angl.). **1.** Écran plan rigide, monté sur un haut-parleur pour éviter le rayonnement vers l'avant des ondes sonores émises par la partie arrière de l'appareil. — **2.** Syn. courant de ENCEINTE ACOUSTIQUE.

BAFING (le), riv. de Guinée et du Mali, née dans le Fouta-Djalon, l'une des branches mères du fleuve Sénégal.

BAFOUER v. t. (p.-ê. onomat. *baff,* exprimant la moquerie) [conj. **6**]. Traiter qqn, qqch avec une moquerie outrageante ; ridiculiser : *Bafouer la loi.*

BAFOUILLAGE ou **BAFOUILLEMENT** n. m. *Fam.* Élocution embrouillée, confuse.

BAFOUILLE n. f. (de *bafouiller*). *Pop.* Lettre (missive).

BAFOUILLER v. i. (lyonnais *barfouiller,* avec infl. de *bafouer*) [conj. **3**]. Parler d'une manière confuse, embarrassée : *La peur le faisait bafouiller.* ◆ v. t. *Fam.* Dire qqch de façon confuse, indistincte, du fait de l'émotion ou par ignorance : *Bafouiller des excuses.*

BAFOUILLEUR, EUSE n. *Fam.* Personne qui bafouille.

BAFOUSSAM, v. de l'ouest du Cameroun ; 113 000 hab.

BÂFRÉE n. f. *Pop.* Repas où l'on mange beaucoup ; ripaille.

BÂFRER v. i. ou **SE BÂFRER** v. pr. (onomat. *baff,* exprimant un gonflement) [conj. **3**]. *Pop.* Manger goulûment, avec excès.

BÂFREUR, EUSE n. *Pop.* Personne qui se bâfre ; glouton.

BAGAD n. m. (breton *bagad,* ensemble). Formation instrumentale bretonne composée de bombardes, de binious et de tambours.

BAGADAIS n. m. Pigeon de volière de grande taille.

BAGAGE n. m. (anc. fr. *bagues,* paquet). **1.** Objet fermé en forme de coffre ou de sac, servant à contenir et à protéger les effets emportés en voyage. — **2.** Ensemble des connaissances, expériences acquises par qqn : *Un bagage scientifique insuffisant.* — **3.** *Bagage à main,* sac, mallette que le voyageur conserve avec lui pendant le transport. ‖ *Bagage accompagné,* valise, malle, etc., transportée dans le même train, le même avion que le voyageur, afin de lui être livrée à l'arrivée.

◆ **bagages** n. m. pl. **1.** Valises, sacs, malles, etc., contenant les effets et objets que l'on emporte en voyage. — **2.** *Avec armes et bagages,* sans rien laisser. ‖ *Faire ses bagages,* ranger ses affaires dans les valises, sacs, etc., ou, *fam.*, partir. ‖ *Plier bagage(s),* partir, s'enfuir, ou, *fam.*, mourir.

BAGAGISTE n. m. Employé chargé, dans un hôtel, une gare, un aéroport, de la manutention des bagages des voyageurs.

BAGANDAS → GANDAS.

BAGARRE n. f. (p.-ê. provenç. *bagarro,* rixe). **1.** Échange de coups ; rixe provoquant une mêlée et un tumulte : *Une bagarre éclata entre les consommateurs.* — **2.** *Fam.* Dispute, querelle : *Chercher la bagarre.* — **3.** *Fam.* Vive compétition, lutte : *Se lancer dans la bagarre politique.*

BAGARRER v. i. (conj. **3**). *Fam.* Combattre, lutter pour qqch : *Bagarrer pour ses opinions.*
◆ **se bagarrer** v. pr. **1.** *Fam.* Se battre, se quereller avec qqn : *Se bagarrer avec les agents.* — **2.** *Fam.* Se battre pour qqch, lutter avec acharnement en vue d'atteindre un objectif : *Se bagarrer pour obtenir des crédits.*

BAGARREUR, EUSE adj. et n. *Fam.* Qui aime la bagarre, la lutte, qui est toujours prêt à se battre ; batailleur.

BAGASSE n. f. (esp. *bagazo*). **1.** Résidu solide des cannes à sucre après passage au moulin. — **2.** Marc de raisin ou d'olives à la sortie du pressoir.

BAGASSIÈRE n. f. Pièce du moulin à cannes à sucre assurant le transfert du produit broyé du cylindre d'entrée au cylindre de sortie.

BAGASSOSE n. f. Affection respiratoire généralement bénigne provoquée par inhalation répétée d'antigène organique (actinomycète thermophile) contenu dans la bagasse de canne à sucre.

BAGATELLE n. f. (ital. *bagatella,* tour de bateleur, du lat. *baca,* baie). **1.** Occupation futile, dénuée de sérieux ; fadaise : *Perdre son temps à des bagatelles.* — **2.** Somme insignifiante ou, ironiq., très importante : *Sa voiture lui a coûté la bagatelle de 200 000 francs.* — **3.** Chose, action sans gravité ; vétille : *Se fâcher pour une bagatelle.* — **4.** Fam. *La bagatelle,* l'amour physique. — **5.** Composition de caractère léger (Beethoven en a composé trois cahiers).

Bagatelle, parc de 24 ha enclavé dans le bois de Boulogne à Paris. Petit château construit en 1777 par Bélanger pour le comte d'Artois. Ensembles floraux.

BAGAUDES n. m. pl. (lat. *Bagaudae*). En Gaule, entre les IIIe et Ve s., bandes de paysans ruinés par les guerres, de déserteurs, d'esclaves en fuite réduits par la misère au brigandage. (Combattues à la fin du IIIe s. par l'empereur Maximien, ces bandes subsistèrent encore quelque temps à l'état endémique.)

BAGAZA (Jean-Baptiste), officier et homme d'État du Burundi (Murambi 1946). Président de la République depuis 1976, il a été renversé par un coup d'État en 1987.

BAGDAD, en ar. **Barhdād** ou **Baghdād,** cap. de l'Iraq ; 3 842 000 hab. Au centre de la cuvette de Mésopotamie, sur le Tigre, et à proximité de l'Euphrate et du piémont du Zagros, Bagdad concentre plus du cinquième de la population du pays. La croissance démographique récente (500 000 hab. en 1947), par excédent naturel et surtout immigration d'origine rurale, est sans rapport avec l'essor des fonctions, toujours à dominantes administrative et commerciale, malgré une amorce d'industrialisation.
— **Hist.** En 762, Bagdad fut choisie comme capitale par le calife ʿabbāsside al-Manṣūr. Elle devint alors la métropole économique, intellectuelle et artistique du monde musulman, mais périclita dès le IXe s. La ville fut détruite par les Mongols en 1258. Gouvernée par les Ottomans à partir du XVIe s., elle fut conquise à plusieurs reprises par les Iraniens et ne retrouva une certaine prospérité qu'au XVIIIe s.
— **Bx-arts.** Parmi les monuments médiévaux, citons : le mausolée de Suhrawardī (1234), la madrasa Mustanṣiriyya (1233) ; le palais des ʿAbbāssides et la porte du Milieu remontent au XIVe s. ; mausolées des imāms (XIXe s.). Musée archéologique de l'Iraq, riche en trésors des civilisations mésopotamiennes.

Bagdad *(chemin de fer de),* chemin de fer, construit de 1903 à 1940 et reliant Constantinople et le réseau d'Anatolie à Bagdad et au golfe Persique.

Bagdad *(pacte de)* → CENTO.

BAGEHOT (Walter), économiste britannique (Langport, Somerset, 1826 - *id.* 1877). Directeur de l'*Economist* (1860), il a laissé des ouvrages de droit et d'économie.

BAGGESEN (Jens), écrivain danois (Kørsor 1764 - Hambourg 1826). Il représente, dans la littérature danoise, l'époque de la confrontation entre classicisme et romantisme (*le Labyrinthe,* 1792-93).

BAGHELĪ ou **BAGHELKHANDĪ** n. m. Dialecte hindī apparenté à l'avadhī, parlé dans le nord-est du Madhya Pradesh.

BAGNARD n. m. Forçat interné dans un bagne.

BAGNE n. m. (ital. *bagno,* bain, parce qu'à Livourne des prisonniers turcs et barbaresques furent détenus dans des caves en partie inondées). **1.** Bâtiment pénitentiaire, lieu où s'exécutait la peine des travaux forcés ; lieu de détention ou de déportation. — **2.** La peine de travaux forcés : *Vingt ans de bagne.* — **3.** Situation, travail astreignant, asservissant, pénible : *Ce travail, c'est le bagne.*

BAGNEAUX-SUR-LOING (77167), comm. de Seine-et-Marne, à 5 km au S. de Nemours ; 1 519 hab. Verrerie.

BAGNÈRES-DE-BIGORRE (65200), ch.-l. d'arrond. des Hautes-Pyrénées, sur l'Adour ; 9 093 hab. *(Bagnérais).* Station thermale pour les maladies des voies respiratoires et les rhumatismes. Textile. Matériel de transport. Marbre.

BAGNÈRES-DE-LUCHON (31110) ou **LUCHON**, ch.-l. de cant. de la Haute-Garonne, dans les Pyrénées centrales *(vallée de Luchon)* ; 3 219 hab. *(Luchonnais).* Station thermale pour les maladies des voies respiratoires et les rhumatismes. Centre d'excursions et de sports d'hiver relié à Superbagnères*.

BAGNES *(vallée de),* vallée de Suisse, au S.-E. de Martigny, drainée par la *Dranse de Bagnes.* Fromages.

BAGNEUX (92220), ch.-l. de cant. des Hauts-de-Seine, à 6 km au sud de Paris ; 36 453 hab. *(Balnéolais).* Centre résidentiel ; constructions mécaniques ; électronique. Cimetière parisien. — Combats pendant le siège de Paris (13 oct. 1870).

BAGNOLE n. f. (de *banne,* tombereau, d'après *carriole*). *Fam.* Voiture automobile.

BAGNOLES-DE-L'ORNE (61440), comm. du sud-ouest de l'Orne, proche de la forêt d'Andaine ; 881 hab. *(Bagnolais).* Station thermale (affections veineuses, séquelles de traumatismes et gynécologie). L'eau est radioactive, peu minéralisée.

BAGNOLET (93170), ch.-l. de cant. de la Seine-Saint-Denis, à l'E. de Paris ; 32 739 hab. Centre industriel.

BAGNOLS-LES-BAINS (48190), comm. de la Lozère, au pied des Cévennes, sur le Lot ; 213 hab. *(Bagnolais).* Station thermale.

BAGNOLS-SUR-CÈZE (30200), ch.-l. de cant. du Gard, dans le nord du Languedoc ; 18 179 hab. *(Bagnolais).* Musée Léon-Alègre (peintures modernes, etc.). Métallurgie. Confection.

BAGOT (*sir* Charles), diplomate et administrateur britannique (Rugeley, Staffordshire, 1781 - Kingston, Canada, 1843), gouverneur général du Canada de 1841 à 1843.

BAGOU ou **BAGOUT** n. m. (anc. fr. *bagouler,* railler, croisement de *bavarder* et de l'anc. fr. *goule,* bouche). *Fam.* Grande facilité de parole, loquacité destinée à convaincre ou à tromper.

BAGOUET (Dominique), danseur et chorégraphe français (Angoulême 1951 - Montpellier 1992). De formation classique (il fut l'élève de R. Hightower), il suit à partir de 1974 l'enseignement de C. Carlson. En 1976, 1er prix au concours de Bagnolet pour *Chanson de nuit,* il fonde sa compagnie, qui, fixée en 1980 à Montpellier, devient en 1984 Centre chorégraphique national. Du baroque revisité à l'abstraction, inventif et curieux, Bagouet cherche à créer un langage chorégraphique forgé à partir de l'héritage académique comme des acquis de Cunningham et du postmodernisme : *Déserts d'amour* (1984), *le Crawl de Lucien* (1985), *le Saut de l'ange* (1987), *les Petites Pièces de Berlin* (1988).

BAGOUSE n. f. (de *bague*). *Pop.* Bague, en général grosse et voyante.

BAGPIPE [bagpajp] n. m. (mot angl.). Cornemuse britannique.

BAGRAMIAN (Ivan), maréchal soviétique (Ielizavetpol 1897-Moscou 1982). Chef d'état-major de Timochenko en 1942, il commanda le front balte en 1944. Il a été suppléant du ministre de la Défense (1958-1968).

BAGRATIDES, dynastie dont l'une des branches régna sur la Grande-Arménie de 885 à 1079, et l'autre sur différentes principautés géorgiennes du début du IXe s. à 1801.

BAGRATION (Petr Ivanovitch, *prince*), général russe (Kizliar, Caucase, 1765-Sima, gouvern. de Vladimir, 1812). Issu des Bagratides, il prit part à la campagne contre la France en 1799, s'illustra à Austerlitz, à Eylau et à Friedland. Il fut mortellement blessé à la bataille de la Moskova.

BAGRATOUNI ou **PAKRADOUNI** (Arsen), mékhitariste arménien de Venise (Istanbul v. 1786-Venise 1866). Restaurateur de l'arménien classique, il est l'auteur d'une épopée nationale, *Haïk (le Héros).*

BAGRJANA (Elisaveta BELČEVA, dite **Elisaveta**), poétesse bulgare (Sofia 1893). Ses recueils lyriques tentent de concilier l'image traditionnelle de la femme orientale avec l'émancipation de la femme moderne (*l'Éternelle et la Sainte,* 1927 ; *Contrepoints,* 1972).

BAGUAGE n. m. **1.** Fixation d'une bague à la patte d'un oiseau migrateur capturé, et relâché en vue de mieux connaître les itinéraires de migration de l'espèce. — **2.** Interposition, entre une pièce et l'axe sur lequel elle s'articule, d'une bague d'usure. — **3.** Syn. de INCISION* ANNULAIRE.

BAGUE n. f. (moyen néerl. *bagge*). **1.** Anneau de doigt s'ornant, notamm., d'une pierre fixée dans un chaton. — **2.** Fam. *Avoir, mettre la bague au doigt,* être marié, se marier. • **Archit.** Moulure saillante, décorée ou non, ceinturant le fût d'une colonne. (Syn. BRACELET, CEINTURE.) — **Bât.** *Bague de collier,* ouvrage estampé soudé autour d'un tuyau d'évacuation pour l'empêcher de glisser verticalement. — **Bot.** Anneau mobile entourant le pied de certains champignons. — **Électr.** *Bague d'amortissement* ou *spire de Frager,* bague en court-circuit, dans les contacteurs à courant alternatif. ‖ *Bague collectrice,* anneau conducteur monté sur un arbre et destiné à assurer, par l'intermédiaire des balais, la communication électrique entre un conducteur tournant et un conducteur fixe. ‖ *Bague de déphasage,* dans un moteur asynchrone monophasé, enroulement auxiliaire en court-circuit. — **Mar.** Anneau servant à divers usages. — **Mécan.** Pièce annulaire assurant la fixation, le serrage, l'étanchéité, la lubrification, etc., d'éléments de révolution. — **Méd.** *Bague tuberculinique,* bague munie de pointes imprégnées de tuberculine que l'on introduit dans le derme pour la recherche de l'allergie tuberculinique. — **Métrol.** Instrument de précision en forme d'anneau pour contrôler le diamètre extérieur d'une pièce cylindrique. — **Odont.** Anneau de métal destiné à être adapté autour d'une dent pour effectuer une prothèse fixe, coiffe ou couronne. — **Tab.** Anneau de papier entourant un cigare et caractéristique de sa marque. — **Zool.** Anneau d'aluminium ou de plastique servant au baguage des oiseaux.

BAGUE-ALLONGE n. f. (pl. *bagues-allonges*). Tube qui, s'intercalant entre le boîtier et l'objectif d'un appareil photographique, permet d'allonger la distance séparant l'objectif du film, et ainsi de faire la mise au point sur les sujets rapprochés.

1. BAGUENAUDE n. f. (languedocien *baganaudo*). Fruit du baguenaudier.

2. BAGUENAUDE n. f. (de *baguenauder*). *Fam.* et *vx.* Promenade, flânerie.

BAGUENAUDER v. i. ou **SE BAGUENAUDER** v. pr. [conj. 3]. *Fam.* Se promener sans but précis ; flâner.

BAGUENAUDIER n. m. (de *baguenaude 1*). Arbuste (papilionacée) au fruit vésiculeux et ornemental, aux fleurs rouges ou jaunes, originaire de l'hémisphère Sud.

1. BAGUER v. t. (conj. 3). **1.** Garnir d'une bague, d'un anneau. — **2.** Fixer une bague à un oiseau. ◆ **être bagué** v. pass. *Colonne baguée,* colonne dont le fût est orné de moulures ou bandes circulaires en saillie. (Syn. COLONNE ANNELÉE.)

2. BAGUER v. t. (anc. fr. *bagues,* habits) [conj. 3]. Maintenir deux tissus ensemble par des points de bâti exécutés sur le bord des coutures et invisibles sur l'endroit.

BAGUETTAGE n. m. Action de baguetter.

BAGUETTE n. f. (ital. *bacchetta,* du lat. *baculum,* bâton). **1.** Petit bâton mince, flexible ou non : *Baguette de coudrier. Baguettes de tambour.* — **2.** *Pop.* Jambe. — **3.** Chacun des deux bâtonnets de bois, de plastique, d'ivoire, etc., qui tiennent lieu de couvert dans les pays d'Extrême-Orient. — **4.** Pain d'environ 300 g, de forme très allongée. — **5.** *Baguette magique,* baguette noire et blanche, accessoire traditionnel du prestidigitateur. ‖ Fam. *Baguettes de tambour,* cheveux longs et raides. ‖ *Un coup de baguette (magique),* de façon immédiate et quasi surnaturelle. ‖ Fam. *Marcher à la baguette,* obéir sans discuter. ‖ Fam. *Mener, faire marcher qqn à la baguette,* le mener rudement. • **Archit.** et **Arts décor.** Petite moulure arrondie, unie ou décorée. — **Arm.** *Baguette de fusil,* tige de bois ou d'acier servant autref. à enfoncer la charge d'un fusil, auj. à le nettoyer. — **Bijout.** Diamant rectangulaire, taillé à vingt-cinq facettes. — **Bois.** Tringle ou latte, en bois blanc, séparant chaque lit de bois au cours du séchage. (Syn. ÉPINGLE.) — **Chauss.** Pièce du dessus de la tige, couvrant et renforçant la piqûre de jointage de l'arrière des quartiers. — **Habill.** Ornement vertical, sur le côté d'un bas ou d'une chaussette. — **Menuis.** Petite moulure cylindrique réalisée sur une pièce. (Une variété, la *baguette d'angle,* s'emploie pour protéger les arêtes des murs.) — **Mus.** Partie principale de l'archet. ‖ Bâton de chef d'orchestre. ‖ Bâton à l'extrémité renflée, servant à frapper certains instruments (tambour, xylophone). — **Occult.** Symbole et instrument de la force du magicien, métamorphose de sa force sexuelle. ‖ En radiesthésie, et plus particulièrement en sourcellerie, branche de bois (le plus souvent de coudrier) recourbée en forme de U ou de Y, qui, par ses mouvements entre les mains de l'opérateur, signale la présence de l'objet recherché.

BAGUETTER v. t. (conj. 4). Empiler des bois débités sur baguettes pour en permettre le séchage.

BAGUETTISANT n. m. Syn. de SOURCIER.

BAGUIER n. m. **1.** Petit meuble à tiroirs, coffret ou coupe où l'on dépose des bijoux, notamment des bagues. — **2.** Jeu d'anneaux dont on se sert pour prendre sur le doigt la dimension d'une bague.

BAGUIO n. m. Typhon des Philippines.

BAGUIO, station estivale d'altitude des Philippines, dans le nord de l'île de Luçon ; 120 000 hab. Résidence d'été du gouvernement.

BAGUIRMI, ancien sultanat musulman du Soudan central (auj. au Tchad), au sud du Kanem, à l'est du lac Tchad et du Chari, qui fut prospère au XVIIe et au XVIIIe s.

BAGUIRMIS, terme d'origine arabe désignant une population du Tchad méridional se dénommant elle-même *Barma.*

BAH ! interj. (onomat.). Exprime l'étonnement mêlé de doute, l'indifférence, l'insouciance : *Bah ! Est-ce possible ?*

BAHĀ' ALLĀH (« Splendeur de Dieu ») [Téhéran 1817-Saint-Jean-d'Acre 1892], successeur du Bāb.

BAHĀDUR, nom de deux empereurs moghols de l'Inde : **Bahādur Chāh Ier** (Burhānpur 1643-Lahore 1712) qui régna de 1707 à 1712. —

Bahādur Chāh II (1775-Rangoon 1862), dernier empereur moghol (1837-1857) déposé par les Anglais après la révolte des cipayes en 1857.

BAHAÏ, BAHĀ'Ī ou **BEHAÏ** adj. et n. Qui se rapporte au bahaïsme.

BAHAÏSME, BAHĀ'ISME ou **BÉHAÏSME** n. m. Religion des disciples de Bahā' Allāh, née du babisme.

ENCYCL. Proclamant qu'il était « celui que Dieu devait manifester », que le Bāb avait annoncé dans ses écrits, Bahā' Allāh invitait par lettre les principaux chefs de l'Europe à se joindre à lui pour établir la religion et la paix universelles. De ce jour, les babis qui le reconnurent devinrent des *bahaïs*. Le sultan l'exila alors (1868) à Saint-Jean-d'Acre, où il rédigea la plupart de ses œuvres doctrinales et mourut le 29 mai 1892. Le bahaïsme, répandu dans le monde entier, ne connaît ni culte public, ni sacrements, mais le croyant respecte un jeûne 19 jours pendant le mois babi de 'Alā' du 2 au 21 mars. En Iran, dont ils constituent la principale minorité religieuse, les bahaïs font l'objet de persécutions de la part des tenants de la République islamique.

BAHAMAS *(archipel des)*, anc. **îles Lucayes,** État insulaire de l'Atlantique, au sud-est de la Floride ; 13 900 km² ; 280 000 hab. CAP. *Nassau.* LANGUE : *anglais.* MONNAIE : *dollar des Bahamas.*

Géographie. L'archipel, formé de calcaires coralliens, comprend environ 700 îles ou îlots et 2 000 rochers qui émergent d'un plateau n'atteignant pas 100 m de profondeur. Les îles principales sont : Grand Bahama et New Providence. L'archipel vit essentiellement du tourisme, qui a provoqué le déclin de l'agriculture. L'industrialisation est récente. Le rôle de place financière (pour les banques américaines) s'est développé avec l'exonération de taxes.

Histoire.

1492 : Christophe Colomb arrive dans le Nouveau Monde à l'île « San Salvador » (vraisemblablement l'île de Samana Cay), l'une des Lucayes.

1973 : Occupé par les Anglais depuis le début du XVIIe s., l'archipel accède à l'indépendance.

BAHĀR (Moḥammad Taqi), écrivain iranien (Mechhed 1886-Téhéran 1951). Poète engagé, il est l'auteur d'un *Diwān* (1956), récit sur les événements de son temps, et d'une *Stylistique* (1942 - 1948) qui est un monument de la prose persane.

BAHASA INDONESIA n. m. Langue officielle de l'Indonésie *(indonésien).*

BAHĀWALPUR, v. de l'est du Pākistān, sur la Sutlej ; 178 000 hab. Sucrerie. Textile.

BAHIA n. m. Bois africain d'un gris rosé, fin, tendre et léger, utilisé en encadrements, moulures et placages. (Syn. ABURA.)

BAHIA, État du Brésil ; 561 000 km² ; 11 801 810 hab. Cap. *Salvador.* C'est le plus vaste et le plus peuplé des États du Nordeste. Une bande littorale humide et chaude est le domaine des plantations (cacao, canne à sucre). L'intérieur, semi-aride, juxtapose une médiocre agriculture vivrière à un élevage extensif, hors des périmètres irrigués du São Francisco (également fournisseur d'électricité). La vie urbaine (et portuaire) est dominée par Salvador.

BAHIA, anc. nom de Salvador (Brésil).

BAHÍA BLANCA, port d'Argentine, au fond de la baie homonyme ; 271 467 hab. Abattoirs et installations frigorifiques. Raffinerie de pétrole. Pétrochimie.

Bahir *(Sefer ha-)* [*le Livre de la Clarté* ou *de la Splendeur*], l'un des premiers ouvrages de la littérature kabbalistique (XIIe s.) et l'un des plus importants dans l'histoire de la mystique juive.

BAHMANIDES ou **BAHMANĪ,** dynastie musulmane de l'Inde médiévale, qui régna, depuis la cité de Gulbarga, sur une partie du Deccan de 1347 à 1527.

BAHNARS, population môn-khmère des hauts plateaux du Viêt-nam méridional (région de Kontum-An Khe).

BAHORUCO *(sierra de)*, chaîne du sud-ouest de la République Dominicaine.

BAHRAIN → BAHREÏN.

BAHRÂM ou **VAHRÂM,** nom de plusieurs rois d'Iran qui régnèrent du IIIe au VIe s. Les plus importants sont : **Bahrâm IV** (388-399), qui entra en conflit avec l'empereur romain Théodose Ier qui lui abandonna le protectorat de l'Arménie. — **Bahrâm V** *Gôr* (420-438), héros de nombreux contes persans pour son amour de la musique et des arts ; il fit obstacle aux invasions turques et garantit la liberté du culte aux communautés chrétiennes de son royaume.

BAHREÏN ou **BAHRAIN,** en ar. **Baḥrayn,** archipel et État du golfe Persique, près de la côte d'Arabie (relié à l'Arabie Saoudite par un pont depuis 1986) ; 660 km² ; 50 000 hab. CAP. *Manāma.* LANGUE : *arabe.* MONNAIE : *dinar de Bahreïn.* Les deux îles principales sont celles de Bahreïn proprement dite, où se trouve la capitale, Manāma, et la petite île voisine de Muḥarraq, qui lui est reliée par une jetée. Partagée entre chī'ites (majoritaires) et sunnites (dominant politiquement), avec relativement peu d'immigrés, cette oasis possède un peu de pétrole et du gaz naturel. Les hydrocarbures ont favorisé l'industrialisation et l'accession au rang de place bancaire internationale. Protectorat britannique en 1914, l'île de Bahreïn est devenue indépendante en 1971.

BAHR EL-ABIAD ou **NIL BLANC,** en ar. **al-Baḥr al-Abyaḍ,** nom donné au Nil entre le lac No et son confluent avec le Nil Bleu.

BAHR EL-ARAB, en ar. **al-Baḥr al-ʿArab** (« le fleuve des Arabes »), riv. du sud-ouest du Soudan, qui avec le Jur forme le Bahr el-Ghazal, affl. du Nil ; 800 km env.

BAHR EL-AZRAK ou **NIL BLEU,** en ar. **al-Baḥr al-Azraq,** riv. issue du lac Tana, en Éthiopie ; 1 600 km env. Avec le Bahr el-Abiad (Nil Blanc), elle donne naissance, à Khartoum, au Nil proprement dit.

BAHR EL-GEBEL, en ar. **al-Baḥr al-Djabal,** nom donné au Nil entre le lac Mobutu et sa confluence avec le Bahr el-Ghazal.

BAHR EL-GHAZAL, en ar. **al-Baḥr al-Rhazāl** (« le fleuve des Gazelles »), exutoire d'une immense cuvette marécageuse du Soudan, formée surtout par le Bahr el-Arab et par le Jur ; 240 km. Il rejoint le Bahr el-Gebel au lac No, donnant naissance au Bahr el-Abiad (Nil Blanc). Parc naturel.

BAḤRITES, nom donné aux mamelouks turcs qui ont fourni les sultans de la première dynastie de Mamelouks en Égypte (1250-1382).

BAHRO (Rudolf), économiste allemand (Löwenberg, auj. Lwówek Śląski, voïévodie de Wrocław, Pologne, 1935). Dans son ouvrage fondamental, *l'Alternative* (1977), il se livre à une critique du socialisme. Condamné par les autorités de la R.D.A. en 1978, emprisonné, libéré en 1979, il s'exile.

BAHT n. m. Unité monétaire de la Thaïlande.

BAHUT n. m. (p.-ê. d'orig. germ.). **1.** Au Moyen Âge, coffre, souvent à couvercle bombé, où l'on rangeait les vêtements. — **2.** Nom donné à certains buffets (buffets bas surtout). — **3.** *Pop.* Taxi, automobile, camion. — **4.** *Arg.* Lycée, collège. — **5.** Assise supérieure, en général bombée, d'un mur de quai ou d'un parapet de pont. — **6.** Mur bas destiné à porter les arcades d'un cloître, une grille, etc.

BAI, BAIE adj. (lat. *badius,* brun). Se dit d'un cheval dont la robe est formée de poils brun-rouge et dont la crinière, la queue et l'extrémité des membres sont noirs.

◆ **bai** n. m. **1.** Couleur de la robe d'un cheval bai. — **2.** Cheval bai.

BAI ou **PAI** ou **MINJIA** ou **MIN-KIA,** groupe de populations de Chine du Sud principalement établies dans l'ouest du Yunnan.

BAIA MARE, en hongr. **Nagybánya,** v. de Roumanie, ch.-l. du district de Maramureș ; 118 000 hab. Métallurgie.

BAÏANISME n. m. Doctrine de Baïus.

BAIAO n. m. (de *Bahia,* n. pr.). Danse d'origine brésilienne, de mesure à 2/4.

BAÏBARS → BAYBARS.

BAIDA, en ar. **al-Bayḍā',** site archéologique de Jordanie, à env. 60 km au sud de la mer Morte. Restes d'un village du néolithique précéramique remontant au VIIe mill. (vestiges d'habitat, de sépultures, etc.).

1. BAIE n. f. (lat. *baca*). Fruit charnu, indéhiscent, qui contient directement les graines, tel que la groseille, le raisin ou la myrtille.

2. BAIE n. f. (anc. fr. *baer,* être ouvert). **1.** Ouverture pratiquée dans un mur, arcade, porte, fenêtre, etc., close ou non. — **2.** Meuble destiné à l'assemblage de systèmes électroniques. — **3.** *Baie libre,* sans dispositif de fermeture. ‖ *Baie vitrée,* large ouverture en glace dans les immeubles modernes.

3. BAIE n. f. (p.-ê. anc. fr. *baîer,* être ouvert, avec infl. du moyen fr. *baee,* saline). **1.** Échancrure d'une côte, s'enfonçant dans les terres. — **2.** *Baie historique,* vaste baie exclue des eaux territoriales, mais bénéficiant du statut d'eaux intérieures en raison de l'usage immémorial qui en a été fait par l'État riverain. ‖ *Baie magnétique,* perturbation du champ magnétique terrestre, dont l'origine se trouve dans la magnétosphère, de quelques dizaines de gammas d'amplitude et s'étalant sur une durée de quelques heures environ.

BAIE (La), v. du Canada, au Québec, près de Chicoutimi ; 15 078 hab. Métallurgie.

BAIE-COMEAU, port du Canada, au Québec, sur l'estuaire du Saint-Laurent ; 25 957 hab. Industries du bois. Aluminium.

BAIE-MAHAULT (97122), comm. de la Guadeloupe, sur la *baie de la Mahault,* à l'O.-N.-O. de Pointe-à-Pître ; 15 788 hab.

BAÏES, en lat. **Baiae,** station thermale romaine, située en Campanie, à 4 km de Cumes. C'était la plus fameuse ville d'eau de l'empire. Ruines, dont celles d'une salle thermale ronde couverte d'une coupole (époque d'Auguste).

BAÏF (Lazare DE), diplomate et humaniste français (Les Pins, près de La Flèche, 1496-Paris 1547). Il fut conseiller de François Ier et ambassadeur. Il traduisit quatre *Vies* de Plutarque et mit en vers français l'*Électre* de Sophocle. Il s'occupa d'archéologie et publia *De re vestiaria* (1526) et *De re navali* (1536). — Son fils JEAN ANTOINE (Venise 1532-Paris 1589), poète, membre de la Pléiade, tenta d'acclimater en France le vers de la poésie antique et de réformer l'orthographe. Il fonda en 1570, avec le musicien Thibault de Courville, une académie de poésie et de musique.

BAIGNADE n. f. 1. Action de se baigner : *La baignade est interdite dans cette rivière.* — 2. Endroit d'un cours d'eau, d'un lac où l'on peut se baigner.

BAIGNER v. t. (bas lat. *balneare*) [conj. 4]. 1. Tremper et maintenir qqn, qqch dans l'eau, une solution, un liquide quelconque, en partic. dans un but thérapeutique : *Baigner son doigt enflé dans l'eau salée.* — 2. Mettre et maintenir dans l'eau qqn, un animal, en partic. pour le laver ; lui donner un bain. — 3. Mouiller, humecter une partie du corps : *Baigner ses paupières avec de l'eau chaude.* — 4. *Litt.* Traverser, toucher, entourer un lieu de ses eaux, en parlant d'une rivière, de la mer, etc. : *La Seine baigne des régions pittoresques.* — 5. *Litt.* Envelopper de tous côtés qqch, en parlant d'une lumière : *Une pâle clarté baignait la campagne.*
◆ v. i. 1. Être plongé dans un liquide, nager, flotter : *Condiments qui baignent dans du vinaigre.* — 2. Être entouré, enveloppé par qqch (abstrait) : *On baigne dans une atmosphère de violence.* — 3. Fam. *Baigner dans l'huile,* marcher parfaitement. ‖ *Baigner dans son sang,* en être couvert, inondé. ‖ Pop. *Ça baigne, tout baigne,* cela fonctionne parfaitement, tout va pour le mieux.
◆ **être baigné** v. pass. Être mouillé, humecté : *Des yeux baignés de larmes.*
◆ **se baigner** v. pr. 1. Plonger son corps dans l'eau, en partic. pour se laver ; prendre un bain. — 2. Aller dans l'eau de la mer, d'un lac, d'une rivière, d'une piscine, etc., pour son plaisir, pour nager, etc.

BAIGNES-SAINTE-RADEGONDE (16360), ch.-l. de cant. du sud-ouest de la Charente ; 1 201 hab. Produits laitiers.

BAIGNEUR, EUSE n. 1. Personne qui se baigne. — 2. Personne en villégiature dans une station balnéaire.
◆ **baigneur** n. m. 1. Petite poupée nue en matière plastique. — 2. Figurine en porcelaine qui remplace parfois la fève dans la galette des Rois. — 3. *Arg.* Postérieur.

BAIGNOIRE n. f. (de *baigner*). 1. Appareil sanitaire individuel dans lequel on prend des bains. — 2. *Baignoire sabot* → SABOT. — 3. Loge de rez-de-chaussée dans un théâtre. — 4. *Fam.* Grand trou dans la neige qu'un skieur fait en tombant. — 5. *Supplice, torture de la baignoire,* succession d'immersions prolongées de la tête dans l'eau. • **Mar.** Partie supérieure du kiosque d'un sous-marin servant de passerelle lors de la navigation en surface. — **Zootechn.** Fosse en maçonnerie servant au traitement antiparasitaire par immersion des moutons et des bovins.

BAIHUA n. m. En Chine, nom de la langue parlée.

BAÏKAL, lac de Sibérie méridionale ; 31 500 km². Long de 636 km, atteignant 1 620 m de profondeur, gelé six mois par an, il occupe entre de hautes chaînes (plus de 2 500 m) un fossé d'effondrement et constitue la plus grande réserve d'eau douce existante (23 000 km³). Alimenté par 336 rivières, il n'a qu'un seul émissaire, l'Angara. Originales, la flore et la faune comportent un grand nombre d'espèces endémiques. • **Préhist.** Une culture sibérienne s'est développée dans la région au paléolithique supérieur. Elle semble avoir essaimé dans l'Oural et joué un rôle dans le peuplement de l'Amérique du Nord.

Baïkal-Amour Magistral → B.-A.M.

Baïkonour *(cosmodrome de),* base de lancement d'engins spatiaux et de missiles intercontinentaux, située près de la ville de Tiouratam, dans le Kazakhstan, à 400 km au S.-O. de Baïkonour. Centre traditionnel de lancement des véhicules spatiaux soviétiques, le complexe spatial a été loué aux Russes après l'éclatement de l'U. R. S. S. (1991).

BAIL [baj] n. m. (pl. *baux*) [de *bailler,* donner]. 1. Convention par laquelle le possesseur ou le détenteur légal d'un bien meuble ou immeuble en cède l'usage ou la jouissance à une autre partie, pendant un certain temps et moyennant un certain prix ; contrat qui constate le bail. — 2. *Bail commercial,* bail d'un local à usage artisanal, commercial ou industriel, d'une durée obligatoire de 9 ans, que seul le locataire a la faculté de résilier tous les 3 ans. ‖ *Bail à construction,* contrat par lequel les propriétaires de terrains à bâtir menacés d'expropriation cèdent leurs terrains à une société civile. ‖ *Bail à nourriture,* convention par laquelle une personne s'engage à pourvoir à tous les besoins vitaux d'une autre (logement, nourriture, entretien) moyennant une redevance payable à périodes fixes ou l'aliénation d'un capital. ‖ *Bail rural,* syn. de BAIL À FERME*. ‖ *Cession à bail d'un territoire,* cession temporaire d'un territoire consentie par une puissance à une autre, avec réserve de la souveraineté nationale. ‖ *Donner qqch à bail,* en consentir la location. ‖ Fam. *Il y a un bail, ça fait un bail (que),* il y a longtemps (que).

BAILADOR n. m., **BAILADORA** n. f. Danseur, danseuse de flamenco.

BAILE [bajle] n. m. (anc. provenç. *baile,* du lat. *baiulus,* portefaix). 1. Tuteur et administrateur des biens d'un mineur ou d'un incapable, en droit ancien. — 2. Au Moyen Âge, dans le midi de la France, agent domanial du roi ou d'un seigneur, investi de pouvoirs identiques à ceux du prévôt.

BAÏLE ou **BAYLE** [bajl] n. m. (provenç. *baile,* chef des travailleurs). En Provence, maître berger conduisant les troupeaux transhumants.

BAILÉN, v. d'Espagne, en Andalousie, au S. de la sierra Morena ; 16 000 hab. En juill. 1808, le général Dupont, qui occupait l'Andalousie, dut se replier vers le Nord. Cerné par les Espagnols près de Bailén, il signa une convention neutralisant ses troupes. Mais la junte de Séville s'y opposa et les fit interner dans l'île de Cabrera, où la plupart moururent de faim. Ce premier échec militaire de Napoléon eut un grand retentissement en Europe.

BAILIE → BAILLIE.

BAILLAIRGÉ ou **BAILLARGÉ,** famille d'architectes, sculpteurs et peintres québécois d'origine française (XVIIIe-XIXe s.).

BAILLAUD (Benjamin), astronome français (Chalon-sur-Saône 1848-Toulouse 1934). Il contribua à la mise en chantier de la Carte du ciel (1887), à la création du Bureau international de l'heure (1913) et aux premières déterminations des longitudes par radio.

BAILLE n. f. (bas lat. *baiula,* celle qui porte). **1.** Baquet servant à divers usages à bord d'un navire. – **2.** Surnom de l'École navale. – **3.** *Pop.* L'eau, la mer.

BÂILLEMENT n. m. **1.** Action de bâiller : *Étouffer un bâillement.* – **2.** État de qqch qui bâille ; ouverture étroite de quelque objet : *Le bâillement d'un col.*

BAILLER v. t. (lat. *bajulare,* donner) [conj. 3]. *Litt.* **1.** Donner. – **2.** *La bailler bonne, belle à qqn,* lui faire croire qqch d'incroyable.

BÂILLER v. i. (lat. pop. **bataculare,* du lat. class. *batare,* ouvrir la bouche) [conj. 3]. **1.** Ouvrir largement la bouche par une contraction involontaire des muscles de la face, due au besoin de dormir, à la faim, à l'ennui, etc. – **2.** Présenter un mauvais ajustement, ou être mal fermé, légèrement entrouvert, en parlant d'un vêtement, d'une porte, etc. : *Jupe qui bâille.*

BAILLEUL (59270), ch.-l. de cant. du Nord, près de la frontière belge ; 13 933 hab. *(Bailleulois).* Musée (céramiques, dont celles de Bailleul, etc.). Textile. Agroalimentaire.

BAILLEUR, ERESSE n. (de *bailler*). **1.** Personne qui consent à une autre la location d'un meuble ou d'un immeuble. (Contr. PRENEUR.) – **2.** *Bailleur de fonds,* personne qui fournit des capitaux à un particulier ou à une société.

BÂILLEUR, EUSE n. Personne qui bâille.

BAILLI [baji] n. m. (anc. fr. *baillir,* administrer, anc. forme : BAILLIF). **1.** Au Moyen Âge et sous l'Ancien Régime, agent du roi de France placé à la tête d'un bailliage. (→ *encycl.*) – **2.** En Italie, en Suisse et dans quelques parties de l'Allemagne, titre donné à certains magistrats civils. – **3.** Dans l'ordre de Malte, chevalier d'un grade supérieur à celui de commandeur. ‖ *Bailli de l'Empire,* dans le Saint Empire romain germanique, titre parfois donné au régent.

ENCYCL. Commissaires du roi envoyés en tournée dans le domaine royal à partir de la fin du XIIe s. pour y contrôler les prévôts, les baillis (appelés sénéchaux dans le Midi) furent établis dans des circonscriptions, les bailliages, vers 1260. Nommés par le roi, ils encaissaient les ressources royales, levaient et commandaient le ban et l'arrière-ban, exerçaient la justice au nom du roi par la tenue d'assises. L'institution des receveurs des finances (v. 1295) et celle des lieutenants (v. 1340) amenuisèrent leurs fonctions, qui devinrent honorifiques. Érigée en office, leur charge subsista jusqu'à la fin de l'Ancien Régime.

BAILLIAGE [bajaʒ] n. m. **1.** Au Moyen Âge et sous l'Ancien Régime, circonscription administrative et judiciaire de la France, placée sous l'autorité du bailli. – **2.** Tribunal du bailli. – **3.** Dignité et juridiction d'un bailli dans l'ordre de Malte. – **4.** Subdivision administrative des îles Anglo-Normandes.

BAILLIE ou **BAILIE** n. f. **1.** Fonction ou circonscription d'un baile. – **2.** Garde, tutelle, particulièrement en ligne collatérale.

BAILLIF (97123), comm. de la Guadeloupe, au N.-O. de Basse-Terre ; 6 018 hab.

BAILLISTRE n. m. (de *bail*). Tuteur d'un héritier mineur d'un fief au nom duquel il remplissait les obligations du vassal en échange de la jouissance du fief.

BÂILLON n. m. (de *bâiller*). **1.** Bandeau ou tampon que l'on met sur ou dans la bouche de qqn pour l'empêcher de parler, de crier. – **2.** Instrument pour garder ouverte la bouche des poissons et faciliter l'extraction de l'hameçon. – **3.** *Mettre un bâillon à qqn, à la presse,* l'empêcher de s'exprimer librement.

BAILLON (Henri Ernest), botaniste français (Calais 1827-Paris 1895). Auteur d'un important *Dictionnaire de botanique* (1876-1885) et d'une *Histoire des plantes* (1867-1885).

BÂILLONNEMENT n. m. Action de bâillonner.

BÂILLONNER v. t. (conj. 3). **1.** Mettre un bâillon à qqn. – **2.** Empêcher qqn, un groupe de s'exprimer librement, le réduire au silence : *Bâillonner l'opposition.*

BAILLY (Jean Sylvain), homme politique et savant français (Paris 1736-*id.* 1793). Élu premier député de Paris aux États généraux pour le tiers état (12 mai 1789), président de l'Assemblée nationale (17 juin), maire de Paris (15 juill.), il reçut Louis XVI à l'Hôtel de Ville (17 juill.). Ayant proclamé la loi martiale et fait disperser par une fusillade les manifestants venus au Champ-de-Mars signer une pétition républicaine (17 juill. 1791), il dut démissionner (18 nov.), fut condamné à mort par le Tribunal révolutionnaire (11 nov. 1793) et guillotiné. Il a laissé, entre autres ouvrages scientifiques, une *Histoire de l'astronomie* (1775, 1778-1783). [Acad. fr., 1783.]

BAILLY (Emmanuel Joseph), dit **Bailly de Surcy,** homme d'œuvres et journaliste français (Brias, Pas-de-Calais, 1793-Paris 1861). Il fut à l'origine de la Société de Saint-Vincent-de-Paul (1833), dont le fondateur reconnu est Frédéric Ozanam.

BAILLY (Vincent de Paul), religieux et journaliste français (Berteaucourt-lès-Thennes, Somme, 1832-Paris 1912), fils du précédent. Assomptionniste (1860), il fonda *le Pèlerin* en 1873 et *la Croix* en 1880.

BAILLY (Anatole), helléniste français (Orléans 1833-*id.* 1911), auteur d'un remarquable *Dictionnaire grec-français* (1894).

BAILYN (Bernard), historien américain (Hartford 1922). Professeur à Harvard, il a renouvelé l'histoire des relations entre l'Amérique et le continent européen à l'époque coloniale (*New England Merchants in the 17th Century,* 1955 ; *Massachusetts Shipping, 1697-1714,* 1959) et celle de la révolution américaine (*The Ideological Origins of the American Revolution,* 1967).

BAIN n. m. (lat. pop. **baneum,* du lat. class. *balneum*). **1.** Action de se baigner ou de baigner qqn : *Préférer le bain à la douche. Bain de mer.* — **2.** Eau dans laquelle on se baigne, en partic. dans une baignoire : *Faire couler un bain.* — **3.** Action de soumettre le corps, une partie du corps à l'effet d'un liquide, d'un milieu semi-liquide ou gazeux, dans un but hygiénique ou thérapeutique. (→ *encycl.*) — **4.** Liquide, milieu utilisé à cet effet : *Tremper son doigt blessé dans un bain d'eau salée.* — **5.** Liquide dans lequel on plonge qqch pour le soumettre à une action précise : *Tremper un tissu dans un bain de teinture.* — **6.** Ambiance dans laquelle qqn se plonge complètement : *Un bain de solitude.* — **7.** *Bain de foule,* contact direct de qqn, en partic. d'une personnalité, avec une foule nombreuse. ‖ *Bain moussant* ou *de mousse,* produit qui développe dans un bain une mousse abondante, tout en parfumant l'eau. ‖ *Bain de sang,* sang répandu au cours d'une lutte ; massacre. ‖ *Bain de soleil,* exposition du corps à l'action du soleil. ‖ *Bain linguistique* ou *bain de langue,* milieu, environnement dans lequel celui qui apprend une langue étrangère l'entend parler constamment. ‖ *De bain,* destiné au bain, à la baignade : *Peignoir de bain.* ‖ *Donner un bain à qqn, à un animal,* le baigner. ‖ Fam. *Envoyer qqn au bain,* lui faire comprendre qu'il est importun ; l'éconduire. ‖ Fam. *Être dans le bain,* être engagé dans une entreprise ; connaître pleinement qqch ; être compromis dans une affaire. ‖ *Grand bain, petit bain,* partie la plus, la moins profonde d'une piscine. ‖ Fam. *Jeter l'enfant avec l'eau du bain,* perdre l'avantage de qqch en voulant en éliminer les inconvénients. ‖ Fam. *Mettre qqn dans le bain,* l'aider à se familiariser avec un milieu, une activité ; le compromettre dans une affaire suspecte. ‖ *Prendre un bain,* se baigner. ‖ Fam. *Se mettre, se remettre dans le bain,* prendre, reprendre contact avec un milieu, des habitudes. • **Chim.** Gaz, liquide, solide pulvérulent dans lequel on place une substance à chauffer. ‖ Appareil chauffant renfermant ce milieu. — **Cuis.** *Bain de friture,* huile ou corps gras fondu dans lequel on fait la friture. — **Électr.** Électrolyte anhydre en fusion. (Syn. SEL FONDU.) — **Matér.** *Bain de mortier,* mortier préparé pour la pose en plein lit d'une pierre de taille, de moellons ou de pavés. — **Méd.** *Bain de boue,* immersion du corps humain, à l'exception de la tête, dans des boues radioactives. ‖ *Bain de bouche,* solution aqueuse antiseptique et souvent calmante, prescrite après des soins bucco-dentaires. — **Métall.** *Bain de fusion,* métal localement en fusion pendant l'opération de soudage. ‖ *Bain de sels,* masse de sels (généralement alcalins ou alcalinoterreux) fondus, utilisés soit pour porter une pièce à une température donnée sans réaction chimique, soit pour effectuer un traitement thermochimique ou électrochimique. ‖ *Bain de trempe,* liquide dans lequel on effectue le traitement de trempe. — **Phot.** Liquide contenant en dissolution les produits nécessaires au traitement de surfaces sensibles. — **Text.** Solution, dans l'eau ou dans un solvant, de colorants, d'apprêts ou d'adjuvants textiles.

◆ **bains** n. m. pl. **1.** Syn. de BAIN-DOUCHE. — **2.** *Vx.* Lieu où on va prendre des bains (de mer), suivre une cure : *Les bains d'Aix.*

ENCYCL. Souvent utilisés en thérapeutique, les bains sont entiers ou partiels, liquides, gazeux ou solides.

— Le *bain liquide* peut être simple ou médicamenteux. Les bains d'eaux minérales font partie de nombreux traitements thermaux. Les bains de mer sont toniques, mais excitants pour les personnes nerveuses.

— Les *bains gazeux,* pour la sudation, sont constitués par de l'air sec chauffé ou des vapeurs et administrés dans des salles où sont placés les malades, ou dans des caisses qui laissent la tête à l'air libre.

— Les *bains solides* (de boues minérales) agissent surtout par leurs propriétés radioactives. Ils sont administrés notamment contre les rhumatismes chroniques.

Bain turc *(le),* tableau d'Ingres (1859-1863 ; diam. 1,08 m), au Louvre. Chef-d'œuvre, avec les *Femmes d'Alger,* des représentations orientalistes, ce tableau s'oppose à celui de Delacroix en revendiquant le pouvoir de la ligne face à celui de la couleur.

Bain *(ordre du),* ordre de chevalerie britannique créé en 1725 par George Ier.

BAIN (Alexander), philosophe écossais (Aberdeen 1818-*id.* 1903). Il a appliqué la méthode des variations concomitantes de Stuart Mill à la psychophysiologie. Il a écrit notamment *les Sens et l'Intelligence* (1855), *l'Esprit et le Corps* (1873), *la Science de l'éducation* (1879).

BAIN-DE-BRETAGNE (35470), ch.-l. de cant. d'Ille-et-Vilaine, à 32 km au S. de Rennes ; 5 326 hab. *(Bainais).* Constructions mécaniques. Textile. Maroquinerie.

BAIN-DE-SOLEIL n. m. (pl. *bains-de-soleil*). Corsage, robe qui laisse les épaules et le dos nus.

BAIN-DOUCHE n. m. (pl. *bains-douches*). Établissement public où on prend des douches. (Syn. BAINS.)

BAÏNE n. f. Syn. de BÂCHE 2.

BAINITE n. f. Constituant micrographique des aciers constitué par un agrégat de cristaux de ferrite et de cristaux extrêmement fins de carbure de fer.

BAINITIQUE adj. Relatif à la bainite.

BAIN-MARIE n. m. (pl. *bains-marie*) [de *bain de Marie,* sœur de Moïse, à qui on attribuait des œuvres d'alchimie]. **1.** Mode de cuisson ou de chauffage consistant à placer la préparation dans un récipient plongé dans un autre rempli d'eau en ébullition. — **2.** Récipient qui sert à cette opération.

BAINS-LES-BAINS (88240), ch.-l. de cant. des Vosges, dans la Vôge ; 1 681 hab. *(Balnéens).* Station thermale (affections des artères et du cœur).

BAINVILLE (Jacques), journaliste et historien français (Vincennes 1879-Paris 1936). Toute son œuvre historique (*Histoire de deux peuples,* 1916-1933 ; *Napoléon,* 1931 ; *la Troisième République,* 1935) est inspirée par son adhésion aux idées de l'Action française. (Acad. fr., 1935.)

BAÏONNETTE n. f. (de *Bayonne,* ville où cette arme fut d'abord fabriquée). **1.** Sorte de petite épée qui s'adapte au bout du fusil. (→ *encycl.*) — **2.** Dispositif de fixation d'un objet à base cylindrique (culot de lampe, objectif photographique), doté d'un ou de plusieurs ergots qui s'engagent par rotation dans des crans prévus à cet effet.

ENCYCL. L'usage de la baïonnette fut généralisé par Vauban en 1703. Elle fut considérée jusqu'en 1914 comme l'arme par excellence de l'infanterie au corps-à-corps. Elle disparut avec le développement des grenades pour être rétablie de nos jours, notamment avec les fusils d'assaut.

BAÏRAM ou **BAYRAM** [bairam] n. m. (mot turc). Nom donné à deux grandes fêtes musulmanes qui suivent le ramaḍān.

BAIRD (John Logie), ingénieur et physicien écossais (Helensburgh 1888-Bexhill 1946). Pionnier de la télévision en Angleterre, il en fit une démonstration dès 1926, puis en organisa l'exploitation en Angleterre et en Allemagne. Il imagina également des procédés de télévision en relief et en couleurs.

BAIRE (René Louis), mathématicien français (Paris 1874-Chambéry 1932). Il a développé la théorie des fonctions d'une variable réelle.

BAIRON *(lac de),* plan d'eau (env. 500 ha) du dép. des Ardennes, au N.-N.-E. de Vouziers, destiné à régulariser le débit du canal des Ardennes. Tourisme.

BAISABLE adj. *Pop.* Se dit de qqn avec qui on aurait plaisir à faire l'amour.

BAISE n. f. **1.** En Belgique, syn. de BAISER (n. m.). — **2.** *Pop.* Amour physique, acte sexuel.

BAÏSE, riv. gasconne, née sur le plateau de Lannemezan, affl. de la Garonne (r. g.) ; 190 km.

BAISE-EN-VILLE n. m. inv. *Pop.* Tout sac, bagage, etc., susceptible de contenir un nécessaire de nuit ou de toilette.

BAISEMAIN n. m. Action de baiser la main d'une femme ou la main d'un souverain, en signe de politesse ou de respect.

BAISEMENT n. m. Action de baiser qqch de sacré : *Le baisement de la Croix.*

1. BAISER v. t. (lat. *basiare*) [conj. 4]. **1.** Poser ses lèvres sur qqn, qqch, en signe d'affection, d'amour, de respect : *Baiser la main.* — **2.** *Pop.* Tromper, duper. — **3.** *Pop.* Avoir des relations sexuelles avec qqn. — **4.** Pop. *Se faire baiser,* se faire avoir, être trompé ; se faire prendre en faute, en infraction.

◆ v. i. *Pop.* Accomplir l'acte sexuel, faire l'amour.

◆ **être baisé** v. pass. *Pop.* **1.** Être trompé, dupé. — **2.** Être cassé : *La télé est baisée.* — **3.** *Mal baisé,* frustré qui n'a pas l'air épanoui.

2. BAISER n. m. (de *baiser 1*). **1.** Action de poser sa bouche sur le visage, le corps de qqn, ou sur un objet quelconque : *Donner un baiser.*

— 2. Geste de la main portée aux lèvres et simulant un baiser : *L'enfant envoyait des baisers aux passants.* — 3. *Baiser de Judas,* démonstration hypocrite d'affection. ‖ *Baiser de paix,* accolade donnée par l'officiant à ses ministres et étendue aux fidèles en signe de charité fraternelle avant la réception de l'eucharistie (communion). [Syn. GESTE DE PAIX.]

Baiser *(le),* célèbre groupe de Rodin, traité en terre cuite, plâtre, marbre (1886, musée Rodin, Paris), bronze. Le couple, enlacé dans un moment de vérité amoureuse, est traduit par un modelé réaliste et souple sur lequel glisse la lumière. Le thème du baiser a aussi été traité par Brancusi, dans des versions de plus en plus abstraites.

BAISER-DE-PAIX n. m. (pl. *baisers-de-paix*). Petite plaque de métal ou d'ivoire, ornée de motifs religieux que le prêtre donne à baiser aux fidèles. (Syn. INSTRUMENT DE PAIX.)

BAISEUR, EUSE n. *Pop.* Personne portée sur l'amour physique.

BAISIEUX (59780), comm. du Nord, à 15 km à l'E. de Lille ; 3 563 hab. Marché (endives).

BAISOTER v. t. (conj. 3). *Fam.* et *vx.* Donner des baisers répétés.

BAISSE n. f. 1. Action, fait de baisser, de descendre à un niveau inférieur, de diminuer en quantité, intensité, valeur, importance, etc. : *La baisse du mercure dans le thermomètre. Baisse autoritaire des prix.* — 2. *En baisse,* qui est en train de baisser, en valeur, en intensité, en importance. ‖ *Être à la baisse,* avoir tendance à baisser, être sur le point de baisser, en parlant d'une valeur. • **Bours.** *Jouer à la baisse,* vendre à terme des marchandises ou des valeurs dont on n'est pas propriétaire en espérant qu'à la date de la livraison il sera possible de les acheter à un cours plus avantageux. — **Écon.** *Baisse tendancielle du taux de profit,* loi énoncée par Marx qui exprime la tendance à la diminution du taux de profit au fur et à mesure que se développe le progrès technique, qui entraîne une augmentation du capital constant par rapport au capital variable (travail). — **Hydrol.** Période de descente de la surface marine entre la pleine mer et la basse mer. (Syn. BAISSÉE.)

BAISSÉE n. f. En hydrologie, syn. de BAISSE.

1. BAISSER v. t. (lat. pop. **bassiare,* du lat. class. *bassus,* bas) [conj. 4]. 1. Faire descendre qqch, le faire aller vers le bas, le placer à la position la plus basse : *Baisser le store. Baisser les paupières.* — 2. Mettre qqch à un niveau plus bas ; abaisser : *Baisser une étagère de deux crans.* — 3. Incliner vers le sol ou diriger vers le bas une partie du corps : *Baisser les yeux sur son journal.* — 4. Ramener qqch à une valeur moindre, en diminuer le prix : *Baisser le (prix du) pain de 10 %.* — 5. Diminuer la force, l'intensité, le volume de qqch : *Baisser la radio, la lumière.* — 6. *Baisser les bras,* s'avouer vaincu, abandonner. ‖ *Baisser les yeux, le front, le nez, la tête,* se soumettre avec résignation ou confusion ; manifester un sentiment de honte ou de pudeur. ‖ Pop. *Baisser son pantalon, sa culotte, son froc,* céder, reconnaître son infériorité ; passer aux aveux.

◆ v. i. 1. Venir à un niveau plus bas : *L'eau a baissé de 50 centimètres dans la piscine.* — 2. Diminuer d'intensité, de valeur, etc. : *Les fruits ont baissé aujourd'hui.* — 3. En parlant de qqn, de ses facultés, décliner, perdre de sa vigueur : *Un vieillard qui baisse, dont la vue baisse.* — 4. Perdre de son crédit, en parlant de qqn ; perdre de sa valeur, en parlant de son œuvre, de son travail : *Il a baissé dans mon estime. Élève dont le travail baisse.* — 5. *Le jour, le soleil baisse,* le jour se termine, la nuit vient.

◆ **se baisser** v. pr., **être baissé** v. pass. 1. S'incliner, se courber : *Se baisser pour ramasser un papier. Marcher la tête baissée.* — 2. Pouvoir être abaissé : *La manette ne se baisse plus.* — 3. *Il n'y a qu'à se baisser pour,* l'entreprise est facile, aisée, fructueuse. ‖ *Tête baissée,* sans tenir compte des dangers ; sans faire attention, étourdiment.

2. BAISSER n. m. *Baisser du rideau,* action de baisser le rideau au théâtre ; moment où on le baisse.

BAISSIER, ÈRE n. Personne qui, à la Bourse, joue à la baisse. (Contr. HAUSSIER.)

◆ adj. Relatif à la baisse des cours : *Tendance baissière.*

BAISSIÈRE n. f. (de *baisser*). Enfoncement où séjourne l'eau de pluie, dans les labours.

BAISSOIR n. m. Bassin dans lequel est stockée l'eau salée au début du cycle de fabrication du sel.

BAÏUS (Michel DE BAY, connu sous le nom de), théologien (Melin, près d'Ath, Hainaut, 1513-Louvain 1589). Il durcit la pensée de saint Augustin sur la grâce et la justification. Sa doctrine ouvrit la voie au jansénisme.

BAIX (07210), comm. de l'Ardèche, sur le Rhône ; 751 hab. Canal de dérivation alimentant l'usine du Logis-Neuf.

BAJ (Enrico), peintre italien (Milan 1924). D'esprit néodadaïste, acteur de divers mouvements de l'avant-garde européenne, il est l'auteur de collages en matériaux divers d'un humour démystificateur.

BAJAZET, forme française de Bayezid.

Bajazet, tragédie de Racine (1672), tirée d'un épisode contemporain de la cour ottomane.

BAJENOV (Vassili Ivanovitch), architecte russe (? 1737/38 - Saint-Pétersbourg 1799). Son chef-d'œuvre est l'hôtel Pachkov à Moscou (1784), auj. bibliothèque Lénine.

BAJER (Fredrik), homme politique danois (près de Nästved 1837-Copenhague 1922). Il fonda en 1891 le Bureau international de la paix, à Berne. (Prix Nobel de la paix 1908.)

BA JIN ou **PA KIN** (LI FEIGAN ou LI FEIKAN, dit), écrivain chinois (Chengdu, Sichuan, 1904). Ses romans analysent les conflits de générations, les aspirations de la jeunesse révolutionnaire et les transformations sociales de la Chine (*Famille,* 1933 ; *Automne,* 1940 ; *Nuit glacée,* 1947).

BAJOCIEN n. m. (de *Bajocae,* n. gallo-romain de *Bayeux*). Étage du système jurassique.

BAJOUE n. f. (de *bas* et *joue*). **1.** Joue d'un mammifère lorsque cette partie de la face est peu extensible. — **2.** *Fam.* Joue humaine pendante et très développée (au pl.).

BAJOYER n. m. (de *joue*). Partie latérale d'une écluse, d'un sas, d'une forme de radoub, etc.

BAKARIĆ (Vladimir), homme politique yougoslave (Velika Gorica 1912 - Zagreb 1983). Secrétaire du parti communiste de Croatie de 1944 à 1966, il accéda en 1971 à la présidence collégiale de l'État yougoslave.

BAKCHICH [bakʃiʃ] n. m. (turc *bahşiş,* du persan). *Fam.* **1.** Argent que l'on donne à qqn afin de le remercier de ses services ou de les acheter ; pot-de-vin. — **2.** Pourboire.

BAKÉLISER v. t. (conj. 3). Enduire ou imprégner de Bakélite.

BAKÉLITE n. f. (nom déposé, de *Baekeland,* n. pr.). Résine synthétique obtenue par polycondensation d'un phénol avec le méthanal.

BAKENHOF n. m. (mot alsacien, de l'all. *backen,* cuire, et *Ofen,* four). Plat alsacien fait de viandes marinées et disposées en couches avec pommes de terre et oignons, cuit longuement au four.

BAKER (*sir* Samuel White), voyageur britannique (Londres 1821-Sandford Orleigh, Devon, 1893). En 1864, au cours d'un voyage dans les pays du haut Nil, il découvrit le lac Albert.

BAKER (Ray Stannard), journaliste américain (Lansing, Michigan, 1870 - Amherst, Massachusetts, 1946). Il publia sous le pseudonyme de **David Grayson** des articles dénonçant les scandales de la société industrielle. Sa biographie du président Wilson lui valut le prix Pulitzer (1940).

BAKER (Newton Diehl), homme politique américain (Martinsburg, Virginie-Occidentale, 1871 - Cleveland 1937). Secrétaire à la Guerre (1916-1921), il mena campagne pour l'adhésion de son pays à la S. D. N.

BAKER (Joséphine), artiste de music-hall française d'origine américaine (Saint Louis, Missouri, 1906 -Paris 1975). Révélée à Paris en 1925 dans *la Revue nègre,* elle connut la célébrité comme chanteuse *(J'ai deux amours),* danseuse et animatrice de revues.

BAKER (James Addison), homme politique américain (Houston 1930). Républicain, secrétaire au Trésor (1985-1988), il a été secrétaire d'État (1989-1992) sous la présidence de G. Bush.

BAKER (Alan), mathématicien britannique (Londres 1939), auteur de travaux sur les nombres transcendants. (Médaille Fields, 1970.)

BAKERSFIELD, v. des États-Unis (Californie), dans le S. de la Grande Vallée ; 106 000 hab. Pétrole et gaz naturel. Raffinerie.

BAKEWELL (Robert), agronome britannique (Dishley, Leicestershire, 1725-1795), créateur de la race de moutons dishley.

BĀKHTARĀN → KERMĀNCHĀH.

BAKHTCHISSARAÏ, v. d'Ukraine, en Crimée. Capitale du khānat de Crimée, fondée vers 1505, elle devint possession russe en 1783, mais demeura jusqu'en 1944 un important centre culturel tatar.

BAKHTINE (Mikhaïl Mikhaïlovitch), critique littéraire soviétique (Orel 1895-Moscou 1975), connu aussi sous le pseudonyme de **Vorochilov**. Ses travaux, écrits au croisement des courants dominants des sciences humaines (*Problèmes de la poétique de Dostoïevski*), ont imposé le concept de *dialogisme* (1929), repris sous le thème *carnavalesque* dans *François Rabelais et la culture populaire sous la Renaissance* (1965).

BAKHTIYĀR ou **BAKHTIAR** (Chāhpur), homme politique iranien (en Iran 1916 - Suresnes 1991). Vice-ministre dans le gouvernement Mossadegh (1951-1953), il milita ensuite dans l'opposition et fut emprisonné à plusieurs reprises. Président du Conseil de régence et Premier ministre (29 déc. 1978), il dut s'exiler dès le début de 1979. Réfugié en France, il y fut assassiné.

BAKHTIYĀRIS, peuple nomade de l'Iran (500 000 représentants).

BAKI (Abdulbaki Mahmud, dit), poète turc (Istanbul 1526-*id.* 1600). Son *Ode funèbre de Soliman le Magnifique* est un classique de la poésie ottomane.

BAKIN (Takizawa Kai, dit **Kyōkutei**), écrivain japonais (Edo, auj. Tōkyō, 1767-*id.* 1848), auteur d'une œuvre très abondante, influencée par les modèles romanesques chinois : *Nansō Satomi hakkenden* (*Histoire des huit chiens,* 1814-1841).

BAKLAVA n. m. (mot turc). Pâtisserie orientale en pâte feuilletée, garnie de noix et de miel.

BAKÓCZ (Thomas ou Tamás), comte **d'Erdöd** (Erdöd-Esztergom 1521), primat de Hongrie. Secrétaire du roi Mathias Corvin, puis chancelier de Vladislas II, il devint en 1497 archevêque d'Esztergom et cardinal.

BAKOKOS → KOKOS.

BAKONGOS → KONGOS.

BAKONY *(monts),* petit massif souvent boisé de la Hongrie occidentale ; 704 m. Dominant les basses terres environnantes et le lac Balaton, c'est une région touristique et minière (bauxite surtout).

BAKOTAS → KOTAS.

BAKOU, cap. de l'Azerbaïdjan ; 1 757 000 hab. Sur la rive S. de la presqu'île d'Apchéron, Bakou a été le principal centre pétrolier de l'U. R. S. S. jusqu'à la Seconde Guerre mondiale. L'extraction (en net déclin) a été à la base du développement urbain (le quart de la population de l'Azerbaïdjan), portuaire et industriel (raffinage, pétrochimie et matériel pour l'industrie pétrolière). S'y ajoutent d'autres industries liées au marché urbain et d'importantes fonctions administrative, commerciale et culturelle.
— **Hist.** Fondée probablement à l'époque sassanide, Bakou fit partie de la principauté des chāhs de Chirvan puis de l'Iran séfévide et fut annexée à l'Empire russe en 1806. Elle devint en 1920 la capitale de la R. S. S. d'Azerbaïdjan puis, en 1991, celle de la République (indépendante) d'Azerbaïdjan.

BAKOU (Second-), région pétrolifère de la Russie, dans l'avant-pays ouralien, de la haute Kama, au N., à la région d'Astrakhan, au S. Elle fournissait les deux tiers du pétrole soviétique dans les années 60, moins de 40 % à la fin des années 1980 (alimentant le centre et le nord-ouest de la Russie, l'Europe de l'Est). L'exploitation pétrolière a donné une impulsion décisive au développement régional (raffinage, pétrochimie).

BAKOUBAS → KOUBAS.

BAKOUMA, v. du sud-est de la République centrafricaine. Extraction et concentration du minerai d'uranium.

BAKOUNINE (Mikhaïl Aleksandrovitch), anarchiste russe (Priamoukhino, gouvern. de Tver, 1814-Berne 1876). D'origine noble, officier, il démissionna de l'armée et dut émigrer. À Paris (1842 - 1847), il rencontra Herzen, Proudhon et Marx. Participant activement aux mouvements révolutionnaires européens du milieu du XIXe s., il milita au sein de l'Association internationale des travailleurs jusqu'à son exclusion en 1872. Il a posé les bases de l'anarchie et s'est opposé par tous les moyens aux thèses marxistes qui ont finalement prévalu dans la première Internationale. Mais, par contrecoup, les idées de Bakounine ont influencé nombre de programmes socialistes et surtout syndicalistes de la fin du XIXe s. Il a développé ses idées dans *l'État et l'Anarchie* (1873).

BAKOY (« fleuve blanc »), une des branches mères du Sénégal, confluant avec le Bafing, à Bafoulabé.

BAKR (Aḥmad Ḥasan **al-**), général et homme d'État irakien (Tikrit, au N. de Bagdad, 1914-Bagdad 1982). Premier ministre lors du coup d'État baassiste de févr. 1963, il devint, en nov. 1963, vice-président de la République d'Iraq quand le maréchal Abdul Salam Aref prit le pouvoir. À la mort de ce dernier (1966), il quitta le gouvernement et prépara le coup d'État du 17 juill. 1968 à l'issue duquel il devint président de la République d'Iraq, président du Conseil et commandant en chef de l'armée. Il dut démissionner en 1979.

BAKST (Lev Samoïlovitch ROSENBERG, dit **Léon**), peintre et décorateur russe (Grodno 1866-Paris 1924). Son art, pénétré d'influences orientales, reste attaché aux Ballets russes de Diaghilev, pour qui il travailla entre 1909 et 1921.

BAKUFU [bakufu] n. m. (jap. *bakufu,* gouvernement de la tente). Au Japon, gouvernement féodal du shōgun, inauguré en 1185 à Kamakura par Minamoto no Yoritomo.

BAKWANGA → MBUJI-MAYI.

1. BAL n. m. (pl. *bals*) [anc. fr. *baller,* danser]. 1. Réunion où l'on danse : *Organiser un bal.* — 2. Établissement où l'on va danser. — 3. *Bal masqué, costumé, travesti,* celui où les invités sont déguisés ou masqués. ‖ *Conduire, mener le bal,* le diriger ; avoir l'initiative d'une action et la diriger. ‖ *Ouvrir le bal,* exécuter la première danse pour marquer le début de la soirée.

2. BAL n. m. (abrév. de *British Anti Lewisite*). Syn. de DIMERCAPROL.

BALAAM, prophète légendaire mésopotamien. Envoyé, selon la Bible (Nombres XXII-XXIV), par le roi de Moab pour prononcer une malédiction contre les Hébreux, il bénit, sur l'injonction de Yahvé, le peuple d'Israël et en prophétisa la prospérité.

BALACHIKHA, v. de Russie, dans la « ceinture verte », à l'E. de Moscou ; 118 000 hab. Textile.

BALACHOVA (Tania), comédienne belge d'origine russe (Saint-Pétersbourg 1902-Bagnoles-de-l'Orne 1973). Comédienne brillante, elle fut aussi un grand professeur d'art dramatique.

BALACHOWSKY (Alfred Serge), entomologiste français d'origine russe (Karotcha 1901-Paris 1983), spécialiste des cochenilles et des scolytes, pionnier de la lutte biologique contre les insectes nuisibles aux plantes cultivées. (Acad. des sc., 1967.)

BALADE n. f. (de *balader*). *Fam.* Promenade : *Faire une balade dans les bois.*

BALADER v. t. (de *ballade*) [conj. 3]. *Fam.* **1.** Promener qqn en divers lieux : *Balader des touristes d'un musée à l'autre.* — **2.** Emporter avec soi qqch en divers endroits : *Elle balade le téléphone d'une pièce à l'autre.*
◆ v. i. Fam. *Envoyer balader qqn, qqch,* rabrouer violemment qqn, laisser tomber, rejeter qqch : *Envoyer tout balader.*
◆ **se balader** v. pr. *Fam.* **1.** Se promener : *Se balader dans les rues.* — **2.** Être dispersé çà et là, sans ordre ; traîner : *Des vêtements se baladaient sur le sol.*

BALADEUR, EUSE adj. Fam. *Être d'humeur baladeuse,* aimer se promener, voyager. ‖ *Lampe baladeuse* ou *baladeuse* (n. f.), lampe portative reliée par un long câble à une prise de courant. ‖ Pop. *Main baladeuse,* qui s'égare en caresses indiscrètes. ‖ *Micro baladeur,* micro que l'on peut déplacer grâce à un fil ou à un émetteur haute fréquence incorporé. ‖ *Train baladeur,* ensemble des baladeurs utilisés dans les changements de vitesse.
◆ **baladeur** n. m. **1.** Terme proposé à la place de WALKMAN. — **2.** Dans une boîte de vitesses, pièce solidaire de roues dentées de différents diamètres, coulissant le long d'un arbre cannelé qui l'entraîne en rotation, et que l'on déplace axialement au moyen d'une fourchette, afin de mettre en prise celle des roues dentées qui correspond au rapport de vitesses désiré. — **3.** Roue montée sur un support pouvant tourner autour d'un axe et prendre deux positions.

BALĀDHURĪ (al-), historien arabe († Bagdad 892). Son livre sur les conquêtes des musulmans est un précieux document historique.

BALADIN n. m. (mot prov., de *balar,* danser). Autrefois, bouffon de comédie, farceur de place publique ; comédien ambulant.

Baladin du monde occidental *(le),* tragi-comédie lyrique de J. M. Synge (1907).

BALÆNICEPS [-sɛps] n. m. (lat. *balæna,* baleine, et *caput,* tête). Oiseau échassier, au bec en forme de sabot, des grands marécages d'Afrique noire. (N. usuel *bec-en-sabot.*)

BALÆNIDÉ → BALÉNIDÉ.

BALÆNOPTÉRIDÉ → BALÉNOPTÉRIDÉ.

BALAFON n. m. (malinké *bala,* instrument de musique, et *fo,* jouer d'un instrument). Xylophone africain, instrument des musiciens professionnels malinkés.

BALAFRE n. f. (anc. fr. *leffre,* lèvre, croisé avec *balèvre,* grosse lèvre). Grande entaille faite par une arme ou un instrument tranchants, spécialement au visage ; cicatrice qui résulte de cette blessure.

BALAFRÉ, E n. Personne dont le visage, le corps est marqué d'une balafre.

BALAFREJ (Ahmed), homme politique marocain (Rabat 1908 - *id.* 1990). L'un des fondateurs de l'Istiqlāl, il fut chef du gouvernement durant l'année 1958.

BALAFRER v. t. (conj. 3). **1.** Marquer qqn, son visage d'une balafre : *Il lui balafra la joue d'un coup d'épée.* — **2.** *Litt.* Rayer, barrer qqch de traits énergiques : *Balafrer un texte de coups de crayon rageurs.*
◆ **être balafré** v. pass. Être marqué d'une balafre : *Visage balafré.*

BALAGNE, région de la Haute-Corse, entre les montagnes situées au N. du massif du Cinto et la Méditerranée, du désert des Agriates au cap Cavallo. Cultures fruitières, vigne, élevage. Tourisme.

BALAGUER (Víctor), homme politique et écrivain catalan (Barcelone 1824-Madrid 1901), promoteur de la renaissance littéraire catalane.

BALAGUER (Joaquín), homme d'État dominicain (Navarrete, Santiago de los Caballeros, 1907). Nommé vice-président (1957) puis président (1960) de la République par le dictateur Trujillo, il conserve le pouvoir après l'assassinat de celui-ci en 1961, mais doit ensuite démissionner et s'exiler aux États-Unis (1962). Il revient à la tête de l'État de 1966 à 1978 et de 1986 à 1996.

BALAI n. m. (breton *balazn,* genêt). **1.** Faisceau de brindilles, brosse, fixé à un long manche et utilisé pour nettoyer le sol. — **2.** Sert à désigner le dernier véhicule de la journée circulant sur une ligne de transport ou, dans les courses cyclistes, la voiture qui ramasse les coureurs contraints à l'abandon *(voiture-balai).* — **3.** *Arg.* An, année. — **4.** Pop. *Con comme un balai,* très bête. ‖ *Coup de balai,* enlèvement rapide, avec le balai, de la poussière et des ordures ; élimination de tout ce qui est jugé inutile, dépassé et, en partic., licenciement du personnel jugé indésirable ou inapte. ‖ Fam. *Du balai !,* déguerpissez ! ‖ *Manche à balai,* bâton au bout duquel est emmanché le balai ou, fam., personne grande et maigre ; levier qui sert à actionner les gouvernes de profondeur et de roulis d'un avion. (Sur les avions modernes, il prend souvent la forme d'un volant.) • **Bot.** *Balai de sorcière,* sorte de tumeur apparaissant sur certains arbres, d'où partent des rameaux serrés donnant l'apparence d'un balai, et dont la cause est l'action de champignons sur le métabolisme hormonal. — **Électr.** Pièce conductrice, généralement fixe, destinée à assurer, par contact glissant, la liaison électrique entre un organe mobile et un contact fixe. — **Ménag.** *Balai mécanique,* balai constitué de brosses rotatives qui projettent la poussière dans une boîte. — **Techn.** *Balai d'essuie-glace,* raclette en caoutchouc qui se déplace sur une partie vitrée pour la nettoyer.

BALAI-BROSSE n. m. (pl. *balais-brosses*). Balai à brosse de chiendent permettant de frotter les sols. (Syn. LAVE-PONT.)

BALAI-ÉPONGE n. m. (pl. *balais-éponges*). Balai muni d'une éponge et d'un système d'essorage, qui permet le lavage des sols.

BALAISE → BALÈZE.

BALAÏTOUS (le), sommet des Hautes-Pyrénées, à la frontière espagnole ; 3 144 m.

BALAKIREV (Mili), pianiste, chef d'orchestre et compositeur russe (Nijni Novgorod 1837-Saint-Pétersbourg 1910). Il a imposé une esthétique nouvelle fondée sur le recours au matériau folklorique national et a créé le « groupe des Cinq ». Il est l'auteur de pièces pour le piano, dont *Islamey* (1869), d'ouvertures, de poèmes symphoniques, de symphonies et d'une musique de scène pour *le Roi Lear.*

Balaklava *(bataille de)* [25 oct. 1854], bataille livrée par les troupes russes aux Anglo-Franco-Turcs participant à l'investissement de Sébastopol et au cours de laquelle eurent lieu la charge de la *brigade de cavalerie légère* de lord Cardigan et celle des chasseurs d'Afrique du général d'Allonville.

BALAKOVO, v. de Russie, sur la Volga, au N.-E. de Saratov ; 198 000 hab. Automobiles. Engrais.

BALALAÏKA n. f. (mot russe). Luth populaire russe à caisse triangulaire et à 3 cordes.

BALAN (01360), comm. de l'Ain, au N.-E. de Lyon ; 3 117 hab. Industrie chimique.

BALANCE n. f. (lat. pop. **bilancia,* du lat. class. *bis,* deux fois, et *lanx, lancis,* plateau). **1.** Appareil qui sert à comparer des grandeurs, particulièrement des masses. (→ *encycl.*) — **2.** Comparaison entre deux situations faisant ressortir un état d'équilibre : *La balance des forces au pouvoir.* — **3.** *Pop.* Dénonciateur, mouchard. — **4.** *Faire pencher la balance,* décider en faveur de qqn, qqch ; faire en sorte que qqn, qqch l'emporte. ‖ *Jeter dans la balance,* faire ou dire qqch qui provoque un résultat décisif. ‖ *Mettre en balance,* examiner en comparant le pour et le contre. ‖ *Mettre tout son poids dans la balance,* user de son influence pour entraîner une décision. ‖ *Peser (lourd) dans la balance,* avoir une grande importance, un grand poids. ‖ *Tenir la balance égale,* maintenir un certain équilibre entre des partis opposés ; être impartial.

• **Écon.** Différence entre le débit et le crédit d'un compte. (Syn. SOLDE.) ‖ Tout document comptable présenté de manière à constater l'égalité entre les débits et les crédits. ‖ Tableau périodique récapitulant les mouvements et les soldes d'un ensemble de comptes. *Balance commerciale,* dans les échanges entre deux pays, solde des exportations et des importations de marchandises. ‖ *Balance des comptes,* totalité des échanges extérieurs d'un pays (y compris les exportations et importations dites « invisibles »). ‖ *Balance des paiements,* document comptable, dans lequel sont récapitulés les flux d'opérations (recettes et dépenses) ayant eu lieu entre un pays et le reste du monde. — **Électr.** *Balance électrodynamique,* électrodynamomètre dans lequel les actions électrodynamiques sont équilibrées par des poids. ‖ *Génératrice balance,* machine électrique utilisée pour déterminer la puissance fournie ou absorbée par une autre machine. (Syn. DYNAMOMÈTRE ÉLECTRIQUE.) — **Électroacoust.** Dispositif de réglage de l'intensité acoustique délivrée par chaque canal d'une chaîne d'amplification pour obtenir l'équilibre sonore désiré ; ce réglage lui-même. — **Géophys.** *Balance gravimétrique,* instrument permettant une mesure précise de l'intensité de la pesanteur. ‖ *Balance magnétique,* instrument permettant une mesure relative dans le temps ou dans l'espace de la composante horizontale ou verticale du champ magnétique terrestre. (Syn. VARIOMÈTRE.) — **Mécan.** *Balance aérodynamique,* dispositif permettant de mesurer, dans une soufflerie, les efforts (portance, traînée, lacet) et les moments correspondants subis par une maquette. — **Pêch.** Petit filet pour la pêche des crevettes et des écrevisses. (Syn. PÊCHETTE.) ‖ Dispositif de pêche comportant un hameçon placé à chacune des deux extrémités d'un fil métallique et une plombée en son centre.

◆ **balances** n. f. pl. **1.** Avoirs étrangers en une monnaie donnée. (Les *balances dollars* représentent aujourd'hui des montants considérables.) — **2.** *(Salle des) balances,* salle où ont lieu, avant et après la course, les pesées et inscriptions des jockeys.

ENCYCL. La balance ordinaire se compose essentiellement d'une barre métallique rigide appelée *fléau,* traversée perpendiculairement à sa longueur par trois prismes d'acier, les *couteaux.* L'arête du couteau C situé au milieu du fléau repose sur un plan horizontal d'agate ou d'acier, disposé à la partie supérieure d'une colonne verticale ; trois pieds à vis calantes permettent de régler l'horizontalité du plan. Les deux autres couteaux C_1 et C_2 sont disposés aux extrémités du fléau ; sur leurs arêtes sont accrochés deux plateaux dans lesquels on place les corps à peser ou les masses marquées. Une longue aiguille fixée au fléau se déplace devant une graduation fixée à la colonne. On appelle longueur des bras du fléau les distances $l_1 = CC_1$ et $l_2 = CC_2$ des arêtes. Les poids p_1 et p_2 des plateaux sont ajustés de manière que, lorsque ceux-ci sont vides, la balance revienne au zéro. La condition pour qu'il en soit ainsi est $p_1 l_1 = p_2 l_2$ (1). Si P_1 et P_2 représentent les poids des corps placés dans les plateaux, la condition pour que l'aiguille revienne au zéro est $(P_1 + p_1)l_1 = (P_2 + p_2)l_2$ (2) ; comparée avec (1), cette égalité devient $P_1 l_1 = P_2 l_2$. Dans les balances de précision, on s'efforce de réaliser $l_1 = l_2$. La balance permet d'apprécier si deux poids P_1 et P_2, et donc les masses M_1 et M_2 correspondantes, sont égaux.

• *Justesse.* Une balance est juste quand, sous l'action de masses égales placées dans les plateaux, elle reprend sa position d'équilibre à vide. Pour cela, il est nécessaire que les bras du fléau soient égaux. On peut le vérifier en intervertissant le corps à peser et les masses marquées : l'équilibre doit être conservé. Une balance n'étant jamais parfaitement juste, on emploie, pour des mesures de précision, la méthode de double pesée.

• *Fidélité.* Une balance est fidèle quand elle fournit les mêmes résultats pour une même pesée refaite plusieurs fois. Cela exige que le fléau soit rigide et les arêtes des couteaux exactement parallèles entre elles.

• *Précision.* Pour avoir une pesée précise, il faut que l'on puisse repérer exactement la position de l'aiguille : on la munit d'une échelle micrométrique observée avec un viseur. Il faut aussi que, pour une surcharge donnée, la balance s'incline d'un angle assez grand. Cela dépend d'une caractéristique de la balance dite *sensibilité,* qui est d'autant plus grande que le fléau est léger et que son centre de gravité G est près de l'arête C, tout en restant en dessous pour que l'équilibre soit stable. Pour faciliter le maniement d'une balance très sensible, on utilise des *cavaliers,* petits fils métalliques, en forme de V renversé, que l'on place à cheval sur une des divisions dont est doté le fléau. Une balance de précision est toujours placée à l'intérieur d'une cage vitrée, qui la protège contre la poussière et les courants d'air. Elle permet de mesurer une masse de 100 g à 0,1 mg près.

• *Autres balances.* La *balance de Roberval* est une balance commerciale possédant un fléau et un contre-fléau, ce qui permet aux plateaux de rester constamment horizontaux. La *balance romaine* est une balance à fléau dissymétrique. Le plus court bras de levier supporte à son extrémité le corps à peser et l'autre bras, gradué, porte un curseur assez lourd, que l'on déplace pour obtenir l'équilibre. Les balances automatiques exécutent l'opération de la pesée sans intervention humaine. Dans les premiers modèles mécaniques, l'aiguille se déplace et s'arrête devant un cadran gradué. Aujourd'hui, elles utilisent généralement un capteur de force ou de déformation (jauge de contrainte), l'affichage se faisant électroniquement. Elles assurent en outre l'enregistrement et l'impression de la valeur mesurée.

• *Appareils divers.* On a donné, par analogie, le nom de « balance » à des appareils destinés à mesurer des forces très différentes de la pesanteur. La *balance de torsion* est fondée sur la torsion des fils (d'argent, de quartz, etc.), c'est-à-dire sur l'effort que fait, pour revenir sur lui-même, un fil tendu verticalement par un équipage que l'on fait tourner horizontalement. La *balance électromagnétique* est un appareil destiné à la mesure de la force de Laplace créée, sur un courant donné, par l'action d'un champ d'induction magnétique en l'équilibrant par le poids d'une masse marquée. L'appareil permet de mesurer soit le courant soit le champ d'induction.

BALANCE (en lat. *Libra, -ae*), constellation zodiacale.
— **Astrol.** Septième signe du zodiaque, dans lequel le Soleil entre à l'équinoxe d'automne.

BALANCÉ n. m. Pas de danse exécuté sur place ou en tournant, au cours duquel le poids du corps est déplacé d'un pied sur l'autre.

BALANCELLE n. f. (génois *barancella,* avec infl. de *balance*). **1.** Embarcation méditerranéenne des côtes d'Italie et d'Espagne utilisée au XIXe s. pour la pêche et le cabotage. — **2.** Accessoire de convoyeur formé d'un plateau muni d'un crochet. — **3.** Siège de jardin mobile par suspension, à une ou à plusieurs places.

BALANCEMENT n. m. **1.** Mouvement alternatif d'un corps en sens opposés, autour de son centre d'équilibre : *Le balancement du train.* — **2.** Harmonie provenant d'un équilibre entre les parties : *Le balancement des phrases.* • **Bât.** Dans une partie tournante d'un escalier, disposition consistant à faire rayonner chacune des marches à partir d'un centre différent, afin de garder une pente régulière, nécessaire au niveau de la main courante. — **Biol.** *Loi du balancement organique,* loi énoncée par Geoffroy Saint-Hilaire et selon laquelle le grand développement évolutif d'un organe entraîne l'atrophie des organes voisins. — **Hydrol.** *Zone de balancement de la marée,* partie du littoral dont le modelé, l'hydrologie, la flore et la faune sont conditionnés par la montée et la descente quotidienne de la mer. — **Mar.** *Balancement des formes,* mise en accord des trois vues principales du plan des formes d'un navire permettant d'obtenir des courbes lisses dans chaque vue. (Syn. LISSAGE.) ‖ *Balancement de la voilure,* répartition des surfaces de voilure d'un navire la plus favorable à la marche.

BALANCER v. t. (de *balance*) [conj. **16**]. **1.** Faire osciller qqch, une partie du corps, qqn, en leur imprimant un mouvement qui les porte alternativement de part et d'autre d'une position d'équilibre : *Le vent balance la cime des pins.* — **2.** Faire équilibre à qqch, le contrebalancer : *Les avantages balançaient les inconvénients.* — **3.** Équilibrer harmonieusement les éléments d'une composition, d'un discours ; rythmer : *Orateur qui balance ses périodes.* — **4.** *Fam.* Envoyer, lancer qqch à une certaine distance : *Balancer un objet par la fenêtre.* — **5.** *Pop.* Se débarrasser de qqch ; congédier brutalement qqn : *Balancez-moi ces paperasses inutiles ! Le directeur voulait le balancer.* — **6.** *Pop.* Appliquer, allonger un coup à qqn, ou lancer à son adresse un propos acerbe ou déplacé : *Il lui a balancé une gifle.* — **7.** *Pop.* Dénoncer qqn à la police. — **8.** *Fam.* En parlant d'un coureur cycliste, forcer un adversaire à se déporter et à serrer le trottoir. — **9.** Réaliser le balancement des marches d'un escalier. — **10.** Équilibrer le total des débits et des crédits d'un compte en portant le solde approprié.

◆ v. i. **1.** Hésiter entre deux partis, être indécis : *Balancer entre l'action et l'abstention.* — **2.** Fam. *Ça balance,* cet air a du rythme.

◆ **être balancé** v. pass. Pop. *Être bien balancé,* avoir un corps harmonieusement bâti. ‖ *Tout bien balancé,* tout bien considéré.

◆ **se balancer** v. pr. **1.** Osciller en se portant alternativement de chaque côté d'un point fixe : *Se balancer d'un pied sur l'autre.* — **2.** Se livrer au jeu de la balançoire : *Avoir le vertige en se balançant.* — **3.** Être compensé : *Profits et pertes se balancent.* — **4.** *Pop.* Ne faire aucun cas de qqch, s'en moquer : *Ce qu'il pense, je m'en balance.*

BALANCHINE (Gueorgui Melitonovitch BALANCHIVADZE, dit **George**), danseur et chorégraphe d'origine russe (Saint-Pétersbourg 1904 - New York 1983), naturalisé américain en 1939. Il est dans le corps de ballet du Théâtre impérial (1921), puis Serge de Diaghilev l'engage comme danseur et chorégraphe dans ses Ballets russes, pour lesquels il compose *Apollon Musagète* (1928), *le Fils prodigue* (1929). Après la mort de Diaghilev (1929), il est maître de ballet (Ballets russes de Monte-Carlo, 1932) et fonde son propre groupe, les « Ballets 1933 ». Aux États-Unis, il est un des cofondateurs de la Ballet Society (1946), origine du New* York City Ballet. Véritable créateur du ballet classique aux États-Unis et maître du ballet abstrait, George Balanchine a créé des œuvres romantiques d'avant-garde et abstraites, ainsi que des compositions dramatiques ou humoristiques qui reflètent une profonde connaissance de la musique. Il a aussi composé près de 150 ballets.

BALANCHINIEN, ENNE adj. Se dit du style de Balanchine, de ses interprètes (surtout des danseuses).

BALANCIER n. m. (de *balance*). **1.** Pièce mobile autour d'un axe, animée d'un mouvement oscillatoire et destinée, le plus souvent, à transformer ou à régulariser un mouvement. — **2.** Longue perche utilisée par les funambules pour tenir l'équilibre. • **Arm.** Organe métallique de la suspension des chars, qui rattache de façon souple un ou plusieurs galets à la caisse. — **Entomol.** Chez les insectes diptères, organe pair issu du métathorax, résultant de la régression de la seconde paire d'ailes ancestrale et jouant un rôle majeur dans l'équilibre en vol. — **Horlog.** Syn. de PENDULE (n. m.). ‖ Volant d'inertie des montres et réveils. (Accouplé avec un spiral, il sert d'oscillateur et d'organe réglant grâce à ses oscillations isochrones.) — **Min.** Pièce oscillante dans un appareil de sondage par battage. — **Monn.** Première machine à percussion au moyen de laquelle on a frappé les monnaies et les médailles. (Il sert encore pour les médailles, mais a été remplacé par les presses pour les monnaies.) — **Pétr.** Bras horizontal d'une installation de pompage sur un puits de pétrole. — **Rel.** Presse à dorer utilisée dans les ateliers de dorure et de reliure industrielle.

BALANCINE n. f. Sur un voilier, bras qui, de la partie supérieure du mât, soutient l'extrémité libre d'un espar.

BALANÇOIRE n. f. (de *balancer*). **1.** Siège suspendu sur lequel on se balance. — **2.** Longue pièce de bois dont le centre de gravité repose sur un point d'appui et qui permet à deux personnes assises aux deux extrémités de basculer alternativement. — **3.** *Fam.* Baliverne, propos en l'air, mystification.

BALANDIER (Georges), sociologue et ethnologue français (Aillevillers, auj. Aillevillers-et-Lyaumont, 1920). Il a participé à de nombreuses missions de recherche, notamment en Afrique (*Afrique ambiguë,* 1957). Chef de file de la sociologie dynamique, il cherche à dépasser l'opposition du structuralisme et de l'historicisme dans le champ de l'ethnologie. Dans son ouvrage fondamental, *Sens et Puissance, les dynamiques sociales* (1971), il tente de détruire le mythe des « sociétés sans histoire » et de dégager la dynamique sociale des sociétés primitives. Il a écrit également *Anthropo-logiques* (1974), *Histoire* *d'autres* (1977), *le Détour, pouvoir et modernité* (1985), *le Désordre, éloge du mouvement* (1988).

BALANE n. f. (lat. *balanus*). Crustacé cirripède fixé en grand nombre sur les roches ou sur les mollusques des rivages marins.

BALANIN n. m. Charançon à rostre long et très mince des noisettes, glands et châtaignes.

BALANIQUE adj. Relatif au gland de la verge.

BALANITE n. f. Inflammation de la muqueuse qui revêt le gland de la verge. (Les balanites sont dues aux germes habituels : staphylocoques, streptocoques, etc., ou à *Candida albicans,* plus particulièrement chez les diabétiques.)

BALANOGLOSSE n. m. Animal marin vivant enfoui dans le sable comme une arénicole, mais que son anatomie situe parmi les stomocordés. (La larve ressemble à celle des étoiles de mer et le tronc porte de nombreuses fentes branchiales.)

BALANOPHORA n. m. Plante angiosperme sans chlorophylle, aux fleurs rudimentaires, vivant en parasite sur les racines des arbres dans les régions chaudes.

BALANO-POSTHITE n. f. Infection simultanée du gland et du prépuce.

BALANO-PRÉPUTIAL, E, AUX adj. Qui se rapporte au gland et au prépuce.

BALANTES, population de Guinée-Bissau et du Sénégal.

BALANTIDIOSE ou **BALANTIDIASE** n. f. Maladie parasitaire provoquée par la présence dans l'intestin de l'homme d'un cilié, *Balantidium coli,* dont l'hôte habituel est le porc. (Elle se traduit par un syndrome dysentérique.)

BALANTIDIUM [-djɔm] n. m. (gr. *balantidion,* petite bourse). Protozoaire cilié, agent de la balantidiose humaine.

BALAOU n. m. Poisson (scombrésocidé) au museau en bec court, à petites dents, vivant au large dans les mers tempérées chaudes.

BALARD (Antoine Jérôme), chimiste et pharmacien français (Montpellier 1802-Paris 1876). Il réussit à extraire directement la soude et la potasse de l'eau de mer et découvrit le brome (1826).

BALARUC-LES-BAINS (34540), comm. de l'Hérault, sur l'étang de Thau ; 5 031 hab. Station thermale (rhumatismes, affections gynécologiques). Aquaculture. Industries chimiques.

BALASSI ou **BALASSA** (Bálint), poète hongrois (Zólyom, auj. Zvolen, 1554 - Esztergom 1594). Ses poésies font de lui le premier grand lyrique de son pays (*le Cycle de Julie,* écrit en 1588).

1. BALATA n. m. Nom commun à trois genres d'arbres de Guyane et d'Amérique centrale, de la famille des sapotacées, utiles pour leur bois, et dont l'un, le *manilkara,* ou *balata rouge,* fournit une gomme-résine, la *balata.*

2. BALATA n. f. Gomme fournie par le latex de certaines sapotacées, employée dans la fabrication de câbles sous-marins, de joints, de courroies de transmission.

BALATON *(lac),* lac de Hongrie, qui se déverse par le Sió dans le Danube. Peu profond, couvrant 596 km², c'est une zone de pêche et surtout un site touristique (« riviera » au pied des monts Bakony et vastes plages au sud). — De la fin de 1944 à mars 1945, les troupes germano-hongroises s'appuyèrent sur le lac Balaton pour fermer la route de Vienne aux troupes de Tolboukhine.

BALAYAGE n. m. **1.** Action de balayer qqch, un lieu pour les nettoyer. — **2.** Action de balayer un espace avec un faisceau lumineux. • **Coiff.** Éclaircissement localisé de mèches prises sur la masse de la chevelure. — **Électron.** Exploration point par point d'un objet ou d'une image par un faisceau lumineux ou électronique de faible ouverture. (Cette technique est utilisée pour l'analyse d'un objet dans certains microscopes électroniques, pour l'analyse des images dans les tubes de prises de vues de télévision, pour la synthèse d'images de télévision ainsi que dans les oscilloscopes et dans les télécopieurs.) ‖ *Microscope électronique à balayage,* microscope dont le faisceau d'électrons, modulé par la structure du corps observé et déplacé par lignes de détection successives, reproduit cette structure à un grossissement linéaire variant couramment entre 50 et 10 000. — **Mécan.** Dans un moteur à combustion interne à cycle à 2 temps, phase pendant laquelle les gaz de la combustion sont chassés totalement et remplacés par de l'air frais.

BALAYER v. t. (conj. **11**). **1.** Enlever avec un balai ce qui souille le sol : *Balayer la poussière.* — **2.** Nettoyer un lieu en poussant avec un balai la poussière, les ordures : *Balayer la cuisine.* — **3.** Chasser, pousser, entraîner violemment hors d'un lieu des êtres ou des choses : *Balayer l'ennemi hors de ses positions.* — **4.** Éliminer, faire disparaître, anéantir qqch : *Balayer les obstacles, les résistances.* — **5.** *Fam.* Renvoyer, congédier sans ménagement qqn : *Balayer d'une entreprise tous les incapables.* — **6.** Parcourir, recouvrir successivement toutes les parties d'un espace : *Les vagues balayaient la jetée.* — **7.** Effectuer un balayage grâce à un faisceau lumineux ou électronique. — **8.** *Balayer le sol,* traîner à terre, en parlant d'un vêtement, d'un tissu.

BALAYETTE n. f. Petit balai à manche court.

BALAYEUR, EUSE n. Personne qui balaie les voies publiques : *Balayeur municipal.*

◆ **balayeuse** n. f. Machine pour le balayage des chaussées, des sols.

BALAYURES n. f. pl. Déchets, ordures ramassés avec le balai.

BALÁZS (Béla), écrivain et esthéticien hongrois (Szeged 1884-Budapest 1949). Poète, romancier, librettiste (pour Béla Bartók), scénariste (pour G. W. Pabst), c'est l'un des principaux théoriciens du cinéma. Il est l'auteur de *l'Esprit du film* (1925), *l'Art du cinéma* (1945).

BALBASTRE ou **BALBÂTRE** (Claude), organiste et compositeur français (Dijon 1727-Paris 1799). Maître de clavecin de Marie-Antoinette, il contribua à introduire le pianoforte en France. Pour orgue, il écrivit des *Noëls formant quatre suites.*

BALBEK → BAALBEK.

BALBIANI (Édouard), zoologiste français (Saint-Domingue 1822 ou 1825-Meudon 1899). Ses travaux portent sur les pucerons, le phylloxéra et les ciliés. Il a découvert les anneaux chromosomiques qui portent son nom.

Balbiani *(anneaux de),* renflements qui apparaissent sur les chromosomes géants de certaines larves de diptères. Ces renflements (ou *puffs* des auteurs anglo-saxons) seraient dus à une déspiralisation et à une extension des fibres chromosomiques. Ils seraient le siège de l'activité des gènes.

BALBIGNY (42510), comm. de la Loire, sur la Loire ; 2 425 hab. Marché agricole. Fromages. Matériel ferroviaire.

BALBIN, en lat. **Decimus Caelius Calvinus Balbinus** (178-238), patricien romain élevé par le sénat à l'Empire avec Pupien. Les deux coempereurs furent assassinés par les prétoriens qui leur donnèrent comme successeur Gordien III.

BALBINE *(sainte),* martyre romaine (IIᵉ s.). Elle fut décapitée avec son père, le tribun Quirinus, et ensevelie avec lui sur la via Appia, au *cimetière de Sainte-Balbine.*

BALBO (Cesare), comte **de Vinadio,** homme politique italien (Turin 1789-*id.* 1853). Retiré en France à la suite de l'échec du soulèvement piémontais de 1821, puis, promoteur du Risorgimento dans son ouvrage *Speranze d'Italia* (1844), il fut, durant quelques semaines en 1848, Premier ministre du Piémont.

BALBO (Italo), maréchal italien (Ferrare 1896-près de Tobrouk 1940). Un des principaux artisans de la marche sur Rome (1922), ministre de l'Air et commandant en chef des forces aériennes de 1926 à 1935, il donna à l'aviation italienne un essor considérable. Gouverneur de la Libye (1939), il fut abattu en avion au-dessus de Tobrouk à la suite d'une méprise de la D. C. A. italienne.

BALBOA n. m. Unité monétaire de la République de Panamá.

BALBOA, port de l'extrémité sud-est de la zone du canal de Panamá. Base navale des États-Unis.

BALBOA (Vasco NÚÑEZ DE), conquistador espagnol (Jerez, Estrémadure, 1475-Acla, Panamá, 1517). En 1513, il franchit l'isthme de Darién et découvrit ainsi l'océan Pacifique.

BALBUTIANT, E adj. Qui balbutie : *Technique encore balbutiante.*

BALBUTIEMENT [-si-] n. m. **1.** Manière de parler de qqn qui balbutie ; parole hésitante : *Des balbutiements inaudibles.* — **2.** Tâtonnements du début, premiers essais (surtout pl.) : *Les balbutiements du cinéma en 1900.*

BALBUTIER [-sje] v. i. (lat. *balbutire,* de *balbus,* bègue) [conj. **9**). **1.** Parler avec hésitation, difficulté : *L'émotion le fait balbutier.* — **2.** En parlant de qqch, n'en être qu'à ses débuts : *Science qui balbutie.*

◆ v. t. Dire, prononcer qqch avec hésitation et confusément : *Il balbutia qu'il s'était trompé.*

BALBUZARD n. m. (angl. *bald-buzzard,* de *bald,* chauve, et *buzzard,* busard). Grand oiseau rapace des régions tempérées, qui se nourrit de poissons, d'où son nom usuel d'*aigle pêcheur.* (Une chasse excessive l'a rendu très rare en France.)

BĂLCESCU (Nicolae), historien et homme politique roumain (Bucarest 1819-Palerme 1852). Il joua un rôle important lors de la révolution de 1848 en Roumanie.

BALCH (Emily Greene), économiste américaine (Jamaica Plain, Massachusetts, 1867-Cambridge, Massachusetts, 1961). Pacifiste, elle participa à la création de la Ligue internationale des femmes pour la paix et la liberté, dont elle fut la secrétaire (1919-1922 ; 1934-35). [Prix Nobel de la paix 1946.]

BALCON n. m. (ital. *balcone*). **1.** Plate-forme à garde-corps ou balustrade en saillie sur une façade et desservie par une ou par plusieurs portes-fenêtres ; le garde-corps lui-même. — **2.** Dans une salle de spectacle, première galerie au-dessus de l'orchestre. — **3.** Rambarde de sécurité, de forme arrondie, placée à l'une des extrémités d'un voilier de croisière.

1. BALCONNET n. m. (de *balcon*). Garde-corps d'une baie, spécialement lorsqu'il forme une certaine saillie devant celle-ci.

2. BALCONNET n. m. (de *balconnet 1,* n. déposé). Soutien-gorge dont les demi-bonnets à armature laissent le haut de la poitrine découvert.

BALDAQUIN n. m. (ital. *baldacchino,* drap, de *Baldacco,* forme toscane de Bagdad). **1.** Sorte de dais, tenture dressée au-dessus d'un trône, d'un catafalque, d'un lit. — **2.** Construction en bois, en marbre ou en métal surmontant l'autel d'une église.

BALDINUCCI (Filippo), historien d'art et collectionneur italien (Florence 1625 - *id.* 1696). Son œuvre principale est *Renseignements sur les maîtres du dessin depuis Cimabue* (1681 et 1728). Sa collection de dessins a été achetée par le Louvre en 1806.

BALDISSERRA (Antonio), général italien (Padoue 1838-Florence 1917). Gouverneur de l'Érythrée (1888), où il fut rappelé après le désastre d'Adoua (1896), il négocia la paix avec Ménélik.

BALDOVINETTI (Alessio), peintre et mosaïste florentin (Florence 1425 - *id.* 1499). Il est l'auteur notamment des fresques de la chapelle du cardinal de Portugal à l'église S. Miniato al Monte (1466 et suiv.).

BALDUNG (Hans), surnommé **Grien,** peintre et graveur allemand (Gmünd 1484/85-Strasbourg 1545). Il travailla auprès de Dürer à Nuremberg, puis se fixa à Strasbourg (1509). Dans ses tableaux, au coloris précieux, il aime associer des nus sensuels à des allégories macabres ou fantastiques. Son chef-d'œuvre est le polyptyque du *Couronnement de la Vierge* à la cathédrale de Fribourg (1512-1516).

BALDWIN (Robert), homme politique canadien (Toronto 1804-*id.* 1858). Premier ministre de 1842 à 1843 et de 1848 à 1851.

BALDWIN (James Mark), psychologue et sociologue américain (Columbia, Caroline du Sud, 1861-Paris 1934). Son orientation fut essentiellement fonctionnaliste et darwinienne ; bien qu'il fût un partisan de la psychologie expérimentale, son œuvre est surtout théorique.

BALDWIN (Stanley, 1er *comte*), homme politique britannique (Bewdley, Worcestershire, 1867-Stourport, Worcestershire, 1947). Conservateur, chancelier de l'Échiquier dans le gouvernement Bonar Law, il succéda à celui-ci comme Premier ministre en 1923, mais il tomba bientôt à propos de la question du protectionnisme. À nouveau Premier ministre de 1924 à 1929, et enfin de 1935 à 1937, il eut à résoudre la crise politique et constitutionnelle accompagnant l'abdication d'Édouard VIII.

BALDWIN (James), écrivain américain (New York 1924 - Saint-Paul-de-Vence 1987). Fils d'un pasteur de race noire, il cherche à démontrer dans ses romans et ses essais que la solution des conflits raciaux passe par une révolution morale (*Un autre pays,* 1962 ; *Si Beale Street pouvait parler,* 1974 ; *Harlem Quartet,* 1978).

Baldwin *(opération de),* création d'un vagin artificiel par transplantation d'un segment intestinal.

BALE → BALLE 3.

BALE (John), ecclésiastique et écrivain anglais (Cove, Suffolk, 1495-Canterbury 1563). Converti au protestantisme, il devint un redoutable pamphlétaire. Animateur de tournées théâtrales antimonastiques, il transforma les « moralités » en drames historiques (*King John, The Three Laws of Nature, Moses and Christ,* 1562).

BÂLE, en all. **Basel,** v. de Suisse, sur le Rhin, ch.-l. d'un demi-canton *(Bâle-Ville)* de 37 km² comptant 199 411 hab. *(Bâlois).* L'agglomération compte environ 365 000 hab. Débouché maritime de la Suisse (par le Rhin aménagé), bien desservi par le rail, la route et l'avion (aéroport binational avec Mulhouse), Bâle est un important centre industriel (métallurgie, chimie, textile en déclin), commercial et financier, universitaire, le noyau d'une agglomération débordant la frontière.
— **Hist.** Ancienne cité romaine, siège d'un évêché dès 620, Bâle entra dans la Confédération en 1501 et adopta la Réforme en 1529. La ville tomba alors des mains de l'évêque dans celles de l'oligarchie marchande ; dotée d'une université en 1460, elle joua un rôle capital dans la diffusion de l'humanisme. En 1833, à la suite d'une guerre civile entre paysans et citadins, le canton, qui avait été rétabli en 1815, fut divisé en deux demi-cantons : *Bâle-Ville* et *Bâle-Campagne*.*
— **Bx-arts.** Remarquable cathédrale romane et gothique, en grès rouge. Églises médiévales (XIIIe-XVIe s.). Hôtel de ville du XVIe s., vieilles rues pittoresques, demeures du XVIIIe s. aux belles ferronneries. Musées, dont le Musée historique (sculptures, tapisseries, orfèvrerie), celui des Beaux-Arts (peintres anciens : Witz, Holbein, Baldung, Grünwald, et modernes : Böcklin, école française, etc.), ceux d'Art contemporain et d'Ethnographie. Foire internationale d'art contemporain.

Bâle *(accords de),* accords monétaires signés le 24 avr. 1972 au niveau de la C. E. E. et instaurant le « serpent » monétaire européen, basé sur le rétrécissement des marges de fluctuations entre monnaies européennes. Les difficultés de certains pays à respecter ces accords ont entraîné la suppression du serpent, remplacé en mars 1979 par le Système monétaire européen (S. M. E.).

Bâle *(concile de)* [1431-1449], XVIIe concile œcuménique, convoqué par le pape Martin V. À la suite d'un conflit (qui provoqua l'élection de l'antipape Félix V en janv. 1439), il fut transféré par Eugène IV à Ferrare en 1438, à Florence en 1439, enfin à Rome en 1443. Au cours de ce concile fut réalisée l'union, en fait passagère, entre l'Église romaine et les Églises orientales.

Bâle *(traités de)* [1795], traités conclus par la France avec la Prusse et l'Espagne. Par le premier traité (5 avr.), la Prusse reconnaissait la République française et lui abandonnait la rive gauche du Rhin contre des compensations à donner sur la rive droite aux princes allemands. Aux termes du second traité (22 juill.), l'Espagne concédait à la France la partie espagnole de Saint-Domingue en échange des territoires conquis au-delà des Pyrénées.

BALÉARES *(îles),* en esp. **Baleares,** archipel espagnol de la Méditerranée occidentale, formé de quatre îles principales *Majorque, Minorque, Ibiza* et *Formentera,* qui constituent une communauté autonome correspondant à une prov. ; 5 014 km^2 ; 739 501 hab. ; ch.-l. *Palma de Majorque.* Un climat méditerranéen très favorable, plus que les paysages naturels (avec un relief tout de même accidenté), explique le développement d'un tourisme de masse (l'aéroport de Palma est le premier d'Espagne), devenu la ressource essentielle, loin devant les traditionnelles cultures céréalières, fruitières et légumières, le vignoble et l'élevage bovin.
— **Hist.** Occupé très anciennement (env. 4 000 av. J.-C.), et notamment par les Puniques, l'archipel fut arabe de 902 à la reconquête chrétienne par les Aragonais (1229-1287). En léguant les Baléares à son fils Jacques II, Jacques Ier fit de lui un roi de Majorque (de 1276 à 1311). Mais, en 1343, Pierre IV d'Aragon reprit l'archipel, dont le commerce continua à prospérer. L'union de l'Aragon et de la Castille et la découverte de l'Amérique entraînèrent une longue décadence des îles.

BÂLE-CAMPAGNE *(demi-canton de),* demi-canton de Suisse, de part et d'autre de la vallée de la Lies ; 428 km^2 ; 233 488 hab. de langue allemande. Ch.-l. *Liestal.*

BALEICITO [balɛisito] n. m. (mot esp. signif. *petite danse*). Danse folklorique argentine d'origine péruvienne et bolivienne, gaie et expressive, aux nombreuses variantes.

BALEINAGE n. m. **1.** Opération qui consiste à garnir de baleines un corset, un combiné, etc. — **2.** L'ensemble de ces baleines.

BALEINE n. f. (lat. *balaena,* du gr. *phalaina*). **1.** Nom commun aux grands mammifères cétacés marins du sous-ordre des mysticètes. (→ *encycl.*) — **2.** Autre nom du fanon, formation cornée des gencives supérieures des baleines. — **3.** Lamelle cornée provenant des fanons de la baleine et employée autrefois pour rendre rigides certains vêtements et, plus tard, les corsets. — **4.** Lamelle souple glissée dans les gaines, les soutiens-gorge et les cols de chemise afin d'en assurer la rigidité. — **5.** *Baleine à bec,* syn. de ZIPHIIDÉ. ‖ *Baleine blanche,* syn. de BÉLOUGA. ‖ *Baleine bleue,* syn. de RORQUAL* de SIBBALD. ‖ *Baleine à bosse,* syn. de JUBARTE. ‖ *Baleine de parapluie,* syn. de BRANCHE DE PARAPLUIE. ‖ Fam. *Rire comme une baleine,* rire très fort sans retenue.

ENCYCL. On distingue trois familles de baleines : les balénidés (baleine franche), les eschrichtiidés (baleine grise) et les balénoptéridés (rorqual). Ce sont des animaux énormes, pisciformes, à la peau nue, doublée d'une épaisse couche de graisse. Elles nagent à l'aide d'une puissante nageoire caudale horizontale et des membres antérieurs, seuls existants, disposés et conformés comme les pectorales des poissons. Certaines espèces ont une nageoire dorsale. L'énorme bouche est équipée à la mâchoire supérieure de lames filtrantes (fanons) avec lesquelles l'animal retient les proies innombrables et minuscules (*krill*) contenues dans l'eau.

Les baleines, grâce à de nombreuses particularités anatomiques et physiologiques, supportent une demi-heure de plongée sans respirer et la pression de 400 m de profondeur. La reproduction est limitée (un petit tous les deux ou trois ans), la croissance dure 4 ans, il semble que la longévité puisse atteindre 30 ans. Mais trois grandes causes de mort menacent l'animal : l'échouage sur un rivage, l'attaque de l'épaulard et surtout la capture par les baleiniers. En effet le corps de la baleine fournit en énormes quantités des huiles et des graisses, de la viande, des os, et les fanons eux-mêmes servent à faire des balais. Les espèces appelées « baleines » sont toutes menacées d'extinction à brève échéance, ce qui a conduit les communautés internationales à fixer des quotas de pêche, allant jusqu'à l'interdiction mondiale de toute campagne baleinière en 1986.

BALEINE (en lat. *Cetus, -i*), grande constellation équatoriale qui s'étend au S. des constellations zodiacales du Bélier et des Poissons. Son étoile la plus remarquable est la variable *Mira* Ceti.*

BALEINEAU n. m. Jeune de la baleine. (Le baleineau mesure 6 m à la naissance.)

BALEINER v. t. (conj. 4). Munir un vêtement, un parapluie de baleines.

BALEINIER, ÈRE adj. Relatif à la chasse de la baleine.

◆ **baleinier** n. m. 1. Navire équipé pour chasser, capturer, remorquer, tenir ferme ou repérer des baleines. (Syn. CHASSEUR.) – 2. Marin qui chasse la baleine.
◆ **baleinière** n. f. 1. Embarcation légère et pointue aux deux extrémités qui servait à la chasse à la baleine. – 2. Embarcation de service des grands bâtiments, ayant une forme analogue.

BALEINOPTÈRE ou **BALÉNOPTÈRE** n. m. Syn. de RORQUAL.

BALENCIAGA (Cristóbal), couturier espagnol (Guetaria, Espagne, 1895-Valence, Espagne, 1972). Après avoir fondé plusieurs maisons de couture en Espagne, il s'installa à Paris en 1937. Ses créations sobres, parfois même austères, comme ses fameuses robes noires, ou la somptuosité de ses robes du soir marquèrent les créateurs ultérieurs.

BALÉNIDÉ ou **BALAENIDÉ** n. m. Cétacé tel que la baleine boréale, la baleine de Biscaye (ou baleine des Basques) et la baleine pygmée des mers australes. (Les *balénidés,* usuellement nommés *baleines franches,* forment une famille.)

BALÉNOPTÉRIDÉ ou **BALAENOPTÉRIDÉ** n. m. Cétacé tel que les rorquals et les jubartes. (Les *balénoptéridés* forment une famille.)

BALESTON n. f. ou **BALESTRON** n. m. Espar qui servait à établir certaines voiles auriques. (Syn. LIVARDE.)

BALÈTRE ou **BALÈVRE** n. f. Bavure qui se forme sur une pièce métallique moulée.

BALÈVRE n. f. (p.-ê. frq. **balu,* mauvais, et *lèvre*). 1. Petite saillie accidentelle d'un élément de construction (pierre notamm.) sur un autre. – 2. Bavure de mortier à un joint.

BALÈZE ou **BALAISE** adj. et n. (provenç. *balès,* gros). *Pop.* Grand et fort.

BALFOUR (Arthur James, 1er *comte*), homme politique britannique (Whittingehame, East Lothian, 1848-Woking, Surrey, 1930). Leader des conservateurs aux Communes, il succéda à son oncle Salisbury comme Premier ministre d'un gouvernement unioniste (1902-1906). Dès 1914, il se prononça en faveur de l'union nationale ; en mai 1915, il entra en qualité de Premier lord de l'Amirauté dans le gouvernement de coalition d'Asquith. Puis, Lloyd George succédant à Asquith, il devint secrétaire au Foreign Office, publiant (2 nov. 1917) la célèbre déclaration, qui porte son nom, sur l'établissement en Palestine d'un foyer national pour le peuple juif. Il quitta le pouvoir en 1922.

BALFOUR (Francis Maitland), physiologiste britannique (Édimbourg 1851-Massif du Mont-Blanc 1882), auteur de très importants travaux d'embryologie évolutionniste.

BALI, île de l'Indonésie ; 5 561 km², 2 782 000 hab. *(Balinais)* ; ch.-l. *Denpasar.* À l'E. de Java, la plus occidentale des petites îles de la Sonde possède un relief montagneux et volcanique. Le riz est la base de l'alimentation (souvent cultivé en terrasses), mais la ressource essentielle est le tourisme international (qui a stimulé l'artisanat).
– **Hist.** Progressivement indianisée depuis le VIIIe s., Bali passa sous la suzeraineté des rois de Java. L'île fut très influencée par la culture indo-javanaise, qui se superposa au fonds traditionnel. Les Hollandais respectèrent d'abord l'autonomie des principautés balinaises, puis, en 1882, ils leur imposèrent l'administration directe.

BALI *(détroit de),* détroit d'Indonésie, entre Java et Bali.

BALIKESIR, v. de Turquie, ch.-l. de prov., au S.-O. de Brousse ; 170 589 hab. Métallurgie. Industries alimentaires et textiles.

BALIKH, riv. de Turquie et de Syrie, affl. de l'Euphrate (r. g.), dont les eaux servent à l'irrigation ; env. 200 km.

BALIKPAPAN, v. de l'Indonésie, sur la côte est de Bornéo ; 281 000 hab. Terminal pétrolier. Raffinerie.

BALINAIS, ethnie malaise de l'île de Bali (Indonésie). Leurs conceptions religieuses, sociales et politiques sont d'origine hindouiste.

BALINT (Michael), psychiatre et psychanalyste britannique d'origine hongroise (Budapest 1896-Londres 1970). Il a tenté d'isoler la notion de « défaut fondamental » comme facteur important dans l'étiologie des troubles psychiques. Il est par ailleurs à l'origine d'un mouvement qui se propose de reconsidérer profondément le problème des relations médecin-malade-maladie (→ *groupe* BALINT).

Balint *(groupe),* groupe de discussion réunissant une dizaine de médecins, praticiens de médecine générale le plus souvent, sous la conduite d'un psychanalyste, afin que chaque participant prenne conscience des processus psychiques qui interviennent dans sa relation avec ses propres patients.

BALIOL, BALLIOL ou **BAILLEUL** (DE), puissante famille des marches d'Écosse fondée par un compagnon de Guillaume le Conquérant, Gui **de Bailleul** ou **Baliol,** et qui accéda au trône d'Écosse avec Jean **de Baliol** (v. 1249-1315), roi de 1292 à 1296.

BALIOL (Édouard DE) [† Wheatley, près de Doncaster, 1364]. À la tête du parti des « Déshérités », nobles privés de leurs terres sous le règne de Robert Ier Bruce, il vainquit le roi

David II et se fit donner la couronne d'Écosse (1332). Mais, trop soumis à Édouard III, il fut détrôné en 1341.

BALISAGE n. m. **1.** Signalisation, à l'aide de balises, des dangers à éviter et de la route à suivre. — **2.** Action de disposer des balises sur une voie de communication (voie maritime, aérodrome, route, voie ferrée). — **3.** *Balisage Albano,* délimitation d'un bassin de régates à l'aviron en lignes d'eau matérialisées par des bouées. ‖ *Droit de balisage,* droit payé par les ports pour l'entretien du balisage de la côte et des passes.

1. BALISE n. f. (port. *baliza,* d'orig. mozarabe). **1.** Dispositif destiné à signaler un danger ou à délimiter une route, une voie de navigation maritime ou intérieure, ou de circulation aérienne. — **2.** Mire disposée au sommet d'un arbre ou d'une perche pour permettre d'effectuer des visées de triangulation. — **3.** Piquet ou perche fiché sur le terrain pour matérialiser le tracé d'une route, d'un chemin de fer, d'un canal en construction.

2. BALISE n. f. Fruit du balisier.

BALISEMENT n. m. Action de planter des balises.

BALISER v. t. (conj. 3). Planter des balises dans l'axe du tracé d'un chemin de fer, d'un canal ou d'une voie de communication quelconque ; munir de balises.
◆ v. i. *Pop.* Avoir peur.
◆ **être balisé** v. pass. **1.** Être muni de balises : *Le chenal est balisé.* — **2.** *Sentier balisé,* sentier jalonné de signaux indiquant le chemin à suivre.

BALISEUR n. m. **1.** Navire pourvu d'équipements spéciaux (davier, grue, mât de charge) pour placer ou relever les bouées et ravitailler les phares. — **2.** Personne effectuant ou surveillant le balisage.

BALISIER n. m. (caraïbe *baliri,* p.-ê. avec infl. de *balise*). Nom usuel des herbes monocotylédones (cannacées), dont certaines espèces ont un rhizome féculent alimentaire, d'autres étant cultivées comme ornementales.

BALISTE n. f. (lat. *ballista,* du gr. *ballein,* lancer). Machine de guerre romaine lançant des traits ou des projectiles.

BALISTICIEN, ENNE n. Spécialiste de balistique.

BALISTIQUE n. f. (lat. sc. *ballistica,* du lat. class. *ballista,* baliste). Science qui étudie les mouvements des corps lancés dans l'espace, et plus spécialement des projectiles de guerre. (→ *encycl.*)
◆ adj. **1.** Relatif à la basilique. — **2.** *Galvanomètre balistique,* galvanomètre que l'on utilise à la mesure des quantités d'électricité qui le traversent, en un temps très court, par l'observation de la première élongation. ‖ *Missile balistique* ou, vx, *engin balistique,* missile qui se déplace à la façon d'un projectile. C'est une arme destinée à atteindre l'adversaire au plus profond de son territoire. Sa trajectoire comporte trois phases : une phase propulsée ; une phase balistique ; une phase de rentrée. ‖ *Trajectoire balistique,* trajectoire d'un projectile soumis aux seules forces de gravitation.

ENCYCL. La *balistique intérieure* traite du mouvement du projectile dans l'âme du canon ; elle est fondée sur l'étude des vitesses de combustion de la poudre, liées aux pressions. La *balistique extérieure* traite des mouvements à l'extérieur d'une bouche à feu. Elle tient compte de la pesanteur, de la résistance de l'air et du *coefficient balistique* (dans lequel interviennent le calibre, la masse et le profil). Les données expérimentales (vitesse initiale, portée, durée de trajet) permettent d'établir les *tables de tir* d'une munition dans un canon. La *balistique terminale* étudie la fin de la trajectoire (explosion ou pénétration dans un obstacle).

BALISTITE n. f. (de *baliste*). Poudre sans fumée, constituée principalement de nitrocellulose gélatinisée par une quantité sensiblement égale de nitroglycérine, utilisée dans les mortiers.

BALIVAGE n. m. (de *baliveau*). Opération qui consiste à réserver des arbres qu'on laissera croître, dans un taillis ou dans un taillis sous futaie.

BALIVEAU n. m. (p.-ê. anc. fr. *baïf,* ébahi). **1.** Arbre de l'âge d'une révolution, réservé pour en obtenir du bois d'œuvre. — **2.** Arbre de 2 à 3 ans dans une pépinière. — **3.** Perche d'échafaudage.

BALIVER v. t. (conj. 3). Marquer des réserves dans une coupe de bois.

BALIVERNE n. f. (p.-ê. de *baller,* danser, et *verner,* tourner sur soi-même). [Surtout au pl.] **1.** Propos, idée, croyance futiles, souvent erronés. — **2.** Occupation puérile ou stupide : *S'amuser à des balivernes.*

BALIVEUR n. m. Personne qui réalise un balivage.

BALKAN *(mont)* [turc *balkan,* montagne], massif de la Bulgarie, qui a donné son nom à la péninsule des Balkans bien qu'il n'en soit que la bordure nord-est. Long de 600 km des Portes de Fer à la mer Noire, assez facilement franchissable (passe de Šipka à 1 333 m), il constitue tout de même une limite climatique entre le bassin danubien, aux caractères continentaux, et les plaines de la Marica, aux nuances déjà méditerranéennes. Humide et boisée, coupée de bassins intérieurs (dont la « Vallée des roses » de Kazanlăk) et pénétrée par la civilisation thrace, refuge devant les invasions, la montagne est très humanisée.

BALKANIQUE adj. Relatif aux Balkans.

BALKANISATION n. f. Action de balkaniser, fait de se balkaniser.

BALKANISER v. t. (de *Balkans*) [conj. **3**]. **1.** Diviser en États autonomes un ensemble territorial ou politique, afin de profiter des divisions ainsi créées. — **2.** Fractionner une institution, une administration et la rendre inefficace.
◆ **se balkaniser** v. pr., **être balkanisé** v. pass. Se fractionner, se diviser, au détriment de la cohésion, de l'efficacité.

BALKANISME n. m. Trait linguistique commun à plusieurs langues de l'aire balkanique, même non apparentées sur le plan génétique.

BALKANS *(péninsule des)* ou **PÉNINSULE BALKANIQUE,** la plus orientale des péninsules méditerranéennes, développée entre l'Adriatique et la mer Noire, au S. des vallées de la Save et du Danube, séparant au sud, dans un éparpillement d'îles et de presqu'îles, la Méditerranée occidentale et la Méditerranée orientale. Peuplée de plus de 50 millions d'habitants, elle englobe la Bulgarie, la Grèce, l'Albanie, la Macédoine, la Croatie, la Bosnie-Herzégovine, la Yougoslavie et la Turquie d'Europe. Montagneuse (chaînes dinariques, mont Balkan, Rhodope, Pinde), ayant servi de refuge, elle est cependant entaillée par quelques vallées, ouvertes vers le Danube (Morava) ou la mer Égée (Vardar, Marica). Le climat n'est méditerranéen que sur le littoral (et les îles) ; il est à dominante continentale (accentuée vers l'E.) dans l'intérieur. Enjeu stratégique (porte de l'Asie et de la Méditerranée orientale, la péninsule est morcelée politiquement et, au moins régionalement, a été ravagée par des conflits ethniques et /ou religieux issus de la désintégration de la Yougoslavie.

Balkans *(campagne des)*. • *Guerre serbo-turque* (1876). Révoltés par les atrocités des bachi-bouzouks, la Serbie et le Monténégro déclarent la guerre aux Turcs. Battus à Aleksinac et à Novi Pazar, ils sont sauvés par le tsar, qui impose aux Turcs un armistice.
• *Guerre russo-turque* (1877-78). Les Turcs ayant rompu cet armistice, le tsar, allié aux Monténégrins, leur déclare la guerre. Les Turcs sont vaincus malgré leur résistance à Plevna (Pleven) [juill.-déc. 1877]. Le traité de San Stefano (3 mars 1878) consacre la victoire russe en créant un grand État bulgare ; il sera suivi par le congrès de Berlin.
• *Guerre serbo-bulgare* (1885). Après l'union de la Roumélie orientale avec la Bulgarie (1885), la Serbie, estimant rompu l'équilibre politique dans les Balkans, déclare la guerre. Mais les Serbes sont battus. Le traité de Bucarest (3 mars 1886) confirme l'union roumélo-bulgare.
• *Guerre gréco-turque* (1897). Répondant à l'appel des Crétois, soulevés contre le sultan, la Grèce ouvre les hostilités contre la Turquie. Les Grecs sont battus. L'intervention des grandes puissances impose un traité à Istanbul le 4 décembre : la Grèce doit renoncer à la Crète et subir une rectification de frontières en Thessalie.
• *Première guerre balkanique* (1912-13). Profitant de la guerre italo-turque, et soucieux de résister à la politique xénophobe des Jeunes-Turcs, la Serbie, la Bulgarie, la Grèce et le Monténégro déclarent la guerre à la Turquie. Le traité de Londres, signé le 30 mai 1913, met fin à la guerre : la Turquie cède aux alliés balkaniques la Crète et les territoires à l'O. de la ligne Enos-Midia.
• *Deuxième guerre balkanique* (1913). La répartition des territoires conquis par les Turcs, l'impuissance de l'arbitrage russe, les intrigues de l'Autriche amènent la reprise des hostilités entre les Bulgares et leurs anciens alliés. Le traité de Bucarest du 10 août fait perdre aux Bulgares, vaincus, une grande partie des territoires conquis en 1912 et 1913.
• *Campagnes des Balkans pendant la Première Guerre mondiale* → DARDANELLES, MACÉDOINE, *campagne de* SERBIE.
• *Guerre gréco-turque* (1921-22). L'armistice de Moúdhros (30 oct. 1918) ayant permis à la Grèce d'occuper Smyrne, Constantin Ier fait franchir à ses troupes la frontière. Il provoque une vive réaction des Turcs, qui, sous la conduite de Mustafa Kemal, les arrêtent à Inönü. L'armistice de Mudanya (11 oct. 1922) est entériné par le traité de Lausanne (1923).
• *Campagnes des Balkans (1940 - 1945)* → *Seconde* GUERRE MONDIALE.

BALKARS, peuple turc du Caucase du Nord (66 000 individus en 1979), islamisé aux XVIIe et XVIIIe s. Déportés en 1943-44, les Balkars furent réhabilités en 1957 et purent alors regagner la république (alors autonome) de Kabardino-Balkarie*.

BALKH, v. du nord de l'Afghānistān ; 10 000 hab. Capitale de la Bactriane sous le nom de Bactres*, elle fut conquise par les Arabes v. 663-664. Ville prospère du Khorāsān, elle fut ruinée par les invasions de Gengis Khān (1221). Elle fut annexée à l'Afghānistān v. 1752. — **Archéol.** Les ruines de la ville ancienne abritent l'un des monuments de l'islām primitif (VIIIe s.), la mosquée Ḥādjdji Piyād (décor sculpté). De l'époque tīmūride (XVe s.) date un mausolée (Abu Naṣr Parsā) influencé par le Gur-e-Mir de Samarkand.

BALKHACH *(lac),* lac du Kazakhstan, au N. des Tian Shan et alimenté par l'Ili ; 17 300 km².

BALL (Hugo), écrivain allemand (Pirmasens 1886-San Abbondio, près de Lugano, 1927). Poète expressionniste célèbre pour ses œuvres phoniques, il est également l'auteur de romans (*Tenderenda le fantasque,* publié en 1957).

BALLA (Giacomo), peintre italien (Turin 1871 - Rome 1958). Illustrateur et peintre divisionniste, il fut signataire, en 1910, des manifestes du futurisme, dont il devint l'un des maîtres par ses études de décomposition de la lumière et du mouvement. Après la guerre, il s'intéressa aux arts appliqués, tandis que sa peinture tendait à une abstraction puriste, puis cédait à l'académisme figuratif du temps.

BALLABILE n. m. (ital. *ballabile,* de *ballare,* danser). Figure chorégraphique exécutée par tout un corps de ballet et par les solistes, mais ne comportant pas de soli. (Le ballabile a été utilisé à l'époque romantique.)

BALLADE n. f. (anc. provenç. *ballada,* de *ballar,* danser). **1.** Au Moyen Âge, poème lyrique d'origine chorégraphique, d'abord chanté, puis destiné seulement à la récitation. — **2.** À partir du XIVe s., poème à forme fixe, composé de trois strophes suivies d'un envoi d'une demi-strophe. — **3.** Dès la fin du XVIIIe s., petit poème narratif en strophes, relatant, ordinairement sur le mode fantastique, une tradition historique ou une légende. — **4.** Pièce vocale ou instrumentale inspirée par une ballade littéraire (Chopin, Liszt, Brahms ont écrit des ballades pour piano).

ENCYCL. C'est en Angleterre que la ballade s'est constituée avec, outre un grand nombre de ballades anonymes rassemblées par Thomas Percy ou F. J. Child, celles de Robert Burns et de Thomas Moore, de Wordsworth, Coleridge et Oscar Wilde. En Allemagne, Bürger, Schiller, Goethe et Uhland apparaissent comme les maîtres du genre, tandis qu'en Italie L. Carrer, G. Prati, Carducci l'utilisent pour traiter des thèmes patriotiques. Illustrée en France par les romantiques et par Victor Hugo en particulier, parodiée par Alfred de Musset, elle est complètement transformée par J. Laforgue, ou apparaît sous une forme moderne, plus lyrique que narrative, avec Apollinaire et Aragon.

Ballade de la geôle de Reading, poème d'O. Wilde (1898). Trois thèmes essentiels : la pitié pour les proscrits ; une étude psychologique du condamné et un parallèle entre la justice humaine et la miséricorde divine.

Ballades, de Bürger (1773 - 1789). Elles sont caractéristiques de la littérature née du *Sturm und Drang.* La plus connue reste *Lenore* (1773).

Ballades, de Goethe, dont les plus célèbres sont : *le Roi de Thulé* (1774), *le Roi des aulnes* (1778), *l'Apprenti sorcier* (1797).

Ballades, de Uhland. Elles unissent l'inspiration dramatique et légendaire au ton du lied populaire.

Ballades françaises, ensemble des recueils de Paul Fort (1897-1951). Petits poèmes en prose rythmée qui chantent la joie de vivre.

Ballades lyriques, recueil poétique de W. Wordsworth et S. T. Coleridge (1798), qui marque la naissance du romantisme.

BALLADUR (Édouard), homme politique français (Izmir 1929). Ancien élève de l'E. N. A., maître des requêtes au Conseil d'État, il entre en 1964 au cabinet de Georges Pompidou et devient en 1969 secrétaire général adjoint puis, en 1974, secrétaire général de la présidence de la République. Administrateur d'organismes publics et de sociétés privées, il devient le principal conseiller économique de Jacques Chirac. Conseiller d'État en 1984, ministre de l'Économie, des Finances et de la Privatisation de 1986 à 1988, il mène à bien la privatisation de plusieurs entreprises nationalisées. Élu député de Paris en 1986, réélu en 1988 et 1993, il est Premier ministre de 1993 à 1995, appelé à diriger le deuxième gouvernement de cohabitation. Candidat à l'élection présidentielle de 1995, il recueille au premier tour 18,58 % des suffrages exprimés, étant devancé par L. Jospin et par J. Chirac (à qui il apporte son soutien au second tour). Il est réélu député de Paris en 1995. Il a écrit plusieurs essais, dont : *Je crois en l'homme plus qu'en l'État* (1987) et *Dictionnaire de la réforme* (1992).

BALLANCHE (Pierre Simon), écrivain français (Lyon 1776 - Paris 1847). Sa philosophie de l'histoire, héritée de Vico, s'allie à une sociologie mystique qui influencera les catholiques libéraux (*Du sentiment considéré dans son rapport avec la littérature,* 1801 ; *Palingénésie sociale,* 1827-1829). [Acad. fr., 1842.]

BALLANCOURT-SUR-ESSONNE (91610), comm. de l'Essonne, à 6 km au N.-N.-E. de La Ferté-Alais ; 6 199 hab. Papeterie.

BALLAN-MIRÉ (37510), ch.-l. de cant. d'Indre-et-Loire, au S.-O. de Tours ; 5 948 hab. Vitraux du XVIe s., dans l'église.

BALLANT, E adj. (de *baller*). **1.** Qui pend librement et se balance : *Rester les bras ballants.* — **2.** Se dit d'une articulation devenue anormalement mobile dans tous les sens.

◆ **ballant** n. m. Balancement d'un objet mal équilibré : *La voiture avait du ballant.*

BALLARD, famille d'imprimeurs de musique et libraires parisiens. ROBERT, fondateur de la maison (Montreuil-sur-Mer ?-Paris 1588), s'associa avec A. Le Roy et obtint un privilège en 1552 d'Henri II. Ils imprimèrent plus de 300 volumes. — PIERRE († Paris 1639), fils du précédent, publia l'*Harmonie universelle* de M. Mersenne (1636). — ROBERT II, fils du précédent († Paris 1673), publia les œuvres de H. Du Mont, les opéras de R. Cambert. — CHRISTOPHE (Paris 1641-*id.* 1715), fils du précédent, commença à utiliser la gravure en taille-douce. La maison publia les opéras de J.-B. Lully. — JEAN-BAPTISTE-CHRISTOPHE (Paris 1663-*id.* 1750), fils du précédent, publia les ouvrages théoriques de J.-P. Rameau. L'entreprise périclite ensuite et disparaît au début du XIXe s.

BALLARD (James Graham), écrivain britannique (Shanghai 1930), auteur de romans de science-fiction (*le Monde englouti,* 1962 ; *I. G. H.,* 1975 ; *Empire du Soleil,* 1984 ; *le Jour de la création,* 1987 ; *la Course au paradis,* 1994).

1. BALLAST n. m. (abrév. de l'angl. *water-ballast,* de *water,* eau, et *ballast,* lest). **1.** Compartiment étanche, dont le remplissage à l'eau de mer ou la vidange permet à un sous-marin de plonger ou de revenir en surface et à un bâtiment de commerce d'ajuster son équilibre à sa cargaison. — **2.** *Coup de ballast,* mouvement brutal du navire en route debout à la lame qui tombe dans un creux de vague.

2. BALLAST n. m. (angl. *ballast,* lest). **1.** Granulat, constitué de pierres dures régulièrement concassées, ou parfois de laitier de haut fourneau, destiné à soutenir les traverses, à les maintenir et à répartir uniformément sur la plate-forme la charge supportée par la voie tout en restant perméable aux eaux superficielles. — **2.** Fraction non digestible des aliments qui liquéfie les matières fécales et facilite ainsi le transit intestinal. (Le ballast est constitué essentiellement par les débris des fibres de cellulose des légumes verts et des fruits.) — **3.** *Résistance ballast,* résistance prévue pour maintenir constant le courant dans le circuit dans lequel elle est insérée.

1. BALLASTAGE n. m. Action de ballaster un navire.

2. BALLASTAGE n. m. Action de ballaster une voie.

1. BALLASTER v. t. (conj. 3). Remplir les ballasts d'un navire pour régler son assiette.

2. BALLASTER v. t. (conj. 3). Répartir du ballast sur une voie de chemin de fer.

BALLASTIÈRE n. f. Carrière de sable.

1. BALLE n. f. (ital. du Nord *balla,* de l'ital. *palla*). **1.** Projectile des armes à feu portatives. — **2.** Pelote sphérique pouvant rebondir, utilisée dans de nombreux sports (tennis, tennis de table, golf, etc.). [Se dit souvent pour BALLON.] — **3.** Jeu dans lequel on lance une balle: *Jouer à la balle.* — **4.** *Pop.* Franc (au pl., avec un nombre): *Trois cents balles.* — **5.** *Une belle balle,* une balle bien lancée, bien placée. ‖ Fam. *(Avoir) une bonne balle,* une figure franche, sympathique, pleine de santé. ‖ *Balle de jeu, de set, de match,* au tennis, au tennis de table, au volley-ball, échange dont le gain permet de remporter le jeu, le set ou le match. ‖ *Enfant de la balle,* personne née et élevée dans un milieu d'artistes, ou qui continue le métier de ses parents (comédien, acrobate, saltimbanque, etc.). ‖ *Faire des balles,* au tennis, au tennis de table, échanger des balles pour s'entraîner, s'échauffer sans décompter les points. ‖ Pop. *Flanquer, mettre douze balles dans la peau à qqn,* le fusiller. ‖ *La balle est dans le camp de qqn,* c'est à lui de faire des propositions, de prendre une initiative, de répondre. ‖ *Prendre, saisir la balle au bond,* profiter sur-le-champ d'une occasion favorable. ‖ *Renvoyer la balle,* riposter vivement. ‖ *Se renvoyer la balle,* se jeter mutuellement une responsabilité. • **Arm.** *Balle explosive,* syn. de BALLE DUM-DUM. ‖ *Balle perdue, balle ayant manqué l'objectif, mais toujours dangereuse.* ‖ *Fausse balle,* balle en carton, en plastique ou en bois, des cartouches à blanc. ‖ *Obus à balles,* syn. de SHRAPNEL. — **Céram.** Masse de pâte provenant de la fragmentation d'un ballon. — **Opt.** Outil sphérique convexe servant à ébaucher, doucir et polir les surfaces concaves grâce à l'interposition d'abrasifs.

2. BALLE n. f. (frq. **balla*). **1.** Gros paquet de marchandises : *Balle de café.* — **2.** Syn. de BOTTE (dans *botte de foin, de paille*). — **3.** Réunion de plusieurs feuilles de pâte à papier pressées sous forme de parallélépipèdes.

3. BALLE ou **BALE** n. f. (p.-ê. gaul. **balu*). Enveloppe du grain des céréales, constituée par les glumes et les glumelles, que l'on détache au cours du battage et du vannage.

BALLER v. i. (bas lat. **ballare,* danser, du gr. *ballein,* jeter) [conj. 3]. *Litt.* Pendre et osciller : *Il laissait sa tête baller en arrière.*

BALLERINA n. f. (mot ital.). *Prima ballerina,* syn. de ÉTOILE.

BALLERINE n. f. (ital. *ballerina,* de *ballare,* danser). **1.** Titre attribué aux principales danseuses d'une compagnie ou d'une troupe de ballet. — **2.** Danseuse, sans distinction de rang. — **3.** Chaussure légère pour femme, inspirée du chausson de danse.

BALLEROY (14490), ch.-l. de cant. du Calvados, à 15 km au S.-O. de Bayeux ; 662 hab. Important château en schiste et pierre blanche construit de

1626 à 1636 (sur plans de F. Mansart ?), typique du style Louis XIII.

BALLEROY (Jacques DE LA COUR, *marquis* DE), général français (Paris 1694 - Balleroy 1773). Gouverneur du duc de Chartres (1735), il composa une *Histoire des traités depuis la paix de Vervins.*

BALLET n. m. (ital. *balletto,* de *ballo,* bal). **1.** Composition chorégraphique destinée à être représentée en public, avec ou sans musique, interprétée par un ou plusieurs danseurs. — **2.** Troupe donnant des spectacles chorégraphiques (plus particulièrement de ballet classique). [On dit aussi COMPAGNIE DE BALLET.] — **3.** Grande activité dans le secteur politique ou administratif, marquée par les déplacements et les rencontres de personnalités : *Ballet diplomatique.* — **4.** *Ballet blanc,* ballet d'inspiration romantique, dansé en tutu blanc. ‖ *Ballet de chambre,* troupe restreinte qui peut se produire en tous lieux sans grands besoins de mise en scène. ‖ *Ballet de cour,* forme de ballet qui fut en vogue dans les cours européennes à la fin du XVIe s. et qui était dansé par le roi et ses courtisans. ‖ Fam. *Ballets roses, bleus,* parties fines au cours desquelles des adultes se livrent à des jeux sexuels avec des mineurs, filles *(ballets roses)* ou garçons *(ballets bleus).* ‖ *Ballet symphonique,* œuvre chorégraphique qui suit la partition d'une symphonie, avec ou sans argument littéraire.

ENCYCL. Les danses religieuses, guerrières et théâtrales des Grecs, les jeux dansés du Moyen Âge ont abouti aux intermèdes des fêtes somptueuses de la Renaissance (surtout en Italie), dont est issu à son tour le *ballet de cour,* fusion de la danse, de la musique, du chant, de la peinture. Sous le règne de Louis XIV, le musicien italien Lully joue un rôle considérable. Auteur de la musique de nombreux ballets, il collabore avec Molière pour les livrets et avec Beauchamp pour la danse dans les comédies-ballets (*le Bourgeois* gentilhomme,* 1670). Vient ensuite la tragédie-ballet, où la danse intervient au cours de l'action *(Cadmus et Hermione)* et à laquelle succède l'opéra-ballet, composé de plusieurs actes indépendants chantés et dansés (*Europe galante,* de Campra, 1697).

Avec l'apparition des danseurs professionnels (*Triomphe de l'Amour,* 1681), la création de l'école de danse de l'Opéra (1713), l'élaboration de règles, l'enrichissement de la technique et du vocabulaire des pas, le ballet passe à la scène. La vogue de l'opéra italien (qui avait introduit en France les « grandes machines ») s'estompe, et le ballet français fait école. De grands danseurs apparaissent : Pécourt, Blondy, Ballon, Dupré, Duport, Dauberval, les Vestris, les Gardel, Perrot. Les danseuses s'imposent à leur tour : Mlle Fontaine (ou La Fontaine), la Camargo, Marie Sallé, Mlle Prévost... Très controversé, le ballet sans action cède la place au ballet d'action (où la pantomime joue un rôle primordial), innové en France par Jean Georges Noverre qui, par ailleurs, supprime masques, robes à paniers et perruques. Le ballet d'action rayonne, s'implante en Russie grâce aux disciples de Noverre. Le drame dansé de l'Italien Salvatore Vigano ajoute un élément émotionnel au ballet.

À l'époque romantique, le ballet devient l'expression d'une âme, de l'imaginaire. Pour donner l'impression d'immatérialité, la danseuse utilise les pointes, qui rendent sa danse « aérienne », et le long tutu de mousseline blanche. Le ballet romantique, ou ballet blanc, est né. Grâce à Carlo Blasis, la virtuosité, autrefois désavouée par Noverre, acquiert une importance primordiale. En 1832, *la Sylphide,* de Filippo Taglioni, est créée par sa fille Maria (ou Marie). Puis *Giselle* (1841) fait connaître Carlotta Grisi. Une troisième « grâce » est incarnée par l'Autrichienne Fanny Elssler.

Le succès du ballet romantique sera de courte durée... À Saint-Pétersbourg, Marius Petipa, secondé par Enrico Cecchetti, fait revivre à partir de 1869 la tradition classique et forme les futures étoiles du théâtre Marie et des Ballets russes de Diaghilev. C'est le début d'une ère nouvelle. Des troupes itinérantes se créent. La compagnie de ballet est désormais un des grands vecteurs de la modernité en matière artistique. Parallèlement, en ce début du XXe s., avec Isadora Duncan et sa danse libre, avec l'expressionnisme allemand, avec les « pionniers » de la danse moderne en Amérique, s'élabore le courant de la modern* dance.

À la fin de la Seconde Guerre mondiale, la jeune génération libère des aspirations longtemps refoulées. Roland Petit et Janine Charrat apportent au ballet un souffle nouveau. Les problèmes de l'homme moderne sont plus brutalement posés par Jerome Robbins (*Age of Anxiety,* 1950) aux États-Unis ou, en France, par Maurice Béjart (*Symphonie pour un homme seul,* 1955).

Les grandes compagnies américaines (New York City Ballet, American Ballet Theatre) ou européennes (London's Festival Ballet, Grand Ballet du marquis de Cuevas) maintiennent la tradition classique, comme les ballets des grands théâtres (Royal Ballet, Opéra de Paris, Bolchoï, Kirov, Scala...). Dans de nombreux autres pays, l'activité chorégraphique se développe.

La modern dance enrichit le ballet traditionnel, donnant naissance à un genre hybride, dans lequel certains chorégraphes contemporains semblent parfaitement à l'aise (Maurice Béjart, John Butler). Le génie inventif de Martha Graham ou de Merce Cunningham, la passion, la profondeur de ton de José Limón, l'humour de Paul Taylor, la magie d'Alwin Nikolais ou de Carolyn Carlson, la violence de Pina Bausch sont à l'origine de moments artistiques d'une incomparable qualité.

En France, les jeunes danseurs-chorégraphes, se détournant du formalisme et de l'abstraction postmoderniste, s'orientent vers une danse individualisée, intellectualisée et d'une grande variété d'inspiration (Dominique Bagouet, Joëlle Bouvier et Régis Obadia, Régine Chopinot, Philippe Découflé, Jean-Claude Gallotta, Maguy Marin, Angelin Preljocaj, Karine Saporta...).

Ballet comique de la reine *(le),* premier ballet de cour créé en France, représenté en 1581, à Paris, œuvre de Balthazar de Beaujoyeux.

Ballets russes, compagnie de ballet créée en 1909 à Saint-Pétersbourg par Serge de Diaghilev. Issus de deux courants de rénovation — pictural et chorégraphique — , les Ballets russes, pendant 20 ans, révélèrent au public des danseurs et des chorégraphes (T. Karsavina, O. Spessivtseva, A. Danilova, B. Nijinska... ; M. Fokine, S. Lifar, G. Balanchine, L. Massine, V. Nijinski...), des peintres (A. Benois, L. Bakst, Picasso, Matisse, M. Larionov, Braque, Derain...), des chefs-d'œuvre de compositeurs russes (Moussorgski, Borodine, Rimski-Korsakov), des musiciens de talent (Stravinski, S. Prokofiev, H. Sauguet, G. Auric, E. Satie, F. Poulenc).

BALLET-FÉERIE n. m. (pl. *ballets-féeries*). Ballet dans lequel le merveilleux tient une place primordiale.

BALLETOMANE n. Personne passionnée pour le ballet.

BALLETOMANIE n. f. Passion pour le ballet.

BALLET-PANTOMIME n. m. (pl. *ballets-pantomimes*). Syn. de BALLET D'ACTION*.

BALLET-THÉÂTRE n. m. (pl. *ballets-théâtres*). Compagnie de ballet dont les spectacles associent la danse, la mise en scène et la parole.

BALLIF (Claude), compositeur français (Paris 1924). Il a publié notamment *Introduction à la métatonalité* (1956). On lui doit une série d'*Imaginaires ;* des œuvres religieuses (l'oratorio *la Vie du monde qui vient,* 1974) ; des œuvres pour orchestre (*Lovecraft,* 1955-1960 ; *À cor et à cri,* 1965 ; *Ivre-Moi-Immobile,* pour clarinette et orchestre, 1976) ; des mélodies (*Poèmes lents,* 1980).

BALLIN, famille d'orfèvres parisiens, dont les plus illustres sont CLAUDE Ier (1615-1678) et son neveu CLAUDE II (1661-1754), au service des rois Louis XIV et Louis XV.

BALLIN (Albert), armateur allemand (Hambourg 1857-*id.* 1918). Directeur général en 1899 de la compagnie Hamburg Amerika Linie, il en fit la plus importante compagnie de navigation du monde. Conseiller de Guillaume II, il tenta de réaliser un rapprochement anglo-allemand.

BALLING [-liɲ] n. m. Densimètre à flotteur, étalonné à 20 °C, donnant directement la teneur en sucre, en grammes pour cent, d'une solution.

BALLIOL → BALIOL.

BALLIQUE adj. Se dit de certains mouvements involontaires, brusques, rapides, irréguliers, et surtout de grande amplitude, qui prédominent à la racine des membres et sont consécutifs à une destruction du corps de Luys ou de ses connexions.

1. BALLON n. m. (ital. du Nord *ballone,* de l'ital. *pallone*). **1.** Grosse balle à jouer, le plus souvent ronde, généralement formée d'une vessie gonflée d'air et recouverte d'une peau cousue, utilisée dans les sports d'équipe comme le football, le rugby, le basket-ball, le handball, le volley-ball. — **2.** Sphère en caoutchouc très mince ou en baudruche, gonflée d'air ou de gaz léger. — **3.** *Arg.* Prison. — **4.** Verre à boire de forme sphérique. (On dit aussi VERRE BALLON.) — **5.** *Fam.* Contenu d'un verre ballon : *Un ballon de rouge.* — **6.** Aéronef utilisant un gaz plus léger que l'air comme moyen de sustentation dans l'atmosphère, et n'ayant aucun moyen de propulsion. (→ *encycl.*) — **7.** *Vx.* Dans les bandes dessinées, syn. de BULLE. — **8.** *Ballon d'essai,* petit ballon lancé avant une ascension aérostatique pour connaître la direction du vent ; nouvelle lancée pour sonder l'opinion ; expérience pour mesurer les chances d'une affaire. ‖ *Ballon d'oxygène,* vessie étanche en caoutchouc ou en matière plastique servant au transport de l'oxygène nécessaire à la réanimation en cas d'urgence ; aide momentanée fournie à qqn, à une entreprise en difficulté. ‖ *Le ballon ovale,* le rugby. ‖ *Le ballon rond,* le football. • **Céram.** Masse de pâte malaxée, battue et fragmentée en plusieurs balles. — **Chauff.** *Ballon (réchauffeur),* appareil de production d'eau chaude constitué par un réservoir et par un réchauffeur. — **Chim.** Récipient de verre généralement sphérique muni d'un ou de plusieurs cols. — **Chorégr.** Qualité physique d'un danseur qui s'élève aisément, paraît retarder sa retombée et rebondit plus haut au saut suivant. — **Cout.** *Manche ballon,* petite manche courte et bouffante. — **Mar.** Sphère de toile peinte montée sur une carcasse servant à la signalisation maritime. ‖ *Ballon de défense,* sac de filin tressé garni de liège pour protéger des chocs la coque des navires. ‖ *Ballon de mouillage,* marque noire, sphérique, servant à signaler, de jour, un navire au mouillage. — **Maroq.** *Sac ballon,* sac de dame de forme ventrue. — **Pétr.** Récipient servant à emmagasiner sous pression. — **Text.** Sur les métiers continus à filer et à retordre, trajectoire du fil entre le guide-fil supérieur et le curseur.

ENCYCL. **Aéron.** Un ballon comprend : une enveloppe en tissu imperméable, gonflée d'hydrogène ou d'hélium, et ouverte à la partie inférieure, et une nacelle, suspendue à un filet qui entoure complètement la partie supérieure de l'enveloppe. Sa force ascensionnelle est égale à la différence entre le poids de l'air déplacé par le ballon et le poids du ballon lui-même. Un ballon laissé à lui-même monte jusqu'à ce que sa force ascensionnelle s'annule. Pour dépasser la hauteur ainsi atteinte, l'aéronaute doit alléger le ballon en jetant du lest. Pour descendre, il ouvre une soupape qui laisse échapper du gaz. Pour diminuer la vitesse de descente, il déleste son ballon. (→ AÉROSTATION.)

— **Météo.** Les ballons ouverts, gonflés à l'hélium ou à l'hydrogène, peuvent emporter de lourdes charges instrumentales à des altitudes élevées. En fin de mission, les instruments redescendent en parachute jusqu'au sol, où ils sont récupérés. Les ballons fermés surpressurisés gardent un volume constant lors de la montée puis flottent à niveau pratiquement constant et peuvent avoir des durées de vie supérieures à un an. Les données scientifiques sont en général recueillies par un satellite qui les retransmet vers le sol.

— **Mil.** Le ballon captif fut employé pour la première fois à des fins militaires au cours de la bataille de Fleurus (1794). Pendant la Première Guerre mondiale, utilisé d'abord pour surveiller les mouvements des troupes adverses, le ballon servit au repérage des objectifs au sol et au réglage des tirs d'artillerie. Pendant la Seconde Guerre mondiale, il fut employé pour empêcher l'approche des avions ennemis à basse altitude.

2. BALLON n. m. (calque de l'all. *Belchen,* d'orig. inconnue). Dans les Vosges, sommet arrondi (ex. le ballon d'Alsace).

Ballons des Vosges *(parc naturel régional des),* parc régional englobant la partie méridionale (la plus élevée) du massif des Vosges.

BALLON (72290), ch.-l. de cant. de la Sarthe, à 21 km au N. du Mans ; 1 309 hab. Donjon du XVᵉ s.

BALLON ou **BALON** (Jean), danseur et compositeur de ballets français (Paris 1676-*id.* 1739). Entré à l'Académie royale de danse et de musique en 1691, il devint célèbre par sa grâce et sa légèreté.

BALLONNÉ adj. m. Se dit d'un style de danse d'élévation, moelleux et élastique.

BALLONNEMENT n. m. Augmentation pathologique du volume de l'abdomen par distension gazeuse.

BALLONNER v. t. (de *ballon*) [conj. 3]. Gonfler, distendre le tube digestif par une accumulation de gaz : *Nourriture qui ballonne l'estomac.*

◆ **être ballonné** v. pass. Être atteint de ballonnement : *Avoir le ventre ballonné.*

BALLONNET n. m. **1.** Petit ballon. — **2.** Petit ballon placé à l'intérieur des dirigeables souples, pour maintenir la forme de la carène malgré les déperditions de gaz.

BALLONNIER n. m. *Fam.* Aérostier.

BALLON-PILOTE n. m. (pl. *ballons-pilotes*). Ballon de petit diamètre, dont la trajectoire, observée depuis le sol à l'aide d'un théodolite ou d'un radar, indique la vitesse du vent et sa direction.

BALLON-SONDE n. m. (pl. *ballons-sondes*). Ballon libre et non monté, muni d'appareils de mesure dont les indications sont retransmises au sol par radio.

1. BALLOT n. m. (de *balle 2*). Paquet de marchandises ou de vêtements.

2. BALLOT n. m. (de *ballot 1*). *Fam.* Lourdaud, imbécile.

◆ adj. m. *Fam.* Sot, stupide : *Je trouve ça ballot.*

BALLOTE n. f. (lat. *ballota,* du gr. *ballôtê*). Plante (labiée) malodorante des décombres, aux fleurs pourpres verticillées (Autre n. usuel *marrube.*)

BALLOTTAGE n. m. (de *ballotter,* voter avec des ballottes, petites balles). — **1.** Au cours d'un scrutin majoritaire à deux tours, situation d'un candidat ou d'une liste de candidats qui n'a pas recueilli au premier tour la majorité requise pour l'emporter. — **2.** *Scrutin de ballottage,* deuxième tour de scrutin en cas de ballottage, pour lequel la majorité relative suffit.

BALLOTTEMENT n. m. Fait de ballotter ; mouvement d'un corps ballotté.

BALLOTTER v. t. (ital. *ballotta,* petite boule) [conj. 3]. Faire aller, secouer, agiter en tous sens qqn, qqch : *Par gros temps, la mer ballotte les navires.*

◆ v. i. ou **être ballotté** v. pass. **1.** Être balancé en tous sens. — **2.** Être renvoyé d'une personne à une autre, tiraillé entre deux choses : *Enfant ballotté entre son père et sa mère.*

BALLOTTINE n. f. (de *ballotte,* ballot de marchandises). Pièce de viande qui, désossée et parfois farcie, est roulée avant d'être cuite.

BALL-TRAP [baltrap] n. m. (pl. *ball-traps*) [angl. *ball-trap,* de *ball,* boule, et *trap,* ressort]. Appareil à ressort lançant en l'air des disques d'argile, dits « pigeons d'argile », servant de cible ; tir au fusil pratiqué avec cet appareil.

BALLU (Théodore), architecte français (Paris 1817-*id.* 1885). Il a élevé à Paris l'église Ste-Clotilde (avec F. Ch. Gau), la Trinité (1867), l'Hôtel de Ville (avec E. Deperthes, 1873).

BALLUCHON ou **BALUCHON** n. m. (de *balle*). *Fam.* et *vx*. Petit paquet d'effets personnels.

BALLY (Charles), linguiste suisse (Genève 1865-*id.* 1947). Disciple de F. de Saussure, il en publia le *Cours de linguistique générale* (1916), reconstitué à partir de notes d'élèves. Il a voulu fonder une linguistique de la parole, science des moyens d'expression qu'il appelle « stylistique » : *Précis de stylistique* (1905) ; *le Langage et la Vie* (1913) ; *Traité de stylistique française* (1909-10) ; *Linguistique générale et linguistique française* (1932).

BALMA (31130), comm. de la Haute-Garonne, banlieue est de Toulouse ; 9 902 hab.

BALMACEDA (José Manuel), homme d'État chilien (Santiago 1840-*id.* 1891). Élu président de la République en 1886, il profita des ressources accrues fournies par l'exploitation des nitrates pour moderniser le pays. Mais sa politique très personnelle provoqua une guerre civile qui se termina par sa défaite et son suicide.

BALMAT (Jacques), guide français (hameau des Pèlerins, près de Chamonix, 1762-vallée de Sixt 1834). Auteur, avec le docteur Paccard, de la première ascension du mont Blanc (8 août 1786), il conduisit H. B. de Saussure à son sommet l'année suivante.

BALME n. f. Syn. de BAUME.

BALME *(col de)*, col des Alpes, à l'extrémité N. du massif du Mont-Blanc ; 2 205 m. Centre d'excursions.

BALMER (Johann Jakob), physicien suisse (Lausen, cant. de Bâle-Campagne, 1825-Bâle 1898). Étudiant les spectres lumineux émis par les gaz incandescents, il découvrit (1885) la formule donnant les longueurs d'onde λ des différentes raies du spectre d'émission-absorption de l'hydrogène dans le domaine visible : $1/\lambda = R(1/2^2 - 1/m^2)$, R étant la constante de Rydberg et m un nombre entier.

BALMES (*abbé* Jaime Luciano), publiciste et philosophe catholique espagnol (Vich 1810-*id.* 1848), restaurateur de la philosophie en Espagne et apologiste fécond.

BALMONT (Konstantine Dmitrievitch), poète russe (Goumnichtchi, prov. de Vladimir, 1867-Noisy-le-Grand 1942). L'un des meilleurs représentants du symbolisme russe, il rénova la technique du vers par des effets musicaux inusités (*Dans l'infini,* 1895 ; *Liturgie de la beauté,* 1905).

BALMORAL n. m. Chaussure d'homme à tige montante.

Balmoral *(château de),* château d'Écosse (comté d'Aberdeen), construit en 1853, résidence d'été des souverains britanniques.

BALNÉAIRE adj. (lat. *balnearius,* de *balneum,* bain). **1.** Qui est destiné, se rapporte aux bains de mer : *Station balnéaire.* — **2.** Syn. vieilli de THERMAL.

BALNÉATION n. f. (lat. médiév. *balneatio*). Action de prendre ou de donner des bains médicamenteux et hydrominéraux.

BALNÉOTHÉRAPIE n. f. (du lat. *balneum,* bain). Traitement par l'emploi méthodique des bains.

B. A. L. O., abrév. de BULLETIN* DES ANNONCES LÉGALES OBLIGATOIRES.

BÂLOIS, E adj. et n. De Bâle.

BALOUBAS → LOUBAS.

1. BALOURD, E adj. et n. (moyen fr. *bellourd,* du préf. péjor. *bes-* et de *lourd,* d'après l'ital. *balordo,* sot). Qui est d'un esprit épais et obtus ; maladroit et grossier.

2. BALOURD n. m. (ital. *balordo*). Mauvaise répartition des masses d'une pièce ou d'un ensemble tournant, qui fait que son centre de gravité n'est pas sur l'axe de rotation.

BALOURDISE n. f. **1.** Défaut de celui qui est balourd. — **2.** Parole ou acte de balourd ; bêtise, sottise.

BALOUTCHE n. m. Tapis d'Orient noué, produit par des tribus turkmènes.

BALOUTCHES, ethnie dominante du Baloutchistan pakistanais et iranien. Les Baloutches se réclament du sunnisme ḥānafite, bien qu'ils conservent des croyances hétérodoxes et des cultes locaux.

BALOUTCHI n. m. Langue indo-européenne de la branche iranienne occidentale parlée par les Baloutches. (Sa localisation actuelle est le résultat de migrations datant du Moyen Âge ayant conduit les Baloutches des bords de la Caspienne vers le sud-est du plateau iranien.)

BALOUTCHISTAN, BALŪCHISTĀN ou **BÉLOUTCHISTAN**, région de l'Asie sud-occidentale, s'étendant sur l'Iran sud-oriental (v. princ. *Zāhedān*) et le Pākistān occidental (dont elle constitue une province [347 000 km² ; 4 305 000 hab. ; ch.-l. *Quetta*]), au N. de la mer d'Oman.
— **Hist.** Soumis par les Arabes au VIIIe s., le Baloutchistan passa ensuite sous la domination de l'Iran puis de l'Afghānistān. Indépendant au XVIIIe s., le pays dut accepter, en 1876, le protec-

torat britannique. En 1887, il fut intégré à l'Empire indo-britannique.
– **Archéol.** Les plus anciens sites néolithiques du subcontinent indien (IVe mill.) sont localisés dans les vallées du Nord et du Centre. Au IIIe mill. se développa une culture très proche de celle de Mundigak. Quelques sites de la côte de Makrān relèvent de la civilisation de l'Indus.

BALOVALES → LOVALES.

BALSA [-za] n. m. (esp. *balsa,* mot préroman). Bois fourni par une bombacacée équatoriale américaine (ochroma), très tendre et très léger, d'un grand usage en aviation, maquettes, emballage, isolation thermique et phonique, etc.

BALSAMIER → BAUMIER.

BALSAMINE [-za-] n. f. (lat. *balsamum,* baume). Herbe d'Asie et d'Afrique tropicales (1 espèce en France), aux fleurs zygomorphes à éperon, appelée aussi *impatiente* à cause de son fruit qui, au moindre contact, s'ouvre brutalement en projetant les graines au loin.

BALSAMIQUE [-za-] adj. (lat. *balsamum,* baume). **1.** Se dit des plantes dont on extrait un baume. – **2.** *Litt.* Qui a les propriétés et, en particulier, l'odeur du baume ; parfumé.
◆ adj. et n. m. Se dit d'un médicament employé sur la peau et les muqueuses, pour son action antiseptique et trophique due à la présence de baumes.

BALSAMO (Giuseppe) → CAGLIOSTRO.

BALSAMUM [-zamɔm] n. m. (lat. *balsamum,* du gr. *balsamon*). Baume produit par des plantes de la famille des térébinthacées.

BALŠIDES, dynastie qui régna sur le Monténégro et une partie de l'Albanie de 1360 à 1421.

BALTA, région marécageuse de Roumanie, qui constitue le lit majeur du Danube et qui s'étend depuis Călărași jusqu'à la tête du delta.

BALTA (José), colonel et homme d'État péruvien (Lima 1816-*id.* 1872). Président de la République en 1868, il a donné une grande impulsion à la construction des chemins de fer. Il fut assassiné.

BALTARD (Victor), architecte français (Paris 1805-*id.* 1874), fils de l'architecte et graveur Louis Pierre **Baltard** (1764-1846). Reprenant les idées d'Hector Horeau (1801-1872), il édifia en fer et fonte (selon la volonté de Napoléon III) les Halles centrales de Paris (1851-1857 ; démolies en 1971). Il a également construit l'église St-Augustin (1860).

BALTE → BALTIQUE.

BALTES *(pays),* nom donné à l'ensemble formé par les Républiques d'Estonie, de Lettonie et de Lituanie, situées sur la mer Baltique.

BALTHASAR (Urs VON), théologien catholique suisse (Lucerne 1905-Bâle 1988). Ordonné prêtre (1936), marqué par H. de Lubac et K. Barth, il s'est efforcé de constituer une théologie axée sur le Christ (*la Gloire et la Croix,* 1965-1983).

BALTHAZAR n. m. Grosse bouteille de champagne, équivalant à seize bouteilles champenoises (env. 12 litres).

BALTHAZAR, fils aîné de Nabonide, roi de Babylone, tué lors de la prise de Babylone par les Perses en 539 av. J.-C. Le récit biblique du livre de Daniel, qui fait de Balthazar le dernier roi des Chaldéens et le fils de Nabuchodonosor II, utilise des traditions légendaires.

BALTHAZAR, l'un des trois Rois mages.

BALTHAZAR DE BEAUJOYEUX → BEAUJOYEUX.

BALTHUS (Balthasar KLOSSOWSKI DE ROLA, dit), peintre français (Paris 1908). Très construits, mais souvent nimbés d'une lumière pâle ou sourde qui mange la couleur, ses paysages, ses intérieurs avec leurs figures de jeunes filles ont une qualité troublante. Il a été directeur de l'Académie de France à Rome de 1961 à 1976.

BĂLŢI, v. de Moldavie ; 159 000 hab.

BALTIMORE, v. des États-Unis (Maryland) ; 736 014 hab. (2 382 172 pour l'aire métropolitaine). Au fond de la baie Chesapeake, Baltimore, fondée en 1729, demeure un port notable, un centre industriel (métallurgie diversifiée et chimie) et culturel (université Johns Hopkins et importants musées).

BALTIMORE (David), médecin américain (New York 1938). Il a découvert, avec H. M. Temin, le mécanisme complexe qui permet à un virus, dont le programme est inscrit dans l'acide ribonucléique, de rendre une cellule cancéreuse. (Prix Nobel, avec H. M. Temin et R. Dulbecco, en 1975.)

BALTIQUE ou **BALTE** adj. Se dit des pays qui avoisinent la mer Baltique.
◆ **baltique** ou **balte** n. m. Groupe de langues indo-européennes comprenant le lituanien, le lette et le vieux prussien, aujourd'hui éteint. (Le baltique présente de nombreux traits communs avec le slave.)

BALTIQUE *(mer),* mer intérieure de l'Atlantique du Nord-Est, communiquant avec la mer du Nord par les détroits danois, avec le golfe de Botnie par la mer d'Åland ; 384 700 km². Peu profonde (maximum 459 m), peu salée (15-16 ‰), connaissant une forte amplitude thermique annuelle (avec congélation littorale fréquente), peu poissonneuse, la Baltique est bordée de côtes souvent basses, parfois rocheuses, jalonnées de ports commerciaux et/ou militaires.

Baltique-mer Blanche *(canal),* canal de la Russie, entre Povenets, sur le lac Onega, et Belomorsk (baie de l'Onega) ; 227 km.

BALTISTĀN, partie du Cachemire, dominée par les plus hauts sommets du Karakorum, dont le K2. V. princ. *Skārdu* et *Gilgit.*

BALTIT ou **HUNZA,** v. du nord du Pākistān, centre du Hunza, au N. de Gilgit, à proximité de la frontière chinoise.

BALTO-FINNOIS n. m. Ensemble de langues finno-ougriennes apparentées, parlées autour de la Baltique (finnois, estonien, carélien, vepse, live).

BALTO-SLAVE n. m. Sous-ensemble de l'indo-européen qui aurait réuni le baltique et le slave.

BALTRUSAÏTIS (Jurgis), historien d'art français d'origine lituanienne (près de Kaunas 1903-Paris 1988). Il a prospecté un vaste domaine irréaliste de la création artistique : *le Moyen Âge fantastique* (1955), *Anamorphoses* (1955), *Aberrations* (1957), *la Quête d'Isis* (1967), *le Miroir* (1978).

BALŪCHISTĀN → BALOUTCHISTAN.

BALUCHITHÉRIUM [-rjɔm] n. m. Sorte de rhinocéros fossile du tertiaire, le plus grand mammifère terrestre ayant jamais existé (hauteur au garrot : 6 m ; longueur : 8 m).

BALUCHON → BALLUCHON.

BALUE (Jean), prélat français (Angles-sur-l'Anglin v. 1421-Ripatransone, Italie, 1491). Évêque d'Angers et cardinal (1467), il fut l'un des principaux conseillers de Louis XI, qui le fit emprisonner (1469-1480) — selon la tradition, dans une cage de fer —, pour avoir entretenu une correspondance secrète avec Charles le Téméraire.

BALUNDAS → LUNDAS.

BALUSTRADE n. f. (ital. *balaustrata*). Clôture à jour ou garde-corps, à hauteur d'appui, en principe faits d'une rangée de balustres unis par une tablette.

BALUSTRE n. m. (ital. *balaustra,* fleur et fruit du grenadier). **1.** Sorte de petit pilier, élément de barreaudage d'une balustrade, en général tourné et composé d'un piédouche, d'une panse, d'un col et d'un chapiteau. — **2.** Sorte de rouleau horizontal qui garnit les faces latérales du chapiteau ionique (chacune de ses extrémités est une volute). — **3.** Chacune des colonnettes pouvant orner le dossier d'un siège. — **4.** Au XVIIe s., balustrade qui, dans les chambres de parade des rois et des grands, fermait l'alcôve. — **5.** Compas de précision, muni d'un système à vis permettant un réglage fin et stable de l'écartement des branches.

BALUZE (Étienne), érudit français (Tulle 1630-Paris 1718). Bibliothécaire de Colbert et de Seignelay (1667-1700), il a surtout étudié le droit canon et l'histoire, et a laissé entre autres ouvrages une *Histoire généalogique de la maison d'Auvergne* (1708).

BALZAC n. m. Syn. de MOURVÈDRE.

BALZAC (Jean-Louis GUEZ DE), écrivain français (Angoulême 1595-*id.* 1654). Ses *Lettres,* ses écrits politiques, ses essais critiques (*le Socrate chrétien,* 1652 ; *Aristippe,* 1658) contribuèrent à la formation de la prose classique. (Acad. fr., 1634.)

BALZAC (Honoré DE), écrivain français (Tours 1799-Paris 1850). Son enfance se passe hors du milieu familial, dans un collège de Vendôme. Après quelques essais dans le droit et le notariat, il proclame en 1819 sa vocation littéraire. Marqué par la tradition du XVIIIe s. et par le renouveau scientifique et universitaire du début de son siècle, il entreprend d'écrire une œuvre de nature théorique et philosophique (*Traité* ou *Théorie de la volonté,* dont il devait parler dans *la Peau de chagrin* et dans *Louis Lambert*). Cependant, il publie de 1822 à 1825, sous les pseudonymes de lord R'hoone et d'Horace de Saint-Aubin, des romans alimentaires. Après une tentative catastrophique dans les affaires (édition, imprimerie, fonderie), qui, en 1828, le laisse sous le coup d'un énorme endettement dont il ne sortira jamais, Balzac, soutenu par l'amour puis l'affection protectrice de Mme de Berny, revient à la littérature et publie, en 1829, sous sa signature, *le Dernier Chouan,* qui deviendra *les Chouans.* Célèbre dès 1830, il mène une vie de dandy et publie ses premières *Scènes de la vie privée* (1830), qui s'opposent fortement au romantisme flamboyant d'alors et qui mettent en place l'une des sections maîtresses de *la Comédie* humaine* à venir. Du même mouvement, ayant dit le secret des amours et des familles (*la Cousine* Bette,* 1846 ; *le Cousin* Pons,* 1847), il dénonce, dans de nombreux textes d'inspiration « fantastique », le « piégeage » de la vie dans la société et dans la civilisation modernes. Désormais la route est tracée, intimisme et vérisme, mais aussi, inséparables, nouveau tragique et nouvelles fatalités au cœur même de la « liberté ». C'est ce qu'exprime le fameux dilemme de *la Peau de chagrin* (1831) : l'obéissance au désir, conforme aux exigences profondes de la modernité, conduit à la mort (physique, par l'usure, ou morale, par la compromission avec l'ordre de l'argent) [*les Illusions* perdues,* 1837-1843] ; mais aussi le non-désir, l'abstention, la fuite, la retraite sont d'autres formes de la mort, de la non-vie à laquelle on tente d'échapper par l'utopie (*le Médecin* de campagne,* 1833 ; *le Curé de village,* 1838-39). À partir de là, les termes de la fausse querelle :

Balzac réaliste ou Balzac visionnaire, sont dépassés. Très tôt, Balzac est exact dans ses descriptions et narrations qui naturalisent des sujets jusqu'alors interdits ou suspects : l'argent, la famille, la constitution des vrais pouvoirs dans la France libérale bourgeoise (*Eugénie* Grandet,* 1833 ; *le Père* Goriot,* 1834-35). Après le choc de 1830, Balzac devient l'adversaire numéro un du libéralisme au pouvoir et donne à son opposition la forme d'un légitimisme et d'un catholicisme de choc, après la « conversion » de 1832, longtemps mise sur le compte unique de l'amour pour Mme de Castries. De 1832 (la retraite à Saché pour écrire *Louis Lambert*) jusqu'à sa mort, Balzac sera un forçat de l'écriture, travaillant pour livrer des manuscrits, multipliant les rééditions. Dans les années 1834-35 naît le système du retour des personnages, et, en 1836, le roman-feuilleton offre à Balzac de nouvelles possibilités et contribue à réorienter sa production : disparition des sujets « philosophiques », relative puis massive priorité donnée aux sujets « parisiens » (*César* Birotteau,* 1837 ; *Splendeurs* et misères des courtisanes*, 1838-1847). Si le milieu ouvrier n'apparaît pas directement dans son œuvre, il traite néanmoins des phénomènes sociaux par le biais de la peinture des milieux paysans (*les Paysans**, 1844). En 1842, il systématise son œuvre en publiant le premier volume de la *Comédie humaine,* précédé d'un *Avant-propos,* qui est la première grande charte théorique du roman comme genre majeur. Pendant toutes ces années, Balzac a mené de front avec sa vie littéraire une intense vie personnelle, essentiellement dominée par la longue liaison avec Mme Hanska, une noble polonaise qui lui avait écrit sous le pseudonyme de l'*Étrangère,* dès 1832. Balzac, après de nombreux voyages à travers l'Europe, finit par épouser sa princesse lointaine en 1850, lors d'un séjour à Wierzschownia, en Ukraine. Rentré à Paris en mai, exténué, il meurt le 18 août.

BALZACIEN, ENNE adj. Qui rappelle les personnages, les situations ou la conception du roman de Balzac.

BALZAN, E adj. (ital. *balzano,* de l'anc. fr. *baucent,* du lat. *balteus,* bordure). Se dit d'un cheval qui a des balzanes.

BALZANE n. f. (de *balzan*). Marque blanche entourant la partie inférieure des membres d'un cheval.

B.-A. M. (sigle de *Baïkal-Amour Magistral*), chemin de fer à caractère stratégique et économique de l'Extrême-Orient russe, qui relie la Sibérie orientale (à partir d'Oust-Kout) à la côte pacifique selon un tracé plus septentrional que celui du Transsibérien (auquel il est relié), trop proche de la frontière avec la Chine.

BAMAKO, cap. du Mali et ch.-l. de région, sur le Niger ; 404 000 hab. Fondée en 1882, reliée par le rail à Dakar et par la route à Abidjan, c'est la métropole administrative, commerciale du pays, possédant quelques industries (biens de consommation) et une université.

BAMBA, (Amadou), chef religieux et poète sénégalais (Mbacké, près de Diourbel, 1850 – Diourbel 1927), créateur d'une importante confrérie musulmane et auteur de poèmes en langue arabe.

BAMBARA n. m. Langue nigéro-congolaise du groupe mandé, parlée par les Bambaras.

BAMBARAS, peuple du groupe mandé, comptant environ 1 500 000 d'individus dont la majeure partie vit au Mali et au Sénégal. Vassalisés par les Peuls du Macina, les Bambaras constituèrent deux royaumes (Kaarta et Ségou), qui furent détruits au XIXe s. par les Toucouleurs.

BAMBERG, v. d'Allemagne, en Bavière, au N. de Nuremberg ; 72 900 hab. L'empereur Henri II y fonda, en 1002, un évêché dont les titulaires furent de puissants princes d'empire ; il fut sécularisé et incorporé à la Bavière en 1803. Exemplaire de l'urbanisme allemand médiéval et baroque, la ville conserve d'importants monuments, dont sa cathédrale (célèbre ensemble de sculptures du XIIIe s.). Université. Constructions mécaniques.

BAMBIN, E n. (ital. *bambino*). Petit garçon, petite fille (avec une nuance de tendresse ; le fém. est rare).

BAMBOCHADE n. f. (ital. *bambocciata,* de Bamboccio, surnom du peintre hollandais P. Van Laer). **1.** Composition représentant un sujet vulgaire, populaire ou pittoresque (scène de corps de garde ou de cabaret, rixe de paysans, etc.). — **2.** *Fam.* et *vx.* Petite partie de débauche.

BAMBOCHE n. f. (de *bambochade*). *Fam.* et *vx.* Débauche, ripaille.

BAMBOCHE ou **BAMBOCCIO** → VAN LAER (Pieter).

BAMBOCHER v. i. (de *bamboche*) [conj. 3]. *Fam.* Faire la noce, faire ripaille.

BAMBOCHEUR, EUSE ou **BAMBOCHARD, E** adj. et n. *Fam.* Qui aime à faire la noce ; fêtard.

BAMBOU n. m. (port. *bambu,* du marathe). **1.** Nom commun à toutes les graminées de grande taille des régions chaudes, constituant environ 25 genres différents, tous très voisins, et près de 200 espèces. — **2.** Fam. *Coup de bambou,* insolation ; fatigue brusque ; accès de folie ; prix excessif demandé par un commerçant, en partic.

un restaurateur, un hôtelier. ‖ *Pousse de bambou,* jeune tige de bambou consommée comme légume.

ENCYCL. La tige est un long cylindre de consistance ligneuse, pouvant atteindre 45 m de hauteur chez une espèce de Java, et creux dans l'intervalle des nœuds. C'est le matériau idéal des habitations légères, notamment en Chine et au Japon. On en fait aussi des clôtures, des mâts de bateaux de pêche, etc. La fibre des feuilles donne un excellent papier et les jeunes pousses sont un comestible apprécié.

BAMBOUK (le) ou **BAMBOUGOU**, région accidentée du Mali, comprise entre la Falémé, à l'ouest, et le Bafing, à l'est, composée de petites chefferies animistes converties à l'islām par El-Hadj Omar, et longtemps considérée comme le pays de l'or.

BAMBOULA n. f. (guinéen *ka-mombulon,* tambour). Pop. *Faire la bamboula,* faire la noce.

BAMBUSAIE ou **BAMBUSERAIE** n. f. Lieu planté de bambous.

BAMENDA, v. du Cameroun, ch.-l. de la prov. du Nord-Ouest ; 40 000 hab. Café.

BAMILÉKÉS, population du sud du Cameroun d'environ 500 000 personnes, parlant une langue bantoïde.

BĀMIYĀN, v. d'Afghānistān, ch.-l. de province, au N.-O. de Kaboul ; 73 000 hab. Aéroport. Situé sur la route des caravanes, cet important centre bouddhique (IIe-VIIe s.) a été un véritable trait d'union entre la Chine, l'Inde et l'Occident. Au pied de deux bouddhas gigantesques, plusieurs sanctuaires et monastères rupestres attestent par leurs décorations peintes les influences de l'Inde gupta et de l'Iran sassanide.

BAMONGOS → MONGOS.

BAMOUMS → MOUMS.

1. BAN n. m. (frq. * *ban*). **1.** Pouvoir de commandement du seigneur ; proclamation publique d'un ordre, d'un événement ; convocation des vassaux par le seigneur ou le roi pour le service militaire ; ensemble des vassaux convoqués ; condamnation au bannissement. — **2.** Roulement de tambour et sonnerie de clairon précédant (*ouverture du ban*) ou clôturant (*fermeture du ban*) certaines cérémonies militaires (remise de décoration par ex.). — **3.** Dans certaines communes, arrêté municipal fixant la date à laquelle peuvent être exécutés certains travaux agricoles (*ban de moisson, ban de fauchaison...*). — **4.** *Être en rupture de ban,* pour un banni, rentrer illégalement sur le territoire national ; avoir rompu avec les contraintes imposées par son milieu, par la société : *Un jeune bourgeois en rupture de ban.* ‖ *Mettre qqn au ban de la société,* le déclarer indigne, le dénoncer au mépris public. ‖ *Un ban pour qqn,* invitation faite à l'assistance d'applaudir d'une manière rythmée en l'honneur de qqn.

◆ **bans** n. m. pl. *Bans de mariage,* notification publique, orale ou écrite, d'un futur mariage. (Pour une juste raison, on peut en obtenir une dispense.) ‖ *Publication des bans,* affichage obligatoire (sauf dispense) à la mairie de l'annonce d'un mariage, pendant dix jours.

2. BAN n. m. (pl. *bani*). Monnaie divisionnaire roumaine valant un centième de leu.

3. BAN n. m. (serbo-croate *bán,* maître). Titre porté, dans les pays des Slaves du Sud et en Valachie, par des dignitaires dotés de fonctions administratives, judiciaires et militaires. (En Croatie, le ban était le représentant du roi de Hongrie [1102-1918]).

BĀṆA, écrivain de langue sanskrite du VIIe s., un des maîtres du récit romancé en prose *(Kādambarī).*

BANACH (Stefan), mathématicien polonais (Cracovie 1892 - Lvov 1945). Ses travaux sur les espaces vectoriels topologiques l'ont amené à introduire les espaces normés complets qui portent son nom.

1. BANAL, E, AUX adj. (de *ban*). Qui est soumis au droit de banalité.

2. BANAL, E, ALS adj. (de *banal 1*). **1.** Qui ne s'écarte pas du cours normal des choses ; courant, ordinaire : *Un incident banal.* — **2.** *Péjor.* Qui manque d'originalité : *Un homme banal et sans personnalité.* — **3.** Se dit d'un article de vente courante dont l'achat s'effectue notamment dans un commerce de proximité. (Contr. ANOMAL.)

BANALEMENT adv. De façon banale.

BANALISATION n. f. **1.** Action de rendre banal, commun, courant qqch, de lui ôter son caractère rare ou original ; fait de devenir banal : *La banalisation du sport équestre.* — **2.** Action de placer qqch sous le droit commun, de le soustraire à une affectation spéciale ou de le priver de ses marques distinctives : *Banalisation d'une marque déposée.* — **3.** Établissement, sur une voie ferrée, de la circulation tantôt dans un sens, tantôt dans le sens opposé.

BANALISER v. t. (conj. 3). **1.** Rendre qqch banal, commun, courant : *Banaliser un sujet tabou.* — **2.** Priver qqch de son originalité : *Banaliser un roman en l'adaptant au cinéma.* — **3.** Soumettre qqch au droit commun, lui ôter toute destination ou marque spécifique : *Banaliser une voiture de police.* — **4.** Procéder à la banalisation d'une voie ferrée.

◆ **se banaliser** v. pr., **être banalisé** v. pass. **1.** Devenir banal, courant, commun : *Les transports aériens se sont banalisés.* — **2.** *Voiture banalisée,* véhicule de la police qui ne possède aucune marque distinctive.

1. BANALITÉ n. f. (de *ban 1*). Droit du seigneur de contraindre tous les habitants de sa seigneurie à utiliser, moyennant une redevance en argent, l'équipement technique (four, moulin, pressoir, etc.) qu'il a réalisé à ses frais sur son domaine.

2. BANALITÉ n. f. (de *banalité 1*). Caractère de ce qui est banal : *Un livre d'une grande banalité.* — **2.** Propos, idée, écrit sans originalité : *Ne dire que des banalités.*

BANANE n. f. (port. *banana,* d'une langue de Guinée). **1.** Fruit allongé, un peu incurvé, vert ou jaune, groupé en grappes dites « régimes » sur le bananier, et qui contient, sous une peau épaisse aisée à détacher, une pulpe amylacée nutritive et savoureuse de consistance fondante. — **2.** *Pop.* Décoration, galon. — **3.** *Pop.* Injure fam. adressée à qqn dont on souligne la bêtise, la naïveté. — **4.** *Fam.* Butoir de pare-chocs d'une automobile. — **5.** *Fam.* Coiffure des rockers, consistant en une grosse mèche enroulée au-dessus du front. — **6.** *Fam.* Grand hélicoptère à deux rotors. — **7.** Sacoche en forme d'arc de cercle que l'on porte à la ceinture. — **8.** Fiche mâle de prise de courant, que l'on introduit dans une alvéole. (On dit aussi FICHE BANANE.) — **9.** *Banane de mer,* poisson tropical de forme allongée, grégaire et pélagique. ‖ *Banane plantain,* variété de bananes bonnes à manger après cuisson. ‖ *Figue banane, banane douce, banane dessert,* variétés de bananes bonnes à manger crues. ‖ Pop. *Peau de banane,* procédé déloyal.

BANANERAIE n. f. Plantation de bananiers.

1. BANANIER, ÈRE adj. **1.** Relatif à la production, au commerce des bananes. — **2.** *République bananière,* nom donné aux États d'Amérique centrale où les vastes plantations de cultures tropicales sont souvent entre les mains des grandes compagnies nord-américaines.

2. BANANIER n. m. **1.** Très grande herbe vivace (musacée) des régions équatoriales, aux feuilles immenses, et dont le fruit est la banane. — **2.** Cargo spécialement aménagé pour le transport des bananes.

ENCYCL. Les bananiers ont de 1 à 15 m de hauteur et leur vraie tige est souterraine. Une inflorescence portée par une tige florale s'allonge au centre du faux tronc formé par les gaines des feuilles pour sortir au centre du bouquet foliaire. Les premiers groupes de fleurs qui apparaissent à la base donneront des bananes ; au sommet, les groupes de fleurs dites mâles apparaissent ensuite. L'inflorescence se recourbe vers le sol et les bananes se redressent vers le haut, formant ainsi le régime, récolté trois mois environ après la sortie. Le commerce international est de l'ordre de 6 Mt, avec un courant très important de l'Amérique centrale et du nord de l'Amérique du Sud vers l'Europe.

Le bananier est utile à divers titres : il procure une réserve alimentaire à contre-saison ; ses feuilles servent de nourriture pour les bovins ; avec les fibres des gaines, on fait des liens et des étoffes.

BANAT n. m. **1.** Dignité de ban. **2.** Territoire administré par un ban.

BANAT, région historique du sud-est de l'Europe, entre le Danube, la Tisza, le Mureş et la dépression Cerna-Timiş. Sous domination hongroise depuis le Xe s., elle fut occupée par les Ottomans (1552-1718) et partagée en 1919-20 entre la Hongrie, la Yougoslavie et la Roumanie. V. princ. *Timişoara.*

1. BANC n. m. (germ. **bank*). **1.** Siège allongé pour plusieurs personnes, avec ou sans dossier, en général non rembourré. — **2.** Siège réservé à une catégorie de personnes dans certaines assemblées, dans les tribunaux, etc. : *Le banc des ministres.* — **3.** *Banc d'essai,* installation permettant de mesurer les principales caractéristiques et les performances d'un moteur à différents régimes ; ce qui permet d'éprouver qqn, qqch, de juger de ses capacités, de ses possibilités. ‖ *Banc d'huîtres,* étalage, à l'extérieur d'un restaurant, des fruits de mer qui y sont servis ou peuvent être vendus à la clientèle extérieure. ‖ *Être au (sur le) banc des accusés,* être dans la situation d'accusé. ‖ *Sur les bancs (de l'école),* à l'école. • **Arm.** *Banc d'épreuve,* ensemble d'appareils qui permettent d'éprouver la résistance du canon des armes à feu. — **Dr. anc.** *Banc d'avocat, de procureur,* bureau d'un avocat, d'un procureur au palais. ‖ *Banc des baillis et sénéchaux,* banc où siégeaient les baillis et sénéchaux. ‖ *Grand banc,* banc des présidents à mortier dans les anciens parlements. — **Hist.** Cour du conseil d'un souverain. ‖ *Banc du roi,* en Angleterre, tribunal suprême qui jugeait, au Moyen Âge, en présence du roi, les affaires intéressant le souverain et qui devint ensuite un tribunal d'appel. — **Impr.** *Banc de reproduction,* appareil photographique employé dans les ateliers de photogravure. — **Inform.** *Banc mémoire,* ensemble électronique composant une partie ou l'ensemble de la mémoire centrale d'un ordinateur. — **Mar.** *Banc de nage,* chacun des bancs d'une embarcation manœuvrée à l'aviron. — **Mécan.** Partie du bâti d'une machine-outil servant de support aux glissières horizontales sur lesquelles évoluent les tables ou les chariots. — **Métall.** *Banc métallographique,* microscope optique inversé dans lequel la partie éclairage, le bloc optique et les dispositifs d'enregistrement photographique sont placés en ligne horizontale. ‖ *Banc à tirer,* appareil pour étirer les métaux en fil et pour obtenir des tubes métalliques sans soudure. – **Opt.** *Banc d'optique,* support massif horizontal sur lequel peuvent coulisser différents éléments d'un montage optique dont les positions sont ainsi aisément repérables. – **Relig.** *Banc d'œuvre,* place qui était réservée, dans les églises, aux membres du conseil paroissial. – **Techn.** Bâti en métal ou en bois, utilisé par de nombreux corps de métiers. – **Text.** *Banc à broches,* machine de filature qui, dans la chaîne de production, précède le continu à filer et qui produit une mèche légèrement tordue. ‖ *Banc d'étirage,* machine de filature sur laquelle on procède à une opération d'étirage combinée à une opération de doublage.

2. BANC n. m. (de *banc 1*). **1.** Élévation du fond marin, à sommet régulier, parfois découvert à basse mer et qui, aux abords des côtes, peut être dangereuse pour la navigation. – **2.** Troupe d'animaux marins de même espèce se formant à certaines époques de l'année : *Banc de sardines, de harengs.* – **3.** Amas épais de qqch : *Banc de brume.* – **4.** Couche géologique sédimentaire généralement étendue et d'épaisseur réduite. (Syn. NIVEAU.) – **5.** Amas de sable ou de galets, plus ou moins mobile, qui se forme dans le lit d'une rivière, et dont la formation, le déplacement, la disposition dépendent du mouvement des eaux. – **6.** *Banc de neige,* au Canada, amas de neige entassée par le vent.

BANCABLE ou **BANQUABLE** adj. **1.** Se dit d'un effet de commerce susceptible d'être réescompté à la Banque de France ou facilement négociable. – **2.** Se dit d'une ville où il existe au moins un guichet permanent d'une banque.

BANCAIRE adj. Relatif à la banque, aux opérations de banque.

bancaire *(Commission),* organe chargé de faire respecter la législation et la réglementation bancaires au moyen de contrôles confiés à la Banque de France.

BANCAL, E, ALS adj. et n. (anc. provenç. *bancal,* de banc). Qui a une jambe ou les jambes torses. ◆ adj. **1.** *Litt.* Torse, en parlant des jambes. – **2.** Dont l'un des pieds est plus court que les autres : *Fauteuil bancal.* – **3.** Qui est mal établi, sans base solide : *Raisonnement bancal.*

◆ **bancal** n. m. Vers 1800, sabre courbe de la cavalerie légère.

BANCARISATION n. f. **1.** Emprise plus ou moins grande de l'institution bancaire sur une population donnée. – **2.** *Taux de bancarisation,* pourcentage des ménages ayant au moins un compte en banque.

BANCARISER v. t. (conj. **3**). Toucher qqn, un groupe par le processus de bancarisation.

BANCASSURANCE n. f. Pratique des opérations d'assurance par les banques.

BANC-BALANCE n. m. (pl. *bancs-balances*). Bâti oscillant sur lequel on monte un moteur pour mesurer sa puissance.

BANCBROCHEUR, EUSE n. Ouvrier(ère) travaillant aux bancs à broches.

BANCHAGE n. m. (de *banche*). **1.** Procédé traditionnel de construction consistant à pilonner du béton de terre *(pisé)* dans une banche en planches, ou entre deux parements de maçonnerie. – **2.** Coulage d'un mur en béton de ciment dans une banche métallique. – **3.** Mise en place des banches.

BANCHE n. f. (de *banc*). **1.** Coffrage ou panneau de coffrage utilisé pour la réalisation des murs en pisé ou en béton armé. – **2.** Banc d'argile ou de marne affleurant sous la mer ou au bord de la mer.

BANCHÉE n. f. Portion de mur en béton de terre ou de ciment, obtenue en remplissant une banche.

BANCHER v. t. (conj. **3**). **1.** Couler du béton dans des banches. – **2.** Mettre en place des banches.

BANCO n. m. (mot ital.). *Faire banco,* au baccara et à d'autres jeux, tenir seul tout l'enjeu contre la banque.

BANCO → BANQUO.

BANCOR n. m. Dénomination que Keynes donnait, dans son plan proposé à Bretton Woods, en 1944, à une monnaie spéciale, réservée aux règlements internationaux.

BANCOUL n. m. (de *Bencoulen,* v. de Sumatra). *Noix de bancoul,* fruit comestible du bancoulier, riche en matières grasses.

BANCOULIER n. m. Arbre (euphorbiacée) du Sud-Est asiatique, du genre *aleurites,* dont le fruit est la noix de bancoul. (N. usuel *noyer des Moluques.*)

BANCQUART (Alain), compositeur français (Dieppe 1934). Altiste, son expérience d'instrumentiste a fortement influencé sa musique. On lui doit, notamment, outre un concerto pour alto (1964), *Ombre éclatée,* pour voix de femme et orchestre (1968), *l'Amant déserté* (1978), *Tarots d'Ulysse,* opéra de chambre (1984).

BANCROCHE adj. et n. (de *bancal,* et anc. adj. *croche,* crochu). Syn. fam. et vx de BANCAL.

BANCROFT (George), historien et homme politique américain (Worcester, Massachusetts, 1800 - Washington 1891). Ministre à Londres

(1846-1849), puis représentant des États-Unis à Berlin (1867-1874), il négocia les *traités Bancroft,* qui reconnaissaient aux immigrants le droit de renoncer à leur nationalité d'origine et d'échapper ainsi au service militaire. Il a écrit une *Histoire des États-Unis,* publiée de 1834 à 1874.

BANCROFTOSE n. f. Filariose lymphatique due à *Wuchereria bancrofti,* variété *variceli* ou *pacifica.* (Syn. WUCHÉRERIOSE.)

BANC-TITRE n. m. (pl. *bancs-titres*). Dispositif constitué d'une caméra fixe et d'un plateau sur lequel on dispose les documents plans à filmer (titres, dessins, photos).

BANDA *(îles),* archipel d'Indonésie, autrefois grand marché des épices.

BANDA *(mer de),* mer profonde (-7 360 m) de l'Indonésie, comprise dans l'arc formé par la partie orientale des petites îles de la Sonde, au S. de Céram.

BANDA (Hastings Kamuzu), homme d'État du Malawi (district de Kasungu 1906), Premier ministre (1963) puis président de la République (1966) du Malawi indépendant. Proclamé président à vie en 1971, il renonce à cette disposition en 1993, après avoir accepté le retour au multipartisme. Battu lors de l'élection présidentielle pluraliste de 1994, il quitte le pouvoir.

BANDAGE n. m. **1.** Action de tendre, de bander un ressort, un arc. — **2.** Action d'assujettir ou d'entourer avec une bande : *Procéder au bandage d'une plaie.* — **3.** Bande de tissu servant à maintenir un pansement, une partie du corps. — **4.** Tout dispositif ou appareil utilisé pour maintenir en place un pansement, exercer une compression, immobiliser une partie du corps. — **5.** Partie extérieure du pneumatique qui enveloppe la chambre à air. — **6.** Anneau d'acier rapporté sur le corps de la roue d'un véhicule ferroviaire et constituant la table de roulement et le boudin de la roue. — **7.** *Bandage herniaire inguinal,* appareil composé d'une ou de deux pelotes destinées à obturer l'orifice herniaire et d'un ressort ou d'une ceinture pour maintenir la pelote.

BANDAGISTE n. Personne qui fabrique, ajuste et vend des bandages chirurgicaux.

BANDAMA (la), fl. de la Côte-d'Ivoire ; 620 km. (→ KOSSOU.)

BANDANA n. m. Petit carré de coton de couleur vive et aux motifs variés, servant généralement de foulard.

BANDANT, E adj. *Pop.* **1.** Excitant sexuellement. — **2.** Excitant intellectuellement, intéressant.

BANDAR → MACHILIPATNAM.

BANDAR ʿABBĀS, port d'Iran, ch.-l. de province, sur le détroit d'Ormuz ; 88 000 hab.

BANDARANAIKE (Solomon West Ridgeway Dias), homme politique cinghalais (Colombo 1899-*id.* 1959). À la tête du People's United Front (PUF), il remporta les élections d'avr. 1956. Devenu Premier ministre, il obtint l'évacuation des bases britanniques de Ceylan (1957), mais sa politique linguistique mécontenta la minorité tamoule ; il fut tué par un moine bouddhiste. — Son épouse, SIRIMAVO RATWATTE DIAS **Bandaranaike** (Balangoda 1916), chef du Sri Lanka Freedom Party (parti de la Liberté, ou SLFP) après l'assassinat de son mari, remporte les élections de 1960, devenant chef du gouvernement jusqu'en 1965. Revenue au pouvoir en 1970, à la tête d'un gouvernement de gauche (SLFP, trotskistes, communistes), elle réprime brutalement une insurrection d'extrême gauche puis gouverne plus au centre. Après l'échec de son parti aux élections de 1977, elle est déchue de ses droits civiques (1980-1985). Candidate de l'opposition à l'élection présidentielle de 1988, elle est battue. À la suite de la victoire du SLFP aux élections de 1994 et de l'accession de sa fille, Chandrika Kumaratunga, à la présidence de la République, elle retrouve le poste de Premier ministre.

BANDAR ANZALI, anc. **Bandar Pahlavi,** port de l'Iran, sur la Caspienne, au N.-O. de Recht ; 55 500 hab. Pêcheries.

BANDAR BUCHEHR, port d'Iran, sur le golfe Persique ; 59 000 hab.

BANDAR KHOMEYNI, anc. **Bandar Chāhpur,** port d'Iran, à l'E. d'Ābādān, sur le golfe Persique. Terminal pétrolier.

BANDAR PAHLAVI → BANDAR ANZALI.

BANDAR SERI BEGAWAN, anc. **Brunei,** cap. de Brunei, sur la côte N.-O. de Bornéo ; 55 000 hab.

1. BANDE n. f. (frq. **bindo,* ruban). **1.** Long et étroit morceau d'une matière mince et souple (tissu, papier, plastique, etc.) que l'on met sur ou autour de qqch pour le consolider, le protéger, l'orner, etc. : *Mettre un journal sous bande pour l'expédier.* — **2.** Chose de forme étroite et allongée : *Une bande de terre.* — **3.** Pièce de tissu servant à bander une plaie, à envelopper une partie du corps. — **4.** Film cinématographique : *Des bandes datant de l'époque du muet.* — **5.** Fam. *Par la bande,* par des moyens indirects. • **Adhés.** *Bande gommée,* bande de papier, préencollée à sec, destinée, après humectage, à assurer une fermeture. — **Archit.** Nom de certains bandeaux ou moulures plates. ‖ *Bandes lombardes,* dans le premier art roman, jambes faiblement saillantes en répétition sur un mur, reliées à leur sommet par une frise d'arceaux. (Syn. LÉSÈNES.) ‖ *Immeu-*

ble (en) bande, immeuble dont la longueur l'emporte sur la hauteur. (Syn. BARRE.) — **Arm.** Dispositif d'assemblage de cartouches utilisé pour l'alimentation des armes automatiques à grand débit. — **Bât.** Nom donné à diverses pièces métalliques allongées, plates ou profilées, employées notamment en couverture (*bande de recouvrement, bande d'égout,* etc.). — **Cin.** *Bande sonore,* partie de la pellicule sur laquelle le son est enregistré ; le son lui-même. (Syn. BANDE-SON.) — **Génét.** *Bande chromosomique,* bande transversale observée sur les chromosomes. (→ *encycl.*) — **Géom.** Partie d'un plan limitée par deux droites parallèles. — **Hérald.** Pièce héraldique qui traverse l'écu, de l'angle dextre du chef à l'angle senestre de la pointe. — **Histol.** *Bande musculaire,* partie claire de la fibrille du muscle strié, se teintant difficilement par les colorants. (Elle s'oppose au disque sombre pour créer l'aspect strié.) — **Inform.** *Bande magnétique,* ruban de matière plastique souple recouvert d'une substance magnétisable et servant de support d'enregistrement des sons, des images, des données informatiques, etc. — **Jeux.** Rebord élastique qui entoure intérieurement le tapis d'un billard. ‖ Colonne, rangées qui bordent un échiquier. — **Littér.** *Bande dessinée* ou *B.D.,* mode de narration utilisant une succession d'images dessinées, incluant, à l'intérieur de bulles, les paroles, sentiments ou pensées des protagonistes. (→ *encycl.*) — **Papet.** Longueur continue de papier ou de carton en cours de fabrication ou de transformation. — **Phot.** *Bande amorce,* petite longueur de pellicule ou de papier permettant d'engager le chargement d'un appareil photo, d'une caméra ou d'un projecteur. ‖ *Bande témoin,* film positif tiré sur bande permettant de contrôler l'étalonnage des couleurs. — **Phys.** *Spectre de bandes,* spectre formé de séries de raies très rapprochées, chaque série ayant la forme d'une bande. (→ *encycl.*) ‖ *Théorie des bandes,* théorie quantique de la physique des solides qui prévoit que les niveaux d'énergie des électrons dans un cristal se répartissent en bandes permises séparées par des bandes interdites. (→ *encycl.*) — **Techn.** *Bande étalon,* bande magnétique servant à étalonner et à régler un appareillage de lecture magnétique. | *Bande mère,* bande magnétique qui résulte du montage fait à l'aide d'éléments enregistrés de production et qui sert soit à la diffusion directe, soit à la fabrication de copies. ‖ *Bande perforée,* bande de papier ou de matière plastique sur laquelle sont enregistrées sous forme de perforations des données qui pourront être ensuite relues par diverses machines informatiques ou mécanographiques. — **Télécomm.** *Bande FM,* bande de fréquences comprises entre 88 et 108 MHz dans laquelle sont diffusées des émissions de radio en modulation de fréquence, en particulier celles des radios locales. ‖ *Bande de fréquences,* ensemble des fréquences comprises entre deux limites spécifiées. ‖ *Bande passante,* ensemble des fréquences des oscillations transmises par un filtre sans affaiblissement notable. ‖ *Bande (de fréquences) publique,* syn. de CITIZEN BAND. ‖ *Largeur de bande,* différence des deux fréquences qui limitent une bande de fréquences. — **Transp.** *Bande d'arrêt d'urgence,* voie latérale à une chaussée d'autoroute permettant aux véhicules de stationner en cas de panne ou d'incident.

ENCYCL. **Génét.** Les *bandes chromosomiques* ont été d'abord observées sur les chromosomes géants de certaines larves de diptères. Depuis le début des années 70, on a mis en évidence le même type de bandes sur les chromosomes de l'homme. Elles permettent le « marquage » chromosomique assurant une identification très spécifique des différents chromosomes. Il y en a entre 800 et 1 000 sur l'ensemble du lot haploïde des chromosomes.

— **Littér.** *Bande dessinée.* Les gravures satiriques anglaises de la fin du XVIIIe s., les images d'Épinal, les *Histoires en estampes* (1846-47) de Rodolphe Toepffer, les aventures de *Max und Moritz* (1865) de Wilhelm Busch, celles de *la Famille Fenouillard* (1889), de Christophe, appartiennent à la préhistoire de la bande dessinée. Son ère réelle débute à la veille du XXe s., avec la lutte que se livrent les deux magnats de la presse américaine, J. Pulitzer et W. R. Hearst, à travers le supplément dominical de leurs journaux : *The Yellow Kid* (1896) de Richard Outcault, *The Katzenjammer Kids* (1897) de Rudolph Dirks, *Buster Brown* (1902) et *Little Nemo in Slumberland* (1905) de Winsor McCay ont en commun l'humour, d'où leur nom de *comics.* En 1907 paraît la première bande dessinée quotidienne, *Mutt and Jeff,* de Bud Fisher. À la veille de la Première Guerre mondiale, les *syndicates,* agences de distribution chargées du contrôle financier et idéologique des dessinateurs, élargissent au monde entier la diffusion de nouvelles séries : *Krazy Kat* (1913) de George Herriman, *Felix the Cat* (1921) de Pat Sullivan, tandis que le *family strip* avait trouvé sa première grande expression avec *Bringing up Father* de Geo MacManus (1913), *Winnie Winkle* (1920) de Martin Branner, *Blondie* (1929) de « Chic » Young. À la même époque, l'Europe garde la primauté au texte : *Bécassine* de Caumery et Pinchon (1905) et *les Pieds Nickelés* de Louis Forton (1908). Cet archaïsme subsistera jusqu'à la parution en 1925 de *Zig et Puce* d'Alain Saint-Ogan, première véritable bande dessinée française, suivie par celle de *Tintin* (1929) du Bruxellois Hergé. Aux États-Unis triomphent des séries d'aventures ayant pour domaine la jungle avec *Tarzan*, créé en 1929 par Harold Foster, *Tim Tyler's Luck* de Lyman Young (1932), *Jungle Jim* d'Alex Raymond (1934), *Phantom* de Ray Moore et Lee Falk (1936), la science-fiction avec *Buck Rodgers* de Dick Calkins et Phil Nowland, *Flash Gordon* d'Alex Raymond (1934) ; le Moyen Âge légendaire avec *Prince Valiant* d'Harold Foster (1937) ; le fantastique s'exprime à travers *Mandrake le magicien* de Lee Falk et Phil Davis (1934), *Brick Bradford* de W. Ritt et C. Gray (1935). Mais l'intérêt majeur de la bande dessinée réside dans le fait qu'elle enregistre avec une fidélité remarquable les événements sociaux et économiques contemporains : l'Amérique se console de la Grande Dépression avec l'humour vigoureux de *Popeye* (1929) d'Elsie Segar, de *Mickey Mouse* (1930) ou de *Donald Duck* (1934) de Walt Disney, les fantastiques exploits de *Superman* (1938) de Joe Shuster et Jerry Siegel, ou de *Batman* (1938) de Robert Kane. Pendant la Seconde Guerre mondiale, les héros de bande dessinée soutiennent le moral des G. I.'s : *The Sad Sack* (1942) de George Baker, *G. I. Joe* (1942) de David Breger, et surtout *Male Call* (1942) de Milton Caniff. L'idéologie doucereuse du *soap opera* (l'« opéra savonneux ») illustré par Stanley Drake (*The Heart of Juliet Jones,* 1953) tente de faire oublier les bouleversements politiques et culturels de l'après-guerre, mais la crise sociale apparaît, d'une part dans les *horror comics books,* rapidement interdits pour leur violence et qui sont à l'origine de législations sévères dans tous les pays du monde, d'autre part dans les bandes « intellectuelles » : *Pogo* (1949) de Walt Kelly, *Peanuts* (1950) de Charles Schulz, le magazine satirique *Mad* (1952), les publications de l'*Underground.*

En France, vers 1950, le succès d'une école belge de bande dessinée se confirme, notamment grâce à Edgar Jacobs *(Blake et Mortimer),* Jacques Martin *(Alix l'intrépide),* Willy Vandersteen *(Bob et Bobette),* André Franquin *(Spirou et Fantasio, Gaston Lagaffe),* Joseph Gillain *(Jerry Spring),* Morris *(Lucky Luke*), J. M. Charlier et V. Hubinon *(Buck Danny),* Peyo *(Johan et Pirlouit,* les *Schtroumpfs).* À Paris, Arnal *(Pif le chien),* Poivet *(les Pionniers de l'espérance),* E. Coelho *(Ragnar le Viking)* font la réussite de l'hebdomadaire *Vaillant,* fondé en 1945. De nouvelles séries paraissent dans *Pilote* (1959-1989) : *Astérix le Gaulois* d'Uderzo et Goscinny, *le Grand Duduche* (1962) de Cabu, *le Lieutenant Bluberry* (1963) de Jean Giraud, *Achille Talon* (1963) de Greg, *Philémon* (1966) de Fred, *Valerian* (1967) de Claude Mézières, *Lone Sloane* (1971) de Philippe Druillet. La bande dessinée s'adresse alors à un public adulte et devient contestataire avec l'équipe de *Hara-Kiri* (1960) puis de *Charlie Hebdo* (Reiser, Cabu, Gébé, Wolinski), *À suivre, Métal Hurlant* (Tardi, Lauzier, Bretécher, Forest, Mandryka, Gotlib, Monteiller, Bilal, Christin, Veyron).

L'Amérique du Sud, avec Alberto Braccia, Quino, Muñoz et Sampayo, l'Italie, avec Hugo Pratt, Guido Crepax, Guido Buzzelli, Sergio Topi, Dino Battaglia, l'Espagne, avec Enric Sio, Victor de la Fuente, Julio Ribera, Palacios, offrent des créations originales dans la forme comme dans le fond. L'Algérie, Cuba et la Chine utilisent la bande dessinée à des fins didactiques.

— **Phys.** *Spectre de bandes.* Il est propre aux molécules bi- ou polyatomiques, les raies correspondant à des transitions entre les niveaux d'énergie de rotation et les bandes aux transitions d'énergie de rotation et de vibration. L'étude des spectres de bandes permet l'identification et le dosage des constituants d'une substance de composition inconnue et fournit des renseignements sur la structure des molécules. ‖ *Théorie des bandes.* Le modèle des bandes a permis d'expliquer la plupart des propriétés électriques, magnétiques et optiques des solides. Les deux bandes les plus élevées en énergie sont appelées *bande de valence* et *bande de conduction,* l'intervalle qui les sépare *bande interdite.* Dans les isolants et les semi-conducteurs, la bande de valence est entièrement occupée à basse température et la bande de conduction vide. Les électrons qui occupent la bande de valence remplissent tous les états et ne peuvent se déplacer. Ces corps sont isolants à basse température. Si on les chauffe, certains électrons sont excités à travers la bande interdite dans la bande de conduction. Une conductivité électrique apparaît, on a affaire à des semi-conducteurs.

Dans les métaux, la bande de conduction est partiellement occupée, même au zéro absolu. Les

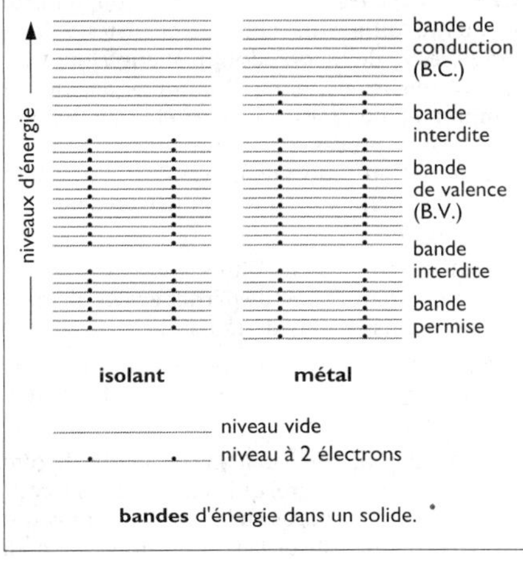

bandes d'énergie dans un solide.

électrons de cette bande de conduction se déplaçant facilement, les métaux sont bons conducteurs de l'électricité à toute température.

2. BANDE n. f. (anc. provenç. *banda,* bord). **1.** Inclinaison transversale que prend un navire sous l'effort du vent, de la houle, ou lorsque la cargaison est mal répartie. (Syn. GÎTE.) — **2.** *Donner de la bande,* en parlant d'un navire, s'incliner sur un bord.

3. BANDE n. f. (anc. provenç. *banda,* troupe, du germ. *bandwa,* étendard). **1.** Groupe de personnes poursuivant des fins subversives ou criminelles : *Arrêter une bande de malfaiteurs.* — **2.** Groupe de gens ayant en commun certaines affinités ou certaines activités : *Une bande d'amis, de campeurs.* — **3.** Groupe d'animaux vivant ou se déplaçant ensemble : *Une bande de loups.* — **4.** Pop. *Bande de...,* injure adressée à un groupe. ‖ *En bande,* en groupe. ‖ *Faire bande à part,* se mettre à l'écart d'un groupe, seul ou avec quelques-uns ; isoler ses intérêts de ceux des autres. • **Dr.** *Bande armée,* groupement de personnes réunies en vue de commettre certaines infractions (atteinte à la sûreté de l'État, rébellion, etc.) en usant de violences. (La constitution de bande armée est un crime.) — **Mil.** *Bande (de pied),* formation d'infanterie de la fin du XVe au début du XVIIe s. (→ *encycl.*)

ENCYCL. **Mil.** En 1480, Louis XI divisa les mercenaires en bandes de 300 à 400 hommes et les envoya tenir les places de Picardie (bandes de Picardie). Louis XII recruta les *bandes de Piémont,* qui bataillèrent dans les guerres d'Italie. En 1521, François Ier forma les *bandes de Champagne* pour défendre la frontière de l'Est contre Charles Quint. En 1569, ces *vieilles bandes* furent réunies en régiments qui en gardèrent le nom : Picardie, Piémont, Champagne.

Bande des Quatre, nom donné au groupe formé de quatre dirigeants chinois maoïstes : Jiang Qing (veuve de Mao Zedong), Wang Hongwen, Yao Wenyuan et Zhang Chunqiao, accusés de complot et de trahison et arrêtés en octobre 1976. Leur procès se termina (1981) par la condamnation à mort de Jiang Qing et de Zhang Chunqiao, peine qui fut commuée en détention à perpétuité.

BANDÉ, E adj. Se dit d'une pièce héraldique divisée en nombre pair de parties égales d'émaux alternés, dans le sens de la bande.

BANDE-ANNONCE n. f. (pl. *bandes-annonces*). Extraits d'un film présentés au public avant sa programmation.

BANDEAU n. m. (de *bande 1*). **1.** Bande d'étoffe, ou d'une autre matière, qui ceint la tête, le front. — **2.** Cheveux partagés sur le milieu du front et lissés de chaque côté de la tête, coiffure à la mode au XIXe s. — **3.** Bande, linge que l'on applique sur les yeux de qqn pour l'empêcher de voir. — **4.** *Avoir un bandeau sur les yeux,* se refuser à voir la vérité ou la réalité. • **Archit.** Large moulure plate ou bombée. ‖ Assise ou large moulure en saillie sur une façade, au niveau d'un plancher, pour servir d'arase et surtout pour écarter les eaux de ruissellement. — **Bonnet.** Défaut d'aspect vertical sur un groupe de colonnes de mailles d'un tricot. — **Impr.** Frise placée en tête d'un chapitre de livre ou d'un article de revue. — **Menuis.** Habillage horizontal haut d'une boiserie. — **Presse.** Titre placé au-dessus de la manchette d'un journal. — **Publ.** Surface publicitaire de faible hauteur. ‖ Panneau longitudinal situé à l'extérieur d'un véhicule et utilisé comme surface publicitaire.

BANDEIRA n. f. (port. *bandeira,* drapeau). Au Brésil, expédition militaire, qui était lancée par des aventuriers *(bandeirantes)* vers l'intérieur de l'Amérique du Sud pour capturer les Indiens qui étaient ensuite vendus comme esclaves aux plantations de la côte.

BANDEIRA (Manuel CARNEIRO DE SOUSA), poète brésilien (Recife 1886-Rio de Janeiro 1968). Son lyrisme, d'une grande complexité formelle, doit à la simplicité de ses thèmes quotidiens d'avoir touché un public très populaire (*Carnaval,* 1919 ; *Étoile du soir,* 1958).

BANDELETTE n. f. (de *bandeau*). Bande de tissu, de papier, etc., mince et étroite. • **Anat.** Nom donné à certains organes ou parties d'organes, en raison de leur forme. ‖ *Bandelette ilio-pectinée,* épaississement fibreux tendu de l'arcade crurale à l'os iliaque, et qui limite en dehors l'anneau crural. ‖ *Bandelettes optiques,* cordons blancs, formés de fibres nerveuses, issus des angles postérieurs du chiasma optique vers les corps genouillés latéraux. — **Archit.** Sorte de listel ou de réglet. — **Hist.** Bande de lin blanc dont les Égyptiens entouraient les momies. ‖ Bande qui, dans l'Antiquité grecque et romaine, ornait la tête des prêtres, les statues des dieux, les autels et la tête des victimes offertes en sacrifice.

BANDELLO (Matteo), écrivain italien (Castelnuovo Scrivia 1484-Bazens, près d'Agen, 1561). Ecclésiastique et diplomate, il est l'auteur de *Nouvelles,* à la manière de Boccace.

BANDE-OURLET n. f. (pl. *bandes-ourlets*). Bande d'un tissu thermocollant qui, repassé à chaud en bordure d'un ourlet, sert à le fixer.

BANDER v. t. (conj. 3). **1.** Entourer d'une bande, d'un bandage qqn, une partie du corps, etc. : *Bander un opéré.* — **2.** Couvrir d'un bandeau les yeux de qqn : *Bander les yeux d'un condamné à mort.* — **3.** Tendre avec effort qqch : *Bander un ressort.* — **4.** *Bander un arc, une voûte,* les construire, et spécialement les achever en posant le dernier claveau. ‖ Litt. *Bander ses muscles,* les préparer à l'effort.

◆ v. i. *Pop.* Être en érection.

◆ **être bandé** v. pass. Être entouré d'une bande, couvert d'un bandeau : *Avoir les yeux bandés.*

BANDERA n. f. (esp. *bandera,* drapeau). Compagnie de la Légion étrangère espagnole.

BANDERILLE [bãdrij] n. f. (esp. *banderilla*). **1.** Bâtonnet de bois terminé par un harpon, que les toreros plantent par paires sur le garrot du taureau. — **2.** *Planter des banderilles,* effectuer de brèves attaques verbales contre qqn.

BANDERILLERO [bãderijero] n. m. (mot esp.). Torero subalterne aux ordres du matador, principalement chargé de placer les banderilles.

BANDEROLAGE n. m. Opération consistant à banderoler.

BANDEROLE n. f. (ital. *banderuola*). **1.** Longue bande d'étoffe attachée au haut d'une hampe, et servant d'ornement. — **2.** Longue bande d'étoffe portant une inscription. — **3.** Figuration, dans une peinture, un bas-relief, etc., d'une bande d'étoffe ou de parchemin sur laquelle se déroule une inscription. (Art du Moyen Âge ; sert, notamm., à faire parler les personnages.) [Syn. PHYLACTÈRE.]

BANDEROLER v. t. (conj. 3). Réunir, sur machine spéciale, en un emballage unique un certain nombre de petits articles.

BANDEROLEUSE n. f. Machine à banderoler.

BANDE-SON n. f. (pl. *bandes-son*). Syn. de BANDE* SONORE.

BANDE-VIDÉO n. f. (pl. *bandes-vidéo*). Bande magnétique servant à l'enregistrement des images et des sons associés.

BANDIAGARA, plateau gréseux du Mali, sur la rive droite du Niger, dominant la plaine du Gondo par un escarpement subvertical dit *falaise de Bandiagara.* Son pied est encombré d'éboulis, au sommet desquels sont nichés des villages de Dogons (Bandiagara, Sangha), sites touristiques.

BANDICOOT [-kut] n. m. (mot angl., du telugu *pandi koku,* cochon-rat). Nom commun à plusieurs mammifères marsupiaux. (Famille des péramélidés.)

BANDIÈRE n. f. (anc. provenç. *bandiera,* bannière). *Front de bandière,* autref. front d'une armée rangée en bataille.

BANDINELLI (Baccio), sculpteur italien (Florence 1488-*id.* 1560), émule et rival de Michel-Ange (groupe d'*Hercule et Cacus,* 1534, place de la Seigneurie, Florence).

BANDIT n. m. (ital. *bandito,* banni). **1.** Individu qui se livre, seul ou en bande, à des attaques à main armée. — **2.** Homme malhonnête, sans scrupule. — **3.** *Fam.* Mauvais sujet (sert pour apostropher un enfant insupportable). — **4.** *Bandit d'honneur,* celui qui, pour des raisons d'honneur, s'est révolté contre la société.

BANDITE n. f. (all. *Band,* lien). **1.** Terrain qui supporte une servitude déterminée, telle que le pâturage pendant une partie de l'année. — **2.** *Droit de bandite,* droit du bénéficiaire de cette servitude.

BANDITISME n. m. Ensemble d'actes criminels commis dans une région, un pays déterminés ; état d'une société considérée du point de vue des actes criminels commis dans une période donnée ; criminalité.

banditisme *(Office central pour la répression du)* **[O. C. R. B.],** organisme institué en 1973 au ministère de l'Intérieur, chargé de mener et de coordonner la lutte contre le banditisme.

BANDOENG → BANDUNG.

BANDOL n. m. (de *Bandol,* n. pr.). Vin de la région varoise correspondant à une appellation d'origine.

BANDOL (83150), comm. du Var, à l'O. de Toulon ; 7 462 hab. Station balnéaire.

BANDONÉON n. m. (all. *Bandoneon,* de *Band,* n. pr.). Instrument de musique à air, à anche libre et à clavier, proche de l'accordéon.

BANDONÉONISTE n. Musicien qui joue du bandonéon.

BANDOTHÈQUE n. f. Ensemble de bandes magnétiques contenant des fichiers, des données ou des programmes, et qui sont stockées et gérées pour être conservées ou exploitées dans un centre de calcul. (Syn. BIBLIOTHÈQUE DE BANDES.)

BANDOULIÈRE n. f. (catalan *bandolera,* de *bandoler,* hors-la-loi). **1.** Bande de cuir portée en diagonale sur la poitrine et servant, du XIIIe au XIXe s., à soutenir une arme ou un effet d'équipement. — **2.** *En bandoulière,* se dit d'une arme, d'un objet portés avec une bande de cuir ou de toile allant d'une épaule à la hanche opposée. ‖ *Escher en bandoulière,* enfiler l'hameçon en le plaçant juste derrière la tête du vif.

BANDUNDU, anc. **Banningville,** v. du Zaïre, ch.-l. de région ; 75 000 hab. Port sur le Kasaï.

BANDUNG ou **BANDOENG,** v. d'Indonésie, dans l'ouest de Java, à 715 m d'alt. ; 1 463 000 hab. Centre administratif, commercial, touristique (aéroport) et universitaire. Industries textiles, mécaniques et pharmaceutiques.

Bandung *(conférence de)* [avr. 1955], conférence groupant les représentants de 29 pays asiatiques et africains, qui proclamèrent leur anticolonialisme, leur volonté d'émancipation et leur refus d'être les instruments de la rivalité des grandes puissances (neutralisme). Elle marquait l'entrée en scène du tiers-monde et préludait à la formation du mouvement des non-alignés.

BANDURA (Albert), psychologue américain d'origine canadienne (Mundare, Alberta, 1925). Il s'est intéressé à l'agressivité et à sa socialisation.

BANÉR (Johan Gustafsson), général suédois (Djursholm, près de Stockholm, 1596-Halberstadt, près de Magdeburg, 1641), commandant en chef (1634-1641) de l'armée suédoise engagée dans la guerre de Trente Ans.

BANERJEA (*sir* Surendranath), homme politique indien (Calcutta 1848-Barrackpore 1925). Il participa à la création de l'Indian National Congress en 1885, dont il fut président en 1895. En 1905, il s'opposa à la division du Bengale.

BANERJEE (Nikhil), joueur de sitar indien (Calcutta 1931), représentant de la tradition classique indienne.

BANERJĪ (Bibhūti Bhūṣan), en bengalī **Bandyopādhyāy**, écrivain bengalī (Muratipur 1899-Ghatsila 1950), auteur de romans quasi autobiographiques (*Pather Pāñcāli* [*la Complainte du sentier*], 1929) sur la vie d'une famille brahmane pauvre, adaptés au cinéma par Satyājit Ray.

BÁÑEZ (Domingo), dominicain espagnol (Valladolid 1528-Medina del Campo 1604), conseiller de sainte Thérèse d'Ávila et l'un des grands commentateurs de saint Thomas d'Aquin.

BANFF, v. du Canada (Alberta), dans les Rocheuses ; 3 530 hab. Principal centre du *parc national de Banff.*

BANG [bɑ̃g] n. m. (onomat.). Bruit violent d'un avion qui atteint la vitesse du son.

BANG (Bernhard), vétérinaire et bactériologiste danois (Sorø 1848-Copenhague 1932). Il découvrit le bacille de la brucellose et montra qu'il pouvait se communiquer à l'homme *(maladie de Bang).*

BANG (Herman), écrivain danois (Adserballe, île d'Als, 1857 - Ogden, Utah, 1912). Son œuvre, de facture impressionniste, respire l'atmosphère désillusionnée de la fin du siècle (*Générations désespérées,* 1880).

BANGALAS → NGALAS.

BANGALORE, v. de l'Inde, cap. du Karnātaka ; 4 086 548 hab. Centre administratif, commercial, universitaire, avec quelques industries.

Bange *(système de)* [du n. de l'officier français Charles Ragon de *Bange* (1833-1914)], système d'artillerie qui comprenait des matériels rustiques, précis, mais à tir lent. Mis en service de 1877 à 1881, les matériels légers furent remplacés par le 75, modèle 97, mais les matériels lourds pallièrent la pénurie française en artillerie lourde (1914-1916).

BANGIS ou **BABANGIS,** population bantoue occupant une zone de forêt tropicale au Zaïre.

BANGKA, île d'Indonésie, au sud-est de Sumatra. Production d'étain.

BANGKOK, en thaï **Phra Nakhon** (« la Ville Capitale ») ou **Krung Thep** (« Cité des Anges »), cap. de la Thaïlande. Sur le delta du Ménam, proche du golfe de Thaïlande, c'est l'élément essentiel d'une agglomération de plus de 5 millions d'habitants, métropole administrative, commerciale, culturelle et industrielle, débouché maritime (avant-port de Khlong Toei) et centre touristique (aéroport de Don Muang). Elle fut choisie comme capitale en 1782 par le roi Rama Ier.

— **Bx-arts.** La ville conserve, entre autres, plusieurs monuments de la fin du XVIIIe s., remarquables par leur richesse et leur raffinement : sanctuaire Wat Phra Keo et Wat Pô, palais de Wang Na, abritant le Musée national, etc.

BANGLADAIS, E ou **BANGLADESHI** adj. et n. Du Bangladesh.

BANGLADESH, État d'Asie, sur le golfe du Bengale ; 143 000 km² ; 123 100 000 hab. *(Bangladais).* CAP. *Dacca.* LANGUE : *bengali.* MONNAIE : *taka.*

Géographie. Avec une superficie égale au quart de celle de la France, le Bangladesh est deux fois plus peuplé. La densité moyenne atteint 800 hab. au km², chiffre énorme pour un pays presque exclusivement rural (hors l'agglomération de Dacca, seules Chittagong et Khulnā dépassent 200 000 hab.), où l'agriculture (dominée par des grands propriétaires exploitant une masse de paysans sans terre) occupe environ les trois quarts de la population active.

Les conditions naturelles ne sont pas très favorables. La majeure partie du pays occupe la moitié orientale du delta du Gange et du Brahmapoutre, en grande partie inondée pendant l'été (saison de la mousson, très pluvieuse ici), et est périodiquement ravagée par des cyclones. Le riz couvre l'essentiel des terres cultivées et constitue la base de l'alimentation. Le jute est la principale culture commerciale, aux débouchés stagnants aujourd'hui. La canne à sucre est cultivée dans le Nord, le thé est récolté sur les hauteurs de l'Est (« monts » de Chittagong). Le troupeau de bovin a un faible rendement ; la pêche est un complément alimentaire notable. L'industrie valorise surtout les produits de l'agriculture (jute, thé, sucre) et de l'élevage (cuirs et peaux). Pénalisée par le manque de capitaux, de techniciens et aussi par la pauvreté du sous-sol, si l'on excepte le modeste gisement de gaz naturel de la région de Sylhet, elle n'occupe guère que le dixième de la population active. Le commerce extérieur est fortement déficitaire, et les envois de travailleurs émigrés sont loin de combler l'écart. Le pays, tributaire de l'aide extérieure, est l'un des plus pauvres du monde. La population, constituée de Bengalis musulmans, continue à s'accroître à un taux annuel voisin de 2 %.

Histoire. Le Bangladesh correspond au Bengale-Oriental, région issue du partage du Bengale entre l'Inde et le Pākistān en 1947. Il constitue alors le Pākistān oriental.

1971 : Indépendance du Pākistān oriental qui devient le Bangladesh (ou Bengale libre), après la victoire sur le Pākistān des partisans de l'indépendance (appuyés par l'Inde).

1975 : À la tête du pays depuis 1971, Mujibur Rahman (chef de la ligne Awami) meurt lors d'un coup d'État militaire.

1978-1981 : Zia ur-Rahman est président de la République.

1982-1990 : Gouvernement autoritaire du général Ershad.

1991 : Khaleda Zia, veuve de Zia ur-Rahman et chef du parti national, devient Premier ministre.

1996 : Retour au pouvoir de la ligue Awami. Hasina Wajed, fille de Mujibur Rahman, est nommée à la tête du gouvernement.

BANGOR, v. d'Irlande du Nord, au N.-N.-E. de Belfast ; 35 100 hab. Une abbaye y fut fondée en 559 par saint Comgall, qui y créa une école monastique célèbre. Station balnéaire.

BANGUI, cap. de la République centrafricaine, fondée en 1889 face aux rapides de l'Oubangui ; 400 000 hab. Centre administratif et commercial, avec quelques industries légères. Université. Aéroport (M'poko).

BANGWEULU *(lac),* lac marécageux de la Zambie, dans le bassin supérieur de la Luapula. Pêcheries.

BANI n. m. pl. Pluriel de BAN 2.

BANI, riv. du Mali, le plus important des affl. du Niger (r. dr.), qu'il rejoint à Mopti.

BANIAN n. m. (port. *banian,* du tamoul *vāniyan,* commerçant). Figuier de l'Inde, dont les branches émettent des racines aériennes qui descendent jusqu'au sol et s'y développent, fournissant à l'arbre soutien et nourriture. (Syn. FIGUIER BANIAN.)

BANIHĀL *(col de),* col du Cachemire (Inde), utilisé par la route qui relie l'Inde et Jammu à Srinagar ; 2 832 m.

BANIM (John), écrivain irlandais (Kilkenny 1798 - *id.* 1842). Poète (*le Paradis celtique,* 1824), romancier, il influença O'Flaherty et John Ford (*The Denounced,* 1830 ; *The Smuggler* [le Contrebandier], 1831).

BANI SADR (Abol Hassan), homme d'État iranien (Hamadhān 1933). Rentré d'exil avec l'ayatollah Khomeyni (1979), il est élu, le 28 janv. 1980, président de la République iranienne. Modéré, il se heurte à l'opposition des religieux du parti républicain islamique, est destitué par le Parlement en juin 1981, et se réfugie en France.

BĀNIYĀS, v. de Syrie, sur la Méditerranée ; 14 000 hab. Aux environs, imposantes ruines de la forteresse de Marqab (Margat), construite par les croisés aux XIIe et XIIIe s.

BĀNIYĀS, localité de Syrie (prov. de Damas), au pied de l'Hermon ; 200 hab. Les sources du Jourdain jaillissent au pied de la montagne. C'est l'anc. *Panion,* agrandie en l'an 2 ou 3 apr. J.-C. par Philippe, fils d'Hérode, qui l'appela *Césarée Panéas.* Sur un chaînon montagneux, ruines de la forteresse médiévale de Soubeibé.

BANJA LUKA, v. du nord de la Bosnie-Herzégovine ; 124 000 hab. Anc. forteresse. Mosquée du XVIe s. Machines-outils. Électronique.

BANJARĀS, LAMBADAS ou **SUGALIS,** population nomade répartie dans toute l'Inde et estimée à plus de 400 000 individus. Les Banjarās sont hindouistes.

BANJĀRĪ n. m. Dialecte indo-aryen apparenté au rājasthānī, parlé par les Banjarās.

BANJERMASSIN, port d'Indonésie, ch.-l. de prov., dans le sud de Bornéo ; 381 000 hab. Centre commercial. Raffinerie de pétrole.

BANJO [bɑ̃dʒo] n. m. (anglo-amér. *banjo,* de l'esp. *bandurria,* du gr. *pandoura,* luth à trois cordes). **1.** Luth à caisse circulaire dont la table d'harmonie est en peau. — **2.** Carter de pont arrière d'une automobile dont la forme rappelle celle de l'instrument de musique.

BANJUL, anc. **Bathurst,** cap. de la Gambie, sur l'estuaire de la Gambie ; 146 000 hab. Aéroport. Centre administratif et commercial. Exportation d'arachides.

banking principle, principe selon lequel l'émission des billets est laissée à la discrétion des autorités monétaires suivant les besoins de l'économie, en dehors d'une stricte référence au montant de l'encaisse métallique. (Il s'oppose au CURRENCY* PRINCIPLE.)

BANKIVA n. m. (mot hindī). Coq sauvage du Sud-Est asiatique, souche des variétés domestiques de poule.

Bank of America, banque américaine fondée en Californie, en 1904, par l'Italien Amadeo P. Giannini (1870 - 1949). Elle occupe une place de premier plan aux États-Unis et dans le monde, intervenant notamment largement dans le secteur de l'agriculture.

BANKS (*sir* Joseph), naturaliste britannique (Londres 1743-Isleworth 1820). Compagnon de Cook dans sa première expédition (1768-1771), il a étudié la faune marsupiale d'Australie.

BANKS (Nathaniel Prentiss), général nordiste américain (Waltham 1816 - *id.* 1894). Gouverneur du Massachusetts (1857-1859), il fut promu, pendant la guerre de Sécession, major général dans l'armée du Potomac. Commandant le département du golfe (1862-1864), il prit Port Hudson (1863).

BANLIEUE n. f. (de *ban 1* et *lieue*). Ensemble des localités administrativement autonomes qui environnent un centre urbain et participent à son existence.

BANLIEUSARD, E n. *Fam.* Personne qui habite la banlieue d'une grande ville, et en partic. la banlieue parisienne.

◆ adj. Qui a les caractères de la banlieue : *Rues banlieusardes.*

BANNĀ' (Ḥasan **al-**), doctrinaire égyptien (Mahmoudièh 1906 - Le Caire 1949), fondateur du mouvement des Frères* musulmans (1927 ou 1928). Il périt assassiné.

BANNALEC (29380), ch.-l. de cant. du Finistère, à 15 km au N.-O. de Quimperlé ; 4 914 hab. Conserves de légumes.

BANNE n. f. (bas lat. *benna,* chariot en osier, du gaul.). **1.** *Vx.* Panier d'osier. — **2.** Toile, bâche tendue pour garantir les marchandises des intempéries. — **3.** Toile tendue devant une boutique, un café, etc., pour préserver du soleil ou de la pluie les marchandises, les clients. — **4.** Charrette, tombereau servant au transport du fumier, du charbon, etc. — **5.** Nappe du tramail.

BANNERET n. m. et adj. (de *bannière*). Seigneur qui comptait un nombre suffisant de vassaux à conduire à l'armée sous sa bannière. (Mentionnés pour la première fois dans les textes relatant la bataille de Bouvines, les bannerets ou *chevaliers bannerets* subsistèrent jusqu'à la fin de l'Ancien Régime).

BANNEROLE n. f. (de *bannière*). Écharpe attachée au casque de tournoi.

BANNETON n. m. (de *banne*). **1.** Petite corbeille dans laquelle on fait subir une deuxième fermentation à la pâte avant la cuisson du pain. (Syn. PANETON.) — **2.** Petit panier d'osier dépourvu d'anses.

BANNETTE n. f. **1.** Petite banne d'osier. — **2.** Plateau à anses du XVIIIe s., en faïences de Rouen et de Sinceny.

BANNI, E adj. et n. Se dit d'une personne expulsée de sa patrie ; proscrit, exilé.

BANNIÈRE n. f. (de *ban 1*). **1.** Drapeau rectangulaire, suspendu au haut d'une hampe à l'aide d'une traverse, qui sert d'emblème à une association. — **2.** *Pop.* Pan de chemise ; chemise. — **3.** Enseigne du chevalier banneret ; drapeau féodal. (→ *encycl.*) — **4.** Ensemble des vassaux qui marchaient sous la bannière du seigneur. — **5.** Longueur de ligne entre l'extrémité de la canne à pêche et le flotteur (ligne flottante), ou entre la pointe du scion et le leurre (ligne au lancer). — **6.** *Combattre sous la bannière de qqn,* partager ses idées, lutter à ses côtés.

ENCYCL. **Hist.** La bannière, portée par le roi et les chevaliers bannerets, apparaît comme un symbole de seigneurie. Mais l'infanterie des communes marchait aussi sous une bannière. À partir de Louis XI, la bannière perdit sa signification militaire et devint un emblème surtout religieux.

BANNING (Émile), administrateur belge (Liège 1836 - Ixelles 1898). Secrétaire de l'Association internationale africaine, il participa aux négociations qui aboutirent à la conférence de Berlin (1885) et à la création de l'État indépendant du Congo.

BANNINGVILLE → BANDUNDU.

BANNIR v. t. (anc. bas frq. **bannjan,* proclamer) [conj. 32]. **1.** Condamner qqn à quitter son pays : *Bannir un opposant.* — **2.** Tenir qqn éloigné d'une société, d'un milieu, d'une activité : *Je l'ai banni de mes relations.* — **3.** Rejeter, écarter ce qui est jugé mauvais : *Bannir toute faiblesse.*

BANNISSEMENT n. m. **1.** Action de bannir qqn, le condamner à quitter son pays ; fait d'être banni. — **3.** Peine criminelle, politique et infâmante, d'une durée de 5 à 10 ans, qui consiste dans l'interdiction pour un Français de résider en France. (Le bannissement est tombé en désuétude.) — **3.** *Litt.* Action d'écarter ce qui est estimé néfaste.

Bannockburn *(bataille de)* [24 juin 1314], victoire remportée dans cette localité du comté de Stirling par Robert Bruce sur les Anglais, assurant l'indépendance de l'Écosse.

BANOMYONG (Pridi) → PHANOMYONG.

BANQUABLE → BANCABLE.

BANQUAIS → BANQUIER 2.

1. BANQUE n. f. (ital. *banca*). Longue table ou comptoir, à hauteur d'appui, sur lequel on dépose ce qui doit être remis à qqn (marchandises, colis, bagages, billets, documents, etc.) ou séparant le public et les employés.

2. BANQUE n. f. (ital. *banca,* comptoir de changeur). 1. Entreprise qui, recevant du public des fonds, les emploie pour effectuer des opérations de crédit et des opérations financières, et est parfois chargée de la création de moyens de paiement. (→ *encycl.*) — **2.** Ensemble des opérations effectuées par les établissements bancaires ; lieu où s'exécutent ces opérations. — **3.** La profession bancaire : *Il travaille dans la banque.* — **4.** *Banque d'affaires,* banque dont l'activité principale est, outre l'octroi de crédits, la prise et la gestion de participations dans des entreprises existantes ou en formation. ‖ *Banque de dépôt,* banque dont l'activité principale est d'effectuer des opérations de crédit et de recevoir des dépôts à vue ou à terme. ‖ *Banque d'émission,* banque dotée du privilège de l'émission des billets de banque. (Le terme est pratiquement synonyme de banque centrale.) ‖ *Haute banque,* expression qui désignait, principalement au XIXe s., les plus importants établissements bancaires privés de Paris. • **Inform.** *Banque de données,* collection ordonnée d'informations apparentées et traitées par ordinateur, mémorisées, qui peuvent être interrogées à distance en ligne. (→ *encycl.*) — **Jeux.** Version du baccara. ‖ À certains jeux de cartes ou de hasard, mise de fonds engagée par celui qui tient le jeu pour payer les gains de ses adversaires. ‖ *Faire sauter la banque,* gagner tout l'argent que le banquier a mis en jeu. — **Méd.** Établissement de collecte, de stockage, de conservation et de distribution de certains produits d'origine humaine (sang et dérivés sanguins, sperme) ou de certains tissus et organes en vue de greffes (os, cornée). [→ *encycl.*]

ENCYCL. L'existence du commerce de banque dans une civilisation suppose des conditions non seulement économiques et monétaires (existence d'une activité commerciale à financer et de capitaux à employer), mais aussi morales (non-interdiction religieuse du prêt à intérêt).

• *Dans l'Antiquité.* Les temples sont les premiers centres bancaires connus (Delphes, Éphèse) ; cependant, dès le IVe s. av. J.-C., on trouve, en Grèce, des banquiers laïcs *(trapézites).* À Rome, l'apparition du commerce de banque est assez tardive (IIe s. av. J.-C.). Sous la République, il est le monopole d'une catégorie de citoyens, les chevaliers, ou *publicains,* mais sous l'Empire apparaissent des banquiers privés *(argentarii),* tenant des livres de caisse et établissant des relevés de comptes.

• *Au Moyen Âge.* Après une période de stagnation (invasions barbares, disparition du grand commerce, prohibition du prêt à intérêt), l'activité bancaire reprend au XIe s. avec la renaissance du commerce. Les opérations financières sont pratiquées par les juifs, par les templiers (créateurs des arbitrages de change et de la comptabilité en partie double) et par des Lombards. Les grandes foires (Champagne, Lyon) développent les mouvements de fonds, mais l'insécurité des transports donne naissance à la *lettre de paiement,* évitant le transfert effectif de numéraire.

• *De la Renaissance au XVIIIe siècle.* Le développement des échanges à la Renaissance donne une impulsion considérable à la banque. C'est l'époque des grands banquiers (Médicis, Fugger) ; on voit apparaître la *lettre de change* et la technique de l'*escompte.* Il se crée de véritables établissements bancaires à Milan, à Venise et à Gênes. Une profonde transformation part d'Angleterre au XVIIe s. : les orfèvres, banquiers de la Cité de Londres, acceptent le dépôt à vue, qui entraîne l'usage du chèque (v. 1670).

• *Du XIXe siècle à nos jours.* Les structures bancaires subissent une double évolution ; d'une part, le développement industriel et commercial et l'apparition de grandes sociétés rendent nécessaire la création de banques puissantes (en France, Comptoir d'escompte de Paris en 1848, Crédit industriel et commercial en 1859, Crédit Lyonnais en 1863, Société générale en 1864, etc.) ; d'autre part, l'émission du billet de banque, substitué à la monnaie métallique, est peu à peu retirée aux banques privées au profit des *banques d'émission.*

les principales opérations de banque

D'une façon générale, le *prêt* ou *crédit bancaire* est l'objet essentiel du commerce de banque. On peut distinguer les crédits bancaires en fonction de leur durée : crédit *à court terme* (dont la limite se situe à 2 ans), crédit *à moyen terme* (de 2 à 7 ans) et *à long terme* (au-delà de 7 ans).

Les banques interviennent également dans le placement des emprunts de l'État et des collectivités publiques ainsi que dans celui des valeurs mobilières, émises pour le compte des sociétés industrielles et commerciales. Elles apportent leur aide à la vie financière des sociétés, que ce soit pour la formation du capital, l'introduction en Bourse, les augmentations de capital, le placement des obligations, les rapprochements d'entreprises, le service financier des sociétés (paiement des coupons, remboursement des titres amortis), etc.

l'organisation de la profession bancaire en France

L'organisation de la profession répond au triple objectif suivant : favoriser l'épargne en assurant la protection des dépôts bancaires, contrôler le volume des crédits pour défendre la monnaie, orienter la distribution du crédit en conformité avec la politique économique.

La profession est restée longtemps à l'abri de tout encadrement. C'est surtout à partir de la Seconde Guerre mondiale qu'apparaît une réglementation globale. Les lois des 13 et 14 juin 1941 organisent la profession bancaire sur un mode corporatif ; celle du 2 déc. 1945 et les décrets de mai 1946 permettent la mise en place des moyens d'action indispensables à la direction de l'économie par l'État, parmi lesquels : la nationalisation de la Banque de France et des quatre établissements de crédit les plus importants, la création du Conseil national du crédit et la classification des banques en *banques de dépôts, d'affaires,* et *de crédit à long et moyen terme.* La loi du 24 janvier 1984 établit un cadre juridique unique pour l'ensemble des établissements de crédit consacrant le statut de banque universelle. Elle distingue : les banques, les sociétés mutualistes ou coopératives, les caisses d'épargne, les caisses de crédit municipal, les sociétés financières et les institutions financières spécialisées. Quatre organismes participent à l'organisation et au contrôle de la profession bancaire : l'Association française des banques, le Conseil national du crédit, la Commission bancaire et la Banque de France.

Le réseau bancaire français se distingue notamment par une certaine désintermédiation – qui a entraîné un fort développement des activités des banques sur le marché des capitaux soit en qualité d'intermédiaires, soit pour leur propre compte –, ainsi que par sa modernisation et sa créativité à la fois en matière de monétique (guichets automates, cartes bancaires, télépaiement, etc.) et en matière d'innovation financière (par exemple, instruments de gestion des risques de change et de taux, la *titrisation*).

Dans le but d'assurer aux pouvoirs publics une meilleure maîtrise du crédit, la loi du 11 février 1982 sur les nationalisations transfert à l'État la propriété du capital des principales banques jusqu'alors demeurées privées. Mais, en sens inverse, les lois du 2 juillet et du 6 août 1986 et celle du 19 juill. 1993 interrompent la réalisation de ce programme, entraînant même le retour au secteur privé de plusieurs banques récemment nationalisées.

— **Inform.** et **Docum.** Une banque de données comporte une *base de données* et un *logiciel,* assurant la création de nouvelles données, la mise à jour des informations déjà existantes et la possibilité d'interrogation. Ce logiciel, appelé *système de gestion d'une base de données,* définit la structure et les objets utilisables dans la banque, le langage de description et celui de manipulation des données et comporte des dispositions facilitant la protection de la banque contre des pannes ou des accès non autorisés. Il existe des banques de données scientifiques, administratives (textes de lois, état civil, cadastre) et d'usage général (données économiques, système de réservation de place pour chemin de fer ou pour avion, etc.). La concentration d'information que constituent les banques de données représente une valeur économique et stratégique importante.

— **Méd.** Le principe de la conservation du sperme consiste à diluer celui-ci avec du glycérol et à le stocker dans l'azote liquide à –196 °C. Le but d'une telle organisation est de permettre l'insémination artificielle d'une femme dans certains cas précis de stérilité du mari.

Banque européenne d'investissement (B. E. I.), institution bancaire européenne, créée en vertu du traité de Rome (1957). La B. E. I. finance des projets dans les pays membres de l'Union européenne et dans des pays tiers, au titre de l'aide au développement.

Banque européenne pour la reconstruction et le développement de l'Europe de l'Est (B. E. R. D.), institution bancaire créée en 1990, regroupant une soixantaine de pays (États européens et extérieurs à la région, dont les États-Unis et le Japon) et deux institutions communautaires (Banque européenne d'investissement et Commission européenne). Son capital est détenu à hauteur de 52 % par l'Union européenne. La B. E. R. D. a pour mission de faciliter, grâce à des prêts, la transition des économies des pays de l'Europe centrale et de l'Est vers des économies ouvertes de marché. Son siège est à Londres.

Banque française du commerce extérieur (B. F. C. E.), banque créée en 1946, avec un statut légal spécial, pour faciliter le financement des opérations de commerce extérieur. Elle a progressivement diversifié ses activités puis, privatisée, elle a été reprise par le Crédit national en 1996.

Banque de France, organisme bancaire, créé en 1800, qui détient depuis 1803 pour Paris, et depuis 1848 pour le territoire métropolitain, le privilège de l'émission des billets de banque. Elle a pour mission essentielle de mettre en œuvre – indépendamment du gouvernement depuis 1993 – la politique monétaire de la France (définie par son Conseil de la politique monétaire). Nationalisée en 1945, la Banque est administrée par un Conseil général et dirigée par un gouverneur et deux sous-gouverneurs.

Banque internationale pour la coopération économique, institution qui avait été créée en 1963 dans le cadre du Comecon pour assurer les règlements des opérations commerciales entre les pays membres.

Banque mondiale, ensemble de quatre institutions qui apportent une assistance technique et financière aux pays en voie de développement.

• La *Banque internationale pour la reconstruction et le développement (B. I. R. D.),* créée en 1946 à la suite des accords de Bretton Woods, consacre tous ses concours aux pays en voie de développement, grâce à des prêts d'une durée de 15 à 20 ans qu'elle leur octroie. Son siège principal est à Washington.

• L'*Association internationale de développement (A. I. D* ou *IDA),* créée en 1960, accorde des crédits remboursables sur une durée de 50 ans, sans intérêts.

• La *Société financière internationale (S. F. I.),* créée en 1956, a pour objet la promotion du secteur productif privé, par des prêts à des entreprises ou des prises de participation dans leur capital.

• L'*Agence multilatérale de garantie des investissements (A.M.G.I.),* créée en 1988, a pour principale mission d'encourager les investissements favorisant le développement économique de ses pays membres.

Banque nationale de Paris (B. N. P.), établissement bancaire français constitué en 1966 par la fusion de la Banque nationale pour le commerce et l'industrie (B. N. C. I.) et du Comptoir national d'escompte de Paris (C. N. E. P.). La B.N.P., qui a été privatisée en 1993, figure parmi les dix premières banques mondiales.

Banque Paribas, banque d'affaires française fondée en 1872 sous le nom de « Banque de Paris et des Pays-Bas » par la réunion de la Banque de Paris (1869) et de la Banque de crédit et de dépôts des Pays-Bas (1863). Filiale, depuis 1967, de la Compagnie financière de Paris et des Pays-Bas (auj. *Compagnie financière Paribas*), la banque a été nationalisée en 1982 et est retournée au secteur privé en 1987.

Banque des règlements internationaux (B. R. I.), organisme créé à Bâle en 1930 dans le but de favoriser la coopération des banques centrales et de faciliter des opérations financières internationales.

1. BANQUER v. i. (de *banque*) [conj. 3]. *Pop.* Payer.

2. BANQUER v. i. (de *banc 2*) [conj. 3]. Pêcher au-dessus d'un banc de poissons.

BANQUEROUTE n. f. (ital. *bancarotta,* banc rompu). **1.** Délit commis par un débiteur (commerçant, artisan, dirigeant d'une entreprise privée ou ses représentants) qui, à la suite d'agissements irréguliers ou frauduleux, est en état de cessation de paiements. — **2.** Échec total d'une action : *La banqueroute d'une politique.* — **3.** *Banqueroute publique,* suspension des paiements d'un État aux porteurs de rente.

BANQUEROUTIER, ÈRE n. Personne, entreprise qui a fait une banqueroute.

BANQUET n. m. (ital. *banchetto,* festin). **1.** Repas d'apparat où sont conviées de nombreuses personnes, pour célébrer un événement. — **2.** *Campagne des banquets,* campagne d'opinion menée à la fin du règne de Louis-Philippe (1847 - 48) par les hommes de l'opposition dans le but de propager les idées de réforme électorale et parlementaire.

Banquet *(le),* dialogue de Platon (385 env. av. J.-C.), qui a pour cadre un banquet offert par le poète Agathon à ses amis, et pour objet l'amour et la science du beau.

BANQUETER [bɑ̃kte] v. i. (conj. 27). Prendre part à un banquet ; participer à de bons repas.

BANQUETTE n. f. (anc. provenc. *banqueta,* de *banc*). **1.** Banc ou tabouret allongé, à quatre, six ou huit pieds, rembourré ou canné. — **2.** Siège d'un seul tenant. — **3.** Siège commun aménagé dans une voiture de chemin de fer, de métro, sous forme de banc. — **4.** *Jouer devant les banquettes,* devant une salle de spectacle presque vide. • **Archit.** Banc de pierre dans l'embrasure d'une fenêtre (architecture médiévale). — **Assain.** Trottoir réservé le long du canal d'un aqueduc. — **Ch. de f.** Largeur de la plate-forme ménagée à l'extérieur et au pied de la couche de ballast. — **Géogr.** *Banquette de glace,* glace littorale composite formée par la congélation des eaux marines et continentales et le tassement des congères. (Syn. PIED-DE-GLACE.) — **Min.** Partie inférieure du banc à abattre, lorsque l'exploitation se fait en deux temps. ‖ Surface horizontale entre deux gradins verticaux ou fortement inclinés. — **Navig.** *Banquette de halage,* syn. de CHEMIN DE HALAGE*. — **Pédol.** Replat en petite terrasse et bourrelet, à très faible pente longitudinale, généralement aménagé sur un versant à forte déclivité pour lutter contre l'érosion. — **Trav. publ.** Épaulement conservé dans les talus des tranchées ou des remblais pour leur donner plus de stabilité. ‖ *Banquette de sûreté,* parapet en terre, que l'on établit le long des routes en remblai ou à flanc de coteau.

1. BANQUIER n. m. (ital. *banchiero*). **1.** Personne qui fait le commerce de la banque, qui possède ou dirige une maison de banque. (Le fém. *banquière* est peu usuel.) — **2.** Celui qui tient le jeu contre les autres joueurs. — **3.** *Être le banquier de qqn,* lui fournir de l'argent.

2. BANQUIER ou **BANQUAIS** n. m. (de *banc 2*). Navire qui fait la pêche de la morue sur le banc de Terre-Neuve, sans revenir à terre.

BANQUISE n. f. (dan. *pakis,* de l'anc. nordique *pakki,* paquet, et *iss,* glace). Étendue marine ou côtière couverte par une couche de glace. (Résultant de la congélation de l'eau de mer, opérée entre - 1 et - 2 °C selon la salinité, elle peut être attachée au rivage [*banquise côtière*] ou mobile [*banquise dérivante*], déplacée par les courants.)

BANQUISTE n. m. (de *banque 1*). Homme de cirque ; forain.

BANQUO ou **BANCO,** gouverneur royal de Lochaber, dans le N. de l'Écosse, sous le règne de Duncan (XIe s.). Lorsque Macbeth assassina Duncan (1040), il resta un témoin muet et fut égorgé (v. 1050) lors d'un repas. Shakespeare a repris son personnage dans *Macbeth.*

BANSKÁ BYSTRICA, v. du centre de la Slovaquie, sur le Hron ; 85 000 hab. Château. Belles maisons des XVe et XVIe s. Anc. centre minier.

BANSKÁ ŠTIAVNICA, v. du centre de la Slovaquie ; 10 000 hab. Anc. centre minier. Monuments gothiques et Renaissance.

BANTEN ou **BANTAM,** ville et ancien sultanat d'Indonésie à l'extrémité N.-O. de Java. Visité par les Portugais dès 1511, Banten fut le premier comptoir de la Compagnie néerlandaise des Indes orientales.

BANTI (Lucia LONGHI LOPRESTI, dite **Anna**), femme de lettres italienne (Florence 1895 - Rome 1985), auteur de nouvelles raffinées (*Campi Elisi,* 1963) et de romans historiques (*Artemisia,* 1947 ; *La camicia bruciata,* 1973).

BANTING (*sir* Frederick Grant), médecin et physiologiste canadien (Alliston, Ontario, 1891 - Musgrave Harbor, Terre-Neuve, 1941). Il a découvert l'insuline, qu'il isola à partir des îlots de Langerhans du pancréas, avec Macleod, Best et Collip. (Prix Nobel de médecine 1923, avec Macleod.)

BANTOÏDE adj. Se dit d'une langue qui présente des caractères bantous.

BANTOU, E ou **BANTU** adj. et n. Qui appartient aux Bantous.

◆ **bantou** ou **bantu** n. m. Ensemble de langues nigéro-congolaises du groupe Bénoué-Congo, étroitement apparentées entre elles et parlées dans toute la partie méridionale de l'Afrique par plus de 60 millions de locuteurs.

ENCYCL. Pressentie dès le XVIe s., l'unité du bantou est démontrée vers 1860 par W. Bleek, qui est le créateur du terme *bantou* (les gens), constitué de la racine lexicale *ntu* et du préfixe attaché à la classe des noms humains au pluriel *ba*. Ce système dit des « classes nominales » est en effet le premier critère qui caractérise les langues bantoues : chaque nom est précédé d'un préfixe indiquant sa « classe », préfixe qui doit être répété devant chaque mot en rapport avec le nom. Sur le plan phonétique, on peut noter l'importance de l'harmonie vocalique et le rôle différenciatif des tons. Sur le plan morphologique, ce sont des langues agglutinantes : les thèmes nominaux sont obtenus grâce à des suffixes lexicaux adjoints à une racine invariable. Il existe plusieurs centaines de langues bantoues ; les plus importantes sont le swahili, le lingala, le kongo (importantes langues de relation), le ruanda, le makua, le zoulou, le xhosa.

BANTOUS, ensemble des populations de l'Afrique sud-équatoriale (à l'exception des Bochimans et des Hottentots), qui parlent des langues de la même famille, mais qui ont des traits culturels spécifiques. En Afrique du Sud, on appelle « Bantous » tous les peuples noirs, par oppos. aux Blancs, Coloureds et Asiatiques. Ce sont principalement des Xhosas, des Zoulous, des Sothos, des Tsongas et des Swazis.

BANTOUSTAN n. m. En Afrique du Sud, au temps de l'apartheid, territoire délimité, « foyer national » attribué à un peuple ou à un groupe de peuples noirs (bantous). [Syn. HOMELAND.]

ENCYCL. Cette forme de séparation géographique, qui date de 1954, a donné naissance à deux types de foyers nationaux : des territoires autonomes, au nombre de six (Kwazulu, Qwaqwa, Lebowa, Kangwane, Kwandebele, Gazankulu), et des États « indépendants », au nombre de quatre (Transkei, Bophuthatswana, Venda, Ciskei), créés à partir de 1976 mais non reconnus par la communauté internationale. Envisagée dès l'arrivée au pouvoir de F. De Klerk (1989), la réintégration de l'ensemble des bantoustans au sein de l'Afrique du Sud est devenue effective avec l'instauration, en 1994, d'une démocratie multiraciale dans le pays.

BANTRY BAY, baie du sud-ouest de l'Irlande, dans le comté de Cork. Port pétrolier et stockage dans l'île Whiddy.

BANTU → BANTOU.

BĂNULESCU (Ştefan), écrivain roumain (Făcăeni-Ialomiţa 1929). Le réalisme magique de ses nouvelles (*l'Hiver des hommes,* 1965) se retrouve dans ses *Lettres de province* (1976) et dans son roman *le Livre du millionnaire* (1977).

BANVILLE (Théodore DE), poète français (Moulins 1823 - Paris 1891). Adepte de l'« art pour l'art » (*Odes funambulesques,* 1857), il est un des maîtres de l'école du Parnasse, un « acrobate du vers », illustrateur d'une poésie qui confond art et artifice (*Petit Traité de versification française,* 1872).

BANVIN n. m. (de *ban 1* et *vin*). **1.** Proclamation par le seigneur de l'ouverture de la saison de la vente du vin. — **2.** Droit exclusif du seigneur de vendre le vin de son cru pendant les 40 jours qui précédaient cette ouverture.

BANYANKORÉS → NKOLÉS.

BANYULS [baɲuls] n. m. Vin doux naturel du Roussillon (appellation d'origine).

BANYULS-SUR-MER (66650), comm. des Pyrénées-Orientales ; 4 680 hab. *(Banyulencs* ou *Bagnolais).* Station balnéaire. Monument aux morts par Maillol. Laboratoire de biologie marine. Vins liquoreux.

BANZER SUÁREZ (Hugo), colonel et homme d'État bolivien (Santa Cruz 1926). Élu président de la République en 1971, avec l'aide du Mouvement national révolutionnaire (M. N. R.), il instaure l'état de siège dès 1974, mais il est obligé de convoquer des élections en 1978, au cours desquelles il fait élire son candidat. De nouveau candidat aux élections présidentielles de 1985 et de 1993, il est battu.

BAOBAB n. m. (ar. *bū ḥibab,* fruit aux nombreuses graines). Gros arbre (bombacacée) des régions chaudes d'Afrique et d'Asie (le tronc a parfois 8 m de diamètre), aux branches très étalées, et dont les fruits ovoïdes *(pains de singe)* sont comestibles, à saveur acidulée.

BAO DAI, empereur du Viêt-nam (Huê 1913). Fils de l'empereur Khai Dinh, il régna à partir de 1932, acceptant l'administration coloniale directe, malgré l'opposition de son ministre nationaliste Ngô Dinh Diêm, qui démissionna dès 1933. Après l'occupation japonaise, Bao Dai se rapprocha de la France, qui en fit, en 1949, le chef non investi d'un « État du Viêt-nam ». Mais, sans poids politique, il ne put rassembler son pays autour de sa personne. Déchu, il s'exila en France (1955).

BAODING ou **PAO-TING,** v. de Chine, dans le Hebei ; 265 000 hab. Centre agricole. École militaire. Jardins de l'époque Ming, restaurés.

BAOTOU ou **PAO-T'EOU,** v. de Chine, en Mongolie-Intérieure, sur le Huang He ; 1 160 000 hab. Sidérurgie. — À 60 km, Wudang Zhao, monastère lamaïste (1749), devenu musée.

BAOULÉS, importante population, de langue akan, habitant en Côte-d'Ivoire.

BAOUR-LORMIAN (Pierre François Marie BAOUR, dit), écrivain français (Toulouse 1770 - Paris 1854). Traducteur d'Ossian et de Young, il s'en inspira (*Veillées poétiques et morales,* 1811), mais s'opposa farouchement à la montée du romantisme naissant (Acad. fr., 1815.)

BAPAUME (62450), ch.-l. de cant. du sud-est du Pas-de-Calais ; 3 922 hab. *(Bapalmois).* — Victoire de Faidherbe sur les Prussiens (janv. 1871). Enjeu de combats violents pendant la Première Guerre mondiale. — Le *seuil de Bapaume,* dépression bordant l'Artois, est une voie de passage (autoroute et canal du Nord).

BAPEDIS → PEDIS.

BAPHIA n. m. Arbre d'Afrique tropicale et de Madagascar, au bois rouge très dur et très lourd, plus dense que l'eau.

BAPHOMET ou **BAFOMET,** idole légendaire, représentée sous la forme d'un démon androgyne et dont le culte secret aurait été célébré par les chevaliers du Temple. Il n'existe aucune preuve sérieuse de cette assertion.

BAPST, famille d'orfèvres joailliers parisiens, d'origine allemande. Ils ont travaillé pour les souverains français, de Louis XV à Napoléon III.

BAPTÊME [batɛm] n. m. (lat. ecclés. *baptisma,* du gr. *baptisma*). **1.** Dans la religion chrétienne, sacrement premier et fondamental qui constitue le signe juridique et sacral de l'insertion dans l'Église du Christ. (→ *encycl.*) — **2.** Cérémonie, fête qui accompagne ordinairement le baptême. — **3.** Bénédiction solennelle de qqch : *Le baptême d'une cloche.* — **4.** *Baptême de l'air,* premier vol d'un passager dans un avion. ‖ *Baptême de la ligne, du tropique,* cérémonie burlesque qui a lieu lorsqu'un navire ou ses passagers passent l'équateur ou un tropique pour la première fois. ‖ *Nom de baptême,* prénom donné à la personne qui est baptisée. ‖ *Recevoir le baptême du feu,* aller au combat pour la première fois.

ENCYCL. De nombreuses religions comportent des rites d'ablutions et de bains sacrés qui expriment la purification et le renouvellement. Le baptême chrétien a une relation d'origine avec les ablutions rituelles juives, les bains quotidiens des Esséniens et le baptême de Jean-Baptiste que Jésus a reçu. Cependant il s'en différencie radicalement. Il est certes un rite de purification (destruction de la souillure originelle) ; mais, en tant qu'il suscite un être nouveau, il est le sacrement de l'insertion dans le royaume de Dieu, le signe juridique et sacral de l'appartenance à l'Église du Christ.

BAPTISÉ, E [batize] n. Personne qui a reçu le baptême.

BAPTISER [batize] v. t. (lat. ecclés. *baptizare,* du gr. *baptidzein,* immerger) [conj. 3]. **1.** Administrer le baptême à qqn. — **2.** Bénir solennellement qqch (cloche, navire) et lui donner un nom. — **3.** Pourvoir d'un nom, d'un surnom, d'une appellation un être ou une chose : *Baptiser un cheval du nom de Bucéphale.* — **4.** Fam. *Baptiser du vin, du lait,* le mêler d'eau.

BAPTISMAL, E, AUX [batis-] adj. **1.** Relatif au baptême, conféré par le baptême. — **2.** *Fonts baptismaux,* bassin placé sur un socle destiné à l'administration du baptême ; partie de l'Église où se trouve ce bassin.

BAPTISME [batism] n. m. (lat. *baptisma,* baptême). Doctrine protestante d'après laquelle le baptême ne doit être administré qu'à des adultes professant la foi et la repentance, et de préférence par immersion.

BAPTISTAIRE [batis-] adj. et n. m. Se dit d'un acte qui constate le baptême.

BAPTISTE [batist] adj. et n. (lat. ecclés. *baptista*). Relatif au baptisme ; adepte du baptisme.
ENCYCL. Le mouvement baptiste fut fondé par le pasteur anglais John Smith († 1612) exilé en Hollande. Cette importante branche de la famille protestante passa en Angleterre et, en 1620, les émigrés du *Mayflower* portèrent le mouvement baptiste aux États-Unis. Les baptistes comptent, de nos jours, quelque 30 millions de membres dans le monde. Ils se caractérisent par leur attachement à la lettre de l'Écriture ; leurs communautés, qui ne connaissent ni hiérarchie ni sacerdoce, ont pour vocation première la mission ; elles sont à l'origine du grand mouvement d'évangélisation protestant contemporain.

BAPTISTE, nom du mime Jean-Baptiste Deburau, qui demeurait imperturbablement calme sous les coups. ‖ Fam. *Tranquille comme Baptiste,* dans un état de complète insouciance ; imperturbable.

BAPTISTÈRE [batistɛr] n. m. (lat. ecclés. *baptisterium*). Dans les premiers siècles chrétiens, édifice construit à quelque distance de l'église et destiné à l'administration du baptême ; chapelle, située au fond de l'église, où sont placés les fonts baptismaux.
ENCYCL. Les plus anciens baptistères (IVe s.) étaient conçus pour le baptême par immersion dans une piscine. Chaque ville épiscopale possédait le sien. De plan centré, ils pouvaient être circulaires, carrés, polygonaux, etc. Ils furent souvent placés sous le vocable de Jean-Baptiste. Citons, parmi ceux qui subsistent, celui de St-Jean-de Latran à Rome, ceux de Ravenne, Djamila, Aix-en-Provence, Fréjus, Poitiers, et, pour l'époque romano-gothique, ceux de Florence et de Pise.

BAQUET n. m. (de *bac 2*). **1.** Récipient ovale ou rond, à bord haut, servant à divers usages domestiques. — **2.** Siège individuel dont le dossier emboîte bien les reins.

BAQUETURES n. f. pl. Vin qui tombe d'un tonneau en perce dans le baquet placé sous le robinet.

1. BAR n. m. (néerl. *baars,* du moyen néerl. *baerse*). **1.** Poisson (serranidé) du littoral et des estuaires, carnassier vorace, apprécié pour sa chair. (Syn. LOUP.) — **2.** Figuration héraldique d'un poisson de forme allongée.

2. BAR n. m. (gr. *barus,* lourd). Anc. unité de mesure de la pression atmosphérique (symb. bar), égale à 10^5 pascals.

3. BAR n. m. (anglo-amér. *bar-room,* de l'angl. *bar,* barre de comptoir). **1.** Débit de boissons où les consommateurs se tiennent debout ou assis sur de hauts tabourets devant un comptoir. ‖ *Bar à vins,* bar ou l'on peut boire des vins de qualité au verre. — **2.** Lieu où l'on consomme des boissons, dans un théâtre, un hôtel, etc. : *Prendre une consommation au bar.* — **3.** Comptoir d'un débit de boissons, où l'on peut consommer debout ou assis sur de hauts tabourets. — **4.** Meuble d'appartement contenant de quoi préparer les boissons. — **5.** Comme deuxième élément d'un nom composé, indique qu'un meuble ou un local est aménagé de telle sorte qu'on puisse s'y servir en boissons : *Voiture-bar dans un train.*

bar aux Folies-Bergère *(Un),* toile de Manet (96 × 130 cm, 1881-82 ; institut Courtauld, Londres). Chef-d'œuvre, fondé sur un jeu de reflets, de la dernière période du peintre.

BAR, mot araméen signif. *fils* et entrant dans la composition de noms propres, ainsi Barthélemy, un des douze apôtres, ou Barnabé, compagnon de saint Paul.

BAR, port de Yougoslavie (Monténégro), relié par le rail à Belgrade, sur l'Adriatique ; 10 000 hab.

BAR *(comté,* puis *duché de).* Le comté de Bar, ou Barrois, fut fondé vers 959 par Ferry (Frédéric) Ier, duc de Haute-Lorraine. Il domina rapidement tous les États féodaux nés du démembrement de la Haute-Lorraine et s'affranchit de toute suzeraineté. Mais le comte Henri III (1297-1302), vaincu par Philippe le Bel, signa en juin 1301 le traité de Bruges, par lequel il se reconnaissait vassal de la France pour tous ses biens situés sur la rive gauche de la Meuse. Ainsi se constitua le *Barrois mouvant,* avec Bar-le-Duc pour capitale ; le reste, avec Saint-Mihiel, demeura terre d'Empire. Uni en 1480 à la Lorraine, il fut amené avec celle-ci à la France en 1766.

Bar *(Confédération de)* [1768 - 1772], union formée à Bar (Podolie), par les patriotes polonais, pour lutter contre les Russes et contre Stanislas II Auguste Poniatowski.

BARA (Joseph), enfant célèbre par son héroïsme (Palaiseau 1779 - près de Cholet 1793). Selon la légende créée par Robespierre, il aurait été pris dans une embuscade et sommé de crier : « Vive le roi ! », il se serait écrié : « Vive la République ! » avant d'être tué.

BARABBAS, émeutier et agitateur politique dont les Juifs réclamèrent la libération à l'occasion de la Pâque, à la place de Jésus, lors du procès devant Ponce Pilate.

BĀRĀBUDUR ou **BOROBUDUR,** grand monument bouddhique de Java central (près de Jogjakarta), édifié vers 800 au sommet d'une colline. Chacune des quatre galeries superposées de cet immense sanctuaire pyramidal est décorée de bas-reliefs évoquant les vies du Bouddha, tandis que l'ensemble, fondé sur un symbolisme cosmique, illustre les concepts du mahāyāna tardif. Un vaste programme de sauvegarde a été mené, sous l'égide de l'Unesco, de 1968 à 1983.

BARACALDO, v. d'Espagne, banlieue de Bilbao ; 119 000 hab. Sidérurgie.

BARACHE ou **BARASH** (Asher), écrivain israélien d'expression hébraïque (Łopatyn, Galicie, 1889 - Tel-Aviv 1952). Son œuvre poétique et romanesque est caractérisée par la recherche d'un réalisme objectif (*Frères,* 1911 ; *Étrange Amour,* 1930-1938).

BARADEAU n. m. (bas lat. *baratum,* fossé). Fossé de clôture ou de drainage, dans le sud-ouest de la France.

BARADÉE (Jacques), en syro-arabe **Baradaï** et en grec **Zánzalos,** moine syrien monophysite († Édesse 578). Évêque en 543, il revivifia les communautés monophysites d'Arménie et de Mésopotamie. Il créa en Syrie une hiérarchie autonome à l'origine de l'Église dite *jacobite.*

BARAGNON n. m. Fossé de clôture ou de drainage, en Bourgogne et en Bresse.

BARAGOUIN n. m. (breton *bara,* pain, et *gwin,* vin). *Fam.* **1.** Langage incompréhensible par suite d'une mauvaise prononciation, d'un vocabulaire impropre, d'une syntaxe incorrecte. — **2.** Langue étrangère qu'on ne comprend pas.

BARAGOUINAGE n. m. *Fam.* Action de baragouiner ; langage inintelligible.

BARAGOUINER v. t. (de *baragouin*) [conj. 3]. *Fam.* **1.** Parler une langue étrangère, la prononcer incorrectement. — **2.** Dire, exprimer qqch de façon incompréhensible : *Qu'est-ce qu'il baragouine ?*

BARAGOUINEUR, EUSE n. *Fam.* Personne qui baragouine.

BARAGUEY (ou **BARAGUAY**) **D'HILLIERS** (Louis, *comte*), général français (Paris 1764 - Berlin 1812). Arrêté avec Custine et emprisonné jusqu'au 9-Thermidor, il participa aux campagnes de l'Empire. Prisonnier en 1812, il mourut peu après. On lui attribue les *Mémoires posthumes de Custine par un de ses aides de camp* (1794).

BARAGUEY D'HILLIERS (Achille, *comte*), maréchal de France (Paris 1795 - Amélie-les-Bains 1878), fils du précédent. Il se rallia au prince Louis Napoléon, qui le nomma commandant de l'armée de Paris. Nommé maréchal en Crimée (1854), il se distingua ensuite en Italie (1859).

BARAHONA, port de la République Dominicaine, ch.-l. de prov., sur la côte sud ; 51 000 hab. Sucrerie.

BARAIL n. m. Prairie de fauche clôturée dans le midi de la France.

BARAJAS, banlieue nord-est de Madrid. Aéroport international. Mécanique.

BARAKA n. f. (mot ar.). **1.** Influence bénéfique qu'exercent certains personnages révérés de l'islām, ou certains objets sacrés. — **2.** Fam. *Avoir la baraka,* avoir de la chance.

BARANAUSKAS (Antanas), poète lituanien (Anykščiai 1835 - Seinaï 1902). D'abord engagée (*le Bois d'Anykščiai,* 1859), sa poésie se fit cléricale et conservatrice.

BARANGÉ (Charles), homme politique français (Beaulieu-sur-Layon, Maine-et-Loire, 1897 - Angers 1985). Député M. R. P., il a attaché son nom à la loi d'aide à l'enseignement privé (sept. 1951).

BARANJA, en hongr. **Baranya,** région de Hongrie et de Croatie, entre le Danube et la Drave, dont la majeure partie appartient à la Hongrie.

BARANOFF-ROSSINÉ (Lev Davidovitch BARANOV, dit **Vladimir**), peintre et sculpteur russe (Kherson, Ukraine, 1888 - Paris 1942), installé en France en 1925. Perpétuel chercheur, il a créé en 1923 le *piano optophonique,* unissant le cinétisme, la musique et la couleur.

BARANOVITCHI, v. de Biélorussie, au S.-O. de Minsk ; 131 000 hab. Nœud ferroviaire. Industrie automobile.

BARANSKI (Nikolaï Nikolaïevitch), géographe soviétique (Tomsk 1881 - Moscou 1963), qui organisa la géographie en U. R. S. S. et imposa au Gosplan ses vues sur la division du pays en régions économiques.

BARANTE (Prosper BRUGIÈRE, *baron* DE), historien et homme politique français (Riom 1782 - Barante, comm. de Dorat, Puy-de-Dôme, 1866). Son œuvre historique est dominée par l'*Histoire des ducs de Bourgogne* (1824). [Acad. fr., 1828.]

Bárány *(épreuve de)* [du n. du médecin autrichien Robert *Bárány* (1876-1936), Prix Nobel de médecine 1914], épreuve calorique permettant d'étudier les organes et les voies de l'équilibration (vestibule de l'oreille interne et centres nerveux correspondants) par l'apparition d'un nystagmus.

BARANYA → BARANJA.

BARAQUE n. f. (catalan *barraca*). **1.** Construction légère, souvent démontable, servant à loger des troupes ou du matériel militaire, des pêcheurs, des chasseurs, des ouvriers, des outils, etc. (Syn. BARAQUEMENT.) — **2.** Boutique de forains. — **3.** *Fam.* Maison mal bâtie, inconfortable ; toute maison : *Habiter une baraque en banlieue. Une baraque qui vaut cher.* — **4.** *Fam.* Entreprise, maison mal gérée : *Une baraque où tout le monde commande.* — **5.** Pop. *Casser la baraque,* remporter un succès fracassant, en parlant d'un spectacle, d'un artiste ; faire échouer le plan de qqn, lui faire perdre tous ses moyens.

BARAQUÉ, E adj. *Pop.* Qui a une forte et large carrure.

BARAQUEMENT n. m. **1.** Logement des troupes en baraques. — **2.** Syn. de BARAQUE. — **3.** Ensemble de baraques.

BARAQUE MICHEL, un des points culminants de la Belgique, dans l'Ardenne, au S.-E. de Verviers ; 674 m.

BARAQUER v. i. (ar. *baraka,* s'accroupir, d'une racine sémitique *brk-,* signif. *genou*) [conj. 3]. S'accroupir, en parlant du chameau, du dromadaire.

BARAQUEVILLE (12160), ch.-l. de cant. de l'Aveyron, à 19 km au S.-O. de Rodez ; 2 553 hab.

BARAT (*sainte* Madeleine-Sophie) → MADELEINE-SOPHIE BARAT (sainte).

BARATERIE n. f. (ital. *baratteria*). Préjudice volontaire causé aux armateurs, aux chargeurs ou aux assureurs d'un navire par le capitaine ou un membre de l'équipage.

BARATIER (Albert Ernest Augustin), général français (Belfort 1864 - sur le front de Reims 1917). Après avoir combattu Samory, il fut rattaché en 1896 à la mission Marchand. Il est l'auteur de souvenirs.

BARATIERI (Oreste), général italien (Condino 1841-Sterzing, auj. Vipiteno, 1901). Garibaldien de l'expédition des Mille (1860), gouverneur de l'Érythrée, il subit à Adoua (1896) une défaite retentissante.

BARATIN n. m. (anc. fr. *barater,* tromper). *Fam.* Discours abondant, destiné à convaincre, à tromper, à séduire ; boniment : *Tout ça, c'est du baratin.*

BARATINER v. t. (de *baratin*) [conj. 3]. *Fam.* Entreprendre qqn pour le convaincre, le séduire, le circonvenir par la parole.
◆ v. i. *Fam.* Débiter des boniments.

BARATINEUR, EUSE adj. et n. *Fam.* Qui baratine, sait baratiner.

BARATTAGE n. m. Transformation de la crème du lait en beurre dans la baratte, par séparation de la matière grasse et du babeurre.

BARATTE n. f. (de *baratter*). **1.** Appareil dans lequel on agite la crème du lait pour obtenir le beurre. — **2.** *Baratte continue,* syn. de BUTYRATEUR.
ENCYCL. Les barattes industrielles, en acier inoxydable, contiennent de 1 000 à 15 000 litres. Elles tournent autour d'un axe horizontal et sont munies de pales pour agiter la crème. Dans les *barattes continues* ou *butyrateurs,* le beurre formé est malaxé par le laminage à travers des filières avant de sortir en un ruban continu alimentant une ou plusieurs empaqueteuses.

BARATTÉ n. m. Babeurre, dans certaines régions.

BARATTER v. t. (anc. fr. *barater,* s'agiter) [conj. 3]. Pratiquer le barattage.

BARATYNSKI ou **BORATYNSKI** (Ievgueni Abramovitch), poète russe (près de Mara, gouvern. de Tambov, 1800 - Naples 1844). Poète de l'absurde et du néant, il fut admiré de Pouchkine (*le Bal,* 1828 ; *le Crépuscule,* 1842).

BARBACANE n. f. (p.-ê. de l'ar. *bāb al-baqara,* porte pour les vaches). **1.** Ouverture verticale étroite qui donne de l'air et du jour à un local. — **2.** Au Moyen Âge, ouvrage généralement semi-circulaire couvrant une porte de place. — **3.** Ouverture verticale étroite ménagée dans la maçonnerie d'un ouvrage d'art pour faciliter l'écoulement des eaux d'infiltration. (Syn. CHANTEPLEURE.)

BARBADE (la), en angl. **Barbados,** une des Petites Antilles, formant un État indépendant depuis 1966 ; 431 km² ; 260 000 hab. CAP. *Bridgetown.* LANGUE : *anglais.* MONNAIE : *dollar de la Barbade.* Canne à sucre (exportation de sucre et de rhum), quelques industries légères, tourisme. — Découverte par les Espagnols au XVIe s., la Barbade fut progressivement occupée par les Anglais à partir de 1627. Dotée d'un gouvernement autonome en 1961, elle devint indépendante en 1966.

BARBADINE n. f. (p.-ê. de *Barbade,* n. pr.). Passiflore grimpante d'Amérique du Sud au fruit, gros comme un œuf d'oie, jaunâtre, mucilagineux, dont on fait une boisson.

BARBANÇOIS-VILLEGONGIS (Charles Hélion, *marquis* DE), agronome français (château de Villegongis, près de Châteauroux, 1760 - 1822) qui introduisit en France les mérinos d'Espagne.

BARBANÈGRE (Joseph, *baron*), général français (Pontacq 1772 - Paris 1830), célèbre pour la défense d'Huningue (1815).

BARBANT, E adj. *Fam.* Qui est ennuyeux, assommant.

BARBAQUE n. f. (p.-ê. de l'esp. du Mexique *barbacoa,* viande rôtie). *Pop.* Viande, le plus souvent de mauvaise qualité.

BARBARA (Monique SERF, dite), auteur-compositeur et chanteuse française (Paris 1930).

Révélée au grand public au milieu des années 60, ses chansons savent traduire en une écriture raffinée des émotions simples mais profondes *(Nantes, Dis, quand reviendras-tu ?, l'Aigle noir)*.

BARBARE adj. et n. (lat. *barbarus,* du gr. *barbaros,* étranger). Qui agit avec cruauté, sauvagerie : *Ces barbares avaient massacré des milliers d'innocents.* ◆ adj. **1.** Qui manifeste de la cruauté, qui est inhumain : *Répression barbare.* — **2.** Grossier, contraire au bon goût, aux usages : *Une musique barbare.* — **3.** Qui n'est pas conforme aux normes de la langue : *Terme barbare.*

barbare en Asie *(Un),* récit d'Henri Michaux (1933). Une condamnation de l'Europe, à travers la découverte de la religiosité hindoue, du génie esthétique chinois, de la beauté plastique malaise.

BARBARES, nom donné par les Romains aux peuples qui ne participent pas à la civilisation gréco-romaine.

• *Les peuples barbares.* Ce sont essentiellement des Germains : sur les rives de la mer du Nord vivent les Jutes, les Angles, les Saxons, les Frisons ; plus au sud les Francs, fixés sur le cours inférieur du Rhin, et les Alamans ; derrière eux, les Burgondes et les Vandales (sur le Danube moyen), voisins des Suèves, localisés sur l'Oder, où ils jouxtent les Lombards. Les Goths sont divisés en deux groupes politico-militaires : les Wisigoths (entre Dniepr et bas Danube) et les Ostrogoths (entre Volga et Dniepr), soumis à la pression des peuples iraniens, notamment Sarmates et Alains, qui nomadisent entre l'Oural et le Don. Forts de leurs associations familiales et tribales, ces peuples ne connaissent en revanche ni État, ni cité, et leur croissance démographique les condamne à la famine sur des terres peu fertiles. Aussi cherchent-ils à pénétrer dans l'Empire romain, dont ils convoitent les richesses.

• *Rome face aux Barbares.* Prenant conscience du danger germain, Rome organise solidement ses frontières naturelles (Rhin-Danube), qu'elle couvre d'une ligne fortifiée, le *limes.* Les Romains réussissent difficilement à refouler la série d'invasions du IIIe s. La lutte fait apparaître l'insuffisance de l'armée romaine. Le recrutement national étant faible, les empereurs font alors appel à des mercenaires barbares, souvent encadrés par des généraux germains romanisés (Arbogast), et en viennent même à confier la défense des frontières à des peuples barbares : liés à Rome par un traité *(foedus),* ceux-ci occupent des terres romaines et fournissent des contingents de soldats (fédérés). Ainsi, lorsque l'empereur Valens * accepte que 200 000 Wisigoths, fuyant devant les Huns *, s'installent en Thrace (376), il pense les utiliser comme soldats et comme paysans. Mais, en agissant ainsi, il ouvre l'ère des « grandes invasions barbares ».

• *Les grandes invasions.* La première étape de ces invasions est marquée par la victoire des Goths à Andrinople (378), où Valens trouve la mort. Refoulés des Balkans vers l'Illyrie, puis vers l'Italie par Théodose, puis Arcadius, les Wisigoths s'emparent de Rome (410) puis envahissent la Narbonnaise et l'Aquitaine, où ils sont établis comme fédérés en 413. À cette date est déjà entamée la deuxième étape des grandes invasions, qui débute en 406, lorsque les Vandales, les Suèves et les Alains franchissent le Rhin, suivis par les Burgondes, qui s'installent entre Worms et Spire (413), et par les Alamans, qui s'établissent en Alsace. Peu nombreux, ces Barbares ravagent la Gaule avant de passer en Espagne (409) où s'implantent les Suèves, les Vandales et les Alains, tandis que les Burgondes sont établis par les Romains en Sapaudia (Savoie) [443]. Au cours de la troisième étape des grandes invasions, les Huns, conduits par Attila, pénètrent dans l'Empire romain d'Occident, ravagent la Gaule du Nord (451) jusqu'à leur défaite aux « champs catalauniques » (452), puis l'Italie du Nord (452-53). La quatrième vague d'invasions est l'œuvre des Angles, des Jutes et des Saxons, qui déferlent sur la Bretagne (450-500), des Ostrogoths, qui pénètrent en Italie (488), où Théodoric Ier étend son royaume à l'Italie du Sud, à la Pannonie et à la Provence. Dans le même temps, les Francs, sous la direction de Clovis et de ses fils, se rendent maîtres de toute la Gaule après leurs victoires remportées sur Syagrius (Soissons, 486), les Alamans (v. 496), les Wisigoths (Vouillé, 507), les Francs de Cologne (v. 509) et les Burgondes (534). La dernière vague des grandes invasions est marquée par l'occupation de la Pannonie par les Avars et de l'Italie par les Lombards (568). Les grandes invasions barbares ont emporté avec elles l'Empire romain d'Occident. Un monde gothique, mérovingien, lombard a pris la succession de la Gaule, de l'Espagne et de l'Italie romaines.

BARBARESQUE adj. et n. (ital. *barbaresco*). De l'ancienne Barbarie (Afrique du Nord).

BARBARESQUES *(États),* ensemble des hautes terres de l'Afrique du Nord-Ouest, entre la Méditerranée, les Syrtes, l'Atlantique et le Sahara. Le nom de « Barbarie » est une altération de celui de *Berbérie* (ou *pays des Berbères*).

BARBARI (Jacopo DE'), peintre et graveur italien (Venise v. 1445 - 1450 - Bruxelles ? v. 1515). Peut-être d'origine allemande, il travailla à Venise, à plusieurs reprises en Allemagne, et enfin à Malines pour Marguerite d'Autriche. Graveur d'une élégance raffinée, il a influencé des artistes comme Dürer ou Van Orley.

BARBARIE n. f. (lat. *barbaria*). **1.** Caractère de qqn ou de qqch qui est barbare, cruel, féroce : *La barbarie d'une répression.* – **2.** État d'une société qui manque de civilisation : *L'abandon de ces principes nous ferait retomber dans la barbarie.* – **3.** Action barbare, cruelle : *Considérer la chasse comme une barbarie.*

Barbarie *(canard de),* canard domestique muet, de couleur noir panaché de blanc ou bronzée. (Syn. CANARD MUSQUÉ.)

BARBARIGO (Agostino) [1419 - 1501], doge de Venise de 1486 à 1501. Il annexa Chypre en 1489 et forma contre Charles VIII la ligue de Venise, dont l'armée fut défaite à Fornoue en 1495.

BARBARISATION n. f. Transformation progressive des mœurs des populations de l'Empire romain sous l'influence des Barbares.

BARBARISME n. m. (lat. *barbarismus,* du gr. *barbarismos*). Forme d'un mot qui n'existe pas dans la langue à une époque donnée et dont l'emploi est jugé fautif. (Le barbarisme est une faute contre la morphologie : déformation d'un mot, faute de conjugaison.)

BARBAROUX (Charles Jean Marie), homme politique français (Marseille 1767 -Bordeaux 1794). Député des Bouches-du-Rhône à la Convention (1792), il siéga avec les Girondins et combattit la Montagne. Réfugié à Caen puis près de Bordeaux après la défaite de son parti (2 juin 1793), il fut arrêté et guillotiné.

BARBASTE (47230), comm. de Lot-et-Garonne, sur la Gélise ; 1 450 hab. Moulin fortifié des XIVe et XVe s., qu'habita Henri IV.

BARBASTELLE n. f. (lat. *barba,* barbe, et *stella,* étoile). Petite chauve-souris insectivore aux larges oreilles. (Famille des vespertilionidés.)

BARBAUD (Pierre), compositeur français (Alger 1911 - Nice 1990). Promoteur de la musique algorithmique*, il s'attache à introduire la pensée mathématique dans la composition musicale. À partir de 1958, il utilise un ordinateur, et se tourne vers la composition « automatique ». Sa première pièce entièrement élaborée par la machine est *7* ! (1960). On lui doit, selon ces principes, des partitions instrumentales comme *Apfelsextett* pour l'anniversaire de la mort de Newton (1977), des œuvres sur bande exécutées par l'ordinateur, des musiques de film. Il a écrit des ouvrages consacrés à sa technique.

BARBAZAN (31510), ch.-l. de cant. de la Haute-Garonne ; 355 hab. Station thermale (affections digestives).

1. BARBE n. f. (lat. *barba*). **1.** Ensemble des poils qui poussent sur les joues, sur la lèvre inférieure et au bas du visage de l'homme à partir de la puberté. – **2.** Poils des joues et du bas du visage que l'homme garde plus ou moins longs, comme ornement : *Porter la barbe.* – **3.** *À la barbe de qqn,* en sa présence et sans qu'il se doute de rien. ‖ Fam. *Avoir de la barbe au menton,* avoir atteint l'âge viril, appartenir au sexe masculin. ‖ *Faire la barbe,* la couper au ras de la peau, raser. ‖ Fam. *La barbe !, Quelle barbe !, C'est la barbe !,* indiquent que qqn ou qqch vous importune. ‖ *Parler dans sa barbe,* de façon indistincte. ‖ *Rire dans sa barbe,* se réjouir intérieurement. ‖ *Vieille barbe,* personne âgée dont les conceptions sont dépassées. • **Agroalim.** Moisissures qui se produisent dans certaines substances alimentaires (pain, fruits, fromages, etc.). – **Bonnet.** Syn. de DÉMAILLAGE. – **Bot.** Ensemble de poils disposés sur certains fruits tels que le blé barbu. ‖ *Barbe bleue,* n. usuel de *Caryopteris incana.* – **Grav.** Copeau que l'outil du graveur lève dans la planche de métal de chaque côté de la taille. (Peut être supprimé par l'*ébarbage.*) – **Mar.** *Ancres mouillées en barbe,* les deux ancres mouillées sur une même ligne avec l'axe du navire, afin d'assurer une meilleure tenue du mouillage. ‖ *Appeler, venir en barbe,* en parlant des câbles, travailler ensemble. – **Métall.** Syn. de BAVURE. – **Serrur.** Chacune des parties découpées du corps du pêne sur lesquelles agit le panneton de la clé. – **Zool.** Chacun des poils rameux insérés de part et d'autre de l'axe d'une plume d'oiseau. ‖ Ensemble des poils longs qui pendent sous le cou de divers animaux tel que la chèvre. ‖ Région située à la face externe de la lèvre inférieure du cheval.

◆ **barbes** n. f. pl. Pièces de toile ou de dentelle pendant de chaque côté d'un bonnet, ou placées dans la coiffure des femmes aux XVIIe et XVIIIe s.

2. BARBE n. m. (ital. *barbero*). Cheval de selle, rustique et sobre d'Afrique du Nord.

BARBE *(sainte),* martyre (date indéterminée). Selon la légende, son père, Dioscore, l'aurait traînée lui-même devant les tribunaux et décapitée de sa main. Patronne des mineurs, des pompiers, des carriers, des canonniers.

BARBE(-)À(-)PAPA n. f. (pl. *barbes(-)à(-)papa* [barbapapa]). Sucre aromatisé, étiré en filaments très légers et qu'on roule autour d'un bâtonnet.

1. BARBEAU n. m. (lat. pop. **barbellus,* du lat. class. *barbus,* sorte de poisson). **1.** Poisson des eaux douces, caractérisé par les deux paires de barbillons de sa lèvre supérieure. (On connaît deux espèces françaises, de taille très inégale [20 cm pour l'espèce méridionale, 1 m pour l'espèce commune]). – **2.** *Pop.* Souteneur.

2. BARBEAU n. m. (de *barbe*). **1.** Autre nom du *bleuet.* – **2.** *Bleu barbeau,* bleu clair. ‖ *Décor au barbeau,* décor des porcelaines consistant en un semis de centaurées roses et bleues (fin XVIIIe s.).

Barbe-Bleue, conte de Perrault. Meurtrier de ses six premières épouses, Barbe-Bleue tombe sous les coups des frères de la septième.

BARBECUE [barbəkju] n. m. (amér. *barbecue,* de l'hispano-amér. *barbacoa*). Appareil de cuisson au charbon de bois pour faire des grillades en plein air.

BARBE-DE-BOUC n. f. Nom usuel commun à la *spirée,* au *salsifis,* aux *clavaires* et aux *hydnes.*

BARBE-DE-CAPUCIN n. f. (pl. *barbes-de-capucin*). Nom usuel commun à la *chicorée sauvage,* à la *nigelle* et à l'*usnée.*

BARBE-DE-CHÈVRE n. f. Nom usuel du *panicaut,* de la *spirée* et de l'*hydne.*

BARBE-DE-JUPITER n. f. Nom usuel commun au *centranthe* et à un *anthyllis.*

BARBEDIENNE (Ferdinand), fondeur-éditeur français (Saint-Martin-de-Fresnay 1810-Paris 1892). Il s'associa en 1839 avec le mécanicien Achille Collas, inventeur d'une *machine à réduire,* mettant à la portée de tous des réductions de sculptures modernes et anciennes.

BARBELÉ, E adj. (anc. fr. *barbel,* pointe). Garni de barbes ou de pointes : *Fil de fer barbelé.*

◆ **barbelé** n. m. Fil de fer muni de pointes, utilisé pour les clôtures ou, à titre militaire, comme matériel de défense accessoire (surtout pl.).

BARBELURE n. f. (anc. fr. *barbel,* pointe). Aspérité disposée en barbe d'épi : *Les barbelures d'une flèche.*

BARBENTANE (13570), comm. des Bouches-du-Rhône, dans le Comtat ; 3 327 hab. *(Barbentanais).* Portes et donjons du XIVe s. Château du XVIIe s. (décors intérieurs).

BARBER v. t. (de *barbe 1*) [conj. 3]. *Fam.* Ennuyer, assommer qqn ; raser : *Il nous barbe, avec ses exigences !*

◆ **se barber** v. pr. *Fam.* S'ennuyer.

BARBERINI, famille romaine, originaire de Barberino, dans le Val d'Elsa, en Toscane. FRANCESCO (Florence 1528-Rome 1600) fonda la dynastie ; — MAFFEO, cardinal, devint pape sous le nom d'Urbain VIII (1623-1644) ; — ANTONIO *le Jeune* (Rome 1608-Nemi 1671), neveu de Maffeo, cardinal. Leur palais, à Rome, construit à partir de 1625 sous la conduite de C. Maderno, puis sous celle de Borromini et du Bernin, fut un magnifique musée ; il comprenait un théâtre qui eut une importance capitale dans le développement du drame lyrique à Rome.

BARBEROUSSE → FRÉDÉRIC Ier, empereur germanique.

BARBEROUSSE, nom donné par les historiens occidentaux aux deux pirates turcs fondateurs de l'État d'Alger au XVIe s., 'Arūdj, ou Bābā 'Arūdj, et Khayr al-Dīn, son frère.

BARBÈS (Armand), homme politique français (Pointe-à-Pitre, Guadeloupe, 1809 - La Haye 1870). Il prit la tête de l'insurrection du 12 mai 1839 avec Blanqui et Martin Bernard et fut condamné à mort, mais sa peine fut commuée en détention perpétuelle. En mars 1848, il siégea à l'extrême gauche ; le 15 mai, il tenta de constituer un gouvernement insurrectionnel à l'Hôtel de Ville. Condamné en 1849, gracié par Napoléon III en 1854, il s'exila.

1. BARBET n. m. (de *barbe 1*). **1.** Race de chiens d'arrêt, à poil laineux, excellents nageurs, utilisés autrefois pour la chasse du canard. — **2.** Autre nom du rouget de sable ou rouget barbet. — **3.** *Crotté comme un barbet,* couvert de boue.

2. BARBET n. m. (de *barbe,* pasteur piémontais). Nom donné aux vaudois du Dauphiné et du Piémont, puis aux calvinistes des Cévennes (XVIe-XVIIe s.).

1. BARBETTE n. f. Femelle du barbet (chien).

2. BARBETTE n. f. (de *barbe 1*). Guimpe en forme de mentonnière, portée du XIIe au XVe s. par les femmes âgées, les veuves et les religieuses.

3. BARBETTE n. f. (de *barbes d'un vaisseau,* parties du bordage de l'avant). Plate-forme surélevée permettant le tir du canon par-dessus le parapet.

BARBEY D'AUREVILLY (Jules Amédée), écrivain français (Saint-Sauveur-le-Vicomte 1808 - Paris 1889). Mentor de Léon Bloy et admiré de Huysmans, il fut baptisé « Connétable des Lettres » pour son dandysme et son intransigeance, qui le fit notamment passer à l'ultramontanisme après sa conversion au catholicisme en 1841. Ses romans (*Une vieille maîtresse,* 1851 ; *le Chevalier Des Touches,* 1864 ; *Un prêtre marié,* 1865), ses nouvelles (*les Diaboliques**, 1874) traduisent sa fascination pour le satanisme. Ses violents articles polémiques et ses études critiques ont été réunis dans *Œuvres et Hommes du XIXe siècle* (1860-1909).

Barbezieux *(race de),* race de poules de la région de Barbezieux-Saint-Hilaire, de forte taille, au plumage noir, produisant des chapons de très grande qualité.

BARBEZIEUX (Louis François Marie LE TELLIER, *marquis* DE), homme d'État français (Paris 1668 - Versailles 1701). Il succéda à son père comme secrétaire d'État à la guerre (1691-1701).

BARBEZIEUX-SAINT-HILAIRE (16300), anc. **Barbezieux,** ch.-l. de cant. de la Charente, dans la Petite Champagne ; 5 059 hab. *(Barbeziliens).* Église en partie du XIe s. et autres vestiges. Vignobles. Industrie alimentaire.

BARBICAN n. m. (de *barbu* et *toucan*). Oiseau (capitonidé) voisin du pic, au bec denté portant de fortes vibrisses à la base.

BARBICHE n. f. Barbe en pointe prolongeant le menton ; barbe peu fournie.

BARBICHETTE n. f. *Fam.* Petite barbiche.

BARBICHU, E adj. et n. *Fam.* Qui porte une barbiche.

BARBIER n. m. **1.** Celui dont le métier est de raser le visage et de soigner la barbe. – **2.** Nom usuel commun à trois poissons : le *porte-écuelle,* porteur d'une ventouse ventrale en forme de plat à barbe, le *chirurgien,* doté d'une épine caudale tranchante et l'*anthias* (serran de la Méditerranée), ou « barbier » au sens strict, aux nageoires filamenteuses.

Barbier de Séville *(le),* ou *la Précaution inutile,* comédie de Beaumarchais (Théâtre-Français, 23 févr. 1775). Grâce à Figaro, le comte Almaviva enlève la jeune Rosine à son vieux tuteur jaloux, Bartholo : la vivacité du dialogue et les décalages rajeunissent le thème théâtral. – Cette comédie a inspiré un opéra bouffe dont Rossini a écrit la musique, et qui fut créé à Rome en 1816.

BARBIER (Auguste), poète français (Paris 1805-Nice 1882), auteur de *Ïambes* (1831), poèmes satiriques dans lesquels il invective la société née de la révolution de 1830. (Acad. fr., 1869.)

BARBIER (Daniel), astrophysicien et géophysicien français (Lyon 1907 - Manosque 1965). Outre des travaux de spectrophotométrie stellaire, il organisa un réseau international d'observation de la luminescence atmosphérique et découvrit l'existence de certains phénomènes auroraux non polaires.

BARBIÈRE n. f. Anc. meuble de toilette pour homme.

BARBIERI (Giovanni Francesco) → GUERCHIN (le).

BARBIFIER v. t. (conj. 9). *Fam.* et *vx.* **1.** Raser, faire la barbe. – **2.** Ennuyer.

1. BARBILLON n. m. (de *barbe 1*). Excroissance paire, charnue, gustative, pendant aux lèvres de nombreux poissons (cyprinidés, siluridés).

2. BARBILLON n. m. (de *barbeau 1*). *Pop.* Jeune souteneur.

BARBIN n. m. Pièce de l'ourdissoir, qui sert à guider le fil.

BARBIN (Claude), libraire français (Paris 1629 - *id.* v. 1700). Il publia Corneille, Molière, Boileau, La Fontaine, Mme de La Fayette.

BARBITAL n. m. Barbiturique hypnotique à longue durée d'action. (C'est le plus ancien des barbituriques utilisés en thérapeutique.) [Syn. VÉRONAL.]

BARBITÉMIE ou **BARBITURITHÉMIE** n. f. Taux sanguin de barbiturique.

BARBITISTE n. m. (gr. *barbitidzein,* jouer du luth). Sauterelle d'Europe, parfois nuisible aux vignes et aux pêchers, mais surtout insectivore.

BARBITURIQUE adj. (de l'all. *Barbitursäure*). **1.** Relatif aux barbituriques. – **2.** *Acide barbiturique,* composé obtenu à partir du malonate d'éthyle et de l'urée dont certains dérivés sont des hypnotiques puissants. (Syn. MALONYLURÉE.) ◆ n. m. Classe de médicaments dérivés de l'acide barbiturique, hypnotiques vrais qui induisent un sommeil incoercible en agissant sur l'insomnie quelle qu'en soit l'origine.

ENCYCL. Les effets des barbituriques commencent à se manifester, selon les produits, 15 à 30 min après leur ingestion. Plus un produit est liposoluble, plus il est éliminé rapidement ; on distingue ainsi les barbituriques à élimination lente, actifs pendant 8 à 10 heures, utilisés principalement comme hypnotiques, des barbituriques à élimination rapide (3 à 6 heures), utilisés surtout par voie intraveineuse comme inducteurs d'anesthésie.

On prescrit surtout les barbituriques dans le traitement de certaines formes d'épilepsie (→ ANTIÉPILEPTIQUE). Bien qu'ils aient été parmi les premiers hypnotiques connus, ils sont de plus en plus délaissés dans le traitement de l'insomnie, d'une part parce qu'ils diminuent le temps de sommeil paradoxal, et d'autre part à cause de leur pouvoir toxicomanogène. L'intoxication chronique par les barbituriques engendre apathie et indifférence, et son arrêt brutal déclenche un véritable syndrome de sevrage, caractérisé par des crises convulsives. L'intoxication aiguë par les barbituriques se traduit par un syndrome proche de l'ivresse alcoolique (ils potentialisent d'ailleurs les effets d'une prise d'alcool).

Surtout toxiques au niveau du système respiratoire (effet dépresseur), les barbituriques sont contre-indiqués dans l'alcoolisme aigu, les insuffisances respiratoires et également lors du premier trimestre de la grossesse (risque tératogène).

BARBITURISME n. m. ou **BARBITUROMANIE** n. f. Toxicomanie aux barbituriques.

BARBITUROMANE n. Toxicomane aux barbituriques.

BARBIZON (77630), comm. de Seine-et-Marne, en bordure de la forêt de Fontainebleau ; 1 414 hab. Commune résidentielle.

Barbizon *(école de),* expression désignant toute une génération de peintres paysagistes, de tendance réaliste ou non, qui travaillèrent à Barbizon et en forêt de Fontainebleau vers le milieu du XIXe s. (Th. Rousseau, Corot, Millet, P. Huet,

Decamps, Diaz de La Peña, Troyon, Charles Jacque, etc. ; Daubigny et Dupré se rattachent en partie à cette école ; de nombreux peintres étrangers vinrent aussi à Barbizon).

BARBON n. m. (ital. *barbone,* barbe fournie). *Litt.* Homme d'un âge plus que mûr.

BARBON (PraiseGod), sectaire anglais (1596 ?-1680), dont le nom fut très souvent déformé en **Barebone** ou **Barebones.** Il se rendit célèbre, sous Cromwell, par ses prêches ardents et ses « prophéties ».

BARBOSA (Duarte), voyageur portugais (Lisbonne v. 1480 - île de Cebu, Philippines, 1521). Il accompagna Magellan dans son expédition et périt avec lui. Il a laissé le récit de ses voyages.

BARBOSA DU BOCAGE → BOCAGE.

1. BARBOTAGE n. m. *Pop.* Vol de petits objets ; chapardage.

2. BARBOTAGE n. m. **1.** Action de barboter, de s'agiter dans l'eau. (Syn. BARBOTEMENT.) — **2.** Fait pour un gaz de barboter à travers un liquide. — **3.** Aliment dilué, formé d'enveloppes de céréales ramollies dans l'eau, destiné aux animaux domestiques.

BARBOTE ou **BARBOTTE** n. f. Nom usuel de la *loche* (poisson).

BARBOTEMENT n. m. Syn. de BARBOTAGE.

1. BARBOTER v. i. (de l'anc. fr. *bourbouter,* patauger dans la boue) [conj. 3]. **1.** Fouiller du bec dans l'eau bourbeuse ou dans la vase, en parlant d'oiseaux aquatiques. — **2.** S'ébattre dans l'eau, en parlant d'un animal ou de qqn : *Petit enfant qui barbote dans son bain.* — **3.** Marcher difficilement sur un sol bourbeux, patauger dans la boue. — **4.** En parlant d'un gaz, passer à l'état de bulles dans un liquide, dans un dessein d'absorption, de purification, de contrôle de débit. — **5.** Fam. *Barboter dans une situation difficile,* être empêtré dans une mauvaise affaire, dans une situation pénible.

2. BARBOTER v. t. (de *barboter 1*) [conj. 3]. *Fam.* Voler, dérober qqch à qqn : *On m'a barboté mon stylo.*

1. BARBOTEUR, EUSE n. *Fam.* Personne qui a l'habitude de commettre de petits vols.

2. BARBOTEUR n. m. **1.** Appareil dans lequel on fait barboter un gaz. — **2.** Dans les blanchisseries, appareil dans lequel le linge à laver est brassé mécaniquement dans une lessive ou une eau savonneuse.

BARBOTEUSE n. f. (de *barboter 1*). Vêtement de petit enfant d'une seule pièce formant culotte et laissant les jambes nues.

BARBOTIN n. m. (de *Barbotin,* n. pr.). **1.** Poulie solidaire du moteur ou d'un essieu qui entraîne le train de roulement des véhicules à chenilles. — **2.** Couronne en fer à empreintes dans lesquelles viennent s'engager les mailles de la chaîne d'ancre. (Syn. COURONNE À EMPREINTES.)

BARBOTINE n. f. (de *barboter 1*). Pâte argileuse plus ou moins liquéfiée à l'eau, servant à fixer les ornements et les parties rapportées d'une céramique. Elle est aussi utilisée dans la technique du coulage. (Au XIXe s., la barbotine a été employée pour exécuter des ornements en épaisseur sur les porcelaines ; ce procédé est appelé DÉCOR À LA BARBOTINE, PÂTE D'APPLICATION ou PÂTE SUR PÂTE.)

BARBOUILLAGE ou **BARBOUILLIS** n. m. **1.** Action d'appliquer grossièrement une peinture ; résultat de cette action. — **2.** Écrit illisible.

BARBOUILLER v. t. (de *barboter,* avec infl. de *souiller*) [conj. 3]. **1.** Couvrir, maculer qqch d'une matière salissante : *Sa sœur lui avait barbouillé le visage de chocolat.* — **2.** Enduire grossièrement une surface d'une substance colorée : *Barbouiller une façade à la chaux.* — **3.** Exécuter sans art et sans goût une peinture : *Barbouiller des paysages.* — **4.** Couvrir qqch de signes d'écriture ou de dessins tracés hâtivement, de façon sommaire, confuse : *Des murs que l'on a barbouillés de graffiti.* — **5.** *Barbouiller l'estomac, le cœur,* donner une légère nausée. ‖ *Barbouiller du papier,* écrire des choses sans intérêt.

◆ **être barbouillé** v. pass. *Avoir l'estomac barbouillé, être barbouillé,* avoir mal au cœur, être incommodé par ce qu'on a mangé.

BARBOUILLEUR, EUSE n. Mauvais écrivain ou mauvais peintre.

BARBOUR (John), chroniqueur et théologien écossais (v. 1316 ou 1325 - Aberdeen 1395). Le héros de son poème épique *The Bruce* (1375) est une incarnation des vertus de la chevalerie internationale.

BARBOUZE n. f. *Pop.* **1.** Barbe. — **2.** Membre d'une police secrète ou parallèle, ou d'un service d'espionnage.

BARBU, E adj. et n. (lat. pop. **barbutus*). Qui porte la barbe.

◆ adj. Qui est muni d'appendices en forme de barbes, de barbillons : *Œillet barbu.*

◆ **barbu** n. m. **1.** Oiseau piciforme (capitonidé) des forêts tropicales, aux vives couleurs, au bec puissant bordé de fortes vibrisses. — **2.** Jeu de cartes disputé par séries de donnes dont les règles diffèrent entre elles. — **3.** Nom de races de poules aux nombreuses plumes sous l'oreillon et sous le menton.

BARBUDA ou **BARBUDE,** île des Petites Antilles (Leeward Islands), au N. d'Antigua, avec laquelle elle constitue l'État indépendant d'Antigua et Barbuda.

BARBUE n. f. (de *barbu*). Poisson plat (scotophthalmidé) qui vit couché sur les fonds sablonneux, le côté gauche étant seul coloré et portant les deux yeux.

BARBULA n. f. (lat. *barbula*). Mousse des lieux très secs, formant des coussinets arrondis et bombés.

BARBULE n. f. (lat. *barbula*). Chacune des ramifications de la barbe d'une plume d'oiseau. (Les barbules de deux barbes voisines, en s'entremêlant, assurent la continuité de la vexille.)

BARBURE n. f. En métallurgie, syn. de BAVURE.

BARBUSSE (Henri), écrivain français (Asnières 1873 - Moscou 1935). Prix Goncourt 1916 avec *le Feu,* description non conventionnelle de la vie du simple soldat, il tenta, après la guerre, dans *l'Humanité* et dans la revue *Monde,* de fixer les critères d'une littérature « prolétarienne ».

BARCA, surnom d'Hamilcar.

BARCARÈS (Le) [66420], comm. des Pyrénées-Orientales, à 20 km au N.-E. de Perpignan ; 2 434 hab. Importante station balnéaire *(Port-Barcarès).*

BARCAROLLE n. f. (ital. *barcaruola*). **1.** Chant, souvent improvisé, des gondoliers vénitiens. — **2.** Pièce vocale ou instrumentale évoquant le balancement d'une barque, très en vogue à l'époque romantique.

BARCASSE n. f. (ital. *barcaccia,* barque pourrie). *Péjor.* Grosse barque ; mauvais bateau.

BARCELONE, en esp. **Barcelona,** deuxième ville d'Espagne, cap. de la Catalogne et ch.-l. de la *province de Barcelone* (7 733 km² et 4 714 302 hab.), sur la Méditerranée ; 1 643 542 hab. *(Barcelonais).* Barcelone commande une agglomération d'environ 3 millions d'habitants. Métropole incontestée de la Catalogne, premier port d'Espagne (hydrocarbures exclus), c'est une grande ville industrielle (métallurgie de transformation et textile, chimie, édition, etc.), un centre commercial, intellectuel et aussi touristique, un peu éclipsé toutefois dans le domaine tertiaire par la prééminence aujourd'hui affirmée de Madrid.
— **Hist.** Barcelone connut une grande prospérité sous la domination aragonaise (XIIe-XVe s.), devenant une place bancaire de premier rang. La découverte de l'Amérique porta un coup à sa prospérité ; elle ne retrouva son rang et son importance qu'au milieu du XIXe s. Durant la guerre civile (1936-1939), Barcelone fut le bastion de la résistance républicaine.
— **Bx-arts.** Nombreux édifices des XIIIe-XVe s. du « barrio gótico », dont la cathédrale, l'église S. María del Mar, l'Ayuntamiento, le Palais royal, la Diputación provincial. Édifices de Gaudí. Parmi les musées, citons le Musée archéologique et le prestigieux musée d'Art de Catalogne (peinture romane et retables gothiques) de Montjuich, le musée Frederic Marès (archéologie, sculpture romane, etc.), le musée d'Art moderne (peintres catalans depuis M. Fortuny, etc.), le musée Picasso et la fondation Miró.

Barcelone *(traité de)* [19 janv. 1493], traité par lequel Charles VIII restitua le Roussillon et la Cerdagne à Ferdinand II le Catholique pour obtenir la neutralité de l'Espagne.

BARCELONNETTE (04400), ch.-l. d'arrond. des Alpes-de-Haute-Provence, centre principal de l'Ubaye ; 3 631 hab. Centre touristique.

BARCHAÏ (Roudolf), altiste et chef d'orchestre russe (Labinsk, près de Krasnodar, 1924). Il a fait partie du Quatuor philharmonique de Moscou et, depuis 1955, est chef de l'Orchestre de chambre de Moscou.

BARCIDES (les), famille carthaginoise puissante au temps des guerres puniques et dont les membres les plus importants furent Hamilcar et ses fils Hannibal, Hasdrubal et Magon.

BARCLAY DE TOLLY (Mikhaïl Bogdanovitch, *prince*), maréchal russe d'origine écossaise (Luhde-Grosshoff, Livonie, 1761-Insterburg, auj. Tcherniakhovsk, 1818). Ministre de la Guerre en 1810, il commanda la Ire armée de l'Ouest lors de l'invasion française en 1812. En 1813, il s'illustra dans la campagne d'Allemagne, puis, en 1814, dans celle de France. Feld-maréchal après la prise de Paris, il devint en 1815 commandant en chef des armées russes.

Barclays, banque britannique installée à Londres depuis 1736. Elle est au premier rang dans son pays et parmi les plus importantes dans le monde.

BARCO VARGAS (Virgilio), homme d'État colombien (Cúcuta 1921), président de la République de 1986 à 1990.

BARDA n. m. (ar. *barda'a,* couverture de selle). **1.** *Arg.* Ensemble de l'habillement et de l'équipement confiés à un soldat. — **2.** *Fam.* Bagage ou équipement particulièrement encombrant.

1. BARDAGE n. m. (anc. fr. *bard,* charrette). Déplacement et transport, sur un chantier, de matériaux ou composants lourds.

2. BARDAGE n. m. (de *bardeau 1*). Revêtement protecteur mince, à dilatation libre, de l'ossature ou des murs extérieurs d'un bâtiment.

BARDAÏ, oasis du Sahara, dans le nord du Tchad (Tibesti).

BARDANE n. f. (lat. médiév. *bardana,* altér. de *dardana*). Herbe vivace des lieux incultes, à longues feuilles, aux fleurs pourprées, et dont le fruit, muni de crochets, se prend dans le pelage des animaux, assurant la dispersion des graines. (Autres noms usuels : *teigne, herbe aux teigneux,* etc.)

BARDAS PHOKAS → PHOKAS (Bardas).

BARDAS SKLÊROS → SKLÊROS (Bardas).

BARDDHAMAN, anc. **Burdwān,** v. de l'Inde (Bengale-Occidental), sur la Dāmodar ; 244 789 hab. Université. Centre industriel.

1. BARDE n. m. (lat. *bardus,* du gaul.). **1.** Poète et chanteur chez les Celtes. — **2.** *Fam.* Chanteur folklorique.

2. BARDE n. f. (ar. *barda'a,* couverture de selle). **1.** Armure de cheval de guerre (XIIIe-XVIe s.). — **2.** Fine tranche de lard gras dont on entoure les pièces à rôtir.

3. BARDE n. f. (de *barder*). Pop. *À toute barde,* à toute vitesse.

1. BARDEAU n. m. (p.-ê. de *barde,* selle). **1.** Tuile de bois pour toiture et pour bardage vertical. — **2.** Cette même tuile en matériau synthétique ou aggloméré. — **3.** Chacune des planchettes refendues que l'on pose sur les solives pour recevoir un carrelage.

2. BARDEAU → BARDOT.

BARDEEN (John), physicien et technicien américain (Madison 1908 - Boston 1991), prix Nobel de physique en 1956 pour ses recherches sur les semi-conducteurs et la mise au point du transistor à germanium, et en 1972 pour une théorie de la supraconductibilité.

BARDEM (Juan Antonio), metteur en scène de cinéma espagnol (Madrid 1922). Il a réalisé : *Mort d'un cycliste* (1955), *Grand-Rue* (1956), *la Vengeance* (1957), *Sonatas* (1959), *Une femme est passée* (1963), *les Pianos mécaniques* (1964), *Variétés* (1971), *le Pont* (1977), *les Sept Jours de janvier* (1979).

1. BARDER v. t. (de *barde 2*) [conj. 3]. **1.** Autref., couvrir un cheval de bataille d'une barde, couvrir un combattant d'une armure. — **2.** Recouvrir d'une barde de lard une pièce à rôtir. — **3.** Garnir qqch de fer, d'acier, etc., pour le protéger.

◆ **être bardé** v. pass. **1.** Être recouvert, garni de qqch qui renforce ou protège : *Coffre bardé de ferrures.* — **2.** Être abondamment pourvu de qqch : *Pédant bardé de grec et de latin.* — **3.** *Être bardé de décorations,* en avoir la poitrine couverte.

2. BARDER v. t. (de l'anc. fr. *bard,* charrette) [conj. 3]. Déplacer des matériaux, pièces ou matériels lourds sur un chantier.

3. BARDER v. i. (orig. obscure) [conj. 3]. Pop. *Ça barde, ça va barder,* cela devient dangereux, en parlant d'une action ; cela devient violent, très vif, en parlant d'une discussion, d'une dispute ; une violente remontrance va arriver.

BARDEUR n. m. (de l'anc. fr. *bard,* charrette). **1.** Manœuvre chargé du transport des matériaux sur un chantier. — **2.** Engin de manutention des blocs de poids élevé.

BARDI, famille florentine dont la compagnie marchande fut, de 1250 à 1350, l'une des plus importantes puissances financières et bancaires d'Europe.

BARDI (Giovanni), patricien florentin (Florence 1534 - v. 1612-1614). Sa maison fut le rendez-vous des esprits du temps, qui constituèrent la Camerata fiorentina. Ses collaborateurs furent : Jacopo Peri, Emilio de Cavalieri, Giulio Caccini, le poète Rinuccini, Vincenzo Galilei, etc.

BARDIÈRE n. f. (de *barde 2*). Tissu gras recouvrant le corps du porc, dans la région du cou, du dos et du rein, vendu comme lard gras et utilisé pour faire des lardons.

BARDIS n. m. (du rad. de *bardeau 1*). Cloison longitudinale placée dans la cale d'un navire pour empêcher le ripage des marchandises embarquées en vrac.

BARDO (Le), banlieue nord-ouest de Tunis. Le palais du Bardo, résidence des beys au XVIIIe s., a été transformé en 1888 en un musée archéologique. — Près de là s'élève le palais de Qaṣr Sa'īd, où fut signé le « traité du Bardo » (12 mai 1881) établissant le protectorat français sur la Tunisie.

BARDOLINO n. m. Vin rouge italien léger produit à l'est du lac de Garde, très réputé.

BARDONNÈCHE, en ital. **Bardonecchia,** station de sports d'hiver (alt. 1 312-2 700 m) d'Italie, dans les Alpes du Piémont, à la sortie des tunnels du Fréjus ; 3 400 hab.

BARDOT ou **BARDEAU** n. m. (ar. *barda'a,* couverture de selle, par l'intermédiaire du provenç. *bardo,* bât). **1.** Hybride du cheval et de l'ânesse, ressemblant plus au cheval qu'au mulet, mais possédant le caractère de l'âne. — **2.** Petit mulet qui, en tête de la troupe, porte les provisions du muletier.

BARDOT (Brigitte), actrice de cinéma française (Paris 1934). Rendue célèbre par le film de Roger Vadim *Et Dieu créa la femme* (1956), sa popularité en fit un véritable phénomène sociologique. Elle tourna notamment dans *En cas de malheur* (1958), *la Vérité* (1960), *Vie privée* (1962), *le Mépris* (1963), *l'Ours et la Poupée* (1970).

BAREA (Arturo), écrivain espagnol (Badajoz 1897 - Londres 1957). D'abord publiée en anglais (1941-1946), sa trilogie *la Forge d'un rebelle* est une évocation de la vie moderne.

BARE-FOOT [bɛrfut] n. m. inv. (angl. *bare-foot,* pied nu). Ski nautique pratiqué pieds nus.

BARÈGE n. m. (de *Barèges,* n. pr.). Tissu de coton à l'aspect pelucheux.

BARÈGES (65120), comm. des Hautes-Pyrénées ; 260 hab. Sports d'hiver (alt. 1 250-2 350 m). Station thermale (rhumatismes, maladies de peau). Les eaux sont sulfurées sodiques.

BAREILLY, v. de l'Inde (Uttar Pradesh), à l'E. de Delhi ; 607 652 hab. Textile.

BARÉMAGE n. m. Action de barémer.

BARÈME n. m. (de *Barrême,* n. pr.). Ensemble de données chiffrées, indiquant le résultat de certains calculs.

BARÉMER v. t. (conj. **18**). Jauger un réservoir, un chaland, une citerne.

BARENBOÏM (Daniel), pianiste et chef d'orchestre israélien (Buenos Aires 1942). Successeur de Georg Solti à la tête de l'Orchestre de Paris (1975-1989), il devient directeur musical de l'Orchestre symphonique de Chicago en 1991 et directeur artistique du Staatsoper de Berlin en 1992.

BARENTIN (76360), comm. de la Seine-Maritime, à 17 km au N.-O. de Rouen ; 13 105 hab. *(Barentinois).* Sculptures modernes. Textile. Constructions électriques.

BARENTIN (Charles DE), homme d'État français (1738 - Paris 1819). Garde des Sceaux (1788), il s'opposa à Necker. Accusé d'avoir fomenté un complot en vue de bloquer la capitale, il démissionna et émigra (1789).

BARENTS *(mer de),* mer épicontinentale de la partie eurasiatique de l'océan Arctique, limitée au N. et à l'E. par le Svalbard (ou Spitzberg), l'archipel François-Joseph et la Novaïa Zemlia (Nouvelle-Zemble) et sur laquelle sont implantés les ports russes de Mourmansk et Arkhangelsk ; 1 405 000 km^2.

BARENTS ou **BARENTSZ** (Willem), explorateur néerlandais (île de Terschelling v. 1550 - région de la Nouvelle-Zemble 1597). En 1594, il atteignit la Nouvelle-Zemble (Novaïa Zemlia). En 1596, un nouveau voyage l'amena au Spitzberg.

BARÈRE DE VIEUZAC (Bertrand), homme politique français (Tarbes 1755 - *id.* 1841). Avocat, député aux États généraux (1789) puis à la convention (1792), il fut membre du Comité de salut public, mais abandonna Robespierre le 9 thermidor.

BARÈS (Édouard Joseph), général d'aviation français (Azul, Argentine, 1872 - Aspet 1954). Il organisa l'aviation de chasse pendant la Première Guerre mondiale. Il finit chef d'état-major général des forces aériennes.

BARESTHÉSIE n. f. Sensibilité des tissus et des organes (peau, muscles, os, tendrons) à la pesanteur et aux variations de pression.

BARÉTER v. i. (conj. **18**). Syn. de BARRIR.

BARETTI (Giuseppe), écrivain italien (Turin 1719 - Londres 1789). Un des fondateurs du journalisme littéraire moderne dans *La Frusta Letteraria,* il composa en français son chef-d'œuvre critique : *Discours sur Shakespeare et monsieur de Voltaire* (1777).

BARFLEUR (50760), comm. de la Manche, au S. de la *pointe de Barfleur* (extrémité nord-est du Cotentin) ; 607 hab. Petit port de pêche et station balnéaire. Ce fut aux XIe et XIIe s. le principal port du duché de Normandie.

1. BARGE n. f. (lat. pop. **barica,* du gr. *baris*). **1.** Embarcation tractée, poussée ou embarquée, destinée au transport des marchandises et n'assurant pas elle-même sa propulsion. — **2.** Péniche de débarquement de troupes. — **3.** Bateau à fond plat, gréé d'une voile carrée.
ENCYCL. Les *barges océaniques* sont spécialisées dans le transport en haute mer de bois, fret liquide, gaz, etc. Les *barges pétrolières,* utilisées pour l'exploitation des hydrocarbures marins, comprennent des *barges submersibles* pour le transport des plates-formes, des *barges de lancement* pour leur mise à flot et leur lancement, des *barges de forage* pour le forage en eaux peu profondes et des *barges d'assistance* pour la pose de pipe-lines, le ravitaillement, la plongée. Enfin, les *barges de navire,* parallélépipédiques, sont destinées à naviguer en convoi sur les voies de navigation intérieure et à être chargées sur des navires spécialisés susceptibles de les transporter sur mer.

2. BARGE n. f. (p.-ê. lat. pop. *bardea,* d'orig. gaul.). Oiseau des marais, voisin des chevaliers. (La *barge à queue noire* est sédentaire en France, la *barge rousse* n'est que de passage.)

Bargello (le), à Florence, palais du podestat (XIIIe-XIVe s.), puis du chef de la police *(bargello),* auj. riche musée national de sculpture.

BARGER (George), chimiste britannique (Manchester 1878 - Aechi, cant. de Berne, 1939). Il a découvert avec H. H. Dale, en 1910, l'histamine dans l'ergot de seigle.

BARGUIGNER v. i. (lat. médiév. *barcaniare,* faire du commerce, p.-ê. du frq. **warbanjan,* de **warb,* métier) [conj. **3**]. *Fam.* et *vx. Sans barguigner,* sans hésiter, franchement.

BAR HEBRÆUS → ABŪ AL-FARADJ.

BAR-HILLEL (Yehoshua), logicien israélien d'origine polonaise (Vienne 1915 - Jérusalem 1975). Sa conception philosophique est inspirée des travaux des néopositivistes de Vienne ; son centre d'intérêt est la philosophie du langage et la linguistique. Il a étudié divers aspects de la structure logique du langage ; il a été également l'un des principaux théoriciens de la traduction et de la documentation automatiques, qu'il a contestées par la suite. Il a écrit *Aspects of Language* (1970).

BARI, port d'Italie, ch.-l. de prov. et de la région de la Pouille ; 341 273 hab. Point de départ vers la Terre sainte, Bari fut une ville prospère au Moyen Âge. En 1813, Murat entreprit la construction de la ville moderne. Majestueuse basilique S. Nicola et cathédrale (remaniée) typiques du roman de la Pouille (XIe-XIIe s.). Château fort. Musées. Centre commercial et industriel (mécanique, chimie, textile, agroalimentaire).

BARIATINSKI (Aleksandr Ivanovitch, *prince*), maréchal russe (1815 - Genève 1879). Il vainquit l'insurrection de Chāmil, dans le Caucase du Nord (1859).

BARIBAL n. m. Ours noir d'Amérique.

BARICAUT n. m. (anc. provenç. *barricot*). Petit baril.

BARICHNIKOV (Mikhaïl Nikolaïevitch) → BARYCHNIKOV.

BARIGOULE n. f. (provenç. *barigoulo,* du lat. *maurucula,* morille). **1.** Nom usuel du *lactaire délicieux.* — **2.** *À la barigoule,* mode de préparation des artichauts, qui sont farcis et braisés au vin blanc.

BARIL [-ril] n. m. (gallo-romain *barriculus*). **1.** Petite barrique, petit tonneau ; son contenu. — **2.** Emballage pour la poudre à laver, ayant souvent forme de tonnelet. — **3.** Ancienne mesure de capacité, qui valait à Paris 18 boisseaux, ou 235 litres. — **4.** Unité de volume propre à l'industrie du pétrole et valant 158,98 litres. (Traduction de l'américain *barrel.*)

BARILITE ou **BARYLITE** n. f. Silicate naturel de béryllium et de baryum.

BARILLET [-rijɛ]n. m. (de *baril*). **1.** Petit baril. — **2.** Magasin cylindrique mobile autour de son axe et formé par l'ensemble des alvéoles destinées à recevoir les cartouches d'un revolver. • **Horlog.** Tambour autour duquel s'enroule la corde ou la chaîne, ou dans lequel se loge le ressort-moteur. ‖ Ensemble du système moteur, à poids ou à ressort, d'un appareil horaire mécanique. — **Mécan.** Partie du corps de pompe dans laquelle joue le piston. ‖ *Moteur, pompe à barillet,* moteur, pompe utilisant un ensemble, ou deux ensembles symétriques, de cylindres disposés en barillet autour d'un axe. — **Phot.** Pièce permettant la fixation et le centrage d'un groupe de lentilles dans la monture d'un objectif. — **Serrur.** Partie cylindrique d'un bloc de sûreté, dans une serrure. (Syn. CYLINDRE.) — **Text.** Sur les métiers à tisser à changement de canettes automatique, réserve de canettes en attente de chargement.

BARILLON ou **BARRILLON** (Jean), chroniqueur français (Issoire v. 1485 -1553), auteur d'un *Journal* intéressant les sept premières années (1515 - 1521) du règne de François Ier.

BARILOCHE → SAN CARLOS DE BARILOCHE.

BARINAS, v. du Venezuela, cap. de l'*État de Barinas ;* 152 853 hab. Université.

BĀRIND, région naturelle de l'Inde et du Bangladesh, entre le Gange et le Brahmapoutre.

BARINE n. (russe *barine,* seigneur). Dans la Russie tsariste, terme respectueux pour s'adresser à qqn.

BARING (*sir* Francis), financier britannique (Larkbear, Devon, 1740 - Londres 1810). En 1763, en association avec son frère JOHN, il fonda à Londres une banque qui fut très importante jusqu'à la fin du XIXe s. Il fut directeur de la Compagnie des Indes orientales.

BARING (Alexander), 1er baron **Ashburton** → ASHBURTON.

BARING (Evelyn), 1er comte **Cromer,** diplomate et homme politique britannique (Cromer Hall, Norfolk, 1841-Londres 1917), petit-fils de sir Francis Baring. Ministre plénipotentiaire en Égypte de 1883 à 1907, il contribua à la modernisation de ce pays.

BARING (Maurice), écrivain britannique (Londres 1874 - Beauly, Écosse, 1945). Diplomate (1898 - 1904), journaliste (1904 -1914) et russologue, il décrivit avec minutie et tristesse le beau monde cosmopolite, puis témoigna d'une compassion presque mystique dans *Daphné Adeane* (1926) ou *Friday's Business* (1933).

BARIOLAGE n. m. **1.** Action de barioler ; assemblage de couleurs disparates. — **2.** Assemblage d'idées et d'expressions disparates : *Un bariolage exotique de mauvais goût.*

BARIOLER v. t. (croisement de l'anc. fr. *barrer* et *rioler,* rayer) [conj. 3]. Peindre, marquer, composer de couleurs qui ne s'harmonisent pas.
◆ **être bariolé** v. pass. **1.** Être composé de couleurs bizarrement assorties : *Des femmes aux toilettes bariolées.* — **2.** En parlant d'un style, éléments hétérogènes produisant un effet inattendu, violent.

BARIOLURE n. f. Réunion de couleurs contrastées : *Les bariolures d'un tapis.*

BARIS, population nilotique occupant le Soudan méridional.

BARISĀL, v. du Bangladesh, dans le delta du Gange ; 159 000 hab.

BARISAN *(monts),* chaîne de montagnes volcaniques de Sumatra (Indonésie) ; 3 801 m au Kerinci.

BARITO, fl. de Bornéo (Indonésie) ; 900 km env. Il aboutit par un delta à la mer de Java.

BARJAC (30430), ch.-l. de cant. du Gard, dans le nord des Garrigues ; 1 380 hab.

BARJAVEL (René), écrivain français (Nyons, Drôme, 1911 - Paris 1985). Journaliste, il est l'auteur de scénarios, de dialogues de films et de romans de science-fiction (*Ravage,* 1943 ; *le Voyageur imprudent,* 1944 ; *la Tempête,* 1982).

BARJO ou **BARJOT** adj. et n. (de *jobard*). *Pop.* Fou, farfelu.

BARJOLADE n. f. Dans le midi de la France, vesce ou mélange fourrage de céréales et de légumineuses.

BARJOLS (83670), ch.-l. de cant. du Var, en basse Provence ; 2 175 hab. *(Barjolais).* Église gothique du XVIe s.

BARJOT (Pierre Émile), amiral français (Le Blanc 1899 - Paris 1960). Spécialiste des sous-marins, réformé par Vichy, il participa aux conférences secrètes qui préparèrent le débarquement allié en Afrique du Nord. En 1956, lors de l'expédition de Suez, il fut mis à la tête des forces françaises.

BARKER (Harley Granville) → GRANVILLE-BARKER.

BARKER (George), poète britannique (Loughton, Essex, 1913 - Itteringham, Norfolk, 1991). Auteur d'une poésie engagée (*Calamiterror,* 1937 ; *News of the World,* 1950), il marque dans *Dialogues* (1976) une distance avec sa violence onirique.

BARKHANE n. f. (turc *barkan*). Dune mobile, en forme de croissant, dont les cornes s'allongent dans le sens du vent dominant.

BARKHAUSEN (Heinrich Georg), physicien allemand (Brême 1881 - Dresde 1956). Il a découvert que l'aimantation des corps ferromagnétiques se fait de façon discontinue (effet Barkhausen).

BARKLA (Charles Glover), physicien britannique (Widnes, Lancashire, 1877 -Édimbourg 1944). Il a étudié la propagation des ondes radioélectriques, la polarisation et le pouvoir pénétrant des rayons X. (Prix Nobel de physique 1917.)

BAR-KOKHBA ou **BAR KOCHBA,** c'est-à-dire « Fils de l'étoile », surnom de signification messianique donné à SIMON BAR KOZIBA, chef de la deuxième révolte juive (132-135) sous Hadrien. Des documents le concernant ont été découverts en 1951 dans des grottes du bord de la mer Morte.

BARKYĀRŪQ (v. 1079 - 1105), sultan des Grands Seldjoukides (1093-1105), fils aîné de Malik Chāh.

BARLAAM ou **VARLAAM** *(saint),* saint du martyrologe grec et romain, associé à saint JOSAPHAT (ou Joasaph). Leur légende est un roman hagiographique qui a circulé en Orient et en Occident au XIe s.

BARLAAM, moine et théologien byzantin (Seminara, Calabre, v. 1290 - Gerace 1350). Il se heurta à Grégoire Palamas et aux hésychastes. Condamné par un synode en 1341, il se convertit au catholicisme (1342) et fut nommé évêque de Gerace (Calabre).

BARLACH (Ernst), sculpteur, graveur et poète allemand (Wedel, Holstein, 1870 -Rostock 1938). Caractérisé à la fois par la compacité et l'énergie, son expressionnisme allie la stylisation du XXe s. au souvenir des imagiers médiévaux.

BAR-LE-DUC (55000), ch.-l. de la Meuse, à 231 km à l'E. de Paris, dans le Barrois ; 18 577 hab. *(Barisiens).* Anc. capitale du duché de Bar. Dans la ville haute, bel ensemble de demeures anciennes, château médiéval et classique (musée), église St-Étienne (XIVe s. ; mausolée du cœur de René de Chalon par L. Richier). Dans la ville basse, église Notre-Dame (XIIIe-XVIIIe s.), ancien collège Gilles de Trèves (XVIe s), etc. Centre administratif et commercial. Constructions mécaniques, alimentation, textile.

BARLETTA, port et station balnéaire d'Italie, sur l'Adriatique, au N. de Bari ; 84 000 hab. Cathédrale romano-gothique. Statue colossale de style byzantin, en bronze, d'un empereur romain.

BAR LEV (Haïm), général israélien (Vienne 1924 - Tel-Aviv-Jaffa 1994). Chef adjoint de l'état-major israélien pendant la guerre des Six Jours en 1967, chef d'état-major de 1968 à 1972, il fit édifier à l'E. du canal de Suez une ligne de défense qui tomba dès le début de la guerre d'oct. 1973. Secrétaire général du parti travailliste israélien (1978), il fut ministre de la Police de 1984 à 1990.

BARLIN (62620), ch.-l. de cant. du Pas-de-Calais, au S. de Béthune ; 7 976 hab. Cimenterie.

BARLONG, GUE adj. (anc. fr. *beslong,* du lat. pop. **bislongus,* deux fois long). Se dit d'une pièce, de la voûte d'une travée, plus longues que larges et, en principe, perpendiculaires à l'axe du bâtiment.

BARLOTIÈRE n. f. (de *barrelot,* forme dialect., de *barre*). Barre de fer en T servant au maintien des panneaux d'un vitrail.

BARLOW (Joel), écrivain et diplomate américain (Redding, Connecticut, 1754 - Żarnowiec, près de Cracovie, 1812). Ami de La Fayette et de Thomas Paine, il a laissé des *Lettres sur la Convention nationale* (1792), qui lui valurent le titre de citoyen français, et une épopée, *The Vision of Columbus* (1787), sur la fondation du Nouveau Monde.

BARLOW (Peter), mathématicien et physicien britannique (Norwich 1776 - Woolwich 1862). Il étudia la construction des objectifs achromatiques pour télescopes, détermina la façon de compenser sur un navire l'action des masses métalliques sur l'aiguille de la boussole et imagina (1828) un appareil permettant de mettre en évidence l'action d'un champ magnétique sur un courant électrique *(roue de Barlow)*.

Barlow *(maladie de)*, maladie des nourrissons, provoquée par la carence en vitamine C. (Syn. SCORBUT INFANTILE.)

BARMAID [-mɛd] n. f. (angl. *barmaid,* de *bar* et *maid,* serveuse). Serveuse de bar.

BARMAKIDES ou **BARMÉCIDES,** famille iranienne qui, sous les 'Abbāssides, au VIIIe s., constitua une véritable dynastie de puissants vizirs.

BARMAN [-man] n. m. (pl. *barmen* [-mɛn] ou *barmans*) [angl. *barman,* de *bar* et *man,* homme]. Celui qui prépare et sert les boissons au bar.

BARMAS → BAGUIRMIS.

BARMÉCIDES → BARMAKIDES.

BAR-MITSVA n. m. inv. (mot hébr. signif. *fils des commandements*). Garçon juif de treize ans, considéré comme apte à faire activement partie de sa communauté et à pouvoir valablement être compté parmi les dix hommes faute desquels l'office en public ne peut être célébré.
◆ n. f. inv. Cérémonie qui célèbre la majorité religieuse du jeune juif.

BARN n. m. (de l'angl. *big as a barn*, grand comme une grange). Unité d'aire, valant 10^{-28} m², utilisée pour évaluer les sections efficaces (symb. b).

BARNABÉ *(saint),* juif originaire de Chypre, l'un des premiers chrétiens et l'un des apôtres de l'Église primitive. Il fut le compagnon de mission de saint Paul. L'*épître de Barnabé,* qui lui est attribuée, est apocryphe. Elle date du début du IIe s. et est classée parmi les écrits patristiques.

BARNABITE n. m. (de *Barnabé,* n. pr.). Religieux de l'ordre des clercs réguliers de Saint-Paul, fondé en 1530 par saint Antoine-Marie Zaccaria.

BARNAOUL, v. de Russie, sur l'Ob supérieur ; 602 000 hab. Nœud ferroviaire. Industries chimiques, mécaniques, textiles et alimentaires.

BARNARD (Edward Emerson), astronome américain (Nashville 1857 - Williams Bay, Wisconsin, 1923). Il découvrit le cinquième satellite de Jupiter, Amalthée (1892). On lui doit aussi des milliers de photographies de la Voie lactée et la découverte de 19 comètes.

BARNARD *(étoile de)*, étoile de la constellation d'Ophiucus, découverte en 1916 par E. E. Barnard. C'est une naine rouge, de magnit. visuelle 9,5, située à 6 al de la Terre, surtout connue comme l'étoile ayant le plus grand mouvement propre : son déplacement annuel atteint 10,31″. Les perturbations de son mouvement semblent indiquer qu'elle est accompagnée de deux grosses planètes.

BARNARD (Christian), médecin et chirurgien sud-africain naturalisé grec (Beaufort West, Le Cap, 1922). En déc. 1967, il réalisa la première greffe d'un cœur humain.

BARNAVE (Antoine), homme politique français (Grenoble 1761 - Paris 1793). Avocat au parlement de Grenoble, membre des états du Dauphiné, il fut envoyé aux États généraux en 1789 et exerça sur l'Assemblée une influence presque comparable à celle de Mirabeau, à qui il s'opposa. S'étant rapproché de la famille royale (1791), il fut exécuté pendant la Terreur.

BARNENEZ, lieu-dit de la commune de Plouézoch, dans le nord-est du Finistère. Cairn comprenant onze dolmens du Ve mill.

BARNES (Albert Coombs), médecin, collectionneur et écrivain d'art américain (Merion, Pennsylvanie, 1872 - près de Philadelphie 1951). La *Barnes Foundation,* à Merion, présente près de 200 tableaux de Renoir, 100 de Cézanne, 75 de Matisse, 35 de Picasso, etc., ainsi qu'une importante collection d'art nègre.

BARNES (Ralph M.), sociologue et ingénieur-conseil américain (Clifton Mills, Virginie-Occidentale, 1900). Il s'est consacré à l'étude des mouvements et des temps ainsi qu'aux observations instantanées.

BARNES (Mary), femme de lettres britannique (Londres 1925), auteur de *Voyage à travers la folie* (1971), où la schizophrénie apparaît comme une expérience et non comme une maladie.

BARNES (Julian), écrivain britannique (Leicester 1946). Auteur de romans policiers sous le pseudonyme de Dan Kavanagh (*La nuit est sale,* 1980), il s'est imposé comme un maître de la mystification avec des récits jouant le mélange des genres (*le Perroquet de Flaubert,* 1984 ; *Love, etc.,* 1991).

BARNET (Boris Vassilievitch), metteur en scène de cinéma soviétique (Moscou 1902-Riga 1965). Attaché au réalisme, mais sensible à la poésie du quotidien, il a réalisé *la Jeune Fille au carton à chapeaux* (1927), *la Maison de la rue Troubnaïa* (1928), *la Rupture des glaces* (1931), *Okraïna* (1933), *Au bord de la mer bleue* (1936), *Un été prodigieux* (1950), *Liana* (1955), *le Poète* (1957), *Anouchka* (1960), *Alionka* (1962).

BARNEVELT (Jean Van Olden) → Olden-barnevelt.

BARNEVILLE-CARTERET (50270), ch.-l. de cant. de la Manche, près de la côte de la Manche ; 2 237 hab. Église romane. Stations balnéaires à *Barneville-Plage* et à *Carteret.*

BARNUM n. m. Édicule où se tient un vendeur de journaux et qui, à la différence du kiosque, ne peut guère abriter qu'une seule personne.

BARNUM (Phineas Taylor), homme d'affaires américain (Bethel, Connecticut, 1810 - Bridgeport, Connecticut, 1891). Il débuta en exhibant des « phénomènes » et devint l'imprésario de la cantatrice Jenny Lind avant de montrer au monde entier, à partir de 1871, le premier cirque à triple piste. Son nom continue à servir d'enseigne à de grands spectacles de cirque.

BAROCENTRIQUE adj. *Courbe barocentrique,* courbe déterminée dans un plan méridien par les intersections des verticales successives et qui est le lieu géométrique de tous les centres de courbure correspondant à un méridien terrestre.

BAROCEPTEUR n. m. Récepteur sensoriel de la sensibilité viscérale à la pression. (Le récepteur de la crosse aortique assure la régulation réflexe de la pression artérielle.)

BAROCEPTION n. f. Sensibilité transmise par les barocepteurs.

BAROCHE (Federico Fiori, dit **Barocci** ou **Baroccio,** en fr.), peintre et graveur italien (Urbino v. 1535 - *id.* 1612), auteur de tableaux religieux remarquables par leur coloris subtil et par des recherches spatiales qui annoncent l'art baroque.

BAROCHE (Pierre Jules), avocat et homme politique français (La Rochelle 1802 - Jersey 1870). Ministre de l'Intérieur (1850), puis des Affaires étrangères (1851), il soutint une politique résolument conservatrice. Rallié au coup d'État du 2 déc. 1851, il fut président du Conseil d'État (1852-1863) et ministre des Cultes et de la Justice (1863-1869) : il développa une politique gallicane et centralisatrice.

BAROCLINE adj. Se dit d'une structure verticale de la basse atmosphère dans laquelle les isobares et les isothermes se recoupent.

BARODA → Vadodara.

BARODET (Désiré), homme politique français (Sermesse, Saône-et-Loire, 1823 - Vincelles, Jura, 1906). Maire de Lyon en 1872, député radical de 1873 à 1900, il personnifia l'anticléricalisme de l'extrême gauche.

BARŒUL, petit pays de l'anc. Flandre (dép. du Nord), dont les principaux villages étaient *Marcq-en-Barœul* et *Mons-en-Barœul.*

BAROGRAMME n. m. Courbe inscrite par barographe.

BAROGRAPHE n. m. Baromètre enregistreur.

BAROJA (Pío), écrivain espagnol (Saint-Sébastien 1872 - Madrid 1956). Anticlérical, nietzschéen, s'insurgeant contre toute atteinte à la liberté individuelle, Baroja donne, après sa trilogie *Tierra vasca* (1900-1909), consacrée à son pays natal, une peinture d'êtres en marge de la société ou de leur époque dans une seconde trilogie (1904) ainsi que dans ses *Mémoires d'un homme d'action* (1913-1935), ses essais et ses romans (*Chemin de perfection,* 1901) et enfin dans ses *Mémoires* (1944-1949).

BAROLO n. m. Vin rouge italien très réputé, produit au sud de Turin autour du village du même nom.

BAROMÈTRE n. m. **1.** Instrument qui sert à mesurer la pression atmosphérique. (→ *encycl.*) – **2.** Ce qui enregistre les variations de qqch et en indique la tendance : *La presse est le baromètre de l'opinion publique.* – **3.** Indicateur économique qui combine divers avertisseurs pour discerner l'orientation de tendances conjoncturelles.

ENCYCL. Le *baromètre à mercure* est analogue à l'appareil dont s'est servi Torricelli pour mettre en évidence la pression atmosphérique. Il comporte un tube de verre d'environ 0,90 m de longueur, fermé à l'une de ses extrémités, rempli de mercure et retourné, orifice en bas, dans une cuvette remplie de mercure. Le mercure baisse dans l'intérieur du tube et se maintient à une hauteur (hauteur barométrique) d'environ 0,76 m, laissant au-dessus de lui un espace vide appelé *chambre barométrique.*

La pression atmosphérique est égale à la pression exercée par la colonne de mercure dans le tube. Pour une hauteur de 0,76 m, elle a pour valeur $13\,590 \times 0{,}76 \times 9{,}81 = 101\,320$ Pa (13 590 étant la masse volumique du mercure en kg/m^3, $g = 9{,}81$ m/s^2 l'accélération de la pesanteur). Sur le même principe on construit divers types d'appareils à mercure de grande précision à l'usage des laboratoires (baromètre de Regnault, de Fortin). On peut aussi remplacer le tube et la cuvette par un tube recourbé (baromètre à siphon).

Les mesures faites avec un baromètre à mercure doivent subir un certain nombre de corrections, notamment dues à la température (réduction à 0 °C). Souvent, pour comparer les mesures faites

à diverses altitudes, on ramène la pression à la valeur qu'elle aurait au niveau de la mer.
Les *baromètres anéroïdes,* ou *baromètres métalliques,* sont fondés sur l'élasticité des métaux. Ils comportent une enceinte hermétique et vide, à parois minces (caisse cylindrique dans le baromètre de Vidie, tube en forme de circonférence et de section elliptique dans celui de Bourdon). Lorsque la pression atmosphérique varie, cette enceinte se déforme et le déplacement est transmis par un mécanisme amplificateur à une aiguille mobile devant un cadran. Ces appareils sont les plus répandus. En utilisant plusieurs enceintes superposées pour augmenter la déformation et en remplaçant l'aiguille par un stylet scripteur qui s'appuie sur un papier enroulé sur un tambour animé d'un mouvement de rotation uniforme, on obtient un baromètre enregistreur.
Le baromètre sert essentiellement en météorologie, pour déterminer la pression atmosphérique et ses variations. Cette grandeur est également nécessaire dans certaines mesures de laboratoire relatives aux fluides. Enfin, la variation de la pression avec l'altitude permet de connaître la différence de niveau entre deux stations (nivellement barométrique).

BAROMÉTRIE n. f. Mesure de la pression atmosphérique.

BAROMÉTRIQUE adj. Relatif au baromètre, à la barométrie.

BAROMETZ n. m. Fougère du nord de la Chine, qui devait à son rhizome, entouré d'un duvet soyeux, la réputation légendaire au Moyen Âge de porter des fruits d'où sortaient des agneaux.

1. BARON n. m. (germ. **baro,* homme libre). **1.** Seigneur relevant directement du roi (haut baron) ou d'un grand feudataire et exerçant des droits régaliens sur sa terre. — **2.** Noble possesseur d'une baronnie ; en France, titre de noblesse qui se situe au-dessous de celui de vicomte. — **3.** Personnage qui occupe une position importante dans un domaine : *Les barons de la finance.* — **4.** *Arg.* Compère d'un camelot qui fait l'article, d'un bonneteur, d'un tricheur dans un casino.

2. BARON n. m. (p.-ê. angl. *baron of beef,* gros morceau de bœuf). Morceau de mouton ou d'agneau comprenant les gigots, les selles et les filets.

BARON (Michel BOYRON, dit), acteur et auteur dramatique français (Paris 1653 -*id.* 1729). Acteur de la troupe de Molière puis de celle de l'hôtel de Bourgogne, il a aussi écrit des comédies (*l'Homme à bonnes fortunes,* 1686).

BARON (Raoul), vétérinaire français (Dreux 1850 - Paris 1908), créateur d'une doctrine qui définit les types zoologiques et leurs variations raciales ou sexuelles.

BARONARCOSE n. f. Anesthésie utilisant un gaz sous une pression supérieure à la pression atmosphérique, ce qui permet d'améliorer la narcose.

BARONCELLI-JAVON (*marquis* FOLCO DE), félibre provençal (Aix-en-Provence 1869 - Avignon 1943). Il dirigea à Avignon le journal félibréen *l'Aïoli.*

BARONE (Enrico), économiste italien (Naples 1859 - Rome 1924). Ses travaux portent sur la théorie du commerce international, celle de la firme, sur l'équilibre général et sur la programmation économique en régime collectiviste.

BARONET ou **BARONNET** n. m. (de *baron*). Titre britannique, intermédiaire entre celui de baron et celui de chevalier.

BARONIUS ou **BARONIO** (Cesare), oratorien, cardinal et historien italien (Sora 1538 - Rome 1607). Il a laissé une édition critique du *Martyrologe romain* (1586) et 12 volumes d'*Annales ecclésiastiques* (1588-1607), qui retracent l'histoire de l'Église jusqu'à 1198.

BARONNAGE n. m. **1.** Ensemble des hauts barons. — **2.** Dignité de baron.

1. BARONNE n. f. Femme titulaire d'une baronnie ; épouse d'un baron.

2. BARONNE adj. f. et n. f. (de *baron 2*). *Aiguillette baronne,* partie du romsteck constituée par un muscle externe de la cuisse.

BARONNIAL, E, AUX ou **BARONNAL, E, AUX** adj. Qui dépend d'une baronnie ; relatif à un baron.

BARONNIE n. f. **1.** Terre d'un baron. — **2.** Ensemble des barons ou, plus généralement, des nobles.

BARONNIES (les), région des Préalpes, entre le Diois et la montagne de Lure, sur les bassins supérieurs de l'Ouvèze et de l'Aigues ; 1 532 m. Oliveraies, vergers, champs de lavande et élevage bovin.

BAROQUE adj. (port. *barroco,* perle irrégulière). **1.** Se dit d'un style artistique qui s'est développé aux XVIIe et XVIIIe s., à partir de l'Italie, dans la plupart des pays d'Europe et d'Amérique latine. (→ *encycl.*) — **2.** Se dit d'une tendance littéraire qui, au XVIIe s., par opposition au classicisme, donnait la primauté à la sensibilité. (→ *encycl.*) — **3.** Se dit d'une esthétique qui a affecté la forme et le langage musicaux en Europe, entre 1580 et 1760 environ. (→ *encycl.*) — **4.** Se dit parfois, dans le déroulement artistique de telle ou telle civilisation, d'une phase de liberté et de virtuosité que l'on entend opposer à une phase antérieure, classique. — **5.** Qui surprend par son caractère inattendu, bizarre, ou par son comportement original, excentrique : *Des idées baroques. Un personnage baroque.*

◆ adj. et n. Qui appartient au baroque.

◆ n. m. Style, littérature ou musique baroques.

ENCYCL. **Bx-arts.** L'épithète de « baroque » a servi à qualifier, dans un sens péjoratif, le style qui a régné sur une grande partie de l'Europe au XVIIe s. et dans la première moitié du XVIIIe s. avant de susciter la réaction du néoclassicisme. Né à Rome consécutivement à la Contre-Réforme, il s'est surtout imposé dans les pays catholiques (encore que l'architecture française ait plutôt développé l'esthétique classique) et y a complètement renouvelé l'iconographie et les formes de l'art sacré. Mais ce fut aussi un art de cour, reflétant l'absolutisme des princes dans le faste de la décoration. Contrairement à l'idéal de la Renaissance, le baroque se défie de l'intelligence : il veut éblouir, toucher les sens à une époque où est proclamé le caractère affectif de la foi. Il y parvient par des effets de lumière et de mouvement, de formes en expansion qui s'expriment : en architecture, par l'emploi de l'ordre colossal, des courbes et contre-courbes, des décrochements, des schémas formels répétés en écho ; en sculpture, par le goût de la torsion, des figures volantes, des draperies tumultueuses ; en peinture, par des compositions en diagonale, des jeux de perspective et de raccourci, une animation irrépressible. Mais, surtout, les différentes disciplines tendent à se fondre dans l'unité d'une sorte de spectacle dont le dynamisme et le scintillement coloré traduisent l'exaltation.

Le baroque trouve sa première expression à Rome, chez les architectes chargés de terminer l'œuvre de Michel-Ange, Maderno puis Bernin, suivis notamment par Borromini, au génie singulier ; en sculpture, Bernin triomphe avec le baldaquin de la basilique Saint-Pierre, la *Sainte Thérèse,* la fontaine des Quatre-Fleuves, tandis que Lanfranco, Pierre de Cortone ou le P. Pozzo couvrent les plafonds d'envolées célestes en trompe-l'œil. Ce style se répand en Italie, dans le Piémont (Guarini, Juvarra), à Naples (L. Giordano), à Gênes, à Lecce, en Sicile au XVIIIe s., sans omettre la Venise de Longhena et de Tiepolo.

D'Italie, le baroque se propage en Bohême, en Autriche et en Allemagne, dans les Pays-Bas du Sud, dans la péninsule Ibérique et dans ses colonies d'Amérique, en Russie, etc. Ses capitales germaniques sont Prague (avec les Dientzenhofer), Vienne (Fischer von Erlach, L. von Hildebrandt), Munich (les Asam, Cuvilliés), mais de nombreux châteaux, églises de pèlerinage et abbayes (comme Melk, Wies, Vierzehnheiligen...) témoignent au premier chef de l'allégresse du *rococo* germanique, qui atteint les terres protestantes de Saxe (Dresde) et de Prusse (Sans-Souci, à Potsdam). En Espagne, le baroque s'incarne dans les statues pathétiques des processions *(pasos),* dans la débauche ornementale des grands retables dorés comme dans le style churrigueresque d'un P. de Ribera. Cette exubérance, au moins décorative, se retrouve, avec une contagion de l'esprit indigène, au Mexique, au Pérou, en Bolivie ; le Brésil a un essor tardif, mais l'invention, féconde dans l'urbanisme comme dans l'articulation des églises, s'y prolonge jusqu'au début du XIXe s. (l'Aleijadinho). Terre d'élection pour les Jésuites, la Belgique construit au XVIIe s. des églises qui se souviennent de la structure et de l'élan vertical du gothique. Des sculpteurs comme H. F. Verbruggen y installent leurs étonnantes chaires à prêcher, et Rubens, le peintre baroque par excellence, y fait claironner ses grands tableaux d'autels. Décors de fêtes mis à part, la France n'agrée guère la tentation baroque que vers les années 1630 - 1660 (Vouet, Le Vau...) et, dans les arts décoratifs surtout, un siècle plus tard (→ ROCAILLE).

— **Littér.** En littérature, le baroque se définit négativement : il est ce qui n'est pas classique, il est l'exubérant, l'obscur, le décadent. Parmi ses principaux adeptes en Europe, on peut citer Marino, Gongora, Andreas Gryphius, les euphuistes anglais et, en France, Maurice Scève, Jean de Sponde, Théophile de Viau, Saint-Amant, Agrippa d'Aubigné ; on peut y ajouter, pour certains aspects de leurs œuvres, Montaigne, Malherbe.

— **Mus.** La période baroque correspond à la création de genres nouveaux (opéra, oratorio, cantate, sonate, concerto) et à l'utilisation d'une écriture basée sur le dialogue (style concertant avec basse continue) et l'ornementation, ainsi qu'au goût pour l'improvisation et la préciosité. Les concertos de Vivaldi et de très nombreuses œuvres de J. S. Bach sont des œuvres typiques de cette période.

BAROQUEUX, EUSE n. Musicien prônant, dans l'interprétation d'une œuvre de la période baroque, le respect des conditions d'exécution de l'époque de composition. (Le mouvement est né dans les années 1960.)

BAROQUISANT, E adj. Qui tend au baroque.

BAROQUISER v. t. Transformer, remodeler en style baroque.

BAROQUISME n. m. Tendance aux effets baroques.

BAROSÉISME n. m. Léger mouvement du sol, que l'on observe, en général, au passage d'une forte dépression barométrique.

BAROTAXIE n. f. Déplacement orienté des organismes soumis à des pressions inégales dans les diverses directions.

BAROTHÉRAPIE n. f. Ensemble des procédés thérapeutiques utilisant une chambre où le milieu ambiant est élevé à une pression supérieure à celle de la pression atmosphérique moyenne. (La barothérapie permet de prévenir les accidents d'embolies gazeuses chez les plongeurs remontés trop rapidement à la surface.)

BAROTRAUMATIQUE adj. Relatif au barotraumatisme.

BAROTRAUMATISME n. m. Lésion provoquée par des variations brusques et répétées de la pression atmosphérique atteignant plongeurs, ouvriers des caissons, aviateurs, alpinistes. (Ces lésions concernent principalement l'oreille moyenne [caisse du tympan et trompe d'Eustache] et, plus rarement, les sinus.)

BAROTROPE adj. Se dit d'une structure verticale de la basse atmosphère dans laquelle les isobares et les isothermes sont parallèles.

BAROTSELAND, région de l'ouest de la Zambie, peuplée de Rotsés (ou Lozis).

BAROUD [barud] n. m. (ar. *bārūd,* salpêtre, puis poudre à canon). **1.** *Arg.* Combat : *Aller au baroud.* — **2.** Fam. *Baroud d'honneur,* ultime combat d'une guerre perdue ou d'une cause perdue, livré pour sauver l'honneur.

BAROUDER v. i. (de *baroud*) [conj. 3]. *Fam.* Participer à des combats.

BAROUDEUR n. m. *Fam.* **1.** Celui qui aime la guerre, le combat, ou qui a beaucoup combattu. — **2.** Celui qui aime se battre ; bagarreur.

BAROUF n. m. (ital. *baruffa*). *Pop.* **1.** Bruit, tapage : *Faire un barouf du diable.* — **2.** Scandale, protestation tapageuse : *Menacer de faire du barouf.*

BAROZZI (Iacopo) → VIGNOLE.

BARP (Le) [33114], comm. de la Gironde, dans les Landes ; 2 587 hab. Centre de recherches nucléaires.

BARQUE n. f. (ital. *barca,* du bas lat. *barca*). **1.** Petite embarcation, pontée ou non. — **2.** Cuve utilisée en teinturerie. — **3.** Fam. *Bien, mal mener, conduire sa barque,* diriger, mener bien ou mal ses propres affaires. ‖ *Quatre-, cinq-, six-mâts barque,* très grands voiliers dont seul le mât d'artimon porte une voile aurique. ‖ *Trois-mâts barque,* voilier à trois mâts dont seuls les deux premiers portent des voiles carrées.

BARQUETTE n. f. — **1.** Petite barque. — **2.** Tartelette ovale en pâte à foncer, garnie d'un appareil salé ou sucré. — **3.** Petit récipient léger et rigide utilisé pour le conditionnement de produits alimentaires.

BARQUISIMETO, v. du Venezuela, cap. de l'État de Lara, au N. de la cordillère de Mérida ; 334 300 hab. Centre industriel.

BARR (67140), ch.-l. de cant. du Bas-Rhin, dans les collines sous-vosgiennes ; 4 976 hab. *(Barrois).* Ville ancienne et pittoresque. Musée. Vins.

Barr *(corpuscule de)* [du n. du cytologiste canadien M. L. *Barr* (né en 1908)], grain de chromatine accolé au nucléole ou à la face interne de la membrane nucléaire. Il correspond à un chromosome X inactivé pendant l'interphase cellulaire et existe dans les cellules des sujets normaux du sexe féminin. (Syn. CHROMATINE SEXUELLE, CORPUSCULE CHROMATINIEN.)

Barr *(test de),* examen biologique permettant de déterminer le sexe chromatinien, indépendamment de l'apparence du sujet. Il se fait en cherchant l'existence de corpuscules de Barr sur les cellules de la muqueuse buccale prélevées par frottement. Ce test est employé dans les compétitions sportives pour s'assurer de l'appartenance des concurrentes au sexe féminin.

BARRACUDA n. m. Grand poisson marin (sphyrénidé) très carnassier, ayant la forme d'un brochet, atteignant plus de 2 m de long et pouvant être dangereux pour les baigneurs. (Syn. BÉCUNE.)

BARRAGE n. m. **1.** Action de barrer une voie, un cours d'eau : *Le barrage d'une rue.* — **2.** Obstacle artificiel au moyen duquel on crée une retenue d'eau, généralement en coupant un cours d'eau. (→ *encycl.*) — **3.** Obstacle disposé en vue de barrer un passage, en partic. cordon de police : *Franchir un barrage.* — **4.** Opposition ferme visant à empêcher qqch : *Sa nomination a été l'objet d'un barrage.* — **5.** *Faire barrage (à qqch, à qqn),* s'opposer à eux fermement. • **Assain.** Robinet ou vanne servant à isoler tout ou partie d'une canalisation. — **Géogr.** *Lac de barrage,* lac dont la formation résulte du barrage d'une vallée par une action d'accumulation. — **Mil.** *Barrage roulant,* rideau continu de feu et de fumée, établi par l'artillerie devant une troupe d'infanterie qui attaque. ‖ *Tir de barrage,* anc. nom du tir d'arrêt. — **Mus.** Structure de bois résineux placée dans la caisse des instruments à cordes ou dans le fond de la caisse des pianos. — **Pêch.** Filet barrant un cours d'eau de façon à guider les poissons vers un piège. — **Pétr.** *Barrage flottant,* dispositif destiné à isoler et à contenir une nappe d'hydrocarbures à la surface de la mer. — **Psychiatr.** Trouble du cours de la pensée se manifestant par un arrêt brusque du discours, avec un silence puis une reprise du fil de la conversation sur le même thème ou sur un autre thème. (Il est considéré comme caractéristique de la schizophrénie.) – **Sports.** *(Match de) barrage,* match qui sert à départager plusieurs concurrents ou équipes ex aequo. – **Techn.** Dispositif de sécurité monté sur certaines machines pour empêcher la pénétration d'une partie du corps dans une zone dangereuse ou pour provoquer l'arrêt du mouvement dangereux.

ENCYCL. Les *barrages à niveau constant,* ou *barrages mobiles,* sont établis en travers du lit d'un cours d'eau, généralement pour le rendre navigable. Ils comportent une partie fixe en maçonnerie et des bouchures mobiles permettant de maintenir constant le niveau d'eau amont. Les bouchures sont soit des petits éléments juxtaposés (aiguilles et fermettes, hausses), soit un seul grand élément (vanne levante, vanne cylindre, vanne segment, etc.).

Les *barrages-réservoirs,* établis généralement au travers d'une vallée pour accumuler un certain volume d'eau, sont utilisés pour l'irrigation ou l'amélioration des étiages, la protection contre les crues et la production de force motrice. Les matériaux utilisés sont la terre, la pierre, le béton et le béton armé. Les *barrages en maçonnerie* ou *en béton* comprennent le *barrage-poids**, ou *barrage-gravité,* à profil triangulaire, le *barrage-voûte** à courbure convexe tournée vers l'amont, le *barrage-mixte* tenant à la fois du barrage-poids et du barrage-voûte et le *barrage à contreforts* formé d'un système de contreforts de profil approprié, soutenant un mur amont, ou rideau étanche, constitué par des dalles planes ou des voûtes. Les *barrages en remblai,* de plus en plus employés, sont constitués à l'aide de matériaux trouvés à proximité du barrage et sont de forme et de composition très différentes selon les qualités de ceux-ci : *barrage en enrochements* composé d'un massif trapézoïdal, construit soit par enrochements arrimés, soit par enrochements en vrac, et d'un organe d'étanchéité souple, en béton ou en matériaux imperméables, placé soit sur le parement amont, soit à l'intérieur du massif ; *barrage en terre homogène* constitué par de la terre compactée imperméable ; *barrage en terre hétérogène,* ou *à zones,* formé d'un noyau central imperméable compris entre des massifs d'appui (à l'aval) ou de protection (à l'amont) constitués de matériaux très divers ; *barrage mixte en enrochements et en terre* dérivant des barrages précédents.

Les barrages comportent des organes de sécurité : déversoirs de crues, assurant le passage des débits naturels exceptionnels, et vidanges, permettant de vider le réservoir en cas d'incident.

BARRAGE-COUPOLE n. m. (pl. *barrages-coupoles*). Barrage-voûte à double courbure, dans lequel les consoles ont une forme particulièrement courbe.

BARRAGE-POIDS ou **BARRAGE-GRAVITÉ** n. m. (pl. *barrages-poids, barrages-gravité*). Barrage en maçonnerie ou en béton, à profil triangulaire, résistant à la poussée de l'eau par son seul poids.

BARRAGE-RÉSERVOIR n. m. (pl. *barrages-réservoirs*). Barrage dont la fonction est de créer une accumulation d'eau.

BARRAGE-VOÛTE n. m. (pl. *barrages-voûtes*). Barrage en maçonnerie ou en béton, à courbure convexe tournée vers l'amont, dans lequel la plus grande partie de la poussée de l'eau est reportée sur les rives par des effets d'arc.

BARRAGISTE n. **1.** Professionnel chargé de la manœuvre des vannes d'un barrage et de la surveillance de celui-ci. – **2.** Concurrent ou équipe devant disputer un match de barrage.

BARRAINE (Elsa), compositrice française (Paris 1910). Professeur au Conservatoire de Paris, elle a notamment donné *Musique rituelle* pour orgue, tam-tam et xylophone (1967), d'après le *Livre des morts* tibétain.

BARRAL (Carlos), écrivain et éditeur espagnol (Barcelone 1928 - *id.* 1989). Poète (*Usuras y figuraciones*, 1973) et éditeur, il a joué un rôle décisif dans la diffusion de la culture mondiale dans son pays et fondé le prix Formentor.

BARRAMUNDA n. m. Poisson dipneuste des eaux douces d'Australie, ayant des branchies et un poumon, très apprécié comme comestible.

BARRANCABERMEJA, v. de Colombie, sur le Magdalena ; 123 000 hab. Centre pétrolier.

BARRANCO n. m. (mot esp.). Ravin entaillant les flancs d'un édifice volcanique formé de produits pyroclastiques.

BARRANQUILLA, port de Colombie, sur la mer des Antilles, ch.-l. de dép., sur le Magdalena ; 900 000 hab. Centre administratif, commercial et industriel (chimie).

BARRAQUÉ (Jean), compositeur français (Puteaux 1928 - Paris 1973). Sa monumentale *Sonate* pour piano (1950-1952) est un des chefs-d'œuvre pianistiques du XXe s. Il a conçu en 1960 le projet d'une œuvre inspirée du roman de Hermann Broch, *la Mort de Virgile,* en 5 livres : dont *Au-delà du hasard* (1960), *Chant après chant* (1966), *le Temps restitué* (1968).

Barraquer-Simons *(maladie de),* syn. de LIPODYSTROPHIE PROGRESSIVE.

BARRAS [-ras] n. m. (de *barre*). Dépôt résineux formé sur les incisions du pin maritime par évaporation de la gemme.

BARRAS (Paul, *vicomte* DE), homme politique français (Fox-Amphoux, Var, 1755 -Paris 1829). Député du Var à la Convention (1792), représentant en mission à l'armée d'Italie, il prit part au siège de Toulon et dirigea avec Fréron la répression qui suivit. Avec Tallien et Fouché, il contribua à la chute de Robespierre. Commandant en chef de l'armée de l'Intérieur au 13 vendémiaire an IV (5 oct. 1795), il réprima avec Bonaparte l'insurrection royaliste contre la Convention. Membre du Directoire, il confia à Bonaparte le commandement de l'armée d'Italie et décida le coup d'État du 18-Fructidor (4 sept. 1797). Au 18-Brumaire, il démissionna.

BARRASQUITE n. f. (de *barras*). Outil en forme de binette, pour détacher le barras.

BARRAUD (Henry), compositeur et musicographe français (Bordeaux 1900). Il a été directeur musical de la Radiodiffusion française (1944-1948), puis directeur du programme national (1948-1965). Il a abordé l'oratorio, la tragédie lyrique (*Tête d'or,* 1979).

BARRAULT (Jean-Louis), acteur, metteur en scène et directeur de théâtre français (Le Vésinet 1910 - Paris 1994). À la Comédie-Française, dans la compagnie qu'il créa avec sa femme, Madeleine Renaud, au théâtre Marigny (1947-1956) puis au Théâtre de France (1959-1968), au théâtre d'Orsay (1974-1980) et au théâtre du Rond-Point (1981-1992), il a créé et interprété des œuvres modernes (Claudel, Beckett, Genet, Ionesco) et classiques (Eschyle, Shakespeare, Molière, Tchekhov), recherchant un langage dramatique de plus en plus « corporel », dans la lignée d'Artaud. Au cinéma, il s'est imposé dans *Drôle de drame* (1937) et *les Enfants du paradis* (1945), de Marcel Carné, *la Symphonie fantastique* (1942), de Christian-Jaque.

1. BARRE n. f. (lat. pop. **barra*). **1.** Longue et étroite pièce de bois, de métal, etc., rigide et droite. — **2.** Objet de matière quelconque ayant cette forme : *Une barre de chocolat.* — **3.** Bande colorée : *La barre lumineuse du soleil couchant.* — **4.** Trait droit tracé pour rayer, former une lettre, etc. : *La barre du « t ».* — **5.** *Fam.* Douleur vive s'étendant sur toute la largeur de l'organe : *Avoir une barre sur l'estomac.* — **6.** Obstacle à franchir au saut en hauteur, au saut à la perche. — **7.** Niveau considéré comme une limite, un seuil : *Le dollar a passé la barre des 10 francs.* — **8.** Dans un tribunal, endroit où sont appelés les témoins et où les avocats prononcent leurs plaidoiries. — **9.** Fam. *C'est de l'or en barre,* c'est une valeur sûre, qqch de précieux ou qqn d'une droiture absolue. ‖ Fam. *Coup de barre,* fatigue soudaine et intense ; prix excessif demandé par un commerçant, un restaurateur, un hôtelier. ‖ *Placer trop haut la barre,* avoir des prétentions exagérées ; imposer des conditions trop difficiles à remplir. • **Agric.** *Barre de coupe,* barre métallique comportant des sections affûtées, qui sur les faucheuses et les moissonneuses-batteuses sert à couper les céréales et les fourrages. — **Autom.** *Barre de commande de direction,* pièce qui relie le levier d'attaque de fusée au levier de commande placé sur le boîtier. (Syn. BIELLE DE CONNEXION.) ‖ *Barre de réaction,* pièce chargée, dans les transmissions d'automobile, de prendre appui sur le châssis pour permettre l'application du couple à l'essieu. ‖ *Barre de torsion,* barre élastique qui remplace les ressorts classiques pour assurer la suspension des voitures et celle de certaines motocyclettes. — **Bât.** Syn. de IMMEUBLE EN BANDE*. — **Bonnet.** Pièce du métier de bonneterie réunissant dans leurs mouvements divers organes contribuant au tricotage (barre à aiguilles, barre à jeteurs, barre à passettes, barre à poinçons ou à picots, etc.). — **Bourrell.** *Barre de fesses,* courroie qui passe sur la croupe du cheval et qui vient se boucler de chaque côté aux boucleteaux de reculement. — **Bur.** Organe d'impression de machines à calculer ou comptables. — **Charp.** Longue pièce de bois ou de fer utilisée dans la charpente moderne triangulée. — **Ch. de f.** Coupon de rail. (La pose de voie en barres longues remplace de plus en plus la pose en barres courtes.) ‖ *Barre d'attelage* ou *d'accouplement,* dispositif pour relier deux véhicules et assurer leur traction sans choc ni à-coups. — **Chorégr.** Tringle en bois fixée horizontalement autour des parois des studios de danse, servant de point d'appui pour les exercices d'assouplissement et pour acquérir l'équilibre, ensemble des exercices effectués à cette tringle. ‖ *Barre à terre,* méthode d'entraînement, remplaçant les exercices traditionnels de la barre par des exercices équivalents au sol. — **Électr.** *Barre omnibus,* conducteur de faible impédance auquel peuvent être reliés individuellement plusieurs circuits. ‖ *Enroulement en barre,* enroulement formé de conducteurs de grosse section. — **Géogr.** Forme de relief définie par une couche dure intercalée entre deux couches plus tendres dans une structure très redressée (pendage supérieur à 45°). [Syn. HOGBACK.] — **Hérald.** Pièce héraldique traversant l'écu, de l'angle senestre du chef à l'angle dextre de la pointe. — **Hydrol.** Haut-fond sédimentaire parallèle au littoral, gênant la navigation et nécessitant le maintien d'un chenal (construction de digues, travaux de dragages). ‖ Déferlement régulier de la houle sous forme de rouleaux distribués en plusieurs lignes voisines du rivage ; zone où s'exerce ce déferlement. — **Inform.** *Code (à) barres,* code utilisant de petits traits verticaux, reproduits sur un document, un emballage, etc., et donnant des informations spécifiques au document, au produit emballé, etc., qui permettent un traitement automatique après lecture optique. — **Mar.** *Barre d'écoute,* dispositif qui permet, sur un voilier, de faire varier l'angle de la bôme par rapport à l'axe du bateau sans modifier la tension de l'écoute. ‖ *Barres de hunes,* barres transversales de la mâture qui assurent à celle-ci une meilleure tenue. ‖ *Barres de télégraphe,* barres de fer fixées sur le mât de perroquet et assurant l'écartement des galhaubans. ‖ *Barres de théories,* poutres placées transversalement au-dessus d'un pont pour supporter des embarcations. — **Mécan.** *Barre d'alésage,* dans une aléseuse, barre cylindrique servant de porte-outil. ‖ *Barre d'avance* ou *barre de chariotage,* dans un tour, barre rainurée parallèle à l'axe, dont la rotation transmet au chariot le mouvement d'avance. — **Menuis.** Traverse de renfort. ‖ *Barre de pression,* pièce de dérouleuse ou de trancheuse aidant l'action du couteau (Syn. PRESSEUR.) — **Métall.** Produit rectiligne, de grande longueur, de section simple. — **Min.** Intercalation de roche stérile, parallèle aux épontes, dans une couche minéralisée. ‖ *Barre à mine,* tige d'acier à extrémité en biseau, utilisée soit pour amorcer à la main un trou de mine, soit comme levier (surtout par les carriers). — **Monn.** *Barre commerciale d'argent,* barre qui pèse environ 33 kg (1 000 onces) et titre au moins 999 millièmes. ‖ *Barre d'or* ou simplement *barre,* unité négociable en Bourse dont le poids est voisin de 12,5 kg (400 onces) et le titre au moins égal à 995 millièmes. — **Mus.** *Barre de liaison,* trait par lequel plusieurs notes se trouvent réunies. ‖ *Barre de mesure,* trait vertical qui divise le discours musical. — **Nucl.** *Barre de commande,* élément mobile en forme de barre contenant un matériau qui absorbe les neutrons et qui, inséré plus ou moins profondément dans un réacteur nucléaire, permet d'agir sur la puissance de celui-ci. — **Sports.** Au football, au handball, etc., section horizontale des trois parties qui composent le but. ‖ *Barres asymétriques,* agrès féminin composé de deux barres fixées à hauteurs inégales sur des montants verticaux. ‖ *Barre à disques,* tige d'acier des haltères aux extrémités de laquelle on place des disques pour obtenir la charge demandée. ‖ *Barre fixe,* agrès masculin composé d'une barre en acier fixée sur des montants verticaux par des haubans. ‖ *Barres parallèles,* agrès masculin composé de deux barres de bois fixées parallèlement sur des montants verticaux. ‖ *Barre de pieds,* en aviron, système réglable servant de point d'appui aux pieds dans le bateau. — **Tonnell.** Pièce de bois croisant les fonds d'un tonneau. — **Zootechn.** Région terminale de la paroi du sabot. (Syn. ARC-BOUTANT.)

◆ **barres** n. f. pl. Chez les équidés, zone du maxillaire comprise entre les incisives et la première molaire chez la femelle, ou entre la première molaire et les canines (crochets) chez le mâle.

2. BARRE n. f. de *barre 1*). **1.** Dispositif de commande du gouvernail. — **2.** *Barre de plongée,* organe de commande des gouvernails de profondeur, à bord des sous-marins. ‖ *Coup de barre,* mouvement brusque donné à la barre du gouvernail ; changement brusque de direction, d'orientation, dans la conduite de qqn, d'une société, etc. ‖ *Être à la barre, tenir, prendre la barre,* avoir, prendre la direction de qqch. ‖ *Prendre, avoir barre* (ou *barres*) *sur qqn,* avoir l'avantage sur lui, le dominer.

◆ **barres** n. f. pl. Jeu de plein air dans lequel les joueurs se poursuivent à la course.

BARRE (Raymond), homme politique français (Saint-Denis, Réunion, 1924). Professeur d'économie (1950), vice-président de la Commission des Communautés européennes (1967-1972), nommé ministre du Commerce extérieur (janv. 1976), R. Barre succède à J. Chirac comme Premier ministre en août 1976 (il est également, jusqu'en 1978, ministre de l'Économie et des Finances). Il mène une politique d'austérité dans un climat économique marqué par la crise (plan Barre). Il démissionne en mai 1981 après l'élection de F. Mitterrand à la présidence de la République. Candidat de l'U. D. F. à l'élection présidentielle de 1988, il se retire à l'issue du premier tour, se désistant en faveur de J. Chirac. Élu député du Rhône en 1978, il conserve son siège lors des élections de 1981, 1986, 1988 et 1993. En 1995, il est élu maire de Lyon.

BARRÉ n. m. Appui des doigts sur plusieurs cordes, ou sur toutes les cordes, en travers du manche de la guitare.

1. BARREAU n. m. (de *barre 1*). **1.** Barre de petites dimensions, en bois, en métal, etc., qui sert de soutien, de fermeture, etc. : *Barreaux de chaise. Barreaux d'une fenêtre.* — **2.** Fam. *Barreau de chaise,* gros cigare. ‖ *Derrière les barreaux,* en prison. • **Magnét.** *Barreau aimanté,* aimant artificiel constitué à partir d'une barre de matériau ferromagnétique. — **Nucl.** *Barreau de combustible,* élément cylindrique contenant du combustible nucléaire.

2. BARREAU n. m. (de *barreau 1*). **1.** Espace réservé aux avocats, dans un prétoire, et qui était autrefois isolé de l'audience par une barre de bois ou de fer. — **2.** Ensemble des avocats établis près de chaque tribunal de grande instance et qui constitue un ordre. — **3.** La profession d'avocat.

BARREAUDAGE n. m. Ouvrage de protection, fait de barreaux croisés, se plaçant dans ou devant une baie.

BARRE-DE-MONTS (La) [85550], comm. de la Vendée, en face de l'île de Noirmoutier ; 1 739 hab. Plage.

BARREFORT n. m. (de *barre 1* et *fort*). La plus grosse pièce de bois tirée d'un sapin.

BARREIRO, v. du Portugal, en face de Lisbonne ; 54 000 hab. Métallurgie et chimie.

BARREL n. m. (angl. *barrel,* baril). Mesure de capacité américaine valant environ 158,98 litres (symb. bbl).

BARRE-LA-ROUTE n. m. inv. Panneau publicitaire disposé perpendiculairement à la façade.

Barré-Liéou *(syndrome de),* syndrome apparaissant le plus souvent chez un sujet porteur d'une arthrose cervicale. Il se traduit par des maux de tête, des sensations vertigineuses, des bourdonnements d'oreille ou des impressions de brouillard devant les yeux. (Syn. SYNDROME SYMPATHIQUE CERVICAL POSTÉRIEUR.)

BARRÊME (Bertrand François), mathématicien français (Lyon 1640 - Paris 1703), auteur du *Livre des comptes faits* (1682), petit manuel d'arithmétique élémentaire, et de manuels analogues.

BARREMENT n. m. Ensemble de deux traits parallèles et transversaux qui figurent sur un chèque pour qu'il ne puisse être touché que par l'établissement auprès duquel le bénéficiaire du chèque est titulaire d'un compte.

BARRÉMIEN n. m. (de *Barrême,* n. pr.). Étage du système crétacé.

BARREN GROUNDS, toundras du Canada septentrional.

1. BARRER v. t. (de *barre 1*) [conj. 3]. **1.** Fermer un passage au moyen d'un obstacle, d'une barrière, etc. : *Il barrait le passage avec son bras. Des éboulements barraient le cours du torrent.* — **2.** Fermer une voie à la circulation : *La gendarmerie avait barré la route.* — **3.** Traverser une surface, être disposé en travers : *L'écharpe de maire lui barrait la poitrine.* — **4.** Marquer d'un trait qqch ; rayer un écrit pour l'annuler : *Il barra la phrase d'un coup de crayon.* — **5.** *Barrer la route, le chemin à qqn, barrer qqn, ses actions,* l'empêcher de réaliser ses ambitions, faire obstacle à ses projets.
◆ **être barré** v. pass. **1.** Être fermée, interdite à la circulation, en parlant d'une voie de communication : *Attention, rue barrée à 100 mètres.* — **2.** En parlant de l'écu, être divisé en un nombre pair de parties égales d'émaux alternés, dans le sens de la barre. — **3.** En parlant d'un charbon, d'un minerai, contenir une partie stérile. (Syn. MIXTE.) — **4.** *Chèque barré,* chèque marqué d'un barrement. ‖ *Dent barrée,* dent dont les racines présentent des coudures en sens inverse.

2. BARRER v. t. (de *barre 2*) [conj. 3]. Manœuvrer le gouvernail d'un bateau.
◆ **être barré** v. pass. **1.** En aviron, en parlant d'un bateau ou d'un équipage, avoir la cadence de nage rythmée par le barreur. — **2.** Fam. *Être mal barré,* être mal engagé dans une affaire.

3. BARRER (SE) v. pr., **ÊTRE BARRÉ** v. pass. *Pop.* S'en aller, partir, s'enfuir : *Barre-toi de là, tu me gênes.*

BARRÈRE (Camille), diplomate français (La Charité-sur-Loire 1851 - Paris 1940). Ambassadeur à Rome (1897-1924), il fut l'artisan de la neutralité de l'Italie, puis de son entrée en guerre auprès des Alliés en 1915.

BARRE-ROUTE n. m. (pl. *barre-routes*). Emplacement publicitaire privilégié dont le centre correspond au point d'aboutissement de l'axe d'une route.

BARRÈS (Maurice), écrivain et homme politique français (Charmes, Vosges, 1862-Neuilly-sur-Seine 1923). Individualiste raffiné ainsi que le révèle sa trilogie *le Culte du moi* (1888-1891), Barrès, devenu député boulangiste de Nancy (1889-1891), n'en sera pas moins un guide intellectuel du mouvement nationaliste (*les Déracinés**, 1897), célébrant de la terre et des morts (*la Colline* inspirée,* 1913) et un héraut de l'union sacrée (*Chronique de la Grande Guerre,* 1920-1924). Son œuvre révèle une très forte contradiction entre un esprit passionné, d'une part, marqué par l'individualisme et par la séduction des œuvres et des destinées exemplaires (*Du sang*, de la volupté et de la mort,* 1893-1909), et, d'autre part, un besoin d'ordre et de discipline (*Un jardin sur l'Oronte,* 1922) sur lequel il portera un regard lucide et désenchanté (*Mes Cahiers,* 1930-1957).

1. BARRETTE n. f. (ital. dialect. *barretta,* de l'ital. *berretto*). **1.** Bonnet carré ecclésiastique à trois ou quatre cornes, qui se porte avec l'habit de chœur. (La barrette est noire pour les prêtres, violette pour les évêques, rouge pour les cardinaux.) — **2.** Casque de mineur. — **3.** *Recevoir la barrette,* être nommé cardinal.

2. BARRETTE n. f. (de *barre 1*). **1.** Broche longue et étroite. — **2.** Épingle à fermoir pour retenir les cheveux. — **3.** Ruban de décoration monté sur un support rectangulaire et se fixant sur l'uniforme. ● **Arm.** *Barrette de crosse,* pièce de fer rivée sur une des faces de la crosse et sur laquelle se fixe la bretelle du fusil. — **Brod.** Sorte de bride reliant entre eux deux motifs dans un espace vide. — **Électr.** *Barrette de sectionnement,* partie amovible d'un appareil, destinée à interrompre la continuité d'un conducteur. — **Habill.** Petite tige rigide utilisée pour fixer les pointes d'un col de chemise, percées d'un œillet *(col à barrette).* — **Text.** Pièce métallique plate, garnie d'aiguilles, équipant les machines de préparation, en filature de lin, de jute et de laine.

BARREUR, EUSE n. **1.** Personne qui tient la barre d'une embarcation ou d'un voilier. (On dit *timonier* sur les plus gros navires.) — **2.** En aviron, personne chargée de rythmer la cadence des rameurs.

BARRIAS (Louis Ernest), sculpteur français (Paris 1841-*id.* 1905), auteur du monument de *la Défense de Paris* (1881), auj. sur la dalle piétonnière du quartier de la Défense.

BARRICADE n. f. (de *barrique*). **1.** Entassement de matériaux et d'objets divers servant à interdire le passage et à se mettre à couvert de l'adversaire dans un combat de rues : *Dresser, élever des barricades.* — **2.** *Être du même côté de la barricade,* être du même camp, du même parti.

Barricades *(journées des),* insurrections qui éclatèrent à Paris le 12 mai 1588, au cours de la huitième guerre de Religion, et le 26 août 1648, au début de la Fronde. Le 12 mai 1588, le peuple parisien, encadré par les ligueurs, se souleva en faveur d'Henri Ier, duc de Guise, en bloquant avec des barricades les troupes royales dans le centre de la ville, ce qui provoqua la fuite d'Henri III à Chartres. Le 26 août 1648, à la suite de l'arrestation par Anne d'Autriche de trois parlementaires, dont Broussel, les Parisiens élevèrent à nouveau des barricades et obtinrent la libération des prisonniers.

BARRICADER v. t. (conj. 3). **1.** Fermer une voie, en interdire l'accès au moyen de barricades : *Barricader une rue.* — **2.** Fermer solidement un accès : *Barricader une porte.*

◆ **se barricader** v. pr., **être barricadé** v. pass. S'enfermer, être enfermé très soigneusement qqpart pour résister, pour ne voir personne.

BARRICAGE n. m. Merrain de petite taille.

BARRIE (*sir* James Matthew), écrivain écossais (Kirriemuir, Angus, 1860 - Londres 1937). Il invoque l'univers de l'enfance dans *Peter Pan dans les jardins de Kensington* (1904) et *Peter Pan and Wendy* (1911).

BARRIENTOS ORTUÑO (René), homme d'État bolivien (Tarata, prov. de Cochabamba, 1919 - près de Cochabamba 1969). Vice-président, il participa au coup d'État de nov. 1964 et partagea, avec le général Ovando, la direction de la junte militaire. Président de la République en 1966, il mit fin à la guérilla du « Che » Guevara en 1967.

BARRIÈRE n. f. (de *barre 1*). **1.** Assemblage de pièces de bois ou de métal, pour enclore un lieu ou fermer un passage : *Barrière d'un passage à niveau.* — **2.** Obstacle naturel qui interdit le passage ou le rend difficile : *La barrière des hautes montagnes.* — **3.** Ce qui constitue un obstacle entre deux personnes, deux groupes : *L'âge n'était pas une barrière entre eux.* ● **Aéron.** *Barrière d'arrêt,* filet que l'on dresse sur une piste d'atterrissage devant un avion pour le freiner et l'arrêter sur une courte distance. ‖ *Barrière thermique,* vitesse limite au-delà de laquelle les effets thermiques subis par un engin spatial dans une atmosphère deviennent destructeurs. — **Balist.** *Barrière optique,* dispositif servant à la mesure de la vitesse ou de la durée du trajet d'un projectile. (Elle comporte une rampe lumineuse et une ligne de cellules photoélectriques que le projectile occulte.) — **Écon.** *Barrière douanière, tarifaire,* obstacle mis à l'entrée dans un pays de marchandises en provenance de l'étranger. — **Féod.** Palissade qui, dans les tournois, coupait la lice en deux et que les champions se disputaient. — **Hist.** Clôture dressée à l'entrée d'une ville pour interdire le passage aux voitures et permettre la perception des droits d'octroi. ‖ Bureau de perception des droits d'octroi, établi près de cette clôture. (Au XVIIIe s., Paris possédait 60 barrières, situées à l'entrée des faubourgs. De 1783 à 1789, Ledoux en érigea de nouvelles [appelées « propylées »] aux principales ouvertures percées dans le mur d'enceinte des fermiers généraux.) — **Hydrol.** *Barrière corallienne,* syn. de RÉCIF-BARRIÈRE. ‖ *Barrière glacielle ou de glace,* front de glace taillé en falaise, limitant une plate-forme flottante du côté de la mer libre. — **Méd.** *Barrière placentaire,* ensemble des structures anatomiques qui séparent la circulation sanguine maternelle (chambre intervilleuse) de celle du fœtus (capillaires des villosités choriales). — **Neurol.** *Barrière hémato-méningée* ou *hémato-encéphalique,* système régissant les échanges ioniques entre le sang et le liquide céphalo-rachidien. (Un certain nombre de substances chimiques ne la passent pas.) — **Nucl.** *Barrière (de confinement),* enceinte fermée destinée à empêcher la dissémination de produits dangereux dans l'environnement d'une installation nucléaire. (Dans une centrale nucléaire, il y a au moins trois barrières de confinement successives.) ‖ *Barrière de diffusion,* paroi poreuse utilisée pour la séparation des isotopes de l'uranium. — **Phys.** *Barrière de potentiel,* potentiel d'un champ de forces qui s'oppose au passage dans une certaine région de la particule soumise à ces forces. — **Trav. publ.** *Barrière de dégel,* interdiction administrative de la circulation des véhicules lourds sur une route pendant le dégel, afin de prévenir sa dégradation. — **Zootechn.** *Barrière canadienne,* grille en gros tubes, placée sur une fosse au niveau du sol, permettant le passage des véhicules mais s'opposant à celui des bovins.

Barrière *(traités de la)* [1709 et 1715], traités par lesquels les états généraux des Provinces-Unies recevaient la garde d'un certain nombre de places fortes des Pays-Bas espagnols pour s'opposer aux visées conquérantes de la France.

BARRIÈRE (Grande), édifice corallien bordant la côte nord-est de l'Australie (Queensland) sur près de 2 500 km.

BARRIOS (Justo Rufino), homme d'État guatémaltèque (San Lorenzo, Guatemala, 1835 - Chalchuapa, Salvador, 1885). Président de la République (1873-1885), il créa l'infrastructure moderne du pays.

BARRIOS (Eduardo), écrivain chilien (Valparaíso 1884 - Santiago 1963). Outre des romans (*Frère Âne,* 1922), il a donné une intéressante peinture du monde rural chilien.

BARRIQUE n. f. (de *barriqua,* mot du Sud-Ouest). **1.** Futaille servant au transport et au stockage des liquides ; son contenu. (La barrique possède une capacité variable selon les régions.) — **2.** Pop. *Plein, rond comme une barrique,* complètement ivre.

BARRIR v. i. (lat. *barrire*) [conj. **32**]. Crier, en parlant de l'éléphant et du rhinocéros. (Syn. BARÉTER.)

BARRISSEMENT n. m. Cri de l'éléphant, du rhinocéros.

BARRISTE n. Acrobate travaillant sur des barres fixes.

BARROIS, région, souvent boisée, de Lorraine, aux confins de la Champagne, dans le sud-ouest du dép. de la Meuse. V. princ. *Bar-le-Duc.*

BARROIS ou **CÔTE DES BARS,** région du sud-est du dép. de l'Aube, vers Bar-sur-Aube et Bar-sur-Seine.
— **Hist.** → BAR *(comté,* puis *duché de).*

BARROIS (Charles), géologue français (Lille 1851 - Sainte-Geneviève-en-Caux, Seine-Maritime, 1939). Il a étudié le carbonifère du bassin houiller franco-belge. (Acad. des sc., 1904.)

BARROS ARANA (Diego), historien chilien (Santiago 1830 - *id.* 1907), l'un des plus grands historiens latino-américains (*Histoire générale du Chili,* 1884-1902).

BARROT n. m. (de *barre*). Raidisseur primaire transversal d'un pont de navire. (Syn. de BAU.)

BARROT (Odilon), homme politique français (Villefort, Lozère, 1791 - Bougival 1873). Monarchiste constitutionnel, il dirigea sous la monarchie de Juillet la gauche dynastique. Il fut Premier ministre (déc. 1848 - oct. 1849).

BARROTER v. t. (conj. 3). Charger la cale d'un navire au maximum, jusqu'à la hauteur des barrots.

BARROTIN n. m. Petit barrot, de faible portée.

BARROW [baro] n. m. (angl. *barrow,* tumulus). Nom anglais des tumulus.

BARROW, village de la côte nord de l'Alaska, près de la *pointe Barrow* ; 2 300 hab. Aéroport. — À proximité, gaz naturel.

BARROW (Isaac), mathématicien et théologien anglais (Londres 1630 - *id.* 1677). Il prit part à la création du calcul infinitésimal et en donna les premières applications à la géométrie. Newton lui succéda dans sa chaire en 1669.

BARROW-IN-FURNESS, port de Grande-Bretagne, sur la mer d'Irlande ; 62 000 hab. Constructions navales.

BARRURE n. f. (de *barre*). Défaut horizontal dans un tricot, présentant une différence d'aspect ou de nuance sur certaines rangées de mailles.

BARRY (Jeanne BÉCU, *comtesse* DU), favorite de Louis XV (Vaucouleurs 1743 - Paris 1793). Fille naturelle d'une couturière et épouse (1768) de Guillaume, comte du Barry, elle succéda à la marquise de Pompadour comme favorite en titre (1769). Bien qu'elle ne jouât pas un rôle politique d'envergure, elle vit se dresser contre elle un puissant parti formé par Choiseul et les dévots, qui incitèrent Louis XV à la renvoyer (1774). Retirée au château de Louveciennes, elle fut arrêtée en 1793. Accusée d'avoir correspondu avec les émigrés, elle fut guillotinée (1793).

BARRY (*sir* Charles), architecte britannique (Londres 1795 - *id.* 1860). Après l'incendie de 1834, il reconstruisit le palais de Westminster dans le style néogothique, à l'usage du Parlement.

BARS *(Côte des)* → BARROIS.

BARSAC (33720), comm. de la Gironde, près de Sauternes ; 2 061 hab. *(Barsacais).* Église du XVIIIe s. (beau mobilier). Vins blancs doux.

BARSANTI (Eugenio), physicien et mathématicien italien (Pietrasanta 1821 - Liège 1864). Avec C. F. Matteucci, il étudia la construction d'un moteur à combustion interne et obtint un brevet en Angleterre dès 1854, mais les moteurs Lenoir (1860) puis Otto et Langen (1867) apparurent sur le marché avant que les inventeurs italiens aient réalisé leur système.

BAR-SUR-AUBE (10200), ch.-l. d'arrond. de l'est de l'Aube ; 6 967 hab. *(Baralbins* ou *Barsuraubois).* Deux églises remontant au XIIe s. En janv.

1814, Mortier y remporta une victoire sur Schwarzenberg.

BAR-SUR-LOUP (Le) [06620], ch.-l. de cant. des Alpes-Maritimes, au N.-E. de Grasse ; 2 473 hab. *(Barois)*. Église en partie gothique (peintures du XVe s.).

BAR-SUR-SEINE (10110), ch.-l. de cant. du sud-est de l'Aube ; 3 899 hab. *(Barrois* ou *Barséquanais)*. Église des XVIe-XVIIe s. Bonneterie.

BART (Jean), corsaire français (Dunkerque 1650 - *id.* 1702). Durant la guerre anglo-hollandaise, il servit dans la flotte de Ruyter (1666-67). Rentré en France, il commanda son premier corsaire en 1674. Il lutta contre les Barbaresques, les Espagnols, les Hollandais et les Anglais. Louis XIV lui accorda en récompense de ses succès des lettres de noblesse. Il fut promu chef d'escadre en 1697.

BART (Patrice), danseur français (Paris 1945). Médaille d'or au concours international de Moscou (1969), il est devenu étoile à l'Opéra de Paris (1972). Il danse tous les grands rôles du répertoire classique et l'on compte parmi ses meilleures interprétations la variation du « Cygne noir », *Webern, op. 5* (de M. Béjart), *Petrouchka, l'Apprenti sorcier* (de N. Schmucki).

BARTALI (Gino), coureur cycliste italien (Ponte a Ema, Florence, 1914). Il a remporté notamment deux fois le Tour de France (1938 et 1948) et trois fois le Tour d'Italie (1936, 1937 et 1946).

BARTAS (Guillaume DE SALLUSTE, *seigneur* DU), poète français (Montfort, près d'Auch, 1544 - Condom 1590). Huguenot, il a donné un poème d'inspiration religieuse et encyclopédique (*la Semaine,* 1579), puis *la Seconde Semaine* (1585, inachevée), qui illustre le baroque littéraire.

BARTAVELLE n. f. (provenç. *bartavelo,* du bas lat. *bertabella,* crécelle). Perdrix sédentaire des montagnes d'Eurasie, présente dans les Alpes au-dessus de 1 500 m, ayant trois bandes noires sur le corps et une gorge blanche.

BARTEL (Kazimierz), homme politique polonais (Lwów 1882 - *id.* 1941). Il fut, de 1926 à 1930, cinq fois président du Conseil. Il a été fusillé par la Gestapo.

BARTET (Jeanne Julia REGNAULT, dite **Julia**), comédienne française (Paris 1854 - *id.* 1941). À la Comédie-Française (1879-1919), son jeu de grande tragédienne la fit surnommer la « Divine Bartet ».

BARTH (Heinrich), explorateur et géographe allemand (Hambourg 1821 - Berlin 1865). Il a exploré l'Afrique centrale, traversé le Sahara, atteint la région du Tchad, puis gagné Tombouctou. Ses observations font de lui l'un des premiers ethnographes.

BARTH (Karl), théologien protestant suisse (Bâle 1886 - *id.* 1968). Son enseignement, dans la ligne calviniste, largement ouvert aux autres branches du protestantisme et au catholicisme, est caractérisé par un retour radical à l'Écriture. Pour lui, l'Église n'est fidèle à sa mission que si elle renonce à toute volonté de puissance. Être chrétien, c'est s'enraciner dans le présent et l'avenir de ce monde en transformation. L'influence de Barth a été considérable sur l'ensemble du monde chrétien. Son œuvre essentielle est la monumentale *Kirchliche Dogmatik* (1932-1967), traduite en français sous le titre de *Dogmatique* (1953-1972).

BARTH (John), écrivain américain (Cambridge, Maryland, 1930). Ses romans sont centrés sur l'absurdité de la condition humaine (*l'Opéra flottant,* 1956 ; *l'Enfant-Bouc,* 1966).

BARTHE-DE-NESTE (La) [65250], ch.-l. de cant. des Hautes-Pyrénées, à l'entrée de la vallée d'Aure ; 1 113 hab.

BARTHÉLEMY *(saint),* l'un des douze apôtres du Christ, appelé aussi Nathanaël. Patron des bouchers et des tanneurs.

BARTHÉLEMY (*abbé* Jean-Jacques), écrivain et numismate français (Cassis 1716-Paris 1795). Il combla le goût du public de son temps pour le passé et l'exotisme avec son *Voyage du jeune Anacharsis en Grèce au* IVe *siècle de l'ère vulgaire.* (Acad. fr., 1789.)

BARTHÉLEMY (François, *marquis* DE), homme politique français (Aubagne 1747-Paris 1830). En 1795, il négocia avec succès les traités de Bâle avec la Prusse et l'Espagne. Il fut membre du Directoire (1797).

BARTHÉLEMY (René), physicien français (Nangis 1889 - Antibes 1954). Pendant la Première Guerre mondiale, il participa à l'installation du poste de T.S.F. de la tour Eiffel. Il s'intéressa ensuite à la télévision. Perfectionnant le dispositif de Baird, il fut chargé d'une émission régulière dès 1935. Il améliora la définition de l'image et réalisa l'analyse entrelacée.

BARTHÉLEMY-SAINT-HILAIRE (Jules), philosophe et homme politique français (Paris 1805 - *id.* 1895). Traducteur des œuvres d'Aristote, professeur au Collège de France (1837), plusieurs fois député, il fut ministre des Affaires étrangères de Jules Ferry (1880 - 81).

BARTHELME (Donald), écrivain américain (Philadelphie 1932 - Houston 1989), auteur de romans et de nouvelles satiriques tournant en dérision les stéréotypes du monde de la consommation (*Pratiques innommables,* 1968).

BARTHES (Roland), critique français (Cherbourg 1915 - Paris 1980). L'analyse du phénomène littéraire (*le Degré zéro de l'écriture,* 1953 ; *Sur Racine,* 1963 ; *Critique et Vérité,* 1966), l'élaboration d'une sémiologie sociale (*Mythologies,* 1957 ; *le Système de la mode,* 1967 ; *S/Z,* 1970 ; *l'Empire des signes,* 1970), l'approche d'une théorie de l'échange du langage (*Fragments d'un discours amoureux,* 1977) et la recherche d'un nouveau rapport entre l'espace et le temps (*la Chambre claire,* 1980) forment les objectifs principaux de son œuvre critique, inspirée des travaux de la linguistique, de la psychanalyse et de l'anthropologie modernes.

BARTHEZ (Paul Joseph), médecin et philosophe français (Montpellier 1734 - Paris 1806). Collaborateur de l'*Encyclopédie,* il devint chancelier de l'université de Montpellier en 1785. Il est le fondateur, avec Bichat, du *vitalisme.*

BARTHOLDI (Frédéric Auguste), sculpteur français (Colmar 1834 - Paris 1904). Ses œuvres les plus célèbres, colossales, sont *le Lion* de Belfort (grès rouge, 1875-1880) et *la Liberté* éclairant le monde,* à New York.

BARTHOLIN (Erasmus), mathématicien et médecin danois (Roskilde 1625 - Copenhague 1698). Il découvrit en 1669 la double réfraction produite par le spath d'Islande.

Bartholin *(glandes de)* [du n. du médecin danois Caspar *Bartholin* (1655-1738)], glandes situées de part et d'autre de la vulve, dans le périnée, qui sécrètent un liquide clair et visqueux dont le rôle est de lubrifier l'orifice vulvo-vaginal lors des rapports sexuels.

BARTHOLINITE n. f. Inflammation des glandes de Bartholin.

BARTHOLOMÉ (Paul Albert), sculpteur français (Thiverval 1848 - Paris 1928). Son œuvre principale est le *Monument aux morts* du Père-Lachaise (1899).

BARTHOLOMÉE (Pierre), compositeur et chef d'orchestre belge (Bruxelles 1937). Fondateur de l'ensemble instrumental *Musique nouvelle,* qu'il a dirigé de 1962 à 1975, professeur au Conservatoire de Bruxelles, il est depuis 1977 directeur musical et chef permanent de l'Orchestre philharmonique de Liège.

BARTHOLOMEW (John George), cartographe et éditeur britannique (Édimbourg 1860 - Sintra, Portugal, 1920). Il a publié *Atlas of Meteorology* (1899) et *Atlas of Zoogeography* (1911). — Son fils JOHN (1908-1962) a publié le *Times Atlas of the World* (5 vol., de 1955 à 1958).

BARTHOU (Louis), homme politique français (Oloron-Sainte-Marie 1862 - Marseille 1934). Plusieurs fois ministre à partir de 1894, président du Conseil de mars à déc. 1913, il fit voter la loi militaire des trois ans. Président de la Commission des réparations (1922-1926), ministre de la Justice (1926-1929), ministre des Affaires étrangères (févr. - oct. 1934), il trouva la mort lors de l'attentat contre le roi Alexandre Ier de Yougoslavie, qu'il était venu accueillir à Marseille. (Acad. fr., 1918.)

BARTÓK (Béla), compositeur hongrois (Nagyszentmiklós, auj. en Roumanie, 1881-New York 1945). De 1904 à 1934, il occupe le poste de professeur de piano à l'Académie de musique de Budapest. Sa première période créatrice est marquée notamment par *14 Bagatelles* pour piano (1908), un drame lyrique, *le Château de Barbe-Bleue* (1918), une pantomime, *le Mandarin merveilleux* (1919), et des pages pour piano, dont l'*Allegro barbaro* de 1911, qui marque le départ d'une technique nouvelle fondée sur le dynamisme rythmique. Sa deuxième période, dite « européenne », s'épanouit dès 1926 avec la *Musique pour instruments à cordes, percussion et célesta* (1936) et la *Sonate pour deux pianos et percussion* (1937). Elle se termine par la composition des 6 recueils du *Mikrokosmos* (1926-1937) ainsi que du *Divertimento* pour cordes (1939). De sa « période américaine » date essentiellement le *Concerto pour orchestre* (1943). Bartók se passionna pour le folklore, dont l'impact sur son esthétique fut déterminant. Influencé au départ par Liszt, R. Strauss, puis surtout par Debussy, il trouva bientôt son propre langage issu directement des modes hongrois. Après avoir poussé jusqu'à l'excès l'abstraction, il revint durant les dernières années de sa vie à un style romantique qui lui valut ses vrais grands succès. Bartók a réussi, en définitive, la fusion entre la musique populaire et l'écriture savante.

BARTOLINI (Lorenzo), sculpteur italien (Savignano, Toscane, 1777 - Florence 1850). Il travailla à Paris pour Napoléon Ier. Ami d'Ingres, il s'est inspiré du quattrocento et de Canova (*la Charité éducatrice,* marbre, Florence).

BARTOLO, jurisconsulte italien (Sassoferrato, Urbino, 1314 - Pérouse 1357). Il est le fondateur de l'école des *bartolistes* (post-glossateurs), qui utilisa la méthode scolastique dans l'étude du droit romain.

BARTOLOMEO (Fra), peintre italien (Florence 1472 - *id.* 1517). Moine au couvent florentin de S. Marco, influencé par C. Rosselli, le Pérugin, Raphaël et Léonard de Vinci, il s'impose par l'ampleur et la clarté stylistique de ses œuvres (*retable Carondelet,* en collab. avec Mariotto Albertinelli, 1511-12, cathédr. de Besançon).

BARTON (*sir* Edmund), homme politique australien (Sydney 1849 - Medlow Bath, près de Sydney, 1920). Premier ministre de la Fédération, dont il élabora le statut (1901), il a été surnommé « le Père de l'Australie ».

BARTON (*sir* Derek Harold Richard), chimiste britannique (Gravesend, Kent, 1918). Il a partagé (1969) avec le Norvégien Odd Hassel le prix Nobel de chimie pour sa contribution à la création de l'analyse conformationnelle.

BARTONELLA n. f. Bactérie Gram négatif qui se multiplie dans les cellules humaines, et notamment dans les hématies.

BARTONELLOSE n. f. Maladie provoquée par une bartonella propre à l'Amérique du Sud. (Syn. MALADIE DE CARRION.)

ENCYCL. C'est la piqûre d'un phlébotome des hautes vallées andines qui transmet le germe d'un homme infecté à un homme sain. Chez les personnes non immunisées, la maladie prend la forme de la *fièvre de La Oroya,* dont l'évolution peut être mortelle. Chez les malades guéris de la fièvre de La Oroya peuvent secondairement apparaître des nodules cutanés, de taille et de localisation variables. C'est la *verruga péruvienne* bénigne.

BARTONIEN n. m. (de *Barton,* n. pr.). Étage du système paléogène.

BARTSCH (Adam VON), écrivain, dessinateur et graveur autrichien (Vienne 1757-Hietzing, près de Vienne, 1821). Il a publié *le Peintre-Graveur* (21 vol., 1803-1821), catalogue raisonné de l'œuvre de la plupart des graveurs flamands, hollandais, allemands et italiens.

BARUCH, disciple et secrétaire du prophète Jérémie. Le livre biblique dit *livre de Baruch,* absent de la Bible hébraïque, est un écrit apocryphe composite dont la rédaction finale semble dater du milieu du Ier s. av. J.-C.

BĀRŪDĪ (Maḥmūd Sāmī **al-**), poète et homme politique égyptien (1839 - Le Caire 1904), un des initiateurs de la renaissance littéraire arabe (*Dīwān,* 1940).

Bärwalde *(traité de)* [23 janv. 1631], traité conclu à Bärwalde (auj. Barwice [Pologne]), pendant la guerre de Trente Ans, entre Gustave II Adolphe et le diplomate français Charnacé, envoyé par Louis XIII et Richelieu. La France promettait un subside annuel d'un million de livres pendant cinq ans au roi de Suède, qui s'engageait, en retour, à conduire dans l'Empire une armée de 36 000 hommes.

BARYCENTRE n. m. Point G d'un espace affine tel que, si *n* points $A_1, A_2, \ldots, A_n$ *sont affectés des coefficients* $m_1, m_2, \ldots, m_n$de somme non nulle,

$$\sum_{i=1}^{n} m_i \overrightarrow{GA_i} = \overrightarrow{O}. \qquad (1)$$

ENCYCL. De la relation (1), on déduit que, si O est l'origine de l'espace affine,

$$\left(\sum_{i=1}^{n} m_i\right) \overrightarrow{OG} = \sum_{i=1}^{n} m_i \overrightarrow{OA_i}.$$

Dans le cas particulier où tous les points A_i sont affectés de coefficients égaux, G est appelé *équibarycentre,* centre de gravité ou centre d'inertie des points A_i.

BARYCENTRIQUE adj. *Coordonnées barycentriques d'un point* M, $(n + 1)$-uple $(a_0, a_1, \ldots, a_n)$ de scalaires tels que M est le barycentre des $n + 1$ points $A_0, A_1, \ldots, A_n$ affectés de ces coefficients, $(A_0, \overrightarrow{A_0A_1}, \ldots, \overrightarrow{A_0A_n})$ étant un repère affine de l'espace affine de référence.

BARYCHNIKOV ou **BARYSHNIKOV** (Mikhaïl Nikolaïevitch), danseur américain d'origine soviétique (Riga 1948). Ayant décidé, au cours d'une tournée, de rester au Canada, il est engagé par le Ballet national du Canada. Il est ensuite étoile à l'American Ballet Theatre (1974-1978), où il fait la création de plusieurs œuvres (*Hamlet connotations,* de J. Neumeier, 1976) et reprend de nombreux rôles, assimilant des styles divers. Au New York City Ballet de 1978 à 1980, il est directeur artistique de l'American Ballet Theatre de 1980 à 1989. En 1990, il prend la direction d'un nouveau groupe de danse, le White Oak Dance Project. Il interprète également plusieurs rôles au cinéma (*Soleil de nuit,* 1985 ; *Dancers,* 1988) et au théâtre.

BARYE n. f. Unité de contrainte et de pression du système C.G.S., qui correspond à 0,1 pascal.

BARYE (Antoine Louis), sculpteur et aquarelliste français (Paris 1796 - *id.* 1875). Élève de Bosio et de Gros, il se spécialisa dans l'art du bronze animalier, alliant à un sens romantique de l'énergie des bêtes sauvages la volonté classique de trouver une vérité qui dépasse l'anecdote (*Lion au serpent,* 1833 ; *Centaure et Lapithe,* 1850).

BARYLITE → BARILITE.

BARYMÉTRIE n. f. Estimation du poids vif des animaux à partir de leurs mensurations.

BARYON n. m. Nom générique des hadrons de spin demi-entier.

ENCYCL. Le proton est le plus léger des baryons. Tous les baryons connus sont au moins aussi lourds que les nucléons. Ils portent une charge (dite « baryonique » et notée B) qui obéit à une loi de conservation importante : la charge baryonique totale d'un système est constante au cours du temps.

BARYONIQUE adj. Qui se rapporte aux baryons.

BARYSPHÈRE n. f. Ancienne division correspondant à la partie intérieure du globe terrestre, caractérisée par sa densité élevée.

BARYTAGE n. m. Couchage sur un support papier d'un revêtement de sulfate de baryum, qui recevra l'émulsion photosensible.

BARYTE n. f. Hydroxyde $Ba(OH)_2$ de baryum légèrement soluble dans l'eau *(eau de baryte)* ; base forte, analogue à la chaux.

BARYTÉ, E adj. Se dit d'un papier qui a subi l'opération de barytage.

BARYTINE ou **BARYTITE** n. f. Sulfate de baryum naturel $BaSO_4$, appartenant au système orthorhombique, de densité élevée (4,70), que l'on trouve en abondance dans les filons métallifères. (Syn. SPATH PESANT.)

BARYTIQUE adj. Qui contient de la baryte ou du baryum.

BARYTON n. m. (gr. *barutonos*). **1.** Voix masculine intermédiaire entre le ténor et la basse. – **2.** Chanteur qui possède cette voix. – **3.** Instrument grave à cordes frottées utilisé en Allemagne aux XVIIe et XVIIIe s. (Haydn lui a destiné 175 pièces, écrites pour le prince Esterházy.) – **4.** En grec, mot dont la syllabe finale porte un accent grave (en oppos. à *oxyton*).

BARYUM [-rjɔm] n. m. (angl. *barium*, du gr. *barus*, lourd). Métal alcalino-terreux, analogue au calcium. (Élément chimique de symbole Ba.)

Numéro atomique	56
Masse atomique	137,32
Température de fusion	725 °C
Masse volumique	3,5 g/cm³

ENCYCL. **Chim.** Signalé en 1774 par Scheele, le baryum a été isolé par Davy en 1808. C'est un métal blanc, très électropositif, divalent. Il s'oxyde à l'air et décompose l'eau à froid. Ses composés sont isomorphes de ceux du calcium. Le baryum existe dans la nature sous forme de barytine, $BaSO_4$, et de withérite, $BaCO_3$. Ses principaux composés sont : l'*oxyde* BaO et le *bioxyde* BaO_2 ; le *chlorure* $BaCl_2$, réactif de l'acide sulfurique et des sulfates ; le *sulfure* BaS, solide phosphorescent ; le *sulfate* $BaSO_4$ employé en peinture (pur : *blanc fixe,* ou en mélange avec le sulfure de zinc : *lithopone*) et en radiologie à cause de son opacité aux rayons X, qui permet d'obtenir l'image des cavités digestives ; le *nitrate* $Ba(NO_3)_2$, utilisé en pyrotechnique ; le *carbonate* $BaCO_3$ (withérite), qui donne de la baryte quand on le chauffe avec du charbon. Les sels de baryum, incolores quand ils ne dérivent pas d'un acide coloré, colorent la flamme en vert ; ils sont généralement toxiques.

BĀRZĀNĪ, tribu kurde qui s'est signalée par ses luttes pour l'indépendance.

BĀRZĀNĪ (Mullā Muṣṭafā **al-**), chef kurde de la tribu des Bārzānī (Bārzān v. 1902 -Washington 1979). Commandant en chef des forces armées de la République démocratique kurde de Mahābād (1945 - 46), il combattit l'Iraq de 1958 jusqu'à l'accord du 11 mars 1970, qui reconnut aux Kurdes une autonomie nationale étendue. Mais la réconciliation entre l'Iraq et l'Iran (mars 1975) le conduisit à s'exiler.

BARZOÏ [-zɔj] n. m. (mot russe signif. *lévrier*). Lévrier russe d'agrément, de grande taille, à poil long et ondulé sur le corps, court sur la tête.

1. BAS, BASSE adj. (bas lat. *bassus*). **1.** Peu élevé, moins haut en valeur absolue ou relative : *Une chaise basse. Une chambre au plafond bas.* – **2.** Incliné vers le bas : *Marcher la tête basse.* – **3.** Se dit d'un son grave : *Les notes les plus basses d'un instrument.* – **4.** Qui, géographiquement, occupe une position inférieure par rapport à une autre partie (dite *haute*) : *La basse vallée du Rhône.* – **5.** Qui correspond à la partie tardive d'une période historique : *La basse latinité.* – **6.** Qui est moindre en grandeur, en quantité, en qualité, en valeur, en rang social : *Conserver des aliments à basse température. Les bas salaires. Les basses besognes.* – **7.** Qui est méprisable, abject : *Une basse vengeance.* – **8.** *Au bas mot,* au moins (dans une évaluation). ‖ Fam. *Avoir l'oreille, la queue, l'échine, la tête basse,* être rempli de confusion, très penaud. ‖ *Avoir la vue basse,* être myope. ‖ *À voix basse,* en parlant tout doucement. ‖ *Bas morceaux,* parties du bœuf de boucherie appartenant à la troisième catégorie. ‖ *Bas quartiers,* quartiers situés dans la partie basse d'une ville, ou habités par les classes populaires. ‖ *Basses eaux,* état de la mer au moment où les marées sont le moins fortes ; niveau le moins élevé d'un cours d'eau ; période de crise économique, d'activité réduite. ‖ *En ce bas monde,* ici-bas, sur terre. ‖ *Le temps est bas,* le ciel est couvert de nuages bas. ‖ *Marée basse, mer basse,* état de la mer quand le reflux est à son terme. • **Ling.** *Bas allemand,* ensemble des dialectes germaniques parlés au Moyen Âge dans la plaine d'Allemagne du Nord. ‖ *Bas latin,* latin du haut Moyen Âge, considéré comme corrompu. – **Mar.** *Basses voiles, basses vergues,* voiles ou vergues inférieures. ‖ *Côte basse, terre basse,* terre peu élevée, qu'on aperçoit quand on en est tout près. – **Phon.** Se dit d'une voyelle émise avec la langue située dans la partie inférieure de la cavité buccale. (Contr. HAUT.)

◆ **bas** adv. **1.** À un niveau peu élevé, inférieur au niveau normal : *Les actions sont tombées très bas.* – **2.** À une certaine distance de l'endroit, de la période où l'on se trouve : *Descendre plus bas dans l'histoire.* – **3.** D'une voix retenue, faible : *Parler tout bas.* – **4.** Sur un ton grave, peu aigu : *Chanter trop bas.* – **5.** Fam. *Bas les mains, les pattes !,* n'y touchez pas !, ne me touchez pas ! ‖ *Être bas, bien bas,* être très malade, proche de la mort ; avoir le moral atteint. ‖ *Mettre bas,* faire ses petits, en parlant de la femelle d'un animal. ‖ *Plus bas,* plus loin dans le texte. ‖ *Tomber bien bas,* être dans une grande déchéance morale. • **Mar.** *Haler bas,* amener. ‖ *Mettre pavillon bas,* amener le pavillon.

◆ **bas** n. m. **1.** Partie inférieure de qqch : *Le bas d'une robe, de la page.* – **2.** Le fondement, la base : *Évacuer par le haut et par le bas.* – **3.** *À bas,* vers la terre, à terre : *Mettre à bas une vieille masure.* ‖ *À bas qqn, qqch !,* cri d'hostilité envers qqn ou qqch. ‖ *Au bas, en bas de qqch,* au niveau inférieur, à la base de qqch. ‖ *De bas en haut,* depuis la base jusqu'au sommet. ‖ *En bas,* vers le sol : *Regarder en bas.* ‖ *En bas (d'une maison),* à l'étage inférieur, au rez-de-chaussée, au niveau de la rue. • **Bouch.** *Bas de carré,* partie du carré de veau comprenant les cinq premières côtes. (Syn. CÔTES DÉCOUVERTES.) – **Impr.** *Bas de casse,* partie inférieure de la casse, où sont rangés les caractères typographiques minuscules. – **Mar.** *Le bas de l'eau,* la marée basse. ‖ *En bas !,* commandement aux hommes de descendre de la mâture. – **Pêch.** *Bas de ligne,* partie terminale de la ligne, comprenant généralement la plombée et l'hameçon. (Syn. EMPILE.)

◆ **basse** n. f. **1.** Son bas ; voyelle basse. – **2.** Dans un animal de boucherie, ensemble des morceaux à bouillir ou à mettre en sauce.

2. BAS n. m. (de *bas-de-chausses*). **1.** Pièce de l'habillement féminin, en mailles textiles, qui gaine le pied et la jambe entière. – **2.** *Bas de laine,* cachette où l'on met de l'argent économisé ; les petites économies, la petite épargne. • **Bonnet.** *Bas diminué* ou *proportionné,* bas mis en forme par diminutions et augmentations. ‖ *Bas filet* ou *indémaillable,* bas découpé dans une surface tricotée indémaillable. ‖ *Bas à grisotte,* bas comportant des dessins ajourés. ‖ *Bas sans couture,* bas tricoté sur métier circulaire de petit diamètre et mis en forme par variation de la serre. – **Méd.** *Bas à varices,* bas dont l'élasticité importante comprime la jambe et supplée à la déficience des parois veineuses.

BASAGLIA (Franco), psychiatre italien (Venise 1924 - *id.* 1980). Principal représentant du courant désaliéniste italien, il s'est employé à rechercher pour les malades mentaux des solutions moins aliénantes socialement que l'hospitalisation.

BASAL, E, AUX adj. (de *base*). **1.** Fondamental, essentiel ; basique : *La condition basale de la connaissance.* – **2.** Situé à la base d'un organe, d'une expansion corporelle, d'un épithélium. (Syn. BASILAIRE, contr. APICAL.) – **3.** *Membrane basale* ou *basale* (n. f.), membrane mince, transparente, hyaline, située à la face profonde des épithéliums. ‖ *Métabolisme basal,* dépense énergétique minimale d'un sujet au repos complet depuis une demi-heure au moins, à jeun depuis 12 heures, dans une atmosphère de température moyenne de 16 °C, exprimée en grandes calories par mètre carré de surface corporelle. (Le chiffre moyen pour un homme adulte est de 40.)

BASALTE n. m. (lat. *basaltes,* altér. de *basanites,* du gr. *basanos,* pierre de touche). Roche volcanique de couleur foncée, de densité voisine de 3 et composée essentiellement de plagioclase, pyroxène, olivine.

ENCYCL. On distingue : les *basaltes tholéiitiques* (ou tholéiites), qui constituent le fond des océans et de vastes plateaux sur les continents ; les *basaltes alcalins,* qui forment les édifices volcaniques intracontinentaux et les îles océaniques ; les *basaltes riches en alumine,* qui sont présents dans les arcs insulaires.

BASALTIQUE adj. **1.** Formé de basalte ; relatif au basalte. – **2.** Se dit d'une structure de solidification dendritique suivant une orientation cristallographique privilégiée. (Syn. STRUCTURE COLONNAIRE.) – **3.** *Couche basaltique,* étage inférieur de la croûte continentale, dont la composition chimique est identique à celle des basaltes.

BASANAVIČIUS (Jonas), patriote et savant lituanien (Suwalki 1851 - Wilno, auj. Vilnius, 1927). Spécialiste de la mythologie, au cœur du réveil national et linguistique, il créa en 1920 une bibliothèque et un musée national à Vilnius.

BASANE n. f. (anc. provenç. *basana,* de l'esp. *badana*). **1.** Peau de mouton, préparée par tannage végétal, utilisée plus particulièrement pour la doublure des chaussures. – **2.** *Pop.* Peau humaine. – **3.** *Arg.* Cavalerie : *Être dans la basane.* – **4.** Peau souple qui recouvre en partie les pantalons de cavaliers. – **5.** Syn. de FAUSSE BOTTE.

BASANER v. t. (de *basane*) [conj. 3]. Donner une couleur brune à qqn, à son visage, à sa peau ; brunir.

◆ **être basané** v. pass. **1.** Avoir la peau brunie, hâlée par le soleil ou le grand air. – **2.** Avoir la peau naturellement brune.

BASANITE n. f. Basalte alcalin à fort déficit de silice, formé de plagioclase, d'augite, d'olivine et d'un feldspathoïde.

BASARAB, nom de plusieurs souverains roumains dont les principaux sont : **Basarab Ier,** prince de Valachie (v. 1310-1352), qui réunit sous son autorité toute la Valachie et vainquit en 1330 Charles Ier Robert, roi de Hongrie. – NEAGOE* **Basarab** et MATEI* **Basarab.**

BASAVA ou **BASAVĒŚWARA,** poète et philosophe indien (Bāgevādi, XIIe s.), vénéré dans l'État du Karnataka et symbolisé par un taureau.

BAS-BLEU n. m. (pl. *bas-bleus*) [calque de l'angl. *blue-stocking*]. *Litt.* Femme d'une pédanterie ridicule, qui a des prétentions littéraires.

BASCHENIS (Evaristo), peintre italien (Bergame 1607 - *id.* 1677), auteur surtout de natures mortes aux instruments de musique de style caravagesque.

BASCHET (René), éditeur français (Paris 1860 - *id.* 1949). Il prit, en 1904, la direction de *l'Illustration,* dont il fit une des grandes revues françaises illustrées.

BASCIO (Matteo DA) → MATTEO DA BASCIO.

BASCOPHONE adj. et n. Syn. de EUSKAROPHONE.

BAS-CÔTÉ n. m. (pl. *bas-côtés*). **1.** Vaisseau latéral d'une église. (Syn. COLLATÉRAL.) — **2.** Partie de l'accotement d'une route accessible aux piétons. — **3.** Chacune des parties extérieures de l'infrastructure d'une voie aménagée en remblai.

BASCULANT, E adj. Se dit d'un dispositif qui peut basculer.

BASCULE n. f. (anc. fr. *bacule,* refait sur l'adj. *bas*). **1.** Appareil de pesage à l'aide duquel on mesure la masse d'une voiture, d'un wagon, de bagages, etc. (→ *encycl.*) — **2.** Balançoire dont l'une des extrémités s'abaisse tandis que l'autre s'élève. — **3.** *À bascule,* qui bascule, qui permet de se balancer : *Fauteuil à bascule.* • **Électron.** Dispositif possédant deux positions d'équilibre et capable de basculer alternativement de l'une à l'autre sous l'action d'excitations successives. (Syn. MULTIVIBRATEUR.) — **Mécan.** Levier appuyé sur un point fixe situé entre ses extrémités, de manière que l'abaissement ou l'élévation de l'une provoque un mouvement de l'autre en sens inverse. — **Polit.** *Jeu de bascule,* politique d'un gouvernement qui s'appuie alternativement sur des majorités parlementaires opposées. ‖ *Politique de bascule,* politique étrangère d'un État opérant de fréquents renversements d'alliances. — **Sports.** En gymnastique, forme de rétablissement à l'appui aux barres ou aux anneaux, en partant d'une suspension.

ENCYCL. Dans les bascules, le plateau, ou tablier, est supporté en plusieurs points par un système de leviers qui le maintient horizontal. La somme des forces réparties sur les points d'appui du plateau est transmise, après réduction par les leviers, à l'une des extrémités d'un fléau de balance dissymétrique romaine.

BASCULEMENT n. m. **1.** Action de basculer qqch. — **2.** Action de changer d'orientation : *Le basculement d'un parti dans l'opposition.*

BASCULER v. i. (anc. fr. *baculer,* de *bas* et de *cul,* d'apr. *bascule*) [conj. 3]. **1.** Faire le mouvement de bascule par suite d'un déplacement d'équilibre : *Poutre qui bascule.* — **2.** Verser, tomber qqpart, en perdant l'équilibre ; culbuter : *La voiture bascula dans le ravin.* — **3.** Opérer un renversement brusque de ses positions ; changer brutalement d'orientation, de direction : *À ce moment, le film a basculé vers le drame.*
◆ v. t. **1.** Renverser en faisant pivoter : *Basculer un wagon.* — **2.** Faire passer une communication d'une direction vers une autre.

BASCULEUR n. m. Dispositif mécanique permettant de décharger par basculement, en une seule opération, un fût, un conteneur, une berline de mine, etc.

BAS(-)DE(-)CASSE n. m. inv. Minuscule d'imprimerie.

BAS-DE-CHAUSSES n. m. inv. Partie inférieure des chausses, qui couvrait les jambes et devint le bas.

BASDEVANT (Jules), juriste français (Anost, Saône-et-Loire, 1877 - *id.* 1968). Professeur de droit international public, il fut juge à la Cour internationale de justice de La Haye, qu'il présida de 1949 à 1952.

1. BASE n. f. (lat. *basis,* du gr. *basis,* allure). **1.** Assise, socle, support sur lesquels repose un objet : *La base d'une colonne.* — **2.** Partie inférieure d'un corps, par laquelle il repose sur ce qui le soutient ou le rattache à qqch d'autre : *La base d'une montagne. La base du cou.* — **3.** Ensemble des militants d'un parti, d'un syndicat, d'une association, des travailleurs d'une entreprise, par opposition aux dirigeants : *Consulter la base.* — **4.** Origine, fondement, principe de qqch, ce sur quoi tout repose (souvent pl.) : *Établir les bases d'un accord.* — **5.** *Base (militaire),* territoire cédé à bail à un État étranger à des fins militaires : *Les bases américaines dans les pays de l'O. T. A. N.* — **6.** *À base de qqch,* dont qqch est le composant principal : *Crème à base de lanoline.* ‖ *Base de départ, d'action,* point, élément, principes à partir desquels on peut faire qqch. ‖ Fam. et vx. *Carré par la base,* franc et résolu, avec qui l'on sait à quoi s'en tenir. ‖ *De base,* fondamental, essentiel pour aller vers plus de complexité, de spécialisation ; qui constitue la pièce maîtresse d'un ensemble. ‖ *Être à la base de qqch,* être à son origine, en être le promoteur, l'initiateur. ‖ *Pêcher par la base,* reposer sur de faux principes, en parlant d'un raisonnement. ‖ *Sur la base de qqch,* en prenant cela comme principe fondamental, comme point de départ ; au taux de. • **Anat.** Point d'attache ou partie la plus large de certaines parties du corps. ‖ *Base du cœur,* partie supérieure de cet organe, qui est la plus large et qui donne naissance aux gros vaisseaux. — **Archit.** Empattement inférieur de la colonne, du pilastre, du pilier, du piédestal, etc., composé habituellement d'une partie moulurée surmontant une plinthe (nue). [La base de la colonne ionique, par ex., superpose une plinthe quadrangulaire et un corps de moulures circulaires comprenant deux scoties séparées par deux filets et un gros tore.] ‖ *Base de fronton,* corniche horizontale du fronton. — **Astronaut.** *Base de lancement,* lieu où sont réunies toutes les installations nécessaires à la préparation d'engins spatiaux, à leur lancement et à leur contrôle en vol. — **Banq.** Volume de monnaie centrale inscrit au passif de l'institut d'émission (en France, la Banque de France). — **Biol.** Région d'un appendice voisine de l'axe auquel il est attaché. — **Ch. de f.** *Base d'opérations,* ligne figurée sur le terrain par des bornes repères et à partir de laquelle sont effectués tous les tracés et mesures de voies, bâtiments, limites d'emprise, etc. — **Cosmét.** *Base de maquillage,* crème fluide qui s'applique sur le visage avant le maquillage pour en assurer une bonne tenue et pour protéger la peau. — **Écon.** Système de comptes économiques évalués pour l'année de référence dans les séries temporelles. — **Électron.** Électrode intermédiaire d'un transistor, utilisée comme électrode de commande. ‖ *Base de temps,* circuit électronique produisant des signaux à un rythme constant, destinés à synchroniser dans un équipement une fonction telle que le balayage d'un oscilloscope. — **Fin.** *Base d'imposition,* revenus ou valeurs auxquels on applique le taux ou le tarif de l'impôt pour obtenir le montant de la somme due. — **Géod.** Segment rectiligne de terrain sensiblement horizontal, dont la longueur, mesurée directement avec une grande précision, sert de côté connu pour les opérations de triangulation ou pour l'arpentage. — **Géom.** Côté particularisé d'un polygone. (Par. ex. base d'un triangle ou d'un trapèze isocèles.) ‖ Face particularisée d'un solide. (Par ex. base d'un cône ou d'une pyramide.) ‖ Mesure de ce côté ou de cette face. ‖ Directrice d'une surface cylindrique ou conique. — **Inform.** Position dans une mémoire à partir de laquelle sont calculées les positions des instructions ou de données d'un programme. ‖ *Base de connaissances,* ensemble structuré d'informations représentant les connaissances acquises dans un domaine donné et qui constitue l'un des éléments d'un système expert. ‖ *Base de données,* ensemble structuré de fichiers regroupant des informations ayant certains caractères en commun ; logiciel permettant de constituer et de gérer ces fichiers — **Ling.** Partie d'un mot considérée comme la plus importante. (Du point de vue diachronique, c'est la racine, élément originel ; du point de vue synchronique, c'est le radical ou le thème, élément porteur des affixes.) ‖ Partie de la composante syntaxique d'une grammaire générative qui décrit la structure profonde des phrases de la langue. ‖ *Phrase de base,* phrase déclarative, affirmative et active, considérée comme le point de départ de l'analyse ; en grammaire générative, phrase simple générée par la base. — **Mar.** *Base de vitesse,* parcours, libre d'obstacles, prévu pour les essais de vitesse des navires neufs. — **Math.** *Base d'un* K-*espace vectoriel* E, partie génératrice et libre de E. (Tout élément x de E s'écrit alors de manière unique comme combinaison linéaire des vecteurs de la base. Si $B = (e_i)_{1 \leqslant i \leqslant n}$ est base de E, alors x, élément de E, s'écrit : $x = \sum_{n=1}^{n} \alpha_i e_i$, où α_i, éléments de K, sont appelés coordonnées de x relativement à la base B.) ‖ *Base d'une fonction exponentielle, d'un logarithme,* nombre a positif intervenant dans l'expression $y = a^x$ de la fonction exponentielle et de sa fonction inverse : le logarithme $y = \log_{a} x$. ‖ *Base d'un système de numération,* naturel strictement supérieur à 1, choisi arbitrairement, qui permet d'écrire les entiers et dont dépend le système de numération. ‖ *Base d'une topologie,* partie $\mathcal{B}$ d'une topologie $\mathcal{T}$ telle que $\forall \Lambda \in \mathcal{T}$, si $x \in V$ alors $\exists W \in \mathcal{B} / x \in W \subset V$. ‖ *Base de voisinages d'un élément* x de $(E, \mathcal{T})$, partie $\mathcal{B}$ de l'ensemble des voisinages de x, telle que tout voisinage de x contient un élément de $\mathcal{B}$. — **Métall.** *Métal* ou *matériau de base,* métal ou matériau constituant les éléments à assembler par soudage ou brasage. — **Mil.** Zone de réunion et de transit des moyens en personnel, matériel, ravitaillement et équipement de toute sorte, nécessaires à la conduite d'opérations militaires. ‖ Organisme chargé de ces différentes missions. ‖ *Base aérienne,* lieu de stationnement et de mise en œuvre d'unités de l'armée de l'air ; collectivité dotée d'une administration propre constituée par ces unités. ‖ *Base de départ,* bande de terrain à partir de laquelle a lieu le débouché de l'échelon d'attaque d'une formation à pied. ‖ *Base de feux,* ensemble des moyens de feu destinés à appuyer une opération. ‖ *Base navale,* port ou rade bénéficiant d'installations destinées au mouillage, au ravitaillement et aux réparations d'une force navale. — **Parfum.** Mélange relativement simple de produits odorants constituant une étape intermédiaire dans la préparation de produits plus complexes. — **Pédol.** *Base échangeable,* cation adsorbé par des colloïdes du sol. — **Pétr.** Type de pétrole brut. (On distingue les *bases paraffiniques, naphténiques, aromatiques* et *asphaltiques.*) ‖ Fraction pétrolière servant à la constitution d'un produit fini. — **Pyrotechn.** Constituant essentiel d'une poudre sans fumée. — **Stat.** Élément de référence dans l'établissement d'une série chronologique. ‖ *Base d'un indice,* année dont l'indice est choisi égal à 100. (Syn. ANNÉE DE RÉFÉRENCE.)

2. BASE n. f. (de *base 1*). Corps capable de neutraliser les acides en se combinant à eux.

ENCYCL. Les bases possèdent un ensemble de propriétés caractéristiques, constituant la « fonction base » : saveur de lessive ; action sur les réactifs colorés (une base colore en rouge la phtaléine, en jaune l'hélianthine, en bleu le tournesol) ; action sur un acide pour donner un sel, avec élimination d'eau et dégagement de chaleur. En solution aqueuse, ce sont des électrolytes dont l'ionisation fournit des ions OH^- : si l'ionisation est pratiquement totale, on les nomme *bases fortes* (soude, potasse, baryte), et, si elle n'est que partielle, *bases faibles* (ammoniaque). Selon qu'elles renferment un ou plusieurs groupements OH^-, on distingue les *monobases* (ex. NaOH, NH_4OH), et les *polybases* (ex. $Ba(OH)_2$). À une base correspond un *oxyde basique* sur lequel l'action de l'eau peut donner la base. La notion d'hydroxyde métallique généralise celle de base.

Selon la théorie d'Arrhenius, une base est un corps capable de fournir des ions OH^- lorsqu'il se trouve dissous dans un solvant ionisant. Selon Brønsted, c'est un corps capable de fixer des ions H^+, ou protons. (→ ACIDO-ALCALINITÉ.) On doit à Lewis une conception encore plus générale : une base est une particule, molécule ou ion, qui, possédant un doublet électronique de valence non engagé, peut céder ce doublet à une autre particule capable de l'accepter (acide de Lewis).

3. BASE [bɛz] n. f. (angl. *base,* piquet). Piquet servant à délimiter les courses au base-ball.

BASE-BALL [bɛzbol] n. m. (pl. *base-balls*) [angl. *base-ball,* de *base 3* et *ball,* balle]. Sport de balle, dérivé du cricket, qui se pratique sur un terrain jalonné de piquets (bases) entre deux équipes de neuf joueurs. (La balle expédiée par un lanceur doit être renvoyée le plus loin possible par le batteur qui doit alors progresser de base en base pendant que les défenseurs récupèrent la balle.)

Basedow *(maladie de),* maladie résultant d'un excès de fonctionnement de la glande thyroïde. Elle est caractérisée par l'existence d'un goitre diffus, sécrétant en excès l'hormone thyroïdienne (thyroxine), par la présence d'une exophtalmie, de troubles nerveux (tremblements), une accélération du rythme cardiaque et un amaigrissement souvent considérable.

BASEDOWIEN, ENNE adj. et n. Relatif à la maladie de Basedow ; qui en est atteint.

BASEL, nom allemand de Bâle.

BASE-LINE [bazlin] n. f. (pl. *base-lines*) [mot angl.]. Slogan publicitaire qui ressort particulièrement en bas d'une affiche.

BASELLE n. f. Herbe grimpante à tige charnue, apprêtée et consommée en Chine comme l'épinard en Europe.

BAS-EMPIRE, terme sous lequel les historiens désignent l'Empire romain de la mort de Sévère Alexandre (235) à la fin de l'empire d'Occident (476). Certains historiens contemporains préfèrent parler d'« Antiquité tardive ».

BAS-EN-BASSET (43210), ch.-l. de cant. du nord de la Haute-Loire, sur la Loire; 2 978 hab. *(Bassois).* Métallurgie.

BASER v. t. (conj. 3). **1.** Faire reposer une action, une attitude, etc., sur telle base ; fonder : *Baser ses espoirs sur un changement de régime.* — **2.** Donner à une unité militaire un point d'attache, une base.

◆ **se baser** v. pr., **être basé** v. pass. **1.** Se fonder sur qqch : *Se baser sur des arguments solides.* — **2.** Avoir son point d'attache quelque part, en parlant d'une unité militaire, d'une entreprise industrielle ou commerciale, etc.

BASF (abrév. de *Badische Anilin und Soda Fabrik*), société allemande de produits chimiques, fondée en 1865. Elle devint rapidement l'une des plus grandes entreprises de l'industrie chimique européenne. En absorbant de nombreuses sociétés, la Badische Anilin forma l'I.G. Farben et devint, sous le IIIe Reich, l'une des pièces maîtresses de l'économie de guerre allemande. Ce cartel a été demantelé après la guerre, mais la société actuelle demeure une des premières entreprises chimiques mondiales.

BAS-FOND n. m. (pl. *bas-fonds*). Fond éloigné de la surface de la mer, d'un cours d'eau, au-dessus duquel les navires peuvent passer sans danger.

◆ **bas-fonds** n. m. pl. Milieu où vit une population misérable et marginale.

BASHA → BAASA.

BAS-HAUBAN n. m. (pl. *bas-haubans*). Hauban servant à tenir la partie inférieure d'un mât.

BASHŌ (MATSUO MUNEFUSA, dit), poète japonais (Ueno, province d'Iga, 1644 - Ōsaka 1694). Initié au haiku et influencé par le bouddhisme zen, il a rapporté de ses pérégrinations à travers les provinces les célèbres journaux de voyage (*la Sente étroite du bout du monde,* 1689 - 1692) qui, avec ses poèmes, font de lui un des grands classiques de la littérature japonaise.

BASIC [bazik] n. m. (mot angl., acronyme de *Beginner's All-purpose Symbolic Instruction Code,* code universel symbolique pour l'enseignement des débutants). Langage de programmation bien adapté à l'utilisation interactive de micro-ordinateurs.

BASIC-ENGLISH n. m. inv. (acronyme de *British American Scientific International Commercial*). Forme simplifiée de l'anglais, à vocation universelle, créée par C. K. Ogden et I. A. Richards vers 1930. (La morphologie et la syntaxe ont été simplifiées au maximum. Le lexique est composé de 850 mots choisis selon des critères logiques [600 substantifs, 150 adjectifs et 100 mots opérateurs].)

BASICITÉ n. f. **1.** Propriété d'un corps chimique qui joue le rôle de base. – **2.** Qualité d'un milieu dont le pH est supérieur à 7.

BASIDE n. f. Cellule reproductrice externe portant deux ou (plus souvent) quatre spores et présente en grand nombre sur les lamelles ou l'hyménium des champignons dits *basidiomycètes.*

BASIDIOBOLOMYCOSE n. f. Mycose sous-cutanée due à *Basidiobolus meristosporus,* champignon de la classe des phycomycètes, de distribution tropicale (Indonésie, Afrique).

BASIDIOMYCÈTE n. m. Champignon supérieur dont les spores sont portées sur des basides.
ENCYCL. La classe des basidiomycètes compte près de 15 000 espèces, dont la plupart des champignons des forêts et des prairies ainsi que certaines espèces parasites de plantes cultivées (rouilles, charbons, polypores). Principaux types : amanites, russules, lactaires, girolles, cèpes, polypores, hydnes, clavaires, etc.

BASIDIOSPORE n. f. Spore des basidiomycètes, portée par une baside.

BASIE (William, dit **Count**), pianiste, organiste, compositeur et chef d'orchestre de jazz américain (Red Bank, New Jersey, 1904 - Hollywood, Floride, 1984). Il fonda, en 1935, un orchestre qui s'imposa très rapidement comme le rival des formations de Duke Ellington et de Jimmy Lunceford. Les solistes Buck Clayton, Lester Young, Roy Eldridge, Joe Williams s'y révélèrent. Count Basie a forgé sa popularité sur une mise en place orchestrale parfaite et un rythme très travaillé.

BASIFICATION n. f. Syn. de OCÉANISATION.

BASIFIXE adj. Se dit des étamines dont l'anthère est fixée au filet par sa base. (C'est le cas le plus fréquent.)

BASIFUGE adj. Se dit des inflorescences dont l'épanouissement se fait de la base au sommet.

BASIL (Vassili VOSKRESSENSKI, dit **le Colonel W. de**), directeur de ballet russe (Kovno, auj. Kaunas, 1888 - Paris 1951). Ancien officier de cosaques émigré, il s'associa, après la mort de Diaghilev, à René Blum pour fonder les Ballets russes de Monte-Carlo (1932), regroupant des artistes des anciens Ballets russes, qui, en 1936, se scindèrent en deux groupes : les Ballets russes du Colonel de Basil et le Ballet russe de Monte-Carlo, sous la direction de R. Blum.

BASILAIRE adj. **1.** Qui sert de base ou qui appartient à la base d'un organe. – **2.** Syn. de BASAL. – **3.** *Apophyse basilaire,* nom donné parfois au corps de l'occipital, qui limite le trou occipital en avant. ‖ *Tronc basilaire,* tronc artériel formé par l'anastomose terminale des deux artères vertébrales. (Il se termine en deux branches : les artères cérébrales postérieures.)

BASILAN, nom de l'île principale et de la capitale (126 400 hab.) d'un archipel des Philippines.

BASILDON, v. de Grande-Bretagne (Essex), à l'E. de Londres ; 152 000 hab. Constructions mécaniques. Chimie. Confection.

BASILE *(saint),* surnommé **le Grand,** Père de l'Église grecque, évêque de Césarée, en Cappadoce (Césarée 329 - *id.* 379). Il renonça à sa carrière de rhéteur et opta pour la vie monastique, rédigeant les deux *Règles monastiques* dont s'inspireront Cassien et saint Benoît. Évêque de Césarée en 370, mêlé au plus vif des querelles ariennes, Basile contribua grandement au retour à l'unité de la foi, que réalisa le concile de Constantinople en 381.

BASILE Ier le Macédonien, empereur byzantin, fondateur de la dynastie macédonienne (Andrinople v. 812-886). Il assassina Michel III pour parvenir au trône (867). En Occident, il restaura, dans l'Italie du Sud, l'autorité byzantine (875) ; en Orient, il lutta avec succès contre les Arabes. Il mit fin au schisme en destituant le patriarche Photios (concile œcuménique de Constantinople, 869-70), qui, toutefois, en 878, devait reprendre le siège patriarcal.

BASILE II le Bulgaroctone (« Tueur de Bulgares ») [957-1025], empereur byzantin (963-1025) de la dynastie macédonienne, fils aîné de Romain II et de Théophano. En 976, le pouvoir revint à Basile II et à son frère Constantin VIII, sous la tutelle du grand chambellan Basile Lécapène. Le règne personnel de Basile II commença en 985. Il réprima les insurrections de l'aristocratie militaire et terrienne (976-979 et 987) et dut repousser les assauts des Fāṭimides (995-1001) avant de se consacrer à une lutte difficile et acharnée (1001-1018) contre les Bulgares. Ayant ainsi assuré la maîtrise de Byzance sur toute la péninsule balkanique, il annexa une partie de la Géorgie et de l'Arménie. À sa mort, il laissait un empire plus grand et plus puissant que jamais depuis Justinien.

BASILE Ier, II, III, grands-princes de Moscou → VASSILI Ier, II, III.

BASILE le Loup (v. 1595 - Istanbul 1661), prince de Moldavie (1634-1653). En conflit avec Matei Basarab, prince de Valachie, il fut destitué en 1653.

BASILE VALENTIN, moine légendaire, qui aurait vécu dans un couvent bénédictin d'Erfurt, en Prusse, au XIVe ou au XVe s. On lui attribue l'introduction de l'antimoine dans la pharmacopée et la préparation de l'esprit-de-sel. Il est l'auteur de plusieurs célèbres ouvrages d'alchimie.

BASILE (Giambattista), écrivain italien (Naples 1575 - Giugliano, Naples, 1632), auteur du *Pentamerone,* recueil de contes dont plusieurs ont été adaptés par Ch. Perrault et les frères Grimm.

BASILEUS [-løs] n. m. (gr. *basileus,* roi). Titre donné aux rois de Perse et aux souverains orientaux de l'époque hellénistique à partir d'Alexandre le Grand. (Il deviendra par la suite le titre officiel des empereurs de l'Orient romain et, à l'époque byzantine, il est synonyme d'empereur.)

1. BASILIC n. m. (lat. *basiliscus,* du gr. *basiliskos*). **1.** Reptile mythique auquel était attribué le pouvoir de tuer par son seul regard. — **2.** Ancienne pièce d'artillerie (XVIe et XVIIe s.), de très gros calibre. — **3.** Iguane d'Amérique tropicale, au dos crêté, pratiquant la course bipède.

2. BASILIC n. m. (bas lat. *basilicum,* du gr. *basilikon,* plante royale). Plante aromatique cultivée dont les feuilles sont utilisées comme condiment et aromate.

BASILICAL, E, AUX adj. Relatif à une basilique.

BASILICATE, en ital. **Basilicata,** région de l'Italie du Sud, formée des provinces de Potenza et Matera ; 9 992 km² ; 605 940 hab. Juxtaposant montagnes calcaires, collines argileuses et plaines longtemps insalubres, terre d'émigration, c'est l'une des régions les plus pauvres du pays.

BASILIDE, docteur gnostique du IIe s. qui enseigna à Alexandrie entre 120 et 145. Il fit de nombreux disciples, en Égypte et en Europe méridionale.

BASILIEN, ENNE adj. et n. Relatif à l'ordre de Saint-Basile ; qui en fait partie.
ENCYCL. Le Moyen Âge occidental a appelé « basiliens » tous les moines byzantins, mais saint Basile n'est qu'un des auteurs spirituels auxquels ils se réfèrent. L'Église catholique possède cinq ordres ou congrégations qui suivent la « règle » de saint Basile.

1. BASILIQUE adj. et n. f. (gr. *basilikê,* fém. de *basilikos,* royal). **1.** Se dit de la veine superficielle de la face interne du bras. — **2.** *Veine médiane basilique,* veine de l'avant-bras, qui naît de la veine médiane.

2. BASILIQUE n. f. (lat. *basilica,* du gr. *basilikê stoa,* portique royal). **1.** Édifice civil romain en forme de grande salle rectangulaire, généralement divisée en plusieurs vaisseaux longitudinaux par des files de colonnes et terminée par une abside. — **2.** Église chrétienne bâtie sur le même plan. — **3.** Titre donné à certaines églises privilégiées.
ENCYCL. Sorte de grande halle, située en général près du forum, la basilique romaine abritait les diverses activités publiques des citoyens. Rectangulaire, elle était couverte d'une charpente que supportaient des rangées de colonnes parallèles à un côté ; une petite abside pouvait s'y ajouter. Les premières basiliques ont été construites au IIe s. av. J.-C. ; les dernières datent de la fin du IVe s. apr. J.-C.
Les deux premières basiliques chrétiennes furent édifiées à Rome après 312. Elles étaient très vastes (env. 100 m sur 50), divisées en cinq vaisseaux (plus tard trois), dont le principal, éclairé de fenêtres hautes, comportait des panneaux historiés. Le sanctuaire *(bêma)* de ces basiliques paléochrétiennes est placé dans l'abside, à l'est ; l'autel abrite des reliques. À l'ouest se trouve le narthex, parfois précédé d'une cour (atrium). L'apparition du transept (à St-Pierre de Rome) et de la coupole (en Orient) feront évoluer le type de la basilique vers l'église à plan en croix latine ou en croix grecque.
— **Relig.** Seules quatre églises de Rome sont des basiliques *majeures* : St-Jean-de-Latran, Ste-Marie-Majeure, St-Pierre et St-Paul-hors-les-Murs. De nombreuses églises du monde entier sont des basiliques *mineures* : basiliques de Lourdes, du Sacré-Cœur de Montmartre, etc.

Basiliques *(les),* compilation juridique byzantine en 60 livres, entreprise au IXe s. par Basile Ier et poursuivie par ses successeurs, Léon VI et Constantin VII. Elle a progressivement remplacé la législation de Justinien.

BASIN n. m. (pour *bombasin,* de l'ital. *bambagino,* de coton). **1.** Étoffe croisée dont la chaîne est de fil et la trame de coton. — **2.** Tissu damassé présentant des effets de bandes longitudinales obtenus par juxtaposition d'armures de satin effet de chaîne et de satin effet de trame.

BASIN (Thomas), prélat français (Caudebec 1412 - Utrecht 1491). Évêque de Lisieux (1447-1474), il rédigea en 1453 un mémoire en faveur de la réhabilitation de Jeanne d'Arc et une *Histoire des règnes de Charles VII et de Louis XI,* publiée de 1855 à 1859.

BASINGSTOKE, v. de Grande-Bretagne (Hampshire), au S.-O. de Londres ; 67 000 hab. Services publics décentralisés.

BASION n. m. Repère anthropométrique situé sur le milieu du bord antérieur du trou occipital.

BASIOTRIPSIE n. f. Opération qui consistait à broyer la tête d'un fœtus mort dans l'utérus pour l'extraire plus facilement, en cas de disproportion entre cette tête et le bassin maternel.

BASIPHILE adj. Se dit d'une espèce qui se développe exclusivement ou de préférence sur un sol alcalin, telle que la scabieuse, le muguet et la spirée.

BASIPODE n. m. Nom commun au poignet (carpe) et à la cheville (tarse) de l'homme et aux parties homologues des membres des vertébrés tétrapodes.

1. BASIQUE adj. (de *base 2*). **1.** Se dit d'un corps, d'un milieu qui présente les caractères d'une base. (Syn. ALCALIN.) — **2.** Se dit d'un milieu dont le pH est supérieur à 7. — **3.** Se dit des sels correspondant à une neutralisation incomplète d'une polybase. — **4.** Se dit des oxydes donnant des bases en solution. — **5.** *Roche basique,* roche magmatique contenant entre 45 et 52 % de silice.

2. BASIQUE adj. (de *basic english*). Fondamental, essentiel : *Le français basique.*

BASISPHÉNOÏDE n. m. Loge osseuse de l'hypophyse chez les vertébrés tétrapodes, constituant une partie de la selle turcique de l'homme.

BASITONE adj. Se dit du mode de développement des plantes dont la base de la tige et des rameaux porte les rameaux secondaires les plus grands et les plus nombreux.

BAS-JOINTÉ, E adj. Se dit d'un onguligrade, notamment le cheval, à paturon très incliné sur l'horizontale.

BASKERVILLE (John), imprimeur anglais (Wolverley 1706 - Birmingham 1775). Il opéra une révolution dans l'art typographique par la beauté des caractères qu'il employa. Il inventa le papier vélin.

BASKET [baskɛt] n. m. ou f. (de *basket-ball*). **1.** Chaussure à tige haute en toile renforcée. — **2.** Pop. *Lâche-moi les baskets,* laisse-moi tranquille.

BASKET-BALL [baskɛtbol] ou **BASKET** n. m. (pl. *basket-balls* ou *baskets*) [angl. *basket-ball,* de *basket,* panier, et *ball*]. Sport où deux équipes de cinq joueurs chacune s'efforcent de marquer le plus de points possible en faisant entrer le ballon dans un panier.

ENCYCL. La partie se joue en deux mi-temps de 20 minutes (réelles) chacune. Le ballon doit avoir un poids compris entre 600 et 650 g, une circonférence de 75 à 80 cm. Certaines irrégularités sont appelées fautes personnelles, et l'auteur de 5 fautes personnelles est exclu. Les paniers marqués en cours de jeu comptent pour 2 points (3 points pour un tir réussi au-delà de 6,25 m) ; ceux marqués sur lancer franc (sanctionnant une faute personnelle), pour 1 point. Le basket est sport olympique depuis 1936.

Basket makers → ANASAZI.

BASKETTEUR, EUSE n. Personne qui joue au basket-ball.

BASLY (Émile Joseph), syndicaliste et homme politique français (Valenciennes 1854 - Lens 1928). Ouvrier mineur, conseiller municipal de Denain (1883), il fut l'âme de la grande grève de 1884. Élu député socialiste de la Seine, puis, en 1891, du Pas-de-Calais, il fut constamment réélu par la suite. Il fut maire de Lens de 1900 à sa mort. En 1900, il fit adopter le principe de la journée de huit heures dans les mines.

BAS-MÂT n. m. (pl. *bas-mâts*). Partie inférieure d'un mât, de l'emplanture à la hune.

BASMATI n. m. Riz indien à grain long, très apprécié.

BASOCELLULAIRE adj. **1.** Qui concerne la couche basale des cellules de l'épiderme. — **2.** *Épithélioma basocellulaire,* variété de cancer de la peau qui n'a qu'une malignité locale et ne donne pas de métastases.

BASOCHE n. f. (p.-ê. lat. *basilica,* basilique, lieu où se tenaient les tribunaux). **1.** Ensemble des clercs des cours de justice qui étaient constitués en associations dont l'origine remonte à Philippe le Bel. — **2.** *Vx* et *péjor.* Ensemble des avoués, notaires, huissiers, etc.

BASOCHIEN, ENNE adj. et n. Qui appartient à la basoche.

BASOCYTE n. m. Polynucléaire basophile du sang. (Sa fonction n'est pas connue.)

BASOCYTOPÉNIE n. f. Diminution du nombre des basocytes.

BASOCYTOSE n. f. Augmentation du nombre des basocytes. (Syn. BASOPHILIE.)

BAS-OFFICIER n. m. (pl. *bas-officiers*). Dans l'armée de l'Ancien Régime, militaire de grade inférieur à celui d'officier.

BASOGAS → SOGAS.

BASOMMATOPHORE n. m. Mollusque gastropode pulmoné (limnées, planorbes) aux yeux situés à la base des tentacules.

BASOPHILE adj. **1.** Se dit d'un composant cellulaire ou tissulaire qui fixe les colorants basiques. (Dans les basocytes, ce sont les granulations ; dans d'autres cellules, ce sont les acides ribonucléiques.) — 2. Syn. impropre de BASIPHILE.

BASOPHILIE n. f. 1. Affinité d'une cellule ou d'un tissu pour les colorants basiques. — 2. Syn. de BASOCYTOSE.

BASOUKOUS → SOUKOUS.

BAS-PERCHIS n. m. inv. Futaie de jeunes arbres.

BAS-PORT n. m. (pl. *bas-ports*). Terre-plein arasé de façon que la manipulation des marchandises entre un bateau et la berge puisse s'effectuer au moyen de plats-bords.

BASQUAISE n. f. 1. Type d'espadrille. — 2. *À la basquaise,* se dit d'une garniture culinaire à base de tomates, poivrons, ail, champignons et jambon cru.

1. BASQUE n. f. (altér. de *baste,* du provenç. *basto*). Partie rapportée à la taille d'une veste.
◆ **basques** n. f. pl. 1. Pans ouverts rapportés au dos de la jaquette masculine, allant de la taille aux genoux. — 2. Fam. *Se pendre, s'accrocher aux basques de qqn,* l'accompagner partout ; ne pas le quitter.

2. BASQUE adj. et n. (lat. *vasco, -onis*). Du Pays basque. (Syn. EUSKARIEN.)
◆ n. m. 1. Langue non indo-européenne parlée au Pays basque. (→ *encycl.*) — 2. *Pas de basque,* association de trois pas simples (dégagé, rond de jambe et glissade), exécutés alternativement du pied droit puis du pied gauche, sur un rythme ternaire, avec une oscillation du corps correspondant à chacune des deux directions, en descendant ou en remontant.
ENCYCL. Le basque (appelé *euskara, euskera, eskuara* ou *uskara* par ses usagers) est une langue agglutinante isolée au milieu des langues romanes. Parlé par un demi-million de locuteurs, il se subdivise en plusieurs dialectes : biscayen, guipuzcoan, haut-navarrais, labourdin, bas-navarrais et souletin. Le basque présente des analogies de structure avec les langues finno-ougriennes ou caucasiennes, comme le hongrois ou le géorgien.

BASQUE *(Pays),* région s'étendant de part et d'autre de la frontière franco-espagnole et où on parle le basque.
— **Géogr.** Il regroupe sept anciennes provinces, l'Álava, la Biscaye, le Guipúzcoa (toutes trois parfois regroupées sous l'appellation de *Provinces basques*) et la Navarre, en Espagne, le Labourd, la Basse-Navarre et la Soule en France. Sur une superficie de l'ordre de 20 000 km² (plus de 17 500 km² en Espagne) vivent près de 3 millions d'habitants (plus de 90 % en Espagne).
C'est une région de moyennes montagnes, dépassant de peu 1 500 m en Espagne et 2 000 m sur les confins orientaux en France. Le climat, doux et humide, a favorisé l'élevage (bovins et ovins), ressource agricole essentielle, mais la majeure partie de la population vit dans les villes (Vitoria, centre administratif du Pays basque espagnol, Saint-Sébastien, Pampelune et surtout Bilbao du côté espagnol, nébuleuse urbaine de l'embouchure de l'Adour à la frontière, du côté français), où l'industrie (sidérurgie et métallurgie de transformation surtout, chimie) et, localement, le tourisme sont développés.
— **Hist.** Le peuple basque a une langue, un mode de vie, des traditions, un droit coutumier qui lui ont permis de sauvegarder jusqu'à nos jours sa personnalité. Rattachées à la Castille du XIIIe au XIVe s., les trois provinces basques de Biscaye, de Guipúzcoa et d'Álava gardent leurs privilèges *(fueros)* jusqu'au début du XIXe s. Par la suite, elles sont affrontées au centralisme des Bourbons, de Primo de Rivera, puis du franquisme. D'où l'allégeance des Basques au carlisme, au Front populaire de 1936 et aux républicains durant la guerre civile. La création, en 1959, de l'E.T.A.* marque une étape importante dans l'opposition au régime de Madrid. Après la mort de Franco (nov. 1975), Juan Carlos Ier adopte une politique libérale et décentralisatrice : l'autonomie est effective en avril 1980 avec la formation d'un gouvernement basque. Mais la fraction indépendantiste poursuit la lutte, même après l'installation des socialistes à Madrid (1982) : le Pays basque français en subit les contrecoups.

BASQUET n. m. (de *basque 1*). Emballage emboîtable en forme de tronc de pyramide.

BASQUINE n. f. (esp. *basquina*). Jupe régionale des femmes basques.

BAŞRA → BASSORA.

BAS-RELIEF n. m. (pl. *bas-reliefs*) [calque de l'ital. *bassorilievo*]. Sculpture adhérant à un fond, sur lequel elle se détache avec une faible saillie.

BASS *(détroit de),* bras de mer séparant l'Australie et la Tasmanie, large de 200 km. Gisements de pétrole.

BASSAC, bras méridional du delta du Mékong (Cambodge et Viêt-nam).

BASSÆ en gr. **bassais**, lieu-dit des plateaux d'Arcadie, près de Phigalie, à 1 151 m d'altitude. Restes d'un temple d'apolon Épikourios («Secourable»), construit par Ictinos (fin du Ve s. av. J.-C.). Il associe le dorique et l'ionique. Sa frise est au Bristish Museum.

BASSANI (Giovanni Battista), compositeur italien (Padoue v. 1657 – Bergame 1716). Il doit sa réputation à ses cantates de une à trois voix et à ses *Douze Sonates à deux violons et basse* (op. 5). Il a donné une impulsion notable à la technique violonistique et à l'unité de la forme sonate.

BASSANI (Giorgio), écrivain italien (Bologne 1916). Ses récits traitent pour la plupart de cas d'inadaptation sociale, sentimentale ou sexuelle (*le Héron*, 1968).

BASSANO (Jacopo DA PONTE, dit **Jacopo**), peintre italien (Bassano v. 1515 - *id.* 1592). D'abord élève de son père, FRANCESCO, influencé tour à tour par le Pordenone, Titien, puis le Tintoret, il est l'initiateur d'une formule qui transpose les sujets religieux en scènes agrestes naturalistes (*Repos pendant la fuite en Égypte,* pinacothèque Ambrosienne, Milan ; *Suzanne et les vieillards,* Nîmes). – De ses quatre fils peintres, FRANCESCO II et LEANDRO, installés à Venise, sont ceux qui ont le mieux diffusé sa manière.

BASSANO (*duc* DE) → MARET.

BASSANO DEL GRAPPA, v. d'Italie, en Vénétie, sur la Brenta ; 40 000 hab. Musée (peintures de J. Bassano, dessins de Canova). Textile. – Victoire de Bonaparte sur les Autrichiens le 8 sept. 1796.

BASSARIS n. m. (gr. *bassaris,* bacchante). Mammifère carnivore (procyonidé) d'Amérique centrale, dont la fourrure (vison de Californie) est recherchée.

BASSAS DA INDIA, îlot français de l'océan Indien, dans le canal de Mozambique, à l'O. de Madagascar.

BASS-CROC n. m. (pl. *bass-crocs*). Gaffe grossière du pêcheur en mer, pour embarquer les poissons pris à la ligne.

1. BASSE n. f. (ital. *basso*). **1.** Partie la plus grave d'une composition vocale ou instrumentale. – **2.** Voix masculine la plus grave. – **3.** Chanteur qui possède cette voix. – **4.** Instrument de musique le plus grave d'une famille. – **5.** *Basse d'Alberti,* formule d'accompagnement en accords décomposés en arpèges dont les notes se suivent au même rythme. ‖ *Basse chiffrée,* ligne inférieure d'un accompagnement instrumental, complétée par un code chiffré. ‖ *Basse continue (b. c.),* basse instrumentale se poursuivant sans interruption à travers toute une composition musicale. (Syn. CONTINUO.) ‖ *Basse obstinée* ou *contrainte,* répétition continuelle, à la basse, d'un court motif, dit *ostinato.* ‖ Fam. *Doucement les basses !,* pas de précipitation, d'énervement.

2. BASSE → BAS.

BASSE-COUR n. f. **1.** Cour de l'enceinte basse d'un château fort ; cour de dégagement où se trouvaient les écuries et les dépendances. – **2.** Endroit et locaux où l'on élève, de façon artisanale, la volaille et les lapins domestiques. – **3.** Ensemble des animaux qui vivent dans une basse-cour.

BASSE-DANSE n. f. (pl. *basses-danses*). Danse de rythme binaire à 4/4, d'origine populaire, très en vogue au XVe s., surtout à la cour de Bourgogne. (La basse-danse, exécutée par couples, se composait d'un branle, suivi de deux reprises, puis plus tard d'un tordion [de rythme ternaire].)

BASSÉE (La) [59480], ch.-l. de cant. du Nord, à 12 km au N. de Lens ; 6 038 hab. *(Basséens).* Confection. Constructions mécaniques. – Théâtre de plusieurs batailles pendant la Première Guerre mondiale.

Bassée *(canal de La)* → AIRE À LA BASSÉE *(canal d').*

BASSE ÉPOQUE, période de l'histoire d'Égypte s'étendant de la XXIe à la XXXe dynastie et à la seconde domination perse (1085 - 333 av. J.-C.), marquée par le déclin progressif de la monarchie pharaonique. (→ ÉGYPTE.)

BASSE-FOSSE n. f. (pl. *basses-fosses*). *Vx.* Cachot profond, obscur et humide. (On disait aussi CUL-DE-BASSE-FOSSE.)

BASSE-GOULAINE (44115), ch.-l. de cant. de la Loire-Atlantique, à 7 km à l'E. de Nantes ; 6 012 hab.

BASSE

BASSEIN, v. de Birmanie, ch.-l. de la prov. de l'Irrawaddy, à l'O. de Rangoon ; 356 000 hab. Aéroport.

BASSE-INDRE, localité de la Loire-Atlantique. (→ INDRE.)

BASSEMENT adv. De façon moralement basse, vile : *Agir bassement.*

Bassen-Kornzweig *(syndrome de),* syn. de ACANTHOCYTOSE FAMILIALE.

BASSENS (33530), comm. de la Gironde, au N.-E. de Bordeaux ; 6 492 hab. Avant-port de Bordeaux. Industrie chimique. Amiante-ciment.

BASSENS (73000), comm. de la Savoie, banlieu de Chambéry ; 3 647 hab.

BASSERIE n. f. (p.-ê. de *passerie,* liqueur pour passer les cuirs, croisé avec l'anc. fr. *basse,* cuve). 1. Première opération du tannage végétal du cuir à semelle. — 2. Série de cuves dans laquelle cette opération est réalisée.

BASSESSE n. f. 1. Manque d'élévation morale : *Ces paroles dénotent une grande bassesse de sentiments.* — 2. Action vile, déshonorante : *Commettre une bassesse.*

BASSET n. m. (de *bas,* adj.). 1. Nom de races de chiens aux membres courts et parfois tors. (La formation du basset est due à une anomalie [arrêt de développement des membres] devenue héréditaire.) — 2. Emballage en bois déroulé pour le conditionnement du beurre.

BASSE-TAILLE n. f. (pl. *basses-tailles*). 1. Ancienne désignation d'une tessiture vocale ou instrumentale intermédiaire entre le baryton et la basse. — 2. Anc. nom du *bas-relief.* — 3. *Émaux sur* ou *de basse-taille,* variété d'émaillerie translucide sur or ou argent finement ciselé.

BASSETERRE, cap. de l'État de Saint Christopher et Nevis, sur l'île Saint Christopher ; 15 700 hab.

BASSE-TERRE (la) ou, parfois, **GUADELOUPE**, île formant la partie occidentale du dép. d'outremer de la Guadeloupe (Antilles françaises) ; ch.-l. *Basse-Terre.* Très accidentée, elle culmine à 1 467 m au volcan de la Soufrière.

BASSE-TERRE (97100), ch.-l. du dép. de la Guadeloupe, sur la côte S.-O. de la *Basse-Terre,* au pied de la Soufrière ; 14 107 hab. Centre administratif et commercial. Évêché. Port bananier.

BASSE-TIGE n. f. (pl. *basses-tiges*). Jeune sujet destiné à la plantation.

BASSETITE n. f. Phosphate naturel d'uranium et de fer, voisin de l'autunite.

BASSIA n. m. Arbre lactescent aux fleurs pendantes jaunes ou rougeâtres, de l'Inde et du Sud-Est asiatique, intensément exploité en raison des produits utiles qu'il fournit (un bois dur incorruptible et des feuilles fourragères, des fleurs et des fruits comestibles, des graines oléagineuses donnant une huile comestible, lampante ou divers beurres).

1. BASSIER n. m. (de *basse,* bas-fond). Haut-fond, barre ou amas de sable qui gêne la navigation sur les rivières non canalisées.

2. BASSIER n. m. (de *bas 1*). Pêcheur amateur de coquillages et de crustacés, qui va les chercher à pied à marée basse.

BASSIGNY (Le), région argileuse du dép. de la Haute-Marne, à l'E. de la Marne. Élevage laitier. Petite métallurgie.

1. BASSIN n. m. (lat. pop. *baccinus,* du gaul. **baccus,* récipient). 1. Récipient portatif peu profond, large et de forme circulaire ou ovale. — 2. Pièce d'eau de forme régulière, servant d'ornement ou de réservoir ; réceptacle des eaux d'une fontaine. — 3. Vase plat destiné à recevoir les déjections d'un malade alité. • **Aquac.** Aménagement de grand volume pour l'élevage des espèces aquatiques. — **Assain.** Ouvrage en maçonnerie dans lequel s'effectue une partie du traitement des eaux (bassin de décantation, d'aération). ‖ *Bassin combiné,* ouvrage dans lequel s'opère l'ensemble de l'épuration d'une eau. — **Dr.** Région administrative de la France, créée en application de la loi du 16 décembre 1964, relative au régime et à la répartition des eaux et à la lutte contre la pollution. (Il existe six bassins : Artois-Picardie, Seine-Normandie, Rhin-Meuse, Adour-Garonne, Loire-Bretagne et Rhône-Méditerranée-Corse.) — **Géogr.** *Bassin de main-d'œuvre,* espace géographique (ville, région, etc.) offrant des caractéristiques spécifiques de disponibilité de main-d'œuvre, en liaison avec l'évolution démographique et économique. — **Géol.** Grande région naturelle, généralement déprimée topographiquement, qui, au cours d'une certaine période géologique, s'est remplie de sédiments. (→ *encycl.*) — **Hydrol.** Région drainée par un cours d'eau et ses tributaires, dont elle constitue l'aire d'alimentation. Région maritime caractérisée par une activité aquicole particulière. ‖ *Bassin fermé,* celui dont les eaux ne gagnent pas la mer. ‖ *Bassin de réception,* partie supérieure d'un torrent, convergence de ravins entaillés dans le versant de la montagne. — **Mar.** Partie d'un port, limitée par des quais, des digues, destinée à recevoir les bâtiments pour les opérations de chargement et de déchargement. (→ *encycl.*) ‖ *Bassin d'essais de carènes,* installation servant à résoudre sur modèles réduits les problèmes de résistance à l'avancement et de tenue dynamique sur houle des navires. — **Métall.** Partie creuse d'installation métallurgique où se rassemble le produit fabriqué. — **Min.** Gisement sédimentaire étendu ou groupe de gisements exploités par plusieurs mines, formant une unité géographique et géologique. — **Opt.** Outil sphérique concave servant à ébaucher, doucir et polir les surfaces convexes. — **Sal.** Cavité peu profonde, entourée de levées de terre, où sont mises en réserve les eaux destinées à la fabrication du sel. — **Sports.** Plan d'eau aménagé pour la baignade, pour les régates à l'aviron et en canoë-kayak. ‖ Partie d'une piscine dont le fond aménagé en plan incliné permet des plans d'eau de profondeur variable *(petit* et *grand bassin).*

ENCYCL. **Géol.** et **Géogr.** Les *bassins continentaux* sont des dépressions à l'intérieur d'un continent remplies de sédiments terrigènes ayant subi un faible transport (bassins lacustres). Les *bassins d'effondrement,* limités par des failles et localisés dans des zones de distension (rift), sont comblés de sédiments terrigènes épais souvent associés à des épanchements volcaniques (Limagne). Les *bassins sédimentaires* proprement dits correspondent à des aires de subsidence installées sur une partie du socle et envahies par les mers épicontinentales qui déposent des sédiments à dominante calcaire et argileuse. Les *bassins océaniques* sont limités par les marges continentales, les dorsales océaniques, les montagnes aséismiques ou volcaniques ; les fonds sont recouverts de vases interstratifiées de sédiments plus grossiers. — **Mar.** Dans les mers sans marée, les bassins communiquent avec l'avant-port par une passe d'entrée (*bassins ouverts,* ou *darses*). Dans les mers à marée, on distingue les *bassins de marée,* communiquant librement avec l'avant-port, et les *bassins à flot,* reliés à l'avant-port par une écluse.

2. BASSIN n. m. (de *bassin 1*). **1.** Chez l'homme, ceinture osseuse située à l'extrémité inférieure du tronc et qui s'articule, d'une part, avec la colonne lombaire, d'autre part avec les membres inférieurs. — **2.** Chez les animaux, ensemble formé par la ceinture* pelvienne et les vertèbres sacrées.

ENCYCL. Chez l'homme, le bassin est constitué de quatre pièces osseuses réunies par des symphyses : en arrière le sacrum et le coccyx, sur les côtés et en avant les os iliaques, creusés sur leur face externe d'une cavité articulaire, la cavité cotyloïde, qui reçoit la tête du fémur pour former l'articulation de la hanche. Le bassin osseux circonscrit ainsi une cavité en forme d'entonnoir, divisée par un relief, le détroit supérieur, en deux parties : le *grand bassin,* qui forme la partie inférieure de la cavité abdominale, et le *petit bassin,* ou *pelvis,* qui contient le rectum et les organes génito-urinaires.

BASSIN ROUGE, région du Sichuan (Chine).

BASSINANT, E adj. *Fam.* Qui ennuie, importune.

BASSINE n. f. (de *bassin 1*). **1.** Récipient large et profond, en métal ou en matière plastique, servant à divers usages domestiques. — **2.** Grand récipient servant au caillage du lait dans la fabrication traditionnelle des fromages à pâtes molles. — **3.** En filature de soie, bassin métallique dans lequel trempent les cocons lors de leur dévidage.

BASSINÉ n. m. Déchet de soie constitué par la dernière couche du fil du cocon, en contact direct avec la chrysalide.

BASSINÉE n. f. Remplissage ou vidange du sas d'une écluse.

BASSINER v. t. (de *bassin 1*) [conj. 3]. **1.** Humecter, mouiller légèrement une partie du corps : *On lui a bassiné les tempes avec de l'eau fraîche.* — **2.** *Vx.* Chauffer un lit en promenant une bassinoire entre les draps. — **3.** *Fam.* Ennuyer, importuner qqn par des demandes continuelles. — **4.** Arroser une plante légèrement, en pluie très fine.

BASSINET n. m. (de *bassin 1*). **1.** *Vx.* Petit bassin ; cuvette. — **2.** Pop. *Cracher au bassinet,* donner de l'argent à contrecœur. • **Anat.** Segment élargi de l'appareil excréteur du rein, situé à la jonction des grands calices et se continuant par l'uretère. — **Arm.** Casque en usage aux XIIIe et XIVe s. ‖ Petite pièce creuse de la platine des armes à feu, dans laquelle on plaçait la poudre d'amorçage, en usage jusqu'à l'adoption du fusil à percussion. — **Assain.** Réceptacle voûté aménagé pour mesurer ou distribuer l'eau que fournit une source.

BASSINOIRE n. f. (de *bassiner*). **1.** Bassin de cuivre à couvercle perforé et à long manche qui, rempli de braises, servait autrefois à chauffer les lits. — **2.** *Pop.* et *vx.* Personne importune.

BASSISTE n. Syn. de CONTREBASSISTE.

BASSOIN n. m. **1.** Cordage qui rattache un filet dormant à l'aussière. — **2.** Gros câble reliant la tessure au cabestan.

BASSOMPIERRE (François DE), maréchal de France et diplomate (Haroué 1579 - Provins 1646). Entré au service d'Henri IV en 1598, il fut créé maréchal (1622) par Louis XIII. Ambassadeur extraordinaire en Espagne (1621), en Suisse (1625) puis en Angleterre (1626), il complota contre Richelieu et fut enfermé à la Bastille (1631-1643).

BASSON n. m. (ital. *bassone,* de *basso,* basse). Instrument de musique à air, à anche battante double, de la famille des hautbois. (Le corps se compose d'un tuyau divisé en deux branches accolées, communiquant entre elles.)

BASSONISTE n. ou **BASSON** n. m. Joueur de basson.

BASSORA, en ar. **Baṣra,** v. d'Iraq, ch.-l. de province, sur la rive ouest du Chaṭṭ al-'Arab, à 120 km du golfe Persique ; environ 600 000 hab. Cité militaire fondée en 637 ou 638 sur l'ordre du calife 'Umar, Bassora supplanta Alexandrie jusqu'au IXᵉ s. ; en 1914, elle servit de base de départ aux Britanniques contre les Turcs en Mésopotamie. Centre d'une vaste palmeraie (commerce des dattes) et ville industrielle ; principal port de commerce irakien (pétrole excepté) avant la guerre irako-iranienne.

BASSOUTOS → SOTHOS.

BASSOV (Nikolaï Guennadievitch), physicien russe (Ousman, près de Voronej, 1922). Il a réalisé, en 1956, un « oscillateur moléculaire » à ammoniac, puis des lasers à gaz et des lasers semi-conducteurs. (Prix Nobel de physique 1964.)

BASTA ! interj. (ital. *basta,* il suffit). *Pop.* Assez, cela suffit !

BASTAING ou **BASTING** [bastɛ̃] n. m. (altér. du fr. *batten,* solive, de l'angl. *batten*). Bois de charpente équarri, de dimensions inférieures à celles du madrier.

BASTAQUE ou **BASTAGUE** n. f. Hauban mobile qui assure la tenue longitudinale d'un mât de voilier et lui permet de résister à la poussée des voiles vers l'avant.

1. BASTE n. f. (fém. de l'anc. franc. *bast,* bât). **1.** Récipient de bois pour le transport de la vendange. — **2.** Panier qu'on attache au bât d'une bête de somme.

2. BASTE ! interj. *Litt.* Qu'importe !

BASTELICA (20119), ch.-l. de cant. de la Corse-du-Sud, au S.-O. du monte Renoso ; 484 hab. Station estivale.

BASTERNE n. f. (lat. *basterna*). **1.** Char des anciens peuples du Nord, puis des Romains et des Mérovingiens. — **2.** Litière portée à dos de mulet.

BASTET, déesse égyptienne à tête de chat, dont le lieu de culte principal était la ville de Bubastis.

BASTIA, ch.-l. du dép. de la Haute-Corse, sur la mer Tyrrhénienne ; 38 728 hab. *(Bastiais).* Cour d'appel. La réunion de la Corse à la France et la désignation d'Ajaccio comme préfecture ont réduit au XIXᵉ s. le rôle commercial et administratif de Bastia, qui avait été le chef-lieu du dép. du Golo de 1793 à 1811. Citadelle enserrant le palais des Gouverneurs (commencé en 1378, auj. musée d'Ethnographie) et l'anc. cathédrale (reconstruite en 1604). Église St-Jean-Baptiste (1640, riches décors baroques) et chapelles de confréries (XVIᵉ-XVIIIᵉ s.). Bastia est la deuxième ville, mais le principal port commercial et centre économique de l'île, à proximité (relative) de la plaine orientale, site d'accueil des touristes (par mer et par l'aéroport de Poretta).

BASTIAT (Frédéric), homme politique et économiste français (Bayonne 1801-Rome 1850). Il fut député à l'Assemblée nationale constituante de 1848, puis à l'Assemblée législative. Adversaire du socialisme et du protectionnisme, il croit à l'existence de lois économiques, non pas naturelles — comme la plupart des libéraux —, mais providentielles. Cette harmonie préétablie, qu'il expose dans ses *Harmonies économiques,* lui a valu la qualification d'« optimiste », par opposition à la qualification de « pessimiste » donnée à l'école libérale classique anglaise de Malthus et Ricardo.

BASTID (Paul), juriste et homme politique français (Paris 1892 - *id.* 1974). Professeur de droit, député radical du Cantal de 1924 à 1940 et de Paris de 1946 à 1951, il fut ministre du Commerce de 1936 à 1937 et joua un rôle actif pendant la Résistance.

BASTID (Suzanne BASDEVANT, Mᵐᵉ), juriste française (Rennes 1906-Paris 1995), fille du juriste Jules Basdevant et femme de Paul Bastid. Professeur de droit international public, membre de l'Académie des sciences morales et politiques (1971), elle fut la première femme admise à l'Institut en qualité de membre titulaire.

BASTIDE n. f. (anc. provenç. *bastida*). **1.** En Provence, ferme ou maison de campagne. — **2.** Ouvrage provisoire construit pour renforcer la défense ou les travaux de siège d'une place. — **3.** Petite ville fortifiée et à plan régulier, créée de toutes pièces au Moyen Âge dans le sud-ouest de la France.

BASTIDE (Jules), homme politique français (Paris 1800 - *id.* 1879). Directeur du *National* (1836), il fut l'un des chefs de la révolution de 1848, le successeur de Lamartine aux Affaires étrangères, le défenseur des libéraux italiens et un adversaire de Louis Napoléon.

BASTIDE (Roger), sociologue et anthropologue français (Nîmes 1898 - Maisons-Laffitte 1974). Ses recherches sur l'acculturation et la déviance culturelle l'amenèrent à réfléchir sur les rapports entre infrastructures économiques et superstructures idéologiques, entre l'idéologie, comme expression subjective des intérêts, et la religion, comme expression d'une communauté de valeurs et base du sacré. On lui doit *Sociologie et Psychanalyse* (1950) et *les Religions africaines au Brésil* (1960).

BASTIDON n. m. En Provence, petite bastide.

BASTIÉ (Maryse), aviatrice française (Limoges 1898 - Lyon 1952). Elle battit dix records internationaux de distance et de durée et traversa l'Atlantique sud en solitaire le 30 décembre 1936.

BASTIEN-LEPAGE (Jules), peintre français (Damvillers 1848 - Paris 1884). Élève de Cabanel, mais ami de Zola et admirateur de Manet, il a notamment illustré la vie paysanne.

BASTILLE n. f. (anc. provenç. *bastida*). **1.** Sorte de château fort, en bois, construit pour renforcer les lignes de blocus d'une place ou le point faible d'une enceinte. — **2.** Forteresse parisienne qui servit longtemps de prison d'État. (En ce sens, prend une majuscule.) — **3.** *Litt.* Pouvoir arbitraire ou moyen d'asservissement des hommes.
ENCYCL. Construite pour l'essentiel de 1370 à 1382, la Bastille était le principal ouvrage défensif de l'enceinte de Charles V, à l'E. de Paris. La forteresse devint prison d'État sous Louis XIII. Elle pouvait recevoir 42 prisonniers, logés séparément et fort bien traités (citons Bassompierre, Fouquet, la marquise de Brinvilliers, Lally-Tollendal, Voltaire, Latude, Sade). Les détenus y étaient envoyés sur lettre de cachet, afin de protéger leur honneur ; mais, de ce fait, la Bastille devint symbole de l'arbitraire royal. Prise par les émeutiers le 14 juill. 1789, elle ne gardait alors que sept détenus. Elle fut rasée en 1790.
— La *place de la Bastille* s'étend en partie sur l'emplacement de la forteresse. C'est le principal carrefour du sud-est de Paris. La *colonne de la Bastille,* ou *colonne de Juillet,* est dédiée aux victimes des Trois Glorieuses de juillet 1830. L'édifice de l'*Opéra (de la) Bastille,* construit au sud-est de la place, a été inauguré en 1989.

BASTILLÉ, E adj. Se dit d'une pièce héraldique dont la partie inférieure est échancrée par des créneaux.

BASTILLON n. m. Petite bastille.

BASTINE n. f. (anc. fr. *bast,* bât). Selle large et évasée.

BASTING → BASTAING.

BASTINGAGE n. m. (provenç. *bastengo,* toile matelassée). **1.** Garniture de caissons à hamac que l'on plaçait autref. comme protection à l'intérieur et le long des parois des navires de guerre. — **2.** Syn. de GARDE-CORPS.

BASTION n. m. (ital. *bastione*). **1.** Ouvrage polygonal à deux faces et deux flancs en saillie sur une enceinte. — **2.** Point fort d'une ligne de défense. — **3.** Ce qui forme une défense solide, un soutien inébranlable de qqch : *Cette ville est un bastion du socialisme.*
ENCYCL. L'apparition du boulet métallique, vers 1500, qui permettait de faire brèche à distance dans les murs d'enceinte, conduisit au tracé bastionné, que les ingénieurs de la Renaissance imaginèrent et que Vauban perfectionna. Deux bastions sont reliés par une courtine. Les angles morts, en capitale des bastions, sont battus à partir de demi-lunes. L'artillerie de la défense est placée à ciel ouvert. Le tracé bastionné supprime tous les angles morts. Il fallut l'apparition de l'artillerie rayée (soit plus de 300 ans) pour contraindre le défenseur à réviser ce type de fortification.

BASTIONNER v. t. (conj. **3**). Munir de bastions.

Bastoche (la). *Arg.* La Bastille ; le quartier autour de la place de la Bastille à Paris.

BASTOGNE v. de Belgique, ch.-l. d'arrond. de la prov. de Luxembourg ; 10 900 hab. Tourisme. — En 1944, lors de l'offensive allemande dans les Ardennes, la 101e division aéroportée résista du 21 au 26 déc. aux assauts allemands.

BASTON n. m. ou f. (anc. forme de *bâton*). *Arg.* Bagarre provoquée par une bande de jeunes.

BASTONNADE n. f. (ital. *bastonata* ou esp. *bastonada,* du bas lat. *bastum,* bâton).

BASTONNER (SE) v. pr. *Arg.* Se battre entre bandes de jeunes.

BASTOS [-tos] n. f. (du n. d'une marque de cigarettes). *Arg.* Balle d'arme à feu.

BASTRINGUE n. m. (orig. obsc.). *Pop.* **1.** Bal populaire. — **2.** Musique, orchestre bruyants. — **3.** Désordre bruyant, tapage. — **4.** Ensemble d'objets qu'on emporte ; attirail. — **5.** *Et tout le bastringue,* et tout le reste. • **Outill.** Outil à forer de petits trous. — **Sylvic.** Sorte de grand pied à coulisse en bois qui sert à mesurer le diamètre des arbres. (Syn. COMPAS FORESTIER.)

BASUTOLAND, ancien protectorat britannique d'Afrique australe qui a accédé à l'indépendance le 4 octobre 1966 sous le nom de Lesotho*.

BAS-VENTRE n. m. (pl. *bas-ventres*). Partie inférieure du ventre, au-dessous du nombril.

BASVILLE (Nicolas DE LAMOIGNON DE) → BÂVILLE.

BAS-ZAÏRE, région du Zaïre, au S.-O. de Kinshasa ; 62 000 km^2 ; 1 860 000 hab. Ch.-l. *Matadi.*

BAT n. m. (de *battre*). *Bat d'un poisson,* longueur d'un poisson, de la queue au bout du museau.

BÂT n. m. (lat. pop. *bastum,* de *bastare,* porter. **1.** Appareil placé sur le dos des bêtes de somme et servant au transport des fardeaux. — **2.** *Cheval de bât,* cheval fort, mais peu fin, et propre à porter les fardeaux. ‖ *C'est là que, où le bât blesse,* c'est là le point faible de qqn.

BAT Industries, anc. **British American Tobacco,** société britannique. Leader mondial de l'industrie du tabac, le groupe s'est diversifié (distribution, industrie papetière, assurances, agroalimentaire).

BATA, port de la Guinée équatoriale, ch.-l. de la région continentale du Mbini ; 27 000 hab. Centre commercial. Aéroport.

BAT'A (Tomáš), industriel tchèque (Zlín 1876 - Otrokovice 1932). Fondateur à Zlín d'une manufacture de chaussures (auj. *Bata,* groupe international), Bat'a fut un des premiers industriels à faire participer son personnel aux bénéfices, en réalisant un système comportant l'autonomie comptable des ateliers.

BATACLAN n. m. (p.-ê. onomat.). *Fam.* **1.** Attirail insolite et encombrant. — **2.** *Et tout le bataclan,* et tout le reste.

BATAILLE n. f. (bas lat. *batalia,* du lat. class. *battualia,* combat d'escrime). **1.** Combat livré entre deux armées ou deux flottes, dont l'issue influe sur la conduite d'une guerre. — **2.** Lutte réelle ou simulée entre deux ou plusieurs personnes : *Une bataille de boules de neige.* — **3.** Lutte entre des personnes, des groupes, ou combat qu'engage une personne contre des difficultés : *Bataille électorale.* — **4.** Le plus simple des jeux de cartes, consistant à prendre une carte avec une carte plus forte. — **5.** *Bataille navale,* jeu dans lequel deux joueurs doivent repérer et couler la flotte adverse, dessinée en secret sur les cases d'un carré de papier quadrillé. ‖ *Bataille rangée,* celle où s'opposent des forces massées sur plusieurs lignes ; rixe générale. ‖ *Champ de bataille,* terrain sur lequel s'affrontent deux armées, deux groupes ; lieu en désordre. ‖ *Cheval de bataille,* sujet favori, argument habituel. ‖ *Cheveux, barbe en bataille,* en désordre. ‖ *En bataille,* se disait de véhicules stationnés en épi. ‖ *Plan de bataille,* dispositions prises pour obtenir le résultat voulu. • **Bx-arts.** Représentation d'une bataille, d'un combat. — **Hist.** Au Moyen Âge, réunion d'hommes d'armes formée pour le combat. — **Mil.** *Corps de bataille,* partie la plus importante et la mieux équipée d'une armée, chargée, dans une campagne, de la mission stratégique principale.

Bataille du rail *(la),* film français (1945) de René Clément, évoquant la lutte secrète des cheminots contre l'occupant.

BATAILLE (Henry), auteur dramatique français (Nîmes 1872 - Malmaison 1922). Il peint les manifestations de l'« instinct » (*Écrits sur le théâtre*, 1917) à travers les mœurs d'une société décadente (*Maman Colibri,* 1904 ; *la Possession,* 1922).

BATAILLE (Georges), écrivain français (Billom 1897 - Paris 1962). Un moment surréaliste, fondateur de revues, il place le lieu de toute création dans l'érotisme (*Anus solaire,* 1931 ; *l'Érotisme,* 1957) et la mort (*les Larmes d'Éros*, 1961), faisant de la coïncidence du plaisir et de l'intolérable l'aboutissement de *l'Expérience intérieure* (1943) et renversant la finalité des explorations physiques et religieuses (*la Part maudite,* 1949).

BATAILLER v. t. ind. (conj. 3). **1.** *Vx.* Lutter contre qqn, en venir aux mains, souvent pour des raisons insignifiantes : *Un garçon toujours prêt à batailler contre tout le monde.* — **2.** Lutter sans relâche pour faire prévaloir une idée, pour défendre une cause, etc. : *Batailler pour ses opinions.*

BATAILLEUR, EUSE adj. et n. Qui aime à batailler, est enclin à se battre.

◆ adj. Qui manifeste cette tendance : *Humeur batailleuse.*

BATAILLON n. m. (ital. *battaglione,* de *battaglia,* bataille). **1.** Troupe d'infanterie composée de plusieurs compagnies : *Un bataillon de chasseurs.* — **2.** Unité d'autres armes et services : *Un bataillon de chars de combat, du génie.* — **3.** Troupe nombreuse de gens, d'animaux, etc. — **4.** Fam. *Inconnu au bataillon,* se dit de qqn qui est complètement inconnu qqpart. • **Antiq.** *Bataillon sacré,* troupe d'élite thébaine organisée par Épaminondas et Pélopidas. (Elle se distingua à la bataille de Leuctres en 371 av. J.-C., qui assura l'hégémonie de Thèbes entre 371 et 362 av. J.-C.) — **Mil.** *Bataillon d'infanterie légère d'Afrique (B. I. L. A.),* corps créé en 1832, où étaient incorporées les recrues ayant subi certaines condamnations. (Ses soldats étaient familièrement appelés *bat' d'Af,* ou *joyeux.*) ‖ *Chef de bataillon,* dans les armes où existent des bataillons, premier grade de la hiérarchie des officiers supérieurs. (Il porte quatre galons. On l'appelle « mon commandant ».)

ENCYCL. Créé sous Louis XIII, le bataillon groupe « pour la bataille » plusieurs compagnies, dont le nombre peut varier. Le bataillon d'infanterie de 1914 se compose de 4 compagnies identiques. En 1916, le service des armes lourdes entraîne la spécialisation des unités. Pendant la Seconde Guerre mondiale, le bataillon reste l'unité tactique de base de l'infanterie. Il est souvent le noyau d'un *groupement interarmes.* Il en existe aussi dans le génie et les transmissions, le matériel et le service de santé. L'échelon du bataillon commence à disparaître en 1957-58. En 1977, les régiments ne sont plus composés que des compagnies. Seuls subsistent en 1985 les *bataillons de chasseurs alpins,* qui forment corps.

BATAILLON (Eugène), biologiste français (Annoire, Jura, 1864 - Castelnau-le-Lez, près de Montpellier, 1953). Ses principales découvertes concernent la parthénogenèse artificielle dite « traumatique » chez les amphibiens (1910) et de façon générale la vie embryonnaire et larvaire des animaux.

BATAKS, peuple, du groupe indonésien, du centre nord de l'île de Sumatra (Indonésie), qui regroupe environ 2 millions d'individus.

BATALHA, bourg du Portugal, dans l'Estrémadure (distr. de Leiria) ; 7 000 hab. Abbaye dominicaine de *Santa Maria da Vitória,* ou *da Batalha,* entreprise par le roi Jean Ier. Cet ensemble grandiose illustre diverses phases du style gothique, de la fin du XIVe s. au début du XVIe.

BATAN *(îles),* anc. **îles Bashi,** archipel du nord des Philippines. V. princ. *Basco* (aéroport).

BATANGAS, port des Philippines, dans le sud de Luçon ; 144 000 hab. Raffinerie.

BÂTARD, E adj. et n. (lat. médiév. *bastardus,* du germ. **banstu-,* second mariage avec une femme de rang plus bas). **1.** Né hors du mariage (souvent péjor.). — **2.** Se dit des animaux issus d'un croisement non identifié.

◆ adj. **1.** Qui tient de deux espèces différentes ou n'a pas de caractère tranché : *Aboutir à un accord bâtard.* — **2.** Se dit d'une écriture intermédiaire entre la ronde et l'anglaise, utilisée au XVe s. — **3.** *Mortier bâtard,* mortier dont le liant est un mélange de ciment et de chaux.

◆ **bâtard** n. m. Pain d'une demi-livre, moins long que la baguette.

◆ **bâtarde** n. f. **1.** Écriture bâtarde. — **2.** Type de caractères imitant les lettres de l'écriture bâtarde (fin du Moyen Âge). — **3.** Lime de serrurier, d'horloger et d'ajusteur, dont l'écartement des dents est de 1 mm.

BÂTARDEAU ou **BATARDEAU** n. m. (de *bâtard*). **1.** Digue ou barrage provisoire, établi en site aquatique pour mettre à sec la base d'une construction que l'on veut réparer ou l'emplacement sur lequel on veut élever un ouvrage. — **2.** Caisson de bois construit pour s'adapter exactement aux formes d'un navire et permettre de visiter ou réparer une partie de la coque immergée.

BÂTARDISE n. f. État de bâtard.

BATAVE adj. et n. (lat. *Batavi*). De Hollande.

BATAVE *(République),* nom donné dans le traité de La Haye (16 mai 1795) à l'anc. République des Provinces-Unies, devenue, en 1806, royaume de Hollande.

BATAVES, en lat. **Batavi,** peuple germanique fixé, avant l'époque de César, à l'embouchure du Rhin. À la mort de Néron, sous la conduite de Claudius Civilis, ils se révoltèrent contre la domination romaine (69-70). Ils furent soumis au temps de Vespasien et disparurent à l'époque franque.

BATAVIA n. f. (lat. *Batavia,* n. de la Hollande). **1.** Laitue d'été, à feuilles dentées, cloquées et croquantes. — **2.** Variété de chicorée scarole.

BATAVIA, ancienne capitale des Indes néerlandaises, fondée en 1619. Lors de l'indépendance de l'Indonésie, elle reprit son ancien nom de *Jakarta.*

BATAVIA, v. des États-Unis (Illinois), banlieue de Chicago ; 13 000 hab. Laboratoire Fermi de l'accélérateur national.

BATAVIQUE adj. f. (de *batave*). *Larme batavique,* goutte de verre trempé, terminée par une pointe très fine, obtenue en laissant tomber du verre fondu dans de l'eau froide.

BAT' D'AF' n. m. (abrév. de *bataillon d'Afrique*). *Arg.* Chasseur des bataillons d'infanterie légère d'Afrique. (Syn. JOYEUX.)

BÂTE n. f. (bas lat. *basta,* chaton). Élément d'entourage en métal, cylindrique ou autre, utilisé à partir de l'époque médiévale par les orfèvres et joailliers pour sertir les pierres, perles ou émaux.

BATEAU n. m. (anglo-norm. *bat,* bateau). **1.** Nom générique des embarcations susceptibles de naviguer sur les voies intérieures ou en mer. — **2.** Charge d'un bateau : *Un bateau de charbon.* — **3.** Dépression du trottoir devant une porte cochère, un garage. — **4.** Fam. *Monter un bateau à qqn,* ou *mener, conduire qqn en bateau,* faire accepter à un naïf une histoire destinée à le tromper. • **Chim.** Une des conformations possibles du cyclohexane. — **Cout.** *Décolleté bateau,* type de décolleté incurvé suivant une ligne rappelant celle d'un bateau. — **Mar.** *Bateau pneumatique,* engin flottant (canot, radeau) dont la forme et les caractéristiques sont obtenues par insufflation d'air ou d'un gaz inerte.

◆ adj. *Fam.* Qui est banal, rebattu, archiconnu : *Un sujet de dissertation bateau.*

Bateau ivre *(le),* poème d'Arthur Rimbaud, écrit en 1871, publié en 1883 : l'errance du moi dans le temps et l'espace.

BATEAU-CITERNE n. m. (pl. *bateaux-citernes*). Bateau aménagé pour le transport des liquides en vrac (produits pétroliers, vin et huile, produits chimiques, etc.).

BATEAU-FEU ou **BATEAU-PHARE** n. m. (pl. *bateaux-feux, bateaux-phares*). Navire spécial possédant un mât tubulaire qui supporte un phare et mouillé près des endroits dangereux pour la navigation en vue d'en signaler la présence.

BATEAU-LAVOIR n. m. (pl. *bateaux-lavoirs*). Ponton installé au bord d'un cours d'eau où l'on pouvait venir laver son linge.

Bateau-Lavoir *(le),* surnom d'un immeuble de la butte Montmartre, à Paris (rue Ravignan). Avant 1914 s'y rencontrèrent des artistes et des poètes, dont Picasso et Apollinaire ; le cubisme s'y élabora. Incendié en 1970, le bâtiment a été reconstruit.

BATEAU-MOUCHE n. m. (pl. *bateaux-mouches*). Bateau qui assure, à Paris, un service de promenades d'agrément sur la Seine.

BATEAU-PILOTE n. m. (pl. *bateaux-pilotes*). Petit navire qui se porte au-devant des navires pour leur donner un pilote s'ils entrent au port ou pour débarquer leur pilote s'ils en sortent.

BATEAU-POMPE n. m. (pl. *bateaux-pompes*). Navire léger de lutte contre l'incendie dans les zones portuaires.

BATEAU-PORTE n. m. (pl. *bateaux-portes*). Organe de fermeture d'une forme de radoub.

BATEAU-USINE n. m. (pl. *bateaux-usines*). Syn. de NAVIRE-USINE.

BATÉE n. f. (de *battre*). **1.** Auge circulaire peu profonde servant au lavage des matériaux et à la séparation des minéraux les plus denses (paillettes d'or). [Syn. PAN.] — **2.** Opération élémentaire faite avec cet instrument.

BATÉKÉ *(pays),* région de collines et plateaux située au N. de Brazzaville (Congo), peuplée par les Tékés.

BATÉKÉS → TÉKÉS.

BATELAGE n. m. (anc. fr. *batel,* bateau). **1.** Service de bateaux assurant la communication des navires entre eux ou avec la terre. — **2.** Droit payé à un batelier.

BATELÉE n. f. (anc. fr. *batel,* bateau). Charge d'un bateau ; quantité d'objets ou poids que peut supporter une embarcation.

BATELET n. m. Petit bateau.

BATELEUR, EUSE n. (anc. fr. *baastel,* tour d'escamoteur). Artiste forain qui exécute des exercices acrobatiques ou se livre à des pitreries sur les places publiques.

BATELIER, ÈRE adj. (anc. fr. *batel,* bateau). Qui concerne la navigation intérieure, la batellerie. ◆ **batelier** n. m. Professionnel chargé de la conduite et de l'entretien des bâtiments de navigation intérieure. (Syn. MARINIER.)

BATELLERIE n. f. **1.** Industrie du transport par navigation intérieure. — **2.** Ensemble des bâtiments servant à ce transport. (Ceux-ci sont répartis en classes en fonction de leurs dimensions et de leur port en lourd.)

BÂTER v. t. (conj. **3**). Placer un bât sur un animal.

BATÉSIEN, ENNE adj. (de H. W. *Bates,* n. pr.). *Mimétisme batésien,* ressemblance d'aspect entre espèces animales sans aucune parenté mais qui vivent dans les mêmes régions et sont les proies des mêmes prédateurs. (Ce mimétisme est surtout le fait de papillons.)

BATESON (William), biologiste britannique (Whitby 1861 - Merton, Surrey, 1926). L'un des pionniers des recherches sur l'hérédité, il a redécouvert les lois de Mendel et les a appliquées aux animaux.

BATESON (Gregory), anthropologue américain d'origine britannique (Grantchester, près de Cambridge, Grande-Bretagne, 1904 - San Francisco 1980). Il se consacra tôt à l'anthropologie sociale et entreprit plusieurs études sur le terrain, notamment en Nouvelle-Guinée et à Bali. Après la Seconde Guerre mondiale, il s'orienta vers la cybernétique et appliqua la théorie de la communication au champ psychiatrique ; il élabora la théorie du « double bind » et étudia la communication animale. Il est l'auteur de *Communication* (1950).

BATESOS → TESOS.

BATETELAS → TETELAS.

BAT-FLANC n. m. inv. (de *battre* et *flanc*). **1.** Pièce de bois suspendue servant à séparer les animaux les uns des autres dans les écuries. — **2.** Plancher surélevé et incliné, servant de lit aux soldats d'un poste de garde. — **3.** Cloison séparant deux lits dans un dortoir.

BATH [bat] adj. inv. (p.-ê. *batif,* joli, de *battant neuf*). *Fam.* Beau, joli, agréable.

BATH, v. de Grande-Bretagne, sur l'Avon ; 80 000 hab. Ancienne cité romaine, Bath dut à ses eaux chaudes une grande renommée. Vestiges de thermes romains. Églises de style gothique perpendiculaire. Bel urbanisme du XVIIIe s., par les John Wood père et fils. La ville est encore aujourd'hui une grande station thermale (affections rhumatismales, goutte, sciatique, etc.).

Ba'th → BAATH.

BÂTHIE (La) [73540], comm. de la Savoie, en Tarentaise ; 1 913 hab. Centrale hydroélectrique. Abrasifs.

BATHILDE *(sainte)* [† Chelles 680], reine des Francs. Nommée régente à la mort de Clovis II (657), qu'elle avait déposé en 649, elle gouverna au nom de son fils Clotaire III. Contrainte par Ébroïn de se dessaisir du pouvoir (v. 664), elle se retira à l'abbaye de Chelles, qu'elle avait restaurée.

BATHMOTROPE adj. (du gr. *bathmos,* degré). Se dit de l'excitabilité périodiquement variable du myocarde, de la fibre musculaire de celui-ci.

BATHOÏDE ou **BATOÏDE** n. m. Syn. de HYPOTRÈME.

BATHOLITE n. m. Corps plutonique, intrusif, de grandes dimensions (de l'ordre de 100 km^2), en général discordant avec les structures des roches encaissantes, constitué le plus souvent de granites.

BATHONIEN n. m. (de *Bath,* n. pr.). Étage du système jurassique.

BATHORI (Jeanne Marie BERTHIER, dite **Jane**), cantatrice française (Paris 1877-*id.* 1970). Son nom demeure lié à la défense de la mélodie française du XXe s. (Debussy, Satie, Ravel).

BÁTHORY, famille hongroise dont sont issus : ÉLISABETH (v. 1560 - 1614), connue pour sa cruauté ; — ÉTIENNE (→ ÉTIENNE Ier BÁTHORY, roi de Pologne) ; — SIGISMOND (1572-Prague 1613), neveu du précédent, prince de Transylvanie (1581-1599 ; 1601-1602) ; — GABRIEL, prince de Transylvanie (1608-1613).

BATHURST → BANJUL.

BATHURST (Henry, 3e *comte*), homme d'État britannique (1762 - 1834). Ami du Second Pitt, il détint presque constamment des postes ministériels de 1783 à 1830. Son conservatisme rigoureux lui fit soutenir la politique de Wellington.

BATHYAL, E, AUX adj. Se dit des fonds océaniques de la pente continentale et de la pente douce qui lui succède jusqu'aux environs de - 3 000 m.

BATHYBENTHIQUE adj. Relatif aux grands fonds océaniques.

BATHYERGIDÉ n. m. (gr. *bathuergein,* labourer profondément le sol). Rongeur africain, appelé aussi rat-taupe, qui vit dans de profondes galeries et se nourrit de bulbes et de racines.

BATHYMÈTRE n. m. Instrument destiné à mesurer la profondeur de la mer.

BATHYMÉTRIE n. f. Mesure, par sondage, des profondeurs d'eau et traitement des données correspondantes.

BATHYMÉTRIQUE adj. Relatif à la bathymétrie.

BATHYNELLACÉ n. m. Crustacé des eaux souterraines. (Les *bathynellacés* forment un ordre.)

BATHYNOME n. m. Très grand crustacé isopode des mers tropicales (30 cm de long).

BATHYPÉLAGIQUE adj. Se dit de la couche d'eau supérieure du domaine aphotique.

BATHYPHANTE n. m. (du gr. *phantos,* visible). Petite araignée brune à taches blanches des prairies et marais. (Famille de linyphiidés.)

BATHYSCAPHE n. m. Engin autonome de plongée à grande profondeur, habitable et dont la flottabilité est contrôlée par le maintien d'un liquide plus léger que l'eau et par un lest largable. (Apparu en 1948 avec le FNRS 2 d'A. Piccard, le bathyscaphe, lourd et coûteux d'emploi, a été remplacé par des submersibles plus maniables du type soucoupe.)

BATHYSPHÈRE n. f. Sphère de plongée, suspendue par un câble à un engin de surface, qui descendit à 923 m aux Bermudes en 1934.

1. BÂTI → BÂTIR.

2. BÂTI n. m. (de *bâtir*). **1.** Assemblage de plusieurs pièces de menuiserie ou de charpente. — **2.** Ouvrage dormant qui reçoit les vantaux d'une porte ou d'une fenêtre. — **3.** Série de longs points pour maintenir deux tissus bord à bord *(bâti simple)* ou un tissu à plat sur un autre *(bâti oblique),* ou des coutures de doublure à des coutures principales *(bâti de maintien),* ou un pli *(bâti glissé).* — **4.** Gros fil de coton qui sert à faire ce travail. — **5.** Dans une machine, charpente rigide, venue de fonderie ou obtenue par construction mécano-soudée, servant de support aux autres éléments. — **6.** Syn. de CARCASSE.

BÂTIE-NEUVE (La) [05230], ch.-l. de cant. des Hautes-Alpes ; 1 331 hab.

BÂTIÈRE n. f. (de *bât*). *Linteau en bâtière,* celui dont le lit supérieur forme deux rampants. ‖ *Toit en bâtière,* toit à deux versants opposés, les deux autres côtés du bâtiment formant pignons.

BATIFFOL (Henri Charles), juriste français (Paris 1905-Neuilly-sur-Seine 1989), auteur de nombreux ouvrages de droit international privé, notamment *les Conflits de lois en matière de contrats* (1938), *Traité élémentaire de droit international privé* (1948).

BATIFOLAGE n. m. Action de batifoler.

BATIFOLER v. i. (anc. ital. *batifolle,* moulin) [conj. 3]. **1.** S'ébattre avec joie ; gambader : *Les enfants batifolent sur la pelouse.* — **2.** *Fam.* S'amuser, perdre son temps à des enfantillages : *Des oisifs, qui ne pensent qu'à batifoler.* — **3.** *Fam.* Se permettre des libertés avec une femme.

BATIFOLEUR, EUSE n. *Fam.* Personne qui aime à batifoler.

Batignolles (les), quartier de Paris (XVIIe arrond.), anc. village annexé en 1860.

BATIK n. m. (mot malais). Technique artisanale d'impression polychrome, d'origine indonésienne, fondée sur l'application préalable sur le support de réserves à la cire ; tissu ainsi décoré.

BATIKER v. t. (conj. 3). Décorer (une étoffe, du cuir, du papier, etc.) par le procédé du batik.

BATILLAGE n. m. (de *batiller*). Remous provoqué soit par la marche d'un bateau, soit par le vent et qui cause la dégradation des berges.

BATILLER v. i. (dimin. de *battre*) [conj. 3]. En parlant de l'eau d'une rivière ou d'un canal, battre les berges, provoquer de petites ondes de choc.

BATILLY (54980), comm. de Meurthe-et-Moselle, à 4,5 km au S. d'Auboué ; 1 103 hab. Industrie automobile.

1. BÂTIMENT n. m. (de *bâtir*). **1.** Toute construction destinée à servir d'abri et à isoler : *Les bâtiments d'un monastère, d'une usine.* — **2.** Ensemble des professions, des activités en relation avec la construction : *Les métiers du bâtiment.* — **3.** Fam. *Il est du bâtiment,* il est du métier, c'est un des nôtres.

2. BÂTIMENT n. m. (de *bâtiment 1*). **1.** Nom générique des constructions navales flottantes aménagées pour la navigation. — **2.** *Bâtiment auxiliaire,* navire de la marine militaire chargé d'une mission logistique. ‖ *Bâtiment de charge,* navire conçu pour le transport des marchandises. ‖ *Bâtiment de guerre,* navire destiné au combat et armé en conséquence. ‖ *Bâtiment de haut bord,* navire de haute mer. ‖ *Bâtiment léger,* navire rapide de la flotte militaire (aviso, escorteur). ‖ *Bâtiment motorisé,* bâtiment utilisant ses propres moyens mécaniques de propulsion.

Bâtiments civils et Palais nationaux *(Service des),* organisme, héritier de la surintendance des Bâtiments du roi, qui fait partie de la Direction générale de l'architecture. En principe sont classés bâtiments civils, par arrêté ministériel, les bâtiments autres que militaires appartenant à l'État et affectés à des services publics.

BÂTI-MOTEUR n. m. (pl. *bâtis-moteurs*). Berceau support du moteur d'un avion.

BÂTIR v. t. (frq. **bastjan,* traiter les fils de chanvre) [conj. 32]. **1.** Élever sur le sol une construction à l'aide d'un assemblage de matériaux : *Bâtir soi-même sa maison.* — **2.** Ordonner, financer, diriger la construction de qqch : *Un architecte qui a bâti tout un quartier.* — **3.** Construire en assemblant des matériaux, en parlant des animaux : *Les castors bâtissent des barrages.* — **4.** Édifier un ouvrage abstrait : *Bâtir un empire.* — **5.** Établir, fonder qqch sur qqch (abstrait) : *Bâtir une théorie sur de faux principes.* — **6.** Assembler à grands points deux morceaux de tissu ou les différentes parties d'un vêtement avant l'exécution définitive. — **7.** Agencer selon certaines règles une phrase, un texte. — **8.** *Terrain à bâtir,* destiné à la construction.

◆ **être bâti** v. pass. *Être bien, mal bâti,* en parlant de qqn, être bien, mal conformé. ‖ *Propriété bâtie,* sur laquelle un bâtiment a été élevé.

◆ **se bâtir** v. pr. **1.** Se couvrir de constructions : *Le quartier s'est beaucoup bâti.*

BÂTISSABLE adj. Syn. de CONSTRUCTIBLE.

BÂTISSE n. f. (du moyen fr. *bastissement,* construction). **1.** Tout ce qui entre dans la construction, et particulièrement la maçonnerie. — **2.** Bâtiment quelconque, dépourvu de caractère.

BÂTISSEUR, EUSE n. Personne qui construit beaucoup, édifie qqch de grand : *Bâtisseur d'empire.*

BÂTISSOIR n. m. Instrument servant à assembler les douelles et à les maintenir pour bâtir un tonneau. (Syn. MARTINET.)

BATISTA Y ZALDÍVAR (Fulgencio), militaire et homme d'État cubain (Banes, Cuba, 1901 - Guadalmina, Espagne, 1973). Devenu, en 1933, chef de l'état-major de l'armée, il exerça la réalité du pouvoir ; en 1940, appuyé par les partis libéral, démocratique et communiste, il fut élu président de la République, poste qu'il occupa jusqu'en 1944 avant de revenir au pouvoir, par un coup d'État, de 1952 à 1959. Il fut renversé par Fidel Castro.

BATISTE n. f. (du rad. de *battre,* avec infl. du n. pr. *Baptiste*). **1.** Toile de lin, très fine et très serrée, qu'on utilise en lingerie. — **2.** Tout tissu fin et serré.

BAT-L'EAU n. m. inv. Fanfare de circonstance annonçant que l'animal de meute prend l'eau ; la circonstance elle-même.

BATLLE Y ORDÓÑEZ (José), homme d'État uruguayen (Montevideo 1856 - *id.* 1929), président de la République de 1903 à 1907, puis de 1911 à 1915. Ses réformes politiques et sociales font de lui le fondateur de l'Uruguay moderne.

Batman, héros américain de bandes dessinées puis de films et de séries télévisées, créé en 1939 par le dessinateur Bob Kane.

BATNA, v. d'Algérie, ch.-l. de wilaya, au N. de l'Aurès ; 112 000 hab. Centre commercial. Industrie textile.

BATOÏDE n. m. Syn. de HYPOTRÈME.

BÂTON n. m. (bas lat. *bastum,* de **bastare,* porter). **1.** Morceau de bois rond, allongé, servant d'appui, d'arme, d'instrument de punition, etc. — **2.** Objet de forme allongée et d'une matière consistante : *Bâton de craie.* — **3.** Trait vertical que fait l'enfant qui apprend à écrire ; barre (surtout pl.). — **4.** Symbole, emblème d'une dignité, d'une fonction de commandement : *Bâton de maréchal.* — **5.** Conditionnement en bâtonnet de certains produits cosmétiques (rouge à lèvres, fard à paupières). — **6.** Tige d'acier, munie à sa base d'une rondelle aidant le skieur dans son équilibre ou dans sa progression. — **7.** *Arg.* Un million de centimes. — **8.** *À bâtons rompus,* de manière décousue, sans suite. ‖ *Bâton de maréchal,* situation, dignité la plus haute à laquelle qqn puisse accéder. ‖ Pop. *Bâton merdeux,* personne ou chose désagréable, dont on a du mal à se débarrasser. ‖ *Bâton de vieillesse,* personne qui est le soutien moral et matériel de qqn dans sa vieillesse. ‖ *Mener une vie de bâton de chaise,* mener une vie désordonnée et agitée. ‖ *Mettre des bâtons dans les roues (à qqn),* susciter des difficultés, des obstacles (à qqn). ‖ Pop. *Mettre les bâtons,* s'enfuir. ‖ *Politique du bâton,* politique menée à coups de manifestations d'autorité (sanctions, interventions, pressions), dont l'opposé est la *politique de la carotte.* • **Agric.** *Bâton à fouir,* bâton taillé en coin, utilisé pour récolter les parties souterraines des plantes par les populations vivant de la cueillette et pour travailler le sol dans beaucoup d'agricultures sans métal. — **Archit.** *Bâtons rompus,* ornement courant fait de baguettes ou de boudins brisés disposés en zigzag, en frette, etc. (art roman). — **Bât.** *À bâtons rompus,* se dit d'un type de parquet dont la disposition des lames, coupées d'équerre, forme des suites de chevrons. — **Bois.** Pièce cylindrique fraisée de petit diamètre. — **Bot.** *Bâton blanc, bâton de Jacob,* noms usuels de certains asphodèles. — **Ch. de f.** *Bâton pilote,* pièce en forme de bâton, caractéristique d'un parcours en voie unique entre deux gares et matérialisant pour le mécanicien auquel elle est remise, l'autorisation de s'engager sur ce parcours. — **Hist.** *Bâton à feu,* fusil après l'invention de la poudre. ‖ *Bâton de maréchal,* insigne de commandement du maréchal. ‖ *Recevoir le bâton,* accéder à la dignité de maréchal. — **Mar.** Mâtereau qui porte un pavillon ou une flamme. — **Menuis.** Chacun des quatre montants d'une chaise ordinaire. — **Préhist.** *Bâton percé,* nom donné à des fragments de bois de cervidé perforés, fréquemment décorés, datant du paléolithique supérieur. (Leur usage demeure énigmatique.)

BÂTON-D'OR n. m. (pl. *bâtons-d'or*). Nom usuel de la *giroflée.*

BÂTON-DU-DIABLE n. m. (pl. *bâtons-du-diable*). **1.** Nom usuel du *cirse des marais* et d'un *aralia* épineux. — **2.** Nom usuel du *phasme* de France.

BATONI (Pompeo), peintre italien (Lucques 1708 - Rome 1787). Portraitiste à l'immense renommée européenne, également peintre d'histoire, il préluda au néoclassicisme.

BÂTONNAT n. m. Dignité de bâtonnier ; durée de l'exercice de cette fonction.

BÂTONNER v. t. (conj. 3). Frapper à coups de bâton.

BÂTONNET n. m. Petit bâton ; ce qui en a la forme : *Le bâtonnet d'un esquimau glacé.* • **Méd.** *Bâtonnet rétinien,* élément superficiel de la cellule visuelle, en forme de cylindre long et grêle, qui joue un rôle important dans la vision nocturne parce qu'il renferme le *pourpre rétinien.* — **Pyrotechn.** Grain de poudre, cylindrique, plein, dont la longueur vaut de 1 à 4 fois le diamètre. — **Rel.** Petite tige souple faite avec du papier très fin enroulé sur lui-même. (Le bâtonnet sert à fabriquer les tranchefiles.)

BÂTONNIER n. m. (de *bâton*). **1.** Titre donné au président du conseil de l'ordre des avocats inscrits à un même barreau. (Le bâtonnier est élu pour deux ans, au scrutin secret, par les avocats.) — **2.** Chef d'une confrérie détenteur d'un bâton symbolique pour un an.

BATON ROUGE, v. des États-Unis (fondée par les Français en 1719), cap. de la Louisiane, sur le Mississippi ; 219 500 hab. Universités. Centre ferroviaire et port fluvial. Raffinage et pétrochimie. Alumine.

BATOUDE n. f. (ital. *battuta,* de *battere,* battre). Tremplin flexible qu'utilisent les acrobates.

BATOUMI ou **BATOUM,** port de Géorgie, cap. de la république autonome d'Adjarie, sur la mer Noire ; 136 000 hab. Disputée entre Géorgiens et Turcs du XVᵉ au XVIIIᵉ s., la ville fut annexée à l'Empire russe en 1878. Raffinage et exportation du pétrole.

BATOURNER v. t. (conj. 3). Mesurer et égaliser les douelles pour former le tonneau.

BATOUTA (Ibn) → IBN BAṬṬŪṬA.

BATRACHOTOXINE ou **BATRACINE** n. f. Principe actif du venin cutané des petites grenouilles arboricoles d'Amérique tropicale. (Ce venin servait de poison de flèches aux Indiens.)

BATRACIEN n. m. (rad. gr. *batrakhos,* grenouille). Syn. anc. de AMPHIBIEN.

BATTAGE n. m. **1.** Opération qui consiste à séparer les grains de certaines plantes (céréales, légumineuses, oléagineux) des organes auxquels ils restent fixés après la récolte ; époque à laquelle a lieu cette opération. — **2.** *Fam.* Publicité excessive, tapageuse, en faveur de qqn, qqch : *Faire du battage autour d'un film.* • **Céram.** Action de battre la pâte pour en extraire les bulles d'air et la rendre homogène. — **Métall.** *Battage d'or,* transformation des plaques de métal en feuilles d'une extrême minceur, uniquement à l'aide du marteau. — **Mil.** *Secteur de battage d'une pièce d'artillerie,* angle, rapporté à l'axe du navire, à l'intérieur duquel aucun obstacle n'empêche la pièce d'être pointée et de tirer. — **Min.** Frappe du fleuret ou de la tige de sonde. ‖ Procédé de forage dans lequel le trépan, animé d'un mouvement de va-et-vient, frappe contre le fond du trou sans aucune rotation. (Utilisé surtout pour enfoncer les pieux de fondation.) — **Peauss.** Opération destinée à donner de la fermeté et de l'imperméabilité au cuir à semelle de tannage végétal. — **Rel.** Opération effectuée pour aplatir le volume et en faire une masse compacte. — **Tab.** Traitement des feuilles de tabac consistant à séparer mécaniquement les nervures principales, ou côtes, du parenchyme. — **Tapiss.** Interpénétration de deux ou plusieurs couleurs par des sortes de hachures. — **Techn.** Opération qui consiste à battre certains objets (en partic. certaines matières textiles), certains produits pour les débarrasser de leurs impuretés. — **Trav. publ.** *Battage de pieux* ou *de pilotis,* action d'enfoncer un pieu ou un pilotis, en frappant sur sa tête, au moyen d'une masse (mouton), d'un marteau trépideur ou d'un engin vibrant.

ENCYCL. **Agric.** Le battage s'exécute par des méthodes variées : battage proprement dit (à l'aide du fléau), dépiquage (à pied d'homme ou d'animaux), chaubage (en frappant une poignée de plantes sur un support fixe). Dans les agricultures mécanisées, l'opération de battage s'est d'abord effectuée à l'aide de batteuses fixes ; elle est désormais combinée à celle de la récolte grâce à l'emploi de la moissonneuse-batteuse.

BATTAMBANG, v. de l'ouest du Cambodge, ch.-l. de la *prov. de Battambang.* Vestiges et monuments du VIIe au XIIIe s. — La *province de Battambang* fut cédée au Siam en 1867, restituée à la France en 1907, rendue à la Thaïlande sous la contrainte (1941) et rétrocédée au Cambodge en 1946.

BATTANCE n. f. Défaut d'un sol qui, par dégradation de sa structure grumeleuse et de sa porosité sous l'action de la pluie, présente une induration (ou glaçage) superficielle.

BATTĀNĪ (al-), en lat. **Albatenīus,** astronome arabe (Ḥarrān, Mésopotamie, auj. Harran, Turquie, v. 858 - Qasr al-Djiṣṣ, près de Sāmarrā, 929). Il améliora la valeur de l'année tropique, rectifia la constante de précession de Ptolémée et mesura l'obliquité de l'écliptique.

BATTANT, E adj. **1.** Se dit des sols sensibles à l'effet de battance, ou de ce qui produit cet effet. — **2.** *Artillerie battante,* artillerie d'un navire dont les canons sont en mesure de battre l'objectif qui leur est assigné. ‖ *Le cœur battant,* avec une émotion intense : *Attendre un résultat le cœur battant.* ‖ *Pluie battante,* qui tombe avec violence. ‖ *Porte battante,* porte à un ou deux battants libres, qui se referment d'eux-mêmes. ‖ *Tambour battant,* sans laisser de répit, vivement, rudement. ‖ *Métier battant,* métier à tisser en activité.

◆ n. Personne très combative et dynamique.

◆ **battant** n. m. **1.** Chacun des deux montants verticaux d'un vantail de fenêtre à la française. (Le montant latéral ferré sur le dormant est le *battant de noix* ; le montant médian du côté de l'ouverture est le *battant de meneau.*) — **2.** Vantail d'une porte. — **3.** Pièce métallique fixée à l'intérieur ou à l'extérieur d'une cloche et destinée à la frapper. — **4.** *Arg.* Cœur. ● **Arm.** *Battant de crosse,* anneau de métal fixé à la crosse du fusil et sur lequel est accrochée la bretelle. — **Mar.** Longueur de la partie flottante d'un pavillon. — **Serrur.** Dans un loquet, pièce qu'on soulève et qui ferme en retombant. — **Text.** Pièce en bois ou en métal supportant le peigne du métier à tisser et animée d'un mouvement d'oscillation qui permet la frappe de la duite après son insertion.

BATTE n. f. (de *battre*). Outil servant à battre, à tasser, etc. (Ex. batte de maçon, de carreleur.) ● **Ch. de f.** *Batte à bourrer,* sorte de pioche à panne renforcée, servant à bourrer le ballast sous les traverses. (Syn. BOURROIR.) — **Équit.** Partie rembourrée supportant le siège de la selle. — **Hortic.** Syn. de PLATEAU. — **Maroq.** Bord supérieur d'un fermoir de sac de dame. — **Ménag.** *Batte de blanchisseuse,* palette de bois autrefois utilisée pour battre le linge à la main afin d'en éliminer l'eau. (Syn. BATTOIR.) — **Sports.** Au base-ball et au cricket, bâton en bois servant à renvoyer la balle.

BATTÉE n. f. Partie fixe d'une tête d'écluse sur laquelle vient s'appuyer ou battre un vantail lorsqu'on ferme la porte.

BATTELÉE adj. f. Se dit d'une rime finale répétée en écho au milieu du vers suivant.

BATTELLEMENT n. m. (p.-ê. anc. fr. *bataillier,* fortifier, de *batailles,* meurtrières). Syn. de DOUBLIS.

BATTEMENT n. m. **1.** Série de coups, de chocs répétés ; bruit rythmé ainsi produit : *Battement du tambour, des rames.* — **2.** Mouvement alternatif rapide : *Battements d'ailes.* — **3.** Intervalle de temps disponible entre deux actions : *Avoir un battement d'une heure pour le déjeuner.* ● **Arm.** Chocs produits par un projectile mal centré ou mal guidé pendant son parcours dans l'âme d'une bouche à feu. — **Bât.** Moulure rapportée sur toute la longueur de l'un des battants du milieu d'une porte à deux vantaux et cachant le joint. ‖ Petite pièce métallique d'arrêt pour les persiennes. — **Chorégr.** Passage d'une jambe d'une position de départ à une position dérivée avec retour à la position de départ, le corps restant immobile. — **Horlog.** Bruit émis au passage d'une dent de la roue d'échappement dans un mouvement d'horlogerie. — **Mar.** Secousse brusque d'une voile qui ne reçoit plus le vent de façon à être gonflée. — **Phon.** Mouvement de va-et-vient rapide d'un articulateur (la pointe de la langue ou la luette) réalisé dans l'émission de certaines consonnes. (Ainsi la réalisation du [r] dit battu [flap] de l'anglais *very*

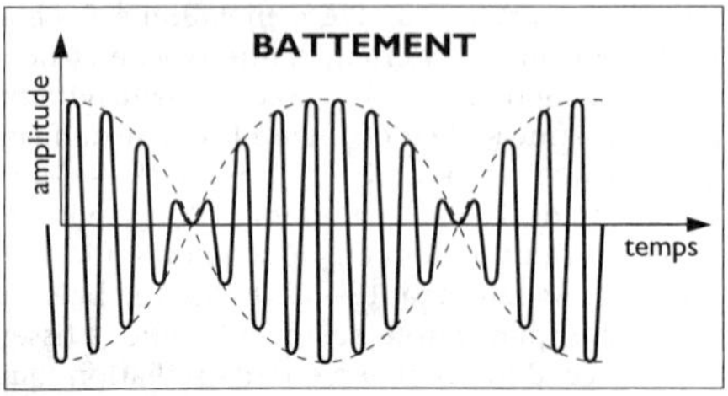

et de l'espagnol *caro.*) — **Phys.** Variation périodique de l'amplitude d'une oscillation résultant de la superposition en un point de deux oscillations de fréquences très voisines ν_1 et ν_2. (La fréquence de battement correspondant à la répétition des maxima du carré de l'amplitude est égale à $|\nu_1 - \nu_2|$.) — **Physiol.** Pulsation rythmique régulière ou non d'un organe ou d'un vaisseau due au passage du flux sanguin lors de la systole. — **Sports.** En natation, mouvement alternatif des membres inférieurs facilitant la propulsion dans l'eau.

◆ **battements** n. m. pl. **1.** Groupe important d'exercices de base de la danse qui ont pour but d'échauffer et de fortifier les muscles de la jambe et du pied, de familiariser le pied avec le sol. — **2.** *Battements sur le cou-de-pied* ou *frappés,* mouvements simples qui amènent le talon de la jambe libre pliée sur le cou-de-pied, puis qui l'en éloigne pour y revenir. ‖ *Battements à la seconde,* battements simples au cours desquels la jambe est amenée tendue à la seconde pour redescendre à sa position de départ, le pied se plaçant en cinquième. ‖ *Petits battements sur le cou-de-pied,* mouvements simples très rapides qui font passer alternativement le talon du pied libre devant et derrière la cheville de la jambe d'appui.

BATTENBERG, nom porté d'abord par des comtes allemands résidant près de Battenberg (Hesse-Nassau), éteint en 1314, puis donné, en 1851, avec un titre comtal, à une Polonaise, Julie Thérèse von Haucke (1825-1895), épouse morganatique d'Alexandre de Hesse. En 1858, les membres de la famille reçurent le titre de princes et princesses de Battenberg, avec rang d'altesses sérénissimes. La princesse Julie Thérèse eut quatre fils, dont ALEXANDRE Ier, prince de Bulgarie en 1879. Depuis 1917, la famille est connue sous le nom de Mountbatten.

BATTERIE n. f. (de *battre*). **1.** Série d'appareils, d'instruments, d'éléments destinés à fonctionner ou à être utilisés ensemble, etc. : *Batterie de piles.* — **2.** Position ou ensemble de positions de tir des pièces d'artillerie. — **3.** Réunion de plusieurs pièces d'artillerie soit de façon occasionnelle en vue d'une mission de tir sur un même objectif, soit de façon permanente pour constituer une unité administrative et tactique. — **4.** Ensemble des instruments à percussion (idiophones et membranophones) qui constituent un des trois groupes formant un orchestre. (Dans les orchestres de jazz, de rock et de pop, on dit aussi DRUMS.) — **5.** Ensemble de tambours et de clairons d'un régiment, commandé par le tambour-major. — **6.** Roulement de tambours. — **7.** *Batterie de cuisine,* ensemble des ustensiles nécessaires à la préparation et à la cuisson des aliments ; *(fam.)* instrument à percussion d'un orchestre ou d'une musique militaire ; brochette de décorations. • **Arm.** Pièce de fer aciérée qui, dans la platine du fusil à pierre, recouvrait le bassinet et produisait, sous le choc du silex, les étincelles enflammant la poudre. — **Ch. de f.** Ensemble de trains circulant sur une même ligne et dans le même sens avec des marches parallèles dans des horaires très voisins. — **Chorégr.** Croisement rapide ou choc des jambes au cours d'un saut ou d'un pas. ‖ Ensemble des sauts et des battus exécutés à fin de virtuosité. (La *petite batterie* s'effectue au ras du sol ; la *grande batterie,* en sautant.) — **Électr.** Ensemble de dispositifs de même type (par ex. accumulateurs, condensateurs, fours électriques, piles). — **Fortif.** Ouvrage de fortification organisé pour recevoir des bouches à feu. — **Frigor.** *Batterie froide* ou *frigorifique,* assemblage d'éléments tubulaires, parcourus par un fluide frigorigène ou frigoporteur et destinés au refroidissement de l'air. — **Mil.** Espace compris entre deux ponts sur un bâtiment de guerre moderne. ‖ *Mise en batterie,* action de placer une arme à feu à un emplacement permettant le tir. — **Psychol.** *Batterie de tests,* ensemble de tests utilisés conjointement en vue d'un diagnostic ou d'un pronostic tenant compte de plusieurs aspects des aptitudes ou de la personnalité des sujets. — **Zootechn.** *Élevage en batterie,* méthode d'élevage consistant à loger individuellement des veaux dans des boxes ou des poules pondeuses dans des cages, boxes et cages étant installés en grand nombre.

◆ **batteries** n. f. pl. **1.** Plans, mesures, moyens habiles utilisés pour faire aboutir une entreprise : *Démasquer ses batteries.* — **2.** Fam. *Recharger ses batteries,* se redonner des forces, du tonus.

BATTEUR, EUSE n. **1.** Ouvrier, ouvrière qui bat certaines matières pour les écraser, les assouplir, les amincir, les étirer, etc., qui effectue le battage de l'or ou qui bat le grain. — **2.** Personne qui tient la batterie dans un orchestre, notamment de jazz, de rock et de pop music. (Dans les orchestres de jazz, de rock et de pop, on dit aussi DRUMMER.)

◆ **batteur** n. m. **1.** Fouet en fils d'acier monté sur disque à manivelle et permettant de battre à la main les œufs et toute préparation culinaire liquide. — **2.** Ustensile culinaire constitué d'un bloc moteur actionnant électriquement un fouet. — **3.** Au cricket, joueur qui envoie la balle et, au base-ball, joueur qui tient la batte. — **4.** Machine préparatoire de la filature, dont le rôle est d'éliminer certaines impuretés. — **5.** *Batteur d'estrade,* cavalier isolé du gros d'une troupe en station, ayant une mission de surveillance et de renseignement.

◆ **batteuse** n. f. **1.** Machine fixe pour séparer les grains de leurs supports et de leurs enveloppes, principalement utilisée pour battre les céréales. — **2.** Appareil servant à réduire certains métaux en feuilles. — **3.** Machine rotative permettant d'effectuer l'opération du battage des feuilles de tabac.

BATTEUR-BROYEUR n. m. (pl. *batteurs-broyeurs*). Ustensile culinaire constitué d'un bloc moteur actionnant électriquement un élément à couteaux pour hacher ou broyer.

BATTEUR-MÉLANGEUR n. m. (pl. *batteurs-mélangeurs*). Ustensile culinaire composé d'un bloc moteur actionnant électriquement un élément à pales pour mélanger des ingrédients.

BATTEUX (*abbé* Charles), érudit français (Alland'huy 1713 - Paris 1780), auteur, notamment, du traité *les Beaux-Arts réduits à un seul principe* (1747), principe qui est l'imitation de la nature. (Acad. fr., 1761.)

BATTHYÁNY, famille hongroise dont sont issus : LAJOS, comte (Presbourg 1806 - Pest 1849), président du cabinet hongrois nommé par Vienne au lendemain de l'insurrection de Pest (mars 1848). Il démissionna en oct., fut arrêté (janv. 1849) et fusillé (oct.). — KÁZMÉR, comte (1807-Paris 1854), ministre des Affaires étrangères dans le cabinet formé par Kossuth (avr. 1849). Il s'exila après la capitulation de Világos (sept. 1849).

BATTITURES n. f. pl. (ital. *battitura,* de *battere,* battre). Parcelles métalliques d'oxyde de fer Fe_3O_4 qui se forment sur les pièces en acier lors du travail à chaud.

BATTLE CREEK, v. des États-Unis (Michigan) ; 36 000 hab. Industrie alimentaire.

BATTLE DRESS [batœldrɛs] n. m. inv. (angl. *battle-dress,* tenue de combat). Sorte de blouson de toile utilisé en particulier comme veste d'uniforme militaire.

BATTOIR n. m. **1.** Syn. de BATTE. — **2.** *Pop.* Grosse et large main.

BATTRE v. t. (lat. pop. **battere,* du lat. class. *battuere,* frapper) [conj. **83**]. **1.** Frapper qqn, un animal, lui donner des coups de la main ou avec qqch : *Battre quelqu'un comme plâtre.* — **2.** Frapper qqch à coups répétés avec qqch ou contre qqch : *Battre un tapis.* — **3.** Frapper, remuer fortement une matière avec un instrument : *Battre des œufs avec un fouet.* — **4.** Vaincre un ennemi par les armes : *Battre une armée.* — **5.** Triompher d'un adversaire dans un combat, un jeu, etc., ou lui être supérieur dans un domaine : *Battre tous ses concurrents à la course.* — **6.** Parcourir en tous sens une étendue de terrain pour l'explorer, pour y retrouver qqch, qqn, etc. : *Battre les bois pour retrouver un enfant disparu.* — **7.** *Battre l'air,* agiter les bras, particulièrement au moment d'une chute ; faire qqch d'inutile. ‖ *Battre le blé, le grain,* frapper les épis pour en faire tomber les grains. ‖ *Battre les cartes,* les mélanger. ‖ *Battre la charge, le rappel, etc.,* donner le signal de la charge, du rappel, etc., à l'aide du tambour. ‖ *Battre la mesure,* marquer avec des gestes les temps de la mesure d'un air, d'une chanson. ‖ *Battre (tel ou tel) pavillon,* en parlant d'un navire, arborer à un mât la marque distinctive de telle ou telle nation. ‖ *Battre un rythme, un air, une marche,* les exécuter sur le tambour. ‖ *Battre le tambour,* faire savoir qqch bruyamment. • **Charp.** *Battre la ligne,* soulever un cordeau tendu et imprégné de craie (arcanne) pour le laisser retomber brusquement afin de tracer une ligne droite sur une pièce de bois. (Syn. CINGLER, LIGNER). — **Chorégr.** Exécuter un saut ou un pas battu. — **Métall.** *Battre une pièce,* confectionner une pièce battue en sable, que l'on insère dans un moule de fonderie. — **Techn.** Frapper (l'argile, les cahiers d'un volume à relier, du métal), enfoncer (des pieux), etc. — **Véner.** *Battre l'eau,* en parlant du cerf sur ses fins, se jeter dans un étang ou dans une rivière pour dérouter les chiens.

◆ v. t. ind. **1.** Frapper, heurter contre qqch par un mouvement de va-et-vient : *Flots qui viennent battre contre le pied des rochers.* — **2.** Exécuter des mouvements répétés avec une partie du corps : *Battre des cils. Oiseau qui bat des ailes.* — **3.** *Battre des mains,* les frapper l'une contre l'autre. ‖ *Battre du tambour, de la grosse caisse,* les faire retentir.

◆ v. i. **1.** En parlant du tambour, produire les sons qui lui sont propres ; retentir. — **2.** En parlant de qqch, se mouvoir librement et heurter qqch : *Un volet qui bat.* — **3.** En parlant du cœur, du sang, du pouls, être animé de pulsations. — **4.** Flotter au vent, en parlant d'une voile. — **5.** *Avoir le cœur qui bat,* avoir des pulsations accélérées du cœur dues à une forte émotion, à un effort, etc. ‖ *Battre en arrière,* marcher de l'arrière avec sa machine, en parlant d'un navire.

◆ **être battu** v. pass. **1.** Avoir été vaincu, mis en état d'infériorité : *Une armée battue.* — **2.** Avoir reçu des coups : *Le problème des femmes battues.* — **3.** *Avoir l'air d'un chien battu,* avoir une attitude humiliée. ‖ *Sentiers battus,* banalités, idées communes, sans originalité. ‖ *Terre battue, sol battu,* durci par une pression répétée. ‖ *Yeux battus,* yeux cernés ou gonflés par suite de fatigue ou de chagrin. • **Chorégr.** *Pas battu, saut battu,* pas, saut exécutés avec un choc ou un ou plusieurs croisements rapides des jambes. – **Mil.** *Zone battue,* atteinte par les projectiles. – **Phon.** *Consonne battue* ou *battue* (n. f.), consonne dont l'articulation est caractérisée par la réalisation d'un battement.

◆ **se battre** v. pr. **1.** Se frapper mutuellement ; combattre contre qqn, un groupe : *Ils se sont battus à coups de poings. Se battre contre un ennemi supérieur en nombre.* – **2.** Se mesurer à qqn dans une épreuve, une compétition : *Se battre contre un champion aux échecs.* – **3.** Faire des efforts, lutter pour qqch ou qqn : *Se battre pour une cause perdue, contre toutes les injustices. Il se bat pour vous.* – **4.** Se disputer, lutter chaudement pour obtenir qqch : *On se bat pour assister à ses cours.* – **5.** *Se battre les flancs,* se démener beaucoup pour un mince résultat. ‖ Fam. *S'en battre l'œil,* se moquer éperdument de qqch.

BATTU, E n. Personne qui a été vaincue ou qui a reçu des coups.

BATTUE n. f. **1.** Action de battre les buissons, les taillis pour en faire sortir le gibier ; mode de chasse pratiqué à l'aide de rabatteurs. – **2.** Exploration systématique d'un territoire pour retrouver qqn. – **3.** Moment où le pied d'un cheval se pose au sol ; bruit que fait ce poser. – **4.** *Battue d'appel,* dernier poser des pieds d'un cheval devant un obstacle.

BATTURE n. f. Au Canada, partie du rivage découverte à marée basse.

BĀTŪ KHĀN ou **BĀTŪ,** prince mongol (1204-v. 1255), fondateur de la Horde d'Or, petit-fils de Gengis Khān et fils de Djūtchī. À la tête d'une immense armée, il conquit la Russie (1238-1240), vainquit les forces germano-polonaises et les Hongrois (1241), puis atteignit l'Adriatique (1242). Averti de la mort d'Ogoday, il repartit pour la Mongolie.

BATY (Gaston), directeur de théâtre et metteur en scène français (Pélussin, Loire, 1885-*id.* 1952). L'un des animateurs du Cartel*, il fait reposer son esthétique sur les décors et les éclairages.

BAT YAM, v. d'Israël, banlieue sud de Tel-Aviv-Jaffa ; 127 000 hab.

BATZ *(île de)* [29253], île de la Manche, comm. du Finistère, en face de Roscoff ; 752 hab. Pêche. Primeurs. Station balnéaire.

BATZ (Jean, *baron* DE), gentilhomme français (Goutz, Gers, 1761-Chadieu, Puy-de-Dôme, 1822). Il organisa plusieurs complots (1793) pour sauver Louis XVI et Marie-Antoinette.

BATZ-SUR-MER [ba] (44740), comm. de la Loire-Atlantique, dans la presqu'île du Croisic ; 2 779 hab. *(Batziens).* Église et chapelle ruinée des XVe et XVIe s. Station balnéaire. Marais salants.

BAU n. m. (pl. *baux*) [anc. bas frq. *balk,* poutre]. Syn. anc. de BARROT.

BAUCENT ou **BAUCEANT** n. m. (ital. *balzano,* du lat. pop. **balteanus,* rayé, de *balteus,* bande). Bannière de l'ordre du Temple. (Elle était de deux couleurs : argent et sable, sur lesquelles brochait, depuis le concile de 1145, une croix de gueules.)

BAUCHANT (André), peintre français (Château-Renault 1873 - Montoire 1958). D'abord pépiniériste, il débuta au Salon d'automne en 1921. On doit à cet autodidacte des tableaux de fleurs, des paysages et des compositions historiques ou mythologiques d'un coloris brillant et d'une sérénité familière.

BAUCHER (François), écuyer français (Versailles 1796-Paris 1873). Créateur d'une méthode de dressage controversée, il est l'auteur d'un *Dictionnaire raisonné d'équitation* (1833) avec Jules Pellier et d'une *Méthode d'équitation basée sur de nouveaux principes* (1842).

BAUCIS, femme de Phrygie, épouse de Philémon. Ils accueillirent, sans les connaître, Zeus et Hermès, qui, en récompense, changèrent leur cabane en temple et leur accordèrent de mourir ensemble. Philémon fut changé en chêne, Baucis en tilleul.

BAUD [bo] n. m. (de *Baudot,* n. pr.). Unité de rapidité de modulation en télégraphie et téléinformatique correspondant à un intervalle unitaire ayant une durée d'une seconde.

BAUD (56150), ch.-l. de cant. du Morbihan, à 23 km au S. de Pontivy ; 4 713 hab. *(Baudais).*

BAUD-BOVY (Samuel), chef d'orchestre et musicologue suisse (Céligny, cant. de Genève, 1906 - Genève 1986). Il a fondé l'orchestre de la Suisse romande et dirigé le Conservatoire de Genève (1957-1970) et la Société de chant sacré (1938-1977).

BAUDE n. f. Câblière maintenant un filet au fond de l'eau.

BAUDEAU (*abbé* Nicolas), religieux et économiste français (Amboise 1730-Paris 1792), d'abord adversaire, puis défenseur et propagandiste des idées de Quesnay, dont il exposa les principes.

BAUDELAIRE (Charles), poète français (Paris 1821-*id.* 1867). Si sa vie le rattache au romantisme le plus traditionnel (révolte précoce contre le remariage rapide de sa mère avec le général Aupick, vie de dandy dissipateur, voyage dans l'océan Indien qui éveille en lui le goût de l'exotisme, syphilis qui le conduira à la paralysie totale, tentative de suicide, conseil judiciaire, condamnation en correctionnelle des *Fleurs* du mal* [1857]), sa réflexion invente le symbolisme et, par-delà, la « modernité » : grand critique d'art (*Curiosités esthétiques ; l'Art romantique*, 1868), il préfère le symbole à la chose, la nature imagée à la nature réelle, le tableau au modèle. Le système de « correspondances » qu'il découvre dans la nature (« Les parfums, les couleurs et les sons se répondent ») aboutit, à travers une étude précise de « mouvements » et de rythmes en littérature (Hoffmann, De Quincey, surtout Edgar Poe, qu'on lit toujours dans sa traduction) comme en peinture (Delacroix, Catlin, Constantin Guys) et en musique (Wagner), à une conception statique de la beauté (le « rêve de pierre »), qu'il n'atteint vraiment que dans les « tableaux » du *Spleen de Paris* (1864) et des *Petits* Poèmes en prose* (1869), tentative pour réaliser l'adéquation absolue entre la sensation et son expression temporelle et spatiale.

BAUDELAIRIEN, ENNE adj. Propre à Baudelaire.

BAUDELOCQUE (Jean-Louis), chirurgien et professeur d'obstétrique français (Heilly, Somme, 1745-Paris 1810). Il a écrit notamment *l'Art des accouchements* (1781).

BAUDET n. m. (anc. fr. *bald, baud,* hardi). **1.** Âne mâle destiné à la reproduction. — **2.** Nom fam. de l'âne.

BAUDIN (Nicolas), navigateur français (île de Ré 1754-Port-Louis, île Maurice, 1803) qui fit connaître les côtes de l'Australie et la Tasmanie (1800-1803).

BAUDIN (Alphonse), médecin et homme politique français (Nantua 1811 - Paris 1851). Député montagnard à l'Assemblée législative de 1849, il tenta de soulever les ouvriers parisiens contre le coup d'État de Louis Napoléon Bonaparte et fut tué sur une barricade, faubourg Saint-Antoine, le 3 déc. 1851.

BAUDISSIN (Wolf Stefan Traugott, *comte* VON), général allemand (Trèves 1907 - Hambourg 1993). Il fut, au ministère de la Défense, un des promoteurs en 1956 de l'*innere Führung,* charte de la formation civique et morale de soldats citoyens.

BAUDOT (Anatole DE), architecte et théoricien français (Sarrebourg 1834 - Paris 1915). Disciple de Viollet-le-Duc et chef du mouvement rationaliste au tournant des XIXe et XXe s., il a restauré des monuments historiques et a construit, en ciment armé, l'église St-Jean de Montmartre (1897-1902).

BAUDOT (Émile), ingénieur français (Magneux, Haute-Marne, 1845-Sceaux 1903). Il développa à partir de 1874 le système de télégraphe multiple qui porte son nom. Il fut ainsi amené à créer un alphabet à cinq signaux élémentaires devenu d'un usage très général. En 1894, il réalisa la transmission automatique au moyen d'un appareil commandé par bande perforée, augmentant ainsi considérablement le rendement des lignes.

BAUDOUIN ou **BAUDOIN,** nom de plusieurs comtes de Flandre et de Hainaut. **Baudouin V** (v. 1012-Lille 1067), comte de Flandre (1035-1067), marié à Adélaïde de France, fille de Robert II le Pieux, fut régent de France pendant la minorité de Philippe Ier (1060-1066). — **Baudouin IX (VI),** comte de Flandre et de Hainaut (1194/95-1205), devint empereur latin de Constantinople sous le nom de Baudouin Ier.

BAUDOUIN, nom de cinq rois de Jérusalem. **Baudouin Ier** *de Boulogne* († El-Arich 1118), comte d'Édesse (1098-1100), roi de Jérusalem (1100-1118), frère de Godefroi de Bouillon, fut le fédérateur des États latins* du Levant et le fondateur du royaume de Jérusalem* qu'il agrandit et dota d'institutions solides. — **Baudouin II** *du Bourg* († Jérusalem 1131), comte d'Édesse (1100-1118), roi de Jérusalem (1118-1131), cousin du précédent, défendit victorieusement contre les Turcs son royaume (prise de Bāniyās, 1129) et la principauté d'Antioche, dont il assuma la régence (1119-1126). — **Baudouin III** (1131-Beyrouth 1162), roi de Jérusalem (1143-1162), fils et successeur de Foulques V d'Anjou, lutta avec succès contre l'atabek d'Alep Nūr al-Dīn et reconstitua l'alliance franco-byzantine en épousant (1158) Théodora Comnène, nièce de Manuel Ier. — **Baudouin IV** (1160-1185), roi de Jérusalem (1174-1185), fils et successeur d'Amaury Ier, prit, malgré sa maladie (la lèpre), une part active à la lutte contre Saladin.

BAUDOUIN, nom de deux empereurs latins de Constantinople. **Baudouin Ier** (Valenciennes 1171-1205), empereur latin de Constantinople (1204-1205), comte de Flandre et de Hainaut (Baudouin IX [VI]). Il participa à la quatrième croisade, à l'issue de laquelle il fonda l'Empire latin* de Constantinople. En luttant contre les Grecs de Thrace alliés aux Bulgares, il fut fait prisonnier à Andrinople (1205) par le tsar Jean II Kalojan. — **Baudouin II** (Constantinople v. 1217-1273), empereur latin de Constantinople (1228-1261), frère et successeur de Robert Ier de Courtenay, ne put empêcher, malgré les secours qu'il vint solliciter en Occident (1236, 1243), Michel VIII Paléologue de s'emparer de Constantinople (1261).

BAUDOUIN Ier, roi des Belges (Bruxelles 1930 - Motril, Espagne, 1993), fils aîné du roi Léopold III et de la reine Astrid. Prince royal avec pouvoirs royaux le 1er août 1950, il devint roi le 16 juill. 1951, à la suite de l'abdication de son père.

BAUDOUIN (Pierre Antoine), peintre français (Paris 1723 - *id.* 1769), élève et gendre de Boucher. On lui doit d'habiles gouaches à sujet le plus souvent galant ou licencieux.

BAUDOUIN DE COURTENAY (Jan Ignacy), linguiste polonais (Radzymin, région de Varsovie, 1845 - Varsovie 1929). Professeur à Kazan, Dorpat, Cracovie, Saint-Pétersbourg et Varsovie, il fut méconnu de son vivant mais est aujourd'hui considéré comme le précurseur de la phonologie (*Versuch einer Theorie phonetischer Alternationen,* 1895). Partant du fait que des sons différents pouvaient être perçus comme une même entité linguistique, il distingue une « physiophonétique » et une « psychophonétique », qui correspondent à peu près à la division actuelle entre phonétique et phonologie.

BAUDRICOURT (Robert DE) [XVe s.]. Capitaine de Vaucouleurs (1420), il donna à Jeanne d'Arc une escorte pour se rendre à Chinon auprès de Charles VII (1429).

BAUDRIER n. m. (anc. fr. *baldrei,* p.-ê. du lat. *balteus*). **1.** Large courroie de cuir portée en bandoulière et soutenant un sabre, une épée, un tambour ou le ceinturon. — **2.** Harnais constitué de sangles, utilisé par l'alpiniste et le spéléologue pour s'encorder.

BAUDRIER (Yves), compositeur français (Paris 1906 - *id.* 1988), auteur de nombreuses musiques de films *(la Bataille du rail, le Musicien dans la cité).*

BAUDRILLARD (Jean), sociologue français (Reims 1929). Il interprète la séduction du consommateur comme un jeu d'apparences et un défi à l'existence de la production et du désir (*la Société de consommation : ses mythes, ses structures,* 1970 ; *l'Échange symbolique et la mort,* 1976 ; *De la séduction,* 1979 ; *Amérique,* 1986 ; *l'Autre par lui-même,* 1987 ; *Cool Memories,* t. 1, 1987 ; t. 2, 1990 ; *le Crime parfait. Essai sur la disparition de la réalité,* 1995).

BAUDRILLART (Alfred), prélat et historien français (Paris 1859 - *id.* 1942). Recteur de l'Institut catholique de Paris (1907), cardinal (1935), il a laissé des ouvrages d'histoire, dont *Philippe V* et *la Cour de France* (1890-1901). [Acad. fr., 1918.]

BAUDROIE n. f. (provenç. *baudroi*). Poisson (lophiidé) des fonds marins à bouche énorme, au corps aplati, aux nageoires pectorales portées par des moignons, et caractérisé par un « filament pêcheur » dorsal (illicium) jouant le rôle de leurre pour attirer ses proies. (Syn. LOTTE.)

BAUDRUCHE n. f. **1.** Pellicule faite du gros intestin du bœuf ou du mouton. — **2.** Mince pellicule de caoutchouc dont on fait des ballons très légers. — **3.** Personne sans caractère ou de réputation surfaite. — **4.** Théorie sans consistance, facile à réfuter.

BAUDRY (Paul), peintre français (Bourbon-Vendée, auj. La Roche-sur-Yon, 1828 - Paris 1886). Féru de Corrège et de Raphaël, il fut bon portraitiste et grand décorateur (foyer de l'Opéra de Paris, 1865-1874).

BAUER (Georg) → AGRICOLA.

BAUER (Bruno), critique et philosophe allemand (Eisenberg 1809 - Rixdorf, près de Berlin, 1882). Influencé par l'hégélianisme, il critiqua le christianisme (*Critique des faits contenus dans l'Évangile selon saint Jean,* 1840 ; *Christianisme dévoilé,* 1843) puis aborda la politique et l'histoire dans une série d'ouvrages constamment combattus par Marx et Engels. Après 1870, Bauer soutint la politique de Bismarck.

BAUËR (Henry), critique et journaliste français (Paris 1851 - *id.* 1915). Opposé à l'Empire, mais favorable à la Commune, il défendit le symbolisme et le Théâtre-Libre. — Son fils GÉRARD (Le Vésinet 1888 - Paris 1967) publia, sous le titre *Billets de Guermantes,* des chroniques variées dans *le Figaro.*

BAUER (Otto), homme politique autrichien (Vienne 1881 - Paris 1938). L'un des dirigeants du parti social-démocrate, il devint secrétaire d'État aux Affaires étrangères (nov. 1918-juill. 1919). Après l'écrasement des socialistes par Dollfuss, il dut s'exiler. Otto Bauer a fait partie du courant austro-marxiste et a écrit *la Question des nationalités et la social-démocratie* (1907).

BAUER (Eddy), historien suisse (Neuchâtel 1902 - *id.* 1972), spécialiste de la Seconde Guerre mondiale (*Guerre des blindés,* 1948 ; nouv. éd., 1962 ; *Histoire controversée de la Deuxième Guerre mondiale,* 7 vol., 1966-67).

BAUFFE ou **BAUFE** n. m. Dans la pêche en mer, corde à laquelle on attache de distance en distance les lignes de fond. (Syn. MAÎTRESSE CORDE, CORDE MÈRE ou MAÎTRE PALANGRE.)

BAUGE n. f. (var. de *bauche,* torchis, du gaul. *balcos,* fort). **1.** Gîte du sanglier ; nid de l'écureuil. — **2.** Logement ou lieu très sale. — **3.** Syn. de TORCHIS.

BAUGÉ (49150), ch.-l. de cant. du nord-est du Maine-et-Loire, dans le *Baugeois ;* 3 803 hab. *(Baugeois).* Hôtel de ville dans l'anc. château de Yolande d'Aragon (XVe s.). Hospice du XVIIe s. (belle pharmacie). Vieilles demeures. Industrie du meuble.

BAUGEOIS, plateau du nord-est de l'Anjou (Maine-et-Loire), autour de *Baugé.*

BAUGER (SE) v. pr. (de *bauge*) [conj. **17**]. Se coucher, en parlant du sanglier.

BAUGES (les), massif des Préalpes françaises du Nord, entre les cluses d'Annecy et de Chambéry ; 2 217 m à l'Arcalod. Sylviculture et élevage bovin laitier. Parc naturel régional, couvrant 80 000 ha (dép. de Savoie et de Haute-Savoie), créé en 1995.

BAUGIN (Lubin), peintre français (Pithiviers v. 1612 - Paris 1663), auteur de natures mortes (*les Cinq Sens, le Dessert de gaufrettes,* Louvre) ainsi que de tableaux religieux (Vierges à l'Enfant) d'un maniérisme raffiné.

BAUGY (18800), ch.-l. de cant. du Cher, sur l'Yèvre ; 1 167 hab.

Bauhaus (« maison de l'œuvre bâtie »), école allemande d'enseignement artistique fondée par W. Gropius, à Weimar, en 1919. Elle fut ensuite transportée à Dessau (1925-1932) et c'est à Berlin (1933) qu'elle fut définitivement fermée par les nazis. L'intention de Gropius était de créer une architecture nouvelle en rendant vie et signification à l'habitat par le moyen de la synthèse des arts plastiques, de l'artisanat et de l'industrie. Les principaux professeurs furent Itten, Feininger, Schlemmer, Kandinsky, Klee, Moholy-Nagy, J. Albers ; à Gropius succédèrent comme directeur l'architecte Suisse Hannes Meyer (1928) puis Mies van der Rohe (1930).

BAUHIN (Jean), naturaliste et médecin d'origine française (Bâle 1541 - Montbéliard 1613). Installé à Montbéliard comme médecin du duc de Wurtemberg (1570), il a commencé une très importante encyclopédie botanique, parue après sa mort (1650-51). — Son frère GASPARD (Bâle 1560-*id.* 1624), botaniste lui aussi, est le premier à avoir jeté les bases d'une classification naturelle des plantes.

Bauhin *(valvule de),* repli de la paroi interne du cæcum au niveau de l'abouchement de l'intestin grêle. Cette valvule empêche le reflux des liquides du côlon vers l'intestin grêle.

BAUHINIA n. f. (lat. sc. *bauhinia,* de *Bauhin,* n. pr.). Arbre (césalpiniacée) des régions tropicales, aux fleurs décoratives.

BAULE-ESCOUBLAC (La) ou **LA BAULE** [44500], ch.-l. de cant. de la Loire-Atlantique, à l'O. de Saint-Nazaire ; 15 018 hab. *(Baulois).* Station balnéaire.

BAULIEU (Étienne Emile), médecin et endocrinologue français (Strasbourg 1926). Auteur de nombreux travaux sur les hormones stéroïdes, il a notamment mis au point la pilule abortive RU 486. (Acad. des sc., 1982).

BAULIG (Henri), géographe français (Paris 1877-Ingwiller 1962). Ses travaux, influencés par ceux de W. M. Davis, accordent une large place aux variations eustatiques dans l'explication des formes du relief.

BAUM (Vicki), femme de lettres autrichienne (Vienne 1888-Hollywood 1960), auteur de romans à succès (*Grand-Hôtel,* 1929 ; *Prenez garde aux biches,* 1953).

1. BAUME ou **BALME** n. f. (gaul. *balma*). En Provence, grotte, caverne.

2. BAUME n. m. (lat. *balsamum,* du gr. *balsamon*). **1.** Autref., préparation aromatique, ne contenant pas nécessairement de résines et possédant un effet sédatif sur la douleur. — **2.** Sécrétion végétale complexe, odorante, riche en esters benzoïques et cinnamiques, produite par de nombreuses espèces végétales, souvent d'usage pharmaceutique. — **3.** Résine odoriférante qui, bénie par l'évêque le jeudi saint, est mélangée avec de l'huile pour constituer le saint chrême. — **4.** *Baume du* ou *de Canada,* résine produite par le sapin baumier, ou *Abies balsamea,* employée en optique pour coller les lentilles. ‖ *Baume du Pérou,* résine produite par *Myroxylon pareiræ,* utilisée en dermatologie. ‖ *Baume de Tolú,* résine produite par *Myroxylon toluiferum,* utilisée dans les affections broncho-pulmonaires. ‖ Litt. *Mettre du baume au cœur, sur une plaie,* consoler, réconforter qqn, atténuer, apaiser une peine.

BAUMÉ n. m. **1.** Aréomètre dû au chimiste Baumé. — **2.** *Degré Baumé,* élément de la division de l'échelle conventionnelle employée sur cet appareil.

BAUMÉ (Antoine), pharmacien et chimiste français (Senlis 1728 - Paris 1804). Auteur de nombreux mémoires et articles (teinture des draps, dorure de pièces d'horlogerie, conservation du blé, extinction des incendies, etc.), il fit de nombreuses expériences sur la fabrication de la porcelaine, l'aréomètre qui porte son nom et le sel ammoniac, dont, le premier en France, il créa une fabrique.

BAUMEISTER (Willi), peintre allemand (Stuttgart 1889 - *id.* 1955), de tendance abstraite, constructiviste, puis surréalisante.

BAUME-LES-DAMES (25110), ch.-l. de cant. du Doubs, en bordure du Jura ; 5 481 hab. *(Baumois).* Anc. abbatiale et église toutes deux du XVIIe s. Constructions mécaniques. Pipes.

BAUME-LES-MESSIEURS, comm. du Jura, à 18 km au N.-E. de Lons-le-Saunier ; 198 hab. Anc. abbaye des XIIe-XVIe s. (belle église romane ; musée de l'Artisanat). — Aux environs, au pied de reculées, sources de la Seille et du Dard. Grottes.

BAUMGARTEN (Alexander Gottlieb), philosophe allemand (Berlin 1714 - Francfort-sur-l'Oder 1762). Il appartient à l'école philosophique de Leibniz et de Wolff. Le premier, il a séparé, sous le nom d'*esthétique,* la science du beau des autres parties de la philosophie.

BAUMGARTNER (Gallus Jakob), publiciste et homme politique suisse (Altstätten 1797 - Saint-Gall 1869). Il prit une part active aux luttes qui agitèrent le canton de Saint-Gall. Il est l'auteur, en allemand, de *la Suisse, ses luttes et ses transformations, de 1830 à 1850* (Zurich, 1853-1866).

BAUMHAUÉRITE n. f. Sulfoarséniure naturel de plomb.

BAUMIER ou **BALSAMIER** n. m. Nom commun à divers arbres produisant un baume.

BAUNSGAARD (Hilmar), homme politique danois (Slagelse 1920 - Hellerup 1989). Premier ministre (1968-1971), il mena une politique d'austérité.

BAUQUET n. m. Syn. de BOCAIN.

BAUQUIÈRE n. f. (de *bau*). Sur un navire en bois, ceinture intérieure reliant les couples et supportant les baux par leurs extrémités.

BAUR (Harry), acteur français de théâtre et de cinéma (Paris 1880 - *id.* 1943). Il débuta au Grand-Guignol et le cinéma parlant consacra sa popularité. Il a tourné dans *les Misérables* (1934), *Un carnet de bal* (1937), *Volpone* (1941).

BAURU, v. du Brésil (État de São Paulo), au N.-O. de São Paulo ; 190 000 hab.

BAUSCH (Philippine BAUSCH, dite **Pina**), danseuse et chorégraphe allemande (Solingen 1940), une des meilleures représentantes de la danse moderne en Allemagne. Depuis 1973, elle est directrice du ballet à l'Opéra de Wuppertal. La violence, l'humour noir, le goût de la caricature caractérisent ses compositions (*le Sacre du printemps,* 1975 ; *les Sept Péchés capitaux,* 1976 ; *Barbe-Bleue,* 1977 ; *Nelken,* 1982 ; *Palermo, Palermo,* 1989 ; *Tanzabend II,* 1991 ; *Danzon,* 1996).

BAUTAIN (*abbé* Louis), philosophe et théologien français (Paris 1796 - Viroflay 1867). Proclamant l'impuissance de la raison et la suprématie de la foi, il fut condamné par Rome pour fidéisme en 1838.

BAUTZEN, v. d'Allemagne (Saxe), à l'E. de Dresde, au pied des monts de Lusace ; 49 000 hab. Textile. Électronique. Mécanique. – Victoire de Napoléon Ier (20-21 mai 1813) sur les Russes et les Prussiens.

BAUWENS (Liévin), industriel belge (Gand 1769 - Paris 1822). Il introduisit en France le procédé de la filature mécanique du coton (mule-jenny), dont le monopole était gardé par l'Angleterre.

BAUX n. m. pl. Pluriel de BAIL et de BAU.

BAUX-DE-PROVENCE (Les) [13520], comm. des Bouches-du-Rhône, sur un rocher escarpé des Alpilles ; 458 hab. Ancien fief puissant, elle conserve les ruines d'un château fort en partie taillé dans le roc, une église romane, des maisons Renaissance. Musées.

BAUXITE n. f. (des *Baux-de-Provence,* n. pr.). Roche sédimentaire formée surtout d'alumine hydratée mélangée à une proportion variable d'oxydes de fer. (C'est le principal minerai d'aluminium.)

ENCYCL. Roche en général tendre, de couleur crème à rouge, la bauxite contient plus de 40 % d'Al_2O_3 et des oxydes de fer allant de 2 à 4 % *(bauxite blanche)* et atteignant 25 % *(bauxite rouge).* Elle résulte de la latéritisation de roches silicatées.
La bauxite sert à la préparation de l'alumine pure, base de la métallurgie de l'aluminium. Calcinée, elle est très réfractaire, ne fondant qu'à 2 050 °C.
La production s'est développée avec l'usage de l'aluminium. Elle dépasse aujourd'hui 100 Mt. L'Australie en fournit plus du tiers (40 Mt), loin devant la Guinée (17 Mt) et des fournisseurs traditionnels (Jamaïque, 11 Mt) ou plus récents (Brésil, 10 Mt). La France, longtemps au premier rang européen, a vu sa production s'effondrer (moins de 500 000 t).

BAUXITIQUE adj. Relatif à la bauxite.

BAVAI → BAVAY.

BAVARD, E adj. et n. (de *bave*). **1.** Qui parle beaucoup, aime à parler : *Écolier bavard.* – **2.** Qui est incapable de garder un secret : *Se défier des bavards.*

◆ adj. Qui comporte trop de mots inutiles, manque de sobriété : *Roman bavard.*

◆ **bavard** n. m. **1.** *Arg.* Avocat. – **2.** Chien de meute qui crie sans motif.

BAVARDAGE n. m. **1.** Action de parler abondamment : *Un bavardage assommant.* – **2.** Propos, discours de bavard : *La soirée se passait en bavardages.* – **3.** Action de dévoiler un secret ; indiscrétion : *Être victime d'un bavardage imprudent.*

BAVARDER v. i. (conj. 3). **1.** Parler abondamment de choses sans grande portée : *Bavarder de tout et de rien.* – **2.** Parler indiscrètement sur qqn, qqch : *On bavardait sur sa conduite.*

BAVAROIS, E adj. et n. (de *Bavaria,* forme médiév. de *Bavière*). De Bavière.

◆ **bavarois** n. m. Ensemble de dialectes du haut allemand parlés en Bavière, en Autriche et au sud du Tyrol.

◆ **bavarois** n. m. ou **bavaroise** n. f. Entremets froid moulé, généralement composé d'une crème anglaise, de purée de fruits collée à la gélatine et additionnée de crème fouettée.

◆ **bavaroise** n. f. Boisson mousseuse constituée de thé, de chocolat ou de café, sucré et additionné d'un jaune d'œuf fouetté et de lait bouillant que l'on parfume au kirsch ou au rhum.

BAVASSER v. i. (de *baver*) [conj. 3]. *Fam.* Parler beaucoup et sans réflexion.

BAVAY (59570), anc. **Bavai,** ch.-l. de cant. du Nord, à 14 km à l'O. de Maubeuge ; 3 869 hab. *(Bavaysiens). Bagacum,* chef-lieu des Nerviens, fut une ville importante à l'époque gallo-romaine. Les fouilles ont dégagé le centre urbain, avec double forum, basilique, portiques et cryptoportiques. Des bronzes et des objets domestiques ont été exhumés. Au Bas-Empire, Bavay se resserra dans une enceinte et fut supplanté par Cambrai. Musée archéologique.

BAVE n. f. (lat. pop. **baba,* onomat.). **1.** Salive qui coule de la bouche, en partic. des jeunes enfants ; salive écumeuse qui sort de la bouche de certains malades ou des animaux. – **2.** Sécrétion gluante des mollusques, des poissons : *La bave des escargots.* – **3.** *Litt.* Propos calomnieux. – **4.** Fil de soie sortant de la filière d'une chenille séricigène.

BAVENDAS → VENDAS.

BAVÉNITE n. f. Aluminosilicate naturel de calcium hydraté.

BAVER v. i. (conj. 3). **1.** Laisser couler de la bave ; laisser couler de sa bouche de la nourriture ou de la boisson. – **2.** En parlant d'un liquide, s'étaler en faisant des taches : *L'encre a bavé sur la page.* – **3.** *Fam.* Éprouver, concevoir un sentiment violent à l'occasion de qqch : *Ta réussite le fait baver d'envie.*

◆ v. t. Pop. *En baver (des ronds de chapeau),* subir des souffrances, de graves ennuis ; se donner beaucoup de mal.

◆ v. t. ind. *Fam.* Se répandre en propos venimeux : *Baver sur ses collègues.*

BAVETTE n. f. **1.** Pièce de tissu attachée au cou des bébés pour protéger leur vêtement pendant le repas. – **2.** Partie d'un tablier, d'une salopette qui couvre la poitrine. – **3.** Écran fixé à la partie inférieure des passages de roue d'une automobile pour éviter les projections de boue. – **4.** Bande métallique d'étanchéité placée sur une couverture, en avant d'une fenêtre, etc. – **5.** Nom donné à plusieurs morceaux du bœuf isolés de la région abdominale. – **6.** Fam. *Tailler une bavette avec qqn,* bavarder avec lui.

BAVEUR, EUSE adj. *Verre baveur,* verre qui laisse échapper son contenu lorsque qqn le porte à ses lèvres.

BAVEUX, EUSE adj. **1.** Qui laisse couler de la bave : *Bouche baveuse.* – **2.** Se dit d'une omelette assez peu cuite pour que l'intérieur reste moelleux.

◆ **baveuse** n. f. Nom usuel de la *blennie.*

BAVIÈRE n. f. (de *baver*). Pièce d'armure qui protégeait la partie inférieure du visage (XIVe-XVIe s.).

BAVIÈRE, en all. **Bayern,** État (Land) d'Allemagne ; 70 553 km² ; 11 220 735 hab. Cap. *Munich.*
– **Géogr.** De la vallée du Main aux Alpes, le Land de Bavière est le plus vaste du pays. L'agriculture, intensive, demeure importante, notamment sur les plateaux et dans les vallées de la Franconie (du Spessart à la Fränkische Alb), au N.-O., sur les placages de lœss du plateau bavarois (au S. du Danube), également parsemé de lacs. L'industrie est représentée par les constructions mécaniques et électriques et implantée notamment dans des villes (Nuremberg, Augsbourg, Ratisbonne et surtout Munich, métropole de l'Allemagne du Sud), cités historiques (bénéficiant d'une fréquentation touristique [ressource essentielle, avec l'élevage, de la frange alpestre]) et commerciales.
– **Hist.** Dès le début du Xe s., la Bavière est l'un des plus importants duchés de l'Empire germanique. La dynastie des Guelfes (1070-1180) est spoliée au profit des Wittelsbach, qui régneront en Bavière jusqu'en 1918. L'unification du pays est gênée par la constitution de puissantes principautés ecclésiastiques (Salzbourg, Augsbourg), et ce n'est qu'au XVIe s., notamment avec Albert IV le Sage (1447-1508), duc de 1467 à 1508, que les ducs s'imposent définitivement à leurs États, qui deviennent un bastion de la réforme catholique : l'époque est dominée par Maximilien Ier (de 1597 à 1651), dont le *Codex maximilianeus* (1616) établit une unité juridique dans toute la Bavière. Mais si Maximilien, durant la guerre de Trente Ans, obtient le titre envié d'« Électeur », la Bavière sort épuisée de cette lutte. Au XVIIIe s., les Électeurs de Bavière font de leurs États un foyer de renouveau intellectuel et artistique. Allié de Napoléon Ier, l'Électeur Maximilien Ier Joseph (de 1799 à 1825) devient roi en 1806 ; et, tandis que ses territoires s'agrandissent aux dépens de l'Autriche, le ministre Maximilian von Montgelas (1759-1838) pratique un despotisme éclairé efficace. La chute de Napoléon Ier (1815) ramène la Bavière – membre de la Confédération germanique – dans ses limites

antérieures. Adversaires de l'unité allemande à la prussienne, partisans du fédéralisme, les rois de Bavière (en partic. Louis II, de 1864 à 1886), après la victoire de la Prusse sur l'Autriche et ses alliés (dont la Bavière) en 1866 et la défaite française en 1870-71, doivent finalement reconnaître la prépondérance prussienne en Allemagne, encore qu'au sein de l'empire fédéral, créé en 1871, la Bavière bénéficie de « droits spéciaux ». L'abdication de Louis III, en nov. 1918, fait de la Bavière un simple Land dans la république de Weimar ; le puissant parti populaire bavarois, chrétien et fédéraliste, ne peut rien contre la montée et l'emprise de l'hitlérisme, qui triomphe en 1933. En 1949, la Bavière devient au sein de la R. F. A. un Land (État libre de Bavière) dont les limites respectent l'histoire.

BAVIÈRE (Jean DE) [1373-1425], de la maison comtale de ce nom (branche de Straubing, en Basse-Bavière). Prince-évêque de Liège, il disputa à sa nièce Jacqueline la succession de Hollande et de Zélande au cours d'une guerre qui opposa les *cabillauds,* partisans de Jean, et les *hameçons.*

BÂVILLE ou **BASVILLE** (Nicolas DE LAMOIGNON DE), administrateur français (Paris 1648 - *id.* 1724). Intendant du Poitou (1682-1685), puis du Languedoc (1685-1718), il recourut aux dragonnades pour convertir les protestants, appliqua avec rigueur l'édit de révocation de l'édit de Nantes (1685), provoquant ainsi la révolte des camisards* (1702).

BAVOIR n. m. Pièce de tissu qui protège la poitrine des bébés lorsqu'ils bavent.

BAVOLET n. m. (de *bas* et anc. fr. *volet,* sorte de voile). **1.** Coiffe de paysanne froncée derrière et couvrant la nuque. — **2.** Volant placé au bas des capotes de femmes (XIXe s.). — **3.** Dans un trench-coat, rabat extérieur qui protège les épaules. — **4.** Sac de dame à 3 compartiments.

BAVON *(saint),* moine à Gand († av. 659) et patron de la ville.

BAVURE n. f. (de *baver*). **1.** Tache, macule dans une impression, dans une épreuve d'imprimerie, dans une empreinte, etc. — **2.** Erreur regrettable, faute lourde, commise notamment à l'occasion d'une opération policière ou militaire, ou conséquence fâcheuse d'une action : *Une bavure des forces de l'ordre.* — **3.** Languette plate et saillante laissée à la périphérie d'une pièce moulée ou forgée à chaud, ou ayant subi une opération d'usinage. (Syn. BARBE, BARBURE.) — **4.** Fam. *(Net et sans bavure(s),* sans défaut ou sans ambiguïté.

BAXANDALL n. m. (du n. de l'inventeur). Dispositif permettant le dosage indépendant des graves et des aigus dans les appareils amplificateurs destinés à la reproduction de la musique.

BAXTER (George), graveur et imprimeur anglais (Lewes 1804-Sydenham 1867). Il développa, de 1835 à 1860, un procédé permettant l'impression d'illustrations en couleurs à forts tirages.

BAYADÈRE n. f. (port. *bailhadeira,* de *balhar,* forme dialect. de *bailar,* danser). **1.** Danseuse hindoue sacrée. — **2.** Tissu de toute matière présentant des effets de larges rayures multicolores dans le sens de la chaîne.

BAYAMO, v. de Cuba, ch.-l. de la prov. de Granma ; 109 000 hab. Monuments historiques.

BAYAMÓN, v. de Porto Rico, dans l'agglomération de San Juan ; 196 000 hab.

BAYAR (Mahmut Celâl), homme d'État turc (Umurbey, prov. de Brousse, 1884 - Istanbul 1986) . Fondateur du parti démocrate (1945), président la République (1950-1960), il fut renversé par le coup d'État du 27 mai 1960.

BAYARD *(col),* passage des Hautes-Alpes, à 1 248 m d'alt., sur la route Napoléon, entre la haute vallée du Drac et Gap.

BAYARD (Pierre TERRAIL, *seigneur* DE), homme de guerre français (château de Bayard, près de Grenoble, 1476 - Romagnano Sesia 1524). Le surnom de « Chevalier sans peur et sans reproche » lui fut décerné par ses contemporains, qui le célébrèrent comme le parfait chevalier pour sa vaillance, sa loyauté et sa générosité. Salué comme le « héros des guerres d'Italie », il n'exerça pourtant jamais un grand commandement. Il combattit à Fornoue (1495) sous Charles VIII, qui l'arma chevalier. Sous Louis XII, qui lui donna la charge d'écuyer (1504), il s'illustra au siège de Canosa (1502) et au pont de Garigliano (1503), qu'il défendit contre les Espagnols. Son action décida de la capitulation de Gênes (1508). Grièvement blessé en assiégeant Brescia (1512), il contribua à la victoire de Ravenne (1512). Sous François Ier, qui le nomma lieutenant général en Dauphiné (1515), il se distingua à Marignan, où il arma le roi chevalier, puis il força les Impériaux à lever le siège de Mézières (1521). Il fut mortellement blessé en protégeant la retraite de l'armée en Milanais.

BAYARD (Hippolyte), photographe français (Breteuil, Oise, 1801 - Nemours 1887). Améliorant le procédé de W. H. F. Talbot, il pratiqua, le premier en France, la photographie avec négatif, alors sur papier (1839). La vogue prépondérante du daguerréotype relégua dans l'ombre cette invention, qui constituait pourtant le germe de la technique photographique de l'avenir.

Bayard Presse, première entreprise de presse catholique en France, fondée à la fin du XIXe s. par les assomptionnistes sous le nom de *la Bonne Presse,* qui prit le nom de Bayard Presse en 1969. Elle édite une trentaine de titres dont le quotidien *la Croix l'Événement* et l'hebdomadaire *le Pèlerin* ainsi que des journaux pour les enfants. Le groupe édite également des livres.

BAYAS → GBAYAS.

BAYAZID → BAYEZID.

BAYBARS Ier (al-Malik al-Ẓāhir Rukn al-Dīn al-Ṣāliḥī) [Kiptchak 1223 - Damas 1277], sultan musulman du Caire, le quatrième de la dynastie des Mamelouks baḥrites. Il légitima son pouvoir en reconnaissant comme calife un descendant des ʻAbbāssides, qui le proclama sultan (1260). Il pacifia et organisa son empire, reconquérant une partie des États latins. Grand constructeur, il a orné ses monuments d'un félin passant, remarquable exemple de la sculpture figurative de l'islām.

BAYEN (Pierre), pharmacien et chimiste français (Châlons-sur-Marne 1725 - Paris 1798), créateur et organisateur de la pharmacie militaire française. Il attaqua, avant Lavoisier, la théorie du phlogistique de Stahl et isola le premier l'oxygène, en 1774.

BAYER v. t. ind. (anc. fr. *baer,* du lat. pop. **batare,* bâiller) [conj. 3]. Fam. *Bayer aux corneilles,* rester à ne rien faire, à rêvasser en regardant en l'air.

BAYER (Johann), astronome allemand (Rain, Bavière, 1572 - Augsbourg 1625). Il est à l'origine de la classification des étoiles de chaque constellation, d'après leur éclat, par des lettres grecques. Il a ajouté 12 constellations aux 48 citées par Ptolémée. Son *Uranometria* (1603) constitue le premier atlas céleste qui ait été publié.

Bayer *(Farbenfabriken Bayer AG),* société chimique allemande dont les origines remontent à 1863. Une des plus importantes entreprises chimiques mondiales, premier producteur de fibres acryliques.

BAYERISCHER WALD ou **BAYRISCHERWALD** (« Forêt de Bavière »), massif du sud-ouest de la Bohême, en Allemagne (Bavière), entre le Danube et la frontière tchèque. Parc national.

BAYES (Thomas), mathématicien anglais (Londres 1702 - Tunbridge Wells 1761). Il tenta de déterminer la probabilité des causes par les effets observés, étude reprise par Laplace puis Condorcet.

BAYÉSIEN, ENNE adj. (de T. *Bayes,* n. pr.). *Méthodes bayésiennes, statistique bayésienne,* méthodes d'inférence statistique fondées sur une évaluation des probabilités des hypothèses, préalablement à l'observation d'un événement aléatoire.

BAYET (Albert), sociologue et journaliste français (Lyon 1880 - Paris 1961). Rationaliste, il s'est efforcé de définir une science des faits moraux : *l'Idée du bien* (1908), *le Suicide et la Morale* (1922). Il a présidé pendant la Seconde Guerre mondiale la Fédération de la presse clandestine.

BAYEU (Francisco), peintre espagnol (Saragosse 1734 - Madrid 1795). Directeur de l'Académie de Madrid (1765), il a décoré de fresques animées et délicates les résidences royales et certains édifices religieux. Goya épousa sa sœur. — Son frère RAMÓN (Saragosse 1746 - Aranjuez 1793) est surtout connu pour d'excellents cartons de tapisserie (scènes populaires).

BAYEUX (14400), ch.-l. d'arrond. du Calvados, dans le Bessin ; 15 106 hab. *(Bayeusains* ou *Bajocasses).* Cathédrale, une des plus remarquables des styles roman et gothique normands (XIIe-XIVe s.). Musée Baron-Gérard (peintures ; porcelaines et dentelles de Bayeux ; etc.) et musée abritant la célèbre broderie dite « tapisserie de Bayeux », remontant au XIe s. (longue de 70 m, elle raconte la conquête de l'Angleterre). Petit centre administratif, commercial, bancaire. Constructions mécaniques. — La ville fut libérée le 8 juin 1944 par les Britanniques. De Gaulle y prononça, le 16 juin 1946, un important discours exposant les idées qui inspireront la Constitution de 1958.

Bayeux *(dentelle de),* dentelle aux fuseaux exécutée en soie ou en fil, parente de la production de Chantilly.

Bayeux *(manufacture de porcelaines de),* manufacture fondée en 1812 et qui fonctionna jusqu'en 1951.

BAYEZID Ier, en fr. **Bajazet** (v. 1360-Akşehir, prov. de Konya, 1403), 4e sultan ottoman (1389-1403), successeur de Murad Ier. Il commença le blocus de Constantinople en 1394, conquit la Thessalie puis défit les croisés dirigés par Sigismond de Luxembourg et Jean sans Peur à Nicopolis (1396). Il fut vaincu par Tīmūr Lang à Ankara et fait prisonnier (1402).

BAYEZID II (1447 ou 1448-Dimetoka, auj. Didymotikhon, 1512), 8e sultan ottoman (1481-1512), successeur de Mehmed II.

BAYEZID (1612 - Istanbul 1635), prince ottoman, fils d'Ahmed Ier et frère de Murad IV. Sa mort tragique a inspiré à Racine sa tragédie de *Bajazet.*

BAYINNAUNG, roi de Birmanie (1551-1581). Il réunifia ses États avec brutalité et établit sa suzeraineté sur Chiangmai (1558), Ayuthia (1563 et 1569), Vientiane (1564) et entra au Yunnan.

BAYLE → BAILE et BAÏLE.

BAYLE (Pierre), écrivain français (Le Carla 1647 - Rotterdam 1706). Protestant installé à Genève, puis à Sedan, il gagna Rotterdam, où il enseigna l'histoire et la philosophie. En réponse à Bossuet, il affirma dans sa *Lettre sur la comète* (1682, remaniée et publiée en 1694 sous le titre *Pensées* sur la comète*) que, face aux superstitions, l'athéisme est plus lucide que l'idolâtrie et défendit, au nom du réalisme et de la tolérance, un protestantisme réfléchi, s'opposant ainsi à Jurieu, qui lui reprocha sa tiédeur (*Nouvelles de la République des lettres*, 1684-1687). Ayant perdu sa chaire lors de cette controverse, il se consacra à son *Dictionnaire* historique et critique* (1696-97), qui annonçait l'esprit philosophique du XVIIIe s. et l'*Encyclopédie*.

Bayle *(maladie de)*, méningo-encéphalite d'origine syphilitique.

BAYLE (François), compositeur français (Tamatave 1932). Il a surtout travaillé avec P. Schaeffer et est devenu un des principaux animateurs du Groupe de recherches musicales (satellite de l'Office de la radiodiffusion-télévision française, puis de l'Institut national de l'audiovisuel). La technique électroacoustique est son principal moyen d'expression. On lui doit notamment *Jeita ou Murmure des eaux* (1970), *le Purgatoire* (1973) et *le Paradis* (1974), en collaboration avec B. Parmegiani, et *Érosphère* (1980).

Bayon (le), temple khmer (fin XIIe-début XIIIe s.), au centre d'Angkor Thom. Son énorme sanctuaire central comporte 16 chapelles rayonnantes et 54 tours ornées de 4 visages colossaux, ensemble d'un symbolisme bouddhique cosmique complexe.

BAYONNE (64100), ch.-l. d'arrond. des Pyrénées-Atlantiques, à 175 km au S.-S.-O. de Bordeaux, au confluent de l'Adour et de la Nive ; 41 846 hab. *(Bayonnais)*. Évêché. Noyau d'une agglomération de 130 000 hab. englobant Biarritz. Passée sous la domination anglaise en 1199, Bayonne ne devint française qu'en 1451. En 1808 s'y tinrent les conférences qui aboutirent à l'abdication des souverains espagnols en faveur de Napoléon Ier. Centre commercial ; dans la banlieue (vers Boucau et Anglet), construction aéronautique, engrais, cimenterie, électronique. Exportation de soufre. Restes de fortifications. Cathédrale gothique des XIIIe-XVIe s., de type septentrional. Musée Bonnat (antiquités, objets d'art, peintures et riche cabinet de dessins) et Musée basque.

BAYOU n. m. (choctaw *bàjuk*, petite rivière). En Louisiane et dans la région du bas Mississippi, bras secondaire du fleuve ou lac établi dans un méandre abandonné.

BAYOUD n. m. Maladie cryptogamique mortelle du palmier.

BAYÓVAR, port pétrolier du nord du Pérou.

BAYRAM ⟶ BAÏRAM.

BAYREUTH, v. d'Allemagne (Bavière), sur le Main ; 71 527 hab. Centre commercial et industriel régional. Université. Opéra margravial du XVIIIe s.

— **Mus.** La vie musicale y reprit au XIXe siècle grâce à Wagner ; commencé le 22 mai 1872, le théâtre des festivals fut inauguré le 13 août 1876 avec *l'Anneau du Nibelung*. Il contient 1500 places. La ville est riche de souvenirs wagnériens (Wahnfried, musée Wagner, tombes de Liszt, de Siegfried Wagner).

BAYRISCHERWALD ⟶ BAYERISCHER WALD.

BAYTOWN, v. des États-Unis (Texas), sur la baie de Galveston ; 57 000 hab. Raffinerie. Chimie.

BAYYĀTĪ (ʻAbd al-Wahhāb **al-**), poète irakien (Bagdad 1930). Un des précurseurs du lyrisme engagé et du vers libre, il est ouvert aux courants littéraires occidentaux (*Je chanterai mon amour pour toi au vent et aux arbres*, 1979).

BAZAINE (Achille), maréchal de France (Versailles 1811 - Madrid 1888). Général, il participe à la guerre de Crimée (1855) et à la guerre d'Italie (1859). Envoyé au Mexique en 1862, il y est nommé commandant en chef l'année suivante, puis maréchal de France en 1864. Rentré en France après avoir réussi le retrait du corps expéditionnaire, en 1867, il connaît une demi-disgrâce. En 1869, il reçoit le commandement de la Garde impériale. Il se voit confier par Napoléon III le commandement en chef après les premiers revers de 1870 ; il replie son armée sur Metz, où il reste inactif et accepte la capitulation le 27 oct. En 1873, un conseil de guerre le condamne à mort, peine qui sera commuée en détention. Évadé, il termine ses jours à Madrid.

BAZAINE (Jean), peintre français (Paris 1904). Il est venu à la non-figuration vers 1945, développant un chromatisme et des rythmes issus du spectacle de la nature. Des vitraux, surtout, représentent son inspiration religieuse.

BAZÁN (Álvaro DE) ⟶ SANTA CRUZ.

BAZANCOURT (51110), comm. de la Marne, à 18 km au N.-E. de Reims ; 1 884 hab. Fabrique de coffres-forts. Sucrerie.

BAZAR n. m. (pers. *bāzār*). **1.** En Orient, marché public en plein air ou sous de vastes galeries couvertes ; souk. — **2.** Droguerie ou magasin de détail où l'on vend toutes sortes d'articles. — **3.** *Fam.* Lieu ou ensemble d'objets en désordre : *Quel bazar !* — **4.** *Fam.* Ensemble d'objets quelconques. — **5.** *Arg.* À Saint-Cyr, élève officier de première année. — **6.** Fam. *Article de bazar,* objet quelconque de peu de valeur, de pacotille. || Fam. *Et tout le bazar,* et tout le reste.

Bazar de la Charité, institution philanthropique créée à Paris en 1855. Le 4 mai 1897, au cours d'une représentation cinématographique, un incendie s'y déclara ; 117 personnes y périrent, parmi lesquelles la duchesse d'Alençon.

BAZARD (Saint-Amand), socialiste français (Paris 1791 - Courtry 1832). Il est un des fondateurs de la charbonnerie en France et l'un des propagateurs, avec Enfantin, du saint-simonisme.

BAZARDER v. t. (de *bazar*) [conj. 3]. *Fam.* **1.** Vendre rapidement et à bas prix qqch : *Bazarder son mobilier.* — **2.** Se débarrasser de qqch en le jetant : *Bazardez-moi toutes ces paperasses !*

BAZĀRGĀN (Mehdi), homme politique iranien (Téhéran 1905 - Zurich 1995). Proche de Mossadegh, puis opposant au régime du chāh, il fut chargé par l'ayatollah Khomeyni de constituer un gouvernement provisoire (févr. 1979), mais, jugé trop modéré, il dut démissionner dès novembre.

BAZARI n. m. En Orient, commerçant d'un bazar.

BAZAS (33430), ch.-l. de cant. du sud-est de la Gironde ; 4 810 hab. *(Bazadais).* Cathédrale du XIIIe s. (portails sculptés). Textiles. Vignobles.

BAZEILLES (08140), comm. des Ardennes ; 1 650 hab. Au cours de la bataille de Sedan, le 1er sept. 1870, violents combats des Français contre les Bavarois.

BAZELAIRE → BADELAIRE.

BAZET (65460), comm. des Hautes-Pyrénées, banlieue nord de Tarbes ; 1 492 hab. Céramique industrielle.

BAZILLE (Gaston), agronome et homme politique français (Montpellier 1819 - *id.* 1894) qui contribua à la reconstitution, par des cépages américains, du vignoble français, détruit par le phylloxéra.

BAZILLE (Frédéric), peintre français (Montpellier 1841 - tué à l'attaque de Beaune-la-Rolande, 1870), fils du précédent. Très doué, il eut un rôle important dans la formation de l'impressionnisme, tant par son talent que par les relations dont il favorisa l'établissement entre jeunes artistes, à Paris, à partir de 1863. Il a peint, notamment, des figures en plein air dans le cadre de la propriété de sa famille à Méric (musée de Montpellier ; musée d'Orsay).

BAZIN (Ernest), médecin français (Saint-Brice-sous-Forêt 1807 - Paris 1878). Dermatologiste célèbre, il a laissé son nom à l'« érythème induré de Bazin ».

BAZIN (René), écrivain français (Angers 1853 - Paris 1932), chantre des vertus de la religion et du terroir (*la Terre qui meurt*, 1899 ; *les Oberlé*, 1901). [Acad. fr., 1903.]

BAZIN (Jean-Pierre HERVÉ-BAZIN, dit **Hervé**), écrivain français (Angers 1911 - *id.* 1996). Petit-neveu de René Bazin, il dénonce, dans des romans violemment satiriques, les oppressions familiales et sociales (*Vipère au poing*, 1948 ; *l'Huile sur le feu*, 1954 ; *le Matrimoine*, 1967 ; *l'Église verte*, 1981).

BAZIN (André), critique français de cinéma (Angers 1918 - Nogent-sur-Marne 1958). Il fonda avec J. Doniol-Valcroze, en 1952, *les Cahiers du cinéma* et exerça une forte influence sur la jeune critique française et internationale. Il est l'auteur de *Qu'est-ce que le cinéma ?* (1958-1963).

BAZOIS, pays de l'est du Nivernais, à l'ouest du Morvan. Élevage bovin.

BAZOOKA [bazuka] n. m. (mot amér.). Tube en tôle ouvert aux deux extrémités, tirant un projectile autopropulsé de 75 mm (arme antichar).

BBC, sigle de BRITISH* BROADCASTING CORPORATION.

bbl, symbole du *barrel.*

B. B. S., abrév. de *maladie de* BESNIER-BŒCK-SCHAUMANN. (→ SARCOÏDOSE.)

b. c., abrév. de BASSE CONTINUE.

B. C. B. G. [besebeʒe] adj. *Fam.* Abrév. courante de BON CHIC* BON GENRE : *Un jeune cadre très b.c.b.g.*

B. C. G. n. m. (abrév. de *Bacille bilié de Calmette et de Guérin).* Vaccin utilisé contre la tuberculose.
ENCYCL. C'est une souche de *Mycobacterium bovis* (bacille tuberculeux, variété bovine) qui a perdu toute virulence mais a conservé ses propriétés antigéniques et immunitaires. La loi française rend la vaccination par le B. C. G. obligatoire avant l'âge de 6 ans. Le B.C.G. est utilisé également comme traitement immunothérapique de certains cancers.

B. D. [bede] n. f. Abrév. fam. de BANDE DESSINÉE.

BDELLOÏDE n. m. (gr. *bdella*, sangsue). Nom de classe donné à un groupe nombreux de rotifères à reproduction parthénogénétique vivant dans le film d'eau qui recouvre les feuilles des mousses.

BDELLOVIBRIO n. m. Bactérie qui possède la propriété de pénétrer dans certaines autres espèces bactériennes et de provoquer leur lyse comme le fait un bactériophage.

Be, symbole chimique du *béryllium.*

BÊ ! interj. (onomat.). Figure le bêlement du mouton.

BEA (Augustinus), théologien et bibliste allemand (Riedböhringen, Bade, 1881 - Rome 1968). Jésuite, recteur de l'Institut biblique pontifical, cardinal en 1959, il a joué un rôle primordial dans la préparation de Vatican II pour les questions touchant l'œcuménisme et le dialogue avec les autres familles spirituelles.

BEACH-VOLLEY, [bitʃvɔlɛ]n.m. Volley-ball de plage opposant deux équipes de deux joueurs.

BEACHY HEAD, promontoire de la côte sud de l'Angleterre, sur la Manche, au S.-O. d'Eastbourne. Au large de ce cap, le 10 juill. 1690, au cours de la guerre de la ligue d'Augsbourg, la flotte française, sous le commandement de Tourville, défit la flotte anglo-hollandaise. Cette bataille navale est plus connue en France sous le nom de *bataille de Béveziers.*

BEACONSFIELD (Benjamin DISRAELI, 1er *comte* DE) → DISRAELI.

BEADLE (George Wells), biologiste américain (Wahoo, Nebraska, 1903 - Pomona, Californie, 1989). Il a reçu en 1958 le prix Nobel de médecine et biologie avec E. L. Tatum pour avoir démontré que les gènes sont responsables de la synthèse des enzymes réglant les réactions biochimiques de l'organisme et avoir ainsi ouvert la voie à la génétique biochimique.

BEAGLE [bigl] n. m. (angl. *beagle*). Chien courant d'origine anglaise, de petite taille, à poil court et à oreilles tombantes, à robe le plus souvent tricolore.

BEAGLE *(canal),* détroit reliant l'Atlantique au Pacifique, entre le sud de la Terre de Feu et les îles de l'Antarctique chilien. Trois de ces îles (Picton, Nueva et Lennox) ont fait l'objet d'un différend frontalier entre l'Argentine et le Chili, jusqu'au traité de 1984 qui a reconnu la souveraineté du Chili.

Beagle, navire à bord duquel Charles Darwin* fit son voyage autour du monde.

BEAMON (Robert, dit **Bob**), athlète américain (Jamaica, État de New York, 1946), champion olympique du saut en longueur à Mexico (1968) avec un saut de 8,90 m, record qui améliorait le précédent de 55 cm et qui ne fut battu qu'en 1991 par Mike Powell.

BÉANCE n. f. 1. *Litt.* État de ce qui est béant. — 2. *Béance cervico-isthmique,* ouverture anormale et prématurée de l'orifice interne du col de l'utérus. (Elle compromet l'évolution favorable de la grossesse.)

BÉANT, E adj. (de *béer*). 1. Qui est grand ouvert : *Porte béante.* — 2. Qui est prêt à vous engloutir : *Gouffre béant.*

BEAR *(île)* ou **ÎLE AUX OURS,** en norv. **Bjørnøya,** île du Svalbard, entre l'île du Spitzberg occidental et la Norvège ; 179 km².

BEARD (Charles Austin), historien américain (près de Knightstown, Indiana, 1874 - New Haven, Connecticut, 1948). Il a souligné les conflits économiques de la période révolutionnaire et a donné avec sa femme une synthèse sur la culture nationale américaine (*The Rise of American Civilization,* 1927).

BEARDSLEY (Aubrey), dessinateur et affichiste anglais (Brighton 1872 - Menton 1898). Esthète fiévreux, il s'est acquis une grande célébrité en illustrant la *Salomé* de Wilde (1894), les *Contes* de Poe, le *Volpone* de Ben Jonson, etc., de dessins auxquels une ligne précise et ornée, dans l'esprit de l'Art nouveau, donne toute leur charge de sensualité volontiers sulfureuse.

BÉARN, anc. province française constituant la majeure partie du dép. des Pyrénées-Atlantiques. (Hab. *Béarnais.*) V. princ. *Pau.*
— **Hist.** Créée au XIe s., dans le cadre du duché de Gascogne, la vicomté de Béarn eut pour capitale Lescar, puis Pau. Elle dépendit successivement des dynasties de Centulle, de Gabarret, de Moncade et de Foix-Béarn, cette dernière accédant, en 1481, à la couronne de Navarre. Quand Henri IV devint roi de France (1589), il maintint pour le Béarn un régime de simple union personnelle. Louis XIII réunit le Béarn à la Couronne en 1620. En 1790, le Béarn constitua la partie orientale du département des Basses-Pyrénées.

BÉARNAIS, E adj. et n. 1. Du Béarn. — 2. *Sauce béarnaise,* sauce obtenue à partir d'une réduction, dans du vinaigre, d'échalotes, d'estragon et de cerfeuil, additionnée de jaunes d'œufs et de beurre.
◆ **béarnais** n. m. 1. Forme du gascon, qui resta langue officielle des actes publics de 1589 à 1789. — 2. *Le Béarnais,* surnom donné à Henri III de Navarre, futur Henri IV.
◆ **béarnaise** n. f. Sauce béarnaise.

BEĀS → BIĀS.

1. **BEAT** [bit] adj. (mot amér., abrév. de *beatnik*). Qui concerne la Beat generation, le mouvement beatnik.

2. **BEAT** [bit] n. m. (amér. *beat,* battement). En jazz, temps fort de la mesure.

BÉAT, E adj. (lat. *beatus,* heureux). 1. Qui manifeste un contentement exagéré, niais : *Être béat d'admiration.* — 2. Titre de différents religieux ou religieuses : *Notre béate mère.*

BÉATEMENT adv. D'un air béat, de façon béate : *Sourire béatement.*

Beat generation, mouvement littéraire et culturel américain qui a regroupé durant les années 50-60 des adolescents nomades et inadaptés (beatniks), des écrivains (A. Ginsberg, J. Kerouac [*Sur la route,* 1957], W. Burroughs), des artistes peintres de l'Action Painting et un poète-éditeur (L. Ferlinghetti). Assoiffés d'absolu et influencés par le surréalisme, la drogue et les philosophies orientales, ils proclamaient l'impossibilité de leur insertion dans la société moderne.

BÉATIFICATION n. f. Acte par lequel le pape donne à une personne décédée le titre de « bienheureux ».

BÉATIFIER v. t. (lat. ecclés. *beatificare,* rendre heureux) [conj. 9]. Mettre au rang des bienheureux par l'acte solennel de la béatification.

BÉATIFIQUE adj. (lat. *beatificus,* qui rend heureux). *Vision béatifique,* contemplation directe de Dieu que les élus auront dans le ciel.

BÉATITUDE n. f. (lat. ecclés. *beatitudo,* bonheur). **1.** Félicité céleste des élus. — **2.** Bonheur sans mélange ; euphorie. — **3.** Selon Spinoza, sentiment de joie et de plénitude qui consiste en l'amour intellectuel de Dieu. — **4.** *Sa Béatitude,* titre honorifique donné aux patriarches orientaux.
◆ **béatitudes** n. f. pl. Groupe de sentences de Jésus commençant par le mot « bienheureux » dans l'Évangile de Matthieu (v, 3-12) et celui de Luc (vi, 20-26). [Elles ouvrent le Sermon sur la montagne.]

Beatles *(The),* groupe vocal britannique de pop music, composé de *Paul McCartney* (Liverpool 1942) à la guitare basse, *John Lennon* (Liverpool 1940-New York 1980) à la guitare, *George Harrison* (Liverpool 1943) à la guitare et *Ringo Starr,* pseudonyme de Richard Starkey (Liverpool 1940) à la batterie. Les Beatles enregistrèrent leur premier disque en 1962 et, dès 1964, devinrent le symbole de la pop music, grâce notamment à l'exceptionnelle richesse mélodique de Lennon et McCartney. Ils jouèrent dans plusieurs films avant de se séparer en 1971.

BEATNIK [bitnik] n. (amér. *beatnik,* de *beat,* paumé). Adepte du mouvement *beat generation* né aux États-Unis dans les années 50, qui refusait les conventions de la société industrielle moderne et aspirait à une façon de vivre dépouillée de tout superflu.

BEATON ou **BETHUNE** (David), cardinal et homme politique écossais (v. 1494 - Saint Andrews 1546). Cardinal (1538), archevêque de Saint Andrews (1539), il joua un rôle actif dans l'opposition à l'Angleterre. Il fut assassiné.

BEATON (*sir* Cecil), photographe et décorateur britannique (Londres 1904 - *id.* 1980). Portraitiste de la gentry, et maître, dans les années 30, de la photographie de mode au charme vaporeux, il a réalisé pour le cinéma les décors et les costumes de *My Fair Lady* (1964) et a collaboré avec le Sadler's Wells Ballet, le Royal Ballet et le New York City Ballet. Parmi ses écrits, citons : *Cecil Beaton's Scrapbook* (1937), *The Best of Beaton* (1968).

BÉATRICE ou **BÉATRIX,** reine des Pays-Bas (palais de Soestdijk 1938). Fille de la reine Juliana et du prince Bernard, elle a épousé en 1966 le diplomate allemand Claus von Amsberg. En 1980, elle a succédé à sa mère sur le trône des Pays-Bas.

Béatrice, personnage de *la Divine* Comédie.*

BÉATRIX → BÉATRICE.

BEATTIE (James), poète et philosophe écossais (Laurencekirk 1735 - Aberdeen 1803), auteur d'une méditation préromantique sur le génie poétique (*le Ménestrel,* 1771-1774).

BEATTY (David, 1er *comte*), amiral britannique (Borodale, Irlande, 1871 - Londres 1936). Il commanda, de 1914 à 1916, les croiseurs de bataille de la Grand Fleet, s'illustra à Helgoland (1914), Dogger Bank (1915) et surtout à la bataille du Jutland (1916). Commandant en chef de la Grande Flotte britannique de la mer du Nord (1916), il reçut, à ce titre, la reddition de la flotte allemande, le 21 nov. 1918. Il fut premier lord de la Mer de 1919 à 1927.

BEATTY (*sir* Alfred Chester), industriel américain naturalisé britannique (New York 1875 - Monaco 1968). Il légua au British Museum une importante collection de papyrus qui porte son nom.

BEATUS [beatys] n. m. Chacun des manuscrits enluminés du *Commentaire sur l'Apocalypse,* écrit v. 776 par le moine Beato (ou Beatus), abbé de Liébana dans les Asturies.
ENCYCL. Les peintures de ces manuscrits, exécutées surtout aux xe et xie s. par des moines du León et de Castille, comptent parmi les créations les plus originales de la période préromane (beatus conservé à la cathédrale de Gérone, 975 ; l'*Apocalypse de Saint-Sever* [1028, B. N., Paris] est une œuvre apparentée).

BEAU (**BEL** devant voyelle ou *h* muet), **BELLE** adj. (lat. *bellus,* joli). **1.** Qui suscite un plaisir esthétique d'ordre visuel ou auditif : *Une belle fleur. Ce piano a un beau son.* — **2.** Qui suscite un sentiment admiratif par sa supériorité intellectuelle, morale ou physique : *Une belle démonstration. Il a eu un beau geste.* — **3.** Qui est agréable, qui cause du bien-être : *Un bel après-midi. Faire un beau voyage.* — **4.** Qui convient bien, qui est satisfaisant : *Nous sommes heureux de ce beau résultat.* — **5.** Qui est remarquable par sa grandeur, son importance : *Il a amassé une belle* *fortune. C'est un beau dégoûtant !* – **6.** *Fam.* Qui est conforme à la bienséance : *Ce n'est pas beau de se moquer des gens.* – **7.** *Au plus beau de qqch,* au moment le plus important, le plus critique. ‖ *Beau comme un dieu, comme l'amour ; belle comme un astre, comme le jour,* d'une grande beauté. ‖ *Ça, c'est le plus beau !,* ça, c'est le comble ! ‖ *Un beau jour, un beau matin,* un certain jour, un matin. ‖ *Les beaux jours, la belle saison,* ceux qui suivent l'hiver. ‖ *Le bel âge, les belles années,* l'enfance, la jeunesse. ‖ *Un bel âge,* un âge avancé. ‖ *De la belle manière, de la belle façon,* sans ménagement, de façon expéditive. ‖ *De belles paroles, de belles promesses,* des paroles, des promesses qui ne sont pas dignes de foi. ‖ *De plus belle,* de nouveau et avec une force accrue. ‖ Fam. *En dire, en conter, en raconter, en apprendre, en entendre, en faire de belles,* dire, raconter, apprendre, faire des choses qui attirent la réprobation, qui font scandale. ‖ Litt. *Il y a beau temps,* il y a longtemps. ‖ Vx. *L'avoir belle de,* être dans une situation favorable pour faire qqch. ‖ *Le plus beau, c'est que,* ce qu'il y a de plus étonnant, c'est que. ‖ *Me voilà beau,* me voilà dans une situation délicate, difficile. ‖ *Se faire beau (belle),* se préparer, se parer, s'habiller avec soin.

◆ **beau** adv. *Avoir beau,* faire vainement qqch : *Il a eu beau protester, personne ne l'a écouté.* ‖ *Il fait beau,* le temps est clair, ensoleillé. ‖ *Il ferait beau voir que,* il ne saurait être admis que. ‖ *Porter beau,* avoir une belle prestance malgré son âge. ‖ *Tout beau !,* du calme, n'exagérons rien !

◆ **beau** n. m. **1.** Caractère, nature de ce qui est beau ; la beauté : *Le beau en peinture, en musique.* – **2.** Ce qui est beau ; objet de belle qualité : *Cette boutique ne vend que du beau.* – **3.** *C'est du beau !,* c'est une sottise, il n'y a pas de quoi être fier. ‖ *Faire le beau,* en parlant d'un chien, se tenir dressé sur ses pattes de derrière. ‖ *Le temps est au beau,* il fait beau durablement. ‖ *Vieux beau,* homme âgé qui cherche encore à plaire aux femmes. ‖ *Voir tout en beau,* avoir une vision systématiquement optimiste des choses.

◆ **bel** adv. *Bel et bien,* renforce une affirmation ; réellement, indiscutablement.

◆ **belle** n. f. **1.** *Fam.* Jeune femme, jeune fille, en partic. la femme aimée. – **2.** Partie décisive qui désigne le vainqueur, lorsque des joueurs ont gagné un nombre égal de parties. – **3.** *Belle de Fontenay,* variété estimée de pomme de terre. ‖ *Ma belle,* interpellation affectueuse ou désinvolte adressée à une femme. ‖ Pop. *Se faire la belle,* s'évader.

Beau Ténébreux *(le),* nom que prit Amadis de Gaule lorsqu'il devint ermite, après avoir offensé la dame de ses pensées.

Beaubourg *(centre)* ⟶ CENTRE NATIONAL D'ART ET DE CULTURE GEORGES-POMPIDOU.

BEAUCAIRE (30300), ch.-l. de cant. du Gard, sur le Rhône, en face de Tarascon ; 13 600 hab. *(Beaucairois).* Célèbres foires au Moyen Âge. Château des XIIIe-XIVe s. ; hôtel de ville (1679-1683) ; belle église du XVIIIe s. Verrerie. Cimenterie. Brasserie. – Au N., centrale hydroélectrique.

BEAUCE (la), région au S.-O. de Paris couvrant 6 640 km^2, dont plus de la moitié en Eure-et-Loir. (Hab. *Beaucerons.*) Entre le Hurepoix au N., le Gâtinais à l'E., la Loire et la forêt d'Orléans au S., le Perche à l'O., c'est une vaste plaine calcaire couverte de limons. Pays de villages compacts, piquetés de grosses fermes isolées, traditionnel « grenier à blé » de Paris, la Beauce est le domaine de la grande culture mécanisée où le maïs et la betterave sucrière se sont ajoutés au blé.

Beauce *(berger de),* grand chien de garde à poil court. (Sa robe noire aux extrémités feu lui vaut son surnom de *bas-rouge.*) [Syn. CHIEN BEAUCERON.]

BEAUCENS (65400), comm. des Hautes-Pyrénées, dans le Lavedan ; 314 hab. Ruines d'un château féodal. Station thermale (rhumatismes).

BEAUCERON, ONNE adj. et n. **1.** De Beauce. – **2.** *Chien bauceron,* syn. de BERGER DE BEAUCE.

BEAUCHAMP (95250), ch.-l. de cant. du Val-d'Oise, au S.-O. de la forêt de Montmorency ; 8 958 hab. *(Beauchampois).* Matériel ferroviaire. Abrasifs. Industrie chimique.

BEAUCHAMP (DE), puissante famille de l'Angleterre médiévale, qui posséda le comté de Warwick de 1268 à 1449.

BEAUCHAMP ou **BEAUCHAMPS** (Charles Louis ou Pierre), danseur et maître de ballet français (Versailles 1636 - Paris 1719). Il fonda la tradition française de la danse noble. Nommé directeur de l'Académie royale de danse (1661), il composa les intermèdes et les divertissements des comédies de Molière (*le Bourgeois gentilhomme,* 1670). Lully bientôt lui abandonna la partie chorégraphique de ses opéras. Il fut nommé surintendant des Ballets du roi, à la fondation de l'Académie royale de musique (1669), puis compositeur de ballets pour les divertissements royaux. Avec Beauchamp, initiateur des cinq positions des pieds et des premiers ports de bras, la technique s'impose, le vocabulaire des pas s'enrichit.

BEAUCHASTEL (07800), comm. de l'Ardèche ; 1 469 hab. Centrale hydroélectrique sur une dérivation du Rhône.

BEAUCOUP adv. (de *beau* et de *coup,* au sens de « portion d'une chose »). **1.** Après un verbe, exprime l'intensité, l'importance de l'action qu'indique le verbe, de la qualité qu'indique un adjectif représenté par le pronom attribut *le : Il s'amuse beaucoup. Il n'est plus aussi timide ; il l'était beaucoup autrefois.* — **2.** *Beaucoup de,* un grand nombre de, une grande quantité de : *Il y a beaucoup de mécontents. Il reste beaucoup de travail à faire.* — **3.** Un grand nombre de gens : *Beaucoup sont inquiets de la situation.* — **4.** Exprime une intensité particulière devant les adverbes de quantité *plus, moins, mieux, trop : Une maison beaucoup plus grande.* — **5.** *À beaucoup près,* la différence restant considérable. ‖ *C'est beaucoup de, que, si,* c'est un résultat important, remarquable de, que, si. ‖ *C'est beaucoup dire,* il serait excessif de le dire. ‖ *De beaucoup,* exprime une différence ou un degré très notables : *Il est de beaucoup le plus jeune.* ‖ *Être beaucoup pour qqn,* avoir à ses yeux une grande importance. ‖ *Il s'en faut de beaucoup que,* indique que qqch d'important manque pour qu'un fait se réalise. ‖ *Merci beaucoup,* renforcement de *merci.* ‖ Fam. *Un peu beaucoup* , trop, excessivement.

Beaucoup de bruit pour rien, comédie en 5 actes, en prose et vers, de Shakespeare (v. 1598).

BEAUCOURT (90500), ch.-l. de cant. du Territoire de Belfort ; 5 601 hab. Constructions électriques.

BEAUCOURT (Gaston DU FRESNE, *marquis* DE), historien français (Paris 1833 - Morainville, Eure-et-Loir, 1902). Il écrivit une *Histoire de Charles VII* (1881-1892), créa la *Revue des questions historiques* (1866) et la Société d'histoire contemporaine (1890).

BEAUCROISSANT (38140), comm. de l'Isère, à 3 km à l'O.-S.-O. de Rives ; 1 204 hab. Traditionnelle foire annuelle.

BEAUDÉAN (65710), comm. des Hautes-Pyrénées, sur l'Adour, à 4,5 km au S.-S.-E. de Bagnères-de-Bigorre ; 411 hab. Remarquable église du XVIe s.

BEAU DE ROCHAS (Alphonse), ingénieur français (Digne 1815 - Vincennes 1893). Il prit en 1862 un brevet sur le cycle (qui porte son nom) de transformation en énergie mécanique de l'énergie thermique provenant de l'inflammation d'un mélange carburé air-essence en vase clos.

BEAUDOIN (Théo), écrivain belge d'expression wallonne (Liège 1893 - *id.* 1932). Il est l'auteur, avec M. Duchatto, d'une pièce en vers, *Tchantchès (François)* [1931], dont le héros est considéré comme le symbole du peuple wallon. Il a ouvert le répertoire théâtral à l'inspiration sociale.

BEAUDOIRE (Théophile), fondeur français de caractères (Mamers 1833-Meudon 1903). On lui doit notamment la rénovation des types latins anciens improprement dénommés par lui « elzévirs » (1858).

BEAUF n. m. *Pop.* **1.** Beau-frère. — **2.** Type de Français moyen, réactionnaire et raciste, inspiré d'un personnage de bandes dessinées.

◆ adj. Relatif au beauf (sens 2) : *une mentalité beauf.*

BEAU-FILS n. m. (pl. *beaux-fils*). **1.** Fils que la personne que l'on a épousée a eu d'un précédent mariage. — **2.** Gendre.

BEAUFORT n. m. Fromage voisin du gruyère, à pâte sans trous, fabriqué dans le Beaufortin et la Tarentaise.

BEAUFORT (73270), ch.-l. de cant. de la Savoie, dans le Beaufortin, sur le *Doron ;* 2 009 hab. *(Beaufortains).* Marché agricole. Centrale hydroélectrique. Tourisme (station d'Arêches).

ÉCHELLE DE BEAUFORT

chiffre Beaufort	vitesse en km/h	terme descriptif	effets observés
0	< 1	calme	la fumée s'élève verticalement
1	1-5	très légère brise	le vent incline la fumée
2	6-11	légère brise	on perçoit le vent sur la figure
3	12-19	petite brise	le vent agite les feuilles
4	20-28	jolie brise	le vent soulève poussières et papiers
5	29-38	bonne brise	le vent forme des vagues sur les lacs
6	39-49	vent frais	le vent agite les branches des arbres
7	50-61	grand frais	le vent gêne la marche d'un piéton
8	62-74	coup de vent	le vent brise les petites branches
9	75-88	fort coup de vent	le vent arrache cheminées et ardoises
10	89-102	tempête	graves dégâts
11	103-117	violente tempête	ravages étendus
12	> 117	ouragan	effets catastrophiques

BEAUFORT *(mer de),* mer de l'océan Arctique, au N. de l'Alaska et du Canada. Prospection pétrolière (Prudhoe Bay).

BEAUFORT (DE), famille issue de la liaison entre Jean de Gand et Catherine Swynford. Elle est principalement représentée par HENRI (château de Beaufort, Anjou, v. 1374 - Winchester 1447), évêque de Winchester, cardinal, chancelier (1403-1405 et 1413-1417), légat du pape en Angleterre (1426-1431), qui joua un rôle capital, comme médiateur, au concile de Constance.

BEAUFORT (*duchesse* DE) → ESTRÉES (D').

BEAUFORT (François DE BOURBON, *duc* DE) [Paris 1616 - Candie 1669], fils de César de Vendôme et petit-fils d'Henri IV et de Gabrielle d'Estrées. Ayant fomenté et dirigé la cabale des Importants (1643), il fut enfermé (1643) à Vincennes, d'où il s'évada en 1648. Pendant la Fronde, sa popularité lui valut le surnom de « roi des Halles ». Surintendant général de la navigation (1658), il commanda la flotte que Louis XIV envoya à Candie assiégée par les Turcs (1669). Il fut tué au cours de ce siège.

Beaufort *(échelle de),* échelle cotée de 0 à 12 degrés, proposée par l'amiral Beaufort en 1806 (modifiée en 1946), et utilisée pour mesurer la force du vent. [V. aussi *échelle de* DOUGLAS.]

BEAUFORT-EN-VALLÉE (49250), ch.-l. de cant. de Maine-et-Loire, dans le Val d'Anjou ; 5 452 hab. *(Beaufortais).* Anc. cap. du comté de Beaufort, qui fut réuni à la France en 1559. Église des XVe-XVIe s. Industrie alimentaire.

BEAUFORTIN ou **BEAUFORTAIN** ou **MASSIF DE BEAUFORT,** massif cristallin des Grandes Alpes françaises du Nord, au S. du massif du Mont-Blanc ; 2 889 m à l'aiguille du Grand Fond. Sylviculture. Élevage bovin. Réserve d'eau pour les centrales de l'Isère supérieure et du Doron de Beaufort.

BEAUFRE (André), général français (Neuilly-sur-Seine 1902 - Belgrade 1975). Il commanda la force terrestre d'intervention de Suez (1956) et représenta la France auprès de l'O. T. A. N. (1960).

BEAU-FRÈRE n. m. (pl. *beaux-frères*). **1.** Frère du conjoint. — **2.** Époux de la sœur ou de la belle-sœur.

BEAUGENCY (45190), ch.-l. de cant. du Loiret, sur la Loire ; 7 102 hab. *(Balgenciens).* Anc. église (St-Étienne) et donjon du XIe s. Château du XVe s. (musée régional), qu'une voûte relie à l'église Notre-Dame, du XIIe s. Hôtel de ville du XVIe s. Literie et sièges. Constructions électriques. — En 1152, un concile y prononça la dissolution du mariage de Louis VII et d'Aliénor d'Aquitaine.

BEAUHARNAIS ou **BEAUHARNOIS,** (Charles DE), officier et administrateur français (Orléans v. 1670 ou 1671-Paris 1759). Gouverneur général de la Nouvelle-France (1726-1747), il encouragea la pénétration française dans l'Ouest canadien.

BEAUHARNAIS (DE), famille originaire de l'Orléanais. — ALEXANDRE, vicomte **de Beauharnais** (Fort-Royal de la Martinique 1760-Paris 1794), fils d'un gouverneur de la Martinique, député aux États généraux de 1789, général en chef de l'armée du Rhin en 1793, ne réussit pas à secourir Mayence et fut guillotiné. En 1779, il avait épousé Joséphine* Tascher de La Pagerie, future impératrice des Français. — EUGÈNE (Paris 1781-Munich 1824), fils d'Alexandre et de Joséphine, fut, sous Napoléon Ier, son beau-père, prince d'Eichstätt, puis vice-roi d'Italie (1805-1814). — HORTENSE (Paris 1783-Arenenberg 1837), sœur du précédent, épousa (1802) Louis Bonaparte, roi de Hollande, dont elle eut trois fils ; seul survécut Charles Louis Napoléon (1808), le futur Napoléon III.

BEAUHARNOIS, v. du Canada, au Québec, sur le Saint-Laurent, en amont de Montréal ; 7 000 hab. Installation hydroélectrique. Métallurgie (aluminium).

Beauharnois *(canal),* canal du Canada (Québec), construit afin d'éviter, sur le Saint-Laurent, les rapides des Cèdres et des Cascades. Il alimente des centrales.

BEAUJEU (69430), ch.-l. de cant. du Rhône, au pied des monts du Beaujolais ; 1 965 hab. *(Beaujolais).* Anc. cap. du Beaujolais. Musée folklorique. Vins.

BEAUJEU *(seigneurie de)* → BEAUJOLAIS.

BEAUJEU (Pierre II, *duc* DE BOURBON [1488], *sire* DE) [1438 - Moulins 1503], fils de Charles Ier, duc de Bourbon. Marié en 1474 à Anne de France, fille de Louis XI, qui le nomma lieutenant général du royaume (1482), il gouverna la France (1483-1491) avec sa femme au nom de Charles VIII.

BEAUJEU (Anne DE) → ANNE DE FRANCE.

BEAUJOLAIS n. m. Vin récolté dans la côte beaujolaise. (Il s'agit surtout de vins rouges, dont une partie est commercialisée dès la fin de la vinification [*beaujolais nouveau*]. On distingue 9 crus : du N. au S. Saint-Amour, Juliénas, Chénas, Moulin-à-Vent, Fleurie, Chiroubles, Morgon, Côte-de-Brouilly et Brouilly.)

BEAUJOLAIS, partie de l'ancienne province du Lyonnais, retombée orientale du Massif central sur la plaine de la Saône, entre les monts du Charolais et du Mâconnais au N. et ceux du Lyonnais au S. Le Beaujolais se trouve, pour l'essentiel, dans le dép. du Rhône et secondai-

rement dans la Loire (à l'E. de Roanne). L'élevage et aussi le textile sont les ressources de la « montagne ». La partie orientale, ou « Côte », porte un vignoble de près de 20 000 ha.
— **Hist.** Le Beaujolais forma au Xe s. une seigneurie (dite *de Beaujeu*), possédée par la maison de Beaujeu. Réuni au comté de Forez en 1265, il passa à la maison de Bourbon (1400) puis à celle d'Orléans (1626) et fut érigé en comté en 1693.

Beaujon *(hospice,* puis *hôpital),* anc. hôpital fondé en 1784 par le financier Nicolas Beaujon (1718-1786), et qui était situé rue du Faubourg-Saint-Honoré. Un nouvel hôpital Beaujon a été construit à Clichy (Hauts-de-Seine) en 1934.

BEAUJOYEUX (Baldassarino DI BELGIOIOSO, dit **Balthazar de**), violoniste et compositeur de ballet et de musique (Piémont début du XVIe s.-Paris 1587). Participant aux fêtes de la cour de France, il a conçu le *Ballet* comique de la reine,* spectacle précurseur des ballets de cour, représenté en 1581 au Petit-Bourbon.

BEAULIEU (Sébastien DE PONTAULT, *sieur* DE), maréchal de camp (v. 1612-1674). Il créa la topographie militaire. Dans un ouvrage connu sous le nom de *Grand Beaulieu* sont décrites toutes les opérations militaires de Louis XIV de 1643 à 1692.

BEAULIEU (Jean-Pierre, *baron* DE), général autrichien (Lathuy, Brabant, 1725 - Linz 1819). Bonaparte le battit à Lodi (10 mai 1796).

BEAULIEU (Victor-Lévy), écrivain québécois (Saint-Jean-de-Dieu, près de Rimouski, 1945). Il est un des chefs de file d'une école ouverte à tous les fantasmes de l'imagination et du langage (*Blanche forcée,* 1978).

Beaulieu-en-Rouergue *(abbaye de),* anc. abbaye cistercienne de Tarn-et-Garonne, au S.-O. de Caylus. Centre d'art contemporain fondé en 1970.

BEAULIEU-LÈS-LOCHES (37600), comm. d'Indre-et-Loire, sur l'Indre, en face de Loches ; 1 882 hab. Anc. abbaye bénédictine (église à clocher roman, logis abbatial des XVIe-XVIIe s.) et autres souvenirs médiévaux. — *L'édit de Beaulieu* (ou *paix de Monsieur**) y fut signé le 6 mai 1576.

BEAULIEU-SUR-DORDOGNE (19120), ch.-l. de cant. du sud de la Corrèze, sur la Dordogne ; 1 347 hab. *(Bellocois).* Anc. abbatiale des XIIe-XIVe s. (tympan roman du *Jugement dernier ;* trésor). Industrie du meuble.

BEAULIEU-SUR-MER (06310), comm. des Alpes-Maritimes, à 10 km à l'E. de Nice ; 4 023 hab. *(Berlugans).* Station balnéaire. Port de plaisance. Cultures florales. Villa Kerylos, imitation d'une villa grecque antique (1902).

BEAUMANOIR (Philippe DE REMI, *sire* DE), écrivain français (dans le Beauvaisis ou le Gâtinais v. 1250 - Pont-Sainte-Maxence 1296). Romancier et poète, bailli et sénéchal, il est l'auteur d'une œuvre de légiste, les *Coutumes de Beauvaisis.*

BEAUMANOIR (Jean, *sire* DE), homme de guerre et diplomate breton († 1366 ou 1367). Partisan de Charles de Blois, dans la guerre de la Succession de Bretagne, il fut le chef des Bretons au combat des Trente* (1351) et l'un des négociateurs du traité de Guérande (1365).

BEAUMARCHAIS (Pierre Augustin CARON DE), écrivain français (Paris 1732 - *id.* 1799). À travers une existence aventureuse : fils d'horloger, professeur de harpe des filles de Louis XV, trafiquant en Espagne, dénonciateur des abus judiciaires (*Mémoires,* 1773-74), éditeur de Voltaire, fondateur de la Société des auteurs dramatiques (1777), il voua une passion constante au théâtre. Après l'échec des drames *Eugénie* (1767) ; *les Deux Amis* (1770), il connaît la célébrité avec *le Barbier* de Séville* (1775), comédie à rebondissements, et *le Mariage* de Figaro* (1784), triomphe du siècle. Chantre larmoyant de la nouvelle morale révolutionnaire (*la Mère coupable,* 1792), il annonce Barras, et, grand « rajeunisseur » d'intrigues, la fin du règne de l'esprit.

BEAUMES-DE-VENISE (84190), ch.-l. de cant. de Vaucluse, à 8 km au N. de Carpentras ; 1 788 hab. *(Balméens).* Grottes. Vins.

BEAUMESNIL (27410), ch.-l. de cant. de l'Eure, à 13 km au S.-E. de Bernay ; 602 hab. Château Louis XIII.

BEAUMONT (24440), ch.-l. de cant. du sud de la Dordogne ; 1 178 hab. *(Beaumontois).* Bastide du XIIIe s., à belle église fortifiée.

BEAUMONT (50440), ch.-l. de cant. de la Manche, dans la presqu'île de la Hague ; 1 721 hab.

BEAUMONT (63110), ch.-l. de cant. du Puy-de-Dôme, banlieue sud de Clermont-Ferrand ; 9 573 hab. Église St-Pierre, anc. abbatiale des XIIe-XIIIe s.

BEAUMONT, v. des États-Unis (Texas), sur l'estuaire de la Neches River ; 118 000 hab. Port pétrolier et centre de raffinage. Chimie.

BEAUMONT (Francis), auteur dramatique anglais (Grace-Dieu, Leicestershire, 1584 - Londres 1616). Il a écrit avec John Fletcher 54 comédies d'intrigue et tragédies ; où l'improbable et le baroque se mêlent à une hardiesse sexuelle très neuve (*la Belle Dédaigneuse,* 1616).

BEAUMONT (Christophe DE), prélat français (château de La Roque, près de Sarlat, 1703 - Paris 1781). Archevêque de Paris (1746), il lutta contre les jansénistes et les philosophes. En 1762, il publia un mandement contre l'*Émile* de Rousseau, qui lui répliqua par sa *Lettre à M. de Beaumont.*

BEAUMONT (ÉLIE DE) → ÉLIE DE BEAUMONT.

BEAUMONT (Étienne BONNIN DE LA BONNINIÈRE, *comte* DE), mécène français (Paris 1883 - *id.* 1956). Organisateur de concerts, il révéla de jeunes compositeurs (Satie, Sauguet...) et des danseurs (L. Massine). En 1924, il fonda les Soirées de Paris et collabora en 1933 aux Ballets russes de Monte-Carlo.

BEAUMONT (Cyril William), écrivain et critique de danse britannique (Londres 1891 - *id.* 1976). Cofondateur avec E. Cecchetti de la Cecchetti Society (1922), il a été critique de danse au *Sunday Times* (1950-1959). Avec le danseur Idzikowski, il a publié : *A Manual of the Theory and Practice of Classical Theatrical Dancing* (1922).

BEAUMONT-DE-LOMAGNE (82500), ch.-l. de cant. de Tarn-et-Garonne ; 3 851 hab. *(Beaumontois).* Anc. bastide avec église du XIVᵉ s. et halle du XVIᵉ.

BEAUMONT-LE-ROGER (27170), ch.-l. de cant. de l'Eure, sur la Risle, à l'E. de la *forêt de Beaumont ;* 2 726 hab. Église des XIVᵉ-XVIᵉ s. (vitraux). Constructions électriques.

BEAUMONT-SUR-OISE (95260), ch.-l. de cant. du Val-d'Oise, entre l'Oise et la forêt de Carnelle ; 8 377 hab. Église des XIIᵉ-XVIᵉ s. Cimenterie.

BEAUMONT-SUR-SARTHE (72170), ch.-l. de cant. de la Sarthe, dans le haut Maine ; 1 892 hab. *(Belmontais).* Monuments anciens.

BEAUNE (21200), ch.-l. d'arrond. de la Côte-d'Or, dans la côte viticole bourguignonne ; 22 171 hab. *(Beaunois).* La ville, de forme circulaire, est entourée de remparts et possède d'importants monuments, dont l'hôtel-Dieu, fondé par le chancelier N. Rolin en 1443, chef-d'œuvre d'architecture hospitalière (*Jugement dernier* de Van der Weyden), et l'église romane Notre-Dame (tenture de la *Vie de la Vierge,* fin du XVᵉ s.). Musée Marey et des Beaux-Arts, musée du Vin de Bourgogne (dans l'hôtel des ducs de Bourgogne, XIVᵉ-XVIᵉ s.) et musée du Beffroi. Beaune est un centre de commerce des vins de Bourgogne. Vente aux enchères annuelle (nov.) des vins des Hospices. École de viticulture. Fabrique de matériel vinicole. Constructions électriques. Cartonnerie. Bijouterie.

BEAUNE (Jacques DE), baron **de Semblançay** → SEMBLANÇAY.

BEAUNE (Renaud DE), prélat français (Tours 1527-Paris 1606). Archevêque de Bourges (1581), il reçut à Saint-Denis l'abjuration d'Henri IV (1593), qu'il avait incité à se convertir.

BEAUNE-LA-ROLANDE (45340), ch.-l. de cant. du Loiret, dans le Gâtinais ; 2 034 hab. *(Beaunois).* Église des XIIIᵉ et XVIᵉ s. Défaite de la Iʳᵉ armée de la Loire par les Prussiens (28 nov. 1870). Camp créé en 1939, où furent internés des prisonniers de guerre français puis, à partir de 1941, des Juifs en instance de déportation en Allemagne.

BEAUNEVEU (André), sculpteur et peintre français originaire de Valenciennes, mentionné de 1360 à 1400. Il exécuta le gisant de Charles V à Saint-Denis (commandé en 1364), ainsi que diverses sculptures dans les Flandres et le nord de la France, avant d'entrer, en 1386, au service du duc de Berry, pour lequel il illustra un psautier (B. N., Paris) de 24 prophètes et apôtres en grisaille. D'une harmonieuse fermeté, son art innove par sa sensibilité naturaliste.

BEAU-PAPA n. m. (pl. *beaux-papas*). *Fam.* Beau-père.

BEAU-PÈRE n. m. (pl. *beaux-pères*). **1.** Père du conjoint. — **2.** Second époux de la mère, par rapport aux enfants issus d'un premier mariage.

BEAUPERTHUY (Louis Daniel), médecin français (la Guadeloupe 1807-Bartica Grove, Guyana, 1871). Fixé au Venezuela (1841), il a soutenu et démontré le premier (1854) que la fièvre jaune était transmise par un moustique.

BEAU-PETIT-FILS n. m. (pl. *beaux-petits-fils*). Fils d'un beau-fils ou d'une belle-fille.

BEAUPORT, v. du Canada (Québec), dans la banlieue de Québec, sur le Saint-Laurent ; 69 158 hab. Première seigneurie de la Nouvelle-France (1634).

BEAUPRÉ n. m. (moyen angl. *bouspret,* d'apr. *beau* et *pré*). Mât qui pointe à l'avant des voiliers. (On ne le compte jamais lorsqu'on indique le nombre de mâts d'un bâtiment.)

BEAUPRÉ *(côte de),* rive nord du Saint-Laurent, entre la riv. Montmorency et le cap Tourmente.

BEAUPRÉAU (49600), ch.-l. de cant. de Maine-et-Loire, dans les Mauges ; 6 361 hab. Château des XVᵉ-XIXᵉ s. Chaussures.

BEAUREGARD (Pierre Gustave TOUTANT DE), général américain (près de La Nouvelle-Orléans 1818-La Nouvelle-Orléans 1893). Au service des sudistes, vainqueur à Bull Run et à Charleston, il défendit la Géorgie, dut se replier devant Sherman et se rendit à lui à Greensboro (1865).

BEAUREPAIRE (38270), ch.-l. de cant. de l'Isère, dans le bas Dauphiné ; 3 811 hab. *(Beaurepairais).* Emballages métalliques.

BEAUSOLEIL (06240), ch.-l. de cant. des Alpes-Maritimes, au N.-E. de Monaco ; 12 357 hab. *(Beausoleillais).*

BEAUSSET (Le) [83330], ch.-l. de cant. du Var, au N.-O. de Toulon ; 7 152 hab. *(Beaussetans).* Vignobles.

BEAUTÉ n. f. (lat. pop. **bellitas*, du lat. class. *bellus,* beau). **1.** Qualité de qqn, de qqch qui est beau, conforme à un idéal esthétique : *La beauté d'une femme, d'une œuvre musicale.* — **2.** Caractère de ce qui est digne d'admiration par ses qualités intellectuelles ou morales : *La beauté d'un acte désintéressé.* — **3.** Femme très belle, séduisante : *Une beauté brune.* — **4.** *De toute beauté,* très beau. ‖ *En beauté,* de façon magistrale, avec éclat. ‖ *Être en beauté,* paraître plus beau, plus belle que d'habitude. ‖ *La beauté du diable,* fraîcheur, éclat éphémère de la jeunesse. ‖ *Pour la beauté du geste, de la chose,* pour sa rareté, sa singularité. ‖ *Se faire, se refaire une beauté,* se coiffer ou se farder avec soin ; rectifier sa coiffure, son maquillage. ‖ *Soins de beauté,* ensemble des pratiques d'hygiène et des techniques esthétiques pour conserver à la personne un aspect jeune.

◆ **beautés** n. f. pl. Point, détails, qui sont beaux : *Les beautés d'une région.*

BEAUTÉ *(île de),* nom parfois donné à la Corse.

BEAUTOR (02800), comm. de l'Aisne, sur l'Oise ; 3 133 hab. Métallurgie.

BEAUVAIS (60000), ch.-l. du dép. de l'Oise, à 76 km au N.-N.-O. de Paris, sur le Thérain ; 56 278 hab. *(Beauvaisiens).* Évêché. Centre administratif, commercial et industriel (constructions mécaniques surtout, chimie, alimentation, textile et brosserie). — Au N., aéroport (Tillé).
— **Hist.** Assiégée par Charles le Téméraire, Beauvais fut défendue par Jeanne Hachette (27 juin-22 juill. 1472).
— **Bx-arts.** Cathédrale, la plus audacieuse de l'art gothique (48 m de hauteur de voûte), dont seuls furent construits le chœur et le transept (XIIIe-XVIe s.) [vitraux, notamm. des Leprince, tapisseries] ; *Basse-Œuvre* du Xe s. ; palais épiscopal de la fin du gothique, auj. Musée départemental. Église St-Étienne, romane et gothique (vitraux). Production de tapisseries depuis le XVe et surtout le XVIIe s. (manufacture instituée par Colbert en 1664, transférée aux Gobelins, à Paris, après les bombardements de 1940). Galerie nationale de la tapisserie (expositions temporaires).

Beauvais *(point de),* point de chaînette extrêmement fin, exécuté à la main avec un crochet, ou, plus rapidement mais moins finement, à la machine. Il est encore utilisé pour le linge de maison.

BEAUVAIS (Jean-Baptiste DE), prélat français (Cherbourg 1731 - Paris 1790). Évêque de Senez (1774-1783), il se rendit célèbre par les sermons qu'il prêcha à la Cour et ses oraisons funèbres (dont celle de Louis XV).

BEAUVAISIS, pays de France, en Île-de-France (Oise). Au Moyen Âge se créèrent des centres céramiques dans les villages environnant Beauvais. Grès dits « terres de Beauvais », de la fin du XIVe s., et enrichis d'ornements en relief (grès azurés) au XVIe s.

BEAUVALLON, station balnéaire du Var (comm. de Grimaud), sur la côte des Maures.

Beauvau *(place),* petite place de Paris (VIIIe arrond.), où se trouve l'entrée du ministère de l'Intérieur (ainsi qu'un angle du palais de l'Élysée).

BEAUVILLIERS (François DE), duc **de Saint-Aignan** (Saint-Aignan 1610 - Paris 1687). Lieutenant général (1650), il protégea les gens de lettres. (Acad. fr., 1663.) — Son fils PAUL, comte **de Saint-Aignan** puis (1679) duc **de Beauvilliers** (Saint-Aignan 1648-Vaucresson 1714), marié (1671) à la seconde fille de Colbert, fut chef du conseil des Finances (1685) et ministre d'État (1691). Gouverneur des ducs de Bourgogne (1689), d'Anjou (1690) et de Berry (1693), il dirigea l'éducation de ces princes avec Fénelon.

BEAUVOIR (Simone DE), femme de lettres française (Paris 1908 - *id.* 1986). Agrégée de philosophie, elle reprend dans son œuvre des thèmes très proches de l'existentialisme de Sartre, avec qui elle a vécu : les problèmes de la philosophie existentielle (*Tous les hommes sont mortels,* 1946 ; *Pour une morale de l'ambiguïté,* 1947), les modes intellectuelles (*le Sang des autres,* 1945 ; *les Mandarins,* 1954), la condition de la femme (*l'Invitée,* 1943 ; *le Deuxième Sexe,* 1949 ; *les Mémoires d'une jeune fille rangée,* 1958 ; *la Femme rompue,* 1967), le troisième âge (*la Vieillesse,* 1970), l'autoanalyse (*Tout compte fait,* 1972). *La Cérémonie des adieux* (1981) évoque, avec réalisme, les dernières années de Sartre.

BEAUVOIR-SUR-MER (85230), ch.-l. de cant. de la Vendée, dans le Marais breton ; 3 283 hab. Église romane.

BEAUX-ARTS n. m. pl. Nom donné à l'architecture et aux arts plastiques et graphiques (sculpture, peinture, gravure), parfois aussi à la musique et à la danse.

beaux-arts *(École nationale supérieure des)* **[E. N. S. B. A.],** établissement d'enseignement supérieur relevant du ministre de la Culture et situé à Paris, rue Bonaparte (VIe arrond.). Les élèves sont admis par voie d'examen. Le programme de l'école comporte des enseignements théoriques et de culture générale, mais l'essentiel de la formation se fait par le travail direct, dans les ateliers. Ceux-ci (chacun dirigé par un professeur chef d'atelier nommé par le ministre)

recouvrent toutes les disciplines des arts plastiques et graphiques : dessin, sculpture, peinture, gravure (dont taille-douce, médaille, etc.), lithographie, art mural, expression par le métal, matériaux plastiques, mosaïque, moulage (depuis 1968, par contre, l'enseignement de l'architecture* ne dépend plus de l'École des beaux-arts). Les études, qui durent de 3 à 5 ans, sont sanctionnées par le *diplôme supérieur d'arts plastiques.*
L'école possède d'importantes collections de dessins de maîtres, de peintures, etc.

BEAUX-PARENTS n. m. pl. Père et mère du conjoint.

BEAUZÉE (Nicolas), grammairien français (Verdun 1717-Paris 1789). Il succéda en 1756 à Dumarsais dans la rédaction des articles de grammaire de l'*Encyclopédie.* Il est l'auteur d'une *Grammaire générale* (1767), où il s'attache à la classification des propositions et des compléments. (Acad. fr., 1772.)

BEAVERBROOK (William Maxwell AITKEN, 1er *baron*), homme d'affaires et homme politique britannique (Maple, Ontario, 1879-Mickleham, Surrey, 1964). En 1916, il acheta le *Daily Express,* dont il fit le succès ; en 1921, il fonda le *Sunday Express.* De 1941 à 1945, il détint plusieurs postes ministériels.

BEAVERLODGE ou **BEAVER LODGE,** gisement d'uranium du Canada, dans le Saskatchewan, près du lac Athabasca.

BEAVER RIVER → CASTOR *(rivière du).*

BEAZLEY (*sir* John Davidson), archéologue britannique (Glasgow 1885-Oxford 1970), grand spécialiste de la céramique grecque, en particulier attique.

BÉBÉ n. m. (onomat. ou angl. *baby*). **1.** Tout petit enfant : *Avoir un bébé.* — **2.** *Fam.* Enfant dont la conduite est par trop puérile, ou adulte qui manque totalement de maturité. — **3.** Petit d'un animal (avec un n. en apposition) : *Un bébé phoque.* — **4.** *Bébé (-) éprouvette,* enfant issu d'un œuf obtenu par fécondation in vitro d'un ovule par un spermatozoïde et réimplanté dans l'utérus. ‖ Fam. *Refiler le bébé,* se décharger sur quelqu'un d'autre d'une corvée.
◆ adj. *Être, rester bébé,* manquer de maturité.

BEBEL (August), socialiste allemand (Cologne 1840-Passugg, Suisse, 1913). Ouvrier, acquis aux thèses marxistes, il participa en 1875 à la fondation du parti social-démocrate d'Allemagne avec Wilhelm Liebknecht.

BÉBÊTE adj. (de *bête*). *Fam.* Enfantin, niais.
◆ n. f. *Fam.* Petite bête, insecte.

BE-BOP [bi-] n. m. Syn. de BOP.

BEC n. m. (lat. *beccus,* p.-ê. du rad. celte *bacc-,* crochet). **1.** Formation cornée, à bords généralement tranchants, recouvrant les deux mâchoires de certains vertébrés n'ayant pas de dents (oiseaux, tortues, têtards). [→ *encycl.*] — **2.** *Fam.* Bouche de qqn : *Avoir la cigarette au bec.* — **3.** Partie effilée et recourbée d'un objet : *Casser le bec de sa plume.* — **4.** Évasement conique du bord supérieur d'un récipient, guidant l'écoulement du liquide ; orifice tubulaire de même fonction dans une théière, une chevrette, etc. — **5.** *Avoir bec et ongles,* être pourvu des moyens de se défendre et savoir s'en servir. ‖ *Avoir, être, rester le bec dans l'eau,* rester interdit, sans pouvoir répondre ; être déçu. ‖ *Bec fin,* gourmet. ‖ *Bec de gaz,* réverbère qui servait à l'éclairage public au gaz. ‖ Fam. *Clouer, clore le bec de, à qqn,* le réduire au silence par une réponse péremptoire. ‖ Vx. *Donner un coup de bec (à qqn),* dire une méchanceté à son adresse. ‖ *Faire un bec,* en parlant d'un tissu, présenter un faux pli. ‖ *Se prendre de bec,* se disputer. ‖ *Prise de bec,* dispute. ‖ *Tomber sur un bec (de gaz),* rencontrer un obstacle imprévu qui provoque l'échec. • **Agric.** *Bec cueilleur,* organe des machines à récolter le maïs permettant de séparer les épis des tiges. — **Bonnet.** *Bec d'aiguille,* extrémité recourbée de l'aiguille destinée à saisir le fil lors du cueillage. — **Cristallogr.** *Bec d'étain,* macle de la cassitérite constituée par deux cristaux formant un angle rentrant. — **Géogr.** Pointe de terre entre deux cours d'eau à leur confluent (le bec d'Ambès, le bec d'Allier). — **Mar.** Extrémité de la patte d'une ancre, d'un croc. ‖ *Bec d'élinde,* extrémité des tuyaux d'aspiration des dragues aspiratrices. (Les types de bec les plus courants sont : les écopes ou bec Frühling [vase ou argile molle], le bec large à entrée d'eau par l'arrière [sables grossiers], le bec à percussion [argiles et sables fins].) — **Menuis.** *Angle de bec,* angle coupant d'un outil à main ou d'une machine à usiner le bois. — **Mus.** Extrémité effilée de certains instruments à air (flûte à bec, clarinette). ‖ Petite lamelle fixée sur un sautereau (clavecin, épinette, virginal) et qui pince les cordes. — **Phys., Chim.** et **Biol.** Appareil de laboratoire produisant une flamme *(bec à gaz)* ou un courant d'air très chaud *(bec électrique).* — **Préhist.** Outil de pierre taillée présentant une partie pointue bien dégagée. (Paléolithique final et épipaléolithique du nord de l'Europe.) — **Trav. publ.** Partie profilée amont ou aval d'un pile de pont. — **Zool.** Organe préhenseur porté par la bouche de divers invertébrés, tel le *bec-de-perroquet* des mollusques céphalopodes.

ENCYCL. **Zool.** Les mâchoires des oiseaux forment un *bec osseux,* recouvert par un *bec corné* (ou *rhamphothèque*) souvent de la même forme. La forme du bec est liée au régime alimentaire :

conique ou croisé pour ouvrir les graines, pointu pour percer le tégument des insectes, béant pour capturer les insectes en plein vol, filtrant chez le canard, dont les proies sont aquatiques, utilisé à l'envers chez le flamant, formant poche chez le pélican. C'est le type même de l'organe à « radiations adaptatives ».

BÉCANE n. f. (p.-ê. fém. pop. de l'arg. *bécant,* oiseau, parce qu'une vieille machine grince comme un oiseau). *Fam.* **1.** Bicyclette, cyclomoteur ou motocyclette. — **2.** Machine sur laquelle qqn travaille (micro-ordinateur, machine-outil, etc.).

BÉCARD n. m. (de *bec*). **1.** Nom donné au saumon mâle à l'époque de la fraie, à cause du fort allongement de sa mandibule qui se recourbe en crochet. — **2.** Nom donné à tout brochet de grande taille.

BÉCARRE n. m. (lat. *bequadro*). Signe d'altération servant à rétablir une note altérée dans son ton naturel.

BÉCASSE n. f. (de *bec*). **1.** Oiseau au long bec et aux pattes courtes, dont les déplacements quotidiens entre bois et prairie constituent la *passée* et dont l'appel sexuel est la *croule.* (La bécasse est protégée.) — **2.** Autre nom du *courlis* et de l'*huîtrier.* — **3.** *Fam.* Femme peu intelligente. — **4.** *Bécasse de mer,* poisson des eaux marines chaudes, au rostre allongé, muni d'une forte épine en avant du dos. (Syn. TROMPETTE DE MER.)

BÉCASSEAU n. m. (de *bécasse*). **1.** Petit oiseau, voisin du chevalier, des régions boréales, de passage en France, tel que la maubèche, l'alouette de mer et le sanderling. (Oiseaux des rivages, les bécasseaux se nourrissent de mollusques et de crustacés.) — **2.** Petit de la bécasse.

BÉCASSINE n. f. (de *bécasse*). **1.** Oiseau des marais au bec très long, au plumage rayé d'avant en arrière, se nourrissant surtout de vers. (On rencontre en France la *bécassine des marais,* la *bécassine double* et la *bécassine sourde.*) — **2.** *Fam.* Jeune fille sotte ou naïve.

Bécassine, héroïne d'histoires en images, créée par Joseph Pinchon (1871-1953) et apparue dans *la Semaine de Suzette* (1905).

BÉCAUD (François SILLY, dit **Gilbert**), chanteur et compositeur français (Toulon 1927). Son succès tient à la diversité de thèmes de ses chansons, tour à tour rêveuses *(la Ballade des baladins),* sensuelles *(Mes mains),* mystiques *(les Croix),* timides et frivoles *(Alors, raconte, C'était moi),* mélancoliques *(C'était mon copain, Nathalie),* et à sa présence sur scène. Il a également écrit un opéra (*l'Opéra d'Aran,* 1962).

BECAUSE [bikoz] conj. et prép. (angl. *because*). *Fam.* Parce que, à cause de.

BECCAFUMI (Domenico), peintre italien (Valdibiena, près de Sienne, v. 1486 -Sienne 1551). Il fut l'introducteur du maniérisme toscan à Sienne, multipliant les inventions chromatiques, les vibrations lumineuses et les clairs-obscurs surprenants.

BECCARIA (Giovanni Battista), physicien et géodésien italien (Mondovi 1716-Turin 1781). Il montra l'existence de deux sortes de charges électriques, participa à la mesure d'un degré du méridien au Piémont, étudia le problème de la combustion et découvrit l'action de la lumière sur le chlorure d'argent.

BECCARIA (Cesare BONESANA, *marquis* DE), économiste et criminologue italien (Milan 1738-*id.* 1794). Son traité *Des délits* et des peines* (1764), qui renouvela le droit pénal, traduit les protestations de la conscience publique et des philosophes de l'époque contre la procédure secrète, l'inégalité des châtiments selon les personnes, l'atrocité des supplices. Commenté par Voltaire et Diderot, cet ouvrage fut rapidement connu dans toute l'Europe. Beccaria a été par ailleurs l'un des premiers économistes à analyser le rôle du capital et la division du travail.

BEC-CROISÉ n. m. (pl. *becs-croisés*). Oiseau passereau aux mâchoires croisées, adaptées à l'extraction des graines de pins dont il se nourrit.

BEC-DE-CANARD, petit territoire situé au sud du lac Tchad, entre le Logone et le Chari. Pour poursuivre en paix son action au Maroc, la France, par le traité du 4 novembre 1911 conclu avec l'Allemagne, l'accepta en échange d'une zone importante au Congo.

BEC-DE-CANE n. m. (pl. *becs-de-cane*). **1.** Serrure fonctionnant par bouton ou béquille et ne comportant pas de fermeture par clé. — **2.** Poignée de porte en forme de bec.

BEC-DE-CORAIL n. m. (pl. *becs-de-corail*). Petit astrild de cage, gris à bec rouge.

BEC-DE-CORBEAU n. m. (pl. *becs-de-corbeau*). **1.** Pince pour couper le fil de fer. — **2.** Outil tranchant recourbé à une extrémité.

BEC-DE-CORBIN ou **CORBIN** n. m. (pl. *becs-de-corbin*). **1.** Arme des XVe et XVIe s., en forme de marteau, dont le fer pointu était arqué en bec d'oiseau, et qui était portée par les *gentilshommes à bec-de-corbin,* préposés à la garde du souverain. — **2.** Forte moulure à plusieurs courbes ; outil destiné à l'exécution et à la finition de tels profils. — **3.** Ciseau recourbé servant à dégager ou à refouiller certaines moulures.

BEC-DE-JAR n. m. (pl. *becs-de-jar*). Coquillage vasicole des estuaires, comestible, et servant d'appât de pêche. (Syn. CLAUQUE.)

BEC-DE-LIÈVRE n. m. (pl. *becs-de-lièvre*). Malformation congénitale consistant en une fente plus ou moins étendue de la lèvre supérieure, due à une absence de soudure des bourgeons faciaux de l'embryon. (Elle peut être unilatérale ou bilatérale réalisant alors la « gueule-de-loup ».)

BEC-DE-PERROQUET n. m. (pl. *becs-de-perroquet*). **1.** Terme couramment utilisé pour désigner un ostéophyte. — **2.** Hameçon double dont les tiges comportent une ondulation. — **3.** Type de burin préhistorique caractéristique du magdalénien récent. — **4.** Ensemble des deux mâchoires cornées des poulpes, seiches, nautiles et espèces voisines.

BEC-EN-CISEAUX n. m. (pl. *becs-en-ciseaux*). Sterne des rivages marins et fluviaux, au bec inférieur plus long que le supérieur, et qui capture les poissons en volant au ras de l'eau.

BEC-EN-FOURREAU n. m. (pl. *becs-en-fourreau*). Oiseau austral, de couleur blanche, omnivore, le seul à nicher sur le continent antarctique.

BEC-EN-SABOT n. m. (pl. *becs-en-sabot*). Nom usuel du *balæniceps.*

BECFIGUE n. m. (ital. *beccafico,* qui becque les figues). Nom donné aux ortolans dans le Midi.

BECH (Joseph), homme d'État luxembourgeois (Diekirch 1887-Luxembourg 1975). Ministre des Affaires étrangères de 1926 à 1958 et président du gouvernement de 1926 à 1937, il fut l'un des signataires du traité de Rome (1957).

BÊCHAGE n. m. Action de bêcher.

BÉCHAMEL n. f. (du n. de son inventeur présumé, Louis de *Béchameil*). Sauce blanche à base d'un roux blanc additionné de lait, que l'on fait cuire jusqu'à épaississement.

BECHAR, anc. **Colomb-Béchar,** v. du Sahara algérien, ch.-l. de wilaya ; 107 000 hab. Nœud de communication (aéroport, chemin de fer).

BÊCHE n. f. (de *bêcher*). **1.** Outil de labour à bras, constitué d'une lame ou de dents dans le prolongement d'un manche et qui permet de retourner la terre. — **2.** Pièce travaillante équipant certains instruments de travail du sol. — **3.** Dispositif d'ancrage dans le sol d'une flèche d'affût de canon.

1. BÊCHE-DE-MER ou **BICHE-DE-MER** n. f. (pl. *bêches-de-mer, biches-de-mer*). Autres noms du *trépang.*

2. BÊCHE-DE-MER n. m. Syn. de BICHLAMAR.

BEC-HELLOUIN (Le) [27800], comm. de l'Eure, à 6 km au N. de Brionne ; 439 hab. Abbaye bénédictine fondée en 1034 par le bienheureux Hellouin (ou Herluin), illustrée par Lanfranc et par saint Anselme, qui firent de son école l'un des grands foyers intellectuels du XIe s. Cette abbaye du Bec fut reconstruite aux XVIIe et XVIIIe s. par les mauristes. Des olivétains s'y sont installés en 1948.

1. BÊCHER v. t. [conj. 4]. Labourer le sol à la bêche.

2. BÊCHER v. t. (dialect. *béquer,* frapper à coups de bec) [conj. 4]. *Fam.* **1.** Critiquer qqn avec malveillance. — **2.** Avoir une attitude méprisante (envers qqn).

BECHER [ʃ-ɛr] n. m. (de *Becher,* n. pr.). Petit récipient servant, notamment, aux dosages volumétriques, en chimie.

BECHER (Johann Joachim), alchimiste allemand (Spire 1635-Londres 1682). Un des derniers à croire en la possibilité des transmutations, il soutenait la thèse des trois éléments (terreux, métallique et combustible) et fut un précurseur de la théorie du phlogistique.

BECHER (Johannes Robert), écrivain et homme politique allemand (Munich 1891-Berlin 1958). Avant d'adopter le réalisme socialiste, il fut un des meilleurs représentants de l'expressionnisme (*Rythmes des machines,* 1926). Il avait composé le texte de l'hymne national de la R. D. A.

BECHET (Sidney), clarinettiste, saxophoniste et chef d'orchestre de jazz noir américain (La Nouvelle-Orléans v. 1898-Garches 1959). Virtuose du saxophone soprano, il fut l'un des meilleurs représentants du style Nouvelle-Orléans. Il a notamment enregistré : *Wild Cat Blues* (1923), *Maple Leaf Rag* (1932), *Blues in Third* (1940), *les Oignons* (1949), *Petite Fleur* (1952), *Dans les rues d'Antibes* (1952).

BÊCHEUR, EUSE adj. et n. *Fam.* **1.** Qui est porté à médire, à se moquer. — **2.** Qui est prétentieux et méprisant.

BÊCHEVETER v. t. (d'un anc. mot *bêchevet,* double chevet, de *bes-,* deux fois, et *chevet*) [conj. 27]. Superposer tête-bêche des livres pour les stocker, les mettre en presse ou les emballer.

BÉCHIQUE adj. et n. m. (bas lat. *bechicus,* du gr. *bêkhikos*). Se dit d'un médicament employé contre la toux sèche.

BECHSTEIN (Carl), facteur de pianos allemand (Gotha 1826-Berlin 1900). Il installa sa propre fabrique à Berlin en 1853.

BECHTEREV ou **BEKHTEREV** (Vladimir Mikhaïlovitch), psychophysiologiste russe (Sorali, gouvern. de Viatka, 1857-Leningrad 1927). Il s'intéressa à la psychiatrie et à la neuropsychologie et utilisa la méthode des réflexes conditionnés ; il créa le terme de « réflexologie », et développa, avant Watson, de façon moins systématique, l'idée d'une psychologie objective, fondée sur l'étude des réponses à des stimulus.

BECHTERMUNTZE (Heinrich), imprimeur allemand († 1466). Compagnon de Gutenberg à Mayence, on lui attribue le célèbre *Catholicon* (1640).

BECHUANALAND, anc. protectorat britannique de l'Afrique australe (1885). En 1895, la partie méridionale fut incorporée à la colonie du Cap. En 1960, une Constitution créa un Conseil exécutif et un Conseil législatif élus. Le 30 sept. 1966, le Bechuanaland devint indépendant sous le nom de Botswana.

BEC-JAUNE → BÉJAUNE.

BECK (Ludwig), général allemand (Biebrich, près de Wiesbaden, 1880-Berlin 1944). Placé en 1933 à la tête du Truppenamt, qui allait redevenir le grand état-major, il joua un rôle capital dans la mise sur pied de la Wehrmacht, mais s'opposa à Hitler et démissionna en août 1938. À la tête du complot qui tenta de supprimer Hitler, il fut arrêté le 20 juill. 1944, et abattu.

BECK (Józef), homme politique polonais (Varsovie 1894 - Stănești, Roumanie, 1944). Ministre des Affaires étrangères de 1932 à 1939, il signa avec l'Allemagne un pacte de non-agression en 1934, mais refusa en 1939 d'accepter le rattachement de Dantzig à l'Allemagne.

BECK (Julian), acteur et directeur de théâtre américain (New York 1925 - *id.* 1985). Il fonde avec sa femme, JUDITH **Malina** (Kiel, Allemagne, 1926), le *Living* Theatre* en 1951, alliant improvisation, participation du public et expression corporelle inspirée d'Artaud.

BECKENBAUER (Franz), footballeur allemand (Munich 1945). Libero, 103 fois international, il a gagné trois Coupes d'Europe des clubs (1974, 1975 et 1976) et, avec l'équipe de R. F. A., un Championnat d'Europe des nations (1972) et une Coupe du monde (1974). Il a ensuite dirigé l'équipe nationale de R. F. A., de 1984 à sa nouvelle victoire en Coupe du monde (1990). Il entraîne depuis 1994 le Bayern de Munich.

BECKER (Jacques), cinéaste français (Paris 1906-*id.* 1960). Il a réalisé *Goupi Mains rouges* (1943), *Falbalas* (1944), *Antoine et Antoinette* (1947), *Rendez-vous de juillet* (1949), *Casque d'or* (1952), *Touchez pas au grisbi* (1954), *Montparnasse 19* (1958), *le Trou* (1960).

BECKER (Gary Stanley), économiste américain (Pottsville, Pennsylvanie, 1930). Considéré comme l'un des principaux représentant de l'école de Chicago, il a contribué à un profond renouvellement de la science économique en étendant l'analyse économique à l'étude des relations et des comportements humains (*Human Capital*, 1964 ; *The Economic Aproach to Human Behavior*, 1976).

BECKER (Boris), joueur de tennis allemand (Leimen, Bade-Wurtemberg, 1967), vainqueur à Wimbledon en 1985, 1986 et 1989, à Flushing Meadow en 1989 et aux Internationaux d'Australie en 1991 et 1996.

BECKET (*saint* Thomas) → THOMAS BECKET (saint).

BECKETT (Samuel), écrivain irlandais (Foxrock, près de Dublin, 1906-Paris 1989). Fils d'austères bourgeois protestants, secrétaire de Joyce, il se consacre à partir de 1945 à une « œuvre pour rien », pour dire le rien : la tragédie du monde moderne. Menée en deux langues (anglais, français), sur au moins deux registres (théâtre, fiction romanesque), l'œuvre de Beckett met en jeu des couples déliquescents (homme/femme, maître/esclave) dans une action divisée en deux temps (dramatique, parodique) de plus en plus courts et où la parole, élément fondamental de la profération de soi pour durer, devient à travers diverses formes d'expression une course contre la mort gagnante et le silence menaçant (*Molloy,* 1951 ; *Watt,* 1953 ; *En* attendant Godot,* 1953 ; *Fin* de partie,* 1957 ; *Oh* les beaux jours,* 1961 ; *le Dépeupleur,* 1971 ; *Compagnie,* 1980 ; *l'Image,* 1988). [Prix Nobel 1969.]

BECKFORD (William), écrivain britannique (Fonthill Gifford, Wiltshire, 1760 ?-Bath 1844). Un des maîtres du récit fantastique (*Vathek, conte arabe,* 1782).

BECKMANN (Max), peintre allemand (Leipzig 1884-New York 1950). Expressionniste marqué par une tendance au symbolisme, il développa un style linéaire personnel et reprit la formule du triptyque du Moyen Âge, cependant que sa participation à la *Neue Sachlichkeit* de 1925 en faisait un témoin de son temps.

Béclard *(point de),* noyau d'ossification épiphysaire de l'extrémité inférieure du fémur chez le fœtus. Son apparition permet de préjuger la maturité du fœtus.

BÉCLÈRE (Antoine), médecin français (Paris 1856-*id.* 1939), créateur de l'enseignement de la radiologie médicale.

BEC-NOUEUR n. m. (pl. *becs-noueurs*). Élément principal du lieur de ficelle ou de fil de fer des botteleuses.

BÉCOT n. m. (de *bec*). *Fam.* Baiser.

BÉCOTAGE ou **BÉCOTEMENT** n. m. *Fam.* Action de bécoter.

BÉCOTER v. t. (de *bécot*) [conj. **3**]. *Fam.* Donner de petits baisers.

◆ **se bécoter** v. pr. *Fam.* S'embrasser.

BEC-OUVERT n. m. (pl. *becs-ouverts*). Nom usuel de l'*anastome.*

BECQUE (Henry), auteur dramatique français (Paris 1837-*id.* 1899). Jalonnée d'échecs (*l'Enfant prodigue,* 1868 ; *Michel Pauper,* 1870) et de succès (*la Parisienne,* 1885), sa carrière ne fut que l'histoire de ses compromissions calculées avec les directeurs de théâtre et le public pour faire jouer les pièces qui lui tenaient à cœur. Ainsi naquirent *les Corbeaux* (1882), chef-d'œuvre du théâtre réaliste.

BECQUÉE n. f. (de *bec*). **1.** Quantité de nourriture qu'un oiseau peut transporter dans son bec pour nourrir ses petits. — **2.** Bouchée fixée à l'hameçon et constituée par plusieurs esches. — **3.** Fam. *Donner la becquée à un enfant,* lui donner à manger par petites bouchées.

BÉCQUER (Gustavo Adolfo), écrivain espagnol (Séville 1836-Madrid 1870). Ses poésies lyriques, *Rimas,* ont exercé une profonde influence sur J. R. Jiménez, Gerardo Diego et Rafael Alberti.

BECQUEREL n. m. (de *Becquerel,* n. pr.). Unité SI de mesure d'activité nucléaire (symb. Bq), égale à l'activité d'une quantité de nucléide radioactif pour laquelle le nombre de transitions nucléaires spontanées par seconde est égal à 1.

BECQUEREL (Antoine), physicien français (Châtillon-sur-Loing, auj. Châtillon-Coligny, 1788-Paris 1878). Il découvrit en 1819 la piézoélectricité, observa le premier l'existence de corps diamagnétiques (1827), imagina en 1829 la première pile impolarisable à deux liquides et découvrit en 1839 la pile photovoltaïque. — Son deuxième fils ALEXANDRE EDMOND (Paris 1820-*id.* 1891), physicien français, utilisa la plaque photographique pour étudier le spectre ultraviolet et fit, en 1866, les premières mesures de température à l'aide de la pile thermoélectrique. — HENRI (Paris 1852-Le Croisic 1908), physicien français, fils du précédent, découvrit en 1896, sur les sels d'uranium, le phénomène de radioactivité montrant qu'il s'agit d'une propriété de l'atome d'uranium et que le rayonnement émis provoque l'ionisation des gaz. (Prix Nobel de phys. 1903.)

BECQUET ou **BÉQUET** n. m. (de *bec*). **1.** Petit papier collé sur une copie ou une épreuve d'imprimerie pour signaler une modification. — **2.** Addition de textes complétant la copie remise pour la composition. — **3.** Fragment de texte que l'auteur dramatique ajoute, au cours des répétitions. — **4.** Languette de peau très mince, placée sur les coins rempliés de la couverture d'un livre relié en pleine peau. — **5.** Surface d'un carrosserie située à l'avant et à l'arrière et destinée à améliorer l'aérodynamisme.

BECQUETAGE n. m. Action de becqueter.

BECQUETER v. t. (de *bec*) [conj. 27]. En parlant d'un oiseau, piquer, saisir avec le bec : *Becqueter des miettes de pain.*

BECTANCE n. f. *Pop.* Nourriture.

BECTER (conj. 4) ou **BECQUETER** (conj. 27) v. t. (de *bec*). *Pop.* Manger, en parlant de l'homme : *Il n'y a rien à becter ici ?*

BÉCUNE n. f. (esp. *becuna*). Autre nom du *barracuda.*

BEDAINE n. f. (de l'anc. fr. *boudine,* nombril). *Fam.* Gros ventre.

BÉDANE n. m. (de *bec d'ane,* bec de canard). **1.** Ciseau en acier, étroit, muni d'un manche en bois dur, et utilisé pour le mortaisage. — **2.** Dans le travail des métaux, outil sans manche utilisé au dégrossissage.

BÉDARIEUX (34600), ch.-l. de cant. de l'Hérault, sur l'Orb ; 6 276 hab. *(Bédariciens).* Église des XVe et XVIe s. Bauxite. Bonneterie.

BÉDARRIDES (84370), ch.-l. de cant. de Vaucluse, dans le Comtat ; 4 835 hab. *(Bédarridais).* Industries alimentaires.

BEDAUX n. m. (du n. de son inventeur, Charles *Bedaux* [v. 1887-1944]). Unité de mesure de la quantité de travail qu'un travailleur manuel peut fournir en une minute pendant 8 heures par jour.

BEDDOES (Thomas Lovell), poète britannique (Clifton 1803-Bâle 1849). Amoureux de la Mort, disciple macabre de Shelley et du romantisme allemand, il annonce les « décadents » avec un drame *(Death's Jest-Book)* et des poèmes qui paraîtront en 1850-51, après son suicide au curare.

BÈDE le Vénérable *(saint),* bénédictin anglo-saxon et docteur de l'Église (près de Wearmouth, auj. Sunderland, 672 ou 673-Jarrow, Durham, 735). Poète, grammairien, historien, théologien — précurseur de la scolastique —, il a laissé notamment une *Histoire ecclésiastique de la nation anglaise* qui est une source importante pour l'histoire anglo-saxonne.

BÉDÉ n. f. Abrév. fam. de BANDE DESSINÉE.

BEDEAU n. m. (frq. **bidil*). Employé laïque chargé de maintenir l'ordre au cours des offices et d'accompagner les membres du clergé dans les cérémonies.

BEDEAU (Marie Alphonse), général français (Vertou, Loire-Atlantique, 1804-Nantes 1863). Gouverneur général d'Algérie en 1847, il fut ministre de la Guerre du Gouvernement provisoire (1848), puis commandant militaire de Paris. Vice-président de la Constituante, il fut exilé après le 2 déc. 1851.

BÉDÉGAR ou **BÉDÉGUAR** n. m. (arabo-pers. *bādāward,* du pers. *bād,* vent, et de l'ar. *ward,* rose). Galle chevelue du rosier, produite par la piqûre et la ponte d'un hyménoptère du genre cynips.

BÉDÉPHILE n. Amateur de bandes dessinées.

BEDFORD, v. de Grande-Bretagne, ch.-l. du *Bedfordshire,* dans la grande banlieue résidentielle de Londres ; 74 000 hab.

BEDFORD, titre comtal ou ducal porté par diverses familles anglaises (Neville, Tudor, et surtout Russell*).

BEDFORD (Jean PLANTAGENÊT ou de LANCASTRE, *duc* DE), prince anglais (1389-Rouen 1435), troisième fils d'Henri IV. À la mort d'Henri V, il devint régent et tuteur d'Henri VI.

BÉDIÉ (Henri Konan), homme d'État ivoirien (Dadiékro, dép. de Daoukro, 1934). Président de l'Assemblée nationale (1980-1993), il devient président de la République à la mort d'Houphouët-Boigny (1993). Il est confirmé dans ses fonctions par une élection en 1995.

BÉDIER (Joseph), critique français (Paris 1864-Le Grand-Serre 1938), professeur au Collège de France (1903) et spécialiste de la littérature médiévale (*les Fabliaux,* 1893 ; *les Légendes épiques,* 1908-1913). [Acad. fr., 1920.]

BÉDIÈRE n. f. Cours d'eau formé par les eaux de fonte d'un glacier, et qui s'encaisse en gorges dans la glace.

BEDJA n. m. Langue couchitique septentrionale, parlée par environ 200 000 locuteurs dans le nord-est du Soudan.

BEDLINGTON TERRIER n. m. Race de chien anglaise à poil blanc, issue du croisement entre terrier et lévrier, dont l'aspect rappelle le mouton.

BEDLOE'S ISLAND → LIBERTY ISLAND.

Bednar *(aphtes de),* petits kystes jaunâtres siégeant au niveau de la voûte palatine et pouvant aboutir à une ulcération. On les observe chez les jeunes enfants dans divers états morbides.

BEDNYÏ ou **BIEDNYÏ** (Iefim Alekseïevitch PRIDVOROV, dit **Demian**), poète soviétique (Goubovka 1883-Moscou 1945). Épique ou satirique, il a chanté tous les grands faits de l'histoire soviétique (*De la terre, de la liberté, des travailleurs,* 1917 ; *On tiendra !,* 1931 ; *Je crois en mon peuple,* 1941).

BEDON n. m. (de *bedaine*). *Fam.* Ventre rebondi.

BEDONNANT, E adj. *Fam.* Qui prend du ventre, de l'embonpoint.

BEDONNER v. i. (de *bedon*) [conj. 3]. *Fam.* Prendre du ventre.

BÉDOS DE CELLES (*dom* François DE), facteur d'orgues français (Caux 1709-Saint-Denis 1779). Il publia un grand traité intitulé *l'Art du facteur d'orgues* (3 vol., 1766-1778).

BÉDOUIN, E adj. et n. (ar. *badawī,* habitant du désert). Se dit des Arabes nomades, vivant dans le désert.

BÉDOUINS, population arabe groupant les tribus nomades chamelières de la péninsule arabique. L'organisation tribale comprend de nombreuses divisions intermédiaires entre la tribu et la famille étendue, auxquelles correspond une chefferie tempérée par un conseil qui décide des migrations, de la justice et de la guerre. Traditionnellement, les Bédouins ajoutent aux revenus de l'élevage du chameau celui du droit de protection sur les sédentaires et sur les caravanes. Mais les tribus chamelières ont tendance à se sédentariser. Ils sont en majorité de confession sunnite.

BED-ROCK n. m. (pl. *bed-rocks*) [angl. *bed-rock,* soubassement rocheux]. Terrain de base sur lequel repose une alluvion.

BEDZIN, v. de Pologne, en Silésie, dans la conurbation de Katowice ; 72 000 hab. Centre minier et industriel.

BÉE adj. f. (de *béer*). *Être, rester bouche bée,* être ébahi ou très admiratif.

BEEBE (Charles William), zoologiste américain (Brooklyn 1877-près d'Arima, Trinité, 1962). Il a dirigé des campagnes de prospection zoologique dans les mers tropicales et est descendu le premier à 900 m de fond dans une capsule, la *bathysphère,* suspendue par des câbles (Bermudes, 1934).

BEECHAM (*sir* Thomas), chef d'orchestre britannique (Saint Helens, Lancashire, 1879-Londres 1961). Il fonda en 1932 le London Philharmonic Orchestra et, en 1947, le Royal Philharmonic Orchestra.

BEECHER-STOWE (Harriet BEECHER, Mrs. STOWE, dite **Mrs.**), romancière américaine (Litchfield 1811-Hartford 1896). Son roman *la Case* de l'oncle Tom* (1852) fut l'un des plus puissants moyens de propagande du mouvement antiesclavagiste.

BEEDIE → BIDI.

BEEFMASTER n. m. (mot angl.). Animal résultant d'un croisement, réalisé aux États-Unis pour la production de viande, entre le zébu et l'espèce taurine.

BEEFSTEAK n. m. Forme anglaise de BIFTECK.

BÉER v. i. (lat. pop. **batare,* bâiller) [conj. **15**]. *Litt.* **1.** Être grand ouvert : *La porte béait.* — **2.** Être frappé par (un sentiment) : *Béer d'admiration.*

BEERBOHM (*sir* Max), caricaturiste et essayiste britannique (Londres 1872-Rapallo 1956). Ses charges furent très appréciées (*A Book of Caricatures,* 1907 ; *50 Caricatures,* 1912).

BEERNAERT (Auguste), homme politique belge (Ostende 1829-Lucerne 1912). Député catholique, il fut président du Conseil de 1884 à 1894. Il mit sur pied une forte législation sociale et établit (1895) le suffrage universel plural, avec vote obligatoire. (Prix Nobel de la paix 1909.)

BEERSHEBA ou **BEER-SHEV'A,** v. d'Israël, ch.-l. de district dans le N. du Néguev ; 103 000 hab. Centre administratif et commercial.
— **Archéol.** Au IVe millénaire av. J.-C., dans les environs s'élabora une culture originale de pasteurs-éleveurs, adaptée aux conditions climatiques arides de la région, dont les principaux sites sont Abu Matar, Khirbet Bitar, Safadi.

BEETHOVEN (Ludwig VAN), compositeur allemand (Bonn 1770 - Vienne 1827). Inscrit à l'université de Bonn en 1789, il se rend à Vienne en 1792 pour étudier avec J. Haydn puis avec A. Salieri. Dès 1802, sa surdité se manifeste. Deux passions malheureuses, surtout la seconde, pour Therese von Brunswick, le marquent profondément. Il adhère aux idées de liberté et de justice que véhicule la Révolution française, et qu'il exprime dans sa musique (symphonie nº 3, *Héroïque ;* concerto pour piano nº 5 « l'Empereur »). Ses dernières années seront assombries par les soucis que lui cause son neveu, Karl, confié à sa tutelle, ainsi que par une surdité devenue totale. Il eut des protecteurs et amis dévoués, comme la famille Brunswick, l'archiduc Rodolphe (plus tard archevêque d'Olmütz), le prince Lichnowsky, le violoniste Schuppanzigh.
La division en trois styles (proposée pour l'étude de l'œuvre par W. de Lenz en 1852) n'est pas sans fondements, mais demande à être nuancée. La première époque (jusque vers 1804) relève approximativement de Haydn, Mozart et Clementi ; la deuxième révèle une pensée plus ample et plus subjective ; la troisième, à partir de 1819, fait état d'une forme libre et d'un langage plus hardi.
Dans le domaine vocal, Beethoven a laissé trois ouvrages majeurs : le cycle de lieder *À la bien aimée lointaine* (1816), l'opéra *Fidelio* avec ses 3 versions (1805-1814) et ses 4 ouvertures *(Leonore),* et la grandiose *Missa solemnis* (1823).
C'est surtout grâce à ses œuvres instrumentales qu'il établit sa personnalité. Se détachent de cette production les 32 sonates pour piano (1795-1822), dont la « Pathétique », l'« Appassionata », la sonate dite « Clair de lune », la « Hammerklavier », les 10 sonates pour piano et violon, dont la sonate « À Kreutzer », les 5 sonates pour piano et violoncelle, le trio « À l'archiduc » ; les 17 quatuors à cordes (1800-1826), les 5 concertos pour piano (1795-1809), les 9 symphonies (1800-1824), dont la 3e dite « Héroïque », la 6e dite « Pastorale » et la 9e avec solistes et chœurs.
Beethoven reste très attaché aux structures traditionnelles : sonate, symphonie, concerto, variations, lied, messe, opéra. Mais, à certaines époques de sa création, il les agrandit jusqu'à leur donner une dimension démesurée (final de la sonate « Hammerklavier » pour piano, grande fugue en quatuor, 9e symphonie, *Missa solemnis*), car il est passé maître dans l'art du développement. Cette nouvelle conception musicale, il l'atteint aussi par l'intensité de son langage, l'expressivité de sa mélodie, la vigueur de son rythme, la couleur de son orchestre.
Le message de Beethoven, qu'il veut universel (« Testament d'Heiligenstadt », texte qu'il écrivit après la rupture de ses fiançailles avec Therese von Brunswick ; chœur de la 9e symphonie), est en réalité celui d'un artiste solitaire, proche de la nature, qui prêche la liberté et revendique le droit à l'expression individuelle. Il ouvre sur le romantisme musical allemand.

BEFFES (18320), comm. du Cher, à 20 km au N.-O. de Nevers ; 647 hab. Cimenterie.

BEFFROI n. m. (anc. bas frq. **bergfripu*). **1.** Tour de bois montée sur roues, utilisée pour l'attaque des remparts. — **2.** Tour de ville, dans laquelle on plaçait des gardes pour surveiller la campagne, et une cloche qui servait à donner l'alarme. (C'est surtout dans les libres communes de Flandre, d'Artois et du Hainaut qu'on éleva des beffrois. À partir du XIVe s., ils reçurent de grandes horloges.) — **3.** Bâti en charpente qui porte les cloches à l'intérieur d'un clocher. — **4.** Charpente métallique très robuste établie au-dessus du pont d'une drague à godets et supportant l'élinde à l'intérieur de laquelle circule la chaîne à godets.

BÉGAIEMENT n. m. Embarras de la parole caractérisé par la répétition involontaire, saccadée et explosive d'une syllabe et/ou par l'empêchement complet d'émettre certains mots ou syllabes pendant une durée variable ; paroles prononcées en bégayant.
ENCYCL. Il existe chez presque tous les enfants, avant l'âge de 4 ans, une phase de bégaiement et celui-ci ne peut être considéré comme pathologique que s'il persiste ou apparaît au-delà de cet âge. Dans le déterminisme de ce trouble, les perturbations affectives jouent un rôle prépondérant.

BÉGARD (22140), ch.-l. de cant. des Côtes-d'Armor, à 14 km au N.-O. de Guingamp ; 4 970 hab. Hôpital psychiatrique.

BÉGARD n. m. (p.-ê. moyen néerl. *beggaert*). Membre de sociétés qui se formèrent au XIIIe s., sans contrôle hiérarchique, pour promouvoir un renouveau spirituel, et qui tombèrent rapidement dans l'hétérodoxie.

BÉGAYANT, E adj. Qui bégaie.

BÉGAYER v. i. (de *bègue*) [conj. **11**]. **1.** Être affecté de bégaiement. — **2.** Parler avec embarras, par suite d'une émotion ou de quelque état anormal : *Bégayer de peur.*
◆ v. t. Prononcer, dire, exprimer qqch de manière confuse, hésitante ; balbutier : *Il bégaya quelques excuses.*

BEGGA *(sainte)* [† v. 694]. Fille de Pépin de Landen, elle épousa Anségisel, fils de saint Arnoul, et fut la mère de Pépin de Herstal.

BEGGIATOA [bedza-] n. f. (de *Beggiato,* n. pr.). Bactérie des sols et des eaux sulfureuses, chimiotrophe, voisine des cyanophycées, très commune.

Beghin-Say, premier groupe sucrier européen. Société française passée en 1986 sous le contrôle du groupe italien Ferruzzi, elle en constitue aujourd'hui le pôle agroalimentaire (*Eridania-Béghin-Say*).

Bégin *(hôpital militaire)* [du n. du chirurgien militaire Louis Jacques *Bégin* (Liège 1793 - Locronan, Finistère, 1859)], hôpital d'instruction des armées, créé en 1855, rénové en 1970 et installé à Saint-Mandé (Val-de-Marne), en face du bois de Vincennes.

BEGIN (Menahem), homme politique israélien (Brest-Litovsk 1913 - Tel-Aviv-Jaffa 1992). Chef de l'Irgoun (1942), il fonde en 1948 le parti Herout. En 1965, le Herout et le parti libéral forment un bloc parlementaire, le Gahal. En 1973, le Gahal s'associe à d'autres formations pour constituer le Likoud, qui remporte les élections de mai 1977. M. Begin devient alors Premier ministre ; en 1979, il signe avec l'Égypte un traité de paix. Mais l'offensive au Liban contre les Palestiniens (1982) et l'occupation du sud du Liban qui en résulte l'obligent à démissionner en sept. 1983. (Prix Nobel de la paix, avec le président Sadate, en 1978.)

BÈGLES (33130), ch.-l. de cant. de la Gironde, banlieue de Bordeaux ; 22 735 hab. *(Béglais).* Verrerie et alimentation.

BEG-MEIL, écart de la comm. de Fouesnant (Finistère), en face de Concarneau. Station balnéaire.

BÉGO *(mont),* massif des Alpes-Maritimes (2 873 m), près de la frontière franco-italienne, présentant, dans la vallée des Merveilles, des milliers de figures (hommes ou animaux), gravées ou piquetées sur les rochers. Les plus anciennes datent du début de l'âge du bronze.

BÉGONIA n. m. (de Michel *Bégon,* n. pr.). **1.** Plante herbacée charnue d'Amérique chaude, dont certaines espèces sont largement cultivées en Europe comme ornementales pour leur feuillage et leurs fleurs. (Près de 600 espèces.) — **2.** Pop. *Charrier dans les bégonias,* exagérer d'une manière impudente.

BEGRAM, site archéologique d'Afghānistān, sur l'emplacement de l'une des capitales de l'Empire kuṣāṇa, où fut découvert un « trésor » comprenant des verres et bronzes d'Alexandrie ou de Syrie, des ivoires indiens, des laques de Chine, des Ier et IIe s.

BÉGU, Ë adj. **1.** Se dit d'un quadrupède dont les incisives ou le bourrelet dentaire de la mâchoire supérieure sont situés en avant des incisives inférieures. (S'oppose à *grignard.*) — **2.** Se dit d'un cheval chez qui le cornet dentaire des incisives disparaît tardivement.

BÈGUE adj. et n. (anc. fr. *beguer,* bégayer). Qui est atteint de bégaiement.

BÉGUÈTEMENT n. m. Cri de la chèvre.

BÉGUETER v. i. (de l'anc. fr. *beguer,* bégayer) [conj. **28**]. Crier, en parlant de la chèvre.

BÉGUEULE n. f. (de *bée* et de *gueule*). *Fam.* Femme d'une pruderie excessive ou affectée.
◆ adj. Qui pousse la pudeur à l'excès.

BÉGUEULERIE n. f. Caractère, façons d'une personne bégueule.

1. BÉGUIN n. m. (de *béguine*). **1.** Coiffe nouée sous le menton, portée par les béguines. — **2.** Bonnet d'enfant, formé d'une bande centrale et de deux parties latérales, emboîtant bien la tête, noué sous le menton. — **3.** Coiffe en tissu utilisée sous le casque.

2. BÉGUIN n. m. (forme masc. de *béguine*). Au XIIIe s., membre de certaines associations pieuses masculines.

3. BÉGUIN n. m. (de *embéguiner,* se mettre qqch dans la tête). *Fam.* **1.** Personne pour qui on éprouve de l'amour : *C'est son béguin du moment.* — **2.** *Avoir le* ou *un béguin pour qqn, qqch,* être entiché de qqn, de qqch.

BÉGUIN (Albert), critique suisse de langue française (La Chaux-de-Fonds 1901-Rome 1957), auteur d'études sur Nerval et le romantisme et sur les écrivains d'inspiration catholique (*G. Bernanos, essais et témoignages,* 1949).

BÉGUINAGE n. m. Communauté de femmes, où l'on entre sans prononcer de vœux perpétuels. (Les béguinages se multiplièrent au XIIIe s., dans les Pays-Bas et en Allemagne. Il y en a encore aux Pays-Bas et surtout en Belgique [Grand Béguinage de Gand].)

BÉGUINE n. f. (p.-ê. moyen néerl. *beggaert,* membre d'une communauté religieuse). Femme appartenant à un béguinage.

BÉGUM [-gɔm] n. f. (angl. begum, du persan *begam,* princesse). En Inde, titre d'honneur, équivalant à princesse, qui était donné aux mères, sœurs ou épouses des princes.

BÉHAGUE (Amédée DE), agronome et éleveur français (Strasbourg 1803-Dampierre 1884), un des promoteurs de la transformation de la Sologne par le boisement.

BÉHAÏ → BAHAÏ.

BEHAIM (Martin), cosmographe et navigateur allemand (Nuremberg 1459-Lisbonne 1507), auteur, en 1492, d'un globe terrestre figurant l'état des connaissances géographiques à la veille du voyage de Colomb.

BÉHAINE (Pierre Joseph Georges PIGNEAU DE), missionnaire français (Origny-en-Thiérache 1741-Saigon 1799). Évêque d'Adran (1770), vicaire apostolique de Cochinchine (1774), il négocia le traité de Versailles (1787) par lequel Louis XVI accordait une assistance militaire au prince Nguyên Anh (futur Gia Long) pour l'aider à reconquérir son pouvoir au Dai Viêt ; en échange, la France devait recevoir Tourane (auj. Da Nang) et Poulo Condor.

BÉHAÏSME → BAHAÏSME.

BÉHAL (Auguste), chimiste français (Lens 1859-Mennecy, Essonne, 1941). On lui doit les synthèses du camphre, du gaïacol et du thymol, ainsi que la découverte des alcools terpéniques.

BEHAM, nom de deux artistes allemands, peintres et surtout graveurs : HANS SEBALD (Nuremberg 1500 - Francfort-sur-le-Main 1550) et son frère BARTHEL (Nuremberg v. 1502-Bologne 1540). Disciples de Dürer, ils associent tradition germanique et leçon de la Renaissance italienne.

BEHAN (Brendan), écrivain irlandais (Dublin 1923-*id.* 1964). Militant de l'IRA, il tire de son expérience de la prison un récit autobiographique (*Un peuple partisan,* 1958) et des farces dramatiques (*le Client du matin,* 1954 ; *Deux Otages,* 1958) avant de donner *Confessions of an Irish Rebel* (1965).

BÉHANZIN (1844 - Alger 1906), dernier roi du Dahomey (1889-1893). Son royaume fut conquis en deux campagnes (1890 et 1892-93) par le colonel Dodds. Fait prisonnier, il fut déporté à la Martinique, puis à Alger.

BEHAVIOR THERAPY n. f. Syn. de THÉRAPIE COMPORTEMENTALE.

BÉHAVIORISME n. m. (amér. *behaviorism*). Courant de la psychologie scientifique, qui ne prend en considération que les relations directes ou presque directes entre les stimulus et les réponses. (Syn. COMPORTEMENTALISME.)

ENCYCL. Le béhaviorisme, né vers le début du siècle aux États-Unis avec les travaux de J. B. Watson, a constitué le courant dominant de la psychologie scientifique jusque vers les années 50. Il est étroitement lié à l'affirmation de l'importance de la psychophysiologie, et, en même temps, de l'influence fondamentale des facteurs de l'environnement plutôt que des éléments innés ; à ce titre, il a mis au centre de ses recherches les problèmes de l'apprentissage, souvent dans ses formes élémentaires comme le conditionnement. Mais il a aussi témoigné beaucoup d'intérêt pour les phénomènes de motivation. Il a contribué au renouvellement des problématiques non seulement dans tous les domaines de la psychologie, y compris la psychologie sociale, mais aussi dans les sciences sociales, la linguistique, la sociologie, etc. Encore aujourd'hui, son premier principe, se fonder sur l'observation des comportements, n'est contesté par aucun psychologue se réclamant de l'esprit scientifique. Mais son second aspect, qui, par son refus de considérer les activités internes, en fait une théorie essentiellement positiviste, est de moins en moins accepté. Dans le domaine du comportement animal (éthologie), les thèses béhavioristes se sont opposées à celles de l'école objectiviste, qui, avec K. Lorenz et N. Tinbergen, soutiennent l'innéité des comportements.

BÉHAVIORISTE adj. et n. Qui relève du béhaviorisme ; partisan du béhaviorisme. (Syn. COMPORTEMENTALISTE.)

Behçet *(syndrome de),* forme grave d'aphtose*.

BÉHISTOUN, BEHISTUN ou **BISOTUN,** village du Kurdistān iranien. Un bas-relief rupestre du site, qui commémore le triomphe de Darios Ier, a servi de base, à partir de 1837, à l'étude de l'écriture cunéiforme.

BEHN (Aphra JOHNSON, *Mrs.*), femme de lettres anglaise (Wye, Kent, 1640-Londres 1689). Première femme de lettres professionnelle anglaise, elle est l'auteur de 17 comédies dans le style de Wycherley (*le Mariage forcé,* 1671 ; *le Pirate,* 1677-1681).

BÉHOBIE, écart de la comm. d'Urrugne (Pyrénées-Atlantiques), sur la Bidassoa, à la frontière espagnole.

BEHREN-LÈS-FORBACH (57460), ch.-l. de cant. de la Moselle, au S.-E. de Forbach ; 10 326 hab.

BEHRENS (Peter), architecte et designer allemand (Hambourg 1868-Berlin 1940). Directeur de l'École d'art industriel de Düsseldorf (1903), il joua un grand rôle dans la rénovation des arts appliqués et de l'architecture. Rationaliste et fonctionnaliste, mais demeurant attaché à l'ordonnance classique, il construisit notamment la fabrique de turbines de l'A. E. G. à Berlin (1908). Gropius, Mies van der Rohe et Le Corbusier ont fait des stages dans son atelier.

BEHRING *(détroit* et *mer de)* → BÉRING.

BEHRING (Emil VON), médecin et bactériologiste allemand (Hansdorf, près de Iłława, 1854-Marburg 1917). Directeur de l'Institut hygiénique de Marburg, il a découvert l'antitoxine diphtérique. (Prix Nobel de physiologie et de médecine 1901.)

BEHZĀD ou **BIHZĀD** (Kamāl al-Dīn), l'un des grands maîtres de la miniature persane (v. 1455-v. 1536), qui exerça une profonde influence sur celle-ci par ses innovations (complexité et audace de la composition, personnalisation des visages, sens du mouvement et richesse de la palette). Après avoir travaillé à Harāt, il fut à l'origine de la grande école séfévide de Tabriz.

B. E. I. sigle de BANQUE* EUROPÉENNE D'INVESTISSEMENT.

BEIDA (El-), v. de Libye, ch.-l. de prov., en Cyrénaïque ; 58 800 hab. Université.

BEIDELLITE n. f. Silicate naturel d'aluminium hydraté, minéral du groupe des argiles.

BEIGE adj. **1.** Brun très clair tirant sur le jaune : *Un manteau beige.* — **2.** De la couleur de la laine qui n'a pas été blanchie.
◆ n. m. Couleur beige : *Un beige foncé.*

BEIGEASSE adj. D'une couleur tirant vaguement sur le beige.

BEIGNE n. f. (orig. préromane **bunnia,* souche, du celt. **buno*). *Pop.* Gifle.

BEIGNET n. m. (de *beigne,* enflure). Préparation frite composée d'une pâte enrobant un ingrédient salé ou sucré.

BEI JIANG ou **PEI-KIANG,** riv. de la Chine méridionale (Guangdong), affl. du Xi Jiang (r. g.).

BEIJING → PÉKIN.

BEINE n. f. **1.** Banquette de matériel littoral façonnée par la houle sur le bord d'un lac. — **2.** Végétation typique de ces banquettes (phragmite, scirpe...).

BEINEIX (Jean-Jacques), cinéaste français (Paris1946). Reflet d'une génération, alliant esthétique et nouveau romantisme, il a marqué les années 1980 avec *Diva* (1981), *la Lune dans le caniveau* (1983), *37°2 le matin* (1986), *Roselyne et les lions* (1989).

BEIRA n. m. (de *Beira,* n. pr.). Petite antilope de Somalie, aux grandes oreilles, vivant en milieu aride.

BEIRA, anc. prov. du Portugal central, entre la frontière espagnole et l'Atlantique, les vallées du Douro et du Tage. V. princ. *Coimbra.*

BEIRA, port du Mozambique, sur l'océan Indien, ch.-l. de la prov. de Sofala ; 114 000 hab. Oléoduc vers le Zimbabwe.

BEISA n. m. Grande antilope de Somalie, aux cornes droites, qui serait une variété du gemsbok.

Beiyang ou **Pei-yang** (« armée du Nord »), groupe de généraux chinois créé en 1905 par Yuan Shikai et qui se rallia au Guomindang en 1927.

BEJA, v. du Portugal, métropole du bas Alentejo ; 15 000 hab. Château avec donjon du XIIIe s. Hôpital du XVe s. L'anc. couvent de la Conception abrite le musée régional. Marché agricole (blé, huile).

BÉJA ou **BĀDJA,** v. de Tunisie, ch.-l. de gouvern., à l'O. de Tunis ; 39 000 hab. Centre d'une région agricole (sucrerie), la ville est construite sur l'emplacement de la cité romaine, puis byzantine, de *Vaga.*

BEJAIA, anc. **Bougie,** port d'Algérie, ch.-l. de wilaya, à l'E. d'Alger, sur le *golfe de Bejaia ;* 90 000 hab. Terminal d'un pipeline de pétrole venant d'Hassi Messaoud ; le port en réexporte une partie. Raffinerie.
— **Hist.** Bejaia fut la capitale des Ḥammādides (fin du XIe s.), puis le siège d'une principauté hafside au XIVe s. Prise par les Turcs d'Alger en 1555, elle fut conquise par les Français en 1833.

BEJAIA *(golfe de),* golfe de la côte septentrionale de l'Algérie.

BÉJART, famille de comédiens de la troupe de Molière. — JOSEPH (Paris 1616 ?-*id.* 1659) ne fit partie que de la troupe itinérante. — MADELEINE, sa sœur (Paris 1618 - *id.* 1672), associée avec Molière dès la fondation de l'Illustre-Théâtre (1643), créa les principaux rôles de soubrettes dans ses pièces. — LOUIS (Paris 1630 - *id.* 1678) joua les valets, les pères nobles, les vieillards. — ARMANDE, femme de Molière (1642 ?-Paris 1700), sœur de Madeleine, dont on a prétendu qu'elle était la fille et même la fille de Madeleine et de Molière. Elle créa Élise de *la Critique de l'école des femmes,* Elmire de *Tartuffe,* Henriette des *Femmes savantes* et Célimène du *Misanthrope.* À la mort de Molière, elle épousa le comédien Guérin d'Estriché.

BÉJART (Maurice Jean BERGER, dit **Maurice**), danseur et chorégraphe français (Marseille 1927), fils du philosophe Gaston Berger. Il est l'animateur du Ballet-Théâtre qui, en 1959, fusionne avec la troupe du Théâtre royal de la Monnaie à Bruxelles, donnant naissance en 1960 au Ballet du XXe siècle. En 1987, il s'installe à Lausanne,

fondant le Béjart Ballet Lausanne. Il dirige également le centre chorégraphique Mudra (1970-1988) puis, à partir de 1992, Rudra, atelier-école de danse et d'interprétation artistique doublé d'une compagnie réduite.
C'est avec sa *Symphonie pour un homme seul* (Paris, 1955) que Béjart se révèle, avec un langage nouveau, où le corps humain et ses possibilités physiques occupent une place primordiale. Depuis lors, Béjart n'a cessé de s'affirmer comme chorégraphe et metteur en scène (*la Damnation de Faust,* 1964). Son goût du grandiose baroque (*la Tentation de saint Antoine,* 1967) côtoie des vues profondes sur le destin humain (*Messe pour le temps présent,* 1967) ou les gestes les plus purs, les joies les plus juvéniles (*Comme la princesse Salomé est belle ce soir,* 1970). Attiré par l'Inde et sa philosophie (*Bhakti,* 1968), il est conquis par les subtils envoûtements et les musiques psalmodiques de l'Orient (*Golestan,* 1973 ; *Farah,* 1980). Il a donné à sa danse une dimension nouvelle où la parole suscite l'action dansée , et en est le contrepoint (*la Reine verte,* 1963) ; *Molière imaginaire,* 1976 ; *Casta Diva,* 1980). Pour Béjart, toute œuvre fait partie du patrimoine artistique : s'il remet ses propres œuvres en question, il donne également des versions personnelles d'œuvres existantes telles *les Noces** (1962), *l'Oiseau* de feu* (1970) ; il donne une version masculine (1979) de son *Boléro* (1961), s'intéresse aussi à la musique contemporaine : *Variations pour une porte et un soupir* (1965, mus. P. Henry), *Nomos Alpha* (1969, mus. Xenakis), *Stimmung* (1972, mus. Stockhausen), *le Marteau sans maître* (1973, mus. P. Boulez). Les personnages hors du commun l'attirent, tel *Nijinski, clown de Dieu* (1971).

Béjart a insufflé à la danse une impulsion capitale. Les thèmes de ses ballets (*Neuvième* Symphonie,* 1964), l'intemporalité de ses actions (*Roméo* et Juliette,* 1966), les rites cérémoniels (*Messe pour le temps futur,* 1983), les vertiges de la folie (*les Chaises,* d'après Ionesco, 1984), la représentation du théâtre japonais (*le Kabuki,* 1986), la commémoration du bicentenaire de la Révolution française (*1789... et nous,* 1989), l'évocation de l'univers wagnérien (*Ring um den Ring* [Spectacle autour du Ring], 1990) confèrent à ses démarches une authenticité incontestable. Il a publié plusieurs ouvrages : *l'Autre Chant de la danse* (1974), *Un instant dans la vie d'autrui* (1979).

BÉJARTIEN, ENNE adj. Qui se rapporte aux conceptions de Maurice Béjart.

BÉJAUNE ou **BEC-JAUNE** n. m. (pl. *becs-jaunes*). 1. Jeune oiseau encore au nid, présentant une membrane jaune à la base du bec. — 2. *Litt.* Jeune homme sot et inexpérimenté.

BÉJEL n. m. Syphilis endémique observée au Moyen-Orient et en Afrique, caractérisée par une contamination non vénérienne survenue dans l'enfance.

BEKAA → BEQAA.

BEKABAD, anc. **Begovat,** v. d'Ouzbékistan ; 63 000 hab. Aciérie.

BÉKÉ n. Créole martiniquais ou guadeloupéen descendant d'immigrés blancs.

BÉKÉSCSABA, v. de Hongrie, ch.-l. du *dép. de Békés,* dans l'est de l'Alföld ; 68 000 hab. Agroalimentaire. Textile. Mécanique.

BÉKÉSY (Georg VON), physicien américain d'origine hongroise (Budapest 1899-Honolulu 1972). Ses travaux sur la physiologie de l'oreille ont permis d'améliorer le diagnostic et le traitement des surdités. (Prix Nobel de médecine 1961.)

BEKKOS (Jean XI) → JEAN XI BEKKOS.

BEKTĀCH (Ḥādjdjī Wālī) ou **BEKTAŞ** (Veli Hacı) [v. 1210-1271], saint musulman. Il a donné son nom à l'ordre derviche des Bektāchī. La tradition turque lui attribue la formation du corps des janissaires.

BEKTĀCHĪ ou **BEKTĀCHĪYYA,** en turc **Bektaşi,** ordre derviche connu depuis le début du XVIe s. Sa doctrine comporte des éléments chī'ites et chrétiens. Ses membres étaient les guides religieux des janissaires.

1. BEL n. m. (de Graham *Bell,* n. pr.). Unité sans dimension égale au logarithme décimal du rapport d'une puissance sonore donnée à une autre puissance sonore. (Symb. B.) [On utilise plutôt le décibel (dB). Les sons que peut percevoir l'oreille sont compris entre 0 et 120 dB.]

2. BEL → BEAU.

BÊL (« Seigneur » en akkadien), titre attribué au plus important des dieux mésopotamiens, Enlil, puis Mardouk.

BÉLA, nom de plusieurs rois de Hongrie, dont les principaux sont : **Béla III** (1148-Esztergom 1196), roi de Hongrie (1172-1196), fils de Géza II. Élevé à la cour de Constantinople, il devait succéder à Manuel Ier Comnène, mais la naissance du fils de ce dernier fit échouer ce projet. Devenu roi de Hongrie en 1172, il favorisa l'influence occidentale et notamment française grâce au développement des ordres chevaleresques. — **Béla IV** (1206-Budapest 1270), roi de Hongrie (1235-1270), fils d'André II. Après l'invasion mongole (1241-42), il se consacra à la reconstruction du pays et au développement des villes.

BELAÏA ou **BIELAÏA** (sous-entendu *Reka*) [« Rivière blanche »], nom de plusieurs rivières de Russie, dont une issue de l'Oural, affl. de la Kama (r. g.).

BELAÏA TSERKOV ou **BIELAÏA TSERKOV,** v. d'Ukraine, au S.-O. de Kiev ; 151 000 hab. Pneumatiques.

BELAIN D'ESNAMBUC (Pierre), flibustier normand (Allouville, Normandie, 1585-1637). Il fonda Saint-Pierre de la Martinique (1635) et organisa la Compagnie des Isles d'Amérique.

BELALCÁZAR ou **BENALCÁZAR** (Sebastián MOYANO, dit DE), conquistador espagnol (Belalcázar, Cordoue, 1480 - Cartagena, Colombie, 1551). Après la mort d'Atahualpa, il conquit le royaume de Quito (1534). Gouverneur de Quito, il fonda Popayán, en Colombie, et en devint également gouverneur. Il contribua à étouffer les révoltes pizarristes du Pérou.

Bel-Ami, roman de Guy de Maupassant (1885). Il y décrit l'ascension d'un arriviste dans le monde du journalisme.

BÉLANGER (François Joseph), architecte français (Paris 1744 - *id.* 1818). Il construisit et décora la folie de Bagatelle (1777) ainsi que de nombreuses demeures parisiennes dans un style antiquisant gracieux. Il aménagea aussi des jardins paysagers (Bagatelle, Méréville) et, sous l'Empire, couvrit la halle aux blés de Paris d'une coupole en fonte et cuivre apparents.

BÊLANT, E adj. **1.** Qui bêle : *Brebis bêlante.* — **2.** Dont la voix rappelle un bêlement : *Chanteur bêlant.* — **3.** *Critique bêlant,* qui répète ce que les autres ont dit. ‖ *Pacifisme bêlant,* naïf et trop résigné.

BELARGUS [-gys] n. m. Syn. de ADONIS.

BELATE *(col de)* → VELATE *(col de).*

BELAU → PALAU.

BELAUD DE LA BELLAUDIÈRE (Louis), poète français de langue d'oc (Grasse 1532-*id.* 1588), un des restaurateurs de la littérature provençale au XVIe s. *(le Don-don infernal).*

BELAÚNDE TERRY (Fernando), homme d'État péruvien (Lima 1912), président de la République de 1963 à 1968 et de 1980 à 1985.

BELAVAL (Yvon), philosophe et essayiste français (Sète 1908 - Paris 1988), auteur d'essais d'esthétique et d'analyses philosophiques du quotidien (*le Souci de sincérité,* 1944 ; *les Conduites d'échec,* 1953).

BEL CANTO n. m. (ital. *bel canto,* beau chant). Art du chant fondé sur la beauté du son et la virtuosité.

BELÉM, anc. **Pará,** v. du Brésil, cap. de l'État de Pará ; 1 246 435 hab. Sur un bras inférieur de l'Amazone (le Pará), c'est la principale ville de l'Amazonie, portuaire et commerçante, où l'industrie valorise les produits agricoles de la région (la Bragantina).

BELÉM, faubourg de l'ouest de Lisbonne, sur le Tage. Anc. couvent des Hiéronymites, fondé en 1496. Musées. Jardins.

BÊLEMENT n. m. **1.** Cri des ovins et des chèvres. — **2.** Voix chevrotante, cri geignard.

BÉLEMNITE n. f. Céphalopode fossile de l'ère secondaire, ressemblant à une seiche, dont la coquille dorsale était terminée à l'arrière par un rostre puissant, généralement seul conservé par la fossilisation.

BÉLEMNOÏDÉ n. m. Céphalopode fossile tel que les bélemnites et les formes voisines.

BÉLEP, archipel au N.-O. de la Nouvelle-Calédonie dont il dépend ; 745 hab.

BÊLER v. i. (lat. *balare*) [conj. **4**]. **1.** Pousser des bêlements en parlant d'un mouton, d'une chèvre. — **2.** *Péjor.* Parler avec un chevrotement dans la voix.

BELETTE n. f. (de *belle*). Petit mammifère carnivore fauve, très bas sur pattes, d'Eurasie et d'Afrique du Nord. (La belette peut pénétrer dans les terriers ; elle prend un pelage blanc lors des hivers froids ; elle se rend utile en détruisant mulots et campagnols.)

BELETTIÈRE n. f. Piège en forme de boîte destiné à capturer vivants les petits mustélidés.

BELFAST, cap. de l'Irlande du Nord et ch.-l. de comté d'Antrim, sur le large estuaire du *Belfast Lough ;* 325 000 hab. (près de 600 000 dans l'agglomération). Université. Principale ville, port et centre industriel (textile, construction navale et aéronautique, agroalimentaire) de l'Irlande du Nord, elle est déchirée, depuis 1969, entre protestants (plus des deux tiers de la population) et catholiques.

BELFORT (90000), ch.-l. du *Territoire de Belfort,* à 423 km à l'E.-S.-E. de Paris ; 51 913 hab. *(Belfortains).* Ancienne forteresse commandant le passage entre les Vosges et le Jura, reliant les plaines de la Saône à l'Alsace, c'est aujourd'hui un carrefour ferroviaire (gare de triage) et routier, centre d'une agglomération de près de 80 000 habitants, industrialisée (constructions mécaniques et électriques, textile). Colossal *Lion* en grès rouge de Bartholdi, commémorant la résistance de 1870-71. Musée.
— **Hist.** Commune en 1307, Belfort fut incorporée à la France par les traités de Westphalie (1648). Fortifiée par Vauban (1686), elle subit trois sièges sans se rendre : en 1814, en 1815, et de nov. 1870 à févr. 1871, sous le commandement de Denfert-Rochereau, qui n'ouvrit les portes que sur l'ordre du gouverneur provisoire.

Cette résistance héroïque valut à la France de conserver Belfort.

BELFORT *(Territoire de)* **[90],** dép. de la Région Franche-Comté ; ch.-l. de dép. *Belfort ;* 1 arrond. ; 15 cant. ; 101 comm. ; 609 km² ; 134 097 hab. (*Belfortains*). Le dép. appartient à l'académie et à la cour d'appel de Besançon, à la région militaire Nord-Est.
Le Territoire de Belfort correspond à la partie du Haut-Rhin (anc. arrond. de Belfort) restée française après 1871. Il s'étend sur l'extrémité méridionale des Vosges, sur la région déprimée de la porte d'Alsace (ou trouée de Belfort), axe de circulation. L'industrie, développée, est représentée essentiellement dans l'agglomération de Belfort, qui regroupe près de deux tiers de la population totale du Territoire.

BELFORT *(trouée de)* ou **PORTE DE BOURGOGNE** → ALSACE *(porte d').*

BELGAUM, v. de l'Inde (Karnātaka), au pied des Ghāts ; 401 619 hab. Elle fut prise par les Anglais en 1818. Temples jaina. Mosquée du XVIe s. Textile. Aluminium.

BELGE adj. et n. De Belgique.

BELGICISME n. m. Mot, locution, tournure propres au français parlé en Belgique.

BELGIOJOSO ou **BELGIOIOSO** (marquise Cristina TRIVULZIO, *princesse* DE), patriote et femme de lettres italienne (Milan 1808-*id.* 1871). Ennemie déterminée de l'Autriche, elle dut s'exiler à Paris (1831), où sa maison devint le refuge de compatriotes exilés. Elle est l'auteur d'essais politiques et historiques.

BELGIQUE, en néerl. **België,** État de l'Europe occidentale, sur la mer du Nord, limité par les Pays-Bas au nord, l'Allemagne et le Luxembourg à l'est, la France au sud ; 30 500 km² ; 10 100 000 hab. *(Belges).* CAP. *Bruxelles.* V. princ. *Anvers, Gand, Charleroi, Liège.* La Belgique comprend trois communautés culturelles *(flamande, française, germanophone)* et trois régions *(Flandre, Wallonie, Bruxelles-Capitale),* les deux premières recouvrant dix provinces *(Anvers, Brabant flamand, Brabant wallon, Flandre-Occidentale, Flandre-Orientale, Hainault, Liège, Limbourg, Luxembourg, Namur).* LANGUES : *néerlandais, français* et *allemand.* MONNAIE : *franc belge.*

Géographie. Disposant d'une façade maritime sur la mer du Nord, la Belgique est un pays de plaines et de bas plateaux s'élevant au S.-E., vers le massif ardennais. Le climat océanique, tempéré, aux amplitudes thermiques réduites, aux précipitations régulières et biens réparties sur l'année, domine ; il se durcit toutefois dans l'Ardenne, souvent boisée, parfois humide (fagnes).

DIVISIONS ADMINISTRATIVES DE LA BELGIQUE

Provinces	Superficie (en km²)	population	chef-lieu
Anvers	2 867	1 605 167	Anvers
Brabant flamand	2 119	939 252	Louvain
Brabant wallon	1 097	332 966	Wavre
Flandre-Occidentale	3 134	1 106 829	Bruges
Flandre-Orientale	2 982	1 335 793	Gand
Hainaut	3 787	1 278 791	Mons
Liège	3 862	999 646	Liège
Limbourg	2 422	750 435	Hasselt
Luxembourg	4 418	232 813	Arlon
Namur	3 365	423 317	Namur

• *Population.* État très densément peuplé (près de 330 hab./km², chiffre stable compte tenu de la baisse du taux de natalité), très ouvert aux échange internationaux (exportant plus de la moitié de son P.I.B.), la Belgique connaît deux problèmes majeurs, partiellement liés, l'impact de la crise économique mondiale, la permanence de la tension entre les Flamands, néerlandophones, et les Wallons, francophones. En réalité, il existe 4 zones linguistiques en individualisant quelques communes de l'extrémité orientale, de langue allemande (moins de 1 % de la population), et surtout l'agglomération de Bruxelles, officiellement bilingue, en réalité à large majorité francophone. Mais les Flamands sont aujourd'hui les plus nombreux et contribuent pour une part plus grande au P.I.B.

• *Économie.* Le poids de l'industrie, tôt développée, a diminué. L'extraction houillère a cessé, la sidérurgie a reculé, mais mieux résisté. Le nucléaire fournit plus de la moitié de l'électricité. La métallurgie des non-ferreux, héritage de la période coloniale, demeure plus active (cuivre, plomb,zinc). Dans la métallurgie de transformation, le montage d'automobiles et la construction navale stagnent. Le textile se maintient difficilement. La chimie (à base de pétrole importé) est la branche la plus dynamique. L'évolution industrielle récente est à la base de la prépondérance flamande, la Wallonie ayant

notamment souffert de l'arrêt de l'extraction houillère et du déclin de la métallurgie lourde. Le chômage y sévit plus lourdement.
L'agriculture n'emploie guère que 3 % des actifs et assure une part encore inférieure du P.I.B. Les produits de l'élevage satisfont les besoins nationaux, mais des importations de céréales, de pommes de terre et de fruits sont indispensables.
Les services occupent plus de la moitié de la population active et fournissent aussi la majeure partie du P.I.B. Leur importance est liée à l'ancienneté de l'urbanisation (caractérisée par un tissu serré de villes petites ou moyennes dominées par les agglomérations de Bruxelles, Anvers, Liège et Gand), du commerce (Anvers demeure l'un des grands ports européens). Le réseau de transports est particulièrement dense.
Petit pays donc, au marché intérieur relativement étroit, la Belgique exporte la majeure partie de sa production industrielle (produits métallurgiques variés, textiles et chimiques), importe des denrées alimentaires et surtout des matières premières (minerais et hydrocarbures). Le commerce extérieur s'effectue principalement avec les partenaires de l'Union européenne (Allemagne, France, Pays-Bas et Grande-Bretagne essentiellement).

Histoire. Peuplé par les Celtes, le territoire de la Belgique est conquis par César au Ier s. av. J.-C. Envahi à partir du IVe s. par les Francs, il fait ensuite partie de l'Empire Occident fondé par Charlemagne.
843 : Au traité de Verdun, le pays est partagé entre la France et la Lotharingie, l'Escaut servant de frontière.
• *Les principautés et les villes.* Dès le XIIe s. les villes flamandes (Bruges, Gand, Anvers) se développent et s'enrichissent grâce à l'industrie textile.
À partir du XIVe s., le territoire passe progressivement sous le contrôle des ducs de Bourgogne et devient une des composante des Pays-Bas.
1477 : Les différents fiefs de la région (Flandre, Brabant, Hainaut) passent après la mort de Charles le Téméraire à la maison de Habsbourg.
Le règne de Charles Quint est marqué par un grand essor économique. Devenu possession des Habsbourg d'Espagne sous Philippe II, le territoire est un des principaux foyers de la Réforme.
L'absolutisme espagnol, incarné par le duc d'Albe, provoque l'insurrection des provinces du Nord (actuels Pays-Bas).
1579 : Proclamation de l'indépendance de la république des Provinces-Unies.
Les provinces du Sud (l'actuelle Belgique), de religion catholique, restent sous la domination espagnole. Le cadre territorial de la future Belgique se précise au XVIIe s. avec la cession de territoires aux Provinces-Unies et à la France (notamment le Brabant septentrional, l'Artois et une partie de la Flandre et du Hainaut).
1713 : Le territoire belge passe à l'Autriche. Le « despote éclairé » Joseph II veut réorganiser la Belgique ; une révolution brabançonne chasse les Autrichiens.
1790 : Proclamation de l'indépendance des États belgiques unis.
1795 : La France annexe la Belgique à la suite des guerres révolutionnaires contre l'Autriche. Les provinces belges deviennent françaises.
1815 : Le congrès de Vienne décide la réunion de la Belgique et de la Hollande en un royaume des Pays-Bas.
• *Le royaume de Belgique.*
1830 : Une insurrection bruxelloise amène la proclamation de l'indépendance de la Belgique. La neutralité du nouvel État est garantie par les grandes puissances.
1831-1865 : Règne de Léopold Ier.
1865-1909 : Règne de Léopold II, qui acquiert à titre personnel l'État du Congo (l'actuel Zaïre), puis le cède à la Belgique (1908).
Au XIXe s., la lutte entre libéraux et cléricaux doimine la vie politique ; le parti ouvrier belge est fondé en 1885 à Bruxelles.
1909-1934 : Règne d'Albert Ier.
Pendant la Première Guerre mondiale (1914-1918), la Belgique reste presque tout entière sous occupation allemande. La paix revenue, elle se voit confier par la Société des Nations un mandat sur le territoire africain du Ruanda-Urundi, anc. possession allemande
28 mai 1940 : La Belgique capitule. Les Allemands occupent le pays jusqu'en septembre 1944.
1951 : Léopold III, accusé d'une attitude équivoque à l'égard des Allemands, abdique. Son fils Baudouin Ier lui succède.
La vie politique belge contemporaine est marquée par l'alternance au pouvoir des socialistes et des sociaux-chrétiens, parfois regroupés dans un gouvernement de coalition.
1958 : Le pacte scolaire apporte au problème qui oppose l'Église aux libéraux et aux socialistes depuis le XIXe s. La Belgique réalise avec le Luxembourg et les Pays-Bas une union douanière et économique : le Benelux (1948). Elle est membre fondateur de la Communauté économique européenne (1957-58), dont Bruxelles est la capitale. La décolonisation fait perdre à la Belgique le Congo belge (1960). Sur le plan économique, le déclin du charbon provoque une grave crise dans les houillères wallonnes. Le « problème linguistique », enfin, oppose Flamands et Wallons.
1977 : Sous le gouvernement de Léo Tindemans, le pacte d'Egmont découpe la Belgique en trois régions : Flandre, Wallonie, Bruxelles. Cette ré-

gionalisation est adoptée par le Parlement pour la Flandre et la Wallonie en 1980, tandis que le statut de Bruxelles n'est définitivement fixé qu'en 1989.
1972-1992 : Wilfried Martens dirige le gouvernement. Il engage en 1988 un processus de décentralisation donnant davantage de pouvoirs aux régions et aux communautés.
1992 : Jean-Luc Dehaene devient Premier ministre.
1993 : La révision constitutionnelle transforme la Belgique en un État fédéral aux pouvoirs décentralisés. À la mort de Baudouin Ier, son frère Albert II lui succède.

BELGOROD ou **BIELGOROD,** v. de Russie), au N. de Kharkov ; 300 000 hab. Minerai de fer.

BELGOROD-DNESTROVSKI ou **BIELGOROD-DNIESTROVSKI,** v. d'Ukraine ; 33 000 hab. Ancienne ville de Moldavie dénommée *Cetatea Albă,* elle fut occupée en 1484 par les Ottomans qui l'appelèrent *Akkerman.* Annexée par la Russie en 1812, elle fut rattachée à la Roumanie de 1918 à 1940.

BELGRADE, en serbe **Beograd,** cap. de la Yougoslavie et de la République de Serbie, au confluent du Danube et de la Save ; 1 470 000 hab. Plus grande ville du pays, c'est une cité, surtout tertiaire (administration, commerce), où l'industrie, animant en priorité la périphérie, est représentée principalement par les constructions mécaniques et électriques. Importants musées. Cathédrale Saint-Sava (1985-1989).
— **Hist.** La ville apparut sous nom slave, Beograd, au IXe s. et fut au Moyen Âge une forteresse disputée entre les Bulgares, les Byzantins et les Hongrois. Elle fut assiégée en 1440 et en 1456 par les Ottomans, qui l'occupèrent en 1521. Libérée des Turcs en 1867, elle devint la capitale de la Serbie (1878), puis celle du royaume des Serbes, Croates et Slovènes (1918), qui prit en 1929 le nom de Yougoslavie. Belgrade fut occupée par les Autrichiens de 1915 à 1918 et par l'armée allemande de 1941 à 1944. Elle est, depuis 1992, la capitale de la nouvelle Fédération de Yougoslavie (regroupant la Serbie et le Monténégro).

Belgrade *(traité de)* [18 sept. 1739], traité conclu entre la Russie et l'Autriche, d'une part, l'Empire ottoman d'autre part, et aux termes duquel les Autrichiens restituaient aux Ottomans Belgrade et la Serbie qu'ils détenaient depuis la paix de Passarowitz (1718).

BELGRAND (Eugène), ingénieur et géologue français (Ervy, Aube, 1810 - Paris 1878). On lui doit l'installation du système d'égouts de la Ville de Paris, la dérivation de la vanne et la construction des réservoirs de Montsouris.

BELGRANO (Manuel), patriote et général argentin (Buenos Aires 1770-*id.* 1820). Partisan de l'indépendance, membre de la junte de Buenos Aires, général de l'armée du Pérou, il arrêta l'offensive espagnole à Tucumán en 1812 et à Salta en 1813.

BÉLIAL (« Malfaisant »), nom donné à Satan dans la Bible et la littérature juive.

BÉLIER n. m. (anc. fr. *belin,* p.-ê. du moyen néerl. *belle,* cloche). **1.** Mâle non castré de l'espèce ovine que l'on peut associer, pour la reproduction, dans un troupeau, à une cinquantaine de brebis. — **2.** Jusqu'au XVe s., machine de guerre servant à renverser les murs ou les portes d'une ville. — **3.** *Bélier hydraulique,* dispositif qui utilise le choc de l'eau dans une conduite brusquement fermée *(coup de bélier)* pour forcer une partie de la masse liquide à remonter à une altitude supérieure à la hauteur de chute. ‖ *Coup de bélier,* onde de pression provoquée dans une conduite d'eau par la brusque manœuvre d'une vanne ou l'arrêt d'une pompe, et se propageant à la vitesse du son ; choc violent qui ébranle ; coup porté à une autorité ou une institution afin d'en saper les fondements.

BÉLIER (en lat. *Aries, -ietis*), constellation zodiacale.
— **Astrol.** Premier signe du zodiaque, dans lequel le Soleil entre à l'équinoxe de printemps.

BÉLIÈRE n. f. (moyen néerl. *belle,* cloche). **1.** Sonnette attachée au cou du bélier qui conduit le troupeau. — **2.** Anneau de suspension en général. — **3.** Bande de cuir, de tissu servant à suspendre le sabre au ceinturon.

BELIN (Édouard), inventeur français (Vesoul 1876 - Territet, cant. de Vaud, 1963). On lui doit la création d'un système de transmission des images fixes (*bélinographe,* 1907).

BELIN-BÉLIET (33830), ch.-l. de cant. de la Gironde, dans la forêt landaise ; 2 634 hab.

BELINGA, massif du nord-est du Gabon. Minerai de fer.

BÉLINOGRAMME n. m. Photographie, document transmis par bélinographe.

BÉLINOGRAPHE n. m. (de É. *Belin,* n. pr.). Appareil de phototélégraphie à cylindre, permettant la transmission de documents sur circuits téléphoniques et liaisons radioélectriques.

BELINSKI ou **BIELINSKI** (Vissarion Grigorievitch), critique et publiciste russe (Sveaborg, près d'Helinski, auj. Suomenlinna, 1811-Saint-Pétersbourg 1848). Il incarne l'intelligentsia progressiste, hostile aux slavophiles, et est considéré comme le précurseur du réalisme socialiste (*Regards sur la littérature russe de 1846,* 1847).

BÉLIONOTE n. m. (gr. *belos,* dard, et *nôtos,* dos). Superbe coléoptère d'un rouge étincelant (buprestidé) des îles Moluques.

BÉLISAIRE, général byzantin (en Thrace v. 500 - Constantinople 565). Justinien fit de lui le premier général de l'Empire. Vainqueur des Perses en 530, lors de la sédition Nika, en 532, il sauva le trône de Justinien. Il reconquit l'Afrique sur les Vandales (533) et occupa la Sicile (535), Naples et Rome, mais sous le roi Vitigès, les Ostrogoths l'assiégèrent dans Rome, qu'il défendit pendant un an (537-538). Rome délivrée, Bélisaire s'empara de Ravenne. Il arrêta les Perses du roi Khosrô Ier qui tentaient d'occuper l'Asie Mineure (541-542), mais il échoua en 544 dans la défense de Rome contre les Ostrogoths de Totila. Après une retraite de quelque dix ans, il reprit les armes pour repousser les Huns qui menaçaient Constantinople.

BÉLÎTRE n. m. (néerl. *bedelare,* mendiant). *Vx.* Homme de rien, coquin.

BELITUNG ou **BILLITON,** île d'Indonésie, entre Bangka et Bornéo ; 248 km^2. Étain.

BELIZE, jusqu'en 1973 **Honduras britannique,** État de l'Amérique centrale, sur la mer des Antilles ; 23 000 km^2 ; 220 000 hab. CAP. *Belmopan.* V. princ. *Belize* (40 000 hab.). LANGUE : *anglais.* MONNAIE : *dollar de Belize.*

Géographie. Montagneux au S., bas et souvent marécageux au N., chaud et humide, recouvert à plus de 40 % de forêt, le Belize, peu peuplé, comprend des Noirs (d'origine antillaise) et des mulâtres, majoritaires, des Amérindiens (Mayas) et des métis d'Amérindiens et d'Espagnols. L'exploitation de la forêt a reculé devant l'extention des cultures et de l'élevage (bovins). Le sucre constitue la base d'exportations, très inférieures aux importations.

Histoire.
1973 : La colonie britannique du Honduras devient le Belize.
1981 : Le Belize accède à l'indépendance.

BELIZE, principal port et ville du Belize, cap. du territoire jusqu'en 1970 ; 40 000 hab.

BELL (*sir* Charles), physiologiste écossais (Édimbourg 1774 - North Hallow, près de Worcester, 1842). On lui doit la découverte du rôle moteur des racines antérieures de la moelle épinière.

BELL (Alexander *Graham*), inventeur et physicien américain d'origine britannique (Édimbourg 1847-près de Baddeck, Canada, 1922). Professeur de physiologie vocale à Boston, il aboutit, en 1876, en tentant de faire entendre les sourds, à l'invention du téléphone, mais sa priorité fut contestée.

BELL (Marie Jeanne BELLON, dite **Marie**), actrice française (Bordeaux 1900 - Neuilly-sur-Seine 1985). Engagée à la Comédie-Française (1927-1953), elle s'impose comme une grande tragédienne. Elle joue ensuite chez Jean-Louis Barrault (*Orestie,* 1955) et au Boulevard (*Madame Princesse,* de F. Marceau, 1965). Fondatrice de la *Compagnie Marie-Bell,* elle a dirigé, de 1959 à sa mort, le théâtre du Gymnase.

BELL (Daniel), sociologue américain (New York 1919). Professeur à Harvard et président de la Commission de l'an 2000 à l'Académie des lettres et des sciences aux États-Unis, il est l'auteur de la notion de « société postindustrielle » : *Vers la société postindustrielle* (1973).

BELLA BELLAS, tribu d'Indiens kwakiutls de la Colombie britannique.

BELLAC (87300), ch.-l. d'arrond. de la Haute-Vienne, dans la Marche limousine ; 5 281 hab. *(Bellacquais).* Église des XIIe et XIVe s. Tannerie.

BELLADONE n. f. (ital. *bella donna,* belle dame, parce que la plante servait à composer un fard). Plante (solanacée) des taillis et des décombres calcaires, velue, aux fleurs violettes, aux baies noires toxiques, parfois nommée *belle-dame.* (La belladone renferme un alcaloïde extrêmement toxique, l'hyoscyamine, qui se transforme facilement en atropine.)

BELLAGIO, station touristique d'Italie, en Lombardie, sur le lac de Côme ; 3 400 hab.

BELLANGE (Jacques [DE]), peintre et graveur lorrain, actif à la cour de Nancy de 1603 à 1616. On a de lui des dessins et des eaux-fortes d'une étrange préciosité dans l'effusion religieuse ou le populisme, ultimes avatars du maniérisme.

BELLARMIN (*saint* Robert) → ROBERT BELLARMIN (saint).

BELLARY, v. de l'Inde, dans l'est du Karnātaka ; 250 000 hab.

BELLÂTRE n. m. (de *bel*). *Péjor.* Se dit d'un homme physiquement beau mais fat et niais.

BELLATRIX, nom donné à l'étoile γ Orion*. Magnit. visuelle 1,7. Distance 136 al.

BELLAVITIS (*comte* Giusto), mathématicien italien (Bassano 1803-Tezze, prov. de Vicence, 1880). Il développa la « méthode des équipollences », à l'origine du calcul vectoriel.

BELLAY (Guillaume DU), seigneur **de Langey,** homme de guerre et diplomate français (Glatigny, Loir-et-Cher, 1491-Saint-Symphorien-de-Lay 1543). Il participa aux guerres d'Italie et remplit des missions diplomatiques à Rome (1527), en Angleterre (1529, 1532-1534), en Allemagne (1532, 1534-1536), et fut gouverneur de Turin (1537), puis du Piémont (1539). – Son frère JEAN, prélat et diplomate, (Glatigny, Loir-et-Cher, 1492 ou 1498-Rome 1560), évêque de Paris (1532), cardinal (1535), archevêque de Bordeaux (1544), œuvra avec lui pour la conciliation entre catholiques et protestants. Chargé de missions diplomatiques en Angleterre et à Rome, il ne put empêcher l'excommunication d'Henri VIII (1534). Lieutenant général en Champagne et en Picardie (1536), il mit Paris en état de défense contre les Impériaux lors du siège de Péronne. Il protégea Rabelais et fut l'ami de G. Budé et de Ph. Delorme. — Son frère MARTIN, homme de guerre (v. 1495 - Glatigny, Loir-et-Cher, 1559), lieutenant général en Champagne (1546) puis en Normandie (1551) a laissé des *Mémoires* couvrant le règne de François Ier.

BELLAY (Joachim DU), poète français (Liré 1522-Paris 1560), cousin de Jean du Bellay. Ayant rencontré Ronsard (1547), il s'enthousiasma pour la nouvelle école poétique, dont il rédigea le manifeste (*Défense* et Illustration de la langue française,* 1549), et donna les sonnets de *l'Olive.* Son voyage à Rome avec son cousin (1553) lui ouvrira les voies d'une poésie personnelle à travers la maladie et l'exil (les *Antiquités* de Rome,* les *Regrets*, Jeux rustiques, Poemata,* 1558).

BELLE → BEAU.

Belle au bois dormant *(la),* conte de Perrault. Le thème du sommeil magique rappelle à la fois le mythe de Perséphone et la Blanche-Neige des frères Grimm. — Le conte a servi d'argument à un ballet, sur une musique de Tchaïkovski, chorégr. de Marius Petitpa (1890).

Belle et la Bête *(la),* conte de Mme Leprince de Beaumont. — Film de Jean Cocteau et René Clément (1946).

Belle Hélène *(la),* opéra bouffe en 3 actes de J. Offenbach, livret de Meilhac et Halévy (1864).

Belle Meunière *(la),* recueil de 20 lieder (chant et piano) de F. Schubert (1823), sur des poèmes de W. Müller.

BELLEAU (02400), comm. de l'Aisne, au N.-O. de Château-Thierry ; 134 hab. Cimetières américain et allemand. L'un des premiers succès de l'armée américaine fut remporté au *bois Belleau* en 1918.

BELLEAU (Rémi), poète français (Nogent-le-Rotrou 1528-Paris 1577). Membre de la Pléiade, il pratique une poésie précieuse dans ses blasons, sa pastorale en prose mêlée de vers (*la Bergerie,* 1565 et 1572), et prolonge dans son lapidaire, *les Amours et nouveaux échanges des pierres précieuses* (1576), la science ésotérique des Anciens.

BELLECHOSE (Henri), peintre brabançon, documenté à Dijon de 1415 à 1440. Il succéda à Malouel en 1415 comme peintre du duc Jean sans Peur et exécuta, ou acheva, le *Retable de saint Denis* pour la chartreuse de Champmol (Louvre).

BELLE-DAME n. f. (pl. *belles-dames*). Nom usuel de la *vanesse du chardon* et de la *belladone.*

BELLE-DE-JOUR n. f. (pl. *belles-de-jour*). Nom usuel du *liseron.*

BELLE-DE-NUIT n. f. (pl. *belles-de-nuit*). **1.** Plante ornementale originaire du Pérou et dont la fleur ne s'ouvre qu'au crépuscule. (N. sc. *Mirabilis jalapa.*) — **2.** *Pop.* Prostituée.

BELLE-DOCHE n. f. (pl. *belles-doches*) [de *belle* et arg. *doche,* mère]. *Pop.* Belle-mère.

BELLEDONNE *(massif de),* massif des Alpes françaises du Nord, dominant, à l'E., le Grésivaudan ; 2 978 m au *grand pic de Belledonne.*

BELLE-FACE adj. (pl. *belles-faces*). Se dit d'un cheval dont tout le chanfrein est couvert d'une tache blanche.

BELLE-FAMILLE n. f. (pl. *belles-familles*). *Fam.* Famille du conjoint.

BELLE-FILLE n. f. (pl. *belles-filles*). **1.** Femme du fils. (Syn. BRU.) — **2.** Fille que le conjoint a eue d'un mariage antérieur.

BELLEGAMBE (Jean), peintre français (Douai v. 1470 - *id.* ? 1534/1540). Son œuvre la plus célèbre est le *Polyptyque d'Anchin* (v. 1508-1514, musée de Douai), qui prolonge l'art des primitifs flamands dans un style monumental et apaisé.

BELLEGARDE (45270), ch.-l. de cant. du Loiret, dans le Gâtinais ; 1 565 hab. *(Bellegardois).* Église romane. Château.

BELLEGARDE-SUR-VALSERINE (01200), ch.-l. de cant. de l'Ain, au confluent du Rhône et de la Valserine ; 11 696 hab. *(Bellegardiens).* Électrométallurgie. Papeterie.

BELLE-ÎLE ou **BELLE-ÎLE-EN-MER,** île de la Bretagne méridionale, au large de Quiberon, formant un canton du Morbihan ; 4 489 hab. *(Bellîlois).* Ch.-l. *Le Palais* (base de la pêche). Île la plus importante des côtes bretonnes (90 km²), elle est formée par un plateau qui domine l'Océan par de hautes falaises, à l'O. et au S. Cultures céréalières et élevage. Tourisme estival.

BELLE-ISLE *(détroit de),* détroit séparant l'île de Terre-Neuve du Labrador et unissant le golfe du Saint-Laurent à l'Atlantique ; largeur 20 km.

BELLE-ISLE (Charles FOUQUET, *comte,* puis *duc* DE), maréchal de France et diplomate (Villefranche-de-Rouergue 1684 - Versailles 1761), petit-fils du surintendant Fouquet. Maître de camp général des dragons (1709), maréchal de France (1741), il poussa Louis XV à intervenir dans la guerre de la Succession d'Autriche. Durant cette guerre, il noua la coalition européenne contre

Marie-Thérèse (1741) et s'empara de Prague (nov. 1741) avec Charles Albert de Bavière, assurant ainsi à ce dernier la couronne impériale. Mais, isolé dans Prague par les Autrichiens, il dut faire retraite (déc. 1742). Duc et pair (1748), il fut secrétaire d'État à la Guerre de 1758 à 1761. (Acad. fr., 1749.)

BELLE-MAMAN n. f. (pl. *belles-mamans*). *Fam.* Belle-mère.

BELLÊME (61130), ch.-l. de cant. de l'Orne, au S.-E. de la *forêt de Bellême ;* 1 796 hab. *(Bellêmois).* Monuments anciens. Bennes.

Bellême *(forêt de),* forêt domaniale de 2 500 ha possédant de très beaux peuplements de chênes.

BELLEMENT adv. *Litt.* De belle façon.

BELLE-MÈRE n. f. (pl. *belles-mères*). **1.** Mère du conjoint. — **2.** Seconde épouse du père par rapport aux enfants d'un premier mariage.

BELLENGER (Georges), officier et aviateur français (Évreux 1878-Le Pecq 1977). Un des promoteurs de la photographie aérienne, ses renseignements contribuèrent à la victoire de la Marne (1914).

BELLEPERCHE (Pierre DE), légiste français (Lucenay-lès-Aix, Nièvre, milieu du XIIIe s.-Paris 1308). Conseiller de Philippe IV le Bel qui le nomma chancelier de France (1302), il composa un glossaire du *Code justinien.*

BELLE-PETITE-FILLE n. f. (pl. *belles-petites-filles*). Fille d'un beau-fils ou d'une belle-fille.

BELLERIVE-SUR-ALLIER (03700), comm. de l'Allier, sur l'Allier, en face de Vichy ; 8 758 hab.

BELLÉROPHON n. m. (de *Bellérophon,* n. pr.). Mollusque gastropode fossile, très commun dans les terrains primaires.

BELLÉROPHON, héros mythologique honoré à Corinthe et en Lycie. Il combattit la Chimère dont il triompha grâce au cheval ailé Pégase qu'il avait dompté.

BELLES-LETTRES n. f. pl. Nom donné à la grammaire et à la littérature.

Belles Lettres *(les),* maison d'édition française fondée en 1921. Elle publie des textes classiques et des études sur l'Antiquité et le Moyen Âge.

BELLE-SŒUR n. f. (pl. *belles-sœurs*). **1.** Sœur du conjoint. — **2.** Épouse du frère ou du beau-frère.

BELLEVILLE, quartier de l'est de Paris, édifié sur une colline (culminant à 108 m d'alt.). Érigée en commune en 1790, Belleville fut annexée à la capitale en 1860.

Belleville *(programme de),* programme républicain, ou « programme démocratique radical », exposé par Gambetta à Belleville, où il était candidat lors des élections du 23 mai 1869. Charte de la future république, ce programme exigeait l'exercice sans limites des libertés essentielles.

BELLEVILLE (69220), ch.-l. de cant. du Rhône, sur la Saône ; 6 109 hab. *(Bellevillois).* Église du XIIe s., anc. abbatiale. Commerce des vins du Beaujolais. Métallurgie. Pulvérisateurs.

Belleville *(rondelle*), rondelle légèrement conique en tôle emboutie, utilisée le plus souvent pour jouer le rôle d'un ressort de compression.

BELLEVILLE-SUR-LOIRE (18240), comm. du Cher, à 25 km au N. de Sancerre ; 1 013 hab. Centrale nucléaire sur la Loire.

BELLEY (01300), ch.-l. d'arrond. de l'Ain, dans le Bugey ; 8 169 hab. *(Belleysans).* Dévastée en 1385 par un incendie, la ville fut reconstruite et fortifiée par Amédée VII de Savoie. Cathédrale des XVe et XIXe s. ; palais épiscopal de 1775. Centre administratif et commercial. Travail du cuir. Mécanique. — À proximité, aménagement hydroélectrique (sur le Rhône).

BELLICISME n. m. (de *belliqueux*). Doctrine ou attitude qui fait du recours à la force l'instrument privilégié du règlement des conflits internationaux.

BELLICISTE adj. et n. Qui fait preuve de bellicisme, témoigne de bellicisme.

BELLIÈVRE (Claude DE), magistrat et archéologue français (Lyon 1487-*id.* 1577). Premier président au parlement de Grenoble (1541), on lui doit la conservation des *Tables claudiennes.*

BELLIÈVRE (Pompone DE), seigneur de Grignon, homme d'État et diplomate français (Lyon 1529-Paris 1607). Chargé par Charles IX de missions diplomatiques auprès des cantons suisses entre 1562 et 1574, il fut surintendant des Finances (1575-1588) sous Henri III qui l'envoya en ambassade en Angleterre en 1586. Négociateur de la paix de Vervins (1598), il fut chancelier de France de 1599 à 1605.

BELLIFONTAIN, E adj. et n. De Fontainebleau.

BELLIGÈNE adj. Se dit d'une situation politique, économique ou sociale susceptible d'engendrer un conflit armé.

BELLIGÉRANCE n. f. Situation d'un pays en état de guerre ; état de belligérant. (La *reconnaissance de belligérance* est l'acte par lequel un État tiers déclare qu'il observera les mêmes règles de neutralité à l'égard des deux partis en lutte dans un pays, conférant ainsi à des insurgés un statut international.)

BELLIGÉRANT, E adj. (lat. *belligerans,* de *belligerare,* faire la guerre). Se dit d'un pays en état de guerre avec un autre.

◆ **belligérants** n. m. pl. **1.** Pays qui sont en état de guerre. (On oppose leur statut à celui des *neutres*.) — **2.** Ressortissants des pays en guerre appartenant aux forces armées régulières ou supplétives.

BELLINGHAM, v. des États-Unis (État de Washington), sur le Puget Sound ; 52 179 hab. Pêche. Raffinage du pétrole. — À proximité (Ferndale), usine d'aluminium.

BELLINGSHAUSEN *(mer de)*, mer bordière de l'Antarctique, entre 110° de longitude O. et la péninsule Antarctique.

BELLINI (les), famille de peintres italiens, nés et morts à Venise. — IACOPO (v. 1400 -1470), dont on conserve surtout des dessins, rompit avec la tradition gothique en se livrant à l'étude de la composition dans l'espace. — Son fils GENTILE (v. 1429-1507), peintre de portraits et de cycles narratifs, se signale par son réalisme, qui emprunta à la vie vénitienne et à l'Orient (il alla à Constantinople en 1479). — GIOVANNI (v. 1430-1516), frère de Gentile, reçut de son beau-frère Mantegna une influence décisive, mais qu'il sut assouplir. Surtout peintre de tableaux d'autels, il a enseigné à l'école de Venise la plénitude de la forme, l'harmonie des couleurs, le modelé des contours dans la lumière, le goût du paysage, l'expression du sentiment. Il a donné, mais aussi emprunté à Antonello da Messina, puis à Giorgione et à Titien.

BELLINI (Lorenzo), anatomiste italien (Florence 1643-*id.* 1704). Il a découvert les tubes urinifères du rein, l'action excitatrice des nerfs sur les muscles, le siège du goût dans les papilles linguales.

BELLINI (Vincenzo), compositeur italien (Catane 1801-Puteaux 1835). Il a trouvé des accents poignants de vérité, qui valent à ses opéras, dont *Norma* (1831), une faveur constante.

BELLINI (Mario), designer italien (Milan 1935). Designer industriel, il travaille pour Olivetti. Dans le domaine du mobilier et de la décoration, il renoue avec les valeurs stylistiques du passé (siège *Tentazione*, 1973, édité par Cassina).

BELLINZONA, v. de Suisse, ch.-l. du canton du Tessin, sur la ligne ferroviaire du Saint-Gothard ; 16 849 hab. Trois anciennes forteresses dominent la ville. Églises du Moyen Âge et de la Renaissance (beaux décors). Réparation ferroviaire.

BELLIQUEUX, EUSE adj. (lat. *bellicosus*). **1.** Qui aime la guerre, qui la recherche ; qui manifeste cet état d'esprit ; batailleur, guerrier : *Chants belliqueux*. — **2.** Qui aime les querelles ou les discussions ; agressif : *Écrivain belliqueux.*

BELLMAN (Carl Michael), poète suédois (Stockholm 1740-*id.* 1795), célèbre pour ses poèmes bachiques, idylliques ou dramatiques (*Épîtres de Fredman,* 1790).

BELLMER (Hans), dessinateur, graveur, sculpteur assemblagiste, photographe et peintre allemand (Katowice 1902 - Paris 1975). Un érotisme exacerbé, salué par les surréalistes, s'exprime dans ses *Poupées* articulées (1932-1965) comme dans le climat troublant et la virtuosité graphique de ses œuvres à deux dimensions, où il s'inspire parfois des vieux maîtres allemands.

BELLO (Mohammed), homme d'État africain († Sokoto 1837), fils d'Ousmane dan Fodio, à qui il succéda en 1817 à la tête de la partie orientale de l'Empire foulani.

BELLO (Andrés), écrivain, grammairien et homme politique chilien, d'origine vénézuélienne (Caracas 1781-Santiago du Chili 1865). Fondateur de l'université du Chili, il fut l'un des maîtres à penser de l'Amérique latine dans la conquête de son indépendance.

BELLO (Ahmadu Alhaji), homme politique nigérian (Sokoto 1910-Kaduna 1966). Premier ministre du Nigeria du Nord et vice-président de la Ligue musulmane mondiale (1961), il fut assassiné en 1966.

BELLOC (Hilaire), écrivain britannique (La Celle-Saint-Cloud 1870-Guildford, Surrey, 1953), auteur d'essais politiques (*l'État servile,* 1912) et de romans anticonformistes pour enfants (*le Livre des bêtes pour enfants méchants,* 1896).

BELLON ou **BÉLON** n. m. (mot dialect., de l'anc. fr. *belong,* de forme allongée). **1.** Chariot portant une cuve à vendange. — **2.** Grand cuvier dans lequel on fait macérer les pommes broyées avec de l'eau, pour la préparation du cidre.

BELLONE, antique divinité romaine de la Guerre, celle qui assurait une issue heureuse aux combats.

BELLONTE (Maurice), aviateur français (Méru, Oise, 1896-Paris 1984). Coéquipier de Dieudonné Costes, il réalisa avec lui la première liaison aérienne Paris-New York (1er-2 sept. 1930) sur le célèbre avion Breguet-19 *Point-d'Interrogation.*

BELLORI (Giovanni Pietro), archéologue et écrivain d'art italien (Rome 1616-*id.* 1696). Ami de Poussin, il s'est fait théoricien du classicisme dans ses *Vies des peintres, sculpteurs et architectes modernes* (1672).

BELLOT, OTTE adj. et n. (dimin. de *bel*). *Fam.* et *vx.* Se dit d'un enfant qui est petit et joli.

BELLOTTO (Bernardo), dit aussi **Canaletto le Jeune,** peintre et graveur italien (Venise 1720-Varsovie 1780). Neveu d'A. Canaletto, comme celui-ci remarquable védutiste, il a surtout travaillé à Dresde et à Varsovie.

BELLOW (Saul), écrivain américain (Lachine, Québec, 1915). Influencée d'abord par Kafka (*l'Homme de Buridan,* 1944), son œuvre fait de l'inquiétude de la communauté juive, désireuse de s'intégrer à la société américaine, tout en préservant son identité, le symbole de l'angoisse générale du monde moderne (*les Aventures d'Augie March,* 1953 ; *le Faiseur de pluie,* 1959 ; *Herzog,* 1964; *la Planète de M. Sammler,* 1970 ; *l'Hiver du doyen,* 1985 ; *le Cœur à bout de souffle,* 1987). [Prix Nobel 1976.]

BELLOWS (George Wesley), peintre américain (Colombus, Ohio, 1882 - New York 1925). Membre du « groupe des Huit », il a traité des sujets de la vie urbaine et sportive (boxe...) dans un style plein de vitalité et de rigueur.

Bell System, groupe d'entreprises locales qui assurait, avant 1984, dans le cadre de l'American Telephone and Telegraph Company (ATT), la majeure partie du service téléphonique intérieur des États-Unis.

BELLUAIRE n. m. (lat. *bellua,* bête féroce). **1.** Gladiateur qui affrontait les animaux féroces dans les amphithéâtres de la Rome antique. (Syn. BESTIAIRE.) — **2.** Esclave attaché au service des animaux du cirque. — **3.** Au XIXe et au début du XXe s., dans les ménageries, celui qui dresse et soigne les fauves.

BELLUNO, v. d'Italie, en Vénétie, ch.-l. de prov., sur la Piave ; 37 000 hab. Cathédrale du XVIe s. Station touristique. Constructions électriques. — Masséna y battit les Autrichiens, le 13 mars 1797.

BELMONDO (Jean-Paul), acteur de cinéma et de théâtre français (Neuilly-sur-Seine 1933). Lancé par la « nouvelle vague » (*À bout de souffle,* J.-L. Godard, 1960 ; *Pierrot le fou,* id. 1965), sa désinvolture et sa gouaille en ont fait l'un des acteurs français les plus populaires.

Belmont ou **Dayr Balamand,** couvent de moines orthodoxes au Liban, dominant de 300 m Tripoli. C'est une ancienne abbaye cistercienne, fondée en 1157.

BELMONTE GARCÍA (Juan), matador espagnol (Séville 1892-*id.* 1962). Il a fait évoluer la tauromachie en développant le travail (la faena) avec la muleta.

BELMONT-SUR-RANCE (12370), ch.-l. de cant. de l'Aveyron ; 1 034 hab.

BELMOPAN, cap. du Belize, créée en 1970, dans le district de Cayo, à 80 km à l'intérieur des terres ; 4 000 hab.

BELO (Fernando), théologien portugais (Lisbonne 1933). Ordonné prêtre en 1961, une des figures marquantes de la théologie de la libération, il a écrit notamment *Lecture matérialiste de l'Évangile de Marc* (1974). Il vit en France, séparé de l'Église depuis cette date.

BELŒIL, comm. de Belgique (Hainaut), au S. d'Ath ; 13 064 hab. Château des XVIe-XXe s. (objets d'art, collections historiques) ; beaux jardins. Chimie.

BELO HORIZONTE, v. du Brésil, cap. du Minas Gerais ; 2 048 861 hab. Fondée à la fin du XIXe s., dans un bassin intérieur à 920 m d'alt., la ville s'est rapidement développée comme centre d'une agglomération industrialisée (métallurgie surtout) de 3 461 905 hab.

BELON n. f. (de *Belon,* n. pr.). Nom commercial de l'huître plate à chair blanche, élevée autref. à l'embouchure du Belon.

BÉLON → BELLON.

BELON ou **BÉLON,** fl. côtier de Bretagne, en Cornouaille ; 25 km. Ostréiculture.

BELON (Pierre), naturaliste et médecin français (Cérans, Sarthe, 1517-Paris 1564). Auteur d'une *Histoire naturelle des étranges poissons marins* (1551), il a multiplié les observations inédites en zoologie, botanique, archéologie et ethnographie.

BÉLONIDÉ n. m. Poisson marin long et mince, au museau allongé, nageur rapide, tel que les orphies. (Les *bélonidés* forment une famille.)

BÉLONIFORME n. m. Poisson marin aux écailles cycloïdes, aux nageoires molles, dorsale et anale étant rejetées à l'arrière, tel que les orphies, les balaous, les exocets et les demi-becs. (Les *béloniformes* constituent un ordre.) [N. anc. ATHÉRINIFORME.]

BÉLONOGASTER [-gastɛr] n. m. Guêpe sociale d'Afrique tropicale, à l'abdomen longuement pédonculé, au nid papyracé sans enveloppe.

BÉLOSTOME n. m. Très grosse punaise aquatique des pays chauds, à salive venimeuse et à piqûre dangereuse, se nourrissant surtout de poissons, s'envolant le soir vers les lumières. (La famille des *bélostomatidés,* dont le bélostome est le type, comprend des espèces chez lesquelles la femelle pond et cimente ses œufs sur le dos du mâle.)

BELOT (Émile), ingénieur français (Vendôme 1857-Le Mans 1944), inventeur de nombreuses machines pour l'industrie des tabacs.

BELOTE n. f. (p.-ê. de F. *Belot,* n. pr.). Jeu pratiqué avec un jeu de 32 cartes entre 2, 3 ou 4 joueurs.

1. BÉLOUGA ou **BÉLUGA** n. m. (russe *belouga,* de *belyï,* blanc). **1.** Grand mammifère cétacé (5 m de long) muni de dents et voisin du narval, mais souvent appelé *baleine blanche* ou *dauphin blanc.* (Le bélouga vit en grands troupeaux et communique par des sifflements.) — **2.** Nom commun à divers poissons de grande taille (requins, thon, esturgeon, etc.). — **3.** Caviar fourni par le grand esturgeon *Huso huso.*

2. BÉLOUGA ou **BÉLUGA** n. m. (n. déposé). Petit yacht à voiles, dériveur à bouchains vifs, apparu au lendemain de la Seconde Guerre mondiale. (La coque peut recevoir un hors-bord.)

BELOUSSOV ou **BIELOUSSOV** (Vladimir Vladimirovitch), géophysicien russe (Moscou 1907), un des auteurs de l'hypothèse qui postule la permanence des aires océaniques au cours de l'évolution géologique.

BÉLOUTCHISTAN → BALOUTCHISTAN.

BELOVO ou **BIELOVO,** v. de Russie, dans le Kouzbass ; 116 000 hab. Métallurgie.

BELOW (Otto VON), général allemand (Dantzig 1857-Besenhausen, près de Göttingen, 1944). Sur le front russe en 1914, il se distingua en Pologne et en Lituanie (1915), en Macédoine (1916), puis écrasa les Italiens à Caporetto (oct. 1917).

BEL PAESE [bɛlpaeze] n. m. inv. (ital. *bel paese,* beau pays). Fromage italien à pâte molle et à croûte lavée, fabriqué à partir de lait de vache.

BELPHÉGOR (« le Seigneur de Phégor »), divinité moabite honorée sur le mont Phégor.

BELSKI (Igor Dmitrievitch), danseur et chorégraphe russe (Leningrad 1925). Un des meilleurs interprètes et danseurs de caractère du Kirov (1943-1962), il aborde la composition chorégraphique avec une œuvre originale (*les Rives de l'espérance,* 1959), de tendance moderniste, puis donne la *Symphonie de Leningrad* (mus. de Chostakovitch, 1961) et une version du *Petit Cheval bossu* (1963). Il a dirigé le ballet du Kirov de 1973 à 1977.

BELSUNCE DE CASTELMORON (Henri François-Xavier DE), prélat français (La Force, Dordogne, 1670-Marseille 1755). Évêque de Marseille (1709), il s'illustra par son dévouement durant la peste qui désola Marseille en 1720-21.

BELT (Grand- et **Petit-),** nom de deux détroits danois reliant le Cattégat à la Baltique. Le Grand-Belt, le principal des détroits danois, sépare les îles de Fionie (Fyn) et de Sjaelland. — Le Petit-Belt sépare la Fionie (Fyn) et le Jylland. Un pont le traverse au nord entre Fredericia (Jylland) et Middelfart (Fionie).

BELTRAMI (Eugenio), mathématicien italien (Crémone 1835-Rome 1900). Il imagina un modèle euclidien de la géométrie non euclidienne de Lobatchevski en considérant des surfaces « pseudosphériques » de courbure négative constante.

BELTRAND (Tony), dessinateur et graveur français (Lyon 1848 - Paris 1904). Il collabora à *l'Illustration,* au *Monde illustré,* et contribua à répandre le goût de la gravure sur bois en couleurs, qu'ont également pratiquée ses fils JACQUES, CAMILLE, GEORGES et MARCEL.

BÉLUGA → BÉLOUGA.

BELVÉDÈRE n. m. (ital. *belvedere,* de *bel,* beau, et *vedere,* voir). Pavillon ou terrasse qui couronne et domine soit un édifice, soit un tertre dans un parc, et d'où la vue s'étend au loin. (Le *Belvédère du Vatican* est un petit palais du XVe s. qui abrite des antiques tels que l'*Apollon* et le *Torse* dits « du Belvédère ».)

BELVÈS (24170), ch.-l. de cant. de la Dordogne, dans le Périgord ; 1 651 hab. Château et autres monuments du Moyen Âge. Maisons gothiques et Renaissance.

BELYÏ ou **BIELYÏ** (Boris Nikolaïevitch BOUGAÏEV, dit **Andreï**), écrivain russe (Moscou 1880-*id.* 1934). Théoricien du symbolisme (*Symphonies,* 1904-1908 ; *la Colombe d'argent,* 1910 ; *Pétersbourg,* 1914 ; *Moscou,* 1926-1932), il se rallia à la révolution qu'il interpréta comme l'héritage lointain des Scythes, à égale distance entre l'Orient et l'Occident (*Christ est ressuscité,* 1918).

BELZ (56550), ch.-l. de cant. du Morbihan, à 14 km à l'O. d'Auray ; 3 399 hab.

BELZÉBUTH, déformation du titre donné à une divinité cananéenne, *Baal-Zeboub,* ou Baal le Prince, transformé, dans la tradition juive, en *Baal-Zeboul,* Seigneur du Fumier, en raison du culte idolâtrique dont il était l'objet. Les démonologies juive et chrétienne en ont fait le prince des démons.

BEŁZEC, v. de Pologne, au S.-E. de Lublin. Camp d'extermination allemand (1942-43). 550 000 Juifs y périrent.

BEM (Józef), général polonais (Tarnów 1794-Alep 1850). Il prit part à l'insurrection de 1830 puis rejoignit les insurgés hongrois, gagna la Turquie, se convertit à l'islām et, sous le nom de Murad Paşa, réprima avec les troupes turques l'insurrection arabe d'Alep.

BEMBAS, population bantoue occupant le nord-est de la Zambie.

BEMBEX n. m. (gr. *bembiks, -ikos,* bourdon). Insecte hyménoptère (bembécidé) ressemblant à une guêpe, élevant ses larves dans un terrier et les nourrissant de mouches ou d'insectes voisins.

BEMBO (Pietro), écrivain italien (Venise 1470-Rome 1547). Secrétaire de Léon X, il fonda les canons grammaticaux et esthétiques de la langue littéraire italienne, sur la base des œuvres de Dante, Boccace et Pétrarque (*Prose della volgar lingua,* 1525).

BÉMOL n. m. (lat. médiév. *b molle,* b mou). **1.** Altération qui abaisse les notes d'un demi-ton chromatique. (L'ordre des 7 bémols est : *si, mi, la, ré, sol, do, fa.*) – **2.** *Fam.* Le fait de parler moins fort, de baisser le ton, d'atténuer la violence de ses propos. – **3.** *Double bémol,* altération qui abaisse les notes d'un ton entier.

BÉMOLISATION n. f. Abaissement de l'intensité d'un son, caractéristique des phonèmes bémolisés.

BÉMOLISÉ adj. Se dit d'un phonème dont le spectre est caractérisé par une baisse relative de certaines fréquences. (Ainsi en français [y], [ø] et [œ] sont bémolisées par rapport à [i], [e] et [ɛ].)

BEN [bɛ̃] adv. Forme pop. de *bien* dans EH BEN !, ET BEN QUOI ?, etc.

BEN, mot signif. *fils* en hébreu et dans certains dialectes arabes, utilisé dans la formation des noms de personnes pour indiquer la filiation. (→ IBN.)

BEN (Benjamin VAUTIER, dit), artiste suisse (Naples 1935). Un des représentants de l'« École de Nice » (d'esprit postdadaïste), lié au mouvement international Fluxus, il s'est livré à partir de 1960 à une analyse ironique de l'« ego » de l'artiste en proclamant que « tout est art » et en signant toute chose, objet, lieu, événement, attitude, idée, plagiat, phrase peinte, etc.

BENACERRAF (Baruj), médecin américain (Caracas, Venezuela, 1920). Il a démontré que la capacité de fabriquer des anticorps est contrôlée chez la souris par une série de gènes. (Prix Nobel de médecine 1980.)

BENALCÁZAR → BELALCÁZAR.

BEN ALI (Zine el-Abidine), en ar. **Zīn al-'Abidīn Bin 'Alī,** homme d'État tunisien (Hammam-Sousse 1936). Nommé Premier ministre en octobre 1987, il devient président de la République en novembre après avoir déposé Bourguiba. Il est confirmé à la tête de l'État lors des élections de 1989 et 1994.

1. BÉNARD, E adj. et n. f. (altér. de *bernarde,* de *Bernard,* n. pr.). Se dit d'une serrure qui s'actionne par une clef (dite *bénarde*) des deux côtés.

2. BÉNARD n. m. (de A. *Bénard,* n. pr.). *Arg.* Pantalon.

BÉNARD (*dom* Laurent), bénédictin français (Nevers 1573-Paris 1620), fondateur de la congrégation bénédictine de Saint-Maur (1618).

Bénard *(cellules de),* cellules, disposées régulièrement, apparaissant dans une couche de fluide dont la face inférieure est plus chaude que la face supérieure, et dues aux phénomènes de convection.

BÉNARÈS, BANĀRAS ou **VĀRĀṆASĪ,** v. de l'Inde (Uttar Pradesh), sur le Gange ; 1 026 467 hab. Grand centre religieux, où le pèlerinage a stimulé les fonctions commerciale et artisanale. Nombreux temples plusieurs fois reconstruits. Industries textiles, métallurgiques et chimiques. Université.

BÉNAT *(cap),* cap de la côte des Maures (Var), au S. du Lavandou.

BENAVENTE (Toribio DE, dit **Motolinía**), missionnaire franciscain espagnol (Benavente v. 1490-Mexico 1568). L'un des 12 premiers missionnaires arrivés au Mexique en 1524, il consacra sa vie à l'évangélisation et à la défense des Indiens contre les conquistadores, au Mexique et au Guatemala. Il écrivit une importante *Histoire des Indiens de la Nouvelle-Espagne* (1558).

BENAVENTE (Jacinto), auteur dramatique espagnol (Madrid 1866-*id.* 1954). Observateur des mœurs et des passions, il a contribué à perpétuer en Espagne un répertoire de boulevard (*El Nido ajeno,* 1894 ; *Los Intereses creados,* 1907). [Prix Nobel 1922.]

BEN BARKA (Mehdi), homme politique marocain (Rabat 1920 - ? 1965). Leader depuis 1950 de la principale organisation de gauche au Maroc, contraint à l'exil, il fut enlevé et disparut mystérieusement à Paris en oct. 1965. Des membres des services de renseignements français et marocains furent impliqués dans cette affaire.

BEN BELLA (Ahmed), homme d'État algérien (Maghnia, Oranie, 1916). Sous-officier de l'armée française, puis militant nationaliste clandestin, il joue un rôle essentiel dans la délégation extérieure du F. L. N. Interné en France de 1956 à la conclusion des accords d'Évian (1962), il devient président de la République algérienne en 1963. En 1965, il est renversé par Boumediene. Emprisonné sans jugement jusqu'en 1979, assigné à résidence, il est libéré en 1980. En exil en Suisse, il crée en 1984 un parti d'opposition, le Mouvement pour la démocratie en Algérie (légalisé en 1990). Il revient sur la scène politique algérienne en 1990.

Bence-Jones *(protéine* ou *albumose de),* immunoglobuline isolée dans le sang de malades atteints de myélome multiple ou de maladie de Waldenström, et qui passe dans les urines, entraînant une protéinurie de type monoclonal (albumosurie).

BENDA (Julien), philosophe et écrivain français (Paris 1867-Fontenay-aux-Roses 1956). Il est l'auteur d'un pamphlet, *la Trahison des clercs*

(1927), dirigé contre les intellectuels qui acceptent de servir des causes auxquelles ils sont étrangers.

BEN-DAY [bɛndɛ] n. m. Procédé manuel de photogravure qui permet d'ajouter à un cliché au trait des points, lignes, grains.

BENDOR, îlot situé en face de Bandol (Var). Tourisme.

BENE (Carmelo), acteur, metteur en scène et écrivain italien (Campi, Lecce, 1937). Il cultive l'esthétisme baroque et le goût de la provocation intellectuelle (*S. A. D. E.,* 1975).

BENEDEK (Ludwig VON), général autrichien (Ödenburg 1804-Graz 1881). Il fit les guerres de Lombardie (1848), de Hongrie (1849) et se distingua à Solferino (1859). Commandant l'armée de Bohême, il fut battu à Sadowa (3 juill. 1866).

BENEDETTI (Vincent, *comte*), diplomate français (Bastia 1817-Paris 1900). Ambassadeur à Berlin (1864-1870), il demanda, lors d'un séjour à Ems, des garanties sûres à Guillaume II, auxquelles celui-ci répondit par la *dépêche d'Ems** ; celle-ci déclencha la guerre franco-allemande de 1870.

BENEDETTI MICHELANGELI (Arturo), pianiste italien (Orzinuovi, près de Brescia, 1920-Lugano 1995). Lauréat du Concours international de Genève en 1939, il se distingua par sa recherche de sonorités denses et colorées.

BENEDETTO da Maiano → GIULIANO DA MAIANO.

BÉNÉDICITÉ n. m. (lat. *benedicite,* bénissez). Prière de bénédiction de la nourriture récitée avant le repas.

BENEDICT (Ruth Fulton), anthropologue américaine (New York 1887-*id.* 1948). Elle s'inscrit dans le courant de l'anthropologie culturelle, fortement marqué par la psychanalyse (*Patterns of Culture,* 1934).

BÉNÉDICTIN, E n. (de *Benedictus,* n. lat. de saint Benoît). **1.** Religieux, religieuse de l'ordre de Saint-Benoît. — **2.** *Travail de bénédictin,* ouvrage fait avec une longue patience, par référence aux longs travaux d'érudition des bénédictins.
◆ adj. Qui a rapport aux bénédictins.
ENCYCL. L'institution du monachisme bénédictin remonte à la fondation de l'abbaye du Mont-Cassin et à la première rédaction de la règle de saint Benoît, en 529. La règle bénédictine, basée sur un grand équilibre humain et sur l'autorité paternelle de l'abbé, se propagea rapidement. Les missionnaires envoyés par saint Grégoire le Grand la firent connaître en Angleterre et en Allemagne. L'ordre joua, au Moyen Âge, un rôle considérable : ses abbayes, souvent très riches, furent à la fois des centres de vie religieuse, des foyers de charité et de culture et de vraies puissances politiques ; mais cette puissance et cette richesse les rendirent vulnérables ; la réforme de Cluny au Xᵉ s. et celle de Cîteaux au XIᵉ s. sauvèrent l'idéal bénédictin. Au XVIIᵉ s., d'autres réformes intervinrent, notamment, en France, celle de Saint-Maur (mauristes), favorable au renouveau de l'érudition. La Révolution française fit disparaître en France l'ordre de Saint-Benoît : mais il se reconstitua, dès 1833, grâce à dom Guéranger, à Solesmes, chef de la congrégation de France (23 monastères actuellement). L'ordre bénédictin dans le monde une vingtaine de congrégations totalisant 440 monastères masculins et 10 000 moines, 800 monastères féminins et 20 000 moniales.

BÉNÉDICTINE n. f. (n. déposé). Liqueur jaune préparée par macération de plantes dans l'alcool, puis distillation et addition de sirop de sucre.

BÉNÉDICTION n. f. (lat. ecclés. *benedictio,* de *bene,* bien, et *dicere,* dire). **1.** Grâce, faveur que Dieu accorde. — **2.** Acte sacerdotal qui sanctifie une personne ou une chose, ou qui appelle sur elle la bienveillance de Dieu. — **3.** Souhait solennel de bonheur, auquel on accorde un caractère sacré : *La bénédiction d'un père.* — **4.** *Bénédiction apostolique,* bénédiction spéciale du pape ou donnée au nom du pape par un évêque ou un prêtre délégué. ‖ *Bénédiction du saint sacrement,* cérémonie liturgique qui se termine par une bénédiction que le prêtre donne avec l'ostensoir contenant le saint sacrement. (Syn. SALUT DU SAINT SACREMENT.) ‖ *Bénédiction « urbi et orbi »,* bénédiction solennelle que le pape donne depuis la loggia de la basilique St-Pierre, à certaines fêtes solennelles, à la ville de Rome et au monde entier. ‖ Fam. *C'est une bénédiction !,* exclamation laudative ou ironique devant l'abondance de qqch. ‖ *Donner à qqn sa bénédiction,* l'approuver, le laisser faire.

BENEDICTUS [-tys] n. m. (lat. *benedictus,* béni). Titre de deux chants d'actions de grâces de la liturgie catholique : le cantique attribué dans l'Évangile de saint Luc à Zacharie (I, 68-79), ainsi que la seconde partie du *Sanctus* de la messe.

BENEDIKT (Moritz), médecin autrichien (Eisenstadt 1835-Vienne 1920), pionnier en neurologie, en électrothérapie (travaux sur la conductibilité électrique et le daltonisme pathologique) et surtout en psychiatrie. Ses études cliniques sur l'hystérie anticipent la théorie psychanalytique aussi bien sur l'étiologie de l'hystérie que sur le principe de la cure freudienne.

BENEDIKTSSON (Einar), poète islandais (Ellidavatn 1864-Herdísarvík 1940). Sa poésie, d'une grande abstraction et d'une constante virtuosité formelle, évolua vers un mysticisme teinté de panthéisme (*Vallées,* 1930).

BÉNEF n. m. *Pop.* Abrév. de BÉNÉFICE.

BÉNÉFICE n. m. (lat. *beneficium,* bienfait, de *bene,* bien, et *facere,* faire). **1.** Tout avantage produit par qqch (état ou action) : *Perdre le bénéfice de son intervention.* — **2.** Profit réalisé dans une opération financière, commerciale, dans une activité à but lucratif. — **3.** *Au bénéfice de qqch,* grâce à : *Être acquitté au bénéfice du doute.* ‖ *Au bénéfice de qqn,* au profit de : *Séance au bénéfice des handicapés.* ‖ *C'est tout bénéfice,* les frais de l'affaire sont nuls ou minimes ; c'est un avantage sans inconvénient. ‖ *Sous bénéfice d'inventaire,* sous réserve de vérification. • **Dr.** Privilège, faculté, avantage, droit considéré par rapport à la source d'où il émane, à l'auteur dont on le tient. ‖ *Bénéfice de cession d'actions* ou *de subrogation,* possibilité à la caution qui a payé la dette du débiteur d'être subrogée dans les droits du créancier. ‖ *Bénéfice de discussion,* droit accordé à une caution poursuivie (sauf la caution solidaire) d'exiger que le créancier procède, par priorité, à la vente des biens du débiteur principal. ‖ *Bénéfice de division,* possibilité pour les diverses cautions d'une même dette (sauf pour la caution solidaire) d'exiger que le créancier limite sa poursuite auprès de chacune d'elles à concurrence de sa part dans la dette. ‖ *Bénéfice d'émolument,* possibilité pour un époux marié sous le régime de la communauté légale de n'être tenu des dettes communes nées du chef de son conjoint que dans la limite de la part de la communauté qui lui est attribuée. ‖ *Bénéfices agricoles,* cédule de l'impôt sur le revenu perçue sur les résultats de l'exploitation des biens ruraux procurés aux fermiers, métayers et propriétaires exploitants. — **Dr. canon.** *Bénéfice ecclésiastique,* revenu attaché à un office ecclésiastique permettant au titulaire *(bénéficier)* d'accomplir correctement une fonction d'Église. — **Écon.** *Bénéfice brut,* excédent global des ventes sur les achats ; différence entre le prix de vente d'un bien ou d'un service et son coût direct. (Syn. MARGE BRUTE.) ‖ *Bénéfices industriels et commerciaux,* catégorie de l'impôt sur le revenu constituée par les revenus des professions commerciales, industrielles ou artisanales ainsi que ceux des activités de marchands de biens et assimilés. ‖ *Bénéfice mondial,* profit calculé, dans le cadre d'un système d'imposition, qui permet à une société de faire masse, pour la détermination de ses résultats imposables, de l'ensemble des résultats, positifs et négatifs, des établissements qu'elle possède à l'étranger. ‖ *Bénéfice net d'exploitation,* excédent des produits sur les charges, une fois déduits tous les frais afférents à l'exploitation. ‖ *Bénéfices non commerciaux,* catégorie de l'impôt sur le revenu constituée par les revenus des professions libérales ainsi que de toute activité lucrative qui ne peut se rattacher à aucune autre catégorie de revenu. — **Féod.** Terre concédée par un seigneur à son vassal après la prestation de l'hommage et en échange de certains devoirs. (À ce terme se substitua au XIe s. celui de « fief ».) — **Psychan.** Conception selon laquelle la formation de symptômes permet au sujet une diminution des tensions engendrées par une situation conflictuelle, conformément au principe de plaisir. (→ *encycl.*)

ENCYCL. **Psychan.** S. Freud distingue le *bénéfice primaire* de la maladie, « solution la plus commode dans le cas d'un conflit psychique », dans la mesure où « elle épargne d'abord un effort », du *bénéfice secondaire,* effort du moi pour pactiser avec une maladie déjà installée. Dès lors, le moi s'adapte au symptôme comme il le fait ordinairement pour le monde extérieur. Cet effort se heurte, cependant, à l'un des aspects irréductibles du symptôme qui est d'être un substitut de la motion pulsionnelle refoulée, renouvelant continuellement son exigence de satisfaction et entraînant le moi dans une nouvelle lutte défensive.

BÉNÉFICIAIRE adj. et n. (lat. médiév. *beneficiarius*). **1.** Qui profite d'un bénéfice, d'un avantage : *Il est le principal bénéficiaire de cet héritage.* — **2.** Se dit de l'héritier qui accepte une succession sous bénéfice d'inventaire. — **3.** Se dit d'une personne qui remplit les conditions nécessaires ouvrant droit à une aide, une prestation.

◆ adj. **1.** Qui relève d'un bénéfice financier qui le produit : *Marge bénéficiaire.* — **2.** Se dit de la succession acceptée sous bénéfice d'inventaire.

1. BÉNÉFICIER v. t. ind. (lat. médiév. *beneficiare*) [conj. 9]. **1.** Tirer avantage de qqch, en jouir, en profiter : *Bénéficier d'avantages fiscaux.* — **2.** Profiter à qqn, à un groupe, leur être bénéfique : *Les progrès économiques n'ont guère bénéficié à la région.*

2. BÉNÉFICIER, ÈRE n. (lat. médiév. *beneficiarus*). Titulaire d'un bénéfice ecclésiastique.

BÉNÉFIQUE adj. (lat. *beneficus,* bienfaisant). **1.** Qui procure un avantage, favorable : *Action bénéfique d'un médicament.* — **2.** En astrologie, se dit d'un astre, d'un aspect, etc., qui a une influence bienfaisante.

BENELUX (BE*lgique,* NE*derland,* LUX*embourg*), ensemble économique formé par la Belgique, les Pays-Bas et le Luxembourg. Les premiers accords (l'un monétaire, l'autre douanier), signés à Londres en 1943 et en 1944, constituaient les premiers pas vers la réalisation d'une union économique entre les 3 pays. Bien que les 3 États intéressés soient membres de l'Union européenne, les accords relatifs au développement du Benelux restent en vigueur.

BENEMAN ou **BENNEMAN** (Guillaume), ébéniste allemand du XVIIIe s. († apr. 1803). Venu tardivement en France, il succéda à Riesener, comme ébéniste de la Couronne, en 1785, et continua sa production sous le Directoire et le Consulat. Ses meubles sont d'une richesse un peu lourde.

BENEŠ (Edvard), homme d'État tchécoslovaque (Kožlany, Bohême du Sud, 1884 -Sezimovo-Ústí 1948). Collaborateur de Masaryk, il devint le secrétaire du Conseil national tchécoslovaque qui se constitua à Paris en 1916. Ministre des Affaires étrangères de la Tchécoslovaquie (1918-1935), il fut élu président de la République en 1935 et démissionna quelques jours après la signature des accords de Munich (29-30 sept. 1938). Chef du gouvernement provisoire de Londres à partir de 1940, il assuma à nouveau la présidence de la République tchécoslovaque de 1945 à 1948. Sans réaction lors du coup d'État communiste de févr. 1948, il démissionna en juin.

BENESH (Rudolf), peintre britannique (Londres 1916-*id.* 1975). Avec sa femme JOAN (née Rothwell) [Liverpool 1920], danseuse britannique du Sadler's Wells Ballet, il créa un système de notation chorégraphique (1955) qui porte leur nom. Ils ont fondé à Londres en 1960 l'Institute of Choreology, qui forme de nombreux notateurs.

BENÊT [bənœ] adj. et n. m. (de *benoît,* béni]. Se dit d'un garçon qui est d'une simplicité naïve.

BÉNÉVENT, en ital. **Benevento,** v. d'Italie, ch.-l. de prov., en Campanie ; 63 000 hab. Archevêché depuis le Xe s. Bel arc de Trajan (114). Théâtre construit sous Hadrien, restauré. Église S. Sofia, remontant au VIIIe s. Cathédrale romane, très endommagée en 1943. Musée. Pyrrhos II y fut vaincu par les Romains en 275 av. J.-C. Au VIe s., la ville devint le siège d'un duché qui fut aux mains de la papauté de 1053 à 1860.

BÉNÉVENT (*prince* DE) → TALLEYRAND.

BÉNÉVENT-L'ABBAYE (23210), ch.-l. de cant. de la Creuse, dans la haute Marche ; 846 hab. *(Bénévents).* Église romane du XIIe s. Marché.

BÉNÉVOLAT n. m. Fait d'accomplir une action bénévole.

BÉNÉVOLE adj. et n. (lat. *benevolus*). Qui apporte son aide volontaire et sans être rémunéré : *Une infirmière bénévole.*
◆ adj. Qui est fait sans obligation, à titre gracieux : *Collaboration bénévole.*

BÉNÉVOLEMENT adv. De son plein gré ; sans y être tenu et sans rémunération.

BÉNEZET *(saint)* [1165-1184], berger de Provence à qui, selon la légende, une voix surnaturelle ordonna de construire un pont sur le Rhône, à Avignon. Ce pont, dit de saint Bénezet, fut achevé en 1188 ; ses ruines se voient encore aujourd'hui.

BÉNÉZET (François), pasteur du « Désert » (Montpellier 1723-*id.* 1752), dont le martyre fut l'objet d'une émouvante complainte populaire.

BÉNÉZIT (Emmanuel), écrivain d'art français (Jersey 1854 - Paris 1920). Il a publié, en 3 volumes, le *Dictionnaire* [...] *des peintres, sculpteurs, dessinateurs et graveurs de tous les temps et de tous les pays* [...] (1911-1923), réédité et augmenté en 8 vol. (1948-1955), puis en 10 (1976).

BENFELD (67230), ch.-l. de cant. du Bas-Rhin, sur l'Ill ; 4 411 hab. *(Benfeldiens).* Hôtel de ville des XVIe et XVIIe s. Constructions électriques.

BENGALE, région d'Asie méridionale, partagée entre l'Inde et le Bangladesh, située entre l'Himālaya et le *golfe du Bengale.*
— **Géogr.** Le Bengale est constitué essentiellement par le plus vaste delta du monde (140 000 km²), où se rassemblent les eaux du Gange, du Brahmapoutre, de la Tista et de la Meghna. C'est une région basse, abondamment arrosée, partiellement périodiquement ravagée par les inondations et les raz de marée, où la population, unie seulement par la langue (le bengalī), très dense, vit misérablement d'une culture intensive du riz et du jute surtout.
— **Hist.** Le Bengale est conquis par les musulmans à la fin du XIIe s. En 1756, le nabāb du Bengale doit affronter la Compagnie anglaise des Indes orientales, qui, par la victoire de Clive à Plassey (1757), ouvre la voie à la domination britannique. Le Bengale joue un rôle important dans le réveil culturel et national indien. En 1947, une partition du Bengale s'effectue selon des critères religieux : le Bengale-Occidental (Calcutta) est rattaché à l'Union indienne ; le Bengale-Oriental (Dacca), à majorité musulmane, devient le Pākistān-Oriental. Sous l'influence du cheikh Mujibur Rahman, le Pākistān-Oriental obtiendra l'indépendance, en déc. 1971, avant de devenir le Bangladesh*.

Bengale *(feu* ou *flamme de),* artifice brûlant avec une flamme vive, blanche ou colorée.

BENGALE *(golfe du),* golfe de l'océan Indien, entre les côtes de l'Inde, du Bangladesh et de la Birmanie, affecté en été de cyclones ; 2 200 000 km².

BENGALE-OCCIDENTAL, État de l'Inde ; 88 000 km² ; 67 982 732 hab. Cap. *Calcutta.* Outre la partie deltaïque du Bengale, il comprend une frange qui se rattache morphologiquement au Deccan et la région himalayenne de Darjeeling. La majeure partie de la population vit de l'agriculture (riz, jute, thé) ; l'industrie est présente à Calcutta et dans la région de la Dāmodar (houille, métallurgie lourde, chimie).

1. BENGALI [bɛ̃-] n. m. (hindī *bengalī*). Petit oiseau de cage aux vives couleurs, du groupe des astrilds, originaire d'Afrique ou d'Asie et dont on élève certaines espèces.

2. BENGALĪ [bɛ̃-] adj. et n. Du Bengale.
◆ n. m. Langue indo-aryenne dérivée du sanskrit parlée par environ 150 millions de locuteurs au Bangladesh et en Inde (Bengale-Occidental).
ENCYCL. **Ling.** Le bengalī utilise une écriture particulière directement dérivée de la brāhmī. On distingue plusieurs groupes de dialectes qui reculent au profit de la langue standard courante.

BENGALINE [bɛ̃-] n. f. Étoffe constituée d'une chaîne de soie et d'une trame de coton ou de laine.

BENGBU ou **PENG-POU,** v. de Chine (Anhui), au N.-O. de Nankin ; 253 000 hab. Nœud ferroviaire. Textile. Alimentation.

BENGHAZI, port de Libye (Cyrénaïque) et deuxième ville du pays ; 485 000 hab. Université. C'est l'ancienne Bérénice, une des 5 villes de la Pentapole cyrénéenne. En 1911, les Italiens en firent la capitale de la Cyrénaïque. Au cours de la campagne de Libye de 1940-1942, le port changea 4 fois de mains entre Germano-Italiens et Britanniques, qui l'occupèrent définitivement en nov. 1942.

BENGKULU, v. d'Indonésie, dans le sud-ouest de Sumatra, sur l'océan Indien ; 170 183 hab. Anc. comptoir anglais.

BEN GOURION (David), homme politique israélien (Płońsk, Pologne, 1886-Tel-Aviv 1973). Émigré en Palestine en 1906, animateur du parti Mapai, secrétaire général de l'Histadrouth, il fut élu, en 1948, président du Conseil national provisoire qui proclama l'indépendance d'Israël (1948). Chef du gouvernement de 1948 à 1953, puis de nouveau à partir de 1955, il quitta brusquement le pouvoir en 1963. Ayant constitué un nouveau groupement politique, le Rafi, il fut exclu du Mapai en 1965.

Ben Gourion, aéroport de Tel-Aviv-Jaffa.

BENGUELA, port de l'Angola, ch.-l. de district ; 42 000 hab. Aboutissement du chemin de fer de Zambie et du Zaïre (prolongé jusqu'à Lobito), relié au Tanzam.

BENGUELA *(courant de),* courant froid de l'Atlantique du Sud-Est (le long de la Namibie et de l'Angola) qui y entretient une remontée d'eau profonde. Pêcheries.

BEN-HADAD, nom hébraïque de Bar-Hadad.

Ben Hur, film américain réalisé en 1926 par Fred Niblo, avec Ramón Novarro, d'après le roman de Lew Wallace. En 1959, un remake du film fut tourné par William Wyler avec Charlton Heston.

BENI *(río),* rivière de la Bolivie ; 1 600 km. Né sur le versant est des Andes, il conflue, à la frontière du Brésil, avec le Mamoré, pour former le Madeira.

BÉNICHOU (Paul), critique littéraire français (Tlemcen, Algérie, 1908). Il établit le rapport entre une configuration d'œuvres et un univers idéologique (*Morales du grand siècle,* 1948 ; *Nerval et la Chanson folklorique,* 1970 ; *le Temps des prophètes,* 1977 ; *Mages romantiques,* 1987).

BENIDORM, station balnéaire d'Espagne, au N.-E. d'Alicante ; 42 442 hab.

BÉNIGNE → BÉNIN.

BÉNIGNE *(saint),* martyr en Bourgogne. On ne connaît son existence que par Grégoire de Tours.

BÉNIGNEMENT adv. *Litt.* De façon bénigne.

BÉNIGNITÉ n. f. (lat. *benignitas*). **1.** *Litt.* Bienveillance pleine de douceur. — **2.** Caractère des maladies évoluant sans complications vers la guérison, et des tumeurs non cancéreuses.

BENI-HASSAN, village de Basse-Égypte (prov. de Minîèh), sur la rive droite du Nil. Intéressants hypogées des XIe et XIIe dynasties.

BENI MELLAL, v. du Maroc occidental, ch.-l. de prov., dans la plaine du Tadla ; 95 000 hab. Marché agricole. Sucrerie.

BENI MERED, village d'Algérie (Mitidja). Le 11 avr. 1842, le sergent Blandan avec 21 hommes résista victorieusement à 300 cavaliers arabes.

BÉNIN, IGNE adj. (lat. *benignus,* bienveillant). **1.** Qui n'impose aucune souffrance, qui ne présente aucun caractère de rigueur, de dureté : *Punition bénigne.* — **2.** Qui n'a aucune conséquence grave, qui est sans gravité : *Accident bénin.* — **3.** *Litt.* Doux et indulgent : *Un sourire bénin.* — **4.** *Tumeur bénigne,* qui n'est pas cancéreuse.

BÉNIN, ancien royaume de la côte de Guinée, situé à l'O. du delta du Niger. Fondé entre le XIe et le XVIe s., il connut la prospérité jusqu'au XIXe s. : les Britanniques le détruisirent entre 1892 et 1897.
— **Bx-arts.** Essentiellement représenté par des ivoires et des bronzes, l'art de cour du Bénin des XVe-XVIe s. se rattache stylistiquement à Ife. Par l'intermédiaire des Portugais, à la fin du XVIe s., le bronze est importé massivement. Plus nombreuses, les œuvres sont de facture plus lourde, et l'expression de la statuaire se fige.

BÉNIN, anc. **DAHOMEY,** État de l'Afrique occidentale, sur le *golfe du Bénin ;* 113 000 km^2 ; 5 600 000 hab. *(Béninois).* CAP. *Porto-Novo.* LANGUE : *français.* MONNAIE : *franc C. F. A.*

Géographie. Étroite bande de terre, étirée sur près de 700 km du golfe de Guinée au fleuve Niger, c'est un pays de plaines et de plateaux, au climat équatorial au sud, aussi chaud, mais plus sec vers le nord. Ici, l'élevage domine, les cultures (palmier à huile, cacaoyer, manioc et maïs) ont remplacé la forêt dans le Sud.
La population (environ 60 ethnies), en accroissement rapide, vit de l'agriculture (l'agroalimentaire est la seule branche industrielle notable). Les deux principales villes sont la capitale, centre administratif, et surtout Cotonou, le port, par lequel passe la majeure partie d'un commerce extérieur, très lourdement déficitaire.

Histoire. Le pays a été divisé en trois royaumes, dont celui du Dahomey fondé v. 1625. À partir de la seconde moitié du XIXe s., la France s'installe progressivement au Dahomey.
1893-94 : La France élimine le roi Béhanzin et occupe le pays. Elle organise le colonie du Dahomey au sein de l'Afrique-Occidentale française.
1960 : Le Dahomey devient une république indépendante.
1975 : Dirigé depuis 1972 par Mathieu Kérékou, qui instaure un système marxiste-léniniste, le pays reprend le vieux nom africain Bénin.
1990 : Début de démocratisation du régime.
1991 : Nicéphore Soglo est élu à la tête de l'État.
1996 : Vainqueur de l'élection présidentielle, M. Kérékou revient au pouvoir.

BÉNIN *(golfe de* ou *du),* partie du golfe de Guinée, à l'O. du delta du Niger.

BÉNINCASE n. f. Cucurbitacée asiatique au fruit comestible, d'odeur musquée.

BENIN CITY, v. du Nigeria, cap. de l'État de Bendel, à l'O. d'Onitsha ; 121 700 hab.

BÉNINOIS, E adj. et n. Du Bénin.

Benioff *(plan de)* [du n. du sismologue amér. Hugo *Benioff* (1899-1968)], plan incliné formant un angle voisin de 50° par rapport à l'horizontale et le long duquel se disposent les foyers des séismes, considéré comme la zone d'enfoncement de la lithosphère dans les zones de subduction.

BÉNI-OUI-OUI n. m. inv. (ar. *beni,* fils, et fr. *oui*). *Fam.* Personne toujours disposée à approuver les actes de ses supérieurs, les initiatives du pouvoir en place.

Béniqué *(sondes de),* sondes métalliques de calibre croissant et de courbure appropriée, permettant de dilater progressivement l'urètre masculin.

BÉNIR v. t. (lat. *benedicere,* de *bene,* bien, et *dicere,* dire) [conj. 32]. **1.** En parlant de Dieu, combler qqn de biens, faire prospérer qqch par une faveur divine : *Dieu bénit Abraham.* – **2.** Appeler sur qqn, qqch la bénédiction de Dieu, selon le rituel fixé par l'Église : *Bénir une union.* – **3.** *Bénir Dieu,* le louer pour le remercier de ses bienfaits. – **4.** Louer qqn, son action par reconnaissance ou, ironiq., les maudire ; se féliciter de qqch : *Bénir un ami de son intervention.* – **5.** *Bénir le ciel, le sort,* s'estimer heureux, se féliciter de qqch. ‖ Fam. *(Que) Dieu vous bénisse,* souhait qu'on adresse parfois à qqn après un éternuement.
◆ **être béni** v. pass. *Être béni des dieux,* être favorisé par le sort.

BENI SAF, port de l'ouest de l'Algérie ; 30 700 hab. Pêche. Conserveries.

BENI SNASSEN *(monts des)* ou **BENI SNASSENE,** massif du Maroc, à la frontière algérienne.

BÉNISSEUR, EUSE adj. et n. Qui adresse aux autres des compliments superficiels.

BÉNIT, E adj. **1.** Qui a reçu la bénédiction du prêtre, sanctifié par une bénédiction en vue d'un usage sacré : *Eau bénite.* – **2.** Fam. *C'est pain béni(t),* c'est bien mérité ; c'est une occasion rêvée. ‖ Vx. *Eau bénite (de cour),* paroles flatteuses et peu sincères.

BÉNITIER n. m. (anc. fr. *benoitier*). **1.** Petit bassin ou vase destiné à contenir de l'eau bénite. – **2.** Nom usuel du *tridacne.* – **3.** *Col bénitier,* col roulé en biais dont le repli forme un creux par devant. ‖ Fam. *Grenouille de bénitier,* personne d'une dévotion outrée. ‖ *Se démener comme un diable dans un bénitier,* essayer par tous les moyens de sortir d'une situation embarrassante.

BENITO *(río)* → MBINI *(río).*

BENJAMIN, E [bɛ̃-] n. (de *Benjamin,* n. du plus jeune fils de Jacob). **1.** Le plus jeune des enfants d'une famille. – **2.** La personne la plus jeune d'un groupe. – **3.** Jeune sportif dont l'âge varie entre 11 et 13 ans.

BENJAMIN *(tribu de),* tribu israélite du sud de la Palestine, dont l'ancêtre éponyme, Benjamin, était le dernier des douze fils de Jacob.

BENJAMIN de Tudèle, rabbin et voyageur du Moyen Âge (Tudela, Navarre espagnole, ?-1173). Écrite en hébreu, sa relation de ses visites des communautés juives d'Europe et du Proche-Orient (1159-1173) reste une somme comparable au livre de Marco Polo.

BENJAMIN (Henri), vétérinaire français (Nogent-sur-Seine 1850-Paris 1919). Il a étudié la tuberculose transmissible de l'animal à l'homme.

BENJAMIN (Walter), essayiste allemand (Berlin 1892-près de Port-Bou 1940). Il énonça les principes d'une esthétique liée à la modernité ; membre de l'école de Francfort, il s'intéressa aussi à l'histoire de l'art. Fuyant les nazis, il se donna la mort. Auteur de *l'Œuvre d'art à l'époque de sa reproductivité technique* (1936), il a par ailleurs développé une réflexion sur le langage et la philosophie de l'histoire.

BENJAMINITE adj. et n. Israélite de la tribu de Benjamin.

BEN JELLOUN (Tahar), écrivain marocain de langue française (Fès 1944). Il s'est attaché aux problèmes des émigrés et des déracinés (*la Plus Haute des solitudes,* 1977 ; *À l'insu du souvenir,* 1980 ; *l'Enfant de sable,* 1985 ; *la Nuit sacrée,* 1987 ; *les Yeux baissés,* 1991).

BENJOIN [bɛ̃ʒwɛ̃] n. m. (catalan *benjuí,* de l'ar. *lubān-djāwa,* encens de Java). Baume d'odeur vanillée, fourni par un arbre du Sud-Est asiatique, le styrax.

BEN JONSON → JONSON (Ben).

BENKEI, héros de l'histoire japonaise (XIIe s.) dont la force, la ruse et le dévouement ont servi de trame à des récits et légendes populaires.

BEN KHEDDA (Youssef), homme politique algérien (Berrouaghia 1920). Membre du F. L. N. (1955), ministre des Affaires sociales du Gouvernement provisoire de la République algérienne (G. P. R. A.) [1958-1960], il en fut ensuite président (1961-62).

BENN (Gottfried), poète allemand (Mansfeld, Prusse, 1886-Berlin 1956). Influencé par Nietzsche et l'expressionnisme (*Morgue,* 1912), il chercha un moment dans le national-socialisme (*l'État nouveau et les Intellectuels,* 1933) une solution à ses problèmes d'homme et d'écrivain (*Double Vie,* 1950 ; *Distillations,* 1953).

BENNE n. f. (var. de *banne*). **1.** Caisson utilisé pour le transport, ou appareil employé pour la préhension et le déplacement de matières ou de matériaux. (Les bennes peuvent être basculantes ou preneuses.) — **2.** Véhicule (pour voyageurs ou matériaux) équipant certains types de transporteurs aériens sur câbles. — **3.** Hotte à l'usage de vendangeurs ou remorque tirée par tracteur et servant au transport de la vendange.

BENNETT (James Gordon), journaliste américain (Newmill, Écosse, 1795-New York 1872). Fondateur du *New York Herald* en 1835, il fut le premier à utiliser régulièrement le télégraphe pour les besoins de la presse. En 1869, il envoya H. Stanley à la recherche de Livingstone. — Son fils JAMES GORDON (New York 1841-Beaulieu, Alpes-Maritimes, 1918), journaliste, lui succéda à la direction du *New York Herald.* Il organisa le voyage malheureux de la *Jeannette,* commandée par De Long vers le pôle Nord. Il a encouragé l'automobile (coupe Gordon-Bennett) et l'aviation.

BENNETT (William Sterndale), compositeur britannique (Sheffield 1816-Londres 1875). Il fut nommé directeur de la Royal Academy of Music de Londres en 1866. Il fonda à Londres en 1849 la « Bach Society ».

BENNETT (Enoch Arnold), écrivain britannique (Hanley, Staffordshire, 1867-Londres 1931). Il peint avec une minutie postnaturaliste le provincialisme et la laideur de la zone industrielle des « Poteries » (*Anna des Cinq Villes,* 1902 ; *The Old Wives' Tale,* 1908).

BENNETT (Richard Bedford), homme politique canadien (Hopewell, Nouveau-Brunswick, 1870-Mickleham, Surrey, 1947), Premier ministre de 1930 à 1935, leader du parti conservateur (1927-1938).

BENNETTITALE n. f. (de *Bennett,* n. pr.). Nom d'ordre donné à des plantes gymnospermes fossiles du primaire et du secondaire, parentes des cycadacées actuelles.

BEN NEVIS, point culminant de la Grande-Bretagne, dans les Highlands d'Écosse ; 1 344 m.

BENNIGSEN (Leonti Leontievitch), général russe, hanovrien d'origine (Brunswick 1745-Banteln, près d'Hildesheim, 1826). À Eylau, il résista longtemps à Napoléon. Vainqueur de Murat à Taroutino (1812), il s'illustra à Leipzig (1813).

BÉNODET (29950), comm. du Finistère, à l'embouchure de l'Odet ; 2 450 hab. *(Bénodetois).* Station balnéaire. Port de plaisance.

BENOIS (Alexandre), peintre et historien d'art russe (Saint-Pétersbourg 1870 - Paris 1960). Il fut l'un des animateurs du « Mir Iskousstva », mouvement qui rénova l'art russe à la fin du XIXe s., publia diverses études sur l'art russe et travailla comme décorateur de théâtre, notamment pour Diaghilev. Il se fixa en France en 1926.

BENOISTON DE CHÂTEAUNEUF (Louis François), économiste et statisticien français (Paris 1776-*id.* 1856). Il fut l'un des premiers à traiter la statistique d'une manière scientifique.

BENOÎT, E adj. (lat. *benedictus,* part. passé de *benedicere,* bénir). *Litt.* **1.** Calme, tranquille et satisfait. — **2.** D'une douceur hypocrite : *Un sourire benoît.*

BENOÎT de Nursie *(saint),* patriarche et législateur des moines d'Occident (Nursie v. 480-Mont-Cassin v. 547). De parents nobles, Benoît se retira très jeune dans la solitude de Subiaco. Vers 529, il s'établit sur le mont Cassin où s'érigea le monastère qui fut le chef d'ordre des Bénédictins, pour lesquels Benoît rédigea une règle courte centrée sur le service de Dieu. Saint Benoît a été proclamé en 1958 « père de l'Europe et patron de l'Occident ».

BENOÎT d'Aniane *(saint),* réformateur bénédictin (v. 750-821), fondateur de l'abbaye d'Aniane, dans le Languedoc (780-787), qui devint le foyer d'une importante réforme de l'ordre.

BENOÎT Biscop *(saint)*, bénédictin anglo-saxon (en Northumbrie v. 628-Wearmouth 690), fondateur des abbayes de Wearmouth et de Jarrow.

BENOÎT Ier († Rome 579), pape de 575 à 579.

BENOÎT II *(saint)* [† Rome 685], pape de 684 à 685.

BENOÎT III (Rome-*id.* 858), pape de 855 à 858.

BENOÎT IV (Rome-*id.* 903), pape de 900 à 903.

BENOÎT V (Rome-Hambourg v. 966), pape en 964.

BENOÎT VI (Rome-*id.* 974), pape de 973 à 974.

BENOÎT VII (Rome-*id.* 983), pape de 974 à 983. Il favorisa le courant clunisien de réforme de l'Église.

BENOÎT VIII (THÉOPHYLACTE de Tusculum) [† Rome 1024], pape de 1012 à 1024. Il condamna au synode de Pavie (1022) le concubinage des clercs.

BENOÎT IX (THÉOPHYLACTE) [† Rome 1055], pape de 1032 à 1045 et de 1047 à 1048.

BENOÎT X (Jean MINCIUS) [† 1070 ?], pape de 1058 à 1060. Intronisé de force par la noblesse romaine, il fut écarté par saint Pierre Damien au profit de Nicolas II.

BENOÎT XI (Niccolo BOCCASINI) [près de Trévise 1240-1304], pape de 1303 à 1304. Fidèle à Boniface VIII auquel il succéda, il pardonna toutefois à Philippe le Bel excommunié.

BENOÎT XII (Jacques FOURNIER) [Saverdun, pays de Foix, Avignon 1342], pape de 1334 à 1342. Il supprima la commende des évêchés et des abbayes (1335), et s'attacha à réformer la curie et le clergé. Il entreprit la construction du palais des Papes à Avignon.

BENOÎT XIII (Pedro Martínez DE LUNA) [Illueca v. 1328-Peñíscola, Espagne, 1423], cardinal (1375), pape de l'obédience d'Avignon de 1394 à 1423. Son élection, faite dans l'espoir de mettre fin au schisme, le prolongea au contraire. Malgré sa déposition par les conciles de Pise (1409) et de Constance (1417), il ne consentit jamais à abdiquer.

BENOÎT XIII (Pietro Francesco ORSINI) [Gravina, royaume de Naples, 1649-Rome 1730], pape de 1724 à 1730. Ses prises de position à l'égard de la doctrine janséniste furent hésitantes.

BENOÎT XIV (Prospero LAMBERTINI) [Bologne 1675-Rome 1758], pape de 1740 à 1758, le plus remarquable pape du XVIIIe s. Canoniste, il s'appliqua à promouvoir les études cléricales. Il se montra conciliant avec les jansénistes, sans leur faire de concessions. Il fit restaurer et embellir Sainte-Marie-Majeure.

BENOÎT XV (Giacomo DELLA CHIESA) [Gênes 1854-Rome 1922], pape de 1914 à 1922. Durant la Première Guerre mondiale, il fit des propositions de paix (1er août 1917) pour abréger les hostilités. Sous son pontificat fut publié le Code du droit canonique (1917).

BENOÎT de Sainte-Maure, poète attaché à la cour d'Aliénor d'Aquitaine, auteur d'un *Roman de Troie** (1160) et d'une *Histoire des ducs de Normandie* (1170) qui continue le *Roman de Rou,* de Wace.

BENOÎT le Lévite, en lat. **Benedictus Levita,** pseudonyme de l'auteur (ou des auteurs) d'une compilation juridique du IXe s.

BENOIT (Peter), compositeur belge (Harelbeke 1834-Anvers 1901). Il est le créateur de l'école flamande moderne. Liszt appréciait ses grandes fresques populaires (*l'Escaut,* 1868 ; *la Lys,* 1875 ; *Anvers,* 1877).

BENOIT (Pierre), écrivain français (Albi 1886-Ciboure 1962), auteur de romans aux intrigues mouvementées et chargées d'exotisme (*Kœnigsmark,* 1917-18 ; *l'Atlantide,* 1919). [Acad. fr., 1931.]

BENOÎTE n. f. (de *benoît*). Plante (rosacée) à feuilles de fraisier, aux fleurs jaunes, rouges ou blanches, au fruit muni d'aigrettes ou de crochets.

BENOÎTEMENT adv. *Litt.* De façon benoîte.

BENOÎT-JOSEPH LABRE *(saint),* pénitent français (Amettes, diocèse de Boulogne, 1748-Rome 1783). Il mena à travers l'Europe une existence dépouillée de pèlerin pénitent. Canonisé en 1881.

BENONI, v. d'Afrique du Sud, près de Johannesburg, dans le Witwatersrand ; 207 000 hab. Mines d'or. Électromécanique.

BÉNOUÉ (la), riv. d'Afrique occidentale, affl. du Niger (r. g.) ; 1 400 km. Elle naît au Cameroun dans l'Adamaoua et passe au Nigeria après avoir reçu le Mayo Kebbi.

Bénoué-Congo *(langues),* groupe de langues de la famille nigéro-congolaise réunissant l'ensemble bantou et quelques langues du sud-est du Nigeria et du Cameroun (langues bantoïdes).

BENQI → BENXI.

BENSERADE ou **BENSSERADE** (Isaac DE), poète français (Paris 1613 ou Lyons-la-Forêt 1612 - Gentilly 1691). Poète de salon et de cour, il composa le sonnet de *Job* que ses admirateurs opposèrent, dans la célèbre querelle des Sonnets (1649), au sonnet d'*Uranie* de Voiture. Il a aussi écrit des ballets, des tragédies et des tragicomédies. (Acad. fr., 1674).

BENTHAM (Jeremy), moraliste et législateur britannique (Londres 1748-*id.* 1832). Il s'est attaché à décrire dans une architecture imaginaire la structure sociale, notamment la hiérarchie institutionnelle, d'une prison (*Panopticon,* 1787). Il est surtout connu pour sa morale qui repose sur le principe de l'utilité, le calcul du plaisir par rapport à la peine ; ce rapport est le fondement du système économique et social idéal (*Déontologie ou Science de la morale,* 1834). Bentham s'est aussi préoccupé de pénologie (*Traité des peines et des récompenses,* 1811).

BENTHIQUE [bɛ̃-] adj. Relatif au fond des mers ou des eaux douces, quelle qu'en soit la profondeur. (Syn. DÉMERSAL.)

BENTHOS [bɛ̃tɔs] n. m. (gr. *benthos,* profondeur). Ensemble des êtres vivants animaux ou végétaux fixés au fond des eaux *(benthos sessile)* ou s'en éloignant peu *(benthos vagile).* [Syn. FAUNE et FLORE DÉMERSALES ; s'oppose à *plancton* et à *necton.*]

BENTINCK (William Henry CAVENDISH), 3e duc **de Portland,** homme politique britannique (Bulstrode, Buckinghamshire, 1738-*id.* 1809), Premier ministre en 1783 et de 1807 à 1809.

BENTIVOGLIO, famille princière italienne, souveraine de Bologne aux XVe et XVIe s.

BENTON (Thomas Hart), homme politique américain (près d'Hillsboro, Caroline du Nord, 1782 - Washington 1858). Démocrate et esclavagiste, promoteur du chemin de fer transcontinental, il publia *Thirty Years'View of the American History, 1820-1850* (1854-1856).

BENTONITE n. f. (de *Fort Benton,* n. pr.). Argile smectique gonflante de la famille des montmorillonites. (Elle est employée pour le raffinage du pétrole, la préparation de couleurs et vernis et, mélangée à l'eau, comme fluide dans les forages.)

BENTZON (Jørgen LIEBENBERG), compositeur danois (Copenhague 1897-Hørsholm, Copenhague, 1951). Il fut cofondateur des écoles populaires de musique de son pays. On lui doit notamment un opéra (*Saturnalia,* 1944) et 2 symphonies, dont la *Dickens Symphony* (1940-1947).

BENVENISTE (Émile), linguiste français (Alep 1902-Versailles 1976). Professeur de grammaire comparée au Collège de France, il est l'auteur d'importants travaux sur les langues indo-européennes : *Origine de la formation des noms en indo-européen* (thèse, 1935) ; *Noms d'agent et noms d'action en indo-européen* (1948) et le *Vocabulaire des institutions indo-européennes* (1969). Son apport théorique en linguistique générale est dispersé à travers de nombreux articles rassemblés dans *Problèmes de linguistique générale* (1966-1974, 2 vol.).

Benvenuto Cellini, opéra en 2 actes et 4 tableaux d'Hector Berlioz, livret de L. de Wailly et A. Barbier (Paris, 1838). Le *Carnaval romain* (1843) en est la seconde ouverture.

BENXI (ou **PEN-HI**) ou **BENQI** (ou **PEN-K'I**), v. de Chine (Liaoning) ; 500 000 hab. Sidérurgie.

BEN YEHUDA (Eliezer PERELMAN, dit **Eliezer**), écrivain et lexicographe hébraïque (Louchki, Lituanie, 1858-Jérusalem 1922). Établi en Palestine dès 1881, il fit pénétrer la langue hébraïque dans la vie quotidienne. Il prépara le *Grand Dictionnaire de langue hébraïque ancienne et moderne,* dont 5 volumes parurent de son vivant.

BENZ (Carl), ingénieur allemand (Karlsruhe 1844-Ladenburg 1929). En 1878, il mit au point un moteur à gaz du type deux temps. En 1886, il construisit sa première voiture, un tricycle à moteur à essence. La voiture Benz fut importée en France, en 1888, par Roger. La société Benz et Cie a fusionné en 1926 avec Daimler Motoren Gesellschaft.

BENZALDÉHYDE [bɛ̃-] n. m. Aldéhyde benzoïque C_6H_5—CHO, principe odorant de l'essence d'amande amère.

ENCYCL. Liquide bouillant à 179 °C, le benzaldéhyle, employé dans l'industrie des parfums et des colorants (vert malachite), est produit par oxydation du toluène ou du chlorure de benzyle, ou par fixation de l'oxyde de carbone sur le benzène.

BENZELIUS, famille de pasteurs suédois. — Le premier, ERIK (1632-1709), archevêque d'Uppsala, dirigea la traduction de la Bible en suédois. Trois de ses fils furent également archevêques d'Uppsala. — Les manuscrits que réunit ERIK **Benzelius** *le Jeune* (1675-1743) firent de la bibliothèque d'Uppsala une des plus importantes de l'Europe du XVIIIe s.

BENZÈNE [bɛ̃-] n. m. (de *benzoïque*). Hydrocarbure monocyclique de formule C_6H_6, prototype des arènes, appelé communément benzine. (Syn. PHÈNE.)

ENCYCL. Découvert en 1826 par Faraday, le benzène a été isolé des goudrons de houille et synthétisé en 1866 par Berthelot à partir de l'acétylène. Longtemps obtenu par distillation de la houille, il est aujourd'hui préparé indus-

Notation de la formule du **benzène**.

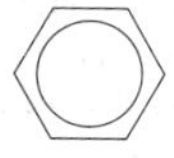

triellement par cyclisation et aromatisation des hydrocarbures saturés. La structure du benzène et de ses dérivés a posé un problème à la chimie organique classique. Pour le résoudre, Kekulé proposa, en 1866, qu'il était nécessaire de prévoir en fait 2 formules, apparemment identiques pour le benzène, mais différentes pour ses dérivés. L'analyse radiocristallographique soutenue par les théories quantiques a montré que la structure du benzène est en fait celle d'un hexagone régulier formé par les 6 atomes de carbone, chacun étant lié aux 2 atomes de carbone et à l'atome d'hydrogène les plus proches par des liaisons σ coplanaires, à 120° les unes des autres. L'édifice du plan ainsi formé est entouré de part et d'autre par un nuage de 6 électrons π délocalisés sur les 6 atomes de carbone qui assurent la cohésion finale de l'ensemble. L'enthalpie calculée pour la formation d'une molécule fictive ayant la formule de Kekulé est inférieure de 36 kcal/mole (énergie dite de résonance) à l'enthalpie réelle de formation du benzène. Liquide incolore, peu dense (0,884) et doué d'une odeur caractéristique, le benzène fond à 5,4 °C et bout à 80,4 °C. C'est un bon solvant des composés organiques, du phosphore, du soufre, de l'iode. Inflammable, il brûle avec une flamme fuligineuse. Il est relativement peu réactif. Le chlore, en présence de catalyseurs, peut substituer jusqu'à 6 atomes d'hydrogène ; la sulfonation donne l'acide benzènesulfonique ; la nitration le nitrobenzène ; l'acylation des cétones R—CO—C_6H_5. L'hydrogène s'additionne en donnant le cyclohexane C_6H_{12}, le chlore en donnant l'hexachlorocyclohexane $C_6H_6Cl_6$. L'importance industrielle du benzène est considérable. Il est utilisé à la fabrication de phénol, de styrène, de cyclohexane, d'aniline, d'insecticides.

benzène
Formule de Kekulé.

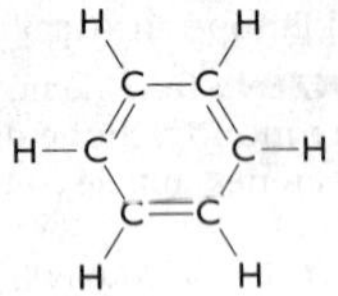

BENZÈNEDISULFONIQUE [bɛ̃-] adj. *Acide benzènedisulfonique,* acide $C_6H_4(SO_3H)_2$ dont l'isomère méta conduit au résorcinol.

BENZÈNESULFONIQUE [bɛ̃-] adj. *Acide benzènesulfonique,* acide C_6H_5—SO_3H, obtenu par action de l'acide sulfurique concentré sur le benzène.

BENZÉNIQUE [bɛ̃-] adj. **1.** Relatif au benzène. — **2.** *Hydrocarbure benzénique,* hydrocarbure dérivant du benzène par remplacement d'un ou de plusieurs atomes d'hydrogène par des radicaux carbonés monovalents. ‖ *Noyau benzénique,* ensemble de 6 atomes de carbone répartis aux sommets d'un hexagone plan.

BENZÉNISME → BENZOLISME.

BENZIDINE [bɛ̃-] n. f. Diamine aromatique dérivant du biphényle, qui sert à la préparation de colorants (chrysamine, jaune Congo, rouge Congo).

BENZIDINIQUE [bɛ̃-] adj. Qui se rapporte à la benzidine.

BENZILE [bɛ̃-] n. m. α-dicétone C_6H_5—CO—CO—C_6H_5 qui se réarrange en acide benzilique sous l'influence des hydroxydes alcalins

BENZILIQUE [bɛ̃-] adj. **1.** Qui a rapport au benzile. — **2.** *Acide benzilique,* acide $(C_6H_5)_2C(OH)$—CO_2H, obtenu par action des hydroxydes alcalins sur le benzile.

BENZINE [bɛ̃-] n. f. (de *benzoïque*). Ancien nom du benzène, qui dans le langage courant désigne le mélange d'hydrocarbures provenant de la distillation du benzol et servant de solvant.

BENZITE [bɛ̃-] n. f. Trinitrobenzène employé comme explosif.

BENZOATE [bɛ̃-] n. m. Sel ou ester de l'acide benzoïque. (Le *benzoate de sodium* est expectorant et fluidifiant des sécrétions bronchiques.)

BENZODIAZÉPINE [bɛ̃-] n. f. Nom de plusieurs composés apparentés à la diazépine, utilisés en psychiatrie pour leurs propriétés anxiolytiques.
ENCYCL. Les benzodiazépines sont prescrites surtout dans le traitement des névroses, et souvent, bien que sans action antipsychotique vraie, dans la thérapie de psychoses aiguës, ou dans celle des états d'agitation s'accompagnant d'une anxiété intense. Sans action hypnogène directe, elles facilitent cependant le sommeil en diminuant l'anxiété. Leur action dépressive sur la vigilance est plus ou moins nette selon les molécules. Elles possèdent une fonction myorelaxante et anticonvulsivante, particulièrement nette pour le diazépam, qui fait utiliser celui-ci dans le traitement de l'épilepsie.

BENZOFLAVINE [bɛ̃-] n. f. Matière colorante jaune du groupe de l'acridine.

BENZOFURANNE [bɛ̃-] n. m. Composé bicyclique C_8H_6O, que l'on trouve dans les goudrons de houille, et qui se polymérise en donnant des résines utilisées dans les industries des vernis et des caoutchoucs. (Syn. COUMARONE.)

BENZOÏNE [bɛ̃-] n. f. α-cétol C_6H_5—CO—CHOH—C_6H_5, obtenu par action du cyanure de potassium sur le benzaldéhyde.

BENZOÏNÉ, E [bɛ̃-] adj. Se dit d'un corps gras (en part. l'axonge) additionné de benjoin en vue de sa conservation.

BENZOÏQUE [bɛ̃-] adj. (lat. bot. *benzoinum,* benjoin). *Acide benzoïque,* acide $C_6H_5{-}CO_2H$, dont certains esters se trouvent dans le benjoin. (Isolé dès le début du XVIIe s. à partir du benjoin, l'acide benzoïque se fabrique maintenant par oxydation du toluène. Il est employé en pharmacie comme modificateur des sécrétions bronchiques et comme expectorant.) ‖ *Nitrile benzoïque,* syn. de BENZONITRILE.

BENZOL [bɛ̃-] n. m. Fraction de la distillation des goudrons de houille qui bout au-dessous de 170 °C et qui est constituée en majeure partie d'un mélange de benzène, de toluène et de xylènes. (Le benzol brut doit être purifié avant d'être rectifié ou utilisé comme carburant.)

BENZOLÉ, E [bɛ̃-] adj. Qui renferme du benzol.

BENZOLIQUE [bɛ̃-] adj. Relatif au benzol ou à ses constituants.

BENZOLISME ou **BENZÉNISME** [bɛ̃-] n. m. Intoxication chronique due au benzol ou à ses constituants (benzène, toluène, xylène), ainsi qu'aux essences de pétrole.
ENCYCL. L'intoxication aiguë (accidentelle) se manifeste par un état d'ébriété auquel succède une dépression pouvant aller jusqu'au coma. La forme chronique, seule observée en milieu professionnel, est dominée par l'hémopathie benzolique. L'évolution vers l'anémie aplasique, parfois accompagnée d'hémorragies graves, est possible, ainsi que l'apparition très retardée d'hémopathies malignes (leucémies aiguës). Le benzolisme est reconnu comme maladie professionnelle.

BENZONAPHTOL [bɛ̃-] n. m. Antiseptique intestinal à large spectre.

BENZONITRILE [bɛ̃-] n. m. Nitrile benzoïque $C_6H_5{-}C{\equiv}N$ obtenu industriellement par action du cyanure de potassium sur le benzènesulfonate de potassium ou par ammoxydation du toluène. (C'est un excellent solvant.)

BENZOPHÉNONE [bɛ̃-] n. f. Cétone $C_6H_5{-}CO{-}C_6H_5$ obtenue par action du chlorure de benzoyle sur le benzène.

BENZOPYRÈNE [bɛ̃-] n. m. Hydrocarbure aromatique cancérogène, se rencontrant dans le goudron de houille.

BENZOPYRYLIUM [bɛ̃-] n. m. Cation bicyclique $C_9H_7O^+$, dont les dérivés les plus importants sont les anthocyanidines.

BENZOQUINONE [bɛ̃-] n. f. Quinone $C_6H_4O_2$, dérivée du benzène, dont il existe 2 isomères, l'orthobenzoquinone et la parabenzoquinone, prototype des quinones, qui s'obtient par l'oxydation énergique de nombreux dérivés du benzène et dont la réduction mène à l'hydroquinone et à la quinhydrone.

BENZOTHIAZOLE [bɛ̃-] n. m. Composé bicyclique C_7H_5NS, dont certains dérivés sont importants dans les industries du caoutchouc et des colorants.

BENZOYLATION [bɛ̃-] n. f. Substitution, dans une molécule, d'un atome d'hydrogène par un radical benzoyle.

BENZOYLBENZOÏQUE [bɛ̃-] adj. *Acide benzoylbenzoïque,* acide $C_6H_5{-}CO{-}C_6H_4{-}CO_2H$, dont l'isomère *ortho* est un intermédiaire de la synthèse industrielle de l'anthraquinone.

BENZOYLE [bɛ̃-] n. m. (de *benzoïque*). Radical monovalent $C_6H_5{-}CO{-}$. (Le *chlorure de benzoyle* $C_6H_5{-}CO{-}Cl$ est un agent de benzoylation. Le *peroxyde de benzoyle* est un amorceur des réactions radicalaires, notamment de polymérisation.)

BEN ZVI (Isaac), homme d'État et journaliste israélien (Poltava 1884-Jérusalem 1963). Pionnier du sionisme, établi en Palestine en 1907, président du Conseil national juif (1924-1949), il fut président de l'État d'Israël de 1952 à sa mort.

BENZYLAMINE [bɛ̃-] n. f. Amine résultant de la substitution de 1, 2 ou 3 atomes d'hydrogène de l'ammoniac par 1, 2 ou 3 radicaux benzyles.

BENZYLATION [bɛ̃-] n. f. Substitution, dans une molécule, d'un atome d'hydrogène par un radical benzyle.

BENZYLCELLULOSE [bɛ̃-] n. f. Éther benzylique de la cellulose obtenu par réaction du chlorure de benzyle sur l'alcalicellulose et utilisé dans la préparation de vernis d'isolation, de couches anticorrosion, et pour l'imprégnation de fils électriques.

BENZYLE [bɛ̃-] n. m. (de *benjoin*). Radical monovalent $C_6H_5{-}CH_2{-}$.
ENCYCL. Le *bromure de benzyle* est utilisé dans les grenades lacrymogènes.
Le *benzoate de benzyle* est employé en parfumerie comme solvant et en dermatologie contre la gale et la phtiriase. Le *chlorure de benzyle* donne avec l'eau l'alcool benzylique et avec les agents oxydants l'aldéhyde ou l'acide benzoïque. Le *disulfure de benzyle* est un antioxydant. Le *cyanure de benzyle* est un intermédiaire de la synthèse de l'acide phénylacétique.

BENZYLIDÈNE [bɛ̃-] n. m. Radical bivalent $C_6H_5{-}CH{=}$. (Le *chlorure de benzylidène* donne par hydrolyse le benzaldéhyde.)

BENZYLIQUE [bɛ̃-] adj. *Alcool benzylique,* alcool $C_6H_5{-}CH_2{-}OH$ rencontré sous forme d'esters dans les baumes de Tolú et du Pérou et dans le styrax, à l'état libre dans certaines huiles essentielles, et préparé par l'hydrolyse du chlorure de benzyle.

BENZYLTHIOÜRACILE [bɛ̃-] n. m. Antithyroïdien de synthèse utilisé dans la maladie de Basedow.

BENZYNE [bɛ̃-] n. m. **1.** Hydrocarbure C_6H_4, qui intervient dans certaines réactions d'élimination et de substitution aromatique. — **2.** Tout dérivé de substitution de cet hydrocarbure.

BEOGRAD, nom serbe de Belgrade.

BÉOTHY (Étienne), sculpteur hongrois (Heves 1897 - Montrouge 1961). Installé à Paris en 1925, il fut l'un des fondateurs du groupe Abstraction-Création (1931). Il adhéra aussi au musicalisme et écrivit un ouvrage théorique, la *Série d'or* (1939).

BÉOTIE, en gr. **Boiôtia** ou **Viotia,** région de Grèce, au N.-E. du golfe de Corinthe.
— **Hist.** La Béotie était un nome de la Grèce antique dont le centre principal était Thèbes. Lors des guerres médiques, les Béotiens combattirent dans l'armée perse. Au milieu du IVe s. av. J.-C., Épaminondas et Pélopidas donnèrent à Thèbes et à la ligue Béotienne l'hégémonie sur la Grèce.

BÉOTIEN, ENNE [-sjɛ̃, -sjɛn] adj. et n. **1.** De Béotie. — **2.** Qui a l'esprit lourd, grossier, inculte.
◆ **béotien** n. m. Dialecte du grec ancien appartenant au groupe éolien.

Béotienne *(ligue),* confédération des villes de la Béotie. Très ancienne, elle s'affaiblit lors des guerres médiques. Dissoute en 386 lors de la paix d'Antalcidas, elle fut reconstituée par Épaminondas. Elle subsista sous l'Empire romain.

BÉOTISME n. m. (de *béotien*). *Litt.* Lourdeur d'esprit ; grossièreté du goût.

Beowulf *(le lai de),* épopée anglo-saxonne (VIIIe-Xe s.) de plus de 3 000 vers assonancés.

B. E. P., abrév. de BREVET* D'ÉTUDES PROFESSIONNELLES.

B. E. P. C., abrév. de BREVET* D'ÉTUDES DU PREMIER CYCLE du second degré.

BEPPU, v. du Japon, dans l'île de Kyūshū, sur la baie d'Ōita ; 137 000 hab. Station thermale. Électricité géothermique.

BEQAA ou **BEKAA,** en ar. **al-Biqā',** haute plaine du Liban s'étendant sur 120 km de long et de 8 à 20 km de large, entre l'Anti-Liban et le mont Liban. Le sud est une terre fertile (céréales et prairies) partiellement irriguée (légumes, fruits). Baalbek est la ville principale.

BÉQUET → BECQUET.

BEQUIA, île des petites Antilles, au S. de Saint Vincent ; 2 600 hab. Tourisme.

BÉQUILLARD, E n. *Fam.* Personne qui marche à l'aide de béquilles.

BÉQUILLE n. f. (moyen fr. *becquillon,* petit bec, avec infl. de l'anc. fr. *anille,* béquille). **1.** Bâton surmonté d'une petite traverse, sur lequel s'appuient les handicapés, les infirmes. — **2.** Pied amovible ou escamotable permettant de maintenir un ensemble dans une position stable (véhicule à deux roues à l'arrêt, excavatrice ou drague en position de travail, fusil-mitrailleur, etc.). — **3.** Organe de manœuvre commandant le pêne demi-tour des serrures verticales. — **4.** *Pont à béquille,* pont dont l'ossature porteuse principale comporte des poutres ayant des appuis verticaux ou obliques encastrés dans le tablier (poutres à béquilles).

BÉQUILLER v. i. (conj. **3**). *Fam.* et *vx.* Marcher à l'aide de béquilles.
◆ v. t. Étayer, caler, mettre d'aplomb un objet avec une ou plusieurs béquilles.

BER n. m. (lat. pop. **bertium,* petit berceau). Forte charpente épousant la forme de la carène d'un bateau et destinée à soutenir celui-ci lors du halage, de la mise à l'eau, du transport. (Syn. BERCEAU.)

BERAIN (Jean), ornemaniste français (Saint-Mihiel 1639 - Paris 1711). « Dessinateur de la Chambre et du Cabinet du roi » (1674), il dirigea les fêtes de la cour de Louis XIV et créa pour la manufacture de Beauvais les tentures des *Grotesques* et des *Triomphes marins.* D'une grande fantaisie, ses dessins de meubles et d'ornements reflètent encore la solennité du règne (recueil gravé de 1711).

BÉRALDI (Henri), collectionneur et écrivain d'art français (Paris 1849 - *id.* 1931), auteur de deux vastes répertoires : *les Graveurs du XVIIIe siècle* (1880-1882), *les Graveurs du XIXe siècle* (1885-1892).

BERAN (Josef), prélat tchécoslovaque (Plzeň 1888-Rome 1969). Nommé archevêque de Prague en 1946, il fut interné de 1949 à 1963 et créé cardinal en 1965.

BÉRANGER (Pierre Jean DE), poète et chansonnier français (Paris 1780-*id.* 1857). L'inspiration populaire, libérale et patriotique de ses chansons et ses poèmes lui valurent une immense popularité *(Lisette, le Roi d'Yvetot).*

BÉRARD (Christian), peintre et décorateur français (Paris 1902 - *id.* 1949). Il a travaillé pour la scène (Jouvet, compagnie Renaud-Barrault...) et pour l'écran (films de Cocteau), a donné des portraits et des illustrations de livres.

BÉRARDE (la), section de la comm. de Saint-Christophe-en-Oisans (Isère), dans le massif de l'Oisans, à 1 740 m d'alt. Station de sports d'hiver et centre d'alpinisme.

BERAT, v. d'Albanie centrale, au débouché de la vallée de l'Osum ; 30 000 hab. Monuments du Moyen Âge (forteresse, églises byzantines) et de l'époque turque. Ancien centre épiscopal et administratif, marché agricole. Industrie textile.

BÉRAUD (Jean), peintre français (Saint-Pétersbourg 1849-Paris 1936), témoin de la vie parisienne dans un style précis et nuancé d'humour.

BÉRAUD (Henri), journaliste et écrivain français (Lyon 1885-Saint-Clément-des-Baleines, île de Ré, 1958). Célèbre pamphlétaire, prix Goncourt 1922 pour *le Martyre de l'obèse,* il a peint la vie provinciale (*Ciel de suie,* 1932).

BERBERA, port du nord de la Somalie, sur le golfe d'Aden ; 50 000 hab. Base aéronavale construite par les Soviétiques (1975-1977), utilisée par les Américains depuis 1980.

BERBERATI, v. de la République centrafricaine, à l'O. de Bangui ; 95 000 hab.

BERBÈRE adj. et n. Qui appartient aux Berbères. ◆ n. m. Ensemble de langues appartenant à la famille chamito-sémitique, parlées par les Berbères.

ENCYCL. La plus ancienne langue connue en Afrique du Nord, le berbère est parlé par plus de 10 millions de locuteurs du Maroc à l'oasis de Siouah en Égypte. On a recensé de très nombreux parlers dont les variantes phonétiques importantes masquent l'uniformité des structures grammaticales et un important fonds lexical commun. Les Berbères parlent aussi l'arabe et/ou le français, langues de relation et de culture.

BERBÈRES, population occupant une vaste zone de l'Afrique septentrionale et saharienne et divisée en une trentaine de sous-groupes (dont les Kabyles et les Touareg), sédentaires dans les plaines d'Afrique du Nord-Ouest ou nomades dans les déserts sahariens.

— **Hist.** Les Berbères occupent l'Afrique septentrionale depuis la préhistoire. Ils se constituent très tôt en tribus indépendantes, unifiées pour un temps, vers 200 av. J.-C., par Masinissa, roi de Numidie. Les Romains se heurteront à l'insoumission d'un grand nombre de tribus berbères ; il en sera de même des Vandales et des Byzantins. Sous l'influence des Arabes, les Berbères se convertissent à l'islām au VIIe s., mais conservent leur esprit d'indépendance, se révoltant maintes fois contre les dynasties arabes. Du XIe au XIVe s., ils fondent même des empires (Almoravides, Almohades, Marīnides, ʿAbdalwādides, Ḥafṣides) ; sous la domination turque (XVIe-XIXe s.), puis pendant la période coloniale, s'accentue une évolution qui aboutit à faire des pays du Maghreb des États arabes et musulmans même si les Berbères gardent leurs langues et leurs coutumes dans les zones montagneuses (Rif, Kabylie, Aurès).

— **Bx-arts.** Malgré les occupations étrangères, les Berbères ont conservé un art traditionnel original. Ainsi, la maison à terrasse et les forteresses de l'Atlas doivent peu à l'islām ; quant au décor des objets de la vie quotidienne, on n'y trouve pas l'arabesque mais une symbolique archaïsante et une géométrie simple.

BERBERIAN (Cathy), cantatrice arménienne naturalisée américaine (Attleboro, Massachusetts, 1925-Rome 1983). Elle se consacra au répertoire contemporain (Berio, Stravinski, Cage, Bussotti, Weill).

BERBÉRIDACÉE n. f. Plante telle que l'épine-vinette. (Les *berbéridacées* forment une famille.)

BERBÉRINE n. f. Alcaloïde extrait de l'écorce de racine de l'épine-vinette. (Ses propriétés fébrifuges l'ont fait employer comme succédané de la quinine.)

BERBÉRISME n. m. **1.** Politique menée par la France en Algérie au XIXe s., sous Napoléon III, et dont l'objectif était d'opposer les Berbères aux Arabes. — **2.** Revendication par les Berbères de leur identité culturelle.

BERBÉRISTE adj. et n. Relatif au berbérisme ; partisan du berbérisme.

BERBÉROPHONE adj. et n. Qui parle berbère.

BERBEROVA (Nina), femme de lettres américaine d'origine russe (Saint-Pétersbourg 1901 - Philadelphie 1993). Ses romans, qui mettent en scène le destin impitoyable d'émigrés déclassés (*l'Accompagnatrice,* 1935 ; *le Roseau révolté,* 1958 ; *le Mal noir,* 1959), font écho à sa propre vie d'exilée (*C'est moi qui souligne,* 1969).

BERCAIL n. m. (norm. *bercal,* du lat. pop. **berbicale,* du class. *vervex,* brebis). Maison paternelle ; foyer : *Revenir au bercail.*

BERÇANTE n. f. Au Canada, rocking-chair.

BERCE n. f. (p.-ê. all. *Bartsch*). Herbe (ombellifère) à grandes feuilles, très commune en France, et dont une espèce géante est cultivée comme ornementale.

Bercé *(forêt de),* forêt domaniale (5 435 ha) du dép. de la Sarthe. Elle contient 3 500 ha de futaie régulière de chêne rouvre, avec une faible proportion de hêtres.

BERCEAU n. m. (anc. fr. *bers,* berceau, du lat. pop. * *bertium*). **1.** Petit lit, souvent en forme de nacelle, destiné au nourrisson et qui permet de le bercer. — **2.** Lieu de naissance, origine : *Lyon, berceau de l'imprimerie.* — **3.** *Au berceau, dès le* *berceau,* dans sa première enfance ; à son tout début. ‖ ‖ Litt. *En berceau,* en forme de voûte. ‖ ‖ *Prendre qqn au berceau,* prendre qqn de très jeune. • **Aéron.** *Berceau moteur,* support du moteur d'un avion. – **Archit.** *Voûte en berceau* ou *berceau,* voûte engendrée par la translation d'un translation d'un arc suivant une directrice. (Selon le type d'arc, le berceau est en plein cintre, brisé, etc. ; selon sa disposition dans un bâtiment et le type de directrice, il peut être droit, biais, rampant, tournant, hélicoïdal, etc.) – **Arm.** Élément de la masse oscillante d'un canon, servant à recevoir le tube et à guider son recul. – **Grav.** Outil de graveur à la manière noire, hérissé de petites pointes serrées, qui sert à préparer la planche. – **Hortic.** Voûte de feuillage au-dessus d'une allée. ‖ ‖ *Berceau d'eau,* voûte formée par des jets inclinés et croisés sous lesquels on peut passer. – **Manut.** *Berceau de stockage,* syn. de PRATICABLE. – **Mar.** Syn. de BER. – **Mécan.** Structure en forme de cadre, fixe ou oscillante, destinée à supporter un élément dans une position bien définie. – **Zool.** *Oiseau à berceau,* passereau d'Australie et de Nouvelle-Guinée, dont le mâle procède à sa parade nuptiale devant une sorte de hutte ornée de divers objets colorés. – **Zootechn.** *Berceau d'élevage,* zone dans laquelle une production animale s'est largement développée et d'où elle s'est étendue aux régions voisines. ‖ ‖ *Berceau de race,* zone d'origine d'une race donnée d'animaux domestiques.

BERCELONNETTE n. f. (de *Barcelone,* avec l'infl. de *berceau*). Berceau formé d'une coque rigide montée sur deux pieds (XVIIe s.) ou d'une nacelle suspendue à deux montants (XIXe s.).

BERCEMENT n. m. Action de bercer ; état de ce qui est bercé.

BERCENAY-EN-OTHE (10190), comm. de l'Aube, à 17 km au S.-E. de Troyes ; 421 hab. Centre de télécommunications spatiales.

BERCER v. t. (anc. fr. *bers,* berceau) [conj. **16**]. **1.** Balancer un enfant d'un mouvement lent et régulier pour l'endormir ou le calmer. – **2.** Provoquer chez qqn une impression de calme, de douceur : *Le bruit des vagues berçait les passagers.* – **3.** Litt. *Bercer une douleur, un chagrin,* les atténuer. – **4.** *Bercer qqn de paroles,* l'entretenir d'espérances fallacieuses. – **5.** Litt. *Avoir été bercé dans des sentiments, des idées, etc.,* les avoir acquis dès l'enfance.

◆ **se bercer** v. pr. Entretenir une idée qui flatte ou qui avantage, mais qui est le plus souvent vaine : *Se bercer d'illusions.*

BERCEUR, EUSE adj. Qui berce : *Bruit berceur.*

◆ **berceuse** n. f. **1.** Fauteuil monté sur des patins cintrés, permettant de se balancer. (Syn. ROCKING-CHAIR.) – **2.** Chanson pour endormir un enfant.

BERCHE n. f. Sorte de bouche à feu qui lançait des balles en plomb (XVe et XVIe s.).

BERCHEM, anc. comm. de Belgique, auj. intégrée à Anvers. Combat entre Belges et Hollandais pendant la guerre d'indépendance (1830).

BERCHEM (Nicolaes), peintre et graveur néerlandais (Haarlem 1620 - Amsterdam 1683). Fils du peintre P. Claesz, il est célèbre pour ses paysages italianisants, animés par des contrastes de lumière et oscillant entre la simplicité rustique et une verve fantasque.

BERCHET (Giovanni), écrivain italien (Milan 1783-Turin 1851), auteur d'un des plus célèbres manifestes du romantisme italien (*Lettera semiseria di Grisostomo al suo figliuolo,* 1816).

BERCHOUX (Joseph), écrivain français (Saint-Symphorien-de-Lay, Loire, v. 1765 -Marcigny, Saône-et-Loire, 1839). Il reste surtout connu pour son long poème *la Gastronomie ou l'Homme des champs à table* (1801), qui fit longtemps autorité. Il lança le mot « gastronomie ».

BERCHTESGADEN, v. d'Allemagne , en Bavière, à 570 m d'alt. ; 5 500 hab. Château des Wittelsbach et églises anciennes. Salines exploitées dès le XIIe s. Station touristique. Parc national. – Ancienne résidence de Hitler, la ville fut prise le 4 mai 1945 par la 2e division blindée française.

BERCHTOLD (Léopold, *comte*), diplomate et homme d'État autrichien (Vienne 1863-Peresz, près de Sopron, Hongrie, 1942). Il a été ministre des Affaires étrangères de 1912 à 1915.

BERCK (62600), Ch. l. de cant. du Pas-de-Calais, sur la Manche ; 14 730 hab. *(Berckois).* Station climatique (tuberculose osseuse) et balnéaire.

BERCKHEYDE (Job), peintre néerlandais (Haarlem 1630 - *id.* 1693). Ses paysages urbains et ses intérieurs d'église manifestent une fine sensibilité. – Son frère GERRIT (Haarlem 1638-*id.* 1698) a traité les mêmes sujets dans une manière un peu plus froide.

BERCY, quartier de l'E. de Paris (XIIe arrond.). Cette ancienne seigneurie devint commune en 1790 et fut absorbée par la capitale en 1860. Belles demeures et guinguettes s'y étaient élevées à partir du XVIIe s., remplacées par des entrepôts de vin au XIXe s. Palais omnisports (1984). Ministère de l'Économie et des Finances (1989).

B. E. R. D., sigle de BANQUE* EUROPÉENNE POUR LA RECONSTRUCTION ET LE DÉVELOPPEMENT DE L'EUROPE DE L'EST.

BERDIAEV ou **BERDIAEFF** (Nicolas), philosophe russe (Kiev 1874 - Clamart 1948). Il préconise un retour au mysticisme face aux formes modernes du matérialisme. Banni de l'Union soviétique (1920), il s'installa en France. Il a écrit : *la*

Philosophie de la liberté (1911), critique du rationalisme, *Christianisme et révolte sociale* (1934).

BERDIANSK, v. d' Ukraine, sur la mer d'Azov ; 127 000 hab. Machines agricoles. Tourisme. La ville a porté le nom d'*Ossipenko* de 1939 à 1958.

BÉRÉGOVOY (Pierre), homme politique français (Déville-lès-Rouen 1925-au-dessus de Pithiviers [au cours d'un transfert sanitaire aérien entre Nevers et Paris] 1993). Ouvrier ajusteur puis cheminot, il est un des fondateurs du P. S. U. Entré à la direction du Parti socialiste en 1969 où il devient secrétaire national aux affaires sociales, puis aux relations extérieures, il est un des partisans de l'Union de la gauche et un des proches de François Mitterrand. Nommé secrétaire général de la présidence de la République en 1981, il est ensuite ministre des Affaires sociales et de la Solidarité nationale (1982-1984) puis ministre de l'Économie, des Finances et du Budget (1984-1986), mettant en œuvre une politique de rigueur. Maire de Nevers à partir de 1983, il est élu député de la Nièvre en 1986, réélu en 1988. Il redevient ministre de l'Économie, des Finances et du Budget dans le gouvernement de M. Rocard (mai 1988). Il conserve ce poste dans le gouvernement de É. Cresson (mai 1991), les attributions de son ministère étant alors étendues (tutelle des ministres délégués à l'Industrie, au Commerce extérieur, aux Postes et Télécommunications, au Commerce et à l'Artisanat). Nommé Premier ministre en avril 1992, il démissionne de ses fonctions à la tête du gouvernement au lendemain des élections législatives de mars 1993 (à l'occasion desquelles il est réélu député de la Nièvre). Il se suicide le 1er mai suivant.

BERELSON (Bernard), sociologue américain (Spokane 1912 - North Tarrytown, État de New York, 1979). Il est l'un des spécialistes de l'analyse des phénomènes de communication et d'opinion en science politique, avec P. Lazarsfeld.

BÉRENGER Ier († Vérone 924), roi d'Italie (888-924), empereur d'Occident (915-924). Petit-fils de Louis Ier le Pieux, il fut vaincu à Fiorenzuola d'Arda (923) par Rodolphe II de Bourgogne, qui se fit élire roi d'Italie. — Son petit-fils, **Bérenger II** († Bamberg 966), roi d'Italie (950-961), fut détrôné par Otton Ier le Grand.

BÉRENGER de Tours, théologien français (Tours v. 1000-*id.* 1088). Condamné pour avoir nié la présence réelle du Christ dans l'eucharistie, il se soumit (1079). L'originalité de sa méthode réside dans le recours qu'il fait à la dialectique.

BÉRENGER (René), magistrat et homme politique français (Bourg-lès-Valence, Drôme, 1830 - Alincourt, Ardennes, 1915). Avocat général en 1870, député de la Drôme en 1871, il est sénateur à vie en 1875 ; il est à l'origine de la loi sur le régime cellulaire, et de la loi du 26 mars 1891, dite *loi Bérenger,* portant sur le sursis à l'exécution de la peine. Sa campagne pour la répression des outrages aux mœurs lui valut le surnom de *Père la Pudeur.*

BÉRENGÈRE (1181-1244), reine de Castille, épouse d'Alphonse IX, roi de León ; elle abdiqua en faveur de son fils Ferdinand III, qu'elle fit reconnaître roi de León à la mort d'Alphonse IX. L'union de la Castille et du León devint ainsi définitive.

BÉRÉNICE, en gr. **Berenikê,** n. anc. de l'actuelle *Benghazi.*

BÉRÉNICE *(Chevelure de)* → CHEVELURE DE BÉRÉNICE.

BÉRÉNICE, nom de plusieurs princesses lagides d'Égypte de la famille des Ptolémées. — **Bérénice II** († 221 av. J.-C.), épouse de Ptolémée III Évergète, consacra sa chevelure à Aphrodite pour obtenir un heureux retour de son époux. La mèche de cheveux offerte en ex-voto ayant disparu du temple de la déesse, l'astronome Conon affirma qu'elle avait été changée en astre et donna à la constellation qu'il venait de découvrir le nom de *Chevelure* (ou *Boucle*) *de Bérénice.*

BÉRÉNICE (Ier s. apr. J.-C.), princesse juive, fille d'Hérode Agrippa Ier. Elle eut, durant la guerre juive (66-70), une liaison avec Titus, rapportée par Tacite (*Histoires,* II, 2).

Bérénice, tragédie de Racine (1670) sur un sujet traité en même temps par Corneille *(Tite et Bérénice).*

BERENSON (Bernard), historien d'art, expert et esthéticien américain, originaire de Lituanie (près de Vilnius 1865 - Settignano, près de Florence, 1959). Il se consacra à l'étude de la peinture italienne du XIIIe à la fin du XVIe s., dont il réétudia toutes les attributions en se fondant notamment sur la notion de « valeurs tactiles » de l'œuvre. Il s'installa à Florence en 1920. Ouvrage le plus connu : *les Peintres italiens de la Renaissance* (1932).

BERENT (Wacan), écrivain polonais (Varsovie 1873-*id.* 1940). Peintre de son époque (*la Vermoulure,* 1903), il se tourna ensuite vers le roman historique (*le Crépuscule des chefs,* 1939).

BERESFORD (William CARR, *vicomte*), général britannique (1768-Bedgebury, Kent, 1854). Sa réorganisation de l'armée portugaise fut une réussite.

BERESTETCHKO, en polon. **Beresteczko,** v. d'Ukraine, en Volhynie ; 2 900 hab. Victoire du roi de Pologne Casimir V sur les cosaques et les Tatars (30 juin 1651).

BÉRET n. m. (béarnais *berret,* du bas lat. *birrum*). **1.** Coiffure souple, sans bords, à la calotte ronde et plate, resserrée à sa base sur une lisière, originaire du Pays basque. — 2. *Bérets verts,* nom familier donné aux membres des unités américaines spécialisées dans la contre-guérilla.

BERETTA n. m. (du n. de l'inventeur). Pistolet automatique italien de 9 mm.

Beretta, firme italienne de production d'armes, dont les origines remontent au XVIe s. Spécialisée en armes de chasse et de compétition, elle produit également des pistolets à usage militaire.

BEREZINA, riv. de Biélorussie, affl. du Dniepr (r. dr.) ; 613 km. Fin nov. 1812, les débris de la Grande Armée, poursuivis par les Russes, traversèrent la Berezina, dégelée, grâce à deux ponts de chevalets ; les pontonniers du général Éblé durent travailler (25-26 nov.) dans l'eau glacée, et les Français purent passer (27-29 nov.).

BEREZNIKI, v. de Russie, dans l'Oural ; 201 000 hab. Combinat chimique.

BERG *(duché de),* ancien État de l'Allemagne, sur la rive droite du Rhin ; cap. *Düsseldorf.* Créé par Henri V en 1101, le duché de Berg devint grand-duché en 1806. En 1815, il devint province prussienne. Il englobait la bordure nord du Massif schisteux rhénan ; ce fut le berceau de l'industrie de la Ruhr.

BERG (Fedor Fedorovitch, *comte*), feld-maréchal et géodésien russe (Sangaste, Estonie, 1793-Saint-Pétersbourg 1874). Lieutenant général en Pologne (1863-1874), il réprima énergiquement l'insurrection polonaise de 1863.

BERG (Alban), compositeur autrichien (Vienne 1885-*id.* 1935). Élève de Schönberg (1904-1910), il appartient, avec ce dernier et Webern, à l'école de Vienne. Il se lia d'amitié avec G. Mahler, qui l'influença. Il commença à appliquer la technique sérielle dans *Kammerkonzert* (1925), mais c'est surtout *Wozzeck* (1925) qui l'imposa. En 1933, dans un climat politique et artistique qui se dégradait, il travailla à la composition de *Lulu,* qu'il n'eut pas le temps de terminer, tout en entreprenant le *Concerto à la mémoire d'un ange* (1935). Berg rejette tout système exclusif et utilise la technique sérielle sans en être esclave. Il exploite également la mélodie de timbres *(Klangfarbenmelodie)* et reste constamment soucieux de la forme recherchée, équilibrée, souvent symétrique. Il aime employer des éléments rythmiques quasi cycliques. Conservant une expression romantique dans une langue rigoureuse, Alban Berg sera, pour le public, le plus accessible des dodécaphonistes.

BERG (Paul), biochimiste américain (New York 1926). En 1980, il a partagé avec Walter Gilbert et Frederick Sanger le prix Nobel de chimie pour ses études fondamentales sur les acides nucléiques et en particulier sur les recombinaisons d'A. D. N.

BERGAMASQUE n. f. Danse populaire originaire de Bergame, exécutée sur un rythme à 2/4 (XVIe-XVIIIe s.).

BERGAMASQUES (Alpes) → OROBIE *(Alpes).*

BERGAME n. f. (de *Bergame,* n. pr.). Tapisserie grossière, faite de laine, de soie, de coton, de chanvre, de poil de chèvre ou de bœuf, utilisée autref. dans l'ameublement.

BERGAME, en ital. **Bergamo,** v. d'Italie, en Lombardie, ch.-l. de prov. ; 115 655 hab. *(Bergamasques).* Dans la ville haute, citadelles et palais, église S. Maria Maggiore (XIIe-XVIe s.), chapelle Colleoni (XVe s., par G. A. Amadeo), etc. Accademia Carrara, riche musée de peinture (écoles vénitienne [Lotto], du nord de l'Italie, bergamasque [Moroni, Baschenis, Ghislandi], etc.). Industries mécaniques, textiles et électriques. Cimenterie.

BERGAMÍN (José), écrivain espagnol (Madrid 1895-Saint-Sébastien 1983). Auteur d'aphorismes, d'essais (*Fronteras infernales de la poesía,* 1959), de poésies conceptistes et de pièces de théâtre (*La niña guerrillera,* 1943).

BERGAMOTE n. f. (ital. *bergamotta,* p.-ê. du turc). Fruit du bergamotier, jaune, piriforme, dont la pulpe est très acide et dont la peau contient une huile essentielle très estimée en parfumerie. (L'essence de bergamote est l'une des bases des eaux de Cologne.)

BERGAMOTIER n. m. Arbre du groupe des agrumes, du genre *citrus,* dont le fruit est la bergamote.

BERGANZA (Teresa), cantatrice espagnole (Madrid 1935). Mezzo-soprano léger, elle met son art au service de Mozart, de Rossini et des auteurs espagnols.

BERGAT n. m. Nasse en osier pour pêcher l'anguille.

1. BERGE n. f. (lat. pop. **barica,* du celte). 1. Talus naturel, bordant le lit d'un cours d'eau, dans les parties non pourvues de quais. — 2. Chemin contigu à une berge : *Rouler sur la berge du fleuve.* — 3. *Voie sur berge,* voie à grande circulation, aménagée le long d'un cours d'eau.

2. BERGE n. f. (tsigane *berj,* an). *Pop.* Année, en parlant de l'âge de qqn.

BERGELL → BREGAGLIA.

BERGELSON (David), écrivain soviétique d'expression yiddish (Okhrimovo, Ukraine, 1884-Moscou 1952). Ses drames (*le Prince Reouveni,* 1946) et ses romans expriment les espoirs et les désillusions du peuple juif et de la révolution russe (*Justice,* 1929). Il fut fusillé.

BERGEN, port du sud-ouest de la Norvège, ch.-l. du Hordaland ; 216 066 hab. Fondée par le roi Olav Kyrre v. 1070, ville hanséatique, siège de la royauté au XIIIe s., Bergen fut la plus grande ville de la Norvège jusqu'en 1850. C'est un centre intellectuel (université), un port de voyageurs, de commerce et de pêche, un centre industriel (partiellement lié à l'exploitation des hydrocarbures de la mer du Nord). Monuments anciens ; musées.

Bergen-Belsen *(camp de),* camp de concentration allemand à 20 km au N. de Celle (Hanovre), ouvert en août 1943. Il compta jusqu'à 75 000 internés. Une épidémie de typhus s'y déclara en 1945. Les Anglais y trouvèrent 13 000 cadavres.

BERGEN OP ZOOM, v. des Pays-Bas (Brabant-Septentrional) ; 46 900 hab. En 1747, Lowendal emporta la ville d'assaut. Elle fut prise de nouveau par les Français en 1795.

BERGER, ÈRE n. (lat. pop. *vervecarius,* du class. *vervex,* brebis). **1.** Personne qui garde les moutons ou les chèvres, qui prend soin du troupeau. — **2.** Litt. *Bon, mauvais berger,* bon, mauvais guide. ‖ *Chien de berger,* chien sélectionné pour protéger, surveiller et conduire les troupeaux de bêtes. ‖ Litt. *L'heure du berger,* l'heure où l'amant trouve l'amante favorable à ses vœux. ‖ Fam. *Réponse du berger à la bergère,* réplique qui clôt la discussion.

◆ **berger** n. m. **1.** Chien de berger. — **2.** *Berger allemand,* chien de garde, de défense ou de police par excellence. (Son corps, légèrement allongé, est robuste et très musclé. Le poil ras est rude, la robe peut être noire, grise ou encore jaune ou sans manteau noir.) [Syn. CHIEN-LOUP.] ‖ *Berger de Beauce,* syn. de BEAUCERON. ‖ *Berger belge,* chien de berger comptant parmi les meilleurs chiens de garde. (On regroupe sous cette appellation quatre races : le *malinois,* le *grœnendael,* le *tervueren,* le *laekenois.*) ‖ *Berger de Brie,* syn. de BRIARD. ‖ *Berger d'Écosse* ou *écossais,* syn. de COLLEY. ‖ *Berger picard, chien de garde ou de troupeau, de taille moyenne.* ‖ *Berger des Pyrénées,* chien de petite taille, au poil épais et laineux, employé à la conduite des troupeaux.

BERGER *(étoile du),* nom populaire de la planète Vénus*.

BERGER *(gouffre),* gouffre des Alpes dans le massif du Vercors, découvert en 1953. On y atteint la profondeur de 1 141 m.

BERGER (Hans), neuropsychiatre allemand (Neuses an der Eichen, Bavière, 1873-Iéna 1941), créateur de l'électroencéphalographie.

BERGER (Gaston), philosophe français (Saint-Louis, Sénégal, 1896-Longjumeau 1960). Il est l'auteur d'une caractérologie inspirée de Heymans et Wiersma (*Caractère et personnalité,* 1954) et a créé la prospective.

BERGER (Peter L.), sociologue autrichien naturalisé américain (Vienne 1929). Président de la *Society for the Scientific Study of Religion,* il a surtout étudié la religion comme produit historique : *la Religion dans la conscience moderne* (1967).

Berger *(maladie de),* maladie caractérisée par une protéinurie permanente avec hématurie macroscopique intermittente.

BERGERAC (24100), ch.-l. d'arrond. de la Dordogne, sur la Dordogne ; 27 886 hab. *(Bergeracois).* Centre administratif et commercial (vins, tabac) ; constructions mécaniques et poudrerie. Musée du tabac. — **Hist.** Bergerac devint en 1598 une place de sûreté des protestants et fut démantelée par Louis XIII en 1621.

BERGERACOIS, région du sud-ouest du Périgord (et du dép. de la Dordogne), correspondant notamment à la vallée de la Dordogne, de part et d'autre de Bergerac. Vins. Tabac. Fruits.

1. BERGÈRE n. f. **1.** Large fauteuil à dossier rembourré, avec joues, manchettes et coussin sur le siège, apparu v. 1720. — **2.** Au XVIIIe s., chapeau de femme, en paille, porté dans les jardins.

2. BERGÈRE → BERGER.

BERGERIE n. f. (de *berger*). **1.** Bâtiment pour le logement des moutons. — **2.** Peinture ou tapisserie à sujet pastoral et galant (XVIIe-XVIIIe s.). — **3.** Poésie pastorale, de forme parfois dramatique, appelée *pastourelle* au Moyen Âge, inspirée par les amours des bergers. — **4.** Comptoir de forme circulaire à l'intérieur duquel se trouvent les vendeurs, les présentateurs. — **5.** Fam. *Faire entrer le loup dans la bergerie,* introduire qqn là où il peut être nuisible.

Berger-Levrault, maison d'édition française, fondée à Strasbourg en 1676. Elle est spécialisée dans les ouvrages de beaux-arts, de droit, de gestion et de médecine.

BERGERON (André), syndicaliste français (Suarce, Territoire de Belfort, 1922), secrétaire général de la C. G. T.-F. O. de 1963 à 1989.

BERGERONNETTE n. f. (de *bergère,* parce que ces oiseaux se plaisent au milieu des troupeaux). Petit passereau (motacillidé), insectivore aux vives couleurs, sédentaire ou de passage en France. (On en rencontre en France trois espèces : la printanière, ou flavéole, la grise, ou lavandière, et la cendrée. N. usuel *hochequeue.*)

BERGÈS (Aristide), ingénieur français (Lorp, Ariège, 1833-Lancey, Isère, 1904). Il fut un des premiers à utiliser l'énergie hydraulique des hautes chutes, de 200 à 500 m, à partir de 1869.

On lui doit la création du terme « houille blanche ».

BERGET (Alphonse), physicien français (Sélestat 1860-Paris 1934). Professeur à la Sorbonne, il créa en 1899 l'enseignement de la physique du globe.

BERGGRAV (Eivind), ecclésiastique norvégien (Stavanger 1884-Oslo 1959). Évêque de Tromsø (1928-1937) et d'Oslo (1937-1950), il lutta contre le nazisme.

BERGISCH GLADBACH, v. d'Allemagne, en Rhénanie-du-Nord-Westphalie, à l'E. de Cologne ; 100 400 hab.

BERGIUS (Friedrich), industriel et chimiste allemand (Goldschmieden, auj. dans Wrocław, 1884-Buenos Aires 1949). Il a créé la première méthode industrielle de synthèse des carburants par l'hydrogénation catalytique du carbone en phase liquide (1921). [Prix Nobel de chimie 1931.]

BERGMAN (Torbern Olof), chimiste suédois (Katrineberg 1735-Medevi 1784). Il établit la constitution des carbonates, distingua la chaux de la baryte, introduisit le concept d'« affinité élective ». Il identifia le manganèse, isola le tungstène, obtint, par oxydation du sucre, l'acide oxalique. Il développa une théorie réticulaire des cristaux.

BERGMAN (Bo Hjalmar), écrivain suédois (Stockholm 1869-*id.* 1967), auteur de poèmes (*la Chaîne,* 1966), de romans et de nouvelles (*le Désert,* 1963) passant de l'ironie à un humanisme teinté d'humour.

BERGMAN (Hjalmar), écrivain suédois (Örebro 1883-Berlin 1931), auteur de romans régionalistes qu'animent les mêmes personnages (*les Markurell,* 1919 ; *la Patronne Mme Ingeborg,* 1924) et de pièces de théâtre (*les Swedenhielm,* 1925).

BERGMAN (Ingrid), actrice suédoise (Stockholm 1915-Londres 1982). Vedette d'Hollywood dans les années 1940, sa rencontre avec le cinéaste Roberto Rossellini, qu'elle épousa, la conduisit en Italie (*Stromboli,* 1950 ; *Voyage en Italie,* 1954) et elle poursuivit une carrière théâtrale et cinématographique internationale (*Sonate d'automne,* 1978).

BERGMAN (Ingmar), cinéaste et metteur en scène de théâtre suédois (Uppsala 1918). Metteur en scène au théâtre royal de Stockholm, il réalise son premier film en 1945. L'exploration raffinée des tourments de la condition humaine caractérise son œuvre cinématographique : *Jeux d'été,* 1951 ; *la Nuit des forains,* 1953 ; *Sourires d'une nuit d'été,* 1955 ; *le Septième Sceau,* 1957 ; *les Fraises sauvages,* 1957 ; *Persona,* 1966 ; *l'Heure du loup,* 1968 ; *Cris et Chuchotements,* 1972 ; *la Flûte enchantée,* 1975 ; *Sonate d'automne,* 1978 ; *Fanny et Alexandre,* 1982.

BERGSLAG, région minière (fer surtout) et industrielle (aciers spéciaux) de la Suède centrale.

BERGSON (Henri), philosophe français, (Paris 1859-*id.* 1941). Docteur ès lettres en 1889, maître de conférences à l'École normale supérieure en 1897, il devint professeur au Collège de France en 1900. Il reçut en 1928 (pour 1927) le prix Nobel de littérature. Il est l'auteur d'une philosophie spiritualiste, préférant l'intuition à la déduction comme moyen d'accès à la connaissance, et la durée comme fondement du temps à la notion de temporalité mécanique que propose la science de son époque, marquée par le positivisme. Il écarte également le rationalisme et surtout le relativisme au profit d'une conception humaniste de la science. La notion qu'il met en avant dans l'analyse du rire est restée célèbre : si nous rions de quelqu'un, c'est qu'il se comporte comme s'il était un automate (« du mécanique plaqué sur du vivant »). À la fin de sa vie, il se rapprocha du christianisme, mais sans se convertir. Il a écrit *Matière et Mémoire* (1896), *le Rire* (1900), *l'Évolution créatrice* (1907), *les Deux Sources de la morale et de la religion* (1932), *la Pensée et le Mouvant* (1934). [Acad. fr., 1914.]

BERGSSON (Gudbergur), écrivain islandais (Grindavík 1932). Il s'est imposé avec *Tomas Jonsson, un best-seller* (1966) et dénonce, dans un style baroque, la cupidité de la société islandaise contemporaine (*Il dort dans les profondeurs,* 1973-1977).

BERGSTRASSE (« Route de la Montagne »), nom donné à diverses régions du fossé du Rhin moyen, traversées par des routes longeant le fleuve, en bordure des Vosges et de la Forêt-Noire.

BERGUES (59380), ch.-l. de cant. du Nord, sur une hauteur au-dessus des marais de la Flandre ; 4 282 hab. *(Berguois).* D'abord ermitage de saint Winoc († v. 715), devenu en 1028 la puissante abbaye de St-Winoc, (supprimée en 1790), Bergues fut incorporée à la France en 1668, et fortifiée par Vauban. Mont-de-piété du XVIIe s. (auj. musée), et autres monuments ou vestiges. Conserverie de légumes.

BERHAMPORE → BAHARAMPUR.

BERHAMPUR, v. de l'Inde, dans l'Orissa, au S.-O. de Cuttack ; 210 585 hab.

BERIA (Lavrenti Pavlovitch), homme d'État soviétique (Merkheouli, Abkhazie, 1899-Moscou 1953). Il travailla à partir de 1921 dans les services de la Sécurité d'État (Tcheka, puis Guepeou) de Transcaucasie et assura la direction du N. K. V. D., devenu M. V. D. (ministère des Affaires intérieures) de l'U. R. S. S. de déc. 1938 à

1946. Vice-président du Conseil des ministres de 1941 à 1953, il fut arrêté et exécuté quelques mois après la mort de Staline.

BÉRIBÉRI n. m. (mot cinghalais, p.-ê. du malais). Maladie due à l'absence de vitamine B1 dans les aliments.

ENCYCL. Le béribéri sévit surtout dans les pays d'Extrême-Orient chez les mangeurs de riz décortiqué. Il se manifeste par des troubles neurologiques (atteinte des nerfs périphériques), parfois par une confusion mentale pouvant évoluer vers un coma mortel et des troubles d'insuffisance cardiaque avec des œdèmes plus ou moins généralisés.

BÉRING *(détroit de),* en russe **Beringov proliv,** détroit reliant la mer des Tchouktches (océan Arctique) et la mer de Béring (océan Pacifique), entre l'Alaska et la Sibérie.

BÉRING *(mer de),* mer marginale du Pacifique septentrional, ceinturée par l'arc des Aléoutiennes, les côtes d'Alaska et de Sibérie. Superficie : 2 300 000 km^2. Pêche.

BERING ou **BEHRING** (Vitus Jonassen), explorateur danois (Horsens, Jylland, 1681-île Béring 1741). Au service de Pierre le Grand (1724), il explora le Kamtchatka et franchit (1728) le détroit qui porte son nom. En 1741, il amorça une nouvelle expédition en Amérique, longeant les Aléoutiennes, mais il mourut du scorbut.

BERINGEN, comm. de Belgique (Limbourg), au N.-O. d'Hasselt ; 36 599 hab. Houille. Métallurgie.

BERIO (Luciano), compositeur italien (Oneglia 1925). Avec Bruno Maderna, il fonde le Studio de phonologie musicale de la RAI à Milan (1953-1960). De 1977 à 1980, il dirige le département électroacoustique de l'I. R. C. A. M. Après avoir composé sous le signe du sérialisme (*Thema* [*Omaggio a Joyce*], 1958), il entreprend la série des *Sequenza* pour différents solistes (flûte, harpe, voix, piano, trombone, alto, hautbois, percussion, clarinette). Vers 1965, son style prend une tournure plus lyrique : *Laborintus 2* (1965), hommage à Dante pour son 700e anniversaire, et *Sinfonia* pour huit voix et grand orchestre (1968). Pour le théâtre musical, il a donné *Opera* (1979) et, pour le théâtre lyrique, *La Vera Storia* (1982) et *Un re in ascolto* (1984). Il crée également des transcriptions d'œuvres classiques (Brahms, Mahler, Schubert).

BERIOSOVA (Svetlana), danseuse d'origine lituanienne naturalisée britannique (Kaunas 1932), fille de Nicholas Beriozov. Danseuse romantique, au jeu délicat et aisé, elle est étoile au Sadler's Wells Ballet (1955) [devenu le Royal Ballet, 1956] et s'impose dans tout le répertoire classique et dans les compositions de J. Cranko (*The Prince of the Pagodas,* 1957), de F. Ashton (*Enigma Variations,* 1968), de K. MacMillan (*Anastasia,* 1971). Elle a quitté la scène en 1975.

BÉRIOT (Charles Auguste DE), violoniste belge (Louvain 1802-Bruxelles 1870). Grand virtuose international, il fut professeur au Conservatoire de Bruxelles (1843-1852). Il épousa la Malibran.

BERIOZOV (Nicholas), danseur, chorégraphe et maître de ballet d'origine lituanienne (Kovno, auj. Kaunas, 1906 - Zurich 1996). Il a remonté avec succès le répertoire de Michel Fokine (*Petrouchka* et *Shéhérazade,* 1951 ; les « Danses polovtsiennes » du *Prince Igor,* 1972 ; *le Spectre de la rose* et *le Coq d'or,* 1976) ainsi que *Coppélia* (1973) et *la Belle au bois dormant* (1974).

BERKE, souverain mongol († Tiflis 1266), khān de la Horde d'Or (1257-1266), fils de Djūtchī et petit-fils de Gengis Khān. Sa conversion à l'islām marque le début de l'évolution de la Horde d'Or vers l'islamisation.

BERKELEY, v. des États-Unis (Californie), sur la baie de San Francisco, au N. d'Oakland ; 103 000 hab. Principal campus de l'université d'État de Californie. Bien que pluridisciplinaire, l'université est réputée pour son centre d'études nucléaires.

BERKELEY (George), évêque et philosophe irlandais (Kilkenny, Irlande, 1685-Oxford 1753). Il devient évêque de Cloyne en Irlande en 1734. Il est à l'origine d'une philosophie totalement idéaliste, qui assimile l'être (la matérialité) à l'acte de le connaître (la perception). Il a écrit un *Traité sur les principes de la connaissance humaine* (1710) et des *Dialogues entre Hylas et Philonous* (1713).

BERKELEY (Busby), chorégraphe et cinéaste américain (Los Angeles 1895-Palm Springs 1976). Il a réglé et dirigé les ballets des plus célèbres comédies musicales à grand spectacle des années 1930-1940.

BERKÉLIUM [-ljɔm] n. m. (de *Berkeley,* n. pr.). Élément chimique de numéro 97 (symb. Bk) dont le premier isotope a été obtenu artificiellement en bombardant l'américium 241 par des particules alpha.

BERKSHIRE, comté de Grande-Bretagne, au S. de la Tamise supérieure. Ch.-l. *Reading.*

BERL (Emmanuel), journaliste et écrivain français (Le Vésinet 1892-Paris 1976). Il dénonça la faillite de la société bourgeoise (*Mort de la pensée bourgeoise,* 1925).

BERLAGE (Hendrik Petrus), architecte néerlandais (Amsterdam 1856 - La Haye 1934). Élève de Cuypers, rationaliste, il a mis l'accent sur une utilisation probe des matériaux (brique) et sur la lisibilité des plans dans l'aspect extérieur des édifices. (Bourse d'Amsterdam, 1897-1904.)

BERLAIMONT (59145), ch.-l. de cant. du Nord, dans le Hainaut, sur la Sambre ; 3 425 hab. Métallurgie.

BERLAND (Lucien), entomologiste français (Paris 1888-Versailles 1962). Il a étudié les araignées, les hyménoptères prédateurs et analysé les poussières vivantes de l'atmosphère (« plancton aérien »).

BERLANDIERI n. m. Espèce de vigne américaine très résistante au calcaire, qui a beaucoup servi à l'obtention d'hybrides.

BERLICHINGEN (Götz ou Gottfried VON), dit **Main de Fer,** chevalier allemand (Jagsthausen, Wurtemberg, 1480-Hornberg 1562). Goethe fit de lui le héros de l'un de ses drames *(Götz)* et il est le personnage principal de la pièce *le Diable et le Bon Dieu,* de J.-P. Sartre.

BERLIER (Jean-Baptiste), ingénieur français (Rive-de-Gier, Loire, 1841-Deauville 1911). On lui doit l'installation de la poste pneumatique à Paris ainsi que le projet du métropolitain.

BERLIET (Marius), industriel français (Lyon 1866-Cannes 1949). En 1895, il construisit à Lyon une première voiture. Pressentant le rôle considérable que les poids lourds seraient appelés à jouer, il en poursuivit le développement à partir de 1908. Les camions C. B. A., produits par son entreprise, participèrent à la bataille de Verdun. La société Berliet a été reprise en 1974 par la Régie Renault, et la marque a disparu.

BERLIN, cap. de l'Allemagne, sur la Spree. La ville constitue aussi un Land, qui couvre 882 km² et compte 3 409 737 hab. *(Berlinois).*
— **Géogr.** La ville qui était au cœur de l'ancienne R. D. A., apparaît aujourd'hui d'autant plus excentrée qu'elle est éloignée de l'axe rhénan et des régions dynamiques du sud du pays (Bade-Wurtemberg et Bavière). Elle est encore plus périphérique dans le cadre de l'U. E. (loin de Strasbourg, de Luxembourg ou de Bruxelles), mais constitue une ouverture sur l'Europe orientale. Après l'unification allemande et la décision du Bundestag en juin 1991, Berlin constitue de nouveau, progressivement, un centre de décision politique. Elle retrouve également son rôle de grande métropole européenne (après Paris, Londres et Moscou).
La scission de la ville liée à la dualité de l'Allemagne avant 1990 reste encore marquée dans le cadre urbain. Les disparités entre quartiers occidentaux, densément peuplés et opulents, et quartiers orientaux, plus pauvres, reflètent les niveaux de développement inégaux des deux anciennes parties de l'Allemagne. Toutefois, le transfert des fonctions de capitale peut être un atout pour l'avenir et pour l'unité réelle de la ville.
— **Hist.** La fortune de Berlin date de son choix comme capitale du Brandebourg (1415). Capitale du royaume de Prusse, elle devient celle de l'Empire allemand (1871) puis des IIe et IIIe Reich. Conquise par les troupes soviétiques en 1945, la ville est divisée en quatre secteurs d'occupation administrés par les Alliés — États-Unis, France, Grande-Bretagne, U. R. S. S. (statut quadripartite). Les trois secteurs d'occupation occidentaux sont unifiés en 1948, et l'U. R. S. S. riposte en entreprenant le blocus de Berlin (jusqu'en 1949). Tandis que le secteur d'occupation soviétique, Berlin-Est, est proclamé capittale de la R. D. A. en 1949, Berlin-Ouest devient une dépendance de fait de la R. F. A. En 1958, l'U. R. S. S. abolit unilatéralement le statut quadripartite de Berlin. Pour enrayer l'exode de ses citoyens, la R. D. A. construit en 1961 un mur séparant Berlin-Est de Berlin-Ouest. La libre circulation entre les deux parties de la ville est rétablie en 1989 (ouverture dans la nuit du 9 au 10 nov. par la R. D. A. de la frontière interallemande). En 1990, Berlin redevient la capitale de l'Allemagne, appelée à devenir le siège du Bundestag et du gouvernement d'ici à l'an 2000. Les dernières troupes alliées quittent la ville en 1994.
— **Bx-arts.** La ville concerve principalement le château de Charlottenburg (fin du XVIIe-XVIIIe s.) ainsi qu'un ensemble monumental néoclassique (fin XVIIIe - début du XIXe s.), restauré, avec la porte de Brandebourg, l'Opéra, le Corps de garde de Schinkel, etc. Nombreux musées, dont ceux de l'île de la Spree (Musée ancien, Pergamonmuseum [archéologie méditerranéenne]), ceux du faubourg de Dahlem (riche musée de peinture [toutes les écoles européennes], musées d'arts extra-européens et d'ethnographie), la Nouvelle Galerie de Mies van der Rohe (art des XIXe et XXe s.).

Berlin *(conférence de)* [15 nov. 1884-26 févr. 1885], conférence internationale qui se réunit à Berlin, à l'initiative de Bismarck, pour assurer la continuation du libre-échange sur les côtes et les grands fleuves de l'Afrique et déterminer les modalités d'occupation de points nouveaux sur le littoral. À la fin de 1885, le traité fut complété par un accord entre la France et l'Allemagne délimitant le Togo et le Cameroun.

Berlin *(congrès de)* [13 juin-13 juill. 1878], conférence diplomatique réunie à Berlin pour réviser les clauses du traité de San Stefano, très favorable à la Russie, vainqueur des Turcs. Présidé par Bismarck, le congrès rétablit l'équilibre européen au profit de l'Autriche et de la Grande-Bretagne. (→ *campagnes des* BALKANS.)

Berlin *(décret de)* → BLOCUS CONTINENTAL.

Berlin *(pacte triparti de)* [27 sept. 1940], pacte conclu pour dix ans et qui unissait l'Allemagne, l'Italie et le Japon sur le plan militaire.

Berlin *(traité de)* ou **pacte d'Acier,** traité d'alliance, conclu entre l'Italie et l'Allemagne le 22 mai 1939, qui unissait l'Allemagne nazie et l'Italie fasciste face aux nations démocratiques.

Berlin Alexanderplatz, roman d'Alfred Döblin (1929). Avec une écriture qui mêle style épique et rythme dramatique, c'est l'illustration de l'expressionnisme finissant et du futurisme.

BERLIN (v. du Canada) → KITCHENER.

BERLIN (Israel Isidore BALINE, dit **Irving**), compositeur et auteur de chansons américain d'origine russe (Temoun, Sibérie, 1888 - New York 1989). Il a travaillé pour de nombreux films (*Top Hat,* 1935 ; *Alexander's Ragtime Band,* 1938) et comédies musicales.

BERLINE n. f. (de *Berlin*). **1.** Automobile possédant une carrosserie fermée à quatre ou six places et comportant quatre portes et quatre glaces latérales. — **2.** Véhicule hippomobile fermé, à quatre roues, possédant quatre places et des portières vitrées. — **3.** Wagon utilisé dans la mine.

Berliner Ensemble, troupe théâtrale fondée par Bertolt Brecht en 1949 à Berlin-Est.

1. BERLINGOT n. m. (ital. *berlingozzo,* sorte de macaron). **1.** Bonbon de sucre cuit aromatisé, ayant la forme d'un tétraèdre. — **2.** Emballage en carton plastifié, généralement tétraédrique, utilisé pour certains liquides, notamment le lait.

2. BERLINGOT n. m. (de *berlingue,* altér. de *berline*). Berline n'ayant qu'une banquette de fond.

Berlingske Tidende, quotidien danois conservateur fondé en 1749 par E. H. Berling et qui a son titre actuel depuis 1935. C'est le plus ancien journal danois.

BERLINGUER (Enrico), homme politique italien (Sassari 1922-Padoue 1984). Pendant les années de la Résistance, il entra au P. C. I., dont il gravit les échelons jusqu'au poste de secrétaire général (1972-1984). Député de Rome (1968), il préconisa la politique de compromis historique avec la Démocratie chrétienne.

BERLINOIS, E adj. et n. De Berlin.

BERLIOZ (Hector), compositeur français (La Côte-Saint-André, Isère, 1803 - Paris 1869). Entré au Conservatoire de Paris en 1826, prix de Rome (1830), il abrège son séjour en Italie. En 1833, il épouse Harriet Smithson, une actrice irlandaise, et, pour subvenir aux besoins du couple, écrit dans différentes revues. Il quitte la France en 1842, avec la cantatrice Maria Reció. De retour à Paris, il publie son *Grand Traité d'instrumentation et d'orchestration modernes* (1844). Méconnu et boudé en France, il entreprend des tournées en qualité de chef d'orchestre en Europe centrale, d'abord (1845-46), puis en Russie (1847) et en Allemagne. Après avoir parcouru une dernière fois l'Autriche (1866), l'Allemagne (1867) et la Russie (1868), il rentre définitivement en France. Il a publié ses *Mémoires* (1848-1869) et des recueils de ses articles.
Les œuvres de Berlioz ne s'intègrent pas à des genres nettement déterminés. Ses mélodies tiennent de l'air, de la romance, du lied (*les Nuits d'été,* 1841) ; ses œuvres religieuses, de la messe, de la cantate, de l'oratorio (*Grande Messe des morts,* 1837 ; *l'Enfance du Christ,* 1854 ; *Te Deum,* 1855) ; ses ouvrages scéniques, de la légende dramatique comme de la tragédie lyrique ou de l'opéra-comique (*Benvenuto Cellini,* 1838 ; *la Damnation de Faust,* première version 1828, deuxième version 1846 ; *Béatrice et Bénédict,* 1833-1862 ; *les Troyens,* 1855-1858) ; ses partitions symphoniques, du poème symphonique comme de la symphonie dramatique avec chœur, ou du concerto (*Symphonie fantastique,* 1830 ; *Harold en Italie,* 1834 ; *Roméo et Juliette,* 1839 ; *la Symphonie funèbre et triomphale,* 1840). La conception musicale de Berlioz, tournée vers l'avenir, sera exploitée de Liszt à Messiaen.

BERLITZ (Maximilian), pédagogue américain d'origine allemande (dans le Wurtemberg 1852 - New York 1921). Il est le fondateur d'une école (1878) appliquant une méthode « directe » d'enseignement (association objet-mot) dont le succès devint mondial *(Berlitz Schools).*

BERLUE n. f. (anc. fr. *belluer,* éblouir, ou lat. pop. **bisluca*). Fam. *Avoir la berlue,* voir les choses de travers, juger faussement.

BERLURER (SE) v. pr. (conj. 3). *Pop.* Se faire des illusions.

BERLUSCONI (Silvio), homme d'affaires et homme politique italien (Milan 1936). Propriétaire d'un puissant groupe financier (la Fininvest) et de plusieurs chaînes de télévision, fondateur (déc. 1993 - janv. 1994) du mouvement politique ultralibéral Forza Italia, il est nommé président du Conseil en avril 1994. Il démissionne en décembre.

BERME n. f. (moyen néerl. *barm,* accotement). Plate-forme horizontale coupant un talus pour éviter qu'il ne s'éboule.

BERMEJO, riv. d'Amérique du Sud, née dans les Andes de Bolivie, coulant dans le Chaco argentin, affl. du Paraguay (r. dr.) ; 1 500 km.

BERMEJO (Bartolomé), peintre espagnol, actif dans le dernier tiers du XVe s. Né à Cordoue, il se mit à l'école de la Flandre et de l'Italie et travailla surtout en Aragon et en Catalogne. (*Pietà* de la cathédrale de Barcelone, à fond de paysage, d'une expression puissante.)

BERMUDA n. m. (amér. *Bermuda shorts*, short des Bermudes). Short à jambes collantes s'arrêtant au-dessus du genou.

BERMUDE Ier, en esp. **Vermudo** († 797 ?), roi des Asturies (v. 789-791).

BERMUDE II (v. 956-Bierzo 999), roi de Galice (982-999) et de León (985-999).

BERMUDE III (1016-Támara 1037), roi de León (1028-1037).

BERMUDES, en angl. **Bermuda,** archipel britannique situé dans l'Atlantique, à 1 000 km à l'E.-S.-E. du cap Hatteras ; 53 km² ; 70 000 hab. Ch.-l. *Hamilton,* sur l'île principale *(Main Island).* Tourisme. Bases navales et aériennes louées aux États-Unis.
— **Hist.** Les Bermudes, découvertes vers 1515 par l'Espagnol Juan *Bermúdez* (d'où leur nom), devinrent anglaises en 1612. Colonie britannique, elles jouissent depuis 1968 de l'autonomie interne.

BERMUDIEN, ENNE adj. Se dit du gréement inspiré des bateaux de pêche de l'archipel des Bermudes et comportant une grand-voile triangulaire hissée sur l'arrière du mât avec une seule drisse. (Par ex. le gréement *Marconi.*)

BERNÁCER (Germán), économiste espagnol (Alicante 1883-San Juan de Alicante 1965). Précurseur de Keynes, il suggère une réforme des structures économiques et une action de régulation par le rôle de la monnaie.

BERNACHE ou **BERNACLE** n. f. (p.-ê. lat. médiév. *bernecla,* de l'irland. *bairnech*). Oiseau migrateur noir et blanc, voisin de l'oie, de passage en France pendant l'hiver sous trois espèces : la brante, ou cravant, la nonnette et la bernache du Canada.

BERNADETTE SOUBIROUS *(sainte)* [Lourdes 1844-Nevers 1879]. Ses visions (1858), dans une des grottes bordant le gave de Pau, à Lourdes, de la Sainte Vierge se présentant elle-même comme l'Immaculée Conception sont à l'origine du pèlerinage de Lourdes. Canonisée en 1933.

BERNADOTTE (Jean-Baptiste), maréchal de France → CHARLES XIV, roi de Suède.

BERNADOTTE AF WISBORG (*comte* Folke) [Stockholm 1895-Jérusalem 1948], neveu de Gustave V de Suède. Désigné, le 20 mai 1948, comme médiateur de l'O. N. U. dans le conflit opposant l'État d'Israël aux pays arabes, il fut assassiné.

BERNANOS (Georges), écrivain français (Paris 1888-Neuilly-sur-Seine 1948). Issu d'une famille d'artisans catholiques aisés, il connaît la vanité de l'orgueil et de la colère, d'où son déchirement entre le mysticisme et la révolte (*Sous le soleil de Satan,* 1926), son admiration pour Maurras et sa condamnation de Franco (*les Grands Cimetières sous la lune,* 1938). L'important est pour lui la lutte contre tous les obstacles qui barrent le chemin de Dieu : l'argent, le mensonge, l'iniquité, la peur de la mort (*l'Imposture,* 1927 ; *la Joie,* 1929 ; *Un crime,* 1935 ; *le Journal* d'un curé de campagne,* 1936 ; *la Nouvelle Histoire de Mouchette,* 1937 ; *Dialogues* des carmélites,* 1949), le péché suprême étant la tiédeur, la médiocrité (*la Grande Peur des bien-pensants,* 1931), l'indifférence (*Nous autres Français,* 1939). C'est dans les faibles et leur désir d'insurrection que Bernanos placera l'avenir du monde (*les Enfants humiliés,* 1949).

BERNARD de Menthon *(saint),* chanoine régulier (château de Menthon, près d'Annecy, v. 996-Novare 1081), premier supérieur de la congrégation hospitalière du Grand-Saint-Bernard. Patron des alpinistes.

BERNARD de Clairvaux *(saint),* docteur de l'Église (château de Fontaine, près de Dijon, 1090-Clairvaux 1153). Jeune noble, il entra, avec plusieurs parents et amis, au monastère de Cîteaux (1112), dont l'abbé, en 1115, le chargea de fonder l'abbaye de Clairvaux. Il appliqua strictement la règle de saint Benoît, devenant en fait le père des Cisterciens. De son vivant, 167 monastères cisterciens dépendant de Clairvaux furent fondés. Conseiller des rois de France (Louis VII) et des papes (Eugène III), véritable arbitre de l'Europe, colonne de l'Église romaine, prédicateur de la deuxième croisade (1146), Bernard fut aussi un théologien sûr et un écrivain mystique de premier plan. Canonisé dès 1173, il a été déclaré docteur de l'Église en 1830.

BERNARD (v. 794-818), roi d'Italie (810-818), fils de Pépin, roi d'Italie. Refusant le partage de l'Empire de 817, il se révolta contre Louis Ier le Pieux, qui le fit aveugler (818). Il mourut des suites de ce supplice.

BERNARD ou **BERNHARD,** prince consort des Pays-Bas (Iéna 1911), époux (1937) de la reine Juliana.

BERNARD DE SAXE-WEIMAR → SAXE-WEIMAR (Bernard de).

BERNARD de Ventadour ou **BERNART de Ventadorn,** troubadour limousin (château de Ventadour v. 1125 - abbaye de Dalon fin du XIIe s.). Il fréquenta la cour d'Aliénor d'Aquitaine et la cour de Toulouse. La qualité mélodique de ses 45 chansons, l'équilibre expressif du texte et de la musique font de lui un des maîtres de la monodie profane au Moyen Âge.

BERNARD d'Auriac, surnommé **le Maître de Béziers,** troubadour du XIIIe s. († v. 1285).

BERNARD (Samuel), comte **de Coubert,** financier français (Paris 1651-*id.* 1739). Banquier protestant, converti au catholicisme en 1685, il prêta des sommes importantes à Louis XIV et à Louis XV, ce qui lui valut d'être anobli (1699) et nommé conseiller d'État (1730).

BERNARD (Claude), physiologiste français (Saint-Julien, Rhône, 1813-Paris 1878). En 1855, il remplaça Magendie (dont il était le préparateur) au Collège de France. En 1868, il fut nommé professeur de physiologie comparée au Muséum. Il devint sénateur en 1869. Les recherches de Claude Bernard portèrent d'abord sur les phénomènes chimiques de la digestion. Ces travaux le conduisirent à la découverte de la fonction glycogénique du foie et à une théorie pathogénique du diabète sucré, qui eut un grand retentissement. Ses travaux sur le système nerveux sympathique aboutirent à une découverte capitale, celle des nerfs vasomoteurs et des nerfs d'arrêt ou d'inhibition. En même temps, il contribua à étendre le champ de l'observation physiologique par ses recherches sur les poisons et les anesthésiques. Claude Bernard a eu une influence considérable. Il se rattache encore au courant positiviste de l'époque, qui nie la possibilité d'atteindre des vérités absolues. Pour lui — il reste en cela spiritualiste —, le *comment* des choses est seul à notre portée : le *pourquoi* dépasse notre entendement. Parmi ses nombreux mémoires, il faut citer son ouvrage capital : *Introduction à l'étude de la médecine expérimentale* (1865). [Acad. des sc., 1854 ; Acad. fr., 1868.]

BERNARD (Paul, dit **Tristan**), écrivain français (Besançon 1866-Paris 1947). La causticité de ses romans (*Mémoires d'un jeune homme rangé,* 1899) et de ses pièces (*Triplepatte,* 1905) fit de lui l'incarnation de l'esprit parisien et boulevardier.

BERNARD (Émile), peintre et écrivain français (Lille 1868 - Paris 1941). Il fut à Pont-Aven l'ami de Gauguin, qu'il a sans doute influencé (élaboration du synthétisme, 1888), puis revint à un art plus traditionnel, guidé par le culte des maîtres du passé, qui transparaît dans ses écrits. Son importante correspondance avec Van Gogh, Cézanne, Gauguin a été publiée.

BERNARD (Jean), médecin hématologiste français (Paris 1907). Son œuvre est essentiellement consacrée à l'étude et au traitement des leucémies. Il a été président du Comité national d'éthique médicale de 1983 à 1992. (Acad. des sc., 1972 ; Acad. fr., 1975.)

BERNARD GUI, en lat. **Bernardus Guidonis,** dominicain français (Royère, Limousin, v. 1261-Lauroux, Languedoc, 1331), inquisiteur de Toulouse 1307-1323) et évêque de Lodève (1324), auteur d'un *Manuel de l'inquisiteur.*

BERNARDIN, E n. (de *saint Bernard*). Nom parfois donné aux cisterciens.

◆ **bernardine** n. f. Religieuse de plusieurs congrégations enseignantes.

BERNARDIN de Sienne *(saint),* franciscain italien (Massa Marittima 1380-L'Aquila 1444). Initiateur de la dévotion au saint nom de Jésus, ses *Sermons* latins et italiens sont un modèle du genre.

BERNARDIN de Sienne ou **BERNARDINO Ochino,** capucin italien (Sienne 1487-Austerlitz 1564). Prédicateur très célèbre, il passa au protestantisme (1542) et fonda à Genève la première église protestante italienne.

BERNARDIN DE SAINT-PIERRE (Henri), écrivain français (Le Havre 1737-Éragny-sur-Oise 1814). Simplificateur larmoyant et naïf des idées de Rousseau dans les *Études de la nature* (1784), il est surtout célèbre pour son idylle colorée de *Paul* et Virginie* (1788), qui vulgarisa les thèmes culturels et poétiques (correspondances, exotisme, émotions religieuses) qui sont à la source du romantisme.

BERNARD-L'ERMITE ou **BERNARD-L'HERMITE** n. m. inv. (languedocien *bernat l'ermito*). Crustacé décapode aux pinces dissymétriques, à l'abdomen mou et tordu, qui s'abrite dans une coquille vide de gastropode et auquel s'associent divers commensaux (une actinie, une éponge, un ver, etc.). [Syn. PAGURE.]

Bernardo del Carpio, héros légendaire espagnol. Personnage central d'un cycle du *Romancero* et de deux épopées de Suárez de Figueroa et de Bernardo de Balbuena, il inspira également Lope de Vega.

BERNART de Ventadorn → BERNARD *de Ventadour.*

BERNAY (27300), ch.-l. d'arrond. de l'Eure, sur la Charentonne ; 11 048 hab. *(Bernayens).* Églises anciennes, dont une ex-abbatiale du XIe s. Centre commercial et industriel (fermetures à glissières, produits de beauté).

Bernay *(trésor de),* ensemble de 69 objets d'argent antérieurs à l'Empire romain, découverts en 1830 à Berthouville, près de Bernay (Eure), conservés à la Bibliothèque nationale de France.

BERNAYS (Paul Isaak), mathématicien et logicien suisse (Londres 1888-Zurich 1977). Avec Hilbert, il a dégagé les principes d'une théorie de la démonstration. En théorie des ensembles, il a formulé un système d'axiomes qui est une variante du système de von Neumann.

BERNBURG, v. d'Allemagne (Saxe-Anhalt), au S. de Magdeburg ; 43 900 hab. Anc. capitale du duché d'Anhalt-Bernburg (1251-1468 et 1603-1863). Château des XVe-XVIIe s. Exploitation de potasse. Métallurgie. Industries chimiques.

BERNE n. f. (néerl. *berm,* bord). *Drapeau, pavillon en berne,* drapeau incomplètement déployé ou pavillon hissé à mi-drisse en signe de deuil (sur les édifices publics, sur les navires de guerre).

BERNE, en all. **Bern,** v. de Suisse, dans le Mittelland, sur l'Aar ; 136 338 hab. *(Bernois)* [environ 300 000 hab. dans l'agglomération]. Ville fédérale et capitale depuis 1848 ; ch.-l. du *canton de Berne.*
— **Géogr.** Au débouché d'une des routes du Saint-Gothard vers les cluses du Jura et le Rhin, entre pays romand et alémanique, Berne a profité de cette position centrale pour s'imposer comme capitale. C'est une ville tertiaire (administration, université, banques, siège aussi de l'Union postale universelle), peu industrialisée.
— Le *canton de Berne,* le deuxième pour la population (958 192 hab.), s'étend sur 6 050 km², englobant une partie des Alpes (Oberland et Préalpes bernoises), du Mittelland et même du Jura. Le tourisme, les cultures et l'élevage (Emmental) sont juxtaposés à l'industrie (mécanique).
— **Hist.** Ville impériale en 1218, elle entra, ainsi que son canton, dans la Confédération suisse en 1353. Elle passa au protestantisme en 1528, et connut une grande prospérité aux XVe et XVIe s. Après une longue lutte contre l'aristocratie, le canton se dota d'une constitution démocratique (1831) ; en 1848, Berne devint la capitale fédérale. Sous la pression des séparatistes, le Jura bernois, francophone et catholique, fit sécession, devenant le 23e canton de la Confédération (1979).
— **Bx-arts.** Hôtel de ville remontant au XVe s., cathédrale de style gothique tardif, fontaines et maisons anciennes. Musées (Kunstmuseum : peinture ancienne ; coll. d'œuvres de P. Klee).

Berne *(convention de),* convention internationale relative à la propriété littéraire, scientifique et artistique, élaborée en 1886 et signée par 76 États (dont la France).

BERNER v. t. (anc. fr. *berner,* vanner le blé, de *bren,* son) [conj. 3]. Tromper qqn en racontant des balivernes ; leurrer.

BERNERIE-EN-RETZ (La) [44760], comm. de la Loire-Atlantique, sur la côte du pays de Retz ; 1 836 hab. Station balnéaire.

BERNHARD *(prince)* → BERNARD (prince).

BERNHARD (Thomas), écrivain autrichien (Heerlen, Pays-Bas, 1931 - Gmunden 1989). L'obsession de la mort et de l'autodestruction hante ses poèmes (*In hora mortis,* 1958), ses romans (*Gel,* 1963 ; *Oui,* 1978 ; *le Naufragé,* 1983 ; *Des arbres à abattre,* 1984 ; *Maîtres anciens,* 1985 ; *Extinction, un effondrement,* 1986) et son théâtre (*l'Ignorant et le Fou,* 1972 ; *Heldenplatz* [*Place des héros*], 1988).

BERNHARDI (Friedrich VON), écrivain et général allemand (Saint-Pétersbourg 1849-Kunersdorf, Silésie, 1930). Théoricien du pangermanisme, il proclama dans ses ouvrages (1911, 1913) le droit à la guerre comme expression de la vitalité d'un peuple.

BERNHARDT (Henriette Rosine BERNARD, dite **Sarah**), actrice française (Paris 1844-*id.* 1923). Révélée à l'Odéon en 1869, elle rentra en 1872 à la Comédie-Française, où elle avait fait ses débuts. En 1880, elle quitta ce théâtre pour une série de tournées à l'étranger. Elle devint directrice de la Renaissance en 1893 et loua le théâtre des Nations en 1898. Sa « voix d'or » et sa sensibilité dramatique firent d'elle l'idéal de l'actrice des années 1870-1900.

BERNHEIM-JEUNE, famille de marchands de tableaux français. Établie à Paris en 1863, elle a contribué, au tournant des XIXe et XXe s., à diffuser l'art des impressionnistes et surtout des postimpressionnistes (expositions Van Gogh en 1901, Bonnard et Vuillard en 1906, Seurat et Van Dongen en 1908, Matisse en 1910, etc.). Fénéon a dirigé leur galerie de 1906 à 1925.

BERNI (Francesco), poète italien (Lamporecchio v. 1497-Florence 1535). Rival de l'Arétin, il est l'auteur de poèmes parodiques (*Roland* amoureux,* v. 1530) et satiriques.

BERNI (Antonio), peintre argentin (Rosario 1905-Buenos Aires 1981). D'abord marqué par le surréalisme, il a évolué vers une narration dénonciatrice où deux personnages (Juanito, l'enfant des bidonvilles, et Ramona, la prostituée) font, à partir de 1958, figure de symboles.

BERNIER (François), médecin, voyageur et philosophe français (Joué-Étiau, Anjou, 1620-Paris 1688). Arrivé en Inde vers la fin de 1658, il y resta jusqu'en 1667. Médecin d'Aurangzeb, il publia le récit de ses voyages en 1670-71.

BERNIER (Nicolas), compositeur français (Mantes 1664-Paris 1734). Il succéda en 1704 à M. A. Charpentier à la Sainte-Chapelle et fut nommé en 1723 sous-maître de la chapelle royale. Il a écrit des motets et des cantates.

BERNIER (Étienne), prélat français (Daon, Anjou, 1762-Paris 1806). Négociateur du Concordat de 1801, il devint, en 1802, évêque d'Orléans.

BERNIER (René), compositeur belge (Saint-Gilles, Bruxelles, 1905 - Bruxelles 1984). Il fut inspecteur de l'Éducation musicale en Belgique francophone et entra à l'Académie royale en 1963. Sa production touche la plupart des genres musicaux.

BERNIN (Gian Lorenzo BERNINI, dit en France **le Cavalier**), sculpteur et architecte italien (Naples 1598 - Rome 1680). Il s'est affirmé au cours de sa longue et féconde carrière comme le maître du baroque. Son style de sculpteur se caractérise par la grâce et la vivacité de l'invention (*Apollon et Daphné,* marbre de 1622, musée Borghèse à Rome), un mouvement intense, la souplesse du traitement des chairs et des draperies, le sens de la mise en scène (*l'Extase de sainte Thérèse,* 1645-1652, Rome, S. Maria della Vittoria). Dans la ville des papes, qui lui doit beaucoup de son visage moderne, il a élevé de nombreux monuments : fontaine des Quatre-Fleuves, 1648 ; colonnade de Saint-Pierre, 1656-1665 ; église S. Andrea al Quirinale... À la basilique Saint-Pierre, il a imaginé l'énorme baldaquin en bronze de l'autel (1624), un *Saint Longin,* la vertigineuse « chaise de saint Pierre » et des tombeaux de papes qui renouvellent le genre par leur animation de lignes et de couleurs. Ses bustes (série des Urbain VIII ; Louis XIV, 1665, Versailles) n'ont pas moins d'importance.

BERNINA *(massif de la),* massif des Alpes, aux confins de la Suisse (Grisons) et de l'Italie, entre les hautes vallées de l'Adda et de l'Inn ; 4 052 m au *pic de la Bernina.* — Le *col de la Bernina* (alt. 2 323 m), en Suisse, relie les vallées de l'Adda et de l'Inn. Il est franchi par une route et une voie ferrée.

1. BERNIQUE ou **BERNICLE** n. f. (breton *bernic*). Nom donné en Bretagne à la *patelle.*

2. BERNIQUE ! interj. (norm. *bren, bran,* excrément, ordure). *Fam.* et *vx.* Exprime la frustration, le désappointement, le refus.

BERNIS (François Joachim DE PIERRE, *cardinal* DE), homme d'État, prélat et écrivain français (Saint-Marcel-d'Ardèche 1715-Rome 1794). Protégé par Mme de Pompadour, ambassadeur à Venise (1752), il négocia, à l'instigation de Louis XV, l'alliance franco-autrichienne consacrée par le premier traité de Versailles (1756), qui préluda à la guerre de Sept Ans. Nommé lors de ce conflit secrétaire d'État aux Affaires étrangères (1757), il s'opposa à la poursuite des hostilités après la défaite de Rossbach (1757), ce qui provoqua sa disgrâce (1758). Nommé cardinal (1758) puis archevêque d'Albi (1764), il fut envoyé en ambassade à Rome (1768-1791), où il négocia avec Clément XIV la suppression de la Compagnie de Jésus. Outre des poésies, il a laissé des Mémoires (1878). [Acad. fr., 1744.]

BERNOIS, E adj. et n. De Berne.

BERNON *(bienheureux)* [en Bourgogne v. 850-Cluny v. 927], premier abbé (910) de Cluny.

BERNOULLI (les), famille suisse de savants, originaire d'Anvers, réfugiée à Bâle depuis la fin du XVIe s. — JACQUES Ier (Bâle 1654-*id.* 1705), maîtrisant parfaitement le calcul infinitésimal leibnizien, le compléta en de nombreux points, publia la première intégration d'une équation différentielle et fut à l'origine du calcul des variations. Son ouvrage posthume *Ars conjectandi* (1713) est fondamental pour la théorie des probabilités. — Son frère JEAN Ier (Bâle 1667-*id.* 1748), correspondant et ami de Leibniz, développa et systématisa le calcul différentiel et intégral. En mécanique, on lui doit le principe des déplacements virtuels. — DANIEL Ier (Groningue 1700-Bâle 1782), fils de Jean Ier, résolut l'équation de Riccati. Appelé avec son frère Nicolas II à l'académie de Saint-Pétersbourg (1725-1733), il y conduisit des recherches fondamentales en théorie de l'élasticité et en hydrodynamique ; il donna les premiers principes de la théorie cinétique des gaz. Il trouva la solution du problème des cordes vibrantes sous forme d'un développement trigonométrique.

Bernoulli *(équation de),* équation différentielle qui peut se mettre sous la forme $\frac{dy}{dx} + f(x) \cdot y + g(x) \cdot y^n = 0$, où n est un entier arbitraire, et qu'on ramène à une équation différentielle linéaire en posant $u = y^{1-n}$.

Bernoulli *(théorème de),* théorème dû à Daniel Bernoulli et exprimant la conservation de l'énergie mécanique dans l'écoulement d'un fluide incompressible parfait.

BERNSTEIN (Eduard), théoricien socialiste allemand (Berlin 1850-*id.* 1932). Désireux d'adapter le marxisme aux formes nouvelles du capitalisme allemand de la fin du XIXe s., il fut condamné à deux congrès sociaux-démocrates sous l'impulsion notamment de Rosa Luxemburg et de Karl Kautsky), sans pour autant être exclu du parti .

BERNSTEIN (Henry), auteur dramatique français (Paris 1876-*id.* 1953), un des maîtres du théâtre de boulevard (*le Voleur,* 1906 ; *Judith,* 1922 ; *la Soif,* 1949).

BERNSTEIN (Leonard), chef d'orchestre et compositeur américain (Lawrence, Massachusetts, 1918 - New York 1990), auteur de la comédie musicale *West Side Story* (1957).

BERNSTEIN (Basil), linguiste britannique (Londres 1924). Il a étudié le rôle du langage dans le processus de socialisation de l'enfant et dans la reproduction des rapports sociaux *(Langage et classes sociales,* 1971-1977, 3 vol.).

BERNSTORFF (Johan, *comte* VON), homme d'État danois (Hanovre 1712-Hambourg 1772). Ministre des Affaires étrangères de 1751 à 1770, il réussit à sauvegarder la neutralité du Danemark pendant la guerre de Sept Ans. — Son neveu ANDREAS PETER (Hanovre 1735-Copenhague 1797), ministre des Affaires étrangères de 1773 à sa mort, entreprit une vaste libéralisation du régime.

BÉROÉ n. f. (lat. *Beroe,* n. pr.). Cténaire planctonique de forme ovoïde, transparent, formant parfois des bancs immenses sur les côtes de France.

BÉROSE, prêtre, historien et astronome chaldéen (né à Babylone 330 av. J.-C.). Contemporain d'Alexandre, il inventa un cadran solaire et écrivit, vers l'an 280, une histoire de la Babylonie à partir de sources anciennes.

BÉROUL, trouvère anglo-normand du XIIe s. Il est l'auteur de la version de *Tristan* et Yseut* présentant le plus de traits archaïques et conservée dans un manuscrit incomplet de l'ouest de la France (entre 1150 et 1195).

BEROUNKA, riv. de la Rép. tchèque, formée à Plzeň par la réunion de nombreuses rivières et confluant avec la Vltava (r. g.) près de Prague.

BERQUE (Jacques), sociologue et orientaliste français (Molière, Algérie, 1910 - Saint-Julien-en-Born, Landes, 1995). Professeur au Collège de France (1956-1981), il est l'auteur de plusieurs ouvrages sur le monde arabe et notamment sur les problèmes d'acculturation à une civilisation technique et scientifique : *Structures sociales du Haut-Atlas* (1955), *les Arabes d'hier à demain* (1960), *le Maghreb entre deux guerres* (1962), *Égypte. Impérialisme et révolution* (1967), *Langages arabes du présent* (1974), *l'Intérieur du Maghreb : XVe-XIXe siècle* (1978), *l'Islām au temps du monde* (1984), *Mémoires des deux rives* (1989). Il a publié en 1991 une traduction du Coran.

BERQUIN (Louis DE), gentilhomme français (Paris 1490-*id.* 1529). Ayant publié des traductions de Luther et de Melanchthon, il fut incarcéré sur l'ordre du parlement de Paris, condamné à mort et brûlé en place de Grève (1529).

BERQUIN (Arnaud), écrivain français (Bordeaux 1747-Paris 1791), auteur de fades romances et pastorales imitées de Gessner *(berquinades),* il a trouvé sa voie dans la littérature enfantine (*l'Ami des enfants,* 1782-1785).

BERRE *(étang de),* étang littoral des Bouches-du-Rhône, relié à la Méditerranée (golfe de Fos) par le *chenal,* ou *canal, de Caronte.* Couvrant environ 15 000 ha, peu profond, c'est surtout un site de production industrielle, énergétique (raffineries de pétrole de Berre-l'Étang et La Mède), chimique et mécanique (construction aéronautique à Marignane), annexe industrielle de Marseille.

BERRE-L'ÉTANG (13130), ch.-l. de cant. des Bouches-du-Rhône, sur la rive nord de l'étang de Berre ; 12 723 hab. *(Berratins).* Base aéronavale. Raffinage et pétrochimie.

BERRIASIEN n. m. (de *Berrias,* n. pr.). Étage du système crétacé.

BERRICHON, ONNE adj. et n. Du Berry.
◆ **berrichon** n. m. **1.** Dialecte de langue d'oïl parlé dans le Berry. — **2.** *Berrichon du Cher,* race française de moutons réputés pour la production de viande.

BERRUGUETE (Pedro), peintre espagnol (Paredes de Nava, Vieille-Castille, v. 1450 -*id.* 1503/04). Artiste de transition, il séjourna en Italie (portraits d'hommes célèbres du palais d'Urbino) ; ses retables associent solidité plastique, sens flamand de l'observation et accent mystique proprement espagnol. — Son fils ALONSO, sculpteur et peintre (Paredes de Nava v. 1488 -Tolède 1561), exprime sa spiritualité dans les statues en bois polychrome de ses retables, où la véhémence le dispute aux influences italiennes classique et maniériste.

BERRY, prov. de France qui a formé, au cœur du pays, les départements du Cher et de l'Indre. Cap. *Bourges.* (Hab. *Berrichons.*) — **Géogr.** Plateau découvert (Champagne berrichonne, céréalière), le Berry est bordé de dépressions (Boischaut et Val de Germigny, terres d'élevage, Brenne) et coupé de vallées (Cher, Indre, Creuse), où l'industrie (métallurgie, textile) a décliné.
— **Hist.** L'histoire ancienne du Berry — pays des *Bituriges* — se confond avec celle de sa capitale, Bourges. Intégré à l'Aquitaine (VIIe-VIIIe s.), le Berry perdit son unité après 928 par l'incorporation de ses éléments à diverses seigneuries. Rendu à la Couronne au XIIIe s., il constitua au XIVe s. un duché, qui fut donné en apanage à Jean († 1416), le troisième fils de Jean le Bon. Charles VII, « petit roi de Bourges », se réfugia dans le Berry, d'où il amorça sa reconquête du royaume à partir de 1429.

Berry *(canal du),* canal, aujourd'hui déclassé, qui unissait la Loire au Cher.

BERRY (Jean DE FRANCE, *duc* DE), prince français (Vincennes 1340-Paris 1416), fils de Jean II le Bon et frère de Charles V. Apanagé du comté de Poitiers (1356), du Berry et de l'Auvergne (1360), il fut le maître d'un véritable État où ses exactions provoquèrent des révoltes, dont celle des Tuchins (1382-1384). Nommé lieutenant du roi en Languedoc et associé au gouvernement à l'avènement de Charles VI (1380), il tenta de réconcilier les ducs d'Orléans et de Bourgogne ;

puis il adhéra au parti armagnac (1410) et provoqua la réaction victorieuse contre les Cabochiens, ainsi que la fuite de Jean sans Peur (1413). Charles VI l'écarta du pouvoir en 1415. Mécène fastueux, il fit construire dix-sept châteaux et hôtels et réunit une bibliothèque remarquable par la beauté de ses manuscrits *(Très Riches Heures du duc de Berry).*

BERRY (Charles DE FRANCE, *duc* DE), prince français (Montil-lès-Tours 1446-Bordeaux 1472). Fils de Charles VII et frère cadet de Louis XI, il fut successivement duc de Berry (1461-1465), duc de Normandie (1465-66) et duc de Guyenne (1469-1472).

BERRY (Charles DE FRANCE, *duc* DE), prince français (Versailles 1686-Marly 1714). Fils de Louis de France, le Grand Dauphin, et petit-fils de Louis XIV, il épousa en 1710 Marie Louise Élisabeth d'Orléans (Saint-Cloud 1695-Meudon 1719), fille aînée de Philippe II, duc d'Orléans (le Régent).

BERRY (Charles Ferdinand DE BOURBON, *duc* DE), prince français (Versailles 1778-Paris 1820). Second fils du comte d'Artois (Charles X), il épousa, en 1816, Marie-Caroline de Bourbon-Sicile, qui mit au monde un fils posthume, Henri, comte de Chambord, héritier du trône. Le 13 févr. 1820, le duc de Berry fut assassiné par Louvel.

BERRY (Marie-Caroline DE BOURBON-SICILE, *duchesse* DE), femme du précédent (Palerme 1798-Brünnsee, prov. de Styrie, Autriche, 1870). Ayant suivi Charles X dans son exil en 1830, elle chercha à assurer le retour sur le trône de son fils, tentant vainement, en 1832, de soulever la Provence et la Vendée contre Louis-Philippe.

BERRY (Jules), acteur français (Poitiers 1883 - Paris 1951). Après une brillante carrière au Boulevard, il interpréta au cinéma les escrocs cyniques et les personnages diaboliques (*le Crime de M. Lange,* J. Renoir, 1936 ; *les Visiteurs du soir,* M. Carné, 1942).

BERRY (Chuck), chanteur, guitariste et compositeur noir américain (Saint Louis, Missouri, 1926). Il fut l'un des inventeurs du rock and roll *(Maybellene, Sweet Little Sixteen, Carol).*

BERRY (Brian J. L.), géographe américain d'origine britannique (Sedgeley, Staffordshire, 1934), à l'origine de la plupart des méthodes quantitatives employées en géographie. Il s'est intéressé particulièrement aux villes et à la théorie des lieux centraux.

BERRY-AU-BAC (02190), comm. de l'Aisne, sur l'Aisne ; 510 hab. Les premiers chars français y furent employés en avril 1917.

BERRYER (Nicolas René), seigneur **de Ravenoville,** homme d'État français (Paris 1703-*id.* 1762). Lieutenant général de police (1747-1757), il fut nommé par Louis XV secrétaire d'État à la Marine (1758) puis garde des Sceaux (1761).

BERRYER (Pierre Antoine), avocat et homme politique français (Paris 1790-Augerville-la-Rivière, Loiret, 1868). Légitimiste et catholique, il mit cependant son éloquence au service des causes difficiles et des libertés (droit d'association des ouvriers [1844-45], liberté des congrégations religieuses [1845]). [Acad. fr., 1852.]

BERSABÉE, ville cananéenne du Néguev, qui marquait la limite S. de la Palestine. C'est l'actuelle *Beersheba.*

BERSAGLIER n. m. (pl. *bersagliers* ou *bersaglieri*) [ital. *bersagliere,* de *bersaglio,* cible]. Soldat d'infanterie légère de l'armée italienne. (Les bersagliers furent créés par La Marmora en 1836 comme troupe d'élite de l'infanterie de montagne piémontaise.)

BERT (Paul), physiologiste et homme politique français (Auxerre 1833-Hanoi 1886). Professeur au Muséum d'histoire naturelle et à l'École des hautes études, député de l'Yonne (1872), il contribua à l'adoption de la gratuité et de l'obligation de l'instruction primaire ainsi que de l'établissement d'une école normale dans chaque département. Ministre de l'Instruction publique dans le cabinet Gambetta (14 nov. 1881-26 janv. 1882), où il incarna l'anticléricalisme le plus décidé, il fut nommé, en janv. 1886, gouverneur général de l'Annam et du Tonkin. Son œuvre scientifique concerne la physiologie générale ; il s'est particulièrement préoccupé de la physiologie de la respiration. On lui doit *Leçons d'anatomie et de physiologie animales* (1885). [Acad. des sc., 1882.]

BERTAUT (Jean), poète français (Donnay, Calvados, 1552-Séez 1611). Les corrections qu'il apporta de 1586 à 1601 à ses poèmes d'amour témoignent de l'évolution de la poésie française avant Malherbe.

Bertelsmann, groupe allemand fondé en 1835 par Carl Bertelsmann à Gütersloh et se classant parmi les tout premiers groupes mondiaux dans le secteur de la communication : presse, imprimerie, clubs de livres, édition, audiovisuel, etc.

Bertha (de *Bertha* Krupp, fille de l'industriel allemand d'Essen), surnom des canons lourds allemands qui, à plus de 100 km, tirèrent sur Paris en 1918. Ce surnom reprenait celui donné par les Allemands au mortier de 420 mm employé contre Anvers en 1914.

BERTHAUT (Henri), général français (Épinal 1848-Paris 1937). Directeur du Service géographique de l'armée de 1903 à 1911, il consacra ses efforts à l'exécution de la triangulation et des levés de la nouvelle carte de France.

BERTHE n. f. (du n. de la reine *Berthe*). Garniture d'un décolleté ou d'une encolure à ras du cou retombant comme une petite pèlerine (XIXe s.).

BERTHE ou **BERTRADE,** dite **Berthe au grand pied** († Choisy-au-Bac 783). Fille d'Herbert, comte de Laon, elle épousa v. 744 Pépin le Bref et fut la mère de Charlemagne et de Carloman.

BERTHE (v. 964-v. 1024), reine de France. Fille de Conrad le Pacifique, roi de Bourgogne transjurane, elle épousa v. 984 Eudes Ier, comte de Blois, puis se remaria en 996 avec Robert II le Pieux, qui la répudia en 1002.

BERTHE de Hollande († 1094), reine de France. Fille de Florent Ier, comte de Hollande, elle épousa v. 1072 Philippe Ier, à qui elle donna le futur Louis VI le Gros. Elle fut répudiée par le roi v. 1091.

BERTHELET n. m. ou **BERTHELÉE** n. f. Truelle brettelée.

BERTHELOT (François), financier français (1626-1712). Commissaire général des poudres et salpêtres (1678) et fermier général des gabelles et des cinq grosses fermes (1687), il s'enrichit considérablement.

BERTHELOT (Marcellin), chimiste français (Paris 1827-*id.* 1907). Professeur au Collège de France, sénateur, ministre de l'Instruction publique puis des Affaires étrangères, Berthelot a consacré ses activités de recherche à la chimie organique (étude de l'estérification des alcools, synthèse d'espèces chimiques existant dans les êtres vivants : alcool éthylique, acide formique, méthane, acétylène). Il a aussi étudié les quantités de chaleur mises en jeu dans les réactions (thermochimie), inventant avec Vieille la bombe calorimétrique. Il s'est opposé à l'emploi de la notation atomique. (Acad. des sc., 1873 ; Acad. fr., 1901.)

BERTHELOT (Henri Mathias), général français (Feurs 1861-Paris 1931). En 1917, il réorganisa l'armée roumaine et commanda une armée en Champagne (1918).

BERTHELOT (Philippe), diplomate français (Sèvres 1866-Paris 1934), fils de Marcellin Berthelot. Secrétaire général du ministère des Affaires étrangères (1920-1932), il joua un rôle considérable dans l'élaboration des traités de paix.

BERTHIER (Louis Alexandre), prince **de Neuchâtel,** duc **de Valengin,** prince **de Wagram,** maréchal et pair de France (Versailles 1753-Bamberg 1815). Major général de la garde nationale de Versailles en 1789, chef d'état-major de La Fayette, de Luckner, puis de l'armée d'Italie, il devint chef d'état-major de Bonaparte en 1796. Il fut ministre de la Guerre de 1800 à 1807, major général de la Grande Armée de 1805 à 1814. Rallié à Louis XVIII pendant les Cent-Jours, il se réfugia à Bamberg, en Bavière.

BERTHIÉRITE n. f. (de Pierre *Berthier,* n. pr.). Sulfure d'antimoine et de fer, de formule $FeSb_2S_4$.

BERTHOLLET (*comte* Claude Louis), chimiste français (Talloires, près d'Annecy, 1748-Arcueil 1822). En 1789, il découvrit les propriétés décolorantes des hypochlorites (eau de Javel), qu'il mit à profit pour le blanchiment des textiles, puis prépara les chlorates, qu'il utilisa dans les explosifs. Il montra que les acides ne contiennent pas tous de l'oxygène et participa, avec Lavoisier, Fourcroy et Guyton de Morveau, à l'édification d'une nomenclature chimique rationnelle. Il énonça les règles qui portent son nom et qui permettent de prévoir les réactions de double décomposition entre sels, acides et bases. Il fonda, avec Monge, l'École polytechnique et, avec Laplace, la « société d'Arcueil », qui réunit les plus grands savants de son temps. (Acad. des sc., 1780.)

BERTHOLLETIA n. m. (de *Berthollet,* n. pr.). Grand arbre d'Amérique du Sud, aux graines triangulaires comestibles (noix du Brésil).

BERTHON n. m. Embarcation pliante en toile imperméable, destinée aux petits bâtiments. (On dit aussi CANOT BERTHON.)

BERTHOUD → BURGDORF.

BERTHOUD (Ferdinand), horloger suisse (Plancemont-sur-Couvet, cant. de Neuchâtel, 1727-Groslay 1807). Il se consacra à partir de 1760 à l'étude des régulateurs de précision ainsi qu'à celle des horloges et des montres marines destinées à permettre la solution du problème de la détermination des longitudes.

BERTIER DE SAUVIGNY (Louis), administrateur français (Paris 1737 - *id.* 1789). Intendant de Paris (1776), il fut arrêté et massacré à Paris par le peuple, qui l'accusait d'accaparer les blés (22 juill.).

BERTILLON (Adolphe), médecin, démographe et statisticien français (Paris 1821 -Neuilly 1883). Auteur d'une *Démographie figurée de la France* (1874), il est l'un des créateurs de la démographie. – Son fils JACQUES (Paris 1851-Valmondois, Val-d'Oise, 1922) a apporté une contribution importante à l'analyse démographique.

BERTILLON (Alphonse), criminologue français (Paris 1853-*id.* 1914), frère de J. Bertillon. Il créa en 1879 un système d'identification des criminels, l'*anthropométrie* ou *bertillonnage,* qu'il appliqua lui-même, à partir de 1882, comme chef du service de l'identité judiciaire à la Préfecture de police.

BERTILLONNAGE n. m. Système d'identification, inventé par Alphonse Bertillon. (→ ANTHROPOMÉTRIE* JUDICIAIRE.)

BERTIN *(saint)* [Coutances-Sithiu v. 698], l'un des fondateurs du monastère de Sithiu (auj. Saint-Omer), dont il devint abbé et qui prit son nom.

BERTIN (Henri Léonard), comte **de Bourdeille,** homme d'État français (Périgueux 1720-Spa 1792). Contrôleur général des Finances (1759), il élabora des projets de réformes fiscales qui se heurtèrent à l'opposition des parlements et dut démissionner (1763). Pourvu par Louis XV d'un secrétariat d'État comprenant l'agriculture, le commerce, les mines et les manufactures (1763), il fonda les écoles vétérinaires de Lyon (1763) et d'Alfort (1766).

BERTIN, famille française qui s'est illustrée dans le journalisme. — LOUIS FRANÇOIS **Bertin,** dit *Bertin l'Aîné* (Paris 1766-*id.* 1841), acheta après le 18-Brumaire *le Journal des débats.* Son portrait par Ingres (1832, Louvre) est un des chefs-d'œuvre psychologiques du peintre. — LOUIS FRANÇOIS **Bertin de Vaux** (Paris 1771-*id.* 1842), frère du précédent, prit part à la direction du *Journal des débats* et fut notamment ministre de la Police (1815-1818). — FRANÇOIS ÉDOUARD **Bertin,** fils de Bertin l'Aîné, peintre paysagiste (Paris 1797 - *id.* 1871), succéda en 1854 à son frère ARMAND (1801-1854) à la direction du *Journal des débats.*

BERTIN (Jean Victor), peintre français (Paris 1767 - *id.* 1842). Élève de Valenciennes, il se spécialisa dans le paysage historique et fut le maître de Corot.

BERTIN (Émile), ingénieur du génie maritime français (Nancy 1840-La Glacerie, Manche, 1924). De 1886 à 1890, il créa la marine militaire japonaise.

BERTIN (Léon), zoologiste français (Paris 1896-Vendôme 1956). Outre ses recherches sur les poissons, il a été un vulgarisateur scientifique (*Géologie et Paléontologie,* 1939 ; *la Vie des animaux,* 1949-50).

BERTIN (Jean), ingénieur français (Druyes les-Belles-Fontaines, Yonne, 1917-Neuilly 1975). D'abord spécialiste des moteurs d'aviation, il créa, à partir de 1956, toute une série de véhicules sur coussin d'air (Terraplane, Naviplane, Aérotrain).

BERTIN (Jacques), cartographe et géographe français (Maisons-Laffitte 1918), spécialiste du langage graphique (*Sémiologie graphique,* 1967).

Bertin *(ligament de),* ligament ilio-fémoral de l'articulation de la hanche, qui recouvre la face antérieure de cette articulation.

BERTINI (Gianni), peintre italien (Pise 1922). Utilisant à partir de 1963 la technique du report d'éléments photographiques sur toile sensibilisée, qui, 2 ans plus tard, donna naissance au « mec-art », il a élaboré des sortes de collages où s'entrechoquent images féminines et thèmes de l'actualité.

BERTOIA (Harry), designer et sculpteur américain d'origine italienne (San Lorenzo, Italie, 1915 - Philadelphie 1978). Il a créé pour Knoll International les fameux sièges en treillis métallique sur piétement d'acier soudé (v. 1950).

BERTOLUCCI (Bernardo), cinéaste italien (Parme 1940). Il débuta comme assistant de Pier Paolo Pasolini. Il a réalisé *Prima della Rivoluzione* (1964), *le Conformiste* (1971), *le Dernier Tango à Paris* (1972), *1900* (1976), *La Luna* (1979), *la Tragédie d'un homme ridicule* (1981), *le Dernier Empereur* (1987), *Un thé au Sahara* (1990), *Little Buddha* (1993), *Beauté volée* (1996).

BERTRADE → BERTHE.

BERTRADE DE MONTFORT (1070 ?-Fontevrault 1117 ?), reine de France. Fille de Simon Ier, seigneur de Montfort, et épouse (1088) de Foulques IV le Réchin, comte d'Anjou, elle se remaria en 1092 avec Philippe Ier.

BERTRAM *(Meister* ou *Maître),* peintre allemand (Minden v. 1345 - Hambourg v. 1415), personnalité principale de la 2e moitié du XIVe s. dans le nord de l'Allemagne, au style plein de charme rustique (*Retable de Grabow,* Kunsthalle de Hambourg).

BERTRAN de Born, troubadour périgourdin (v. 1140-abbaye de Dalon av. 1215). Ses œuvres, pour la plupart des sirventès ancrés dans l'histoire du XIIe s., forment un des chefs-d'œuvre de la poésie de langue d'oc.

BERTRAND *(saint)* [L'Isle-Jourdain début du XIe s.-Comminges, auj. Saint-Bertrand-de-Comminges, 1123]. Évêque de Comminges (1073), il rebâtit sa cathédrale et sa ville épiscopale.

BERTRAND (Henri Gatien, *comte*), général français (Châteauroux 1773-*id.* 1844). Aide de camp de l'Empereur en 1804, il se couvrit de gloire d'Austerlitz à Montmirail (1814). Il accompagna Napoléon à l'île d'Elbe, puis à Sainte-Hélène. Il présida aux Invalides à la translation des cendres de l'Empereur (1840). Il est l'auteur des *Campagnes d'Égypte et de Syrie, mémoires pour servir à l'histoire de Napoléon, dictés par lui-même à Sainte-Hélène au général Bertrand* (1847) et des *Cahiers de Sainte-Hélène* (éd. en 1951).

BERTRAND (Louis Jacques Napoléon, dit **Aloysius**), écrivain français (Ceva, Piémont, 1807-Paris 1841). La conception de ses poèmes en prose, mêlant le rêve et l'inconscient (*Gaspard**

de la nuit, fantaisies à la manière de Callot et de Rembrandt, 1842), enthousiasma Baudelaire, Rimbaud et les surréalistes.

BERTRAND (Alexandre), archéologue français (Paris 1820-Saint-Germain-en-Laye 1902), l'un des fondateurs du musée des Antiquités nationales (Saint-Germain-en-Laye), dont il devint conservateur.

BERTRAND (Marcel), géologue français (Paris 1847-*id.* 1907). Il a mis en évidence la notion de charriage dans les Alpes de Glaris (1884), en Provence et dans le bassin houiller du Nord.

BERTRAND (Charles Eugène), botaniste français (Paris 1851-Lille 1917). Il a étudié la flore fossile de la houille. — Son fils PAUL (Loos-lès-Lille 1879 - 1944) a poursuivi ses travaux, notamment en anatomie végétale comparée et en stratigraphie.

BERTRAND (Louis), écrivain français (Spincourt 1866-Cap-d'Antibes 1941). Passionné de l'Afrique du Nord, il y vit un creuset des civilisations latines (*le Sang des races,* 1899 ; *Jean Perbal,* 1925). [Acad. fr., 1925.]

BERTRAND (Gabriel), chimiste et biologiste français (Paris 1867-*id.* 1962). Il a mis en lumière le rôle des enzymes, particulièrement des oxydases, ainsi que celui des oligo-éléments. Ses travaux sur le venin de serpent aboutirent à la vaccination antivenimeuse. (Acad. des sc., 1923.)

BERTRAND (Gaston), peintre belge (Wonck, prov. de Liège, 1910). Cofondateur en 1945 du groupe « Jeune Peinture belge », il s'est exprimé à travers une schématisation des formes de plus en plus épurée.

BERTRAND DE MOLEVILLE (Antoine, *comte*), homme d'État français (Toulouse 1744-Paris 1818). Intendant de Bretagne (1784-1788) puis ministre de la Marine (1791-92), il a laissé des *Mémoires secrets pour servir à l'histoire de la dernière année du règne de Louis XVI* (1797).

BÉRULLE (Pierre DE), prélat et écrivain spirituel français (château de Sérilly, Champagne, 1575-Paris 1629). Prêtre en 1599, il fut élevé au cardinalat en 1627 et devint le chef du « parti dévot » sous Louis XIII. Sa spiritualité, originale, est centrée sur l'humanité du Christ ; Bérulle institua, en 1611, la société cléricale de l'Oratoire de France, pour la réforme et la formation du clergé.

BERWALD (Franz Adolf), compositeur suédois (Stockholm 1796 - *id.* 1868). Ses 6 symphonies (la « Sérieuse », 1842 ; la « Singulière », 1845), ses opéras (*Estrella de Soria,* 1862), sa musique de chambre et ses œuvres pour piano dénotent un tempérament romantique.

BERWICK (James STUART FITZ-JAMES, *duc* DE), maréchal de France (Moulins 1670 -Philippsburg 1734), fils naturel de Jacques II, roi d'Angleterre, et d'Arabella Churchill, sœur du duc de Marlborough. Entré au service de Louis XIV (1691), qui le fit duc de Fitz-James (1710), il s'illustra pendant la guerre de la Succession d'Espagne. En 1706, il prit Lille. Maréchal de France et commandant les troupes de Philippe V en Espagne (1706), il remporta la victoire d'Almansa (1707), qui lui valut le titre de duc de Liria et de Jérica. Enfin, en 1714, il s'empara de Barcelone. Chargé par Louis XV de commander l'armée du Rhin (1733) lors de la guerre de la Succession de Pologne, il fut tué en assiégeant Philippsburg (1734).

BÉRYL n. m. (lat. *beryllus,* du gr. *bêrullos*). **1.** Silicate d'aluminium et de béryllium, hexagonal, fréquent dans les pegmatites, dans certains granites et leur environnement métamorphique. — **2.** Plus particulièrement, gemme transparente désignant les variétés incolores (béryl de Madagascar, du Brésil), roses (morganite), jaunes, bleu de ciel, vertes (émeraudes de Colombie, de l'Oural).

BÉRYLLIOSE n. f. Affection qui frappe les ouvriers préparant ou manipulant le béryllium et qui provoque une fibrose pulmonaire particulièrement rapide et grave. (Le béryllium peut aussi causer des lésions cutanées et il est cancérogène.)

BÉRYLLIUM [-ljɔm] n. m. (de *béryl*). Métal léger, gris, que l'on trouve en particulier dans le béryl. (Élément chimique de symbole Be.)

Numéro atomique : 4
Masse atomique : 9,012
Température de fusion : 1 280 °C

ENCYCL. En 1798, Vauquelin découvre l'oxyde de béryllium, que, en raison de la saveur sucrée de ses sels, il appelle glucinium. Apparenté au magnésium par ses propriétés physiques, le béryllium, inerte à l'air, est utilisé à l'état de métal pur ou d'alliage. Le métal et ses principaux composés sont élaborés à partir du béryl en passant par le sulfate puis l'oxyde ou par l'hydroxyde $Be(OH)_2$. Le métal est obtenu par électrolyse ignée du chlorure ou par réduction du fluorure par le magnésium.

Les propriétés chimiques du béryllium et de l'aluminium présentent une grande similitude : les bases alcalines dissolvent le béryllium, qui subit le phénomène de passivation par action de l'acide nitrique concentré. Le béryllium donne des composés de coordination (complexes chélatés neutres) et des halogénures.

Le béryllium est surtout utilisé dans la fabrication de bronze au béryllium et dans celle de fenêtres transparentes dans les tubes à rayons X. Il est employé dans l'industrie nucléaire comme modérateur de neutrons. L'absorption de poussières de béryllium ou de composés est éminemment toxique.

BÉRYTE, en gr. **Bêruthos,** ville cananéenne, phénicienne et romaine qui est à l'origine de l'actuelle *Beyrouth.*

BERZÉ-LA-VILLE (71960), comm. de Saône-et-Loire, à 13 km au N.-O. de Mâcon ; 516 hab. Anc. prieuré clunisien de la fin du XIᵉ s. (peintures murales). – À 5 km au N.-O., château féodal de *Berzé-le-Châtel.*

BERZELIUS (Jöns Jacob, *baron*), chimiste suédois (Väversunda Sörgård, près de Linköping, 1779-Stockholm 1848). Son rôle a été fondamental dans l'élaboration de la chimie moderne. Il distingua chimie minérale et chimie organique, introduisit l'usage de lettres comme symboles des éléments et choisit l'oxygène comme élément de base. Il présenta un premier tableau des *équivalents,* introduisit les concepts d'isomérie, de polymérie et d'allotropie, étudia la catalyse, énonça les lois de l'électrochimie et isola de nombreux corps simples.

BERZINGUE (À TOUT, À TOUTE), loc. adv. (picard *berzingue,* ivre). *Pop.* À toute allure, à toute vitesse.

BESACE n. f. (bas lat. *bisaccia,* de *bis* et *saccus,* sac). **1.** Sac fendu en son milieu et fermé à ses extrémités, formant deux poches lorsqu'il est porté à cheval sur l'épaule. (Syn. BISSAC.) — **2.** Rencontre de deux pans de maçonnerie dont les éléments sont liés d'une assise sur l'autre. — **3.** *Besace d'angle,* disposition en panneresses et boutisses des pierres de l'angle d'une construction. ‖ *Besace de dilatation,* couvre-joint métallique entre deux tronçons de chéneau ou de gouttière. ‖ *Sac besace,* sac de dame à faces arrondies.

BESAIGUË [bəzɛgy] n. f. (lat. médiév. *bisacuta,* hache). **1.** Arme d'hast qui était formée d'un fer de hache à deux ailerons emmanché à une longue hampe. — **2.** Syn. de BISAIGUË.

BESANÇON (25000), ch.-l. de la Région Franche-Comté et du dép. du Doubs, sur le Doubs, à 393 km au S.-E. de Paris ; 119 194 hab. *(Bisontins).* En bordure du Jura, sur l'axe reliant l'Alsace aux plaines de la Saône et à la vallée du Rhône, c'est un centre administratif, culturel (université), judiciaire (cour d'appel) et religieux (archevêché) également fortement industrialisé (horlogerie et mécanique de précision surtout). — **Hist.** Métropole de la Séquanaise, ville épiscopale (Vᵉ s.), Besançon dépendit de l'Empire (XIᵉ s.) puis de l'Espagne (XVIᵉ s.). Conquise par Condé en 1674, elle revint à la France en 1678. Louis XIV la dota d'un parlement (1676) et d'une université (1691).
— **Bx-arts.** Vestiges romains (« Porte Noire »). Cathédrale romane et gothique. Palais Granvelle (Musée historique), hôtel de ville et palais de justice de la Renaissance. Citadelle de Vauban (Musée comtois et autres musées). Beaux monuments des XVIIᵉ et XVIIIᵉ s., dont l'hôpital St-Jacques, les églises St-François-Xavier et Ste-Madeleine, la préfecture, le théâtre (Ledoux, 1778). Riche musée des Beaux-Arts (archéologie ; collections de peintures européennes et de dessins ; objets d'art ; section d'horlogerie).

BESANT n. m. (bas lat. *byzantius nummus*). **1.** Monnaie d'or frappée à Constantinople du XIIᵉ au XIVᵉ s. (Son nom fut également donné à d'autres monnaies orientales.) — **2.** Disque plat employé en nombre pour former des bandes décoratives (art roman). — **3.** Petit meuble héraldique, de forme circulaire et toujours de métal.

BESANT (Annie WOOD, *Mrs.*), militante socialiste, puis théosophique britannique (Londres 1847-Adyar, Tamil Nadu, 1933). Entrée en contact avec la Fabian Society, elle milita pour l'athéisme et écrivit dans les *Fabian Essays* (1889). Puis, établie en Inde, elle se convertit à la théosophie et dirigea la Société de théosophie de 1907 à sa mort. Elle présida l'Indian National Congress en 1917. Elle devint la protectrice de Krishnamurti.

BÉSARD (Jean-Baptiste), luthiste français (Besançon v. 1567-Augsbourg ? v. 1625). Il publia le *Thesaurus harmonicus* (1603), vaste anthologie de la musique de luth au début du XVIIᵉ s.

BESCHERELLE (Louis Nicolas), lexicographe et grammairien français (Paris 1802-1883). Auteur, avec son frère HENRI (1804-1852), d'une *Grammaire nationale* (1834-1838), il est surtout connu pour son *Dictionnaire national* (1843-1845), réédité jusqu'à la fin du XIXᵉ s.

BÉSEF → BÉZEF.

BESENVAL (Jean, *baron* DE), général et diplomate suisse au service de la France (Soleure 1671-Paris 1736). Lieutenant général (1719), puis colonel des gardes suisses (1722), il fut ambassadeur extraordinaire en Suède (1707), en Allemagne (1711), puis en Pologne (1713-1721). — Son fils PIERRE, baron **de Besenval** (Soleure 1721-Paris 1794), lieutenant général (1762) et chef d'un corps de troupes à Paris en juill. 1789, a laissé des *Mémoires* (1805-1807).

BESICLES n. f. pl. (anc. fr. *bericle,* du lat. *beryllus,* béryl). Anciennes grosses lunettes rondes.

BÉSIGUE n. m. (p.-ê. ital. *bazzica,* jeu de cartes). Jeu de cartes ressemblant au mariage.

BESKIDES ou **BESKYDES,** en polon. **Beskidy,** en tchèque **Beskydy,** région de collines et de moyennes montagnes d'Europe centrale (Slovaquie, Pologne) qui constitue la partie externe de l'arc carpatique. Les Beskides polonais, ou Beskides occidentaux, s'étendent de la porte de Moravie au voisinage de la frontière Ukrainienne, où commencent les Beskides orientaux (Bieszczady).

BESKRA, anc. **Biskra,** v. d'Algérie, ch.-l. de wilaya, au S.-O. de l'Aurès ; 130 000 hab. C'est l'ancienne ville romaine de *Vescera* ; oasis de 150 000 palmiers. Centre touristique.

BESNARD (Albert), peintre et graveur français (Paris 1849 - *id.* 1934). Prix de Rome en 1874, il a pratiqué aussi bien la décoration monumentale (Théâtre-Français, Hôtel de Ville de Paris, Petit Palais, etc.) que le portrait ou la scène orientaliste. Il a été directeur de la villa Médicis (1913). [Acad. fr., 1924.]

BESNIER (Ernest Henri), médecin français (Honfleur 1831-Paris 1909) connu pour son enseignement de la dermatologie.

Besnier-Boeck-Schaumann *(maladie de),* syn. de SARCOÏDOSE.

BESOGNE n. f. (frq. **bisunnia,* soin). **1.** Travail imposé à qqn par sa profession ou par telle circonstance déterminée ; tâche, ouvrage. – **2.** *Aller vite en besogne,* être expéditif ; aller trop vite, brûler les étapes. ‖ *De la belle, de la bonne besogne,* travail habile, utile, remarquable ou, ironiq., sottise, faux pas dans une entreprise quelconque.

BESOGNER v. i. (anc. bas frq. **bisunnjôn,* se soucier de) [conj. 3]. *Vx.* Travailler péniblement pour un petit résultat.

BESOGNEUX, EUSE adj. et n. (de *besogne*). **1.** *Vx.* Qui est dans la gêne, qui vit difficilement de ce qu'il gagne ; se dit de la vie ainsi menée. – **2.** Qui travaille scrupuleusement ou médiocrement.

BESOIN n. m. (frq. **bisunnia,* soin). **1.** Exigence née d'un sentiment de manque, de privation de qqch qui est nécessaire à la vie organique : *Besoin de manger, de dormir.* – **2.** Sentiment de privation qui porte à désirer ce dont on croit manquer ; nécessité impérieuse : *Besoin de savoir.* – **3.** Chose considérée comme nécessaire à l'existence : *Le cinéma est devenu chez lui un besoin.* – **4.** État qui résulte de la privation du nécessaire ; indigence, dénuement : *C'est dans le besoin qu'on connaît le véritable ami.* – **5.** Personne (autre que le tiré) désignée par un tireur, un endosseur ou un avaliseur d'une lettre de change pour accepter ou payer celle-ci. (Syn. RECOMMANDATAIRE.) – **6.** *Au besoin, si besoin est,* le cas échéant, si cela est nécessaire, s'il le faut. ‖ *Avoir besoin de,* être dans un état tel que la présence ou l'aide de qqn, le recours à qqch sont nécessaires : *J'ai besoin de toi, de ton aide, que tu viennes m'aider.* ‖ *Avoir bien besoin de,* s'emploie par ironie pour pour indiquer que qqn a eu tort de faire qqch : *Vous aviez bien besoin d'aller lui raconter !* ‖ *Faire ses besoins, satisfaire un besoin pressant,* uriner, évacuer les matières excrémentielles. ‖ *Il est besoin de,* il est nécessaire de (surtout négatif ou interrogatif) : *Est-il besoin de dire que le malade doit se reposer ?* ‖ *Pour les besoins de la cause,* pour la circonstance, dans le seul dessein de démontrer ce qu'on dit.

◆ **besoins** n. m. pl. **1.** Ensemble des choses nécessaires à la vie et obtenues par l'argent : *Subvenir aux besoins de ses parents.* – **2.** Ce qui est nécessaire pour accomplir qqch, faire face à une situation : *Les besoins de l'industrie en main-d'œuvre.*

ENCYCL. **Psychan.** Lacan remarque qu'aucun besoin humain ne peut être séparé de son expression, qui passe toujours par le langage : rien ne permet donc de le nommer correctement du fait de cette dominance de l'activité symbolique. Dire qu'on a faim, même si on a faim, signifie tout autre chose que le besoin de s'alimenter et vise tout autre chose que l'objet nourriture qui viendra le combler ; c'est déjà une demande* en tant qu'elle s'adresse à l'Autre. Le besoin apparaît comme un leurre où vient se prendre la demande ; celle-ci, en tant qu'appel à l'Autre, demeure nécessairement insatisfaite.

Besredka *(méthode de),* méthode destinée à empêcher la production des accidents anaphylactiques en cas d'injection de sérums thérapeutiques et qui consiste à faire l'injection en 3 fois, en commençant par une dose minime.

BESSANCOURT (95550), comm. du Val-d'Oise, à l'E. de Pontoise ; 7 107 hab.

BESSANS (73480), comm. de la Savoie, en haute Maurienne, sur l'Arc ; 306 hab. Dans l'église, sculptures en bois du XVIIe s. ; dans la chapelle St-Antoine, peintures murales du XVe s. Centre artisanal et touristique (sports d'hiver).

BESSARABIE, région essentiellement agricole de Moldavie (principalement) et d'Ukraine, entre les basses vallées du Prout et du Dniestr. V. princ. *Chişinău.*

– **Hist.** Incorporée à la Moldavie v. 1400, la région fut sous domination ottomane de 1538 à 1812 jusqu'à ce que le traité de Bucarest l'attribuât à l'Empire russe (1812). La réunion de la

Bessarabie à la Roumanie (1918) fut entérinée par les Alliés au traité de Paris (1920). Mais l'U. R. S. S., qui ne l'avait pas reconnue, exigea en 1940 la restitution de cette région (auj. partie de la Rép. de Moldavie).

BESSARION (Jean), théologien et humaniste byzantin (Trébizonde 1403-Ravenne 1472). Au concile de Ferrare-Florence (1438-39), il se rallia au parti de l'Union des Églises. Cardinal (1439) et installé à la curie (1440), il se fit le propagateur et le défenseur de l'hellénisme en Occident.

BESSE-ET-SAINTE-ANASTAISE, anc. **Besse-en-Chandesse,** ch.-l. de cant. du Puy-de-Dôme, dans les monts Dore, à 1 050 m d'alt. ; 1 879 hab. *(Bessois).* Église à nef romane ; beffroi. Fromages. – À 7 km à l'O., station de sports d'hiver de *Superbesse* (1 350-1 850 m).

BESSÈGES (30160), ch.-l. de cant. du nord du Gard ; 3 663 hab. *(Bességeois).* Métallurgie.

BESSEL (Friedrich Wilhelm), astronome allemand (Minden 1784-Königsberg 1846). Il publia en 1938 la première mesure précise d'une distance stellaire et donna un essor considérable à l'astrométrie. Il développa les fonctions mathématiques qui portent à présent son nom et qui trouvent de nombreuses applications en physique.

Bessel-Hagen *(maladie de),* maladie caractérisée par des proliférations ostéo-cartilagineuses au niveau des cartilages de conjugaison.

BESSEMER [besmɛr] n. m. Convertisseur inventé par sir Henry Bessemer pour transformer la fonte en acier par insufflation d'air sous pression.

BESSEMER (*sir* Henry), industriel et métallurgiste britannique (Charlton, Hertfordshire, 1813-Londres 1898). Il est surtout connu par le procédé de production de l'acier (1855) qui porte son nom et qui s'est imposé partout en raison de son faible prix de revient.

BESSEMÉRISATION n. f. Affinage de la fonte par le procédé Bessemer pour obtenir de l'acier.

BESSENYEI (György), poète hongrois (Bercel 1747-Puszta-Kovácsi 1811), auteur d'une poésie d'inspiration philosophique imitée de Voltaire (*la Tragédie d'Agis,* 1772) et de Destouches (*le Philosophe,* 1777).

BESSETTE (Gérard), écrivain canadien de langue française (Sainte-Anne-de-Sabrevois 1920). Auteur de romans satiriques, il a abordé le nouveau roman (*l'Incubation,* 1965 ; *le Cycle,* 1972).

BESSIÈRES (Jean-Baptiste), duc **d'Istrie,** maréchal de France (Prayssac 1768-Rippach, près de Lützen, 1813). Il se signala en Égypte et participa au coup d'État du 18-Brumaire. À Marengo (1800), la charge de ses cavaliers fut décisive. Il se distingua dans toutes les campagnes de l'Empire depuis Austerlitz jusqu'en 1813, où il fut tué par un boulet la veille de la bataille de Lützen (1er mai). Il avait commandé la cavalerie de la Garde en 1805 et en 1812 et toute la Garde en 1807, 1810 et 1813.

BESSIN (le), région de Normandie (hab. *Bessins*), extrémité nord-ouest du Calvados. Élevage bovin laitier.

BESSINES-SUR-GARTEMPE (87250), ch.-l. de cant. de la Haute-Vienne ; 3 023 hab.

BESSMERTNOVA (Natalia), danseuse russe (Moscou 1941). Technicienne aux ralentis spectaculaires, elle interprète aussi bien les rôles lyriques que les rôles dramatiques. Elle s'est imposée dans *Roméo et Juliette, Don Quichotte, la Fontaine de Bakhtchissaraï.* Partenaire attitrée de Mikhaïl Lavrovski, elle a épousé le chorégraphe Iouri Grigorovitch, dont elle a créé les œuvres.

BESSON, ONNE n. (lat. pop. **bissus, de bis,* deux fois). *Dialect.* Jumeau, jumelle (personne, animal, fruit).

BESSON (Benno), acteur et metteur en scène suisse (Yverdon 1922). Ancien assistant de Brecht (1949), son originalité réside dans l'interprétation des classiques et dans le choix des jeunes auteurs (*Moritz Tassov,* de Peter Hacks, en 1965).

BESSON (Colette), athlète française (Saint-Georges-de-Didonne 1946), championne olympique du 400 m à Mexico (1968).

BESSON (Luc), cinéaste français (Paris 1959). Son film *le Grand Bleu* (1988), poème sur l'ivresse des profondeurs marines, constitue un film-culte des années 1980. La même aptitude à traduire la sensibilité de toute une génération est perceptible dans *le Dernier Combat* (1982), *Subway* (1985), *Nikita* (1990), *Atlantis* (1991), *Léon* (1994).

BESSONNIÈRE n. f. (de *besson*). Brebis ayant mis bas des bessons.

BESSOS, satrape de Bactriane et de Sogdiane († 329 av. J.-C.). Il assassina Darios III en 330 av. J.-C. Alexandre le fit exécuter.

BESSY (Claude), danseuse et pédagogue française (Paris 1932). Danseuse étoile (1956), elle a fait toute sa carrière à l'Opéra de Paris. Interprète du répertoire classique, elle a créé de nombreuses œuvres : de Serge Lifar (*les Noces fantastiques,* 1955 ; *Chemin de lumière,* 1957) ; de George Skibine (*Daphnis et Chloé,* 1959) ; de Gene Kelly (*Pas de deux,* 1960) ; de Michel Descombey (*Sarracenia,* 1964 ; *Symphonie classique,* 1968). Directrice de l'École de danse de l'Opéra de Paris (1972), elle a quitté la scène en 1975. Comme chorégraphe, elle a signé plusieurs compositions.

BEST (Charles Herbert), physiologiste et médecin canadien (West Pembroke, Maine, 1899-Toronto 1978). Son nom reste lié à celui de Banting par la découverte, en 1921, de l'insuline.

1. BESTIAIRE n. m. (lat. *bestiarius,* de *bestia,* bête). Syn. de BELLUAIRE.

2. BESTIAIRE n. m. (lat. médiév. *bestiarium*). **1.** Ensemble de l'iconographie animalière, ou groupe de représentations animalières, notamment du Moyen Âge. (→ ANIMAL.) — **2.** Traité, recueil d'images ayant trait aux animaux.

BESTIAL, E, AUX adj. (lat. ecclés. *bestialis,* de *bestia,* bête). Qui ressemble à la bête par son physique, son comportement, ses penchants ; se dit de ce physique, de ce comportement : *Un instinct bestial.*

BESTIALEMENT adv. De façon bestiale.

BESTIALITÉ n. f. (lat. médiév. *bestialitas*). **1.** État, caractère bestial. — **2.** Coït avec des animaux domestiques. (Syn. ZOOPHILIE.)

BESTIAU n. m. (pl. de l'anc. fr. *bestial,* du lat. *bestia,* bête). *Pop.* Animal quelconque.
◆ **bestiaux** n. m. pl. Animaux domestiques élevés en troupeaux et entretenus dans une exploitation agricole.

BESTIOLE n. f. (lat. *bestiola*). Petite bête.

BESTOUJEV-RIOUMINE (Alekseï Petrovitch, *comte*), homme d'État russe (Moscou 1693-Saint-Pétersbourg 1766). Nommé grand chancelier en 1744, il dirigea jusqu'en 1758 la politique extérieure de la Russie. Il imposa l'alliance avec l'Autriche (1746) et l'Angleterre (1755). Puis il dut accepter le rapprochement avec la France lors de la guerre de Sept Ans (1756-1763).

BESTOUJEV-RIOUMINE (Mikhaïl Pavlovitch), révolutionnaire russe (1803-Saint-Pétersbourg 1826). Il participa à l'insurrection décabriste (déc. 1825) et fut exécuté.

BEST-SELLER [-sɛlœr] n. m. (pl. *best-sellers*) [angl. *best-seller,* de *best,* meilleur, et *seller,* vendeur]. **1.** Livre à forte vente ; grand succès de librairie. — **2.** Gros succès commercial.

1. BÊTA n. m. inv. **1.** Deuxième lettre de l'alphabet grec (β), dérivée du signe phénicien appelé *bêth.* — **2.** Lettre d'ordre utilisée pour désigner une phase métallique : métal pur ou solution solide. — **3.** *Horizon bêta,* horizon profond d'accumulation d'argile rouge, généralement mince, situé au contact des matériaux calcaires. ‖ *Rayons, rayonnement bêta* (β), flux d'électrons émis spontanément par certains éléments radioactifs. ‖ *Rythme bêta,* aspect de l'électroencéphalogramme normal, caractérisé par une succession d'ondes rapide, de bas voltage.

2. BÊTA, BÊTASSE adj. et n. (de *bête*). *Fam.* **1.** Sot, niais. — **2.** Terme affectueux adressé à un enfant : *Gros bêta !*

BÊTABLOQUANT, E adj. Se dit d'une substance capable d'inhiber de façon spécifique le fonctionnement des récepteurs adrénergiques bêta du système nerveux sympathique. (Syn. ADRÉNOLYTIQUE BÊTA.)
◆ **bêtabloquant** ou **bêtabloqueur** n. m. Substance bêtabloquante. (On écrit aussi β-BLOQUANT.) [Syn. BÊTASYMPATHOLYTIQUE.]

ENCYCL. Découverts en 1958, les β-bloquants ont constitué un progrès considérable dans le traitement de l'angine de poitrine et de l'hypertension artérielle, mais ils présentent des risques d'insuffisance cardiaque (par leur effet globalement dépresseur du travail cardiaque) et d'asthme (par contraction des muscles bronchiques). La recherche de drogues spécifiquement cardiaques a en effet permis de distinguer des récepteurs β_1 (cardiaques) et β_2 (des fibres lisses).

BÉTAFITE n. f. (de *Betafo,* n. pr.). Niobotantalate d'uranium complexe, cubique, que l'on trouve à Madagascar.

BÊTA-GLOBULINE n. f. Globuline plasmatique ayant une mobilité électrophorétique intermédiaire entre celle des alpha- et celle des gamma-globulines. (On écrit aussi β-GLOBULINE, GLOBULINE β.)

BÊTAGRAPHIE n. f. Radiographie par électrons (rayonnement β).

BÉTAIL n. m. (anc. fr. *bestaille,* du lat. *bestia,* bête). **1.** Nom désignant les animaux concourant à la production agricole, la volaille exceptée. (Le *gros bétail* se compose du cheval, de l'âne, du mulet et des bovinés ; le mouton, la chèvre, le porc forment le *menu bétail* [ou *petit bétail*].) — **2.** *Bétail humain,* personnes traitées comme des animaux.

BÉTAILLÈRE n. f. Véhicule, remorque pour le transport du bétail.

BÉTAIN n. m. Accumulation d'alios dans un sol.

BÉTAÏNE n. f. (lat. *beta,* betterave). **1.** Composé ionique dipolaire, dérivé triméthylé du glycocolle, qui se rencontre notamment dans la betterave. — **2.** Nom donné à de nombreux composés ioniques dipolaires.

ENCYCL. La bétaïne, dérivée de la choline par oxydation, est employée pour son action élective sur les graisses dans les cirrhoses et stéatoses hépatiques, ictères, athéroscléroses.

BÊTA-LACTAMINE n. f. Antibiotique caractérisé par la présence dans sa formule d'un noyau bêta-lactame. (Ce groupe d'antibiotiques comprend les pénicillines et les céphalosporines.)

BÊTAMÉTHASONE n. f. Glucocorticoïde synthétique dérivé fluoré de la deltahydrocortisone, possédant un pouvoir anti-inflammatoire et antiallergique élevé.

BÊTA-MIMÉTIQUE adj. Se dit d'une substance qui reproduit les effets de la stimulation des bêta récepteurs du système adrénergique.

BETANCOURT (Rómulo), avocat et homme politique vénézuélien (Guatire, Miranda, 1908-New York 1981). Président de la junte qui gouverna de 1945 à 1947, il organisa les paysans et mit en marche la réforme agraire. Président de la République de 1959 à 1964, il pratiqua un programme ambitieux de travaux publics et entama un processus de réappropriation du pétrole.

BETANCUR (Belisario), homme d'État colombien (Amagá, dép. de Antioquia, 1923). Candidat conservateur, il a été président de la République de 1982 à 1986.

BÊTARÉCEPTEUR n. m. Récepteur du système adrénergique sensible à l'isoprénaline et à l'adrénaline. (On distingue actuellement les récepteurs β_1 [cardiaque] et β_2 [des fibres musculaires lisses].)

BÊTASSE → BÊTA.

BÊTASYMPATHOLYTIQUE adj. et n. m. Syn. de BÊTABLOQUANT.

BÊTATHÉRAPIE n. f. Utilisation, en thérapeutique, du rayonnement bêta des corps radioactifs.

BÊTATRON n. m. (de *rayons bêta* et *électron*). Accélérateur circulaire dans lequel l'accélération des électrons est obtenue par la variation du flux d'induction magnétique qui traverse leur orbite et qui sert à produire des rayons X utilisés pour le traitement des tumeurs ou pour des examens radiographiques industriels.

BÊTE n. f. (lat. *bestia*). **1.** Tout être animé autre que l'homme : *Bête à cornes, à poil, à plume.* — **2.** *Fam.* Vermine, vers, insectes, etc. : *Récolte détruite par les bêtes.* — **3.** *Mener les bêtes aux champs.* — **4.** *Litt.* L'homme sous l'emprise de ses instincts. — **5.** Personne sotte, sans malice (avec un adj.) : *Bonne bête.* — **6.** *Bête à bon Dieu, bête à Martin,* coccinelle. ‖ *Bête à concours,* personne qui réussit dans les concours plus par sa ténacité que par son intelligence. ‖ *Bête noire (de qqn),* personne, chose pour laquelle il éprouve une antipathie irrésistible. ‖ Fam. *Bête de scène, télévision, etc.,* artiste très doué pour le spectacle, la télévision, etc., et qui se donne à fond. ‖ *Chercher la petite bête,* chercher le petit détail susceptible de déprécier l'ensemble. ‖ Fam. *Comme une bête,* indique une très grande intensité. ‖ *Faire la bête,* affecter la bêtise ; refuser qqch en faisant des manières ou mal à propos. ‖ Pop. *Faire la bête à deux dos,* faire l'amour. ‖ Fam. *Sale bête,* personne méprisable et dangereuse. ‖ Pop. *Se servir, se payer sur la bête,* en parlant d'un créancier, se faire payer en prenant directement sur le salaire, les revenus de son débiteur ou bien, si ce dernier est une femme, en tirant d'elle des satisfactions charnelles. ‖ *Vivre, mourir comme une bête,* sans aucune pensée ou manifestation spirituelle. • **Véner.** *Bête de compagnie,* sanglier de 1 à 2 ans. ‖ *Bêtes fauves,* animaux sauvages voués à la destruction par décision administrative. (Syn. NUISIBLES.) ‖ *Bête noire,* sanglier. ‖ *Bêtes puantes,* blaireaux, fouines, loutres. ‖ *Bête rousse,* jeune sanglier de 6 mois à 1 an. ‖ *Menues bêtes,* lièvres, renards.

◆ adj. **1.** Qui manque d'intelligence ; sot, stupide : *Il est bête d'avoir refusé. Film bête.* — **2.** *Fam.* Malencontreux : *C'est bête que tu ne viennes pas.* — **3.** *Fam.* Qui dit ou fait qqch d'inadéquat, de répréhensible, d'imprudent ; étourdi, irréfléchi : *Il est bête d'avoir raconté cette histoire devant eux.* — **4.** *Bête à pleurer,* se dit de qqch de complètement stupide. ‖ *Bête comme chou,* facile à comprendre ou à faire. ‖ *Bête comme ses pieds, comme une cruche, comme une oie, bête à manger du foin,* stupide au suprême degré. ‖ *En être, en rester (tout) bête, se trouver bête,* ne savoir que dire ou que faire ; être surpris, interdit.

BÉTÉ n. m. Bois africain violacé ou brun-gris, au grain fin, utilisé en menuiserie, ébénisterie et construction navale.

BÉTEL n. m. (port. *betel*). **1.** Poivrier grimpant, aux feuilles d'odeur agréable. — **2.** Préparation masticatoire d'Inde et d'Extrême-Orient qui colore la salive en rouge, comprenant de la noix d'arec saupoudrée de chaux, enveloppée d'une feuille de bétel.

BÉTELGEUSE, nom donné à l'étoile α Orion*. Magnit. visuelle variable de 0,1 à 1,2. C'est une supergéante rouge dont le diamètre représente 400 fois celui du Soleil. Distance 650 al.

BÊTEMENT adv. **1.** De façon bête. — **2.** Fam. *Tout bêtement,* tout simplement, sans y chercher finesse : *J'ai trouvé son adresse tout bêtement dans l'annuaire.*

BÉTÉS, population du groupe kru vivant au Liberia et dans l'ouest forestier de la Côte-d'Ivoire.

BÉTHANIE, bourgade proche de Jérusalem. Ce fut, selon la Bible, la demeure de Marthe, Marie et Lazare. C'est l'actuelle *al-ʿAzarīyya.* — Selon l'Évangile de saint Jean, endroit situé sur la rive gauche du Jourdain, où Jean-Baptiste baptisait.

BÉTHARRAM, lieu de pèlerinage en l'honneur de la Vierge, dans les Pyrénées-Atlantiques, sur les bords du gave de Pau. Chapelle du XVIIe s. Monastère. Aux environs, rivière souterraine.

BETHE (Hans Albrecht), physicien allemand, puis américain (Strasbourg 1906). Directeur de la division de physique de Los Alamos pour le projet de bombe atomique, on lui doit des travaux sur les rayons cosmiques et la découverte, en 1938, du cycle qui porte son nom. (Prix Nobel de physique 1967.)

Bethe *(cycle de),* cycle de réactions thermonucléaires de fusion qui réalise globalement la fusion de 4 protons en un noyau d'hélium, mécanisme prépondérant au cœur des étoiles chaudes.

BÉTHELL n. m. (du nom de l'inventeur). Procédé permettant l'imprégnation du bois par des antiseptiques ou ignifuges et des résines sous vide et sous pression en autoclave.

BÉTHENCOURT (Jean DE), navigateur normand (Grainville-la-Teinturière, Seine-Maritime, v. 1360-*id.* 1425). Il colonisa les Canaries au profit de la Castille.

BETHENOD (Joseph), électrotechnicien français (Lyon 1883-Paris 1944). On lui doit la théorie du transformateur à résonance (1907), une méthode pour l'étude des appareils à courants alternatifs ainsi qu'une théorie de l'autoexcitation des alternateurs et de nombreuses inventions relatives à la radiotélégraphie.

BÉTHENY (51450), comm. de la Marne, au N. de Reims ; 6 504 hab.

BETHLÉEM, en ar. **Bayt Laḥm,** v. de Cisjordanie, au sud de Jérusalem, placée depuis 1995 sous administration autonome palestinienne ; 24 100 hab. (en majorité chrétiens). Patrie du roi David et, selon les évangélistes, lieu de naissance de Jésus. Basilique de la Nativité édifiée sur l'ordre de Constantin au IVe s., remaniée au VIe s. par Justinien et restaurée au milieu du XIIe s.

BETHLEHEM, ville des États-Unis (Pennsylvanie), au N.-O. de Philadelphie ; 73 000 hab. Centre sidérurgique. Université.

Bethlehem Steel Corporation, société sidérurgique américaine dont les origines remontent à 1857.

BETHLEN, famille noble de Transylvanie. — GABRIEL (Gábor) [Illye 1580-Gyulafehérvár 1629], prince de Transylvanie (1613-1629). Il intervint dans la guerre de Trente Ans aux côtés des puissances protestantes et tenta de mettre à profit ce conflit pour restaurer l'unité du royaume de Hongrie. — ÉTIENNE (István) [Gernyeszeg 1874-en U. R. S. S. 1947], homme d'État hongrois. Président du Conseil (1921-1931), il mena une politique conservatrice et conclut un pacte d'amitié avec l'Italie en 1927.

BETHMANN HOLLWEG (Theobald VON), homme d'État allemand (Hohenfinow, Brandebourg, 1856 - *id.* 1921), chancelier d'Empire (1909-1917). Trop soumis à Guillaume II, il ne put empêcher la déflagration mondiale (1914) ; en 1916, il échoua dans une tentative de paix de compromis.

BÉTHONCOURT (25200), comm. du Doubs, banlieue de Montbéliard ; 7 485 hab. Constructions mécaniques.

BÉTHOUART (Antoine Marie Émile), général français (Dole 1889 - Fréjus 1982). Commandant le corps expéditionnaire de Norvège en 1940, vainqueur à Narvik, il dirigea contre Noguès à Rabat le putsch du 8 nov. 1942 pour aider le débarquement allié. Après avoir commandé le 1er corps d'armée dans la campagne de libération, il devint haut-commissaire de la République en Autriche (1945-1950) et fut élu sénateur (1955, 1959, 1962).

BETHSABÉE, en hébr. **Bat-sheba,** femme israélite que David séduisit après avoir fait périr son mari, Urie, pour l'épouser. Elle fut la mère de Salomon.

BETH SHÉAN, BET SHEAN ou **BEISAN,** localité d'Israël, au S.-E. de Nazareth. Importants vestiges superposés de cités, dont les plus anciennes remontent au IVe millénaire. Théâtre romain.

BÉTHULIE, ville de Palestine mentionnée par le livre de Judith. Assiégée par Holopherne, elle fut délivrée par le dévouement de Judith.

BÉTHUNE (62400), ch.-l. d'arrond. du Pas-de-Calais ; 25 261 hab. *(Béthunois).* La ville, française à la paix de Nimègue (1678), fut fortifiée par Vauban. Beffroi du XIVe s., restauré. Anc. centre houiller. Industries mécaniques et textiles. Pneumatiques.

BÉTHUNE (*maison* DE), famille française, originaire de l'Artois, qui remontait au Xe s. et dont les principales branches furent celles d'Orval, de Selles, de Charost et de Sully. Parmi les membres les plus célèbres de cette maison figurent MAXIMILIEN **de Béthune,** duc *de Sully**, ministre de Henri IV, et ARMAND JOSEPH **de Béthune,** duc *de Charost* (Versailles 1738-Paris 1800), qui favorisa les progrès de l'agriculture en répandant dans le Berry l'usage de la charrue et en améliorant la race ovine berrichonne.

BÉTHUNE (David) → BEATON.

Beth-Vincent *(épreuve de),* méthode usuelle d'agglutination des globules rouges humains à l'aide de sérums tests anti-A, anti-B, anti-A + B, permettant de déterminer les groupes du système ABO.

BÉTHYLE n. m. Insecte hyménoptère à tête aplatie horizontalement, qui nourrit ses larves de petites chenilles.

BETI (Alexandre Biyidi, dit **Mongo**), écrivain camerounais (Mbalmayo 1932). Il décrit les méfaits de la colonisation au sein de la société traditionnelle (*Ville cruelle,* 1954 ; *le Roi miraculé,* 1958) avant de dénoncer l'arrivisme des nouveaux maîtres de l'Afrique (*la Ruine presque cocasse d'un polichinelle,* 1979).

BÊTIFIANT, E adj. Qui bêtifie.

BÊTIFIER v. i. (conj. 9). Dire des niaiseries, parler, agir d'une manière puérile.

BÉTIQUE, province romaine de la péninsule Ibérique. Elle fut province sénatoriale à partir d'Auguste, avec Cordoue pour capitale, et l'une des provinces les plus riches de l'Empire romain.

BÉTIQUES *(chaînes* ou *cordillères),* ensemble montagneux de l'Espagne méridionale, qui s'étend sur 500 km, du détroit de Gibraltar au cap de la Nao ; 3 478 m au *Mulhacén* (point culminant de l'Espagne), dans la sierra Nevada.

BÊTISE n. f. (de *bête*). **1.** Manque d'intelligence ou de jugement ; stupidité : *J'ai eu la bêtise de ne pas vérifier aussitôt.* — **2.** Propos stupide, irréfléchi, ou futile et plaisant ; sottise : *J'ai peut-être dit une bêtise ?* — **3.** Action irréfléchie, imprudente ou répréhensible : *Vous avez fait une bêtise en refusant cette proposition.* — **4.** Chose futile, sans importance : *Dépenser son argent en bêtises.* — **5.** Berlingot à la menthe. (Spécialité de Cambrai.)

BÊTISIER n. m. Recueil plaisant de sottises, de perles, sottisier.

Betke Kleihauer ou **Kleihauer** *(test de),* analyse cytochimique permettant de répartir les hématies selon leur contenu en hémoglobine F ou A. Utilisé chez une mère Rhésus négatif dont l'enfant est Rhésus positif, il permet la prévention de la maladie hémolytique néonatale.

BÉTOINE n. f. (lat. *betonica*). Plante herbacée (labiée) vivace à tige velue, à fleurs pourpres ou jaunes. (N. usuel *ortie puante.*)

BÉTOIRE n. m. (mot norm., du lat. pop. **bibitoria,* abreuvoir, de *bibere,* boire). **1.** Puits naturel de petites dimensions (quelques décimètres de diamètre), d'origine karstique. — **2.** Puisard pour récolter les eaux pluviales.

BÉTON n. m. (lat. *bitumen,* bitume). **1.** Matériau artificiel fait de cailloux, de graviers et de sable, réunis entre eux au moyen d'un liant généralement hydraulique. — **2.** *Fam.* Tout ce qui est solide, inattaquable, sûr ou bien peu malléable, rigide : *Un argument en béton.* — **3.** Au football, action de bétonner.

ENCYCL. Le béton hydraulique, employé pour établir des constructions de toute nature, se prépare par simple mélange (manuel ou mécanique) de ses constituants avec une certaine quantité d'eau. Il est ensuite coulé dans des coffrages ou des moules, ou bien projeté. Les dosages respectifs des divers éléments ainsi que des facteurs extérieurs (température, hygrométrie, damage, vibration) influent sur ses caractéristiques physiques et mécaniques. Le béton ordinaire pour ouvrages d'art compte environ 0,650 m^3 de mortier par m^3. Outre les bétons ordinaires, il existe des types de béton particuliers : béton aéré (dans lequel on a laissé de l'air occlus), béton léger (à base de granulats légers, de fibres de bois ou comportant des pores), béton lourd (à base de plomb), etc. Dans l'architecture et le génie civil, on fait appel à deux techniques particulièrement importantes : le béton armé* et le béton précontraint*.

BÉTONNAGE n. m. **1.** Action de bétonner. — **2.** Maçonnerie faite avec du béton.

BÉTONNER v. t. (conj. 3). **1.** Recouvrir de béton : *Il a bétonné le sol de sa cave.* — **2.** Mettre en œuvre du béton frais dans la construction de qqch. — **3.** Rendre irréprochable, inattaquable qqch, notamm. une production intellectuelle, par le soin minutieux apporté à sa conception et à son élaboration : *Bétonner une argumentation, une plaidoirie.*

◆ v. i. **1.** Au football, jouer la défense à outrance. (Syn. JOUER LE BÉTON, ou JOUER LA COUVERTURE.) — **2.** *Fam.* Dans une compétition quelconque, ne laisser aucune place à l'adversaire en occupant le terrain, en faisant de l'obstruction.

◆ **être bétonné** v. pass. En parlant d'un argument, d'une idée, d'une doctrine, etc., être rigide, sans nuances.

BÉTONNEUR n. m. Syn. anc. de LIBERO.

BÉTONNEUSE n. f. Syn. non technique de BÉTONNIÈRE.

BÉTONNIÈRE n. f. Machine employée pour le malaxage du béton. (Les bétonnières à tambour basculant conviennent pour tous les chantiers ; celles à tambour horizontal, pour des fabrications importantes. Il existe, pour le transport, des bétonnières portées sur camions.)

BETSCHDORF (67660), comm. du Bas-Rhin, à 17 km au N.-E. d'Haguenau ; 3 638 hab. Poteries.

BETSIBOKA (la), fl. de Madagascar, né au cœur de l'Imérina, tributaire du canal de Mozambique ; 520 km. Aménagements hydrauliques.

BETSILÉO *(pays),* partie sud des hautes terres centrales de Madagascar, habitée par les *Betsiléos.* V. princ. *Fianarantsoa.*

BETSILÉOS, peuple de langue malgache, regroupant plus de 950 000 individus dans la partie centrale de Madagascar.

BETSIMISARAKAS, peuple de langue malgache installé sur la côte est de Madagascar, regroupant 1,1 M d'individus.

BETSKOÏ (Ivan Ivanovitch), homme d'État et éducateur russe (Stockholm 1704-Saint-Pétersbourg 1795). Principal collaborateur de Catherine II en matière d'éducation, il créa l'institut Smolnyï pour les jeunes filles nobles (1764), des maisons d'éducation à Moscou (1764) et à Saint-Pétersbourg (1770).

1. BETTE ou **BLETTE** n. f. (lat. *beta*). Variété de betterave cultivée, dont on consomme les feuilles, caractérisées par leur pétiole large et plat et leur grande taille. (Syn. POIRÉE.)

2. BETTE n. f. (esp. *beta*). Bateau méditerranéen à fond plat, pointu aux extrémités.

BETTELHEIM (Bruno), psychanalyste américain d'origine autrichienne (Vienne 1903-Silver Spring, Maryland, 1990). Mondialement connu pour ses recherches dans le domaine des psychoses infantiles, il a fondé une institution (École orthogénique de Chicago) pour la prise en charge d'enfants autistes dans une structure thérapeutique originale. Il a écrit notamment *les Blessures symboliques* (1955), *la Forteresse vide* (1967).

BETTELHEIM (Charles Oscar), essayiste et économiste français (Paris 1913). Il s'est intéressé à la planification dans les démocraties populaires et aux problèmes politiques qu'elle soulève (*les Luttes de classe en U. R. S. S.,* 1974-1982).

BETTEMBOURG, v. du Luxembourg, sur l'Alzette ; 7 000 hab. Constructions mécaniques. Pétersbourg 1795).

BETTERAVE n. f. (de *bette* et *rave*). **1.** Plante bisannuelle de la famille des chénopodiacées, qui donne la première année une racine charnue et monte à graine la seconde année. — **2.** *Betterave fourragère,* betterave cultivée comme aliment pour le bétail. ‖ *Betterave rouge,* betterave potagère comestible, dont la racine est rouge. ‖ *Betterave sucrière,* betterave cultivée pour le sucre qu'on extrait de sa racine.

ENCYCL. La culture de la betterave sucrière s'est développée avec le Blocus continental. Nécessitant autrefois une importante main-d'œuvre, elle est maintenant complètement mécanisable grâce au progrès de la génétique (semences monogermes), à l'utilisation des herbicides et des machines de récolte. Dans l'Union européenne, une politique de quotas a été établie pour éviter une surproduction généralisée. Mais les perspectives du marché du sucre restent médiocres ; aussi les betteraviers se tournent-ils vers d'autres débouchés industriels. C'est ainsi que la part des betteraves destinée à la fabrication d'alcool représente 5 % de la production et que l'alcool carburant permet certains espoirs.

BETTERAVIER, ÈRE adj. Relatif à la betterave sucrière.

◆ **betteravier** n. m. Producteur de betterave sucrière.

BETTI (Ugo), écrivain italien (Camerino 1892-Rome 1953). Poète et conteur symboliste, il est surtout apprécié pour l'atmosphère féerique et le lyrisme de son théâtre : *La fuggitiva* (1953).

BETTIGNIES (Louise DE), héroïne française (près de Saint-Amand-les-Eaux 1880-Cologne 1918). Sous le nom d'**Alice Dubois,** elle dirigea, pour le compte de l'armée anglaise, un réseau de renseignements dans le Nord. Arrêtée en 1915, condamnée à mort (mars 1916), sa peine fut commuée en détention perpétuelle. Elle mourut en captivité.

BETTINELLI (Saverio), écrivain italien (Mantoue 1718-*id.* 1808). Jésuite, il est l'auteur d'une célèbre anthologie des meilleurs poètes de son temps et d'essais où s'annonce l'esthétique préromantique.

BETTON (35830), ch.-l. de cant. d'Ille-et-Vilaine, à 9 km au N.-E. de Rennes ; 7 045 hab.

BETTONGIE n. f. Nom vernaculaire du *rat-kangourou,* petit marsupial nocturne des forêts d'Australie, muni d'une queue prenante.

BÉTULACÉE n. f. (lat. *betulla,* bouleau). Arbre des régions froides ou tempérées, aux fleurs mâles en chatons, tel que le charme, le bouleau et le noisetier. (Les *bétulacées* forment une famille.)

BÉTULAIE n. f. (lat. *betulla,* bouleau). Forêt claire où domine le bouleau.

BÉTULINE n. f. (lat. *betulla,* bouleau). Glycol triterpénique extrait de l'écorce du bouleau blanc, à l'action diurétique et fébrifuge. (Syn. CAMPHRE DE BOULEAU.)

BETUWE (« Bon Pays »), région des Pays-Bas, dans le sud-ouest de la province de Gueldre. Élevage bovin.

BÉTYLE n. m. (lat. *baetulus,* du gr. *baitulos*). Pierre levée qui, chez les anciens Sémites, était un symbole culturel de la divinité et qui serait à l'origine de la stèle commémorative.

BETZ (60620), ch.-l. de cant. de l'Oise, à 10 km au S.-E. de Crépy-en-Valois ; 875 hab. Église des XIIe et XVIe s. Parc paysager de la fin du XVIIIe s. (fabriques).

BEUCKELAER (Joachim), peintre flamand (Anvers v. 1530 - *id.* 1573). Neveu et élève de P. Aertsen, il a peint des marchés, prétextes à d'opulents étalages de victuailles.

BEUDANT (François), minéralogiste et physicien français (Paris 1787-*id.* 1850). Il observa, avant Mitscherlich, le phénomène d'isomorphisme.

BEUGLANT n. m. (de *beugler*). *Pop.* et *vx.* Petit café-concert de quartier.

BEUGLANTE n. f. *Pop.* **1.** Chanson braillée à tue-tête. — **2.** Reproches bruyants faits à qqn.

BEUGLEMENT n. m. **1.** Cri des bovins. — **2.** *Fam.* Grand cri ; son puissant et désagréable : *Les beuglements d'une sirène.*

BEUGLER v. i. (anc. fr. *bugle,* buffle, du lat. *buculus,* jeune taureau) [conj. 5]. **1.** Pousser des beuglements, en parlant d'un bovidé. — **2.** *Fam.* Pousser de grands cris prolongés ou émettre un son violent et désagréable : *Radio qui beugle chez les voisins.*

◆ v. t. *Pop.* Crier à tue-tête un refrain, une chanson ou les retransmettre de façon très puissante.

BEUIL (06470), comm. des Alpes-Maritimes ; 333 hab. Station touristique et centre de sports d'hiver à 1 450 m d'altitude.

BEUR n. et adj. (de *arabe* en verlan). *Fam.* Jeune d'origine maghrébine né en France de parents immigrés.

BEURNONVILLE (Pierre Riel, *comte,* puis *marquis* de), maréchal et pair de France (Champignolle 1752-Paris 1821). Ministre de la Guerre en 1793, il fut chargé par la Convention de surveiller Dumouriez, qui le livra aux Autrichiens lors de sa défection. Échangé contre la fille de Louis XVI, en 1795, il exerça divers commandements. Ambassadeur en Espagne (1802), membre du gouvernement provisoire (1814), il se rallia aux Bourbons.

Beuron, abbaye bénédictine allemande, sur le haut Danube, près de Tuttlingen. Fondée au XIe s. et sécularisée en 1802, elle est, depuis sa restauration en 1863, un centre d'art sacré qui s'inspire de la symbolique grecque et égyptienne.

BEURRE n. m. (lat. *butyrum,* du gr. *bouturon*). **1.** Aliment gras obtenu à partir de la crème du lait de vache. (→ *encycl.*) — **2.** Nom donné à de nombreuses graisses consistantes d'origine végétale, provenant pour la plupart d'un fruit ou d'une graine. (L'*arbre à beurre* est une sapotacée, la plupart des autres plantes fournissant des beurres sont des palmiers ou des bassias.) — **3.** *Beurre blanc,* sauce obtenue à partir d'une réduction de vinaigre et d'échalotes additionnée de beurre cru. ‖ *Beurre clarifié,* beurre fondu décanté. ‖ *Beurre composé,* beurre travaillé en pommade et additionné de substances crues ou cuites (*beurre d'ail, d'échalote, d'anchois, d'escargot ; beurre de homard, d'écrevisses ;* etc.). ‖ *Beurre noir,* beurre cuit jusqu'à ce qu'il devienne brun et auquel on ajoute alors vinaigre et persil. ‖ Fam. *Compter pour du beurre,* ne compter pour rien dans une partie ; être considéré comme quantité négligeable. ‖ *Entrer dans qqch comme dans du beurre,* y pénétrer sans résistance. ‖ Fam. *Faire son beurre,* tirer un large profit de qqch, s'enrichir. ‖ Fam. *Mettre du beurre dans les épinards,* améliorer sa situation ; apporter un supplément de ressources. ‖ Fam. *Œil au beurre noir,* œil poché.

ENCYCL. Le beurre est composé de 83 à 84 % de matière grasse, 15,5 à 16 % d'eau et 1 à 2 % d'éléments solubles (ou insolubilisés) provenant du lait. Le beurre pasteurisé est fabriqué à partir de la crème à 35-40 % de matière grasse obtenue par écrémage centrifuge du lait. Cette crème est pasteurisée, puis ensemencée en ferments lactiques et subit une maturation en cuve entre 12 et 16 °C pendant 12 à 18 heures, qui apporte acidité et arôme. Elle est alors soumise au barattage, qui permet de séparer les grains de beurre de la phase aqueuse, appelée babeurre. Celui-ci est éliminé par soutirage, le beurre est lavé à l'eau froide, puis malaxé afin de le rendre homogène et de l'amener près de sa teneur légale en eau (16 %). Le beurre est ensuite empaqueté dans des machines automatiques.

BEURRÉ n. m. Nom de plusieurs variétés de poires de table, à chair fondante.

BEURRÉE n. f. **1.** *Vx.* Tranche de pain beurré. — **2.** *Pop.* Ivresse.

BEURRE (-) FRAIS adj. inv. Jaune pâle.

BEURRER v. t. (conj. 5). **1.** Étaler du beurre cru sur un aliment : *Beurrer une tartine.* — **2.** Enduire de beurre légèrement fondu un récipient pour que les aliments n'y attachent pas en cuisant.

◆ **se beurrer** v. pr., **être beurré** v. pass. *Pop.* S'enivrer, être ivre.

BEURRERIE n. f. **1.** Atelier ou usine où l'on fabrique le beurre. — **2.** Ensemble des techniques de la fabrication du beurre.

BEURRIER, ÈRE adj. Relatif au beurre, à l'industrie du beurre.

◆ **beurrier** n. m. Petit récipient destiné à conserver et à servir le beurre.

BEURSAULT n. m. Variété de tir à l'arc pratiquée sur des cibles (de 45 cm de diamètre) à une distance de 50 m.

BEUST (Friedrich Ferdinand, *baron,* puis *comte* von), homme d'État saxon et autrichien (Dresde 1809-château d'Altenberg, près de Vienne, 1886). En 1867, il négocia avec Deák le compromis d'où sortit le système « dualiste » austro-hongrois.

BEUVE-MÉRY (Hubert), journaliste français (Paris 1902 - Fontainebleau 1989), fondateur, en 1944, du journal *le Monde,* qu'il dirigea jusqu'en déc. 1969.

BEUVERIE n. f. (anc. fr. *bevre,* boire). **1.** Fait de boire avec excès. — **2.** Réunion où l'on boit jusqu'à l'ivresse.

BEUVRAGES (59192), comm. du Nord, banlieue de Valenciennes ; 8 057 hab. Métallurgie.

BEUVRAY *(mont),* sommet du Morvan méridional (821 m). Site de Bibracte.

BEUVRON, riv. de la Sologne, affl. de la Loire (r. g.) ; 125 km.

BEUVRY (62660), comm. du Pas-de-Calais, à 3 km à l'E. de Béthune ; 8 785 hab. *(Beuvrygeois).* Métallurgie.

BEUYS (Joseph), artiste allemand (Clèves 1921 - Düsseldorf 1986). Protagoniste majeur de l'avant-garde à partir du début des années 60 (avec le groupe Fluxus), il a fait appel à des matériaux (feutre, graisse, objets de toute sorte) et à des modes d'expression (interventions, environnements-actions) non traditionnels, mêlant création et enseignement, art, sociologie et politique avec un sens fructueux de la provocation.

BEUZEVILLE (27210), ch.-l. de cant. de l'Eure, à 14 km à l'O. de Pont-Audemer ; 2 727 hab. *(Beuzevillais).*

BEVAN (Aneurin), homme politique britannique (Tredegar, comté de Monmouth, 1897 - Asheridge Farm, Chesham, 1960). Animateur de l'aile gauche du Parti travailliste, il fut ministre de la Santé et de la Reconstruction dans le gouvernement travailliste d'Attlee (1945) et instaura alors un système de soins médicaux gratuits.

BEVELAND, anciennes îles de la Zélande (Pays-Bas), à l'embouchure de l'Escaut, auj. reliées au continent : *Noord Beveland* (85 km² ; 7 000 hab.), au S. de Schouwen, et *Zuid Beveland* (376 km² ; 76 000 hab.).

BEVEREN, comm. de Belgique (Flandre-Orientale), à l'O. d'Anvers ; 41 000 hab. Église des XIIe et XVe s. Biscuiterie.

BEVERIDGE (*lord* William Henry), économiste et administrateur britannique (Rangpur, Bengale, 1879-Oxford 1963). Il collabora (1911) avec W. Churchill à l'institution de l'assurance chômage. Il est l'auteur d'un plan *(plan Beveridge),* qui, en 1942, fut en Grande-Bretagne à la base de la réglementation des accidents du travail, des assurances sociales, du service national de santé et de l'assistance nationale, et qui mettait l'accent sur la nécessité du plein-emploi et la sécurité du revenu.

BEVERLEY, v. de Grande-Bretagne (Humberside), au N. de Hull ; 17 200 hab. Collégiale Saint-Jean, des XIIIe-XVe s., illustrant l'évolution du gothique anglais.

BEVERLY HILLS, v. des États-Unis (Californie), près de Los Angeles ; 32 000 hab. Cité résidentielle, habitée par de nombreux acteurs de cinéma.

BÉVEZIERS → BEACHY HEAD.

BEVIN (Ernest), homme politique britannique (Winsford, Somerset, 1881-Londres 1951). Président du Conseil général des syndicats, il entra, en 1940, comme ministre du Travail dans le gouvernement de coalition formé par Churchill. Il fut secrétaire d'État aux Affaires étrangères de 1945 à 1951.

BÉVUE n. f. (de *bis* et *vue*). Méprise grossière due à l'ignorance, à l'étourderie.

BEWICK (Thomas), dessinateur et graveur britannique (Cherryburn, Tyne and Wear, 1753-Gateshead 1828). Artiste animalier, il a créé la gravure sur bois debout pour les besoins de ses nombreuses illustrations de livres.

Bewitched *(The),* modern dance work ; chorégr. de Joyce Trisler ; mus. de H. Partch. Création en 1959, à New York, au Juilliard Concert Hall, par un groupe de danseurs dirigé par Joyce Trisler. Les instruments de musique spécialement conçus pour cet ouvrage, les éléments scéniques escamotables, les décors et les costumes influencèrent les orientations musicales et scéniques de la modern dance.

BEX ou **BEX-LES-BAINS,** v. de Suisse (cant. de Vaud), sur le Rhône ; 5 100 hab. Station thermale.

BEY [bɛ] n. m. (turc *beg,* seigneur). **1.** Titre porté autrefois par les officiers supérieurs de l'armée ottomane et les hauts fonctionnaires. — **2.** Titre de souverains vassaux du Sultan.

BEYATLI (Yahya Kemal), poète et diplomate turc (Üsküp 1884 - Istanbul 1958), considéré comme le meilleur représentant du néoclassicisme turc.

BEYCESULTAN, site anatolien de la vallée du Méandre. L'agglomération fut prospère depuis le IVe millénaire av. J.-C. jusqu'à la fin du IIe millénaire.

BEYLE (Henri) → STENDHAL.

BEYLERBEY n. m. Administrateur d'un eyalet.

BEYLERBEYLICAT n. m. Syn. de EYALET.

BEYLICAL, E, AUX adj. Relatif au bey.

BEYLICAT n. m. **1.** Gouvernement, pouvoir d'un bey. — **2.** Contrée soumise à son autorité.

BEYNAC-ET-CAZENAC (24220), comm. de la Dordogne, dans le Périgord, sur la Dordogne ; 501 hab. Important château baronnial des XIIIe-XVIe s.

BEYNES (78650), comm. des Yvelines, à l'E. de la *forêt de Beynes ;* 8 341 hab. Stockage souterrain de gaz.

BEYROUTH, en ar. **Bayrūt,** cap. du Liban, sur la Méditerranée ; 1 100 000 hab. La guerre civile des années 1970 et 1980 a ruiné une prospérité fondée sur les activités commerciales (port national et de transit vers la Syrie, la Jordanie et l'Iraq) et financières (zone franche et important réseau bancaire). Riche musée archéologique.
— **Hist.** L'antique *Beryte* des Phéniciens devint la capitale des émirs druzes (XVIIe s.) avant d'être la principale ville chrétienne (maronite) du pays. Elle fut la capitale du Grand-Liban de 1920 à 1946.
La structure de la population (juxtaposant musulmans et chrétiens) et l'installation de réfugiés palestiniens provoquent à partir de 1975-76 de violents combats dans la ville, causant pertes en vies humaines, destructions, déclin du rôle commercial. En 1982, l'occupation du Liban par les troupes israéliennes amène le départ des forces de l'O. L. P. de Beyrouth. Les affrontements meurtriers entre les diverses factions libanaises comme les luttes fratricides à l'intérieur de chaque communauté, les attentats et les enlèvements se multiplient. À partir de 1989, les troupes syriennes (revenues à Beyrouth en 1987) et leurs alliés libanais s'opposent aux forces du camp chrétien. Mais, en 1990, la restauration de l'autorité de l'État libanais, appuyé par les Syriens, sur le Grand Beyrouth unifié (départ des milices) amène un certain retour au calme.

BÈZE (Théodore DE), écrivain et théologien protestant français, le principal collaborateur de Calvin (Vézelay 1519-Genève 1605). En 1548, il abjura le catholicisme et devint, en 1558, professeur de théologie et pasteur à Genève. À la mort de Calvin (1564), il le remplaça comme recteur de l'académie de Genève et fit figure de chef de parti. Th. de Bèze fut aussi l'un des promoteurs de la Renaissance littéraire et de la tragédie humaniste (*Abraham sacrifiant,* 1550).

BÉZEF ou **BÉSEF** adv. (ar. *bezzāf,* à foison). *Pop.* Beaucoup (surtout en phrase négative).

BEZEL n. m. Facette en losange d'un diamant taillé en brillant, alternant avec les *coins.*

BÉZIERS (34500), ch.-l. d'arrond. de l'Hérault, dans le Biterrois, sur l'Orb et le canal du Midi ; 72 362 hab. *(Biterrois).* Dans la plaine languedocienne, Béziers demeure un marché viticole peu industrialisé (matériel pétrolier, constructions électriques, chimie).
— **Hist.** En 1209, Béziers fut dévastée et brûlée par les croisés de Simon de Montfort, et les habitants massacrés. Elle fut le siège d'un évêché depuis l'époque gallo-romaine jusqu'en 1802.
— **Bx-arts.** Église St-Nazaire, anc. cathédrale fortifiée (XIIe-XIVe s.), et autres monuments. Riche musée des Beaux-Arts. Musée du Vieux-Biterrois (archéologie ; vigne et vin) dans l'anc. couvent des Dominicains.

BEZNAU, écart de la comm. suisse de Döttingen (Argovie), sur l'Aar. Centrale nucléaire.

BÉZOARD n. m. (ar. *bāzahr,* du pers. *pādzahr,* pierre à venin). **1.** Concrétion minérale qui se forme dans le tube digestif du cheval et des mammifères herbivores en général. — **2.** Corps étranger trouvé dans l'estomac de l'homme.

BEZONS (95870), ch.-l. de cant. du Val-d'Oise, sur la Seine, à 8 km au N.-O. de Paris ; 25 792 hab. Église du XVe s. Industries mécaniques, chimiques et alimentaires.

BÉZOUT (Étienne), mathématicien français (Nemours 1730 - Les Basses-Loges, près de Fontainebleau, 1783). Il a montré que deux courbes algébriques de degrés m et n ont mn points communs.

Bézout *(égalité de),* égalité selon laquelle, si deux nombres a et b sont premiers entre eux, il existe des entiers u et v tels que $au + bv = 1$. (u et v sont aussi premiers entre eux et le couple $[u, v]$ n'est pas unique.)

BEZRUČ (Vladimír VAŠEK, dit **Petr**), poète tchèque (Opava 1867-Kostelec na Hané, près d'Olomouc, 1958). Il défendit dans ses *Chants silésiens* (1903) le prolétariat de la région des Beskides moravo-silésiennes.

BEZWADA → VIJAYAVADA.

B. F. Abrév. de BASSE FRÉQUENCE.

BHĀDGĀUN ou **BHATGAON** ou **BHAKTAPUR,** v. du Népal, au S.-E. de Katmandou ; 84 000 hab. Nombreux et riches monuments surtout du XVIIe s.

BHADRĀVATI, v. de l'Inde, dans le Karnātaka, au S.-O. de Goa ; 149 141 hab. Sidérurgie. Papeterie.

BHĀGALPUR, v. de l'Inde, dans le nord-est du Bihār, sur le Gange ; 261 855 hab.

Bhagavad-Gitā (« chant du divin seigneur »), épisode le plus célèbre du *Mahābhārata* et texte le plus vénéré des hindous. C'est un véritable abrégé des idées de la spiritualité hindoue.

BHAGAVAT ou **BHAGAVAN** (« le Bienheureux »), titre donné au Seigneur suprême des cultes de bhakti, spécialement au dieu Viṣṇu et à son incarnation Kriṣṇa.

Bhāgavata-Purāṇa, l'un des principaux purāṇa, concernant Bhagavat, le Divin Seigneur. Il contient au dixième livre une biographie mythique de Kriṣṇa.

BHĀGĪRATHĪ, nom religieux du Gange.

BHĀJĀ, site archéologique de l'Inde, voisin de Kārli, dans les Ghāts occidentaux. Sanctuaires *(caitya)* et monastères *(vihāra)* rupestres dont l'un daté du IIe s. av. J.-C.

Bhakra-Nangal, aménagement hydraulique du nord de l'Inde, sur la Sutlej.

BHAKTAPUR → BHĀDGĀUN.

BHAKTI n. f. (mot sanskr.). Dans la spiritualité hindoue, l'« amour », le « dévouement » partagé et vécu par l'individu dans sa relation avec Bhagavat. (C'est l'un des principaux chemins de libération.)

BHĀRAT, nom hindī de l'Inde, dérivé de celui de l'ancien héros et monarque mythique Bharata.

BHARATA, héros de l'Inde ancienne.

BHARATA-MUNI, sage de l'Inde, considéré comme à l'origine de l'art dramatique indien.

BHARATANĀṬYA n. f. (mot sanskr.). Danse sacrée des temples du sud de l'Inde, le plus ancien des 5 styles classiques.

BHĀRHUT, site archéologique du Madhya Pradesh, au S. de Satna, ayant livré les vestiges d'un stūpa dont la décoration sculptée du IIe s. av. J.-C. (musées de Calcutta, Allāhābād et New Delhi) présente un intérêt iconographique exceptionnel.

BHASHANI (*maulana* Abdul Hamid Khān), homme politique bengalī (Tangari, Inde, auj. Bangladesh, 1883 ou 1889 - Dacca 1976), l'un des fondateurs de la ligue musulmane Awami.

BHĀṢYA, mot sanskr. signif. *exposé* et désignant les commentaires sur les importants textes et aphorismes (sūtra) de divers maîtres hindouistes de renom.

BHATGAON → BHĀDGĀUN.

BHATPARA, v. de l'Inde (Bengale-Occidental), sur l'Hooghly ; 205 000 hab. Industrie du jute et du coton.

BHAVABHŪTI, écrivain indien d'expression sanskrite du début du VIIIe s., auteur de deux drames sur la légende de Rāma et d'une comédie amoureuse.

BHAVNAGAR ou **BHAUNAGAR,** port de l'Inde (Gujerat) dans la presqu'île de Kāthiāwār ; 403 521 hab. Aéroport. Textile.

BHÊLY- QUÉNUM (Olympe), écrivain béninois (Ouidah 1928). Directeur et rédacteur en chef de *la Vie africaine* (1963-1965), il a lancé le magazine bilingue *l'Afrique nouvelle* et publié des romans (*l'Initié,* 1979) et des nouvelles (*Liaison d'un été,* 1968).

BHIKKHU n. m. (mot pāli). Moine mendiant bouddhiste vivant en communauté. (Ces moines ont la tête rasée, sont vêtus de jaune safran ou de brun-rouge. Le terme sanskrit *bhikṣu* désigne le moine mendiant dans la quatrième étape de sa vie, c.-à-d. le sannyāsa.)

BHILAINAGAR → DURG-BHILAINAGAR.

BHĪLĪ ou **BHILODĪ** n. m. Dialecte des tribus bhils, parlé au Rājasthān, au Gujerat, au Khāndesh et au Bérar par environ 2 millions de locuteurs.

BHILS, population tribale semi-nomade de souche dravidienne, mais de langue indo-aryenne, des États du nord-ouest de l'Inde (Rājasthān notamment). Les Bhils comptent env. 4 millions d'individus.

BHOJPURĪ n. m. Dialecte apparenté au bihārī parlé par environ 14 millions de locuteurs en Uttar Pradesh (Inde).

BHOPĀL, v. de l'Inde, cap. du Madhya Pradesh, dans le nord du Deccan ; 1 063 662 hab. En 1984, une fuite de gaz toxique provenant d'une usine chimique y a fait plus de 2 000 morts.

BHOTIAS ou **BHOTES,** population tibétobirmane du Sikkim, du Bhoutan et du Népal, dont le nombre approche le million.

BHOUTAN ou **BHUTĀN,** État d'Asie, en bordure de l'Himālaya. 47 000 km² ; 1 670 000 hab. *(Bhoutanais).* CAP. *Thimbu.* LANGUE : *tibétain.* MONNAIES : *ngultrum* et *roupie* (indienne). Il est en majeure partie couvert par la forêt. Élevage. Riz et maïs.

Histoire. Occupé au XVIIe s. par les Tibétains, le Bhoutan devient vassal de l'Inde à partir de 1865.
1910-1949 : Le pays est contrôlé par les Britanniques.
1949 : Il est soumis à un semi-protectorat indien.
1971 : Le Bhoutan devient indépendant.

BHOUTANAIS, E adj. et n. Du Bhoutan.

BHUBANESWAR, v. de l'Inde, cap. de l'Orissa, au S. de Cuttack ; 411 542 hab. Ancien centre du culte de Śiva (Ve-Xe s.), très nombreux temples brahmaniques (du VIIe au XIe s. environ). Le plus imposant est celui du Liṅgarāja, daté des env. de l'an 1000, à la haute toiture à arêtes curvilignes (śikhara). Aéroport.

BHUMIBOL ADULYADEJ (Cambridge, Massachusetts, 1927), roi de Thaïlande depuis 1950 sous le nom de RĀMA IX.

BHUMIJS, peuple de l'Inde (Bengale-Occidental, Bihār, Chotā Nāgpur et Orissa). Leur nombre dépasse 100 000. Ils parlent une langue mundā et parfois le bengalī.

BHUTĀN → BHOUTAN.

BHUTTO (Zulfikar Ali), homme d'État pakistanais (Larkana, province du Sind, 1928-Rāwalpindī 1979). Titulaire de différents portefeuilles et président-fondateur du P. P. P. (parti du peuple pakistanais), il devient président de la République pakistanaise en 1971. Premier ministre en 1973, il pratique une politique de nationalisation et ébauche une réforme agraire. Renversé par le coup d'État militaire du général Zia ul-Haq en 1977, il est exécuté. — Sa fille BENAZIR BHUTTO (Karachi 1953), après la mort de Zia ul-Haq et la victoire de son parti (le P. P. P.) aux élections de 1988, accède au poste de Premier ministre, devenant la première femme chef de gouvernement dans un pays musulman. Destituée en 1990 par le président Ghulām Isḥāq Khān, elle est rappelée à la tête du gouvernement après la nouvelle victoire du P.P.P. aux élections de 1993.

Bi, symb. chimique du *bismuth.*

BI n. m. Syn. de BICYCLE.

BI- ou **BIS-,** préfixe, du lat. *bis,* deux fois, indiquant le redoublement, la répétition, la réciprocité.

BIACHE-SAINT-VAAST (62118), comm. du Pas-de-Calais, sur la Scarpe ; 4 000 hab. Important gisement préhistorique remontant à 170 000 ans (crâne « prénéandertalien », silex type Levallois, zone d'habitat, utilisation du feu). Métallurgie. Cimenterie.

BIACROMIAL, E, AUX adj. Relatif aux deux acromions. (Le *diamètre biacromial,* distance séparant les deux acromions, conditionne le passage des épaules du fœtus.)

BIAFRA *(République du),* État éphémère formé par la sécession de la région orientale du Nigeria (1967-1970) à la suite des antagonismes anciens qui opposaient les populations du Nord et du Sud-Ouest, essentiellement musulmanes, aux Ibos de l'Est et du Sud-Est, fortement christianisés. La guerre du Biafra, provoquée par cette sécession, fut marquée par des atrocités ; elle se termina par la capitulation des Biafrais.

BIAFRA *(baie du)* → BONNY *(baie de).*

1. BIAIS n. m. (p.-ê. anc. provenç. *biais,* détour, du lat. pop. **biaxius,* qui a deux axes). **1.** Caractère oblique ; ligne oblique par rapport au plan générateur : *Le biais d'un mur.* — **2.** Moyen indirect et habile de résoudre une difficulté : *Chercher un biais pour éviter une corvée.* — **3.** *De biais, en biais,* obliquement. • **Cout.** Diagonale d'un tissu par rapport à ses deux droits-fils (chaîne et trame). ‖ Bande de tissu coupée dans le sens de cette diagonale et utilisée en garniture. — **Passem.** Ornement de guipure posé en spirales sur un galon.

◆ **biais, e** adj. *Arche* ou *voûte biaise,* celle dont le plan vertical de l'axe directeur est oblique par rapport au front, par oppos. à l'*arche* ou à la *voûte droite.*

2. BIAIS n. m. (de l'angl. *bias*). **1.** Distorsion, déformation systématique d'un échantillon statistique choisi par un procédé défectueux, ou d'une évaluation. — **2.** Différence entre l'espérance mathématique d'un estimateur et la grandeur à estimer.

BIAISÉ, E adj. (de *biais 2*). **1.** Se dit de qqch qui est déformé, fallacieux, détourné de son but originel : *Débat biaisé.* — **2.** Se dit d'une observation présentant une distorsion systématique, d'un raisonnement fondé sur une telle observation.

BIAISER v. i. (de *biais 1*) [conj. 4]. **1.** Être en biais : *L'escalier biaise un peu.* — **2.** User de moyens indirects, détournés, de ruses : *Répondre sans biaiser.*

BIALIK (Hayim Nahman), écrivain de langue hébraïque (Rady, près de Jitomir, Ukraine, 1873-Vienne 1934). Il a exercé une influence décisive sur le mouvement sioniste et la culture juive moderne et a enrichi la langue hébraïque, mêlant l'archaïsme au néologisme (*le Rouleau de feu,* 1905).

BIALLYLE n. m. Hydrocarbure diénique $H_2C=CH-(CH_2)_2-CH=CH_2$.

BIAŁOSZEWSKI (Miron), écrivain polonais (Varsovie 1922-*id.* 1983). Après *la Tournure des choses* (1956), il approfondit sa poésie expérimentale à travers l'emploi du langage parlé (*Infarctus,* 1977).

BIAŁOWIEŻA, massif forestier polonais (580 km²), proche de Białystok, se prolongeant en Biélorussie (sur 710 km²). Parc national (bisons, tarpans).

BIAŁYSTOK, v. du nord-est de la Pologne, ch.-l. de voïévodie ; 208 000 hab. Industries textiles, mécaniques, alimentaires et du bois.

BIANCHI-BANDINELLI (Ranuccio), archéologue italien (Sienne 1900-Rome 1975), auteur de *Archeologia e cultura* (1961), *Rome, le centre du pouvoir* (1969) et *Rome, la fin de l'art antique* (1970).

BIANCIOTTI (Hector), écrivain argentin naturalisé français (Córdoba 1930). Établi en Europe depuis 1955, en France depuis 1961, il est l'auteur de romans (*Ce moment qui s'achève,* 1972 ; *le Traité des saisons,* 1977 ; *Sans la miséricorde du Christ,* 1985 ; *Seules les larmes seront comptées,* 1989), de nouvelles (*L'amour n'est pas aimé,* 1982) et d'écrits autobiographiques (*Ce que* *la nuit raconte au jour,* 1992 ; *le Pas si lent de l'amour,* 1995). [Acad. fr., 1996.]

BIAR (El-), quartier résidentiel d'Alger ; 98 500 hab.

BIARD (Pierre), sculpteur français (Paris 1559 - *id.* 1609). Nommé surintendant des Bâtiments du roi v. 1591, il a notamment travaillé au jubé de St-Étienne-du-Mont, à Paris.

BIARRITZ (64200), ch.-l. de cant. des Pyrénées-Atlantiques, sur la côte du Pays basque, à 7 km à l'O. de Bayonne ; 28 887 hab. *(Biarrots).* Casino. Station balnéaire et climatique. Thalassothérapie. Musée de la mer.

BIARROT, E [bja-] adj. et n. De Biarritz.

BIART ou **BYART** (Colin ou Nicolas), architecte français (Amboise 1460-apr. 1515). Il a travaillé notamment aux châteaux d'Amboise (1495-96), du Verger, de Blois, au pont Notre-Dame à Paris, à la tour de Beurre de la cathédrale de Rouen et à la tour nord de celle de Bourges (1506-1508).

BIĀS ou **BEĀS,** riv. de l'Inde, affl. de la Sutlej (r. dr.) ; 470 km. Issue de l'Himālaya, elle traverse les Siwālik et est utilisée pour l'irrigation.

BIAS, l'un des Sept Sages de la Grèce, selon la tradition (VIe s. av. J.-C.).

BIATHLON [bi-] n. m. (du gr. *athlon,* combat). Épreuve de ski nordique comprenant une épreuve de fond et une épreuve de tir au fusil. (Discipline olympique pour les hommes depuis 1960, et pour les femmes depuis 1992.)

BIATHLONIEN n. m. Sportif qui pratique le biathlon.

BIAURAL, E, AUX → BINAURAL.

BIAURICULAIRE [bi-] adj. **1.** Qui se rapporte aux deux oreilles. – **2.** Qui se rapporte aux deux oreillettes cardiaques.

BIAXE [bi-] adj. Se dit des milieux possédant deux directions le long desquelles une onde se propage sans biréfringence.

BIAXIAL, E, AUX [bi-] adj. Qui possède deux axes, s'exerce selon deux axes.

BIBACE ou **BIBASSE** n. f. Fruit comestible du bibacier, qui se consomme cru ou dont on fait des confitures et une liqueur.

BIBACIER ou **BIBASSIER** n. m. Arbre fruitier toujours vert, largement cultivé en Chine et au Japon pour son fruit comestible.

BIBANS *(chaîne des),* massif d'Algérie, partie de l'Atlas tellien, au-dessus de la plaine des Beni Slimane et de la dépression de l'oued Sahel-Soummam.

BIBELOT n. m. (onomat. *bib,* objet menu). Petit objet décoratif rare ou curieux.

BIBER ou **VON BIBERN** (Heinrich Ignaz Franz), compositeur et violoniste autrichien (Wartenberg, auj. Stráž pod Ralskem, Rép. tchèque, 1644-Salzbourg 1704). Il est connu pour ses sonates pour violon *(les Mystères de la vie de Marie)* et sa musique d'église.

BIBERON n. m. (lat. ecclés. *bibere,* boisson). **1.** Flacon en verre ou en plastique gradué, muni d'une tétine, servant pour l'allaitement artificiel des nouveau-nés ; son contenu. – **2.** *Prendre qqn au biberon,* le prendre au berceau. ‖ *Pêche au biberon,* méthode de pêche au lancer utilisant un leurre composé d'une petite tétine en caoutchouc armée d'un hameçon.

BIBERONNAGE n. m. Succession de recharges partielles d'accumulateurs.

BIBERONNER v. i. (conj. 3). *Fam.* Boire (avec excès surtout).

BIBESCO (Marthe LAHOVARY, *princesse*), femme de lettres française d'origine roumaine (Bucarest 1888-Paris 1973). Elle a évoqué les survivances aristocratiques dans l'Europe de l'entre-deux-guerres (*la Nymphe Europe,* 1960).

BIBESCU (Gheorghe Dimitrie) [Craiova 1804-Paris 1873], prince de Valachie (1842-1848). Il abdiqua en juin 1848.

BIBI n. m. (onomat.). **1.** *Fam.* et *vx.* Petit chapeau de femme. – **2.** *Pop.* Moi : *C'est à bibi.* – **3.** Ver marin érectile et phosphorescent employé comme esche pour la pêche, surtout en Méditerranée.

BIBIANE ou **VIVIANE** *(sainte),* martyre à Rome (IIIe s. ?). Le récit de son supplice est tout à fait légendaire ; mais son culte était très populaire au Ve s.

BIBICHE n. f. (de *biche*). *Fam.* Terme d'affection adressé à une femme.

BIBIENA, surnom (emprunté à sa ville d'origine, Bibbiena, près d'Arezzo) de la famille des Galli, architectes scénographes, peintres et graveurs italiens, parmi lesquels FERDINANDO (Bologne 1657-*id.* 1743), actif dans différentes cours d'Europe et auteur de traités de perspective scénique, ses fils GIUSEPPE (Parme 1696 - Berlin 1756) et ANTONIO (Parme 1700 - Milan 1774, architecte du théâtre de Bologne), tous virtuoses du décor monumental imaginaire.

BIBINE n. f. (rad. *bib-,* de *biberon*). *Fam.* Boisson, bière de mauvaise qualité.

BIBION n. m. (lat. *bibio,* moucheron). Insecte diptère ressemblant à une mouche, très commun en France, et dont la larve attaque au printemps les cultures maraîchères. (N. usuels *mouche de la Saint-Jean* ou *mouche de la Saint-Marc.*)

BIBLE n. f. (lat. ecclés. *biblia,* livres sacrés, du gr. *biblia,* livres). **1.** Ensemble des textes sacrés pour les religions juive et chrétienne. (En ce sens, prend une majuscule.) [→ *encycl.*] – **2.** Livre qui contient ces textes. — **3.** Livre de référence, ouvrage fondamental souvent consulté.
◆ adj. *Papier bible,* papier pour impression, mince, léger, opaque et résistant.
ENCYCL. L'ensemble des livres bibliques est divisé par les chrétiens en Ancien et Nouveau Testament*. L'*Ancien Testament,* ou Ancienne Alliance, comprend tous les écrits se rapportant à l'Alliance de Dieu (Yahvé) avec le peuple juif. Le *Nouveau Testament* est le recueil des écrits concernant l'Alliance établie par Jésus-Christ. La Bible n'est pas, comme le Coran, un seul livre mais un recueil de livres écrits par des auteurs différents à des époques différentes. Les juifs comptent 39 livres. Les protestants, pour l'Ancien Testament, en dénombrent également 39. Les catholiques, qui ont admis dans leur canon les livres ajoutés par la version grecque des Septante, en reconnaissent 45. Quant au Nouveau Testament, ses 27 livres sont généralement admis par les diverses confessions chrétiennes.
La majeure partie des livres de l'Ancien Testament a été écrite en hébreu. Le grec est la langue du Nouveau Testament.
La Bible, née au désert avec Moïse au XIIIe s. av. J.-C., passe ensuite en Palestine, où elle se développe au rythme du peuple et de la religion, dont elle rapporte le cheminement historique. Durant des siècles, la transmission orale jouera un rôle essentiel, et l'on peut dire que, jusqu'à l'époque de David, la littérature d'Israël sera dans son ensemble une littérature orale, de tradition. Mais c'est la période monarchique (XIe-VIe s. av. J.-C.) qui voit se former les grands écrits historiques et prophétiques. Durant l'Exil et les débuts du judaïsme, la Torah, ou Pentateuque, née dans la période précédente, prend sa forme définitive ; avec les livres poétiques et sapientiaux, l'ensemble des livres de l'Ancien Testament est achevé au Ier s. av. J.-C.
Au début de notre ère, les deux premières générations chrétiennes témoigneront de l'œuvre de Jésus et de la naissance de son Église dans les 27 livres du Nouveau Testament.

BIBLIOBUS [-bys] n. m. Bibliothèque itinérante, installée dans un véhicule automobile.

BIBLIOGRAPHE n. Personne qui est versée dans la connaissance des livres et qui exerce une fonction bibliographique.

BIBLIOGRAPHIE n. f. 1. Connaissance des ouvrages et de leurs éditions, envisagés dans un domaine déterminé. — **2.** Liste de titres, de références d'ouvrages, de livres ou de périodiques relatifs à un domaine général ou spécialisé. — **3.** *Bibliographie matérielle,* discipline qui étudie les traces physiques laissées par les procédés techniques sur les objets imprimés.
ENCYCL. Si l'apparition du mot est tardive (1633), l'activité qu'il désigne remonte à l'Antiquité : *catalogue, répertoire, index, inventaire,* etc., toutes formes par lesquelles les érudits ont cherché à réunir sur un sujet, ou dans une discipline, l'information la plus complète. La première bibliographie publiée date de 1494 *(Liber de scriptoribus ecclesiasticis)* ; la première bibliographie universelle est de 1545 (*Bibliotheca universalis,* de Conrad Gesner) ; la première bibliographie nationale est anglaise et consacrée aux écrivains (John Bale, 1548). À partir du XVIIIe s., la bibliographie se diversifie et devient une véritable « science du livre », qui relève aujourd'hui des techniques de la documentation. Depuis 1945, l'idée qui prévaut est de fondre tous les catalogues des bibliothèques du monde en un seul. En 1947, l'Unesco a envisagé la constitution d'un catalogue collectif européen, complété par les catalogues collectifs des autres continents. La *bibliographie matérielle* (*physical* ou *analytical bibliography* dans les pays anglo-saxons, *textologie* en Russie), qui étudie les traces physiques laissées par les procédés techniques (composition, impression, reliure, etc.) sur les objets imprimés, permet de déterminer les caractéristiques techniques et commerciales qui font du livre un objet situé dans l'espace et dans le temps.

BIBLIOGRAPHIQUE adj. Relatif à la bibliographie : *Notice bibliographique.*

BIBLIOLOGIE n. f. Science de l'écrit, ensemble des disciplines qui ont le livre pour centre d'intérêt.

BIBLIOLOGIQUE adj. Relatif à la bibliologie.

BIBLIOLOGUE n. Spécialiste de bibliologie.

BIBLIOMANCIE n. f. Art de deviner au moyen d'un livre qu'on ouvre au hasard.

BIBLIOMANE n. Personne qui a la passion de collectionner les livres pour leur rareté, leur reliure, etc.

BIBLIOMANIE n. f. Passion du bibliomane.

BIBLIOMÉTRIE n. f. Partie de la bibliologie qui s'applique à l'étude quantitative de la production, de la distribution et de la consommation de livres, de périodiques et d'autres documents imprimés.

BIBLIOMÉTRIQUE adj. Relatif à la bibliométrie.

BIBLIOPHAGE adj. Se dit des insectes dont les larves causent des ravages dans les bibliothèques.

BIBLIOPHILE n. Personne qui aime, qui recherche les livres rares et précieux.

BIBLIOPHILIE n. f. Amour des livres ; art et science du bibliophile.

BIBLIOPHILIQUE adj. Relatif à la bibliophilie.

BIBLIOTHÉCAIRE n. (lat. *bibliothecarius*). Personne chargée de la classification, de la conservation, du développement et de la communication des ouvrages d'une bibliothèque.

BIBLIOTHÉCONOMIE n. f. (de *bibliothèque* et *économie*). Science et technique de l'aménagement et de la gestion d'une bibliothèque.

BIBLIOTHÈQUE n. f. (lat. *bibliotheca,* du gr. *bibliothêkê*). **1.** Collection de livres, de périodiques et de tous autres documents graphiques et audiovisuels classés dans un certain ordre. – **2.** Local ou édifice destiné à recevoir une collection de livres ou documents qui peuvent être empruntés ou consultés sur place. – **3.** Collection de livres publiés par un éditeur et relatifs à un même domaine ou destinés à un public déterminé : *Bibliothèque verte.* – **4.** Meuble à rayonnages dans lequel sont rangés les livres. ‖ *Bibliothèque de bandes,* syn. de BANDOTHÈQUE. – **5.** *Bibliothèque de gare,* surface de vente installée dans une gare et diffusant livres, journaux, etc. ‖ *Bibliothèque de programmes,* syn. de PROGRAMMATHÈQUE. ‖ Fam. *Rat de bibliothèque,* personne qui passe son temps à consulter des livres dans les bibliothèques.

ENCYCL. • *Bibliothèques françaises.* La Bibliothèque nationale de France (B.N.F.) est rattachée au ministère de la Culture ; les bibliothèques universitaires dépendent du ministère de l'Éducation nationale ; les bibliothèques départementales de prêt, des départements ; les bibliothèques municipales, des communes. Il existe aussi des bibliothèques de caractère semi-officiel ou privé. La plus importante des bibliothèques françaises est la Bibliothèque* nationale de France, à laquelle s'ajoutent, à Paris même, la Mazarine, l'Institut, la bibliothèque publique d'information Georges-Pompidou et les grandes bibliothèques universitaires de la Sorbonne et des différentes universités, Sainte-Geneviève et, en province, les bibliothèques de Lyon, Marseille, Strasbourg, Lille, Bordeaux, Toulouse, Grenoble, etc.
Une bibliothèque peut accroître ses fonds par le dépôt légal, les acquisitions, les dons et legs, les échanges. Mais le dépôt légal ne vaut que pour la Bibliothèque nationale de France et certaines grandes bibliothèques de province. Le travail dans les bibliothèques est facilité par la publication de catalogues collectifs, l'uniformisation des règles de catalogage sur le plan international et, aujourd'hui, par la mondialisation des échanges grâce aux réseaux télématiques.
• *Bibliothèques étrangères.* Les plus importantes sont : la *Bibliothèque du British Museum,* à Londres ; la *Bibliothèque du Congrès,* à Washington ; la *Bibliothèque nationale* de Vienne ; la *Vaticane,* à Rome, etc.

Bibliothèque bleue, collection de livres populaires à couverture bleue, fondée au XVIIe s., un des éléments essentiels de la littérature de colportage.

Bibliothèque du Congrès, bibliothèque du Parlement américain, fondée en 1800 à Washington. Bibliothèque nationale des États-Unis, elle peut, grâce à un système automatisé étendu aux autres pays, établir un recensement quasi mondial de la production imprimée.

Bibliothèque nationale (B. N.) → BIBLIOTHÈQUE NATIONALE DE FRANCE.

Bibliothèque nationale de France (B. N. F.), établissement public placé sous la tutelle du ministre chargé de la Culture, créé par le décret du 3 janvier 1994 et consacrant la fusion administrative de la *Bibliothèque nationale* (rue de Richelieu) et de la *Bibliothèque de France.* Jean Favier en est le président.
L'origine de la Bibliothèque nationale (B.N.) remonte à Charles V, qui rassembla les manuscrits de ses ancêtres. Vendue à sa mort, la bibliothèque fut reconstituée au XVIe s., grâce à Louis XII et à François Ier, qui institua le dépôt légal. D'abord itinérante, elle s'installa à Paris en 1570, et dans les locaux de la rue de Richelieu (IIe arrond.) en 1721. Dès 1790, l'établissement reçut les ouvrages provenant de la confiscation des bibliothèques des couvents et des émigrés. En 1897 commença la publication du *Catalogue général des livres imprimés.* L'établissement public de la Bibliothèque nationale, créé en 1926, est rattaché au ministère de la Culture en 1981. La B.N. comprend alors cinq départements d'imprimés et sept départements spécialisés ainsi que des services administratifs et techniques, tel le Centre bibliographique national. Elle contrôle également d'autres bibliothèques (bibliothèque de l'Arsenal, bibliothèque de l'Opéra...).
L'établissement public de la bibliothèque de France (B.D.F., également appelée familièrement – au début du projet – « Très Grande Bibliothèque », ou T.G.B.) a été créé en 1989. La bibliothèque, conçue par l'architecte Dominique Perrault, a été construite quai François-Mauriac, entre les ponts de Bercy et de Tolbiac, sur la rive gauche de la Seine (XIIIe arrond.) Les bâtiments – quatre tours d'angle en forme de livre à demi ouvert surplombant un cloître de jardins – ont été officiellement livrés et inaugurés en 1995. Les

espaces destinés au grand public (salles de lecture du haut-de-jardin) devraient ouvrir en décembre 1996, avec env. 180 000 volumes en libres accès (plus de 300 000 à terme) et un échantillon des collections audiovisuelles. Les espaces réservés aux chercheurs (salles de lecture du rez-de-jardin) seront accessibles dans le courant de 1998, après transfert dans les nouveaux locaux des imprimés (livres et périodiques) constituant jusque là les collections conservées à la B.N.F., rue de Richelieu (10 à 12 millions de volumes), ainsi qu'à Versailles (périodiques). L'ensemble du système informatique devrait être opérationnel également en 1998.
La B.N.F., rue de Richelieu, conservera le reste de ses collections : estampes (15 millions), photographies (1,1 million), monnaies, médailles et antiques (570 000 pièces), cartes et plans (650 000), manuscrits et documents sonores. Elle devrait également abriter, dans l'espace dégagé par le départ des livres, le futur Institut national des arts.

Bibliothèque publique d'information (B. P. I.), bibliothèque du Centre* national d'art et de culture Georges-Pompidou, créée en 1977.

Bibliothèque rose, collection d'ouvrages pour la jeunesse, fondée en 1857 par la Librairie Hachette.

BIBLIQUE adj. (lat. médiév. *biblicus*). Qui appartient, qui est propre à la Bible.

BIBLIS, localité de l'Allemagne (Hesse), au N. de Mannheim. Centrale nucléaire.

BIBLISTE n. Spécialiste des études bibliques.

BIBRACTE, v. de Gaule, capitale et oppidum des Éduens, sur le mont Beuvray. Temples, habitations, etc., ont livré de nombreux objets (musée d'Autun et musée de la Civilisation celtique à Saint-Léger-sous-Beuvray).

BIC n. m. (nom déposé). Stylo à bille.

Bic, firme française créée en 1953 par Marcel Bich et spécialisée, à l'origine, dans la production de stylos à bille. Elle s'est diversifiée depuis (briquets, rasoirs jetables, mode féminine, etc.).

BICÂBLE adj. Se dit de transporteurs aériens dans lesquels 2 types séparés de câbles assurent la fonction porteuse et la fonction tractrice.

BICALCIQUE adj. Se dit de l'orthophosphate $CaHPO_4$. (Syn. DICALCIQUE.)

BICAMÉRAL, E, AUX adj. Relatif au bicamérisme.

BICAMÉRISME ou **BICAMÉRALISME** n. m. Mode d'organisation du pouvoir législatif selon lequel les compétences attribuées à l'organe législatif sont exercées par deux assemblées.

BICANE n. m. Cépage de table blanc, à fleurs femelles demandant une pollinisation artificielle.

BICARBONATE n. m. **1.** Nom courant des hydrogénocarbonates $MHCO_3$, où M représente un métal alcalin. – **2.** *Bicarbonate de sodium,* sel de sodium $NaHCO_3$, utilisé dans le traitement de l'acidité gastrique, des gastrites et pour lutter contre l'acidose.

BICARBONATÉ, E adj. Qui contient un bicarbonate.

BICARBURATION n. f. Possibilité, pour un véhicule, d'utiliser alternativement, par le jeu d'un simple commutateur, le gaz de pétrole liquéfié (G. P. L.) ou l'essence.

BICARRÉ, E adj. *Équation bicarrée,* équation du quatrième degré de forme générale $ax^4 + bx^2 + c = 0$, dont la résolution s'obtient en effectuant le changement de variable $x^2 = y$. ‖ *Trinôme bicarré,* trinôme du quatrième degré de la forme générale $ax^4 + bx^2 + c$.

BICENTENAIRE adj. Qui est deux fois centenaire : *Arbre bicentenaire.*
◆ n. m. Anniversaire d'un événement qui a eu lieu 200 ans auparavant.

BICÉPHALE adj. **1.** Qui a deux têtes : *Monstre bicéphale.* – **2.** Dont l'autorité est exercée par deux chefs : *Pouvoir bicéphale.*

BICÉPHALISME n. m. Mode d'organisation du pouvoir exécutif dans lequel les compétences attribuées à l'organe exécutif sont exercées par le chef de l'État et le gouvernement.

BICEPS n. m. (lat. *biceps,* à deux têtes). **1.** Nom donné à deux muscles de l'organisme, dont une des extrémités se fixe par deux tendons, ou chefs. – **2.** Nom donné couramment au biceps du bras. – **3.** Fam. *Avoir du biceps,* avoir une grande force musculaire ; être énergique.
ENCYCL. Le *biceps brachial,* muscle fléchisseur de l'avant-bras, s'insère, en haut, sur l'apophyse coracoïde et sur l'omoplate ; en bas, sur le radius. Le *biceps crural,* qui fléchit la jambe sur la cuisse, s'insère en haut sur la tubérosité ischiatique et sur le fémur, en bas sur le péroné et le tibia.

BICÊTRE, section de la comm. du Kremlin-Bicêtre (Val-de-Marne). Louis XIII fit édifier sur l'emplacement du château (1634) un asile pour blessés militaires, transformé, après la construction des Invalides, en une prison pour vagabonds, déments et forçats en instance de transfert aux bagnes. Bicêtre est aujourd'hui un hôpital.

BICH (Marcel, *baron*), industriel français d'origine italienne (Turin 1914 - Paris 1994). Il créa, en 1953, la société Bic*.

BICHAT (Marie François Xavier), anatomiste français (Thoirette, Jura, 1771-Paris 1802). Il fut le fondateur de l'anatomie générale, étude des tissus entrant dans la structure des organes. Il était aussi physiologiste. Sa doctrine des propriétés vitales est contenue tout entière dans sa définition : « La vie est l'ensemble des fonctions qui résistent à la mort ». Il a écrit *Recherches physiologiques sur la vie et la mort* (1799), *Anatomie générale* (1801).

Bichat *(entretiens de)* [du n. de l'hôpital], réunion annuelle de médecins où sont traités les sujets d'actualité médicale. Du fait de leur importance, ils se tiennent maintenant à l'hôpital de la Salpêtrière.

Bichat *(hôpital),* hôpital fondé à Paris en 1882. De nouveaux bâtiments ont été ouverts au début de l'année 1980.

BICHE n. f. (anc. fr. *bisse,* du lat. *bestia,* bête). 1. Femelle du cerf et des espèces voisines. (La biche n'a pas de cornes.) — 2. Nom parfois donné à la femelle du lucane. — 3. *Vx.* Femme entretenue. — 4. Fam. *Ma biche,* terme d'affection adressé à une femme. ‖ *Yeux de biche,* grands yeux doux.

BICHE-DE-MER → BÊCHE-DE-MER 1.

BICHER v. i. (lyonnais *bicher,* mordre, en parlant du poisson) [conj. 3]. *Pop.* 1. Être content, se réjouir. — 2. *Ça biche ?,* ça va ?, ça marche ?

BICHETTE n. f. *Fam.* Terme d'affection adressé à une jeune fille, à une femme.

BICHKEK, de 1925 à 1991 **Frounze,** cap. du Kirghizistan, 631 000 hab. Constructions mécaniques.

BICHLAMAR ou **BÊCHE-DE-MER** n. m. Pidgin mélanésien, à vocabulaire essentiellement anglais, employé dans les îles du Pacifique sud.

BICHLORURE [-klɔ-] n. m. Chlorure dont la formule contient deux atomes de chlore. (Syn. DICHLORURE.)

BICHOF n. m. (all. *Bischof*). Infusion ou macération d'orange ou de citron et d'épices dans du vin blanc ou rouge, servie brûlante ou glacée.

BICHON n. m. (de *barbichon,* d'apr. *biche*). 1. *Fam.* Terme d'affection adressé à un jeune garçon. — 2. *Bichon (à poil frisé),* chien d'agrément de petite taille, à poils blancs, fins, laineux et frisés.

BICHONNAGE n. m. *Fam.* Action de bichonner, de se bichonner.

BICHONNER v. t. (de *bichon*) [conj. 3]. *Fam.* Parer qqn avec une recherche coquette ou le choyer : *Bichonner un enfant.*

◆ **se bichonner** v. pr. *Fam.* S'arranger, se parer avec un soin minutieux.

BICHROMATE [-krɔ-] n. m. Sel renfermant l'anion bivalent $Cr_2O_7^{2-}$.

BICHROME adj. Se dit d'un procédé photographique qui fait appel à deux couleurs de synthèse.

BICHROMIE [-krɔ-] n. f. 1. Impression en deux couleurs. — 2. Procédé de synthèse des couleurs utilisant seulement deux couleurs, de compositions spectrales déterminées.

BICIPITAL, E, AUX adj. 1. Relatif aux biceps. — 2. *Gouttière* ou *coulisse bicipitale,* cavité allongée de l'humérus, qui reçoit le tendon du biceps.

Bickford *(cordeau),* syn. de MÈCHE DE SÛRETÉ.

BICOLORE adj. Qui a deux couleurs.

BICOMPOSÉ, E ou **BICOMPONENT, E** adj. Se dit d'une fibre textile chimique composée de deux polymères de structures chimique et physique différentes, mais solidement associés.

BICONCAVE adj. Qui offre deux faces concaves opposées.

BICONDITIONNEL, ELLE adj. Se dit d'une proposition ou d'une affirmation soumise à deux conditions.

BICONSTITUÉ, E adj. Se dit d'une fibre textile comprenant deux constituants formés d'un mélange homogène de deux phases polymériques.

BICONTINU, E adj. Se dit d'une bijection f d'un espace topologique dans un autre lorsque f et f^{1} sont toutes les deux continues.

BICONVEXE adj. Qui offre deux faces convexes opposées.

BICOQUE n. f. (ital. *bicocca,* petit fort). *Fam.* 1. Petite maison de médiocre apparence. — 2. Toute maison.

BICOQUE (La), en ital. **Bicocca,** localité de Lombardie, au N. de Milan, qui constitue aujourd'hui un quartier de la ville. Le 27 avr. 1522, lors des guerres d'Italie, les Français, commandés par le maréchal de Lautrec, y furent battus par les Impériaux de Prosper Colonna.

BICOQUET n. m. Casque dans lequel la calotte s'effile en une crête aiguë et tranchante (XVe s.).

BICORNE adj. *Utérus bicorne,* utérus dont la partie supérieure apparaît double.

◆ n. m. Chapeau à deux pointes.

BICORPS adj. et n. m. Se dit d'une automobile dont la carrosserie comporte deux volumes (le compartiment moteur et l'ensemble habitacle et espace de rangement, ceux-ci non séparés).

1. BICOT n. m. (de *bique*). *Fam.* Chevreau.

2. BICOT n. m. (de *Arbicot,* Arabe). Terme pop. et raciste désignant un Nord-Africain.

BICOUCHE adj. et n. m. Se dit d'un revêtement de chaussée constitué par deux couches de gravillons.

BICOURANT adj. inv. Se dit d'un véhicule ferroviaire susceptible de fonctionner sous deux types de courant électrique.

BICROSS n. m. (de l'angl. *bike,* vélo, et *cross*). Vélo tout-terrain pour la pratique du bicrossing, sans suspension ni garde-boue.

BICROSSING ou **BICROSS** n. m. Sport pratiqué avec un bicross sur un terrain accidenté.

BICULTURALISME n. m. Dans un même pays, coexistence de deux cultures nationales, comme au Canada ou en Belgique.

BICULTUREL, ELLE adj. Qui possède deux cultures.

BICYCLE n. m. Vélocipède à deux roues de diamètres différents, dont la roue avant, la plus grande, est, à la fois, directrice et motrice, et la roue arrière simplement porteuse. (Syn. BI.)

BICYCLETTE n. f. (de *bicycle*). **1.** Vélocipède à deux roues, dont la roue arrière est motrice. — **2.** *Bicyclette ergométrique,* bicyclette fixe dont une roue est dotée d'une résistance mécanique réglable permettant de réaliser des épreuves d'effort en exploration fonctionnelle ou d'aider à une rééducation.

ENCYCL. K. F. Drais réalise (1817) un véhicule à deux roues *(draisienne)* dont la roue avant montée sur pivot permet de le diriger. Pierre Michaux invente (1861) le pédalier. En 1869, la société Meyer et Cie crée la première bicyclette moderne : roues de diamètre sensiblement égal, roue avant directrice et roue arrière motrice avec pédalier central et transmission par chaîne. La roue libre est créée en 1896, le frein par rétropédalage en 1898, le frein à câble et à patins en 1902, le changement de vitesse dans le moyeu arrière vers 1905 et le dérailleur vers 1925.

La bicyclette actuelle est composée d'un cadre rigide supportant tous les organes de la machine et comportant, à l'avant, une fourche, actionnée par le guidon, qui soutient l'axe de la roue avant ; à l'arrière, une fourche horizontale dont les extrémités enserrent l'axe de la roue arrière ; à la partie inférieure, le pédalier et, à l'angle opposé, une tige réglable en hauteur sur laquelle est montée la selle.

BICYCLIQUE adj. Se dit d'un composé dont la formule renferme deux chaînes fermées.

BIDACHE (64520), ch.-l. de cant. des Pyrénées-Atlantiques, dans le Pays basque ; 1 048 hab. Ruines du château des ducs de Gramont (XVe-XVIe s.).

BIDART (64210), comm. des Pyrénées-Atlantiques, entre Saint-Jean-de-Luz et Biarritz ; 4 134 hab. Station balnéaire.

BIDASSE n. m. (de *Bidasse,* n. pr.). *Pop.* Simple soldat.

BIDASSOA (la), fl. côtier des Pyrénées atlantiques ; 70 km. Né en Espagne, il sert de frontière avec la France pendant les douze derniers kilomètres de son cours. Au début du large estuaire se trouve l'île des Faisans, où fut signé le traité des Pyrénées (1659).

BIDAULT (Georges), homme politique français (Moulins 1899 - Cambo-les-Bains 1983). Journaliste démocrate chrétien, il devint en 1943, après la mort de Jean Moulin, le président du Conseil national de la Résistance. Cofondateur puis président du Mouvement républicain populaire (M. R. P.), il fut président du Gouvernement provisoire en 1946 et président du Conseil (oct. 1949-juin 1950). Plusieurs fois ministre des Affaires étrangères, il mena une politique fondée sur l'alliance atlantique. Après juin 1958, il s'opposa à la politique algérienne du général de Gaulle ; il dut même s'exiler de 1962 à 1968.

BIDE n. m. (de *bidon*). *Pop.* **1.** Ventre. (Syn. BIDON.) — **2.** Échec complet : *Prendre un bide.*

BIDENS [-dɛ̃s] n. m. (lat. *bidens,* à deux dents). Herbe à fleurs composées jaunes, du bord des eaux. (N. usuel *chanvre d'eau.*)

BIDENT n. m. (lat *bidens,* à deux dents). Fourche à deux dents.

1. BIDET n. m. (anc. fr. *bider,* trotter). Petit cheval trapu et ramassé, autrefois répandu en Bretagne et en Normandie.

2. BIDET n. m. (de *bidet 1*). Appareil sanitaire bas dont la cuvette sert aux ablutions intimes.

BIDI ou **BEEDIE** n. f. Petite cigarette indienne constituée d'une feuille d'eucalyptus roulée.

BIDIMENSIONNEL, ELLE adj. **1.** Qui est développé suivant deux dimensions de l'espace. (Syn. LAMELLAIRE.) — **2.** *Variable aléatoire bidimensionnelle,* couple ordonné de variables aléatoires unidimensionnelles.

BIDIRECTIONNEL, ELLE adj. Qui peut assurer dans les deux sens la liaison entre deux éléments.

BIDOCHE n. f. (p.-ê. de *bidet,* cheval). *Pop.* Mauvaise viande ; viande en général.

BIDON n. m. (p.-ê. anc. nordique **bida,* vase). **1.** Récipient métallique de contenance variable destiné à contenir tout liquide et muni d'un orifice obturable de versage. — **2.** *Pop.* Ventre. (Syn. BIDE.) — **3.** Pop. *Du bidon,* des mensonges, du bluff.

◆ adj. inv. Qui n'a que les apparences de la réalité, simulé, truqué, factice : *Des élections bidon.*

BIDONNAGE n. m. *Fam.* Action de bidonner.

BIDONNANT, E adj. *Pop.* Amusant.

BIDONNER v. t. (conj. 3). *Pop.* Tromper, bluffer, truquer.
◆ **se bidonner** v. pr. *Pop.* Rire sans se retenir.

BIDONNET n. m. Petit contenant métallique ou plastique comportant un orifice obturable de versage et souvent une poignée.

BIDONVILLE n. m. Agglomération de baraques où s'entasse la population misérable d'une grande ville.

BIDOS (64400), comm. des Pyrénées-Atlantiques, banlieue d'Oloron-Sainte-Marie ; 1 324 hab. Construction aéronautique.

BIDOUILLAGE n. m. *Fam.* Action de bidouiller ; matériel ou logiciel bidouillé.

BIDOUILLER v. t. (conj. 3). *Fam.* Trafiquer, bricoler un appareil, un matériel, etc. : *Bidouiller un logiciel.*

BIDPĀI ou **PILPAY,** brahmane semi-légendaire (IIIe s. ?) qui aurait rédigé en sanskrit un recueil d'apologues dont la source est dans le *Pañcatantra* et qui inspira les fabulistes et les illustrateurs orientaux et européens.

BIDUAL n. m. *Bidual d'un* K-*espace vectoriel* E, dual de E*, E* étant lui-même le dual de E.

BIDULE n. m. (p.-ê. picard *bidoule,* boue). **1.** *Fam.* Chose dont on ne sait pas exactement le nom ou qu'on ne tient pas à préciser davantage. – **2.** *Pop.* Matraque de policier.

BIÉ *(plateau de),* région du centre et du sud de l'Angola, couverte de savanes, qui constitue un château d'eau d'où divergent le Cubango, les affluents du Zaïre, du Zambèze et des tributaires de l'Atlantique. (Anc. *Bihé.*)

BIEBER (Margarete), archéologue allemande, naturalisée américaine en 1940 (Schönau, Prusse, auj. Pryscowo, Pologne, 1879 - New Canaan, Connecticut, 1978). Ses travaux portent sur des sujets très divers avec une prédilection pour la sculpture (*The Sculpture of the Hellenistic Age,* 1955).

BIEBL (Konstantin), poète tchèque (Slavětín 1898-Prague 1951). Admirateur de la poésie d'Apollinaire (*le Nouvel Icare,* 1929), il mit son talent au service de la société communiste (*Sans crainte,* 1951).

Biedermann et les incendiaires, pièce de Max Frisch (version radiophonique, 1953 ; version scénique, 1958) sur la nécessité de l'engagement.

BIEDERMEIER n. m. (de *Biedermann* et *Bummelmeier,* n. pr.). Nom donné au style de la peinture et des arts décoratifs s'adressant aux classes moyennes, en Allemagne et en Autriche, dans les années 1815-1848.

BIEDNYÏ → BEDNYÏ.

BIEF [bjɛf] n. m. (gaul. **bedum,* fosse). **1.** Canal qui sert à conduire les eaux à la roue d'un moulin. – **2.** Secteur d'une voie navigable compris entre deux écluses. – **3.** Dans un réseau de distribution d'eau, partie de conduite comprise entre deux robinets. – **4.** Secteur d'un cours d'eau compris entre deux chutes ou deux rapides successifs. – **5.** *Bief de partage,* bief le plus élevé d'un canal dans un secteur considéré. ‖ *Bief à silex,* argile à silex mélangée de galets et de grains de sable.

BIEL → BIENNE.

Biela *(comète de),* comète périodique découverte en 1826 par l'Autrichien Wilhelm von Biela (1782-1856), mais déjà observée en 1772 et en 1805. On la revit en 1832 et en 1846, où elle apparut scindée en deux fragments que l'on retrouva pour la dernière fois en 1852. Elle est à l'origine de l'essaim météoritique des Biélides.

BIELEFELD, v. d'Allemagne (Rhénanie-du-Nord-Westphalie) ; 311 000 hab. Université. Métallurgie de transformation. Meubles.

BIELER (Samuel), agronome suisse (Genève 1827-Lausanne 1911) qui eut sur le développement de l'agriculture dans la Suisse romande une influence considérable.

BIELGOROD → BELGOROD.

BIÉLIDES ou **ANDROMÉDIDES,** essaims de météoroïdes provenant de la désintégration de la comète de Biela ou des météores associés, visibles en novembre.

BIELINSKI (Vissarion Grigorievitch) → BELINSKI.

BIELLA, v. d'Italie, dans le Piémont, au N.-O. de Verceil ; 48 277 hab. Baptistère des IXe-Xe s., cathédrale des XVe-XIXe s. et autres monuments. Centre textile.

BIELLE [bjɛl] n. f. Barre destinée à transmettre un mouvement entre deux pièces articulées à ses extrémités suivant des axes parallèles. • **Autom.** *Bielle de fusée,* levier de fusée de direction. ‖ *Bielle de poussée,* barre de liaison qui transmet au châssis de la voiture la poussée due à la rotation des roues motrices. ‖ *Couler une bielle,* provoquer la fusion et la disparition de l'alliage antifriction garnissant les coussinets de bielle par suite d'un échauffement dû à une avarie de graissage. – **Charp.** Barre de liaison dans certaines charpentes métalliques. – **Ch. de f.** *Bielle d'accouplement,* bielle servant à répartir l'effort entre des essieux moteurs accouplés. — **Mécan.** *Bielle de réaction,* dans un système de transmission à différentiel ou de réduction à trains épicycloïdaux, bielle reliant le carter contenant les engrenages au châssis du véhicule ou au bâti de la machine, lorsque des déplacements risquent de se produire. ‖ *Système bielle-manivelle,* mécanisme destiné à transformer un mouvement rectiligne alternatif en un mouvement circulaire continu (machine à vapeur, moteur à combustion interne) ou inversement (pompe à piston, étau-limeur, scie alternative). [→ *encycl.*]

ENCYCL. **Mécan.** Dans le système *bielle-manivelle,* l'une des extrémités de la bielle, appelée *tête de bielle,* est articulée sur l'excentrique d'une manivelle ou sur un maneton de vilebrequin, qui, en tournant, lui fait subir un mouvement circulaire. L'autre extrémité, appelée *pied de bielle,* dont la trajectoire est rectiligne, est articulée sur une crosse, qui se déplace entre deux glissières, ou sur l'axe d'un piston, ce dernier assurant lui-même le guidage du mouvement. La tête de bielle est généralement en deux parties pour permettre son montage sur le maneton ; la partie amovible, ou *chapeau,* est goujonnée au corps de la bielle. La bielle étant généralement en acier forgé pour éviter le grippage, la tête et le pied de bielle sont respectivement équipés de coussinets garnis d'alliage antifriction et d'une douille en bronze au phosphore, ou de roulements à aiguilles.

BIELLETTE [bjɛlɛt] n. f. Bielle de faibles dimensions, pouvant être munie d'articulations à rotule, utilisée pour des transmissions mettant en jeu de faibles puissances.

BIÉLORUSSE adj. et n. (de *bielo,* blanc, et *russe*). De Biélorussie. (Syn. anc. BLANC-RUSSE.)
◆ n. m. Langue du groupe slave oriental parlée en Biélorussie par plus de 9 millions de locuteurs. (Détaché du russe commun vers le XIIe-XIIIe s., le biélorusse fut la langue de l'administration du grand-duché de Lituanie du XIVe au XVIIe s. Depuis 1919, il est redevenu langue officielle dans la République de Biélorussie, soviétique puis indépendante.)

BIÉLORUSSIE en biélorusse **Belarus,** anc. **Russie Blanche,** État d'Europe orientale ; 208 000 km^2 ; 10 200 000 hab. *(Biélorusses).* CAP. *Minsk.* LANGUES : *biélorusse* et *russe.* MONNAIE : *rouble.*

Géographie. Entité historique, peuplée à près de 80 % de Biélorusses de souche, aux confins de la Pologne et des Républiques baltes, la Biélorussie est un pays peu accidenté, humide et frais, en partie boisé, parsemé de marécages et de lacs. L'agriculture est dominée par les cultures du lin et de la pomme de terre, l'élevage bovin et porcin. Le sous-sol recèle de la potasse. L'importation d'hydrocarbures a stimulé l'industrie (chimie, constructions mécaniques et électriques), implantée notamment à Minsk, Grodno, Gomel, Moguilev et Vitebsk, les principales villes.

Histoire. La région, peuplée de Slaves orientaux, fait partie de la Russie kiévienne du IXe au XIIe s. Elle est intégrée au XIIIe s. dans le grand-duché de Lituanie, uni à la Pologne à partir de 1385. La différenciation entre les trois branches de Slaves orientaux, Biélorusses, Russes et Ukrainiens, se précise entre le XIVe s. et le XVIIe s.

1772-1793 : Les deux premiers partages de la Pologne donnent la Biélorussie à l'Empire russe.

1919 : Une république socialiste soviétique (R. S. S.) de Biélorussie, indépendante, est proclamée.

1922 : La R. S. S. de Biélorussie adhère à l'U. R. S. S.

1939 : Elle s'agrandit de la Biélorussie occidentale, enlevée à la Pologne.

1991 : L'indépendance est proclamée (août). La Biélorussie adhère à la Communauté d'États indépendants (déc.).

1994 : La Biélorussie se dote d'un régime présidentiel et s'engage sur la voie d'un rapprochement de plus en plus marqué avec la Russie.

BIELSA → ARAGNOUET.

BIELSKI (Marcin), chroniqueur et poète polonais (Biała v. 1495-Cracovie 1575). Auteur de la première moralité de la littérature polonaise (*Comédie de Justin et de Constance,* 1557), il fut aussi le premier à écrire l'histoire en langue polonaise (*Chronique du monde,* 1551).

BIELSKO-BIAŁA, v. du sud-ouest de la Pologne, ch.-l. de voïévodie, sur le piémont silésien ; 180 000 hab. Textile (laine), construction automobile, électrotechnique.

BIELYÏ (Andreï) → BELYÏ.

BIEN adv. (lat. *bene*). **1.** De manière satisfaisante : *Je vais bien, tout est bien qui finit bien.* — **2.** Conformément à la morale, à la forme sociale : *Il a bien agi.* — **3.** Marque l'intensité : *J'insiste bien sur cela.* — **4.** Sert à préciser une indication : *Nous sommes bien le jeudi 15 ?* — **5.** Indique une quantité approximative minimale ; au moins, au bas mot : *Il y a bien deux heures de trajet.* — **6.** Souligne une opposition : *Je sais bien que mes chances sont faibles.* — **7.** Justifie une affirmation par référence à un cas analogue : *J'y arriverai sûrement : d'autres y sont bien arrivés !* — **8.** *Bien de + n.,* beaucoup de, une grande quantité de : *Je me suis fait bien du souci. Bien des gens ignorent ce détail.* — **9.** En tête de phrase, exprime l'approbation ou la constatation d'un fait et le passage à une autre considération : *Vous avez compris ? Bien.* — **10.** *Bien plus,* marque une addition qui renchérit sur une assertion. ‖ *Mais bien,* mais au contraire, mais

plutôt : *Ce n'était pas une échauffourée, mais bien une émeute.* ‖ *Si bien que, tant et si bien que,* expriment la conséquence. ‖ *Tant bien que mal,* ni bien ni mal, avec plus ou moins de difficulté.
◆ adj. inv. **1.** Conforme à ce qui est souhaité, attendu ; satisfaisant : *Les choses sont très bien ainsi.* — **2.** Conforme à une norme de valeur esthétique : *Ce décor me paraît bien.* — **3.** Conforme à une norme morale ou de qualité : *Un garçon très bien. Je n'ai rien vu de bien.* — **4.** En bon état physique, en bonne santé ; dans des conditions agréables, à l'aise : *On est bien dans cet hôtel.* — **5.** *Être bien avec qqn,* être en bons termes avec lui.
◆ n. m. **1.** Ce que prescrit une règle morale, par oppos. à ce qu'elle condamne ; conduite conforme à cette prescription : *Distinguer le bien et le mal.* — **2.** Ce qui est utile, nécessaire, profitable à qqn, à la collectivité, à qqch : *Cette mesure a été un bien pour le commerce.* — **3.** Ce dont la possession est considérée comme un avantage, une chose précieuse : *La santé est le premier des biens.* — **4.** Ce que qqn possède, ce qui a une valeur financière et peut être objet de propriété : *Laisser tous ses biens à une œuvre charitable.* — **5.** *Dire, penser du bien, grand bien, etc., de qqn, de qqch,* en parler, les juger favorablement. ‖ *En tout bien tout honneur,* avec des intentions louables, honnêtes. ‖ *Faire du* (ou *le*) *bien,* pratiquer une charité active autour de soi. ‖ *Faire du bien à qqn, à qqch,* procurer à qqn un soulagement, du plaisir, de la satisfaction, etc., ou avoir des effets heureux sur qqch. ‖ *Homme de bien,* homme droit, honnête, dont les actions sont inspirées par la morale, la charité. ‖ *Le bien commun, le bien public,* l'intérêt général. ‖ *Les biens temporels, les biens de ce monde,* les biens matériels, dont on jouit pendant la vie. ‖ *Mener à bien qqch,* achever avec succès ce qu'on a entrepris. ‖ *Prendre son bien où on le trouve,* en parlant d'un écrivain, utiliser librement les œuvres des autres. ‖ *Vouloir le bien de qqn,* souhaiter qu'il réussisse, qu'il soit heureux. ‖ *Vouloir du bien à qqn,* être bien disposé à son égard. • **Dr.** Chose matérielle ou droit susceptible de faire partie d'un patrimoine (champs, maisons, créances, servitudes, usufruit, etc.). ‖ *Biens culturels,* objets d'art, monuments qui, ayant une signification culturelle particulière pour le pays qui les détient ou pour l'humanité, doivent faire l'objet d'une protection spéciale dans les rapports entre nations. — **Écon.** Moyen réputé apte à satisfaire les besoins et disponible à cet usage. ‖ *Bien collectif,* bien dont la production et la consommation ne peuvent être divisées entre individus ni faire l'objet d'appropriation individuelle (ex. une route). ‖ *Bien de consommation,* bien destiné à la satisfaction des besoins des consommateurs. ‖ *Bien de consommation intermédiaire,* bien entrant dans la production d'un bien et qui, en s'incorporant à ce dernier, est détruit par son utilisation (le charbon, le minerai). ‖ *Bien d'équipement,* bien destiné à la production d'autres biens. ‖ *Bien intermédiaire,* celui qui, étant un produit fini, n'est pas détruit par intégration à un autre bien (phares achetés à l'extérieur et montés sur une automobile). ‖ *Bien de production,* celui qui sert à produire (notamment les biens d'équipement). ‖ *Biens et services,* produits matériels et immatériels de l'activité économique. — **Hist.** *Biens nationaux,* ensemble de biens, collectifs ou privés, appropriés par l'État pendant la période révolutionnaire. (→ *encycl.*) — **Philos.** Pour Platon, objectif suprême vers lequel se dirige le sage et à l'égard duquel les autres objectifs sont subordonnés ; pour saint Paul, acte de la charité qui ne peut se réaliser sans la grâce de Dieu ; pour Kant, but final théorique imposé par la loi morale, que tout homme possède « au fond de son cœur ». ‖ *Souverain bien,* perfection d'un objet de désir moral, pour autant qu'il l'emporte sur tous les autres objets de désir de l'homme.
ENCYCL. **Hist.** On distingue quatre catégories de *biens nationaux :* les *biens du clergé* (2 nov. 1789), qui servirent à gager des assignats, lesquels furent transformés en papier-monnaie soumis au cours forcé (8 oct. 1790) ; les *biens des émigrés* (27 juill. 1792) ; les *biens communaux,* augmentés des terres présumées communales (10 juin 1793) ; les *biens des suspects,* confisqués à la suite de la loi du même nom (17 sept. 1793). La vente des biens nationaux aboutit à un gigantesque transfert des propriétés ; elle a, d'autre part, contribué à lier la bourgeoisie, principale bénéficiaire de l'opération, à la cause de la France révolutionnaire et impériale.

Bien public *(ligue du)* [1465], coalition féodale formée contre Louis XI. Afin de récupérer les villes de la Somme, Charles le Téméraire ligua les grands vassaux du royaume hostiles à la politique de Louis XI. Dirigée nominalement par le frère du roi, Charles de France, duc de Berry et, en fait, par Charles le Téméraire, Jean II, duc de Bourbon, et François II, duc de Bretagne, cette coalition ouvrit les hostilités sous couleur de sauvegarder les intérêts du bien public. Marquée par la bataille indécise de Montlhéry (16 juill. 1465), la guerre civile se termina par les traités de Conflans et de Saint-Maur (5 et 29 oct.), par lesquels Louis XI restituait à Charles le Téméraire les villes de la Somme et cédait la Normandie à Charles de France.

BIEN-AIMÉ, E adj. et n. (pl. *bien-aimé* [*e*]*s*). **1.** Qui est l'objet d'une tendre affection : *Un disciple bien-aimé.* — **2.** *Louis le Bien-Aimé,* Louis XV.
◆ adj. Qui est l'objet d'une prédilection : *Sa pipe bien-aimée.*

BIEN-ALLER n. m. inv. Sonnerie de trompe dont les piqueurs font usage pour indiquer que les chiens sont bien sur la voie.

BIENAYMÉ (Jules), statisticien et administrateur français (Paris 1796-*id.* 1878). Inspecteur général des Finances, il étudia le calcul des probabilités et ses applications aux sciences financières ; il découvrit une inégalité fondamentale dont Tchebychev se servit pour l'étude de la convergence en probabilité.

BIENCOURT (Jean DE), sieur **de Poutrincourt** et **de Saint-Just,** gentilhomme français (1557-Méry-sur-Seine 1615), lieutenant gouverneur de l'Acadie (1606-1615).

BIEN-DIRE n. m. inv. *Litt.* Art de s'exprimer d'une façon élégante.

BIÉNERGIE n. f. Système permettant l'usage alterné de deux énergies pour satisfaire un même besoin. (Par ex. chauffage utilisant l'électricité avec une pompe à chaleur ou du fuel avec une chaudière.)

BIEN-ÊTRE n. m. inv. **1.** État agréable résultant de la satisfaction des besoins du corps et du calme de l'esprit : *Éprouver une sensation de bien-être.* – **2.** Aisance matérielle qui permet une existence agréable. – **3.** *Économie de bien-être,* objectif recherché par les théories économiques qui visent à la répartition optimale du revenu national.

BIENFAISANCE [-fə-] n. f. *De bienfaisance,* qui sert à secourir les indigents : *Association de bienfaisance.*

Bienfaisance *(ordre de la),* ordre créé par le roi Paul Ier de Grèce en 1948 pour les femmes grecques et étrangères. Le gouvernement de la république a conservé cet ordre.

BIENFAISANT, E [-fə-] adj. **1.** *Litt.* Qui aime à faire du bien aux autres. – **2.** Qui a une action, une influence salutaire : *Pluie bienfaisante.*

BIENFAIT n. m. (lat. *benefactum*). **1.** Acte de bonté à l'égard de qqn pour sa sauvegarde ou son bonheur : *Être reconnaissant d'un bienfait.* – **2.** Conséquence salutaire de qqch : *Les bienfaits de la civilisation.*

BIENFAITEUR, TRICE n. (de *bienfait*). **1.** Personne qui fait le bien, qui donne qqch : *Un généreux bienfaiteur.* – **2.** Nom par lequel on désigne ceux qui ont fondé ou doté une église. – **3.** *Bienfaiteur de l'humanité,* philanthrope ; savant dont les découvertes ont contribué grandement au progrès. ‖ *Membre bienfaiteur,* membre d'une association qui donne une participation financière sans prendre part à l'activité de l'association.

BIEN-FONDÉ n. m. (pl. *bien-fondés*). **1.** Légitimité, conformité au droit, à la réalité ; fait de reposer sur des données sérieuses : *Discuter le bien-fondé d'une décision.* – **2.** Reconnaissance par le juge de la justification d'une demande en justice.

BIEN-FONDS n. m. (pl. *biens-fonds*). Immeuble (terre ou maison).

BIENHEUREUX, EUSE adj. **1.** Qui est très heureux, qui jouit d'un bonheur complet : *Bienheureux celui qui n'a pas connu la guerre.* – **2.** Qui arrive opportunément et a des effets heureux : *Un bienheureux hasard.*

◆ n. **1.** Personnage dont l'Église, par l'acte solennel de la béatification, a reconnu la sainteté de vie sans l'admettre encore aux honneurs du culte universel. – **2.** Fam. *Dormir comme un bienheureux,* profondément et calmement.

BIÊN HOA, v. de Viêt-nam, au N.-E. de Hô Chi Minh-Ville.

BIEN-JUGÉ n. m. (pl. *bien-jugés*). Décision judiciaire rendue conformément au droit.

BIENNAIS (Guillaume), orfèvre français (La Cochère, Orne, 1764 - Paris 1843). Un des principaux représentants du style Empire, il employa jusqu'à 600 ouvriers.

BIENNAL, E, AUX adj. (bas lat. *biennalis*). **1.** Qui dure deux ans : *Magistrature biennale.* – **2.** Qui a lieu tous les deux ans : *Concours biennal.*

◆ **biennale** n. f. Manifestation qui a lieu tous les deux ans : *La biennale de Venise.*

BIENNE (la), riv. du Jura, qui passe à Saint-Claude, affl. de l'Ain (r. g.) ; 55 km.

BIENNE, en all. **Biel,** v. de Suisse (cant. de Berne) sur le *lac de Bienne,* au pied du Jura ; 51 893 hab. Ville impériale au XIe s., cédée, en 1248, à l'évêque de Bâle, Bienne fait partie du canton de Berne depuis 1815. Ensemble urbain de la vieille ville. Musée d'archéologie. Centre horloger. Industrie automobile. Tourisme.

BIENNE *(lac de),* lac de Suisse, au pied du Jura, qui reçoit la Thièle et la Suze ; 40 km². On y a dérivé l'Aar pour en amortir les crues.

BIEN-PENSANT, E n. et adj. (pl. *bien-pensants, -tes*). Personne dont les convictions religieuses ou politiques sont conformes à l'ordre (souvent péjor.).

BIEN QUE conj. Exprime la concession : *Bien qu'il soit inquiet, il n'en laisse rien paraître.*

BIENSÉANCE n. f. Ce qu'il convient de dire ou de faire dans une société ; savoir-vivre : *Observer les règles de la bienséance.*

◆ **bienséances** n. f. pl. Règles de civilité : *Respecter les bienséances.*

BIENSÉANT, E adj. (de *bien* et *séant,* part. prés. de *seoir*). *Être bienséant,* être conforme à la bienséance, à la politesse.

BIENTÔT adv. (de *bien* et *tôt*). **1.** Dans un avenir proche, dans peu de temps : *L'affaire sera bientôt terminée.* — **2.** *À très bientôt,* formule pour prendre congé de qqn qu'on espère revoir dans peu de temps. ‖ *Cela est bientôt dit,* c'est plus facile à dire qu'à faire.

BIENVEILLAMMENT adv. *Litt.* Avec bienveillance.

BIENVEILLANCE n. f. **1.** Disposition d'esprit inclinant à la compréhension, à l'indulgence envers autrui : *Interroger des candidats avec bienveillance.* — **2.** *J'ai l'honneur de solliciter de votre haute bienveillance...,* formule par laquelle on adresse une requête à un supérieur.

BIENVEILLANT, E adj. (de *bien* et *veuillant,* de *vouloir*). Qui montre de la bienveillance, de bonnes dispositions à l'égard de qqn : *Paroles bienveillantes.*

BIENVENANT adj. m. Se dit d'un peuplement de végétation vigoureuse.

BIENVENU, E adj. Qui vient opportunément : *Une mesure bienvenue.*

◆ n. Personne, chose qu'on accueille avec plaisir : *Soyez le bienvenu. Cette augmentation serait la bienvenue.*

BIENVENUE n. f. **1.** Arrivée de qqn qui est accueillie avec joie : *Souhaiter la bienvenue à ses hôtes.* — **2.** Accueil aimable : *Discours de bienvenue.*

BIENVENÜE (Fulgence), ingénieur français (Uzel, Côtes-du-Nord, 1852-Paris 1936). Ingénieur en chef en 1891 au service municipal de la Ville de Paris, il dirigea le service d'adduction des nouvelles eaux de source et créa à Gennevilliers un port de Paris. Il conçut (1896) puis dirigea la réalisation du métro de Paris.

BIENVILLE ou **APISKIGAMISH** *(lac),* lac du Canada, dans le nord du Québec ; 1 015 km².

BIENVILLE (LE MOYNE DE) → LE MOYNE DE BIENVILLE.

BIERCE (Ambrose Gwinnet), journaliste et écrivain américain (Meigs County, Ohio, 1842-Mexico 1914). L'un des précurseurs de la nouvelle américaine moderne, il est un maître du réalisme et de l'horreur (*Au cœur de la vie,* 1891 ; *De telles choses peuvent-elles arriver ?,* 1893).

1. BIÈRE n. f. (anc. bas frq. **bera,* civière). Coffre de bois, de forme oblongue, où l'on enferme un mort ; cercueil.

2. BIÈRE n. f. (moyen néerl. *bier*). **1.** Boisson fermentée préparée à partir de céréales germées, principalement de l'orge, et de houblon. — **2.** Consommation consistant en un verre ou en une bouteille de bière. — **3.** *Bière forte, double bière, petite bière,* appellations indiquant l'importance de la quantité d'alcool développé dans la bière par la fermentation. ‖ Fam. *Ce n'est pas de la petite bière,* ce n'est pas rien.

ENCYCL. La bière, en usage dès 4000 av. J.-C., était connue des Gaulois, des Germains et des Romains. En France, longtemps fabriquée sans houblon, elle fut appelée *cervoise* jusqu'au XVe s. La bière renferme du gaz carbonique (4 à 6 g/l), de l'alcool (30 à 60 g/l), des dextrines (20 à 30 g/l), des protéines, des sels minéraux, des tanins, des acides organiques, des vitamines du groupe B.

La bière est fabriquée dans les brasseries à partir du malt, ou orge séchée puis aromatisée au touraillage. Lors du brassage, le malt est concassé puis mélangé à de l'eau *(empâtage).* La pâte obtenue *(salade)* subit des réactions enzymatiques avant d'être filtrée puis lavée. Le moût ainsi obtenu est cuit puis houblonné. La fermentation principale (5 à 10 jours) est produite par adjonction de levure ; elle est suivie par la fermentation secondaire (2 à 8 semaines), qui est une phase de maturation. Après filtration, la bière est mise soit en bouteilles, soit en fûts.

BIERGOL n. m. Syn. de DIERGOL.

BIERMANN (Ludwig), astrophysicien allemand (Hamm, Westphalie, 1907). Auteur de travaux concernant la physique des plasmas, le Soleil et les comètes, il a, le premier, suggéré l'existence du vent solaire (1951).

BIERMANN (Wolf), poète et chansonnier allemand (Hambourg 1936). Banni (en 1976) de R. D. A., où il résidait depuis 1953, pour la virulence de ses pièces politiques (*Mit Marx und Engelszungen,* 1968), il a publié un opéra (*Der Dra Dra,* 1970) et un recueil poétique (*Icare prussien,* 1978). Il a été autorisé à rentrer en R. D. A. en 1989.

Biermer *(maladie de)* ou **maladie d'Addison-Biermer,** anémie due à une carence en vitamine B12 (facteur extrinsèque) par malabsorption digestive, elle-même liée à une absence de production gastrique en facteur intrinsèque. Cette carence est responsable de diverses autres anomalies sanguines et de lésions neurologiques. Le traitement à vie par la vitamine B12 corrige la majorité des anomalies.

BIERUT (Bolesław), homme d'État polonais (près de Lublin 1892 - Moscou 1956). Président du Comité de libération nationale de Lublin, il fut élu président de la République en 1945. Cette fonction ayant été remplacée en 1952 par un Conseil d'État, Bierut devint président du Conseil des ministres. Il était depuis 1948 premier secrétaire du parti ouvrier unifié polonais.

BIESHEIM (68600), comm. du Haut-Rhin, à l'E. de Colmar ; 2 136 hab. Zone portuaire et industrielle en bordure du Rhin.

BIESZCZADY, partie polonaise des Beskides orientaux, se prolongeant en Ukraine.

BIÈVRE n. m. (gaul. *bèbros,* castor, du bas lat. *bèber*). **1.** Anc. nom du *castor.* — **2.** Canard migrateur, aux couleurs vives, des régions arctiques, nichant parfois au bord du lac Léman.

BIÈVRE (la), riv. de la région parisienne, longue de 40 km. En aval de Bièvres, elle coule en souterrain et se termine à Paris en égout (près du pont d'Austerlitz).

BIÈVRE (la), région du bas Dauphiné (Isère), au N. du plateau de Chambaran.

BIÈVRE (François Georges MARESCHAL, *marquis* DE), écrivain français (Paris 1747-Triesdorf, Bavière, 1789). Surnommé le « père du calembour », il en truffa ses ouvrages (*les Amours de l'Ange-Lure,* 1772).

BIÈVRES (91570), ch.-l. de cant. de l'Essonne, sur la Bièvre, à 11 km au S.-O. de Paris ; 4 308 hab. Musée français de la photographie, fondé en 1960, conservant d'importantes collections d'appareils photographiques, de daguerréotypes et de photographies.

1. BIFACE ou **BIFACIAL, E, AUX** adj. Taillé sur les deux côtés.

2. BIFACE n. m. Outil, caractéristique du paléolithique inférieur et moyen, retouché sur les deux faces et de forme variable. [Syn. COUP-DE-POING.]

BIFFAGE ou **BIFFEMENT** n. m. Action de biffer ; résultat de cette action.

BIFFE n. f. (de *biffin*). *Arg.* Infanterie.

BIFFER v. t. (anc. fr. *biffe,* étoffe rayée) [conj. 3]. Barrer, rayer d'un trait ce qui est écrit : *Biffer un nom sur une liste.*

BIFFETON ou **BIFTON** n. m. (de l'anc. mot *biffe,* chiffonnier). *Pop.* Billet de banque.

BIFFIN n. m. (de l'anc. mot *biffe,* chiffonnier). **1.** *Pop.* Chiffonnier. — **2.** *Arg.* Militaire de l'infanterie.

BIFFURE n. f. Trait qu'on tire pour biffer.

BIFIDE adj. (lat. *bifidus*). À demi partagé par une fente longitudinale, comme la langue des serpents ou certaines feuilles.

BIFILAIRE adj. **1.** Se dit d'un enroulement constitué par deux fils isolés et juxtaposés, que le courant parcourt en sens opposés. — **2.** *Suspension bifilaire,* suspension d'une pièce mobile en rotation à l'aide de deux fils souples parallèles à l'axe de rotation, exerçant un couple sensiblement proportionnel aux petits angles d'écart. (Les balances bifilaires sont utilisées en électrostatique.)

BIFLÈCHE adj. Se dit d'un affût de canon formé de deux flèches s'ouvrant en V.

BIFLEXE adj. *Canal biflexe,* glande sébacée en forme de poche repliée sur elle-même, située entre les doigts chez le mouton.

BIFOCAL, E, AUX adj. **1.** Qui possède deux distances focales différentes. — **2.** Se dit d'un verre de lunettes taillé en deux parties différentes, la partie supérieure servant pour la vision à distance, la partie inférieure pour la vision rapprochée.

BIFONCTIONNEL, ELLE adj. Se dit d'un composé organique possédant deux fonctions différentes ou d'un catalyseur agissant à la fois sur deux types de réactions différents.

BIFRONS [-frɔ̃s] adj. et n. m. Se dit d'une statue ou d'un buste à deux visages opposés.

BIFTECK [-tɛk] n. m. (angl. *beefsteak,* tranche de bœuf). **1.** Tranche de viande de bœuf, de cheval utilisée comme grillade. (Syn. STEAK.) — **2.** Spires externes d'une bobine de papier que l'on élimine avant la mise en place sur rotative. — **3.** Fam. *Défendre son bifteck,* défendre ses intérêts. ‖ Fam. *Gagner son bifteck,* gagner sa vie, sa nourriture.

BIFURCATION n. f. (de *bifurquer*). **1.** Division en deux branches : *La bifurcation d'une artère.* — **2.** Point où une voie de communication (route, chemin de fer) se divise en deux autres voies. — **3.** Possibilité de choisir entre plusieurs orientations : *Bifurcation dans une carrière.* — **4.** *Phénomène de bifurcation,* pour un système macroscopique décrit par des équations d'évolution dont certaines sont non linéaires, existence de valeurs critiques d'un paramètre telles que, au-dessus d'une de ces valeurs, les équations admettent de nouvelles solutions stables, toutes identiques, puis bifurquant au-delà de cette valeur.

BIFURQUER v. i. (lat. *bifurcus,* fourchu) [conj. 3]. **1.** Se diviser en deux : *La voie ferrée bifurque à Moret.* — **2.** Abandonner une direction pour en suivre une autre : *La voiture a bifurqué sur la gauche.* — **3.** Changer d'orientation, d'études ; dévier de la direction initiale, en parlant de qqch : *La conversation a bifurqué sur les vacances.*

BIGAME adj. et n. (lat. ecclés. *bigamus,* du gr. *digamos*). Qui est marié à deux personnes en même temps.

BIGAMIE n. f. (lat. médiév. *bigamia*). État d'une personne qui contracte un second mariage alors que le précédent n'est pas dissous. (En France, la bigamie est un délit, et le second mariage est entaché de nullité absolue.)

BIGANOS (33380), comm. de la Gironde, près du bassin d'Arcachon ; 5 922 hab. Papeterie.

BIG APPLE [bigapəl] n. f. (pl. *big apples*) [angl. *big apple*, grosse pomme]. Danse à quatre temps, d'origine américaine, dérivée du jitterburg, en vogue vers 1935.

BIGARADE n. f. (provenç. *bigarrado*). **1.** Fruit du bigaradier (orange amère), de couleur orangé-rouge, dont la pulpe, acide et amère, sert à préparer des confitures et des liqueurs. — **2.** *Sauce bigarade,* sauce brune constituée d'une réduction de porto additionnée d'orange et de citron et mouillée au jus de veau.

BIGARADIER n. m. Arbre du groupe des agrumes, du genre *citrus,* appelé aussi *oranger amer,* qui produit des bigarades.

BIGARREAU n. m. (de *bigarrer*). Variété de cerise rouge, rose ou blanche, dont la chair est ferme et sucrée.

BIGARRER v. t. (p.-ê. du moyen fr. *garre,* de deux couleurs) [conj. 3]. Marquer qqch de taches de couleurs variées et vivement contrastées.

◆ **être bigarré** v. pass. **1.** Présenter des couleurs vives et variées : *Étoffes bigarrées.* — **2.** Être formé d'éléments disparates : *Une foule bigarrée.* — **3.** *Grès bigarrés,* grès triasiques du domaine germanique, de couleurs variées.

BIGARRURE n. f. **1.** Assemblage de couleurs, de dessins nombreux et variés. — **2.** Réunion d'éléments disparates : *Bigarrure du style.* — **3.** Maladie à virus de la pomme de terre, se traduisant par des taches nécrosées le long des nervures des feuilles.

BIG BANG ou **BIG-BANG** [bigbɑ̃g] n. m. sing. (mot amér.). Événement assimilable à une gigantesque explosion, qui serait à l'origine de l'expansion de l'Univers ; théorie cosmologique décrivant l'évolution de l'Univers consécutive à cet événement.

ENCYCL. La plupart des cosmologistes admettent aujourd'hui l'hypothèse selon laquelle l'Univers, primitivement très chaud et très condensé, serait brutalement entré en expansion il y a 15 milliards d'années environ, ne cessant depuis lors de se dilater et de se refroidir. Son évolution dans les premiers instants qui suivirent le big bang est retracée sur la base des acquis de la physique des particules. L'Univers primordial était un gaz de particules et d'antiparticules animées de mouvements désordonnés à des vitesses proches de celle de la lumière. Au gré d'incessantes collisions, certaines particules s'annihilèrent, tandis que d'autres apparurent. Les protons et les neutrons commencèrent à se combiner une seconde après le big bang. Dans les minutes suivantes, une intense activité nucléaire permit la formation de noyaux atomiques légers (hydrogène et hélium principalement). Cette étape (nucléosynthèse primordiale) dura moins d'un quart d'heure. À ces premières minutes exceptionnellement mouvementées succéda une longue période tranquille. Ce n'est que 300 000 à 400 000 ans plus tard, lorsque la température s'abaissa au-dessous de 3 000 K, que le rayonnement put enfin se propager librement. Les premières galaxies seraient apparues environ un milliard d'années après le big bang.

Big Bird, type de satellite américain de reconnaissance. Long de 15 m pour un diamètre de 3 m, et d'une masse voisine de 12 t, le Big Bird, lancé par une fusée Titan-III D, reste opérationnel env. 6 mois.

BIG BOSS → BOSS.

Big Brother, nom du chef de l'État, dans le roman de G. Orwell *1984*, symbole du totalitarisme, de l'informatisation de la société.

BIGE n. m. (lat. *biga*). Char romain à deux roues, attelé de deux chevaux.

BIGEARD (Marcel), général français (Toul 1916). Engagé volontaire et sous-officier en 1940, il s'illustre en Indochine de 1946 à la chute de Diên Biên Phu (1954). Nommé en Algérie (1954-1960), général de brigade en 1967, de division en 1971, de corps d'armée en 1974, il est secrétaire d'État à la Défense (1975-76) et député de 1978 à 1988.

BIGÉMINÉ, E adj. Se dit du pouls lorsque chaque pulsation normale est suivie d'une extrasystole.

BIGÉMINISME n. m. Phénomène du pouls bigéminé.

Biggs et Douglas *(test de),* test de coagulation utilisé pour établir un diagnostic d'hémophilie A ou B.

BIGHORN n. m. (amér. *big-horn,* grosse corne). Mouton sauvage d'Amérique du Nord, aux cornes spiralées.

BIGHORN, riv. des États-Unis, dans le nord des Rocheuses, qui rejoint la Yellowstone River ; 730 km env.

BIGLER v. i. (lat. pop. **bisoculare,* loucher) [conj. 3]. *Pop.* Loucher.

◆ v. t. ou v. t. ind. *Pop.* Regarder avec curiosité ou envie : *Bigler quelqu'un. Bigler sur un bijou.*

BIGLEUX, EUSE adj. et n. (de *bigler*). *Pop.* Qui a une mauvaise vue ou qui louche.

BIGNON (Jérôme Ier), magistrat français. (Paris 1589-*id.* 1656). Il composa un *Traité de l'excellence des rois et du royaume de France* (1610). Avocat général au Grand Conseil en 1620, conseiller d'État, avocat général au parlement de Paris (1625), grand maître de la Bibliothèque du roi en 1642, il était surnommé « le Varron français » pour son érudition en histoire du droit français.

BIGNONIA ou **BIGNONE** n. m. (de J.-P. *Bignon,* n. pr.). Arbuste grimpant décoratif, à grosses fleurs tubuleuses orangées.

BIGNONIACÉE n. f. Arbre ou arbuste tel que le bignone, le catalpa, le teck, le jacaranda. (Les *bignoniacées* forment une famille.)

BIGOPHONE n. m. (de *Bigot,* n. pr.). **1.** Mirliton en zinc. — **2.** *Fam.* Téléphone.

BIGOR n. m. (de *bigorneau*). *Arg.* Canonnier de l'artillerie de marine.

BIGORNE n. f. (lat. *bicornis,* à deux cornes). **1.** Petite enclume dont la forme des extrémités varie en fonction des métiers. — **2.** Enclume à téton. — **3.** *Pop.* Bataille, bagarre.

BIGORNEAU n. m. (de *bigorne*). Petit gastropode des rivages, à coquille noire et pointue, comestible, objet d'un élevage. (Autres noms *vignot, littorine.*)

BIGORNER v. t. (de *bigorne*) [conj. 3]. *Pop.* **1.** Endommager qqch par un choc : *Bigorner sa voiture.* — **2.** Frapper qqn, lui donner des coups ; le tuer.

◆ **se bigorner** v. pr. *Pop.* **1.** Se battre. — **2.** Se heurter, en parlant des véhicules.

BIGORRE (la) [lat. *Bigoritanus* ou *Bigorensis Pagus,* pays des Bigerriones], partie du département des Hautes-Pyrénées. [Hab. *Bigourdans.*] Elle correspond aux hauts bassins du gave de Pau et de l'Adour. V. princ. *Tarbes.*
— **Hist.** Le comté de Bigorre fut, au Moyen Âge, l'un des plus grands fiefs de la Gascogne, constitué dès le IXe s. Il fut rattaché au domaine royal en 1607. Le for de Bigorre, daté de 1097, est une des plus anciennes chartes connues.

BIGOT, E adj. et n. (orig. germ.). Qui est d'une dévotion étroite et excessive : *Une femme bigote. Un bigot.*

◆ adj. Qui manifeste cet état d'esprit.

BIGOT (François), administrateur français (Bordeaux 1703-en Suisse v. 1777), dernier intendant du Canada français (1748-1754).

BIGOT (Eugène), chef d'orchestre et compositeur français (Rennes 1888-Paris 1965). Il a été premier chef de la Radiodiffusion française (à partir de 1947) et professeur de direction d'orchestre au Conservatoire de Paris.

BIGOT DE MOROGUES (Sébastien François, *vicomte* DE), officier de marine français (Brest 1706-Villefallier, près de Jouy-le-Potier, Loiret, 1781). Il créa une académie qui, approuvée en 1769, prit le nom d'Académie royale de marine.

BIGOT DE PRÉAMENEU (Félix Julien Jean), jurisconsulte français (Rennes 1747-Paris 1825). Député modéré (1791-92), il devint conseiller d'État sous le Consulat après avoir été emprisonné sous la Terreur. Il a participé à la rédaction du Code civil. (Acad. fr., 1803.)

BIGOTERIE n. f. ou **BIGOTISME** n. m. *Fam.* Dévotion étroite et excessive.

BIGOUDEN [-dɛ̃, fém. -dɛn] adj. et n. (mot breton). De la région sud-ouest du Finistère *(pays bigouden).*

◆ n. m. Coiffe traditionnelle des femmes du pays bigouden.

BIGOUDI n. m. Petit rouleau qui permet d'enrouler les mèches de cheveux pour faire une mise en plis ou une permanente.

BIGOULA n. f. Blennie à points bleus des côtes du sud de la France.

BIGOURDAN, E adj. et n. De la Bigorre.

BIGOURDAN (Guillaume), astronome français (Sistels, Tarn-et-Garonne, 1851-Paris 1932). Il contribua à l'organisation de la transmission des signaux horaires par T. S. F. et fut le premier directeur du Bureau international de l'heure.

BIGRAMME n. m. Syn. de DIGRAMME.

BIGRE ! interj. (de *bougre*). *Fam.* Exprime l'étonnement : *Bigre ! voilà qui est fort ennuyeux.*

BIGREMENT adv. *Fam.* Beaucoup, très : *Il a bigrement changé.*

BIGRILLE n. f. et adj. Tube à vide comportant deux grilles (tétrode).

BIGUANIDE [-gwa-] n. m. ou f. Base qui entre dans la composition d'un groupe de médicaments de synthèse, d'action antidiabétique. (Syn. DIGUANIDE.)

ENCYCL. Premiers médicaments proposés pour traiter le diabète par voie orale, les biguanides paraissent agir en accroissant l'efficacité de l'insuline. Leur indication majeure est le diabète gras de l'âge mûr, non acidosique.

BIGUE n. f. (provenç. *biga,* joug). **1.** Assemblage de deux ou trois montants aux extrémités inférieures écartées et qui se rejoignent au sommet pour soutenir un palan. — **2.** Mât de charge pour la manutention des colis lourds à bord d'un navire.

BIGUERNY, BIGARNY ou **VIGARNY** (Philippe ou Felipe [DE]), ou encore **Philippe de Bourgogne,** sculpteur français (Langres v. 1475-1543), installé à Burgos en 1498. Réaliste et expressif, son style combine les innovations italiennes à la tradition gothique française. Œuvres dans les cathédrales de Burgos, Grenade, Tolède.

BIGUGLIA, étang littoral de la Corse, au S. de Bastia. Tourisme.

BIGUINE [-gin] n. f. (mot antillais). Danse à 4/4 originaire des Antilles, caractérisée par un balancement des hanches, les épaules demeurant immobiles.

B. I. H., sigle de BUREAU INTERNATIONAL DE L'HEURE*.

BIHĀR, État de l'Inde ; 174 000 km² ; 86 338 853 hab. Cap. *Paṭnā.* Jusqu'en 1525, le Bihār fut un État indépendant. Il fut occupé par la Compagnie des Indes en 1765. Densément peuplé, c'est un pays agricole au N., dans la plaine gangétique, domaine des céréales (riz surtout), de la canne à sucre, du tabac, et un pays industrialisé (métallurgie, chimie) au S. (dans les agglomérations de Jamshedpur, Dhanbad, Rānchī), bénéficiant notamment, en bordure du Chotā Nāgpur, de la houille du bassin de la Dāmodar.

BIHĀR, v. de l'Inde, au S.-E. de Paṭnā ; 151 000 hab.

BIHĀRĪ n. m. Langue indo-aryenne apparentée au hindī, parlée par les Bihārīs.

BIHĀRĪS, population indo-aryenne du nord de l'Inde, notamment du Bihār, et représentant un groupe de plus de 40 M d'individus. Les Bihārīs musulmans se retrouvent aussi au Bangladesh.

BIHEBDOMADAIRE adj. Qui a lieu, qui paraît deux fois par semaine.
◆ n. m. Périodique bihebdomadaire.

BIHOR *(monts)* → APUSENI *(monts).*

BIHOREAU n. m. (dimin. du moyen fr. *buor,* butor). Petit héron au cou court, au bec très pointu, aux mœurs nocturnes. (N. usuel *héron de nuit.*)

BIHOREL (76420), comm. de la Seine-Maritime, banlieue de Rouen ; 9 380 hab.

BIHZĀD → BEHZĀD.

BIISK, v. de Russie, en Sibérie, sur l'Ob ; 233 000 hab.

BIJAGÓS *(îles)* → BISSAGOS.

BIJĀPUR, v. de l'Inde, dans le nord du Karnātaka ; 193 038 hab. Mosquées, palais et mausolées des XVIe et XVIIe s., dont le fameux Gol Gunbadh, tombeau de Muḥammad ʿĀdil Chāh (1627-1656).

BIJECTIF, IVE adj. *Application bijective,* application à la fois injective et surjective qui établit entre les éléments de deux ensembles une correspondance telle que tout élément de l'un a un correspondant et un seul dans l'autre. (Syn. BIJECTION.)

BIJECTION n. f. Syn. de APPLICATION BIJECTIVE.

BIJOU n. m. (pl. *bijoux*) [breton *bizou,* anneau, de *biz,* doigt]. **1.** Objet de parure précieux par la matière ou par le travail. – **2.** Objet, monument remarquable par la délicatesse de sa réalisation : *Cette chapelle est un bijou de l'art gothique.* – **3.** *Fam.* Terme d'affection.

BIJOUTERIE n. f. **1.** Art, commerce et magasin du bijoutier. – **2.** Ensemble des articles exécutés ou vendus par les bijoutiers.
ENCYCL. On distingue : la *bijouterie d'or,* dont le titre légal en France est de 0,750 d'or (18 carats, avec, depuis 1994, la possibilité d'utiliser de l'or titrant 9 ou 14 carats pour la bijouterie fantaisie) ; la *bijouterie d'argent,* qui possède deux titres légaux, 0,950 et 0,800 ; la *bijouterie creuse,* formée de deux coquilles d'or ou d'argent estampées et soudées pour ressembler au plein ; la *bijouterie de platine,* dont le titre légal est 0,950 ; la *bijouterie en doublé** et en *plaqué** ; la *bijouterie en doré* ou *en argenté,* qui se fabrique par les procédés de la *dorure* et de l'*argenture.* La *bijouterie fantaisie* est celle qui utilise toutes sortes de métaux, de pierres, de résines synthétiques, à l'exclusion le plus souvent des métaux précieux et des gemmes.

BIJOUTIER, ÈRE n. Personne dont le métier est de fabriquer et/ou de vendre des bijoux.

BIJUMEAU adj. *Tubercules bijumeaux,* formation paire, homologue des tubercules quadrijumeaux des mammifères, chez les autres vertébrés.

BĪKANER, v. de l'Inde (Rājasthān) ; 415 355 hab. Anc. place forte à la lisière du désert de Thar. Beaux temples d'architecture rājput ; musée. Centre d'élevage de chameaux.

BIKILA (Abebe), athlète éthiopien (Addis-Abeba 1932-*id.* 1973), champion olympique du marathon en 1960 et 1964.

BIKINI n. m. (n. déposé). Maillot de bain en deux pièces de dimensions très réduites.

BIKINI, atoll de Micronésie, dans l'archipel des îles Marshall, où eurent lieu des expériences atomiques américaines à partir de 1946.

BILABIAL, E, AUX adj. et n. f. Se dit des consonnes labiales dans l'émission desquelles les deux lèvres participent activement à l'articulation (par ex. les occlusives du français [p] et [b]).

BILABIÉ, E adj. Se dit des corolles formées de deux lèvres (labiées, plasonées).

BILAL (Enki), auteur et dessinateur de bandes dessinées français d'origine yougoslave (Belgrade 1951). Arrivé en France en 1960, il publie sa première B.D. dans *Pilote* (1971). Avec le scénariste Pierre Christin, il publie la série des *Légendes d'aujourd'hui,* puis *Partie de chasse* (1983). En 1980, il écrit et dessine *La Foire aux Immortels,* album suivi de *la Femme piège* et de *Froid Équateur* (1992) [l'ensemble formant la trilogie « Nikopol »]. En 1989, il réalise son premier long métrage, *Bunker Palace Hôtel.*

BILĀL IBN RABĀḤ ou **IBN ḤAMĀMA,** esclave abyssin qui fut un des premiers adeptes de Mahomet.

BILAME n. f. ou m. **1.** Bande métallique double, formée de deux lames minces et étroites de métaux inégalement dilatables, soudées par laminage. (Sous l'effet d'une variation de température, le bilame s'incurve, propriété utilisée dans les thermostats et les disjoncteurs.) — **2.** Système de deux miroirs qui peut produire le phénomène d'interférence. — **3.** Fibre textile bicomposée dont les composants sont constitués par deux filaments accolés.

BILAN n. m. (ital. *bilancio,* de *bilanciare,* peser). **1.** Résumé de la situation financière d'une entreprise. (→ *encycl.*) — **2.** État d'une situation ; résultat d'une action, d'une opération d'ensemble : *Le bilan d'une réforme.* • **Dr.** *Bilan social,* document annuel élaboré par le chef d'entreprise, après consultation du comité d'entreprise, qui récapitule les principales données chiffrées reflétant la situation sociale des employés d'une entreprise et leurs conditions de vie et de travail. (Il est obligatoire dans toute entreprise employant 300 salariés au minimum.) — **Méd.** *Bilan de santé,* examen médical comportant une série d'investigations cliniques et de laboratoire aussi complètes que possible, pratiqué systématiquement ou occasionnellement, pour apprécier l'état des organes d'un sujet apparemment indemne de toute affection. (Syn. CHECK-UP.) — **Phys.** *Bilan énergétique,* récapitulation de toutes les formes d'énergie intervenant dans une transformation. — **Physiol.** *Bilan nutritif,* comparaison des entrées *(ingesta)* et des sorties *(egesta)* dans un organisme vivant, permettant de déterminer l'état de sa nutrition. (Il sert de base à l'établissement de la ration alimentaire.) — **Therm.** *Bilan thermique,* comparaison des quantités de chaleur apportées par le combustible, ou le comburant, avec les quantités de chaleur utilisées et perdues.

ENCYCL. Le bilan est la figuration schématisée de ce qui appartient à l'entreprise (y compris ce qu'on lui doit) et de ce qu'elle doit, la différence entre ces éléments donnant la « perte » ou le « profit ». Le passif indique les ressources de l'entreprise et leur origine (fonds propres et dettes à long terme [formant les « capitaux permanents »], dettes à moyen et court terme), et les profits s'il y en a. L'actif rend compte des valeurs immobilisées et des actifs circulants, comprenant eux-mêmes les valeurs d'exploitation, les valeurs réalisables et les valeurs disponibles. Le « fonds de roulement net » (marge de sécurité pour la gestion financière de l'entreprise) est égal à l'excédent des capitaux permanents (qui figurent au passif) sur les valeurs immobilisées à l'actif.

BILASPUR, v. de l'Inde, dans l'est du Madhya Pradesh ; 233 570 hab.

BILATÉRAL, E, AUX adj. Qui concerne les deux côtés d'un objet, d'un organisme, etc., ou intéresse deux parties en présence : *Lésion corticale bilatérale. Des accords bilatéraux. Une politique d'aide bilatérale.* • **Anthropol.** Se dit d'un système de filiation dans lequel chaque lignée, la paternelle et la maternelle, a des droits particuliers qui ne se transmettent qu'à l'intérieur même de la lignée. — **Biol.** *Symétrie bilatérale,* symétrie par rapport à un plan vertical. (→ *encycl.*) — **Dr.** Syn. de SYNALLAGMATIQUE. — **Phon.** Se dit d'une consonne dans l'émission de laquelle le flux d'air s'échappe par les bords latéraux de la langue (par ex. la latérale [l] du français). ‖ *Opposition bilatérale,* opposition phonologique entre deux phonèmes possédant en commun un ensemble de traits distinctifs que l'on ne retrouve dans aucun phonème de la langue considérée.

ENCYCL. **Biol.** Chez les animaux qui se déplacent activement, on observe presque toujours une symétrie bilatérale externe par rapport à un plan vertical, avec des différences majeures entre dos et ventre et plus encore entre avant et arrière. Chez les plantes, la symétrie par rapport au plan vertical est générale pour les feuilles et apparaît chez la fleur dite *zygomorphe* des légumineuses, labiées, orchidées, etc.

BILATÉRALEMENT adv. De façon bilatérale.

BILATÉRALISME n. m. Politique d'accords, d'échanges entre des États pris deux à deux.

BILATÉRALITÉ n. f. Caractère de ce qui est bilatéral.

BILATÈRE adj. *Idéal bilatère,* idéal à gauche et à droite d'un anneau A.

BILBAO, en basque **Bilbo,** v. d'Espagne, ch.-l. de la Biscaye ; 369 839 hab. Près de l'embouchure du Nervión, Bilbao est la plus grande agglomération (plus de 800 000 hab. avec les banlieues) du Pays basque, son principal pôle industriel (métallurgie et chimie surtout), un port notable et un important centre de services (bancaires notamment).
— **Hist.** Prospère au Moyen Âge grâce au commerce, Bilbao devint, au XIXe s., le centre de l'industrialisation du Pays basque. Pendant la guerre civile de 1936-1939, Bilbao fut le centre principal de résistance des troupes républicaines basques. La ville tomba le 18 juin 1937.

– **Bx-arts.** Cathédrale gothique. Riche musée des Beaux-Arts, avec importante section de peinture moderne.

BILBOQUET n. m. (moyen fr. *biller,* jouer aux boules, et dimin. de *bouque,* boule). **1.** Jouet composé d'une boule percée d'un trou reliée par une cordelette à un bâtonnet sur lequel on doit enficher la boule. – **2.** Petit travail d'imprimerie peu important (affiches, factures, cartes de visite, faire-part). (Syn. TRAVAUX DE VILLE.)

BILDERDIJK (Willem), poète hollandais (Amsterdam 1756-Haarlem 1831). Chef de file du classicisme (*la Fin du premier monde,* 1810), il annonce déjà l'individualisme romantique.

BILDT (Carl), homme politique suédois (Halmstad 1949). Président du parti du Rassemblement des modérés (conservateur) depuis 1986, il est Premier ministre de 1991 à 1994. À partir de 1995, il est investi, au niveau international, d'importantes missions dans l'ex-Yougoslavie : d'abord médiateur au nom de l'Union européenne, il est, aux termes de l'accord de Dayton, chargé de contrôler les aspects civils du rétablissement de la paix dans la région.

BILDUNGSROMAN, mot all. signif. *roman de formation* (ou *d'éducation*) et désignant une forme romanesque qui décrit la formation morale et intellectuelle d'un héros (*Wilhelm Meister* de Goethe).

Bild Zeitung, quotidien allemand créé le 24 juin 1952 par le groupe Springer. C'est le plus grand quotidien d'Allemagne par son tirage.

BILE n. f. (lat. *bilis*). **1.** Liquide amer, jaune d'or, verdissant à l'air, sécrété par le foie au taux de 800 à 1 000 ml par jour et qui contribue à la digestion. (Syn. FIEL.) [→ *encycl.*] – **2.** *Bile noire,* syn. de ATRABILE. ‖ *Décharger, déverser sa bile,* se soulager en s'abandonnant à sa colère. ‖ *Échauffer, exciter la bile de qqn,* exciter sa colère. ‖ Fam. *Se faire de la bile,* se tourmenter, s'inquiéter.

ENCYCL. La bile, sécrétée par les cellules hépatiques dans les canalicules biliaires, gagne ensuite la vésicule biliaire, où elle est stockée et concentrée ; au moment de la digestion, elle va dans le canal cholédoque, puis dans l'intestin (duodénum). Elle est composée de 95 % d'eau, et ses principaux constituants sont les sels biliaires, la bilirubine et le cholestérol. La bile est un suc digestif qui agit sur la digestion des graisses. Sa rétention provoque l'ictère (jaunisse).

BILER (SE) v. pr. (conj. 3). *Fam.* Se faire de la bile, du souci, se tourmenter.

BILEUX, EUSE adj. (de *bile*). *Fam.* Qui s'inquiète facilement : *Il n'est pas bileux.*

BILHARZIE n. f. (de T. *Bilharz,* n. pr.). Ver plathelminthe de la classe des trématodes, parasite très commun du sang de l'homme, agent de la bilharziose (genre *schistosoma*).

BILHARZIOSE n. f. Maladie parasitaire tropicale due aux bilharzies et à leurs œufs. (Syn. SCHISTOSOMIASE, SCHISTOSOMOSE.)

ENCYCL. Quatre espèces de bilharzies sont pathogènes pour l'homme : *Schistosoma mansoni,* agent de la bilharziose « intestinale » rencontrée en Afrique et en Amérique centrale, notamment aux Antilles, où elle a été introduite par l'esclavage ; *S. hematobium,* qui entraîne la bilharziose « urinaire », fréquente en Afrique ; *S. intercalatum,* à l'origine de la bilharziose « recto-sigmoïdienne » qui sévit en Afrique équatoriale, de moindre importance médicale ; *S. japonicum,* en Extrême-Orient, responsable d'une bilharziose « artério-veineuse », sans doute la plus grave. Les vers adultes vivent dans le système veineux abdominal de l'homme et les femelles pondent de très nombreux œufs, dont un certain nombre cheminent dans les vaisseaux et les tissus, entraînant des lésions chroniques granulomateuses, tandis que les autres sont éliminés (contamination fécale et urinaire des eaux saines).

BILIAIRE adj. **1.** Relatif à la bile. – **2.** *Acides biliaires,* acides de structure stéroïdiques, provenant du catabolisme du cholestérol, excrétés par les voies biliaires. (La bile humaine renferme quatre acides biliaires : l'acide cholique, l'acide chénodésoxycholique, l'acide désoxycholique et des traces d'acide lithocholique.) ‖ *Pigments biliaires,* substances provenant du catabolisme de l'hémoglobine, contenues dans la bile et dont les principales sont la bilirubine et la biliverdine. ‖ *Sels biliaires,* sels sodiques ou potassiques des acides biliaires, notamment le glycocholate et le taurocholate de sodium.

BILIÉ, E adj. Qui contient de la bile. (Le B. C. G. est un vaccin bilié.)

BILIEUX, EUSE adj. (lat. *biliosus*). **1.** Qui est attribué à un excès de bile : *Teint bilieux.* – **2.** *Fièvre bilieuse hémoglobinurique,* complication grave, parfois mortelle, de nature immunoallergique, survenant chez un paludéen ancien (paludisme viscéral évolutif à *Plasmodium falciparum*).

◆ adj. et n. Qui est irascible, d'humeur acariâtre : *Un critique bilieux.*

BILIGENÈSE ou **BILIGÉNIE** n. f. Élaboration de la bile par le foie. (Syn. CHOLÉPOÏÈSE.)

BILINÉAIRE adj. **1.** Se dit d'un système de filiation dans lequel, pour un individu donné, la double ascendance paternelle et maternelle se juxtapose pour déterminer deux séries identiques de devoirs et de droits. – **2.** *Application* *bilinéaire,* application *f* définie de $E_1 \times E_2$ dans F, où E_1, E_2, F sont des K-espaces vectoriels, telle que *f* est linéaire par rapport à chacune des variables. ‖ *Forme bilinéaire,* application bilinéaire définie de $E_1 \times E_2$ dans K, où E_1 et E_2 sont des K-espaces vectoriels, K étant le corps de base des espaces E_1 et E_2. (→ *encycl.*)

ENCYCL. **Algèbr.** Un exemple de forme bilinéaire est donné par l'application qui, à deux vecteurs *x* et *y*, associe leur produit scalaire $<x,y>$; cette forme est symétrique, c'est-à-dire que $<x,y> = <y,x>$. L'ensemble des formes bilinéaires définies de $E_1 \times E_2$ sur K a une structure d'espace vectoriel noté $£(E_1, E_2, K)$.

BILINGA n. m. Bois orangé africain, dur et lourd.

BILINGUE adj. (lat. *bilinguis*). Qui est en deux langues différentes : *Inscription bilingue.*
◆ adj. et n. Qui use couramment de deux langues : *Population bilingue.*

BILINGUISME [bilɛ̃gɥism] n. m. Situation d'un individu parlant couramment deux langues différentes (bilinguisme individuel) ; situation d'une communauté où se pratiquent concurremment deux langues.

ENCYCL. On distingue le bilinguisme individuel (individu parlant couramment deux langues) et le bilinguisme collectif (États, comme le Canada ou la Belgique, dont la constitution reconnaît officiellement deux langues). Quand la relation entre les langues en présence apparaît inégalitaire (cas le plus fréquent), on parle de « diglossie » (alsacien, breton, corse ou basque face au français). Il se produit dans tous les cas des interférences diverses et complexes (lexicales, grammaticales, phonétiques) entre les langues qui se trouvent en contact en fonctionnant concurremment.

BILIRUBINE n. f. Pigment rouge colorant la bile des carnivores.

BILIRUBINÉMIE n. f. Présence physiologique de bilirubine dans le sang (3 à 10 mg/l).

BILIRUBINURIE n. f. Présence pathologique de bilirubine dans les urines.

BILITÈRE adj. (du lat. *littera,* lettre). Se dit, en sémitique, d'une racine constituée de deux consonnes.

BILIVERDINE n. f. Pigment biliaire de la bile des herbivores, des oiseaux et des animaux à sang froid. (Elle est rapidement réduite en bilirubine chez l'homme.)

BILL [bil] n. m. (angl. *bill,* calque de l'anc. fr. *bulle,* boule servant de sceau). En Grande-Bretagne, projet de loi soumis au Parlement.

BILL (Max), architecte, designer, peintre et sculpteur suisse (Winterthur 1908-Berlin 1994). Formé à Zurich et au Bauhaus de Dessau, membre du groupe Abstraction-Création (1932), il développe les principes d'un art *concret* (1936), s'attache à la synthèse des différentes disciplines et mène d'importantes activités pédagogiques (fondation en 1950 de l'École d'esthétique pratique d'Ulm).

BILLAGE n. m. **1.** Action de biller. — **2.** Syn. de BRINELL.

BILLANCOURT → BOULOGNE-BILLANCOURT.

BILLARD n. m. (de *bille*). **1.** Jeu qui se joue avec trois boules d'ivoire que l'on fait rouler à l'aide d'une « queue » sur une table de bois à fond d'ardoise, de forme rectangulaire, entourée de bandes élastiques en caoutchouc et couverte d'un tapis en drap vert. — **2.** Cette table elle-même. — **3.** Salle, établissement où l'on joue au billard. — **4.** *Fam.* Partie de billard : *Faire un billard.* — **5.** *Fam.* Table d'opération : *Passer sur le billard.* — **6.** Route large, au revêtement lisse, sur laquelle on roule facilement. — **7.** Nom de divers jeux d'adresse se jouant avec des billes (billard américain, russe, japonais). — **8.** *Billard électrique,* appareil constitué d'un plateau incliné et d'un tableau de comptage lumineux. (Le joueur envoie, une à une, cinq billes métalliques de façon à toucher des plots électriques qui rapportent des points.) [Syn. FLIPPER.] ‖ Pop. *Bille, boule de billard,* crâne chauve. ‖ Pop. *C'est du billard,* ça va tout seul, c'est très facile.

BILLARDER v. i. (anc. fr. *billard,* boiteux) [conj. 3]. En parlant d'un cheval, présenter un mouvement anormal des membres antérieurs ou postérieurs.

BILLAUD-VARENNE (Jean Nicolas), révolutionnaire français (La Rochelle 1756-Port-au-Prince 1819). Conventionnel jacobin, membre du Comité de salut public (7 sept. 1793), favorable aux sans-culottes, l'un des artisans du 9-Thermidor, il fut déporté à la Guyane en 1795.

BILLAUT (Adam), connu sous le nom de **Maître Adam,** menuisier et poète français (Nevers 1602-*id.* 1662). Sa poésie (*les Chevilles,* 1644 ; *le Vilebrequin,* 1663) fut considérée comme typique d'un art gai, populaire et « naturel ».

BILLBERGIA n. m. (de G. J. *Billberg,* n. pr.). Plante ornementale (broméliacée) aux bractées vivement colorées.

1. BILLE [bij] n. f. (frq. **bikkil,* dé). **1.** Petite boule de marbre, d'agate, d'argile, de verre dont les enfants se servent pour jouer. — **2.** Boule d'ivoire avec laquelle on joue au billard, à la roulette ou à la boule. — **3.** *Fam.* Tête, figure. — **4.** Sphère d'acier dur utilisée dans les organes de liaison, les roulements afin de diminuer le frottement. — **5.** Fam. *Bille en tête,* en allant droit au but, carrément, sans hésiter. ‖ *Crayon (à) bille,* *stylo (à) bille,* stylo réservoir contenant une encre d'imprimerie très grasse déposée sur le support d'écriture par une petite bille de métal dur. ‖ Fam. *Placer ses billes,* s'assurer une position favorable dans une entreprise, une action. ‖ Fam. *Reprendre ses billes,* se retirer d'une affaire, d'une entreprise. ‖ Pop. *Toucher sa bille,* être très compétent dans sa partie. • **Manut.** *Transporteur à billes,* ensemble de sphères métalliques reposant chacune sur un roulement à billes, dans les alvéoles présentées par un support, et sur lequel des objets plats peuvent être déplacés soit par poussée à la main, soit par gravité. — **Matér.** *Essai à la bille,* essai de détermination de la dureté d'un métal au moyen d'une bille en acier spécial très dur. — **Verr.** *Bille de verre,* bille, pesant environ 10 à 15 g, utilisée pour l'alimentation automatique des filières de fabrication de la fibre de verre textile.

2. BILLE [bij] n. f. (gaul. **bilia,* de l'irland. *bile,* tronc d'arbre). Tronçon découpé dans une grume.

BILLEBAUDE n. f. (de *bille,* et fém. de l'anc. fr. *baut,* hardi). *Chasser à la billebaude,* billebauder.

BILLEBAUDER v. i. (de *billebaude*) [conj. 3]. En parlant du chien de chasse, quêter au hasard en vue d'attaquer.

1. BILLER v. t. (de *bille 1*) [conj. 3]. **1.** Projeter, à l'aide d'un jet de gaz comprimé, des billes d'acier ou de verre sur des pièces pour en modifier l'état de surface. — **2.** Procéder à un essai à la bille.

2. BILLER v. t. (de *bille 2*) [conj. 3]. Aplatir la pâte à pain avec un rouleau.

BILLÈRE (64140), ch.-l. de cant. des Pyrénées-Atlantiques, banlieue de Pau ; 12 766 hab. Constructions électriques. Laiterie.

BILLESKOV-JANSEN (Frederik Julius), critique littéraire danois (Hvidbjerg 1907). Spécialiste de Kierkegaard, de Holberg et de littérature française, il a jeté les bases d'une conception structuraliste de la littérature (*Esthétique de l'œuvre d'art littéraire,* 1948 ; *Art poétique danois,* 1944 - 1958).

BILLET n. m. (anc. fr. *billette,* altér. de *bullette,* d'apr. *bille*). **1.** Lettre très courte rédigée rapidement. — **2.** Petit carton ou papier imprimé constatant un droit ou une convention, en partic. donnant accès qqpart : *Billet de théâtre, d'avion. Billet de loterie.* — **3.** *Pop.* Mille anciens francs ; dix francs. — **4.** Petit article de journal, de caractère plaisant ou satirique. — **5.** *Billet (de banque),* instrument de paiement utilisant le support du papier et représentant l'essentiel de la monnaie fiduciaire. — **6.** Titre de transport donnant droit à un trajet déterminé effectué par un quelconque moyen de transport payant. — **7.** Effet de commerce souscrit par un débiteur, par lequel il s'engage à payer au créancier une somme d'argent, à une période déterminée. — **8.** *Billet de bord,* document accusant réception d'un chargement à bord du navire. ‖ *Billet commercial,* celui qui est basé sur une opération commerciale. ‖ *Billet doux,* lettre d'amour. ‖ *Billet de faveur,* invitation gratuite à un spectacle. ‖ *Billet financier,* celui dont un banquier dispose lui permettant de mobiliser un crédit qu'il a consenti. ‖ *Billet de fonds,* billet à ordre qui représente la fraction du prix de cession d'un fonds de commerce qui n'a pas été payée au comptant par l'acquéreur au vendeur. ‖ *Billet lombard,* billet que délivrait autrefois un armateur pour servir de reconnaissance aux personnes intéressées à la cargaison du navire. ‖ *Billet à ordre,* écrit par lequel le *souscripteur* s'engage envers le *bénéficiaire* à payer, à une époque déterminée, une certaine somme d'argent à ce dernier ou *à son ordre,* c'est-à-dire à celui auquel le titre aura été cédé par *endossement.* (Il doit être daté et signé, énoncer la somme à payer, le nom de celui au profit de qui il est souscrit et l'époque à laquelle le paiement doit s'effectuer.) ‖ *Billet de trésorerie,* papier commercial que peut émettre toute personne morale, à l'exception des banques, assurant aux émetteurs l'accès à un marché de l'argent extra-bancaire et conférant aux souscripteurs des possibilités de placement à court terme. ‖ Fam. *Je vous en fiche mon billet,* je vous certifie que...

ENCYCL. La Banque de France est chargée, en France, d'émettre des billets qui ont cours légal et sont revêtus du pouvoir libératoire, le créancier ne pouvant jamais refuser l'usage de tels billets comme mode de paiement.

BILLETDOUX (François), auteur dramatique français (Paris 1927 - *id.* 1991). Il élabora un théâtre de l'insolite et de l'ironie (*Comment va le monde, Môssieu ? Il tourne, Môssieu,* 1964 ; *la Nostalgie, camarade,* 1974 ; *Réveille-toi Philadelphie,* 1988).

BILLETÉ, E adj. En héraldique, se dit du champ semé de billettes.

BILLETTE n. f. (de *bille,* pièce de bois). **1.** Petite bille de bois. — **2.** Morceau de bois fendu pour le chauffage. — **3.** Tronçon de tore employé en nombre pour la décoration des archivoltes, des bandeaux, surtout dans l'art roman. — **4.** Nom donné aux pièces plates de métal de certains vêtements d'armes ; clavette retenant l'épée dans l'armure. — **5.** Petit meuble héraldique de forme rectangulaire posé verticalement et très peu employé isolément. — **6.** Ébauche de produit long, de section rectangulaire et obtenue soit par coulée continue de métal liquide, soit par laminage à chaud de blooms.

BILLETTERIE n. f. **1.** Ensemble des opérations ayant trait à l'établissement et à la délivrance des billets de voyages ou de spectacles. – **2.** Guichet, service où s'effectue ce travail. – **3.** Distributeur automatique de billets de banque fonctionnant grâce à une carte de crédit.

BILLETTISTE ou **BILLETISTE** n. **1.** Auteur d'un billet dans un journal. – **2.** Personne qui délivre les billets de voyages ou de spectacles dans une agence.

BILLEVESÉE [bij- ou bil-] n. f. (de *beille,* boyau, et *vesé,* ventru, de *veze,* cornemuse). Propos, idée vide de sens ; sottise, baliverne (surtout pl.).

BILLINGHAM, v. de Grande-Bretagne, sur l'estuaire de la Tees ; 32 000 hab. Chimie.

BILLINGS, v. des États-Unis (Montana), sur la Yellowstone River ; 67 000 hab. Raffinage du pétrole.

BILLION [biljɔ̃] n. m. Un million de millions.

BILLITON → BELITUNG.

BILLOM (63160), ch.-l. de cant. du Puy-de-Dôme, dans la Limagne ; 4 007 hab. *(Billomois).* Centre universitaire au Moyen Âge et intellectuel sous l'Ancien Régime. Église St-Cerneuf, romane et gothique.

1. BILLON n. m. (de *bille,* au sens anc. de « lingot »). Autref., monnaie de cuivre auquel était allié de l'argent dans une proportion inférieure à 50 %. (Syn. MONNAIE DE BILLON.)

2. BILLON n. m. Léger exhaussement linéaire de terre obtenu par certains procédés de labour et donnant à la surface du champ un aspect ondulé.

1. BILLONNAGE n. m. Action de billonner.

2. BILLONNAGE n. m. **1.** Action de labourer en billons. – **2.** Tronçonnage des grumes.

1. BILLONNER v. t. (de *billon 1*) [conj. 3]. Refondre ou altérer des monnaies pour en tirer un profit illicite.

2. BILLONNER v. t. (de *billon 2*) [conj. 3]. **1.** Labourer en billons. – **2.** Pratiquer le tronçonnage des arbres abattus.

BILLONNETTE n. f. Branche des arbres de haute futaie, que l'on débite en charbonnette.

BILLONNEUSE n. f. Charrue à un soc et deux versoirs symétriques. (Syn. BUTTOIR.)

BILLOT n. m. (de *bille 2*). **1.** Bloc de bois sur lequel on tranchait la tête des condamnés. – **2.** Tronc de bois gros et court, ordinairement posé sur trois pieds, servant à couper ou à hacher. – **3.** Table de bois debout, sur laquelle le boucher travaille les viandes. – **4.** Entrave destinée à empêcher un animal au pâturage d'en franchir les clôtures. – **5.** Emballage léger de forme trapézoïdale. – **6.** Masse de bois qui porte une enclume. – **7.** Pièce de bois ou de toute autre matière sur laquelle se fait le découpage de cuirs ou d'autres matériaux à l'emporte-pièce. (Syn. SOMMIER.) – **8.** Fam. *J'en mettrais ma tête sur le billot,* je suis absolument certain de ce que j'avance.

BILLOT (Jean-Baptiste), général et homme politique français (Chaumeil, Corrèze 1828-Paris 1907), l'un des réorganisateurs de l'armée après la défaite de 1870. Sénateur inamovible en 1875, il fut ministre de la Guerre en 1882-83 et en 1896.

BILLOTTE (Pierre Gaston), général français (Paris 1906 - Boulogne-Billancourt 1992). Chef d'état-major du général de Gaulle, secrétaire du Comité de la défense nationale de 1942 à 1944, chef de la délégation militaire française à l'O. N. U. de 1946 à 1950, député (1951-1955), il fut ministre de la Défense (1955-56) et ministre d'État chargé des départements et territoires d'outre-mer (1966-1968).

BILLY (03260), comm. de l'Allier, sur l'Allier, à 15 km au N. de Vichy ; 1 011 hab. Ruines d'un château fort remontant au XIIe s.

Billy *(chien de),* race de chien courant français de grande taille, blanc, blanc-orangé ou orangé, à poil ras.

BILLY (André), écrivain et critique français (Saint-Quentin 1882-Fontainebleau 1971), romancier et critique aussi éclectique que libéral (*Vie de Diderot,* 1929 ; *Avec Apollinaire,* 1966).

BILLY-MONTIGNY (62420), comm. du Pas-de-Calais, à 2,5 km à l'O. d'Hénin-Beaumont ; 8 149 hab.

BILOBÉ, E adj. Partagé en deux lobes.

BILOCAL, E, AUX adj. Se dit d'un mode de résidence imposé à un couple de jeunes mariés dans lequel les époux résident alternativement dans la maison ou le village des parents de l'époux et dans la maison ou le village des parents de l'épouse.

BILOCULAIRE adj. **1.** Se dit d'un ovaire, d'un fruit partagé en deux loges. – **2.** Se dit d'un utérus divisé en deux cavités.

BILOCULATION n. f. Déformation pathologique d'un organe qui le partage en deux loges ou en deux lobes.

BILOQUER v. t. (conj. 3). Labourer profondément un sol.

BILZEN, comm. de Belgique (Limbourg), au N.-N.-E. de Tongres ; 27 315 hab. Église-halle gothique.

BIMALLÉOLAIRE adj. Se dit de certaines fractures atteignant les deux malléoles de la cheville.

BIMBELOTERIE n. f. Fabrication ou commerce de bibelots ; ensemble de ces objets.

BIMBELOTIER, ÈRE n. *Vx.* Fabricant, commerçant spécialisé en bimbeloterie.

BIMENSUEL, ELLE adj. Qui a lieu, qui paraît deux fois par mois.
◆ **bimensuel** n. m. Périodique bimensuel.

BIMESTRE n. m. Durée de deux mois, constituant une unité de tarification pour certains services (téléphone, électricité, etc.).

BIMESTRIEL, ELLE adj. (lat. *bimestris,* d'apr. *semestriel*). Qui se produit ou paraît tous les deux mois.
◆ **bimestriel** n. m. Périodique bimestriel.

BIMÉTAL n. m. (n. déposé). Métal recouvert d'une couche d'un métal différent.

BIMÉTALLIQUE adj. **1.** Formé par l'assemblage de deux métaux. – **2.** Se dit de câbles électriques en cuivre ou en alliage d'aluminium avec âme en acier. – **3.** Se dit d'une plaque destinée à équiper une presse offset et faite de deux métaux.

BIMÉTALLISME n. m. Système monétaire dans lequel coexistent deux étalons monétaires, l'étalon or et l'étalon argent.
ENCYCL. Dans le *bimétallisme parfait,* les deux métaux sont étalons, c'est-à-dire bénéficient de la frappe libre (le lingot peut être transformé en pièces de monnaie sur simple demande des particuliers) et d'un pouvoir libératoire illimité (ils peuvent être l'un et l'autre utilisés pour éteindre une dette, quel que soit son montant). Dans le *bimétallisme imparfait,* un seul métal est véritablement étalon ; en effet, la frappe libre n'existe que pour l'or par exemple, même si le pouvoir libératoire illimité est conservé à l'or et à certaines pièces d'argent. En fait, le monométallisme triompha dès la fin du XIXe s.

BIMÉTALLISTE adj. et n. Relatif au bimétallisme ; partisan du bimétallisme.

BIMILLÉNAIRE adj. Qui a deux mille ans : *Empire bimillénaire.*
◆ n. m. Deux millième anniversaire.

BIMODE adj. Se dit d'un autobus, d'un trolleybus doté de deux systèmes de locomotion indépendants permettant l'utilisation alternative de l'un ou de l'autre.

BIMOLÉCULAIRE adj. **1.** Se dit d'une réaction chimique dans laquelle interviennent deux molécules. – **2.** Se dit d'un corps constitué d'une combinaison ou d'un mélange de deux molécules.

BIMOTEUR adj. et n. m. Se dit d'un avion muni de deux moteurs.

1. BINAGE n. m. **1.** Autref., deuxième labour donné aux terres devant être ensemencées en céréales d'automne. – **2.** Façon d'entretien de certaines cultures consistant à ameublir la couche superficielle du sol et exécutée à la houe ou avec un instrument à dents. ‖ *Binage chimique,* pulvérisation d'herbicides entre les rangs de plantes sans que les produits entrent en contact avec les plantes.

2. BINAGE n. m. Action du prêtre qui célèbre deux fois la messe le même jour pour desservir deux paroisses.

BINAIRE adj. (bas lat. *binarius*). Qui met en jeu deux éléments : *Division binaire.* • **Arm.** *Arme binaire,* arme chimique constituée de deux éléments inactifs séparément mais dont le mélange est toxique. – **Bx-arts.** *Couleur binaire,* couleur qui résulte du mélange de deux couleurs primaires et qui est la complémentaire de la 3e primaire. (Syn. COULEUR SECONDAIRE.) – **Chim.** Se dit d'une combinaison ou d'un mélange de deux éléments. – **Inform.** Se dit d'un processus dont la représentation symbolique ne comporte que deux symboles. ‖ *Décimal codé binaire,* système de numération dans lequel chaque nombre décimal est représenté par un ensemble de 4 éléments binaires. ‖ *Opérateur binaire,* opérateur intervenant dans une opération à deux opérandes. (Par ex. le + dans la notation d'addition, le > dans la notation de comparaison.) – **Ling.** *Opposition binaire,* se dit de la relation qui existe entre deux traits distinctifs telle que le choix de l'un entraîne l'exclusion de l'autre. – **Math.** *Numération binaire,* système de numération de base 2, qui fait appel aux seuls chiffres 1 et 0. (Elle est utilisée en informatique.) ‖ *Relation binaire,* relation qui relie deux termes. ‖ *Relation binaire sur un ensemble* M, sous-ensemble (noté souvent $\mathcal{R}$) de l'ensemble produit. M x M des couples (x, y), x et y étant des éléments de M. [Lorsque $(x, y) \in \mathcal{R}$, on dit que x est en relation avec y, ce qu'on note $x\mathcal{R}y$.] – **Métall.** *Alliage binaire,* alliage contenant deux éléments. – **Mus.** Se dit d'une mesure dont chaque temps est divisible par deux (2/4, 3/4, 4/4). ‖ *Coupe binaire,* division d'un morceau de musique en deux parties.
◆ n. m. Système de numération binaire.
◆ n. f. Étoile double physique.

BINARD n. m. (lat. *bini,* paire). Chariot bas à quatre ou à deux roues, parfois à plancher mobile, qui servait au transport de blocs de pierre.

BINARISME n. m. Ensemble des procédés d'analyse linguistique issus de la théorie phonologique de R. Jakobson, qui réduisent les rapports entre les unités à des oppositions binaires.

ENCYCL. R. Jakobson a voulu décrire les systèmes phonologiques de toutes les langues du monde grâce à une série de douze oppositions binaires fondées sur l'analyse acoustique de la parole : consonantique/ non-consonantique, vocalique/ non-vocalique, compact/diffus, tendu/lâche, voisé/ non-voisé, nasal/oral, discontinu/continu, strident/mat, bloqué/non-bloqué, grave/ aigu, bémolisé/non-bémolisé, diésé/non-diésé.

BINARITÉ n. f. Caractère binaire d'un trait linguistique distinctif.

BINATIONAL, E, AUX adj. **1.** Se dit de qqn qui a une double nationalité. — **2.** Se dit d'un aéroport dont l'administration relève de deux pays. (Par ex. Bâle-Mulhouse.)

BINAURAL ou **BIAURAL, E, AUX** adj. (lat. *bini,* paire, et *auris,* oreille). Se dit des perceptions auditives engendrées par une stimulation simultanée des deux oreilles.

BINCHE, v. de Belgique (Hainaut), à l'E.-S.-E. de Mons ; 32 837 hab. Importants vestiges d'une enceinte médiévale garnie de tours. Célèbre carnaval. Musée international du Carnaval et du Masque.

Binche *(dentelle de),* dentelle aux fuseaux exécutée à Binche (Belgique) et très répandue aux XVIIe et XVIIIe s.

BINCHOIS (Gilles), compositeur flamand (Mons v. 1400-Soignies 1460). Musicien de Philippe le Bon, il a composé surtout des chansons, écrites dans la forme du rondeau.

BIN DJALLŪN ou **BENJELLOUN** ('Abd al-Madjīd), écrivain marocain d'expression arabe (Casablanca 1919), auteur d'un roman autobiographique (*Pendant l'enfance,* 1957) et de recueils de nouvelles (*S'il n'y avait pas l'homme,* 1972).

BIN EL-OUIDANE, localité du Maroc (prov. de Beni Mellal) ; 8 000 hab. Barrage sur l'oued el-Abid.

1. BINER v. t. (lat. pop. **binare,* retourner la terre une seconde fois) [conj. 3]. Pratiquer le binage d'un champ ou d'une culture.

2. BINER v. i. (du lat. *bini,* deux fois) [conj. 3]. Célébrer deux messes le même jour dans un but pastoral.

BINET (Alfred), psychologue et physiologiste français (Nice 1857-Paris 1911). Il est le véritable créateur de la psychologie expérimentale française, qu'il orienta d'emblée vers l'étude des activités supérieures. Cherchant un moyen de dépister les enfants retardés afin d'améliorer leur enseignement, il eut l'idée d'élaborer une série d'épreuves et d'examiner à quel âge elles étaient réussies par des enfants normaux ; inaugurant la méthode des tests mentaux, il créa ainsi, avec Th. Simon, la première *Échelle métrique de l'intelligence* (1905, puis 1908), qui porte leur nom *(échelle Binet-Simon).* Celle-ci fournit une appréciation des sujets en termes d'âge mental.

BINET (Léon), médecin et physiologiste français (Saint-Martin, Seine-et-Marne, 1891-Paris 1971). Il a surtout étudié l'exploration fonctionnelle du poumon. (Acad. des sc., 1942.)

BINET (Jean), compositeur suisse (Genève 1893-Trélex 1960). Il est l'auteur notamment de musiques de scène (*Antigone,* 1937) et de ballets (*l'Île enchantée,* 1947).

BINET (Christian), auteur et dessinateur de bandes dessinées français (Tulle 1947). Il publie son premier dessin dans *Humour Magazine* dès l'âge de douze ans. À partir de 1968, il collabore à *Jours de France, Plexus et France-Dimanche.* Pour *Formule 1,* il dessine *Graffiti* (1969), et *Gallagher* pour le journal *Record.* En 1977, il entre au magazine *Fluide glacial* en dessinant les aventures du chien Kador et de ses maîtres, les Bidochon.

1. BINETTE n. f. (de *Binet,* n. pr.). Perruque masculine créée par Binet, perruquier de Louis XIV.

2. BINETTE n. f. (p.-ê. de *trombine*). *Fam.* Visage, figure.

3. BINETTE n. f. (de *biner*). Outil agricole comportant un fer de forme très variable relié à un manche et servant à biner ou à sarcler. (Syn. HOUE.)

BINEUSE n. f. Machine utilisée pour travailler le sol à proximité de plusieurs rangs de plantes en place.

BINGAS ou **BABINGAS,** peuple du groupe pygmée, réparti dans le Gabon oriental, le sud du Cameroun et de la République centrafricaine ainsi que dans le nord de la République du Congo.

BINGEN, v. d'Allemagne (Rhénanie-Palatinat), à l'entrée de la Trouée héroïque du Rhin ; 25 000 hab.

BINGER (Louis Gustave), officier et explorateur français (Strasbourg 1856-L'Isle-Adam 1936). Il explora de 1887 à 1889 la boucle du Niger et l'intérieur de la Côte-d'Ivoire.

BINGERVILLE, v. de la Côte-d'Ivoire, à l'E. d'Abidjan. École professionnelle d'agriculture et institut de recherche (café, cacao).

BINGHAM CANYON, anc. **Bingham,** localité des États-Unis (Utah), au S.-O. de Salt Lake City. Mine de cuivre.

BINGLINGSI ou **PING-LING-SSEU,** grottes bouddhiques chinoises du Gansu, dont la plupart sont ornées de sculptures de l'époque Tang (618-907).

BINGO [bingo] n. m. Jeu de hasard d'origine américaine, inspiré du loto.

BING XIN ou **PING-HIN** (XIE WANYING, dite), poétesse chinoise (Fuzhou, Fujian, 1900), auteur de recueils intimistes (*Des myriades d'étoiles,* 1923) et de nouvelles qui peignent l'univers des enfants.

BINIC (22520), comm. des Côtes-d'Armor, sur la baie de Saint-Brieuc ; 2 818 hab. Station balnéaire.

BINIOU n. m. (mot breton). **1.** Cornemuse de Bretagne. — **2.** *Pop.* Téléphone.
ENCYCL. Le *grand biniou* (chalumeau long et plusieurs bourdons) et le *biniou ancien* (chalumeau court et un seul bourdon), sont les deux types le plus fréquemment utilisés aujourd'hui.

BINJWARS, population tribale de l'Inde (Madhya Pradesh).

BINOCLARD, E n. *Fam.* Personne qui porte des lunettes.

BINOCLE n. m. (lat. sc. *binoculus,* de *bini, paire, et oculus,* œil). Sorte de lorgnon tenu à la main à l'aide d'un manche.
◆ **binocles** n. m. pl. *Fam.* Lunettes.

BINOCULAIRE adj. (lat. *bini,* paire, et *oculaire*). **1.** Qui se fait par les deux yeux : *Vision binoculaire.* — **2.** Se dit d'un instrument d'optique (microscope, lunette, etc.) à double tube, permettant la vision binoculaire. — **3.** Qui concerne les perceptions visuelles formées au moyen des informations reçues par les deux yeux.

BINÔME n. m. (lat. médiév. *binomium,* quantité algébrique à deux termes). **1.** Polynôme composé de deux termes, ceux-ci étant des monômes de degrés ou de variables différents. — **2.** *Fam.* Ensemble constitué de deux éléments, de deux personnes considérés en bloc : *Le binôme gauche-droite de l'échiquier politique. Éducateurs travaillant en binôme.* — **3.** *Arg. scol.* Camarade de travail, de chambre. — **4.** Dans la nomenclature des êtres vivants, ensemble de deux mots latins, le premier désignant le genre (nom générique), le second l'espèce (nom spécifique). — **5.** *Équations binômes,* équations de la forme générale $X^m - a = 0$, où m est un entier positif. [Si x_1 et x_2 sont deux racines de l'équation $X^m - a = 0$ alors $(x_1/x_2)^m = 1$ et $x_1 = x_2\xi$, où ξ est une racine de l'équation $X^m - 1 = 0$, donc une racine m^{ienne} de l'unité.]

1. BINOMIAL, E, AUX adj. **1.** *Coefficient binomial,* chacun des entiers naturels C_n^p $(0 \leqslant p \leqslant n)$ qui interviennent dans la formule du binôme donnant $(x+y)^n$. ($C_n^p = n!/[p!\,(n-p)!]$). ‖ *Loi binomiale,* loi théorique de distribution statistique telle que les fréquences soient égales aux coefficients binominaux.

2. BINOMIAL ou **BINOMINAL, E, AUX** adj. Se dit de la nomenclature, due à Linné, où chaque espèce vivante, animale ou végétale est désignée par un binôme.

BINORMALE n. f. Perpendiculaire au plan osculateur en un point d'une courbe gauche.

BIN'S ou **BINZ** n. m. (abrév. de *cabinets*). *Pop.* Désordre grave, situation épineuse.

BINSWANGER (Ludwig), psychiatre suisse (Kreuzlingen 1881-*id.* 1966). Très influencé par Husserl et Heidegger, il élabora une synthèse très originale des idées freudiennes et de la phénoménologie, qui aboutit à la création de l'analyse existentielle, laquelle connaît un grand succès, surtout dans le contexte culturel germanique.

BINTAN ou **BINTANG,** île principale de l'archipel des Riau (Indonésie), au S.-E. de Singapour ; 1 075 km².

BINTJE [bintʃ] n. f. Variété de pomme de terre.

BINTULU, port de Malaysia, sur la côte de Sarawak. Terminal pétrolier. Liquéfaction du gaz. Engrais.

BINTURONG n. m. (mot malais). Mammifère (viverridé) carnivore arboricole du Sud-Est asiatique, à queue prenante, à démarche plantigrade.

BIOACOUSTIQUE n. f. Étude des sons qu'émettent les animaux en diverses circonstances (appariement, orientation lors des déplacements, présence d'ennemis, soins à la progéniture, etc.).

BIOASTROMIE n. f. Branche de l'astronomie concernée par l'exobiologie.

BIOBIBLIOGRAPHIE n. f. **1.** Étude de la vie et des œuvres d'un écrivain. — **2.** Ensemble des œuvres d'un auteur quelconque classées selon l'ordre chronologique.

BÍO-BÍO, fl. du Chili, né dans les Andes. Il contribue à drainer la grande vallée centrale chilienne et donne son nom à une région administrative et à une province du pays.

BIOCALORIMÉTRIE n. f. Mesure de la quantité de chaleur produite par les êtres vivants.

BIOCATALYSEUR n. m. Toute substance exerçant à très faible dose une fonction physiologique dans les organismes (vitamines, hormones, enzymes et oligo-éléments).

BIOCÉNOSE ou **BIOCŒNOSE** n. f. Ensemble des animaux et des plantes qui vivent de façon permanente et équilibrée dans un même lieu, qui est leur *biotope.* (Le biotope et sa biocénose constituent ensemble un *écosystème.*)

BIOCÉNOTIQUE ou **BIOCŒNOTIQUE** n. f. Étude scientifique des biocénoses. (C'est une branche de l'écologie.)

BIOCHIMIE n. f. Science qui étudie la composition et les réactions chimiques de la matière vivante et des substances qui en sont issues. (Syn. CHIMIE BIOLOGIQUE.)

ENCYCL. La biochimie s'occupe de tous les composants de la matière vivante. Si la création d'une seule cellule vivante est toujours un problème irrésolu, les divers constituants de la cellule ont été pratiquement tous synthétisés, depuis l'urée (1828, par F. Wöhler) jusqu'aux hormones polypeptidiques.

BIOCHIMIQUE adj. Relatif à la biochimie.

BIOCHIMISTE n. Spécialiste en biochimie.

BIOCHORE [-kɔr] adj. Se dit des plantes dont la diaspore est dispersée par les animaux (espèces zoochores) ou par l'homme (espèces anthropochores).

BIOCIDE adj. et n. m. Se dit de tout produit chimique utilisé pour détruire certains organismes vivants, comme les pesticides et les herbicides.

BIOCLIMAT n. m. Ensemble des conditions climatiques d'une région qui exercent une influence sur les êtres vivants et en particulier sur la santé humaine.

BIOCLIMATIQUE adj. **1.** Relatif à la bioclimatologie. — **2.** Se dit d'un habitat dans lequel la climatisation est réalisée en tirant le meilleur parti du rayonnement solaire et de la circulation naturelle de l'air.

BIOCLIMATOLOGIE n. f. Branche de la biologie qui étudie les échanges de masse et d'énergie entre les êtres vivants et leur environnement climatique.

ENCYCL. La bioclimatologie humaine se préoccupe de l'action des facteurs physiques de l'environnement (température, humidité, pression atmosphérique, etc.) sur la physiologie de l'homme sain, mais aussi sur la pathologie.

BIOCO ou **BIOKO,** anc. **Fernando Poo,** la plus grande île (2 017 km²) du territoire insulaire de la Guinée-Équatoriale ; 100 000 hab. Ch.-l. (et cap. de l'État) *Malabo.*
— **Hist.** → FERNANDO POO.

BIOCŒNOSE, BIOCŒNOTIQUE → BIOCÉNOSE, BIOCÉNOTIQUE.

BIOCOMPATIBILITÉ n. f. Compatibilité avec un organisme vivant.

BIOCOMPATIBLE adj. Relatif à la biocompatibilité.

BIOCONVERSION n. f. Changement de forme de l'énergie ou de la matière (au niveau moléculaire) ayant pour agent un être vivant. (La bioconversion essentielle est la photosynthèse.)

BIODÉGRADABILITÉ n. f. Propriété d'une substance biodégradable.

BIODÉGRADABLE adj. Se dit des produits industriels et des déchets qu'une action bactérienne, naturelle ou induite, décompose assez rapidement en molécules simples utilisables par les plantes. (Les substances biodégradables présentent le grand avantage de ne pas s'accumuler.)

BIODÉGRADATION n. f. **1.** Décomposition des effluents industriels ou des déchets domestiques par des bactéries, généralement en milieu aquatique. (Syn. DÉGRADATION.) — **2.** Dans les sols, ensemble des phénomènes biologiques qui aboutissent à la décomposition des débris végétaux et des substances humiques en CO_2, H_2O, NH_3 (minéralisation).

BIODÉTRITIQUE adj. Se dit d'une roche résultant de la destruction de squelettes et tests d'animaux.

BIODISPONIBILITÉ n. f. Proportion de médicaments libérée à partir de la forme pharmaceutique administrée qui devient disponible pour produire l'effet biochimique attendu.

BIOÉLECTRICITÉ n. f. Électricité produite par les organismes animaux.

ENCYCL. Il existe trois formes : les très faibles oscillations accompagnant l'activité du cœur, des muscles, du cerveau, etc. ; les ondes électriques servant au repérage pour certains poissons *(électrolocation) ;* les fortes décharges offensives et défensives de poissons tels que la torpille, le gymnote, etc.

BIOÉLECTRIQUE adj. Se dit des organes vivants spécialisés dans la production d'électricité.

BIOÉNERGÉTIQUE adj. Relatif à la bioénergie.

BIOÉNERGIE n. f. **1.** Énergie renouvelable obtenue par transformation chimique de la biomasse. — **2.** Thérapeutique visant à l'approche de l'énergie vitale, à sa connaissance, au traitement de son mauvais fonctionnement. (→ *encycl.*)

ENCYCL. **Psychan.** La bioénergie s'inscrit dans le courant américain inspiré des travaux sur la végétothérapie de W. Reich. Selon lui, l'individu est une chambre énergétique qui accumule, transforme et décharge l'énergie convertie en sentiments, expressions et mouvements. La formation du caractère est l'aboutissement de la liaison d'énergies biologiques qui forment une cuirasse caractérielle et musculaire (rigidités, raideurs, inhibition de la respiration, etc.), produite par la répression des exigences pulsionnelles. Le corps est un lieu privilégié d'intervention et d'analyse, dans la mesure où, dans sa figuration expressive, il est dépositaire des expériences vécues. Le but de la bioénergie est de restaurer un équilibre psychosomatique par la libération des flux énergétiques.

BIOÉTHIQUE n. f. Ensemble des problèmes posés par la responsabilité morale des médecins et des biologistes dans leurs recherches théoriques et/ou dans les applications pratiques de ces recherches. (Syn. ÉTHIQUE MÉDICALE.)

BIO-FEED-BACK [bjɔfidbak] n. m. inv. (mots angl.). Thérapie comportementale visant à établir un autocontrôle sur un certain nombre de fonctions physiologiques dépendants du système nerveux végétatif. (Syn. RÉTROACTION BIOLOGIQUE.)
ENCYCL. Des dispositifs électroniques traduisent en signaux visuels ou sonores les paramètres (électromyogramme, température cutanée, etc.) que le sujet souhaite contrôler. Celui-ci, cherchant à faire varier l'intensité ou la fréquence du signal, est donc avisé au fur et à mesure des progrès de son contrôle volontaire. Si la réalité de l'autocontrôle de la vasodilatation périphérique, du rythme cardiaque, de la tension artérielle et de l'activité musculaire est admise, celle des ondes cérébrales (production à volonté du rythme alpha) demeure controversée.

BIOFORCE n. f. Structure d'intervention rapide au service de la lutte contre les épidémies dans les pays en voie de développement.

BIOGAZ n. m. inv. Gaz combustible produit par la décomposition de la matière organique. (Syn. BIOMÉTHANE.)

BIOGÈNE adj. **1.** Qui engendre ou permet le développement de la vie. (Syn. BIOTIQUE.) — **2.** Qui est le résultat de l'activité d'êtres vivants. — **3.** *Calcaire biogène,* boue résultant de l'accumulation sur le fond marin de tests d'organismes pélagiques.

BIOGENÈSE n. f. **1.** Genèse du vivant par le vivant, selon les lois de l'hérédité, seule en œuvre depuis le début de l'ère primaire. — **2.** Genèse du vivant par le non-vivant, seule en action au précambrien ancien, puis supplantée peu à peu par la biogenèse au sens 1.
ENCYCL. En l'absence de fossiles, seule la reconstitution en laboratoire de conditions énergétiques et chimiques ayant pu être celles qui régnaient sur la Terre avant la vie a permis de formuler des hypothèses sur l'origine de la vie. Des chercheurs ont en effet réalisé la synthèse totale de substances telles que les principaux aminoacides, caractéristiques des êtres vivants. Pour sa part, la micropaléontologie a relevé les traces fossiles du passage de structures précellulaires très simples (coccoïdes) à celles des premières cellules eucaryotes capables d'autoreproduction. Dès l'apparition de la cellule végétale verte, l'abiogenèse a rapidement décliné, tout le carbone disponible, par exemple, ayant été capté dans les cycles vitaux. (→ ABIOGENÈSE.)

BIOGÉNÉTIQUE adj. **1.** Qui relève de la biogenèse. — **2.** *Loi biogénétique fondamentale,* loi formulée par Haeckel en 1866 : « L'ontogénie est une courte récapitulation de la phylogénie. » (C'est-à-dire que les formes embryonnaires d'une espèce animale peuvent rappeler la forme larvaire ou même adulte d'un autre animal, ancêtre du précédent ; ainsi s'expliquerait l'existence de fentes branchiales chez l'embryon des vertébrés terrestres, qui descendent des poissons, etc.)

BIOGÉOGRAPHE n. Spécialiste de biogéographie.

BIOGÉOGRAPHIE n. f. Étude scientifique de la distribution des espèces végétales et animales à la surface du globe et des changements qui affectent cette distribution.
ENCYCL. La biogéographie rassemble trois types de recherche. La *chorologie* est la délimitation des aires de distribution des plantes et des animaux ; elle utilise les méthodes et les données de la *phytosociologie.* La *biocénotique* étudie les lois d'équilibre entre espèces dans les divers biotopes. En botanique, elle tente de définir le *climax,* terme naturel de l'évolution d'une formation végétale. L'*écologie,* enfin, étudie les relations entre les êtres vivants, y compris l'espèce humaine, et le milieu où ils vivent.

BIOGÉOGRAPHIQUE adj. Qui relève de la biogéographie.

BIOGRAPHE n. Auteur de biographies ou de la biographie de qqn.

BIOGRAPHIE n. f. Histoire de la vie de qqn relatée dans un récit ; ce récit lui-même.

BIOGRAPHIQUE adj. Relatif à la biographie : *Notice biographique.*

BIOHERME n. m. (du gr. *herma,* rocher). Masse rocheuse construite par des organismes récifaux et aussi haute que large.

BIO-INDICATEUR n. m. Espèce vivante qui, par sa présence ou son absence, son abondance ou sa rareté, permet d'apprécier le degré de pollution de l'eau, de l'air. (Les lichens pour l'atmosphère, les salmonidés pour les cours d'eau sont d'excellents bio-indicateurs.)

BIO-INDUSTRIE n. f. Ensemble des activités industrielles mettant en œuvre des procédés biotechnologiques.

BIO-INDUSTRIEL, ELLE adj. Relatif à la bio-industrie.

BIO-INGÉNIEUR n. m. Ingénieur spécialiste de bio-industrie.

BIOKO → BIOCO.

BIOLOGIE n. f. **1.** Ensemble de toutes les sciences qui étudient les espèces vivantes et les lois de la vie. (Syn. SCIENCES BIOLOGIQUES.) [→ *encycl.*] — **2.** Plus partic., étude scientifique du cycle reproductif des espèces animales et végétales, du déroulement de la vie individuelle, par oppos. à la *physiologie,* qui étudie les lois constantes du fonctionnement des êtres. — **3.** *Biologie moléculaire,* étude des propriétés des structures macromoléculaires des êtres vivants. ‖ *Biologie spatiale,* étude des effets biologiques créés par les facteurs de l'environnement spatial (apesanteur, rayons cosmiques).

ENCYCL. Les sciences biologiques, nombreuses, peuvent en premier lieu être classées selon leur objet : la *botanique* étudie les plantes actuelles, la *zoologie* les animaux actuels, la *protistologie* les êtres unicellulaires, la *bactériologie* et la *virologie* les bactéries et les virus, tandis que la *paléontologie* étudie les traces fossiles des espèces disparues. L'*anatomie* étudie organes et parties du corps, l'*histologie* étudie les tissus, la *cytologie* les cellules. Viennent ensuite les sciences des phénomènes vitaux : *génétique, embryologie, physiologie, biochimie, biophysique, éthologie, sexualité.* La biologie s'élargit dans l'espace avec la *biogéographie,* dans le temps avec les théories de l'*évolution* et de la *biogenèse.*

• *Historique.* Longtemps associée à la zoologie, à la botanique, à la physiologie et à la médecine, la biologie n'a acquis son objet et ses méthodes propres qu'à la suite de l'invention du microscope (Antonie Van Leeuwenhoek, 1675 environ). Le cycle reproductif des animaux et les phénomènes sexuels sont alors étudiés par Réaumur (1683-1757), Spallanzani (1739-1799), De Graaf, Charles Bonnet, etc. La cytologie, issue des travaux de Schleiden (1804-1881) et Schwann (1810-1882), prend un grand développement avec l'étude des protozoaires (Ehrenberg, 1795-1876 ; Dujardin, 1801-1860 ; Maupas), tandis que Lamarck (1744-1829) et surtout Darwin (1809-1882), par les théories de l'évolution, donnent son unité au monde vivant. Les lois de l'hérédité sont énoncées par Mendel (1822-1884), oubliées, puis redécouvertes vers 1900 et expliquées par la théorie chromosomique de T. H. Morgan. À son tour, la microscopie électronique, avec la découverte de la double hélice de l'A. D. N. et du code génétique (Crick et Watson, 1953), donne le départ à la biologie moléculaire et à la génétique expérimentale.

BIOLOGIQUE adj. **1.** Relatif à la biologie. — **2.** Relatif à la production de denrées naturelles non traitées chimiquement : *Produits biologiques.* — **3.** *Agent biologique,* substance qui détermine un effet biologique. ‖ *Agriculture biologique,* agriculture fondée sur la valorisation des processus biologiques naturels. (Syn. AGROBIOLOGIE.) [→ *encycl.*] ‖ *Arme biologique,* arme utilisant des organismes vivants (insectes, microbes) en vue de provoquer la maladie ou la mort chez l'homme, les animaux ou les végétaux. ‖ *Guerre biologique,* forme de guerre au cours de laquelle sont utilisées des armes biologiques. (L'usage des toxines, composés hautement toxiques élaborés par des organismes vivants, mais synthétisables par voie chimique, se rapproche de la guerre chimique.) ‖ *Rythme biologique,* syn. de BIORYTHME.

ENCYCL. L'*agriculture biologique* s'est développée en réaction contre l'utilisation massive des produits chimiques (engrais, pesticides) dans les agricultures des pays industrialisés. Elle fait appel au compost, à la culture des engrais verts, aux amendements organiques et organise la rotation culturale pour éviter l'épuisement du sol et favoriser son équilibre. Elle compense le moindre rendement par des prix supérieurs.

BIOLOGISME n. m. Doctrine qui considère que les phénomènes individuels et/ou collectifs qui affectent l'homme doivent être analysés avec les méthodes de la biologie.

BIOLOGISTE n. Spécialiste de biologie.
◆ adj. et n. Partisan du biologisme.

BIOLUMINESCENCE n. f. Production de lumière par les êtres vivants.

ENCYCL. La bioluminescence est fréquente chez les animaux des fonds marins obscurs, poissons et céphalopodes, qui l'utilisent pour se repérer mutuellement ou pour attirer leurs proies ; on la rencontre chez quelques coléoptères de mœurs nocturnes (cucujoïdes, « vers luisants ») où elle assure la rencontre des sexes ou la capture des proies. La lumière est émise à l'aide d'organes spécialisés. Chez les insectes, ce sont des glandes, à l'intérieur desquelles est synthétisée et stockée la luciférine. L'oxydation de celle-ci produit de l'oxyluciférine, qui, en contact avec une enzyme, la luciférase, produit de la lumière.

BIOMAGNÉTISME n. m. **1.** Action des champs magnétiques, terrestres ou artificiels, sur les êtres vivants. — **2.** Création d'un champ magnétique (très faible) par le fonctionnement de divers organes (cœur, poumons, cerveau, etc.)

ENCYCL. La découverte de microcristaux de magnétite dans certaines cellules des animaux connus pour leur aptitude à l'orientation* a confirmé le rôle, depuis longtemps soupçonné, du biomagnétisme dans le vol des pigeons voyageurs, par exemple. De nombreuses preuves de sensibilité au champ magnétique terrestre ont été obtenues chez la mouche de la viande, chez des escargots, des planaires, des algues microscopiques, etc., et de fortes présomptions en faveur d'une sensibilité magnétique chez l'homme existent maintenant.

BIOMASSE n. f. **1.** Masse totale de l'ensemble des êtres vivants occupant, à un moment donné, un biotope bien défini. (Ainsi conçue, la biomasse d'une forêt comprend aussi bien les arbres, leurs oiseaux et leurs insectes que le sous-bois ou la faune microscopique du sol ; le climax d'un lieu est en général la biocénose ayant la plus forte biomasse possible.) — **2.** Masse vivante, considérée du point de vue de l'énergie que l'on peut en obtenir par combustion ou fermentation (gaz de broussaille, gaz de fumier, feu de bois).

ENCYCL. *Mesure de la biomasse.* On peut évaluer la biomasse en poids frais, avec l'eau de constitution, ou en poids sec, ce dernier ne dépassant guère 20 % du poids frais. On peut compter ou non les feuilles mortes, cadavres animaux, etc., plus souvent mis à part sous le nom de *thanatomasse.* Il ne faut pas confondre ce capital avec son revenu annuel, le gain de masse en un an, tel que la masse de poissons que l'on peut pêcher annuellement sans dépeupler le lieu de pêche. Cette « biomasse annuelle » est de l'ordre de 160 milliards de tonnes de matière sèche pour le globe, dont 50 % provient des forêts et 36 % des océans. La toundra en produit, à surface égale, cent fois moins que la sylve équatoriale. Un autre mode d'évaluation ne considère que l'énergie pouvant être obtenue à partir de la biomasse, et exprime celle-ci en tep (tonnes d'équivalent-pétrole) ou en joules.

• *Utilisation de la biomasse.* La forêt française fournit annuellement 250 000 tep pour le chauffage des habitations. Ce chiffre pourrait être doublé par une utilisation rationnelle des broussailles et débris. On envisage aussi des cultures énergétiques de plantes combustibles à croissance rapide, terrestres (betterave) ou, mieux, aquatiques (jacinthe d'eau, algues telles que le *botryococcus,* qui produit directement des hydrocarbures.)

• *Méthodes de conversion de la biomasse.* On libère l'énergie de la biomasse par combustion complète (chauffage), par pyrolyse à l'abri de l'air, à 500 °C ou à 1 000 °C, dans des gazogènes, donnant un gaz pauvre, par fermentation biologique à l'aide de levures pour obtenir de l'éthanol, mélangé à l'essence (gazohol).

Plus remarquable est l'exploitation de la cellulose humide dans des digesteurs à 30-35 °C, qui fournit un gaz contenant 40 % de méthane. C'est une excellente utilisation de toutes sortes de déchets agricoles et les pays d'agriculture traditionnelle (Chine) y recourent massivement. Renouvelable, aisée à stocker mais onéreuse à transporter, l'énergie issue de la biomasse n'a qu'un faible rendement.

BIOMATÉRIAU n. m. Substance ou matière destinée à être implantée dans un organisme vivant pour remplacer un organe ou un tissu. (Les prothèses, des plus simples [dentaires] aux plus compliquées [trachée artificielle], sont faites avec des biomatériaux.)

BIOME [bjom] n. m. Très vaste milieu de vie, d'extension mondiale, sous un même climat. (Les principaux biomes sont la toundra, la forêt tempérée, la savane, la steppe, le désert, la sylve équatoriale, les eaux fluviales, les eaux saumâtres, le littoral, les abysses.)

BIOMÉCANIQUE n. f. Application des lois de la mécanique aux problèmes de biologie, de physiologie et de médecine.

◆ adj. Relatif à la biomécanique.

BIOMÉDICAL, E, AUX adj. Qui concerne à la fois la biologie et la médecine.

BIOMÉTALLURGIE n. f. Utilisation de micro-organismes pour l'enrichissement de certains minerais (cuivre, uranium).

BIOMÉTÉOROLOGIE n. f. Étude des relations entre les divers phénomènes météorologiques et les processus biologiques intéressant l'ensemble des organismes vivants. (La biométéorologie est surtout appliquée à l'agriculture.)

BIOMÉTHANE n. m. Syn. de BIOGAZ.

BIOMÉTRIE n. f. Ensemble des techniques de mesure de dimensions faites sur les êtres vivants et des méthodes statistiques de traitement des mensurations. (La biométrie, fondée par Quetelet et Galton, met en évidence des corrélations de croissance non proportionnelles, normales ou pathologiques, spécifiques ou individuelles, les allométries.)

BIOMÉTRIQUE adj. Relatif à la biométrie.

BIOMIMÉTIQUE adj. Se dit de la partie de la chimie organique qui s'efforce d'imiter les procédés de la nature dans les organismes vivants.

BIOMORPHIQUE adj. Qui a le caractère du biomorphisme.

BIOMORPHISME n. m. Caractère d'une œuvre d'art de tendance non-figurative dont les formes rappellent celles du monde organique.

BION (Wilfred Ruprecht), psychiatre et psychanalyste britannique (Muttra, auj. Mathurā, Inde, 1897 - Oxford 1979). Élève de M. Klein, il a enrichi la recherche psychanalytique à partir de son travail sur les petits groupes et surtout de son analyse du fonctionnement mental des psychotiques.

BIONDI (Matt), nageur américain (Moraga, Californie, 1965). Déjà médaille d'or en 1984 à Los Angeles avec le relais 4 × 100 m nage libre, il domine en 1988 les jeux Olympiques de Séoul en remportant cinq épreuves (50 m et 100 m nage libre, relais 4 × 100 m et 4 × 200 m nage libre et relais 4 × 100 m 4 nages) et sept médailles (argent sur 100 m papillon et bronze sur 200 m nage libre). En 1992, à Barcelone, il fait encore partie du relais américain vainqueur du 4 × 100 m nage libre et obtient, en individuel, la médaille d'argent sur 50 m nage libre.

BIONIQUE n. f. (amér. *bionics,* de *biology* et *electronics*). Confrontation, scientifiquement conduite, entre les inventions humaines et les processus biologiques (détection, locomotion, orientation), en vue d'offrir aux ingénieurs des modèles dont l'imitation peut être utile, et, à l'inverse, de mieux interpréter certains organes et fonctions par comparaison avec des inventions humaines.
◆ adj. Relatif à la bionique.
ENCYCL. On peut retenir deux exemples d'applications de la bionique : l'invention du « crochet souple » et la création de structures architecturales nouvelles.
1. L'invention du crochet souple a été réalisée au moins deux fois par la nature : dans les barbules des plumes d'oiseaux et dans le fruit de la bardane qui peut ainsi faire transporter ses graines par les moutons. C'est le fruit de la bardane que Georges de Mestral a observé de près et qui lui a inspiré l'idée du Velcro. Il s'agit de mettre en contact une surface couverte de crochets souples et élastiques, et une autre surface couverte de boucles ; en pressant, on engage les crochets dans les boucles ; en tirant, on les dégage ; mais l'ensemble résiste bien aux forces tangentielles ou obliques. On réalise ainsi économiquement des dispositifs adhésifs mécaniques qui ont de nombreux usages.
2. Le squelette siliceux microscopique des radiolaires, avec sa structure maillée et sa symétrie sphérique, oppose une résistance remarquable à toute déformation. Robert Le Ricolais s'est inspiré de ce squelette, pour créer des charpentes de hangar notamment. Toutefois, l'existence d'un champ de pesanteur oblige ici à nuancer en paraboloïde ce qui est sphérique dans l'apesanteur océanique... ou dans celle des satellites, eux aussi bénéficiaires des structures Le Ricolais.

BIOPESTICIDE n. m. Bactérie produisant des toxines capables de détruire certains insectes sans risque pour l'environnement.

BIOPHYSICIEN, ENNE n. Spécialiste de biophysique.

BIOPHYSIQUE n. f. Étude des processus de transformation de l'énergie dans les organismes (absorption ou production de lumière, de chaleur, production des sons, bioélectricité, etc.).

BIOPRÉCURSEUR n. m. Syn. de PROMÉDICAMENT.

BIOPSIE n. f. Prélèvement sur le sujet vivant d'un fragment de tumeur, d'organe ou de tissu, en vue de divers examens, notamment microscopiques.

BIOPSIQUE adj. Relatif à la biopsie.

BIORHIZA n. m. Insecte hyménoptère cynipidé des galles de racine des chênes, à parthénogenèse cyclique.

BIORIENTATION [bi-] n. f. Procédé au cours duquel un film de matière plastique subit une orientation par rapport à deux axes perpendiculaires. (Les films *biorientés* sont utilisés en photographie et comme matériaux d'emballage rétractables.)

BIORYTHME n. m. Phénomène périodique de la vie animale ou végétale. (Syn. RYTHME BIOLOGIQUE.)
ENCYCL. Certains biorythmes ne sont qu'une réaction organique à un rythme astronomique : rythme circadien ou nycthéméral quotidien (sommeil et veille, ouverture de certaines fleurs...), rythme de marée (12 h 25 min sous nos climats), rythme lunaire de 28 jours (très rare : certaines annélides marines), rythme annuel, d'importance capitale partout où les saisons sont bien marquées, au point de fixer la durée même de la vie (plantes annuelles, animaux univoltins). Mais il existe de nombreux biorythmes d'origine interne, réglant les battements du cœur, la respiration, le cycle menstruel, la mue des arthropodes, etc.

BIOSCIENCES n. f. pl. Ensemble des sciences de la vie, au sens le plus large du mot (zoologie, botanique, écologie, biologie au sens strict, biophysique, biochimie, génétique, paléontologie, voire médecine).

BIOSPÉLÉOLOGIE ou **BIOSPÉOLOGIE** n. f. Étude des êtres vivants des cavernes.
ENCYCL. Les grottes se caractérisent par l'obscurité, l'humidité, une température constante et basse, des sources de nourriture très réduites et entièrement venues du dehors. Bactéries, animaux aquatiques aveugles et décolorés, chauve-souris forment l'essentiel de la faune et de la flore.

BIOSPHÈRE n. f. Ensemble des régions de la Terre où l'on rencontre des êtres vivants.
ENCYCL. La biosphère occupe la quasi-totalité de l'hydrosphère, recouvre les terres émergées d'une mince et fragile couche d'humus et n'inclut l'atmosphère que comme lieu de passage. On y distingue une région éclairée *(héliosphère)* où les plantes vertes, par photosynthèse, fabriquent de la nouvelle matière vivante (terres émergées, océans jusqu'à la « profondeur de compensation ») et une région obscure *(sciasphère)* qui dépend de la précédente pour sa nourriture (grottes, abysses). Cadavres et fossiles,

présents dans certaines couches sédimentaires de la lithosphère (roches), forment la *thanatosphère.* La biosphère, qui tire toute son énergie du Soleil, est le lieu d'innombrables cycles biosphériques, en particulier des cycles du carbone, de l'azote, du phosphore, du soufre, du calcium et de l'oxygène, étroitement liés aux diverses actions bactériennes et aux chaînes alimentaires.

BIOSPHÉRIQUE adj. Relatif à la biosphère.

BIOSTASIE n. f. Quasi-stabilité d'un paysage terrestre subissant une érosion chimique lente, sous une couverture végétale stable, en équilibre avec la faune du sol. (Contr. RHEXISTASIE.)

BIOSTASIQUE adj. Caractérisé par la biostasie.

BIOSTRATIGRAPHIE n. f. Branche de la stratigraphie dont l'objet est l'étude des restes ou des traces de vie trouvés dans les couches de l'écorce terrestre.

BIOSTROME n. m. (du gr. *strôma,* couverture). Masse rocheuse construite par des organismes récifaux et plus étendue que haute.

BIOSYNTHÈSE n. f. Formation des composés organiques qui se trouvent dans les êtres vivants (par ex. la photosynthèse dans les plantes vertes).

BIOT (06410), comm. des Alpes-Maritimes, à 8 km au N.-O. d'Antibes ; 5 584 hab. Station hivernale. Poteries. Verrerie. Cultures florales. Musée Fernand-Léger.

BIOT (Jean-Baptiste), physicien français (Paris 1774-*id.* 1862). Il a reconnu l'origine céleste des météorites, établi une théorie de la conductibilité calorifique et effectué la première ascension scientifique en ballon, pour étudier le magnétisme terrestre. Il a découvert en 1815 le pouvoir rotatoire de certains liquides, mesuré la vitesse du son dans les solides et déterminé avec Savart, en 1820, la valeur du champ magnétique engendré par un courant rectiligne. (Acad. des sc., 1803 ; Acad. fr., 1856.)

BIOTECHNOLOGIE ou **BIOTECHNIQUE** n. f. Ensemble des techniques utilisant les propriétés biochimiques d'entités biologiques (existant à l'état naturel ou modifiées par recombinaison génétique) pour améliorer la production agricole ou la fabrication industrielle de composés chimiques divers (combustibles, médicaments, etc.).

BIOTECHNOLOGIQUE ou **BIOTECHNIQUE** adj. Relatif à la biotechnologie.

BIOTHÉRAPIE n. f. Méthode de traitement qui utilise soit des cultures de micro-organismes vivants (yaourt, képhir, levures, ferments, microbes divers), soit des produits physiologiques (lait, suc gastrique, bile, etc.).

1. BIOTHÉRAPIQUE adj. Relatif à la biothérapie.

2. BIOTHÉRAPIQUE n. m. Médicament homéopathique obtenu à partir de produits d'origine microbienne non chimiquement définis, de sécrétions ou d'excrétions, pathologiques ou non, de tissus animaux ou végétaux.

BIOTINE n. f. Vitamine du groupe B, appelée vitamine H, utilisée notamment en thérapeutique dermatologique.

BIOTIQUE adj. (bas. lat. *bioticus,* du gr. *biotikos*). 1. Se dit des facteurs liés à l'activité des êtres vivants et agissant sur la distribution des espèces animales et végétales d'un biotope donné. (Contr. ABIOTIQUE.) — 2. Syn. de BIOGÈNE.

BIOTITE n. f. (de J.-B. *Biot,* n. pr.). Mica monoclinique se présentant en lamelles hexagonales, de couleur noire et fréquent dans les roches granitiques et métamorphiques.

BIOTOPE n. m. Lieu favorable à la vie d'un animal ou d'une plante. (Le biotope et sa biocénose constituent un écosystème.)

BIOTRAITEMENT n. m. Procédé d'épuration poussée des eaux de rejet d'une raffinerie, fondé sur une action bactériologique.

BIOTRAITEUR n. m. Épurateur d'eaux où s'effectue le biotraitement.

BIOTRANSFORMATION n. f. Processus de transformation dans l'organisme de produits toxiques en composés détoxifiés.

BIOTURBATION n. f. Déformation d'un sédiment non encore lithifié par l'action d'organismes vivants et que l'on retrouve sous forme de pistes ou de terriers dans les roches sédimentaires.

BIOTYPE n. m. Groupe d'individus de même espèce, se ressemblant tant par l'aspect extérieur que par le patrimoine héréditaire (génotype).

BIOTYPOLOGIE n. f. Classification du physique des êtres humains en types.

BIOTYPOLOGIQUE adj. Relatif à la biotypologie.

BIOTYPOLOGISTE n. Spécialiste de biotypologie.

BIOVULAIRE [bi-] adj. Syn. de DIZYGOTE.

BIOVULÉ, E [bi-] adj. Se dit d'un carpelle contenant deux ovules (poirier, vigne).

BIOXYDE [bi-] n. m. Oxyde qui renferme deux atomes d'oxygène par molécule. (Syn. DIOXYDE.)

BIOY CASARES (Adolfo), écrivain argentin (Buenos Aires 1914). L'un des maîtres du récit fantastique où l'étrange se teinte d'humour (*l'Invention de Morel,* 1940 ; *Dormir au soleil,* 1973), il a composé avec J. L. Borges une *Anthologie de la littérature fantastique* (1940).

BIOZONE n. f. Unité d'un ensemble de couches géologiques, déterminée par les fossiles qu'elle contient.

BIP n. m. (onomat.). **1.** Signal sonore bref et, parfois, répété émis par certains appareils (répondeur téléphonique, récepteur de radiomessagerie, etc.). [Syn. BIP-BIP.] — **2.** Appareil de radiomessagerie émettant ce signal.

BIPALE adj. Qui comporte deux pales.

BIPARIÉTAL, E, AUX adj. Se dit du diamètre crânien qui va d'un pariétal à l'autre.

BIPARTI, E ou **BIPARTITE** adj. (de *parti,* part. passé de l'anc. fr. *partir,* partager). **1.** Composé ou issu de deux éléments, de deux groupes : *Comité biparti.* — **2.** Se dit d'un organe partagé en deux sur plus de la moitié de sa longueur.

BIPARTISAN, E adj. Qui relève du bipartisme.

BIPARTISME n. m. Situation dans laquelle deux partis dominent la vie politique et alternent au pouvoir.

BIPARTITION n. f. Partage d'une cellule vivante en deux cellules filles identiques entre elles.

BIPASSE n. m. Syn. de BY-PASS.

BIP-BIP → BIP.

BIPECTINÉ → BIPENNÉ.

BIPÈDE adj. (lat. *bipes, -edis*). Qui a deux pieds, qui marche sur deux pieds.
◆ n. m. **1.** Animal qui marche sur deux pieds. — **2.** *Fam.* Personne quelconque. — **3.** Ensemble de deux membres d'un cheval. (On distingue le bipède antérieur, postérieur, latéral droit, latéral gauche, diagonal droit et diagonal gauche.)

BIPÉDIE n. f. Locomotion des vertébrés terrestres qui n'utilisent pour progresser que le bipède postérieur. (La bipédie [marche, suite de sauts], de règle chez les oiseaux, est rare chez les mammifères [homme, kangourou] et chez les reptiles [basilic].)

BIPENNE n. f. (lat. *bipennis*). Hache romaine, ou doloire à deux tranchants.

BIPENNÉ, BIPINNÉ ou **BIPECTINÉ, E** adj. (lat. *bipennis,* muni de deux ailes ou de *pecten, -inis,* peigne). Se dit des organes vivants (feuilles, antennes d'insectes, branchies, etc.) constituées d'un axe allongé portant de part et d'autre une rangée de rameaux courts, égaux, souvent serrés, évoquant un peigne.

BIPHASÉ, E adj. **1.** Se dit d'un système polyphasé sinusoïdal à deux phases. — **2.** Se dit d'une structure micrographique à deux phases, dont les propriétés respectives sont différentes.

BIPHÉNYLE n. m. Hydrocarbure $C_4H_5—C_6H_5$, utilisé pour la conservation des agrumes. (Syn. DIPHÉNYLE.)

BIPIED n. m. Support du canon d'une arme reposant sur le sol par deux pieds en V renversé.

BIPLACE adj. et n. m. Se dit d'un véhicule et particulièrement d'un avion à deux places.

BIPLAN n. m. Avion dont les ailes sustentatrices sont constituées par deux plans parallèles placés l'un au-dessus de l'autre.

BIPOINT n. m. En géométrie, couple de points. (Syn. SEGMENT ORIENTÉ.)

BIPOLAIRE adj. **1.** Qui possède deux pôles, deux centres d'attraction : *Une politique bipolaire.* — **2.** Se dit des machines et des appareils électriques à deux pôles magnétiques, à deux bornes. — **3.** *Coordonnées bipolaires,* couple de réels positifs (*r, s*) associé à un point M du plan, tel que MF = *r* et MF' = *s,* où F et F' sont deux points fixes, appelés pôles ou foyers.

BIPOLARISATION n. f. Situation dans laquelle la vie politique est dominée par deux coalitions de partis, plus ou moins homogènes.

BIPOLARISÉ, E adj. Caractérisé par la bipolarisation ou la bipolarité.

BIPOLARISME n. m. Syn. de BIPOLARITÉ.

BIPOLARITÉ n. f. **1.** État d'un secteur économique, commercial, social, universitaire, etc., dominé par la présence de deux pôles d'activités plus ou moins antagonistes ou hétérogènes. (Syn. BIPOLARISME.) — **2.** État de la vie politique dominé par la présence de deux partis ou deux groupes de partis antagonistes. — **3.** État ou propriété d'un corps qui a deux pôles. — **4.** Caractère des espèces animales et végétales que l'on rencontre dans les régions polaires Nord et Sud mais qui sont absentes des régions chaudes.

BIPÔLE n. m. Réseau électrique à deux bornes. (Syn. MONOPORTE, DIPÔLE.)

BIPORTE n. m. et adj. Forme plus récente du quadripôle.

BIPOUTRE adj. et n. m. Se dit d'un avion dont l'empennage est relié au reste de la cellule par deux poutres.

BIQUARTZ n. m. Juxtaposition d'un quartz droit et d'un quartz gauche servant à la détermination du pouvoir rotatoire.

BIQUATERNION n. m. Expression de la forme A + B*i*, où A et B sont des quaternions et *i* telle que $i^2 = -1$.

BIQUE n. f. (p.-ê. altér. de *biche,* croisé avec *bouc*). **1.** *Fam.* Chèvre. — **2.** *Pop.* Rosse, mauvais cheval. — **3.** Fam. *Crotte de bique,* chose insignifiante. ‖ *Peau de bique,* vêtement fait avec une peau de chèvre. ‖ Pop. *Vieille bique,* terme injurieux adressé à une femme.

BIQUE-BOUC n. f. (pl. *biques-boucs*). Chèvre ayant des caractères masculins.

BIQUET, ETTE n. **1.** Petit de la bique, chevreau, chevrette. – **2.** *Fam.* Terme d'affection.

BIQUOTIDIEN, ENNE adj. Qui se fait deux fois par jour.

BIRAGUE (René DE), prélat et homme d'État français (Milan 1506-Paris 1583). Président au parlement de Paris (1563), il fut nommé garde des Sceaux (1570) puis chancelier de France (1573) par Catherine de Médicis, et devint cardinal en 1578. Son hostilité à l'égard des protestants fit de lui un des inspirateurs de la Saint-Barthélemy.

BIRAN (MAINE DE) → MAINE DE BIRAN.

BIRAPPORT n. m. *Birapport d'un pinceau ordonné* (D_1, D_2, D_3, D_4), birapport du quadruplet (A_1, A_2, A_3, A_4), où les A_i sont les points d'intersection des D_i avec une droite sécante quelconque (D), ne passant pas par le point d'intersection des D_i. (Les D_i peuvent être des droites ou des plans, parallèles ou concourants.) ‖ *Birapport du quadruplet* (A, B, C, D),

nombre réel $\rho = \dfrac{\overline{CA}}{\overline{CB}} : \dfrac{\overline{DA}}{\overline{DB}}$ où A, B, C et D

sont des points d'une droite affine munie d'un repère $(O, \vec{i})$. [On le note parfois (A,B,C,D).] (Syn. anc. RAPPORT ANHARMONIQUE.) ‖ *Birapport d'un quadruplet de réels* ou *de complexes* (*a*, *b*, *c*, *d*), expression :

$$\frac{c-a}{c-b} : \frac{d-a}{d-b}$$

(Syn. anc. RAPPORT ANHARMONIQUE.)

BIRBE n. m. (ital. *birba*, coquin). Pop. *Vieux birbe*, vieillard rétrograde.

Bird *(appareil de)*, appareil d'assistance respiratoire dont l'insufflation doit être déclenchée par le malade et qui est utilisé essentiellement en rééducation ventilatoire.

B. I. R. D., sigle de BANQUE INTERNATIONALE POUR LA RECONSTRUCTION ET LE DÉVELOPPEMENT. (→ BANQUE *mondiale*.)

BIRDIE [bœrdi] n. m. (angl. *birdie*, petit oiseau). Au golf, score sur un trou, qui améliore le par d'un point.

BIRDWOOD (William RIDDELL, 1er *baron*), maréchal britannique (Kirkee, Inde, 1865-Londres 1951). Commandant le corps australien pendant la Première Guerre mondiale, il fut ensuite commandant en chef aux Indes (1925-1930).

BIRÉACTEUR n. m. Avion propulsé par deux turboréacteurs.

BIRÉFRINGENCE n. f. Propriété des milieux anisotropes de dédoubler un rayon lumineux qui les traverse.

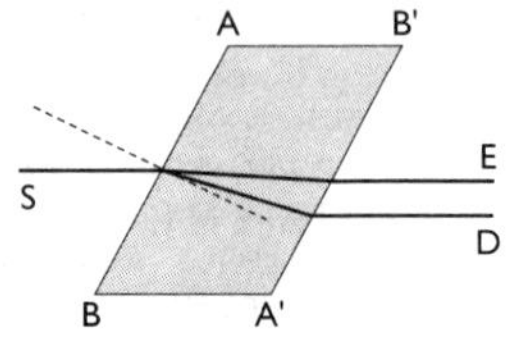

Phénomène de **biréfringence** : le rayon incident S fournit deux rayons D et E qui émergent parallèlement de la lame biréfringente ABA'B'.

BIRÉFRINGENT, E adj. Se dit d'un corps qui possède la propriété de biréfringence.

BIRÈME n. f. (lat. *biremis*). Navire de l'Antiquité romaine à deux rangées de rames.

BIRGER JARL, homme d'État suédois († 1266). Conseiller du roi Erik Eriksson, son beau-frère, il fit élire son propre fils, Valdemar, à la royauté (1250) et assuma la régence. Il entreprit une croisade en Finlande (1249).

BIRGER MAGNUSSON (1280-Gotland 1321), roi de Suède (1290-1318). Il succéda à son père Magnus Ladulås, sous la tutelle d'un conseil de régence (1290-1302).

BIRGUE n. m. (lat. sc. *birgus*). Nom générique du *crabe des cocotiers,* crustacé amphibie des îles du Pacifique, qui vit dans un terrier et grimpe aux cocotiers pour dévorer leurs fruits. (Le birgue n'est pas un crabe.)

BIR HAKEIM, point d'eau dans le désert de Cyrénaïque, à 60 km au S.-O. de Tobrouk. Point d'appui du dispositif britannique, défendu par les Forces françaises libres, commandées par Koenig, Bir Hakeim, encerclé, résista 16 jours, à compter du 27 mai 1942, aux assauts de Rommel. Sortie en force le 11 juin, la garnison parvint à rejoindre les Britanniques.

BIRIBI n. m. (ital. *biribisso*, d'orig. onomat.). **1.** Jeu de hasard d'origine italienne. – **2.** (Avec une majuscule.) *Arg. mil.* Anciennes compagnies de discipline d'Afrique.

BIRKA, anc. ville commerçante viking située sur l'île de Björkö du lac Mälaren, florissante aux IXe et Xe s.

BIRKBECK (George), médecin et philanthrope britannique (Settle, Yorkshire, 1776-Londres 1841), fondateur de l'enseignement technique pour les ouvriers.

BIRKELAND (Christian), physicien et chimiste norvégien. (Christiania, auj. Oslo, 1867 - Tōkyō 1917). Après des travaux sur le magnétisme terrestre et les aurores polaires, il a trouvé un procédé de synthèse de l'acide nitrique.

BIRKENAU, en polon. **Brzezinka,** localité de Pologne, à 3 km au S.-O. d'Auschwitz*. Les Allemands y établirent en 1941 un grand camp d'extermination (Auschwitz II).

BIRKENFELD, v. d'Allemagne (Rhénanie-Palatinat), dans le massif de l'Hunsrück ; 6 300 hab. Ancien chef-lieu de la principauté de Birkenfeld, incorporée en 1946 au Land de Rhénanie-Palatinat.

BIRKENHEAD, port de Grande-Bretagne, sur l'estuaire de la Mersey ; 124 000 hab.

BIRKET KAROUN ou **BIRKAT QĀRŪN** (« l'Étang de Coré »), lac salé du Fayoum, en Moyenne-Égypte. Alt. – 45 m. C'est le *Mœris* des Anciens.

BIRKHOFF (George David), mathématicien américain (Overisel, Michigan, 1884-Cambridge, Massachusetts, 1944). Il a contribué à la théorie des équations différentielles, developpé la théorie générale des systèmes dynamiques, démontré le dernier théorème de géométrie de Poincaré, en relation avec le problème des trois corps.

BIRLA (Ghanshyam Das), industriel indien (Pilani, Rājasthān, 1894-Londres 1983). Il fut un fervent artisan de l'industrialisation indienne et appuya l'action de Gāndhī.

BÎRLAD, v. de Roumanie, en Moldavie, au S. de Iaşi ; 61 000 hab. Textile.

BIRMAN, E adj. et n. De Birmanie.
◆ **birman** n. m. Langue tibéto-birmane parlée principalement en Birmanie, où le birmen est langue officielle. (C'est une langue monosyllabique, qui s'écrit dans un alphabet dérivé du pāli, dont elle a subi une assez forte influence.)

BIRMANDREIS → BIR MOURAD RAIS.

BIRMANIE, en birman **Myanmar.** État de l'Indochine occidentale, groupant en une fédération l'anc. colonie anglaise de Birmanie et sept États « périphériques » peuplés de minorités ethniques (20 % au total de la population) ; 678 000 km^2 ; 47 500 000 hab. *(Birmans.)* CAP. *Rangoon.* LANGUE : *birman.* MONNAIE : *kyat.*

Géographie. Le cœur de ce pays, coupé par le tropique et dans le domaine de la mousson (pluies d'été), est une longue dépression drainée par l'Irrawaddy, plus humide au S. (dans la basse Birmanie, correspondant approximativement au delta du fleuve) qu'au N. (haute Birmanie, autour de Mandalay). Le pourtour est montagneux (chaîne de l'Arakan à l'O., monts des Kachins au N., plateau Chan (Tenasserim à l'E.), souvent très arrosé et boisé, difficilement pénétrable. C'est ici que vivent essentiellement les minorités, parfois remuantes, des États « périphériques ». La majeure partie de la population proprement birmane, en accroissement assez rapide, se groupe dans la dépression centrale. Le delta est une grande région rizicole, alors que le riz est juxtaposé au millet, au coton, à l'arachide, au tabac dans la haute Birmanie. L'exploitation de la forêt (teck) est la ressource essentielle de la montagne. La Birmanie produit un peu de pétrole et de gaz naturel, recèle quelques minerais métalliques (plomb, étain, tungstène), mais l'industrie est très peu développée (excepté l'agroalimentaire), guère stimulée d'ailleurs (comme le tourisme) par la socialisation de l'économie. L'accroissement de population a pratiquement supprimé les exportations de riz et contribué au déficit de la balance commerciale.

Histoire. Au cours de l'histoire, la Birmanie a été occupée par des peuples d'origines variées. Les Birmans sont arrivés au début du IXe s.
IXe s. : Constitution d'un État birman.
1287-1299 : Cet État est détruit par des Mongols de Chine et des Chans (ethnie de langue thaïe).
Au cours du XIXe s., les Anglais conquièrent le pays qui est englobé dans l'empire des Indes.
1942-1945 : Occupation japonaise au cours de la Seconde Guerre mondiale.
1948 : Indépendance de la Birmanie.
Elle pratique une politique de stricte neutralité et à tendance socialiste (nationalisations). L'État est régulièrement confronté à des rébellions des minorités ethniques.
1962 : Le général Ne Win prend le pouvoir.
1981 : Ne Win est remplacé par le général San Yu, mais il conserve la réalité du pouvoir.
1988 : Dans un contexte de crise grave, Ne Win et San Yu quittent leurs fonctions. Les gouvernements militaires se succèdent.
1990 : L'opposition remporte les élections, mais les militaires gardent le pouvoir.
1995 : Malgré la libération d'Aung San Suu Kyi, leader de l'opposition, l'ouverture politique tarde à se concrétiser.

Birmanie *(campagne de).* Pendant la Seconde Guerre mondiale, les Japonais occupent la Birmanie dès le début de la guerre du Pacifique pour isoler la Chine, menacer l'Inde et s'assurer des ressources économiques. Le 8 mars 1942, ils prennent Rangoon, coupent la route de Birmanie le 15 mai, et repoussent les Britanniques (général Slim) et les Chinois (général Stilwell) en Inde et en Chine. En août 1943, les Alliés créent un commandement du Sud-Est asiatique, confié à Louis Mountbatten. Commencée fin 1943, l'offensive se heurte à une résistance japonaise qui retarde les Alliés au Nord jusqu'en mai 1944. Les Japonais attaquent même vers l'Inde, à Imphāl, en avril. La bataille décisive est gagnée à Mandalay, en mars 1945. Slim fonce alors sur Rangoon, libérée le 3 mai 1945.

Birmanie *(chat sacré de),* race de chat à poil long, à la robe crème doré, aux yeux bleu clair, et dont les pieds de couleur blanche semblent gantés.

Birmanie *(route de),* itinéraire ferré et routier de Rangoon à Kunming (Yunnan), destiné à ravitailler la Chine nationaliste après le blocus naval de ses côtes par les Japonais en 1938. Rendue inutilisable dès mars 1942 par l'occupation japonaise de la Birmanie, elle fut d'abord remplacée par un pont aérien américain. Puis une bretelle joignant Ledo à Bhamo, sur l'ancien itinéraire, fut construite par les Américains, avant sa réouverture, en mars 1945.

BIRMANS, peuple établi principalement en Birmanie (bassin de l'Irrawaddy), dans ses zones périphériques et au Bangladesh.

BIRMINGHAM, v. de Grande-Bretagne, dans les Midlands, sur la Rea. Élément essentiel de la conurbation des West Midlands (plus de 2,5 millions d'hab.), la ville compte 934 900 hab. La sidérurgie, développée au XVIIIe s. grâce à la présence de charbon et de fer, a disparu, mais la métallurgie de transformation, diversifiée, demeure importante, bien que souvent en difficulté. Importants musées.

BIRMINGHAM, v. des États-Unis, principale ville de l'Alabama ; 265 968 hab. (plus de 700 000 dans l'aire métropolitaine). Sidérurgie.

BIR MOURAD RAIS, anc. **Birmandreis,** banlieue sud d'Alger ; 77 600 hab.

BIROBIDJAN, v. de Russie, ch-l. de la région autonome des Juifs, sur le Transsibérien, à l'O. de Khabarovsk ; 86 300 hab. Le nom de *Birobidjan* a désigné le territoire autonome constitué en 1934 et mis à la disposition des Juifs.

BIRON (24540), comm. du sud de la Dordogne ; 133 hab. Imposant château (XIIe-XVIIIe s.), berceau de la famille des Gontaut.

BIRON (Armand DE GONTAUT, *baron* DE), maréchal de France (v. 1524-Épernay 1592). Grand maître de l'artillerie (1569) puis maréchal (1577), il se rallia à Henri IV dès 1589, se distingua à Ivry (1590) et fut tué au siège d'Épernay (1592). — Son fils CHARLES DE GONTAUT, 1er duc **de Biron** (1562-Paris 1602) fut fait par Henri IV amiral de France et de Bretagne (1592), maréchal de France (1595) duc et pair (1598). Ayant comploté contre le roi avec le duc de Savoie et le roi d'Espagne (1600), il fut décapité.

BIRON (Ernst Johann), duc **de Courlande,** homme d'État russe (Kalntsiems, Lettonie, 1690-Mitau, auj. Ielgava, 1772). Favori d'Anna Ivanovna qui accéda au trône de Russie en 1730, il dirigea, en fait, l'Empire russe avec les Allemands de son entourage jusqu'à sa condamnation et son exil en Sibérie (1740).

Biron *(hôtel),* à Paris, rue de Varenne (VIIe arrond.). Élevé en 1728 par J. Gabriel et J. Aubert, il abrite auj. le musée Rodin. Jardins.

BIROT (Pierre), géographe français (Meudon 1909-Clamart 1984). Il a relié les divers éléments constitutifs de la géographie physique (contribuant à développer la notion de zonalité), notamment dans *Régions naturelles du globe* (1970).

BIROTOR adj. m. Se dit d'un aéronef sustenté par deux rotors.

BIROUTE n. f. **1.** *Arg.* Manche à air indiquant la direction du vent. — **2.** *Pop.* Pénis.

BIRR n. m. Unité monétaire de l'Éthiopie et de l'Érythrée.

BIRRELL (Augustine), homme politique et écrivain britannique (Wavertree, près de Liverpool, 1850-Londres 1933). Député libéral aux Communes (1889), il fut ministre de l'Éducation (1905-1907). Secrétaire pour l'Irlande de 1907 à 1916, il se révéla impuissant face à l'insurrection de Pâques 1916. Il démissionna peu après.

BIRSMATTEN, abri-sous-roche de Suisse, proche de Nenzlingen (canton de Berne), qui constitue l'un des plus importants gisements épipaléolithique de Suisse actuellement connus.

BIRTWISTLE (Harrison), compositeur britannique (Accrington, Lancashire, 1934). Il est directeur de la musique au National Theatre de Londres depuis 1975. On lui doit : *Punch and Judy* (opéra en 1 acte, 1968), *The Triumph of Time,* pour orchestre (1974), *Bow Down,* théâtre musical (1977).

BĪRŪNĪ (Abūl-Rayḥān Muḥammad ibn Aḥmad **al-**), un des plus grands savants de l'islām médiéval (Kāth, capitale du Khārezm, 973-Rhazni ? apr. 1050). Iranien d'origine, il reçut une formation scientifique, et voyagea beaucoup. Il séjourna chez le sultan Maḥmud de Rhazni (1017). Il a laissé de nombreux traités, concernant les mathématiques, l'astronomie, la médecine, l'histoire des civilisations *(Histoire de l'Inde, Chronologie des anciens peuples),* etc.

1. BIS, E [bi, biz] adj. (orig. inc.). **1.** Gris-brun : *Toile bise.* — **2.** *Pain bis,* pain de couleur grise, à cause du son qu'il renferme.

2. BIS [bis] adv. (lat. *bis,* deux fois). Désigne, dans une numérotation, un numéro répété une seconde fois : *J'habite au 15 bis.*

◆ adj. *Itinéraire bis,* itinéraire de délestage qui double l'itinéraire principal.

◆ interj. et n. m. Cri que l'on adresse à un artiste, à un orchestre, etc., pour qu'il redonne le passage qu'il vient d'interpréter.

BIS- → BI.

BISAÏEUL, E [-zajœl] n. (pl. *bisaïeuls, -les*). Père, mère de l'aïeul, ou de l'aïeule : *Bisaïeul maternel.*

BISAIGUË ou **BESAIGUË** [-zegy] n. f. (ital. dialect. *bisegolo ;* de *bi-* et lat. *secula,* faucille). **1.** Fort outil dont un bout est taillé en ciseau et l'autre en bédane, et qui sert à dresser les bois et à exécuter des assemblages de charpente. — **2.** Outil de cordonnier servant à polir.

BISANCIEN n. m. Réserve de taillis-sous-futaie ayant quatre fois l'âge de la révolution.

BISANNUEL, ELLE adj. **1.** Qui revient tous les deux ans ; biennal. — **2.** Qui a lieu deux fois par an. — **3.** *Plantes bisannuelles,* plantes qui accumulent des réserves la première année de leur vie et ne forment leurs graines que la deuxième année, puis meurent.

BISAYANS → VISAYAS.

BISBILLE n. f. (ital. *bisbiglio,* murmure). *Fam.* Brouille, querelle futile entre deux personnes : *Être en bisbille avec un ami.*

BISCAÏEN, ENNE ou **BISCAYEN, ENNE** adj. et n. De la Biscaye.

◆ **biscaïen** ou **biscayen** n. m. **1.** Dialecte basque parlé en Biscaye. — **2.** Fusil de gros calibre, en usage au XVIIIe s. comme fusil de rempart.

BISCARROSSE (40600), comm. des Landes, près de l'*étang de Biscarrosse et de Parentis ;* 9 847 hab. Musée de l'hydraviation. Station balnéaire à 10 km au N.-O. — Forêt domaniale de plus de 6 000 ha.

BISCARROSSE ET DE PARENTIS *(étang de),* étang du département des Landes, couvrant environ 3 500 ha, site d'exploitations pétrolières (→ PARENTIS-EN-BORN) et séparé de l'Atlantique (à l'O.) par un terrain militaire (Centre d'essais des Landes). Il communique, par un chenal, avec le *petit étang de Biscarrosse* (au N.).

BISCAYE, en esp. **Vizcaya,** en basque **Bizkaia,** prov. basque d'Espagne. Ch.-l. *Bilbao.* Rattachée à la Castille en 1379, la Biscaye garda ses institutions, les *Fueros,* jusqu'au XIXe s. (→ *Pays* BASQUE.)

BISCAYE *(golfe de)* → GASCOGNE *(golfe de).*

BISCHHEIM (67800), ch.-l. de cant. du Bas-Rhin, banlieue de Strasbourg ; 16 346 hab.

BISCHWILLER (67240), ch.-l. de cant. du Bas-Rhin, au S.-E. d'Haguenau ; 11 092 hab. Confection.

BISCÔME n. m. En Suisse, sorte de pain d'épice.

BISCORNU, E adj. **1.** Qui a une forme irrégulière, bizarre : *Construction biscornue.* — **2.** Qui est de caractère absurde, extravagant : *Esprit biscornu.*

BISCOTEAU ou **BISCOTO** n. m. *Pop.* Biceps.

BISCOTIN n. m. (ital. *biscottino*). Petit biscuit ferme et cassant.

BISCOTTE n. f. (ital. *biscotto ;* de *bis,* deux fois et *cotto,* cuit). **1.** Tranche de pain contenant du sucre, des matières grasses et du lait, grillée au four. — **2.** Petit four à pâte sèche et dure.

BISCOTTERIE n. f. **1.** Usine où l'on fabrique des biscottes. — **2.** Ensemble des techniques de fabrication des biscottes.

BISCOUMACÉTATE n. m. *Biscoumacétate d'éthyle,* médicament chimique de synthèse utilisé pour son action anticoagulante.

BISCUIT n. m. (de *bis* et *cuit*). **1.** Galette de farine peu levée, dure et sèche, destinée autrefois aux marins et aux soldats. — **2.** Pâtisserie faite de farine, sucre, matières grasses, œufs, etc., susceptible, après cuisson, de conserver ses qualités pendant un temps donné. — **3.** Pâte céramique cuite sans glaçure et sans couverte et qui présente un aspect mat. (→ *encycl.*) — **4.** *Biscuit glacé,* glace à la crème dans laquelle s'insère un couche de génoise imbibée de liqueur. ‖ *Biscuit roulé,* pâte à génoise tartinée de confiture ou de crème au beurre, puis roulée en boudin. ‖ *Biscuit de Savoie,* biscuit à pâte molle très légère. ‖ *Biscuit sec,* biscuit à pâte dure ou semi-dure, dont la durée de conservation est d'environ un an. ‖ Fam. *Ne pas partir sans biscuit,* être prévoyant, ne pas s'engager à la légère.

ENCYCL. **Céram.** Le biscuit de faïence est poreux alors que le biscuit de porcelaine (dont la pâte a reçu sa cuisson complète sans couverte) est vitrifié, et présente l'aspect du marbre blanc. Le biscuit apparaît en Chine dès l'époque Ming. En Europe, c'est à Vincennes (1751) que furent créées les premières statuettes, abondamment produites ensuite à Sèvres sous la direction de Falconet et de Boizot.

BISCUITER v. t. (conj. 3.). Amener la faïence ou la porcelaine à l'état de biscuit.

BISCUITERIE n. f. **1.** Fabrication industrielle et commerce des biscuits secs. — **2.** Usine spécialisée dans la fabrication des biscuits.

BISCUITIER n. m. Industriel fabricant des biscuits.

1. BISE n. f. (de *biser*). *Fam.* Baiser.

2. BISE n. f. (germ. **bisjō*). Vent violent et froid, qui souffle du N. ou du N.-E. en hiver et au printemps.

BISEAU n. m. (p.-ê. de *biais*). Bord taillé obliquement, et non à angle droit : *Glace taillée en biseau.* • **Bât.** Syn. de CHANFREIN. — **Bijout.** Face d'une gemme taillée contiguë à la table. — **Géol.**

Allure particulière d'une couche sédimentaire dont l'épaisseur se réduit rapidement par rapport aux distances horizontales, et qui finit par disparaître. – **Mus.** Pièce de bois ou de métal taillée en plan incliné, placée dans l'embouchure de la flûte à bec ou de certains jeux de l'orgue et qui provoque la mise en vibration de la colonne d'air contenue dans le tuyau. – **Rel.** Bord d'un carton coupé à 45°, généralement placé du côté du mors pour faciliter l'ouverture du livre.

BISEAUTAGE n. m. **1.** Taille en biseau. – **2.** Processus par lequel des surfaces géologiques structurales sont coupées en biseau par un contact anormal faiblement incliné. (Syn. TRONCATURE, RABOTAGE SOMMITAL.)

BISEAUTER v. t. (conj. 3). **1.** Tailler en biseau : *Biseauter un brillant.* – **2.** Marquer certaines cartes à jouer en donnant un sens spécial à leur tranche, afin de pouvoir les reconnaître.

BISEAUTIER n. m. Petit rabot mécanique servant à biseauter les filets de cadres.

BISÉCULAIRE [-se-] adj. Qui a deux cents ans : *Hêtres biséculaires.*

BISÉMIQUE [-se-] adj. Se dit d'un mot qui a deux sens différents selon le contexte.

1. BISER v. i. (de *bis 1*) [conj. 3]. Dégénérer, noircir, en parlant des grains de céréales.

2. BISER v. t. (forme dialect. de *baiser*) [conj. 3]. *Pop.* et *vx.* Embrasser.

BISÉRIÉ, E [-se-] adj. Se dit des organes animaux ou végétaux disposés sur deux rangs.

BISET n. m. et adj. (de *bis 1*). Pigeon sauvage gris, d'où sont issues les races domestiques.

BISEXUALITÉ n. f. **1.** Syn. de HERMAPHRODISME. – **2.** Coexistence dans le psychisme de tout sujet de deux potentialités sexuelles, l'une féminine, l'autre masculine. – **3.** Pratiques sexuelles aussi bien avec des partenaires de même sexe que de sexe différent.

BISEXUÉ, E ou **BISEXUEL, ELLE** adj. **1.** Qui présente le caractère de bisexualité. – **2.** Syn. de HERMAPHRODITE.

BISEXUEL, ELLE adj. et n. Qui pratique la bisexualité.

BISIALLITISATION n. f. Dans les sols des climats tempérés et continentaux, altération progressive des minéraux des roches mères en argiles riches en silice et cations basiques.

BISKRA → BESKRA.

BISMARCK n. m. Hareng mariné dans du vinaigre, que l'on consomme nappé de crème fraîche.

BISMARCK *(archipel),* archipel montagneux et volcanique du Pacifique, en Mélanésie, au N.-E.de la Nouvelle-Guinée, appelé parfois **archipel de la Nouvelle-Bretagne** *(New Britain),* du nom de l'île principale ; 53 000 km². V. princ. *Rabaul.* Colonie allemande de 1884 à 1914, rattaché en 1921 au territoire sous tutelle de la Nouvelle-Guinée administré par l'Australie, l'archipel fait aujourd'hui partie de l'État de Papouasie-Nouvelle-Guinée. Il comprend la Nouvelle-Bretagne, la Nouvelle-Irlande, l'île Lavongai et les îles de l'Amirauté (Admiralty Islands).

BISMARCK (Otto, prince VON) ou, plus précisément, **von Bismarck-Schönhausen,** homme d'État allemand (Schönhausen 1815-Friedrichsruh 1898). Appelé à la présidence du Conseil par Guillaume Ier, qui ne peut obtenir du Landtag les crédits militaires exigés par la réforme de Moltke, Bismarck fait voter ces crédits – qui dotèrent la Prusse d'une armée modèle (1862), – et instaure en Prusse un régime autoritaire que la confiance du roi rend possible. De 1864 à 1871, Bismarck réalise l'unité allemande, au profit de la Prusse, en plusieurs temps : la guerre des Duchés (1864) provoque la guerre contre l'Autriche qui, battue à Sadowa (1866), est éliminée de la nouvelle Confédération d'Allemagne du Nord ; la guerre franco-allemande (1870-71) se termine par la victoire complète des Allemands, l'annexion par eux de l'Alsace-Lorraine et la proclamation, à Versailles, le 18 janv. 1871, de l'Empire allemand.
Chancelier de cet empire et président du Conseil de Prusse, Bismarck domine durant vingt ans la scène diplomatique, imposant à l'Europe un système d'alliances fondé sur l'isolement de la France. En Allemagne, son autoritarisme doit compter avec les catholiques, qu'il affronte d'abord brutalement (→ KULTURKAMPF), puis qui l'obligent à revenir à une politique religieuse plus modérée ; avec les Alsaciens-Lorrains, qui acceptent difficilement d'être sujets allemands ; avec la social-démocratie, qu'il s'efforce de neutraliser par la répression et par l'application d'une législation sociale avancée. Ne pouvant supporter le jeune empereur Guillaume II (1888), qui lui-même cherche à se débarrasser du vieux chancelier, Bismarck quitte le pouvoir en 1890.

Bismarck *(le),* bâtiment de ligne allemand (41 000 t). Après avoir coulé avec l'aide du croiseur *Prinz Eugen* le croiseur britannique *Hood* et endommagé le cuirassé *Prince of Wales,* il disparut pavillon haut le 27 mai 1941. Son épave a été retrouvée dans l'Atlantique (à 1 000 km au large de Brest), par 4 000 m de fond, en 1989.

BISMUTH [-myt] n. m. (all. *Wismut*). Métal d'un blanc jaunâtre, cassant et facile à réduire en poudre. (Élément chimique de symbole Bi.)

Numéro atomique : 83
Masse atomique : 209
Température de fusion : 271,3 °C
Masse volumique : 9,8 g/cm³

ENCYCL. Par ses propriétés physiques et mécaniques, par sa configuration électronique, le bismuth est proche de l'antimoine. Il brûle à haute température en donnant l'oxyde Bi_2O_3 ; il est aisément dissous par l'acide nitrique. Allié à d'autres métaux facilement fusibles, il en abaisse encore le point de fusion (ex. alliage de Darcet). Pour obtenir le métal, on grille la bismuthinite Bi_2S_3 puis on réduit l'oxyde formé par le carbone. L'oxyde Bi_2O_3 est un solide jaune. Le chlorure $BiCl_3$ est un solide incolore, que l'eau hydrolyse en acide chlorhydrique et oxychlorure BiOCl, employé en peinture. Le nitrate de bismuth $Bi(NO_3)_3$, en solution diluée, se transforme en nitrates basiques, dont le plus important, $BiOH(NO_3)_2$, est le sous-nitrate de bismuth. On connaît des dérivés organométalliques, les *bismuthines,* analogues aux arsines, comme le *bismuth-triméthyle* $Bi(CH_3)_3$. Le bismuth est utilisé dans des alliages à bas point de fusion et dans les produits pharmaceutiques.
– **Pharm.** La prescription des sels de bismuth, qui peuvent provoquer des accidents neurologiques graves, est strictement réglementée. Par voie intramusculaire l'injection de certains d'entre eux a une action antisyphilitique.

BISMUTHÉ, E adj. Qui contient du bismuth.

BISMUTHINE n. f. Composé organique résultant du remplacement d'un ou de plusieurs atomes d'hydrogène de l'hydrogène bismuthé BiH_3 par des radicaux carbonés monovalents.

BISMUTHINITE n. f. Sulfure de bismuth Bi_2S_3, qui en est le principal minerai.

BISMUTHIQUE adj. Relatif au bismuth.

BISMUTHISME n. m. Intoxication due à l'administration de sels de bismuth.

BISMUTHOSPHÉRITE n. f. Carbonate naturel de bismuth, affectant la forme de petites sphères.

BISOC [bisɔk] n. m. Charrue à deux corps.

BISON n. m. (lat. *bison*). Grand mammifère ruminant voisin du bœuf, dont les deux espèces, européenne et américaine, ont été presque exterminées par l'homme et dont il ne subsiste que quelques spécimens dans les parcs zoologiques.
ENCYCL. Le bison se distingue du bœuf par le très grand développement relatif de la tête et de l'avant-train. Ses troupeaux abondaient en Europe à l'époque préhistorique, mais le dernier troupeau des forêts polonaises a disparu au cours de la Seconde Guerre mondiale. L'espèce américaine, *buffalo,* a été systématiquement détruite en vue d'affamer les Indiens.

BISONNE n. f. Femelle du bison.

BISONTIN, E adj. et n. (lat. *Bisontii*). De Besançon.

BISOU ou **BIZOU** n. m. (de *bise*). *Fam.* Baiser.

BISPHÉNOL n. m. Dénomination courante de deux diphénols obtenus par condensation du phénol avec l'acétone, utilisés dans la fabrication des résines phénoliques et époxydiques.

BISQUAIN ou **BISQUIN** n. m. (p.-ê. de *Bisquain,* anc. n. des Biscaïens). Peau de mouton garnie de sa laine, dont on couvre le collier des chevaux de trait.

BISQUE n. f. Potage fait avec un coulis de crustacés.

BISQUER v. i. (conj. 3). *Fam.* Éprouver du dépit, rager : *Ça va le faire bisquer.*

BISSAC n. m. Syn. vx de BESACE.

BISSAGOS ou **BIJAGÓS** *(îles),* archipel de la Guinée-Bissau, en face de l'embouchure du rio Geba.

BISSAU, cap. et port de la Guinée-Bissau, sur l'estuaire du Rio Geba ; 127 000 hab. Aéroport. Centre administratif et commercial.

1. BISSE n. f. (ital. *biscia*). En héraldique, serpent dont le corps forme plusieurs nœuds.

2. BISSE n. m. (anc. fr. *biez*). Dans le Valais, long canal amenant l'eau d'irrigation.

BISSECTER v. t. (de *bissecteur*) [conj. 3]. Partager un secteur de plan ou d'espace en deux secteurs isométriques.

BISSECTEUR, TRICE adj. **1.** Se dit d'une partie de courbe ou de surface qui bissecte un secteur de plan ou d'espace. – **2.** Se dit d'un plan contenant l'arête d'un dièdre, tel que l'intersection avec un plan orthogonal à celle-ci soit bissectrice de la section rectiligne correspondante.
◆ **bissectrice** n. f. *Bissectrice d'un couple de demi-droites vectorielles* (D, D'), union des deux demi-droites vectorielles (d_1) et (d_2), telles que

$$(\widehat{D, d_i}) = (\widehat{d_i, D'}), \text{ pour } i = 1 \text{ et } 2.$$

‖ *Bissectrice d'un couple de vecteurs* $(\overrightarrow{u}, \overrightarrow{u'})$, bissectrice du couple de demi-droites vectorielles qu'ils engendrent. ‖ *Bissectrices de deux demi-droites affines de même origine* O, droite contenant O et ayant pour direction celle de la droite vectorielle bissectrice du couple $(\vec{u}, \vec{u}')$, $\vec{u}$ et $\vec{u}'$ étant les vecteurs directeurs de ces deux demi-droites. ‖ *Bissectrices de deux droites affines sécantes en* O, droites contenant O et ayant pour directions celles des droites vectorielles bissectrices des couples ($\vec{u}, \vec{u}'$) et ($\vec{u}'$, $-\vec{u}$), $\vec{u}$ et $\vec{u}'$ étant les vecteurs directeurs de ces deux droites. ‖ *Bissectrices d'un triangle* ($A_1A_2A_3$), bissectrices des deux droites (A_iA_j) et (A_jA_k) pour tous les cas où $i \neq j$ et $i \neq k$ et $i \in \{ 1,2,3 \}$. (On distingue les bissectrices intérieures sécantes au centre du cercle inscrit et les bissectrices extérieures sécantes deux à deux et avec une bissectrice intérieure au centre d'un cercle exinscrit.)

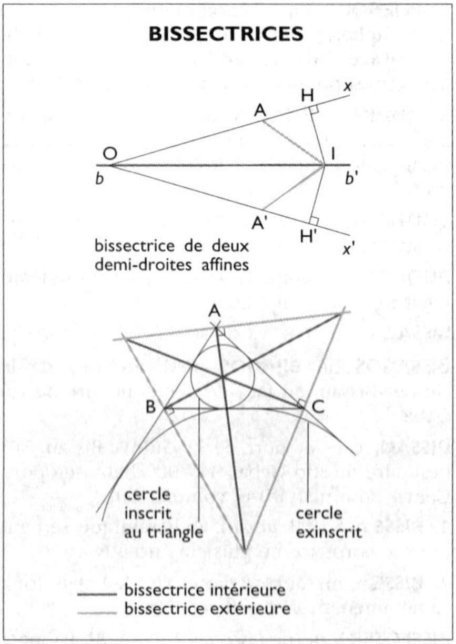

BISSECTION n. f. **1.** Action de bissecter ; résultat de cette action. – **2.** Méthode itérative de calcul de la racine d'une fonction continue dans un intervalle fini consistant à chaque étape, à divisier par deux la longueur de l'intervalle contenant la racine.

BISSEL n. m. (de *Bissel,* n. pr.). Essieu porteur, utilisé aux extrémités de certaines locomotives et qui peut se déplacer par rapport à l'ensemble de la machine pour faciliter l'inscription dans les courbes.

BISSER v. t. (de *bis 2*) [conj. 3] **1.** Applaudir un artiste pour qu'il recommence ce qu'il vient d'exécuter. – **2.** Recommencer une partie de son interprétation, à la demande du public.

BISSETT (Bill), poète canadien d'expression anglaise (Toronto 1939), auteur d'une œuvre d'avant-garde, marqué par le courant de la « contre-culture » (*Plutonium missing,* 1976).

BISSEXTE n. m. (lat. *bisextus,* deux fois sixième). Vingt-neuvième jour ajouté au mois de février, dans toutes les années bissextiles.

BISSEXTILE adj. f. (bas lat. *bisextilis,* deux fois sixième). *Année bissextile,* année de 366 jours, revenant tous les 4 ans (à l'exception des années dont le millésime est divisible par 100 mais non par 400) et dont le mois de février comporte 29 jours.

BISSIÈRE (Roger), peintre français (Villeréal, Lot-et-Garonne, 1886 - Boissiérette, Lot, 1964). Professeur à l'académie Ranson de 1925 à 1938, pratiquant alors un cubisme modéré, il parvint après la guerre à la célébrité avec des œuvres non figuratives de petit format, trames souples d'horizontales et de verticales où la couleur joue comme une effusion, une confidence.

BISSING (Moritz Ferdinand, *baron* VON), général allemand (Bellmannsdorf 1844-Bruxelles 1917), gouverneur de la Belgique occupée (1914-1917).

BISTABLE adj. *Bascule bistable,* circuit comportant deux états stables, et pouvant passer de l'un à l'autre sous l'action d'une commande extérieure. (Syn. FLIP-FLOP.)

BISTON n. m. Phalène dont la chenille vit sur les ormes, les tilleuls et les poiriers.

BISTORTE n. f. (p.-ê. provenç. *bistorti,* rouleau). Renouée des montagnes, aux racines tordues, aux fleurs roses.

BISTORTIER n. m. (p.-ê. provenç. *bistorti,* rouleau). Pilon de pharmacien.

BISTOUILLE n. f. (p.-ê. de *touiller*). **1.** Dans le nord de la France, boisson formée par le mélange de café et d'eau-de-vie. – **2.** Eau-de-vie de mauvaise qualité.

BISTOURI n. m. (ital. *bistorino,* alt. de *pistorino,* de Pistoia). **1.** Petit couteau à lame pointue et très tranchante, utilisé en chirurgie pour inciser les tissus. – **2.** *Bistouri électrique,* pointe métallique qui produit une étincelle destructrice sous l'effet d'un courant de haute fréquence.

BISTOURNAGE n. m. Action de bistourner.

BISTOURNER v. t. (conj. 3). **1.** Castrer un animal en pratiquant une torsion sous-cutanée du cordon testiculaire. – **2.** Courber un objet en sens contraire de sa direction naturelle.

BISTRE n. m. **1.** Couleur d'un brun jaunâtre préparée à partir de la suie et qui fut employée, comme encre ou en lavis, du Moyen Âge au début du XIXe s. env. – **2.** Matière brunâtre qui se condense parfois sur les parois des conduits de cheminée.
◆ adj. inv. Brun jaunâtre : *Teinte bistre.*

BISTRÉ, E adj. Qui a la couleur du bistre.

BISTRIȚA (la), riv. de Roumanie, principal affluent du Siret (r. dr.), coulant dans les Carpates moldaves ; 290 km. Hydroélectricité.

BISTRIŢA, v. de Roumanie, ch.-l. du dép. de Bistriţa-Năsăud, en Transylvanie ; 56 000 hab. Centre industriel.

BISTROQUET n. m. (de *bistrot* et *troquet*). *Pop.* Petit bistrot, café.

BISTROT ou **BISTRO** n. m. (p.-ê. poitevin *bistraud,* petit domestique). *Fam.* **1.** Café, débit de boissons ; restaurant modeste. — **2.** Marchand de vin, tenancier de café. — **3.** Nom donné à un genre de restaurant dont l'aménagement rappelle celui des bistrots du début du siècle. — **4.** *Style bistrot,* se dit d'un style de vaisselle et de pièces de mobilier propre aux bistrots du début du siècle et relancé pour les particuliers dans les années 60.

BISTROUILLAGE n. m. (de *bistouille,* avec l'infl. de *bistrot*). *Pop.* Fabrication frauduleuse d'une boisson ressemblant au vin, en procédant à différents mélanges.

BISUBLIMÉ, E adj. Se dit d'un produit sublimé deux fois de suite.

BISULFATE n. m. Hydrogénosulfate $MHSO_4$, où M désigne un métal alcalin.

BISULFITE n. m. Hydrogénosulfite $MHSO_3$, où M désigne un métal alcalin.

BISULFITIQUE adj. **1.** Qui se rapporte au bisulfite. — **2.** *Combinaison bisulfitique,* composé cristallisé qui résulte de l'action du bisulfite de sodium sur les aldéhydes et sur certaines cétones.

BISULFURE n. m. Composé binaire qui contient deux atomes de soufre dans sa molécule.

BIT [bit] n. m. (angl. *bit,* de *binary digit.*) **1.** Unité binaire de quantité d'information. (Syn. LOGON, SHANNON.) — **2.** Information représentée par un symbole à deux valeurs généralement notées 0 et 1, associées aux deux états d'un dispositif. — **3.** Unité de mesure de la capacité d'une mémoire d'ordinateur. (Une mémoire de *n* K bits contient *n* fois 1 024 unités élémentaires de mémorisation.) — **4.** Unité de mesure de la longueur des mots utilisés par un ordinateur.

B. I. T., sigle de BUREAU INTERNATIONAL DU TRAVAIL*.

BITANGENT, E adj. Tangent en deux points distincts.

BĪTĀR (Ṣalāḥ al-Din **al-**), homme politique syrien (Damas 1912-Paris 1980). Il fonda le parti Baath* avec Michel Aflak. Il a été Premier ministre de la République syrienne à quatre reprises entre mars 1963 et le coup d'État de févr. 1966, qui le renversa. Exclu du Baath, il est assassiné.

BITCHE (57230), ch.-l. de cant. de la Moselle, au N. de Saverne ; 7 338 hab. Citadelle de Vauban (1679). Camp militaire. Porcelaine industrielle. En 1870, Bitche ne put être enlevée par les Prussiens et ne leur fut remise qu'après la paix.

BITE → BITTE.

BITEMPORAL, E, AUX adj. Relatif aux deux os temporaux.

BITENSION adj. inv. Se dit d'un appareil électrique susceptible d'être utilisé sous deux tensions différentes.

BITER → BITTER 1.

BITERROIS, E adj. et n. (lat. *Bitterae,* Béziers). De Béziers et de sa région.

BITERROIS, région du bas Languedoc (Hérault), de part et d'autre de l'Orb et de l'Hérault, et dont la capitale est *Béziers.* Vignobles.

BITHÉMATISME n. m. Utilisation, dans un même mouvement musical, de deux thèmes différents. (Syn. DITHÉMATISME.)

BĪT-HILANI n. m. Type de palais de la Syrie mésopotamienne.

BITHYNIE, en gr. **Bithunia,** en lat. **Bithynia,** région et royaume du N.-O. de l'Asie Mineure, en bordure de la mer Noire et la mer de Marmara. Partiellement colonisée par les Grecs, soumise par les Perses et par Alexandre, la Bithynie devint au IIIe s. av. J.-C. un petit royaume indépendant que le dernier souverain, Nicomède IV, léguera en 74 av. J.-C. aux Romains. Les villes principales étaient Nicomédie, Prousa, Nicée.

BITIS [-tis] n. f. Vipère des forêts d'Afrique, au corps massif. (L'espèce du Gabon atteint 2 m de long.)

BITOLA ou **BITOLJ,** anc. **Monastir,** v. de Macédoine ; 80 000 hab. Mosquée du XVIe s. Musée archéologique. — Victoire des forces franco-serbes de Sarrail contre les Bulgares en nov. 1916.

BITONAL, E, ALS ou **AUX** adj. Relatif à la bitonalité.

BITONALITÉ n. f. Utilisation simultanée, dans une composition musicale, de deux tonalités différentes.

BITONTO, v. d'Italie, dans la Pouille, à l'O. de Bari ; 50 000 hab. Cathédrale (1175-1200), chef-d'œuvre de l'art roman apulien. Vins et fruits.

BITORD n. m. Cordage composé de deux ou trois fils simples retordus ensemble.

BITOS [-tos] n. m. *Arg.* Chapeau.

BITTABLE adj. *Pop.* Compréhensible.

BITTACUS [-kys] n. m. (gr. *bittakos,* n. d'un petit oiseau). Insecte mécoptère grêle, qui vit suspendu aux buissons.

1. BITTE n. f. (anc. nordique *biti,* poutre). **1.** Pilier rond très court, fixé verticalement sur le pont d'un navire et servant à tourner les aussières. — **2.** Bollard double dont le socle est fixé par des ancrages dans le couronnement du quai.

2. BITTE ou **BITE** n. f. (anc. fr. *abiter,* copuler, de *bitter à*, toucher à, de l'anc. scand. *bita,* mordre). *Pop.* Pénis.

BITTEL (Kurt), archéologue allemand (Heidenheim an der Brenz 1907). Il se consacra à partir de 1932 aux fouilles de l'ancienne capitale de l'empire hittite, Hattousa. Il a été directeur de l'Institut archéologique allemand d'Istanbul ; parmi ses œuvres, citons *les Hittites* (1976).

1. BITTER ou **BITER** v. t. (conj. 3). *Pop.* 1. Comprendre (en phrase négative : *Ne rien y bitter.* – 2. *Se faire bitter (à un examen),* échouer.

2. BITTER (-tɛr] n. m. (all. *bitter,* amer). Boisson apéritive en général non alcoolisée, parfumée avec des extraits de plantes amères.

BITTER PIT [bitɛrpit] n. m. (angl. *bitter,* amer, et *pit,* noyau). Présence pathologique dans la chair d'une pomme d'un amas liégeux, de saveur amère. (Syn. BOUCHON, LIÈGE.)

BITTURE ou **BITURE** n. f. 1. *Pop.* Ivresse. – 2. Pop. *À toute bitture,* à toute allure. ‖ Pop. *Prendre une bitture,* s'enivrer.

BITTURER (SE) ou **BITURER (SE)** v. pr. (conj. 3). *Pop.* S'enivrer.

BITUBE n. m. 1. Pièce d'artillerie comportant deux tubes de canon montés sur un même affût. – 2. Véhicule blindé portant deux canons jumelés.

BITUMAGE n. m. Action de revêtir de bitume.

BITUME n. m. (lat. *bitumen*). 1. Mélange d'hydrocarbures de masse moléculaire élevée et de substances organiques très riches en carbone et en hydrogène, mais contenant cependant de l'oxygène, du soufre, de l'azote, ainsi que des traces d'éléments métalliques. (→ *encycl.*) – 2. Couleur brune et brillante qui fut utilisée, notamment au XIXᵉ s., par les artistes peintres. – 3. Syn. fréquent de ASPHALTE. – 4. *Pop.* Trottoir.

ENCYCL. Les bitumes sont des substances brunnoir à noires, très visqueuses ou solides, de densité généralement voisine de l'unité. Les *bitumes naturels* se trouvent en imprégnations dans les pores et les fissures des roches sédimentaires (sables, grès, calcaires) ou encore en filons remplissant des fractures. Les *bitumes artificiels* sont des résidus de la distillation des pétroles bruts ou des produits de traitements de ces résidus.

Les bitumes sont surtout utilisés pour les travaux publics et le bâtiment : revêtement des routes, étanchéité, imperméabilisation, isolation. Ils servent aussi pour l'agglomération du charbon et la fabrication de caoutchoucs, mastics et peintures.

BITUMER v. t. (conj. 3). Recouvrir d'une couche uniforme de bitume.

BITUMIER n. m. 1. Syn. de ASPHALTIER. – 2. Ouvrier procédant à des revêtements d'asphalte ou de bitume, à chaud ou à froid.

BITUMINEUX, EUSE ou **BITUMEUX, EUSE** adj. 1. Se dit d'une roche, d'un corps contenant du bitume ou d'un produit fabriqué pour un usage industriel et contenant pour l'essentiel des matières bitumineuses. – 2. *Charbon bitumineux,* charbon gras souvent cokéfiable donnant un pourcentage important de goudron à la distillation. ‖ *Roche bitumineuse,* roche (sable, schiste, calcaire) imprégnée d'hydrocarbures lourds que l'on ne peut extraire que par traitement industriel.

BITURBINE adj. Se dit d'un avion ou d'un hélicoptère doté de deux turbines à gaz.

BITURBOPROPULSEUR adj. et n. m. Se dit d'un avion doté de deux turbopropulseurs.

BITURE, BITURER → BITTURE, BITTURER.

BITURIGES (« rois du monde »), peuple de la Gaule divisé, lors de l'arrivée de César, en *Bituriges Vivisci,* qui eurent plus tard comme capitale *Burdigala* (Bordeaux), et *Bituriges Cubi,* qui avaient pour capitale *Avaricum,* plus tard *Bituriges* (Bourges).

BIUNIVOQUE adj. *Correspondance biunivoque,* syn. de APPLICATION BIJECTIVE.

BIURET [biyrɛ]n. m. Diamide formé par la décomposition de l'urée par la chaleur. (Le biuret donne, en milieu alcalin, avec l'ion cuivrique, un complexe violet-pourpre qui sert à caractériser l'urée et les peptones.)

BIVALENCE n. f. 1. Caractère de qqch, de qqn qui est bivalent. – 2. Caractère des corps bivalents. (Syn. DIVALENCE.) – 3. *Principe de bivalence,* principe selon lequel chaque énoncé est ou vrai ou faux.

BIVALENT, E adj. 1. Qui a une double signification ; qui remplit deux fonctions. – 2. Qui possède la valence 2, qui peut fixer 2 atomes d'hydrogène ou de chlore. (Syn. DIVALENT.) – 3. Relatif au principe de bivalence. – 4. *Logique bivalente,* logique qui ne considère que deux valeurs de vérité, le vrai et le faux, par oppos. aux *logiques plurivalentes.*

◆ **bivalent** n. m. 1. Structure résultant de l'appariement sur toute leur longueur de deux chromosomes homologues lors de la première division méiotique. – 2. *Bivalent sexuel,* bivalent particulier formé chez l'homme par l'accolement bout à bout des chromosomes X et Y.

BIVALVE adj. Se dit de tout organe protecteur animal ou végétal formé de deux valves pouvant s'ouvrir ou se fermer.

◆ n. m. Mollusque muni d'une coquille à deux valves. (Les *bivalves* forment une classe.) [Syn. LAMELLIBRANCHE.]

ENCYCL. Tous les bivalves sont aquatiques et presque tous sont marins. Un ligament assure l'écartement passif des deux valves, un ou deux muscles adducteurs la fermeture de la coquille en cas de danger ou d'exondation. Une charnière guide le mouvement de fermeture. La coquille est doublée intérieurement du manteau qui l'a sécrétée. Entre ce manteau et le corps s'étalent les lamelles branchiales assurant la respiration. Un pied permet certains déplacements, mais la plupart des bivalves sont sédentaires, fixés par des filaments (*byssus* de la moule), ou par la face externe de l'une des valves (huître), ou enfouis dans le sable et munis de deux siphons pour la circulation de l'eau (praire). La coquille Saint-Jacques nage activement en battant des valves. Tarets et pholades se creusent une niche, les premiers dans les bois immergés, les secondes dans la pierre tendre. L'homme élève huîtres et moules pour l'alimentation, la pintadine pour la production des perles de culture. On pêche ou l'on récolte de nombreux bivalves comestibles.

BIVEAU n. m. (anc. fr. *baïf,* béant). Sorte d'équerre à branche mobile des tailleurs de pierre et des sculpteurs sur pierre.

BIVITELLIN, E adj. Syn. de DIZYGOTE.

BIVOIE adj. (de *bi-* et *voie*). Se dit d'un aiguillage de chemin de fer dont les deux lames, restées dans une position intermédiaire, ne donnent accès à aucune des deux directions possibles. (Abordé par la pointe, il provoque un déraillement.)

BIVOLTIN, E adj. (du lat. *volvere,* évoluer). Se dit des espèces animales, (papillons) qui ont deux générations par an.

BIVOUAC n. m. (moyen bas all. *biwacht,* service de garde auxiliaire). **1.** Campement temporaire des troupes en plein air ; lieu de campement. – **2.** Campement léger que les alpinistes installent en montagne pour passer la nuit. – **3.** Campement transitoire en plein air, sans tente ni abri.

BIVOUAQUER v. i. (conj. 3). Établir un bivouac.

BIWA [biwa] n. m. (mot jap.). Luth japonais piriforme à plusieurs touches et cordes en soie.

BIWA, le plus grand lac japonais, dans l'île de Honshū, au N.-E. de Kyōto ; 695 km².

BIXIO (Jacques Alexandre), journaliste et homme politique français (Chiavari, dans l'anc. dép. des Apennins, 1808-Paris 1865). Médecin, il fonda *la Revue des Deux Mondes* et fut membre de la Constituante de 1848, puis de la Législative.

BIXIO (Gerolamo, dit **Nino**), marin et général italien (Gênes 1821-Aceh 1873), frère du précédent. Il participa à la révolution de 1848, rejoignit Garibaldi en 1859 et prit part à l'expédition des Mille en 1860. Il se distingua dans la campagne de 1866 et lors de la prise de Rome (1870).

BIYA (Paul), homme d'État camerounais (Mvomékoa, district de Sangmélima, 1933). Premier ministre de Ahidjo (1975), il lui succéda à la tête de l'État en 1982, puis, l'année suivante, à la direction du parti unique, l'Union nationale camerounaise (devenue en 1985 le Rassemblement démocratique du peuple camerounais).

BIZARDE adj. f. (forme anc. de *bizarre*). *Tête bizarde,* tête de cervidé qui a des bois irréguliers, mal formés.

BIZARRE adj. (ital. *bizzarro,* extravagant). **1.** Qui s'écarte de l'usage commun, qui surprend par son étrangeté ; insolite : *Une aventure bizarre.* – **2.** Qui s'écarte du bon sens, dont le comportement est anormal : *Un original un peu bizarre.* – **3.** *Être, se sentir bizarre,* être, se sentir mal à l'aise, dans un état inhabituel.

BIZARREMENT adv. De façon bizarre, étrange : *Parler bizarrement.*

BIZARRERIE n. f. Caractère de ce qui est bizarre, étrange ; chose bizarre, étrangeté : *Les bizarreries de l'orthographe.*

BIZARROÏDE adj. *Fam.* Qui intrigue par son caractère anormal, étrange.

BIZERTE, port de Tunisie, ch.-l. de gouvernorat, sur le détroit de Sicile, au débouché (goulet) du *lac de Bizerte ;* 94 500 hab. ; mosquée et casbah du XVIIe s. Noyau de peuplement européen à l'époque du protectorat. Centre industriel (métallurgie, cimenterie, raffinage du pétrole).
– **Mil.** Aménagée en 1882, la base navale de Bizerte a toujours joué un rôle important : transit des expéditions coloniales (fin du XIXe s.), regroupement de l'armée serbe (1916) et des forces navales russes blanches (1921), internement de la flotte républicaine espagnole (1939). En nov. 1942, elle fut livrée intacte sur l'ordre de Vichy aux Germano-Italiens, puis fut libérée le 7 mai 1943 par les Américains. Après des négociations difficiles avec la Tunisie et une courte intervention des forces françaises (juill. 1961), la base fut remise définitivement à la Tunisie (oct. 1963).

BIZET (Georges), compositeur français (Paris 1838-Bougival 1875). Prix de Rome en 1857, il se consacra au théâtre lyrique. Après sa mort, ses principaux ouvrages remportèrent un vif succès (*les Pêcheurs de perles,* 1863 ; *la Jolie Fille de Perth,* 1866 ; *l'Arlésienne,* 1872, et surtout *Carmen,* 1875), révélant un musicien original, incomparable mélodiste, brillant orchestrateur et fin dramaturge. Bizet a aussi écrit pour l'orchestre et pour le piano (*Jeux d'enfants,* pour 4 mains, 1871) et des mélodies.

Bizets *(race des),* race de moutons d'Auvergne, très rustique, à laine jarreuse grise.

BIZNESS → BUSINESS.

BIZOU → BISOU.

BIZUT ou **BIZUTH** [-zy] n. m. **1.** *Arg.* Élève de première année dans certaines grandes écoles et dans les classes qui y préparent. — **2.** *Fam.* Nouveau dans un domaine quelconque.

BIZUTAGE n. m. *Arg.* Action de bizuter.

BIZUTER v. t. (de *bizut*) [conj. 3]. *Arg.* Soumettre un nouveau à des brimades, à titre d'initiation, avant de l'admettre au sein d'une société scolaire ou universitaire déterminée.

BJERKNES (Vihelm), géophysicien norvégien (Christiania, auj. Oslo, 1862-*id.* 1951). Il a étudié les applications de l'hydrodynamique aux mouvements de l'atmosphère et de l'océan et surtout élaboré, avec son fils JAKOB AALL BONNEVIE (Stockholm 1897-Los Angeles 1975), une méthode de prévision du temps faisant appel à la théorie du front polaire : les cyclones tempérés sont engendrés par la formation d'une surface de discontinuité entre deux masses d'air de températures différentes.

Bjorkman et Dacie *(syndrome de),* anémie chronique et acquise de l'adulte par insuffisance médullaire, comportant des sidéroblastes médullaires.

BJÖRLING (Gunnar), poète finlandais de langue suédoise (Helsinki 1887-*id.* 1960), représentant du groupe des « modernistes » suédois de Finlande influencé par le mouvement dada (*Kiri-ra,* 1930 ; *Air est lumière,* 1946).

BJØRNSON (Bjørnstjerne), écrivain norvégien (Kvikne 1832-Paris 1910). Néoromantique, disciple de Wergeland, il mena, à travers la littérature, le théâtre, la presse et la politique, un combat destiné à réveiller en Norvège la conscience nationale de sa prestigieuse culture passée, tout en l'ouvrant au libéralisme, au socialisme et au naturalisme. Après quelques récits paysans (*Synnøve Solbakken,* 1857), au style oral, riche en images, il écrit des drames historiques (*Entre les combats,* 1857 ; *Halte-Hulda,* 1858 ; *le Roi Sverre,* 1861), qui, dans un style épique, opposent paganisme et christianisme, en même temps qu'il est metteur en scène au théâtre de Bergen, où il succède à Ibsen, et rédacteur du journal *Bergensposten.* Sensibilisé, lors d'un séjour à Rome (1860-1862), aux valeurs du classicisme, qui lui inspireront la trilogie dramatique de *Sigurd Slembe* (1862), puis, lors d'un voyage à Paris (1863), au drame bourgeois et à sa problématique, marqué par la défaite du Danemark contre l'Allemagne et influencé par Grundtvig, il exalte le patriotisme et la religion, publie des poèmes épiques et surtout *Poèmes et Chants* (1870), où se trouve le futur hymne national norvégien. Après de nouveaux récits paysans (*la Danse nuptiale,* 1872), un drame tiré des sagas (*Sigurd Jorsalafar,* 1872) et un second séjour à Rome (1873-1875), Bjørnson donne des drames bourgeois, telle *Une faillite* (1875), qui lui vaut une renommée européenne, puis, préoccupé, à l'exemple d'Ibsen, par des problèmes sociaux, moraux et politiques, il publie le roman réaliste *Magnhild* (1877), où se font jour ses conceptions idéalistes, basées sur le christianisme, qui, rejetées, aboutissent à une crise morale qu'atténuera la lecture de Darwin, Renan et Brandes, mais que révèlent les drames *le Nouveau Système, Leonarda* (1879) et surtout *Au-delà des forces* (1883-1895), son chef-d'œuvre. Si la lutte politique dans un sens socialiste anime encore le drame *Paul Lange et Tora Parsberg* (1898), la comédie *Lorsque fleurit le vin nouveau* (1909), dernier chef-d'œuvre de Bjørnson (prix Nobel 1903), affirme que « les bonnes actions sauvent le monde ».

BJÖRNSSON (Sveinn), homme d'État islandais (Copenhague 1881-Reykjavík 1952), premier président de la République islandaise (1944-1952).

Bk, symbole chimique du *berkélium.*

B.K., abrév. de BACILLE DE KOCH.

BLABÈRE n. f. (gr. *blaberos,* nuisible). Grande blatte des régions chaudes d'Amérique (6 cm de long).

BLABLABLA ou **BLABLA** n. m. (onomat.). *Fam.* Discours vide ou mensonger destiné à éblouir.

BLABLATER v. i. (conj. 3). *Fam.* Se répandre en blablas.

BLACHE n. f. Dans les Alpes, le Sud-Est, lieu défriché, clairière d'origine artificielle dans une forêt.

BLACHER (Boris), compositeur allemand (prov. du Liaoning, Chine, 1903-Berlin 1975). Professeur puis directeur (1953-1970) à la Musikhoschule de Berlin, il se tourna vers le jazz, puis vers le dodécaphonisme, enfin vers les techniques électroniques. On lui doit des ballets, l'oratorio scénique *Der Grossinquisitor* (1948) d'après Dostoïevski, un *Requiem* (1957) et des pièces lyriques (*Das Geheimnis des entwendeten Briefes,* 1975).

BLACK adj. et n. (mot angl.) *Fam.* Se dit de qqn de race noire (originaire d'un pays d'Afrique, des Antilles, de la Réunion, etc.).

BLACK (Joseph), physicien et chimiste écossais (Bordeaux 1728-Édimbourg 1799). Après des études sur le gaz carbonique et ses composés, il fut le premier à faire une distinction nette entre les notions de quantité de chaleur et de température. Il définit la chaleur spécifique et la chaleur latente de changement d'état.

BLACK-BASS [blakbas] n. m. inv. (angl. *black bass,* perche noire). Belle perche américaine noire, acclimatée dans les cours d'eau du Sud de la France depuis le XIXe s., comestible apprécié. (Syn. PERCHE TRUITÉE.)

BLACK-BOTTOM [-bɔtəm] n. m. (pl. *black-bottoms*) [angl. *black bottom,* quartier noir d'une ville]. Danse comique à 4/4, de rythme syncopé. (Une des formes du jitterbug, le black-bottom fut en vogue au cours des années 1920-1930.)

BLACKBOULAGE n. m. *Fam.* Action de blackbouler.

BLACKBOULER v. t. (angl. *to blackball,* rejeter avec une boule noire ; d'apr. *bouler*) [conj. 3]. **1.** *Vx.* Évincer, par un vote dans lequel apparaît une majorité de boules noires, un candidat à un club, à un cercle, etc. — **2.** *Fam.* Faire échouer un candidat à une élection ou à un examen : *Il s'est fait blackbouler aux législatives.* — **3.** *Fam.* Écarter qqn, rejeter qqch : *Blackbouler un projet.*

Black Boy, roman autobiographique de Richard Wright (1945).

BLACKBURN, v. de Grande-Bretagne (Lancashire), au N.-O. de Manchester ; 110 000 hab. Mécanique.

BLACKBURN (Helen), féministe britannique (île Valentia, Irlande, 1842-Londres 1903), auteur de *Women's Suffrage* (1902).

BLACK COUNTRY, région houillère et métallurgique, au paysage dégradé (en cours de rénovation) des Midlands, au N.-O. de Birmingham.

BLACKETT (Patrick Maynard Stuart), physicien britannique (Londres 1897-*id.* 1974). En étudiant les rapports cosmiques grâce à des chambres de Wilson, il confirma l'existence de l'électron positif et observa, en 1933, la matérialisation des photons. (Prix Nobel de physique 1948).

black-faced *(race),* race de moutons à tête noire, de rusticité exceptionnelle, exploitée en Écosse.

BLACKFOOT, Indiens de l'Alberta et du Montana, dont la langue appartient au groupe algonquin.

BLACK HAWK (« Faucon-Noir »), chef amérindien (Sauk Sautenuk, auj. partie de Rockford, Illinois, 1767 - près de Des Moines 1838). Chef des Indiens Sacs et Fox, il fut un adversaire acharné de l'implantation des Blancs (guerre du Faucon-Noir, 1832).

BLACK JACK [blakʒak] n. m. (angl. *blackjack*). Jeu de cartes américain qui est issu du jeu de vingt-et-un.

BLACK MASK → PULP'S MAGAZINES.

Black Mountain Review, magazine d'avant-garde américain (1954-1957), qui a réuni Kerouac, James Purdy, Kenneth Rexroth, William Carlos Williams.

BLACKMUR (Richard Palmer), écrivain américain (Springfield 1904-Princeton 1965). Poète et critique, il a contribué à fonder le *New* Criticism* américain.

Black Muslims (« musulmans noirs »), mouvement nationaliste noir nord-américain, se réclamant de l'islām, fondé en 1930, hostile à l'intégration des Noirs dans la société américaine.

BLACK-OUT [blakaut] n. m. inv. (angl. *black-out,* obscurcissement). **1.** Obscurcissement total utilisé comme mesure de défense antiaérienne. (Syn. OCCULTATION.) — **2.** Silence volontaire observé sur une information : *Faire le black-out sur un scandale.* — **3.** En astronautique, syn. de EXTINCTION.

Black Panthers, aux États-Unis, groupe de libération des Noirs, fondé en 1966. Revendiquant le *black power* (« pouvoir noir »), ils furent influents dans les années 1970.

BLACKPOOL, grande station balnéaire et touristique de Grande-Bretagne (Lancashire), sur la mer d'Irlande ; 148 000 hab.

BLACK-ROT [blakrɔt] n. m. (pl. *black-rots*) [amér. *black-rot,* de *black,* noir, et *rot, pourriture*]. Maladie cryptogamique de la vigne, attaquant les feuilles et les grains.

BLACKSTONE (*sir* William), juriste britannique (Londres 1723-*id.* 1780). Ses *Commentaries on the Laws of England* (1765-1769) vulgarisèrent le droit anglais et influencèrent les idées constitutionnelles en Angleterre.

BLACK-TONGUE n. f. (pl. *black-tongues* ou *-tongs*) [angl. *black,* noir, et *tongue,* langue]. Inflammation nécrotique de la muqueuse buccale due à une avitaminose, et qu'on observe surtout chez le chien. (Syn. LANGUE NOIRE.)

BLACKWOOD (Frederik TEMPLE HAMILTON-TEMPLE), 1er marquis **de Dufferin and Ava** → DUFFERIN AND AVA.

Blackwood's Magazine, revue mensuelle fondée en 1817 à Édimbourg. Elle publia Scott, Hogg, Wilson et G. Eliot.

BLADÉ (Jean-François), folkloriste français (Lectoure 1827-Paris 1900), auteur de *Poésies populaires de Gascogne,* 3 vol., 1881, de *Contes populaires de Gascogne,* 3 vol., 1886.

BLAFARD, E adj. (moyen haut all. *bleichvar,* pâle). D'un blanc terne et mat ; blême, livide : *Un visage blafard.*

BLAFF n. m. (onomat.). Ragoût très relevé de poissons ou de fruits de mer, servi avec du riz et des haricots rouges. (Cuisine créole.)

BLAGA (Lucian), écrivain et philosophe roumain (Lancrăm, près de Sibiu, 1895-Cluj, auj. Cluj-Napoca, 1961). S'appuyant sur son œuvre philosophique, sa poésie définit une lyrique gnoséologique qui aspire à la connaissance totale non par la révélation du mystère, mais par sa présence suggérée (*les Pas du Prophète,* 1921).

BLAGEON n. m. Poisson cyprinidé des eaux vives du massif alpin ou des lacs de haute montagne. (Syn. SOUFIE ou SOFFIE.)

BLAGNAC (31700), comm. de la Haute-Garonne, banlieue de Toulouse ; 17 249 hab. *(Blagnacais).* Vestiges d'un amphithéâtre. Aéroport de Toulouse et industrie aéronautique.

BLAGOEV (Dimităr), homme politique et écrivain bulgare (Zagoričani, Macédoine, v. 1856 - Sofia 1924), fondateur (1891) et animateur du parti social-démocrate bulgare.

BLAGOEVGRAD, anc. **Gorma Džumaja,** v. de Bulgarie, ch.-l. de dép. au S. de Sofia ; 56 000 hab.

BLAGOVECHTCHENSK, v. de Russie, dans l'Extrême-Orient, sur la Zeïa, à la frontière chinoise ; 214 000 hab. Industries alimentaires et mécaniques.

1. BLAGUE n. f. (néerl. *balg,* gaine). Poche souple dans laquelle les fumeurs mettent leur tabac.

2. BLAGUE n. f. (de *blague 1*). *Fam.* **1.** Histoire plaisante imaginée pour amuser ou pour tromper : *Dire des blagues.* — **2.** *Vx.* Verve railleuse : *Toujours porté à la blague.* — **3.** Farce, plaisanterie faite aux dépens de qqn : *Faire une sale blague à un camarade.* — **4.** Action irréfléchie, maladroite ; erreur : *Cette blague dans son travail lui a coûté très cher.* — **5.** *Blague dans le coin, blague à part,* sans plaisanter, en parlant sérieusement. ‖ *C'est de la blague,* ce n'est pas sérieux. ‖ *C'est une sale blague,* c'est une chose fâcheuse. ‖ *Pas de blagues !,* invitation à la prudence, à se conduire correctement. ‖ *Sans blague !,* interj. marquant l'étonnement, le doute, l'ironie. ‖ *Traiter, prendre qqch à la blague,* ne pas le considérer sérieusement.

BLAGUER v. i. (conj. 3). *Fam.* **1.** Dire des blagues, des plaisanteries, pour faire rire ou se moquer. — **2.** *Ne pas blaguer avec qqch, qqn,* les prendre très au sérieux.

◆ v. t. ou v. t. ind. *Fam.* Railler sans méchanceté qqn, qqch, plaisanter à leur sujet : *Blaguer un ami. Blaguer sur la mode.*

BLAGUEUR, EUSE adj. et n. *Fam.* Qui aime plaisanter, dire des blagues.

◆ adj. *Fam.* Qui indique l'intention de railler, de plaisanter : *Un ton blagueur.*

BLAHOSLAV (Jan), écrivain, historien et philologue tchèque (Přerov 1523-Moravský Krumlov 1571). Il contribua par sa traduction du Nouveau Testament à la renaissance de la langue littéraire tchèque.

BLAID [blɛd] n. m. (béarnais *blé,* fronton, de l'esp. *ble,* jeu de pelote). *Jeux de blaid,* ensemble des spécialités de la pelote basque, où la pelote est jouée contre le mur.

BLAIN n. m. Poutre qui, dans un pressoir à vis verticale, transmet la pression. (Syn. MOUTON.)

BLAIN (44130), ch-l. de cant. de la Loire-Atlantique, sur le canal de Nantes à Brest ; 7 452 hab. *(Blinois).* Château fort. Musée des Arts et Traditions populaires.

BLAINVILLE (Henri DUCROTAY DE), naturaliste français (Arques 1777- Paris 1850). Élève, adversaire et successeur de Cuvier, il a enseigné l'anatomie comparée des animaux et étudié les coquillages. Il a écrit des ouvrages de zoologie importants.

BLAINVILLE-SUR-L'EAU (54360), comm. de Meurthe-et Moselle, sur la Meurthe ; 3 696 hab. *(Blainvillois).* Gare de triage.

BLAINVILLE-SUR-ORNE (14550), comm. du Calvados, banlieue de Caen ; 4 357 hab. *(Blainvillais).* Véhicules utilitaires.

BLAIR n. m. (de *blaireau*). *Pop.* Nez.

BLAIR (David BUTTERFIELD, dit **David**), danseur britannique (Halifax, Yorkshire, 1932 - Londres 1976). Très bon mime, doté d'un ballon exceptionnel, il excella dans le demi-caractère ; il fut danseur étoile au Sadler's Wells Ballet dès 1955. Attaché au Royal Ballet jusqu'en 1968, il a créé de nombreuses œuvres de John Cranko, de Frederic Ashton, de Kenneth MacMillan.

BLAIREAU n. m. (anc. fr. *bler,* taché de blanc, du gaul. *blaros**, blaireau, croisé avec le frq. *blari**, taché de blanc). **1.** Mammifère carnivore aux poils raides, plantigrade, se creusant un terrier profond et ramifié pour y passer l'hiver et se nourrissant des aliments les plus variés. (Le blaireau est devenu rare en France.) — **2.** Brosse en poils fins avec laquelle on savonne la barbe. — **3.** Large pinceau en poils de blaireau qu'utilisent les artistes peintres pour obtenir des effets de fondu. — **4.** *Fam.* Individu conformiste, borné, niais. — **5.** *Robe blaireau,* chez les bovins, robe grise formée de poils zonés, plus clairs à leur extrémité.

BLAIREAUTER v. t. (de *blaireau*) [conj. 3]. Peindre avec un soin minutieux, de manière à ne laisser aucune trace des coups de pinceau.

BLAIRER v. t. (de *blair*) [conj. 4]. Pop. *Ne pas pouvoir blairer qqn,* le détester.

BLAIS (Marie-Claire), femme de lettres canadienne de langue française (Québec 1939). Marquant la rupture avec l'éducation et les valeurs traditionnelles (*la Belle Bête,* 1959), elle livre dans ses romans (*Une saison dans la vie d'Emmanuel,* 1965 ; *les Nuits de l'underground,* 1978 ; *Visions d'Anna,* 1982 ; *l'Ange de la solitude,* 1989) et ses drames (*l'Exécution,* 1968 ; *Sommeil d'hiver,* 1984) sa critique amère et désabusée d'un monde livré aux conformismes sociaux et esthétiques.

BLAISE *(saint),* évêque de Sébaste, en Arménie, mort martyr au IVe s. Patron des cardeurs.

BLAKE (Robert), amiral anglais (Bridgwater, Somerset, 1599 - au large de Plymouth 1657). Au service des parlementaires puis de Cromwell, il se distingua contre les Hollandais et les Espagnols, assurant aux Anglais la maîtrise de la Manche.

BLAKE (William), poète, peintre et graveur britannique (Londres 1757 - *id.* 1827). La terreur de l'informe, la haine de l'autorité et l'apologie du désir commandent toute son œuvre poétique. Ses *Chants d'innocence* (1789) et *Chants d'expérience* (1794) opposent l'innocence des vulnérables au malheur urbain d'un monde injuste et possessif. Admirateur de la Révolution française, il clame son christianisme libertaire (*Il n'y a pas de religion naturelle,* 1789 ; *le Mariage du ciel et de l'enfer,* 1793) ; ennemi du mysticisme contemporain, il évolue vers le conformisme quiétiste (Swedenborg, Böhme) et se lance dans l'apocalypse individualisée des *Livres prophétiques* (*Urizen,* 1794 ; *Los,* 1795 ; *Milton,* 1808 ; *Jérusalem,* 1804-1820). Son œuvre est l'incarnation, dans toute sa pureté, de la révolte et de la prophétie romantiques. Outre ses propres écrits, Blake a illustré de gravures aquarellées visionnaires des épisodes de la *Bible,* de la *Divine Comédie,* etc.

BLAKE (Peter), navigateur néo-zélandais (Auckland 1948). Détenteur depuis 1994, avec ses coéquipiers, du record du tour du monde à la voile sans escale (trophée Jules-Verne) en 74 j 22 h 17 min 22 s sur *Enza-New-Zealand,* il a remporté en 1995 la coupe de l'America sur *Team-New-Zealand.*

BLAKEY (Art) [il adopta le nom musulman de **Abdullah ibn Buhaina**], batteur de jazz noir américain (Pittsburgh 1919 - New York 1990). En 1958, il fonda le quintette des Jazz Messengers, qui, pendant une dizaine d'années, se produisit dans le monde entier avec grand succès.

BLALOCK (Alfred), chirurgien américain (Culloden, Géorgie, 1899-Baltimore 1964). Il a réalisé les premières interventions sur les malades atteints de cardiopathies congénitales.

BLÂMABLE adj. Qui mérite le blâme, répréhensible : *Action blâmable.*

BLÂME n. m. (de *blâmer*). **1.** Jugement de désapprobation porté sur la conduite ou les paroles de qqn : *Action qui mérite le blâme.* — **2.** Sanction disciplinaire infligée à un fonctionnaire, un employé, à un élève. — **3.** Contredit formulé par le seigneur féodal à l'encontre d'un dénombrement erroné.

BLÂMER v. t. (lat. pop. **blastemare,* du lat. ecclés. *blasphemare,* du gr. *blasphêmein,* blasphémer) [conj. 3]. **1.** Désapprouver qqn, son action, les juger moralement condamnables : *Blâmer une décision trop hâtive.* — **2.** Sanctionner qqn par un blâme : *Blâmer un militaire.*

BLÂMONT (54450), ch.-l. de cant. de Meurthe-et-Moselle, à 29 km à l'E. de Lunéville ; 1 348 hab. *(Blâmontais).* Laiterie.

BLAMONT (Jacques Émile), physicien français (Paris 1926). Ses principaux travaux ont trait à l'aéronomie et à l'astrophysique. Il a mis en évidence la turbopause*, le vent interstellaire et les enveloppes cométaires. (Acad. des sc., 1979).

BLANC, BLANCHE adj. (germ. **blank*). **1.** Qui est d'une couleur analogue à celle de la neige, du lait, résultant de la combinaison de toutes les couleurs du spectre solaire : *Un vieillard à cheveux blancs.* — **2.** Qui a les cheveux blancs : *Il était déjà tout blanc à cinquante ans.* — **3.** Se dit d'une personne, d'un groupe dont les traits communs sont principalement, mais non uniquement, caractérisés par une pigmentation claire de la peau, par oppos. à *noir, jaune ;* se dit aussi parfois des régions qu'ils habitent : *Les quartiers blancs d'une ville.* — **4.** Qui est blême, pâle : *Être blanc d'émotion.* — **5.** Qui est d'une couleur relativement claire, par oppos à qqch. de même nature et d'un ton plus foncé : *Du vin blanc. Du verre blanc.* — **6.** *Fam.* Qui n'est pas bronzé. — **7.** Se dit d'un papier sur lequel rien n'est écrit : *Une page blanche.* — **8.** Qui n'est marqué par aucun profit, aucun succès ni aucune perte notable : *Opération blanche.* — **9.** *Arme blanche,* arme d'acier (sabre, épée, baïonnette, etc.), par oppos. à ARME À FEU. ‖ *Blanc comme neige, (tout) blanc,* tout à fait innocent ou reconnu comme tel. ‖ *Bulletin blanc,* bulletin de vote ne portant aucun nom ni aucune mention. ‖ *Carré, rectangle blanc,* signe indiquant qu'une émission de télévision est déconseillée aux enfants ou aux personnes sensibles. ‖ *En bois blanc,* se dit des meubles légers, en sapin, en peuplier ou en hêtre. ‖ *Mariage blanc,* mariage non consommé. ‖ *Nuit blanche,* que l'on passe sans dormir. ‖ *Voix blanche,* aux intonations effacées, sans timbre. • **Comm.** *Produits blancs,* ensemble des appareils électroménagers équipant la cuisine (réfrigérateur, cuisinière, lave-vaisselle, lave-linge, etc.). [S'oppose à PRODUITS BRUNS.] — **Cuis.** *Fond blanc,* préparation culinaire utilisée comme mouillement ou pour les sauces blanches. ‖ *Sauce blanche,* sauce constituée d'un fond blanc lié avec un roux blanc. — **Éclair.** Se dit d'un corps diffusant également dans toutes les directions et sans absorption toutes les radiations visibles qu'il reçoit. ‖ Se dit d'une lumière de composition spectrale telle qu'elle donne une sensation voisine de celle de la lumière solaire vers midi. — **Métall.** *Fonte blanche,* fonte à cassure entièrement blanche dont le carbone est entièrement combiné au fer sous forme de carbure. — **Métriq.** *Vers blanc,* vers non rimé. — **Neurol.** *Substance blanche,* tissus nerveux formé de fibres myélinisées ou non, qui constituent les axones des cellules nerveuses. [S'oppose à SUBSTANCE GRISE.] — **Techn.** *Salle blanche,* enceinte close dont l'atmosphère est contrôlée pour ce qui concerne les poussières, la température, l'humidité, la pression et le mouvement de l'air. — **Verr.** *Verre blanc,* verre à teinte imperceptible à l'œil, utilisé notamment en parfumerie et en pharmacie.

◆ n. (avec majusc.) **1.** Personne caractérisée principalement par une pigmentation claire de la peau. (S'emploie par oppos. à NOIR, JAUNE, etc.) — **2.** Au XIXe s., légitimiste (à cause de la couleur blanche du drapeau des Bourbons de France). — **3.** En Russie, adversaire des partisans de la révolution d'Octobre (ou Rouges). — **4.** *Pauvre Blanc, petit Blanc,* appellations injurieuses ou méprisantes des Blancs de maigres ressources dans les pays où il y a des gens de couleur.

◆ **blanc** adv. *Il gèle blanc,* il y a de la gelée blanche. ‖ *Voter blanc,* déposer un bulletin blanc dans l'urne électorale.

◆ **blanc** n. m. **1.** Couleur blanche : *Le blanc symbolise l'innocence.* — **2.** Matière colorante de couleur blanche : *Donner une couche de blanc à un mur.* — **3.** Vêtements blancs : *Elle s'est mariée en blanc.* — **4.** Vin blanc ; verre de vin blanc : *Un blanc sec.* — **5.** Partie blanche de qqch : *Blanc d'œuf.* — **6.** Marge, endroit d'un imprimé ou d'un manuscrit où il n'y a rien d'imprimé ou d'écrit : *Laisser des blancs.* — **7.** Silence dans une conversation, un débat, etc. — **8.** Espace vide, solution de continuité, omission : *Il y a des blancs dans son compte-rendu.* — **9.** *Chauffer qqn à blanc,* le soumettre à une préparation intensive en vue d'une épreuve. ‖ *Dire tantôt blanc, tantôt noir,* changer sans arrêt d'avis. ‖ *En blanc,* se dit d'un document où on a laissé la place pour écrire qqch. ‖ *Regarder qqn dans le blanc des yeux,* le regarder en face et avec fermeté. ‖ *Saigner qqn à blanc,* l'égorger, le vider de tout son sang ; lui prendre ses dernières ressources. • **Anat.** *Blanc de l'œil,* la portion visible de la sclérotique. — **Bot.** Maladie cryptogamique du pommier et d'autres plantes, dont les feuilles ou d'autres organes se couvrent d'une poudre blanche. (Syn. OÏDIUM.) ‖ *Blanc de champignon,* mycélium utilisé pour ensemencer les cultures, en particulier celle du champignon de couche. — **Céram.** *Blanc de Chine,* porcelaine à couverte épaisse et lisse, variant du blanc bleuté aux tons rosés ou ivoire, fabriquée à Dehua, au Fujian, dès le milieu du XVIIe s. (Les imitations créées à Meissen et à Saint-Cloud sont aussi appelées « blanc de Chine ».) — **Ch. de f.** *Blanc lunaire,* éclat blanc légèrement bleuté, caractérisant le signal lumineux qui donne la voie libre sur les voies de service. — **Chim.** Nom donné à des produits chimiques très divers. (L'oxyde de zinc est dénommé *blanc de zinc,* le sous-nitrate de bismuth *blanc de bismuth, blanc de fard ;* le sulfate de baryum, *blanc de baryte, blanc fixe,* etc.) — **Comm.** Ensemble des articles de linge de maison, qu'ils soient blancs ou de couleur. — **Cuis.** Partie charnue d'une volaille qui tient à la carcasse. ‖ *Cuisson à blanc,* cuisson d'une croûte non garnie. ‖ *Cuisson au blanc,* cuisson de certains aliments dans une eau de cuisson avec farine diluée et jus de citron. — **Dr.** Espace laissé dans le texte d'un acte, et susceptible d'être rempli plus tard. (La loi interdit expressément de laisser des blancs dans certains actes.) — **Fin.** *Blanc (budgétaire),* fascicule annexé au projet de loi de finances présentant les budgets de programme des ministères (leur couverture est blanche). — **Hist.** *Blanc national,* couleur de la France, sous l'Ancien Régime. — **Impr.** Chacun des éléments non imprimants (espaces, demi-cadratins, cadratins, cadrats, interlignes, lingots). ‖ *Feuille en blanc,* feuille imprimée d'un seul côté. — **Inform.** Caractère représenté typographiquement par un espace non rempli, et servant de séparateur visuel entre divers éléments d'une expression. — **Métall.** Température à laquelle un métal chauffé prend la couleur blanche (env. 1 300 °C). ‖ *À blanc,* se dit du décapage d'une pièce par sablage, tel que le métal soit mis à nu. — **Mil.** *Tir à blanc,* tir d'une arme ou d'une bouche à feu exécuté avec des cartouches (dites *à blanc*) dont le projectile spécial se désagrège à la sortie du canon de l'arme. (Ce tir est utilisé dans un but d'instruction.) — **Mobil.** *Siège en blanc,* en tapisserie, siège garni, mais non recouvert. — **Numism.** Nom général donné à des monnaies françaises d'argent frappées du XIVe au XVIe s., de titres et de types divers. — **Pêch.** Poisson appartenant à la famille des cyprinidés. (Les brèmes, les gardons, les rotengles.) — **Peint.** Blanc de chaux, dissolution de chaux éteinte dans de l'eau, qui sert à badigeonner, à blanchir. ‖ *Blanc d'Espagne* ou *blanc de Meudon,* variété de carbonate de calcium naturel extrêmement pure, utilisée dans des produits d'entretien et dans de nombreuses peintures. — **Sylvic.** *Coupe à blanc,* exploitation portant sur la totalité d'un peuplement. (Syn. BLANC-ÉTOC, COUPE RASE, COUPE UNIQUE.) — **Text.** Caractéristique du degré de blancheur conféré aux fils et aux étoffes par le traitement de blanchiment. ‖ Terme général par lequel on désigne les étoffes en fil ou en coton. ‖ *Blanc azurant,* syn. de AZURANT OPTIQUE. — **Verr.** *Blanc (-)de(-)lait,* verre opalin opacifié à l'oxyde d'étain. — **Vétér.** *Boire dans son blanc,* en parlant d'un cheval, avoir les lèvres envahies totalement ou en grande partie par le ladre. — **Vitic.** *Blanc de blancs,* vin blanc provenant de la fermentation exclusive de jus de raisins blancs. ‖ *Blanc fumé,* syn. de SAUVIGNON BLANCO. ‖ *Blanc ramé,* syn. de MESLIER. — **Zool.** *Blanc de baleine,* graisse crânienne des cachalots. (Syn. SPERMACETI.) ‖ *Blanc d'œuf,* albumine riche en eau qui entoure le jaune de l'œuf et qui devient blanche à la cuisson.

◆ **blanche** n. f. **1.** Eau-de-vie non colorée. — **2.** *Pop.* Héroïne (stupéfiant). — **3.** Figure de note égale à la moitié d'une ronde.

blancs *(Pères)* → MISSIONNAIRES D'AFRIQUE.

Blancs et Bleus, noms que l'on appliquait lors de la Révolution française : le premier aux insurgés vendéens, le second aux soldats de la République.

BLANC *(cap),* en ar. **Ra's al-Abyaḍ,** pointe extrême de la Tunisie vers le N. — Cap situé au S. d'El-Jadida (Maroc). — Cap de la côte du Sahara (Mauritanie), au N. de la baie du Lévrier.

BLANC *(lac),* lac des Vosges (Haut-Rhin), à l'O. de Colmar. Réserve hydroélectrique reliée au lac Noir, situé en contrebas.

BLANC *(mont),* point culminant des Alpes et du *massif du Mont-Blanc,* sur le territoire français (Haute-Savoie) ; 4 807 m.
C'est avec la conquête du mont Blanc que débuta véritablement l'histoire de l'alpinisme. La première ascension fut réalisée par J. Balmat et le docteur Paccard, le 8 août 1786, à l'initiative du naturaliste genevois H. B. de Saussure qui réalisa lui-même l'ascension en 1787, conduit par Balmat. Le sommet du mont Blanc est le point de convergence de plusieurs arêtes (Bionnassay, mont Maudit, Peuterey, Brouillard) et offre des itinéraires variés. Le versant sud est le plus impressionnant, le pilier central du Freney, « dernier problème » du mont Blanc, a été gravi par C. Bonington, J. Clough, J. Duglosz, D. Whillans en 1961.

BLANC *(massif du* **Mont-**), massif cristallin des Alpes occidentales, aux confins de la France, de l'Italie et de la Suisse, portant le point culminant de la chaîne et le plus haut sommet de l'Europe : 4 807 m. Le tunnel routier ouvert entre la France et l'Italie a mis fin à l'obstacle du massif et contribué à développer, dans le cadre régional, un important tourisme déjà ancien.

Blanc (*tunnel* du **Mont-**), tunnel routier long de 11 600 m, qui relie la vallée de l'Arve, en France, au val d'Aoste, en Italie.

BLANC (Le) [36300], ch.-l. d'arrond. de l'Indre, sur la Creuse ; 7 802 hab. *(Blancois).* Église St-Génitour, des XIe-XIIIe s., et autres monuments. Textile.

BLANC (Nil) → BAHR EL-ABIAD.

BLANC (Louis), historien et homme politique français (Madrid 1811- Cannes 1882). Socialiste, il est l'auteur d'une théorie sur l'organisation du travail (1839) fondée sur la notion du droit de chacun au travail. En févr. 1848, membre du gouvernement provisoire, il préside la commission du Luxembourg. L'application dénaturée de son projet des ateliers nationaux en 1848 (févr.-juin) et l'échec de l'entreprise le rendent impopulaire. Il est exilé en 1850. Après 1870, il est député de la Seine à l'Assemblée nationale. Pour lui, l'État est un des instruments nécessaires de la réforme sociale.

BLANC (Ernest), baryton français (Sanary 1923). À l'Opéra de Paris dès 1954, il a poursuivi une carrière internationale.

BLANCA *(cordillera),* chaîne de montagnes des Andes péruviennes, culminant au nevado Huascarán (6 768 m).

BLANC-BEC n. m. (pl. *blancs-becs*). Jeune homme sans expérience et prétentieux.

BLANC-ÉTOC [blɑ̃ketɔk] ou **BLANC-ESTOC** [blɑ̃kɛstɔk] n. m. (pl. *blancs-étocs* ou *blancs-estocs*) [de *blanc* et *estoc,* tronc d'arbre, de l'anc. bas frq. **stock*]. Syn. de COUPE À BLANC.

BLANCHAILLE n. f. (de *blanc*). Menus poissons blancs (ablettes, gardons, vandoises, etc.).

BLANCHARD ou **BLANCHART** *(raz),* détroit, large de 16 km, qui sépare le cap de la Hague, au N.-O. de la presqu'île du Cotentin, et l'île anglo-normande d'Aurigny.

BLANCHARD (Jacques), peintre français (Paris 1600 - *id.* 1638). Il séjourna à Rome et à Venise. Après son retour à Paris (1629), son style oscilla entre une peinture d'obédience classique, inspirée des maîtres romano-bolonais (les Carrache, Reni) et une autre, brillante et baroquisante, se souvenant de Titien, Fetti et Liss. (Au Louvre : *Sainte Famille, la Charité, Vénus et les Grâces...*)

BLANCHARD (Jean-Pierre), aéronaute français (Les Andelys 1753-Paris 1809). Il expérimenta le parachute avec des animaux et, le premier, traversa la Manche en ballon, de Douvres à Calais (1785).

BLANCHARD (Georges Marie Jean), général français (Orléans 1877-Paris 1954). Il commanda en mai 1940, après la mort du général Billotte, le groupe des armées du Nord, dont il dirigea le repli sur Dunkerque.

BLANCHARD (Raoul), géographe français (Orléans 1877-Paris 1965), initiateur des études régionales (*la Flandre,* 1906) et urbaines (*Grenoble,* 1911), spécialiste des Alpes (*Alpes occidentales,* 10 vol., 1938-1953) et du Canada (*le Canada français,* 5 vol. 1935-1952). Son nom a été donné au point culminant des Laurentides (Canada).

BLANCHARD (Maria), peintre espagnol (Santander 1881 - Paris 1932). Installée à Paris, elle s'initia au cubisme en 1916, mais n'abandonna jamais la représentation d'émouvantes figures humaines : maternités, enfants.

BLANCHART *(raz)* ⟶ BLANCHARD *(raz).*

BLANCHÂTRE adj. D'une couleur pâle tirant sur le blanc.

BLANCHE ⟶ BLANC.

Blanche *(autoroute),* autoroute des Alpes du Nord, partant de Genève et remontant la vallée de l'Arve, vers Chamonix et le tunnel du Mont-Blanc.

BLANCHE *(dent),* sommet des Alpes suisses, dans le Valais ; 4 356 m. Première ascension par T. S. Kennedy, W. Wigram, J. B. Croz et J. Kronig (1862).

BLANCHE *(île)* ⟶ KVITØYA.

BLANCHE *(mer),* en russe **Beloïe more,** mer formée par l'océan Arctique, à l'extrémité nord-ouest de la Russie ; 90 000 km². Importantes pêcheries et activités maritimes (Arkhangelsk).

BLANCHE *(vallée),* haute vallée des Alpes françaises, dans le massif du Mont-Blanc, occupée par un glacier, franchie par le téléphérique de l'aiguille du Midi.

BLANCHE DE CASTILLE, (Palencia 1188-Paris 1252), reine de France. Fille d'Alphonse VIII, roi de Castille, elle épousa en 1200 le futur Louis VIII auquel elle donna douze enfants dont le futur Louis IX et Alphonse de Poitiers. Régente pendant la minorité de Louis IX (1226-1234), elle brisa la révolte des barons (1226-1231) conduite par Philippe Hurepel, et mit fin à la croisade des albigeois en concluant le traité de Paris* (1229). Après la majorité de Louis IX, qu'elle maria à Marguerite de Provence (1234), elle continua à s'occuper des affaires puis exerça à nouveau la régence lorsque le roi participa à la septième croisade (1248-1252).

BLANCHE DE BOURGOGNE, (v. 1296-Maubuisson 1326), reine de France. Fille d'Otton IV, comte de Bourgogne, elle épousa v. 1307 le futur Charles IV le Bel qui la fit enfermer au Château-Gaillard (1314) et la répudia (1322).

BLANCHE DE BOURBON, (v. 1338-Medina Sidonia, Andalousie, 1361), reine de Castille. Fille de Pierre Ier, duc de Bourbon et épouse (v. 1353) de Pierre Ier, roi de Castille, elle fut abandonnée l'année même de son mariage par le roi qui l'aurait fait exécuter.

BLANCHE (Antoine-Émile), médecin psychiatre français (Paris 1828-*id.* 1893). De nombreuses personnalités (Gérard de Nerval, Guy de Maupassant) furent soignées dans sa maison de santé.

BLANCHE (Jacques-Émile), peintre et écrivain français (Paris 1861-Offranville 1942). Portraitiste du monde élégant et de l'intelligentsia, il a interprété de façon un peu hâtive le style d'un Manet (musée de Rouen). Il est l'auteur de volumes de critiques et de souvenirs.

BLANCHÉ (Robert), logicien français (Sauze-Vaussais, Deux-Sèvres, 1898 - Toulouse 1975). Il a montré que la science moderne met en doute le caractère inchangeable des cadres logiques de la pensée. Il a écrit *l'Axiomatique* (1955), *Introduction à la logique contemporaine* (1957).

BLANCHET n. m. Sur la presse offset, caoutchouc toilé, enroulé sur un cylindre, qui transfère l'impression de la plaque au papier. — **2.** Bande de cuir, de feutre, servant de renfort ou de protection dans un article de bourrellerie ou de maroquinerie.

BLANCHET (les), facteurs de clavecins parisiens — NICOLAS (près de Reims v. 1660-Paris 1731) s'installa à Paris avant 1685. — FRANÇOIS ÉTIENNE (v. 1695-1761), fils du précédent, travailla avec son père (1722), puis fut nommé facteur du roi. — ARMAND FRANÇOIS NICOLAS (Paris 1763-*id.* 1818), petit-fils du précédent, fut élevé par Taskin et lui succéda.

BLANCHET-BLANCHET n. m. (pl. *blanchets-blanchets*). Système d'impression offset dans lequel le recto et le verso sont imprimés simultanément.

BLANCHEUR n. f. Qualité de ce qui est blanc ; couleur blanche : *La blancheur des lis, du talc.*

BLANCHI ⟶ BLANCHIS.

BLANCHIMENT n. m. **1.** Action de blanchir, de rendre blanc ; fait de devenir blanc. — **2.** Action de blanchir de l'argent, des capitaux. • **Agroalim.** Traitement des fruits et des légumes qui consiste à les tremper dans un bain d'eau bouillante ou de vapeur ou à les chauffer par micro-onde pendant un temps court afin de détruire les enzymes et d'éviter ainsi des modifications de texture et de couleur durant la conservation. — **Cuis.** Opération consistant à plonger un aliment dans de l'eau froide ou en ébullition et à laisser bouillir quelques secondes. — **Papet.** Élimination ou modification de la couleur des composants d'une pâte à papier en vue d'augmenter la blancheur de celle-ci. — **Peauss.** Opération ayant pour but de rendre blanc un cuir coloré ou de réduire sa couleur. — **Séricic.** Changement de couleur des œufs du ver à soie, pendant leur incubation, et signe avant-coureur d'une prochaine éclosion. — **Text.** Ensemble des opérations qui ont pour objet de décolorer les fibres textiles, de les rendre hydrophiles et de les dépouiller de toutes matières étrangères. (→ *encycl.*)

ENCYCL. **Text.** Le blanchiment industriel s'effectue sur matière en bourre, ruban ou mèche, sur filés, tissus, tricots. L'agent de blanchiment le plus courant est l'eau oxygénée. On blanchit, plus particulièrement, les fibres cellulosiques, la laine, la soie, les fibres chimiques étant blanches de nature.

BLANCHIR v. t. (conj. 32). **1.** Rendre blanc qqch : *La neige blanchit la campagne.* — **2.** Enduire, recouvrir une surface d'une couleur blanche : *Blanchir un mur à la chaux.* — **3.** Laver, ramener à la propreté le linge sale. — **4.** Laver le linge de qqn. — **5.** Disculper qqn, le laver de tout soupçon : *Ce témoignage l'a blanchi définitivement.* — **6.** Faire subir à des fonds une série d'opérations à la suite desquelles leur origine frauduleuse, illégale peut être dissimulée : *Blanchir de l'argent provenant d'un trafic de drogue.* — **7.** Effectuer le blanchiment d'un aliment, d'un produit alimentaire, d'un produit textile, etc. • **Bois.** Obtenir une première surface utile au début du sciage d'une grume. — **Élev.** *Blanchir l'eau,* ajouter de la farine ou des enveloppes de céréales à l'eau destinée au bétail. — **Hortic.** Décolorer les feuilles ou les tiges de certains végétaux, en les privant de lumière. (Syn. ÉTIOLER.) — **Impr.** Augmenter la valeur de blanc entre les lettres, les mots ou les lignes. — **Maréch.** *Blanchir la sole,* la parer et la débarrasser de l'excès de corne et de celle qui a été brûlée en appliquant le fer chaud pour l'ajusture. — **Mécan.** Usiner une surface brute de manière à lui donner un bon aspect, sans chercher à obtenir une cote particulière. — **Ménag.** Frotter l'argenterie avec un produit qui élimine les trous d'oxydation. — **Menuis.** Dégauchir légèrement un débit brut. — **Sylvic.** Effectuer un blanchis sur l'écorce d'un arbre.

◆ v. i. **1.** Devenir blanc : *Ses cheveux blanchissent.* — **2.** Devenir pâle, blême sous l'effet d'une émotion : *Blanchir de colère.* — **3.** Commencer à avoir des cheveux blancs : *Homme qui a blanchi très jeune.* — **4.** *Fam.* Perdre son bronzage. — **5.** En parlant d'un poisson épuisé par sa lutte avec le pêcheur, montrer ses flancs et son ventre en se roulant sur lui-même.

◆ **être blanchi** v. pass. *Nourri et blanchi,* en parlant de qqn, se voir fournir la nourriture et le blanchissage.

◆ **se blanchir** v. pr. Se disculper, faire disparaître tous les soupçons qui pesaient sur soi.

BLANCHIS ou **BLANCHI** [-ʃi] n. m. (de *blanchir*). Entaille faite sur l'écorce d'un arbre destinée à le désigner à l'abattage (abandon), ou au maintien en réserve. (Syn. FLACHE, FLACHIS, MIROIR.)

BLANCHISSAGE n. m. Action de blanchir le linge.

BLANCHISSANT, E adj. Qui blanchit le linge : *Produits blanchissants.*

BLANCHISSEMENT n. m. Fait de blanchir, de devenir blanc.

BLANCHISSERIE n. f. Entreprise commerciale qui effectue le blanchissage du linge.

BLANCHISSEUR, EUSE n. Personne qui fait le blanchissage du linge.

BLANCHON n. m. Nom donné au Canada au phoque nouveau-né, dit aussi « bébé-phoque ».

BLANCHOT (Maurice), écrivain français (Quain, Saône-et-Loire, 1907). Qu'il s'agisse des romans (*Thomas l'obscur,* 1941 ; *Aminadab,* 1942 ; *le Très-Haut,* 1948), des récits (*le Dernier Homme,* 1957) ou des œuvres critiques (*la Part du feu,* 1949 ; *l'Espace littéraire,* 1955 ; *le Livre à venir,* 1959 ; *l'Écriture du désastre,* 1980), l'œuvre de Maurice Blanchot éclaire le paradoxe fondamental de l'acte d'écrire, qui consiste à n'avoir rien à dire, mais à « dire ce rien ».

BLANC-LAPIERRE (André), physicien français (Lavaur 1915). Ses principaux travaux concernent l'électronique, le traitement du signal et la théorie de l'information. (Acad. des sc., 1970.)

BLANC-MANGER n. m. (pl. *blancs-mangers*). Entremets froid à base de lait, de pâte ou d'essence d'amandes et de gélatine.

BLANC-MESNIL (Le) [93150], ch.-l. cant. de la Seine-Saint-Denis, au N.-E. de Paris ; 47 093 hab. *(Blancmesnilois).* Métallurgie. Constructions électriques. Chimie. Alimentation.

BLANC-MISSERON (59920 Quiévrechain), écart des comm. de Quiévrechain et Crespin (Nord), sur la frontière belge. Expédition de légumes. Métallurgie. Verrerie.

BLANC-NEZ *(cap),* avancée des hautes falaises (133 m) de la côte du Pas-de-Calais, entre Sangatte et Wissant.

BLANCO (Serge), joueur de rugby français (Caracas 1958). Arrière offensif, il est recordman du nombre d'essais marqués en équipe nationale (38).

BLANCO FOMBONA (Rufino), écrivain vénézuélien (Caracas 1874-Buenos Aires 1944), poète moderniste, puis polémiste passionné (*El hombre de oro,* 1916).

BLANC-RUSSE adj. et n. (pl. *blancs-russes*). Syn. anc. de BIÉLORUSSE.

BLANC-SEING [blɑ̃sɛ̃] n. m. (pl. *blancs-seings*) [de *blanc* et *seing*]. **1.** Feuille blanche sur laquelle on appose sa signature et que l'on confie à qqn pour qu'il la remplisse lui-même. — **2.** *Donner un blanc-seing à qqn,* donner à un tiers tout pouvoir d'agir.

BLANCS-MANTEAUX n. m. pl. Religieux appartenant à l'ordre des Servites et installés à Paris au XIIIe s.

BLANDAN (Jean-Pierre Hippolyte), sous-officier français (Lyon 1819-Boufarik 1842). Sergent, il se distingua le 11 avril 1842 par son héroïque défense au combat de Beni Mered, pendant la campagne d'Algérie.

BLANDICES n. f. pl. (lat. *blandiitae*). *Litt.* Charmes trompeurs.

BLANDINE *(sainte),* martyre à Lyon († 177). Jeune esclave chrétienne, elle fut martyrisée à Lyon, sous Marc Aurèle, en même temps que saint Pothin, évêque de Lyon.

BLANGY-SUR-BRESLE (76340), ch.-l. de cant. de la Seine-Maritime, au N. de la forêt d'Eu ; 3 470 hab. *(Blangeois).* Verrerie.

BLANIULE n. m. (de *blanc* et *iule*). Petit mille-pattes aveugle, blanc à taches rouges, qui abonde dans l'humus.

BLANKENBERGE, comm. de Belgique (Flandre-Occidentale) ; 16 602 hab. Pêche. Station balnéaire.

BLANKERS-KOEN (Fanny), athlète néerlandaise (Baarn 1918), quadruple championne olympique à Londres en 1948 (100 m, 200 m, 80 m haies et 4 × 100 m).

BLANQUEFORT (33290), ch.-l. de cant. de la Gironde, dans le haut Médoc ; 13 697 hab. *(Blanquefortais).* Industrie automobile et aéronautique.

1. BLANQUETTE n. f. (provenç. *blanqueto,* dimin. de *blanco*). Vin blanc mousseux élaboré dans la région de Limoux (Aude) selon la méthode champenoise à partir du cépage mauzac.

2. BLANQUETTE n. f. (dimin. de *blanc*). **1.** Ragoût de viande blanche cuite dans un fond blanc, nappée d'un velouté lié à la crème et à l'œuf. — **2.** Produit de la dernière partie de la distillation à l'alambic. (Syn. PETITES EAUX.)

BLANQUI (Adolphe), économiste français (Nice 1798-Paris 1854), fils du Conventionnel Dominique Blanqui (1759-1832). Libre-échangiste, se rattachant à l'école libérale moderne, il préconisa une équitable distribution de la richesse.

BLANQUI (Louis Auguste), théoricien socialiste et homme politique français (Puget-Théniers 1805-Paris 1881), frère du précédent. Il participe aux journées de 1830. En 1839, l'échec de sa tentative d'insurrection aux côtés de la Société des saisons lui vaut la prison, où il passera le plus clair de ses jours. Amnistié en 1844, il participe à la révolution de 1848. Arrêté en mai 1848, amnistié en 1859, arrêté en 1861, évadé en 1865, arrêté en oct. 1871, gracié en 1879, il est élu député de Bordeaux, quoique inéligible, en 1879. Il a élaboré une stratégie du coup de force destinée à la prise du pouvoir et à l'instauration de la dictature du prolétariat. Ses essais ont été réunis après sa mort sous le titre de *la Critique sociale.*

BLANQUISME n. m. Doctrine issue des idées et de l'action d'Auguste Blanqui. (Le blanquisme a beaucoup influencé le parti socialiste révolutionnaire d'Édouard Vaillant et le syndicalisme révolutionnaire.)

BLANQUISTE adj. et n. Qui relève du blanquisme, qui en est partisan.

BLANTYRE, v. du Malawi, ch.-l. de la région du Sud ; 403 000 hab. Centre commercial et industriel. Nœud ferroviaire.

BLANZAC-PORCHERESSE (16250), ch.-l. de cant. du sud de la Charente ; 853 hab. Église des XIIe et XIIIe s.

BLANZY (71450), comm. de Saône-et-Loire, près de Montceau-les-Mines ; 7 763 hab. *(Blanzynois).* Pneumatiques. Constructions mécaniques.

BLAPS [blaps] n. m. (gr. *blaptein,* nuire). Grand coléoptère noir, lent et fétide, des lieux obscurs, tel que le porte-malheur.

BLAREGNIES, hameau de Belgique (Hainaut), au S. de Mons. Un bataillon de chasseurs à pied, en mai 1940, y livra un combat héroïque.

BLARINE n. f. (lat. sc. *blarina*). Musaraigne venimeuse d'Amérique du Nord.

BLARINGHEM (59173), comm. du Nord, à 15 km au S.-E. de Saint-Omer ; 1 612 hab. Verrerie.

BLASCO IBÁÑEZ (Vicente), écrivain espagnol (Valence 1867- Menton 1928), auteur de nouvelles et de romans consacrés à la société valencienne (*Arènes sanglantes,* 1908), puis d'une série de romans hispano-américains (*Los Argonautas,* 1914-15). La Première Guerre mondiale lui inspira *les Quatre Cavaliers de l'Apocalypse* (1916) et *Mare nostrum* (1917-18).

1. BLASE → BLAZE.

2. BLASE ou **BLAZE** n. m. (de *blason*). *Arg.* **1.** Nez. — **2.** Nom de personne.

BLASÉ, E n. Personne qui pense avoir épuisé l'expérience humaine et qui est dégoûtée de tout.

BLASER v. t. (néerl. *blasen,* enfler) [conj. 3]. Rendre qqn insensible à certaines sensations, lui inspirer le dégoût de tout : *L'abus des plaisirs l'a blasé.*

◆ **se blaser** v. pr., **être blasé** v. pass. Perdre tout attrait pour qqch ; être revenu de tout : *Des oisifs nantis et blasés.*

BLASIS (Carlo), danseur et chorégraphe italien (Naples 1795-Cernobbio, près de Côme, 1878). En 1820, il publia à Milan son premier *Traité élémentaire de l'art de la danse,* où il codifiait les mouvements de la danse académique et fixait les règles des moments essentiels des pas. Son *Manuel complet de la danse* fut publié en 1830. Secondé par sa femme Annunziata Ramaccini (1807-1892), il enseigna à la Scala de Milan (1837-1850) et en Europe. Par l'intermédiaire de Giovanni Lepri, puis d'Enrico Cecchetti, la tradition héritée de Blasis se transmit à l'école classique.

BLASIUS (Heinrich), physicien allemand (Berlin 1883 - Hambourg 1970). Il a publié de nombreux mémoires sur les écoulements de fluide visqueux autour d'obstacles et dans les tuyaux cylindriques.

BLASKOWITZ (Johannes), général allemand (Peterswalde 1883 - Nuremberg 1948). Commandant les troupes d'occupation en Tchécoslovaquie, puis en Pologne (1939), il commanda une armée sur le front français en 1940, puis, en 1944, les troupes d'armées G (sud de la Loire) et H (Hollande).

BLASON n. m. (p.-ê. frq. **blâsjan,* torche enflammée). **1.** Étude et connaissance de l'art et de la science héraldiques. — **2.** Description technique des armoiries, faite verbalement ou par écrit. — **3.** Écu armorié. — **4.** Au XVIe s., pièce composée de petits vers à rimes plates, faisant la description élogieuse ou satirique d'un être ou d'un objet. — **5.** Traverse sculptée reliant les pieds antérieurs d'un siège (XVIe-XVIIe s.). — **6.** *Redorer son blason,* rétablir sa fortune, sa situation. ‖ *Ternir, salir son blason,* compromettre sa réputation ou commettre quelque mésalliance.

BLASONNEMENT n. m. Action de blasonner.

BLASONNER v. t. (de *blason*) [conj. 3]. Décrire des armoiries suivant les règles de la science héraldique.

BLASPHÉMATEUR, TRICE adj. et n. Qui blasphème.

BLASPHÉMATOIRE adj. Qui contient ou constitue un blasphème : *Livre blasphématoire.*

BLASPHÈME n. m. (lat. ecclés. *blasphemia,* du gr. *blasphêmia*). Parole ou discours qui outrage la divinité, la religion ou ce qui est considéré comme respectable ou sacré. (Le blasphème est à distinguer du sacrilège : le premier consiste en paroles, le second en actes.)

BLASPHÉMER v. t. i. (lat. ecclés. *blasphemare,* du gr. *blasphêmein*) [conj. **18**]. **1.** Proférer des blasphèmes. — **2.** Tenir des propos injurieux contre des personnes ou des choses respectables : *Blasphémer contre la religion.*

◆ v. t. *Litt.* Outrager ce qui est digne de respect : *Blasphémer le nom de Dieu.*

BLASSEL ou **BLASSET** (Nicolas), sculpteur français (Amiens 1600 - *id.* 1659), auteur de monuments funéraires à la cathédrale et à l'église St-Remi d'Amiens.

BLASTÈME n. m. (gr. *blastêma,* germe). Groupe de cellules assurant la régénération des membres chez divers animaux.

BLASTÈSE n. f. (gr. *blastêma,* germe). Cristallisation d'un minéral dans une roche à l'état solide, pendant le métamorphisme.

BLASTIQUE adj. Se dit d'une cellule jeune, telle que le myéloblaste du système hématopoïétique.

BLASTOCŒLE ou **BLASTOCÈLE** n. m. Cavité initiale de la blastula des embryons animaux. (Syn. CAVITÉ DE SEGMENTATION.)

BLASTODERME n. m. Membrane primitive de l'embryon.

BLASTODERMIQUE adj. *Feuillets blastodermiques,* régions distinctes du blastoderme qui deviendront l'ectoderme, l'endoderme et, s'il y en a un, le mésoderme.

BLASTOGENÈSE n. f. Premiers stades du développement de l'embryon et formation du blastoderme.

BLASTOÏDE n. m. Échinoderme fossile des terrains primaires. (Les *blastoïdes* forment une classe.)

BLASTOMÈRE n. m. Cellules résultant des divisions successives de l'œuf fécondé chez les animaux. (Le nombre des blastomères est égal à 2^n jusqu'au stade de la *morula ;* on en distingue souvent deux types, de dimension différente, les *micromères* et les *macromères.*)

BLASTOMYCÈTE n. m. Champignon se reproduisant par bourgeonnement, tel que les levures de bière et la levure du muguet.

BLASTOMYCOSE n. f. Mycose profonde due à un blastomycète.
ENCYCL. On distingue la forme nord-américaine (maladie de Gilchrist, due à *Blastomyces dermatidis*), qui peut être mortelle du fait de lésions pulmonaires, et la forme sud-américaine (maladie de Lutz, ou paracoccidioïdomycose, due à *B.* [*Paracoccodioïdes*] *brasiliensis*), qui provoque des lésions cutanées puis viscérales. La maladie de Lobo (blastomycose chéloïdienne) se distingue des formes précédentes par le fait qu'elle n'entraîne pas de lésion viscérale.

BLASTOPHAGA n. m. Hyménoptère cynipidé du figuier, assurant la fécondation des inflorescences.

BLASTOPORE n. m. Orifice de la gastrula des embryons animaux, dont la lèvre dorsale joue un rôle capital dans l'organisation de l'embryon et qui devient la bouche chez les protostomiens (annélides, mollusques, arthropodes), l'anus chez les deutérostomiens (échinodermes, vertébrés).

BLASTULA n. f. Forme prise par le jeune embryon animal après le stade de la morula et constituée par une sphère creuse. (On y distingue souvent un *pôle animal,* aux petites cellules, et un *pôle végétatif,* aux cellules beaucoup plus grosses, de sorte que la cavité, ou *blastocœle,* est excentrée.)

BLATÉRER v. i. (lat. *blaterare*) [conj. **18**]. Crier, en parlant du chameau.

1. BLATTE n. f. Ceinture placée autour du corps du chien d'un contrebandier et dans laquelle sont dissimulées des marchandises.

2. BLATTE n. f. (lat. *blatta*). Insecte ovale, aplati, aux ailes sans usage ou inexistantes, courant rapidement dans les lieux obscurs et chauds, où il peut proliférer. (Ordre des dictyoptères. N. usuels *cafard, cancrelat.*)

BLATTOPTÉROÏDE n. m. Insecte tel que les blattes et les termites. (Les *blattoptéroïdes* forment un superordre.)

Blaue Reiter *(Der),* en fr. « le Cavalier bleu », groupe artistique constitué à Munich (1911-1914) par Kandinsky, les peintres allemands Marc, Macke, Gabriele Münter (1877-1962), le Russe Jawlensky. Son registre esthétique et éthique se situait au confluent du fauvisme, de l'abstraction, d'une spontanéité lyrique et primitiviste et de l'expressionnisme. Heinrich Campendonk (1889-1957), R. Delaunay, Klee, notamment, participèrent aux expositions du mouvement, qui publia en 1912 un *Almanach* au contenu significatif (mise à contribution des arts archaïques et extra-européens, ébauche de concertation entre arts plastiques, théâtre, musique).

BLAVATSKY ou **BLAVATSKAÏA** (Elena Petrovna), occultiste russe (Iekaterinoslav, auj. Dniepropetrovsk, 1831-Londres 1891), cofondatrice, avec le colonel H. S. Olcott, de la Société théosophique (1875).

BLAVET (le), fl. de la Bretagne ; 140 km. Son estuaire, commun avec le Scorff, constitue la rade de Lorient.

BLAVET (Michel), flûtiste et compositeur français (Besançon 1700-Paris 1768). Il entra en 1738 dans la Musique du roi et devint en 1740 premier flûtiste de l'Opéra. Outre des sonates pour 1 ou 2 flûtes (1728-1740), il a composé un concerto pour flûte, 2 violons et basse (v. 1745), des opéras-bouffes (*le Jaloux corrigé,* 1752).

BLAYAIS (le), région viticole du Bordelais (dép. de la Gironde), à l'E. de *Blaye.* Centrale nucléaire dite du *Blayais* sur l'estuaire de la Gironde (commune de Braud-et-Saint-Louis).

BLAYE (33390), ch.-l. d'arrond. de la Gironde, sur la rive droite de la Gironde ; 4 413 hab. *(Blayais).* Vaste citadelle, en partie œuvre de Vauban (musée). Petit port de commerce (céréales). Vins.

BLAYE-LES-MINES (81400), comm. du Tarn, près de Carmaux ; 3 429 hab. Anc. centre houiller.

1. BLAZE ou **BLASE** n. f. Première soie émise par les vers à soie, qui permet de relier le cocon aux supports.

2. BLAZE → BLASE.

BLAZE (François Joseph), dit **Castil-Blaze,** musicographe et critique de ballet français (Cavaillon 1784-Paris 1857). Il a écrit un *Dictionnaire de musique moderne* (1821) et publié des ouvrages sur l'histoire de la danse et de la musique.

BLAZER [-zɛr] n. m. (angl. *blazer,* de *to blaze,* briller). **1.** Veste rayée aux couleurs d'un collège ou d'un club sportif anglais. – **2.** Veste de sport, droite ou croisée, en tissu bleu marine ou en flanelle grise.

BLÉ n. m. (frq. **blād,* produit de la terre). **1.** Plante annuelle (graminée) cultivée dont les grains sont universellement employés pour la fabrication de farine et de pain. – **2.** Grain de la même plante séparé de l'épi. – **3.** *Pop.* Argent. – **4.** *Blé de Guinée,* sorgho. ‖ *Blé d'Inde, blé de Turquie,* maïs. ‖ *Blé noir,* sarrasin. ‖ *Blé méteil,* mélange de froment et de seigle. ‖ *Blé de vache,* mélampyre. ‖ *Blond comme les blés,* d'un blond clair et doré. ‖ Fam. *Fauché comme les blés,* sans un sou. ‖ *Manger son blé en herbe,* dépenser d'avance son revenu. ‖ *Petits blés,* orge ou avoine.
ENCYCL. Le blé est une céréale appartenant au genre *triticum. Triticum vulgare* (blé tendre, utilisé pour la fabrication du pain) et *T. durum* (blé dur, surtout employé pour la fabrication de

semoules et de pâtes alimentaires) sont les plus cultivés. Le blé forme de longs épis aux épillets très courts portant chacun plusieurs fleurs sessiles. Le fruit (grain) est presque réduit à la graine, qui contient un embryon monocotylédone et une masse importante d'albumen. L'amélioration génétique, l'emploi des engrais et des pesticides, la mécanisation ont permis d'augmenter considérablement les rendements du blé, qui, dans les zones tempérées et sur les meilleures terres, approchent maintenant 100 q/ha.

• *Production.* La Chine (autour de 100 Mt), les États-Unis (60 Mt), l'Inde (55 Mt), la Russie (40 Mt), la France et le Canada (autour de 30 Mt chacun) sont les plus gros producteurs de blé (avec une production mondiale qui dépasse 550 Mt). Le commerce international porte sur env. 20 % de la production. Les pays exportateurs sont peu nombreux ; après les États-Unis, de loin le plus gros vendeur, viennent le Canada, la France, l'Australie. En revanche, les pays importateurs sont nombreux, notamment parmi les pays en voie de développement, dont les agricultures ne parviennent pas à assurer l'alimentation de base de la population.

BLEBS [blɛps] n. m. (angl. *bleb,* bulle). Variété histologique de petite bulle d'emphysème (0,1 à 3 cm de diamètre) dont la rupture est à l'origine du pneumothorax dit idiopathique.

BLED [blɛd] n. m. (ar. maghrébin *blad,* pays). **1.** En Afrique du Nord, l'intérieur des terres. — **2.** *Fam.* Contrée, village retirés et généralement sans attrait : *Un bled où il pleut un jour sur deux.* — **3.** *Fam.* Lieu que l'on habite, où l'on est né : *Rentrer dans son bled.*

BLED, centre touristique de Slovénie, dans les Alpes slovènes, sur le *lac de Bled* ; 5 500 hab. Église Ste-Marie-au-Lac, avec petit musée d'archéologie médiévale.

BLÉDARD n. m. (de *bled*). *Arg.* Autref., soldat en campagne dans les régions d'Afrique du Nord.

BLEEK (Wilhelm), linguiste allemand (Berlin 1827-Le Cap 1875). Fondateur de la philologie bantoue (c'est lui qui créa le mot « bantou »), il est l'auteur de *Comparative Grammar of the South African Languages* (1862-1869, 2 vol.).

BLEGEN (Carl William), archéologue américain (Minneapolis 1887-Athènes 1971). En 1932, il reprit les recherches sur le site de Troie. Après la guerre, il localisa le palais de Nestor, au nord de la baie de Navarin. Il a écrit notamment *Troy, Excavations Conducted by the University of Cincinnati 1932-38* (1950-1958) ; *the Palace of Nestor at Pylos* (1966).

BLEIBTREU (Carl), écrivain allemand (Berlin 1859-Locarno 1928). Il cherche, dans ses romans, ses essais (*la Révolution littéraire,* 1886) et ses drames, à concilier romantisme et réalisme.

BLEIME [blɛm] n. f. (wallon *blème,* du néerl. *blein,* pustule). Contusion des tissus sous-cornés du sabot du cheval entraînant la boiterie.

BLÊME adj. (de *blêmir*). **1.** Qui est d'une pâleur causée par la maladie, l'émotion ; livide : *Être blême de peur.* — **2.** Qui est d'une couleur pâle, terne et triste ; blafard : *Une lueur blême.*

BLÊMIR v. i. (frq. **blesmjan,* de **blasmi,* couleur pâle) [conj. **32**]. **1.** Devenir blême, livide : *Blêmir de rage.* — **2.** *Litt.* Apparaître dans une pâle clarté : *L'aube blêmit.*

◆ v. t. *Litt.* Éclairer d'une lumière pâle : *Le clair de lune blêmissait la campagne.*

BLÊMISSEMENT n. m. Fait de blêmir.

BLEMMIDÈS ou **BLEMMYDÈS** (Nicéphore), écrivain byzantin (Constantinople 1197-1272). Conciliateur d'Aristote et de Platon, moraliste et éducateur, il perpétua la tradition philosophique byzantine à la cour de Nicée.

BLENDE [blɛ̃d] n. f. (all. *Blende,* de *blenden,* éblouir). Sulfure naturel de zinc. (La blende, ZnS, cubique, forme des cristaux généralement noirs ou bruns. Elle est piézoélectrique et présente des phénomènes de triboluminescence et de phosphorescence. On l'exploite comme minerai du zinc de profondeur.) [Syn. SPHALÉRITE.]

BLENDECQUES (62570), comm. du Pas-de-Calais, à 4 km au S.-S.-E. de Saint-Omer ; 5 229 hab. Papeterie. Travail du cuir.

BLÉNEAU (89220), ch.-l. de cant. de l'Yonne, sur le Loing ; 1 613 hab. *(Blénaviens).* Constructions mécaniques. — En 1652, victoire de Condé et des frondeurs sur les troupes royales commandées par le maréchal d'Hocquincourt et défaite du même Condé par Turenne.

Blenheim *(bataille de)* [1704], nom donné par les Anglais à la bataille dite *de Höchstädt** par les Français.

BLENKINSOP (John), ingénieur britannique (Leeds 1783-*id.* 1831). Il construisit à partir de 1811 les premières locomotives qui aient effectué un service régulier dans les mines de houille. L'adhérence simple étant alors considérée comme insuffisante, il utilisa une voie ferrée à crémaillère.

BLENNIE n. f. (lat. sc. *blennius,* du lat. class. *blendius*). Poisson à grosse tête, à dorsale élevée, gluant, tel que la cagnotte des rivières du sud de la France et une vingtaine d'espèces côtières, veillant avec soin sur ses œufs. (Syn. BAVEUSE.)

BLENNORRAGIE n. f. (gr. *blenna,* mucus). Infection génito-urinaire provoquée par le gonocoque. (Syn. pop. CHAUDE-PISSE.)

ENCYCL. La blennorragie est une maladie sexuellement transmissible. Chez l'homme, elle se manifeste d'une façon aiguë, 5 jours environ après le contact infectant, par un écoulement urétral purulent et des brûlures à la miction. Chez la femme, la maladie, généralement chronique d'emblée, se traduit par des pertes blanches plus ou moins abondantes, ou même ne donne aucun symptôme. Non traitée, la blennorragie peut donner des complications : rétrécissement de l'urètre, orchi-épididymite chez l'homme, salpingite, métrite pouvant entraîner la stérilité chez la femme. De nombreux antibiotiques sont efficaces contre le gonocoque.

BLENNORRAGIQUE adj. Relatif à la blennorragie.

BLÉNOD-LÈS-PONT-À-MOUSSON (54700), comm. de Meurthe-et-Moselle, sur la Moselle ; 4 779 hab. Centrale thermique. Métallurgie.

BLÉOMYCINE n. f. Nom générique d'un groupe d'antibiotiques extraits de *Streptomyces verticillatus* et utilisés en chimiothérapie anticancéreuse.

BLÉONE (la), torrent des Alpes du Sud qui descend des Trois-Évêchés, affl. de la Durance (r. g.) ; 70 km.

BLÉPHARITE n. f. Inflammation du bord libre des paupières.

BLÉPHAROBLASTE n. m. Corpuscule basal du flagelle ou des cils des cellules flagellées ou ciliées. (Syn. MASTIGOSOME.)

BLÉPHAROCHALAZIS [-kalazis] n. f. (du gr. *khalasis*, relâchement). Atrophie du derme des paupières supérieures, s'accompagnant du relâchement du tissu cellulaire sous-cutané.

BLÉPHARO-CONJONCTIVITE n. f. Inflammation simultanée des paupières et de la conjonctive.

BLÉPHAROPLASTIE n. f. Opération qui a pour but de réparer les pertes de substance de la paupière ou ses déformations cicatricielles.

BLÉPHAROPTÔSE n. f. Chute de la paupière supérieure. (Syn. PTÔSIS.)

BLÉPHARORRAPHIE n. f. Suture partielle des deux paupières, ayant pour objet de rétrécir la fente palpébrale.

BLÉPHAROSPASME n. m. Contraction tonique du muscle orbiculaire avec fermeture des paupières.

BLÉPHAROSPORA n. m. Champignon parasite du châtaignier, agent de la maladie de l'encre.

BLÉPHAROTIC n. m. Tic convulsif des paupières.

BLÉRANCOURT (02300), comm. de l'Aisne, dans le Soissonnais ; 1 319 hab. Église des XVIe-XVIIe s. Musée national de la Coopération franco-américaine.

BLÉRÉ (37150), ch.-l. de cant. d'Indre-et-Loire, en Touraine, sur le Cher ; 4 414 hab. *(Blérois).* Église des XIIe-XVe s. Marché. Constructions mécaniques.

BLÉRIOT (Louis), ingénieur, industriel et aviateur français (Cambrai 1872-Paris 1936). Il effectua la première traversée aérienne de la Manche, de Calais à Douvres, le 25 juill. 1909, et fut l'un des premiers industriels de l'aviation en France.

BLESBOK n. m. (néerl. *blesbok*). Antilope damalisque d'Afrique du Sud, uniquement domestique, élevée pour sa chair.

BLESLE (43450) ch.-l. de cant. de la Haute-Loire, à 20 km à l'O. de Brioude ; 735 hab. Ensemble médiéval avec une église romane (anc. abbatiale), un donjon du XIIIe s., etc.

BLÉSOIS, E adj. et n. De Blois.

BLÉSOIS, anc. pays puis comté (Xe s.) de l'Orléanais, englobé dans le dép. de Loir-et-Cher et ayant Blois pour capitale.

BLESSANT, E adj. Qui blesse moralement ; offensant : *Critiques blessantes.*

BLESSÉ, E n. **1.** Personne qui a reçu une ou plusieurs blessures. — **2.** *Blessé grave* ou *grand blessé, blessé léger,* personne qui est gravement, légèrement blessée.

BLESSER v. t. (gallo-roman **blettiare,* meurtrir) [conj. **4**]. **1.** Atteindre qqn, un animal d'un coup, d'un projectile qui produit une plaie, une lésion : *Blesser quelqu'un avec un couteau.* — **2.** En parlant de qqch, léser, meurtrir qqn, une partie du corps, par frottement, compression, etc. : *Des chaussures qui blessent les pieds.* — **3.** Frapper désagréablement un organe des sens : *Cette musique me blesse les oreilles.* — **4.** Affecter douloureusement et profondément qqn, l'offenser : *Il l'a cruellement blessée dans son amour-propre.* — **5.** *Litt.* Heurter qqch, lui porter atteinte : *Blesser la vérité, les intérêts de quelqu'un.*
◆ **se blesser** v. pr., **être blessé** v. pass. **1.** Se faire une blessure : *Il s'est blessé aux genoux en tombant.* — **2.** *Litt.* Se froisser, être froissé de qqch : *Il est blessé que vous ne l'ayez pas invité.*

Blessés *(insigne des),* décoration créée en 1916 pour les blessés de guerre. Depuis 1952, il est remplacé par une étoile à 5 branches, émaillée de rouge, posée sur le ruban de la médaille commémorative.

BLESSINGTON (Marguerite POWER, *comtesse*), femme de lettres britannique (Knockbrit, près de Clonmel, Irlande, 1789 - Paris 1849). Animatrice de brillants cercles littéraires (*Conversations with Lord Byron,* 1832), ses romans (*Grace Cassidy,* 1833 ; *Marmaduke Herbert,* 1847) peignent avec intelligence et cruauté l'aristocratie anglaise.

BLESSURE n. f. **1.** Lésion produite en un point quelconque du corps par un choc, un coup, une arme ou un corps dur quelconque. – **2.** Atteinte morale profonde et douloureuse ; offense : *Une blessure d'amour-propre.* – **3.** *Coups et blessures,* crime ou délit prévu par la loi et puni de peines diverses selon qu'il s'agit de faits volontaires ou involontaires.

BLEST GANA (Alberto), écrivain chilien (Santiago 1830-Paris 1920), auteur de romans historiques (*Durante la reconquista,* 1897 ; *Los trasplantados,* 1904).

BLET, BLETTE [blɛ, blɛt] adj. (anc. fr. *blece,* de *blecier,* meurtrir). Se dit d'un fruit trop mûr, ramolli par un commencement de décomposition.

BLETIA [blesja] n. m. (de L. *Blet,* n. pr.). Orchidée d'origine américaine cultivée en serre comme ornementale.

BLETTE n. f. (lat. médiév. *bleta*). Nom usuel de la bette.

BLETTERANS (39140), ch.-l. de cant. du Jura, à 13 km au N.-O. de Lons-le-Saunier ; 1 444 hab. *(Bletteranois).*

BLETTIR v. i. (conj. 32). Devenir blet.

BLETTISSEMENT n. m., ou **BLETTISSURE** n. f. Excès de maturité qui rend un fruit blet.

BLEU, E adj. (frq. **blao*). **1.** Qui est d'une couleur analogue à celle d'un ciel sans nuage : *Une mer parfaitement bleue. Des yeux bleus.* – **2.** Dont la peau devient livide sous l'effet de diverses causes (contusion, température, émotion) : *Des lèvres bleues de froid. Le noyé était tout bleu.* – **3.** Avec un nom ou un adjectif, forme des adjectifs composés invariables : *Bleu ciel, bleu pâle, bleu de Prusse, etc.* – **4.** Se dit d'une viande rouge grillée, à peine saisie par la cuisson. – **5.** *En être, en rester bleu,* être stupéfait de qqch. ‖ Fam. *En voir de bleues,* avoir de multiples aventures désagréables. ‖ *Peur, colère bleue,* peur, colère violente. ‖ Litt. *Sang bleu,* origine noble. ‖ *Zone bleue,* ensemble de certains quartiers centraux de grandes villes où la durée de stationnement des automobiles est limitée. • **Pathol.** *Enfant bleu,* enfant atteint d'une maladie bleue. ‖ *Maladie bleue,* toute malformation congénitale du cœur et des gros vaisseaux, caractérisée par la cyanose des téguments. – **Zootechn.** *Race bleue du Maine,* race de moutons à la peau bleue, excellente pour l'élevage en herbages.

◆ n. **1.** *Fam.* Nouveau venu (nouvelle venue) dans un établissement scolaire ou autre, jeune recrue dans une caserne. – **2.** Nom que les vendéens donnaient aux soldats de la République. – **3.** *Les bleus et les rouges,* nom donné aux différents corps dont se composait la Maison du roi.

◆ **bleu** n. m. **1.** La couleur bleue : *Une robe d'un bleu lavande.* – **2.** Matière colorante dont on se sert pour peindre ou teindre en bleu : *Une couche de bleu.* (→ *encycl.*) – **3.** *Fam.* Marque sur la peau, tirant sur le bleu, résultant d'un coup ; ecchymose : *Être couvert de bleus.* – **4.** Produit de couleur bleue qu'on utilisait pour donner de l'éclat au linge blanc dans les lessives. – **5.** Fam. *(Gros) bleu,* vin d'un rouge violacé, de qualité médiocre. – **6.** Fam. *N'y voir que du bleu,* ne pas se rendre compte de ce qui se passe. ‖ Fam. *Passer au bleu,* disparaître par suite d'un emploi irrégulier ou clandestin. • **Agroalim.** Fromage affiné à caillé découpé et à moisissures internes, fabriqué avec du lait de vache (bleu d'Auvergne, bleu des Causses, fourme d'Ambert, bleu du Jura ; à l'étranger, gorgonzola, stilton, etc.). – **Bur.** Plan d'architecte ou d'ingénieur. – **Céram.** *Bleu et blanc,* porcelaine peinte en bleu de cobalt sur fond blanc, et sous une couverte transparente, fabriquée en Chine du XIVe au XVIIIe s. et souvent imitée en Europe, notamment par les faïenciers de Delft. ‖ *Bleu de Sèvres,* terme employé à partir du XIXe s. pour désigner les fonds bleu foncé de certaines porcelaines de Sèvres. – **Cuis.** *Au bleu,* cuisson d'un poisson-portion fraîchement pêché plongé dans un court-bouillon additionné de vinaigre. – **Fin.** *Bleu (budgétaire),* fascicule annexé au projet de loi de finances et présentant les crédits affectés à chaque ministère. (Leur couverture est bleue.) – **Habill.** Vêtement de travail en toile bleue composé d'une veste et d'un pantalon. – **Jeux.** Craie dont se servent les joueurs de billard pour frotter le procédé de la queue. – **Peint.** *Bleu céleste,* syn. de CÉRULÉUM. – **Pharm.** *Bleu de méthylène officinal,* colorant basique de la classe des thiazines ayant un pouvoir antiseptique faible. – **Zool.** Squale de haute mer, très vorace, qui poursuit les bancs de harengs et de maquereaux. (Taille : 4 m.) [Syn. PEAU-BLEUE, REQUIN.] – **Zootechn.** *Bleu d'Auvergne,* autre nom de la race de chien braque d'Auvergne. ‖ *Bleu de Beveren,* race de lapins à la fourrure bleutée, recherchée par les fourreurs.

◆ **bleue** n. f. *La grande bleue,* la Méditerranée.

ENCYCL. Les pigments bleus minéraux les plus couramment employés sont le bleu d'outremer (silicate complexe de sodium et d'aluminium), le bleu de Prusse (ferrocyanure de potassium et de fer) et les bleus de cobalt (silicates, aluminates ou stannates de cobalt). Les colorants bleus organiques servent à préparer des vernis colorés (vernis à l'alcool) et des encres typographiques (bleus de phtalocyanine).

BLEU *(fleuve),* nom donné par les jésuites au début du XVIIIe s. au Yangzi Jiang.

BLEU (Nil) → BAHR EL-AZRAK.

Bleus et les Verts (les), dèmes ou factions de Constantinople et des grandes villes de l'Empire byzantin, entre lesquels le peuple se partageait. Les Bleus représentaient le parti aristocratique, et les Verts celui du bas peuple. Leur rivalité, devenue politique, agita profondément l'Empire aux VIe et VIIe s.

BLEUÂTRE adj. Qui est d'un bleu indécis, qui tire sur le bleu : *Flamme bleuâtre.*

BLEUET [bløɛ] n. m. (de *bleu*). **1.** Centaurée des moissons, aux fleurs bleues, très commune autref., mais devenue rare. (Syn. BLUET, BARBEAU.) – **2.** Au Canada, nom de la myrtille (airelle des bois).

BLEUETIÈRE [bløɛtjɛr] n. f. Au Canada, terrain où poussent des bleuets (airelles) ou plantation de bleuets.

BLEUIR v. i. (conj. 32). Devenir bleu, bleuâtre : *À l'aube, la montagne bleuit.*
◆ v. t. **1.** Rendre, faire apparaître bleu : *Le froid bleuissait ses mains.* – **2.** Chauffer un métal ou le frotter jusqu'à ce qu'il ait pris une couleur bleue.
◆ **être bleui** v. pass. *Bois bleui,* syn. de BOIS BLEUTÉ.

BLEUISSAGE n. m. Action de bleuir un métal ; fait d'être bleui.

BLEUISSEMENT n. m. **1.** Fait de devenir bleu. – **2.** Modification de couleur du bois, abattu ou scié, qui devient bleuté sous l'effet de certains champignons. – **3.** Voile se formant à la surface des vernis gras.

BLEULER (Eugen), psychiatre suisse (Zollikon, près de Zurich, 1857-*id.* 1939). Il a formulé le concept de schizophrénie, dont il verra dans la dissociation le symptôme fondamental. Il subit un temps l'influence des idées psychanalytiques grâce à C. G. Jung, puis revint à une conception plus organogénétique des troubles psychiques.

BLEUSAILLE n. f. (de *bleu,* jeune soldat). *Arg.* **1.** Ensemble des nouveaux conscrits. – **2.** Jeune soldat.

BLEUTÉ, E adj. **1.** Qui est légèrement coloré en bleu : *Des verres bleutés.* – **2.** Qui a des reflets bleus : *Éclair bleuté.* – **3.** Se dit d'un bois ayant subi le bleuissement. (Syn. BLEUI.)

BLIAUT ou **BLIAUD** n. m. Tunique de dessus, portée par les personnes des deux sexes, du IXe au XIIIe s.

BLICHER (Steen Steensen), écrivain danois (Vium, près de Viborg, 1782-Spentrup 1848). Écrivain réaliste, il fonda la grande tradition de la prose danoise (*Fragments du journal d'un bedeau de campagne,* 1824).

BLIDA, anc. nom d'El-Boulaïda.

BLIER (Bernard), acteur français (Buenos Aires 1916-Saint-Cloud 1989). Il a débuté au théâtre avant d'apparaître à l'écran dans *Entrée des artistes* (1938), suivi de *Le jour se lève* (1939), véritable point de départ d'une carrière riche en rôles de composition. – Son fils BERTRAND (Boulogne-Billancourt 1939), cinéaste et romancier, s'est imposé au cinéma avec *les Valseuses* (1974), *Buffet froid* (1979), *Trop belle pour toi* (1989), *Merci la vie* (1991), *Un, deux, trois, soleil* (1993), *Mon homme* (1996).

BLIGH (William), amiral et administrateur britannique (Tyntan, Cornwall, 1754-Londres 1817). À bord du *Bounty,* il découvrit plusieurs îles dans le Pacifique (1788), mais fut abandonné sur une chaloupe avec 18 fidèles par son équipage révolté contre la discipline très dure qu'il faisait régner. Il put regagner Timor et rentrer en Europe.

BLIN (Georges), critique français (Pertuis, Vaucluse, 1917). Il se montre partisan d'une critique d'interprétation, enrichie du jeu psychologique qui repose sur une étude formelle et génétique (*le Sadisme de Baudelaire,* 1948 ; *la Cribleuse de blé,* 1968).

BLIND [blɛ̃d] n. m. (angl. *blind,* aveugle). Au poker, mise fournie avant d'avoir pris connaissance de ses cartes.

BLINDAGE n. m. **1.** Action de blinder, de munir un engin, un abri d'un moyen de protection contre les effets des projectiles. – **2.** Revêtement protégeant les matériels aériens, navals et terrestres des impacts de projectiles divers. • **Électr.** Enveloppe ou cloison installée à des fins de protection du personnel et des matériels. ‖ Méthode servant à empêcher la propagation des champs électriques ou magnétiques. – **Min.** et **Trav. publ.** Paroi destinée à maintenir un terrain peu stable et à éviter tout éboulement. – **Nucl.** Dispositif de protection interposé entre une source de rayonnement et la région à protéger. – **Serrur.** Ensemble des dispositions prises pour rendre une porte inviolable.

ENCYCL. **Mil.** Le blindage est un revêtement d'acier (avec ou sans alliages) ou d'aluminium (en une ou plusieurs épaisseurs) qui est renforcé structuralement et en épaisseur, et de profil étudié. Le plus utilisé est l'acier trempé, associé ou non à d'autres métaux comme le chrome, le nickel et le tungstène. Le verre épais traité chimiquement est aussi une protection efficace contre les balles de mitrailleuses.

1. BLINDE (À TOUTE) loc. adv. (p.-ê. de *blindé,* ivre). *Fam.* À toute vitesse.

2. BLINDE n. f., ou **BLINDES** n. f. pl. (all. *Blinde,* de *blenden,* aveugler). Cadre rectangulaire en bois destiné à soutenir la toiture de protection de certains travaux de sape.

BLINDÉ n. m. **1.** Véhicule de combat automoteur, plus ou moins armé et recouvert d'un blindage. (Il peut être à roues, à chenilles ou semi-chenillé.) [On dit aussi ENGIN BLINDÉ.] — **2.** Soldat servant dans une unité de l'arme blindée.

ENCYCL. Parmi les engins blindés, on distingue : les *automitrailleuses* (engins blindés de reconnaissance, etc.) ; les *chars* (chars de combat, chasseurs de chars, chars lance-missiles, etc.) et leurs dérivés (canons automoteurs, chars poseurs de ponts, chars de dépannage, etc.) ; les *chenillettes ;* les engins spécifiquement destinés aux opérations amphibies ; les véhicules d'infanterie et de génie d'accompagnement, notamment, en France, les *véhicules de l'avant blindés* (V. A. B.), le *véhicule de combat de génie* (V. C. G.), les *véhicules de combat d'infanterie* (V. C. I.) et les *véhicules de transport de troupes* (V. T. T.).

— **Mil.** Au début du XXe s., on eut l'idée de monter sur des automobiles une arme protégée, comme le véhicule, par un léger blindage. Pendant la Première Guerre mondiale apparaissent dans les armées britannique et française les premiers *chars d'assaut,* ou *tanks,* instrument principal qui a permis d'aboutir à la victoire de 1918.

Les idées sur la bataille de chars préconisées par de Gaulle seront appliquées par Guderian dans l'emploi des *Panzerdivisionen* et, au début de la Seconde Guerre mondiale, le couple char-avion sera l'outil décisif de la tactique allemande *(Blitzkrieg).* La supériorité dans les domaines des blindés passera après 1942 aux armées occidentales (chars Churchill et Sherman) et aux Soviétiques (T34). Des matériels blindés spéciaux se perfectionnent, permettant aux unités d'autres armes d'accompagner le char au combat : transports de troupes blindés, artillerie automotrice, véhicules de génie, chars amphibies, etc. Au lendemain de la Seconde Guerre mondiale, les blindés se heurtent aux armes antichars légères utilisées par l'infanterie et les hélicoptères (roquettes et missiles téléguidés par fil), à l'emploi général des projectiles à charge creuse, tirés également par de nombreux canons de chars.

La multiplication des armes antichars conduira à mettre l'accent sur la mobilité des blindés autant que sur leur puissance de feu, leur protection étant mieux assurée par des formes basses et fuyantes et par une vitesse accrue. On utilise de nos jours des *chars lourds* et *moyens,* qualifiés aussi de *chars de bataille* ou *de combat* (tels les AMX 30 et Leclerc AMX français, Leopard allemands, T72 et T80 russes, M1 A1 et M1 A2 Abrams américains).

Parallèlement, les *blindés légers* connaissent de multiples développements. À côté des *chars légers* d'accompagnement sur chenilles, des chasseurs de chars, des *engins blindés de reconnaissance (E. B. R.)* montés sur roues, apparaît dans toutes les armes une gamme très variée d'engins blindés destinés à accompagner les chars de combat. L'infanterie, d'abord simplement transportée, peut combattre ensuite à partir de ses véhicules propres. Bon nombre de ces blindés sont amphibies, voire aérotransportables. Malgré le développement des missiles antichars, les blindés restent l'arme de la décision.

1. BLINDER v. i. (conj. 3). Au poker, mettre le blind.

2. BLINDER v. t. (de *blinde 2*) [conj. 3]. **1.** Garnir de blindes une tranchée ou un ouvrage fortifié pour le protéger de la vue de l'ennemi. — **2.** Revêtir un abri ou un engin (char de combat, vaisseau, etc.) de blindages. — **3.** *Fam.* Endurcir, rendre insensible : *Les épreuves l'ont blindé.* — **4.** Protéger un appareil électrique au moyen d'un blindage. — **5.** Munir une porte d'un blindage.

◆ **être blindé** v. pass. **1.** Être recouvert d'un blindage. — **2.** Pour une excavation, une galerie, avoir les parois maintenues ou revêtues par un blindage. — **3.** Syn. de ÊTRE CUIRASSÉ.

◆ **se blinder** v. pr., **être blindé** v. pass. **1.** *Fam.* S'endurcir, être endurci, immunisé contre qqch : *Se blinder contre l'injustice.* — **2.** *Pop.* S'enivrer, être ivre.

BLIND RIVER, v. du Canada (Ontario), sur le lac Huron ; 3 400 hab. Uranium.

BLIND-TEST n. m. (pl. *blind-tests*) [angl. *blind,* aveugle, et *test*]. Test de produits effectué sans en révéler la marque.

BLINI n. m. (russe *blin*). Petite crêpe épaisse servie chaude pour accompagner caviar ou poisson fumé (cuisine russe).

BLINQUER v. i. (néerl. *blinken*) [conj. 3]. En Belgique, reluire, briller.

BLIOUKHER ou **BLÜCHER** (Vassili Konstantinovitch), maréchal soviétique (Barchtchinka, gouvern. de Iaroslav, 1889-disparu [fusillé ?] en 1938). Conseiller militaire du Guomindang de 1924 à 1927, il battit les Japonais près du lac Khassan en 1938. Il présida en 1937 le conseil de guerre qui condamna Toukhatchevski, puis fut victime de l'épuration. Il n'a été réhabilité qu'en 1956.

BLISH (James Benjamin), écrivain américain (Orange, New Jersey, 1921-Londres 1975), auteur de récits de « philosophie fantastique » (*les Quinconces du temps,* 1975) et d'essais sur la science-fiction.

BLISS (*sir* Arthur), compositeur britannique (Londres 1891-*id.* 1975). Il fut directeur de la musique de la BBC (1941-1945), puis maître de musique de la reine en 1953. Il a écrit des ballets

(*Checkmate,* 1937 ; *Adam Zero,* 1946), des opéras (*Tobias and the Angel,* 1960).

BLISSUS [-sys] n.m. Nom scientifique du *chinch bug,* punaise qui ravage les cultures de céréales aux États-Unis.

BLISTER [blistɛr] n. m. (angl. *blister,* ampoule). **1.** Coque de plastique transparent, collée sur carton, sous laquelle sont présentées certaines marchandises. — **2.** *Cuivre blister,* cuivre brut relativement impur.

BLITZ [blits] n. m. (angl. *blitz,* de l'all. *Blitzkrieg,* guerre éclair). **1.** Période de bombardement de la Grande-Bretagne par l'aviation allemande en 1940 (avec majusc.). — **2.** Aux échecs, syn. de ÉCLAIR.

BLITZKRIEG n. m. (all. *Blitzkrieg,* guerre éclair, mot qui a d'abord désigné les opérations menées par la Wehrmacht en 1939-40). Opération menée avec une rapidité exceptionnelle.

BLIXEN (Karen), femme de lettres danoise (Rungsted 1885-*id.* 1962). Elle a publié des récits à caractère fantastique (*Sept Contes gothiques,* 1934 ; *Contes d'hiver,* 1941 ; *Anecdotes du destin,* 1958) et a décrit sa vie au Kenya (*la Ferme africaine,* 1937).

BLIZZARD n. m. (amér. *blizzard*). Vent du nord, glacial, violent et accompagné de tempêtes de neige, qui souffle sur le Canada et le nord des États-Unis en hiver et au printemps. (On a étendu le nom aux vents très froids et violents qui soufflent en ambiance neigeuse [Antarctique].)

1. BLOC n. m. (moyen néerl. *bloc,* tronc). **1.** Masse compacte de qqch, d'une seule pièce, peu ou pas travaillée : *Un bloc de marbre.* — **2.** Ensemble de feuilles attachées par un de leurs bords et détachables : *Bloc de papier à lettres.* — **3.** Syn. de BLOC-NOTES. — **4.** Ensemble indivisible, dont on ne peut rien détacher : *Ces propositions forment un bloc.* — **5.** Groupe d'États, de collectivités, de partis, etc., unis pour une action commune ou participant d'un même système idéologique : *Le bloc soviétique.* — **6.** Groupe d'immeubles d'habitations ou de constructions assez important, formant une unité limitée par des voies de circulation. — **7.** *Pop.* Prison, salle de police : *Envoyer quelqu'un au bloc.* — **8.** *À bloc,* à fond, complètement, de manière à bloquer qqch : *Serrer le frein à bloc.* ‖ *En bloc,* en totalité, sans entrer dans le détail. ‖ *Faire, former bloc,* s'unir (avec qqn) de manière étroite pour résister, lutter ou s'imposer. ‖ Fam. *Gonflé, remonté à bloc,* plein d'entrain, décidé. • **Bât.** Élément de construction industrialisé pour murs et cloisons. — **Bours.** *Bloc de contrôle,* nombre d'actions qui permet à son titulaire de s'assurer le contrôle d'une société. — **Chir.** *Bloc opératoire,* ensemble des locaux d'un service de chirurgie destinés aux opérations. — **Dr.** Zone qu'un pays délimite dans ses eaux territoriales et concède, le cas échéant, à une société pétrolière pour la prospection ou l'exploitation du plateau continental. — **Éclair.** *Bloc autonome,* dispositif d'éclairage de sécurité. — **Écon.** *Bloc monétaire,* ensemble de pays dont les monnaies sont rattachées à une monnaie commune. — **Électr.** *Poste bloc,* poste de distribution contenu dans une enveloppe métallique fermée et robuste. — **Fortif.** Dans le système de fortifications de 1939, massif bétonné, doté de moyens de feu et d'observation. — **Frigor.** *Bloc frigorifique,* ensemble des chambres froides d'une station fruitière, d'un abattoir, etc. — **Géogr.** *Amas, champ, chaos de blocs,* concentration locale, à la surface du sol, de nombreux blocs de roches généralement d'origine périglaciaire. — **Géol.** Ensemble géologique de dimensions continentales *(blocs continentaux)* ou, au contraire, objet de plus petite dimension, tels les *blocs exotiques* situés soit dans une série sédimentaire, soit à la base d'une unité charriée. ‖ Fragment rocheux, anguleux ou émoussé, de taille supérieure à 25 cm. — **Inform.** Groupe de caractères ou de mots enregistrés en mémoire, destinés à être traités ou transférés ensemble. ‖ Sur une bande magnétique, enregistrement compris entre deux espaces séparateurs. ‖ Ensemble de circuits d'un ordinateur concourant à une même fonction. — **Min.** Morceau de roche ou de minerai de dimensions supérieures à quelques centimètres. (Contr. FINES.) ‖ Volume élémentaire de découpage d'un gisement en vue de certaines méthodes d'exploitation. ‖ Volume minimal susceptible d'être sélectionné lors de l'exploitation d'un gisement. — **Odont.** *Bloc d'or* ou *d'or platiné,* bloc destiné à être incrusté (inlay ou onlay) dans une dent en vue de la reconstitution de celle-ci. — **Pétr.** *Bloc obturateur de puits,* syn. de BOP. — **Pyrotechn.** *Bloc de poudre,* masse de poudre employée dans les engins autopropulsés. — **Serrur.** *Bloc de sûreté,* ensemble d'organes qui commandent des mécanismes de fermeture, tels que serrure, verrou, loquet, crémone, targette, etc. (Pour une serrure, il est constitué d'un rotor mobile dans un stator, les deux étant rendus solidaires par un certain nombre d'éléments ; le déverrouillage ne peut se faire que par une clé au crantage approprié à la combinaison mécanique intérieure.) — **Sports.** Syn. de BLOCK. — **Stat.** Groupe de sujets soumis à certains traitements dans le cadre d'un plan scientifique d'expériences. — **Techn.** Groupe d'organes constituant un ensemble dont, en général, on pourra facilement opérer la substitution, sur un appareil ou une machine quelconque.

2. BLOC n. m. (angl. *block,* obstruction). Trouble de la conduction de l'influx électrique parti du sinus auriculaire et parcourant normalement le tissu nodal du cœur (nœud d'Aschoff-Tawara, tronc du faisceau de His, branches droite et gauche). [Les blocs auriculo-ventriculaires sont responsables de syncopes parfois mortelles. L'entraînement électrosystolique artificiel (pacemaker) a transformé leur pronostic.]

Bloc des gauches, Bloc de défense républicaine ou **Bloc républicain,** groupement politique qui unit radicaux et socialistes de 1899 à 1904.

Bloc national, regroupement des partis de droite qui, de 1919 à 1924, constituèrent la majorité à la Chambre des députés française et auquel ont appartenu Millerand, Briand et Poincaré.

BLOC (André), architecte et sculpteur français (Alger 1896 - New Delhi 1966). Il a fondé à Paris, en 1930, la revue *Architecture d'aujourd'hui.* Ses *Sculptures-Habitacles* (1964-1966) militaient pour une synthèse de l'architecture et des arts plastiques.

BLOCAGE n. m. **1.** Action de bloquer ; fait d'être bloqué : *Le blocage des freins, des négociations.* — **2.** Comportement caractérisé par un refus, une incapacité apparente et provisoire de poursuivre un apprentissage, de réagir à une situation : *Avoir un blocage en maths.* • **Bât.** Débris de moellons, de briques, maçonnés pour remplir les fondations d'un bâtiment ou pour fourrer l'intérieur d'un mur entre ses deux parements. (Syn. FOURRURE.) — **Chim.** Action de transformer un groupement fonctionnel afin de faire subir au composé qui le contient une transformation qui, autrement, détruirait ce groupe fonctionnel. — **Dr.** *Minorité de blocage,* celle qui, dans une assemblée, est suffisante pour empêcher le vote d'une mesure dont l'adoption exigerait une majorité spéciale (par exemple des deux tiers). — **Écon.** *Blocage des prix,* réglementation limitant les prix de certains biens et services au niveau qu'ils atteignent lors d'une période de référence. — **Électr.** *Condensateur de blocage,* condensateur qui, placé dans un circuit, s'oppose au passage des courants continus. — **Électron.** État d'un circuit dans lequel le courant s'annule lorsqu'une polarisation convenable est appliquée à l'électrode de commande. — **Métall.** Interruption du dégagement gazeux des lingots d'acier au cours de la solidification. — **Météo.** État de la circulation générale caractérisé par l'interruption du courant d'ouest sur une épaisseur considérable de la troposphère. — **Transp.** Arrêt de la rotation des roues d'un véhicule provoqué par un coup de frein brutal.

BLOCAILLE n. f. Débris de pierres ou de briques dont on fait usage pour un blocage de peu d'importance.

BLOC-BAIE → BLOC-FENÊTRE.

BLOC-BAIN n. m. (pl. *blocs-bains*). Ensemble préfabriqué comprenant l'alimentation en eau et la vidange de plusieurs appareils sanitaires (baignoire, lavabo, bidet).

BLOC-CUISINE n. m. (pl. *blocs-cuisines*). Ensemble d'éléments préfabriqués de cuisine, adaptables les uns aux autres de manière fonctionnelle.

BLOC-CUISSON n. m. (pl. *blocs-cuisson*). Ensemble groupant dans une cuisine une table de cuisson et, incorporé à mi-hauteur dans l'ameublement, un four indépendant.

BLOC-CYLINDRES n. m. (pl. *blocs-cylindres*). Ensemble monobloc contenant les cylindres d'un moteur, leurs chemises et les supports de paliers du vilebrequin.

BLOC-DIAGRAMME n. m. (pl. *blocs-diagrammes*). **1.** Représentation graphique, en perspective, à partir de photographies ou de cartes, d'un espace donné montrant par des coupes contiguës les rapports entre la structure géologique du sous-sol et la topographie. — **2.** Syn. de SCHÉMA FONCTIONNEL.

BLOC-EAU n. m. (pl. *blocs-eaux*). Gaine préfabriquée de canalisations groupant l'alimentation en eau ainsi que la vidange de plusieurs appareils sanitaires.

BLOC-ÉVIER n. m. (pl. *blocs-éviers*). Élément préfabriqué comprenant un ou plusieurs éviers ainsi que l'alimentation en eau et la vidange.

BLOC-FENÊTRE ou **BLOC-BAIE** n. m. (pl. *blocs-fenêtres, blocs-baies*). Fenêtre préfabriquée en usine, avec son bâti dormant et ses organes de fonctionnement.

BLOCH (Ernest), compositeur suisse naturalisé américain (Genève 1880-Portland 1959). Inspirée par l'orientalisme hébraïque ancien et par le folklore juif, son œuvre influença la jeune école américaine (rhapsodie pour violoncelle *Schelomo,* 1916 ; symphonie chorale *Israël,* 1916 ; opéra *Macbeth,* 1909).

BLOCH (Jean, dit **Jean-Richard**), écrivain français (Paris 1884-*id.* 1947). Il jugeait la judéité inséparable des notions de justice et d'humanisme révolutionnaire (*Et Cie,* 1918). Il devint le propagandiste du régime soviétique (*Toulon,* 1945).

BLOCH (Ernst), philosophe allemand (Ludwigshafen 1885 - Tübingen 1977). Opposé au nazisme, il s'exila en 1935, puis revint à Leipzig en 1949. La construction du mur de Berlin (août 1961) le surprit alors qu'il séjournait en Allemagne fédérale. Il décida de rester à l'Ouest. Son œuvre capitale est *le Principe espérance* (1954-1959). Dans une perspective marxiste, mais désapprouvée par les idéologues du Kremlin, il montre que les utopies sont nécessaires à l'évolution et à la maîtrise par l'homme de sa propre histoire.

BLOCH (Marc), historien français (Lyon 1886 - Saint-Didier-de-Formans, Ain, 1944). Professeur à l'université, il fonda, en 1929, avec Lucien Febvre, *les Annales d'histoire économique et sociale,* revue qui allait renouveler fondamentalement la conception de l'histoire. Membre de la Résistance, il fut fusillé par les Allemands.

BLOCH (Felix), physicien suisse, naturalisé américain (Zurich 1905-*id.* 1983). Il a inventé une technique nouvelle, dite *induction nucléaire,* permettant l'étude du champ magnétique intérieur au noyau atomique. (Prix Nobel de phys. 1952.)

BLOCH (Konrad), biochimiste américain, d'origine allemande (Neisse, auj. Nysa, Pologne, 1912). Il a reçu le prix Nobel de médecine en 1964 (avec Feodor Lynen) pour ses travaux sur le métabolisme du cholestérol et des acides gras.

BLOCH (Robert), écrivain américain (Chicago 1917 - Los Angeles 1994), l'un des maîtres de la littérature policière, fantastique *(Psychose)* et de science-fiction.

BLOCHET n. m. (de *bloc*). **1.** Pièce de charpente en bois de petite longueur, horizontale, utilisée notamment dans les fermes à faux entrait. – **2.** Dans les mines, morceau de bois servant de pièce de contact (entre câble et poulie, entre écrou de boulon et roche, etc.).

1. BLOCK n. m. (angl. *block,* action de stopper). **1.** Au volley-ball, syn. de CONTRE. – **2.** Au tennis de table, remise en demi-volée. (Syn. BLOC.)

2. BLOCK n. m. (abrév. de l'angl. *block system*). **1.** Système de cantonnement ferroviaire fonctionnant à l'aide d'un dispositif électrique reliant les appareils des postes qui commandent les signaux d'entrée de chaque canton *(block manuel)* ou bien agissant directement sur ces signaux en fonction de l'état d'occupation du canton *(block automatique).* – **2.** *Block automatique lumineux,* block automatique utilisant des signaux lumineux. ‖ *Block automatique à permissivité restreinte,* block automatique à cantons longs utilisé sur certaines lignes à trafic moyen.
ENCYCL. Le block automatique moderne le plus utilisé est le *block automatique lumineux,* employé sur les lignes à fort trafic et sur les lignes de métro ; il fonctionne à l'aide d'un circuit de voie constitué par les deux files de rails isolées, s'étendant sur la longueur du canton (généralement 1,5 à 2 km) et commandant par l'intermédiaire d'un relais le signal d'entrée ; ce signal est un panneau lumineux susceptible de présenter les indications d'arrêt, d'avertissement et de voie libre. C'est le train lui-même qui provoque automatiquement la présentation de l'indication d'arrêt *(sémaphore),* les essieux des véhicules du train court-circuitant le circuit de voie ; lorsque le train a libéré entièrement le canton, le panneau présente alors l'indication d'avertissement si le panneau suivant est à l'arrêt ou bien l'indication de voie libre si les deux cantons successifs sont effectivement libres.
La réglementation appliquée à un block peut interdire toute pénétration en canton occupé, le mécanicien devant impérativement attendre l'ouverture du signal d'entrée : c'est le *block absolu* ; ou bien elle peut prévoir que le mécanicien, après s'être arrêté devant le signal fermé, peut pénétrer en canton occupé à faible vitesse et avec précaution *(marche à vue) :* c'est le *block permissif.* La pénétration en canton occupé peut être autorisée seulement après accord téléphonique du régulateur de la ligne : c'est la *permissivité restreinte.*

BLOCKHAUS [blɔkos] n. m. inv. (mot all., de *Block,* bloc, et *Haus,* maison). **1.** Petit ouvrage fortifié, chargé de défendre isolément un point important. – **2.** Petite casemate dans un système fortifié. – **3.** Poste de commandement cuirassé des grands navires modernes.

BLOC-MOTEUR n. m. (pl. *blocs-moteurs*). Ensemble formé du moteur, de l'embrayage et de la boîte de vitesses.

BLOC-NOTES n. m. (pl. *blocs-notes*). Ensemble de feuilles de papier détachables sur lesquelles on prend des notes. (Syn. BLOC.)

BLOC-PORTE n. m. (pl. *blocs-portes*). Composant sorti d'usine et réunissant l'huisserie, la porte et sa quincaillerie.

BLOC-SIÈGES n. m. inv. Groupe de sièges loués sur un avion par une agence de voyages et qu'elle sous-loue ultérieurement.

BLOC-TIROIRS n. m. inv. Groupe de tiroirs monobloc.

BLOCUS [-kys] n. m. (moyen néerl. *blochuus,* fortin). **1.** Investissement d'une ville, d'un port, d'une position, d'un pays pour lui couper toute communication avec l'extérieur. – **2.** *Blocus naval,* action ayant pour but d'empêcher tout navire d'entrer ou de sortir d'un lieu sans être arraisonné.

Blocus continental, ensemble des mesures prises par Napoléon Ier, entre 1806 et 1808, pour priver la Grande-Bretagne de relations commerciales avec le continent et qui constituaient une réplique au blocus maritime appliqué par Londres. Le blocus, s'il donna de l'impulsion à l'industrie et à l'agriculture françaises en leur ouvrant le marché du continent, obligea Napoléon à pratiquer une politique expansionniste, source d'un fort sentiment antifrançais et de conflits. La Grande-Bretagne subit alors des crises graves ; mais elle put compenser la perte des marchés européens par l'intensification de ses échanges avec l'Amérique latine.

BLOEMAERT (Abraham Cornelisz.), peintre et graveur néerlandais (Gorinchem 1564 - Utrecht 1651). Formé à Paris et à Utrecht, il se fixa dans cette dernière ville en 1593. Son œuvre, très variée, d'un maniérisme exacerbé, a exercé une grande influence ; Van Poelenburgh, Van Honthorst, J. B. Weenix, etc., sont passés dans son atelier.

BLOEMBERGEN (Nicolaas), physicien américain d'origine néerlandaise (Dordrecht 1920), prix Nobel de physique 1981 pour ses recherches sur le pompage des masers et la résonance magnétique nucléaire.

BLOEMFONTEIN, v. d'Afrique du Sud, ch.-l. de la prov. de l'État libre ; 300 150 hab. Centre culturel (université), commercial et industriel, siège de la Cour suprême.

BLOIS (41000), ch.-l. du dép. de Loir-et-Cher, à 177 km au S.-O. de Paris, sur la Loire ; 51 549 hab. *(Blésois).* Centre administratif et commercial. L'agglomération, qui compte plus de 60 000 habitants, est industrialisée (chocolaterie, constructions mécaniques et électriques, imprimerie, etc.).
— **Hist.** Capitale au Xᵉ s. du comté de Blois (ou Blésois*), la ville appartint à Thibaud Iᵉʳ le Tricheur et à ses successeurs, comtes de Champagne, puis à la maison d'Orléans (1391), qui réunit le comté à la France en 1498. Résidence favorite des Valois, elle fut le lieu de réunion des états généraux en 1576 et 1588.
— **Bx-arts.** Prestigieux château, très restauré, des comtes de Châtillon (XIIIᵉ s.), puis des ducs d'Orléans (XVᵉ s.), repris par Louis XII (aile en brique et pierre), François Iᵉʳ (célèbre escalier sur cour, façade des Loges vers la Loire) et Gaston d'Orléans (aile bâtie par Mansart) ; les musées des Beaux-Arts et d'Archéologie de la ville y sont abrités. Église St-Nicolas (anc. abbatiale St-Laumer, XIIᵉ-XIIIᵉ s.), cathédrale (XVIᵉ-XVIIᵉ s., crypte du Xᵉ s.), anc. couvent des jacobins, hôtels de la Renaissance, etc.

BLOIS (Charles DE) ⟶ CHARLES DE BLOIS.

BLOIS (Étienne DE) ⟶ ÉTIENNE DE BLOIS.

BLOK (Aleksandr Aleksandrovitch), poète russe (Saint-Pétersbourg 1880-*id.* 1921). Influencé par la philosophie de Solovev et la métrique de Brioussov, il fut le plus pur représentant du symbolisme russe (*Vers de la belle dame,* 1904 ; *la Ville,* 1904-1908) avant de donner une interprétation mystique de la révolution (*les Douze,* 1918).

BLOMBERG (Werner VON), maréchal allemand (Stargard 1878-Nuremberg 1946). Chef du *Truppenamt* (grand état-major camouflé) de 1927 à 1929, délégué à la conférence du désarmement à Genève (1932), remplaçant de Schleicher au ministère de la Reichswehr (janv. 1933), il accéléra un réarmement secret, puis ouvert. Commandant en chef de la Wehrmacht, il fut écarté par Hitler en 1938.

BLOND, E adj. (p.-ê. germ. **blunda-*). **1.** D'une nuance intermédiaire entre le doré et le châtain clair (surtout en parlant des cheveux et de la barbe). — **2.** D'un jaune pâle : *La couleur blonde du miel.* — **3.** *Bière blonde,* bière fabriquée à partir de malts de couleur pâle. ‖ *Race blonde d'Aquitaine,* race bovine française exploitée pour la production de viande. ‖ *Tabac blond,* tabac dont la fermentation à été arrêtée au stade du jaunissement de la feuille.
◆ adj. et n. Qui a les cheveux blonds : *Des Nordiques blonds. Une blonde platinée.*
◆ **blond** n. m. **1.** Couleur blonde : *Cheveux d'un blond doré.* — **2.** *Blond ardent* ou *blond vénitien,* blond tirant sur le roux.
◆ **blonde** n. f. **1.** Cigarette de tabac blond. — **2.** Bière blonde. — **3.** Dentelle aux fuseaux, que l'on exécuta d'abord en soie écrue, d'où son nom.

BLONDASSE adj. D'un blond fade : *Des cheveux blondasses.*

BLONDEEL (Lanceloot), peintre, sculpteur et architecte flamand (Poperinge 1498 - Bruges 1561). Son œuvre la plus connue est la cheminée sculptée de la salle du greffe du Franc, à Bruges (1529).

BLONDEL de Nesle, trouvère picard de la fin du XIIᵉ s., célèbre par un épisode des *Récits d'un ménestrel de Reims* (fin du XIIIᵉ s.), dont le souvenir reste lié à une légende popularisée par l'opéra *Richard Cœur de Lion.*

BLONDEL (François), architecte français (Ribemont 1618 - Paris 1686). Mathématicien, précepteur d'un jeune noble en compagnie de qui il admira les grandes villes d'Europe, il s'éprit d'architecture, reconstruisit en 1665 le pont de Saintes et travailla à Rochefort comme ingénieur militaire. Il fut directeur de l'Académie royale d'architecture à sa fondation, en 1671. Son *Cours d'architecture* (1675) exprime la doctrine classique avec une rigueur qu'il assouplit dans ses propres réalisations (porte Saint-Denis, Paris, 1672).

BLONDEL (Jacques François), architecte français (Rouen 1705 - Paris 1774). Neveu de l'architecte

François **Blondel** (Rouen 1683-Paris 1756), il fonda à Paris sa propre école d'architecture, puis devint professeur à l'Académie royale (1756). Il travailla à l'embellissement de Metz (1764), mais est surtout connu pour ses écrits, dont *l'Architecture française* (1752-1756) et le *Cours d'architecture civile* (1771-1777), qui servit aux étudiants jusqu'à la fin du XIXe s.

BLONDEL (Maurice), philosophe français (Dijon 1861-Aix-en-Provence 1949). Il occupa la chaire de philosophie à la faculté d'Aix-en-Provence, où il passa presque toute sa vie. Il refuse de voir un hiatus entre pensée et action et propose une philosophie de l'immanence, qui rejoint le mouvement catholique du modernisme (*l'Action,* 1893 ; remaniée en 1936-37).

BLONDEL (André), physicien français (Chaumont 1863-Paris 1938). Il a défini les grandeurs photométriques, étudié le couplage des alternateurs et créé les premiers radiophares.

BLONDEL (Marc), syndicaliste français (Courbevoie 1938), secrétaire général de la C. G. T.-F. O. depuis 1989.

BLONDEUR n. f. Qualité de ce qui est blond : *La blondeur des cheveux.*

1. BLONDIN, E adj. et n. Qui est jeune et a les cheveux blonds. (Syn. BLONDINET.)

2. BLONDIN n. m. (de *Blondin,* n. pr.). Transporteur aérien utilisé pour déplacer les matériaux, principalement sur les grands chantiers de travaux publics.

BLONDIN (Antoine), écrivain français (Paris 1922 - *id.* 1991). Il voit dans le monde matière à jonglerie et à calembour (*l'Europe buissonnière,* 1949 ; *les Enfants du bon Dieu,* 1952), au-delà desquels persiste un besoin d'amitié (*Un singe en hiver,* 1959 ; *Monsieur Jadis,* 1970).

BLONDINET, ETTE adj. et n. Syn. de BLONDIN.

BLONDIR v. i. (conj. 32). **1.** Devenir blond : *Ses cheveux blondissent au soleil.* — **2.** *Faire blondir,* faire légèrement rissoler dans un corps gras. ◆ v. t. Rendre blond ou plus blond.

BLONDOYER v. i. (conj. 13). *Litt.* Avoir des reflets blonds.

BLONDY, danseur et compositeur de ballet français (1675/1677-1739). Élève et neveu de Beauchamp, interprète de Lully, il est considéré comme le plus grand danseur européen de l'époque.

BLONGIOS [-ʒjɔs] n. m. Petit héron jaunâtre (ardéidé) des marais de roseaux, piscivore et migrateur.

BLOODHOUND [bludaund] n. m. (angl. *bloodhound,* limier). Race de chiens courants anglais, d'origine française.

BLOODY-MARY [blɔdimeri] n. m. inv. (angl. *Bloody Mary,* Marie la Sanglante). Cocktail à base de vodka et de jus de tomate.

BLOOM [blum] n. m. (angl. *bloom*). Ébauche de produit métallurgique long et de section rectangulaire.

BLOOMERS [blumœrs] n. m. pl. (de *Bloomer,* n. pr.). Culotte bouffante resserrée en haut des cuisses.

BLOOMFIELD (Robert), poète britannique (Honington, Suffolk, 1766-Shefford, Bedfordshire, 1823). Cordonnier, il est célèbre pour ses chansons populaires et ses pastorales ouvrières (*le Garçon de ferme,* 1800).

BLOOMFIELD (Leonard), linguiste américain (Chicago 1887-New Haven, Connecticut, 1949). Soucieux de donner un statut scientifique à la linguistique, influencé par la psychologie béhavioriste, il ne veut prendre en compte dans la description que ce qui peut être rigoureusement observé (analyse phonologique, analyse de la phrase en constituants immédiats) : il est ainsi le fondateur de l'école distributionnelle. Il a écrit *le Langage* (1933).

BLOOMING [blumiŋ] n. m. (angl. *blooming,* de *to bloom,* marteler). Laminoir dégrossisseur transformant à chaud, par passages successifs, un lingot en un bloom.

BLOQUANT, E adj. Qui bloque, arrête, provoque un blocage psychologique.

BLOQUER v. t. (de *bloc*) [conj. 3]. **1.** Réunir, grouper en un ensemble des éléments distincts : *Bloquer ses heures de cours sur trois jours.* — **2.** Empêcher qqch de se mouvoir, de bouger, de fonctionner : *Bloquer une persienne qui bat.* — **3.** Empêcher qqn, un véhicule d'avancer, l'arrêter : *Un accident nous a bloqués sur la route.* — **4.** Rendre impraticables une voie, un accès : *La neige a bloqué la route du col.* — **5.** Requérir entièrement qqn, le rendre indisponible, l'immobiliser : *La grippe l'a bloqué une semaine chez lui.* — **6.** Empêcher qqn de poursuivre l'action en cours : *Les réticences des témoins bloquent les enquêteurs.* — **7.** Affecter qqn d'un blocage psychologique. — **8.** Empêcher une action, une situation de progresser, d'évoluer vers son terme : *Cette exigence a bloqué les négociations.* — **9.** Serrer au maximum qqch : *Bloquer un écrou.* — **10.** Arrêter une balle dans sa course en l'attrapant, l'immobiliser. — **11.** Empêcher l'utilisation de fonds, d'argent : *La banque a bloqué son compte courant.* — **12.** Interdire la hausse d'un prix, d'un salaire, etc. : *Bloquer les loyers.* • **Bât.** Remplir ou maçonner avec du blocage. — **Chim.** Procéder au blocage d'un groupement fonctionnel. — **Métall.** Solidifier un lingot d'acier suivant le procédé de blocage.

◆ **être bloqué** v. pass. **1.** Être empêché de sortir d'un lieu : *Être bloqué dans l'ascenseur.* — **2.** En parlant d'un véhicule, être empêché d'avancer : *Autocar bloqué sur l'autoroute.* — **3.** En parlant d'un transistor, ou de tout autre élément actif, n'être traversé par aucun courant. — **4.** En parlant d'un phonème, avoir un spectre caractérisé par la présence d'un taux élevé d'énergie. (Les phonèmes bloqués sont glottalisés et peuvent se réaliser comme des éjectives, des implosives ou des clicks.) — **5.** *Ajustement bloqué,* assemblage mécanique présentant un léger serrage.

◆ **se bloquer** v. pr., **être bloqué** v. pass. **1.** S'immobiliser complètement, être empêché de fonctionner : *La clef s'est bloquée dans la serrure.* — **2.** Avoir une attitude de refus, un blocage : *Lorsqu'on lui fait des reproches, il se bloque.*

BLOQUEUR n. m. **1.** En alpinisme, syn. de FREIN. — **2.** Dispositif qui, dans un système échantillonné, conserve la valeur du dernier échantillon jusqu'à l'échantillon suivant.

BLOTTIR (SE) v. pr., **ÊTRE BLOTTI** v. pass. (bas all. *blotten,* écraser) [conj. **32**]. **1.** Se replier, être replié sur soi-même de manière à occuper le moins de place possible : *Le chien reste blotti dans sa niche.* — **2.** Chercher auprès de qqn protection, tendresse, etc. : *Enfant qui se blottit contre son père.*

◆ **blottir** v. t. *Fam.* Presser avec tendresse une partie de son corps contre qqn, qqch : *Blottir sa tête contre l'épaule de sa mère.*

BLOTZHEIM (68730), comm. du Haut-Rhin, à 10 km au N.-O. de Bâle ; 3 165 hab. Site (avec Saint-Louis) de l'aéroport commun à Mulhouse et à Bâle. Travail du bois.

BLOUET (Abel), architecte français (Paris 1795 - *id.* 1853). Prix de Rome (1821), il dirigea les recherches archéologiques de l'expédition de Morée (1829-30), s'intéressa à l'architecture pénitentiaire, devint en 1846 professeur à l'École supérieure des beaux-arts et dirigea la restauration du palais de Fontainebleau.

BLOUNT (Charles), 8e baron **Mountjoy,** comte **de Devonshire,** officier anglais (v. 1562-Londres 1606). Lord-lieutenant (1603) d'Irlande, il rétablit la paix dans l'île au prix de destructions systématiques.

BLOUSANT, E adj. Se dit d'un vêtement qui blouse.

BLOUSE n. f. (p.-ê. du lat. *bullosa,* bouffant). **1.** Vêtement de travail porté par-dessus les autres vêtements pour les protéger. — **2.** Vêtement long, de toile ou de cotonnade, porté par les ouvriers, les paysans et différents corps de métiers jusqu'au début du XXe s. — **3.** Corsage flou, boutonné.

1. BLOUSER v. i. (de *blouse*) [conj. **3**]. En parlant d'un vêtement, avoir de l'ampleur donnée par des fronces maintenues par une bande.

2. BLOUSER v. t. (de *blouse,* trou au coin d'un billard) [conj. **3**]. *Fam.* Tromper, frustrer qqn.

◆ **se blouser** v. pr. *Fam.* et *vx.* Se tromper lourdement, tomber dans l'erreur.

BLOUSON n. m. (de *blouse*). **1.** Veste de sport, terminée au-dessus des hanches par un bord-côte ou une bande qui la fait blouser. — **2.** *Blouson noir,* jeune se livrant en bande à des violences et des déprédations.

BLOUSSE n. f. (p.-ê. provenç. *lano blouso,* laine courte). Sous-produit recueilli lors du peignage du coton, de la laine ou des étoupes de lin et constitué de fibres courtes.

BLOW (John), compositeur anglais (Newark, Nottinghamshire, 1648 ou 1649-Londres 1708). Il fut organiste de Westminster Abbey (1668) et son activité s'est portée surtout vers la musique religieuse. Ses quatre suites pour clavecin sont célèbres.

BLOY (Léon), écrivain français (Périgueux 1846-Bourg-la-Reine 1917). Critique (*Propos d'un entrepreneur de démolitions,* 1884), autobiographe (*le Désespéré,* 1886), comptable et annonciateur des catastrophes dans son *Journal* (*le Pèlerin de l'absolu,* 1910-1912 ; la *Porte des humbles,* 1915-1917), il vitupéra le matérialisme bourgeois, la passion de l'argent, l'assoupissement de l'Église (*Méditations d'un solitaire en 1916*).

BLÜCHER (Gebhard Leberecht), prince **Blücher von Wahlstatt,** maréchal prussien (Rostock 1742-Krieblowitz, Silésie, 1819). En 1806, il rompit l'encerclement à Auerstedt, mais dut capituler à Lübeck. Commandant en 1813 l'armée de Silésie, il combattit à Lützen, Bautzen et contribua à la victoire des coalisés à Leipzig (1813). Battu à Champaubert et à Montmirail (1814), à Ligny (1815), il rejoignit Wellington à temps pour écraser Napoléon à Waterloo.

BLÜCHER (Vassili Konstantinovitch) → BLIOUKHER.

BLUDENZ, v. d'Autriche (Vorarlberg), sur l'Ill ; 12 000 h. Noyau ancien pittoresque. Tourisme.

BLUE-JEAN [bludʒin] n. m. (pl. *blue-jeans*) [amér. *blue-jean,* treillis bleu, de *bleu de Gênes*]. Pantalon de toile bleue en coton croisé. (Syn. JEAN ou JEANS.)

BLUE MOUNTAINS, massif montagneux d'Australie, situé à l'O. de Sydney. — Massif de l'est de la Jamaïque (2 257 m).

BLUE RIDGE ou **MONTAGNES BLEUES,** chaîne de la partie orientale des Appalaches, aux États-Unis ; 2 037 m au *mont Mitchell.*

BLUES [bluz] n. m. (angl. *the blues,* abrév. de *blue devils,* démons bleus, d'où idées noires). **1.** Complainte du folklore noir américain au rythme lent qui est directement à l'origine de la musique de jazz. (→ *encycl.*) — **2.** *Fam.* Cafard, mélancolie, idées sombres : *Avoir le blues.*

ENCYCL. Le blues est caractérisé par une suite harmonique qui correspond à une gamme dont la tierce et la septième ont été diminuées ; la coexistence des modes majeur et mineur lui donne sa coloration particulière. Le jazz et la musique rock en dérivent directement.

BLUESY [bluzi] adj. inv. *Fam.* Se dit d'une musique qui rappelle le blues.

BLUET n. m. Syn. de BLEUET.

BLUE TONGUE ou **BLUE-TONG** n. f. (angl. *blue tongue,* langue bleue). Maladie du mouton, appelée aussi *fièvre catarrhale du mouton.*

BLUETTE n. f. (anc. fr. *belue,* étincelle, du lat. pop. **biluca*). *Litt.* **1.** Petite étincelle. — **2.** Amour éphémère. — **3.** Petit ouvrage sans prétention mais finement écrit.

BLUFF [blœf] n. m. (mot angl.). **1.** Aux cartes, attitude de qqn qui veut donner le change sur son jeu. — **2.** Attitude, action destinée à faire illusion, à tromper sur ses forces, ses possibilités réelles.

BLUFFER [blœfe] v. i. (de *bluff*) [conj. 3]. **1.** Aux cartes, donner le change sur son jeu. — **2.** Essayer d'en imposer par ses actions, ses paroles : *Chacun des deux adversaires bluffe pour faire reculer l'autre.* — **3.** Se vanter : *Quand il raconte ses exploits, il bluffe.*

◆ v. t. *Fam.* Essayer de tromper qqn par une attitude assurée qui fait illusion.

BLUFFEUR, EUSE [blœ-] adj. et n. Qui bluffe.

BLUM (Robert), homme politique allemand (Cologne 1807-Vienne 1848). Vice-président libéral du Parlement de Francfort en 1848, il fut fusillé par les Autrichiens.

BLUM (Léon), homme politique et écrivain français (Paris 1872 - Jouy-en-Josas 1950). Normalien, écrivain, il adhère, en 1902, au socialisme jauressiste ; à partir de 1904, il collabore à *l'Humanité.* Député de la Seine en 1919, il dirige, au congrès de Tours (1920), la minorité hostile à l'adhésion à la IIIe Internationale. Leader de la S. F. I. O., éditorialiste du *Populaire,* constamment réélu député à partir de 1929, il préside, du 4 juin 1936 au 21 juin 1937, un gouvernement de Front populaire qui, grâce notamment aux accords de Matignon, réalise d'importantes réformes sociales. Il est de nouveau président du Conseil du 13 mars au 8 avril 1938. Emprisonné par Vichy (1940), il défend sa cause avec éloquence lors du procès de Riom (1942). Déporté (1943), il est libéré en 1945. Son autorité morale lui vaut d'être porté à la tête d'un gouvernement socialiste homogène en déc. 1946, mais il doit démissionner dès janv. 1947. Il a laissé *À l'échelle humaine* (1945), qui expose sa conception humaniste du socialisme.

BLUM (René), critique d'art, homme de lettres et directeur de ballet français (Paris 1878-Auschwitz 1942), frère du précédent. L'un des promoteurs de l'exposition des Arts décoratifs, il fonda le Club du septième art, ancêtre des actuels ciné-clubs. Directeur artistique du Ballet de l'Opéra de Monte-Carlo (1929), cofondateur des Ballets russes de Monte-Carlo (1932) puis fondateur des Ballets de Monte-Carlo (1936-1939), il mourut en déportation.

BLUMBERG (Baruch Samuel), médecin et généticien américain (New York 1925). En 1976, il a reçu, avec C. Gajdusek, le prix Nobel de médecine et de physiologie pour sa découverte du rôle de l'antigène Australia (antigène HBs) dans les hépatites virales B.

BLUMENAU, v. du Brésil (Santa Catarina), au N.-O. de Florianópolis ; 211 677 hab. Anc. centre de colonisation germanique.

BLUNT (Anthony), historien d'art britannique (Bournemouth 1907 - Londres 1983). Il a dirigé l'Institut Courtauld de 1947 à 1974. Parmi ses ouvrages, citons *la Théorie des arts en Italie de 1450 à 1600* (1940), *Art et architecture en France 1500-1700* (1953), *Nicolas Poussin* (1967), *Picasso's Guernica* (1969).

BLUNTSCHLI (Johann Kaspar), jurisconsulte allemand d'origine suisse (Zurich 1808-Karlsruhe 1881). Conseiller du grand-duc de Bade, il est un des fondateurs de l'Institut de droit international.

BLUSH [blœʃ] n. m. (pl. *blushs* ou *blushes*) [angl. *to blush,* rougir]. Fard à joues applicable au pinceau.

BLUTAGE n. m. Action de bluter.

BLUTER v. t. (moyen haut all. *biuteln*) [conj. 3]. Faire passer une matière pulvérulente, notamment le produit du broyage des grains, à travers un tamis, ou blutoir.

BLUTERIE n. f. (de *bluter*). Appareil à bluter.

BLUTOIR n. m. Grand tamis servant à bluter.

BLY (Robert), poète américain (Madison, Minnesota, 1926). Influencé par Blake et Whitman, il tente une poésie qui touche à l'inconscient (*Point Reyes Poems,* 1974).

BLYTON (Enid), femme de lettres britannique (Londres 1897-*id.* 1968), auteur prolifique pour enfants *(le Club des Cinq, Oui-Oui).*

BMEWS, abrév. de *Ballistic Missile Early Warning System*, système de détection et d'alerte avancée des missiles balistiques stratégiques. Conçu aux États-Unis entre 1958 et 1963, il comprend une chaîne de radars tournée vers le nord et un réseau de huit stations radars sur les côtes est et ouest.

B. N., sigle de BIBLIOTHÈQUE NATIONALE (→ BIBLIOTHÈQUE NATIONALE DE FRANCE).

Bnai-Brith ou **Bene-Berit** (mots hébr. signif. *membres de l'Alliance*), association fraternelle juive à buts philanthropiques et éducatifs, fondée à New York en 1843. Une branche féminine fut créée en 1848. Actuellement, les Bnai-Brith comptent dans le monde entier quelque 600 000 membres.

B. N. F., sigle de BIBLIOTHÈQUE* NATIONALE DE FRANCE.

B. N. P., sigle de BANQUE* NATIONALE DE PARIS.

BOA n. m. (du lat. *boa,* python). **1.** Serpent constricteur non venimeux, plus ou moins aquatique, d'Amérique tropicale. (Taille : 2 à 6 m.) — **2.** Long rouleau de plumes d'autruche affectant la forme d'un serpent, porté par les femmes, surtout vers 1900.

BOABDIL, nom déformé sous lequel on connaît en Occident **Abū ʿAbd Allāh,** qui régna sous le nom de **Muḥammad XI,** roi de Grenade en 1482-83 et de 1486 à 1492. Il fut vaincu par les Rois Catholiques.

BOADICÉE → BOUDICCA.

BOAISTUAU (Pierre, *sieur* DE LAUNAY), écrivain français (Nantes 1517-Paris 1566). Ses *Histoires tragiques* (1559), librement adaptées de Bandello, présentent la légende de Roméo et Juliette dans la version qui sera reprise par Shakespeare.

BOALI, v. de la République centrafricaine, au N.-O. de Bangui, sur le M'Bali (chutes célèbres). Hydroélectricité. Textile.

Board of Trade, en Angleterre, ministère du Commerce ; aux États-Unis, chambre de commerce.

BOARMIE n. f. (gr. *Boarmia,* qui attelle les bœufs, surnom d'Athéna). Belle phalène aux ailes festonnées, dont la chenille vit sur le chêne. (N. usuel *grisaille.*)

BOART → BORT.

BOAS (Franz), anthropologue américain d'origine allemande (Minden, Westphalie, 1858-New York 1942). Il a étudié les Indiens de la Colombie britannique, chez lesquels il a recueilli de nombreux mythes. Il a proposé une théorie originale de la culture, qu'il considère comme indissociable du groupe social, de sa langue, de ses pratiques quotidiennes et de ses rituels : en ce sens, il fonda l'anthropologie moderne.

BOAT PEOPLE [botpipɔl] n. m. Dans les pays où l'émigration est interdite, migrant clandestin qui s'enfuit par mer sur des embarcations de fortune.

BOA VISTA, v. du Brésil, ch.-l. du territoire du Roraima, sur le río Branco ; 142 900 hab.

1. BOB n. m. (de *Bob,* forme fam. de *Robert,* autref. soldat de l'infanterie légère). **1.** Chapeau cloche en toile, à bords piqués et calotte à quartiers. — **2.** Bonnet de marin américain.

2. BOB n. m. Abrév. courante de BOBSLEIGH.

BOBARD n. m. (rad. onomat. *bob-,* à rattacher à l'anc. fr. *bober,* tromper). *Fam.* Fausse nouvelle, propos mensonger.

BOBBIO, v. d'Italie, en Émilie (prov. de Plaisance) ; 3 851 hab. Abbaye fondée par saint Colomban vers 614.

BOBBY n. m. (pl. *bobbies*) [mot angl.]. *Fam.* Agent de police anglais.

BOBÈCHE n. f. (de *bobine*). Disque de verre, de métal, etc., légèrement concave et percé au centre, qu'on adapte à un bougeoir, à un chandelier pour retenir les coulures de la matière en fusion.

BOBÈCHE, surnom d'un saltimbanque français du début du XIXe s.

BOBÉCHON n. m. Petite bobèche de métal munie d'une pointe que l'on enfonce dans le bois du tonneau.

BOBEK (Hans Georg), géographe autrichien (Klagenfurt 1903). Il a pressenti, avec W. Christaller, la théorie des lieux centraux (1928) et est un des fondateurs de la géographie sociale moderne.

BOBET (Louis, dit **Louison**), coureur cycliste français (Saint-Méen-le-Grand 1925-Biarritz 1983). Vainqueur trois fois de suite du Tour de France (1953, 1954, 1955), champion du monde (1954), il a aussi remporté la plupart des classiques internationales (dont Paris-Roubaix, Milan-San Remo).

BOBEUR n. m. Sportif pratiquant le bobsleigh.

BOBIGNY (93000), ch.-l. du dép. de la Seine-Saint-Denis, à 4 km au N.-E. de Paris ; 44 881 hab. *(Balbyniens).* Centre administratif et industriel (constructions électriques et mécaniques, articles de voyage).

BOBILLOT (Jules), sous-officier français (Paris 1860 - Hanoi 1885). Sergent, il se distingua au Tonkin par sa conduite héroïque dans la défense de Tuyên Quang.

BOBINAGE n. m. **1.** Action d'enrouler un fil, de la ficelle, du ruban, un film, du papier, etc., sur une bobine ou un support particulier (mandrin pour le papier, bobinot pour le fil textile, broche et manchette pour le fil de verre). – **2.** Ensemble de conducteurs formant un même circuit électrique ; ensemble des opérations nécessaires pour effectuer un enroulement. (Syn. ENROULEMENT.) – **3.** *Facteur de bobinage,* facteur qui, dans un enroulement de machine, intervient dans les calculs de la force magnétomotrice et de la force électromotrice.

BOBINARD n. m. *Arg.* Maison de tolérance.

BOBINE n. f. (rad. onomat. *bob-*). **1.** Petit cylindre à rebords sur lequel on enroule des matières souples (câbles, cordes, fils, rubans, films, etc.). – **2.** *Pop.* Visage, tête : *Il a une sale bobine.* • **Chauss.** *Talon bobine,* talon haut, creusé sur son pourtour. – **Électr.** Ensemble de spires, généralement coaxiales, connectées en série. ‖ *Bobine de choc,* inductance de protection contre les surtensions dans un réseau. ‖ *Bobine d'écoulement,* inductance connectée entre les conducteurs d'un réseau et le sol, destinée à permettre l'écoulement des charges d'origine statique. ‖ *Bobine exploratrice,* bobine destinée aux mesures de flux magnétique. ‖ *Bobine d'inductance,* dispositif caractérisé essentiellement par son inductance propre. ‖ *Bobine d'induction* ou *de Ruhmkorff,* transformateur à circuit magnétique ouvert servant à l'allumage des moteurs à explosion. ‖ *Bobine à noyau de fer,* bobine comportant à l'intérieur de la carcasse qui supporte l'enroulement un noyau ferromagnétique qui augmente fortement l'induction magnétique créée. ‖ *Bobine de protection de Petersen,* bobine à noyau de fer saturable limitant le potentiel du fil neutre en cas de mise à la terre d'une phase d'un réseau. ‖ *Tête de bobine,* partie de l'enroulement d'une machine tournante s'étendant au-delà du circuit magnétique. – **Électroacoust.** Dispositif constitué d'un noyau et de deux flasques solidaires de celui-ci, sur lequel est enroulée une bande magnétique. – **Papet.** Bande continue de papier ou de carton enroulée sur un mandrin. – **Pêch.** Partie du moulinet sur laquelle s'enroule le fil. – **Télécomm.** *Bobine d'accord,* bobine d'inductance employée avec un condensateur pour constituer un circuit antirésonant avec lequel on réalise un accord sur une fréquence donnée. ‖ *Bobine de charge* ou *bobine Pupin,* bobine d'inductance insérée à intervalles réguliers en série dans les conducteurs d'une ligne ou d'un câble coaxial, en vue d'améliorer ses qualités de transmission. – **Text.** Enroulement de fil et son support, de forme conique, cylindrique ou cylindro-conique, que l'on emploie sur des machines telles que métier à tisser, à tricoter, machine à coudre, à piquer, etc.

BOBINEAU n. m. **1.** Bobine de papier de dimensions réduites. – **2.** Syn. de BOBINOT.

BOBINER v. t. (conj. 3). **1.** Enrouler de la soie, du fil, du coton, de la laine, etc., sur une bobine. – **2.** Installer l'ensemble des conducteurs constituant le circuit électrique d'un appareil ou d'une machine électrique. – **3.** Récupérer la ligne de pêche sur le moulinet.

BOBINETTE n. f. Petite pièce de bois mobile qui servait à fermer les portes.

BOBINEUR, EUSE n. Personne qui travaille sur une machine servant à mettre le fil ou le papier sur des bobines.
◆ **bobineuse** n. f. **1.** Appareil servant à enrouler un fil conducteur isolé pour en faire une bobine – **2.** Matériel destiné à confectionner des bobines de papier à partir des bobines mères de plus grande largeur.

BOBINIER, ÈRE n. Ouvrier, ouvrière spécialisé(e) dans l'exécution des bobinages électriques.

Bobino, music-hall parisien sis rue de la Gaîté, à Montparnasse. L'enseigne honore le souvenir du pseudonyme du créateur de l'établissement, un artiste forain, magicien, marionnettiste et acrobate. L'établissement, créé en 1812, fut édifié sous le nom de « Folies Bobino », théâtre vocal et instrumental, en 1873, à son emplacement actuel. Au fil des années, il passa du genre café-concert à celui de music-hall. Il fut démoli en 1984. Un établissement similaire, reconstruit au même endroit, a été réouvert en 1991.

BOBINOIR n. m. Machine qui enroule le fil sous forme d'une bobine, utilisée en filature, retordage, tissage et bonneterie.

BOBINOT ou **BOBINEAU** n. m. Support en bois, carton ou matière plastique utilisé pour disposer en bobine les rubans, mèches et fils textiles.

BOBO n. m. (onomat.). *Fam.* **1.** Mal ou petite plaie sans gravité (langage enfantin) : *Soigner un bobo.* – **2.** *Il n'y a pas de bobo,* il n'y a pas de dégâts.

BOBO-DIOULASSO, v. du sud-ouest du Burkina ; 231 000 hab. Elle fut occupée par les Français en 1897, qui en firent la capitale de la colonie de la Haute-Volta. Centre commercial et industriel.

BOBOLINK n. m. Oiseau d'Amérique du Nord, qui ravage les rizières en hiver.

BOBONNE n. f. (de *bonne*). *Fam.* et *péjor.* Femme uniquement soucieuse des soins du ménage et de ses enfants.

BOBOS, peuple du Burkina, d'environ 370 000 représentants.

BOBROUÏSK, v. de Biélorussie, sur la Berezina ; 223 000 hab. Pneumatiques.

BOBSLEIGH [bɔbslɛ(g)] n. m. (amér. *bobsleigh,* de *bob,* patin, et *sleigh,* traîneau). **1.** Traîneau sur lequel peuvent prendre place plusieurs personnes (2 ou 4 en compétition) pour effectuer des glissades sur des pistes glacées, naturelles ou artificielles. (Abrév. usuelle BOB.) — **2.** Sport pratiqué avec cet engin.

BOBTAIL [-tejl] n. m. Chien de berger de taille moyenne possédant un poil abondant, long et rêche.

1. BOCAGE n. m. (de *bosc,* de l'anc. fr. *bos,* bois). **1.** *Litt.* Petit bois, lieu ombragé. — **2.** Assemblage de parcelles (champs ou prairies), de formes irrégulières et de dimensions inégales, limitées et closes par des haies vives bordant des chemins creux. (Autrefois dominant dans l'ouest de la France, il y a reculé avec l'extension du remembrement.)

2. BOCAGE ou **BOCCAGE** n. m. (de *bocard*). En métallurgie, fonte mélangée aux laitiers. (On dit aussi FONTE DE BOCAGE.)

BOCAGE (Manuel Maria BARBOSA DU), poète portugais (Setúbal 1765-Lisbonne 1805), figure populaire de la poésie satirique et du lyrisme portugais.

BOCAGE NORMAND, région de la Normandie occidentale qui s'étend sur une partie des trois départements de la Manche, de l'Orne et du Calvados. (Hab. *Bocains.*) Le climat humide y a favorisé le développement de l'élevage (bovins pour le lait surtout). Les petites villes ont des activités de service (Avranches, Vire, La Ferté-Macé) ou de tourisme (Granville, Bagnoles-de-l'Orne).

BOCAGE VENDÉEN → VENDÉE (dép.).

BOCAGER, ÈRE adj. Relatif aux bocages.

1. BOCAIN, E adj. et n. Du Bocage normand.

2. BOCAIN ou **BAUCAIN** n. m. Ligne que le pêcheur place sur la plage à mer basse et qu'il relève à la marée suivante. (Syn. BAUQUET.)

BOCAL n. m. (pl. *bocaux*) [ital. *boccale,* du bas lat. *baucalis,* vase à rafraîchir]. **1.** Récipient en verre, à orifice assez large, servant à conserver divers produits ; son contenu. — **2.** Globe de verre servant en partic. d'aquarium : *Bocal à poissons rouges.* — **3.** Petit tuyau de métal recourbé, qui sert d'embouchure et de support à l'anche du basson.

BOCARD n. m. (all. *Pochwerk,* de *pochen,* frapper, et *Werk,* appareil). Appareil à pilon servant à broyer les minerais ou à produire des poudres très fines.

BOCARDAGE n. m. Action de bocarder.

BOCARDER v. t. (conj. **3.**). Passer au bocard.

BOCCA (la) [06150 Cannes la Bocca], section de la comm. de Cannes (Alpes-Maritimes), à l'O. de la ville. Industrie aéronautique.

BOCCACE, en ital. **Giovanni Boccaccio,** écrivain italien (Florence ou Certaldo 1313-Certaldo 1375). Il s'initie à la vie et à la littérature courtoises à Naples, dont il célèbre les plus belles dames (*La caccia di Diana,* 1334-35) et où il publie le roman *les Travaux d'amour* (1336), le poème *le Prostré d'amour* (v. 1338) et *Teseida delle nozze di Emilia* (1339-40), premier poème épique de la littérature en langue vulgaire. Que ce soit en prose (*Elegia di madonna Fiammetta,* 1343-44) ou en vers (*Amorosa visione,* 1342-43 ; *Il Ninfale fiesolano,* 1344-1346), ou encore dans un savant mélange des deux (*Commedia delle ninfe fiorentine, Ameto,* 1341-42), ses œuvres postérieures annoncent, au-delà de l'affabulation allégorique, le réalisme historique et stylistique du *Décaméron** (1348-1353). Sa rencontre avec Pétrarque (1350) l'orienta vers les recherches érudites et la célébration du culte de Dante.

BOCCADOR (Domenico BERNABEI, dit **Domenico da Cortona** ou **le**), architecte et ingénieur italien († Paris v. 1549). Appelé en France vers 1496, il fut au service de Louis XII et de François Ier, fit une maquette pour Chambord (1530) et travailla notamment à l'Hôtel de Ville de Paris (1533).

BOCCAGE → BOCAGE.

BOCCANEGRA, famille génoise qui a fourni au parti populaire un grand nombre d'hommes politiques, d'hommes de guerre et de financiers. SIMONE fut le premier doge de Gênes (1339-1344). Élu à nouveau en 1356, il mourut empoisonné en 1363.

BOCCHERINI (Luigi), violoncelliste et compositeur italien (Lucques 1743-Madrid 1805). En 1769, il se fixa à Madrid, devenant « compositore e virtuoso di camera » de Don Luis, infant d'Espagne (mort en 1785). En 1787, il reçut de Frédéric-Guillaume II de Prusse le titre de « compositeur de la Chambre du roi ». Il fut le plus grand compositeur italien de musique de chambre de son temps (quintettes à cordes, quatuors à cordes, concertos pour violoncelle, etc.).

BOCCHORIS ou **BOKÉNRANEF,** deuxième pharaon de la XXIVe dynastie (720-715 av. J.-C.). Il régna sur la Basse-Égypte, dont la capitale était Saïs. La tradition fait de lui un grand législateur. Il mourut en luttant contre les Koushites de la Haute-Égypte, qui reconstituèrent l'unité monarchique de l'Égypte (XXVe dynastie).

BOCCHUS, roi maure (118-v. 80 av. J.-C.), qui livra Jugurtha aux Romains (105 av. J.-C.). — Son fils, **Bocchus II** († 33 av. J.-C.), hérita de la partie orientale de la Mauritanie, prit le parti d'Octavien et obtint, en 38, l'ensemble du royaume.

BOCCIONI (Umberto), peintre, sculpteur et théoricien italien (Reggio di Calabria 1882 -

Vérone 1916). Figure majeure du futurisme, coauteur et auteur de plusieurs manifestes, il a emprunté au divisionnisme, à l'arabesque de l'Art nouveau et au cubisme les moyens d'exprimer le mouvement dans sa peinture (série des « États d'âme », 1911) et dans sa sculpture (*Formes uniques dans la continuité de l'espace,* bronze, 1913).

BOCFIL n. m. Porte-scie en métal.

BOCH, famille de céramistes originaire d'Audun-le-Tiche (Lorraine) qui fonda les faïenceries de Septfontaines (Luxembourg) en 1766 et de Mettlach en 1809. En 1836, Boch fusionna avec Villeroy.

BOCHAINE ou **BOCHAÎNE** (le), région des Préalpes françaises du Sud, constituée par le bassin moyen et supérieur du Buëch.

BOCHE adj. et n. (abrév. de *Alboche,* de *caboche*). *Pop.* et *péjor.* Allemand.

BOCHIMAN n. m. Ensemble de langues du groupe khoisan parlées par les Bochimans.

BOCHIMANS, en angl. **Bushmen,** famille ethnique du groupe khoisan occupant autrefois une vaste zone de l'Afrique australe et ayant été refoulée par les Bantous dans le désert du Kalahari.

BOCHUM, v. d'Allemagne (Rhénanie-du-Nord-Westphalie), dans la Ruhr ; 401 000 hab. Ancien centre houiller (musée de la Mine). Métallurgie de transformation (industrie automobile). Université.

BOCK [bɔk] n. m. (all. *bockbier*). **1.** Verre à bière contenant en principe un quart de litre ; son contenu. — **2.** En Allemagne, bière fortement alcoolisée et d'une très grande stabilité. — **3.** Récipient muni d'un long tuyau de caoutchouc terminé par une canule et qui sert à administrer des injections, des lavements, etc.

BOCK (Fedor VON), maréchal allemand (Küstrin 1880-Lehnsahn, Holstein, 1945). Il dirigea l'invasion de l'Autriche (1938). Commandant de groupe d'armées en Pologne (1939), à l'ouest (1940) et en Russie, il fut relevé après son échec devant Moscou (1941). Rappelé pour mener l'offensive d'été au Caucase, il fut définitivement écarté en nov. 1942.

BÖCKLIN (Arnold), peintre suisse (Bâle 1827-San Domenico, près de Fiesole, 1901). Rome, en 1850, lui révéla sa vocation. Symboliste parfois naïf, il a mis une facture robuste et sensuelle au service de ses visions mythologiques, que soustend un sentiment profond des liens de l'homme et de la nature. De Chirico a vanté la puissance d'« apparition » de ses meilleures toiles (*l'Île des morts,* plusieurs versions, 1880-1890).

BOCSKAI (Étienne ou István) [Cluj 1557-Kassa 1606], prince de Transylvanie (1605-1606). Chef de l'insurrection de 1604 contre les Habsbourg, il obtint la reconnaissance de l'indépendance de la Transylvanie au traité de Vienne (1606).

BOCUSE (Paul), cuisinier français (Collonges-au-Mont-d'Or 1926). Il a fait de son hôtel-restaurant familial, à Collonges (au nord de Lyon), un haut lieu de la gastronomie.

BODAÏBO, centre minier (or et mica) de Russie, en Iakoutie, sur le Vitim.

BODARD (Lucien), journaliste et écrivain français (Chongqing 1914). Il a raconté son expérience de journaliste (*la Guerre d'Indochine,* 1963-1967). Ses romans mêlent la fascination de l'Asie (*Monsieur le Consul,* 1973 ; *Anne-Marie,* 1981 ; *les Grandes Murailles,* 1987 ; *les Dix Mille Marches,* 1991) au rythme syncopé de l'écriture du grand reporter (*les Plaisirs de l'Hexagone,* 1971).

Bode *(loi de)* → TITIUS-BODE *(loi de).*

BODE (Wilhelm VON), écrivain d'art et muséologue allemand (Calvörde, près de Magdeburg, 1845 - Berlin 1929). Attaché à partir de 1872 aux musées de Berlin (dont il devint directeur général), il manifesta des qualités de connaisseur et d'organisateur qui firent de lui, pour le XIXe s. européen, la personnalité la plus marquante du monde des musées. Il a publié notamment *l'Œuvre de Rembrandt* (1897-1905).

BODEL (Jean) → JEAN BODEL.

BODENSEE, nom allemand du lac de Constance.

BODH-GAYĀ ou **BOUDDHA-GAYĀ,** site de l'Inde (Bihār), au S. de Gayā, haut lieu du bouddhisme. Gautama, ou Śākyamuni, y acquit l'état de bouddha à l'issue d'une méditation sous un arbre pippal *(Ficus religiosa)* et parvint au « suprême et complet Éveil ». Grand temple (Mahābodhi) fondé v. les IIe-IIIe s. et plusieurs fois reconstruit.

BODHI n. f. (sanskr. *budh,* s'éveiller). Dans le bouddhisme, illumination ou éveil obtenu par la méditation et l'ascèse. (Celui qui a atteint la bodhi est bouddha.)

BODHIDHARMA, nom sanskrit du fondateur du bouddhisme *chan* (zen) [v. 470-v. 543].

BODHISATTVA n. m. (mot sanskr.). Pour les bouddhistes, celui qui aspire à la bodhi, mais qui a différé son entrée dans le nirvana, car il a fait le vœu de sauver précédemment tous les êtres.

BODIE n. m. (angl. *bodies,* pl. de *body,* corps). Peaux assorties et assemblées en quantité suffisante pour que l'on puisse poser le patron et couper le vêtement.

BODIN (Jean), philosophe et magistrat français (Angers 1530-Laon 1596). Dans son œuvre, *les Six Livres de la république* (1576), Bodin dégage une conception politique de la souveraineté de l'État, perpétuelle et absolue, indissociable de l'indépendance. Il reconnaît trois formes de « république » (démocratie, aristocratie, monarchie) mais est partisan d'un pouvoir royal souverain, perpétuel, inaliénable et indivisible.

BODIN DE BOISMORTIER (Joseph) → BOISMORTIER.

Bodléienne *(bibliothèque),* bibliothèque d'Oxford, organisée par sir Thomas *Bodley* (Exeter 1545 - Londres 1613), ouverte en 1602 ; elle a puissamment contribué au mouvement intellectuel de la Renaissance anglaise.

BODMER (Johann Jakob), écrivain suisse d'expression allemande (Greifensee, près de Zurich, 1698-Zurich 1783). Avec Breitinger, il défendit la littérature anglaise et la poésie médiévale allemande (*Collection des Minnesänger,* 1758-59).

BODMER (Johann Georg), mécanicien suisse (Zurich 1786-*id.* 1864). Il fut un pionnier de la normalisation des pièces mécaniques (1816) et créa les machines-outils pour la taille des engrenages (1839).

BODMER (Karl), peintre suisse (Riesbach, près de Zurich, 1809-Barbizon 1893). Son œuvre est un témoignage précieux sur la vie et les mœurs des tribus indiennes du début du XIXe s.

BODØ, port de la Norvège septentrionale, ch.-l. du Nordland ; 34 000 hab. Centre administratif et commercial. Aéroport.

BODONI (Giambattista), imprimeur italien (Saluces 1740-Parme 1813). Il fut directeur de l'imprimerie du grand-duc de Parme et de sa propre imprimerie. Créateur des caractères romains de 143 types, il a écrit un *Manuale tipografico,* publié en 1818.

BODONIDE n. m. Nom d'ordre donné à des protozoaires qui nagent à l'aide de deux flagelles, l'un servant d'hélice motrice, l'autre de gouvernail.

BODOS, population tribale tibéto-birmane de l'Inde (Assam) et du Bangladesh.

BODRUM, port de la côte ouest de la Turquie, au S. d'Izmir ; 6 000 hab. Site de l'anc. Halicarnasse ; château des chevaliers de Rhodes. Tourisme.

BODT (Jean DE), ingénieur militaire et architecte français (Paris 1670 - Dresde 1745). Huguenot, il travailla en Hollande et en Angleterre avant de se mettre au service des cours de Berlin (1698), puis de Dresde (1728), où il tempéra le baroque allemand de classicisme à la française.

BODY n. m. (angl. *body,* corps). Syn. de JUSTAUCORPS.

BODY ART n. m. Syn. de ART CORPOREL.

BODY-BUILDING n. m. (expression angl.). Syn. de CULTURISME.

BOÈCE, en lat. **Anicius Manlius Torquatus Severinus Boetius,** homme politique, philosophe et poète latin (Rome v. 480-près de Pavie 524). Nommé consul par Théodoric (510), il fut accusé de trahison, enfermé et exécuté. Il mit au point la méthode des commentaires philosophiques, notamment sur Aristote. Il a écrit *De la consolation de la philosophie.*

BOECE ou **BOYCE** (Hector), humaniste et historien écossais (Dundee 1465-Tyrie, comté d'Aberdeen ?, 1536 ?). Principal de l'université d'Aberdeen, il écrivit une histoire de l'Écosse (*Scotorum Historiae,* 1527).

BŒGNER (Marc), pasteur français (Épinal 1881-Paris 1970). Président de la Fédération protestante de France de 1929 à 1961 et du Conseil œcuménique des Églises de 1948 à 1954, il se consacra à la consolidation des liens unissant les Églises regroupées dans la Fédération protestante de France. (Acad. fr., 1962.)

BŒHME (Jakob) → BÖHME (Jakob).

BŒHMITE n. f. (de *Bœhmer,* n. pr.). Oxyde naturel d'aluminium hydraté, Al_2O_3, H_2O, constituant des bauxites.

Boeing Company, société de constructions aéronautiques américaine, la plus importante du monde, fondée en 1916 par William E. *Boeing* (Detroit 1881-Puget Sound, Washington, 1956). Ses usines se concentrent à Renton, Seattle et Wichita.

BOEL (Pieter), peintre de natures mortes et animalier flamand (Anvers 1622 - Paris 1674). Sans doute élève de Fyt, il se fixa en 1668 à Paris, où, nommé peintre ordinaire du roi, il travailla pour la manufacture des Gobelins. (Nombreuses études d'animaux, dessinées ou peintes, au Louvre.)

BOËLY (Alexandre), compositeur et organiste Français. (Versailles 1785 - Paris 1858). Il a écrit 400 pièces pour orgue et de nombreuses pages pour piano (4 *Suites*), renouant avec l'écriture contrapuntique des maîtres anciens, dont Bach.

BOËN (42130), ch.-l. de cant. de la Loire, en bordure des monts du Forez ; 3 329 hab. Métallurgie.

BOEO *(cap),* cap de l'ouest de la Sicile, près de Marsala.

BOER [bur] adj. et n. (néerl. *boer,* paysan). Relatif aux Boers.

BOERS, colons néerlandais de l'Afrique australe, qui s'établirent au Cap à partir de 1652. Amsterdam leur conféra peu à peu le titre de *burger* (citoyen), et des fermiers libres *(vrijburgers)* s'installèrent, chassant les habitants noirs de la région. Un long conflit les opposa ensuite aux Anglais jusqu'en 1902.

Boers *(guerre des)* [1899-1902]. C'est le 11 oct. 1899 que les Boers envahirent le nord du Natal. En févr. 1900, les troupes britanniques, sous la direction de lord Roberts, les battirent à Paaderberg. La lutte se poursuivit pendant deux ans sous forme de guérilla, très durement réprimée par Kitchener. Les chefs boers (Botha, De Wet, Reitz, Smuts) acceptèrent la paix de Vereeniging, signée à Pretoria le 31 mai 1902.

BŒSAK (Allan Aubrey), pasteur sud-africain (Kakamas 1946). Métis, appartenant à l'Église réformée hollandaise d'Afrique du Sud, il se rattache au courant dit de « la théologie noire » de la libération (*Farewell to Innocence,* 1976 ; *Black Theology, Black Power,* 1976). Il a été président de l'Alliance réformée mondiale de 1982 à 1990.

BOESMANS (Philippe), compositeur belge (Tongres 1936). On lui doit *Sur mi* pour 2 pianos, orgue électrique, crotale et tam-tam (1974), *Attitudes,* théâtre musical (1979), *Conversions* pour orchestre (1980), *Trakl Lieder* (1988).

BOESSET ou **BOYSSET** (Antoine), sieur **de Villedieu,** compositeur et chanteur français (Blois 1586-Paris 1643). Surintendant de la Musique de Louis XIII (1622), il collabora durant trente ans aux ballets de cour.

BOESWILLWALD (Émile), architecte français (Strasbourg 1815 - Paris 1896). Élève de Labrouste, attaché à la Commission des Monuments historiques en 1843, il restaura à partir de 1846 la cathédrale de Laon et travailla en particulier dans l'est de la France (édifices de Toul, Mouzon, Avioth, Thann, Nancy...). — Son fils PAUL (Paris 1844 - Nogent-sur-Seine 1931) fut aussi architecte des monuments historiques.

BOÉTIE (Étienne DE LA) → LA BOÉTIE.

BOETTE, BOËTE, BOUETTE ou **BOITTE** n. f. (breton *boued,* nourriture). Appât que l'on met à l'hameçon ou amorce que l'on jette à l'eau pour attirer le poisson, à la pêche en mer.

BOETTER v. t. (de *boette*) [conj. **4**]. Appâter un hameçon ou amorcer le poisson en mer.

BŒUF [bœf ; pl. bø] n. m. (lat. *bos, bovis*). **1.** Mâle de l'espèce bovine, que l'on a châtré pour le rendre plus propice à l'engraissement ou plus docile au travail. — **2.** Syn. de BOVINÉ. — **3.** Toute viande provenant de bovins autres que les veaux. — **4.** *Fam.* Personne douée d'une grande force de travail (on dit aussi *bœuf de labour*), ou lourde d'esprit. — **5.** Paire de bateaux tirant un seul chalut généralement pélagique. — **6.** Fam. *Avoir un bœuf sur la langue,* avoir reçu de l'argent pour ne rien dire ; ne pas parler. ‖ *Bœuf musqué,* petit bœuf brun à toison épaisse, à queue courte, aux cornes coudées des régions froides d'Amérique du Nord (espèce protégée). [Nom générique OVIBOS.] ‖ *Faire un bœuf,* remporter un succès éclatant ; se réunir de façon impromptue entre musiciens de jazz pour constituer un orchestre improvisé. ‖ *Fort comme un bœuf,* très fort. ‖ *Mettre la charrue avant (devant) les bœufs,* commencer par où l'on aurait dû terminer. ‖ *Pêcher en bœufs,* syn. de PÊCHER À COUPLE. ‖ Fam. *Souffler comme un bœuf,* être très essoufflé, respirer bruyamment.

◆ **bœuf** [sing. et pl. bœf] adj. *Pop.* Colossal, étonnant : *Faire un effet bœuf.*

BŒUF
NOMENCLATURE DES MORCEAUX DE BŒUF ISOLÉS
PAR LA COUPE DITE « PARISIENNE »

désignation des morceaux vendus en gros	désignation des morceaux vendus au détail	mode d'utilisation principal	
		cuisson lente	cuisson rapide
Cuisse	gîte-gîte arrière (milieu et bout)	*	
	nourrice	*	
	tranche grasse (mouvant, plat et rond)		*
	semelle ou gîte-à-la-noix		
	nerveux de gîte-à-la-noix	*	
	milieu de gîte-à-la-noix		*
	rond de gîte-à-la-noix		*
	culotte	*	
	araignée	* ou (selon péparation)	*
	tende de tranche ou tranche		*

Aloyau	romsteck		
	milieu de romsteck		*
	aiguillette de romsteck		*
	aiguillette baronne		*
	contre-filet ou faux-filet		*
	filet		*
Train de côtes et surlonge	entrecôte		*
	basses côtes		*
	dessus de côtes	*	
	surlonge	*	
Bavette d'aloyau	bavette à bifteck		*
	bavette à pot-au-feu	*	
Plat de côtes	plat de côtes couvert	*	
	plat de côtes découvert	*	
Pis de bœuf	bavette de flanchet		*
	flanchet	*	
	tendron (petite poitrine)	*	
	milieu de poitrine	*	
	gros bout de poitrine	*	
Paleron	gîte-gîte avant (milieu et bout)	*	
	pièce parée ou persillée		*
	derrière de paleron	*	
	dessous de palette ou dessous de macreuse	*	
	macreuse à bifteck ou boule de macreuse		*
	macreuse à braiser	*	
	macreuse à pot-au-feu	*	
	charolaise	*	
	griffe	*	
	jumeau à pot-au-feu	*	
	jumeau à bifteck		*
Collier	second talon	*	
	veine grasse	*	
Autres morceaux	queue	*	
	onglet		*
	hampe		*

BOF ! [bɔf] interj. *Fam.* Marque le mépris, l'incertitude ou l'indifférence.

B. O. F. [beoɛf] n. (abrév. de *Beurre, Œufs, Fromages*). Nom sous lequel on a désigné ceux qui s'étaient enrichis pendant l'Occupation en faisant du marché noir.

BOFA (Gustave Blanchot, dit **Gus**), dessinateur humoriste et illustrateur français (Brive-la-Gaillarde 1883 - Marseille 1968). Son œuvre, qui allie cocasserie et dimension tragique, comprend des livres illustrés, qu'il composa seul ou avec ses amis Mac Orlan ou Dorgelès (*Histoire de la guerre de Cent Ans,* 1918 ; *le Cirque,* 1925 ; *Symphonie de la peur,* 1937 ; etc.), et des illustrations de classiques (*Don Quichotte,* 1925 ; *Fables* de La Fontaine, 1928 ; etc.).

BOFF (Leonardo) théologien brésilien (Concordia, Santa Catarina, 1938). Après des études de théologie à Rio de Janeiro, puis à Munich, devenu franciscain, il se met au service des pauvres et des opprimés. Il élabore avec d'autres une nouvelle orientation de la pratique religieuse, basée sur la libération à l'égard de toutes les servitudes, celles de l'argent et de l'étranger, dite *théologie* de la libération*. Il est, à ce titre, désavoué par la Congrégation romaine pour la doctrine de la foi. Il a écrit notamment *Jésus-Christ Libérateur* (1974), *Chemin de croix de la justice* (1979) et *Église, charisme et pouvoir* (1985).

BOFFRAND (Germain), architecte et décorateur français (Nantes 1667 - Paris 1754). Dans ses travaux pour le duc de Lorraine (château de Lunéville, 1702-1706) et surtout dans ses hôtels parisiens, il associe à la retenue des façades la virtuosité de l'organisation et une invention pleine de fantaisie dans les décors intérieurs, de tendance rocaille (hôtel de Soubise, 1735). Inspecteur des Ponts et Chaussées, il montre son intérêt pour les techniques dans son *Livre d'architecture* (1745).

Bofill *(atelier)*, équipe pluridisciplinaire d'architecture, fondée en 1964 à Barcelone par Ricardo *Bofill* (né en 1939), de tendance postmoderne néoclassique (habitat collectif : *Walden 7*, à Barcelone, 1973-1977 ; *le Palacio d'Abraxas* et *le Théâtre*, à Marne-la-Vallée, 1978-1983 ; *Antigone*, à Montpellier, 1983 et suiv.).

BŌFU → HŌFU.

BOGANDA (Barthélemy), homme d'État centrafricain (Bobangui 1910-près de Bangui 1959). Fondateur du « Mouvement pour l'évolution sociale de l'Afrique noire », il fut président de la République centrafricaine de 1958 à sa mort.

BOGART (Humphrey), acteur américain (New York 1899-Hollywood 1957). Remarqué au théâtre en 1935, il s'impose au cinéma en 1941 dans *le Faucon maltais*, de J. Huston. Incarnation de l'aventurier sentimental, cet acteur mythique a tourné notamment dans *le Port de l'angoisse* (1945), *le Grand Sommeil* (1946), *les Passagers de la nuit* (1947), *Key Largo* (1948), *le Trésor de la Sierra Madre* (1948), *The African Queen* (1952), *Bas les masques* (1952), *la Comtesse aux pieds nus* (1954).

BOĞAZKÖY, site de Cappadoce au N. de Yozgat (Turquie), sur l'emplacement de l'anc. Hattousa, dont l'existence remonte au XXIVe s. av. J.-C. Vestiges (fortifications, palais et sanctuaires) de la fin de l'Empire hittite [XIVe-XIIIe s. av. J.-C.], qui ont livré des milliers de tablettes gravées.

BOGDAN, nom de quatre princes de Moldavie. — **Bogdan Ier**, prince de Moldavie (1359-1365), qui émancipa la Moldavie de la suzeraineté hongroise (1359) ; — **Bogdan II**, prince de Moldavie (1449-1451) ; — **Bogdan III**, prince de Moldavie (1504-1517), fils et successeur d'Étienne le Grand ; — **Bogdan IV**, prince de Moldavie (1568-1572).

BOGDANOV (Aleksandr Aleksandrovitch MALINOVSKI, dit), philosophe et homme politique russe (Sokolka, auj. Sokółka, voïévodie de Białystok, 1873 - Moscou 1928). Auteur d'une philosophie idéaliste, partisan du boycott lors des élections de la IIIe Douma, il fut vivement critiqué par Lénine et quitta le P. O. S. D. R. en 1911. Il fut l'instigateur du Proletkoult.

BOGEY [bogɛ] ou **BOGÉE** [boʒe] n. m. (angl. *bogey*). Au golf, score sur un trou qui égale le par plus un.

BOGHEAD [bɔgɛd] n. m. (du n. d'une localité d'Écosse). Variété de charbon bitumineux à très haute teneur en matières volatiles, formé à partir d'algues et pouvant donner des hydrocarbures liquides (huiles).

BOGHEI, BOGHEY, BOGUET ou **BUGGY** n. m. (angl. *buggy*). Cabriolet découvert, à deux roues et à brancards longs et minces.

BOGIE [bɔʒi] ou, rare, **BOGGIE** [bɔgi] n. m. (angl. *bogie*). Châssis porteur à deux ou trois essieux supportant l'extrémité d'un véhicule de chemin de fer, relié au châssis principal par une articulation.

ENCYCL. Les voitures et les wagons modernes sont presque tous montés sur bogies, ce qui permet une meilleure répartition des charges sur la voie, une meilleure inscription en courbe et, par suite, une stabilité favorable aux vitesses élevées. Le bogie est dit *moteur* lorsque ses essieux sont reliés à un organe moteur du véhicule, et *monomoteur* lorsque ses essieux sont entraînés, grâce à un train d'engrenages multiples, par un seul moteur placé entre les essieux.

BOGNY-SUR-MEUSE (08120), comm. des Ardennes, au N. de Charleville-Mézières ; 6 002 hab. Métallurgie.

BOGOLIOUBSKI (Andreï) → ANDRÉ BOGOLIOUBSKI.

BOGOMILE n. m. (gr. byz. *bogomiloi*, du bulgare *bog*, dieu, et *mile*, ami). Membre d'une secte religieuse dualiste d'origine bulgare (Xe s.).

ENCYCL. Professant que le monde matériel est l'œuvre de l'esprit du Mal, les bogomiles, qui rejetaient l'Incarnation, les sacrements et l'autorité de l'Église, se répandirent en Asie Mineure et en Russie. Leur doctrine a marqué diverses sectes, entre autres les cathares et les vaudois.

BOGOMILISME n. m. Doctrine des bogomiles.

BOGOMOLETS ou **BOGOMOLETZ** (Aleksandr Aleksandrovitch), biologiste soviétique (Kiev 1881-*id.* 1946). Il est connu par le sérum qui porte son nom et qu'il a préconisé surtout comme moyen de prévention de la sénescence.

BOGOR, anc. **Buitenzorg**, v. d'Indonésie, au S. de Jakarta ; 271 000 hab. Station de repos. Jardin botanique. Recherches agronomiques.

BOGOTÁ ou **SANTA FE DE BOGOTÁ,** cap. de la Colombie. Proche de l'équateur, mais à plus de 2 500 m d'alt. (ce qui lui vaut un climat plus sain), Bogotá est la plus grande ville véritablement andine (4 921 264 hab.), la métropole incontestée du pays, aux points de vue administratif, commercial et industriel (constructions mécaniques et électriques, agroalimentaire), où l'accroissement rapide de population a soulevé cependant de redoutables problèmes sociaux.
— **Hist.** Fondée en 1538, Bogotá fut la capitale de la vice-royauté de la Nouvelle-Grenade (1739) puis, après l'indépendance, celle de la Grande-Colombie et (1831) de la république de la Nouvelle-Grenade, devenue, en 1886, la Colombie.
— **Bx-arts.** Beaux monuments d'époque coloniale (église S. Francisco, XVIe s.). Le Museo del Oro abrite la plus riche collection d'orfèvrerie et de bijouterie précolombienne.

Bogotá *(charte de),* document signé le 30 avr. 1948, entré en vigueur en 1951, qui constituait l'institutionnalisation de l'Organisation des États américains (O. E. A.).

BOGOUTCHANY, localité de Russie, au N.-O. de Bratsk. — En amont, aménagement hydroélectrique sur l'Angara.

1. BOGUE n. m. (anc. provenç. *boga,* du lat. *boca*). Poisson sparidé littoral des mers du sud de la France, à chair estimée.

2. BOGUE n. f. (breton *bolc'h,* cosse de lin). Enveloppe épineuse de la châtaigne.

3. BOGUE n. m. (de *bogue 2*). Syn. de BUG.

BOGUET → BOGHEI.

BOGUSŁAWSKI (Wojciech), écrivain polonais (Glinno, près de Pozań, 1757 - Varsovie 1829). Sa pièce patriotique, *le Miracle prétendu ou les Cracoviens et les montagnards* (1794), marque une date dans le développement de l'opéra-comique en Pologne.

BOHAI ou **PO-HAI** *(golfe du),* anc. **golfe du Petchili,** grand golfe de la mer Jaune fermé par les péninsules rocheuses du Liaodong au N. et du Shandong au S, ouvert sur la grande plaine de la Chine du Nord et sur la dépression centrale de la Chine du Nord-Est. Cabotage actif. Gisements de pétrole.

BOHAIN-EN-VERMANDOIS (02110), ch.-l. de cant. du nord de l'Aisne ; 7 013 hab. Centre textile. Constructions électriques.

BOHAIRIQUE n. m. Le plus important dialecte copte. (C'est depuis le XIe s. la langue liturgique de l'Église copte.)

BOHÈME n. f. (lat. médiév. *Bohemus,* habitant de la Bohême). **1.** Ensemble des écrivains, artistes qui vivent au jour le jour en marge des règles sociales. — **2.** Leur mode de vie.
◆ n. Qui vit au jour le jour, en marge de la société.
◆ adj. Qui est propre aux bohèmes : *Allure, existence bohème.*

Bohème *(la),* opéra de G. Puccini, livret de G. Giacosa et L. Illica d'après les *Scènes de la vie de bohème* d'Henri Murger (Turin, 1896).

BOHÊME, en tchèque **Čechy,** région d'Europe centrale qui constitue la partie occidentale de la République tchèque. La Bohême, formée de six provinces *(Bohême-Centrale, Bohême-Méridionale, Bohême-Occidentale, Bohême-Orientale* et *Bohême-Septentrionale,* auxquelles s'ajoute la capitale, *Prague),* couvre 52 678 km² et compte plus de 6 millions d'habitants.
— **Géogr.** Région la plus peuplée et la plus développée du pays, elle est formée d'un pourtour de hautes terres (Krušné Hory, Český les, Krkonoše, collines de Moravie), dominant une partie centrale. Elle juxtapose collines, plateaux et plaines (dont le fertile Polabí) et correspond au bassin supérieur de l'Elbe (Labe). Anciennement industrialisée (métallurgie, verrerie), la Bohême possède un dense réseau urbain, dominé par Prague.
— **Hist.** La Bohême doit son nom aux Boïens, Celtes qui occupèrent le pays au milieu du Ier millénaire av. J.-C. et qui furent refoulés au Ier s. apr. J.-C. par des Germains, les Quades et les Marcomans. Les Slaves s'établirent dans la région au Ve s. Leur premier État, la Grande-Moravie* (fin du VIIIe s.-début du Xe s.), fut détruit par les Hongrois (902-907). La tribu des Tchèques, établie autour de Prague, unifia au Xe s. les diverses tribus slaves de Bohême sous l'autorité des princes přemyslides. Vassaux du Saint Empire romain germanique, ceux-ci obtinrent définitivement en 1212 le titre de roi, accordé à Otakar Ier Přemysl (1197-1230). Son successeur, Otakar II Přemysl (1253-1278), fut vaincu par Rodolphe II de Habsbourg (1278), et la dynastie s'éteignit en 1306. La couronne de Bohême passa alors à la dynastie des Luxembourg (1310-1437). Jean Ier de Luxembourg (1310-1346) et Charles IV de Luxembourg, élu empereur en 1355, parachevèrent le rattachement à la Bohême de la Moravie, de la Silésie et de la Lusace. Le pays, alors à son apogée, connut une grande prospérité liée à l'exploitation des mines d'argent. Prague, dotée d'une université en 1348, fut élevée au rang de capitale impériale par Charles IV. La protestation de Jan Hus contre la richesse du clergé et la puissance des Allemands entraîna une guerre civile (1420-1436) entre les hussites et les croisés de Sigismond IV de Luxembourg (1419-1436). Les *Compactata* de 1436 rétablirent la paix

et permirent l'organisation de l'Église utraquiste. En 1458, la diète élut roi Georges de Poděbrady. Tchèque et utraquiste, celui-ci désigna pour successeur Vladislav II Jagellon, proclamé roi en 1471. À la mort de son fils, Louis II (1516-1526), la diète élut roi Ferdinand Ier de Habsbourg (1526-1564) et se prononça ainsi pour l'union avec l'Autriche.
La Réforme fit de nombreux adeptes en Bohême et Rodolphe II (1575-1611) dut accorder aux ordres un édit de tolérance (lettre de majesté, 1609). Cependant, en 1618, une partie de la noblesse protestante se révolta contre Ferdinand II de Habsbourg *(défenestration de Prague).* La victoire des impériaux sur l'armée des États à la Montagne-Blanche (5 nov. 1620) permit à Ferdinand II (1617-1637) de rétablir le catholicisme en Bohême. La constitution de 1627 donna à titre héréditaire la couronne de Bohême à la maison d'Autriche. En outre, le renforcement du domaine seigneurial depuis le XVIe s. aboutit à un « second servage », qui ne fut aboli qu'en 1781 par Joseph II (1780-1790). Au cours de la révolution de 1848, les Tchèques revendiquèrent l'égalité avec les Allemands. Mais les espoirs de F. Palacký et des austroslavistes furent ruinés par la signature du compromis austro-hongrois de 1867. Le gouvernement autrichien adopta à partir de 1879 une politique de concessions à l'égard des Tchèques, contre laquelle s'élevèrent les Allemands de Bohême (qui représentaient en 1910 plus de 37 % de la population). À l'issue de la Première Guerre mondiale, la Tchécoslovaquie* accéda à l'indépendance. À partir de 1969, la Bohême forme avec la Moravie la République tchèque, qui constitue l'une des deux républiques fédérées de la Tchécoslovaquie puis (au terme de la partition de 1993) un État indépendant.

BOHÊME *(Forêt de)* → ČESKÝ LES et ŠUMAVA.

Bohême *(verrerie de).* La verrerie de Bohême fut la première en Europe à se rapprocher du cristal de roche. À la fin du XVIe s., Kaspar Lehmann inaugura le décor taillé, dont le succès fit tort aux verres de Venise. Détrônée à son tour par l'Angleterre au XIXe s. (cristal au plomb), la Bohême se consacra avec succès aux verres de couleur.

bohêmes *(Frères)* → MORAVES.

BOHÊME-MORAVIE *(protectorat de),* régime imposé par Hitler aux provinces tchèques de la Tchécoslovaquie (1939-1945).

BOHÉMIEN, ENNE adj. et n. De Bohême.
◆ n. **1.** Nomade vivant dans des roulottes et se livrant à diverses activités artisanales. – **2.** *Fam.* Vagabond mal vêtu, sale.

BOHÉMIENS → TSIGANES.

BOHÉMOND Ier (v. 1050-Canosa di Puglia 1111), prince d'Antioche (1098-1111). Fils aîné de Robert Guiscard, il fut l'un des chefs de la première croisade et fonda la principauté d'Antioche après avoir conquis cette ville sur les Turcs (juin 1098). Refusant de restituer Antioche aux Byzantins, il entra en conflit avec Alexis Ier Comnène, vint en Occident chercher des secours (1104) et attaqua l'Empire byzantin par Durazzo (1107). Vaincu, il dut se reconnaître vassal de l'empereur. – **Bohémond II** (1109-1130), prince d'Antioche (1111-1130), fils du précédent. – **Bohémond III** (v. 1145-1201), prince d'Antioche (1163-1201). Fils de Raimond Ier de Poitiers, il ne put empêcher la conquête presque totale de sa principauté par Saladin (1188). – **Bohémond IV** (v. 1175-1233), comte de Tripoli (1187-1233) et prince d'Antioche (1201-1216 et 1219-1233). Fils du précédent, auquel il succéda après avoir évincé son neveu Raimond Rouben, il fut chassé d'Antioche par ce dernier en 1216 mais évinça définitivement son rival en 1219. – **Bohémond V** (v. 1198-1251), prince d'Antioche et comte de Tripoli (1233-1251), fils du précédent. – **Bohémond VI** (v. 1235-1275), prince d'Antioche (1251-1268) et comte de Tripoli (1251-1275). Fils du précédent, il fut dépouillé de la principauté d'Antioche par le sultan mamelouk Baybars Ier en 1268. – **Bohémond VII** (v. 1255-1287), prince titulaire d'Antioche et comte de Tripoli (1275-1287). Fils du précédent, il lutta contre son vassal, le seigneur de Gibelet, qui fit prononcer la déchéance de sa maison à sa mort (1287).

BÖHM (Karl), chef d'orchestre autrichien (Graz 1894-Salzbourg 1981). Il dirigea l'Opéra de Vienne en 1943, puis en 1954. Il a acquis un prestige particulier par ses interprétations de la musique de Mozart.

BÖHM-BAWERK (Eugen VON), économiste autrichien (Brünn, auj. Brno, 1851-Vienne 1914), l'un des chefs de file de l'école marginaliste autrichienne. On lui doit d'importantes contributions sur le capital et l'intérêt.

BÖHME ou **BŒHME** (Jakob), mystique allemand (Altseidenberg, près de Görlitz, 1575-Görlitz 1624). Il est l'auteur d'une philosophie mystique qui retrouvera des continuateurs dans l'Allemagne postkantienne idéaliste (Hegel, Fichte, Schelling) et romantique. Il a écrit notamment *Mysterium magnum* (1623).

BÖHMERWALD → ČESKÝ LES et ŠUMAVA.

BOHOL, île des Philippines, dans le groupe des Visayas ; 4 117 km² ; 806 013 hab.

BOHR (Niels), physicien danois (Copenhague 1885-*id.* 1962). En 1913, il élabore une théorie de la structure de l'atome* incorporant à la fois le modèle planétaire de Rutherford et la notion de quantum d'action introduite par Planck. Nommé, en 1920, directeur de l'Institut de physique, il y reçoit de nombreux physiciens qui sont à l'origine de la théorie quantique. Pour résoudre les difficultés posées par cette théorie, il établit le « principe de correspondance » qui raccorde théorie classique et théorie quantique et le « principe de complémentarité » selon lequel un objet quantique peut, selon les conditions expérimentales, être décrit soit en termes d'ondes, soit en termes de particules. En 1933 il élabore une théorie des phénomènes de désintégration nucléaire. Réfugié aux États-Unis pendant la Seconde Guerre mondiale, il participe à la fabrication des premières bombes A avant de retourner au Danemark en 1945. (Prix Nobel de physique 1922.) — Son fils AAGE (Copenhague 1922) a élaboré, avec Ben Mottelson, une théorie de la structure en couches du noyau de l'atome. (Prix Nobel de physique 1975.)

BÖHTLINGK (Otto VON), sanskritiste allemand (Saint-Pétersbourg 1815-Leipzig 1904). Traducteur de Pāṇini (1839), il est l'auteur d'un grand dictionnaire sanskrit-allemand (1853-1875, 7 vol.).

BOIARDO (Matteo Maria), écrivain italien (Scandiano v. 1441-Reggio nell'Emilia 1494). Ses compositions érudites, églogues et poèmes (*Amorum libri tres,* 1469-1476) annoncent l'atmosphère onirique du *Roland* amoureux,* son chef-d'œuvre.

BOÏDÉ n. m. Nom d'une famille de serpents de type primitif (ils ont un reste de bassin), non venimeux, tels que les *boas* d'Amérique et de Madagascar, les *pythons* d'Afrique et d'Asie tropicales, etc.

BOIELDIEU (François Adrien), compositeur français (Rouen 1775 - Jarcy, Seine-et-Oise, 1834). Professeur de piano au Conservatoire de Paris (1798), maître de chapelle de la cour impériale de Russie (1804), compositeur de Louis XVIII (1810), professeur de composition au Conservatoire (1820), il écrivit des opéras-comiques qui eurent un grand succès : *la Fille coupable* (1793), *le Calife de Bagdad* (1800), *la Dame blanche* (1825).

BOÏENS ou **BOÏES,** en lat. **Boii,** peuple celte établi sur le territoire de l'actuelle Bohême. Au cours de la conquête romaine, une partie s'établit chez les Éduens, entre l'Allier et la Loire (58 av. J.-C.).

BOIGNY-SUR-BIONNE (45760), comm. du Loiret, à 9 km à l'E.-N.-E. d'Orléans ; 1 628 hab. Électronique.

BOILEAU (Étienne), administrateur français [† Paris 1270]. Nommé prévôt de Paris (1260 ou 1261) par Louis IX, qui transforma pour lui cette fonction en office, il rédigea les statuts des métiers de Paris et les rassembla dans le *Livre des métiers* (publié en 1837).

BOILEAU (Nicolas), dit **Boileau-Despréaux,** écrivain français (Paris 1636-*id.* 1711). Il exprime d'abord son mépris pour la littérature galante et son admiration pour Racine (*Satires,* 1666-1668). Remarqué par la Cour, il abandonne la violence satirique pour le « discours moral » (*Épîtres,* 1669-1695) et la réflexion théorique (*l'Art* poétique,* 1674), qu'il illustre par son épopée parodique du *Lutrin* (1674-1683). Nommé historiographe du roi, chef du parti des Anciens dans la querelle des Anciens et des Modernes, il fustige les modes littéraires (*Contre les femmes,* 1694) et s'engage dans la bataille janséniste, ce qui lui vaut la défaveur du Prince et l'impossibilité de publier *l'Équivoque,* long poème contre les jésuites. (Acad. fr., 1684.)

BOILEAU (Louis Auguste), architecte français (Paris 1812 - *id.* 1896). Il fut, avec son fils LOUIS CHARLES (1837-1910), un pionnier de l'industrialisation du bâtiment (magasins du *Bon Marché* à Paris, en fer, avec Eiffel, 1873 et suiv.).

BOILEAU-NARCEJAC, nom sous lequel Pierre **Boileau** (Paris 1906 - Beaulieu-sur-Mer 1989) et Thomas **Narcejac** (Rochefort-sur-Mer 1908) ont publié leurs romans policiers, qui renouvellent le roman « à problème » en l'axant sur la subjectivité du héros (*Celle qui n'était plus,* 1953 ; *les Louves,* 1973 ; *la Dernière Cascade,* 1985).

BOILLE → BOUILLE 2.

BOILLY (Louis Léopold), peintre et lithographe français (La Bassée 1761-Paris 1845). Spécialisé dans le portrait et les scènes de la vie parisienne, il est un bon représentant de la peinture anecdotique de l'époque, avec des petits formats d'une technique lisse et brillante, inspirée du XVIIe s. hollandais. Son humour s'exprime dans les *Grimaces,* lithos de 1823-1828.

1. BOIRE v. t. (lat. *bibere*) [conj. **108**]. **1.** Absorber, ingérer un liquide : *Il ne boit jamais entre les repas.* — **2.** Absorber avec excès des boissons alcoolisées : *Se mettre à boire.* — **3.** En parlant d'une matière poreuse, absorber un liquide, s'en laisser imprégner : *Le buvard boit l'encre.* — **4.** *Boire à la santé, au succès,* exprimer, avant de vider son verre, des vœux pour la santé, le succès, etc., de qqn. ‖ Fam. *Boire comme un trou, comme une éponge, comme un Polonais, etc.,* être intempérant. ‖ *Boire l'obstacle,* le franchir aisément. ‖ *Boire les paroles de qqn,* l'écouter religieusement. ‖ *Boire sec,* boire sans eau les boissons alcoolisées ; en faire un usage immodéré. ‖ *Boire (tout) son soûl, boire jusqu'à plus soif,* boire tant qu'on peut. ‖ Fam. *Croyez ça, comptez* *là-dessus et buvez de l'eau (fraîche),* ne le croyez pas, n'y comptez pas. ‖ Fam. *Il y a à boire et à manger (dans qqch),* on y trouve du bon et du mauvais.

◆ **se boire** v. pr. **1.** Devoir être bu de telle ou telle façon : *Ce vin se boit frais.* – **2.** *Se laisser boire,* en parlant d'une boisson (vin surtout), être très agréable au palais.

2. BOIRE n. m. *En perdre, en oublier le boire et le manger,* être si préoccupé qu'on ne pense plus aux nécessités de la vie.

BOIRY-SAINTE-RICTRUDE (62175), comm. du Pas-de-Calais, à 11 km au S. d'Arras ; 469 hab. Sucrerie.

BOIS n. m. (frq. **bosk,* buisson). **1.** Matière dure qui constitue le tronc, les branches et les racines des grands végétaux, formée par des vaisseaux conduisant la sève brute, les fibres et le parenchyme. (→ *encycl.*) – **2.** Réunion d'arbres couvrant un certain espace de terrain ; terrain ainsi couvert : *Bois de chênes.* – **3.** Partie en bois d'un objet : *Le bois d'une raquette.* – **4.** *Fam.* Objet en bois (rame, ski, club de golf, etc.). – **5.** *Bois de justice,* guillotine. ‖ Fam. *Casser du bois,* endommager son avion en atterrissant. ‖ Fam. *Être de bois,* manquer de sensibilité, de sensualité. ‖ *Être du bois dont on fait les flûtes,* être très accommodant. ‖ *(Être) volé comme dans un bois,* être escroqué par d'audacieux filous, dépouillé. ‖ *Faire feu, faire flèche de tout bois,* utiliser toutes les ressources possibles pour atteindre un but. ‖ Fam. *Faire un bois,* au tennis, frapper la balle avec le cadre de la raquette. ‖ *Homme des bois,* homme primitif, rustre. ‖ *Toucher du bois,* conjurer le mauvais sort en touchant un objet en bois. • **Bot.** *Bois d'automne,* bois riche en fibres, pauvre en vaisseaux, sombre, qui se forme en fin d'été dans les arbres à croissance annuelle. ‖ *Bois de printemps,* bois à vaisseaux larges, pauvre en fibres, clair, qui s'édifie rapidement au printemps dans les arbres à croissance annuelle. ‖ *Bois primaire,* bois formé dès la première année de la plante et constituant les faisceaux ligneux de la tige et de la racine de toutes les plantes vasculaires. ‖ *Bois secondaire,* bois formé chez les végétaux vivaces à partir de la deuxième année, issu de l'assise génératrice libéro-ligneuse et disposé en un anneau de plus en plus complet d'une année à l'autre. – **Bx-arts.** Gravure sur bois (*de fil* ou *de bout*). (On dit aussi BOIS GRAVÉ.) – **Chass.** *Faire le bois,* fouiller un bois pour lever le gibier. – **Mobil.** Carcasse d'un siège ou d'un lit sans aucune garniture. – **Paléont.** *Bois fossile,* bois ayant conservé sa substance en fossilisation ou remplacé par du calcaire ou de la silice avec maintien des structures. – **Sports.** Club de golf à tête en bois, destiné aux coups les plus longs. (Le bois est dénommé *driver, brassie* ou *spoon.*) – **Techn.** Tronc d'arbre équarri ou débité en planches ou en poutres pour servir à la construction. (→ *encycl.*) ‖ Branche ou fragment de tronc d'arbre destinés à servir de combustible. ‖ *Bois exotiques,* bois d'importation en France, par oppos. à *bois indigènes.* ‖ *Bois tropicaux,* bois commerciaux de la zone intertropicale. (On disait autref. *bois coloniaux ;* les plus anciennement exploités sont aussi appelés *bois des îles.*) – **Véner.** *Toucher au bois,* se dit du cerf qui frotte ses bois contre les arbres.

◆ n. m. pl. **1.** Le but, au football : *Tirer dans les bois.* – **2.** Ensemble des instruments à air de l'orchestre formant la « petite harmonie » (*hautbois, cors anglais, clarinettes, bassons, flûtes, saxophones*), même si certains sont en métal. – **3.** Cornes des cervidés, rameuses et caduques.

ENCYCL. **Bot.** Les *vaisseaux du bois,* conducteurs de la sève brute, sont des cellules mortes, cerclées de lignine, formant une file continue de tubes chez les dicotylédones, tandis que les *trachéides* des gymnospermes, de fonctions semblables, forment une file discontinue. Les *fibres ligneuses* sont des cellules de soutien, allongées parallèlement aux vaisseaux. Les cellules du *parenchyme ligneux* sont vivantes, non lignifiées, et assurent la régulation fine du transport de la sève.

Le bois primaire, associé dans la tige et les rameaux avec le liber *(faisceaux libéroligneux),* alterne avec celui-ci dans les racines. Le bois secondaire reste fonctionnel pendant quelques années *(aubier)* puis ne conserve que des fonctions de soutien et prend une teinte sombre *(cœur).* L'industrie recherche surtout le bois de cœur, plus dur et plus imputrescible que l'aubier. Chimiquement, le bois est une association de lignine, de cellulose, d'hémicelluloses et de substances très variées selon l'espèce : tanins, résines, terpènes, baumes, etc. Leurs qualités : couleur, densité, dureté, finesse de grain, conservation dans l'eau, qualités mécaniques, retrait à la dessiccation, etc., qualifient les bois des divers arbres pour des applications industrielles différentes.

– **Techn.** Les usages du bois résultent de sa structure et de sa composition : le bois est hétérogène, hygroscopique, poreux, anisotrope ; chaque essence est différente des autres. L'environnement géographique, climatique, la pratique ou non de la sylviculture déterminent ses qualités technologiques. Les débouchés directs sont nombreux : énergie (chauffage et cuisson des aliments), papiers, cartons, cellulose, panneaux dérivés, sciages, placages, charpentes, menuiseries, parquets, meubles et agencements décoratifs, emballages, boissellerie, traverses pour voies ferrées, poteaux de lignes.

BOIS *(lac des),* en angl. **Lake of the Woods,** lac situé à la frontière du Canada (Ontario, Manitoba) et des États-Unis (Minnesota) ; 3 500 km^2.

BOISAGE n. m. **1.** Action de boiser une excavation. – **2.** Soutènement d'une excavation.

BOISCHAUT, plaine du sud du Berry (Indre et Cher), développée de la Creuse au Cher, au pied du Massif central (220 000 ha). V. princ. *La Châtre.* C'est un pays d'enclos, verdoyant (la *vallée Noire* de George Sand), aujourd'hui voué à l'élevage pour la viande.

BOIS-COLOMBES (92270), ch.-l. de cant. des Hauts-de-Seine ; 24 500 hab. Centre résidentiel et industriel (constructions aéronautiques).

BOIS-D'AMONT (39220), comm. du Jura, à 1 090 m d'alt., à 9,5 km au N.-E. des Rousses ; 1 356 hab. Travail du bois. Sports d'hiver.

BOIS-D'ARCY (78390), comm. des Yvelines, à 8 km à l'O. de Versailles ; 12 717 hab. Service des Archives du film. Électronique.

BOIS DE LA CHAISE ou **BOIS DE LA CHAIZE** (le), écart de la comm. de Noirmoutier-en-l'Île (Vendée). Station balnéaire.

BOISE, v. des États-Unis, cap. de l'Idaho ; 125 738 hab. Aéroport. Travaux publics. Électronique. Industrie alimentaire.

BOISEMENT n. m. Action de boiser ; plantation d'arbres forestiers.

BOISER v. t. (de *bois*) [conj. 3]. **1.** Garnir d'arbres, planter d'arbres un terrain nu. – **2.** Exécuter le soutènement, même métallique, d'une excavation (chantier d'exploitation ou galerie).
◆ **être boisé** v. pass. Être garni d'arbres, planté en bois : *Pays, terrain boisé.*

BOISERIE n. f. Tout ouvrage de menuiserie dont on revêt et décore l'intérieur d'un local, et spécialement ses murs (lambris muraux).

BOISEUR n. m. Ouvrier affecté à la pose du soutènement.

BOIS-GENTIL n. m. Nom usuel du *daphné.*

BOISGUILBERT ou **BOISGUILLEBERT** (Pierre LE PESANT, *sieur* DE), économiste français (Rouen 1646-*id.*1714). Il présenta sans succès aux ministres de Louis XIV ses ouvrages : *le Détail de la France* (1695) et *le Factum de la France* (1706), dans lesquels il recherchait les causes de la misère du pays et les moyens d'y remédier. Devançant les théoriciens de la demande globale, il souligne que les crises économiques sont les conséquences de l'insuffisance de la consommation.

BOIS-GUILLAUME (76230), ch.-l. de cant. de la Seine-Maritime, dans la banlieue nord de Rouen ; 10 180 hab.

BOIS-LE-DUC, en néerl. **'s-Hertogenbosch,** v. des Pays-Bas, ch.-l. du Brabant-Septentrional, au débouché du canal Juliana ; 92 057 hab. Bois-le-Duc doit son nom à Henri Ier, duc de Brabant, qui l'érigea en cité en 1185. Les Impériaux y entrèrent en 1629. La ville fut cédée à la Hollande en 1648. Belle cathédrale gothique, surtout du XVe s. Musée du Nord-Brabant. Constructions mécaniques. Pneumatiques. Brasserie.

BOIS-LE-ROI (77590), comm. de Seine-et-Marne, au N. de Fontainebleau ; 4 837 hab. Plan d'eau.

BOISMORTIER (Joseph BODIN DE), compositeur français (Thionville 1689-Roissy-en-Brie 1755). Lorrain, il séjourna à Paris, où il fit éditer ses œuvres (6 *Concerts* pour flûte, 1727). Il composa aussi des pièces pour la vielle et la musette.

BOIS-NOIRS (les), région forestière du Massif central, entre les monts du Forez et de la Madeleine ; 1 287 m au *puy de Montoncel.* Minerai d'uranium.

BOISROBERT (François LE MÉTEL, *seigneur* DE), poète français (Caen 1592-Paris 1662). Il joua un rôle important dans la querelle du *Cid* et dans la formation de l'Académie française.

BOISSEAU n. m. (anc. fr. *boisse,* mesure de blé, du gaul. **bosta,* creux de la main). **1.** Ancienne mesure de capacité pour les grains et autres solides granuleux, restée en usage au Canada et dans les pays anglo-saxons pour les céréales *(bushel).* [Au Canada et en Grande-Bretagne, il équivaut à 8 gallons, soit 36,3 l ; aux États-Unis, il vaut 35,2 l.] – **2.** Récipient dont le contenu équivaut à cette mesure. – **3.** Chacun des tuyaux courts qui s'emboîtent pour former les conduites des lieux d'aisances ou les conduits de fumée. – **4.** *Mettre, cacher qqch sous le boisseau,* cacher ce qui mériterait d'être connu.

BOISSELIER n. m. Personne qui fabrique et vend divers petits objets en bois (ustensiles de ménage, portemanteaux, etc.).

BOISSELLERIE n. f. Industrie et commerce du boisselier ; objets de bois fabriqués par le boisselier.

BOISSIEU DEAN DE LUIGNÉ (Alain DE), général français (Chartres 1914). Il prit part aux opérations en Afrique avec la colonne du général Leclerc, puis aux combats de la Libération. Il a épousé en 1946 une fille du général de Gaulle. Chef d'état-major de l'armée de terre de 1971 à 1975, nommé grand chancelier de la Légion d'honneur, il a démissionné de cette fonction en mai 1981.

BOISSON n. f. (bas lat. *bibitio,* du lat. class. *bibere,* boire). **1.** Tout liquide que l'on boit : *Boisson glacée.* – **2.** Liquide alcoolisé, comme le vin, la

bière, le cidre : *Impôt sur les boissons.* — **3.** *Être pris de boisson,* être en état d'ivresse.
ENCYCL. Les boissons ont pour rôle physiologique principal de maintenir un degré optimal d'hydratation de l'organisme. L'eau qu'elles apportent s'ajoute à celle contenue dans les aliments solides et à celle qui provient des oxydations intraorganiques. Suivant l'activité de l'individu et le climat, les boissons doivent fournir de 500 à 1 500 g d'eau par jour.

BOISSY D'ANGLAS (François, *comte* DE), homme politique français (Saint-Jean-Chambre, Ardèche, 1756 - Paris 1826). Avocat, député aux États généraux (1789) puis à la Convention (1792), il fut président de cette assemblée lors de l'émeute populaire du 1er prairial an III : sa fermeté eut finalement raison des sectionnaires.

BOISSY-SAINT-LÉGER (94470), ch.-l. de cant. du Val-de-Marne, à 13 km au S.-E. de Paris ; 15 170 hab. Centre résidentiel.

BOIS-VEINÉ n. m. (pl. *bois-veinés*). Nom usuel d'un papillon du genre notodonte.

BOISY (Artus GOUFFIER, *seigneur* DE), comte **d'Étampes,** duc **de Roannais,** homme d'État et diplomate français (v. 1475-Montpellier 1519). Chef du gouvernement sous François Ier, il négocia les clauses du traité de Noyon (1516) avec Guillaume de Chièvres.

BOITARD n. m. En mécanique, palier de guidage pour arbre vertical n'ayant à supporter que des efforts perpendiculaires à l'axe de rotation.

BOÎTE n. f. (lat. pop. **buxita,* de *buxis, -idis,* du gr. *puksis,* buis). **1.** Contenant rigide en bois, carton, métal ou matière plastique, avec ou sans couvercle, dans lequel on met des objets ou des produits divers : *Boîte à outils. Boîte d'allumettes.* — **2.** Contenu d'une boîte : *Manger une boîte de chocolats.* — **3.** *Fam.* Lieu de travail, entreprise : *Changer de boîte.* — **4.** *Arg. scol.* Lycée, collège. — **5.** *Pop.* Chute à skis ou en moto. — **6.** *Boîte à bachot, à bac,* établissement privé spécialisé dans la préparation intensive des examens. ‖ *Boîte à idées,* boîte aux lettres placée dans une entreprise, une école, etc., pour recueillir les suggestions, les projets intéressants. ‖ *Boîte aux* ou *à lettres,* réceptacle où l'on dépose les correspondances qui seront transportées par le service postal ; boîte recevant le courrier d'un particulier ; personne qui assure la transmission de messages clandestins. ‖ *Boîte à malice, à surprise,* boîte d'aspect banal d'où surgit, dès qu'on l'ouvre, quelque objet surprenant ; ensemble des ruses, des secrets dont qqn dispose. ‖ *Boîte (de nuit),* cabaret, établissement de spectacles fonctionnant la nuit. ‖ Pop. *Fermer sa boîte,* se taire. ‖ *Mettre qqn en boîte,* se moquer de lui en ironisant sur son comportement. ‖ *Mise en boîte,* critique ironique, moquerie. • **Aéron.** et **Autom.** *Boîte noire,* appareil enregistreur placé à bord d'un avion ou d'un camion et qui permet, après un accident, de reconstituer les conditions de celui-ci. — **Anat.** *Boîte crânienne,* syn. de CRÂNE. — **Aquac.** *Boîte Vibert,* incubateur pour œufs de salmonidés. — **Assain.** *Boîte de branchement,* ouvrage constitué par un puisard relié à l'égout et dans lequel viennent déboucher les branchements particuliers. — **Autom.** *Boîte à gants,* aménagement situé dans la planche de bord, utilisé pour le rangement d'objets divers. ‖ *Boîte de vitesses,* carter contenant le mécanisme de changement de vitesse ; ensemble des organes de ce mécanisme. (Syn. CHANGEMENT DE VITESSE.) — **Ch. de f.** *Boîte d'essieu,* dispositif généralement placé aux extrémités des essieux et transmettant la charge du véhicule. ‖ *Boîte à rouleaux,* boîte d'essieu montée sur la fusée par l'intermédiaire d'un roulement à rouleaux. — **Cybern.** *Boîte noire,* système dont on ignore la structure et qui n'est connu que par son comportement en réponse à des sollicitations extérieures. — **Électr.** *Boîte de dérivation, d'extrémité, de jonction,* appareil protégé ou fermé utilisé dans les installations électriques. — **Emball.** *Boîte à (de) conserve,* boîte métallique spéciale destinée à contenir des produits alimentaires stérilisés ou des liquides. — **Horlog.** *Boîte d'horloge,* meuble en bois dans lequel était logé le mécanisme des horloges. (Syn. CABINET OU GAINE D'HORLOGE.) — **Inform.** *Boîte aux lettres,* partie réservée d'une mémoire, qui sert à échanger des informations entre des programmes ou des processeurs ; technique faisant appel à ce dispositif. — **Mécan.** *Boîte d'avance,* dans une machine-outil, boîte de vitesses des mouvements d'avance. ‖ *Boîte à clapet,* élément dans lequel se meut un clapet et qui porte son siège. ‖ *Boîte de filetage,* dans un tour, boîte des vitesses de rotation de la vis mère. — **Menuis.** Guide de maintien destiné au sciage ou au rabotage manuel. ‖ *Boîte à recaler,* outil qui servait à finir les grosses coupes d'onglet. — **Métall.** *Boîte à noyau,* boîte dans laquelle on confectionne un noyau pour moule de fonderie. ‖ *Boîte réfrigérante,* enveloppe métallique à circulation d'eau destinée à refroidir des parties fragiles d'un haut fourneau ou d'un four. ‖ *Boîte à vent,* capacité métallique dans laquelle arrive de l'air soufflé, conçue pour alimenter plusieurs tuyères. — **Mus.** *Boîte à musique,* coffret ou petit meuble renfermant un mécanisme qui joue des airs. (Il se compose d'une série de lames métalliques accrochées par les picots d'un cylindre, mis en rotation par un ressort.) ‖ *Boîte à rythmes,* ensemble de circuits électroniques programmés ou programmables donnant divers rythmes musicaux. — **Post.** *Boîte postale (B. P.),* boîte aux lettres située au bureau de poste, où le destinataire doit venir chercher son courrier. — **Therm.** *Boîte à fumée,* partie de la chaudière que traverse la fumée avant d'être évacuée par la cheminée.

BOITEMENT n. m. Action de boiter.

BOITER v. i. (de *boiteux*) [conj. 3]. **1.** Marcher en inclinant le corps d'un côté du fait d'une anomalie d'un membre inférieur : *Boiter du pied droit.* — **2.** Manquer d'aplomb : *Chaise qui boite.* — **3.** Manquer de cohérence logique : *Raisonnement qui boite.*

BOITERIE n. f. Irrégularité de la démarche due à une lésion ou à un trouble mécanique du fonctionnement d'un ou de plusieurs membres.

BOITEUX, EUSE adj. et n. (de *boîte,* cavité d'un os). Qui boite.
◆ adj. **1.** Qui n'est pas d'aplomb, bancal : *Table boiteuse.* — **2.** Qui manque de stabilité, de solidité : *Paix boiteuse.* — **3.** Qui n'est pas conforme aux règles, logiques ou autres : *Comparaison boiteuse.*

BOITEUX (Jean), nageur français (Marseille 1933), champion olympique du 400 m nage libre en 1952 dans le temps de 4 min 30 s 7/10.

BOÎTIER n. m. **1.** Boîte, coffret, généralement à compartiments. — **2.** Boîte renfermant un mécanisme, une pile, un appareil, etc. : *Boîtier de lampe de poche. Boîtier de montre.* — **3.** Corps d'un appareil photographique sans son objectif. — **4.** Sous la IIIe et la IVe République, parlementaire qui, dans chaque groupe politique, votait pour ses collègues absents.

BOITILLEMENT n. m. Boitement léger.

BOITILLER v. i. (conj. 3). Boiter légèrement.

BOITO (Arrigo), compositeur et écrivain italien (Padoue 1842-Milan 1918), librettiste de Verdi pour *Falstaff* et *Otello.*

BOIT-SANS-SOIF n. inv. *Fam.* Ivrogne.

BOITTE → BOETTE.

BOIVIN (André), biologiste français (Auxerre 1895-Strasbourg 1949). Il a étudié la composition antigénique des bactéries.

BOIZOT (Louis Simon), sculpteur français (Paris 1743-*id.* 1809). De 1774 à 1785, il a dirigé l'atelier de modelage à la manufacture de Sèvres, pour laquelle il a donné de nombreux modèles.

BOJADOR *(cap),* promontoire du littoral du Sahara occidental, sur l'Atlantique.

BOJER (Johan), écrivain norvégien (Orkanger, près de Trondheim, 1872 - Oslo 1959), auteur de romans exaltant les paysans et les pêcheurs (*le Dernier Viking,* 1921) et de récits fustigeant la civilisation urbaine (*Vie,* 1911).

BO JUYI ou **PO KIU-YI,** poète chinois (Xinzheng 772-Luoyang 846), représentant du courant réaliste des Tang (*le Chant de l'amour éternel*).

BOKARO, district houiller de l'Inde (Bihār), au N. de la Dāmodar. Aciérie.

BOKASSA (Jean Bédel), homme d'État centrafricain (Bobangui 1921 - Bangui 1996). Chef d'état-major de la Défense nationale, il renverse le président David Dacko en 1965 et le remplace comme président de la République et chef du gouvernement. Promu général en 1967, désigné en 1972 comme président de la République à vie, il prend, en 1976, le titre d'empereur Bokassa Ier ; ses excès de pouvoir provoqueront sa chute en 1979. Après plusieurs années d'exil en France, il retourne en Centrafrique pour y être jugé. Condamné à mort en 1987, il est gracié en 1988 et libéré en 1993.

BOKÉ, v. de Guinée, sur le rio Nunez ; 9 500 hab. — À proximité, gisement de bauxite, exportée par le port de Kamsar (atteint par le rail).

BOKÉNRANEF → BOCCHORIS.

BOKMÅL [bokmol] n. m. (mot norv. signif. *langue des livres*). Une des deux formes du norvégien, par opposition au nynorsk. (Syn. DANO-NORVÉGIEN, RIKSMÅL.)

BOKSBURG, v. d'Afrique du Sud, à l'E. de Johannesburg ; 150 000 hab. Mines d'or.

1. BOL n. m. (angl. *bowl,* jatte). **1.** Récipient hémisphérique dans lequel on sert certaines boissons ; son contenu : *Un bol de lait.* — **2.** *Fam.* Chance : *Avoir du bol.* — **3.** Pop. *Ne pas se casser le bol,* ne pas s'en faire. ‖ *Prendre un bol d'air,* aller respirer au grand air ; *fam.* sortir d'une situation étouffante.

2. BOL n. m. (bas lat. *bolus,* boulette, gr. *bôlos,* motte de terre). **1.** Préparation médicamenteuse en forme de grosse gélule, destinée aux animaux. — **2.** Nom générique des argiles happant à la langue et colorées en rouge ou en jaune par l'oxyde de fer. — **3.** *Bol alimentaire,* masse d'aliments déglutis en une fois. ‖ *Bol fécal,* masse de matières fécales présentes dans le rectum avant l'évacuation.

Bol d'or (le), épreuve motocycliste annuelle disputée en France sur circuit fermé, d'une durée de vingt-quatre heures.

BOL (Ferdinand), peintre et graveur hollandais (Dordrecht 1616 - Amsterdam 1680). Très proche de Rembrandt, son maître, il fut surtout portraitiste.

BOLAN, localité du Pākistān, dans le Baloutchistan, à la tête des *passes de Bolan* (96 km), qui relient le Pākistān à l'Afghānistān.

BOLARDS (les), lieu-dit de la commune de Nuits-Saint-Georges (Côte-d'Or). Vestiges d'époque gallo-romaine (sanctuaire, thermes, etc.).

BOLAS [-las] n. f. pl. ou n. m. pl. (esp. *bolas,* de l'anc. provenç. *bola,* boule). Lasso en usage chez les Indiens de l'Amérique du Sud et composé de longues courroies terminées par des boules de pierre.

BOLBEC (76210), ch.-l. de cant. de la Seine-Maritime, dans le pays de Caux ; 12 505 hab. *(Bolbécais).* Textile.

BOLCHEVIK, BOLCHEVIQUE ou, vx, **BOLCHEVISTE** adj. et n. (russe *bolchevik*). **1.** S'est dit des partisans de la thèse soutenue par Lénine et Plekhanov au congrès de Bruxelles de 1903. – **2.** S'est dit des membres de la fraction dure au sein du parti ouvrier social-démocrate de Russie. – **3.** Après 1918, relatif au parti communiste d'Union soviétique (« parti communiste [bolchevik] d'Union soviétique » [P. C. (b.) U. S.]) et à ses membres. – **4.** *Péjor.* Syn. vieilli de COMMUNISTE.

BOLCHEVIK *(île),* île de Russie, dans le sud de l'archipel de la Severnaïa Zemlia ; 11 312 km².

BOLCHEVISATION n. f. Action de bolcheviser ; état qui en résulte.

BOLCHEVISER v. t. (de *bolchevik*) [conj. 3]. **1.** Faire adopter une direction bolchevique à une institution ou à un pays. – **2.** Soumettre à un régime communiste.

BOLCHEVISME n. m. Théorie, pratique des bolcheviks.

Bolchoï *(théâtre)* [de Saint-Pétersbourg], théâtre impérial russe qui abrita la troupe de danseurs du Ballet impérial de 1783 à 1889. Construit en 1783, il prit son nom de théâtre Bolchoï en 1802. Il est devenu le Conservatoire de musique de Saint-Pétersbourg.

Bolchoï *(théâtre)* [de Moscou], théâtre d'opéra et de ballet d'État (et anc. Théâtre impérial). Un premier théâtre brûla en 1780 ; il fut remplacé par le théâtre Petrovski, qui abrita la troupe des danseurs du Ballet impérial. L'actuel théâtre est une seconde reconstruction du théâtre Petrovski et date de 1856. La troupe du *Ballet du théâtre Bolchoï* comprend actuellement plus de 250 danseurs, formés dans la tradition des écoles de danse française. Le répertoire comprend les grands ballets classiques et romantiques ainsi que quelques œuvres contemporaines. Une école de danse existe depuis 1840.

BOLDINE n. f. Alcaloïde apparenté à la berbérine, extrait des feuilles de boldo et utilisé pour son action constrictive sur la vésicule biliaire et pour son effet laxatif.

BOLDINI (Giovanni), peintre italien (Ferrare 1842-Paris 1931). Établi à Paris à la fin de 1871, paysagiste, auteur de scènes de genre et surtout portraitiste à la technique progressivement libérée et fougueuse, il sera l'un des meilleurs témoins de la société parisienne brillante (*Robert de Montesquiou,* 1897, musée d'Orsay).

BOLDO n. m. (esp. *boldo,* de l'araucan). Plante du Chili, dont les feuilles sont utilisées en pharmacie pour le traitement des maladies du foie.

BOLDREWOOD (Thomas Alexander BROWNE, dit **Rolf**), écrivain australien (Londres 1826-Melbourne 1915), l'un des premiers romanciers nationaux de l'Australie (*Vol à main armée,* 1882-83).

BOLDUC n. m. (de *Bois-le-Duc,* n. pr.). Ruban que l'on emploie pour ficeler les paquets.

BOLÉE n. f. (de *bol 1*). Liquide (en général du cidre) contenu dans un bol.

BOLEKO [-le-] n. m. Huile fournie par l'ongokéa, utilisée dans l'industrie des peintures, cuite ou additionnée d'huile de lin.

BOLÉRO n. m. (esp. *bolero,* danseur professionnel). **1.** Danse espagnole à 3/4, variante du fandango de style noble, qui s'exécute avec accompagnement de chants, castagnettes, guitare et tambourin. – **2.** Danse et chant cubains, de rythme binaire et syncopé, apparus au début du XIXᵉ s. – **3.** Petite veste droite non boutonnée s'arrêtant au-dessus de la taille.

Boléro, ballet sur une musique de M. Ravel, chorégr. de Bronislava Nijinska, créé à l'Opéra de Paris en 1928 par les Ballets d'Ida Rubinstein. Une gitane, debout sur une table d'auberge, danse. L'ivresse du rythme qu'elle imprime à sa danse se transmet à la foule des clients. – Versions de la Argentinita (1945) et de M. Béjart (1961, version féminine ; 1979, version masculine).

BOLESLAS, en polon. **Bolesław,** nom de plusieurs souverains de Pologne. – **Boleslas Iᵉʳ** *le Vaillant* (967-1025), duc de Pologne (992-1024), roi de Pologne (1025), fils et successeur de Mieszko, étendit ses possessions jusqu'aux rives de la Baltique et enleva la Moravie au duc de Bohême. – **Boleslas II** *le Hardi* (1039-1081), duc de Pologne (1058-1076), roi de Pologne (1076-1079), fils de Casimir Iᵉʳ, soutint le pape Grégoire VII contre l'empereur au cours de la querelle des Investitures. Il tua l'évêque de Cracovie, saint Stanislas. Il fut excommunié et dépouillé de la couronne. – **Boleslas III** *Bouche-Torse* (1085-1138), duc de Pologne (1102-1138). – **Boleslas IV** *le Crépu* (1125-1173), duc de Pologne (1146-1173), fils cadet du précédent et frère de Ladislas, tint tête à une invasion de l'empereur Frédéric Barberousse. — **Boleslas V** *le Chaste* (1226-1279), duc de Pologne (1227-1279), épousa Cunégonde (Kinga), fille de Béla IV, roi de Hongrie.

BOLESLAV, nom de plusieurs princes souverains tchèques. — **Boleslav Ier,** duc de Bohême (935-967). — **Boleslav II,** duc de Bohême (967-999). — **Boleslav III,** duc de Bohême (999-1003).

BOLET n. m. (lat. *boletus,* du gr. *bôlitês*). Champignon à basides, dont la face inférieure du chapeau porte des tubes, dont le pied est souvent renflé à la base et dont plusieurs espèces, appelées *cèpes,* sont comestibles. (Les espèces les plus connues sont le *cèpe de Bordeaux,* très recherché, le *cèpe de pin* ou pinée, le *tête-de-nègre,* le *bolet Satan,* non comestible.)

BOLGAR, capitale du royaume des Bulgares* de la Volga (auj. dans le *raion* de Samara, de la rép. du Tatarstan).

BOLIDE n. m. (lat. *bolis, -idis,* météore). 1. *Vx.* Météore brillant offrant l'aspect d'une boule de feu. — 2. Voiture rapide et, en partic., voiture de course. — 3. *Comme un bolide,* à toute vitesse.

BOLIER ou **BOULIER** n. m. (provenç. *boliet,* du bas lat. *boledium*). Grand filet de pêche, en forme de nappe, que les bateaux traînent sur le sable, le long des côtes.

BOLINCHE n. f. (esp. *boliche*). Filet de pêche à deux ailes, avec un manche au milieu.

BOLINGBROKE (Henry SAINT JOHN, *vicomte*), homme d'État et écrivain anglais (Battersea, Surrey, 1678-*id.* 1751). Secrétaire à la Guerre (1704), ministre des Affaires étrangères (1710), il négocia le traité d'Utrecht (1713). Défendant les prérogatives de l'Église anglicane et de la monarchie, il engagea le parti tory dans le jeu jacobite. Premier ministre en 1714, il se réfugia en France à l'arrivée des Hanovre (1715). Rentré en grâce (1723), il combattit la politique du gouvernement Walpole. Abandonnant la politique entre 1735 et 1738, il se consacra à la littérature. Ami de Pope, de Swift et de Voltaire, il tint une place non négligeable dans le monde littéraire.

1. BOLIVAR n. m. (de *Bolívar,* n. pr.). Unité monétaire du Venezuela.

2. BOLIVAR n. m. (de *Bolívar,* n. pr.). Chapeau haut de forme évasé et à large bord (début du XIXe s.).

BOLÍVAR *(pic),* point culminant du Venezuela, dans la cordillère de Mérida ; 5 007 m.

BOLÍVAR (Simón), général et homme d'État sud-américain (Caracas 1783 - Santa Marta, Colombie, 1830). Grand bourgeois imbu des idées libérales françaises, il provoque, en 1811, l'indépendance du Venezuela ; la réaction espagnole l'oblige à l'exil, d'où il revient pour prendre la tête de l'opposition au régime colonial. Vainqueur à Taguanes (août 1813), il entre à Caracas, où il reçoit le titre de *Libertador,* puis de dictateur (1814). Après un nouvel exil, il établit un gouvernement à Angostura, où il convoque en 1819 un congrès constituant qui l'élit président de la république du Venezuela. La même année, Bolívar libère la Nouvelle-Grenade (victoire de Boyacá) et l'unit au Venezuela pour en faire la Colombie. Les loyalistes du Venezuela sont vaincus en 1821 (victoire de Carabobo). En 1822, les régions correspondant à l'actuel Équateur sont à leur tour libérées (victoire de son lieutenant Sucre à Pichincha) et réunies à la Colombie, qui devient la Grande-Colombie. Puis Bolívar entre à Lima, est proclamé dictateur du Pérou (1823) et y assoit son autorité par les victoires de Junín et de Ayacucho (1824). Mais Bolívar verra son œuvre rapidement détruite par les forces centrifuges et démissionnera en mai 1830.

BOLIVIANO n. m. Unité monétaire de la Bolivie.

BOLIVIE, en esp. **Bolivia,** État de l'Amérique du Sud, qui doit son nom à *Bolívar ;* 1 100 000 km^2 ; 7 600 000 hab. *(Boliviens).* CAP. (constitutionnelle) *Sucre ;* siège du gouvernement : *La Paz.* LANGUE : *espagnol, aymara* et *quechua.* MONNAIE : *boliviano.*

Géographie. État continental, tropical, avec un climat où la pluviosité décroît vers le S., la Bolivie juxtapose deux régions s'opposant par le milieu naturel et l'occupation humaine : les Andes et l'Oriente (70 % du pays, mais 20 % seulement de la population). Dans les Andes, des hautes chaînes, couronnées de volcans, dominent une étendue plus plate, l'Altiplano, partiellement occupé par des lacs (Titicaca, Poopó) et des salines (salar de Uyuni). Ici, entre 3 000 et 4 000 m, à côté d'un élevage dominant (ovins, lamas), viennent la pomme de terre, l'orge. Dans les vallées, sur des terres plus basses, sont cultivés le blé, le maïs ; plus bas encore, le caféier, la canne à sucre, le coca. La population, en majorité d'origine indienne, est encore largement rurale. En dehors de La Paz, Cochabamba et Santa Cruz, les villes sont d'importance moyenne ou faible. La colonisation de l'Oriente a progressé, mais n'a pas tari une traditionnelle émigration liée à la faiblesse de l'industrialisation. Celle-ci est toujours dominée par l'extraction minière, l'étain surtout, dont la production, bien que déclinante, assure la majeure partie des exportations.

Histoire. Siège d'importantes cultures depuis l'époque préhistorique, le territoire bolivien est incorporé au XVe s. à l'Empire inca fondé à Cuzco (Pérou). Au XVIe s., le territoire est conquis par les Espagnols, qui y fondent La Paz (1548). Les

riches mines d'argent découvertes à Potosí font de la région la province la plus riche de l'Empire espagnol.
1825 : L'indépendance de la Bolivie est proclamée, après la victoire de Bolívar et de son lieutenant Sucre.
1836-1839 : Le Pérou et la Bolivie constituent une confédération.
1879-1884 : Guerre du Pacifique à l'issue de laquelle la Bolivie abandonne au Chili sa façade océanique.
1932-1935 : Guerre avec le Paraguay pour la possession du désert du Chaco, qui échappe finalement à la Bolivie.
À partir de 1936, la Bolivie est gouvernée par les militaires.
1952-1956 et **1960-1964 :** Le président Víctor Paz Estenssoro nationalise les mines (notamm. d'étain) et amorce une réforme agraire.
À partir de 1964, les militaires reviennent au pouvoir tandis que se développe une guérilla dont Che Guevara est l'un des chefs.
1971-1978 : Présidence de Hugo Banzer Suárez, qui s'appuie sur les éléments les plus conservateurs de l'armée.
Des putschs se succèdent jusqu'en 1982.
1982 : Élection à la présidence de la République de Hernán Siles Zuazo, qui tente d'établir un régime démocratique.
1985-1989 : Nouveau mandat de V. Paz Estenssoro à la tête de l'État.
1989-1993 : Présidence de Jaime Paz Zamora.
1993 : Élection à la présidence de la République de Gonzalo Sánchez de Lozada.

BOLIVIEN, ENNE adj. et n. De Bolivie.

BÖLL (Heinrich), écrivain allemand (Cologne 1917-Langenbroich, près de Kreuzau, 1985). Catholique et influencé par les philosophies de l'absurde, il jette un regard critique aussi bien sur l'Allemagne détruite de l'immédiat après-guerre (*Le train était à l'heure,* 1949 ; *Voyageur, si tu vas à Spa...,* 1950) que sur un pays redevenu prospère et tout entier préoccupé de jouissances matérielles (*Portrait de groupe avec dame,* 1971 ; *l'Honneur perdu de Katharina Blum,* 1974 ; *Femmes devant un paysage fluvial,* 1985). [Prix Nobel 1972.]

BOLLAND (Jean), dit **Johannes Bollandus,** jésuite (Julémont, prov. de Liège, 1596-Anvers 1665), collationneur et commentateur des *Acta sanctorum ;* son œuvre fut poursuivie par les bollandistes.

BOLLANDISTE n. m. (de J. *Bolland,* n. pr.). Membre d'une société qui, depuis le XVIIe s., travaille au recueil des Vies des saints dénommé *Acta sanctorum.* (La plupart des bollandistes sont des jésuites.)

BOLLARD n. m. (mot angl.). Gros fût cylindrique implanté dans l'arête d'un quai d'accostage pour l'amarrage rapproché des navires. (Syn. BORNE D'AMARRAGE.)

BOLLÉE (Amédée), constructeur français (Le Mans 1844-Paris 1917). De 1873 à 1885, il réalisa une série de voitures à vapeur. – Ses fils, LÉON (Le Mans 1870-Neuilly-sur-Seine 1913) et AMÉDÉE (Le Mans 1872-*id.* 1926) abordèrent ensuite la construction d'automobiles à essence.

BOLLÈNE (84500), ch.-l. de cant. de Vaucluse ; 13 981 hab. *(Bollénois).* Carrières de terres réfractaires. Métallurgie. Électronique. – Au N., grande centrale hydroélectrique sur une dérivation du Rhône. (→ TRICASTIN.)

BOLLIGEN, v. de Suisse (cant. de Berne), banlieue nord-est de Berne ; 32 000 hab.

BOLM (Adolph), danseur et chorégraphe russe (Saint-Pétersbourg 1884-Hollywood 1951). Engagé aux Ballets russes (1909-1914), victime d'un accident de scène au cours d'une tournée aux États-Unis, il se fixa à New York. À l'origine du premier film de danse synchronisé avec la musique d'orchestre (*Danse macabre* de Saint-Saëns, 1929), il s'est consacré, à Hollywood, à de nombreuses productions de films chorégraphiques.

BOLOGNE, en ital. **Bologna,** v. d'Italie, cap. de l'Émilie et ch.-l. de prov. ; 404 322 hab. (près de 600 000 dans l'agglomération).
– **Géogr.** Carrefour ferroviaire et routier, Bologne est une métropole régionale de l'Italie centrale, administrative, commerciale, culturelle et touristique, également industrialisée (mécanique).
– **Hist.** La ville a été, au Moyen Âge et au début du XVIe s., un des grands foyers d'art de l'Italie ; dotée d'une université en 1088, elle fit partie des États pontificaux de 1506 à 1860.
– **Bx-arts.** Important ensemble de monuments du Moyen Âge et de la Renaissance : tours penchées de maisons nobles ; palais communal, du podestat, della Mercanza, Bevilacqua, Poggi (par P. Tibaldi, auj. université)... ; églises, dont la basilique S. Petronio (XIVe-XVIe s., sculptures du portail par I. della Quercia), S. Stefano (assemblage de petites églises de tradition romane lombarde), S. Domenico (XIIIe-XVIIIe s. ; tombeau du saint, commencé par Nicola Pisano). Fontaine de Neptune par Giambologna. Théâtre par A. Galli Bibiena. Musée civique (archéologie, œuvres d'art) et Pinacothèque nationale, surtout consacrée aux peintres de l'école bolonaise du XVIIe s. (les Carrache, G. Reni, le Dominiquin, le Guerchin, l'Albane, Tiarini) et du XVIIIe s. (G. M. Crespi).

Bologne *(école de),* groupe de jurisconsultes, créé par Irnerius, qui enseignèrent le droit à l'université de Bologne, aux XIIe et XIIIe s., et rénovèrent le droit romain en étudiant l'œuvre de Justinien à l'aide de brèves gloses. Ce fut au XIIIe s., avec Accurse, que l'école des glossateurs connut son apogée.

BOLOGNE (Jean) → GIAMBOLOGNA.

BOLOGNINI (Mauro), metteur en scène de cinéma italien (Pistoia 1922). Il se fait connaître en 1955 en réalisant *les Amoureux.* Ses mises en scène parfois précieuses et recherchées ont fait de lui l'un des chefs de file d'une tendance néoformaliste (*Ça c'est passé à Rome,* 1960 ; *La Viacca,* 1961 ; *Bubu de Montparnasse,* 1971 ; *la Dame aux camélias,* 1980 ; *Adieu Moscou,* 1987.)

BOLOMÈTRE n. m. (angl. *bolometer,* du gr. *bolê,* trait). Appareil électrique qui mesure un flux d'énergie rayonnante par la variation de la résistance électrique d'une bande métallique placée dans un pont de Wheatstone.

BOLOMÉTRIQUE adj. Obtenu par les indications d'un bolomètre.

BOLONAIS, E adj. et n. De Bologne.

BOLOTNIKOV (Ivan Issaïevitch), chef de l'insurrection paysanne russe de 1606-1607 († Kargopol, rég. d'Arkhangelsk, 1608).

BOLOVEN *(plateau des),* région du sud du Laos, entre le Mékong à l'O. et le Se Kong à l'E.

BOLSENA *(lac de),* lac d'Italie, dans le Latium, au N. de Viterbe ; 115 km².

BOLSENA, bourg d'Italie, dans le Latium, au S. du *lac de Bolsena ;* 3 950 hab. Fondée par les Romains en 265 av. J.-C., *Volsinii Novi* prenait la place de *Volsinii,* la cité étrusque aujourd'hui en partie dégagée. Église S. Cristina, d'origine romane (XIe s.).

BOLSÓN n. m. (esp. *bolsón,* poche). Dépression endoréique d'une région désertique dans laquelle se concentrent les débris apportés par le ruissellement et les sels dissous dans les eaux.

BOLTANSKI (Christian), artiste français (Paris 1944). Reconstitution du passé, inventaire du vécu (séries de documents et objets de sa prétendue propre enfance ou d'individus pris au hasard), confection de petits objets dérisoires ou, à partir de la fin des années 70, « Compositions » photographiques puis « Monuments » à l'allure d'iconostases, son œuvre est une quête de l'identité des êtres et de la vie, minée par la répétition, la dérision, l'oubli.

BOLTON, v. de Grande-Bretagne (Lancashire) ; 154 000 hab. Textile. Constructions électriques. Plastiques.

BOLTRAFFIO (Giovanni Antonio), peintre italien (Milan 1467 - *id.* 1516), disciple de Léonard de Vinci.

BOLTZMANN (Ludwig), physicien et philosophe des sciences autrichien (Vienne 1844-Duino, près de Trieste, 1906). Il est le principal créateur de la théorie cinétique des gaz, qu'il élargit ensuite en une mécanique statistique. Il a introduit le concept de probabilité des états macroscopiques d'un gaz, mesurée par le nombre des « complexions » microscopiques de ce gaz correspondant à chaque état. Il en déduisit en 1876 une expression de l'entropie d'un gaz, équivalente, à une constante près (dite de Boltzmann), au logarithme de la probabilité de l'état du gaz. Ces vues, qui donnèrent lieu à des controverses sur la notion d'irréversibilité, devaient jouer un rôle important dans la découverte des quanta par Planck et dans celle du photon par Einstein.

Boltzmann *(constante de),* constante fondamentale (symbole k) intervenant dans les formulations statistiques de la physique, égale au quotient de la constante des gaz parfaits par le nombre d'Avogadro ($k = R/N$) ; en SI, on a $k = 1{,}38\,062 \times 10^{-23}\ JK^{-1}$ (joule par kelvin).

BOLYAI (János), mathématicien hongrois (Kolozsvár, auj. Cluj-Napoca, 1802-Marosvásárhely 1860). Il construisit une géométrie fondée sur l'hypothèse de l'existence d'une infinité de parallèles à une droite passant par un point extérieur à la droite.

BOLZANO, en all. **Bozen,** v. d'Italie, dans le Haut-Adige, ch.-l. de prov. ; 98 233 hab. Monuments médiévaux. Nœud de voies de communication vers la Suisse et l'Autriche, station touristique et centre industriel (métallurgie).

BOLZANO (Bernard), philosophe, logicien et mathématicien tchèque d'origine italienne (Prague 1781 - *id.* 1848). Prêtre, enseignant à Prague, il dut quitter sa chaire sous l'accusation de rationalisme. Il est l'auteur de concepts fondamentaux en sémantique (*Théorie de la science,* 1837). Son ouvrage *les Paradoxes de l'infini* (1848) repose sur le concept central d'ensemble.

Bolzano-Weierstrass *(théorème de),* théorème selon lequel, dans un espace métrique compact, de toute suite infinie, on peut extraire une suite convergente.

BOMA, port du Zaïre, sur l'estuaire du fleuve Zaïre, en aval de Matadi ; 90 000 hab.

BOMARZO, comm. d'Italie, dans le Latium (prov. de Viterbe) ; 2 000 hab. Étranges statues colossales (XVIe s.) dans le parc du palais Orsini.

BOMBACACÉE n. f. Nom de famille attribué aux fromagers *(bombax)* et aux arbres voisins.

BOMBAGE n. m. **1.** Action d'écrire qqch à l'aide d'une peinture projetée à la bombe. — **2.** Brushing qui s'effectue de la racine vers la pointe des mèches. — **3.** Cintrage au four des feuilles de verre.

BOMBAGISTE n. m. (de *bomber*). Ouvrier mettant en forme des plaques de verre par ramollissement à chaud sur des formes appropriées.

BOMBANCE n. f. (anc. fr. *boban,* orgueil, avec infl. de *bombarde,* trompette). *Fam.* **1.** Grande chère, ripaille. (Syn. BOMBE.) — **2.** *Faire bombance,* faire un repas de fête.

BOMBARD (Alain), biologiste et océanographe français (Paris 1924). En 1952, il traverse l'Atlantique seul sur un radeau pneumatique et prouve ainsi que l'homme peut subsister longtemps sans réserve d'eau douce et en se nourrissant exclusivement des produits de la mer (expérience relatée dans *Naufragé volontaire,* 1953).

BOMBARDE n. f. (lat. *bombus,* bruit retentissant). **1.** Machine de guerre du XIVe s. capable de lancer des boulets de pierre de 50 à 500 kg. — **2.** Pièce d'artillerie, appelée aussi *mortier,* employée à terre et aussi à bord des vaisseaux dits « galiotes à bombes » ; ce vaisseau lui-même. — **3.** Jeu d'orgue à anche, de 16 à 32 pieds, du type trompette, construit soit en bois, soit en métal. — **4.** Hautbois rustique, en Bretagne.

BOMBARDEMENT n. m. **1.** Action de bombarder. — **2.** Attaque d'un objectif au moyen de bombes ou de tout projectile lourd lancé par canons, avions, engins de toute sorte, ou encore volant par ses propres moyens. — **3.** Projection de particules (électrons, par ex.) sur une cible. — **4.** *Avion de bombardement,* syn. de BOMBARDIER. ‖ *Bombardement stratégique,* celui qui vise à détruire le potentiel économique de l'adversaire. ‖ *Bombardement tactique,* celui qui vise à détruire les forces armées adverses.

ENCYCL. **Mil.** *Bombardement aérien.* Dès la Première Guerre mondiale, en prenant pour objectifs les industries d'armement et les voies de communication, le bombardement aérien s'affirme comme un élément stratégique primordial. C'est pourquoi, de 1919 à 1939, la plupart des grandes puissances mettent sur pied l'embryon d'une flotte de bombardement stratégique, dont l'emploi systématique et massif durant la Seconde Guerre mondiale marquera parfois les limites (le bombardement de la Grande-Bretagne ne put entraîner la décision). Du côté britannique, la Royal Air Force adopte une tactique de bombardement massif sur de vastes zones urbaines (raid de mille avions sur Cologne en mai 1942). L'emploi de bombes incendiaires (Hambourg, 1943 ; Dresde, 1945 ; Tōkyō, 1944-45) et le développement des techniques radar assurent une puissance de destruction sans précédent : 2 700 000 tonnes de bombes coûtèrent à l'Allemagne 305 000 morts et 780 000 blessés civils. Les Alliés comptèrent 40 000 appareils détruits et 158 000 aviateurs tués, blessés ou disparus.
Après le conflit, l'aviation de bombardement en tant qu'unique vecteur de l'arme nucléaire connaît un essor prodigieux. L'apparition des missiles balistiques intercontinentaux au milieu des années 50 compromet un moment l'avenir de l'aviation de bombardement, mais à partir de 1970 celle-ci apparaît comme le complément indispensable des missiles stratégiques par sa souplesse d'emploi et parallèlement au développement des missiles antimissiles.

BOMBARDER v. t. (de *bombarde*) [conj. **3**]. **1.** Attaquer un objectif avec des bombes. — **2.** *Fam.* Soumettre qqn à l'action de projectiles quelconques : *Les enfants nous bombardent de boules de neige.* — **3.** *Fam.* Harceler qqn de demandes importunes : *Les journalistes l'ont bombardé de questions.* — **4.** *Fam.* Nommer brusquement qqn à un poste élevé auquel rien ne le destinait : *On l'a bombardé préfet.*

BOMBARDIER n. m. **1.** Avion emportant des bombes accrochées sous l'aile ou le fuselage, ou placées dans des soutes, en vue de missions de bombardement. (Syn. AVION DE BOMBARDEMENT.) — **2.** Membre de l'équipage chargé de la visée et du largage des bombes à bord d'un avion de bombardement. — **3.** Insecte coléoptère qui projette avec bruit par l'anus un aérosol acide. (Genres *brachynus* et voisins.) — **4.** *Bombardier d'eau,* avion équipé de réservoirs d'eau, utilisé pour la lutte contre les incendies de forêts.

BOMBARDIER (J.-Armand), industriel canadien (Valcourt, Québec, 1908 - Sherbrooke 1964). Inventeur de la motoneige, il a donné son nom à une entreprise qui se spécialise dans la conception et la production de matériel de transport en commun.

BOMBARDON n. m. (de *bombarde*). Contrebasse à vent, en cuivre, employée par les orchestres d'harmonie.

BOMBAY, v. de l'Inde, sur l'océan Indien, cap. du Mahārāshtra ; 12 571 720 hab. (avec les banlieues).
— **Géogr.** Développée surtout après l'ouverture du canal de Suez (valorisant une relative proximité de l'Europe), Bombay est devenue le principal port (près de 30 Mt), la première agglomération de l'Inde, un grand centre industriel (au textile, dominé par le coton, se sont ajoutés les constructions mécaniques et électriques, la chimie, le cinéma), une métropole régionale, commerciale et culturelle (université, tourisme), desservie aussi par l'aéroport de Santa Cruz.
— **Hist.** Fondée au XIIIe s., Bombay supplanta Sūrat au XVIIe s. En 1885 s'y tint la première

session du Congrès national indien. Depuis l'indépendance, l'ancien État de Bombay (qui comprenait le Sind jusqu'en 1937) a été divisé, sur des bases linguistiques, en deux États, le Gujerat et le Mahārāshtra.

1. BOMBE n. f. (ital. *bomba*). **1.** Projectile creux chargé de matière explosive ou incendiaire et muni d'un appareil de mise à feu. — **2.** Tout explosif se plaçant ou se lançant à la main : *Un attentat à la bombe.* — **3.** Nouvelle surprenante, événement sensationnel. — **4.** Syn. de AÉROSOL. — **5.** Au Canada, syn. de BOUILLOIRE. — **6.** *Bombe à eau,* poche de papier remplie d'eau que les enfants se lancent pour s'amuser. ‖ *Bombe glacée,* entremets glacé fait de jaunes d'œufs, de sirop et d'un parfum ou d'une purée de fruits. ‖ *Comme une bombe,* se dit de ce qui survient de façon inattendue et brutale. ‖ Fam. *Faire l'effet d'une bombe,* provoquer la stupeur. • **Arm.** *Bombe nucléaire,* bombe dont la puissance explosive utilise l'énergie nucléaire. (→ *encycl.*) ‖ *Bombe orbitale,* bombe nucléaire placée sur orbite à titre de menace permanente, et pouvant être désatellisée sur un ordre émis du sol, d'un bâtiment de surface ou d'un sous-marin. — **Chim.** *Bombe calorimétrique,* enceinte métallique hermétique utilisée pour mesurer les chaleurs de combustion. — **Équit.** Casquette hémisphérique renforcée que porte un cavalier comme protection en cas de chute. — **Géol.** *Bombe volcanique,* fragment de lave, fondue ou pâteuse, projeté en l'air par un volcan et qui retombe figé sur le sol. — **Pyrotechn.** *Bombe d'artifice,* sphère creuse, en carton épais, qu'on lance au moyen d'un mortier et qui, au sommet de sa course, éclate en dispersant ses garnitures enflammées. ‖ *Bombe manométrique,* éprouvette métallique, à parois très épaisses, dans laquelle on peut faire exploser une charge et qui permet de mesurer la pression et la chaleur de l'explosion.

ENCYCL. **Arm.** Les bombes utilisées par l'aviation comportent un corps à parois minces, un empennage muni d'ailettes, une fusée (déterminant le délai de mise à feu) et un système de suspension destiné à leur accrochage. Au cours des années 1960-1970, la miniaturisation des *bombes aériennes nucléaires* a fait d'immenses progrès. En outre, leur emploi a été transformé par l'apparition des *bombes à puissance réglable* en fonction des objectifs visés. Il existe autant de variétés de *bombes aériennes classiques,* dites *conventionnelles,* que d'objectifs justiciables de leur emploi : armes antiblindage, antipersonnel et incendiaires (phosphore et napalm). La *bombe cluster* (bombe à fragmentation) permet d'obtenir un effet combiné des plus redoutables. La *bombe à dépression* possède la particularité d'accroître, au sein d'une zone déterminée, la pression atmosphérique dans des proportions considérables. Mais c'est dans le domaine des armes antipistes (utilisées contre les pistes d'aviation) que les progrès ont été les plus spectaculaires.

On distingue parmi les bombes nucléaires : les *bombes de fission,* ou *bombes atomiques* (bombes A), qui mettent en jeu des réactions de fission ; les *bombes dopées,* qui sont des bombes à fission comportant une petite quantité de matières fusibles pour stimuler les réactions de fission ; les *bombes thermonucléaires,* ou *bombes à hydrogène (bombes H),* dont l'énergie provient en plus ou moins grande partie des réactions de fusion. La *bombe à neutrons* est une bombe thermonucléaire miniaturisée dont le rayonnement neutronique a été augmenté et les effets de souffle, de chaleur et de radioactivité, atténués. (→ NUCLÉAIRE.)

2. BOMBE n. f. (de *bombance*). *Fam.* **1.** Syn. de BOMBANCE. — **2.** *Faire la bombe,* faire la noce, mener une vie de plaisir.

BOMBELLES *(famille de),* famille d'origine italienne, établie en France au XVe s. puis en Autriche au XVIIIe s. À cette famille appartient CHARLES RENÉ, comte **de Bombelles** (Versailles 1785-*id.* 1856), chambellan à la cour d'Autriche (1830), qui épousa secrètement en 1834 l'ex-impératrice Marie-Louise, duchesse de Parme.

BOMBELLI (Raffaele), mathématicien italien (Borgo Panigale, près de Bologne, 1526-1572). Il a introduit une notation pour les puissances de l'inconnue et formulé les règles de calcul pour les nombres complexes.

BOMBEMENT n. m. **1.** Fait d'être bombé ; convexité : *Bombement d'une chaussée.* — **2.** Déformation à grand rayon de courbure, en relation avec des mouvements verticaux de la lithosphère. (Syn. VOUSSURE.)

BOMBER v. t. (de *bombe 1*) [conj. 3]. **1.** Rendre convexe : *Bomber une chaussée.* — **2.** Tracer qqch, ou couvrir une surface d'inscriptions, à l'aide d'une bombe de peinture : *Bomber un slogan sur un mur.* — **3.** *Bomber la poitrine, le torse,* avoir une attitude fière, orgueilleuse.

◆ v. i. *Pop.* Aller très vite : *Pour arriver à temps, il va falloir bomber.*

◆ v. i., **se bomber** v. pr., **être bombé** v. pass. Prendre, présenter un profil renflé, convexe : *Front bombé.*

◆ **être bombé** v. pass. *Arc bombé,* syn. de ARC SEGMENTAIRE. ‖ *Voûte bombée,* voûte d'arêtes ou d'ogives dont la clé est plus haute que le sommet des arcs qui l'encadrent. (Syn. VOÛTE DOMICALE.)

BOMBEUR, EUSE n. Personne qui bombe un dessin, une inscription sur une surface.

BOMBIDÉ n. m. (lat. *bombus,* du gr. *bombos,* bruit sourd). Insecte hyménoptère (apidé) porte-aiguillon tel que le bourdon. (Les *bombidés,* malgré leur désinence, ne forment pour la plupart des auteurs qu'une tribu.)

BOMBIERI (Enrico), mathématicien italien (Milan 1940). Il a donné une estimation plus précise que celle de ses prédécesseurs de la distribution des nombres premiers dans une progression arithmétique $ax + b$ où a et b sont premiers entre eux. (Médaille Fields, 1974.)

BOMBINA ou **BOMBINATOR** n. m. (lat. *bombus,* bruit sourd). Nom générique des crapauds dits *sonneurs* pour leur chant mélodieux. (En cas de danger, ils exposent leur ventre violemment coloré de rouge ou de jaune tout en exsudant un liquide caustique et malodorant.)

BOMBINETTE n. f. *Fam.* Petite bombe.

BOMBOIS (Camille), peintre français (Venarey-les-Laumes 1883 - Paris 1970). De ses divers métiers, il garda un goût pour le monde campagnard et le monde forain, dont il a restitué la vie colorée dans des toiles naïves, pleines de vigueur.

BOMBYCILLIDÉ n. m. Oiseau passereau brun, huppé tel que le *jaseur boréal* de la taïga et l'*oiseau palmiste* de Haïti, au nid collectif. (Les *bombycillidés* forment une famille.)

BOMBYLIDÉ n. m. Mouche orthoraphe velue, à longue trompe, qui butine dans les prairies ensoleillées et dont la larve est parasite d'autres insectes. (Les *bombylidés* forment une famille.)

BOMBYX n. m. (lat. *bombyx,* du gr. *bombuks,* ver à soie). **1.** Nom générique du ver à soie et de quelques papillons très voisins formant la famille des *bombycidés.* — **2.** Nom commun à divers papillons lasiocampidés dont la chenille est nuisible (bombyx du chêne, de la ronce, du trèfle, du pin, bombyx à livrée). — **3.** Nom donné à des papillons d'autres familles, tous nocturnes et de grande taille (bombyx de l'ailante, disparate, étoilé, cul-brun, etc.). — **4.** *Bombyx laineux,* syn. de ERIOGASTER.

BÔME n. f. (holland. *boom,* arbre). **1.** Syn. de GUI 2. — **2.** Vergue inférieure d'une voile aurique. — **3.** *Bôme à rouleau,* bôme qui, pouvant tourner sur elle-même, permet d'enrouler rapidement la grand-voile.

BÔMÉ, E adj. Muni d'une bôme.

Bompiani, maison d'édition italienne fondée en 1929, à Milan. Elle publie des ouvrages littéraires, encyclopédiques et de vulgarisation scientifique.

1. BON, BONNE adj. (lat. *bonus*). **1.** Qui, dans son genre, présente des qualités supérieures à la moyenne : *Un bon élève. Un bon film.* — **2.** *Bon à, dans, en qqch,* qui possède les aptitudes pour réussir dans un domaine : *Un élève bon en maths.* — **3.** *Bon pour, contre,* qui est efficace pour ou contre qqch, qui a un effet favorable sur qqn : *Un sirop bon contre la toux. Ce climat est bon pour lui.* — **4.** Qui est conforme à la norme : *Il parle un bon français.* — **5.** Qui est favorable, satisfaisant : *C'est bon signe. Faire une bonne affaire.* — **6.** Qui procure de l'agrément, du plaisir, notamment au goût : *Ce gâteau est très bon.* — **7.** Qui est important en quantité, en intensité : *J'ai attendu une bonne heure. Avoir une bonne grippe.* — **8.** Qui a de la générosité, de la bienveillance, est porté à faire le bien ; qui témoigne de ces qualités : *Être bon pour les animaux. De bons sentiments.* — **9.** *Fam.* Qui est d'une simplicité plus ou moins naïve : *C'est un bon garçon sans malice.* — **10.** S'emploie dans des formules de souhait : *Bon anniversaire ! Bonne route !* — **11.** *Bon à, bon pour,* qui est dans les conditions voulues pour : *Des fruits bons à jeter. Être bon pour une contravention.* — **12.** *Il est bon de, que,* il convient de, que : *Il est bon que vous le sachiez.* — **13.** *À quoi bon ?,* à quoi cela servirait-il ?, c'est inutile. ‖ Fam. *Avoir qqn à la bonne,* être bien disposé à son égard. ‖ *Bon à rien,* qui ne réussit en rien, incapable. ‖ *C'est bon !,* exprime l'approbation, l'indifférence ou le désir d'en finir avec qqch. ‖ *Comme bon me (te, lui, etc.) semble,* à ma (ta, sa, etc.) guise. ‖ Fam. *Elle est bien bonne !,* se dit d'une histoire vraiment drôle, ou d'une nouvelle étonnante. ‖ Fam. *En dire, en raconter de (bien) bonnes,* dire des choses plaisantes ou surprenantes. ‖ Fam. *Être bon,* être pris, attrapé. ‖ Fam. *Prendre qqch à la bonne,* le prendre du bon côté. ‖ *Tout lui est bon,* il n'est pas difficile dans ses choix. ‖ *Une bonne fois,* une fois pour toutes. ‖ *Vous en avez de bonnes,* vous plaisantez, vous exagérez. • **Mil.** *Bon pour le service,* se disait autref. d'un jeune homme jugé apte au service. — **Sports.** Au tennis et au tennis de table, se dit de la balle tombée dans les limites du jeu.

◆ n. **1.** Personne vertueuse, estimable (surtout m. pl.) : *Un film où les bons triomphent des méchants.* — **2.** *Un(e) bon(ne) à rien,* un(e) incapable. ‖ Fam. ou ironiq. *Mon bon, ma bonne,* mon cher, ma chère.

◆ **bon** adv. **1.** Renforce une interjection : *Ah bon ! Allons bon !* — **2.** *Bon !,* marque une approbation, une constatation, etc. ‖ *Il fait bon,* c'est un plaisir de. ‖ *Il ne fait pas bon,* il y a danger ou désagrément à. ‖ *Pour de bon,* sérieusement, véritablement. ‖ *Sentir bon,* exhaler une odeur agréable. ‖ *Tenir bon,* résister fermement.

◆ **bon** n. m. **1.** Ce qui se distingue par sa qualité : *Boire du bon.* — **2.** Ce qui est agréable, avantageux : *Il y a du bon dans la vie.* — **3.** *Avoir du bon,* avoir des avantages.

2. BON n. m. (de *bon 1*). Billet qui autorise à toucher des objets en nature, ou une somme d'argent, chez une personne désignée. • **Banq.** *Bon de caisse,* bon à ordre ou au porteur émis par les entreprises ou les banques en contrepartie d'un prêt ou d'un dépôt, portant intérêt et remboursable à une échéance fixe. ‖ *Bon du Trésor,* emprunt, émis par l'État pour financer sa trésorerie et souscrit par les banques et organismes financiers ainsi que par le public. — **Comm.** *Bon de commande,* document qui précise la teneur d'une commande en définissant les conditions précises de celle-ci et engageant l'acheteur vis-à-vis du vendeur. ‖ *Bon de livraison,* document accompagnant une livraison et mentionnant le détail de celle-ci. ‖ *Bon de transport,* bon délivré par les compagnies de transport pour effectuer gratuitement, ou moyennant une réduction sur les tarifs, un voyage ou un transport de marchandises. — **Impr.** *Bon à composer,* formule apposée sur la copie du texte à composer, établie et préparée de façon à éviter les erreurs et les corrections d'auteur après composition. ‖ *Bon à graver, bon à copier,* épreuve de contrôle en offset et en héliogravure, avant la réalisation des formes imprimantes. ‖ *Bon à rouler,* feuille d'impression signée par le client à l'imprimerie avant l'impression. ‖ *Bon à tirer,* dernière épreuve d'un ouvrage, sur laquelle l'auteur donne son accord pour la publication.

3. BON n. m. Religion chamanique du Tibet, antérieure au bouddhisme et qui influença le bouddhisme tibétain.

Bon Marché *(Au),* établissement commercial fondé en 1852 par Aristide Boucicaut. Grâce à des méthodes de vente révolutionnaires (réduction des marges brutes, rotation rapide des stocks), ce « grand magasin » connut immédiatement une forte expansion.

Bon Pasteur *(le),* congrégation féminine vouée à la jeunesse féminine délinquante.

BON *(cap),* cap et péninsule du nord-est de la Tunisie.

BON, fête des Morts japonaise, qui se célèbre du 13 au 15 juillet.

BON (Giovanni BUON ou) [† 1442] et BARTOLOMEO, son fils († 1464), architectes et sculpteurs vénitiens. Ils ont élevé au palais ducal la *Porta della Carta,* chef-d'œuvre de la sculpture gothique (1438-1443).

BON (Ferdinand Jean Jacques DE), amiral français (Saint-Servan 1861-Paris 1923). Chef d'état-major de la marine en 1916, il prit en 1919 la tête de l'armée navale française de Constantinople.

BONACE n. f. (lat. pop. **bonacia,* du lat. class. *malacia,* calme de la mer, avec infl. de *bon*). En mer, calme plat entre deux périodes de mauvais temps.

BONA DEA ou **BONNE DÉESSE,** divinité romaine liée au culte de Faunus.

BONAGUIL, écart de la comm. de Saint-Front-sur-Lémance (Lot-et-Garonne), au N.-E. de Fumel. Important château féodal ruiné, qui illustre l'évolution des techniques de défense du XIIIe s. au 1er tiers du XVIe.

Bonain *(mélange anesthésique de),* mélange formé en parties égales de chlorhydrate de cocaïne, de menthol et de phénol, employé comme anesthésique en application locale sur les muqueuses.

BONAIRE, île néerlandaise de la mer des Antilles, au large du Venezuela ; 288 km² ; 9 000 hab. Ch.-l. *Kralendijk.* Terminal pétrolier.

BONALD (Louis, *vicomte* DE), écrivain et philosophe français (château du Monna, près de Millau, 1754-*id.* 1840). D'abord favorable aux idées révolutionnaires, il s'exila après le vote de la Constitution civile du clergé (1791). Rentré en 1797, il resta à l'écart du régime impérial ; sous la Restauration, il fut député, ministre d'État, pair de France, mais il bouda la monarchie de Juillet. Dans ses différents ouvrages, notamment *Théorie du pouvoir politique et religieux* (1796) et *les Recherches philosophiques* (1818), il soutient que la société politique et la société religieuse sont substantiellement liées, leur séparation ne pouvant provoquer qu'anarchie et barbarie. (Acad. fr., 1816.)

BONAMIA n. m. Parasite de l'huître plate apparu en 1979 dans les élevages bretons et dont les ravages ont été considérables.

BONAMPAK, site maya de l'État du Chiapas (Mexique), près du fleuve Lacanjá. Célèbres peintures murales (fin VIIIe s.), qui représentent de manière réaliste bataille, victoire et rituel guerrier.

BONAPARTE, famille française d'origine italienne, dont une branche s'établit en Corse au XVIe s. Son fondateur fut CHARLES MARIE **Bonaparte** (Ajaccio 1746-Montpellier 1785). En 1764, il épousa Maria Letizia Ramolino, dite *Madame Mère* (Ajaccio 1750-Rome 1836), de qui il eut douze enfants dont huit survécurent : JOSEPH **Bonaparte** (Corte 1768-Florence 1844). Premier prince du sang à la proclamation de l'Empire, il reçut la dignité de Grand Électeur (en 1804), fut roi de Naples (1806-1808) puis roi d'Espagne (1808-1813). À partir de 1815, il vécut 25 ans aux États-Unis ou en Angleterre. — NAPOLÉON **Bonaparte** (Ajaccio 1769-Sainte-Hélène 1821). Il devint empereur des Français sous le nom de Napoléon Ier*. — LUCIEN **Bonaparte,** prince **de Canino** (Ajaccio 1775-Viterbe 1840). Député aux Cinq-Cents, il prépara le coup d'État du 18 brumaire an VIII et y joua comme président de cette Assemblée un rôle décisif. Ministre de l'Intérieur (1799), ambassadeur à Madrid (1800), il se brouilla en 1804 avec Napoléon. Un des fils de Lucien, PIERRE (Rome 1815-Versailles 1881), tua, le 10 janv. 1870, le journaliste Victor Noir à la suite d'une polémique de presse. Il fut acquitté et se retira en Angleterre. — MARIA-ANNA, dite ÉLISA **Bonaparte** (Ajaccio 1777-près de Trieste 1820). Avec son mari, Félix Baciocchi, épousé en 1797, elle régna sur les principautés de Lucques et de Piombino (1805) puis, comme grande-duchesse, sur la Toscane (1809-1814). — LOUIS **Bonaparte** (Ajaccio 1778-Livourne 1846). Connétable d'Empire, il fut marié malgré lui (1802) avec Hortense de Beauharnais, fille de Joséphine. Placé par son frère sur le trône de Hollande (1806), il fut sans cesse en conflit avec Napoléon, qui l'obligea à abdiquer en 1810. Il fut le père de NAPOLÉON III* (1808-1873). Le fils de Napoléon III et d'Eugénie de Montijo, EUGÈNE LOUIS NAPOLÉON (Paris 1856-Ulundi, Kwazulu-Natal, 1879), prince impérial, candidat bonapartiste après la mort de son père, fut tué au Zoulouland, où il était attaché à l'état-major de l'armée britannique. — MARIE-PAULETTE, dite PAULINE **Bonaparte** (Ajaccio 1780-Florence 1825). Épouse du général Leclerc (1797), veuve, remariée (1803) avec Camillo Borghèse, elle fut, avec lui, à la tête de la principauté de Guastalla (1806). — MARIE-ANNONCIADE, dite CAROLINE **Bonaparte** (Ajaccio 1782-Florence 1839). Épouse de Joachim Murat, grande-duchesse de Clèves et de Berg (1806), reine de Naples (1808), elle s'efforça vainement de conserver ce trône en 1814. — JÉRÔME **Bonaparte** (Ajaccio 1784-Villegenis [Massy], Essonne, 1860). Roi de Westphalie (1807-1813), il épousa en secondes noces Catherine de Wurtemberg (1807). Gouverneur des Invalides (1848), maréchal de France (1850), il fut président du Sénat en 1852. Il eut de Catherine de Wurtemberg trois enfants, dont : MATHILDE (Trieste 1820-Paris 1904), qui tint à Paris un salon célèbre ; NAPOLÉON, dit *le prince Jérôme* (Trieste 1822-Rome 1891), qui s'opposa à la politique de son cousin Napoléon III. De son mariage (1859) avec Clotilde de Savoie, Napoléon eut trois enfants, dont VICTOR (Meudon 1862-Bruxelles 1926), prétendant au trône impérial à partir de 1879 et lui-même père de LOUIS (Bruxelles 1914), prétendant, depuis 1926, de la dynastie napoléonienne.

BONAPARTE (Marie), psychanalyste française (Saint-Cloud 1882-Saint-Tropez 1962), descendante de Lucien Bonaparte. Elle a joué un rôle fondamental dans l'histoire du mouvement psychanalytique. Analysée par S. Freud à partir de 1920, elle est la déléguée officielle de celui-ci à Paris, où elle sera cofondatrice de la Société psychanalytique de Paris (1926). Elle a aidé Freud et sa famille à fuir le nazisme et à s'installer à Londres. Elle a écrit *la Sexualité de la femme* (1951), *Psychanalyse et anthropologie* (1952).

BONAPARTISME n. m. **1.** Système de gouvernement où le pouvoir est entre les mains de la dynastie fondée par Napoléon Bonaparte en vertu de l'hérédité, mais aussi d'une délégation de la nation, reconnue comme principe de toute souveraineté. — **2.** Forme de gouvernement autoritaire et plébiscitaire, ratifiée par le suffrage universel. (Ce concept fut forgé par Marx, analysant le coup d'État du futur Napoléon III.) — **3.** Parti politique qui, circonscrit pratiquement à la ville d'Ajaccio, défend en Corse le souvenir de la famille Bonaparte.

BONAPARTISTE adj. et n. **1.** Qui est partisan du gouvernement des Bonaparte. — **2.** Qui est propre à un gouvernement autoritaire : *Tendances bonapartistes d'un régime.*

ENCYCL. Au pouvoir sous le règne de Napoléon Ier et de Napoléon III, les bonapartistes — qui ne formaient pas un parti bien défini — constituèrent, au début de la IIIe République, un groupe politique important qui compta jusqu'à 104 représentants à la Chambre. La mort tragique du jeune prince impérial Eugène Louis Napoléon, en 1879, brisa net leur élan.

BONARD (Louis Adolphe), amiral français (Cherbourg 1805 - Amiens 1867). Gouverneur de Guyane (1853-1855), puis commandant en chef des forces françaises en Cochinchine, il signa avec l'empereur d'Annam, après la prise de Biên Hoa et de Poulo Condor, le traité de Saigon (1862), qui donnait la Cochinchine à la France ; il en devint le premier gouverneur.

BONAR LAW (Andrew) → LAW.

BONASCRE *(plateau de),* hauteur des Pyrénées (Ariège), au-dessus de la vallée de l'Ariège et d'Ax-les-Thermes ; 1 380 m. Sports d'hiver.

BONASSE adj. (de *bonace*). Qui fait preuve d'une bonté excessive, par faiblesse, naïveté, simplicité d'esprit.

BONASSERIE n. f. *Litt.* Caractère d'une personne bonasse.

BONATTI (Walter), alpiniste italien (Bergame 1930). Auteur de nombreuses premières dans le massif du Mont-Blanc (hivernale de la pointe Walker aux Grandes Jorasses en 1963), il a réussi en solitaire et en hiver la première de la voie directe de la face nord du Cervin (1965).

BONAVENTURE *(saint)* [*Giovanni* FIDANZA], théologien et cardinal italien (Bagnorea, auj. Bagnoregio, Toscane, 1221-Lyon 1274). Il entra en 1243 dans l'ordre des Franciscains, dont il devint, en 1257, le ministre général. Son œuvre théologique est très marquée par la philosophie de saint Augustin. Il a été déclaré docteur de l'Église en 1587. La tradition chrétienne l'a nommé *le Docteur séraphique.*

BONBON n. m. (redoublement de l'adj. *bon*). **1.** Petite confiserie à base de sucre cuit. — **2.** En Belgique, biscuit sec. — **3.** *Pop.* Testicule. — **4.** *Bonbon anglais,* bonbon de sucre cuit aromatisé, gravé de divers dessins et vendu non enveloppé. (Syn. DROP.) ‖ Pop. *Casser les bonbons,* importuner beaucoup.

BONBONNE n. f. **1.** Récipient de capacité variable, en forme de bouteille ventrue, destiné à certains liquides. — **2.** *Bonbonne à savon,* distributeur de savon liquide.

BONBONNIÈRE n. f. **1.** Petite boîte décorative où l'on conserve des bonbons. — **2.** Intérieur meublé et décoré avec une recherche extrême.

BON-BOUT ou **BONBOUT** n. m. (pl. *bon-bouts*). Couche d'usure d'un talon de chaussure.

BONCHAMPS ou **BONCHAMP** (Charles, *marquis* DE), chef vendéen (Juvardeil, Maine-et-Loire, 1760 - Saint-Florent-le-Vieil 1793). Blessé au combat de Cholet (1793), il mourut le lendemain après avoir gracié 4 000 prisonniers.

BON-CHRÉTIEN n. m. (pl. *bons-chrétiens*). Autre nom de la *poire williams.*

BONCOMPAGNI DI MOMBELLO (Carlo), comte **di Lamporo,** homme politique italien (Turin 1804-*id.* 1880). Ministre, puis président de la Chambre (1853-1856), il fut l'un des artisans de l'unité italienne, réalisée autour de la maison de Savoie.

BONCOUR (Paul) → PAUL-BONCOUR.

BONCOURT, comm. de Suisse (cant. du Jura), près de la frontière française ; 1 500 hab. Manufacture de tabac.

BOND n. m. (de *bondir*). **1.** Mouvement d'un corps élastique qui repart, rebondit en heurtant un obstacle, ou d'un corps quelconque qui heurte un corps élastique : *Balle qui fait plusieurs bonds sur le sol.* — **2.** Saut que fait qqn ou un animal grâce à une brusque détente des membres inférieurs ou postérieurs : *Franchir un fossé d'un bond.* — **3.** Évolution rapide marquant un progrès, une hausse, etc. : *Un bond prodigieux de l'économie.* — **4.** *Bond en avant,* progrès brusque et important en matière économique. ‖ *Faire faux bond à qqn,* manquer à un engagement pris à son égard. ‖ *Ne faire qu'un bond qqpart,* s'y précipiter. ‖ *Saisir une remarque, une phrase au bond,* tourner aussitôt à son avantage un propos de son interlocuteur.

BOND (William Cranch), astronome américain (Portland, Maine, 1789 - Cambridge, Massachusetts, 1859). On lui doit les premières applications de la photographie en astronomie. — À son fils GEORGE PHILIPPS (Dorchester, Massachusetts, 1825 - Cambridge, Massachusetts, 1865), on doit la découverte d'un satellite et du troisième anneau de Saturne, dit « anneau de crêpe », ainsi que la notion d'albédo.

BOND (Edward), auteur dramatique britannique (Londres 1934). Le meilleur représentant européen du théâtre « épique » défini par Brecht, il écrit des pièces engagées où la poésie se mêle à la dénonciation sociale et politique (*Sauvés,* 1965 ; *Passion,* 1971 ; *Été,* 1982 ; *la Compagnie des hommes,* 1992 ; *Pièces de guerre,* 1994).

BONDE n. f. (p.-ê. gaul. **bunda*). **1.** Ouverture à la partie basse d'un étang ; tampon bouchant cette ouverture . — **2.** Trou rond pratiqué dans un tonneau, un fût de bière métallique. — **3.** Élément servant à boucher éviers, lavabos, baignoires et bidets.

BONDÉ (ÊTRE) v. pass. (de *bonde*). Être comble, rempli de personnes autant qu'il est possible : *Un train bondé de voyageurs.*

BONDELLE n. f. Nom du corégone du lac de Neuchâtel (Suisse).

BONDÉRISATION n. f. Traitement de phosphatation de courte durée, particulièrement utilisé pour faciliter l'adhérence des peintures.

BONDÉRISER v. t. (amér. *bonderized,* marque déposée, de *to bond,* lier) [conj. 3]. Effectuer le traitement de bondérisation.

BONDEVILLE (Emmanuel), compositeur français (Rouen 1898 - Paris 1987). Il fut directeur musical de la Radiodiffusion française de 1935 à 1945, de l'Opéra-Comique (1949), de l'Opéra (1952-1969).

BONDIEUSARD, E adj. et n. (de *bon Dieu*). *Fam.* Qui est d'une dévotion outrée ; bigot.

BONDIEUSERIE n. f. (de *bon Dieu*). *Fam.* **1.** Dévotion outrée, surtout extérieure. — **2.** Objet de piété d'un goût douteux.

BONDIR v. i. (lat. pop. **bombitire,* du lat. class. *bombire,* faire du bruit, sens anc. de *bondir*) [conj. 32]. **1.** Faire un bond ou des bonds successifs : *Le lièvre bondissait à travers champs. La moto bondit au départ de la course.* — **2.** S'élancer rapidement qqpart, s'y précipiter : *À la nouvelle de l'accident, je bondis chez lui.* — **3.** Sursauter sous le coup d'une émotion, d'un sentiment violent : *Bondir de colère.*

◆ v. t. ind. **1.** Sauter sur qqn, un animal avec l'intention de l'attaquer, de s'en emparer, etc. : *Bondir sur son agresseur. Le tigre bondit sur sa proie.* – **2.** Saisir qqch avec vivacité : *Bondir sur une occasion.*

BONDISSANT, E adj. Qui s'élance, progresse par bonds.

BONDISSEMENT n. m. *Litt.* Action de bondir : *Les bondissements d'un poulain.*

BONDON n. m. (de *bonde*). **1.** Bouchon de la bonde d'un tonneau. – **2.** Petit fromage de vache du pays de Bray. – **3.** Gros bouchon de bois permettant de remplir ou de vider une claire d'huîtres. – **4.** Barre de savon à la sortie de la boudineuse.

BONDONNER v. t. (conj. 3). Boucher un tonneau.

BONDONNIÈRE n. f. Tarière pour percer la bonde d'un tonneau. (Syn. LOSSE, LOUSSE.)

BONDOUFLE (91070), comm. de l'Essonne, à l'O. de Corbeil-Essonnes ; 7 737 hab.

BONDRÉE n. f. (breton *bondrask,* grive). Rapace diurne de la taille de la buse, qui se nourrit surtout du couvain des guêpes et des abeilles sauvages.

BONDUES (59910), comm. du Nord, à 5 km au S.-O. de Tourcoing ; 10 305 hab.

BONDY (93140), ch.-l. de cant. de la Seine-Saint-Denis, dans la banlieue nord-est de Paris ; 46 880 hab. Industrie automobile. – Théâtre de plusieurs combats pendant le siège de Paris (24 sept. 1870-5 janv. 1871). – De l'ancienne *forêt de Bondy,* il ne reste guère que le *parc forestier de Bondy,* à l'E. de la commune actuelle.

BÔNE → ANNABA.

Bonelli *(aigle de),* rapace diurne du midi de la France.

BONELLIE n. f. (de *Bonelli,* n. pr.). Ver marin du groupe des échiuriens, dont la femelle capture, à l'aide d'une trompe de 1 m de long, des proies minuscules et dont le mâle, nain (2 mm), vit en parasite de la femelle.

BONET *(saint)* [Auvergne v. 623-Lyon 706). Référendaire à la cour de Sigebert III puis patrice de Provence (v. 687), il devint évêque de Clermont (690).

BONET (Paul), relieur français (Paris 1889-*id.* 1971), un des créateurs les plus féconds de la reliure moderne, à partir de 1925 env.

BONETTE *(col de la),* col routier des Alpes françaises du Sud, à 2 715 m d'alt., dominé par la *cime de la Bonette* (2 860 m), au pied de laquelle passe (à 2 802 m) la route entre les hautes vallées de l'Ubaye et de la Tinée.

BONGARE n. m. (mot bengalī). Serpent venimeux d'Asie du Sud-Est et d'Indonésie, annelé de jaune et de noir.

BONGARS (Jacques), diplomate et érudit français (Orléans 1554-Paris 1612). Résident auprès des princes du Saint Empire, il a publié un recueil de chroniques sur les croisades (*Gesta Dei per Francos,* 1611).

BONGO n. m. (esp. *bongó).* Instrument de musique latino-américain constitué de deux petits tambours à une peau, juxtaposés.

BONGO (Albert Bernard, puis **Omar**), homme d'État gabonais (Lewai, région de Franceville, 1935). Élu président de la République en 1967, il est réélu en 1973, 1979, 1986 et 1993.

BONG RANGE, chaîne de montagnes du Liberia, au N.-N.-E. de Monrovia. Minerai de fer expédié par chemin de fer à Monrovia.

BON-HENRI [bonɑ̃ri] n. m. inv. Nom usuel d'un épinard sauvage comestible.

BONHEUR n. m. (de *bon* et *heur*). **1.** Bonne chance, circonstance favorable : *Nous avons eu le bonheur d'arriver à temps.* – **2.** État de complète satisfaction : *Rien ne peut troubler leur bonheur.* – **3.** Joie, plaisir liés à une circonstance : *Quel bonheur de se retrouver ici !* – **4.** *Au petit bonheur (la chance),* au hasard, n'importe comment. ‖ *Avec bonheur,* avec un résultat heureux. ‖ *Avoir le bonheur de + inf.,* formule de politesse indiquant une certaine satisfaction. ‖ *Bonheur éternel,* félicité sans fin réservée dans le ciel aux élus. ‖ *Faire le bonheur de qqn,* le rendre heureux ou, fam., lui être utile. ‖ *Par bonheur,* par chance. ‖ *Porter bonheur à qqn,* avoir une influence favorable sur son avenir.

BONHEUR (Marie Rosalie, dite **Rosa**), peintre et sculpteur français (Bordeaux 1822 - By, Seine-et-Marne, 1899). Ses scènes animalières rustiques ont connu un immense succès en France, en Angleterre et aux États-Unis.

BONHEUR-DU-JOUR n. m. (pl. *bonheurs-du-jour*). Petit bureau de dame comportant, en retrait sur le plateau, un gradin à casiers (milieu du XVIIIe s.).

BONHOEFFER (Dietrich), théologien protestant allemand (Breslau 1906-camp de concentration de Flossenbürg 1945). Il combattit par sa parole et ses écrits l'idéologie nationale-socialiste et fit en vain des voyages à l'étranger pour faire prendre conscience au monde de la réalité des camps nazis ; arrêté et déporté, il fut pendu. Sa pensée, marquée par le tragique de la période hitlérienne, tend vers une théologie dégagée de l'empire des formules dogmatiques pour s'ouvrir sur la réalité de l'existence en laquelle Dieu se révèle (*Actes et Être,* 1931.)

BONHOMIE n. f. (de *bonhomme*). Bonté du cœur, unie à la simplicité des manières ; familiarité : *Un accueil plein de bonhomie.*

BONHOMME [bɔnɔm] n. m. (pl. *bonshommes* [bɔ̃zɔm, fam. bɔnɔm]) [de *bon* et *homme*]. **1.** Terme familier désignant un homme quelconque, avec des nuances diverses (le fém. est BONNE FEMME) : *Un vieux bonhomme. Mon petit bonhomme.* — **2.** Figure représentant grossièrement un être humain : *Un bonhomme de neige.* — **3.** *Pop.* Mari. — **4.** Fam. *Aller son petit bonhomme de chemin,* poursuivre son action, sa vie sans éclat, mais avec calme et résolution. ‖ *Nom d'un petit bonhomme !,* juron fam. et anodin. ‖ Fam. *Un grand bonhomme,* un homme supérieur, admiré, respecté. ‖ *Test du bonhomme,* test par lequel on apprécie le développement intellectuel d'un sujet et qui est fondé sur le nombre de détails figurant sur le dessin d'un personnage dessiné en temps libre et sans gommer.

◆ adj. (pl. *bonhommes*). Qui a ou qui dénote de la bonhomie : *Air bonhomme.*

BONHOMME *(col du),* col des Vosges, sur la route de Saint-Dié à Colmar ; 949 m.

Bonhomme (Jacques) ⟶ JACQUES.

BONHOMMÉ (Ignace François), peintre et graveur français (Paris 1809 - *id.* 1881). Cet élève de Delaroche fut, à la suite de commandes passées par des maîtres de forges, l'initiateur d'une peinture à thèmes industriels (*Vue d'une grande forge à l'anglaise,* Salon de 1840, réplique à l'église St-Louis de Fourchambault ; *les Soldats de l'industrie,* série de lithographies, 1868).

BONI n. m. (pl. *bonis*) [lat. *aliquid boni,* quelque chose de bon]. **1.** Excédent de la dépense prévue ou des fonds alloués sur les sommes réellement dépensées. — **2.** Supplément de salaire accordé à celui qui dépasse les normes prévues. — **3.** Différence entre une valeur que l'on constate au moment d'un inventaire et la valeur que l'on avait prévue initialement, lorsque cette différence est positive et, donc, améliore les résultats. — **4.** *Boni de liquidation,* différence, constatée au bilan de liquidation d'une entreprise, entre le produit de réalisation des éléments d'actif et le remboursement de toutes les dettes et du capital social. ‖ *Faire un, du boni,* faire un bénéfice.

BONI (Nazi), écrivain et homme politique du Burkina (Koudougou 1921), auteur du *Crépuscule des temps anciens* (1962), histoire romancée des royaumes mossis.

BONICHE ⟶ BONNICHE.

BONICHON n. m. (de *bonnet*). Petit bonnet.

BONIFACE *(saint),* apôtre de la Germanie, archevêque de Mayence. (Kirton, Wessex, v. 675-près de Dokkum 754). Il s'appelait WYNFRITH et prit le nom latin de **Bonifacius.** Principal artisan de la conversion des Germains, il entreprit, à la demande de Pépin le Bref, la réforme de l'Église franque. Au cours d'un voyage missionnaire dans la Frise, il fut assassiné par des païens.

BONIFACE Ier *(saint)* [Rome-*id.* 422], pape de 418 à 422. Il réprouva le pélagianisme.

BONIFACE II († Rome 532), pape de 530 à 532. Il était d'origine germanique.

BONIFACE III (Rome-*id.*607), pape du 19 févr. au 11 nov. 607.

BONIFACE IV *(saint)* [† Rome 615], pape de 608 à 615.

BONIFACE V (Naples-Rome 625), pape de 619 à 625. Il travailla au développement et à l'organisation du christianisme en Angleterre.

BONIFACE VI († Rome 896), pape pendant quinze jours, en avr. 896.

BONIFACE VII (FRANCO) [† Rome 985], pape en 974 et de 984 à 985. Le *Liber pontificalis* le compte parmi les antipapes.

BONIFACE VIII (Benedetto CAETANI) [Anagni v. 1235-Rome 1303], pape de 1294 à 1303. Une grande part de son pontificat fut dominée par le différend qui l'opposa au roi de France Philippe IV le Bel sur la suprématie du Saint-Siège, au spirituel comme au temporel. Outragé en sept. 1303 dans son palais d'Anagni par les envoyés de Philippe le Bel, il mourut la même année après avoir excommunié le roi de France. Il canonisa Louis IX et fut l'initiateur des années jubilaires, dont la première fut celle de 1300.

BONIFACE IX (Pietro TOMACELLI) [Naples v. 1355-Rome 1404], pape de Rome durant le schisme, de 1389 à 1404, à l'époque où régnait en Avignon Clément VII.

BONIFACIO (20169), ch.-l. de cant. de la Corse-du-Sud, sur une falaise surplombant la mer, en face de la Sardaigne ; 2 701 hab. *(Bonifaciens).* Sur le rocher s'allongent la citadelle et la haute ville, parcourue de ruelles étroites et de passages voûtés (deux églises médiévales). Port de pêche et de voyageurs (vers la Sardaigne).
— **Hist.** Fondée en 828 par les Pisans, Bonifacio fut prise en 1195 par les Génois, qui en firent une des principales places fortes de la Méditerranée occidentale durant le Moyen Âge.

BONIFACIO *(bouches* ou *détroit de),* bras de mer qui sépare la Corse et la Sardaigne, large d'environ 10 km et parsemé d'îles (Cavallo, Lavezzi) et de récifs.

1. BONIFICATION n. f. **1.** Action d'améliorer un produit, le rendement des terres. — **2.** Ensemble des travaux destinés à assécher et à assainir des marais.

2. BONIFICATION n. f. **1.** Avantage, points supplémentaires accordés à un concurrent dans un concours, une épreuve sportive, etc. — **2.** Somme allouée à titre de boni à un employé, à un ouvrier. — **3.** Rabais, remise sur le prix convenu. — **4.** *Bonification d'intérêts,* prise en charge par l'État d'une fraction des intérêts dus par certains emprunteurs.

1. BONIFIER v. t. (lat. médiév. *bonificare*) [conj. 9]. **1.** Rendre meilleur qqch, en améliorer la qualité : *Bonifier des terres.* — **2.** Rendre qqn, son caractère meilleur, plus agréable, etc.
◆ **se bonifier** v. pr. Acquérir de la qualité, s'améliorer : *Son caractère se bonifie.*

2. BONIFIER v. t. (de *bonifier 1*). **1.** Donner à titre de boni. — **2.** Effectuer une bonification d'intérêts.

BONIMENT n. m. (arg. *bonir,* parler). **1.** Propos à l'adresse du public destiné à vanter un spectacle, une marchandise : *Se laisser prendre au boniment d'un camelot.* — **2.** *Fam.* Propos écrit dénué de sérieux ou fait pour tromper : *Les boniments des journaux sur la crise économique.*

BONIMENTER v. i. (conj. 3). Faire le boniment.

BONIMENTEUR, EUSE n. **1.** Personne qui tient des propos habiles et trompeurs. — **2.** Personne chargée du boniment pour présenter un spectacle.

BONIN, en jap. **Ogasawara,** groupe d'îles japonaises de l'océan Pacifique, au S.-E. de Kyūshū. — À l'E., la *fosse des îles Bonin* s'enfonce à 10 347 m.

BONIN (Charles Eudes), explorateur français (Poissy 1865-Barcelone 1929). Il parcourut l'Asie centrale entre 1895 et 1900.

BONINGTON (Richard Parkes), peintre britannique (Arnold, près de Nottingham, 1802-Londres 1828). Sa famille s'étant installée à Paris (1818), il fut élève de Gros à l'École des beaux-arts. Il voyagea beaucoup — en France, en Angleterre avec Delacroix, en Italie (Venise) —, exécutant toiles, aquarelles et lithographies qui se partagent entre sujets romantico-historiques et paysages d'une frémissante qualité atmosphérique.

BONINGTON (Christian), alpiniste britannique (Londres 1934). Il a dirigé des expéditions britanniques dans l'Himālaya : face sud de l'Annapūrnā (1970), face sud-ouest de l'Everest (1975).

BONITE n. f. (esp. *bonito*). **1.** Thon à ventre rayé, puissant nageur, objet d'une pêche active. — **2.** Pélamide à dos rayé, de la famille des scombridés.

BONIVARD (François DE), patriote genevois (Seyssel 1493-Genève 1570). Il défendit l'indépendance genevoise contre Charles III, duc de Savoie. Byron a immortalisé ses souffrances dans son poème du *Prisonnier de Chillon.*

BONJOUR n. m. (de *bon* et *jour*). **1.** Terme de salutation dont on se sert pendant la journée quand on aborde qqn ou, moins souvent, quand on prend congé de qqn : *Bonjour, comment allez-vous ?* — **2.** *(Le) bonjour à qqn,* transmettez-lui mes salutations. ‖ *Dire bonjour à qqn,* le saluer. ‖ *Donner le bonjour à qqn,* lui transmettre ses salutations. ‖ *Simple, facile comme bonjour,* très facile à faire.

BONN, v. d'Allemagne (Rhénanie-du-Nord-Westphalie), sur le Rhin ; 296 859 hab. Centre culturel (université), touristique et administratif. Siège du Parlement fédéral et du gouvernement. Remarquable cathédrale romane des XIe-XIIIe s., église de Schwarzrheindorf (fresques romanes) et autres monuments. Maison natale de Beethoven. Musée rhénan (archéologie, beaux-arts).
— **Hist.** Résidence des princes électeurs de Cologne, Bonn fut attribuée à la Prusse en 1815. Capitale de l'État de Rhénanie-du-Nord-Westphalie en 1946, elle fut la capitale de la République fédérale d'Allemagne de 1949 à 1990.

BONNARD (Pierre), peintre français (Fontenay-aux-Roses 1867 - Le Cannet 1947). L'un des nabis, influencé par l'estampe japonaise, il se lance dans une transposition du visible fondée sur la vivacité du trait, les libertés de perspective et de cadrage, la subtilité du coloris. Son affiche lithographique *France-Champagne* paraît en 1890, celle de *la Revue blanche* en 1894. Bonnard expose chez Durand-Ruel et dans les Salons, professe à l'académie Ranson dès sa fondation (1906). Il peint des scènes de rue et d'intérieur, des paysages, des nus d'après sa femme Marthe et illustre en dessinateur lithographe aigu Jarry, Verlaine, J. Renard. Son coloris, très personnel, aux contrastes de tons froids et chauds, aux luminescences d'accords acides qu'amortissent des blancs floconneux, devient de plus en plus solaire vers 1935, époque de la tardive célébrité de l'artiste, qui aura une foule de plagiaires.

BONNARD (Abel), écrivain français (Poitiers 1883-Madrid 1968). Auteur d'essais moralistes, il fut ministre de l'Éducation nationale sous le régime de Vichy. (Acad. fr., 1932 ; exclu en 1944.)

BONNAT (23220), ch.-l. de cant. de la Creuse, dans la haute Marche ; 1 413 hab. *(Bonnachons).* Église des XIIe-XIIIe s.

BONNAT (Léon), peintre et collectionneur français (Bayonne 1833 - Monchy-Saint-Éloi, Oise, 1922). Il fut, à la fin du XIXe s., une sorte de portraitiste officiel de la IIIe République. Grand amateur d'art, il a légué l'essentiel de ses collections (dessins de maîtres, peintures, sculptures, objets d'art et d'archéologie) au musée de Bayonne, qui porte son nom.

BONNE n. f. (fém. de l'adj. *bon*). **1.** *Bonne (à tout faire),* domestique logée et nourrie assurant l'ensemble des travaux du ménage. (Le terme administratif est EMPLOYÉE DE MAISON.) — **2.** *Bonne d'enfant,* domestique chargée de prendre soin d'un enfant.

Bonnes *(les)*, pièce de J. Genet (1947). Les « bonnes » trouvent leur authenticité en obligeant « Madame » à inverser les rôles ; mais la mort est au bout.

BONNE DÉESSE → BONA DEA.

BONNE-ESPÉRANCE *(cap de),* promontoire de l'Afrique australe, sur l'Atlantique, découvert en 1488 par B. Dias, qui le nomma « cap des Tempêtes », et appelé cap de Bonne-Espérance par le roi Jean II. Il fut doublé par Vasco de Gama, en route pour les Indes, en 1497.

BONNE FEMME n. f. (pl. *bonnes femmes*). **1.** Terme familier désignant une femme, une fille quelconque. (Fém. de BONHOMME.) — **2.** *Pop.* Épouse. — **3.** Fam. *Conte, histoire de bonne femme,* récit, propos d'une naïveté invraisemblable. ‖ *Remède de bonne femme,* remède populaire d'une efficacité douteuse. ‖ *Rideau bonne femme,* vitrage droit orné d'un volant, relevé en son milieu par une embrasse.

BONNEFOUX (Jean-Pierre), danseur français (Bourg-en-Bresse 1943). Danseur étoile à l'Opéra de Paris (1965), interprète des grands rôles du répertoire ainsi que des œuvres contemporaines (R. Petit, M. Béjart), il est engagé au New York City Ballet en 1969.

BONNEFOY (Yves), poète français (Tours 1923). Essayiste (*Un rêve fait à Mantoue,* 1967), critique d'art (*les Tombeaux de Ravenne,* 1953 ; *Alberto Giacometti,* 1991), il voit dans la poésie une « incessante bataille » (*Du mouvement et de l'immobilité de Douve,* 1953 ; *Dans le leurre du seuil,* 1975 ; *Ce qui fut sans lumière,* 1987).

BONNE-MAMAN n. f. (pl. *bonnes-mamans*). Grand-mère dans le langage enfantin.

BONNEMENT adv. *Tout bonnement,* réellement, sans conteste.

BONNER (Edmund), prélat anglais (1500 ?- Londres 1569). Il défendit avec vigueur la cause de Henri VIII contre le pape Clément VII, en 1532-33, et devint évêque de Londres (1540). Aussi antiprotestant qu'antiromain, il fut emprisonné de 1549 à 1553 sous Édouard VI jusqu'à l'avènement de Marie Tudor, puis sous Élisabeth. Il mourut en prison.

BONNET n. m. (p. ê. lat. médiév. *abonnis,* bandeau servant de coiffure). **1.** Petite coiffure, souple et sans bord, emboîtant bien la tête. — **2.** *Avoir la tête près du bonnet,* être vif, emporté. ‖ *Bonnet de bain,* bonnet en caoutchouc qui protège les cheveux d'un nageur. ‖ *Bonnet de nuit,* bonnet porté autrefois pour dormir ; *fam.* personne morose, rabat-joie. ‖ Fam. *C'est bonnet blanc et blanc bonnet,* les deux éventualités envisagées reviennent au même. ‖ *Gros bonnet,* personnage important. ‖ *Jeter son bonnet par-dessus les moulins,* s'affranchir des bienséances et mener une vie légère, en parlant d'une femme. ‖ Fam. *Prendre sous son bonnet qqch,* le faire de sa propre autorité, en prendre la responsabilité. ‖ *Bonnet phrygien,* coiffure d'origine anatolienne (Mithra, Attis...) adoptée par la Révolution française sous le nom de *bonnet rouge* (1789-1795). • **Habill.** Chacune des poches d'un soutien-gorge. — **Mar.** Coiffure circulaire en laine surmontée d'un pompon et portant un ruban sur lequel est inscrit le nom du bâtiment. — **Mil.** *Bonnet à poil* ou *bonnet d'ourson,* coiffure apparue au XVIIe s. en Prusse et en Autriche et adoptée en France vers 1760 par les grenadiers. (Il reparut dans la Garde du Directoire, celle de Napoléon, la Garde nationale, etc. Il fut porté jusqu'en 1885. Il reste en usage dans certaines armées étrangères [britannique, néerlandaise, danoise].) ‖ *Bonnet de police,* syn. anc. de CALOT. — **Zool.** L'une des poches de l'estomac des ruminants, contribuant à la rumination. (Syn. RÉSEAU.)

Bonnets et des Chapeaux *(faction des)* → CHAPEAUX ET BONNETS.

BONNET (Charles), philosophe et naturaliste suisse (Genève 1720 - Genthod, près de Genève, 1793). En 1740, il découvrit la parthénogenèse des pucerons. Dans son ouvrage principal, *Contemplation de la nature* (1764), il a défendu la théorie de la préexistence et de l'évolution des germes. On lui doit en outre un *Essai analytique sur les facultés de l'âme* (1759).

BONNET (Baptiste), dit **Batisto Bonnet,** écrivain français de langue d'oc (Bellegarde, Gard 1844- Nîmes 1925). Il participa à la fondation du félibrige de Paris (1879) [*Vie d'enfant,* 1894].

BONNET (Georges), homme politique français (Bassilac, Dordogne, 1889 - Paris 1973). Ministre des Affaires étrangères (1938-39), il prépara les accords de Munich (sept. 1938).

BONNET (Honoré), sportif français (Barcelonnette 1919). Directeur de l'équipe nationale de ski de 1959 à 1968, il a été à la base des brillants succès remportés pendant cette période, dont

Innsbruck (1964), Portillo (1966, 16 médailles) et Grenoble (1968).

BONNÉTABLE (72110), ch.-l. de cant. de la Sarthe, au N.-E. du Mans ; 3 915 hab. *(Bonnétabliens).* Château des XVe et XVIIe s. Confection. Travail du bois.

BONNET-DE-PRÊTRE n. m. (pl. *bonnets-de-prêtre*). **1.** Fruit du pâtisson. — **2.** Nom usuel du *fusain.*

BONNETEAU n. m. (de *bonneteur*). Jeu qui consiste à repérer une carte parmi trois présentées, retournées, puis interverties par un manipulateur. (La pratique de ce jeu est interdite en France sur la voie publique.)

BONNETERIE n. f. (de *bonnet*). **1.** Industrie réalisant mécaniquement des étoffes formées d'un ou de plusieurs fils repliés en boucles qui s'entrelacent en formant des mailles ; ces étoffes elles-mêmes. — **2.** Commerce des articles de bonneterie.

ENCYCL. Les articles de bonneterie peuvent se classer en deux grandes catégories :
— les tricots à mailles cueillies, formés par rangées successives, à partir d'un même fil ; ils sont défilables et généralement extensibles en tous sens ;
— les tricots à mailles jetées, où une série de fils parallèles forment des colonnes de mailles reliées entre elles par le déplacement latéral des fils. Ces tricots ne sont pas défilables. On les qualifie souvent d'indémaillables ; ils sont, en général, moins extensibles que les premiers et peuvent concurrencer le « chaîne et trame ».

Les machines de bonneterie se classent suivant la finesse du travail qu'elles permettent d'exécuter. Parmi les métiers à mailles cueillies, on distingue principalement : les métiers rectilignes, les métiers circulaires à grand ou petit diamètre, les métiers « Cotton », équipés pour la fabrication d'articles façonnés (fully fashioned) par diminutions et augmentations. Les chaussettes, les bas, les collants, les sous-vêtements, la lingerie indémaillable, les pulls, les cardigans sont essentiellement produits en mailles. L'habillement pour femme et pour enfant, les vêtements de sport représentent un marché important pour cette industrie.

BONNETEUR n. m. (de *bonnet*). Celui qui tient un jeu de bonneteau.

BONNETIER, ÈRE n. (de *bonnet*). **1.** Personne qui exerce le commerce des articles de bonneterie. — **2.** Ouvrier, ouvrière travaillant dans une usine de bonneterie, conduisant les métiers de bonneterie.

◆ adj. Relatif à la bonneterie.

◆ **bonnetière** n. f. Petite armoire à une porte, autrefois destinée au rangement des coiffes et bonnets.

BONNETTE n. f. (de *bonnet*). **1.** Voile qu'on ajoute aux autres, quand la brise le permet, pour activer la marche. — **2.** Syn. de LENTILLE ADDITIONNELLE*. — **3.** Cylindre de caoutchouc qui se place sur les lunettes de pointage, du côté de l'oculaire, pour protéger l'œil du pointeur. — **4.** Petit redan avancé, placé au-delà du glacis ou de l'avant-fossé d'une fortification. — **5.** Exhaussement du parapet, plein ou creux, à l'angle saillant d'une fortification.

BONNEUIL-SUR-MARNE (94380), ch.-l. de cant. du Val-de-Marne, dans la banlieue sud-est de Paris ; 13 955 hab. Port fluvial.

BONNEVAL (28800), ch.-l. de cant. d'Eure-et-Loire, en Beauce, sur le Loir ; 4 440 hab. *(Bonnevallais).* Restes (XIIe-XVIIIe s.) d'une abbaye. Église et pont du XIIIe s. Hôpital psychiatrique.

BONNEVAL (Claude Alexandre, *comte* DE), général français (Coussac-Bonneval 1675-Istanbul 1747). Appelé à Istanbul en 1731 par le sultan Mahmud Ier, dont il devint le conseiller, il participa à la réorganisation de l'armée ottomane et fut nommé chef du corps des bombardiers (1735). Il préconisa l'alliance de l'Empire ottoman avec la France et la Suède contre la Russie, pendant la guerre de la Succession de Pologne.

BONNEVAL-SUR-ARC (73480), comm. de la Savoie, sur la route du col de l'Iseran, à 1 835 m d'alt. ; 216 hab. Centre d'alpinisme et sports d'hiver. Artisanat.

BONNEVILLE (74130), ch.-l. d'arrond. de la Haute-Savoie, sur l'Arve ; 10 351 hab. *(Bonnevillois).* Ancienne cap. du Faucigny. Constructions mécaniques.

BONNEVILLE DE MARSANGY (Arnould), magistrat français (Mons 1802-Paris 1894). Il a fait instituer le casier judiciaire et la libération conditionnelle.

BONNICHE ou **BONICHE** n. f. *Pop.* et *péjor.* Jeune bonne à tout faire.

BONNIER (Gaston), botaniste français (Paris 1853-*id.* 1922). Fondateur du laboratoire de biologie végétale de Fontainebleau, il a étudié l'action des conditions climatiques sur la forme des végétaux et publié des flores de France, dont la *Méthode simple pour trouver les noms des fleurs,* en collab. avec G. de Layens (1887) et la *Flore complète* en 12 volumes, en partie posthume (1895-1935). [Acad. des sc., 1897.]

BONNIER (Eugène), officier français (Saint-Leu, île de la Réunion, 1856 - Tacoubao, Soudan, 1894). Il fut nommé en 1893 commandant supérieur au Soudan, d'où il rejeta les bandes de Samory. Il occupa Tombouctou le 10 janv. 1894, mais fut tué par les Touaregs.

BONNIÈRES-SUR-SEINE (78270), ch.-l. de cant. des Yvelines, sur la Seine, en amont de Vernon ; 3 508 hab. Port fluvial. Plan d'eau. Planches à voile. Petite aciérie. Silos.

BONNIEUX (84480), ch.-l. de cant. de Vaucluse, sur le versant nord du Lubéron ; 1 433 hab. *(Bonnieulais).* Église des XIIe et XVe s. (retable du XVIe).

BONNIVET (Guillaume GOUFFIER, *seigneur* DE), amiral de France (v. 1488-Pavie 1525). Conseiller de François Ier, qui le fit amiral de France (1515) et lui confia le commandement de l'armée qui envahit le Milanais en 1523. Il échoua devant Milan (1524) et fut tué à la bataille de Pavie.

Bonnot *(la bande à),* groupe d'anarchistes conduit par Jules Joseph **Bonnot** (Pont-de-Roide, Doubs, 1876 - Choisy-le-Roi 1912), qui multiplia les méfaits (attaques de banques avec meurtres) dans la région parisienne en 1910-1912.

BONNY *(baie de),* anc. **baie du Biafra,** baie du golfe de Guinée, au S.-E. du Nigeria.

BONNY, port pétrolier du Nigeria, au S. de Port Harcourt.

BONO (56400), comm. du Morbihan, sur le *Bono,* au S.-E. d'Auray ; 1 757 hab. Monuments mégalithiques. Pêche. Ostréiculture.

BONOMI (Ivanoe), homme politique italien (Mantoue 1873-Rome 1951). Président du Conseil en 1921-22, il tenta de s'opposer au fascisme.

BONONCINI (Giovanni Battista), compositeur italien (Modène 1670-Vienne 1747). Il vécut à Londres (1720-1727), où il rivalisa avec Händel. Il a composé des concertos, des symphonies et des duos.

BON-PAPA n. m. (pl. *bons-papas*). Grand-père, dans le langage enfantin.

BONPLAND (Aimé GOUJAUD, dit **Aimé**), naturaliste français (La Rochelle 1773-Santa Ana, Argentine, 1858). Compagnon de voyage d'Alexander von Humboldt de 1799 à 1804, il a décrit plus de 6 000 espèces botaniques nouvelles.

BONSAÏ [bɔ̃dsaj] n. m. (mot jap., de *bon,* pot, et *sai,* arbre). Arbre nain cultivé en pot, obtenu par atrophie des racines et ligature des tiges et rameaux.

BONSECOURS (76240), comm. de la Seine-Maritime, banlieue sud-est de Rouen ; 6 909 hab. Basilique néogothique (1840) et monument à Jeanne d'Arc.

BONSOIR n. m. (de *bon* et *soir*). **1.** Terme de salutation dont on se sert dans la soirée, quand on aborde ou quand on quitte qqn. — **2.** *Fam.* Se dit pour indiquer que qqch est fini, qu'il faut y renoncer. — **3.** *Dire bonsoir à qqn,* le saluer le soir en le quittant.

BONSTETTEN (Charles Victor DE), écrivain suisse (Berne 1745-Genève 1832). Son principal ouvrage, *l'Homme du Midi et l'Homme du Nord* (1824), témoigne de son intérêt pour la culture européenne.

BONTÉ n. f. (lat. *bonitas*). **1.** Disposition de qqn à être bienveillant, compatissant, charitable : *Un regard plein de bonté.* — **2.** *Ayez la bonté de,* expression atténuée d'un ordre, d'un désir. ‖ *Bonté divine !, Bonté du ciel !,* exclamations marquant la surprise, l'émotion.

◆ **bontés** n. f. pl. **1.** Témoignages de bienveillance : *Vos bontés me touchent.* — **2.** Litt. *Avoir des bontés pour un homme,* se donner à lui.

BONTEBOK n. m. Antilope très voisine du blesbok.

BONTEMPELLI (Massimo), écrivain italien (Côme 1878-Rome 1960). Ses récits, son œuvre théâtrale et critique illustrent avec un humour surréaliste la notion de « réalisme magique » (*L'avventura novecentista,* 1938).

BONTEMPI (Giovanni Andrea ANGELINI, dit), compositeur, chanteur et théoricien italien (Pérouse v. 1624 - *id.* 1705). Il est l'auteur d'une *Historia musica* (1695), très importante pour l'histoire du chant.

BONTEMPS (Roger) → COLLERYE.

BONTEMPS (Pierre), sculpteur français de l'école de Fontainebleau (v. 1507 - v. 1570). Il a collaboré au tombeau de François Ier à Saint-Denis (statues et 54 bas-reliefs de la campagne d'Italie), a sculpté le monument du cœur de ce roi *(ibid.)* et la statue assise de Ch. de Maigny (1557, Louvre), vigoureuse mais gauche.

BONTOUX (Paul Eugène), financier français (Gap 1820-Cannes 1904). Fondateur, en 1878, de l'Union générale, banque d'inspiration catholique, il fut condamné après le krach de cet établissement (1882), qui causa des ruines nombreuses.

BONUS [bɔnys] n. m. (angl. *bonus,* du lat. *bonus,* bon). **1.** Réduction d'une prime d'assurance automobile appliquée par l'assureur aux assurés qui n'ont pas eu d'accident (ou qui n'ont pas engagé leur responsabilité lors d'un accident). (Contr. MALUS.) — **2.** Ce qui vient en plus ou en mieux dans un montant, un résultat ; supplément, amélioration.

BONVALOT (Gabriel Pierre), explorateur français (Épagne, Aube, 1853 - Paris 1933). Il visita l'Asie centrale et le Turkestan puis traversa l'Asie centrale, de la Sibérie au Tonkin, en passant près de Lhassa.

BONVIN (François), peintre français (Vaugirard 1817 - Saint-Germain-en-Laye 1887). Autodidacte, ami de Courbet, admirateur des Hollandais et de Chardin, il a peint des natures mortes et des scènes de la vie des humbles (*École d'orphelines,* 1849, musée de Mulhouse).

BONY (Jean-François), peintre et dessinateur français (Givors 1754-Paris 1825). Il dessina des modèles de broderies (robe et manteau du sacre de l'impératrice Joséphine). On lui doit les plus belles tentures du mobilier impérial (Petit Salon de l'impératrice Marie-Louise à Versailles).

BONZE n. m. (portug. *bonzo,* du jap. *bozu*). **1.** Prêtre ou moine bouddhiste. — **2.** *Fam.* et *péjor.* Personnage qui pontifie.

BONZERIE n. f. Monastère de bonzes.

BONZESSE n. f. Nonne bouddhiste.

BOOGIE-WOOGIE [bugiwugi] n. m. (pl. *boogie-woogies*) [mot amér. d'origine onomat.]. Style de jazz très rythmé, dérivé du blues et sur lequel on pratique une danse du même nom.

1. BOOK [buk] n. m. *Pop.* Bookmaker.

2. BOOK [buk] n. m. (angl. *book,* livre). **1.** Carnet sur lequel les parieurs aux courses et les bookmakers inscrivent leurs paris. — **2.** Dossier d'un artiste, d'un mannequin.

BOOKMAKER [bukmɛkœr] n. m. (mot angl.). Professionnel qui reçoit les paris sur les courses (activité licite aux États-Unis et en Grande-Bretagne, interdite en France, où l'organisation des paris incombe au Pari mutuel urbain).

BOOLE (George), mathématicien et logicien britannique (Lincoln 1815-Ballintemple, près de Cork, 1864). Il est surtout connu pour ses deux ouvrages fondamentaux : l'*Analyse mathématique de la logique* (1847) et *Recherches sur les lois de la pensée* (1854). Il s'y efforce de rapprocher la logique des mathématiques, tout en considérant qu'il n'est pas dans la nature des mathématiques de s'occuper des notions de nombre et de quantité. Cette application de l'algèbre à la logique des classes a donné naissance à ce que l'on appelle algèbre ou treillis de Boole.

Boole *(treillis* ou *algèbre de),* treillis (T, $\wedge$, $\vee$) distributif, c.-à-d. tel que chacune des lois $\wedge$ et $\vee$ est distributive par rapport à l'autre, et complémenté, c.-à-d. tel que, pour tout élément x du treillis, il existe un élément u du treillis vérifiant $x \wedge u = o$ et $x \vee u = i$, si o est le plus petit élément et i le plus grand élément de T. L'ensemble $\mathcal{P}$(E) des parties d'un ensemble E, muni des lois de composition de l'union et de l'intersection, a une structure de treillis de Boole.

BOOLÉEN, ENNE ou **BOOLIEN, ENNE** adj. **1.** Relatif aux théories de George Boole. — **2.** Se dit d'une variable susceptible de prendre deux valeurs s'excluant mutuellement, par exemple 0 et 1.

BOOM [bum] n. m. (mot amér.). **1.** Hausse spéculative en Bourse. — **2.** Période d'expansion subite d'une entreprise, d'une économie. — **3.** Développement soudain et rapide d'un phénomène social : *Le boom de la natalité.* — **4.** *Arg.* Fête annuelle d'une grande école.

BOOMER [bumœr] n. m. (angl. *boomer,* de *to boom,* gronder). Dans une enceinte acoustique, haut-parleur diffusant les sons graves. (Syn. WOOFER.)

BOOMERANG [bumrɑ̃g] n. m. (angl. *boomerang,* p.-ê. du n. d'une tribu indigène de l'Australie). **1.** Arme de jet des aborigènes d'Australie, faite d'une lame de bois courbée, capable en tournant sur elle-même de revenir en direction de son point de départ. — **2.** Sport pratiqué à l'aide d'un instrument similaire, en bois ou en plastique ; cet instrument lui-même. — **3.** *Faire boomerang, avoir un effet boomerang,* en parlant d'une action hostile, se retourner contre son auteur.

BOOMSLANG [bumslɑ̃g], n. m. Couleuvre venimeuse arboricole d'Afrique, longue de 2 m. (Le boomslang est opisthoglyphe, mais une structure spéciale des mâchoires lui permet de piquer dangereusement l'homme et les gros animaux.)

BOON (Louis Paul), écrivain belge d'expression néerlandaise (Aalst 1912-Erembodegem 1979), auteur de romans prolétariens (*Le faubourg grandit,* 1941 ; *Menuet,* 1955 ; *Pieter Daens,* 1971).

BOONE (Daniel), colonisateur américain (près de Reading, Pennsylvanie, 1734-près de Saint Charles, Missouri, 1820). Fenimore Cooper l'a immortalisé sous les noms de BAS-DE-CUIR, LONGUE-CARABINE, ŒIL-DE-FAUCON, etc.

BOORMAN (John), cinéaste britannique (Shepperton, Surrey, 1933). D'abord critique de cinéma, il tourne en 1965 *Sauve qui peut,* son premier long métrage, auquel succèdent *Point de non-retour* (1967), *Duel dans le Pacifique* (1968), *Leo the Last* (1970), *Délivrance* (1972), *Zardoz* (1974), *l'Hérétique* (1977), *Excalibur* (1981), *la Forêt d'émeraude* (1985), *Hope and Glory* (1987), *Tout pour réussir* (1990), *Rangoon* (1995).

BOOS [bo] (76520), ch.-l. de cant. de la Seine-Maritime, à 11 km au S.-E. de Rouen ; 2 490 hab. Aéroport de Rouen.

BOOSTER [bustœr] n. m. (amér. *booster,* accélérateur). **1.** Propulseur destiné à accroître la poussée d'un lanceur spatial, principalement au décollage. [Syn. PROPULSEUR AUXILIAIRE, POUSSEUR.] — **2.** Amplificateur additionnel utilisé pour accroître la puissance d'un autoradio et améliorer la qualité du son qu'il fournit.

BOOSTRAP [bus-] n. m. (mot angl.). Montage à transistors utilisé pour produire des oscillations en dents de scie très linéaires.

BOOT [but] n. m. (pl. *boots* [buts]) [angl. *boot,* botte]. Botte courte s'arrêtant au dessus de la cheville.

BOOTER v. i. (conj. 3). Mettre en marche un ordinateur en chargeant le système d'exploitation ou un programme amorce.

BOOTH (William), prédicateur religieux et réformateur britannique (Nottingham 1829-Londres 1912). Issu d'une famille méthodiste, secondé par sa femme Catherine, il fonda en 1865 la Mission chrétienne, qui devint en 1878 l'Armée du salut, dont il fut le premier général.

BOOTH (John Wilkes), acteur américain (Bel Air, Maryland, 1838 - Bowling Green, Virginie, 1865), frère du précédent, assassin du président Abraham Lincoln (14 avr. 1865).

BOOTHIA *(péninsule de),* anc. **Boothia Felix,** péninsule du Canada (Territoires du Nord-Ouest), entre la terre de Baffin, dont le *golfe de Boothia* la sépare, et l'île du Prince-de-Galles.

BOOTLEGGER [butlegœr] n. m. (angl. *bootlegger,* de *boot leg,* jambe de botte, la bouteille se cachant dans la botte). Contrebandier d'alcool, aux États-Unis, au temps de la prohibition.

BOOZ, personnage biblique du livre de Ruth*. Par son mariage avec Ruth, il devint l'ancêtre du Messie.

1. BOP n. m. (initiales de *Bloc Obturateur de Puits,* calqué de l'angl. *Blow Out Preventer*). Obturateur de sécurité placé en tête d'un puits pendant le forage. (Syn. BLOC.)

2. BOP n. m. (amér. *be-bop,* onomat.). Style de jazz caractérisé par l'éclatement de la section rythmique, les dissonances et les effets chromatiques. (Syn. BE-BOP.)

BOPHUTHATSWANA, anc. bantoustan des Tswanas d'Afrique du Sud (supprimé en 1994). Devenu « indépendant » en déc. 1977, il couvrait 40 330 km² et comptait 1 287 000 hab. Cap. *Mmabatho.* Gisements de platine.

BOPP (Franz), linguiste allemand (Mayence 1791-Berlin 1867). Son mémoire sur *le Système de la conjugaison du sanskrit comparé avec celui des langues grecque, latine, persane et germanique* (en all., 1816) fait de lui un des fondateurs de la grammaire comparée : quelques années avant Grimm, il établit l'origine commune (indo-européenne) du sanskrit et des autres langues citées grâce à une comparaison rigoureuse des flexions verbales. Sa monumentale *Grammaire comparée des langues indo-européennes* (1833-1852, 6 vol.), traduite en français par M. Bréal, exerça une profonde influence.

BOPYRE n. m. (lat. sc. *Bopyrus,* p.-ê. n. pr.). Crustacé isopode, parasite d'autres crustacés, notamment des crevettes. (Les individus infestés présentent une hernie sous la carapace.)

BOQUETEAU [bɔkto] n. m. (norm. *boquet*). Petit bois, bouquet d'arbres, le plus souvent au milieu d'une plaine.

BOR, v. de Yougoslavie (Serbie) ; 29 000 hab. Gisement et métallurgie du cuivre.

BÓR (Tadeusz KOMOROWSKI, dit), général polonais (Lemberg 1895 - Grove Farm, Buckinghamshire, 1966). Il déclencha, le 1er août 1944, contre les Allemands en retraite, l'insurrection de Varsovie, que l'armée soviétique laissa écraser.

BORA n. f. (mot ital., du lat. *boreas,* vent du nord). Vent froid et violent du nord-est, qui souffle sur l'Adriatique et le littoral, entre Trieste et Dubrovnik.

BORA (Katharina VON), épouse de Luther (Lippendorf, Saxe, 1499-Torgau 1552).

BORA BORA, île volcanique de l'archipel de la Société, en Polynésie française ; 4 225 hab. Alain Gerbault y a résidé et y est enterré. Base américaine au cours de la Seconde Guerre mondiale. Tourisme.

BORACITE n. f. (de *borax*). Chloroborate naturel de magnésium.

BORAIN → BORIN.

BORANE ou **BORANNE** n. m. **1.** Nom générique des hydrures de bore, et en partic. du plus simple d'entre eux, BH_3. (Le plus étudié est le diborane, B_2H_6. Ce sont des substances très réactives qui réagissent parfois de façon explosive avec l'air et qui se décomposent, avec la température, en hydrogène et boranes d'ordre supérieur.) — **2.** Nom générique des composés organiques de formule générale $BH_{3-n}R_n$, résultant du remplacement d'un ou plusieurs atomes d'hydrogène du borane BH_3 par des radicaux carbonés univalents.

BORÅS, v. de Suède, à l'E. de Göteborg ; 101 000 hab. Textile.

BORASSUS [-sys] n. m. (gr. *borassos,* datte). Nom générique du rônier et des palmiers voisins.

BORATE n. m. Sel ou ester de l'acide borique. (Les borates naturels les plus importants sont le borax, la colémanite, la boracite, la kernite.)

BORATÉ, E adj. Qui contient de l'acide borique ou un borate.

BORAX n. m. (ar. *būraq,* par l'intermédiaire du lat. médiév. *borax*). Tétraborate de sodium $Na_2B_4O_7$, $10H_2O$.

ENCYCL. C'est un solide cristallisé incolore. Fondu, il dissout les oxydes métalliques, propriété utilisée pour le décapage des métaux, la décoration de la porcelaine, l'ignifugeage des toiles de décors. Traité par l'eau oxygénée, il donne un perborate, utilisé dans le blanchiment.

BORAZON ou **BORAZONE** n. m. (n. déposé). Cristal artificiel de nitrure de bore BN, à structure cubique, préparé sous une pression de 70 000 atmosphères, d'une dureté proche de celle du diamant et doué de propriétés semi-conductrices.

BORBORYGME n. m. (gr. *borborugmos*). **1.** Gargouillement produit par le mouvement de bulles gazeuses dans les liquides du tube digestif. – **2.** *Fam.* Bruit bizarre ou parole indistincte : *Les borborygmes d'une canalisation.*

BORCH (Gerard TER) → TERBORCH (Gerard).

BORCHARDT (Ludwig), égyptologue allemand (Berlin 1863-Paris 1938). Il commença avec Maspero la publication du Catalogue général du musée du Caire, fonda et dirigea (de 1907 à 1928) l'Institut allemand d'archéologie du Caire, contribua à l'élaboration du *Dictionnaire égyptien* de Berlin.

BORCHERT (Wolfgang), écrivain allemand (Hambourg 1921-Bâle 1947). Condamné pour son activité antinazie, il a exprimé l'angoisse de la jeunesse allemande dans son drame *Devant la porte* (1947).

BORCHGREVINK (Carsten Egeberg), explorateur norvégien (Oslo 1864-*id.* 1934). Il fut le premier à débarquer sur le continent antarctique, au cap Adare (terre Victoria) en 1894.

BORCHTCH ou **BORTSCH** n. m. (mot russe). Soupe russe à base de légumes, de chou rouge, de betteraves et de viandes, servie avec de la crème aigre.

BORD n. m. (frq. **bord,* bord d'un vaisseau). **1.** Partie de terre ferme contiguë à une étendue d'eau naturelle et qui en constitue la limite ; côte, rivage ; berge ; rive : *Le bord d'une rivière. Les bords de la Seine.* – **2.** Limite supérieure d'une cavité, d'un récipient ; pourtour d'un orifice : *Des verres remplis jusqu'au bord. Les bords d'une plaie.* – **3.** Partie extrême d'une surface : *Le bord d'une feuille de papier.* – **4.** *À bord (d'un bateau, d'un véhicule),* dans tel bateau, ou dans tel véhicule terrestre, aérien ou spatial. ‖ *Bord à bord,* se dit de deux parties placées de manière à se toucher, mais sans se recouvrir. ‖ *Bord de mer,* le littoral, les régions côtières, par oppos. à l'intérieur. ‖ *Bord de (la) route,* limite latérale d'une chaussée et bande de terrain attenante. ‖ *(Couler) à pleins bords,* affluer, arriver en quantité surabondante. ‖ *(Être) au bord de qqch (état),* être sur le point de tomber dans un état, une situation critique : *Un sportif au bord de la défaillance.* ‖ *Être au bord du gouffre, de l'abîme, du précipice,* être près de la catastrophe. ‖ *Être au bord des larmes,* sur le point de pleurer. ‖ *(Être) du bord de qqn, du même bord (que qqn),* appartenir au même milieu, avoir les mêmes idées. ‖ *Jeter, balancer qqch, qqn par-dessus bord,* le jeter du pont dans la mer ; s'en débarrasser de façon expéditive. ‖ *Les moyens du bord,* ceux que l'on a sous la main. ‖ Fam. *Sur les bords,* quelque peu, légèrement, ou, ironiq., beaucoup : *Un peu paresseux sur les bords.* ‖ *Virer, changer de bord,* changer entièrement d'opinion. • **Astron.** Pourtour du disque d'un astre à diamètre apparent sensible (Soleil, Lune, planète). – **Chapell.** Syn. de PASSE. – **Mar.** Le bateau lui-même : *Les hommes du bord.* ‖ Côté du navire considéré par rapport au vent. ‖ *Journal* ou *livre de bord,* registre contenant le compte rendu de ce qui ce passe à bord et de la navigation (se dit, en langue courante, de tout compte rendu détaillé). ‖ *Tirer des bords,* à la voile, suivre des routes successives sous des amures différentes. (Syn. TIRER DES BORDÉES.) ‖ *Virer de bord,* changer de direction en faisant passer le vent d'un côté à l'autre par l'étrave. – **Vann.** Gros cordon en osier tressé, garnissant le haut d'un panier sur son pourtour.

BORDA (Charles DE), dit **le chevalier de Borda,** mathématicien et marin français (Dax 1733-Paris 1799). Il perfectionna les instruments de navigation en mettant au point le cercle à réflexion qui porte son nom. Il dirigea les opérations scientifiques qui devaient aboutir à l'établissement du système métrique. – Son nom a été donné à plusieurs vaisseaux, à bord desquels l'École navale a successivement fonctionné en rade de Brest de 1840 à 1913.

BORDABERRY (Juan María), homme d'État uruguayen (Montevideo 1928). Président de la République (1972-1976), membre du parti colorado, il instaura un régime dictatorial.

1. BORDAGE n. m. (mot norm., de *borde*). Tenure féodale analogue au métayage.

2. BORDAGE n. m. Action de border un vêtement.

3. BORDAGE n. m. (de *bord*). **1.** Au Canada, bordure gelée des rivières. – **2.** Dans la construction navale en bois, planche longitudinale qui recouvre les membrures d'un navire pour constituer le bordé. – **3.** Ensemble des planches qui revêtent extérieurement le coffre renfermant la maçonnerie sur laquelle on veut fonder une jetée.

Bordas, maison d'édition française, fondée en 1944. Elle a fusionné en 1996 avec Larousse pour former la société *Larousse-Bordas* (appartenant au groupe C.E.P. Communication). Elle publie des livres scolaires, des ouvrages de référence, des livres pratiques et des livres pour la jeunesse.

BORD-CÔTE n. m. (pl. *bords-côtes*). Bande de tricot extensible terminant les bords de certains vêtements.

BORDE n. f. (frq. **borda,* cabane de planches). *Vx.* Métairie.

BÖRDE, nom donné à différentes régions d'Allemagne très fertiles (recouvertes de lœss), étirées au pied du Mittelgebirge *(montagne moyenne)* et s'étendant d'Aix-la-Chapelle, à l'O., jusqu'au-delà de Leipzig à l'E. Les principales sont les Börden de Hanovre, Magdeburg et Leipzig. Les Börden sont le grand axe reliant la Rhénanie à Berlin.

BORDÉ n. m. **1.** Ensemble des planches ou des tôles constituant le revêtement extérieur de la coque d'un navire. (→ *encycl.*) – **2.** Biais de tissu ou article de passementerie dont on borde un vêtement.

ENCYCL. Le bordé assure l'étanchéité et la forme du navire. Il se compose d'un ensemble de *virures,* ou rangées de tôles, s'étendant sur toute la longueur. Dans la construction en bois, les bordages sont disposés à *franc bord* ou *à clins.* Dans la construction métallique, la première méthode d'assemblage utilisée à été le *rivetage ;* elle a été remplacée par le *soudage.*

BORDEAUX n. m. Vin d'appellation d'origine du département de la Gironde.

◆ adj. inv. Rouge violacé : *Jupe bordeaux.*

ENCYCL. Les principaux crus sont : à l'O. de la Garonne (et de la Gironde), le médoc, les graves, le sauternes ; entre la Garonne et la Dordogne, l'entre-deux-mers et les côtes de Bordeaux ; au N. de la Dordogne, le saint-émilion et le pomerol, les côtes de bourg et les côtes de blaye. Les principaux cépages sont, pour les rouges, le cabernet-sauvignon, le cabernet franc, le merlot et le malbec, pour les blancs, le sauvignon et le sémillon.

BORDEAUX, ch.-l. de la Région Aquitaine et du dép. de la Gironde, sur la Garonne, à 557 km au S.-O. de Paris ; 213 274 hab. *(Bordelais).*

– **Géogr.** Commandant une agglomération de 700 000 hab., bien desservie par le rail, la route (autoroute Aquitaine) et l'air (aéroport de Mérignac), port de commerce actif (traditionnelles importations de produits tropicaux), Bordeaux est une véritable capitale régionale et, avec Toulouse, la métropole du Sud-Ouest. C'est un centre administratif, commercial (au cœur du vignoble bordelais), universitaire, siège, en outre, d'une académie, d'une région militaire, d'une cour d'appel et d'un archevêché. L'industrie, développée surtout en banlieue et partiellement liée au port, est dominée par la métallurgie de transformation.

– **Hist.** Capitale économique de l'Aquitaine Seconde, la ville est, sous Charlemagne, la capitale du royaume d'Aquitaine (781) ; métropole du duché d'Aquitaine, elle passe sous le contrôle anglais en 1154 et devient, pour trois siècles, le grand port d'exportation des vins gascons vers l'Espagne et surtout vers l'Angleterre. Une oligarchie de négociants dirige alors Bordeaux, qui n'accepte que de très mauvais gré le retour des Français (1453). Cependant, les Valois lui laissent ses privilèges marchands qui sont abolis en 1653 par Mazarin, Bordeaux ayant participé à la Fronde. Ruinés, la ville et le port renaissent à la prospérité au XVIIIe s., devenant notamment le point de départ du négoce avec les Antilles (traite des Noirs) et se couvrant de beaux monuments. Chef-lieu du département de la Gironde en 1790, Bordeaux est, en 1793, le centre du fédéralisme girondin. À trois reprises, en 1870, 1914 et 1940, Bordeaux a été le siège du gouvernement.

– **Bx-arts.** Vestiges des arènes romaines (« palais Gallien »). Monuments du Moyen Âge : collégiale St-Seurin (XIIe s., crypte du XIe), anc. abbatiale Ste-Croix (XIIe-XIIIe s.), église St-Michel (XIVe-XVe s.), avec haut clocher isolé, cathédrale St-André (XIIe-XIVe s., portail sculpté du XIIIe) et tour Pey-Berland (1440), portes fortifiées. Églises du XVIIe s. : St-Bruno (1611, riche décor intérieur), St-Paul et Notre-Dame. Bel ensemble monumental du XVIIIe s. : place de la Bourse par les Gabriel, quais de la Garonne, places de Tourny, Gambetta et de la Comédie (Grand-Théâtre par V. Louis, chef-d'œuvre du style Louis XVI), hôtel de ville (anc. archevêché).

Importants musées : d'Aquitaine (préhistoire, histoire, ethnographie), des Beaux-Arts, des Arts décoratifs (dans un hôtel du XVIIIe s.), d'Art contemporain (dans le monumental Entrepôt Lainé, du XIXe s.). Conservatoire international de la Plaisance, dans l'ancienne base de sous-marins allemande (150 bateaux anciens).

BORDEAUX (*duc* DE) → CHAMBORD.

BORDEAUX (Henry), écrivain français (Thonon-les-Bains 1870-Paris 1963), un des représentants les plus fidèles de la littérature traditionaliste et provincialiste (*la Neige sur les pas,* 1912). [Acad. fr., 1919.]

BORDÉE n. f. (de *bord*). **1.** Poids de projectiles lancés en une minute par toutes les armes d'une unité. – **2.** Ensemble des canons rangés sur chaque bord d'un navire de guerre. – **3.** Décharge simultanée des canons d'une même batterie. – **4.** Route que suit un navire qui louvoie sous les mêmes amures ; temps que le parcours a duré. – **5.** Chacune des deux parties de l'équipage. — **6.** Fam. *Bordée d'injures,* suite d'invectives violentes. ‖ *Bordée de neige,* au Canada, chute de neige très abondante. ‖ Pop. *Tirer une bordée,* en parlant des matelots ou des militaires, courir les cafés, les lieux de plaisir. ‖ *Tirer des bordées,* syn. de TIRER DES BORDS.

BORDEL n. m. (du frq. *borda,* cabane). *Pop.* **1.** Maison de prostitution. — **2.** Lieu où règne le désordre, la confusion. — **3.** Ce désordre lui-même. — **4.** *Bordel, bordel de merde, etc. !,* exclamations manifestant la colère, le mécontentement, etc. ‖ *Tout le bordel,* tout le reste, toute la suite.

BORDELAIS, E adj. et n. **1.** De Bordeaux et de sa région. — **2.** *Sauce bordelaise,* sauce brune faite d'une réduction d'échalotes dans du vin rouge, mouillée avec un fond de veau lié.

◆ **bordelaise** n. f. **1.** Bouteille employée pour les vins de Bordeaux. — **2.** *À la bordelaise,* cuisiné à l'échalote et au vin rouge.

BORDELAIS, région géographique et viticole du Bassin aquitain, correspondant à la partie non forestière et non marécageuse (palus) du département de la Gironde. 35 000 viticulteurs y cultivent près de 100 000 ha de vigne donnant 4 à 5 Mhl de vin (de la moitié aux deux tiers d'appellation et près de 70 % de vins rouges). [→ BORDEAUX.]

BORDELIÈRE adj. f. (p.-ê. de *bord*). *Brème bordelière,* petit poisson cyprinidé des eaux stagnantes, voisin de la brème.

BORDÉLIQUE adj. (de *bordel*). *Pop.* Qui sème le désordre ; où règne le désordre.

BORDÉLISER v. t. (conj. 3). *Pop.* Mettre en désordre, désorganiser.

BORDEN (*sir* Robert Laird), homme d'État canadien (Grand-Pré, Nouvelle-Écosse, 1854-Ottawa 1937). Premier ministre de 1911 à 1920, il décida de l'entrée en guerre du Canada en 1914.

BORDER v. t. (de *bord*) [conj. 3]. **1.** Garnir une étoffe, un vêtement d'un bord, d'une bordure : *Border un rideau, une jupe.* — **2.** Garnir qqch, un lieu d'une bordure : *Border une allée de rosiers.* — **3.** Occuper qqch sur le bord ou en bordure : *Des villas bordent la route.* — **4.** *Border un lit, border qqn (dans son lit),* replier le drap supérieur et les couvertures sous le matelas. • **Chir.** Protéger les lèvres d'une plaie chirurgicale à l'aide de linges spéciaux, appelés « champ de bordure ». — **Mar.** Longer les côtes. ‖ *Border un bâtiment,* revêtir sa membrure de bordages ou de bordés. ‖ *Border une voile,* faire effort sur les écoutes pour la raidir. — **Mil.** Occuper la partie extérieure d'un bois, d'une rivière, etc.

◆ **être bordé** v. pass. **1.** Être garni d'une bordure, d'un bord : *Mouchoir bordé.* — **2.** Comporter qqch (pl.) sur tout son long : *Rue bordée de maisons anciennes.* — **3.** *Pièce bordée,* pièce héraldique dont le bord est d'un émail différent.

BORDER COLLIE [bɔrdər-] n. m. Chien de berger anglais réputé pour son aptitude à la conduite des troupeaux de moutons.

BORDEREAU n. m. (de *bord*). État récapitulatif ou analytique d'actes, de comptes, de marchandises, de pièces ou de billets. • **Banq.** *Bordereau d'achat, de vente,* document par lequel la société de Bourse ou la banque informe son client de l'exécution de son ordre d'achat ou de vente de valeurs mobilières. ‖ *Bordereau de caisse,* note où sont indiqués un à un les paiements et les recouvrements. ‖ *Bordereau d'escompte,* note détaillée des effets présentés à l'escompte. ‖ *Faire un bordereau,* escompter les valeurs figurant sur le bordereau. — **Docum.** *Bordereau de saisie,* grille d'analyse d'un document réalisée pour l'exploitation informatique. — **Dr.** Document dressé par un créancier, une banque ou leur mandataire, qui permet même après l'échéance, en cas de non-paiement, de recouvrer des factures. ‖ *Bordereau d'inscription,* état contenant les indications nécessaires pour faire inscrire un privilège ou une hypothèque sur les registres de la conservation des hypothèques. ‖ *Bordereau nominatif,* liste des salariés d'un établissement, établie à l'appui du paiement des cotisations de sécurité sociale. ‖ *Bordereau d'ordre,* extrait du procès-verbal d'ordre, délivré par le greffier au créancier colloqué. ‖ *Bordereau de pièces,* liste énumérative et certifiée des pièces d'un dossier.

BORDÈRES-SUR-L'ÉCHEZ (65320), ch.-l. de cant. des Hautes-Pyrénées, banlieue nord-ouest de Tarbes ; 4 023 hab. *(Borderais).* Industrie alimentaire.

BORDERIE n. f. (lat. médiév. *bordaria*). Autrefois, petite métairie.

BORDERIES, région viticole, sur la rive droite de la Charente, au N.-O. de Cognac. Production de cognac.

BORDERLINE [bɔrdœrlajn] (angl. *borderline,* limite.) n. m. inv. En psychiatrie, syn. de ÉTAT-LIMITE.

BORDES (64320), comm. des Pyrénées-Atlantiques, au S.-E. de Pau ; 1 669 hab. Industries aéronautique et ferroviaire.

BORDES (Charles), compositeur français (Vouvray 1863-Toulon 1909). Il fonda à Paris le groupe des Chanteurs de Saint-Gervais (1892) et, avec Alexandre Guilmant et Vincent d'Indy, la Schola Cantorum (1894).

BORDES (François), géologue, préhistorien et auteur de science-fiction français connu sous le pseudonyme de **Francis Carsac** (Rives 1919-

Tucson, Arizona, 1981). Il a introduit les méthodes quantitatives en préhistoire et proposé une typologie lithique largement utilisée. Il a écrit notamment *Typologie du paléolithique ancien et moyen* (1961), *le Paléolithique dans le monde* (1968).

BORDET (Jules), médecin et microbiologiste belge (Soignies 1870-Bruxelles 1961). Il a découvert la réaction de fixation du complément, l'agent de la diphtérie aviaire et le bacille de la coqueluche, avec Gengou. (Prix Nobel de médecine en 1919.)

BORDETELLA n. f. (de J. *Bordet,* n. pr.). Court bacille Gram négatif aérobie strict.

Bordet-Gengou *(bacille de),* bacille aérobie Gram négatif, agent de la coqueluche, et qu'on retrouve dans les expectorations à la période d'état de cette maladie. (N. sc. *Bordetella pertussis.*)

Bordet-Gengou *(réaction de),* réaction employée pour certains sérodiagnostics, en particulier celui de la syphilis et des tréponématoses (réaction de Bordet-Wassermann [B.W.]), utilisant la propriété des complexes antigènes-anticorps de fixer le complément. (Syn. RÉACTION DE FIXATION [ou DE DÉVIATION] DU COMPLÉMENT.)

BORDEU (Théophile DE), médecin français (Izeste, Béarn, 1722 - Paris 1776), ami de Diderot et de d'Alembert, collaborateur de l'*Encyclopédie.*

BORDEUSE n. f. Buse débitant un jet calibré d'eau sous pression qui délimite, à la sortie de la toile d'une machine à papier, la largeur de la feuille de papier humide.

BORDEWIJK (Ferdinand), écrivain néerlandais (Amsterdam 1884-La Haye 1965). Il chercha à définir, dans ses récits, une écriture qui s'apparente au fonctionnalisme plastique du mouvement « De Stijl » (*Blocs,* 1931 ; *Aurore boréale,* 1948).

1. BORDIER, ÈRE adj. et n. m. (de *bord*). **1.** Se dit d'un bâtiment qui a un bord plus fort que l'autre et qui incline de côté. — **2.** *Mer bordière,* mer située en bordure d'un continent.

2. BORDIER, ÈRE n. (de *borde*). Personne qui exploitait une borderie.

BORDIGA (Amadeo), homme politique italien (Resina, Naples, 1889-Naples 1970). Il joua un rôle décisif dans la création du parti communiste italien au congrès de Livourne (1921), mais il s'opposa à Gramsci, puis à Boukharine et Lénine aux congrès de la IIIe Internationale. Il fut exclu du P. C. I. en 1930.

BORDIGHERA, station balnéaire et touristique d'Italie, en Ligurie, au S. de San Remo, sur la Riviera ; 12 000 hab.

BORDIGUE ou **BOURDIGUE** n. f. (provenç. *bourdigo*). Enceinte sur le bord de la mer, pour prendre ou garder du poisson.

BORDJ n. m. (ar. *burdj,* fortin, du bas lat. *burgus*). En Afrique du Nord, lieu fortifié.

BORDJ BOU ARRERIDJ, v. d'Algérie, au pied de la chaîne des Bibans ; 84 000 hab.

BORDJ EL-KIFAN, anc. **Fort-de-l'Eau** puis **Bordj El-Kiffan,** v. d'Algérie, à l'E. d'Alger ; 47 000 hab. Station balnéaire. Chaussures.

BORDJ MENAIEL, v. d'Algérie, à l'O. de Tizi Ouzou ; 45 000 hab. Culture du tabac.

BORDONE ou **BORDON** (Paris), peintre italien (Trévise 1500 - Venise 1571). Disciple de Titien, il a travaillé à Venise, à Trévise, à Augsbourg et en France. (*Remise de l'anneau au doge,* Acad. de Venise.)

BORDUAS (Paul Émile), peintre canadien (Saint-Hilaire, Québec, 1905 - Paris 1960). Élève du peintre et décorateur d'églises Ozias Leduc, il se consacra à l'enseignement, découvrit le surréalisme vers 1938 et, en 1948, s'affirma le chef de file des « automatistes » de Montréal avec le manifeste *Refus global.* Sa peinture, spontanée, atteint un maximum d'intensité expressive à New York (1953), puis se dépouille à partir de 1955, à Paris.

BORDURE n. f. (de *border*). **1.** Ce qui garnit le bord ou s'étend sur le bord de qqch, ce qui sert à marquer la limite de qqch : *Papier à lettre à bordure bleue.* — **2.** *Vx.* Cadre d'un tableau, d'une glace. — **3.** *Bordure de trottoir,* rangée de pierres parallélépipédiques placée au bord d'un trottoir du côté de la chaussée. ‖ *En bordure d'un lieu,* situé sur le bord, le long d'un lieu. • **Géogr.** *Bordure continentale,* type de marge continentale plissée ou faillée, qui présente une topographie contrastée. — **Géol.** *Bordure figée,* frange à grain fin ou vitreuse d'une intrusion magmatique, due au refroidissement brutal du magma. — **Hérald.** Pièce formée par une ligne parallèle aux contours de l'écu. — **Hortic.** Limite d'une planche cultivée, d'une pelouse soulignée par des pierres, des briques, des arceaux, par une plantation. — **Mar.** Bord inférieur d'une voile. — **Sports.** En cyclisme, échelonnement des coureurs d'un peloton perpendiculairement au vent pour s'abriter les uns les autres, la place exposée au vent étant prise successivement par chacun d'entre eux. — **Sylvic.** Arbres en lisière d'une forêt. — **Tapiss.** Partie d'une tapisserie de lisse formant une sorte d'encadrement ornemental autour du motif principal. (Le XVIIIe s. a parfois interposé des *alentours* entre ce dernier et la bordure.)

BORDURER v. t. (conj. 3) *Pop.* Exclure qqn, le mettre sur la touche.

BORDURETTE n. f. Bordure de pierre peu saillante séparant des couloirs de circulation.

BORE n. m. (de *borax*). Corps simple présentant avec le carbone certaines analogies. (Élément chimique de symbole B.)

Numéro atomique : 5
Masse atomique : 10,81
Température de fusion : ~ 2 300 °C
Masse volumique : 2,34 g/cm³

ENCYCL. Le bore a été découvert en 1808, simultanément par Gay-Lussac, Thenard et Davy. C'est un solide brun-noir, extrêmement dur. Seul élément non métallique appartenant à la colonne III B de la classification périodique, il s'apparente, par ses propriétés chimiques, au carbone, au silicium ou à certains métaux comme l'aluminium. Il brûle dans l'air avec une flamme verte en donnant de l'anhydride borique B_2O_3, se combine aux halogènes, au soufre, à l'azote, au carbone, à la plupart des métaux en donnant des borures. Il est particulièrement réducteur.
Le bore existe principalement dans la nature sous forme de borates (borax, kernite, colémanite). Les borures métalliques, durs, à haut point de fusion et bons conducteurs, sont semblables aux nitrures et carbures interstitiels des métaux. Les hydrures sont les boranes*. Les halogénures sont des acides de Lewis ; le fluorure BF_3 est un catalyseur très employé en chimie organique. Le nitrure existe sous deux formes cristallographiques analogues à celles du carbone : la première, cubique, de type diamant (→ BORAZON), la seconde, hexagonale, de type graphite, donnant un matériau utilisable comme revêtement des moules de verrier et des creusets.
Le bore est employé dans l'industrie métallurgique (désoxydant et dégazifiant), dans les réacteurs nucléaires (absorbeur de neutrons) et en technique des hautes températures. Le carbure de bore est utilisé comme abrasif. Les composés oxygénés du bore occupent une place importante dans l'industrie du verre, des céramiques, des détergents, etc.

BORÉAL, E, AUX adj. (bas lat. *borealis*). **1.** Qui se situe à proximité du pôle Nord. — **2.** *Hémisphère boréal,* celui des deux hémisphères terrestres ou célestes où se trouve le pôle boréal. ‖ *Pôle boréal,* celui des deux pôles qui est situé au N. de l'équateur.

BORÉE, personnification du vent du nord dans la mythologie grecque.

BORÉE n. m. (lat. *boreas,* du gr. *Boreas,* vent du nord). Insecte mécoptère des régions neigeuses, qui se déplace en sautillant. (Le borée est voisin des panorpes.)

BOREL (Pierre BOREL D'HAUTERIVE, dit **Pétrus**), écrivain français (Lyon 1809-Mostaganem 1859). Son romantisme exacerbé (*Rhapsodies,* 1832 ; *Champavert,* 1833 ; *Madame Putiphar,* 1839) fut célébré par les surréalistes.

BOREL (Jean-Louis), général français (Fanjeaux, Aude, 1819 - Versailles 1884). Chef d'état-major de l'armée de la Loire (1870), il fut ministre de la Guerre de 1877 à 1879.

BOREL (Émile), mathématicien et homme politique français (Saint-Affrique, Aveyron, 1871-Paris 1956). Il a dégagé une définition commode de la notion de mesure, avec laquelle il a défini de façon précise la notion de probabilité et que Lebesgue développa ultérieurement, l'appliquant à la théorie de l'intégration. En 1925, il avait été ministre de la Marine dans le cabinet Painlevé. (Acad. des sc., 1921.)

BOREL (Jacques), écrivain français (Paris 1925). Son œuvre est une angoissante variation sur le besoin d'aimer (*l'Adoration,* 1965 ; *la Dépossession,* 1973).

Borel-Lebesgue *(axiome* ou *propriété de),* propriété d'un ensemble E quasi-compact selon laquelle, « de tout recouvrement ouvert de E, on peut extraire un sous-recouvrement fini ».

BOREL-MAISONNY (Suzanne), orthophoniste française (Paris 1900-*id.* 1995). Elle est l'auteur d'une méthode de rééducation du langage qui porte son nom.

BORER [bɔrœr] n. m. (angl. *borer,* vrille). **1.** Terme anglo-saxon servant à désigner certains types de mineurs continus *(twin borer)* ou de machines à creuser par alésage *(raise borer).* — **2.** Syn. de FOREUR (insecte).

BORG (Björn), joueur de tennis suédois (Södertälje, près de Stockholm, 1956), qui a notamment remporté cinq fois le tournoi de Wimbledon (de 1976 à 1980) et six fois celui de Roland-Garros (1974, 1975, 1978, 1979, 1980 et 1981).

BORGEN (Johan), écrivain norvégien (Christiania, auj. Oslo, 1902-Oslo 1979). Il joint des recherches de styliste à une méditation sur les grands problèmes psychologiques et sociaux contemporains (*Moi,* 1959 ; *Lillelord, les Sources obscures, Nous le tenons,* 1955-1957).

BORGES (Jorge Luis), écrivain argentin (Buenos Aires 1899-Genève 1986). Se situant délibérément en marge des préoccupations sociales propres à la plupart des auteurs hispano-américains d'aujourd'hui, il est familier de la kabbale, des littératures anglo-saxonnes, germaniques et scandinaves, féru d'auteurs oubliés ou apocryphes. Il a écrit des poèmes (*Fervor de Buenos Aires,* 1923 ; *Cuaderno San Martín,* 1929 ;

l'Or des tigres, 1972), des nouvelles (*Fictions,* 1944 ; *l'Aleph,* 1949 ; *le Livre de sable,* 1975), où réapparaissent les mêmes symboles du labyrinthe, des miroirs, des épées, des tigres, et surtout des essais critiques (*Enquêtes,* 1925 ; *Discussion,* 1932 ; *Histoire de l'infamie,* 1935 ; *Histoire de l'éternité,* 1936 ; *l'Auteur,* 1960 ; *Chroniques de Bustos Domecq,* 1967). Il témoigne dans ses œuvres de sa tentative unique de nier le temps grâce à l'écriture même.

BORGESE (Giuseppe Antonio), écrivain italien (Polizzi Generosa, Palerme, 1882-Florence 1952). Auteur d'un roman psychologique (*Rubé,* 1921), il a exercé une grande influence sur l'évolution de l'esthétique littéraire italienne entre les deux guerres (*Poetica dell'unità,* 1934).

BORGHÈSE, famille italienne, originaire de Sienne, dont la fortune commença en 1605, lorsque CAMILLO (1552-1621) fut élu pape sous le nom de Paul V. — CAMILLO (Rome 1775-Florence 1832) épousa en 1803 la sœur de Napoléon Ier, Pauline Bonaparte, avec laquelle il gouverna la principauté de Guastalla (1806).

Borghèse *(villa),* grand parc public de Rome, agrémenté de fontaines, de lacs, de statues. Dans cet ensemble, la *palazzina* (petit palais) *Borghèse,* bâtie en 1615 pour le cardinal Scipione Caffarelli Borghèse, abrite le *musée Borghèse,* consacré à la sculpture (chefs-d'œuvre de Bernin), tandis que la *galerie Borghèse* offre une collection de peintures (la *Madone des palefreniers* du Caravage, *l'Amour sacré et l'Amour profane* de Titien...). Dans les jardins de la villa Borghèse se situent encore le *Musée national de la villa Giulia* (art étrusque) et la *Galerie nationale d'art moderne.*

BORGIA, famille italienne du XVe s., originaire de Borja, en Aragon. Ses principaux membres furent : ALONSO (1378-1458), archevêque de Valence, et RODRIGUE (1431-1503), son neveu, papes sous les noms respectifs de Calixte III et Alexandre VI. — CÉSAR *(Cesare)* [Rome v. 1475-Pampelune 1507], fils d'Alexandre VI. Préoccupé surtout de sa fortune politique, il essaya de se constituer en Italie centrale une principauté héréditaire. Il périt dans une embuscade en 1507. Sa vie d'aventurier sans scrupule, d'habile diplomate, d'excellent administrateur de la Romagne, a inspiré Machiavel dans son portrait du « Prince ». — LUCRÈCE *(Lucrezia)* [Rome 1480-Ferrare 1519], fille d'Alexandre VI. Protectrice des arts et des lettres, chantée pour sa beauté par l'Arioste *(Roland furieux),* elle semble n'avoir été qu'un instrument de la politique familiale.

BORGNE adj. et n. (p.-ê. du prélatin **borna,* trou). Qui ne voit que d'un œil ou à qui il manque un œil.
◆ adj. *Fenêtre, mur borgne,* aveugle. ‖ *Hôtel borgne,* mal famé, sordide. ‖ *Troquer, changer son cheval borgne contre un aveugle,* écarter une solution imparfaite pour une solution pire. ‖ *Trou borgne,* trou qui ne traverse pas complètement une pièce. (Dans le cas contraire, il s'agit d'un *trou débouchant.*)

BORGNIS-DESBORDES (Gustave), général français (Paris 1839 - Biên Hoa, prov. de Dông Nai, 1900). Au cours de trois campagnes, de 1881 à 1883, il réduisit momentanément Samory à l'impuissance et construisit les forts de Kita et de Bamako.

BORGO (20290), ch.-l. de cant. de la Haute-Corse, au S. de Bastia ; 3 905 hab. Le village, qui domine la plaine de la Marana, fut le lieu d'une victoire de Paoli remportée en 1768 sur les troupes françaises, commandées par Chauvelin, et connue sous le nom de « Vêpres corses ». Centre d'un région de viticulture et d'arboriculture fruitière.

BORGOGNONE (il) → COURTOIS (Jacques).

BORG OLIVIER (George), homme politique maltais (La Vallette 1911-Sliema 1980). Membre du parti nationaliste, il fut Premier ministre de 1950 à 1955 et de 1962 à 1971.

BORGOU, région du nord du Bénin. Le Borgou, ancien État africain, divisé en multiples principautés rivales, était un relais de la route des caravanes entre Kano et le royaume achanti.

BORIE n. f. (mot provenç.). Construction traditionnelle en pierres sèches, à voûte en tas de charge. (Parente du *broch* d'Irlande, du *talayot* des Baléares, du *nuraghe* de Sardaigne, du *trullo* d'Italie du Sud.)

BORIN, E ou **BORAIN, E** adj. et n. Du Borinage.

BORINAGE, ancienne région houillère de Belgique, dans le Hainaut, à l'O. de Mons.

BORIQUE adj. (de *bore*). **1.** *Acide borique,* acide H_3BO_3. — **2.** *Anhydride borique,* anhydride B_2O_3.
ENCYCL. L'*anhydride borique* est une masse vitreuse incolore, avide d'eau. L'*acide borique* est un solide cristallisé dont la solution a les caractères d'un acide faible qui agit sur les alcalis en donnant des sels de l'acide métaborique HBO_2 ou de l'acide tétraborique $H_2B_4O_7$ (comme le borax). Découvert en 1702 par Homberg, il existe dans certaines eaux minérales (Wiesbaden, Luchon, etc.), dans les jets de vapeur *(suffioni)* de Toscane et sous forme de borates. On l'utilise en solution comme antiseptique (eau boriquée), pour la conservation de matières organiques facilement altérables (colles, empois) et dans la fabrique d'émaux et de verres spéciaux (Pyrex).

BORIQUÉ, E adj. **1.** Se dit d'un médicament ayant l'acide borique pour principe actif et utilisé pour son pouvoir antiseptique faible. — 2. *Eau boriquée,* soluté d'acide borique faiblement antiseptique.

BORIS *(saint),* prince et martyr russe († 1015). Fils du grand-prince de Kiev Vladimir Ier. Son frère Gleb et lui-même furent les premiers saints canonisés par l'Église russe.

BORIS Ier († 907), khān des Bulgares (852-889). Il se convertit au christianisme, qu'il proclama religion officielle de son État (865). Il joua habilement de la lutte d'influences à laquelle se livrèrent dans son pays le patriarche de Constantinople, Photios, le pape Nicolas Ier et son successeur Jean VIII, jusqu'à l'accord auquel ils parvinrent en 880. Il recueillit les disciples de Cyrille et Méthode (885) qui répandirent en Bulgarie la liturgie et l'écriture slavonnes. Il abdiqua en 889. — **Boris II** (v. 949-979), tsar de Bulgarie (969-972). Il fut défait par Sviatoslav, grand-prince de Kiev, et par Jean Ier Tzimiskès, qui le déporta à Constantinople (972). — **Boris III** (Sofia 1894-*id.* 1943), tsar de Bulgarie (1918-1943), fils de Ferdinand Ier. Il instaura en 1935 un régime personnel autoritaire. Lors de la Seconde Guerre mondiale, il se rapprocha de l'Allemagne (accord de Vienne, mars 1941). Il mourut en 1943, sans doute assassiné par les nazis.

BORIS GODOUNOV (v. 1552-Moscou 1605), tsar de Russie (1598-1605). Il fut un des conseillers les plus influents de Fédor, tsar de 1584 à 1598. Il relégua à Ouglitch la dernière femme d'Ivan IV et le tsarévitch Dimitri, qui mourut mystérieusement en 1591. La rumeur publique accusa Boris Godounov de l'avoir fait assassiner. À la mort de Fédor, Boris se fit élire tsar par un *Zemski Sobor* (1598). Un prétendant au trône venu de Pologne, Dimitri, dit *le faux Dimitri,* se fit proclamer tsar après la mort subite de Boris (avr. 1605).

Boris Godounov, tragédie historique de Pouchkine (1831) : le premier grand drame national de la littérature russe. — D'après cette tragédie, Moussorgski a composé un drame musical (1869-1872).

BORISSOV, v. de Biélorussie, au N.-E. de Minsk ; 112 000 hab. Constructions mécaniques.

BOŘIVOJ Ier, duc et premier prince chrétien de Bohême († v. 894), de la famille des Přemyslides.

BORKOU, région du Sahara méridional (Tchad), au pied méridional du Tibesti.

BORKUM, île de la mer du Nord (Allemagne), à l'embouchure de l'Ems ; 36 km². Station balnéaire. Thalassothérapie.

BORLAUG (Norman Ernest), agronome américain (Cresco, Iowa, 1914). Ses travaux sur le blé ont permis d'accroître les taux de rendement dans de fortes proportions. (Prix Nobel de la paix 1970.)

BÖRLIN (Jean), danseur et chorégraphe suédois (Härnosänd 1893-New York 1930). Il collabora comme danseur et chorégraphe aux Ballets suédois que Rolf de Maré venait de fonder (1920-1925). Tous deux s'entourèrent de compositeurs, de décorateurs et de peintres d'avant-garde, réalisant, notamment, *les Mariés de la tour Eiffel* (1921).

BORMAN ou **BORREMAN** (les), sculpteurs sur bois brabançons (fin du XVe s.-début du XVIe s.). JEAN **Borman** *le Vieux* a exécuté le *Retable de saint Georges* (1493), conservé aux Musées royaux d'Art et d'Histoire de Bruxelles ; son fils JEAN **Borman** *le Jeune,* le *Retable de la Passion* de Güstrow (Mecklembourg) ; PASQUIER **Borman,** le retable de la corporation des tanneurs à Herentals, toutes œuvres d'un réalisme profus.

BORMANN (Martin), homme politique allemand (Halberstadt 1900-?). Un des leaders du parti nazi et un des proches de Hitler, général des SS et chef d'état-major de Rudolf Hess, il remplaça celui-ci en 1941 comme chef de la Chancellerie. Disparu en mai 1945 dans les ruines de Berlin, il fut condamné à mort par contumace par le tribunal de Nuremberg pour crimes de guerre.

BORMES-LES-MIMOSAS (83230), comm. du Var, dans le massif des Maures, dominant la *rade de Bormes* (port de plaisance) ; 5 112 hab. Monuments anciens. Cultures florales (mimosas).

BORMIO, station estivale et hivernale d'Italie, en Lombardie, à 1 225 m d'altitude, dans la haute vallée de l'Adda ; 3 300 hab.

BORN *(pays de),* région du nord-ouest du dép. des Landes, autour de Parentis-en-Born.

BORN (Bertran DE) → BERTRAN DE BORN.

BORN (Max), physicien allemand naturalisé britannique en 1939 (Breslau 1882-Göttingen 1970). Professeur de physique théorique à Göttingen (1921), il quitta l'Allemagne en 1933 pour se réfugier en Angleterre puis retourna en Allemagne (1953). Il est à l'origine de l'interprétation probabiliste de la mécanique quantique selon laquelle le carré du module de la fonction d'onde d'un quanton représente sa densité de probabilité de localisation. (Prix Nobel de phys. 1954.)

BORNAGE n. m. (de *borner*). **1.** Opération de mise en place de bornes délimitant une propriété privée. — **2.** Syn. anc. de NAVIGATION CÔTIÈRE. — **3.** *Patron au bornage,* syn. anc. de CAPITAINE CÔTIER.

BORNARD (Jean), syndicaliste français (Bellegarde-sur-Valserine 1928 - Presles, Val-d'Oise, 1996). Secrétaire général de la C. F. T. C. à partir de 1970, il en a été le président de 1981 à 1990.

BORNE n. f. (bas lat. *bodina,* d'orig. celt.). **1.** Pierre ou autre marque servant à indiquer la limite de deux propriétés contiguës. — **2.** Pierre servant, avec d'autres, à maintenir une chaîne qui réserve un emplacement, barre un passage, etc. — **3.** Pierre indiquant une distance, une direction, etc. : *Borne kilométrique.* — **4.** *Fam.* Kilomètre. — **5.** *Rester planter (là) comme une borne,* rester immobile, sans réaction. • **Algèbr.** *Borne inférieure d'une partie minorée* A *d'un ensemble* E *muni d'une relation d'ordre,* plus grand des minorants de A (s'il existe), noté $\mathrm{Inf}_E A$. ‖ *Borne supérieure d'une partie majorée* A *d'un ensemble* E *muni d'une relation d'ordre,* plus petit des majorants de A (s'il existe), noté $\mathrm{Sup}_E A$.(Si $\mathrm{Inf}_E A$ [resp. $\mathrm{Sup}_E A$] appartient à A, on l'appelle plus petit [resp. grand] élément de A. Quand A est l'ensemble des valeurs *f(x)* d'une fonction numérique *f* pour $x \in D$, on parle de borne inférieure [notée $m = \mathrm{Inf}_{x \in D} f(x)$] et de borne supérieure [$M = \mathrm{Sup}_{x \in D} f(x)$] de *f* sur D.) — **Électr.** Point d'un circuit électrique destiné à établir une connexion. ‖ Chacun des deux composants destinés à raccorder un dispositif à des conducteurs extérieurs. (Syn. PÔLE.) — **Géod.** *Borne géodésique, borne cadastrale,* borne en pierre ou en béton matérialisant la position précise d'un point de triangulation géodésique ou cadastrale. — **Hist.** *Borne du cirque,* chacune des deux bornes situées aux deux extrémités de l'arène, autour desquelles tournaient les chars. ‖ *Borne milliaire,* chacune des pierres qui, sur les voies romaines, marquaient chaque distance de mille pas (= 1 481,50 m). — **Mar.** *Borne d'amarrage,* syn. de BOLLARD. — **Mobil.** Siège collectif circulaire à dossier central (XIXe s.). ‖ Pendule dont la forme rappelle celle d'une borne en pierre (XIXe s.). — **Techn.** *Borne d'incendie,* prise d'eau, à l'usage des pompiers, dont l'orifice est situé à un mètre du sol. (Syn. POTEAU D'INCENDIE.) — **Télécomm., Inform.** *Borne interactive,* appareil équipé d'un écran vidéo et d'un ordinateur spécifique, qui permet de délivrer à un utilisateur des informations sur un ou plusieurs sujets donnés. — **Transp.** *Borne d'alarme,* dispositif implanté dans un moyen de transport public qui permet aux voyageurs de communiquer avec la gare ou la station et, si nécessaire, de couper l'alimentation électrique.

◆ **bornes** n. f. pl. **1.** Limites de l'action ou du pouvoir : *Les bornes de l'esprit humain.* — **2.** *Ne plus, ne pas avoir de bornes,* être démesuré, développé à l'excès. ‖ *Passer, dépasser, franchir, etc., les bornes,* aller au-delà de ce qui est permis, exagérer. ‖ *Sans bornes,* sans limites, sans réserves.

BORNE-FONTAINE n. f. (pl. *bornes-fontaines*). Appareil distributeur d'eau, en forme de borne, manœuvré à l'aide d'un poussoir ou d'un levier.

BORNEL (60540), comm. de l'Oise, dans le pays de Thelle ; 2 995 hab. Métallurgie.

BORNÉO, la plus grande île de l'Insulinde ; environ 750 000 km². Bornéo est partagé administrativement en plusieurs territoires. Le Sabah et le Sarawak, au N.-O., séparés par le Brunei, indépendant, font partie de la Malaysia ; le reste, c'est-à-dire la plus grande partie de l'île, appartient à l'Indonésie sous le nom de Kalimantan (540 000 km² ; 8 232 000 hab.). L'île rassemble plus de 11 millions d'hab.

— **Géogr.** Traversée par l'équateur, constamment chaude (26 °C en moyenne) et humide, en grande partie recouverte par une forêt dense, l'île présente des paysages accidentés dans l'intérieur (encore souvent le domaine d'une culture itinérante sur brûlis et de la cueillette) ; le littoral est jalonné de plaines alluviales et deltaïques où se concentrent les activités agricoles (caoutchouc, poivre, coprah) et les villes (dont Pontianak et Banjermassin). Aujourd'hui, sur la côte et au large, sont extraits des hydrocarbures.

— **Hist.** À la présence javanaise attestée au XIVe s. et chinoise s'ajoute celle des Malais aux XVe-XVIe s. Le sultanat de Banjermassin reconnut en 1826 la suzeraineté de la Hollande et le nord de l'île (Sarawak, Sabah, Brunei) passa sous le contrôle britannique (1888). En 1963, Sarawak et Sabah furent rattachés à la Malaysia et Brunei resta protectorat britannique jusqu'à son indépendance, en 1984.

BORNÉOL n. m. (de *Bornéo,* n. pr.). Alcool hydroterpénique bicyclique dont la cétone correspondante est le camphre. (Syn. CAMPHRE DE BORNÉO.)

BORNÉO-SEPTENTRIONAL, anc. nom du Sabah.

BORNER v. t. (de *borne*) [conj. 3]. **1.** Délimiter un terrain à l'aide de bornes, ou autrement. — **2.** Marquer la limite d'un espace : *De petits coteaux bornent le lac.* — **3.** Restreindre une action à qqch, la maintenir dans des limites : *Borner ses recherches à l'essentiel.*

◆ **être borné** v. pass. **1.** Manquer d'intelligence, avoir des idées étroites ; être obtus, limité : *Individu, esprit borné.* — **2.** Avoir des bornes, des limites : *Son avenir est borné.* — **3.** *Ensemble borné,* partie d'un ensemble muni d'une relation d'ordre, qui est à la fois majorée et minorée. ‖ *Ensemble borné inférieurement* (resp. *supérieurement*), partie d'un ensemble muni d'une relation d'ordre qui est minorée (resp. majorée). [Toute

partie de ℕ est minorée]. ‖ *Fonction bornée,* fonction *f* d'un ensemble E vers un ensemble F, telle que *f*(E) est une partie bornée de F.
◆ **se borner** v. pr. **1.** Fixer certaines limites à sa propre action, s'en tenir à : *Il s'est borné à me rappeler le règlement.* — **2.** Consister seulement en qqch, se limiter à : *Son rôle se bornait à la surveillance.*

BORNES *(massif des),* massif des Préalpes, dans le sud-ouest du département de la Haute-Savoie. Ce massif porte aussi parfois le nom de *Genevois* (appellation convenant à son extrémité occidentale, au S. de Genève) ou de *massif des Aravis.* Sylviculture et élevage bovin laitier.

BORNHOLM, île danoise de la Baltique, au S.-E. de la Scanie suédoise ; 588 km² ; 47 000 hab. Les Danois s'installèrent à Bornholm dès le IIIe s. Conquise par la Suède en 1645, elle fut rendue au Danemark en 1660. Pierres runiques. Églises rondes fortifiées. Agriculture et élevage (bovin et porcin). Exploitation du kaolin (céramique) et du granit. Pêche et conserveries de poisson. Tourisme.

Bornholm *(maladie de)* [du nom de l'île danoise], maladie infectieuse due aux virus Coxsackie B des types 1 à 6. Elle débute brusquement par une violente douleur siégeant à la base du thorax, bloquant la respiration profonde. Il s'y ajoute une fièvre élevée et des douleurs musculaires multiples. L'ensemble des troubles régresse spontanément en trois à dix jours. (Syn. MYALGIE ÉPIDÉMIQUE.)

BORNIER n. m. Ensemble de fils pouvant servir d'entrée ou de sortie pour une interface de micro-ordinateur.

BORNITE n. f. (de Ignaz von *Born,* n. pr.). Sulfure naturel de fer et de cuivre Cu_5FeS_4. (Syn. ÉRUBESCITE.)

BORNOU, région d'Afrique, au S.-O. du lac Tchad, cœur du vaste empire qui a jadis englobé tout le bassin tchadien. Il a donné son nom à un État du Nigeria (cap. *Maiduguri*).
— **Hist.** Région des Kanouris, le Bornou servit de refuge à la dynastie des Sefawa du Kanem au XIVe s. Après la reconquête du Kanem au XVIe s., l'empire s'appela le Kanem-Bornou. La défaite de Rabah devant les Européens (1900) marqua sa fin.

BORNOYER v. t. (de *borgne*) [conj. 13]. **1.** Viser d'un œil en fermant l'autre, pour s'assurer si une ligne est droite, si une surface est plane. — **2.** Placer des jalons en ligne droite, de distance en distance, en vue d'une construction, d'une plantation, etc.

BORNY, anc. comm. de la Moselle, auj. rattachée à Metz. Bataille franco-prussienne le 14 août 1870.

BORNYLE n. m. Radical $C_{10}H_{17}$ résultant de l'arrachement du groupe OH du bornéol ou de l'isobornéol.

BORNYLÈNE n. m. Carbure d'hydrogène terpénique $C_{10}H_{16}$, isomère des camphènes et du pinène.

Borobudur → BĀRĀBUDUR.

BOROCÈRE n. m. (gr. *boros,* vorace). Papillon (lasiocampidé) malgache producteur de soie.

BOROCHOV (Ber), théoricien sioniste (Zolotonocha, Ukraine, 1881 - Kiev 1917). Ses idées sur le « sionisme-socialisme », proches du marxisme, influencèrent le mouvement ouvrier juif et inspirèrent les créateurs du parti israélien Mapam.

BORODINE (Aleksandr), compositeur russe (Saint-Pétersbourg 1833-*id.* 1887). Il fut admis en 1863 dans le groupe des « Cinq ». Son œuvre maîtresse est *le Prince Igor* (1869-1887). Sa musique est teintée d'orientalisme (*Dans les steppes de l'Asie centrale,* 1880).

BORODINO, village de Russie, à 60 km à l'O. de Moscou, à 5 km de la Moskova. Les Russes donnent ce nom à la bataille de la Moskova du 7 sept. 1812.

BOROFLUORURE n. m. Composé du bore et du fluor contenant l'ion BF_4^-. (Syn. FLUOBORATE.)

BOROROS, sous-groupe peul de la région du lac Tchad.

BOROROS, Indiens du Mato Grosso (Brésil).

BOROSILICATE n. m. Combinaison d'un borate avec un silicate.

BOROSILICATÉ, E adj. Qui contient un borosilicate.

BOROTRA (Jean), joueur de tennis français (Biarritz 1898 - Arbonne, près de Bidart, 1994). Élément de l'équipe des *mousquetaires**, il a notamment remporté (outre six fois la coupe Davis, 1927 à 1932) deux fois le tournoi de Wimbledon (1924 et 1926) et les championnats internationaux de France (1924 et 1931) et une fois les championnats internationaux d'Australie (1928).

BOROUGH n. m. (mot angl.). Circonscription administrative du Grand Londres ou de New York.

BOROVANSKÝ (Édouard), danseur et chorégraphe tchèque (Přerov 1902-Sydney, Australie, 1959), créateur, avec sa femme, de la première et de la meilleure troupe de ballet en Australie (1944), origine de l'actuel Australian Ballet, constitué en 1962.

BOROWSKI (Tadeusz), écrivain polonais (Jitomir, Ukraine, 1922-Varsovie 1951). Ses récits (*l'Adieu à Marie,* 1948 ; *le Monde de pierre,* 1948) forment une critique désespérée des valeurs de la culture européenne.

BORRAGINACÉE n. f. (lat. *borrago, -inis,* bourrache). Herbe très velue, aux fleurs en cymes scorpioïdes, au fruit à quatre loges, telle que la bourrache, la buglosse, l'héliotrope et le myosotis. (Les *borraginacées* forment une famille.)

BORRASSÀ (Lluís), peintre catalan (Gérone v. 1360 - Barcelone v. 1425). Installé à Barcelone, il y fut le premier représentant du style gothique international. On lui attribue, ainsi qu'à son atelier, de nombreux retables étagés, faits de tableaux au style narratif animé et précieux (musée de Vich ; musée des Arts décoratifs, Paris).

BORRELIA [-re-] n. f. Genre bactérien de la famille des spirochètes.

BORRÉLIOSE n. f. Fièvre récurrente provoquée par des borrelias.

BORREMAN (les) → BORMAN.

BORRI (Pasquale), danseur et chorégraphe italien (Milan 1820 - Desio 1884). Habile à monter de grandes œuvres romanesques, il a renouvelé la construction chorégraphique et rénové la mise en scène (action simultanée sur deux scènes) du ballet italien.

BORROMÉE (*saint* Charles) → CHARLES BORROMÉE.

BORROMÉE (Frédéric), en ital. **Federico Borromeo,** prélat italien (Milan 1564-*id.* 1631). Cardinal en 1587, archevêque de Milan (1595-1631), il soutint la Réforme catholique et fonda la *bibliothèque Ambrosienne* ainsi que la pinacothèque.

BORROMÉES *(îles),* en ital. **isole Borromee,** groupe de trois îles *(Isola Bella, Isola Madre, Isola Superiore,* ou *île des Pêcheurs)* et d'un îlot *(San Giovanni)* du lac Majeur (Italie), en face de Stresa. Rochers arides, elles furent transformées en 1671 en parcs par le comte Vitaliano Borromeo. Plantes tropicales (jardin botanique).

BORROMINI (Francesco CASTELLI, dit), architecte italien d'origine suisse (Bissone, Tessin, 1599 - Rome 1667). Élève de Maderno à St-Pierre, dont il fut écarté au profit de Bernin, il construisit pour les trinitaires un couvent (1634) et l'église St-Charles-aux-Quatre-Fontaines (1634, façade 1665) ; pour les philippins, un oratoire (1638), des cloîtres et une bibliothèque ; pour les jésuites, le palais de la Propagande de la foi (1662). Pour le collège de la Sapience, il éleva l'église St-Yves (1642) et, en 1653, succéda aux Rainaldi à l'église Ste-Agnès. Dans ses compositions aériennes, aux interpénétrations mouvementées, il retrouve les thèmes gothiques, se joue de l'équilibre et tend à libérer l'art baroque de toute entrave classique.

BORSALINO n. m. (n. déposé, de G. *Borsalino,* n. pr.). Chapeau masculin en feutre, à base de poils de lapin et de lièvre, caractérisé à l'origine par des bords de sept centimètres.

BORSSELE, localité des Pays-Bas (Zélande), près de Flessingue. Centrale nucléaire.

BORT ou **BOART** n. m. (p.-ê. néerl. *boort,* ou angl. *bort*). Diamant granuleux, impropre à la taille, qui sert pour l'arrondissage des autres diamants, ou, pilé, pour la préparation de l'égrisée.

BORTEN (Per), homme politique norvégien (Flå, près de Trondheim, 1913). Député (1950), chef du parti agrarien (1955), il fut Premier ministre de 1965 à 1971.

BORT-LES-ORGUES (19110), ch.-l. de cant. de la Corrèze ; 4 514 hab. *(Bortois).* Barrage et centrale hydroélectrique sur la Dordogne. — Au S.-O., orgues basaltiques.

BORTOLUZZI (Paolo), danseur italien (Gênes 1938 - Bruxelles 1993). Au Ballet du XXe s. (1961-1972), il s'est affirmé un des meilleurs interprètes *(le Sacre du printemps, Roméo et Juliette, l'Oiseau de feu)* et créateurs *(Bhakti, Nomos Alpha, les Chants du compagnon errant)* des œuvres de Maurice Béjart. Il a su également s'imposer dans le répertoire classique.

BORTSCH → BORCHTCH.

BORUDJERD ou **BURŪDJIRD,** v. de l'Iran, au S.-O. de Téhéran, dans le Lorestān ; 201 016 hab.

BORURATION n. f. Cémentation superficielle de l'acier par le bore.

BORURE n. m. Combinaison du bore avec un corps simple.

BORURÉ, E adj. 1. Qui est associé au bore. — 2. Qui contient un borure.

BORVO, nom venant du mot celtique désignant l'eau bouillonnante et qui s'applique au dieu gaulois des eaux thermales, assimilé souvent à Apollon. Ce nom est à l'origine de celui des Bourbons et de diverses villes telles que Bourbon-l'Archambault.

BORY (Jean-Louis), écrivain français (Méréville, Essonne, 1919-*id.* 1979). Historien de la *Révolution de Juillet* (1972) ou du roman populaire (*Eugène Sue, dandy mais socialiste,* 1973), romancier (*Mon village à l'heure allemande,* 1945 ; *la Peau des zèbres,* 1969 ; *Un prix d'excellence,* 1986, posthume), c'est surtout pour ses chroniques cinématographiques, notamment dans *le Nouvel Observateur,* qu'il fut connu du grand public.

BORZAGE (Frank) cinéaste américain (Salt Lake City 1893 - Hollywood 1962). Il a signé une quinzaine de films de grande qualité (*Ceux de la zone,* 1933).

BOSANQUET (Bernard), philosophe britannique (Alnwick, Northumberland, 1848-Londres 1923), représentant de l'hégélianisme en Grande-Bretagne.

BOSCH (Jheronimus VAN AKEN, dit **Jheronimus** [en fr. Jérôme]), peintre brabançon (Bois-le-Duc v. 1450 - *id.* 1516). Sa biographie comporte de nombreuses lacunes et la chronologie de son œuvre, de ce qui reste après les destructions (notamment du XVIe s.), est hypothétique. On sait que, né et résidant à Bois-le-Duc, il fut membre, de 1486 à sa mort, de la Confrérie de Notre-Dame. Issu d'une famille de peintres, il se place à ses débuts sous le signe du gothique international. Travaillant à l'huile sur panneaux, il manifeste dès les œuvres de sa jeunesse (v. 1475-1485 : *Ecce Homo,* Institut Städel, Francfort) une vigueur personnelle qui se développe dans sa première maturité (v. 1485-1500 : plans juxtaposés verticalement, nouvelle gamme chromatique, touche audacieuse [*la Nef des fous,* Louvre]) et dans la période suivante (v. 1500-1510 : peinture tonale des triptyques du *Chariot de foin,* du *Jardin* des délices* [Prado, Madrid] et de *la Tentation de saint Antoine* [mus. nat. de Lisbonne]) avant la monumentalité sereine du triptyque de *l'Épiphanie* (Prado, Madrid) ou la terrible vision du *Portement de croix* (Gand). Au-delà des sources multiples et complexes de son iconographie et de sa symbolique (alchimie, magie, mystique, diableries, farces, théâtre, etc.), qui nourrissent tout à la fois son onirisme et son réalisme, demeure une lutte du Bien et du Mal avec son cortège de sottises, d'égarements, de vanités et d'hypocrisies, expression du désarroi spirituel et social de la fin du Moyen Âge.

BOSCH (Robert), technicien et industriel allemand (Albeck, près d'Ulm, 1861-Stuttgart 1942). Il fut le pionnier de l'allumage par magnéto pour les moteurs à combustion interne.

BOSCH (Carl), chimiste et industriel allemand (Cologne 1874-Heidelberg 1940). Il mit au point, en 1913, avec Haber, la synthèse de l'ammoniac à partir de l'azote atmosphérique. (Prix Nobel de chimie 1931.)

BOSCH (Juan), homme d'État dominicain (La Vega 1909). Adversaire de Trujillo, fondateur du parti révolutionnaire dominicain (1939), il fut président de la République en 1962-63.

BOSCHÈRE ou **BOSSCHÈRE** (Jean DE), peintre et écrivain belge de langue française (Uccle 1878-Châteauroux, Indre, 1953), auteur d'une œuvre marquée par le mysticisme et l'ésotérisme (*Job le Pauvre,* 1922 ; *Héritiers de l'abîme,* 1950).

BOSCO n. m. (abrév. de *bosseman*). Syn. fam. de MAÎTRE D'ÉQUIPAGE.

BOSCO (Henri), écrivain français (Avignon 1888-Nice 1976), auteur de romans de terroir (*l'Âne Culotte,* 1937 ; *le Mas Théotime,* 1946) où conte et poésie se mêlent dans une appréhension sensuelle de la nature animale et végétale.

BOSCO REALE ou **BOSCOREALE,** comm. d'Italie en Campanie (prov. de Naples), sur les flancs du Vésuve ; 20 000 hab. Centre agricole et viticole. Dans les environs, deux villas romaines ont livré des peintures murales du Ier s. av. J.-C. et un trésor d'orfèvrerie gréco-romaine du Ier s. (Louvre).

BOSCOT, OTTE adj. et n. (de *bossu*). *Pop.* et *vx.* Qui est petit et bossu.

BOSCOVICH (Ruggero Giuseppe) ou **BOŠKOVIĆ** (Rudjer Josip), savant dalmate (Raguse, auj. Dubrovnik, 1711-Milan 1787), auteur d'une théorie dynamique de la matière fondée sur l'hypothèse atomique.

BOSE (Satyendranath), physicien indien (Calcutta 1894-*id.* 1974). Il a élaboré une théorie statistique applicable aux photons, qu'Einstein reprendra pour l'appliquer aux bosons *(statistique de Bose-Einstein).*

BOSE (Subhas Chandra), homme politique indien (Cuttack, Orissa, 1897-Taiwan 1945). Leader nationaliste, emprisonné à plusieurs reprises entre 1921 et 1940, il fut élu président du parti du Congrès en 1938. Il gagna Berlin en 1940 et forma en 1943 une armée de l'Inde libre qui lutta aux côtés des Japonais contre les Alliés.

Bösendorfer, fabrique de pianos fondée en 1828 à Vienne par Ignaz Bösendorfer (1796-1859).

BOSIO (François Joseph), sculpteur français (Monaco 1768-Paris 1845). Élève de Pajou et de Canova, artiste officiel sous l'Empire et la Restauration, il est l'auteur de bustes, de statues et de compositions d'un style académique.

BOSKOOP n. f. (du n. d'une ville des Pays-Bas). Variété de pomme à chair ferme.

BOSNA, riv. de Bosnie-Herzégovine, affl. de la Save (r. dr.), qui a donné son nom à la *Bosnie ;* 308 km. Célèbre source karstique au pied de l'Igman.

BOSNIAQUE ou **BOSNIEN, ENNE** adj. et n. De Bosnie.

BOSNIE-HERZÉGOVINE, en serbo-croate **Bosna i Hercegovina,** État de l'Europe balkanique, entre l'Adriatique et la Save ; 51 100 km², 3 500 000 hab. *(Bosniaques).* CAP. *Sarajevo.* LANGUE : *serbo-croate.* MONNAIE : *dinar.*

Géographie. Au moment de son indépendance, le pays est composé de trois nationalités, de même langue (serbo-croate) mais de tradition religieuse différente : Musulmans (44 % ; dotés du statut de nationalité en 1969), Serbes (31 % ; orthodoxes) et Croates (17 % ; catholiques). La viabilité du nouvel État (compartimenté par le relief, pratiquement sans accès à la mer) a été compromise par la guerre civile, qui a entraîné destructions et déplacements de population, débouchant sur une partition de fait sur des bases ethnico-religieuses.

Histoire.

1463-1878 : La région fait partie de l'Empire ottoman (Bosnie conquise en 1463 ; Herzégovine, en 1482). Elle est islamisée.

1878-1918 : Administrée par l'Empire austro-hongrois, la région est annexée à celui-ci en 1908.

1918 : La Bosnie-Herzégovine est intégrée au royaume des Serbes, Croates et Slovènes.

1945-46 : Elle devient une république fédérée de la Yougoslavie.

À partir de 1990-91, confrontés à l'éclatement de la Fédération yougoslave, Serbes, Musulmans et Croates prennent des positions antagonistes : les Serbes veulent rester dans la Yougoslavie et se séparer de la Bosnie si celle-ci quitte la Fédération ; les Musulmans souhaitent un État bosniaque indépendant et multinational ; les Croates sont soit partisans d'un État bosniaque unitaire, soit favorables à sa partition selon des critères ethniques.

1992 : Après la proclamation de l'indépendance, reconnue par la communauté internationale, une guerre très meurtrière oppose les Serbes (soutenus par la nouvelle République de Yougoslavie), les Musulmans et les Croates. Les Serbes, qui ont unilatéralement proclamé une République serbe de Bosnie-Herzégovine (*Republika Srpska,* janv.), occupent la majeure partie du pays, y pratiquant une politique de purification ethnique. Une force de protection de l'O.N.U. (FORPRONU) s'efforce d'assurer l'acheminement de l'aide humanitaire.

1993 : Les médiateurs de la Communauté européenne et de l'O.N.U. cherchent en vain à faire accepter des plans successifs de partage ou de découpage du pays. Croates et Musulmans s'affrontent. L'O.N.U. déclare zone de sécurité Sarajevo et cinq autres villes assiégées par les Serbes.

1994 : Les Croates et les Musulmans forment une Fédération croato-musulmane en Bosnie. Les représentants de l'Allemagne, des États-Unis, de la France, de la Grande-Bretagne et de la Russie (groupe de contact) tentent d'imposer un nouveau plan de partage.

1995 : Une force de réaction rapide est créée pour appuyer la FORPRONU (juin). Après la prise des zones de sécurité de Srebrenica et de Zepa par les Serbes (juill.), les troupes croato-musulmanes, aidées par l'armée croate, mènent une vaste contre-offensive (août-sept.), parvenant à reconquérir la moitié du territoire. Un cessez-le-feu est proclamé (oct.). Sous l'égide des États-Unis, un accord est conclu en novembre à Dayton (signé en déc. à Paris) entre les présidents serbe — représentant les Serbes de Bosnie —, croate et bosniaque, qui prévoit le maintien d'un État unique de Bosnie-Herzégovine, composé de deux unités : la Fédération croato-musulmane et la République serbe de Bosnie. Une force multinationale de mise en application de la paix (*Implementation Force* ou IFOR), placée sous le commandement de l'O.T.A.N., est déployée, prenant le relais de la FORPRONU.

BOSON n. m. (de *Bose,* n. pr.). **1.** Particule quantique obéissant à la statistique de Bose-Einstein. (Les bosons ont un spin entier. Les mésons, les photons, le noyau d'hélium sont des bosons.) — **2.** *Boson intermédiaire,* particule (W^+,W^-, Z^o) médiatrice des interactions faibles.

BOSON († 887), roi de Provence (879-887). Beau-frère de Charles II le Chauve, il fonda un royaume indépendant, dit *de Provence,* qui comprenait la vallée du Rhône, la Savoie, le Dauphiné et la Provence (879). En butte à la coalition des Carolingiens qui prirent Vienne (882), il fut dépouillé des territoires septentrionaux de son royaume.

BOSONIQUE adj. Qui se rapporte aux bosons.

BOSPHORE, en turc **Karadeniz Boğazı,** détroit faisant communiquer la mer Noire et la mer de Marmara, et qui sépare la partie européenne de la Turquie de sa partie asiatique. Long d'une trentaine de kilomètres et large de 300 à 3 000 m, il est enjambé aujourd'hui par deux ponts routiers, reliant Istanbul à ses banlieues de la rive asiatique.

BOSPHORE *(royaume du),* royaume grec établi sur les rives du Bosphore Cimmérien et sur la Crimée ; cap. *Panticapée.* Fondé au Ve s. av. J.-C., cédé v. 115 av. J.-C. à Mithridate, il passa sous protectorat romain en 63 av. J.-C. Il disparut au IVe s. de notre ère.

BOSPHORE CIMMÉRIEN, nom antique du *détroit de Kertch.*

BOSQUET n. m. (provenç. *bosquet,* de l'anc. provenç. *bosc,* bois). Petit bois, souvent aménagé pour la promenade ou pour l'agrément.

BOSQUET (Pierre), maréchal de France (Mont-de-Marsan 1810-Pau 1861). Il participa à la campagne d'Algérie, puis à celle de Crimée (1854-55), où il décida du succès de la bataille de l'Alma et prit une part importante à la victoire d'Inkermann.

BOSQUET (Anatole BISK, dit **Alain**), écrivain français (Odessa 1919). Ses poèmes (*Cent Notes pour* *une solitude,* 1970 ; *Notes pour un pluriel,* 1974 ; *le Tourment de Dieu,* 1987 ; *Demain sans moi,* 1994) témoignent de son évolution du surréalisme à la « dérision fervente ». Il est aussi l'auteur de romans (*la Confession mexicaine,* 1965 ; *Georges et Arnold. Arnold et Georges,* 1995) et d'une autobiographie (*Une mère russe,* 1978 ; *les Fêtes cruelles,* 1984).

BOṢRĀ ou **BOSTRA,** village du sud-ouest de la Syrie, sur le versant occidental du djebel Druze. Grand centre commercial et carrefour de routes vers le golfe Persique et la Méditerranée, Boṣrā a été la capitale de la province d'Arabie (IIe s.), puis métropole (IIIe s.) et enfin évêché. Nombreux vestiges romains et chrétiens. Mosquées (dont l'une est ommeyade) et madrasa diverses.

BOSS [bɔs] n. m. (amér. *boss,* patron). **1.** *Fam.* Chef d'entreprise, patron. (On dit aussi BIG BOSS.) — **2.** Personnage politique dont l'influence s'appuie sur une organisation, la « machine », fortement structurée et hiérarchisée.

BOSSAGE n. m. (de *bosser,* former une bosse). **1.** Parement de pierre formant une bosse plus ou moins saillante par rapport à ses arêtes. (Nombreux types : *bossages en table, à anglets, arrondis, en pointe de diamant, rustiques, vermiculés,* etc.) — **2.** Saillie circulaire sur un corps de bâti destinée à servir d'appui.

BOSSA-NOVA n. f. (pl. *bossas-novas*) [mots port. du Brésil signif. *nouvelle vague*]. Style de samba jouée d'abord au Brésil vers 1960 ; cette danse.

BOSSCHAERT (Ambrosius), dit **le Vieux,** peintre flamand (Anvers 1573 - La Haye 1621), inscrit en 1593 à la gilde de Middelburg. Il fut, en Hollande, un des premiers spécialistes, et des plus raffinés, du tableau de fleurs et de fruits. Son influence fut décisive, et d'abord sur ses fils AMBROSIUS *le Jeune,* ABRAHAM et JOHANNES.

1. BOSSE n. f. (p.-ê. du frq. **botan,* frapper). **1.** Protubérance contenant des réserves de graisse nutritive et portée sur le dos du zébu et du dromadaire (une seule bosse) et du chameau de Bactriane (deux bosses). — **2.** Saillie plus ou moins importante dans diverses régions de l'organisme. — **3.** Saillie du dos, due à une déformation vertébrale. — **4.** Hématome survenant sous la peau en des régions où la dureté des plans profonds provoque un gonflement visible (crâne, tibia, etc.). — **5.** Toute élévation sur une superficie, sur une surface : *Terrain plein de trous et de bosses.* — **6.** Fam. *Avoir la bosse de qqch,* avoir les aptitudes pour cela. ‖ Fam. *Rouler sa bosse,* voyager, connaître divers emplois, situations, expériences, etc. • **Aquac.** Intervalle de terre, qui sépare les marais salants ou les claires. — **Arts décor.** *En bosse, relevé en bosse,* se dit d'un décor en relief. — **Bx-arts.** Figure sculptée, moulage d'après lequel on dessine ou peint pour s'exercer à rendre le relief des corps. ‖ *En ronde bosse,* se dit de toute sculpture non rattachée à un fond. — **Ch. de f.** *Bosse de débranchement,* portion de voie en dos d'âne, placée, dans un triage, en tête du faisceau de débranchement, et sur laquelle on pousse par refoulement les trains dont les attelages ont été au préalable convenablement séparés. (Les wagons ainsi refoulés lentement acquièrent en descendant la vitesse nécessaire à leur espacement et à leur séparation par les aiguilles du faisceau.) [Syn. BUTTE DE GRAVITÉ.] — **Méd.** *Bosse séro-sanguine,* déformation plastique de la tête de l'enfant à la naissance, due à une infiltration séro-hématique entre la peau et l'aponévrose. (C'est un phénomène physiologique sans conséquence.) — **Pêch.** *Pêche à la bosse,* recherche des coques d'après les éminences formées sur le sable. — **Véner.** Éminence sur l'os frontal des cervidés.

2. BOSSE n. f. (de *bosse 1*). **1.** Cordage attaché par une extrémité à un point fixe d'un navire et servant à retenir une manœuvre, une chaîne, ou tout autre objet qui subit un effort. — **2.** *Bosse d'amure,* filin parfois utilisé en navigation de plaisance pour fixer les points d'amure de la grand-voile. ‖ *Bosse d'embarcation,* cordage frappé à l'avant d'un canot et qui permet de l'amarrer ou de le remorquer.

BOSSE (Abraham), graveur français (Tours 1602-Paris 1676). Il apprit de Callot, à Paris, en 1628, l'usage d'un vernis dur permettant d'obtenir, à l'eau-forte, un trait aussi fin qu'au burin. Toutefois, il ne s'écarta pas du style posé et réfléchi du burin dans ses quelque 1 500 planches, qui forment un tableau complet de la société de son temps. Il enseigna la perspective à l'Académie royale et publia de nombreux textes, dont un *Traité des manières de graver en taille-douce* (1645) et *le Peintre converty aux précises et universelles règles de son art* (1667).

BOSSÉ n. m. Arbre d'Afrique tropicale, au bois clair, tendre et léger.

BOSSELAGE n. m. État de ce qui est bosselé.

BOSSELER v. t. (conj. 24). Déformer par des bosses accidentelles.

BOSSELLE n. f. (germ. **buttia*). Nasse longue et étroite pour la pêche de l'anguille.

BOSSELLEMENT n. m. Action de bosseler ; état de ce qui est bosselé.

BOSSELURE n. f. Ensemble des bosses que présente la surface d'un objet.

1. BOSSER v. t. (de *bosse,* cordage) [conj. 3]. Amarrer temporairement une manœuvre par une bosse.

2. BOSSER v. t. (p.-ê. de *bosser,* mot dialect. de l'Ouest, au sens de « se courber ») [conj. 3]. *Fam.* Étudier avec acharnement une matière : *Bosser ses maths.*
◆ v. i. *Pop.* Travailler : *Bosser en usine.*

BOSSETTE n. f. **1.** Petit renflement sur la détente d'une arme à feu portative. — **2.** Clou de petite dimension, à tête ronde, qu'emploient les tapissiers, les ébénistes, etc. — **3.** Applique de métal convexe servant à cacher les empâtements, les rivures, les attaches d'une arme, d'un travail d'orfèvrerie, de serrurerie, etc.

BOSSEUR, EUSE adj. et n. *Pop.* Qui travaille beaucoup, qui aime travailler.

BOSSOIR n. m. (de *bosse 2*). Appareil de levage utilisé à bord d'un navire pour hisser ou mettre à l'eau une embarcation.

BOSSONS *(glacier des),* glacier du massif du Mont-Blanc long de 8 km.

BOSSOUTROT (Lucien), aviateur français (Tulle 1890-Paris 1958). Pilote du premier transport aérien public sur Paris-Londres (1919), il détint deux fois le record du monde en circuit fermé (8 805 km en 1931 et 10 601 km en 1932).

BOSSU, E adj. et n. **1.** Qui a une bosse sur le dos ou, plus rarement, sur la poitrine, par suite d'une déformation de la colonne vertébrale ou du sternum. — **2.** Fam. *Rire comme un bossu,* rire aux éclats.

Bossu *(le),* roman de cape et d'épée (1857), puis drame (1862), de Paul Féval.

BOSSUER v. t. (de *bossu*) [conj. 7]. *Vx.* Déformer par des bosses, bosseler.

BOSSUET (Jacques Bénigne), prélat, prédicateur et écrivain français (Dijon 1627-Paris 1704). Célèbre dès 1659 par ses prédications à Paris, évêque de Condom (1669), précepteur du Dauphin (1670), évêque de Meaux (1681), il fut, jusqu'à sa mort, le défenseur des droits de l'Église de France (*Déclaration des Quatre Articles,* 1682) et de la foi romaine (controverses avec les protestants, interdiction des travaux exégétiques de Richard Simon, lutte contre le quiétisme). Il exprima le caractère absolu et transcendant de l'autorité dans ses écrits apologétiques (*Exposition de la foi catholique,* 1671 ; *Histoire des variations des Églises protestantes,* 1688) et ses ouvrages historiques (*Discours* sur l'histoire universelle,* 1681). Mais son prestige tint surtout à son génie oratoire : il créa, dans ses *Sermons* (*Sermon sur la mort,* 1662 ; *Sermon sur l'unité de l'Église,* 1681) et ses *Oraisons funèbres* (d'Anne d'Autriche, 1667 ; d'Henriette d'Angleterre, 1670 ; du prince de Condé, 1687 ; etc.) un style dont la force, la musicalité et la richesse des images tranchent sur la clarté géométrique que son siècle prisait dans ces deux genres. (Acad. fr., 1671.)

BOST (Pierre), scénariste et romancier français (Lasalle, Gard, 1901-Paris 1975), auteur de nombreux scénarios et dialogues avec Jean Aurenche*.

1. BOSTON [-tɔ̃] n. m. (de *Boston,* v. des États-Unis, où ce jeu fut inventé pendant le siège de 1775). Jeu qui se joue à quatre, avec 52 cartes.

2. BOSTON [-tɔ̃] n. m. (abrév. de l'amér. *boston-dip,* le plongeon de *Boston*). Valse lente, originaire d'Amérique, introduite en France vers 1875. (Syn. VALSE ANGLAISE.)

BOSTON, v. des États-Unis, cap. du Massachusetts ; 574 283 hab. (2 870 669 hab. pour l'aire métropolitaine). Métropole de la Nouvelle-Angleterre, centre touristique et financier, ville industrielle où les industries de pointe (électronique) ont largement relayé le traditionnel textile. Foyer universitaire et scientifique (Harvard, Massachusetts Institute of Technology). Musées (dont celui des Beaux-Arts).
— **Hist.** Fondée en 1630, Boston joua un rôle capital dans le déclenchement de la guerre de l'indépendance par son opposition aux taxes nouvelles (réprimée par le massacre de Boston) et aux droits de douane, imposés sur le thé (*Boston tea party,* 1773).

BOSTON, port de Grande-Bretagne (Lincolnshire), dans le Fenland, à l'embouchure de la Witham ; 26 200 hab. Port important au Moyen Âge. Belle église St Botolph, du XIVe s.

BOSTONNER v. i. (conj. 3). Danser le boston.

BOSTRA → BOṢRĀ.

BOSTRYCHE n. m. (gr. *bostrukhos,* boucle de cheveux.) **1.** Insecte coléoptère (bostrychidé) aux antennes en massue, creusant ses galeries de ponte dans le bois mort, tel que le bostryche du chêne. — **2.** Nom donné par les forestiers à divers scolytes nuisibles aux arbres, en particulier aux *ips.*

BOSWELL (James), biographe écossais (Édimbourg 1740-Londres 1795). Il rencontra Rousseau, Paoli, Samuel Johnson, dont il fut le biographe (*la Vie de Samuel Johnson,* 1791-1793). Il a laissé des *Journaux intimes.*

BOSWELLIA [bɔsvɛlja] n. m. (de *Boswell,* n. pr.). Arbre d'Afrique orientale, d'Arabie et de l'Inde dont une espèce éthiopienne fournit l'encens et une espèce cultivée en Somalie un produit voisin, l'oliban.

Bosworth *(bataille de)* [22 août 1485], bataille qui se déroula en Angleterre, à l'O. de Leicester, et qui mit fin à la guerre des Deux-Roses. Richard III d'Angleterre y fut vaincu et tué.

BOT, E adj. (p.-ê. germ. **būtt*, émoussé). **1.** Se dit d'une attitude vicieuse permanente, congénitale ou acquise, du pied et quelquefois de la hanche et de la main. — **2.** *Hanche bote,* syn. de COXA* VARA. ‖ *Pied bot congénital,* attitude vicieuse et permanente du pied par rapport à la jambe, telle que le pied ne repose plus sur le sol par ses points d'appui normaux. (Cette malformation peut se présenter sous différents aspects : le *pied bot varus* équin,* le *pied bot talus*,* le *pied bot valgus* convexe.*) [→ PIED-BOT.]

BOTAL ou **BOTALLO** (Leonardo), médecin italien (Asti 1530-apr. 1571). Il se fixa à Paris où il devint médecin de Charles IX, du duc d'Alençon, de Henri III.

Botal *(trou de),* ouverture qui, chez le fœtus, fait communiquer les deux oreillettes du cœur et se ferme à la naissance. La persistance de cet orifice provoque un shunt* gauche-droite, la pression étant plus élevée dans l'oreillette gauche que dans l'oreillette droite.

BOTANIQUE n. f. (gr. *botanikos,* de *bontanê,* herbe). Étude scientifique des végétaux.

◆ adj. Relatif aux plantes, au règne végétal, à la botanique.

ENCYCL. • *Historique.* À l'origine de la botanique se trouve l'*ethnobotanique*, pratiquée par tous les peuples, et qui consiste à connaître et à nommer les plantes entières, les parties de plantes (feuilles, fruits, graines) ou les produits végétaux susceptibles d'être utilisés comme remèdes, poisons, aliments, boissons et dans la magie. Le Grec Théophraste, disciple d'Aristote, a été le premier à proposer un classement « désintéressé » des plantes, en opposant monocotylédones et dicotylédones. Ce n'est qu'au XVIe s. que l'afflux de plantes nouvelles venues des Amériques a stimulé l'effort de classification botanique (Césalpin, Bauhin). Au XVIIIe s., Linné définit bien de nombreuses espèces, mais les classe mal, tandis que les Jussieu délimitent les grandes familles. Au XIXe s. enfin, P. de Candolle précise les classes et les embranchements.

Anatomie et physiologie végétales sont plus récentes : au XVIIe s., Grew décrit la reproduction par étamines et pistil. Haller établit la circulation de la sève en 1727, Ingen-Housz le dégagement d'oxygène par les plantes éclairées en 1779, Thuret la fécondation des algues en 1854, Navachine la double fécondation des angiospermes en 1898. Au XXe s., on atteint une bonne connaissance de la photosynthèse (cycle de Calvin), des auxines ou substances de croissance (Went), de la symbiose (Noël Bernard) et l'on découvre les lois de la floraison (photopériodisme). La botanique atteint le stade de l'expérimentation à très grande échelle avec les phytotrons (Pasadena aux États-Unis, Gif-sur-Yvette en France).

• *Subdivisions.* Selon son échelle d'observation, l'étude des formes et des structures est la morphologie, l'anatomie, l'histologie ou la cytologie végétales. L'étude du fonctionnement normal des plantes est la physiologie végétale, celle de leurs maladies, d'importance capitale en agronomie, est la phytopathologie. Au sens le plus restrictif, la biologie végétale est l'étude du cycle reproductif des plantes.

La science de la classification est la *taxinomie* ou *systématique.* L'étude des végétaux fossiles est la paléobotanique, dont l'aspect le plus moderne est la *palynologie* ou l'étude des pollens fossiles. L'étude des flores (floristique), de la distribution des espèces (chorologie), des associations végétales (phytosociologie) est incluse dans la *biogéographie,* qui a un impact décisif sur l'écologie elle-même. On classe aussi les sciences botaniques d'après le groupe étudié : *phanérogamie* pour les plantes à fleurs, *mycologie* pour les champignons, *algologie* pour les algues, etc.

BOTANISTE n. Spécialiste de botanique.

BOTANY BAY, baie de la côte orientale de l'Australie (Nouvelle-Galles du Sud), découverte par Cook en 1770, proche de l'actuelle Sydney. Anc. lieu de déportation.

BOTEV *(pic),* anc. **Jumrukčal,** point culminant de la chaîne du Balkan, en Bulgarie ; 2 376 m.

BOTEV (Hristo), poète et patriote bulgare (Kalofer, près de Plovdiv, 1848-région de Vraca 1876). Auteur de nombreux articles de presse et de poésies patriotiques *(les Haïdouks),* il devint membre du comité central révolutionnaire bulgare (1874). Il mourut dans un affrontement avec les Turcs.

BOTH (Jan), peintre néerlandais (Utrecht v. 1615-*id.* 1652), paysagiste italianisant influencé par H. Van Swanevelt et Cl. Lorrain.

BOTHA (Louis), général et homme d'État sud-africain (Greytown, Natal, 1862-Pretoria 1919). Réorganisateur de l'armée boer, adversaire acharné des Anglais, il devint, après la paix de Vereeniging (1902), Premier ministre du Transvaal (1907) puis (1910) de l'Union sud-africaine.

BOTHA (Pieter Willem), homme d'État sud-africain (Paul Roux, État libre [d'Orange], 1916). Premier ministre à partir de 1978, il fut ensuite président de la République (1984-1989).

BOTHE (Walter), physicien allemand (Oranienburg, près de Berlin, 1891-Heidelberg 1957). Il a obtenu en 1930 un rayonnement constitué de neutrons et a inventé la méthode des coïncidences, dans l'emploi du compteur Geiger pour l'étude des rayonnements corpusculaires. (Prix Nobel de physique 1954.)

BOTHIDÉ n. m. Poisson plat vivant couché au fond de la mer sur le côté droit décoloré, le côté gauche portant les deux yeux, la bouche restant symétrique. (Les *bothidés,* tels que le turbot et la barbue, forment une famille.)

BOTHRIOCÉPHALE n. m. (gr. *bothrion,* petit trou). Ver parasite intestinal de l'homme, pouvant atteindre 10 m de long et comprendre plus de 3 000 anneaux. (Classe des cestodes, de l'embranchement des plathelminthes.)

ENCYCL. La larve aquatique ou coracidie, avalée par un petit crustacé d'eau douce, devient un procercoïde. Si un poisson avale le crustacé, le procercoïde évolue en un plérocercoïde, et l'homme s'infeste en mangeant du poisson mal cuit.

BOTHRIOCÉPHALOSE n. f. Maladie parasitaire provoquée par la présence de bothriocéphales dans l'intestin grêle de l'homme, se traduisant par des troubles gastro-intestinaux et une anémie.

BOTHROPS [-trɔps] n. m. (du gr. *bothros,* trou). Très dangereux crotale sans sonnette, d'Amérique latine et des Caraïbes, fréquent dans les plantations de canne à sucre. (Pour combattre ce serpent, la mangouste a été introduite à la Martinique en 1850.) [Syn. FER-DE-LANCE.]

BOTHWELL (James HEPBURN, 4e *comte* DE), homme politique écossais (1535 ?-Dragsholm, Sjaelland, 1578). Membre du Conseil privé de Marie Stuart (1562), il fit périr Darnley, second époux de la reine (févr. 1567), qu'il épousa peu après. Devant la révolte des nobles catholiques et protestants, il dut s'enfuir au Danemark.

BOTHYNODÈRE n. m. (gr. *bothunos,* trou, et *derê,* cou). Charançon grisâtre, redoutable prédateur des betteraves en Europe centrale.

BOTNIE *(golfe de),* mer intérieure du nord-est de l'Atlantique, communiquant avec la Baltique par la mer d'Åland ; profondeur maximale de 294 m.

BOTOCUDOS, peuple du Brésil (Minas Gerais, Espírito Santo) qui s'opposa longtemps à la pénétration européenne.

BOTOȘANI, v. de Roumanie, en Moldavie, ch.-l. de dép. ; 90 000 hab.

BOTRANGE *(signal de),* point culminant de la Belgique, dans les Hautes Fagnes, au S.-E. de Verviers ; 694 m.

BOTREL (Théodore), chansonnier français (Dinan 1868-Pont-Aven 1925). Il a créé des chansons folkloriques devenues des classiques *(la Paimpolaise).*

BOTRYLLE n. m. Ascidie formant de petites colonies de couleur vive fixées aux rochers ou aux algues marines, et disposées comme des pétales de fleurs autour d'un cloaque commun.

BOTRYOÏDE adj. Qui affecte la forme d'une grappe.

BOTRYOMYCOME n. m. Petite tumeur inflammatoire bénigne, pédiculée, d'aspect framboisé, saignant facilement, due au staphylocoque doré.

BOTRYOMYCOSE n. f. Maladie des animaux causée par le staphylocoque doré.

BOTRYTIS [-tis] n. m. Champignon nuisible aux fruits charnus (dont il provoque la pourriture) et aux germes semés (maladie de la toile), mais utile en viticulture dans certains cas particuliers (« pourriture noble » des sauternes).

BÓTSARIS (Márkos) → BOTZARIS.

BOTSWANA, anc. **Bechuanaland,** État de l'Afrique australe ; 570 000 km^2 ; 1 530 000 hab. CAP. *Gaborone.* LANGUE : *anglais.* MONNAIE : *pula.*

Géographie. Plus vaste que la France, enclavé, le pays possède un climat semi-aride ou aride (désert du Kalahari). La sécheresse menace en permanence l'activité dominante, l'élevage bovin. L'économie reste largement dépendante de l'Afrique du Sud, d'ailleurs associée à l'exploitation des mines de diamants.

Histoire. Constitué par la réunion de deux secteurs de la province du Cap et du Bechuanaland (protectorat britannique depuis 1885), le pays obtient son indépendance en 1966.

BOTSWANAIS, E adj. et n. Du Botswana.

BOTTA (Carlo), homme politique et historien italien (San Giorgo Canavese, Piémont, 1766 - Paris 1837). Enthousiasmé par les idées de la Révolution française, il prit part aux campagnes d'Italie (1796-97 ; 1800) et fut vice-président du Corps législatif (1808). Recteur de l'académie de Nancy pendant les Cent-Jours, puis de celle de Rouen (1817-1822), il a notamment laissé une *Histoire de l'Italie de 1789 à 1814* (1824).

BOTTA (Mario), architecte et designer suisse (Mendrisio, Tessin, 1943). Il s'est d'abord illustré, dans son pays, avec des maisons individuelles s'écartant des conventions du modernisme international. Il poursuit aujourd'hui une carrière internationale (musée d'Art moderne de San Francisco, cathédrale d'Évry, tous deux achevés en 1995).

BOTTAI (Giuseppe), journaliste et homme politique italien (Rome 1895-*id.* 1959). L'un des fondateurs des Faisceaux italiens de combat (1919), il fut ministre de l'Éducation nationale (1936-1943), avant de se retourner contre Mussolini.

1. BOTTE n. f. (anc. fr. *bote,* grosse chaussure, p.-ê. de *bot*). **1.** Chaussure de cuir, de caoutchouc, etc., qui enferme le pied et la jambe et quelquefois le bas de la cuisse ou même la cuisse entière. — **2.** Appellation fam. de la péninsule italienne. — **3.** *Arg.* À Polytechnique, les premiers élèves de la liste de sortie de l'École, et qui sont admis à servir dans les premiers corps de l'État. — **4.** *À propos de bottes,* sans raison valable. ‖ Vx. *Avoir, mettre du foin dans ses bottes,* être, devenir riche. ‖ *Bruit(s) de bottes,* préparatifs de guerre ou d'un coup de force. ‖ Fam. *Cirer, lécher les bottes de qqn,* le flatter bassement. ‖ Fam. *Coup de botte,* coup de pied. ‖ Fam. *En avoir plein les bottes,* être épuisé de fatigue ; en avoir assez. ‖ *Être à la botte de qqn, avoir qqn à sa botte,* être tout dévoué à qqn, ou avoir qqn prêt à obéir. ‖ *Sous la botte (de qqn),* sous sa domination militaire. • **Chass.** *Chasse à la botte,* chasser le gibier d'eau, bottes aux pieds, avec un chien d'arrêt. — **Chorégr.** *Temps de bottes,* pas caractéristique des danses de caractère du folklore russe et d'Europe centrale. — **Mil.** *Botte de drapeau, de lance,* douille fermée par le bas et destinée à recevoir l'extrémité inférieure de la hampe d'un drapeau ou d'une lance. ‖ *Fausse botte,* syn. de HOUSEAUX. — **Pêch.** *Pêcher à la botte,* pêcher en entrant dans l'eau. — **Sports.** Action de botter, de frapper le ballon du pied. (Terme employé de plus en plus au lieu de COUP DE BOTTE.)

2. BOTTE n. f. (ital. *botta,* coup). **1.** En escrime, coup favori d'un escrimeur. — **2.** *Botte secrète,* coup inattendu et imparable. ‖ *Pousser, porter une botte,* attaquer de façon vive et imprévue par la parole ou par la plume.

3. BOTTE n. f. (moyen néerl. *bote,* touffe de lin, de *boten,* frapper). **1.** Assemblage de produits végétaux de même espèce ou de même utilisation, serrés et liés : *Botte de foin,* de *radis.* (Syn. BALLE.) — **2.** Longueur de fil de fer ou de cuivre, ployé en rond.

BOTTECCHIA (Ottavio), coureur cycliste italien (Pordenone 1894-pendant une séance d'entraînement en 1927), vainqueur du Tour de France en 1924 et en 1925.

BOTTELAGE n. m. Action de botteler.

BOTTELER v. t. (moyen fr. *botel,* petite botte) [conj. **24**]. Assembler en bottes du foin, de la paille.

BOTTELEUR, EUSE n. Personne qui bottelle.

◆ **botteleuse** n. f. Machine à botteler.

BOTTER v. t. (de *botte 1*) [conj. 3]. **1.** Mettre des bottes à qqn ou le fournir en bottes. — **2.** Au football, au rugby, frapper le ballon avec le pied. (Syn. TIRER.) — **3.** Fam. *Botter le derrière, les fesses, le train, etc., à qqn,* lui donner un coup de pied au derrière. — **4.** Donner un coup de pied, en parlant d'un cheval. — **5.** Pop. *Ça me botte,* cela me convient.

◆ **être botté** v. pass. *Missionnaires bottés,* surnom donné aux dragons que Louis XIV logea chez les protestants pour obtenir leur conversion.

BOTTERIE n. f. Artisanat ou commerce propre au bottier.

1. BOTTEUR n. m. Au rugby, joueur chargé de tenter les pénalités, de transformer les essais.

2. BOTTEUR n. m. Personne qui abat ou élague les arbres dont la chute ou la pousse présentent des dangers pour la voirie ou les constructions environnantes.

BÖTTGER ou **BÖTTIGER** (Johann Friedrich), chimiste et céramiste allemand (Schleiz 1682-Dresde 1719). En 1709, il découvrit, le premier en Europe, le secret de la porcelaine dure chinoise, à base de kaolin. En 1710 l'électeur de Saxe, Auguste II, fonda la manufacture de porcelaine de Meissen, dont Böttger prit la direction.

BOTTICELLI (Sandro FILIPEPI, dit), peintre italien (Florence 1445-*id.* 1510). Élève de Filippo Lippi, il profite aussi de l'accentuation mélodieuse des contours chez Verrocchio, de la tension d'un P. Pollaiolo, de la manière ondoyante du sculpteur Agostino di Duccio. Il travaille à Rome en 1481-82 (trois fresques à la chapelle Sixtine), mais c'est à Florence que se déroule presque toute sa carrière, favorisée par les Médicis. C'est pour la famille de ceux-ci qu'il exécute *le Printemps** (v. 1478), puis *Minerve et le Centaure* et *la Naissance de Vénus* (gal. des Offices). Il peint de nombreux tableaux religieux pour les églises, les confréries ou de simples particuliers (*Histoire de Judith,* deux petits panneaux d'une facture précieuse, v. 1472, Offices ; *Adoration des Mages,* avec les figures des Médicis, v. 1477, *ibid.*). On lui doit encore des madones, prétextes à des compositions élégantes et lumineuses (*Madone du Magnificat,* 1485, Offices). Ses dernières œuvres révèlent un expressionnisme tragique ou un frémissement visionnaire sans doute liés à la prédication de Savonarole (*Pietà,* 1498, Munich ; *Nativité mystique,* 1501, Londres ; *Crucifixion,* Cambridge, États-Unis). Humanisme et religion sont pour lui les deux faces d'une même recherche spirituelle, qui s'exprime dans un espace assez arbitraire, d'une poésie fascinante, où l'harmonie dansante de la ligne s'accorde à celle, transparente, du coloris.

BOTTIER n. m. **1.** À l'origine, artisan qui confectionnait et vendait des bottes. — **2.** Aujourd'hui, artisan qui crée et confectionne les chaussures et les bottes sur mesure. (Syn. rare CHAUSSEUR.)

1. BOTTILLON n. m. Petite botte, dont la tige monte au-dessus de la cheville.

2. BOTTILLON n. m. Petit botte de végétaux.

BOTTIN n. m. (de S. *Bottin,* n. pr.). **1.** Annuaire téléphonique édité par Bottin. — **2.** *Bottin mondain,* répertoire des gens du monde, de l'aristocratie.

BOTTIN (Sébastien), administrateur et statisticien français (Grimonviller 1764-Paris 1853). Il publia, en l'an VI, *l'Annuaire statistique du Bas-Rhin,* le premier en France. Il reprit, en 1819, *l'Almanach du commerce de Paris,* fondé en 1798. En 1857, cette publication fut réunie à *l'Annuaire général du commerce,* devenu depuis *l'Annuaire du commerce Didot-Bottin.*

BOTTINE n. f. Chaussure montante à boutons, lacets ou élastiques.

BOTTOM WEIGHT [bɔtɔmwɛt] n. m. (angl. *bottom weight,* poids le plus bas). Cheval le moins chargé d'une course.

BOTTROP, v. d'Allemagne (Rhénanie-du-Nord-Westphalie), dans la Ruhr ; 115 000 hab. Houille. Chimie.

BOTULIQUE adj. Qui se rapporte au botulisme.

BOTULISME n. m. (bas lat. *botulus,* boudin). Toxi-infection alimentaire résultant de l'ingestion de conserves mal stérilisées contenant un bacille anaérobie strict *Clostridium botulinum,* qui sécrète une toxine virulente, résistant aux sucs digestifs.

ENCYCL. L'intoxication botulique chez l'homme apparaît le plus souvent 18 à 36 heures après l'ingestion de conserves avariées et débute par des troubles visuels (paralysie de l'accommodation). Les progrès des techniques de réanimation ont transformé le pronostic de cette intoxication qui était le plus souvent mortelle.
Le botulisme peut également affecter les mammifères, les oiseaux et les volailles, contaminés par les abreuvoirs souillés ou par absorption de fourrages moisis.

BOTZARIS ou **BÓTSARIS** (Márkos), héros de l'indépendance grecque (Soúli 1786-Karpenision 1823), défenseur de Missolonghi.

BOUAKÉ, v. du centre de la Côte-d'Ivoire, ch.-l. de dép., sur la ligne Abidjan-Ouagadougou, en pays baoulé ; 330 000 hab. Textile.

BOUAYE (44830), ch.-l. de cant. de la Loire-Atlantique, à 18 km au S.-O. de Nantes ; 4 830 hab.

BOUBASTIS → BUBASTIS.

BOUBAT (Édouard), photographe français (Paris 1923). Il privilégie un réel volontairement serein, baigné d'une lumière subtile ; il a notamment publié *la Survivance* (1976).

BOUBKA → BUBKA.

BOUBOU n. m. (malinké *bubu*). Grande tunique flottante, portée comme vêtement de dessus par les Noirs d'Afrique.

BOUBOULER v. i. (onomat., p.-ê. avec infl. du lat. *bubo,* hibou) [conj. 3]. Pousser le cri du hibou. (Syn. HUER.)

BOUC n. m. (gaul. **bucco*). **1.** Mâle de la chèvre, aux cornes puissantes, à la barbe développée et à l'odeur très forte. — **2.** Mâle de divers ruminants. — **3.** Homme qui sent mauvais ; homme dégoûtant, lascif. — **4.** Barbe qu'un homme porte au menton, le reste du visage étant rasé. — **5.** Ciseau à froid servant dans les ardoisières pour le boucage et le quernage. — **6.** *Bouc émissaire,* personne qu'on désigne comme la seule responsable de qqch. (Chez les Juifs, à la fête des Expiations, on amenait au grand prêtre un bouc qu'il chargeait symboliquement de tous les péchés d'Israël et qui était ensuite chassé au désert.)

1. BOUCAGE n. m. (de *bouc*). Petite herbe médicinale et culinaire, dite aussi *anis d'Europe.*

2. BOUCAGE n. m. Opération ayant pour objet de diviser un bloc de schiste ardoisier dans le sens du longrain.

1. BOUCAN n. m. (moyen fr. *boucaner,* faire le bouc). *Fam.* Vacarme assourdissant ; tapage : *Faire du boucan.*

2. BOUCAN n. m. (tupi *mokaém,* gril de bois). **1.** Viande séchée à la fumée, chez les Caraïbes. — **2.** Gril de bois qui sert à cet usage.

BOUCANAGE n. m. (de *boucaner*). Méthode de conservation des viandes et des poissons par séchage et exposition.

BOUCANER v. t. (de *boucan 2*) [conj. 3]. Exposer de la viande, du poisson à la fumée pour les conserver en les faisant sécher.

◆ **être boucané** v. pass. **1.** En parlant d'un aliment, être conservé par boucanage. — **2.** *Litt.* Être bruni par l'air, le soleil.

BOUCANIER n. m. (de *boucan 2*). **1.** Nom donné à certains aventuriers, qui chassaient le bœuf sauvage aux Antilles, pour fumer la viande ou pour faire le commerce des peaux. (Les boucaniers s'allièrent aux flibustiers et, dans la seconde moitié du XVIIe s., semèrent la terreur dans les Caraïbes. Leur action fut d'abord favorable à la France et à l'Angleterre luttant contre l'Espagne.) — **2.** Gros et long fusil dont se servaient ces aventuriers.

BOUCAU n. m. (mot provenç.). Entrée d'un port (midi de la France).

BOUCAU (64340), comm. des Pyrénées-Atlantiques, dans l'agglomération de Bayonne, près de l'embouchure de l'Adour ; 6 868 hab. *(Boucalais)*. Constructions mécaniques. Cimenterie. Engrais.

BOUCAUD ou **BOUCOT** n. m. Nom usuel de la *crevette grise*.

BOUCAUT n. m. (du moyen fr. *bouc,* outre, de l'anc. fr. *bout,* tonneau). Tonneau sans panse, utilisé pour l'emballage des feuilles de tabac.

BOUCAUTIÈRE n. f. (de *boucaud*). Petit chalut à crevettes.

BOUCHAGE n. m. Action de boucher : *Le bouchage des bouteilles, d'un trou.*

BOUCHAIN n. m. Partie arrondie de la carène d'un navire comprise entre les fonds et la muraille.

BOUCHAIN (59111), ch.-l. de cant. du Nord, à 17 km au S.-O. de Valenciennes ; 4 339 hab. Centrale thermique. Constructions mécaniques. Chimie.

BOUCHARD (Lucien), homme politique canadien (Saint-Cœur-de-Marie, Québec, 1938). Fondateur (1990) et chef du Bloc québécois, il dirige l'opposition officielle au Parlement d'Ottawa après les élections fédérales de 1993. En 1996, il devient chef du parti québécois et Premier ministre du Québec.

Bouchard *(nodosité de)* [du n. du médecin Charles *Bouchard* (1837-1915)], tuméfaction d'origine arthrosique se constituant au niveau de l'articulation de la première et de la deuxième phalange des doigts de la main. Les nodosités de Bouchard coexistent souvent avec les nodosités d'Heberden.

BOUCHARDAGE n. m. **1.** Action de boucharder ; marques laissées sur un parement par les pointes de la boucharde. — **2.** *Bouchardage du béton,* réalisation des parements prévus et mise à nu des éléments du granulat incorporé au béton.

BOUCHARDE n. f. **1.** Marteau de tailleur de pierre, à deux têtes carrées couvertes de petites pyramides, ou pointes-de-diamant. — **2.** Rouleau de métal couvert d'aspérités régulières employé par les cimentiers et les bitumiers.

BOUCHARDER v. t. (conj. 3). Opérer le bouchardage du béton.

BOUCHARDEUSE n. f. Engin de carrière, composé d'un bâti supportant un marteau pneumatique actionnant une boucharde.

BOUCHARDON, sculpteurs français du XVIIIe s. — JEAN-BAPTISTE (Saint-Didier-en-Velay 1667-Chaumont 1742) travailla pour les églises de Chaumont et du diocèse de Langres. — Son fils EDME (Chaumont 1698-Paris 1762) est plus spontané dans ses dessins (Louvre) que dans ses sculptures, commandes publiques où il joint à une recherche acharnée de la perfection la volonté de lutter contre le goût rocaille (10 statues à l'église St-Sulpice, à Paris ; fontaine de la rue de Grenelle ; figure de *l'Amour se faisant un arc dans la massue d'Hercule,* Louvre). — JACQUES PHILIPPE (Chaumont 1711-Stockholm 1753), frère du précédent, fit une carrière officielle en Suède.

BOUCHE n. f. (lat. *bucca,* joue). **1.** Organe d'ingestion des proies solides, qui caractérise l'appartenance d'un être vivant au règne animal. (→ *encycl.*) — **2.** Cavité buccale chez l'homme. — **3.** Les lèvres, qui limitent cette partie du corps : *Bouche fine, charnue.* — **4.** Cette partie du visage en tant que moyen d'expression des sentiments, des sensations, ou révélatrice d'un trait de caractère : *Avoir la bouche haineuse.* — **5.** Orifice de certaines cavités, de certains conduits : *Une bouche de métro.* — **6.** *Aller, passer, se transmettre de bouche en bouche,* être répandue, divulguée oralement, en parlant d'une nouvelle. ‖ *Avoir bonne, mauvaise bouche,* avoir un goût agréable, désagréable dans la bouche. ‖ *Avoir la bouche pleine, en avoir plein la bouche de qqch, de qqn,* en parler continuellement et avec ostentation. ‖ *Avoir qqch (mot) à la bouche,* être sur le point de dire qqch, être toujours prêt à dire qqch. ‖ *Avoir toujours le même mot à la bouche, n'avoir qu'un mot à la bouche,* le répéter continuellement. ‖ *Bouche à nourrir,* personne aux besoins alimentaires de laquelle on doit subvenir. ‖ *Bouche inutile,* personne considérée comme vivant aux dépens d'une communauté. ‖ *Dans la bouche de qqn,* au dire de qqn ; dit par qqn, venant de lui. ‖ *De bouche à oreille,* oralement et en confidence ou d'une manière officieuse. ‖ Litt. *La déesse aux cent bouches,* la renommée. ‖ *Être sur toutes les bouches,* être le sujet, le thème de toutes les conversations ; être banal, courant. ‖ *Faire la fine bouche, la petite bouche (sur, devant qqch),* faire le difficile devant ce qu'il faudrait apprécier. ‖ *Garder qqch pour la bonne bouche,* réserver le plus agréable pour la fin, ou réserver un mauvais coup pour le moment le plus opportun. ‖ *S'ôter les morceaux de la bouche, le pain de la bouche,* se priver du nécessaire pour qqn. ‖ *Ouvrir la bouche,* parler, prendre la parole. ‖ *Parler, s'exprimer par la bouche de qqn,* s'exprimer par son intermédiaire. ‖ *Rester, demeurer sur la bonne bouche,* s'arrêter après qqch de particulièrement agréable, mets ou autre, dans la crainte d'être déçu par la suite. ‖ *Rire à pleine bouche, à gorge déployée,* très fort. ‖ *S'embrasser à pleine bouche, à bouche que veux-tu,* avec entrain, avec un plaisir évident. • **Arm.** Partie du canon d'une arme à feu, par où sort le projectile. ‖ *Bouche à feu,* arme à feu non portative (canon, mortier, etc.). ‖ *Onde de bouche,* onde sonore produite par le départ d'un coup de canon. — **Assain.** *Bouche d'arrosage,* boîte en fonte, comportant un raccord et un robinet de prise d'eau, disposée en bordure de chaussée ou dans un jardin. ‖ *Bouche à clé,* dispositif permettant de commander l'ouverture et la fermeture d'une canalisation enterrée, à l'aide d'une tige de manœuvre. ‖ *Bouche d'égout,* ouverture par où les eaux de pluie se déversent dans les égouts. — **Chauff.** *Bouche d'air,* dispositif permettant d'introduire ou d'extraire l'air de ventilation, d'extraction, de chauffage ou de climatisation. — **Équit.** *Bonne bouche,* celle du cheval qui obéit sans résistance aux indications du mors. ‖ *Bouche dure,* celle du cheval qui est peu sensible aux indications du mors. ‖ *Faire* ou *travailler la bouche à un cheval,* s'efforcer, par différents procédés de dressage, de faire accepter et comprendre par le cheval les actions du mors. — **Hist.** *Bouche du roi,* en France, au Moyen Âge et sous l'Ancien Régime, service de la table royale. — **Mus.** *Tuyaux à bouche,* tuyaux d'orgue ouverts ou fermés, délimités par deux lèvres. — **Œnol.** Ensemble des sensations gustatives ressenties lors de la dégustation d'un vin. — **Techn.** *Bouche d'incendie,* prise d'eau sous chaussée ou trottoir à l'usage des pompiers.

◆ **bouches** n. f. pl. **1.** Embouchure d'un fleuve : *Les bouches du Nil.* — **2.** Entrée d'un golfe, d'un détroit : *Les bouches de Bonifacio.*

ENCYCL. La bouche est un orifice s'ouvrant intérieurement sur la cavité digestive et qu'accompagnent de nombreux organes, très divers selon les groupes, et destinés à la capture des proies, à leur mastication, à leur gustation, à leur engluement (salive), etc. Elle peut avoir en outre un rôle respiratoire (poissons), phonatoire (vertébrés terrestres), etc. Elle dérive directement du blastopore chez les *protostomiens* (annélides, mollusques, arthropodes) tandis que chez les *deutérostomiens* (échinodermes, vertébrés) elle se forme plus tardivement. Organe impair et unique (sauf chez les spongiaires), elle est située dans la tête lorsque celle-ci existe. Lorsque l'appareil digestif est un simple sac (cœlentérés, certaines étoiles de mer), la bouche fait aussi fonction d'anus. Chez certains insectes, la bouche est une trompe et ne peut absorber que des aliments liquides (sang, nectar des fleurs).

Chez l'homme, la bouche est limitée en haut par la *voûte palatine* et, plus en arrière, par le *voile du palais,* mou ; en bas, par la langue et le plancher de la bouche ; sur les côtés par la muqueuse des joues. La cavité buccale comprend deux ouvertures : l'une antérieure, délimitée par les *lèvres ;* l'autre postérieure, l'isthme du gosier, qui la fait communiquer avec le pharynx. Les *arcades dentaires,* supérieure et inférieure, divisent la bouche en une partie antérieure et latérale, droite et gauche, le *vestibule de la bouche* et une partie située à l'intérieur des arcades, la *cavité buccale* proprement dite.

BOUCHE-À-BOUCHE n. m. inv. Méthode de respiration artificielle, qui consiste à assurer une ventilation en pression positive, en insufflant directement l'air expiré par le sauveteur dans les poumons du malade par la bouche ou par le nez.

BOUCHE-À-OREILLE n. m. inv. Transmission d'une information de personne à personne, par la voie orale.

BOUCHE-BOUTEILLES n. m. inv. Appareil à boucher les bouteilles.

BOUCHÉE n. f. **1.** Quantité d'un aliment solide qu'on met dans la bouche en une fois ; petite quantité d'un aliment : *Une bouchée de pain.* — **2.** Gros bonbon de chocolat fourré. — **3.** Croûte de pâte feuilletée garnie d'apprêts divers et servie chaude. — **4.** *Mettre les bouchées doubles,* se hâter dans l'exécution d'un travail. ‖ *Ne faire qu'une (seule) bouchée d'un mets,* l'avaler en un clin d'œil. ‖ *Ne faire qu'une bouchée de qqn, de qqch,* en venir à bout aisément. ‖ *Pour une bouchée de pain,* pour un prix dérisoire.

BOUCHEMAINE (49080), comm. de Maine-et-Loire, au S. d'Angers, au confluent de la Loire et de la Maine ; 5 826 hab.

BOUCHEMENT n. m. **1.** Réparation d'un enduit (par ex. rebouchage de fissures). — **2.** Fermeture d'une baie au moyen d'une maçonnerie légère, laissant subsister la forme première.

BOUCHE-PORAGE n. m. (pl. *bouche-porages*). Obturation des pores d'un bois avant vernissage.

BOUCHE-PORER v. t. (conj. 3). Pratiquer le bouche-porage.

BOUCHE-PORES n. m. inv. Produit servant au bouche-porage.

1. BOUCHER v. t. (anc. fr. *bousche,* fagot, du lat. pop. **bosca,* broussailles) [conj. 3]. **1.** Fermer, obturer une ouverture, un conduit, au moyen d'une matière, d'un objet qu'on applique, qu'on met en travers, etc. : *Boucher une fissure avec du ciment. Boucher une bouteille.* — **2.** Obstruer un passage, un conduit, y gêner, y empêcher la circulation, l'écoulement : *Vous bouchez l'entrée avec vos valises.* — **3.** *Boucher un trou,* combler un temps mort, un vide ou remplir une place laissée inoccupée. ‖ *Boucher la vue,* faire écran, empêcher de voir. ‖ Fam. *En boucher un coin à qqn,* le surprendre, l'épater.

◆ **se boucher** v. pr., **être bouché** v. pass. **1.** S'obstruer progressivement, être obstrué : *Le lavabo se bouche constamment.* — **2.** Se fermer à de nouvelles personnes ; ne plus offrir de perspectives : *L'avenir apparaît bouché.* — **3.** *Avoir le nez bouché,* ne plus pouvoir respirer à cause d'un rhume. ‖ *Cidre bouché,* cidre pétillant, gardé en bouteilles bouchées. ‖ *Ciel, horizon, temps bouché,* temps gris, assombri de nuages, sans visibilité. ‖ Fam. *Être bouché (à l'émeri),* être stupide, incapable de comprendre. ‖ *Se boucher le nez,* se pincer le nez pour ne pas sentir une mauvaise odeur. ‖ *Se boucher les oreilles, les yeux,* refuser d'entendre, de voir, de comprendre.

2. BOUCHER, ÈRE n. (de *bouc*). **1.** Personne qui abat certains animaux d'élevage (bovins, ovins, porcins, caprins, équidés) pour les dépecer, les transformer et les débiter en vue de l'alimentation. – **2.** Personne qui prépare la viande de ces animaux et la vend au détail. – **3.** Homme sanguinaire, cruel. – **4.** *Garçon boucher,* aide d'un boucher.

◆ adj. Se dit de l'aptitude des races d'animaux d'élevage à produire de la viande.

◆ **bouchère** n. f. Femme d'un boucher, qui travaille à la boutique.

BOUCHER (Jean), ecclésiastique français (Paris v. 1548-Tournai 1644). Curé de Saint-Benoît à Paris (1582) et prédicateur de la Ligue (1585), il prêcha la révolte contre Henri III et justifia le régicide. Sans doute complice de J. Clément, il prêcha contre Henri IV et publia une *Apologie pour Jean Châtel* (1595).

BOUCHER (François), peintre et graveur français (Paris 1703 - *id.* 1770). Protégé par Mme de Pompadour, il a pratiqué tous les genres avec facilité et virtuosité, exprimant une sensualité aimable. Outre sa production de tableaux de chevalet, il a gravé 183 eaux-fortes d'après Watteau, qui l'influença, et d'après ses propres compositions a décoré de nombreux appartements royaux et demeures privées (hôtel de Soubise), a donné des cartons aux manufactures de tapisseries de Beauvais et des Gobelins ainsi que des dessins pour les biscuits de Sèvres. Grand prix de Rome (1723), il fut nommé premier peintre du roi et directeur de l'Académie (qui l'avait reçu en 1734 avec son *Renaud et Armide* [Louvre]) à la mort de C. Van Loo, en 1765, à un moment où sa notoriété déclinait devant les progrès d'un goût plus sévère.

BOUCHER (Jules Eugène), occultiste français (Paris 1902-*id.* 1955), fondateur et grand maître de l'Ordre martiniste rectifié.

BOUCHER (Hélène), aviatrice française (Paris 1908-Versailles 1934). Après avoir accompli seule, en 1931, un raid Paris-Ramādī (Iraq), elle conquit sept records internationaux mais se tua en vol d'entraînement.

BOUCHER DE CRÈVECŒUR DE PERTHES (Jacques), préhistorien français (Rethel 1788-Abbeville 1868), fils du naturaliste J. A. G. Boucher (1757-1844). Il publia ses *Antiquités celtiques et antédiluviennes* (3 vol., 1847-1864) où il affirme l'existence de l'homme antédiluvien contemporain des grandes espèces animales disparues. On lui doit la première distinction entre paléolithique (antédiluvien) et néolithique, qu'il nommait « celtique ».

BOUCHERIE n. f. **1.** Industrie et commerce réalisant la transformation en viande des animaux d'élevage. – **2.** Établissement, rayon d'une grande surface où l'on vend cette viande au détail. – **3.** Profession de boucher. – **4.** Massacre, carnage, hécatombe : *Envoyer des troupes à la boucherie.* – **5.** *Animal de boucherie,* animal élevé spécialement pour produire de la viande (bœuf, mouton, etc.).

Boucheron, société anonyme française de bijouterie et joaillerie, qui doit son origine à la maison fondée en 1858, à Paris, par Frédéric *Boucheron* (1830-1902).

BOUCHEROT (Paul), ingénieur et savant français (1869-1943). Il imagina la distribution du courant électrique à intensité constante. Puis, vers 1894, il s'intéressa aux premières applications des courants polyphasés, pour l'alimentation des moteurs asynchrones. Avec Georges Claude, il a travaillé au procédé d'utilisation de l'énergie thermique des mers.

BOUCHERVILLE, v. du Canada, au Québec, dans le nord-est de l'agglomération de Montréal, sur le Saint-Laurent ; 36 198 hab.

BOUCHES-DU-RHÔNE (13), dép. de la Région Provence-Alpes-Côte d'Azur ; ch.l. de dép. *Marseille ;* ch.l. d'arrond. *Aix-en-Provence, Arles, Istres ;* 4 arrond. ; 53 cant. ; 119 comm. ; 5 087 km^2 ; 1 759 371 hab. Le dép. appartient à l'académie d'Aix-en-Provence-Marseille, à la cour d'appel d'Aix-en-Provence, à la région militaire Méditerranée.

Les plaines occidentales (Comtat, Crau, Camargue) s'opposent aux hauteurs calcaires de l'est (Trévaresse, Sainte-Victoire, Estaque, Sainte-Baume) aérées par des bassins (Aix-en-Provence, Huveaune). L'agriculture (fruits et légumes, riz, vigne, élevage bovin) occupe une place secondaire. Les industries et les services sont concentrés dans l'agglomération de Marseille (et ses annexes : pourtour du golfe de Fos et de l'étang de Berre), qui groupe plus des deux tiers de la population totale du département.

BOUCHET *(lac du),* petit lac d'origine volcanique du Massif central, au S.-O. du Puy-en-Velay.

BOUCHET (Guillaume), sieur **de Brocourt,** écrivain français (Poitiers 1513-1594). Ses *Serées* (1584-1608) mêlent la gauloiserie et l'érudition la plus sévère.

BOUCHET (André DU), poète français (Paris 1924). Traducteur de Hölderlin, il donne à sa poésie un caractère aérien et une transparence rigoureuse, accrue par l'âpreté du rythme (*Laisses et l'Incohérence,* 1979 ; *Ici en deux,* 1986).

BOUCHE-TROU n. m. (pl. *bouche-trous*). Personne ou objet qui ne sert qu'à combler une place vide, à figurer, à faire nombre.

BOUCHEUSE n. f. Machine pour effectuer le bouchage des bouteilles.

BOUCHOLEUR, EUSE n. Personne qui travaille à l'élevage des moules.

BOUCHON n. m. (anc. fr. *bousche,* touffe d'herbe). **1.** Objet qui, réalisé en diverses matières (bois, liège, plastique, métal, caoutchouc, etc.), sert à clore un contenant. – **2.** Tout ce qui obstrue un orifice, un conduit : *Un bouchon de cérumen.* – **3.** Accumulation de véhicules qui gêne la circulation ; embouteillage. – **4.** Poignée de foin, de paille ou d'herbe tortillés. – **5.** Autref., poignée de paille que l'on suspendait au-dessus de la porte d'un cabaret en guise d'enseigne ; le cabaret lui-même. – **6.** Fam. *Bouchon de brume,* amas de brouillard. ‖ Fam. *Bouchon de carafe,* diamant d'une taille exceptionnelle. ‖ *Bouchon de linge,* linge tortillé ou roulé en tampon. ‖ *Goût de bouchon,* goût que communiquent aux vins en bouteille les bouchons trop vieux ou mal stérilisés. ‖ Fam. *Lancer, pousser plus loin, trop loin le bouchon,* émettre des prétentions accrues, exagérées. • **Bot.** Syn. de BITTER PIT. – **Électr.** *Circuit bouchon,* circuit antirésonnant destiné à interdire le passage aux courants d'une fréquence déterminée sur laquelle il est accordé. – **Hydrol.** *Bouchon vaseux,* concentration de sédiments en suspension dans une embouchure et déplacés alternativement vers l'amont et l'aval par la marée. – **Jeux.** Jeu d'adresse consistant à renverser avec un palet un bouchon de liège dressé sur le sol et surmonté de pièces de monnaie. – **Mar.** *Faire le bouchon,* en parlant d'une embarcation, danser sur l'eau à la manière d'un bouchon (fam.). [Syn. BOUCHONNER.] – **Menuis.** Rondelle de bois posée en place d'un nœud enlevé à la machine. – **Min.** Partie centrale d'une volée d'abattage à l'explosif. – **Pêch.** Syn. de FLOTTEUR.

BOUCHON-ALLUMEUR n. m. (pl. *bouchons-allumeurs*). Dispositif mécanique de mise à feu employé sur certaines grenades.

BOUCHONNAGE n. m. **1.** Opération consistant à bouchonner un animal. – **2.** Pose d'un bouchon de bois. – **3.** Syn. de FRISAGE.

BOUCHONNER v. t. (de *bouchon*) [conj. 3]. **1.** Mettre en bouchon du linge, le chiffonner. – **2.** Frotter un animal avec un bouchon de paille, d'herbe, de foin. – **3.** Frictionner énergiquement le corps avec un linge. – **4.** Substituer un bouchon à un nœud du bois.
◆ v. i. **1.** *Fam.* Former un embouteillage, un bouchon : *Ça bouchonne sur l'autoroute.* – **2.** En parlant d'une embarcation, faire le bouchon.
◆ **être bouchonné** v. pass. En parlant du vin, avoir pris le goût de bouchon.

BOUCHONNEUSE n. f. Machine de menuiserie qui sert à bouchonner.

BOUCHONNIER, ÈRE n. Personne qui fabrique ou vend des bouchons de liège.

BOUCHOT n. m. (mot poitevin, du lat. médiév. *buccaudum,* de *buccale,* embouchure). **1.** Tronc de jeune arbre utilisé pour porter les moules d'élevage, implanté au bord du rivage. – **2.** Parc pour la multiplication des moules. – **3.** Sorte de parc construit sur la côte, et ouvert du côté du rivage, afin de retenir les poissons à marée basse.

BOUCHURE n. f. Élément mobile d'un barrage dont la manœuvre permet de régler le niveau amont du cours d'eau.

BOUCICAUT (Jean II LE MEINGRE) [v. 1366-Yorkshire 1421], maréchal de France (1391). Fait prisonnier à Nicopolis (1396) avec Jean sans Peur, il fut libéré en 1397 moyennant rançon. Commandant l'armée de secours envoyée par Charles VI à l'empereur Manuel II, il força les Turcs à lever le siège de Constantinople (1399). Gouverneur de Gênes (1401-1409), il lutta contre Venise et contre les Turcs. Fait prisonnier à Azincourt (1415), il mourut interné en Angleterre.

BOUCICAUT (Aristide), négociant français (Bellême 1810-Paris 1877), fondateur du Bon Marché à Paris et créateur d'œuvres philanthropiques. – Sa veuve, née MARGUERITE **Guérin** (Verjux 1816-Cannes 1887), poursuivit son œuvre.

BOUCLAGE n. m. **1.** Action de boucler, de fermer, d'enfermer, d'encercler, etc. : *Le bouclage d'un quartier par la police.* – **2.** Action de boucler les cheveux. – **3.** Syn. de BOUCLEMENT. – **4.** Action de boucler un journal ; moment où l'on boucle l'édition du jour. – **5.** Tuyauterie ou circuit de raccordement assurant une alimentation de secours réciproque entre deux réseaux.

1. BOUCLE n. f. (lat. *buccula,* de *bucca,* joue). **1.** Anneau ou rectangle de métal avec traverse portant en général un ou plusieurs ardillons, qui sert à assujettir les deux extrémités d'une courroie, d'une ceinture, etc. – **2.** Mèche de cheveux roulée sur elle-même. – **3.** Fil en forme d'anneau, lien roulé, ligne courbe qui se referme sur elle-même : *Les boucles d'un lacet.* – **4.** Partie arrondie et allongée de lettres manuscrites. – **5.** Méandre accentué d'un cours d'eau. – **6.** Syn. anc. de LOOPING. – **7.** *Boucle d'oreille,* bijou que l'on porte à l'oreille. (Les boucles d'oreilles sont fixées au lobe soit par un simple crochet ou par une petite tige vissée derrière l'oreille, lorsque celle-ci est percée, soit par une pince à ressort ou clip.) ‖ *En boucle,* se dit d'un mode de diffusion dans lequel une séquence est répétée plusieurs fois : *Cours de la Bourse qui défilent en boucle.* • **Algèbr.** *Boucle d'un graphe,* circuit de longueur 1, constitué par un seul arc (*x, x*), *x* étant un sommet du graphe. — **Cybern.** Suite de relations de cause à effet telle que le dernier effet réagisse sur la première cause. — **Électr.** Dans un réseau électrique, ensemble de branches dont la succession constitue un parcours fermé ne passant qu'une fois par un même nœud. ‖ *Marche en boucle,* exploitation d'un réseau où l'alimentation de chaque point est assurée par deux voies distinctes à partir d'un même point d'injection. — **Électroacoust.** Bande magnétique dont les extrémités sont raccordées entre elles de façon à constituer un ruban sans fin. — **Élev.** Anneau que l'on met au groin du porc ou au nez du taureau. — **Inform.** *Boucle de programme,* séquence d'instructions d'un programme dont l'exécution se répète jusqu'à ce qu'une condition de sortie de boucle se trouve réalisée. (Elle implique en général l'existence d'un paramètre qui varie à chaque cycle.) — **Mar.** Anneau de fer fixé au moyen d'un piton dans lequel il peut courir. ‖ *Boucle d'un cordage,* simple tour de ce cordage. — **Nucl.** *Boucle de refroidissement,* circuit fermé dans lequel circule un fluide et qui constitue un des éléments du système de refroidissement d'un réacteur nucléaire. — **Sports.** En patinage artistique, figure composée de deux cercles de dimensions différentes et se coupant mutuellement. — **Zool.** Grande écaille placoïde portée de place en place par les requins et les raies, et munie d'une pointe en son milieu.

◆ **boucles** n. f. pl. Ornement courant fait d'une ligne qui se referme sur elle-même de place en place pour former une série d'anneaux disposés alternativement sur deux axes parallèles.
place pour former une série d'anneaux disposés alternativement sur deux axes parallèles.

2. BOUCLE n. m. **1.** En patinage artistique, saut de carre dans lequel l'appel et la réception se font en arrière sur la même jambe, le patineur effectuant une rotation d'un, deux ou trois tours en l'air. — **2.** *Boucle piqué,* saut dans lequel l'appel se fait à l'aide des deux jambes, l'une glissant en carre dehors, l'autre piquant la glace.

BOUCLEMENT n. m. Action de mettre un anneau au groin d'un porc, au nez d'un taureau et, autrefois, à la vulve d'une femelle d'élevage. (Syn. BOUCLAGE.)

BOUCLER v. t. (conj. 3). **1.** Assujettir au moyen d'une boucle : *Boucler sa ceinture.* — **2.** Fermer ses bagages en vue d'un départ : *Boucler son sac, ses valises.* — **3.** *Fam.* Fermer qqch : *Boucler sa maison.* — **4.** *Fam.* Tenir qqn enfermé qqpart, ou le mettre en prison : *Boucler un enfant dans un collège.* — **5.** Entourer une zone par un cordon de police ou de troupes. — **6.** Rouler des cheveux en forme de boucle. — **7.** Mener à son terme qqch, l'achever : *Boucler son programme en deux mois.* — **8.** Terminer la composition d'un journal, d'une édition. — **9.** *Boucler la boucle,* accomplir un circuit fermé ; se retrouver à son point de départ. ‖ *Boucler son budget,* équilibrer ses dépenses et ses recettes. ‖ *Boucler ses comptes,* les établir sous une forme définitive. ‖ Pop. *La boucler,* se taire. • **Élev.** Pratiquer le bouclement d'un animal. (Syn. ANNELER, FERRER.) — **Impr.** Insérer le dernier élément d'une forme imprimante pour en assurer la fabrication.

◆ v. i. **1.** Se fendre dans son épaisseur, ou faire ventre, en parlant d'un mur. — **2.** Pour un programme informatique, entrer dans une boucle de programme, ou dans un processus de calcul sans fin, en général par suite d'une erreur de programmation.

◆ v. i., **être bouclé** v. pass. Former, avoir des boucles : *Ses cheveux bouclent naturellement. Un enfant bouclé.*

BOUCLETTE n. f. **1.** Petite boucle de cheveux courts. — **2.** Boucle de fil émergeant de la surface d'une étoffe ou d'un fil (tricot bouclette, fil bouclette).

BOUCLIER n. m. (ellipse de l'anc. fr. *escut boucler,* écu garni d'une boucle). **1.** Arme défensive individuelle portée au bras pour parer les jets ou les coups. (→ *encycl.*) — **2.** Moyen de protection, défense : *Le bouclier atomique.* — **3.** Litt. *Faire (un) bouclier de son corps à qqn,* se jeter devant lui pour le préserver des coups. ‖ *Levée de boucliers,* protestation unanime. • **Arm.** Plaque de blindage disposée sur l'affût des anciens canons de campagne. — **Astronaut.** *Bouclier thermique,* élément de structure d'un engin spatial récupérable, destiné à éviter l'échauffement excessif de cet engin lors de sa rentrée dans l'atmosphère. — **Ch. de f.** Dossier renforcé en tôle épaisse, généralement emboutie, constituant l'extrémité d'une locomotive ou d'une voiture à voyageurs. — **Géol.** Édifice volcanique affectant la forme d'un bouclier et dû à la coalescence des produits volcaniques issus de plusieurs bouches émettrices. ‖ Aire cratonique d'échelle subcontinentale correspondant aux chaînes précambriennes indurées et arasées et recouvertes par des séries restées tabulaires. — **Mar.** Syn. de MASQUE. — **Min.** et **Trav. publ.** *Bouclier d'avancement,* structure métallique à l'abri de laquelle s'effectuent les opérations de terrassement lors du creusement de tunnels ou de puits en terrains ébouleux. — **Pêch.** Variété de coquillages comestibles du genre patelle. — **Zool.** Toute plaque dure protégeant l'avant du corps, chez un animal actuel ou fossile.

ENCYCL. **Arm.** Le bouclier est la plus ancienne des armes défensives. Fait de bois, de joncs tressés, de peau, de métal, il était attaché au cou pendant les marches et porté par le bras gauche au combat. Le bouclier en métal ou en plastique est encore utilisé, notamment par la police, pour se protéger des jets de pierres et des balles de petit calibre.

BOUCOT → BOUCAUD.

BOUCOURECHLIEV (André), compositeur bulgare naturalisé français (Sofia 1925). Il a enseigné le piano (1952-1960) à l'École normale de musique. Sa série d'*Archipels* pour divers instruments est une des réussites de la musique aléatoire. On lui doit encore notamment *le Nom d'Œdipe,* sur un livret d'Hélène Cixous (1978), *Orion,* pour orgue (1980), *Orion II,* pour piano, cuivres et percussions (1982), *Orion III,* pour piano (1983), *les Cheveux de Bérénice* (1988).

Bou Craa, gisement de phosphates du Sahara occidental, relié au port d'El-Aiun.

BOUDARD (Alphonse), écrivain français (Paris 1925), auteur d'une œuvre haute en couleur, riche d'inventions verbales et de tournures populaires (*l'Argot sans peine ou la Méthode à Mimile,* 1970 ; *les Combattants du petit bonheur,* 1977 ; *le Corbillard de Jules,* 1979 ; *le Banquet des léopards,* 1980 ; *le Café du pauvre,* 1983 ; *l'Éducation d'Alphonse,* 1987 ; *Mourir d'enfance,* 1995 ; *Madame... de Saint-Sulpice,* 1996).

BOUDDHA ou **BUDDHA** n. m. (de *Bouddha,* n. pr.). **1.** Dans le bouddhisme, celui qui, ayant surmonté tous les désirs, s'éveille à la connaissance parfaite *(bodhi)* de la vérité et se libère de toute action. — **2.** Statue ou statuette religieuse représentant un bouddha.

BOUDDHA ou **BUDDHA,** nom désignant Siddhārtha Gautama, sage de la tribu śākya *(Śākyamuni),* après qu'il fut parvenu à l'« illumination » ou « éveil » *(bodhi).* C'est alors qu'il commença à prêcher la doctrine bouddhique à Bénarès et dans l'Inde du Sud-Est. Diverses traditions situent sa vie entre 560 et 480 av. J.-C.

BOUDDHIQUE adj. Relatif au bouddhisme.

BOUDDHISME n. m. Religion et philosophie se réclamant de l'enseignement du Bouddha qui, bien que fidèle pour l'essentiel à la pensée du fondateur, s'est diversifiée dans l'espace asiatique au cours des temps.

ENCYCL. L'enseignement du Bouddha peut être synthétisé dans les grands thèmes suivants : toute chose est impermanente, la réalité est changeante et il n'est rien en nous de réalité métaphysique, rien d'indestructible. L'être est soumis au cycle des naissances et des morts *(saṃsāra)* tant que l'effet de l'action *(karman)* ne sera pas arrêté. L'existence est sujette au malheur, qui se manifeste par la souffrance, la maladie et la mort. Tel est l'essentiel du message bouddhiste qu'énoncent les « Quatre Nobles Vérités » : 1° l'existence humaine est souffrance ; 2° la cause de la souffrance est le désir ; 3° pour se libérer de la souffrance, il faut supprimer la cause ; en épuisant le *karman* l'être sera libéré du *saṃsāra ;* 4° la voie ouverte par le Bouddha conduira à l'ultime but de l'existence, le *nirvāṇa,* qui met fin à la succession des renaissances et libère l'homme de façon définitive par l'éveil *(bodhi)* dont le bouddha est l'illustration.

• *Le bouddhisme indien.* La communauté bouddhiste qui apparaît en Inde au VIe s. av. J.-C. subira des modifications en se développant. Afin d'éviter son éclatement, plusieurs « conciles » sont réunis dans la période des Ve et IIIe s. av. J.-C. ; ils ne pourront enrayer la tendance à la division entre écoles antagonistes. Le règne d'Aśoka (IIIe s. av. J.-C.) marque une étape dans l'histoire du bouddhisme, qui devient une religion à vocation universelle donc missionnaire ; son expansion fera naître de multiples sectes, dont la prolifération se soldera par un schisme au début de l'ère chrétienne. Désormais, le bouddhisme traditionnel, ou *hīnayāna* (Petit Véhicule), se distingue du bouddhisme réformé, ou *mahāyāna* (Grand Véhicule) qui influencera les bouddhismes chinois et tibétain. L'apogée du bouddhisme indien se situe au temps de la dynastie Gupta (IVe-Ve s.). Après un déclin dû à la fois à un foisonnement des sectes hindouistes et à l'avancée de l'islām, le bouddhisme compte maintenant, dans l'Union indienne, après l'indépendance de l'Inde, plus de trois millions de fidèles.

• *Le bouddhisme chinois.* Introduite en Chine au Ier s. de notre ère, la pensée bouddhiste ne s'imposera qu'au IVe s. sous une forme teintée de taoïsme. L'âge d'or du bouddhisme en Chine se situe entre les VIIe et IXe s. Sa puissance causa sa perte : confucéens et taoïstes s'unirent pour mettre fin à sa prépondérance ; les persécutions dont il fut victime (la plus violente fut celle des années 841-845) lui portèrent un coup terrible dont il se releva difficilement ; cependant il a marqué de son empreinte la culture chinoise.

• *Le bouddhisme japonais.* Confronté à une autre civilisation, le bouddhisme, en entrant au Japon au VIe s. apr. J.-C., évolue vers une tendance au formalisme et au ritualisme et devient religion d'État. On distingue ordinairement trois périodes : 1° la période *Nara* (710-794), durant laquelle le bouddhisme est l'affaire des lettrés et des moines ; 2° la période *Heian* (794-1185), où se développe un syncrétisme partiel avec le *shinto* ; mais l'hermétisme dans lequel ce système s'enferme entraîne une réaction qui tend à faire du bouddhisme une religion plus accessible et qui fait de la foi l'unique voie de salut ; 3° la période *Kamakura* (1192-1333), qui marque l'origine d'un bouddhisme typiquement japonais avec, en particulier, le *zen*, qui crée un type d'homme héroïque en lequel les samouraïs trouveront leur idéal.

• *Le bouddhisme tibétain* est le bouddhisme tantrique appelé « lamaïsme » par les Occidentaux. Introduit au Tibet au VIIe s. de notre ère, il a pratiquement disparu et ne subsiste, après l'annexion progressive du Tibet par la République populaire de Chine dans les années 1950, qu'au Népal, au Bhoutan, au Sikkim et dans les communautés tibétaines réfugiées en Inde.

BOUDDHISTE adj. et n. Qui appartient au bouddhisme ; adepte du bouddhisme.

BOUDDHOLOGIE n. f. Étude du bouddhisme.

BOUDENNYÏ ou **BOUDIONNYÏ** (Semen Mikhaïlovitch), maréchal soviétique (Koziourine, région de Rostov, 1883-Moscou 1973). Pendant la guerre polono-soviétique (1920), il se distingua à la tête de la Ire armée de cavalerie. Il devint vice-commissaire à la Défense en 1940. Chargé du commandement du front sud au moment de l'invasion allemande de 1941, il subit de graves échecs à Ouman et à Kiev. Relevé de son commandement, il fut envoyé dans l'Oural avec Vorochilov pour y organiser les réserves de l'Armée rouge.

BOUDER v. i. (onomat., d'un rad. **bod-* exprimant le gonflement) [conj. 3]. **1.** Manifester son mécontentement dans une attitude silencieuse, un air maussade, contrarié. — **2.** Aux dominos, ne pas jouer, parce qu'on n'a pas le dé qu'exige la pose de l'adversaire.

◆ v. t. Se détourner de qqn, de qqch, montrer à leur égard de la réserve ou de l'hostilité : *Bouder un fournisseur. Les électeurs ont boudé le scrutin.*

BOUDERIE n. f. Action de bouder ; mauvaise humeur.

BOUDET (Jean, *comte*), général français (Bordeaux 1769 - Budweis, auj. České Budějovice, Bohême, 1809). Il reprit la Guadeloupe aux Anglais (1796), fut blessé à Marengo et participa à l'expédition de Saint-Domingue (1802). Il s'illustra à la bataille d'Essling (1809).

BOUDEUR, EUSE adj. et n. Qui a tendance à bouder ; qui manifeste de la bouderie.

◆ **boudeuse** n. f. **1.** Siège double dans lequel on s'assoit dos à dos, avec interposition d'un dossier (XIXe s.). — **2.** Huître à croissance lente.

BOUDIAF (Mohamed), homme d'État algérien (M'Sila 1919 - Annaba 1992). Membre fondateur du F. L. N., emprisonné de 1956 à 1962, il s'exile en 1963 au Maroc, d'où il dirige l'opposition de gauche au régime algérien. Rappelé en janvier 1992 pour présider le Haut Comité d'État, il est assassiné en juin.

BOUDICCA ou **BOADICÉE,** femme de Prasutag, roi des Icéniens, peuple de l'île de Bretagne († 61 apr. J.-C.). Néron ayant décidé de confisquer tous les biens de la famille royale, elle fut reconnue comme reine et placée à la tête d'une insurrection qui surprit les Romains. Mais, vaincue, Boudicca s'empoisonna avec ses filles.

BOUDIN n. m. (p.-ê. onomat., d'un rad. **bod-* exprimant le gonflement). **1.** Préparation de charcuterie cuite, à base de sang de porc, mise dans un boyau. — **2.** Objet long et cylindrique, non rigide : *Un boudin de toile.* — **3.** *Pop.* Jeune fille ou jeune femme mal faite et sans grâce. — **4.** *Fam.* Doigt gras et rond. — **5.** Fam. *Faire du boudin,* bouder. ‖ Fam. *Tourner, finir en eau de boudin,* se terminer par un échec, faire fiasco. • **Agroalim.** *Boudin blanc,* préparation de charcuterie cuite, mise dans un boyau et composée de viande blanche (volaille, veau, porc) et de graisse, liée avec du lait, des œufs et de l'amidon. ‖ *Eau de boudin,* eau dans laquelle sont lavées les tripes servant à fabriquer le boudin. — **Archit.** Tore, grosse moulure ronde, spécialement dans l'architecture médiévale. — **Arm.** Mèche ou fusée employée pour la mise à feu d'une mine. — **Ch. de f.** Saillie de la partie légèrement tronconique d'une roue, qui assure, à l'intérieur de la voie, le maintien de cette roue sur le rail. (On dit parfois MENTONNET.) — **Mar.** Bourrelet protecteur des embarcations. — **Mécan.** *Ressort à boudin,* syn. de RESSORT HÉLICOÏDAL. — **Mil.** Nom familier donné à l'hymne de la Légion étrangère, en raison des premiers mots de son refrain (« Tiens, voilà du boudin... »).

BOUDIN (Eugène), peintre français (Honfleur 1824 - Deauville 1898). Surnommé par Corot « le roi des ciels », il a peint surtout des paysages et des marines de l'estuaire de la Seine et de la Bretagne. Premier maître de Monet, il annonce l'impressionnisme (musées du Havre et de Honfleur ; cabinet des Dessins du Louvre).

BOUDINAGE n. m. **1.** Action de boudiner. — **2.** Syn. de EXTRUSION.

BOUDINER v. t. (de *boudin*) [conj. 3]. **1.** *Fam.* En parlant d'un vêtement trop étroit, serrer qqn en faisant des bourrelets. — **2.** Faire traverser une filière de section appropriée à une matière rendue malléable pour lui donner la forme d'un cylindre. (Pour certaines matières, on dit *extruder.*) — **3.** Donner une faible torsion par frottement à des bandelettes de matières textiles.

◆ **se boudiner** v. pr., **être boudiné** v. pass. *Fam.* **1.** Grossir en formant des bourrelets : *Avoir des doigts boudinés.* — **2.** Être serré dans un vêtement trop étroit.

BOUDINEUSE n. f. Appareil servant à boudiner une matière.

BOUDIONNYÏ (Semen) → BOUDENNYÏ.

BOUDJEDRA (Rachid), écrivain algérien d'expression française et arabe (Aïn El-Beïda 1941). Il se veut dans ses romans l'éveilleur de la conscience de ses contemporains (*la Répudiation,* 1969 ; *l'Escargot entêté,* 1977 ; *le Démantèlement,* 1981 ; *la Prise de Gibraltar,* 1986 ; *le Désordre des choses,* 1990 ; *Timimoun,* 1994).

BOUDOIR n. m. (de *bouder*). **1.** Petit salon élégant, qui était à l'usage exclusif des femmes (remonte à l'époque Régence). — **2.** Petit biscuit allongé, saupoudré de sucre.

BOUDON (Raymond), sociologue français (Paris 1934). Il a publié des ouvrages de méthodologie sur l'analyse statistique des données sociologiques et l'épistémologie. Il a écrit notamment : *le Vocabulaire des sciences sociales* (en collab. avec P. Lazarsfeld, 1965), *l'Analyse mathématique des faits sociaux* (1967), *la Logique du social* (1979), *la Place du désordre* (1984), *l'Idéologie* (1986), *l'Art de se persuader des idées douteuses, fragiles ou fausses* (1990), *le Juste et le vrai* (1995).

BOUE n. f. (gaul. **bawa*). **1.** Poussière ou terre détrempée formant une couche grasse à la surface du sol : *Patauger dans la boue.* — **2.** Dépôt plus ou moins liquide d'une matière quelconque : *Boue déposée au fond d'une cuve à vin.* — **3.** *Litt.* État d'abjection, de déchéance ou de profonde misère : *Tirer quelqu'un de la boue.* — **4.** *Traîner qqn dans la boue, couvrir qqn de boue,* répandre sur lui des infamies. • **Agroalim.** *Boues de sucrerie,* eaux chargées de terre provenant du lavage des betteraves. — **Assain.** *Boues activées,* flocons bactériens décantables produits par l'autoépuration des eaux résiduaires ; le processus lui-même. ‖ *Boue résiduaire,* partie des eaux usées éliminée au cours d'une décantation ou d'une clarification. — **For.** Mélange d'eau, d'argile et de certains produits injecté de façon continue lors d'un forage pour évacuer les déblais, lubrifier et refroidir l'outil de forage et maintenir les parois du trou. — **Géol.** Terme général désignant une lutite (< 64 µm) imprégnée d'eau et susceptible d'écoulement, au cours duquel elle peut causer des dégâts catastrophiques (coulées de boue volcanique ou glaciaire). — **Hydrol.** Sédiment marin profond, homogène, composé de particules fines, terrigènes ou organogènes. — **Méd.** *Boues activées,* boues radioactives ayant des propriétés thérapeutiques. — **Métall.** Déchets tombant au fond d'un bac de raffinage électrolytique.

BOUÉ (02450), comm. de l'Aisne, en Thiérache ; 1 377 hab. Produits laitiers.

BOUÉ DE LAPEYRÈRE (Augustin), amiral français (Castéra-Lectourois, Gers, 1852-Pau 1924). Sous les ordres de Courbet, il participa en 1884 et 1885 au combat de Fuzhou et aux opérations autour des Pescadores et de Taiwan. Il fut ministre de la Marine de 1909 à 1911. En 1914, il fut commandant en chef allié en Méditerranée et organisa le blocus de la flotte austro-hongroise en Adriatique.

BOUÉE n. f. (moyen néerl. *boeye,* lien). **1.** Flotteur destiné à servir de signal (lumineux, sonore) et à indiquer un danger pour la navigation, une passe. (Les bouées constituent, avec les amers et les balises, des moyens usuels de signalisation maritime et servent à délimiter les parcours de régate.) — **2.** Corps flottant qui permet à une personne de se maintenir une partie du corps hors de l'eau. — **3.** *Bouée de sauvetage,* bouée en forme de couronne, qu'on lance à qqn qui est tombé à l'eau ; ce qui peut tirer qqn d'une situation critique. • **Hydrol.** Station relais transmettant les renseignements qui lui parviennent d'appareils posés sur le fond. — **Mar.** *Bouée d'amarrage* ou *bouée de chargement,* bouée utilisée pour le chargement du pétrole sur les pétroliers. ‖ *Bouée de corps-mort,* bouée fixée à un corps-mort pour en indiquer l'emplacement.

BOUETTE → BOETTE.

BOUET-WILLAUMEZ (Louis Édouard, *comte*), amiral français (Brest 1808 - Maisons-Laffitte 1871). Il signa le premier traité franco-gabonais en 1839. Gouverneur du Sénégal de 1842 à 1844, il étendit la souveraineté française sur les comptoirs d'Assinie et de Grand-Bassam. Il prit la tête de l'escadre de la Baltique lors de la guerre de 1870.

BOUEUX, EUSE adj. **1.** Qui est plein de boue : *Sol boueux.* — **2.** Qui est sali par la boue : *Chaussures boueuses.* — **3.** En imprimerie, se dit d'une impression peu nette, pâteuse.

◆ **boueux** n. m. Syn. fam. de ÉBOUEUR.

BOUFARIK, v. d'Algérie, entre Alger et El-Boulaïda, dans la Mitidja ; 50 000 hab. Industrie alimentaire.

BOUFFANT, E adj. **1.** Qui bouffe : *Manche bouffante.* — **2.** *Papier bouffant,* papier non apprêté, dont le volume massique est élevé.

◆ **bouffant** n. m. Effet d'ampleur donné à un tissu par des fronces.

BOUFFARDE n. f. (de *bouffée*). *Fam.* Grosse pipe à tuyau court ; toute pipe.

1. BOUFFE n. f. (de *bouffer 2*). *Pop.* **1.** Nourriture : *Ne penser qu'à la bouffe.* (Syn. anc. BOUFFETANCE.) — **2.** Repas.

2. BOUFFE adj. (ital. *opera buffa,* de *buffo,* ridicule). Se dit d'un opéra de caractère léger par opposition au grand opéra *(opera seria).*

BOUFFÉE n. f. (de *bouffer 1*). **1.** Exhalaison ou inspiration soudaine et intermittente par la bouche : *Aspirer une bouffée de tabac.* — **2.** Souffle rapide et passager de l'air, d'une vapeur, etc. : *Des bouffées d'air frais.* — **3.** Poussée brusque et fugitive d'une sensation : *Une bouffée de fièvre.* — **4.** Accès subit d'un sentiment vif : *Bouffée de colère.* — **5.** *Bouffée de chaleur,* sensation de chaleur accompagnée de rougeur du visage, subite et passagère. ‖ *Bouffée délirante,* épisode délirant et/ou hallucinatoire aigu et transitoire apparaissant brutalement chez un sujet indemne de troubles psychiques patents jusque-là. (→ *encycl.*)

ENCYCL. Une *bouffée délirante* est un délire non systématisé, caractérisé par le polymorphisme et la variabilité de ses thèmes et de ses mécanismes. L'expérience délirante y est immédiate et incoercible ; elle s'impose au sujet comme le rêve au rêveur. Il y adhère, d'où l'intensité de ses réactions affectives. La bouffée délirante affecte surtout des sujets jeunes présentant une certaine fragilité psychologique. On peut souvent mettre en évidence dans son éclosion un événement récent ayant une valeur de traumatisme psychique. La bouffée délirante guérit rapidement, théoriquement sans laisser de traces.

BOUFFÉMONT (95570), comm. du Val-d'Oise, au N. de la forêt de Montmorency ; 5 716 hab.

1. BOUFFER v. i. (onomat. *buff-*, évoquant qqch de gonflé) [conj. 3]. Avoir du volume, être comme gonflé d'air : *Faire bouffer ses cheveux.*

2. BOUFFER v. t. (de *bouffer 1*) [conj. 3]. *Pop.* **1.** Manger. — **2.** Consommer (avec excès) : *Une voiture qui bouffe quinze litres aux cent.* — **3.** Absorber totalement qqch, accaparer qqn : *Il se laisse bouffer par la politique.* — **4.** *Bouffer du curé, du flic, etc.,* tenir sur eux des discours injurieux, agressifs. ‖ *Je l'aurais bouffé,* j'étais très en colère contre lui.

◆ **se bouffer** v. pr. Pop. *Se bouffer le nez,* se quereller.

Bouffes-du-Nord *(théâtre des),* théâtre de Paris, inauguré en 1876. Il est dirigé, depuis 1974, par Peter Brook et Micheline Rozan.

Bouffes-Parisiens *(théâtre des),* théâtre fondé à Paris en 1855 par Offenbach. Il donnait des représentations d'opéras bouffes et d'opérettes. On y vit les débuts d'Hortense Schneider.

BOUFFETANCE n. f. Syn. vieilli de BOUFFE 1.

BOUFFEUR, EUSE n. *Pop.* **1.** Gros mangeur, goinfre. — **2.** Appareil, voiture qui consomme avec excès.

BOUFFI n. m. Hareng bouffi. (Syn. CRAQUELIN, CRAQUELOT.)

BOUFFIR v. t. (var. de *bouffer 1*) [conj. 32]. **1.** Faire grossir qqn, son corps, lui donner une enflure malsaine : *La maladie a bouffi son visage.* — **2.** Préparer des harengs bouffis.

◆ v. i. Enfler, gonfler de mauvaise façon.

◆ **être bouffi** v. pass. **1.** Être enflé, gonflé pour une cause souvent pathologique : *Avoir les traits bouffis.* — **2.** Tirer vanité de qqch : *Être bouffi de ses succès.* — **3.** *Être bouffi d'orgueil,* être plein de vanité. ‖ Pop. *Tu l'as dit, bouffi !,* réplique plaisante à qqn qui vient de dire une évidence. ‖ *Hareng bouffi,* hareng saur salé pendant 12-24 heures et fumé jusqu'à l'obtention d'une couleur paille.

BOUFFISSAGE n. m. Préparation des harengs bouffis.

BOUFFISSURE n. f. (de *bouffir*). **1.** Gonflement des téguments qui ne s'accompagne pas de signes d'inflammation et qui peut traduire un œdème ou une infiltration anormale de la peau. — **2.** *Litt.* Caractère de ce qui est ampoulé : *La bouffissure du style.*

BOUFFLERS (Louis François, *duc* DE), maréchal de France (Cagny, auj. Crillon, Oise, 1644 - Fontainebleau 1711). Nommé maréchal par Louis XIV (1693), il défendit Lille (1708) assiégée, lors de la guerre de la Succession d'Espagne, par le Prince Eugène et le duc de Marlborough et capitula après un siège de 3 mois. À la bataille de Malplaquet (1709), remplaçant le maréchal de Villars blessé, il dirigea la retraite.

BOUFFLERS (Stanislas Jean, *chevalier,* puis *marquis* DE), écrivain français (Nancy 1738-Paris 1815). Maréchal de camp et gouverneur du Sénégal, il est surtout connu pour ses poésies légères et ses contes (*Aline reine de Golconde,* 1761). Il collabora à l'*Almanach des Muses.* (Acad. fr., 1788.)

BOUFFON, ONNE adj. (ital. *buffone*). Qui prête à rire par son caractère grotesque : *Scène bouffonne.*

◆ **bouffon** n. m. **1.** Personnage grotesque que les rois, les grands entretenaient autrefois pour se divertir de ses facéties. — **2.** Personnage ridicule, auquel sa conduite faite perdre toute considération. — **3.** Acteur dont l'emploi est de faire rire, parfois par des procédés grossiers. — **4.** *Querelle des bouffons,* mouvement musical et littéraire, qui opposa, dans la seconde moitié du XVIIIe s., les partisans de l'esthétique française à ceux de l'esthétique italienne.

BOUFFONNEMENT adv. *Litt.* De façon bouffonne.

BOUFFONNERIE n. f. **1.** Caractère de ce qui est bouffon. – **2.** Action, parole bouffonne, grotesque et ridicule.

BOUG (parfois **BUG**) ou **BOUG MÉRIDIONAL,** fl. d'Ukraine, qui rejoint la mer Noire ; 806 km.

BOUG (parfois **BUG**) ou **BOUG OCCIDENTAL,** riv. de Biélorussie et de Pologne, qui rejoint le Narew (r. g.) ; 810 km.

BOUGAINVILLE, la plus grande des îles Salomon ; env. 9 000 km² ; 120 000 hab. Ch.-l. *Sohano.* Découverte par Bougainville en 1768, protectorat allemand de 1899 à 1914, placée sous mandat australien en 1921, l'île fait partie depuis 1975 de l'État de Papouasie-Nouvelle-Guinée. Minerai de cuivre.

BOUGAINVILLE (Louis Antoine, *comte* DE), navigateur français (Paris 1729-*id.* 1811). Premier aide de camp de Montcalm (1756) aux côtés de qui il combattit aux plaines d'Abraham (1759), il devint capitaine de frégate en 1763 et tenta en vain de coloniser les îles Malouines (1763-1765). En 1766, il partit de Brest à bord de la frégate la *Boudeuse,* gagna l'Amérique du Sud et le détroit de Magellan, atteignit Tahiti (1768) où il resta dix jours. Le récit de son *Voyage autour du monde* (1771) développa le mythe du « paradis polynésien ». Rentré à Saint-Malo (1769), Bougainville, premier capitaine français à avoir effectué le tour du monde, fut promu chef d'escadre (1779) et resta fidèle à Louis XVI lors de la Révolution.

BOUGAINVILLÉE n. f. (de L. A. de *Bougainville,* n. pr.). **1.** Plante grimpante d'Amérique chaude, aux bractées ornementales brillamment colorées. (Syn. BOUGAINVILLIER.) – **2.** Hydraire de l'océan Atlantique, ressemblant à une plante, et qui se reproduit en libérant de petites méduses porteuses d'organes sexuels.

BOUGAINVILLIER n. m. Syn. de BOUGAINVILLÉE (plante).

1. BOUGE n. m. (lat. *bulga,* bourse de cuir, d'orig. gaul.). **1.** Logement malpropre, sordide. – **2.** Établissement, café malfamé.

2. BOUGE n. m. (de *bouge 1*). **1.** Convexité transversale des barrots et du pont d'un navire. – **2.** Partie la plus renflée, milieu du tonneau.

BOUGÉ n. m. Mouvement de l'appareil de prise de vue au moment du déclenchement, qui produit une image plus ou moins floue.

BOUGEOIR n. m. (de *bougie*). Petit chandelier sans pied, muni d'un anneau ou d'un manche.

BOUGEOTTE n. f. (de *bouger*). *Fam.* Besoin de se déplacer sans cesse, de voyager ; incapacité de rester en place.

BOUGER v. i. (lat pop. **bullicare,* s'agiter, de *bullire,* bouillir) [conj. **17**]. **1.** Être mal fixé, manquer de stabilité : *Avoir une dent qui bouge.* – **2.** Remuer sur place, s'agiter ; subir un déplacement : *Il bouge continuellement sur sa chaise. Les feuilles bougent au moindre vent.* – **3.** Se déplacer, quitter le lieu où l'on est : *Je n'ai pas bougé de chez moi hier.* – **4.** Agir, contester, protester, etc. : *Personne n'ose bouger devant lui.* – **5.** Être agité par des mouvements sociaux ou révolutionnaires : *Ça bouge en Amérique centrale.* – **6.** Changer, s'altérer ou se modifier (surtout négatif) : *Ce tissu n'a pas bougé au nettoyage.* – **7.** *Ne pas bouger,* s'abstenir de toute action.

◆ v. t. **1.** Déplacer qqch, le transporter : *Ne bouge rien sur mon bureau.* – **2.** Remuer une partie du corps, en changer la position : *Bouger la tête vers la droite.*

◆ **se bouger** v. pr. *Fam.* Se déranger, se déplacer, agir : *Allons ! bouge-toi !*

BOUGIE n. f. (de *Bougie,* n. pr.). **1.** Bâtonnet en cire, en acide stéarique ou en paraffine entourant une mèche, et dont la combustion fournit une flamme éclairante. – **2.** Appareil de forme cylindrique, qu'on introduit comme une sonde dans le canal de l'urètre, pour le dilater. – **3.** Organe d'un moteur à explosion provoquant, par le passage d'une étincelle dans la chambre de combustion, l'inflammation du mélange gazeux provenant du carburateur. (→ *encycl.*) – **4.** *Bougie décimale,* ancienne unité d'intensité lumineuse, remplacée par la *candela.* ‖ *Bougie filtrante,* cylindre creux et poreux que l'on trempe dans une suspension et que l'on relie à une source de vide dans un but de filtration. ‖ *Toucher bougie,* finissage d'un cuir lui conférant un aspect cireux.
ENCYCL. **Autom.** La *bougie d'allumage* comporte un culot métallique qui supporte un corps en matière isolante, traversé dans sa partie centrale par l'une des électrodes, reliée au secondaire de la bobine. La seconde électrode, dont la pointe est placée à une distance bien déterminée de la première, est liée au culot métallique pour être reliée à la masse, afin que se produise un arc lors du passage du courant secondaire.

BOUGIE → BEJAIA.

BOUGIVAL (78380), comm. des Yvelines, sur la Seine, au N. de Versailles ; 8 574 hab. *(Bougivalais).* Au XIXe s., ce fut un centre de séjour fréquenté par les peintres (Corot, Renoir, Monet, Sisley...) et par Berlioz.

BOUGLÉ (Célestin), sociologue français (Saint-Brieuc 1870-Paris 1940). Disciple de Durkheim, il défendit les idées démocratiques et laïques, et étudia les formes sociales qui les favorisent ; les *Essais sur le régime des castes* (1908) sont un classique. On lui doit aussi *les Idées égalitaires : étude sociologique* (1899).

BOUGLIONE, famille de banquistes d'origines italienne et gitane. SAMPION **Bouglione** père présenta, en 1928, avec ses fils, ALFRED, dit *Alexandre* (1900-1954), JOSEPH (1904-1987), FIRMIN (1905-1980), et NICOLAS, dit *Sampion* (1910-1967), un simili « cirque Buffalo-Bill ». En 1934, ils louèrent le cirque d'Hiver de Paris. Les enfants de Joseph, SAMPION III, ÉMILIEN et JOSEPH II, exploitent le chapiteau Bouglione.

BOUGNAT n. m. (de *charbougna,* mot pseudo-auvergnat). *Fam.* Débitant de boissons et marchand de charbon, souvent d'origine auvergnate.

BOUGNOUL ou **BOUGNOULE** n. (ouolof *bougnoul,* noir). Terme pop. et raciste désignant un Algérien, un Arabe.

1. BOUGON, ONNE adj. et n. Qui a l'habitude de bougonner, de maugréer : *Quel bougon, jamais un sourire !*

◆ adj. Qui dénote de la mauvaise humeur : *Voix bougonne.*

2. BOUGON n. m. Fromage de chèvre du Poitou.

BOUGON (79800), comm. des Deux-Sèvres ; 214 hab. Vaste nécropole mégalithique du néolithique.

BOUGONNEMENT n. m. Action de bougonner ; propos de qqn qui bougonne.

BOUGONNER v. i. (onomat.) [conj. 3]. *Fam.* Parler entre ses dents pour manifester son mécontentement : *Bougonner contre les gens bruyants.*

◆ v. t. *Fam.* Dire qqch entre ses dents et avec mauvaise humeur.

BOUGONNERIE n. f. *Litt.* Action de bougonner ; mauvaise humeur.

BOUGRAN n. m. Toile épaisse qui servait de doublure ou de renfort.

BOUGRE n. m. (bas lat. *bulgarus,* bulgare, les hérétiques bulgares passant pour se livrer à la sodomie). **1.** Autref., sodomite. — **2.** Individu quelconque : *Un bon, un pauvre bougre.* — **3.** Sert à invectiver : *Bougre d'imbécile !*

◆ **bougre !** interj. *Pop.* Juron marquant la surprise, la colère, l'admiration (abrégé parfois en B...) : *Bougre ! quelle adresse !*

◆ **bougresse** n. f. *Pop.* Femme méchante, maligne.

BOUGREMENT adv. *Fam.* Extrêmement.

BOUGUENAIS (44340), comm. de la Loire-Atlantique, sur la rive gauche de la Loire, en aval de Nantes ; 15 284 hab. *(Bouguenaisiens).* Constructions aéronautiques. (→ CHÂTEAU-BOUGON.)

BOUGUER (Pierre), géophysicien français (Le Croisic 1698-Paris 1758). Il participa à la mission au Pérou chargée de mesurer un arc de méridien au niveau de l'équateur et fit à cette occasion des observations d'ordre gravimétrique. Il a fondé la photométrie et inventé l'héliomètre (1748).

Bouguer *(anomalie de),* différence entre la valeur du champ de pesanteur mesurée en une station et la valeur théorique calculée à partir d'un modèle de la Terre.

BOUGUEREAU (William), peintre français (La Rochelle 1825 - *id.* 1905). Grand prix de Rome en 1850, académiste épris de Raphaël, il fut une gloire officielle sous le second Empire et au début de la IIIe République.

BOUHIER (Jean), magistrat et érudit français (Dijon 1673-*id.* 1746). Président du parlement de Dijon, il eut une bibliothèque célèbre ; sur ordre du roi, un exemplaire de tout ouvrage publié en France devait lui être adressé. (Acad. fr., 1727.)

BOUHOURS (Dominique), jésuite, grammairien et critique français (Paris 1628-*id.* 1702), défenseur de la doctrine classique et de la pureté de la langue (*Entretiens d'Ariste et d'Eugène,* 1671).

BOUI-BOUI n. m. (pl. *bouis-bouis*) [p.-ê. du bressan *boui,* local des oies et des canards]. *Fam.* Café, restaurant ou cabaret médiocre ; gargote.

BOUIF n. m. (de l'arg. *ribouis,* savetier). *Arg.* Cordonnier.

BOUILHET (Louis), écrivain français (Cany, auj. Cany-Barville, 1821-Rouen 1869). Ami de Flaubert, il connut un grand succès au théâtre avec *Madame de Montarcy* (1856) et la *Conjuration d'Amboise* (1866).

BOUILHET (Henri), ingénieur français (Paris 1830 - Villerville 1910). Associé à son cousin Paul Christofle, il prit une part considérable à l'évolution tant artistique qu'industrielle de l'orfèvrerie (galvanoplastie en ronde bosse). Il fut l'un des fondateurs de l'Union centrale des Arts décoratifs.

BOUILLABAISSE n. f. (provenç. *bouiabaisso,* de *bouie,* bouillir, et *abaissa,* abaisser). Soupe provençale à base de poissons, avec tomate, ail, bouquet garni, huile d'olive, oignons, etc., le tout cuit dans du fond de poisson porté à ébullition.

BOUILLANT, E adj. **1.** Qui bout : *De l'eau, de l'huile bouillante.* — **2.** Qui est très chaud : *Prendre son café bouillant.* — **3.** Qui est plein d'ardeur, de fougue ou prompt à s'emporter : *Le bouillant président de notre club sportif.*

BOUILLANTE (97125), comm. de la Guadeloupe, sur la côte ouest de la Basse-Terre ; 7 007 hab.

BOUILLARGUES (30230), ch.-l. de cant. du Gard, au S.-E. de Nîmes ; 4 357 hab.

BOUILLASSE n. f. (de *bouillie*). *Fam.* Boue.

Bouillaud *(maladie de)* [du n. du médecin français Jean-Baptiste *Bouillaud* (Garat, Charente, 1796-Paris 1881)], syn. de RHUMATISME* ARTICULAIRE AIGU.

1. BOUILLE n. f. (arg. *bouillotte,* tête). *Fam.* Visage, tête : *Avoir une bonne bouille.*

2. BOUILLE ou **BOILLE** [bɔj] n. f. (orig. préromane). **1.** En Suisse, grand bidon cylindrique servant à transporter le lait. — **2.** Hotte de bois pour la vendange.

BOUILLÉ (François Claude Amour, *marquis* DE), général français (Cluzel-Saint-Èble, Auvergne, 1739 - Londres 1800). Général en chef de l'armée de Meuse, Sarre et Moselle (1790), il organisa la fuite de Louis XVI. Réfugié à Coblence, il servit dans l'armée de Condé, puis dans celle du duc d'York (1793).

BOUILLERIE n. f. (de *bouillir*). Distillerie d'eau-de-vie.

BOUILLET (Marie Nicolas), historien français (Paris 1798-*id.* 1864). Il a laissé notamment un *Dictionnaire universel d'histoire et de géographie* (1842).

BOUILLEUR n. m. (de *bouillir*). **1.** Distillateur d'eau-de-vie. — **2.** Élément d'une machine frigorifique à absorption, où la vapeur du frigorigène est libérée de l'absorbant par chauffage. — **3.** Partie de la surface de chauffe de certaines chaudières, constituée par un cylindre placé dans la zone d'ébullition. — **4.** *Bouilleur de cru,* agriculteur distillant ou faisant distiller les produits de sa propre récolte (vin, cidre, marcs, fruits) pour sa consommation personnelle. (Ce privilège, limité à 10 litres d'alcool pur, n'est plus transmissible depuis 1960.)

BOUILLI n. m. Viande bouillie dans de l'eau aromatisée.

BOUILLIE n. f. (de *bouillir*). **1.** Farine de céréales cuite à ébullition dans de l'eau, du bouillon ou du lait jusqu'à consistance plus ou moins épaisse. — **2.** Matière ayant la consistance de la bouillie : *Boue formant une bouillie épaisse.* — **3.** Mélange confus, indistinct : *Une bouillie de mots.* — **4.** Fam. *De la bouillie pour les chats,* une chose informe, inutilisable ; texte, discours peu intelligible. ‖ Fam. *Être, mettre, réduire en bouillie,* à l'état de chose écrasée. ‖ Fam. *Mettre, réduire un adversaire en bouillie,* lui infliger une défaite totale. • **Agric.** Suspension de produits fongicides ou insecticides, utilisée pour traiter les maladies des plantes ou pour combattre les insectes nuisibles. (La principale est la *bouillie bordelaise,* utilisée dans le traitement du mildiou.) — **Hydrol.** *Bouillie de glace,* stade de développement de la banquise, formée d'abondants cristaux de glace flottant dans l'eau. — **Pyrotechn.** *Explosif en bouillie* ou *bouillie explosive,* explosif formé d'une suspension de petits grains ou de paillettes de tolite, d'aluminium, etc., dans un liquide (solution aqueuse de nitrate d'ammonium, de sodium ou de calcium) rendu visqueux par addition de matières appropriées.

BOUILLIR v. i. (lat. *bullire,* faire des bulles) [conj. 48]. **1.** En parlant de liquides ou de toute matière liquéfiée, s'agiter sous l'effet de la chaleur en dégageant des bulles de vapeur qui montent et crèvent à la surface : *L'eau bout à 100 °C sous la pression atmosphérique normale.* — **2.** Être maintenu dans un liquide en ébullition : *Faire bouillir du linge.* — **3.** Contenir un liquide qui bout : *La casserole bout.* — **4.** Être animé d'un sentiment vif : *Bouillir de colère.* — **5.** *Avoir le sang qui bout dans les veines,* avoir de la vivacité, de la fougue. ‖ Fam. *Faire bouillir la marmite,* procurer assez d'argent pour vivre. ‖ *Mon sang bout quand...,* je m'emporte quand...
◆ v. t. *Fam.* Amener à ébullition ; maintenir dans l'eau bouillante : *Bouillir du lait.*
◆ **être bouilli** v. pass. **1.** Avoir été porté à ébullition : *Eau bouillie.* — **2.** *Cuir bouilli,* cuir trempé dans l'eau bouillante additionnée de colle en vue de la confection d'objets moulés.

BOUILLISSAGE n. m. Opération qui consiste à faire bouillir le jus sucré, avant sa concentration, pour précipiter les sels de calcium.

BOUILLOIRE n. f. (de *bouillir*). Récipient de métal à couvercle, large panse, anse et col en forme de bec, qui sert à faire bouillir de l'eau.

1. BOUILLON n. m. (de *bouillir*). **1.** Bulle gazeuse qui se forme dans une liquide en ébullition ou agité et qui vient éclater à la surface. — **2.** Flot d'un liquide s'écoulant avec violence (surtout pl.) : *Sang qui sort à gros bouillons.* — **3.** Grosse cloque soulevant la pâte céramique ou l'émail pendant la cuisson. — **4.** Pli bouffant obtenu à l'aide de fronces.

2. BOUILLON n. m. (de *bouillon 1*). **1.** Liquide obtenu par la cuisson prolongée de viandes (bœuf, veau, poule), de légumes dans de l'eau salée bouillante : *Bouillon de poule, de légumes.* — **2.** Autref., restaurant à bon marché. — **3.** Ensemble des exemplaires invendus d'un journal. — **4.** Fait pour un bain destiné au traitement de matière textile d'être porté à l'ébullition. — **5.** Fam. *Boire un bouillon,* avaler de l'eau en nageant ; perdre de l'argent dans une entreprise. ‖ *Bouillon de culture,* bouillon de viande, dissolution de gélatine, et en général tout milieu liquide servant à la culture des micro-organismes ; terrain favorable au développement d'un phénomène collectif jugé pernicieux. ‖ Fam. *Bouillon d'onze heures,* breuvage empoisonné. ‖ *Bouillon industriel,* produit solide ou liquide fournissant, après adjonction d'eau, un bouillon analogue à celui qui est préparé en cuisine.

BOUILLON, v. de Belgique (prov. du Luxembourg), à l'O.-S.-O. de Neufchâteau ; 6 000 hab. Centre touristique. Forteresse perchée sur un promontoire, anc. résidence des ducs de Bouillon (auj. propriété de l'État). Musée.

BOUILLON *(duché de),* petit État situé entre la France et le Luxembourg, et formé de la ville de Bouillon, du château et de son territoire. Possession (XIe s.) du duc de Basse-Lorraine, ce duché fut vendu en 1096 par Godefroi IV de Boulogne (dit de Bouillon) au prince-évêque de Liège. Acquis par la famille de La Marck en 1484, il passa par mariage en 1591 à la famille de La Tour d'Auvergne. Occupé par les troupes de Louis XIV en 1676, il fut érigé en État souverain par le roi en 1678 et donné à Godefroi Maurice de La Tour d'Auvergne, fils de Frédéric Maurice, duc de Bouillon*. Annexé à la France (1795), puis réuni au grand-duché de Luxembourg (1815), Bouillon se rallia à la Révolution belge en 1830.

BOUILLON (Godefroi DE) → GODEFROI IV DE BOULOGNE.

BOUILLON (Henri DE LA TOUR D'AUVERGNE, *vicomte* DE TURENNE, *duc* DE), maréchal de France (château de Joze, près de Clermont, 1555-Sedan 1623). Rallié à Henri de Navarre en 1576, lieutenant général du haut Languedoc et de la Guyenne (1580), il prit Stenay sur les Ligueurs (1591). Nommé maréchal de France (1592) par Henri IV, il épousa Élisabeth de Nassau, fille de Guillaume Ier, qui lui donna deux fils : Frédéric Maurice, duc de Bouillon, et Turenne. Compromis dans la conspiration de Biron (1602), il dut accepter le protectorat de la France sur le duché de Bouillon (1606). Membre du Conseil de régence (1610) pendant la minorité de Louis XIII, il intrigua contre Sully, puis contre Concini. — Son fils FRÉDÉRIC MAURICE **de La Tour d'Auvergne,** duc **de Bouillon** (Sedan 1605-Pontoise 1652) conspira contre Richelieu avec le comte de Soissons et défit, avec ce prince, l'armée royale à la Marfée (1641). Après avoir fait sa soumission à Louis XIII, il fut promu lieutenant général et reçut le commandement de l'armée d'Italie (1642). Compromis dans la conspiration de Cinq-Mars (1642), il adhéra à la Fronde des princes (1650). Rallié à Mazarin (1650), il céda au roi ses principautés de Sedan et de Raucourt en échange du duché d'Albret, des comtés d'Auvergne et d'Évreux (1651).

BOUILLON-BLANC n. m. (pl. *bouillons-blancs*). Grande herbe (scrofulariacée) vivace duveteuse, aux fleurs jaunes ou blanches à gorge violette, utilisée dans les tisanes pectorales. (Autre nom *molène.*)

BOUILLONNANT, E adj. **1.** Qui bouillonne : *Eau bouillonnante.* — **2.** Qui est en effervescence, en agitation : *Esprit bouillonnant.*

BOUILLONNÉ n. m. (de *bouillon 1*). Garniture constituée d'une bande de tissu froncé posée en entre-deux ou en application.

BOUILLONNEMENT n. m. **1.** Agitation d'un liquide qui bouillonne : *Bouillonnement de l'eau.* — **2.** Effervescence des passions, des idées ; agitation politique.

BOUILLONNER v. i. (de *bouillon 2*) [conj. **3**]. **1.** Être agité, produire des bouillons, en parlant des liquides : *Source qui bouillonne.* — **2.** Avoir, produire à profusion qqch : *Sa tête bouillonnait d'idées.* — **3.** S'agiter, être en effervescence : *Mille pensées bouillonnaient en lui.* — **4.** Être sous l'effet d'un sentiment violent : *Bouillonner d'impatience.* — **5.** Avoir de nombreux bouillons, en parlant d'un journal, d'une revue.
◆ v. t. Faire un bouillonné.

1. BOUILLOTTE n. f. (de *bouillir*). Récipient étanche que l'on remplit d'eau chaude, ou appareil électrique utilisé pour réchauffer un lit, une personne.

2. BOUILLOTTE n. f. (de *bouillotte 1*). Jeu de cartes qui s'apparente au poker.

BOUILLOTTER v. i. (conj. **3**). Bouillir doucement, à petits bouillons.

BOUILLOUSES *(lac des),* retenue de la haute vallée de la Têt (Pyrénées-Orientales), au N. de Font-Romeu, à 2 017 m d'alt. ; 150 ha. Réservoir de centrales hydroélectriques.

BOUILLY (10320), ch.-l. de cant. de l'Aube ; 1 045 hab.

BOUIN (85230), comm. du nord-ouest de la Vendée, au fond de la baie de Bourgneuf ; 2 276 hab. *(Bouinais).* Cette ancienne île fait aujourd'hui partie du Marais breton. Ostréiculture. Élevage ovin. Marais salants.

BOUIN (Jean), athlète français (Marseille 1888 - au champ d'honneur en 1914). Trois fois vainqueur du cross des Cinq-Nations (1911, 1912 et 1913), il fut aussi recordman du monde du 10 000 m (30 min 58 s 8/10 en 1911) et de l'heure (19,022 km en 1913).

BOUIRA, v. d'Algérie, ch.-l. de wilaya, au pied du Djurdjura ; 42 000 hab.

BOU ISMAÏL → BOU SMAÏL.

BOUKADIR, anc. **Charon,** v. d'Algérie (wilaya d'Ech-Cheliff) ; 56 700 hab. Barrage (d'irrigation) sur le Cheliff.

BOUKÊPHALIA, ville grecque de l'Inde ancienne. (Auj. *Jhelum.*)

BOUKHA n. f. Eau-de-vie de figue fabriquée en Tunisie.

BOUKHARA ou **BUKHĀRĀ,** v. d'Ouzbékistan, dans l'oasis du Zeravchan ; 249 600 hab. Cité principale d'une ancienne oasis, vieux marché sur les pistes des caravanes. Tourisme. Industrie du coton.
– **Hist.** Capitale des Sāmānides (874-999), la ville passa ensuite sous la domination de dynasties turques, et fut mise à sac par Gengis Khān (1220). Située au cœur des territoires des Ouzbeks depuis 1500, elle retrouva en partie son rôle politique. Les khāns ou émirs de la dynastie des Mangit (1785-1920) reconnurent le protectorat russe en 1868 et furent renversés par l'Armée rouge en 1920.
– **Bx-arts.** Grande ville d'art de l'islām : tombeau d'Ismā'īl le Sāmānide (v. 907), minaret Kalān (1127), madrasa d'Uluğ Beg (1417) et madrasa Mīr 'Arab (1533-1536). Les tapis dits « de Boukhara » proviennent en fait d'autres grands centres du Turkestan.

BOUKHARINE (Nikolaï Ivanovitch), économiste et homme politique soviétique (Moscou 1888 - *id.* 1938). Membre du P. O. S. D. R. depuis 1906, éminent théoricien du parti et rédacteur en chef de la *Pravda* (1917-1927), il maintint ses positions de gauche jusqu'à l'échec de la révolution allemande (1923). Il défendit l'idée de la poursuite de la N. E. P. jusqu'au mûrissement des conditions préalables à la construction du socialisme. Éliminé par Staline de la présidence de la IIIe Internationale et du bureau politique du parti (1928), il fut condamné à mort lors du troisième procès de Moscou et exécuté (1938). Sa mémoire a été réhabilitée par Gorbatchev en 1988.

BOUKHIS, taureau sacré égyptien, blanc à tête noire.

BOULAÏDA (El-), anc. **Blida,** v. d'Algérie, au S.-S.-O. d'Alger, au pied de l'*Atlas d'El-Boulaïda,* sur l'oued el-Kebir, ch.-l. de wilaya ; 161 000 hab. Elle doit son essor à l'arrivée des Andalous en 1553. Centre d'une région de plantations irriguées. Industrie alimentaire. Artisanat (tapis).

BOULAIE n. f. (anc. fr. *boul,* bouleau). Terrain planté de bouleaux. (Syn. BOULINIÈRE.)

BOULAINVILLIERS (Henri, *comte* DE), historien français (Saint-Saire, Seine-Maritime, 1658-Paris 1722). Principal représentant du courant idéologique de réaction féodale au XVIIIe s., il publia un *Mémoire pour la noblesse de France contre les ducs et pairs* (1717) et un *Essai sur la noblesse de France* (1732) où il expose que les nobles sont les descendants des Francs.

BOULANGE n. f. (de *boulanger*). **1.** Métier ou commerce de boulanger. — **2.** Produit total de la mouture du grain de blé, contenant farine, semoule et son.

1. BOULANGER v. i. et v. t. (conj. **17**). Faire du pain.

2. BOULANGER, ÈRE n. (anc. picard *boulenc,* de l'anc. bas frq. **bolla,* pain rond). Personne qui fabrique ou vend du pain.
◆ adj. **1.** Relatif à la fabrication et la commercialisation du pain. — **2.** *Pommes boulangères,* pommes de terre en rondelles rissolées au beurre et additionnées d'oignons émincés.
◆ **boulangère** n. f. Femme d'un boulanger, qui travaille à la boutique.

BOULANGER (Louis), peintre et lithographe français (Verceil, Piémont, 1806 -Dijon 1867). Acclamé pour son *Mazeppa* du Salon de 1827 (musée de Rouen), ami de Victor Hugo, il est un bon représentant du style troubadour.

BOULANGER (Georges), général et homme politique français (Rennes 1837-Ixelles, Belgique, 1891). Officier aux brillants états de service, il est poussé par Clemenceau qui voit en lui un rempart pour la République radicale. Ministre de la Guerre (1886-87), le général Boulanger pratique une politique de défense républicaine nationaliste et démagogique qui le rend très populaire. Il devient alors le « syndic de tous les mécontents », qui comptent sur lui pour obtenir la révision de la Constitution républicaine. Mis d'office à la retraite (1888) par le gouvernement inquiet, il est triomphalement élu dans plusieurs départements et à Paris même (27 janv. 1889). Mais ses hésitations devant la prise du pouvoir font le jeu du gouvernement. Traqué par le ministère de l'Intérieur, dépassé par ses troupes, qui l'abandonnent peu à peu, Boulanger s'enfuit en Belgique, où il se suicide sur la tombe de sa maîtresse, Marguerite de Bonnemains.

BOULANGER (Nadia), compositrice et pédagogue française (Paris 1887-*id.* 1979). Elle professa au Conservatoire de Paris (1945-1957) et au conservatoire américain de Fontainebleau (1921) dont elle assura la direction de 1950 à sa mort. Son rôle pédagogique a été considérable en France et aux États-Unis. — Sa sœur LILI, compositrice (Paris 1893-Mézy-sur-Seine, Yvelines, 1918), fut la première femme à obtenir le premier grand prix de Rome (*Faust et Hélène,* 1913).

BOULANGER (Daniel), écrivain français (Compiègne 1922). Il mêle la convention apparente et l'insolite dans ses nouvelles (*le Chemin des caracoles,* 1966 ; *le Chant du coq,* 1981) et ses romans (*les Portes,* 1966 ; *la Dame de cœur,* 1980 ; *Jules Bouc,* 1988 ; *la Confession d'Omer,* 1990 ; *Caporal supérieur,* 1995 ; *le Miroitier,* 1996) où la part de l'absurde et du fantastique est prépondérante. Il est aussi l'auteur de plus d'une centaine de scénarios et de dialogues de films.

BOULANGERIE n. f. **1.** Ensemble des activités économiques relatives à la fabrication et à la commercialisation du pain. – **2.** Établissement, rayon d'une grande surface où se vend du pain. – **3.** Profession de boulanger.

BOULANGISME n. m. Mouvement politique qui réunit, sous le nom du général Boulanger, entre 1886 et 1889, un grand nombre d'opposants au régime.

BOULANGISTE adj. et n. Relatif au boulangisme ; partisan du boulangisme.

1. BOULANT, E adj. (de *bouler*). Se dit d'un terrain ou d'un sable qui s'effondre dès qu'on le creuse.

2. BOULANT n. m. (de *boule*). Type de pigeons de fantaisie, qui peuvent gonfler d'air leur jabot et leur œsophage pour former une boule sur le devant du cou.

BOULANTIN n. m. Ligne à main pour la pêche en mer.

BOULARD (Jean-Baptiste), menuisier français (Paris v. 1725 - *id.* 1789). Un des plus brillants praticiens du siège, il devint fournisseur officiel de la Couronne en 1777.

BOULAVINE (Kondrati Afanassievitch), chef de l'insurrection cosaque de 1707-08 (v. 1660-Tcherkassk 1708).

BOULAY de la Meurthe (Antoine), magistrat et homme politique français (Chaumousey, Vosges, 1761-Paris 1840). Conseiller d'État sous le Consulat, il prit une large part à la rédaction du Code civil.

BOULAY-MOSELLE (57220), ch.-l. d'arrond. de la Moselle ; 4 556 hab. *(Boulageois).* Constructions mécaniques et électriques. Mobilier.

BOULAZAC (24750), comm. de la Dordogne, à 5 km à l'E.-S.-E. de Périgueux ; 6 266 hab. Zone industrielle.

BOULBÈNE n. f. (gascon *boulbeno*). Dans le Bassin aquitain, terre siliceuse, sablo-argileuse, acide et de teinte variable, rouge, jaune ou grise, peu fertile.

BOULDER, v. des États-Unis (Colorado), au N.-O. de Denver ; 81 000 hab. Université. Électronique.

Boulder Dam → HOOVER DAM.

BOULE n. f. (lat. *bulla,* bulle d'eau). **1.** Sphère pleine, de matière quelconque : *Boule de bois, de neige.* – **2.** Objet en forme de sphère : *Boule de rampe d'escalier.* – **3.** *Pop.* Tête. – **4.** En Belgique, bonbon à sucer. – **5.** *Avoir une boule sur l'estomac, dans la gorge,* éprouver une gêne physique par l'effet d'une mauvaise digestion, de l'angoisse. ‖ Pop. *Avoir les boules,* être angoissé, mal à l'aise, déprimé. ‖ Fam. *Avoir les yeux en boules de loto,* avoir de gros yeux proéminents. ‖ *Boule puante,* attrape répandant une odeur nauséabonde. ‖ Fam. *Être, se mettre en boule,* se mettre en colère. ‖ *Faire boule de neige,* prendre de l'ampleur, s'étendre. ‖ Pop. *Foutre les boules,* faire peur à qqn ou le déprimer. ‖ Fam. *Perdre la boule,* devenir fou, ou perdre son sang-froid. ‖ *Se rouler en boule,* se ramasser sur soi-même. • **Archit.** *Boule d'amortissement,* sphère qui couronne certains éléments, comme une lanterne de dôme, un pilastre de rampe d'escalier. – **Arm.** *Boule de feu,* phénomène lumineux qui accompagne une explosion nucléaire dans l'atmosphère. – **Comm.** *Vente à la boule de neige,* système de vente prohibé par la loi, qui consiste à faire de chaque client éventuel un revendeur bénévole. – **Cuis.** Ustensile, en métal perforé ou grillagé, dans lequel on fait cuire ou infuser diverses substances. – **Géogr.** Bloc de roches cristallines, aux formes ovoïdes, isolé par l'altération, qui progresse le long de diaclases. – **Géom.** Ensemble des points intérieurs à une sphère. – **Inform.** *Boule roulante, boule de commande,* boule située sur le clavier de certains micro-ordinateurs (portables notamment) et que l'on fait tourner dans son logement pour commander la manœuvre d'un curseur sur l'écran. – **Jeux.** Jeu de hasard, pratiqué au casino par des joueurs misant sur des numéros ou des chances simples (pair, impair, rouge, noir, passe, manque) désignés par une boule qui, lancée, se loge en fin de course dans l'un des 9 trous numérotés d'un plateau incurvé. – **Math.** Partie d'un espace métrique (E,d), formée des éléments de E dont la distance à un point fixe a est majorée par un réel positif donné r. (La boule est fermée ou ouverte selon que $d(a,u) \leqslant r$ ou $d(a,u) < r$, u étant un élément de E. Dans $\mathbb{R}$, les boules ouvertes sont $]a-r, a+r[$; les boules fermées $[a-r, a+r]$.) [Syn. DISQUE.] – **Pêch.** Sphère d'acier destinée à améliorer la flottaison du chalut. – **Polit.** Signe conventionnel d'adoption ou de rejet d'un vote dans certaines assemblées. – **Sports.** Sphère en bois, ferrée, en métal, mais non plombée, dont on se sert dans certains jeux. ‖ *Avoir la boule,* avoir l'avantage de jeter sa boule le premier. ‖ *Venir à l'appui de la boule,* pousser la boule de son partenaire pour la rapprocher du but.

◆ **boules** n. f. pl. Jeu qui se joue avec des boules. (→ *encycl.*)
ENCYCL. **Sports.** La compétition se pratique en équipes (généralement de quatre joueurs chacune, possédant chacun deux boules) sur un terrain rectangulaire. Le but (cochonnet) est lancé à une longueur comprise entre 12,50 m et 17,50 m. Il s'agit, pour chaque équipe, de placer le plus grand nombre possible de boules plus près du but que ne le seront les boules de l'adversaire. Chaque boule ainsi placée vaut un point (la partie se dispute en 15 ou 21 points).

BOULE (Marcellin), paléontologiste français (Montsalvy, Cantal, 1861-*id.* 1942). Créateur de l'Institut de paléontologie humaine, il a tenté une synthèse des divers phénomènes de l'ère quaternaire. Il a décrit l'homme de La Chapelle-aux-Saints, type des néandertaliens (1911).

BOULÊ n. f. (gr. *boulê*). Haute assemblée d'une cité grecque antique, et notamment d'Athènes.
ENCYCL. Créée à Athènes par Solon, la boulê (appelée aussi conseil ou sénat) compta, à partir de la réforme de Clisthène (fin du VIe s. av. J.-C.), 500 membres ; un comité de 50 prytanes la dirigeait. Elle étudiait les projets de loi proposés au vote de l'assemblée du peuple (ecclesia) et contrôlait l'administration de la cité et la politique étrangère.

BOULEAU n. m. (anc. fr. *boul,* du lat. pop. **betullus,* d'orig. gaul.). Arbre des régions froides et des sols pauvres, constituant essentiel de la taïga, à l'écorce blanche et papyracée, aux petites feuilles tremblantes et aux fleurs groupées en chatons pendants unisexués.

BOULE-DE-NEIGE n. f. (pl. *boules-de-neige*). Variété ornementale de la viorne obier, aux fleurs blanches groupées en inflorescences sphériques.

Boule-de-Suif, nouvelle de Guy de Maupassant, publiée dans *les Soirées de Médan* (1880).

BOULEDOGUE n. m. (angl. *bull-dog,* de *bull,* taureau, et *dog,* chien). Chien de petite taille, au corps puissant, aux membres courts et écartés, à la tête large et au museau très aplati.

BOULENGER (Hippolyte), peintre et aquarelliste belge (Tournai 1837 - Bruxelles 1874), chef de file, inspiré, de l'« école de Tervuren », sorte de Barbizon belge.

BOULER v. i. (de *boule*) [conj. 3]. **1.** Rouler par terre en se ramassant sur soi-même : *Bouler au bas de l'escalier.* — **2.** Fam. *Envoyer qqn bouler,* l'envoyer promener, l'éconduire.
◆ v. t. **1.** Troubler l'eau avec un bouloir. — **2.** Frapper avec sa boule les autres boules du jeu.

BOULET n. m. (de *boule*). **1.** Projectile plein, sphérique, lancé par les canons à âme lisse jusqu'au milieu du XIXe s. (→ *encycl.*) — **2.** *Fam.* Chose, personne constituant une charge, une obligation dont on ne peut se libérer : *Ces annuités à payer, quel boulet !* — **3.** Région des membres des équidés et des ruminants située entre le canon et le paturon. — **4.** Charbon aggloméré, de forme ovoïde. — **5.** Masse attachée à une longue chaîne, que les forçats traînaient au pied. — **6.** *Arriver comme un boulet (de canon),* venir très vite, ou avec violence. ‖ *Avoir un boulet au pied,* être entravé par une pénible obligation. ‖ *Boulet (de canon),* au football, tir particulièrement violent. ‖ Fam. *Sentir (passer) le vent du boulet,* frôler la catastrophe, sentir le danger passer très près. ‖ *Tirer sur qqn, sur qqch à boulet(s) rouge(s),* les attaquer sans ménagement.
ENCYCL. D'abord en pierre, les boulets furent, à partir de 1450, en fonte de fer. On employait contre les gréements des boulets reliés deux à deux par une chaîne ou barre. Certains boulets étaient portés à l'incandescence *(boulets rouges).* Les boulets ont été remplacés par les obus lors de l'adoption des canons rayés.

BOULETAGE n. m. Technique consistant à mettre le minerai moulu sous forme de boulettes. (Syn. PELLETISATION.)

BOULETÉ, E adj. Se dit d'un cheval, d'un bovin qui a le boulet déplacé et porté en avant.

BOULETTE n. f. (de *boule*). **1.** Petite masse molle, de forme arrondie, généralement pétrie à la main : *boulette de mie de pain.* — **2.** Petite boule de viande empoisonnée, destinée à la destruction de quelque animal. — **3.** Fromage fermier fabriqué avec du lait de vache dans le nord de la France. — **4.** Préparation façonnée en forme de petite boule destinée à être frite. — **5.** Agrégat sphérique obtenu à partir d'un matériau pulvérulent, par humidification et passage dans un appareil rotatif. (Syn. PELLET.) — **6.** Fam. *Faire une boulette,* commettre une bévue, une erreur.

BOULETURE n. f. Déviation du boulet vers l'avant.

BOULEUTE n. m. (gr. *bouleutês,* de *boulê*). Membre de la boulê.

BOULEUTÊRION n. m. (gr. *bouleutêrion,* tribunal). Salle où siégeait la boulê.

BOULEUX, EUSE adj. et n. (de *boule*). Se dit d'un cheval trapu et résistant à la fatigue.

BOULEVARD n. m. (moyen néerl. *bolwerc,* bastion). **1.** *Vx.* Voie spacieuse établie dans les villes sur l'emplacement des anciens remparts. — **2.** Large voie de communication urbaine plantée d'arbres. — **3.** *Les Boulevards, les Grands Boulevards,* ou, vx, *le Boulevard,* à Paris, artère réputée pour son animation, qui va de la place de la République à la Madeleine. (Cet ensemble, dont la création remonte au XVIIe s., comprend les boulevards Bonne-Nouvelle, Poissonnière, Montmartre, des Italiens, des Capucines.) ‖ *Le Boulevard du crime,* surnom donné à l'ancien boulevard du Temple en raison des nombreux forfaits accomplis chaque soir sur les scènes des théâtres populaires. ‖ *Les Boulevards extérieurs,* nom donné autref., à Paris, aux artères tracées à l'emplacement de l'ancien mur des Fermiers-Généraux (au N., boulevard de Clichy et ses prolongements) ; auj. boulevards dits « des Maréchaux », construits en bordure des fortifications du XIXe s., qui furent démolies après la Première Guerre mondiale. ‖ *Théâtre du Boulevard,* terme général pour désigner le répertoire des salles situées autrefois sur le boulevard du Temple, puis sur les Grands Boulevards de Paris, et dont le caractère d'abord populaire et mélodramatique, puis bourgeois et facile, s'oppose à la fois au répertoire des grandes scènes traditionnelles et aux recherches du théâtre d'avant-garde.

BOULEVARDIER, ÈRE adj. Relatif à l'esprit, au théâtre du Boulevard.

BOULEVERSANT, E adj. Qui trouble, qui est propre à créer une émotion : *Nouvelle bouleversante.*

BOULEVERSEMENT n. m. **1.** Action de bouleverser ; état qui en résulte : *Le bouleversement d'une ville après un séisme.* – **2.** Profonde perturbation ; trouble violent : *Bouleversement politique.*

BOULEVERSER v. t. (de *bouler* et *verser*) [conj. 3]. **1.** Mettre en complet désordre un lieu, des choses : *Les cambrioleurs ont bouleversé l'appartement.* – **2.** Modifier totalement qqch, en faire disparaître l'organisation : *Cet incident a bouleversé mes plans.* – **3.** Troubler profondément qqn, lui causer une émotion violente : *La nouvelle de cette mort l'a bouleversé.*

◆ **être bouleversé** v. pass. Être profondément ému ; manifester une grande émotion : *Il arriva chez lui bouleversé.*

BOULEZ (Pierre), compositeur et chef d'orchestre français (Montbrison 1925). Il s'impose comme le chef de file de l'école sérielle d'après-guerre et fonde, en 1954, les concerts du *Domaine musical,* qu'il dirigera jusqu'en 1967. Il connaît la notoriété avec *le Marteau sans maître* (1954-1957). Avec la 3e *Sonate* pour piano (1956) apparaît la notion d'aléatoire. *Pli selon pli, « Portrait de Mallarmé »* (1960) est une œuvre ouverte, qui ne trouvera sa version définitive qu'en 1969. Ce sont ensuite *Éclat* (1965), devenu en 1966 *Éclats multiples, Explosante fixe* pour instruments et amplification électronique (1972). Fixé à Bâle en 1959, Boulez mène une brillante carrière de chef d'orchestre, dirigeant *Wozzeck* à l'Opéra de Paris (1963), à Bayreuth *Parsifal* (1966) et la *Tétralogie* de 1976 à 1980. Il devient en 1971 chef principal de l'orchestre de la Philharmonie de New York (jusqu'en 1977). De 1976 à 1991, il dirige l'Institut de recherche et de coordination acoustique-musique (I. R. C. A. M.) au Centre Georges-Pompidou. Il est également, depuis 1976, président de l'Ensemble intercontemporain et professeur au Collège de France. On lui doit encore *Répons* pour orchestre et dispositif électronique (1981-1988) et *Visage nuptial,* sur un poème de René Char (1989, ultime version d'une création dont le premier état remonte à 1946). Il est l'auteur de *Penser la musique aujourd'hui* (1964).

BOULGAKOV (Mikhaïl Afanassievitch), écrivain soviétique (Kiev 1891-Moscou 1940). Auteur de récits fantastiques et de romans historiques (*la Garde blanche,* 1925), disgracié pour la vigueur de ses comédies satiriques (*l'Île pourpre,* 1928), il médita sur les rapports de l'écrivain et du pouvoir (*le Roman théâtral,* 1936-37 ; *le Maître et Marguerite,* 1966).

BOULGANINE (Nikolaï Aleksandrovitch), homme d'État soviétique (Nijni Novgorod 1895-Moscou 1975). Vice-président du Conseil des commissaires du peuple (1938-1941), il fut nommé ministre des Forces armées et maréchal en 1947. Président du Conseil des ministres (1955-1958), il dut démissionner de son poste, que prit Khrouchtchev.

BOULGOUR n. m. Blé concassé que l'on consomme cuit à l'eau ou à la vapeur. (Cuisine orientale.)

1. BOULIER n. m. (de *boule*). Dispositif formé de tiges sur lesquelles coulissent des boules et qui sert à effectuer des calculs arithmétiques.

2. BOULIER → BOLIER.

BOULIMIE n. f. (gr. *boulimia,* de *bous,* bœuf, et *limos,* faim). **1.** Absorption de grandes quantités d'aliments non provoquée par la faim. (→ *encycl.*) – **2.** Désir ardent et répétitif d'obtenir ou de faire qqch ; fringale, frénésie : *Être saisi d'une boulimie de lecture.*

ENCYCL. La boulimie, qui se manifeste le plus souvent par crise, apparaît comme une conduite régressive autoérotique liée à des perturbations des relations avec la mère au cours de la première enfance, et aux difficultés à assumer un corps sexué.

BOULIMIQUE adj. et n. Relatif à la boulimie ; atteint de boulimie.

BOULIN n. m. (p.-ê. de *boule,* à rapprocher du lat. médiév. *bolinus,* masse ronde). Trou fait dans un mur pour recevoir une pièce de bois, horizontale, support d'échafaudage ; cette pièce elle-même.

BOULINE n. f. (moyen angl. *bouline,* cordage, de *line,* corde). Manœuvre amarrée à une voile, pour lui faire prendre le vent le mieux possible.

BOULINGRIN n. m. (angl. *bowling-green,* gazon pour jouer aux boules). Parterre de gazon avec glacis, servant à l'ornement d'un jardin français.

BOULINIÈRE n. f. Syn. de BOULAIE.

BOULISME n. m. Jeu de boules.

BOULISTE n. Joueur, joueuse de boules.

BOULISTERIE n. f. (de *boule*). Dans un centre de tri postal, système de transport du courrier d'un chantier à un autre, faisant usage de conteneurs.

BOULLE (André Charles), ébéniste, bronzier et décorateur français (Paris 1642 - *id.* 1732). Il créa un type de meuble recouvert d'une marqueterie de cuivre, d'écaille, d'étain dont les dessins sont souvent inspirés des arabesques de J. Berain. Il donna aussi de l'importance aux ornements de bronze ciselé et doré (paire de commodes de 1708, château de Versailles). Sa manière a été imitée sous Napoléon III.

Boulle *(école),* école fondée à Paris en 1886, à la fois lycée technique et lycée professionnel destinés à former les ouvriers qualifiés ainsi que les cadres techniques et artistiques des professions de l'ameublement et de l'architecture intérieure.

BOULLE (Pierre), écrivain français (Avignon 1912 - Paris 1994). Outre des situations paradoxales, voire absurdes, ses romans d'aventures révèlent une certaine fantaisie philosophique (*le Pont de la rivière Kwaï,* 1952 ; *la Planète des singes,* 1963 ; *le Bon Léviathan,* 1978).

BOULLÉE (Étienne Louis), architecte français (Paris 1728 - *id.* 1799). Il a peu construit, mais a donné, à la fin de sa vie, des projets visionnaires (cénotaphe sphérique à la gloire de Newton) et a formé des élèves, tel le rationaliste J. N. L. Durand.

BOULLOGNE, BOULLONGNE ou **BOULOGNE,** famille de peintres parisiens, qui compte parmi ses membres : LOUIS *le Vieux* (1609-1674), un des fondateurs de l'Académie royale ; — BON (1649-1717), son fils, passé comme lui par l'Italie et reçu à l'Académie en 1677, qui travailla à Versailles, sous Le Brun, et aux Invalides ; — LOUIS *le Jeune* (1654-1733), frère du précédent, prix de Rome en 1672, académicien en 1681, premier peintre du roi en 1724, dont les compositions religieuses ou mythologiques infléchissent vers plus de grâce le style monumental de Le Brun et de Jouvenet ; — GENEVIÈVE (1645 - v. 1709) et MADELEINE (1646-1710), sœurs des précédents, qui se spécialisèrent dans la nature morte.

Boul'Mich' (le). *Fam.* Le boulevard Saint-Michel, à Paris.

BOULOCHAGE n. m. Fait de boulocher.

BOULOCHER v. i. (conj. 3). En parlant d'un tissu ou d'un tricot, former de petites boules pelucheuses d'origine mécanique ou électrostatique sur la surface de l'article.

BOULODROME n. m. Terrain aménagé spécialement pour le jeu de boules.

Boulogne *(bois de),* à Paris, parc de plus de 800 ha, entre Neuilly et Boulogne. Vestige de l'ancienne forêt de Rouvray, domaine royal depuis Philippe Auguste, il doit son nom à une chapelle dédiée par Philippe le Bel à Notre-Dame de Boulogne-sur-Mer. En 1528, François Ier y fit construire le château dit « de Madrid », détruit à la Révolution. Lieu de promenade dès le XVIIe s., le bois, cédé par l'État à la Ville de Paris en 1852, a été aménagé par Haussmann, Alphand et Davioud, qui lui ont annexé Longchamp (site d'une anc. abbaye), ont créé 95 km de routes, deux lacs, une cascade, divers pavillons... Une enclave de 24 ha est consacrée au Jardin d'acclimatation ; deux hippodromes se sont ouverts, Longchamp en 1857, Auteuil en 1873.

Boulogne *(camp de),* camp aménagé dès 1803, à Boulogne-sur-Mer et aux environs, en vue d'une invasion de l'Angleterre. Mais la diversion manquée de Villeneuve aux Antilles en juin 1805 mit fin à ce projet.

BOULOGNE (Jean) → GIAMBOLOGNA.

BOULOGNE (Valentin DE) → VALENTIN.

BOULOGNE, famille d'artistes français → BOULLOGNE.

BOULOGNE-BILLANCOURT (92100), ch.-l. d'arrond. des Hauts-de-Seine, banlieue sud-ouest de Paris, dans une boucle de la Seine ; 101 971 hab. *(Boulonnais).* Le nord, forme d'élégants quartiers résidentiels en bordure du bois de Boulogne. Église N.-D.-des-Menus, en partie du XIVe s. Jardins Albert-Kahn. Musées. Au S. se groupent les industries (constructions aéronautiques).

BOULOGNE-SUR-GESSE (31350), ch.-l. de cant. de la Haute-Garonne, au N.-N.-O. de Saint-Gaudens ; 1 569 hab. *(Boulonnais).* Église du XVe s.

BOULOGNE-SUR-MER (62200), ch.-l. d'arrond. du Pas-de-Calais, à l'embouchure de la Liane ; 44 244 hab. *(Boulonnais).* Principal port de pêche et deuxième port de voyageurs français avec un trafic commercial notable. Centre industriel (conserveries, métallurgie, matériel téléphonique et articles de bureau). Une enceinte du XIIIe s. entoure la ville haute, qui comporte château, hôtel de ville du XVIIIe s., basilique du XIXe. Musée (vases grecs, archéologie et histoire locale).

BOULOIR n. m. (anc. v. *bouler,* remuer en fouillant). 1. Sorte de pelle ou « rabot » pour malaxer le mortier. — 2. Perche munie d'une plaque, au moyen de laquelle les pêcheurs de goujons troublent le fond de la rivière. (Syn. PILON.)

BOULON n. m. (de *boule*). 1. Ensemble constitué par une vis et par un écrou, qui, après serrage, maintient en contact les pièces traversées par la vis. (→ *encycl.*) — 2. *Boulon (d'ancrage),* dispositif de soutènement constitué par une tige d'acier de quelques mètres de longueur, ancrée dans la roche soit à son extrémité, soit sur toute sa longueur. (Syn. BROCHE, TIRANT.) — 3. Fam. *Serrer les boulons,* resserrer la discipline, les dépenses, l'application des règlements, etc.

ENCYCL. **Mécan.** Le serrage du boulon est obtenu par la rotation de l'*écrou,* la *vis* étant immobilisée pendant cette opération au moyen d'un tournevis, d'une clé ou grâce à une forme particulière de la pièce qui la reçoit. On place généralement une *rondelle* entre l'écrou et la pièce sur laquelle il prend appui, afin qu'il ne l'abîme pas lors du serrage ; le boulon peut être maintenu bloqué par un *contre-écrou.* Les boulons de petites dimensions sont fabriqués par décolletage, les autres sont obtenus par forgeage.

BOULONNAGE n. m. 1. Action de boulonner. — 2. Soutènement des excavations souterraines par la pose de boulons dans le rocher encaissant.

BOULONNAIS, E adj. et n. 1. De Boulogne-Billancourt, de Boulogne-sur-Mer ou du Boulonnais. — 2. *Cheval boulonnais,* race française de chevaux lourds, qu'on élève dans le Nord de la France.

BOULONNAIS (le), région du Pas-de-Calais, arrière-pays de *Boulogne-sur-Mer,* à l'O. des collines de l'Artois, juxtaposant cultures céréalières et betteravières et élevage (bovins surtout).
— **Hist.** Le comté du Boulonnais ou de Boulogne, constitué au xe s., fut bourguignon de 1422 à 1435. Louis XI l'incorpora au royaume en 1477.

1. BOULONNER v. t. (de *boulon*) [conj. 3]. Maintenir à l'aide de boulons ; mettre en place des boulons.

2. BOULONNER v. i. (de *boulot 2*) [conj. 3]. *Pop.* Travailler.

BOULONNERIE n. f. 1. Fabrique de boulons. — 2. Partie de la grosse quincaillerie qui concerne la vente des boulons.

1. BOULOT, OTTE adj. et n. (de *boule*). *Fam.* Petit et rondelet : *Femme boulotte.*

2. BOULOT n. m. (de *boulot 1*). Pain oblong de quatre livres à la croûte marquée de trois ou quatre entailles.

3. BOULOT n. m. (p.-ê. de *bouler*). *Pop.* 1. Travail, emploi : *Aller au boulot.* — 2. Tâche, besogne : *Faire du bon boulot.* — 3. *Être boulot boulot,* ne penser qu'au travail.

BOULOTTER v. t. (de *boulot 2*) [conj. 3]. *Pop.* 1. Manger. — 2. Dépenser, dilapider : *Il a boulotté la fortune de sa femme.*

BOULOU (Le) [66160], comm. des Pyrénées-Orientales, sur le Tech ; 4 456 hab. Église romane. Station thermale (maladies de l'appareil digestif). — Aux environs, fresques romanes de l'anc. chapelle de Saint-Martin-de-Fenollar.

BOULOURIS (83700 St Raphaël), station balnéaire du Var (comm. de Saint-Raphaël).

1. BOUM ! interj. (onomat.). Indique le bruit causé par une chute, une explosion, etc.

2. BOUM n. m. (onomat.). Fam. *En plein boum,* en pleine activité ; en pleine extension. ‖ Fam. *Faire un boum,* connaître un développement important ; produire une vive surprise dans le public.

3. BOUM n. f. *Fam.* Surboum, surprise-partie.

BOUMEDIENE (Muḥammad Būkharrūba, dit **Houari**), homme d'État algérien (Héliopolis 1932-Alger 1978). Commandant de la wilaya V, puis chef d'état-major de l'Armée de libération nationale (1960), ministre de la Défense (1962) et vice-président du gouvernement (1963), il renversa Ben Bella en 1965. Président de la République, il instaura un régime militaire qui provoqua une opposition interne, réduite au silence (1967-68). Développant une politique de nationalisations et d'arabisation, Boumediene fut l'un des représentants majeurs des pays non alignés.

BOUMER v. i. (de *boom,* avec infl. de *boum 2*) [conj. 3]. Pop. *Ça boume,* ça va bien ; cela me convient, d'accord.

BOUMERDÈS, anc. **Le Rocher-Noir,** localité d'Algérie, à 60 km à l'E. d'Alger, à l'embouchure de l'oued Bou Merdès. Cité administrative avant l'indépendance. Institut du pétrole et des textiles.

BOUNINE (Ivan Alekseïevitch), écrivain russe (Voronej 1870-Paris 1953). D'abord peintre réaliste de la vie russe (*le Village,* 1910), il revint à l'évocation de sa jeunesse (*la Vie d'Arseniev,* 1938). [Prix Nobel 1933.]

BOUNIOU n. m. (mot liégeois, du lat. *bulla,* boule). Fond d'un puits de mine, en dessous de la recette, qui fait office de puisard.

BOUNTY *(îles),* groupe d'îlots inhabités découverts par le capitaine Bligh en 1788 et situés au S.-E. de la Nouvelle-Zélande, à laquelle ils appartiennent.

BOUPÈRE (Le) [85510], comm. de la Vendée, dans le Bocage vendéen ; 2 840 hab. Mobilier.

1. BOUQUET n. m. (forme picarde du francien *boscet,* petit bois). **1.** Groupe d'arbres rapprochés, formant un ensemble isolé. — **2.** Touffe naturelle ou artificielle de certaines choses : *Un bouquet de poils au menton.* — **3.** Touffe de fleurs coupées réunies par leurs tiges et arrangées avec goût : *Un bouquet de roses.* — **4.** Parfum exhalé par le vin. — **5.** À la fin d'un feu d'artifice, tir, particulièrement spectaculaire, de nombreuses fusées. — **6.** Partie la plus remarquable, couronnement d'un spectacle, d'une réunion, etc. — **7.** Fam. *C'est le bouquet !,* c'est le comble, c'est un peu fort ! • **Archit.** Sorte de fleuron terminant les pinacles, les clochetons, etc., de l'époque gothique. — **Cuis.** *Bouquet garni,* plantes aromatiques (thym, laurier, etc.) ficelées ensemble, qui participent à la cuisson de certaines préparations pour en relever la saveur. — **Dr.** Dans les ventes en viager, partie du prix d'achat immédiatement payée au vendeur. — **Hortic.** *Bouquet de mai,* sur les arbres fruitiers donnant des fruits à noyau, rameau très court sur lequel se groupent des boutons à fleur. — **Mobil.** Ornement sculpté représentant des fleurs groupées et attachées par un ruban. (Style Louis XVI, notamm.) — **Télév.** *Bouquet de programmes,* ensemble des programmes de télévision diffusés par un satellite de radiodiffusion directe. — **Trav. publ.** *Bouquet de pieux,* ensemble de pieux dont les têtes sont réunies par des entretoises.

2. BOUQUET n. m. (anc. fr. *bouquet,* petit bouc). Nom usuel de la *crevette rose.*

3. BOUQUET n. m. (de *bouquet 2*). Syn. de BOUQUIN 2.

BOUQUET (*dom* Martin), bénédictin de Saint-Maur (Amiens 1685-Paris 1754), éditeur, à partir de 1738, de la collection des historiens des Gaules et de la France.

BOUQUET (Michel), comédien français (Paris 1925). Au théâtre, interprète favori d'Anouilh (*l'Invitation au château,* 1947 ; *l'Alouette, Pauvre Bitos, le Boulanger, la Boulangère et le Petit Mitron,* 1969), son jeu intelligent et nuancé rend aussi parfaitement les personnages complexes de Pinter (*la Collection,* 1965), d'Osborne (*Témoignage irrecevable,* 1966), de Beckett (*En attendant Godot,* 1979 et 1985 ; *Fin de partie,* 1995) ou d'Ionesco (*Le roi se meurt,* 1995) comme du répertoire classique (*le Neveu de Rameau,* 1984 ; *le Malade imaginaire,* 1987 ; *l'Avare,* 1989). Au cinéma, il a interprété de très nombreux rôles.

BOUQUETÉ, E adj. Se dit d'un vin qui a du bouquet.

BOUQUETIER n. m. (de *bouquet*). Variété de bigaradier dont les fleurs fournissent le néroli ou eau de fleur d'oranger.

BOUQUETIÈRE n. f. Personne qui compose et vend des bouquets dans les lieux publics.

BOUQUETIN n. m. (anc. haut all. *steinboch,* de *stein,* rocher, et *boch,* bouc). Chèvre sauvage des montagnes d'Eurasie, aux fortes cornes annelées, d'habitat très dispersé, et aux formes différentes d'un massif montagneux à l'autre.

BOUQUETON ou **BOUQUETOUT** n. m. (de *bouquet 2*). **1.** Chalut employé à la pêche en mer. — **2.** Haveneau pour la pêche de la crevette.

1. BOUQUIN n. m. (moyen néerl. **boeckijn,* dimin. de *boec,* livre). *Fam.* Livre.

2. BOUQUIN n. m. (de *bouc*). **1.** Vieux bouc. — **2.** Lièvre ou lapin mâle. (Syn. BOUQUET.)

BOUQUINAGE n. m. (de *bouc*). Période du rut, chez le lièvre et le lapin.

1. BOUQUINER v. t. (de *bouquin 2*) [conj. 3]. Couvrir la femelle, en parlant du lièvre ou du lapin mâles.
◆ v. i. S'accoupler, en parlant du bouc ou de la chèvre.

2. BOUQUINER v. t. (de *bouquin 1*) [conj. 3]. *Fam.* Lire un livre : *J'ai bouquiné toute la nuit.*
◆ v. i. *Vx.* Rechercher de vieux livres d'occasion.

BOUQUINEUR, EUSE n. **1.** *Vx.* Amateur de vieux livres. — **2.** *Fam.* Personne qui aime lire.

BOUQUINISTE n. Revendeur de livres d'occasion.

BOURACHE n. f. (esp. *borraja*). Vase à boire, sorte de gourde de cuir, que l'on emportait autrefois en voyage.

BOURAIL, village de la côte ouest de la Nouvelle-Calédonie, au N.-O. de Nouméa ; 4 122 hab.

BOURAN ou **BURAN** [buran] n.m. (mot russe). En Sibérie et au Kazakhstan, tempête de neige provoquée par le vent qui soulève la neige du sol. (Syn. PURGA.)

BOURASSA (Henri), journaliste et homme politique canadien (Montréal 1868 - Outremont, Québec, 1952). Député, fondateur du journal *le Devoir* (1910), il défendit les droits des Canadiens français et la cause catholique.

BOURASSA (Robert), homme politique canadien (Montréal 1933 - *id.* 1996). Chef du parti libéral, il a été Premier ministre du Québec de 1970 à 1976 et de 1985 à 1994.

BOURBAKI (Charles Denis Sauter), général français d'origine grecque (Pau 1816-Cambo 1897). Il commanda en 1870 la Garde impériale. Enfermé dans Metz, puis envoyé par Bazaine en mission secrète auprès de l'impératrice, il fut nommé commandant de l'armée de l'Est. Vainqueur à Villersexel (1871), il fut battu sur la Lizaine.

Bourbaki (Nicolas), pseudonyme collectif d'un groupe de mathématiciens français qui, reprenant les mathématiques à leur point de départ logique, ont entrepris de dégager la structure axiomatique des diverses parties des mathématiques et d'exposer celles-ci dans les *Éléments de mathématique* (depuis 1939).

BOURBE n. f. (gaul. **borvo*). Boue noire et épaisse qui se dépose au fond des eaux croupissantes.

BOURBEUX, EUSE adj. Qui est plein de bourbe : *Eau bourbeuse.*

BOURBIER n. f. (de *bourbe*). **1.** Dépression du sol remplie d'une boue épaisse : *Une rue transformée en bourbier.* — **2.** Mauvaise affaire, situation difficile : *Comment se tirer de ce bourbier ?*

BOURBILLON n. m. (de *bourbe*). Zone centrale des furoncles, constituée de tissus nécrosés et de pus, et qui s'élimine avant que commence la cicatrisation.

BOURBINCE (la), riv. de Bourgogne, affl. de l'Arroux (r. g.) ; 72 km. Elle passe à Montceau-les-Mines et conflue à Digoin. Sa vallée est empruntée par le canal du Centre.

BOURBON n. m. (amér. *Bourbon whiskey*, whisky fabriqué dans le comté de Bourbon, au Kentucky). Whisky fabriqué aux États-Unis, à partir de maïs principalement.

BOURBON *(île)* → RÉUNION *(île de la).*

Bourbon *(palais),* à Paris, 126, rue de l'Université (VIIe arrond.). C'est à l'origine un hôtel, construit de 1722 à 1728 pour la duchesse de Bourbon, fille légitimée de Louis XIV. Il est affecté en 1795 au Conseil des Cinq-Cents et aménagé en conséquence par Gisors et Leconte (1798). La façade sur la Seine, haut péristyle de 12 colonnes corinthiennes, est érigée en 1806 par Poyet. En 1829, le palais est attribué à la Chambre des députés; de 1851 à 1870, il sert au Corps législatif, à partir de 1879 à la Chambre des députés et aujourd'hui à l'Assemblée nationale.

BOURBON (*maison* DE), maison souveraine, issue de la souche capétienne, dont les membres ont régné en France (XVIe-XIXe s.), à Naples, en Sicile, dans les Deux-Siciles et à Parme (XVIIIe-XIXe s.), et qui règne en Espagne depuis le XVIIIe s.

Fondée au début du Xe s., la *première maison de Bourbon* serait issue d'un fidèle de Guillaume Ier le Pieux, duc d'Aquitaine, nommé Aimard, qui vivait v. 915 et dont le fils Aimon Ier, seigneur de Bourbon, possédait en 950 le château de Bourbon (auj. Bourbon-l'Archambault) qui donna son nom à la famille. D'abord vassaux du comte de Bourges puis vassaux directs de la couronne de France (Xe s.), les seigneurs de Bourbon agrandirent leur seigneurie qui passa par mariage en 1197 à Gui II de Dampierre, époux de Mahaut, dame de Bourbon, souche de la *deuxième maison de Bourbon* (dite *de Bourbon-Dampierre*), puis en 1272 à Robert de France, comte de Clermont, fils de Louis IX qui fonda la *troisième maison* (ou *maison capétienne*) *de Bourbon.* En 1327, Charles IV le Bel érigea la seigneurie de Bourbon en duché-pairie en faveur du fils aîné de Robert de Clermont, Louis Ier, 1er duc de Bourbon*, dont les successeurs pratiquèrent une active politique d'accroissement territorial et firent du duché de Bourbon (ou de Bourbonnais*) le centre d'un vaste État princier. La maison de Bourbon devint ainsi au XVe s. l'une des plus puissantes maisons féodales du royaume. Elle était alors divisée en trois branches :

1° la *branche ducale* (ou *aînée*), issue de Pierre Ier, 2e duc de Bourbon*, possédait les duchés de Bourbon et d'Auvergne, les comtés de Forez et de Clermont-en-Beauvaisis, le Beaujolais, la seigneurie de Château-Chinon ;

2° la *branche de Montpensier,* fondée par Louis Ier, comte de Montpensier (1434-1486), fils de Jean Ier, 4e duc de Bourbon*, détenait le comté de Montpensier, le dauphiné d'Auvergne, les comtés de Sancerre et de Clermont-en-Auvergne, et les Dombes ;

3° la *branche de Vendôme,* formée par Louis, comte de Vendôme (1412-1446), fils de Jean Ier, comte de la Marche, avait le comté de Vendôme et la principauté de La Roche-sur-Yon.

Au début du XVIe s., la maison de Bourbon fut affaiblie par la « trahison » de son chef, le connétable de Bourbon (Charles III, 8e duc de Bourbon*), dont la majeure partie des biens, qui comprenaient ceux de la branche ducale et ceux de la branche de Montpensier, furent confisqués (1527) puis réunis (1531) au domaine royal par François Ier. La mort sans postérité du connétable (1527) fit de la branche de Vendôme la branche aînée de la famille. Entrée en possession des vastes domaines de la maison d'Albret* par le mariage (1548) d'Antoine* de Bourbon, duc de Vendôme, avec Jeanne (III) d'Albret, cette branche accéda à la couronne de France avec Henri de Bourbon, roi de Navarre (Henri III), fils d'Antoine de Bourbon qui succéda (1589) sous le nom d'Henri IV* à son cousin au vingt et unième degré, Henri III, dernier roi de la dynastie des Valois. En 1607, Henri IV fit rentrer dans la mouvance française les biens de sa famille, mais maintint la séparation théorique de la couronne de Navarre de celle de France et s'intitula « roi de France et de Navarre ». Arrivée au trône avec Henri IV, la branche de Vendôme (ou *maison de*

la Marche-Vendôme) régna sur la France jusqu'en 1792 avec Louis XIII*, Louis XIV*, Louis XV*, Louis XVI*, puis de 1814 à 1830 avec Louis XVIII* et Charles X*, et s'éteignit en 1883 à la mort du comte de Chambord*.
Après la révolution de juillet 1830, la *branche cadette d'Orléans**, issue du second fils de Louis XIII, Philippe Ier, duc d'Orléans, accéda à la couronne avec Louis-Philippe Ier*, roi des Français de 1830 à 1848.
Après avoir donné des rois à la France, la maison de Bourbon en fournit à plusieurs pays d'Europe. En 1700, elle accéda au trône d'Espagne avec le petit-fils de Louis XIV, Philippe V, chef de la *branche de Bourbon-Espagne* qui règne encore sur ce pays avec Juan Carlos. En 1734, elle accéda aux trônes de Naples et de Sicile avec Charles VII et s'y maintint avec Ferdinand Ier, roi des Deux-Siciles, tige du *rameau de Bourbon-Deux-Siciles*, puis avec ses descendants jusqu'en 1860. Enfin, en 1748, elle acquit les duchés de Parme et de Plaisance donnés à un fils de Philippe V, l'infant Philippe, tige du *rameau de Bourbon-Parme*, qui régna sur les duchés jusqu'en 1859.
De nombreuses branches sont issues de Robert de Clermont, souche commune à tous les Bourbons. Des trois branches qui se sont détachées aux XIVe et XVe s. de la branche ducale, seule la *branche de Bourbon-Busset* fondée par Louis de Bourbon (1438-1482), prince-évêque de Liège, et considérée comme bâtarde, s'est perpétuée jusqu'à nos jours. En effet, celle de Montpensier finit en 1627 avec Marie, duchesse de Montpensier, mère d'Anne Marie Louise de Montpensier* (la « Grande Mademoiselle »), et celle de la Marche s'éteignit v. 1463. La maison de la Marche-Vendôme, issue de cette dernière branche, a donné naissance au XVIe s. à la *branche de Condé** qui produisit les deux *rameaux de Conti**, au XVIIe s. aux première et seconde branche de Bourbon-Orléans (ou troisième et quatrième maisons d'Orléans), puis au XVIIIe s. à la branche de Bourbon-Espagne, issue de Philippe V et qui donna, outre les rameaux de Bourbon-Deux-Siciles et de Bourbon-Parme, encore représentés aujourd'hui, le *rameau de Bourbon-Cadix-Séville*, issu d'un fils de Charles IV d'Espagne, l'infant François de Paule (1794-1865), et auquel appartiennent les Bourbons d'Espagne actuels.

BOURBON (Louis Ier, 1er *duc* DE), prince français (Clermont v. 1280-1341), fils de Robert de France, comte de Clermont. Grand chambrier (1310), il reçut de Charles IV le Bel le comté de la Marche et obtint du roi l'érection du Bourbonnais en duché-pairie (1327).

BOURBON (Pierre Ier, 2e *duc* DE), prince français (v. 1311-Poitiers 1356). Fils du précédent, il épousa Isabelle de Valois (1336), sœur de Philippe VI. Lieutenant général en Bourbonnais, Auvergne, Berry et Marche (1356), il fut tué à la bataille de Poitiers.

BOURBON (Louis II, 3e *duc* DE), dit **le Bon,** prince français (1337-Montluçon 1410). Fils du précédent, il annexa au Bourbonnais le comté de Forez (1371), la seigneurie de Mercœur (1382) que lui apporta sa femme Anne d'Auvergne, puis le Beaujolais (1400). Associé au gouvernement (1380-1407), sous le règne de son neveu Charles VI, il combattit les Anglais en Auvergne (1375, 1377) et en Guyenne (1385).

BOURBON (Jean Ier, 4e *duc* DE), prince français. Fils du précédent, il acquit le duché d'Auvergne et le comté de Montpensier par son mariage (1400) avec Marie de Berry. Fait prisonnier à Azincourt (1415), il mourut en captivité en Angleterre.

BOURBON (Charles Ier, 5e *duc* DE), prince français (1401-Moulins 1456), fils du précédent. Marié à Agnès de Bourgogne (1425), sœur de Philippe III le Bon, il fut l'un des principaux négociateurs du traité d'Arras (1435) et dirigea avec le dauphin Louis (futur Louis XI) la Praguerie contre Charles VII (1440).

BOURBON (Jean II, 6e *duc* DE), prince français (Moulins 1426-*id.* 1488), fils du précédent. Privé de son gouvernement de la Guyenne (1461) par Louis XI, il entra dans la ligue du Bien public (1465) dont il fut l'un des chefs. Réconcilié avec le roi qui lui donna le gouvernement de l'Orléanais, du Berry, du Limousin, du Périgord (1465) et du Languedoc (1466), il reçut de sa belle-sœur Anne de France (ou de Beaujeu) l'épée de connétable (1483).

BOURBON (Charles II, *cardinal* DE), prélat français (Moulins v. 1434-Lyon 1488), frère du précédent. Archevêque de Lyon (1444), légat d'Avignon (1472) et cardinal (1476), il fut nommé gouverneur de Paris par Louis XI (1476).

BOURBON (Pierre II, 7e *duc* DE), sire **de Beaujeu** → BEAUJEU.

BOURBON (Charles III, 8e *duc* DE), connétable de France (1490-Rome 1527), fils de Gilbert de Bourbon, comte de Montpensier et dauphin d'Auvergne. Par son mariage (1505) avec sa cousine Suzanne de Bourbon, fille et héritière du duc Pierre II, il devint le maître du vaste État bourbonnais. Nommé connétable par François Ier (1515), il fut lieutenant du roi en Milanais de 1515 à 1517. La mort de sa femme (1521), qui lui légua tous ses biens, fut le signal du conflit qui l'opposa à François Ier. Dépouillé par le roi d'une partie de l'héritage de sa femme (1522), il passa au service de Charles Quint (1523) et contribua à la défaite française de Pavie (1525).

Il fut tué en assiégeant Rome en 1527. Cette même année, le roi confisqua ses biens, dont la majeure partie fut rattachée à la couronne en 1531.

BOURBON (Antoine DE) → ANTOINE DE BOURBON.

BOURBON (Charles, *cardinal* DE), prélat français (La Ferté-sous-Jouarre 1523-Fontenay-le-Comte 1590), frère d'Antoine de Bourbon et oncle d'Henri IV. Cardinal (1548) et archevêque de Rouen (1550), il fut proclamé roi par la Ligue sous le nom de Charles X en 1589.

BOURBON (Charles, *cardinal* DE VENDÔME, puis DE), prélat français (Gandelu-en-Brie 1560-Paris 1594), fils de Louis Ier, prince de Condé. Cardinal (1583) et archevêque de Rouen (1590), il tenta de se faire reconnaître roi par la Ligue après la mort de son oncle le cardinal de Bourbon (1590).

BOURBON (Louis Henri DE CONDÉ, *duc* DE) → CONDÉ.

BOURBON-BUSSET (Jacques DE), écrivain français (Paris 1912). Il fait du couple et de l'amour les lieux consacrés de son *Journal* (1966-1985). [Acad. fr., 1981.]

BOURBON-CONTI (Amélie Gabrielle Stéphanie Louise DE) → CONTI (Bourbon-).

BOURBONIEN, ENNE adj. **1.** Relatif aux Bourbons. – **2.** *Nez bourbonien,* nez arqué.

BOURBON-LANCY (71140), ch.-l. de cant. de Saône-et-Loire, dans la plaine de la Loire ; 6 212 hab. *(Bourbonniens).* Musée dans l'anc. église romane St-Nazaire. Constructions mécaniques. Station thermale pour les rhumatismes inflammatoires et les séquelles de traumatismes.

BOURBON-L'ARCHAMBAULT (03160), ch.-l. de cant. de l'Allier, dans le Bourbonnais ; 2 642 hab. *(Bourbonnais).* Anc. cap. du duché de Bourbon. Ruines du château des ducs (XIIIe-XIVe s.). Musée. Station thermale (rhumatismes et séquelles de traumatismes ostéoarticulaires).

BOURBONNAIS, E adj. et n. **1.** Du Bourbonnais. – **2.** *Poule bourbonnaise,* race de poules exploitée tant pour la ponte que pour la chair.

BOURBONNAIS, anc. province du centre de la France, s'étendant au N. du Massif central.
La formation territoriale (Xe-XIVe s.) du Bourbonnais fut l'œuvre des seigneurs de Bourbon. Ces derniers, possessionnés au Xe s. du château de Bourbon (auj. Bourbon-l'Archambault) et de la terre de Souvigny, agrandirent leur seigneurie par l'acquisition de terres sises en Auvergne, dans le Berry, le Nivernais et l'Autunois. Passée par mariage en 1272 à Robert de France, comte de Clermont, fils de Louis IX, la seigneurie de Bourbon fut érigée en duché-pairie en 1327 et dotée par ses maîtres, au XIVe s., d'institutions imitées de celles de la royauté (Conseil ducal, chambre des comptes, Grands Jours, etc.). Le duché de Bourbon (ou de Bourbonnais), dont la capitale était Moulins, avait alors acquis les limites qu'il conserva jusqu'à la fin de l'Ancien Régime et qui correspondaient approximativement à celles de l'actuel département de l'Allier. Au XVe s. le duché devint le centre d'un vaste État princier dont les principales composantes étaient le comté de Forez et le Beaujolais, acquis respectivement en 1371 et 1400, et le duché d'Auvergne, annexé en 1416. Cet État féodal fut détruit par François Ier en 1527 à la faveur de la « trahison » du duc Charles III (le connétable de Bourbon). Rattaché à la couronne en 1531, le Bourbonnais perdit ses institutions ducales et devint une province qui fut dotée d'un gouverneur en 1532. En 1790, il forma le département de l'Allier et le S.-E. du département du Cher.

BOURBONNE-LES-BAINS (52400), ch.-l. de cant. de l'est de la Haute-Marne ; 2 853 hab. *(Bourbonnais).* Église des XIIe et XIIIe s. Station thermale (fractures et rhumatismes).

BOURBON-PARME (Sixte DE) [château de Wartegg, canton de Saint-Gaal, Suisse, 1886 - Paris 1934], fils de Robert, duc de Parme et de Plaisance. En 1917, il échoua dans les négociations secrètes dont l'empereur Charles Ier l'avait chargé auprès des Alliés. – Son frère, FRANÇOIS-XAVIER (château de Pianoro, Toscane, 1889 - Coire, Suisse, 1977), fut le prétendant carliste au trône d'Espagne de 1936 à 1972.

BOURBON-PARME (Zita DE) → ZITA.

BOURBON-VENDÉE, nom de La Roche-sur-Yon, à l'époque de la Restauration.

BOURBOUILLE n. f. Éruption dite « sudorale », observée dans les pays tropicaux, survenant à la suite d'une forte transpiration. (Très prurigineuse, durant de 2 à 5 jours, la bourbouille est caractérisée par de petites vésicules entourées d'un halo inflammatoire.)

BOURBOULE (La) [63150], comm. du Puy-de-Dôme, dans les monts Dore, sur la Dordogne, à 852 m d'alt. ; 2 134 hab. *(Bourbouliens).* Station thermale (maladies des voies respiratoires, de la peau et des muqueuses).

BOURBOULENC [-lɛ̃k] n. m. Cépage à fruits rouges (Gard et Vaucluse).

BOURBOURG (59630), ch.-l. de cant. du Nord, sur le *canal de Bourbourg* (reliant l'Aa à Dunkerque) ; 7 125 hab. *(Bourbourgeois).* Chocolaterie.

Bourbourg *(race de),* race de poules bonnes pondeuses, réputée pour sa rusticité.

BOURBRIAC (22390), ch.-l. de cant. des Côtes-d'Armor, au S.-S.-O. de Guingamp ; 2 373 hab. Église avec crypte (Xe ou XIe s.).

BOURCET n. m. (néerl. *boegzeil,* voile de l'avant). *Voile à bourcet,* syn. de VOILE AU TIERS.

BOURCET (Pierre DE), général et écrivain militaire français (Usseaux 1700-près de Grenoble 1780). Il avait créé en 1770 l'*état-major des logis des armées,* devenu le corps d'état-major*. Dès 1765, il en avait montré l'utilité. Napoléon s'inspira de sa doctrine.

BOURCETTE ou **BOURSETTE** n. f. (de *bourse*). Autre nom de la *mâche.*

BOURDAINE n. f. (préroman **burgena*). Variété de nerprun croissant dans les bois frais, dont le bois fournissait autref. le charbon des poudres à canon, et dont l'écorce fournit une tisane purgative. (La bourdaine est parfois confondue avec l'aulne.)

BOURDALOU ou **BOURDALOUE** n. m. (de L. *Bourdaloue,* n. pr.). **1.** Large ruban de soie finement côtelé qui garnit la base de la calotte d'un chapeau d'homme. — **2.** Nom donné au XVIIe et au XVIIIe s. aux pots de chambre ovales, de petites dimensions, en céramique.

BOURDALOUE (Louis), jésuite français (Bourges 1632 - Paris 1704). De 1670 à 1693, il prononça dix séries de sermons, plusieurs *Panégyriques* et *Oraisons funèbres.* Il plut aux contemporains par la précision logique et la rigueur de ses développements.

BOURDALOUË (Paul Adrien), géodésien français (Bourges 1798-*id.* 1868). Désigné pour l'exécution en France du premier réseau de nivellement de haute précision, il perfectionna les méthodes et les instruments et réussit à créer, de 1857 à 1864, un réseau de 15 000 km.

BOURDE n. f. (p.-ê. anc. provenç. *borda,* mensonge). *Fam.* **1.** Sottise, erreur : *Commettre une bourde.* — **2.** *Vx.* Histoire inventée pour abuser qqn ; mensonge : *Tu nous racontes des bourdes.*

BOURDEAUX (26460), ch.-l. de cant. de la Drôme, dans le Diois, sur le Roubion ; 569 hab. Bourg pittoresque.

BOURDEILLES (24310), comm. de la Dordogne, dans le N. du Périgord, sur la Dronne ; 814 hab. Ch.-l. d'une des quatre baronnies du Périgord. Château médiéval et Renaissance, meublé.

BOURDELLE (Antoine), sculpteur et peintre français (Montauban 1861-Le Vésinet 1929). Fils d'un sculpteur sur bois, il étudia à Toulouse et à Paris. Après 1890, il devint l'aide préféré de Rodin, dont l'influence est compensée dans son œuvre par celle des sculpteurs romans et grecs archaïques. Il a exécuté près de 900 sculptures (plâtres originaux au musée Bourdelle, à Paris). Sa recherche d'une permanence des structures, d'un symbolisme architecturé s'exprime, par ex., dans la *Tête d'Apollon* (1900), les *Beethoven* (de 1887 à 1929), le dynamique *Héraclès archer* (1909), les bas-reliefs du Théâtre des Champs-Élysées à Paris (1912), le *Monument d'Alvear* (1913-1923, Buenos Aires), la *Vierge à l'Enfant,* (1920), *Sappho* (1925). Il a eu de nombreux élèves.

BOURDELLE (Édouard Sicaire), vétérinaire français (Périgueux 1876-Paris 1960), principal créateur (1931) du parc zoologique du bois de Vincennes.

BOURDET (Édouard), auteur dramatique français (Saint-Germain-en-Laye 1887 -Paris 1945), un des maîtres du théâtre du Boulevard pendant l'entre-deux-guerres (*la Prisonnière,* 1926 ; *le Sexe faible,* 1929 ; *les Temps difficiles,* 1934).

BOURDICHON (Jean), peintre et miniaturiste français (Tours ? v. 1457-*id.* 1521). On connaît surtout ses *Heures d'Anne de Bretagne* (achevées v. 1508, B. N., Paris), d'une beauté paisible, un peu conventionnelle.

BOURDIEU (Pierre), sociologue français (Denguin, Pyrénées-Atlantiques, 1930). Il étudie dans ses ouvrages les processus de transmission des biens culturels (*les Héritiers,* 1964 ; *la Reproduction, éléments pour une théorie du système d'enseignement,* 1970, ouvrages écrits avec J.-C. Passeron), et comment l'intégration de ceux-ci dans les habitus (langage, habillement, etc.) peut assurer à l'individu un statut déterminé dans le champ social (*la Distinction : critique sociale du jugement,* 1979 ; *Ce que parler veut dire,* 1982 ; *Homo academicus,* 1984 ; *Choses dites,* 1987 ; *la Noblesse d'État,* 1989). Il a dirigé *la Misère du monde* (1993), ensemble de témoignages et d'enquêtes sociologiques sur la misère sociale en France.

BOURDIGUE → BORDIGUE.

BOURDIN (Michel), sculpteur français (Orléans v. 1585 - Paris 1645), auteur du priant de marbre de Louis XI à N.-D. de Cléry (1622) et de divers tombeaux. — MICHEL II, son fils (Paris 1609-? 1678), collabora avec lui au tombeau de Jacques Douglas (église St-Germain-des-Prés, Paris) et exécuta celui d'Amador de la Porte (Louvre).

1. BOURDON n. m. (bas lat. *burdo,* mulet, puis support). **1.** Bâton de pèlerin, terminé à sa partie supérieure en forme de crosse. — **2.** Lance qui armait les premiers gens d'armes organisés en grosse cavalerie.

2. BOURDON n. m. (de *bourdon 1*). **1.** Ganse qu'on place dans un biais ou dans une couture afin de souligner les découpes, les empiècements, etc. — **2.** Gros fil de forte torsion, à section circulaire. (L'âme en coton détermine la grosseur du bourdon.) — **3.** *Point de bourdon,* point de broderie exécuté sur un bourrage dont on se sert en lingerie pour de petits motifs ou pour border des vides. (Syn. POINT DE CORDON.)

3\. **BOURDON** n. m. (onomat.). **1.** Grosse abeille sociale velue, vivant en petites colonies annuelles dans des nids souterrains. (Les bourdons, favorisant la pollinisation, sont utiles à l'agriculture au point d'avoir été importés volontairement en Australie.) – **2.** *Faux bourdon,* mâle de l'abeille. – **3.** *Pop.* Cafard : *Avoir le bourdon.* – **4.** Jeu d'orgue composé de tuyaux à bouche fermés. – **5.** Nom donné à une cloche, lorsqu'elle atteint un certain poids. – **6.** Cordes à son fixe des vielles à roue. – **7.** Tuyau à son fixe dans les instruments à air. – **8.** Type de musique vocale ou instrumentale dont une des parties tient un son fixe.

4\. **BOURDON** n. m. (de *bourde,* sottise). Erreur de composition consistant dans l'omission d'un mot, d'une phrase ou même d'un passage tout entier.

BOURDON (Sébastien), peintre français (Montpellier 1616 - Paris 1671). Il est à Rome de 1634 à 1637 ; de retour en France, il pratique tous les genres, excelle aux pastiches les plus divers et devient un artiste officiel (recteur de l'Académie royale en 1655). L'influence d'un Poussin ou d'un Pierre de Cortone l'emporte dans les peintures d'histoire de sa maturité, où le paysage est traité de façon personnelle.

BOURDON (François), industriel français (Seurre 1797-Marseille 1865). À partir de 1837, il fut le réorganisateur du Creusot sous la direction des Schneider. On lui doit l'installation du célèbre marteau-pilon (1841).

BOURDON (Eugène), ingénieur et industriel français (Paris 1808 - *id.* 1884). Il inventa le manomètre métallique (1849), et de nombreux appareils : trompe à vide, horloge pneumatique, tachymètre, etc.

BOURDONNANT, E adj. **1.** Qui est affecté d'un bourdonnement : *Oreilles bourdonnantes.* – **2.** Qui produit un bourdonnement : *Ruche bourdonnante.* – **3.** Qui est le siège d'une activité intense et bruyante : *Atelier bourdonnant d'activité.*

BOURDONNEMENT n. m. **1.** Bruit sourd et continu que produit le battement des ailes d'un grand nombre d'insectes et de certains petits oiseaux. – **2.** Bruit sourd, vrombissement : *Le bourdonnement d'un moteur.* – **3.** Murmure de voix humaines ; bruit confus signalant une activité. – **4.** Sensation sonore n'ayant pas son origine dans un bruit extérieur. (→ *encycl.*)

ENCYCL. **Méd.** Les bourdonnements (sifflement, bruit de vapeur, etc.), témoins d'une souffrance de la fonction auditive, sont souvent associés à une surdité et à des vertiges (syndrome cochléo-vestibulaire). Leurs causes principales sont la maladie de Ménière et la tumeur du nerf auditif.

BOURDONNER v. i. (de *bourdon 3*) [conj. **3**]. **1.** Faire entendre un son vibrant et régulier, en parlant d'insectes. – **2.** Émettre un son grave et continu, en parlant d'un appareil : *Les ventilateurs bourdonnaient.* – **3.** Faire entendre un murmure, un bruit confus : *La salle bourdonnait du bruit des convives.* – **4.** *Avoir la tête, les tempes, les oreilles qui bourdonnent,* éprouver un bourdonnement dans la tête, les tempes, les oreilles.

BOURDONNEUR, EUSE adj. et n. **1.** Qui bourdonne : *Le colibri est un bourdonneur.* – **2.** Se dit des ouvrières ou de la ruche privées de reine ; se dit de la reine, lorsqu'elle pond des œufs non fécondés.

BOU REGREG *(oued),* fl. du Maroc occidental, qui rejoint l'Atlantique, entre Rabat et Salé ; 179 km.

BOUREÏA, riv. de Russie, dans l'Extrême-Orient russe, affl. de l'Amour (r. g.) ; 623 km. Gisements de houille et de minerai de fer.

BOURG [bur] n. m. (bas lat. *burgus,* du germ. **burg,* ville fortifiée). **1.** Gros village qui présente certains caractères urbains. – **2.** Agglomération principale d'une commune (par oppos. aux hameaux). – **3.** Dans le Royaume-Uni, agglomération formant une entité administrative et politique indépendante, représentée au Parlement. – **4.** *Bourg pourri,* aux XVIIIe et XIXe s., ville britannique autrefois importante mais déchue et restée circonscription électorale malgré le petit nombre d'électeurs. (→ *encycl.*)

ENCYCL. **Hist.** Aux XIIe et XIIIe s., en Angleterre, la plupart des villes furent constituées en bourgs royaux. Depuis Henri III, des représentants des bourgs étaient convoqués à chaque parlement. La création de nouveaux bourgs fut pour la royauté un moyen d'obtenir un parlement docile. Mais, de la révolution de 1688 jusqu'en 1832, la situation ne se modifiera plus. Les mêmes bourgs, représentant surtout l'Angleterre du Sud-Est, conservèrent leurs privilèges électoraux (« bourgs pourris »), alors que les villes nouvelles et industrielles du Pays noir ne pouvaient élire de députés. La réforme électorale de 1832 fut complétée par les lois de 1867 et de 1885. Le Municipal Act (1882) et le Local Government Act (1888) achevèrent la réforme des institutions municipales et parlementaires.

BOURG ou **BOURG-SUR-GIRONDE** (33710), ch.-l. de cant. de la Gironde, sur la Dordogne ; 2 180 hab. *(Bourquais).* Vignobles (→ BOURGEAIS) ; caves de champagnisation.

BOURG (Antoine et Anne DE) → DU BOURG.

BOURG (Léonore Marie DU MAINE, *comte* DU), maréchal de France (1655-1739). Directeur général de la cavalerie (1694), lieutenant général (1702), maréchal (1724), il défendit avec succès la frontière du Rhin pendant la guerre de la Succession d'Espagne.

BOURGADE n. f. (anc. provenç. *borgada*). Petit bourg, village.

BOURGAIN (Jean), mathématicien belge (Ostende 1954). Ses travaux portent sur les domaines les plus variés de l'analyse mathématique. Son œuvre considérable a été récompensée par la médaille Fields en 1994.

BOURGANEUF (23400), ch.-l. de cant. de la Creuse, dans la haute Marche ; 3 722 hab. *(Bourgouniauds)*. Restes d'un prieuré de l'ordre de Malte (église St-Jean, des XIIe et XVe s. ; tour de Zizim, du XVe s.). Centre commercial. Mobilier. Textile.

BOURG-ARGENTAL (42220), ch.-l. de cant. du sud-est de la Loire ; 2 892 hab. *(Bourguisans)*. Église avec portail roman. Électroménager. Chaussures.

BOURGAS → BURGAS.

BOURG-DE-PÉAGE (26300), ch.-l. de cant. de la Drôme, sur l'Isère ; 9 462 hab. *(Péageois)*. Travail du cuir. Constructions mécaniques.

BOURG-D'OISANS (Le) [38520], ch.-l. de cant. de l'Isère, près de la Romanche ; 2 981 hab. *(Bourcats)*. Centre touristique et marché régional.

BOURGEAIS, région viticole du Bordelais, autour de Bourg.

BOURGELAT (Claude), écuyer du roi et hippiatre français (Lyon 1712-*id.* 1779). Fondateur, à Lyon, de la première école vétérinaire du monde, en 1761, puis de celle d'Alfort (1766), il a étudié l'anatomie des animaux domestiques et donné une base scientifique à l'art vétérinaire.

BOURG-EN-BRESSE [burk-] (01000), ch.-l. de l'Ain, à 414 km au S.-E. de Paris ; 42 955 hab. *(Burgiens* ou *Bressans)*. Centre administratif, commercial et industriel (camions, câbles, machines-outils). Église Notre-Dame, des XVIe et XVIIe s. Église de Brou* et musée de l'Ain.

BOURGEOIS, E n. (de *bourg*). **1.** Personne qui appartient à la bourgeoisie, à la classe moyenne ou à la classe dirigeante. – **2.** Au Moyen Âge et sous l'Ancien Régime, habitant aisé d'un bourg, d'une ville, qui est roturier, mais qui a obtenu, dans le cadre communal, certains privilèges. – **3.** *Vx.* Individu sans distinction, qui n'a que des goûts vulgaires ; étranger aux choses de l'art. – **4.** En Suisse, personne qui a droit de cité dans une commune. – **5.** *En bourgeois,* en civil, par oppos. à *en militaire.* – **6.** *Petit(-)bourgeois,* v. à son ordre alphabétique.

◆ adj. **1.** Relatif aux bourgeois, à la classe moyenne : *Éducation bourgeoise.* – **2.** Qui sert les intérêts de la bourgeoisie, de la classe dominante : *Presse bourgeoise.* – **3.** *Péjor.* Qui est préoccupé de sa seule sécurité matérielle, de son confort au détriment de toute forme d'idéal ou d'esthétique. – **4.** Qui va dans le sens du conservatisme, du respect des conventions sociales : *Morale bourgeoise.* – **5.** *Clause d'habitation bourgeoise,* clause du règlement de copropriété stipulant qu'un appartement ou un immeuble ne peut être affecté à une activité professionnelle. ‖ *Cuisine bourgeoise,* simple mais de bonne qualité. ‖ *Drame bourgeois, comédie bourgeoise,* pièce souvent fertile en bons sentiments et dont l'action se passe dans un milieu bourgeois. ‖ *Pension bourgeoise,* établissement où l'on fait une cuisine bourgeoise pour quelques pensionnaires.

◆ **bourgeois** n. m. *Vx.* Le public, par oppos. aux artistes : *Épater le bourgeois.*

◆ **bourgeoise** n. f. *Pop.* et *vx.* Épouse, maîtresse de maison.

Bourgeois de Calais *(les)*, un des chefs-d'œuvre de Rodin, groupe commandé par la Ville de Calais en 1884, inauguré en 1895 (bronze, haut. 2,10 m).

Bourgeois gentilhomme *(le)*, comédie-ballet en cinq actes et en prose, de Molière, musique de Lully, intermède dansé réglé par Beauchamp (1670) : satire d'un marchand drapier, Monsieur Jourdain, qui veut jouer au gentilhomme.

BOURGEOIS DE PARIS *(le)*, chroniqueur anonyme du XVe s. Son *Journal* (1405-1449) offre un tableau de la vie parisienne au début du XVe s.

BOURGEOIS (Léon), homme politique français (Paris 1851-château d'Oger, Marne, 1925). Douze fois ministre, président du Conseil en 1895-96, il préconisa l'emploi de l'arbitrage dans le règlement des conflits internationaux et fut l'un des principaux animateurs de la Société des Nations. (Prix Nobel de la paix 1920.)

BOURGEOIS (Robert), général et savant français (Sainte-Marie-aux-Mines 1857-Paris 1945). Il dirigea de 1900 à 1906 la mission chargée de mesurer un arc de méridien en Équateur. Il organisa pendant la Première Guerre mondiale les sections topographiques aux armées et créa les sections de repérage par le son et les sections de recherche pour découvrir les batteries ennemies. Membre du Bureau des longitudes en 1921, il fut sénateur du Haut-Rhin de 1920 à 1936. On lui doit plusieurs traités de géodésie et d'astronomie. (Acad. des sc., 1917.)

BOURGEOIS (Louise), sculpteur américain d'origine française (Paris 1911). Elle épouse en 1938 l'historien d'art Robert Goldwater et le suit à New York, où elle fréquente le milieu surréaliste. Son œuvre, par formes allusives ou symboliques, va au cœur de la vie.

BOURGEOISEMENT adv. **1.** À la manière des bourgeois ; d'une manière qui marque une aisance, mais sans grande originalité : *Se meubler bourgeoisement.* — **2.** *Occuper bourgeoisement un local,* ne pas y exercer une profession libérale, artisanale ou commerciale.

BOURGEOISIE n. f. **1.** Avant la Révolution française, ensemble des bourgeois. — **2.** Catégorie sociale comprenant les personnes jouissant d'une situation relativement aisée et qui n'exercent pas un métier manuel. — **3.** En termes marxistes, classe sociale qui possède les moyens de production à l'époque du mode de production capitaliste et qui, de ce fait, est la classe dominante dans la société. — **4.** En Suisse, droit de cité, citoyenneté dans une commune. — **5.** Ensemble de privilèges que possédait au Moyen Âge et sous l'Ancien Régime le bourgeois d'une ville. — **6.** *Grande* ou *haute bourgeoisie,* ensemble de gens fortunés, n'exerçant pas de métier manuel, dont les ressources proviennent de la plus-value sous toutes ses formes, et constituant la formation sociale qui détient l'essentiel des pouvoirs de décision dans la société capitaliste (accumulation du capital, investissements, constitution de monopoles, etc.), par opposition à la petite bourgeoisie. ‖ *Petite bourgeoisie,* ensemble disparate de personnes qui se distinguent des membres de la grande bourgeoisie par leur fonction dans l'économie capitaliste et qui n'appartiennent ni à la paysannerie ni à la classe ouvrière.

ENCYCL. À partir du XIe s., le *burgensis* (bourgeois) est l'habitant d'un *bourg* nouvellement créé ; c'est avant tout un citadin qui assure son existence, dans une Europe qui sort de la longue immobilité féodale, soit par le métier qu'il pratique, soit par le commerce. Le bourgeois est donc le contraire d'un terrien ; tout naturellement, il va demander au seigneur — qui les lui octroiera sous la forme de chartes de franchise applicables à l'ensemble de la bourgeoisie d'une commune — les libertés nécessaires à l'exercice de ses fonctions. Au XIIe s., une élite se dégage de la bourgeoisie : c'est le patriciat, qui forme des oligarchies, particulièrement puissantes dans le midi de la France et en Italie, où le régime municipal romain a survécu en s'adaptant à l'époque des invasions barbares.

La bourgeoisie, dont la place s'élargit sur les plans économique et culturel, se heurte aux anciens privilégiés, les clercs et les seigneurs. Les litiges se font particulièrement jour au sein des états généraux, où le tiers état joue un rôle de plus en plus actif. C'est en France que l'ascension de la bourgeoisie est la plus rapide ; elle est facilitée par le développement de l'administration royale, qui s'appuie sur elle contre la noblesse et la renforce par la vénalité des charges. En 1789, la puissance du tiers état — dont la partie active est la bourgeoisie d'affaires et la bourgeoisie de robe — est telle que la Révolution française sera une révolution bourgeoise. Dès lors, la bourgeoisie capitaliste s'installe dans tous les corps de l'État à la faveur de l'organisation napoléonienne ; en 1830, elle triomphe définitivement de la réaction aristocratique liée à la Restauration. Et c'est logiquement qu'on a pu appeler la monarchie de Juillet la « monarchie bourgeoise ». L'avènement du suffrage universel en 1848 ne réduit pas l'influence de la bourgeoisie ; mais, peu à peu, celle-ci doit compter avec la montée du socialisme, porte-parole des classes laborieuses.

BOURGEON n. m. (lat. **burrio, -onis,* du bas lat. *burra,* bourre). **1.** Forme initiale d'un rameau à feuilles ou à fleurs, avant sa période de développement. (→ *encycl.*) — **2.** Ébauche saillante d'un organe ou, en cas de multiplication végétative, d'un individu (zoïde). — **3.** *Bourgeon caudal,* organe embryonnaire des vertébrés, visible après le creusement de la gouttière dorsale. ‖ *Bourgeon charnu,* zone de prolifération du tissu conjonctif, au niveau d'une plaie, dont il tend à combler la perte de substance, mais dont il dépasse parfois les limites. ‖ *Bourgeon du goût,* organe récepteur des saveurs, situé sur tout le corps chez les vertébrés aquatiques, sur la langue seulement chez l'homme et les vertébrés terrestres.

ENCYCL. **Bot.** Un bourgeon est une petite masse ovoïde d'écailles foliaires serrées les unes sur les autres. Selon sa position, il est dit *terminal,* ou *axillaire* (à l'aisselle d'une feuille). Un bourgeon qui occupe une autre position est dit *adventif.* Selon le type de rameau qu'il deviendra, on distingue le *bourgeon à bois* et le *bourgeon à fleurs,* généralement plus gros. Enfin, selon la saison de formation, on distingue le *bourgeon nu* de printemps, peu protégé et sans arrêt de croissance, du *bourgeon dormant,* qui passe l'hiver au repos (marronnier).

BOURGEON (François), auteur et dessinateur de bandes dessinées français (Paris 1945). Après l'École des beaux-arts, il se tourne vers la bande dessinée en 1971. Il publie tout d'abord dans *Lisette* et, en 1979, il entre au mensuel *Circus,* où il publie son chef-d'œuvre, *les Passagers du vent* (1979). En 1983, il publie, dans (*À suivre*), *les Compagnons du crépuscule.*

BOURGEONNANT, E adj. Qui bourgeonne : *Nez bourgeonnant d'un ivrogne.*

BOURGEONNEMENT n. m. **1.** Action de bourgeonner : *Le bourgeonnement des arbres au printemps.* – **2.** Formation de bourgeons par un être vivant.

ENCYCL. **Biol.** Chez les unicellulaires (levure de bière), le bourgeonnement est un mode de multiplication asexuée, peu différent de la scissiparité des bactéries. Chez les animaux pluricellulaires, le bourgeon fournira également un nouvel individu. Un bourgeon *actif,* à croissance continue, peut se détacher de l'individu-mère avant de se développer (éponges), après s'être développé (hydre, annélides marines) ou ne jamais se détacher et participer d'une colonie (polypiers). Des bourgeons animaux *dormants* peuvent se former quand les conditions de vie deviennent défavorables et germer lorsqu'elles redeviennent normales (statoblastes des bryozoaires). Chez les plantes enfin, le bourgeon ne se détache jamais et ne fournit qu'une petite partie de la plante, mais les bulbilles de l'ail ou les propagules des mousses se détachent et se développent comme des graines ou comme des bourgeons animaux.

BOURGEONNER v. i. (conj. 3). **1.** Pousser en bourgeons : *Arbres qui bourgeonnent.* – **2.** En parlant du visage de qqn, se couvrir de boutons. ◆ v. t. Produire par bourgeonnement : *L'hydre bourgeonne des hydres filles.*

BOURGEOYS (Marguerite), religieuse française (Troyes 1620-Montréal 1700), fondatrice (1653) de la congrégation de Notre-Dame, pour l'instruction des jeunes filles. Canonisée en 1982.

BOURGERON n. m. (mot dialect. du Nord, de l'anc. fr. *bourge,* sorte de toile). Courte blouse de toile que portaient certains ouvriers et les soldats pour certains travaux.

BOURGES (18000), ch.-l. du Cher, à 226 km au S. de Paris ; 78 773 hab. *(Berruyers).* Anc. cap. du Berry, Bourges est un centre administratif, commercial, judiciaire (cour d'appel), religieux (archevêché) et industriel (armement, pneumatiques). Établissement d'études et de fabrication de la Direction technique des armements terrestres. École supérieure d'application du matériel. Festival de musique, annuel *(Printemps de Bourges).*

– **Hist.** Importante cité gauloise, puis romaine, Bourges *(Avaricum),* après la chute de l'Empire, passa aux mains des archevêques primats d'Aquitaine. Réunie au domaine royal au XIIe s., elle devint la résidence du « roi de Bourges » (Charles VII), qui, débarrassé des Anglais, y promulgua la pragmatique sanction (1438). Au XVe s., elle s'enrichit par les opérations commerciales et financières de Jacques Cœur et fut dotée d'une université (1463).

– **Archéol.** et **Bx-arts.** Vestiges gallo-romains. Remarquable ensemble de stèles funéraires réunies dans le musée du Berry (hôtel Cujas). Vaste cathédrale gothique à cinq vaisseaux, d'une structure originale (1195-1255) [deux portes romanes ; tympan du Jugement dernier au portail central (1265) ; vitraux des XIIIe, XVe et XVIe s. ; tours des XIVe-XVIe s.]. Important hôtel Jacques-Cœur (milieu du XVe s.). Hôtels Cujas (v. 1515) et Lallemant, auj. musées.

BOURGES (Élémir), écrivain français (Manosque 1852-Paris 1925). Influencé par Mallarmé et Wagner, il évolua du roman historique (*le Crépuscule des dieux,* 1884) au drame métaphysique (*la Nef,* 1904-1922).

BOURGET (Le) [93350], ch.-l. de cant. de la Seine-Saint-Denis, dans la banlieue nord-est de Paris ; 11 728 hab. Anc. aéroport international. Constructions mécaniques (aéronautique) et électriques. – L'aéroport du Bourget a longtemps été le principal aéroport parisien ; il reste le centre d'une importante activité d'aviation d'affaires et d'entretien d'avions et le siège des Salons internationaux de l'aviation et de l'espace. Musée de l'Air et de l'Espace.

BOURGET *(lac du),* lac des Alpes (dép. de la Savoie), couvrant 45 km², à 231 m d'alt. Alimenté notamment par la Leysse, il se déverse dans le Rhône (r. g.) par le canal de Savières. Sur la rive est, Aix-les-Bains. Lamartine l'a évoqué dans un des poèmes des *Méditations.*

BOURGET (Ignace), prélat canadien (Lauzon 1799 - Sault-au-Récollet, près de Montréal, 1885), deuxième évêque de Montréal (1840-1876).

BOURGET (Paul), écrivain français (Amiens 1852-Paris 1935). Ses *Essais de psychologie contemporaine* (1883) l'amenèrent à rivaliser avec les naturalistes, dont il refusait l'idéologie et l'esthétique, en substituant au roman de mœurs le roman psychologique (*le Disciple,* 1889 ; *le Démon de midi,* 1914) et en célébrant les valeurs bourgeoises traditionnelles (*Nos actes nous suivent,* 1927). [Acad. fr., 1894.]

Bourget *(soluté* dit *de),* solution aqueuse contenant trois sels de sodium (bicarbonate, phosphate, sulfate), utilisée comme cholagogue.

BOURGET-DU-LAC (Le) [73370], comm. de la Savoie, à l'extrémité sud-ouest du *lac du Bourget ;* 2 909 hab. Station estivale. Port de plaisance. Jeux. Église d'un ancien prieuré (XIe, XIIIe et XVe s.). – À l'E., aéroport de Chambéry.

BOURGETTE n. f. Syn. de BUHOTTE.

BOURGIN (Georges), historien français (Nevers 1879-Choisy-au-Bac, Oise, 1958). Archiviste, il consacra d'importantes études à la Commune de Paris de 1871 et à la IIIe République.

BOURG-LA-REINE (92340), ch.-l. de cant. des Hauts-de-Seine, à 5 km au S. de Paris ; 18 635 hab. *(Réginaborgiens).*

BOURG-LASTIC (63760), ch.-l. de cant. du Puy-de-Dôme, à 28 km au N.-E. d'Ussel ; 1 089 hab. *(Bourcagnots).* Église romane.

BOURG-LÉOPOLD, en néerl. **Leopoldsburg,** comm. de Belgique (Limbourg), au N.-N.-O. de Hasselt ; 14 000 hab. Camp militaire.

BOURG-LÈS-VALENCE (26500), ch.-l. de cant. de la Drôme, banlieue nord de Valence ; 18 605 hab. *(Bourcains).* Constructions électriques. Centrale hydroélectrique.

BOURG-MADAME (66760), comm. des Pyrénées-Orientales, à la frontière espagnole ; 1 326 hab. *(Guinguettois).* Gare internationale. Centre touristique.

BOURGMESTRE [burgmɛstr] n. m. (moyen néerl. *borgermeester*, ou moyen haut all. *burgermeister*). Premier magistrat, dans un grand nombre de villes de Belgique, des Pays-Bas, de Suisse et d'Allemagne.

BOURGNE n. f. ou **BOURGNON** n. m. (provenç. *bourgno,* cavité). Panier fermant un bouchot du côté de la mer.

BOURGNEUF *(baie de),* baie de la côte ouest de la France, au S. de l'embouchure de la Loire, entre la pointe de Saint-Gildas et Noirmoutier. Tourisme. Ostréiculture.

BOURGNEUF-EN-RETZ (44580), ch.-l. de cant. de la Loire-Atlantique, près de la *baie de Bourgneuf ;* 2 356 hab. Anc. port. Marais salants. Musée du *Pays de Retz.*

BOURGOGNE n. m. Vin récolté en Bourgogne. ENCYCL. La *haute Bourgogne* (Côte-d'Or) est divisée en *côte de Nuits* (Gevrey-Chambertin, Chambolle-Musigny, Vougeot, Vosne-Romanée, Nuits-Saint-Georges), *côte de Beaune* (Aloxe-Corton, Beaune, Pommard, Volnay, Meursault) et *côte Chalonnaise* (Mercurey). La *côte mâconnaise* est célèbre pour ses vins blancs (Pouilly-Fuissé) mais fournit aussi d'excellents vins rouges. Le *Beaujolais* donne surtout des vins rouges (Moulin-à-Vent, Fleurie, Juliénas). La *basse Bourgogne* (Yonne) donne des vins blancs (Chablis) et certains vins rouges (Irancy). Les principaux cépages sont le pinot (pour les rouges) et le chardonnay (pour les blancs).

BOURGOGNE, ancienne province de France, aux confins du Bassin parisien, des plaines de la Saône et du Massif central, qui a donné son nom à une Région regroupant les départements de la Côte-d'Or, de la Nièvre, de Saône-et-Loire et de l'Yonne (31 582 km^2 ; 1 609 653 hab. [*Bourguignons*] ; ch.-l. *Dijon*).

— **Géogr.** Depuis la Loire jusqu'au-delà de la Saône, la Bourgogne ne présente guère d'unité naturelle ou humaine. Autour du Morvan, le nord-ouest appartient au Bassin parisien, entre Champagne et Berry, le sud-est est bressan et regarde vers Lyon. La capitale régionale, Dijon, pourtant la plus grande et la plus prestigieuse ville, est excentrée et ne rayonne pas sur l'ensemble de la Bourgogne. La Région n'est pas très peuplée, avec une densité dépassant à peine 50 habitants au km^2, approchant seulement la moitié de la moyenne nationale, et le dynamisme démographique est médiocre (la progression de la Côte-d'Or, site de Dijon, et de l'Yonne, plus proche de Paris, compense seulement le dépeuplement de la Nièvre et de la Saône-et-Loire). La prospérité, parfois relative, de quelques secteurs ou régions (vignoble prestigieux de la Côte-d'Or, élevage bovin du Charolais, de l'Auxois, du Nivernais, vallée de la Saône, de Chalon à Mâcon, agglomération dijonnaise) ne doit pas faire illusion. Beaucoup de branches (houille de Blanzy et métallurgie du Creusot par exemple), de « pays » (Morvan forestier, Puisaye herbagère, Bresse même) sont en difficulté. La Région est traditionnellement écartelée entre Paris et Lyon, et l'amélioration des communications (autoroutes, T. G. V.) entre ces deux pôles ne facilite pas une hypothétique unification régionale. Elle ne bénéficie que ponctuellement à l'économie locale, ne ralentissant pas l'exode des campagnes et ne suscitant guère de créations industrielles nouvelles. Carrefour historique, avec vocation d'échanges (comme la Champagne voisine), la Bourgogne est devenue une voie de passage.

— **Hist.** Le sol de l'actuelle Bourgogne a livré les témoignages d'importantes civilisations de la préhistoire (Solutré, Chassey). Les Celtes s'y installent au ve s. av. J.-C. et les Gaulois y forment de puissantes confédérations : Sénons (ou Sénones), Lingons au nord, Éduens au sud, Séquanes à l'est. Après la victoire de César à Alésia (52 av. J.-C.), la région est divisée par Rome en plusieurs provinces : Belgique et Celtique, puis Germanie supérieure et Lyonnaise, enfin Lyonnaise Ire et IVe et Grande Séquanaise. Fortement romanisée, elle connaît une belle prospérité. Le christianisme y est attesté vers 200. Très tôt menacée par les invasions barbares, elle voit s'installer les Alamans (276) puis les Burgondes (apr. 454) qui lui donnent son nom et fondent un vaste royaume qui s'étend de l'Auxerrois à la Suisse et de la Champagne à la Provence. Leur roi Gondebaud (v. 480-516) fait rédiger deux lois, l'une pour ses sujets burgondes (loi « Gombette »),

l'autre pour les Gallo-Romains. Conquise par les Francs (534), la Bourgogne constitue avec la Neustrie et l'Austrasie un des trois royaumes que se disputent les Mérovingiens et que réunissent les premiers Carolingiens. Démembrée par le traité de Verdun (843), réunifiée par Charles le Chauve (875), elle tente de retrouver son autonomie sous Boson qui s'en proclame roi en 879, mais se divise à nouveau en 887. À l'est de la Saône et du Rhône s'érige un royaume de Bourgogne-Provence (ou royaume d'Arles) [934-935] qui se réunit à l'Empire en 1032. À l'ouest de la Saône, la Bourgogne franque, devant la menace des Normands, se donne pour chef Richard le Justicier († 921) : c'est l'origine d'un duché qui seul conservera le nom de Bourgogne. En 1002, le roi Robert II le Pieux s'empare de ce duché qui est donné en 1032 à son fils cadet Robert Ier le Vieux. Ce dernier est la souche d'une maison capétienne de Bourgogne qui installe sa capitale à Dijon, se signale par sa bienveillance envers le mouvement bourguignon (Cluny, Cîteaux), affermit l'autorité ducale, et accroît ses territoires en restant, cependant, sous la suzeraineté royale. À la mort sans postérité du duc Philippe de Rouvres (1361), avec lequel s'éteint la maison capétienne, la Bourgogne est annexée à la couronne par Jean II le Bon puis donnée en apanage à son fils Philippe II le Hardi (1363/64-1404), premier des quatre ducs de la maison de Valois. Cette dynastie va fonder un puissant État, rival de l'Empire, de la France et de l'Angleterre. Philippe le Hardi, qui recueille en 1384 l'immense héritage de sa femme Marguerite de Flandre (notamment les comtés de Flandre, d'Artois, de Bourgogne, de Nevers, de Rethel, et les villes de Salins, Malines et Anvers), reste fidèle au roi. Mais son fils Jean sans Peur (1404-1419) prend la tête du parti bourguignon, favorable aux Anglais. Il fait tuer son rival, Louis, duc d'Orléans (1407), organise un gouvernement excluant le dauphin Charles, soutenu par le parti armagnac qui le fait assassiner en 1419. Philippe le Bon (1419-1467) accroît ses États des comtés de Namur, de Hainaut, de Hollande, de Frise et de Zélande, et des duchés de Brabant, de Limbourg et de Luxembourg. Après avoir soutenu les Anglais, il finit par reconnaître Louis XI. À cette époque, la puissance des ducs se fonde davantage sur le dynamisme des villes marchandes du Nord que sur le duché de Bourgogne, mais la dynastie conserve pour Dijon un attachement réel et y attire de nombreux artistes flamands.
La faiblesse des États bourguignons tient à leur disparité géographique et juridique. Charles le Téméraire (1467-1477), dernier duc de Bourgogne, cherche à établir une centralisation et à unir, grâce à la Lorraine, les deux pôles qu'il gouverne. Louis XI réussit à l'en empêcher et le duc meurt sur le champ de bataille de Nancy (1477). Les États bourguignons sont alors disloqués : le duché de Bourgogne ainsi que l'Artois sont incorporés, malgré des résistances, au royaume par Louis XI, tandis que le comté de Bourgogne et la plupart des pays du Nord entrent, par le traité d'Arras (1482), dans le patrimoine de Maximilien Ire, marié (1477) à la fille unique du Téméraire, Marie de Bourgogne. Devenue province française, la Bourgogne est, lors des guerres de Religion, un important bastion de la Ligue qu'Henri IV doit soumettre (1595). La conservation des institutions traditionnelles (parlement, chambre des comptes, États provinciaux, bailliages) ne fait pas obstacle à la création en 1542 d'une généralité administrée par un intendant établi à Dijon où une bourgeoisie aisée s'anoblit par les offices et développe une remarquable activité intellectuelle et artistique. Lors de la Révolution, préparée par l'opposition parlementaire, la province de Bourgogne forme les départements de la Côte-d'Or, de Saône-et-Loire, de l'Ain, et une partie de l'Yonne. Au XIXe s., dans un climat politique calme, l'expansion de la sidérurgie (surtout en Saône-et-Loire) et des grands axes de transport concurrence la vocation agricole et viticole de la région, touchée par l'exode rural et par la crise du phylloxéra (à partir de 1875).

Bourgogne *(canal de),* canal reliant l'Yonne à la Saône, long de 242 km, construit entre 1775 et 1832. De gabarit réduit, coupé de multiples écluses, il a un faible trafic, concentré entre Dijon et la Saône.

BOURGOGNE *(porte de)* → ALSACE *(porte d').*

BOURGOGNE (Louis de France, *duc* DE) → LOUIS DE FRANCE.

BOURGOGNE *(dynastie de),* première dynastie qui régna au Portugal (1128-1383). Elle tire son nom d'Henri de Bourgogne, à qui Alphonse de León, son beau-père, confia le comté de Portugal.

Bourgogne *(théâtre de l'Hôtel de).* Fondé dans la résidence parisienne des ducs de Bourgogne par les Confrères de la Passion (1548), il fut le premier théâtre régulier de Paris. En 1680, la troupe qui l'occupait fusionna avec l'ex-troupe de Molière pour former la Comédie-Française.

BOURGOIN (Pierre), résistant français (Cherchell 1907-Paris 1970). Rallié dès 1940 à la France libre, il créa les commandos de l'air surnommés les *bataillons du ciel,* et fut parachuté le 10 juin 1944 en Bretagne pour opérer sur les arrières des troupes allemandes.

BOURGOING (François), théologien français (Paris 1585-*id.* 1662), l'un des fondateurs de l'Oratoire et le troisième général de cette congrégation.

BOURGOIN-JALLIEU (38300), anc. **Bourgoin,** ch.-l. de cant. de l'Isère, sur la Bourbre ; 22 749 hab. *(Berjalliens).* Industries mécaniques, textiles et chimiques.

BOURG-SAINT-ANDÉOL (07700), ch.-l. de cant. de l'Ardèche, sur le Rhône ; 8 042 hab. *(Bourguesans).* Église romane et autres monuments. Céramique industrielle.

BOURG-SAINT-MAURICE (73700), ch.-l. de cant. de la Savoie, sur l'Isère ; 7 060 hab. *(Borains).* Centre d'excursions.

BOURGTHEROULDE-INFREVILLE [butrud-] (27520), ch.-l. de cant. de l'Eure ; 2 755 hab.

BOURGUÉBUS (14540), ch.-l. de cant. du Calvados, à 9 km au S.-E. de Caen ; 665 hab. Église (XIIIe et XIVe s.).

BOURGUEIL [-gœj] n. m. Vin rouge récolté en Touraine.

BOURGUEIL (37140), ch.-l. de cant. d'Indre-et-Loire, sur les coteaux du Val de Loire ; 4 073 hab. *(Bourgueillois).* Église en partie romane. Restes d'une abbaye. Vins rouges. Cultures légumières.

BOURGUIBA (Ḥabīb ibn 'Alī), homme d'État tunisien (Monastir 1903). Militant du Destour, créateur (1934) du Néo-Destour, moderne et laïque, il est plusieurs fois arrêté par les autorités françaises (1934-1936, 1938-1942, 1952-1954). Finalement, il s'impose comme l'interlocuteur majeur des négociations qui aboutissent, pour la Tunisie, à l'autonomie interne (1955) puis à l'indépendance (1956), et fonde la République tunisienne. Auréolé du prestige du « Combattant suprême », il en devient le premier président (1957), puis est élu président à vie (1975). Sa politique est moderniste (suppression de la répudiation et de la polygamie, droit égal des conjoints au divorce) mais assez autoritaire. En 1987, Bourguiba est destitué de ses fonctions en raison de son âge et de son état de santé.

BOURGUIGNON, ONNE adj. et n. **1.** De Bourgogne. — **2.** *Bœuf bourguignon* ou *bourguignon* (n. m.), ragoût de bœuf à la bourguignonne.

◆ **bourguignon** n. m. **1.** Dialecte d'oïl parlé en Bourgogne. — **2.** Petit fragment d'iceberg qui émerge de moins d'un mètre et s'étend sur une superficie d'environ vingt mètres carrés.

◆ **bourguignonne** n. f. **1.** Bouteille utilisée pour les vins de Bourgogne. — **2.** *À la bourguigonne,* se dit de mets cuisinés au vin rouge avec des oignons.

Bourguignons *(faction des),* faction qui s'opposa en France à celle des Armagnacs* de 1407 à 1435 pendant la guerre de Cent Ans. Ce parti soutint le duc de Bourgogne Jean sans Peur qui déclencha la guerre contre les Armagnacs en faisant assassiner son rival Louis, duc d'Orléans (23 nov. 1407). Après le meurtre de Jean sans Peur (10 sept. 1419), les Bourguignons scellèrent leur alliance avec les Anglais (traité de Troyes*, 1420) aux côtés desquels ils luttèrent contre les Armagnacs jusqu'à la réconciliation de leur chef Philippe III le Bon avec Charles VII (traité d'Arras*, 1435).

BOURGUIGNOTTE n. f. (de *bourguignon*). Casque sans visière en usage du XVe au XVIIe s.

BOURIATES, peuple du groupe mongol, vivant à l'E., au S. et à l'O. du lac Baïkal, en Russie (353 000 individus en 1979) et en République de Mongolie.

BOURIATIE, république de la Fédération de Russie, en Sibérie orientale ; 351 300 km² ; 1 042 000 hab. Cap. *Oulan-Oude.*

BOURKE → BURGH.

BOURLINGUER v. i. (p.-ê. de *boulingue,* petite voile) [conj. 3]. **1.** Fatiguer, en parlant d'un navire qui lutte contre un gros temps ou qui est soumis à des manœuvres pénibles. — **2.** *Fam.* Avoir une vie aventureuse ; voyager beaucoup : *Bourlinguer dans le monde entier.*

BOURLINGUEUR, EUSE n. Personne qui mène une vie aventureuse.

BOURLIOUK (David Davidovitch), peintre et poète russe (près de Kharkov 1882-Long Island 1967). Il donna inlassablement le ton, par ses manifestes, ses conférences, au futurisme russe dans les années 1910. Son œuvre est dominée par le primitivisme. — Son frère VLADIMIR (Kherson 1886-Salonique 1917) a créé une œuvre picturale d'une grande force dans son laconisme cubique.

BOURMONT (Louis, Auguste Victor DE GHAISNES, *comte* DE), maréchal et pair de France (Freigné, Maine-et-Loire, 1773 - *id.* 1846). Il émigra et servit à l'armée de Condé, puis rejoignit les vendéens. Réintégré dans l'armée, il participa brillamment aux campagnes de Russie, de Saxe et de France. Il prit une part active à l'expédition d'Espagne (1823). Ministre de la Guerre (1829), il commanda l'expédition d'Alger, dont le succès lui valut le bâton de maréchal (1830). Il refusa de prêter serment à Louis-Philippe et se trouva compromis dans la tentative de la duchesse de Berry en Vendée (1832). Condamné à mort par contumace, il s'exila et revint en France après l'amnistie de 1840.

BOURNAZEL (Henri DE LESPINASSE DE), officier français (Limoges 1898-Bou Gafer, Maroc, 1933). Il participa aux opérations contre Abd el-Krim. Sa conduite au feu, la tunique rouge de spahi qu'il ne quittait jamais en firent une figure légendaire.

Gouverneur du Tafilalet en 1932, il fut tué l'année suivante dans le djebel Sagho.

BOURNEMOUTH, station balnéaire et centre résidentiel de Grande-Bretagne (Dorset), sur la Manche ; 154 000 hab.

Bourneville *(sclérose tubéreuse de)* [du n. du psychiatre français Désiré Magloire *Bourneville* (Garancières, Eure, 1840-Paris 1909)], phacomatose comportant des manifestations neurologiques avec épilepsie et oligophrénie, consécutives à des « tubérosités » cérébrales et à des tumeurs périépendymaires, des tumeurs rétiniennes, des adénomes sébacés de la face. (Syn. ÉPILOÏA.)

BOURNONVILLE (Auguste), danseur et chorégraphe danois d'origine française (Copenhague 1805 - *id.* 1879), fils d'ANTOINE **Bournonville** (1760-1843), chorégraphe et directeur de la danse au Ballet royal danois. Élève de son père et de Galeotti, de Vestris et de Gardel, il contribua à donner, dans la plus pure tradition française, un nouvel essor au ballet danois. Le Ballet royal danois a maintenu à son répertoire la plupart de ses œuvres, dont les plus notables sont sa version de *la Sylphide* (d'après F. Taglioni ; 1836), *Napoli* (1842), *Konservatoriet* (1849), *Kermesse à Bruges* (1851), *Fête des fleurs à Genzano* (1858), *Loin du Danemark* (1860), *le Corps des volontaires du roi en Amager* (1871).

BOUROGNE (90140), comm. du Territoire de Belfort, sur le canal du Rhône au Rhin, à 12 km au S.-E. de Belfort ; 2 318 hab. Constructions mécaniques.

BOUROUCHASKI → BURUŚASKĪ.

BOURRACHE n. f. (lat. médiév. *borrago,* de l'ar. *abū 'araq,* père de la sueur). Herbe des régions méditerranéennes, très velue, aux fleurs bleues, récoltée pour faire des tisanes sudorifiques et diurétiques.

BOURRADE n. f. (de *bourrer,* maltraiter). Poussée plus ou moins brutale : *Donner une bourrade dans l'estomac.*

BOURRAGE n. m. **1.** Action de bourrer : *Bourrage d'un poêle.* — **2.** Fam. *Bourrage de crâne,* entreprise de suggestion employant des moyens massifs de propagande ; acquisition d'une quantité énorme de connaissances, sans cultiver l'intelligence. • **Brod.** Points de remplissage exécutés à l'intérieur d'un motif, avant de le broder, afin de lui donner plus de relief. — **Ch. de f.** *Bourrage d'une traverse,* action d'enfoncer du ballast sous une traverse. — **Cin.** et **Phot.** Accumulation du film en dehors de son trajet normal, dans une caméra ou un appareil photo. — **Électr.** *Bourrage d'un câble,* ensemble des matières remplissant les interstices entre les éléments des câbles multipolaires. ‖ *Bourrage d'encoche,* élément isolant additionnel utilisé comme calage des côtés de bobine dans les encoches d'une machine. — **For.** Incident de forage se produisant lors de la traversée d'une argile plastique dont l'outil se trouve totalement enrobé. — **Inform.** Accumulation anormale et gravement perturbatrice de cartes dans le lecteur ou le perforateur de cartes d'un ordinateur, ou de papier dans une imprimante. — **Min.** Action de bourrer.

BOURRANT → BOURRATIF.

BOURRAQUE n. f. Syn. de CREVETTIER.

BOURRAQUER v. i. (conj. 3). Pousser une bourraque pour prendre des crevettes.

BOURRASQUE n. f. (ital. *burrasca*). **1.** Coup de vent violent survenant brusquement : *Essuyer une bourrasque.* — **2.** *Litt.* Incident brusque et violent de peu de durée : *Les bourrasques de l'existence.*

BOURRATIF, IVE ou **BOURRANT, E** adj. *Fam.* Qui bourre, alourdit l'estomac.

1. BOURRE n. f. **1.** Ensemble des poils fins, souples et serrés, du pelage des mammifères, qui assurent la protection contre le froid. (La bourre est parfois nommée duvet, bien qu'elle diffère du duvet des oiseaux.) — **2.** Toute espèce de poil, laine, fibres ou déchets de fibres en vrac. — **3.** Duvet végétal épais, qui couvre les bourgeons les feuilles, les fruits. — **4.** Corps inerte qui maintient en place la charge d'une cartouche. — **5.** Matière inerte servant à bourrer un trou de mine. — **6.** Pop. *De première bourre,* de première qualité, excellent. ‖ Pop. *Être à la bourre,* être en retard, être pressé.

2. BOURRE n. m. (de l'arg. *bourrique,* policier). *Arg.* Policier.

BOURREAU n. m. (de *bourrer,* maltraiter). **1.** Personne qui était chargée d'infliger les peines corporelles prononcées par une cour criminelle et notamment la peine de mort. (Syn. EXÉCUTEUR DES HAUTES ŒUVRES.) — **2.** Personne cruelle qui maltraite d'autres personnes : *Les bourreaux d'enfants.* — **3.** Fam. *Bourreau des cœurs,* séducteur ; don Juan. ‖ Fam. *Bourreau de travail,* personne qui travaille sans relâche. ‖ *Valet de bourreau,* celui qui aidait le bourreau dans ses fonctions. (Syn. AIDE DE L'EXÉCUTEUR.)

1. BOURRÉE n. f. (de *bourrer*). Buisson d'épines que l'on place dans l'eau pour pêcher les écrevisses.

2. BOURRÉE n. f. (de *bourrée 1*). **1.** Danse régionale du centre de la France, de rythme binaire (Berry et Bourbonnais) ou ternaire (Auvergne et Limousin). [Il en existe de nombreuses variétés.] — **2.** Air sur lequel on danse la bourrée. — **3.** *Pas de bourrée,* marche d'un emploi très courant dans la danse académique, sur trois pas (un à plat, les deux autres sur pointes ou demi-pointes).

BOURRÈLEMENT n. m. *Litt.* Souffrance morale torturante.

BOURRELER v. t. (de *bourreau*) [conj. **24**]. Tourmenter cruellement qqn d'un sentiment douloureux (surtout pass.) : *Être bourrelé de remords, de scrupules.*

BOURRELET n. m. (de *bourre 1,* par l'intermédiaire de l'anc. fr. *bourrel*). **1.** Gaine tubulaire remplie de matières élastiques pour préserver d'un choc ou obstruer une ouverture. – **2.** *Bourrelet de chair,* saillie, renflement de chair. • **Anat.** Anneau fibro-cartilagineux, appliqué sur le pourtour de la cavité glénoïde de l'humérus *(bourrelet glénoïdien)* et de la cavité cotyloïde de l'os iliaque *(bourrelet cotyloïdien),* qui accroît la profondeur de la cavité articulaire. – **Arm.** *Bourrelet de la cartouche,* saillie annulaire du culot des étuis de projectiles. – **Bât.** Bord roulé d'une feuille de zinc ou de plomb. ‖ Bande de feutre ou de mousse que l'on place aux joints des portes ou des fenêtres pour empêcher l'air d'entrer dans les appartements. – **Ch. de f.** *Bourrelet d'intercirculation,* cadre en caoutchouc situé à l'extrémité des voitures et destiné à permettre le passage entre elles. – **Mar.** Garniture destinée à protéger les embarcations, les coques des bateaux légers, les mâts, contre les chocs et les frottements. – **Trav. publ.** *Bourrelet de ralentissement,* syn. de CASSE-VITESSE, RALENTISSEUR. – **Zootechn.** *Bourrelet dentaire,* saillie de la gencive à l'extrémité du maxillaire supérieur des ruminants.

BOURRELIER, ÈRE n. (anc. fr. *bourrel,* bourre). Personne qui fait, vend ou répare des harnachements d'animaux de trait et divers articles de cuir (sacs, courroies).

BOURRELLERIE n. f. Activité du bourrelier.

BOURRER v. t. (de *bourre 1*) [conj. 3]. **1.** Remplir qqch au maximum en tassant : *Bourrer un poêle de charbon.* – **2.** Faire manger qqn, un animal trop abondamment. – **3.** En parlant d'un aliment, charger l'estomac : *Un gâteau qui bourre.* – **4.** Remplir la tête de qqn d'un grand nombre de connaissances jusqu'à saturation : *Bourrer un élève de mathématiques.* – **5.** Fam. *Bourrer le crâne à qqn,* l'intoxiquer par une propagande massive. ‖ Pop. *Bourrer le mou à qqn,* le tromper, lui raconter des balivernes. ‖ Fam. *Bourrer qqn (de coups),* le frapper violemment. ‖ *Bourrer les urnes,* introduire frauduleusement des bulletins de vote dans les urnes. • **Brod.** Faire le bourrage d'une broderie. – **Ch. de f.** *Bourrer une traverse,* faire pénétrer, sous les chocs répétés d'un outil approprié, les morceaux de ballast sous la traverse. – **Min.** Compléter, avec des matériaux inertes, le remplissage d'un trou de mine chargé d'explosif.

◆ v. i. **1.** *Pop.* Aller très vite en voiture, en moto, dans un travail, etc. – **2.** Forcer l'arrêt sur le gibier, en parlant du chien. – **3.** Agglomérer et retenir les copeaux dont le dégagement s'effectue mal, en parlant d'un outil à bois. (Syn. S'ENGORGER.)

◆ **être bourré** v. pass. **1.** Être plein jusqu'à déborder, avoir qqch en abondance : *Armoire bourrée de linge.* – **2.** *Bijou bourré,* syn. de BIJOU FOURRÉ.

◆ **se bourrer** v. pr., **être bourré** v. pass. **1.** *Pop.* S'enivrer, être ivre. – **2.** Manger avec excès, avoir l'estomac plein.

BOURRET n. m. (mot auvergnat). 1. Bovin mâle de un à deux ans. – **2.** Jeune canard.

BOURRETTE n. f. (de *bourre*). 1. Soie grossière qui entoure extérieurement le cocon. – **2.** Ensemble de fibres courtes de soie naturelle recueillies lors du peignage des déchets de soie, ou déchet obtenu pendant la filature de la schappe. – **3.** Génisse de un à deux ans.

BOURREUR, EUSE n. Fam. *Bourreur de crâne,* personne qui bourre le crâne à qqn.

◆ **bourreuse** n. f. Machine capable de rouler sur une voie ferrée, et équipée d'outils mécaniques, en général pneumatiques, pour effectuer le bourrage du ballast.

BOURRICAUD (François), sociologue français (Saint-Martin-du-Bois, Gironde, 1922 - Paris 1991). Traducteur et disciple de Parsons, il définit les relations sociales par la prédominance de l'aspect expressif sur l'aspect instrumental de l'action. On lui doit notamment : *Pouvoir et Société dans le Pérou contemporain* (1967), *Universités à la dérive* (1971), *le Bricolage idéologique* (1980).

BOURRICHE n. f. (p.-ê. racine préromane **burr*). 1. Long panier de vannerie, de texture grossière, servant au transport du gibier, du poisson, des fleurs, etc. ; contenu de ce panier : *Bourriche d'huîtres.* – **2.** Filet à poissons qu'on immerge et dans lequel on glisse ses captures. (Syn. FILOCHE.)

BOURRICHON n. m. (de *bourriche*). Pop. *Monter le bourrichon à qqn,* l'exalter, lui faire accroire qqch. ‖ *Pop. Se monter le bourrichon,* se faire des illusions ; s'échauffer à froid à propos de qqch.

BOURRICOT n. m. (esp. *borrico*). Petit âne.

BOURRIDE n. f. (provenç. *bourrido,* de *boulido,* ce qu'on fait bouillir). Sorte de bouillabaisse liée à l'ailloli et aux jaunes d'œufs. (Spécialité de Sète.)

BOURRIENNE (Louis FAUVELET DE), diplomate français (Sens 1769-Caen 1834). Condisciple de Bonaparte à Brienne, il devint son secrétaire (1797) et fut nommé conseiller d'État après le

18-Brumaire. Louis XVIII le fit préfet de police, puis ministre d'État. Il a publié ses *Mémoires* (1829-1831).

BOURRIN n. m. (de *bourrique*). *Pop.* et *péjor.* Cheval.

BOURRIQUE n. f. (esp. *borrico,* du bas lat. **burricus,* petit cheval). 1. *Fam.* Âne ou ânesse. – **2.** *Pop.* Personne entêtée ou stupide. – **3.** *Pop.* Policier. – **4.** Fam. *Faire tourner qqn en bourrique,* l'exaspérer à force de taquineries et d'exigences. ‖ Fam. *Soûl, plein comme une bourrique,* complètement ivre. ‖ Fam. *Têtu comme une bourrique,* très entêté.

BOURROIR n. m. (de *bourrer*). 1. Pilon ou tige servant à bourrer une substance dans un espace étroit. – **2.** Syn. de BATTE À BOURRER. – **3.** Tige de bois ou de matière plastique servant à pousser les cartouches d'explosif au fond d'un trou de mine et à tasser le matériau de bourrage.

BOURRU, E adj. et n. (de *bourre*). D'humeur brusque et acariâtre.

◆ adj. 1. Qui dénote un caractère brusque et bougon : *Des manières bourrues.* – **2.** Se dit d'un vin en fin de fermentation, encore chargé en gaz carbonique et non clarifié. – **3.** *Fil bourru,* fil inégal en grosseur. ‖ *Lait bourru,* lait fraîchement tiré.

BOURSAULT ou **BOURSEAU** n. m. **Bât.** Grosse moulure ronde de l'arête du versant d'un toit brisé.

BOURSAULT (Edme), écrivain français (Mussy-l'Évêque, Champagne, 1638-Paris 1701). Auteur de comédies (*le Mercure galant,* 1683), il est surtout célèbre par sa critique de *l'École des femmes* de Molière (*le Portrait du peintre,* 1663).

1. BOURSE n. f. (bas lat. *bursa,* du gr. *bursa,* cuir). 1. Petit sac souple pour mettre l'argent et de menus objets. – **2.** Argent disponible, ressources : *Ouvrir sa bourse à un ami.* – **3.** *À la portée de toutes les bourses,* bon marché. ‖ *Avoir la bourse bien garnie, vide, plate,* avoir beaucoup d'argent, être sans argent. ‖ *Faire bourse commune, à part,* mettre toutes ses ressources en commun ou, au contraire, les maintenir distinctes. ‖ *La bourse ou la vie !,* formule de menace que l'on prête aux bandits. ‖ *Sans bourse délier,* sans qu'il en coûte rien. ‖ *Tenir les cordons de la bourse,* disposer de l'argent dans un ménage, une association, etc. • **Anat.** *Bourse séreuse,* cavité virtuelle, limitée par une fine membrane conjonctive, dont le rôle est de faciliter le glissement des organes auxquels elle est annexée. – **Arbor.** Renflement de la branche d'un arbre fruitier d'où partent les fleurs et les fruits. – **Chass.** Filet en forme de poche, que l'on place à la bouche d'un terrier, pour prendre les lapins chassés au furet. – **Cost.** Au XVIIIe s., sac en taffetas noir enfermant, sur la nuque, les cheveux des hommes. – **Enseign.** Pension accordée à un élève, un étudiant ou un chercheur pour l'aider à poursuivre ses études. – **Entomol.** Autre nom donné au nid des chenilles processionnaires. – **Pêch.** Nom générique de tous les filets fermés. – **Sports.** Somme accordée à un boxeur pour un combat. – **Zool.** *Bourse de Fabricius,* organe juvénile des oiseaux, de type lymphoïde, jouant le rôle du thymus des mammifères et régressant chez l'adulte.

◆ **bourses** n. f. pl. Enveloppes des testicules, formant en avant du périnée et au-dessous de la verge un sac allongé verticalement, divisé en deux moitiés par un raphé médian.

2. BOURSE n. f. (p.-ê. de *bourse 1* ou de *Van der Burse,* banquiers à Bruges). 1. Lieu, édifice public où se réunissent, pour traiter de leurs affaires, les personnes (négociants, courtiers, opérateurs des sociétés de Bourse, etc.) qui se livrent au commerce ou à des opérations financières. – **2.** Marché où s'effectuent des transactions sur les valeurs mobilières ou les marchandises. (→ *encycl.*) – **3.** Ensemble de ceux qui fréquentent une Bourse : *La Bourse est en désarroi.* – **4.** *Bourse d'affrètement,* édifice public où s'inscrivent les transporteurs dans l'ordre correspondant à la fin de leur déchargement, où sont affichés les transports offerts et où les transporteurs choisissent celui qui leur convient. ‖ *Bourse d'échange,* mise en commun des demandes et des offres de gens désirant échanger qqch. ‖ *Bourse du travail,* lieu de réunion où les divers syndicats centralisent cours professionnels, bibliothèques et services de renseignements. (Les Bourses du travail se sont développées à la fin du XIXe s., sous l'influence de Pelloutier.) ‖ *Coup de Bourse,* spéculation boursière. ‖ *Jouer à la Bourse,* spéculer sur la variation des valeurs qui se négocient à la Bourse.

ENCYCL. • *Bourse de commerce.* En France, c'est l'ancienne appellation du marché à terme de marchandises, réuni depuis la loi de 1987 avec le M. A. T. I. F. (marché à terme d'instruments financiers, devenu en 1988 marché à terme international de France), sous la tutelle du Conseil des marchés à terme. Les marchés à terme portent donc aujourd'hui soit sur des instruments financiers, soit sur des marchandises. Parmi les Bourses de province, seules celles de Lille-Roubaix-Tourcoing (pomme de terre) et Le Havre (café) ont une certaine activité sur le marché réglementé des marchandises, les autres places ne maintenant plus que des marchés de gré à gré. À Paris sont négociés le sucre blanc, le café et le cacao, mais seul le marché du sucre blanc atteint une taille internationale.

• *Bourse de valeurs.* C'est, en France, un marché sur lequel les opérateurs des sociétés de Bourse (anc. les agents de change) se réunissent pour effectuer la négociation publique des valeurs mobilières. Après avoir recueilli tous les ordres d'achat et de vente exprimés sur une même valeur, ces intermédiaires les confrontent pour constater entre eux un cours d'équilibre, qui est celui où le plus grand nombre d'ordres d'achat et de vente compatibles peuvent être exécutés. Depuis 1991, toutes les valeurs sont cotées à Paris sur un marché international. Les 6 anciennes Bourses de province (Bordeaux, Lille, Lyon, Marseille, Nancy et Nantes) ont cessé d'être des lieux de cotation et ont été remplacées par des délégations de la Société des Bourses françaises (S. B. F.). La Bourse comporte des marchés distincts : un *marché officiel,* où se négocie une liste limitative de valeurs, formant la cote officielle (depuis une loi de 1988, l'admission ou la radiation des valeurs mobilières est de la seule responsabilité du Conseil des Bourses de valeurs) ; un *marché hors-cote,* qui est librement ouvert à la négociation des valeurs non inscrites à la cote officielle ; un *second marché,* créé en 1983, réservé aux sociétés acceptant de mettre 10 % de leurs titres à la disposition du public ; enfin, un *nouveau marché,* ouvert en 1996 et réservé aux petites et moyennes entreprises.
Les valeurs mobilières inscrites à la cote officielle font l'objet, depuis 1983, les unes de négociations au comptant, les autres de négociations sur le marché à règlement mensuel (marché R. M.). Ce marché R. M., où ne sont présentes que les sociétés ayant une capitalisation boursière très importante (cours multiplié par le nombre d'actions existantes) et mettant à la disposition du public au moins 25 % de leurs titres, fonctionne,

BOURSE DES VALEURS

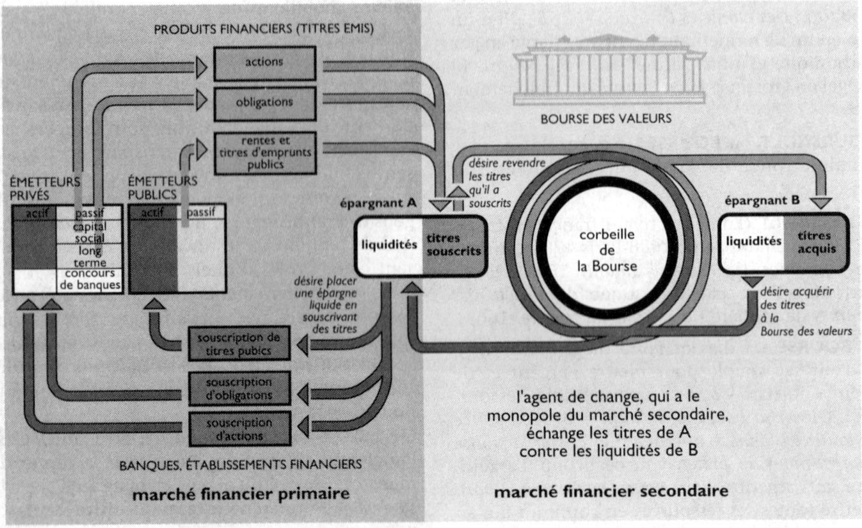

Schéma du principe de fonctionnement du marché boursier français. La partie gauche de la figure symbolise le marché financier "primaire". L'épargnant A souscrit (au guichet d'une banque) des actions ou des obligations proposées au public par un "émetteur" public (État ou collectivité publique) ou privé (l'entreprise essentiellement). Les liquidités correspondantes vont à l'actif de ces émetteurs. Les titres émits en représentation de ces apports d'argent, figurant dans le patrimoine de l'épargnant, peuvent être cédés sur le marché financier "secondaire", représenté par la partie droite de la figure. Sur ce marché (ou Bourse des valeurs), l'épargnant B acquerra les titres de l'épargnant A. Celui-ci, par ce moyen, reconstitue ses liquidités, susceptibles de s'investir dans de nouvelles émissions.

dans les grandes lignes, dans les mêmes conditions que l'ancien marché à terme : négociations par quotités ; règlement mensuel avec faculté de reports ; opérations conditionnelles.
— L'*opération au comptant* consiste en une négociation qui doit se régler dans les délais les plus courts. Les titres vendus sont transférés à l'acheteur dès exécution de l'ordre ; le montant de la transaction est réglé immédiatement.
— Dans une *négociation à règlement mensuel,* l'acheteur et le vendeur se sont définitivement engagés dès la conclusion du contrat, le premier à payer le prix, le second à livrer les titres, mais l'exécution des engagements intervient à la fin de la période dite « de liquidation ».
Une fois inscrite, la valeur peut être cotée soit à la criée, soit en continu grâce au système de cotation assistée en continu (C. A. C.). Cette procédure, qui repose sur une infrastructure informatique, permet grâce à un fonctionnement continu du marché boursier de transmettre et d'exécuter les ordres en temps réel. Entre 1987 et 1989, le système C. A. C. a progressivement remplacé la cotation à la criée. Aujourd'hui, toutes les actions du marché officiel sont cotées en continu, ainsi que l'ensemble du marché obligataire. Seules les étrangères négociées au comptant et les valeurs hors-cote sont encore traitées à la criée.

Bourse *(Commission des opérations de)* **[C. O. B.],** organisme créé par l'ordonnance du 28 sept. 1967, dont la mission est d'améliorer la qualité des informations fournies aux porteurs de valeurs mobilières et de garantir la régularité des opérations boursières. Depuis 1988, la C. O. B. a la surveillance des marchés boursiers et de l'intégralité des marchés à terme (marchandises et instruments financiers).

BOURSE-À-PASTEUR n. f. (pl. *bourses-à-pasteur*). Nom usuel de la *capselle.*

BOURSEAU → BOURSAULT.

BOURSETTE → BOURCETTE.

BOURSEUL (Charles), savant français (Bruxelles 1829-Saint-Céré 1912). Il eut l'idée de la transmission électrique de la parole (1854).

BOURSICOTAGE n. f. Action de boursicoter.

BOURSICOTER v. i. (moyen fr. *boursicot,* petite bourse) [conj. 3]. Faire de petites opérations spéculatives de Bourse.

BOURSICOTIER, ÈRE ou **BOURSICOTEUR, EUSE** n. Personne qui boursicote.

1. BOURSIER, ÈRE n. (de *bourse,* pension). Élève, étudiant ou chercheur bénéficiaire d'une bourse d'études.

2. BOURSIER, ÈRE adj. Se dit de ce qui concerne la Bourse, les opérations de Bourse.
◆ n. Personne qui fait par profession des opérations de Bourse.

BOURSOUFLAGE ou **BOURSOUFLEMENT** n. m. Action de se boursoufler ; état de ce qui est boursouflé, enflure.

BOURSOUFLER v. t. (anc. fr. *boursouflé,* enflé, d'un rad. onomat. **bod-* exprimant le gonflement) [conj. 3]. **1.** Distendre qqch, le gonfler par places : *Humidité qui a boursouflé la peinture.* — **2.** Donner de l'emphase, de la grandiloquence à un style.
◆ **se boursoufler** v. pr., **être boursouflé** v. pass. **1.** Être enflé par endroits : *Visage boursouflé.* — **2.** *Litt.* S'enfler d'orgueil. — **3.** Être emphatique et vide, grandiloquent.

BOURSOUFLURE n. f. **1.** Partie boursouflée de qqch ; enflure : *Avoir des boursouflures sous les yeux.* — **2.** Grandiloquence, emphase : *Boursouflure du style.*

BOURVIL (André RAIMBOURG, dit), acteur et chanteur français (Pretot-Vicquemare 1917-Paris 1970). Il se fit connaître après la Libération comme chanteur d'opérettes et acteur de cinéma. À l'écran, son comique niais peut s'allier à la sensibilité ; il a joué dans *les Trois Mousquetaires* (1953) ; *les Hussards* (1955) ; *la Traversée de Paris* (1956) ; *le Corniaud* (1964) ; *les Grandes Gueules* (1965) ; *la Grande Vadrouille* (1966) ; *le Cercle rouge* (1970).

BOU SAÂDA → BOUSSAÂDA.

BOUSBECQUE (59166), comm. du Nord, près de Tourcoing ; 3 926 hab. Papeterie. Église du XVe s.

BOUSCARLE n. f. (mot provenç.). Fauvette du bord des eaux, des régions méditerranéennes.

BOUSCAT (Le) [33110], ch.-l. de cant. de la Gironde, banlieue nord-ouest de Bordeaux ; 21 574 hab. *(Bouscatais).* Petite métallurgie. Peintures et vernis.

BOUSCAT (René), général d'aviation français (Thuir 1891-Paris 1970). Après avoir réorganisé à partir de 1943 l'armée de l'air avec les éléments de la France libre et ceux de l'Afrique du Nord, il commanda les forces aériennes françaises puis contribua comme chef d'état-major général de l'armée de l'air (1946) au renouveau doctrinal et technique.

BOUSCH ou **BUSCH** (Valentin), peintre verrier alsacien (Strasbourg fin du XVe s.-Metz 1541). On lui doit, à la cathédrale de Metz, les verrières du chœur et du bras sud du transept, qui introduisent le style renaissant dans cette ville (1520-1536).

BOUSCHET n. m. Autre nom de l'*alicante bouschet.*

BOUSCUEIL [buskœj] n. m. Au Canada, amoncellement chaotique de glaces sous l'effet du vent, de la marée, d'un courant.

BOUSCULADE n. f. **1.** Poussée un peu vive qui se produit dans un groupe de personnes : *Être pris dans une bousculade.* — **2.** Grande agitation, remue-ménage : *La bousculade d'un départ précipité.*

BOUSCULER v. t. (moyen fr. *bousser,* heurter, et *culer,* marcher à reculons) [conj. 3]. **1.** Mettre un ennemi en déroute, créer le désordre chez lui. — **2.** Heurter violemment qqch en le renversant. — **3.** Heurter qqn, le pousser jusqu'à lui faire perdre l'équilibre : *Bousculer les gens pour passer le premier.* — **4.** Apporter un renouvellement brutal, un changement complet dans qqch : *Bousculer des habitudes.* — **5.** Inciter qqn par des rappels à l'ordre à se presser, le brusquer.

◆ **être bousculé** v. pass. Être sollicité de tous côtés par des affaires diverses.

◆ **se bousculer** v. pr. **1.** Se pousser en tous sens ; être nombreux à s'agiter en se poussant. — **2.** Être nombreux à vouloir obtenir la même chose : *On se bouscule pour être médecin.* — **3.** Se succéder de façon désordonnée : *Les souvenirs se bousculent dans sa tête.*

BOUSE n. f. (p.-ê. d'orig. gaul.). Excrément de bovin.

BOUSER v. i. (conj. 3). Évacuer de la bouse, en parlant des bovins.

BOUSEUX, EUSE n. (de *bouse*). *Pop.* et *péjor.* Paysan.

BOUSIER n. m. (de *bouse*). Insecte coléoptère coprophage du groupe des scarabées tel que le copris et le géotrupe.

BOUSILLAGE n. m. **1.** *Fam.* Action de bousiller ; ouvrage mal fait. — **2.** Mélange de chaume haché et de terre détrempée, employé dans certaines constructions.

BOUSILLER (de *bouse*) [conj. 3]. *Fam.* **1.** Exécuter un travail grossièrement et très vite. — **2.** Endommager gravement qqch, le détériorer, le compromettre : *Bousiller une voiture. Bousiller sa carrière.* — **3.** Tuer qqn ou le détruire moralement. — **4.** Maçonner en bousillage.

◆ **se bousiller** v. pr. Fam. *Se bousiller les yeux, la santé, etc.,* les détériorer, les endommager.

BOUSILLEUR, EUSE *Fam.* Personne qui travaille mal, sans soin.

1. BOUSIN n. m. (de *bouse*). Couche de quelques centimètres d'épaisseur sur un banc de pierre de taille, beaucoup plus tendre que le reste de ce banc.

2. BOUSIN n. m. (angl. *bousing-ken,* cabaret de bas étage, de *to bouse,* s'enivrer). *Pop.* et *vx.* **1.** Cabaret. — **2.** Tapage, désordre.

BOUSINGOT n. m. (de *bousin*). Nom donné en France, après la révolution de 1830, à de jeunes écrivains et artistes romantiques qui affichaient des opinions très libérales.

BOU SMAÏL, anc. **Bou Ismaïl,** puis **Castiglione,** port d'Algérie, à l'O. d'Alger ; 43 900 hab. Pêche. Station balnéaire. — À proximité, tombeau royal mauritanien.

BOUSQUET (Joë), écrivain français (Narbonne 1897-Carcassonne 1950). Paralysé à la suite d'une blessure de guerre en 1918, il a laissé des recueils poétiques empreints d'un profond lyrisme et d'une solitude exaspérée (*Traduit du silence,* 1939 ; *Lettres à poisson d'or,* 1967).

BOUSSAÂDA, anc. **Bou Saâda,** v. d'Algérie, au N.-O. de Beskra ; 67 000 hab. Oasis arrosée par l'*oued Boussaâda.* Ksar. Mosquées. Tourisme.

BOUSSAC (23600), ch.-l. de cant. du nord-est de la Creuse ; 1 686 hab. *(Boussaquins).* — Peintures romanes à *Boussac-Bourg.*

BOUSSAC (*le Maréchal* DE) → BROSSE (Jean de).

BOUSSAC (Marcel), industriel français (Châteauroux 1889 - Dammarie-sur-Loing 1980). Il constitua, après 1914, un immense empire textile, et créa le Comptoir de l'industrie cotonnière, pivot de ses multiples entreprises. Il s'intéressa également à la haute couture et aux parfums (Christian Dior), à l'immobilier, à la presse *(l'Aurore* et *Paris-Turf)* mais mourut ruiné.

BOUSSINGAULT (Jean-Baptiste), chimiste et agronome français (Paris 1802 - *id.* 1887). Il a découvert le rôle du silicium dans l'acier et a participé aux recherches de Dumas sur les masses atomiques. Mais il s'est surtout consacré à la chimie agricole et à la physiologie végétale. (Acad. des sc., 1839.)

BOUSSIRON (Simon), ingénieur français (Perpignan 1873 - Paris 1958). Après avoir travaillé avec Eiffel, il réalisa les premières voûtes minces en béton armé (gare de marchandises de Bercy [1910], puis entrepôts aux Batignolles, au Bourget, à Bizerte, etc.).

BOUSSOIS (59168), comm. du Nord, à l'E. de Maubeuge ; 3 481 hab. Verrerie.

Boussois-Souchon-Neuvesel (B. S. N.) → DANONE.

BOUSSOLE n. f. (ital. *bussola,* petite boîte). **1.** Boîte en matière non magnétique, au centre de laquelle est placée une aiguille aimantée qui repose librement sur un pivot et dont les extrémités se dirigent vers les pôles magnétiques de la

Terre, ce qui permet de reconnaître la direction du nord. (→ *encycl.*) — **2.** Valeur de référence : *La Bourse, boussole de l'économie.* — **3.** Fam. *Perdre la boussole,* perdre le nord, devenir fou. • **Électr.** Appareil de mesure électromagnétique dont l'équipage mobile est formé d'un aimant, mobile autour d'un axe et soumis à l'action d'un champ magnétique, indépendant de l'appareil (par ex. la *boussole des tangentes,* imaginée par Pouillet). — **Géophys.** *Boussole de déclinaison,* boussole mesurant en un lieu l'angle variable que le méridien magnétique fait avec le méridien géographique. ‖ *Boussole d'inclinaison,* aiguille aimantée portée par un axe horizontal, mesurant l'angle que fait en un lieu la direction du champ magnétique terrestre avec l'horizon. — **Topogr.** *Boussole d'arpenteur* ou *boussole topographique,* boussole munie d'un dispositif de visée et utilisée pour les travaux d'arpentage.

ENCYCL. La boussole proprement dite n'est qu'une aiguille aimantée, disposée pour observer la direction du champ magnétique terrestre. On désigne aussi sous ce nom des appareils de mesures électromagnétiques dont l'organe principal est constitué par un aimant mobile. Les Chinois auraient remarqué les premiers la polarité de l'aimant et l'action directrice que la Terre exerce sur lui. Ils utilisèrent ces propriétés vers l'an 1100. Les Arabes apprirent, eux, à se servir de la boussole, et la révélèrent aux Européens, qui s'en servirent à partir de la fin du XIIe s.

BOUSSOLE (en lat. *Pyxis, -idis*), petite constellation australe, au N. des Voiles*.

BOUSSU, comm. de Belgique (Hainaut), à l'O. de Mons ; 21 000 hab. Église avec chœur du XIIIe s. Anc. ensemble industriel et résidentiel du *Grand-Hornu,* œuvre monumentale du deuxième quart du XIXe s.

BOUSSY-SAINT-ANTOINE (91800), comm. de l'Essonne, au S.-E. de Brunoy ; 5 940 hab. Petit musée Dunoyer de Segonzac.

BOUSTIFAILLE n. f. (mot dialect., de *bouffer*). *Pop.* Nourriture.

BOUSTROPHÉDON n. m. (gr. *boustrophêdon,* de *bous,* bœuf, et *strophas, -ados,* qui se meut en tournant). Écriture archaïque (grec, étrusque, etc.) dont les lignes se lisaient alternativement de gauche à droite puis de droite à gauche, à la manière des sillons tracés dans un champ.

BOUT n. m. (de *bouter*). **1.** Extrémité d'un corps ou d'un espace considérés dans le sens de la longueur ; limite d'un espace : *Le bout du couteau est pointu. Le bout d'un champ.* — **2.** Fin d'un espace de temps, de la durée d'un état, d'une action : *Le bout de l'année. Il a dormi jusqu'au bout du film.* — **3.** Ce qui garnit l'extrémité de certains objets : *Un bout de parapluie en cuivre.* — **4.** Morceau, fragment de qqch : *Un bout de fil.* — **5.** Qqch de court, de petit, d'incomplet : *Écrire un bout de lettre.* — **6.** Partie d'une étendue, d'une durée : *Faire un bout de chemin ensemble.* — **7.** *À bout de bras,* à bras tendus ; en faisant le maximum d'efforts pour aider qqn, une entreprise. ‖ *À bout portant,* se dit lorsqu'on tire sur qqn avec une arme à feu, de très près. ‖ *À bout touchant,* se dit lorsqu'on tire sur qqn en appuyant l'arme sur la victime. ‖ *Aller jusqu'au bout (de qqch),* persévérer dans son action, quelles que soient les difficultés. ‖ *Au bout de,* une fois ce temps écoulé : *Au bout d'une heure.* ‖ Vx. *Bas bout, haut bout,* places les moins ou les plus honorables dans un banquet, les convives les plus distingués étant assis autrefois sur une sorte d'estrade. ‖ *Bout à bout,* les extrémités jointes l'une à l'autre ; les choses ajoutées les unes aux autres. ‖ *Bout de chou, bout de zan,* termes affectueux pour désigner un petit enfant assez mignon. ‖ *Bout d'homme, bout de femme,* personne de très petite taille. ‖ *Bout du sein,* mamelon. ‖ Fam. *Ce n'est pas le bout du monde,* ce n'est pas très difficile ; ce n'est pas loin ; ce n'est pas très coûteux, etc. ‖ *De bout en bout, d'un bout à l'autre (de qqch),* d'une extrémité à l'autre ; du début à la fin. ‖ *En connaître, en savoir un bout,* être expert sur une question. ‖ *Être à bout,* être épuisé physiquement ou nerveusement ; n'avoir plus de ressources, de patience, ne plus pouvoir résister. ‖ *Être à bout de force, de courage, de souffle, etc.,* ne plus avoir de forces, de courage, de souffle, etc. ‖ *Être à bout de nerfs,* être très énervé. ‖ *Être au bout de qqch,* être sur le point d'avoir consommé entièrement qqch ; être près de voir la fin d'un travail, d'une peine, d'un effort, etc. ‖ Pop. *Mettre les bouts,* partir, filer, s'enfuir. ‖ *Ne pas savoir par quel bout prendre qqn,* se dit lorsque qqn est peu conciliant, peu sociable, inabordable. ‖ *Pousser qqn à bout,* l'énerver, le contrarier à un point extrême. ‖ *Prendre qqch, qqn par le bon, le mauvais bout,* commencer une action, une approche de la manière la plus appropriée ou d'une manière maladroite. ‖ Fam. *S'en aller par tous les bouts, par petits bouts,* se détériorer, en parlant de qqch ; avoir une santé de plus en plus défaillante. ‖ Fam. *Tenir le bon bout,* être sur le chemin de la réussite, sur la bonne voie. ‖ *Un (bon) bout de temps,* un temps assez long. ‖ *Venir à bout de qqch,* l'épuiser, le consommer entièrement. ‖ *Venir à bout d'une action,* réussir à la mener à son terme après effort. ‖ *Venir à bout de qqch, de qqn,* triompher d'eux, les vaincre après un effort. ‖ *Voir le bout (de qqch),* en voir la fin. • **Bois.** et **Grav.** *Bois de bout,* pièce de bois dont la surface est perpendiculaire au fil. (Le bois de bout est utilisé notamment en gravure.) [On écrit aussi BOIS DEBOUT.] — **Ch. de f.** *Quai en bout,* quai disposé pour le chargement en bout des wagons, à l'aide d'un pont mobile. – **Chauss.** Extrémité antérieure de la forme ou de la chaussure. – **Cin.** *Bout d'essai,* séquence que l'on fait tourner à un comédien pour juger de son aptitude à tenir un rôle. – **Géom.** *Droite de bout, plan de bout,* droite ou plan perpendiculaire au plan vertical de projection. – **Jeux.** Syn. de OUDLER. – **Mar.** Cordage. ‖ *Vent de bout,* syn. de VENT DEBOUT.

BOUTADE n. f. (de *bouter,* ou provenç. *boutado,* caprice). **1.** Saillie vive, imprévue, originale, qui touche au paradoxe : *Répondre à une attaque par une boutade.* – **2.** Trait amer qui trahit quelque mauvaise humeur ou une vue pessimiste.

BOUTAGE n. m. (de *bouter*). Dans l'industrie textile, opération consistant à implanter des aiguilles d'acier dans des rubans, pour constituer la garniture souple d'une carde.

BOUTANT adj. m. (de *bouter*). Qui contrebute, soutient, épaule une construction.

BOUTARGUE → POUTARGUE.

BOUT-DE-GÎTE n. m. (pl. *bouts-de-gîte*). Morceau du bœuf, situé à la partie inférieure des membres.

BOUT-DEHORS n. m. (pl. *bouts-dehors*) [de *bouter* et *dehors*]. Pièce de mâture destinée à établir des voiles en saillie à l'extérieur.

BOUT-DE-PIED n. m. (pl. *bouts-de-pied*). Petit siège qui, rapproché d'un fauteuil, le transforme en une sorte de chaise longue.

BOUTÉE n. f. (de *bouter*). **1.** Syn. anc. de BUTÉE. – **2.** Ensemble des feuilles imprimées formant l'assortiment nécessaire à la confection d'un certain nombre de jeux de 32 ou de 52 cartes. (Syn. MENÉE.)

BOUTE-EN-TRAIN n. m. inv. (de *bouter,* pousser, et *en train,* en mouvement). **1.** Personne qui met les autres en gaieté, qui anime une société. – **2.** Mâle utilisé pour détecter l'état de chaleur des femelles dans les espèces où ce dernier est difficilement décelable (jument, brebis). (Syn. ÉTALON D'ESSAI, SOUFFLEUR.) – **3.** Dans les centres d'insémination artificielle, femelle utilisée pour provoquer l'éjaculation des reproducteurs (taureaux, béliers, boucs, verrats).

BOUTEFEU n. m. **1.** Autref., bâton muni d'une mèche servant à enflammer la charge de poudre d'une bouche à feu ; auj., artifice qui produit une flamme. – **2.** *Fam.* et *vx.* Personne qui suscite ou exacerbe les querelles – **3.** Spécialiste affecté au tir des mines.

BOUTEILLAN n. m. Cépage cultivé dans le Midi à fruits noirs ou blancs.

BOUTEILLE n. f. (bas lat. *buticula,* de *buttis,* tonneau). **1.** Récipient allongé à goulot étroit, en verre, en plastique, en métal ou en terre destiné aux liquides, notamment aux boissons ; son contenu. – **2.** Bouteille de vin, d'alcool : *Sortir une bonne bouteille.* – **3.** Bouteille de vin d'appellation contrôlée, d'une contenance égale ou voisine de 73 cl. – **4.** Fam. *Aimer, caresser la bouteille,* s'adonner à la boisson. ‖ Fam. *Avoir, prendre de la bouteille,* acquérir des qualités par le vieillissement, en parlant du vin ; avoir, prendre de l'expérience en vieillissant dans un métier. ‖ *Lancer, jeter une bouteille à la mer,* envoyer un message de détresse. • **Emball.** *Bouteille à gaz,* récipient métallique mobile, destiné à l'emmagasinage et au transport des gaz comprimés, liquéfiés ou dissous. – **Frigor.** *Bouteille accumulatrice,* réservoir situé à la sortie du condenseur et servant de réserve pour le frigorigène liquéfié avant détente. ‖ *Bouteille thermo-isolante* ou *isolante,* bouteille isolée thermiquement qui permet de garder un liquide à sa température. – **Pêch.** Syn. de CARAFE.

◆ adj. inv. *Vert bouteille,* vert foncé.

◆ **bouteilles** n. f. pl. Toilettes à bord des bateaux.

BOUTEILLE (Romain), comédien français (Paris 1937), fondateur, en 1969, et animateur du *Café de la Gare,* le premier café-théâtre, style qu'il a popularisé.

BOUTEILLER ou **BOUTILLIER** n. m. (lat. médiév. *buticularius*). **1.** Personnage chargé de l'intendance du vin à la cour d'un roi, d'un prince, etc. – **2.** *Bouteiller de France,* grand officier de la Couronne de France, chargé de l'administration des vignobles du domaine royal et de leurs revenus. (Sa charge fut supprimée par Charles VII.)

BOUTEILLERIE n. f. **1.** Fabrication ou commerce des bouteilles. – **2.** Usine où l'on fabrique des bouteilles.

BOUTEILLON n. m. (de *Bouthéon,* n. pr.). Marmite utilisée autrefois par les militaires.

BOUTENS (Pieter Cornelis), poète hollandais (Middelburg 1870-La Haye 1943). Il a dominé par son œuvre lyrique tout le début du XXe s. (*Nuages d'été,* 1922).

BOUTER v. t. (frq. **botan,* frapper) [conj. 3]. *Litt.* Pousser, refouler : *Jeanne d'Arc bouta les Anglais hors de France.*

BOUTEROLLE n. f. (de *bouter*). **1.** Garniture métallique fixée au bout d'un fourreau d'épée. – **2.** Outil à tête ronde qu'utilisent les orfèvres pour faire les chatons des bagues, et les graveurs en pierres fines pour travailler à la poudre d'émeri les camées et les intailles. – **3.** Outil portant une empreinte concave et que l'on emploie pour arrondir l'extrémité martelée d'un rivet. – **4.** Pièce cylindrique fendue, servant à renforcer l'épaisseur du palâtre, à l'entrée de clef.

BOUTEROUE n. f. (de *bouter* et *roue*). Syn. de CHASSE-ROUE.

BOUTE-SELLE n. m. inv. Autref., sonnerie de trompette ordonnant aux cavaliers de seller leurs chevaux pour partir.

BOUTET DE MONVEL (Louis Maurice), peintre français (Orléans 1851-Paris 1913). À côté de ses toiles (paysages, portraits), le meilleur de son œuvre reste ses illustrations de livres pour enfants, stylisées et poétiques (*Jeanne d'Arc,* 1896, etc.).

BOUTEUR n. m. (de *bouter*). **1.** Engin de terrassement constitué par un tracteur à chenilles ou à pneumatiques, équipé à l'avant d'une lame servant à pousser des matériaux. (Syn. BULLDOZER.) — **2.** Gouvernail auxiliaire, placé à l'avant d'un bateau ou d'un convoi poussé, pour en accroître la manœuvrabilité.

BOUTHILLIER ou **BOUTILLIER** (Jean), jurisconsulte français du XIVe s. (Pernes-en-Artois-Paris 1395). Il est l'auteur de la *Somme rurale,* qui mêle les droits romain, canonique et coutumier.

BOUTHILLIER (Claude), seigneur **de Foulletourte** et **de Pont-sur-Seine,** homme d'État français (Paris 1581-Pont-sur-Seine 1652). Secrétaire d'État en 1628, il fut un fidèle collaborateur de Richelieu qui lui confia la surintendance des Finances et le département des Affaires étrangères (1632). Il conserva ces charges jusqu'à la mort de Louis XIII. — Son fils Léon **Bouthillier,** comte *de Chavigny* et *de Byzançais* (Paris 1608-*id.* 1652), obtint de Richelieu la survivance de sa charge de secrétaire d'État (1632) et lui fut associé aux Affaires étrangères.

BOUTHOUL (Gaston), sociologue français (Monastir, Tunisie, 1896-Paris 1980). Créateur, en 1945, du terme de « polémologie » et fondateur la même année de l'Institut français de polémologie, il se consacra à l'étude sociologique des guerres et des paix. On lui doit notamment : *les Guerres, éléments de polémologie* (1951), *Guerres et Civilisations* (1980).

BOUTIÈRES (les), partie boisée de la bordure orientale du Massif central, aux confins du Velay et du Vivarais.

BOUTILLIER → BOUTEILLER.

BOUTIQUE n. f. (anc. provenç. *botica,* du gr. *apothêkê,* entrepôt). **1.** Local où se tient un commerce de détail, où exerce un artisan. — **2.** Lieu de commerce en plein air : *Boutique foraine.* — **3.** *Fam.* Maison en général, lieu de travail, entreprise. — **4.** *Boutique (de mode),* magasin où les couturiers vendent le prêt-à-porter, les accessoires et les parfums à leur griffe. ‖ *Ouvrir, fermer, tenir boutique,* fonder, cesser, avoir un commerce. ‖ Fam. *Parler boutique,* parler de sujets professionnels. ‖ *Plier boutique,* démonter ses étalages, et fam., cesser une activité.

BOUTIQUIER, ÈRE n. Personne qui tient une boutique ; petit commerçant.

BOUTISSE n. f. (orig. wallonne, de *bouter*). Dans une construction, élément d'appareil présentant sa face étroite en parement, par opposition au carreau et à la panneresse.

BOUTLEROV (Aleksandr Mikhaïlovitch), chimiste russe (Tchistopol, gouvern. de Kazan, 1828 - Boutlerovka, près de Kazan, 1886). Il a découvert le premier l'alcool tertiaire et, avec A. Couper et Kekulé, est l'un des fondateurs de la théorie de la structure des composés organiques.

BOUTMY (Émile), historien français (Paris 1835 - *id.* 1906), fondateur, en 1872, de l'École libre des sciences politiques.

BOUTOIR n. m. (de *bouter*). **1.** Groin du sanglier. — **2.** *Coup de boutoir,* coup violent, attaque brutale qui ébranle l'adversaire ; parole dure, blessante.

1. BOUTON n. m. (de *bouter*). État d'une fleur avant son éclosion. (La protection est assurée par le calice, qui enveloppe entièrement la corolle et les organes sexuels.)

2. BOUTON n. m. (de *bouton 1*). **1.** Petite pièce en matière dure, généralement circulaire, qui, cousue sur un vêtement, sert à le fermer ou à l'orner. — **2.** Pièce arrondie saillante qui sert à manœuvrer une porte, un tiroir, etc. — **3.** Pièce mobile sur laquelle on agit manuellement pour commander mécaniquement ou électriquement un appareil. • **Allum.** Tête inflammable d'une allumette. — **Arm.** *Bouton fileté,* partie du canon sur laquelle vient se visser la boîte de culasse du fusil. — **Bijout.** *Bouton d'oreille,* boucle d'oreille dont l'élément décoratif s'applique au lobe. — **Chir.** *Abcès en bouton de chemise,* abcès se composant de deux poches communiquant entre elles par un orifice étroit. — **Électr.** *Pile bouton,* pile alcaline en forme de bouton, servant à alimenter les calculettes, montres, appareils photo, etc. — **Habill.** *Bouton de manchette,* chacun des deux boutons, qui, à travers les boutonnières en regard, ferme une manchette. — **Inform.** Élément d'une interface graphique sur lequel l'utilisateur peut cliquer pour déclencher une action — **Mil.** Insigne dont la forme, la couleur, la frappe sont particulières à l'uniforme de chaque arme. ‖ Symbole de l'esprit de corps d'une arme ou d'un service. — **Neurol.** *Bouton terminal* ou *présynaptique,* extrémité de chacune des ramifications de l'axone renflée en une petite sphère de cytoplasme riche en mitochondries et en vésicules synaptiques. — **Serrur.** *Bouton de serrure,* poignée, de forme ronde ou oblongue, servant à la commande de l'ouverture. — **Text.** Petit amas formé d'une ou de plusieurs fibres, emmêlées et pelotonnées sur elles-mêmes. — **Véner.** *Bouton de vénerie,* chacun des boutons de cuivre, ornés et gravés, qui garnissent la tenue et qui diffèrent selon l'équipage. ‖ *Être bouton,* être membre d'un équipage en ayant le droit d'en porter la tenue. — **Verr.** Renflement ponctuel ornant la jambe d'un verre.

3. BOUTON n. m. (de *bouton 1*). **1.** Élevure cutanée, quelle qu'en soit la nature. (Le mot « bouton » n'a pas de signification dermatologique précise.) — **2.** *Bouton d'huile,* folliculite profonde et diffuse, siégeant aux avant-bras des ouvriers exposés aux projections d'huile de machine. (Syn. ÉLAÏCONIOSE.) ‖ *Bouton d'Orient,* leishmaniose cutanée répandue en Inde, au Moyen-Orient, en Afrique et dans tout le Bassin méditerranéen, due à *Leishmania tropica* et transmise par la piqûre d'un insecte, *Phlebotomus papatasi.* (L'affection se manifeste par l'apparition sur les parties découvertes, habituellement au visage, d'un ou de plusieurs nodules rouges qui aboutissent à une ulcération et laissent une cicatrice indélébile.)

BOUTON-D'ARGENT n. m. (pl. *boutons-d'argent*). Nom commun à plusieurs végétaux : deux renoncules, une achillée, des matricaires et des petits champignons.

BOUTON-DE-GUÊTRE n. m. (pl. *boutons-de-guêtre*). Champignon ascomycète noir des arbres abattus.

BOUTON-D'OR n. m. (pl. *boutons-d'or*). Renoncule commune, à fleurs jaunes (renoncule âcre ou renoncule bulbeuse).

BOUTONNAGE n. m. **1.** Action de boutonner un vêtement. — **2.** Ensemble des boutons et boutonnières qui permettent de fermer un vêtement.

BOUTONNEMENT n. m. Formation des boutons floraux.

1. BOUTONNER v. i. (de *bouton 1*) [conj. 3]. **1.** Former des boutons, en parlant d'une plante. — **2.** Avoir des boutons sur la peau : *Nez qui boutonne.*

2. BOUTONNER v. t. (conj. 3). **1.** Attacher, fermer un vêtement au moyen de boutons. — **2.** Attacher les boutons de qqn.

◆ v. i. ou **se boutonner** v. pr., **être boutonné** v. pass. S'attacher, se fermer à l'aide de boutons : *Veste qui boutonne à gauche.*

◆ **se boutonner** v. pr., **être boutonné** v. pass. Attacher les boutons de ses vêtements : *Être boutonné jusqu'au cou.*

BOUTONNEUX, EUSE adj. **1.** Qui est couvert de boutons : *Visage boutonneux.* — **2.** Se dit des rubans, fils ou tissus contenant des boutons, soit par accident, soit volontairement pour un effet fantaisie.

◆ **boutonneux** n. m. *Fam.* Adolescent.

BOUTONNIER, ÈRE n. Personne qui fabrique des boutons.

BOUTONNIÈRE n. f. **1.** Petite fente pratiquée dans un tissu ou ménagée dans un tricot pour laisser passer un bouton. — **2.** Fente au revers de la veste : *Avoir une fleur à la boutonnière.* — **3.** *Pop.* Blessure au couteau. — **4.** Petite incision de la peau et donnant accès au plan sous-jacent. — **5.** Dépression résultant de l'évidement par l'érosion de la partie axiale d'un bombement anticlinal. (Syn. BRAY.)

BOUTON-POUSSOIR n. m. (pl. *boutons-poussoirs*). **1.** Dispositif de commande d'un appareil électrique destiné à être actionné manuellement et possédant un ressort de rappel. — **2.** Bouton de condamnation situé dans le centre du bouton de certaines serrures.

BOUTON-PRESSION n. m. (pl. *boutons-pression*). Système de fermeture d'un vêtement, d'un sac, etc., fait de deux disques de métal estampés et emboutis qui s'adaptent l'un à l'autre par pression de la calotte sur un ressort. (Syn. PRESSION.)

BOUTRE n. m. (ar. *būt,* de l'angl. *boat,* bateau). Nom générique des navires arabes qui naviguent dans la mer Rouge, le long de la côte orientale d'Afrique et dans le golfe Persique.

BOUT-RIMÉ n. m. (pl. *bouts-rimés*). Pièce de vers composée sur des rimes données.

◆ **bouts-rimés** n. m. pl. Rimes imposées à un poète pour être employées dans des vers à faire sur un sujet donné ou libre.

BOUTROS-GHALI (Boutros), juriste, diplomate et homme politique égyptien (Le Caire 1922). Ministre d'État chargé des Affaires étrangères de 1977 à 1991, il est secrétaire général de l'O. N. U. depuis 1992.

BOUTROUX (Émile), philosophe français (Montrouge 1845-Paris 1921). Il soutient une philosophie de la contingence. Il a écrit *De l'idée de loi naturelle dans la science et la philosophie* (1895). [Acad. fr., 1912.]

BOUTS (Dieric, Dirk ou Thierry), peintre des anciens Pays-Bas (Haarlem v. 1415 -Louvain 1475), mentionné à Louvain de 1457 à sa mort. Marqué par l'influence de Van Eyck et de Van der Weyden, c'est un paysagiste subtil, un peu archaïsant, et un peintre de l'intimisme sacré (*la Fontaine symbolique* et *les Damnés,* volets d'un triptyque, musée de Lille).

BOUTURAGE n. m. **1.** Multiplication artificielle des végétaux par bouture. — **2.** *Bouturage naturel,* mode de multiplication végétive naturelle à partir d'une partie aérienne de certaines plantes.

BOUTURE n. f. (de *bouter*). Fragment de végétal que l'on détache de la plante mère et que l'on place dans un milieu où il prend racine et se développe en une plante complète. (La bouture la plus commune est la bouture par rameau mais on utilise aussi les boutures par feuilles [bégonia], racine ou bourgeon.)

BOUTURER v. t. (conj. 3). **1.** Reproduire par boutures. — **2.** Planter des boutures.

BOUVARD (Alexis), astronome français (Les Contamines-Montjoie 1767-Paris 1843). On lui doit de *Nouvelles Tables des planètes Jupiter et Saturne* (1808), la découverte de huit comètes, et le calcul de leurs éléments orbitaux.

Bouvard et Pécuchet, roman de Flaubert, inachevé, publié en 1881. Ce roman « philosophique » forme le pendant de *la Tentation de saint Antoine* et devait porter le sous-titre « du défaut de méthode dans les sciences ». C'est la critique de l'autodidactisme à travers la boulimie culturelle de deux gratte-papier retraités, qui débouche sur le dégoût absolu.

BOUVEAU n. m. Nom du *travers-banc* dans les houillères belges.

Bouveret *(maladie de),* syn. de TACHYCARDIE* PAROXYSTIQUE SUPRAVENTRICULAIRE.

BOUVERIE n. f. (de *bœuf*). Bâtiment destiné au logement des bœufs.

BOUVET n. m. (de *bœuf*). **1.** Outil de menuisier servant à rainurer ou à profiler une languette. — **2.** Profil normalisé des rives d'une lame de parquet.

BOUVET *(île),* en norv. **Bouvetøya,** île volcanique de l'Atlantique sud, à 54° 26′ de latitude Sud, découverte en 1739 par le Français Bouvet de Lozier. Elle fut annexée par la Norvège en 1930.

BOUVETAGE n. m. Action de bouveter.

BOUVETER v. t. (conj. 27). Profiler une pièce de bois avec un bouvet.

BOUVETEUSE n. f. Machine à bois à l'aide de laquelle on fait la rainure et la languette sur les deux côtés des frises pour parquets.

BOUVIER, ÈRE n. (bas lat. *bovarius*). Personne qui garde ou qui conduit les bœufs.

◆ **bouvier** n. m. *Bouvier des Flandres,* race de chiens d'assez grande taille, à poil hirsute, utilisée autrefois pour conduire les troupeaux de gros bétail.

BOUVIER (en lat. *Bootes, -is*), constellation boréale située dans le prolongement de la queue de la Grande Ourse. Son étoile la plus brillante est Arcturus*.

BOUVIER (Eugène Louis), naturaliste français (Saint-Laurent-Grandvaux, Jura, 1856-Maisons-Laffitte 1944). Chercheur et vulgarisateur de talent en entomologie (*la Vie psychique des insectes,* 1919), il a étudié aussi les décapodes marcheurs, les mollusques et surtout les onychophores. (Acad. des sc., 1902.)

BOUVIÈRE n. f. (p.-ê. de *boue*). Poisson cyprinidé des étangs d'Europe, qui pond ses œufs dans la cavité branchiale d'une moule d'eau douce (*unio* ou anodonte).

BOUVILLON n. m. (de *bœuf*). **1.** Jeune bovin castré, depuis son sevrage jusqu'à ce qu'il perde sa première incisive de lait. — **2.** Nom usuel du *sirex.*

BOUVINES (59830), comm. du Nord, à 13 km au S.-E. de Lille ; 684 hab. (V. art. suiv.)

Bouvines *(bataille de)* [27 juill. 1214], victoire remportée par l'armée de Philippe II Auguste, renforcée par les milices des communes, sur les troupes coalisées de l'empereur Otton IV, de Jean sans Terre et de Ferdinand (Ferrand) comte de Flandres. Considérée comme une victoire nationale, cette bataille provoqua en Allemagne le renversement d'Otton IV et en Angleterre la révolte des barons qui imposèrent la Grande Charte (1215) à Jean sans Terre.

BOUVREUIL n. m. (de *bœuf,* à cause de sa silhouette trapue). Passereau (fringillidé) granivore des régions tempérées de l'Ancien Monde, au bec court et fort, au poitrail rouge ou rose.

BOUXWILLER (67330), ch.-l. de cant. du Bas-Rhin, dans les collines sous-vosgiennes ; 3 708 hab. Monuments anciens. Musée. Constructions mécaniques. Confection.

Bouygues, société française de bâtiment et travaux publics, créée en 1952 par Francis Bouygues (1922-1993). Elle occupe la première place en France dans sa branche et s'est diversifiée dans l'ingénierie pétrolière, la distribution de l'eau, l'agroalimentaire et la communication (principal actionnaire de TF1 privatisée en 1987).

BOUZIGUES (34140), comm. de l'Hérault, sur l'étang de Thau ; 912 hab. Mytiliculture.

BOUZONVILLE (57320), ch.-l. de cant. de la Moselle, près de la frontière de la Sarre ; 4 191 hab. Église remontant au XIe s. Métallurgie. Freins.

BOUZOUKI → BUZUKI.

BOUZY (51150), comm. de la Marne, à 16 km à l'E.-S.-E. d'Épernay ; 969 hab. Vins de champagne.

Bovary *(Madame)* → MADAME BOVARY.

BOVARYSME n. m. (du nom de l'héroïne du roman de Flaubert, Madame *Bovary*). Comportement d'une femme que l'insatisfaction entraîne à des rêveries ambitieuses ayant un rôle compensatoire.

BOVES (80440), ch.-l. de cant. de la Somme, à 9 km au S.-E. d'Amiens ; 2 969 hab.

BOVET (Daniel), pharmacologiste italien d'origine suisse (Neuchâtel 1907 - Rome 1992). Ses travaux sur les antihistaminiques de synthèse lui valurent, en 1957, le prix Nobel.

BOVETTE ou **BOWETTE** n. f. Nom du *travers-banc* dans les houillères du nord de la France.

BOVIDÉ n. m. (lat. *bos, bovis,* bœuf). Nom de famille des ruminants tels que le bœuf, la gazelle, le gnou, le mouton et la chèvre, animaux aux cornes creuses persistantes soutenues par un cornillon osseux, aux molaires à usure en croissant de lune (sélénodontes) et dépourvus d'incisives et de canines à la mâchoire supérieure.

BOVIN, E adj. (bas lat. *bovinus*). **1.** Relatif au bœuf, aux bovinés : *Élevage bovin.* – **2.** Qui ressemble au bœuf par son aspect terne et inexpressif : *Regard bovin.* – **3.** *Espèce bovine,* ensemble des animaux qu'engendre le taureau domestique.

◆ **bovin** n. m. Individu de l'espèce bovine (sans distinction de sexe).

ENCYCL. L'espèce bovine comprend, parmi les animaux domestiques, les bœufs sans bosse ou taurins *(Bos taurus)* et les bœufs à bosse ou zébus *(Bos indicus).* Alors que les premiers sont plutôt adaptés aux zones tempérées, les zébus, bien adaptés aux climats chauds, sont caractéristiques des zones intertropicales. En France, vingt-trois races bovines sont reconnues officiellement, mais les quatre principales (française frisonne, normande, charolaise, montbéliarde) représentent plus des trois quarts des effectifs.

BOVINÉ n. m. Nom de tribu attribué au bœuf et aux espèces voisines (bison, buffle, yack, nilgaut et coudou).

BOVISTE n. m. (lat. *bovista*). Champignon voisin de la vesse-de-loup et comestible à l'état jeune.

BOWAL [bɔval] n. m. (pl. *bowé*) [mot peul]. Plateau cuirassé ferrallitique, fréquent dans l'Ouest africain, limité par une corniche de haut de versant.

Bowater Corporation, société britannique dont les origines remontent à 1881, l'une des plus grandes productrices de papier mondiales. Le groupe s'est, en 1984, scindé en deux éléments : *Bowater Inc.* aux États-Unis, producteur de papier-journal ; *Bowater Industries* en Grande-Bretagne, producteur de papiers divers et de matériaux de construction.

BOWEN (Norman Levi), pétrographe américain d'origine canadienne (Kingston, Ontario, 1887-Washington 1956), fondateur de la pétrologie expérimentale moderne.

BOWEN (Elizabeth), romancière irlandaise (Dublin 1899-Londres 1973). Héritière de H. James et V. Woolf, elle a fait du roman « la version prosaïque d'une vérité poétique » (*The Death of the Heart,* 1938 ; *A Day in the Dark,* 1965).

Bowen *(maladie de),* carcinome intraépithélial se manifestant plus particulièrement sur les muqueuses génitales (vulve, gland).

BOWETTE → BOVETTE.

BOWIE (William), géodésien américain (Annapolis Junction, Maryland, 1872-Washington 1940). Continuateur d'Hayford, il développa la théorie de l'isostasie.

BOWIE (David JONES, dit **David**), chanteur de rock britannique (Brixton 1947). Apôtre du rock décadent, il accentue l'ambiguïté sexuelle de son personnage et propose des orchestrations raffinées. Au cinéma, il a tourné dans *Furyo* (1983).

BOWLEY (*sir* Arthur Lyon), mathématicien, statisticien et économiste britannique (Bristol 1869 - Haslemere, Surrey, 1957). Il fut l'un des fondateurs de la Société internationale d'économétrie en 1933.

BOWLING [buliɲ ou bɔliɲ] n. m. (angl. *bowling,* jeu de boules, de *to bowl,* lancer la boule). **1.** Jeu de quilles d'origine américaine comprenant 10 quilles de 38 cm de hauteur, disposées en triangle au bout d'une piste de 25,50 m de long, et qu'il faut renverser avec deux boules de 18 à 32 cm de diamètre. – **2.** Lieu où se pratique ce jeu.

BOWMAN (Isaiah), géographe américain (Waterloo, Canada, 1878 - Baltimore 1950). Ses recherches sur les « franges pionnières » (1931) font autorité, ainsi que ses travaux de géographie politique.

Bowman *(capsule de),* membrane qui entoure le glomérule de Malpighi. (Syn. CAPSULE DE MÜLLER.)

BOW-STRING [baostriɲ] n. m. (pl. *bow-strings*) [angl. *bow-string*]. Pont composé en général de deux poutres (dites aussi *bow-string*) avec tablier inférieur, chaque poutre étant formée d'une membrure supérieure en forme d'arc et d'un tirant inférieur solidarisés à leurs extrémités et réunis par des suspentes.

BOW-WINDOW [bowindo] n. m. (pl. *bow-windows*) [angl. *bow-window,* de *bow,* arc, et *window,* fenêtre]. Ouvrage vitré en saillie sur une façade, formant une sorte d'oriel sur un ou plusieurs étages.

1. BOX n. m. (pl. *box* ou *boxes*) [angl. *box,* boîte]. 1. Petit enclos ou local réservé au logement individuel des chevaux, des taureaux et des veaux. – 2. Stalle, compartiment qui sert à isoler un malade dans une salle d'hôpital, les accusés lors d'un procès. – 3. Compartiment cloisonné d'un garage.

2. BOX ou **BOX-CALF** n. m. (pl. *box-calf* ou *box-calfs*) [angl. *box-calf,* de J. *Box,* n. pr., et *calf,* veau]. Cuir préparé à partir d'une peau de veau tannée au chrome.

BOXE n. f. (angl. *box,* coup). 1. Sport de combat dans lequel deux compétiteurs s'affrontent à coups de poing en observant certaines règles. (Syn. BOXE ANGLAISE.) [→ *encycl.*] – 2. *Boxe américaine,* sport de combat qui s'inspire des boxes anglaise et française et du karaté, et qui se pratique avec des protections des pieds et des mains. (Syn. FULL-CONTACT.) ‖ *Boxe française,* sport de combat, né vers 1830, dérivé à la fois de la boxe (anglaise) et de la savate (ou chausson), et dans lequel les coups peuvent donc être portés avec les poings et les pieds.

ENCYCL. Les combats sont dirigés par un arbitre qui veille au respect des règles et utilise quatre commandements : *time,* début ou fin de la reprise ; *stop,* arrêt de boxer ; *box,* reprise du combat ; *break,* séparation d'un corps à corps. Les combats sont jugés par 3 ou 5 juges ou un juge-arbitre. L'arbitre peut également tenir le rôle de juge, assisté de deux autres juges. Les décisions données avant la limite du temps prévu pour le combat sont : la victoire par knock-out lorsque l'adversaire se trouve dans l'incapacité de reprendre le combat après dix secondes d'arrêt ; la victoire par arrêt de l'arbitre lorsque l'arbitre estime que l'adversaire n'est plus en état de combattre ; la victoire par disqualification de l'adversaire pour faute ; la victoire par abandon lorsque l'adversaire lève le poing en signe d'abandon. Le *no-contest* est un arrêt du combat pour des raisons indépendantes de la volonté des boxeurs. À l'expiration du temps, la victoire aux points est attribuée au boxeur qui a totalisé le plus de points ; en cas d'égalité, il y a match nul. Les principaux coups d'attaque sont le *direct,* le *crochet,* l'*uppercut* et le *swing.* En défense, la *parade* comporte les *blocages* (assurant la protection du corps) et les *chassés* (déviations des coups) ; les *esquives* s'opèrent par *retrait, rotation* ou *déplacement sur le côté.* Les armes de la riposte sont : le *coup d'arrêt,* le *contre,* la *remise* et le *cross.* La garde désigne l'attitude prise par le boxeur pour préparer une attaque ou se protéger.

BOXE		
	amateurs	professionnels
durée des combats	3 reprises de 3 minutes	6, 8, 10 ou 12 reprises de 3 minutes
Limites supérieures des catégories (en kg)		
paille	non reconnue	47,627
mi-mouche	48	48,988
mouche	51	50,802
super-mouche	non reconnue	52,163
coq	54	53,524
super-coq	non reconnue	55,338
plume	57	57,153
super-plume	non reconnue	58,967
léger	60	61,235
super-léger (mi-welter)	63,500	63,503
mi-moyen (welter)	67	66,678
super-mi-moyen (super-welter)	71	69,853
moyen	75	72,575
super-moyen	non reconnue	76,204
mi-lourd	81	79,379
lourd-léger	non reconnue	88,451
lourd	91	+ de 88,451
super-lourd	+ de 91	non reconnue
poids des gants	8 onces	6 onces (170 g) jusqu'à la catégorie des super-welters ; 8 onces (226,8 g) pour les catégories au-dessus.

1. BOXER v. i. (angl. *to box,* frapper) [conj. 3]. Se battre d'après les règles de la boxe.

◆ v. t. ind. Donner des coups de poing contre qqn, qqch : *Boxer contre un punching-ball.*

◆ v. t. Frapper qqn à coups de poing : *Boxer un insolent.*

2. BOXER [-ksɛr] n. m. (all. *Boxer,* boxeur). Chien de garde à poil court et dur, de couleur jaune ou bringée, possédant un museau puissant.

BOXERS ou **BOXEURS,** nom donné par les Occidentaux aux membres d'une société secrète chinoise qui, à partir de 1895, anima un mouvement xénophobe qui culmina en 1900, avec une véritable émeute (dite « guerre des Boxers »). Celle-ci menaça les légations étrangères, mais une expédition internationale en eut finalement raison.

BOXER-SHORT [bɔksœrʃɔrt] n. m. (pl. *boxer-shorts*) [angl. *boxer-shorts,* short de boxeur]. Short doublé d'un slip intérieur attenant.

BOXEUR n. m. (angl. *boxer*). Celui qui pratique la boxe.

BOX-OFFICE n. m. (pl. *box-offices*) [angl. *box-office,* guichet de location]. Cote de succès d'un spectacle ou d'un artiste, calculée selon les recettes.

BOXON n. m. (angl. pop. *boxon,* de *box,* boîte). *Pop.* **1.** Lieu de débauche ; maison de tolérance. — **2.** Désordre, fouillis.

BOY [bɔj] n. m. (angl. *boy,* garçon). **1.** Jeune serviteur indigène, dans les pays africains et asiatiques. — **2.** *Fam.* Soldat américain. — **3.** Danseur de music-hall.

BOYACÁ, village de Colombie, dans la Cordillère orientale, au S. de Tunja. Victoire de Bolívar sur les Espagnols (7 août 1819).

BOYARD n. m. (russe *boïarine*). Noble de haut rang dans les pays slaves, particulièrement en Russie (Xᵉ-XVIIIᵉ s.), ainsi qu'en Moldavie, en Valachie et en Transylvanie.

BOYAU [bwajo] n. m. (lat. *botellus,* petite saucisse). **1.** Syn. pop. de INTESTIN (surtout au pl.). — **2.** Corde faite avec la membrane médiane de l'intestin grêle du mouton, et servant à garnir divers instruments de musique, à monter des raquettes, des arcs, etc. — **3.** Passage long et étroit. — **4.** Enveloppe cylindrique synthétique ou provenant des intestins des animaux permettant la fabrication et la protection de certains produits de charcuterie. — **5.** Mince chambre à air, entourée d'une enveloppe de caoutchouc toilé, équipant les bicyclettes de course. — **6.** Fossé étroit et en zigzag permettant de gagner à couvert les tranchées. — **7.** *Boyau de chat,* syn. de CATGUT. ‖ Pop. *Tordre les boyaux,* provoquer des douleurs abdominales aiguës.

BOYAUDERIE n. f. **1.** Lieu où l'on prépare les boyaux. — **2.** Préparation des boyaux des animaux de boucherie.

BOYAUDIER, ÈRE adj. Relatif à la boyauderie. ◆ n. Personne qui travaille à la préparation des boyaux.

BOYAUTER (SE) v. pr. (de *boyau*) [conj. 3]. *Pop.* Se tordre de rire.

BOYCE (William), compositeur et organiste anglais (Londres v. 1710-*id.* 1779). Maître de la musique de la chapelle du roi, il fit paraître des sonates en trio et des « Songs » *(Lyra Britannica).*

BOYCOTT ou **BOYCOTTAGE** [bɔj-] n. m. (mot angl. *boycott*). Action de boycotter, de refuser d'acheter un produit, de participer à un examen, etc., en partic., cessation volontaire de toute relation avec un individu, un groupe, un État, en signe de représailles.

BOYCOTTER [bɔj-] v. t. (angl. *to boycott,* de *Boycott,* n. pr.) [conj. 3]. **1.** Cesser volontairement toute relation avec un pays, qqn, une entreprise. — **2.** Refuser d'acheter des produits, de participer à un examen, etc.

BOYCOTTEUR, EUSE [bɔj-] adj. et n. Qui soumet un groupe, un produit, une action, etc., à un boycott.

BOYD (Martin), écrivain australien (Lucerne 1893-Londres 1972). Ses premiers romans parus sous le nom de **Martin Mills** forment une saga de la vie australienne au XIXᵉ s. (*The Monforts,* 1928 ; *Lucinda Brayford,* 1946).

BOYD (William), romancier britannique (Accra, Ghana, 1952). Il s'est imposé comme l'un des écrivains les plus brillants de sa génération dès son premier roman, *Un Anglais sous les tropiques* (1981), qui décrit l'univers colonial sur le continent où il a passé sa jeunesse : l'Afrique. C'est là aussi qu'il situe l'action de *Comme neige au soleil* (1982), puis de *Brazzaville plage* (1990). Il a publié également *les Nouvelles Confessions* (1986), Mémoires fictifs d'un réalisateur de cinéma fasciné par Rousseau, et *Un après-midi bleu* (1993), roman d'amour foisonnant.

Boyden *(épreuve* ou *repas de),* épreuve consistant à faire ingérer un repas gras, pour apprécier au cours d'un examen radiologique l'évacuation de la vésicule biliaire, après son opacification.

BOYD ORR (John, 1ᵉʳ *baron*), savant britannique (Kilmaurs, Strathclyde, 1880-Edzell, Tayside, 1971). Il a dénoncé les insuffisances de l'alimentation humaine et préconisé la lutte contre l'érosion du sol, ainsi que le développement de méthodes agricoles modernes. (Prix Nobel de la paix 1949.)

BOYE (Karin Maria), femme de lettres suédoise (Göteborg 1900 - près d'Alingsås 1941), auteur d'une œuvre empreinte d'idéalisme socialiste (*la Kallocaïne,* 1940).

BOYER (Alexis), chirurgien français (Uzerche 1757-Paris 1833). Il fut nommé, en 1804, chirurgien de l'Empereur et créé baron. En 1820, il fut l'un des premiers membres de l'Académie de médecine et entra à l'Académie des sciences en 1825.

BOYER (Jean-Pierre), homme politique antillais (Port-au-Prince 1776-Paris 1850). Mulâtre, il devint président de la partie sud de Haïti (1818), puis, en 1820, de l'ensemble de Haïti, et, en 1822, après la conquête de Saint-Domingue, il devint président de toute l'île, dont il obtint l'indépendance (1825). Il fut renversé en 1843.

BOYER (Augustin), éditeur français (Villiers-Saint-Benoît, Yonne, 1821-Paris 1896). Auteur d'ouvrages classiques, il fut l'associé de Pierre Larousse.

BOYER (Charles), acteur français naturalisé américain (Figeac 1897 - Phoenix, Arizona, 1978). Fixé en Amérique à partir de 1940, il devient l'acteur français le plus demandé par les studios d'Hollywood.

BOYER DE LATOUR DU MOULIN (Pierre), général français (Maisons-Laffitte 1896-Paris 1976). Il commanda les forces françaises d'Autriche, puis celles de Tunisie (1954). Nommé résident général à Rabat en 1955, il occupa ce poste jusqu'au retour du sultan Muḥammad V.

BOYLE (Robert), physicien et chimiste anglo-irlandais (Lismore Castle 1627-Londres 1691). Il a énoncé, avant Mariotte, la loi de compressibilité des gaz, amélioré la machine pneumatique d'Otto von Guericke et le thermomètre de Galilée. Dans *The Sceptical Chymist* (1661), il a rejeté la théorie des éléments d'Aristote et fait pour la première fois apparaître la notion d'élément chimique. Il a reconnu le rôle de l'oxygène dans la combustion et la respiration. Dès 1645, il réunit chez lui un groupe de savants, qui devint le noyau de la Société royale.

Boyle-Mariotte *(loi de),* ou **loi de Mariotte,** loi régissant la dilatation des gaz parfaits à température constante et qui s'exprime par la relation $pV = C^{te}$, p et V étant la pression et le volume de ces gaz.

BOYNE, fl. d'Irlande, qui passe à Drogheda et rejoint la mer d'Irlande ; 130 km. Sur ses rives, non loin de Drogheda, Guillaume III d'Orange triompha des troupes de Jacques II (1er juill. 1690).

BOY-SCOUT [bɔjskut] n. m. (pl. *boy-scouts*) [angl. *boy scout,* garçon éclaireur]. **1.** *Vx.* Scout. – **2.** Personne naïve et idéaliste.

BOY-SCOUTISME [bɔjskutism] n. m. *Vx.* Activité des boy-scouts.

BOYSSET (Antoine) → BOESSET.

BOY ŻELEŃSKI (Tadeusz) → ŻELEŃSKI.

BOZCAADA → TÉNÉDOS.

BOZEL (73350), ch.-l. de cant. de la Savoie, sur le *Doron de Bozel ;* 1 706 hab. Église au clocher à double bulbe. Chapelle du XVIIIe s. Centrale hydroélectrique.

BOZEN → BOLZANO.

BOZOULS (12340), ch.-l. de cant. de l'Aveyron, au-dessus de la gorge du Dourdou ; 2 087 hab. *(Bozoulais).* Site exceptionnel. Église en grande partie romane (XIIe s.).

BOZZETTO [bɔdzɛto] n. m. (pl. *bozzetti*) [mot ital.]. Esquisse, ébauche.

B. P., abrév. de BOÎTE POSTALE et de BREVET* PROFESSIONNEL.

BP, sigle de BRITISH PETROLEUM COMPANY.

B. P. G. (initiales des mots *blende, pyrite, galène*). *Filon B. P. G.,* filon contenant à la fois des sulfures de zinc, de fer et de plomb.

BPI [bepei] n. m. inv. (abrév. de l'express. angl. *bit per inch*). Unité de densité d'écriture d'information sur un support magnétique, qui représente un bit par pouce de longueur du support.

Bq, symbole du becquerel.

Br, symbole chimique du *brome.*

BR, sigle de BRITISH RAILWAYS, chemins de fer britanniques.

BRABANÇON, ONNE adj. et n. Du Brabant.

Brabançonne *(la),* hymne national belge, composé par Fr. Van Campenhout (1779-1848) au moment où les provinces belges proclamèrent leur indépendance (1830).

BRABANT n. m. (de *Brabant,* n. pr.). Charrue métallique fabriquée industriellement à partir de la fin du XIXe s.

BRABANT, région historique, aujourd'hui partagée entre la Belgique (Brabant flamand et Brabant wallon) et les Pays-Bas (Brabant-Septentrional). Partie intégrante du duché de Basse-Lorraine, le duché de Brabant naquit au XIe s. de la réunion du comté de Louvain au comté de Bruxelles, auxquels s'adjoignirent différentes seigneuries et villes. Il atteignit son apogée avec Jean Ier (1267-1294), qui unit à titre personnel le duché de Limbourg à celui de Brabant. En 1430, il revint à Philippe III le Bon, duc de Bourgogne. En 1477, le Brabant passa, avec le reste des États bourguignons, à la maison d'Autriche, dont la branche espagnole dut reconnaître en 1609 aux Provinces-Unies la possession de sa partie septentrionale. Les traités d'Utrecht (1713) donnèrent la partie méridionale du Brabant aux Habsbourg d'Autriche.

Français au temps de la Révolution et de l'Empire, entré en 1815 dans le royaume des Pays-Bas, le Brabant se trouva de nouveau divisé lors de la sécession de la Belgique (1830).

BRABANT, anc. prov. du centre de la Belgique. Elle englobait les actuelles provinces du Brabant flamand et du Brabant wallon (créées en 1995) ainsi que la Région de Bruxelles-Capitale.

BRABANT FLAMAND, prov. de Belgique correspondant à la partie nord de l'ancien Brabant ; 2 119 km^2 ; 939 252 hab. Ch.-l. *Louvain ;* 2 arrond. *(Louvain, Halle-Vilvoorde)* et 65 comm.

BRABANT-SEPTENTRIONAL, en néerl. **Noord-brabant,** prov. du sud des Pays-Bas ; 4 970 km^2 ; 2 189 481 hab. Ch.-l. *Bois-le-Duc.* V. princ. *Eindhoven, Tilburg, Breda.*

BRABANT WALLON, prov. de Belgique correspondant à la partie sud de l'ancien Brabant ; 1 097 km^2 ; 332 966 hab. Ch.-l. *Wavre ;* 1 arrond. et 27 comm.

BRABHAM (John Arthur, dit **Jack**), coureur automobile et constructeur de voitures de course australien (Sydney 1926). Vainqueur de la presque totalité des grands prix européens, il a été trois fois champion du monde des conducteurs (1959, 1960, 1966).

BRAČ, île de Croatie, dans l'Adriatique, au S. de Split, la plus élevée de l'archipel dalmate (778 m) ; 304 km^2 ; 15 000 hab.

BRACCIOLINI (Poggio) → POGGE.

BRACELET n. m. (de *bras*). **1.** Bijou, rigide ou non, qui se porte autour du bras, du poignet et parfois de la cheville. – **2.** Poignet en cuir ou en étoffe que mettent parfois les ouvriers, les sportifs pour ne pas se tordre le poignet. – **3.** Objet ayant la forme d'un cercle et servant à tenir, à maintenir ensemble des choses : *Bracelets élastiques.* – **4.** En architecture, syn. de BAGUE. – **5.** Demi-manchon porté par l'archer au poignet gauche pour se protéger du coup de fouet donné par la corde de l'arc. – **6.** *Bracelets de natation,* petits anneaux gonflables qui enserrent les bras de l'apprenti nageur.

◆ **bracelets** n. m. pl. *Pop.* Menottes.

BRACELET-MONTRE n. m. (pl. *bracelets-montres*). Anneau en matière quelconque permettant de porter une montre au poignet ; l'ensemble montre et bracelet. (Syn. MONTRE-BRACELET.)

BRACHIAL, E, AUX [-kjal, -kjo] adj. **1.** Qui a rapport, qui appartient au bras. – **2.** *Plexus brachial,* plexus nerveux, formé par les branches antérieures des quatre dernières paires cervicales et de la première paire dorsale des nerfs rachidiens, et fournissant les nerfs du membre supérieur.

◆ **brachial** n. m. *Brachial antérieur,* muscle du bras situé en arrière du biceps. ‖ *Brachial cutané interne,* nerf du membre supérieur, uniquement sensitif, donnant des rameaux pour la face interne du bras et de l'avant-bras.

BRACHIALGIE [-kjal-] n. f. Douleur de type névralgique du plexus brachial et du membre supérieur.

BRACHIATION [-kja-] n. f. Mode de déplacement de certains singes arboricoles à longs bras (chimpanzé, orang-outan, gibbon, atèle, etc.) qui s'élancent en se balançant d'un bras sous une branche pour en saisir une autre de l'autre bras.

BRACHIO-CÉPHALIQUE [-kjo-] adj. **1.** Qui concerne à la fois le bras et la tête. – **2.** *Tronc brachio-céphalique artériel,* tronc artériel né de la crosse aortique, qui se divise en carotide primitive et sous-clavière droites. ‖ *Troncs veineux brachiocéphaliques,* troncs veineux formés par la réunion des veines jugulaires internes et sous-clavières.

BRACHIOPODE [-kjo-] n. m. Animal marin à coquille calcaire bivalve. (Les *brachiopodes* forment un petit embranchement.)

ENCYCL. La plupart des brachiopodes sont fixés au fond de la mer par un pédoncule, ordinairement recourbé en crosse et issu d'une valve ventrale, que la valve dorsale recouvre comme un couvercle, avec ou sans charnière. La masse du corps n'occupe qu'une faible partie de la « boîte », où s'étendent de grandes branchies, soutenues par un squelette et constituant le *lophophore.* Comptant auj. 250 espèces, les brachiopodes abondaient aux ères primaire et secondaire (jusqu'à 7 000 espèces) et leurs fossiles sont communs (térébratule, rhynchonelle, spirifer).

BRACHIOSAURE [-kjo-] n. m. Le plus grand des dinosaures quadrupèdes fossiles (27 m de long, 20 m de haut, 80 t) dans le jurassique et peut-être semi-aquatique.

BRACHYBLASTE [-ki-] n. m. Très court rameau qui porte directement les aiguilles chez certains conifères tels que les pins.

BRACHYCÉPHALE [-ki-] adj. et n. Se dit d'une personne au crâne peu allongé, la largeur égalant presque la longueur.

BRACHYCÉPHALIE [-ki-] n. f. État des brachycéphales.

BRACHYCÉPHALISATION [-ki-] n. f. Élévation de l'indice céphalique au long des générations, observée dans certaines populations à certaines époques.

BRACHYCÈRE [-ki-] n. m. Insecte diptère aux antennes courtes et trapues tel que les mouches au sens large du mot, par oppos. aux *moustiques,* ou *nématocères,* à antennes longues. (Les *brachycères* forment un sous-ordre et sont divisés en *orthoraphes* et *cycloraphes,* selon la position de la fente d'éclosion de l'adulte sur la pupe nymphale.)

BRACHYCERUS [-kiserys] n. m. Gros charançon dont la larve dévore des bulbes de liliacées (narcisse, oignon).

BRACHYDACTYLE [-ki-] adj. et n. Se dit d'une personne dont les doigts sont particulièrement courts.

BRACHYDACTYLIE [-ki-] n. f. Diminution de la longueur des doigts, due à une malformation congénitale ou à un arrêt de développement après la naissance.

BRACHYLOGIE [-ki-] n. f. Emploi d'une construction plus courte qu'une autre, sans que le sens de la phrase change.

BRACHYMÉLIE [-ki-] n. f. Brièveté anormale des membres par rapport au tronc. (Syn. MICROMÉLIE.)

BRACHYNE [-kin] n. m. Nom générique d'un carabe bombardier aux vives couleurs.

BRACHYODONTE [-kjo-] adj. Se dit des mammifères dont les dents cessent de croître chez l'adulte (carnivores, primates). [Contr. HYPSODONTE.]

BRACHYŒSOPHAGE [-ki-] n. m. Brièveté anormale de l'œsophage.

BRACHYOTE [-kjɔt] n. m. Hibou aux aigrettes courtes, plus diurne que nocturne, chasseur de rats, très commun dans les régions tempérées.

BRACHYOURE [-kjur] n. m. Nom de sous-ordre donné aux crabes.

BRACHYPNÉE [-ki-] n. f. Respiration courte et lente.

BRACHYSOME [-ki-] adj. et n. Syn. de BRÉVILIGNE.

BRACHYSTOCHRONE [-kis-] n. f. et adj. (gr. *brakhistos,* le plus court). Courbe sur laquelle doit glisser, sans frottement et sans vitesse initiale, un point matériel pesant pour avoir un temps de parcours minimal entre deux points fixés. (C'est une cycloïde à convexité tournée vers le haut.)

BRACIEUX (41250), ch.-l. de cant. de Loir-et-Cher, en Sologne ; 1 173 hab. *(Braciliens).*

BRACKE (Alexandre Marie DESROUSSEAUX, dit), helléniste et homme politique français (Lille 1861-Paris 1955). Professeur de grec à l'École pratique des hautes études, il fut durant un demi-siècle l'un des principaux animateurs de la S. F. I. O.

BRACON n. m. Pièce de renfort, disposée en diagonale entre le pied du poteau tourillon et le sommet du poteau busqué d'une porte d'écluse.

BRACONIDÉ n. m. Petit insecte hyménoptère à tarière, parasite des chenilles et des larves d'insectes du bois. (Les *braconidés* forment une famille, nombreuse et universelle.)

BRACONNAGE n. m. Action de braconner.

BRACONNER v. i. (anc. fr. *bracon,* du germ. **brakko,* chien de chasse) [conj. 3]. **1.** Chasser ou pêcher en violation des lois et règlements. — **2.** *Braconner sur les terres de qqn,* empiéter sur ses droits ; le plagier ; courtiser son conjoint.

BRACONNIER, ÈRE n. Personne qui braconne. ◆ adj. Relatif au braconnage.

BRACONNIÈRE n. f. (p.-ê. ital. *braconi,* de *braca,* grandes braies). Pièce d'armure qui protégeait le bassin et les cuisses.

BRACQUEMOND (Félix), peintre, graveur et décorateur français (Paris 1833 - *id.* 1914). Technicien accompli de l'eau-forte, de la lithographie, etc., il a initié de nombreux peintres à la gravure. Le meilleur de son œuvre est constitué de planches gravées d'après les maîtres anciens ou contemporains et de paysages dont le style révèle les influences de l'ingrisme, du japonisme et de l'impressionnisme.

BRACTÉATE n. f. (lat. *bractea,* feuille de métal). **1.** Mince feuille de métal estampée qui était utilisée par l'ornement (Grèce antique). — **2.** Sorte de monnaie incuse frappée en Saxe, Franconie et Souabe aux XIe et XIIIe s.

BRACTÉE n. f. (lat. *bractea,* feuille de métal). Feuille située à la base (ou aisselle) d'un pédoncule de fleur ou d'inflorescence.
ENCYCL. La bractée est généralement plus petite et plus simple que les autres feuilles, mais chez les aracées et les palmiers elle se développe en une spathe enveloppante ; les bractées sont pétaloïdes et colorées chez la bougainvillée ; la couronne de bractées d'un capitule est nommée *involucre* (« feuilles » d'artichaut).

BRACTON (Henry DE), ecclésiastique et juriste anglais (Devon v. 1216-Exeter ? 1268). Il composa à partir de 1250 le *De legibus et consuetudinibus Angliae,* qui, bien qu'inachevé, est l'une des œuvres essentielles du droit médiéval anglais.

BRADAGE n. m. Action de brader, de vendre à bas prix. (Syn. BRADERIE.)

Bradamante, tragi-comédie de Robert Garnier (1582). Inspirée du *Roland furieux* de l'Arioste, c'est la première de ce genre en France.

BRADBURY (Ray Douglas), écrivain américain (Waukegan, Illinois, 1920), auteur de récits de science-fiction témoignant d'un souci idéologique (*Chroniques martiennes,* 1950 ; *Fahrenheit 451,* 1953).

BRADEL n. m. (de *Bradel,* n. pr.). **1.** Reliure légère, dans laquelle le cartonnage de la couverture n'est rattaché au corps de l'ouvrage que par une mousseline collée et non par un point de ficelle. (On dit aussi RELIURE À LA BRADEL.) — **2.** Livre ainsi relié.

BRADER v. t. (moyen néerl. *braden,* rôtir, puis détruire) [conj. 3]. **1.** Se débarrasser d'un article à bas prix. — **2.** Livrer sans contrepartie un patrimoine qu'on a le devoir de sauvegarder : *Brader un territoire.*

BRADERIE n. f. (moyen néerl. *braderie,* par l'intermédiaire du wallon). **1.** Foire annuelle au cours de laquelle les habitants vendent à bas prix des vêtements ou autres objets usagés. — **2.** Vente de soldes souvent hors boutique par les commerçants d'une ville. — **3.** Syn. de BRADAGE.

BRADEUR, EUSE n. **1.** Personne qui se débarrasse à bas prix de qqch. — **2.** Personne qui sacrifie un bien, un territoire.

BRADFORD, v. de Grande-Bretagne (West Yorkshire), en bordure des Pennines ; 295 000 hab. Centre textile (laine principalement). Métallurgie. Électronique. Musée national de la Photographie.

BRADLEY (James), astronome anglais (Sherborne, Gloucestershire, 1693 - Chalford, Gloucestershire, 1762). On lui doit la découverte de l'aberration de la lumière (1727) et celle de la nutation de l'axe terrestre (1748).

BRADLEY (Francis Herbert), philosophe britannique (Clapham, Surrey, auj. Londres, 1846-Oxford 1924). Il est, avec Bosanquet, le représentant principal de l'idéalisme anglo-saxon à tendance hégélienne et moniste.

BRADLEY (Omar Nelson), général américain (Clark, Missouri, 1893-New York 1981). Il se distingua en 1943 dans les campagnes de Tunisie et de Sicile. En 1944, il commanda les forces américaines du débarquement de Normandie qu'il conduisit d'abord en Bretagne, puis de la Seine au Rhin et à l'Elbe (1944-45), où il établit le contact avec les Russes. Chef d'état-major de l'armée de terre en 1948, il occupa, de 1949 à sa retraite, en 1953, les postes de président du comité des chefs d'état-major des trois armées et de représentant permanent américain au Comité de défense du pacte de l'Atlantique.

BRADSTREET (Anne Dudley), poétesse américaine (Northampton, Angleterre, 1612 - North Andover, Massachusetts, 1672). Elle fut l'initiatrice de la poésie américaine (*La dixième muse vient de naître en Amérique,* 1650).

BRADWARDINE (Thomas), mathématicien, philosophe et théologien anglais (Hartfield, Sussex, 1290 ?-Lambeth 1349). Archevêque de Canterbury, confesseur d'Édouard III, il lutta contre le pélagianisme. Il s'est intéressé à divers problèmes de mathématiques et de physique, notamment à la relation entre force, vitesse et résistance. Parce qu'il a fondé la liberté humaine sur la toute-puissance de Dieu, on a considéré, à tort, qu'il était un précurseur de Luther.

BRADY (Mathew B.), photographe américain (Lake George, près de New York, 1823-New York 1896). Photographe de tous les personnages en renom de l'époque, il décida de couvrir le conflit de la guerre de Sécession, engagea 20 photographes, dont A. Gardner (1821-1882) et Timothy O'Sullivan (1840-1882), se faisant le précurseur du grand reportage organisé.

BRADYCARDIE n. f. Ralentissement du rythme cardiaque au-dessous de 60 pulsations par minute.

ENCYCL. La bradycardie peut s'observer chez des sujets normaux (sportifs en partic.). Elle peut être aussi la conséquence de lésions du faisceau de His (pouls lent permanent avec ou sans accident d'Adams-Stokes).

BRADYKINÉSIE ou **BRADYCINÉSIE** n. f. Lenteur du mouvement volontaire.

BRADYKININE n. f. Substance polypeptidique contenue dans les plaquettes, mise en évidence dans le plasma au cours de réactions inflammatoires ou allergiques et qui, ainsi que d'autres substances telle l'histamine, agirait comme médiateur dans les manifestations pathologiques de l'allergie.

BRADYPNÉE n. f. Respiration anormalement lente.

BRADYPODIDÉ n. m. Nom de famille attribué aux mammifères usuellement nommés *paresseux.*

BRADYPSYCHIE n. f. Ralentissement de la pensée.

BRAEKELEER (Henri DE), peintre belge (Anvers 1840 - *id.* 1888). Fils et neveu de peintres (Ferdinand de Braekeleer [1792-1883], Henry Leys [1815-1869]), influencé par la peinture hollandaise du XVIIe s., il a pratiqué un réalisme méticuleux et intimiste, plus libre dans les dernières œuvres (*l'Homme à la chaise,* 1875, musée d'Anvers ; *la Maison hydraulique,* v. 1886, Bruxelles.)

BRAGA, v. du Portugal, ch.-l. de district, au N. de Porto ; 90 535 hab. Archevêché. Cathédrale romane très remaniée. Sanctuaire du Bom Jesus do Monte, et son escalier monumental à sculptures (baroque de la fin du XVIIIe s.). Université. Textile.

BRAGA (Teófilo), écrivain et homme d'État portugais (Ponta Delgada, Açores, 1843-

Lisbonne 1924). Président de la République (1915), poète et historien littéraire, il a replacé la culture populaire de son pays dans une perspective européenne (*Histoire de la poésie populaire portugaise,* 1867).

BRAGANCE, en port. **Bragança,** v. du nord-est du Portugal, ch.-l. de district, sur le Sabor ; 16 554 hab. Citadelle médiévale à double enceinte.

Bragance (*maison* DE), famille issue d'Alphonse Ier, duc de Bragance en 1442, fils naturel de Jean Ier, roi de Portugal, et qui régna sur le Portugal de 1640 à 1910 et sur le Brésil de 1822 à 1889.

BRAGG (*sir* William Henry), physicien britannique (Wigton, Cumberland, 1862 - Londres 1942). Avec son fils *sir* WILLIAM LAWRENCE (Adélaïde, Australie, 1890-Ipswich 1971), il a étudié la diffraction des rayons X par les corps cristallisés et découvert la structure de nombreux cristaux. Tous deux ont reçu le prix Nobel de physique en 1915. Sir William Lawrence a créé à Cambridge le laboratoire de biologie moléculaire, où fut établie la structure de nombreuses protéines.

Bragg *(loi de),* loi selon laquelle des rayons X de longueur d'onde λ ne donnent de réflexion par interférence, sur des plans cristallins d'espacement d, que pour des angles d'incidence θ définis par $n\lambda = 2d \sin \theta$. (→ RADIOCRISTALLOGRAPHIE.)

BRAGUE n. f. (provenç. *braga,* du lat. *braca,* braies). Partie proéminente de la cuirasse, audessous du buste.

BRAGUETTE n. f. (de *brague* ou de *braie*). Ouverture verticale sur le devant d'un pantalon, fermée en sous-patte.

BRAHE (Tycho), astronome danois (Knudstrup 1546-Prague 1601). Il édifia dans l'île de Hveen, dans le Sund, un observatoire, Uraniborg (« palais d'Uranie »), équipé des instruments les plus grands et les plus précis de l'époque. Ses observations de la planète Mars permirent à Kepler d'énoncer les lois du mouvement des planètes. Il découvrit la variation de l'obliquité de l'écliptique et certaines inégalités du mouvement de la Lune.

BRAHEA n. m. (de T. *Brahe,* n. pr.). Palmier originaire du Texas et du Mexique, cultivé en plein air sur la côte méditerranéenne, très décoratif.

BRAHMA n. f. (de *Brahmapoutre,* n. pr.). Race de poules originaire de l'Inde, qui a été utilisée dans la formation de nombreuses races : faverolles, coucou de Malines, etc.

BRAHMĀ, un des principaux dieux du panthéon hindou, premier créé et créateur de toutes choses. On le représente avec quatre visages et quatre bras, symboles de son omniscience et de sa puissance d'organisateur du monde. Il est associé à Śiva et Viṣṇu dans la triade *(trimūrti)* hindoue.

BRAHMABANDAV UPĀDHYĀYA → UPĀDHYĀYA.

BRAHMAGUPTA, mathématicien et astronome indien (v. 598-v. 665). Il a utilisé, le premier, des nombres négatifs et énoncé les quatre opérations fondamentales.

BRAHMA-LOKA, mot sanskr. s'appliquant dans la mythologie hindoue au plus élevé des mondes *(loka),* également dénommé « monde de la Vérité » *(satyaloka),* où demeure Brahmā.

BRAHMAN [braman], mot sanskrit qui désigne, dans la pensée hindoue, l'absolu dont tout procède, fondement et cause ultime de tout ce qui existe.

Brāhmaṇa, commentaires en prose des Veda composés en Inde du Nord entre les Xe et VIIe s. av. J.-C., expliquant la signification des sacrifices rituels et le symbolisme des actes des prêtres. Leurs derniers chapitres plus philosophiques forment la transition avec les *Upaniṣad.*

BRAHMANE n. m. (sanskr. *brāhmaṇa*). Membre de la caste sacerdotale, la plus haute des quatre principales castes hindoues.

BRAHMANIQUE adj. Relatif au brahmanisme.

BRAHMANISME n. m. Système religieux et social de l'Inde apparu à la suite du védisme et précédant l'hindouisme. (Il se caractérise par la division de la société en quatre castes, celle des brahmanes ayant la suprématie.) (→ HINDOUISME.)

BRAHMAPOUTRE ou **BRAHMAPUTRA** (le), fl. du Tibet méridional, de l'Inde et du Bangladesh ; 2 900 km env. (bassin de 900 000 km²). Il naît dans la chaîne du Kailās vers 5 000 m d'altitude, portant alors le nom de Tsangpo. Sur environ 1 100 km, il coule sur un plateau et reçoit ses principaux affluents du Grand Himālaya, au S. Il est alors navigable. Il franchit l'Himālaya par des gorges gigantesques. Sous le nom de Brahmapoutre (« fils de Brahmā »), il draine la plaine de l'Assam, divague sur une largeur de 10 km. Le cours se termine par un vaste delta, juxtaposé à celui du Gange. Redoutable pour ses inondations, c'est une grande voie commerciale, la navigation remontant jusqu'à Dibrugarh, à 1 300 km de la mer.

Brahma Sūtra (« aphorisme sur le Brahman »), quelque 550 brèves phrases attribuées à Bādarāyaṇa et considérées comme résumant la philosophie du Vedānta.

BRĀHMĪ n. f. La plus ancienne écriture indienne créée d'après un modèle araméen vers le VIIe s. av. J.-C. (La brāhmī, ainsi que les écritures qui en procèdent [devanāgarī, gujarātī, bengalī, écritures dravidiennes], s'écrit de gauche à droite.)

BRAHMINE n. f. Femme d'un brahmane.

Brāhmo Samāj (« Société de Brahman »), mouvement théiste réformiste hindou fondé en 1828 à Calcutta par Ram Mohan Roy (1772-1833). Influencé par l'éthique chrétienne occidentale, le Brāhmo Samāj s'orienta vers une réinterprétation et une purification de l'hindouisme. Ce mouvement, animé par Devendranāth Tagore (père de Rabindranāth Tagore) et par Keśab Candra Sen, a joué un grand rôle dans le soulèvement nationaliste du début du XXe s. Il existe encore aujourd'hui.

BRAHMS (Johannes), pianiste, chef d'orchestre et compositeur allemand (Hambourg 1833-Vienne 1897). Brahms fut initié à la musique par son père, contrebassiste dans des orchestres populaires. Sa rencontre avec Schumann en 1853 détermina le cours de sa carrière. Il devint directeur des concerts à la cour du prince de Lippe-Detmold, puis chef de chœur à Hambourg (1859), avant de se fixer à Vienne (1862), où il fut directeur du Singverein der Gesellschaft der Musikfreunde (1872-1875).
Héritier de Beethoven, Brahms offre dans son œuvre la synthèse parfaite du romantisme et du classicisme. Il ne dédaigne pas le chant populaire hongrois qu'il incorpore à une poésie typiquement nordique, somptueuse et souvent sombre. Pianiste virtuose, Brahms a beaucoup composé pour son instrument (sonates, variations, ballades, intermezzos, rhapsodies, valses, danses hongroises). Très riche, sa musique de chambre comprend des sonates pour piano et violon, piano et violoncelle, piano et clarinette, des trios, quatuors, quintettes, sextuors. Pour l'orchestre, il a composé des variations sur un thème de Haydn, 4 symphonies (1876, 1877, 1883, 1885), 2 ouvertures, 2 concertos pour piano, un concerto pour violon, un concerto pour violon et violoncelle. Ses lieder s'inscrivent dans la tradition germanique *(Romanzen aus L. Tiecks Magelone),* tout comme sa musique d'inspiration sacrée (*Un requiem allemand,* 1857-1868).

BRĀHOUĪ n. m. Langue dravidienne parlée au Pākistān (Baloutchistan, Sind) par les Brāhouīs.

BRĀHOUĪS, peuple dravidien du Baloutchistan (Pākistān), de religion musulmane, en lutte contre les Baloutchis. Leur nombre est de quelques centaines de milliers.

1. BRAI n. m. (de *brayer,* enduire de goudron). 1. Résidu de la distillation des goudrons de pétrole, de houille, de bois, ou d'autres matières organiques. (Utilisations : agglomération des fines de houille, fabrication de peintures, de vernis, d'électrodes, d'enduits d'étanchéité.) – 2. *Maladie du brai,* maladie occasionnée par la manipulation du brai, caractérisée par des manifestations cutanées aboutissant parfois au cancer.

2. BRAI n. m. (lat. *braces,* sorte d'épeautre, du gaul.). Orge broyée pour faire de la bière.

BRAIDWOOD (Robert J.), archéologue américain (Detroit 1907). Il est de ceux à qui l'on doit un schéma complet rendant compte des causes de l'apparition de l'agriculture et de l'évolution sociale qu'elle suscita jusqu'à la naissance des premiers États centralisés. Il a, entre autres, fouillé à Qalaat Jarmo et à Çayönü tepesi. Parmi ses publications citons : *Prehistoric Man* (1963), *Cultures Based on Plant and Animal Domestication* (1971).

BRAIE n. f. (lat. *braca,* du gaul.). **1.** Culotte, pantalon, dans les costumes traditionnels de la Gaule et pendant le haut Moyen Âge. (Surtout pl.) – **2.** Au Moyen Âge, enceinte basse enveloppant l'enceinte principale d'une place. – **3.** Collier de toile qu'on applique, sur le pont d'un bateau, autour d'un mât, pour empêcher l'introduction de l'eau dans l'entrepont ou dans la cale. – **4.** *Fausse braie,* enceinte basse terrassée ajoutée en gradin au pied d'une enceinte médiévale (XVe-XVIe s.).

BRĂILA, port de Roumanie, en Munténie, ch.-l. de dép., sur le Danube ; 234 706 hab. Centre industriel (métallurgie).

BRAILLAGE n. m. Opération qui consiste à saler les harengs et à les entasser dans la cale des bateaux.

BRAILLARD, E ou **BRAILLEUR, EUSE** adj. et n. *Fam.* Qui braille, a l'habitude de brailler, de crier à tort et à travers, de pleurer ; qui parle haut mais sans agir.
◆ **braillard** n. m. Chien qui crie sans être forcément sur la voie de l'animal de chasse.

1. BRAILLE n. f. (p.-ê. de *brailler,* forme dialect. de *broyer*). Pelle de bois avec laquelle on saupoudre les harengs de sel.

2. BRAILLE n. m. (de L. *Braille,* n. pr.). Écriture en relief à l'usage des aveugles.
ENCYCL. Utilisé par les personnes aveugles du monde entier et pour toutes les langues, le braille permet la représentation des lettres et divers signes. L'encombrement relativement important des livres en écriture braille a suscité l'invention de machines électroniques capables de stocker un grand nombre d'informations sur cassettes magnétiques et de les reproduire en braille sur une plage tactile.

BRAILLE (Louis), inventeur français (Coupvray, Seine-et-Marne, 1809-Paris 1852). Aveugle à l'âge de 3 ans, organiste dans plusieurs paroisses de Paris, il devint professeur à l'Institution des aveugles. Il composa des ouvrages pour faciliter son enseignement et créa un système d'écriture en points saillants.

BRAILLEMENT n. m. Action de brailler ; cri assourdissant.

BRAILLER v. i. (lat. pop. **bragulare*, de **bragere*, braire) [conj. 3]. *Fam.* **1.** Crier ou pleurer d'une voix assourdissante. — **2.** Crier hors de propos. — **3.** Chanter mal et fort ou d'une voix avinée, éraillée.
◆ v. t. *Fam.* Dire ou chanter qqch très fort et d'une manière peu harmonieuse : *Brailler une chanson.*

BRĂILOIU (Constantin), compositeur et ethnomusicologue roumain (Bucarest 1893-Genève 1958). Fondateur à Bucarest de la Société des compositeurs roumains avec George Enesco (1920), puis des Archives de folklore (1928), et à Genève, en 1944, des Archives internationales de musique populaire, il a laissé des travaux sur les systèmes rythmiques et les échelles musicales.

BRAIMENT n. m. (de *braire*). Cri de l'âne.

BRAIN-DRAIN [brɛndrɛn] n. m. (pl. *brain-drains*) [angl. *brain*, cerveau, et *drain*, drainage]. Syn. de EXODE* DES CERVEAUX.

BRAINE (02220), ch.-l. de cant. de l'Aisne, dans le Soissonnais ; 2 129 hab. *(Brainois)*. Église St-Yved, anc. abbatiale consacrée en 1216 (chœur de plan remarquable). Industrie alimentaire.

BRAINE (John), écrivain britannique (Bradford 1922 - Londres 1986). L'un des « Jeunes* Gens en colère », il peint les conflits psychologiques nés de la nouvelle mobilité sociale (*Room at the Top*, 1957 ; *The Pious Agent*, 1975).

BRAINE-L'ALLEUD, comm. de Belgique (Brabant wallon), au S. de Bruxelles ; 30 000 hab. Marché agricole. Textile.

BRAINE-LE-COMTE, v. de Belgique (Hainaut), au N.-E. de Mons ; 16 500 hab. Église gothique St-Géry, du XVIe s.

BRAINSTORMING [brɛnstɔrmiŋ] n. m. (mot angl., de *brain*, cerveau, et de *to storm*, faire de l'orage). Technique de recherche d'idées originales, surtout utilisée dans la publicité et fondée sur la communication réciproque dans un groupe des associations libres de chacun de ses membres. (Syn. REMUE-MÉNINGES.)

BRAIN-TRUST [brɛntrœst] n. m. (pl. *brain-trusts*) [mot amér., de *brain*, cerveau, et *trust*]. Groupe restreint de techniciens, d'experts, etc., chargé de l'élaboration de projets ou de plans.

BRAIRE v. i. (lat. pop. *bragere*, du gaél.) [conj. 112]. **1.** Crier, en parlant de l'âne. — **2.** *Fam.* Crier, parler, chanter très fort. — **3.** Pop. *Faire braire qqn*, l'ennuyer, lui casser les pieds.
◆ v. t. *Fam.* Chanter, réciter qqch bêtement et très fort.

BRAISAGE n. m. Action de braiser.

BRAISE n. f. (orig. germ.). **1.** Charbons ardents qui restent quand le combustible en train de se consumer a jeté toute sa flamme. — **2.** *Arg.* Argent. — **3.** Opération consistant à refroidir le verre affiné pour pouvoir le travailler. — **4.** *Yeux de braise*, yeux ardents.

BRAISER v. t. (conj. 4). Cuire un aliment à feu doux et faible mouillement, dans un récipient clos.

BRAISETTE n. f. Menue braise.

BRAISIÈRE n. f. (de *braise*). Récipient dont le couvercle en creux est destiné à recevoir une petite quantité d'eau pour éviter l'évaporation pendant la cuisson.

BRAJ n. m. Dialecte hindī occidental parlé en Uttar Pradesh entre le Gange et la Yamunā par environ 15 millions de locuteurs. (Il s'est développé à l'époque moghole et est devenu la langue d'expression de la littérature kriṣṇaïte.)

BRAKPAN, v. d'Afrique du Sud (Gauteng), à l'E. de Johannesburg ; 80 000 hab. Centre minier (houille, or).

BRAMABIAU (mot patois signif. *le bœuf qui brame*), grotte du nord-ouest du dép. du Gard, à l'O. du mont Aigoual, parcourue par le ruisseau du Bonheur, qui en sort par une cascade.

BRAMAH (Joseph), mécanicien britannique (Stainborough 1748 - Londres 1814). Outre une serrure de sûreté qui garde son nom et diverses inventions pratiques, on lui doit la réalisation de la presse hydraulique, rendue possible grâce à une autre de ses innovations, le cuir embouti.

BRAMANTE (Donato d'Angelo, dit), architecte italien (près d'Urbino 1444 - Rome 1514). Il commence comme peintre (proche de Melozzo), passant en Lombardie, à Bergame (1477), puis à Milan, où il élève le baptistère polygonal de S. Maria presso S. Satiro, au décor encore fleuri (mais un projet pour la façade le montre à la fois héritier d'Alberti et précurseur de Palladio), puis l'énorme abside de S. Maria delle Grazie (1492). La seconde partie de sa carrière, à Rome (1499), fait de lui le premier maître de la Renaissance classique, épris d'organisation des volumes et de contrastes de lumière. Après le petit temple rond de S. Pietro in Montorio, il construit divers palais et se voit confier par Jules II les vastes travaux de rénovation du Vatican : loges de la cour S. Damaso, immense cour à dénivellations du Belvédère (auj. altérée) avec travées « rythmiques » (motifs alternés), adoption du plan central pour Saint-Pierre, démolitions visant à créer les voies d'accès de la Rome moderne.

BRAMANTINO (Bartolomeo SUARDI, dit **il** ou **le**), architecte et peintre italien (Milan v. 1465-*id.* 1530). Dans l'esprit de Bramante, il construisit à Milan la chapelle Trivulzio de l'église S. Nazaro (1519). Ses tableaux reflètent les influences de Bramante, de Mantegna, de l'art ferrarais.

1. **BRAME** n. f. Ébauche de produit plat (ou *tôle*) de section rectangulaire.

2. **BRAME** n. m. Grande castagnole.

3. **BRAME** ou **BRAMEMENT** n. m. (de *bramer*). Cri d'amour du cerf et du daim.

BRAMER v. i. (anc. provenç. *bramar,* chanter, du gotiq. **bramon*) [conj. 3]. **1.** Crier, en parlant du cerf, du daim ou d'autres cervidés, à l'époque du rut. (Se dit du cri prolongé ; pour le cri bref, on emploie RAIRE ou RÉER.) — **2.** *Litt.* S'exprimer sur le ton de la plainte. — **3.** *Pop.* Crier, pleurer fort, brailler.
◆ v. t. *Pop.* Chanter une chanson à tue-tête.

BRAMER (Leonard), peintre néerlandais (Delft 1594-*id.* 1674). Ses effets de lumière scintillants et féeriques sont aisément reconnaissables (*Escarmouche nocturne,* musée de Cambrai).

BRAMPTON, v. du Canada, dans l'Ontario, à l'O. de Toronto ; 209 222 hab. Construction automobile.

BRAN n. m. (lat. pop. **brennus*). **1.** *Vx.* Partie la plus grossière du son. — **2.** *Pop.* et *vx.* Matière fécale.

BRANCARD n. m. (norm. *branque,* branche, ou provenç. *brancan*). **1.** Chacune des deux pièces qui prolongent une voiture ou une machine agricole et entre lesquelles on attelle un animal de trait. (Syn. BRAS.) — **2.** Appareil servant à transporter les malades ou les blessés. — **3.** Longeron des châssis des voitures et des wagons de chemin de fer.

BRANCARDAGE n. m. Technique permettant de ramasser un malade ou un blessé et de le transporter sans aggraver son état.

BRANCARDER v. t. (conj. 3). Transporter sur un brancard.

BRANCARDIER n. m. **1.** Porteur de civière. — **2.** Préposé au service des brancards pour blessés.

BRANCHAGE n. m. Ensemble des branches d'un arbre, portant ou non des feuilles. (Syn. RAMURE.)
◆ **branchages** n. m. pl. Ensemble de branches coupées : *Hutte de branchages.*

BRANCHE n. f. (bas lat. *branca,* patte d'un animal). **1.** Rameau ligneux de fort diamètre, partant directement ou avec peu d'intermédiaires du tronc d'un arbre et ayant plusieurs années d'existence. (Les branches, ainsi entendues, portent des *rameaux* au sens strict, qui à leur tour portent des *ramules.*) — **2.** Toute ramification du tronc d'un arbre, directe ou indirecte, de grand ou petit diamètre. — **3.** Chacune des ramifications d'un appareil, d'un organe, etc., qui divergent le long d'un axe ou d'un centre : *Les branches d'un candélabre, d'un compas.* — **4.** Division d'une science, d'une activité, d'une organisation. — **5.** Domaine où s'exerce l'activité de qqn : *Il est le meilleur dans sa branche.* — **6.** Fam. *Avoir de la branche,* avoir de la distinction, de la race. ‖ Fam. *Comme l'oiseau sur la branche,* dans une position précaire ou incertaine. ‖ *S'accrocher, se raccrocher aux branches,* utiliser tous les moyens pour se sortir d'affaire. ‖ *Scier la branche sur laquelle on est assis,* compromettre sa propre situation par des actions inconsidérées. ‖ *Vieille branche,* vieux camarade (appellatif fam.).
• **Agric.** *Branche fruitière,* syn. de COURSON. — **Anat.** Ramification d'un vaisseau ou d'un nerf. (On distingue les branches *collatérales,* qui naissent du tronc principal, et les branches *terminales.*) — **Archit.** Chacune des deux parties d'une ogive, de part et d'autre de la clef de voûte. — **Cuis.** *En branches,* se dit d'un légume (épinard, céleri) servi avec les tiges. — **Dr.** Fragment d'une filiation issue d'une même souche. — **Écon.** Ensemble des unités de production qui fournissent un même produit de la nomenclature des biens et services. — **Électr.** Dans un réseau électrique, sous-ensemble, considéré comme un bipôle, constitué par une combinaison d'éléments de circuit. — **Géom.** *Branche infinie,* partie du support d'un arc paramétré (I,f) où la longueur de OM (ou $\| \overrightarrow{f(t)} \|$) tend vers l'infini quand t tend vers t_0, t_0 étant l'extrémité de l'intervalle ouvert I. ‖ *Branche parabolique,* partie du support d'un arc paramétré (I,f) tel que $\overrightarrow{OM} = \vec{f}(t)$ étant représenté par ses coordonnés $x(t)$ et $y(t)$, $|y(t)|$ et $|x(t)|$ tendent vers $+\infty$, et
— soit $\lim [y(t)/x(t)] = \pm\infty$ (branche parabolique de direction Oy),
— soit $\lim [y(t)/x(t)] = a$ et
$\lim [y(t) - a\,x(t)] = \pm\infty$ (branche parabolique de direction la droite $y = ax$),
— soit $\lim [y(t)/x(t)] = 0$ (branche parabolique de direction Ox).

BRANCHÉ, E n. *Fam.* Personne qui veut être à la mode, dans le vent.

BRANCHEMENT n. m. Action de brancher ; fait d'être branché. • **Bât.** et **Trav. publ.** Conduite amenant un fluide de la concession distributrice à l'usager. ‖ *Branchement d'appareil,* tuyauterie partant d'une conduite d'étage ou d'une colonne montante et amenant l'eau directement aux appareils d'utilisation. ‖ *Branchement d'égout,* galerie ou canalisation reliant la propriété à l'égout public. — **Ch. de f.** Appareil de voie permettant à une voie de se diviser en deux. (→ *encycl.*) — **Électr.** Ligne électrique destinée à raccorder une installation à un réseau. – **Inform.** Choix d'une suite d'instructions parmi plusieurs possibles, qui permet, au cours de l'exécution d'un programme, de sélectionner l'une ou l'autre de ses parties, à la suite, par exemple, du résultat d'un test. – **Polym.** Chaîne latérale d'une macromolécule. (Syn. RAMIFICATION.)

ENCYCL. **Ch. de f.** Le *branchement simple* permet à une voie de se dédoubler en une voie directe, dans son prolongement, et une voie déviée, qui s'en écarte à gauche (branchement dit à gauche) ou à droite (branchement dit à droite) ; ses parties essentielles sont l'aiguille (ou aiguillage) et le croisement, réunies par des rails de raccord. Dans les appareils modernes, les lames d'aiguille sont constituées par des coupons de rail effilés par usinage à une extrémité (la pointe) et fixés d'une façon rigide à l'autre extrémité (le talon, prolongé par un rail de raccord), fonctionnant par flexion et pouvant s'appliquer alternativement sur l'un ou l'autre rail contre-aiguille ; les deux lames d'une aiguille sont rendues solidaires par des tringles d'écartement. Le croisement permet aux deux files de rails intérieures de se croiser grâce au cœur de croisement ; la lacune dans la continuité du rail au passage du cœur est compensée par un contre-rail guidant la roue opposée à celle qui franchit le cœur. Il existe aussi des *branchements à deux voies symétriques* (la voie se divise en deux voies déviées, l'une à gauche, l'autre à droite), et des *branchements à trois voies,* symétriques ou non.

BRANCHER v. t. (de *branche*) [conj. 3]. **1.** Réunir les deux parties d'une canalisation, d'une conduite, etc. – **2.** Mettre l'eau, le gaz, l'électricité en état d'être utilisés en les reliant à la conduite d'alimentation principale. – **3.** Connecter un appareil à la source d'énergie qui lui permet de fonctionner. – **4.** Aiguiller qqn, le diriger sur qqch, le mettre en contact avec qqn : *On m'a branché sur une affaire intéressante.* – **5.** *Fam.* Aiguiller qqn sur un thème : *Branche-le sur son sujet favori.* – **6.** *Pop.* Intéresser qqn, lui plaire au plus haut point : *La moto, ça le branche.* – **7.** *Pop.* Se sentir en harmonie avec qqn, sympathiser : *Ce type, il ne me branche pas.*

◆ **être branché** v. pass. **1.** Être relié à une source d'alimentation, d'énergie : *L'électricité n'est pas branchée.* – **2.** *Fam.* Faire partie des gens au courant, des milieux dans le vent, des choses à la mode.

◆ v. i., **se brancher** v. pr., **être branché** v. pass. Percher, se percher sur une branche d'arbre (le plus souvent pour y passer la nuit) : *Tuer un faisan branché.*

◆ **se brancher** v. pr., **être branché** v. pass. **1.** Capter une émission radiophonique ou télévisée : *Être branché sur les grandes ondes.* – **2.** *Fam.* S'intéresser à qqch, s'initier à une activité : *Être branché sur la micro-informatique.*

BRANCHETTE n. f. *Litt.* Petite branche.

BRANCHIAL, E, AUX adj. **1.** Relatif aux branchies. – **2.** *Arc branchial,* élément squelettique soutenant l'intervalle de deux fentes branchiales pharyngiennes chez les vertébrés. ‖ *Fente branchiale,* fente latérale du pharynx des procordés et des vertébrés, servant à la microphagie, à la respiration, etc. ‖ *Nerf branchial,* nerf crânien à deux branches, qui encadrent une fente branchiale.

ENCYCL. *Arcs branchiaux.* Ce sont, d'avant en arrière, l'arc mandibulaire, qui fournit la mâchoire primitive, l'arc hyoïde, puis un certain nombre, décroissant au cours de l'évolution, d'arcs branchiaux non différenciés. Ces arcs régressent chez les vertébrés amniotes en donnant les osselets de l'oreille moyenne et les cartilages du larynx.

• *Fentes branchiales.* Chez les vertébrés terrestres, elles fournissent l'oreille externe et moyenne, le thymus et les parathyroïdes.

• *Nerfs branchiaux.* Leur évolution fait d'eux, chez les vertébrés terrestres, les paires 7, 9 et 10 de nerfs crâniens, voire, pour certains auteurs, le 5 (trijumeau).

BRANCHIE n. f. (lat. *branchiae,* du gr. *bragkhia*). Organe respiratoire des animaux aquatiques, constitué de nombreuses et courtes branches entourées d'eau, fournissant l'oxygène et parcourues à l'intérieur par le sang, ou, dans le cas exceptionnel des *trachéobranchies,* par l'air. (Les branchies peuvent en outre retenir les proies minuscules des animaux microphages, par exemple chez les annélides sédentaires et certains procordés.)

BRANCHIOME [-kjom] n. m. Tumeur maligne du cou née du développement anormal de restes embryonnaires.

BRANCHIOMMA [-kjɔ-] n. m. Annélide polychète marine vivant dans un tube corné, très commune dans les sables littoraux.

BRANCHIOPODE [-kjɔ-] n. m. Petit crustacé aux pattes aplaties et lobées. (Très nombreux, les *branchiopodes* forment une sous-classe, divisée en 4 ordres, dont le plus connu est celui des cladocères, tels que la daphnie.)

BRANCHIOSTÉGITE [-kjɔ-] n. m. Volet latéral de la carapace des crustacés décapodes recouvrant les branchies.

BRANCHIOURE [-kjur] n. m. Crustacé parasite de la peau des poissons d'eau douce. (Syn. POU DES POISSONS.)

BRANCHU, E adj. Garni de branches.

BRANCION (Adolphe Ernest Raguet de), colonel français (Condé 1803-Sébastopol 1855). Il se distingua lors de l'attaque du Mamelon-Vert à Sébastopol (1855).

BRÂNCOVEANU (Constantin) → Brîncoveanu.

BRANCUSI ou **BRÂNCUŞI** (Constantin), sculpteur roumain de l'École de Paris (Peştişani Olténie, 1876-Paris 1957), l'un des grands initiateurs du XXe s. Fils de paysans de l'Olténie, il sort diplômé de l'École des beaux-arts de Bucarest en 1902, poursuit son apprentissage à Paris (1904), où le séduisent un moment le frémissement de Rodin, l'élongation et la stylisation des formes d'Élie Nadelman. *La Muse endormie* et *le Baiser* définissent respectivement, dès 1908-1910, deux directions fondamentales : recherche d'une essence symbolique de la forme (*l'Oiseau dans l'espace,* versions de 1924 à 1949, marbre, bronze) ; veine fruste et archaïsante, expressive, magique (*l'Esprit du Bouddha,* 1937, bois). Trois monuments ont été dressés par l'artiste dans son pays natal, à Tîrgu Jiu, en 1938 : *la Colonne sans fin, la Porte du baiser, la Table du silence.* L'atelier parisien de Brancusi est reconstitué à côté du Centre G.-Pompidou.

BRAND (Hennig), alchimiste allemand du XVIIe s. Il découvrit le phosphore lors d'une expérimentation sur l'urine humaine en 1669.

BRAND (Johannes, dit **Jan**), homme d'État sud-africain (Le Cap 1823-Bloemfontein 1888). Président de la République d'Orange de 1864 à sa mort, il arbitra en 1881 la guerre entre le Transvaal et la Grande-Bretagne.

Brand, drame en 5 actes de H. Ibsen, écrit en 1865 et représenté en 1885. Le pasteur Brand, dans sa passion d'assumer un idéal, détruit jusqu'à l'amour et la joie de vivre. Mais la voix de Dieu lui rappelle que « la charité, c'est Dieu ».

BRANDADE n. f. (provenç. *brandado,* de *brandar,* remuer). Plat chaud à base de morue cuite et d'huile d'olive, servi avec des croûtons aillés.

BRANDÃO (Raul), écrivain portugais (Foz do Douro 1867-Lisbonne 1930). Sa sympathie pour les opprimés l'a imposé auprès de la génération néoréaliste d'après 1940 (*Farce,* 1903 ; *les Pauvres,* 1906 ; *l'Humus,* 1917).

BRANDE n. f. (anc. fr. *brander,* flamboyer). Formation végétale des sols acides et pauvres, où dominent les bruyères, parfois appelées elles-mêmes *brandes.* (La brande peut constituer le sous-bois des forêts de pins ou une lande stérile sans arbres ; outre les bruyères, on y trouve l'ajonc, le genêt, la fougère grand-aigle, etc.)

◆ **brandes** n. f. pl. Vastes étendues de terrain stérile où l'on ne trouve qu'ajoncs, bruyères, genêts, etc.

BRANDEBOURG n. f. (de *Brandebourg,* n. pr.). Casaque garnie de boutons en olive reliés par des galons.

◆ n. m. Garniture en soutache exécutée sur les devants d'une veste et dont le dessin englobe une boucle de boutonnage.

BRANDEBOURG, en all. **Brandenburg,** État (Land) d'Allemagne ; 29 059 km² ; 2 641 152 hab. *(Brandebourgeois).* Cap. *Potsdam.* Il occupe la partie occidentale du Brandebourg historique (v. princ. *Berlin*), qui fit partie de la R. D. A. de 1949 à 1990 ; sa partie orientale a été attribuée à la Pologne en 1945. C'est aussi une région géographique de l'Allemagne entre l'Elbe et l'Oder, correspondant à une partie du bassin de la Havel et de la Spree, séparée de la Baltique par le Mecklembourg et limitée, au S., par le Fläming et la Lusace. À l'origine pays couvert de marais, de landes, de forêts de pins et de bouleaux, il a été remodelé par l'activité humaine.

— **Hist.** Terre de rencontre entre Slaves et Germains depuis le VIIe s., le Brandebourg passa aux Ascaniens (XIIe s.) puis aux Wittelsbach et aux Luxembourg. En 1356, le margraviat (ancienne marche) fut érigé en électorat, qui échut aux Hohenzollern (1415), dont l'héritage s'accrut de la Prusse en 1618. En 1701, l'Électeur Frédéric III prit le titre de roi en Prusse (Frédéric Ier). Dès lors, l'histoire du Brandebourg se confond avec celle de la Prusse.

BRANDEBOURG, en all. **Brandenburg,** v. d'Allemagne (Brandebourg), sur la Havel, à l'O. de Potsdam ; 95 000 hab. Sidérurgie. Constructions mécaniques.

brandebourgeois *(Concerts)* → Concerts pour plusieurs instruments.

BRANDES (Georg), critique littéraire danois (Copenhague 1842-*id.* 1927). Il initia les pays scandinaves aux littératures européennes et fit triompher l'esthétique réaliste (*les Grands Courants de la littérature européenne du XIXe siècle,* 1871), puis il évolua vers la peinture des individualités exceptionnelles (*Shakespeare,* 1895 ; *Jules César,* 1918 ; *Michel-Ange,* 1921).

BRANDEVIN n. m. (moyen haut all. *Brantwin*). *Vx.* Eau-de-vie de vin.

BRANDIR v. t. (anc. fr. *brand,* épée, d'orig. gallo-romane) [conj. 32]. **1.** Lever dans la main une arme, un objet d'un geste menaçant : *Brandir une hache.* — **2.** Agiter un objet en l'air pour attirer l'attention. — **3.** Présenter qqch comme une arme : *Brandir sa démission.*

BRANDO (20222), ch.-l. de cant. (Haute-Corse) dans la presqu'île du cap Corse ; 1 343 hab. Ruines d'un château. Église romane. Carrières.

BRANDO (Marlon), acteur américain (Omaha 1924). Formé à l'Actor's Studio, il s'impose en 1951 dans *Un tramway nommé Désir.* Il a tourné dans *l'Équipée sauvage* (1954), *Sur les quais* (1954), *les Révoltés du Bounty* (1962), *la Comtesse de Hongkong* (1967), *le Parrain* (1972), *le Dernier Tango à Paris* (1972), *The Missouri Breaks* (1976), *Apocalypse now* (1979), *Une saison blanche et sèche* (1989).

BRANDON n. m. (frq. **brant,* tison). **1.** Espèce de torche, faite avec de la paille tortillée. — **2.** Débris enflammé de matière quelconque. — **3.** Artifice incendiaire spécial, capable de brûler même au contact de l'eau, et employé autrefois dans la marine. — **4.** *Brandon de discorde,* personne ou chose qui est cause de troubles, de querelles.

BRANDON, v. du Canada (Manitoba), sur l'Assiniboine, à l'O. de Winnipeg ; 36 000 hab. Métallurgie.

Brands Hatch, circuit automobile d'Angleterre, dans le Kent, au S.-E. de Londres (vers Douvres), d'un développement d'environ 4,2 km.

BRANDT (Bill), photographe britannique (Londres 1904-*id.* 1983). Il a réalisé plusieurs reportages, parmi lesquels des images poignantes sur les abris-refuges de Londres. D'extraordinaires perspectives et une lumière étrange font de lui un novateur du nu féminin.

BRANDT (Karl Herbert FRAHM, dit **Willy**), homme politique allemand (Lübeck 1913 - Unkel, près de Bonn, 1992). Membre, dès 1931, du parti socialiste des travailleurs, opposé au nazisme, il devint, après la guerre, l'un des chefs puis le président (1964-1987) du parti social-démocrate (SPD). Bourgmestre de Berlin (1957-1966), ministre des Affaires étrangères (1966-1969), chancelier fédéral à la tête d'un gouvernement de coalition SPD-FDP (1969-1974), il poursuivit, en dépit de l'opposition des chrétiens-démocrates, une ouverture de la politique allemande à l'Est *(Ostpolitik).* [Prix Nobel de la paix 1971.]

BRANDY n. m. (pl. *brandys*) [ang. *brandy-wine,* vin distillé]. **1.** En France, coupage d'eau-de-vie de vin ou de piquette avec de l'alcool rectifié extraneutre. — **2.** En Angleterre, eau-de-vie de vin pure.

BRANDYS (Kazimierz), écrivain polonais (Łódź 1916). Adepte du réalisme socialiste (*les Citoyens,* 1954), il analyse ensuite la complexité des phénomènes humains dans des essais et des récits d'inspiration autobiographique (*le Joker,* 1966) ou historique (*Variations postales,* 1972).

BRANICKI (Jan), homme d'État polonais (Tykocin 1689-Białystok 1771). Il fut voïvode de Cracovie et grand hetman de la couronne. Il fit de son domaine de Białystok le « Versailles polonais ».

BRANICKI (Franciszek), homme d'État polonais (v. 1730-Ukraine 1819). Il épousa la nièce de Potemkine et devint grand hetman en 1775. Il fut un des organisateurs de la confédération de Targowica (1792).

BRANLANT, E adj. Qui vacille, n'est pas stable, solide : *Fauteuil branlant. Réputation branlante.*

BRANLE n. m. (de *branler*). **1.** *Litt.* Ample oscillation d'une cloche, d'un corps ou de la tête. — **2.** Danse populaire française, souvent accompagnée de chants, de rythme binaire ou ternaire, très en vogue en France à partir du règne de Henri III. — **3.** *Vx.* Hamac de matelot. — **4.** *Donner le branle à qqch,* lui donner la première impulsion. ‖ *Être, mettre en branle,* être, mettre en mouvement, en action.

BRANLE-BAS n. m. inv. **1.** Action de mettre bas les branles ou hamacs pour dégager les entreponts d'un navire de guerre, soit au lever de l'équipage *(branle-bas du matin),* soit au moment du combat *(branle-bas de combat).* — **2.** *Branle-bas (de combat),* action par laquelle un navire de guerre prend l'ensemble des dispositions pour être prêt au combat ; grande agitation, désordre, etc., dans des préparatifs.

BRANLEMENT n. m. **1.** Oscillation, mouvement continu de balancement. — **2.** Oscillation latérale de la toile de la machine à papier répartissant uniformément les fibres dans la feuille de papier en formation.

BRANLER v. t. (anc. fr. *brandeler,* vaciller, de *brandir*) [conj. 3]. **1.** Imprimer à la tête un mouvement d'oscillation d'avant en arrière ou d'un côté à l'autre. — **2.** *Pop.* Faire : *Qu'est-ce qu'on branle ce soir ?*

◆ v. i. **1.** Être instable, vaciller : *Une chaise qui branle.* — **2.** *Branler dans le manche,* en parlant d'un outil, ne pas être bien assujetti au manche ; en parlant de qqch, manquer de stabilité : *Ministère qui branle dans le manche.*

◆ **se branler** v. pr. *Pop.* **1.** Pratiquer l'onanisme. — **2.** *S'en branler,* s'en moquer.

BRANLETTE n. f. *Pop.* Masturbation.

BRANLEUR, EUSE n. *Pop.* **1.** Paresseux (euse), bon (bonne à rien). — **2.** Jeune garçon, fillette.

BRANLY (Édouard), physicien français (Amiens 1844-Paris 1940). Il imagina, en 1890, le *cohéreur* à limaille, premier détecteur d'ondes hertziennes permettant la réception des signaux de télégraphie sans fil. En 1891, il conçut le principe de l'antenne émettrice. Il fut aussi l'auteur d'expériences de télécommande (1902).

BRANNER (Hans Christian), écrivain danois (Ordrup 1903-Copenhague 1966). Il évoque les conflits nés de la société moderne dans ses nouvelles (*Deux Minutes de silence,* 1944), ses romans (*le Cavalier,* 1949) et son théâtre.

BRANQUE n. m. (p.-ê. piémontais *branci,* âne). *Pop.* Client d'une prostituée qui se laisse berner. ◆ adj. et n. *Pop.* Idiot, fou.

BRANT ou **BRANDT** (Sebastian), humaniste alsacien (Strasbourg 1457 ou 1458-*id.* 1521), auteur de *la Nef* des fous,* écrit en dialecte alsacien (1494).

1. BRANTE n. f. Nom usuel de la *nette rousse* et des *bernaches.*

2. BRANTE n. f. En Suisse, hotte étanche des vendangeurs.

BRANTFORD, v. du Canada (Ontario) ; 74 000 hab. Centre industriel. Musée du téléphone (Graham Bell).

BRANTING (Hjalmar), homme politique et journaliste suédois (Stockholm 1860-*id.* 1925). Membre fondateur du parti social-démocrate (1889), il entra en 1896 au Riksdag, et y représenta seul, jusqu'en 1902, les socialistes. Ses interventions contribuèrent à la séparation pacifique de la Norvège et de la Suède (1905). Il constitua trois gouvernements socialistes homogènes (1920, 1921-1923, 1924-25), où il pratiqua une politique sociale active. Il présida la commission du désarmement au sein de la S. D. N. (1920). [Prix Nobel de la paix 1921.]

BRANTÔME (24310), ch.-l. de cant. de la Dordogne, sur la Dronne, dans le nord du Périgord ; 2 091 hab. *(Brantômais).* Anc. abbaye fondée par Charlemagne : bâtiments du XIe (clocher) au XVIIIe s. ; grottes sculptées de bas-reliefs.

BRANTÔME (Pierre DE BOURDEILLE, *seigneur* DE), écrivain français (Bourdeille v. 1540 - 1614). Son œuvre posthume raconte avec pittoresque et verdeur ses souvenirs de guerre *(Vies des hommes illustres et des grands capitaines étrangers et français ; Vies* des dames illustres, des dames galantes).*

BRAOS, population môn-khmère montagnarde éparpillée dans le sud du Laos, le nord du Cambodge et dans l'est de la Thaïlande.

BRAQUAGE n. m. **1.** Action de braquer les roues, le volant d'un véhicule. – **2.** *Pop.* Attaque à main armée. – **3.** Mouvement de flexion et pivotement des pieds par lequel le skieur obtient un changement brutal de direction des skis. – **4.** *Angle de braquage,* angle des roues directrices avec l'axe longitudinal de la voiture lorsqu'on tourne à fond le volant de direction. ‖ *Braquage de gouverne,* orientation d'une gouverne d'un avion dans la direction requise.

1. BRAQUE n. m. (germ. **brakko*). Chien de chasse à poil ras et oreilles pendantes, excellent chien d'arrêt.

2. BRAQUE adj. (de *braque 1*). *Fam.* Légèrement déséquilibré, fantasque, cinglé.

BRAQUE (Georges), peintre français (Argenteuil 1882-Paris 1963). Il est dès 1897, à l'école des beaux-arts du Havre, le camarade de Dufy et de Friesz, et vient au fauvisme en compagnie de ce dernier en 1906 (paysages d'Anvers, de l'Estaque). La découverte de Cézanne et la rencontre de Picasso par l'intermédiaire de Kahnweiler et d'Apollinaire, à la fin de 1907, vont le conduire l'année suivante à l'élaboration des premiers paysages du cubisme, qui font bientôt place aux natures mortes et à l'innovation des *papiers collés* (1912). Vers 1920, la discipline cubiste se transcende dans un style non moins médité, où l'objet devient le prétexte d'une composition plastique aux rythmes harmonieux, sensuelle dans la matière, précieuse dans le coloris. À côté des natures mortes, de nouvelles séries apparaissent, telles que les « Guéridons », les « Canéphores » et les « Cheminées » des années 20, les « Barques de Varengeville », ou, après guerre, les « Ateliers » (1949-1956), véritables condensés de son expérience picturale, les « Oiseaux » au vol hiératique... Braque a illustré, outre ses « Cahiers » de maximes publiés en 1952 sous le titre *le Jour et la Nuit,* la *Théogonie* d'Hésiode (eaux-fortes, 1932) et *la Liberté des mers* de Reverdy (1960).

BRAQUEMART n. m. (moyen néerl. *breecmes,* serpe). **1.** Épée courte et large (XIIIe-XVe s.). – **2.** *Arg.* Pénis.

BRAQUER v. t. (p.-ê. bas lat. **brachitare,* de *brachium,* bras) [conj. 3]. **1.** Orienter les roues directrices d'un véhicule, la gouverne d'un avion, afin de leur donner la direction voulue. – **2.** Diriger sur qqn, qqch une arme à feu, un instrument d'optique : *Braquer un canon contre un fortin.* – **3.** Fixer son regard, son attention sur qqn, qqch. – **4.** *Fam.* Amener qqn à manifester une opposition résolue contre qqn, qqch ; cabrer : *Elle cherche à le braquer contre tous ses collègues.* – **5.** Buter, heurter qqn : *Tu le braques avec tes questions continuelles.* – **6.** *Pop.* Menacer qqn avec une arme ; attaquer un établissement à main armée : *Braquer un caissier.*

◆ v. i. Orienter ses roues dans la bonne direction : *Cette voiture braque bien.*

◆ **se braquer** v. pr., **être braqué** v. pass. **1.** *Fam.* Avoir une attitude hostile à l'égard de qqn, qqch ; se buter : *Il se braque dès qu'on fait allusion à sa* *vie privée.* — **2.** En parlant des regards, de l'attention, être fixés sur qqn, qqch.

BRAQUET n. m. (mot de la suisse romande ou de l'est de la France). Rapport de multiplication entre le nombre de dents d'un plateau de pédalier et celui d'un pignon de la roue arrière d'une bicyclette.

BRAQUEUR, EUSE n. *Pop.* Auteur d'un braquage.

BRAS n. m. (lat. *brachium*). **1.** Partie du membre supérieur de l'homme comprise entre l'épaule et le coude, par opposition à l'avant-bras. (→ *encycl.*) — **2.** Ce membre supérieur tout entier : *Se casser le bras. Tendre les bras.* — **3.** Personne qui travaille, agit, combat : *L'agriculture manque de bras.* — **4.** *Litt.* Aide, force, protection : *Prêter son bras à une cause.* — **5.** *Litt.* Symbole de la force agissante ou exécutrice : *Le bras de la Justice.* — **6.** *À bras,* se dit d'une voiture, d'une presse, etc., qu'on fait mouvoir par la force des bras. ‖ *À bras ouverts,* très cordialement, avec chaleur. ‖ *À la force des bras,* sant autre secours que les bras. ‖ *À tour de bras,* de toutes ses forces, sans ménagement ; à profusion. ‖ *Avoir le bras long,* avoir beaucoup d'influence. ‖ *Avoir les bras rompus,* être harassé de travail. ‖ *Avoir qqch, qqn sur les bras,* avoir à s'acquitter d'une besogne pénible ; avoir qqn à sa charge et en ressentir de la gêne, être importuné par qqn dont on ne peut se défaire. ‖ *Baisser les bras,* renoncer, ne plus lutter, céder. ‖ Litt. *Bras d'airain, de fer,* symbole de la force corporelle ou de l'énergie, de la volonté, de l'autorité. ‖ *Bras dessus, bras dessous,* se dit de la position de deux personnes dont l'une a le bras passé sous celui de l'autre ; se dit de deux personnes qui agissent en plein accord. ‖ *Bras de fer,* jeu dans lequel deux personnes, accoudées face à face à une table et les mains empoignées, essaient de rabattre sur la table le bras de l'autre ; lutte opiniâtre ; épreuve de force. ‖ *Bras d'honneur,* geste de dérision effectué en levant un avant-bras vers l'épaule et en tapant du poing au creux de ce bras plié (figurant le membre viril en érection). ‖ *Couper les bras, couper bras et jambes à qqn,* le mettre dans l'impossibilité d'agir, le frapper de découragement. ‖ *Donner, offrir son bras à qqn,* lui présenter son bras pour qu'il puisse s'y appuyer en marchant. ‖ *Être, tomber dans les bras de Morphée,* dormir, s'endormir. ‖ Fam. *Gros bras,* homme fort, en partic. homme de main ou garde du corps ; gorille. ‖ Fam. *Gros comme le bras,* se dit d'un mensonge, d'une erreur ou d'un compliment, d'une flatterie énormes. ‖ *Le bras droit de qqn,* son principal collaborateur. ‖ *Les bras m'en tombent,* je suis stupéfait ; je suis rompu de fatigue. ‖ *Se jeter, tomber dans les bras de qqn,* l'embrasser avec effusion ; s'offrir, se livrer à lui. ‖ *Tendre, ouvrir les bras à qqn,* l'accueillir avec empressement, avec chaleur ; le secourir ; lui offrir son pardon. ‖ *Tendre les bras à qqn,* être disponible pour qqn. ‖ *Tomber à bras raccourci(s) sur qqn,* se jeter sur lui avec violence ; le critiquer violemment. ‖ *Tomber sur les bras de qqn,* en parlant d'une affaire difficile, l'accaparer à l'improviste. • **Archit.** *Bras de transept,* chacune des deux parties d'un transept de part et d'autre de la croisée. (Syn. CROISILLON.) — **Arts décor.** *Bras de lumière,* syn. anc. de APPLIQUE. — **Chorégr.** *Port de bras,* mouvement des deux bras, exécuté au cours d'un pas sans déplacement ou d'un pas simple ; au pl., ensemble des mouvements de bras qui s'exécutent au milieu. ‖ *Positions des bras,* celles qui accompagnent les cinq positions fondamentales des pieds. — **Électroacoust.** Sur un tourne-disque, pièce allongée portant la tête de lecture à l'une de ses extrémités et pivotant, ou coulissant, à l'autre, de façon à permettre à la pointe de lecture de se déplacer à la surface du disque en suivant le sillon. — **Génét.** *Bras chromosomiques,* parties du chromosome que sépare le centromère. (Les deux bras d'un chromosome sont appelés *p* pour le bras court et *q* pour le bras long.) — **Hist.** *Bras séculier,* pouvoir du juge séculier ou laïque dont l'action répressive complétait celle des tribunaux ecclésiastiques, qui ne pouvaient infliger un châtiment corporel allant jusqu'à l'effusion du sang. — **Hydrol.** Subdivision latérale d'un cours d'eau séparée des autres par des îles. ‖ *Bras de mer,* espace maritime allongé et étroit. ‖ *Bras mort, bras abandonné,* ancien bras qu'un cours d'eau ne peut plus emprunter, et qui est devenu un lac ou une zone marécageuse. — **Manut.** Partie horizontale mobile d'une grue. ‖ *Bras de manutention,* équipement permettant, grâce à un système automatique d'équilibrage, l'évolution en toutes directions d'une charge ou d'un outil, sans effort pour l'opérateur. — **Mar.** Manœuvre courante servant à orienter une vergue. — **Mécan.** Dans une machine, élément fixe ou mobile (coulissant, articulé, télescopique, etc.) supportant un organe éloigné du bâti. ‖ *Bras de levier,* distance d'une force au point d'appui de la pièce sur laquelle elle s'exerce, comptée perpendiculairement à la direction de cette force. — **Mobil.** Partie d'un siège où l'on repose le bras. (Syn. ACCOUDOIR, ACCOTOIR.) — **Pétr.** *Bras de chargement,* raccord articulé pour remplir les véhicules et naviresciternes. — **Techn.** Syn. de BRANCARD. — **Vitic.** *Bras de vigne,* branche qui part du cep et sur laquelle naissent les sarments. (Syn. CORNE, MÈRE BRANCHE.) — **Zool.** Nom donné aux rayons des étoiles de mer et des ophiures, aux tentacules des poulpes, au segment huméral de la patte de devant des vertébrés tétrapodes.

ENCYCL. **Anat.** Le squelette du bras est composé d'un seul os, l'*humérus,* qui s'articule en haut avec l'omoplate, en bas avec le radius et le cubitus. Le bras est divisé en deux régions, antérieure et postérieure, formées par des masses musculaires. Le bras donne passage à l'artère humérale accompagnée du nerf médian et aux nerfs cubital, radial, brachial cutané interne et musculo-cutané, qui se distribuent dans la région ou gagnent l'avant-bras.

BRASAGE n. m. (de *braser*). Assemblage de pièces métalliques à l'aide d'un métal d'apport, à l'état liquide, ayant une température de fusion inférieure à celle des pièces à réunir et mouillant le métal ou les métaux de base, qui ne participe(nt) pas par fusion à la constitution du joint.
ENCYCL. Le brasage est dit fort ou tendre selon que la température de fusion du métal d'apport est supérieure ou inférieure à 450 °C. Le mouillage par le métal d'apport fondu est favorisé par l'emploi de flux. La température nécessaire est obtenue en utilisant un fer à braser, un chalumeau à gaz, un four, un bain de sels ou le chauffage par induction, par résistance, etc.

BRASER v. t. (de *braisé*) [conj. 3]. Effectuer une brasure.

BRASERO [-zero] n. m. (esp. *brasero,* de *brasa,* braise). Récipient métallique percé de trous, supporté par des pieds, et rempli de charbons ardents, destiné au chauffage en plein air.

BRASIDAS, général spartiate qui s'illustra durant la guerre du Péloponnèse. À la bataille d'Amphipolis, il vainquit Cléon d'Athènes et périt avec son adversaire (422 av. J.-C.).

BRASIER n. m. (de *braise*). **1.** Foyer de chaleur où le combustible est à l'état de complète ignition ; incendie important. — **2.** *Litt.* Image de la passion, de l'ardeur, de la guerre.

BRASÍLIA, cap. du Brésil. Due à l'initiative (1956) du président Juscelino Kubitschek, elle a été construite selon les plans de l'urbaniste Lúcio Costa, et ses principaux monuments (palais du Congrès, du Gouvernement, de la Justice et de l'Aurore [présidence de la République], ministères, cathédrale, etc.) sont dus à l'architecte O. Niemeyer. Capitale depuis 1960, elle résulte d'une volonté de mise en valeur de l'intérieur. Construite à une latitude tropicale, mais sur le plateau, vers 1 100 m d'alt. en moyenne, elle regroupe 1 596 274 hab. dans le vaste district fédéral (5 814 km²). Sans arrière-pays, très peu industrialisée, Brasília est un centre tertiaire dont la jeunesse explique le caractère un peu artificiel.

BRASILLACH (Robert), écrivain français (Perpignan 1909 - Montrouge 1945). Rédacteur en chef de *Je suis partout* (1937-1943), provichyste et pronazi, il fut fusillé à la Libération. Il est l'auteur de romans (*le Voleur d'étincelles,* 1932 ; *Notre avant-guerre,* 1941), d'une *Histoire du cinéma* (1935) écrite en collaboration avec Maurice Bardèche et de poésies (*Poèmes de Fresnes,* 1949).

BRASILLER v. i. (de *braise*) [conj. 3]. *Litt.* En parlant de la mer, scintiller par la réflexion de la lumière d'un astre ou par phosphorescence.

BRAS-LE-CORPS (À) loc. adv. **1.** Avec les bras et par le milieu du corps : *Saisir quelqu'un à bras-le-corps.* — **2.** *Prendre une difficulté à bras-le-corps,* s'en occuper sérieusement et de près.

BRAŞOV, v. de Roumanie, ch.-l. de dép. dans le sud-est du bassin transylvain ; 325 000 hab. Nombreux monuments médiévaux. Musées. Centre industriel (constructions mécaniques, produits alimentaires, chimie). Université.

BRAS-PANON (97412), comm. de la Réunion, au N.-O. de Saint-Benoît ; 8 465 hab.

BRASQUAGE n. m. Action de brasquer.

BRASQUE n. f. (ital. du Nord *brasca*). En fonderie, enduit passé sur la surface d'un matériau réfractaire non métallique.

BRASQUER v. t. (conj. 3). Enduire de brasque.

BRASS, localité du Nigeria, au débouché d'une branche du delta du Niger. Port important au XIXᵉ s. — À proximité, terminal pétrolier off shore.

BRASSAC (81260), ch.-l. de cant. du sud-est du Tarn, sur l'Agout ; 1 550 hab. *(Brassagais).* Pont du XIVᵉ s. Textile.

BRASSAC-LES-MINES (63570), comm. du sud du Puy-de-Dôme, sur l'Allier ; 3 700 hab. *(Brassacois).* Anc. exploitation houillère. Constructions électriques.

1. BRASSAGE n. m. **1.** Fabrication du moût qui donnera ensuite la bière. — **2.** Action de brasser, de remuer pour mélanger : *Le brassage de l'air.* — **3.** Action de mêler, fait d'être mêlé ; mélange, fusion : *Le brassage des classes sociales.*

2. BRASSAGE ou **BRASSEYAGE** n. m. Action de brasser une vergue.

BRASSAÏ (Gyula HALÁSZ, dit), photographe français d'origine hongroise (Brassó, auj. Braşov, 1899-Nice 1984). Fasciné par le monde interlope du Paris des années 30, il privilégie dans *Paris de nuit* (1933) un climat fantomatique d'ombre et de lumière. Il a publié *Graffiti* (1960), *Henry Miller grandeur nature* (1976).

BRASSARD n. m. (moyen fr. *brassal,* de l'ital. *bracciale*). **1.** Ancienne pièce d'armure recouvrant le bras. — **2.** Ruban entourant le bras, porté comme signe distinctif. — **3.** Autref., ruban blanc que les garçons portaient au bras le jour de leur communion solennelle. — **4.** Crêpe qu'on met au bras quand on est en deuil.

BRASSCHAAT, comm. de Belgique (prov. d'Anvers), dans la banlieue nord d'Anvers ; 33 000 hab.

1. BRASSE n. f. (lat. *brachia,* pl. de *brachium,* bras). **1.** Mesure de l'ancienne marine, qui valait 1,66 m. (Les marins anglais emploient encore la brasse [ou *fathom*] de 6 pieds, soit 1,83 m.) — **2.** Unité de longueur (1,829 m) utilisée pour exprimer la hauteur d'eau ou la dimension d'un engin de pêche.

2. BRASSE n. f. (de *bras*). **1.** Nage en position ventrale dans laquelle les extrémités des membres supérieurs et inférieurs sont écartées d'avant en arrière, puis rapprochées rapidement de l'axe du corps. — **2.** Mouvements successifs de ce type de nage.

BRASSÉE n. f. Quantité ou volume que les bras peuvent entourer et porter ; grande quantité.

BRASSEMPOUY (40330), comm. des Landes, dans la Chalosse ; 280 hab. Église des XIIe, XVe et XVIe s. Gisement préhistorique du paléolithique supérieur d'où proviennent plusieurs statuettes en ivoire, dont une tête (3,5 cm) de femme, du périgordien supérieur (?).

BRASSENS (Georges), auteur-compositeur et chanteur français (Sète 1921-Saint-Gély-du-Fesc 1981). S'accompagnant à la guitare, prônant l'anticonformisme, la tendresse, l'amitié, se moquant de lui-même et vilipendant les petites bassesses du monde, il s'est imposé comme l'un des plus authentiques poètes de la chanson française du XXe s. Il a reçu, en 1967, le grand prix de poésie de l'Académie française.

1. BRASSER v. t. (gallo-roman **braciare*) [conj. 3]. **1.** Réaliser le brassage de la bière. — **2.** Remuer qqch en tous sens, l'agiter vigoureusement : *Brasser une pâte.* — **3.** Mêler, fondre des personnes, des groupes en un tout : *La guerre a brassé les populations.* — **4.** *Brasser l'air,* l'agiter pour le renouveler. ‖ *Brasser des affaires,* mener beaucoup d'affaires commerciales, financières. ‖ *Brasser de l'argent,* manier de grosses sommes.

2. BRASSER (conj. 3) ou **BRASSEYER** (conj. 12) v. t. Orienter convenablement les vergues au moyen des bras.

BRASSERIE n. f. **1.** Lieu où l'on fabrique de la bière. — **2.** Établissement où l'on consomme de la bière, et où l'on peut également se faire servir des plats froids ou chauds rapidement préparés. — **3.** Ensemble des activités économiques liées à la fabrication de la bière.

1. BRASSEUR, EUSE n. **1.** Personne qui fabrique de la bière et qui la vend en gros. — **2.** *Brasseur d'affaires,* personne qui mène beaucoup d'affaires financières.

2. BRASSEUR, EUSE n. (de *brasse 2*). Nageur, nageuse de brasse.

BRASSEUR (*abbé* Charles), dit **Brasseur de Bourbourg,** historien français (Bourbourg 1814-Nice 1874), un des pionniers de l'histoire et de l'archéologie précolombiennes en France.

BRASSEUR (Pierre ESPINASSE, dit **Pierre**), comédien français (Paris 1905-Brunico, Italie, 1972). Sa personnalité puissante l'a imposé tant au théâtre (*le Partage de midi,* 1948) qu'au cinéma (*les Enfants du paradis,* 1945 ; *les Portes de la nuit,* 1946).

BRASSEYAGE, BRASSEYER → BRASSAGE 2, BRASSER 2.

BRASSICAIRE n. f. (lat. *brassica,* chou). Autre nom de la *piéride du chou.*

BRASSICOLE adj. Relatif à la brasserie.

BRASSICOURT n. m. et adj. (ital. du Nord *brassicorto,* aux bras courts). Cheval qui a les genoux arqués naturellement.

BRASSIER n. m. (de *bras*). Ouvrier le plus souvent agricole qui travaillait de ses bras et était employé à la journée. (Syn. MANOUVRIER.)

BRASSIÈRE n. f. (de *bras*). **1.** Vêtement de bébé, à manches, court et boutonné dans le dos. — **2.** Tricot à manches courtes, vêtement d'entraînement des danseurs. — **3.** Soutien-gorge enveloppant que l'on enfile par la tête. — **4.** Corsage très court s'arrêtant au-dessus de la taille. — **5.** *Brassière de sauvetage,* syn. de GILET* DE SAUVETAGE.

BRASSIN n. m. (de *brasser 1*). Ensemble des matières premières mises en œuvre dans la cuve-matière dans l'opération du brassage afin de fabriquer le moût.

BRASSOLIS [-li] n. m. Beau et grand papillon d'Amérique du Sud, dont la chenille vit sur le bananier, en rassemblement de plusieurs centaines, dans des bourses soyeuses.

'Bras-Spungs (« le monceau de riz ») ou **monastère de Drepung,** l'un des plus grands et riches monastères tibétains, autrefois résidence d'été des dalaï-lamas, à quelques kilomètres à l'ouest de Lhassa. Il fut fondé vers 1414. La Chine l'utilise aujourd'hui pour des besoins militaires.

BRASURE n. f. (de *braser*). **1.** Résultat de l'opération de brasage. (Syn. JOINT BRASÉ.) — **2.** Syn. de MÉTAL D'APPORT*.

BRĂTIANU, famille roumaine dont sont issus plusieurs hommes politiques de premier plan. — ION (Pitești 1821-Florica, auj. Ștefănești, Arges, 1891) prit part à la révolution de 1848 puis s'exila en France. Libéral, favorable à Charles de Hohenzollern (Charles Ier) qui succéda en 1866 à Alexandre Cuza, il fut Premier ministre de 1876 à 1888 (avec une courte interruption en 1881). — ION *(Ionel),* fils du précédent (Florica 1864-Bucarest 1927), leader du parti libéral, fut plusieurs fois Premier ministre (1909-1911 ; 1914-1918 ; déc. 1918 - sept. 1919 ; 1922-1926). Partisan du rattachement à la Roumanie de toutes les terres peuplées de Roumains, il protesta contre le traité de Saint-Germain (1919).

BRATISLAVA, en all. **Pressburg** et anc. en fr. **Presbourg,** cap. de la Slovaquie, sur le Danube ; 441 453 hab. Port fluvial. Centre commercial, culturel (université) et industriel (agroalimentaire, métallurgie de transformation, chimie). Cathédrale gothique des XIVe-XVe s. Château reconstruit aux XVIIe et XVIIIe s. Églises et palais anciens. Musées.
— **Hist.** Presbourg obtint le statut de ville royale libre en 1291. Elle devint au XVIe s. la capitale politique de la Hongrie et le siège de la Diète jusqu'en 1848. Bratislava fut attribuée à la Tchécoslovaquie en 1918. En 1993, elle est devenue la capitale de la Slovaquie indépendante.

BRATSK, v. de Russie, en Sibérie orientale ; 259 000 hab. Importante centrale hydroélectrique sur l'Angara. Métallurgie (aluminium). Industries du bois.

BRATTAIN (Walter Houser), physicien et technicien américain (Amoy, Chine, 1902 - Seattle 1987). Il a reçu en 1956, en même temps que J. Bardeen et W. Shockley, le prix Nobel de physique pour ses recherches sur les semi-conducteurs et la mise au point du transistor à germanium.

BRATTELI (Trygve Martin), homme politique norvégien (Nøtterøy, près de Tønsberg, 1910-Oslo 1984). Leader du parti travailliste, il présida le gouvernement en 1971-1972 et de 1973 à 1976.

BRAUCHITSCH (Walther VON), maréchal allemand (Berlin 1881-Hambourg 1948). Commandant en chef de l'armée de terre en 1938, il dirigea les campagnes de Pologne, de France, des Balkans et l'invasion de la Russie. Après l'échec devant Moscou (déc. 1941), Hitler le renvoya, pour commander directement.

BRAUDEL (Fernand), historien français (Luméville-en-Ornois, auj. Gondrecourt-le-Château, Meuse, 1902 - Cluses, Haute-Savoie, 1985). Directeur à l'École pratique des hautes études (1937), il devint en 1949 professeur au Collège de France. Dans la ligne des *Annales,* ses travaux novateurs sur *la Méditerranée et le Monde méditerranéen à l'époque de Philippe II* (1949), sur les liens entre *Civilisation matérielle, économie et capitalisme* (1979) ou sur *l'Identité de la France* (posthume, 1986, inachevé) ont contribué à élargir le champ de l'histoire et à réinsérer cette dernière dans l'espace désormais unifié des sciences de l'homme. (Acad. fr., 1984.)

BRAUD-ET-SAINT-LOUIS → BLAYAIS (le).

BRAULE n. m. Très petite mouche aveugle et sans ailes, roussâtre, qui vit accrochée aux poils des abeilles. (N. usuel *pou des abeilles.*)

BRAUN (Matyáš Bernard), sculpteur tchèque (Oetz, Tyrol, 1684 - Prague 1738). Ses œuvres les plus célèbres, baroques, sont ses statues du pont Charles à Prague et les groupes de la forêt de Betlém, près de Kuks, en Bohême du Nord.

BRAUN (Karl Ferdinand), physicien allemand (Fulda 1850-New York 1918). Il inventa, en 1897, l'oscillographe cathodique. (Prix Nobel de phys., avec Marconi, 1909.)

BRAUN (Wernher VON), ingénieur allemand, naturalisé américain (Wirsitz, auj. Wyrzysk, Pologne, 1912-Alexandria, Virginie, 1977). Dès 1930, il travailla sur des fusées expérimentales avec Oberth. En 1937, il devint directeur technique du centre d'essais de fusées de Peenemünde, où il assura la mise au point du V2. Il passa ensuite aux États-Unis où il mit au point la fusée Redstone, premier missile balistique guidé américain. Il prit une part décisive au lancement du premier satellite américain, Explorer 1, en 1958. Entré à la NASA en 1960, il devint l'un des principaux artisans du programme spatial américain. À la tête du centre de vol spatial Marshall de 1960 à 1970, il dirigea la construction de la fusée Saturn V qui permit, à partir de 1969, l'envoi d'astronautes sur la Lune. En 1972, à l'achèvement du programme Apollo, il quitta la NASA pour l'industrie privée.

BRAUNER (Victor), peintre français d'origine roumaine (Piatra Neamț 1903 - Paris 1966). À Paris en 1930-1935, puis définitivement installé en France en 1938, lié au surréalisme, il a transcrit dans son œuvre une vision mythique inséparable de ses angoisses personnelles. À partir du début des années 40, sa peinture (souvent à la cire) se fait imagerie hiératique, chargée de symboles ésotériques et érotiques. Fonds importants au musée de Saint-Étienne et au musée national d'Art moderne, à Paris.

BRAUNITE n. f. (de *Braun,* n. pr.). Silicate naturel de manganèse, de formule $3Mn_2O_3$,$MnSiO_3$, qu'on exploite comme minerai de manganèse.

BRAUNSCHWEIG, nom allemand de Brunswick.

BRAURÔN, site archéologique de l'Attique, où s'élève le sanctuaire d'*Artémis Braurônia,* déesse de la Fertilité et de la Nature sauvage. Musée local.

BRAUTIGAN (Richard), écrivain américain (Tacoma, État de Washington, 1935-Bolinas, Californie, 1984). Ses romans mettent en scène des héros frustrés et ambivalents (*la Pêche à la truite en Amérique,* 1967 ; *l'Avortement,* 1972).

BRAVACHE n. m. (ital. *bravaccio*). Personne qui affecte la bravoure ; fanfaron.
◆ adj. Qui dénote un caractère fanfaron : *Un air bravache.*

BRAVADE n. f. (ital. *bravata,* de *bravare,* se vanter). Attitude, action, parole par lesquelles on brave, on défie qqn ; ostentation de bravoure.

BRAVAIS (Auguste), physicien et minéralogiste français (Annonay 1811-Versailles 1863). Il a étudié l'optique des phénomènes atmosphériques (parhélies, halos) et formulé l'hypothèse de la structure réticulaire des cristaux (1849). Il a dénombré 14 types différents de réseaux cristallins. (Acad. des sc., 1854.)

Bravais-Pearson *(coefficient de),* syn. de COEFFICIENT DE CORRÉLATION* LINÉAIRE.

BRAVE adj. et n. (ital. *bravo*). Qui affronte résolument le danger : *C'est un brave parmi les braves.*
◆ n. m. *Mon brave,* interpellation familière et condescendante.
◆ adj. **1.** Qui dénote la bravoure, le courage : *Un air brave.* — **2.** Dont l'honnêteté, la simplicité inspirent une certaine sympathie, parfois mêlée de condescendance ou d'ironie : *C'est un brave type un peu mou.*

BRAVEMENT adv. **1.** *Litt.* Avec bravoure. — **2.** *Fam.* Sans hésitation, avec une simplicité naïve : *Il a bravement adressé une réclamation.*

BRAVER v. t. (conj. 3). **1.** Affronter sans crainte qqn, qqch : *Braver un adversaire.* — **2.** Défier avec insolence qqn, qqch qui est respectable ou important : *Braver l'opinion.*

BRAVISSIMO ! interj. (mot ital. superl. de *bravo*). Cri par lequel on exprime en public une très vive approbation.

1. BRAVO ! interj. (mot ital.). Mot dont on se sert pour applaudir, exprimer sa satisfaction, ou ironiq. pour souligner une sottise.
◆ n. m. Applaudissement, approbation : *Les bravos éclatèrent à la fin du discours.*

2. BRAVO n. m. (pl. *bravi*) [mot ital.]. *Litt.* Assassin à gages, spadassin.

BRAVO ou **BRAVO DEL NORTE** *(río),* nom mexicain du rio Grande*.

BRAVOURE n. f. (ital. *bravura*). **1.** Courage, particulièrement dans les combats : *Lutter avec bravoure contre un incendie.* — **2.** En tauromachie, instinct offensif du taureau de combat. — **3.** *Morceau, air, scène de bravoure,* passage d'une œuvre dont le style est particulièrement brillant et qui permet à un interprète de montrer sa virtuosité.

BRAY [brɛ] n. m. (de *Bray,* n. pr.). Syn. de BOUTONNIÈRE.

BRAY *(pays de),* petite région aux confins de la Normandie, de la Picardie et de l'Île-de-France. Constitué par un anticlinal de craie évidé par l'érosion, c'est un pays verdoyant, voué à l'élevage bovin laitier.

BRAYAGE [brejaʒ] n. m. Assujettissement des brayers autour d'un fardeau qui doit être élevé mécaniquement.

BRAY-DUNES (59123), comm. du Nord, près de la frontière belge ; 4 770 hab. *(Braydunois).* Station balnéaire.

BRAYER [breje] n. m. (de *braie*). Cordage ou sangle dont se servent les maçons pour monter les pierres, le mortier, etc.

BRAY-SUR-SEINE (77480), ch.-l. de cant. du sud-est de la Seine-et-Marne ; 2 252 hab. *(Braytois).* Sucrerie.

BRAZOS, fl. du sud des États-Unis (Texas), qui rejoint le golfe du Mexique au S. de Houston ; 1 400 km.

BRAZZA (Pierre SAVORGNAN DE), explorateur et administrateur français (Rome 1852-Dakar 1905). Après un premier voyage d'exploration du bassin de l'Ogoué (1875-1878), il dirigea une deuxième mission (1879-1882) au cours de laquelle il atteignit le Congo, établit le protectorat français sur le pays téké (1880) et fonda un poste (future Brazzaville). Commissaire général du Congo français (1886-1898), il organisa cette colonie.

BRAZZAVILLE, cap. du Congo, sur la rive nord du Malebo Pool ; 938 000 hab. Centre politique, universitaire avec quelques industries (agroalimentaires surtout). Aéroport (Maya-Maya).

Brazzaville *(conférence de)* [30 janv.-8 févr. 1944], conférence des gouverneurs des colonies organisée par de Gaulle et le Comité français de libération nationale d'Alger, et qui formula des recommandations pour une organisation nouvelle des colonies françaises d'Afrique noire.

BRÉA, famille de peintres niçois (XVe-XVIe s.) qui a laissé dans les régions de Nice et de Gênes de nombreux polyptyques (retable de Cimiez [1475] par LOUIS [v. 1450-v. 1523]).

Bread and Puppet Theatre, groupe fondé par Peter Schumann en 1962. Il utilise des marionnettes sur des thèmes politiques (*The Cry of People for Meat,* 1968).

1. BREAK [brɛk] n. m. (angl. *break*). **1.** Automobile dont l'arrière présente un hayon relevable et une banquette amovible formant plancher. — **2.** Véhicule hippomobile ouvert à quatre roues, avec un siège élevé sur le devant et deux sièges latéraux.

2. BREAK [brɛk] n. m. (angl. *break,* de *to break,* briser). **1.** En boxe, ordre de l'arbitre enjoignant aux adversaires de cesser un corps à corps en effectuant un pas en arrière. — **2.** Brève interruption du jeu d'un orchestre de jazz ou de variétés. — **3.** *Faire le break,* distancer nettement son adversaire (s'emploie notamment au tennis).

BREAK-DOWN [brɛkdawn] n. m. inv. (angl. *breakdown,* effondrement). Syn. de DÉPRESSION NERVEUSE.

BREAKFAST [brɛkfœst] n. m. (angl. *breakfast,* de *to break,* briser, et *fast,* jeûne). Petit déjeuner à l'anglaise (céréales au lait, œufs au bacon, toasts, etc.).

BRÉAL (Michel), linguiste français (Landau 1832-Paris 1915). Élève et traducteur de F. Bopp, il introduisit en France le mouvement de la grammaire comparée. Cependant, Bréal est resté en marge du courant comparatiste. Ce qui l'intéresse dans l'étude du langage, c'est moins le matériel proprement linguistique que les faits de pensée et de civilisation que les mots recouvrent (*Essai de sémantique,* 1897).

BREAM (Julian), guitariste et luthiste anglais (Londres 1933). D'abord marqué par sa rencontre avec Segovia, il se consacrera ensuite au luth (1950) et à la résurrection de la musique élisabéthaine.

BRÉBEUF (Georges DE), poète français (Thorigny, Normandie, 1617-Venoix, près de Caen, 1661). Neveu de saint Jean de Brébeuf, il est surtout connu pour sa traduction en vers de *la Pharsale* de Lucain (1654).

BREBIS n. f. (lat. pop. *berbix,* du lat. class. *vervex*). **1.** Femelle adulte dans l'espèce ovine. (Les brebis sont élevées pour la reproduction [maturité sexuelle 6 à 8 mois, gestation 150 jours] ou pour la production laitière. Elles sont réformées entre 5 et 7 ans.) — **2.** *Brebis galeuse,* personne considérée comme néfaste et tenue à l'écart d'un groupe.

BRÉCARD (Charles), général français (Sidi-bel-Abbès 1867-Paris 1952). Il s'illustra pendant la Première Guerre mondiale à la tête de la division de cuirassiers à pied. En 1940, Pétain le rappela auprès de lui comme grand chancelier de la Légion d'honneur.

BRECCIA (Alberto), dessinateur argentin (Montevideo 1919-Buenos Aires 1993). Après avoir dessiné dans des revues humoristiques, il abandonne l'humour pour le dessin réaliste en travaillant pour des revues comme *Tit Bits, Rataplan* et *El Gorridon.* Pendant quelques années, il se consacre à la direction de l'*Escuela panamericana de Arte* de Buenos Aires. Sa rencontre avec le scénariste Hector Osterheld est déterminante (1957). Breccia est aujourd'hui considéré comme l'un des maîtres de la bande dessinée internationale avec des séries comme *l'Éternaute* et *Mort Cinder.*

BRÉCEY (50370), ch.-l. de cant. du sud de la Manche ; 2 223 hab. Château du XVIIe s.

1. BRÈCHE n. f. (anc. bas frq. **breka*). **1.** Ouverture pratiquée irrégulièrement dans un mur, dans une clôture et par où l'on peut pénétrer. — **2.** Trouée faite dans une ligne de défense, un front, des troupes. — **3.** Ouverture ou cassure produite par des fragments de matière enlevés. — **4.** *Battre en brèche,* attaquer un objectif à coups de canon pour pratiquer une brèche ; attaquer, ébranler vivement qqch. ‖ *Entrer par la brèche,* réussir, s'imposer par des moyens plus ou moins violents. ‖ *Être toujours sur la brèche,* être dans un état de lutte constante et d'activité soutenue. ‖ *Faire, ouvrir une brèche dans,* porter atteinte à qqch, l'entamer. ‖ *Mourir sur la brèche,* en combattant. • **Apic.** Fragment de rayon de cire retiré de la ruche. — **Comm.** Rupture d'alignement dans une présentation de produits, afin de suggérer au client que qqn s'est servi avant lui et de l'inciter à l'achat.

2. BRÈCHE n. f. (ital. *breccia*). Roche formée d'éléments anguleux liés par un ciment.

ENCYCL. Les *brèches sédimentaires,* très variées, sont distinguées d'après la nature des éléments et du ciment, ou d'après leur origine (*brèche de pente* [éboulis cimenté], *brèche glaciaire* [à galets striés]). Les *brèches tectoniques* sont liées à des accidents tectoniques *(brèche de faille).* Les *brèches magmatiques* sont formées de débris de roches liés par un ciment magmatique. Les *brèches volcaniques* sont constituées essentiellement d'éléments volcaniques d'origine généralement explosive (cendres, lapilli).

BRÈCHE DE ROLAND, entaille dans la crête des rochers qui forment l'enceinte du cirque de Gavarnie, dans les Pyrénées. Selon la légende, Roland aurait ouvert ce défilé d'un coup de son épée Durandal.

BRÉCHET n. m. (moyen angl. *brusket,* hampe, de l'angl. *brisket*). Lame osseuse qui se dresse sur le sternum des oiseaux carinates et qui donne insertion aux muscles des ailes. (Les oiseaux sans bréchet ne volent pas.)

BRÉCHIFORME adj. Qui ressemble à une brèche (roche).

BRÉCHIQUE adj. Qui se rapporte à une brèche (roche).

BRECHT, comm. de Belgique (prov. d'Anvers), au N.-E. d'Anvers ; 17 000 hab. Marché agricole.

BRECHT (Bertolt), poète et auteur dramatique allemand (Augsbourg 1898-Berlin-Est 1956). Il devient célèbre avec *l'Opéra* de quat'sous* (1928) qui, dépassant le nihilisme expressionniste de *Baal* (1923), annonce une conception de la révolte plus ancrée dans l'histoire et bientôt influencée par la doctrine marxiste. Après la période didactique des *Lehrstücke* (*la Mère**, 1932), il met définitivement au point la notion de théâtre «épique» qui invite l'acteur à présenter son personnage sans se confondre avec lui (c'est l'«effet de distanciation») et le spectateur à porter sur la pièce le regard critique et objectif qu'il accorde d'habitude à la réalité (*Têtes rondes et têtes pointues,* 1936 ; *Grand'Peur et misère du IIIe Reich,* 1938 ; *Mère* Courage et ses enfants,* 1941 ; *la Vie de Galilée,* 1943 ; *la Bonne Âme de Se-tchouan,* 1943 ; *Maître Puntila et son valet Matti,* 1948 ; *le Cercle* de craie caucasien,* 1948 ; *la Résistible* Ascension d'Arturo Ui,* 1959). Ces pièces, pour la plupart, sont créées à l'étranger, où, fuyant le régime nazi, Brecht trouve refuge (1933-1948). De retour à Berlin-Est, il fonde en 1949 le Berliner* Ensemble qu'il dirige avec sa femme Helene Weigel. Brecht est également l'auteur d'une œuvre poétique importante (*Sermons domestiques,* 1927 ; *Élégies de Buckow,* 1953) et de récits dans le ton des anciennes « histoires d'almanach » (*Histoires de calendrier,* 1949 ; *les Affaires de Monsieur Jules César,* 1957 ; *les Histoires de Monsieur Keuner,* 1958).

BRECHTIEN, ENNE adj. **1.** Conforme aux théories de Brecht sur le théâtre épique, par opposition au théâtre dramatique selon Aristote. — **2.** *Jeu brechtien,* jeu fondé sur l'effet de distanciation.

BRECON ou **BRECKNOCK,** en gallois **Aberhonddw,** v. de Grande-Bretagne, dans le sud du pays de Galles, au pied des *Brecon Beacons ;* 6 300 hab. Cathédrale (XIIIe-XIVe s.). Parc national.

BREDA, v. des Pays-Bas (Brabant-Septentrional), près de la frontière belge ; 118 000 hab. Château. Grande église du XVe s. Musées. Industries mécaniques, chimiques, textiles, alimentaires ; travail du cuir.
— **Hist.** En 1625, la ville, après un long siège, fut prise par les Espagnols de Spinola. Point extrême de l'avance des Alliés en Hollande, les 11 et 12 mai 1940, Breda, occupée par les Allemands, fut libérée par les Canadiens en oct. 1944.

Breda *(compromis de)* [1566], texte par lequel des seigneurs calvinistes réclamèrent de Philippe II une tolérance religieuse effective.

Breda *(déclaration de)* [4 avr. 1660], texte publié par Charles II d'Angleterre par lequel il acceptait les principales revendications posées par les parlementaires en 1641, ce qui rendit possible la restauration des Stuarts en Angleterre.

Breda *(traité de)* [31 juill. 1667], traité conclu entre l'Angleterre, les Provinces-Unies, la France et le Danemark, et qui mit fin à la seconde guerre anglo-hollandaise (1665-1667). Il conservait à l'Angleterre la Nouvelle-Amsterdam (New York), mais cédait aux Provinces-Unies le Surinam. La France récupérait l'Acadie et restituait à l'Angleterre les îles d'Antigua, de Montserrat et de Saint Kitts.

BREDA (Ernesto), industriel italien (Campo San Martino 1852 - Milan 1918). Il fonda, en 1886, une importante société de construction de locomotives et de matériel ferroviaire dont le siège est à Milan.

BRÈDE (La) [33650], anc. **Labrède**, ch.-l. de cant. de la Gironde, dans les Graves, à 22 km au S. de Bordeaux ; 3 273 hab. Vignobles. Château des XIIIe, XVe et XVIe s., où naquit Montesquieu.

BREDERO (Gerbrand Andriaenszoon), écrivain hollandais (Amsterdam 1585-*id.* 1618), auteur de chansons populaires et de farces (*la Vache, le Meunier, le Brabançon espagnol,* 1617).

BREDINDIN n. m. (onomat. ; p.-ê. de *bredouiller*). Palan à croc aiguilleté, placé au-dessus des écoutilles, et qui sert à manœuvrer des charges légères.

BRÉDIR v. t. (moyen néerl. *breiden,* tresser) [conj. **32**]. Assembler deux pièces de cuir avec des lanières au lieu de fil.

BRÉDISSAGE n. m. Action de brédir.

BRÉDISSURE n. f. (de *brédir*). Couture faite avec une lanière de cuir.

BREDONS, écart de la comm. d'Albepierre-Bredons (15300), dans un site remarquable du massif du Cantal. Église romane, fortifiée au XVe s., d'un anc. prieuré (retables sculptés et peints des XVIIe-XVIIIe s.).

BREDOUILLAGE n. m. Action de bredouiller ; paroles confuses, indistinctes. (Syn. BREDOUILLEMENT, BREDOUILLIS.)

BREDOUILLANT, E adj. Qui bredouille, bafouille : *Voix bredouillante.*

BREDOUILLE adj. (de *bredouiller*). *Revenir, rentrer bredouille,* n'avoir rien tué à la chasse, rien rapporté de la pêche ; n'avoir rien obtenu d'une démarche.

BREDOUILLEMENT n. m. **1.** Bredouillage : *Des bredouillements indistincts.* — **2.** Défaut de prononciation dans lequel les mots sont articulés de façon précipitée, sans être espacés, les dernières syllabes de l'un se mêlant aux premières syllabes du mot suivant et rendant le discours plus ou moins indistinct.

BREDOUILLER v. i. (anc. fr. *bredeler,* de *brittus,* breton) [conj. 3]. Parler d'une manière précipitée et indistincte.
◆ v. t. Dire qqch en balbutiant, d'une manière précipitée et indistincte : *Bredouiller des excuses.*

BREDOUILLEUR, EUSE adj. et n. Qui bredouille, bafouille.

BREDOUILLIS n. m. Bredouillage.

BREEDER [bridœr] n. m. (angl. *breeder,* de *to breed,* engendrer). Syn. de SURGÉNÉRATEUR.

BREENDONK, anc. comm. de Belgique. Camp de concentration allemand, transformé en musée national.

1. BREF, BRÈVE adj. (lat. *brevis*). **1.** D'une durée courte, qui dure très peu de temps : *Un bref instant. Une vie brève.* – **2.** Exprimé en peu de mots : *Une lettre brève.* – **3.** *Être bref,* s'exprimer en peu de mots, d'une manière concise. – **4.** Se dit d'un phonème dont la durée d'émission est relativement courte. – **5.** *En bref,* en peu de mots. ‖ *Ton bref,* tranchant et impératif.
◆ **bref** adv. En un mot qui tranche la question : *Il hésite, bref, il ne sait pas.*
◆ **brève** n. f. **1.** Phonème bref. – **2.** Figure de note médiévale et renaissante servant d'unité de durée. – **3.** Courte information peu importante ou de dernière heure.

2. BREF n. m. (lat. *breve,* liste abrégée, de *brevis,* court). Lettre du pape, de moindre importance qu'une bulle, scellée de l'anneau du pêcheur sur cire rouge.

BREGAGLIA *(val),* en all. **Bergell,** haute vallée de la Mera, en Suisse (Grisons) et en Italie (Lombardie), au S.-O. de Saint-Moritz.

BRÉGANÇON *(cap de),* cap de Provence (Var), au S.-O. du Lavandou. Ancien fort devenu en 1968 résidence d'été des présidents de la République.

BREGENZ, v. d'Autriche, cap. du Vorarlberg, à l'extrémité sud-est du lac de Constance ; 25 000 hab. Monuments surtout du gothique au baroque. Musée du Vorarlberg. Chimie. Textile. Tourisme.

BREGMA n. m. (mot gr.). Point de rencontre des sutures de l'os frontal et des pariétaux, qui correspond, chez les nouveau-nés, à la fontanelle antérieure.

BREGMATIQUE adj. Relatif au bregma.

BREGNO (Andrea), sculpteur italien (Osteno, Côme, 1418 - Rome 1503). Il sculpta à Rome des tombeaux influencés par Mino da Fiesole, enjolivés d'éléments de goût lombard.

BREGUET, famille d'horlogers, d'inventeurs et d'industriels d'origine suisse. – ABRAHAM LOUIS (Neuchâtel 1747-Paris 1823) fut un spécialiste à la fois de l'horlogerie de luxe et de la chronométrie de marine. – Son petit-fils LOUIS (Paris 1804-*id.* 1883) construisit de nombreux instruments scientifiques de précision ainsi que des appareils électriques, notamment les premiers télégraphes français. – ANTOINE (Paris 1851-*id.* 1882), fils du précédent, joua un grand rôle dans les débuts de l'électrotechnique en France. – LOUIS (Paris 1880-Saint-Germain-en-Laye 1955), fils du précédent, fut l'un des pionniers de la construction aéronautique en France, d'abord dans l'aviation militaire, puis, après 1918, dans l'aviation commerciale.

BRÉHAIGNE adj. (mot préroman). Se dit des juments dont les maxillaires portent des crochets, et qui sont en général inféondes.
◆ n. f. Vieille biche devenue stérile.

BRÉHAL (50290), ch.-l de cant. de la Manche, dans le Bocage normand, près de la côte (plage) ; 2 367 hab. – Aux environs, château de Chanteloup, reconstruit au temps de François Ier.

BRÉHAT *(île de)* [22870], île de Bretagne (Côtes-d'Armor), près de Paimpol, au N. de la pointe de l'Arcouest ; 471 hab. *(Bréhatins).* Tourisme.

BRÉHIER (Louis), historien et archéologue français (Brest 1868-Reims 1951). Spécialiste d'histoire byzantine, il a écrit *l'Art byzantin* (1924), *le Monde byzantin* (3 vol., 1947-1950).

BRÉHIER (Émile), philosophe français (Bar-le-Duc 1876-Paris 1952), auteur d'une *Histoire de la philosophie* (1926-1932).

BREHM (Ludwig), ornithologue allemand (Schönau, près de Gotha, 1787-Renthendorf, près de Neustadt, 1864). Il écrivit de nombreux ouvrages. – Son fils, ALFRED EDMUND, voyageur et naturaliste (Renthendorf 1829-*id.* 1884), a fait de grands voyages et on lui doit un remarquable ouvrage collectif, la *Vie des animaux illustrée,* en 13 vol. (trad. fr. *les Merveilles de la nature*).

BREIL-SUR-ROYA (06540), ch.-l. de cant. des Alpes-Maritimes, dans les Alpes niçoises ; 2 096 hab. Église du XVIIIe s. Centrale hydroélectrique.

Breitkopf & Härtel, imprimerie et maison d'édition musicale allemande. Fondée à Leipzig en 1719 par BERNARD CHRISTOPH **Breitkopf** (1695-1777), dont le fils JOHANN GOTTLOB IMMANUEL **Breitkopf** (1719-1794) mit au point un procédé d'impression typographique par fragmentation des caractères. La succession fut assurée par CHRISTOPH GOTTLOB **Breitkopf** (1750-1800), fils du précédent, qui s'associa à CHRISTOPH **Härtel** (1763-1827).

BREITNER (George Hendrik), peintre néerlandais (Rotterdam 1857 - Aerdenhout 1923). Ses toiles, notamment des évocations des vieux quartiers d'Amsterdam, conjuguent la tradition hollandaise et l'influence impressionniste.

BREITSCHWANZ [brɛtʃvɑ̃ts ou brajtʃvɑ̃ts] n. m. (mot all. signif. *large queue*). Fourrure d'agneau caracul mort-né, à poils ras.

BREJNEV (Leonid Ilitch), homme d'État soviétique (Kamenskoïe, auj. Dnieprodzerjinsk, 1906 - Moscou 1982). Il succéda à Khrouchtchev comme premier secrétaire du parti en 1964, et assuma dès lors la direction collégiale de l'État soviétique, aux côtés de Kossyguine et de Mikoïan puis de Podgornyï, élu président du praesidium du Soviet suprême en 1965. Fait maréchal en 1976, il évinça Podgornyï à la tête du Soviet suprême en 1977. Bien qu'il fît intervenir à Prague (août 1968) les troupes de cinq pays membres du pacte de Varsovie, sa direction correspondit à une période de détente marquée par la rencontre avec Nixon à Moscou (accord SALT-I, 1972), la conférence d'Helsinki (1973-1975) et la conclusion du traité SALT-II (Vienne, 1979). L'intervention militaire en Afghānistān (déc. 1979) y mit un terme brutal.

BREL (Jacques), auteur-compositeur et chanteur belge (Bruxelles 1929 - Bobigny 1978). Sa présence scénique, son écriture à la fois tendre et vigoureuse *(Ne me quitte pas, les Vieux, Jeff)* qui ne craint pas d'être grinçante et polémique (*les Bourgeois, les Bigotes, Ces gens-là*) le placent parmi les meilleurs auteurs-compositeurs des années 1955-1966. Il a également joué dans des comédies musicales, quelques films et s'est essayé à la réalisation : *Frantz* (1971), *Far West* (1972).

BRÊLAGE n. m. Action de brêler.

BRELAN n. m. (anc. haut all. **bretling,* petite planche, de *bret,* table de jeu). **1.** Jeu qui se joue à deux, trois, quatre ou cinq personnes à chacune desquelles on distribue trois cartes. — **2.** Au poker, réunion de trois cartes de même valeur dans la main du même joueur.

BRÊLER v. t. (conj. 3). Assembler avec des cordages les éléments d'un pont provisoire.

BRELOQUE n. f. (p.-ê. de *emberlificoter,* avec infl. de *loque,* lambeau). **1.** Petit bijou fantaisie que l'on porte pendu à une chaîne, à un bracelet, etc. — **2.** Sonnerie de clairon ou batterie de tambour utilisée autrefois pour faire rompre les rangs à une troupe rassemblée. — **3.** Fam. *Battre la breloque,* déraisonner, parler à tort et à travers ; marcher irrégulièrement, en parlant d'une montre, du cœur.

1. BRÈME n. f. (frq. **brahsima*). Poisson cyprinidé des eaux douces, à grandes écailles, au corps comprimé, qui vit en groupe dans les eaux calmes et se nourrit en fouillant la vase.

2. BRÈME n. f. (p.-ê. de *brème 1*). *Arg.* Carte à jouer.

BRÊME, en all. **Bremen,** v. d'Allemagne, cap. du *Land de Brême* (404 km²; 673 684 hab.), sur la Weser ; 551 604 hab. Ensemble monumental ancien ; musées. Important port d'estuaire sur la Weser (avec son annexe de Bremerhaven), c'est aussi un centre commercial, financier, industriel (agroalimentaire, textile, chimie et constructions mécaniques) et universitaire. Aéroport international.
— **Hist.** Évêché fondé en 787, puis siège de l'archevêché Brême-Hambourg, Brême fut au XIIe s. une puissante métropole. À la fin du XIIIe s., elle devint l'un des ports les plus actifs de la Hanse. Ville libre d'Empire en 1646, elle fut annexée au département des Bouches-du-Weser en 1810. Redevenue indépendante en 1815, Brême entra dans l'Empire allemand en 1871. La Constitution de 1947 en fit une cité libre hanséatique, membre de la République fédérale d'Allemagne, avec un *Landtag* et un Sénat.

BREMER (Fredrika), femme de lettres suédoise (Tuorla, Finlande, 1801-Årsta, près de Stockholm, 1865). Elle défendit dans ses romans les idées pacifistes et féministes (*Hertha,* 1856).

BREMERHAVEN, v. d'Allemagne (Land de Brême), avant-port de Brême, à l'embouchure de la Weser ; 131 492 hab. Port pétrolier, de voyageurs et de pêche. Musée allemand de la Marine.

BREMIA n. m. Champignon, agent du mildiou de la laitue.

BREMOND (*abbé* Henri), critique littéraire et historien français (Aix-en-Provence 1865 - Arthez-d'Asson 1933). L'exaltation du mysticisme marque son *Histoire littéraire du sentiment religieux en France* (1916-1936) et ses analyses du fait poétique (*la Poésie pure,* 1926). [Acad. fr., 1923.]

BRÉMONTIER (Nicolas Thomas), ingénieur français (Le Tronquay, Eure, 1738 -Paris 1809). Il contribua à fixer les dunes du golfe de Gascogne par des plantations adaptées et l'installation d'importantes forêts de pins.

BREMSSTRAHLUNG [brɛmzʃtralʊɲ] n. f. (mot all., de *Bremsen,* freinage, et *Strahlung,* rayonnement). Syn. de RAYONNEMENT DE FREINAGE*.

Brémule *(bataille de)* [20 août 1119], bataille qui se déroula à Brémule, près des Andelys, et au cours de laquelle Louis VI le Gros fut vaincu par le roi d'Angleterre Henri Ier Beauclerc.

BRENAA (Hans), danseur, pédagogue et maître de ballet danois (Copenhague 1910 - *id.* 1988). Attaché au Ballet royal danois (1928-1955), il a notamment reconstitué des œuvres de Bournonville.

BRENDAN l'Ancien *(saint),* abbé-évêque de Clonfert (Tralee, comté de Kerry, v. 485-Annaghdown, comté de Galway, 578). Un voyage de Brendan en Écosse a donné lieu à une légende qui a pris corps dans la *Navigation de saint Brendan,* l'un des romans d'aventures les plus curieux du Moyen Âge.

BRENDEL (Alfred), pianiste autrichien (Loučná nad Desnou, Moravie du Nord, 1931), grand interprète de Mozart, de Beethoven, de Schubert et de Liszt.

BRENET (Nicolas Guy), peintre français (Paris 1728 - *id.* 1792), un des meilleurs peintres d'histoire de son temps (*la Mort de Duguesclin,* 1777, Versailles). — Son neveu ANTOINE (Paris 1770 - *id.* 1846) fut graveur en médailles.

BRENN ou **BRENNUS** ou **BRENNOS,** nom de chefs gaulois. Il s'applique, d'une part, au chef qui, ayant pris Rome au IVe s. av. J.-C., jeta son épée dans la balance pour obtenir une plus lourde rançon, en s'exclamant *Vae victis,* et, d'autre part, à celui qui mena les Celtes en Grèce et pilla Delphes en 279 av. J.-C.

BRENNAN (Christopher), poète australien (Sydney 1870-*id.* 1932), influencé par la poésie allemande et le symbolisme français (*Poèmes,* 1914).

BRENNE (la), région du Berry, dans l'Indre, drainée par la Creuse et la Claise ; 170 000 hab. (Hab. *Brennous.*) C'est une plaine parsemée d'étangs, associant pisciculture, élevage bovin, tourisme (pêche, chasse, sports nautiques). Parc naturel régional.

BRENNER *(col du),* col des Alpes, à la frontière entre l'Autriche (Tyrol) et l'Italie (Trentin-Haut-Adige). À 1 370 m d'altitude, c'est un des cols les plus bas des Alpes, une vieille voie de passage, aujourd'hui ferroviaire et autoroutière, la plus importante entre l'Europe septentrionale et centrale et les pays de la Méditerranée.

BRENNER (Joseph Hayyim), écrivain d'expression hébraïque (Novi Mlini, Ukraine, 1881-Abu Kabir, près de Jaffa, 1921). Il a donné de la vie du ghetto, comme des luttes du peuple juif, une peinture amère, dans ses essais et ses romans (*Hiver,* 1904 ; *Solitude et épuisement,* 1917).

Brenner *(tumeur de),* tumeur de l'ovaire, le plus souvent bénigne, unilatérale.

BRENNOS, BRENNUS → BRENN.

BRENTA (la), fl. de l'Italie du Nord, issu du lac de Caldonazzo, dans les Dolomites, qui rejoint l'Adriatique au S. de Chioggia ; 174 km (bassin : 2 300 km²).

BRENTA *(massif de la),* massif de l'ouest des Dolomites (Italie) ; 3173 m.

BRENTANO (Clemens), écrivain allemand (Ehrenbreitstein 1778-Aschaffenburg 1842). Il fut l'un des principaux représentants du romantisme par ses poèmes et récits (*Journal de voyage d'un écolier,* 1818). Il publia avec Arnim *le Cor merveilleux* (1806-1808), recueil de vieilles chansons allemandes.

BRENTANO (Franz), philosophe et psychologue allemand (Marienberg 1838-Zurich 1917), neveu du précédent. Il distingue la logique de la psychologie, et jette les bases d'une psychologie fondée sur la phénoménologie. Il a écrit notamment *Psychologie du point de vue empirique* (1874-1928).

BRENTANO (Lujo), économiste allemand (Aschaffenburg 1844-Munich 1931), un des fondateurs du « socialisme de la chaire » *(Kathedersozialismus),* tentative de troisième voie entre le socialisme matérialiste et le libéralisme.

BRÉQUIGNY (Louis FEUDRIX DE), seigneur **de La Carte** et **de Ballan,** érudit français (Gainneville 1714-Paris 1794). Sur l'instance du duc de Praslin, il copia à Londres (1764-1766) des documents relatifs à l'histoire de France. Ces copies sont aujourd'hui au département des manuscrits de la Bibliothèque nationale de France. (Acad. fr., 1772.)

Brera *(palais),* à Milan, palais du XVIIe s. qui abrite, notamment, une bibliothèque de 700 000 volumes (fondée en 1770) et une riche pinacothèque.

BRESCI (Gaetano), anarchiste italien (Coiano, Florence, 1869-San Stefano 1901), assassin du roi Humbert Ier (1900).

BRESCIA, v. d'Italie, en Lombardie, ch.-l. de prov., au pied des Préalpes ; 200 722 hab. Vestiges romains. Château. Nombreuses églises du VIIIe au XVIIIe s. Importants musées. Centre commercial et industriel (mécanique, textile, alimentation).

BRESDIN (Rodolphe), aquafortiste et lithographe français (Montrelais, près d'Ingrandes, 1822-Sèvres 1885). Personnage singulier et bohème, il a mis un métier à la fois dense et minutieux au service d'un art visionnaire, souvent fantastique (*Sainte Famille au bord d'un torrent,* litho, 1853).

BRÉSIL ou **BRÉSILLET** n. m. (anc. fr. *breze,* forme anc. de *braise*). Bois d'Amérique tropicale, tinctorial, rouge-orange, très dur et très lourd, ayant fourni l'hématoxyline antérieurement au bois de campêche, qui provient d'une espèce voisine.

BRÉSIL, en port. **Brasil,** État de l'Amérique du Sud, comprenant 26 États et un district fédéral ; 8 512 000 km² ; 164 400 000 hab. *(Brésiliens).* CAP. *Brasília.* V. princ. *São Paulo* et *Rio de Janeiro.* LANGUE : *portugais.* MONNAIE : *real.*

DIVISIONS ADMINISTRATIVES DU BRÉSIL				
	régions et unités fédérales	superficie (en km²)	population	capitale
Nord		3 857 000	10 146 218	
	Acre	153 000	417 437	Rio Branco
	Amazonas	1 564 000	2 088 682	Manaus
	Pará	1 250 000	5 084 726	Belém
	Rondônia	243 000	1 130 400	Porto Velho
	Tocantins	277 000	920 133	Palmas
	Amapá	140 000	289 050	Macapá
	Roraima	230 000	215 790	Boa Vista
Nord-Est (Nordeste)		1 549 000	42 387 328	
	Alagoas	28 000	2 512 515	Maceió
	Bahia	561 000	11 801 810	Salvador
	Ceará	148 000	6 353 346	Fortaleza
	Maranhão	329 000	4 922 339	São Luis
	Paraíba	56 000	3 200 620	João Pessoa
	Pernambouc	98 000	7 109 626	Recife
	Piauí	251 000	2 581 054	Teresina
	Rio Grande do Norte	53 000	2 413 618	Natal
	Sergipe	22 000	1 492 400	Aracaju
Sud-Est		925 000	62 121 357	
	Espírito Santo	46 000	2 598 231	Vitória
	Minas Gerais	587 000	15 746 200	Belo Horizonte
	Rio de Janeiro	44 000	12 584 108	Rio de Janeiro
	São Paulo	248 000	31 192 818	São Paulo
Sud		578 000	22 079 703	
	Paraná	200 000	8 415 659	Curitiba
	Rio Grande do Sul	282 000	9 127 611	Porto Alegre
	Santa Catarina	96 000	4 536 433	Florianópolis

DIVISIONS ADMINISTRATIVES DU BRÉSIL				
	régions et unités fédérales	superficie (en km²)	population	capitale
Centre-Ouest		1 592 000	9 419 896	
	Goiás	356 000	4 024 547	Goiânia
	Mato Grosso	880 000	2 020 581	Cuiabá
	Mato Grosso do Sul	350 000	1 776 494	Campo Grande
	District fédéral de la capitale	5 814	1 596 274	Brasília

Géographie.

• *Le milieu naturel.* En majeure partie tropical, presque totalement situé au S. de l'équateur, le Brésil est le « géant » de l'Amérique du Sud, dont il occupe approximativement la moitié de la superficie et concentre une part avoisinante de la population. En dehors de l'immense cuvette amazonienne, c'est surtout un pays de plateaux, relevés en serras qui retombent directement sur l'Atlantique (serra do Mar) ou limitent un liseré de plaines côtières (dans le Nordeste). Le climat, équatorial dans l'Amazonie, constamment chaude et humide, recouverte par la forêt dense permanente, devient plus sec vers le S. C'est alors le domaine des savanes, parfois parsemées d'arbres, et aussi de la steppe (notamment dans l'intérieur du Nordeste, où l'irrégularité des précipitations, selon les années, est catastrophique). La prairie apparaît dans les États méridionaux, aux précipitations mieux réparties, presque tempérés.

• *La population.* L'histoire et le climat se combinent pour expliquer la composition ethnique et la répartition spatiale de la population, dont plus de la moitié est considérée comme blanche. On compte environ un tiers de métis et 10 % de Noirs , mais les problèmes raciaux ne revêtent pas une très grande acuité. Cette population est jeune (plus de la moitié a moins de 25 ans), en raison d'un fort excédent naturel, lié au maintien d'un taux élevé de natalité. Elle se concentre sur sur le littoral ou près de celui-ci, en particulier dans le Nordeste, le Sud-Est (États de São Paulo, Rio de Janeiro et Minas Gerais) et le Sud. Aujourd'hui, environ 70 % des Brésiliens sont des citadins (31 % en 1940). Derrière les grandes métropoles de São Paulo et de Rio de Janeiro viennent plusieurs autres villes millionnaires (dont Belo Horizonte, Salvador, Recife, Fortaleza et Manaus). Cette croissance urbaine, plus rapide que celle du nombre d'emplois, soulève beaucoup de problèmes.

• *L'économie.* L'étendue des superficies disponibles (bien que moins du tiers du territoire soit réellement mis en valeur) explique l'importance des productions. L'élevage bovin est souvent présent (hors de l'Amazonie), celui des ovins et des porcs est plus concentré dans le Sud. Le café (dans le Sud-Est intérieur) demeure la principale production commerciale (premier rang mondial), devant le soja et la canne à sucre, développés, le premier pour le marché mondial, la seconde pour une production d'alcool utilisé comme carburant. Le maïs, le manioc, le riz , les agrumes sont d'autres cultures notables.

L'industrie bénéficie des richesses abondantes du sous-sol (incomplètement prospecté) : fer, bauxite , manganèse, uranium, pétrole, or, etc. L'hydroélectricité assure la majeure partie de la production d'électricité. L'énergie est en grande partie contrôlée par des firmes d'État (Petrobrás, Electrobrás), l'État étant présent aussi dans la sidérurgie. Les capitaux étrangers se sont largement investis dans les branches de transformation (montage automobile, électronique, chimie), implantée surtout dans la région de São Paulo.

Cette forme d'industrialisation, la recherche d'un développement rapide accroissant les importations ont contribué à provoquer un très lourd endettement extérieur. D'autres problèmes, intérieurs, subsistent : ceux des structures foncières (avec le maintien des grandes propriétés), des inégalités régionales (contraste entre la région de São Paulo et le Nordeste) ou les incertitudes quant aux retombées multiples des routes transamazoniennes.

Histoire.

• *La période coloniale.* Le Brésil, terre du bois rouge comme la « braise » (d'où le nom de *Brasil*), est reconnu par le portugais Pedro Alvares Cabral en 1500. La culture de la canne à sucre est introduite dès le XVIe s. et fait rapidement la fortune du pays.

Les Portugais réussissent à s'opposer aux ambitions françaises, puis hollandaises. À la fin du XVIIe s. et au début du XVIIIe, des mines d'or sont découvertes, notamment dans le Minas Gerais, dans l'est du pays, faisant du Brésil le premier producteur mondial d'or. La recherche du métal précieux entraîne le peuplement de l'intérieur du pays. De nombreux esclaves noirs sont amenés d'Afrique. Lors des guerres d'indépendance de l'Amérique latine, le Brésil reste fidèle à la dynastie portugaise.

1815 : Le Brésil est élevé au rang de royaume.

• *L'Empire brésilien.*

1822 : Le régent Pierre, fils du roi de Portugal, proclame l'indépendance du Brésil, dont il devient l'empereur.

Au cours de la première moitié du XIXe s., la culture du café est implantée dans la région de São Paulo, marquant une nouvelle phase de la conquête du sol et du peuplement dans le Brésil tropical ; le Brésil assure la moitié de la production mondiale de café.

1888 : L'esclavage est aboli.

• *La république des « coronels ».*

1889 : L'aristocratie foncière, mécontente de l'abolition de l'esclavage, apporte son soutien à l'armée, qui renverse l'empire, jugé progressiste, et proclame la république. Le Brésil devient une fédération formée de 20 États. Les libéraux, au pouvoir jusqu'en 1898, ne parviennent pas à briser l'oligarchie foncière (les « coronels »), ni à mettre fin à la domination britannique sur l'économie. La prospérité est alors assurée par la monoculture du café. Mais, soumise aux changements internationaux des prix agricoles, l'économie est touchée de plein fouet par la crise de 1929.

• *L'ère Vargas.*

1930-1945 : Premier gouvernement de Getúlio Vargas, porté au pouvoir par les militaires.

Chef des libéraux, leader nationaliste, Vargas gouverne avec l'appui des classes moyennes. Il travaille à industrialiser et à moderniser le Brésil, pour le rendre indépendant économiquement.

1951-1954 : Vargas revient au pouvoir après en avoir été écarté par la droite. Il radicalise son nationalisme économique et s'attaque aux intérêts pétroliers étrangers.

• *L'expérience réformiste et le régime militaire.*

1956-1964 : Gouvernements réformistes.

1960 : Brasília devient la capitale du Brésil.

1964-1984 : Succession de gouvernements militaires.

Cette période est caractérisée par la répression à l'égard des « progressistes » et par un développement économique très rapide.

• *Le retour à la démocratie.*

1985 : Retour des civils au pouvoir. José Sarney devient président de la République.

1990 : Fernando Collor de Mello (élu en 1989 au suffrage universel) lui succède.

1992 : Accusé de corruption, il est contraint de démissionner. Le vice-président Itamar Franco assure la transition à la tête de l'État.

1995 : Fernando Henrique Cardoso accède à la présidence de la République.

BRÉSIL *(courant du),* courant chaud de l'Atlantique sud, issu du courant sud-équatorial.

BRÉSILÉINE n. f. Matière colorante rouge carmin obtenue par oxydation ménagée de la brésiline.

BRÉSILIANISME n. m. Forme particulière au portugais parlé au Brésil.

BRÉSILIEN, ENNE adj. et n. Du Brésil.

◆ **brésilien** n. m. Forme du portugais parlé au Brésil.

ENCYCL. Le brésilien diffère sur de nombreux points du portugais standard (dit lusitanien) : prononciation plus claire, rythme de la phrase plus lent, etc. Le lexique offre de nombreuses particularités : maintien d'archaïsmes, emprunts à des langues amérindiennes (tupi) et africaines, changements de sens.

BRÉSILINE n. f. Composé isolé du bois de brésil, leucodérivé de la brésiléine.

BRÉSILLER v. t. (de *brésil*) [conj. 3]. *Litt.* Réduire en petits morceaux, pulvériser.

◆ v. i. ou **se brésiller** v. pr. *Litt.* Tomber en débris, en poudre : *Un tabac qui brésille.*

BRÉSILLET → BRÉSIL.

BRESLAU → WROCŁAW.

BRESLE (la), fl. côtier situé à la limite de la Normandie et de la Picardie ; 72 km.

BRESSAN, E adj. et n. De la Bresse.

BRESSE, région de l'est de la France, comprise entre le Jura à l'E. et la Saône à l'O., s'étendant sur les dép. de l'Ain, de Saône-et-Loire et du Jura. (Hab. *Bressans.*) V. princ. *Bourg-en-Bresse* et *Louhans.* C'est une région basse et humide, où domine l'élevage (bovins, volailles) associé à la culture du maïs.

– **Hist.** Divisé en petites seigneuries, puis devenu la propriété des comtes de Savoie (1272), le comté de Bresse revint à la France en 1601 (traité de Lyon).

Bresse *(poule de),* race de poule rustique, bonne pondeuse, réputée pour sa chair.

BRESSE (La) [88250], comm. des Vosges, dans les hautes Vosges cristallines ; 5 263 hab. *(Bressauds).* Centre d'excursions et station de sports d'hiver. Constructions mécaniques et électriques. Textile.

BRESSON (Robert), cinéaste français (Bromont-Lamothe, Puy-de-Dôme, 1901). D'abord peintre, il a réalisé au cinéma une œuvre originale au style dépouillé presque jusqu'à l'ascèse : *les Dames du bois de Boulogne* (1945), *le Journal d'un curé de campagne* (1950), *Un condamné à mort s'est échappé* (1956), *Pickpocket* (1959), *le Procès de Jeanne d'Arc* (1962), *Lancelot du lac* (1974), *l'Argent* (1983).

BRESSUIRE (79300), ch.-l. d'arrond. du nord des Deux-Sèvres ; 18 994 hab. *(Bressuirais).* Ruines d'un château fort. Église des XIIe-XVIe s. Marché. Constructions mécaniques.

BREST (29200), ch.-l. d'arrond. et principale ville du Finistère, sur la *rade de Brest ;* 153 099 hab. *(Brestois)* [env. 200 000 avec les banlieues]. Université. Base de l'escadre de l'Atlantique depuis 1965 et centre de construction navale avec son arsenal, Brest est devenue avec la base de l'île Longue le port d'attache des sous-marins nucléaires lanceurs d'engins. Elle est aussi le siège de nombreuses écoles et installations de la Marine nationale. Le port est aussi l'objet d'un modeste trafic commercial (agroalimentaire). L'industrie est représentée par l'électronique (et la réparation navale), la recherche, par le Centre océanologique de Bretagne (lié à l'IFREMER). Musée des Beaux-Arts et Musée naval.
— **Hist.** Port gallo-romain, Brest fait partie du duché de Bretagne (1240). La ville passe à l'Angleterre en 1342 et retourne à la Bretagne en 1397. Lorsque la Bretagne est annexée au royaume de France, Brest devient le port militaire de la marine du Ponant, sur l'initiative de Richelieu, dont l'œuvre est poursuivie par Colbert et Vauban. Brest est organisée comme puissant port de guerre, où sont armées, dès lors, la plupart des flottes engagées contre l'Angleterre aux XVIIe et XVIIIe s. Siège de l'École navale à partir de 1830, Brest est, au cours de la Première Guerre mondiale, la tête de ligne principale des convois américains. Occupé par les Allemands en 1940, le port, repaire de sous-marins, est totalement détruit par les bombardements aériens alliés. La ville n'est libérée par les Américains que le 18 sept. 1944. Les installations de la base navale sont reconstruites après 1945.

BREST *(rade de),* baie des côtes occidentales de la Bretagne (Finistère), où débouchent, par des rias, l'Elorn et l'Aulne. La rade couvre 15 000 ha et est reliée à l'Océan par l'étroit *goulet de Brest* (2 km de large).

BREST, en polon. **Brześć nad Bugiem** et, jusqu'en 1921, **Brześć Litewski,** en russe **Brest-Litovsk,** v. de l'ouest de la Biélorussie, à la frontière de la Pologne ; 277 000 hab. Textile et travail du bois.

Brest *(Union de),* union des Églises catholique et orthodoxe de Pologne, conclue en 1596. L'Église orthodoxe reconnaissait la suprématie du pape, tout en gardant la liturgie orientale et une hiérarchie ecclésiastique séparée (bulle de Clément VIII). L'Union de Brest divisa la communauté chrétienne orientale en uniates et en orthodoxes.

Brest-Litovsk *(traité de)* [3 mars 1918], traité de paix signé entre l'Allemagne, l'Autriche-Hongrie, la Bulgarie, l'Empire ottoman et la Russie soviétique. La Russie abandonnait la Pologne, la Lituanie, une partie de la Lettonie, de l'Estonie et de la Biélorussie et cédait Kars, Ardahan et Batoumi à l'Empire ottoman. Ce traité fut annulé par celui de Versailles.

BRESTOIS, E adj. et n. De Brest.

BRETAGNE, en lat. **Britannia,** nom ancien de la Grande-Bretagne. Habitée dès le IIIe millénaire, l'île fut envahie par des Celtes brittoniques (VIIIe-Ier s. av. J.-C.) qui la firent passer de l'âge du bronze à l'âge du fer. À l'époque de César, une première incursion romaine échoua (55-54 av. J.-C.). En 43 apr. J.-C., la conquête fut enfin entreprise par l'empereur Claude, mais ne devint effective qu'avec Agricola, qui soumit le pays jusqu'à la Clyde. Face aux menaces tant intérieures qu'extérieures, la défense de la Bretagne fut réorganisée au début du IIe s. L'empereur Hadrien fit construire un mur (v. 122-127), doublé par celui d'Antonin (v. 140). Érigée en province, la Bretagne fut gouvernée par un propréteur, disposant de trois légions. Dès la fin du Ier s. apr. J.-C., la romanisation a progressé rapidement, mais est restée superficielle hors du bassin de Londres et des Midlands. Tout au long des IIIe et IVe s., des menaces extérieures (Scots, Pictes, pirates saxons) s'ajoutèrent aux révoltes intérieures. Réorganisée administrativement sous Dioclétien, la Bretagne fut cependant évacuée v. 410, et ne put résister aux invasions des Angles, des Jutes et des Saxons, qui repoussèrent les populations celtiques vers l'ouest (Cornouailles, pays de Galles), ou bien les obligèrent à émigrer vers l'Armorique (entre 440 et 560).

BRETAGNE, région géographique et historique de l'ouest de la France, comprenant les départements du Finistère, des Côtes-d'Armor, du Morbihan, d'Ille-et-Vilaine et de Loire-Atlantique. (Hab. *Bretons.*) La réforme régionale a séparé la Loire-Atlantique des quatre premiers départements, qui constituent la Région *Bretagne* (27 208 km² ; 2 795 638 hab. Ch.-l. *Rennes*).
— **Géogr.** Occupant la majeure partie du Massif armoricain, la Bretagne est un pays de plateaux, accidentés de modestes lignes de hauteurs (monts d'Arrée, Montagne Noire), au climat

généralement humide et doux, surtout vers le littoral. La densité régionale est pratiquement égale à la moyenne nationale, supérieure même dans le Finistère et l'Ille-et-Vilaine, sites des deux principales villes, Brest et Rennes, cette dernière étant la seule grande ville de l'intérieur. Le littoral concentre une part notable de la population et des activités : pêche et conserveries, construction navale et, naturellement, tourisme. L'agriculture, toujours importante, est nettement dominée par l'élevage (porcs et volailles notamment, mais aussi bovins) malgré le maintien de certaines cultures spécialisées (légumes et primeurs du Léon), à côté des céréales. L'intensification de l'élevage pose d'ailleurs des problèmes divers (difficultés de commercialisation, pollution des eaux). L'industrie est encore dominée par l'agroalimentaire, assez diffus. Les constructions électriques (électronique) et mécaniques (automobile) connaissent un développement certain mais géographiquement plus concentré. Les branches traditionnelles (travail du cuir, textile) ont reculé. La poursuite de l'exode rural, l'essor d'industries et de services expliquent les progrès de l'urbanisation.
La Bretagne a longtemps été une terre d'exode. L'émigration n'a pas complètement disparu mais s'est fortement ralentie avec l'essor des secteurs secondaire et tertiaire (notamment dans l'agglomération de Rennes) et l'amélioration des relations avec Paris (desserte ferroviaire par T. G. V., création de voies autoroutières reliant à partir de Rennes l'ensemble des villes du littoral).
— **Hist.** Appelée *Armorique* jusqu'au VIe s. apr. J.-C., la Bretagne est peuplée dès le paléolithique et devient, au néolithique, un des principaux centres de la civilisation mégalithique. Les Celtes arrivent sur son territoire v. 500 av. J.-C. Conquise par Crassus et Brutus (57-56 av. J.-C.), elle est incorporée à la Gaule Celtique (27 av. J.-C.) puis à la IIIe Lyonnaise (285 apr. J.-C.), mais peu romanisée. Les cinq peuples qui l'occupent (Vénètes, Redons, Namnètes, Coriosolites, Osismiens [ou Osismes]) sont christianisés à partir du milieu du IIIe s. De 450 à la fin du VIe s., elle connaît des arrivées successives et massives de Bretons de l'île de Bretagne qui lui donnent son nom *(Britannia),* sa langue et une nouvelle organisation politique et ecclésiastique. Intégrée au royaume franc, elle devient en 753 une marche, organisée par Pépin le Bref. Mais la domination carolingienne se heurte à des révoltes périodiques. Les Bretons, sous la conduite de Nominoë, défont (845) à Ballon (près de Redon) les troupes de Charles II le Chauve qui doit reconnaître l'indépendance de la Bretagne (846) puis conférer le titre de roi à Erispoë (851-857) et Salomon (857-874). Envahie (919) et dévastée par les Normands, la Bretagne est restaurée par Alain II Barbe-Torte (v. 939-952) qui est élu « duc des Bretons » après avoir refoulé les envahisseurs (victoire de Trans [auj. Ille-et-Vilaine], 939). Le duché de Bretagne, qualifié de comté par la chancellerie du royaume de France dont il fait partie, est gouverné par les comtes de Rennes (990-1066) puis de Cornouaille (1066-1148). En 1166, il tombe au pouvoir de Henri II Plantagenêt qui en exerce la garde au nom de son fils Geoffroi II (1181-1186) fiancé à l'héritière du duc Conan IV. Englobée dès lors dans l'Empire anglo-angevin, la Bretagne est gouvernée jusqu'en 1203 par les Plantagenêts. Elle redevient un fief du royaume de France en 1213 quand son héritière Alix, sous la pression de Philippe II Auguste, épouse le prince capétien Pierre de Dreux (Pierre Ier Mauclerc, 1213-1237). Après ce dernier, quatre ducs capétiens régneront sur la Bretagne (érigée en duché-pairie en 1297) pendant plus d'un siècle (1237-1341), période marquée par le progrès de l'influence monarchique française. Mais la souveraineté du roi de France est contestée lors de la guerre de la Succession de Bretagne* (1341-1365). La Bretagne reste dans la mouvance française, mais Charles V doit reconnaître comme duc Jean IV (V) de Montfort, allié des Anglais (traité de Guérande, 1365). Sous la dynastie des Montfort (1365-1491), le duché de Bretagne (dont la capitale est Nantes) parvient à un haut degré de puissance et jouit d'une réelle indépendance. Son duc possède un ensemble d'institutions (conseil, états, parlement, etc.) qui exclut en fait l'intervention du roi, son suzerain. Mais, doté d'une faible armée, le duché est envahi et occupé par les troupes royales (1489-1491) et rattaché à la France par un lien personnel à la suite des mariages de la duchesse Anne avec Charles VIII (1491) puis Louis XII (1499). En 1515, la Bretagne est donnée par Claude (fille d'Anne et de Louis XII) à son époux François Ier. Par l'édit d'Union du 13 août 1532, ce dernier réunit indissolublement la Bretagne à la France, mais garantit ses privilèges. Pourvue des institutions royales (gouverneur [1491], parlement [1554], intendant [1689]) établies à Rennes, qui devient sa capitale administrative, la Bretagne, désormais province française, garde ses états qui sauvegarderont ses privilèges et une part d'autonomie jusqu'à la Révolution. Sa prospérité, apparue à l'aube du XIVe s. et liée à l'essor de l'industrie textile (toiles, draps), de la pêche et du commerce maritime (sel, vin), est compromise par les guerres de Religion. La misère atteint ses campagnes au XVIIe s., suscitant des jacqueries (révolte du papier timbré, 1675).
Le XVIIIe s. est marqué par l'essor du grand commerce international (Nantes, premier port

négrier de France) et est jalonné de conflits qui opposent les états et le parlement contre les représentants du roi dans la province (lutte de La Chalotais contre le duc d'Aiguillon, 1753-1768). Lors de la Révolution, la Bretagne est divisée en cinq départements (Ille-et-Vilaine, Côtes-du-Nord, Finistère, Morbihan, Loire-Inférieure) où se développe la chouannerie (1793-1800). La Seconde Guerre mondiale détruit ses grands ports (Brest, Lorient, Nantes, Saint-Nazaire, Saint-Malo). La reconstruction puis de profondes mutations économiques engendrent une véritable métamorphose de la Bretagne (v. 1960). Les problèmes socio-économiques (émigration, sous-emploi, etc.), qui demeurent considérables, provoquent la formation de mouvements régionalistes. En 1957, la Loire-Inférieure prend le nom de Loire-Atlantique et, en 1990, les Côtes-du-Nord deviennent Côtes-d'Armor.

Bretagne *(Centre océanologique de),* base scientifique, technique et documentaire installée en 1971 près de Brest par le Centre national pour l'exploitation des océans (CNEXO, auj. intégré dans l'IFREMER).

Bretagne *(guerre de la Succession de)* [1341-1365], conflit qui opposa Charles de Blois à Jean (IV) de Montfort puis au fils de ce dernier Jean IV (V), lors de la guerre de Cent Ans. Ce conflit fut déclenché par la mort, sans postérité légitime, de Jean III, duc de Bretagne (1341), dont le demi-frère Jean (IV) de Montfort et le neveu par alliance Charles de Blois revendiquèrent également la succession. La lutte prit fin avec la bataille d'Auray (29 sept. 1364) où Charles de Blois fut tué après avoir été vaincu par Jean IV (V) que le traité de Guérande (12 avr. 1365) reconnut duc de Bretagne.

BRETAGNE *(Nouvelle-)* → BISMARCK *(archipel).*

BRETAUDER v. t. (gallo-roman **bistositare,* de *bis-* et lat. *tonsitare,* tondre) [conj. 3]. Castrer un animal (cheval, chien).

BRETÈCHE ou **BRETESSE** n. f. (bas lat. *brittisca,* britannique). **1.** Au Moyen Âge, sorte de guérite, souvent rectangulaire, en saillie sur la muraille et construite sur mâchicoulis pour battre verticalement un point faible (porte, angle mort). — **2.** Nasal mobile que portaient certains bassinets d'armures.

BRETÉCHER (Claire), dessinatrice française (Nantes 1940), créatrice des *Frustrés* (série de bandes dessinées publiées par *le Nouvel Observateur* à partir de 1973), chronique mordante des mœurs et des modes des intellectuels parisiens.

BRETELLE n. f. (anc. haut all. *brittil,* bride). **1.** Bande en cuir ou en étoffe, qu'on passe sur l'épaule pour porter des objets pesants ou encombrants. — **2.** Bande de tissu qui retient aux épaules certains vêtements ou sous-vêtements féminins. — **3.** Route reliant une autoroute au reste du réseau routier. — **4.** Ensemble d'appareils destinés à relier deux voies ferrées contiguës et comportant quatre aiguillages et une traversée, formant un X. — **5.** Court élément de conducteur destiné à effectuer une connexion électrique entre deux tronçons de ligne. — **6.** Ligne de défense intérieure reliant deux organisations défensives.

◆ **bretelles** n. f. pl. **1.** Bandes élastiques qui, passées par-dessus les épaules, s'attachent au pantalon pour le maintenir. — **2.** Sorte de harnais en lanières de toile que l'on met à un enfant soit pour le maintenir assis, soit pour l'aider à marcher.

BRETENOUX (46130), ch.-l. de cant. du nord du Lot, sur la Cère ; 1 225 hab. *(Bretenouviens).* Anc. bastide du XIIIe s. — Au S.-O., forteresse de Castelnau (XIIe-XVIIe s.).

BRETESSE → BRETÈCHE.

BRETESSÉ, E adj. (anc. fr. *breteschier,* garnir de bretèches). Se dit d'une pièce crénelée symétriquement des deux côtés.

BRETEUIL (27160), ch.-l. de cant. de l'Eure, dans le pays d'Ouche ; 3 440 hab. *(Bretoliens).* Église en partie romane. — Forêt de plus de 6 000 ha.

BRETEUIL (60120), ch.-l. de cant. de l'Oise, au N.-E. de Beauvais ; 3 998 hab. Constructions mécaniques. Chimie.

BRETEUIL (Louis Auguste LE TONNELIER, *baron* DE), diplomate et homme d'État français (Azay-le-Ferron 1730 - Paris 1807). Ambassadeur en Autriche (1774-1783) puis secrétaire d'État à la Maison du roi (1783-1788), il fut au centre de l'opposition aristocratique et combattit les projets de Calonne (1787). Rappelé au ministère (12 juill. 1789) après le renvoi de Necker, il démissionna et émigra après la prise de la Bastille.

BRÉTIGNOLLES-SUR-MER (85470), comm. de la Vendée ; 2 186 hab. Station balnéaire. Vins.

Brétigny *(traité de)* [8 mai 1360], traité conclu à Brétigny (comm. de Sours, Eure-et-Loir), confirmé à Calais (24 oct. 1360) par Jean II le Bon et Édouard III lors de la guerre de Cent Ans, et par lequel le roi d'Angleterre recevait Calais, Guînes, le Ponthieu, la Saintonge, le Poitou, l'Agenais, le Quercy, le Rouergue et le Périgord.

BRÉTIGNY-SUR-ORGE (91220), ch.-l. de cant. de l'Essonne, dans le Hurepoix ; 20 069 hab. *(Brétignolais).* Aérodrome militaire ; centre d'essais en vol. Centre de contrôle de la navigation aérienne. Gare de triage. Pépinières.

BRETON, ONNE adj. et n. **1.** De Bretagne. – **2.** *Chapeau breton,* chapeau à bord incurvé, relevé. ‖ *Cheval breton,* race de chevaux lourds, appréciés pour leur viande. ‖ *Gâteau breton,* gâteau en pâte sablée riche en beurre salé et en jaunes d'œufs.
◆ **breton** n. m. Langue celtique parlée dans la partie occidentale de la Bretagne.
◆ **bretonne** n. f. *À la bretonne,* se dit de mets cuisinés avec une sauce à la crème et aux oignons.
ENCYCL. Le breton appartient au groupe brittonique du celtique insulaire. Il s'est implanté au Vᵉ et au VIᵉ s. en Armorique. Au nombre d'environ 500 000, les bretonnants sont situés à l'ouest d'une ligne allant approximativement de Plouha (Côtes-d'Armor) à la presqu'île de Rhuys (Morbihan). Cependant, le breton recule de plus en plus devant le français. Il se divise en 4 dialectes : léonard, trégorrois, cornouaillais et vannetais. Le léonard a été choisi au XIXᵉ s. comme support de la langue littéraire.

BRETON *(pertuis),* détroit formé par l'Atlantique, entre l'île de Ré et la côte de Vendée.

BRETON (André), écrivain français (Tinchebray, Orne, 1896-Paris 1966). Il fut le centre dynamique du surréalisme, auquel il donna un contenu théorique dans les *Manifestes** (1924, 1930) et pratique à travers des textes expérimentaux (*les Champs* magnétiques,* 1920 ; *Clair de terre,* 1923 ; *l'Air de l'eau,* 1934). Sa défense de l'art des fous, des primitifs, des enfants, sa curiosité pour l'art magique, le reclassement des valeurs esthétiques (roman noir, Sade, Lautréamont, Rimbaud, romantiques allemands), sa vigilance politique à l'égard du parti communiste (auquel il adhéra de 1927 à 1935), s'expriment tant par les revues qu'il anime, de *Littérature** (1919) à *la Brèche* (1961), que par ses articles (*les Pas perdus,* 1924 ; *Point du jour,* 1934 ; *la Clé des champs,* 1953 ; *Perspective cavalière,* 1970) et par ses essais : *le Surréalisme et la peinture* (1928, 1965), *Anthologie de l'humour noir* (1940), *Entretiens* (1952). Ses récits (*Nadja**, 1928 ; *les Vases* communicants,* 1932 ; *l'Amour* fou,* 1937 ; *Arcane 17,* 1947) retracent la quête quotidienne du merveilleux.

BRETONNANT, E adj. et n. Qui parle breton.

BRETONNEAU (Pierre), médecin français (Saint-Georges-sur-Cher 1778-Passy 1862). Médecin-chef et professeur à l'hospice général de Tours, il individualisa la fièvre typhoïde et la diphtérie.

BRETTE n. f. (anc. fr. *bret,* breton). **1.** Épée de duel, à lame longue et effilée (XVIᵉ et XVIIᵉ s). – **2.** Outil de maçon à face armée de dents, employé pour dresser un crépi grossier.

BRETTELER (conj. 24) ou **BRETTER** (conj. 4) v. t. **1.** Rayer, strier une surface avec une brette. – **2.** Amatir par de légères hachures les fonds d'une pièce d'orfèvrerie. – **3.** Enlever de la terre ou de la cire, sur un modelage, avec un ébauchoir à dents.
◆ **être brettelé** v. pass. *Truelle brettelée* (dite aussi *brettée, berthelet* ou *berthelée*), sorte de lame emmanchée sur le plat et à deux tranchants, dont un dentelé, utilisée pour « couper » le plâtre.

BRETTELURE n. f. Ensemble de stries faites sur un matériau par un outil dentelé.

BRETTEUR [brɛtœr] n. m. (de *brette*). Celui qui aimait à se battre à l'épée.

Bretton Woods *(accords de),* accords conclus à la suite d'une conférence monétaire, tenue à Bretton Woods (New Hampshire, États-Unis) en juill. 1944, entre 44 pays, et qui instaurèrent un système monétaire basé sur la libre convertibilité des monnaies et la fixité des taux de change. L'hégémonie du dollar, dont la valeur était définie par rapport à l'or, y fut consacrée. De ces accords sont nés aussi le F. M. I. et la Banque mondiale. Les accords de Bretton Woods furent remplacés, en janv. 1976, par les accords de la Jamaïque.

BRETZEL [brɛdzɛl] n. m. ou f. (all. *Brezel*). Biscuit alsacien croquant, en forme de nœud, parsemé de gros sel, consommé traditionnellement avec la bière.

BREUER (Josef), médecin autrichien (Vienne 1842-*id.* 1925). Il est surtout connu pour sa collaboration avec S. Freud de 1882 à 1895, période fondamentale, aussi bien pour la compréhension de l'hystérie (*Études sur l'hystérie,* 1895) que comme point de départ de la théorie de l'inconscient et de la méthode analytique, anticipée par Breuer sous le nom de *méthode cathartique**.

BREUER (Marcel), architecte et designer hongrois (Pécs 1902 - New York 1981). Élève au Bauhaus en 1920, il y fut directeur de la section d'ameublement de 1925 à 1928. Il utilisa dès 1926 les tubes d'acier dans un style fonctionnel qui traduit le goût des structures nettes, clairement exprimées. Ces qualités se retrouvent dans son architecture, surtout après son départ d'Allemagne (1935). Il enseigna à Harvard avec Gropius, s'établit à New York en 1946 et connut bientôt la célébrité internationale (palais de l'Unesco, à Paris, 1953, avec Nervi et Zehrfuss). Son style a tendu dès lors à la dramatisation des formes et à un certain éclectisme.

BREUGHEL → BRUEGEL.

BREUIL [brœj] n. m. (bas lat. *brogilum,* du gaul.). Au Moyen Âge, enclos, boisé ou non, où le gibier était parqué.

BREUIL (*abbé* Henri), ecclésiastique et préhistorien français (Mortain 1877-L'Isle-Adam 1961). Il a défini et situé chronologiquement plusieurs faciès industriels, mais son nom est surtout attaché à ses innombrables relevés de peintures pariétales et à ses recherches d'une chronologie de l'art pariétal du paléolithique supérieur, exposée dans *Quatre Cents Siècles d'art pariétal* (1952).

BREUIL-CERVINIA, station de sports d'hiver (alt. 2 050-3 500 m) d'Italie, dans le Val d'Aoste, au pied du Cervin.

BREUIL-LE-SEC (60600), comm. de l'Oise, à 4 km à l'E.-S.-E. de Clermont ; 2 431 hab. Peintures. Robinetterie.

BREUILLET (91650), comm. de l'Essonne, à 6 km à l'O.-S.-O. d'Arpajon ; 7 347 hab.

BREUVAGE n. m. (anc. fr. *beivre,* boire, du lat. *bibere*). Boisson d'une composition spéciale ou, *fam.,* boisson quelconque.

BRÉVAL (Bertha Agnès Lisette SCHILLING, dite **Lucienne**), cantatrice suisse naturalisée française (Männedorf, cant. de Zurich, 1869 - Neuilly 1935). Elle appartint à l'Opéra de Paris dès 1892 et lia son nom à la divulgation de Wagner en France.

1. BRÈVE → BREF.

2. BRÈVE n. f. (lat. *brevis,* court). Passereau des forêts tropicales, non arboricole, aux pattes fortes, aux vives couleurs, très criard, parfois migrateur.

BRÉVENT (le), sommet des Alpes (Haute-Savoie), au-dessus de Chamonix ; 2 526 m. Téléphérique.

BRÈVES (François SAVARY, *marquis* DE MAULÉVRIER, *comte* DE), diplomate français (1560-Paris 1628). Ambassadeur à Constantinople (1593), il obtint de Mehmed III, en 1597, puis de Ahmed Ier, en 1604, le renouvellement des capitulations accordées par Selim II à Charles IX en 1569.

BREVET n. m. (de *bref 2*). **1.** Diplôme ou certificat délivré après examen sous le contrôle de l'État et conférant certains droits ou attestant certaines aptitudes. (→ *encycl.*) — **2.** *Décerner, délivrer à qqn un brevet de,* témoigner, assurer qu'il possède telle qualité, tel défaut. • **Dr.** *Acte en brevet,* acte notarié dont l'original est remis à l'intéressé (procuration, quittance, etc.). [S'oppose à l'*acte notarié en minute.*] ‖ *Brevet (d'invention),* titre délivré par l'État (Institut national de la propriété industrielle) et assurant à celui qui se déclare l'auteur d'une invention d'ordre industriel, et qui en fait le dépôt dans certaines formes, le droit exclusif, pour un temps déterminé — 20 ans en principe — , d'exploiter cette invention. (Il existe également un brevet [d'invention] communautaire, délivré par l'Office européen des brevets.) ‖ *Conseil en brevets d'invention* (devenu en 1990 *conseil en propriété industrielle*), personne diplômée inscrite sur une liste nationale dressée par le ministre de l'Industrie, et qui, à l'exclusion de toute activité industrielle, commerciale ou financière, offre à titre habituel ses services pour conseiller ou représenter les inventeurs. — **Dr. anc.** Acte conférant un grade militaire. ‖ *Brevet du roi,* acte émané du roi qui n'était pas soumis à l'enregistrement des cours souveraines et par lequel le roi concédait une dignité, une charge, un don ou une pension. ‖ *Brevet de la taille,* état arrêté en conseil du roi et contenant la somme à imposer pour l'ensemble des pays d'élection et la répartition de cette somme par généralité. — **Mil.** *Brevets militaires,* diplômes sanctionnant dans les armées de terre, de mer et de l'air, des épreuves de nature et de difficulté très différentes, mais conditionnant l'avancement et les affectations, quelquefois la solde des militaires. (*Brevet d'études militaires supérieures* [*B. E. M. S.*] délivré dans les écoles de guerre ; *brevets militaires professionnels* attribués aux sous-officiers, *brevet parachutiste,* etc.) — **Sports.** *Brevet sportif populaire (B. S. P.),* brevet créé en 1937, remanié en 1978, organisé dans le cadre départemental, et comprenant cinq épreuves nationales (cyclotourisme, natation, marche, course à pied, ski de fond), auxquelles peut s'ajouter une sixième épreuve régionale.

ENCYCL. Le *brevet d'études professionnelles (B. E. P.)* sanctionne les deux ans d'études suivant la classe de troisième des lycées professionnels qui forment des ouvriers ou des employés qualifiés ou professionnels. D'après les dispositions prises en 1987, le B. E. P. peut également être préparé par la voie de l'apprentissage. Le *brevet d'études professionnelles agricoles (B. E. P. A.)* est destiné aux futurs chefs d'exploitation agricole et obtenu après deux ans d'études dans des lycées professionnels agricoles ou à la suite d'un stage.

— Le *brevet professionnel (B. P.)* est un diplôme d'État délivré après examen public par le ministère de l'Éducation. Il atteste une qualification professionnelle dans une spécialisation dans les secteurs industriel, artisanal, commercial, administratif ou social.

— Le *brevet de technicien (B. T.)* se prépare en trois ans, après la classe de troisième : il donne le titre de technicien ou d'agent technique. Son équivalent dans le secteur agricole est le *brevet de technicien agricole (B. T. A.).*

— Le *brevet de technicien supérieur (B. T. S.)* se prépare en deux ans dans les sections supérieures des lycées ; il est accessible aux bacheliers ou aux titulaires du B. T. Son équivalent dans le secteur agricole est le *brevet de technicien supérieur agricole (B. T. S. A.).*

En 1980, le *brevet d'études du premier cycle du second degré (B. E. P. C.)* a été remplacé par le *brevet des collèges* et, en 1987, par le *brevet,* qui sanctionne, à la fin de la classe de troisième, les études du premier cycle de l'enseignement secondaire.

BREVETABILITÉ n. f. Qualité de ce qui est brevetable.

BREVETABLE adj. Susceptible de recevoir un brevet : *Procédé brevetable.*

BREVETÉ, E n. Titulaire d'un brevet.

BREVETER v. t. (conj. 27). **1.** Protéger une invention, un procédé par un brevet. — **2.** Donner un brevet à qqn : *Breveter un officier.*
◆ **être breveté** v. pass. **1.** Être garanti par un brevet : *Invention brevetée.* — **2.** *Matelot breveté,* matelot titulaire d'un brevet de spécialité. ‖ *Officier breveté,* officier titulaire d'un brevet sanctionnant ses études à l'Enseignement militaire supérieur scientifique et technique ou à l'École supérieure de guerre.

BRÉVIAIRE n. m. (lat. *breviarium,* abrégé [le bréviaire est un *livre d'heures* abrégé]). **1.** Livre contenant l'office divin que devaient réciter chaque jour les clercs qui étaient dans les ordres sacrés. (La réforme de Paul VI a aménagé la récitation du bréviaire, devenu *liturgie des heures* [1971], dans un esprit plus conforme aux nécessités du temps.) — **2.** Prières contenues dans ce livre : *Dire son bréviaire.* — **3.** *Vx.* Livre dont on fait sa lecture habituelle pour en faire son modèle.

Bréviaire d'Alaric *(le),* abrégé des lois romaines, rédigé en latin en 506 sur les ordres d'Alaric II, roi des Wisigoths, à l'usage de ses sujets gallo-romains.

BRÉVIAIRES (Les) [78610], comm. des Yvelines, à 10 km au N. de Rambouillet ; 907 hab. Haras national.

BRÉVILIGNE adj. et n. Se dit d'une personne caractérisée par l'aspect trapu du corps. (Syn. BRACHYSOME.)

BRÉVISTYLÉ, E adj. Se dit des fleurs à style court, dans les espèces où d'autres fleurs sont à style long ou *longistylées,* cette dualité de formes constituant l'*hétérostylie* (primevère).

BRÉVITÉ n. f. (lat. *brevitas*). Caractère d'un phonème bref. (Syn. BRIÈVETÉ.)

BREWSTER (*sir* David), physicien écossais (Jedburgh, comté de Roxburgh, 1781-près de Melrose, comté de Roxburgh, 1868). Il a découvert les lois de la polarisation par réflexion (1815), imaginé le kaléidoscope et découvert en 1834 les raies telluriques du spectre solaire.

BREWSTÉRIEN, ENNE adj. (de D. *Brewster,* n. pr.). *Incidence brewstérienne,* valeur de l'angle d'incidence d'un rayon lumineux telle que le rayon réfléchi soit entièrement polarisé. (En règle générale, le rayon réfracté est alors perpendiculaire au rayon réfléchi.)

BREWSTÉRITE n. f. (de D. *Brewster,* n. pr.). Zéolite monoclinique, contenant du strontium et du baryum.

BREYTENBACH (Breyten), peintre et poète sud-africain d'expression afrikaans, naturalisé français (Bonnievale, prov. du Cap, 1939). Il est l'auteur de recueils poétiques (*Katastrofes,* 1964 ; *Métamortphase,* 1987) et de témoignages sur son incarcération, due à son attitude face à l'apartheid (*Confession véridique d'un terroriste albinos,* 1983), puis sur l'instauration dans son pays d'une démocratie multiraciale *(Retour au paradis,* 1992).

BREZA (Tadeusz), écrivain polonais (Siekierzyńce 1905-Varsovie 1970). Ses romans analysent la Pologne et l'Europe de l'après-guerre (*les Murs de Jéricho,* 1946).

BRÉZÉ (*maison* DE), famille angevine, remontant au XIe s. et originaire de Brézé (auj. en Maine-et-Loire). — PIERRE II (v. 1410-Montlhéry 1465), conseiller de Charles VII (1437), devint chef du gouvernement (1444) et grand sénéchal de Normandie. Il fut tué au service de Louis XI à la bataille de Montlhéry (1465). — LOUIS († Anet 1531), petit-fils du précédent, grand sénéchal de Normandie (1494), premier chambellan du roi (1518), épousa en 1514 Diane de Poitiers qui lui fit élever un tombeau (achevé en 1544) dans la cathédrale de Rouen.

BŘEZINA (Václav Ignác JEBAVÝ, dit **Otokar**), poète tchèque (Počátky 1868-Jaroměřice 1929). Souvent définie comme symboliste, sa poésie représente un des sommets de la pensée mystique et métaphysique tchèque (*les Lointains mystérieux,* 1895 ; *les Mains,* 1901).

BRÉZINS (38590), comm. de l'Isère ; 1 252 hab. Outillage.

BRÉZOLLES (28270), ch.-l. de cant. d'Eure-et-Loir, dans le Thymerais ; 1 702 hab. *(Brézolliens).* Église du XVe s.

B. R. G. M., sigle de BUREAU DE RECHERCHES* GÉOLOGIQUES ET MINIÈRES.

B. R. I., sigle de BANQUE* DES RÈGLEMENTS INTERNATIONAUX.

BRIAGE n. m. (anc. fr. *brier,* var. de *broyer*). Travail de la pâte avec la brie.

BRIALMONT (Laurent Mathieu), général belge (Seraing 1789-Anvers 1885). Après avoir fait les campagnes de l'Empire de 1805 à 1814, il devint aide de camp de Léopold Ier, puis ministre de la Guerre (1850). — Son fils, HENRI ALEXIS (Venlo 1821-Saint-Josse-ten-Noode, près de Bruxelles,

1903), également général, spécialiste de la fortification, dressa les plans du camp retranché d'Anvers en 1859.

BRIAN BORU, surnommé **Boroimhe** (près de Killaloe 941-Clontarf 1014), roi d'Irlande. Plusieurs fois vainqueur des Scandinaves, il tenta l'unification de l'Irlande.

BRIANÇON, ch.-l. d'arrond. des Hautes-Alpes, sur un plateau qui domine le confluent de la Durance et de la Guisanne ; 12 141 hab. *(Briançonnais).* Fortifications et église construites par Vauban. Du fait de sa situation, Briançon a longtemps été une place forte. Cité commerciale, elle est aussi animée par le tourisme.

BRIANÇONNAIS (le), région des Alpes, dans le nord du dép. des Hautes-Alpes, correspondant au bassin supérieur de la Durance. V. princ. *Briançon.* C'est un haut pays au climat à la fois montagnard et méditerranéen, fortement ensoleillé, ouvert vers l'Italie (col de Montgenèvre), l'Oisans et la Maurienne (Lautaret et Galibier), le sud (Durance), animé par le tourisme.

BRIAND (Aristide), homme politique français (Nantes 1862-Paris 1932). Militant socialiste et syndicaliste, député de 1902 à sa mort, il rapporta en 1905 la loi de séparation des Églises et de l'État. Il fut vingt-cinq fois ministre, dont dix-sept fois ministre des Affaires étrangères, à partir de 1906, et onze fois président du Conseil, à partir de 1909. À l'intérieur, il se montra modéré et ménagea la droite. À l'extérieur, il marqua la diplomatie de la France entre 1925 et 1932, multipliant les occasions de fonder la paix en Europe, notamment par un rapprochement franco-allemand solide. Il attacha particulièrement son nom à la conférence générale de Locarno (oct. 1925), où il mit en honneur la notion de convention d'arbitrage et qui devait aboutir au pacte Briand-Kellogg (1928), par lequel 60 nations renonçaient à la guerre. (Prix Nobel de la paix 1926.)

BRIANSK, v. de Russie, au S.-O. de Moscou, sur la Desna ; 459 000 hab. Matériel ferroviaire.

BRIANSKY (Oleg), danseur et pédagogue belge d'origine russe (Bruxelles 1929), naturalisé américain en 1970. Il fonda aux États-Unis (1960) sa propre compagnie et adapta une version de *Giselle* et du *Lac des cygnes* à l'intention de danseurs noirs.

BRIANZA (Carlotta), danseuse italienne (Milan 1867-Paris 1930). Élève de Carlo Blasis, elle importa à Saint-Pétersbourg (1887) le style, la technique et la virtuosité de l'école italienne qui auront une grande influence sur les artistes russes du théâtre Mariinski.

BRIARD, E adj. et n. De la Brie.

◆ **briard** n. m. Race de chiens de berger français, à poil long, de couleur uniforme et de grande taille. (Syn. BERGER DE BRIE.)

BRIARE (45250), ch.-l. de cant. du Loiret, sur la Loire ; 6 210 hab. *(Briarois).* Pont-canal sur lequel le canal latéral franchit la Loire. Céramique.

Briare *(canal de),* canal long de 56 km (à partir de Briare) qui réunit la Loire à la Seine par le Loing.

BRIARÉE, géant aux cent bras qui aida Zeus dans la lutte des dieux olympiens contre les Titans.

BRIBE n. f. (onomat.) [surtout pl.]. **1.** Restes insignifiants d'un repas, d'un aliment : *Des bribes de pain.* — **2.** Petite quantité, fragment qui reste d'un tout : *Recueillir des bribes d'un héritage.*

BRIC-À-BRAC n. m. inv. (onomat.). Amas d'objets hétéroclites, de vieilleries disparates, en mauvais état.

BRICELET n. m. En Suisse, gaufre mince et croustillante.

BRIC ET DE BROC (DE) loc. adv. (onomat.). Au hasard, avec des éléments de toute provenance : *Des connaissances apprises de bric et de broc.*

BRICK n. m. (angl. *brig,* abrév. de *brigantin*). Navire à voiles carrées à deux mâts utilisé aux XVIIIe et XIXe s. comme vaisseau de guerre ou de commerce.

BRICK-GOÉLETTE n. m. (pl. *bricks-goélettes*). Navire à voiles à deux mâts dont la misaine est gréée de voiles carrées et le grand mât d'une voile aurique surmontée d'une flèche.

BRICOLAGE n. m. **1.** Activité manuelle non professionnelle consistant en travaux de réparation, d'installation ou de fabrication effectués dans la maison. — **2.** Travail peu sérieux, grossier ; rafistolage.

BRICOLE n. f. (ital. *briccola,* catapulte). *Fam.* **1.** Action de bricoler, de gagner sa vie avec de menus travaux. — **2.** Besogne insignifiante, menu travail : *Il fait quelques bricoles dans un garage.* — **3.** Chose sans importance, sans valeur : *Il m'a fait cadeau d'une bricole.* — **4.** *Pop.* Ennui grave : *Il va lui arriver des bricoles.* • **Arm.** Baliste en usage au Moyen Âge. — **Bourrell.** Pièce de harnais prenant place sur la poitrine du cheval. — **Jeux.** Au billard, carambolage obtenu après que la bille du joueur a touché une ou plusieurs bandes. — **Pêch.** Hameçon double ou triple pour la pêche des poissons carnassiers d'eau douce.

BRICOLER v. i. (de *bricole*) [conj. 3]. *Fam.* **1.** Gagner sa vie à des besognes variées, peu durables, à de petits travaux. — **2.** S'occuper à de petits travaux manuels de réparation, d'agencement, etc., chez soi ou chez des particuliers : *Passer son dimanche à bricoler.*

◆ v. t. *Fam.* 1. Arranger, réparer, fabriquer qqch : *Bricoler l'installation électrique.* – 2. Procéder à des modifications techniques sur un appareil, un mécanisme, le plus souvent par fraude : *Bricoler un moteur pour augmenter sa puissance.*

BRICOLEUR, EUSE n. et adj. 1. Personne qui bricole, qui sait bricoler. – 2. *Péjor.* Personne qui fait grossièrement et rapidement un travail.

BRIÇONNET (Guillaume), ecclésiastique français (Paris 1472 - Esmans, Seine-et-Marne, 1534). Évêque de Meaux (1516-1534), il favorisa, avec la protection de Marguerite de Navarre et le concours de son vicaire général, Lefèvre d'Étaples, un groupe de biblistes et de théologiens, dit « Cénacle de Meaux », qui préconisait un renouveau fondamental de la recherche théologique et biblique dans l'Église de France.

BRICQUEBEC (50260), ch.-l. de cant. de la Manche, dans le Cotentin ; 4 391 hab. *(Bricquebétais).* Donjon du XIVe s. Produits laitiers.

BRIDAGE n. m. 1. Action de brider, d'assujettir avec la bride ; résultat de cette action. – 2. Action de brider une volaille, une pièce de gibier.

BRIDE n. f. (moyen haut all. *brîdel,* rêne). 1. Pièce de harnais qui prend place sur la tête du cheval et qui comprend deux mors, les montants, la têtière, la sous-gorge, le frontal, la muserolle et les quatre rênes. – 2. *À bride abattue, à toute bride,* en abandonnant toute la bride au cheval, en le lançant au galop ; avec une grande vitesse, une grande énergie. ‖ *La bride sur le cou,* sans frein, librement. ‖ *Lâcher la bride,* donner toute liberté d'action à qqn. ‖ *Tenir en bride,* contenir qqn ; réfréner un sentiment. ‖ *Tenir la bride (haute) à qqn,* le serrer de près, ne pas lui laisser la liberté de ses actions. ‖ Litt. *Tourner bride,* revenir sur ses pas, en parlant d'un cavalier ; changer d'avis, d'opinion. • **Chapell.** Lien qui retient certaines coiffures en s'attachant sous le menton. – **Cout.** Petit arceau de fil de ganse ou de biais rouleauté, destiné à recevoir une agrafe ou un bouton. ‖ Série de points de feston exécutés sur des fils tendus à l'endroit du tissu, à la base d'une fente ou d'une fermeture à glissière. – **Dent.** Dans la dentelle à l'aiguille, syn. de BARRETTE. – **Mécan.** Pièce métallique fermée ou en forme d'U, permettant de brider une pièce. – **Mil.** Bande cousue sur la tunique ou la veste d'uniforme pour maintenir l'épaulette. – **Pathol.** Bande de tissu conjonctif réunissant anormalement deux organes. ‖ *Bride amniotique,* voile membraneux consécutif à l'adhérence de la membrane amniotique sur une partie du corps du fœtus. – **Techn.** Lien métallique en forme de demi-collier ou de collier, serré sur un objet quelconque, pour le consolider ou maintenir en place les pièces qui le composent. (Syn. COLLERETTE.)

BRIDEL (Philippe Sirice), écrivain suisse de langue française (Begnins 1757-Montreux 1845). Connu sous le nom de « Doyen Bridel », il a été, en Suisse romande, le théoricien de l'helvétisme littéraire (*le Conservateur suisse,* 1855-1858).

BRIDER v. t. (conj. 3). 1. Mettre la bride ou le bridon à un cheval ou à un âne. – 2. En parlant d'un vêtement, serrer qqn, le gêner dans ses mouvements : *Cette veste me bride aux emmanchures.* – 3. Contenir qqch, qqn, empêcher qu'il manifeste librement ses sentiments, ses désirs, ses aptitudes : *Brider une imagination exubérante.* • **Cuis.** Maintenir les membres d'une volaille par une ficelle passée au travers du corps. – **Mar.** Serrer fortement un amarrage reliant deux cordages ou un cordage et un espar. – **Mécan.** Sur une machine-outil, fixer la pièce à usiner sur son support (table de fraiseuse, plateau de tour, etc.). – **Pêch.** *Brider un filet,* en serrer les bords. ‖ *Brider un poisson,* l'amener sans lui donner de ligne. – **Techn.** Serrer avec une bride. ‖ Régler un appareil (moteur, soupapes, etc.) de façon à l'empêcher d'atteindre le maximum de ses possibilités.

◆ **être bridé** v. pass. 1. Être trop serré dans un vêtement. – 2. Vx. *Oie bridée, oison bridé,* personne niaise et crédule. ‖ *Yeux bridés,* dont les paupières sont étirées latéralement.

BRIDES-LES-BAINS (73570), comm. de la Savoie, en Tarentaise ; 612 hab. *(Bridois).* Station thermale (affections digestives, obésité et rhumatismes).

1. BRIDGE n. m. (angl. *bridge,* pont). 1. Appareil de prothèse fixe en forme de pont avec une ou plusieurs travées et des dents piliers, qui remplace des dents absentes. – 2. Anneau de canne, monté sur un support surélevé en forme de pont.

2. BRIDGE n. m. (angl. *bridge,* de *biritch,* p.-ê. d'orig. russe). Jeu de cartes, issu directement du whist, qui se joue à quatre, deux contre deux, avec un jeu de 52 cartes.

ENCYCL. Le bridge fit son apparition vers la fin du XIXe s. Jusqu'entre les deux guerres, le bridge plafond fut le seul à être joué en France, mais c'est le bridge contrat, inventé par l'Américain Vanderbilt, qui s'imposa dans le monde entier. Si le hasard intervient dans la distribution des cartes, le bridge est avant tout un jeu rigoureux. Le langage codé des enchères permet aux partenaires de faire un pari raisonnable. Il existe de nombreuses compétitions de bridge, les tournois et, à leur sommet, le championnat du monde.

BRIDGEND, v. de Grande-Bretagne (pays de Galles), à l'O. de Cardiff ; 15 200 hab. Industrie automobile. Électronique.

BRIDGEPORT, port des États-Unis (Connecticut) ; 143 000 hab. Aluminium. Constructions mécaniques et électriques.

BRIDGER v. i. (conj. **17**). Jouer au bridge.

BRIDGES (Robert), poète britannique (Walmer, Thanet, 1844-Oxford 1930). Sa poésie trahit une froideur très victorienne (*The Growth of Love,* 1876 ; *The Testament of Beauty,* 1929).

Bridges et Good *(maladie de),* syn. de GRANULOMATOSE* CHRONIQUE FAMILIALE.

BRIDGETOWN, cap. de la Barbade (Antilles), sur la baie de Carlisle ; 8 000 hab. Principal port de l'île. Centre touristique.

BRIDGEUR, EUSE n. Joueur(euse) de bridge.

BRIDGMAN (Percy Williams), physicien américain (Cambridge, Massachusetts, 1882-Randolph, New Hampshire, 1961). Il a réussi à produire des pressions pouvant atteindre plusieurs centaines de milliers d'atmosphères et a ainsi découvert plusieurs variétés de glaces plus denses que l'eau, ainsi que le phosphore noir. (Prix Nobel de physique 1946.)

BRIDON n. m. (de *bride*). Bride simple équipée du seul mors de filet.

BRIDOUX (Eugène), général et homme politique français (Doulon, Loire-Atlantique, 1888-Madrid 1955). Secrétaire d'État à la Guerre dans le gouvernement Laval (1942), il se réfugia en 1944 à Sigmaringen. Arrêté par les Américains, emprisonné au Val-de-Grâce, il s'en évada en 1947 et s'enfuit en Espagne. En 1948, la Haute Cour le condamna à mort par contumace.

BRIDURE n. f. (de *brider*). Laçage supplémentaire sur un amarrage pour le consolider.

1. BRIE n. f. (de *brier*). Barre de bois ou dispositif mécanique pour homogénéiser et tasser la pâte à pain, à pâtisserie, au cours de la dernière façon qu'on lui donne.

2. BRIE n. m. (de *Brie,* n. pr.). **1.** Fromage au lait de vache, à pâte molle, à croûte moisie, fabriqué dans la Brie. — **2.** Pop. *Quart de brie,* grand nez.

BRIE, région située à l'E. de Paris, entre les vallées de la Marne et de la Seine, constituant essentiellement la majeure partie du dép. de Seine-et-Marne et couvrant environ 600 000 ha. Dans le cadre de grandes exploitations dominent les cultures du blé, du maïs et de la betterave à sucre, parfois associées à l'élevage (bovins, aviculture). V. princ. *Meaux, Melun, Provins, Coulommiers, Château-Thierry,* souvent implantées dans les vallées et animées par l'agroalimentaire et des activités liées à la proximité du marché parisien.

BRIÉ adj. m. (de *brier*). *Pain brié,* pain à croûte dure, à mie serrée, pouvant se conserver une semaine et plus.

BRIEC (29510), ch.-l. de cant. du Finistère, au N.-E. de Quimper ; 4 610 hab. *(Briecois).* Élevage de chevaux. Abattoir (volailles et porcs).

BRIE-COMTE-ROBERT (77170), ch.-l. de cant. de Seine-et-Marne, à 29 km au S.-E. de Paris ; 11 765 hab. *(Briards).* Anc. capitale de la Brie française. Église surtout du XIIIe s. (vitraux). Centre commercial. Verrerie. Mobilier.

BRIÉE n. f. Quantité de pâte travaillée en une fois avec la brie.

BRIEFER [brife] v. t. (de *briefing*) [conj. *3*]. *Fam.* Mettre qqn au courant de la situation, lui faire un exposé précis en vue d'une action à accomplir.

BRIEFING [brifiŋ] n. m. (angl. *briefing,* de *to brief,* donner des renseignements concis). **1.** Réunion des équipages avant tout départ en mission aérienne, au cours de laquelle les dernières instructions leur sont données. — **2.** Réunion entre les membres d'un état-major ou d'un groupe de travail pour définir les objectifs et la part de travail de chacun.

BRIENNE (*maison* DE), famille champenoise originaire de Brienne (auj. Brienne-le-Château) et remontant au Xe s. JEAN* **de Brienne.** — GAUTIER V (v. 1287-1311), comte **de Brienne,** duc d'Athènes (1308-1311), fut vaincu et tué sur les bords du Céphise en luttant contre les Catalans qui s'emparèrent d'Athènes (1311). — Son fils GAUTIER VI († Poitiers 1356), comte **de Brienne,** duc titulaire d'Athènes (1311-1356), gouverneur de Florence (1342-43), connétable de France (1356), périt à la bataille de Poitiers.

BRIENNE (LOMÉNIE DE) → LOMÉNIE DE BRIENNE.

BRIENNE-LE-CHÂTEAU (10500), ch.-l. de cant. de l'Aube, dans la Champagne humide ; 3 870 hab. *(Briennois).* Château reconstruit en 1770. Musée Napoléon dans l'ancien couvent qui abrita l'école militaire. Bonneterie. Constructions mécaniques.
— **Hist.** Une école royale militaire fut créée en 1776. Installée dans le collège dirigé par les Minimes, elle accueillait les boursiers. Ce fut le cas du jeune Napoléon Bonaparte. L'école fut supprimée en 1790. Le 29 janv. 1814, Napoléon remporta à Brienne une victoire sur Blücher.

BRIENNOIS, autre nom du Brenois.

BRIENON-SUR-ARMANÇON (89210), ch.-l. de cant. de l'Yonne, au S. de la forêt d'Othe ; 3 110 hab. *(Brienonnais).* Église gothique. Luminaires. Sucrerie.

BRIENZ, comm. de Suisse (cant. de Berne), au bord du *lac de Brienz* (30 km^2), au pied des Préalpes ; 2 800 hab. Industries du bois.

BRIER v. t. (mot dialect., var. de *broyer*) [conj. **10**]. Effectuer le briage.

BRIÈRE ou **GRANDE BRIÈRE,** région marécageuse, au N.-O. de l'estuaire de la Loire (Loire-Atlantique) ; 15 000 ha. (Hab. *Briérons.*) Pays de sauleraies, de chaumières, de canaux *(Petite Venise),* de chalands à fond plat (blins), de chasses au canard, elle a été classée en 1970, avec sa région, parc naturel régional (16 communes, 40 000 ha).

BRIÈRE DE L'ISLE (Louis Alexandre), général français (Saint-Michel-du-François, Martinique, 1827 - Saint-Leu-Taverny 1896). Il se distingua à Bazeilles en 1870 et devint gouverneur du Sénégal (1877). Commandant des troupes du Tonkin (1884), l'évacuation de Lang Son le contraignit à se replier sur le delta (1885).

BRIÈRES-LES-SCELLÉS (91150), comm. de l'Essonne, à 4 km au N. d'Étampes ; 873 hab. Industrie automobile.

BRIEUC *(saint),* moine breton (pays de Galles 410-v. 502). Le monastère qu'il fonda est à l'origine de la ville de Saint-Brieuc.

BRIÈVEMENT adv. (de *brief,* anc. forme de *bref*). En peu de mots ; succinctement.

BRIÈVETÉ n. f. (de *brief,* anc. forme de *bref*). **1.** Courte durée d'une action, d'un état : *La brièveté d'une allocution.* — **2.** *Litt.* Courte longueur ou hauteur : *La brièveté de sa taille.* — **3.** Syn. de BRÉVITÉ.

BRIEY [briji ou brijɛ] (54150), ch.-l. d'arrond. de Meurthe-et-Moselle, dans le nord de la Lorraine, 4 823 hab. *(Briotains).*

BRIFFER v. t. (rad. onomat. *brif*) [conj. 3]. *Arg.* Manger.

BRIFFETON n. m. *Pop.* Casse-croûte, nourriture.

BRIGADE n. f. (ital. *brigata,* de *briga,* bande). **1.** Petit détachement militaire : *Brigade de gendarmerie.* — **2.** Groupement de plusieurs régiments d'une même arme. (La brigade a été supprimée et remplacée par la division en 1976-77, lors de la réorganisation de l'armée de terre ; la *brigade des sapeurs-pompiers de Paris* a été créée en 1967.) — **3.** Équipe d'ouvriers travaillant ensemble sous la surveillance d'un chef : *Brigade de balayeurs.* — **4.** Corps de police spécialisé dans un domaine particulier (brigade des mineurs, brigade des stupéfiants et du proxénétisme, brigade de répression du banditisme dite « brigade antigang », etc.). — **5.** *Brigade aérienne,* réunion, sous un même commandement, d'une escadre et des moyens nécessaires pour sa mise en œuvre. (Elle a été abandonnée en 1964.) ‖ *Brigade de gendarmerie,* la plus petite unité de gendarmerie. (Il existe une *brigade territoriale* dans chaque canton et des brigades chargées de missions particulières : *brigade fluviale, de recherche,* etc.) ‖ *Brigade logistique,* grande unité de corps d'armée chargée du ravitaillement, de la santé, du maintien et de la mise en condition des matériels. ‖ *Brigade de vérification,* service des impôts chargé de vérifier les comptabilités des entreprises. ‖ *Général de brigade, général de brigade aérienne,* premier grade de la hiérarchie des officiers généraux dans les armées de terre et de l'air.

Brigades internationales, formations militaires constituées par des volontaires étrangers, en majorité communistes, venus combattre dans les rangs des forces républicaines pendant la guerre civile espagnole de 1936-1939.

Brigades rouges *(Brigate Rosse),* groupe terroriste italien fondé en 1970 par Renato Curcio (Rome 1938), qui, de 1974 à 1980, multiplia les enlèvements et les assassinats, dont celui du leader de la Démocratie chétienne, Aldo Moro (mai 1978).

BRIGADIER n. m. **1.** Grade correspondant à celui de caporal, dans la cavalerie, l'artillerie et le train (anciennes armes montées). — **2.** Général de brigade. — **3.** *Brigadier des armées du roi,* autref. grade intermédiaire entre celui de colonel et celui de maréchal de camp. ‖ *Brigadier de gendarmerie,* ancienne appellation du chef de brigade de gendarmerie.

BRIGADIER-CHEF n. m. (pl. *brigadiers-chefs*). Grade correspondant à celui de caporal-chef, dans la cavalerie, l'artillerie et le train.

BRIGAND n. m. (ital. *brigante,* qui va en troupe). **1.** *Litt.* Homme qui vole et pille à main armée, qui commet des exactions sur une vaste échelle. — **2.** Homme qui se livre à des actes malhonnêtes ; voleur. — **3.** *Fam.* Enfant espiègle et prêt à tous les coups. — **4.** Fam. *Histoires de brigands,* mensonges peu vraisemblables. ‖ *Repaire de brigands,* coupe-gorge.

Brigands *(les),* drame de Schiller en 5 actes (1782) : la rivalité de deux frères et un défi à l'ordre social qui se terminent tragiquement.

BRIGANDAGE n. m. (de *brigand*). **1.** Vol à main armée, commis le plus souvent par des malfaiteurs en troupe. — **2.** Action, entreprise malhonnête ou injuste.

Brigandage d'Éphèse, nom donné à un concile tenu à Éphèse en 449, qui réhabilita Eutychès.

BRIGANDINE n. f. (de *brigand*). Armure légère, de plates rivées sur cuir ou sur tissu. (Syn. COTTE DE FER.)

BRIGANTIN n. m. (ital. *brigantino*). Petit navire rapide de la famille des galères, marchant à la voile et à l'aviron, qui se transforma au XVIIIe s. en un navire voisin du brick, mais de plus faible tonnage.

BRIGANTINE n. f. (de *brigantin*). Voile trapézoïdale enverguée sur la corne d'artimon ou de brigantine.

BRIGHT (Richard), médecin britannique (Bristol 1789-Londres 1858). Il a publié une série de recherches sur la néphrite chronique, longtemps appelée *mal de Bright* ou *brightisme.*

BRIGHT (John), homme politique britannique (Rochdale 1811-Londres 1889). Ami de Cobden, il devint l'un des principaux chefs radicaux. Député de Durham aux Communes (1843), il combattit pour le libre-échange, puis pour les réformes électorales. Plusieurs fois ministre sous Gladstone (1868, 1873, 1880), il le soutint dans ses réformes sociales, mais s'opposa au projet d'autonomie de l'Irlande.

BRIGHTON, v. de Grande-Bretagne (East Sussex), sur la Manche ; 133 400 hab. Importante station balnéaire. Ville de congrès. Université.

BRIGHT STOCK [brajt-] n. m. (pl. *bright stocks*) [mot angl.]. Huile lubrifiante de haute viscosité entrant dans la composition des huiles pour moteur.

BRIGIDE *(sainte),* patronne de l'Irlande (Fochart, près de Dundalk, v. 455-Kildare v. 524). Elle fonda probablement le monastère de Cill Dara (Kildare), qui fut un centre d'évangélisation de l'Irlande.

BRIGITTE de Suède *(sainte),* mystique suédoise (Hof Finstad, près d'Uppsala, v. 1303-Rome 1373), célèbre par ses *Révélations,* où se mêlent de dramatiques récits de la Passion du Christ et de la Vierge, et des adjurations à l'Église d'avoir à se réformer.

BRIGNAIS (69530), comm. du Rhône, à 11 km au S.-S.-O. de Lyon ; 10 066 hab.

BRIGNOGAN-PLAGE (29890), comm. du Finistère, sur la côte du Léon ; 841 hab. Station balnéaire.

BRIGNOLES (83170), ch.-l. d'arrond. du Var, en basse Provence ; 11 814 hab. *(Brignolais).* Musée dans l'anc. palais (XIIIe s.) des comtes de Provence. Centre commercial (vins). — Aux environs, gisements de bauxite et carrières de marbre. Camp d'instruction et d'entraînement du Service national de la protection civile.

BRIGNOUD (38190), localité de l'Isère (comm. de Villard-Bonnot et de Froges), dans le Grésivaudan, sur l'Isère. Électrochimie.

BRIGUE n. f. (ital. *briga,* lutte). *Litt.* Série de manœuvres par lesquelles on cherche à triompher d'un concurrent : *Avoir une place par brigue.*

BRIGUE (La) [06430], comm. des Alpes-Maritimes, dans les Alpes niçoises ; 619 hab. *(Brigasques).* Elle a été rattachée à la France en 1947. — Aux environs, chapelle N.-D.-des-Fontaines, décorée de fresques de la fin du XVe s.

BRIGUE, en all. **Brig,** v. de Suisse (cant. du Valais), sur le Rhône ; 10 000 hab. Point de départ de la route du Simplon. Tourisme. Électromécanique.

BRIGUER v. t. (de *brigue*) [conj. 3]. **1.** Chercher à obtenir un emploi en faisant acte de candidature : *Briguer une place de rédacteur.* — **2.** Rechercher avec ardeur un honneur, une faveur, etc. : *Il brigue l'honneur d'être reçu par vous.*

BRIJUNI, archipel croate de l'Adriatique, au large de l'Istrie, près de Pula. Résidence d'été du président de la République (en ital. *Brioni*).

BRIK n. m. Crêpe frite en pâte fine, repliée sur un œuf (Tunisie) ou sur du mouton (Algérie).

BRIL (Paul ou Paulus), peintre flamand (Anvers 1554 - Rome 1626). Installé à Rome et spécialiste du paysage, tout comme son frère MATTHIJS (1551-1583), il a inauguré la conception classique qui allait être celle de Poussin ou de Cl. Lorrain.

BRILLAMMENT adv. De façon brillante, éclatante : *Passer brillamment son examen.*

BRILLANCE n. f. **1.** Qualité de ce qui brille : *La brillance des cheveux.* — **2.** Syn. ancien de LUMINANCE.

BRILLANCEMÈTRE n. m. Appareil destiné à apprécier ou à mesurer la luminance.

BRILLANT, E adj. **1.** Qui brille, qui émet ou réfléchit vivement la lumière : *Des cristaux brillants.* — **2.** Se dit d'un visage, des yeux qui sont illuminés par un sentiment vif : *Ses yeux étaient brillants de malice.* — **3.** Se dit d'un objet, d'un local qui reluit pour avoir été nettoyé, vernissé, etc. : *Des chromes brillants.* — **4.** Qui a de l'éclat, du prestige, du succès ; remarquable : *Une brillante cérémonie. Un brillant élève.* — **5.** Se dit d'un morceau de musique mettant en valeur les qualités techniques de l'interprète. — **6.** *Ne pas être brillant,* ne pas être en bonne condition physique ou morale, être abattu ; être médiocre, mesquin, sans grandeur.

◆ **brillant** n. m. **1.** Éclat de ce qui brille : *Le brillant des chromes.* — **2.** Éclat plus ou moins superficiel ; prestige : *Il séduit par le brillant de sa conversation.* — **3.** Diamant arrondi taillé à 57 ou 58 facettes pour être monté en bijou. — **4.** *Brillant à lèvres,* produit cosmétique qui donne un aspect brillant et légèrement coloré aux lèvres.

BRILLANT (Maurice), écrivain, journaliste et critique de danse français (Combrée, Maine-et-Loire, 1881 - Paris 1953), auteur de *Problèmes de la danse* (1953).

BRILLANTAGE n. m. Action de brillanter.

BRILLANTÉ n. m. Tissu à petite armure de fond, orné de petits flottés en trame, ressortant sur le fond.

BRILLANTER v. t. (conj. 3). **1.** *Litt.* Donner artificiellement du brillant, rendre brillant. — **2.** Tailler les plus petites facettes d'une pierre et plus particulièrement les quarante dernières facettes d'un brillant. — **3.** Donner mécaniquement du brillant au fil de coton, de lin et de chanvre. — **4.** Polir une surface métallique par électrolyse.

BRILLANTEUR n. m. Produit ajouté à un bain de revêtement électrolytique pour brillanter une surface.

BRILLANTINE n. f. **1.** Préparation à base d'huile, destinée à assouplir et à donner du brillant à la chevelure. — **2.** Percale lustrée, pour doublures.

BRILLANTINER v. t. (conj. 3). Appliquer de la brillantine sur les cheveux.

BRILLAT-SAVARIN (Anthelme), magistrat et écrivain français (Belley 1755-Paris 1826), surtout connu par son ouvrage gastronomique *la Physiologie* du goût* (1826).

BRILLER v. i. (ital. *brillare,* s'agiter) [conj. 3]. **1.** Émettre une vive lumière : *Le soleil brille.* — **2.** Réfléchir les rayons lumineux : *Le diamant ne brille qu'à la lumière.* — **3.** Reluire en parlant d'un objet, d'un local nettoyé, ciré, vernis : *Tout brille de propreté dans sa cuisine.* — **4.** Rayonner, s'illuminer en manifestant tel sentiment : *Ses yeux brillent de joie.* — **5.** Se faire remarquer avec éclat, par telle qualité : *Il ne brillait pas par le courage.* — **6.** *Briller par son absence,* se dit ironiq. de qqn, de qqch dont l'absence ne peut passer inaperçue. ‖ *Faire briller,* montrer qqch comme appât : *Faire briller les avantages d'une situation.* ‖ *Faire briller qqn,* lui donner l'occasion de se distinguer.

BRILLOUIN (Léon), physicien français (Sèvres 1889-New York 1969). Spécialiste de physique quantique, il a imaginé les « zones de Brillouin », notion fondamentale dans la théorie des semi-conducteurs, et a mis en évidence l'analogie entre l'information et l'entropie, créant aussi le concept de « néguentropie ».

Brillouin *(effet* ou *diffusion),* diffusion de la lumière par un milieu transparent, telle que la lumière diffusée dans toutes les directions a une longueur d'onde légèrement différente de celle du rayon incident. La *diffusion Brillouin* s'oppose à la *diffusion Rayleigh,* dans laquelle la lumière diffusée a la même longueur d'onde que la lumière incidente.

BRIMADE n. f. (de *brimer*). **1.** Vexation plus ou moins brutale ou plaisanterie imposée aux nouveaux par les anciens dans les régiments, certaines écoles, etc. — **2.** Mesure vexatoire : *Cette réglementation est une brimade.*

BRIMBALEMENT n. m. Balancement, action de brimbaler.

BRIMBALER v. t. (croisement du lat. *ballare,* danser, avec racine *brimb-,* exprimant une agitation) [conj. 3]. *Vx.* Secouer par un branle continu.
◆ v. i. Osciller, se balancer.

BRIMBELLE n. f. Nom usuel de la *myrtille* dans les Vosges.

BRIMBORION n. m. (lat. ecclés. *breviarium,* bréviaire). *Litt.* Chose de peu d'importance ou de peu de valeur ; babiole.

BRIMER v. t. (de *brime,* mot dialect. du Nord-Ouest, croisement de *brume* et de *frimas*) [conj. 3]. **1.** Faire subir à un nouveau dans les écoles et les casernes des épreuves, des vexations, pour éprouver son caractère. — **2.** Soumettre qqn à une série de difficultés inutiles, le plus souvent en abusant de son autorité. — **3.** Contraindre qqn, faire obstacle à sa liberté : *Il se sent frustré et brimé.*

BRIMONT (51220), comm. de la Marne, au N. de Reims ; 457 hab. Le fort de Brimont fut pris par les Allemands en sept. 1914. Il ne tomba aux mains des Français qu'en oct. 1918.

BRIN n. m. (p.-ê. mot gaul.). **1.** Mince tige allongée, petite pousse d'herbe. — **2.** Petite partie d'une chose longue et mince : *Brin de fil.* — **3.** Indique une petite quantité, un peu : *Il n'y a pas un brin de vent.* — **4.** Fam. *Un beau brin de fille,* une fille grande et belle. • **Pêch.** *Brins d'une canne,* éléments d'une canne à pêche démontable. — **Sylvic.** Jeune arbre provenant soit d'une graine *(brin de semence),* soit d'une souche coupée *(brin de taillis).* — **Text.** Chacun des éléments que le cordier tord ensemble pour former une corde. (Syn. FILASSE.) — **Vann.** Tige refendue d'osier ou de rotin pour tresser les paniers.
◆ **brins** n. m. pl. Câbles d'acier tendus en travers d'un porte-avions et destinés à arrêter les avions au moment de l'appontage.

BRÎNCOVEANU ou **BRÂNCOVEANU** (Constantin) [1654-Constantinople 1714], prince de Valachie (1688-1714).

BRINDEJONC DES MOULINAIS (Marcel), aviateur français (Plérin 1892-tué à l'ennemi en 1916). Il effectua le premier voyage Paris-Berlin sans escale (1913).

BRINDES → BRINDISI.

BRINDEZINGUE adj. (de *être dans les brindes,* être ivre). *Pop.* et *vx.* Ivre ou fou.

BRINDILLE n. f. Très petit rameau ligneux, généralement terminal.

BRINDISI, port d'Italie, dans la Pouille, ch.-l. de prov., sur l'Adriatique ; 90 000 hab. Port de voyageurs vers la Grèce et le Moyen-Orient. Pétrochimie. Aéronautique.
— **Hist.** La ville antique de *Brindes* fut une base navale romaine qui reprit de son importance au temps des croisades. Brindisi a retrouvé au XIXe s., grâce au canal de Suez, son ancienne prospérité.

BRINELL n. m. (de J. A. *Brinell,* n. pr.). **1.** Machine servant aux essais de dureté des métaux. — **2.** Essai de dureté des métaux ou alliages. (Syn. BILLAGE.) — **3.** Nombre caractérisant la dureté des métaux.

BRINGÉ, E adj. (mot norm., p.-ê. de *bringe,* verge). Se dit des robes des animaux domestiques marquées de bringeures.

BRINGEURE [-ʒyr] n. f. Bande de poils noirs traversant une robe (de bovin, de chien) de tonalité générale rouge.

1. BRINGUE n. f. (mot de Suisse romande signif. *toast*). *Pop.* Noce, débauche : *Faire la bringue.*

2. BRINGUE n. f. (p.-ê. norm. *bringue,* morceau, de *brin*). Pop. *Grande bringue,* femme de grande taille et dégingandée.

BRINGUEBALANT, E, BRINQUEBALANT, E ou **BRINQUEBALLANT, E** adj. Qui oscille.

BRINGUEBALER, BRINQUEBALER ou **BRINQUEBALLER** v. i. (mot expressif à rapprocher de *brimbaler*) [conj. 3]. Osciller, se balancer : *Carriole qui bringuebale.*
◆ **se bringuebaler** v. pr. *Fam.* Se transporter qqpart non sans peine.

BRINGUIER (Octavien), poète et philologue français de langue d'oc (Montpellier 1820-*id.* 1875), auteur de poèmes historiques (*Lou Roumieu,* 1872-73).

BRINK (André Philippus), écrivain sud-africain d'expression afrikaans (Vrede, État libre [d'Orange], 1935). Influencé par le « nouveau roman » français, membre des « Sestigers » et préoccupé par le problème de l'apartheid, il a donné *l'Ambassadeur* (1963), *Connaissance du soir* (1973), *Une saison blanche et sèche* (1979), *États d'urgence* (1987), *Un acte de terreur* (1991), *les Imaginations du sable* (1995).

BRINON (Fernand DE), homme politique français (Libourne 1885-fort de Montrouge 1947). Fondateur du Comité France-Allemagne (1935), il représenta le gouvernement de Vichy à Paris (1940-1942). Secrétaire d'État (1942-1944), il défendit jusqu'au bout la politique de collaboration. Il fut exécuté.

BRINQUEBALER, BRINQUEBALLER → BRINGUEBALER.

BRINVILLIERS (Marie-Madeleine D'AUBRAY, *marquise* DE) [Paris 1630-*id.* 1676]. Afin de s'emparer de l'héritage familial, elle empoisonna successivement son père (1666) et ses deux frères (1669-70) avec son complice et amant J.-B. Godin, dit Sainte-Croix. Démasquée (1672), elle fut arrêtée. Ayant confessé de multiples empoisonnements, elle fut exécutée.

BRIO n. m. (ital. *brio,* vivacité). **1.** Éclat brillant dans la conversation ; vivacité : *Raconter une histoire avec brio.* — **2.** *Con brio,* terme d'exécution musicale exprimant l'entrain et l'éclat.

BRIOCHE n. f. (de *brier*). **1.** Pâtisserie en pâte levée faite de farine détrempée à l'œuf et au lait, cuite au four. — **2.** *Fam.* Ventre rebondi : *Prendre de la brioche.*

BRIOCHÉ, E adj. Se dit d'un pain enrichi en matière grasse et en sucre.

BRIOCHÉ (Pierre DATELIN, dit), montreur de marionnettes à Paris (1567-Paris 1671), célèbre pour son singe Fagotin ; ses fils jouèrent sous le même nom.

BRIOCHIN, E adj. et n. De Saint-Brieuc.

BRION n. m. Partie arrondie de l'étrave, qui fait la liaison avec la quille.

BRION (Philippe DE CHABOT, *seigneur* DE) → CHABOT.

BRION (Marcel), écrivain français (Marseille 1895-Paris 1984). Il tente, à travers ses récits fantastiques (*la Folie Céladon,* 1935), ses essais sur l'art (*Giotto,* 1929), sur les romantiques allemands (*l'Allemagne romantique,* 1963) et ses romans (*Algues,* 1976), une exploration de l'imaginaire et de l'inconscient. (Acad. fr., 1964.)

BRIONI → BRIJUNI.

BRIONNE (27800), ch.-l. de cant. de l'Eure, sur la Risle ; 4 499 hab. *(Brionnais).* Église des XIVe-XVe s.

BRIOSCO (Andrea), dit **il Riccio,** orfèvre, sculpteur et médailleur italien (Padoue v. 1471-*id.* 1532). Il fut un des meilleurs bronziers de son siècle (candélabre de l'église du Santo, à Padoue).

BRIOT (François), sculpteur, ciseleur, graveur en médailles et potier d'étain (Damblain, duché de Bar, v. 1550 - apr. 1616). Renommé pour son orfèvrerie d'étain, il est l'auteur de l'aiguière et du bassin *à la Tempérance,* dont il existe de nombreuses répliques. — Son frère ou neveu NICOLAS (Damblain 1579 - Oxford 1646) fut graveur général des Monnaies de France. Il mit au point le balancier à frapper les monnaies, qui fut refusé en France, mais accepté en Angleterre.

BRIOUDE (43100), ch.-l. d'arrond. de la Haute-Loire, en Auvergne, dans la *Limagne de Brioude,* près de l'Allier ; 7 722 hab. *(Brivadois).* Église St-Julien, de style roman auvergnat (fin XIe - XIIIe s.). Industries mécaniques, textiles et alimentaires.

BRIOULLOV (Karl Pavlovitch), peintre russe (Saint-Pétersbourg 1799 - Marciano, près de Rome, 1852). Auteur d'une grande composition à succès, *les Derniers Jours de Pompéi* (1833, Musée russe, Saint-Pétersbourg), il fut surtout portraitiste et peintre de genre. — Son frère ALEKSANDR PAVLOVITCH (Saint-Pétersbourg 1798-*id.* 1877) fut architecte, dessinateur et aquarelliste.

BRIOUSSOV (Valeri Iakovlevitch), écrivain russe (Moscou 1873-*id.* 1924). Chef de file du symbolisme russe (*les Symbolistes russes,* 1894), il voua sa vie au culte de l'« art pur », tout en étant fasciné par l'atmosphère de la ville moderne (*la Demeure souterraine,* 1910).

BRIOUX-SUR-BOUTONNE (79170), ch.-l. de cant. du sud des Deux-Sèvres ; 1 552 hab. *(Briouxais).* Industrie alimentaire.

BRIOUZE (61220), ch.-l. de cant. de l'Orne, dans le Bocage normand ; 1 756 hab. *(Briouzains).* Chapelle du XIe s. dans le cimetière.

BRIOVÉRIEN n. m. (de *Briovera,* aujourd'hui Saint-Lô). Partie supérieure du protérozoïque.

BRIQUAILLON n. m. Fragment de brique servant à bourrer des espaces libres.

BRIQUE n. f. (anc. fr. *briche,* du moyen néerl. *bricke,* de *breken,* casser). **1.** Matériau de construction constitué de terre argileuse, en forme de parallélépipède rectangle. (→ *encycl.*) — **2.** Forme parallélépipédique sous laquelle sont présentés certains matériaux, certaines matières. — **3.** Emballage de forme parallélépipédique pour conditionner le lait, les jus de fruits, constitué de papier doublé de polyéthylène. — **4.** *Pop.* Un million de centimes. — **5.** Fromage rectangulaire du Forez, au lait de vache et au lait de chèvre. — **6.** Chacun des petits carreaux rectangulaires du papier dit « briqueté », utilisé pour la mise en carte de certains tissus. — **7.** Pop. *Bouffer des briques,* n'avoir rien à manger.

◆ adj. inv. Brun rougeâtre.

ENCYCL. La fabrication artisanale des briques de construction n'existe plus que dans les pays en développement. Dans les pays industriels, cette fabrication est mécanisée et de plus en plus automatique. Les argiles sont mélangées et additionnées de dégraissants, et leurs constituants traités aux brise-mottes, broyeurs, meules, puis malaxés. Le façonnage se fait à l'étireuse avec des filières appropriées. Le séchage est réalisé par air conditionné dans des chambres ou dans des tunnels. La cuisson a lieu dans des fours continus.

BRIQUER v. t. (de *brique*) [conj. 3]. Nettoyer qqch en frottant vigoureusement ; astiquer.

1. BRIQUET n. m. (moyen fr. *briquet,* morceau, de *brique,* palet, pièce). **1.** Petit appareil servant à donner du feu. — **2.** *Pierre à briquet,* alliage ferrocérique dont le frottement par une molette détache des étincelles très chaudes. ‖ *Sabre(-) briquet,* sabre court (XVIIIe et XIXe s.).

2. BRIQUET n. m. (de *briquet 1*). Chien courant de petite taille, à poil long et hirsute.

BRIQUETAGE n. m. **1.** Maçonnerie de brique. — **2.** Enduit auquel on donne l'apparence de la brique. — **3.** Syn. de COMPRESSION À FROID.

BRIQUETER v. t. (conj. 27). **1.** *Vx.* Faire un ouvrage en brique. — **2.** Donner à un parement, par la couleur et le dessin, l'apparence d'un appareil en brique. — **3.** Transformer en briquettes certaines matières.

◆ **être briqueté** v. pass. *Papier briqueté,* papier divisé en petits rectangles et servant à la mise en carte de certains tissus.

BRIQUETERIE n. f. Usine où l'on fabrique des briques.

BRIQUETEUR n. m. Ouvrier procédant à la construction d'ouvrages en brique et à la pose de conduits en terre cuite.

BRIQUETIER n. m. **1.** Ouvrier qui travaille dans une briqueterie. — **2.** Dirigeant d'une briqueterie.

BRIQUETTE n. f. **1.** Petite brique. — **2.** Charbon ou lignite aggloméré en forme de brique.

BRIS [bri] n. m. (de *briser*). **1.** Action de briser qqch ou de se briser en plusieurs morceaux ; débris ainsi obtenus : *Bris de glace.* — **2.** Arbre brisé accidentellement. — **3.** *Bris de clôture,* destruction intentionnelle de tout ou partie d'une clôture, de quelque nature qu'elle soit. (Sous le nom d'effraction, c'est une circonstance aggravante du vol.) ‖ *Bris de scellés,* enlèvement ou destruction des bandes et cachets formant scellés, apposés par un fonctionnaire compétent dans les formes légales ; tout détournement d'objets figurant au procès-verbal d'apposition des scellés.

BRISANCE n. f. Propriété d'un explosif qui le rend plus ou moins apte à rompre des corps résistants.

1. BRISANT, E adj. Se dit des explosifs de mine ou militaires à brisance élevée.

2. BRISANT n. m. **1.** Haut-fond ou obstacle sur lequel la houle déferle. — **2.** Agitation de la mer résultant de l'écroulement de la crête de la houle dans le déferlement (le plus souvent au pl.).

— **3.** *Ligne de brisants,* ligne, généralement parallèle au rivage, formée par les points où la houle déferle.

BRISBANE, port d'Australie, sur le Pacifique, d'abord colonie pénitentiaire (1824-1842), cap. du Queensland ; 1 301 000 hab. Centre administratif, commercial et industriel (alimentation, constructions mécaniques) à l'embouchure de la rivière Brisbane.

BRISCARD ou **BRISQUARD** n. m. (de *brisque,* chevron). **1.** Militaire porteur de chevrons. — **2.** Soldat qui avait fait de longues années de service.

BRISE n. f. (p.-ê. esp. *brisa*). **1.** Vent périodique, alternant, qui s'établit sur le littoral (*brise de mer,* soufflant le jour vers le continent, et *brise de terre,* la nuit vers la mer) ou dans les vallées de montagne (*brise d'aval,* vers les sommets, le jour, et *brise d'amont,* vers la vallée, la nuit) par temps calme. — **2.** Vent, en général quand il est peu violent : *La brise du large.*

1. BRISÉ → BRISER.

2. BRISÉ n. m. Pas appartenant à la petite batterie (glissade battue) dans lequel la jambe de terre va à la rencontre de la jambe libre, soit dessus, soit dessous, pour effectuer un croisement.

BRISE-BALLE n. m. inv. Machine divisant le coton brut provenant des balles comprimées pour alimenter régulièrement le matériel de préparation de filature par de petites touffes de fibres.

BRISE-BÉTON n. m. inv. Appareil pour briser, par percussion, les ouvrages en béton.

BRISE-BISE n. m. inv. Demi-rideau tendu sur la partie inférieure des fenêtres.

BRISE-COPEAU n. m. inv. Rainure pratiquée dans un outil (fraise, outil de tour, etc.) pour obliger le copeau à se fragmenter.

BRISÉES n. f. pl. **1.** Branches d'arbres que l'on brise pour marquer la voie de l'animal rembûché. — **2.** Sentier étroit ouvert en forêt pour le passage des arpenteurs ou des compteurs. — **3.** *Aller, marcher sur les brisées de qqn,* se mettre en concurrence avec lui. ‖ *Suivre les brisées de qqn,* suivre son exemple, l'imiter.

BRISE-FER → BRISE-TOUT.

BRISE-GLACE(S) n. m. inv. **1.** Navire destiné à briser la glace obstruant un chenal et à maintenir un passage libre pour la navigation. (De forme ramassée, il possède une coque renforcée, une forte étrave et un puissant appareil propulsif qui lui permettent de monter sur la glace et de l'écraser sous son poids.) — **2.** Outil en forme de marteau, destiné à briser, de l'intérieur, les glaces d'un véhicule en cas d'accident.

BRISEGOÛT n. m. Fromage artisanal, sous-produit de la fabrication du beaufort, gras et très fort.

BRISÉIS, dans *l'Iliade,* captive d'Achille, dont la possession lui fut contestée par Agamemnon. Cette querelle est le point de départ de l'épopée.

BRISE-JET n. m. inv. Embout qu'on adapte à un robinet pour atténuer la violence du jet.

BRISE-LAMES n. m. inv. **1.** Ouvrage élevé à l'entrée d'une rade ou d'un port pour les protéger contre la houle du large. — **2.** Sur certains navires, déflecteur rejetant en abord l'eau embarquée par l'avant et qui court sur le pont.

BRISEMENT n. m. *Litt.* Action de briser, de se briser, d'être brisé : *Un brisement de cœur.*

BRISE-MER n. m. inv. Ouvrage massif, en général trapézoïdal, établi au large d'une côte en vue de la protéger contre l'action de la houle. (Arasé à une cote suffisante pour provoquer le déferlement, le brise-mer reste franchissable par la houle, ce qui le distingue des digues de port.)

BRISE-MOTTES n. m. inv. Herse roulante ou rouleau à éléments séparés qui émiettent la terre en surface. (Syn. COUPE-MOTTES.)

BRISER v. t. (bas. lat. *brisare,* fouler le raisin) [conj. 3]. **1.** Mettre qqch en pièces ; casser : *Briser un vase.* — **2.** Assouplir le cuir d'une chaussure en en pliant la semelle, en appuyant sur sa partie postérieure, etc. — **3.** Fatiguer qqn au plus haut point : *Cette marche m'a brisé.* — **4.** Abattre, vaincre qqn, interrompre le déroulement d'une action, d'une évolution, faire cesser un état : *Briser la volonté de quelqu'un. Briser une grève.* — **5.** Rompre les liens qui existaient, faire cesser l'unité, l'accord dans un groupe, une alliance : *Briser une famille. Briser un contrat.* — **6.** *Briser le cœur à qqn,* lui causer une peine intense. ‖ *Brisons là,* mettons fin à cette discussion. ‖ Pop. *Les briser à qqn,* l'importuner, l'ennuyer beaucoup.

◆ v. t. ind. *Briser avec qqn,* rompre brusquement ses relations avec lui.

◆ v. i. **1.** En parlant de la mer, écumer, sous l'action du vent ou sur un obstacle. — **2.** Poser des brisées sur la voie d'un animal.

◆ **être brisé** v. pass. **1.** Être épuisé, abattu : *Rentrer brisé d'un long voyage.* — **2.** Se dit d'une ligne formée de segments de droite successifs n'ayant pas la même direction. — **3.** *Avoir la voix brisée,* avoir la voix altérée (par l'émotion, la fatigue). • **Archit.** et **Bât.** En parlant d'un volet ou d'un vantail, pouvoir se replier sur lui-même. ‖ *Arc brisé,* arc à deux branches concaves se rejoignant en pointe au faîte. ‖ *Fronton brisé,* fronton dont les rampants, au lieu de se rejoindre, sont coupés net avant leur intersection. ‖ *Toit brisé,* toit dont chaque versant est à deux pentes (brisis et terrasson) séparées par une arête saillante. — **Cuis.** *Pâte brisée,* pâte obtenue à partir d'un mélange de corps gras et de farine, salé et pétri, sans trop travailler, avec de l'eau. — **Littér.** *Rimes brisées,* rimes à la césure des vers, et distinctes des rimes finales. — **Menuis.** *Persienne brisée,* persienne comportant d'étroits vantaux repliables dans l'épaisseur du tableau ou de l'ébrasement. — **Mus.** *Accord brisé,* accord dont on fait entendre les sons successivement.

◆ **se briser** v. pr. **1.** Se casser : *Le vase s'est brisé en mille morceaux.* — **2.** *Litt.* Se rompre, être abattu : *Le cœur se brise devant tant de misère.* — **3.** Se diviser en heurtant un obstacle en parlant des vagues. — **4.** S'anéantir, échouer en parlant d'une action, d'un effort, etc.

BRISE-ROCHE n. m. inv. *Brise-roche hydraulique,* marteau perforateur de forte puissance destiné à abattre les roches dures.

BRISE-SOLEIL n. m. inv. Dispositif externe, en général fixe, limitant l'arrivée des rayons du soleil sur une baie ou une rangée de baies.

BRISE-TOUT ou **BRISE-FER** n. inv. Personne maladroite qui brise tout ce qu'elle touche.

BRISEUR, EUSE n. **1.** *Litt.* Personne qui brise, qui cherche à briser qqch. — **2.** *Briseur de grève,* travailleur qui compromet la réussite d'une grève en refusant de s'y associer ou qui, étranger à l'entreprise, vient faire le travail des grévistes ; jaune.

◆ **briseur** n. m. Dans une carde à chapeaux et dans une machine à filer à fibres libérées (open-end), cylindre denté arrachant les fibres aux cylindres alimentaires pour les communiquer à l'organe suivant.

◆ **briseuse** n. f. Dans la filature de la laine cardée, première carde de l'assortiment.

BRISE-VENT n. m. inv. Rideau disposé perpendiculairement au sens des vents dominants, constitué d'arbres, d'arbustes ou de matériaux inertes (canis, plastique armé).

BRISGAU, région agricole (polyculture avec vigne) de l'ouest de l'Allemagne, autour de Fribourg-en-Brisgau (Bade-Wurtemberg).

BRISINGA n. m. (anc. mot scand. désignant un bijou). Grande étoile de mer des profondeurs atlantiques, ressemblant à une ophiure.

BRISIS [-zi] n. m. (de *briser*). Partie inférieure, en pente raide, d'un versant de toit brisé.

BRISQUARD → BRISCARD.

BRISQUE n. f. **1.** Syn. de MARIAGE (jeu). — **2.** *Vx.* Chevron d'un soldat rengagé (briscard).

BRISSAC (Charles Ier DE COSSÉ, *comte* DE), maréchal de France (v. 1505-Paris 1563). Il servit en Italie (1528, 1537-38) sous François Ier, fut nommé par Henri II grand maître et surintendant de l'artillerie de France (1547), puis lieutenant général en Piémont et maréchal de France (1550), et devint gouverneur de Normandie (1562). — Son fils, CHARLES II DE COSSÉ, comte puis (1620) duc **de Brissac** (v. 1550-Pouancé 1621), se mit au service de la Ligue, fut nommé par le duc de Mayenne gouverneur de Paris (1594). Rallié à Henri IV, avec qui il négocia la reddition de la capitale (1594), il fut fait maréchal de France (1594).

BRISSARTHE (49330), comm. de Maine-et-Loire, sur la Sarthe ; 524 hab. En 866, Robert le Fort y fut tué en luttant contre les Normands.

BRISSON (Barnabé), magistrat français (Fontenay-le-Comte v. 1530 - Paris 1591). Premier président au parlement de Paris (1588), il fut exécuté à l'instigation des Seize (1591). Il a laissé une compilation de textes législatifs, le *Code de Henri III* (1587).

BRISSON (Pierre), journaliste français (Paris 1896 - *id.* 1964). Il dirigea la section littéraire du *Figaro* avant d'en être le directeur, de 1934 à 1942. Il en reprit la direction en août 1944 et fut nommé président-directeur général en 1950.

BRISSOT DE WARVILLE (Jacques Pierre BRISSOT, dit), homme politique français (Chartres 1754-Paris 1793). Député de Paris à l'Assemblée législative (1791), il fit proclamer l'égalité des droits pour les hommes de couleur ; dominant le Comité diplomatique, il poussa à la guerre, « croisade de la liberté universelle ». Député d'Eure-et-Loir à la Convention, il y fut l'un des chefs girondins : il fut exécuté avec eux.

BRISSOTIN n. m. (de J. P. *Brissot,* n. pr.). Surnom péjoratif donné aux Girondins.

BRISTOL n. m. (de *Bristol,* n. pr.). **1.** Papier ou carton rigide fabriqué avec de la pâte chimique, utilisé pour les cartes de visite. — **2.** *Vx.* Carte de visite ou d'invitation.

BRISTOL, port de Grande-Bretagne, sur l'Avon ; 370 300 hab. Constructions mécaniques et aéronautiques. Cathédrale gothique avec vestiges romans. Église St Mary Redcliffe, de style gothique perpendiculaire. Musée.
— **Hist.** La ville se développa avec le commerce de la laine (XIe s.), puis avec l'industrie drapière avant que le commerce colonial ne devienne sa principale activité (XVIe-XVIIIe s.). Au XIXe s., Liverpool la supplanta.

BRISTOL *(chenal* ou *canal de),* golfe de l'Atlantique, sur la côte sud-ouest de la Grande-Bretagne, entre le pays de Galles et l'Angleterre.

BRISTOL (John DIGBY, 1er *comte* DE) → DIGBY.

BRISURE n. f. (de *briser*). **1.** *Litt.* Fente, fêlure dans un objet brisé ; fragment d'objet brisé : *Les* *brisures d'une glace.* — **2.** Modification apportée à des armoiries, pour distinguer une branche cadette ou bâtarde de la branche principale ou légitime.

◆ **brisures** n. f. pl. Fragments de grains utilisés pour l'alimentation animale.

BRITANNI ou **BRETONS,** anciens habitants du sud de l'île de Bretagne.

BRITANNICUS (Tiberius Claudius), fils de Claude et de Messaline (41 apr. J.-C. ?-55). Il était l'héritier présomptif de l'Empire. Mais Agrippine, seconde femme de Claude, l'écarta en faisant adopter Néron, fils qu'elle avait eu de son mariage avec Domitius Ahenobarbus. Pour ôter à sa mère tout moyen de chantage et redoutant le prestige de l'hérédité sur l'opinion publique, Néron fit empoisonner Britannicus.

Britannicus, tragédie de Racine (1669). Dans un décor politique inspiré de Tacite, un drame violent entre un « monstre naissant », Néron, et une mère abusive, Agrippine.

BRITANNIQUE adj. et n. (lat. *Britannicus*). De Grande-Bretagne.

BRITANNIQUE (*Empire*), expression qui désigne jusqu'en 1931 l'ensemble des territoires reconnaissant la souveraineté de la Couronne britannique.

La fin de la guerre de Cent Ans, la perte de ses domaines continentaux amènent l'Angleterre à se tourner vers la mer, à la recherche de nouveaux marchés commerciaux. De plus, les grandes découvertes et la fondation des empires coloniaux espagnol et portugais au XVIe s. la placent dans une situation nouvelle, sur la route des échanges et du grand commerce avec le Nouveau Monde. Sous Élisabeth Ire, les Anglais vont disputer de plus en plus âprement les terres nouvelles aux Espagnols et aux Portugais ; c'est l'époque où vont se distinguer les grands marins comme John Hawkins, Francis Drake, Walter Raleigh. Avec le XVIIe s. s'ouvre l'époque de la colonisation. De grandes compagnies à charte s'organisent (fondation de la Compagnie des Indes orientales, 1600) et d'importantes colonies de peuplement apparaissent en Amérique du Nord. En 1606, la Virginie (que les Anglais avaient explorée dès 1584) reçoit sa charte ; en 1612, les Bermudes sont occupées, tandis que les Pères pèlerins (Pilgrim Fathers) fondent en 1620 la communauté de Plymouth, noyau de la Nouvelle-Angleterre. La puissance maritime anglaise s'affirme, et de nouveaux territoires sont arrachés aux puissances concurrentes : Barbade (1627), Bahamas (1648), Jamaïque (1655). La conquête des territoires hollandais (Nouvelle-Amsterdam, 1664) achève la formation en un seul bloc des colonies anglaises d'Amérique (Virginie, Maryland, les deux Carolines ainsi que la Nouvelle-Angleterre). De son côté, la Compagnie des Indes orientales s'installe à Madras (1639), à Bombay (1668) et à Calcutta (1690). À partir du XVIIIe s., un véritable empire est créé et méthodiquement exploité en vue du profit commercial, selon la théorie du pacte colonial. Ce développement va opposer l'Angleterre à l'Espagne, toujours présente sur le continent américain, et à la France, qui poursuit son expansion outre-mer. Les conflits qui vont en résulter sont les deux principales occasions d'agrandissement pour l'Angleterre. Le traité d'Utrecht (1713) lui donne Gibraltar et Minorque, l'Acadie, les territoires de la baie d'Hudson ; celui de Paris (1763), le reste de l'Amérique française au N. et à l'E. du Mississippi, la Floride, plusieurs Antilles, les comptoirs du Sénégal (sauf Gorée). En outre, la lutte contre les Français en Inde, sous l'impulsion de Clive de Plassey, a permis l'annexion d'une partie du Bengale, de l'Orissa (1757) et du Bihār (1765).

La fin du XVIIIe s. est marquée par l'indépendance des 13 colonies américaines (traité de Versailles, 1783) et par les guerres qui vont secouer l'Europe pendant près de trente ans. Durant cette période, la croissance du domaine britannique se poursuit en Asie (installation à Penang, 1786), en Afrique (Sierra Leone, 1787) et dans le Pacifique (Australie, 1788).

Maîtresse des mers depuis Trafalgar (1805), l'Angleterre se trouve en 1815 à la tête d'un gigantesque empire. Aux possessions antérieures se sont ajoutés Malte, Le Cap, plusieurs Antilles, l'Arabie méridionale, Ceylan. Le début du XIXe s. est une période de profondes transformations économiques, sociales et morales. La traite des Noirs, abolie en 1807, est suivie de la libération des esclaves (1833). Parrallèlement à une nouvelle expansion territoriale, liée à la défense des intérêts et des établissements du Royaume-Uni, les réformes économiques et administratives sont réalisées à l'intérieur de l'Empire : un gouvernement représentatif est accordé au Canada (1848), à l'Australie et à la Nouvelle-Zélande (1855) ; la Compagnie des Indes orientales est liquidée (1858). Enfin, en 1867, est créé le dominion du Canada. L'ouverture du canal de Suez (1869), en modifiant les grandes routes du commerce mondial, va donner une nouvelle impulsion à l'impérialisme britannique. Sous la direction d'hommes politiques tels que Disraeli, J. Chamberlain, Churchill, une mystique de la grandeur britannique se développe, propagée par des théoriciens comme Dilke et par des poètes comme Kipling. Les Britanniques prennent une part importante au partage de l'Afrique et s'implantent au Nigeria (1879), en Égypte (1882), au

Kenya (1890), en Afrique du Sud (guerre des Boers, 1900-1902), parfois secondés par des initiatives individuelles (installation de la British South Africa Company de C. Rhodes dans les Rodhésies et au Nyassaland, 1888-89). En 1918, l'Empire britannique est à son apogée, agrandi des territoires cédés par les empires vaincus (Sud-Ouest africain, Palestine, Transjordanie, Iraq, divers territoires océaniens). Dès la fin du XIXe s., les colonies blanches de l'Empire se sont vu reconnaître le statut de dominion. Au Canada se sont ajoutées l'Australie (1901), la Nouvelle-Zélande (1907) et l'Union sud-africaine (1910). À la conférence de la paix (1919), ces dominions se voient reconnaître implicitement leur souveraineté, et leur accession à l'indépendance est consacrée par le statut de Westminster (1931). Dès lors, le Commonwealth* succède à l'Empire.

Britannique (*ordre de l'Empire*), ordre créé le 4 juin 1917 par George V pour récompenser les mérites exceptionnels.

BRITANNIQUES *(îles),* archipel du nord-ouest de l'Europe, formé de la Grande-Bretagne, des îles voisines (Wight, Man, Hébrides, Orcades, Shetland) et de l'Irlande.

British Airways, compagnie aérienne britannique, fondée en 1973 par le rapprochement de trois sociétés, la British Overseas Airways Corporation (BOAC), la British South American Airways (BSAA) et la British European Airways (BEA). Privatisée en 1987, elle figure aujourd'hui au tout premier plan mondial (après, notamment, le rachat de British Caledonian, deuxième compagnie du Royaume-Uni, et d'importantes prises de participation dans des compagnies étrangères).

British Broadcasting Corporation (BBC), organisme britannique de radio et télévision, dont le siège est à Londres, créé le 14 nov. 1922 sous le nom de *British Broadcasting Company*. Le 1er janv. 1927, une charte royale en faisait un service public et lui donnait son nom actuel. Pendant la Seconde Guerre mondiale, la BBC diffusa des émissions de propagande, notamment « Les Français parlent aux Français » ainsi que des « messages personnels » qui annonçaient ou déclenchaient les actions de résistance.

British Commonwealth of Nations → COMMONWEALTH OF NATIONS.

British Leyland Limited, société britannique née de la fusion, en 1968, de la société British Motor Holdings et de la société Leyland Motor Corporation. En 1975, elle est passée sous le contrôle de l'État britannique. Mais, après avoir pris en 1986 le nom de *Rover Group,* elle est retournée au secteur privé en 1988. C'est un des premiers constructeurs automobiles en Europe.

British Museum, musée créé à Londres en 1753. L'un des plus riches du monde, il comprend des collections d'archéologie égyptienne, assyrienne et babylonienne, de sculpture grecque (frise du Parthénon) et romaine, de céramique, d'arts asiatiques, africains, océaniens et américains, ainsi qu'une bibliothèque aux précieux manuscrits enluminés, un cabinet d'estampes et de dessins, etc. (La bibliothèque devrait bientôt être réinstallée dans de nouveaux bâtiments, à St Pancras, dans le nord-ouest de Londres.)

British Petroleum (BP), groupe pétrolier international constitué en 1954 pour succéder à l'Anglo-Iranian Oil Company, fondée en 1909 sous le nom d'Anglo-Persian Oil Company. BP a découvert, en 1965, du gaz naturel et du pétrole en mer du Nord et, en 1969, du pétrole en Alaska. Intéressée à toutes les activités liées au pétrole, BP s'est diversifiée dans la chimie, les ressources minières, les télécommunications. En 1987, le groupe a été privatisé.

British South Africa Chartered Company, compagnie à charte fondée par sir Cecil Rhodes en 1889 pour mettre en valeur l'intérieur de l'Afrique australe. Malgré l'opposition du Transvaal et les réticences de Londres, Cecil Rhodes établit une complète souveraineté politique et économique sur de vastes territoires qui prirent plus tard le nom de Rhodésie. Ayant transmis ses droits politiques à un gouvernement responsable de la Rhodésie du Sud (1923) et de la Rhodésie du Nord (1924), la British South Africa Chartered Company rétrocéda ses droits miniers en 1933 à la Rhodésie du Sud, et en 1964 à la Zambie indépendante.

BRITTEN (Benjamin), compositeur britannique (Lowestoft, Suffolk, 1913-Aldeburgh, Suffolk, 1976). Exilé volontaire aux États-Unis de 1939 à 1942, il rentra en Angleterre, fonda l'English Opera Group et le festival d'Aldeburgh. Il a composé des opéras (*Peter Grimes,* 1945 ; *The Rape of Lucretia,* 1946 ; *The Turn of the Screw,* 1954), l'oratorio *The Prodigal Son* (1968), la cantate *War Requiem* (1962) et s'est inspiré de textes poétiques (*Illuminations,* d'après Rimbaud). Sa musique symphonique (symphonies, concertos, variations) est moins originale, mais, en marge des recherches contemporaines, son œuvre reste très personnelle, raffinée, élégiaque et représentative d'un certain esprit britannique.

BRITTONIQUE adj. Relatif aux peuples celtes qui s'établirent en Grande-Bretagne entre le Ier millénaire et le Ier s. av. J.-C.

◆ n. m. Branche du celtique insulaire utilisée en Grande-Bretagne dans l'Antiquité. (Le brittonique comprend le breton, le gallois et le cornique.)

BRIVE-LA-GAILLARDE (19100), ch.-l. d'arrond. de la Corrèze, dans le fertile *bassin de Brive* (primeurs, vergers), sur la Corrèze ; 52 677 hab. *(Brivistes).* Église des XIIe et XIVe s. Musée. Nœud et étape ferroviaire, carrefour routier, principale ville et agglomération (plus de 60 000 hab.) du département, centre commercial et industriel (constructions électriques et mécaniques, agroalimentaire).

BRIVES-CHARENSAC (43700), comm. de la Haute-Loire, à 4 km à l'E. du Puy-en-Velay, sur la Loire ; 4 488 hab. Fromagerie.

BRIX n. m. (de A. *Brix,* n. pr.). Aréomètre à flotteur étalonné à 15 °C indiquant directement la concentration d'une solution de sucre pur, en grammes pour cent.

BRIZE n. f. Graminée dont les épillets, portés par un long pédoncule, tremblent au moindre vent.

BRNO, v. de la Rép. thèque, cap. de la Moravie et ch.-l. de la prov. de Moravie-Méridionale ; 387 986 hab. Centre commercial (foire internationale) et industriel (textile, métallurgie, alimentation, mécanique, chimie). Monuments médiévaux et baroques. Musée morave.
— **Hist.** La ville (en all. *Brünn*) attira les colons allemands à partir des XIIe-XIIIe s. Dominée par la forteresse du Špilberk (en all. *Spielberg*), construite de 1234 à 1277, elle s'affirma dans son rôle de capitale de la Moravie à l'époque des Luxembourg (1310-1437).

BROAD PEAK ou **PALCHAN KANGRI,** sommet de l'Inde, dans le Karakorum, près du K2 ; 8 047 m. Première ascension par les Autrichiens M. Schmuck, H. Buhl, K. Diemberger, F. Wintersteller (1957).

BROADTAIL [brodtɛl] n. m. (angl. *broad,* large, et *tail,* queue). Peau de mouton ou d'agneau américain rasée très court, qui rappelle la toison de l'astrakan.

Broadway, grande artère de New York, s'étendant sur toute la longueur de Manhattan. Centre de la création théâtrale américaine.

BROC [bro] n. m. (p.-ê. anc. provenç. *broc,* du gr. *prokhoos,* vase, ou du lat. *brocchus*). **1.** Récipient haut à usage domestique, à col resserré, muni d'un bec évasé et d'une anse. — **2.** *Broc à eau,* haut récipient avec anse et bec verseur, destiné à servir les boissons.

BROCA (Paul), chirurgien et anthropologue français (Sainte-Foy-la-Grande 1824-Paris 1880). Il est surtout connu par ses recherches sur le cerveau : il a localisé l'aphasie dans la troisième circonvolution cérébrale gauche. Il est également l'initiateur de l'anthropologie physique moderne, en particulier par ses travaux de craniologie.

BROCAILLE n. f. (altér. de *blocaille*). Ensemble de résidus du moulage de fonderie.

BROCANTAGE n. m. *Vx.* Brocante.

BROCANTE n. f. *Fam.* **1.** Commerce du brocanteur ; brocantage : *Faire de la brocante.* — **2.** Ensemble des brocanteurs d'un endroit.

BROCANTER v. i. (p.-ê. néerl. *brok* ou haut all. *Brocken,* morceau) [conj. **3**]. Acheter, vendre, troquer des objets anciens, des curiosités.

BROCANTEUR, EUSE n. Personne qui achète ou qui échange des objets d'occasion pour les revendre ou les échanger.

1. BROCARD n. m. (moyen fr. *broquer,* piquer, forme picarde de *brocher*). *Litt.* Moquerie, raillerie.

2. BROCARD n. m. (de *broque,* forme picarde de *broche*). Chevreuil mâle âgé de moins d'un an.

BROCARD (Antonin), général d'aviation français (Biol, Isère, 1885-Paris 1950). Il commanda la M. S. 3, future escadrille des Cigognes (1914-1916).

BROCARDER v. t. (de *brocard,* moquerie) [conj. **3**]. *Litt.* Railler ironiquement qqn, une institution.

BROCART n. m. (ital. *broccato,* broché). Étoffe de soie brochée d'or ou d'argent, au décor le plus souvent floral.

BROCATELLE n. f. (ital. *brocatello*). **1.** Étoffe caractérisée par des motifs en fort relief, dus à l'emploi d'une trame de fond en lin et résultant des tensions entre les matériaux employés. — **2.** Sorte de marbre coquillier.

BROCCIO [brɔtʃjo] n. m. (mot corse). Fromage corse fabriqué à partir de la caséine résiduaire du sérum.

Brocéliande, forêt bretonne des légendes arthuriennes, qui abritait l'enchanteur Merlin. (Auj. forêt de Paimpont.)

BROCH (Hermann), écrivain autrichien (Vienne 1886-New Haven, Connecticut, 1951). Son œuvre romanesque est une méditation sur l'évolution de la société allemande (*les Somnambules,* 1931-32) et sur le sens de l'œuvre littéraire (*le Tentateur,* 1933-1938 ; *la Mort* de Virgile,* 1945).

BROCHAGE n. m. **1.** Action de brocher les livres ; résultat de cette action. (Syn. BROCHURE.) [Le brochage comprend la pliure, l'assemblage, l'encartage, la couture et la couvrure.] — **2.** Méthode de travail des métaux, utilisée pour usiner ou calibrer des trous de forme particulière ou des profils extérieurs au moyen d'une broche. (→ *encycl.*) — **3.** Procédé de tissage permettant de détacher, sur un tissu de fond, certains motifs décoratifs, à l'aide de trames supplémentaires.

ENCYCL. **Mécan.** Le brochage consiste à raboter les parois d'un trou au moyen d'un outil appelé *broche,* pourvu d'un grand nombre de dents et animé d'un mouvement de translation rectiligne. On utilise pour cela une brocheuse. Le brochage permet d'effectuer tous les usinages intérieurs à cannelures, les rainures de clavettes, etc., et même les rainures hélicoïdales ainsi que des profils extérieurs.

BROCHANT, E adj. Se dit d'une figure héraldique placée par-dessus d'autres de manière à les cacher partiellement.

BROCHANTITE n. f. (de *Brochant,* n. pr.). Sulfate basique hydraté naturel de cuivre en cristaux transparents, de couleur vert émeraude.

BROCHE n. f. (lat. pop. **brocca,* de *broccus,* saillant). **1.** Tige de fer sur laquelle on enfile viandes ou volailles et que l'on fait tourner au-dessus du feu. – **2.** Bijou muni d'une épingle à fermoir qui permet de l'agrafer sur un vêtement. (Ses ancêtres sont la *fibule* et le *fermail.*) • **Alp.** *Broche à vis,* piton métallique que l'on enfonce dans la neige ou dans la glace, auquel on fixe un mousqueton, pour s'assurer. – **Carr.** Pointe ou poinçon utilisé par le carrier et le tailleur de pierre. – **Chir.** Tige métallique longue et mince permettant, lorsqu'elle est posée au travers d'un os, la traction continue d'un membre ou utilisée pour l'ostéosynthèse d'os de faibles dimensions. – **Électr.** Pièce conductrice destinée à être engagée dans une alvéole pour assurer un contact électrique. – **Mécan.** Toute partie cylindrique tournante d'une machine-outil portant une pièce à usiner ou un outil. (→ *encycl.*) ‖ Outil destiné au brochage, constitué d'un corps rectiligne dans lequel sont taillées des arêtes qui travaillent successivement. – **Min.** et **Trav. publ.** Syn. de BOULON. – **Serrur.** Tige cylindrique, solidaire du palâtre, servant de guide aux clés forées. – **Text.** Ensemble mécanique servant à recevoir la bobine sur les métiers à filer et le bobineau sur les bancs à broche. – **Véner.** Premier bois du chevreuil.

ENCYCL. **Mécan.** Une broche de machine-outil reçoit en bout soit un mandrin ou un plateau destiné à supporter la pièce à usiner, soit une pointe de tour ou un outil (foret, fraise, barre d'alésage, etc.), généralement emmanché dans un alésage conique et entraîné par simple coincement. Équipée de coussinets, roulements ou paliers hydrostatiques, elle est montée dans un fourreau, qui peut être pourvu d'un mouvement d'avance axial, mécanique ou sensitif.

BROCHÉ n. m. **1.** Étoffe tissée par le procédé du brochage. – **2.** Dessins, effets obtenus sur les tissus par cette technique.

BROCHER v. t. (conj. 3). **1.** Former à partir des feuilles sortant de l'imprimerie un volume couvert d'un papier ou d'une carte collés au dos du bloc des cahiers cousus. – **2.** Enfoncer les clous dans le sabot du cheval. – **3.** Procéder au brochage d'une pièce métallique.

◆ v. t. ind. *Brochant sur le tout,* de surcroît, par-dessus le marché : *La guerre, la famine et, brochant sur le tout, le typhus.* ‖ *Brocher sur une figure,* en héraldique, la charger en en dépassant les bords.

◆ **être broché** v. pass. **1.** Être couvert d'un papier ou d'une carte collés au dos du bloc des cahiers cousus. – **2.** *Broderie brochée,* broderie très fine en soie camaïeu, rebrodée de métal dans le même sens que la soie. ‖ *Taille brochée,* aspect de pierre de taille comportant de longs sillons parallèles séparés par des bandes en relief à cassures grossières. (Résulte de l'emploi de la broche ou de la pique.)

BROCHET n. m. (de *broche*). **1.** Poisson ésocidé des eaux douces, aux dents redoutables, aux nageoires impaires rejetées en arrière et qui contribuent, ainsi que sa forme cylindrique, son museau aplati, à la propulsion soudaine qui permet à l'animal de saisir ses proies (autres poissons, grenouilles, oiseaux aussi gros que lui). Le brochet peut dépasser 1 m de long et 20 kg.] – **2.** *Brochet de mer,* n. usuel du *spet.*

BROCHETTE n. f. (de *broche*). **1.** Petite broche qui sert à tenir ensemble de menues pièces à griller. – **2.** Les mets ainsi cuits. – **3.** Groupe de personnes, de choses, rangées sur une même ligne : *Une brochette d'officiels.* – **4.** Petite broche sur laquelle on réunit plusieurs décorations.

BROCHEUR, EUSE n. **1.** Ouvrier(ère) qui réalise le brochage des livres. – **2.** Ouvrier(ère) qui conduit un brocheur.

◆ **brocheur** n. m. Métier servant à faire le broché. (Il comprend un battant comportant autant de petites navettes [dites espolins] que de nuances que l'on désire faire apparaître.) [On dit aussi BATTANT BROCHEUR.]

◆ **brocheuse** n. f. Machine-outil servant à brocher.

ENCYCL. Une brocheuse est constituée par un long bâti horizontal ou vertical et par un mécanisme de traction de la broche, mécanique ou hydraulique. La pièce à brocher est appuyée sur une partie fixe du bâti. On passe l'extrémité de l'outil au travers de l'ébauche du trou puis on l'accroche à la tête d'attelage dont le mouvement fait passer l'outil au travers de la pièce. Dans le brochage extérieur, on utilise des machines à brocher à chaînes, à broche fixe, les pièces étant entraînées par une chaîne sur laquelle elles sont positionnées, usinées et évacuées en continu.

BROCHOIR n. m. Marteau de maréchal pour enfoncer les clous dans la corne. (Syn. MAILLOCHE.)

BROCHURE n. f. **1.** Atelier où s'effectue le brochage. — **2.** Livre, petit ouvrage broché : *Brochure publicitaire.*

BROCKDORFF-RANTZAU (Ulrich, *comte* VON), diplomate et homme politique allemand (Schleswig 1869-Berlin 1928). Ministre des Affaires étrangères du Reich (1918-19), chef de la délégation allemande à la conférence de la paix à Versailles (1919), il tenta en vain d'obtenir une modification des clauses du traité de Versailles.

BROCKEN ou **BLOCKSBERG,** point culminant du massif cristallin du Harz, en Allemagne (Saxe-Anhalt); 1 142 m. L'imagination populaire y place la réunion des sorcières pendant la nuit de Walpurgis, du 30 avr. au 1er mai.

Brockhaus, maison d'édition allemande fondée à Amsterdam en 1805 par Friedrich Arnold *Brockhaus* (1772-1823). Installée depuis 1945 à Wiesbaden, elle publie des encyclopédies et des dictionnaires spécialisés.

BROCKHOUSE (Bertram), physicien canadien (Lethbridge, Alberta, 1918). Ses travaux concernant le mouvement des atomes d'un cristal lui ont permis de concevoir un appareil de mesure, le spectromètre triaxial, utilisé pour déterminer les propriétés fondamentales de la matière dans des domaines variés (supraconductivité à haute température, magnétisme, étude des polymères...) et lui ont valu de partager, en 1994, le prix Nobel de physique avec C. Shull.

BROCKTON, v. des États-Unis (Massachusetts), au S. de Boston ; 95 000 hab. Industrie de la chaussure.

BROCOLI n. m. (ital. *broccoli,* pl. de *broccolo,* pousse de chou). Sorte de chou-fleur vert à pomme souvent multiple, originaire du sud de l'Italie.

BROCQ (Jean-Louis), médecin français (Laroque-Timbaut, Lot-et-Garonne, 1856-Paris 1928), spécialiste des maladies de la peau.

Brocq-Duhring *(maladie de)* → DUHRING.

BROD (Max), écrivain israélien de langue allemande (Prague 1884 - Tel-Aviv 1968). Ami de Kafka, il publia son œuvre et lui consacra une biographie (1937).

BRODEQUIN n. m. (p.-ê. norm. *brosequin,* avec infl. de *broder*). **1.** Dans l'Antiquité, chaussure, ancêtre de la bottine, qui couvrait le pied et le bas de la jambe. — **2.** Forte chaussure, à tige montant au-dessus de la cheville, pour le travail ou la marche.

◆ **brodequins** n. m. pl. Instruments au moyen desquels on serrait les jambes et les pieds de l'accusé soumis à la question.

BRODER v. t. (frq. **brozdôn*) [conj. 3]. **1.** Orner une étoffe de broderies : *Broder un drap.* — **2.** Exécuter un ornement en broderie : *Broder un chiffre sur une nappe.* — **3.** *Litt.* Embellir un récit en y ajoutant des fioritures.

◆ v. i. Amplifier un récit en y ajoutant des détails inventés : *Il brode, les choses ne se sont pas passées exactement ainsi.*

◆ **être brodé** v. pass. Être décoré de motifs faits à l'aiguille.

BRODERIE n. f. (de *broder*). **1.** Art de réaliser à l'aiguille, sur une étoffe ou autre support (cuir...), des applications de motifs ornementaux à l'aide de fils de coton, de lin, de soie, etc., ou de métal. — **2.** Ouvrage ainsi réalisé. — **3.** Commerce, industrie du brodeur. — **4.** Ornement, dessin compliqué rappelant un ouvrage de broderie. — **5.** Bordure de buis ou d'autres arbrisseaux nains, dessinant les contours et ornements d'un parterre de jardin. — **6.** *Broderie chimique,* technique consistant à broder des motifs décoratifs sur un tissu support, qu'on fait ensuite disparaître par voie chimique.

ENCYCL. On distingue trois sortes de broderies : la *broderie à l'aiguille* ou *au crochet,* exécutée à la main sur un petit métier ou cadre ; la *broderie à la machine,* genre Cornély ; la *broderie mécanique,* exécutée sur les grands métiers industriels.

• Il y a cinq sortes de *métiers à broder :* 1° le *métier sur pieds,* que l'on tend avec des ensouples ; 2° le *métier sur tréteaux,* composé de deux barres horizontales garnies jusqu'aux mortaises de deux bandes de toile sur lesquelles on coud le tissu à broder ; 3° le *tambour,* d'origine chinoise, qui consiste en un cercle de bois sur lequel on tend le tissu à broder, puis qu'on emboîte dans un second cercle de bois, qui fixe l'étoffe ; 4° le *cadre,* composé d'un carré, d'un rectangle ou d'un rond d'acier sur lequel on fixe le filet à broder ; 5° le *métier* dit *à pinces,* muni de crochets s'ouvrant dans le sens de la longueur des montants. (Les crochets fixés à l'intérieur de l'une de ces moitiés retiennent le cuir ou la peau qui doivent être brodés ; on abaisse alors l'autre moitié.) Ce métier est destiné à la broderie des gants, des sacs, etc.

• La *broderie mécanique* s'exécute sur diverses machines dites *brodeuses.*

• Parmi les diverses broderies, la *broderie* dite *blanche* s'exécutait autrefois toujours en blanc ; la *broderie de jours* comporte des bordures ajourées ou des *jours rivière* à fils tirés ; les *broderies* dites *de fantaisie* s'exécutent avec des fournitures diverses et prennent des noms différents suivant leur genre, leur origine, les matières employées et leurs points : passé, passé empiétant, points plats, de tige, de nœuds, de sable, etc., broderie en réserve, d'application, pailletée, perlée, etc. Les plus connues sont : la *broderie de Lunéville,* le *point de Beauvais ;* la *broderie lamée,* la *broderie de métal,* pour les insignes militaires, les écussons et les drapeaux ; la *broderie d'ornements d'église,* faite de soie, de couchure, d'application, de guipé d'or ou d'argent, de cannetille sur gros bourrages en relief ; la *broderie* dite *tapisserie** *à l'aiguille.* Toutes ces broderies sont toujours exécutées à la main.

BRODEUR, EUSE n. Personne qui fait métier de broder.

◆ adj. m. *Fil brodeur,* fil utilisé dans les machines à broder.

◆ **brodeur** n. m. Dispositif adapté sur certains métiers de bonneterie à mailles cueillies et destiné à produire des effets de broderie dans le sens longitudinal du tricot.

◆ **brodeuse** n. f. Machine à broder.

BRODIEA n. m. (de J. *Brodie,* n. pr.). Liliacée de l'Amérique du Nord, très ornementale, que l'on peut cultiver en pleine terre dans le midi de la France.

BRODSKY (Joseph), poète américain d'origine russe (Leningrad 1940-New York 1996). Issu d'une famille juive, il fut condamné en 1964 en U.R.S.S. pour « parasitisme social » et émigra en 1972 en Occident. On lui doit notamment *Collines et autres poèmes, Urania.* (Prix Nobel de littérature 1987.)

BRÓDY (Sándor), écrivain hongrois (Eger 1863-Budapest 1924), auteur de nouvelles d'inspiration naturaliste et de romans également marqués par l'influence de Zola, puis par celle de Jókai (*le Docteur Faustus,* 1888 ; *la Maîtresse,* 1917).

BROEDERLAM (Melchior), peintre flamand, mentionné de 1381 à 1409 à Ypres. Au service de Philippe le Hardi, il exécuta v. 1394 les volets du retable de Champmol (musée de Dijon). L'élégance du style gothique international s'y nuance de sentiment réaliste.

BROGLIE [brɔgli] (27270), ch.-l. de cant. de l'Eure, aux confins du Lieuvin et du pays d'Ouche ; 1 189 hab. Broglie est le nom moderne de *Chambrais,* fief des barons de Ferrière, qui fut, sous le nom de Broglie, érigé en duché en 1742. Château. Église romane et gothique.

BROGLIE (DE) [brɔj], famille française originaire du Piémont. Issue d'HUBERT **Broglia** (ou **Broglio**), seigneur de Chieri au milieu du XIIIe s., cette famille passa au service de la France en 1643. — VICTOR MAURICE (1646-château de Buhy, Val-d'Oise, 1727), comte **de Broglie,** maréchal de France (1724), participa à la plupart des guerres de Louis XIV. — Son fils FRANÇOIS MARIE II (Paris 1671-Broglie 1745), duc **de Broglie,** maréchal de France (1734) et diplomate, fut ambassadeur en Angleterre (1724) et battit les Autrichiens à Parme et à Guastalla (1734) lors de la guerre de la Succession de Pologne. En 1742, Louis XV érigea sa terre de Ferrière (Normandie) en duché sous le nom de Broglie. — VICTOR FRANÇOIS (1718-Munster 1804), duc **de Broglie,** fils du précédent, se distingua à la bataille de Bergen (1759), pendant la guerre de Sept Ans, et fut promu maréchal de France (1759). Commandant les troupes rassemblées près de Versailles puis ministre de la Guerre (juill. 1789), il dut émigrer à Trèves. — VICTOR (Paris 1785-*id.* 1870), duc **de Broglie,** petit-fils du précédent, fut président du Conseil en 1835-36. (Acad. fr., 1855.) — ALBERT (Paris 1821-*id.* 1901), duc **de Broglie**, fils du précédent, leader de l'opposition monarchique, responsable de la chute de Thiers, le 24 mai 1873, fut président du Conseil du 25 mai 1873 au 16 mai 1874 et du 17 mai au 19 nov. 1877 : il incarna l'Ordre moral. (Acad. fr., 1862).

BROGLIE (Maurice, *duc* DE), physicien français (Paris 1875-Neuilly-sur-Seine 1960), petit-fils d'Albert de Broglie. Il s'est consacré à l'étude des spectres de rayons X, imaginant la méthode du cristal tournant. En 1921, il a découvert l'*effet photo-électrique nucléaire.* (Acad. fr., 1934.) — Son frère, duc **de Broglie** (Dieppe 1892-Louveciennes 1987), est également physicien. S'appuyant d'une part sur la relation de Planck-Einstein, qui, à une onde lumineuse, associe un certain flux de particules (les *photons),* et, d'autre part, sur les propriétés relativistes de transformation de l'énergie et de la quantité de mouvement, il établit la relation $\vec{p} = \hbar \vec{k}$, qui, à la quantité de mouvement $\vec{p}$ d'une particule, associe un vecteur d'onde $\vec{k}$. Son hypothèse du caractère ondulatoire des particules fut confirmée en 1927 avec la mise en évidence par Davisson et Germer de la diffraction des électrons. La « mécanique ondulatoire » ainsi fondée par L. de Broglie et perfectionnée par Schrödinger est, avec la « mécanique des matrices » de Heisenberg, à l'origine de la mécanique quantique. De Broglie tenta d'éliminer le caractère probabiliste de la théorie quantique, mais les physiciens n'ont guère accepté ses idées. (Prix Nobel de phys. 1929 ; Acad. des sc., 1933 ; Acad. fr., 1944.)

Broglie (*longueur d'onde de* DE), longueur λ caractérisant l'harmonicité spatiale et définissant la périodicité du comportement d'un quanton de quantité de mouvement bien définie p. ($\lambda = h/p$; h : constante de Planck.)

BROIEMENT n. m. Action de broyer ; résultat de cette action.

BROKEN HILL, v. de Zambie → KABWE.

BROKER [brɔkœr] n. m. (angl. *broker,* courtier). Aux États-Unis et sur les places financières anglo-saxonnes, intermédiaire qui assure les négociations en valeurs mobilières.

BROMACÉTIQUE adj. *Acide bromacétique,* acide obtenu par action du brome sur l'acide acétique et doué d'une action corrosive sur la peau et les muqueuses.

BROMACÉTONE n. f. Cétone obtenue par action du brome sur l'acétone.

BROMAL n. m. Acétaldéhyde tribromé $Br_3C—CH=O$.

BROMATE n. m. Sel ou ester de l'acide bromique.

BROMATION n. f. **1.** Substitution dans une molécule d'un atome d'hydrogène par un atome de brome. – **2.** Addition de brome sur une liaison multiple.

1. BROME n. m. (gr. *brômos,* odeur fétide). **1.** Corps simple (Br_2) de la famille des halogènes. (Élément chimique de symbole Br.) – **2.** *Indice de brome,* nombre de grammes de brome réagissant sur 100 g d'un produit pétrolier, utilisé pour indiquer approximativement la teneur en oléfines.

Numéro atomique : 35
Masse atomique : 79,90
Température de fusion : – 7,2 °C
Température d'ébullition : 58,78 °C
Masse volumique : 3,2 g/cm³

ENCYCL. Découvert en 1826 par Balard dans les eaux mères des salines, le brome est un liquide rouge foncé, d'odeur désagréable, environ trois fois plus dense que l'eau. Il appartient à la famille des halogènes*. L'atome de brome peut facilement former l'ion monovalent Br^-. Associé à l'oxygène, il donne les ions BrO^- et BrO_3^-. Le brome se combine, au rouge, à l'hydrogène pour former le gaz bromhydrique HBr, dont la solution constitue l'acide bromhydrique*. Il réagit sur l'ammoniac, l'hydrogène sulfuré et les composés organiques en donnant des réactions d'addition ou de substitution.

Sa solution aqueuse possède des propriétés oxydantes et il s'unit aux métaux pour donner des bromures. Avec les oxydes métalliques, il donne une réaction analogue à celle du chlore. On trouve le brome, à l'état de bromures de sodium, de potassium et de magnésium, dans l'eau de mer, les végétaux marins, certaines sources minérales, les lacs salés et surtout dans les gisements de chlorure. On l'obtient par action du chlore sur les bromures.

Le brome est employé à la fabrication de bromures* et de dérivés organiques bromés, employés comme produits thérapeutiques, substances lacrymogènes, matières colorantes.

2. BROME n. m. (lat. *bromos,* du gr. *bromos,* sorte d'avoine). Graminée dont plusieurs espèces sont communes en France. (Le plus répandu est le *brome stérile,* aux épillets aplatis.)

BROMÉLIACÉE n. f. Plante monocotylédone telle que l'ananas et de nombreuses épiphytes de la sylve américaine. (Ces plantes puisent dans l'atmosphère la totalité de leur nourriture, y compris l'eau et les poussières minérales, et peuvent croître suspendues à un fil de fer [*tillandsia*]. L'ananas, cependant, est une plante terrestre.)

BROMER v. t. (conj. 3). Procéder à la bromation. ◆ **être bromé** v. pass. **1.** Contenir du brome. – **2.** Avoir subi l'action du brome.

BROMESULFONEPHTALÉINE ou **B. S. P.** n. f. **1.** Substance colorante éliminée par la bile. – **2.** *Épreuve à la bromesulfonephtaléine,* épreuve destinée à explorer la fonction excrétrice du foie.

BROMFIELD (Louis), écrivain américain (Mansfield, Ohio, 1896 - Columbus, Ohio, 1956). Outre des romans consacrés à la société américaine, il est l'auteur de *la Mousson* (1937), peinture de la vie d'une principauté de l'Inde.

BROMHYDRATE n. m. Produit d'addition de l'acide bromhydrique avec une base azotée ou phosphorée ou avec un composé renfermant une liaison multiple.

BROMHYDRIQUE adj. *Acide bromhydrique,* acide HBr, résultant de la combinaison du brome avec l'hydrogène. (Très soluble dans l'eau, ce gaz incolore donne un acide fort qui agit sur la plupart des métaux et des bases pour donner des bromures.)

BROMIDE n. f. Lésion cutanée apparaissant après absorption de composés du brome. (Les bromides sont, avec les iodides, parmi les toxidermies médicamenteuses les plus fréquentes. Elles peuvent prendre l'aspect d'acné, de bulles, de pustules ou même de lésions végétantes d'apparence pseudo-tumorale.)

BROMIDROSE ou **BROMHIDROSE** n. f. Sécrétion plus ou moins abondante d'une sueur fétide, le plus souvent localisée aux aisselles et aux pieds.

BROMIQUE adj. *Acide bromique,* acide $HBrO_3$, connu seulement en solution. (Avec les bases, il donne des bromates.)

BROMISME n. m. Ensemble des accidents d'intoxication provoqués par le brome et ses composés, particulièrement le bromure de potassium.

BROMIUS n. m. Syn. de ADOXUS.

BROMMAT (12600), comm. du nord de l'Aveyron ; 868 hab. Centrale hydroélectrique souterraine alimentée par la Truyère. Fromagerie.

BROMOBENZÈNE n. m. Dérivé bromé du benzène, C_6H_5—Br, intermédiaire important en synthèse organique.

BROMOCRIPTINE n. f. Alcaloïde semi-synthétique de l'ergot de seigle, ayant une puissante action stimulante sur les récepteurs dopaminergiques.
ENCYCL. La bromocriptine a une action inhibitrice sur la sécrétion de prolactine, utilisée en thérapeutique lorsque cette sécrétion est exagérée, ainsi que sur la sécrétion hypophysaire excessive de l'hormone somatotrope chez l'acromégale. On l'emploie aussi dans le traitement de la maladie de Parkinson.

BROMOFORME n. m. Dérivé tribromé du méthane Br_3CH, doué de propriétés sédatives.

BROMOPHÉNOL n. m. Dérivé bromé du phénol, Br—C_6H_4—OH, utilisé comme désinfectant.

BROMOSUCCINIMIDE n. m. Dérivé bromé du succinimide utilisé en synthèse organique pour la substitution du brome à l'hydrogène.

Brömsebro *(paix de)* [août 1645], paix signée entre les Suédois et les Danois. La Suède obtenait du Danemark l'exemption des péages du Sund et des Belts ainsi que les îles de Gotland et de Ösel, les territoires norvégiens de Jämtland et de Härjedalen.

BROMURATION n. f. Action de bromurer.

BROMURE n. m. Sel ou ester de l'acide bromhydrique.
ENCYCL. Les bromures métalliques se préparent par action directe de l'acide bromhydrique sur le métal, les oxydes ou les hydroxydes métalliques, ou par combinaison directe du brome avec les métaux. Le bromure d'argent, qui noircit à la lumière, est utilisé en photographie.
Certains bromures (de potassium, de sodium, de calcium) ont des propriétés sédatives, hypnotiques et anticonvulsivantes, mais leur usage s'est beaucoup restreint.

BROMURER v. t. (conj. 3). Additionner d'un bromure.

BRON (69500), ch.-l. de cant. du Rhône, banlieue est-sud-est de Lyon ; 40 514 hab. Hôpital psychiatrique. Aéroport. Site d'une université lyonnaise.

BRONCA n. f. (esp. *bronca*). **1.** Ensemble bruyant des sifflets et lazzis de la foule à l'adresse du torero maladroit ou au-dessous de sa valeur habituelle. — **2.** *Par ext.* Protestation collective ; tollé.

BRONCHADE n. f. (de *broncher*). Faux pas d'un cheval qui bronche.

BRONCHE n. f. (lat. *bronchia,* du gr. *brogkhia*). Conduit semi-rigide destiné au transfert de l'air entre la trachée et les alvéoles pulmonaires.
ENCYCL. Des bronches desservant le poumon entier et soutenues par des anneaux cartilagineux ne se rencontrent, dans la classe des reptiles, que chez les crocodiliens. Chez les mammifères, les bronches ressemblent à celles de l'homme. Chez les oiseaux, elles permettent un renouvellement plus complet de l'air pulmonaire (capillaires aériens disposés en circuits bronchiques, sacs aériens contractiles activant la respiration pendant le vol).
Chez l'homme, la trachée se divise en deux bronches, droite et gauche, au niveau de la cinquième vertèbre dorsale. Chaque bronche pénètre dans le poumon correspondant, où elle se divise en de multiples branches qui se terminent dans les lobules pulmonaires. Chaque bronche intralobulaire se subdivise elle-même jusqu'aux *bronchioles terminales* qui mènent aux alvéoles pulmonaires.

BRONCHECTASIE [-ʃɛkt-] ou **BRONCHIECTASIE** [-ʃjɛkt-] n. f. Dilatation des bronches.

BRONCHER v. i. (lat. pop. **bruncare,* trébucher) [conj. 3]. **1.** Faire un faux pas, surtout en parlant d'un cheval, d'une mule, etc. ; trébucher, buter. — **2.** Manifester un sentiment hostile, sa mauvaise humeur (surtout dans des phrases négatives) : *Il a reçu cette insulte sans broncher.*

BRONCHIOLAIRE [-ʃjɔ-] adj. Relatif aux bronchioles.

BRONCHIOLE [-ʃjɔl] n. f. Rameau de division des bronches à l'intérieur du poumon.

BRONCHIOLITE [-ʃjɔ-] n. f. Inflammation des bronchioles avec encombrement purulent important.

BRONCHIOLO-ALVÉOLITE [-kjɔ-] n. f. (pl. *bronchiolo-alvéolites*). Inflammation simultanée des bronchioles terminales et des alvéoles adjacentes.

BRONCHIQUE adj. Relatif aux bronches.

BRONCHITE n. f. Inflammation des bronches.
ENCYCL. La bronchite est la plus fréquente des affections des voies respiratoires. Les symptômes communs à toutes les bronchites sont la toux, les crachats muqueux, muco-purulents ou purulents, la dyspnée, la douleur thoracique consécutive à la toux. La *bronchite aiguë* plus ou moins intense succède souvent à une infection descendante à partir des voies aériennes supérieures. La *bronchite chronique* est une maladie de longue durée, évolutive, qui se définit par l'existence d'une toux liée à une augmentation de la

sécrétion bronchique, survenant durant un minimum de trois mois, dans l'année, au cours des deux dernières années.

BRONCHITEUX, EUSE adj. et n. Qui est sujet aux bronchites.

BRONCHITIQUE adj. Qui concerne la bronchite. ◆ adj. et n. Atteint de bronchite, notamment de bronchite chronique.

BRONCHO → BRONCO.

BRONCHOASPIRATION [-ko-] n. f. Technique permettant, par l'intermédiaire d'un fibroscope bronchique ou d'un bronchoscope, d'aspirer directement des sécrétions épaisses et purulentes, voire un corps étranger, dans l'arbre trachéo-bronchique d'un malade qui n'est plus capable de tousser.

BRONCHOCÈLE [-ko-] n. f. Dilatation bronchique localisée secondaire à une sténose bronchique située en aval, d'origine inflammatoire et remplie de pus, de caséum ou de mucus. (Il peut s'agir également d'une tumeur gazeuse du cou en communication avec une bronche.)

BRONCHOCONSTRICTION [-ko-] n. f. Contraction des muscles bronchiques, entraînant une diminution du calibre des bronches.

BRONCHODILATATEUR, TRICE [-ko-] adj. et n. m. Qui provoque une bronchodilatation.

BRONCHODILATATION [-ko-] n. f. Relâchement des muscles bronchiques, entraînant une augmentation du calibre des bronches.

BRONCHOGRAPHIE [-ko-] n. f. Examen radiographique d'une partie de l'arbre bronchique, obtenu après injection dans celui-ci d'une substance iodée opaque aux rayons X.

BRONCHOPATHIE [-ko-] n. f. Toute affection atteignant une ou plusieurs bronches.

BRONCHOPLÉGIE [-ko-] n. f. Diminution du calibre des bronches par paralysie des muscles bronchiques.

BRONCHO-PNEUMONIE [-ko-] n. f. (pl. *broncho-pneumonies*). Inflammation des bronchioles et des lobules pulmonaires.
ENCYCL. Les broncho-pneumonies se distinguent de la pneumonie ou de la congestion pulmonaire par la fréquente bilatéralité et la dispersion des lésions. Elles surviennent particulièrement chez les jeunes enfants, les vieillards et les sujets affaiblis par une maladie grave antérieure (cardiaques, immunodéprimés).

BRONCHORRHÉE [-ko-] n. f. Expectoration abondante de crachats muqueux ou muco-purulents.

BRONCHOSCOPE [-ko-] n. m. Variété d'endoscope utilisée pour explorer la trachée ou les bronches.

BRONCHOSCOPIE [-ko-] n. f. Exploration de la trachée et des bronches au moyen du bronchoscope.

BRONCHOSPASME [-ko-] n. m. Contraction des bronches, qui en rétrécit le calibre.

BRONCHOTOMIE [-ko-] n. f. Ouverture chirurgicale d'une bronche.

BRONCO ou **BRONCHO** n. m. Cheval non dressé et de caractère ombrageux monté dans les rodéos.

BRØNDAL (Viggo), linguiste danois (Copenhague 1887-*id.* 1942). Fondateur, avec L. Hjelmslev, du Cercle linguistique de Copenhague, il s'est efforcé, en s'appuyant sur des critères sémantiques, de formuler une nouvelle théorie des parties du discours (1928).

BRONGNIART (Alexandre Théodore), architecte et urbaniste français (Paris 1739-*id.* 1813). Élève de J. F. Blondel et de Boullée, il représente à Paris un néoclassicisme sévère (couvent des capucins, auj. lycée Condorcet, 1789 ; Bourse, 1807), assoupli cependant dans ses hôtels particuliers.

Brongniart *(palais)*, nom fam. donné à la Bourse de Paris.

BRONGNIART (Alexandre), minéralogiste et géologue français (Paris 1770-*id.* 1847), fils du précédent. Directeur de la Manufacture de porcelaine de Sèvres (1800-1847), il fut le créateur du musée de Sèvres et l'auteur d'un *Traité des arts céramiques* (1844).

BRONGNIART (Adolphe), botaniste français (Paris 1801-*id.* 1876), fils du précédent, créateur de la paléontologie végétale, à laquelle il a consacré d'importants ouvrages (*Prodrome d'une histoire des végétaux fossiles,* 1828).

BRØNSTED (Johannes Nicolaus), chimiste danois (Varde, Jylland, 1879 - Copenhague 1947). Il a apporté une importante contribution à l'étude cinétique des réactions chimiques et à la thermodynamique des solutions. Grâce à sa définition des couples acide-base, il a renouvelé la théorie des ions d'Arrhenius.

BRONSTEIN → TROTSKI.

BRONTË (les sœurs), romancières anglaises : CHARLOTTE (Thornton, Yorkshire, 1816-Haworth 1855), EMILY (Thornton 1818-Haworth 1848), ANNE (Thornton 1820-Scarborough 1849). Ensemble, elles publièrent les *Poésies,* signées des pseudonymes d'**Ellis, Acton** et **Currer Bell** (1846). Charlotte est l'auteur de *Jane* Eyre* (1847), Emily connut l'échec avec *les Hauts* de Hurlevent (Wuthering Heights)* [1847], Anne donna *Agnes Grey* (1847). Le recoupement constant des conflits de désir et des conflits sociaux, l'ancrage régionaliste portent, avec les Brontë, le roman féminin au cœur de la maturité romantique.

BRONTOSAURE n. m. Très grand dinosaure sauropode quadrupède, fossile dans le jurassique d'Amérique du Nord et caractérisé par sa tête relativement très petite. (Longueur du museau au bout de la queue : 20 m.)

BRONTOTHÈRE n. m. Mammifère fossile du tertiaire inférieur d'Amérique du Nord et d'Asie, ressemblant à un rhinocéros à corne fourchue.

BRONX, borough de New York, au N.-E. de Manhattan ; 1 169 000 hab.

BRONZAGE n. m. **1.** Action de faire bronzer, brunir le corps humain, une partie du corps ; couleur brune ainsi obtenue : *Pratiquer le bronzage intégral. Séances de bronzage.* — **2.** Opération ayant pour but de donner l'aspect extérieur du bronze à divers matériaux (métal, plâtre, cuir, porcelaine, bois, etc.). — **3.** Procédé permettant de faire adhérer une poudre métallique (bronze ou aluminium) sur l'impression fraîche d'un vernis spécial.

BRONZANT, E adj. Se dit d'un produit qui accélère le bronzage en protégeant des coups de soleil.

BRONZE n. m. (ital. *bronzo,* p.-ê. du lat. *Brundisium,* Brindes). **1.** Alliage de cuivre et d'étain à forte teneur en cuivre (le plus souvent supérieure à 80 %), se prêtant facilement à la mise en forme par fonderie. (→ *encycl.*) — **2.** Œuvre d'art ou accessoire décoratif en bronze : *Un bronze de Rodin. Un bronze d'ameublement.* (Selon la loi française de 1935, la dénomination de « bronze » est réservée à des alliages contenant au moins 65 % de cuivre.) — **3.** Litt. *Cœur de bronze, âme de bronze,* insensible, inflexible. ‖ Litt. *Couler qqch dans le bronze,* lui donner une forme impérissable. • **Métall.** *Bronze au plomb,* alliage cupro-étain contenant de 8 à 30 % de plomb. (Il est utilisé pour des surfaces portantes qui peuvent fonctionner sans lubrification.) — **Peint.** *Poudre de bronze,* pigment métallique jaune, d'un pouvoir couvrant par opacité élevé. (La poudre de bronze est surtout utilisée en travaux de peinture de décor, pour la réalisation des faux ors.) — **Préhist.** *Âge du bronze,* période qui succède à l'âge du cuivre, entre le IVe et le IIe millénaire selon les régions.

ENCYCL. **Métall.** Appelé autrefois « airain », le bronze a été couramment utilisé dans l'Antiquité pour la confection d'objets domestiques, outils, armes et statues.

Les bronzes sont surtout des alliages de fonderie obtenus en désoxydant au phosphore, avant coulée, les constituants oxydés du cuivre et de l'étain. Les bronzes contenant de 3 à 8 % d'étain sont utilisés en bijouterie et pour la fabrication de monnaies. Ceux qui sont utilisés pour la fabrication de pièces mécaniques résistantes à l'eau de mer ou aux frottements en contiennent jusqu'à 20 %. Les cloches et les cymbales, ainsi que les anciens miroirs de bronze, en contiennent jusqu'à 40 %.

— **Préhist.** Étape importante de l'évolution des sociétés de la zone tempérée de l'Ancien Monde, depuis la Chine jusqu'aux îles Britanniques, depuis la Scandinavie jusqu'en Égypte, l'*âge du bronze* se caractérise par la diffusion de la métallurgie du bronze, qui suscite de vastes courants d'échange (importation de l'étain). Le bronze constitue, avec l'or et l'argent, une richesse qui contribue à la création des premiers grands États de l'histoire : Mésopotamie (Sumer), Égypte (premiers pharaons), Méditerranée (Minoens et Mycéniens), Chine (dynastie Shang). Pour ce qui est des régions sans écriture, on le rencontre dans les civilisations du Wessex et de l'Armorique (première moitié du IIe millénaire), dans celle des tumulus contemporains d'Europe centrale et, vers 1000, dans la civilisation du bronze atlantique, dans celle des tourbières de Scandinavie ou celle des palafittes de Suisse et de Savoie.

Parmi les thèmes mythologiques spécifiques à cette période, citons le taureau crétois ou les « cygnes » et le soleil, représentés depuis la Méditerranée jusqu'en Scandinavie. Le cheval joue un rôle croissant à la fin de cette époque dans des sociétés agricoles et pastorales.

Bronze Star Medal (« médaille de l'Étoile de bronze »), décoration américaine, créée en 1944 pour récompenser la conduite héroïque ou la tenue exemplaire des militaires.

BRONZER v. t. (de *bronze*) [conj. 3]. **1.** Brunir, hâler son teint, son corps : *Le soleil bronze la peau.* — **2.** Donner à la surface d'un matériau quelconque, à l'aide de procédés variés, l'aspect de telle ou telle espèce de bronze, de patine de bronze. — **3.** Donner une couleur bleuâtre ou brune à un métal, en le chauffant.

◆ **être bronzé** v. pass. **1.** Avoir l'aspect, la couleur du bronze : *Plâtre bronzé.* — **2.** *Dindon bronzé d'Amérique,* race de dindons domestiques de grande taille atteignant 15 kg. ‖ *Maladie bronzée,* syn. de MALADIE D'ADDISON*.

◆ v. i., **se bronzer** v. pr., **être bronzé** v. pass. Brunir en parlant de qqn, de son corps : *Il ne bronze pas, il devient écarlate.*

BRONZETTE n. f. *Fam.* Le fait de se faire bronzer : *Une heure de bronzette sur la terrasse.*

BRONZEUSE n. f. Machine d'imprimerie qui effectue le bronzage par un poudrage, suivi d'un essuyage de la poudre dans les parties non fixées par le vernis.

BRONZIER, ÈRE n. 1. Praticien de la fonte et de la ciselure des bronzes artistiques. – 2. Sculpteur participant à la fonte et à la finition de ses bronzes.

BRONZINO (Agnolo Tori, dit **il**), peintre italien (Florence 1503 - *id.* 1572). Élève de Pontormo, représentant typique de l'art de cour à Florence, il est surtout connu pour ses portraits, impassibles et somptueux.

BRONZITE n. f. Pyroxène orthorhombique riche en magnésium.

BROODTHAERS (Marcel), artiste belge (Bruxelles 1924 - Cologne 1976). Héritier d'un certain esprit dadaïste et surréaliste, il a développé un art conceptuel original qui mêle humour absurde et verve critique.

BROOK [bruk] n. m. (angl. *brook,* ruisseau). Large fossé plein d'eau, l'un des principaux obstacles du steeple-chase.

BROOK (Peter), metteur en scène de théâtre et de cinéma britannique (Londres 1925). Séduit tant par Brecht que par Artaud, il réalise la synthèse de leurs leçons apparemment contradictoires et s'impose en réinterprétant le répertoire shakespearien *(le Songe d'une nuit d'été, Timon d'Athènes, la Tempête, Hamlet [Qui est là...]).* En 1970, il crée à Paris le Centre international de recherches théâtrales et se consacre à l'émergence d'un théâtre complet *(les Iks, Ubu, la Conférence des oiseaux, le Mahābhārata).* Depuis 1974, il dirige avec Micheline Rozan le théâtre des Bouffes-du-Nord. Au cinéma, il a réalisé *Moderato cantabile* (1960), *le Seigneur des mouches* (1962), *Marat-Sade* (1966), *Rencontres avec des hommes remarquables* (1977), trois versions de *Carmen* (1983) et *le Mahābhārata* (1989).

BROOKE (*sir* James), officier britannique (Secrore, près de Bénarès, 1803-Burrator, Devon, 1868). Ayant aidé le sultan de Brunei (Bornéo) contre les Dayaks, il reçut le titre de rāja de Sarawak en 1841. Ses descendants conservèrent la souveraineté de Sarawak jusqu'en 1946.

BROOKE (Alan Francis) → Alanbrooke.

BROOKITE [bru-] n. f. (de H. J. *Brooke,* n. pr.). Varité naturelle de bioxyde de titane, orthorhombique, de couleur brunâtre ou rougeâtre.

BROOKLYN, borough de New York, à l'extrémité occidentale de Long Island ; 2 231 000 hab.

BROOKNER (Anita), romancière britannique (Londres 1928). Cette spécialiste de la peinture française des XVIIIe et XIXe s. a publié des monographies portant sur Watteau et Greuze avant de se lancer dans la création romanesque. Après *Regardez-moi* (1983), elle publie *Hôtel du lac* (1984), qui obtient le Booker Prize et qui est suivi, entre autres romans, de *la Porte de Brandebourg* (1988), *Lewis Percy* (1989), *Esquives* (1991), *Dolly (*1993), et *l'Automne de Monsieur Bland* (1994).

BROOKS (Louise), actrice de cinéma américaine (Cherryvale, Kansas, 1906 - Rochester, New York, 1985). Elle dut ses grands rôles à G. W. Pabst, qui l'appela en Allemagne et en fit l'héroïne de *Loulou* (1929), adapté de Wedekind, et du *Journal d'une fille perdue* (1929). Elle abandonna le cinéma en 1938.

BROOKS (Richard), cinéaste américain (Philadelphie 1912 - Beverly Hills 1992). Il a réalisé : *Bas les masques* (1950) ; *Graine de violence* (1955) ; *la Chatte sur un toit brûlant* (1958) ; *De sang-froid* (1967) ; *À la recherche de M. Goodbar* (1977).

BROOKS *(chaîne de),* chaîne montagneuse du nord de l'Alaska.

BROONS [brɔ̃] (22250), ch.-l. de cant. des Côtes-d'Armor, au S.-O. de Dinan ; 2 533 hab.

BROQUELIN n. m. Débris de feuilles de tabac, incorporés dans la fabrication.

BROQUETTE n. f. (forme picarde de *brochette*). Petit clou à large tête.

BROQUEVILLE (Charles, *comte* de), homme politique belge (Postel, près de Mol, Belgique, 1860 - Bruxelles 1940). Député catholique, il fut Premier ministre à plusieurs reprises (1911-1918, 1932-1934). Il coordonna l'effort de guerre belge aux côtés des Alliés jusqu'en 1918.

BROQUILLON [-kijɔ̃] n. m. Bouchon pour tonneau.

BROSCHI (Carlo) → Farinelli.

BROSIMUM [-mɔm] n. m. Nom générique de l'arbre à lait, ou arbre à la vache, moracée du Venezuela, dont le latex, obtenu par incision du tronc, ressemble au lait.

BROSSAGE n. m. Action de brosser.

BROSSARD, v. du Canada, au Québec, dans l'agglomération de Montréal, sur le Saint-Laurent ; 68 414 hab.

BROSSE n. f. (p.-ê. lat. pop. *bruscia,* du class. *bruscum,* excroissance ligneuse de l'érable). 1. Ustensile fait d'un assemblage serré de fibres ou de fils métalliques fixés à une monture, destiné à l'entretien et au nettoyage. *Brosse à cheveux. Brosse à dents. Brosse à habits.* – 2. *En brosse,* se dit d'une coiffure, de cheveux coupés courts et droits. ‖ Fam. *Passer la brosse à reluire,* faire de qqn un éloge excessif et intéressé. • **Apic.** Rangées de poils sur les pattes de l'ouvrière d'abeille, destinées à ramasser le pollen. – **Peint.** Nom des divers pinceaux plats et larges utilisés par les artistes et par les peintres en bâtiment. – **Véner.** Queue du renard.

BROSSE (Jean DE), dit **le Maréchal de Brissac** (v. 1375-1433). Maréchal de France (1426), il combattit à Orléans et à Patay (1429) aux côtés de Jeanne d'Arc.

BROSSE (Salomon DE), architecte français (Verneuil-en-Halatte v. 1571 - Paris 1626). Apparenté aux Du Cerceau, il participa à l'achèvement du château de Verneuil, exemple à partir duquel il amena à son plein développement le type français de la demeure princière (châteaux de Blérancourt, de Coulommiers ; palais du Luxembourg pour Marie de Médicis). Son sens des masses et sa distinction classique s'expriment aussi dans le parlement de Rennes.

1. BROSSER v. t. (conj. 3). **1.** Frotter qqch avec une brosse pour en enlever les poussières, le faire briller, etc. : *Brosser ses chaussures.* — **2.** Frictionner qqn, un animal, une partie du corps, frotter avec une brosse : *Brosser un cheval.* — **3.** Ébaucher ou peindre à grands traits une forme, un tableau : *Brosser un paysage.* — **4.** *Fam.* En Belgique, ne pas assister à qqch ; sécher : *Brosser un cours.* — **5.** Frapper un ballon, une balle en leur imprimant un mouvement de rotation. — **6.** *Brosser un tableau,* décrire à grands traits une situation. ‖ *Cuir à brosser,* cuir de couleur enduit d'une pellicule foncée.

◆ v. i. Dans la danse de société, déplacer les pieds parfaitement parallèles l'un à l'autre, faisant ainsi progresser le danseur en ligne droite (en avant ou en arrière).

◆ **se brosser** v. pr. **1.** Frotter ses vêtements avec une brosse pour en enlever la poussière. — **2.** *Se brosser les ongles, les dents, etc.,* les nettoyer avec une brosse. — **3.** Pop. *(Pouvoir) se brosser,* être exclu du bénéfice de qqch, devoir s'en passer.

2. BROSSER v. i. (de *brosser 1*) [conj. 3]. En parlant d'un veneur, d'un cerf ou d'un chien, passer à travers un jeune taillis fourré.

BROSSERIE n. f. **1.** Atelier où l'on fabrique des brosses. — **2.** Commerce de brosses et d'ustensiles analogues.

BROSSES (Charles DE), magistrat et écrivain français (Dijon 1709-Paris 1777). Président au parlement de Dijon, linguiste, ethnologue (il créa le mot « fétichisme »), sa curiosité d'esthète et d'épicurien anime ses *Lettres familières écrites d'Italie en 1739 et 1740,* l'un des guides de Stendhal.

BROSSET (Diego Charles), général français (Buenos Aires 1898 - Champagney, Belfort, 1944). Il rallia de Gaulle en 1940, commanda une brigade en Libye, puis la 1re division française libre en Italie et en France, avec laquelle il libéra Lyon (1944).

BROSSETTE (Claude), érudit français (Theizé, Rhône, 1671-Lyon 1743). Il se lia d'amitié avec Boileau, dont il édita les *Œuvres* (1716).

BROSSEUSE n. f. Machine employée dans les apprêts des tissus pour les brosser.

BROSSIER, ÈRE n. Personne qui fabrique ou vend des brosses.

BROSSOLETTE (Pierre), professeur et journaliste français (Paris 1903 - *id.* 1944). Agrégé d'histoire, journaliste au *Populaire,* entré l'un des premiers dans la Résistance, il devint, à Londres, en 1942, conseiller politique du général de Gaulle. Il fut à l'origine du Conseil national de la Résistance. Arrêté, torturé, il donna la certitude de son silence en se jetant du cinquième étage de l'immeuble de la Gestapo.

Brotonne *(forêt de),* forêt domaniale (6 750 ha) de Seine-Maritime, dans une boucle de la Seine (r. g.), et qui a donné son nom à un parc naturel régional couvrant environ 40 000 ha.

BROTTIER (*bienheureux* Daniel), religieux de l'ordre du Saint-Esprit (La Ferté-Saint-Cyr, Loir-et-Cher, 1876 - Paris 1936). Vicaire général de Dakar puis (1923) directeur de l'Œuvre des orphelins d'Auteuil, il a été béatifié en 1984.

BROTULIDÉ n. m. (gr. *brôtos,* mangeable). Nom d'une famille de poissons perciformes. (Nombreuses espèces aveugles et dépigmentées des abysses océaniques ou des eaux souterraines des îles américaines ; quelques espèces sont littorales.)

BROU n. m. (de *brout*). **1.** Enveloppe charnue verte de la noix, qui se décolle à maturité et noircit alors rapidement. — **2.** *Brou de noix,* liquide aqueux brun obtenu par macération et fermentation de cosses de noix, servant à teinter le bois.

BROU (28160), ch.-l. de cant. d'Eure-et-Loir, aux confins de la Beauce et du Perche ; 3 821 hab. *(Broutains).* Maisons à pans de bois. Plan d'eau. Constructions mécaniques. Laiterie. Marché.

BROU, écart de la commune de Bourg-en-Bresse (Ain). Ancien monastère reconstruit de 1506 à 1512, par l'architecte Lodewijk Van Boghem, à la suite d'un vœu de Marguerite d'Autriche ; l'église (1513-1532) est le chef-d'œuvre d'un style flamboyant épuré, le luxe décoratif se concentrant sur les sculptures du jubé, des stalles et des trois tombeaux du chœur (vitraux). Les bâtiments monastiques abritent le musée régional de l'Ain.

BROUAGE, écart de la commune de Hiers-Brouage (Charente-Maritime), sur le canal dit *chenal de Brouage.* (Hab. *Brouageais.*) Du XIVe au XVIIe s., ce fut le plus important port producteur et exportateur de sel de l'Occident. Fortifiée au XVIe s., c'est auj. une ville morte. Son enceinte, longue de 1 600 m, flanquée d'échauguettes, est encore ornée de sa vieille porte royale.

BROUARD (Carl), poète haïtien (Port-au-Prince 1902-*id.* 1965), l'un des théoriciens de l'école indigéniste *(Écrit sur du ruban rose)*.

BROUCHOVEN → VAN BROUCHOVEN.

BROUCKÈRE (Charles DE), homme politique et économiste belge (Bruges 1796 -Bruxelles 1860). Membre de la seconde Chambre des états généraux, il joua un rôle important dans la révolution belge. Ministre des Finances (1830-31), ministre de l'Intérieur puis de la Guerre (1831), il fut bourgmestre de Bruxelles. — Son frère HENRI (Bruges 1801-Bruxelles 1891) fut un élément actif du parti libéral modéré. Ministre d'État (1847), il fut Premier ministre et ministre des Affaires étrangères de 1852 à 1855.

BROUCKÈRE (Louis DE), homme politique belge (Roeselare, Flandre-Occidentale, 1870-Bruxelles 1951). Animateur puis président du parti ouvrier belge (P. O. B.), président de l'Internationale ouvrière socialiste, il s'opposa violemment à De Man en préconisant une résistance active au nazisme. Il fut ministre d'État en 1945.

BROUET n. m. (anc. fr. *breu,* bouillon, du germ. **brod*). *Litt.* Aliment grossier, presque liquide.

BROUETTAGE n. m. Action de brouetter ; transport à la brouette.

BROUETTE n. f. (anc. fr. **beroue,* du bas lat. *birota,* véhicule à deux roues). Appareil de manutention à bras, constitué d'une caisse montée sur une ou deux roues et muni de deux brancards.

BROUETTÉE n. f. Contenu d'une brouette.

BROUETTER v. t. (conj. **4**). Transporter qqch avec une brouette.

BROUGHAM n. m. (de *Brougham,* n. pr.). Véhicule hippomobile très léger à deux roues ayant une caisse basse, un siège à deux places et muni d'une capote.

BROUGHAM AND VAUX (Henry Peter BROUGHAM, 1er *baron*), homme politique et juriste britannique (Édimbourg 1778-Cannes 1868). Avocat, whig, membre du Parlement à partir de 1810, il soutint les thèses réformistes des radicaux contre l'esclavage. Lord-chancelier dans les ministères Grey et Melbourne (1830-1834), il réalisa la réforme judiciaire et participa à la réforme électorale de 1832.

BROUHAHA n. m. (altér. onomat. de l'hébreu *bārākh habbā,* paroles d'un psaume). Bruit de voix confus : *le brouhaha des fins de réunion.*

Brouha-Hinglais-Simonnet *(réaction de),* réaction destinée à faire le diagnostic de la grossesse, par injection de l'urine de la femme à un souriceau mâle impubère.

BROUILLAGE n. m. Perturbation naturelle ou volontaire apportée à la réception d'un signal utile, en particulier radioélectrique, par des phénomènes indésirables.

BROUILLAMINI n. m. (lat. *boli Armenii,* bol d'Arménie, avec infl. de *brouiller*). *Fam.* et *vx.* Complication, confusion inextricable ; embrouillamini.

1. BROUILLARD n. m. (anc. fr. *brouillas,* de *brouiller*). **1.** Nuage stratifié (stratus) reposant sur la surface du sol, presque toujours par temps calme, formé de gouttelettes d'eau liquide pleines. (Il y a brouillard quand la visibilité est inférieure à 1 km, brume au-delà.) — **2.** Trouble qui affecte la vue. — **3.** Très petites fleurs vendues par les fleuristes, en général pour accompagner d'autres fleurs. (N. sc. *gypsophile.*) — **4.** *Être dans le brouillard,* avoir des pensées confuses ; ne pas voir clairement la situation.

2. BROUILLARD n. m. (de *brouiller*). Registre sur lequel on inscrit les opérations comptables au fur et à mesure qu'elles se réalisent. (Syn. MAIN COURANTE.)

BROUILLASSE n. f. *Fam.* Brouillard qui tombe en gouttelettes fines.

BROUILLASSER v. i. (anc. fr. *brouillas,* brouillard) [conj. **3** ; seulem. 3e pers. du sing.]. Faire du brouillard.

BROUILLE n. f. (de *brouiller*). Mésentente, altération de rapports affectueux ; désaccord, fâcherie : *Brouille entre deux familles.*

BROUILLEMENT n. m. Action de brouiller ; état de ce qui est brouillé.

BROUILLER v. t. (gallo-romain **brodiculare,* du germ. **brod,* bouillon) [conj. **3**]. **1.** Mettre des choses en désordre ; mêler, troubler un ensemble en l'agitant : *Brouiller les cartes. Brouiller des œufs.* — **2.** Dérégler, fausser un mécanisme, modifier un système : *Brouiller la combinaison d'un coffre.* — **3.** Rendre la vue, l'esprit, les idées troubles, confus. — **4.** Faire cesser l'entente qui régnait entre des personnes, les fâcher : *Cette affaire d'argent l'a brouillé avec sa famille.* — **5.** Faire que qqn ne comprenne pas une science, une technique, un procédé, etc. : *Son professeur l'a brouillé avec les mathématiques.* — **6.** Produire un brouillage. — **7.** *Brouiller les cartes, les pistes,* modifier les données d'une question pour la rendre difficilement compréhensible. ‖ *Brouiller le teint,* lui faire perdre sa fraîcheur, le ternir.
◆ **se brouiller** v. pr., **être brouillé** v. pass. **1.** S'emmêler : *Fils qui sont brouillés.* — **2.** En parlant du temps, se déranger, se couvrir : *Le ciel se brouille.* — **3.** Devenir confus, trouble : *Idées qui se*

brouillent. — **4.** Être fâché (avec des personnes) : *Ils sont brouillés pour un problème mineur.* — **5.** Avoir des difficultés avec qqch, une science, une technique : *Se brouiller avec la télévision.* — **6.** *Avoir le teint brouillé,* terni, pâle. ‖ *Œuf brouillé,* œuf battu et assaisonné, cuit à feu doux.

BROUILLERIE n. f. *Vx.* Désaccord sans motif sérieux.

BROUILLEUR n. m. Ce qui produit un brouillage, spécialement radioélectrique.
ENCYCL. **Déf.** Les *brouilleurs de barrage,* montés sur avions de transport, sont destinés à neutraliser les radars ennemis dans des zones géographiques étendues. Les *brouilleurs d'autoprotection* sont montés sur avions de combat. Ils s'attaquent aux autodirecteurs des missiles et aux radars des systèmes antiaériens.

1. BROUILLON, ONNE adj. et n. (de *brouiller*). Qui brouille les choses, qui crée le désordre ; qui manque de clarté dans les idées : *Esprit brouillon.*

2. BROUILLON n. m. (de *brouillon 1*). Première forme d'un écrit que l'on corrige, avant de le recopier : *Brouillon de discours.*

BROUILLONNER v. t. (conj. 3). Écrire qqch rapidement ou au brouillon.

BROUILLY n. m. Cru renommé du Beaujolais.

BROUSSAILLE n. f. (de *brosse*). **1.** Touffe de plantes ligneuses, rabougries et très rameuses ; ensemble des arbustes et plantes épineuses constituant la végétation des sous-bois et des terrains incultes (au pl.). — **2.** *Cheveux, sourcils, barbe en broussaille,* hirsutes, en désordre.

BROUSSAILLEMENT n. m. Action de faire pousser des broussailles sur un terrain dénudé, dans le but de protéger le sol. (Syn. EMBROUSSAILLEMENT.)

BROUSSAILLEUR adj. m. Se dit d'un chien dressé pour arrêter le gibier.

BROUSSAILLEUX, EUSE adj. **1.** Couvert de broussailles. — **2.** Se dit des cheveux, des sourcils, d'une barbe en broussaille, mêlés et épais.

BROUSSAIS (François Joseph Victor), médecin français (Saint-Malo 1772-Vitry 1838). Professeur au Val-de-Grâce (1814), puis à la Faculté, il fit de l'inflammation des tissus la cause exclusive des maladies et préconisa comme thérapeutique les débilitants (diète et saignée). Il lutta farouchement contre les autres doctrines médicales, notamment celle de Laennec.

BROUSSARD n. m. Celui qui vit dans la brousse et en a l'expérience.

1. BROUSSE n. f. (provenç. *brousso,* broussaille). **1.** Formation végétale constituée d'arbrisseaux, d'arbustes ou de petits arbres, dans les pays tropicaux. (→ *encycl.*) — **2.** Étendue couverte d'épaisses broussailles. — **3.** Contrée sauvage, à l'écart de tout centre civilisé. — **4.** *Pop.* et *péjor.* Campagne isolée. — **5.** *Chaussure de brousse,* chaussure de marche sportive, en général à tige montante de forte toile. ‖ *Feux de brousse,* feux allumés volontairement pendant la saison sèche dans les pays tropicaux d'Afrique afin de détruire certains parasites et de provoquer une repousse de l'herbe.
ENCYCL. La brousse n'est pas un climax : elle résulte de la dégradation des forêts fragiles ou prépare leur reconstitution. Présente sous des climats d'aridité très inégale, elle est diverse dans sa composition floristique.

2. BROUSSE n. f. (provenç. *broce,* lait caillé). Fromage provençal frais, au lait de chèvre et au lait de brebis.

BROUSSE, en turc **Bursa,** v. de Turquie, ch.-l. de prov., au pied de l'Ulu Dağ ; 834 576 hab. C'est la *Prousa* de l'Antiquité. Elle fut la capitale des Ottomans de 1326 à 1402. Sources thermales. Construction automobile. Textile.
— **Bx-arts.** Mosquées des XIVe et XVe s., dont la Grande Mosquée (1396-1400), et nombreux mausolées, dont le *türbe vert* (Yeşil türbe, 1421) est le plus célèbre.

BROUSSE (Paul), homme politique français (Montpellier 1844-Paris 1912). Membre de la Ire Internationale, il rencontra Bakounine puis Kropotkine en Suisse et dans le Jura, revint à Paris (1879) et se rapprocha des socialistes. Mais il s'opposa aux radicaux tels que Guesde et chercha à ne réaliser dans le programme socialiste international que ce qui était possible : c'est pourquoi la tendance qu'il dirigea fut qualifiée de « possibiliste ».

BROUSSEL (Pierre), magistrat français (v. 1576-Paris 1654). Conseiller au parlement de Paris (1637), il acquit une grande popularité par son opposition aux édits fiscaux de Mazarin à la veille de la Fronde. Son arrestation par Anne d'Autriche (26 août 1648) déclencha la journée des Barricades*, qui contraignit la régente à le libérer.

BROUSSER v. i. (de *brosse*) [conj. 3]. En parlant d'un cheval, sauter à travers les bois d'une haie, au risque de tomber s'ils ne plient pas, au lieu de sauter par-dessus.

BROUSSILOV (Alekseï Alekseïevitch), général russe (Saint-Pétersbourg 1853-Moscou 1926). Commandant du front S.-O. dès 1915, il se rendit célèbre par son offensive contre les forces allemandes de Mackensen pour soulager le front français de Verdun (1916). Il libéra 40 000 km^2 et fit 400 000 prisonniers, mais dut s'arrêter en raison de la désorganisation de son armée. Généralissime après l'abdication de Nicolas II (mars 1917), il fut remplacé par Kornilov et se rallia au régime soviétique.

BROUSSIN n. m. (p.-ê. de *brosse*). Excroissance apparaissant sur certains arbres (frêne, orme, érable, noyer...) à la suite de défauts de circulation de la sève. (Les broussins, appelés loupes en ébénisterie, y sont recherchés pour leur structure veinée et leur coloris.)

BROUSSONET (Pierre Marie Auguste), homme politique, médecin et naturaliste français (Montpellier 1761 - *id.* 1807). Député à l'Assemblée législative et à la Convention, il s'exila en Afrique, puis enseigna la botanique à Montpellier. Il introduisit en France le mouton mérinos et les chèvres angora.

BROUSSONETIA [-sja] n. m. (de *Broussonet,* n. pr.). Arbrisseau voisin du mûrier, originaire de Chine et du Japon et dont le liber fournit le « papier de Chine ».

BROUT [bru] n. m. (germ. **brust,* bourgeon). Jeune pousse d'arbre consommée par les animaux.

BROUTARD n. m. (de *brouter*). Veau à l'âge du sevrage, de 6 à 8 mois, qui a brouté de l'herbe en complément du lait maternel.

BROUTEMENT n. m. **1.** Action de brouter. — **2.** Fonctionnement saccadé d'un accouplement ou d'une transmission dû à des à-coups dans le mécanisme d'entraînement ou à des vibrations. — **3.** Vibration pendant l'usinage d'une pièce par un outil coupant.

BROUTER v. t. (anc. fr. *brost,* pousse, du frq. **brustjan,* bourgeonner) [conj. 3]. Manger l'herbe, les jeunes pousses, les feuilles, en parlant des animaux.

◆ v. i. Fonctionner de façon saccadée, en parlant d'un accouplement, d'une transmission ou d'un outil de coupe.

BROUTILLE n. f. (anc. fr. *brost,* pousse). **1.** Objet ou fait de peu d'importance ou de peu de valeur : *Il se perd dans des broutilles.* — **2.** Bourgeon qui naît à l'aisselle des feuilles de la vigne.

BROUWER (Adriaen), peintre flamand (Oudenaarde 1605 ou 1606-Anvers 1638). Marqué par Bruegel l'Ancien et élève de Hals, menant une vie de bohème, il a peint avec vérité et raffinement des scènes populaires à quelques personnages (tavernes, tabagies, querelles de paysans, etc.).

BROUWER (Luitzen Egbertus Jan), mathématicien et logicien néerlandais (Overschie 1881-Blaricum, Hollande-Septentrionale, 1966). Il perfectionna la définition de la dimension d'un espace topologique et développa une logique, dite intuitionniste ; il s'opposa à Whitehead et à Russell.

BROWN (Charles Brockden), écrivain et publiciste américain (Philadelphie 1771-*id.* 1810). Initiateur du gothique américain, il développa les thèmes de Richardson et Ann Radcliffe (*Edgar Huntly,* 1799).

BROWN (Robert), botaniste écossais (Montrose, Angus, 1773 - Londres 1858). Il a décrit la flore australienne, montré le premier l'importance de la notion de cellule* végétale et découvert (1827) le mouvement *brownien**.

BROWN (John), abolitionniste américain (Torrington, Connecticut, 1800 - Charlestown, Virginie, 1859). Adversaire acharné de l'esclavagisme, il fut exécuté pour avoir appelé les esclaves aux armes.

BROWN (Ford Madox), peintre britannique (Calais 1821 - Londres 1893). D'abord romantique, marqué à Rome par les nazaréens, il a évolué vers un réalisme à fortes préoccupations sociales et moralisatrices, qui a influencé D. G. Rossetti et les préraphaélites.

BROWN (Ernest William), astronome britannique (Hull, Yorkshire, 1866-New Haven, Connecticut, 1938). Spécialiste de mécanique céleste, il a établi une nouvelle théorie du mouvement de la Lune et découvert, en 1926, la non-uniformité du mouvement de rotation de la Terre.

BROWN (Alphonse Theo BROWN, dit **Al**), boxeur panaméen (Panamá 1902-New York 1951). Boxeur exceptionnel par sa morphologie (1,75 m pour 54 kg), il détint le titre mondial des poids coqs de 1929 à 1934.

BROWN (Herbert Charles), chimiste américain (Londres 1912). Ses travaux sur les hydrures et sur les dérivés du bore comme agents de synthèse lui ont valu le prix Nobel de chimie en 1979.

BROWN (Alan Geoffrey YATES, dit **Carter**), écrivain australien d'origine britannique (Ilford, Essex, 1923-Sydney 1985), auteur d'innombrables romans policiers marqués par la personnalité du détective Rick Holman.

BROWN (Earle), compositeur américain (Lunenburg, Massachusetts, 1926). Influencé par Ives et Varèse, ainsi que par Pollock et Calder, il évolua rapidement vers la « forme ouverte » et les techniques aléatoires. (*Calder Piece,* 1965 ; *Syntagm III,* 1970 ; *Color Fields,* 1975.)

BROWN (Carolyn RICE, *Mrs.*), danseuse américaine (Fitchburg, Massachusetts, 1927). En 1952, elle est associée à la fondation du groupe de danse de M. Cunningham ; elle en sera l'interprète idéale avant de s'en séparer en 1972.

BROWN (Trisha), danseuse et chorégraphe américaine (Aberdeen, État de Washington, 1936). Travaillant à New York avec Merce Cunningham, elle se fait connaître par ses improvisations à la Judson Memorial Church et par ses recherches sur l'esthétique du corps. En 1971, elle fonde sa propre compagnie. Parmi ses productions, on peut citer : *Walking on the Wall* (1971), *Line Up* (1977), *Set and Reset* (1983), *Newark* (1987), *Astral Convertible* (1989), *If you couldn't see me* (1994).

Brown, Boveri et Cie, société suisse de constructions électromécaniques fondée en 1891 à Baden, près de Zurich, par Charles E. L. Brown (1863-1924) et Walter Boveri (1865-1924). La firme produit des turbines à gaz et des turbocompresseurs, des centrales à vapeur, des moteurs de locomotives électriques, etc. En 1988, elle a fusionné ses activités de construction électrique avec celles de la société suédoise Asea, formant le groupe *Asea-Brown Boveri* (ABB).

BROWNE (Robert), réformateur religieux anglais (Tolethorpe, Rutland, 1550 - Northampton 1633). Il fut l'un des premiers propagateurs du puritanisme ; son action fut à l'origine du congrégationalisme.

BROWNIEN, ENNE [bro-] adj. (de R. *Brown,* n. pr.). *Mouvement brownien,* mouvement désordonné qu'effectuent des particules de dimensions inférieures à quelques micromètres en suspension dans un liquide ou un gaz.
ENCYCL. Ce phénomène s'explique par les chocs que font subir les molécules du milieu aux particules en suspension. A. Einstein a montré (1905) que le phénomène permet de déterminer le nombre d'Avogadro. L'ensemble de travaux qui en a découlé a marqué l'essor de la *mécanique statistique.*

BROWNING [brauniŋ ou broniŋ] n. m. (de J. M. *Browning,* n. pr.). Pistolet automatique de 7,65 mm.

BROWNING (Elizabeth BARRETT, *Mrs.*), poétesse britannique (Moulton, Durham, 1806-Florence 1861). Épouse de Robert Browning, elle chante l'amour conjugal (*Sonnets from the Portuguese,* 1850), le désir de liberté (*Casa Guidi Windows,* 1851) et aborde des sujets politiques et sociaux (*Aurora Leigh,* 1857).

BROWNING (Robert), poète britannique (Camberwell, Londres, 1812-Venise 1889). Après une période d'enthousiasme shelleyen, il évolua vers une esthétique érudite qui lui valut une réputation d'obscurité (*Pauline,* 1833 ; *Paracelse,* 1835 ; *Sordello,* 1840). Après la mort de sa femme, son œuvre s'épanouit sous la forme de monologues passionnés (*Dramatis Personae,* 1864).

BROWNING (John Moses), inventeur américain (Ogden, Utah, 1855 - Herstal, prov. de Liège, 1926). En 1896, il inventa le pistolet automatique qui porte son nom.

BROWN-SÉQUARD (Charles Édouard), physiologiste et médecin français (Port-Louis, île Maurice, 1817-Paris 1894). Il succéda en 1878 à Cl. Bernard au Collège de France. Il a décrit les conséquences de l'hémisection de la moelle et étudié les modalités et le siège de la transmission des influx nerveux, moteurs et sensitifs, dans la moelle. Il a défini le rôle important des glandes à sécrétion interne et mis au point un traitement de la sénescence par les extraits testiculaires, qui est à l'origine de l'opothérapie. (Acad. des sc., 1886.)

BROWN SUGAR [bronʃugar] n. m. Substance toxicomanogène contenant de l'héroïne, de la caféine et parfois de la strychnine.

BROWNSVILLE, v. des États-Unis (Texas), près de l'embouchure du rio Grande ; 85 000 hab. Industries alimentaires et chimiques. Port crevettier.

BROYAGE n. m. **1.** Opération consistant à réduire une matière à une dimension donnée, correspondant à son emploi, ou facilitant la séparation de constituants hétérogènes. (→ *encycl.*) — **2.** Mise en dispersion, par action mécanique, de pigments et de matières de charge dans un liant en vue d'obtenir une pâte aussi homogène que possible.
ENCYCL. **Techn.** Le broyage comprend en général trois stades : le dégrossissage, ou concassage, réalisé par choc de marteaux ou passage entre deux mâchoires, amène la matière aux dimensions d'une noix ; le broyage proprement dit, à sec ou en présence d'eau, dans des bocards ou des broyeurs, l'amène à la dimension d'un grain ; le finissage, réalisé dans des moulins très lents ou des tubes remplis de boulets très durs, la réduit à l'état de poussière.

BROYAGE-TEILLAGE n. m. (pl. *broyages-teillages*). Opération effectuée avec la broyeuse-teilleuse pour extraire les fibres des plantes textiles.

BROYAT n. m. Produit pharmaceutique obtenu par broyage.

BROYE n. f. (de *broyer*). Meuble héraldique consistant en deux branches de fer dentelées et jointes par une charnière à l'une de leurs extrémités. (Surtout au pluriel.)

BROYER v. t. (frq. *brëkan,* briser) [conj. **13**]. **1.** Réduire qqch en parcelles extrêmement ténues en le soumettant à un choc ou à une pression : *Broyer des grains.* — **2.** Écraser qqn, une partie du corps : *Il ne serre pas la main, il la broie.* — **3.** Abattre qqn, anéantir, détruire qqch : *Broyer la résistance ennemie.* — **4.** *Broyer du noir,* être déprimé, avoir le cafard.

BROYEUR, EUSE adj. **1.** Qui broie : *Molaires broyeuses.* — **2.** Se dit de l'appareil buccal des orthoptères, des coléoptères et de certaines larves, caractérisé par une paire de mandibules massives. ‖ Se dit des insectes possédant un tel appareil.

◆ **broyeur** n. m. Appareil dans lequel on réalise l'opération de broyage.

ENCYCL. Dans les broyeurs à cylindres, la matière est écrasée entre deux cylindres en acier à axes parallèles tournant en sens inverse. Dans les broyeurs à marteaux, constitués d'une enveloppe dans laquelle un système de pièces formant marteaux tourne à grande vitesse, la matière est projetée vers la périphérie et broyée par les chocs. Dans les broyeurs à boulets et les broyeurs à cascade, cylindres tournants d'axe horizontal, la matière est écrasée par des boulets durs ou retombe sur elle-même en s'effritant progressivement.

BROYEUSE-TEILLEUSE n. f. (pl. *broyeuses-teilleuses*). Machine qui exécute en une seule opération le broyage et le teillage des plantes textiles.

BRRR ! interj. Marque une sensation de froid ou un sentiment de crainte.

BRU n. f. (bas lat. *brutis,* du gotiq. **brups,* jeune femme). Par rapport à un père, ou à une mère, la femme de leur fils. (Syn. courant BELLE-FILLE.)

BRUANT n. m. (de *bruire*). Passereau voisin du pinson, vivant dans les régions froides et tempérées non boisées et dont il existe en France de nombreuses espèces (proyer, zizi, bruant des roseaux, bruant jaune, etc.). [Ce sont des oiseaux granivores et insectivores, au bec très court.]

BRUANT (Libéral), architecte français (Paris 1635 - *id.* 1697). Maître général des œuvres de charpenterie du royaume (1670), il a construit à Paris l'hôtel des Invalides, avec sa noble cour à arcades, et l'originale chapelle de la Salpêtrière.

BRUANT (Aristide), chansonnier français (Courtenay 1851-Paris 1925), créateur de chansons populaires, d'inspiration anarchiste et réaliste, écrites dans un style argotique *(Nini peau de chien).*

BRUAT (Armand Joseph), amiral français (Colmar 1796 - en mer 1855). Commissaire du gouvernement à Tahiti, il négocia avec la reine Pomaré l'établissement du protectorat français. En 1854, il commanda la flotte française en Crimée.

BRUAY-LA-BUISSIÈRE (62700), anc. **Bruay-en-Artois,** ch.-l. de cant. du Pas-de-Calais ; 25 451 hab. *(Bruaysiens).* Anc. centre houiller. Industries mécaniques et textiles.

BRUAY-SUR-L'ESCAUT (59860), comm. du Nord, au N. de Valenciennes ; 11 831 hab. Métallurgie.

BRUCE, famille normande (de Bruis, en Cotentin), établie en Angleterre, puis en Écosse, où elle s'illustra. — ROBERT VIII réussit à devenir roi d'Écosse en 1306 sous le nom de Robert Ier. Il eut pour successeur son fils cadet, DAVID. — Son frère cadet, ÉDOUARD, victorieux des Anglais en Irlande, se fit couronner roi d'Irlande en 1316. Il fut vaincu et tué près de Dundalk (1318).

BRUCE, comtes **d'Elgin,** famille britannique dont les membres les plus célèbres ont été : THOMAS, 7e comte *d'Elgin,* diplomate (Londres 1766-Paris 1841). Ambassadeur en Turquie (1799-1802), il récupéra, au profit du British Museum, un nombre important d'objets d'art athéniens (dont la plus grande partie de la frise du Parthénon) ; — JAMES, 8e comte *d'Elgin,* homme politique (Londres 1811-Dharmsāla, auj. dans l'Himāchal Pradesh, 1863), fils du précédent. Il fut gouverneur général du Canada de 1846 à 1854 et vice-roi des Indes (1862) ; — VICTOR ALEXANDRE, 9e comte *d'Elgin,* homme politique (Montréal 1849-Broomhall 1917), fils du précédent. Vice-roi des Indes de 1894 à 1899, il réprima la révolte des Afridis (1897-98).

BRUCE (Henry Austin), baron **Aberdare** → ABERDARE.

BRUCE (*sir* David), médecin australien (Melbourne 1855-Londres 1931), auteur de recherches sur la fièvre de Malte nommée par la suite *brucellose.*

BRUCE (Stanley MELBOURNE, 1er *vicomte* DE), homme d'État australien (Melbourne 1883-Londres 1967), Premier ministre chargé des Affaires étrangères de 1923 à 1929.

BRUCE (Jean Alexandre BROCHET, dit **Jean**), écrivain français (Paris 1921-Luzarches 1963), créateur du personnage d'OSS 117, héros de romans d'espionnage.

BRUCELLA n. f. (de D. *Bruce,* n. pr.). Genre de bactéries, tantôt bacilles, tantôt coccobacilles, à Gram négatif et qui sont agents des brucelloses.

BRUCELLES n. f. pl. (lat. médiév. *brucella*). Pinces fines à ressort, pour saisir de très petits objets. (Syn. PRÉCELLES.)

BRUCELLIQUE adj. Relatif à la brucellose.

BRUCELLOSE n. f. Maladie infectieuse commune à l'homme et à certains animaux, due à des bactéries du genre *brucella.* (Syn. FIÈVRE DE MALTE, FIÈVRE ONDULANTE, MÉLITOCOCCIE.)

ENCYCL. Le réservoir de germes de cette maladie d'abord observée sur le pourtour méditerranéen, mais actuellement de distribution mondiale, est le bétail. L'agent habituel de la maladie humaine est *Brucella melitensis* (chèvres et moutons). *B. abortus bovis* (bovins) et *B. abortus suis* (porcs et léporidés) sont plus rarement en cause.

La maladie se manifeste par une fièvre oscillante, qui peut durer plusieurs mois. Au cours de

l'évolution, il apparaît parfois des complications viscérales.
La brucellose provoque chez les ruminants l'avortement des femelles gestantes, et des orchites chez les taureaux ou les béliers. Chez les équidés, elle se manifeste surtout par des abcès au niveau du garrot (maux de garrot). Les risques qu'elle fait courir à l'homme et les pertes de production animale qu'elle engendre justifient les mesures prises pour son éradication. Le dépistage systématique est réalisé par des épreuves sérologiques. La vaccination est obligatoire pour les génisses, facultative pour les brebis et interdite pour les chèvres.

BRUCH (Max), compositeur allemand (Cologne 1838-Berlin 1920). Il fut directeur de l'Académie de Berlin (1913). Son écriture, au style romantique, a séduit Brahms, notamment son *Concerto* en *sol* mineur pour violon (1868). Il a composé aussi *Kol Nidrei* (1881) pour violoncelle et orchestre.

BRUCHE n. f. (bas lat. *bruchus,* sauterelle). Insecte coléoptère dont la larve est nuisible aux graines des légumineuses (pois, lentille, fève, haricot).

BRUCHSAL, v. d'Allemagne (Bade-Wurtemberg), au N.-E. de Karlsruhe ; 38 000 hab. Anc. château des princes-évêques de Spire, baroque (escalier par B. Neumann, 1731), largement reconstruit après la Seconde Guerre mondiale.

BRUCINE n. f. (de J. *Bruce,* n. pr.). Alcaloïde extrait de la noix vomique, où elle accompagne la strychnine, dont elle a les propriétés pharmacologiques sans être aussi toxique.

BRUCITE n. f. (de A. *Bruce,* n. pr.). Oxyde hydraté naturel de magnésium $Mg(OH)_2$, rhomboédrique, à éclat vitreux ou nacré et qui se trouve surtout dans la serpentine.

BRUCK (Arnold von) → Arnold von Bruck.

Brücke *(Die)* « le Pont », groupe de peintres (1905-1913) fondé à Dresde par Erich Heckel, Fritz Bleyl, Kirchner, Schmidt-Rottluff et qui se situe à l'origine de l'expressionnisme allemand.

BRUCKNER (Anton), organiste et compositeur autrichien (Ansfelden 1824-Vienne 1896). Il a enseigné l'écriture et l'orgue au conservatoire de Vienne. Il laisse une œuvre religieuse dominée par un *Te Deum* (1884) ainsi que 11 symphonies, composées entre 1863 et 1896, s'inscrivant dans un vaste mouvement qui conduit de Schubert à Schönberg.

BRUCKNER (Theodor Tagger, dit **Ferdinand**), auteur dramatique autrichien (Vienne 1891-Berlin 1958). Il fut l'un des animateurs du théâtre d'avant-garde après la Première Guerre mondiale (*le Mal de la jeunesse,* 1929).

BRÜE (André), administrateur français (La Ciotat 1654-Marseille 1738). Directeur général de la Compagnie du Sénégal (1697-1702 et 1714-1720), il créa le fort Saint-Joseph (1698) sur le Sénégal (près de Bakel) et conclut un traité de commerce (1717) avec l'émir de Brakna, qui l'autorisa à construire un fort à Portendick (Mauritanie).

BRUEGEL ou **BREUGHEL** (Pieter), dit **Bruegel l'Ancien,** peintre flamand (? v. 1525-1530 - Bruxelles 1569). Élevé sans doute à Bois-le-Duc, il fait son apprentissage chez P. Coecke à Anvers, est reçu franc-maître en 1551, va à Rome en 1553, exécute à Anvers des dessins destinés à la gravure, se fixe à Bruxelles en 1563. Ses peintures datées s'échelonnent de 1557 à 1568. Proche dans les œuvres anciennes (*la Chute des anges rebelles,* musées de Bruxelles) de l'univers de Bosch, il trouve son inspiration principale dans le folklore, les proverbes et la vie rustique (*la Danse de paysans,* Kunsthistorisches Mus., Vienne). Grand paysagiste (série des « Mois » ou « Saisons » : *les Chasseurs dans la neige,* 1565, Vienne), il est à la fois précis dans le détail et grandiose dans l'évocation d'immenses panoramas, généralement brabançons (jusque dans le *Dénombrement de Bethléem,* 1566, Bruxelles). Le réalisme des scènes populaires est associé à une vision et à une réflexion de portée universelle, où la destinée humaine prend un sens souvent tragique (*les Aveugles,* 1568, Naples). Plutôt qu'à la conception italienne de l'« homme en soi », sa prédilection va à une conception de l'homme réel, en chair et en os, partie intégrante d'un univers souvent hostile ou du moins indifférent. — Parmi ses fils, Pieter II (1564-1638), dit **Bruegel d'Enfer,** l'imita de façon anecdotique.

BRUEGEL (Jan), dit **Bruegel de Velours,** peintre flamand (Bruxelles 1568 - Anvers 1625), fils de P. Bruegel l'Ancien. Il travailla en Italie et en Allemagne avant de se fixer à Bruxelles, puis à Anvers. Il a peint avec la finesse d'un miniaturiste des paysages animés de scènes mythologiques, bibliques ou de genre, ou encore d'allégories *(Éléments, Saisons),* ainsi que des tableaux de fleurs. Il a exécuté des fonds de paysages pour Rubens. — Son fils, Jan II (1601-v. 1678), vulgarisa son style. — Abraham (1631-1697), fils de Jan II, est surtout l'auteur de natures mortes de fleurs et de fruits.

BRUÈRE-ALLICHAMPS (18200), comm. du Cher, dans le Berry ; 643 hab. Borne milliaire gallo-romaine qui, placée là au XVIIIe s., marquerait le centre géographique de la France.

BRUEYS D'AIGAÏLLIERS (François Paul), amiral français (Uzès 1753-Aboukir 1798). Il commanda brillamment les forces navales de l'Adriatique en

1797 puis l'escadre destinée à l'expédition d'Égypte. Après avoir pris Malte, il resta à Aboukir. Attaqué au mouillage par Nelson, il mourut à bord de son navire.

BRUFFIÈRE (La) [85530], comm. de la Vendée, dans le nord du Bocage vendéen ; 2 992 hab. Mécanique de précision.

BRUGÈRE (Henri Joseph), général français (Uzerche 1841-col du Lautaret 1918). Gouverneur de Paris (1899-1904), il fut généralissime en 1904. Bien qu'âgé de 73 ans en 1914, il commanda un groupe de divisions territoriales, avec lequel il s'efforça, en septembre, d'enrayer l'avance allemande sur Béthune et Amiens.

BRUGES (33520), comm. de la Gironde, dans la banlieue nord-ouest de Bordeaux ; 8 779 hab.

BRUGES, en néerl. **Brugge,** v. de Belgique, ch.-l. de la Flandre-Occidentale ; 117 063 hab. *(Brugeois).* Centre commercial et touristique, dont Zeebrugge constitue le port.
— **Hist.** La ville de Bruges naquit au plus tard au début du XIIe s. de la fusion d'un château *(castrum),* résidence du comte Baudouin Ier, et d'une agglomération marchande *(portus).* Sa situation en fit le port le plus important de l'Europe du Nord-Ouest, à la charnière des grands courants commerciaux de l'Europe médiévale (Italie-Flandre, Baltique-mer du Nord). Son commerce extérieur s'oriente d'abord vers le marché britannique, fournisseur de laine brute, revendue ou transformée sur place. Aux XIIIe et surtout XIVe s., Bruges devient l'une des principales places marchandes et financières du continent. Elle participe aussi à l'essor de l'industrie drapière de la Flandre ; mais le développement de la draperie entraîne la formation d'un important prolétariat ouvrier qui s'oppose, souvent violemment, à la bourgeoisie locale. Le soulèvement des ouvriers tisserands, soutenus en sous-main par le comte de Flandre, amène l'intervention du roi de France, appelé par les dirigeants de Bruges. Ayant massacré les chevaliers français dans la nuit du 17 au 18 mai 1302 (« Matines de Bruges ») et vaincu les troupes royales à Courtrai (11 juill. 1302), les artisans obtiennent du comte de Flandre la charte communale de 1304. Ces luttes et ces troubles n'empêchent pas Bruges de connaître, du milieu du XIVe au milieu du XVe s., une éclatante prospérité, que le passage du comté de Flandre sous l'autorité du duc de Bourgogne, Philippe le Hardi, n'altère pas (1384). Cependant, l'ensablement du Zwin, la concurrence d'Anvers, le conflit avec l'empereur Maximilien d'Autriche amèneront peu à peu son déclin, aggravé par les guerres religieuses du XVIe s.
— **Bx-arts.** Monuments le plus souvent en brique, à l'ornementation caractéristique : halles et leur beffroi (XIIIe-XVe s.), hôtel de ville (XIVe s.), palais de justice (XVIIIe s., avec restes du palais du Franc, du XVIe s.), hôtel Gruuthuse (XVe s., auj. musée régional), basilique du Saint-Sang (chapelles superposées romane et gothique), église Notre-Dame (à tour de 122 m ; XIIIe-XIXe s.), cathédrale et autres églises remontant au XIIIe s., Béguinage. Au XVe s. s'est développée à Bruges une prestigieuse école de peinture dont le maître est J. Van Eyck, suivi par P. Christus, Memling, G. David (musée Groeninge et musée de l'hôpital Saint-Jean [Memling]).

Bruges *(dentelle de),* dentelle aux fuseaux qui nécessite pour son exécution deux opérations : 1° le travail des ornements, ou motifs ; 2° l'application de ces ornements sur un fond de barrettes picotées. (Syn. GUIPURE DES FLANDRES.)

BRUGGE, nom néerlandais de Bruges.

BRUGIOSE n. f. Variété de filariose lymphatique, due à *Brugia malayi* (ou *Wuchereria malayi*), observée en Inde et dans le Sud-Est asiatique.

BRUGMANN (Karl), linguiste allemand (Wiesbaden 1849-Leipzig 1919). Spécialiste de sanskrit et de grammaire comparée et l'un des principaux représentants du courant néogrammairien, il est l'auteur avec B. Delbrück d'une monumentale grammaire de l'indo-européen : *Principes de grammaire comparée des langues indo-germaniques* (1893-1900).

BRUGNOLI (Amalia), danseuse italienne. Elle semble être l'une des premières à avoir utilisé les pointes (à Vienne en 1823).

BRUGNON n. m. (anc. provenç. *brinhó,* du lat. pop. **prūnea,* avec infl. de *brun*). Variété de pêche à peau lisse, dont le noyau adhère à la chair.

BRUGNONIER n. m. Variété de pêcher produisant le brugnon.

BRUGUIERA n. m. (de *Bruguières,* n. pr.). Arbre (rhizophoracée) typique de la mangrove, riche en tanin.

BRÜHL ou **BRUEHL,** v. d'Allemagne (Rhénanie-du-Nord-Westphalie), au S.-O. de Cologne ; 43 000 hab. Château baroque, résidence des princes-évêques de Cologne au XVIIIe s. Extraction du lignite.

BRUHN (Erik BELTON EVERS, dit **Erik**), danseur et chorégraphe danois (Copenhague 1928-Toronto 1986). Danseur étoile du Ballet royal danois, il est l'archétype du danseur noble. La perfection de son style a fait de lui un des plus grands interprètes des répertoires classique, romantique et contemporain (*Carmen,* de R. Petit ; *Mademoiselle Julie,* de B. Cullberg).

BRUINE n. f. (lat. *pruina,* gelée blanche, avec infl. de *brume*). Petite pluie fine, qui tombe par gouttes imperceptibles.

BRUINER v. i. (conj. 3 ; seulem. 3e pers. du sing.). Tomber de la bruine.

BRUINEUX, EUSE adj. Chargé de bruine : *Journée bruineuse.*

BRUIRE v. i. (lat. pop. **brugere,* braire, croisé avec *rugire,* rugir) [conj. **105**]. *Litt.* **1.** Retentir de bruits, de cris : *Le jardin bruissait de cris d'animaux.* – **2.** Faire entendre un bruit prolongé fait de multiples petits bruits : *Le vent bruit dans la forêt.*

BRUISSANT, E adj. *Litt.* Qui bruit : *Robe bruissante.*

◆ **bruissante** n. f. Consonne constrictive, dont l'émission s'accompagne de bruits perceptibles. (Les bruissantes s'opposent aux approximantes.) [Syn. BRUYANTE.]

BRUISSEMENT n. m. **1.** *Litt.* Bruit confus fait de sons indistincts. – **2.** Bourdonnement produit par les abeilles enfumées et gorgées de miel, qui ne cherchent alors ni à fuir ni à piquer.

BRUIT n. m. (de *bruire*). **1.** Ensemble des sons produits par des vibrations plus ou moins irrégulières ; tout phénomène perceptible par l'ouïe : *Écouter le bruit de la pluie.* – **2.** Ensemble des sons perçus comme étant sans harmonie, par oppos. à la musique : *Lutter contre le bruit.* – **3.** Son imprévu qui vient se superposer au rythme continu de qqch, d'un appareil : *Il y a un bruit dans le moteur.* – **4.** Nouvelle ou opinion répandues dans le public, retentissement public d'un événement : *Le bruit de son succès s'est répandu.* – **5.** *Le bruit court que,* on raconte que. ‖ *Bruits de couloir,* nouvelles, commentaires, etc., qui circulent de manière non officielle. ‖ *Faire du bruit,* produire des bruits, être bruyant ; en parlant d'un événement, avoir un grand retentissement. ‖ *Faire du bruit, beaucoup de bruit autour de qqch,* en faire grand cas. ‖ *Faire du bruit, beaucoup de bruit pour rien,* donner beaucoup d'importance à ce qui n'en vaut pas la peine. ‖ *Faire grand bruit de qqch,* y attacher une grande importance ; s'en prévaloir. ‖ *Faux bruits,* fausses nouvelles, opinions infondées. • **Acoust.** Vibration des particules d'un milieu présentant un caractère erratique, statistiquement aléatoire. (À la différence des sons musicaux, les bruits peuvent être considérés comme résultant de la superposition de nombreuses vibrations à des fréquences diverses, non harmoniques les unes des autres.) – **Cybern.** et **Télécomm.** Ensemble de perturbations de toute nature et de toute origine venant se superposer à un signal utile en un point quelconque de l'espace ou d'une voie de transmission. (→ *encycl.*) ‖ *Bruit blanc,* bruit dont la densité d'énergie spectrale est constante, indépendante de la fréquence. – **Inform.** Phénomène de restitution de documents non pertinents lors de l'interrogation d'un système documentaire automatique. – **Méd.** Ensemble des phénomènes sonores que font entendre certains organes et dont les modifications sont le signe d'un état pathologique. – **Phon.** Caractère des unités phoniques dont le spectre est constitué essentiellement de fréquences non périodiques. (On parle du *bruit d'explosion* des occlusives et du *bruit de friction* des constrictives.)

ENCYCL. **Cybern.** et **Télécomm.** Les *bruits naturels* ont leur origine dans l'atmosphère terrestre ou dans l'espace extérieur. Les *bruits électriques* (artificiels) sont produits par les machines ou appareils électriques construits par l'homme. Le bruit thermique est dû à l'agitation des électrons dans la matière. On mesure l'importance du bruit par le *rapport signal/bruit.*

Bruit et la Fureur *(le),* roman de William Faulkner (1929). Trois frères anormaux racontent le moment décisif de leur vie.

BRUITAGE n. m. (de *bruiter*). Reconstitution artificielle, pour la radio, la télévision, le théâtre, le cinéma, des bruits qui accompagnent l'action.

BRUITER v. i. (de *bruit*) [conj. 3]. Effectuer le bruitage d'un spectacle.

BRUITEUR, EUSE n. Spécialiste du bruitage.

BRUIX (Eustache), amiral français (Saint-Domingue 1759-Paris 1805). Ministre de la Marine en 1798, il s'efforça lors de la campagne d'Égypte de réparer les échecs subis sur mer (Aboukir). Il commanda et organisa le camp de Boulogne.

BRÛLAGE n. m. **1.** Destruction, par le feu, des pailles, des herbes sèches, des broussailles, des chaumes, etc. – **2.** Passage rapide et léger à la flamme des cheveux mis en mèches torsadées pour en éliminer les pointes fourchues. – **3.** Décapage d'une peinture à la lampe à souder, complété par un grattage au couteau. – **4.** *Brûlage à la torche,* dans une exploitation pétrolière, mesure de sécurité consistant à brûler un gaz combustible qui se dégage dans l'atmosphère.

BRÛLANT, E adj. **1.** Qui cause une brûlure ; qui produit une sensation analogue à celle d'une brûlure : *Un fer brûlant.* – **2.** Qui donne une sensation de grande chaleur : *Un soleil brûlant.* – **3.** Qui éprouve une sensation de forte chaleur : *Des mains brûlantes.* – **4.** Qui témoigne de l'ardeur, de la passion : *Amour brûlant.* – **5.** Qui soulève les passions, qu'il faut traiter avec prudence : *S'engager sur un terrain brûlant.*

BRULART DE SILLERY → SILLERY.

BRÛLÉ, E n. Personne qui souffre de brûlures : *Un grand brûlé.*

◆ **brûlé** n. m. **1.** Ce qui est brûlé : *Potage qui sent le brûlé.* — **2.** *Sentir le brûlé,* prendre mauvaise tournure, sentir le roussi.

BRULÉ (Étienne), voyageur français (Champigny-sur-Marne v. 1592-v. 1633). Compagnon de Champlain, « coureur des bois », il accomplit, de 1615 à 1626, plusieurs expéditions et parcourut d'immenses régions, du lac Huron au lac Supérieur. Il fut massacré par les Hurons.

BRÛLE-CORNE n. m. (pl. *brûle-cornes*). Appareil destiné à brûler, chez le jeune animal, le bourgeon qui donnera naissance aux futures cornes.

BRÛLE-GUEULE n. m. (pl. *brûle-gueule*[*s*]). Pipe à tuyau très court.

BRÛLE-PARFUM n. m. inv. Récipient qui permet à des substances aromatiques, en se consumant, d'exhaler leur parfum.

BRÛLE-POURPOINT (À) loc. adv. Brusquement, sans ménagement ; en face : *Poser une question à brûle-pourpoint.*

BRÛLE-QUEUE n. m. (pl. *brûle-queue*[*s*]). Cautère qu'on applique sur la queue d'un cheval, lorsqu'on vient d'en couper l'extrémité, pour arrêter l'hémorragie.

BRÛLER v. t. (anc. fr. *usler,* du lat. *ustulare,* avec infl. de l'anc. fr. *bruir,* brûler, d'orig. frq.) [conj. 3]. **1.** Endommager ou détruire qqch par le feu : *Brûler des papiers.* — **2.** Blesser qqn, une partie du corps par le feu : *L'eau bouillante l'a brûlé à la main droite.* — **3.** Tuer qqn par le supplice du feu. — **4.** Endommager, altérer qqch : *Produit qui brûle les tissus.* — **5.** Soumettre une matière, une denrée à l'action du feu pour obtenir tel ou tel résultat : *Brûler du café.* — **6.** Utiliser un combustible, une source d'énergie ; consumer : *Brûler de l'électricité.* — **7.** Causer à qqn une sensation de très forte chaleur, de douleur cuisante ; blesser par l'action d'une trop forte chaleur : *Le soleil me brûle les yeux.* — **8.** Faire perdre le crédit de qqn auprès d'une autre personne. — **9.** Ne pas respecter un signal sur une voie de communication et en partic. ne pas s'y arrêter ; griller : *La voiture a brûlé le feu rouge.* — **10.** *Litt.* Provoquer chez qqn une excitation intense, un désir très vif. — **11.** Fam. *Brûler la cervelle à qqn,* le tuer avec une arme à feu. ‖ *Brûler la chandelle par les deux bouts,* gaspiller sa santé, sa vie, sa fortune d'une manière inconsidérée. ‖ *Brûler les lèvres (à qqn),* se dit d'une question, d'un propos que qqn est impatient d'énoncer. ‖ *Brûler les mains, les doigts (à qqn),* provoquer chez qqn un vif sentiment de répulsion. ‖ *Brûler les planches,* jouer avec fougue comme si, embrasé d'un feu, on était prêt à le communiquer au plancher de la scène. ‖ *Brûler la politesse à qqn,* passer devant lui, le quitter brusquement. ‖ Litt. *Brûler ses vaisseaux,* se priver de toute possibilité de retraite quand on se lance dans une entreprise hasardeuse.

◆ v. i. **1.** En parlant d'un combustible, se consumer par le feu : *Bois qui brûle trop vite.* — **2.** En parlant du feu, flamber : *Feu qui brûle dans la cheminée.* — **3.** Se consumer en éclairant ou fonctionner, en parlant de l'électricité, d'une lampe : *Ne laisse pas les lampes brûler pour rien.* — **4.** Être détruit, anéanti, altéré par le feu, se carboniser : *La maison brûle.* — **5.** Être excessivement chaud : *Son front brûle.* — **6.** Éprouver une sensation d'excessive chaleur : *Brûler de fièvre.* — **7.** Être enflammé d'un sentiment très vif, du désir de faire qqch : *Brûler d'impatience. Brûler de combattre.* — **8.** *Vx.* Être amoureux de qqn. — **9.** Dans certains jeux, être sur le point de trouver : *Tu y es presque, tu brûles !* — **10.** *Le torchon brûle,* se dit d'un ménage, d'une amitié où s'est introduite la discorde.

◆ **être brûlé** v. pass. **1.** Avoir brûlé, être carbonisé : *Viande brûlée.* — **2.** *Fam.* Être démasqué et devenir dangereux pour les autres membres d'une bande, d'une association clandestine. — **3.** Fam. *Être brûlé chez un fournisseur,* n'avoir plus de crédit chez lui. — **4.** *Cerveau brûlé, tête brûlée,* personne exaltée qui aime le risque.

◆ **se brûler** v. pr. **1.** Subir les effets du feu, d'une chaleur trop intense, ou éprouver une sensation analogue à celle d'une brûlure : *Qui touche le feu se brûle.* — **2.** Fam. *Se brûler la cervelle,* se tirer une balle dans la tête.

BRÛLERIE n. f. **1.** Installation pour la torréfaction des cafés en grains. — **2.** Distillerie d'eau-de-vie.

BRÛLEUR n. m. **1.** Appareil destiné à mettre en présence un combustible fluide ou pulvérulent et un comburant gazeux (air, oxygène) afin de permettre la combustion à sa sortie. (→ *encycl.*) — **2.** Partie de chaque tête de la machine à gazer les fils, formée d'un bec à gaz.

ENCYCL. Les brûleurs les plus simples débitent le combustible seul ; d'autres débitent à la fois le combustible et le comburant et en assurent le mélange intime soit à la sortie, soit dans l'appareil lui-même. Les *brûleurs pour combustibles gazeux* sont d'usage très divers : éclairage, appareils de cuisine, appareils de chauffage domestique, fours, foyers industriels. Lorsque les gaz et l'air de combustion ne sont pas mélangés préalablement, ils donnent une flamme éclairante et peu chaude (becs papillons, lampes à acétylène). On obtient au contraire une flamme peu éclairante, et très chaude, en mélangeant intimement l'air et le gaz dans le brûleur même. Le type le plus répandu de bec à mélange préalable est le *brûleur Bunsen.* Les chalumeaux industriels sont

des brûleurs donnant une flamme de petit volume, dont l'extrémité (dard) est à une température particulièrement élevée, grâce à l'emploi d'oxygène comme comburant.
Dans les appareils ménagers de cuisson, le gaz est introduit dans le mélangeur par un injecteur, et son arrivée dans le brûleur est réglée par un robinet.
Dans les grands fours métallurgiques, le gaz et l'air arrivent par des conduits ménagés dans la maçonnerie qui tiennent lieu de brûleurs.
Les *brûleurs pour combustibles liquides* utilisent surtout les huiles de pétrole *(fuel-oils lourds, légers* et *domestiques)*. La combustion se produit au-dessus d'une nappe liquide se vaporisant dans une coupelle. Un jet d'air ou un système mécanique assure la pulvérisation du combustible et son mélange homogène avec l'air.
Les *brûleurs pour combustibles solides pulvérulents,* utilisés dans les grandes chaufferies des centrales thermiques, brûlent un charbon pulvérisé mis en suspension dans l'air primaire qui l'amène au brûleur. La convergence de l'air primaire et de l'air secondaire donne un mélange qui s'allume sous l'effet du rayonnement du foyer.

BRÛLIS [-li] n. m. **1.** Action de brûler la végétation d'un terrain avant de le mettre en culture. — **2.** Terrain où a été réalisée cette action.
ENCYCL. En Asie, en Afrique comme en Amérique latine, la *culture sur brûlis* est une pratique courante, le feu étant un moyen efficace pour se débarrasser de la végétation abondante qui s'installe durant les longues jachères des systèmes agricoles traditionnels.

BRÛLOIR n. m. Appareil pour torréfier le café en grains.

BRÛLON (72350), ch.-l. de cant. de l'ouest de la Sarthe ; 1 300 hab. *(Brûlonnais)*. Église des XIIe et XVIe s. Confection.

BRÛLOT n. m. (de *brûler*). **1.** Machine de guerre dont les Anciens se servaient pour lancer des dards enflammés. — **2.** Petit bâtiment bourré de matières inflammables que l'on utilisait pour incendier les vaisseaux adverses. — **3.** Tasse de café fort sur lequel on fait flamber un sucre arrosé d'eau-de-vie. — **4.** Journal, tract, etc., se livrant à de violentes polémiques. — **5.** Au Canada, moustique dont la piqûre provoque une sensation de brûlure.

BRÛLURE n. f. **1.** Lésion tissulaire provoquée par la chaleur ou par d'autres agents physiques ou chimiques. (→ *encycl.*) — **2.** Sensation analogue à celle que produit une brûlure : *Des brûlures d'estomac.* — **3.** Trace, trou fait par qqch qui a brûlé : *Une brûlure de cigarette sur la taie d'oreiller.* — **4.** Altération produite sur les végétaux par la gelée, des maladies cryptogamiques, les bouillies cupriques. — **5.** Résultat de la surchauffe d'un métal ou d'un alliage.
ENCYCL. **Méd.** La gravité des brûlures tient à la profondeur des lésions (*premier degré,* simple rougeur ; *deuxième degré,* présence de cloques ; *troisième degré,* atteinte cutanée totale) et à leur étendue. Bénignes lorsque moins de 15 % de la surface corporelle est atteinte, elles sont graves au-delà et gravissimes au-dessus de 60 %. Les grands brûlés ne peuvent être traités qu'en milieu chirurgical spécialisé. Dans un premier temps, la vie du sujet étant en danger, le traitement a pour but de prévenir le choc et l'infection et de rétablir l'équilibre hémodynamique et hydroélectrolytique. Dans un deuxième temps, le remplacement de la perte de substance cutanée fait appel à l'autogreffe, à l'homogreffe et, surtout, à une technique nouvelle qui utilise un tissu artificiel (« équivalent de peau ») obtenu par culture.

BRUMAIRE n. m. (de *brume*). Deuxième mois de l'année républicaine, qui commençait le 22 (ou 23) octobre et finissait le 21, le 22 (ou 23) novembre.

brumaire an VIII *(coup d'État de),* coup d'État qui donna le pouvoir à Bonaparte et préluda au Consulat. Le 18 brumaire an VIII (9 nov. 1799), Bonaparte — désigné par Sieyès et le parti révisionniste pour renverser le Directoire — est nommé commandant des troupes de Paris, tandis que le Conseil des Anciens et le Conseil des Cinq-Cents — présidé par Lucien Bonaparte — sont transférés à Saint-Cloud. Le 19 (10 nov.), Bonaparte expulse les députés par la force et est nommé, avec Sieyès et Roger Ducos, consul provisoire.

BRUMASSE n. f. (de *brume*). Petite brume.

BRUMASSER v. i. (conj. 3 ; seulem. 3e pers. du sing.). En parlant du temps, être légèrement brumeux.

BRUMATH (67170), ch.-l. de cant. du Bas-Rhin, au N.-N.-O. de Strasbourg ; 8 208 hab. Industrie automobile.

BRUME n. f. (anc. provenç. *bruma,* du lat. *bruma,* solstice d'hiver). **1.** Trouble léger de l'atmosphère (visibilité supérieure à 1 km) : *Nappe de brume.* — **2.** Brouillard de mer. — **3.** État confus, manque de clarté de la pensée : *Les brumes de l'alcool.* — **4.** *Brume de chaleur,* trouble léger de l'atmosphère, annonciateur de beau temps. ‖ *Signaux de brume,* signaux sonores émis par un bateau par temps de brume.

BRUMEL (Valeri Nikolaïevitch), athlète russe (Tolbouzino 1942). Sous la bannière de l'U. R. S. S., il a porté le record du monde du saut en hauteur de 2,23 à 2,28 m entre 1961 et 1963, devenant champion olympique à Tōkyō en 1964.

BRUMER v. i. (conj. 3 ; seulem. 3e pers. du sing.). *Litt.* Faire de la brume.

BRUMEUX, EUSE adj. 1. Couvert de brume, voilé par la brume : *Pays brumeux.* — 2. Qui manque de clarté : *Esprit brumeux.*

BRUMISATEUR n. m. (n. déposé). Atomiseur d'eau (d'Évian), utilisé en particulier pour les soins du visage.

BRUMMELL (George Bryan), dandy britannique (Londres 1778-Caen 1840). Son amitié avec le prince de Galles, le futur George IV, lui ouvrit la haute société, où il devint l'arbitre des élégances.

BRUN, E adj. (bas lat. *brunus,* d'orig. germ.). 1. D'une couleur intermédiaire entre le roux et le noir. — 2. Se dit de cheveux de cette couleur. — 3. Se dit d'une peau foncée ou bronzée, de qqn qui a cette peau, ce teint : *Elle est revenue toute brune de la mer.* — 4. *Bière brune,* bière fabriquée à partir de malts spéciaux (caramel, torréfié) ajoutés au brassage. ‖ *Produits bruns,* ensemble des appareils équipant la salle de séjour ou le bureau (récepteur TV, magnétoscope, matériel de haute-fidélité et d'audiovisuel, microordinateur, etc.). [S'oppose à *produits blancs.*] ‖ *Race brune des Alpes,* race bovine d'origine suisse (schwyz), bonne laitière, bien adaptée aux climats chauds et secs. ‖ *Sauce brune,* sauce de base obtenue à partir d'un fond brun lié. ‖ *Sol brun,* sol des régions tempérées de plaine ou de basse montagne, en équilibre avec la forêt feuillue et développé sur de nombreux matériaux non calcaires ou décarbonatés. ‖ *Tabac brun,* tabac dont la fermentation a été poussée jusqu'à son terme et qui a subi une opération de torréfaction.

◆ adj. et n. Qui a les cheveux bruns : *Un grand brun aux yeux noirs.*

◆ **brun** n. m. 1. Couleur brune. — 2. Matière colorante brune. — 3. Maladie des aiguilles de l'épicéa, causée par un champignon.

◆ **brune** n. f. 1. Cigarette brune. — 2. Bière brune. — 3. Litt. *À la brune,* au crépuscule.

ENCYCL. **Peint.** La couleur brune est un orange plus ou moins jaune, peu saturé et de clarté faible. De nombreux pigments et un grand nombre de colorants sont originalement bruns. Les pigments bruns sont d'origine minérale (certains ocres et certaines terres) ou organique (brun Lutétia). Les colorants bruns d'origine végétale (cachou, bois de Campêche) et animale (sépia, sécrétion de la seiche) ont des utilisations en teinture et en aquarelle. Les colorants organiques solubles sont utilisables sous forme de vernis colorés et dans la préparation des encres typographiques.

BRUN (Johan Nordal), écrivain et théologien norvégien (Byneset 1745-Bergen 1816). Évêque de Bergen (1804), il est l'auteur du grand drame national *Einar Tambeskielver* (1772).

BRUNANTE n. f. (de *brune*). Au Canada, crépuscule.

BRUNÂTRE adj. Tirant sur le brun.

BRUNCH [brœntʃ] n. m. (pl. *brunches*) [amér. *brunch,* de *breakfast,* petit déjeuner, et *lunch,* déjeuner]. Petit déjeuner tardif qui, associant tartines, viandes froides, salades et gâteaux, tient lieu de déjeuner.

BRUNDAGE (Avery), sportif américain (Detroit 1887-Garmisch-Partenkirchen 1975). Président du Comité international olympique de 1952 à 1972, il a été un farouche défenseur de l'amateurisme.

BRUNDTLAND (Gro Harlem), femme politique norvégienne (Oslo 1939). Présidente du parti travailliste de 1981 à 1992, Premier ministre (1981, 1986-1989 et depuis 1990), elle préside à l'O. N. U. depuis 1983 la Commission mondiale pour l'environnement et le développement (Commission Brundtland).

BRUNE → BRUN.

BRUNE (Guillaume Marie Anne), maréchal de France, pair de France (Brive-la-Gaillarde 1763 - Avignon 1815). Commandant en chef de l'armée de Hollande, il l'emporta sur les Anglo-Russes à Bergen et sur le duc d'York à Alkmaar (1799). Commandant de l'armée de l'Ouest, puis de celle d'Italie (1800), chargé du gouvernement des villes hanséatiques, il s'empara de Stralsund (1807), mais fut disgracié peu après. Il mourut victime de la Terreur blanche.

BRUNEAU (Alfred), compositeur français (Paris 1857-*id.* 1934). Auteur d'opéras, dont *l'Attaque du moulin* (1893), il fut, avec G. Charpentier, le principal représentant du naturalisme.

BRUNEHAUT (Espagne v. 534-Renève 613), reine d'Austrasie. Fille d'Athanagild, roi des Wisigoths, elle épousa v. 567 Sigebert Ier. Après l'assassinat de sa sœur Galswinthe (568), femme de son beau-frère Chilpéric Ier, elle favorisa la guerre contre la Neustrie. Sigebert ayant été assassiné (575) sur l'instigation de Frédégonde, elle gouverna l'Austrasie au nom de son fils Childebert II. Alliée à Gontran, roi de Bourgogne, elle repoussa les attaques de Frédégonde et fit conclure le traité d'Andelot (587), qui assurait l'héritage de la Bourgogne à Childebert. La mort de ce prince (595) lui donna la régence des royaumes d'Austrasie et de Bourgogne (595-613), qu'elle exerça au nom de ses petits-fils Thibert II et Thierry II. Sa politique autoritaire lassa les aristocraties austrasienne et bourguignonne, qui se rallièrent à Clotaire II, roi de Neustrie (613). Ce dernier la captura et la fit supplicier.

BRUNEI, sultanat de la côte nord-ouest de Bornéo ; 5 765 km^2 ; 290 0000 hab. CAP. *Bandar Seri Begawan.* LANGUE : *malais.* MONNAIE : *dollar de Brunei.*

Géographie. Le sultanat est divisé en deux parties par une bande de territoire rattachée à Sarawak. C'est une région basse et humide dont les hydrocarbures (pétrole et gaz naturel) constituent la principale richesse.

Histoire. Royaume islamisé au XVIe s. et devenu sultanat, le Brunei passa peu à peu sous influence britannique, devenant protectorat de la Couronne en 1906. En 1959, le sultanat fut pourvu d'une autonomie interne et refusa, en 1963, de rejoindre la nouvelle fédération de Malaysia. Il a été proclamé indépendant en 1984.

BRUNEL (*sir* Marc Isambard), ingénieur français naturalisé britannique (Hacqueville, Vexin, 1769 - Londres 1849). Fixé à Londres en 1799, il réalisa des machines-outils automatiques et perça de 1824 à 1842 le premier tunnel sous la Tamise. — Son fils, ISAMBARD KINGDOM, ingénieur britannique (Portsmouth 1806-Westminster 1859), construisit les premiers grands navires en fer propulsés par hélice. Mais son colossal *Great Eastern* (ou *Leviathan,* 1858) fut un échec relatif en raison du manque de puissance des machines.

BRUNELLE n. f. (lat. médiév. *brunella,* du bas lat. *brunus,* brun, croisé avec *pruna,* prune). Labiée très commune en France et dans le monde entier.

BRUNELLESCHI (Filippo), architecte et sculpteur italien (Florence 1377-*id.* 1446). Après de bonnes études théoriques, il devient apprenti orfèvre, participe avec un haut-relief plein de véhémence au concours pour la porte du baptistère de Florence, qu'exécutera Ghiberti, et part travailler à Rome, où il a la révélation des ruines antiques. De retour à Florence, il élève le gracieux portique de l'hôpital des Innocents selon le principe du tracé modulaire à l'antique : c'est le premier édifice « renaissant » de la ville (1419). Son dôme de S. Maria del Fiore (1420-1436) est une œuvre d'ingénieur qui extrapole, pour couvrir sans cintrage une portée de 41 mètres, le système de double coque du dôme médiéval du baptistère. La clarté rythmique caractérise l'organisation interne de ses édifices : vieille sacristie de S. Lorenzo, églises de type basilical S. Lorenzo (1420) et S. Spirito (projet de 1436), chapelle des Pazzi (1429). Dans les dix dernières années de sa vie, les commandes affluèrent, de Mantoue, de Milan ou de Pise comme de Florence même, pour des palais, des églises, des forteresses, qu'exécutèrent ses élèves. Parmi ceux-ci, Michelozzo et Alberti.

BRUNER (Jerome Seymour), psychologue américain (New York 1915). Il s'est intéressé à l'apprentissage du langage et à l'acquisition des connaissances chez l'enfant (*The Process of Education,* 1960 ; *The Relevance of Education,* 1971 ; *le Développement de l'enfant, savoir faire, savoir dire,* 1983).

BRUNET, ETTE n. (de *brun*). Terme affectueux pour désigner une personne brune.

BRUNET (Jean), écrivain français de langue d'oc (Avignon 1823-*id.* 1894), un des fondateurs du Félibrige et auteur d'un recueil de proverbes provençaux (*Bachiquello e prouverbi sus la luno,* 1876).

BRUNETIÈRE (Ferdinand), critique littéraire français (Toulon 1849-Paris 1906). Il combattit à la fois la critique « impressionniste » et l'esthétique naturaliste (*Études critiques,* 1880-1925 ; *le Roman naturaliste,* 1883). [Acad. fr., 1893.]

BRUNHES (Jean), géographe français (Toulouse 1869-Boulogne-Billancourt 1930), auteur de la *Géographie humaine* (1910).

Brunhild ou **Brunehilde,** personnage qui paraît dans la légende germanique des *Nibelungen.* C'est la fille préférée de Wotan.

BRUNI n. m. Poli d'un métal, d'une dorure sur métal.

BRUNI (Leonardo), dit **Leonardo Aretino,** humaniste italien (Arezzo v. 1374-Florence 1444), auteur d'une *Historia Florentina* (1610).

BRÜNING (Heinrich), homme politique allemand (Münster 1885-Norwich, Vermont, 1970). Chef du centre catholique au Reichstag (1924-1929), chancelier du Reich (1930-1932), refusant à la fois le communisme et le national-socialisme, il fut renvoyé par Hindenburg pour s'être opposé au développement des formations paramilitaires.

BRUNIR v. i. (conj. 32). Devenir brun : *Brunir au soleil.*

◆ v. t. **1.** Rendre brun : *Le soleil brunit le teint.* — **2.** Polir un métal au brunissoir.— **3.** En parlant d'un cervidé, frotter ses bois pour les polir et les débarrasser de la peau morte.

BRUNISSAGE n. m. **1.** Action de brunir, en gravure, en mécanique industrielle, en métallurgie, en orfèvrerie. — **2.** Hâle obtenu artificiellement avec une lampe à bronzer.

BRUNISSANT, E adj. Qui permet d'obtenir un hâle artificiel.

BRUNISSEMENT n. m. Fait de brunir : *Le brunissement de l'épiderme.*

BRUNISSEUR, EUSE n. Personne qui brunit les métaux.

BRUNISSOIR n. m. **1.** Nom générique de divers outils utilisés pour aplanir et polir les métaux ou les revêtements métalliques (outils d'acier poli des bronziers, des graveurs, des orfèvres ; agate ou hématite des doreurs, des orfèvres ; etc.). [En dorure sur tranches, syn. DENT À BRUNIR.] — **2.** Outil utilisé pour les travaux de repoussage au tour ou pour le brunissage des alésages.

BRUNIZEM n. m. Sol humifère et faiblement lessivé, sous prairie, des climats continentaux atténués, plus humide et moins froid que le tchernozem.

BRÜNN → BRNO.

BRUNNER (John Kilian Houston), écrivain britannique (Oxfordshire 1934-Glasgow 1995), auteur de récits d'anticipation à caractère sociologique (*Tous à Zanzibar,* 1968 ; *Sur l'onde de choc,* 1975).

BRUNO *(saint),* fondateur de l'ordre des Chartreux (Cologne v. 1030 - San Stefano de Bosco, Calabre, 1101). Chanoine et écolâtre de Reims, désireux de mener la vie érémitique, il fonda, avec quelques disciples, un ermitage près de Grenoble, dans la Grande-Chartreuse (1084) : ce fut le noyau de l'ordre.

BRUNO (Giordano), philosophe italien (Nola, royaume de Naples, 1548-Rome 1600). La lecture des textes anciens l'amena à une pensée personnelle, dont l'indépendance lui fut reprochée partout où il se rendit : par les catholiques à Rome, par les calvinistes à Genève. Revenu à Venise, il fut livré au Saint-Office par son protecteur et brûlé comme hérétique. Il professe que la Terre n'est pas au centre du monde, qu'il existe plusieurs systèmes solaires et que le monde et Dieu se confondent (panthéisme). Il a écrit *le Chandelier* (1582), *le Banquet des cendres* (1584), *De la cause, du principe et de l'unité* (1584), *Des fureurs héroïques* (1585).

BRUNOISE n. f. Garniture de légumes taillés en dés.

BRUNON de Querfurt *(saint),* appelé aussi **Boniface,** religieux camaldule, apôtre de la Russie et martyr (Querfurt, Saxe, v. 974-Sudauen 1009). Sylvestre II l'avait chargé de la conversion des infidèles en Prusse.

BRUNOT (Ferdinand), linguiste français (Saint-Dié 1860-Paris 1938). Il a cherché à définir une méthode historique et à orienter les recherches vers la psychologie du langage plutôt que sur les formes et les catégories grammaticales : *la Pensée et la Langue* (1922). Son œuvre majeure est une monumentale *Histoire de la langue française, des origines à 1900,* dont 10 tomes parurent de son vivant (1905-1937).

BRUNOY (91800), ch.-l. de cant. de l'Essonne, sur l'Yerres, en bordure de la forêt de Sénart ; 24 594 hab. *(Brunoyens).*

BRUNSCHVICG (Léon), philosophe français (Paris 1869-Aix-les-Bains 1944). Professeur à la Sorbonne (1909), il reprit les problèmes posés par la critique kantienne à la lumière des sciences. Il a écrit *les Étapes de la philosophie mathématique* (1912) et publié une édition des pensées de Pascal.

BRUNSWICK, en all. **Braunschweig,** v. d'Allemagne (Basse-Saxe), dans la région des Börden ; 256 267 hab. Anc. cap. de l'*État de Brunswick.* Cathédrale romane, anc. hôtel de ville gothique et autres monuments (*Lion* de bronze de 1166). Musées. Ville touristique et culturelle (université) et centre industriel (électrotechnique, industrie automobile).
— **Hist.** Capitale, à la fin du XIIe s., du premier duché de Saxe, ville hanséatique, elle devint la résidence des ducs de Brunswick en 1671.

BRUNSWICK *(État de),* en all. **Braunschweig,** ancien État d'Allemagne. Créé en 1235, le duché de Brunswick-Lunebourg fut incorporé au royaume de Westphalie en 1807. Restauré partiellement en 1815, il devint une république en 1918 ; celle-ci fut incorporée au Reich en 1934.

BRUNSWICK (Charles Guillaume Ferdinand, *duc* de), général prussien (Wolfenbüttel 1735 - Ottensen, près d'Altona, 1806). Il commanda en chef les armées prussienne et autrichienne en 1792, lors de l'invasion de la France. Il lança de Coblence l'ultimatum aux Parisiens connu sous le nom de *manifeste de Brunswick* (25 juill. 1792), qui menaçait Paris d'une subversion totale si la famille royale était inquiétée. Entré en tractations secrètes avec Danton, il battit en retraite après Valmy (20 sept. 1792).

BRUSCAMBILLE, surnom de **Deslauriers,** comédien de l'Hôtel de Bourgogne († 1634), auteur de satires à caractère trivial.

BRUSHING [brœʃiŋ] n. m. (n. déposé) [de l'angl. *to brush,* brosser]. Séchage et mise en forme simultanés des cheveux à l'aide d'une brosse ou d'un peigne et d'un séchoir à main ou d'un peigne soufflant.

BRUSHITE n. f. (de G. J. *Brush,* n. pr.). Phosphate hydraté naturel de calcium, que l'on trouve en masses concrétionnées dans les gisements de guano.

BRUSQUE adj. (ital. *brusco,* âpre). **1.** Qui agit sans ménagements, qui manifeste une certaine brutalité : *C'est un garçon un peu brusque. Avoir un geste brusque.* — **2.** Qui se manifeste soudain, qui marque un rapide changement d'état : *Élévation brusque de la température.*

◆ n. m. Ancienne danse française, à 3/4, de rythme rapide, voisine de la gigue.

BRUSQUEMENT adj. De façon brusque, rapide, brutale.

BRUSQUER v. t. (de *brusque*) [conj. 3]. **1.** Traiter qqn d'une manière brutale, sans ménagement : *Évite de le brusquer, il est très susceptible.* – **2.** Hâter une action, la précipiter : *Brusquer un départ.*
◆ **être brusqué** v. pass. Être soudain, précipité : *Un départ brusqué.*

BRUSQUERIE n. f. Attitude brusque ; caractère brusque de qqch : *Agir avec brusquerie. La brusquerie d'un départ.*

BRUSSEL, nom néerlandais de Bruxelles.

BRUSTOLON (Andrea), sculpteur sur bois et menuisier italien (Belluno 1662 - *id.* 1732). Il fut influencé à Rome par les réalisations du Bernin. Longtemps fixé à Venise, il y sculpta des figures de fantaisie, des retables, des meubles d'une riche invention (Ca' Rezzonico).

BRUT, E [bryt] adj. (lat. *brutus,* lourd). **1.** Qui n'a pas été façonné, traité ou qui est très sommairement élaboré : *De la laine brute.* – **2.** Par oppos. à *net,* qui n'a pas subi certaines déductions, certains ajustements : *Salaire brut.* – **3.** Se dit des êtres sauvages et de leur comportement : *Bête brute. La force brute.* – **4.** Donné sans commentaire, sans analyse, sans ajustement : *Les données brutes des statistiques du chômage.* • **Bois.** *Bois brut de sciage,* débit tel qu'il tombe de scie. – **Bx-arts.** *Art brut,* production spontanée et inventive d'œuvres échappant aux normes culturelles. (→ *encycl.*) – **Comm.** *Poids brut,* poids total d'un colis (marchandise et emballage), d'un véhicule avec son chargement (par oppos. à *poids net*). – **Dr.** *Patente brute,* patente ou déclaration qui constate qu'un navire a touché un pays infecté. – **Métall.** *Brut de coulée,* se dit d'un métal à la sortie de la lingotière ou du moule. ‖ *Brut de forge* ou *de laminage,* se dit d'un métal sortant de la presse ou du laminoir. – **Min.** *Minerai brut,* minerai tel qu'il sort de la mine avant tout traitement. (Syn. TOUT-VENANT.) – **Œnol.** Se dit d'un champagne ou d'un vin mousseux dont la teneur en sucre est comprise entre 1 et 2 %.
◆ **brut** adv. Sans défalcation de frais ou de poids : *Ballot qui pèse brut 200 kg.*
◆ **brut** n. m. **1.** Pétrole à sa sortie du gisement, par oppos. au pétrole raffiné. – **2.** Salaire brut. – **3.** Champagne, mousseux brut.
ENCYCL. Relevant, contrairement à l'art « savant », d'une complète liberté instinctive, l'*art brut* est le fait d'autodidactes (G. Chaissac, Scottie Wilson [1888-1972]), de déviants mentaux (Wölfli, Aloïse) ou de médiums (Augustin Lesage [1876-1954], Joseph Crépin [1875-1948]). Un musée installé à Lausanne (issu du « Foyer de l'art brut » [1947] de J. Dubuffet) et des publications *(les Cahiers de l'art brut)* lui sont consacrés.

Brut, roman de Wace (1155), où le chanoine de Bayeux raconte surtout la vie et les conquêtes d'Arthur, le fils d'Uther Pendragon.

BRUTAGE n. m. Dégrossissement du diamant brut. (Syn. DÉBRUTAGE.)

BRUTAL, E, AUX adj. et n. (lat. médiév. *brutalis*). Qui agit avec violence, qui manque de délicatesse : *Un ivrogne grossier et brutal.*
◆ adj. **1.** Qui manifeste une grande brusquerie, de la violence : *Un langage brutal.* – **2.** Soudain et violent : *Une brutale désillusion.*

BRUTALEMENT adv. De façon brutale.

BRUTALISER v. t. (conj. 3). Traiter qqn, un animal avec brutalité : *Il brutalise ses enfants.*

BRUTALISME n. m. (angl. *brutalism*). Tendance architecturale contemporaine qui privilégie l'emploi de matériaux bruts (parmi lesquels le béton), la non-dissimulation de l'infrastructure technique (tuyauteries...), la liberté des plans. (Ses promoteurs ont été, dans les années 50, les Britanniques Peter et Alison Smithson.)

BRUTALITÉ n. f. **1.** Caractère de qqn de violent, qui agit comme une brute. – **2.** Caractère de ce qui est brusque, soudain et violent : *Être surpris par la brutalité de la crise.* – **3.** Acte brutal, mauvais traitements (surtout pl.) : *Les brutalités de la police.*

BRUTE n. f. (de *brut*). **1.** *Litt.* Animal considéré dans ses instincts sauvages. – **2.** Personne qu'une violence exagérée, une totale inculture, un manque de sensibilité rapprochent de l'animal.

BRUTION [-sjɔ̃] n. m. *Arg.* Élève du prytanée militaire de La Flèche.

Bruton *(maladie de),* maladie congénitale à transmission récessive liée au sexe, comportant une atteinte sélective des lymphocytes B, responsable d'un déficit profond de l'immunité humorale. (Syn. AGAMMAGLOBULINÉMIE LIÉE AU SEXE.)

BRUTTIUM ou **BRUTIUM,** nom antique de l'actuelle Calabre. Colonisé dès le VIIIe s. av. J.-C. par les Grecs, le Bruttium fut soumis par les Romains au IIIe s. av. J.-C.

BRUTUS (Lucius Junius), héros romain, d'une historicité douteuse, considéré comme le libérateur de Rome. Il aurait chassé Tarquin le Superbe, dernier roi de Rome, et serait devenu un des deux premiers consuls de la République.

BRUTUS (Marcus Junius), homme politique romain (Rome v. 85-42 av. J.-C.). Neveu de Caton d'Utique, il combattit à Pharsale (48 av. J.-C.) dans les rangs des pompéiens. Par la suite, il se rallia à César, qui fit de lui un propréteur de la Gaule Cisalpine (46) puis un préteur urbain (45).

Mais, César lui apparaissant comme un candidat à la monarchie, il participa avec Cassius au complot (ides de mars 44) qui perpétra l'assassinat de César. Voyant le poignard de Brutus levé vers lui, César s'écria : « Toi aussi, mon fils ! » Brutus se donna la mort après avoir été défait à la bataille de Philippes (42 av. J.-C.), qui opposait l'armée républicaine de Cassius et Brutus à l'armée d'Antoine et d'Octavien, héritiers de César.

BRUTUS (Dennis), poète sud-africain d'expression anglaise (Salisbury, Rhodésie, 1924). L'un des plus représentatifs parmi les écrivains de couleur de son pays (*Sirens, Knuckles, Boots* [1963], *Thoughts Abroad* [1970], signés **John Bruin** ; *Strains,* 1975).

BRUXELLES, en néerl. **Brussel,** cap. de la Belgique et ch.-l. de la Région Bruxelles-Capitale, sur la Senne ; 136 424 hab. *(Bruxellois).* [Bruxelles et son agglomération constituent la Région de *Bruxelles-Capitale :* formée de 19 communes autonomes, elle couvre 162 km² et compte 947 070 hab., à nette majorité francophone.]

— **Géogr.** Dans la zone néerlandophone, mais à forte majorité (sans doute 80 %) francophone, Bruxelles est d'abord une ville politique et administrative, commerciale et culturelle, au rôle débordant d'ailleurs du cadre national. Elle est en effet le principal centre de l'Union européenne et, depuis 1967, le siège du Conseil permanent de l'O. T. A. N. La ville accueille de nombreux sièges sociaux d'entreprises, mais l'industrie (présente surtout en banlieue) joue un rôle plus secondaire (dominée par les constructions mécaniques et électriques, le textile, l'agroalimentaire).

— **Hist.** *Castrum* et *portus,* la cité se constitue véritablement au XIe s. avec l'installation des comtes de Louvain. Favorisée par son site et sa situation, elle connaît un essor rapide. Au XIIIe s., elle devient politiquement la plus importante ville du Brabant. Administrée par un échevinage en 1155, Bruxelles reçoit sa première charte le 10 juin 1229 ; les notables bruxellois fondent une guilde dont la constitution est approuvée en 1289 par le duc de Brabant. La ville connaît un essor considérable. Ses draps sont exportés, notamment au XIVe s., sur les marchés de Paris, d'Allemagne du Sud et jusqu'à Venise. En 1430, le Brabant passe au duc de Bourgogne Philippe le Bon. Devenue la résidence privilégiée des ducs, Bruxelles s'enrichit au prix d'une importante mutation économique (substitution de la tapisserie à la draperie). Sous les Habsbourg, sans perdre de son importance, elle subit le contrecoup des troubles religieux du XVIe s. ; la période espagnole est pour la ville une période de stagnation, voire de décadence. À la suite du traité d'Utrecht (1713), Bruxelles passe sous la domination de la maison d'Autriche. Opposés au nouveau régime et mécontents de la politique de centralisation des Habsbourg, les Bruxellois se soulèvent en nov. 1789 contre les Autrichiens. Après Fleurus (juin 1794), la ville est occupée par les Français jusqu'en 1814. En 1815, Bruxelles devient avec La Haye la résidence bisannuelle du roi des Pays-Bas. Mais le 25 août 1830 éclate le mouvement insurrectionnel qui aboutit à l'indépendance du royaume de Belgique, dont Bruxelles devient la capitale. Celle-ci fut occupée à deux reprises par les Allemands (1914-1918, 1940-1944).

— **Bx-arts.** La Grand-Place est un des ensembles architecturaux les plus prestigieux d'Europe (hôtel de ville du XVe s., chef-d'œuvre du gothique flamboyant brabançon ; maisons de corporations, rénovées à l'époque baroque). Collégiale St-Michel (XIIIe-XVIIe s.), églises N.-D.-de-la-Chapelle (XIIe-XVIe s.), N.-D.-du-Sablon (XVe s.), St-Jean-Baptiste-au-Béguinage (1657-1676, typique du baroque flamand), etc. Bel ensemble civil néoclassique autour de la place Royale. Monumental palais de justice (1866-1883) par J. Poelaert. Édifices de V. Horta. La ville a été un important foyer dans les domaines de la tapisserie (XVe-XVIIIe s.), de la faïence (XVIIIe-XIXe s.), de la sculpture, de la peinture (de Van der Weyden, des romanistes comme Van Orley ou P. Coecke et des Bruegel au bouillonnement d'idées qui fut celui du *groupe des XX* et de *la Libre Esthétique* [1883-1914]). Musées royaux des Beaux-Arts, d'Art moderne et d'Art et d'Histoire. Centre belge de la Bande dessinée.

Bruxelles *(canal de),* voie navigable à grand gabarit de Belgique, qui unit la capitale au Rupel (rejoint à Willebroek) ; 28 km.

Bruxelles *(dentelle* ou *point de),* dentelle à l'aiguille exécutée avec un fil de lin d'une très grande finesse, proche du point d'Alençon, mais dont les motifs sont plus naturalistes et présentent moins de relief. À partir de 1830, Bruxelles devint un centre important de dentelle d'application exécutée aux fuseaux.

Bruxelles *(traité de)* [17 mars 1948], alliance défensive conclue à Bruxelles entre la France, la Grande-Bretagne et les pays du Benelux. Ce traité a été le véritable précurseur de celui de l'Atlantique Nord (4 avr. 1949). Après l'échec de la Communauté européenne de défense (août 1954), les textes du traité de Bruxelles ont été repris pour servir de base à ceux de l'Union de l'Europe occidentale, créée par les accords de Paris du 23 oct. 1954.

BRUXELLOIS, E [brysɛlwa, -waz] adj. et n. De Bruxelles.

BRUXISME n. m., ou **BRUXOMANIE** n. f. (gr. *brukhein,* grincer des dents). Friction intense et prolongée entre dents antagonistes pouvant provoquer leur abrasion ou leur ébranlement. (Ce phénomène peut se produire à l'état de veille ou pendant le sommeil.)

BRUYAMMENT adv. De manière bruyante, avec beaucoup de bruit : *Protester bruyamment.*

BRUYANT, E adj. (de *bruire*). **1.** Qui fait beaucoup de bruit : *Un enfant bruyant.* — **2.** Où il y a beaucoup de bruit : *Rue bruyante.*
◆ **bruyante** n. f. Syn. de BRUISSANTE.

BRUYAS (Alfred), collectionneur et mécène français (Montpellier 1821-*id.* 1877). Il fut en relation avec les peintres romantiques et les premiers réalistes. 9 Delacroix et 15 Courbet, notamment, sont entrés grâce à lui au musée de Montpellier.

BRUYÈRE [bryjɛr ou brɥijɛr] n. f. (gaul. **bruco*). **1.** Sous-arbrisseau des sols acides (landes, clairières, sous-bois clairs), très ligneux, aux feuilles minuscules, aux petites fleurs pendantes en forme de grelot, qui couvre d'immenses étendues en Bretagne et dans le Massif central. (L'espèce la plus commune est la *bruyère cendrée ;* on taille des pipes dans le bois rouge de la *bruyère en arbre ;* la callune, plante d'un genre voisin, est usuellement nommée « bruyère ».) — **2.** Lande où poussent des bruyères. — **3.** *Terre de bruyère,* mélange de sable siliceux et de débris organiques de bruyère partiellement décomposés.

BRUYÈRES (88600), ch.-l. de cant. des Vosges, sur la Vologne ; 3 451 hab. *(Bruyérois).* Centre de villégiature.

BRUYÈRES-LE-CHÂTEL (91680), comm. de l'Essonne, à l'O. d'Arpajon ; 3 352 hab. Centre d'études nucléaires.

BRUZ (35170), ch.-l de cant. d'Ille-et-Vilaine, à 12 km au S.-O. de Rennes ; 8 319 hab. Électronique.

BRYALE n. f. Nom d'ordre donné à la plupart des espèces de mousses, dont la capsule s'ouvre par un opercule circulaire.

BRYANT (William Cullen), écrivain américain (Cummington, Massachusetts, 1794-New York 1878). Journaliste, il est l'auteur de récits de voyage et de poèmes d'inspiration morale et religieuse (*Thanatopsis,* 1817-1821).

BRYAXIS, sculpteur grec (seconde moitié du IVᵉ s. av. J.-C.). Il a travaillé au côté N. du mausolée d'Halicarnasse.

BRYEN (Camille BRIAND, dit **Camille**), peintre français (Nantes 1907-Paris 1977). D'abord dans la continuité de l'esprit dada et surréaliste, il évolua, dès 1936, vers une abstraction « tachiste », lyrique et poétique.

BRYGOS, potier athénien (env. 500 av. J.-C.). Son meilleur peintre, le « peintre de Brygos », a décoré des vases plastiques et des coupes à figures rouges (neuf signatures connues).

BRYOLOGIE n. f. Étude scientifique des bryophytes (mousses et hépatiques).

BRYONE n. f. (lat. *bryonia,* du gr. *bruônia*). Herbe cucurbitacée vivace, rampante ou grimpante, commune dans les haies et dont les baies et les racines tuberculeuses sont très toxiques.

BRYOPHYLLUM [-lɔm] n. m. Plante crassulacée des régions tropicales, dont les feuilles tombées au sol sont bordées de bourgeons assurant la multiplication végétative.

BRYOPHYTE n. f. Plante terrestre ou d'eau douce dépourvue de vaisseaux mais pouvant avoir des feuilles et caractérisée par l'importance de la phase à *n* chromosomes (haplophase) dans le cycle reproductif, telle que les mousses et les hépatiques. (Les *bryophytes* forment un embranchement.)
ENCYCL. Chez les bryophytes, la fécondation est aquatique, ce qui les confine dans des sites très humides, au moins par périodes. Les mousses, toutefois, survivent à de longues périodes de sécheresse. L'œuf fécondé n'est pas pondu mais se développe en parasite de la plante en formant un *sporogone,* à partir duquel seront dispersées les spores, par voie aérienne en général. La spore tombée en un lieu favorable donne d'abord un réseau rampant microscopique *(protonéma),* puis un ensemble de tiges feuillues (mousses) ou une simple lame (certaines hépatiques).

BRYOPSIS [-psis] n. m. Algue verte commune, très ramifiée, des rivages marins.

BRYOZOAIRE n. m. Animal marin ou d'eau douce vivant fixé, en colonies d'individus abrités chacun dans une loge dont dépasse une couronne de tentacules. (Ce terme désignait autrefois deux embranchements sans aucune parenté : les *ectoproctes,* voisins des brachiopodes, et les *entoproctes,* ou *kamptozoaires,* qui sont des acœlomates. Auj., il ne désigne plus que les ectoproctes ou est abandonné.)

BRY-SUR-MARNE (94360), ch.-l. de cant. du Val-de-Marne, banlieue est de Paris, sur la rive gauche de la Marne ; 13 912 hab. Musée d'histoire locale. Institut national de l'audiovisuel. Hospice.

BRYUM [brjɔm] n. m. Très important genre de mousses (800 espèces), caractérisé par un péristome double.

BRZEG, v. de Pologne, en basse Silésie, sur l'Odra ; 36 000 hab. Monuments des XIVᵉ-XVIᵉ s. Constructions mécaniques et électriques. Alimentation. Travail du cuir.

B. S. N. *(Boussois-Souchon-Neuvesel)* ⟶ DANONE.

B. S. P., abrév. de BROMESULFONEPHTALÉINE.

B. T., abrév. de BASSE TENSION et de BREVET* DE TECHNICIEN.

B. T. P., abrév. de BÂTIMENT ET TRAVAUX PUBLICS (envisagés en tant que secteur économique).

B. T. S. adj. (abrév. de *basse teneur en soufre*). Se dit d'un produit pétrolier contenant peu de dérivés du soufre.

B. T. S., abrév. de BREVET* DE TECHNICIEN SUPÉRIEUR.

BTU, abrév. de *British Thermal Unit,* unité calorifique du système anglais, qui correspond à 1 055,06 joules.

B. T. X., abrév. de BENZÈNE, TOLUÈNE, XYLÈNE, les trois principaux composés aromatiques.

BU ⟶ BOIRE.

BUACHE (Philippe), géographe et cartographe français (Paris 1700-*id.* 1773). Gendre du cartographe Guillaume Delisle, géographe du roi à partir de 1729, il fut un des premiers à utiliser les courbes de niveau.

BUANDERIE n. f. (de *buer*). Local où se font les différentes opérations de blanchissage du linge.

BUAT (Edmond Alphonse Léon), général français (Châlons-sur-Marne 1868 - Paris 1923). En 1917, il organisa la réserve générale de l'artillerie lourde, dont il prit le commandement. Major général des armées du Nord et du Nord-Est auprès du général Pétain, il fut chef d'état-major général de l'armée en 1920.

BUBALE n. m. (lat. *bubalus,* du gr. *boubalos,* buffle). Grande antilope africaine, à la tête étroite et longue, aux cornes en lyre. (Les bubales peuplent en abondance les grandes savanes africaines. Famille des bovidés.)

BUBALORNIS [-nis] n. m. Grand tisserin d'Afrique, construisant des nids communautaires.

BUBASTIS, ville de l'Égypte ancienne, située à l'est du delta du Nil, une des capitales de l'Empire au temps des Hyksos et lieu d'origine des pharaons de la XXIIe dynastie. On y honorait (d'où son nom) Bastet ou Bastis, la déesse à tête de chat.

BUBER (Martin), philosophe israélien d'origine autrichienne (Vienne 1878-Jérusalem 1965). Son ouvrage *le Je et le Tu* (1923) montre que la Bible est le témoignage central du dialogue entre l'homme et Dieu. Partisan d'une entente avec les Arabes, il se fit le défenseur d'un humanisme sioniste. Il dut quitter l'Allemagne en 1938. Il chercha, à Jérusalem, à établir une philosophie des rapports sociaux (*Gog et Magog,* 1941).

BUBINGA n. m. Arbre d'Afrique tropicale, au bois rougeâtre et veiné, dur et lourd, utilisé en ébénisterie, brosserie, tournage et sculpture.

BUBKA ou **BOUBKA** (Sergueï), athlète ukrainien (Donetsk 1963). Premier perchiste à franchir 6 m (1985), il a été champion du monde à cinq reprises (1983, 1987, 1991, 1993 et 1995) et champion olympique en 1988. Il a porté le record du monde à 6,14 m en plein air (1994) et à 6,15 m indoor (1993).

BUBON n. m. (bas lat. *bubo, -onis,* tumeur, du gr. *boubôn,* pustule). Tuméfaction inflammatoire des ganglions inguinaux due au chancre mou, à la maladie de Nicolas-Favre ou à la peste.

BUBONIQUE adj. Caractérisé par la présence de bubons.

BUC (78530), comm. des Yvelines, sur la Bièvre, au S. de Versailles ; 5 485 hab. Aqueduc du XVIIe s.

BUÇACO ou **BUSSACO,** localité du Portugal, à 20 km au N. de Coimbra. Parc national, dans la *serra de Buçaco.*

BUCARAMANGA, v. de Colombie, ch.-l. du dép. de Santander, dans la Cordillère orientale ; 352 326 hab. Centre commercial. Sidérurgie. Tabac.

BUCARD (Marcel), homme politique français (Saint-Clair-sur-Epte 1895 - fort de Châtillon 1946). Il fonda, en 1933, un mouvement fascisant et pronazi, le francisme, et fut l'animateur, durant l'Occupation, de la Légion des volontaires français contre le bolchevisme. Il fut exécuté à la Libération.

BUCARDE n. f. (lat. sc. *bucardia,* du gr. *bous,* bœuf, et *kardia,* cœur). Autre nom usuel de la *coque.*

BUCAREST, en roum. **București,** cap. de la Roumanie, sur la Dîmbovița ; 2 064 474 hab.
— **Géogr.** Excentrée (dans le sud de la Roumanie), la ville, dans la plaine de Munténie, est la seule très grande ville du pays, dont elle est la métropole administrative, commerciale, culturelle et aussi industrielle (métallurgie de transformation, chimie, agroalimentaire, textile). C'est encore un nœud routier et ferroviaire, possédant un aéroport national (Băneasa) et un aéroport international (Otopeni).
— **Hist.** Mentionnée pour la première fois en 1459, la ville fut jusqu'au XVIIIe s. l'une des résidences des princes de Valachie. Elle joua à partir de 1715 le rôle de capitale de la Valachie puis devint en 1862 la capitale des Principautés unies de Moldavie et de Valachie. Elle fut occupée par les Allemands en déc. 1916, puis de nouveau de 1940 à 1944. Du 23 au 27 août, l'insurrection roumaine libéra la capitale, malgré le bombardement de la Luftwaffe. Le 31, l'Armée rouge entra dans Bucarest.

— **Bx-arts.** Le noyau historique est riche en églises anciennes, dont celle du palais Vieux (Curtea Veche) et celle de l'ancien couvent Mihai Vodă, du XVIe s. Aux alentours, monastères et palais des XVIIe-XIXe s. Importants musées, dont le musée national d'Art et le « musée du Village », parc ethnographique rassemblant plus de 200 constructions rurales authentiques. Mais le patrimoine historique et artistique de Bucarest a été sérieusement mis à mal, de 1977 à 1989, par la politique mégalomane de « grands travaux » du couple Ceauşescu (entraînant, notamment, la démolition systématique de nombreux monuments historiques, et en particulier d'églises).

Bucarest *(traité de)* [28 mai 1812], traité signé entre l'Empire ottoman et la Russie, qui se fit attribuer la Bessarabie.

Bucarest *(traité de)* [10 août 1913], traité signé entre la Serbie, le Monténégro, la Roumanie, la Grèce et la Bulgarie, qui dut céder une partie de la Macédoine à la Serbie et à la Grèce. Cette dernière reçut en outre la côte de Salonique à Cavalla.

Bucarest *(traité de)* [7 mai 1918], traité signé entre l'Allemagne, l'Autriche-Hongrie, la Bulgarie, l'Empire ottoman et la Roumanie, qui dut céder la Dobroudja, accepter des rectifications de frontières dans les Carpates et conclure des conventions économiques désavantageuses. Ce traité fut abrogé après la victoire alliée.

BUCCAL, E, AUX adj. Relatif à la bouche.

BUCCHERO [bukero] n. m. (ital. *bucchero*). Céramique étrusque (VIIe-IVe s. av. J.-C.), noire et brillante, dont l'argile était noircie dans la masse par fumigation au cours d'une cuisson en réduction complète.

BUCCIN [byksɛ̃] n. m. (lat. *bucinum,* altér. de *bucina,* trompette). **1.** Gros mollusque gastropode très commun sur les côtes d'Europe, aux grosses pontes en grappes parcheminées. (Les buccins sont carnivores : ils perforent la coquille d'autres mollusques à l'aide d'une trompe.) — **2.** Trompe dont on se servait dans l'Antiquité. — **3.** Sorte de trombone à coulisse dont le pavillon est en forme de tête de serpent.

BUCCINATEUR [byksi-] n. m. (lat. *bucinator,* de *bucina,* trompette). **1.** Joueur de buccin dans l'armée romaine. — **2.** Muscle de la joue, qui sert à allonger la bouche transversalement et agit spécialement lorsqu'on souffle.

BUCCO-DENTAIRE adj. Qui est en rapport avec la bouche et les dents.

BUCCO-GÉNITAL, E, AUX adj. Se dit de pratiques sexuelles mettant en contact la bouche d'un partenaire et les organes génitaux de l'autre partenaire.

BUCCO-NASAL, E, AUX adj. Qui concerne à la fois la cavité buccale et les fosses nasales.

BUCCONIDÉ n. m. (lat. *bucco, -onis,* bavard). Oiseau piciforme (grimpeur) d'Amérique tropicale. (Les *bucconidés* forment une famille.)

BUCCO-PHARYNGIEN, ENNE adj. Qui intéresse à la fois la cavité buccale et le pharynx.

BUCENTAURE n. m. (vénitien *bucintoro*). Centaure à corps de taureau.

Bucentaure, grande galère sculptée et dorée sur laquelle le doge de Venise s'embarquait tous les ans, le jour de l'Ascension, pour renouveler son mariage symbolique avec l'Adriatique.

Bucéphale, nom du cheval d'Alexandre. Il fut tué dans la bataille de l'Hydaspe (326 av. J.-C.). Le roi lui fit faire de magnifiques funérailles et fonda sur son tombeau la ville de *Boukêphalia.*

BUCER ou **BUTZER** (Martin), réformateur alsacien (Sélestat 1491-Cambridge 1551). Dominicain, il se rallia à Luther en 1521. Établi à Strasbourg en 1533, il y devint l'un des principaux artisans de la Réforme. Par le souci qu'il eut de rétablir l'unité doctrinale entre les diverses branches de la Réforme, il exerça une influence notable. Exilé en 1549 (sous la pression de Charles Quint) à Cambridge, il y rédigea son ouvrage principal : *De Regno Christi.*

BUCÉROTIDÉ n. m. Nom de famille attribué aux calaos.

BUCH *(pays de),* pays de l'ancien Bordelais, au S. du bassin d'Arcachon.

BUCHAN, l'un des sept grands comtés nationaux écossais.

BUCHANAN, port du Liberia ; 24 300 hab. Concentration et exportation du minerai de fer.

BUCHANAN (George), humaniste et patriote écossais (près de Killearn, comté de Stirling, 1506-Édimbourg 1582). Précepteur de Jacques Ier d'Angleterre, latiniste, traducteur d'Euripide, ses tragédies (*Baptiste,* 1577 ; *Jephté,* 1578) inspirèrent Th. de Bèze, du Bellay, Jodelle.

BUCHANAN (James), homme d'État américain (près de Mercersburg, Pennsylvanie, 1791-Wheatland, près de Lancaster, Pennsylvanie, 1868). Président des États-Unis de 1857 à 1861, il prit des mesures plutôt favorables à l'esclavage.

BUCHANAN (James M.), économiste américain (Murfreesboro, Tennessee, 1919). Il est l'auteur d'importants travaux sur les choix collectifs et les dépenses publiques. (Prix Nobel de sciences économiques 1986.)

BÛCHE n. f. (lat. pop. **buska,* du germ. **busk,* baguette). **1.** Gros morceau de bois coupé pour être mis au feu. — **2.** *Fam.* Personne stupide.

— **3.** Fragment de parties ligneuses dans le tabac à fumer, provenant de feuilles non écotées et mal hachées. — **4.** *Bûche de Noël,* gâteau de Noël, fait d'un biscuit roulé, fourré de crème et dont le nappage évoque l'écorce d'un arbre ; gros morceau de bois que l'on fait brûler dans la cheminée à l'occasion des fêtes de Noël. ‖ Fam. *Prendre, ramasser une bûche,* tomber.

BÛCHEMENT n. m. Action de bûcher (de la pierre, du bois).

Buchenwald, camp de concentration allemand, à proximité de Weimar (Thuringe), ouvert dès 1937 pour les adversaires du nazisme. Il fournit de la main-d'œuvre travaillant dans les usines souterraines qui fabriquaient des V1 et V2. Il connut une mortalité élevée (52 500 décès sur 240 000). Il fut libéré par les Américains (avr. 1945) alors que les déportés avaient déjà commencé la lutte contre leurs gardiens.

1. BÛCHER n. m. (de *bûche*). **1.** Lieu où l'on empile le bois à brûler. — **2.** Amas de bois sur lequel on incinère les morts. — **3.** Amas de bois sur lequel on brûlait les condamnés au supplice du feu ; le supplice lui-même.

2. BÛCHER v. t. (de *bûche*) [conj. 3]. **1.** Abattre les saillies d'une maçonnerie, les reliefs d'un bloc sculpté. — **2.** Enlever du bois sur une pièce. — **3.** *Fam.* Étudier avec énergie une discipline, une matière ; travailler sans relâche : *Bûcher les mathématiques.* — **4.** Fouiller sur le fond à l'aide de la tête, en parlant des poissons.

BÛCHERAGE n. m. Droit d'usage qui permettait de ramasser du bois de chauffage.

BÛCHERON, ONNE n. (anc. fr. *boscheron,* de *bosc,* bois, avec infl. de *bûche*). Personne dont le métier est d'abattre des arbres dans une forêt.

BÛCHERONNAGE n. m. Coupe et ébranchage d'arbres effectués en forêt.

BÛCHERONNER v. t. (de *bûcheron*) [conj. 3]. Couper des arbres en forêt.

BÛCHETTE n. f. Menu morceau de bois sec, petite bûche : *Allumer le feu avec des bûchettes.*

BÛCHEUR, EUSE n. et adj. *Fam.* Travailleur acharné.

BUCHEZ (Philippe Joseph Benjamin), philosophe et homme politique français (Matagne-la-Petite, Ardennes, 1796 - Rodez 1865). Conspirateur, il devint saint-simonien mais revint à la foi catholique sans renier ses aspirations socialistes. Il préconisa l'association ouvrière. Il fut député à la Constituante en 1848.

Buchholz *(relais),* dispositif de protection des transformateurs à isolement liquide.

BUCHNER (Eduard), chimiste allemand (Munich 1860 - Focşani, Roumanie, 1917). Le premier, il a montré que les ferments agissent par des enzymes. Il a isolé la *zymase* de la levure de bière, puis l'*invertase* et la *lactase* du ferment lactique. (Prix Nobel de chimie 1907.)

BÜCHNER (Georg), poète allemand (Goddelau, près de Darmstadt, 1813 - Zurich 1837). Sa nouvelle sur la vie de *Lenz* (1839), sa comédie symbolique *Léonce et Léna* (1836), ses drames *la Mort de Danton* (1835) et surtout *Woyzeck** (célèbre par l'opéra d'Alban Berg) oscillent entre le désir d'action révolutionnaire et la fascination à l'égard de la mort.

BÜCHNER (Ludwig), philosophe allemand (Darmstadt 1824 - *id.* 1899), frère du précédent, auteur d'un système matérialiste et évolutionniste (*Force et Matière,* 1855).

BUCK (Pearl) née **Sydenstricker**, romancière américaine (Hillsboro, Virginie, 1892-Danby, Vermont, 1973). Ses romans, dont une trilogie (*la Terre chinoise,* 1931 ; *les Fils de Wang-Lung,* 1932 ; *la Famille dispersée,* 1935) et *Pavillon de femmes* (1946), ont pour cadre la Chine. (Prix Nobel 1938.)

BUCKINGHAM (George VILLIERS, 1er *duc* DE), homme politique anglais (Brooksby, Leicestershire, 1592-Portsmouth 1628). Favori du roi Jacques Ier, grand amiral en 1619, il est envoyé en Espagne pour négocier le mariage du futur Charles Ier avec l'infante Marie (1623), mais le projet n'aboutit pas ; il prend dès lors la tête du parti anti-espagnol. À la mort de Jacques Ier (1625), il conserve son influence sur le roi Charles Ier. Entreprenant une politique de rapprochement avec la France, il négocie le mariage du roi avec Henriette Marie de France, sœur de Louis XIII. En 1626, la Chambre des lords met le ministre en accusation pour corruption ; seule la pression royale permet son acquittement. Détesté par le Parlement, haï des puritains pour ses compromissions multiples, Buckingham tente alors de secourir les huguenots assiégés à La Rochelle ; il est assassiné par un officier puritain, John Felton. — Son fils GEORGE VILLIERS, 2e duc **de Buckingham** (Londres 1628-Kirkby Moorside, Yorkshire, 1687), combat avec les royalistes en 1642. Après la restauration de Charles II, il succède à Clarendon comme ministre principal en 1667. Partisan d'une alliance avec la France, il négocie le traité de Douvres (1670). Mais les scandales accumulés sous son administration provoquent son renvoi en 1674.

BUCKINGHAM (George GRENVILLE, *marquis* DE) → GRENVILLE.

Buckingham Palace, palais de Londres, construit en 1705 dans le parc St. James pour le duc de Buckingham, acquis par George III en 1761. Reconstruit par John Nash de 1821 à 1835, il est la résidence officielle des souverains britanniques.

BUCKINGHAMSHIRE, comté de Grande-Bretagne, au centre de l'Angleterre ; 1 883 km² ; 619 500 hab. Ch.-l. *Aylesbury.*

BUCKLING [bœkliŋ] n. m. Hareng saur, salé pendant 12 à 24 heures et fumé à chaud (70 °C).

BUCKYTHÉRAPIE n. f. Radiothérapie par des rayons X à grande longueur d'onde, de pénétration faible, dits *rayons de Bucky,* utilisés en dermatologie.

BUCOLIQUE adj. (lat. *bucolicus,* du gr. *boukolikos,* de *boukolos,* pâtre). **1.** Relatif à la vie des bergers ou à la poésie pastorale : *Existence bucolique.* – **2.** *Coupe bucolique,* coupure introduite dans l'hexamètre dactylique après le quatrième pied, souvent marquée par une ponctuation qui la souligne.
◆ n. f. Poème pastoral.

Bucoliques (*les*) ou **Églogues** (*les*), de Virgile (42-39 av. J.-C.), courts dialogues de bergers, imités de Théocrite, mais faisant allusion aux événements politiques contemporains et aux malheurs personnels du poète.

BUCOVINE ou **BUKOVINE,** en russe **Boukovina,** en roum. **Bucovina,** région des Carpates orientales, qui appartient au N. à l'Ukraine et pour le reste à la Roumanie. La principale ville, Tchernovtsy, se situe en territoire ukrainien.
– **Hist.** L'histoire de la Bucovine se confondit longtemps avec celle de la Moldavie, dont elle constituait la partie septentrionale. Occupée par les Russes (1769-1774), cédée par la Porte à l'Autriche en 1775, la Bucovine fut envahie par les Roumains à la fin de la Première Guerre mondiale. Son rattachement à la Roumanie (oct. 1918) fut entériné par les Alliés. La Bucovine du Nord, occupée par l'U. R. S. S. en 1940, lui fut cédée par le traité de 1947.

BUCRANE n. m. (gr. *bous,* bœuf, et *kranion,* crâne). Tête de bœuf décharnée, motif ornemental de l'architecture antique, repris à la Renaissance.

BUDAPEST, cap. de la Hongrie, sur le Danube ; 2 016 774 hab.
– **Géogr.** Ville double (quartiers historiques de *Buda* sur les hauteurs de la rive droite, cité moderne de *Pest* en contrebas sur la rive gauche), métropole incontestée de la Hongrie (dont elle concentre 20 % de la population) aux points de vue administratif, commercial, universitaire, culturel et aussi industriel (constructions mécaniques et électriques et chimie fine surtout, aux productions d'ailleurs largement exportées).
– **Hist.** Le camp romain d'*Aquincum,* organisé après la conquête de la Pannonie (9 apr. J.-C.), constitue le quartier actuel d'Óbuda. Buda, aménagée par Béla IV après l'invasion mongole (1241-42), fut occupée par les Ottomans (1526-27, 1541-1686) puis devint le point de départ de la reconquête menée par les Habsbourg. Capitale de la Hongrie depuis le compromis de 1867, Buda fut rattachée à Pest en 1872. Encerclée en déc. 1944 par l'Armée rouge, Budapest fut le théâtre de violents combats jusqu'en févr. 1945. L'insurrection hongroise d'oct.-nov. 1956 y fut écrasée par l'armée soviétique.
– **Bx-arts.** Sites romains d'*Aquincum.* Vieille ville de Buda et son palais royal (XIVe-XVe s., reconstruit au XVIIIe s.), églises et palais baroques de Buda et de Pest, monuments néoclassiques et éclectiques du XIXe s. La ville est le centre de la vie artistique du pays depuis 150 ans. Musée national (archéologie, costumes, instruments de musique), musée des Beaux-Arts (panorama européen), Galerie nationale (installée dans le palais royal), collections Corvina de la Bibliothèque nationale, Musée ethnographique, musées des Arts décoratifs et de l'Extrême-Orient.

BUDD (Edward Gowen), inventeur et industriel américain (Smyrna, Delaware, 1870-Philadelphie 1946). Créateur de la carrosserie d'automobile monocoque en acier embouti, il appliqua un procédé semblable à la construction de voitures de chemin de fer.

Buddenbrook *(les),* roman de Thomas Mann (1901) : la désagrégation matérielle et morale, au XIXe s., d'une famille bourgeoise de Lübeck.

BUDDHA → BOUDDHA.

BUDDLEIA n. m. (de *Buddle,* n. pr.). Arbuste des décombres et des jardins, aux petites fleurs formant de grandes inflorescences très colorées, originaire de Chine principalement.

BUDÉ (Guillaume), humaniste français (Paris 1467-*id.* 1540). Restaurateur des études grecques (*Commentaires sur la langue grecque,* 1529) et juridiques (*Annotations aux Pandectes,* 1508), il donna la mesure de son érudition dans le *De asse* (1514) et contribua à la création des « lecteurs royaux », le futur Collège de France. Sa *Correspondance* est un document important pour l'histoire littéraire du temps.

BUDGET n. m. (angl. *budget,* de l'anc. fr. *bougette,* petite bourse). **1.** Ensemble des comptes qui décrivent, pour une année civile, toutes les ressources et toutes les charges de l'État, des autres collectivités publiques et des établissements publics. (→ *encycl.*) – **2.** Ensemble des recettes et dépenses d'un particulier, d'une entreprise, etc. ; somme dont on dispose : *Boucler son budget.* – **3.** Somme réservée à une dépense particulière : *Se fixer un budget pour ses vacances.*
• **Écon.** *Budget économique,* projection à court

terme des équilibres économiques généraux de la nation, utilisée pour guider les décisions de politique économique et/ou en tester les effets. ‖ *Budget flexible,* budget donnant le montant des frais variables pour des niveaux d'activité différents contenus dans des limites où les frais fixes demeurent constants. ‖ *Budget variable,* juxtaposition de budgets flexibles correspondant chacun à une zone d'activité représentant un taux constant de frais variables et un même niveau de frais fixes. — **Fin.** *Budgets annexes,* budgets présentant les conditions de gestion de certains services de l'État, à caractère plus ou moins commercial et n'ayant pas la personnalité morale. ‖ *Budgets autonomes,* budgets qui retracent les opérations des services industriels et commerciaux ayant la personnalité morale, mais qui ne figurent pas au projet de loi de finances. ‖ *Budgets fonctionnels,* documents annexés à la loi de finances qui regroupent les dépenses publiques en fonction de leur finalité. ‖ *Budget social de la nation,* document d'information, annexé à la loi de finances, qui fait ressortir notamment les prestations sociales et les charges qui en découlent pour l'État et les organismes privés. — **Stat.** *Budget temps,* pour une catégorie de population donnée, répartition moyenne de la journée, de la semaine, etc., entre différentes classes d'activité. ‖ *Budget type,* modèle d'un budget de dépenses, concernant les individus ou les ménages, utilisé pour l'observation des variations du coût de la vie.

ENCYCL. **Fin.** Si le vote du budget est une prérogative du Parlement, la préparation du projet de budget est du ressort exclusif du gouvernement. Au mois de février précédant l'exercice budgétaire examiné, un Conseil des ministres fixe un « budget de reconduction » qui comporte pour chaque ministère les dépenses de caractère inéluctable (« services votés » par ex.) et des normes d'évolution de chaque type de dépenses. Chaque ministre établit alors son propre budget en fonction de ces données. L'ensemble des budgets ainsi préparés est ensuite examiné au sein des traditionnelles conférences budgétaires. Au mois de mai, un nouveau Conseil, après examen du budget minimal et des données de la conjoncture prévisible, fixe une nouvelle enveloppe pour des « actions prioritaires », qui sont réparties par ministère. Les dépenses ainsi arrêtées, les recettes destinées à les couvrir sont fixées vers la fin du mois d'août en fonction des prévisions formulées par la Direction de la prévision. Un Conseil des ministres arrête, vers le début de septembre, le projet de budget, qui est, dès lors, transmis dans le cadre de la loi de finances au Parlement. L'exécution du budget est soumise à des contrôles administratifs (contrôleurs financiers, comptables, inspecteurs des finances) ainsi qu'au contrôle juridictionnel (Cour des comptes) et au contrôle parlementaire.

BUDGÉTAIRE adj. **1.** Qui relève du buget : *Dépenses budgétaires.* — **2.** *Contrôle budgétaire,* procédé de gestion des entreprises permettant de connaître, à chaque stade de l'élaboration d'un bien ou d'un service, le prix de revient et les frais généraux.

BUDGÉTER ou **BUDGETER** v. t. (conj. **18** et **27**). Syn. de BUDGÉTISER. (S'emploie en partic. au Canada et en Afrique.)

BUDGÉTISATION n. f. **1.** Inscription d'une somme au budget. — **2.** Technique de gestion qui consiste à doter chaque centre de responsabilité de l'entreprise d'un budget évaluant, en termes monétaires, les coûts de l'activité programmée.

BUDGÉTISER v. t. (conj. 3). Inscrire une dépense, une recette au budget, la faire entrer dans le budget général de l'État, d'une collectivité, d'une entreprise, etc.

BUDGÉTIVORE adj. et n. *Fam.* Qui vit aux dépens de l'État.

BUEA, v. du Cameroun, à l'O. de Douala ; 13 000 hab. Anc. capitale du Cameroun allemand.

BUËCH (le), torrent des Alpes du Sud, affl. de la Durance (r. dr.), rejointe à Sisteron ; 90 km.

BUÉE n. f. (gallo-rom. **bucata,* lessive, du frq. **bûkôn,* tremper dans la lessive). Dépôt de fines gouttelettes d'eau formées par condensation : *Vitres couvertes de buée.*

BUEIL (Jean V DE), homme de guerre français (v. 1405-1478). Nommé amiral de France par Charles VII (1453), il contribua à la reconquête de la Normandie et à celle de la Guyenne. Dépouillé de sa charge par Louis XI (1461), il entra dans la ligue du Bien public (1465). Il a laissé une autobiographie romancée, *le Jouvencel* (1493).

BUENAVENTURA, port de Colombie, sur le Pacifique ; 166 000 hab.

BUENOS AIRES, cap de l'Argentine, sur le Río de la Plata ; 2 960 976 hab. *(Porteños)* [7 950 427 hab. dans l'agglomération].
Fondée au XVIe s., capitale en 1776 de la vice-royauté de la Plata, puis de l'Argentine indépendante (1816), la ville ne s'est réellement développée qu'à partir de la seconde moitié du XIXe s., avec la mise en valeur de la Pampa, liée à une massive immigration européenne. L'agglomération, démesurément étendue (200 km² pour la ville seule, mais près de 4 000 km² pour la région urbaine), est aujourd'hui la plus peuplée d'Amé-

rique du Sud (avec São Paulo). Elle regroupe le tiers au moins de la population du pays et concentre une part encore plus grande du potentiel industriel (industrie automobile, agroalimentaire, chimie, électronique, etc.), s'ajoutant à une prépondérance incontestée dans les domaines administratif, commercial (trafic portuaire dépassant 20 Mt) et culturel (universités, opéra et musée des Beaux-Arts).

BUENOS AIRES *(lac),* lac d'Argentine et du Chili, en Patagonie ; 400 km².

Buerger ou **Bürger** *(maladie de),* affection rare caractérisée par des thromboses successives des vaisseaux des extrémités, entraînant des mutilations progressives.

BUERO VALLEJO (Antonio), auteur dramatique espagnol (Guadalajara 1916). Il pratique un théâtre engagé (*Un soñador para un pueblo,* 1958 ; *El tragaluz,* 1967).

BUFFALO n. m. (angl. *buffalo,* du port. *búfalo*). Nom donné au bison en Amérique du Nord.

BUFFALO, port des États-Unis (New York), à l'extrémité nord-est du lac Érié ; 328 123 hab. (968 532 hab. dans l'agglomération). Centre commercial (produits alimentaires), culturel (université, musée d'art Albright-Knox) et industriel (agroalimentaire, construction mécanique, raffinage du pétrole).

BUFFALO BILL (William Frederick CODY, dit), pionnier américain (comté de Scott, Iowa, 1846-Denver 1917). Il lutta contre les Indiens, et, ses aventures étant devenues légendaires, il participa à un spectacle de cirque, le *Wild West Show,* qui évoquait la conquête de l'Ouest.

BUFFER [bœfœr] n. m. (angl. *buffer,* tampon). En informatique, syn. de TAMPON.

BUFFET n. m. (p.-ê. dér. de l'onomat. *buff,* exprimant le bruit d'un souffle). **1.** Meuble généralement à deux corps superposés, dont l'un, celui du bas, plus profond, est réservé à la vaisselle, et l'autre, celui du haut, à la verrerie. (Des tiroirs s'interposent souvent entre ces deux parties.) — **2.** Dans les restaurants, meuble à étagères sur lesquelles sont présentés différents plats dressés. — **3.** Café-restaurant ou comptoir roulant installé dans une gare. — **4.** Table garnie de mets sucrés et salés, et de boissons, pour une réception ; ensemble de ces mets et boissons. — **5.** *Pop.* Estomac, ventre. — **6.** Corps de menuiserie placé sur une tribune et renfermant le mécanisme et les tuyaux d'orgues. — **7.** *Buffet campagnard,* principalement constitué de produits de charcuterie et de vin. ‖ *Buffet d'eau,* au XVIIe s., fontaine de jardin adossée en forme de vasques ou de bassins étagés. ‖ Fam. *Danser devant le buffet,* n'avoir rien à manger.

BUFFET (Louis), homme politique français (Mirecourt 1818-Paris 1898). Président de l'Assemblée nationale de 1872 à 1875, c'est sur son initiative que fut voté l'amendement Wallon (janv. 1875). Il fut ministre de l'Intérieur (1875-1876).

BUFFET (Bernard), peintre et graveur français (Paris 1928). À la suite du « misérabilisme » de F. Gruber, son œuvre présente une vision du monde âpre, quoique progressivement plus facile, dans un style linéaire et décharné (séries telles que *la Passion* [1952], *les Horreurs de la guerre* [1954], *le Cirque* [1955], *les Oiseaux* [1959], *la Corrida* [1966], *Bateaux* [1972], etc.).

Buffet-Crampon, manufacture française d'instruments à vent, à anche, fondée en 1825.

BUFFETER v. t. (anc. fr. *bufer,* souffler) [conj. 27]. En parlant du faucon, frapper le gibier de ses serres en plein vol.

BUFFETIER, ÈRE n. Personne qui tient le buffet dans une gare.

BUFFETING [-tiŋ] n. m. (angl. *buffeting,* coup). Vibration d'origine aérodynamique qui affecte les gouvernes, les empennages et les ailes d'un avion.

BUFFLAGE n. m. Action de buffler.

BUFFLE n. m. (ital. *bufalo,* du bas lat. *bufalus,* antilope). **1.** Bœuf sauvage et domestique des régions chaudes de l'Ancien Monde, aux cornes aplaties, partant presque du même point et s'écartant directement. (Le poids peut dépasser 800 kg, mais les formes des forêts sont moins grandes et celles des îles du Pacifique sont naines.) — **2.** Disque de polissage constitué par des rondelles accolées, en cuir de bœuf (buffle).

BUFFLER v. t. (conj. 3). Polir une surface métallique avec un buffle.

BUFFLESSE ou **BUFFLONNE** n. f. Buffle femelle.

BUFFLETERIE n. f. (de *buffle*). Partie de l'équipement militaire, à l'origine en peau de buffle, servant à soutenir les armes et les cartouches.

BUFFLON n. m. Jeune buffle mâle.

BUFFON (Georges Louis LECLERC, *comte* DE), naturaliste et écrivain français (Montbard 1707-Paris 1788). Membre adjoint de l'Académie des sciences dès l'âge de vingt-six ans, Buffon rédige deux ans après, à titre d'introduction à la traduction d'un ouvrage scientifique anglais, un énoncé remarquable des principes de la science expérimentale. Dès 1739, nommé intendant du « Jardin du roi » (futur Muséum national d'histoire naturelle), il entreprend tout à la fois de lui donner des moyens accrus et une renommée universelle et, pendant de longs séjours dans sa propriété de Montbard, de rédiger, avec d'émi-

nents et nombreux collaborateurs, l'*Histoire naturelle.* Cet ouvrage immense (près de 40 volumes), qui sera achevé après sa mort par ses disciples, tels que Daubenton et Lacepède, est dominé par l'observation directe et réelle de la nature, sans idées préconçues, mais sous-tendue d'intuitions évolutionnistes voilées, et en tout cas nettement hostile à Linné. Reçu à l'Académie française en 1753, Buffon fait de son discours de réception un véritable traité du style, seul porteur, selon lui, de la personnalité d'un auteur scientifique, puisque les faits sont des données objectives, universelles, extérieures à l'homme qui les décrit. Buffon s'est intéressé aux sujets les plus divers : en 1748, il a l'idée de la lentille à échelons, en usage aujourd'hui dans les phares ; en 1767, il fait construire, dans son domaine de Buffon, une forge d'un type nouveau fournissant un fer d'une qualité remarquable. Il a, par ailleurs, suscité dans l'ensemble de la société française cultivée un puissant intérêt pour les sciences de la nature, jusque-là négligées du public.
Deux formules de Buffon sont restées célèbres : « Le style, c'est l'homme même » et « Le génie n'est qu'une longue patience ».

BUFONIDÉ n. m. (lat. *bufo, -onis,* crapaud). Nom de famille attribué aux crapauds.

BUFOTHÉRAPIE n. f. Emploi thérapeutique du venin de crapaud, qui est analgésique et hémostatique.

BUG [bœg] n. m. (amér. *bug,* défaut). Défaut de conception ou de réalisation d'un programme informatique, qui se manifeste par des anomalies de fonctionnement de l'ordinateur. (Syn. BOGUE.)

BUG → BOUG (fl.).

BUGAKU [bugaku] n. m. inv. (mot jap.). Spectacle de danses donné par les musiciens de gagaku. (Il fut introduit de Chine au Japon vers le VIIe s.)

BUGALET n. m. (mot breton). Bâtiment de servitude, généralement à deux mâts, employé dans les ports au transport des poudres, des munitions.

BUGANDA, anc. royaume du sud de l'Ouganda.

BUGATTI (Ettore), industriel italien naturalisé français (Milan 1881-Paris 1947). Il construisit sa première voiture dès 1898 et fonda une usine de construction automobile à Molsheim en 1907. Il fut le premier à utiliser la suralimentation pour les moteurs des voitures de course. On lui doit également les premiers autorails français (1933). – Son frère REMBRANDT (Milan 1885 - Paris 1916) était sculpteur, spécialisé dans l'art animalier.

BUGEAT (19170), ch.-l. de cant. du nord de la Corrèze ; 1 078 hab. *(Bugeacois).*

BUGEAUD (Thomas Robert), marquis **de la Piconnerie,** duc **d'Isly,** maréchal de France (Limoges 1784-Paris 1849). Il participe comme officier aux campagnes de Pologne et d'Espagne. Sous la Restauration, il se consacre à l'agriculture. Rappelé par Louis-Philippe, il assure rigoureusement la garde de la duchesse de Berry et est chargé de réprimer l'insurrection républicaine à Paris. En 1836, il est envoyé en Algérie. Vainqueur d'Abd el-Kader, il signe le traité de la Tafna (1837). Gouverneur général de l'Algérie (1840), il allie la conquête militaire aux réalisations administratives. Il remporte la victoire de l'Isly sur les Marocains (1844). En 1847, il demande son rappel. Il meurt du choléra.

BUGENHAGEN (Johann), théologien protestant, dit **le Docteur poméranien** (Wolin 1485-Wittenberg 1558). Proche collaborateur de Luther, il fut un actif propagandiste de la doctrine luthérienne en Allemagne du Nord et au Danemark.

BUGEY (le), région du sud-est du département de l'Ain, correspondant à la partie méridionale de la chaîne du Jura, entre les vallées de l'Ain et du Rhône. On distingue traditionnellement un *haut Bugey,* plus élevé, au N. (bordé à l'E. par le Valromey), et un *bas Bugey,* enserré dans la boucle du Rhône. – Centrale nucléaire du Bugey à Saint-Vulbas. – Le Bugey, avec la Bresse et le pays de Gex, fut cédé à la France, par le traité de Lyon, en 1601.

BUGGY [bœgi] n. m. (pl. *buggies*) [angl. *buggy*]. 1. Véhicule récréatif tous terrains construit à partir d'un châssis de voiture de série, équipé d'une carrosserie ouverte en matière plastique et de pneus très larges. – 2. Syn. de BOGHEI.

BUGIS ou **BOUGIS,** population indonésienne du S. de Célèbes, groupant environ 3 millions d'individus.

1. BUGLE n. f. (lat. médiév. *bugula*). Labiée des bois humides, aux fleurs d'un bleu violacé en épi serré.

2. BUGLE n. m. (angl. *bugle-horn,* corne de buffle). Instrument de musique proche du clairon militaire.

BUGLOSSE n. f. (bas lat. *buglosa,* du gr. *bouglôsson*). Plante aux fleurs bleues en long tube, voisine de la bourrache.

BUGNE n. f. (forme provenç. de *beignet*). Languette de pâte frite et saupoudrée de sucre.

BUGRANE n. f. (bas lat. *bucranium*). Papilionacée épineuse des champs, aux longues et solides racines traçantes, aux fleurs roses. (Syn. ARRÊTE-BŒUF.)

BUGUE (Le) [24260], ch.-l. de cant. de la Dordogne, sur la Vézère ; 2 771 hab. Centre de villégiature. Gravures préhistoriques.

BUHOTTE n. f. Petit poisson gobiidé des rivages d'Europe vivant sur les fonds sableux. (Syn. BOURGETTE.)

BUḤTURĪ (Abū ʿUbāda al-Walīd ibn ʿUbayd **al-**), poète arabe (Manbidj 821-*id.* 897). Un des meilleurs panégyristes de l'époque ʿabbāsside.

BUIC (Jagoda), tisserande croate (Split 1930). À la fois sculpturale et architecturale, archaïsante (matériaux, couleurs, etc.) et audacieuse dans la conception, son œuvre se veut avant tout environnement.

BUILDING [bildiŋ ou byldiŋ] n. m. (amér. *building,* de l'angl. *to build,* construire). Immeuble de vastes proportions, à grand nombre d'étages.

BUIRE n. f. (p.-ê. frq. **buri,* récipient). Nom donné à diverses cruches anciennes.

BUIS [bɥi] n. m. (anc. fr. *bois,* du lat. *buxus*). **1.** Arbuste à petites feuilles coriaces et luisantes, rondes, serrées, toujours vertes, des lieux calcaires, servant d'ornement, isolé ou en bordure d'allées, dans les parcs et jardins. (Le bois du buis, très lourd et très dur, d'un beau jaune, aisé à polir, s'emploie couramment en tournerie et en sculpture.) — **2.** *Buis bénit,* branche de buis qu'on bénit et distribue le jour des Rameaux.

BUIS-LES-BARONNIES (26170), ch.-l. de cant. de la Drôme, sur l'Ouvèze ; 2 100 hab. *(Buxois).* Ville ancienne pittoresque. Petit centre commercial (olives et huile d'olive, tilleul, miel) et touristique.

BUISSON n. m. (de l'anc. fr. *boisson,* petit bois, p.-ê. avec infl. du germ. **buska,* bûches). **1.** Arbuste ou groupe d'arbustes rameux dès la base et difficile à traverser. (S'emploie au pl. dans le même sens.) — **2.** Litt. *Faire buisson creux,* ne pas trouver ce que l'on cherchait. • **Arbor.** *Tailler en buisson,* orienter le développement d'un arbre pour qu'il reste d'une faible hauteur. — **Cuis.** Dressage en pyramide de crustacés ou d'articles frits. — **Relig.** *Buisson ardent,* allusion à l'épisode biblique (Exode, III, 2-IV) relatant la théophanie de Yahvé à Moïse sur la montagne sacrée (Horeb ou Sinaï), dans un buisson qui brûlait sans se consumer. (C'est au cours de cette manifestation divine que fut révélé à Moïse le nom de Yahvé.) — **Véner.** *Battre les buissons,* chercher le gibier. ‖ *Prendre son buisson,* ou *prendre buisson,* en parlant du cerf, choisir une retraite, et, en parlant des sangliers et du cerf, quitter la compagnie des autres. ‖ *Trouver le buisson creux,* ou *faire buisson creux,* ne pas trouver dans l'enceinte la bête détournée.

BUISSON (Ferdinand), pédagogue et homme politique français (Paris 1841-Thieuloy-Saint-Antoine, Oise, 1932). Il joua un rôle éminent comme collaborateur de Jules Ferry dans l'organisation de l'enseignement public (1879-1881). En 1898, il fut l'un des fondateurs de la Ligue des droits de l'homme. (Prix Nobel de la paix 1927.)

BUISSON-ARDENT n. m. Rosacée arbustive ornementale aux fruits rouge-orangé.

BUISSON-DE-CADOUIN (Le) [24480], ch.-l. de cant. de la Dordogne, sur la Dordogne ; 2 024 hab. À Cadouin, église romane, anc. abbatiale ; beau cloître des XVᵉ et XVIᵉ s. ; objets et œuvres d'art.

BUISSONNAIE → BUISSONNIÈRE.

BUISSONNER v. i. (conj. **3**). **1.** En parlant d'un chien de chasse, quêter à travers les buissons. — **2.** En parlant d'un arbre, pousser en buisson.

BUISSONNEUX, EUSE adj. **1.** Couvert de buissons. — **2.** Qui a l'apparence d'un buisson : *Arbres buissonneux.*

BUISSONNIER, ÈRE adj. Fam. *Faire l'école buissonnière,* aller se promener au lieu d'aller à l'école.

◆ **buissonnier** n. m. Arbre taillé en buisson.

◆ **buissonnière** ou **buissonnaie** n. f. Partie d'un jardin dans laquelle les arbres sont taillés en forme de buisson.

BUITENZORG → BOGOR.

BUJUMBURA, anc. **Usumbura,** cap. du Burundi, à l'extrémité nord-est du lac Tanganyika ; 272 600 hab. Port de pêche et surtout de commerce relié par le lac et le chemin de fer Kigoma-Dar es-Salaam à l'océan Indien. Université. Industrie textile.

BUKAVU, anc. **Costermansville,** v. du Zaïre, ch.-l. de la région du Kivu, à l'extrémité méridionale du lac Kivu ; 418 000 hab. Centre commercial et nœud de communications.

BUKHĀRĪ (Abū ʿAbd Allāh al-Djuʿfī **al-**), penseur musulman (Boukhara 810-Khartank 870), auteur de l'un des deux recueils constituant le *ḥadith Ṣaḥīḥ,* qui retrace les faits et gestes du Prophète.

BÜKK *(massif de),* montagnes boisées de la Hongrie septentrionale, près de la frontière slovaque ; 959 m.

BUKOFZER (Manfred), musicologue américain (Oldenburg 1910-Berkeley, Californie, 1955), auteur d'une *Histoire de la musique baroque, 1600-1750* (1947).

BUKOVINE → BUCOVINE.

BUKOWSKI (Charles), écrivain américain (Andernach, Allemagne, 1920 - San Pedro, Californie, 1994). L'invention verbale et l'évocation souvent obscène des bas-fonds caractérisent son œuvre (*Mémoires d'un vieux dégueulasse,* 1969 ; *Contes de la folie ordinaire,* 1976).

BULATOVIĆ (Miodrag), écrivain serbe (Bijelo Polje, Monténégro, 1930 - Budva 1991). Ses romans et nouvelles (*le Héros à dos d'âne,* 1964 ; *La guerre était meilleure,* 1968), au mépris des interdits, mettent en scène les épaves de la société.

BULAWAYO, v. du sud-ouest du Zimbabwe, ch.-l. de prov. ; 620 936 hab. Centre industriel (métallurgie, agroalimentaire).

BULBAIRE adj. Relatif à un bulbe, et spécialement au bulbe rachidien.

BULBE n. m. (lat. *bulbus,* oignon). **1.** Organe végétal souterrain pérennant, riche en réserves nutritives, et formé de plusieurs couronnes de gaines foliaires charnues (tuniques ou écailles) entourant une très courte tige (plateau) qui émet en outre quelques racines adventives. (Syn. OIGNON.) [→ *encycl.*] — **2.** Toit de plan centré à renflement en forme de bulbe. — **3.** Partie centrale, renflée, d'une galaxie spirale. — **4.** Renflement de la partie inférieure de l'étrave d'un navire, ayant pour but de réduire sa résistance à l'avancement et d'améliorer ses performances de vitesse. — **5.** *Bulbe aortique,* dernière cavité du cœur des vertébrés aquatiques dans le sens de circulation du sang. (Gros et muni de quatre valvules chez les poissons cartilagineux, le bulbe aortique se réduit et n'a plus que deux valvules chez les poissons osseux, chez lesquels il est prolongé par un *bulbe artériel ;* chez les amphibiens, une cloison médiane du bulbe aortique évite le mélange complet des sangs.) ‖ *Bulbe olfactif,* évagination antérieure du télencéphale dans laquelle font synapse les neurones olfactifs. ‖ *Bulbe de percussion,* syn. de CONCHOÏDE. ‖ *Bulbe pileux,* partie profonde et renflée de la racine du cheveu ou du poil, enchâssée dans l'épaisseur du cuir chevelu ou du derme, dont l'extrémité excavée reçoit la papille. ‖ *Bulbe rachidien,* partie du tronc cérébral qui fait suite à l'extrémité supérieure de la moelle épinière, traverse le cou occipital et se termine en s'unissant à la protubérance annulaire. (→ *encycl.*) ‖ *Bulbe solide,* syn. de CORMUS. ‖ *Bulbe urétral,* renflement de la partie spongieuse de l'urètre. ‖ *Bulbes vestibulaires,* organes érectiles, au nombre de deux, annexés à la vulve, placés de part et d'autre des orifices de l'urètre et du vagin. ‖ *Groupe bulbe,* groupe hydroélectrique à écoulement axial horizontal, composé d'une turbine à hélice et d'un générateur de courants alternatifs, installé à l'intérieur d'un caisson étanche en forme de bulbe. (→ *encycl.*)

ENCYCL. **Bot.** Du centre du bulbe surgit, au printemps, la hampe florale, et l'oignon se « vide » rapidement de sa substance. Au cours de l'été, les nouvelles feuilles, issues du bulbe, reconstituent un bulbe de remplacement ou même plusieurs *caïeux.* Les espèces bulbeuses abondent parmi les liliacées (oignon, ail, jacinthe, tulipe) et autres monocotylédones voisines ; il existe une renoncule bulbeuse.

— **Électr.** Les *groupes bulbes* sont utilisés dans les microcentrales installées sur les canaux, dans les chaînes de barrages ou les barrages de compensation, dans les centrales marémotrices et, enfin, dans les rivières et les fleuves. Dans les deux premiers cas, les générateurs, le plus souvent asynchrones, quelquefois synchrones, ont une puissance de 50 à 2 000 kW. Dans les deux autres, les générateurs sont synchrones et leur puissance dépasse souvent 30 000 kW.

— **Neurol.** La face antérieure du *bulbe rachidien* repose sur la gouttière basilaire de l'occipital, tandis que sa face postérieure constitue, avec celle de la protubérance annulaire, le plancher du IVe ventricule, lui-même recouvert par le cervelet. De la face antérieure du bulbe émergent un grand nombre de nerfs crâniens. Le bulbe rachidien est composé de substance grise et de substance blanche. Il comporte des noyaux gris, qui, pour la plupart, sont à l'origine de nerfs crâniens (grand hypoglosse, glossopharyngien, pneumogastrique, spinal et trijumeau), des faisceaux blancs, qui sont les grandes voies ascendantes (faisceau spino-thalamique, lemniscus médian) et descendantes (voie pyramidale), et des centres bulbaires (formation réticulée) dont certains sont en étroite liaison avec les noyaux des nerfs crâniens.

Le bulbe est une région vitale pour l'individu puisqu'il est le lieu de passage des grandes voies sensitives et motrices et celui du centre végétatif le plus important de l'organisme : le noyau de la Xe paire de nerfs crâniens (vague ou pneumogastrique), qui assure le fonctionnement de tous les viscères thoraco-abdominaux. De plus, le bulbe est une structure très vulnérable car il traverse le trou occipital, région charnière du squelette humain, et donc très fragile. Les signes observés au cours des lésions du bulbe dépendent du niveau auquel elles se situent : les principaux troubles sont une hémiplégie controlatérale à la lésion et qui respecte la face, une hémianesthésie controlatérale, un syndrome de Claude Bernard-Horner et des signes homolatéraux d'atteinte des nerfs crâniens dont les noyaux sont situés dans le bulbe, si la lésion bulbaire est unilatérale.

BULBEUX, EUSE adj. Qui présente un bulbe : *Plante bulbeuse.*

BULBICULTEUR, TRICE n. Horticulteur spécialisé dans la bulbiculture.

BULBICULTURE n. f. Culture des plantes d'ornement à bulbe (tulipe, glaïeul, etc.).

BULBILLE n. f. Bouture naturelle ayant la structure d'un bourgeon, mais qui se détache pour former un nouvel individu (ail, ficaire, certaines fougères). [La position des bulbilles sur la plante varie d'une espèce à l'autre.]

BULB-KEEL [bœlbkil] n. m. (pl. *bulb-keels*) [angl. *bulb,* oignon, et *keel,* quille]. Quille d'un petit voilier, constituée par un aileron métallique mince, qui supporte à sa partie inférieure un saumon de lest de forme allongée.

BULBUL n. m. (mot pers.). Petit passereau des régions chaudes de l'Ancien Monde, souvent bon chanteur. (Les bulbuls peuvent ravager les vergers. On les élève en cage pour leurs chants mélodieux.)

BULDO n. m. (de *bulle d'eau*) [marque déposée]. Petite boule de Celluloïd servant de lest et de flotteur, pour pêcher au lancer. (Syn. GOUTTE D'EAU.)

BULERIA [bulerja] n. f. (esp. *bulerias*). **1.** Danse flamenca, de rythme syncopé, à 3/4, librement improvisée. — **2.** Chant, avec accompagnement de guitare, sur lequel cette danse humoristique est exécutée.

BULGARE adj. et n. De Bulgarie.
◆ n. Nom donné, en Occident, aux membres de diverses sectes hérétiques dualistes du Moyen Âge.
◆ n. m. Langue slave du Sud, parlée principalement en Bulgarie.
ENCYCL. **Ling.** Le bulgare appartient au groupe méridional des langues slaves (avec le slovène et le serbo-croate). Il s'écrit en caractères cyrilliques. Le bulgare partage un certain nombre de traits avec d'autres langues balkaniques, ce qui le sépare du reste des langues slaves : article défini postposé, futur formé à l'aide d'une forme figée du verbe « vouloir ». Le lexique bulgare a beaucoup emprunté au turc, au grec, aux langues occidentales (français surtout) et au russe.

BULGARES DE LA VOLGA ET DE LA KAMA, tribus turques qui fondèrent un royaume (IXe-XIIe s.) dans la région comprise entre la Volga et la Kama. Islamisé au Xe s., ce royaume fut conquis par les Mongols en 1237.

BULGARIE, en bulgare **Bălgarija,** État du sud-est de l'Europe, sur la mer Noire ; 111 000 km^2 ; 8 700 000 hab. *(Bulgares).* CAP. *Sofia.* LANGUE : *bulgare.* MONNAIE : *lev.*

Géographie. Pays balkanique, la Bulgarie a des caractères climatiques danubiens (étés chauds et orageux, hivers rudes) au N. du massif du Balkan (ou Stara Planina) et méditerranéens au S. (où les hauteurs de la Sredna Gora sont séparées du système montagneux des Rhodopes par la plaine de la Marica). Le régime socialiste (avec la collectivisation de l'économie) a développé l'industrie, exploitant notamment un potentiel minier reconnu (plomb, zinc, cuivre, etc.). Le charbon manque, mais le lignite est abondant, fournissant la majeure partie de l'électricité. Dans les branches de transformation émergent l'électronique et l'agroalimentaire, lié au maintien d'un important secteur agricole. L'irrigation pallie localement la relative sécheresse du climat. Le blé et le maïs sont les principales céréales, la betterave sucrière, le tabac, le tournesol, les roses (vallée de Kazanlak), les plus importantes cultures industrielles. La vigne, l'élevage (ovins et porcins) tiennent aussi une place notable. La pêche anime le littoral de la mer Noire, comme le tourisme international balnéaire (précieuse source de devises), autour de Varna notamment, principal port (avec Burgas) et troisième ville du pays (derrière Sofia et Plovdiv).

Histoire. Peuplée originellement par les Thraces, l'actuelle Bulgarie est conquise par les Romains et organisée en deux provinces, la Thrace et la Mésie. Intégrée dans l'Empire byzantin, elle est envahie au VIe s. par des tribus slaves, qui s'y établissent. Au VIIe s., des peuples bulgares, d'origine turque, s'y installent et fondent vers 680 le premier Empire bulgare.
852-889 : Le roi Boris Ier, converti au christianisme, organise une Église nationale de langue slavonne (langue liturgique slave). Aux IXe et Xe s., la Bulgarie forme un empire puissant.
1018-1185 : Domination byzantine.
1187 : Le second Empire bulgare s'organise autour de la ville de Tărnovo.
La Bulgarie devient la puissance dominante des Balkans. À partir de la seconde moitié du XIIIe s., cet empire se morcelle en principautés indépendantes.
Fin du XIVe s. : La Bulgarie est annexée à l'Empire ottoman pour plus de quatre siècles.
Cependant, le sentiment national bulgare reste vivant. L'émancipation du pays se dessine au XIXe s.
1878 : Traité de San Stefano : avec l'aide de la Russie, la Bulgarie devient autonome (mais les puissances européennes la partagent en deux principautés).
1908 : La Bulgarie devient un royaume indépendant, dont le tsar Ferdinand rompt tout lien de vassalité avec le sultan.
1912 : Alliée à la Serbie et à la Grèce, la Bulgarie engage une guerre victorieuse contre la Turquie.
1913 : La Bulgarie se retourne contre ses alliés : elle est vaincue et perd presque toutes ses conquêtes au traité de Bucarest. Pendant la

Première Guerre mondiale, la Bulgarie s'allie à l'Allemagne et à l'Autriche-Hongrie.

1919 : Le traité de Neuilly lui retire l'accès à la mer Égée.

1935 : Le tsar Boris III instaure une dictature personnelle.

1941-1944 : La Bulgarie est aux côtés de l'Allemagne.

1944 : Renversement des alliances : les Bulgares se joignent aux troupes soviétiques contre les Allemands.

1946 : Proclamation de la république.

Agrandie de la Dobroudja du Sud, la Bulgarie devient une démocratie populaire dont le régime s'inspire de celui de l'U. R. S. S. La vie politique est dominée par le Parti communiste, dont les premiers secrétaires sont Vălko Červenkov (1950-1954) puis Todor Živkov (1954-1989).

1990 : Le rôle dirigeant du parti est aboli. La République populaire bulgare devient officiellement la République de Bulgarie. Son président est Želju Želev.

1991 : L'opposition démocratique forme un gouvernement.

1994 : Les socialistes (ex-communistes) remportent les élections législatives.

BULGE n. m. (angl. *bulge,* bosse). Compartiment aménagé à l'extérieur de la carène d'un navire pour éloigner de celle-ci le point d'explosion d'une torpille.

BULGNÉVILLE (88140), ch.-l. de cant. des Vosges, à l'O. de Vittel, près de la *forêt de Bulgnéville ;* 1 358 hab.

BULIMIFORME adj. Se dit d'une coquille spirale pointue au sommet, mais dont la base est ellipsoïdale.

BULINUS [-nys] n. m. Petit mollusque gastropode ovoïde operculé qui abonde dans les étangs de l'Ouest africain et qui est l'un des vecteurs de la bilharziose.

Bull *(John)* [« Jean Taureau »], sobriquet du peuple anglais, franc, bourru et querelleur, d'après un pamphlet de John Arbuthnot (1712).

BULL (John), compositeur anglais (Somerset v. 1562-Anvers 1628). Il s'exila vers 1614 pour devenir organiste de la chapelle de l'archiduc à Bruxelles. Il a contribué au développement du langage instrumental (150 pièces pour orgue ou virginal, 50 pour les cordes).

BULL (Frederik Rosing), ingénieur norvégien (Oslo 1882-*id.* 1925). Avec sa tabulatrice imprimante et sa trieuse, mises au point en 1922, il fut le créateur de la mécanographie par cartes perforées.

Bull, groupe informatique français dont les origines remontent à la création, en 1931 à Paris, de la compagnie des machines Bull, productrice des machines à calculer inventées par F. R. Bull.

BULL (Olaf), poète norvégien (Christiania, auj. Oslo, 1883-*id.* 1933). Influencé par Bergson et Einstein, il est l'auteur d'une poésie visionnaire qui prend souvent des dimensions cosmiques (*Poèmes,* 1909 ; *les Étoiles,* 1924 ; *Ignis ardens,* 1932).

BULLAIRE n. m. (lat. médiév. *bullarius,* de *bulla,* sceau). Recueil de bulles auxquelles on joignait souvent les brefs pontificaux publiés in extenso.

BULLANT (Jean), architecte et théoricien français (Écouen v. 1520 - *id.* 1578). Son œuvre est en grande partie détruite. Émule de Delorme et, ayant séjourné à Rome, imitateur de l'antique (additions au château d'Écouen), il en vint à une fantaisie maniériste, comparable à celle de Du Cerceau, dans ses autres travaux pour les Montmorency (petit château de Chantilly, v. 1560), puis dans ceux qui lui furent commandés par Catherine de Médicis (incluant l'achèvement d'édifices de Delorme).

BULLARD (Robert Lee), général américain (Youngsborough, Alabama, 1861-New York 1947). À la tête du 3ᵉ corps, il attaqua le saillant de Château-Thierry (juill. 1918), puis, avec la IIᵉ armée, enleva Saint-Mihiel (13 sept. 1918).

BULLA REGIA, site de Tunisie (gouvernorat de Jendouba), au nord de Jendouba. Importants vestiges romains : thermes, temple, amphithéâtre, villas souterraines (mosaïques).

BULLATIQUE adj. Se dit d'un type d'écriture dérivé du caractère gothique cursif, usité dans la chancellerie pontificale du XVIᵉ au XIXᵉ s.

BULLDOG [buldɔg] n. m. (angl. *bulldog,* chien-taureau). Chien anglais d'agrément, au museau aplati et retroussé, aux oreilles tombantes.

BULLDOZER [byldozœr ou -zɛr] n. m. (amér. *bulldozer,* de *to bull-doze,* intimider). **1.** Syn. usuel de BOUTEUR. — **2.** *Fam.* Personne qui n'hésite devant rien ; fonceur.

1. BULLE n. f. (lat. médiév. *bulla,* sceau). **1.** Lettre apostolique rédigée en forme solennelle, dont l'objet est d'intérêt général et qui est scellée du sceau pontifical. (On les désigne par le ou les premiers mots du texte.) — **2.** Tête de clou ornementée protégeant des vantaux de porte, des coffres, des ais de reliure. — **3.** À Rome, petite boule que tous les garçons de naissance libre portaient autour du cou jusqu'à l'âge de quinze ans. — **4.** Au Moyen Âge, boîte du messager chargé de porter une ordonnance seigneuriale. — **5.** Cachet ou sceau de métal attaché à un acte pour l'authentifier.

2. BULLE n. f. (lat. *bulla,* bulle d'air). **1.** Petite quantité d'air, de gaz, de vapeur qui prend la forme sphérique dans un liquide ou dans une matière en fusion (verre, métal) ou solidifiée. — **2.** *Bulle (de savon),* globe formé d'une lame mince d'eau savonneuse remplie d'air et qui peut tenir en suspension dans l'atmosphère. — **3.** Dans une bande dessinée, élément graphique, défini le plus souvent par une ligne fermée, qui permet d'exprimer les paroles ou les pensées des personnages. (Syn. BALLON, PHYLACTÈRE.) — **4.** Enceinte stérile en plastique transparent dans laquelle on place dès sa naissance un enfant *(enfant bulle)* atteint d'une forme aiguë de déficience immunitaire héréditaire. — **5.** Volumineuse collection liquide, à contenu généralement séreux, développée dans ou sous l'épiderme et faisant saillie à la surface de la peau. (Syn. PHLYCTÈNE.) — **6.** *Bulle magnétique,* petit domaine magnétisé dont la création et la circulation sur un substrat permettent la réalisation de mémoires d'ordinateurs de grande capacité. ‖ *Bulle tympanique,* cavité osseuse de l'oreille des mammifères, très développée chez les espèces des déserts et chez les cavernicoles. ‖ Pop. *Coincer la bulle,* ne rien faire ; dormir. ‖ Pop. *Faire des bulles,* faire un éclat, soulever un incident.

3. BULLE n. m. (orig. obsc.). **1.** Papier de couleur jaune clair ou havane pâle. — **2.** *Bulle corde,* papier mince de grande résistance.

4. BULLE n. f. (lat. *bulla,* boule). Mollusque gastropode, à coquille ovale ornée de vives couleurs, des mers chaudes.

Bulle d'or, acte marqué de la capsule d'or du sceau impérial, promulgué en 1356 par l'empereur Charles IV et qui organisa l'élection au Saint Empire. Toute ingérence du pape était supprimée. Les princes électeurs étaient au nombre de sept : trois ecclésiastiques et quatre laïques. Le couronnement devait avoir lieu à Aix-la-Chapelle, et non plus à Rome.

BULLE, v. de Suisse (cant. de Fribourg) ; 7 600 hab. Centre de la région d'élevage de la Gruyère. Marché rural. Château remontant au XIIIe s. Musée gruérien.

BULLÉ, E adj. *Feuille bullée,* feuille dont la face supérieure forme des bourrelets entre les nervures (primevère, certains choux). ‖ *Verre bullé,* verre renfermant intentionnellement des bulles dans le but de produire un effet artistique.

BULLET (Pierre), architecte français (Paris v. 1639 - *id.* 1716). Il a édifié la porte Saint-Martin et l'église St-Thomas-d'Aquin (sauf la façade). — Son fils JEAN-BAPTISTE (Paris 1665 - *id.* 1726) a construit le château de Champs.

BULLETIN n. m. (anc. fr. *bullette,* de *bulla,* sceau). **1.** Information officielle, rédigée sous une forme concise : *Bulletin météorologique.* — **2.** Écrit officiel ayant valeur d'attestation : *Demander à la gare un bulletin de retard.* — **3.** Rapport succinct sur la conduite et le travail d'un élève : *Un bon bulletin trimestriel.* — **4.** Article de journal faisant la synthèse des nouvelles dans un domaine donné : *Bulletin politique.* — **5.** *Bulletin de paie* ou *de salaire,* fiche qui doit accompagner le paiement de la rémunération du salarié. (Syn. FEUILLE DE PAIE.) ‖ *Bulletin de vote,* billet servant, soit par sa couleur, soit par le signe, le nom ou la mention qu'il porte, à exprimer un vote ; toute matérialisation du vote. • **Bours.** *Bulletin des oppositions,* recueil quotidien des titres au porteur perdus ou volés, publié par la Société des Bourses françaises. ‖ *Bulletin de souscription,* document donnant une série d'indications relatives à l'émission dans le cas de souscription à des actions ou des obligations. — **Ch. de f.** *Bulletin de traction,* imprimé sur lequel les agents de conduite notent les caractéristiques des trains remorqués, les retards, les incidents, etc. — **Docum.** *Bulletin bibliographique,* document imprimé représentant un fichier ou une base de données bibliographiques. ‖ *Bulletin signalétique,* document imprimé qui est la représentation d'un fichier bibliographique. — **Dr.** Recueil de décisions administratives édité par un ministère, une préfecture ou une grande ville et qui permet notamment d'effectuer la publication obligatoire des règlements. — **Horlog.** *Bulletin de marche, d'observatoire,* document où sont consignés les différents résultats de réglage d'un chronomètre. — **Météo.** *Bulletin météorologique européen,* document publié en Allemagne et qui présente, chaque jour, des cartes de pressions sur l'Europe et l'hémisphère Nord (en surface et en altitude) ainsi que des diagrammes aérologiques. ‖ *Bulletin quotidien de renseignements (B. Q. R.),* document publié par Météo France et qui donne, pour chaque jour, des cartes de pressions et de systèmes nuageux sur l'Europe, de températures et de précipitations sur la France et les territoires adjacents. — **Presse.** Publication périodique spécialisée dans un type précis d'informations. ‖ Organe périodique de liaison interne entre les membres d'une association, d'une administration, d'une entreprise. ‖ *Bulletin d'informations,* à la radio, à la télévision, informations suivant immédiatement le flash et qui résume l'essentiel des nouvelles ; information répétitive et destinée à faire le point sur un sujet particulier. — **Stat.** *Bulletin d'état civil,* document établi dans les mairies à l'occasion des actes de l'état civil (naissances, décès, mariages) et dont le dépouillement procure les statistiques démographiques dans de nombreux pays, en France notamment. ‖ *Bulletin de recensement,* document sur lequel sont portées les réponses au questionnaire du recensement. ‖ *Bulletin statistique,* publication périodique destinée à la mise à jour des séries statistiques et à la diffusion des résultats d'enquêtes ou d'études spéciales.

Bulletin des annonces légales obligatoires (B. A. L. O.), bulletin annexe du *Journal officiel* où paraissent la publicité légale et l'information relative aux sociétés.

Bulletin des lois, recueil institué le 14 frimaire an II (4 déc. 1793) et qui commença à paraître le 22 prairial (10 juin 1794). Il a été l'unique recueil périodique de textes officiels jusqu'en 1870 et cessa de paraître en 1931.

Bulletin officiel des annonces civiles et commerciales (B. O. D. A. C. C.), bulletin annexe au *Journal officiel* et qui contient notamment les annonces obligatoires relatives aux immatriculations au registre du commerce et des sociétés, ainsi qu'aux radiations.

BULLETIN-RÉPONSE n. m. (pl. *bulletins-réponses*). Imprimé à remplir et à renvoyer pour participer à un jeu, à un concours.

BULLEUX, EUSE adj. Se dit d'une affection qui s'accompagne de bulles.

BULL-FINCH [bulfinʃ] n. m. (pl. *bull-finches*) [angl. *bullfinch,* de *bull,* taureau, et *fence,* haie]. Obstacle formé d'un talus de terre couronné d'une haie, que les chevaux doivent franchir sur certains hippodromes.

Bullier *(bal),* bal autrefois situé avenue de l'Observatoire, à Paris, et fréquenté surtout par les étudiants. Sur son emplacement a été élevé, en 1957, le *Centre universitaire Jean-Sarrailh.*

BULLINGER (Heinrich), théologien protestant suisse (Bremgarten 1504-Zurich 1575). Après la mort de Zwingli (1531), il lui succéda à Zurich et rédigea les deux premières *Confessions de foi helvétiques* (1536, 1566).

BULLION (Claude DE), homme d'État français (v. 1580-Paris 1640). Nommé surintendant des Finances (1632) par Richelieu, il pratiqua une politique d'expédients (augmentation des tailles, vente d'offices, etc.) et fit frapper les premiers louis d'or (1640).

BULLIONISME n. m. (angl. *bullion,* lingot). Politique monétaire suivie par l'Espagne à l'époque mercantiliste (XVIe s.) et qui tendait à augmenter le stock d'or détenu dans le pays, l'importance de celui-ci étant synonyme de puissance.

BULL-TERRIER [bul-] n. m. (pl. *bull-terriers*) [angl. *bull-terrier*]. Race de chien anglaise, issue du croisement entre bulldog et terrier.

BULLY-LES-MINES (62160), ch.-l. de cant. du Pas-de-Calais, à l'O. de Lens ; 12 647 hab. *(Bullygeois).* Anc. centre houiller. Constructions mécaniques.

BULNES (Manuel), général et homme d'État chilien (Concepción 1799 - Santiago 1866), président de la République du Chili (1841-1851).

BULOT n. m. Nom local du *buccin* des côtes françaises de l'océan Atlantique.

BÜLOW (Friedrich Wilhelm), comte **Bülow von Dennewitz,** général prussien (Falkenberg, Altmark, 1755-Königsberg 1816). À Waterloo, l'arrivée de ses troupes sur le flanc est des Français fut décisive.

BÜLOW (Hans, *baron* VON), pianiste, chef d'orchestre et compositeur allemand (Dresde 1830-Le Caire 1894). Wagnérien de la première heure, il dirigea à leur création *Tristan* (1865) et *les Maîtres chanteurs* (1868). Il a été le premier mari de Cosima Liszt.

BÜLOW (Karl VON), feld-maréchal allemand (Berlin 1846-*id.* 1921). En 1914, il commandait la IIe armée allemande, battue à la Marne.

BÜLOW (Bernhard, d'abord *comte,* puis *prince* VON), homme d'État allemand (Klein-Flottbek, Schleswig-Holstein, 1849-Rome 1929). Secrétaire d'État aux Affaires étrangères (1897-1900), chancelier d'empire (1900-1909), il remporta les élections de 1907 grâce à la formation d'un bloc unissant les conservateurs et les libéraux contre les sociaux-démocrates. Il tenta de s'opposer au rapprochement de la Grande-Bretagne avec la France alliée à la Russie en mettant à profit la défaite de cette dernière dans la guerre russo-japonaise (1905), mais il ne put éviter l'isolement de l'Allemagne à la conférence d'Algésiras (1906). Cependant, il réussit en 1909 à faire reconnaître à la Russie l'annexion de la Bosnie-Herzégovine par l'Autriche. Ayant perdu la confiance de Guillaume II et le soutien des conservateurs, il dut démissionner en 1909.

BULOZ (François), journaliste français (Vulbens, Haute-Savoie, 1804-Paris 1877). Rédacteur en chef de la *Revue des Deux Mondes* en 1831, il réunit autour de lui l'élite des écrivains français. Il fut administrateur de la Comédie-Française (1847-48). — Son fils CHARLES (Paris 1843-*id.* 1905) lui succéda à la tête de la revue de 1877 à 1893.

BULTMANN (Rudolf), exégète et théologien luthérien allemand (Wiefelstede, près d'Oldenburg, 1884-Marburg 1976). Sa critique rigoureuse des textes du Nouveau Testament tend à retrouver, sous une expression mythique, produit de la communauté chrétienne primitive, l'authentique message évangélique. Cette école de l'histoire des formes littéraires a ouvert à l'historien du christianisme des voies nouvelles. Bultmann a écrit notamment *Jésus* (1926), *Nou-*

veau Testament et Mythologie (1942), *Théologie du Nouveau Testament* (1948-1953), *Commentaire sur l'Évangile de Jean* (1941), *le Christianisme dans le cadre des religions antiques* (1949), *Histoire et Eschatologie* (1956).

BULWER-LYTTON (Edward George) → LYTTON.

BUMBRY (Grace), cantatrice noire américaine (Saint Louis, Missouri, 1937). Par son jeu et ses moyens vocaux, elle s'est imposée dans *Carmen, Amneris, Salomé* ou *Gioconda.*

BUN [bœn] n. m. (angl. *bun*). Petit pain rond en pâte levée.

BUNA n. m. (n. déposé, de *butadiène* et *Na,* symbole chimique du sodium). Nom de divers polymères ou copolymères du butadiène.

BUNAU-VARILLA (Philippe), ingénieur français (Paris 1859 - *id.* 1940). Ministre plénipotentiaire de la République de Panamá (1903), il signa avec les États-Unis un traité assurant la construction du canal, mais consacrant sur cette voie la mainmise des États-Unis.

BUNCHE (Ralph Johnson), sociologue et homme politique américain (Detroit 1904-New York 1971). En 1948, il succéda au comte Bernadotte comme médiateur de l'O. N. U. en Palestine. Il fut le premier Noir qui obtint le prix Nobel de la paix (1950).

BUNCHŌ TANI, peintre japonais (Edo 1763-1840). Il s'efforca de faire une synthèse des styles des écoles japonaises (Kanō et Tosa) et chinoises (Ming et Qing) et adopta l'attitude lettrée de ces dernières, associée aux règles occidentales.

Bund, ou **Union générale juive des travailleurs de Lituanie, Pologne et Russie,** parti socialiste juif fondé en Russie en 1897, à Vilna. Appuyant d'abord les marxistes du P. O. S. D. R., les membres du Bund s'opposèrent aux bolcheviks après 1902 et rejoignirent les mencheviks. Le Bund subsista en Pologne jusqu'en 1948.

Bundahishn ou **Bundehish** (en pahlavi « création originelle »), compilation écrite après la venue de l'islām en Iran par des prêtres zoroastriens, commentateurs, en moyen perse, de l'*Avesta.* C'est une histoire du monde, de sa genèse à la résurrection. Il est le livre sacré des pārsis.

Bundesbank, banque fédérale allemande, créée par la loi du 26 juill. 1957.

Bundesrat, une des chambres législatives de la Confédération de l'Allemagne du Nord (1866-1871), de l'Empire allemand (1871-1918) et, depuis 1949, de la République fédérale d'Allemagne, composée des représentants désignés par les différents États. En Autriche, il existe également un Bundesrat qui représente les États. En Suisse, « Bundesrat » est le nom allemand du Conseil fédéral.

BUNDESREPUBLIK DEUTSCHLAND, en fr. *République fédérale d'Allemagne,* nom officiel de l'Allemagne* (de la seule Allemagne de l'Ouest de 1949 à 1990).

Bundestag, assemblée législative de la République fédérale d'Allemagne.

Bundeswehr, nom donné en 1956 aux forces armées de l'Allemagne fédérale et depuis 1990 à l'armée allemande.

BUNGALOW [bœ̃galo] n. m. (angl. *bungalow,* de l'hindī *bangla,* maison du Bengale, par l'intermédiaire du gujarātī *bangalo*). **1.** Dans les pays chauds, habitation basse, généralement en bois, entourée de vérandas. — **2.** Construction simple et légère servant de résidence de vacances, en partic. à l'intérieur d'un ensemble hôtelier, d'un camping.

1. BUNKER [bunkœr ou -kɛr] n. m. (all. *Bunker*). Casemate servant de réduit fortifié ou d'abri.

2. BUNKER [bœnkœr] n. m. (angl. *bunker*). Obstacle artificiel (creux rempli de sable) d'un parcours de golf.

Bunker Hill *(combat de)* [17 juin 1775], premier combat de la guerre de l'Indépendance américaine, entre les colons insurgés et les Anglais.

BUNODONTE adj. (gr. *bounos,* colline). Se dit des molaires à tubercules de faible hauteur, émoussés, à croissance limitée, ainsi que des groupes de mammifères ayant de telles molaires (porcins, insectivores, primates, dont l'homme).

BUNRAKU [bunraku] n. m. (mot jap.). Au Japon, spectacle traditionnel de marionnettes.

BUNSEN (Robert Wilhelm), physicien et chimiste allemand (Göttingen 1811-Heidelberg 1899). Il isola le cacodyle (1842), le magnésium (1851) et le chrome (1854). En 1859, avec Kirchhoff, il inventa les premières méthodes d'analyse spectrale, découvrant que les raies du spectre sont caractéristiques des éléments chimiques, ce qui leur permit de caractériser et d'isoler le rubidium et le césium. On doit à Bunsen le photomètre à tache d'huile, le bec de gaz à introduction d'air (qui porte son nom) et un calorimètre à fusion de la glace.

Bunsen *(bec),* brûleur à gaz employé dans les laboratoires.

BUNSÉNITE n. f. (de *Bunsen,* n. pr.). Oxyde naturel de nickel (NiO), que l'on trouve en petits octaèdres cubiques d'un beau vert.

BUNTSANDSTEIN [buntzãdʃtajn] n. m. (all. *Buntsandstein,* grès bigarré). Étage du système triasique, appartenant au domaine germanique, synchrone du werfénien dans le domaine alpin.

BUÑUEL (Luis), cinéaste espagnol naturalisé mexicain (Calanda, Aragon, 1900 -Mexico 1983). Influencé par le surréalisme (*Un chien andalou* [1928] et *l'Âge d'or* [1930] sont réalisés en collaboration avec Salvador Dalí), il lutte dans ses films contre les tabous de la morale traditionnelle et les contraintes de la religion. On lui doit *Los Olvidados* (1950), *la Montée au ciel* (1951), *les Hauts de Hurlevent* (1952), *la Vie criminelle d'Archibald de la Cruz* (1955), *la Mort en ce jardin* (1956), *Nazarin* (1958), *Viridiana* (1961), *l'Ange exterminateur* (1962), *le Journal d'une femme de chambre* (1964), *Belle de jour* (1967), *la Voie lactée* (1969), *Tristana* (1970), *le Charme discret de la bourgeoisie* (1972), *le Fantôme de la liberté* (1974), *Cet obscur objet du désir* (1977).

BUNYAN (John), prédicateur et écrivain anglais (Elstow, près de Bedford, 1628-Londres 1688), auteur d'une allégorie religieuse, guide imagé et pratique du salut éternel, qui sera la bible du peuple (*le Voyage du pèlerin*, 1678-1684).

BUON → BON.

BUONAPARTE → BONAPARTE.

BUONARROTI (Michelangelo) → MICHEL-ANGE.

BUONARROTI (Michelangelo), écrivain italien (Florence 1568-*id.* 1642), dit **le Jeune,** neveu de Michel-Ange. Ses deux comédies, *La Tancia* (1612) et *La Fiera* (1618), comptent parmi les chefs-d'œuvre du théâtre baroque.

BUONARROTI (Philippe), révolutionnaire français d'origine italienne (Pise 1761-Paris 1837). Venu à Paris, il fit la connaissance de Babeuf et, après l'échec de la conspiration des Égaux*, fut condamné à la déportation ; libéré, il devint carbonaro et participa à l'agitation nationaliste et libérale italienne. Il a écrit *la Conspiration pour l'égalité, dite « de Babeuf »* (1828).

BUONTALENTI (Bernardo), architecte, ingénieur militaire, peintre et sculpteur italien (Florence 1536 - *id.* 1608). Organisateur de fêtes princières, il introduisit la fantaisie maniériste dans ses villas des environs de Florence.

BUPHAGE n. m. (gr. *bouphagos,* qui mange les bœufs). Nom générique du *pique-bœuf.*

BUPHTALMIE n. f. (gr. *bous,* bœuf, et *ophtalmie*). Augmentation du volume du globe oculaire, qui, faisant saillie à l'extérieur, rappelle l'aspect de l'œil du bœuf.

BUPLÈVRE n. m. (gr. *boupleuron,* flanc de bœuf). Ombellifère arbustive à grandes bractées, souvent plantée dans les parcs.

BUPRESTE n. m. (lat. *buprestis,* du gr. *bouprêstis,* qui gonfle les bœufs). Beau coléoptère allongé, à livrée métallique, dont la larve vit dans le bois des pins. (Les buprestes constituent la famille des *buprestidés,* très nombreuse.) [Syn. RICHARD.]

BURAKUMIN n. (mot jap.). Au Japon, minorité exerçant des métiers considérés comme impurs (bouchers, tanneurs, fossoyeurs) et faisant l'objet d'une profonde discrimination sociale. (Ils vivent dans de véritables ghettos, les *buraku*.)

BURALI-FORTI (Cesare), logicien italien (Arezzo 1861-Turin 1931). Il a laissé une œuvre importante de logique mathématique. Il est l'auteur d'une antinomie montrant que l'ensemble des ordinaux n'est pas un ensemble.

BURALISTE n. 1. Personne préposée à un bureau de paiement, de distribution, de recette, etc. — 2. Personne qui tient un bureau de tabac.

BURAN → BOURAN.

Burāq (al-), animal légendaire que Mahomet aurait monté lorsqu'il fit le « voyage nocturne miraculeux » de La Mecque à Jérusalem.

BURAYDA, v. d'Arabie Saoudite, centre d'une oasis du wādi al-Ruma ; 184 000 hab. Commerce des chameaux.

BURAYMI (al-), oasis d'Abū Ẓabī, à la frontière du sultanat d'Oman.

BURBAGE (James), comédien anglais (1531-Londres 1597). Il construisit en 1576 le premier théâtre anglais, appelé symboliquement « The Theatre ». — RICHARD, son fils (Londres v. 1567-*id.* 1619), fit partie de la compagnie de Shakespeare, dont il fut l'associé et l'un des grands interprètes.

BURBANK, faubourg nord de Los Angeles ; 85 000 hab. Studios de cinéma. Aéroport et constructions aéronautiques.

BURCHARD de Worms (Buggo), jurisconsulte et canoniste allemand (Worms 965-*id.* 1025), évêque de Worms. Le recueil canonique qu'il composa est devenu la source principale du *Décret* de Gratien.

BURCHARD ou **BROCARD du Mont-Sion,** dominicain et voyageur allemand du XIIIe s. Après un séjour dans l'Orient méditerranéen, il rédigea l'une des plus importantes descriptions de la Terre sainte et du Proche-Orient publiées au Moyen Âge.

Burchell *(zèbre de),* autre nom du *dauw.*

BURCKHARDT (Johann Ludwig), explorateur et orientaliste suisse (Lausanne 1784-Le Caire 1817). Il fut le premier Européen à pénétrer dans les villes saintes de l'Arabie.

BURCKHARDT (Jacob), historien suisse d'expression allemande (Bâle 1818-*id.* 1897), auteur, notamment, du *Cicerone* (1855), de *l'Histoire de la civilisation grecque* (4 vol., 1898-1902), des *Considérations sur l'histoire universelle* (1905).

BURCKHARDT (Carl Jacob), historien, diplomate et écrivain suisse d'expression allemande (Bâle 1891-Genève 1974), auteur d'ouvrages historiques (*Richelieu,* 1935-1967) et de recueils de souvenirs.

Burdach *(faisceau de),* faisceau de fibres nerveuses situé dans le cordon postérieur de la moelle épinière et véhiculant des informations relatives à la sensibilité cutanée et articulaire. Il se termine au niveau du *noyau de Burdach,* dans la partie basse du bulbe. De ce noyau partent des fibres qui croisent la ligne médiane et qui, après un relais dans le thalamus, se projettent sur le cortex sensitif. (Syn. FAISCEAU CUNÉIFORME.)

BURDIGALIEN n. m. (lat. *Burdigala,* n. pr.). Étage de l'époque miocène.

BURDJITES, dynastie de Mamelouks qui régna en Égypte de 1382 à 1517.

BURDWĀN → BARDDHAMAN.

1. BURE n. f. (p.-ê. lat. pop. *bura*). **1.** Grosse étoffe de laine, de coloration brune, dont on se sert pour la confection des vêtements de certains ordres religieux. — **2.** Vêtement confectionné avec cette étoffe.

2. BURE n. m. (liégeois *bure*). Puits de mine intérieur, ne débouchant pas au jour. (Syn. PUITS BORGNE.)

BUREAU n. m. (de *bure,* étoffe). **1.** Meuble comportant une table pour écrire et des compartiments de rangement. — **2.** Pièce destinée au travail intellectuel ou à la réception des clients, des visiteurs : *L'avocat m'a reçu dans son bureau.* — **3.** Ensemble des meubles de cette pièce : *Un bureau Empire.* — **4.** Lieu de travail des employés d'une administration ou d'une entreprise : *Aller au bureau.* — **5.** Établissement public où sont installés des services administratifs, commerciaux ou industriels : *Les bureaux de la société sont à Paris.* — **6.** Guichet : *Les bureaux d'un théâtre.* — **7.** Service assuré dans un bureau : *Bureau commercial.* — **8.** Ensemble des employés travaillant dans une administration, dans des services commerciaux, etc. : *La lenteur des bureaux.* — **9.** Organe directeur d'une association, d'un parti : *Faire partie du bureau de l'association sportive.* — **10.** *Bureau de tabac,* établissement ouvert au public, et par lequel sont écoulées les productions de la S. E. I. T. A. (Syn. de DÉBIT DE TABAC.) ‖ *Fournitures de bureau,* articles destinés au travail de bureau (papiers, stylos, gommes, trombones, etc.). ‖ *Jouer à bureaux fermés,* au théâtre, jouer alors que toutes les places sont louées à l'avance. • **Dr.** Organe chargé d'assurer le fonctionnement des assemblées parlementaires et d'en diriger les débats. (Il est composé, en France, d'un président, de vice-présidents, de secrétaires et de questeurs élus par chaque assemblée en son sein.) ‖ *Bureau d'enregistrement,* bureau où l'on perçoit les droits dits « d'enregistrement », après avoir enregistré les actes. ‖ *Bureau de fret,* service administratif chargé de régulariser le transport routier. ‖ *Bureau de jugement,* formation du conseil de prud'hommes (au moins 2 employeurs et 2 salariés) qui juge les affaires qui lui sont soumises après échec de la tentative de conciliation. ‖ *Bureau de placement,* agence payante où l'on se charge de placer les employés de maison, les acteurs. ‖ *Bureau politique,* organe exécutif situé au sommet de la hiérarchie de certains partis ou mouvements, notamment des partis communistes. ‖ *Bureau de vote,* organisme composé d'élus et d'électeurs qui, dans chaque commune ou section électorale, assume le déroulement du scrutin ; local indiqué pour voter. ‖ *Bureaux internationaux,* organes centraux créés par des conventions internationales collectives, constituant parfois des *Unions internationales,* en vue de faciliter les relations entre les États contractants dans le cadre de la convention (ex. *Bureau international du travail*). — **Hist.** *Bureaux arabes,* organismes qui furent chargés, en Algérie, de l'administration des autochtones en territoire de commandement. (Le service des Affaires indigènes, puis musulmanes, qui fonctionna en Algérie jusqu'en 1945, avait son origine dans cette institution, créée en 1833.) — **Mil.** *Bureau d'état-major,* organisme d'un état-major spécialisé dans une mission particulière. — **Navig.** *Bureau d'affrètement,* organisme chargé, dans chaque centre marinier important, d'étudier les besoins en transports et les moyens d'y satisfaire. — **Post.** *Bureau de poste,* local de La Poste où s'effectue le dépôt des correspondances, d'où ces dernières sont distribuées, et où le public peut réaliser les opérations postales et financières relevant de La Poste. — **Presse.** À l'étranger, représentation d'une agence ou d'un organe de presse.

Bureau central de renseignements et d'action (B. C. R. A.), organe directeur des services spéciaux de la France libre, installé à Londres. Il coordonna toute l'action politico-militaire en France en vue de l'unification et de l'équipement de la Résistance et de la préparation des débarquements alliés. En 1943, il fusionna avec les services secrets d'Afrique du Nord pour former la Direction générale des services spéciaux.

Bureau des longitudes → LONGITUDES.

BUREAU, famille champenoise des XIVe et XVe s. — JEAN (Paris v. 1390-*id.* 1463) fut trésorier de France en 1440. — GASPARD (Paris v. 1393-*id.* 1469), frère du précédent, fut maître de l'artillerie en 1444. Les deux frères modernisèrent l'artillerie française.

BUREAU (Paul), juriste et sociologue français (Elbeuf 1865-Paris 1923), vulgarisateur et rénovateur de l'école de la science sociale, née des travaux de Frédéric Le Play (*la Crise morale des temps nouveaux,* 1907, *l'Indiscipline des mœurs,* 1920).

BUREAUCRATE n. Personne employée dans les bureaux d'une administration, d'une entreprise, qui exerce son pouvoir de façon abusive.

BUREAUCRATIE [-si] n. f. **1.** Ensemble des fonctionnaires, des bureaucrates, considérés du point de vue de leur influence. — **2.** Pouvoir des membres de l'appareil d'État ou d'un appareil administratif quelconque (d'un parti politique, d'un syndicat, d'une entreprise, par ex.).

BUREAUCRATIQUE adj. Relatif à la bureaucratie, au bureaucrate.

BUREAUCRATISATION n. f. Processus par lequel la croissance excessive des fonctions administratives, techniques ou politiques de certains éléments d'un groupe social (groupes socioprofessionnels, organisations politiques ou syndicales, sociétés) tend à constituer ceux-ci en une couche autonome *(bureaucratie),* dont les méthodes et le modèle de décision deviennent un trait dominant de l'ensemble des rapports sociaux.

BUREAUCRATISER v. t. (conj. 3). Soumettre à un régime bureaucratique.

BUREAUCRATISME n. m. Domination, dans le cadre d'un État ou d'un parti, d'une puissance bureaucratique autoritaire.

BUREAU-PAYSAGE n. m. (pl. *bureaux-paysages*). Aménagement d'un bureau en plusieurs postes de travail séparés par des paravents mobiles, des plantes vertes ou des meubles de rangement.

BUREAUTICIEN, ENNE n. Personne qui s'occupe de Bureautique.

BUREAUTIQUE n. f. (n. déposé) [de *bureau* et *informatique*]. Ensemble des techniques informatiques qui facilitent le travail de secrétariat.
◆ adj. Relatif à la Bureautique.

ENCYCL. Avec l'essor de la Bureautique se répandent les machines à écrire possédant un organe de stockage magnétique qui permet de modifier ou de reproduire un texte sans le retaper. Elles sont généralement utilisées pour la frappe répétitive de lettres, avec possibilité de personnalisation et de révision ponctuelle. L'apport de l'informatique permet des manipulations de textes plus évoluées (mise en page, justification automatique, fusion de textes...) ainsi que l'accès à des bases de données (fichiers d'adresses par ex.). L'utilisation d'un terminal de visualisation facilite beaucoup la mise au point des textes. Enfin, ces machines peuvent imprimer les textes composés ou être interconnectées par des réseaux téléinformatiques, de façon à transmettre directement, sans support en papier, des messages à leurs destinataires.

BURÈLE ou **BURELLE** n. f. (fém. de l'anc. fr. *burel,* étoffe rayée). En héraldique, fasce diminuée de largeur et toujours employée en nombre.

BUREN (Daniel), peintre français (Boulogne-sur-Seine 1938). Analyse critique de la pratique artistique, son œuvre, depuis le milieu des années 60, aborde la peinture comme réalité matérielle (support, forme, couleur). Elle se réduit à de vastes toiles à bandes verticales alternées, tendues en divers lieux et espaces publics qu'elles entendent révéler. Buren a réalisé en 1986 un environnement monumental (« les Colonnes ») dans une cour du Palais-Royal à Paris.

BURES-SUR-YVETTE (91440), comm. de l'Essonne, dans la vallée de Chevreuse ; 9 292 hab. Partie de l'université d'Orsay.

BURETTE n. f. (anc. fr. *buire*). **1.** Petit flacon à goulot rétréci et bec verseur, qui contient l'huile ou le vinaigre. — **2.** Petit flacon contenant l'eau ou le vin de la messe. — **3.** Petit récipient métallique muni d'un long tube effilé et dont on se sert pour verser l'huile de graissage dans les organes des machines. — **4.** Tube de verre de forme variable, gradué en parties d'égale capacité et destiné aux analyses chimiques.
◆ **burettes** n. f. *Pop.* Testicules.

BURG [burg] n. m. (all. *Burg*). Château fort perché sur un piton rocheux.

BURGAS, port de Bulgarie, sur la mer Noire, ch.-l. de district. ; 211 600 hab. Centre industriel, près de gisements de houille, de fer et de cuivre. Raffinerie de pétrole et pétrochimie. Chantier naval. — Aux environs, églises byzantines de Nesebăr (anc. Mesemvrija).

BURGAU n. m. (p.-ê. mot antillais). Nom commun aux diverses grosses coquilles dont on utilise la nacre ; cette nacre elle-même.

BURGAUDINE n. f. Nacre, souvent teintée de vert, fournie par le burgau.

BURGDORF, en fr. **Berthoud,** v. de Suisse (cant. de Berne), à l'entrée de l'Emmenthal ; 15 400 hab. Dans le château, musée historique.

BURGENER (Alexandre), guide suisse (Eistein, vallée de Saas, 1845 - Bergli, Oberland, 1910). Il a réalisé une quarantaine de premières, dont le Grand Dru (1878), l'arête de Zmutt au Cervin (1879), les Grands Charmoz (1880), le Grépon (1881), l'aiguille Verte par le couloir en Y (1881).

BURGENLAND, prov. d'Autriche, à la frontière hongroise ; 3 966 km² ; 273 541 hab. Ch.-l. *Eisenstadt.*

BURGER [burgœr] n. m. (de *hamburger*). Sorte de sandwich rond, produit de base de la restauration rapide. (On distingue les *hamburgers,* les *fishburgers,* etc.)

BÜRGER (Gottfried August), poète allemand (Molmerswende, Harz, 1747-Göttingen 1794). Ses ballades (*Lenore,* 1773) contribuèrent à créer une littérature allemande originale.

Bürger *(maladie de)* → BUERGER.

BURGESS (Ernest Winston), sociologue américain (Tilbury, Ontario, 1886-Chicago 1966). C'est à partir de ses travaux que la sociologie de la famille a été considérée comme un domaine d'études indépendant (*The Family : from Institution to Companionship,* 1945, en collab. avec Harvey Locke et Mary M. Thomas).

BURGESS (John BURGESS WILSON, dit **Anthony**), écrivain britannique (Manchester 1917 - Londres 1993). Dénonciateur de la bêtise et de la violence modernes, il affirme, en même temps qu'un catholicisme agressif, un culte ambigu du héros (*l'Orange mécanique,* 1962 ; *l'Homme de Nazareth,* 1976 ; *le Royaume des mécréants,* 1985).

BURGH (DE), famille normande établie en Angleterre après la conquête ; la branche la plus importante se fixa en Irlande, où le nom se transforma en BURKE ou BOURKE.
Les principaux membres de cette famille furent : HUBERT, comte *de Kent* († Banstead 1243), régent, justicier d'Angleterre et d'Irlande (1216-1232) ; — WILLIAM, frère du précédent, fondateur de la branche irlandaise († 1205) ; — RICHARD, fils du précédent († Bordeaux 1243), justicier d'Irlande de 1228 à 1238. Il conquit la plus grande partie du Connacht en 1235 ; — WALTER (1229-1271), deuxième fils de William. Il reçut vert 1255 le titre de comte *d'Ulster* ; — RICHARD, *le comte Rouge,* seigneur *du Connacht* et 2e comte *d'Ulster,* fils du précédent, le plus puissant feudataire d'Irlande (1259 ?-1326). Il fut pratiquement le maître de la moitié nord de l'Irlande.

BURGHER [burgœr] n. m. (mot du dialecte boer holland.). Nom donné, dans les dernières années du XIXe s., aux citoyens de la République sud-africaine du Transvaal et de l'État libre d'Orange.

BURGHLEY (William CECIL, *baron*) → CECIL.

BURGKMAIR (Hans), peintre et graveur allemand (Augsbourg 1473-*id.* 1531). Élève de Schongauer, il est aussi très averti des nouveautés de la Renaissance italienne (triptyque de *Saint Jean à Patmos,* Munich). Il a gravé pour l'empereur Maximilien.

BURGO DE OSMA (El), v. d'Espagne, au S.-E. de Soria (Castille-León) ; 6 000 hab. Ville pittoresque aux rues à portiques. Importante cathédrale du XIIIe s. remaniée au XVIIIe (œuvres d'art).

BURGONDE adj. et n. (bas lat. *Burgundi,* n. pr.). Relatif aux Burgondes.

BURGONDES (« les Montagnards »), anc. peuple d'origine scandinave. Au Bas-Empire romain, les Burgondes s'installèrent en Gaule et en Germanie au titre de fédérés. Ayant cherché à s'étendre en Belgique, ils furent battus par Aetius en 436 et transférés en Savoie. De là, ils se répandirent dans le bassin de la Saône et du Rhône. Ils furent soumis par les Francs en 532 et leur territoire fut réuni à la Neustrie. Ils ont laissé leur nom à la Bourgogne.

BURGOS, v. d'Espagne, en Castille-León, ch.-l. de prov., sur l'Arlanzón ; 160 268 hab. Centre touristique et industriel (pneumatiques, agroalimentaire).
— **Hist.** Fondée en 884, capitale de la Castille de 1037 à 1492, Burgos fut le siège du gouvernement de Franco de 1936 à 1939.
— **Bx-arts.** Capitale de l'art gothique en Castille : cathédrale du XIIIe s., agrandie et ornée du XIVe au XVIIIe s. (cloître, chapelle du Connétable, tour-lanterne ; retables sculptés d'une grande richesse, notamment par G. et D. de Siloé), églises, monastère de las Huelgas (XIIe-XIIIe s.) et chartreuse de Miraflores (XVe s. ; retable, tombeaux). Arco de Santa Maria, porte reconstruite au XVIe s., Casa del Cordón (fin XVe s.), Casa de Miranda, à beau patio Renaissance (XVIe s.), auj. Musée provincial.

BURGOYNE (John), général et homme de lettres britannique (Sutton, Bedfordshire, 1722-Londres 1792). Commandant les renforts britanniques envoyés contre les insurgés américains, il dut capituler à Saratoga, le 17 oct. 1777.

BURGRAVE n. m. (moyen haut all. *burcgrâve,* de *burg,* château, et *grâve,* comte). Titre donné, dans le Saint Empire, au commandant militaire d'une ville ou d'une citadelle, représentant soit l'empereur, soit un prince ecclésiastique ou laïque.

Burgraves *(les),* trilogie dramatique en vers de Victor Hugo (1843), qui, après son échec, abandonna le théâtre.

BURGRAVIAT n. m. **1.** Dignité de burgrave. — **2.** Seigneurie, juridiction d'un burgrave.

Burgtheater (av. 1918, **Hofburgtheater**), théâtre national autrichien, fondé à Vienne en 1741 par l'impératrice Marie-Thérèse.

BURHĀNPUR, v. de l'Inde (Madhya Pradesh) ; 172 809 hab. Artisanat (soieries, bijouterie).

BURIAL MOUNDS, expression anglaise désignant les tumulus funéraires caractéristiques des cultures indiennes (1000 av. J.-C.-700 apr. J.-C.) du nord des États-Unis.

BURIDAN (Jean), philosophe scolastique (Béthune ? v. 1300-apr. 1358). Recteur de l'université de Paris en 1328, il se rattache au nominalisme. Comme Abélard, il associe logique et grammaire.

Buridan *(âne de),* fable attribuée faussement à Buridan et mettant en scène un âne qui se laisse mourir de faim et de soif entre un boisseau d'avoine et un seau d'eau, faute de pouvoir choisir entre ces deux biens.

BŪRIDES, dynastie d'origine turque qui régna à Damas de 1104 à 1154.

BURIE (17770), ch.-l. de cant. de la Charente-Maritime, à 12 km au N.-O. de Cognac ; 1 211 hab. *(Buriauds).*

BURIN n. m. (p.-ê. ital. *burino,* de l'all. *bohren,* percer). **1.** Ciseau d'acier permettant de couper les métaux, de dégrossir les pièces métalliques, etc., utilisé en frappant sur sa tête avec un marteau ou un appareil pneumatique à percussion. — **2.** Outil de graveur, tige d'acier emmanchée à l'extrémité taillée en biseau, que l'on pousse sur la planche à l'aide de la paume de la main ; estampe exécutée avec cet outil. — **3.** Outil du paléolithique supérieur, caractérisé par une facette latérale et un biseau aigu. — **4.** *Burin de gravure,* outil qui sert à creuser le sillon d'un disque destiné à l'enregistrement des sons.

BURIN (en lat. *Caelum, -i*), petite constellation australe dépourvue d'étoiles brillantes.

BURINAGE n. m. Action de buriner.

BURINER v. t. (conj. 3). **1.** Ébaucher ou dégrossir une pièce au moyen d'outils à choc, tels que bédane, burin. — **2.** Graver au burin. — **3.** Marquer de rides le visage de qqn. — **4.** Modifier les incisives d'un cheval pour tromper sur son âge. ◆ **être buriné** v. pass. Être marqué de rides : *Un vieillard aux traits burinés.*

BURINISTE n. Graveur au burin.

BURKART (Erika), poétesse suisse d'expression allemande (Aarau 1922). Ses recueils traitent de l'isolement des hommes et des aberrations de la civilisation (*Rufweite,* 1975).

BURKE (Edmund), homme politique et écrivain britannique (Dublin v. 1729-Beaconsfield 1797). Entré aux Communes en 1766, l'un des principaux animateurs du parti whig, brillant orateur, il se signale par son libéralisme et se fait le champion des colonies américaines contre l'arbitraire royal. S'opposant à Pitt et à Shelburne, il est l'artisan d'une coalition de whigs (Fox) et de tories (North) qui provoque la chute de Shelburne (1783). En 1784, il réussit à faire comparaître Hastings devant le Parlement, dénonçant les injustices commises aux Indes. Ses *Reflections on the Revolution in France* (1790), très hostiles à la Révolution française, sont en même temps une défense et illustration des institutions anglaises.

BURKINA, anc. **Haute-Volta,** État d'Afrique occidentale ; 275 000 km² ; 10 600 000 hab. *(Burkinabés).* CAP. *Ouagadougou.* LANGUE : *français.* MONNAIE : *franc C.F.A.*

Géographie. Cet État, enclavé (Abidjan, en Côte-d'Ivoire, débouché maritime atteint par le rail, est à plus de 1 100 km de la capitale) dans une zone au climat tropical aride dans le N., sans ressources minières notables, est un des pays les plus pauvres du monde. La population, formée pour moitié environ de Mossis, est essentiellement rurale, se consacrant principalement aux cultures vivrières (mils et sorghos surtout); l'élevage (par les Peuls dans le Nord) a souffert de la sécheresse affectant la zone sahélienne. Le coton, cultivé sur des terres inondables ou irriguées, constitue, loin devant l'arachide et la canne à sucre, le principal produit d'exportation. Ouagadougou et Bobo-Dioulasso sont les seules véritables villes.

Histoire. Le pays est peuplé en majorité par les Mossis, qui fondent à partir du XIIe s. plusieurs royaumes.

1896 : Les Français occupent Ouagadougou.

1919 : La future Haute-Volta est intégrée à l'Afrique-Occidentale française.

1932-1947 : La colonie de Haute-Volta est partagée un temps entre le Soudan, la Côte-d'Ivoire et le Niger.

1960 : La Haute-Volta acquiert sa complète indépendance sous la présidence de Maurice Yaméogo.

1966-1983 : Elle est secouée par divers coups d'État militaires, dont celui de Thomas Sankara en 1983.

1984 : La Haute-Volta devient le Burkina.

1987 : T. Sankara est renversé par le capitaine Blaise Compaoré.

1991 : Le parti unique abandonne le marxisme-léninisme et une nouvelle Constitution consacre le multipartisme.

BURKINABÉ adj. et n. inv. ou **BURKINAIS, E** adj. et n. Du Burkina.

Burkitt *(lymphome* ou *tumeur de),* sarcome des tissus hématopoïétiques, observé surtout en Afrique chez les enfants, localisé le plus souvent au maxillaire supérieur. L'association du virus d'Epstein-Barr avec cette tumeur maligne a été constatée.

BURLAT n. f. Variété de bigarreau.

BURLESQUE adj. (ital. *burlesco,* de *burla,* farce). **1.** D'un comique extravagant ; saugrenu, grotesque : *Il n'a que des idées burlesques.* — **2.** Se dit d'un spectacle, d'un film où l'humour et la caricature s'allient à un irrationnel échevelé.
◆ n. m. **1.** Genre littéraire parodique traitant en style bas un sujet noble. (→ *encycl.*) — **2.** Spectacle de variétés américain (de chansons, de danses, etc.) d'un comique grossier et caricatural, mêlé d'érotisme.
ENCYCL. Au sens le plus général, le burlesque en littérature est un genre parodique pratiqué de l'Antiquité (le *Satiricon* de Pétrone) jusqu'à nos jours (la série des « San Antonio »). Au sens strict, le burlesque désigne une réaction du XVIe et du XVIIe s. contre le romanesque et la préciosité, qui consiste à prêter aux personnages héroïques consacrés des sentiments et un langage vulgaires.

BURLESQUEMENT adv. De façon burlesque.

BURLINGTON, v. du Canada (Ontario), sur le lac Ontario, banlieue de Hamilton ; 125 000 hab.

BURLINGTON, v. des États-Unis (Vermont), sur le lac Champlain ; 38 000 hab. Université. Constructions électriques.

BURLINGTON (Richard BOYLE, 3e *comte* DE), amateur d'art et architecte anglais (Londres 1694 - *id.* 1753). Un voyage en Italie lui donna le culte de Palladio. Il construisit ou fit construire beaucoup en Angleterre (avec le concours, notamm., de W. Kent) et finança la publication de dessins de Palladio et de ceux de I. Jones.

BURLINGUE n. m. *Pop.* Bureau.

BURMESE n. m. (angl. *burmese,* birman). Race de chat à poil court, à fourrure satinée brune ou bleue.

BURNABY, v. du Canada, en Colombie britannique, banlieue est de Vancouver ; 135 000 hab.

BURNE-JONES (*sir* Edward), peintre et dessinateur britannique (Birmingham 1833 - Londres 1898). Élève de Rossetti, admirateur de Mantegna, de Botticelli, il est une des figures marquantes du préraphaélisme ; son œuvre mêle la mythologie antique, la légende médiévale et la religion chrétienne.

BURNET (Gilbert), prélat et historien anglais (Édimbourg 1643-Salisbury 1715). Son influence dans les affaires ecclésiastiques fut considérable jusqu'à la mort de Guillaume III. Ses principales œuvres sont *History of the Reformation of the Church of England* (1679-1715) et *History of his own time* (1724-1734).

Burnet *(intradermo-réaction de),* intradermo-réaction provoquée par l'injection d'un filtrat de culture de *Brucella melitensis,* employée par le diagnostic des brucelloses.

BURNETT (Frances Eliza HODGSON, Mrs.), romancière américaine d'origine britannique (Manchester 1849 - Plandome, New York, 1924), auteur de romans pour enfants (*le Petit Lord Fauntleroy,* 1886).

BURNEY (Frances, dite **Fanny**), femme de lettres britannique (King's Lynn 1752-Londres 1840), auteur du roman épistolaire *Evelina ou les Débuts dans le monde d'une orpheline* (1778).

BURNHAM (Sherburne Wesley), astronome américain (Thetford, Vernon, 1838-Chicago 1921). Il a réalisé le premier grand catalogue d'étoiles doubles visuelles (1906).

BURNHAM (James), philosophe américain (Chicago 1905 - *id.* 1987). Il voit dans la société capitaliste actuelle l'esquisse d'une société nouvelle à régime directorial. Il a écrit *The struggle for the World* (1947).

BURNHAM (Forbes Sampson), homme d'État du Guyana (Kitty, près de Georgetown, 1923-Georgetown 1985). Promoteur de l'indépendance de son pays (1955-1966), il fut Premier ministre avant de devenir (1980) président de la République.

BURNLEY, v. de Grande-Bretagne (Lancashire), au N. de Manchester ; 76 500 hab. Industries textiles et mécaniques. Papier carton. Musée dans un manoir médiéval.

BURNOUF (Eugène), linguiste français (Paris 1801-*id.* 1852). Spécialiste de sanskrit, il a déchiffré la langue (zend ou avestique) des manuscrits zoroastriens. Il a également étudié le bouddhisme indien.

BURNOUS [-nus ou -nu] n. m. (ar. *burnūs,* du gr. *birros,* sorte de casaque). **1.** Grand manteau de laine sans manches, à capuchon, en usage chez les Arabes. — **2.** Pop. *Faire suer le burnous,* exploiter un travailleur, un employé.

BURNS (Robert), poète écossais (Alloway, Ayrshire, 1759-Dumfries 1796). Fils d'un paysan pauvre, pratiquement autodidacte, il imprima en dialecte ses *Poems* (1786), qui eurent un immense succès.

BURNSIDE (Ambrose, Everett), général nordiste américain (Liberty, Indiana, 1824-Bristol, Rhode Island, 1881). Lors de la guerre de Sécession, il se signala à Bull Run et à Roanoke Island (1862). Battu à Fredericksburg, il démissionna (1863), puis reçut de Grant un commandement, mais fut battu à Petersburg.

BURNSIDE (William), mathématicien britannique (Londres 1852-West Wickham, Kent, 1927), auteur de travaux sur les groupes finis.

BURON n. m. (frq. **buri,* cabane). En Auvergne, chalet pastoral où l'on fabrique le fromage.

BURON (Romain), peintre verrier français (Gisors, actif entre 1534 et 1575), principal disciple d'E. Leprince et auteur, entre autres, de nombreuses verrières à Ste-Foy de Conches.

BURROUGHS (William Seward), industriel américain (Auburn, État de New York, 1855 Citronelle, Alabama, 1898). Son « Calculator » (1888) fut l'une des toutes premières additionneuses imprimantes à touches.

BURROUGHS (Edgar Rice), écrivain américain (Chicago 1875-Encino, Californie, 1950). Il est le créateur de Tarzan (*Tarzan seigneur de la jungle,* 1914).

BURROUGHS (William), écrivain américain (Saint Louis, Missouri, 1914). L'un des principaux représentants de la beat* generation : *le Festin nu* (1959), *la Machine molle* (1961), *Nova Express* (1964), *les Derniers Mots de Dutch Schultz* (1975), et la trilogie : *les Cités de la nuit écarlate* (1981), *Parages des voies mortes* (1983), *les Terres occidentales* (1988).

Burroughs Corporation, entreprise américaine fondée en 1886 par W. S. Burroughs (1855-1898) à Saint Louis (Missouri). Elle est l'un des principaux constructeurs américains de matériels informatiques. En 1986, elle prend le contrôle de Sperry et devient *Unisys.*

BURRUS (Sextus Afranius), chevalier romain († 62 apr. J.-C.), préfet du prétoire de 51 à 62. Conseiller de Néron, son influence, avec celle de Sénèque, valut à Rome sept années de bon gouvernement.

BURSA → BROUSSE.

BURSAL, E, AUX adj. (lat. *bursa,* bourse). *Édits bursaux,* sous l'Ancien Régime, édits portant création d'impôts.

Burschenschaft, association d'étudiants allemands qui, de 1806 à 1819, contribua à faire grandir le nationalisme et le libéralisme dans les États allemands.

BURSERA [-sera] n. m. (de J. *Burser,* n. pr.). Nom générique de divers arbres de la Guyane et des Antilles qui fournissent le bois de rose, l'essence de linaloé, l'élémi des Antilles et dont les feuilles servent en infusion.

BURSÉRACÉE n. f. (de *bursera*). Nom de famille donné à des arbres des régions chaudes. (L'encens, la myrrhe, l'élémi sont fournis par des burséracées.)

BURSITE n. f. (lat. *bursa,* bourse). **1.** Inflammation des bourses séreuses. — **2.** *Bursite infectieuse des oiseaux,* maladie virale très contagieuse occasionnant une mortalité élevée chez les jeunes oiseaux. (Syn. MALADIE DE GUMBORO.)

BURT (*sir* Cyril Lodowie), psychologue britannique (Stratford on Avon 1883-Londres 1971). Ses recherches ont porté sur les tests mentaux, l'hérédité des caractéristiques mentales, les enfants retardés, les enfants bien doués, les jumeaux, l'analyse factorielle, l'organisation des aptitudes, pour laquelle il fait appel à un modèle hiérarchique.

BURTON (Robert), écrivain anglais (Lindley, Leicestershire, 1577-Oxford 1640). Son *Anatomie de la mélancolie par Démocrite Junior* (1621-1651), compilation d'auteurs grecs et latins, analyse la mélancolie comme condition de la création.

BURTON (*sir* Richard Francis), voyageur britannique (Torquay 1821-Trieste 1890). Parti avec J.-H. Speke à la recherche des sources du Nil, il découvrit le lac Tanganyika (1858).

BURTON (Richard), acteur de théâtre et de cinéma britannique (Pontrhydfen, pays de Galles, 1925-Genève 1984). Il s'imposa au théâtre dans le répertoire shakespearien avant d'entamer une carrière internationale au cinéma.

Burton *(liséré de),* coloration violacée des gencives au niveau du collet des dents. Symptôme de l'intoxication par le plomb, il s'observe dans certains cas de saturnisme chronique.

BURTON-UPON-TRENT, v. de Grande-Bretagne (Staffordshire) ; 50 000 hab. Brasserie. Pneumatiques.

BURTY (Philippe), critique d'art français (Paris 1830 - Astaffort, Lot-et-Garonne, 1890). Personnalité influente, il a, notamment, contribué à la vogue du japonisme et à la renaissance de l'eau-forte, soutenu les impressionnistes, publié la correspondance de Delacroix.

BURUDJIRD → BORUDJERD.

BURUNDAIS, E adj. et n. Du Burundi.

BURUNDI, État d'Afrique centrale, à l'E. du Zaïre ; 28 000 km^2 ; 6 600 000 hab. CAP. *Bujumbura.* LANGUES : *français, rundi.* MONNAIE : *franc du Burundi.*

Géographie. Proche de l'équateur, ce petit pays a un climat tempéré par l'altitude (rarement inférieure à 1 000 m). La population, exceptionnellement dense, est formée de deux ethnies principales : les Tutsis, souvent pasteurs, d'origine nilotique, et les Hutus, agriculteurs bantous, les plus nombreux (env. les trois quarts de la population totale). L'agriculture est l'activité presque exclusive. Aux manioc et maïs destinés à l'alimentation (l'élevage a une valeur plus sociale qu'économique), se juxtaposent localement le thé, le coton et surtout le café, base presque exclusive d'exportations, très inférieures en valeur aux importations.

Histoire. Le Burundi est un royaume dont la dynastie remonterait au moins au XVIIe s.
1890 : Le pays est annexé à l'Afrique-Orientale allemande.
1916 : Il est placé sous le contrôle de la Belgique.
1919 : Il forme, avec le Ruanda, le Ruanda-Urundi.
1962 : Indépendance du Burundi.
1966 : La royauté est abolie au profit de la république.
La vie politique est dominée par les conflits tribaux entre les Hutus (85 % de la population) et les Tutsis, minoritaires mais qui détiennent traditionnellement le pouvoir (massacres de 1972, 1988). Arrivés au pouvoir à la faveur de coups d'État militaires, se succèdent à la présidence de la République le lieutenant-colonel Jean-Baptiste Bagaza (1976-1987) et le major Pierre Buyoya (1987-1993). Malgré les tentatives de démocratisation engagées à partir de 1988 (rééquilibrage institutionnel entre Hutus et Tutsis ; nouvelle Constitution instaurant le multipartisme, en 1992 ; élection d'un président hutu, le premier de l'histoire du pays, en juin 1993 [Melchior Ndadaye, tué en oct.]), le pays reste le théâtre d'affrontements interethniques.

BURUŚASKĪ ou **BOUROUCHASKI** n. m. Langue parlée à l'extrême nord du Pākistān par environ 30 000 locuteurs. (C'est une langue complètement isolée, sans parenté reconnue.)

BURY, v. de Grande-Bretagne, au N. de Manchester ; 68 000 hab.

BURY (Pol), artiste belge (Haine-Saint-Pierre 1922). Héritier du surréalisme belge, il aborde la sculpture mobile et les effets optiques au début des années 50, développant un cinétisme original, moins techniciste que sensible à l'humour (« Ponctuations » érectiles ou lumineuses, « Cinétisations » d'images) et à la magie de l'insolite (œuvres à mouvement extrêmement lent, sculptures à air ou à eau).

BURY SAINT EDMUNDS, v. de Grande-Bretagne, à l'E. de Cambridge, sur le Lark ; 24 300 hab. Ruines d'une abbaye dont le scriptorium produisit, du XIe au XVe s., d'importants manuscrits enluminés.

1. BUS [bys] n. m. Abrév. fam. de AUTOBUS.

2. BUS [bys] n. m. (abrév. de l'angl. *omnibus*). Ensemble de conducteurs permettant l'interconnexion de plusieurs organes numériques d'un ordinateur.

BUS (César DE), catéchiste et missionnaire français (Cavaillon 1544-Avignon 1607), fondateur, en 1592, de la congrégation des Pères de la doctrine chrétienne.

BUSARD n. m. (anc. fr. *buison,* buse). Rapace diurne des landes et marais, nichant au sol, se nourrissant de petites proies, tel que la harpaye, ou busard des roseaux, le busard cendré et le busard Saint-Martin.

BUSC n. m. (ital. *busto,* corset renforcé de baleines, croisé avec *busco,* brin). **1.** Lame de baleine ou d'acier qui maintient, devant, la rigidité d'un corsage ou d'un corset. – **2.** Coude formé par la crosse du fusil. – **3.** Saillie disposée dans le fond d'une écluse et sur laquelle bute la partie inférieure des vantaux de la porte, lorsque celle-ci est fermée.

BUSCH (Valentin) → BOUSCH.

BUSCH (Wilhelm), dessinateur, peintre et écrivain humoriste allemand (Wiedensahl, près de Hanovre, 1832 - Mechtshausen 1908). Dans ses albums comiques, ancêtres des bandes dessinées (*Max und Moritz,* 1865, etc.), sa feinte bonhomie cache une observation aiguë et critique.

BUSCH (Ernst), feld-maréchal allemand (Steele, près d'Essen, 1885-Nottinghamshire 1945). Commandant d'un groupe d'armées sur le front russe, il stoppa aux limites de la Prusse-Orientale l'offensive soviétique de juin 1944, puis, au N.-O., s'opposa à Montgomery en mars 1945.

BUSCH (Adolf Georg Wilhelm), violoniste allemand (Siegen 1891-Guilford, États-Unis, 1952). Il fonda en 1919 un quatuor qui fit une carrière internationale.

1. BUSE n. f. (anc. fr. *buison,* du lat. *buteo, -onis,* oiseau de proie). **1.** Gros rapace diurne au plumage brun taché de clair, très utile par le grand nombre de rongeurs dont il fait ses proies. (L'espèce la plus commune en France est la *buse variable.*) – **2.** *Fam.* Personne stupide. – **3.** *Fam.* En Belgique, échec aux élections, aux examens.

2. BUSE n. f. (p.-ê. anc. fr. *busel,* tuyau, du lat. *bucina*). **1.** Élément de conduite qui assure l'écoulement et l'évacuation d'un fluide. – **2.** Pièce du carburateur, en forme de tuyère, qui augmente la vitesse de l'air lors de son passage au niveau du gicleur. – **3.** Pièce permettant le raccordement des appareils de chauffage au conduit de fumée. – **4.** *Buse d'aérage,* syn. de CANAR.

BUSH [buʃ] n. m. (pl. *bushes*) [angl. *bush,* broussailles, du lat. *boscus,* bois]. Formation végétale de l'Afrique orientale, de l'Australie et de Madagascar, adaptée à la sécheresse, dense, constituée par de petits arbustes et des arbres bas.

BUSH (Vannevar), ingénieur électricien américain (Everett, Massachusetts, 1890-Belmont, Massachusetts, 1974). En combinant l'intégrateur de Kelvin et le « torque amplifier » de Neumann, il réalisa l'intégrateur différentiel, construit de 1925 à 1931 au MIT, et le premier calculateur analogique complet.

BUSH (George Herbert Walker), homme d'État américain (Milton, Massachusetts, 1924). Républicain, il est vice-président des États-Unis pendant les deux mandats de R. Reagan (1981-1989), avant de lui succéder à la présidence après avoir battu Michael Dukakis lors de l'élection de nov. 1988. Son action politique s'inscrit dans le prolongement de celle de son prédécesseur, alliant, notamment à l'extérieur, ouverture (rencontre Bush-Gorbatchev à Malte, déc. 1989) et fermeté (intervention militaire à Panamá [déc. 1989] et, surtout, vaste déploiement des troupes américaines en Arabie Saoudite et dans le Golfe après l'invasion du Koweït par l'Iraq [1990-91]).

BUSHIDŌ [buʃido] n. m. (mot jap.). Code d'honneur auquel devaient se conformer les samouraïs de l'ancien Japon. (Le samouraï ne sert pas deux maîtres ; il n'a pas deux paroles ; il ne doit pas hésiter à répandre son sang.)

BUSHING [bœʃiɲ] n. m. (angl. *bushing,* de *to bush,* baguer). Syn. de TRANSFORMATEUR DE TRAVERSÉE.

BUSHMEN → BOCHIMANS.

BUSHNELL (David), inventeur américain (Saybrook, Connecticut, 1742-Warrenton, Géorgie, 1824). Il fut un précurseur tant pour la réalisation du sous-marin (la *Tortue,* 1775) que pour l'emploi de l'hélice comme moyen de propulsion des navires.

BUSHVELD, région du nord-est de l'Afrique du Sud.

BUSHY STUNT [bœʃistœnt] n. m. (angl. *bushy shunt,* excroissance touffue). Maladie à virus de la tomate.

BUSINESS ou **BIZNESS** [biznɛs] n. m. (angl. *business,* travail). **1.** *Fam.* Activité consacrée aux affaires financières et commerciales : *Avoir le sens du business.* — **2.** *Fam.* Travail : *Aller au business.* — **3.** *Pop.* Affaire embrouillée et douteuse : *Qu'est-ce que c'est que ce business ?* — **4.** *Pop.* Toute chose qu'on ne parvient pas à dénommer ; machin, truc.

BUSINESSMAN [biznɛsman] n. m. (pl. *businessmen* [-mɛn]) [angl. *businessman*]. *Fam.* Homme d'affaires.

BŪṢĪRĪ (al-), poète arabe (en Haute-Égypte 1212-Alexandrie v. 1295), auteur de poèmes en l'honneur de Mahomet, dont le plus célèbre est le *Burda.*

BUSIRIS, ville de l'Égypte ancienne, située sur la branche centrale du delta du Nil. Elle fut, tout au long de l'histoire d'Égypte, un des grands sanctuaires d'Osiris et devint, à la Basse Époque, un important centre politique et commercial.

BUSIRIS, fils de Poséidon, établi roi d'Égypte, selon la légende grecque, par Osiris.

BUSNEL (Robert), basketteur français (Toulon 1914 - Feyzin 1991). Trente fois international, il fut ensuite sélectionneur et entraîneur de l'équipe de France, puis président de la Fédération française (1966-1980) et de la Fédération internationale (1984-1990) de basket-ball.

BUSNOIS (Antoine), poète et musicien franco-flamand (Busnes, Flandre, v. 1430-Bruges 1492). Attaché à la cour de Bourgogne, il a excellé dans la musique profane, ce dont témoignent ses 60 chansons françaises.

BUSON ou **YOSA BUSON,** peintre et poète japonais (Kema, près d'Osaka, 1716 -Kyōto 1783). Initiateur au Japon, avec Ike no Taiga, du *bunjin-ga* (peinture lettrée*, issue de la Chine, mais toutefois plus lyrique au Japon), il est à l'origine d'une vision nouvelle du paysage.

BUSONI (Ferruccio Benvenuto), compositeur, pianiste et théoricien italien (Empoli 1866-Berlin 1924). Fixé à Berlin (1894-1924), son rayonnement fut considérable. Il transcrivit beaucoup d'œuvres classiques et composa notamment un concerto pour piano, chœur d'hommes et orchestre, *Indianische Fantasie* pour orchestre, des opéras (*Doktor Faust,* 1925).

BUSQUER v. t. (de *busc*) [conj. 3]. **1.** Autref., munir d'un busc. — **2.** Cintrer un combiné, un corset à l'aide d'une baleine.

◆ **être busqué** v. pass. **1.** Présenter une courbure convexe : *Nez busqué.* — **2.** Se dit d'une porte d'écluse dont les deux vantaux s'appuient l'un contre l'autre en position de fermeture, en faisant un angle dont la pointe est dirigée vers l'amont.

BUSSACO → BUÇACO.

BUSSANG (88540), comm. des Vosges, sur la Moselle, près du *col de Bussang* (731 m), reliant Épinal à Mulhouse ; 1 823 hab. *(Bussenets).* Station thermale. Sports d'hiver. Maurice Pottecher y fonda en 1895 le Théâtre du peuple.

BUSSER (Henri), compositeur français (Toulouse 1872-Paris 1973). Il fut chef d'orchestre à l'Opéra (1905) et professeur de composition au Conservatoire de Paris (1930-1948). Il a joué un rôle pédagogique important.

BUSSEROLE n. f. (provenç. *bouisserolo,* de *bouis,* buis). Sous-arbrisseau des montagnes de France, aux feuilles d'usage médical, voisin des bruyères. (Autre nom usuel *raisin d'ours.*)

BUSSIÈRE-POITEVINE (87320), comm. de la Haute-Vienne, à 20 km au N.-O. de Bellac ; 1 047 hab. Marché des ovins.

BUSSONE → CARMAGNOLA.

BUSSOTTI (Sylvano), compositeur italien (Florence 1931). Après sa rencontre avec J. Cage (1958), il s'adonne d'abord à une sorte de néodadaïsme musical. En 1965, sa *Passion selon Sade* fait date. Il s'impose parfois dans un parfum de scandale (*The Rara Requiem,* 1970). De 1976 à 1980, il dirige le théâtre de la Fenice à Venise. Dans le domaine de l'art lyrique, il se distingue avec *Lorenzaccio,* mélodrame romantique (1972), *Nottetempo,* drame lyrique (1976) ou *Racine, pianobar pour Phèdre,* opéra (1980). En 1989, il crée *Intégrale Sade,* refonte amplifiée de son œuvre de 1965.

BUSSY (Roger DE RABUTIN, *comte* DE), connu sous le nom de **Bussy-Rabutin,** général et écrivain français (Épiry, Nièvre, 1618 - Autun 1693). Cousin de Mme de Sévigné, il fut exilé pour avoir écrit son *Histoire amoureuse des Gaules* (1665). Il a laissé des *Mémoires* (1696) et une volumineuse *Correspondance* (1697). [Acad. fr., 1665.]

BUSSY (Antoine), pharmacien français (Marseille 1794-Paris 1882). Il isola le magnésium et le béryllium (ou glucinium), et effectua la première analyse exacte de la morphine.

BUSSY-CASTELNAU (Charles PATISSIER, *marquis* DE), officier français (Ancienville, Aisne, 1720-Pondichéry 1785). Entré dans la Compagnie des Indes en 1736, il fut envoyé en 1751 par Dupleix dans le Deccan où il vainquit les Marathes (1752), soumettant ainsi à l'influence française le centre de la Péninsule. Contraint par Lally de Tollendal de participer au siège de Madras, qui se solda par un échec (1758-59), il fut fait prisonnier par les Anglais à Wandiwash (1760). Lieutenant général en Inde (1781) il obtint la restitution de Pondichéry (traité de Versailles, 1783).

BUSSY D'AMBOISE (Louis DE CLERMONT D'AMBOISE, *seigneur* DE BUSSY, dit), homme de guerre français (Mognéville v. 1549-château de Coutancière, Brain-sur-Allonnes, Maine-et-Loire, 1579). Gouverneur de l'Anjou (1576) et premier gentilhomme de la chambre du duc d'Anjou (1577), il fut assassiné par les spadassins de Charles de Chambes, comte de Montsoreau, dont il avait séduit la femme, épisode qui a inspiré le roman d'Alexandre Dumas, *la Dame de Montsoreau.*

BUSSY-LECLERC (Jean LECLERC, dit), magistrat français († Bruxelles 1635). Chef d'un des seize comités de quartier institués à Paris en 1589 et gouverneur de la Bastille, il fut l'un des ligueurs les plus fanatiques.

BUSSY-LE-GRAND (21150), comm. de la Côte-d'Or (à 20 km à l'E.-S.-E. de Montbard) ; 246 hab. Église romane. Château des XVIe et XVIIe s. (gardant des tours du Moyen Âge), où dut s'exiler en 1666 Roger de Rabutin ; décors intérieurs peints du temps de ce dernier (portraits d'hommes de guerre, de femmes [dont Mme de Sévigné], scènes mythologiques et galantes, allégories et devises).

BUSTAMANTE (Anastasio), général et homme d'État mexicain (Jiquilpán, Michoacán, 1780 - San Miguel Allende, Querétaro, 1853). Président de la République de 1830 à 1832, de 1837 à 1839 et de 1839 à 1841.

BUSTAMITE n. f. Silicate naturel de manganèse et de calcium, variété calcifère de rhodonite.

BUSTE n. m. (ital. *busto,* poitrine). **1.** Partie supérieure du corps humain de la taille au cou. — **2.** Poitrine, seins, chez la femme. — **3.** Figuration sculptée de la tête et d'une partie variable du buste d'un être humain. (Peut être, ou non, porté par un piédouche, taillé « en hermès », etc.). — **4.** *Buste reliquaire,* syn. de CHEF.

1. BUSTIER, ÈRE n. Sculpteur spécialisé dans l'exécution de bustes.

2. BUSTIER n. m. **1.** Soutien-gorge baleiné, sans bretelles, prolongé par un corselet de maintien. — **2.** Corsage ajusté emboîtant la poitrine et laissant les épaules nues.

BUSTO ARSIZIO, v. d'Italie, en Lombardie, au N.-O. de Milan ; 80 000 hab. Industrie textile (coton). Machines-outils.

BUT [by ou byt] n. m. (p.-ê. anc. nordique *butr,* bûche). **1.** Point matériel pris pour cible et qui constitue l'objectif, la limite, le terme d'une trajectoire, d'un mouvement : *La balle passa à côté du but.* — **2.** Ce pour quoi qqch est conçu, utilisé ou pratiqué ; objet, fin : *La gymnastique a pour but d'assouplir le corps.* — **3.** Ce qui sous-tend une action, constitue un projet ; intention, dessein, objectif : *Quel était le but de votre démarche ?* — **4.** Préoccupation, objectif majeurs qui guident les actions de qqn ; idéal, objectif : *N'avoir aucun but dans la vie.* — **5.** Résultat escompté d'une action, d'un projet : *La politique que vous avez menée a manqué son but.* — **6.** *Aller (droit) au but,* attaquer sans détour une affaire ; dire les choses franchement. ‖ *Dans le but de, dans le but que,* dans l'intention de, que. ‖ *De but en blanc,* brusquement, sans précaution. ‖ *Frapper au but,* toucher juste à l'endroit convenable pour réussir qqch. ‖ *Toucher au but, toucher le but,* être sur le point de réussir, de finir qqch. • **Gramm.** *Complément de but, subordonnée de but,* complément ou subordonnée indiquant dans quelle intention est faite l'action exprimée par le verbe principal.

(Ex. : *Il a fait cela* POUR NOTRE BIEN. *Il travaille* POUR RÉUSSIR. *Il se cachait* DE PEUR QU'ON NE LE TROUVE.) [La propositon subordonnée circonstancielle de but est aussi appelée PROPOSITION FINALE.] — **Sports.** Dans presque tous les sports d'équipes où l'on se sert d'un ballon, endroit où l'on cherche à faire entrer le ballon ; point marqué quand le ballon atteint cet endroit. ‖ En pelote basque, action du joueur qui met la pelote en jeu soit au début de la partie, soit au début de chaque point. ‖ Syn. de COCHONNET. ‖ *Ligne de but,* ligne sur laquelle sont placés les poteaux de buts.

BUTADIÈNE n. m. Hydrocarbure diénique C_4H_6. (L'isomère 1,3 est utilisé pour fabriquer des élastomères et comme intermédiaire dans la synthèse du Nylon.)

BUTANAL n. m. Syn. de BUTYRALDÉHYDE.

BUTANE n. m. Hydrocarbure saturé C_4H_{10}.
ENCYCL. Les deux isomères, butane normal et isobutane, sont aisément liquéfiables à la température ordinaire sous légère surpression, et sont utilisés comme combustible domestique (gaz butane).

BUTANÉ, E adj. *Air butané,* gaz combustible constitué par un mélange d'air et de butane commercial.

BUTANEDIOL n. m. Diol $C_4H_{10}O_2$ dérivé du butane, dont l'isomère 1,3 est utilisé pour la synthèse de plastifiants et comme humectant. (Syn. BUTYLÈNE-GLYCOL.)

BUTANIER n. m. Navire spécialisé dans le transport du butane et des gaz liquéfiés.

BUTANOÏQUE adj. *Acide butanoïque,* syn. de ACIDE BUTYRIQUE.

BUTANOL n. m. Alcool $C_4H_{10}O$, dont il existe deux isomères, le butanol-1, utilisé comme solvant et le butanol-2, intermédiaire industriel entre les butènes et la butanone.

BUTANONE n. f. Cétone C_4H_8, solvant industriel et intermédiaire pour la préparation du bisphénol B. (Syn. MÉTHYL-ÉTHYL-CÉTONE.)

BUTARE, anc. **Astrida,** v. du sud du Ruanda, ch.-l. de préfecture ; 22 000 hab. Université.

BUTE (John STUART, 3e *comte* DE), homme d'État britannique (Édimbourg 1713-Londres 1792). Ami et conseiller de George III, il fut Premier ministre de 1762 à 1763. Il mit fin à la guerre de Sept Ans (traité de Paris, 1763).

BUTÉ → BUTER.

BUTEA n. f. (lat. sc. *butea*). Arbre ou arbuste grimpant (papilionacée) d'Asie tropicale, qui piqué par une cochenille fournit la laque. (Indemne, il sécrète le *kino du Bengale,* moins précieux.)

BUTÉE n. f. (de *buter*) **1.** Pièce ou organe destiné à supporter un effort axial. (Lorsque cet effort est important, ou s'il est accompagné d'efforts radiaux, on utilise une butée à billes, à aiguilles, à rotule, ou une butée hydrostatique.) — **2.** Épaulement limitant le mouvement d'une pièce. — **3.** Capteur de position, fixe ou réglable, déclenché lors du passage d'un organe mobile d'une machine, et actionnant un interrupteur électrique ou un distributeur pneumatique ou hydraulique. — **4.** Masse de terre ou de maçonnerie appelée à équilibrer une poussée. (Syn. anc. BOUTÉE.) — **5.** Saillie créée au cours d'une intervention chirurgicale au moyen d'un greffon osseux, afin de limiter les mouvements d'une articulation. — **6.** Partie antérieure d'une fixation de sécurité de ski, qui maintient l'avant de la chaussure sur le ski. (Son mécanisme élaboré permet de libérer la chaussure en cas de choc ou de chute.) — **7.** *En butée,* qualifie la position d'un élément mobile en contact franc avec sa butée de fin de course.

BUTENANDT (Adolf), chimiste allemand (Lehe, près de Bremerhaven, 1903-Munich 1995). Auteur d'importantes recherches sur les hormones sexuelles, il a partagé avec Ružička le prix Nobel de chimie en 1939.

BUTÈNE n. m. Hydrocarbure éthylénique, C_4H_8, dont il existe trois isomères, le butène-1 et les butènes-2 *cis* et *trans.* (Les butènes servent à la préparation du butadiène, du butanol-2 et de la butanone.) [Syn. vieilli BUTYLÈNE.]

BUTER v. t. ind. (de *but*) [conj. 3]. **1.** S'appuyer contre qqch, en parlant de qqch : *Poutre qui bute contre un mur.* — **2.** Heurter le pied contre qqch, trébucher en parlant de qqn : *il a buté contre une pierre et il est tombé.* — **3.** Être arrêté par une difficulté qui empêche le cours normal d'une action, d'un raisonnement, etc. : *Buter sur une difficulté.* — **4.** Hésiter en parlant, se tromper : *Il bute sur chaque mot.*

◆ v. t. **1.** Étayer qqch : *Buter un mur avec des poutres.* — **2.** Pousser qqn à une attitude d'obstination, de refus systématique : *Son insistance ne faisait que me buter davantage.* — **3.** *Pop.* Tuer, assassiner qqn.

◆ v. i. En pelote basque, faire le but, mettre la pelote en jeu.

◆ **se buter** v. pr., **être buté** v. pass. Manifester de l'entêtement, de l'obstination : *il se bute facilement. Avoir un air buté.*

BUTEUR n. m. Joueur qui marque les buts ou les points.

BUTIN n. m. (moyen bas all. *būte,* partage). **1.** Ce qu'on prend à l'ennemi à l'occasion de la guerre : *Le butin des armées napoléoniennes.* — **2.** Produit d'un vol, d'un pillage : *Les cambrioleurs ont* *abandonné leur butin.* — **3.** Produit qui résulte d'une recherche ; récolte : *Butin d'un botaniste.*

BUTINER v. t. (de *butin*) [conj. 3]. **1.** Récolter pollen et nectar sur les fleurs, en parlant de certains insectes, et plus particulièrement des ouvrières d'abeilles. — **2.** Chercher çà et là pour se procurer certaines choses : *Butiner des idées au cours d'une lecture.*

BUTINEUR, EUSE adj. Qui butine : *Insecte butineur.*

◆ **butineuse** n. f. Abeille ouvrière dont la tâche est de récolter le pollen et le nectar sur les fleurs.

BUTLER, famille anglo-irlandaise. Avec les Burgh et les Fitzgerald, les Butler furent l'une des plus puissantes familles de l'aristocratie anglo-irlandaise. Les principaux membres de la famille ont été : JAMES, 1er duc *d'Ormonde,* homme politique irlandais (Londres 1610-1688). Protestant et royaliste, créé lord-lieutenant d'Irlande (1642), il traita d'abord avec les confédérés catholiques, puis livra Dublin aux parlementaires (1647) et se réfugia en France. Revenu en Irlande après la restauration de 1660, il s'efforça de défendre les intérêts irlandais contre le Parlement anglais (1661-1688). — JAMES, 2e duc *d'Ormonde,* homme politique et général irlandais (Dublin 1665-Avignon 1745), petit-fils du précédent. Lord-lieutenant d'Irlande (1703-1707, 1710-1713), il succéda à Marlborough comme commandant en chef durant la guerre de la Succession d'Espagne (1711). Relevé de son commandement à l'avènement du roi George Ier (1714), il se réfugia en France auprès du Prétendant (1715).

BUTLER (Samuel), poète anglais (Strensham, Worcestershire, 1612-Londres 1680), auteur d'un poème héroï-comique *Hudibras* (1663-1678), violente satire des puritains.

BUTLER (Samuel), écrivain britannique (Langar, Nottinghamshire, 1835-Londres 1902). Esprit curieux et frondeur, il se livre dans *Erewhon** (1872) puis dans *Erewhon revisited* (1902) à une violente satire de l'Angleterre victorienne, avant de faire le bilan de ses haines et de ses illusions (*Ainsi va toute chair,* 1903).

BUTLER (Nicholas Murray), politologue américain (Elisabeth, New Jersey, 1862-New York 1947). Son enseignement et ses ouvrages s'inspirent d'une vision optimiste de la démocratisation du monde. (Prix Nobel de la paix 1931.)

BUTLER (Richard Austen), baron **Butler of Saffron Walden,** homme politique britannique (Attock, Inde, auj. Pākistān, 1902-Great Yeldham, Essex, 1982). Membre influent du parti conservateur, il réforma le système britannique d'éducation (1943-44). Chancelier de l'Échiquier (1951-1955), leader des Communes (1955-1961), il occupa divers postes ministériels avant de se retirer en 1965.

BUTLER (John), danseur et chorégraphe américain (Memphis, Tennessee, 1920 - New York 1993). Sa double formation, moderne chez Martha Graham et classique à l'American Ballet School, lui a donné un style très personnel qui se reconnaît dans ses interprétations *(Appalachian Spring, El Penitente)* et dans ses compositions *(Carmina Burana, Sebastian, After Eden, Aphrodite, Itinéraires, Intégrales, Facets, Black Angels).*

BUTŌ n.m. (abrév. du jap. *ankoku-butō,* « danse des ténèbres »). Courant chorégraphique contemporain japonais.

ENCYCL. Créé dans les années 1960 par Hijikata Tatsumi et Ohno Kazuo, le butō requiert un grand contrôle physique et une économie de mouvement : il ne s'agit pas pour le danseur (le corps, souvent nu, et le visage poudrés de blanc) d'exprimer son individualité mais de devenir un élément de l'univers (humain, animal, végétal ou minéral). La vie, la mort et la métamorphose hantent les spectacles de Murobushi Ko, Amagatsu Ushio et Ikeda Carlotta, figures les plus connues du mouvement en Occident.

BUTOIR n. m. (de *buter*). **1.** Obstacle artificiel placé à l'extrémité d'une voie ferrée en impasse, pour arrêter les véhicules qui viendraient à l'atteindre. (Syn. HEURTOIR.) — **2.** Limite stricte fixée à l'avance pour enrayer une progression, les prix, les salaires (par ex.). — **3.** Pièce contre laquelle vient buter une porte en fin d'ouverture.

BUTÔME n. m. (bas lat. *butomos,* du gr. *boutomos,* qui coupe la langue des bœufs). Plante monocotylédone du bord des eaux, à très longues feuilles rubanées tranchantes, aux fleurs roses en ombelle. (N. usuel *jonc fleuri.*)

BUTOR n. m. (lat. pop. **butitaurus,* du lat. class. *butio,* butor, et *taurus,* taureau). **1.** Petit héron des marais, aux pattes courtes, au cri de taureau, tissant en roseaux un nid flottant, et qui se camoufle en s'immobilisant, le bec dressé, parmi les roseaux. — **2.** Grossier personnage.

BUTOR (Michel), écrivain français (Mons-en-Barœul 1926). « Pour moi, voyager c'est écrire et écrire c'est voyager » : cette déclaration de Michel Butor est une des clés de son œuvre, où, à une structuration temporelle de l'espace, s'ajoute une structuration spatiale du temps (*Passage de Milan,* 1954 ; *l'Emploi du temps,* 1956 ; *la Modification**, 1957 ; *Degrés,* 1960 ; *Chantier,* 1985). Sa réflexion critique (*Répertoires I-V,* 1960-1982), ses tentatives pour dessiner un nouvel espace du récit (*Mobile,* 1962 ; *Dialogue avec trente-trois variations de Ludwig van Beethoven sur une valse de*

Diabelli, 1971) et son parcours des « Génies du lieu » *(le Génie du lieu,* 1958 ; *Ou,* 1971 ; *Boomerang,* 1978 ; *Transit,* 1993) révèlent son paradoxe qui est de vouloir, par le biais d'un encyclopédisme foisonnant, défier cette réalité qui rend tout compte-rendu impossible et toute structure insuffisante.

BUTT (Isaac), homme politique irlandais (Glenfin, Donegal, 1813-près de Dundrum, Dublin, 1879). Avocat et député libéral, il inaugura en 1870 le mouvement pour le « Home Rule », mais il fut débordé par ses membres les plus dynamiques.

BUTTAFUOCO (Mathieu, *comte* DE), homme politique corse (Vescovato 1731-Bastia 1806). Il participa aux négociations qui aboutirent à la cession par Gênes de la Corse à la France (1768). Nommé maréchal de camp (1781), il fut député de la noblesse de Corse aux États généraux de 1789.

BUTTAGE n. m. (de *butter*). Opération qui consiste à accumuler de la terre au pied des plantes pour les protéger des gelées, favoriser l'échauffement et l'écoulement de l'eau ou encore pour faire blanchir certaines de leurs parties.

BUTTE n. f. (fém. de *but*). **1.** Légère élévation de terrain ; tertre, colline. — **2.** Masse de terre formant relief, accumulée autour du pied de chaque plante dans certaines cultures tropicales (igname, patate douce). — **3.** *La Butte,* la colline de Montmartre. — **4.** *Être en butte à,* être exposé à : *Être en butte aux calomnies.* • **Ardois.** Par opposition à l'atelier, emplacement en plein air où travaille le fendeur. — **Ch. de f.** *Butte de gravité,* syn. de BOSSE* DE DÉBRANCHEMENT. — **Géogr.** *Butte gazonnée,* monticule de taille métrique résultant d'une ségrégation de la glace. (Syn. THUFUR.) ‖ *Butte résiduelle,* hauteur taillée dans une roche tendre, restée en relief parce que précédemment surmontée d'une roche dure. ‖ *Butte(-)témoin,* butte représentant un vestige de plateau démantelé par érosion en structure aclinale ou monoclinale. — **Mil.** Autref., exercices de tir à l'arquebuse. ‖ *Butte de tir,* tertre naturel ou artificiel destiné aux exercices de tir réel. — **Min.** Élément de boisage, constitué par un bois rond de diamètre assez fort.

BUTTER v. t. (de *butte*) [conj. 3]. Pratiquer le buttage. (Syn. CHAUSSER.)

BUTTES-CHAUMONT (les), hauteurs du N.-E. de Paris (XIXe arrond.), où un parc public à l'anglaise a été aménagé en 1864-1867. Le quartier des Buttes-Chaumont abrite aussi des studios de télévision.

BUTTOIR n. m., **BUTTEUR** n. m. ou **BUTTEUSE** n. f. (de *butter*). Charrue à double versoir utilisée pour butter certaines cultures, en particulier la pomme de terre. (Syn. BILLONNEUSE.)

BUTUAN, v. des Philippines, dans le nord de Mindanao ; 227 829 hab.

BUTYLAMINE n. f. Amine résultant de la substitution de radicaux butyles à un ou plusieurs atomes d'hydrogène de l'ammoniac. (La *monon-butylamine* est un intermédiaire important pour la synthèse de nombreux produits industriels.)

BUTYLCAOUTCHOUC n. m. Copolymère de l'isobutène et du butadiène. (Les butylcaoutchoucs vulcanisés ont une bonne résistance aux solvants oxygénés, aux huiles végétales et une exceptionnelle imperméabilité aux gaz qui les fait utiliser pour les chambres à air de pneumatiques.) [Syn. CAOUTCHOUC BUTYLE.]

BUTYLE n. m. **1.** Radical monovalent, C_4H_9, dérivé du butane. — **2.** *Caoutchouc butyle,* syn. de BUTYLCAOUTCHOUC.

ENCYCL. Le chlorure de butyle-1 est employé comme agent alkylant, l'oxyde et le citrate de butyle-1 comme solvants et l'acétate et l'acrylate de butyle-1 dans l'industrie des vernis.

BUTYLÈNE n. m. **1.** Radical divalent C_4H_8—. — **2.** Syn. vieilli de BUTÈNE.

BUTYLÈNEGLYCOL n. m. Syn. de BUTANEDIOL.

BUTYLIQUE adj. Relatif au butyle, qui en dérive.

BUTYNE n. m. Hydrocarbure acétylénique C_4H_6.

BUTYRALDÉHYDE n. m. Aldéhyde dérivé du butane. (C'est un intermédiaire industriel important menant à l'éthylhexanol.) [Syn. BUTANAL, ALDÉHYDE BUTYRIQUE.]

BUTYRATE n. m. Sel ou ester de l'acide butyrique.

BUTYRATEUR n. m. Machine destinée à fabriquer le beurre par un procédé continu. (Syn. BARATTE CONTINUE.)

BUTYREUX, EUSE adj. **1.** Qui a la nature ou l'apparence du beurre. — **2.** *Taux butyreux,* teneur en matière grasse du lait.

BUTYRINE n. f. Matière grasse qui contient le beurre.

BUTYRIQUE adj. **1.** Relatif à la matière grasse du lait. — **2.** *Acide butyrique,* acide $C_3H_7—CO_2H$, dérivé du butane, présent dans la sueur et sous forme d'ester du glycérol, dans le beurre. (Ses esters servent comme essences de fruits.) [Syn. ACIDE BUTANOÏQUE.] ‖ *Aldéhyde butyrique,* syn. de BUTYRALDÉHYDE. ‖ *Fermentation butyrique,* transformation de sucres, matières amylacées, acide lactique en acide butyrique, en alcool butylique, en gaz carbonique et hydrogène et en différents autres produits sous l'influence de divers micro-organismes. (La fermentation butyrique crée des troubles dans diverses industries : brasserie, fromagerie.)

BUTYROMÈTRE n. m. Instrument servant à déterminer la teneur en matière grasse du lait ou de la crème.

BUTYROPHÉNONE n. f. Famille chimique de neuroleptiques, ayant une action antipsychotique surtout antihallucinatoire.

BUTYROSPERMUM [-mɔm] n. m. Nom scientifique de l'*arbre à beurre,* qui fournit le beurre de karité.

BUTZER (Martin) → BUCER.

BUVABLE adj. **1.** Qui peut se boire sans danger ou qui est passable comme boisson : *Ce vin n'est pas buvable.* — **2.** Qui doit être ingéré par la bouche : *Ampoule buvable.* — **3.** *Fam.* Qui est acceptable, passable : *Un film buvable.*

BUVARD adj. m. (du rad. *buv-,* de *boire*). *Papier buvard,* papier poreux non collé, propre à absorber l'encre fraîche.

◆ n. m. **1.** Papier buvard. — **2.** Sous-main garni de papier buvard.

BUVAT (Jean), mémorialiste français (Châlons-sur-Marne 1660-Paris 1729). Écrivain à la bibliothèque du roi (1697), il a laissé un très minutieux *Journal de la Régence* (publié en 1865).

BUVÉE n. f. (du rad. *buv-,* de *boire*). Breuvage destiné au bétail, formé de son, de farine, etc., délayés dans de l'eau.

BUVETTE n. f. (du rad. *buv-,* de *boire*). **1.** Petit restaurant ou comptoir dans un théâtre, une gare, etc. — **2.** Dans les stations thermales, endroit où l'on va boire les eaux.

BUVEUR, EUSE n. **1.** Personne qui aime boire des boissons alcoolisées : *Un gros buveur.* — **2.** Personne qui boit, est en train de boire ; personne qui a l'habitude de prendre telle boisson : *Buveurs attablés aux terrasses de café. Buveur de lait.* — **3.** Litt. *Buveur de sang,* monstre sanguinaire, tyran.

◆ **buveuse** n. f. Syn. de COSMOTRICHE.

BUVOTER v. t. (conj. 3). *Fam.* Boire à petits coups.

BUWAYHIDES ou **BŪYIDES,** dynastie iranienne chī'ite, qui régna à Bagdad de 945 à 1055, et qui succomba sous la poussée des Turcs Seldjoukides.

BUXACÉE n. f. Nom de famille attribué au buis et aux plantes voisines.

BUXBAUMIE n. f. (de J. C. *Buxbaum,* n. pr.). Mousse sans chlorophylle, rougeâtre, des sols d'Europe.

BUXEROLLES (86180), comm. de la Vienne, banlieue nord de Poitiers ; 6 357 hab.

BUXHÖWDEN (Friedrich Wilhelm, *comte* DE), feld-maréchal russe (île de Moon, auj. Muhu, Estonie 1750 - château de Lohde, Estonie, 1811). Il commanda l'aile gauche des Russes à Austerlitz. Après le traité de Tilsit, il fut chargé de soumettre la Finlande (1808-09).

BUXTEHUDE (Dietrich), compositeur d'origine scandinave (Oldesloe, auj. Bad Oldesloe, Schleswig-Holstein, 1637-Lübeck 1707). Il fut organiste à Elseneur en 1660, puis à Ste-Marie de Lübeck en 1668. À une importante production pour l'église luthérienne (cantates, oratorios, chorals, préludes et fugues, etc.) s'ajoute de la musique de chambre et pour clavier. Compositeur le plus notable de l'école allemande du Nord, il a influencé J. S. Bach, Händel et Mattheson.

BUXY [bysi] (71390), ch.-l. de cant. de Saône-et-Loire, au pied de la côte chalonnaise ; 2 077 hab. *(Buxynois).* Vins blancs. Production de marbre.

BUY BACK [bajbak] n. m. (mots angl.). Clause d'un contrat de vente d'usines clefs en main à l'étranger, par laquelle le vendeur s'engage à acheter une partie de la production de l'usine.

BUYI ou **POU-YI,** population thaïe de Chine du Sud (Guizhou, Guangxi, Yunnan), principalement établie dans un district autonome du Guizhou Sud. Leur nombre est estimé à 1,5 million.

BŪYIDES → BUWAYHIDES.

BUYS-BALLOT (Christophorus Henricus Didericus), météorologiste hollandais (Kloetinge, Zélande, 1817-Utrecht 1890) qui a donné son nom à une règle permettant de déterminer la direction du centre d'une dépression d'après l'observation du vent : 1° sur l'hémisphère Nord, le vent laisse les basses pressions à sa gauche ; 2° plus les isobares sont serrées, plus le vent est fort.

BUYSSE (Cyriel), écrivain belge d'expression néerlandaise (Nevele 1859-Afsnee 1932). L'un des fondateurs de la revue *Van Nu en Straks,* il est l'auteur de romans réalistes (*le Droit du plus fort,* 1893) et de contes proches de ceux de Maupassant (*la Vie de Rozeke Van Dalen,* 1906).

BUYSTER (Philippe DE), sculpteur flamand (Anvers 1595 - Paris 1688). Il vint en France travailler au décor du Val-de-Grâce, du château de Maisons, etc. Son chef-d'œuvre est le tombeau du cardinal de La Rochefoucauld (hospice d'Ivry).

BUYTENDIJK (Frederic Jacobus), éthologiste néerlandais (Breda 1887-Nimègue 1974). Il a montré la spécificité de l'instinct et mis en lumière le rôle du psychologue, et donc la déformation qu'il imprime, dans les comportements qu'il fait acquérir aux animaux. Il a écrit *Wege zum Verständnis der Tiere* (1938), *Over de Pijn* (1943).

BUYTEWECH (Willem), peintre et graveur néerlandais (Rotterdam v. 1591 - *id.* 1624). Ses eaux-fortes et ses dessins (figures à la mode, scènes de genre, paysages) sont d'un graphisme nerveux et spirituel.

BUZANÇAIS (36500), ch.-l. de cant. de l'Indre, sur l'Indre ; 4 768 hab. *(Buzancéens)*. Confection.

BUZĂU, v. de Roumanie, ch.-l. de dép., au N.-E. de Ploieşti, sur le *Buzău* (324 km), affl. du Siret ; 148 247 hab. Cathédrale des XVIe et XVIIe s.

BUZENVAL, écart de la comm. de Rueil-Malmaison (Hauts-de-Seine), dans la banlieue ouest de Paris. Le château de Buzenval vit l'un des derniers combats du siège de Paris, le 19 janv. 1871.

BUZET-SUR-BAÏSE (47160), comm. de Lot-et-Garonne, au N. de Lavardac ; 1 359 hab. Vignoble (côtes de Buzet).

BUZOT (François), homme politique français (Évreux 1760 - Saint-Magne, Gironde, 1794). Député aux États généraux (1789) puis à la Convention (1792), il adhéra au parti girondin mais essaya vainement de soulever la Normandie ; il se suicida.

BUZUKI [buzuki] ou **BOUZOUKI** n. m. (gr. mod. *bouzouki,* du turc). Luth grec à long manche.

BUZZATI (Dino), écrivain, journaliste et peintre italien (Belluno 1906-Milan 1972). Romancier (*le Désert des Tartares,* 1940) et conteur fantastique (*l'Écroulement de la Baliverna,* 1954 ; *le K.,* 1966 ; *les Nuits difficiles,* 1971) ; il a également écrit pour les enfants (*la Fameuse Invasion des ours en Sicile,* 1965).

BUZZER [bœzər] n. m. (angl. *buzzer,* de *to buzz,* bourdonner). Petit vibreur utilisé pour vérifier la continuité électrique des circuits.

BVA (sigle de BRULÉ VILLE ASSOCIÉS), société d'études de marché et d'opinion française créée en 1970.

B. V. P., sigle de BUREAU DE VÉRIFICATION DE LA PUBLICITÉ*.

B. W., abrév. de RÉACTION DE BORDET*-WASSERMANN.

B. W. R., abrév. de l'angl. *Boiling Water Reactor,* qui désigne un type de réacteur nucléaire modéré et refroidi par de l'eau ordinaire, portée à l'ébullition dans le cœur du réacteur.

BYBLOS, auj. **Djebail,** ville de l'ancienne Phénicie, au N. de Beyrouth.

— **Hist.** Centre de commerce où, dès la période thinite (3200-2778), les Égyptiens achetaient le bois de cèdre pour leurs navires et le cuivre du Caucase. Byblos, sauf pendant la période Hyksos (XVIIe-XVIe s. av. J.-C.), resta dans la mouvance de l'Égypte jusqu'à la conquête assyrienne (VIIIe s. av. J.-C.) ; son histoire se confondit ensuite avec celle des empires de l'Orient méditerranéen.

— **Archéol.** De riches tombes princières du XVIIIe s. av. J.-C. ont livré des bijoux en or et argent, fortement influencés par l'art égyptien ; le sarcophage d'Ahiram (souverain de Byblos, Xe s. av. J.-C.) porte la plus ancienne inscription alphabétique en lettres cursives.

BYCTISCUS [-tiskys] n. m. (gr. *buktês,* mugissant). Nom générique du *cigarier des vignes.*

BYDGOSZCZ, v. de Pologne, ch.-l. de voïévodie, sur la Brda, près de son confluent avec la Vistule ; 383 600 hab. Nœud de communications routières, ferroviaires et fluviales. Constructions mécaniques et électriques.

BYE BYE [bajbaj] ou **BYE** adv. (angl. *good bye,* au revoir). *Fam.* Adieu, au revoir.

BYGDØY *(presqu'île de),* presqu'île de Norvège, s'avançant dans le fjord d'Oslo au S.-O. du centre de la capitale. Musée folklorique national de plein air, musées de la navigation, des bateaux vikings, etc.

BYLINE n. f. (russe *bylina*). Chant épique de la Russie médiévale.

BYNG (George), vicomte **Torrington,** amiral britannique (Wrotham, Kent, 1663-Southill, Bedfordshire, 1733). Il participa à la bataille de Vigo (1702) et repoussa en 1708 la flotte du Prétendant. En 1718, il remporta une grande victoire sur les Espagnols au large du cap Passero. George II le nomma Premier lord de l'Amirauté en 1727.

BYNG OF VIMY (Julian Hedworth George BYNG, 1er *vicomte*), maréchal britannique (Wrotham Park, Middlesex, 1862 - Thorpe Hall, Essex, 1935). Il conduisit l'offensive des divisions canadiennes sur Vimy en 1917. Il fut gouverneur général du Canada de 1921 à 1926.

Byōdō-in, anc. villa de Fujiwara Yorimichi, à Uji (près de Kyōto). Devenue sanctuaire dédié à Amida en 1053 (Amida en bois doré de Jōchō), elle est exemplaire de l'élégante architecture Heian. Les peintures intérieures du Hōō-dō, *pavillon du Phénix,* sont typiques du Yamato-e.

BY-PASS [bajpas] n. m. inv. (angl. *bypass,* conduit de dérivation). Tuyauterie de dérivation sur le circuit principal d'un fluide, servant à éviter ou à isoler un appareil ou à régler son débit utile. (Syn. BIPASSE.)

BY-PASSER v. t. (conj. 3). Éviter un appareil en déviant par un by-pass le produit qui y circule.

BYRD (William), compositeur anglais (dans le Lincolnshire ? 1543 - Stondon Massey, Essex, 1623). Organiste à la chapelle royale (1572), il eut d'importantes activités dans l'édition. Ancrée dans la tradition polyphonique du XVIe s., son œuvre se remarque grâce à ses variations pour clavier, ses airs, ses motets et anthems. Il est le plus important et le plus représentatif des compositeurs de la Renaissance anglaise.

BYRD (Richard Evelyn), marin, aviateur et explorateur américain (Winchester, Virginie, 1888-Boston 1957). Il survola le pôle Nord (1926) puis le pôle Sud (1929), créant la base de Little America, en Antarctique. Il explora de nouveau le continent antarctique entre 1933 et 1947.

BYRON (John), navigateur britannique (Newstead Abbey 1723-Londres 1786). Commandant une expédition dans les mers australes, il prit possession des Falkland en 1764. Il découvrit plusieurs îles dans le Pacifique.

BYRON (George GORDON, *lord*), poète britannique (Londres 1788-Missolonghi 1824). Il incarne une variété particulière de romantisme, faite d'orgueil et de révolte, de violence et de provocation. Célèbre et adulé pour son *Pèlerinage de Childe* Harold* (1812), il mena une vie de fastes et d'insolence (longs voyages, amour incestueux pour sa demi-sœur, rupture scandaleuse de son mariage, mort au milieu des insurgés grecs combattant pour leur indépendance) qui ne put apaiser le mal de vivre qui s'exprime dans les poèmes des héros rebelles (*le Giaour**, 1813 ; *le Corsaire,* 1814 ; *le Prisonnier* de Chillon,* 1816 ; *Manfred**, 1817 ; *Caïn,* 1821 ; *Don Juan**, 1819-1824), ses drames (*Marino Faliero,* 1821), ses contes en vers (*Mazeppa,* 1819).

BYRRANGA *(montagnes de),* montagnes de Russie, dans le nord de la Sibérie centrale, occupant la partie septentrionale de la presqu'île de Taïmyr ; 1 146 m.

BYRSA, citadelle de Carthage.

BYSSINOSE n. f. (gr. *bussos,* coton). Affection pulmonaire frappant les ouvriers exposés aux poussières de coton.

BYSSUS [-sys] n. m. (lat. sc. *byssus,* du gr. *bussos,* tissu de lin). Ensemble des filaments adhésifs sécrétés à la base du pied par certains mollusques bivalves (moule, pinne) et qui leur sert à se fixer à leur support.

BYTE [bajt] n. m. (angl. *byte*). En informatique, ensemble de bits consécutifs transmis ou traités comme un tout.

BYTOM, v. de Pologne, en haute Silésie ; 238 000 hab. Centre minier (houille, plomb et zinc) et sidérurgique.

BYTOWNITE [bitonit] n. f. (de *Bytown,* n. pr.). Plagioclase très calcique, intermédiaire entre le labrador et l'anorthite.

Bywater *(syndrome de),* syndrome observé après l'écrasement des membres ou d'une partie du corps (au cours d'un éboulement, par ex.) et caractérisé par un état de choc et une insuffisance rénale aiguë anurique. (On dit aussi *syndrome d'écrasement.*)

BYZANCE, en gr. **Byzantion,** en lat. **Byzantium,** colonie grecque fondée par les Mégariens sur le Bosphore, au VIIe s. av. J.-C. Elle fut successivement la capitale de l'Empire byzantin, sous le nom de Constantinople, et de l'Empire ottoman sous le nom d'Istanbul.

BYZANTIN, E adj. et n. (bas lat. *byzantinus*). **1.** De Byzance ou de l'Empire byzantin. – **2.** *Discussions, querelles byzantines,* discussions oiseuses à force d'être subtiles. ‖ *Grec byzantin,* forme ancienne du grec qui fut la langue administrative de l'Empire byzantin et qui est encore utilisé pour la liturgie de l'Église grecque orthodoxe. ‖ *Rite byzantin,* rite pratiqué par 95 % des fidèles orthodoxes et certains chrétiens orientaux unis à Rome.

ENCYCL. **Relig.** Aujourd'hui, cinq langues sont officiellement en usage dans cette liturgie : le grec, l'arabe, le slavon, le roumain et le géorgien. Mais le rite byzantin est universel et peut être célébré dans toutes les langues des peuples qui l'embrassent. Il en est ainsi en Europe occidentale.

BYZANTIN *(Empire),* empire chrétien gréco-oriental héritier de l'Empire romain d'Orient, qui dura de 395 apr. J.-C. à 1453.

Histoire.

origines

À partir du règne de Dioclétien (284-305) le gouvernement efficace de l'Empire romain exige la présence simultanée de deux empereurs, un en Occident, un autre en Orient pour affronter, en particulier, les assauts des peuples qui bordent les frontières de l'Empire. Cette séparation n'est pas définitivement acquise au IVe s., comme en témoigne le règne de Théodose Ier (379-395) qui gouverne l'ensemble de l'Empire. Mais en 395, à la mort de Théodose, l'Orient est confié à son fils Arcadius et l'Occident à son autre fils Honorius : les deux empereurs règnent sur deux États distincts ; ainsi naît l'Empire byzantin, avec pour capitale Constantinople.

LES EMPEREURS BYZANTINS

dynastie constantinienne (306-363)
Constantin Ier *le Grand*
(306 (Occident) et 324-337),
fils de Constance Ier
Constance II (337-361)
avec Constantin II (337-340) } en Occident
avec Constant Ier (337-350) } en Occident
Julien (361-363) (Occident)

dynastie jovienne (363-364)
Jovien (363-364)

dynastie valentinienne (364-379)
Valentinien Ier (364-378)
Valens (364-378)
Gratien (375-383) (Occident)

dynastie théodosienne (379-457)
Théodose Ier *le Grand* (379-395)
Arcadius (395-408)
Théodose II *le Jeune* (408-450)
Marcien (450-457)

dynastie de Thrace (457-518)
Léon Ier (457-474)
Léon II, son petit-fils,
associé (473-474)
Ariadne, fille de Léon Ier,
épouse :
1° Zénon (474-475 et 476-491)
[Basiliscos, usurpateur (475-476)]
2° Anastase Ier (491-518)

dynastie justinienne (518-602)
Justin Ier (518-527)
Justinien Ier *le Grand* (527-565)
Justin II (565-578)
Tibère II (578-582)
Maurice (582-602)

dynastie de Phokas (602-610)
Phokas (602-610)

dynastie héraclide (610-711)
Héraclius Ier (610-641)
Constantin III Héraclius (641)
Héraclius II Héraclonas (641)
Constant II (641-668)
Constantin IV Pogonat (668-685)
Justinien II Rhinotmète
(685-695 et 705-711)

période de troubles (695-716)
Léontios (695-698)
Tibère III Apsimar (698-705)
Philippikos Bardanes (711-713)
Anastase II (713-715)
Théodose III (715-716)

dynastie isaurienne (717-802)
Léon III *l'Isaurien* (716-740)
Constantin V (741-775)
Léon IV *le Khazar* (775-780)
Constantin VI (780-797)
Irène (790 et 797-802)

période de troubles (802-820)
Nicéphore Ier *le Logothète* (802-811)
Staurakios (811)
Procopia, fille de Nicéphore Ier,
épouse Michel Ier Rangabé (811-813)
Léon V *l'Arménien* (813-820)

dynastie amorienne
ou phrygienne (820-867)
Michel II (820-829)
Théophile (829-842)
Michel III (842-867)

dynastie macédonienne (867-1057)
Basile Ier *le Macédonien* (867-886)
Léon VI *le Sage* (886-912)
Alexandre, associé (apr. 871-912),
seul (912-913)
Constantin VII Porphyrogénète
(913-959)
avec Romain Ier Lécapène (919-944)
et les fils de Romain (944-945)
Romain II (959-963)
Basile II *le Bulgaroctone* (963-1025)
avec Nicéphore II Phokas (963-969)
avec Jean Ier Tzimiskès (969-976)
Constantin VIII, associé, puis seul
(961-1028)
Zoé (1028-1050)
épouse :
1° Romain III Argyre (1028-1034)
2° Michel IV *le Paphlagonien*
(1034-1041)
[Michel V *le Calfat* (1041-1042),
neveu de Michel IV et adopté par Zoé]
3° Constantin IX Monomaque
(1042-1055)
Théodora, associée (1042),
puis seule (1055-1056)
Michel VI Stratiôtikos (1056-1057)

dynastie des Comnènes
(1re fois : 1057-1059)
Isaac Ier (1057-1059)

dynastie des Doukas (1059-1078)
Constantin X (1059-1067)
Michel VII, associé (env. 1060), puis
seul (1071-1078)
avec Romain IV Diogène (1068-1071)

dynastie de Nicéphore Botaneiatès (1078-1081)
Nicéphore III Botaneiatès (1078-1081)

dynastie des Comnènes
(2e fois : 1081-1185)
Alexis Ier (1081-1118)
Jean II (1118-1143)
Manuel Ier (1143-1180)
Alexis II (1180-1183)
Andronic Ier (1183-1185)

dynastie des Anges (1185-1204)
Isaac II (1185-1195 et 1203-1204)
Alexis III (1195-1203)
Alexis IV (1203-1204)
Eudocie, fille d'Alexis III,
épouse Alexis V Murzuphle (1204)

dynastie des Lascaris (1204-1258)
Constantin XI (1204)
Théodore Ier Lascaris (1204-1222)
Jean III Vatatzès (1222-1254)
Théodore II Lascaris (1254-1258)
Jean IV Doukas (1258-1261)

dynastie des Paléologues (1258-1453)
et des Cantacuzènes (1341-1357)
Michel VIII Paléologue (1258-1282)
Andronic II (1282-1328)
avec Michel IX (1295-1320)
Andronic III (1328-1341)
Jean V Cantacuzène (1341-1354) avec
Jean VI Cantacuzène (1341-1355)
avec Mathieu Cantacuzène (1354-1357)
Jean V Paléologue
(1355-1376 et 1379-1391)
Andronic IV Paléologue (1376-1379)
Manuel II (1391-1425)
avec Jean VII (1399-1402)
Jean VIII (1425-1448)
Constantin XII Paléologue
(1449-1453)

l'héritage de Constantin
(395-518)

L'Empire d'Orient s'étend sur les Balkans, l'Asie Mineure (en y incluant l'Arménie et le haut-Euphrate) et le Proche-Orient, de la Syrie à l'Égypte. Cet ensemble, qui regroupe des territoires plus ou moins profondément hellénisés depuis les conquêtes d'Alexandre, possède une forte unité morale due à une large pratique de la langue grecque et à la ferveur religieuse de populations totalement acquises au christianisme ; non que l'unanimité règne pour autant : le IVe et le Ve s. sont des périodes de querelles religieuses passionnées, où les hérésies provoquent parfois des troubles graves et durables. Les empereurs affirment leur totale autorité dans le domaine religieux comme dans les domaines civil et militaire : la primauté du siège de Constantinople sur Antioche et Alexandrie est assurée ; les rapports avec Rome sont d'emblée difficiles ; des conciles condamnent le nestorianisme (Éphèse, 431) et le monophysisme (Chalcédoine, 451) qui ont gagné une large audience en Syrie et en Égypte.

Dans le même temps, l'Empire doit mobiliser ses forces pour repousser l'assaut des peuples voisins, problème qu'il devra affronter jusqu'à sa disparition. Tour à tour vainqueurs puis vaincus, Wisigoths, Huns, Ostrogoths sont finalement écartés des frontières. Mais les incursions des Slaves commencent. À la mort de l'empereur Anastase Ier (518), une période de stabilité est pourtant assurée par le refoulement des ennemis extérieurs, le fonctionnement régulier de l'administration, la richesse d'un Empire situé au carrefour des routes commerciales de l'Europe et de l'Asie.

le siècle de Justinien
(527-610)

Ses forces refaites, l'Empire byzantin vit l'illusion de la reconstitution du modèle qui est resté dans les mémoires : l'Empire romain. Sous le règne de Justinien Ier (527-565) et de l'impératrice Theodora, l'Italie est reconquise, ainsi que l'Afrique du Nord et l'Andalousie. De grandes réalisations marquent ce règne : les plus célèbres sont la construction de l'église Sainte-Sophie de Constantinople et celle des églises de Ravenne. Centre d'un nouvel empire universel, Constantinople brille de l'éclat de ses artistes et de ses maîtres ; les écoles philosophiques d'Athènes sont alors formées. Reprenant et achevant l'œuvre de ses prédécesseurs, Justinien fait codifier le droit romain, son *Code* rassemblant les constitutions impériales depuis Hadrien. Mais sa politique épuise le Trésor et les barbares ne cessent d'assaillir l'Empire : dans les Balkans, ce sont les Avars et les Slaves, ces derniers s'installant progressivement jusqu'en Grèce ; en Orient, ce sont les armées des Perses Sassanides. En Occident, les campagnes de Bélisaire et de Narsès ne peuvent conjurer la menace de nouvelles agressions. Contre les Lombards qui reconquièrent l'Italie, est créé à Ravenne un gouvernement militaire, l'exarchat (584) ; en Afrique est fondé celui de Carthage (591). L'intervention de l'armée, pour régler les problèmes de succession au trône, achève de précipiter l'Empire dans une crise profonde à partir de 602.

l'Empire assiégé (610-867)

L'empereur Héraclius Ier (610-641) paraît un moment capable de conjurer le danger. Réorganisant l'administration par la division du territoire en thèmes où des stratèges exercent des pouvoirs civils et militaires, et où des soldats-colons peuvent fournir en effectifs suffisants une armée nationale, il remporte sur les Sassanides d'éclatantes victoires (notamment en 626). Mais la fin de son règne voit les Arabes, de 636 à 642, réduire l'Empire à l'Asie Mineure et à la Grèce. Un redoutable royaume bulgare se constitue dans les Balkans. En moins d'un siècle, Byzance perd l'Afrique (698) et Ravenne (752), la Crète (826) et la Sicile (829) ; Constantinople, entre 674 et 860, est assiégée cinq fois par les Slaves, les Arabes, les Bulgares et les Russes, qui tous échouent sous ses murs. Coups d'État et usurpations ébranlent dangereusement les institutions politiques ; par deux fois (695-717 et 802-820) des souverains se succèdent dans un climat de violence.

Pourtant, l'Empire achève de prendre son visage. L'hellénisation est complète ; la crise de l'iconoclasme, qui trouble gravement les consciences est en même temps un révélateur des tensions de la société byzantine : le pouvoir impérial heurte violemment les positions du clergé régulier. Cette crise est l'occasion d'affirmer l'originalité de l'orthodoxie religieuse en éloignant encore de Rome toute l'Église d'Orient. Après 861, Cyrille et Méthode, partent évangéliser les peuples slaves, qui reconnaîtront Constantinople pour leur métropole.

l'apogée de l'Empire
(867-1081)

Avec la dynastie macédonienne (867-1057), qui sait utiliser ses immenses ressources morales et matérielles, l'Empire connaît son âge d'or. Sous le règne de Basile II (976-1025), le domaine byzantin s'étend de nouveau de l'Adriatique au Caucase ; l'Italie du Sud et la Sicile sont reconquises ; Constantinople devient le plus grand centre économique de l'époque. Symboles de cette activité, et du rayonnement de l'art byzantin, s'élèvent dans tout l'Empire de nouvelles églises décorées d'admirables mosaïques. Les liens avec Rome sont définitivement rompus : en 1054, le pape et le patriarche de Constantinople s'excommunient réciproquement. Mais l'autorité impériale ne peut empêcher la naissance de l'aristocratie terrienne qui élimine le groupe des paysans propriétaires, indépendants économiquement et qui fournissaient à l'armée des recrues nationales. Avec le dernier souverain macédonien, les luttes civiles reprennent pour décider de la succession au trône (1057). De nouveaux ennemis apparaissent. En Asie Mineure, les Turcs Seldjoukides constituent le sultanat de Rūm (1077) ; en Italie et en Sicile, les Normands commencent la conquête de leur nouveau domaine.

l'Empire, Venise et les Croisades (1081-1261)

Un nouvel ordre international s'institue où l'Occident latin affirme une place croissante. La dynastie des Comnènes (1081-1185) restaure l'Empire, repousse dans les Balkans l'invasion des Petchenègues et rétablit la domination byzantine sur Antioche et la Cilicie. Mais Turcs en Orient, Normands en Occident gardent et accroissent leurs possessions, et l'Empire byzantin ne l'emporte qu'avec le concours des flottes de Venise, qui fait payer son aide par l'octroi de privilèges tels que la vie commerciale internationale échappe désormais aux Byzantins. À un moment où le rayonnement de sa culture est sans égal, par le prestige de l'université de Constantinople, par la propagation des objets et des techniques artistiques dont la construction de Saint-Marc de Venise est un des témoins, l'Empire s'effondre sous l'assaut des Latins. En 1204, les croisés prennent Constantinople, se partagent les terres byzantines, et l'Empire ne survit que dans les principautés d'Épire, de Nicée et de Trébizonde. La reconquête part de Nicée ; la dynastie des Lascaris reprend la Thrace et la Macédoine, et, en 1261, Michel VIII Paléologue reprend Constantinople.

la survie de l'Empire (1261-1461)

Seule l'alliance avec les souverains d'Occident aurait pu permettre à l'Empire byzantin de résister à un nouvel ennemi : les Turcs, qui, sous la conduite des Ottomans, atteignent l'Europe en 1352 : il aurait fallu pour cela retrouver l'union des Églises, séparées depuis 1054. Mais en dépit de négociations innombrables, la masse de la population grecque orthodoxe rejette sans appel toute possibilité de rapprochement avec les Latins catholiques. Par deux fois, cependant, l'Occident lance ses croisés contre les Turcs ; mais, en 1396 comme en 1444 ce sont des désastres. Épuisés par les guerres civiles provoquées par les prétendants au trône impérial, de 1328 à 1391, les Byzantins ne peuvent que retarder une échéance inévitable. Assiégée par les Ottomans de 1394 à 1402, à nouveau investie en 1422, Constantinople est emportée le 29 mai 1453 après huit semaines d'un siège où l'armée de Mehmed II dispose d'une écrasante supériorité en hommes et en artillerie. En 1460, le despotat de Morée tombe et en 1461 le royaume de Trébizonde disparaît. Ainsi meurt l'Empire byzantin qui a vécu plus de mille ans, protégeant l'Europe du flot des invasions asiatiques. Sa brillante civilisation marquera pendant des siècles peuples et cultures de l'Europe orientale et balkanique.

Littérature. De 330 à 1453, la littérature grecque évolua dans le cadre de l'État et de la civilisation byzantine. Le respect des formes traditionnelles d'expression et le purisme de la langue d'une part, une fixité et une hiérarchie des genres d'autre part en sont les principes caractéristiques, à la rigueur desquels tentèrent, cependant, d'échapper quelques écrivains.

On peut diviser la littérature byzantine en trois périodes :

— la première, du IVe au VIe s., marqua le passage de l'hellénisme à la culture byzantine. Un courant de pensée païenne continua à lutter contre les œuvres des Pères de l'Église, grands orateurs et théologiens (les Cappadociens et Jean Chrysostome) et des historiographes (Socrate, Sozomène, Théodoret). Ces deux idéologues se disputèrent la littérature romanesque, les écoles de philosophie et de rhétorique, les genres poétiques (épique et orphique) ;

— du VIe au XIe s., se développa une culture byzantine originale, caractérisée par l'érudition sous toutes ses formes : théologie (Léontios de Byzance, Moschos, Jean Climaque, Maxime le Confesseur, Anastase le Sinaïte, Jean Damascène), hagiographie et hymnographie (Léontios de Néapolis, André de Damas), histoire et chronique (Procope, Hésychius de Milet, Malalas, Georges Pisidês, Georges le Syncelle, Théophane le Confesseur, Georges le Moine), anthologie (Symeôn Metaphrastês, Céphalas). La création littéraire ne fut le fait que de quelques poètes populaires (Cassia), auteurs de chants ou de poèmes épiques ;

— du XIe au XVe s., c'est la renaissance de l'humanisme, qui amena au XVe s. le développement de l'humanisme occidental, lorsque la prise de Constantinople provoqua l'exode en Italie des savants grecs. La tradition d'érudition fut maintenue par des hommes comme Planude, Pachymère. À l'historiographie se consacrèrent Anne Comnène, Michel et Nicétas Choniate, Tzetzès, Georges Acropolite et, plus tard, Jean VI Cantacuzène et Phrantzês, tandis que la philosophie est représentée par Nicéphore, Blemmidès, Théodore II Lascaris, et, à partir du XVe s., Gémiste Pléthon, Gennadios, Bessarion. Le contact avec les croisés français suscita la production de romans de chevalerie *(Belthandre et Chrysantza,*

Callimaque et Chrysorrhoé). Cette influence se maintint jusqu'au XVe s. avec le roman de *Libistros et Rhodamnê.*

Art. Issu de l'antiquité hellénistique et romaine, l'art byzantin est essentiellement religieux. L'espace architectural est désormais conçu en fonction du jeu de la lumière et de l'ombre, et, rehaussée d'or, la mosaïque souligne l'architecture.
On distingue trois périodes principales.
• *La période justinienne (527-565).* Elle correspond à la fixation des grands traits de cet art impérial. Les plans architecturaux se diversifient : plan rectangulaire à charpente, ou centré, à nombre de nefs variable et couvert d'une coupole. Ste-Sophie de Constantinople, due à Anthémios de Tralles et Isidore de Milet, est l'édifice le plus remarquable de cette époque avec les églises de Ravenne et Ste-Catherine du Sinaï.
La crise de l'iconoclasme, caractérisée par le rejet de la représentation du divin, favorise le monachisme et l'épanouissement de l'école cappadocienne.
• *La renaissance macédonienne (867-1057).* L'art impérial s'humanise : les sanctuaires ont des proportions moins importantes, mais le plan à croix inscrite atteint la perfection et devient lisible à l'extérieur. Montée sur pendentifs ou sur trompe d'angle, la coupole est soutenue par des voûtes en berceau ou des voûtes d'arête.
En Grèce, Dháfni, St-Luc en Phocide et les Sts-Apôtres d'Athènes sont exemplaires avec, à Constantinople, l'église du Pantocrator. Les arts mineurs témoignent d'un luxe raffiné.
C'est sous le règne des Comnènes que sont élevées les nombreuses églises de Macédoine (Ohrid, Nerezi, etc.).
• *La période des Paléologues (1258-1460).* Réalisme et décor narratif tendent à se généraliser ; les scènes s'animent de nombreux personnages (mosaïque de St-Sauveur-in-Chora — auj. Kahriye camii — de Constantinople) ; les fresques se multiplient. Les grands centres d'art sont Thessalonique, Trébizonde et Mistra.
Malgré la disparition de l'Empire, l'empreinte de l'art byzantin se maintiendra dans des régions aussi diverses que le mont Athos, la Yougoslavie, la Bulgarie, la Roumanie et la Russie, qui continuera de produire de remarquables icônes.

BYZANTINISME n. m. Tendance aux discussions byzantines, à la subtilité hors de propos.

BYZANTINISTE ou **BYZANTINOLOGUE** n. Spécialiste de byzantinologie.

BYZANTINOLOGIE n. f. Étude de l'histoire et de la civilisation byzantines.

BZ 55 → CARBUTAMIDE.

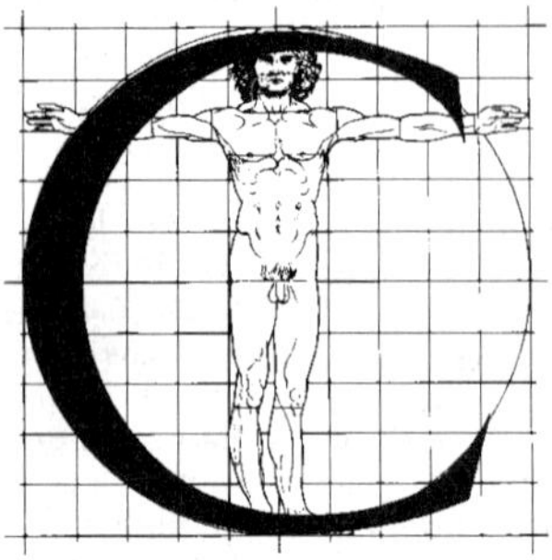

C n. m. Troisième lettre de l'alphabet français et la deuxième des consonnes. (Marqué d'une cédille ou devant *e, i* et *y, c* se prononce [s] : *François, citron ;* devant *a, o, u,* devant une autre consonne ou à la fin d'un mot, *c* se prononce [k] : *car, claque, lac ; ch* se prononce tantôt [ʃ] : *charge,* tantôt [k] : *charisme.*)

c abrév. **Métrol.** Symbole du préfixe *centi.* – **Comm.** Compte ou centime ; **c/c,** compte courant. – **Phys.** Désigne la célérité de la lumière et des ondes électromagnétiques dans le vide.

C abrév. **Biochim.** Désigne une vitamine hydrosoluble. (Syn. ACIDE ASCORBIQUE.) – **Chim.** Symbole du *carbone.* – **Comm.** Cie est mis pour *Compagnie.* – **Hist.** Dans la numération romaine, **C** vaut 100 et s'ajoute à lui-même en se répétant. – **Métrol.** Symbole du *coulomb.* ‖ °C, symbole du *degré Celsius.* – **Mus.** Désigne la note *ut,* ou *do,* dans les pays anglo-saxons ou germaniques. ‖ Placée après la clé, indique que la mesure est à quatre temps. (Si le C est partagé par un trait vertical, il est le signe d'une mesure à deux temps.) – **Pédol.** *Horizon C,* partie inférieure du sol minéral, appelée aussi *roche mère du sol,* située entre l'horizon B et la roche et qui est le produit de la désagrégation et de l'altération physicochimique de la roche. – **Phys.** $\mathbf{C_p}$ désigne la chaleur spécifique à pression constante. ‖ C_v désigne la chaleur spécifique à volume constant.

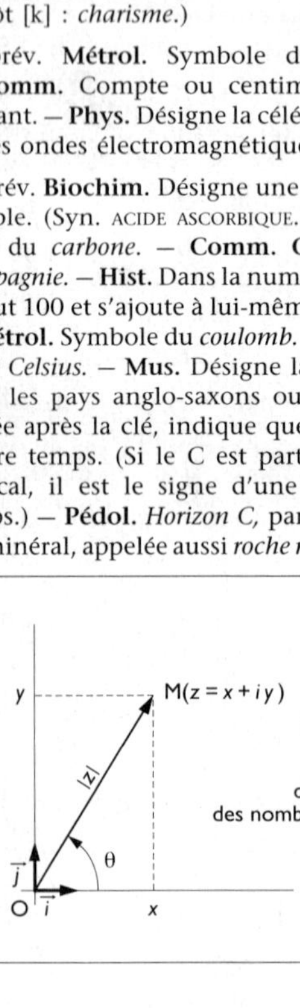

Représentation géométrique d'un élément de l'ensemble $\mathbb{C}$ des nombres complexes.

$\mathbb{C}$ Symbole représentant le corps des nombres complexes. ($\mathbb{C}$ est l'ensemble dont les éléments sont de la forme générale $a + ib$, où a et b sont des réels et i tel que $i^2 = -1$.)

ENCYCL. Tout élément z de $\mathbb{C}$ s'écrit de manière unique $z = x + iy$; x est appelé la partie réelle de z [notée $\mathfrak{Re}(z)$] et y la partie imaginaire de z [notée $\mathfrak{Im}(z)$]. À tout nombre complexe $z = x + iy$, on associe, dans le plan rapporté à un repère orthonormé $(O, \vec{i}, \vec{j})$, le point M de coordonnées (x,y) ; M s'appelle l'image de z et z est l'affixe de M. Inversement, à $M'(x',y')$ du plan correspond le nombre $z' = x' + iy'$ appartenant à $\mathbb{C}$. Le module de z, noté $|z|$, est la longueur OM :

$|z| = \sqrt{x^2 + y^2}$, donc $|z| \geqslant 0$. L'argument de z, noté arg z, est la mesure de l'angle des vecteurs $(\vec{i}, \overrightarrow{OM})$, connue à $2k\pi$ près en radians. Si on note θ cet angle, il est déterminé par :

$\cos\theta = x/\sqrt{x^2 + y^2}$, et $\sin\theta = y/\sqrt{x^2 + y^2}$;

z s'écrit alors : $z = |z| (\cos\theta + i \sin\theta)$, ce qui est la forme trigonométrique de ce nombre. Pour $z = x + iy$, on appelle conjugé de z le nombre $\bar{z} = x + iy$. Si z est non nul, son inverse s'écrit : $z^{-1} = \bar{z}\,|z|^2$. La formule de Moivre permet de déterminer simplement les puissances d'un nombre complexe écrit sous forme trigonométrique :

$$z^n = |z|^n (\cos n\theta + i \sin n\theta).$$

Ca, symbole chimique du *calcium.*

1. ÇA pron. dém. (de *cela*). *Fam.* **1.** La chose dont il s'agit, qu'on désigne, ou que vous savez :

laissez ça. Je n'ai jamais dit ça. — **2.** Cette personne, ces personnes : *Les enfants, ça n'a pas de rancune.* — **3.** Quelque chose d'indéterminé (parfois à la place de *il* avec des verbes à sujet impersonnel) : *Ça sent mauvais ici.* — **4.** S'emploie après certains mots interrogatifs, comme support d'intonation : *Qui ça ? Où ça ?* — **5.** *Ça alors !,* exprime la surprise, l'admiration, l'indignation. ‖ *Ça oui ! Ça non !,* certes oui ! certes non ! ‖ *Ça va ? Ça va bien ? Comment ça va ?,* formule de salutation, de prise de contact, tout va bien ? Vous allez bien, comment allez-vous ? ‖ *Ça y est,* indique qu'une action est faite, finie. ‖ *C'est ça,* formule d'approbation, parfois ironique. ‖ *C'est toujours ça,* c'est au moins quelque chose, à défaut de mieux. ‖ *Comme ça,* insiste sur un degré, une quantité, une constatation, etc. : *Ne tremble pas comme ça !* ‖ *(Comme ci), comme ça,* médiocrement, tantôt bien, tantôt mal. ‖ *Il y a de ça,* ce n'est pas faux. ‖ *Pas de ça !* indique un refus absolu, une interdiction. ‖ *Sans ça,* sinon : *Vite, sans ça tout sera fermé.*

◆ n. m. Instance psychique et pôle pulsionnel de la personnalité, dans la seconde théorie de l'appareil psychique de Freud. (En all. *das Es.*) [→ *encycl.*]

ENCYCL. **Psychan.** En introduisant le ça dans la théorie psychanalytique, S. Freud dégage la notion d'une instance psychique qui, tout en se superposant au concept d'inconscient, définit le pôle pulsionnel de la personnalité. Le ça n'a pas d'organisation propre. C'est du ça, réservoir de l'énergie pulsionnelle, qu'émerge le moi sous la contrainte de la réalité extérieure. Le moi et le ça apparaissent donc dans une relation de dépendance. Le surmoi est également décrit par S. Freud comme l'héritier du ça, même quand il ne cesse de réagir contre les premiers choix d'objets de ce dernier.

2. ÇÀ adv. (lat. pop. **ecce hāc,* voici par ici). *Çà et là,* de côté et d'autre, en divers endroits : *On percevait çà et là quelques arbustes.*

3. ÇÀ ! interj. (de *ça 2*). *Ah çà !* marque la surprise, l'indignation, l'exhortation : *Ah çà ! expliquez-vous.*

Ça ira, chanson de la période révolutionnaire écrite en 1792 par Ladré sur la musique du *Carillon national* de Bécourt. Nantie d'un refrain aux paroles menaçantes, elle devient un cri de ralliement sous la Terreur.

CAATINGA n. f. (mot guarani signif. *bois blanc*). Paysage des régions arides du Nordeste brésilien, aux arbres défeuillés en saison sèche, aux plantes épineuses, aux herbes dures.

CAB n. m. (angl. *cab,* du fr. *cabriolet*). **1.** Véhicule à deux roues, fermé de trois côtés, avec un siège surélevé à l'arrière pour le cocher. — **2.** Voiture française à quatre roues avec le siège du cocher à l'avant.

1. CABALE → KABBALE.

2. CABALE n. f. (de *cabale 1*). Manœuvres, intrigues qui visent à provoquer le succès ou l'échec de qqn, d'une pièce, etc. ; ensemble de personnes qui soutiennent ces manœuvres : *Monter une cabale.*

CABALER v. i. (conj. **3**). *Litt.* Faire une cabale ; se livrer à de sourdes menées.

CABALISTE → KABBALISTE.

1. CABALISTIQUE → KABBALISTIQUE.

2. CABALISTIQUE adj. (de *cabalistique 1*). Qui présente un caractère obscur, énigmatique ; sybillin, mystérieux : *Signes cabalistiques.*

CABALLÉ (Montserrat), cantatrice espagnole (Barcelone 1933). Soprano dramatique, elle s'est spécialisée dans le répertoire romantique italien.

CABALLERO (Fernán), pseudonyme de **Cecilia Böhl von Faber,** romancière espagnole (Morges, Suisse, 1796-Séville 1877). Elle a décrit les mœurs de l'Espagne méridionale de manière idyllique et paternaliste (*La gaviota,* 1849).

CABALLERO (Francisco LARGO) → LARGO CABALLERO.

CABALLERO BONALD (José Manuel), écrivain espagnol (Jerez de la Frontera 1926). D'abord subjective, sa poésie (*Descredito del heroe,* 1977), comme ses romans (*Ágata ojo de gato,* 1974), abordent les thèmes sociaux, dans une langue à la fois belle et châtiée.

CABAN n. m. (sicilien *cabbanu,* par l'intermédiaire du provenç. *caban,* de l'ar. *qabā'*). **1.** Longue veste croisée en tissu épais, à double boutonnage, avec col tailleur, manches droites et poches plaquées. — **2.** Vêtement ample imperméabilisé, utilisé par les marins. (Syn. CIRÉ, TOURMENTIN.) — **3.** Manteau des officiers ou veste croisée des matelots en drap bleu marine, à deux rangs de boutons dorés.

CABANATUAN, v. des Philippines, ch.-l. de prov. dans l'île de Luçon, au N. de Manille ; 173 065 hab.

CABANE n. f. (provenç. *cabana,* du bas lat. *capanna*). **1.** Petite maison, le plus souvent en bois ; habitation médiocre, cahute. — **2.** Abri destiné aux animaux : *Cabane à lapins.* — **3.** *Pop.* Prison. — **4.** Réduit fait de branches de bruyère où les vers à soie s'installent pour filer leur cocon. — **5.** *Cabane à sucre,* au Canada, bâtiment où l'on fabrique le sucre et le sirop d'érable. ‖ *Fonds de cabane,* vestige d'une hutte préhistorique, reconnaissable, aujourd'hui, aux traces de construction, trous de poteaux, pierres de foyer, etc.

CABANEL (Alexandre), peintre français (Montpellier 1823-Paris 1889). Artiste officiel, académicien et professeur, il est l'auteur de tableaux d'histoire et de mythologie, de décors muraux, de portraits.

CABANEMENT n. m. Incident qui consiste, pour un navire en cours de lancement, à plonger brutalement de l'arrière.

CABANER v. t. (de *cabane*) [conj. 3]. Renverser une embarcation pour mettre la quille en l'air et la réparer.

CABANIER (Georges), amiral français (Grenade-sur-Garonne 1906-Paris 1976). Il rallia en juin 1940 le général de Gaulle à Londres. En 1941, il défendit les possessions françaises du Pacifique. Chef d'état-major de la Défense nationale (1958), il devint, en 1960, chef d'état-major général de la marine. Il a été grand chancelier de la Légion d'honneur (1969-1975).

CABANIS (Georges), médecin et philosophe français (Cosnac, Corrèze, 1757-Rueil, comm. de Seraincourt, Val-d'Oise, 1808). Professeur d'hygiène, puis de clinique à l'École de médecine (1797), il aida d'abord au coup d'État du 18-Brumaire ; mais il s'écarta de Bonaparte par goût pour la liberté (Napoléon le rangea parmi les « idéologues ») et professa une philosophie matérialiste puis vitaliste.

CABANIS (José), écrivain français (Toulouse 1922). Réaliste, puis intimiste (*l'Âge ingrat,* 1952 ; *le Bonheur du jour,* 1960 ; *les Cartes du temps,* 1962 ; *les Profondes Années,* 1976 ; *le Crime de Torcy,* 1990), il voit en l'Histoire une comédie humaine (*le Sacre de Napoléon,* 1970 ; *Saint-Simon l'admirable,* 1975). [Acad. fr. 1990.]

CABANON n. m. **1.** Petite cabane. — **2.** En Provence, petite maison de campagne. — **3.** Cellule matelassée, autrefois utilisée pour les malades mentaux très agités.

CABARDÈS, région du sud de la Montagne Noire (Aude), autour de *Mas-Cabardès.*

CABARET n. m. (moyen néerl. *cabaret,* auberge, de l'anc. picard *camberete,* petite chambre). **1.** *Vx.* Débit de boissons, estaminet. — **2.** Établissement de spectacles dont les programmes comportent des tours de chant, des numéros et des revues. — **3.** Petite table à plateau creux ou coffret contenant un service à liqueurs. — **4.** *Cabaret des oiseaux,* autre nom de la cardère sauvage, dont la base des feuilles, en cornet, retient les eaux de pluie. ‖ Fam. *Pilier de cabaret,* ivrogne.

CABARETIER, ÈRE n. *Vx.* Personne qui tenait un cabaret, un petit café.

CABAS [-ba] n. m. (anç. provenç. *cabas,* du bas lat. *capacium,* p.-ê. de *capax,* qui contient). **1.** Grand sac de vannerie ou de tissu utilisé le plus souvent pour faire le marché. — **2.** Panier en jonc tressé, de forme allongée, qui sert à mettre les fruits secs, comme les figues, les raisins.

CABASILAS (Nil), en gr. **Neilos o Kabasilas,** archevêque de Thessalonique († 1363). Il écrivit en faveur du palamisme et contre le *Filioque.* — Son neveu, NICOLAS (Nikolaos), également archevêque de Thessalonique (XIVe s.), théologien palamite, défendit la spiritualité hésychaste.

CABASSET n. m. (de *cabas*). Casque de métal, en usage du XVe s. au XVIIe s.

CABÈCHE n. f. (esp. *cabeza,* tête, du lat. pop. *capitia*). *Pop.* et *vx.* Tête.

CABÉCOU n. m. (lat. *capra,* chèvre). Fromage fermier au lait de chèvre fabriqué dans le Sud-Ouest.

CABÈRE n. f. (de *Cabera,* n. pr.). Phalène à ailes arrondies, blanches, rayées parallèlement de gris et dont les chenilles vivent sur les aulnes, les bouleaux et les saules.

CABERNET n. m. (p.-ê. du lat. *caput,* désignant un cépage de vigne noire). Cépage rouge de maturité relativement tardive. (On distingue le *cabernet sauvignon,* très employé dans le médoc et les graves, et le *cabernet franc,* cépage vigoureux et rustique.)

CABESTAN n. m. (p.-ê. provenç. *cabestan,* de *cabestre,* corde de poulie). Treuil à tambour vertical autour duquel on enroule par friction un câble pour haler ou tirer.

CABESTANY (66330), comm. des Pyrénées-Orientales, banlieue de Perpignan ; 7 555 hab. Église avec tympan roman.

CABET (Étienne), théoricien communiste français (Dijon 1788 - Saint Louis, États-Unis, 1856). Député de l'extrême gauche en 1831, il bâtit une utopie sociale (*Voyage en Icarie,* 1842), dont les fondements reposent sur le principe communiste et sur l'omnipotence de l'État. Il tenta en vain de fonder au Texas puis en Illinois une colonie sur le modèle qu'il préconisait (1849). Condamné par défaut en France en 1849, revenu en 1851, il fut relaxé et repartit pour les États-Unis en 1852.

CABEZA DE VACA (Álvar NÚÑEZ), explorateur et administrateur espagnol (Jerez de la Frontera 1507-Séville 1559). Sa tentative de conquête de la Floride fut un désastre (1527) ; mais il entreprit un voyage jusqu'aux Rocheuses, évangélisa pacifiquement des tribus mexicaines, et se rendit par là suspect aux autorités espagnoles qui obtinrent du roi son retour en Espagne en 1545.

CABEZÓN (Antonio DE), organiste et compositeur espagnol (Castrillo de Matajudíos, Burgos, 1510-Madrid 1566). Musicien de l'impératrice

Isabelle, puis de Philippe II, il voyagea et connut ainsi les œuvres des grands compositeurs franco-flamands. Son effort a surtout porté sur la variation *(diferencias)* et les fantaisies en contrepoint *(tientos)* pour clavier.

CABIAI n. m. Très gros rongeur (1,20 m, 50 kg) d'Amérique, vivant dans les marécages, aux pattes légèrement palmées et munies de petits sabots, végétarien. (Le cabiai, comestible et facile à nourrir, est l'objet d'un élevage croissant en Amérique du Sud tropicale.) [Syn. CAPYBARA.]

CABILDO n. m. Syn. de AYUNTAMIENTO.

CABILLAUD n. m. (moyen néerl. *cabeliau*). Nom commercial de la *morue fraîche.*

Cabillauds (néerl. *kabeljauwsen*), faction politique hollandaise, qui soutenait le comte de Hollande Guillaume contre sa mère Marguerite de Bavière et la faction des *Hameçons* (XIVe-XVe s.).

CABILLOT n. m. (provenç. *cabilhot,* de *cabilha,* cheville). Cheville servant à relier ou à tourner des manœuvres.

CABIMAS, v. du Venezuela (État de Zulia), sur le lac de Maracaibo ; 165 000 hab. Extraction et raffinage du pétrole.

CABIN-CRUISER [kabinkryizœr] n. m. (mot angl.) [plur. *cabin-cruisers*]. Syn. de VEDETTE DE CROISIÈRE.

CABINDA, v. de l'Afrique, ch.-l. d'une enclave angolaise (7 270 km^2 ; 152 100 hab.), au N. de l'embouchure du Zaïre, entre les États du Congo et du Zaïre ; 21 000 hab. Port de pêche. — Au large, gisements de pétrole.

CABINE n. f. (angl. *cabin,* du picard *cabine*). **1.** Local d'assez petites dimensions où l'on peut s'isoler : *Cabine d'essayage. Cabine de douche.* — **2.** À bord d'un navire, logement de l'équipage ou des passagers. (On dit CHAMBRE dans la marine de guerre.) — **3.** *Cabine (de bain),* petite baraque où les baigneurs se déshabillent et se rhabillent ; salle de bains, dans les établissements de bains publics. ‖ *Cabine téléphonique,* petit local servant aux communications téléphoniques. • **Aéron.** *Cabine (de pilotage),* emplacement où se trouvent les membres de l'équipage d'un avion. ‖ Sur les avions de transport, partie du fuselage réservée aux passagers. — **Astronaut.** Compartiment d'un vaisseau spatial piloté, à l'intérieur duquel les astronautes décollent et reviennent sur la Terre. — **Autom.** Espace aménagé pour le conducteur sur un camion, sur certains engins de travaux publics. — **Bât.** Habitacle d'un ascenseur. — **Ch. de f.** *Cabine d'aiguillage,* syn. de POSTE* D'AIGUILLAGE. — **Maroq.** Partie principale d'un coffre, d'une malle, d'une valise, d'un coffret, d'un écrin, etc., sur laquelle vient se rabattre et s'ajuster le couvercle. (Syn. CUVETTE.) — **Transp.** Caisson fermé servant au transport des passagers d'un téléphérique.

CABINET n. m. (de *cabine*). **1.** Petite pièce servant de dépendance à une autre pièce. — **2.** *Vx.* Pièce réservée au travail intellectuel ; bureau. — **3.** Local professionnel de certaines professions libérales : *Le cabinet d'un médecin.* — **4.** Fonds de commerce et clientèle de ces professions : *Vendre un cabinet.* — **5.** *Cabinet de lecture,* salle de lecture publique. ‖ *Cabinet noir,* cagibi sans fenêtre. ‖ *Cabinet particulier,* dans un restaurant, pièce pour les personnes qui désirent rester seules. ‖ *Cabinet de toilette,* petite pièce généralement attenante à la chambre et réservée aux soins de propreté. ‖ Vx. *Homme de cabinet,* qui aime la vie sédentaire et studieuse. • **Bx-arts.** *Cabinet d'amateur, cabinet de curiosités,* autref., pièce où un amateur installait ses collections d'objets de curiosité, de sculptures, de tableaux, etc. ; ces collections elles-mêmes. ‖ *Cabinet des dessins, des estampes, des médailles,* dans un musée, une bibliothèque, département qui conserve et expose ce genre d'œuvres. — **Dr.** Ensemble des collaborateurs nommés par un ministre, un préfet, pour l'assister dans l'exercice de ses fonctions. ‖ Ensemble des membres du gouvernement sous la direction du président du Conseil ou du Premier ministre. ‖ *Conseil de cabinet,* réunion de tous les membres du gouvernement, hors la présence du président de la République, en vue de préparer les travaux du Conseil des ministres. — **Fr.-maçonn.** *Cabinet de réflexion,* local où l'on enferme le candidat avant son initiation. — **Horlog.** *Cabinet d'horloge,* syn. de BOÎTE D'HORLOGE. — **Jard.** Petite enceinte, petit lieu couvert et retiré dans un jardin. — **Mobil.** Meuble de luxe, à tiroirs et compartiments fermés de portes, reposant sur un piétement parfois indépendant, et qui servait à ranger des objets précieux. (En vogue aux XVIe et XVIIe s.)

◆ **cabinets** n. m. pl. *Cabinets (d'aisances),* lieux destinés aux besoins naturels, waters.

Cabinet du docteur Caligari *(le),* film allemand de Robert Wiene (1919). Les décors de ce film, les jeux de lumière, l'interprétation outrancière des acteurs en firent le manifeste du courant expressionniste allemand.

Cabinet noir, bureau secret où, sur l'ordre du gouvernement et pour raison d'État, étaient ouvertes les correspondances. Organisé sous Louis XIII, il fonctionna jusqu'en 1888.

CÂBLAGE n. m. **1.** Opération pratiquée en retorderie et en corderie, consistant à réunir, par une torsion généralement, deux ou plusieurs fils simples retordus ensemble et recevant en outre un complément de torsion. — **2.** Action d'envoyer un message par câble. — **3.** Installation d'un réseau de vidéocommunication par câbles. — **4.** Opération qui consiste à relier par des connexions électriques les différents organes d'un dispositif ; ensemble de ces connexions.

CÂBLE n. m. (du bas lat. *capulum,* corde). **1.** Gros cordage en fibres végétales, synthétiques ou en fils métalliques. (→ *encycl.* Techn.) — **2.** Ensemble de fils conducteurs isolés les uns des autres et enfermés dans une gaine commune qui les protège électriquement et mécaniquement. (→ *encycl.* Électr. et Télécomm.) — **3.** Ensemble de fibres chimiques continues et non tordues, issues des filières, et destinées à la coupe, au craquage et au convertissage. — **4.** Télégramme transmis par câble. — **5.** Grosse moulure ayant l'aspect d'un cordage. — **6.** *Câble d'extraction,* câble qui, actionné par la machine d'extraction, assure le mouvement de la cage ou du skip dans un puits de mine. ‖ *Câbles de gauchissement, de direction* ou *de profondeur,* câbles métalliques qui servent à actionner les ailerons, la gouverne de direction ou celle de profondeur d'un aéronef. ‖ *Câble optique,* ensemble de fibres optiques disposées sous une gaine commune. ‖ *Câble à paires,* câble constitué de plusieurs paires de conducteurs identiques, formant chacun un circuit indépendant. ‖ *Câble porteur,* câble qui supporte, par l'intermédiaire de pendules, le ou les fils de contact, dans la distribution de courant à suspension caténaire. ‖ *Câble à quartes,* câble constitué d'un ou plusieurs groupes de quatre conducteurs. ‖ *Télévision par câble(s)* ou *câble,* syn. de TÉLÉDISTRIBUTION.

ENCYCL. **Électr.** Les *câbles électriques* assurant le transport et la distribution de l'énergie peuvent être des câbles nus constituant des lignes aériennes ou des câbles souterrains isolés. L'isolement électrique des lignes aériennes est effectué par des isolateurs rigides ou suspendus fixés sur des poteaux ou pylônes maintenus au sol par des fondations. Les câbles sont formés de couches successives de brins conducteurs ronds en aluminium fréquemment combinés avec des fils d'acier formant l'âme du conducteur, ou en Almélec.

Les câbles souterrains, beaucoup plus coûteux et employés dans les zones urbanisées, sont constitués de fils conducteurs en aluminium ou en cuivre câblés en hélice et isolés soit par du papier imprégné d'huile, soit, de plus en plus fréquemment, par des matières synthétiques. Leur protection extérieure est assurée par des gaines de plomb ou d'aluminium recouvertes de gaines synthétiques.

— **Techn.** Un *câble d'acier* est formé de plusieurs torons, composés chacun d'un certain nombre de fils d'acier souvent enroulés autour d'une âme en acier ou en chanvre. Le câble et les torons qui le constituent peuvent être câblés en sens inverse *(câble croisé)* ou dans le même sens *(câble long).* Un câble clos est formé de fils s'emboîtant pour constituer un tube, ce qui le rend lisse et étanche (câble de roulement, de guidage, de pont).

— **Télécomm.** Des câbles de divers types interconnectés constituent les réseaux de télécommunication, qui permettent de desservir les abonnés privés et les administrations par téléphonie, télégraphie, télescopie, etc. Sauf quelques cas particuliers (services mobiles, radiodiffusion, télévision, certains réseaux militaires ou de transmissions de données), tous les services de télécommunications sont assurés à partir du réseau général ouvert au public, constitué de voies de transmission du type téléphonique ou de groupes de telles voies. Les abonnés sont reliés à un centre ou un central par des câbles d'abonnés, constitués de nombreuses paires de conducteurs de très faible diamètre (de l'ordre de 0,5 mm), qui peuvent être aériens ou souterrains. Les centres ou centraux sont reliés entre eux par des câbles urbains ou interurbains, qui peuvent être, selon la distance, des câbles à paires, à quartes ou coaxiaux, doublés ou remplacés quelquefois par des faisceaux hertziens.

Depuis que l'on dispose d'isolants de faible permittivité et de faibles pertes aux très hautes fréquences, comme le polyéthylène, et de composants électroniques de longue durée de vie, on a conçu des systèmes de câbles sous-marins à répéteurs immergés assurant des transmissions téléphoniques d'excellente qualité ainsi que des services à grande vitesse. Depuis 1976, on a mis au point des systèmes ayant des capacités de 3 000 à 5 000 circuits téléphoniques sur une seule paire coaxiale. Par grands fonds (plus de 500 m de profondeur), le câble, une fois posé, ne court aucun risque, mais il doit résister à de grands efforts mécaniques lors de la pose et du relevage éventuel pour réparations. Le conducteur central est une bande de cuivre enroulée autour d'une lame en acier. Puis une isolation en polyéthylène est entourée d'un conducteur enroulé en cuivre ou en aluminium, lui-même isolé par une gaine extérieure en polyéthylène. Par petits fonds, le câble doit surtout résister à l'usure et à la corrosion naturelles et aux atteintes des engins de pêche et des ancres de navires. Son conducteur central est en cuivre plein, et le câble est protégé à l'extérieur par une ou deux couches de fils d'acier fortement protégés eux-mêmes contre la corrosion.

Depuis les années 1980, on assiste au développement rapide des *câbles optiques,* constitués d'un faisceau de fibres optiques. Leur grande capacité de transmission et leur aptitude à acheminer (sous forme numérique) indifféremment les sons, les images et les données informatiques ouvrent aux câbles de nouvelles perspectives. Cette nouvelle technologie autorise notamment l'essor des réseaux de vidéocommunication et permet aux câbles sous-marins de soutenir désormais efficacement la concurrence des satellites pour les liaisons intercontinentales.

CÂBLÉ n. m. 1. Cordon de passementerie à plusieurs branches tordues ensemble. – 2. Fil obtenu en retordant ensemble plusieurs fils retors, eux-mêmes obtenus par la torsion de deux ou plusieurs fils simples.

CÂBLEAU → CÂBLOT.

CÂBLER v. t. (conj. 3). 1. Tordre plusieurs éléments ensemble, pour en faire un câble. – 2. Relier (un territoire, un immeuble) à un réseau de télécommunications audiovisuelles par câbles *(réseau câblé)*. – 3. Établir les connexions d'un appareil électrique. – 4. Transmettre par câble (un message).

◆ **être câblé** v. pass. 1. Être obtenu par câblage. – 2. *Fam.* Être à la mode, dans le vent, branché. – 3. En parlant d'une machine ou d'un appareil, avoir un programme de fonctionnement immuable, défini par les liaisons permanentes établies à la construction entre ses divers éléments de commande et de contrôle. – 4. En parlant des opérations, instructions, ordres ou opérateurs d'un ordinateur, être réalisé directement par des circuits existant physiquement dans la machine. – 5. *Réseau câblé,* réseau de vidéocommunication par câbles. ‖ *Ville câblée,* ville disposant d'un réseau de vidéocommunication par câbles.

CÂBLERIE n. f. 1. Métier, commerce du fabricant de câbles. – 2. Lieu où l'on fabrique des câbles.

CÂBLEUR, EUSE n. Ouvrier, ouvrière qui assure la fabrication ou la pose des câbles.

CÂBLIER n. m. Navire spécialisé dans la pose et l'entretien des câbles sous-marins.

CÂBLISTE n. Agent chargé de manipuler les câbles d'une caméra lors de ses déplacements au cours d'une prise de vues.

CÂBLODISTRIBUTEUR n. m. Entreprise de télécommunication qui diffuse des programmes de télévision par câbles.

CÂBLODISTRIBUTION n. f. Syn. de TÉLÉDISTRIBUTION.

CÂBLOT ou **CÂBLEAU** n. m. 1. Petit câble servant à amarrer une embarcation. – 2. Élément de câble électrique destiné à réunir les circuits électriques de deux véhicules ferroviaires, par l'intermédiaire d'une fiche qui s'insère dans un coupleur.

CABOCHARD, E adj. et n. *Fam.* Qui n'en fait qu'à sa tête ; têtu.

CABOCHE n. f. (mot picard, d'un élément *ca-*, et anc. fr. *boce,* bosse). 1. *Fam.* Tête, esprit : *Mets-toi bien ça dans la caboche.* – 2. Portion de tige adhérant au pétiole de la feuille de tabac. – 3. Clou à grosse tête utilisé en particulier pour renforcer la semelle des chaussures de fatigue. – 4. Fam. *Avoir une sacrée caboche,* être très têtu.

Cabochiens, faction alliée aux Bourguignons et à Jean sans Peur de 1411 à 1413 et qui devait son nom à l'un de ses chefs, l'écorcheur Simon Caboche. Groupant les bouchers, les écorcheurs et les gens de métier de Paris, ce parti déclencha des émeutes dans la capitale (avr. 1413) et obtint la promulgation de l'ordonnance de réformes dite *cabochienne* (26-27 mai). Ses excès provoquèrent une réaction bourgeoise favorable aux Armagnacs, qui la vainquirent (août 1413).

CABOCHON n. m. (de *caboche*). 1. Pierre fine à face supérieure arrondie et polie, non taillée à facettes. – 2. Clou à tête décorative.

CABOCLO n. m. (mot brésil.). 1. À l'origine, métis d'Indien et de Portugais. – 2. Au XVIIIe s., sang-mêlé brésilien, par opposition aux Portugais de la métropole.

CABON (Marcel), écrivain mauricien de langue française (Curepipe 1912-Port-Louis 1972), auteur de poèmes (*Kélibé Kéliba,* 1956) d'inspiration symboliste et folklorique, et de romans (*Namasté,* 1965).

Cabora Bassa, barrage sur le Zambèze, au Mozambique, destiné à l'irrigation et à la production d'électricité.

CABOSSE n. f. (anc. fr. *caboce,* tête). Fruit du cacaoyer.

CABOSSER v. t. (de *bosse*) [conj. 3]. Déformer qqch par des bosses, des enfoncements : *Un camion a cabossé l'aile de ma voiture.*

1. CABOT n. m. (de *cabotin*). Syn. fam. de CABOTIN.

2. CABOT n. m. (de *caporal*). *Arg.* Caporal.

3. CABOT n. m. (p.-ê. du lat. *caput,* tête). 1. Nom donné à deux poissons à grosse tête, un mulet et une blennie. – 2. *Fam.* Chien.

CABOT *(détroit de),* passage entre Terre-Neuve et l'île du Cap-Breton.

CABOT (Jean ou John), en ital. **Giovanni Caboto,** navigateur italien (Gênes ? v. 1450-en Angleterre v. 1500). Fixé à Bristol peu avant le premier voyage de Colomb, il obtint du roi d'Angleterre le monopole de la recherche de nouvelles terres. En 1497, il atteignit le continent nord-américain (probablement l'île du Cap-Breton). – Son fils SÉBASTIEN *(Sebastiano)* [Venise, entre 1476 et

1482-Londres 1557] participa à certains voyages de son père. Il entra le premier dans la baie d'Hudson, puis, au service de Charles Quint (1518), explora le Río de la Plata et le Paraná en 1526.

CABOTAGE n. m. (de *caboter*). Navigation marchande non loin des côtes.

CABOTER v. i. (p.-ê. de *cap*) [conj. 3]. Naviguer à faible distance des côtes.

CABOTEUR n. m. Marin ou navire qui pratique le cabotage.

CABOTIN, E n. (p.-ê. de *Cabotin,* n. pr.). **1.** Artiste médiocre, qui estime son talent au-dessus de sa valeur. — **2.** Personne qui se fait remarquer par un comportement affecté, théâtral. (Syn. CABOT.)

◆ adj. Qui manifeste du goût pour les attitudes prétentieuses et théâtrales : *Manières cabotines.*

CABOTIN, nom supposé d'un comédien ambulant de la première moitié du XVIIe s., qui composait ses boniments en vers.

CABOTINAGE n. m. **1.** Action, pour un acteur ou une actrice, de parler de soi avec prétention. — **2.** Manière d'agir théâtrale et prétentieuse.

CABOTINER v. i. (conj. 3). Faire le cabotin.

CABOT LODGE (Henry) → LODGE (Henry CABOT).

CABOULOT n. m. (mot franco-provenç.). *Pop.* et *vx.* Petit café à clientèle populaire.

CABOURG (14390), ch.-l. de cant. du Calvados, sur la Manche, à l'embouchure de la Dives ; 3 375 hab. Station balnéaire.

CABRADE n. f. (de *cabrer*). Action du cheval qui se cabre.

CABRAL (Gonçalo VELHO), navigateur portugais du XVe s. On lui attribue la découverte, en 1431, et la colonisation des Açores.

CABRAL (Pedro Àlvares), navigateur portugais (Belmonte v. 1460-Santarém ? 1520 ou 1526). Chargé par le roi de Portugal Manuel Ier de poursuivre l'œuvre de Vasco de Gama et d'aller aux Indes, il partit de Lisbonne le 9 mars 1500 avec 13 navires, se dirigea (sans doute délibérément) vers l'Amérique du Sud et parvint sur la côte du Brésil dont il prit possession au nom du roi de Portugal (22 avr.). Poursuivant son voyage, il doubla le cap de Bonne-Espérance et arriva à Calicut (13 sept.) qu'il assiégea après avoir conclu un traité de commerce avec le prince de Cochin ; il rentra à Lisbonne le 31 juill. 1502.

CABRAL (Amilcar), homme politique guinéen (Bafatá, Guinée portugaise, v. 1925-Conakry 1973). Il créa, en 1956, le parti africain pour l'Indépendance de la Guinée portugaise et des îles du Cap-Vert (P. A. I. G. C.). Il fut assassiné peu de temps après la mise en place d'institutions représentatives. — Son demi-frère, LUÍS DE ALMEIDA (Bissau 1931), cofondateur du P. A. I. G. C., fut le premier président de la République de Guinée-Bissau (1974-1980).

CABREMENT n. m. Action de se cabrer.

CABRER v. t. (anc. provenç. *cabra,* chèvre, du lat. *capra*) [conj. 3]. **1.** Faire dresser un cheval sur ses pieds de derrière. — **2.** Relever la partie antérieure d'un avion pour le faire monter. — **3.** Provoquer chez qqn une opposition vigoureuse et tenace ; buter, braquer : *Ma réponse brutale l'a cabré.*

◆ **se cabrer** v. pr., **être cabré** v. pass. **1.** Se dresser sur les membres postérieurs, en parlant du cheval. — **2.** Se dresser brusquement, rejeter son corps en arrière. — **3.** Se révolter, être buté dans une attitude hostile : *Il risque de se cabrer devant vos questions.*

CABRERA, îlot des Baléares, au S. de Majorque, célèbre pour les souffrances qu'y endurèrent les prisonniers français après Bailén, de 1808 à 1813.

CABRERA Y GRIÑÓ (Ramón), comte **de Morella,** partisan espagnol (Tortosa 1806-Wentworth, Angleterre, 1877). Il fut l'un des chefs les plus réputés de la première guerre carliste.

CABRERA INFANTE (Guillermo), écrivain cubain (Gibara, prov. d'Oriente, 1929). Critique cinématographique (*Un oficio del siglo XX,* 1963), diplomate, il est connu pour ses romans que caractérise un jeu verbal explosif, teinté d'érotisme (*Trois Tristes Tigres,* 1967 ; *O* [*Orbis oscillantis*], 1975 ; *La Havane pour un infante défunt,* 1979). Aujourd'hui installé en Grande-Bretagne, il a écrit directement en anglais *Holy Smoke* (1985).

CABRETAÏRE n. Personne qui joue de la cabrette.

CABRETTE n. f. (provenç. *cabreto,* de *cabro,* chèvre). Petite cornemuse d'Auvergne, au réservoir d'air en peau de chèvre.

CABRI n. m. (anc. provenç. *cabrit*). **1.** Syn. de CHEVREAU. — **2.** Fam. *Sauter comme un cabri,* sauter vivement, avec légèreté.

CABRIÈRES-D'AIGUES (84240), comm. du Vaucluse, 532 hab. Massacre des vaudois en 1545.

CABRIÈS (13480), comm. des Bouches-du-Rhône, entre Aix-en-Provence et Marseille ; 7 767 hab.

CABRIOLE n. f. (ital. *capriola,* saut de chèvre, avec infl. de *cabri*). **1.** Saut agile que l'on fait en se retournant sur soi-même : *Les cabrioles d'un clown.* — **2.** Bond quelconque fait en folâtrant : *Les cabrioles d'un chevreau.* — **3.** *Fam.* Manière d'agir adroite pour se tirer d'affaire par un faux-fuyant : *Sortir d'une discussion par une cabriole.* • **Chorégr.** Grand pas sauté, appartenant à la batterie de choc, au cours duquel la jambe de terre vient frapper la jambe libre. — **Équit.** Saut du cheval qui s'enlève des quatre pieds à la même hauteur et détache vivement une ruade.

CABRIOLER v. i. (conj. 3). Faire des cabrioles.

CABRIOLET n. m. (de *cabrioler*). **1.** Véhicule hippomobile léger, ouvert, à deux roues et à deux places, muni d'une capote mobile. — **2.** Automobile transformable en voiture découverte. — **3.** Vers 1830, chapeau de femme encadrant le visage et posé sur l'arrière de la tête. — **4.** Chaise ou fauteuil léger à dossier concave, apparu en France au milieu du XVIIIe s.

CABROL (Christian), chirurgien français (Chézy-sur-Marne 1925). Spécialiste de chirurgie cardiothoracique, chef de service à la Pitié-Salpêtrière (Paris) depuis 1972, il a réalisé en France la première transplantation cardiaque chez l'homme (1968), la première greffe cœur-poumons (1982) et la première implantation d'un cœur artificiel (1986).

CABROUET n. m. (de *brouette*). **1.** Petite charrette à deux roues, à traction animale. — **2.** *Passage à cabrouets,* passage plan entre deux trottoirs de gare au niveau supérieur du rail.

CAB-SIGNAL n. m. (pl. *cab-signaux*) [de l'angl. *cabin,* cabine, et *signal*]. Système de signalisation ferroviaire dans lequel les indications sont transmises à l'agent de conduite par des voyants lumineux placés dans la cabine.

CABU (Jean), dessinateur français de bandes dessinées (Châlons-sur-Marne 1938). Ses séries dessinées (*le Grand Duduche,* 1962) et ses reportages en images dénoncent les conformismes et la violence.

CABUS [-by] n. m. (anc. provenç. *cabus,* du lat. *caput,* tête). Chou pommé à feuilles lisses.

C.A.C., abrév. de COTATION ASSISTÉE EN CONTINU. (→ BOURSE.)

CACA n. m. (lat. *cacare,* aller à la selle). *Fam.* **1.** Terme enfantin pour désigner les excréments. — **2.** Ordure, chose sale. — **3.** *Caca d'oie,* jaune verdâtre. ‖ *Faire caca,* aller à la selle.

CACABER v. i. (bas lat. *cacabare*) [conj. 3]. Crier, en parlant de la perdrix, de la caille.

CACAHOUÈTE ou **CACAHUÈTE** [kakawɛt] n. f. (esp. *cacahuete,* du nahuatl *tlacacahuatl,* cacao de terre). Fruit ou graine comestible de l'arachide.

CACAO n. m. (esp. *cacao,* du nahuatl *cacahuatl*). **1.** Graine du cacaoyer. (On dit aussi FÈVE DE CACAO.) — **2.** Poudre soluble obtenue à partir des extraits de cette graine et utilisée dans l'alimentation. — **3.** Boisson obtenue en diluant de la poudre de cacao dans du lait ou dans de l'eau. — **4.** *Beurre de cacao,* matière grasse extraite de la fève ou de la pâte de cacao. ‖ *Pâte de cacao,* pâte provenant de l'écrasement des amandes de cacao. ‖ *Poudre de cacao,* poudre obtenue par broyage et pulvérisation du tourteau restant après pression de la pâte.

ENCYCL. La graine du cacaoyer contient 50 à 55 % de matière grasse (beurre de cacao), utilisée en chocolaterie, en pharmacie pour la fabrication de suppositoires ou en parfumerie pour celle de rouge à lèvres. Après triage et torréfaction, les graines sont débarrassées de leur coque avant d'être finement broyées pour fournir le cacao en masse, d'où l'on tire les différents dérivés du cacao. La Côte-d'Ivoire est le principal pays producteur, suivi, d'assez loin par le Brésil, le Ghana, la Malaisie, le Nigeria et le Cameroun. Pendant longtemps, les exportations ont porté exclusivement sur les fèves de cacao. Actuellement, elles sont réalisées pour 28 % sous forme de beurre, poudre, tourteaux et masse de cacao, du fait de l'installation d'usines de transformation dans les pays producteurs.

CACAOTÉ, E adj. Qui contient du cacao : *Farine cacaotée.*

1. CACAOYER [kakaɔje] n. m. Petit arbre (sterculiacée) de sous-bois des régions tropicales dont les fruits fournissent le cacao.

ENCYCL. Le cacaoyer, originaire des forêts d'Amérique centrale et d'Amérique du Sud, était déjà cultivé par les Mayas. C'est un arbre de 4 à 10 m de haut dont les fleurs, très petites, à 5 pétales, apparaissent sur le tronc et les branches. Le fruit est une baie volumineuse ovoïde, appelée cabosse, et contenant 30 à 40 fèves dans un mucilage blanchâtre acidulé.

2. CACAOYER, ÈRE adj. Relatif au cacao.

CACAOYÈRE, CACAOTERAIE ou **CACAOTIÈRE** n. f. Plantation de cacaoyers.

CACARDER v. i. (onomat.) [conj. 3]. Crier, en parlant de l'oie.

CACATOÈS [-tɔɛs] n. m. (port. *cacatua,* du malais *kakatuwa*). Oiseau voisin des perroquets, à grande huppe érectile, des îles de l'ouest du Pacifique.

CACATOIS n. m. (de *cacatoès*). **1.** Voile carrée placée au-dessus du perroquet. — **2.** *Mât de cacatois* ou *cacatois,* mât supportant la voile correspondante.

CACCINI (Giulio), chanteur et compositeur italien (Tivoli, Rome, v. 1550-Florence 1618). Il est l'un des initiateurs de l'opéra florentin (*L'Euridice,* 1602).

CÁCERES, v. d'Espagne, en Estrémadure, ch.-l. de prov. ; 74 589 hab. Enceinte d'origine romaine ; églises ; orgueilleux palais blasonnés de la fin du XVe et du XVIe s. Centre commercial. Industries agricoles.

CACHAÇA n. f. Au Brésil, nom donné au rhum.

CACHALOT n. m. (esp. *cachalote,* du port. *cacholote,* de *cachola,* grosse tête). Très grand mammifère cétacé à dents, des mers chaudes, pouvant mesurer jusqu'à 18 m, et chassé pour l'huile *(spermaceti)* accumulée dans son énorme tête. (Il existe cependant un *cachalot nain* mesurant moins de 4 m.)
ENCYCL. Le cachalot possède une sorte de groin gigantesque, qui refoule la bouche vers la face ventrale. Il se nourrit de poulpes géants, qu'il descend chasser à de grandes profondeurs et dont la sépia s'accumule dans son intestin en boules d'*ambre gris.* Son huile est lubrifiante et sert de solvant intermédiaire à la graisse de la laine brute. Menacée de disparition, l'espèce est strictement protégée.

CACHAN (94230), ch.-l. de cant. du Val-de-Marne, dans la banlieue sud de Paris ; 25 370 hab. Hospices. École normale supérieure.

1. CACHE n. f. Lieu propre à cacher qqn ou qqch, à se cacher.

2. CACHE n. m. **1.** Toute feuille de papier, de carton, etc., destinée à cacher une partie d'une surface, d'un texte, etc. — **2.** Syn. de RETOMBE. — **3.** *Cache et contre-cache,* trucage permettant de marier deux scènes filmées en des endroits ou en des moments différents. ‖ *Mémoire cache* ou *cache,* syn. de ANTÉMÉMOIRE.

CACHE-BRASSIÈRE n. m. inv. Corsage destiné à cacher la brassière d'un bébé.

CACHE-CACHE n. m. inv. **1.** Jeu d'enfants dans lequel un des joueurs cherche ses camarades qui se sont cachés. — **2.** Fam. *Jouer à cache-cache,* ne pas réussir à se joindre.

CACHE-CŒUR n. m. inv. Corsage court dont les devants en pointe se croisent et se nouent dans le dos.

CACHE-COL n. m. inv. Longue écharpe étroite.

CACHE-CORSET n. m. inv. Pièce de lingerie féminine qui couvrait le buste et était destinée à cacher le haut du corset.

CACHECTIQUE adj. et n. Relatif à la cachexie ; atteint de cachexie.

CACHE-ENTRÉE n. m. inv. Pièce métallique mobile masquant l'entrée de clé quand celle-ci est enlevée.

CACHE-FLAMME n. m. inv. Appareil fixé à l'extrémité du canon de certaines armes pour atténuer la lueur produite par la combustion des gaz.

CACHE-MAILLOT n. m. inv. Tunique courte que l'on peut porter sur le maillot.

CACHEMIRE n. m. (de *Cachemire*). **1.** Poil très fin recueilli sur le dos des chèvres de Cachemire, utilisé soit pur, soit en mélange avec la laine. — **2.** Tissu très fin fabriqué avec ces poils. — **3.** Châle ou pull en cachemire. — **4.** *Cachemire d'Écosse,* syn. de COBOURG.

CACHEMIRE ou **KĀŚMĪR,** anc. État de l'Inde, partagé entre l'Inde et le Pākistān.
— **Géogr.** Le Pākistān a conservé l'Āzād Kāśmīr (Cachemire libre), qui comprend le district (jāgīr) de Punch, le Baltistān et le Dārdistān (env. 2 millions d'hab. sur 80 000 km^2). L'État actuel de Jammu-et-Cachemire (101 000 km^2 et 7 718 700 hab. ; cap. *Srinagar* et *Jammu)* est intégré dans la République indienne. Il comprend trois parties : la région de Jammu (la capitale d'hiver), au S., dans le Moyen Himālaya, de population hindoue ; le Ladakh, au N. du Grand Himālaya, région de langue tibétaine ; la vallée du Cachemire, au centre, haute plaine (vers 1 500 m d'alt.) encadrée par le Grand Himālaya et le Pir Panjāl, drainée par la Jhelam.
— **Hist.** Le Cachemire fut jusqu'au XIVe s. un royaume hindou dont l'histoire est exceptionnellement bien connue grâce à des chroniques. Le bouddhisme y fut florissant et le quatrième grand concile bouddhique s'y tint sous Kaniṣka. Il fut conquis en 1346 par un aventurier musulman, Chāh Mīr, qui fonda un sultanat, puis fut annexé à l'Empire moghol par Akbar en 1586. En 1757, le Cachemire passa sous la domination afghane puis il fut conquis par les sikhs (1819). Les Britanniques le concédèrent en 1846 au roi hindou Gulab Singh, dont les descendants régnèrent sur le pays jusqu'en 1947. À cette date, le Cachemire, dont les musulmans constituaient les trois quarts de la population, fut revendiqué à la fois par le Pākistān et par l'Inde et, à l'exception de sa partie orientale, passa sous le contrôle de l'Union indienne. Une guerre entre les deux pays s'y déroula de 1947 à 1949. L'O. N. U. imposa le cessez-le-feu mais le plébiscite que l'Inde s'engagea à organiser n'eut jamais lieu. Le Cachemire fut l'enjeu d'une seconde guerre indo-pakistanaise (1965) qui se termina par un retour au *statu quo ante.* Le principal leader musulman du Cachemire fut le cheikh Muḥammad Abdullah qui fonda en 1932 la Conférence musulmane du Cachemire et qui fut chef du gouvernement de 1975 à 1982.

CACHE-MISÈRE n. m. inv. *Fam.* Vêtement ample, servant à cacher des vêtements usés ou une tenue négligée.

CACHE-NEZ n. m. inv. Écharpe longue et large, dont on entoure le cou et le bas du visage pour les protéger du froid.

CACHE-PLAQUE n. m. inv. Couvercle de protection des plaques d'une table de cuisson électrique en dehors des périodes de fonctionnement.

CACHE-POT n. m. inv. Vase décoratif servant à dissimuler un pot à fleurs.

CACHE-POUSSIÈRE n. m. inv. Long pardessus porté par les automobilistes aux débuts de l'automobile.

CACHE-PRISE n. m. inv. Dispositif isolant que l'on enfonce dans les alvéoles d'une prise de courant pour rendre ses contacts inaccessibles.

CACHER v. t. (lat. pop. **coacticare,* de *coactare,* comprimer) [conj. 3]. **1.** Mettre qqch ou qqn qqpart, les garder dans un lieu secret, les dissimuler : *Cacher un trésor dans le jardin.* — **2.** Recouvrir qqch avec qqch d'autre afin qu'il ne soit plus visible : *Cacher un accroc avec un foulard.* — **3.** S'interposer entre qqch, qqn et qqn d'autre, être placé devant qqch, qqn de manière à les dissimuler ; masquer : *L'arbre devant la fenêtre nous cache le paysage.* — **4.** Renfermer qqch qui, de ce fait, n'est plus visible : *Un placard aménagé cachait un lavabo.* — **5.** Soustraire qqch (opinion, événement, etc.) à la connaissance de qqn, le dissimuler, ne pas le révéler : *Vous me cachez la vérité.* — **6.** Dissimuler, déguiser qqch (sentiment, état, etc.) sous une attitude, masquer : *Elle cachait sous une apparente indifférence une émotion réelle.* — **7.** *Cacher son jeu, ses cartes,* éviter de montrer ses cartes ; dissimuler ses intentions. ‖ *Ne pas cacher qqch,* en convenir, l'affirmer, le dire.

◆ **se cacher** v. pr., **être caché** v. pass. **1.** Soustraire aux regards, aux recherches, ne pas se laisser découvrir : *Le soleil se cache derrière les nuages. Pour vivre heureux, vivons cachés.* — **2.** Ne pas se laisser voir, percevoir, connaître : *Une grande bonté se cachait sous son air bourru.* — **3.** Tenir qqch secret, ne pas en convenir : *Il ne se cache pas d'avoir été à l'origine de ce projet.* — **4.** Cacher à qqn ce qu'on fait : *Il fumait en se cachant de son père.* — **5.** Fam. *Va te cacher,* injonction à avoir honte.

CACHE-RADIATEUR n. m. inv. Coffrage pour dissimuler un radiateur.

CACHÈRE → KASHER.

CACHEROUTH → KASHROUTH.

CACHE-SEXE n. m. inv. Triangle d'étoffe qui couvre le bas-ventre.

1. CACHET n. m. (de *cacher,* presser). **1.** Objet dont une face porte en relief une marque, une inscription à imprimer à l'encre ; sceau gravé en creux ou en relief, fixé à un manche, à une bague, etc., destiné à imprimer sur la cire les armes, les initiales de son possesseur. — **2.** Empreinte même du cachet sur la cire dont on scelle les lettres ou les paquets ; marque imprimée sur le papier, le tissu. — **3.** Originalité de qqch ou de qqn : *Cette petite église a du cachet.* — **4.** Marque caractéristique, tournure originale : *Cette ville a gardé le cachet du XVIIe s.* — **5.** Prix d'une leçon particulière (de piano, de dessin, etc.). — **6.** Rétribution d'un artiste, d'un journaliste, pour une représentation, une émission, etc. : *Courir le cachet.* — **7.** *Cachet de la poste,* marque apposée par les services postaux sur tout objet de correspondance (lettre, paquet...) et comportant la date et l'heure du dépôt.

2. CACHET n. m. (de *cachet 1*). **1.** Ensemble de deux capsules de pain azyme dont la cavité renferme des poudres médicamenteuses. — **2.** Syn. usuel de COMPRIMÉ. — **3.** Fam. *Blanc comme un cachet d'aspirine,* très pâle ou pas du tout bronzé.

CACHETAGE n. m. Action de cacheter ; fait d'être cacheté.

CACHE-TAMPON n. m. inv. Jeu d'enfants dans lequel un des joueurs cache un mouchoir que les autres doivent chercher.

CACHETER v. t. (conj. 27). **1.** Sceller avec de la cire, marquée ou non d'un cachet. — **2.** Fermer (une lettre, une enveloppe) en collant.

◆ **être cacheté** v. pass. **1.** Se dit d'un vin en bouteille fermée d'un bouchon couvert de cire. — **2.** En parlant d'un contact entre des couches géologiques, être recouvert par des formations plus récentes.

CACHE-THÉIÈRE n. m. inv. Syn. de COSY *1.*

CACHETON n. m. *Pop.* Cachet, honoraires : *Comédien qui court le cacheton.*

CACHETTE n. f. (de *cacher*). **1.** Lieu propre à cacher ou à se cacher : *La souris s'est réfugiée dans sa cachette.* — **2.** *En cachette,* en se cachant, en secret, clandestinement.

CACHEXIE n. f. (bas lat. *cachexia,* du gr. *kakheksia,* mauvaise constitution physique). **1.** Trouble profond et affaiblissement de toutes les fonctions de nutrition. — **2.** État d'une carcasse de boucherie à la fois très maigre et œdémateuse *(cachexie aqueuse)* ou très maigre, mais sans infiltration séreuse de tissu conjonctif *(cachexie sèche).*

CACHIMAN n. m. (mot arawak de Haïti). Nom commun aux gros fruits des diverses espèces d'anone.

CACHIN (Marcel), homme politique français (Paimpol 1869-Choisy-le-Roi 1958). Il participa au congrès unificateur des socialistes au sein de la S. F. I. O. en 1905 et fut directeur de *l'Huma-*

nité de 1918 à sa mort. Parti pour la Russie avec L. O. Frossard (1920), il en revint ardent partisan de l'adhésion du parti socialiste à l'Internationale communiste. Il devint après le Congrès de Tours (1920) un des principaux dirigeants du P. C. F.

CACHOLONG n. m. (de *Cach,* n. pr., et kalmouk *cholon,* pierre). Variété d'opale ayant l'aspect blanc de la porcelaine.

CACHOT n. m. (de *cacher*). **1.** Cellule généralement située dans les sous-sols des prisons, où sont enfermés les détenus ayant enfreint le règlement intérieur ; la punition elle-même. – **2.** Pièce exiguë où l'on enferme des personnes punies en les isolant.

CACHOTTERIE n. f. *Fam.* Action de cacher des choses sans importance.

CACHOTTIER, ÈRE adj. et n. *Fam.* Qui se plait à faire des cachotteries.

CACHOU n. m. (port. *cacho ;* du tamoul *kāsŭ*). **1.** Extrait du bois de divers arbres (un acacia de l'Inde, un palmier du genre *areca,* une rubiacée), utilisé en tannerie. – **2.** Substance astringente, constituée de tanin, de catéchine et d'acide cachoutannique. – **3.** Pastille noire aromatisée avec cette substance.
◆ adj. inv. Rouge noirâtre.

CACHOUTANNIQUE adj. *Acide cachoutannique,* tanin formé par oxydation de l'épicatéchol entrant pour 30 % dans la composition du cachou.

CACHUCHA [-tʃutʃa] n. f. (esp. *cachucha*). Danse andalouse qui fut très en vogue au début du XIXe s. (De mouvement modéré et de rythme ternaire, proche du boléro, elle est exécutée par une femme seule ou parfois par un couple, avec accompagnement de castagnettes et de guitare.)

CACIOCAVALLO [katʃjokavalo] n. m. Fromage italien au lait de vache, à pâte filée, ayant la forme d'un fuseau à base pointue.

CACIQUAT n. m. Fonction, dignité de cacique.

1. CACIQUE [-sik] n. m. (esp. *cacique*). **1.** *Vx.* Chef indien de certaines tribus d'Amérique. – **2.** En Espagne et en Amérique espagnole, notable local qui exerce un contrôle de fait sur la vie politique et sociale de son district. – **3.** *Fam.* Premier à un concours, en partic. à l'École normale supérieure. – **4.** *Fam.* Personne qui occupe socialement une des premières places.

2. CACIQUE ou **CASSIQUE** n. m. (de *cacique 1*). Oiseau ictéridé d'Amérique tropicale, au chant mélodieux, au bec fort et pointu, mangeur de fruits et buveur de nectar, vivant en troupes et tissant des nids en fibre de palmier.

CACIQUISME n. m. Système de contrôle de la vie politique locale par des caciques.

CACOCHYME adj. (bas lat. *cacochymia,* du gr. *kakokhumia*). *Vx* ou *plaisant.* Qui a une constitution débile : *Vieillard cacochyme.*

CACODYLATE n. m. (de *cacodyle*). Dérivé arsenical (diméthylarsinate de sodium) qui était utilisé en injections sous-cutanées dans le traitement des asthénies.

CACODYLE n. m. (all. *Kakodyl,* du gr. *kakôdês,* qui sent mauvais). Tétraméthyldiarsine, de formule $(CH_3)_2As{-}As(CH_3)_2$. (C'est un liquide spontanément inflammable doué d'une odeur repoussante. Son oxyde et son chlorure sont très toxiques.)

CACODYLIQUE adj. *Acide cacodylique,* acide diméthylarsinique, employé comme herbicide.

CACOGRAPHE n. *Litt.* Personne qui écrit mal.

CACOGRAPHIE n. f. *Litt.* Mauvaise écriture, mauvais style, orthographe fautive.

CACOLET n. m. (béarnais *cacolet,* p.-ê. du basque *kakoletak,* siège recourbé en bois). Double siège à dossier placé, autrefois, sur le dos d'un mulet ou d'un cheval et utilisé pour le transport des blessés en terrain montagneux.

CACOLOGIE n. f. (gr. *kakologia*). Locution ou construction jugée défectueuse (par ex. *Il est grièvement malade*).

CACOPHAGIE n. f. État pathologique qui pousse à ingérer des substances impropres à l'alimentation.

CACOPHONIE n. f. **1.** Rencontre de mots, de syllabes, de sons désagréables ou ridicules. – **2.** Effet désagréable produit par des instruments qui jouent, des voix qui chantent sans accord, sans harmonie.

CACOPHONIQUE adj. Relatif à la cacophonie.

CACOSMIE n. f. État pathologique où le sujet perçoit une odeur fétide.

CACOSTOMIE n. f. Haleine malodorante.

CACTACÉE ou **CACTÉE** n. f. (de *cactus*). Plante épineuse et charnue de régions arides, principalement d'Amérique. (La famille des *cactacées* compte plus de 2 000 espèces, de formes très diverses.)

ENCYCL. Les cactacées sont particulièrement adaptées à la sécheresse : feuilles réduites à des épines, stomates fermés pendant le jour (le gaz carbonique est absorbé de nuit et stocké sous forme d'acide malique), importantes réserves d'eau dans les tiges « grasses », floraison brève, nombreuses graines. Quelques espèces toutefois sont des arbres ou des lianes forestières et ne présentent pas ces adaptations. L'*opuntia* a un fruit comestible (figue de Barbarie), le *peyotl* est hallucinogène, de nombreuses espèces sont ornementales (longs poils, formes curieuses [cierge, mammillaire, etc.]).

CACTIFORME adj. Se dit des plantes des régions arides, euphorbes en particulier, qui ont l'aspect des cactacées.

CACTUS [-tys] n. m. (lat. *cactus,* cardon, du gr. *kaktos*). Nom d'un genre de la famille des cactacées, usuellement appliqué à d'autres genres, en particulier à l'opuntia.

CACUMINAL, E, AUX adj. et n. f. (lat. *cacumen, -inis,* pointe). Se dit des consonnes qui s'articulent avec la pointe de la langue dirigée vers le sommet de la voûte du palais.

CACUS, divinité romaine primitive du feu, qu'on disait fils de Vulcain et résider dans une caverne de l'Aventin. La légende en fit un brigand qui déroba à Hercule les bœufs de Géryon en les faisant sortir à reculons. Hercule déjoua la ruse et le tua.

C.-À-D., abrév. de C'EST-À-DIRE.

CADALEN (81600), ch.-l. de cant. du Tarn, à 10 km au S.-E. de Gaillac ; 1 116 hab. Église des XIIe et XIIIe s.

CADALSO (José), écrivain espagnol (Cadix 1741-Gibraltar 1782), célèbre pour ses *Cartas marruecas* (1789), qui rappellent les *Lettres persanes* de Montesquieu.

CA' DA MOSTO ou **CADAMOSTO** (Alvise), navigateur vénitien (Venise 1432-† 1488). En 1455, il explora, pour le compte d'Henri le Navigateur, les côtes du Sénégal. En 1456, il aurait découvert les îles du Cap-Vert.

CADARACHE, écart de la commune de Saint-Paul-lès-Durance (Bouches-du-Rhône). Barrage sur la Durance (au confluent du Verdon). Le plus vaste des centres d'études nucléaires du C. E. A.

CADASTRAGE n. m. Action de cadastrer.

CADASTRAL, E, AUX adj. Relatif au cadastre.

CADASTRE n. m. (provenç. *cathastre,* de l'ital. *catastro,* du gr. *katastikhon,* registre). **1.** Ensemble des documents établis à la suite de relevés topographiques et d'opérations administratives, et destinés à permettre la détermination des propriétés foncières d'un territoire, la constatation de la nature de leurs produits et l'évaluation de leur revenu. — **2.** Administration qui a la charge de ces documents. — **3.** *Cadastre numérique,* ensemble des informations cadastrales relatives aux parcelles, aux propriétaires et aux bâtiments, mises sous forme numérique.
ENCYCL. Le cadastre français comporte trois sortes de documents :
1° *le plan cadastral,* qui est la représentation graphique du territoire de la commune dans tous les détails de son morcellement ;
2° *le registre des états de section,* qui constitue la légende du plan cadastral et contient, pour chaque section, la nomenclature des parcelles avec leurs données propres (contenance, nature de culture ou affectation, classe, revenu, nom du propriétaire, etc.) ;
3° *la matrice cadastrale,* qui donne par propriétaire la liste de toutes les propriétés, bâties et non bâties de la commune. Les documents cadastraux déposés à la mairie peuvent être consultés gratuitement par le public.

CADASTRER v. t. (conj. 3). Soumettre aux opérations du cadastre.

CADAVÉREUX, EUSE adj. (lat. *cadaverosus*). Qui rappelle le cadavre ; cadavérique : *Teint cadavéreux.*

CADAVÉRINE n. f. Substance formée par décarboxylation de la lysine, lors de la putréfaction cadavérique et dans certaines fermentations bactériennes intestinales.

CADAVÉRIQUE adj. (de *cadavre*). **1.** Relatif au cadavre : *Rigidité cadavérique.* — **2.** Qui rappelle le cadavre ; cadavéreux, livide : *Blancheur cadavérique.*

CADAVRE n. m. (lat. *cadaver, -eris*). **1.** Corps d'un homme ou d'un animal privé de vie. — **2.** *Pop.* Bouteille dont on a vidé le contenu. — **3.** *Cadavre exquis,* jeu collectif pratiqué par les surréalistes et consistant à composer une phrase en écrivant tour à tour un mot sur un morceau de papier que l'on plie et passe à son voisin. (Il existe aussi des cadavres exquis dessinés.) ‖ *C'est un cadavre ambulant,* une personne pâle et amaigrie. ‖ *Il y a un cadavre entre eux,* se dit lorsque des personnes sont liées entre elles par un crime, un délit, une irrégularité grave.

1. CADDIE n. m. (angl. *caddie,* du fr. *cadet*). Personne chargée de transporter les clubs du joueur de golf sur le parcours.

2. CADDIE n. m. (n. déposé, de *caddie cart,* chariot de golf à deux roues). Petit chariot métallique utilisé par les clients des magasins en libre-service ou les voyageurs dans les gares et les aéroports.

CADE n. m. (provenç. *cade*). Nom usuel du *genévrier oxycèdre,* dont le bois fournit par distillation une huile malodorante *(huile de cade),* utilisée en dermatologie et pour éloigner les rongeurs.

CADEAU n. m. (anc. provenç. *capdel,* capitaine, du lat. *capitellum,* petite tête). **1.** Chose qu'on offre à qqn pour lui faire plaisir, en partic. à l'occasion d'une fête ou d'un événement heureux ; présent : *Un cadeau de nouvel an.* — **2.** En apposition, avec ou sans trait d'union, indique la destination de qqch : *Paquet-cadeau.* — **3.** Fam.

C'est pas un cadeau, c'est une chose déplaisante, une personne difficile à supporter ou qui ne convient pas. ‖ *Faire cadeau de qqch à qqn,* le lui donner, le lui laisser. ‖ Fam. *Ne pas faire de cadeau à qqn,* ne rien lui passer, ne pas le ménager.

CADENAS n. m. (anc. provenç. *cadenat,* du bas lat. *catenatum*). Petit appareil de fermeture mobile, muni d'un arceau métallique qui se passe dans des pitons fermés.

CADENASSER v. t. (conj. **3**). **1.** Fermer avec un cadenas. – **2.** Emprisonner qqn, le tenir séquestré, l'enfermer dans un lieu clos.

◆ **être cadenassé** v. pass. Être fermé par un cadenas.

CADENCE n. f. (ital. *cadenza,* rythme, du lat. *cadere,* se terminer). **1.** Répétition de sons, de mouvements, d'actions qui se succèdent d'une façon régulière ou mesurée ; rythme : *Suivre la cadence d'un orchestre.* – **2.** En prose, et surtout en poésie, rythme obtenu à la fois par les coupes et les accents toniques. – **3.** Rythme du travail, de l'activité de qqn, rythme d'exécution des tâches de production, des approvisionnements d'une entreprise : *Accélération des cadences.* – **4.** *En cadence,* en respectant le rythme. • **Arm.** Nombre de coups qu'une arme est capable de tirer en une minute. (À ne pas confondre avec le débit.) – **Équit.** Mesure régulière que le cheval observe dans ses allures. – **Mus.** Formule d'accords utilisée pour suspendre ou conclure une phrase. ‖ Dans un concerto, passage brillant réservé au soliste.

CADENCER v. t. (conj. **16**). **1.** Donner à son pas un rythme régulier ; marcher en cadence. – **2.** *Litt.* Donner du rythme, de la régularité à son expression ; rythmer.

◆ **être cadencé** v. pass. **1.** Se produire selon une certaine cadence ; être rythmé : *Gestes cadencés.* – **2.** *Pas cadencé,* dont le rythme très régulier est nettement marqué.

CADENCIER n. m. Document utilisé dans un magasin pour connaître les cadences des ventes.

◆ **cadencier, ère** n. Personne qui tient le cadencier.

CADÈNE n. f. (ital. *cadena,* du lat. *catena,* chaîne). *Cadène de haubans,* ferrure fixée au bordé des voiliers et sur laquelle viennent se rider les haubans.

CADENELLE n. f. Sorte d'arille porté par le cade et ressemblant à un fruit charnu.

CADENET (84160), ch.-l. de cant. de Vaucluse, sur le versant S. du Luberon, près de la Durance; 3 247 hab. *(Cadenétiens).* Église romane et Renaissance.

CADENETTE n. f. Sous l'Ancien Régime, tresses de cheveux entortillées de rubans, portées dans certains corps de troupes.

CADENTE adj. f. En astrologie, se dit de chacune des zones entre le méridien et l'horizon que traversent les astres, pendant deux heures environ, après leur lever, leur coucher ou leur passage en méridien.

CADEROUSSE (84860), comm. de Vaucluse, sur le Rhône, au S.-O. d'Orange ; 2 275 hab. Centrale hydroélectrique sur une dérivation du Rhône.

CADÈS ou **QADESH-BARNÉA,** oasis au N. du Sinaï, qui fut une étape importante des Hébreux dans la conquête de la Terre promise.

CADET, ETTE adj. et n. (gascon *capdet,* du lat. *capitellum,* petite tête). **1.** Se dit de celui des enfants d'une famille, qui vient après l'aîné. – **2.** Se dit d'un frère (ou d'une sœur) plus jeune. – **3.** Se dit du dernier-né des enfants ; benjamin : *Il est le cadet de cinq enfants.*

◆ adj. *Branche cadette,* lignée, famille qui descend du cadet (au sens 1) des enfants.

◆ n. **1.** Personne moins âgée qu'une autre : *Il est mon cadet d'un an.* – **2.** Personne qui a été reçue qqpart ou qui a obtenu un titre après une autre. – **3.** Jeune sportif dont l'âge, variant selon les sports, est généralement compris entre 13 et 16 ans. – **4.** Fam. *C'est le cadet de mes soucis,* c'est ce dont je me soucie le moins ; ceci m'indiffère.

◆ **cadet** n. m. **1.** Autref., jeune gentilhomme destiné à la carrière militaire. – **2.** Élève officier. – **3.** Série de pointures de chaussures destinées aux adolescents de sexe masculin.

Cadets → CONSTITUTIONNEL-DÉMOCRATE.

cadets de la France Libre *(École des),* école d'élèves officiers français ouverte en Angleterre (1941-1944), où furent instruits les jeunes évadés de France pendant la Seconde Guerre mondiale.

CADET DE VAUX (Antoine Alexis), chimiste français (Paris 1743-Nogent-les-Vierges, Oise, 1828). Il introduisit en France l'institution des comices agricoles.

Cadet Rousselle, type de niais prétentieux apparu en 1792 dans une chanson en vogue parmi les volontaires français, et qui fut popularisé par l'acteur Brunet (1766-1851) dans de nombreuses comédies.

CADETTE → CADET.

CADI n. m. (ar. *qāḍī,* celui qui décide). Dans les pays musulmans, juge.

CADILLAC (33410), ch.-l. de cant. de la Gironde, sur la Garonne ; 2 590 hab. *(Cadillacais).* Restes d'enceinte du XIVe s. Château d'Épernon, du début du XVIIe s. (belles cheminées). Vins blancs. Hôpital psychiatrique.

CADIQUE adj. **1.** Se dit d'un produit qui contient de l'huile de cade. — **2.** *Acné cadique,* acné provoquée par l'huile de cade.

CADIS [-di] n. m. (anc. provenç., *cadis*). **1.** Tissu de laine cardée, d'apparence sergée et assez épaisse. — **2.** Tissé de laine fine semblable à la flanelle.

CADIX, en esp. **Cádiz,** port d'Espagne, en Andalousie, ch.-l. de prov., sur l'Atlantique *(golfe de Cadix)* ; 154 347 hab. — Monuments surtout des XVIIe et XVIIIe s. Musée d'archéologie (sarcophage punique anthropomorphe) et des beaux-arts (Zurbarán). Chantiers navals. Aéronautique.
— **Hist.** Cadix, fondée par les Phéniciens, vers 1100 av. J.-C., sous le nom de *Gadir* (« forteresse »), joua un grand rôle durant les guerres puniques. La ville prit un grand essor après la découverte de l'Amérique, et devint le port où s'armaient et revenaient les flottes chargées d'argent et d'or à partir du XVIIe s. En mai 1717, le siège de la Casa de Contratación y fut même transféré de Séville. Point fort de la résistance à Napoléon Ier (1810-1812), Cadix lutta aussi contre Ferdinand VII qui ne s'en rendit maître que, grâce aux Français, en 1823. (→ *fort du* TROCADÉRO.)

CADIX *(golfe de),* grand rentrant de l'Atlantique oriental que les côtes du sud du Portugal et du sud-ouest de l'Espagne décrivent avec celles du nord-ouest de l'Afrique. Il communique avec la Méditerranée occidentale par le détroit de Gibraltar.

CADMÉE, en gr. **Kadmeia,** citadelle de Thèbes, capitale de la Béotie.

CADMÉEN, ENNE adj. (de *Cadmos,* n. pr.). Se dit d'un alphabet grec primitif, composé de seize lettres.

CADMÉENS, descendants de Cadmos, et, par extension, tous les Thébains.

CADMIAGE n. m. (de *cadmium*). Revêtement d'une surface métallique par un dépôt électrolytique de cadmium ; résultat de cette action.

CADMIE n. f. (lat. *cadmia,* du gr. *kadmeia petra,* pierre de Cadmos). Suie verdâtre formée principalement d'oxyde de zinc, présente dans les fumées de divers fours métallurgiques.

CADMIER v. t. (conj. 9). Effectuer le cadmiage.

CADMIFÈRE adj. Qui contient du cadmium.

CADMIUM [-mjɔm] n. m. (all. *Kadmium,* du gr. *kadmeia*). Métal blanc analogue au zinc, qu'il accompagne souvent dans ses gisements. (Élément chimique de symbole Cd.)

Numéro atomique : 48
Masse atomique : 112,40
Masse volumique : 8,6 g/cm³
Température de fusion : 320,9 °C

ENCYCL. Métal blanc très brillant, le cadmium est très malléable et ductile. On le rencontre à l'état de sulfure *(greenockite),* mais il accompagne surtout le zinc dans les blendes et les calamines. Il est stable à l'air à température ambiante et divalent dans ses composés dont le plus important est le sulfure CdS employé en peinture *(jaune de cadmium)* et dans des dispositifs photoélectriques.
Le cadmium est récupéré lors de l'élaboration du zinc, du plomb et du cuivre.
Appliqué en couche mince, il protège l'acier contre la corrosion ; il constitue les plaques négatives des accumulateurs au nickel-cadmium. Le cadmium entre dans la composition d'alliages à bas point de fusion et d'alliages antifriction. Absorbant fortement les neutrons lents, le cadmium est utilisé pour la commande des réacteurs nucléaires et le blindage d'appareils de mesure.
— **Écol.** Le cadmium, fortement absorbé par les vases marines, s'accumule particulièrement vite le long de chaînes alimentaires (d'un facteur 100 000 chez les crustacés marins). On le rencontre aussi dans le riz. C'est un toxique du squelette osseux et du rein en particulier.

CADMOPONE n. m. (n. déposé). Pigment de couleur dont les nuances vont du jaune au rouge, obtenu par la réaction du sulfate de cadmium sur le sulfure de baryum.

CADMOS, fondateur légendaire de Thèbes en Béotie. On lui attribuait l'invention de l'alphabet et de la métallurgie.

Cadmus et Hermione, première tragédie lyrique de Lully, livret de Quinault (1673).

CADOGAN → CATOGAN.

CADOMIEN, ENNE adj. (lat. *Cadomus,* Caen). Se dit de la phase tectonique située à la base du paléozoïque (–570 M d'années env.), qui se manifeste dans la région de Caen par la discordance du cambrien sur les couches du briovérien.

CADORNA (Raffaele, *comte*), général italien (Milan 1815-Turin 1897). Il prit part aux campagnes de 1848, 1859 et 1866, et dirigea les opérations qui aboutirent à l'entrée des Italiens dans Rome. — Son fils LUIGI, comte **Cadorna** (Pallanza 1850-Bordighera 1928), chef d'état-major général en 1914, fut nommé généralissime en 1915. L'effondrement de l'armée italienne à Caporetto (1917) entraîna son remplacement par Diaz, mais il fut cependant promu maréchal en 1924.

CADOU (René, Guy), poète français (Sainte-Reine-de-Bretagne 1920 - Louisfert 1951). Chantre de la vie quotidienne, d'inspiration chrétienne (*Brancardiers de l'aube,* 1938 ; *la Vie rêvée,* 1944 ; *Hélène ou le Règne végétal,* 1945-1951), il fut l'un des animateurs de l'« école de Rochefort ».

CADOUDAL (Georges), chef chouan et conspirateur français (Kerléano, près d'Auray, 1771-Paris 1804). Chef le plus actif de la chouannerie bretonne jusqu'à la convention qu'il signa avec Brune (1795-1800), il refusa les offres de Bonaparte. Il fut impliqué dans l'attentat de la « machine infernale » (24 déc. 1800) contre ce dernier, puis (1803) prit part au complot auquel Pichegru et Moreau furent associés. Arrêté à Paris, il fut guillotiné.

CADOUIN → BUISSON-DE-CADOUIN *(Le)*.

CADRAGE n. m. (de *cadrer*). **1.** Mise en place du sujet dans les limites du cadre du viseur d'un appareil de prise de vues. – **2.** Définition des dimensions d'un document d'illustration pour sa reproduction. – **3.** Soutènement des galeries de mines, par cadres en bois ou en métal. – **4.** Opération consistant à mettre rigoureusement à leur place chacune des couleurs qui constituent l'ensemble du dessin à imprimer sur tissu ou sur papier (papiers peints).

CADRAN n. m. (lat. *quadrans,* le quart, de *quadrare,* former un carré, parce qu'on donnait jadis aux cadrans solaires la forme d'un quadrilatère). **1.** Surface d'une montre, d'une horloge, sur laquelle sont marquées les heures, les minutes, etc. – **2.** Cercle ou portion de cercle portant des divisions, qui équipe des appareils de mesure. – **3.** *Cadran (d'appel, de numérotation),* dispositif dont la rotation, commandée manuellement, permet de former les signaux de numérotation téléphonique. – **4.** *Cadran solaire,* surface portant des divisions correspondant aux heures du jour et sur lesquelles le Soleil vient projeter successivement l'ombre d'un style. (→ *encycl.*) ‖ Fam. *Faire le tour du cadran,* dormir douze heures d'affilée. ‖ *Vente au cadran,* mode de vente aux enchères dégressives pratiqué pour certains produits agricoles.

ENCYCL. La construction des *cadrans solaires* constitue la gnomonique. Un cadran solaire est dit *horizontal* ou *vertical* selon qu'il est établi sur un plan parallèle à l'horizon ou sur un plan vertical. Les cadrans verticaux construits sur un plan vertical non perpendiculaire au méridien du lieu sont dits *déclinants.*

CADRAT n. m. (lat. *quadratum,* p.-ê. par l'intermédiaire de l'ital. *quadrato*). Élément typographique, fondu sur une hauteur plus faible que celle des caractères. (La largeur [ou chasse] des cadrats est basée sur la valeur du cadratin dont ils constituent un multiple.)

CADRATIN n. m. (de *cadran*). Blanc systématique de composition typographique dont la chasse équivaut à la valeur de la force de corps.

1. CADRE n. m. (ital. *quadro,* carré). **1.** Bordure rigide limitant une surface dans laquelle on place un tableau, un objet d'art, etc. : *Le cadre d'un miroir.* – **2.** Limites d'un espace ; l'espace ainsi cerné : *Une maison avec son cadre de verdure.* – **3.** Entourage, milieu, contexte : *Habiter dans un cadre agréable.* – **4.** Ce qui borne, limite l'action de qqn, de qqch ; ce qui circonscrit un sujet : *Sortir du cadre de ses fonctions.* – **5.** Disposition des parties d'un ouvrage : *Le cadre d'une tragédie.* – **6.** En apposition (avec ou sans trait d'union) à des termes institutionnels, indique leur caractère général, à partir duquel les détails d'application seront définis : *Loi-cadre. Plan-cadre. Réforme cadre.* – **7.** *Cadre de vie,* environnement dans lequel on vit, considéré du point de vue de son influence sur la qualité de la vie. • **Aéron.** et **Mar.** *Cadre radiogoniométrique,* antenne directive mobile d'un radiogoniomètre. – **Apic.** Bâti en bois rectangulaire, que l'on place dans les ruches pour contenir les rayons de cire destinés à recevoir le couvain ou le miel. – **Bât.** Bordure en relief, en matériau quelconque, notamment en bois dans les lambris. (→ *encycl.*). – **Cycl.** Ensemble des tubes formant l'ossature d'une bicyclette ou d'une motocyclette. – **Électr.** Circuit électrique constitué d'une bobine connectée aux bornes d'entrée d'un récepteur radioélectrique pour servir d'antenne. – **Emball.** Emballage de grandes dimensions muni de portes ou d'un toit ouvrant, pouvant être chargé sur un camion, un wagon, un bateau ou un avion, au moyen d'équipements spéciaux. – **Impr.** Ensemble des filets, entourant un texte ou une illustration. – **Jeux.** Au billard, délimitation de la surface de jeu. – **Mar.** Couchette en toile montée sur un châssis en bois. – **Min.** Ensemble de bois ou d'éléments métalliques qui sont disposés suivant une section droite d'une galerie, en vue d'en empêcher l'éboulement. – **Pêch.** Ancien instrument de pêche au lancer, constitué d'un cadre en bois sur lequel est enroulé le fil de la ligne. – **Phot.** *Cadre de développement,* dispositif dans lequel sont glissées les plaques et les pellicules pour être maintenues verticales dans les cuves de développement. – **Text.** Support d'une toile à mailles fines portant des parties réservées opaques, utilisé en impression.

ENCYCL. **Bât.** et **Bx-arts**. Les *cadres de menuiserie* sont constitués par des montants et des traverses, généralement moulurés, assemblés à angle droit, dans lesquels sont embrevés panneaux et lambris. On donne le même nom aux bordures de miroir, de tableau, de bas-relief, etc., quelle que soit leur forme.

2. CADRE n. m. (du *cadre 1*). **1.** Chacune des catégories de personnel de la fonction publique définie par son statut. — **2.** Ensemble du personnel appartenant aux diverses catégories de la fonction publique. — **3.** Catégorie de personnel militaire affecté à une fonction particulière. — **4.** *Cadre de réserve,* ensemble des officiers généraux qui sont placés dans la deuxième section de l'état-major général, où ils restent à la disposition du ministre. ‖ *Position hors cadre,* position d'un fonctionnaire détaché dans un emploi où il ne bénéficie pas des avantages statutaires de la fonction publique ; position dans laquelle un militaire de carrière, ayant accompli au moins 15 ans de services valables pour la retraite, peut être placé sur sa demande pour continuer à servir dans l'Administration, l'entreprise ou l'organisme où il est détaché.
◆ **cadres** n. m. pl. Tableau, registre sur lequel sont inscrits les membres du personnel d'une des catégories de la fonction publique : *Être rayé des cadres.*

3. CADRE n. (de *cadre 2*). **1.** Salarié exerçant en principe une fonction de commandement, de contrôle ou de direction dans une entreprise ou une administration, et bénéficiant d'un statut particulier et privilégié par rapport aux employés et ouvriers, dans de nombreuses conventions collectives. (On distingue usuellement les *cadres supérieurs, les cadres moyens,* et les *cadres d'exécution.*) — **2.** Officier ou sous-officier qui participe au commandement d'une formation militaire. — **3.** Membre actif et permanent de la structure d'un parti, d'un syndicat. — **4.** *Parti de cadres,* parti composé surtout de personnalités politiques, par oppos. au *parti de masse.* (Syn. PARTI DE NOTABLES.)

Cadre noir, ensemble des officiers et sous-officiers chargés de l'enseignement de l'équitation dans l'armée française et à l'école de Saumur en particulier (uniforme noir avec galons d'or).

CADRER v. t. ind. (conj. 3). **1.** Être en accord, en harmonie avec qqch ; concorder : *Leurs témoignages ne cadraient pas l'un avec l'autre.* — **2.** *Faire cadrer un compte,* en modifier les chiffres pour obtenir la concordance avec un solde déterminé.
◆ v. t. **1.** Effectuer un cadrage. — **2.** Décaler vers la droite, ou vers la gauche, le contenu d'un registre ou d'une zone de mémoire d'ordinateur, selon certains critères.

CADREUR, EUSE n. Agent d'exécution chargé du maniement d'une caméra et de la détermination du champ de prise de vues. (Syn. anc. CAMERAMAN.)

CADUC, CADUQUE adj. (lat. *caducus,* de *cadere,* tomber). **1.** Se dit de tout organe qui tombe, annuellement ou au cours de la vie. — **2.** Qui a cessé d'être valable, d'avoir cours ; périmé, désuet : *Théorie devenue caduque.* • **Anat.** *Membrane caduque* ou *caduque* (n. f.), couche superficielle de la muqueuse utérine, modifiée par les sécrétions hormonales de la grossesse, et accolée à la membrane chorionique de l'œuf. (Cette membrane existe chez tous les mammifères dits *décidués.*) [Syn. MEMBRANE DÉCIDUALE.] — **Bot.** *Arbres à feuilles caduques,* ceux dont les feuilles tombent ou meurent (ex. : le chêne : feuilles dites marcescentes) au début de l'hiver sous les climats tempérés et froids ou de la saison sèche sous les tropiques. — **Phon.** Se dit d'une unité phonique sujette à l'amuïssement, comme le [ə] muet du français (*petit* prononcé [pti]).

CADUCÉE n. m. (lat. *caduceum,* du gr. *kêrukeion,* bâton d'un héraut). **1.** Principal attribut d'Hermès, formé d'une baguette surmontée de deux petites ailes, et autour de laquelle s'entrelacent deux serpents. — **2.** Emblème du corps médical. — **3.** Document délivré par les préfectures destiné à être apposé sur le pare-brise des voitures des médecins.
ENCYCL. Le caducée fut, chez les Grecs, la marque distinctive des ambassadeurs et des hérauts. Celui des médecins est composé d'un faisceau de baguettes, autour duquel s'enroule le serpent d'Asclépios et que surmonte le miroir de la Prudence.

CADUCIBRANCHE n. m. (lat. *caducus,* qui tombe, et *branchiae,* branchies). Amphibien urodèle qui, comme la salamandre, n'a plus de branchies à l'âge adulte. (Contr. PÉRENNIBRANCHE.)

CADUCIFOLIÉ, E adj. Se dit des arbres dont les feuilles sont caduques et, par extension, des forêts formées de tels arbres.

CADUCITÉ n. f. État d'un acte juridique valable, mais privé d'effet par la survenance d'un fait postérieur à sa réalisation.

CADUQUE → CADUC.

CADURQUES, peuple de la Gaule qui a donné son nom au Quercy. Cap. *Cadurcum,* auj. Cahors.

CADURCIEN, ENNE adj. et n. (lat. *Cadurcum,* n. pr.). De Cahors.

CÆCAL, E, AUX [se-] adj. Du cæcum.

CAECILIA METELLA, femme de Crassus le Jeune et pour qui fut élevé, sous Auguste, un vaste tombeau sur la voie Appienne.

CÆCILIUS [sesiljys] n. m. Insecte psocoptère très commun en été sur tous les arbres d'Europe.

CAECILIUS METELLUS, nom de plusieurs consuls romains qui jouèrent un rôle important aux IIIe et IIe s. av. J.-C. – QUINTUS **Caecilius Metellus,** dit *le Macédonique* († 115 av. J.-C.). Il réprima la grave révolte d'Andriscos après laquelle la Macédoine fut réduite à l'état de province romaine (148 av. J.-C.) et soutint la réforme agraire des Gracques* ; – QUINTUS **Caecilius Metellus,** dit *le Numidique* († v. 91 av. J.-C.), fut gouverneur de Sicile et consul en 109 av. J.-C. Il triompha de Jugurtha, mais dut céder son commandement à Marius qui était son adjoint.

CAECILIUS STATIUS, poète comique latin (?-168 av. J.-C.), d'origine gauloise. De ses 40 comédies qui le placèrent au premier rang des comiques latins, ne demeurent que quelques fragments.

CÆCOTROPHIE [se-] n. f. Fonction propre aux rongeurs et aux lagomorphes, et consistant à réingérer certaines « crottes » élaborées dans les cæcums intestinaux. (Cette sorte de rumination est vitale, car elle seule assure l'utilisation nutritive des autres aliments.)

CÆCUM [sekɔm] n. m. (lat. *cæcum intestinum*, intestin aveugle). **1.** Première portion du gros intestin chez l'homme. (→ *encycl.*) – **2.** Nom commun aux diverticules débouchant dans l'un ou l'autre des intestins chez les animaux. (Principaux exemples : les *cæcums pyloriques* des poissons osseux, la glande de Fabricius des oiseaux. Les cæcums sont des organes lymphoïdes, des glandes ou des organes digestifs.)
ENCYCL. Entouré du péritoine, le cæcum est normalement situé dans la fosse iliaque droite. À sa face interne sous l'orifice iléo-colique s'implante l'appendice.

CAEIRO (Alberto) → PESSOA.

CAELIUS, une des sept collines de Rome au S.-E. du Palatin et à l'E. de l'Aventin. Un palais du IIIe s. est à l'origine de la basilique St-Jean et des résidences pontificales du Latran.

CAELIUS ANTIPATER (Lucius), historien, orateur et juriste romain, contemporain des Gracques, auteur d'une histoire de la deuxième guerre punique.

CÆLOSTAT → CŒLOSTAT.

CAELUM, nom lat. de la constellation du Burin* (au génit. *Caeli ;* abrév. Cae).

C. A. E. M., sigle de CONSEIL D'ASSISTANCE ÉCONOMIQUE MUTUELLE. (→ COMECON.)

CAEN, ch.-l. de la Région Basse-Normandie et du dép. du Calvados, à 223 km de Paris et à 14 km de la mer, au confluent de l'Orne et de l'Odon ; 115 624 hab. *(Caennais).*
– **Géogr.** Reconstruite après les destructions de 1944, bien reliée à Paris par le rail et la route (autoroute de Normandie), traditionnelle ville administrative, commerciale, judiciaire (cour d'appel) et universitaire, Caen est le centre d'une agglomération de près de 200 000 hab., industrialisée (construction automobile, constructions électriques, sidérurgie, etc.). Le modeste trafic portuaire est lié au canal long de 14 km reliant Caen à Ouistreham sur la Manche (embarcadère d'une liaison maritime avec Portsmouth). École interarmées des personnels militaires féminins, créée en 1972. La *campagne* (ou *plaine) de Caen*, aux horizons dégagés, porte des cultures céréalières et betteravières.
– **Hist.** Caen se développa du jour où Guillaume le Conquérant y construisit le château et y fonda deux grandes abbayes. Les trois cinquièmes de la ville ont été ravagés pendant la bataille de Normandie en 1944.
– **Bx-arts.** Abbayes aux Hommes et aux Dames, fondées par Guillaume le Conquérant et la reine Mathilde (imposantes églises romanes St-Étienne et de la Trinité, avec additions gothiques ; anciens bâtiments conventuels reconstruits au début du XVIIIe s.). Églises St-Nicolas (romane), St-Pierre (XIIIe-XVIe s., à riche abside Renaissance), St-Jean (XIVe-XVe s.), N.-D.-de-la-Gloriette (1684). Hôtel d'Escoville (1538). Musées, dont le musée de Normandie, le musée des Beaux-Arts, construit en 1970 sur l'esplanade de l'ancien château de Guillaume le Conquérant, et le Mémorial, musée pour la paix, inauguré en 1988.

CAENNAIS, E [kanɛ, -ɛz] adj. et n. De Caen.

CAERE → CERVETERI.

CAERNARVON, port de Grande-Bretagne, dans le nord-ouest du pays de Galles ; 9 000 hab. Imposant château des XIIIe et XIVe s. Centre d'excursions. Constructions mécaniques. – La *baie de Caernarvon* s'ouvre sur le canal Saint-George, entre l'île d'Anglesey et la péninsule de Lleyn.

CAERPHILLY, v. de Grande-Bretagne, au N. de Cardiff ; 41 000 hab. Restes d'une importante forteresse de la fin du XIIe s.

CÆSINE, CÆSIUM → CÉSINE, CÉSIUM.

CAETANO (Marcelo DAS NEVES ALVES), homme d'État portugais (Lisbonne 1906-Rio de Janeiro 1980). Conseiller intime de Salazar, il fut Premier ministre de 1968 au coup d'État d'avril 1974, qui l'obligea à s'exiler.

CAF, abrév. de *Coût, Assurance, Fret* qui, en matière de commerce extérieur, stipule que la valeur en douane de la marchandise comprend son prix, les frais d'assurance et le transport jusqu'à destination. (On dit aussi CIF, des mots anglais *cost, insurance, freight.*)

CAFAGGIOLO, centre de majoliques de Toscane, installé vers 1506 par Pier Francesco Medicis dans son château de Cafaggiolo. Sa production comprend des décors à grotesques, à candélabres et à personnages dans le style de Botticelli.

1. CAFARD, E n. et adj. (ar. *kāfir,* incroyant). **1.** *Litt.* Hypocrite, faux dévot. – **2.** *Fam.* personne, élève qui dénonce hypocritement ; mouchard, cafardeur.

2. CAFARD n. m. (de *cafard 1*). **1.** Le plus usuel des noms communs de la blatte. (Syn. CANCRELAT.) – **2.** *Fam.* Découragement, idées noires : *Un coup de cafard.*

CAFARDAGE n. m. *Fam.* Action de cafarder.

1. CAFARDER v. t. (de *cafard 1*) [conj. 3]. *Fam.* **1.** Dénoncer qqn, le moucharder ; cafter : *Il a cafardé son camarade au directeur.* – **2.** Rapporter qqch en dénonçant ; cafter : *Paul a cafardé que son camarade avait copié.*

2. CAFARDER v. i. (de *cafard 2*) [conj. 3]. Avoir le cafard.

CAFARDEUR, EUSE n. *Fam.* Rapporteur, cafard, mouchard.

CAFARDEUX, EUSE adj. **1.** *Fam.* Qui donne le cafard : *temps cafardeux.* – **2.** Qui dénote la tristesse : *Air cafardeux.*
◆ adj. et n. Qui éprouve de la mélancolie ; pessimiste.

CAFÉ n. m. (turc *kahve,* par l'intermédiaire de l'ital. *cavee,* puis *caffè*). **1.** Graine ou fève du caféier. (→ *encycl.*) – **2.** Ces graines torréfiées : *Un paquet de café.* – **3.** Infusion préparée avec des fèves de caféier torréfiées et moulues. – **4.** Établissement où l'on consomme des boissons. – **5.** Moment où on prend le café, après un repas : *Venez pour le café.* – **6.** *Boire le café,* en Belgique, prendre le goûter. ‖ *Café du Commerce,* lieu où on discute politique, grandes idées, etc., sans qu'il en ressorte quoi que ce soit de positif. ‖ *Café décaféiné,* dont on a partiellement extrait la caféine. ‖ *Café express,* café obtenu par passage d'eau sous pression ou de vapeur à travers la mouture de café pressée. ‖ *Café au lait,* café noir additionné de lait. ‖ *Café liégeois,* café fort, sucré, additionné de lait et de crème fraîche mis à glacer et servi recouvert de crème Chantilly. ‖ *Café littéraire,* lieu de rencontre pour de petits groupes d'écrivains se réclamant de principes communs. (→ *encycl.*) ‖ *Café lyophilisé,* extrait sec de café préparé par cryodesiccation. ‖ *Café noir ou nature,* infusion ordinaire de café, par oppos. *à café au lait, café crème.* ‖ *Café soluble,* extrait en poudre de café séché, qui se dissout instantanément dans l'eau pour préparer une boisson au café. ‖ *Café turc,* décoction répétée de poudre fine de café dans de l'eau bouillante. ‖ Fam. *C'est un peu fort de café,* c'est exagéré ou inadmissible, intolérable.
◆ adj. inv. D'une couleur brune presque noire.
ENCYCL. Le Brésil, la Colombie, l'Indonésie, le Mexique et la Côte-d'Ivoire sont les principaux pays producteurs de café. Les États-Unis sont le premier pays consommateur en volume total, mais les Suédois sont les premiers pour la consommation par tête (15 kg/hab./an).
– **Littér.** Face aux académies officielles et aux cénacles plus fermés, le café joua, dès la fin du XVIIIe s. en Angleterre *(The Turk's Head,* de Soho et l'*Old Cheshire Cheese),* puis en France (le *café Cardinal,* le *Tortoni,* le *Procope, Aux Deux Magots,* le *café de Flore,* la *brasserie Lipp, le Dôme, la Coupole*), un rôle important qui correspond à l'apparition d'un nouveau type d'écrivain : homme de lettres vivant de sa plume et non plus tributaire d'un mécène. Au fil des courants littéraires, le café demeure l'« espace littéraire » privilégié.

CAFÉ-AU-LAIT adj. inv. Brun clair.

CAFÉ-CONCERT n. m. (pl. *cafés-concerts*). Music-hall où le public consommait en écoutant des chanteurs, des fantaisistes. (Abrév. fam. CAF' CONC'.)

CAFÉICULTEUR, TRICE n. Personne qui cultive le caféier.

CAFÉICULTURE n. f. Culture du caféier.

1. CAFÉIER n. m. Arbuste (rubiacée) cultivé dans les régions tropicales pour ses fruits, le café.
ENCYCL. Les caféiers sont des arbustes de 6 à 8 m de haut maintenus à 2 m par la taille. Leurs fleurs blanches donnent des drupes (« cerises »). Sous une peau rouge à maturité, chaque fruit contient, au milieu d'une pulpe sucrée, deux graines (fèves). Entourée d'un fin tégument (pellicule argentée), la fève comporte un albumen corné ; un sillon orne sa surface plane. Le traitement des « cerises », qui aboutit au café vert, peut se faire par voie sèche ou par voie humide. En moyenne, 100 kg de cerises fraîches donnent 20 kg en café vert et 16,5 kg en café torréfié. La torréfaction développe la saveur du café. La teneur en caféine est de 1 à 4 % selon les espèces cultivées. Parmi celles-ci, *Coffea arabica,* originaire des hauts plateaux abyssins, est la plus importante, fournissant 70 % du commerce mondial. Vient ensuite *C. canephora,* variété *robusta* avec 29 %, le reste (1 %) se distribuant entre des variétés mineures.

2. CAFÉIER, ÈRE adj. Relatif au café.

CAFÉIÈRE, CAFÉRIE ou **CAFÉRAIE** n. f. Terrain planté de caféiers.

CAFÉINE n. f. Alcaloïde stimulant du système nerveux central que l'on tire du café, du thé, du maté et du kola, et dont la synthèse a pu être réalisée. (Syn. GUARANINE, MÉTHYLBROMINE.)

CAFÉINÉ, E adj. Qui contient de la caféine.

CAFÉISME n. m. Consommation excessive de café.

CAFÉONE n. f. Principe aromatique du café qui se développe lors de la torréfaction.

CAFETAN ou **CAFTAN** n. m. (persan *khaftān*). Robe, surtout d'apparat, utilisée autrefois par les hommes, en Orient.

CAFÉTÉRIA n. f. (amér. *cafeteria*). Dans certains établissements, lieu où l'on sert du café, des boissons, des repas légers.

CAFÉ-THÉÂTRE n. m. (pl. *cafés-théâtres*). Café, petite salle intime rassemblant acteurs et spectateurs, où se donne un spectacle composé de petites scènes improvisées ou de pièces courtes. (À l'origine, le café-théâtre accueillait des pièces qui, pour des raisons de forme ou d'idéologie, étaient rejetées des circuits traditionnels. Il est devenu plus une pépinière d'acteurs qu'un refuge du théâtre d'avant-garde.)

CAFETIER n. m. *Vx.* Personne qui tient un café.

CAFETIÈRE n. f. **1.** Appareil ménager servant à faire le café. — **2.** *Pop.* Tête.

CAFFA, colonie génoise de Crimée → FEODOSSIA.

CAFFARELLI ou **CAFARIELLO** (Gaetano MAJORANO, dit), castrat sopraniste italien (Bitonto, Bari, 1710-Naples 1783), le plus célèbre rival de Farinelli.

CAFFARELLI du Falga (Marie François Auguste, *comte*), général français (Falga, Haute-Garonne, 1766 - Leschelles, Aisne, 1849). Après avoir servi dans les troupes du roi de Sardaigne (1785-1792), il fut nommé général de brigade en 1802. Gouverneur des Tuileries, puis aide de camp de l'Empereur (1805), ministre de la Guerre au royaume d'Italie (1806), il servit en Espagne de 1809 à 1813.

CAFFIERI, famille d'artistes français de souche italienne comprenant : FILIPPO ou PHILIPPE (Rome 1634 - Paris 1716), en France en 1660, menuisier sculpteur de la Couronne ; son fils JACQUES (Paris 1678-*id.* 1755), magnifique fondeur ciseleur de bronzes d'ameublement ; PHILIPPE (Paris 1714 - *id.* 1774), qui reprit, à la Cour, la charge de son père Jacques ; JEAN-JACQUES (Paris 1725 - *id.* 1792), sculpteur, élève de J.-B. II Lemoyne et l'un des meilleurs bustiers de son temps.

CAFOUILLAGE n. m. *Fam.* Action, travail, propos, phase de jeu, etc., désordonnés ; fonctionnement défectueux.

CAFOUILLER v. t. (mot picard, de *cacher,* et *fouiller*) [conj. 3]. **1.** *Fam.* Agir d'une manière désordonnée, inefficace, et confuse, avoir du mal à trouver la bonne marche à suivre ; fonctionner, marcher mal : *Le moteur cafouille.* — **2.** *Pop.* Bafouiller.

CAFOUILLEUR, EUSE adj. et n. *Fam.* Se dit de qqn qui cafouille.

CAFOUILLEUX, EUSE adj. *Fam.* Qui cafouille : *Un enfant cafouilleux. Discussion cafouilleuse.*

CAFOUILLIS n. m. *Fam.* Désordre, confusion, cafouillage.

CAFRERIE ou **PAYS DES CAFRES,** dénomination d'origine arabe (de *kāfir,* infidèle) donnée par les géographes des XVIIe et XVIIIe s. à la partie de l'Afrique au S. de l'équateur peuplée de Bantous, à l'exclusion de la zone occupée par les Hottentots et les Bochimans.

CAFTAGE n. m. *Pop.* Mouchardage.

CAFTER v. t. (conj. **3**). *Pop.* Moucharder, cafarder.

CAFTEUR, EUSE n. *Pop.* Personne qui mouchardé, dénonce.

CAGAYAN, fl. du nord de l'île de Luçon (Philippines). La région du Cagayan, axe de communication entre Manille et la côte nord, produit du riz et du tabac.

CAGAYAN DE ORO, v. des Philippines, dans le nord de l'île de Mindanao ; 339 598 hab. Marché agricole et centre d'exploitations aurifères.

CAGE n. f. (lat. *cavea*). **1.** Enceinte portative en fils de fer ou en menus barreaux, pour tenir enfermés des oiseaux ou de petits animaux. — **2.** Enceinte fixe ou portative de grandes dimensions, garnie de barreaux, où l'on enferme des animaux sauvages. — **3.** *Fam.* Prison. — **4.** *Cage d'écureuil,* matériel de plein air des jardins publics conçu pour permettre aux enfants de grimper. ‖ *Cage à poules,* logement exigu. ‖ *Vivre en cage,* en se sentant privé de liberté. • **Anat.** *Cage thoracique,* ensemble du squelette thoracique, constitué par les vertèbres dorsales en arrière, le sternum en avant, les côtes sur le côté, et qui enserre les organes du thorax. — **Aquac.** Enclos flottant ou immergé destiné à l'élevage des poissons. — **Bât.** *Cage d'ascenseur,* espace dans lequel circule la cabine de l'ascenseur. ‖ *Cage d'un clocher,* espace intérieur du clocher, moins la flèche. ‖ *Cage d'escalier,* espace ménagé pour recevoir un escalier intérieur. — **Électr.** *Cage d'écureuil,* dispositif d'une machine à courant alternatif constitué par des conducteurs dont les extrémités sont réunies par des anneaux de court-circuit. — **Mar.** *Cage d'hélice,* cadre formé par l'étambot et la quille, dans lequel tourne l'hélice. — **Mécan.** *Cage de roulement,* dans un roulement ou une butée à billes ou à rouleaux, armature alvéolée maintenant équidistants les éléments roulants. — **Métall.** Bâti double d'un laminoir, qui porte les paliers sur lesquels reposent les cylindres. — **Min.** *Cage (d'extraction),* carcasse métallique, de forme parallélépipédique, suspendue à un câble d'extraction dans un puits ou dans un bure, dans laquelle prennent place les berlines ou le personnel. — **Sports.** Ensemble des poteaux, de la barre transversale et des filets, devant lequel se tient le gardien de but (football, hockey, handball, water-polo).

Cage *(la),* ballet en 1 acte de Jerome Robbins ; mus. de Stravinski (concerto en *ré*), créé à New York, en 1951, par le New York City Ballet. La modernité du style, la brutalité et la véhémence du langage chorégraphique ont marqué l'histoire du ballet contemporain.

CAGE (John), compositeur américain (Los Angeles 1912 - New York 1992). On lui doit une nouvelle façon de « penser la musique ». Ses innovations remontent à la fin des années 30, quand il intègre à la musique des éléments considérés auparavant comme des bruits (*Imaginary Landscape n° 1,* 1939). Créateur de la technique du « piano préparé » (1938), il a composé pour elle les *Sonates* et *Interludes* (1946-1948). En 1952, il contribue au lancement du premier groupe américain produisant de la musique pour bande magnétique. Il introduit ensuite l'idée de hasard et une conception neuve du silence, dans l'art de la composition (*Music of Changes,* 1951 ; *Atlas Eclipticalis,* 1961 ; *Études australes,* 1976). Influencé par la philosophie orientale, il devient le point de mire de toute une génération de compositeurs. Il entend présenter la musique comme une action qui remettrait en question l'ordre social, en abolissant la dictature du compositeur et l'hégémonie du chef d'orchestre. En témoignent *Roaratorio, an Irish Circus on Finngans Wake* (1979) et ses *Europera(s),* composés à la charnière des années 80 et 90.

CAGÉE n. f. Ensemble des oiseaux d'une cage.

CAGEOT [-ʒo] n. m. (de *cage*). **1.** Emballage léger à claire-voie monté par agrafage, destiné au transport de certaines denrées alimentaires périssables. (Syn. CAGETTE, CLAYETTE, PLATEAU.) — **2.** *Pop.* Jeune femme laide, sans séduction.

CAGERET n. m. ou **CAGEROTTE** n. f. Forme en osier permettant l'égouttage des fromages frais au cours de leur transport. (Syn. CASEREL, CASERET, CASERETTE.)

CAGET n. m. (de *cage*). Petite natte sur laquelle on dispose les fromages pour l'égouttage et l'affinage.

CAGETTE n. f. Syn. de CAGEOT.

CAGIBI n. m. (mot dialect. de l'Ouest, de *cage*). *Fam.* Local réduit, petite pièce exiguë.

CAGLIARI, port d'Italie, sur la côte sud de la Sardaigne (dont elle est la principale ville), ch.-l. de province ; 203 254 hab. Archevêché. Université. Centre commercial et administratif, à la banlieue industrialisée (raffinage du pétrole et chimie, métallurgie de transformation).
— **Bx-arts.** La ville conserve une nécropole punique et un amphithéâtre romain ; sa cathédrale remonte au XIIIe s., l'église S. Cosma e Damiano au Ve s. Riche musée archéologique (bronzes sardes).

CAGLIOSTRO (Giuseppe BALSAMO, dit **Alexandre,** *comte* DI [ou DE]), occultiste italien (Palerme 1743-prison pontificale de San Leo, près de Saint-Marin, 1795). Il parcourut l'Europe comme alchimiste et guérisseur et fut inculpé dans l'affaire du Collier de la reine (1785-86).

CAGNA n. f. (annamite *cai-nha*). *Pop.* et *vx.* Abri, maison, chambre.

CAGNARD n. m. (anc. provenç. *canha,* chienne, puis niche, abri). Dans le Midi, lieu exposé au soleil.

CAGNARDISE n. f. Défaut du cheval cagneux.

CAGNE → KHÂGNE.

CAGNES-SUR-MER (06800), ch.-l. de cant. des Alpes-Maritimes, sur la Côte d'Azur ; 41 303 hab. *(Cagnois).* La partie ancienne de la ville, serrée dans son enceinte, est dominée par un château des XIVe et XVIIe s. (musées). Musée Renoir dans la maison de l'artiste, aux Collettes. Électronique. Cultures florales. — Au S., station balnéaire de *Cros-de-Cagnes.* Hippodrome.

1. CAGNEUX, EUSE adj. et n. (anc. provenç. *canha,* chienne, du lat. pop. **cania*). **1.** Qui a les jambes rapprochées à la hauteur des genoux et écartées près des pieds. — **2.** Se dit des animaux, notamment du cheval, dont les pieds sont tournés en dedans.

2. CAGNEUX → KHÂGNEUX.

CAGNIARD DE LA TOUR (Charles, *baron*), physicien français (Paris 1777-*id.* 1859). Il inventa la sirène en 1819 et étudia la résonance et les vibrations sonores dans les liquides. Grâce au microscope, il a montré en 1838 que la fermentation alcoolique était due à un organisme vivant.

1. CAGNOTTE n. f. (provenç. *cagnoto,* petite cuve pour la vendange). **1.** Caisse pour recevoir les contributions imposées aux joueurs ; somme recueillie dans cette caisse. — **2.** Caisse commune à un groupe, à une famille, etc. ; argent ainsi accumulé. — **3.** Dans certains jeux de hasard, somme d'argent qui s'accumule au fil des tirages et que qqn peut remporter dans sa totalité.

2. CAGNOTTE n. f. (provenç. *canhot,* chien de mer, du lat. *canis,* chien). Nom usuel d'une blennie du midi de la France.

CAGOT, E n. (béarnais *cagot,* lépreux). **1.** *Litt.* Faux dévot ; hypocrite. — **2.** Au Moyen Âge et sous l'Ancien Régime, personne mise à l'écart de la société. (Descendants présumés des lépreux, les cagots étaient placés sous la juridiction de l'Église et soumis à des mesures d'exception.)

CAGOTERIE n. f. (de *cagot*). *Litt.* Dévotion excessive et bornée.

CAGOU ou **KAGOU** n. m. Gros oiseau ralliforme gris, à bec et pattes rouges, inapte au vol, des forêts de Nouvelle-Calédonie, où il est devenu plutôt rare.

CAGOULARD n. m. Membre de la Cagoule.

CAGOULE n. f. (lat. ecclés. *cucula*). **1.** Manteau de moine, sans manches, surmonté d'un capuchon. (Elle est à l'origine de la coule monastique.) — **2.** Capuchon percé à l'endroit des yeux : *Cagoule de bandit, de pénitent.* — **3.** Capuchon de tricot encadrant de très près le visage et se prolongeant jusqu'au bas du cou.

Cagoule *(la),* nom donné par la presse et l'opinion au Comité secret d'action révolutionnaire (C. S. A. R.), organisation clandestine d'extrême droite (1936-1941) responsable de plusieurs attentats terroristes. En 1937, le ministre Marx Dormoy en fit arrêter les principaux membres.

CAGUAS, v. de la partie E. de Porto Rico ; 133 447 hab. Raffinerie de sucre et manufacture de tabac.

CAHIER n. m. (lat. *quaterni,* par quatre). **1.** Ensemble formé par plusieurs feuilles de papier réunies, cousues ou attachées, et qui est destiné à l'écriture : *Cahier de brouillon.* — **2.** Réunion de plusieurs feuilles de papier, brochée, comportant un ensemble d'exercices scolaires : *Cahier de dictées.* — **3.** Feuille ou partie de feuille pliée qui, assemblée avec d'autres cahiers, constitue le corps d'ouvrage d'un livre. — **4.** *Cahier des charges,* document fixant les obligations des cocontractants lors de la vente d'un marché public, ou en cas de vente judiciaire ; document fixant les obligations des cocontractants dans un contrat administratif, des constructeurs dans un contrat de construction et les conditions de vente judiciaire d'un immeuble. ‖ *Cahier de revendications,* liste écrite de revendications présentées à la direction par le personnel de l'entreprise. ‖ *Cahier de textes,* cahier que tient chaque élève et qui contient les leçons, les exercices, et les devoirs à faire chaque jour ; registre tenu par le professeur et contenant l'ensemble des exercices faits en classe et des leçons et devoirs donnés aux élèves. (Syn. CARNET DE TEXTES.)

◆ **cahiers** n. m. pl. **1.** Mémoires, notes, journal : *Les « Cahiers » de Montesquieu.* — **2.** Titre donné à certaines revues. — **3.** Mémoires contenant les demandes, propositions ou remontrances qui étaient adressées au roi par un corps de l'État. — **4.** Cahiers de doléances, sous l'Ancien Régime, documents dans lesquels les assemblées convoquées pour l'élection des députés aux états généraux consignaient les réclamations et les vœux que leurs représentants devaient faire valoir. (→ *encycl.*)

ENCYCL. **Hist.** Dans les cahiers de doléances rédigés pour les États généraux de 1789, si le ton est modéré, si les témoignages de fidélité au roi abondent, les électeurs s'accordent à demander l'abolition des droits féodaux, l'égalité devant l'impôt, la suppression des lettres de cachet et des abus de justice, et surtout une Constitution qui définirait les droits de la nation face au roi et garantirait la liberté individuelle.

Cahiers de Malte Laurids Brigge *(les),* ouvrage en prose à caractère de journal intime de R. M. Rilke (1910).

Cahiers de prison, œuvre d'Antonio Gramsci, éditée intégralement en 1975, rassemblant les notes rédigées de févr. 1929 à mars 1935, dans lesquelles il définit les objectifs et la stratégie du marxisme-léninisme.

Cahiers de la quinzaine, publication fondée par Charles Péguy le 5 janv. 1900. Dans les 229 numéros qui parurent régulièrement, de juill. 1900 à juill. 1914, Péguy, entouré de collaborateurs tels que R. Rolland, J. Benda ou G. Sorel, publia, outre des articles de combat, la majeure partie de son œuvre.

Cahiers du Sud, revue littéraire publiée à Marseille, de 1925 à 1969. Elle accueillit entre autres Michaux, Supervielle, Vitrac, Artaud, Péret, Eluard, Bousquet.

CAHIN-CAHA adv. (p.-ê. onomat., d'après *cahot*). *Fam.* Tant bien que mal, péniblement : *L'affaire va cahin-caha.*

CAHN (Marcelle), peintre français (Strasbourg 1895 - Neuilly-sur-Seine 1981). Marquée par le purisme, le néoplasticisme et le constructivisme, elle a pratiqué une peinture abstraite géométrique qui s'est ouverte, à partir des années 60, au relief et au volume.

CAHORS n. m. Vin rouge produit dans la région de Cahors.

CAHORS (46000), ch.-l. du dép. du Lot, sur le Lot ; 20 787 hab. *(Cadurciens).* Centre administratif, commercial et touristique avec quelques industries (constructions mécaniques et électriques). Cathédrale romane à coupoles remontant au début du XIIe s. (portail sculpté ; fresques gothiques). Pont fortifié Valentré, du XIVe s.

CAHORSIN n. m. Au Moyen Âge, banquier, usurier. (Au XIIIe s., de nombreux hommes d'affaires, originaires ou habitants de Cahors, pratiquaient l'usure.)

CAHOT n. m. (de *cahoter*). Saut, bond que fait une voiture en roulant sur un chemin raboteux.

CAHOTANT, E adj. Qui fait ou fait faire des cahots : *Charrette cahotante. Chemin cahotant.*

CAHOTEMENT n. m. Secousse produite par le cahot d'une voiture.

CAHOTER v. i. (p.-ê. moyen néerl. *hotten,* secouer) [conj. 3]. Être secoué par des cahots : *Les carrioles cahotaient dans les ornières.*
◆ v. t. Ballotter qqn, un véhicule, le secouer par des cahots.

CAHOTEUX, EUSE adj. Qui fait éprouver des cahots à un véhicule : *Route cahoteuse.*

CAHOURS (Auguste), chimiste français (Paris 1813 - *id.* 1891). Il détermina, avec Bineau, les densités de vapeur sous la pression atmosphérique, et découvrit, en 1846, le chlorure d'acétyle, premier chlorure d'acide connu. (Acad. des sc., 1868.)

CAHUSAC (Louis DE), auteur dramatique français (Montauban 1706-Paris 1759). Outre des tragédies, des comédies et des livrets d'opéra, il est l'auteur de *la Danse ancienne et moderne ou Traité historique de la danse* (1754).

CAHUTE n. f. (p.-ê. croisement de *hutte* et de *cabane*). Misérable habitation, petite hutte ; cabane.

CAICOS *(îles)* ou **ÎLES CAÏQUES,** îles situées au S.-E. des Bahamas, dépendant administrativement, avec les îles Turks*, de la Grande-Bretagne.

CAÏD n. m. (ar. *qā'id*). **1.** Chef militaire dans les pays arabes. — **2.** *Pop.* Mauvais garçon qui impose son autorité à d'autres ; chef de bande. — **3.** *Fam.* Homme remarquable dans sa spécialité, puissant dans son milieu.

CAÏDAT n. m. Situation de caïd.

CAÏEU ou **CAYEU** n. m. (mot norm., de l'anc. fr. *chael,* petit chien, du lat. *catellus*). Bulbe accessoire formé, chez certaines plantes, sur le côté d'un bulbe. (Un seul bulbe peut former plusieurs caïeux, dont l'horticulteur peut obtenir autant de nouveaux pieds.)

CAÏFFA, anc. nom de Haïfa.

CAIGNIEZ (Louis Charles), auteur dramatique français (Arras 1762-Belleville 1842). Rossini fit de son mélodrame *la Pie voleuse ou la Servante de Palaiseau* (1815) le livret de son opéra.

CAIL (Jean-François), industriel français (Chef-Boutonne, Deux-Sèvres, 1804 - près de La Faye, Charente, 1871). Constructeur mécanicien installé à Chaillot, il réalisa, à partir de 1849, les fameuses locomotives « Crampton ». Il fit aussi des essais d'agriculture industrielle et construisit des usines de traitement de canne à sucre à Cuba.

CAILCEDRAT [kail-] n. m. Autre nom de *l'acajou du Sénégal,* dont l'écorce est fébrifuge.

CAILLAGE n. m. Opération qui consiste à faire coaguler le lait pour obtenir le caillé à partir duquel est obtenu le fromage.

CAILLASSE n. f. (de *caillou*). **1.** Dépôt tertiaire très dur, donnant des pierres meulières gris blanchâtre, sans cavités. — **2.** Éboulis au pied d'un relief et sur lequel la marche est malaisée. — **3.** *Fam.* Cailloux, pierraille.

CAILLAUD (Aristide), peintre français (Moulins, Deux-Sèvres, 1902 - Jaunay-Clan, Vienne, 1990). Artiste autodidacte, il affectionne, dans un style minutieux (dessin cloisonné, touche fine, couleurs riches et émaillées), les scènes rustiques, religieuses et légendaires.

CAILLAUX (Joseph), homme politique français (Le Mans 1863 - Mamers 1944). Ministre des Finances de 1899 à 1902 puis de 1906 à 1909, il fut président du Conseil en 1911-12 : il négocia alors la convention franco-allemande sur le Maroc. Ministre des Finances en 1913, il dut démissionner en mars 1914 à la suite de l'assassinat, par sa femme, du directeur du *Figaro,* Gaston Calmette, qui avait entrepris une violente campagne contre lui. Inculpé en 1917 d'intelligence avec l'ennemi, il fut amnistié en 1925 et joua encore un rôle comme ministre des Finances.

CAILLAVET (Gaston ARMAN DE), auteur dramatique français (Paris 1869 - Essendiéras, Dordogne, 1915), auteur, avec R. de Flers, d'opéras bouffes (*les Travaux d'Hercule,* 1901) et de comédies (*l'Habit vert,* 1912).

CAILLE n. f. (onomat. *quaccola*). **1.** Petit oiseau brunâtre aux formes très rondes, voisin de la perdrix, migrateur, vivant parmi les hautes herbes, champs de blé en particulier, et qui constitue un gibier recherché. — **2.** *Fam.* Terme d'affection. — **3.** Fam. *Chaud comme une caille,* dont le tempérament est sexuellement ardent.
◆ adj. inv. Se dit des taches de couleur blanche dans la robe des bovins de race normande et d'une variété de plumage des volailles composé de brun et de noir.

CAILLÉ n. m. **1.** Masse insolubilisée obtenue par le caillage du lait. — **2.** Fromage frais.

CAILLEBOTIS [-ti] n. m. (de *caillebotte*). Treillis formant plate-forme isolée du sol, pour laisser écouler l'eau dans un bateau, pour éviter de glisser dans divers lieux, ou d'écraser des pièces précieuses dans un atelier d'horlogerie ou de joaillerie.

CAILLEBOTTE n. f. (de *cailler* et *botter,* s'agglomérer). Nom donné au caillé en caséinerie.

CAILLEBOTTE (Gustave), peintre français (Paris 1848 - Gennevilliers 1894). Ami, soutien financier et collectionneur des impressionnistes (son legs de toiles à l'État, en 1883, fit scandale et ne fut accepté que partiellement [auj. au musée d'Orsay]), il pratiqua une peinture influencée notamment par Degas (*les Raboteurs de parquet,* 1875, musée d'Orsay).

CAILLEBOTTÉ adj. m. En chimie, se dit des précipités blancs qui ont la consistance du lait caillé.

CAILLE-LAIT n. m. inv. Syn. de GAILLET.

CAILLEMENT n. m. État d'un liquide qui caille.

CAILLER v. t. (lat. *coagulare*) [conj. 3]. Faire prendre un liquide (lait, sang) en caillots, le coaguler, le figer.
◆ v. i. **se cailler** v. pr., **être caillé** v. pass. Se former en caillots, se coaguler ; être coagulé : *Lait caillé.*
◆ v. i. ou **se cailler** v. pr. *Pop.* Avoir très froid.

CAILLÈRE n. f. Récipient où l'on fait cailler le lait à la ferme.

CAILLETEAU n. m. (de *caille*). Jeune caille.

CAILLETET (Louis Paul), industriel et physicien français (Châtillon-sur-Seine 1832-Paris 1913). Il étudia la compressibilité des gaz sous de fortes pressions, et put ainsi liquéfier l'oxygène et l'azote (1877).

1. CAILLETTE n. f. (de *Caillette,* n. pr.). *Litt.* Personne bavarde, qui cause à tort et à travers.

2. CAILLETTE n. f. (anc. fr. *caille,* présure, du lat. *coagulum,* lait caillé). **1.** Dernier compartiment de l'estomac des ruminants, situé entre l'isthme et le pylore, et qui exerce les fonctions digestives communes à tous les mammifères, notamment la sécrétion de présure qui fait cailler le lait. (La caillette est la seule cavité gastrique du jeune veau à la mamelle.)

CAILLIÉ (René), explorateur français (Mauzé 1799-La Baderre 1838). Embarqué pour le Sénégal en 1816, il séjourna chez les Maures braknas, sous prétexte de se convertir à l'islām (1824-25). Se faisant passer pour un Égyptien musulman regagnant son pays, il partit de Freetown (1827) en direction de Tombouctou, qu'il fût le premier Européen à visiter (1828). Il rejoignit ensuite le Maroc à travers le Sahara. Il est l'auteur du *Journal d'un voyage à Tombouctou et à Jenné* (1830).

CAILLOIS (Roger), écrivain français (Reims 1913-Paris 1978). Membre, avec Bataille et Leiris, du « Collège de sociologie », il a étudié les mythes sociaux et intellectuels (*le Mythe et l'Homme,* 1938), et les correspondances entre les œuvres de l'esprit et les produits de la nature (*Esthétique généralisée,* 1962 ; *le Mimétisme animal,* 1964). [Acad. fr., 1971.]

CAILLOT n. m. (anc. fr. *caille,* présure). Masse de substance coagulée obtenue à partir d'une substance organique liquide (sang ou lait). [Syn. COAGULUM.]
ENCYCL. Le caillot de sang résulte de la transformation du fibrinogène soluble en un réseau de fibrine insoluble qui emprisonne dans ses mailles les cellules sanguines et le sérum. Au bout d'un certain temps, il expulse le sérum (rétraction du caillot) puis se solubilise sous l'action d'enzymes fibrinolytiques (lyse du caillot).

CAILLOU n. m. (pl. *cailloux*) [gaul. **caljo,* pierre]. **1.** Pierre quelconque de petite dimension, le plus souvent assez dure, qui a pu être façonnée par les glaciers *(caillou poli, strié),* le vent *(caillou à facettes),* les eaux *(caillou roulé).* – **2.** Fragment de cristal de roche, etc., susceptible d'être poli : *Caillou du Rhin.* – **3.** *Fam.* Diamant, pierre précieuse. – **4.** En céramique, syn. de FELDSPATH. – **5.** Fam. *Ne pas avoir un poil, un cheveu sur le caillou,* être chauve.

CAILLOUTAGE n. m. **1.** Action de caillouter ; partie d'un ouvrage faite de cailloux. – **2.** Pâte de faïence fine composée essentiellement d'argile blanche plastique et de silex ou de quartz.

CAILLOUTÉ n. m. Armure dérivée de l'armure satin, utilisée principalement pour le linge de table.

CAILLOUTER v. t. (conj. 3). Garnir de cailloux : *Caillouter un chemin.*
◆ **être caillouté** v. pass. En parlant du plumage de certaines poules, être composé de taches noires et blanches.

CAILLOUTEUX, EUSE adj. Plein de cailloux : *Chemin caillouteux.*

CAILLOUTIS [-ti] n. m. (de *caillou*). **1.** Accumulation de cailloux transportés par des rivières ou des glaciers et qui, par cimentation, peut donner un conglomérat. – **2.** *Cailloutis résiduel,* vestige d'une formation géologique dont les constituants les plus fins et les plus solubles ont été emportés.

CAÏMAN n. m. (esp. *caimán,* du caraïbe *acayouman*). **1.** Crocodilien d'Amérique du Sud, à tête large et plate, à museau relativement court, se nourrissant surtout de petites proies. (5 espèces.) – **2.** *Arg. scol.* Ancien élève, agrégé, devenu préparateur ou directeur d'études à l'École normale supérieure.

CAÏMANS *(îles)* ⟶ CAYMAN ISLANDS.

CAÏN, fils aîné d'Adam et d'Ève, selon la Genèse. Il tua par jalousie son frère Abel*.

CAIN (Julien), administrateur français (Montmorency 1887-Paris 1974). Il administra la Bibliothèque nationale de 1930 à 1940 et de 1945 à 1964 et fut aussi conservateur du musée Jacquemart-André (1963-1974).

CAIN (James Mallahan), écrivain américain (Annapolis 1892-University Park, Maryland, 1977), auteur de romans noirs (*Le facteur sonne toujours deux fois,* 1934).

CAINE (*sir* Thomas Henry Hall), écrivain britannique (Runcorn, Cheshire, 1853-île de Man 1931). Secrétaire de Rossetti, il est le peintre de l'île de Man (*The Son of Hagar,* 1886).

CAINGANGS ou **KAINGANGS,** Indiens du Brésil, appartenant à la famille gé (Guayanás, Botocudos, notamment), dispersés dans les régions de São Paulo, Paraná ; leur nombre n'est pas supérieur à 10 000.

CAÏPHE, grand prêtre juif de 18 à 36. Gendre d'Anne, il présida, au titre de grand prêtre en fonctions, le sanhédrin lors du procès de Jésus.

CAÏQUE n. m. (turc *kayik,* p.-ê. par l'intermédiaire de l'ital.). **1.** Embarcation de pêche, longue et étroite, ne se déplaçant qu'à l'aviron. — **2.** Au Portugal, bateau de pêche de l'Algarve, doté de deux voiles latines.

CAIRE (Le), en ar. **al-Qāhira,** cap. de l'Égypte, sur le Nil, à 25 km au S. de la tête du Delta ; 9 750 000 hab. pour la ville seule *(Cairotes).* Le Grand Caire compte environ 13 millions d'hab.
— **Géogr.** L'agglomération la plus peuplée d'Afrique concentre environ 20 % de la population égyptienne. La capitale représente sans doute une part double du potentiel industriel national (agroalimentaire et textile notamment). Sa prépondérance est encore plus grande dans les domaines administratif, culturel (universités) et financier. La croissance démographique (due davantage à l'immigration rurale qu'à un notable excédent naturel) explique l'extension de la ville sur les deux rives du Nil et l'aménagement de « villes nouvelles ». Elle entraîne des problèmes tels que la prolifération des bidonvilles et le chômage.
— **Hist.** Le Caire fut créé par les Fāṭimides (969), au nord de Fusṭāṭ. Saladin fit construire à la fin du XIIe s. une enceinte englobant Le Caire, cité des califes et siège, depuis 973, de l'université d'al-Azhar, et Fusṭāṭ, centre du commerce et de l'industrie. Capitale des Ayyūbides et des Mamelouks, la ville devint une grande métropole économique et intellectuelle. Au XIXe s., elle se modernisa, et Ismā'īl Pacha (khédive de 1867 à 1879) fit percer des artères et construire des ponts et des quartiers nouveaux. Siège de la Ligue arabe.
— **Bx-arts.** Plusieurs églises rappellent le passé copte et byzantin (St-Serge), mais la ville est célèbre pour l'ensemble de ses monuments islamiques : mosquée d'Ibn Ṭūlūn (879), inspirée par l'art des 'Abbāssides ; portes de la ville marquées par Byzance et élevées par les Fāṭimides, comme les mosquées al-Azhar et al-Ḥākim. Les Mamelouks multiplièrent les constructions à la fois grandioses (madrasa du sultan Ḥasan), pittoresques et raffinées (mausolées de Qalā'ūn, 1283, de Sandjar et Salār, 1304, de Barqūq, 1399-1400), etc.
Parmi les musées citons : ceux d'art copte et d'art islamique, et le musée d'art égyptien fondé par Mariette en 1857. Il présente le plus riche panorama de la civilisation pharaonique.
L'Institut français d'archéologie orientale, organisme français rattaché au ministère de l'Éducation nationale, a succédé en 1898 à la mission archéologique fondée par Maspero en 1880.

CAIRN [kɛrn] n. m. (angl. *cairn,* du gaél. *carn,* tas de pierres). **1.** Tumulus de terre et de pierres recouvrant les sépultures mégalithiques. — **2.** Amas de pierres élevé par les explorateurs des régions polaires ou par les alpinistes, afin de marquer leur passage.

CAIRON n. m. Sorte de moellon tendre.

CAIROTE adj. et n. Du Caire.

CAISSE n. f. (anc. provenç. *caissa,* du lat. *capsa*). **1.** Emballage rigide, parallélépipédique, constitué par l'assemblage de panneaux généralement pleins, parfois à claire-voie. — **2.** Meuble destiné à contenir de l'argent, des valeurs. — **3.** Bureau, guichet où se font les mouvements de fonds ; les fonds eux-mêmes. — **4.** *Pop.* Voiture. — **5.** *Caisse noire,* fonds qui échappent à la comptabilité légale et dont l'utilisation est plus ou moins secrète. ‖ Pop. *Partir, s'en aller de la caisse,* tousser fréquemment et gras ; être tuberculeux. ‖ Fam. *Passer à la caisse,* être renvoyé de son emploi.
• **Anat.** *Caisse du tympan,* cavité comprise entre le conduit auditif externe et l'oreille interne. (Traversée par la chaîne des osselets, elle est fermée en dehors par la membrane du tympan et communique avec le pharynx par la trompe d'Eustache.) — **Arbor.** Grand bac où l'on cultive les arbustes sensibles au froid, et que l'on rentre au moment voulu à l'abri dans les serres. — **Arm.** Partie d'un véhicule blindé qui contient le moteur, les mécanismes et le compartiment de l'équipage. — **Autom.** Carcasse de la carrosserie. ‖ La carrosserie elle-même, lorsqu'elle est séparable du châssis. — **Bur.** *Caisse enregistreuse,* appareil utilisé dans le commerce pour faciliter

les travaux de calcul des vendeurs et des caissiers, fournir au client un relevé de sa facture, et protéger les sommes encaissées. – **Ch. de f.** Partie supérieure d'un wagon ou d'une voiture, qui est fixée sur le châssis. – **Comptab.** *Caisse principale,* service qui gère l'ensemble des mouvements de fonds d'une entreprise, par oppos. aux *caisses auxiliaires* ou *spécialisées.* ‖ *Faire la caisse,* pour un commerçant, faire les divers calculs pour établir ou vérifier l'état de la caisse. ‖ *Garçon de caisse,* agent chargé des recouvrements. ‖ *Livre de caisse,* journal ou registre sur lequel sont consignés les mouvements de caisse au fur et à mesure qu'ils se font. ‖ *Tenir la caisse,* diriger les opérations de la caisse. – **Dr.** Établissement qui reçoit des fonds en dépôt et les administre ou les fait valoir. ‖ *Caisse des écoles,* établissement public communal qui finance les écoles publiques dans certains domaines (cantine, activités périscolaires...) et alimenté par des dons, des cotisations ou des subventions. ‖ *Caisses (de Sécurité sociale),* organismes de gestion du régime général de la sécurité sociale. – **Emball.** *Caisse américaine,* emballage d'expédition en carton ondulé ou compact. – **Mar.** *Caisse d'un mât,* partie quadrangulaire qui sert de pied à un mât de hune, de perroquet ou de cacatois. – **Métall.** *Caisse de cémentation,* récipient dans lequel on enferme les pièces à cémenter. ‖ *Caisse de recuit,* récipient dans lequel on enferme les pièces à traiter durant le traitement de recuit pour les protéger de l'oxydation. – **Min.** *Caisse filonienne,* remplissage d'une fracture, comprenant le filon proprement dit et des matériaux stériles divers. ‖ *Caisse pointue,* appareil de classification hydraulique de fines particules, dont le fond est conique ou pyramidal. – **Mus.** Fût de divers tambours. ‖ *Caisse claire,* fût métallique à deux membranes dont l'une (inférieure) porte le timbre. ‖ *Caisse de résonance,* dans les instruments de musique, cavité recouverte d'une table d'harmonie destinée à amplifier les vibrations des cordes. (Syn. CORPS.) ‖ *Caisse roulante,* fût de bois à une seule membrane. ‖ *Grosse caisse,* fût à deux peaux frappées avec une mailloche. – **Papet.** Récipient métallique jouant divers rôles dans une machine à papier ou à carton.

CAISSE-FINANCES n. f. (pl. *caisses-finances*). Coffre servant à envoyer à la caisse centralisatrice les recettes des diverses gares et stations d'une ligne.

Caisse des dépôts et consignations → DÉPÔTS.

Caisse nationale d'épargne → ÉPARGNE.

CAISSE-PALETTE n. f. (pl. *caisses-palettes*). Dispositif de stockage et de transport comportant des ridelles fixées au plancher, et parfois un couvercle.

CAISSERIE n. f. **1.** Industrie de la fabrication des caisses et de tout ce qui s'y rattache. – **2.** Atelier où l'on fabrique spécialement des caisses.

CAISSETTE n. f. Petite caisse ; son contenu.

CAISSIER, ÈRE n. Employé, dans un établissement de banque, de commerce, etc., chargé de diriger les opérations relatives à l'entrée et à la sortie des fonds.

CAISSON n. m. (anc. provenç. *caisson,* de *caissa,* caisse). **1.** Voiture utilisée autrefois au transport des munitions d'infanterie ou d'artillerie. – **2.** Autref., coffre ménagé sous les sièges d'une voiture. – **3.** Pop. *Se faire sauter le caisson,* se tirer une balle dans la tête. • **Aéron.** Dans une structure d'avion, compartiment fermé, à haute résistance en flexion et en torsion. – **Archit.** et – **Bât.** Chacun des compartiments creux, moulurés, pouvant entrer dans la décoration des plafonds et des voûtes. ‖ Coffre contenant les organes de manœuvre d'une fermeture roulante ou à glissière. – **Cartogr.** Échantillon de teinte ou de poncif figurant en légende. – **Chauff.** *Caisson d'extraction,* coffre comportant des orifices ou bouches d'extraction d'air. ‖ *Caisson de ventilation,* coffre constituant à la fois conduit d'air et support de bouches de soufflage. – **Mar.** Placard ou coffre construit dans les emménagements. ‖ *Caisson étanche* ou *de flottabilité,* compartiment étranche de la coque assurant sa flottabilité. – **Méd.** *Caisson hyperbare,* cylindre métallique étanche permettant d'admettre un plongeur sous-marin et de le transporter ainsi vers une chambre hyperbare. ‖ *Maladie, mal des caissons,* ensemble des accidents ostéo-articulaires et nerveux dus à la décompression observés surtout chez les scaphandriers et les plongeurs. (Syn. AÉROEMBOLISME.) – **Mobil.** Partie creuse d'un meuble (par ex. recevant des tiroirs). – **Nucl.** Enveloppe d'un réacteur nucléaire qui contient le fluide de refroidissement. – **Trav. publ.** Carapace en métal ou en béton armé permettant d'effectuer des travaux de fondation dans des terrains peu cohérents ou immergés. ‖ *Caisson de pont,* structure tubulaire, formée d'un assemblage d'âmes et de « hourdis ».

CAITYA ou **CHAITYA** n. m. (mot sanskr.). Pour les bouddhistes, bûcher funéraire, reliquaire, et dans l'architecture indienne, édifice qui abrite ce dernier.

CAÏUS *(saint),* pape de 283 à 296.

CAJAL (Santiago RAMÓN y) → RAMÓN Y CAJAL.

CAJAMARCA, v. du Pérou septentrional, ch.-l. de dép., dans la Cordillère occidentale, à 2 814 m d'alt. ; 92 447 hab. Monuments d'époque coloniale.

CAJARC (46160), ch.-l. de cant. du sud-est du Lot, sur le Lot ; 1 075 hab. *(Cajarcois).* Vieilles maisons. Centre de villégiature et marché local. Centrale hydroélectrique.

CAJEPUT [-pyt] n. m. (malais *kayou-pouti,* arbre blanc). Myrtacée de l'Inde (genre *melaleuca*) fournissant l'*essence de cajeput,* autrefois très employée en médecine.

CAJEPUTOL n. m. Syn. de CINÉOL.

CAJETAN (Giacomo DE VIO, dit **Tommaso**), cardinal et théologien italien (Gaète 1468-Rome 1534). Maître général des dominicains en 1508, il fut chargé par Léon X de ramener Luther dans la communion romaine (1518) ; mais il échoua. Son commentaire de la *Somme* de saint Thomas d'Aquin fut longtemps classique.

CAJOLER v. t. (p.-ê. moyen fr. *gayoler,* caqueter, du picard *gaiole,* cage) [conj. 3]. Avoir avec qqn des manières douces, caressantes et tendres pour lui manifester sa tendresse : *Cajoler un enfant.*

CAJOLERIE n. f. **1.** Manières, gestes, propos par lesquels on cajole qqn. — **2.** Flatterie, louange affectée et intéressée (surtout pl.).

CAJOLEUR, EUSE adj. et n. Qui cajole, se plaît aux cajoleries.

CAJOU n. m. (tupi *cajú*). **1.** Amande comestible de l'anacardier. (Syn. ANACARDE, NOIX DE CAJOU.) — **2.** *Baume de cajou,* baume extrait du péricarpe du fruit de l'anacardier. ‖ *Pomme de cajou,* pédoncule charnu et comestible de ce fruit.

CAJUN [kaʒɑ̃] adj. et n. (déformation de *acadien*). Se dit des francophones de Louisiane, de leur parler, de leur culture, etc.

ÇAKA → ŚAKA.

CAKCHIQUEL n. m. Langue de la famille maya, proche du quiché, parlée au Guatemala par plus de 400 000 locuteurs.

CAKE [kɛk] n. m. (angl. *cake,* gâteau). **1.** Gâteau en pâte levée, garni de fruits confits et de raisins secs, moulé en rectangle. — **2.** Pellicule d'argile déposée par la boue de forage sur les parois d'un puits en forage.

CAKE-WALK [kɛkwok] n. m. (pl. *cake-walks*) [amér. *cake-walk,* de *to take the cake,* décrocher la timbale, et *walk,* marche]. Danse syncopée d'origine noire américaine, à deux temps, qui connut une grande vogue en Europe vers 1900.

CAKRA ou **CHAKRA,** mot sanskrit signifiant roue, disque et désignant le disque solaire de Viṣṇu et chacun des 7 centres psychiques du « corps subtil », dans le yoga.

ÇAKTI → ŚAKTI.

ÇAKUNTALĀ → ŚAKUNTALĀ.

ÇĀKYAMUNI → ŚĀKYAMUNI.

cal, symbole de la *calorie.*

CAL n. m. (pl. *cals*) [lat. *callus,* callosité]. **1.** Syn. de CALLOSITÉ. — **2.** Formation, à partir du tissu conjonctif, de la substance osseuse assurant la fusion entre les deux surfaces fracturées d'un os. — **3.** Dépôt de callose qui obture, en hiver, les tubes du liber. — **4.** Formation cicatricielle indurée dans les tissus végétaux.

CALABAR, port du sud-est du Nigeria, cap. de l'État de Cross River, sur la rivière *Calabar ;* 157 800 hab. Cimenterie.

Calabar *(fève de),* graine vénéneuse de *Physostigma* dont on extrait l'ésérine.

Calabar *(œdème de),* œdème allergique fugace et mobile, incolore le plus souvent, observé dans la loase (filariose sous-cutanée due à loa-loa).

CALABRAIS, E adj. et n. De Calabre.

CALABRE n. m. Préparation alcoolique faite à partir du moût de raisin, et employée dans la confection des vins de liqueur d'imitation.

CALABRE, en ital. **Calabria,** région méridionale de l'Italie péninsulaire, formée des provinces de Catanzaro, Cosenza et Reggio di Calabria ; 15 080 km² ; 2 037 686 hab. Ch.-l. *Catanzaro.* Région de montagnes (Sila, Aspromonte) et de collines, au climat souvent sec, aux sols ravinés par l'érosion, c'est une terre pauvre portant localement quelques cultures (vigne, oliviers, agrumes) et ponctuellement animée par le tourisme. La traditionnelle émigration s'y poursuit. — **Hist.** Colonisée par les Grecs dès le VIIIe s. av. J.-C., soumise par les Romains en 270 av. J.-C., elle passa sous domination byzantine au VIIe s. Province du royaume de Sicile à partir du XIe s., elle fut rattachée au royaume d'Italie en 1860.

CALABRIEN n. m. (de *Calabre,* n. pr.). Étage de la série pléistocène, équivalent de la partie supérieure du villafranchien.

CALACUCCIA (20224), ch.-l. du cant. de Niolu-Omessa (Haute-Corse), au pied du monte Cinto ; 337 hab. Centre d'excursions. Barrage et lac de retenue sur le Golo.

CALADIUM [-djɔm] n. m. (malais *kĕlādi*). Aracée d'Amérique tropicale, vivace par son tubercule, aux feuilles très ornementales. (L'horticulture en a créé plus de 15 000 variétés.)

CALAFERTE (Louis), écrivain français (Turin 1928-Dijon 1994). Écrivain fécond, il a abordé tous les genres : récits (*Requiem des innocents,* 1952 ; *Partage des vivants,* 1953 ; *Septentrion,* 1963 ; *Rosa mystica,* 1968 ; *Épisodes de la vie des mantes religieuses,* 1976 ; *l'Incarnation,* 1987 ; *Memento mori,* 1988), théâtre (*Théâtre intimiste,* 1980), poésie (*Rag-time,* 1971 ; *Londoniennes,* 1985 ; *Haikai du jardin,* 1991) et surtout autobiographie (*le Chemin de Sion,* 1980 ; *l'Or et le plomb,* 1982 ; *Lignes intérieures,* 1985 ; *le Spectateur immobile,* 1990 ; *Miroir de Janus,* 1993 ; *Rapports,* 1996, posthume), avec une étonnante diversité de styles, où le plus baroque côtoie le plus classique, dans une tentative forcenée de conjurer les vertiges qui l'attiraient.

CALAGE n. m. **1.** Action de caler qqch, d'étayer. – **2.** Fait de caler, de s'arrêter. • **Aéron.** Angle de fixation d'un plan d'aile ou d'empennage, par rapport à l'axe du fuselage. ‖ Angle que fait une pale avec le plan de rotation d'une hélice. – **Autom.** *Calage de l'allumage,* position occupée par le piston, au moment où a lieu l'allumage du moteur. ‖ *Calage du moteur,* arrêt provoqué par une insuffisance d'alimentation. – **Ch. de f.** *Boulon de calage,* petit appareil destiné à fixer sur place la lame d'une aiguille le long de sa contre-aiguille ou à l'en maintenir écartée. ‖ *Calage d'une aiguille,* immobilisation de la lame d'une aiguille dans sa position d'application sur le rail d'appui ou contre-aiguille correspondant. ‖ *Portée de calage,* partie de l'essieu sur laquelle on cale le moyeu de roue, à froid, par emmanchement à la presse. – **Impr.** Opération de mise en place de la forme imprimante, sur une machine à imprimer. – **Mar.** Manœuvre consistant à amener la tête d'un mât jusqu'au chouquet du mât inférieur pour réduire la hauteur de la mâture. – **Mécan.** Position respective de deux pièces. – **Métrol.** Action de mettre un instrument de précision à son aplomb normal.

CALAIS (62100), ch.-l. d'arrond. du Pas-de-Calais, sur la côte du *pas de Calais ;* 75 836 hab. *(Calaisiens).* C'est le principal port français de voyageurs (environ 18 millions par an), avec un trafic commercial plus réduit (souffrant de la proximité de Dunkerque), et le centre d'une agglomération dépassant 100 000 hab., industrialisée (fibres chimiques et dentelle traditionnelle, constructions mécaniques, etc.). Musée des Beaux-Arts et de la Dentelle.
– **Hist.** C'est au XIIe s. que naquit la ville, bientôt dotée d'une charte communale. Principal point de passage entre la France et l'Angleterre, elle tomba en 1347 aux mains des Anglais, qui n'épargnèrent la ville qu'à condition que leur soient livrés six bourgeois de Calais. La ville ne fut définitivement restituée à la France qu'en 1598. Sous les Bourbons, la ville perdit de son importance au profit de Dunkerque. Au XIXe s., l'importation de l'industrie du tulle et le chemin de fer entraînèrent un rapide développement de Calais, en communication directe avec Douvres.

CALAIS *(pas de)* [en angl. **Strait of Dover,** *détroit de Douvres*], détroit entre la France et la Grande-Bretagne, faisant communiquer la Manche et la mer du Nord. Il est large de 31 km entre le cap Gris-Nez et Douvres. Sa profondeur est au minimum de 5 m, au maximum de 72 m. La navigation y est intense. Il est franchi par un tunnel ferroviaire (dit tunnel sous la Manche*).

CALAISON n. f. (de *caler*). Syn. de TIRANT* D'EAU.

CALAMAGROSTIS [-tis] n. m. (gr. *kalamagrôstis,* jonc sauvage). Graminée vivace des campagnes (150 espèces).

CALAMAR → CALMAR.

CALAMBAC n. m. (mot malais). Bois d'Insulinde et d'Océanie, utilisé en tabletterie.

CALAME n. m. Roseau taillé, utilisé dans l'Antiquité pour écrire sur le papyrus ou le parchemin.

CALAME (Alexandre), peintre et graveur suisse (Vevey 1810 - Menton 1864). Les beautés de la nature alpestre sont le sujet principal de ses tableaux (*le Mont Rose,* musée de Neuchâtel).

CALAMINAGE n. m. Action de se calaminer.

CALAMINE n. f. (lat. médiév. *calamina,* du lat. class. *cadmea,* oxyde de zinc). **1.** Résidu charbonneux résultant de la combustion du carburant dans la chambre d'explosion d'un moteur. – **2.** Encrassement dû à la combustion de l'huile de graissage remontée au-dessus des pistons. – **3.** Oxyde produit à la surface des pièces métalliques soumises à de hautes températures. – **4.** Silicate hydraté naturel de zinc, de symétrie orthorhombique. (Syn. HÉMIMORPHITE.) [→ *encycl.*] – **5.** *Calamine terreuse,* nom donné par les anciens auteurs à la zinconise, ou hydrozincite.
ENCYCL. **Minér.** La calamine des minéralogistes est le silicate de zinc, minerai difficile à traiter. La calamine des géologues et des mineurs est surtout formée de carbonate de zinc, résultant de l'altération, dans les zones de cémentation, de la blende. Plus facile à traiter que cette dernière, elle est le minerai de zinc le plus utilisé.

CALAMINER (SE) v. pr. **ÊTRE CALAMINÉ** v. pass. (conj. 3). Se recouvrir de calamine.

CALAMINTHA ou **CALAMENT** n. m. (gr. *kalaminthos*). Labiée odorante des terrains incultes.

CALAMIS, sculpteur grec (première moitié du Ve s. av. J.-C.), qui a beaucoup travaillé à Athènes. On lui attribue l'original de l'*Apollon à l'omphalos* et le *Poseidon d'Histiaia* (Musée national d'Athènes).

CALAMISTRÉ, E adj. (lat. *calamistratus,* frisé au fer). Se dit de cheveux lustrés, gominés, recouverts de brillantine.

CALAMISTRUM [-mistrɔm] n. m. (lat. *calamistrum,* fer à friser). Brosse aux soies raides des pattes postérieures de certaines araignées dites *cribellates,* servant à la confection des fils de soie.

1. CALAMITE n. f. Sorte de prèle géante dont les empreintes sont abondantes dans les schistes houillers du carbonifère supérieur.

2. CALAMITE n. m. (lat. médiév. *calamita,* du bas lat. *calamites*). Crapaud des roseaux, aux orteils palmés à la base, se nourrissant d'insectes et de mollusques.

CALAMITÉ n. f. (lat. *calamitas*). **1.** Malheur public, infortune qui atteint une région, un groupe d'individus. — **2.** Grave infortune personnelle ou simple inconvénient. — **3.** *Fam.* Personne qui n'apporte que des ennuis : *Cet enfant est une calamité.*

CALAMITEUX, EUSE adj. (lat. *calamitosus*). *Litt.* Qui a le caractère d'une calamité, ou qui est accompagné de calamités.

CALAMOICHTHYS [-iktis] n. m. Poisson holostéen voisin du polyptère, mais plus allongé, des fleuves côtiers d'Afrique occidentale.

CALANCHER v. i. (p.-ê. de *caler,* s'arrêter, avec infl. de *flancher*) [conj. 3]. *Arg.* mourir.

CALANDRAGE n. m. **1.** Action de faire passer à la calandre le papier, les étoffes, etc. — **2.** Procédé de fabrication de films, de feuilles et de plaques de matière plastique.

1. CALANDRE n. f. (anc. fr. *colandre,* du bas lat. **colendra,* du gr. *kulindros*). **1.** Cadre, métallique ou en plastique, qui décore et protège le radiateur d'une voiture. — **2.** Machine à rouleaux superposés, alternativement métalliques et élastiques, destinée à satiner les papiers. — **3.** Partie extérieure, généralement cylindrique, d'un réservoir pétrolier sous pression, ou de tout autre appareil chaudronné. (Syn. CORPS.) — **4.** Machine à cylindres servant au calandrage des matières plastique. — **5.** Machine pour lustrer les étoffes et les lisser.

2. CALANDRE n. f. (anc. provenç. *calandra,* du gr. *kalandros,* alouette). Grosse alouette brunâtre au bec robuste, au chant agréable, sédentaire dans le midi de la France.

3. CALANDRE n. f. (var. dialect. de *charançon*). Charançon commun dans le monde entier, prédateur redoutable des grains de céréales en silo, surtout dans les régions tropicales. (La calandre du blé et celle du riz sont particulièrement nuisibles.)

CALANDRELLE n. f. (de *calandre 2*). Petite alouette brunâtre de France, hivernant en Afrique.

CALANDRER v. t. (de *calandre 1*) [conj. 3]. Opérer le calandrage.

CALENDREUR, EUSE n. Ouvrier, ouvrière travaillant à la calandre à papier.

CALANQUE n. f. (provenç. *calanco,* de **cala,* crique). En Provence, crique étroite et allongée, aux parois rocheuses escarpées.

CALANQUES (*massif* ou *région des*), partie du littoral des Bouches-du-Rhône, entre Marseille et Cassis, parsemée de calanques (Sormiou, Morgiou, Sugiton, En Vau, Port-Pin, Port-Miou).

CALANTHE n. m. (du gr. *kalos,* beau). Orchidée ornementale originaire de l'Inde.

CALANUS [-nys] n. m. (gr. *Kalanos,* n. pr.). Petit crustacé copépode marin, l'un des principaux éléments du plancton, où il forme des troupes immenses.

CALAO n. m. (mot malais). Oiseau tropical porteur d'un énorme bec recourbé, que surmonte un grand casque corné.

ENCYCL. La femelle du calao s'enferme dans un creux d'arbre, dont elle cimente partiellement l'orifice, pour nidifier, pondre et muer, parfois même pour nourrir les jeunes, tandis que le mâle apporte la nourriture par l'ouverture subsistante.

CALAPPE n. m. Crabe marin des eaux peu profondes, s'abritant derrière ses pinces larges et plates, d'où son nom de « crabe honteux ».

CĂLĂRAŞI, v. de Roumanie, en Munténie, sur le Danube ; 60 000 hab. Sidérurgie.

Calas *(affaire)* [1762-1765], erreur judiciaire due à l'intolérance religieuse et dont la victime fut Jean *Calas* (Lacabarède, Tarn, 1698-Toulouse 1762), négociant à Toulouse, de religion protestante. Accusé à tort d'avoir tué son fils pour l'empêcher de se convertir au catholicisme, Calas fut condamné au supplice de la roue par le parlement de Toulouse et exécuté (10 mars 1762). Voltaire contribua à sa réhabilitation (1765) en publiant son *Traité de la tolérance* (1763).

CALATHEA n. m. (gr. *kalathos,* corbeille). Monocotylédone tropicale, ornementale par ses feuilles satinées ou bigarrées.

Calatrava *(ordre de),* ordre militaire et religieux espagnol, fondé en 1158 par deux cisterciens qui défendirent avec des clercs et des chevaliers volontaires la forteresse du Calatrava (Nouvelle-Castille) contre les Maures.

CALAVÉRITE n. f. (de *Calaveras,* n. pr.). Tellurure naturel d'or, contenant environ 3 % d'argent.

CALCAIRE adj. (lat. *calcarius,* de *calx, calcis,* chaux). **1.** Qui contient du carbonate de calcium : *Roche calcaire.* — **2.** Se dit d'un sol qui contient plus de 13 % de carbonate de calcium. (L'excès de calcaire diminue la fertilité des sols et augmente les risques de chlorose. Cependant, certaines plantes, telle la luzerne, s'en accommodent.) — **3.** *Éponge calcaire,* éponge au squelette fait de spicules calcaires. (Ces éponges forment une classe.) ‖ *Relief calcaire,* syn. de RELIEF KARSTIQUE*.

◆ n. m. Roche sédimentaire constituée principalement de carbonate de calcium et caractérisée par son effervescence à l'acide dilué, à froid. (→ *encycl.*)

ENCYCL. **Bât.** et **Carr.** Dans les méthodes traditionnelles, le calcaire est employé sous forme de pierre de taille et de moellon, dans les procédés nouveaux et évolués, sous forme de pierres prétaillées et d'agrégats constituant des pierres artificielles.

La France est très riche en calcaires de construction. Ceux-ci sont classés d'après leur dureté en : *pierre froide, pierre dure, pierre demi-dure, pierre ferme, pierre demi-ferme, pierre tendre, pierre très tendre.* Dans une même carrière, il peut y avoir plusieurs bancs d'aspect et de qualité différents ; le meilleur banc est souvent appelé *banc royal.* — **Géol.** Très abondants dans la lithosphère, les calcaires ont une densité variant entre 2,6 et 2,7, et ils sont légèrement solubles dans l'eau chargée de CO_2. Par métamorphisme, ils cristallisent en donnant les marbres.

Les *calcaires détritiques* sont formés de débris de roches calcaires (boues, sables, calcaire lithographique, calcarénite).

Les *calcaires de précipitation* sont dus à la précipitation de carbonate de calcium en solution dans l'eau, lorsque la teneur en CO_2 du milieu diminue (calcaires oolithiques et pisolithiques, tufs et travertins, stalactites, stalagmites et concrétions).

Les *calcaires organiques* résultent de l'activité de certains organismes constructeurs (algues, bryozoaires, coraux), ou, plus souvent, de l'accumulation de fragments calcaires d'organismes morts, cimentés ensuite (calcaires à entroques, à foraminifères, calcaires coquilliers, lumachelles, craies).

Le carbonate de calcium peut être associé à d'autres éléments sédimentaires : quartz (calcaires sableux), dolomite (calcaires dolomitiques, dolomies), argiles : (calcaires argileux, marnes), matière organique (calcaires bitumineux). Enfin, les calcaires peuvent renfermer des accidents siliceux : calcaire à silex, calcaire à chailles.

CALCANÉEN, ENNE adj. Relatif au calcanéum.

CALCANÉUM [-neɔm] n. m. (bas lat. *calcaneum,* talon). Os du tarse situé à la partie inférieure et postérieure du pied et formant la saillie du talon.

ENCYCL. Le calcanéum s'articule par sa face supérieure avec l'astragale, par sa face antérieure avec le cuboïde. Le tendon d'Achille s'insère à sa partie postéro-supérieure.

CALCARÉNITE n. f. Roche sédimentaire résultant de la cimentation d'un sable calcaire par du carbonate de calcium.

CALCARINE adj. f. *Scissure calcarine,* long sillon horizontal s'étendant du pôle occipital du cerveau à l'extrémité inférieure de la scissure perpendiculaire interne, à la face interne de l'hémisphère, et séparant la cinquième circonvolution occipitale de la sixième. (Les voies optiques se terminent sur les berges de la scissure calcarine.)

CALCARONE [-ne] n. m. (pl. *calcaroni*) [ital. *calcarone*]. Four à ciel ouvert pour l'extraction du soufre.

CALCÉDOINE n. f. (lat. *Calchedon,* n. pr.). Variété fibreuse de silice, constituée de fibres de quartz et d'opale. (On en distingue de différentes couleurs : rouge [cornaline], brune [sardoine], vert foncé [plasma], vert pomme [chrysoprase], à zones concentriques [agate].)

CALCÉDONIEUX, EUSE adj. Taché de blanc laiteux, en parlant des pierres fines.

CALCÉMIE n. f. Taux de calcium ionisé et lié aux protéines présent dans le sang. (Normalement, ce taux est assez constant : environ 0,1 g/l.)

CALCÉOLAIRE n. f. (lat. sc. *calceolus,* du lat. class. *calcedus*). Belle scrofulariacée ornementale, aux fleurs jaunes ou rouges en forme de sabot.

CALCÉOLE n. f. (lat. *calceolus,* petit soulier). Polypier solitaire fossile du dévonien, dont le squelette a la forme d'une babouche.

CALCHAQUIS, ethnie du sous-groupe de la famille amérindienne des Diaguites.

CALCHAS, dans les poèmes d'Homère, devin attitré des Grecs partis pour la conquête de Troie. Interprète de la volonté des dieux, il prédit le succès de l'expédition contre Troie, et ordonna le sacrifice d'Iphigénie.

CALCICITÉ n. f. Teneur d'un liquide, en particulier d'une eau, en sels calcaires.

CALCICOLE adj. Se dit des espèces végétales qui se développent, exclusivement ou de préférence, sur les sols calcaires.

CALCIF n. m. *Pop.* Caleçon, slip.

CALCIFÈRE adj. Qui contient de la chaux.

CALCIFÉROL n. m. Syn. de VITAMINE D2.

CALCIFICATION n. f. **1.** Dépôt de sels de calcium (phosphates surtout) dans les cartilages, aboutissant à la formation des os. — **2.** Dépôt de sels de calcium dans des tissus autres que les os, en général à la suite d'une inflammation chronique (tuberculose) ou d'une dégénérescence tissulaire (artériosclérose). — **3.** Processus de formation des tissus durs de la dent à partir de l'évolution embryologique de l'ébauche dentaire provenant de deux lames ou « crêtes dentaires ».

CALCIFIER v. t. (conj. 9). Convertir en sels de calcium insolubles.

CALCIFUGE ou **CALCIPHOBE** adj. Se dit des espèces végétales ne pouvant pas se développer sur un sol calcaire (fougère aigle, châtaignier, pin maritime, etc.) ou plus généralement sur un sol non acide (bruyère).

CALCILUTITE n. f. **1.** Formation sédimentaire surtout calcaire, en majeure partie composée d'éléments inférieurs à 62,5 μm. — **2.** Calcaire fin lithographique, micrite ou microsparite.

CALCIMAGNÉSIQUE adj. *Sol calcimagnésique,* sol influencé par la présence abondante de carbonates de calcium et/ou de magnésium, fournis par la roche mère, tel que calcaire dur, craie ou marne et dont le pH est compris entre 7,5 et 8.

CALCIMORPHE adj. Se dit d'un sol dont la formation est liée à la présence abondante de calcaire.

CALCIN n. m. (de *calciner*). **1.** Sorte de croûte, à valeur protectrice, qui se forme avec le temps sur le parement des pierres de taille calcaires. — **2.** Croûte calcaire qui se dépose à l'intérieur des chaudières à vapeur. — **3.** Débris de verre réutilisés comme matière vitrifiable. — **4.** Verre utilisé pour les émaux.

CALCINATION n. f. (lat. médiév. *calcinatio*). Action de calciner, fait de se calciner.

CALCINER v. t. (lat. médiév. *calcinare,* du lat. class. *calx, calcis,* chaux) [conj. 3]. **1.** Transformer du calcaire en chaux par chauffage intense. — **2.** Dessécher une viande, la brûler en la soumettant à une température trop élevée : *Calciner un gigot.* — **3.** Chauffer une substance réfractaire, un minerai au-dessous de son point de fusion.

◆ **se calciner** v. pr., **être calciné** v. pass. **1.** Être soumis à une température très élevée entraînant une combustion incomplète : *Murs calcinés.* — **2.** Être brûlé, desséché : *Un rôti calciné.*

CALCINOSE n. f. Production dans les parties molles de l'organisme de dépôts de sels de calcium radiologiquement visibles. (La calcinose peut être généralisée [peau, muscles, viscères] ou localisée [rein].)

CALCIOTHERMIE n. f. Opération de réduction permettant l'obtention de certains métaux (uranium, plutonium, thorium) grâce à l'action du calcium.

CALCIPHOBE → CALCIFUGE.

CALCIQUE adj. **1.** Qui renferme du calcium. — **2.** *Amendement calcique,* amendement utilisé pour prévenir ou corriger l'acidité des sols.

CALCIRUDITE n. f. Formation sédimentaire surtout calcaire, en majeure partie composée d'éléments supérieurs à 2 mm.

CALCISPONGE n. f. Autre nom des *éponges calcaires.*

CALCITE n. f. (all. *Calcit,* du lat. *calx, calcis,* chaux). Carbonate naturel de calcium cristallisé, de formule $CaCO_3$, rhomboédrique, présentant une forte biréfringence (spath d'Islande). [Sa densité est de 2,71, et sa dureté 3. C'est le principal constituant des roches carbonatées.]

CALCITHÉRAPIE n. f. Emploi thérapeutique des sels de calcium.

CALCITONINE n. f. Hormone thyroïdienne hypocalcémiante qui agirait en s'opposant à l'action hypercalcémiante de l'hormone parathyroïdienne ou parathormone.

CALCIUM [kalsjɔm] n. m. (lat. *calx, calcis,* chaux). Métal le plus commun du groupe des alcalinoterreux. (Élément chimique de symbole Ca.)

Numéro atomique : 20
Masse atomique : 40,08
Masse volumique (à 20 °C) : 1,55 g/cm³
Température de fusion : 840 °C

ENCYCL. **Chim.** Isolé par Davry en 1808, le calcium est un métal blanc et mou qui se laisse couper au couteau. Il est très abondant dans la nature, particulièrement sous forme de carbonate $CaCO_3$ (roches calcaires) et aussi de sulfate hydraté (gypse) ou de phosphate tricalcique (os). Il brûle en donnant de la chaux vive CaO, se combine aisément aux halogènes, à l'hydrogène, à l'azote. On le prépare industriellement par électrolyse d'un mélange de chlorure et de fluorure de calcium fondu.

• *Composés.* L'*oxyde* CaO est la chaux anhydre ; l'*hydroxyde* $Ca(OH)_2$ est la chaux hydratée. Le *fluorure* CaF_2 est la fluorine, ou spath fluor, utilisée pour préparer le fluor et comme fondant en métallurgie. Le *chlorure* $CaCl_2$ sert à la dessiccation des gaz. Le *sulfate* $CaSO_4$, qui existe hydraté sous forme de gypse, est utilisé pour la préparation du plâtre. Le *nitrate* $Ca(NO_3)_2$ est employé comme engrais azoté, de même que les phosphates. Le *carbure* CaC_2, obtenu par action du carbone sur la chaux au four électrique, est décomposé par l'eau pour donner de l'acétylène. Le *carbonate* $CaCO_3$ est très répandu dans la nature sous deux formes cristallines, la calcite et l'aragonite ; il se dissout, sous forme de *carbonate acide* $Ca(HCO_3)_2$, dans les eaux chargées de gaz

carbonique ; certaines eaux souterraines abandonnent leur gaz carbonique en arrivant à l'air, et le sel neutre se dépose, formant des stalactites et stalagmites, ou des pétrifications. Chauffé en vase clos, le carbonate se dissocie en chaux vive et en gaz carbonique.
— **Écol.** L'insolubilité relative du carbonate de calcium ($CaCO_3$) a pour effet d'enfouir dans la lithosphère, pour des durées qui se chiffrent en centaines de millions d'années, d'importantes quantités de carbone, ainsi soustraites au cycle biosphérique de cet élément, ce qui limite l'expansion de la biomasse.
— **Méd.** L'organisme contient 1 000 g de calcium, dont la presque totalité se trouve dans les os. La régulation calcique fait intervenir l'action de la parathormone (ou hormone parathyroïdienne), de la calcitonine et de la vitamine D. Les besoins quotidiens en calcium sont de 500 mg. Ils sont de 1 000 mg chez la femme enceinte et de 2 000 mg chez la femme allaitante. Un grand nombre de sels de calcium sont utilisés en thérapeutique, soit minéraux (carbonate, chlorure, bromure, etc.), soit organiques (gluconate). Outre leur propriétés recalcifiantes, certains sels sont antiacides, antidiarrhéiques et hémostatiques.

CALCIURIE n. f. Quantité de calcium présente dans les urines. (La calciurie normale est de 100 à 300 mg par 24 heures.)

CALCOALCALIN, E adj. Se dit d'une roche, d'un terrain, magmatique, dont les proportions d'alcalins (Na + K) sont voisines ou égales aux proportions de Ca. ‖ *Magma calcoalcalin,* magma générateur de roches calcoalcalines. ‖ *Série calcoalcaline,* association spatiale de roches calcoalcalines, caractéristique des fonds de subduction.

CALCOSODIQUE adj. *Feldspath calcosodique,* syn. de PLAGIOCLASE.

CALCSCHISTE n. m. Schiste calcaire.

1. CALCUL n. m. (lat. *calculus,* caillou). Concrétion se constituant dans différents organes, au dépens des sels contenus dans les liquides de l'organisme.
ENCYCL. Les calculs ont une grosseur variant depuis celle d'un fin gravier jusqu'à celle d'une noix, voire d'un gros poing ; on y rencontre des urates, des phosphates, des oxalates, des cholates, des cholalates, etc., de calcium ou des lipides (cholestérol). Les plus fréquents sont les *calculs biliaires* (à l'origine des coliques hépatiques) et les *calculs urinaires* (à l'origine des coliques néphrétiques). On en rencontre également dans les glandes salivaires et leurs conduits excréteurs. Aux différents traitements médicaux et chirurgicaux, se sont ajoutés pour certains calculs biliaires la dissolution par l'acide chénodésoxycholique et pour les calculs urinaires la lithotriptie.

2. CALCUL n. m. (de *calculer*). **1.** Action de calculer, de compter ; l'opération elle-même que l'on fait pour trouver le résultat de la combinaison de plusieurs nombres : *Faire une erreur de calcul.* — **2.** Art de résoudre les problèmes d'arithmétique : *Être bon en calcul.* — **3.** Action de calculer, d'évaluer, de combiner, de prévoir ; ensemble des mesures combinées pour qu'une affaire, qu'une entreprise réussisse ; ensemble des prévisions sur lesquelles on mise : *Faire un mauvais calcul en agissant d'une certaine manière.* — **4.** *Par calcul,* par intérêt personnel et d'une manière réfléchie. ‖ *Sans calcul,* sans songer à son intérêt personnel, sans hypocrisie. • **Écon.** *Calcul économique,* ensemble des techniques utilisées pour formaliser les différents choix économiques, par ex. en matière de projets d'investissement. — **Inform.** *Centre de calcul,* local regroupant l'ensemble des moyens de calcul d'une entreprise ou d'une administration. — **Log.** Ensemble d'opérations coordonnées entre elles, obéissant à des lois et à des règles de formation, et portant sur des prédicats ou sur des propositions. — **Math.** Transformation d'une quantité mathématique en appliquant les règles de techniques opératoires correspondant aux opérations qui interviennent. ‖ Ensemble de propriétés liées par un système d'opérations entre certains types de grandeurs mathématiques. (Ex. calcul différentiel, intégral, tensoriel, etc.)

CALCULABILITÉ n. f. Caractère de ce qui est calculable.

CALCULABLE adj. Qui peut se calculer : *Un risque calculable.*

CALCULATEUR, TRICE adj. et n. **1.** Qui fait, qui sait faire des calculs : *Un bon calculateur.* — **2.** Qui calcule, combine, cherche à prévoir et détermine ainsi sa conduite : *Un homme ambitieux et calculateur.*
◆ **calculateur** n. m. **1.** Machine destinée à effectuer d'une façon automatique des opérations arithmétiques ou logiques sur des données. — **2.** *Calculateur digital* ou *numérique,* syn. vieilli de ORDINATEUR.
◆ **calculatrice** n. f. **1.** Calculateur n'effectuant que des opérations simples. — **2.** *Calculatrice de poche,* calculatrice de dimensions très réduites utilisant une technologie électronique très intégrée. (Syn. CALCULETTE.)

CALCULER v. t. (bas lat. *calculare,* du lat. class. *calculus,* caillou) [conj. 3]. **1.** Effectuer un calcul ; déterminer par le calcul numérique, évaluer, compter une somme, une mesure, une distance, etc. : *Calculer les dépenses de la semaine.*

— 2. Dépenser, donner avec parcimonie, ne dépenser qu'à bon escient ou être économe jusqu'à l'avarice : *Calculer un pourboire. C'est un homme qui calcule.* — 3. Évaluer qqch, l'apprécier, le déterminer par la pensée, la précision, le raisonnement, etc. : *Calculer quelles sont les chances de succès.* — 4. Prévoir qqch, en misant dessus : *Il avait calculé que je ne me rendrais compte de rien.* — 5. Combiner une action, un comportement, les préparer habilement en vue d'un résultat heureux : *Acteur qui calcule ses effets. Calculer son élan avant de sauter.*

◆ v. i. Opérer sur des nombres, faire des calculs : *Il calcule vite et bien.*

◆ **être calculé** v. pass. Avoir été combiné, préparé, en vue de produire le résultat attendu ; ne pas être spontané : *Un geste calculé. Une bonté calculée.*

◆ **se calculer** v. pr. Pouvoir être calculé.

CALCULETTE n. f. Calculatrice électronique de poche.

CALCULEUX, EUSE adj. (bas lat. *calculosus*). 1. Relatif aux concrétions pathologiques. — 2. Affecté de calculs urinaires.

CALCUTTA, v. de l'Inde, cap. de l'État du Bengale-Occidental ; 10 916 672 hab. (avec les banlieues). Fondée en 1690 par la Compagnie anglaise des Indes orientales, devenue capitale en 1772, Calcutta se développa considérablement au XIXe s. Le transfert de la capitale à Delhi en 1912 n'a pas freiné cet essor. Deuxième agglomération du pays, étirée sur plus de 50 km sur les rives de l'Hooghly, c'est un centre commercial, financier et universitaire, un port (mais à 150 km de la mer), une ville industrielle (textile, agroalimentaire, métallurgie de transformation). Cependant, ces fonctions n'assurent pas le plein emploi dans une ville surpeuplée (où l'immigration s'ajoute au croît naturel), aux prises aussi avec des problèmes de logement et de salubrité (multiplication de bidonvilles, les *bustees*) et de transports.

Calcutta *(musée de)* [*Indian Museum*], le plus important musée de l'Inde, édifié en 1875 (riches ensembles d'art et d'archéologie de l'Inde, de l'Asie du Sud-Est et sections de sciences naturelles).

Calcutta Cup, coupe attribuée au vainqueur du match de rugby qui oppose l'Écosse et l'Angleterre, dans le tournoi des Cinq-Nations.

CALDARA (Antonio), compositeur italien (Venise v. 1670-Vienne 1736). Personnalité éminente du préclassicisme viennois, il laisse une œuvre immense qui paraît avoir influencé Mozart et Haydn.

CALDARIUM n. m. (mot lat.). Partie des thermes romains où se trouvaient piscines chaudes et bains de vapeur.

CALDEIRA n. f. (port. *caldeira,* de l'esp. *caldera,* cratère). Vaste cratère circulaire de diamètre kilométrique, aux bords internes subverticaux taillés dans un empilement de coulées ou dans une alternance de coulées et de produits pyroclastiques, et issu d'un effondrement le long de failles concentriques.

CALDER (Alexander), sculpteur américain (Philadelphie 1898 - New York 1976). Son art se tient à deux pôles de la sculpture moderne, le mouvement et le monumental : les *mobiles* (à partir de 1932), compositions abstraites de tiges et de plaques de métal peintes, en équilibre instable ou suspendues, sont animés par les déplacements d'air, tandis que les *stabiles* (à partir de 1943), en tôle presque toujours noire, sont dotés d'une structure puissante et massive (les *stabiles-mobiles* sont des réalisations mixtes). Cette œuvre (réalisée partiellement en France) se caractérise par une simplicité et une poésie pleine de vivacité (« Crags » et « Critters », personnages en tôle découpée et bariolée des dernières années).

CALDERÓN DE LA BARCA (Pedro), poète dramatique espagnol (Madrid 1600-*id.* 1681). Issu d'une famille noble, il embrassa la carrière militaire, puis il entra dans les ordres (vers 1651) et devint, en 1666, chapelain principal du roi Charles II. Sa mort marqua la fin du « siècle d'or » de la littérature espagnole, dont il porta à un point de perfection deux genres particuliers : l'*auto* sacramental* et la *comedia.* Recourant à l'allégorie, Calderón a écrit des *autos sacramentales* (env. 80), des pièces de théâtre aux personnages nombreux et pleins de vie, précédées d'un prologue ingénieux *(loa).* Dans ses *comedias* (env. 111), à caractère historique (*le Médecin de son honneur,* 1635 ; *l'Alcade* de Zalamea,* 1642) ou théologique (*la Dévotion* à la Croix ; La vie* est un songe,* 1635), il a mis en scène les valeurs de son temps : fidélité au roi, honneur, foi, esprit chevaleresque.

CALDOCHE n. (de *calédo-chose*). *Fam.* Blanc établi en Nouvelle-Calédonie.

CALDWELL (Erskine Preston), romancier américain (White Oak, Géorgie, 1903 - Paradise Valley, Arizona, 1987). Ses romans, teintés d'humour et d'érotisme, peignent avec réalisme le monde des petits Blancs du Sud (*la Route au tabac,* 1932 ; *le Petit Arpent du Bon Dieu,* 1933 ; *Jenny toute nue,* 1961 ; *le Quartier de Medora,* 1971). En 1986, il publie un livre de mémoires, *la Force de vivre.*

1. CALE n. f. (all. *Keil,* cale). **1.** Objet quelconque que l'on place sous un autre ou contre un autre pour le maintenir d'aplomb ou dans une certaine position. – **2.** Petite lame d'acier que l'on interpose entre le champignon ou le patin d'un rail et l'éclisse, destinée à compenser l'usure produite, pour assurer une plus grande rigidité de l'ensemble du joint. – **3.** *Cale à plaquer,* forme en bois, plâtre, métal ou plastique, servant en ébénisterie au maintien de la pression lors du plaquage. (Une *cale chauffante* permet, en outre, la prise à chaud du collage.) ‖ *Cale à poncer,* petite forme revêtue sur son profil d'abrasif à poncer. ‖ *Cale étalon,* pièce métallique à faces bien planes et parallèles qui sert d'étalon d'épaisseur. (On utilise généralement des *jeux de cales* que l'on peut superposer pour réaliser des épaisseurs variées.)

2. CALE n. f. (de *caler 2*). **1.** Dans un navire, volume compris entre le pont et le fond, destiné à recevoir la cargaison. – **2.** Partie inclinée d'un quai, ménagée dans les ports à marée pour faciliter l'embarquement ou le débarquement à tout instant. ‖ *Cale de construction* ou de *lancement,* plan incliné sur lequel on construit les navires de faible ou de moyen tonnage. – **3.** Ensemble de la flotte de transport de marchandises disponible pour des chargements. – **4.** *Cale d'abordage* ou *d'accostage,* plan incliné de la berge d'une voie navigable permettant l'accostage d'un bâtiment. ‖ *Cale de halage,* engin de radoub comportant un plan incliné muni de rails sur lesquels roule un ber supportant le navire à réparer. (Utilisées pour de petits navires d'un port en lourd généralement inférieur à 5 000 t, les cales de halage sont de deux types : les cales en long, normales à la rive, et les cales en travers, parallèles à la rive.) [Syn. SLIP-WAY.] ‖ *Cale de radoub* ou *cale sèche,* syn. de FORME* DE RADOUB. ‖ *Entrer à cale sèche,* pour un navire, être mis à sec pour réparation. ‖ Fam. *Être à fond de cale,* être sans ressources, dans la misère.

CALÉ, E adj. (de *caler 1*). *Fam.* **1.** Qui est très instruit dans un domaine : *Calé en mathématiques.* – **2.** Compliqué, difficile à comprendre ou à réaliser : *Un problème calé.*

CALEB, ancêtre éponyme des Calébites, clan nomadisant dans la région d'Hébron et plus tard agrégé à la tribu de Juda. La tradition biblique en fait un des douze envoyés de Moïse pour reconnaître, avant l'entrée en Terre promise, le pays de Canaan.

CALEBAS n. m. Syn. de HALE-BAS.

CALEBASSE n. f. (esp. *calabaza,* p.-ê. d'orig. préromane). **1.** Fruit aux parois dures porté par le calebassier et par diverses cucurbitacées (lagenaria, gourde, etc.) [Les calebasses servent de récipient, d'ornement, de caisse de résonance pour les instruments de musique africains.] – **2.** Grosse courge séchée et vidée servant de récipient. – **3.** Bouteille dont les contours arrondis rappellent ceux de la calebasse. – **4.** *Pop.* Tête. – **5.** Poire qui se développe avant les autres, acquiert un gros volume, mais tombe avant maturité en raison d'une attaque de larve de cécidomye.

CALEBASSIER n. m. Bignoniacée arborescente du Mexique et des Antilles, dont le fruit est la calebasse au sens strict du mot.

CALÈCHE n. f. (all. *Kalesche,* p.-ê. du polon. *kolaska*). Véhicule hippomobile découvert, avec suspension, à quatre roues et muni d'une capote à soufflet.

CALEÇON n. m. (ital. *calzone,* de *calza,* bas). **1.** Sous-vêtement masculin qui couvre le corps de la taille à mi-cuisses *(caleçon court)* ou de la taille aux chevilles *(caleçon long)* [s'emploie avec le même sens au sing. et au pl.] – **2.** *Caleçon de bain,* caleçon très court pour le bain.

CALÉDONIDES n. f. pl. Chaînes de plissement d'âge calédonien.

CALÉDONIE, en lat. **Caledonia,** nom donné dans l'Antiquité à la partie septentrionale de la Grande-Bretagne, correspondant dans l'ensemble à l'Écosse actuelle.

CALÉDONIEN, ENNE adj. et n. **1.** De Calédonie. – **2.** Se dit du cycle orogénique du paléozoïque inférieur succédant à la chaîne cadomienne et comportant un certain nombre de phases tectoniques (ardennaise, taconique, etc.), à l'origine de la *chaîne calédonienne* bien représentée en Europe du Nord (Scandinavie, Écosse...).

CALÉDONIENS, antique tribu picte, dont le nom est quelquefois étendu à tous les habitants de l'Écosse ancienne.

CALÉFACTION n. f. (bas lat. *calefactio*). Phénomène dans lequel un liquide mis brusquement en contact avec une surface métallique très chaude se vaporise subitement en formant une mince pellicule de gaz entre le métal et le liquide. (Les gouttelettes se réunissent en globules sensiblement sphériques au mouvement rapide. C'est à ce phénomène que l'on doit de pouvoir plonger la main humide dans un métal en fusion.)

CALÉIDOSCOPE → KALÉIDOSCOPE.

CALEMBOUR n. m. (de *calembredaine* et *bourde*). Jeu de mots fondé sur la différence de sens entre des mots qui se prononcent de la même manière (par ex. *personne alitée* et *personnalité*).

CALEMBREDAINE n. f. (p.-ê. du suisse dialect. *calembourdaine,* de *bourde,* plaisanterie). Histoire absurde, extravagante sottise.

CALENDAIRE adj. Qui concerne le calendrier : *Fêtes calendaires.*

Calendal, poème de F. Mistral (1866), en douze chants.

CALENDES n. f. pl. (lat. *calendae*). **1.** Premier jour du mois romain. (Les derniers jours du mois précédent se désignaient par leur numéro avant les calendes.) — **2.** Fam. *Calendes grecques,* temps très éloigné dans l'avenir et qui n'arrivera jamais (les mois grecs n'ayant pas de calendes).

CALENDOS [-dos] ou **CALENDO** n. m. *Pop.* Camembert.

CALENDRIER n. m. (lat. *calendarium,* de *calendae,* calendes). **1.** Système lié d'une manière plus ou moins stricte à la durée de révolution de la Terre autour du Soleil ou à celle de la Lune autour de la Terre et permettant de recenser les jours, les semaines, les mois et les années. (→ *encycl.*) — **2.** Tableau des jours d'une année, avec l'indication des semaines, des mois et des saisons, comportant en général quelques renseignements accessoires (saints, fêtes, anniversaires historiques, etc.) et des informations astronomiques (phases de la Lune, lever et coucher du Soleil, éclipses, etc.). — **3.** Emploi du temps, programme : *Avoir un calendrier chargé.* — **4.** Dispositif permettant d'afficher la date ou quantième et parfois le jour et le mois, sur les appareils horaires. — **5.** Tableau ou livret indiquant dans l'ordre chronologique les divisions de l'année liturgique et l'ordre des diverses fêtes religieuses. — **6.** Suite d'images qui, au Moyen Âge, illustraient les différents mois de l'année par des représentations des signes du zodiaque et des scènes de travaux essentiellement agricoles. (Sculptures des portails, enluminures des livres d'heures.)

ENCYCL. • Le *calendrier grégorien* est fondé sur une valeur approchée de l'année tropique (365,242 5 jours). Il est exact à 3/10 000 de jour près. Les années sont, en principe, de 365 jours. Mais, une année sur quatre, dite *bissextile,* on ajoute un jour supplémentaire (le 29 févr.). Toutefois, pour que la concordance avec la valeur de l'année tropique soit la meilleure possible, on supprime trois années bissextiles séculaires sur quatre : on ne conserve plus comme séculaires bissextiles que les années dont le millésime est un multiple de 400 (2 000, 2 400...). Cette dernière particularité a constitué l'essentiel de la réforme du calendrier, ordonnée en 1582 par le pape Grégoire XIII (réforme grégorienne).
L'année grégorienne se subdivise en douze mois.

	jours		jours
janvier	31	juillet	31
février	28 ou 29	août	31
mars	31	septembre	30
avril	30	octobre	31
mai	31	novembre	30
juin	30	décembre	31

TABLEAU DE CONCORDANCE ENTRE LES CALENDRIERS RÉPUBLICAIN ET GRÉGORIEN
les années bissextiles du premier, c'est-à-dire celles où il y avait 6 jours fériés sans-culottides, ont un astérisque

AN	ère républicaine	I	II	III *	IV	V	VI	VII *	VIII	IX	X	XI *	XII	XIII	XIV
	ère grégorienne														
		1792	1793	1794	1795	1796	1797	1798	1799	1800	1801	1802	1803	1804	1805
1er vendémiaire	septembre	22	22	22	23	22	22	22	23	23	23	23	24	23	23
1er brumaire	octobre	22	22	22	23	22	22	22	23	23	23	23	24	23	23
1er frimaire	novembre	21	21	21	22	21	21	21	22	22	22	22	23	22	22
1er nivôse	décembre	21	21	21	22	21	21	21	22	22	22	22	23	22	22
ANNÉE GRÉGORIENNE		1793	1794	1795	1796	1797	1798	1799	1800	1801	1802	1803	1804	1805	1806
1er pluviôse	janvier	20	20	20	21	20	20	20	21	21	21	21	22	21	
1er ventôse	février	19	19	19	20	19	19	19	20	20	20	20	21	20	
1er germinal	mars	21	21	21	21	21	21	21	22	22	22	22	22	22	
1er floréal	avril	20	20	20	20	20	20	20	21	21	21	21	21	21	
1er prairial	mai	20	20	20	20	20	20	20	21	21	21	21	21	21	
1er messidor	juin	19	19	19	19	19	19	19	20	20	20	20	20	20	
1er thermidor	juillet	19	19	19	19	19	19	19	20	20	20	20	20	20	
1er fructidor	août	18	18	18	18	18	18	18	19	19	19	19	19	19	

Exemple : À quelle date grégorienne correspond le 7 ventôse an V ? = Cherchons dans la colonne de l'an V jusqu'à la ligne horizontale du 1er ventôse : nous voyons que le 1er ventôse en V correspond au 19 février 1797 (année grégorienne immédiatement au-dessus verticalement). Donc, 1 ventôse an V correspond au 25 février 1797.

CALENDRIER PERPÉTUEL MORET

Année *(a)*

I

PARTIES DU MILLÉSIME EXPRIMANT LES CENTAINES *(a)*

00 *(d)*	01	02	03		**04**	05
06	07		**08**	09	10	11
	12	13	14	15		**16**
17	18	19		**20**	21	22
23		**24**	25	26	27	
28	29	30	31		**32**	33
34	35		**36**	37	38	39
	40	41	42	43		**44**
45	46	47		**48**	49	50
51		**52**	53	54	55	
56	57	58	59		**60**	61
62	63		**64**	65	66	67
	68	69	70	71		**72**
73	74	75		**76**	77	78
79		**80**	81	82	83	
84	85	86	87		**88**	89
90	91		**92**	93	94	95
	96	97	98	99		

0	7	14	**17**	**21**	6	0	1	2	3	4	5
1	8	15 *(b)*			5	6	0	1	2	3	4
2	9		**18**	**22**	4	5	6	0	1	2	1
3	10				3	4	5	6	0	1	2
4	11	**15** *(c)*	**19**	**23**	2	3	4	5	6	0	1
5	12	**16**	**20**	**24**	1	2	3	4	5	6	0
6	3				0	1	2	3	4	5	6

Mois *(d)*

II	*mai*	*août févr. B*	*févr. mars nov.*	*juin*	*sept. déc*	*avr. juill. janv. B*	*janv. oct.*
1	2	3	4	5	6	0	1
2	3	4	5	6	0	1	2
3	4	5	6	0	1	2	3
4	5	6	0	1	2	3	4
5	6	0	1	2	3	4	5
6	0	1	2	3	4	5	6
0	1	2	3	4	5	6	0

Quantième *(e)*

III							
	1	*2*	*3*	*4*	*5*	*6*	*7*
	8	*9*	*10*	*11*	*12*	*13*	*14*
	15	*16*	*17*	*18*	*19*	*20*	*21*
	22	*23*	*24*	*25*	*26*	*27*	*28*
	29	*30*	*31*				
1	D	L	m	M	J	V	S
2	L	m	M	J	V	S	D
3	m	M	J	V	S	D	L
4	M	J	V	S	D	L	m
5	J	V	S	D	L	m	M
6	V	S	D	L	m	M	J
0	S	D	L	m	M	J	V

1° Chercher, dans le tableau I, le nombre placé à l'intersection de la ligne contenant les chiffres du siècle et de la colonne contenant ceux de l'année.

2° Reporter le nombre ainsi trouvé dans la colonne extérieure du tableau II, et chercher le nombre qui se trouve, sur cette ligne, à l'intersection de la colonne du mois. Dans les années bissextiles, prendre les mois de janvier et de février marqués de la lettre B.

3° Reporter le nouveau nombre ainsi trouvé dans la colonne extérieure du tableau III. Sur cette ligne, et à l'intersection de la colonne du quantième, se trouve le jour cherché. *Ex* :Quel jour a eu lieu la bataille de Wagram (6 juillet 1809)?

Tableau I : Ligne *18* , colonne *09* , chiffre trouvé 1. Tableau II : Ligne *1,* colonne juillet, chiffre trouvé 0. Tableau III : Ligne *0,* colonne *b,* jour cherché JEUDI.

Ce calendrier se prête aux recherches inverses : recherches des vendredis 13 , des 1er janvier tombant un jour déterminé, etc.

SIGNES ET ABRÉVIATIONS : *(a)* les siècles grégoriens et les années bissextiles sont inscrits en chiffres gras, *(b)* jusqu'au 4 oct. 1582 inclusivement, *(c)* depuis le 15 oct. 1582 inclusivement, les dates du 5 au 14 oct. 1582 n'existent pas dans le calendrier grégorien, *(d)* les années séculaires, toujours bissextiles dans le calendrier julien ne le sont dans le calendrier grégorien que si elles sont divisibles par 400 , *(e)* abréviations : m mardi, M mercredi.

Pour résoudre plus aisément les problèmes de chronologie à longue période, on a créé une ère fictive *(ère julienne),* remontant très loin dans le passé, et dans laquelle les jours sont numérotés dans un système unique à partir d'une origine fixée par convention. La période conventionnelle adoptée est la *période julienne de Scaliger,* qui couvre une période allant du début de l'année - 4712 jusqu'à la fin de l'année 3267.

• Le *calendrier ecclésiastique* ou *liturgique* s'ordonne autour de la fête de Pâques*, dont la date est déterminée par un ensemble de calculs (comput *) fondés sur des règles édictées lors du concile de Nicée, en l'an 325.

• Le *calendrier républicain* fut institué par la Convention nationale, le 24 oct. 1793. L'année commençait à l'équinoxe d'automne (22 sept.). L'année I de l'ère républicaine partait du 22 sept. 1792, date de l'établissement de la République.

L'année était partagée en 12 mois de 30 jours chacun, plus 5 ou 6 jours *complémentaires,* qui devaient être consacrés à la célébration de fêtes républicaines. Ces mois étaient : pour l'automne, *vendémiaire* (mois des vendanges), *brumaire* (des brumes), *frimaire* (des frimas) ; pour l'hiver, *nivôse* (des neiges), *pluviôse* (des pluies), *ventôse* (des vents) ; pour le printemps, *germinal* (de la germination), *floréal* (des fleurs), *prairial* (des prairies) ; pour l'été, *messidor* (des moissons), *thermidor* (de la chaleur, des bains), *fructidor* (des fruits). Le mois était divisé en trois dizaines, ou *décades,* et les noms des jours tirés de l'ordre naturel de la numération : *primidi, duodi, tridi, quartidi, quintidi, sextidi, septidi, octidi, nonidi, décadi.* Le calendrier républicain, employé pendant 13 ans, fut officiellement remplacé par le calendrier grégorien le 1er janv 1806.

• On désigne sous le nom de *calendrier perpétuel* un tableau permettant de connaître à volonté le calendrier d'une année quelconque et de résoudre tout problème relatif à la connaissance des dates et des jours de la semaine qui leur correspondent.

CALENZANA (20214), ch.-l. de cant. de la Haute-Corse, dans la Balagne ; 1 544 hab. Centre agricole. — À l'écart du village, église Ste-Restitute, reconstruite au XVe s. — Au S., forêt domaniale.

CALE-PIED n. m. (pl. *cale-pieds*). Butoir fixé sur les pédales et maintenant le pied du cycliste.

CALEPIN n. m. (de A. *Calepino,* n. pr.). **1.** Petit carnet sur lequel on inscrit des notes. — **2.** *Calepin d'appareil, calepin de pose,* dessins au 1/20 d'exécution de l'appareillage d'une construction.

CALEPINEUR, EUSE n. Dessinateur spécialisé dans la transformation des dessins d'architecte en calepins d'appareil.

CALEPINO (Ambrogio), lexicographe italien (Bergame v. 1440-1510). Moine augustin, il consacra sa vie à la rédaction d'un *Dictionnaire de la langue latine* (1502).

CALE-PORTE n. m. (pl. *cale-portes*). Dispositif servant à arrêter une porte.

1. CALER v. t. (de *cale,* morceau de bois) [conj. 3]. **1.** Mettre d'aplomb ou de niveau par des cales : *Caler une armoire.* — **2.** Immobiliser qqch en l'appuyant contre qqch : *Caler un buffet contre le mur.* — **3.** Régler la commande de l'allumeur ou de la soupape pour qu'ils fonctionnent au moment où le piston occupe une position déterminée. — **4.** Mettre en place la forme imprimante sur une presse. — **5.** Fam. *Ça cale (l'estomac),* ça le bourre.

◆ **se caler** v. pr., **être calé** v. pass. **1.** S'installer confortablement qqpart : *Se caler dans un fauteuil.* — **2.** Pop. *Se caler les joues,* faire un bon repas. ‖ *Vol avec hélice calée,* descente en vol plané avec le moteur complètement arrêté et l'hélice immobile.

2. CALER v. t. (anc. provenç. *calar,* abaisser, du gr. *khalân,* abaisser le mât) [conj. 3]. **1.** Arrêter brusquement un moteur, en lui demandant un effort trop grand. — **2.** Faire descendre un mât le long du mât inférieur. — **3.** Tendre une ligne ou des filets de pêche.

◆ v. i. **1.** Pour un navire, présenter un certain tirant d'eau maximum. — **2.** En parlant d'un moteur, s'arrêter brusquement. — **3.** *Fam.* Céder, renoncer à ses prétentions devant une difficulté : *Caler sur un problème.* — **4.** *Fam.* Ne plus pouvoir manger de qqch : *Ne pas caler au moment du fromage.*

CALETER → CALTER.

CALEUR n. m. Syn. de ENRAYEUR.

CALFAIT n. m. Ciseau spécial servant au calfatage. (Syn. CISEAU ou FER DE CALFAT.)

1. CALFAT n. m. (de *calfater* ou ital. *calafato*). Ouvrier qui calfate les navires.

2. CALFAT n. m. (de *calfat 1*). Moineau de Java qui ravage les rizières.

CALFATAGE n. m. Action de calfater.

CALFATER v. t. (ar. *qalfata,* par l'intermédiaire de l'ital. *calafatare*) [conj. 3]. Remplir à force avec de l'étoupe les fentes de la coque d'un navire en bois pour la rendre parfaitement étanche.

CALFEUTRAGE ou **CALFEUTREMENT** n. m. Action de calfeutrer ; fermeture soigneuse et étroite.

CALFEUTRER v. t. (de *calfater,* avec infl. de *feutre*) [conj. 3]. Boucher des fentes ou des joints avec des étoupes, du bourrelet, etc. : *Calfeutrer une porte avec des bourrelets.*

◆ **se calfeutrer** v. pr., **être calfeutré** v. pass. Rester volontairement enfermé qqpart : *Se calfeutrer chez soi le soir.*

CALGARY, v. du Canada, dans l'Alberta ; 710 677 hab. Centre de services (banques, sièges sociaux) et d'industries (agroalimentaire, matériel ferroviaire et surtout pétrolier) au développement rapide (moins de 5 000 hab. au début du siècle).

CALGON n. m. (n. déposé). Phosphate possédant des propriétés dispersantes et défloculantes, utilisé pour empêcher la formation de tartre et pour le blanchissage des tissus.

CALHOUN (John Caldwell), homme politique américain (Calhoun Creek, comté d'Abbeville, Caroline du Sud, 1782-Washington 1850), vice-président de l'Union sous John Quincy Adams et Jackson, secrétaire d'État sous Tyles.

CALI, v. de Colombie, ch.-l. du département de la Valle del Cauca ; 1 624 401 hab. Métropole économique de l'ouest du pays, au contact de la cordillère occidentale des Andes et du fossé du Cauca, c'est un centre de services et d'industries (agroalimentaire, métallurgie et chimie). Ancien monastère de S. Francisco, du XVIIIe s.

CALIARI (Paolo) → VÉRONÈSE.

Caliban, le monstre de *la Tempête* de Shakespeare, fils d'une sorcière et d'un démon, toujours révolté, mais toujours soumis par la magie de Prospero.

CALIBRAGE n. m. **1.** Opération permettant de classer les produits agricoles en plusieurs catégories prévues par les normes de fabrication (diamètre, poids). — **2.** Action de donner le calibre voulu soit au canon d'une bouche à feu, soit à un projectile. — **3.** Usinage du bois destiné à mettre les débits ou ébauches aux cotes ou profils exacts. — **4.** Estimation de l'encombrement du texte et des illustrations d'un manuscrit destiné à être imprimé. — **5.** En métallurgie des poudres, opération qui consiste à faire passer les pièces dans un calibre pour obtenir des cotes plus précises. — **6.** Opération consistant à donner à un estuaire les sections d'écoulement convenables pour le maintien des profondeurs.

CALIBRE n. m. (ar. *qālib,* du gr. *kalopous,* forme de chaussure). **1.** Diamètre intérieur d'un cylindre creux. — **2.** Diamètre d'un fruit, d'un œuf, etc., permettant un classement par grosseur. — **3.** *Arg.* Revolver. — **4.** *De ce calibre, d'un tel calibre,* de cette importance, de ce caractère. ‖ Fam. *Être du même calibre, être d'un autre calibre,* se valoir, être de valeur différente, supérieure. • **Arm.** Diamètre intérieur de l'âme d'une bouche à feu. ‖ Diamètre extérieur d'un projectile. ‖ Rapport entre la longueur du tube et le diamètre de l'âme d'une bouche à feu. (Un canon de 100 mm est dit de 70 calibres, si son tube mesure 7 m.) — **Bât.** Planchette ou plaque de métal découpée suivant le contre-profil d'une moulure, pour traîner celle-ci. — **Céram.** Outil dont le profil, découpé dans une lame d'acier, sert à effacer les irrégularités dans les pièces tournées. — **Horlog.** Ensemble des dispositions spéciales caractéristiques d'un mouvement d'horlogerie. — **Mécan.** Instrument matérialisant une longueur et servant de comparaison pour le contrôle des fabrications mécaniques (→ *encycl.*). ‖ Profil en bois ou en métal servant de guide pour découper suivant une ligne idéale différentes matières (bois, étoffe, cuir, carton, etc.). — **Trav. publ.** Profil en bois ou en métal qui sert à vérifier le bombement d'une chaussée. (Syn. CERCE.) — **Verr.** *Calibre de courbure,* bloc de verre présentant une face optique plane ou de révolution, servant à contrôler une surface optique en cours de façonnage.

ENCYCL. **Mécan.** Un calibre a une forme complémentaire de celle de la pièce à contrôler. Ses dimensions correspondent aux limites de tolérance de la cote demandée. Certains calibres sont fixes, d'autres réglables, à *molettes* ou à *touches.* Pour contrôler une cote extérieure, on utilise un *calibre à mâchoires,* pour une cote intérieure, une *jauge* ou une *broche,* pour un petit diamètre, une *bague* ou un *tampon,* lisse ou fileté suivant le cas.

CALIBRER v. t. (conj. 3). **1.** Mettre au calibre voulu : *Calibrer des obus.* — **2.** Mesurer et classer suivant le calibre : *Calibrer des œufs.* — **3.** Calculer le nombre de signes d'un texte avant de le composer typographiquement.

CALIBREUR n. m. Machine pour le calibrage des produits agricoles.

CALIBREUSE n. f. Machine à calibrer le bois au profil.

CALICE n. m. (lat. *calix,* du gr. *kaluks*). **1.** Vase à boire des Romains, de formes et de matières diverses. — **2.** Vase sacré en métal précieux ou en matière noble pour la célébration de la messe et dans lequel est consacré le vin eucharistique. — **3.** Cavité excrétrice du rein qui draine l'urine sécrétée par les papilles. (À chaque papille rénale fait suite un *petit calice :* ces petits calices se réunissent en deux ou trois *grands calices,* dont la fusion constitue le bassinet.) — **4.** Verticille externe ou unique de la fleur, formé de pièces le plus souvent vertes (sépales) et assurant la protection des autres verticilles dans le bouton floral. (→ *encycl.*)

ENCYCL. **Bot.** Le calice peut être formé de pièces semblables à des pétales et appelées *tépales,* qu'il y ait ou non une corolle. Les sépales sont souvent soudés (espèces gamosépales) même lorsque les pétales ne le sont pas. Le calice peut tomber dès la floraison (coquelicot) ou à la fanaison, ou encore persister et grandir (calice accrescent du physalis). Chez les rosacées, il est souvent doublé extérieurement d'un *calicule* plus petit (fraisier).

CALICHE n. m. (esp. *caliche*). Minerai dont on extrait le nitrate de sodium au Chili et au Pérou.

CALICICOLE adj. *Papilles calicicoles,* papilles de la langue, abondantes à la base de l'organe où elles forment le « V lingual ».

CALICIEL ou **CALICIEN** adj. m. Relatif aux calices rénaux.

CALICIFLORE adj. Se dit des espèces florales dont l'ovaire, supère, est enfoncé dans le calice, comme par exemple chez l'églantier.

CALICIFORME adj. *Cellules caliciformes,* cellules glandulaires qui, gonflées pendant l'acte sécrétoire, se rompent quand elles ont atteint un certain volume. (Le type de la cellule caliciforme est la cellule des glandes du gros intestin et du rectum.) • **Céram.** Syn. de CAMPANIFORME.

CALICOT n. m. (de *Calicut,* n. pr.). **1.** Toile de coton utilisée pour les vêtements et sous-vêtements à usage courant. – **2.** Bande d'étoffe portant une inscription. – **3.** *Pop.* et *vx.* Commis d'un magasin de nouveautés.

CALICULE n. m. (lat. *caliculus*). Petit calice supplémentaire situé à l'extérieur du principal chez certaines fleurs (fraisier, œillet, mauve, cotonnier, etc.).

CALICUT, auj. **Kozhikode,** port de l'Inde (Kerala), sur la côte de Malabār ; 800 913 hab. Vasco de Gama y débarqua en 1498. À l'époque, c'était un port actif, où Arabes et Chinois venaient acheter épices, or, pierres précieuses, soieries et ivoire.

CALIER n. m. Matelot, ouvrier spécialement attaché aux travaux de la cale.

CALIFAL ou **KHALIFAL, E, AUX** adj. Relatif aux califes.

CALIFAT ou **KHALIFAT** n. m. **1.** Dignité de calife. – **2.** Durée du règne d'un calife. – **3.** Territoire soumis à son autorité.
ENCYCL. On distingue : 1° le *califat d'Orient,* qui eut son siège à Médine, transporté à Damas par les Omeyyades, à Bagdad par les ʿAbbāssides, puis au Caire à l'époque des Mamelouks (632-1258 et 1261-1517) ; 2° le *califat omeyyade de Cordoue* (929-1031), fondé par ʿAbd al-Raḥmān III ; 3° le *califat fāṭimide* d'Afrique du Nord puis d'Égypte (909-1171) ; 4° le *califat ottoman,* qui prit la suite du califat ʿabbāsside en 1517 et fut aboli en mars 1924 par Mustafa Kemal.

CALIFE ou **KHALIFE** n. m. (ar. *khalīfa,* successeur). Titre du chef suprême des musulmans. (Le problème de la dévolution de ce titre est à l'origine de la division de l'islām en sectes dont les trois principales options sont le khāridjisme, le chīʿisme et le sunnisme.)

CALIFORNIE, en angl. **California,** État de l'ouest des États-Unis, sur le Pacifique ; 411 000 km² ; 29 760 021 hab. *(Californiens).* Cap. *Sacramento.*
– **Géogr.** État le plus peuplé et l'un des plus dynamiques de l'Union, la Californie juxtapose des paysages variés (hauteurs des Coast Ranges et de la sierra Nevada, encadrant ou dominant de profondes dépressions comme la Vallée centrale, la Vallée Impériale ou la Vallée de la Mort), aux climats contrastés (méditerranéen vers le littoral, aride dans l'intérieur abrité, humide et propice aux forêts sur les versants bien exposés). Elle associe aussi des activités diversifiées. L'agriculture, souvent irriguée, fournit des produits subtropicaux et méditerranéens (vins, agrumes, coton, céréales). La pêche et la sylviculture sont développées. Le sous-sol est riche en hydrocarbures. L'industrie est notamment représentée par l'agroalimentaire, l'aéronautique, le matériel électrique et électronique, l'audiovisuel. Toute la gamme des services est naturellement développée, notamment ceux liés à la recherche et à un tourisme très actif. Sur le plan spatial s'opposent un littoral urbanisé (avec les pôles de San Francisco, San Diego et surtout Los Angeles, groupant ensemble plus de la moitié de la population cosmopolite, avec de fortes minorités d'origine mexicaine et asiatique) et un intérieur agricole ou forestier, parfois minier ou touristique.
– **Hist.** Colonisée à partir du XVIIIe s., la Californie passa en 1822 sous la souveraineté du Mexique, mais la région se révolta à plusieurs reprises entre 1828 et 1841 et les offensives américaines permirent l'annexion du pays par les États-Unis. La Californie entra dans l'Union en 1848 et accéda au statut d'État en 1850. La découverte de l'or et la construction du premier chemin de fer transcontinental assurèrent sa prospérité au XIXe s.

Californie *(université de),* université d'État (University of California, UC) constituant le plus important ensemble d'enseignement supérieur des États-Unis.

CALIFORNIE (Basse-), en esp. **Baja California,** longue et étroite presqu'île du nord-ouest du Mexique, entre le Pacifique et le *golfe de Californie.* C'est un pays montagneux, aride en dehors de secteurs irrigués (blé, coton), animé sur le littoral par le tourisme balnéaire. La Basse-Californie est partagée en deux États, de part et d'autre du 28e parallèle : la *Basse-Californie du Nord* (cap. *Mexicali*) et la *Basse-Californie du Sud* (cap. *La Paz*).

CALIFORNIE *(courant de),* courant froid (15-23 °C) qui longe vers le S. les côtes de Californie, entretenant la sécheresse relative du climat et une haute productivité des eaux (pêcheries actives).

CALIFORNIE *(golfe de),* mer continentale, longue d'environ 1 000 km, large de 100 à 200 km, ouverte entre la côte du Mexique et la péninsule de Basse-Californie.

CALIFORNIE *(plateau de),* zone à l'est du Chemin des Dames, théâtre de violents combats en 1914 et 1917.

CALIFORNIEN, ENNE adj. et n. De Californie.
◆ **californien** n. m. Appareil de voie de chemin de fer, constitué par deux branchements symétriques, permettant de constituer un court tronçon à double voie entre deux tronçons à voie unique.

CALIFORNIUM [-njɔm] n. m. (de *Californie*). Élément chimique (Cf) de numéro atomique 98, obtenu artificiellement à Berkeley, Californie, en

1950, par Seaborg et ses collaborateurs, grâce au bombardement du curium au moyen de particules alpha. (C'est un métal de très forte radioactivité. Les isotopes les plus utilisés sont ^{249}Cf et ^{252}Cf.)

CALIFOURCHON (À) loc. adv. (p.-ê. breton *kall,* testicules, et *fourche*). Assis une jambe de part et d'autre, dans la position d'un homme à cheval.

CALIGNY (Jean Anténor Hüe de), ingénieur militaire français (1657-1731). Distingué par Vauban, il fut chargé de fortifier Ypres et construisit la grande écluse sur l'Aa à Gravelines.

CALIGO n. m. (lat. *caligo,* obscurité). Magnifique papillon diurne, de 20 cm d'envergure, propre à l'Amérique tropicale. (La face intérieure des ailes porte de larges taches en formes d'yeux.)

CALIGULA (Gaius Caesar Augustus Germanicus) [Antium 12 apr. J.-C.-Rome 41], empereur romain (37-41), fils de Germanicus et d'Agrippine l'Ancienne. Sa jeunesse et la séduction de sa personne, ainsi que la mémoire de son père, lui valurent une immédiate popularité lorsqu'il succéda à Tibère. On attribue à une maladie grave qui le frappa en oct. 37 le brusque changement de son caractère. Le monde romain, soumis à cet empereur psychopathe, entra dès lors dans une ère d'extravagances qui suscita de violentes réactions. Le règne de Caligula fut riche en complots ; le dernier, fomenté par les tribuns des cohortes prétoriennes, lui fut fatal.

CÂLIN, E adj. (de *câliner*). **1.** Qui aime à caresser et à être caressé. — **2.** Se dit d'un comportement doux et caressant ; tendre et affectueux.

◆ **câlin** n. m. Caresse tendre, affectueuse : *Faire des câlins à sa mère.*

CÂLINER v. t. (norm. *caliner,* de *caline,* chaleur) [conj. 3]. Caresser doucement, faire des câlins.

CÂLINERIE n. f. Manières tendres et caressantes.

CĂLINESCU (George), écrivain roumain (Bucarest 1899-*id.* 1965). Critique, il est l'auteur de monographies (*Vie de Mihai Eminescu,* 1932), d'une *Histoire de la littérature roumaine des origines à nos jours* (1941) et d'ouvrages théoriques (*l'Esthétique du conte de fées,* 1965). La vigueur de son style se retrouve dans ses romans (*l'Énigme d'Otilia,* 1938 ; *le Bahut noir,* 1960).

CALISHER (Hortense), romancière américaine (New York 1911). Elle révèle dans ses nouvelles l'étrangeté du quotidien (*Absence of Angels,* 1951 ; *Extreme Magic,* 1964).

CALISSON n. m. (provenç. *calisson,* de *canissoun,* clayon de pâtissier). Friandise en pâte d'amandes à dessus glacé et à sous-couche de pain azyme.

CALIXTE ou **CALLISTE Ier** *(saint)* [v. 155-222], pape de 217 à 222. Il définit l'unité divine et la distinction du Père et du Fils ; mais son indulgence à l'égard des pécheurs lui valut les critiques de Tertullien.

CALIXTE ou **CALLISTE II** (Gui de Bourgogne) [† 1124], pape de 1119 à 1124. Son pontificat fut marqué par le règlement de la querelle des Investitures (concordat de Worms, 23 sept. 1122).

CALIXTE ou **CALLISTE III** (Alonso de Borja ou Alfonso Borgia) [Játiva, Espagne, 1378-Rome 1458], pape de 1455 à 1458. Il échoua dans son projet de croisade contre les Turcs (pourtant arrêtés devant Belgrade, en 1456). Sous son pontificat eut lieu le procès de réhabilitation de Jeanne d'Arc.

CALIXTIN n. m. (lat. *calix,* calice). Disciple de Jan Hus, partisan de la communion sous les deux espèces du pain et du vin, appelé aussi *utraquiste.*

CALLAC (22160), ch.-l. de cant. des Côtes-d'Armor, au S. des monts d'Arrée ; 2 635 hab. *(Callacois).* Marché.

CALLAGHAN (James), homme politique britannique (Portsmouth 1912). Chancelier de l'Échiquier (1964-1967), ministre de l'Intérieur (1967-1970) puis ministre des Affaires étrangères (1974-1976), il succéda à Harold Wilson à la tête du parti travailliste et du gouvernement (1976). Après la défaite du parti travailliste, il fut le leader de l'opposition de 1979 à 1980.

CALLAHAN (Harry), photographe américain (Detroit 1912). Son œuvre est un trait d'union entre la tradition pictorialiste, la précision documentaire et l'abstraction pure.

CALLANDREAU (Octave), astronome français (Angoulême 1852-Paris 1904). Ses travaux se rapportent à la mécanique céleste, aux comètes et aux astéroïdes.

CALLAO (El) ou **CALLAO,** port du Pérou, près de Lima, sur le Pacifique ; 369 768 hab. Port de pêche (anchois) et de commerce (produits alimentaires et métallurgiques).

CALLAS (83830), ch.-l. de cant. du Var ; 1 282 hab.

CALLAS (María Kalogheropoúlos, dite **Maria**), cantatrice grecque (New York 1923-Paris 1977). Dès ses débuts à la Scala de Milan en 1950, elle fut la cantatrice la plus célèbre de son époque, imposant une personnalité vocale et théâtrale qui influença notablement sa génération. Elle quitta la scène à Covent Garden en 1965. Ses rôles les plus célèbres ont été Norma (Bellini), Violetta (*la Traviata* [Verdi]), Médée (Cherubini), Elvira (*les Puritains* [Bellini]) et Lucia di Lammermoor (Donizetti).

CALLE (La) → Qala *(El-).*

CALLER [kolœr] n. m. (angl. *caller,* de *to call,* appeler). Dans les square dances, celui qui annonce les figures.

CALLES (Plutarco Elías), révolutionnaire et homme d'État mexicain (Guaymas, Sonora, 1877-Mexico 1945). Ministre de la Guerre en 1920, de l'Intérieur de 1902 à 1923, président de la République de 1924 à 1928, il mena une politique de restauration de l'État et de stabilisation de la révolution, mais sa politique antireligieuse fut à l'origine d'un grave conflit avec l'Église et du soulèvement des paysans catholiques du Centre-Ouest *(cristeros),* qui dura jusqu'en 1929. Après l'assassinat d'Obregón, qui avait été élu président de la République en 1928, Calles continua, jusqu'en 1936, de diriger le Mexique comme « leader suprême » de la révolution.

CALLEUX, EUSE adj. (lat. *callosus,* de *callus,* callosité). **1.** Qui a des callosités : *Une main calleuse.* — **2.** Qui se rapporte au corps calleux. — **3.** *Corps calleux,* commissure interhémisphérique formée de fibres myélinisées unissant entre elles les aires corticales identiques de l'hémisphère gauche et de l'hémisphère droit. (Sa destruction entraîne surtout l'interruption du passage des informations d'un hémisphère cérébral à l'autre.) ‖ *Ulcère calleux,* ulcère aux bords épais et durs, qui implique l'existence d'une sclérose hypertrophique.

CALL-GIRL [kolgœrl] n. f. (pl. *call-girls*) [amér. *call-girl,* de *to call,* appeler, et *girl,* fille]. Prostituée qu'on appelle par téléphone.

CALLIANASSE n. f. (gr. *anassa,* reine). Crustacé décapode marin à abdomen très allongé, creusant des galeries dans le sable ou la vase.

Callias *(paix de)* [449-448 av. J.-C.], accord conclu à Suse entre Athènes et les Perses. Négocié par Callias, beau-père de Cimon*, cet accord, qui mettait fin aux guerres médiques, garantissait l'autonomie des cités grecques d'Asie Mineure et assurait l'hégémonie athénienne dans la mer Égée.

CALLICÈBE n. m. Petit singe forestier d'Amérique du Sud. (N. usuel *titi.*)

CALLICRATÈS, architecte grec du Vᵉ s. av. J.-C., collaborateur de Phidias et d'Ictinos pour la construction du Parthénon.

CALLIDIE n. f. Coléoptère longicorne mangeur de bois, aux belles couleurs sanguines ou bleues.

CALLIÈRES (François de), diplomate français (Torigni-sur-Vire, Manche, 1645-Paris 1717). Ambassadeur en Hollande (1694-1697), il négocia les traités de Ryswick (1697). [Acad. fr., 1689.] — Son frère Louis Hector **de Callières** ou **Callière** (Torigni-sur-Vire, Manche, 1648-Québec 1703) négocia le traité de paix de 1701 avec les Iroquois.

CALLIGRAMME n. m. (de *Calligrammes,* de G. Apollinaire, de *calligraphie* et *idéogramme*). Texte, le plus souvent poétique, dont les mots sont disposés de manière à représenter un objet qui constitue le thème du passage ou du poème.

Calligrammes, recueil poétique de G. Apollinaire (1918). L'amour et la guerre, la mélancolie, la tendresse et l'espérance prophétique se mêlent à l'audace poétique et graphique.

CALLIGRAPHE n. (gr. *kalligraphos*). Personne qui a une belle écriture.

CALLIGRAPHIE n. f. (gr. *kalligraphia*). Art de former d'une façon élégante et ornée les caractères de l'écriture ; écriture formée selon cet art.
ENCYCL. • *Extrême-Orient.* En Chine, la calligraphie, issue de l'écriture, s'en distingua dès la fin des Han, et devint support d'une création formelle et discipline spirituelle pratiquée par des lettrés. Elle touche tous les domaines, des stèles antiques aux affiches murales actuelles. Parmi ses plus brillants adeptes citons : Wang Xizhi au IVᵉ s., Su Dongpo et Mi Fu au XIᵉ s., ou Dong Qichang aux XVIᵉ-XVIIᵉ s. Le Japon, après avoir subi l'influence chinoise, élabora un style original et décoratif.

• *Islām.* Dès les premiers siècles de l'islām la calligraphie semble née de la méditation sur les formes des lettres A et L servant à écrire le nom d'Allāh. Coufique, naskhī, thuluth, ta'līq et nasta'līq, écritures les plus fréquentes, ornent de somptueux corans, mais la calligraphie est aussi, avec la géométrie et la flore, un élément essentiel du répertoire décoratif islamique.

• *Occident.* La calligraphie s'est notamment développée dans les monastères. Lettres majuscules et initiales ont pris les plus originaux développements, s'agrémentant de figures d'animaux, de fleurs et d'arabesques. Parmi les calligraphes les plus réputés, il faut citer le notaire de Bruges Karlin au XIIIᵉ s., Raoulet d'Orléans au XIVᵉ s., Nicolas Jarry au XVIIᵉ s. (*la Guirlande de Julie,* 1634, B.N., Paris).

CALLIGRAPHIER v. t. (conj. 9). Écrire un texte avec soin et élégance ou avec application et en formant bien les lettres.

CALLIGRAPHIQUE adj. **1.** Qui relève de la calligraphie. — **2.** Se dit de certaines œuvres de l'abstraction lyrique où domine le signe (Tobey, G. Mathieu, Degottex...).

CALLIMAQUE d'Athènes, sculpteur et orfèvre (fin du Vᵉ s. av. J.-C.). On lui attribue des *Ménades* et des *Lacédémoniennes dansantes* (musée de Berlin).

CALLIMAQUE, poète alexandrin (Cyrène v. 305 av. J.-C. - v. 240). Ses œuvres (dont il ne reste que des fragments) font de lui un des meilleurs représentants de la poésie alexandrine.

Callimaque et Chrysorrhoé, roman byzantin du XIIe s. Il marque les débuts de la littérature imaginative, sous l'influence de la féodalité occidentale.

CALLIMORPHE n. f. Nom scientifique des papillons usuellement appelés *écailles.*

CALLIONYME n. m. Poisson au corps déprimé, sans écailles mais armé de fortes épines dorsales, présentant un important dimorphisme sexuel. (N. usuel *dragonnet.*)

CALLIOPE, la plus éminente des neuf Muses. Elle préside à la poésie et à l'éloquence.

CALLIOSTOMA n. m. Nom générique d'une belle troque des côtes de France.

CALLIPHORE n. f. Mouche à larve saprophage ou parasite telle que la lucilie, la mouche bleue de la viande et la sarcophage.

CALLIPPIQUE adj. (de *Callippos,* n. pr.). Se dit d'une période de soixante-seize ans, inventée par Callippos pour corriger le cycle de Méton.

CALLIPPOS ou **CALIPPOS,** astronome grec (Cyzique début du IVe s. av. J.-C.). Disciple d'Eudoxe, dont il continua les travaux, il rectifia le cycle de Méton* en vue d'améliorer le calendrier.

CALLIPTAMUS [-mys] n. m. Criquet aux pattes antérieures rouges, qui a parfois causé des ravages dramatiques en Espagne et dans le midi de la France dans les cultures (1901, 1943, etc.).

CALLIPYGE adj. (gr. *kallipugos,* épithète d'Aphrodite, de *kallos,* beauté, et *pugê,* fesse). *Ironiq.* Qui a de belles fesses.

Callipyge *(Vénus),* statue de la fin de l'époque hellénistique (musée archéologique de Naples) découverte dans la *Domus Aurea* de Néron, à Rome.

Callirrhoé, fontaine de l'Athènes antique, située au sud de l'Acropole. Les jeunes filles venaient y puiser l'eau du bain rituel de leur mariage.

CALLISTE n. m. (gr. *kallistos,* très beau). Joli carabe brun-orangé vif taché de noir, avec la tête bleue et le corselet rouge.

CALLISTE → CALIXTE.

CALLISTÉES n. f. pl. (gr. *kallisteion*). Dans la Grèce ancienne, concours de beauté.

CALLISTÉMON n. m. (gr. *stêmôn,* trame). Arbre ou arbuste australien toujours vert, de la famille des myrtacées, aux longues étamines jaunes, très ornemental.

CALLISTHÈNE d'Olynthe, historien grec (Olynthe 360-327 av. J.-C.). Compagnon d'Alexandre, il publia les *Hellênika,* la chronique des événements allant de la paix d'Antalcidas au début de la troisième guerre Sacrée (386-356), et surtout le récit, tiré des Éphémérides officielles, de l'expédition d'Alexandre *(Persika).*

CALLISTO, nymphe d'Arcadie, compagne d'Artémis. Aimée de Zeus, qui la changea en ourse pour la soustraire à la jalousie d'Héra, elle fut tuée au cours d'une chasse. Zeus fit d'elle une constellation, la *Grande Ourse.*

CALLISTO, quatrième satellite de Jupiter, découvert par Galilée en 1610. Diamètre : 4 840 km. Densité moyenne : 1,8. Demi-grand axe de son orbite : 1 883 000 km. Période de révolution : 16,689 j. Compte tenu de sa densité moyenne, on présume qu'il est constitué d'un mélange de roches et de glace. Sa surface, révélée par les sondes américaines Voyager en 1979, est saturée de cratères.

CALLITHRICIDÉ n. m. (gr. *thriks, thrikhos,* poil). Nom de famille attribué à de petits singes américains tels que les ouistitis, les tamarins et le callimico. (Syn. anc. HAPALIDÉ.)

CALLITRIS [-tris] n. m. (gr. *kallithriks,* à la belle toison). Conifère du littoral d'Australie et d'Europe, voisin des thuyas, utile pour son bois (« loupe de thuya ») et pour sa résine, la *sandaraque.*

CALL OF MORE n. m. (angl. *call of more,* appel de supplément). Opération boursière constituée par un achat ferme assorti d'une option sur un montant égal de titres, au même prix. (Syn. OPTION DU DOUBLE.)

CALLORHYNQUE n. m. Poisson holocéphale voisin de la chimère, à rostre aplati en spatule, hôte des mers tempérées froides de l'hémisphère Sud.

CALLOSE n. f. (lat. *callum,* callosité). Glucide qui obture, pendant l'hiver, les tubes du liber des plantes. (Au printemps, le cal ainsi formé se dissout, et le tube reprend son activité.)

CALLOSITÉ n. f. (lat. *callositas*). **1.** Épaississement induré et kératinisé de l'épiderme. (Syn. CAL.) [Il se forme aux points de frottement habituel ; chez les animaux, il peut aussi se former par avance aux points appelés à venir au contact du sol brûlant (pattes et poitrail des dromadaires, fesses des singes catharhiniens).] — **2.** Épaississement rugueux et peu étendu qui fait saillie à la surface de certains organes végétaux.

CALLOT (Jacques), graveur et dessinateur français (Nancy 1592 - *id.* 1635). Il travaille en 1608 à Rome et de 1611 à 1621 à Florence, où il s'initie à l'eau-forte et acquiert la célébrité avec sa série des *Caprices* (1617) et sa *Foire d'Impruneta* (1620), dont la finesse est obtenue par des progrès techniques (vernis dur ; taille *simple,* suivant les lignes du dessin, plutôt que hachures croisées). Quittant Florence pour Nancy, il grave d'après ses dessins italiens (les *Gobbi*), puis donne *les Gueux, le Siège de La Rochelle* (pour lequel il vient en France), *les Misères et malheurs de la guerre* (1633), *les Supplices* (1634), etc. Témoin aigu de son temps, il fait preuve d'une imagination puissante dans ses dessins, d'objectivité et de précision dans ses gravures. Virtuose, il a cependant le goût de la simplicité des moyens.

CALLOVIEN n. m. (de *Callovium,* n. pr.). Étage du système jurassique.

CALLOWAY (Cabell, dit **Cab**), chanteur et chef d'orchestre de jazz américain (Rochester, New York, 1907 - Hockessin, Delaware, 1994). Entouré d'un grand orchestre où brillèrent d'éminents solistes, il contribua à populariser le jazz aux États-Unis et en Europe, par son chant au style burlesque et baroque, annonçant le bop.

CALLUNE n. m. (gr. *kallunein,* orner). Plante rampante, voisine de la bruyère, aux fleurs relativement grandes, des landes granitiques.

CALMAGE n. m. Action de calmer un métal en fusion.

Calmann-Lévy, maison d'édition française fondée en 1836 par Michel Lévy (1821-1875). Elle est passée en 1993 sous le contrôle du groupe Hachette.

CALMANT, E adj. Qui calme, apaise la surexcitation ou la douleur.
◆ **calmant** n. m. **1.** Substance capable d'exercer une action sédative sur la douleur et/ou l'anxiété. — **2.** Produit (ferrosilicium, aluminium, etc.) ajouté à l'acier au moment de la coulée, pour calmer l'effervescence.

CALMAR ou **CALAMAR** n. m. (ital. *calamaro*). Mollusque céphalopode comestible, de forme allongée, caractérisé par sa coquille dorsale réduite à une plume cornée. (Il est voisin de très grandes formes abyssales connues seulement par les blessures qu'elles infligent aux cachalots.) [Syn. ENCORNET.]

CALMAT (Alain), patineur français (Paris 1940). Trois fois champion d'Europe de patinage artistique, il a été deuxième aux jeux Olympiques en 1964, avant de devenir champion du monde en 1965. Il a été ministre délégué à la Jeunesse et aux Sports de 1984 à 1986.

CALME adj. (gr. *kauma,* forte chaleur). **1.** Exempt d'agitation, de mouvement, de bruit, de perturbation, etc. : *Habiter une rue calme.* — **2.** Qui ne manifeste aucun emportement, aucune nervosité, qui se maîtrise : *Rester calme dans une discussion. Parler d'une voix calme.* — **3.** Se dit d'un malade qui a cessé de s'agiter, de s'énerver, de souffrir. — **4.** Qui manque d'animation, d'activité : *Les affaires sont calmes.*
◆ n. Personne qui manifeste habituellement une parfaite maîtrise de soi, une absence de nervosité, d'impatience.
◆ n. m. **1.** Cessation complète du vent, immobilité de la mer. — **2.** État d'un lieu, d'un moment exempt d'agitation, de mouvement, de bruit ; lieu, atmosphère caractérisés par cet état : *Aimer le calme.* — **3.** Absence complète de nervosité chez qqn ; tranquillité, maîtrise de soi, paix de l'esprit : *Perdre son calme.* — **4.** Absence de trouble, d'agitation, de désaccord, etc. : *Ramener le calme dans des relations diplomatiques.* — **5.** Manque d'animation, d'activité dans qqch : *Le calme d'une journée sans événements.* — **6.** Vent inférieur à 1 km/h. — **7.** *Calmes équatoriaux,* zone de vents faibles ou nuls correspondant à la région du globe où se produisent d'importants mouvements d'ascendance. ‖ *Du calme !,* restez calme.

CALMEMENT adv. De façon calme : *Écoutez-moi calmement.*

CALMER v. t. (de *calme*) [conj. 3]. **1.** Apaiser qqn, qqch, ramener à un état de calme, rendre calme, tranquille, en faisant cesser ce qui perturbe, agite, etc. : *Calmer un enfant énervé. Calmer une discussion.* — **2.** Apaiser qqn qui souffre en faisant cesser ou en atténuant la douleur, la sensation pénible : *Ce médicament vous calmera.* — **3.** Ramener au calme qqn qui éprouve ou manifeste un sentiment violent en l'atténuant ou en le faisant cesser : *Que faire pour calmer sa colère ?* — **4.** Ramener un groupe à un état de calme, faire en sorte qu'il reprenne son rythme d'activité normal : *Calmer une émeute.* — **5.** Arrêter l'effervescence d'un métal en fusion par addition d'un calmant. — **6.** Fam. *Calmer le jeu,* détendre une situation trop tendue, une ambiance trop agressive. ‖ *Calmer les prix,* faire cesser leur hausse excessive.
◆ **se calmer** v. pr., **être calmé** v. pass. **1.** Diminuer en intensité, en violence ou cesser en parlant d'une sensation, d'un sentiment, etc. : *La douleur est calmée.* — **2.** Diminuer en violence, tomber, cesser en parlant d'un orage, du vent, etc. : *La mer se calme.* — **3.** S'apaiser, retrouver son calme, son sang-froid, son rythme normal d'activité, rentrer dans l'ordre : *Il est calmé, tu peux lui parler. Attendez que les choses se calment.* — **4.** *Acier calmé,* acier qui ne retient pas, à la solidification, de gaz dissous dans sa masse (soufflures).

CALMETTE (Gaston), journaliste français (Montpellier 1858-Paris 1914). Directeur du *Figaro* (1903), il mena en janv. 1914 une vive campagne contre Joseph Caillaux, alors ministre des Finances ; il fut assassiné le 16 mars, dans son bureau, par Mme Caillaux.

CALMETTE (Albert), bactériologiste français (Nice 1863-Paris 1933), frère du précédent. Médecin de la Marine, fondateur et directeur de l'Institut bactériologique de Saigon de 1891 à 1893, il créa l'institut Pasteur de Lille puis devint sous-directeur de l'Institut Pasteur de Paris. Il est, avec Guérin, l'inventeur de la méthode de vaccination préventive de la tuberculose par le vaccin bilié Calmette-Guérin (B. C. G.).

CALMIR v. i. (conj. **32**). Devenir calme en parlant du vent ou de la mer.

CALÓ n. m. (mot gitan). Argot espagnol moderne, très riche en locutions et en mots gitans.

CALOCORIS [-ris] n. m. (gr. *koris,* punaise). Punaise aux couleurs vives très commune en France, utile comme prédatrice des pucerons, mais dont une espèce provoque la lithiase des poires.

CALODUC n. m. Dispositif de transmission de la chaleur de haute performance, utilisant le changement d'état liquide-vapeur d'un fluide.

CALOGÈNE adj. Se dit d'un réacteur nucléaire utilisé comme source de chaleur.

CALOMEL n. m. Chlorure mercureux (HgCl), obtenu par volatilisation. (Il était utilisé comme purgatif doux, cholagogue et antisyphilitique.)

CALOMNIATEUR, TRICE adj. et n. (lat. *calumniator*). Qui calomnie, porte des accusations mensongères.

CALOMNIE n. f. (lat. *calumnia*). Accusation grave et volontairement mensongère ; diffamation.

CALOMNIER v. t. (lat. *calumniari*) [conj. **9**]. **1.** Dénaturer sciemment qqch par de fausses interprétations. — **2.** Dénigrer qqn par des calomnies, l'attaquer mensongèrement : *Calomnier un adversaire politique.*

CALOMNIEUSEMENT adv. De façon calomnieuse.

CALOMNIEUX, EUSE adj. (bas lat. *calumniosus*). Qui contient des calomnies, constitue une calomnie : *Écrit calomnieux.*

CALONNE (Charles Alexandre DE), homme d'État français (Douai 1734-Paris 1802). Intendant à Metz (1766) puis à Lille (1778), il fut nommé par Louis XVI contrôleur général des Finances en 1783. Chargé de résoudre la crise financière, il appliqua une politique de grands travaux (construction du canal de Bourgogne, rénovation des ports de Bordeaux, Marseille, Cherbourg, etc.), destinée à rétablir la confiance dans l'État pour permettre le succès d'emprunts nouveaux. Mais cette politique creusa le déficit et, en 1786, la banqueroute menaçant, il reprit les projets de Turgot et de Necker. Il envisagea l'abolition des douanes intérieures et de la corvée royale, et surtout la création de la subvention territoriale, impôt devant frapper tous les propriétaires fonciers. Prévoyant l'opposition du parlement, il présenta ce plan à une assemblée de notables (22 févr. 1787). Celle-ci le refusa, et, en outre, critiqua vivement la gestion de Calonne, que Louis XVI disgracia (8 avr. 1787).

CALONNE-RICOUART (62470), comm. du Pas-de-Calais, à l'O. de Bruay-la-Buissière ; 6 621 hab. *(Calonnois).*

CALOOCAN, v. des Philippines, banlieue nord de l'agglomération de Manille ; 761 011 hab.

CALOPHYLLUM [-lɔm] n. m. Arbre ou arbrisseau guttifère des régions chaudes de l'Ancien Monde, dont de nombreuses espèces fournissent des produits utiles : bois (jacareuba, santa maria, tamanou), oléorésines (baume de tamanou, baume vert), huiles de graines d'usage médicinal, écorces, etc.

CALOPORTEUR ou **CALORIPORTEUR** adj. m. et n. m. Se dit d'un fluide transportant ou évacuant de la chaleur.

CALOPTÉRYX n. m. Belle libellule voisine des agrions, aux ailes opaques bleues, à livrée métallique verte ou bleue, volant au bord des eaux courantes.

CALORIE n. f. **1.** Ancienne unité de mesure de quantité de chaleur équivalant à 4,185 joules. (Une calorie permet d'élever la température de 1 g d'eau d'environ 1 °C au voisinage de 15 °C et à la pression atmosphérique normale.) — **2.** Nom donné couramment à la *grande calorie* (ou *kilocalorie*), équivalant à 1 000 calories, et utilisée pour déterminer la valeur énergétique des aliments.

CALORIFÈRE n. m. Appareil producteur d'air chaud, à circulation naturelle. (Il comprend une chambre de combustion, un échangeur et une chambre de distribution de chaleur.)

CALORIFIQUE adj. (lat. *calorificus*). **1.** Qui donne de la chaleur. — **2.** *Capacité calorifique,* quantité de chaleur qu'il faut fournir à un corps pour élever sa température de 1 kelvin. ‖ *Valeur calorifique d'un aliment,* quantité de kilocalories que fournit cet aliment. (Dans le système international, on recommande d'exprimer cette valeur en joules. On parle alors de valeur énergétique.)

CALORIFUGE adj. et n. m. Se dit des substances peu conductrices de la chaleur (liège, laine minérale, feutre, etc.).

CALORIFUGEAGE n. m. Action de calorifuger.

CALORIFUGER v. t. (conj. **17**). Recouvrir de calorifuge.

CALORIMÈTRE n. m. Appareil servant à la mesure des quantités de chaleur fournies ou cédées par les corps.

CALORIMÉTRIE n. f. Mesure des quantités de chaleur dans les divers phénomènes où celle-ci est mise en jeu.

ENCYCL. Les principes de la calorimétrie (principe des transformations inverses et principe de l'égalité des échanges de chaleur) s'appliquent à des systèmes isolés thermiquement. Pour limiter les échanges thermiques parasites entre le système proprement dit et l'environnement, par rayonnement, conduction et convection, on utilise des parois réfléchissantes et des supports isolants ; si possible, on opère dans le vide et on maintient l'enceinte extérieure à la même température que le système. La méthode calorimétrique utilisée par le calorimètre de Berthelot ou le calorimètre métallique consiste à mesurer la variation de température subie par un liquide (eau, huile) ou un métal (cuivre, aluminium), mis en contact avec le système à étudier, variation qui est proportionnelle à la quantité de chaleur cherchée. Avec le calorimètre à glace, on mesure la masse (ou le volume) de glace ayant fondu au contact du système, à température constante. Les méthodes calorimétriques électriques sont les plus employées. Elles consistent à réaliser à l'aide d'une énergie électrique la même transformation que celle produite par la quantité de chaleur à mesurer. Pour cela, on place, dans un fluide ou un solide, une résistance chauffante. L'énergie électrique dépensée pendant un temps donné est égale à la quantité de chaleur à déterminer. On mesure ainsi les chaleurs massiques des solides et des fluides et les chaleurs latentes de vaporisation des liquides. Pour les mesures microcalorimétriques (chaleurs de réaction en chimie organique, phénomènes thermiques en biologie, etc.), on utilise des calorimètres électriques à effet Peltier.

CALORIMÉTRIQUE adj. **1.** Relatif à la calorimétrie. — **2.** *Coefficients calorimétriques,* fonctions caractéristiques permettant d'écrire la quantité de chaleur reçue par un corps pendant une transformation en fonction des variations de température T, de volume V et de pression *p* subies.

CALORIPORTEUR adj. m. et n. m. Syn. de CALOPORTEUR.

CALORIQUE adj. **1.** Relatif à la chaleur. — **2.** *Ration calorique,* quantité d'aliments nécessaire à un organisme donné, considérée indépendamment des propriétés plastiques, vitaminiques, et de l'équilibre pondéral des différents aliments qui la composent.

◆ n. m. Fluide hypothétique, qui passait pour constituer la chaleur.

CALORISATION n. f. Cémentation par diffusion d'aluminium à la surface d'un alliage ferreux. (On traite ainsi des pièces de fours, de chaudières et tout autre matériel ayant à subir le maintien prolongé dans l'air à température élevée.)

CALORISER v. t. (conj. **3**). Effectuer la calorisation d'un métal.

CALOSOME n. m. Beau carabe du monde entier, aux couleurs métalliques. (La principale espèce française se rend utile par sa larve, qui dévore les chenilles processionnaires.)

1. CALOT n. m. (de *cale,* coiffure). **1.** Coiffure militaire en drap à deux pointes, sans bords et sans visière. (Remplacée par le béret en 1960, elle ne subsiste plus que dans l'armée de l'air.) — **2.** Petit chapeau sans bord.

2. CALOT n. m. (mot dialect. du Centre, du moyen fr. *cale,* noix). **1.** Grosse bille utilisée dans les jeux des enfants. — **2.** *Arg.* Œil.

CALOTE n. m. (gr. *kalotês,* beauté). Lézard agame arboricole d'Asie du Sud-Est, aux couleurs vives et changeantes.

CALOTIN, E n. et adj. (de *calotte*). *Fam.* et *péjor.* Partisan du clergé, dévot.

CALOTTE n. f. (anc. provenç. *calota*). **1.** Sorte de petit bonnet rond couvrant le sommet de la tête. (Insigne de dignité ecclésiastique, elle est violette pour les évêques, rouge pour les cardinaux, blanche pour le pape.) — **2.** *Fam.* Tape sur la tête. — **3.** Pop. et péjor. *La calotte,* les prêtres, le clergé.
• **Anat.** *Calotte du crâne,* partie supérieure de la boîte crânienne. — **Apic.** Petite ruche placée sur une ruche à rayons fixes pour en augmenter la capacité lorsque la miellée est abondante. — **Astron.** *Calotte polaire,* région qui entoure un pôle sur la sphère céleste ou à la surface d'un astre. — **Bât.** Voûte de forme hémisphérique ; partie supérieure d'une coupole. — **Chapell.** Partie du chapeau qui emboîte la tête. — **Chim.** *Calotte de barbotage,* élément d'une colonne à plateaux obligeant les vapeurs à se diviser en bulles et à barboter dans le liquide. (Syn. CLOCHE, COUPELLE.) — **Géogr.** *Calotte glaciaire,* ensemble des territoires couverts de glaces des régions polaires, en particulier dans l'Antarctique et au Groenland ; dans les Alpes, masse de neige constituant le sommet arrondi de certaines montagnes. — **Géom.** *Calotte sphérique,* partie d'une sphère limitée par un plan, incluse strictement dans un hémisphère. — **Horlog.** Partie de la boîte d'une montre, à l'opposé du cadran. — **Mus.** Syn. de CERVEAU. — **Pétr.** Syn. de CHAPEAU.

CALOTTER v. t. (conj. **3**). *Fam.* Donner des tapes sur la tête : *Calotter un enfant.*

CALOTYPE n. m. Procédé d'obtention de négatifs photographiques sur papier rendu semi-transparent.

CALOYER, ÈRE [-lɔje, -ɛr] n. (gr. *kalogeros,* bon vieillard). **1.** Moine grec, moniale grecque de l'ordre de Saint-Basile. — **2.** Plus généralement, moine ou moniale de l'Église d'Orient.

CALPÉ, une des deux colonnes d'Hercule, anc. nom de *Gibraltar.*

Calprenède (La) → LA CALPRENÈDE.

CALPURNIUS PISON, nom d'une branche de la *gens Calpurnia* dont les principaux membres sont : CAIUS **Calpurnius,** consul en 67 av. J.-C. et proconsul de la Gaule Narbonnaise. Accusé de péculat en 63, il fut défendu par Cicéron. — LUCIUS **Calpurnius** (48 av. J.-C.-32 apr. J.-C.). Consul en 15 av. J.-C., il soumit la Thrace ; Horace lui a dédié son *Art poétique.* — CNEIUS **Calpurnius** († 20 apr. J.-C.). Consul sous Tibère, accusé de la mort de Germanicus, il s'empoisonna. — CAIUS **Calpurnius** († 65 apr. J.-C.). Il organisa un complot, dit *de Pison,* contre Néron et, trahi, il s'ouvrit les veines.

CALQUAGE n. m. Action de calquer.

CALQUE n. m. (ital. *calco*). **1.** Reproduction d'un dessin sur un papier transparent qui le recouvre. — **2.** Reproduction, expression fidèle de qqch, imitation servile de qqch, de qqn. — **3.** Forme d'emprunt d'une langue à une autre consistant à intégrer un mot ou une expression étrangère sous une forme traduite (par ex. *gratte-ciel* formé sur l'américain *sky-scraper*). — **4.** Papier translucide permettant de retracer le dessin d'un original sur lequel il est appliqué, ou de reporter, par des procédés de reproduction utilisant la transmission de la lumière, une image qui y est inscrite. (Syn. PAPIER-CALQUE.)

CALQUER v. t. (ital. *calcare,* du lat. *calcare,* presser) [conj. 3]. **1.** Reproduire (une forme) par le calque : *Calquer un dessin.* — **2.** Imiter servilement : *Calquer un homme politique dans sa manière de parler.* — **3.** S'inspirer profondément de l'action, de l'attitude de qqn d'autre pour sa propre action, l'imiter, la reproduire : *Ils ont calqué leur système sur le nôtre.*

◆ **se calquer** v. pr., **être calqué** v. pass. Se conformer à qqch, copier qqn : *Son attitude est calquée sur la mienne.*

CALTAGIRONE, v. d'Italie, en Sicile, au S.-O. de Catane ; 36 000 hab. Marché agricole. Dans les env., grande nécropole de la fin de l'âge du bronze et fortifications du IVe s. av. J.-C.

CALTANISSETTA, v. d'Italie, en Sicile, ch.-l. de prov. ; 61 100 hab. Marché agricole. Industrie mécanique.

CALTER v. i. ou **CALTER (SE)** v. pr. (p.-ê. de *caler,* céder) [conj. 3]. *Pop.* S'en aller rapidement, s'enfuir. (On écrit aussi CALETER.)

CALUIRE-ET-CUIRE (69300), ch.-l. de cant. du Rhône, banlieue nord de Lyon, sur la Saône ; 41 513 hab. Constructions mécaniques. Textile.

CĀLUKYA ou **CHĀLUKYA,** nom de deux dynasties de l'Inde ancienne : les Cālukya occidentaux (543 à 755 env.) et les Cālukya orientaux (v. 973-v. 1190).

CALUMET n. m. (forme norm. de *chalumeau*). **1.** Pipe rituelle, qui était, à l'origine, fumée au cours de certaines cérémonies par les Indiens des régions boisées du nord-est de l'Amérique du Nord. — **2.** Fam. *Fumer (avec qqn) le calumet de la paix,* se réconcilier avec lui, rétablir la paix avec lui.

CALVADOS [-dos] ou, fam., **CALVA** n. m. Eau-de-vie de cidre provenant d'un ensemble de territoires délimités.

CALVADOS (14), dép. de la Région Basse-Normandie ; ch.-l. du dép. *Caen.* ch.-l. d'arrond. *Bayeux, Lisieux, Vire,* 4 arrond. ; 49 cant. ; 705 comm. ; 5 548 km^2 ; 618 478 hab. (*Calvadosiens).* Le dép. appartient à l'académie et à la cour d'appel de Caen, à la région militaire Atlantique. S'étendant sur le Massif armoricain (Bocage normand) et le Bassin parisien (Bessin, campagne de Caen, pays d'Auge), le dép. est une riche région agricole où domine l'élevage bovin, surtout pour les produits laitiers. L'industrie (industrie automobile, électrique et électronique) est concentrée dans l'agglomération de Caen (le tiers de la population départementale), atteinte par l'autoroute. Le tourisme estival anime le littoral (Deauville, Cabourg).

CALVAERT (Denijs), peintre flamand (Anvers v. 1545 - Bologne 1619). Il reçut en Italie le surnom de **Dionisio Fiammingo** et fonda à Bologne une académie qui précédait celle des Carrache.

CALVAIRE n. m. (lat. ecclés. *calvaria*). **1.** Monument composé de une ou de trois croix (celles de Jésus et des deux larrons crucifiés avec lui). [→ *encycl.*] — **2.** Syn. de CRUCIFIXION. — **3.** Souffrance morale, épreuve : *La maladie de son mari a été pour elle un calvaire.*

ENCYCL. C'est au Moyen Âge que s'établit l'usage de dresser à côté des églises, dans les cimetières, sur les chemins de pèlerinage, des calvaires sculptés ou non. Les calvaires bretons (fin XVe-XVIIe s.) sont les plus évocateurs ; massifs de maçonnerie portant un autel, ils sont sculptés en bas relief, sur leurs faces, de scènes de la vie et de la passion du Christ ; sur la plate-forme figurent, outre les crucifiés, des statues de la Vierge, de saint Jean, des soldats, etc.

CALVAIRE, la colline du Golgotha, où fut crucifié Jésus.

Calvaire *(filles du)* congrégation de bénédictines réformées établies à Poitiers (1617) par Antoinette d'Orléans et le P. Joseph.

CALVAIRIENNE n. f. Religieuse de la congrégation des filles du Calvaire.

CALVET (Esprit), médecin, archéologue et naturaliste français (Avignon 1728 - *id.* 1810). Son anc. hôtel d'Avignon, abritant ses collections, est devenu le *musée Calvet.*

CALVI (20260), ch.-l. d'arrond. de la Haute-Corse, sur la côte nord-ouest de l'île ; 4 920 hab. *(Calvais).* Ancienne place forte génoise, la ville haute (la citadelle), entourée de murailles et sillonnée de rues étroites, domine le quartier du port et la station balnéaire. Petit aéroport.

CALVILLE n. f. (de *Calleville,* n. pr.). Nom de nombreuses variétés de pommes, dont la *calville blanche* d'excellente qualité, mais peu cultivée.

CALVIN (Jean), de son vrai nom **Cauvin** (Noyon, Oise, 1509-Genève 1564). Fils d'un notable de Noyon, il est destiné à une carrière d'Église. Cependant, dès 1533, il s'affiche partisan des novateurs évangéliques qui suivent Lefèvre d'Étaples, tels Guillaume Budé et Nicolas Cop, recteur de l'université de Paris. Compromis par ses prises de position, Calvin, après l'affaire des Placards (1534), est obligé de quitter Paris ; il se réfugie à Bâle, où il rédige son *Institution* de la religion chrétienne* (1536), ouvrage qui sera considéré comme la charte de la religion réformée. Sa rencontre avec Guillaume Farel, réformateur genevois, décide de son installation à Genève, où il fait un premier séjour de deux ans (1536-1538). À la suite d'un différend avec les autorités de la ville, au sujet de l'autonomie des Églises, il s'établit à Strasbourg ; de 1538 à 1541 il y fait office de pasteur auprès des réfugiés protestants français, et de professeur de théologie : l'*Épître à Sadolet* et le *Petit Traité de la Sainte Cène* sont de cette époque. En 1541, rappelé à Genève, Calvin y fonde une Église conforme à ses vœux et fait de la ville une cité-Église régie par les principes de l'Évangile. En 1555, sa victoire sur le plan politique et religieux est assurée au prix d'une rigueur qui laissera quelques souvenirs amers (exécution de Michel Servet en 1553, expulsion de Castellion et autres adversaires). Les neuf années qui suivent (1555-1564) sont les plus fécondes dans l'œuvre de Calvin ; la paix règne dans Genève devenue un havre de sécurité pour les protestants persécutés et un centre de diffusion de la Réforme calviniste ; l'œuvre théologique du Réformateur s'accroît considérablement (écrits de controverse et d'enseignement, commentaires de l'Écriture). Il meurt épuisé ; deuxième « patriarche » de la Réforme, il sera enterré anonymement : nul ne sait où est sa tombe.

CALVIN (Melvin), chimiste américain (Saint Paul, Minnesota, 1911). En perfectionnant les techniques d'analyse chimique, il a pu élucider la suite complexe des transformations constituant la photosynthèse des plantes vertes. (Prix Nobel 1961.)

Calvin *(cycle de),* cycle de transformations permettant aux plantes vertes éclairées de réaliser la photosynthèse.

CALVINISME n. m. **1.** Doctrine religieuse de Calvin. – **2.** Système qui en reproduit les articles essentiels. – **3.** Les Églises qui professent le calvinisme.

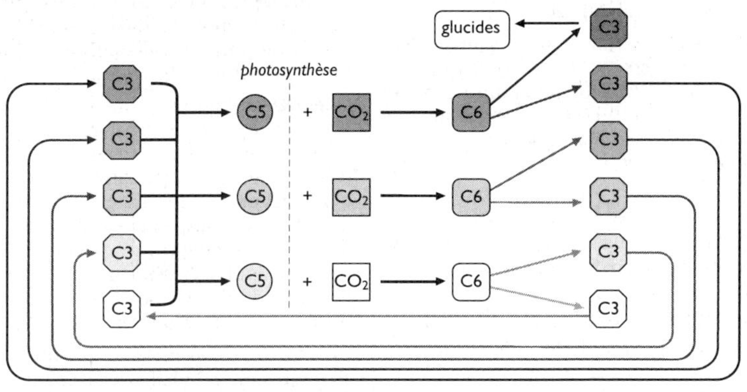

Principe du cycle de **Calvin** : cinq molécules organiques à trois atomes de carbone (corps en **C3**) se transforment, sans apport extérieur, en trois molécules organiques en **C5**. Celles-ci sont aptes à fixer chacune une molécule de CO_2, d'où formation de trois molécules en **C6**. Enfin, celles-ci se partagent en deux, six molécules en **C3** reparaissent ; cinq recommencent le cycle, tandis que la sixième servira à l'élaboration d'une molécule de glucose. Ce processus compliqué consomme relativement peu d'énergie.

ENCYCL. Le calvinisme, doctrine essentiellement théocentrique, se distingue du catholicisme par son principe extérieur et formel : l'Écriture sainte, source et norme unique de la foi ; et par son principe interne et matériel : la justification par la grâce par le seul moyen de la foi en la souveraineté absolue et exclusive de Dieu, et le dévouement à sa seule gloire. C'est ce principe interne qui lui sert de guide pour l'interprétation religieuse de l'Écriture.
Calvin s'accorde avec la pensée de Luther pour proclamer la justification par la foi seule et maintient la prédestination et la grâce irrésistible. Dieu a envoyé son Fils pour faire œuvre de salut. Tous les hommes pourtant ne sont pas rachetés : « Les uns sont prédestinés au salut, les autres à la damnation. » De cette double prédestination, Calvin sent le scandale et le mystère, mais il ne cherche pas à l'expliquer : qui pourrait demander des comptes à Dieu souverainement juste et maître de ses actes ? En corollaire, les sacrements ne sont pas conçus comme des moyens ou des canaux de la grâce, mais comme des signes ou gages de la foi ; en fait de sacrements, le calvinisme ne retient que le baptême et la Sainte Cène, rejetant la transsubstantiation catholique et la consubstantiation luthérienne. La constitution de l'Église calviniste est presbytérienne et n'admet pas la hiérarchie ecclésiastique.
La réforme calviniste pénétra profondément la Réforme française, les Pays-Bas, et influença notablement l'évolution de l'anglicanisme ; elle s'est également implantée en Amérique du Nord et en Afrique du Sud.

CALVINISTE adj. et n. Qui concerne le calvinisme ; partisan du calvinisme.

CALVINO (Italo), écrivain italien (Santiago de Las Vegas, Cuba, 1923-Sienne 1985). Ses contes et ses nouvelles ont introduit l'humour et le fantastique dans l'esthétique néoréaliste (*le Baron perché,* 1957 ; *les Villes invisibles,* 1972 ; *Si par une nuit d'hiver un voyageur,* 1979 ; *Palomar,* 1983).

CALVITIE [-si] n. f. (lat. *calvities*). Absence de cheveux, partielle ou totale : *Une calvitie précoce.* (La calvitie est un état définitif, contrairement à l'alopécie.)

CALVO (Carlos), juriste et diplomate argentin (Buenos Aires 1824-Paris 1906), un des fondateurs de l'Institut de droit international de Gand.

CALVO SOTELO (José), avocat et homme politique espagnol (Tuy, prov. de Pontevedra, 1893 - Madrid 1936). Il fut l'un des chefs du parti monarchiste en 1934-35. Son assassinat (13 juil. 1936) déclencha la guerre civile. — Son neveu LEOPOLDO (Madrid 1926), membre de l'Union du centre démocratique (UCD), fut président du gouvernement (fév. 1981-oct. 1982).

CALYCANTHE n. m. (lat. sc. *calycanthus*). Arbuste ornemental d'Amérique du Nord aux fleurs grandes et odorantes. (Syn. POMPADOUR.)

CALYDON, en gr. **Kaludôn,** anc. ville d'Étolie, non loin de l'entrée du golfe de Corinthe, sur l'Évenos. Auguste en transporta les habitants à Nicopolis, fondée en mémoire d'Actium. Sanctuaires célèbres d'Artémis Laphria et d'Apollon, qui ont livré des éléments de leur décor architectural en terre cuite polychrome (métopes, acrotères, etc.), du VIe s. av. J.-C.

CALYPSO n. m. (amér. *calypso,* de la nymphe *Calypso*). Danse originaire des Antilles, à 4/4, caractérisée par un mouvement de va-et-vient des pieds, avec balancements et ondulations du corps.

CALYPSO, nymphe qui habitait l'île d'Ogygie (Ceuta ?). Elle recueillit Ulysse naufragé et le retint longtemps.

Calypso, navire océanographique aménagé et commandé par J. Y. Cousteau.

CALYPTÉRÉ, E adj. (gr. *kaluptêr, -êros,* gaine). Se dit des mouches dont le balancier est surmonté d'un cuilleron, telles que la mouche domestique. (Syn. THÉCOSTOMATE.)

CALYPTRÉE n. f. (gr. *kaluptra,* coiffe). Mollusque gastropode marin à tête courte, à coquille en toupie.

CAM (Diogo) → CÃO.

CAMAGÜEY, v. de Cuba, dans le centre de l'île, ch.-l. de la prov. de *Camagüey ;* 286 404 hab. Églises des XVIIe et XVIIIe s. Centre commercial. Industries alimentaires.

CAMAÏEU n. m. (p.-ê. ar. *qamā'il,* bourgeon). **1.** Peinture monochrome, recourant à un dégradé de valeurs d'une même couleur ou teinte. (Un camaïeu gris ou jaunâtre est appelé *grisaille.*) — **2.** Gravure sur bois exécutée à l'aide de deux planches ou plus, encrées de tons différents d'une même couleur. — **3.** Teinture, en un seul bain, de fils ou d'étoffes composés d'un mélange de laines d'affinité tinctoriale différente, ce qui conduit à des tons d'intensité variée.

CAMAIL [-maj] n. m. (anc. provenç. *capmalh*). **1.** Capuchon de mailles qui se portait sur ou sous le casque. — **2.** Courte pèlerine à capuchon minuscule, ne recouvrant que le buste, que portent en France certains dignitaires ecclésiastiques. — **3.** Pièce de harnachement destinée à couvrir la tête et les épaules du cheval. — **4.** Groupe de plumes, de longueur et de couleur particulières, qui recouvrent le dos et le cou des oiseaux galliformes.

CAMALDULE n. (de *Camaldoli,* n. pr.). Nom des religieux ermites ou cénobites établis au début du XIe s. par saint Romuald, et des religieuses de la même règle.

CÂMARA (don Hélder PESSÕA) → PESSÕA CÂMARA.

CAMARADE n. (esp. *camarada,* chambrée, de *cámara,* chambre). **1.** Personne à qui on est lié par une familiarité née d'activités communes (études, travail, loisirs, etc.), ou personne liée d'amitié avec une autre : *Camarade de classe.* — **2.** *Fam.* Appellation qui s'adresse à un égal ou à un inférieur. — **3.** Membre du parti communiste, socialiste, ou d'un syndicat ouvrier (sert aussi d'appellatif entre les membres de ces partis ou syndicats).

CAMARADERIE n. f. **1.** Familiarité, entente qui existe entre camarades. — **2.** Aide que se prêtent ceux qui appartiennent à un même groupe (parti, syndicat, école, etc.) ; solidarité, entente.

CAMARASAURE n. m. (gr. *kamara,* chambre voûtée). Reptile fossile d'Amérique du Nord, voisin du diplodocus.

CAMARAT *(cap),* cap de la côte des Maures (Var) ; 118 m. Phare.

CAMARD, E adj. (de *camus*). *Vx.* Qui a un nez plat et écrasé ; se dit du nez lui-même.
◆ **camarde** n. f. *La Camarde,* la Mort, parce qu'on la figure par un squelette, et donc sans nez.

CAMARÈS (12360), ch.-l. de cant. de l'Aveyron, sur le Dourdou ; 1 145 hab. *(Camarésiens).* Marché. Textile.

CAMARET-SUR-MER (29570), comm. du Finistère, dans la presqu'île de Crozon ; 2 954 hab. *(Camarétois).* Fortin de Vauban. Port de pêche. Station balnéaire.

CAMARGO (Marie-Anne DE CUPIS DE), danseuse française (Bruxelles 1710-Paris 1770). Elle excella dans la batterie, se fit applaudir dans les *tambourins* de Rameau et triompha dans les opéras et les opéras-ballets de Campra, Destouches, Mouret. Sa virtuosité lui fit battre entrechats et cabrioles, pas jusqu'alors réservés à la danse masculine. Elle s'oppose ainsi au style, plein de grâce, de sa rivale Marie Sallé.

CAMARGUAIS, E adj. et n. De la Camargue.

CAMARGUE adj. *Bovins camargues,* race bovine de combat. ‖ *Chevaux camargues,* race française de chevaux élevée en semi-liberté et utilisée pour travailler dans les troupeaux de taureaux de combat.

CAMARGUE, région de Provence (Bouches-du-Rhône), entre les deux bras principaux du delta du Rhône. La Camargue, en grande partie aquatique, a été édifiée par les divagations du Rhône : marécages, étangs (dont celui de Vaccarès est le plus étendu), bras abandonnés se succèdent, séparés par des levées d'alluvions. Peu peuplée, mise en valeur intensivement (élevage de chevaux et de taureaux, marais salants, riziculture), c'est surtout une région touristique, dont l'originalité botanique (sansouire) et zoologique (flamants roses) a justifié la création du *parc naturel régional de Camargue,* qui couvre env. 80 000 ha.

CAMARILLA [-rija] n. f. (esp. *camarilla,* de *cámara,* chambre). **1.** Nom donné péjorativement, en Espagne, à l'entourage du roi. — **2.** *Litt.* Groupe d'hommes qui dirigent les actes d'un gouvernement par l'intrigue ou la cabale.

CAMARINE n. f. (port. *camerinheira*). Petit arbuste ornemental des régions froides, au port de bruyère.

CAMARINE, en gr. **Kamarina,** cité grecque de Sicile, fondée par les Syracusains en 598 av. J.-C.

CAMARTEAU n. m. Empilage de traverses en bois, utilisé pour le lancement d'un pont, le relevage d'une machine ou d'un véhicule déraillé, etc.

CÀ MAU *(pointe de),* terminaison méridionale de la péninsule indochinoise.

CAMBACÉRÈS (Jean-Jacques Régis DE), duc **de Parme,** homme d'État et juriste français (Montpellier 1753 - Paris 1824). Conseiller à la Cour des comptes de Montpellier (1771) puis membre de la Convention (1792), il vota la mort du roi (1793). Membre du Conseil des Cinq-Cents, ministre de la Justice du second Directoire puis deuxième consul (1799), il travailla à l'élaboration du Code civil. Archichancelier d'Empire (1804), duc de Parme (1808), il servit le régime impérial avec une fidélité absolue. Il rallia cependant les Bourbons en 1814, mais fut banni comme régicide (1815-1818). [Acad. fr., 1803.]

Cambambe, barrage et centrale de l'Angola, sur le Cuanza.

CAMBAY ou **CAMBAYE,** port de l'Inde. (Gujerat), au fond du *golfe de Cambay ;* 62 000 hab.

CAMBAY *(golfe de),* golfe de la mer d'Oman, sur la côte O. de l'Inde. Gisements d'hydrocarbures.

CAMBERT (Robert), compositeur français (Paris v. 1628-Londres 1677). Maître de musique d'Anne d'Autriche (1662), il fut le premier à composer des opéras français (*Pomone,* 1671).

1. CAMBIAL, E, AUX adj. (de *cambium*). Relatif au cambium.

2. CAMBIAL, E, AUX ou **CAMBIAIRE** adj. (ital. *cambiale,* de *cambio,* change). Relatif au change des monnaies.

CAMBIASO (Luca), peintre italien (près de Gênes 1527 - El Escorial 1585). Ses dessins, pour la géométrisation des formes, et ses tableaux d'autel, pour leurs effets nocturnes (autour de 1570), sont plus appréciés que ses décors à fresque (à Gênes et, à la fin de sa vie, à l'Escorial).

CAMBIO (Arnolfo DI) → ARNOLFO DI CAMBIO.

CAMBISME n. m. (ital. *cambio,* change). Opérations relatives au change des monnaies.

CAMBISTE n. (ital. *cambista,* changeur). Personne qui réalise des opérations de change.

CAMBIUM [-bjɔm] n. m. (lat. médiév. *cambium,* du lat. class. *cambiare,* changer). Assise cellulaire cylindrique contenue dans les tiges et les racines des plantes supérieures vivaces, à l'exception des monocotylédones, et qui assure la croissance des axes en épaisseur. (Le cambium interne engendre du bois et du liber, tissus conducteurs; le cambium externe engendre du liège, tissu protecteur.)

CAMBLAK (Grigorij), ecclésiastique et écrivain du deuxième royaume bulgare (Tărnovo v. 1365-Kiev apr. 1418). Métropolite de Kiev (1414), il participa en 1418 au concile de Constance, où il tenta un rapprochement entre Byzance et Rome. Il est surtout connu pour ses panégyriques.

CAMBÓ (Francisco), homme politique espagnol (Verges 1876-Buenos Aires 1947). Député (1907), il dirigea la *Lliga regionalista* catalane et fut ministre des Travaux publics (1918) puis des Finances (1921-22).

CAMBODGE, État de l'Asie du Sud-Est, sur le golfe de Thaïlande ; 180 000 km² ; 10 530 000 hab. *(Cambodgiens).* CAP. *Phnom Penh.* LANGUE : *khmer.* MONNAIE : *riel.*

Géographie. Des reliefs périphériques entourent une dépression occupée en son centre par les Lacs et les « Quatre bras » (Mékong inférieur et supérieur, Tonlé Sap, Bassac). Dans ce pays tropical, la vie est rythmée par la mousson d'été permettant la riziculture, provoquant aussi des inondations saisonnières. Le riz demeure la base de l'alimentation, la pêche est temporairement et localement active. Les plantations d'hévéas (sur des terres basaltiques dans l'Est), développées pendant la colonisation française, ont été en grande partie détruites par la guerre. Celle-ci, en dehors des énormes pertes humaines, a désorganisé l'économie, vidé les villes, ruiné finalement une situation assez favorable avant 1970 (grand nombre de petits paysans propriétaires, absence de menace de surpeuplement et excédents de riz à l'exportation) dans le contexte de l'Asie du Sud-Est.

Histoire.

• *Des origines au protectorat français.* Fondé au Iᵉʳ s. de notre ère, le royaume du Funan, établi sur le delta et le cours moyen du Mékong, est conquis au XIᵉ s. par des ancêtres des Khmers.

802-v. 836 : Jayavarman II instaure le culte du dieu-roi, liant la royauté au pouvoir divin de Śiva, dieu de l'hindouisme.

Ses successeurs fondent un empire dont les frontières atteignent la Birmanie et le Viêt-nam actuels. Sa capitale, Angkor, est le foyer d'une brillante civilisation. Le royaume décline au XIIIᵉ s., époque à laquelle le bouddhisme triomphe.

1432 : Angkor est abandonnée au profit de Phnom Penh.

À la fin du XVIᵉ s., le Cambodge devient vassal du royaume siamois. Il sert par la suite de terrain de bataille entre Siamois et Vietnamiens (qui colonisent le delta du Mékong au XVIIIᵉ s.).

1863 : Traité établissant le protectorat de la France.

• *Du protectorat au Cambodge actuel.*

1953 : Norodom Sihanouk, roi depuis 1941, obtient l'indépendance totale du Cambodge.

1970 : Devenu chef de l'État en 1960, il est renversé par un coup d'État militaire, appuyé par les États-Unis.

1975 : Les Khmers rouges prennent le pouvoir.

Devenu le Kampuchéa démocratique, le pays est soumis à une dictature meurtrière, dirigée notamment par Pol Pot et soutenue par la Chine.

1979 : Les adversaires du régime s'emparent du pouvoir avec l'aide militaire du Viêt-nam, qui occupe le pays.

Le Cambodge devient la République populaire du Kampuchéa.

1982 : Sihanouk réussit à regrouper les adversaires du régime de Phnom Penh, avec lesquels il forme un gouvernement de coalition en exil.

1989 : Les troupes vietnamiennes se retirent du pays, redevenu l'État du Cambodge.

1990 : Création d'un Conseil national suprême (C.N.S.), composé des différentes factions cambodgiennes, dont les Khmers rouges.

1991 : Le C.N.S., présidé par Norodom Sihanouk et chargé d'administrer provisoirement le pays, placé sous la tutelle de l'O.N.U., s'installe à Phnom Penh. Parallèlement, le gouvernement dirigé par Hum Sen reste en place.

1993 : Après la tenue d'élections libres, organisées sous le contrôle de l'O.N.U. (mai), une nouvelle Constitution rétablit la monarchie parlementaire (sept.). Norodom Sihanouk redevient roi. Un gouvernement de coalition est formé, dirigé conjointement par Norodom Ranariddh, fils de Sihanouk, et par Hun Sen. Mais les luttes d'influence au sein de cette coalition affaiblissent un pouvoir confronté par ailleurs à la rébellion persistante des Khmers rouges.

CAMBODGIEN, ENNE adj. et n. Du Cambodge.
◆ **cambodgien** n. m. Syn. de KHMER.

CAMBO-LES-BAINS (64250), comm. des Pyrénées-Atlantiques, sur la Nive ; 4 150 hab. *(Camboards).* Station climatique pour les affections respiratoires. Musée Edmond-Rostand.

CAMBON (Joseph), homme politique français (Montpellier 1756 - Saint-Josse-ten-Noode, près de Bruxelles, 1820). Membre de la Législative (1791) puis de la Convention (1792), il rallia la Montagne et entra au premier Comité de salut public (avr. 1793). Président du Comité des finances (juill. 1793), il créa le Grand* Livre de la dette publique (24 août 1793).

CAMBON (Paul), diplomate français (Paris 1843 - *id.* 1924). Nommé après le traité du Bardo ministre résident de France en Tunisie (1882) puis résident général (1885), il y organisa le protectorat. Ambassadeur à Londres (1898-1920), il favorisa l'entente cordiale et le rapprochement anglo-russe de 1907. — Son frère JULES (Paris 1845-Vevey 1935) fut gouverneur général de l'Algérie (1891) puis ambassadeur à Washington (1897), où il offrit sa médiation dans le conflit États-Unis-Espagne (1898). Ambassadeur à Berlin (1907-1914), il négocia le contentieux entre la France et l'Allemagne au sujet du Maroc (1911). [Acad. fr., 1918.]

CAMBOUIS [-bwi] n. m. Huile ou graisse noircie par le frottement des organes d'une machine.

CAMBRAGE ou **CAMBREMENT** n. m. Action de cambrer ; fait d'être cambré.

CAMBRAI (59400), ch.-l. d'arrond. du Nord et anc. cap. du Cambrésis, sur l'Escaut canalisé ; 34 210 hab. *(Cambrésiens).* Archevêché. Carrefour routier (autoroute Paris-Bruxelles), Cambrai est un centre commercial et industriel (textile, constructions mécaniques, bâtiment, menuiserie industrielle et industries alimentaires [bière, friandises dites « bêtises de Cambrai »]).
— **Hist.** Cité des Nerviens, Cambrai *(Cameracum)* devint la capitale d'un royaume franc (445) occupé par Clovis en 509. Englobée dans la Lotharingie à la mort de Louis II le Bègue (879) puis intégrée à la Germanie en 925, elle fut réunie à la France par les traités de Nimègue (1678-79). Créé au IVe s., l'évêché de Cambrai fut érigé en 1559 en archevêché, dont Fénelon fut le titulaire de 1695 à 1715. En partie anéantie en 1917, Cambrai fut encore bombardée en 1940 et 1944.
— **Bx-arts.** Porte Notre-Dame (1623) ; chapelle du grand séminaire (façade terminée en 1695) ; église St-Géry et cathédrale (très restaurée), toutes deux du XVIIIe s. Musées municipal et diocésain.

Cambrai *(ligue de)* [10 déc. 1508], coalition contre Venise organisée à Cambrai pendant les guerres d'Italie et comprenant le pape Jules II, Louis XII, Maximilien Ier et Ferdinand II le Catholique. Vaincue par Louis XII à Agnadel (mai 1509), Venise perdit tous ses domaines de terre ferme mais parvint par la diplomatie à dissocier cette coalition (1510).

Cambrai *(paix* ou *traité de)* [3 août 1529], paix négociée et signée à Cambrai par Louise de Savoie, au nom de son fils François Ier, et par Marguerite d'Autriche, pour son neveu Charles Quint, d'où son surnom de *paix des Dames.* Ce traité adoucit les clauses du traité de Madrid (1526). François Ier conserva le duché de Bourgogne, les comtés d'Auxerre et de Mâcon ainsi que la principauté d'Orange, mais renonça à l'Italie et à sa suzeraineté sur la Flandre et l'Artois.

Cambre *(bois de la),* à Bruxelles, partie de la forêt de Soignes, entre Uccle et Ixelles, aménagée en lieu de détente. À proximité, anc. abbaye de la Cambre (église remontant au XIVe s. ; bâtiments monastiques du XVIIIe s., occupés notamment par l'École nationale d'architecture et des arts visuels).

CAMBRÉ n. m. Mouvement de danse utilisant l'inclinaison arquée du buste et de la colonne vertébrale vers l'arrière.

CAMBREMENT → CAMBRAGE.

CAMBREMER (14340), ch.-l. de cant. du Calvados ; 1 012 hab.

CAMBRER v. t. (picard *cambre,* du lat. *camur, -urus,* recourbé) [conj. 3]. **1.** Arquer, courber en arc : *Cambrer une pièce de bois.* — **2.** Courber (le corps) en arrière : *Cambrer le buste.* — **3.** Donner aux cartons des plats d'une reliure une forme cintrée.
◆ **être cambré** v. pass. **1.** Former un arc, *Dos cambré. Pied cambré.* — **2.** Se dit d'un cheval qui a les genoux portés en arrière de la ligne d'aplomb du membre.
◆ **se cambrer** v. pr. Rejeter le corps en arrière en creusant les reins et en bombant le torse.

CAMBRÉSIS, région limoneuse (cultures du blé, de la betterave, de l'endive) du nord de la France, sur le seuil qui relie la plaine flamande au Bassin parisien, entre l'Artois et la Thiérache. V. princ. *Cambrai.* C'est une voie de passage empruntée notamment par le rail, l'eau (canal du Nord) et l'autoroute (de Paris vers Lille et vers Bruxelles).

CAMBRIDGE, v. du Canada, dans l'Ontario, à l'O.-N.-O. de Hamilton ; 77 000 hab.

CAMBRIDGE, v. des États-Unis (Massachusetts), sur la Charles River, en amont de Boston ;

95 000 hab. Centre intellectuel (université Harvard et ses musées ; Massachusetts Institute of Technology [MIT]). Industrie photographique.

CAMBRIDGE, v. de Grande-Bretagne, ch.-l. du *Cambridgeshire,* sur la Cam ; 101 000 hab. Université. Nombreux collèges aux bâtiments médiévaux ou classiques ; la chapelle de King's College (1446-1515) est un chef-d'œuvre du gothique perpendiculaire (voûtes en éventail, vitraux). Aujourd'hui, aidé par les autorités locales et le Trésor public, chaque collège dispense un enseignement particulier. L'université comprend des bibliothèques et, depuis 1521, un département d'imprimerie et d'édition : la Cambridge University Press. Vaste musée Fitzwilliam (antiquités, objets d'art, peintures).
— **Hist.** La ville a grandi autour d'un château fort construit par Guillaume le Conquérant. Elle doit son importance à la présence d'une université dont le premier collège, Peterhouse, fut fondé en 1284. Une chaire de théologie y fut créée en 1502, dont Érasme fut l'un des premiers professeurs. À partir de 1540, Cambridge devint la grande université protestante anglaise, dépassant dès lors Oxford. Newton y enseigna les mathématiques à partir de 1669.

Cambridge *(école de),* courant de doctrines économiques né en Grande-Bretagne, à l'initiative de A. Marshall et reflétant la tendance anglo-saxonne du marginalisme. Plus récemment, la « nouvelle école de Cambridge » (Joan Robinson, N. Kaldor, P. Sraffa), en référence aux classiques et notamment à Ricardo, a développé certains aspects de la théorie keynésienne.

CAMBRIDGE (Adolphus Frederick, *duc* DE) [Londres 1774-*id.* 1850], septième fils du roi de Grande-Bretagne George III. Il fut vice-roi de Hanovre de 1831 à 1837.

CAMBRIEN n. m. (angl. *cambrian,* de *Cambria,* pays de Galles). Système du paléozoïque inférieur (durée : 70 millions d'années), aux limites et aux subdivisions encore incertaines. (Le cambrien est riche en animaux disparus, comme les trilobites et les archéocyathes, mais aussi en foraminifères, spongiaires, brachiopodes inarticulés, mollusques, arthropodes et échinides.) Il appartient au cycle calédonien.

CAMBRIOLAGE n. m. Vol qualifié consistant à dévaliser une maison, un local par effraction des entrées, escalade ou usage de fausses clés.

CAMBRIOLE n. f. *Pop.* Activité du cambrioleur.

CAMBRIOLER v. t. (arg. *cambriole,* chambre, du provenç. *cambro*) [conj. 3]. Dévaliser une maison, un appartement par effraction, escalade, etc. : *On m'a cambriolé pendant le week-end.*

CAMBRIOLEUR, EUSE n. Personne qui fait un cambriolage.

CAMBRION n. m. Pièce allongée, placée dans l'épaisseur du semelage d'une chaussure.

CAMBRONNE (Pierre Jacques Étienne, *vicomte*), général français, pair de France (Nantes 1770 - *id.* 1842). Volontaire en 1791, il fit les campagnes des armées de la République. Il se distingua dans les campagnes de l'Empire et fut plusieurs fois blessé. Passé dans la garde en 1809, il devint général en 1813. À Waterloo, à la fin de la bataille, il fut blessé grièvement et fait prisonnier, après avoir répondu aux sommations anglaises par l'apostrophe qui l'a rendu célèbre et dont il a néanmoins nié la paternité (« Merde ! La garde meurt mais ne se rend pas »).

CAMBROUSSARD n. m. (de *cambrousse*). *Pop.* et *vx.* Paysan.

CAMBROUSSE ou **CAMBROUSE** n. f. (provenç. *cambrouso,* femme de chambre, ou *cambrousso,* bouge, de *cambra,* chambre). *Pop.* Campagne.

CAMBRURE n. f. (de *cambrer*). **1.** Courbure de ce qui est arqué en dedans. — **2.** État d'une partie du corps (le dos, la taille) qui est cambrée. — **3.** Partie médiane de la forme d'une chaussure. — **4.** Support incorporé dans la fabrication du semelage, destiné à soutenir la cambrure du pied. — **5.** Paramètre qui détermine la forme d'une lentille, égal à la moyenne des courbures des faces.

CAMBUSE n. f. (néerl. *kombuis*). **1.** Magasin d'un navire contenant le vin et les vivres. — **2.** *Pop.* Chambre, maison pauvre ou mal tenue.

CAMBUSIER n. m. Matelot chargé de la gestion de la cambuse.

CAMBYSE II, roi de Perse (530-522 av. J.-C.), fils aîné et successeur de Cyrus II. Il conquit l'Égypte (525) sur Psammétique III et obtint le tribut des Libyens, des Cyrénéens et d'une partie des Éthiopiens (Nubiens). Il mourut alors que son frère Bardiya venait de se révolter contre lui.

CAMDEN → PRATT (Charles et John Jeffreys).

1. CAME n. f. (all. *Kamm,* crête d'une roue dentée). **1.** Nom donné à des mécanismes très variés ayant pour but de transformer un mouvement de rotation en un mouvement de translation au moyen d'un profil judicieusement calculé. — **2.** *Arbre à cames,* arbre muni de bossages excentrés, dont la rotation provoque la translation radiale alternative des pièces qui y prennent appui.

2. CAME n. f. (abrév. de *camelote*). **1.** *Fam.* Marchandise (de qualité inférieure). **2.** *Pop.* Drogue en général.

CAMÉ, E n. (de *came 2*). *Pop.* Drogué.

CAMÉE n. m. (ital. *cameo*). Pierre fine ciselée de façon à former une figure en relief (par oppos. à l'*intaille*) et comportant ou non des couches superposées de couleurs différentes. (Les Romains, notamment, ont produit de remarquables camées en tirant parti des superpositions de tons de l'agate, de l'onyx, de la sardoine, etc.)

CAMELAT (Miqueù), poète français de langue d'oc (Arrens 1871-Tarbes 1962). Majoral du félibrige, auteur de poèmes lyriques et épiques.

CAMÉLÉON n. m. (lat. *chamaeleon,* du gr. *khamaileôn,* lion nain). **1.** Petit lézard d'Afrique, de Madagascar et de l'Asie du Sud-Ouest (chamæléonidé), pourvu d'adaptations remarquables à la vie dans les arbres (queue préhensile, pattes formant pinces, homochromie active permettant à l'animal d'adopter la couleur du lieu où il se trouve) et surtout de dispositifs exceptionnels pour la chasse aux insectes (yeux à mouvements indépendants, langue protractile démesurée, gluante). [La femelle est pourvue d'une spermathèque.] — **2.** Personne qui change d'opinion, de conduite selon ses intérêts.

CAMÉLÉON (en lat. *Chamaeleon, -ontis*), petite constellation australe, proche du pôle sud céleste, dépourvue d'étoiles brillantes.

CAMÉLÉONESQUE adj. *Litt.* Variable, changeant comme le caméléon.

CAMÉLIA → CAMELLIA.

CAMÉLIDÉ n. m. (lat. *camelus,* du gr. *kamêlos,* chameau). Mammifère ruminant tel que le chameau de Bactriane, le dromadaire et les lamas. (Les *camélidés* forment à eux seuls le sous-ordre des tylopodes ; ils n'ont pas de cornes, leur estomac n'a que trois poches, ils possèdent des incisives supérieures et sont digitigrades. Tous les camélidés sont d'une grande utilité pour l'homme.)

CAMÉLINAT (Zéphirin), homme politique français (Mailly-la-Ville, Yonne, 1840-Paris 1932). Ouvrier bronzier, il fut directeur de la Monnaie pendant la Commune de Paris (1871) et dut s'exiler. Il fut trésorier de la S.F.I.O. Après la scission de Tours (1920), c'est grâce à l'apport de ses actions que *l'Humanité* put devenir l'organe du parti communiste.

CAMÉLINE n. f. (bas. lat. *chamaemelina herba,* herbe de camomille). Crucifère oléagineuse à petites fleurs jaunes, naguère cultivée dans le nord de la France pour son huile, employée en savonnerie et en peinture. (Une caméline, le « faux lin », est mimétique du lin, dont elle envahit les cultures.)

CAMELLE n. f. (provenç. *camello,* chamelle, puis monceau). Tas de sel à base rectangulaire et à coupe triangulaire amassé lors de la récolte et constituant le stock de sel du salin.

CAMELLIA ou **CAMÉLIA** n. m. (lat. sc. *camellia,* de G. J. *Kamel,* n. pr.). Arbrisseau ou arbuste (théacée) d'origine asiatique, dont une espèce fournit le thé, et plusieurs autres des fleurs ornementales à nombreux pétales.

1. CAMELOT n. m. (ar. *ḥamlat,* peluche de laine). Autref. étoffe grossière faite successivement de poil de chameau, de chèvre, puis de laine.

2. CAMELOT n. m. (de *cameloter,* p.-ê. avec infl. de *camelot 1*). **1.** Marchand qui vend dans la rue des objets de pacotille. — **2.** *Camelot du roi,* vendeur du journal royaliste *l'Action française* et militant du mouvement de l'Action française.

CAMELOTE n. f. (arg. *coesmelotier,* de *coesme,* gros mercier). **1.** *Fam.* Marchandise de peu de valeur, de mauvaise qualité ; ouvrage mal exécuté : *C'est de la camelote.* — **2.** *Pop.* Marchandise en général : *Essayer de placer sa camelote.*

CAMEMBERT n. m. (de *Camembert,* n. pr.). Fromage au lait de vache, à pâte molle et à croûte moisie, fabriqué principalement en Normandie.

CAMER (SE) v. pr., **ÊTRE CAMÉ** v. pass. (de *came 1*) [conj. 3]. *Pop.* Se droguer.

CAMÉRA n. f. (angl. *movie camera,* du lat. sc. *camera,* chambre). **1.** Appareil de prise de vues de cinéma ou de télévision. (→ *encycl.*) — **2.** *Caméra électronique* ou *électronographique,* dispositif placé au foyer d'un télescope, transformant l'image lumineuse donnée par l'instrument en une image électronique que l'on peut enregistrer sur une plaque sensible. ‖ *Caméra muette,* caméra conçue pour l'enregistrement des seules images, dont le bruit propre interdit l'enregistrement simultané du son. ‖ *Caméra sonore,* caméra insonorisée de façon à permettre l'enregistrement simultané du son.

ENCYCL. Une caméra professionnelle comporte essentiellement : le (ou les) magasin(s) contenant le film vierge et le film impressionné ; le mécanisme d'entraînement comprenant les griffes (éventuellement les contre-griffes) et les débiteurs, le moteur (aujourd'hui systématiquement électrique) d'entraînement du mécanisme précédent ; le système optique, avec le (ou les) objectif(s) et le viseur.

camera *(da),* locution italienne qui désigne toute musique — et, aux XVIIe et XVIIIe s., une sonate profane — exécutée dans les salons, en opposition à *musica, sonata da chiesa.*

CAMÉRAL, E, AUX adj. (lat. *camera,* chambre). Relatif aux finances publiques.

CAMÉRALISTIQUE n. f. Science des finances publiques.

CAMERAMAN [-man] n. m. (pl. *cameramen* [-mɛn]) [angl. *cameraman*]. Syn. de CADREUR.

CAMERARIUS (Joachim Ier), en all. **Kammermeister,** humaniste allemand (Bamberg 1500-Leipzig 1574). Il rédigea avec Melanchthon la Confession d'Augsbourg (1530).

Camerata fiorentina ou **de'Bardi,** dite aussi **Accademia fiorentina** (« Académie florentine »), académie fondée v. 1580 par le comte Giovanni Bardi. Elle favorisa la création de l'opéra.

CAMÉRIER n. m. (ital. *cameriere,* du lat. médiév. *camerarius*). Titre de certains dignitaires, ecclésiastiques ou laïques, attachés à la personne du pape.

CAMÉRISIER n. m. (gr. *khamai,* à terre, et *kerasos,* cerisier). Nom usuel d'un chèvrefeuille.

CAMÉRISTE n. f. (esp. *camarista,* de *cámara,* chambre). **1.** En Espagne, en Italie, dame d'honneur d'une personne de qualité. — **2.** *Litt.* Femme de chambre.

CAMERLINGUE n. m. (ital. *camerlingo,* du germ. *kamerling,* chambellan). Fonction de deux cardinaux de la cour pontificale. (L'un, le *camerlingue de la sainte Église romaine,* est chargé de l'administration temporelle du Saint-Siège, spécialement lors de la vacance du siège ; l'autre, le *camerlingue du Sacré Collège,* est chargé d'en administrer les biens.)

CAMERON, clan écossais dont les chefs jouèrent un rôle de premier plan dans le soutien à la cause des Stuarts aux XVIIe et XVIIIe s.

CAMERON (Julia Margaret), photographe britannique (Calcutta 1815-Kalutara, Sri Lanka, 1879). Pionnier de la photographie, elle a su tirer parti de l'éclairage naturel et du léger flou dû aux longues poses (portraits de John Herschel, Alfred Tennyson, etc.).

CAMERON (Verney Lovett), explorateur britannique (Radipole, Dorset, 1844-Leighton Buzzard, Bedford, 1894). Chargé par la Société royale de géographie de Londres d'aller secourir Livingstone (1872), il quitta Zanzibar en 1873, atteignit le lac Tanganyika en 1874 et parvint au N. de Benguela en 1875, réalisant ainsi la première traversée est-ouest de l'Afrique.

Camerone *(combat de)* [30 avr. 1863]. Combat de la guerre du Mexique, au cours duquel les 64 légionnaires aux ordres du capitaine Danjou résistèrent, près de Puebla, pendant 9 heures, à plus de 2 000 Mexicains. La date anniversaire est devenue celle de la fête traditionnelle de la Légion étrangère française.

CAMEROUN *(mont),* en angl. **Cameroon,** massif volcanique de l'Afrique, au Cameroun, auquel il a donné son nom, dominant la côte E. du golfe de Guinée, en face de l'île de Bioco (Fernando Poo) ; 4 070 m. Première ascension par Richard Burton en 1861.

CAMEROUN, État de l'Afrique équatoriale, sur le golfe de Guinée ; 475 000 km^2 ; 13 600 000 hab. *(Camerounais).* CAP. *Yaoundé* ; v. princ. *Douala.* LANGUES (officielles) : *français* et *anglais.* MONNAIE : *franc C.F.A.*

Géographie. Étiré sur 1 200 km, du lac Tchad à l'Atlantique, densément peuplé dans le S.-O., plus humide et site des principales villes (Yaoundé et le port de Douala), le pays est presque vide sur les hauteurs de l'Adamaoua au centre, et dans les steppes du N., semi-arides. Les atouts ne manquent pas. Les cultures de plantations tiennent une place importante (café, cacao, coton, banane, arachide et caoutchouc naturel notamment), l'exploitation forestière également et, plus encore, le pétrole. En dehors de l'agroalimentaire, l'industrialisation est encore peu développée (production d'aluminium), mais la balance des échanges est à peu près équilibrée, avec des variations liées à celles du cours des matières premières, bases des exportations.

Histoire. Au XVe s. est fondé au N.-O. du pays le royaume du Mandara. À la même époque, les navigateurs portugais atteignent les côtes. De nouveaux royaumes africains sont fondés à l'O. et au S. du pays au XVIIe s., tandis que les Européens viennent chercher esclaves et ivoire. Au début du XIXe s., le N. du territoire est conquis et islamisé par les Peuls.

1884 : Le Cameroun est placé sous protectorat allemand.

1911 : Un traité franco-allemand étend les possessions allemandes.

1916 : Au cours de la Première Guerre mondiale, les alliés français, britanniques et belges conquièrent le Cameroun.

1919-1922 : Le pays est partagé en deux zones, sous mandats français et britannique.

1946 : Les mandats sont transformés en tutelles. Les revendications nationales se développent.

1960 : Le Cameroun sous tutelle française devient un État indépendant, sous la présidence d'Ahmadou Ahidjo.

1961 : La zone sud du Cameroun sous tutelle britannique rejoint l'État indépendant (la zone nord se rattache au Nigeria).

1966 : Un régime à parti unique est instauré.

1982 : Paul Biya succède à A. Ahidjo.

1990 : Le multipartisme est rétabli.

Depuis 1991, le pouvoir en place est fortement contesté par une opposition grandissante.

1995 : Le Cameroun devient membre du Commonwealth.

CAMEROUNAIS, E adj. et n. Du Cameroun.

CAMEROUN BRITANNIQUE, anc. territoire s'étendant depuis le golfe de Biafra jusqu'au lac Tchad, entre le Nigeria et le Cameroun. Ce territoire fut placé sous le mandat (1922) puis sous la tutelle (1946) de la Grande-Bretagne. En 1961, sa partie septentrionale fut réunie au Nigeria, tandis que sa partie méridionale, rattachée au Cameroun, forma, sous le nom de *Cameroun occidental,* un État fédéral qui dura jusqu'en 1972.

CAMÉSCOPE n. m. (nom déposé). Caméra intégrant un magnétoscope miniaturisé et capable d'un fonctionnement autonome.

CAMICHEL (Charles), mathématicien français (Montagnac, Hérault, 1871 - Cap-Daurat, près de Lavaur, Tarn, 1966). Outre ses importants travaux sur des phénomènes hydrauliques divers, ses recherches sur la similitude, en collaboration avec Léopold Escande, ont abouti à la technique des modèles réduits, désormais employée partout pour l'aménagement des usines hydroélectriques.

CAMILLE, reine légendaire des Volsques.

CAMILLE, sœur des trois Horaces. Quand elle vit revenir son frère chargé des dépouilles des Curiaces, dont l'un était son fiancé, elle laissa éclater sa douleur. Horace la tua.

CAMILLE de Lellis *(saint),* fondateur (1582) de l'ordre hospitalier des Camilliens (Bucchianico di Chieti, Abruzzes, 1550-Rome 1614). Canonisé en 1746. Patron (depuis 1930) des infirmiers et des infirmières.

CAMILLIEN n. m. Membre de l'ordre des Clercs réguliers ministres des infirmes, fondé à Rome en 1582 par saint Camille de Lellis.

CAMILLUS (Marcus Furius), homme d'État et général romain (fin du Vᵉ s.-365 ? av. J.-C.). Six fois tribun militaire avec la puissance consulaire de 401 à 381, dictateur en 396, il est connu comme le vainqueur de la cité étrusque de Véies. Il a dirigé ensuite la lutte contre les Èques, les Herniques et les Volsques (389). Il aurait été un des organisateurs de l'armée romaine.

1. CAMION n. m. (p.-ê. provenç. *caminar,* cheminer). Véhicule automobile destiné au transport de lourdes charges.
ENCYCL. Le camion automobile possède des essieux rigides, un châssis séparé et une propulsion arrière. Le freinage pneumatique, assisté, est doublé par un frein de ralentissement fonctionnant sur la transmission. Les camions sont généralement équipés de moteurs Diesel à huile lourde, éventuellement dotés d'un système de turbosuralimentation.

2. CAMION n. m. (orig. obsc.). Récipient dans lequel le peintre en bâtiment met le produit prêt à l'emploi, qu'il va appliquer sur un subjectile.

CAMION-CITERNE n. m. (pl. *camions-citernes*). Véhicule automobile spécialement conçu pour le transport des liquides en vrac. (Syn. CITERNE.)

CAMIONNAGE n. m. **1.** Transport par camion. — **2.** Transport, entre la gare et le domicile du destinataire, de marchandises expédiées.

CAMIONNER v. t. (conj. 3). Transporter par camion.

CAMIONNETTE n. f. Petit camion automobile dont la charge utile ne dépasse pas 1 500 kg.

CAMIONNEUR n. m. **1.** Conducteur de camion ; routier. — **2.** Entrepreneur de transports par camions.

CAMISADE n. f. (ital. *camisada,* du toscan *camicia,* chemise). Au XVIᵉ s., attaque de nuit où les soldats revêtaient sur leur armure une chemise blanche pour se reconnaître.

CAMISARD n. m. (languedocien *camiso,* chemise). Nom donné aux calvinistes cévenols qui se révoltèrent de 1702 à 1710, sous le règne de Louis XIV.
ENCYCL. La révolte des camisards (ou *guerre des Cévennes*) fut provoquée par les exactions commises en Languedoc par Bâville et certains clercs contre les calvinistes. Dirigée par des chefs populaires (tel J. Cavalier), elle rassembla des paysans et des artisans calvinistes des Cévennes, nommés *camisards* en raison de la chemise que les Cévenols portaient par-dessus leurs vêtements. Les insurgés furent soumis par le maréchal de Villars en 1704. Mais certains chefs continuèrent la lutte jusqu'en 1710.

CAMISOLE n. f. (provenç. *camisola,* de *camisa,* chemise). **1.** Autref., veste légère en lingerie, portée la nuit et dans l'intimité par les femmes. — **2.** Aux XVIᵉ et XVIIᵉ s., casaque à manches portée entre la chemise et le pourpoint. (À son sacre, le roi portait une camisole de cérémonie en satin rouge brodé d'or.) — **3.** *Camisole chimique,* ensemble des thérapeutiques psychotropes modernes qui annihilent les manifestations bruyantes de malaise psychique. ‖ *Camisole de force,* camisole de toile robuste, comportant des sangles, que l'on fait endosser de force à un malade mental agité et violent.

CAMOCAS [-kas] ou **CAMOCAN** [-kɑ̃] n. m. (ar. *kamkhā,* brocart). Étoffe de soie en usage au Moyen Âge et jusqu'au XVIIIᵉ s.

CAMÕES (Luís VAZ DE), poète portugais (Lisbonne 1524 ?-*id.* 1580). Une vie aventureuse, qui le mena en Afrique et en Orient, ne l'empêcha pas de composer l'épopée nationale du Portugal, *les Lusiades** (1572), alliant la tradition portugaise aux innovations italiennes. Son œuvre lyrique (redondilhas, pastourelles, sonnets) est révélatrice, par l'emploi fréquent des paradoxes et des antithèses, des passions contradictoires qui agitèrent le poète.

CAMOIN (Charles), peintre français (Marseille 1879 - Paris 1965). Lié au fauvisme, il n'en a pas moins pratiqué une sorte d'impressionnisme où apparaît l'influence de Cézanne, puis, à partir des années 10, celle de Renoir.

CAMOMILLE n. f. (lat. médiév. *camomilla,* du lat. class. *chamaemelon,* du gr. *khamaimêlon,* pomme du sol). **1.** Nom usuel de plusieurs espèces d'herbes aromatiques de la famille des composées. — **2.** Infusion des fleurs de ces plantes, tisane aux propriétés digestives.
ENCYCL. L'espèce la plus utilisée est la *camomille noble (Anthemis nobilis),* surtout sous sa variété dite « camomille romaine », dont le capitule séché donne une tisane digestive, une huile calmante, des compresses antiprurigineuses. La *camomille puante (A. cotula)* a les mêmes usages mais elle est malodorante ; on en tire une poudre insecticide. *A. arvensis* est la « fausse camomille », sans usage médicinal. La tisane de *Matricaria chamomilla* (appelée « petite camomille » ou « camomille sauvage ») ressemble à la tisane de camomille noble.

Camondo *(collection Isaac de),* ensemble d'œuvres d'art réunies par le comte Isaac de *Camondo* (1851-1911) et léguées au Louvre (meubles du XVIIIe s., peintures romantiques et impressionnistes, sculptures, céramiques, arts de l'Extrême-Orient).

Camondo (*musée* **Nissim-de-**), musée parisien dépendant du musée des Arts décoratifs. Il consiste en la donation (un hôtel particulier, rue de Monceau, son mobilier et des collections du XVIIIe s.) faite par le comte Moïse de *Camondo* (1860-1935) en mémoire de son fils *Nissim.* En 1988 y a été adjoint un Centre des arts du livre.

CAMONICA *(val),* haute vallée des Alpes italiennes, drainée par l'Oglio, en amont du lac d'Iseo. Tourisme. Aménagements hydroélectriques.
— **Préhist.** Site rupestre qui a donné plus de 150 000 représentations, gravées ou piquetées sur les rochers, datées du néolithique au Ier s. apr. J.-C.

CAMORRA n. f. (ital. *camorra*). Association secrète de malfaiteurs, équivalent napolitain de la Mafia.

CAMORRISTE n. Membre de la Camorra.

CAMOUFLAGE n. m. **1.** Action de camoufler. — **2.** Art de dissimuler du matériel de guerre ou des troupes à l'observation ennemie. — **3.** Procédé intermédiaire entre le langage clair et le chiffre pour assurer le secret des transmissions et qui consiste à substituer des mots conventionnels ou des groupes de lettres ou de chiffres aux mots importants d'une conversation ou d'un message. — **4.** Action de dissimuler la vérité, ce qui la dissimule ; déguisement. — **5.** Ensemble des dispositifs qui permettent à un animal ou à une plante de se rendre indiscernable de son milieu. (→ *encycl.*)
ENCYCL. **Zool.** Le camouflage porte le plus souvent sur la couleur (homochromie), parfois sur la forme (homomorphie). Il peut aussi être *disruptif,* c'est-à-dire tromper le prédateur sur les contours du corps à l'aide de fausses ombres, ou être *mimétique,* c'est-à-dire le tromper sur la nature de sa proie (mouche ressemblant à une guêpe, lamier blanc ressemblant à une ortie).

CAMOUFLER v. t. (de *camouflet,* fumée) [conj. 3]. **1.** Maquiller un objectif ou un matériel militaire, le rendre méconnaissable ou invisible. — **2.** Dissimuler qqch, le cacher sous des apparences trompeuses ; déguiser : *Camoufler son embarras. Camoufler un crime en suicide.*
◆ **se camoufler** v. pr. Se cacher, se dissimuler.

CAMOUFLET n. m. (de *chault mouflet,* fumée qu'on souffle au nez). **1.** *Litt.* Affront, mortification, blessure d'amour-propre dus à une situation humiliante : *Essuyer un camouflet.* — **2.** Fourneau de mine à rayon d'action limité ; cavité souterraine produite par l'explosion d'une charge, d'un projectile à retard.

CAMP n. m. (forme norm. de *champ*). **1.** Lieu de stationnement ou d'instruction d'une formation militaire ; cette formation elle-même. — **2.** Terrain de camping, ou tout lieu où l'on campe, où l'on s'établit de manière provisoire ; l'ensemble des installations et des personnes qui y vivent : *Camp de vacances au bord d'un lac.* — **3.** Lieu où, pour des raisons exceptionnelles ou politiques, sont rassemblées et installées (de façon très sommaire) des personnes ; l'ensemble des installations et des personnes qui y vivent : *Camp de réfugiés.* — **4.** Équipe, dans certains jeux ou sports : *Diviser le groupe en deux camps.* — **5.** Groupe de personnes, de partis, de pays, etc., qui s'oppose par ses conceptions, son idéologie, ses intérêts, etc., en partic. sur le plan politique, à un autre groupe ou ensemble : *Dans quel camp êtes-vous ?* — **6.** *Camp de concentration,* camp dans lequel sont rassemblés, sous surveillance militaire ou policière, soit des populations civiles de nationalité ennemie, soit des prisonniers ou des détenus politiques, soit des groupes ethniques, sociaux ou religieux. (→ CONCENTRATION.) ‖ *Camp de la mort, d'extermination,* durant la Seconde Guerre mondiale, camps organisés par les nazis en Europe centrale et destinés à éliminer physiquement les populations juive, slave et tsigane. (→ CONCENTRATION.) ‖ *Camp retranché,* portion de terrain entourée d'une enceinte fortifiée ; ensemble du terrain destiné à servir de point d'appui à une armée. ‖ *Camp de travail,* lieu de détention où les condamnés sont astreints à des travaux forcés. ‖ *Camp volant,* installation passagère ; situation provisoire. ‖ *Fiche(r)* [fam.] ou *foutre* (pop.) *le camp,* décamper, s'en aller ; s'abîmer, se dégrader : *Fiche le camp d'ici ! Tout fiche le camp, plus rien ne fonctionne.* ‖ *Lever le camp,* plier ses bagages et ranger le matériel pour partir ; ou, *fam.,* partir, quitter un lieu. ‖ *Lit de camp,* lit constitué d'une toile tendue sur un châssis repliable.

ENCYCL. Toutes les armées de l'Antiquité ont établi des camps. Mais le plus connu et le plus typique est le camp romain. En effet, sa disposition était toujours la même, le soldat sachant quelle place il occuperait, quelle part du travail lui revenait. Le camp était rapidement établi et occupé. C'était un espace carré (du temps de Polybe) ou rectangulaire (sous l'Empire), entouré d'un fossé, d'une levée de terre et d'une palissade *(vallum)* et divisé intérieurement en espaces rectangulaires par des rues. Au centre se trouvaient le *praetorium,* logement du général, le *forum,* où se dressait son tribunal, et la chapelle des enseignes. Sous l'Empire, les camps établis le long des frontières sont devenus permanents et beaucoup d'entre eux ont donné naissance à des villes : Coblence et Strasbourg, par exemple.

Camp du Drap d'or, lieu situé entre Guînes et Ardres où se rencontrèrent du 7 au 24 juin 1520 François Ier et le roi d'Angleterre Henri VIII pour discuter les conditions d'une entente. François Ier, près d'Ardres, et Henri VIII, près de Guînes, avaient fait dresser de somptueux pavillons dont l'un, édifié à la demande du roi de France, était tendu de drap d'or.

CAMPAGNARD, E adj. **1.** Relatif à la campagne, à la vie à la campagne ; rustique : *Style campagnard.* — **2.** *Péjor.* Qui est lourd et gauche ; inélégant, rustre : *Des manières campagnardes.* ◆ adj. et n. Se dit de qqn qui habite, qui vit à la campagne : *Gentilhomme campagnard.*

CAMPAGNE n. f. (forme norm. de l'anc. fr. *champaigne,* vaste étendue de pays plat). **1.** Étendue de pays plat et découvert (par oppos à *bois, montagne,* etc.) ou assez plat et à l'intérieur des terres (par oppos. à *montagne, bord de mer, ville*) : *Passer ses vacances à la campagne.* — **2.** Les champs, par oppos. à *la ville ;* les terres cultivées ; les gens qui y habitent : *Les travaux de la campagne.* — **3.** *Fam.* Résidence secondaire à la campagne : *Partir le vendredi à sa campagne.* — **4.** Expédition militaire ; ensemble des opérations militaires menées sur un théâtre déterminé : *La campagne d'Italie de 1796.* — **5.** Période de grande activité dans une occupation saisonnière, dans l'agriculture. *Campagne de pêche.* — **6.** Entreprise politique, commerciale, etc., de durée déterminée, ayant un but de propagande : *Lancer une campagne contre la hausse des prix. Campagne publicitaire.* — **7.** *Battre la campagne,* parcourir, fouiller un pays en tous sens pour faire lever le gibier, inquiéter l'ennemi, etc. ; déraisonner, divaguer. ‖ *Campagne de presse,* diffusion dans le public d'une série d'articles ou d'émissions pour sensibiliser l'opinion publique sur un problème donné. ‖ *Campagne électorale,* ensemble des opérations de propagande précédant une élection ou un référendum ; période pendant laquelle ces opérations sont autorisées. ‖ Pop. et vx. *Emmener qqn à la campagne,* le mystifier. ‖ *Entrer en campagne,* commencer quelque entreprise. ‖ *Faire campagne,* participer à la guerre, à une expédition militaire. ‖ *Maison de campagne,* résidence secondaire en dehors des villes. ‖ *Médecin, curé, etc., de campagne,* qui exerce son activité dans les communes rurales. ‖ *Rase campagne,* pays complètement découvert et sans habitation. ‖ *Se mettre en campagne,* faire des démarches en vue d'une fin précise. • **Archéol.** *Campagne de fouilles,* recherches archéologiques effectuées sur le terrain, par tranches et selon un plan déterminé. — **Géogr.** Paysage de champs ouverts (absence de haies et de clôtures) s'opposant au bocage et développé initialement dans le contexte d'une organisation communautaire de la vie rurale, étendu récemment par le remembrement. (Syn. CHAMPAGNE, OPENFIELD.) ‖ Sortie de longue durée d'un navire océanographique pour une tâche déterminée. — **Mil.** *Congé de fin de campagne,* congé qui regroupe en fin de séjour outre-mer les droits annuels à permission des militaires. ‖ *Guerre en rase campagne,* guerre de mouvement (par oppos. à la *guerre de siège* ou *de position*). — **Techn.** Durée de marche d'une machine ou d'une installation entre deux révisions ou deux arrêts.

CAMPAGNE ROMAINE, ital. **Agro Romano,** région d'Italie, dans le Latium, formée par la plaine (partiellement urbanisée) autour de Rome.

CAMPAGNOL n. m. (ital. *campagnoli,* de *campagna,* campagne). Nom commun à deux rongeurs trapus, à queue courte et velue, à très petites oreilles, fouisseurs, nuisibles aux cultures. (Le *campagnol commun,* de la taille d'une souris, vit dans les champs et y fait de graves dégâts ; le *rat d'eau* creuse son terrier au bord des étangs, il est plus gros et moins nuisible.)

CAMPAGNOLA (Giulio), graveur italien (Padoue 1482 - apr. 1522). À la fois poète et technicien innovateur, il a été influencé par Mantegna, Dürer et surtout Giorgione.

CAMPAN n. m. (de *Campan,* n. pr.). Variété de marbre dont la couleur dominante est verte.

CAMPAN (65710), ch.-l. de cant. des Hautes-Pyrénées, sur l'Adour ; 1 465 hab. *(Campanois).* Église du XVIe s. Carrière de marbre. Centrale hydroélectrique.

CAMPAN (Jeanne GENET, Mme), éducatrice française (Paris 1752-Mantes 1822). Secrétaire de Marie-Antoinette, ruinée par la Terreur, elle ouvrit à Saint-Germain un pensionnat destiné aux jeunes filles de la haute société. Elle dirigea de 1807 à 1814 la maison de la Légion d'honneur à Écouen. Elle a laissé des *Mémoires.*

CAMPANA (Dino), poète italien (Marradi, Florence, 1885 - Castel Pulci, Florence, 1932). Sa vie fut une suite d'errances à travers l'Europe et d'internements psychiatriques, dont témoignent ses *Canti orfici* (1914), de facture symboliste.

CAMPANA (Giampietro), collectionneur italien (Rome 1808 - Naples 1880). Il constitua une immense collection archéologique, qui le ruina ; directeur général du mont-de-piété, il y engagea cette même collection. Il fut condamné au bannissement ; sa collection, confisquée, fut vendue, notamment, à la France (1861) et répartie entre divers musées (primitifs italiens auj. au musée du Petit Palais d'Avignon).

CAMPANE n. f. (bas lat. *campana,* cloche). **1.** Clochette que l'on suspend au cou du bétail. — **2.** Corbeille de certains chapiteaux, en forme de cloche renversée.

CAMPANELLA (Tommaso), philosophe italien (Stilo, Calabre, 1568 - Paris 1639). Dominicain à 15 ans, il quitta son couvent et préconisa une forme de christianisme unissant tous les peuples. Traduit devant le Saint-Office, il abjura et, libéré, organisa un soulèvement paysan en Calabre (1599). Arrêté et torturé, il simula la folie, et sa peine fut commuée en prison à vie (1600). Il y passa 27 ans ; protégé par Urbain VIII grâce à l'astrologie, à laquelle tous deux s'intéressaient, il finit sa vie en France, avec l'appui de Richelieu. C'est en prison qu'il écrivit son œuvre majeure, *la Cité du soleil,* utopie communiste où famille et propriété, distinctions professionnelles et sociales n'ont pas de place.

CAMPANIE, en ital. **Campania,** région de l'Italie péninsulaire, entre le Garigliano au N. et le golfe de Policastro au S., sur le versant ouest de l'Apennin ; 13 595 km² ; 5 589 587 hab. Ch.-l. *Naples.* Elle comprend les provinces d'Avellino, Bénévent, Caserte, Naples et Salerne. Elle juxtapose des paysages variés : moyennes montagnes calcaires ou volcaniques, collines argileuses et sableuses, plaines bonifiées (cultures maraîchères et fruitières). Une amorce d'industrialisation, l'essor du tourisme n'ont pas enrayé la traditionnelle émigration.
— **Hist.** Peuplée par des Samnites, puis par des Étrusques qui y fondèrent Capoue au VIe s. av. J.-C., enfin par des colons grecs, la Campanie s'allia à Rome dès 338 av. J.-C. Choisie comme lieu de villégiature par l'aristocratie romaine, toujours connue pour la fertilité de ses terres, elle a gardé la marque d'une profonde hellénisation, comme en témoigne Pompéi.

1. CAMPANIEN, ENNE adj. et n. **1.** De la Campanie. — **2.** *Vases campaniens,* vases grecs provenant des filiales italiotes de la céramique attique, du IVe au Ier s. av. J.-C.

2. CAMPANIEN n. m. (de la *Grande Champagne,* en Charente). Étage du système crétacé.

CAMPANIFORME adj. (bas lat. *campana,* cloche). **1.** Se dit d'un type de céramique rappelant la forme d'une cloche et souvent décoré de bandes horizontales pointillées. (Il se répandit dans toute l'Europe occidentale et centrale jusqu'en Tchécoslovaquie dès la fin du IIIe millénaire et est associé aux premiers objets de cuivre et d'or.) [Syn. CALICIFORME.] — **2.** Se dit d'un chapiteau égyptien épanoui, telle une fleur de papyrus.

CAMPANILE n. m. (ital. *campagnile*). **1.** Petit clocher, souvent en charpente, formant édicule sur le faîte d'un bâtiment. — **2.** Clocher d'église isolé, à la manière italienne.

CAMPANILISME n. m. (de l'ital. *campanile,* clocher). **1.** Attachement exclusif à sa ville d'origine. — **2.** Esprit régionaliste de la péninsule italienne, qui entrava l'œuvre centralisatrice du gouvernement italien à l'époque du Risorgimento.

CAMPANULACÉE n. f. Nom de famille donné aux herbes telles que les campanules.

CAMPANULE n. f. (lat. médiév. *campanula,* petite cloche). Herbe aux fleurs gamopétales en forme de cloche ou de tube, ornementales, dont 25 espèces croissent en France. (Ex. : la raiponce.)

CAMPANULIFORME adj. (de *campanule*). Se dit d'une fleur qui a la forme d'une petite cloche.

CAMPAS, Indiens habitant sur les rives des ríos Urubamba, Apurímac, Pachitea et Ucayali (Pérou), dont le nombre avoisine les 50 000.

CAMPBELL (Archibald), 8e comte, puis 1er marquis **d'Argyll** (v. 1607-Édimbourg 1661). Le plus puissant seigneur d'Écosse sous Charles Ier, il devint le chef du parti du Covenant. Les défaites des royalistes lui ayant livré Charles Ier (1646), il entra en contact avec Cromwell et contribua à livrer le roi aux parlementaires anglais. À la Restauration, accusé de haute trahison, il fut décapité.

CAMPBELL (Thomas), poète écossais (Glasgow 1777-Boulogne-sur-Mer 1844). Il est surtout connu pour ses poèmes patriotiques (*The Mariners of England,* 1801).

CAMPBELL (John, *baron*), juge et homme politique britannique (Springfield, Fife, 1779 - Londres 1861). Whig modéré, son activité parlementaire fut considérable lors des réformes juridiques de 1833 à 1841. Élevé à la pairie, il fut « chief-justice » du Banc de la reine en 1850, puis lord-chancelier de Grande-Bretagne en 1859.

CAMPBELL (Alexander), évangéliste britannique (près de Ballymena, Antrim, Irlande, 1788 - Bethany College, Virginie-Occidentale, États-Unis, 1866). Il fonda aux États-Unis la secte des « disciples du Christ », ou campbellites, qui prennent la Bible pour seul guide.

CAMPBELL (*sir* Colin), baron **Clyde,** maréchal britannique (Glasgow 1792 - Chatham, Kent, 1863). Nommé commandant en chef des forces de l'Inde lorsque éclata la révolte des cipayes (1857), il réprima l'insurrection. Il fut l'un des meilleurs généraux anglais du XIXe s.

CAMPBELL (William Wallace), astronome américain (Hancock County, Ohio, 1862-San Francisco 1938). Il a, le premier, appliqué la spectrographie à la détermination de la vitesse radiale des étoiles, par application de l'effet Doppler-Fizeau ; il étudia la rotation de la couronne solaire et contribua à vérifier la théorie de la relativité en mesurant la déviation de la lumière due au champ de gravitation du Soleil.

CAMPBELL (Roy), poète sud-africain de langue anglaise (Durban 1901 - Setúbal, Portugal, 1957). Favorable à l'apartheid, il est l'auteur d'œuvres violentes et virulentes (*The Flaming Terrapin,* 1924 ; *Light on a dark horse,* 1951).

CAMPBELL-BANNERMAN (*sir* Henry), homme politique britannique (Glasgow 1836-Londres 1908). Député libéral en 1868, secrétaire à l'Amirauté (1882-1884), secrétaire pour l'Irlande (1884-85), secrétaire d'État à la Guerre (1886, 1892-1895), il devint en 1899 le « leader » libéral à la Chambre des communes. En 1905, Campbell-Bannerman succéda à Balfour comme Premier ministre. Il donna un nouveau statut légal au syndicalisme (1906), prépara l'autonomie sud-africaine, renforça l'entente avec la France.

Camp David *(accords de)* [17 sept. 1978], accords-cadres conclus à Washington à l'issue du sommet américano-égypto-israélien de Camp David, aux termes desquels le président égyptien Sadate s'engagea à signer un traité de paix avec Israël contre la restitution du Sinaï, et le Premier ministre israélien, M. Begin, à mener des négociations sur le statut définitif de Gaza et de la Cisjordanie avec l'Égypte, la Jordanie et des représentants palestiniens.

CAMPÊCHE n. m. (de *Campeche,* n. pr.). *Bois de campêche,* bois tinctorial, rouge, originaire d'Amérique latine, fourni par un arbre du genre *hœmatoxylon* (césalpiniacée), utilisé également en tabletterie.

CAMPECHE, port du Mexique, cap. de l'*État de Campeche,* sur la côte ouest du Yucatán ; 173 700 hab. Ville pittoresque avec monuments et maisons de l'époque coloniale. Industries agro-alimentaires.

CAMPECHE *(golfe de),* grand rentrant méridional du golfe du Mexique, entre le littoral du Yutacán et la côte de l'État de Veracruz. Gisements de pétrole et de gaz.

CAMPEMENT n. m. **1.** Action de camper ; installation d'un camp militaire ou civil ; emplacement d'un camp ; le camp lui-même : *Campement interdit.* — **2.** Ensemble du matériel d'un camp : *Replier le campement.* — **3.** Installation provisoire et rudimentaire ; pièce, lieu en désordre où on est ainsi installé. — **4.** Groupe d'hommes envoyé par un corps de troupe pour reconnaître et préparer un cantonnement ou un bivouac. (Syn. DÉTACHEMENT PRÉCURSEUR.)

CAMPENON (François Vincent), poète français (la Guadeloupe 1771-Villecresnes 1843). Hostile au romantisme, il est l'auteur de poèmes didactiques et descriptifs (*la Maison des champs,* 1809). [Acad. fr., 1813.]

CAMPÉPHAGIDÉ n. m. (gr. *kampê,* chenille, et *phagîn,* manger). Nom de famille donné à des passereaux mangeurs de chenilles des régions chaudes (échenilleurs, minivets).

CAMPER v. i. (conj. 3). **1.** Établir un camp militaire. — **2.** S'installer qqpart d'une manière provisoire avec des moyens rudimentaires : *On a campé dans l'appartement pendant les travaux.* — **3.** Faire du camping. — **4.** *Camper sur ses positions,* rester attaché à un avis pris précédemment.

◆ **v. t. 1.** Installer des troupes dans un camp militaire. — **2.** Placer, poser hardiment qqch qqpart : *Camper son chapeau sur l'oreille.* — **3.** Esquisser à grands traits significatifs : *En trois coups de crayon il campa sa silhouette.* — **4.** *Camper un personnage,* l'interpréter, lui donner par son jeu une réalité. — **5.** Mettre un cheval en position campée.

◆ **être campé** v. pass. *Être bien campé,* être décrit, esquissé, tracé avec sûreté, d'une manière expressive : *Récit bien campé.*

◆ **se camper** v. pr., **être campé** v. pass. **1.** Établir son campement qqpart ; y habiter de manière sommaire et provisoire. — **2.** Prendre une attitude assurée ou fière et provocante : *Il est venu insolemment se camper devant moi.* — **3.** *Campé du devant, du derrière,* se dit d'un cheval dont les membres antérieurs ou postérieurs sont portés à l'extérieur de la ligne d'aplomb.

CAMPEUR, EUSE n. Personne qui pratique le camping.

CAMPHAUSEN (Ludolf), homme d'État prussien (Hünshoven 1803-Cologne 1890). Président du Conseil de Prusse (mars-juin 1848), il élabora un projet de réforme libéral qui échoua en raison de la réaction princière et de la radicalisation des mouvements populaires.

CAMPHÈNE n. m. Hydrocarbure terpénique $C_{10}H_{16}$, existant dans de nombreuses huiles essentielles (bergamote, camphre, citronnelle, térébenthine).

CAMPHORATE n. m. Sel ou ester d'un acide camphorique.

CAMPHORIQUE adj. *Acide camphorique,* acide obtenu par oxydation du camphre.

CAMPHOSULFONATE n. m. Sel ou ester de l'acide camphosulfonique, succédané du camphre, dont il possède les propriétés analeptiques cardio-vasculaires.

CAMPHRE n. m. (lat. médiév. *camphora,* de l'ar. *kāfūr,* camphre). **1.** Substance aromatique solide extraite du camphrier. — **2.** Solide qui se dépose à partir d'une huile essentielle. — **3.** *Camphre de Bornéo,* syn. de BORNÉOL. ‖ *Camphre de bouleau,* syn. de BÉTULINE.

ENCYCL. Le camphre est une cétone dont la réduction conduit aux bornéols, l'oxydation à l'acide camphorique. Usages : plastifiant des esters et éthers de cellulose, adjuvant des nitrates de cellulose.
En thérapeutique, on utilise un camphre synthétique : en usage externe, comme anesthésique ; par voie interne, comme analeptique cardiaque et respiratoire.

CAMPHRÉ, E adj. Qui contient du camphre.

CAMPHRÉE n. f. Herbe des régions méditerranéennes, dont les feuilles froissées exhalent une odeur de camphre.

CAMPHRIER n. m. Nom commun aux arbres qui fournissent du camphre : le cinnamome de Chine (lauracée), qui abonde surtout à Taiwan, et le camphrier de Bornéo (diptérocarpacée), qui produit le bornéol.

CAMPIDANO, région du sud de la Sardaigne, formée de collines et de plaines alluviales. Cultures irriguées (céréales, légumes, vignes, fruits).

CAMPIGNIEN n. m. (de *Campigny,* n. pr.). Industrie lithique caractérisée par des outils volumineux et assez rudimentaires. (Ce faciès apparaît au IVe millénaire et persiste dans certaines régions jusqu'au chalcolithique.)

CAMPIN (Robert) ⟶ FLÉMALLE *(Maître de).*

CAMPINA GRANDE, v. du Brésil (État du Paraíba) ; 326 153 hab. Foires de bétail. Textile.

CAMPINAS, v. du Brésil (État de São Paulo), au N.-O. de São Paulo ; 846 084 hab. Nœud de voies ferrées et de routes. Centre commercial et industriel (agroalimentaire, mécanique et chimie).

CAMPINE, région du nord de la Belgique, entre l'Escaut et la Meuse, et qui se continue aux Pays-Bas. C'est une terre basse, piquetée de landes et de bois, où domine l'élevage bovin laitier. L'extraction de la houille y a reculé.

Campine *(race de la),* race de poules très bonnes pondeuses, originaire du nord de la Belgique.

CAMPING [-piŋ] n. m. (angl. *camping,* de *to camp,* camper). **1.** Activité de plein air consistant à vivre sous la tente avec un matériel adéquat. — **2.** Terrain aménagé pour camper. — **3.** *Camping sauvage,* camping qui se pratique en dehors des terrains autorisés.

CAMPING-CAR n. m. (pl. *camping-cars*). Véhicule automoteur dont l'aménagement intérieur est conçu pour servir de logement au cours d'un voyage ou de vacances.

CAMPING-CARAVANING n. m. (pl. *camping-caravanings*). Forme de camping pratiquée en caravane.

CAMPING-GAZ n. m. inv. (n. déposé). Petite bouteille de butane utilisée par les campeurs.

CAMPION (Edmund), jésuite anglais (Londres 1540-*id.* 1581). Membre de la « mission d'Angleterre », commencée en 1580, il fut arrêté et exécuté comme conspirateur en 1581. (Béatifié en 1886.)

CAMPION (Jane), réalisatrice néo-zélandaise (Wellington 1954). Anthropologue de formation, elle réalise en Australie ses premiers courts-métrages (*Peel,* 1981 ; *A Girl's Own Story,* 1985), avant de s'imposer sur la scène internationale avec *Two Friends* (1986), *Sweetie* (1988), *Un ange à ma table* (1990) et *la Leçon de piano* (1993).

CAMPISTRON (Jean GALBERT DE), auteur dramatique français (Toulouse 1656 - *id.* 1723). Successeur de Racine, contesté par Boileau, il eut plus de succès dans sa collaboration avec Lully. (Acad. fr., 1701.)

CAMPO n. m. (mot port.). Au Brésil, savane où dominent les graminacées, dépourvue d'arbres.

CAMPOBASSO, v. d'Italie, en Molise, ch.-l. de prov. ; 50 163 hab. Coutellerie.

CAMPODE n. m. Petit insecte (campodéidé) sans ailes, du sol et des mousses, muni de rudiments de pattes abdominales et d'une paire de cerques. (Ordre des diploures.)

CAMPODÉIFORME adj. Se dit des larves d'insectes qui ont la forme d'un campode.

Campo del Oro, aéroport d'Ajaccio, à l'E. de la ville.

Campoformio *(traité de)* [1797], traité signé le 18 oct. 1797 à Passariano, mais daté du bourg de Campoformio (Vénétie), entre la France et l'Autriche, et qui couronna la campagne victorieuse de Bonaparte en Italie. Il a pour bases les préliminaires de Leoben. La France recevait les Pays-Bas espagnols, les îles Ioniennes, Corfou et, par un article secret, les pays de la rive gauche du Rhin. L'Autriche reconnaissait l'existence d'une *République Cisalpine,* constituée par le Milanais, le duché de Modène, la Romagne et les Légations, enlevées au pape, les territoires de Mantoue, Crémone, Brescia, Bergame, enlevés à la République de Venise. Celle-ci était supprimée, et la majeure partie de son territoire donnée à l'Autriche.

CAMPO GRANDE, v. du Brésil, cap. du Mato Grosso do Sul ; 525 612 hab. Centre commercial d'une région d'élevage et d'agriculture (maïs, riz, coton).

CAMPONOTE n. m. Grande fourmi lignicole des forêts, telle que la fourmi hercule et le gâte-bois.

CAMPOS n. m. (lat. scolaire *dare campos,* donner congé). *Fam.* et *vx.* Relâche d'un travail, congé : *Donner campos à des écoliers.*

CAMPOS, v. du Brésil, dans le nord de l'État de Rio de Janeiro, sur le Paraíba do Sul ; 388 640 hab. Industries alimentaires.

CAMPOS (Arsenio MARTÍNEZ) → MARTÍNEZ CAMPOS.

CAMPOS (Álvaro DE) → PESSOA.

CAMPOSANTO n. m. inv. (it. *campo santo,* terrain consacré). En Italie, cimetière, spécialement lorsqu'il présente une valeur archéologique ou artistique. (Celui de Pise, d'architecture gothique, conserve les restes d'un célèbre cycle de fresques des XIVe et XVe s.)

CAMPRA (André), compositeur français (Aix-en-Provence 1660 - Versailles 1744). Maître de chapelle à Arles, Toulouse, Notre-Dame de Paris (1694), il composa des opéras-ballets et des tragédies lyriques : *l'Europe galante* (1697), *les Fêtes vénitiennes* (1710). Sous-maître de la Chapelle du roi (1723), il écrivit alors une trentaine de motets et un *Requiem.* Il a aussi laissé des cantates profanes (1708-1728).

CAMPTONITE n. f. (de *Campton,* n. pr.). Lamprophyre composé essentiellement de plagioclase et de hornblende brune.

CAMPTOSAURE n. m. (gr. *kamptos,* recourbé). Dinosaure herbivore, voisin de l'iguanodon, fossile dans le jurassique supérieur.

CAMPUS [-pys] n. m. (amér. *campus,* du lat. *campus,* large espace). Ensemble universitaire regroupant unités d'enseignement et résidences.

CAMPYLOBACTER [-tɛr] n. m. (gr. *kampulos,* courbé). Genre bactérien, souvent agent d'infections digestives, dont l'espèce type, *Campylobacter fetus,* est Gram négatif et aérobie strict.

CAMPYLOTROPE adj. (gr. *kampulos,* courbe). Se dit d'un ovule végétal dont l'axe est courbé, comme chez les crucifères.

CAM RANH, port de la côte méridionale du Viêt-nam, sur la *baie de Cam Ranh,* au S. de Nha Trang ; 118 000 hab.

CAMULOGÈNE, chef gaulois d'origine aulerque. Il défendit sans succès Lutèce contre Labienus en 52 av. J.-C.

CAMUS, E [-my, -yz] adj. (p.-ê. anc. provenç. *camus,* du gaul. **kamusio*). **1.** Qui a un nez court et plat ; se dit du nez lui-même. – **2.** Se dit, chez les herbivores domestiques, d'un profil de la tête concave. (Contr. BUSQUÉ.)

CAMUS (Jean-Pierre), prélat français (Paris 1584-*id.* 1652). Évêque de Belley (1609), réformateur, ami de saint François de Sales, son œuvre essentielle reste *l'Esprit du bienheureux François de Sales* (1639-1641).

CAMUS (Armand), jurisconsulte français (Paris 1740 - *id.* 1804). Avocat du clergé au parlement de Paris, député aux États généraux, il prit une part active à l'élaboration de la Constitution civile du clergé. Il fut le premier conservateur des Archives nationales.

CAMUS (Albert), écrivain français (Mondovi, auj. Deraan, Algérie, 1913-Villeblevin, Yonne, 1960). De son pays natal, il conserva toujours, vivante en lui, la luminosité, source de réconfort, dont l'évocation nostalgique ou ardente confère une densité toute particulière à son œuvre. Une tuberculose précoce interrompt sa carrière universitaire ; il s'occupe alors de théâtre, puis de journalisme, écrit *l'Envers et l'Endroit* (1937) et se rend en France (1938), où il publie *Noces* la même année. Mais c'est un roman, *l'Étranger**, et un essai, *le Mythe de Sisyphe* (1942), proclamant l'absurdité du destin de l'homme, qui forment le premier volet de son œuvre. Appelé par Pascal Pia au journal *Combat* à la Libération, il y publie de 1945 à 1947 des éditoriaux, plus tard réunis dans *Actuelles* (1949-1958). Au théâtre, il donne *le Malentendu* (1944) et *Caligula* (1945), puis il revient au roman et publie *la Peste** (1947), procès de la haine, où il découvre que « ce qui est naturel, c'est le microbe », suivie de chroniques et d'essais hostiles au communisme (*l'Homme* révolté,* 1951) qui forment le deuxième volet de l'œuvre, dont le troisième, essentiellement constitué par *la Chute** (1956), éclaire le difficile cheminement de l'auteur : l'aveu est dangereux. Outre *l'Été* (1954) et *l'Exil et le royaume* (1957), ainsi que ses adaptations à la scène d'auteurs étrangers et ses propres créations (*l'État de siège,* 1948 ; *les Justes,* 1949), Camus livre encore dans ses *Carnets* (publiés après sa mort, 3 vol., 1962-1989) ses hésitations d'homme qui a adopté, à travers ses héros, une attitude de révolte qui s'oriente cependant vers les plus hautes valeurs spirituelles. (Prix Nobel de littérature 1957.)

CAMWOOD [kamwud] n. m. Bois de teinture rouge, analogue au bois de santal et produit surtout au Gabon.

CANA, bourgade de Galilée, où Jésus, au cours d'un repas de noces, fit son premier miracle en changeant l'eau en vin (Jean II, 1-11).

CANAAN, selon la Bible, fils de Cham et petit-fils de Noé, ancêtre éponyme des Cananéens.

CANAAN *(terre* ou *pays de),* région du littoral palestino-phénicien, ancien nom de la Terre promise, ou pays d'Israël.

CANADA n. f. Nom donné à de nombreuses variétés de pommes.

CANADA, État d'Amérique du Nord, membre du Commonwealth, divisé en dix provinces : *Nouvelle-Écosse, Nouveau-Brunswick, Québec, Ontario, Manitoba, Colombie britannique, Île-du-Prince-Édouard, Alberta, Saskatchewan, Terre-Neuve,* plus les *Territoires du Nord-Ouest* et du *Yukon* ; 9 975 000 km² ; 29 800 000 hab. *(Canadiens),* dont environ 7 millions de Canadiens francophones. CAP. FÉDÉRALE : *Ottawa.* Les agglomérations les plus peuplées sont celles de *Toronto, Montréal, Vancouver, Ottawa-Hull, Edmonton, Calgary, Winnipeg, Québec, Hamilton.* LANGUES : *anglais* et *français.* MONNAIE : *dollar canadien.*

Géographie.

• *Le milieu naturel.* Plus vaste que les États-Unis (Alaska inclus), le Canada est presque dix fois moins peuplé. Ce contraste n'est pas lié au relief (le paysage des plateaux domine dans l'Est et le Centre ; la montagne [système des Rocheuses] n'est vraiment présente que dans l'Ouest). Il résulte essentiellement du climat. Les Rocheuses opposent une barrière aux influences pluvieuses et adoucissantes du Pacifique, mais surtout la latitude entraîne une rigueur croissante de l'hiver vers le nord. Les feuillus des basses terres laurentiennes cèdent rapidement la place aux conifères, auxquels succèdent la toundra puis par fois, dans l'extrême-nord, insulaire, les glaces.

DIVISIONS ADMINISTRATIVES DU CANADA

Provinces ou territoires*	Superficie (en km²)	Population	Capitale ou chef-lieu*
Terre-Neuve	406 000	568 474	Saint John's
Île-du-Prince-Édouard	5 657	129 765	Charlottetown
Nouvelle-Écosse	55 490	899 942	Halifax
Nouveau-Brunswick	73 437	723 900	Fredericton
Québec	1 540 680	6 895 963	Québec
Ontario	1 068 582	10 084 885	Toronto
Manitoba	650 000	1 091 942	Winnipeg
Saskatchewan	652 000	988 928	Regina
Alberta	661 000	2 545 553	Edmonton
Colombie britannique	950 000	3 282 061	Victoria
Yukon*	482 515	27 797	Whitehorse*
Territoires du Nord-Ouest	3 380 000	57 649	Yellowknife*

• *La population.* Elle se concentre dans la vallée du Saint-Laurent et sur le pourtour des lacs Huron et Ontario. Le peuplement est plus diffus dans la prairie, rurale, ponctuel dans les Rocheuses et sur le littoral pacifique. Cette population est fortement urbanisée, avec notamment trois agglomérations millionnaires (Toronto, Montréal et Vancouver). Elle ne s'accroît plus que très lentement en raison du fort ralentissement de l'immigration (d'ailleurs compensée par des départs vers les États-Unis) et surtout de la chute du taux de natalité. Cette population, héritage de l'histoire, reste marquée par le dualisme anglophones (majoritaires)-francophones, qui déborde d'ailleurs le domaine linguistique. Les francophones, qui représentent près de 30 % du total, dominent dans le Québec et sont encore nombreux au Nouveau-Brunswick et dans l'est de l'Ontario.

• *L'économie.* Le Canada doit à son étendue un potentiel agricole et industriel considérable. Le sous-sol (d'ailleurs encore incomplètement mis en valeur ou prospecté) fournit des quantités notables de pétrole, de gaz naturel, de charbon aussi. En ajoutant les apports de l'hydroélectricité, toujours prédominante, et du nucléaire (favorisé par d'abondantes ressources en uranium), le pays est bien doté sur le plan énergétique. Il figure encore parmi les dix premiers producteurs mondiaux de minerai de fer, de cuivre, de nickel, de cobalt, de plomb et de zinc, d'or et d'argent. L'agriculture n'emploie plus guère que 4 % de la population active (plus de 60 % dans les services), mais, mécanisée et disposant de superficies étendues, elle livre notamment du blé, en grande partie exporté, alors que l'élevage bovin est également développé. La forêt couvre environ le tiers du sol. La pêche maritime est active. Une part importante de l'industrie valorise ces productions : agroalimentaire, industrie du bois (notamment pâtes et papier), métallurgie ou concentration des minerais, raffinage du pétrole et pétrochimie. La sidérurgie occupe une place notable, la production d'aluminium est liée à l'abondance de l'hydroélectricité, mais nécessite l'importation de bauxite (ou d'alumine). Toutes les branches de transformation et de consommation (constructions mécaniques et électriques, chimie fine, textile, etc.) sont pratiquement représentées, mais une partie non négligeable de l'industrie (automobile, électronique, pétrole et chimie) est contrôlée par les capitaux américains. Sur le plan spatial, les liens sont étroits entre les régions frontalières des deux pays, alors que, malgré le développement des transports (l'avion succédant aux historiques transcontinentaux ferroviaires), les liaisons sont parfois longues ou difficiles entre les façades atlantique et pacifique. Le poids des États-Unis s'exprime aussi dans le commerce extérieur. Mais le solde est généralement excédentaire, situation qui, liée et ajoutée au potentiel agricole, minéral et énergétique, témoigne d'atouts assez exceptionnels dans le monde occidental.

Histoire.

• *La Nouvelle-France.* Le premier peuplement du pays est constitué par des tribus amérindiennes. La véritable exploration du Canada commence avec Jacques Cartier, à partir de 1534.

1608 : Fondation de Québec par Champlain.

1627 : Le cardinal de Richelieu crée la Compagnie des Cent-Associés, chargée de coloniser le pays. L'agriculture se développe, ainsi que le commerce des fourrures. Les Français et leurs alliés hurons doivent faire face aux incursions des Iroquois.

1663-64 : Louis XIV réintègre le Canada (Nouvelle-France) dans le domaine royal, le dote d'une nouvelle administration et fonde la Compagnie des Indes occidentales.

Avec l'intendant Jean Talon, la Nouvelle-France connaît un bel essor et la colonisation se développe le long du fleuve Saint-Laurent. Les Anglais tentent de s'implanter au Canada et combattent les Français.

1713 : Par le traité d'Utrecht, la France cède l'Acadie à l'Angleterre ainsi que ses droits sur Terre-Neuve et la baie d'Hudson.

Par ailleurs, l'exploration pénètre au cœur du continent et atteint la Louisiane.

1756 : Début de la guerre de Sept Ans.

1759 : Défaite des Français dirigés par Montcalm aux « plaines d'Abraham », près de Québec.

1763 : Par le traité de Paris, Louis XV cède le Canada à la Grande-Bretagne.

• *Le Canada britannique.*

1783 : La signature du traité de Versailles, reconnaissant l'indépendance des États-Unis, provoque l'arrivée massive des loyalistes américains.

1812-1814 : Guerre avec les États-Unis : les troupes de ces derniers sont repoussées.

1820-1836 : Les parlementaires s'affirment, avec, dans le Haut-Canada, William Lyon Mackenzie et, dans le Bas-Canada, Louis Joseph Papineau. Ils exigent un vrai régime parlementaire contrôlant le budget et votant les lois.

1837 : Révoltes chez les anglophones comme chez les francophones, contre le pouvoir trop absolu de Londres.

La révolte écrasée, le gouvernement britannique crée le Canada-Uni (1840). Après avoir imposé sa solution, Londres favorise une évolution libérale (constitution d'un gouvernement responsable devant l'assemblée des élus). L'économie se développe rapidement.

• *La Confédération canadienne.*
1867 : L'Acte de l'Amérique du Nord britannique crée une Confédération canadienne, formée par l'Ontario, le Québec, le Nouveau-Brunswick et la Nouvelle-Écosse. Un gouvernement fédéral est institué.
1870-1873 : Le Manitoba (1870), la Colombie britannique (1871) puis l'Île-du-Prince-Édouard (1873) sont intégrés au Canada.
1885 : Achèvement du chemin de fer transcontinental.
Dirigé par le conservateur John Alexander Macdonald (de 1867 à 1873 et de 1878 à 1891), le Canada bénéficie d'une intense immigration à la fin du XIXe s. et au début du XXe ; à côté des deux « peuples fondateurs », une mosaïque de nationalités s'établit dans le pays.
1905 : L'Alberta et la Saskatchewan sont constitués en provinces.
1914-1918 : Le Canada accède au rang de puissance internationale par sa participation à la Première Guerre mondiale aux côtés des Alliés.
Entre les deux guerres mondiales, l'émancipation complète du Canada est acquise avec les gouvernements du libéral William Lyon Mackenzie King (de 1921 à 1930 et de 1935 à 1948).
1926 : La Conférence impériale reconnaît l'indépendance du Canada au sein du Commonwealth, sanctionnée par le statut de Westminster (1931).
1940-1945 : Le Canada déclare la guerre à l'Allemagne. Jusqu'à la fin du conflit (1945), il développe une puissante industrie de guerre.
1949 : Terre-Neuve entre dans la Confédération.
Les libéraux sont au pouvoir avec Louis Saint-Laurent (1948-1957), Lester Pearson (1963-1968), puis Pierre Elliott Trudeau (1968-1979 et 1980-1984). Au cours de ces années, la Confédération doit faire face aux revendications autonomistes de la province francophone de Québec.
1982 : Le Canada obtient le rapatriement de sa Constitution, ce qui lui permet de modifier ses lois fondamentales sans l'autorisation du Parlement britannique.
1984 : Démission de P. E. Trudeau. Brian Mulroney lui succède après la victoire des conservateurs aux élections.
1988 : Nouvelle victoire des conservateurs aux élections. Signature d'un accord de libre-échange avec les États-Unis.
1989 : Le Canada adhère à l'Organisation des États américains.
1990 : Échec de l'accord constitutionnel dit « du lac Meech », destiné à satisfaire les demandes minimales du Québec.
1992 : Soumis à référendum, un nouvel accord, signé à Charlottetown, entre représentants du gouvernement fédéral, des provinces et des Amérindiens, est rejeté.
1993 : Démission de B. Mulroney. Kim Campbell, élue à la tête du parti conservateur, lui succède. Après les élections, Jean Chrétien, chef des libéraux, devient Premier ministre.
1994 : L'accord de libre-échange, négocié en 1992 avec les États-Unis et le Mexique, entre en vigueur.
1995 : Le référendum sur la souveraineté du Québec, qui voit les partisans du maintien de la province dans l'ensemble canadien l'emporter d'extrême justesse sur les indépendantistes, ébranle fortement la Confédération.

Canada *(National Ballet of),* compagnie de ballet canadienne fondée par Celia Franca, membre du Sadler's Wells Ballet. La troupe, constituée à Montréal dès 1951, a son siège à Toronto. Le répertoire de la troupe, proche de celui du Sadler's Wells Ballet (auj. Royal Ballet), s'est enrichi d'œuvres de chorégraphes canadiens (Brian MacDonald, Grant Strate).

Canada - France - Hawaii *(télescope)* **[C. F. H.],** télescope de 3,60 m de diamètre, réalisé en coopération par la France, le Canada et l'université de Hawaii, installé près du sommet du Mauna Kea (Hawaii), à 4 200 m d'altitude, et mis en service en 1979.

Canadair, firme aéronautique la plus importante du Canada, issue de la Canadian Vickers (1924). Elle produit notamment un avion équipé de réservoirs d'eau de mer, utilisé pour la lutte contre les incendies de forêts. La firme a été achetée en 1986 par Bombardier, société canadienne de construction mécanique.

CANADEL ou **CANADEL-SUR-MER** → RAYOL-CANADEL-SUR-MER.

CANADIANISER v. t. (conj. 3). Donner à qqch, à qqn un caractère canadien.

CANADIANISME n. m. Mot, tournure propres au français parlé au Canada.

Canadian National Railway (CNR) ou *Compagnie des chemins de fer nationaux du Canada,* compagnie publique de chemin de fer constituée au Canada en 1923. Son vaste réseau (38 000 km) met en relation l'est et l'ouest du pays. La compagnie possède, en outre, des lignes maritimes.

Canadian Pacific, compagnie de chemin de fer constituée au Canada, en 1881, pour unir l'Atlantique au Pacifique. Son réseau a une étendue de 38 400 km. Ce transcontinental a été le grand facteur de mise en valeur de l'Ouest canadien. La compagnie, qui a cédé à l'État l'exploitation du transport ferroviaire des voyageurs, possède des lignes aériennes et maritimes et a étendu ses activités (gaz naturel, pétrole, mines, hôtels, télécommunications).

CANADIAN RIVER, riv. des États-Unis, affl. de l'Arkansas (r. dr.) ; 1 544 km.

CANADIEN, ENNE adj. et n. Du Canada.

◆ **canadien** n. m. Instrument de travail du sol, à dents souples en forme de C, traçant des sillons de faible profondeur, utilisé pour la reprise des labours.

◆ **canadienne** n. f. **1.** Veste croisée ceinturée, à col châle, en toile de coton fourrée ou en peau retournée. — **2.** Emballage en carton pour le transport des œufs. — **3.** Pirogue légère et portative, dérivée des canoës indiens et se manœuvrant à la pagaie. — **4.** Petite tente de camping à deux mâts, sous laquelle on ne peut se tenir debout. — **5.** *Fenêtre à la canadienne,* fenêtre à châssis en largeur, ouvrant en général vers l'intérieur par des bras de levier et par pivotement sur un axe inférieur horizontal qui coulisse dans les rives verticales.

CANADIEN *(Bouclier),* vaste région du Canada, entourant la baie d'Hudson et allant jusqu'aux Grands Lacs, correspondant à un socle pénéplané de roches très anciennes, précambriennes, et superficiellement affecté par les glaciations quaternaires (lacs).

CANAILLE n. f. (ital. *canaglia,* troupe de chiens, du lat. *canis,* chien). **1.** *Vx.* Ramassis de gens méprisables ou considérés comme tels. — **2.** Personne malhonnête, sans moralité : *Cette canaille a encore extorqué de l'argent à des naïfs.*

◆ adj. Populacier, vulgaire, polisson : *Un air canaille.*

CANAILLE *(cap),* promontoire rocheux des Bouches-du-Rhône, au S. de Cassis.

CANAILLERIE n. f. *Litt.* Acte malhonnête, méprisable, indélicat.

ÇANAKKALE, v. de Turquie, ch.-l. de prov., sur la rive asiatique des Dardanelles ; 40 000 hab.

CANAL n. m. (lat. *canalis*). **1.** Voie navigable artificielle, comportant une série de biefs dans lesquels est maintenu un mouillage à peu près constant. (→ *encycl.*) — **2.** Conduit permettant le passage d'un liquide ou d'un gaz. — **3.** *Par le canal de,* par l'intermédiaire de : *Je l'ai su par le canal d'un de mes amis.* • **Agric.** *Canal de drainage,* canal destiné à éliminer l'excès d'eau d'un sol. ‖ *Canal d'irrigation,* canal servant à conduire et à répartir les eaux d'irrigation jusqu'aux cultures. — **Anat.** Structure anatomique livrant passage à des vaisseaux et à des nerfs (canal inguinal, par ex.). — **Archit.** et **Arts décor.** Refouillement, petite moulure creuse, en général arrondie. ‖ Bassin de forme très allongée, entrant dans la composition d'un jardin à la française. — **Astron.** *Canaux de Mars,* traînées rectilignes entrecroisées que certains astronomes crurent distinguer, à la fin du XIXe s., à la surface de Mars, par suite du pouvoir de résolution insuffisant des instruments utilisés. — **Audiovis.** *Canal radioélectrique,* bande de fréquences destinée aux émissions de radio ou de télévision. — **Bât.** *Tuile canal,* tuile ayant la forme d'une gouttière d'allure tronconique, qui sert à la fois de tuile de dessous (ou de courant) et de tuile de dessus (ou de couvert) et qui ne comporte pas de système d'accrochage. (Syn. TUILE CREUSE.) — **Biol.** Organe animal ou végétal en forme de tuyau et où circule ou stationne, de façon permanente ou temporaire, un liquide organique. (Chez les plantes, on distingue dans certaines espèces un *canal médullaire* [axe creux de la tige], des *canaux sécréteurs* et, chez les plantes aquatiques, des *canaux aérifères.*) — **Écon.** *Canal de distribution,* trajet suivi par un produit pour aller du producteur au consommateur. — **Géogr.** Lit ou bras d'une rivière ; chenal. ‖ Bras de mer (surtout dans quelques expressions) : *Canal de Mozambique.* — **Inform.** Organe qui associe les unités d'un système informatique entre elles. — **Navig.** *Canal de jonction,* canal unissant deux bassins différents et comportant un bief de partage dans leur section la plus élevée. ‖ *Canal latéral,* canal suivant la vallée d'un cours d'eau naturel et suppléant à la non-navigabilité de ce cours d'eau. ‖ *Péniche* ou *bateau de canal,* syn. de PÉNICHE FLAMANDE*. — **Sociol.** Support physique ou ensemble des appareils techniques nécessaires à la transmission de signaux ou de messages écrits, sonores ou visuels. — **Trav. publ.** *Canal d'amenée,* canal conduisant les eaux d'un captage ou d'un barrage à l'usine de traitement, au réservoir d'alimentation d'une ville ou à l'usine hydraulique.

ENCYCL. **Géogr.** et **Navig.** Quelques canaux, en nombre limité mais de grande importance (canaux interocéaniques de Suez et de Panamá), sont utilisés pour la navigation maritime. Les canaux destinés à la navigation intérieure s'intègrent dans des réseaux souvent articulés sur des cours d'eau, les uns sans aménagement (mais il s'agit à peine de canaux) ou avec des aménagements à courant libre, les autres canalisés et alors fort semblables aux voies d'eau artificielles. L'utilisation des cours d'eau sans aménagement intervient surtout pour les grands fleuves tropicaux dont le fort débit ne nécessite pas (ou interdit même) l'aménagement : Zaïre, Amazone, Yangzi Jiang. Elle permet aussi le flottage du bois, tant au Canada qu'en Scandinavie ou en Russie. Les aménagements à courant libre consistent à aménager les capacités d'un chenal de navigation par diverses techniques, par exemple en supprimant les méandres (Mississippi). [→ NAVIGATION *fluviale.*]

Les dimensions caractéristiques d'un canal, définies dans un plan vertical perpendiculaire à son axe, sont le rectangle de navigation et la section mouillée.

Canal impérial ou **Grand Canal,** en chin. **Yunhe** → IMPÉRIAL (*Canal*).

Canal Plus ou **Canal +,** chaîne française de télévision à péage, distribuée par voie hertzienne et lancée en 1984. Elle accorde une place importante à la diffusion de films et aux sports. Elle a créé des filiales dans plusieurs pays (Europe essentiellement et Afrique) et joué un rôle important dans le développement des chaînes thématiques du câble. Elle possède également une société de production et de cinéma.

CANALA ou **KANALA,** comm. de la Nouvelle-Calédonie, près de la côte orientale de l'île ; 3 966 hab. Extraction du nickel.

CANALETE n. m. **1.** Arbre (borraginacée) d'Amérique tropicale. (Genre *cordia.*) – **2.** Bois d'ébénisterie brun veiné de noir, dur et lourd, fourni par cet arbre.

CANALETTO (Antonio CANAL, dit [il]), peintre et graveur italien. (Venise 1697 - *id.* 1768). Il travailla avec son père, décorateur de théâtre, reçut des leçons de perspective du védutiste Luca Carlevarijs (1665-1731) et rencontra Pannini à Rome avant de se consacrer à la description de Venise (canaux et monuments, fêtes) en des vues d'une grande précision, poétisées par les jeux de lumière. Il a aussi travaillé en Angleterre. Son neveu B. Bellotto fut son élève.

CANALICULE n. m. (de *canal*). Petit conduit anatomique, branche de ramification de conduits plus importants.

CANALICULÉ, E adj. Se dit d'un organe végétal creusé d'une ou plusieurs gouttières longitudinales.

CANALISABLE adj. Qui peut être canalisé.

CANALISATION n. f. **1.** Action de canaliser : *La canalisation de la foule vers les sorties.* – **2.** Tuyauterie utilisée pour l'eau, l'air, le gaz, les produits pétroliers, etc. (→ *encycl.*) – **3.** Système de canaux ou de conduites. – **4.** Dans une installation électrique, ensemble des conducteurs, des éléments qui les protègent mécaniquement et de ceux qui les fixent.

ENCYCL. **Assain.** Le choix du matériau dépend de la nature du fluide à transporter, de sa température et de sa pression. Le plomb est moins utilisé, à présent, en raison des risques d'attaque par une eau trop douce. La fonte ductile convient aux fortes pressions, aux terrains instables, aux liquides corrosifs, aux hautes températures ; l'acier est plus léger mais doit être protégé contre la corrosion. Le cuivre, d'un prix élevé, convient surtout à l'eau chaude. Pour les pressions relativement faibles, on utilise le grès, l'amiante-ciment, le béton armé. Les matières plastiques résistent bien aux pressions moyennes et aux agents corrosifs, mais leur tenue aux températures supérieures à 60 °C laisse encore à désirer.

CANALISER v. t. (de *canal*) [conj. 3]. **1.** Améliorer la navigabilité d'une rivière, en régulariser le cours. – **2.** Rassembler des choses ou des gens, les regrouper afin de les diriger dans un sens déterminé : *Le service d'ordre canalisait la foule vers la sortie.*

CANANÉEN, ENNE adj. et n. Du pays de Canaan. ◆ **cananéen** n. m. Groupe de langues sémitiques comprenant l'ougaritique, le moabite, le phénicien et l'hébreu.

CANANÉENS, nom donné aux peuples sémites de Phénicie et de Palestine, dont la civilisation est marquée par l'unité de la religion et du langage. Partout, on adorait les divinités connues par les textes religieux d'Ougarit (XIVe-XIIIe s. av. J.-C.) : El, Baal Addou, Anat, Asherah, etc. Leur culte se tenait sur des hauts lieux, où l'on trouvait bétyles et bosquet sacré ; sacrifices et prostitution sacrée y marquaient la célébration des fêtes.
Frappé par les invasions araméennes (dont les Hébreux constituent une des vagues) à la fin du IIe millénaire, le monde cananéen se réduisit alors aux cités phéniciennes et puniques.

CANAPÉ n. m. (anc. fr. *conopé,* rideau de lit, du lat. *conopeum,* moustiquaire). **1.** Long siège à dossier et accotoirs, pour plusieurs personnes. (Remonte au XVIIe s. Variantes : *ottomane, corbeille, veilleuse, sofa.*) – **2.** Petite tranche de pain, nature ou grillée, garnie de menus apprêts. – **3.** Tranche de pain frite, tartinée des éléments internes d'un gibier, sur laquelle on présente celui-ci.

CANAPÉ-LIT n. m. (pl. *canapés-lits*). Canapé pouvant, selon des modalités variées, se transformer en lit.

CANAQUE → KANAK.

CANAR n. m. (mot dialect. du Nord, du lat. *canalis,* tuyau). *Canar (d'aérage),* tuyau rigide servant à l'aérage d'une galerie en cul-de-sac. (Syn. BUSE D'AÉRAGE.)

CANARA → KANNARA.

CANARD n. m. (de l'anc. fr. *caner,* caqueter). **1.** Oiseau aquatique ansériforme migrateur, au cou court, au bec aplati apte à filtrer la vase, aux pattes palmées, très courtes, et dont certaines espèces font l'objet d'un élevage important pour leur chair. (La femelle est la *cane,* le jeune le *caneton* ou, dans les espèces sauvages, le *halbran.*) — **2.** *Fam.* Terme d'amitié : *Mon petit canard !* — **3.** *Fam.* et *péjor.* Nouvelle sujette à caution donnée par la presse. — **4.** *Fam.* et *péjor.* Journal, — **5.** *Fam.* Morceau de sucre plongé dans le café, le rhum, etc. — **6.** Fausse note émise par la voix ou par un instrument ; couac. — **7.** *Canard boiteux,* celui qui, au sein d'un groupe, ne suit pas le même chemin que les autres ; entreprise que sa mauvaise gestion a mise en difficulté. ‖ *Froid de canard,* très vif. ‖ Fam. *Vilain petit canard,* dans un groupe, personne qu'on tient à l'écart, qu'on accuse de tous les défauts. • **Aéron.** *Empennage canard,* empennage horizontal placé sur un avion à l'avant du fuselage, devant la voilure. — **Méd.** Sorte de bol fermé, pourvu d'un long bec, que l'on emploie pour donner à boire aux malades couchés. — **Presse.** Feuille volante d'information (surtout des faits divers), souvent agrémentée d'une gravure sur bois qui connut un grand succès aux XVIIIe et XIXe siècles. — **Zool.** *Canard musqué,* syn. de CANARD DE BARBARIE. ‖ *Canard percheur,* carolin. ‖ *Canard plongeur,* fuligule. ‖ *Canard siffleur,* dendrocygne. ‖ *Canard des torrents,* merganette.

ENCYCL. La sous-famille des canards (anatinés) comprend notamment les tadornes, l'oie d'Égypte, l'eider, les macreuses, les sarcelles, les fuligules. Les espèces françaises sont le colvert (domestique), le chipeau, le pilet, le siffleur et le souchet, caractérisés par les vives couleurs du plumage des mâles.

Le canard est un animal rustique, facile à élever. Il vit souvent par petites familles, chaque mâle ayant ses favorites : on compte environ un mâle pour six canes. La ponte de bonnes canes de races spécialisées dépasse 200 œufs par an. On obtient des canetons d'un poids vif de 2 kg pour les femelles et de 3,5 kg pour les mâles à l'âge de 10 semaines.

Canard enchaîné *(le),* hebdomadaire satirique illustré, fondé à Paris en 1916 par Maurice et Jeanne Maréchal . Il n'a pas recours à la publicité.

Canard sauvage *(le),* drame en prose, en 5 actes, de Henrik Ibsen (1884). Parce qu'il exige la justice et la vérité à tout prix, le héros, Greger, provoque un drame familial et entraîne une innocente à se suicider.

CANARD (Nicolas François), mathématicien et économiste français (Sézanne 1754-Paris 1833). Précurseur de la théorie de l'équilibre général et du raisonnement nominaliste, il introduisit les mathématiques en économie. On lui doit des *Principes d'économie politique* (1801).

CANARDER v. t. (de *canard*) [conj. 3]. *Fam.* Tirer sur qqn de nombreux projectiles, en partic. avec un arme à feu, en restant soi-même caché.
◆ v. i. *Fam.* Faire des canards, des couacs.

CANARDERIE n. f. Lieu où l'on élève des canards.

CANARDIÈRE n. f. **1.** Mare pour canards. — **2.** Partie d'un étang disposée pour prendre au filet les canards sauvages. — **3.** Fusil placé à l'avant d'une barque et jadis utilisé pour chasser les canards.

1. CANARI n. m. Cépage noir, très productif, cultivé dans le département de l'Ariège.

2. CANARI n. m. (esp. *canario*). Serin domestique originaire des îles Canaries, apprécié pour son chant et dont il existe une race répandue au plumage jaune.
◆ adj. inv. Se dit d'un jaune tirant sur le vert.

CANARIE (Grande), en esp. **Gran Canaria,** île montagneuse et volcanique des Canaries ; 1 533 km^2 ; 464 000 hab. V. princ. *Las Palmas.*

CANARIES, en esp. **Canarias,** archipel volcanique de l'Atlantique, à une centaine de kilomètres au large du Maroc méridional, réparti administrativement dans les deux provinces espagnoles de Santa Cruz de Tenerife et de Las Palmas et constituant une communauté autonome. Couvrant 7 300 km^2, l'archipel compte 1 601 812 hab.

— **Géogr.** L'archipel (dont les principales îles sont Tenerife, Fuerteventura, Grande Canarie) a un climat chaud, avec une sécheresse estivale marquée. Ancienne escale maritime et aérienne, les Canaries vivent du tourisme international et de quelques cultures irriguées (fruits tropicaux et primeurs).

— **Hist.** Habitées par les Guanches, les Canaries étaient connues des Romains, mais furent considérées comme une région mythique, nommée *îles Fortunées,* jusqu'à la découverte de Lanzarote par Lancerotto Marocello en 1312. En 1402, J. de Béthencourt et Gadifer de La Salle entamèrent leur conquête, que les Espagnols achevèrent en 1496. Relais nécessaire entre l'Europe et le Nouveau Monde, les Canaries assurèrent le passage de Colomb vers les Bahamas et permirent le transport des plantes alimentaires (canne à sucre) vers l'Amérique. Disputées entre le Portugal et l'Espagne de 1420 à 1479, elles furent reconnues espagnoles au traité d'Alcáçovas (1479). Mais elles bénéficient depuis lors d'une large autonomie économique et administrative.

CANARIES *(courant des),* courant froid longeant vers le S. les côtes du Maroc et de Mauritanie. Les remontées permanentes d'eau froide et minéralisée entretiennent l'aridité du climat et la fertilité des eaux.

CANARIS (Constantin) → KANÁRIS.

CANARIS (Wilhelm), amiral allemand (Aplerbeck 1887-Flossenbürg 1945). Placé à la tête du service militaire de renseignements (Abwehr), il y obtint des résultats importants. De plus en plus hostile à Hitler, il couvrit des opposants. Arrêté après le complot du 20 juill. 1944, il fut exécuté, en 1945, sur ordre de Hitler.

CANARIUM [-rjɔm] n. m. Nom générique d'arbres résineux odoriférants de la famille des burséracées, qui fournissent des encens d'usages divers appelés *élémis.* (C'est aussi un *canarium* qui fournit le bois de caisserie nommé *aiélé.*)

CANASSON n. m. (de *canard*). *Pop.* et *péjor.* Cheval.

CANASTA n. f. (esp. *canasta,* corbeille). Jeu de cartes d'origine sud-américaine, qui se joue à quatre joueurs avec deux jeux de 52 cartes et 4 jokers et qui consiste à réaliser des séries de 7 cartes de même valeur, appelées elles aussi *canastas.*

CANAVERAL *(cap),* avancée du littoral atlantique des États-Unis, sur la côte orientale de la Floride. Rebaptisé *cap Kennedy* en 1964, il a retrouvé en 1973 son nom originel. Centre spatial Kennedy* de la NASA.

CANAZEI, station d'été et de sports d'hiver (alt. 1 470-2 950 m) d'Italie, au N.-N.-E. de Trente, dans les Dolomites ; 1 500 hab.

CANBERRA, cap. fédérale de l'Australie ; 278 894 hab. (Le Territoire de la capitale couvre 2 400 km² et compte 297 300 hab.) Construite selon le plan de l'architecte américain Walter Burley Griffin sur un site de la Cordillère australienne choisi en 1912, à peu près à égale distance des métropoles rivales de Melbourne et Sydney, Canberra est un centre administratif et commercial. Bibliothèque nationale ; Galerie nationale d'art (1982).

CANCALE n. f. Huître élevée dans la région de Cancale.

CANCALE (35260), ch.-l. de cant. d'Ille-et-Vilaine, sur la rive ouest de la baie du Mont-Saint-Michel ; 4 990 hab. *(Cancalais).* Ostréiculture. Station balnéaire.

1. CANCAN n. m. (onomat.). Cri du canard.

2. CANCAN n. m. (lat. *quamquam,* quoique, mot par lequel commençaient souvent les harangues universitaires). Bavardage malveillant (surtout pl.) : *Faire courir des cancans.*

3. CANCAN n. m. (de *canard*). Danse, souvent improvisée, associant gesticulations et levés de jambe, très en vogue vers 1830 dans les bals publics (Moulin-Rouge, etc.) et dont la création a été attribuée au danseur Chicard. (Devenu danse de girls, le cancan, dit aussi FRENCH CANCAN, a fait la réputation du bal Tabarin.) [Syn. CHAHUT.]

1. CANCANER v. i. (conj. 3). Crier, en parlant du canard.

2. CANCANER v. i. (conj. 3). *Fam.* Tenir, colporter des cancans.

CANCANIER, ÈRE adj. et n. Qui a l'habitude de faire des cancans.

CANCEL → CHANCEL.

CANCELLAIRE n. f. (lat. *cancelli, -orum,* barreaux). Mollusque gastropode prosobranche qui abonde dans les mers chaudes.

CANCELLARIAT n. m. Dignité du chancelier.

1. CANCER [-sɛr] n. m. (lat. *cancer,* crabe). Nom générique du *crabe tourteau.*

2. CANCER [-sɛr] n. m. (de *cancer 1*). **1.** *(Le cancer).* Toute prolifération anormale des cellules d'un tissu ou d'un organe ; état morbide, affectation qui en résulte — **2.** *(Un cancer).*Tumeur maligne formée par la prolifération désordonnée des cellules d'un tissu ou d'un organe. (→ *encycl).* — **3.** Mal insidieux capable de gangréner un groupe : *Le cancer de la drogue.*

causes

Le plus souvent, un cancer est dû à plusieurs facteurs associés. Certains facteurs sont considérés comme cancérogènes.

• *Les facteurs physiques.* Le rayonnement solaire (ultraviolet B), en cas d'exposition excessive, favorise les cancers de la peau. La radioactivité est en cause en cas d'accident, dans certaines industries, ou, en l'absence de précautions suffisantes, chez certains professionnels de la santé. Les rayon X, tels que ceux utilisés en radiologie, sont accusés également, mais pas dans leurs conditions normales d'utilisation.

• *Les substances chimiques.* La fumée du tabac contient des agents responsables du cancer du pharynx, de l'œsophage, du larynx, des bronches et de la vessie. L'association avec un alcoolisme est redoutable. Parmi les facteurs présents dans l'environnement ou atteignant certaines professions, citons les fibres d'amiante, qui peuvent être mises en cause dans certains cancers des bronches et de la plèvre. Des substances contenues dans les aliments naturels, ainsi que des additifs artificiels, sont aussi cancérogènes, au moins en théorie.

• *Les aspects biologiques.* On ne connaît pas de cancer réellement héréditaire. Cependant, il existe une prédisposition familiale : soumise à un même cancérogène, une personne aura un cancer non pas obligatoirement, mais plus facilement qu'une autre. Le facteur familial se retrouve pour le cancer du sein ou du côlon (gros intestin). D'autre part, certaines anomalies plus ou moins héréditaires, non cancéreuses en elles-mêmes, se transforment assez souvent en cancer : c'est le cas des polypes du côlon.

Le système immunitaire, qui comprend notamment les globules blancs et assure la défense de l'organisme, détruit les cellules étrangères ou anormales. Il peut arriver que, à la suite d'une anomalie de ce système, les cellules cancéreuses ne soient plus reconnues comme anormales ; c'est ce qui se produit au cours de l'infection par le virus du sida.

Certains virus, dits *oncogènes* (cancérogènes), transforment directement les cellules qu'ils infectent en cellules cancéreuses. C'est parfois le cas du virus de l'hépatite virale B (cancer du foie) et peut-être du papillomavirus (cancer du col de l'utérus).

mécanismes

• *À l'échelle de la cellule.* La théorie génique est la plus couramment admise : d'abord, un agent cancérogène provoque une mutation dans une ou plusieurs cellules, c'est-à-dire une modification de la composition chimique de la molécule d'A.D.N. qui constitue les chromosomes et qui commande les activités de la cellule. Les gènes ainsi modifiés peuvent être soit des oncogènes (qui favorisent le cancer), soit des gènes suppresseurs (qui, normalement, inhibent le cancer). Les virus oncogènes agissent différemment en entrant au sein de la molécule d'A.D.N. La cellule cancéreuse perd son caractère différencié, c'est-à-dire spécialisé, qui permettait de l'identifier au microscope, même au milieu d'autres cellules, et qui lui permettait d'accomplir une fonction : elle n'a plus aucune activité utile pour l'organisme. De plus, elle se met à proliférer, à se multiplier sans fin, car elle ne répond plus aux messages chimiques de l'organisme qui règlent et limitent les divisions des différentes cellules.

• *À l'échelle du tissu.* Les cellules cancéreuses détruisent les cellules normales en prenant leur place. Le tissu (par exemple le tissu nerveux ou la muqueuse de l'intestin), qui était un ensemble de cellules organisé, prend un aspect plus ou moins anarchique. Dans une masse cancéreuse, chaque cellule a un caractère cancéreux et provient de la division d'une seule cellule initiale.

• *À l'échelle supérieure.* La tumeur cancéreuse peut tout d'abord commencer à gagner de proche en proche les tissus voisins. Ensuite, il peut arriver qu'une cellule atteigne, par hasard, un des vaisseaux du système lymphatique, qui la conduit jusqu'à un ganglion lymphatique. Celui-ci, dans le cou, sous le bras, à l'aine ou près d'un organe, augmente de volume. Enfin, une des cellules peut aussi gagner un petit vaisseau sanguin et, par son intermédiaire, atteindre un autre organe n'importe où dans le corps, puis recommencer à se multiplier. On appelle *métastase cancéreuse* la tumeur qui provient de cellules situées à distance.

signes cliniques et dépistage

Aucun des signes cliniques du cancer n'est spécifique ni constant : ils peuvent exister sans cancer et être absents en cas de cancer. La liste n'est donc qu'indicative : altération de l'état général, c'est-à-dire fatigue, fièvre, amaigrissement ; modification du transit intestinal, c'est-à-dire apparition d'une diarrhée ou d'une constipation, surtout après quarante ans ; présence de sang dans les selles (après quarante ans environ), dans les urines, dans les crachats ou pertes gynécologiques, ou par le mamelon ; modification récente de la voix (cassée, rauque, enrouée) ; apparition d'un nodule (« boule ») dans un sein ou dans un testicule ; modification de l'aspect d'un grain de beauté, qui grandit, change de couleur ou de forme ou se met à saigner ; maux de tête violents inhabituels ; apparition d'une gêne à la déglutition.

Des examens complémentaires permettent de déceler un cancer. On peut voir la tumeur au moyen des techniques radiologiques ou de la fibroscopie (introduction d'un tube muni d'un système optique dans le côlon, l'œsophage, l'estomac ou les bronches). Très rarement, on peut trouver dans le sang un *marqueur tumoral,* substance qui indique la présence d'un cancer : il en existe pour le cancer de la prostate, d'autres pour les cancers du tube digestif ou des testicules. Enfin, l'examen au microscope permet souvent de trancher les cas litigieux.

Le dépistage est devenu courant pour : le col de l'utérus (prélèvement de cellules au cours d'un frottis) ; le sein (palpation à la main et radiographie) ; le rectum et le côlon (recherche d'un saignement microscopique) ; la prostate (le médecin sent avec son doigt la prostate, à travers la paroi du rectum, au cours du toucher rectal).

prévention et traitements

La prévention consiste à éviter les abus répétés d'alcool, de tabac, d'exposition au soleil et, pour limiter les cancers du tube digestif, en une alimentation variée (avec consommation régulière de fruits et de légumes et sans excès d'aliments conservés dans le sel ou fumés).

Les différentes techniques de traitement permettent de guérir 50 % des cancers. La *chirurgie* permet de retirer la tumeur maligne. La *radiothérapie* (« rayons ») utilise des rayonnements soit avec un appareil extérieur, soit avec un petit tube introduit dans une cavité du corps. La *chimiothérapie* se sert de médicaments, parfois injectés directement au niveau de la tumeur. Radiothérapie et chimiothérapie anticancéreuses ont l'avantage de pouvoir détruire le cancer ou d'empêcher sa prolifération même quand l'opération n'est pas possible. Elles présentent l'inconvénient de ne pas agir seulement sur les cellules anormales mais aussi, à un moindre degré, sur les cellules saines : elles ont donc des effets secondaires indésirables. L'*immunothérapie,* plus récente et peut-être plus prometteuse, consiste à administrer des substances ou des cellules du système immunitaire humain. Elle comprend des méthodes passives (on attaque directement le cancer, par exemple avec des anticorps) et des méthodes actives (on stimule le système immunitaire du malade pour qu'il attaque lui-même le cancer).

CANCER (en lat. *Cancer, -cri*), constellation zodiacale.
— **Astrol.** Quatrième signe du zodiaque, dans lequel le Soleil entre au solstice d'été.
— **Astron.** *Tropique du Cancer,* parallèle de la sphère terrestre correspondant à la latitude 23° 26′ N. et qui délimite au N. la zone dite *tropicale.* (Le Soleil passe deux fois par an par le zénith de tout point de cette zone.)

CANCÉREUX, EUSE adj. (bas lat. *cancerosus*). De la nature du cancer, qui lui est dû.
◆ adj. et n. Qui est atteint d'un cancer.

CANCÉRIFORME adj. Qui ressemble à un cancer.

CANCÉRISATION n. f. Transformation en cancer. (Syn. DÉGÉNÉRESCENCE.)

CANCÉRISER (SE) v. pr., **ÊTRE CANCÉRISÉ** v. pass. (conj. 3). Subir une cancérisation.

CANCÉROGÈNE ou **CANCÉRIGÈNE** adj. et n. m. Qui peut provoquer un cancer. (Syn. CARCINOGÈNE.)

CANCÉROGENÈSE n. f. Ensemble des mécanismes responsables de l'apparition et du développement d'un cancer. (Syn. CARCINOGENÈSE.)

CANCÉROLOGIE n. f. Discipline scientifique et médicale qui étudie et traite le cancer. (Syn. CARCINOLOGIE.)

CANCÉROLOGIQUE adj. Qui se rapporte à la cancérologie.

CANCÉROLOGUE n. Médecin spécialiste du cancer.

CANCÉROPHOBIE n. f. Crainte morbide et injustifiée d'être atteint d'un cancer.

CANCHE n. f. (du norm. *guinche,* herbe sèche). Nom commun à diverses graminées fourragères des prairies arides ou dégradées, des genres *aira, deschampsia* et *molinia.*

CANCHE (la), fleuve côtier du nord de la France, en Artois, qui se jette dans la Manche par un estuaire au N. du Touquet ; 96 km.

CANCIÓN n. f. (esp. *canción,* chanson). Dans la poésie espagnole, pièce lyrique populaire ou savante.

CANCIONERO n. m. (esp. *cancionero*). Dans la littérature espagnole, recueil de poésies lyriques anciennes.

CANCLAUX (Jean-Baptiste Camille, *comte* DE), général et pair de France (Paris 1740-*id.* 1817). Envoyé dans l'Ouest, il défendit victorieusement Nantes contre les vendéens (1792). Destitué (1793), puis réintégré (1794), il devint ambassadeur à Naples (1796-1798). Sénateur en 1804, il fut nommé pair de France par Louis XVIII.

CANCOILLOTTE [kɑ̃kɔjɔt ou kɑ̃kwajɔt] (du moyen fr. *caillotte,* lait caillé). Fromage de Franche-Comté à pâte molle, fabriqué à partir de caillé de lait de vache écrémé, mélangé à du beurre, du vin blanc et des aromates.

CANCON (47290), ch.-l. de cant. du nord de Lot-et-Garonne ; 1 327 hab. Ruines d'un château du XIIIe s.

CANCRE n. (lat. *cancer, -cri,* crabe). *Fam.* Élève paresseux, très mauvais élève.

CANCRELAT (néerl. *kakkerlak,* avec infl. de *cancre*). Nom usuel des blattes. (Syn. CAFARD.)

CANCRINITE n. f. Aluminosilicate carbonaté de sodium et de calcium naturel, du système hexagonal.

CANCROÏDE n. m. (lat. *cancer, -cri,* cancer). Épithélioma spino-cellulaire de la peau et des muqueuses de type ulcéreux.

CANCÚN, île du Mexique, près de la côte nord-est du Yucatán. Centre de tourisme, relié au continent par un pont.

CANDACE, en gr. **Kandakê** (de l'éthiopien *Kantakai*), titre désignant les reines d'Éthiopie (comme Pharaon désignait les souverains d'Égypte).

CANDAULE, roi de Lydie, tué par Gygès, v. 687 av. J.-C.

CANDÉ (49440), ch.-l. de cant. de Maine-et-Loire, sur l'Erdre ; 2 562 hab. *(Candéens).* Anc. ville forte. Marché.

CANDÉFACTION n. f. (lat. *candefacere,* chauffer à blanc). Chauffage à blanc d'un métal.

CANDELA n. f. (lat. *candela,* chandelle). **1.** Unité de mesure d'intensité lumineuse (symb. cd) équivalant à l'intensité lumineuse, dans une direction donnée, d'une source qui émet un rayonnement monochromatique de fréquence 540×10^{12} hertz et dont l'intensité énergétique dans cette direction est 1/683 watt par stéradian. — **2.** *Candela par mètre carré,* unité de mesure de luminance lumineuse (symb. cd/m^2) équivalant à la luminance d'une source de 1 mètre carré de surface émissive dont l'intensité lumineuse est 1 candela.

CANDÉLABRE n. m. (lat. *candelabrum,* de *candela,* chandelle). **1.** À l'époque romaine, haut support de luminaire, ornementé, en bronze ou en marbre. — **2.** Aux époques médiévale et moderne, chandelier ou flambeau à plusieurs branches. — **3.** Support destiné à porter un ou plusieurs luminaires sur la voie publique. — **4.** Élément ornemental affectant l'aspect d'un candélabre antique. — **5.** Motif fait de coupes, de vases superposés associés à des arabesques et décorant des piédroits ou toute surface haute et étroite (art de la Renaissance).

CANDELA OUTERIÑO (Felix), ingénieur et architecte mexicain d'origine espagnole (Madrid 1910). Spécialiste des structures en coques et des paraboloïdes en voiles de béton, il participe de la tendance baroque de l'architecture mexicaine (église S. María Miraculosa, Mexico, 1954 ; chapelle de Las Lomas, Cuernavaca, 1963 ; Palais des sports pour les jeux Olympiques de Mexico, 1968).

CANDELILLA n. m. (esp. *candelilla,* bougie). Cire végétale que l'on trouve dans les écailles recouvrant certaines plantes qui croissent à l'état sauvage au nord du Mexique et au sud du Texas. (Constituée pour moitié d'hydrocarbures, elle entre dans la préparation de vernis, de produits pour l'entretien du cuir, l'encollage et l'imperméabilisation des papiers, la préparation du chewing-gum.)

CANDEUR n. f. (lat. *candor,* blancheur). Caractère d'une personne candide.

1. CANDI, E adj. (ar. *qandī,* sucre de canne). **1.** Se dit d'un sucre en gros cristaux, obtenu par cristallisation lente du sirop. — **2.** Se dit d'une friandise enveloppée de sucre candi.

2. CANDI n. m. (mot indonésien). En Indonésie, temple, sanctuaire.

CANDIDA n. m. (lat. *candidus,* blanc). Nom générique commun à diverses levures, les unes nuisibles (*Candida albicans,* agent du muguet), les autres utiles en boulangerie et pâtisserie.

CANDIDAT, E n. (lat. *candidatus,* vêtu de blanc). **1.** Personne qui aspire à une fonction, à un titre, à une dignité ; qui se présente à un examen, à un concours, à une élection. — **2.** Personne qui aspire à participer à une action, à obtenir qqch, etc. : *Les candidats au voyage.*

CANDIDATURE n. f. (de *candidat*). **1.** Fait de briguer un poste, une fonction, un titre ou un mandat dans le cadre d'un processus d'élection, de cooptation ou de nomination. — **2.** *Candidature multiple,* possibilité pour un candidat de se présenter dans plusieurs circonscriptions électorales à la fois. ‖ *Candidature officielle,* pratique consistant pour le pouvoir politique en place à présenter et à soutenir un ou des candidats.

CANDIDE adj. (lat. *candidus,* blanc). Qui manifeste une grande ingénuité allant jusqu'à la crédulité : *Une question candide.*

Candide ou l'Optimisme, conte de Voltaire (1759), contre la philosophie de Leibniz et de Wolff. Une démonstration picaresque que tout n'est pas pour le mieux dans le meilleur des mondes possibles.

Candide, hebdomadaire politique et littéraire de droite fondé à Paris en 1924 par Arthème Fayard, auquel ont collaboré L. Daudet, A. Thibaudet et P. Gaxotte. Il disparut en 1944.

CANDIDEMENT adv. De façon candide.

CANDIDOSE n. f. Affection causée par des levures du genre *candida,* et plus particulièrement par *Candida albicans.*

ENCYCL. Il existe des candidoses viscérales (digestives, urinaires, cardiaques) et même des septicémies à C. *albicans* d'une haute gravité. Mais c'est surtout au niveau des muqueuses (muguet, par ex.) et de la peau que s'observent les candidoses.

CANDIE → IRÁKLION.

CANDILIS (Georges), architecte français (Bakou 1913-Paris 1995). Collaborateur de Le Corbusier de 1945 à 1951, il a ensuite construit des ensembles de logements — en Afrique du Nord, à Bagnols-sur-Cèze, à Toulouse (Le Mirail) — ainsi que des locaux d'enseignement (université de Berlin, 1966-1972).

CANDIR v. t. (de *candi*) [conj. **32**]. **1.** Transformer le sucre en cristaux à partir d'un sirop sursaturé. — **2.** Enrober des bonbons d'une couche protectrice de cristaux fins de sucre.
◆ **se candir** v. pr. Se cristalliser, en parlant du sucre.

CANDIRU n. m. (mot d'une langue indigène). Minuscule poisson d'eau douce d'Amérique du Sud, parasite douloureux des voies urinaires et génitales.

CANDISSAGE n. m., ou **CANDISATION** n. f. Opération consistant à candir des bonbons.

CANDOLLE (Augustin PYRAME DE), botaniste suisse (Genève 1778-*id.* 1841). Professeur de botanique à Montpellier, il a fait une étude très complète de la géographie botanique et agricole de la France. De retour à Genève, il a fait de cette ville le foyer des études botaniques en Europe pour une longue période. — Son fils ALPHONSE (Paris 1806-Genève 1893) a poursuivi son œuvre.

CANDOMBLÉ n. m. Variété de macumba pratiquée dans l'État de Bahia (Brésil).

CANDRA ou **CHANDRA,** mot sanskr. signif. *brillant* et qui s'applique à la Lune et à un dieu hindou personnifiant cette dernière.

CANDRAGUPTA ou **CHANDRAGUPTA,** roi de l'Inde (v. 320-v. 296 av. J.-C.), fondateur de la dynastie Maurya, qui régna depuis Pāṭaliputra (auj. Paṭnā). — **Candragupta Ier** ou **Chandragupta Ier**, souverain indien (v. 320-v. 330), fondateur de la dynastie Gupta. Souverain du petit royaume de Magadha, il étendit sa domination à un vaste territoire à l'ouest d'Allāhābād. — **Candragupta II** ou **Chandragupta II,** souverain indien (v. 375-414) dont l'empire s'étendait à la quasi-totalité de l'Inde septentrionale.

CANDU (de *Canada, Deutérium et Uranium*), type de centrale nucléaire mis au point au Canada et qui utilise l'uranium naturel comme combustible et l'eau lourde comme modérateur et caloporteur.

CANE n. f. **1.** Canard femelle adulte et reproducteur. — **2.** Nom usuel de diverses espèces de canards : *Cane de Guinée,* canard musqué ; *cane de mer,* cravant ; *cane à collier,* bernache ; *cane à tête rousse,* milouin.

CANE (Louis), peintre français (Beaulieu-sur-Mer 1943). Membre du groupe Support/Surface (1970 et suiv.), animateur de la revue *Peinture, cahiers théoriques,* il pratique une abstraction rigoureuse (toiles monochromes mur/sol, 1971-1973), puis évolue vers une manière plus picturale et aboutit dans les années 80 à une figuration quasi expressionniste (toiles, sculptures).

CANEBIÈRE n. f. Syn. de CHENEVIÈRE.

Canebière (la), une des artères les plus animées de Marseille, partant du Vieux-Port.

CANÉE (La) → KHANIÁ.

CANÉFICIER n. m. (esp. *cañafistula,* casse). Nom d'une espèce de casse (plante).

CANELLA n. m. Arbre des Antilles, dont l'écorce, appelée « écorce de Winter », fournit la *cannelle blanche,* ou *cannelle poivrée.*

CANEPETIÈRE n. f. (de *pet,* en raison du bruit que fait l'oiseau en s'envolant). Nom usuel d'une outarde des terrains secs, à l'envol bruyant.

CANÉPHORE n. f. (gr. *kanêphoros,* porteuse de corbeille). En Grèce, jeune fille qui, dans les cérémonies religieuses, portait sur la tête les corbeilles sacrées contenant les offrandes et les instruments du sacrifice.

CANEPHORA n. m. Espèce africaine de café dont les variétés cultivées (robusta, kouilou) donnent un café apprécié pour la fabrication des cafés solubles.

CANEPIN n. m. (p.-ê. ital. *canapino,* relatif au chanvre). Peau très fine qui servait autrefois aux travaux de fine maroquinerie et à la ganterie.

CANEQUIN ou **CANNEQUIN** n. m. Toile de coton provenant de l'Inde utilisée autrefois pour l'impression.

CANER ou **CANNER** v. i. (de *faire la cane,* se dérober) [conj. **3**]. *Pop.* **1.** Reculer devant la menace, le danger ; céder par peur. — **2.** Mourir. ◆ **être cané** ou **être canné** v. pass. *Pop.* Être mort ou extrêmement fatigué.

CANESTEAU n. m. Corbeille à bords garnis de liège, dans laquelle on recueille les grandes lignes de fond.

CANETAGE → CANNETAGE.

CANET-EN-ROUSSILLON (66140), ch.-l. de cant. des Pyrénées-Orientales ; 7 619 hab. *(Canétois).* Église du XVIe s. — À 2,5 km (à l'E.), station balnéaire de *Canet-Plage,* au N. de l'*étang de Canet et de Saint-Nazaire* (900 ha).

CANETEUSE, CANETIÈRE → CANNETEUSE, CANNETIÈRE.

CANETON n. m. (de *cane*). **1.** Petit du canard. — **2** (nom déposé). Petit dériveur de régates à voiles, qui a donné naissance à une nouvelle série monotype, le *505,* idéale pour la régate athlétique à deux équipiers.

1. CANETTE n. f. (de *cane*). Petite cane.

2. CANETTE → CANNETTE.

CANETTI (Elias), écrivain britannique de langue allemande (Ruse 1905 - Zurich 1994). Il est l'auteur de romans allégoriques (*Auto-da-fé,* 1935) et d'essais (*Masse et Puissance,* 1960) qui analysent les mobiles profonds des actions humaines et que prolongent son journal (*le Territoire de l'homme,* 1973) et son autobiographie (*Histoire d'une vie,* 3 vol. : *la Langue sauvée,* 1977 ; *le Flambeau dans l'oreille,* 1980 ; *Jeux de regard,* 1985). [Prix Nobel 1981.]

CANEVAS n. m. (anc. fr. *chanevas,* fait de chanvre, avec infl. du picard *canevach*). **1.** Ensemble des lignes ou des points principaux de qqch : *Canevas d'un plan.* — **2.** Ensemble des points principaux, trame d'un ouvrage, d'un exposé ; schéma général : *Le canevas d'une dissertation.* • **Géol.** Diagramme permettant par projection géométrique la représentation en plan d'éléments structuraux repérés dans l'espace (stries, plans de failles, schistosités, linéations, etc.). — **Text.** Très grosse toile écrue, de lin, de chanvre ou de fil d'étoupe, qui sert à confectionner les torchons. ‖ Grosse toile à tissage peu serré, à fils simples (unifil) ou double (Pénélope), utilisée comme support dans la tapisserie à l'aiguille. — **Théâtr.** Plan sur lequel les comédiens italiens improvisaient autrefois leurs pièces. — **Topogr.** Ensemble de points connus en position, servant d'ossature à un levé.

CANGE (Charles DU FRESNE, *seigneur* DU), érudit et byzantiniste français (Amiens 1610-Paris 1688). Il a, le premier, étudié scientifiquement l'histoire de Byzance. Il est l'auteur de plusieurs ouvrages importants sur l'Orient méditerranéen, dont une *Histoire de Constantinople sous les empereurs français* (1657).

CANGUE n. f. (port. *canga,* du chinois). Carcan imposé autrefois aux délinquants en Chine.

CANGUILHEM (Georges), philosophe français (Castelnaudary 1904- Marly-le-Roi 1995). Ses recherches constituent une contribution décisive pour l'essor de l'histoire des sciences et de l'épistémologie. Il a écrit *le Normal et le pathologique* (1966), *Études d'histoire et de philosophie des sciences* (1968).

CANHASAN, site chalcolithique d'Anatolie, dans une vallée du Taurus, au S.-E. de Konya, à 60 km à l'est de Çatal Höyük. Occupé du néolithique récent à la fin du chalcolithique récent, le village a livré une architecture de briques crues, de la céramique et enfin du cuivre.

CANICHE n. m. (de *cane*). Chien d'agrément très populaire, à poil bouclé ou à poil cordé en longues tresses. (On distingue des caniches nains, moyens ou grands. La robe est unicolore blanche, noire, marron ou grise.)

CANICHON n. m. Jeune canard dont le corps, dépourvu de plumes, est encore couvert de duvet.

CANICULAIRE adj. (bas lat. *canicularis*). Se dit d'un temps très chaud : *Une chaleur caniculaire.*

CANICULE n. f. (lat. *canicula,* petite chienne, nom donné à l'étoile Sirius). **1.** Période de très grande chaleur de l'été ; cette chaleur elle-même. — **2.** Époque où l'étoile Sirius se lève avec le Soleil et qui, dans l'Antiquité, coïncidait approximativement avec le début de l'été en Égypte.

CANIDÉ n. m. (lat. *canis,* chien). Mammifère carnivore terrestre à molaires antérieures tranchantes et postérieures broyeuses, aux griffes émoussées, vivant en sociétés, tel que le loup, le chien, le coyote, les chacals et les nombreuses espèces de renard. (Les *canidés* forment une famille.)

CANIÈRE n. f. Syn. de PANTIÈRE.

CANIF n. m. (frq. **knif*). **1.** Petit couteau de poche, composé d'une ou de plusieurs lames repliables. — **2.** Pointe pour graveur sur bois. — **3.** Fam. *Donner un coup de canif dans le (au) contrat,* commettre une infidélité, en parlant d'un des époux ; violer un engagement.

CANIFF (Milton), dessinateur américain de bandes dessinées (Hillsboro, Ohio, 1907 -New York 1988). Il utilise des contrastes entre le noir et le blanc et un montage quasi « cinématographique » (*Steve Canyon,* 1947).

CANIGOU (le), massif des Pyrénées orientales, dominant le Roussillon ; 2 784 m. — Au flanc nord, abbaye St-Martin-du-Canigou.

CANIN, E adj. (lat. *caninus*). Qui relève du chien : *Race canine.*

CANINE n. f. (lat. *caninus,* relatif au chien). Dent située sur chaque demi-mâchoire des mammifères, entre les incisives et les prémolaires, et pouvant dans certains groupes s'allonger en un croc pointu. (De tels crocs existent chez les carnivores ainsi que chez les porcins et chez certains singes ; rongeurs, lagomorphes et juments n'ont pas de canines ; chez les ruminants, la canine, ou *coin,* n'existe qu'à la mandibule et elle a la forme d'une incisive.)

CANINETTE n. f. Moto équipée d'un dispositif permettant de ramasser les déjections canines qui souillent les trottoirs.

CANISIUS → PIERRE CANISIUS *(saint).*

CANISSE ou **CANNISSE** n. f. (provenç. *canisso,* du bas lat. *cannicius*). Claie de roseau, employée à divers usages, notamment comme brise-vent en Provence.

CANITIE [-si] n. f. (lat. *canities,* blancheur des cheveux, de *canus,* blanc). Décoloration du système pileux. (Due à la disparition du pigment mélanique des cheveux, elle peut être congénitale [albinisme], accidentelle [vitiligo, pelade] ou simplement physiologique [canitie sénile].)

CANIVEAU n. m. (p.-ê. du lat. *canna,* roseau, par l'intermédiaire du lat pop. **canabellum,* canal de drainage). **1.** Rigole servant à l'écoulement des eaux. — **2.** Conduit dans lequel on pose les câbles électriques, les tuyautages, afin de les protéger.

Canjuers *(plan de),* plateau calcaire aride de Provence (Var), au S. des gorges du Verdon. Un camp militaire de 34 593 ha y est implanté depuis 1964.

CANKAR (Ivan), écrivain slovène (Vrhnika 1876-Ljubljana 1918), auteur de nouvelles à caractère social (*le Valet Jernej et son droit,* 1907).

ÇANKARA → ŚANKARA.

CANKOV ou **TSANKOV** (Alexandăr), homme politique bulgare (Orjahovo 1879-Buenos Aires 1959). Il fut l'un des organisateurs du coup d'État du 9 juin 1923, à l'issue duquel il forma un gouvernement (1923-1926) qui lutta contre les agrariens et les communistes.

CANNA n. m. (lat. *canna,* roseau, du gr. *kanna*). Nom générique des balisiers.

CANNABINACÉE n. f. Nom de famille donné au chanvre et au houblon.

CANNABINOL n. m. **1.** Monophénol $C_{21}H_{26}O_2$ extrait du chanvre *(Cannabis sativa).* — **2.** Suspension alcoolique des extraits de cannabis.

CANNABIOSE n. f. Pneumoconiose secondaire à l'inhalation d'antigènes d'origine végétale liée à l'exposition répétée et plus ou moins prolongée aux particules de chanvre.

CANNABIQUE adj. Relatif au cannabis.

CANNABIS [-bis] n. m. (lat. *cannabis,* chanvre). **1.** Nom scientifique du chanvre. — **2.** Poudre obtenue à partir du chanvre indien *(Cannabis sativa,* var. *indica)* et qui permet d'obtenir de nombreuses préparations aux effets psychotropes (marihuana, haschisch, kif, etc.).
ENCYCL. Le cannabis peut être à l'origine de toxicomanies (cannabisme). L'intoxication est aiguë (ivresse cannabique) ou chronique ; on remarque alors un état d'apathie alternant, chez certains sujets prédisposés, avec des épisodes d'agitation plus ou moins liés à des idées délirantes.

CANNABISME n. m. Intoxication chronique par le cannabis.

CANNAGE n. m. **1.** Action de garnir le fond et le dossier d'un siège avec des lanières de canne entrelacées. — **2.** La garniture elle-même.

CANNAIE n. f. Lieu planté de cannes de Provence ou de roseaux.

CANNANORE, port de l'Inde (Kerala) ; 55 000 hab. Il fut longtemps un comptoir qui appartint aux Portugais (1501), aux Hollandais (1656) et aux Anglais (1783).

CANNE n. f. (lat. *canna,* roseau, du gr. *kanna,* tuyau). **1.** Bâton dont on se sert pour s'appuyer en marchant. — **2.** *Canne à pêche,* sorte de perche que le pêcheur tient dans la main et à l'extrémité de laquelle s'attache la ligne. (Syn. GAULE.) — **3.** *Pop.* Jambe. — **4.** *Fam.* Bâton de ski. — **5.** Bâton flexible servant à pratiquer un sport de combat proche de l'escrime ; ce sport lui-même. — **6.** *Canne anglaise,* béquille métallique avec laquelle l'appui se fait sur les avant-bras au moyen d'une poignée perpendiculaire à la tige. (Syn. CANNE-BÉQUILLE.) ‖ *Canne armée, canne à épée,* canne creuse contenant un dard ou une épée. ‖ *Canne blanche,* canne de couleur blanche réservée aux aveugles ; l'aveugle lui-même. ‖ *Canne plombée,* canne dont la tête est en plomb, et qui sert de massue. ‖ *Canne de Provence,* nom usuel d'un roseau. ‖ *Canne à sucre,* grande graminée des régions chaudes cultivée pour le sucre extrait de sa tige. (→ *encycl.*) • **Assain.** Robinet de grandes dimensions, employé sur les conduites maîtresses de distribution. — **Métrol.** Dispositif protégeant un couple thermoélectrique (canne pyrométrique, canne à immersion). — **Mobil.** Rotin filé propre au cannage des sièges. — **Verr.** Tige métallique creuse utilisée pour prélever et souffler le verre en fusion.
ENCYCL. La *canne à sucre* est cultivée sous climat tropical à alternance de saisons humide et sèche. La floraison a lieu en automne et la récolte au cours de la saison sèche pendant 3 à 6 mois. Selon les conditions de production, le rendement annuel est de 50 à 100 t/ha avec une teneur en sucre extractible de 9 à 12 %. Le résidu de la tige, après l'extraction du jus, est appelé *bagasse.*

CANNE-BÉQUILLE n. f. (pl. *cannes-béquilles*). Syn. de CANNE ANGLAISE.

CANNEBERGE n. f. Sous-arbrisseau (éricacée) des tourbières, au fruit rouge comestible.

CANNEBIÈRE n. f. Syn. de CHENEVIÈRE.

CANNELÉ n. m. Étoffe cannelée, obtenue par des flottés très serrés des fils de chaîne formant des côtes parallèles à la trame.

CANNELER v. t. (de *canne*) [conj. **24**]. **1.** Orner de cannelures, produire des cannelures sur qqch. — **2.** Tracer des cannelures longitudinales, fines et très serrées, sur les cylindres métalliques utilisés en filature, dans les machines où s'effectuent des opérations d'étirage.
◆ **être cannelé** v. pass. **1.** Être orné de cannelures. — **2.** En parlant d'un arbre, d'un manchon, comporter des cannelures qui, dans un accouplement, assurent l'entraînement. — **3.** *Papier cannelé,* papier présentant des ondulations régulières et permanentes. ‖ *Sonde cannelée,* sonde creusée d'une gouttière. ‖ *Spectre cannelé,* spectre lumineux rayé de bandes sombres régulières, observable en un point suffisamment éloigné de la frange centrale d'une figure d'interférences.

CANNELIER ou **CANNELLIER** n. m. Nom commercial du cinnamome dont l'écorce fournit la cannelle de Ceylan.

1. CANNELLE n. f. (de *canne*). **1.** Écorce fournie par divers arbres et pouvant servir de condiment ou d'épice. — **2.** *Pomme cannelle,* fruit comestible d'une espèce d'anone.
◆ adj. inv. et n. m. Couleur roux clair.
ENCYCL. On distingue la *cannelle véritable,* ou *cannelle de Ceylan,* la *cannelle de Chine,* la *cannelle de Cayenne,* la *cannelle du Malabār,* la *cannelle giroflée,* ou *culilawan,* toutes les cinq provenant d'un cinnamome, et de nombreuses écorces à l'arôme voisin : *fausse cannelle* du giroflier et du croton, *cannelle poivrée* fournie par un canella.

2. CANNELLE n. f. (de *canne*). **1.** Pièce fixe d'un robinet. — **2.** Bobine formée par un tube de bois sur lequel on enroule les mèches à la sortie du continu diviseur d'un assortiment de cardes.

CANNELLONI n. m. pl. (ital. *cannelloni,* gros tuyaux). Rectangles de pâte à ravioli fraîche, roulés sur une farce, nappés de sauce Mornay ou de sauce tomate, saupoudrés de fromage et gratinés.

CANNELURE n. f. (ital. *cannellatura*). Cavité rectiligne verticale ou rainure à la surface de qqch. • **Bx-arts.** Longue moulure concave de profil ordinairement curviligne, creusée verticalement ou en hélice, qui est employée en nombre, à intervalles réguliers, pour décorer le fût d'une colonne, la panse d'un vase, la surface d'un pilastre, etc. ‖ *Cannelures à côtes,* cannelures séparées par des listels. ‖ *Cannelures plates,* cannelures de profil rectangulaire. ‖ *Cannelures rudentées,* cannelures remplies par une baguette arrondie ou plate, ornée ou non. ‖ *Cannelures à vives arêtes,* cannelures non séparées par des côtes, des listels. — **Céram.** Partie en creux d'un emboîtement de tuile. — **Géol.** Type de tectoglyphe pouvant marquer un miroir de faille sous la forme de larges rainures. — **Mécan.** Sur une pièce mécanique de révolution, chacune des rainures longitudinales qui, régulièrement réparties sur la circonférence, permettent de réaliser un accouplement avec une pièce complémentaire munie de cannelures analogues. — **Monn.** Ornementation qui consiste en rainures parallèles creusées transversalement sur la tranche des pièces de monnaie.

1. CANNER v. t. (conj. 3). Réaliser un cannage. ◆ **être canné** v. pass. En parlant des sièges, avoir le fond, le dossier fait de cannage.

2. CANNER → CANER.

CANNERAIE n. f. Plantation de cannes à sucre.

CANNES, en lat. **Cannae,** v. d'Apulie, où Hannibal remporta une victoire écrasante sur les armées romaines (216 av. J.-C.).

CANNES, ch.-l. de cant. des Alpes-Maritimes, sur la Côte d'Azur ; 69 363 hab. *(Cannois)* [plus de 100 000 dans l'agglomération]. C'est une importante station balnéaire et touristique (casinos) sur le golfe de La Napoule (en face des îles de Lérins), avec chaque année un festival international de cinéma (v. *tableau* PALME). Industries (aéronautique, électronique) dans la banlieue (vers la Bocca). Dans la vieille ville, église des XVIe-XVIIe s. et musée de la Castre (archéologie et ethnographie).

CANNET (Le) [06110], ch.-l. de cant. des Alpes-Maritimes, banlieue nord de Cannes ; 42 005 hab. *(Cannettans).*

CANNETAGE ou **CANETAGE** n. m. Opération consistant à enrouler sur une cannette le fil destiné à constituer la trame d'un tissu sur métier à navette.

CANNETEUSE ou **CANETEUSE** n. f. Ouvrière conduisant une cannetière.

CANNETIÈRE ou **CANETIÈRE** n. f. Machine utilisée pour confectionner les cannettes de fils destinés à garnir les navettes des métiers à tisser.

CANNETILLE n. f. (esp. *cañutillo,* de *cañuto,* tuyau). Fil de métal aplati et tourné en hélice, utilisé en broderie.

CANNETILLER v. t. (conj. 3). Broder avec de la cannetille.

CANNETILLEUSE n. f. Brodeuse de cannetille.

CANNETTE ou **CANETTE** n. f. (ital. dialect. *cannetta,* de *canna,* roseau). **1.** Bouteille de 33 cl généralement bouchée avec un cône de porcelaine garni de caoutchouc et fixé par un ressort. — **2.** Support sur lequel on enroule le fil de trame des métiers à tisser à navettes, le fil à coudre ou à broder des machines à coudre.

CANNEUR, EUSE ou **CANNIER, ÈRE** n. Ouvrier (ère) qui garnit de canne les sièges.

CANNIBALE adj. et n. (esp. *caníbal,* de l'arawak *caniba,* Caraïbes). **1.** Qui mange la chair humaine ; anthropophage. — **2.** Qui se conduit comme un sauvage, avec cruauté.
◆ n. m. En Belgique, toast au steak tartare.

CANNIBALESQUE adj. *Litt.* Très féroce.

CANNIBALIQUE adj. Se dit de fantasmes où angoisses et désirs de dévoration prédominent dans la relation d'un sujet avec un objet dont il cherche à incorporer les propriétés sur un mode identificatoire.

CANNIBALISATION n. f. **1.** Récupération dans un objet fabriqué hors d'usage de toutes les pièces détachées en bon état pour la réparation d'objets de même type. — **2.** Substitution d'un produit nouveau à un ancien dont il prend la place sans que cet effet ait été recherché.

CANNIBALISER v. t. (angl. *cannibalize,* de *cannibal,* cannibale) [conj. 3]. Effectuer une cannibalisation.

CANNIBALISME n. m. (de *cannibale*). **1.** Action ou habitude pour les hommes ou les animaux de manger des êtres de leur propre espèce. (Chez les insectes, les araignées et les scorpions, le cannibalisme de la femelle dévorant le mâle à la suite de l'accouplement est fréquent.) — **2.** *Litt.* Grande férocité et avidité. — **3.** Pratique rituelle et collective de l'anthropophagie. — **4.** Ensemble des fantasmes cannibaliques. — **5.** Syn. de PICAGE.

CANNIER → CANNEUR.

CANNING (George), homme d'État britannique (Londres 1770 - Chiswick 1827). Élu député en 1793, il est membre du cabinet Pitt de 1804 à 1806. Secrétaire d'État aux Affaires étrangères dans le cabinet Portland (1807-1809), il consolide la position britannique face à Napoléon. Brouillé avec Castlereagh, il démissionne. Le suicide de Castlereagh (1822) le fait rappeler par lord Liverpool, qui lui accorde les Affaires étrangères et la direction du parti aux Communes. Peu avant sa mort, il devient Premier ministre. Il favorisa les mouvements nationaux et libéraux dans le monde. — Son fils CHARLES JOHN (Londres 1812-*id.* 1862), gouverneur de l'Inde, résista, en 1857, à la révolte des cipayes. Il fut le premier vice-roi des Indes nommé par la Couronne (1858-1862).

CANNISSE → CANISSE.

CANNIZZARO (Stanislao), chimiste italien (Palerme 1826-Rome 1910). Il a précisé la loi d'Avogadro sur les molécules gazeuses, en les distinguant des atomes, introduit la notion de *nombre d'Avogadro* (1858) et découvert les alcools aromatiques.

CANNON (Walter Bradford), physiologiste américain (Prairie du Chien, Wisconsin, 1871-Franklin, New Hampshire, 1945). Il a décrit la décharge d'adrénaline secondaire à un stress et établi une théorie de l'émotion selon laquelle l'émotion perçue naîtrait de l'interaction entre le cortex cérébral et le diencéphale.

CANO (Melchior), dominicain espagnol (Tarancón, Cuenca, 1509 - Tolède 1560). Son traité posthume (1563) *Des lieux théologiques* a joué un rôle décisif dans la formation de la théologie moderne.

CANO (Alonso), sculpteur, peintre et architecte espagnol (Grenade 1601 - *id.* 1667). Travaillant à Séville, Madrid puis Grenade, peintre d'une sévère monumentalité, influencé par les Vénitiens et par Velázquez, puis tendant au baroque, il exprime autant de tendresse que de mysticisme tourmenté dans ses statues polychromes.

CANO (José Luis), poète et critique espagnol (Algésiras 1912). Ses *Sonnets de la baie* (1942) relèvent de la plus pure tradition andalouse.

CANÕAS, v. du Brésil (Rio Grande do Sul), banlieue de Porto Alegre ; 278 997 hab. Raffinage du pétrole et pétrochimie.

CANOË [-nɔe] n. m. Embarcation légère et portative, à fond plat, mue à la pagaie simple. (Le canoéiste est en position à genoux.)

ENCYCL. Le canoë permet de descendre les rivières aux eaux agitées, de franchir les rapides, les chutes et autres obstacles. En compétition, les canoës utilisés dans les trois disciplines, course en ligne, descente de rivière et slalom, sont monoplaces (C 1) ou biplaces (C 2).

CANOÉISME n. m. Pratique du canoë.

CANOÉISTE n. Personne qui pratique le canoéisme.

1. CANON n. m. (lat. *canon,* du gr. *kanôn,* modèle). **1.** Modèle idéal auquel il faut se conformer. — **2.** Type idéal de proportions choisi par un artiste pour représenter l'être humain. (→ *encycl.*) — **3.** Composition à deux ou plusieurs voix répétant à intervalle et à distance fixes le même dessin mélodique. • **Dr. anc.** Redevance ou prestation, généralement annuelle. — **Dr. canon.** Ensemble de normes fixant la constitution de l'Église catholique et réglant la discipline ecclésiastique. — **Relig.** Catalogue des livres de la Bible tenus pour inspirés. ‖ Partie centrale et relativement fixe de la liturgie eucharistique catholique, de la Préface au Pater. ‖ Tableau placé sur l'autel pour faciliter la récitation de certaines prières de la messe. ‖ Dans l'Église grecque, chant composé de huit ou neuf odes, pour l'office du matin.

◆ adj. *Droit canon,* droit ecclésiastique. (Syn. DROIT CANONIQUE.) [→ *encycl.*]

ENCYCL. **Bx-arts.** Déjà chez les Égyptiens, la représentation du corps humain est soumise à un canon. En Grèce, le canon de Polyclète (proportions larges et courtes) est illustré par le Doryphore ; plus tard, Lysippe évolue vers des formes plus allongées (tête comprise 8 fois dans le corps). Les artistes de la Renaissance connaissent le canon lysippien au travers des règles fixées par Vitruve. Ils tentent à partir de nouvelles mesures et observations d'établir un nouveau code (Alberti), de montrer que plusieurs règles sont possibles (Dürer) et que les proportions du corps humain sont parties intégrantes d'une vérité et d'une harmonie cosmiques (Léonard de Vinci). — **Dr. canon.** Le *droit canon* a été élaboré par étapes. Dès les premiers siècles chrétiens, se constitua un ensemble de prescriptions qui furent par la suite (*Décret de Gratien,* v. 1140 ; les *Décrétales,* 1234) regroupées et systématisées. Il fallut cependant attendre 1917 pour que paraisse le premier Code de droit canonique, fortement inspiré du concile de Trente et du premier concile du Vatican. Le nouveau Code, publié en 1983, s'inspire davantage des orientations pastorales et œcuméniques du second concile du Vatican.

2. CANON n. m. (ital. *cannone,* de *canna,* tube). **1.** Partie d'une arme à feu forée, ou tube, pour lancer des projectiles grâce à la déflagration d'une poudre : *Canon de revolver. Fusil à canon double.* — **2.** Arme à feu non portative, prise dans son ensemble (affût et canon proprement dit).

[Syn. PIÈCE D'ARTILLERIE.] — **3.** Fam. *Chair à canon,* les soldats considérés, en temps de guerre, comme destinés à être tués. ‖ Péjor. *Marchand de canons,* fabricant d'armes. • **Agric.** *Canon arroseur,* buse à gros débit pour l'arrosage automatique dans un rayon de 40 à 50 m. — **Arm.** *Canon automatique,* syn. de MITRAILLEUSE. ‖ *Canon mitrailleur,* arme automatique montée sur affût, sur véhicule ou sur aéronef, d'un calibre égal ou supérieur à 20 mm. — **Céram.** *Pot canon* ou *pot à canon,* vase cylindrique avec ou sans couvercle, en usage chez les apothicaires aux XVIIe et XVIIIe s. — **Cost.** Aux XVIe et XVIIe s., pièce ornementale ou fonctionnelle du bas ou de la culotte entre la cuisse et le mollet. — **Électron.** *Canon à électrons* ou *canon électronique,* ensemble d'électrodes utilisé notamment dans les oscilloscopes et les tubes de télévision pour produire un faisceau intense d'électrons très rapides. — **Géophys.** Émetteur d'ondes acoustiques. — **Mar.** *Canon de chasse,* canon disposé pour tirer dans l'axe, vers l'avant. ‖ *Canon de retraite,* canon disposé pour tirer dans le sillage, vers l'arrière. — **Mécan.** *Canon de perçage,* cylindre creux destiné à guider un foret. — **Serrur.** Cylindre creux, solidaire du foncet, fendu suivant une génératrice pour le passage et le guidage du panneton d'une clé. — **Sports.** *Canon à neige,* appareil lançant à distance de la neige artificielle pour constituer ou améliorer une piste de ski. (Syn. ENNEIGEUR.)

ENCYCL. **Aéron.** Si l'idée d'installer un canon à bord d'un avion remonte aux années qui précèdent la Première Guerre mondiale, il fallut attendre 1917 pour voir apparaître le premier canon de 37 mm logé dans l'arbre de l'hélice. Aujourd'hui, avec le niveau de développement des missiles air-air, le canon n'apparaît plus que comme l'ultime recours après épuisement des autres moyens de combat, mais il fait cependant toujours partie de l'arsenal de lutte antichar.
— **Arm.** Un canon comporte quatre parties essentielles :
— la *bouche à feu,* ou *tube,* sert à lancer le projectile ; son âme est fermée à l'arrière par une culasse rendue étanche grâce à une douille ou à un obturateur plastique et comportant des sécurités et le dispositif de mise de feu ; le projectile est guidé dans l'âme par sa ceinture et généralement entraîné en rotation au moyen de rayures ;
— l'*affût* repose sur le sol par des roues et une ou plusieurs flèches ou par l'intermédiaire d'un châssis chenillé (il est remplacé dans les blindés par le corps de tourelle) ;
— le *lien élastique,* attelé à la bouche à feu et au berceau solidaire de l'affût, assure la stabilité au tir en limitant l'effort de recul. Il comporte un frein hydraulique ou à friction et un récupérateur à gaz comprimé ou à ressort ;
— le *dispositif de visée,* ou appareil de pointage, permet d'assurer la mise en direction du tube au moyen d'un goniomètre optique ou d'une lunette graduée.

3. CANON n. m. (de *canon 2*) **1.** Partie du mors qui repose sur les barres. — **2.** Os résultant de la soudure des métacarpiens ou des métatarsiens III et IV chez les équidés et les ruminants et qui sépare le carpe (genou) ou le tarse (jarret) du squelette des doigts (boulet).

4. CANON n. m. (de *canon,* n. d'une anc. mesure de capacité). *Pop.* Verre de vin.

Canon de la médecine, œuvre d'Avicenne, qui constitue un recueil de séméiologie médicale, de pharmacologie et de thérapeutique. Cet ouvrage eut un succès considérable. La dernière édition complète en latin a été publiée en 1608.

CAÑON ou **CANYON** [kaɲɔ̃ ou kaɲɔn] n. m. (esp. *cañon,* p.-ê. du lat. *callis,* sentier). **1.** Vallée profonde creusée par un cours d'eau dans un massif calcaire. — **2.** Vallée encaissée, plus ou moins étroite, sinueuse et ramifiée, entaillant la marge continentale concentrant le transit sédimentaire vers les cuvettes océaniques.

CANON-HARPON n. m. (pl. *canons-harpons*). Canon destiné à la pêche ou à la chasse pélagiques (de la baleine, du cachalot, etc.) et dont le projectile est un harpon.

1. CANONIAL, E, AUX adj. (de *canon 1*). **1.** Réglé par les canons ecclésiastiques. — **2.** *Heures canoniales* ou *prière canoniale,* office liturgique célébré au chœur par les religieux.

2. CANONIAL, E, AUX adj. (lat. *canonicus,* chanoine). **1.** Relatif aux chanoines. — **2.** *École canoniale,* école d'enseignement tenue, jusqu'au XVe s., par les chapitres de chanoines. ‖ *Maison canoniale,* demeure des chanoines.

CANONICAT n. m. (lat. ecclés. *canonicatus,* de *canonicus,* chanoine). **1.** Bénéfice de chanoine. — **2.** Dignité de chanoine (Syn. CHANOINIE.)

CANONICITÉ n. f. Caractère de ce qui est canonique.

CANONIQUE adj. (lat. *canonicus,* du gr. *kanonikos*). **1.** Conforme, relatif à des canons de l'Église. — **2.** Conforme à des règles, à une norme : *Une phrase canonique.* — **3.** *Âge canonique,* âge minimal de 40 ans imposé aux servantes pour entrer au service des ecclésiastiques ; âge déjà mûr, âge respectable. • **Ling.** Se dit d'une forme de la langue qui répond aux normes les plus habituelles de la grammaire (par oppos. à *variante*). — **Math.** Se dit de la forme naturelle, intrinsèque, principale de certains êtres ou de certaines représentations mathématiques. ‖ *Base canonique d'un espace vectoriel,* base définie de manière particulière. ‖ *Décomposition canonique d'une application* f *définie de* E *dans* F, triplet (s, φ, i) tel que $f = i \circ \varphi \circ s$, où i est l'injection canonique de f(E) dans F, s la surjection canonique de E sur E/$\mathcal{R}$, $\mathcal{R}$étant la relation d'équivalence associée à f [$x\,\mathcal{R}\,y$ si $f(x) = f(y)$] et φ la bijection de E/$\mathcal{R}$ dans f(E) définie par φ $(x) = f(x)$. (On dit aussi FACTORISATION D'UNE APPLICATION.) ‖ *Injection canonique* γ : A → B (A *étant un sous-ensemble de B*), application γ telle que, pour tout élément x de A, $\gamma(x) = x$. ‖ *Matrice canonique de rang* r, matrice α_i^j de type (m,n) telle que $\alpha_i^j = 1$ si $i \in [1, r]$ et $\alpha_i^j = 0$ dans les autres cas. ‖ *Surjection canonique d'un ensemble* E *dans l'ensemble quotient* E/$\mathcal{R}$, $\mathcal{R}$*étant une relation d'équivalence définie sur* E, application qui associe à chaque élément de E sa classe d'équivalence. — **Relig.** *Décret canonique,* acte officiel de l'autorité ecclésiastique. ‖ *Droit canonique,* syn. de DROIT CANON. ‖ *Peines canoniques,* sanctions prévues et réglementées par le Code de droit canonique ou le droit particulier. — **Stat.** *Analyse canonique,* méthode d'analyse des données visant à décrire au mieux la liaison entre deux groupes de caractères quantitatifs ou de modalités de caractères qualitatifs, tous mesurés sur n individus.

◆ n. f. (gr. *kanonikon*). Ensemble des règles servant à énoncer un système.

CANONIQUEMENT adv. D'une manière canonique.

CANONISABLE adj. Dont la canonisation est possible.

CANONISATION n. f. Déclaration solennelle par laquelle le pape, à la suite d'une longue enquête, ou procès, inscrit un personnage au catalogue des saints et autorise qu'un culte public lui soit rendu dans l'Église universelle ; cérémonie qui accompagne cette déclaration.

CANONISER v. t. (lat. ecclés. *canonizare*) [conj. 3]. Inscrire au canon des saints ; accorder la sainteté à qqn.

CANONISTE n. m. Spécialiste en droit canon.

CANONNADE n. f. (ital. *cannonata,* de *cannone,* canon). Échange ou succession de coups de canon.

CANONNAGE n. m. **1.** Action de canonner. — **2.** Art du canonnier et de tout ce qui a trait au service de l'artillerie.

CANONNER v. t. (conj. 3). Tirer à coups de canon sur un objectif.

CANONNERIE n. f. Lieu où l'on coulait autrefois les canons.

CANONNIER n. m. Militaire spécialisé dans le service des canons.

CANONNIÈRE n. f. **1.** Bâtiment léger de faible tirant d'eau, armé d'une ou plusieurs pièces de canon. (Les canonnières ont été utilisées essentiellement aux colonies et par la police fluviale.) — **2.** Voûte en berceau conique, plus grande à l'une de ses extrémités qu'à l'autre. (Syn. VOÛTE EN CANON.) — **3.** Embrasure ou meurtrière de forme variable, employée dans l'ancienne fortification (XVe-XVIe s.) pour le tir des canons et armes à feu. — **4.** *Chaloupe canonnière,* chaloupe pontée portant de l'artillerie, qui servait aux opérations de débarquement et de défense.

CANONNIER-MARIN n. m. (pl. *canonniers-marins*). Militaire appartenant à une unité mise sur pied pendant la guerre de 1870 pour armer les forts de Paris.

CANOPE n. m. (lat. *Canopus,* du gr. *Kanôbos,* Canope, n. pr.). Urne funéraire à couvercle emblématique de l'Égypte pharaonique contenant certains viscères.

CANOPE, ville de l'Égypte ancienne, située sur la Méditerranée, à l'embouchure de la branche ouest du Nil.

CANOPÉE, n.f. Étage sommital de la forêt tropicale humide, qui abrite la majorité des espèces y vivant.

CANOPUS, l'étoile α Carène*, la plus brillante du ciel après Sirius*. Magnit. visuelle — 0,9. Distance 190 al environ.

CANOSA DI PUGLIA, v. d'Italie, dans la Pouille, au N.-E. de Bari, sur l'Ofanto ; 34 000 hab. Vestiges romains et paléochrétiens. Cathédrale en partie du XIIe s.

CANOSSA, village d'Italie. En janv. 1077, le futur empereur germanique Henri IV y vint solliciter son pardon du pape Grégoire VII, qui l'avait frappé d'excommunication en 1076, au début de la querelle des Investitures*. D'où l'expression *aller à Canossa :* s'humilier devant son adversaire.

CANOT n. m. (esp. *canoa,* de l'arawak). **1.** Embarcation non pontée marchant généralement à la rame. — **2.** *Canot automobile,* embarcation munie d'un moteur et parfois destinée à la compétition. ‖ *Canot de pêche* ou *de promenade,* type de bateau de plaisance largement répandu. ‖ *Canot de sauvetage,* bateau à moteur, insubmersible, destiné à porter secours en mer aux naufragés. ‖ *Canot de servitude,* embarcation destinée, dans les ports, à faire les corvées.

CANOTAGE n. m. Action de canoter.

CANOTER v. i. (conj. 3). **1.** Manœuvrer un canot. — **2.** Se promener en canot.

CANOTEUR, EUSE n. Personne qui canote.

CANOTIER, ÈRE n. *Vx.* Amateur qui faisait du canotage.

◆ **canotier** n. m. 1. Matelot d'un canot. — 2. Chapeau de paille rigide à fond et à bords plats, porté au début du XXe s.

CANOURGUE (La) [48500], ch.-l. de cant. de l'ouest de la Lozère, au pied du causse de Sauveterre ; 1 883 hab. Église (XIIe, XIVe s.). Beffroi et demeures anciennes.

CANOVA (Antonio), sculpteur italien (Possagno, prov. de Trévise, 1757 - Venise 1822). Fils d'un artisan, tailleur de pierre dans son enfance, il devint à Rome la figure majeure du néoclassicisme. Sculpteur attitré de la papauté et de l'Empire napoléonien, il fut chargé de commandes officielles (bustes, tombeaux d'une simplicité monumentale), tandis qu'il multipliait les mythologies aimables pour une riche clientèle privée (*Amour et Psyché,* marbre, Louvre). Le contraste est grand entre ses fougueuses et vivantes esquisses dessinées et la froide perfection des marbres finals.

CÁNOVAS DEL CASTILLO (Antonio), homme politique espagnol (Málaga 1828-Santa Águeda, Guipúzcoa, 1897). Fondateur du parti conservateur libéral (1869), il fut le principal artisan de la Restauration monarchique en 1874 et de la Constitution de 1876. Président du Conseil à plusieurs reprises, et notamment en 1895, il fut assassiné par un anarchiste.

CANROBERT (François CERTAIN), maréchal de France (Saint-Céré 1809-Paris 1895). Général et aide de camp du prince-président (1850), il participa activement au coup d'État du 2 déc. 1851. Il commanda le corps expéditionnaire français en Crimée (1855). En 1870, il s'illustra à Saint-Privat.

CANSADO, localité de Mauritanie, sur l'Atlantique, près de Nouadhibou, dont elle constitue un faubourg ; 5 000 hab. À proximité immédiate, port minéralier pour l'exportation du minerai de fer de F'Derick, acheminé par voie ferrée.

CANSO *(détroit de),* détroit du Canada, séparant la partie continentale de la Nouvelle-Écosse de l'île du Cap-Breton.

CANSON (Barthélemy DE), fabricant de papier des environs d'Annonay (Annonay ? 1774 - Davézieux 1859). On lui doit la méthode de collage du papier, encore en usage, et la création d'un papier à dessin résistant et lisse, le *papier Canson.*

CANTABILE [-le] adv. (ital. *cantabile,* mélodieux). Terme d'exécution invitant à jouer une mélodie instrumentale comme si on la chantait.

CANTABRES, ancien peuple du N. de la péninsule Ibérique, qui occupait le territoire correspondant à l'actuelle province de Santander. Les Cantabres tombèrent sous la domination romaine au terme d'une guerre de dix ans (29-19 av. J.-C.) conduite par Auguste puis par Agrippa.

CANTABRIQUE, en esp. **Cantabria,** communauté autonome d'Espagne, correspondant à la province de Santander ; 5 300 km² ; 529 866 hab.

CANTABRIQUES *(monts),* bourrelet montagneux d'Espagne, qui sépare la Vieille-Castille du littoral septentrional ; 2 648 m au *Picos de Europa.* Ils donnent leur nom à la communauté autonome de Cantabrique.

CANTACUZÈNE, famille qui a joué un rôle important dans l'histoire byzantine et roumaine. — JEAN, général byzantin du XIIe s., eut pour descendant l'empereur Jean VI*, qui régna de 1341/1347 à 1354. — Son fils aîné, MATHIEU, fut empereur byzantin de 1354 à 1357 et despote de Mistra (Morée) de 1380 à 1383. De Jean, fils de Mathieu, sont issus les Cantacuzènes qui ont fourni plusieurs hospodars aux principautés roumaines. — ȘERBAN (1640-1688), prince de Valachie (1678-1688). — CONSTANTIN, haut dignitaire de Valachie, diplomate et historien (v. 1650-Istanbul 1716). — ÉTIENNE (ou Ștefan), prince de Valachie (1714-1716). Il fut exécuté à Constantinople avec son père, Constantin (1716).

CANTAGREL (François Jean Félix), homme politique et philosophe français (Amboise 1810-Paris 1887). Disciple de Fourier, il s'intéressa d'abord à l'éducation (*les Enfants du phalanstère,* 1844). Ardent républicain, il fut élu député à l'Assemblée législative en 1849 ; il s'enfuit après le coup d'État, revint après l'amnistie de 1859, ne participa pas à la Commune, fut élu député de Paris en 1876. Dans son ouvrage, *le Fou du Palais Royal* (1841), il préconise une modification du milieu de l'enfant, pour le rendre apte à comprendre le progrès industriel, et la non-spécialisation professionnelle.

CANTAL n. m. (pl. *cantals*). Fromage de garde à pâte broyée et pressée, fabriqué en Auvergne avec du lait de vache. (Syn. FOURME DU CANTAL.)

CANTAL *(massif* ou *monts du),* le plus vaste ensemble volcanique d'Auvergne, occupant la majeure partie du *département du Cantal.* De forme circulaire, d'un diamètre de l'ordre de 80 km, le massif a été attaqué et disséqué par l'érosion. Les principaux sommets n'atteignent pas 2 000 m (1 855 m au plomb du Cantal). Les flancs du massif, véritable château d'eau, sont entaillés par des vallées divergentes (Cère, Jordanne, Maronne, Rhue, Alagnon) qui délimitent entre elles les planèzes, plateaux basaltiques.

CANTAL (15), dép. de la Région Auvergne ; ch.-l. de dép. *Aurillac ;* ch.-l. d'arrond. *Mauriac, Saint-Flour ;* 3 arrond. ; 27 cant. ; 260 comm. ;

5 726 km² ; 158 723 hab. *(Cantaliens).* Le dép. appartient à l'académie de Clermont-Ferrand, à la cours d'appel de Riom, à la région militaire méditerranée.
Il est formé de terrains volcaniques (massif du Cantal et partie de l'Aubrac) et cristallins (Margeride, Châtaigneraie). C'est un dép. encore rural, où l'élevage bovin pour les produits laitiers (fromages) constitue la ressource essentielle. La faiblesse de l'industrialisation et de l'urbanisation (seule Aurillac dépasse 10 000 hab.) s'accompagne d'un constant dépeuplement, que ne ralentit guère l'activité touristique.

CANTALIEN, ENNE ou **CANTALOU, E** adj. et n. Du Cantal.

CANTALOUP [-lu] n. m. (de *Cantalupo,* n. pr.). Melon à côtes apparentes et à chair orange.

CANTATE n. f. (ital. *cantata,* de *cantare,* chanter). Composition profane ou religieuse à une ou plusieurs voix, avec accompagnement.
ENCYCL. La cantate est dérivée du madrigal italien de la Renaissance. Le madrigal concertant de Monteverdi est une esquisse de la cantate dramatique. Caccini, Vivaldi, A. Scarlatti mirent à la mode la cantate de chambre et en fixèrent le style. Importée d'Italie dès 1621, la cantate profane fut cultivée en Allemagne par Schein, puis par Telemann, Händel, J. S. Bach et ses fils, J. et M. Haydn, Mozart, etc. En France, de 1690 à 1750, la cantate fut très en honneur. Rameau s'efforça d'en faire un opéra de salon, mythologique ou pastoral.
La *cantate d'église,* prédication en musique où le choral et le chœur tiennent une place prépondérante, est particulière aux pays germaniques de culte luthérien, où elle connut un grand succès (Buxtehude, Pachelbel, Telemann et surtout J. S. Bach, qui amplifia l'élément choral). Après 1750, le genre de la cantate s'épuise.
Au XIXᵉ s., la cantate est une œuvre de circonstance ; c'est aussi une composition imposée aux concurrents du prix de Rome. Au XXᵉ s., quelques œuvres relèvent du genre : *le Survivant de Varsovie,* de Schönberg, *Cantata profana,* de Bartók, *Cantate de Noël,* de Honegger.

CANTATILLE n. f. Petite cantate de chambre.

CANTATRICE n. f. (ital. *cantatrice,* du lat. *cantatrix*). Chanteuse professionnelle d'opéra ou de concert.

Cantatrice chauve *(la),* pièce d'Eugène Ionesco (1950), fondée sur l'absurdité du langage. C'est la première des « anti-pièces » de l'auteur.

CANTELEU, comm. de la Seine-Maritime, banlieue ouest de Rouen ; 16 694 hab. *(Cantiliens).* Château du XVIIᵉ s. Textile. Papeterie.

CANTEMIR (Dimitrie), prince de Moldavie (1693 et 1710-11) et historien (Fălciu 1673 -Kharkov 1723). Il s'allia avec Pierre le Grand contre les Ottomans, qui le défirent sur le Prout (1711). Il se réfugia en Russie, où il écrivit *Histoire de la grandeur et de la décadence de l'Empire ottoman* (1716), *Description de la Moldavie* (1718) et *Chronique de l'Antiquité des Romano-Moldo-Valaques* (1723).

1. CANTER [-tɛr] n. m. Jeu de fortes fraises servant à déchiqueter directement en scierie les dosses en copeaux, en vue d'obtenir un noyau blanchi sur deux faces. (Syn. DÉDOSSEUSE.)

2. CANTER [-tɛr] n. m. (angl. *canter,* abrév. de *Canterbury gallop*). Galop d'essai qu'effectuent les chevaux pour se rendre du pesage à l'emplacement du départ de la course.

3. CANTER [-te] v. t. (mot norm., de *cant,* côté) [conj. 3]. Poser une pièce de bois sur chant.

CANTERBURY, en fr. **Cantorbéry,** v. de Grande-Bretagne, dans l'est du Kent, sur la Stour ; 33 000 hab. Université.
— **Hist.** Colonie romaine sous le nom de *Durovernum* puis capitale des rois de Kent, Canterbury doit son importance à son rôle religieux. En 597, saint Augustin y fonda un monastère bénédictin. La ville devint par la suite le siège de l'archevêché primat du royaume. Le tombeau de saint Thomas Becket y fut un lieu de pèlerinage fréquenté au Moyen Âge.
— **Bx-arts.** Magnifique cathédrale, reconstruite de la fin du XIIᵉ au XVᵉ s. (crypte plus ancienne, vaste chœur de pèlerinage et double transept ; tombeaux, vitraux des XIIᵉ-XIIIᵉ s. ; cloître et restes du monastère). Ruines de l'abbaye de St-Augustin et vestiges de St-Martin, la plus vieille église d'Angleterre. Autres églises, hospices de pèlerins, maisons et remparts du Moyen Âge. La ville fut un centre d'enluminure du XIᵉ au XIIIᵉ s.

CANTERBURY (Gervais DE) → GERVAIS.

CANTH (Minna, née Ulrika Vilhelmina JOHNSSON), femme de lettres finlandaise de langue finnoise (Tampere 1844-Kuopio 1897). Ses drames (*Sylvi,* 1893) expriment ses préoccupations sociales et féministes.

1. CANTHARE n. m. (lat. *cantharus,* du gr. *kantharos*). Vase à boire antique, à deux grandes anses verticales plus hautes que le bord du vase. (Il était l'attribut de Dionysos et des personnages de son cortège.)

2. CANTHARE n. m. (gr. *kantharos,* sorte de poisson de mer). Poisson téléostéen, commun sur les côtes de France, à chair peu appréciée. (Syn. CANTRE, GRISET, DORADE GRISE.)

CANTHARIDE n. f. (gr. *kantharis, -idos*). Insecte coléoptère à livrée verte avec des reflets dorés, dont le contact est vésicant et qui passe pour aphrodisiaque. (Sa larve vit aux dépens des abeilles.) [Syn. MOUCHE D'ESPAGNE.]

CANTHARIDINE n. f. Principe actif et vésicant des cantharides.

CANTHO, v. du sud du Viêt-nam, ch.-l. de la prov. de Hâu Giang, sur le Bassac ; 208 000 hab. Cimenterie.

CANTHUS [-tys] n. m. (gr. *kanthos,* coin de l'œil). Angle formé par la paupière supérieure avec la paupière inférieure. (Le plus voisin du nez est le grand canthus, l'autre le petit canthus.)

CANTICUM [-kɔm] n. m. (pl. *cantica*) [lat. *canticum,* chant]. Dans le théâtre romain, chant accompagné de la flûte ou partie déclamée par l'acteur avec accompagnement de la flûte (par oppos. au *diverbium,* dialogue).

CANTILÈNE n. f. (lat. *cantilena*). **1.** Au Moyen Âge, chant monodique en langue romane. – **2.** Œuvre vocale ou instrumentale de caractère sentimental.

CANTILEVER [kãtilevœr] adj. inv. (angl. *cantilever,* de *cant,* rebord, et *lever,* levier). **1.** Se dit d'une aile d'avion qui n'est reliée au fuselage par aucun mât ou hauban. – **2.** Se dit d'un ancien type de ressort de suspension automobile à lames, reliant le châssis à l'essieu arrière. – **3.** Se dit d'une poutre droite reposant sur plusieurs appuis et divisée en plusieurs tronçons au moyen d'articulations, de façon que les réactions d'appuis soient décrites par les équations d'équilibre de la statique élémentaire. – **4.** *Travée cantilever,* travée de pont reposant sur des extrémités de travées encastrées.

CANTILLATION n. f. (lat. *cantilare,* fredonner). Sorte de déclamation employée pour les lectures publiques de prières ou de textes sacrés (Bible, Coran).

CANTILLON (Richard), banquier, économiste et démographe d'origine irlandaise (1680 - assassiné à Londres 1734). Établi à Paris, il fut l'un des principaux bénéficiaires de l'expérience de Law. Selon lui, les facteurs essentiels de la production (la terre et le travail) déterminent la valeur intrinsèque des biens. Auteur d'un *Essai sur la nature du commerce en général,* publié en 1755, il inspira les physiocrates et Adam Smith.

CANTINE n. f. (ital. *cantina,* de *canto,* coin). **1.** Service chargé de la préparation des repas pour les ouvriers ou les employés d'un même établissement, les élèves d'une école, etc. – **2.** Réfectoire où sont pris ces repas ; mets qui y sont servis. – **3.** Coffre de voyage, malle, utilisés en particulier par les militaires.

CANTINER v. t. (conj. 3). *Arg.* Acheter qqch (provisions, tabac) à la cantine d'une prison.

CANTINIER, ÈRE n. Personne qui s'occupe d'une cantine.

◆ **cantinière** n. f. Femme qui tenait la cantine d'un régiment. (Syn. VIVANDIÈRE.)

CANTIQUE n. m. (lat. *canticum,* chant). **1.** Poème de l'Ancien et du Nouveau Testament composé pour remercier Dieu. – **2.** Chant religieux en langue vernaculaire et destiné à être chanté dans les sanctuaires. (→ *encycl.*) – **3.** Chez les protestants, tout chant religieux autre que les psaumes.

ENCYCL. Les cantiques les plus anciens qui nous soient parvenus sont les noëls. Longtemps refoulés, dans l'Église catholique, les cantiques étaient tolérés aux messes basses mais exclus des messes chantées. Le passage de la liturgie aux langues vivantes a ennobli le cantique et provoqué un renouvellement du répertoire.
Le chant populaire en langue vivante a été pour les Églises réformées le moyen d'inculquer les principes nouveaux. Luther composa nombre de cantiques, et les plus grands poètes allemands après lui. L'Église réformée en France n'admit d'abord que des cantiques sur les psaumes puis s'intéressa aux cantiques spirituels (Clément Marot, Théodore de Bèze).

Cantique des cantiques *(le),* livre biblique qui est un recueil de poèmes chantant l'amour du bien-aimé et de la bien-aimée, composé v. 450 av. J.-C. Les traditions juive et chrétienne y ont vu le symbole de l'amour de Yahvé pour Israël et celui du peuple élu pour son Dieu.

CANTON n. m. (anc. provenç. *canton,* coin, de *can,* côté, par l'intermédiaire de l'ital.). 1. En France, circonscription administrative issue de l'époque révolutionnaire, dépourvue de la personnalité morale, dans le cadre de laquelle sont élus les conseillers généraux à raison d'un conseiller par canton. (En 1995, on compte 4 015 cantons, dont 3 861 en France métropolitaine.) – **2.** En Suisse, chacun des États qui composent la Confédération helvétique. – **3.** Au Luxembourg, principale division administrative. – **4.** Au Canada, division cadastrale dont la superficie est de 100 milles carrés. – **5.** Quartier de voûte, voûtain. – **6.** Zone d'une voie ferrée dont l'entretien, la surveillance, etc., sont assurés par une brigade d'agents, sous les ordres d'un chef de canton ; unité de découpage d'une ligne pour l'espacement des trains. – **7.** Région d'angle de l'écu, délimitée par les branches de la croix ou du sautoir. – **8.** Subdivision territoriale d'une forêt.

CANTON, en chin. **Guangzhou** ou **Kouang-tcheou,** v. de la Chine, cap. du Guangdong ; 3 620 000 hab.
– **Géogr.** Au cœur du delta du Xi Jiang (qui prend en aval le nom de Rivière des Perles [Zhu Jiang]),

et au confluent du Bei Jiang menant à la passe de Meiling, qu'empruntent la route et la voie ferrée vers Wuhan et Pékin, c'est un port notable, un centre commercial (foire internationale), universitaire, industrialisé depuis 1949, et la véritable métropole de la Chine méridionale. Monuments anciens. Musée historique.

– **Hist.** La ville fut intégrée progressivement dans l'empire par les États centrés sur le Nord (d'abord par les Qin en 214 av. J.-C.). Sous les Tang, elle devint le centre d'un actif commerce avec l'Inde et l'Empire musulman, et les étrangers reçurent le droit de s'y installer en 714. À l'époque des Ming, les Portugais, puis les Espagnols et les Hollandais réussirent à y établir, à partir de 1514, les seuls contacts possibles avec la Chine. La ville fut attaquée par les Britanniques (1841) lors de la guerre de l'Opium. Elle fut le théâtre du soulèvement de Sun Yat-sen (1911) et le siège de la commune de déc. 1927.

CANTON, v. des États-Unis (Ohio), au S. de Cleveland ; 95 000 hab. Métallurgie. Chimie.

CANTON (John), physicien britannique (Stroud, Gloucestershire, 1718-Londres 1772). Il a fabriqué le premier électroscope, étudié les variations du magnétisme terrestre pendant les aurores polaires (1759) et montré que les liquides sont compressibles.

CANTONADE n. f. (provenç. *cantonada,* angle d'une construction). **1.** Autref., côté de la scène d'un théâtre, où se tenaient les spectateurs privilégiés. – **2.** *Parler à la cantonade,* parler sans être en scène, ou à un personnage qui n'est pas en scène ; parler assez haut pour être entendu de nombreuses personnes tout en ne s'adressant personnellement à aucune.

CANTONAIS, E adj. et n. De Canton.

◆ adj. *Riz cantonais,* riz cuit à l'eau, puis sauté avec des légumes, des œufs et des morceaux de jambon.

◆ **cantonais** n. m. Dialecte chinois parlé dans la plus grande partie du Guandong et le sud-est du Guangxi, ainsi qu'à Hongkong et dans la plupart des communautés de Chinois émigrés à travers le monde. (Syn. YUE.)

CANTONAL, E, AUX adj. Relatif au canton.

◆ **cantonales** n. f. pl. Élections ayant pour cadre le canton (conseillers généraux).

CANTONALISME n. m. Système de décentralisation cantonale.

CANTONALISTE n. m. Partisan du cantonalisme en Suisse.

CANTONNEMENT n. m. **1.** Établissement temporaire de troupes dans un lieu habité ; lieu où cantonne une troupe. – **2.** Fait de se cantonner, d'être cantonné dans un domaine : *Il ne supportait pas ce cantonnement dans des tâches subalternes.* – **3.** Limitation à certains biens des droits et sûretés en faveur d'un créancier. – **4.** Système d'espacement des trains de même sens, destiné à éviter les rattrapages et consistant à fractionner la ligne en plusieurs cantons dont l'entrée est protégée par un signal d'arrêt. – **5.** *Cantonnement téléphonique,* système de cantonnement dans lequel les postes successifs sont reliés entre eux uniquement par téléphone.

CANTONNER v. t. (de *canton*) [conj. 3]. **1.** Installer des troupes, les répartir dans des cantonnements. – **2.** Limiter, borner qqn à une certaine activité : *On l'avait cantonné dans un travail idiot.* – **3.** Assurer le cantonnement d'un train, d'un bien

◆ v. i. Prendre ses cantonnements qqpart.

◆ **être cantonné** v. pass. **1.** En parlant d'une construction, être garnie à chacun de ses angles d'éléments secondaires. (Ainsi un clocher carré cantonné de quatre clochetons.) – **2.** En héraldique, en parlant de la croix et du sautoir, être accompagnés de meubles placés dans chaque canton.

◆ **se cantonner** v. pr., **être cantonné** v. pass. **1.** S'isoler dans un lieu et n'en pas bouger : *Se cantonner dans sa chambre.* – **2.** Se limiter à un domaine, se borner à faire qqch : *Vous ne pouvez vous cantonner à cette seule explication.*

CANTONNIER n. m. (de *canton*). **1.** Ouvrier chargé de l'entretien des routes et chemins, fossés et talus qui les bordent. – **2.** Agent affecté à l'entretien et aux travaux de la voie ferrée et des installations annexes.

CANTONNIÈRE n. f. (de *canton,* au sens de « coin »). **1.** Bande d'étoffe descendant le long des colonnes d'un lit. – **2.** Bande de tissu encadrant le haut d'une fenêtre et masquant la tête des rideaux.

CANTONS DE L'EST, nom autrefois donné à l'Estrie*, au Québec.

CANTOR n. m. (all. *Kantor,* du lat. médiév. *cantor*). Musicien chargé du chant liturgique ou de la direction de la chapelle, dans certaines grandes églises allemandes.

CANTOR (Georg), mathématicien allemand (Saint-Pétersbourg 1845-Halle 1918), fondateur de la théorie des ensembles. Après avoir fait ses études à Zurich et à Berlin, où il est l'élève de Weierstrass, de Kummer et de Kronecker, Cantor devient professeur à l'université de Halle (1879). Il conçoit avec Dedekind toutes les idées de la théorie des ensembles et imagine, en 1879, les nombres transfinis, puis découvre les notions de puissance du dénombrable et de celle du continu, l'arithmétique des nombres transfinis, etc.

Cantor *(antinomie de),* antinomie découverte en 1899 par Cantor, relative à l'ensemble de tous les ensembles. Soit U cet ensemble ; l'ensemble $\mathcal{P}$(U) de tous les sous-ensembles de U a un *cardinal* plus grand que U (→ *théorème de* CANTOR), ce qui contredit la définition de U. La collection de tous les ensembles n'est donc pas un ensemble.

Cantor *(théorème de),* théorème selon lequel, pour tout ensemble M, les ensembles M et $\mathcal{P}$(M) ne sont pas équipotents. On a, au contraire, card M < card $\mathcal{P}$(M).

Cantor-Bernstein *(théorème de),* théorème fondamental de la théorie des ensembles, qui établit que la relation $\leqslant$ définie sur la collection des cardinaux est antisymétrique.

CANTORBÉRY → CANTERBURY.

Cantor-Dedekind *(axiome de),* énoncé aux termes duquel si, sur une droite D, on reporte les points A_1, A_2, ..., A_n d'une part, les points B_1, B_2, ..., B_n d'autre part, les abscisses des premiers formant une suite a_n non décroissante de nombres rationnels, celles des seconds une suite b_n non croissante, la différence $b_n - a_n$ restant positive et tendant vers zéro, les segments emboîtés A_nB_n ont un point commun unique M, auquel correspond suivant les cas un nombre rationnel ou un nombre irrationnel. (Syn. AXIOME DE CONTINUITÉ.)

CANTORIA n. f. (ital. *cantoria,* tribune). Tribune des chanteurs dans les églises italiennes, souvent richement décorée (du XVe [L. Della Robbia à Florence] au XVIIIe s.).

Cantos, recueil poétique d'Ezra Pound (1917-1969) où, en un vaste système, parfois ésotérique, de références historiques (de l'Occident à l'Orient, du Moyen Âge à l'Amérique) et d'écritures, se déploie l'épopée du poète.

1. CANTRE n. m. Partie de l'ourdissoir supportant les bobines de fil qui confectionneront les chaînes de tissage. (Syn. RÂTELIER.)

2. CANTRE n. m. Syn. de CANTHARE.

CANULANT, E adj. (de *canule*). *Pop.* Ennuyeux, fatigant.

CANULAR n. m. (de *canuler*). *Fam.* Action, propos qui a pour but d'abuser de la crédulité de qqn ; mystification, fausse nouvelle, farce.

CANULARESQUE adj. *Fam.* Qui tient du canular : *Un règlement canularesque.*

CANULE n. f. (lat. *cannula,* de *canna,* roseau). Tube creux d'usage médical, qu'on introduit dans un orifice pour maintenir son ouverture, permettre un passage de gaz, pratiquer une injection de liquide ou effectuer des lavages ou des aspirations dans des cavités.

CANULER v. t. (de *canule*) [conj. 3]. *Pop.* **1.** Importuner, agacer. — **2.** Mystifier par un canular.

CANUS, E adj. Relatif aux canuts de Lyon.

CANUT, USE [kany, -yz] n. (de *can[n]ette,* bobine creuse). Ouvrier, ouvrière spécialisés dans le tissage de la soie sur métier à tisser, dans la région lyonnaise.

canuts *(révolte des)* [nov.-déc. 1831] insurrection des tisseurs de soie de Lyon. En 1830, les canuts qui travaillaient pour des fabricants virent ceux-ci comprimer les prix de façon devant la concurrence anglaise. Organisés dans le « Devoir mutuel », ils obtinrent, grâce au préfet de Lyon, un tarif minimal (25 oct. 1831), rejeté par certains fabricants. La grève qu'ils déclenchèrent le 22 nov. 1831 dégénéra en un mouvement insurrectionnel dans les quartiers ouvriers de Lyon, qui instaura un gouvernement à l'hôtel de ville. Mais une armée conduite par le duc d'Orléans et le maréchal Soult écrasa le mouvement (3-5 déc. 1831).

CANUT, rois de Danemark → KNUD.

CANY-BARVILLE (76450), ch.-l. de cant. de la Seine-Maritime, dans le pays de Caux ; 3 365 hab. Église Renaissance. Château de 1640.

CANYON → CAÑON.

CANYONING [kanjoniŋ] n. m. Sport mêlant la randonnée, la nage en eau vive et l'escalade, et consistant à descendre des cours d'eau encaissés au profil accidenté.

CANZONE [kɑ̃dzɔne] n. f. (pl. *canzones* ou *canzoni*) [ital. *canzone,* du lat. *cantio,* chanson]. En Italie, petit poème lyrique divisé en stances.
ENCYCL. La canzone est la forme suprême du lyrisme italien aux XIIIe et XIVe s. Dante devait donner tout son prestige au genre. Bientôt allégée de son accompagnement musical, la canzone resta un genre poétique. Au XVIe s., le terme désigna des transcriptions, puis des compositions pour orgue et, jusqu'au début du XVIIIe s., des œuvres pour divers instruments.

CANZONETTE [kɑ̃dzɔnɛt] n. f. (ital. *canzonetta*). Petite canzone italienne à une voix.

Canzoniere, titre de nombreux recueils ou anthologies poétiques italiens, du Moyen Âge et de la Renaissance et repris par les poètes modernes (Pétrarque, Saba).

C. A. O., abrév. de CONCEPTION* ASSISTÉE PAR ORDINATEUR.

CÃO ou **CAM** (Diogo), navigateur portugais du XVe s. Chargé par le roi de Portugal Jean II de poursuivre la découverte des côtes d'Afrique, il reconnut en 1483 l'embouchure du Zaïre

(Congo) et parvint à 13° de latitude S. Un second voyage (1484-85) le conduisit jusqu'à 22° de latitude S.

CAO BANG, v. du nord du Viêt-nam, ch.-l. de prov., à 30 km de la frontière chinoise.
– **Hist.** Ville fortifiée située au nord de la ligne des postes militaires couvrant la frontière sino-tonkinoise, Cao Bang, réoccupée en oct. 1947 par les Français, dut être évacuée sous la pression des troupes du Viêt-minh (fin 1949), en sept. 1950.

Cao Dai, secte religieuse du Viêt-nam méridional. Fondée en 1926 par Ngô Van Chiêu, elle puisait sa doctrine dans le bouddhisme, le confucianisme et le christianisme et s'inspirait d'écrivains tels que Victor Hugo. Elle possédait un clergé hiérarchisé, un rituel spirite et des temples.

CAODAÏSME n. m. Religion de la secte Cao Dai.

CAOUA n. m. (ar. *qahwa*). *Pop.* Café (boisson).

CAOUANE ou **CAOUANNE** n. f. (mot dialect. des Caraïbes). Grande tortue marine carnivore des eaux littorales des régions chaudes.

CAOUTCHOUC [kautʃu] n. m. (mot d'une langue indigène du Pérou). **1.** Produit naturel tiré d'*Hevea brasiliensis* et constitué essentiellement de polyisoprène. (→ *encycl.*) – **2.** *Fam.* Élastique. – **3.** Sorte de chausson en caoutchouc mince qu'on ajuste par-dessus la chaussure pour la protéger de la boue et de l'humidité. – **4.** Nom usuel du ficus. – **5.** *Caoutchouc butyle,* syn. de BUTYLCAOUTCHOUC. ‖ *Caoutchouc synthétique,* syn. de ÉLASTOMÈRE* DE SYNTHÈSE.
ENCYCL. La première description du caoutchouc, déjà connu des Mayas, a été faite par le Français C. M. de La Condamine lors de son voyage en Amazonie (1736-1744). Ce n'est qu'après la découverte de la vulcanisation par Goodyear en 1839 que le caoutchouc commence à connaître un développement industriel. Récolté par saignée, le latex est une émulsion contenant 30 à 40 % de caoutchouc. Après coagulation par addition d'acide acétique ou d'acide sulfurique, on obtient une masse solide appelée crêpe, qui est découpée en morceaux, déchiquetée et lavée à l'eau dans une crêpeuse.
Le caoutchouc naturel est constitué à 94 % par du polyisoprène, dont la masse molaire varie entre 200 000 et 500 000. Amorphe lorsqu'il n'est soumis à aucune contrainte, le caoutchouc naturel prend par étirement une structure fibreuse constituée par des domaines cristallins. Il se présente en masses translucides, incolores et jaunâtres, de densité voisine de 0,92 ; mauvais conducteur de la chaleur et de l'électricité, il possède une haute élasticité. Le caoutchouc gonfle dans un grand nombre de solvants organiques ; il est soluble dans le tétrachlorure de carbone et dans le benzène. L'oxydation à l'état solide se traduit par un durcissement et un craquèlement du caoutchouc, qui, finalement, devient poisseux. On remédie à ce défaut par addition d'antioxydant.
La vulcanisation, en liant les chaînes de polyisoprène entre elles, élimine l'écoulement visqueux du caoutchouc et élargit le domaine de température où il est élastique. Elle est réalisée en chauffant le caoutchouc à 130-150 °C en présence de 7 à 10 % de soufre. Avec 32 % de soufre, on obtient une matière dure et rigide : l'ébonite. Par addition de diverses charges (noir de carbone), on obtient des résistances satisfaisantes à l'abrasion, à la lacération et aux solvants. En dehors des joints, du matériel électrique, de la chaussure, du textile et du jouet, l'industrie des pneumatiques reste la principale consommatrice de caoutchouc naturel. À partir du caoutchouc naturel, on produit par un certain nombre de réactions chimiques des caoutchoucs modifiés : caoutchoucs cyclisés, greffés, chlorés et hydrochlorés, utilisés dans les industries des peintures, vernis, adhésifs, pellicules, etc.
• *Plantes à caoutchouc.* La première tentative de culture d'espèces caoutchoutières est celle de *Ficus elastica,* en Inde (1863-1875), dont les résultats ont été décevants. *Hevea brasiliensis,* originaire du Brésil, a permis la culture industrielle du caoutchouc en Extrême-Orient à la fin du XIXe s. En Indochine, le mouvement d'extension ne s'est dessiné qu'à partir de 1907. La culture de l'hévéa a été fortement ralentie par le développement considérable du caoutchouc de synthèse.
• *Production mondiale.* Celle du caoutchouc naturel oscille entre 5 et 5,5 Mt, assurée pour les trois quarts par la Malaysia, l'Indonésie et la Thaïlande. Celle du caoutchouc synthétique dépasse 7 Mt (essentiellement États-Unis, puis Japon, suivis, de loin, par la France et l'Allemagne).

CAOUTCHOUTAGE n. m. Action de caoutchouter ; son résultat.

CAOUTCHOUTER v. t. (conj. 3). Enduire de caoutchouc.

CAOUTCHOUTEUX, EUSE adj. Qui a l'aspect, la consistance ou l'élasticité du caoutchouc.

CAOUTCHOUTIER, ÈRE adj. Se dit de toute plante qui produit le caoutchouc.

CAO XUEQIN ou **TS'AO SIUE-K'IN,** écrivain chinois (v. 1715-1763), auteur du *Rêve* dans le pavillon rouge.*

CAO YU ou **TS'AO YU** (WAN JIABAO ou WAN KIA-PAO, dit), auteur dramatique chinois (dans le Hubei 1910), auteur des premières pièces de style occidental (*Orage,* 1933 ; *la Steppe,* 1937).

1. CAP n. m. (provenç. *cap,* tête, du lat. *caput*). *De pied en cap,* des pieds à la tête, complètement. ‖ *Cap de mouton,* pièce en bois, percée de trous dans lesquels passent les rides des haubans d'un voilier.

2. CAP n. m. (anc. provenç. *cap,* extrémité). **1.** Pointe de terre qui s'avance dans la mer. — **2.** Angle que forment la route suivie par un avion ou un navire et la direction du nord. (On distingue le *cap vrai,* mesuré par rapport au nord vrai, et le *cap au compas,* déterminé par rapport au nord indiqué par le compas.) — **3.** *Changer de cap,* prendre une nouvelle direction, en partic. dans le domaine politique. ‖ *Doubler un cap,* le contourner. ‖ *Doubler, franchir, etc., le cap de qqch,* franchir, dépasser un point critique, une limite, un seuil significatif. ‖ *Mettre le cap sur un objectif,* se diriger vers lui.

C.A.P., abrév. de CERTIFICAT* D'APTITUDE PROFESSIONNELLE.

CAP (Le), en angl. **Cape Town,** en afrikaans **Kaapstad,** cap. (législative) de l'Afrique du Sud et ch.-l. de la prov. du Cap-Ouest ; 2 350 000 hab. pour l'agglomération. Fondée en 1652 par Jan Van Riebeeck au pied de la montagne de la Table et au fond de la baie de la Table, c'est un port et un centre administratif, commercial, universitaire et industriel (agroalimentaire, constructions mécaniques et réparation navale, chimie).

CAP *(province du),* anc. prov. d'Afrique du Sud (cap. *Le Cap*), ayant formé en 1994 les prov. du *Cap-Est,* du *Cap-Nord,* du *Cap-Ouest* et une partie de la prov. du Nord-Ouest.
— **Hist.** La côte méridionale fut explorée par les Portugais (1487-1497), par les Anglais (1620) puis par les Hollandais, qui, pour s'assurer une escale sur la route des Indes, fondèrent Le Cap (1652). En 1814, la colonie passa aux mains des Anglais, qui étendirent son territoire (création de Grahamstown [1819] et de Port Elizabeth [1820]), la dotèrent d'un Conseil exécutif (1825) assistant le gouverneur, puis d'une Constitution (1853). L'abolition de l'esclavage (1833) bouleversa l'économie agricole et contribua à l'émigration des Boers (Grand Trek, 1834-1839). Affaiblie par ces départs, la colonie redevint prospère v. 1870 grâce à ses richesses minières. En 1910, elle forma l'une des quatre provinces de l'Union sud-africaine, devenue en 1961 la République sud-africaine (ou Afrique du Sud).

Cap au Caire *(chemin de fer du),* projet de voie ferrée élaboré par Cecil Rhodes et qui devait relier Le Cap au Caire à travers des territoires entièrement sous influence britannique. Seuls quelques tronçons furent réalisés.

CAPA (Andrei FRIEDMANN, dit **Robert**), photographe américain d'origine hongroise (Budapest 1913 - Thai Binh, Viêt-nam, 1954). Son œuvre de reporter, intègre et réaliste, est surtout consacrée aux horreurs de la guerre : de la guerre d'Espagne à la guerre d'Indochine, où il trouva la mort. Il a été, en 1947, l'un des fondateurs de l'agence *Magnum.*

CAPABLANCA (José Raúl), joueur d'échecs cubain (La Havane 1888-New York 1942), champion du monde de 1921 à 1927.

CAPABLE adj. (bas lat. *capabilis,* susceptible de, de *capere,* prendre). **1.** Qui a la force, l'aptitude, le pouvoir de faire qqch, d'avoir telle qualité : *Être capable de générosité. Être capable de comprendre.* — **2.** Qui peut avoir tel ou tel effet ; susceptible de : *Programme capable de plaire à tout le monde.* — **3.** Qui peut éventuellement se produire ; à qui il risque d'arriver qqch : *Détail capable de passer inaperçu.* — **4.** Qui a de nombreuses capacités ou qui a la compétence nécessaire pour remplir telle ou telle fonction : *C'est un garçon très capable.* — **5.** Se dit de qqn qui est légalement apte à exercer valablement certains droits. — **6.** *Arc capable,* ensemble des points M du plan tels que $(\overrightarrow{MA}, \overrightarrow{MB}) = \alpha$, où α est un angle de couple de vecteurs donné et A et B deux points donnés. (Un tel ensemble est une partie d'un cercle.) ‖ *Être capable de tout,* être susceptible d'aller jusqu'à des actes blâmables pour arriver à ses fins.

CAPACIMÈTRE n. m. Appareil servant à mesurer des capacités électriques.

CAPACITAIRE n. Étudiant qui prépare le diplôme de capacité en droit, ou personne qui en est titulaire.
◆ adj. *Suffrage capacitaire,* mode de suffrage restreint subordonnant l'exercice du droit de vote à la possession de capacités intellectuelles.

CAPACITANCE n. f. En électricité, réactance opposée par une capacité au passage d'un courant alternatif sinusoïdal.

CAPACITÉ n. f. (lat. *capacitas,* de *capax, -acis,* qui peut contenir). **1.** Quantité que peut contenir un récipient, un local : *La capacité d'une bouilloire.* — **2.** Aptitude de qqn dans tel ou tel domaine : *Sa capacité à comprendre.* — **3.** Puissance qu'a qqn, un groupe dans un certain domaine : *Il a une grande capacité de travail.*
• **Anthropobiol.** *Capacité crânienne,* volume de la cavité interne de la boîte crânienne. — **Dr.** *Capacité (civile),* aptitude d'une personne à acquérir ou à exercer un droit ou une obligation. (Toute personne majeure est en principe, et sauf dispositions légales contraires, capable.) — **Écon.** *Capacité de financement,* situation d'un agent économique qui bénéficie de fonds disponibles pour des placements ou des prêts, ses ressources étant supérieures à ses emplois. — **Électr.** Quan-

tité d'électricité qu'un accumulateur peut restituer à la décharge. ‖ *Capacité idéale,* bipôle élémentaire dans lequel le courant est proportionnel à la dérivée de la tension par rapport au temps. ‖ *Capacité (d'une capacité idéale),* quotient du courant par la dérivée de la tension par rapport au temps. (L'unité SI de capacité est le farad.) [→ CONDENSATEUR.] — **Enseign.** *Capacité en droit,* diplôme juridique conféré sur examen par les universités, sans diplôme exigé pour s'inscrire, et permettant d'accéder aux études de licence. — **Hydrol.** Syn. de CHARGE* LIMITE. — **Inform.**Quantité d'information pouvant être enregistrée dans une mémoire. — **Ling.** *Capacité générative,* propriété que possède une grammaire de générer les phrases grammaticales d'une langue. — **Navig.** *Capacité d'une voie navigable,* trafic maximal annuel, exprimé en tonnes, que peut assurer cette voie. — **Pédol.** *Capacité d'échange d'un sol,* quantité totale d'un ion que le sol peut facilement fixer. (La capacité d'échange doit être maintenue élevée par apport d'engrais pour conserver la fertilité du sol.) — **Physiol.** *Capacité vitale,* volume d'air (env. 3 l chez l'homme) que les poumons peuvent normalement contenir entre une inspiration forcée et une expiration forcée. — **Polit.** *Capacité électorale,* aptitude à bénéficier de la qualité d'électeur ; ensemble des conditions juridiques déterminant cette aptitude et faisant notamment intervenir la nationalité, l'âge et la résidence. — **Techn.** Enceinte délimitant un volume déterminé et dans laquelle se déroule un processus. — **Télécomm.** *Capacité d'un câble,* nombre de paires contenues dans ce câble. ‖ *Capacité d'une ligne, d'une liaison,* nombre de voies de transmission indépendantes ou nombre de conversations distinctes qui peuvent être assurées. ‖ *Capacité d'une voie de transmission,* nombre maximal d'informations élémentaires qui peuvent être transmises par seconde. — **Trav. publ.** *Capacité d'une route,* débit de véhicules susceptible d'être écoulé par cette route dans de bonnes conditions.

◆ **capacités** n. f. pl. Compétence et habileté dans un domaine : *Je doute de ses capacités en mécanique.*

CAPACITIF, IVE adj. Se dit d'un dispositif ou d'un circuit électrique dont la grandeur essentielle est la capacité.

CAPAGE n. m. Action de caper les cigares. (Syn. ROBAGE.)

CAPARAÇON n. m. (esp. *caparazon,* p.-ê. de *capa,* manteau). **1.** Housse d'ornement dont on revêtait les chevaux montés ou attelés dans les cérémonies. — **2.** Morceau de bœuf comprenant les parties latérales et inférieures des régions thoracique et abdominale. — **3.** Couverture munie d'attaches pour abriter le cheval contre les intempéries.

CAPARAÇONNER v. t. (conj. 3). **1.** Couvrir un cheval d'un caparaçon. — **2.** Recouvrir entièrement qqch pour le protéger.

CAPAZZA (Louis), inventeur et aéronaute français (Bastia 1862-Paris 1928). Il relia Marseille à la Corse en ballon sphérique (1866) et il effectua avec le *Morning Post,* premier dirigeable anglais, la première traversée de la Manche (20 oct. 1910).

CAP-BRETON *(île du),* île du Canada (Nouvelle-Écosse), à l'entrée du golfe du Saint-Laurent et reliée depuis 1955 par une route au continent ; 10 300 km². Tourisme estival.

CAPBRETON (40130), comm. des Landes, au N. de Bayonne ; 5 337 hab. *(Capbretonnais).* Station balnéaire. Port de plaisance. — Au large se creuse la fosse dite *Gouf de Capbreton,* cañon sous-marin qui entaille le plateau continental.

CAPCIR *(le),* région déprimée de l'ouest du département des Pyrénées-Orientales, dans le haut bassin de l'Aude.

CAP-D'AIL (06320), comm. des Alpes-Maritimes, au S.-O. de Monaco ; 4 871 hab. *(Cap-d'Ailois).* Station balnéaire.

CAP-D'ANTIBES, station balnéaire des Alpes-Maritimes (comm. d'Antibes).

CAP-DE-LA-MADELEINE, v. du Canada (Québec), banlieue de Trois-Rivières, sur le Saint-Laurent ; 33 000 hab. Pèlerinage.

CAPDENAC-GARE (12700), ch.-l. de cant. de l'Aveyron, sur la rive gauche du Lot ; 4 978 hab. Triage ferroviaire.

1. CAPE n. f. (provenç. *capa,* de l'esp. *capa*). **1.** Vêtement sans manches, avec ou sans capuchon, porté sur les épaules. (Syn. PÈLERINE.) — **2.** Pièce de tissu courte et arrondie montée sous le col de certains manteaux. — **3.** En tauromachie, syn. de MULETA. — **4.** Feuille de tabac qui sert d'enveloppe extérieure ou de robe au cigare. — **5.** *Film, roman de cape et d'épée,* film, roman d'aventures historiques qui met en scène des héros batailleurs et chevaleresques. ‖ *Rire sous cape,* en dessous, en se dissimulant.

2. CAPE n. f. (norm. *cape,* manteau, puis grande voile). **1.** *Être* ou *mettre à la cape,* pour un navire, par gros temps, réduire sa voilure ou la vitesse de sa machine, afin d'éviter de recevoir des coups de mer dangereux. (Syn. CAPEYER.) — **2.** *Cape sèche,* syn. de PANNE SÈCHE.

CAPE COAST, port du Ghana, ch.-l. de la Région-Centrale, sur le golfe de Guinée ; 71 600 hab. Anc. ch.-l. de la colonie britannique de la Gold Coast. Université.

ČAPEK (Karel), écrivain tchèque (Malé-Svatoňovice 1890-Prague 1938). Il créa dans *R. U. R.* (*Rossum's Universal Robots,* 1920) le mot « robot ». Préoccupé par la soumission de l'homme à ses propres créations scientifiques, il a exprimé son angoisse dans ses nouvelles, ses romans (*Hordubal,* 1933) et surtout son théâtre.

CAPEL (Arthur), comte **d'Essex,** homme politique anglais (1631 ou 1632-Londres 1683). Royaliste libéral et protestant convaincu, il gouverna l'Irlande de 1672 à 1677. Lors de la découverte du complot de Rye House contre Charles II et son frère Jacques (1683), il fut arrêté et se suicida dans la Tour de Londres.

CAPELAGE n. m. (de *capeler*). **1.** Ensemble des boucles des manœuvres qui embrassent la tête d'un mât, d'une vergue. — **2.** Point du mât, de la vergue où s'appliquent ces boucles.

CAPELAN n. m. (anc. provenç. *capelan*). Nom commun au *petit tacaud,* poisson voisin de la morue, et au *capelan de Terre-Neuve,* voisin de l'éperlan, utilisé comme appât dans la pêche à la morue.

CAPELER v. t. (norm. *capeler,* coiffer, de l'anc. fr. *capel,* coiffure) [conj. **24**]. **1.** Mettre en place le capelage. — **2.** Recevoir qqch qui couvre, en parlant d'un bateau : *Capeler une lame par l'avant.*

CAPELET n. m. (forme provenç. de *chapelet*). Tumeur du jarret du cheval, due aux frottements.

CAPELINE n. f. (anc. provenç. *capelina,* casque, de *cappa,* cape). **1.** Chapeau de femme à larges bords souples. — **2.** Chapeau de fer, avec ou sans bords, porté par les gens de pied au Moyen Âge. — **3.** Au XIVe s., sorte de camail de mailles.

CAPELLA ou **CHÈVRE** (la), nom donné à l'étoile α Cocher*. Magnit. visuelle 0,1. Distance 45 al.

CAPELLE (La) [02260], ch.-l. de cant. de l'Aisne, dans la Thiérache ; 2 222 hab. Foire annuelle aux fromages. Brosserie.

CAPELLEN, cant. du grand-duché du Luxembourg, à l'O. de Luxembourg ; 200 km^2 ; 26 400 hab.

CAPENDU (11700), ch.-l. de cant. de l'Aude, au pied de la Montagne d'Alaric ; 1 380 hab. Église et restes d'un château du XIVe s.

CAPÈNE, v. d'Italie, à 30 km au N. de Rome. Cité villanovienne puis étrusque, dépendant de Véies, prise par Rome en 395 av. J.-C., elle fut détruite par Hannibal en 217 av. J.-C. Vestiges antiques.

Capène *(porte)* [en lat. *Porta Capena,* auj. *Porta San Sebastiano*], porte de l'enceinte romaine de Servius Tullius, entre l'Aventin et le Caelius, où commençaient la *via Appia* et la *via Latina.*

CAPENHURST, localité de Grande-Bretagne (Cheshire). Enrichissement de l'uranium.

CAPER v. t. (conj. 3). Poser la cape d'un cigare. (Syn. ROBER.)

C. A. P. E. S., abrév. de CERTIFICAT* D'APTITUDE AU PROFESSORAT DE L'ENSEIGNEMENT DU SECOND DEGRÉ.

CAPÉSIEN, ENNE n. Titulaire du C. A. P. E. S. ; candidat au C. A. P. E. S.

CAP-EST, prov. d'Afrique du Sud, sur l'océan Indien ; 170 616 km^2 ; 6 665 400 hab. Ch.-l. *Bisho.*

CAPESTANG (34310), ch.-l. de cant. de l'Hérault, sur le canal du Midi ; 2 918 hab. Église gothique.

CAPESTERRE-BELLE-EAU (97130), ch.-l. de cant. de la Guadeloupe, sur la côte est de la Basse-Terre ; 19 081 hab.

CAPESTERRE-DE-MARIE-GALANTE (97140), ch.-l de cant. de la Guadeloupe, sur la côte sud-est de l'île de Marie-Galante ; 3 832 hab.

C. A. P. E. T., abrév. de CERTIFICAT* D'APTITUDE AU PROFESSORAT DE L'ENSEIGNEMENT TECHNIQUE.

CAPET, surnom de Hugues Ier, roi de France, par allusion à sa cape.

CAPET, nom de famille attribué par dérision à Louis XVI (« Louis Capet ») et à des membres de la famille royale, sous la Révolution.

CAPÉTIEN, ENNE adj. Relatif aux Capétiens.

CAPÉTIENS, dynastie qui régna sur la France de 987 à 1328, après les Carolingiens*, et qui fut fondée par Hugues Ier Capet, à qui elle doit son nom. Issue des Robertiens, cette dynastie, dite « des Capétiens directs », dont les branches collatérales, les Valois et les Bourbons, se succédèrent ensuite sur le trône de France, comprend 14 souverains, non compris le fils posthume de Louis X *le Hutin,* Jean Ier : HUGUES CAPET (987-996), ROBERT II *le Pieux* (996-1031), HENRI Ier (1031-1060), PHILIPPE Ier (1060-1108), LOUIS VI *le Gros* (1108-1137), LOUIS VII (1137-1180), PHILIPPE II *Auguste* (1180-1223), LOUIS VIII (1223-1226), LOUIS IX (Saint Louis, 1226-1270), PHILIPPE III *le Hardi* (1270-1285), PHILIPPE IV *le Bel* (1285-1314), LOUIS X *le Hutin* (1314-1316), PHILIPPE V *le Long* (1316-1322), CHARLES IV *le Bel* (1322-1328).
Lorsqu'ils accédèrent à la Couronne avec Hugues Ier Capet, élu roi à la mort du dernier carolingien, Louis V, les Capétiens n'exerçaient leur autorité directe que sur un domaine exigu, situé entre Seine et Loire, et cerné de toutes parts par des grandes principautés territoriales qui recouvraient l'essentiel du royaume de France. Par mariage, par achat, par conquête et par l'usage de leurs droits de suzerain, ils acquirent la plupart de ces grands fiefs (XII-XIVe s.) et les rattachèrent à leur domaine, hors duquel ils ne

laissèrent que la Bretagne, la Bourgogne, la Flandre et l'Aquitaine. Ils y imposèrent leur autorité grâce au développement d'une administration centralisée. Créateurs du Conseil du roi, du parlement, de la Chambre des comptes et des baillis (XIIIe-XIVe s.), ils mirent ainsi en place les institutions fondamentales de la monarchie française, qui leur permirent d'établir leur souveraineté sur le royaume. À cette réussite contribuèrent aussi la théorie du roi « empereur en son royaume », répandue v. 1260 par les légistes de l'entourage royal, et le sacre, qui conférait aux Capétiens un immense prestige en faisant d'eux des personnages à la fois religieux et mystiques, dotés du pouvoir miraculeux de guérir les écrouelles (légende des rois thaumaturges). Sous le règne de Philippe II Auguste, la dynastie était assez forte pour imposer le principe de l'hérédité de la Couronne. Au terme de plus de trois siècles de succession masculine directe, les Capétiens s'éteignirent en 1328 après avoir entamé l'unification territoriale de la France et substitué à la monarchie féodale un État que leurs successeurs, les Valois*, achevèrent d'ériger.

CAPE TOWN → CAP (*Le*).

CAPEYER v. i. (de *cape*) [conj. **12**]. Être, mettre à la cape.

CAP-FERRAT (Saint-Jean-) → SAINT-JEAN-CAP-FERRAT.

CAP-FERRET (33970), station balnéaire de la Gironde, en face d'Arcachon. Phare.

CAP-HAÏTIEN ou **LE CAP,** port de la République d'Haïti, ch.-l. du dép. du Nord ; 64 000 hab. – Fondée par les Français en 1670, la ville fut la capitale de Saint-Domingue jusqu'en 1770.

CAPHARNAÜM [-naɔm] n. m. (de *Capharnaüm,* n. pr.). Lieu plein d'objets entassés sans ordre.

CAPHARNAÜM, ville de Galilée, sur la rive N.-O. du lac de Tibériade. Au début de notre ère, c'était un port de pêche et un centre commercial prospère, où Jésus fit de fréquents séjours.

CAP-HORNIER n. m. (pl. *cap-horniers*) [de *cap Horn*]. **1.** Grand voilier, long-courrier, qui suivait autrefois les routes doublant le cap Horn. – **2.** Nom donné aux capitaines commandant ces navires et à leurs équipages.

CAPIE ou **CAPIEUSE** n. f. **1.** Lien de plusieurs fils serrant un écheveau avant de le dévider. – **2.** Petite flotte de soie, dont plusieurs, réunies, composent le matteau qui est livré au commerce.

CAPIER v. t. (conj. **9**). Mettre en place la capie séparant les différentes échevettes formant un écheveau.

1. CAPILLAIRE adj. (lat. *capillaris,* de *capillus,* cheveu). **1.** Relatif ou destiné aux cheveux, au cuir chevelu : *Lotion capillaire.* – **2.** Fin comme un cheveu : *Tube capillaire.* – **3.** *Artiste capillaire,* coiffeur. ‖ *Constance capillaire,* syn. de TENSION SUPERFICIELLE*. ‖ *Phénomènes capillaires,* phénomènes dus à la tension superficielle. ‖ *Vaisseau capillaire,* syn. de CAPILLAIRE n. m.
◆ n. m. **1.** Vaisseau très ténu, qui unit les ramifications des artères aux veinules. (→ *encycl.*) – **2.** Tube de très petite section, siège de phénomènes de capillarité. – **3.** *Capillaires aériens,* ultimes ramifications des bronches chez les oiseaux, au niveau desquelles se fait l'hématose.
ENCYCL. **Anat.** Les capillaires viscéraux apportent aux organes oxygène et métabolites et emportent gaz carbonique et déchets. Les capillaires pulmonaires effectuent les échanges gazeux inverses. Les troubles de la *perméabilité capillaire* engendrent des ruptures hémorragiques (purpura).

CAPILLARITÉ

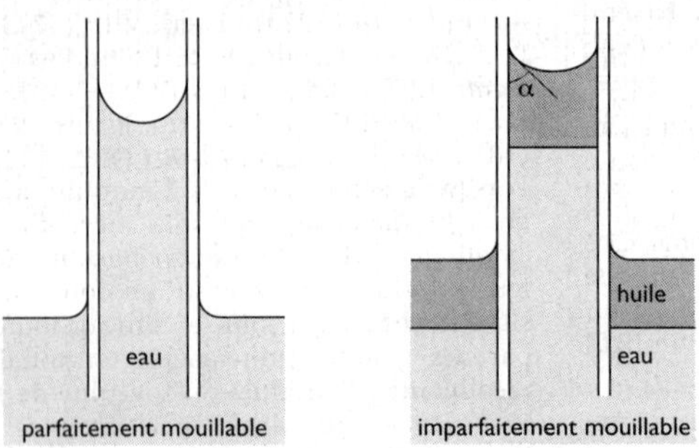

Phénomènes de capillarité dans différents tubes et différents liquides

2. CAPILLAIRE n. m. (bas lat. *capillaris,* de *herba capillaris*). Nom commun à plusieurs espèces de fougères (genres *adiantium* et *asplenium*) montrant de longs pétioles noirs filiformes.

CAPILLARIASE ou **CAPILLARIOSE** n. f. Parasitose due à des nématodes du genre *capillaria* (trichuroidea). [Elle se traduit chez l'homme par une dysenterie aiguë.]

CAPILLARITE n. f. Toute affection des capillaires.

CAPILLARITÉ n. f. Ensemble des phénomènes relatifs au comportement des liquides dans des tubes très fins, et, de façon plus générale, à toutes les situations où une surface de séparation rencontre une paroi solide.
ENCYCL. Si l'on plonge verticalement dans une cuve d'eau un tube capillaire de verre propre (parfaitement mouillable), la surface de séparation eau-air dans le tube aura la forme d'un ménisque hémisphérique tangent à la paroi du tube, et la colonne d'eau dans le tube s'élèvera au-dessus du niveau de la cuve. Dans un tube imparfaitement mouillable, le ménisque ne se raccorde pas tangentiellement à la paroi, mais fait avec elle un angle α. Dans le cas où α est obtus (tube non mouillable, mercure dans le verre, par ex.), le ménisque est convexe et se trouve plus bas que le niveau de la cuve.

CAPILLICULE n. m. Canal lymphatique plus ténu que les capillaires.

CAPILLICULTEUR, TRICE n. Coiffeur, coiffeuse.

CAPILLICULTURE n. f. Soins de la chevelure.

CAPILOTADE n. f. (esp. *capirotada,* plat aux câpres). Fam. *Avoir les pieds, la tête, le dos en capilotade,* avoir très mal aux pieds, à la tête, au dos. ‖ *En capilotade,* en pièce, écrasé.

CAPITAINE n. m. (bas lat. *capitaneus,* du lat. class. *caput, -itis,* tête). **1.** *Litt.* Chef militaire : *Alexandre, grand capitaine.* — **2.** Officier qui commande un navire de commerce. (Aux différents types de brevets de commandement sont attachées des prérogatives de tonnage des navires et de catégories de navigation. On trouve ainsi : *capitaine au long cours, capitaine de la marine marchande, capitaine côtier, etc.*) — **3.** Grade le plus élevé de la hiérarchie des officiers subalternes dans les armées de terre et de l'air. (En France, le grade de capitaine se distingue par trois galons portés à la coiffure, sur les pattes d'épaule ou sur les manches.) — **4.** Personne responsable d'un bâtiment fluvial automoteur. — **5.** Personne qui commande une équipe sur le terrain et la représente auprès de l'arbitre. (Dans certains sports, comme le tennis, le capitaine peut ne pas jouer.) — **6.** Poisson tropical des côtes et des fleuves, comestible, caractérisé par les rayons libres de ses nageoires pectorales. — **7.** Vx. *Capitaine d'industrie,* chef d'un groupement industriel ou commercial. ‖ *Capitaine de port,* agent dirigeant les services d'entretien et d'exploitation des ports de commerce et de pêche. • **Hist.** *Capitaine aux gardes,* commandant d'une compagnie de gardes-françaises. ‖ *Capitaine des gardes,* commandant d'une compagnie des gardes de la Maison du roi. ‖ *Capitaine général,* autref., en France, commandant militaire supérieur d'une colonie ; en Espagne, grade suprême dans l'armée. ‖ *Capitaine lieutenant,* commandant effectif d'une compagnie dont le capitaine titulaire était le roi, la reine ou un grand personnage. — **Mar.** *Capitaine de compagnie,* tout officier chargé d'une compagnie à bord. ‖ *Capitaine de corvette, capitaine de frégate, capitaine de vaisseau,* dans la marine, grades correspondant respectivement à ceux de commandant, lieutenant-colonel et colonel dans les armées de terre et de l'air. ‖ *Capitaine de pavillon,* officier supérieur commandant le vaisseau amiral.

Capitaine Fracasse *(le),* roman de Théophile Gautier (1863), inspiré du *Roman comique* de Scarron.

CAPITAINE (Louis), cartographe français (1749-1797). Il succéda à Cassini de Thury à la direction de la *Carte de France* (1784). Il a tiré de celle-ci une carte dérivée qui fut la première à porter les divisions administratives de la France décrétées en 1789.

CAPITAINE-EXPERT n. m. (pl. *capitaines-experts*). Syn. de ARRIMEUR-JURÉ.

CAPITAINERIE n. f. **1.** Bureau du capitaine du port. — **2.** Circonscription administrative de l'Ancien Régime.

1. CAPITAL, E, AUX adj. (lat. *capitalis,* dangereux, de *caput, -itis,* tête). **1.** Qui est de toute première importance ; essentiel : *Son témoignage est capital.* — **2.** *Écriture capitale,* écriture composée de majuscules du type épigraphique, en usage chez les Romains et qui connut son apogée sous Auguste. ‖ *Exécution capitale,* mise à mort d'un condamné. ‖ *Péchés capitaux,* les sept péchés qui sont le principe des autres péchés (l'orgueil, l'avarice, la luxure, l'envie, la gourmandise, la colère et la paresse). ‖ *Peine capitale,* peine de mort.
◆ **capitale** n. f. Caractère dont le dessin a été utilisé pour les inscriptions lapidaires gravées sur le fronton des monuments romains (capitale romaine) et qui sert principalement pour les titres. (On la désigne dans le langage courant sous le nom de *majuscule.* Les *petites capitales* ont le dessin des grandes capitales, mais la hauteur d'œil des caractères minuscules.)

2. CAPITAL n. m. (de *capital 1,* ou ital. *capitale*). **1.** Somme d'argent constituant l'élément principal d'une dette et rapportant des intérêts. — **2.** Patrimoine possédé par un individu, une famille ou une entreprise et pouvant rapporter un revenu. — **3.** Somme d'argent assez conséquente et disponible : *Être à la tête d'un beau petit capital.* — **4.** Ensemble de ressources accumulées par qqn, un pays : *Amasser un capital de connaissances.* — **5.** *Association capital-travail,* formule qui préconise la participation des travailleurs aux bénéfices réalisés par une entreprise, dont la direction reste entre les mains des détenteurs du capital. ‖ *Capital brut,* masse des équipements en place, mesurée en francs constants. ‖ *Capital constant,* ensemble des biens qui sont nécessaires à une production donnée. ‖ *Capital décès,* allocation versée aux ayants droit d'un assuré décédé à condition que ceux-ci aient été à sa charge effective au moment du décès. ‖ *Capital financier,* participations que détiennent des groupes, établissements bancaires ou holdings dans le capital d'entreprises et qui leur donnent des pouvoirs sur la gestion ou le contrôle de ces entreprises. ‖ *Capital foncier,* ensemble des terres constitutives de l'exploitation agricole. ‖ *Capital intellectuel,* ensemble des connaissances possédées par les individus à l'échelle de l'économie nationale et pouvant servir dans la production. ‖ *Capital mobilier,* capital représenté par des titres négociables (actions, obligations, etc.). ‖ *Capital monétaire,* valeur, exprimée en unités monétaires, de biens constituant des capitaux techniques ; ensemble de fonds disponibles. ‖ *Capital national,* somme des actifs nets des personnes physiques ou morales d'un pays. ‖ *Capital réel,* ensemble des biens dont la matérialité constitue les moyens de production et d'échange. ‖ *Capital social,* montant total des apports en espèces ou en nature effectués par les associés ou les propriétaires d'une entreprise et des incorporations de réserves qui y seraient faites ultérieurement. ‖ *Capital variable,* ensemble du travail humain qui est nécessaire à une production donnée.

◆ **capitaux** n. m. pl. Argent considéré comme disponible pour des investissements : *La fuite des capitaux.*

Capital *(le),* œuvre de Karl Marx. Composé de quatre livres, il n'a été publié par Marx que partiellement (livre I en 1867). Les livres II et III l'ont été par Engels en 1885 et en 1894, et le livre IV par Kautsky en 1905. Marx y met en lumière le mode de production capitaliste ainsi que les rapports de production et d'échange qui le caractérisent. Le système conceptuel qu'il établit ainsi rend possible l'explication historique et scientifique de l'existence des formations sociales caractéristiques du capitalisme. Les découvertes principales du livre I sont l'accumulation et la plus-value.

CAPITALE n. f. (de *capital 1*). **1.** Ville où siège le gouvernement d'un État : *Paris est la capitale de la France.* — **2.** Ville qui prime les autres du point de vue d'une activité : *Limoges est la capitale de la porcelaine.* — **3.** Bissectrice de l'angle saillant d'une ligne fortifiée ou médiatrice du front d'un ouvrage. — **4.** *Capitale d'un champ de tir,* médiatrice du pas de tir.

Capitale de la douleur, recueil poétique d'Eluard (1926), exprimant la passion amoureuse et se prolongeant en un dialogue avec les peintres.

CAPITALISABLE adj. Qui peut être capitalisé.

CAPITALISATION n. f. **1.** Action de capitaliser. — **2.** Système d'assurance dans lequel les primes ou cotisations perçues par l'assureur sont mises en réserve, les intérêts produits étant périodiquement capitalisés, la somme ainsi obtenue n'étant consommée qu'à la réalisation de l'engagement pris par l'assureur. — **3.** *Capitalisation boursière,* valeur d'une société, telle qu'elle résulte du cours de ses actions. (On multiplie le cours par le nombre d'actions qui composent le capital.) ‖ *Société de capitalisation,* établissement financier qui garantit aux souscripteurs le paiement d'une somme fixe (égale au produit de la capitalisation des versements et des intérêts produits) soit à l'échéance convenue, soit à une échéance déterminée par tirage au sort.

CAPITALISER v. t. (conj. 3). **1.** Ajouter les intérêts au montant d'une dette. — **2.** Calculer un capital à partir du taux d'intérêt servi. — **3.** Transformer un revenu en capital ou en moyens de production. — **4.** Amasser de l'argent : *Il ne dépense pas ses revenus, il capitalise.* — **5.** Accumuler qqch pour en tirer profit ensuite : *Capitaliser des heures supplémentaires.*

CAPITALISME n. m. **1.** Statut juridique d'une société humaine caractérisée par la propriété privée des moyens de production et leur mise en œuvre par des travailleurs qui n'en sont pas propriétaires. — **2.** Système de production dont les fondements sont l'entreprise privée et la liberté du marché. — **3.** Système économique dont les traits essentiels sont l'importance des capitaux techniques et la domination du capital financier. — **4.** Dans la terminologie marxiste, régime politique, économique et social dont la loi fondamentale est la recherche systématique de la plus-value, grâce à l'exploitation des travailleurs, par les détenteurs des moyens de production, en vue de la transformation d'une fraction importante de cette plus-value en capital additionnel, source de nouvelle plus-value. — **5.** *Capitalisme monopoliste,* selon les marxistes, réunion de la puissance des monopoles et de l'État en un mécanisme unique destiné à sauvegarder le régime capitaliste. ‖ *Capitalisme popu-*

laire, système de collaboration capital-travail (apparenté aux expériences anglaise de *capitalisme collectif* et française d'intéressement des travailleurs) dans lequel l'État cède des actions des entreprises nationalisées aux petits épargnants.

ENCYCL. Le mobile essentiel de l'activité économique, en régime capitaliste, est la recherche du profit, qui trouve sa contrepartie dans le risque ; le capitalisme moderne se caractérise par le fait que, outre le profit, l'entreprise recherche généralement une certaine sécurité et, lorsqu'elle atteint une importance suffisante, une certaine puissance. Le capitalisme classique correspond à un type d'économie décentralisé, dans lequel la coordination entre la production et la consommation (l'équilibre économique) résulte du comportement libre, sur un marché concurrentiel régi par la loi de l'offre et de la demande, d'entreprises et de consommateurs agissant en fonction d'un calcul économique visant à l'obtention du profit maximal. En vue d'empêcher le dérèglement des mécanismes économiques qui constituent le fondement de ce système, les pouvoirs publics doivent parfois intervenir.

Au XIXe s. se crée un capitalisme industriel et libéral dont le personnage central est l'entrepreneur. Depuis la fin du XIXe s., on assiste à la substitution du groupe à l'individu ; les sociétés anonymes permettent des concentrations importantes de moyens de production ; des ententes se nouent entre producteurs en vue de limiter les effets de la concurrence et d'obtenir des situations d'oligopole ou de monopole ; le personnage principal n'est plus uniquement l'entrepreneur classique, mais le financier. Le capitalisme moderne est né, caractérisé : 1° par l'importance des capitaux techniques et la domination du capital financier ; 2° (dans une moindre mesure) par le fait que salariés et employeurs constituent de puissants syndicats qui s'affrontent.

Le degré de concentration, d'intégration ou d'interventionnisme de l'État varie d'un pays à l'autre. Cependant, un peu partout, un secteur public industriel, financier et commercial se développe en même temps qu'apparaissent des procédés de redistribution des revenus ou, tout au moins, de couverture collective des risques (Sécurité sociale). Par sa politique économique et financière, l'État cherche, d'une part, à corriger les déséquilibres nés de l'anarchie des décisions des sujets économiques et, d'autre part, à diminuer les inégalités résultant de la répartition primaire des revenus par le canal du marché ; mais il n'est pas rare que soient ainsi obtenus des résultats bien différents de ceux qui étaient recherchés, voire diamétralement opposés. Il semble que, dans la plupart des économies capitalistes, les revenus des entreprises tendent à se partager par priorité entre l'État (impôts) et les entreprises elles-mêmes (autofinancement), la part des apporteurs de capitaux étant progressivement réduite.

CAPITALISTE adj. **1.** Qui relève du capitalisme : *Un État capitaliste.* — **2.** *Mode de production capitaliste,* selon Marx, système économique dans lequel les travailleurs apportent leur travail et fournissent la plus-value à ceux qui détiennent les moyens de production et d'échange.
◆ adj. et n. **1.** Se dit de qqn, d'un groupe qui fournit des fonds à une entreprise. — **2.** Pour les marxistes, se dit d'un possesseur des moyens de production mis en œuvre par d'autres producteurs ou avec la collaboration d'autres producteurs. — **3.** *Péjor.* Se dit de toute personne riche.

CAPITALISTIQUE adj. **1.** Qui se rapporte au capital. — **2.** *Intensité capitalistique,* rapport du capital fixe productif, en volume, au nombre d'heures travaillées.

CAPITAL-RISQUE n. m. (calque de l'amér. *venture-capital*). Opérations financières (notamment prises de participation) que réalisent des banques ou des sociétés spécialisées dans des entreprises qui, tout en faisant courir certains risques, représentent l'éventualité de performances exceptionnelles. (Syn. VENTURE-CAPITAL.)

CAPITAN n. m. (ital. *Capitano,* personnage de la comédie italienne). *Litt.* Fanfaron, bravache.

CAPITAN (Joseph Louis), médecin et archéologue français (Paris 1854-*id.* 1929). On lui doit, en collaboration avec D. Peyrony et H. Breuil, des monographies des Combarelles, de Font-de-Gaume et de Teyjat.

CAPITANT (Henri), juriste français (Grenoble 1865 - Allinges, Haute-Savoie, 1937). Professeur de droit, il fut membre du Conseil supérieur de l'instruction publique et du Conseil supérieur du travail. On lui doit notamment *Cours élémentaire de droit civil français* (1914, en collab. avec Ambroise Colin).

CAPITATION n. f. (bas. lat. *capitatio,* taxe par tête). Autref., impôt, taxe par tête.

ENCYCL. À Rome, la capitation était un impôt personnel payé en argent par tous ceux qui n'étaient pas citoyens romains ; elle devint en 287, sous Dioclétien, un impôt foncier. Dans la France d'Ancien Régime, la capitation était un impôt direct, que Louis XIV créa en 1695. Pesant théoriquement sur tous les Français, elle retomba en fait sur les roturiers en raison des abonnements et des exemptions accordés au clergé et à la noblesse.

CAPITÉ, E adj. Se dit d'un organe végétal terminé en tête arrondie.

CAPITEUX, EUSE adj. (ital. *capitoso,* du lat. *caput, -itis,* tête). **1.** Se dit d'un vin, d'un alcool qui monte à la tête, d'un parfum, d'une odeur très forts, enivrants. – **2.** Qui excite les sens : *Charme capiteux.*

CAPITOLE (le) [lat. *Capitolium,* de *caput,* sommet]. La plus illustre des collines de Rome (appelée aussi mont Capitolin), sur laquelle s'élevait le temple de Jupiter *Capitolin,* protecteur de la Cité, entouré de Junon et de Minerve.
Au sud, la colline se termine par une pente abrupte, la roche Tarpéienne*, au-dessus de laquelle se dressait la citadelle. Dans le flanc est, au-dessous du Forum, était creusée la prison du *Tullianum.*

L'actuelle *place du Capitole,* à Rome, a été tracée par Michel-Ange, avec, au centre, la statue équestre antique de Marc Aurèle (bronze). Elle comprend trois palais. Le palais sénatorial (auj. hôtel de ville de Rome) a été réalisé à la fin du XVIe s. par G. Della Porta. Le palais des Conservateurs (1450-1568) abrite un vaste musée d'antiques et une pinacothèque. Le Palazzo Nuovo, de 1645, abrite le musée du Capitole (chefs-d'œuvre de la sculpture antique).

CAPITOLE n. m. (de *Capitole,* n. pr.). Nom donné parfois, dans les temps modernes, à un édifice servant de centre à la vie municipale ou parlementaire.
ENCYCL. Le *capdolh* ou *capitol* occitan a désigné à la fois la citadelle et le lieu de réunion des édiles ou du parlement. La façade du Capitole de Toulouse (1750-1760) est due à un peintre, Guillaume Cammas. Le Capitole de Washington, centre parlementaire des États-Unis, a été commencé en 1793 ; son dôme, haut de 82 m, est d'env. 1860.

CAPITOLIN, E adj. (lat. *capitolinus*). **1.** Relatif au Capitole. – **2.** *Jeux Capitolins,* jeux annuels organisés à Rome à partir du IVe s. av. J.-C. en l'honneur de la triade capitoline : Jupiter, Junon, Minerve. ‖ *Jupiter Capitolin,* titre donné à Jupiter parce qu'il avait un temple au Capitole.

CAPITON n. m. (ital. *capitone,* du lat. *caput, -itis,* tête). **1.** Bourre de soie employée au XVIIIe s. pour le rembourrage des sièges. – **2.** Garniture losangée, piquée de boutons. (Syn. CAPITONNAGE.)

CAPITONIDÉ n. m. (lat. *capito, -onis,* qui a une grosse tête). Nom de famille des oiseaux piciformes appelés usuellement *barbus* ou *barbicans.* (Les *capitonidés* sont des grimpeurs omnivores, aux vives couleurs.)

CAPITONNAGE n. m. **1.** Action de capitonner ; fait d'être capitonné. – **2.** Syn. de CAPITON.

CAPITONNER v. t. (conj. **3**). Garnir de capiton, rembourrer : *Fauteuil capitonné.*

CAPITOUL n. m. (anc. provenç. *capitol,* magistrat de Toulouse, du lat. *capitulum,* chapitre ou conseil de la ville). Au Moyen Âge et sous l'Ancien Régime, magistrat municipal de Toulouse qui siégeait au *Capitole.*

CAPITOULAT n. m. Dignité et fonction de capitoul.

1. CAPITULAIRE adj. (lat. médiév. *capitularis,* du lat. class. *capitulum,* chapitre). **1.** Relatif à un chapitre de religieux ou de chanoines. – **2.** *Vicaire capitulaire,* ecclésiastique élu par le chapitre de l'église cathédrale pour administrer le diocèse durant la vacance du siège épiscopal.

2. CAPITULAIRE n. m. (bas lat. *capitulare,* de *capitulum,* chapitre). Acte royal ou impérial de l'époque carolingienne, divisé en chapitres et contenant des décisions législatives ou administratives prises par le souverain en matière politique, économique ou sociale.

CAPITULARD, E adj. et n. **1.** Qui capitule dans des conditions honteuses ou qui est partisan d'une capitulation. – **2.** Qui se dérobe devant une difficulté, un danger ; lâche, pusillanime.

CAPITULATION n. f. (lat. médiév. *capitulatio*). **1.** Action de capituler : *Capitulation sans conditions.* – **2.** Convention qui règle les conditions de la reddition d'une place de guerre, de forces militaires.
◆ **capitulations** n. f. pl. **1.** Conventions réglant jadis le statut des étrangers, principalement dans l'Empire ottoman. (→ *encycl.*) – **2.** *Capitulations impériales,* dispositions écrites définissant les pouvoirs de l'empereur et ceux des princes électeurs, que le nouvel élu au Saint Empire jurait d'observer le jour de son élection.
ENCYCL. Les Ottomans accordèrent des capitulations, régulièrement renouvelées, à la France (à partir de 1569), à la Grande-Bretagne (à partir de 1579), puis aux Habsbourg et à la Russie (au XVIIIe s.). Abolies en 1914 par une proclamation du Sultan, les capitulations furent rétablies par les Alliés en 1920 et définitivement supprimées en 1923. Elles restèrent en vigueur en Égypte jusqu'en 1937.

1. CAPITULE n. m. (lat. class. *capitulum,* petite tête). Inflorescence constituée de nombreuses petites fleurs très serrées, situées côte à côte et portées par de très courts pédoncules insérés sur un vaste réceptacle commun.
ENCYCL. Sous un capitule typique tel que celui des composées, on trouve un *involucre* formé de nombreuses bractées serrées, telles que les « feuilles » de l'artichaut. Les fleurs du pourtour portent souvent chacune un grand pétale, ou

ligule, tourné vers l'extérieur, et les *fleurons* du centre du capitule sont jaunes. L'ensemble prend alors l'aspect d'une fleur unique (marguerite, tournesol...) et est appelé « fleur composée ».

2. CAPITULE n. m. (lat. médiev. *capitulum,* lecture d'un chapitre). Court passage de l'Écriture, qu'on lit après les psaumes, au cours des différentes heures de l'office.

CAPITULER v. i. (lat. médiév. *capitulare,* de *capitulum,* article) [conj. 3]. **1.** Se rendre à l'ennemi, se reconnaître vaincu. — **2.** Abandonner toute résistance, céder complètement ; renoncer : *Capituler devant les exigences des grévistes.*

CAPIURE n. f. Arrêt du brin de soie enroulé ou mis en écheveaux et maintenu par la capie.

Caplan-Colinet *(syndrome de),* syndrome caractérisé par l'association d'une polyarthrite rhumatoïde et d'une silicose.

CAPLET (André), compositeur et chef d'orchestre français (Le Havre 1878 - Neuilly-sur-Seine 1925). Grand prix de Rome (1901), il orchestra certaines partitions de Debussy. Il a composé de la musique religieuse (*Messe à 3 voix, le Miroir de Jésus,* 1923), des mélodies et des œuvres symphoniques.

CAP-MARTIN, section de la comm. de Roquebrune-Cap-Martin (Alpes-Maritimes), au N.-E. de Monaco.

CAPNIE n. f. Taux du gaz carbonique (CO_2) présent à l'état dissous dans la circulation sanguine.

CAPNODE ou **CAPNODIS** [-dis] n. m. (gr. *kapnôdês,* de couleur de fumée). Grand bupreste noir couvert d'une poudre blanche, très nuisible aux arbres fruitiers.

CAPNOGRAPHE n. m. Appareil permettant la mesure du gaz carbonique expiré lors d'une ventilation artificielle.

CAP-NORD, prov. d'Afrique du Sud, limitrophe de la Namibie et du Botswana ; 363 389 km² ; 763 900 hab. Ch.-l. *Kimberley.*

Capodimonte *(palais de),* anc. résidence royale du XVIIIe s., à Naples, sur la colline de Capodimonte. Une manufacture de porcelaine y fonctionna au milieu du même siècle. Le palais abrite auj. la Galerie nationale de Capodimonte (près de 100 salles), qui possède de remarquables peintures provenant de la collection des Farnèse.

CAPODISTRIA → KOPER.

CAPO D'ISTRIA ou **CAPODISTRIA** (Jean, *comte* DE), homme d'État grec (Corfou 1776-Nauplie 1831). Au service de la Russie, à partir de 1809, il fut secrétaire d'État aux Affaires étrangères de 1815 à 1822. Élu président de la Grèce par l'Assemblée nationale de Trézène (1827), il jeta les bases du nouvel État grec. Il fut assassiné (1831) par deux membres de la famille Mavromikhális.

CAPON, ONNE adj. et n. (forme provenç. ou picarde de *chapon*). *Vx.* Lâche, poltron.

CAPONE (Alphonse CAPONE, dit **Al**), gangster américain (Brooklyn 1899-Miami 1947). Il fit fortune à Chicago grâce à la prohibition des boissons alcoolisées (instaurée aux États-Unis en 1919), dont il organisa le commerce clandestin.

CAPONNIÈRE n. f. (ital. *capponiera*). **1.** Dans un ouvrage de fortification bastionné, communication enterrée en fond de fossé reliant le corps de place à un ouvrage extérieur. — **2.** Dans un ouvrage polygonal, casemate défilée à un ou deux étages de canons ou mousqueterie, destinée au flanquement des fossés.

CAPORAL n. m. (ital. *caporale,* de *capo,* chef). **1.** Grade de la hiérarchie des hommes du rang situé entre celui de soldat et celui de caporal-chef. — **2.** Tabac à fumer de goût français composé de feuilles séchées à l'air et fermentées puis torréfiées. — **3.** *Le petit Caporal,* nom familier donné par ses soldats à Napoléon Ier.

CAPORAL-CHEF n. m. (pl. *caporaux-chefs*). Grade immédiatement supérieur à celui de caporal.

CAPORALISER v. t. (de *caporal*) [conj. 3]. Imposer à un peuple, à un groupe, à une institution un régime autoritaire.

CAPORALISME n. m. **1.** Système politique d'essence militaire caractérisé par un exercice abusif et tatillon de l'autorité. — **2.** Forme étroite d'autorité tendant à limiter le domaine du commandement à l'exécution ponctuelle des ordres.

CAPORETTO, auj. **Kobarid,** village de Slovénie, autrefois en Italie, dans la vallée de l'Isonzo. Y eut lieu, en oct. 1917, la plus grave défaite subie par l'Italie au cours de la Première Guerre mondiale.

1. CAPOT adj. inv. (p.-ê. de *caper,* mot dialect. de l'Ouest, de *cape,* ou de *capot,* manteau). Se dit, aux cartes, du joueur qui n'a pas fait de levée. ◆ n. m. Aux cartes, fait de ne réussir aucune levée.

2. CAPOT n. m. (de *cape*). **1.** Partie relevable de la carrosserie d'une automobile permettant d'accéder au compartiment du moteur. — **2.** Construction par laquelle on entre, sur un bateau, dans le logement de l'équipage. — **3.** Couvercle amovible protégeant les parties dangereuses ou fragiles d'une machine.

1. CAPOTAGE n. m. (de *capoter 1*). **1.** Disposition de la capote d'une voiture. — **2.** Recouvrement d'un moteur, d'une machine par un capot en tôle ou en alliage léger.

2. CAPOTAGE n. m. (de *capoter 2*). Culbute, retournement d'un véhicule.

CAPOTE n. f. (de *capot 2*). **1.** Couverture mobile et souple d'une voiture découverte. — **2.** Vêtement militaire porté sur la tunique. — **3.** Petit chapeau de femme à brides, porté à la fin du XIXe s. — **4.** *Capote (anglaise),* syn. fam. de CONDOM.

CAPOTE (Truman), écrivain américain (La Nouvelle-Orléans 1924 - Los Angeles 1984). Représentant du néoromantisme du Sud (*la Harpe d'herbe,* 1951), nostalgique dans *Petit Déjeuner chez Tiffany* (1958), il évolua vers le « roman-reportage » (*De sang-froid,* 1965), mêlant réalisme et imaginaire dans *l'Invité d'un jour* (1969) et *Les chiens aboient* (1973).

1. CAPOTER v. t. (conj. 3). **1.** Adapter une capote à une voiture. — **2.** Munir une machine d'un capot.

2. CAPOTER v. i. (de *faire capot,* chavirer, terme de marine) [conj. 3]. **1.** Se renverser, chavirer (bateau), se retourner (voiture). — **2.** En parlant d'un projet, d'une négociation, échouer : *Ce nouveau délai va faire capoter le projet.* — **3.** Au Canada, perdre la tête.

CAPOUE, en ital. **Capua,** v. d'Italie, en Campanie, au N. de Naples, sur le Volturno ; 18 000 hab. Archevêché.
— **Hist.** Capoue s'élève à 4 km des ruines de l'ancienne Capoue. Alliée à Rome, cette dernière fut prise par Hannibal en 215 av. J.-C. Selon la tradition, son armée perdit sa combativité dans les *délices de Capoue,* expression proverbiale pour désigner la richesse et la douceur de vivre de la grande cité campanienne.
— **Bx-arts.** Nombreux vestiges d'époque impériale : amphithéâtre, thermes et mausolées. Riche musée. À 5 km au N.-E., basilique de S. Angelo in Formis, du XIe s., avec remarquable décor de fresques.

CAP-OUEST, prov. de l'extrémité méridionale de l'Afrique du Sud ; 129 285 km^2 ; 3 620 000 hab. Ch.-l. *Le Cap.*

CAPOULIÉ n. m. (provenç. *capoulié*). Grand maître du félibrige.

CAPOULIÈRE n. f. (provenç. *capouliero*). Nappe de filets qui empêche les poissons de sortir d'une bordigue tout en permettant le passage des bateaux.

CAPPADOCE, région centrale de l'Asie Mineure ancienne, arrosée par le haut Halys (Kızılırmak).
— **Hist.** La Cappadoce fut le cœur de l'Empire hittite (IIIe-IIe millénaire av. J.-C.). Intégrée à l'Empire perse, disputée entre les souverains grecs, ravagée par les Galates*, elle devint une province romaine en 18 apr. J.-C. Au IVe s. apr. J.-C., elle a été l'un des brillants foyers du christianisme.
— **Bx-arts.** La Cappadoce est surtout célèbre pour ses églises rurales et monastiques de l'époque byzantine, réparties dans 7 régions principales : cirque de Zelve, zones de Çavuş In, Maçan, Göreme, Ürgüp, Mavrucan et Peristrema. Tous les plans intérieurs utilisés par les architectes byzantins se retrouvent dans ces monuments rupestres. Les peintures de la première période (VIe-VIIIe s.) associent les programmes narratifs — vie du Christ ou vie de saints (église St-Jean-Baptiste de Çavuş In) — aux motifs classiques de l'imagerie primitive : arbres de paradis, vigne, poissons appendus à la croix. On trouve aussi des motifs pris au répertoire des décors du Bas-Empire et de l'Iran sassanide. La période suivante correspond à une régression due à la querelle iconoclaste et aux incursions arabes. Le triomphe des images (843) a été le signal du renouveau monastique, marqué par le goût pour les cycles christologiques. Très marquées par le monachisme oriental, au point de vue iconographique et liturgique, les églises présentent des similitudes avec l'art de la renaissance macédonienne, apogée de l'art byzantin. Trois tendances se dessinent : réalisme (Karabaş kilise), schématisation (Eski Gümüş kilise) et préciosité (églises à colonnes de Göreme). Cet apogée précéda de peu la disparition de l'art chrétien dans ces régions, qui tombèrent aux mains des Seldjoukides, de religion musulmane.

CAPPADOCIEN, ENNE adj. et n. De Cappadoce.

CAPPARIDACÉE n. f. (lat. *capparis,* câprier). Nom de famille donné au câprier et aux plantes voisines.

CAPPEL → KAPPEL.

CAPPELÉNITE n. f. Borosilicate naturel d'yttrium, de lanthane et de baryum, de symétrie hexagonale.

CAPPELLA (A) → A CAPPELLA.

CAPPELLE-LA-GRANDE (59180), comm. du Nord, banlieue sud de Dunkerque ; 9 039 hab.

CAPPIELLO (Leonetto), dessinateur, affichiste et peintre italien, naturalisé français (Livourne 1875 - Grasse 1942). Célèbre pour ses portraits-charges de personnalités parisiennes (dès 1898), il se consacra à partir de 1904 à l'affiche, synthétisant le « message » avec une expressive vigueur (*Ouate Thermogène,* 1909).

CAPPUCCINO [kaputʃino] n. m. (ital. *cappuccino,* café au lait). Café au lait mousseux, saupoudré parfois de chocolat.

CAPRA (Frank), cinéaste américain (Palerme, Italie, 1897 - Los Angeles 1991). Il incarne la comédie américaine sophistiquée et optimiste : *Lady for a day* (1933), *New York-Miami* (1934), *l'Extravagant M. Deeds* (1936), *Vous ne l'emporterez pas avec vous* (1938), *M. Smith au Sénat* (1939), *Arsenic et vieilles dentelles* (1944).

CAPRARA (Giovanni Battista), comte **Montecuccoli,** cardinal et diplomate italien (Bologne 1733-Paris 1810). Légat de Pie VII en France, il conclut le Concordat de 1801. Archevêque de Milan (1802), il sacra Napoléon Ier roi d'Italie (1805).

CAPRE n. m. (néerl. *kaper*). Bâtiment qui faisait la course, corsaire ; matelot montant ce navire.

1. CÂPRE n. f. (ital. *cappero,* du bas lat. *capparis*). Bouton floral du câprier, qui se confit dans le vinaigre et sert de condiment.

2. CÂPRE, CÂPRESSE n. (de *câpre,* bouton de fleur, par analogie de couleur). Aux Antilles françaises, personne issue du croisement de Noir et de mulâtre.

CAPRELLE n. f. (dimin. du lat. *capra,* chèvre). Petit crustacé marin au corps long et grêle qui se déplace par arpentage sur les algues. (Ordre des amphipodes.)

CAPRERA, île italienne de la côte nord de la Sardaigne ; 16 km² ; 170 hab. Maison et tombe de Garibaldi.

CAPRI, petite île calcaire italienne (prov. de Naples), qui ferme le golfe de Naples, dans le prolongement de la péninsule de Sorrente ; 10,4 km² ; 7 000 hab. Elle a des rivages escarpés, creusés de grottes aux curieux effets de lumière. Grand centre touristique de l'Italie méridionale. C'est l'antique *Capreae.*
— **Archéol.** Résidence favorite de Tibère, l'île compta jusqu'à 12 villas lui appartenant, dont 2 ont été fouillées.

CAPRICCIO [kapritʃjo] n. m. (mot ital.). Syn. de CAPRICE (musique).

Capriccio espagnol, œuvre symphonique de Rimski-Korsakov (1887), somptueusement orchestrée.

CAPRICE n. m. (ital. *capriccio,* frisson, puis désir soudain). **1.** Volonté soudaine, irréfléchie et changeante de qqn, parfois d'un animal ; lubie : *Il obéit au moindre de ses caprices.* — **2.** Amour soudain et passager, engouement pour qqn ou qqch, objet de cet amour ; toquade. — **3.** Changement et irrégularité auxquels sont exposées certaines choses (surtout pl.) : *Les caprices de la mode.* — **4.** En peinture, gravure, dessin, surtout aux XVIIe et XVIIIe s., œuvre d'imagination et de fantaisie, qu'il s'agisse d'un paysage aux ruines et monuments inventés ou transposés (F. Guardi, M. Ricci, etc.) ou d'une scène grotesque ou pittoresque (Callot, G. B. Tiepolo), voire fantastique (*Caprices* de Goya, suite de gravures publiée en 1799). — **5.** Morceau vocal ou instrumental qui contient des éléments de fantaisie ou de virtuosité. (Syn. CAPRICCIO.) — **6.** *Faire un caprice,* manifester un désir irréfléchi.

Caprices de Marianne *(les),* comédie en 2 actes d'Alfred de Musset, publiée en 1833 et jouée en 1851.

CAPRICIEUSEMENT adv. De façon capricieuse.

CAPRICIEUX, EUSE adj. et n. (ital. *capriccioso*). Qui agit par caprice : *Un enfant capricieux.*
◆ adj. Irrégulier, fantaisiste, dont les changements sont brusques, imprévus : *Un temps capricieux.*

CAPRICORNE n. m. Insecte coléoptère aux antennes plus longues que le corps et dont la larve sans pattes creuse des galeries dans le bois des arbres pour se nourrir. (Syn. LONGICORNE.)
ENCYCL. Le nom de « capricorne » s'applique à tous les cérambycidés, soit près de 20 000 espèces, mais plus spécialement à ceux du genre *cerambyx,* dont deux espèces vivent en France.

CAPRICORNE (en lat. *Capricornus, -i*), constellation zodiacale.
— **Astrol.** Dixième signe du zodiaque, dans lequel le Soleil entre au solstice d'hiver. — **Astron.** *Tropique du Capricorne,* parallèle de la sphère terrestre correspondant à la latitude 23° 26′ S. et qui délimite, au S., la zone dite *tropicale.* (Le Soleil passe deux fois par an au zénith de tout point de cette zone.)

CÂPRIER n. m. Bel arbuste, toujours vert, des régions méditerranéennes, aux grandes fleurs blanches ou violettes, qui fournit des câpres.

CAPRIFICATION n. f. (lat. *caprificus,* figuier sauvage). Opération qui consiste à placer des fruits de figuier sauvage sur les figuiers cultivés pour favoriser la pollinisation de ces derniers par les blastophages.

CAPRIFIGUE n. f. Figue sauvage, non comestible.

CAPRIFIGUIER n. m. (lat. *caprificus*). Figuier sauvage utilisé pour la caprification.

CAPRIFOLIACÉE n. f. (bas lat. *caprifolium,* feuille de chèvre, puis chèvrefeuille). Plante herbacée ou ligneuse telle que la viorne, le sureau et le chèvrefeuille. (Les *caprifoliacées* forment une famille.)

CAPRILLI (Frederico), officier italien (Livourne 1868-Pignerol 1907). Il est à l'origine de la monte moderne à l'obstacle (buste incliné en avant et étriers raccourcis).

CAPRIMULGIDÉ n. m. (lat. *caprimulgus,* chevrier). Nom de famille attribué aux engoulevents.

CAPRIMULGIFORME n. m. (lat. *caprimulgus,* chevrier). Oiseau crépusculaire avec pattes très courtes, capturant ses proies en plein vol, tel que l'engoulevent, le guacharo, l'ibijau, etc. (Les *caprimulgiformes* constituent un petit ordre, voisin de celui des micropodiformes.)

CAPRIN, E adj. (lat. *caprinus*). Relatif aux chèvres : *Espèce caprine.*

◆ **caprin** n. m. Individu de l'espèce caprine.

CAPRINÉ n. m. (lat. *caprinus,* de *caper,* bouc). Ruminant des régions froides ou montagnardes, tel que les chèvres et les moutons. (Les *caprinés* forment une tribu de la famille des bovidés.) [Syn. OVINÉ.]

CAPRIQUE adj. *Acide caprique,* acide $C_9H_{19}—CO_2H$, qui existe sous forme de glycéride dans les beurres de vache, de chèvre et de cacao.

CAPRIVI (Georg Leo, *comte* VON), général et homme d'État prussien, d'origine italienne (Charlottenburg, Berlin, 1831-Skyren, Brandebourg, 1899). Chef de l'amirauté (1883-1888), commandant de corps d'armée (1888-1890), il devint président du Conseil de Prusse (1890-1892) et chancelier d'Empire (1890-1894). Rompant avec la politique de son prédécesseur, Bismarck, il abrogea la loi d'exception contre les socialistes. À l'extérieur, il conclut le traité germano-britannique (1890) qui cédait Zanzibar à la Grande-Bretagne en échange de l'île d'Helgoland, ainsi que des traités de commerce avec l'Autriche et l'Italie (1891), la Roumanie et la Serbie (1893), qui suscitèrent l'opposition des agrariens. Violemment critiqué par Bismarck et désavoué par Guillaume II, il dut se retirer (1894).

CAP-ROCK n. m. (pl. *cap-rocks*) [angl. *cap-rock,* de *cap,* coiffe, et *rock,* roche]. Formation résultant de l'hydratation ou de la dissolution de la partie supérieure d'un dôme de sel (diapir) et aboutissant à un mélange de blocs prélevés sur les roches encaissantes traversées et cimentés par du gypse ou de l'anhydrite.

CAPROÏQUE adj. *Acide caproïque,* acide $C_5H_{11}—CO_2H$, qui existe sous forme de glycéride dans les beurres de vache et de chèvre et dans l'huile de coco.

CAPROLACTAME n. m. Amide cyclique $C_6H_{11}NO$, qui conduit par polymérisation au polyamide-6, le Perlon.

CAPRON n. m. (de *câpre*). Fraise produite par le capronier.

CAPRONIER n. m. (de *capron*). Fraisier à petit fruit, de goût musqué, indigène en France.

CAPRYLIQUE adj. *Acide caprylique,* acide $CH_7H_{15}—CO_2H$, qui existe à l'état de glycéride dans le beurre de chèvre et dans de nombreuses matières grasses.

CAPSA, anc. ville de Numidie, auj. *Gafsa.*

CAPSAGE n. m. Opération consistant à placer parallèlement les feuilles de tabac, afin de réaliser un bon hachage.

CAPSELLE n. f. (lat. *capsella,* petite boîte). Petite herbe crucifère à silicule plate telle que la bourse-à-pasteur, commune dans le monde entier.

CAPSER v. t. (conj. 3). Opérer le capsage des tabacs.

CAPSIDE n. f. Ensemble de molécules protidiques qui enveloppent la molécule d'acide nucléique d'une particule virale et qui donne en définitive la forme du virus.

CAPSIDÉ n. m. (lat. *capsa,* boîte). Nom de famille de punaises terrestres carnassières ou suceuses de sève, à tête triangulaire, sans ocelles, aux nombreuses espèces. (Syn. MIRIDÉ.)

CAPSIEN n. m. (de *Capsa,* nom lat. de *Gafsa*). Faciès industriel africain équivalent des industries du paléolithique supérieur d'Europe.

CAPSULAGE n. m. Action de capsuler.

CAPSULAIRE adj. **1.** Relatif à une capsule. — **2.** *Fruit capsulaire,* fruit sec s'ouvrant à maturité selon des orifices non linéaires. ‖ *Ligament capsulaire,* épaississement fibreux qui renforce les capsules des articulations.

CAPSULE n. f. (lat. *capsula,* petite boîte). **1.** Coiffe métallique ou plastique assurant le bouchage d'une bouteille. — **2.** Formation fibreuse ou élastique de l'organisme, qui peut être la membrane d'enveloppe d'un organe (foie, cristallin, par ex.) ou l'enveloppe d'une articulation. — **3.** Alvéole cylindrique en cuivre contenant l'amorce et servant à communiquer le feu à la charge d'une cartouche. — **4.** Petit véhicule ou compartiment d'un engin spatial, récupérable. — **5.** Enveloppe d'un certain nombre de bactéries, qui joue un rôle dans leur pouvoir pathogène. — **6.** Fruit sec déhiscent formé de plusieurs carpelles soudés. (Ex. : pavot.) — **7.** Organe déhiscent contenant les spores chez les mousses. (Syn. SPORANGE, URNE.) — **8.** Petit récipient semi-sphérique utilisé pour peser, fondre, incinérer certaines matières ou évaporer certains liquides. — **9.** Enveloppe creuse ovoïde, sphérique ou cylindrique destinée à contenir des médicaments pulvérulents, pâteux ou liquides. (Les capsules qui s'emboîtent portent le nom de *gélules.*) — **10.** *Capsule interne,* zone de substance blanche du cerveau, composée de fibres ascendantes et descendantes, unissant le cortex cérébral à la moelle épinière. ‖ *Capsules surrénales,* les glandes surrénales.

CAPSULE-CONGÉ n. f. (pl. *capsules-congés*). Attestation du paiement des droits sur les vins et alcools sous forme d'une capsule apposée sur chaque bouteille.

CAPSULECTOMIE n. f. **1.** Résection partielle ou totale d'une capsule articulaire. — **2.** Exérèse de la capsule du cristallin.

CAPSULER v. t. (conj. 3). Revêtir d'une capsule le goulot d'une bouteille.

CAPSULEUSE n. f. Machine à capsuler les bouteilles ou flacons.

CAPSULISME n. m. Système mécanique qui peut fonctionner de manière périodique en déterminant des variations du volume d'une ou de plusieurs cavités étanches. (On l'utilise dans de nombreuses machines thermiques.)

CAPSULITE n. f. Inflammation de la capsule qui entoure certaines articulations, en particulier celle de l'épaule.

CAPSULOPLASTIE n. f. Intervention destinée à libérer une capsule articulaire. (Elle se pratique surtout au niveau du genou.)

CAPTAGE n. m. Action de capter un fluide, de l'énergie. (Syn. CAPTATION.) • **Aquac.** Phase de la conchyliculture qui consiste à favoriser la fixation des larves de mollusques sur des collecteurs. — **Assain.** Collecte des fumées, poussières, sciures, etc., afin d'éviter leur dispersion dans le milieu extérieur. ‖ Ensemble des installations permettant de recueillir les eaux d'une source. — **Ch. de f.** Opération qui consiste à assurer pendant la marche le passage du courant électrique du réseau au moteur d'un véhicule. — **Min.** *Captage de grisou,* opération qui consiste à récupérer le grisou présent dans les terrains houillers avant l'exploitation. (Syn. DÉGAZAGE.)

CAPTAL n. m. (pl. *captals*) [gasc. *captal,* du lat. *capitalis,* chef]. En Gascogne et en Guyenne, syn. de SEIGNEUR.

CAPTALAT n. m. Territoire d'un captal.

CAPTANE n. m. Anticryptogamique obtenu à partir de produits pétroliers et utilisé en viticulture et arboriculture.

CAPTATEUR, TRICE n. (lat. *captator, captatrix*). Personne qui use de captation.

CAPTATIF, IVE adj. (de *capter*). Se dit de qqn qui fait preuve de captativité.

CAPTATION n. f. (lat. *captatio*). **1.** Syn. de CAPTAGE. — **2.** Manœuvres pour s'emparer d'une succession, ou simplement pour arracher quelque libéralité à qqn.

CAPTATIVITÉ n. f. (de *capter*). Tendance très habituelle chez l'enfant à s'attribuer exclusivement les objets et l'affection des personnes de son entourage.

CAPTATOIRE adj. (bas lat. *captatorius*). Qui a pour but la captation.

CAPTER v. t. (lat. *captare,* chercher à saisir) [conj. 3]. **1.** S'emparer d'un bien, l'obtenir par des moyens artificieux : *Capter un héritage.* — **2.** Recevoir une émission par l'intermédiaire d'appareils radiophoniques. — **3.** Recueillir qqch (énergie, fluide) en vue d'une utilisation quelconque : *Capter le rayonnement solaire.* — **4.** Retenir l'attention, l'intérêt de qqn, d'un groupe : *Orateur qui doit capter son auditoire.* — **5.** Assurer l'opération du captage.

CAPTE-SUIES n. m. inv. Appareil destiné à extraire des fumées dégagées les suies en suspension. (Syn. EXTRACTEUR.)

CAPTEUR n. m. (bas lat. *captor,* celui qui prend). **1.** Organe qui élabore, à partir d'une grandeur physique, une autre grandeur physique, souvent de nature électrique, utilisable à des fins de mesure ou de commande. (Syn. DÉTECTEUR.) — **2.** *Capteur solaire,* appareil destiné a transformer le rayonnement solaire qu'il reçoit en énergie thermique ou électrique.

ENCYCL. **Cybern.** Les capteurs, qui mettent à profit un grand nombre de grandeurs et de phénomènes physiques, sont les éléments de base de la métrologie et les « organes des sens » des ensembles automatisés. Dans les asservissements et les systèmes à régulation, ils jouent souvent le rôle de détecteurs d'écarts et engendrent, avec ou sans amplification, les actions requises sur le système conduit. La grandeur de sortie d'un capteur peut varier de façon progressive (capteur *analogique*) ou par échelons plus ou moins resserrés (capteur *numérique*).

— **Techn.** Les *capteurs solaires* photovoltaïques fournissent de l'électricité. Les *capteurs à air* et les *capteurs à eau* fournissent de la chaleur utilisée pour le chauffage, le séchage, ou des applications industrielles et agricoles. La plupart de ces capteurs sont des *capteurs plans,* munis d'une face avant transparente et d'une face arrière, isolée, parcourue par le fluide à réchauffer. Pour des applications à plus haute température, on utilise des réflecteurs de forme parabolique ou paraboloïdale, généralement mobiles afin de suivre la position du Soleil.

CAPTIEUX, EUSE [-sjø, -øz] adj. (lat. *captiosus,* trompeur). Qui vise à tromper par des apparences de raison, de vérité ; fallacieux : *Argument captieux.*

CAPTIEUX (33840), ch.-l. de cant. du sud de la Gironde, dans la forêt landaise ; 1 712 hab. *(Captylvains).* Industries du bois.

CAPTIF, IVE adj. (lat. *captivus,* de *capere,* prendre). **1.** *Litt.* Qui est prisonnier, asservi, privé de liberté : *Peuple captif.* — **2.** Se dit d'un animal enfermé dans une cage, retenu dans un zoo. — **3.** Se dit d'un marché qui s'offre en exclusivité ou en quasi-exclusivité à certaines entreprises, l'entrée de concurrents sur ce marché s'avérant difficile ou impossible (cas, par ex., des restaurants d'autoroute, des usagers des transports en commun dépourvus de véhicule individuel). — **4.** *Ballon captif,* aérostat retenu par un câble à la terre ferme. ‖ *Commerce captif,* transactions commerciales intervenant entre une maison mère et ses filiales ou entre les différentes filiales. (Syn. COMMERCE INTRAFIRME.) ‖ *Nappe captive,* nappe aquifère intercalée entre deux couches imperméables, dans laquelle, en profondeur, l'eau est sous pression.

◆ n. *Litt.* Esclave ou prisonnier de guerre.

CAPTIVANT, E adj. Qui captive ; passionnant : *Un récit captivant.*

CAPTIVER v. t. (bas lat. *captivare*) [conj. 3]. Retenir l'attention de qqn, le séduire par un intérêt puissant : *Captiver un auditoire.*

CAPTIVITÉ n. f. (lat. *captivitas*). **1.** État de prisonnier, de qqn qui est détenu en prison, dans un camp, etc. : *Revenir de captivité.* — **2.** *Temps de captivité,* temps de service qui, pour un prisonnier de guerre, compte du jour de sa capture à celui de sa libération. (En France, le temps de captivité est décompté comme campagne simple.)

Captivité de Babylone, période (587-538 av. J.-C.) durant laquelle les Hébreux demeurèrent en exil à Babylone.

Captivité de Babylone *(la),* ouvrage de Luther, soutenant que l'Église est captive sous la tyrannie romaine (1520).

CAPTOPRIL n. m. Inhibiteur de l'enzyme de conversion de l'angiotensine, utilisé dans le traitement de l'hypertension artérielle.

CAPTURE n. f. (lat. *captura*). **1.** Action de capturer ; fait d'être capturé : *La capture d'un malfaiteur.* — **2.** Ce qui est capturé : *Une belle capture.* — **3.** Satellisation d'un astre autour d'un autre de masse plus importante, sous l'effet de l'attraction gravitationnelle de ce dernier. — **4.** Saisie opérée par la douane. — **5.** Détournement d'une section d'un cours d'eau par une artère voisine, résultant du recul de la tête d'un cours d'eau conquérant ou du déversement d'un cours d'eau dans un bassin adjacent par exhaussement de son lit.

CAPTURER v. t. (de *capture*) [conj. 3]. **1.** S'emparer d'un animal à la chasse ou à la pêche. — **2.** Faire prisonnier un ennemi en temps de guerre, arrêter un malfaiteur en parlant de la police. — **3.** Se rendre maître d'un navire, d'un avion, s'en emparer, surtout en temps de guerre.

CAPUANA (Luigi), écrivain italien (Mineo 1839-Catane 1915), un des auteurs les plus significatifs du vérisme avec des nouvelles comme *Le appassionate* (1893) et *Le paesane* (1894) et son roman *Il marchese di Roccaverdina* (1901).

CAPUCE n. m. (ital. *cappucio*). **1.** Capuchon en pointe de certains moines, en partic. des capucins. — **2.** Partie supérieure de certaines gardes de sabre ou d'épée.

CAPUCHE n. f. (de *cape*). Capuchon d'un vêtement.

CAPUCHON n. m. (de *capuche,* avec p.-ê. l'infl. de l'ital. *cappucchio,* de *cappa,* cape). **1.** Coiffure souple couturée, qui se fixe à l'encolure d'un vêtement, sur lequel elle peut se rabattre. — **2.** Vêtement composé d'une pèlerine à capuchon. — **3.** Pièce qui s'adapte à un objet, à un instrument pour le fermer, le protéger : *Capuchon d'un stylo.* — **4.** Partie élargie du cou des serpents najas en position de combat. — **5.** *Capuchon du clitoris,* repli de la vulve recouvrant les faces supérieure et latérales du clitoris.

CAPUCHONNÉ, E adj. Qui porte un capuchon.

CAPUCIN n. m. (ital. *cappuccino,* de *cappuccio,* capuce). **1.** Religieux d'une branche de l'ordre mendiant exempt des Frères mineurs. (Fondés en 1528 par Matteo da Bascio, frère mineur, désireux de faire revenir son ordre à l'idéal franciscain, les capucins se sont spécialisés dans l'apostolat populaire. Ils sont environ 12 000.) — **2.** Singe cébidé d'Amérique centrale, vivant en troupes. (Syn. SAÏ.) — **3.** Nom communément donné au lièvre par les chasseurs. — **4.** Nom que les oiseleurs donnent à divers petits oiseaux du genre munie. — **5.** Pigeon ayant un capuchon de longues plumes qui interdit toute vision latérale.

CAPUCINADE n. f. (de *capucin*). *Litt.* Plate tirade moralisante.

CAPUCINE n. f. (de *capuce*). **1.** Herbe ornementale grimpante, aux feuilles rondes à pétiole presque central, aux belles fleurs orangées aux teintes dégradées, aux pétales séparés, munies d'un long éperon. — **2.** Religieuse d'un ordre fondé en 1538, qui suivait la règle d'une des réformes franciscaines d'esprit capucin. — **3.** Ronde enfantine. — **4.** Au XIXe s., anneau qui assujettissait le canon au fût d'une arme à feu. — **5.** *Cheminée à la capucine,* cheminée d'appartement simple et peu décorée. ‖ *Siège à la capucine,* aux XVIIe et XVIIIe s., siège simple, en bois tourné, et paillé.

◆ adj. inv. Rouge-orangé.

CAPULET n. m. (mot béarnais, du lat. *capullus*). Sorte de capuchon porté autrefois par les femmes dans les vallées des Pyrénées.

CAPULETS (les), en ital. **Cappelletti,** famille légendaire de Vérone (XIIIe s.), ennemie, selon Dante, de celle des Montaigus*. La rivalité de ces deux familles inspira Shakespeare dans *Roméo et Juliette.*

CAPUS (Alfred), journaliste et écrivain français (Aix 1858 - Neuilly 1922). Directeur politique du *Figaro,* romancier (*Qui perd gagne,* 1890) et auteur de comédies de mœurs (*la Veine,* 1902). [Acad. fr., 1914.]

CAPUT [-pyt], mot lat. signifiant *tête* et qui désigne en droit romain : 1° l'être humain, abstraction faite de tout droit ; 2° l'ensemble des droits qui constituent la personnalité du citoyen romain *(Capitis Deminutio)* ; 3° une unité fiscale *(Capitation).*

CAPVERN ou **CAPVERN-LES-BAINS** (65130), comm. des Hautes-Pyrénées, en bordure du plateau de Lannemezan ; 1 054 hab. Station thermale (affections de l'appareil urinaire, maladies métaboliques).

CAP-VERT, région administrative et presqu'île du Sénégal, site partiel de l'agglomération de Dakar.

CAP-VERT *(îles du),* en port. **Cabo Verde,** État insulaire de l'Atlantique, à 15°-17° de latitude Nord, à 500 km environ à l'O. du rivage sénégalais ; 4 000 km^2 ; 403 000 hab. *(Cap-Verdiens).* CAP. *Praia,* dans l'île São Tiago. LANGUE : *portugais.* MONNAIE : *escudo du Cap-Vert.*

Géographie. Le Cap-Vert est formé de dix îles habitées (dont les principales sont São Tiago, Fogo, Boavista, Sal [aéroport], São Nicolau, São Vicente [port de Mindelo] et Santo Antão) et de nombreux îlots. Archipel volcanique, densément peuplé (malgré l'émigration), presque exclusivement rural (maïs, manioc, patate douce ; la banane est le principal poste d'exportations avec les produits de la pêche).

Histoire. Ancienne colonie portugaise, l'archipel fut découvert en 1460 par le Portugais Diogo Gomes et le Génois Antonio da Noli. Séparé administrativement de la Guinée* portugaise (Guinée-Bissau) en 1879, il devint indépendant en 1975.

CAPYBARA → CABIAI.

CAQUAGE n. m. Action de mettre les harengs en caque.

CAQUE n. f. (anc. scand. *kaggr* ou *kakki,* tonneau). **1.** Baril où l'on conserve les harengs salés ou fumés. — **2.** Vx. *Serrés, pressés comme harengs en caque,* très à l'étroit.

CAQUELON n. m. (alsacien *Kakel,* casserole de terre). Petite casserole à bord haut et longue queue utilisée pour les fondues.

CAQUER v. t. (moyen néerl. *caken*) [conj. 3]. Syn. de ENCAQUER.

CAQUET n. m. (de *caqueter*). **1.** Gloussement de la poule qui va pondre ou qui a pondu. — **2.** *Fam.* Bavardage indiscret, intempestif : *Elle m'étourdissait avec son caquet.* — **3.** *Rabattre, rabaisser le caquet,* faire taire qqn en lui infligeant une mortification ou un démenti.

CAQUETAGE n. m. Babil, bavardage.

CAQUETANT, E adj. Qui caquette.

CAQUETER v. i. (rad. onomat. *kak*) [conj. 27]. **1.** Glousser, en parlant de la poule. — **2.** Bavarder, tenir des propos futiles.

CAQUETOIRE n. f. (de *caqueter*). Type de siège du XVIe s., également appelé « chaise à femme ».

CAQUOT (Albert), ingénieur constructeur français (Vouziers 1881-Paris 1976). Il organisa l'aérostation militaire pendant la Première Guerre mondiale (mettant au point les ballons captifs à stabilisateur arrière) puis réalisa de nombreux ouvrages en béton : le pont de la rue La Fayette à Paris, le pont de Glasgow sur la Clyde, celui de Renoy en Belgique, et, en France et en Afrique, des môles, des formes de radoub, des barrages. Il éleva la statue géante qui domine la baie de Rio. (Acad. des sc., 1934.)

1. CAR conj. (lat. *quare,* c'est pourquoi). Coordonne deux propositions en marquant la valeur explicative, causale de celle qu'il introduit : *Méfie-toi, car il est dangereux.*

2. CAR n. m. (abrév. de *autocar*). **1.** Véhicule automobile de grande dimension, destiné au transport des touristes, des voyageurs ou aménagé pour l'exercice itinérant de certaines professions. — **2.** *Car de police,* grand véhicule automobile, utilisé pour le transport et le déplacement des forces de police ou des personnes arrêtées.

CARABE n. m. (lat. *carabus,* du gr. *karabos,* crabe). Grand coléoptère carnassier aux longues pattes, aux formes élancées, coureur rapide, des régions tempérées. (Type de la famille des *carabidés.*)

CARABIDÉ ou **CARABIQUE** n. m. Nom de famille attribué aux carabes et formes voisines (15 000 espèces).

CARABIN n. m. (p.-ê. altér. du moyen fr. *escarrabin,* ensevelisseur de pestiférés). **1.** Aux XVIe et XVIIe s., soldat de la cavalerie légère. — **2.** *Fam.* Étudiant en médecine.

CARABIN (Rupert), sculpteur et ornemaniste français (Saverne 1862 - Strasbourg 1932). Sculptures, objets ou mobilier, son œuvre mêle, dans une osmose d'inspiration symboliste, les formes féminines, animales et végétales.

CARABINE n. f. (de *carabin*). Fusil léger, souvent court, à canon ordinairement rayé, employé comme arme de guerre, de chasse ou de sport. (Pour le sport et le tir du moyen gibier, on utilise des carabines, notamment la carabine 22 long rifle, d'un diamètre de 22/100 de pouce, ou 5,5 mm.)

CARABINÉ, E adj. (de *carabin*). *Fam.* Se dit de qqch de fort, de violent : *Une grippe carabinée.*

CARABINIER n. m. (de *carabine*). **1.** Autref., soldat armé d'une carabine. — **2.** En Espagne, dénomination des douaniers, en Italie, des gendarmes. — **3.** Fam. *Arriver comme les carabiniers,* arriver en retard. ‖ *Carabinier à cheval,* soldat de la cavalerie lourde (du XVIIe au XIXe s.). ‖ *Carabinier à pied,* appellation donnée, de 1788 à 1792, à des fantassins d'élite armés de carabines.

CARABOBO, État du Venezuela, sur la mer des Antilles, à l'O. de Caracas ; 4 650 km^2 ; 1 558 608 hab. Cap. *Valencia.* — Le village de *Carabobo* (à 15 km au S.-O. de Valencia) a donné son nom à cet État, en souvenir des victoires qu'y remporta Bolívar en 1814 et en 1821.

CARABOÏDE n. m. Nom de groupe des coléoptères carnassiers terrestres (carabes, brachynes, cicindèles, etc.). [Les *caraboïdes* forment une superfamille.]

Carabosse *(fée),* fée malfaisante des légendes populaires, vieille, laide et bossue.

CARACAL n. m. (pl. *caracals*) [turc *qara qâlaq,* oreille noire]. Félin d'Afrique et d'Asie du Sud-Ouest, à longues pattes et pelage fauve, voisin du lynx.

CARACALLA (Marcus Aurelius Antoninus Bassianus, surnommé) [Lyon 188-Carrhae, auj. Ḥarrān, 217], empereur romain (211-217), fils de Septime Sévère et de Julia Domna. Vainqueur des Germains (213) et des Parthes (215), il a surtout marqué l'Empire par ses réformes : il fit une dévaluation monétaire et créa une nouvelle monnaie d'argent, l'*antoninianus.* Il a donné le droit de cité romaine à l'ensemble des hommes libres de l'Empire *(édit de Caracalla* ou *Constitution* antonine).* Il a fait élever dans Rome des thermes monumentaux.

Caracalla *(thermes de)* → THERMES.

CARACAS, cap. du Venezuela, ch.-l. du District fédéral ; 1 824 892 hab. (plus de 4 millions d'hab. dans l'agglomération). La ville a été créée en 1567, à une vingtaine de kilomètres de la mer, dont la sépare un bourrelet montagneux. À 900 m d'altitude, elle bénéficie d'un climat plus frais que celui de la côte. Elle a connu un essor rapide : 35 000 hab. en 1796, 100 000 vers 1900, 700 000 en 1950. Caracas a profité des retombées des bénéfices pétroliers dans les services, l'immobilier, l'urbanisme et l'industrie. Elle groupe le cinquième de la population et la moitié des industries légères du pays. Mais le nombre des sans-emploi (souvent logés dans des bidonvilles, les *ranchos*) est important. La Guaira est le débouché maritime de Caracas et Maiquetía, l'aéroport international de la capitale.
— **Bx-arts.** La ville possède des musées et une belle cité universitaire construite de 1950 à 1958 par l'architecte Carlos Raúl Villanueva (œuvres d'art intégrées).

CARACCIOLO, famille napolitaine qui remonte au Xe s. et s'est perpétuée jusqu'à nos jours. Ses principaux membres furent : GIOVANNI, prince de Melfi (1487-Suse 1550), condottiere, qui fut défait par Lautrec à Melfi (1528). Il passa au service de François Ier qui le fit maréchal de France (1544). — DOMENICO (Malpartida de la Serena, Estrémadure, 1715 - Naples 1789), qui fut vice-roi de Sicile (1781-1786) et ministre des Affaires étrangères (1786). — FRANCESCO (Naples 1752 - *id.* 1799), qui fut amiral au service du roi Ferdinand IV. Rallié à la République Parthénopéenne (1799), il combattit les Anglo-Siciliens commandés par Nelson. Fait prisonnier, il fut pendu au grand mât de sa frégate.

CARACCIOLO (Giovanni Battista), dit **il Battistello,** peintre italien (Naples v. 1570-*id.* 1637). Disciple du Caravage, mais également marqué par les Carrache, il a contribué avec ses grandes compositions religieuses et ses fresques, au renouveau de la peinture napolitaine au XVIIe s.

CARACO n. m. (p.-ê. esp. du Mexique *caraco,* à rapprocher du turc *kerake*). **1.** Autref., corsage de femme cintré, à manches et basques. — **2.** Sous-vêtement féminin droit et court, porté avec une culotte assortie.

CARACOLE n. f. (esp. *caracol,* escargot). Évolution de troupes à cheval, en usage du XVIe au XVIIIe s. et empruntée à la cavalerie maure.

CARACOLER v. i. (de *caracole*) [conj. 3]. **1.** En parlant d'un cheval, aller de droite et de gauche avec légèreté et vivacité ; en parlant de qqn, faire sautiller son cheval. — **2.** Aller çà et là, légèrement, avec vivacité et grâce.

CARACTÈRE n. m. (lat. *character,* du gr. *kharaktêr,* empreinte). **1.** Signe écrit ou gravé appartenant à un système d'écriture, de notation : *Un texte en petits caractères. Caractères romains, grecs, cyrilliques, chinois.* (→ *encycl.*) — **2.** Marque distinctive, propriété de qqch, de qqn : *Ces douleurs présentent les caractères d'une crise d'appendicite.* — **3.** Aspect particulier, qualité de qqch : *Insister sur le caractère définitif d'un décision.* — **4.** Aspect typique, original de qqch ; cachet : *Appartement sans caractère.* — **5.** Ensemble des dispositions affectives constantes selon

Différents types de **caractères** d'imprimerie

Bellevue	*abcdefghijklmnopqrstuvwxyz* *ABCDEFGHIJKLMNOPQRSTUVWXYZ*
Courier	abcdefghijklmnopqrstuvwxyz ABCDEFGHIJKLMNOPQRSTUVWXYZ
Dorchester Script	*abcdefghijklmnopqrstuvwxyz* *ABCDEFGHIJKLMNOPQRSTUVWXYZ*
Helvética Neue	abcdefghijklmnopqrstuvwxyz ABCDEFGHIJKLMNOPQRSTUVWXYZ
Madrone	**abcdefghijklmnopqrstuvwxyz** **ABCDEFGHIJKLMNOPQRSTUVWXYZ**
New Century	abcdefghijklmnopqrstuvwxyz ABCDEFGHIJKLMNOPQRSTUVWXYZ
Souvenir	**abcdefghijklmnopqrstuvwxyz** **ABCDEFGHIJKLMNOPQRSTUVWXYZ**
STENCIL	**ABCDEFGHIJKLMNOPQRSTUVWXYZ**
Times	abcdefghijklmnopqrstuvwxyz ABCDEFGHIJKLMNOPQRSTUVWXYZ
Univers	abcdefghijklmnopqrstuvwxyz ABCDEFGHIJKLMNOPQRSTUVWXYZ
Willow	abcdefghijklmnopqrstuvwxyz ABCDEFGHIJKLMNOPQRSTUVWXYZ

HELVÉTICA capitales en romain	*HELVÉTICA* capitales italiques
helvética bas-de-casse en romain	*helvética* bas-de-casse italiques

Principaux éléments déterminant un caractère :

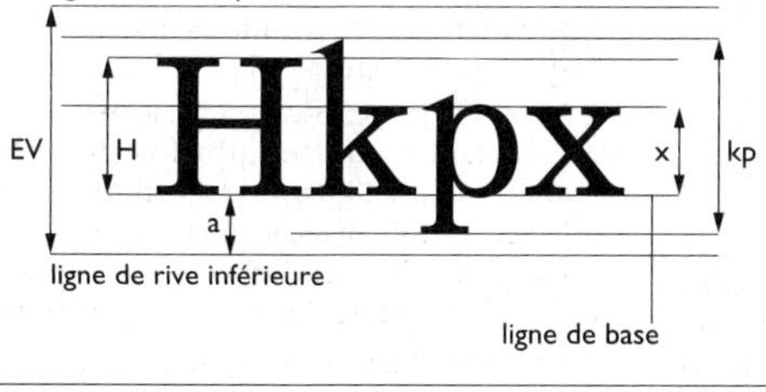

EV : écartement vertical
H : hauteur des majuscules
a : talus
x : hauteur des minuscules
kp : hauteur «kp»

lesquelles un sujet réagit à son milieu et qui composent sa personnalité : *Un caractère autoritaire, souple, gai, hargneux, sournois.* – **6.** Aptitude à affirmer vigoureusement sa personnalité, à agir avec fermeté : *Elle a fait preuve de caractère.* • **Chorégr.** *De caractère,* se dit des danses folkloriques adaptées à la scène et des interprètes de ces danses. – **Génét.** Particularité transmissible selon les lois de l'hérédité. (Un caractère est l'expression d'un ou de plusieurs gènes. On distingue les caractères dominants et les caractères récessifs.) – **Impr.** Lettre ou signe servant à la composition des textes. (→ *encycl.*) – **Inform.** et – **Télécomm.** Tout symbole (chiffre, lettre de l'alphabet, signe de ponctuation, etc.) employé pour représenter des données en vue de leur traitement ou de leur transmission. ‖ Quantité d'information (6 à 8 bits en général) considérée par certains organes d'un ordinateur comme unité à traiter. ‖ *Caractère magnétique,* caractère réalisé avec une encre contenant des matériaux magnétisables permettant d'en assurer une lecture automatique. ‖ *Caractère numérique,* chiffre ou symbole, à l'exclusion de toute lettre. ‖ *Caractère optique,* caractère dont la forme est adaptée à une lecture automatique par un procédé optique. – **Psychan.** *Névrose de caractère,* structure névrotique de la personnalité, engendrant surtout des rapports conflictuels répétitifs avec l'entourage. – **Relig.** Marque spirituelle et indélébile qu'impriment certains sacrements dans l'âme du chrétien. – **Stat.** Propriété que possèdent, à des degrés ou avec des modalités différents, tous les individus d'une population, qui font l'objet de statistiques. (→ *encycl.*)

ENCYCL. **Impr.** Le caractère, en typographie, est constitué par un petit parallélépipède en alliage d'imprimerie, obtenu par moulage et portant à une extrémité le relief imprimant, ou *œil.* Sa hauteur est de 23,56 mm. La valeur de l'encombrement vertical de la ligne composée est la force de corps, ou *corps.* La chasse est l'espace occupé par une lettre placée entre deux autres dans un mot. Le corps correspond aussi à la distance séparant la tête d'une lettre montante *(l, b, d)* de la queue d'une lettre descendante *(g, p, q).*

Depuis 1737, les anciens noms arbitraires de caractères ont été remplacés par des désignations numérales, tirées d'une mesure spéciale, le *point* typographique ;* chaque caractère est désigné par le nombre de points qu'il mesure.

Chaque sorte de caractère a des lettres de différentes formes : les *grandes capitales ;* les *petites capitales,* et les lettres ordinaires, ou *bas-de-casse.* On place souvent, au commencement des livres ou des chapitres, des lettres appelées *lettres initiales, lettrines, lettres ornées.* Dans les abréviations ou en mathématiques, on fait usage de lettres plus petites, appelées *supérieures :* 1°, 1re, 2e, Mme, Mlle, M^e^, x^p, $f^{(1)}$, *etc.* Dans les ouvrages scientifiques, on se sert de chiffres *supérieurs :* 3^2, 8^3, a^4, b^5, de chiffres et de lettres *inférieurs :* a_1, b_2, x_i, y_j.

Jenson grava à Venise vers 1475 les caractères *romains,* dont le tracé est perpendiculaire à la ligne de base. À Venise, vers 1500, Alde Manuce conçut des lettres cursives penchées, les caractères *italiques.*

Thibaudeau a proposé en 1921 une classification des caractères, fondée sur le dessin de l'œil et le tracé des empattements. Elle comprend quatre familles principales : les *elzévirs ;* les *didots ;* les *antiques,* et les caractères *gras.* En 1954, une classification plus affinée a été proposée par Maximilien Vox : *manuaires ; humanes ; garaldes ; réales ; didones ; mécanes ; linéales ; incises ; scriptes.*

Certains des termes utilisés pour les caractères typographiques continuent à l'être dans la terminologie de la photocomposition.

– **Stat.** Selon qu'on étudie une seule ou plusieurs propriétés des individus, le caractère est dit *simple* ou *complexe.* Un caractère simple est *quantitatif* s'il est possible de le mesurer ou de le repérer sur une échelle (température) ; sinon il est *qualitatif,* avec deux modalités (c'est alors un attribut) ou davantage. Un caractère quantitatif peut être continu ou discret.

Caractères *(les),* ouvrage de La Bruyère (1688), inspiré de Théophraste. Par le jeu des maximes et des portraits, La Bruyère analyse les principaux types humains de la société française en évolution à la fin du XVIIe s.

CARACTÉRIEL, ELLE adj. **1.** Qui appartient au caractère psychologique.

◆ adj. et n. Se dit d'un sujet dont les manifestations pathologiques résident essentiellement dans des relations d'opposition à l'égard du milieu dans lequel il se trouve.

ENCYCL. **Psychiatr.** Les réactions d'opposition, constantes dans le comportement des enfants dits « caractériels », sont d'expression variée selon l'âge et le milieu de l'enfant. Leur gamme s'étend de l'inertie et de la passivité à une opposition franche avec des conduites agressives : colères et provocations diverses, instabilité, indiscipline, fugues.

Parfois, les troubles caractériels peuvent paraître en réaction à une perturbation du milieu dans lequel grandit l'enfant (autoritarisme, carences affectives, etc.), mais, le plus souvent, ils sont liés à une organisation pathologique de la personnalité de l'enfant (névrotique, psychotique).

CARACTÉRISATION n. f. Action de caractériser.

CARACTÉRISER v. t. (de *caractère*) [conj. 3]. Marquer le caractère distinctif de qqn, de qqch, en indiquer le caractère, mettre en relief leurs traits dominants ; définir : *Ce film caractérise bien notre époque.*

◆ **être caractérisé** v. pass. Avoir un caractère bien marqué, typique : *Une erreur caractérisée.*

◆ **se caractériser** v. pr., **être caractérisé** v. pass. Avoir qqch comme marque distinctive : *Cette maladie se caractérise par des symptômes méningés.*

CARACTÉRISTIQUE adj. (gr. *kharaktêristikos*). Qui constitue un caractère spécifique, distinctif de qqch, de qqn ; spécifique, typique : *Propriétés caractéristiques des acides.* • **Algèbr.** *Déterminant caractéristique d'un système linéaire,* déterminant d'un système dans le cas où son rang est non nul et strictement inférieur au nombre d'équations du système. ‖ *Polynôme caractéristique,* polynôme obtenu à partir d'une matrice carrée M à coefficients dans un corps K, qui est égal au déterminant de la matrice (M – λI), où λ est une variable du corps K et I la matrice unité de même ordre que M. (Les racines du polynôme caractéristique sont les valeurs propres d'un endomorphisme auquel est associée la matrice.) — **Électr.** *Impédance caractéristique,* impédance de sortie d'un quadripôle passif telle que l'impédance d'entrée lui soit égale. (Syn. IMPÉDANCE ITÉRATIVE.) — **Géol.** Se dit d'un fossile distinctif qui se cantonne dans un niveau limité. — **Géom.** *Point caractéristique d'une courbe,* point où la courbe d'une famille à *un* paramètre réel sur une surface touche son enveloppe. — **Math.** *Équation caractéristique d'une équation différentielle linéaire* équation en *r* obtenue en faisant le changement de variable $y = a\,e^{rx}$. (→ *équation* DIFFÉRENTIELLE.) ‖ *Fonction caractéristique d'un sous-ensemble* N *d'un ensemble* M, application φ_N définie sur M et à valeurs dans l'ensemble {0, 1}, telle que $\varphi_N(x) = 0$ si $x \notin N$, et $\varphi_N(x) = 1$ si $x \in N$. ‖ *Fonction caractéristique d'une variable aléatoire* X, fonction $\varphi(u)$ qui est l'espérance mathématique de e^{iux}($i = \sqrt{-1}$).

◆ n. f. Ce qui constitue le caractère distinctif, le trait dominant de qqch, de qqn, ce qui caractérise qqn, qqch : *Les caractéristiques d'une nouvelle voiture.* • **Algèbr.** *Caractéristique d'un anneau unitaire,* plus petit entier naturel *n* tel que $ne = 0$, *e* étant élément unité de l'anneau et 0 élément neutre. (Un anneau de caractéristique *n* est isomorphe à l'anneau $\mathbb{Z}/n\mathbb{Z}$. (L'anneau $\mathbb{Z}$ est de caractéristique nulle.) ‖ *Caractéristique d'un corps* K, caractéristique de K en tant qu'anneau. — **Cybern.** Pour un système quelconque (mécanique, électrique, pneumatique, hydraulique, etc.), expression de la correspondance entre une cause (grandeur d'entrée) et un effet (grandeur de sortie). — **Électr.** *Caractéristiques assignées,* ensemble des valeurs assignées et des conditions de fonctionnement d'un dispositif électrique. (Syn. désuet RÉGIME NOMINAL.) — **Math.** *Caractéristique d'un nombre réel,* approximation entière par défaut du réel. (La caractéristique d'un réel *a* est plus souvent appelée partie entière et notée E(*a*). Le mot « caractéristique » est surtout employé dans le cas des logarithmes décimaux.)

CARACTÉROLOGIE n. f. (all. *Charakterologie*). Étude psychologique des caractères individuels pour élaborer des classifications en types et en tempéraments.

ENCYCL. La caractérologie présuppose l'idée de traits de caractère permanents, sur lesquels elle fonde sa classification. Cette permanence repose sur l'hypothèse d'un caractère inné ; conception qui n'écarte d'ailleurs pas, pour la caractérologie, l'existence de traits de caractère pouvant être acquis secondairement sous l'influence du milieu. L'interaction permanente du caractère inné et du caractère acquis expliquerait ainsi la possibilité que possède tout sujet de transformer son caractère sous l'effet de déterminants personnels (effort, persévérance, volonté) ou socioculturels (morale, religion, etc.). Pour la psychanalyse, cependant, l'aspect dynamique du caractère tient à la pluralité des processus en interaction pour déterminer sa formation.

CARACTÉROLOGIQUE adj. Qui se rapporte à la caractérologie.

CARACTÉROLOGUE n. Spécialiste de caractérologie.

CARACUL ou **KARAKUL** [karakyl] n. m. (russe *karakoul,* de *Karakol,* ville d'Ouzbékistan). **1.** Race de moutons caractérisée par la toison bouclée des agneaux à la naissance. — **2.** Fourrure de ces agneaux (astrakan, ou breitschwanz).

CARADOCIEN ou **CARADOC** n. m. (de *Caradoc,* n. pr.). Étage du système ordovicien.

CARAFA, famille napolitaine dont était issu le pape Paul IV* (Gian Pietro Carafa).

CARAFE n. f. (ital. *caraffa,* p.-ê. de l'ar. *gharaf,* pot à boire, par l'intermédiaire de l'esp. *garrafa*). **1.** Récipient en verre à corps pansu et à goulot étroit, destiné à servir à table le vin ou l'eau ; le contenu de ce récipient. — **2.** *Pop.* Tête. — **3.** Engin de pêche en forme de carafe que l'on pose au fond de l'eau pour capturer des petits poissons. (Syn. BOUTEILLE.) — **4.** Fam. *Rester en carafe,* attendre vainement ; rester court. ‖ Fam. *Tomber en carafe,* tomber en panne.

CARAFON n. m. (de *carafe,* ou ital. *caraffone*). **1.** Petite carafe ; son contenu. — **2.** *Pop.* Tête.

CARAGAN n. m. (mot d'une langue de l'Inde). Papilionacée arbustive épineuse à fleurs jaunes, ornementales, originaire de l'Himālaya et utilisée comme haie vive.

CARAGIALE (Ion Luca), écrivain roumain (Haimanale, près de Ploiești, 1852 - Berlin 1912). Il annonça le théâtre de l'absurde avec ses comédies (*Une lettre perdue,* 1884) et ses nouvelles à l'univers pathologique (*Un cierge de Pâques,* 1892 ; *Péchés,* 1892).

CARAÏBE adj. **1.** Relatif aux Caraïbes (peuple). — **2.** *Région caraïbe, région des Caraïbes* ou *la Caraïbe,* ensemble géographique formé par les Antilles et une partie du pourtour de la mer des Antilles, du nom du peuple qui fut décimé au XVIIe s. par les Européens.

CARAÏBE *(chaîne),* chaîne côtière du Venezuela, dominant la mer des Antilles ; 2 765 m.

CARAÏBES, branches du système montagneux de type périméditerranéen qui s'étend, pour la branche méridionale, depuis le nord de la Colombie jusqu'à Trinité et Tobago, la branche septentrionale étant constituée par les Grandes Antilles.

CARAÏBES *(îles),* nom donné parfois aux Antilles.

CARAÏBES *(mer des)* ou **MER CARAÏBE** → ANTILLES *(mer des).*

CARAÏBES, peuple qui, à l'arrivée des Européens, habitait les Petites Antilles et la partie de la Guyane qui s'étend de l'Oyapok à l'Orénoque. Les Caraïbes proprement dits font partie d'une grande famille linguistique et culturelle, les Caribs (Caraïbes au sens large), qui, partis du continent, émigrèrent vers le N., le N.-O. et le N.-E.

CARAÏSME, CARAÏTE → KARAÏSME, KARAÏTE.

CARAJÁS *(serra dos),* hautes terres du Brésil, dans l'État de Pará, entre le rio Xingu et le Tocantins. Minerai de fer.

CARAJÁS ou **KARAJÁS,** Indiens du centre du Brésil. Les Carajás habitent des villages situés sur les rives de l'Araguaia ou sur les éperons dominant son cours.

CARAMAN (31460), ch.-l. de cant. de la Haute-Garonne, dans le Lauragais ; 1 775 hab. *(Caramanais).*

CARAMANLIS ou **KARAMANLÍS** (Constantin), homme d'État grec (Proti, Serrai, 1907). Trois fois à la tête du gouvernement (de 1955 à 1963), il amène l'opinion grecque à renoncer à l'Enôsis et à reconnaître l'indépendance de Chypre (1959). Après la démission de la junte militaire (1974), il forme un gouvernement civil et crée le parti de la Nouvelle Démocratie. Il est président de la République de 1980 à 1985 et de 1990 à 1995.

CARAMBA ! interj. *Fam.* Juron espagnol exprimant la colère.

CARAMBOLAGE n. m. (de *caramboler*). **1.** Au billard, heurt de la bille rouge et de la bille de l'adversaire par la bille jouée. — **2.** *Fam.* Série de chocs, de heurts entre des véhicules : *Un carambolage de plusieurs dizaines de voitures.*

CARAMBOLE n. f. (port. *carambola,* du marathe *karambal*). 1. Au billard, la bille rouge. — **2.** Baie jaune à côtes saillantes, à pulpe juteuse et astringente, fruit du carambolier.

CARAMBOLER v. t. (de *carambole*) [conj. 3]. *Fam.* Heurter qqch qui, sous le choc, heurte à son tour qqch d'autre.

CARAMBOLIER n. m. (de *carambole*). Petit arbre de la famille des oxalidacées (*Averrhoa carambola*), originaire de l'Inde, dont le fruit est la carambole.

CARAMBOUILLE n. f., ou **CARAMBOUILLAGE** n. m. (arg. *carambole,* vol à l'étalage, croisé avec *fripouille, fouiller*). Escroquerie qui consiste à revendre au comptant une marchandise achetée à terme et à disparaître sans acquitter sa dette.

CARAMBOUILLER v. i. (conj. 3). Pratiquer la carambouille.

CARAMBOUILLEUR, EUSE n. Escroc qui carambouille.

CARAMEL n. m. (esp. *caramelo,* du port.). **1.** Confiserie préparée à partir d'un mélange de sucre, de glucose, de lait, de beurre et de parfums divers. — **2.** Produit aromatique provenant de la cuisson du sucre. — **3.** Combustible nucléaire constitué de plaquettes carrées d'oxyde d'uranium, placées les unes à côté des autres entre deux tôles d'alliage de zirconium.

◆ adj. inv. D'une couleur entre le beige et le roux.

CARAMÉLISATION n. f. Réduction du sucre en caramel.

CARAMÉLISER v. t. (conj. 3). **1.** Transformer du sucre en caramel. — **2.** Enduire intérieurement un moule de caramel. — **3.** Parfumer qqch avec du caramel.

◆ v. i. ou **se caraméliser** v. pr., **être caramélisé** v. pass. Prendre la couleur du caramel ; être transformé en caramel.

CARAMOTE n. f. Grosse crevette caride des eaux profondes de la Méditerranée possédant 3 paires de petites pinces. (Taille 20 cm.)

CARAN D'ACHE (Emmanuel POIRÉ, dit), dessinateur humoriste français (Moscou 1859 - Paris 1909). Collaborateur de *la Caricature,* du *Figaro,* du *Rire,* etc., il a notamment donné des « histoires sans paroles » où l'humour de situation, inspiré de l'actualité, est servi par un graphisme net et sûr.

CARANGIDÉ n. m. Nom de famille donné à des poissons de mer comestibles tels que le chinchard, la liche et la carangue.

CARANGUE n. f. (p.-ê. port. *acarauna*). Grand poisson pélagique comestible, dont la pêche est sportive (1 m de long).

CARANTEC (29660), comm. du Finistère, sur la côte du Léon ; 2 625 hab. *(Carentecois).* Cultures maraîchères. Station balnéaire.

CARAPA n. m. (mot d'une langue indigène d'Amérique). Genre d'arbres (méliacées) des rivages des pays chauds, dont diverses espèces fournissent des bois d'œuvre *(andiroba),* d'autres des huiles de savonnerie.

CARAPACE n. f. (esp. *carapacho*). **1.** Revêtement protecteur dur et solide recouvrant tout ou partie du corps de certains animaux. (Syn. CUIRASSE, ARMURE.) — **2.** Ce qui protège ou ce qui recouvre : *Carapace de béton.* — **3.** Ce qui isole une personne des contacts extérieurs : *La carapace de l'égoïsme.* — **4.** Induration ferrugineuse (ou bauxitique) qui se distingue de la cuirasse par une texture moins compacte et une dureté moindre. — **5.** *Moulage en carapace,* procédé de moulage en moule mince (ou « carapace ») formé de deux demi-coquilles, obtenues par chauffage, au contact d'une plaque modèle, de sable préenrobé d'une résine thermodurcissable. (Syn. MOULAGE EN MASQUES, EN ÉCAILLES.)

ENCYCL. La carapace des crustacés décapodes recouvre le dos et les côtés du thorax et abrite les branchies sous une sorte de volet. Celle des tortues est faite d'une *dossière* dorsale et d'un *plastron* ventral, constitués d'une partie osseuse recouverte de plaques écailleuses. Celle des tatous est articulée en arceaux dorsaux transversaux ou *bandes* permettant à l'animal de se rouler en boule. Dans les autres groupes zoologiques, les organes comparables sont plutôt appelés coque, coquille, cuticule, test, etc.

CARAPATER (SE) v. pr. (rad. arg. *se carrer,* se cacher, et *patte*) [conj. 3]. *Pop.* S'en aller vivement, s'enfuir.

CARAPICUÍBA, v. du Brésil, dans la grande banlieue de São Paulo ; 187 000 hab.

CARAQUE n. f. (ar. *karraka*). Grand navire étroit du haut et très élevé sur l'eau, employé jusqu'à la fin du XVIIe s.

CARASSIN n. m. (lat. sc. *carassius*). Poisson d'eau douce (cyprinidés) voisin de la carpe, mais plus petit et sans barbillons, tel que le poisson rouge et les formes sauvages dont il provient, d'origine asiatique.

CARAT n. m. (ital. *carato,* de l'ar. *qīrāṭ,* poids, du gr. *keration,* petit poids). **1.** Unité de mesure de masse de 2 dg, employée dans le commerce des diamants et pierres précieuses. (Nom officiel CARAT MÉTRIQUE.) — **2.** Unité du titrage de l'or dans un alliage. (Chaque carat représente un vingt-quatrième du poids de l'alliage.) — **3.** Fam. *Dernier carat,* dernière limite, jusqu'au dernier moment.

CARATE [-te] n. m. Maladie de la peau due au *Treponema carateum.* (Observé surtout en Amérique centrale, le carate se caractérise par une alternance de zones dépigmentées et de taches pigmentaires couvrant tout le corps.) [Syn. MAL DEL PINTO, PINTA.]

CARAUSIUS (Marcus Aurelius Valerius) [v. 250-293], gouverneur de Bretagne. Il fut proclamé empereur par ses troupes en 286, et chassé de Gaule par Constance Chlore en 293.

CARAVAGE (Michelangelo MERISI, dit **il Caravaggio,** en fr. **le**), peintre italien (Milan ? v. 1571 - Porto Ercole, prov. de Grosseto, 1610). Il eut une carrière tumultueuse et brève, jalonnée par les rixes et les démêlés avec la police que lui attirait son tempérament ombrageux. Formé à Milan, il s'installa à Rome vers 1592. À partir de 1599, il exécuta le décor de la chapelle St-Mathieu à St-Louis-des-Français, puis travailla pour Ste-Marie-du-Peuple (*Conversion de saint Paul, Martyre de saint Pierre,* 1601) et pour St-Augustin *(Madone de Lorette).* En 1606, poursuivi par la justice, il dut quitter Rome pour Naples, puis se rendit à Malte et en Sicile. Il revenait à Rome lorsqu'il mourut de la malaria.
Le Caravage réagit contre les conventions du maniérisme et leur opposa une « peinture naturelle », directe et même brutale, qui renouvelle par sa franchise la nature morte (*Corbeille de fruits,* Milan, bibliothèque Ambrosienne) et les scènes profanes (*Bacchus malade,* Rome, gal. Borghèse), aussi bien que les thèmes religieux (*Repos pendant la fuite en Égypte,* Rome, gal. Doria Pamphili ; *Mort de la Vierge,* Louvre). Des contrastes d'ombres et de lumières soulignent les formes massives qui, dans la majorité de ses œuvres, émergent puissamment d'un fond noir. L'influence européenne du peintre, à travers le *caravagisme**, fut très importante.

CARAVAGESQUE ou **CARAVAGISTE** adj. et n. Qui se rapporte, appartient au caravagisme.

CARAVAGGIO (Polidoro DA) ⟶ POLIDORO DA CARAVAGGIO.

CARAVAGISME n. m. (de *Caravage,* n. pr.). Courant pictural issu de l'œuvre du Caravage, caractérisé par le réalisme des représentations et la vigueur des contrastes d'ombre et de lumière.

ENCYCL. Très en vogue à Rome entre 1605 et 1620 env., réalisme et luminisme se répandirent progressivement au dehors. En Italie, il faut surtout citer B. Manfredi, les Gentileschi, Saraceni, Caracciolo parmi les adeptes de la peinture sombre, ou « tenebrosi ». En Espagne, l'art du Caravage et le ténébrisme trouvèrent un terrain spécialement préparé, touchant Ribera, le Ribalta de la maturité, les premiers chefs-d'œuvre de Velázquez et de Zurbarán. Pour la France, citons G. de La Tour, Valentin, Tournier, pour les Pays-Bas Terbrugghen et Van Honthorst ; mais c'est toute la peinture hollandaise qui profita de la leçon caravagesque, qu'il s'agisse de Hals, de Rembrandt ou de Vermeer. Cette même leçon participa à la formation du style baroque de Rubens.

1. CARAVANE n. f. (pers. *kārwān*). **1.** Groupe de personnes (voyageurs, marchands, nomades, etc.) réunies pour traverser ensemble des régions désertiques ou d'accès difficile, et montées sur des bêtes de somme ou dans des voitures. – **2.** Troupe de gens qui se déplacent ensemble : *Une caravane d'alpinistes.* – **3.** *Caravane publicitaire,* ensemble de voitures qui précèdent et suivent les coureurs dans une course cycliste par étapes.

2. CARAVANE n. f. (angl. *caravan,* de *caravane 1*). **1.** Voiture d'habitation des nomades, des forains et des directeurs et artistes des cirques ambulants. – **2.** Véhicule de camping à tracter, aménagé pour pouvoir y vivre.

CARAVANEIGE n. m. Mode de caravaning pratiqué dans les stations de sports d'hiver.

1. CARAVANIER, ÈRE n. Personne qui fait partie d'une caravane.
◆ adj. Relatif aux caravanes : *Piste caravanière.*

2. CARAVANIER, ÈRE n. Personne qui pratique le caravaning.

CARAVANING [-niɲ] n. m. (angl. *caravaning,* de *caravan*). Camping pratiqué dans une caravane.

CARAVANSÉRAIL n. m. (pers. *kārwān-sarāy,* de *kārwān,* caravane, et *sarāy,* palais). En Orient, abri pour les voyageurs, hôtellerie où s'arrêtent les caravanes.

ENCYCL. Nommés *khān* en pays arabes, *han* en pays turc ; *ukel* ou *okel* (pl. *wakkala*) en Égypte, *funduq* dans le reste de l'Occident arabe, les caravansérails sont un élément essentiel de ces sociétés marchandes. En Asie Mineure, ceux édifiés sous les Seldjoukides comptent parmi les chefs-d'œuvre du genre : ainsi dans les provinces de Niğde (1229) et de Kayseri (1231).

CARAVELLE n. f. (port. *caravela,* du lat. *carabus,* canot). Navire de moyen tonnage, rapide, à trois ou quatre mâts, utilisé entre le XIIIe et le XVIe s.

Caravelle, avion commercial moyen-courrier à réaction, construit en France de 1955 à 1972, à 272 exemplaires.

CARAX (Alex DUPOND, dit **Leos**), cinéaste français (Paris 1960). Son premier long-métrage, *Boy Meets Girls* (1984), poème en noir et blanc, le fait d'emblée considérer par la critique comme un talent prometteur. Cultivant le mystère, fidèle à son acteur/double Denis Lavant, il réalise ensuite *Mauvais Sang* (1986), film au romantisme à la fois noir et lumineux, et *les Amants du Pont-Neuf* (1991), histoire d'un amour fou.

CARBAGEL n. m. Charbon activé utilisé comme desséchant.

CARBAMATE n. m. Sel ou ester de l'acide carbamique.

CARBAMIDE n. m. Syn. de URÉE.

CARBAMIQUE adj. *Acide carbamique,* amide $H_2N{-}CO_2H$ de l'acide carbonique.

CARBANION n. m. Anion dont la charge négative est portée par un atome de carbone.

ENCYCL. Les carbanions sont des nucléophiles très fréquemment utilisés et jouent un rôle important dans les réactions de la synthèse organique comme dans les réactions biochimiques à l'intérieur des organismes vivants (biosynthèse des lipides et des glucides).

CARBAZOLE n. m. Dibenzopyrrole ou dibenzazole $C_{12}H_9N$. (Accompagnant l'anthracène dans les goudrons de houille, c'est un intermédiaire pour la synthèse de colorants et un sensibilisateur pour la photographie dans l'ultraviolet.)

CARBÈNE n. m. **1.** Composé dérivant du carbone bivalent (ex. : CH_2 *carbène ;* CCl_2 *dichlorocarbène*). [→ *encycl.*] – **2.** Nom générique des corps solides noirs qui se distinguent des asphaltènes par leur insolubilité dans le tétrachlorure de carbone.

ENCYCL. À l'exception du monoxyde de carbone CO et des isonitriles CNR, on ne peut isoler les carbènes, dont l'intervention dans de nombreuses réactions est néanmoins établie. Les carbènes peuvent exister sous la forme de singulet, à laquelle on réserve souvent le nom de carbène, ou sous la forme de triplet, à laquelle on réserve souvent le nom de méthylène.

CARBÉNICILLINE n. f. Pénicilline injectable à large spectre, active sur les protéus et les bacilles pyocyaniques.

CARBÉNIQUE adj. Relatif aux carbènes.

CARBÉNIUM [-njɔm] n. m. Un des types de carbocation.

CARBET n. m. (mot tupi). Aux Antilles et en Guyane, hutte sans murs servant d'abri.

CARBET (Le) [97221], comm. de la Martinique, sur la côte occidentale, au pied des *pitons du Carbet* (1 196 m) ; 3 022 hab.

CARBINOL n. m. Syn. vieilli de MÉTHANOL.

CARBOCATION [-tjɔ̃] n. m. Cation dont la charge positive est portée par un atome de carbone.
ENCYCL. Les ions *carbéniums* R_3C^+ se forment lorsque leur structure autorise une bonne stabilisation de la charge par délocalisation (effet mésomère donneur des substituants fixés sur l'atome de carbone). Ce sont des intermédiaires fugaces d'un grand nombre de réactions organiques. Stabilisés, ce sont des colorants utiles (vert malachite, violet cristallisé). Les ions carboniums R_5C^+ n'ont jamais pu être ni isolés, ni détectés et leur nature exacte n'est pas éclaircie.

CARBOCHIMIE n. f. Branche de l'industrie chimique qui utilise comme matière première principale les sous-produits de la cokéfaction de la houille à haute température (1 200 °C) : coke, goudrons, benzols, ammoniac et gaz riches en hydrogène.
ENCYCL. Le coke est destiné principalement à la sidérurgie. Les goudrons et benzols fournissent, par distillation, des huiles variées et un résidu, le brai de houille. Les huiles permettent d'obtenir des hydrocarbures aromatiques, bases de l'industrie des colorants, des produits pharmaceutiques, des explosifs, des plastifiants, du caoutchouc et des textiles synthétiques. Les gaz sont brûlés ou séparés par liquéfaction fractionnée ; l'ammoniac est le point de départ de l'industrie des engrais, tandis que le méthane et l'éthylène servent à fabriquer les principales matières plastiques : Plexiglas, Néoprène, polyamides (Nylon), polyéthylène, résines polyesters, polystyrène, etc.
Face à la réduction de consommation de coke, la carbochimie a été amenée à s'associer de plus en plus étroitement à la pétrochimie, qui lui fournit une matière première de remplacement des gaz de cokerie (gaz naturel ou gaz de craquage). D'autre part, en raison de l'importance des réserves connues de charbon dans certains pays (États-Unis, Grande-Bretagne, Allemagne, Russie, Ukraine, Afrique du Sud), des recherches sont menées pour transformer le charbon en hydrocarbures liquides ou gazeux. L'Afrique du Sud exploite déjà des installations de production de pétrole à partir du charbon.

CARBOCHIMIQUE adj. Relatif à la carbochimie.

CARBOCYCLIQUE adj. Se dit des composés organiques renfermant un ou plusieurs cycles formés uniquement d'atomes de carbone. (Syn. HOMOCYCLIQUE, ISOCYCLIQUE.)

CARBODUC n. m. Canalisation de transport du charbon en suspension dans l'eau ou dans l'air.

CARBOGAZEUX, EUSE adj. Se dit de bains ou d'applications locales faits avec des eaux contenant et dégageant du gaz carbonique.

CARBOHÉMOGLOBINE n. f. Combinaison labile du gaz carbonique avec l'hémoglobine.

CARBOLITE n. f. Carbure complexe d'aluminium, de silicium et de calcium, dégageant de l'éthylène par action de l'eau.

CARBONADE → CARBONNADE.

CARBONADO n. m. (esp. *carbonado,* carboné). Variété de diamant noir. (Sa grande dureté le fait utiliser pour le forage des roches.)

CARBONARISME n. m. Courant politique issu d'une société secrète formée par les carbonari.
ENCYCL. Cette société secrète, dérivée de la franc-maçonnerie, se forma pour lutter contre la domination napoléonienne dans le royaume de Naples (1806-1815) puis contre les souverains italiens restaurés après 1815. Elle organisa soulèvements et attentats (Naples, 1820-21 ; Piémont, 1821) restés sans lendemain. Répandu en France, à partir de 1818, le carbonarisme ou *charbonnerie* gagna les milieux bonapartistes ou libéraux. Organisés en sociétés secrètes *(ventes),* ses affiliés montèrent contre les Bourbons restaurés de nombreux complots (1818-1822) qui échouèrent.

CARBONARO n. m. (pl. *carbonari*) [ital. *carbonaro,* charbonnier]. Partisan du carbonarisme.

CARBONATATION n. f. **1.** Action de transformer en carbonate. — **2.** Dans l'industrie du sucre, opération qui consiste à faire barboter du gaz carbonique dans le jus chaulé, afin de précipiter l'excès de chaux en carbonate de calcium.

CARBONATE n. m. **1.** Sel ou ester de l'acide carbonique. — **2.** Minéral caractérisé par l'ion $(CO_3)^{2-}$. (Les principaux sont l'aragonite, la calcite, la dolomite, constituants essentiels des roches carbonatées.) — **3.** *Niveau de compensation des carbonates,* dans les océans, surface d'équilibre (vers – 4 000 m), au-dessous de laquelle les carbonates sont dissous sous l'action de la température et de la pression.

CARBONATER v. t. (conj. 3). Transformer en carbonate.
◆ **être carbonaté** v. pass. *Roche carbonatée,* roche principalement formée de carbonate de calcium ou de magnésium (calcaire, dolomie, marne, marbre, cipolin).

CARBONATITE n. f. Roche magmatique, composée essentiellement de carbonates de calcium, de magnésium et associée aux syénites néphéliniques. (Les carbonatites constituent souvent des gisements de terres rares.)

CARBON BLACK n. m. Désignation de certains noirs de carbone.

CARBON-BLANC (33560), ch.-l. de cant. de la Gironde, banlieue nord-est de Bordeaux ; 5 854 hab. *(Carbonblannais).*

1. CARBONE n. m. (lat. *carbo, -onis,* charbon). **1.** Non-métal qui constitue l'élément essentiel des charbons et des composés organiques. (Élément chimique de symbole C.) [→ *encycl.*] – **2.** *Carbone 14,* isotope radioactif du carbone, de nombre de masse 14, qui prend naissance dans l'atmosphère. (Syn. RADIOCARBONE.) [→ *encycl.* Phys.] ‖ *Cycle du carbone,* cycle biosphérique, au cours duquel le carbone en combinaison organique est transmis d'un être vivant à un autre le long des chaînes alimentaires, puis rendu à l'atmosphère sous forme d'anhydride carbonique, que les plantes vertes incorporent par photosynthèse à nouveau dans des composés organiques. (→ *encycl.* Biol.) ‖ *Dioxyde de carbone,* syn. de GAZ CARBONIQUE*. ‖ *Fibre de carbone,* filament de carbone obtenu, par traitements thermomécaniques contrôlés, de certaines fibres « précurseurs », essentiellement cellulosiques et acryliques, ou issu de brai de houille et de polymères thermiquement stables. (→ *encycl.* Techn.) ‖ *Monoxyde de carbone,* gaz incolore et inodore, de formule CO. (→ *encycl.*) ‖ *Tétrachlorure de carbone,* syn. de TÉTRACHLOROMÉTHANE.

Numéro atomique : 6
Masse atomique : 12,01
Masse volumique (diamant) : 3,52 g/cm³
Température de fusion : 3 500 °C

Cycle du **carbone**

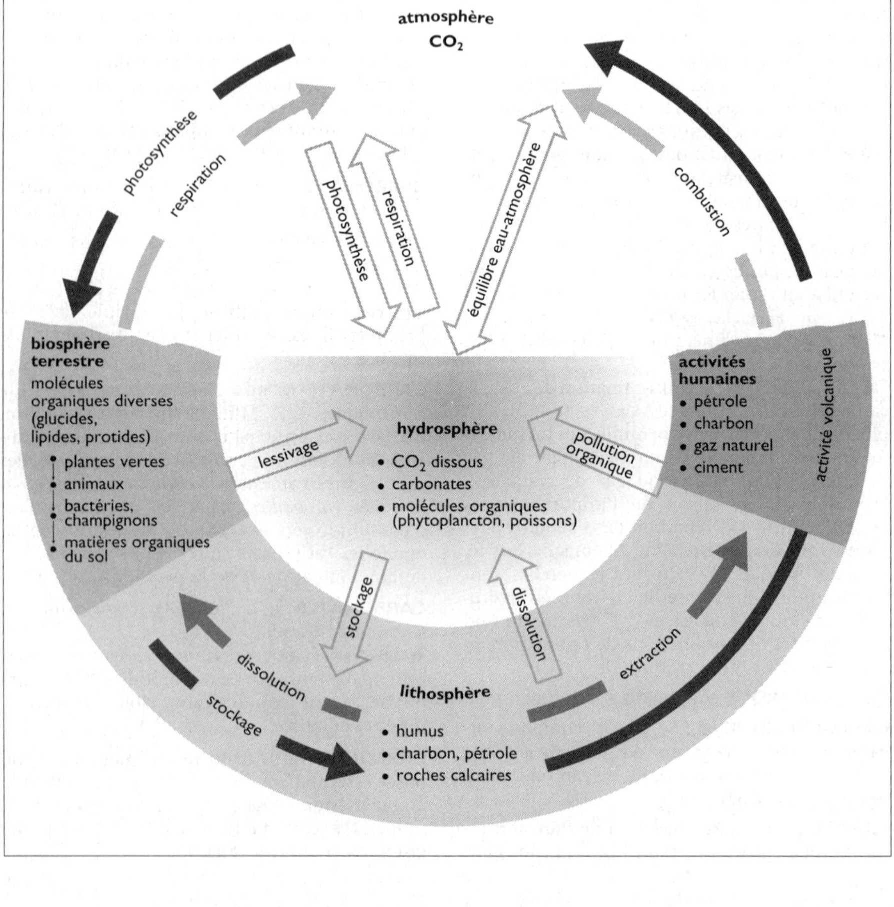

ENCYCL. Parmi les variétés allotropiques du carbone, seules sont bien définies les variétés cristallisées, le *diamant** et le *graphite**, qui constituent du carbone assez pur. Le carbone amorphe se trouve dans les charbons naturels et artificiels. L'anhydride carbonique existe dans l'air, les eaux, les carbonates dans le sol. Les combinaisons avec l'hydrogène, l'oxygène, l'azote entrant dans la constitution des organismes animaux et végétaux, on a donné le nom de « chimie organique » à l'étude des composés du carbone, bien qu'il soit possible de les obtenir par synthèse. Les *charbons de terre (anthracite, houille, lignites)* proviennent de la décomposition de matières végétales enfouies à des périodes géologiques anciennes. Des charbons artificiels (*coke, noir d'acétylène, noir de fumée, charbon de bois, noir animal,* etc.) peuvent être obtenus en décomposant par la chaleur, à l'abri de l'air, des substances organiques.

• *Propriétés physiques.* Dans le diamant, les atomes de carbone sont disposés tétraédriquement et sont équidistants les uns des autres, ce qui confère une grande dureté au cristal. Dans le graphite, les atomes sont disposés en couches, où ils forment un réseau hexagonal régulier. Le carbone est utilisé pour ses propriétés conductrices (électrodes de graphite ou de charbons agglomérés), colorantes (peintures et encres à base de noir de fumée), ou absorbantes (charbon végétal activé). Les fibres de carbone, de résistance mécanique très élevée, entrent dans la constitution de matériaux composites. Insoluble dans tous les solvants usuels, le carbone se dissout seulement dans quelques métaux en fusion, le fer notamment.

Enfin, élément léger absorbant peu les neutrons lents, le carbone est utilisé comme réflecteur de neutrons et comme modérateur dans les réacteurs nucléaires ; on l'emploie sous forme de graphite.

• *Propriétés chimiques.* Donnant lieu à une grande diversité de réactions chimiques, le carbone possède généralement la valence 4. Pour représenter les formules des composés organiques saturés, on admet que l'atome de carbone est au centre d'un tétraèdre régulier dont les sommets sont occupés par 4 atomes ou 4 radicaux univalents. (→ STÉRÉOCHIMIE.)

L'hydrogène réagit sur le carbone en donnant des hydrocarbures dont beaucoup ont été réalisés par synthèse. Le *tétrachlorure de carbone* CCl_4, obtenu à partir du sulfure de carbone, est très employé comme solvant des corps gras et mène, par action du fluor, aux Fréons. L'*oxychlorure de carbone* ou *phosgène* $COCl_2$, obtenu par action directe du chlore sur l'oxyde de carbone, est très employé en synthèse organique.

Le carbone brûle en donnant, selon le cas, du gaz carbonique CO_2 ou de l'oxyde de carbone. Le soufre réagit en formant du sulfure de carbone CS_2, liquide incolore très volatil employé comme solvant, et dans la fabrication de la viscose. L'azote donne naissance à un cyanure. Le silicium et le bore donnent des carbures très durs SiC (abrasif) et B_6C. Le carbone se combine à un grand nombre de métaux (le carbure de fer Fe_3C est un constituant des fontes ; le carbure de calcium CaC_2 sert à préparer l'acétylène). Le carbone réduit la vapeur d'eau au rouge, la plupart des oxydes de non-métaux et des oxydes de métaux, permettant ainsi d'isoler ces corps, ce qui explique son emploi en métallurgie.

• *Composés oxygénés.* Le *monoxyde de carbone,* CO, découvert par Priestley en 1799, est un gaz incolore et inodore, de densité 0,97. Il est très difficile à réduire en carbone, mais réagit facilement avec l'hydrogène en présence de catalyseurs, en donnant, selon le cas, du méthane, du méthanol ou des mélanges d'hydrocarbures. Il brûle en dégageant beaucoup de chaleur et forme un mélange détonant avec l'air. Il réduit de nombreux oxydes et se combine à de nombreux ions métalliques ou métaux de transition pour donner des métaux-carbonyles. Parce qu'il interdit à l'hémoglobine de jouer son rôle de transporteur d'oxygène et d'anhydride carbonique, c'est un poison redoutable (asphyxies dues à un fonctionnement défectueux des foyers). Dans l'industrie, on le prépare par oxydation du charbon par l'air ou l'eau, puis par liquéfaction fractionnée.

Dioxyde de carbone ou *anhydride carbonique* → CARBONIQUE.

— **Biol.** Au principal *cycle du carbone,* qui se déroule sur terre et dans les eaux, il faut ajouter deux cycles beaucoup plus lents qui impliquent un passage par l'intérieur de la Terre (lithosphère). 1° Le *cycle du calcaire,* ou carbonate de calcium, issu par exemple de l'enfouissement des coquilles de mollusques et que seule l'activité volcanique peut décomposer en libérant du CO_2 atmosphérique au bout d'un temps immense ; 2° Le *cycle du charbon et du pétrole,* dont la combustion par l'homme enrichit, elle aussi, l'atmosphère en CO_2. De nos jours, l'ensemble des plantes vertes n'utilise pas la totalité du carbone ainsi dégagé.

— **Phys.** Produit dans l'atmosphère sous l'influence du rayonnement cosmique, et rapidement oxydé en CO_2, le *carbone 14* (^{14}C) pénètre, par photosynthèse et métabolisme, dans le règne végétal et animal, où son activité spécifique reste constante. Dès la mort de la plante ou de l'animal, l'activité du ^{14}C diminue par désintégration radioactive de période 5 730 ans. La

mesure précise de l'activité du ^{14}C permet ainsi la datation d'échantillons d'origine animale ou végétale.
— **Techn.** Les *fibres de carbone* présentent des caractéristiques thermiques, frictionnelles et mécaniques très intéressantes, associées à une faible densité. Utilisées en renfort de résines ou de métaux, elles permettent de constituer des matériaux composites légers, d'une exceptionnelle rigidité et d'une grande résistance, très appréciés dans divers domaines, l'aéronautique notamment.

2. CARBONE n. m. (calque de l'angl. *carbonpaper*). Papier enduit d'une couche pigmentée transférable par pression pour obtenir des copies d'un document. (On dit aussi PAPIER CARBONE.)

CARBONÉ, E adj. **1.** Se dit d'une structure constituée d'atomes de carbone. — **2.** Se dit d'une roche principalement formée de carbone amorphe (charbon).

CARBONIFÈRE n. m. et adj. Système du paléozoïque supérieur (durée 65 millions d'années) aux limites encore discutées. (Il est caractérisé par la richesse en végétaux des sédiments continentaux qui ont donné la houille et appartient au cycle hercynien ou varisque.)

CARBONIQUE adj. *Anhydride* ou *gaz carbonique,* produit de l'oxydation complète du carbone, de formule CO_2. (Syn. DIOXYDE DE CARBONE.) [→ *encycl.*]
◆ adj. et n. Se dit d'une des trois constitutions de base de l'homéopathie, la plus équilibrée par opposition aux types phosphorique et fluorique.
ENCYCL. Découvert en 1648 par Van Helmont, l'*anhydride carbonique* est incolore, inodore et dense (d = 1,52). Il se liquéfie aisément au-dessous de 31 °C. C'est sous forme liquide qu'il se trouve dans les bouteilles du commerce. La neige carbonique est la forme solide, qui se sublime à - 79 °C, sous la pression atmosphérique, et que l'on emploie comme agent réfrigérant. L'anhydride carbonique sous pression est soluble dans l'eau (eaux minérales, eau de Seltz). Dans le sang, l'anhydride carbonique, dissous dans le plasma ou fixé sur l'hémoglobine, ne peut se dégager si l'atmosphère en renferme plus de 30 %, ce qui provoque l'asphyxie. Très stable, l'anhydride carbonique est difficile à réduire. Sa solution aqueuse a les caractères d'un acide faible et donne, avec la soude par exemple, les hydrogénocarbonates comme $NaHCO_3$, et les carbonates comme Na_2CO_3. Son réactif est l'eau de chaux $Ca(OH)_2$, avec laquelle il donne un précipité blanc de carbonate de calcium $CaCO_3$. L'industrie le prépare par oxydation du coke ou calcination du calcaire ; on le récupère aussi dans les sources d'eau gazeuse et dans la fermentation alcoolique (brasseries).
— **Biol.** Le gaz carbonique est la principale forme de présence naturelle du carbone dans l'atmosphère (dont il représente 0,03 %) et, en dissolution, dans les eaux. Il est introduit dans l'atmosphère par la respiration des êtres vivants, par la décomposition bactérienne des cadavres, par les combustions industrielles, par les éruptions volcaniques et par le dédoublement du bicarbonate de calcium (fontaines pétrifiantes). Il en est soustrait par la photosynthèse accomplie par les plantes vertes à l'aide de l'énergie solaire. Actuellement, la biomasse végétale verte du monde n'est pas tout à fait suffisante pour absorber tout le CO_2 produit, et la teneur de l'atmosphère en gaz carbonique s'accroît lentement.

CARBONISAGE n. m. Opération réalisée sur laine en bourre ou en pièces, consistant à détruire complètement par un acide à chaud les impuretés végétales qui n'ont pu être éliminées mécaniquement.

CARBONISATEUR n. m. Appareil servant à la carbonisation du bois.
ENCYCL. Le charbon de bois est obtenu en laboratoire, au moyen de petits fours et de cornues ; en forêt, avec des meules fixes ou des fours transportables à tirage inversé ou direct ; en usine, à partir d'installations fixes plus ou moins importantes, en ciment, en matériau réfractaire ou en métal, généralement verticales, à marche continue ou non, et qui permettent de récupérer une partie des gaz et des produits pyroligneux.

CARBONISATION n. f. Transformation des matières organiques en charbon naturelle ou industrielle (par ex. pour obtenir du charbon de bois).

CARBONISER v. t. (conj. **3.**). **1.** Réduire qqch, qqn en charbon, les brûler complètement. — **2.** Rôtir une viande à l'excès.

CARBONISEUSE n. f. Machine servant au carbonisage de la laine.

CARBONITRURATION n. f. Procédé de cémentation de l'acier par le carbone et l'azote.
ENCYCL. La carbonitruration s'apparente à la cémentation classique par le carbone, améliorée par une nitruration partielle. Le traitement se fait à des températures moins élevées, la diffusion du carbone est plus rapide en présence d'azote, et des aciers ordinaires peuvent être utilisés. La couche carbonitrurée, pouvant atteindre 0,8 mm de profondeur, est légèrement plus dure que celle obtenue par cémentation ordinaire.

CARBONITRURER v. t. (conj. 3). Effectuer la carbonitruration.

CARBONIUM [-njɔm] n. m. Un des types de carbocations.

CARBONNADE ou **CARBONADE** n. f. (provenç. *carbonada,* viande grillée, ou ital. *carbonata,* de *carbone,* charbon). Plat flamand fait de bœuf braisé avec des oignons émincés et mouillé à la bière.

CARBONNE (31390), ch.-l. de cant. de la Haute-Garonne, au confluent de la Garonne et de l'Arize ; 3 825 hab. Église du XIVe s. Centrale hydroélectrique.

CARBONNIER (Jean), juriste français (Libourne 1908). Professeur de droit, il a apporté d'importantes contributions au droit civil et à la sociologie juridique : *Flexible Droit* (1969), *Sociologie juridique* (1972).

CARBONYLAGE n. m. Action d'imprégner ou de recouvrir de carbonyle un objet de bois que l'on veut soustraire à la décomposition.

CARBONYLATION n. f. Fixation dans une molécule organique du groupe carbonyle C=O.

CARBONYLE n. m. **1.** Radical carboné bivalent C=O. – **2.** Mélange d'huiles de créosote et d'huiles anthracéniques, utilisé pour préserver les bois de la pourriture. — **3.** *Groupe carbonyle,* groupe C=O, caractéristique des aldéhydes et des cétones.

CARBONYLER v. t. (conj. 3). Procéder à la carbonylation ou au carbonylage.
◆ **être carbonylé** v. pass. *Composé carbonylé,* aldéhyde ou cétone.

CARBORUNDUM [-rɔ̃dɔm] n. m. (mot angl., de *carbon,* et *corundum,* corindon). Marque déposée de carbure de silicium.

CARBOXYHÉMOGLOBINE n. f. Combinaison réversible de l'oxyde de carbone avec l'hémoglobine. (La carboxyhémoglobine, très aisément formée, réduit l'hémoglobine disponible pour transporter l'oxygène. Quand elle intéresse les 2/3 de l'hémoglobine, il y a asphyxie.)

CARBOXYLASE n. f. Enzyme jouant un rôle dans le métabolisme des glucides, des lipides et même d'autres enzymes.

CARBOXYLATE n. m. Sel ou ester d'un acide carboxylique.

CARBOXYLATION n. f. Fixation dans une molécule du radical carboxyle par substitution à un atome d'hydrogène ou à un atome de métal.

CARBOXYLE n. m. Radical monovalent CO_2H, caractéristique des acides carboxyliques.

CARBOXYLER v. t. (conj. 3). Procéder à la carboxylation.

CARBOXYLIQUE adj. Se dit des acides organiques qui renferment le groupe carboxyle CO_2H, et de leurs esters.

ENCYCL. Les acides carboxyliques ont une acidité moyenne (pK_a de l'ordre de 5) et donnent facilement des sels. Ils subissent avec difficulté des réactions de substitution tendant à remplacer le groupe OH par un groupe OR (estérification) ou NR_2 (amidification). La réduction, bien que très difficile, peut mener à l'alcool primaire ($RCO_2H \rightarrow RCH_2OH$), mais l'oxydation est pratiquement impossible. La perte de l'anhydride carbonique CO_2, ou décarboxylation, est rarement facile pour les acides et les sels. Les acides carboxyliques forment aisément des dimères, ce qui leur confère des points d'ébullition et de fusion élevés.

CARBOXYMÉTHYLCELLULOSE n. f. Dérivé de la cellulose dans lequel une partie des groupes —OH sont remplacés par des groupes $—OCH_2—COOH$ ou $—OCH_2—COONa$. (Principaux emplois : fabrication de films transparents, additifs pour détergents, pâtes pour impression textile, peintures en émulsion, encollage du papier, additifs alimentaires ou pharmaceutiques, industrie des cosmétiques.)

CARBUCCIA (Horace DE), journaliste et éditeur français (Paris 1891 - *id.* 1975). En 1928, il créa l'hebdomadaire *Gringoire,* l'organe le plus virulent de la droite nationaliste française, qu'il dirigea jusqu'en 1944. Condamné par contumace (1950) pour avoir soutenu Vichy, il fut acquitté après s'être constitué prisonnier (1955).

CARBURANE n. m. Mélange naturel de charbons et de composés d'uranium quadrivalent, qui constituent d'importants minerais aux États-Unis et en Argentine.

CARBURANT, E adj. Qui carbure.
◆ **carburant** n. m. **1.** Combustible fournissant l'énergie d'un moteur thermique. (→ *encycl.*) – **2.** Produit utilisé pour enrichir en carbone un métal ou un alliage.

ENCYCL. Les carburants sont, généralement, des mélanges d'hydrocarbures issus des opérations de raffinage et de transformation du pétrole brut ; leurs caractéristiques physico-chimiques varient selon le type de convertisseur d'énergie. En particulier, les carburants classiques pour automobiles (supercarburant, essence ordinaire) doivent répondre à des spécifications précises portant sur des propriétés physiques (masse volumique, pression de vapeur, intervalle de distillation) et les caractéristiques chimiques, dont la plus importante est la résistance à l'auto-inflammation.

Le carburant classique pour moteur Diesel est le *gazole,* mélange d'hydrocarbures plus lourds que ceux qui constituent le supercarburant et l'essence. Le *kérosène,* ou *carburéacteur,* est destiné à alimenter les avions à réaction. C'est un mélange d'hydrocarbures intermédiaire, par ses propriétés physiques, entre l'essence et le gazole.

CARBURATEUR n. m. (de *carbure*). Appareil préparant le mélange d'air et de vapeur d'hydrocarbures destiné à alimenter un moteur à explosion à allumage commandé.
ENCYCL. Le carburateur comprend essentiellement une cuve, dite à niveau constant, et une chambre de carburation, complétées par un certain nombre de dispositifs annexes qui assurent le départ à froid (starter), le fonctionnement au ralenti (puits de ralenti) et l'accélération au moment des reprises (pompe de reprise). La *cuve à niveau constant* est alimentée en carburant par une pompe de distribution. Un flotteur entraîne un *pointeau,* tige effilée dont l'extrémité libre règle l'admission du carburant en obturant plus ou moins l'orifice d'admission dans la cuve. La *chambre de carburation* est en communication d'une part avec le système d'admission d'air, d'autre part avec le moteur par le collecteur d'admission. Un ajutage calibré, ou *gicleur,*est relié directement à la cuve à niveau constant. Autour du gicleur, la chambre de carburation présente un étranglement formé par une *buse.* Un *volet,* ou *papillon du carburateur,* mobile autour d'un axe et commandé par la pédale de l'accélérateur, obture plus ou moins, en fonction de l'accélération, le diamètre de la chambre de carburation en aval du gicleur. Lorsque le moteur tourne, la course descendante du piston provoque un appel d'air dans la chambre de carburation. La dépression qui en résulte autour du gicleur entraîne une succion de l'essence. Celle-ci se pulvérise et forme un mélange homogène de vapeur d'essence et d'air qui pénètre dans le cylindre. Pour obtenir un dosage précis du mélange carburé quel que soit le régime du moteur, on utilise le *carburateur à corps multiples,* chacun des corps assurant le fonctionnement correct de l'appareil pour un régime déterminé, ou l'*injection* de l'essence* dans le flux d'air aspiré, réglée par un carburateur électronique.

CARBURATION n. f. (de *carbure*). **1.** Action de carburer l'air ; formation dans le carburateur du mélange gazeux inflammable et combustible alimentant le moteur à explosion. (→ *encycl.*) — **2.** Enrichissement en carbone d'un produit métallique.
ENCYCL. La carburation est assurée par *giclage* ou par *injection.* Pour obtenir une combustion complète, il faut environ 20 kg d'air pour 1 kg d'essence. Le *mélange riche,* qui comporte un excès d'essence, permet d'obtenir le maximum de puissance ; mais la combustion incomplète accroît la consommation et encrasse les culasses. Le *mélange pauvre,* formé d'une proportion d'essence plus faible que la normale, diminue la consommation, mais abaisse la puissance maximale.

CARBURE n. m. (de *carbone*). **1.** Combinaison binaire de carbone avec un autre élément. (→ *encycl.*) — **2.** *Pop.* Argent. — **3.** *Carbure d'hydrogène,* syn. de HYDROCARBURE.
ENCYCL. Les carbures métalliques se forment par union du carbone avec le métal à haute température. On distingue les carbures de type salin (acétylures : CaC_2, BaC_2, etc., ou méthanures : Al_4C_3, Be_2C, etc.) ; les carbures interstitiels TaC, TiC et WC), très durs mais fragiles, inertes chimiquement en conditions non oxydantes et utilisés comme revêtements pour des outils et des matrices ; les carbures type Fe_3C intermédiaires qui peuvent fragiliser les aciers ; les carbures métalliques covalents tel le carbure de silicium employé comme abrasif réfractaire.

CARBURÉACTEUR n. m. Carburant pour moteur à réaction ou turbine à gaz d'aviation.

CARBURER v. t. (de *carbure*) [conj 3]. **1.** Mélanger un carburant à l'air en proportion convenable pour qu'il devienne inflammable. — **2.** Effectuer la carburation.
◆ v. i. *Pop.* **1.** Avoir besoin de qqch pour travailler ; fonctionner à qqch : *Il carbure au whisky.* — **2.** Réfléchir, faire travailler son esprit : *Carbure un peu, tu finiras bien par trouver le résultat.* — **3.** *Ça carbure,* ça va bien, vite, rondement.
◆ **être carburé** v. pass. **1.** Contenir du carbone ou un carbure. — **2.** *Air carburé,* mélange combustible d'air et de carburant, utilisé pour les moteurs à explosion.

CARBUROL n. m. (de *carburant* et *alcool*). Carburant de substitution obtenu à partir de charbon, de gaz naturel ou de biomasse.

CARBUTAMIDE n. m. Médicament antidiabétique de synthèse, dérivé de la sulfonylurée. (Sulfamide hypoglycémiant se caractérisant par une durée d'action prolongée, il a pour effet de stimuler les cellules bêta des îlots de Langerhans, qui augmentent leur production d'insuline.) [Syn. BZ 55, GLYBUTAMIDE.]

CARBYLAMINE n. f. Composé RN=C, isomère des nitriles. (Syn. ISONITRILE.)

CARCAILLER → COURCAILLER.

CARCAJOU n. m. (mot. canadien, d'un dialecte algonquin). Blaireau d'Amérique du Nord qui creuse de vastes terriers.

CARCAN n. m. (lat. médiév. *carcanum*). **1.** Autref., collier de fer pour attacher un criminel au poteau d'exposition ; cette peine. — **2.** Tout ce qui engonce, serre, en partic. au cou. — **3.** Sujétion, contrainte : *Le carcan de la discipline.* — **4.** *Fam.* et *vx.* Mauvais cheval ; rosse.

— **5.** De la fin du XIVe s. au XVIIe s., collier d'orfèvrerie ; au XVIIe s., chaîne portée au front. — **6.** Triangle de bois passé au cou de certains animaux pour les empêcher de passer à travers les clôtures.

CARCANS (33121), comm. de la Gironde, au S.-E. de *l'étang d'Hourtin* et de Carcans* ; 1 509 hab. — Station balnéaire de *Carcans-Plage* ; navigation de plaisance.

CARCASSE n. f. (p.-ê. anc. fr. *charcois,* carcasse). **1.** *Litt.* Charpente osseuse d'un animal ; squelette : *Carcasse blanchie au soleil.* — **2.** Ce qui reste du corps d'une volaille une fois qu'on a enlevé les cuisses, les ailes et les filets. — **3.** *Fam.* Le corps humain, la personne elle-même : *Traîner sa carcasse.* — **4.** Ce qui forme la charpente, l'armature de qqch, d'un objet, d'un véhicule, etc. : *Carcasse d'abat-jour. Carcasse d'un meuble.* • **Bouch.** Cadavre des animaux destinés à la consommation, débarrassé des abats et des issues. — **Électr.** Pièce ou ensemble de pièces soutenant les organes actifs d'une machine électrique. ‖ *Carcasse magnétique,* ensemble des pièces ferromagnétiques canalisant les lignes d'induction d'une machine ou d'un appareil électromagnétique. — **Métall.** Modèle de moulage réduit à une ossature de la surface extérieure de la pièce. — **Techn.** Ensemble de nappes de câbles enrobées de gomme constituant le squelette d'un pneumatique.

CARCASSONNE (11000), ch.-l. du dép. de l'Aude, à 770 km au S. de Paris, sur l'Aude et le canal du Midi ; 44 991 hab. *(Carcassonnais).* Desservie par l'autoroute, siège d'un évêché, c'est une ville surtout administrative et commerciale, avec quelques industries (caoutchouc, matériel agricole).
— **Hist.** Comté indépendant dès le IXe s., Carcassonne appartint à la maison de Comminges, puis passa à la famille vicomtale des Trencavel (1082). Prise par Simon de Montfort en 1209, la ville fut cédée au roi de France en 1247.
— **Bx-arts.** La cité médiévale conserve le plus bel ensemble français de fortifications (IVe [?] et XIIe-XIIIe s.), restauré par Viollet-le-Duc. Église St-Nazaire, à nef romane et à chœur en gothique rayonnant septentrional très lumineux (statues, vitraux). Dans la ville basse, deux églises gothiques à nef unique. Musée du Château comtal et musée des Beaux-Arts.

CARCEL (Bertrand Guillaume), ouvrier horloger français (v. 1750-Paris 1812). En 1800, il inventa la lampe à huile à pompe, qui a conservé son nom par la suite.

CARCÉRAL, E, AUX adj. (lat. *carcer, -eris,* prison). Relatif aux prisons : *Le monde carcéral.* — **2.** Qui évoque une prison : *L'ambiance carcérale des hôpitaux psychiatriques.* — **3.** *Psychose carcérale,* bouffée délirante se manifestant chez un détenu et dont l'apparition est considérée comme réactionnelle à l'emprisonnement.

CARCÈS (83570), comm. du Var, sur l'Argens ; 2 273 hab. Vignobles. — Au S.-E., *lac de Carcès.*

CARCHARHINIDÉ [karka-] n. m. (gr. *karkharias,* requin aux dents aiguës). Nom de famille donné à des requins tels que le peau-bleue, le requin-tigre, le milandre et l'émissole.

CARCINO-EMBRYONNAIRE adj. *Antigène carcino-embryonnaire,* glycoprotéine présente dans le sérum de malades porteurs de tumeurs cancéreuses et plus particulièrement de cancer du rectum.

CARCINOGÈNE adj. et n. m. Syn. de CANCÉROGÈNE.

CARCINOGENÈSE n. f. Syn. de CANCÉROGENÈSE.

CARCINOÏDE adj. et n. m. Se dit d'une tumeur à malignité réduite, localisée au niveau du tube digestif, des bronches ou de la trachée.

CARCINOLOGIE n. f. Syn. de CANCÉROLOGIE.

CARCINOLYSE n. f. Destruction de cellules cancéreuses.

CARCINOMATEUX, EUSE adj. Se dit d'une tumeur qui est de la nature du carcinome.

CARCINOMATOSE ou **CARCINOSE** n. f. Dissémination d'un carcinome dans l'organisme.

CARCINOME n. m. (lat. *carcinoma,* tumeur, du gr. *karkinôma*). Syn. de ÉPITHÉLIOMA.

CARCINOTRON n. m. (n. déposé). Tube générateur de micro-ondes, qui fonctionne grâce à l'interaction prolongée d'un faisceau électronique et d'une onde électro-magnétique.

CARCO (François CARCOPINO-TUSOLI, dit **Francis**), écrivain français (Nouméa 1886 -Paris 1958). Il a conté en langue argotique sa propre mélancolie à travers les errances de personnages interlopes (*Jésus la Caille,* 1914 ; *Brumes,* 1936). Ses recueils de souvenirs évoquent la bohème artiste (*l'Ami des peintres,* 1944).

CARCOPINO (Jérôme), historien français (Verneuil-sur-Avre 1881 - Paris 1970). Professeur à la Sorbonne (1920-1937), directeur de l'École française de Rome (1937-1940), il fut secrétaire d'État à l'Éducation nationale et à la Jeunesse (1941-42). Ses travaux sur la Rome antique (*Sulla ou la Monarchie manquée,* 1931 ; *César,* 1936 ; *la Vie quotidienne à Rome à l'apogée de l'Empire,* 1939 ; *les Étapes de l'impérialisme romain,* 1961) font autorité. (Acad. fr., 1965.)

CARDAGE n. m. Opération qui, en démêlant, nettoyant, et en rendant parallèles les fibres en bourre, aboutit à la formation de rubans ou de mèches.

CARDAMINE n. f. (gr. *kardaminê*). Herbe (crucifère) des lieux humides, aux feuilles riches en vitamine C, servies en salade ou comme condiment. (N. usuel *cresson des prés*.)

CARDAMOME n. f. (lat. *cardamomum*, du gr. *kardamômon*). Condiment stimulant et digestif constitué par les fruits ou les graines de divers amomes.

CARDAMOMES *(monts des)*, massif du Cambodge méridional.

CARDAN n. m. (de J. *Cardan*, n. pr.). Articulation permettant l'accouplement de deux arbres à axes concourants. (On dit aussi JOINT DE CARDAN.)
ENCYCL. Le cardan permet la transmission d'un couple, tout en autorisant un déplacement angulaire en service entre l'arbre menant et l'arbre récepteur. Il sert notamment dans les automobiles, pour transmettre aux roues leur mouvement de rotation, lorsqu'elles sont à la fois motrices et directrices. L'extrémité de chacun des deux arbres est terminée par une fourche ; les deux fourches sont reliées entre elles par un croisillon central. Pour faire en sorte que le rapport des vitesses des deux arbres soit constant, on assemble deux joints de Cardan, et l'on obtient le joint de Hooke*, dit *joint homocinétique*.

CARDAN (Gerolamo CARDANO, dit en fr. **Jérôme**), médecin, mathématicien et philosophe italien (Pavie 1501-Rome 1576). Après ses études à Pavie et à Padoue, il acquit rapidement une renommée européenne en médecine et professa, à partir de 1534, ses théories aux universités de Milan, Pavie et Bologne. Homme de son temps, Cardan croyait fermement à l'astrologie. Sa philosophie est imprégnée d'un vaste naturalisme qui considère le monde – et toutes choses au monde – comme des êtres vivants et animés. En mathématique, le nom de Cardan reste attaché à la formule de résolution de l'équation du 3e degré, dont la découverte est attribuée à Tartaglia. En mécanique, Cardan a décrit, entre autres, un mode ingénieux de suspension qui, depuis, porte son nom.

Cardan *(formule de)*, formule, attribuée à Cardan, servant à calculer les racines de l'équation $x^3 + px + q = 0$, où p et q sont des paramètres, et ayant pour expression :

$$x = \sqrt[3]{-\frac{q}{2} + \sqrt{\frac{q^2}{4} + \frac{p^3}{27}}} + \sqrt[3]{-\frac{q}{2} + \sqrt{\frac{q^2}{4} + \frac{p^3}{27}}}.$$

Le signe à prendre devant les radicaux doit être tel que le produit de ces radicaux soit $p/3$. (→ *équations* ALGÉBRIQUES.)

1. CARDE n. f. (provenç. *cardo*, du lat. *carduus*, cardon). **1.** Côte comestible du cardon et d'une variété de bette. – **2.** Cette bette elle-même.

2. CARDE n. f. (mot dialect. du Nord, de *carda*, chardons). **1.** Machine essentiellement constituée d'organes garnis de pointes inclinées, sur laquelle s'effectue le cardage des matières textiles. – **2.** Peigne de cardeur à la main, formé d'une planche garnie de pointes d'acier recourbées, et munie d'un manche.

CARDÉ n. m. **1.** Fil généralement composé de fibres courtes, ou d'un mélange où dominent les fibres courtes, et n'ayant pas subi l'opération du peignage. – **2.** Étoffe réalisée à partir de ces fils.

CÁRDENAS, port de la côte nord de Cuba, sur la *baie de Cárdenas* ; 60 000 hab. Pêche. Raffinage et exportation du sucre. Électronique.

CÁRDENAS (Lázaro), général et homme d'État mexicain (Jiquilpan, Michoacán, 1895 - Mexico 1970). Chef du parti national révolutionnaire (1930), président du Mexique (1934-1940), il prolongea l'œuvre de la révolution en nationalisant le pétrole (1938) et en étendant la réforme agraire. Il conserva jusqu'à sa mort de l'influence dans la vie politique mexicaine.

CÁRDENAS (Agustín), sculpteur cubain (Matanzas 1927). Installé à Paris (1955) et lié aux surréalistes, il a élaboré une œuvre (bois, marbre, bronze) dont la force expressive et lyrique rappelle à la fois la tradition africaine et l'héritage de Brancusi et Arp.

CARDER v. t. (conj. 3). Démêler avec des cardes.

CARDÈRE n. f. (p.-ê. lat. *carduus*, chardon). Nom commun au *chardon à foulon*, dont le capitule servait autref. à carder les laines, et au *cabaret des oiseaux*. (Famille des *dipsacacées*.)

CARDERIE n. f. Atelier où l'on carde.

CARDEUR, EUSE n. Ouvrier(ère) chargé de la surveillance des cardes dans les filatures.
◆ **cardeuse** n. f. Machine utilisée pour l'ouverture de la laine, lors de la réfection des matelas.

CARDEW (Cornelius), compositeur britannique (Winchcomb, Gloucestershire, 1936 -Londres 1981). Après des premières pièces d'esprit sériel (*February Pieces*, 1960), il s'est ensuite tourné vers l'aléatoire (*Treatise*, 1967). Il s'est efforcé d'explorer les rapports entre la classe prolétarienne et la musique.

CARDI (Lodovico) → CIGOLI *(il)*.

CARDIA n. m. (lat. médiév. *cardia*, du gr. *kardia*). Orifice supérieur de l'estomac, où s'abouche l'œsophage.

1. CARDIAL n. m. (de *cardium*). Faciès culturel caractérisant le premier courant méditerranéen de néolithisation de l'Europe occidentale. (Il est défini par une céramique au décor obtenu par l'impression d'un coquillage [le cardium] ; il se diffuse entre le VIIe et le IVe millénaire.)

2. CARDIAL, E, AUX adj. Relatif au cardia.

CARDIALGIE n. f. (lat. médiév. *cardialgia,* du gr. *kardialgia*). **1.** Douleur épigastrique qui a son siège dans la région du cardia. — **2.** Douleur névralgique du cœur ou de la région du cœur.

CARDIALGIQUE adj. et n. Relatif à la cardialgie ; atteint de cardialgie.

CARDIAQUE adj. (lat. *cardiacus,* du gr. *kardiakos*). **1.** Qui appartient, qui a rapport au cœur : *Rythme cardiaque.* — **2.** *Centre cardiaque,* région de la moelle épinière s'étendant des dernières vertèbres cervicales à la sixième vertèbre dorsale, dont l'excitation accélère les mouvements du cœur. ‖ *Corps cardiaques,* glandes des insectes, intervenant dans les mues et la métamorphose. ‖ *Nerfs cardiaques,* nerfs qui proviennent du sympathique et du pneumogastrique, et qui s'anastomosent autour de la crosse aortique en formant le *plexus cardiaque,* d'où partent de nombreux filets pour l'aorte, l'artère pulmonaire, le cœur.
◆ adj. et n. Atteint d'une affection qui intéresse le cœur.
◆ n. f. Herbe (labiée) d'Europe et d'Asie, aux feuilles irrégulièrement découpées, aux fleurs pourpres étagées, aux propriétés calmantes et antidiarrhéiques. (N. sc. *Leonurus* ; syn. AGRIPAUME.)

CARDIECTASIE n. f. Dilatation anévrysmale d'une ou de plusieurs cavités cardiaques.

CARDIFF, en gallois **Caerdydd,** port de Grande-Bretagne, près de la côte sud du pays de Galles ; 272 600 hab. Anc. centre houiller et sidérurgique, où l'industrie s'est reconvertie (électronique, constructions mécaniques), c'est la première ville et la capitale de la nation galloise, site d'un célèbre stade de rugby (Arm's Park). Musée national du pays de Galles.

CARDIGAN n. m. (angl. *cardigan,* p.-ê. de *Cardigan,* n. pr.). Veste de tricot ou de jersey à manches longues, qui se boutonne par devant. (Syn. GILET.)

CARDIGAN *(baie de),* baie très ouverte des côtes du pays de Galles, entre la péninsule de Lleyn, au N., et Strumble Head, au S.

CARDIJN (Joseph), prélat belge (Schaerbeek 1882-Louvain 1967). Prêtre dans une paroisse populaire près de Bruxelles, il jeta les bases (1924-25) de la Jeunesse ouvrière chrétienne (J. O. C.-J. O. C. F.). Il fut créé cardinal en 1965.

CARDIN (Pierre), couturier français (Sant'Andrea di Barbarana, prov. de Trévise, 1922). Formé chez Paquin, Lelong et Dior, il crée une entreprise de costumes de théâtre et de cinéma (*la Belle et la Bête, Orphée,* pour J. Cocteau). C'est en 1949 qu'il ouvre sa propre maison de couture, et s'impose par des recherches de coupe, des déplacements de volumes visant à modifier les formes traditionnelles. En 1959, il produit, le premier, un prêt-à-porter féminin à sa griffe.

1. CARDINAL, E, AUX adj. (lat. *cardinalis,* de *cardo, -inis,* pivot). **1.** Qui est fondamental, essentiel : *Développer une idée cardinale.* — **2.** En astrologie, se dit de chacun des signes équinoxiaux (Bélier, Balance) ou solsticiaux (Cancer, Capricorne). — **3.** *Adjectif numéral cardinal, nombre cardinal,* adjectif numéral indiquant, en général, une quantité précise, le nombre d'éléments d'un ensemble (par oppos. aux *ordinaux* et aux *distributifs*). [→ encycl.] ‖ *Points cardinaux,* les quatre points de l'horizon d'un lieu, servant à définir une orientation par rapport au plan vertical contenant l'axe des pôles (nord, sud, est, ouest) ; ensemble des points principaux et des foyers d'un système dioptrique centré. ‖ *Vertus cardinales,* vertus considérées comme fondamentales des vertus morales : (la Justice, la Prudence, la Tempérance et la Force).
◆ **cardinal** n. m. **1.** Adjectif numéral cardinal. — **2.** Notion qui généralise celle d'entier naturel, et qui est étendue aux ensembles infinis. (Syn. PUISSANCE.) [→ *encycl.*]

ENCYCL. **Ling.** Les adjectifs cardinaux font partie de la classe des déterminants et peuvent se présenter sous une forme simple *(un, deux, dix, mille)* ou composée *(dix-sept, vingt-cinq, cent dix).* Ils sont invariables en genre (sauf *un* qui prend la marque du féminin) et en nombre (sauf *vingt* et *cent* qui, dans certains cas, prennent la marque du pluriel).
— **Math.** En pratique, on donne de la notion de cardinal une définition par abstraction : les deux ensembles M et N ont même cardinal si M et N sont équipotents, ou ont même puissance, c'est-à-dire s'il existe une bijection entre M et N. Par définition, card M $\leqslant$ card N si, et seulement si, il existe une injection φ de M dans N. Un ensemble fini a pour cardinal l'entier naturel qui indique le nombre de ses éléments. Un ensemble infini a pour cardinal un nombre aleph $\aleph$; le cardinal de l'ensemble $\mathbb{N}$ est noté $\aleph_0$. La collection des cardinaux n'est pas un ensemble. (→ *antinomie de* CANTOR.)

2. CARDINAL n. m. (lat. ecclés. *cardinalis,* du lat. class. *cardo,* pivot). **1.** Membre du Sacré Collège électeur du pape et son plus proche collaborateur. (C'est depuis 1179 que les cardinaux sont les seuls électeurs du pape ; leur nombre, qui a souvent varié, dépasse la centaine depuis Paul VI, qui a fixé à 75 ans l'âge de leur démission.)

— 2. Passereau fringillidé de couleurs vives, à dominante rouge (mâles), à bec fort et huppe érectile. — 3. *Cardinal « in petto »,* cardinal dont la nomination est décidée mais tenue provisoirement secrète.

Cardinal *(palais),* édifice bâti à Paris par Richelieu et qui fut le noyau du Palais-Royal.

CARDINALAT n. m. (lat. médiév. *cardinalatus*). Dignité de cardinal.

CARDINALICE adj. (ital. *cardinalizio,* de *cardinale,* cardinal). Relatif aux cardinaux ou au cardinalat.

CARDINALISTE n. Partisan du cardinal de Richelieu ou du cardinal Mazarin.

CARDINAL-VICAIRE n. m. (pl. *cardinaux-vicaires*). Cardinal qui supplée le pape dans l'administration du diocèse de Rome.

CARDINE n. f. (lat. *cardo, -inis,* pivot). Poisson plat, dont deux espèces, la cithare et la limandelle, se rencontrent sur les côtes de France. (Syn. FAUSSE LIMANDE, LIMANDELLE, LIMANDE SALOPE.)

CARDIOACCÉLÉRATEUR, TRICE adj. et n. m. Se dit d'une substance ou d'un nerf qui accélère le rythme cardiaque.

CARDIOGÉNIQUE adj. *Choc cardiogénique,* choc dont l'origine se situe au niveau du cœur à la suite d'une défaillance de la fonction myocardique.

CARDIOGRAMME n. m. Courbe d'enregistrement graphique des mouvements cardiaques.

CARDIOGRAPHE n. m. Appareil permettant d'obtenir un cardiogramme.

CARDIOGRAPHIE n. f. Ensemble des techniques permettant l'enregistrement graphique des mouvements cardiaques.

CARDIOÏDE n. f. Épicycloïde à un point de rebroussement dont l'équation en coordonnées polaires est de la forme

$$\rho = a\,(1 + \cos\theta).$$

CARDIOLIPIDE n. m. ou **CARDIOLIPINE** n. f. Substance extraite du cœur de bœuf, utilisée comme antigène pour le diagnostic sérologique de la syphilis.

CARDIOLOGIE n. f. Partie de l'anatomie, de la physiologie, de la pathologie, qui traite du cœur.

CARDIOLOGIQUE adj. Relatif à la cardiologie.

CARDIOLOGUE n. Médecin spécialiste des maladies du cœur.

CARDIOMÉGALIE n. f. État d'un cœur trop volumineux.

CARDIOMODÉRATEUR, TRICE adj. Se dit de ce qui ralentit l'activité du cœur.

CARDIOMYOPATHIE n. f. Affection primitive du myocarde, caractérisée par un mauvais fonctionnement du cœur et évoluant vers l'insuffisance cardiaque. (On distingue la *cardiomyopathie obstructive* [*C. M. O.*], caractérisée par un obstacle à l'éjection du sang vers l'aorte, et la *cardiomyopathie non obstructive* [*C. M. N. O.*], caractérisée par une altération des propriétés de contraction de la fibre musculaire cardiaque.) [Syn. MYOCARDIOPATHIE.]

CARDIOPATHIE n. f. Maladie du cœur.

CARDIO-PÉRICARDITE n. f. Inflammation touchant à la fois le cœur et le péricarde.

CARDIOPLASTIE n. f. Intervention chirurgicale portant sur la portion terminale de l'œsophage et le cardia pour corriger un rétrécissement.

CARDIO-PULMONAIRE adj. Relatif à la fois au cœur et au poumon.

CARDIO-RÉNAL, E, AUX adj. Relatif à la fois au cœur et au rein.

◆ adj. et n. Se dit d'un malade qui présente à la fois une insuffisance rénale et une insuffisance cardiaque.

CARDIO-RESPIRATOIRE adj. Relatif à la fois au cœur et à l'appareil respiratoire.

CARDIOSPASME n. m. Spasme du cardia, provoquant une gêne, voire une impossibilité de passage des aliments de l'œsophage dans l'estomac.

CARDIOSPERME n. m. Plante volubile dont les graines, noires et blanches, très dures, ont la forme d'un cœur, d'où leur nom de *pois de cœur* ou *corindes.*

CARDIOSTIMULATEUR n. m. Syn. de STIMULATEUR CARDIAQUE.

CARDIOTHYRÉOSE n. f. Ensemble des troubles cardiaques provoqués par l'hyperthyroïdie.

CARDIOTOCOGRAPHE n. m. Appareil électronique permettant d'enregistrer simultanément la fréquence cardiaque du fœtus et les contractions de l'utérus.

CARDIOTOMIE n. f. Ouverture chirurgicale des cavités cardiaques.

CARDIOTONIQUE adj. et n. m. Se dit d'un médicament qui augmente l'efficacité des contractions du cœur. (Syn. TONICARDIAQUE.)

CARDIO-VASCULAIRE adj. Relatif à la fois au cœur et aux vaisseaux.

ENCYCL. Les maladies cardio-vasculaires représentent dans les civilisations occidentales la principale cause de mortalité (avant le cancer), en particulier les affections des coronaires (infarctus du myocarde) et les accidents vasculaires cérébraux (hémorragie et ramollissement). La prévention peut être assurée, dans une certaine mesure, par la lutte contre l'hypertension artérielle, l'artériosclérose et le tabagisme.

1. CARDITE n. f. (lat. sc. *cardita,* du gr. *kardia,* cœur). Mollusque bivalve des mers chaudes et tempérées, caractérisé par son byssus aux filaments nombreux et fins, sa coquille écailleuse et costulée, aux valves inégales, son pied court.

2. CARDITE n. f. Inflammation du cœur. (Selon la tunique cardiaque atteinte, on distingue la *péricardite,* l'*endocardite* et la *myocardite.* Lorsque les trois tuniques sont atteintes, il y a *pancardite.*)

CARDIUM [-djɔm] n. m. (gr. *kardia,* cœur). Nom générique de certains mollusques bivalves usuellement nommés *coques* ou *bucardes.* (Ce nom n'est plus attribué à la coque commune vendue sur les marchés.)

CARDO n. m. (mot lat.). Voie nord-sud servant à établir le quadrillage d'un camp romain.

CARDON n. m. (anc. provenç. *cardon,* du bas lat. *cardo, -onis,* chardon). Grande plante composée vivace, dont on consomme la gaine charnue des feuilles.

CARDOSO (Fernando Henrique), homme d'État brésilien (Rio de Janeiro 1931). Sociologue de renommée mondiale, il a mis en exergue la spécificité du développement capitaliste dans les sociétés dépendantes (*Dépendance et Développement en Amérique latine,* 1969 ; *Politique et Développement en Amérique latine,* 1971). Social-démocrate, ministre des Affaires étrangères (1992-93) puis de l'Économie et des Finances (1993-94), il est président de la République depuis 1995.

CARDOSO (Antônio), écrivain angolais (Luanda 1933). Collaborateur de la revue *Cultura,* il tenta d'aboutir à une synthèse des influences africaines et occidentales (*Poemas de Circunstância,* 1961).

CARDOZA Y ARAGÓN (Luis), écrivain guatémaltèque (Antigua 1904-Mexico 1992). Marqué par le surréalisme, il fait apparaître ses préoccupations politiques et sociales dans ses essais (*Guatemala, las líneas de su mano,* 1955), et publie des ouvrages critiques sur la peinture mexicaine contemporaine (*Pintura contemporánea de México,* 1974).

CARDUCCI (Giosue), écrivain italien (Valdi Castello, près de Lucques, 1835-Bologne 1907). Chantre officiel de la Nouvelle Italie, il est l'auteur d'écrits intimes d'une grande sensibilité (*Confessioni e battaglie,* 1882-1884), et d'une poésie ouverte aux diverses influences européennes (*Giambi ed Epodi,* 1867-1879 ; *Odi barbare,* 1877-1889 ; *Rime nuove,* 1861-1887). [Prix Nobel de littérature 1906.]

CARDUCHO (Vicenzo CARDUCCI, dit **Vicente**), peintre espagnol d'origine italienne (Florence v. 1576 - Madrid 1638). Il arriva en Espagne en 1585, accompagnant son frère BARTOLOMEO (Florence v. 1560 - Madrid 1608), qui était un collaborateur de F. Zuccari. Succédant à Bartolomeo comme peintre du roi en 1609, il fut la figure la plus influente de la peinture madrilène jusqu'à l'arrivée de Velázquez (1623). Il a beaucoup travaillé pour les ordres religieux.

CARDWELL (Edward, *vicomte*), homme politique britannique (Liverpool 1813-Torquay 1886). Ministre de la Guerre (1868), il réalisa une refonte complète de l'organisation militaire, d'où sortit l'armée britannique moderne.

CARÈBE n. m. Bateau tunisien à fond très plat, à deux ou trois mâts, employé à la pêche ou au transport.

CARÉLIE, région du nord de l'Europe, entre la mer Blanche et le golfe de Finlande, dont la majeure partie appartient à la Russie, le reste faisant partie de la Finlande.
— **Hist.** L'isthme de Carélie (entre le golfe de Finlande et le lac Ladoga), rattaché à la Suède en 1617, fut attribué à la Russie en 1721, et réuni à la Finlande, sous domination russe, en 1811. Pendant la *guerre d'hiver* (30 nov. 1939-13 mars 1940), il fut le théâtre de violents combats entre Finlandais et Soviétiques. L'annexion de la province de Viipuri à l'U. R. S. S. (traité de Moscou, 1940) fut confirmée par le traité de Paris en 1947.

CARÉLIE, république de la Fédération de Russie, s'étendant sur un large isthme entre le golfe de Finlande et la mer Blanche ; 172 400 km^2 ; 792 000 hab. Cap. *Petrozavodsk.* Région forestière (industries du bois).

CARÉLIEN, ENNE adj. et n. De Carélie.
◆ **carélien** n. m. Langue balto-finnoise parlée en Carélie russe par environ 100 000 locuteurs.

CARÉLIENS, population finno-ougrienne de la région de Carélie. Hormis ceux qui sont restés en Finlande, les Caréliens sont environ 150 000.

CARÊME n. m. (lat. pop. **quaresima,* du lat. class. *quadragesima dies,* le quarantième jour avant Pâques). **1.** Temps de pénitence pour les catholiques, qui dure depuis le mercredi des Cendres jusqu'au jour de Pâques. — **2.** Jeûne pratiqué pendant cette période. — **3.** Aux Antilles, nom donné à la saison sèche. — **4.** En Afrique, jeûne du ramadan. — **5.** Suite de sermons extraordinaires prononcés en carême. (Au XVIIe et au XVIIIe s., le *grand carême* comprenait les prédications du dimanche et des jours de semaine ; le *petit carême* ne renfermait que les instructions du dimanche.) — **6.** Fam. *Arriver, tomber comme mars en carême,* arriver nécessairement. ‖ *Face, figure de carême,* figure blême, triste.

CARÊME (Marie-Antoine), cuisinier français (Paris 1784 - *id.* 1833). Au service de Talleyrand, il devint le grand cuisinier des congrès politiques de l'époque. Il dirigea les cuisines du futur George IV, du tsar de Russie, de l'empereur d'Autriche, et fonda la grande cuisine française d'apparat. Ses ouvrages les plus connus sont : *le Pâtissier pittoresque* (1815), *le Pâtissier royal parisien* (1825) et *l'Art de la cuisine française au XIXe siècle* (1833).

CARÊME-PRENANT n. m. (pl. *carêmes-prenants*) [de *carême* et *prenant,* de *prendre,* au sens de *commencer*]. **1.** Carême qui va commencer : les trois jours gras qui précèdent le mercredi des Cendres. — **2.** *Vx.* Réjouissances du mardi gras.

CARÉNAGE n. m. **1.** Action de caréner un navire. — **2.** Nom donné, aux Antilles, aux baies où l'on hiverne. — **3.** Enveloppe profilée recouvrant un organe d'un véhicule. — **4.** *Gril de carénage,* plate-forme d'échouage, utilisée dans les ports à forte amplitude de marée et sur laquelle viennent se placer à marée haute les navires de petit tonnage pour y être carénés à marée basse.

CARENCE n. f. (bas lat. *carentia,* du lat. class. *carere,* manquer). **1.** Absence, manque de qqch : *Carence en vitamines.* — **2.** Fait pour qqn, pour un organisme, de manquer à sa tâche, à ses obligations : *Carence des pouvoirs publics.* • **Bot.** *Maladies de carence,* maladies des plantes dues à l'absence ou à l'insuffisance d'un élément minéral dans le sol (azote, phosphore, potasse, fer et magnésium ou oligo-élément agissant à très faible dose : zinc, manganèse, cuivre, bore, molybdène, etc.). — **Dr.** Manque de ressources d'un débiteur. ‖ Absence d'effet mobilier constatée au cours d'un inventaire ou d'une saisie-exécution. ‖ *Délai de carence,* période pendant laquelle un travailleur en arrêt de maladie ne perçoit pas d'indemnités journalières de la Sécurité sociale. (Ce délai est de trois jours.) — **Méd.** *Maladie par carence,* maladie causée par l'absence, dans l'alimentation, de certains facteurs ou aliments indispensables à la nutrition des tissus. (→ *encycl.*) — **Psychiatr.** *Carence affective,* chez le nourrisson ou le jeune enfant, absence ou insuffisance de soins maternels. ‖ *Carence éducative,* absence ou insuffisance de modèles identificatoires valables conduisant à une socialisation de l'enfant.

ENCYCL. **Méd.** Les *maladies par carence* comprennent les avitaminoses et aussi les troubles consécutifs à des régimes alimentaires déséquilibrés, qu'ils soient volontaires (régime amaigrissant, par ex.) ou liés à l'environnement (famine dans certaines régions du monde).

CARENCER v. t. (de *carence*) [conj. **16**]. Priver un sujet de certains facteurs alimentaires indispensables à la nutrition de l'organisme.

CARÈNE n. f. (anc. génois *carena,* du lat. *carina,* demi-coquille de noix). **1.** Partie immergée de la coque d'un navire. — **2.** Corps fuselé d'un mobile dont la résistance à l'avancement est très réduite. — **3.** Crête médiane entre les os pariétaux que montre le crâne de certains individus. — **4.** Ensemble de deux surfaces corporelles qui se joignent selon une crête plus ou moins rectiligne. (Ensemble des deux pétales inférieurs de la fleur des papilionacées, bréchet des oiseaux, ventre de certains poissons, etc.) — **5.** *Carène liquide,* volume de liquide emprisonné dans un navire, dont le déplacement du centre de gravité peut augmenter la gîte du bâtiment ou la provoquer. ‖ *Centre de carène* ou *de poussée,* centre de gravité de la carène d'un navire.

CARÈNE (en lat. *Carina, -ae*), une des constellations australes du Navire* Argo. Son étoile principale est *Canopus**.

CARÉNER v. t. (conj. **18**). **1.** Nettoyer un navire ou en réparer la carène. — **2.** Donner aux mobiles se déplaçant dans un fluide des formes de moindre résistance à l'avancement.

◆ **être caréné** v. pass. Avoir une forme fuselée, être aérodynamique.

CARENTAN (50500), ch.-l. de cant. de la Manche, dans le Cotentin ; 6 701 hab. *(Carentanais).* Église des XIVe et XVe s. Produits laitiers.

CARENTIEL, ELLE [-sjɛl] adj. Relatif à une carence : *Maladie carentielle.*

CARESSANT, E adj. **1.** Qui aime les caresses, tendre, affectueux : *Enfant caressant.* — **2.** Qui a la douceur d'une caresse, exprime la tendresse : *Voix caressante.* — **3.** *Litt.* Qui procure une sensation légère et agréable au toucher, à la vue, à l'ouïe : *Brise caressante.*

CARESSE n. f. (ital. *carezza*). **1.** Attouchement tendre, affectueux ou sensuel : *Elle repoussait ses caresses.* — **2.** Frôlement doux et agréable ; sensation de douceur produite par qqch : *La caresse d'un regard.*

CARESSER v. t. (ital. *carezzare,* chérir) [conj. **4**]. **1.** Faire des caresses à qqn, à un animal. — **2.** Effleurer qqch, passer doucement la main dessus : *Caresser la joue. Caresser les touches d'un piano.* — **3.** En parlant du vent, du soleil, etc., effleurer qqch, se faire agréablement ressentir : *Un souffle d'air nous caressait le visage.* — **4.** Nourrir un projet, une idée, en entretenir l'espoir avec complaisance : *Il caressait le rêve de faire ce voyage.* — **5.** *Caresser des yeux, du regard,* regarder avec convoitise ou amour qqn ou qqch. — **6.** Fam. *Caresser les côtes, le dos, les oreilles à qqn,* le frapper, le battre.

CARESSEUR, EUSE adj. et n. Qui aime à caresser, qui caresse.

1. CARET n. m. (mot caraïbe). Nom usuel de la *tortue à écaille,* animal carnivore des eaux marines tropicales, chassé à l'excès pour son écaille et en voie de disparition.

2. CARET n. m. (norm. *car,* char). 1. Autref., dévidoir de cordier. — 2. Fil de fibres naturelles obtenu en filature et spécialement fabriqué en vue de son utilisation en corderie.

CAREX n. m. (lat. *carex,* laîche). Nom générique des 500 espèces d'herbes monocotylédones appelées usuellement *laîches.*

CAREY (William), missionnaire et linguiste britannique (Paulerspury, Northamptonshire, 1761 - Serampore 1834). Prédicateur baptiste, il a traduit la Bible dans les langues de l'Inde (bengalī, oriyā, marāṭhī, hindī, assamais, sanskrit, et, partiellement, en 29 autres langues). Il est également l'auteur de grammaires et de dictionnaires (bengalī, marāṭhī, sanskrit).

CAREY (Henry Charles), économiste américain (Philadelphie 1793 - *id.* 1879). Il se prononça sans ambiguïté en faveur du protectionnisme et, contre Malthus, soutint la thèse du rendement croissant des terres en agriculture.

CAR-FERRY n. m. (pl. *car-ferries*) [amér. *car-ferry,* de *car,* voiture, et *ferry,* passage]. Navire spécialement aménagé pour le transport des passagers et de leurs voitures. (Syn. FERRY, TRANSBORDEUR.)

CARGAISON n. f. (anc. gasc. *cargueson,* de l'anc. provenç. *cargar,* charger). 1. Ensemble des marchandises embarquées sur un navire de commerce. — 2. *Fam.* Grande quantité de choses : *Une cargaison de jouets.*

CARGÈSE (20130), comm. de la Corse-du-Sud, sur le cap homonyme, au N. du golfe de Sagone ; 919 hab. Cargèse fut fondée en 1676 par des émigrants grecs. Centre touristique.

CARGNEULE ou **CARNIEULE** n. f. Roche sédimentaire carbonatée d'aspect vacuolaire (caverneuse), de teinte jaune à rouille, due à la transformation de dolomies ou de calcaires dolomitiques par dissolution de la dolomite sous l'action d'eaux sulfatées.

CARGO n. m. (angl. *cargo-boat,* de *cargo,* fret, et *boat,* bateau). 1. Navire destiné au transport de marchandises diverses. (→ *encycl.*) — 2. *Culte du cargo,* croyance millénariste mélanésienne selon laquelle arrivera un jour un fantastique bateau européen, contenant tous les biens matériels qui manquent, tous les objets imaginaires venant d'une société considérée comme supérieure.
◆ adj. inv. Relatif au transport aérien du fret.
ENCYCL. On distingue les cargos classiques ; les cargos polyvalents, capables de transporter simultanément ou alternativement des conteneurs, des marchandises diverses, des liquides en cuves, et qui disposent, en outre, de ponts-garages pour les véhicules ; et les navires de type bananier, charbonnier, roulier, porte-conteneurs.

CARGUE n. f. (de *carguer*). Manœuvre destinée, sur les grands voiliers, à replier les voiles sur elles-mêmes et à les serrer.

CARGUER v. t. (bas lat. *carricare,* charger) [conj. 3]. Agir sur les cargues pour serrer les voiles sur les vergues.

CARHAIX-PLOUGUER (29270) ou **CARHAIX,** ch.-l. de cant. du Finistère, dans le bassin de Châteaulin ; 8 693 hab. *(Carhaisiens).* Foires. Aviculture. Produits laitiers.

CARI, CARY ou **CURRY** n. m. (tamoul *kari,* par l'intermédiaire du portugais). 1. Mélange d'épices séchées et moulues (curcuma, coriandre, gingembre, cumin, poivre, paprika, etc.), originaire de l'Inde. — 2. Plat de viande, de volaille, de poisson préparé avec ce produit.

CARIAMA n. m. (tupi *sariama*). Oiseau gruiforme des steppes d'Amérique du Sud, au bec crochu, se nourrissant d'insectes et de reptiles.

CARÍAS ANDINO (Tiburcio), homme d'État du Honduras (Tegucigalpa 1876-*id.* 1969). Conservateur, il fut président de la République de 1932 à 1948.

CARIATIDE → CARYATIDE.

CARIBE n. m. et adj. Groupe de langues indiennes d'Amérique du Sud parlées par environ 40 000 locuteurs.

CARIBÉEN, ENNE adj. et n. De la région caraïbe.

CARIBERT ou **CHARIBERT Ier** (Paris 567), roi de Paris (561-567), fils aîné de Clotaire Ier. — **Caribert** ou **Charibert II** (606-632), vice-roi d'Aquitaine (629 ou 630-632), fils cadet de Clotaire II et frère de Dagobert Ier.

CARIBOU n. m. (mot algonquin). Nom canadien du *renne.*

CARIBOU *(lac du)* → REINDEER LAKE.

CARIBS → CARAÏBES.

CARICATURAL, E, AUX adj. 1. Qui déforme la réalité en exagérant certains traits caractéristiques : *Récit caricatural.* — 2. Dont les traits très marqués ou dont la laideur grotesque ressemblent à une caricature : *Un visage caricatural.*

CARICATURE n. f. (ital. *caricatura,* de *caricare,* charger). 1. Représentation grotesque, en dessin*, en peinture, etc., obtenue par l'exagération et la déformation des traits caractéristiques du visage ou des proportions du corps, dans une intention satirique. — 2. Image infidèle et laide, reproduction déformée de la réalité : *Ce compte-rendu est une caricature de ce que j'ai dit.* — 3. Personne très laide, ridiculement accoutrée ou maquillée.

Caricature *(la),* hebdomadaire satirique fondé à Paris par Charles Philipon, en 1830. Il comptait parmi ses dessinateurs : Daumier, Gavarni, Grandville, Henri Monnier, Raffet ; Balzac y collabora. Organe des idées républicaines, il s'acharna contre Louis-Philippe. Il cessa sa parution en 1835 et la reprit de 1838 à 1843.

CARICATURER v. t. (conj. 3). **1.** Représenter qqn en caricature. – **2.** Reproduire qqch en le déformant, en le simplifiant exagérément : *Cet article caricature la politique gouvernementale.*

CARICATURISTE n. Dessinateur qui fait des caricatures.

CARIDIDÉ n. m. ou **CARIDE** n. f. (gr. *karis, -idos,* écrevisse de mer). Nom de superfamille attribué à de nombreuses et diverses crevettes nageuses.

CARIE n. f. (lat. *caries,* pourriture). **1.** *Carie (dentaire),* maladie de la dent détruisant les structures de l'émail et de la dentine. (L'évolution de la carie va de l'extérieur [émail] vers l'intérieur [pulpe dentaire] et aboutit à la formation d'une cavité virtuelle. La prévention de la carie peut être assurée par l'usage du fluor.) [Syn. MALADIE CARIEUSE.] – **2.** Maladie du blé et d'autres plantes cultivées, causée par un champignon microscopique qui atteint les grains. – **3.** *Carie verte,* détérioration de certains alliages de fer, de nickel, de chrome, par corrosion sèche à haute température.

CARIE, en gr. **Karia,** anc. pays du S.-O. de l'Asie Mineure, baigné par la mer Égée et par la Méditerranée orientale. Les Doriens en ont colonisé les rivages, fondant des villes importantes (Halicarnasse, Cnide).

CARIENS, peuple du S.-O. de l'Anatolie, signalé depuis le VIIe s. av. J.-C. Marins et soldats mercenaires, ils laissèrent les Grecs fonder, sur leur côte, des villes où ils se mêlèrent à eux. Intégrés dans l'Empire perse, les Cariens connurent une réelle autonomie sous le gouvernement de dynastes dont le plus connu est Mausole (377-353). Intégrés dans la province romaine d'Asie (129 av. J.-C.), les Cariens furent définitivement hellénisés.

CARIER v. t. (conj. 9). Détruire par la carie dentaire.

◆ **se carier** v. pr., **être carié** v. pass. Être atteint par la carie : *Dent cariée.*

CARIEUX, EUSE adj. *Maladie carieuse,* syn. de CARIE (DENTAIRE).

CARIGNAN n. m. Cépage du midi de la France, vigoureux et fertile, le plus cultivé des cépages français, qui donne des vins de table.

CARIGNAN (08110), ch.-l. de cant. des Ardennes, sur la Chiers ; 3 370 hab. Cette ville porta le nom d'*Ivois* jusqu'en 1662, date à laquelle Louis XIV l'érigea en duché sous le nom de Carignan en faveur d'Eugène-Maurice de Savoie, comte de Soissons, père du Prince Eugène. Vestiges de remparts. Constructions mécaniques.

CARIGNANO, en fr. **Carignan,** v. d'Italie (Piémont), sur le Pô ; 9 000 hab. Berceau de la maison de Savoie-Carignan.

CARILLON n. m. (lat. pop. **quadrinionem,* du bas lat. *quaternio,* groupe de quatre). **1.** Série de cloches permettant l'exécution de mélodies. (C'est principalement sur le territoire des anciens Pays-Bas que le carillon s'est répandu à la fin du Moyen Âge et à la Renaissance.) – **2.** Sonnerie de cloches, vive et gaie, du carillon. – **3.** Horloge sonnant les quarts et les demies, et faisant entendre un air pour marquer les heures ; ensemble de timbres accordés équipant cette horloge ; air sonné toutes les heures par cette horloge. – **4.** Œuvre musicale imitant un carillon véritable.

Carillon *(fort),* fort construit en 1756, par les Français de la Nouvelle-France, au S. du lac Champlain, à l'emplacement de l'actuelle Ticonderoga (État de New York). Montcalm y remporta une victoire sur les Anglais le 8 juill. 1758.

CARILLONNEMENT n. m. Action de carillonner ; bruit produit par un carillon.

CARILLONNER v. t. (conj. 3). **1.** Sonner un air en carillon. – **2.** Annoncer un événement par des carillons. – **3.** *Fam.* Faire savoir qqch à grand bruit.

◆ v. i. **1.** Sonner le carillon : *Les cloches carillonnèrent.* – **2.** Appuyer vivement et longuement sur la sonnette, afin de se faire ouvrir. – **3.** En parlant des chiens, aboyer avec entrain pendant une action de chasse.

◆ **être carillonné** v. pass. *Fête carillonnée,* fête solennelle, annoncée par des carillons.

CARILLONNEUR, EUSE n. Personne chargée du service d'un carillon.

CARIN, en lat. **Marcus Aurelius Carinus,** empereur romain (283-285). Associé à l'Empire à titre de césar par son père Carus, il battit Dioclétien en Mésie, mais il fut tué par ses propres soldats.

CARINAIRE n. f. (lat. *carina,* carène). Mollusque gastropode, carnassier, de haute mer, transparent, nageant à l'aide d'une puissante nageoire ventrale et n'ayant qu'une très petite coquille.

CARINATE n. m. (lat. *carina,* carène). Oiseau muni d'un bréchet. (C'est le cas de tous les oiseaux capables de voler ; seuls les ratites ne sont pas des carinates.)

CARINTHIE, en all. **Kärnten,** prov. d'Autriche ; 9 533 km² ; 558 421 hab. Ch.-l. *Klagenfurt.* Plus montagneuse à l'O. (Alpes orientales) qu'à l'E. (bassin de Klagenfurt), traversée par la Drave, c'est une région à la fois agricole, industrielle et touristique.
— **Hist.** La Carinthie doit son nom aux Carnes, population slovène qui s'établit sur son territoire au VIIe s. Marche de l'Empire carolingien (IXe s.), puis duché autonome (976), elle fut incorporée aux possessions autrichiennes des Habsbourg en 1335. Les districts du sud furent partagés entre l'Italie et la Yougoslavie au traité de Saint-Germain-en-Laye (1919) ; le reste du pays demeura à l'Autriche à la suite du plébiscite du 10 oct. 1920.

CARIOCA adj. et n. (de *Carioca,* n. pr.). De Rio de Janeiro.

CARIOGENÈSE n. f. Ensemble des phénomènes aboutissant à la formation d'une carie dentaire.

CARISSIMI (Giacomo), compositeur italien (Marino, Rome, 1605 - Rome 1674). Auteur de messes, de motets et de cantates, il s'illustra surtout dans l'oratorio, dont il établit le modèle, sur des textes latins ou italiens, avec ses récitatifs, ses airs et parfois ses chœurs (*Jephte).*

CARISTE n. Conducteur de chariot de manutention.

CARITATIF, IVE adj. (lat. médiév. *caritativus,* du lat. class. *caritas,* charité). **1.** Qui concerne la vertu chrétienne de charité. — **2.** Se dit d'une organisation dont l'objet est de porter secours à ceux qui ont besoin d'aide matérielle ou morale.

CARJAT (Étienne), caricaturiste et photographe français (Fareins, près de Villefranche, Ain, 1828 - Paris 1906). Caricaturiste, il publia, sous le titre *le Théâtre à la ville,* des charges d'acteurs, puis s'intéressa aux politiciens. Photographe, il fut un portraitiste perspicace (Baudelaire, Ingres, Frédérick Lemaître, etc.).

CARLE (Gilles), cinéaste canadien (Maniwaki, Québec, 1929), auteur de fables réalistes ou utopistes (*les Mâles,* 1970 ; *la Mort d'un bûcheron,* 1973 ; *les Plouffe,* 1981 ; *Maria Chapdelaine,* 1983 ; *la Guêpe,* 1986).

CARLETON (Guy), 1er baron **Dorchester,** général britannique (Strabane, comté de Tyrone, 1724-Stubbings, Berkshire, 1808). Gouverneur du Canada (1766-1778, 1786-1796), il sut se concilier les Canadiens francophones. Il rédigea l'Acte constitutionnel de 1791 divisant le pays en Haut- et Bas-Canada.

1. CARLIN n. m. Nom de diverses monnaies italiennes anciennes, d'or ou d'argent. (La première fut émise par Charles Ier d'Anjou à Naples.)

2. CARLIN n. m. (de *carlin,* surnom de *Carlo Bertinazzi**, n. pr.). Race de chiens d'agrément de petite taille, à poil ras et au museau noir et aplati.

CARLIN (Martin), ébéniste français (Fribourg-en-Brisgau v. 1730 - Paris 1785), reçu maître en 1766. Formé par Œben, doué d'une grande imagination, il donna toute sa grâce et sa richesse au style Louis XVI par la qualité de la décoration, qui recourt aux matières les plus diverses.

CARLINE n. f. (provenç. *carlino*). Chardon sans tige, au très large capitule charnu entouré des bractées épineuses.

CARLING (57490), comm. de la Moselle, près de la frontière allemande, au N. de Saint-Avold ; 3 731 hab. *(Carlingeois).* Complexe industriel (centrale thermique, raffinage du pétrole, cokerie, chimie), implanté en majeure partie sur les communes de Saint-Avold et de L'Hôpital.

CARLINGAGE n. m. Ensemble des tôles reliées à la charpente des ponts ou des fonds du navire et sur lesquelles reposent les chaudières, l'appareil moteur, etc.

CARLINGUE n. f. (anc. nordique *kerling,* contre-quille d'un navire). **1.** Partie habitable d'un avion. — **2.** Dans la construction navale en bois, forte pièce en bois qui s'étend d'un bout à l'autre du navire et repose sur la face intérieure des couples au-dessus de la quille. — **3.** Dans la construction métallique, ensemble de raidisseurs assurant la liaison des varangues entre elles.

CARLISLE, v. de Grande-Bretagne, ch.-l. du Cumbria ; 71 500 hab. Fondée par les Romains, l'importance stratégique de sa position en fit une forteresse frontalière entre l'Écosse et l'Angleterre jusqu'au milieu du XVIIIe s. Cathédrale des XIIe-XIVe s. Nœud ferroviaire et centre industriel.

CARLISLE (*sir* Anthony), physiologiste britannique (Stillington 1768-Londres 1840). Il découvrit en 1800, avec Nicholson, la décomposition de l'eau par le courant électrique.

CARLISME n. m. En Espagne, tendance et système monarchique défenseurs de l'ordre traditionnel.

CARLISTE adj. et n. Relatif au carlisme ; partisan du carlisme.
ENCYCL. Le carlisme repose sur quatre postulats : Dieu, patrie, *fueros,* libertés, roi, qui résument l'idée d'un consensus général autour des principes naturels d'organisation de la société. Né en 1830, le mouvement carliste réunissait alors les partisans de l'infant don Carlos (Charles* de Bourbon, 1788-1855), comte de Molina, frère de Ferdinand VII, face à la fille de ce dernier, la future Isabelle II. Il regroupait en fait une grande

partie des défenseurs de l'ordre traditionnel (carlisme) qui s'opposaient aux partisans du centralisme, de l'égalitarisme légal, et du droit absolu de propriété des libéraux. Forts en Pays basque, en Navarre, en Aragon et en Andalousie, les carlistes déclenchèrent trois révoltes, dites *guerres carlistes* (1833-1839, 1846-1849, 1872-1876), au cours desquelles ils tentèrent en vain de s'emparer du trône d'Espagne. Ils ont participé à la guerre civile aux côtés du général Franco mais n'acceptent pas le successeur désigné par ce dernier, le roi Juan Carlos Ier. Depuis 1980, le mouvement carliste est divisé : une branche, dirigée par le prince Charles-Hugues de Bourbon-Parme, se définit comme socialiste-autogestionnaire ; une autre, conduite par le prince Sixte de Bourbon-Parme, se réclame des valeurs traditionnelles du carlisme.

CARLITTE ou **CARLIT** *(massif du)*, massif granitique des Pyrénées orientales, dominant les bassins supérieurs de l'Ariège, de l'Aude, de la Têt et du Sègre de Carol ; 2 921 m au *pic Carlitte.*

CARLOMAN (v. 715 - Vienne, Isère, 754 ou 755), maire du palais d'Austrasie (741-747), fils aîné de Charles Martel, à la mort duquel (741) il partagea le gouvernement du *Regnum Francorum* avec son frère Pépin le Bref. Il conquit la Bavière (743) et l'Alamannie (746) et entreprit la réforme de l'Église franque avec saint Boniface. Il abdiqua en 747 et entra dans la vie monastique. — **Carloman** (v. 751-Samoussy, près de Laon, 771), roi des Francs (768-771). Fils de Pépin le Bref, il gouverna le *Regnum Francorum* avec son frère aîné Charlemagne. — **Carloman** (v. 829-880), roi de Bavière (876-880) et roi d'Italie (877-879), fils aîné de Louis Ier (ou II) le Germanique. — **Carloman** (v. 866-884), roi de France (879-884), deuxième fils de Louis II le Bègue auquel il succéda (879), conjointement avec son frère Louis III, puis seul (882).

CARLONE (Carlo Antonio), architecte italien († Passau 1708), le plus éminent d'une famille d'artistes d'origine lombarde établis en Autriche. Son chef-d'œuvre est l'église du couvent de Sankt Florian (à partir de 1686).

CARLONE ou **CARLONI** (Carlo Innocenzo), peintre italien (Scaria, près de Côme, 1686 - *id.* 1775), surtout connu pour ses décors à fresque en Autriche (Belvédère de Vienne, 1716-1723), en Allemagne du Sud et en Lombardie (Brescia).

CARLOS, rois, infants et prince d'Espagne et de Portugal → CHARLES.

CARLOW, en gaél. **Ceathariach,** v. de la République d'Irlande (prov. de Leinster), ch.-l. de comté, sur le Barrow ; 9 600 hab. Anc. place forte. Industries alimentaires.

CARLSBAD, v. des États-Unis (Nouveau-Mexique), sur le rio Pecos ; 21 000 hab. Centre touristique, au N.-E. de grottes formant un immense réseau de couloirs et de salles grandioses (parc national des *Carlsbad Caverns*). — À proximité, mines de potasse.

CARLSBAD → KARLOVY VARY.

CARLSBERG *(dorsale de)*, dans la mer d'Oman, segment de la dorsale océanique du nord-ouest de l'océan Indien, comprise entre l'archipel des Chagos (au S.-E.) et la zone de fracture Owen (au N.-O.).

Carlsberg *(brasseries)*, entreprise de brasserie fondée en 1847 au Danemark. Son fondateur, J.-C. Jacobsen (1811-1887), légua, à sa mort, l'ensemble de son patrimoine industriel à une fondation destinée à encourager les arts et les sciences. Les brasseries Carlsberg et Tuborg ont fusionné, en 1969, sous le nom de United Breweries.

Carl Smith *(maladie de)*, maladie bénigne de l'enfant, d'origine probablement virale, caractérisée par une très importante hyperlymphocytose sanguine. (Syn. LYMPHOCYTOSE AIGUË INFECTIEUSE.)

CARLSON (Carolyn), danseuse et chorégraphe américaine d'origine finlandaise (Fresno, Californie, 1943). Principale danseuse de l'Alwin Nikolais Dance Theatre, elle met en évidence, dans une de ses compositions, *Densité 21,5,* la rupture existant entre le ballet classique et le « dance work ». Nommée professeur de « modern dance » à l'Opéra de Paris, elle a été promue étoile peu après, animant le Groupe de recherches théâtrales de l'Opéra de Paris. Après un séjour au théâtre de la Fenice, à Venise, elle revient en France et monte une nouvelle compagnie. Elle est l'auteur de : *Il y a juste un instant* et *Sablier prison* (1974), *l'Or des fous,* « spectacle total », et *les Fous de l'or* (1975), *Wind, Water, Sand* (1976), *Year of the Horse* (1978), *Writing in the Wall* (1979), *Undici Onde* (1981), *Lady Blue* (1983), *Shamrock* (1987), *Breath of life* (1990).

CARLSSON (Ingvar), homme politique suédois (Borås 1934). Président du parti social-démocrate (1986-1996), il a été Premier ministre de 1986 (après l'assassinat d'Olof Palme) à 1991 et de 1994 à 1996.

CARLU (Jacques), architecte français (Bonnières-sur-Seine 1890 - Paris 1976). Grand prix de Rome (1919), il a enseigné à Boston à partir de 1924. Il a notamment réalisé, à Paris, le palais de Chaillot (avec Boileau et Azéma, pour l'Exposition de 1937) et le siège de l'O. T. A. N. (1958, auj. centre universitaire Dauphine).

CARLU (Jean), affichiste français (Bonnières-sur-Seine 1900), frère du précédent. Il a donné de nombreuses affiches d'un style solide et synthétique (*Monsavon* [1925], *America's answer : Production* [1941], *Perrier-Pschitt, Larousse,* etc.).

CARLUDOVICA n. m. (lat. *Carolus,* Charles, et *Ludovicus,* Louis). Plante textile d'Amérique tropicale, ressemblant à un palmier et dont la fibre sert à confectionner les chapeaux de Panama.

CARLYLE (Thomas), écrivain écossais (Ecclefechan 1795 - Londres 1881). Chrétien converti par illumination, fervent admirateur de Goethe et de Byron, il publie l'*Histoire de la Révolution française* en 1837. Adversaire du matérialisme, du rationalisme, mais aussi anticapitaliste — ce qui lui vaut la sympathie de Marx —, il est le prophète d'un ordre nouveau fondé sur les valeurs anciennes, qui viendra bouleverser le chaos bourgeois et l'anarchie démocratique : *le Chartisme* (1840), *les Héros et le Culte des héros* (1841), *Passé et Présent* (1843).

CARMAGNOLA (Francesco BUSSONNE, dit), condottiere italien (Carmagnola v. 1380-Venise 1432). Au service de Philippe-Marie Visconti puis (1425) de la république de Venise, il fut soupçonné de trahison et décapité.

CARMAGNOLE n. f. (mot dialect., de *Carmagnola,* n. pr.). Veste à courtes basques et grand collet. (Elle fut introduite à Paris en 1792 par les fédérés marseillais et adoptée par les révolutionnaires.)

Carmagnole *(la),* chant révolutionnaire anonyme, datant de l'époque où Louis XVI était prisonnier au Temple.

CARMAN (William Bliss), écrivain canadien de langue anglaise (Fredericton, Nouveau-Brunswick, 1861-New Canaan, Connecticut, 1929). Ses évocations de la nature fixent les principaux éléments de l'imaginaire canadien (*Marée basse à Grand-Pré,* 1893).

CARMARTHEN *(baie de),* baie de Grande-Bretagne, sur la côte méridionale du pays de Galles.

CARMAUX (81400), ch.-l. de cant. du Tarn, sur le Cérou ; 11 070 hab. *(Carmausins).* Anc. centre houiller. Industrie chimique.

1. CARME n. m. (du mont *Carmel*). **1.** Religieux d'un ordre mendiant institué en Syrie (mont Carmel) au XIIIe s. — **2.** *Carmes chaussés* ou *grands carmes,* ceux qui ne suivirent pas la réforme instaurée en 1564 par Jean de la Croix et Thérèse d'Ávila. ‖ *Carmes déchaux* ou *déchaussés,* ceux qui embrassèrent cette réforme.

2. CARME n. m. Variété de pigeon dont la tête est ornée en arrière d'une touffe de plumes redressées en forme de coquille. (Syn. PIGEON-HIRONDELLE.)

Carmes *(couvents des),* nom donné à plusieurs couvents de Paris, dont le plus célèbre est le couvent des Carmes déchaux qui s'élevait rue de Vaugirard, sur l'emplacement de l'actuel séminaire de l'Institut catholique *(séminaire des Carmes).* Ce couvent devint en 1790 une prison, théâtre des massacres de sept. 1792.

CARMEL n. m. (du mont *Carmel*). **1.** Couvent de carmes ou de carmélites. — **2.** *Le Carmel,* ordre des Carmes ou des Carmélites.

CARMEL *(mont),* chaînon calcaire du littoral israélien, qui protège la baie de Saint-Jean-d'Acre de l'ensablement et abrite le port de Haïfa. — Parc national (700 ha).
— **Hist.** Élie y inaugura de nouveau son ministère sous le règne d'Achab (IXe s. av. J.-C.) après une période de persécutions. La tradition en a fait le lieu de naissance de l'ordre des Carmes.

CARMELINE n. f. (esp. *carmelina,* altér. de *lana* carmenina,* laine cardée). Laine de vigogne.

CARMÉLITE n. f. (de *carmel*). Religieuse cloîtrée (moniale) d'un ordre institué au XVe s. et réformé par Thérèse d'Ávila en 1562. (Les *carmélites déchaussées* ont suivi cette réforme, les *carmélites de l'ancienne observance* comptent une quarantaine de monastères.)
◆ adj. Qui appartient à cet ordre.

CARMÉLITES de Compiègne *(bienheureuses),* groupe de religieuses du carmel de Compiègne, arrêtées en 1792, guillotinées à Paris le 17 juill. 1794. Elles ont été béatifiées en 1906. Cet épisode a inspiré à Gertrud von Le Fort *la Dernière à l'échafaud,* dont G. Bernanos a tiré le scénario d'un film (1948), porté ensuite à la scène (1952) puis de nouveau à l'écran sous le titre *le Dialogue des carmélites* (1960). F. Poulenc a tiré un opéra de la pièce de Bernanos, *Dialogues* des carmélites* (1957).

Carmen, nouvelle de Prosper Mérimée (1845) : les amours tumultueuses d'une bohémienne et d'un brigadier-bandit.

Carmen, opéra-comique en 4 actes de Georges Bizet (1875), livret de Meilhac et Halévy, inspiré par la nouvelle de Mérimée. Introduisant le réalisme avec une rare intensité expressive, cette œuvre s'inspire directement des formes de la musique populaire espagnole. — Ballet inspiré de l'opéra-comique de G. Bizet ; chorégr. de Roland Petit. Création à Londres (1949), par les Ballets de Paris.

CARMIN n. m. (p.-ê. ar. *qirmiz,* cochenille, croisé avec le lat. *minium,* vermillon). **1.** Matière colorante d'un rouge éclatant, tirée autrefois uniquement de la cochenille et constituée essentiellement d'acide carminique. (Malgré sa faible solidité à la lumière, le carmin est utilisé en peinture, en teinture, en confiserie et en parfumerie.) – 2. *Carmin aluné,* colorant rouge utilisé pour teindre les membranes cellulosiques dans les coupes botaniques.

◆ adj. inv. et n. m. Rouge éclatant.

Carmina Burana, manuscrit découvert à l'abbaye bénédictine de Beuren (d'où son nom). Rédigé vers 1230, il contient une collection très variée de pièces lyriques en latin et haut allemand, anonymes, représentant une partie du répertoire des goliards.

Carmina Burana, cantate scénique (« Jeu d'après des chansons profanes ») de Carl Orff (1937). Elle constitue, avec *Catulli Carmina* (1943) et *Trionfo di Afrodite* (1953), un « triptyque théâtral » intitulé *Trionfi.* Le livret rassemble des poèmes du manuscrit des *Carmina burana.* – Ballet réglé sur la partition homonyme de Carl Orff ; chorégr. et cost. de John Butler. Création mondiale à New York en 1959.

CARMINATIF, IVE adj. (lat. médiév. *carminativus,* de *carminare,* purifier en éliminant). *Vx.* Se dit de substances qui stimulent les sécrétions salivaires et gastriques et la motilité de l'intestin.

CARMINÉ, E adj. (de *carmin*). Rouge vif.

CARMINIQUE adj. *Acide carminique,* composé glucosidique $C_{22}H_{20}O_{13}$, principe colorant de la cochenille, utilisé comme colorant alimentaire.

CARMONA, v. d'Espagne, en Andalousie, au N.-E. de Séville ; 25 000 hab. Elle a conservé son caractère mauresque : alcázar, portes fortifiées, ruelles typiques. Nécropole romaine. Églises avec parties gothiques, mudéjares, baroques.

CARMONA (António Óscar DE FRAGOSO), maréchal et homme d'État portugais (Lisbonne 1869 - Lumiar 1951). Ministre de la Guerre en 1923, il participa au coup d'État du général Gomes da Costa en 1926, puis entra dans le triumvirat qui exerça le gouvernement. Élu président de la République (1928), il choisit comme président du Conseil Salazar. Il fut réélu en 1935, en 1942 et en 1949.

CARMONTELLE (Louis CARROGIS, dit), peintre, architecte, graveur et écrivain français (Paris 1717 - *id.* 1806), auteur de *Proverbes dramatiques,* conçus comme des jeux de société et qui sont aussi parfois d'authentiques tableaux de mœurs. Ordonnateur des fêtes de Philippe d'Orléans, il aménagea pour celui-ci le parc Monceau à Paris, dessina de spirituels portraits de contemporains célèbres et inventa les « transparents », ancêtres des panoramas.

CARNAC (56340), comm. du Morbihan, au N. de la baie de Quiberon ; 4 322 hab. *(Carnacois).* Église du XVIIe s. Musée préhistorique Miln-Le Rouzic. – Aux environs, station balnéaire de *Carnac-Plage.* À l'O., pointe Saint-Colomban. Au hameau de Saint-Colomban, chapelle gothique de 1621. Célèbre ensemble de monuments mégalithiques (menhirs, dolmens, tumuli). Les trois principaux alignements, les groupes du Ménec, de Kermario et de Kerlescan, comptent près de 2 800 menhirs.

CARNAGE n. m. (de l'anc. fr. *char,* chair). Massacre violent et sanglant de nombreuses personnes ; tuerie de nombreux animaux ; boucherie : *Le responsable du carnage est en fuite.*

CARNALLITE n. f. (de von *Carnall,* n. pr.). Chlorure double hydraté de potassium et de magnésium, exploité industriellement comme minerai de magnésium.

CARNAP (Rudolf), philosophe et logicien allemand, naturalisé américain (Ronsdorf, auj. Wuppertal, 1891-Santa Monica, Californie, 1970). Membre du Cercle de Vienne, il entreprit des recherches sur la philosophie de la logique et sur l'application de la symbolique mathématique à l'épistémologie. Il dut s'exiler aux États-Unis après 1933. Ses principales publications sont : *Der logische Aufbau der Welt* (1928), *Logische Syntax der Sprache* (1934), *Meaning and Necessity* (1947).

CARNARVON (George HERBERT, *comte* DE), égyptologue et collectionneur britannique (Highclere, Berkshire, 1866 - Le Caire 1923). Sa découverte la plus célèbre est celle de la tombe de Toutankhamon, en nov. 1922, avec l'aide de Howard Carter.

CARNASSIER, ÈRE adj. et n. m. (provenç. *carnassier,* bourreau, du lat. *caro, carnis,* chair). Se dit des animaux qui se nourrissent de proies animales vivantes. (Syn. CARNIVORE.)

1. CARNASSIÈRE n. f. (de *carnassier*). Grosse dent latérale propre aux mammifères carnivores, caractérisée par sa double aptitude à trancher et à broyer et située entre les molaires tranchantes et les molaires broyeuses éventuelles, aux deux mâchoires.

2. CARNASSIÈRE n. f. (provenç. *carnassiero*). Sac en filet dans lequel le chasseur met son gibier. (Syn. CARNIER.)

CARNATIC, nom donné au XVIIIe s. à un royaume de l'Inde du Sud qui s'étendait sur les États actuels du Tamil Nadu et du Karnātaka.

CARNATION n. f. (ital. *carnagione,* de *carne,* chair). Coloration des chairs, du teint d'une personne.

CARNATIQUE → KARNATIQUE.

CARNAUBA n. m. (port. *carnauba*). Cire fournie par un palmier du Brésil et utilisée pour la fabrication de vernis et de cirages.

CARNAVAL n. m. (pl. *carnavals*) [ital. *carnevale,* mardi gras, du lat. médiév. *carnelevare,* ôter la viande]. **1.** Temps de réjouissances profanes, depuis l'Épiphanie jusqu'au mercredi des Cendres. – **2.** Réjouissances auxquelles on se livre durant ce temps, et en partic. durant les jours gras. – **3.** (avec majusc.) [*Sa majesté*] *Carnaval,* mannequin grotesque qu'on brûle ou qu'on enterre le jour des Cendres.

Carnaval : *scènes mignonnes sur quatre notes,* œuvre pour piano de Robert Schumann (op. 9), écrite en 1835 et se composant de 21 pièces évoquant personnages de la commedia dell'arte, personnages contemporains, situations fantasmagoriques.

Carnaval romain *(le),* nom donné par Berlioz à une ouverture composée en 1844 sur des thèmes de son opéra *Benvenuto Cellini.*

CARNAVALESQUE adj. (ital. *carnevalesco*). *Litt.* Qui relève du carnaval, grotesque.

Carnavalet *(musée),* musée historique de la Ville de Paris, au Marais. Il occupe l'hôtel Carnavalet, des XVIe et XVIIe s. (sculptures de l'école de J. Goujon), et l'hôtel Le Peletier de Saint-Fargeau, du XVIIe s. (rénové en 1989). Les collections comprennent des reconstitutions d'intérieurs parisiens (XVIIIe s. notamment), des peintures et des objets, un cabinet d'estampes et de dessins. Important fonds de l'époque révolutionnaire ; souvenirs de Mme de Sévigné, qui y habita.

CAR-NAVETTE n. m. (pl. *cars-navettes*). Car destiné au transfert des voyageurs entre la salle d'attente et l'avion, dans les aéroports. (Syn. NAVETTE.)

CARNE n. f. (norm. *carne,* charogne, de l'anc. norm. *carn,* viande). *Pop.* **1.** Viande coriace, de mauvaise qualité. – **2.** *Vx.* Mauvais cheval, rosse. – **3.** Terme d'injure désignant qqn de méchant, d'agressif.

CARNÉ, E adj. **1.** *Litt.* Qui a la couleur de la chair. – **2.** Se dit d'une alimentation qui se compose surtout de viande.

CARNÉ (Marcel), cinéaste français (Paris 1906 - Clamart 1996). Avec la collaboration de Jacques Prévert, scénariste de la plupart de ses films, il s'imposa comme l'initiateur du réalisme poétique : *Drôle de drame* (1937), *le Quai des brumes* (1938), *Hôtel du Nord* (1938), *Le jour se lève* (1939), *les Visiteurs du soir* (1942), *les Enfants du paradis* (1945), *les Portes de la nuit* (1946), *Juliette ou la Clef des songes* (1951), *Thérèse Raquin* (1953), *les Tricheurs* (1958).

CARNÉADE, philosophe grec (Cyrène v. 215-Athènes v. 129 av. J.-C.). Le plus célèbre des nouveaux académiciens, il est le fondateur du probabilisme. Sa pensée nous est connue principalement par Cicéron.

1. CARNEAU n. m. (picard *carner,* var. de *crener,* entailler). **1.** Ouverture ménagée dans les voûtes des fours pour le passage des flammes. – **2.** Conduit qui mène du foyer à la cheminée les produits de la combustion. – **3.** Sur un banc d'essai de lanceurs spatiaux ou une aire de lancement, ensemble du déflecteur et de la tranchée servant à canaliser le jet de flammes et à évacuer les gaz brûlés.

2. CARNEAU n. m. (p.-ê. du lat. *caro, carnis,* chair). Race de pigeons domestiques réputés pour leur chair.

CARNEGIE (Andrew), industriel et philanthrope américain (Dunfermline, Écosse, 1835 - Lenox, Massachusetts, 1919). Après avoir exercé de nombreux métiers, il créa en 1862 une fonderie qui obtint des contrats de guerre, puis se consacra à la production de l'acier et des rails. Il contrôla la métallurgie de Pittsburgh, grâce à son trust Carnegie Steel Company. Il se retira en 1901 et céda sa compagnie à John Pierpont Morgan. Il subventionna de nombreuses œuvres et fondations.

CARNER (Josep), poète catalan (Barcelone 1884-Bruxelles 1970), chef de file du « noucentisme » (*Els fruits saborosos,* 1906).

CARNET n. m. (anc. provenç. *quern,* du lat. *quaterni,* groupe de quatre feuilles). **1.** Petit registre de poche pour notes, comptes, etc. : *Carnet d'adresses.* – **2.** Assemblage de billets, de tickets, de timbres, etc., pouvant être détachés au moment de l'emploi. – **3.** *Carnet (de notes),* registre où sont consignées périodiquement les notes et appréciations attribuées à un élève ; livret. ‖ *Carnet de textes,* syn. de CAHIER* DE TEXTES. • **Comm.** *Carnet d'achat,* carnet donnant droit, grâce à ses mentions, à des réductions sur les achats effectués en certains points de vente ou magasins. – **Écon.** *Carnet de commandes,* volume des commandes reçues par une entreprise et qui restent encore à exécuter ou à livrer. – **Min.** Rigole creusée dans la sole d'une galerie pour l'écoulement de l'eau. – **Presse.** Rubrique payante d'un journal consacrée à l'état civil des personnes intéressées. – **Trav. publ.** *Carnet d'attachements,* registre où est noté au jour le jour le détail des travaux exécutés, en vue d'établir le métré définitif.

CARNIEN n. m. (du n. des *Alpes carniques*). Étage du système triasique dans le domaine alpin.

CARNIER n. m. Syn. de CARNASSIÈRE.

CARNIEULE → CARGNEULE.

CARNIOLE, en all. **Krain,** anc. nom de la Slovénie, au temps où cette province appartenait à l'Autriche.

CARNITINE n. f. Bétaïne, constituant du tissu musculaire indispensable pour le transfert des acides gras à l'intérieur de la mitochondrie.

CARNIVORE adj. et n. **1.** Qui se nourrit de chair. — **2.** Syn. de CARNASSIER. — **3.** *Plante carnivore,* capable de capturer et de digérer des insectes ou autres petits animaux. (→ *encycl.*)
◆ **carnivore** n. m. Nom d'ordre donné à des mammifères carnassiers terrestres (chat, chien, ours, etc.). [→ *encycl.*]
ENCYCL. **Bot.** *Plantes carnivores.* Selon l'espèce, la capture se fait à l'aide d'une simple surface gluante (grassette), d'une urne immobile où l'insecte se noie (népenthès) ou d'un piège agissant par un mouvement rapide (drosera, dionée, utriculaire, certains champignons du sol). L'insecte est digéré à l'aide d'enzymes déversées sur lui, puis absorbé. Les plantes carnivores croissent dans des milieux très pauvres en azote et ce complément de nourriture leur est utile. (Syn. INSECTIVORE.)
— **Zool.** L'ordre des carnivores réunit des espèces à molaires tranchantes et munies de crocs (canines dépassantes servant à tuer les proies). Les pattes sont terminées par des griffes. Les carnivores terrestres, ou fissipèdes, forment 7 familles principales : canidés (chien, renard), ursidés (ours), procyonidés (raton laveur), mustélidés (blaireau, loutre, belette), viverridés (genette), hyénidés (hyène) et félidés (chat, lion, tigre, panthère). Les carnivores marins ou pinnipèdes sont les phoques, les morses et les otaries. Leurs pattes sont conformées en nageoires.

CARNON-PLAGE (34280 La Grande Motte), station balnéaire de l'Hérault (comm. de Mauguio), à 12 km au S.-E. de Montpellier.

CARNOT (Lazare), dit **le Grand Carnot,** homme politique et scientifique français (Nolay, Bourgogne, 1753-Magdeburg 1823). Fils de notaire, il entra en 1770 à l'École du génie de Mézières et devint capitaine en 1783. Bloqué dans son avancement par les privilèges nobiliaires, il rallia la Révolution. Élu à la Législative (1791) puis à la Convention (1792), il vota la mort du roi. Le succès de sa mission à l'armée du Nord (juin 1793) le désigna pour entrer au Comité de Salut public (août 1793), chargé de la guerre. Administrateur et stratège de talent, il dirigea les opérations tout en assurant la levée en masse, l'amalgame, et en participant aux combats (Wattignies, oct. 1793). Il fut appelé « l'Organisateur de la victoire ». Opposé à Robespierre, il participa à sa chute (9-Thermidor) mais échappa à la réaction thermidorienne. Nommé directeur (nov. 1795), il assura la continuité de la politique militaire sous le Directoire et élabora les plans de campagne contre l'Angleterre et l'Autriche. Soucieux d'effacer son passé de régicide, il appuya la réaction antijacobine et antibabouviste (1796). Menacé d'arrestation après le coup d'État du 18-Fructidor, il s'exila en Allemagne (1797). Rentré en France (1799), il fut membre du Tribunat (1802-1807). Ministre de l'Intérieur pendant les Cent-Jours, il s'exila après Waterloo. Son œuvre scientifique est importante. Dès 1783, il étudia, dans son *Essai sur les machines en général,* les lois générales du choc, précisa l'application du principe de Maupertuis et énonça la loi de conservation du travail. Dans sa *Géométrie de position* (1803), il est, avec Monge, l'un des créateurs de la géométrie moderne. — Son second fils LAZARE HIPPOLYTE (Saint-Omer 1801-Paris 1888), ministre de l'Instruction publique (mars-juill. 1848), entreprit une réforme de l'enseignement primaire fondée sur les principes de gratuité, d'obligation et de liberté ; mais les conservateurs obtinrent sa démission. — MARIE FRANÇOIS Sadi (Limoges 1837-Lyon 1894), dit **Sadi Carnot,** fils aîné du précédent, fut ministre des Travaux publics (1879-80) puis des Finances (1885-86). Élu président de la République en 1887, il accrut le prestige de la France à l'étranger à une époque où la République était aux prises avec de graves difficultés (crise boulangiste, affaire de Panamá). Il fut assassiné par l'anarchiste Caserio.

CARNOT (Nicolas Léonard *Sadi*), physicien français (Paris 1796 - *id.* 1832), fils aîné du Grand Carnot. Il fit paraître en 1824 : *Réflexions sur la puissance motrice du feu et les machines propres à développer cette puissance.* Cette œuvre contient le principe dit « de Carnot », d'après lequel la transformation de chaleur en travail mécanique n'est possible que grâce à l'emploi d'au moins deux sources de chaleur ayant des températures différentes. Carnot a aussi découvert la loi d'équivalence entre la chaleur et le travail, et donné une valeur assez exacte de l'équivalent mécanique de la calorie. Il est considéré comme le créateur de la thermodynamique.

Carnot *(cycle de),* cycle thermodynamique ditherme réversible, constitué de deux transformations isothermes et de deux transformations adiabatiques.

Carnot *(principe de),* nom sous lequel on désigne le deuxième principe de la thermodynamique*.

Carnot *(théorème de),* théorème selon lequel « le rendement d'un moteur ditherme est maximal lorsque celui-ci fonctionne de façon réversible ;

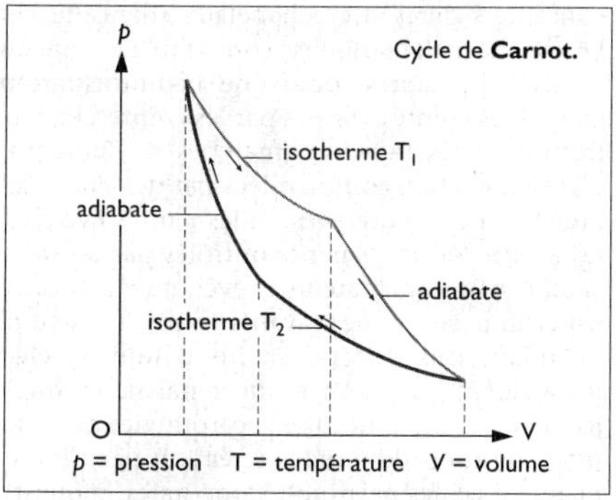

dans ce cas il ne dépend que des températures des deux sources ».

CARNOT-FEULINS (Claude), général et homme politique français (Nolay 1755-Autun 1836). Frère du Grand Carnot, il fut député à la Législative (1791), directeur des Fortifications (1792), général des brigades (1796) et inspecteur général des Fortifications (1800-1801).

CARNOTSET ou **CARNOTZET** [karnɔtze] n. m. En Suisse, local aménagé, généralement dans une cave, pour boire entre amis, jouer aux cartes, etc.

CARNOUX-EN-PROVENCE (13470), comm. des Bouches-du-Rhône, au S. d'Aubagne ; 6 389 hab. La commune, créée en 1966, comprend surtout des rapatriés d'Afrique du Nord.

CARNUTES, peuple de la Gaule qui occupait l'actuel Orléanais et dont la capitale était *Genabum* (Orléans). Le siège de l'assemblée générale des druides se situait sur leur territoire, près de Sully-sur-Loire.

CARO (Annibale), écrivain italien (Civitanova Marche 1507-Frascati 1566). Ses *Lettere familiari* (1572-1574) constituent un document fondamental sur la vie courtisane de l'époque.

CARO (*sir* Anthony), sculpteur britannique (Londres 1924). Il a notamment travaillé avec H. Moore (1951-1953), puis s'est orienté à partir de 1960 vers des constructions d'éléments métalliques (barres, grilles, plaques) généralement peintes, développées dans l'espace avec rigueur et inventivité (série des « Table Pieces » [années 60], série « Veduggio » [1972-73], *Odalisque* [1983-84], *After Olympia* [1986-87]). Il a exercé une grande influence, tant comme professeur que comme créateur.

CAROBERT → CHARLES Ier ROBERT de Hongrie.

CAROL Ier, CAROL II, rois de Roumanie → CHARLES Ier et CHARLES II.

CAROLE n. f. (lat. médiév. *caraula,* à rattacher au lat. *chorus,* danse en rond, par l'intermédiaire du bas lat. *choraula,* joueur de flûte). **1.** Danse ancienne au cours de laquelle les danseurs tournaient en rond en se tenant par le doigt, la main ou le poignet. – **2.** Dénomination anc. du déambulatoire d'une église.

1. CAROLIN n. m. (de *Caroline,* n. pr.). Canard percheur d'Amérique du N., élevé pour l'ornement des parcs.

2. CAROLIN, E adj. (lat. *Carolus,* Charles). **1.** Qui a rapport à Charlemagne ou à Charles Quint. – **2.** *Livres carolins (Libri carolini),* traité théologique composé entre 789 et 791 à l'initiative de Charlemagne. ‖ *Minuscule caroline,* lettre minuscule qui apparut sous le règne de Charlemagne.

CAROLINA, v. de Porto Rico, banlieue de San Juan ; 177 806 hab. Textile. Marché du sucre et du tabac.

CAROLINA (La), v. d'Espagne, en Andalousie, dans la sierra Morena ; 14 000 hab. Exploitations minières (zinc et plomb).

CAROLINE MATHILDE, princesse de Hanovre et de Grande-Bretagne (Londres 1751-Celle, Hanovre, 1775). Sœur de George III, roi d'Angleterre, femme de Christian VII, roi de Danemark, elle laissa, après la folie de son mari, gouverner son amant, Struensee ; elle fut renversée par une conjuration (1772).

CAROLINE WILHELMINE, princesse **de Brandebourg-Ansbach** (Ansbach 1683-Londres 1737). Femme du roi George II d'Angleterre, très populaire et influente auprès de son mari, elle aida Walpole à revenir au pouvoir.

CAROLINE DE BRUNSWICK (Brunswick 1768-Londres 1821), fille de Charles-Guillaume de Brunswick, petite-fille de George III d'Angleterre ; elle épousa en 1795 le prince de Galles. Devenu roi sous le nom de George IV, celui-ci refusa de la reconnaître comme reine. Il fit demander le divorce, mais le procès donna gain de cause à la reine, qui fut cependant exclue de la cérémonie du couronnement.

CAROLINE DU NORD, en angl. **North Carolina,** État de la façade atlantique des États-Unis ; 136 413 km² ; 6 628 637 hab. Cap. *Raleigh.* Des Appalaches à l'Océan, c'est une région subtropicale, encore largement rurale (maïs, oléagineux, coton et surtout tabac). L'industrie, liée à l'hydroélectricité du Piedmont et aux productions agricoles, est notamment présente à Charlotte, Winston-Salem et Greensboro.

CAROLINE DU SUD, en angl. **South Carolina,** État de la façade atlantique des États-Unis ; 80 582 km² ; 3 486 703 hab. Cap. *Columbia.* État du Sud, à l'agriculture (coton, tabac, oléagineux) encore souvent archaïque, peu industrialisé (textile surtout). Columbia (sur le Piedmont) et Charleston (sur le littoral) sont les principales villes.

CAROLINES, en angl. **Caroline Islands,** archipel de l'océan Pacifique occidental, en Micronésie, au N. de l'équateur ; 70 000 hab.
— **Hist.** Visité par les Portugais dès 1527, l'archipel fut annexé par les Espagnols en 1686 et reçut le nom de Charles II. Vendu à l'Allemagne en 1899, il fut placé sous mandat japonais après 1918. En raison de son importance stratégique, les Japonais y aménagèrent dans l'atoll de Truk une base navale qui ne résista pas aux raids de l'aéronavale américaine de févr. 1944. À partir de 1947, les Carolines furent placées sous tutelle de l'O. N. U. avec administration confiée aux États-Unis. En oct. 1980, une partie de l'archipel est devenue « librement associée » aux États-Unis.

CAROLINGIEN, ENNE adj. et n. (lat. médiév. *karolingi,* de *Carolus,* Charlemagne). Relatif à la dynastie des Carolingiens.

CAROLINGIENS, dynastie qui succéda en Gaule aux Mérovingiens* en 751, restaura l'Empire d'Occident (800-887), régna sur la Germanie jusqu'en 911 et sur la France jusqu'en 987. Fondée par Pépin le Bref, elle doit son nom à son représentant le plus illustre, Charlemagne.
La dynastie des Carolingiens est issue de la famille des Pippinides, famille aristocratique austrasienne, dont les membres, en tant que maires du palais, gouvernèrent l'Austrasie (à partir de 680), puis (687) le *Regnum Francorum* au nom des rois mérovingiens. La puissance des Pippinides reposait sur leur fortune terrienne mais aussi sur leur alliance avec l'Église qui permit à Pépin le Bref de déposer le dernier Mérovingien Childéric III, et de se faire élire roi des Francs en 751. Le sacre (le premier en Gaule) que Pépin reçut du pape Étienne II (754) unit étroitement la papauté à la dynastie carolingienne qui réalisa avec l'Église l'unité de l'Occident chrétien sous Charlemagne. Par ses conquêtes (773-812), ce dernier étendit le *Regnum Francorum,* et parallèlement la chrétienté, à la Germanie (jusqu'à l'Elbe), à l'Italie et à l'Espagne (jusqu'à l'Èbre). L'unité fut réalisée autour de la Gaule et consolidée par le couronnement impérial de Charlemagne à Rome par le pape Léon III (25 déc. 800).
Englobant la majeure partie de l'Occident, l'Empire carolingien était un Empire chrétien, dont le chef exerçait une fonction essentiellement religieuse au service du peuple de Dieu, et était investi d'une haute autorité politique, judiciaire, législative et militaire. Le centre du gouvernement, le palais, fixé en 794 à Aix-la-Chapelle, résidence de l'empereur, comprenait des conseillers clercs (archichapelain, chancelier) et laïcs (sénéchal, bouteiller, connétable, comte du palais). Les cadres locaux de l'administration étaient les comtés, dirigés par les comtes, et, aux frontières, les marches (marches de Bretagne, d'Espagne, etc.), commandées par des ducs, des préfets ou des margraves. Aidés par les évêques, les agents locaux étaient contrôlés par les *missi dominici.* Administrateurs et évêques étaient instruits au palais où des savants étrangers (Alcuin, Théodulf, Paul Diacre, Paulin d'Aquilée, etc.) favorisèrent l'éclosion d'une renaissance intellectuelle et littéraire dite « carolingienne ». La réorganisation des études (création par Charlemagne d'écoles palatines, cathédrales, monastiques et presbytérales), la mise au point de la minuscule caroline (v. 780), la multiplication des livres reproduisant les œuvres des Pères de l'Église et celles des auteurs latins classiques, permirent, au cours du IXe s., l'épanouissement de cette renaissance dont le plus illustre représentant est J. Scot Érigène. Mais alors que s'affirmait le mouvement culturel, l'Empire déclinait. De multiples causes concouraient à le ruiner, parmi lesquelles son immensité, les particularismes régionaux, l'insuffisance de l'appareil administratif, l'esprit d'indépendance des comtes, le développement anarchique de la vassalité favorisé par la faiblesse de caractère des successeurs de Charlemagne, et surtout la pratique franque du partage successoral. En recourant à cette pratique en 829, Louis Ier le Pieux déclencha une crise au terme de laquelle le traité de Verdun (août 843) divisa l'Empire en trois royaumes indépendants, dévolus aux fils de Louis Ier le Pieux : Charles II le Chauve reçut la partie occidentale *(Francia occidentalis),* Louis Ier le Germanique la *Francia orientalis* (royaume de Germanie) et Lothaire Ier, la Lotharingie, intercalée entre les deux précédents royaumes. Avec l'aide de l'Église, Charles II le Chauve puis Charles III le Gros restaurèrent l'unité de l'Empire, le premier de 875 à 877, le second de 884 à 887, date qui marque la fin de l'Empire carolingien. Dans les royaumes issus de l'Empire, les Carolingiens continuèrent à régner : en Germanie, ils furent évincés en 911 à la mort de Louis III (ou IV) l'Enfant par le duc de Franconie Conrad Ier ; en France, où pendant un siècle (888-987) ils disputèrent le trône aux Robertiens, ils furent éliminés par ces derniers à la mort de Louis V (987), auquel succéda Hugues Ier Capet, premier roi de la dynastie des Capétiens*.

CAROLUS [-lys] n. m. (lat. *Carolus,* Charles). Nom donné à diverses monnaies émises par des souverains prénommés Charles (à commencer par le « grand blanc au K couronné », pièce de

10 deniers tournois du roi de France Charles VIII).

CAROLUS-DURAN (Charles Durand, dit), peintre français (Lille 1837 - Paris 1917). Inspiré à ses débuts par Courbet et par Velázquez, portraitiste célèbre (*la Dame au gant,* 1869, musée d'Orsay), il a évolué vers un académisme virtuose.

CARON (Antoine), peintre et décorateur français (Beauvais 1521-*id.* 1599). Il s'imprégna d'italianisme en travaillant à Fontainebleau sous le Primatice. Il présente les événements de son temps à travers de complexes allégories, parmi des architectures fantastiques et dans une manière picturale sèche, mais animée de couleurs gaies (*la Sibylle de Tibur,* v. 1575-1580, Louvre). Il a donné des décors de fêtes royales et des dessins pour la tapisserie.

CARON (Leslie), danseuse et comédienne française (Boulogne-sur-Seine 1931). Après des débuts avec Roland Petit, elle tourna plusieurs films avec G. Kelly *(Un Américain à Paris,* 1951) puis, comme actrice, poursuivit une carrière cinématographique internationale (*Gigi,* 1957).

CARONADE n. f. (angl. *carronade,* de *Carron,* n. pr.). Pièce d'artillerie de marine, en fonte, mise en service dans la marine britannique en 1778 et restée en usage jusqu'à la fin de la marine à voile.

CARONCULE n. f. (lat. *caruncula,* de *caro, carnis,* chair). **1.** Nom donné à divers petits organes charnus de couleur rougeâtre. — **2.** Excroissance érectile charnue de la tête des dindons et d'autres animaux. — **3.** *Caroncule lacrymale,* petite saillie rosée située à l'angle interne de l'œil. ‖ *Caroncules papillaires,* petits mamelons qui déversent l'urine dans les calices des reins. ‖ *Grande et petite caroncule,* deux petites saillies coniques situées sur le bord interne de la deuxième portion du duodénum. La grande caroncule, en bas, est creusée d'une cavité, appelée *ampoule de Vater,* au fond de laquelle s'abouchent le canal cholédoque et le canal de Wirsung.

CARONCULÉ, E adj. *Pigeons caronculés,* pigeons de plusieurs races messagères présentant des caroncules nasales.

CARONÍ, riv. du Venezuela, affl. de l'Orénoque (r. dr.) ; 690 km. Aménagements hydroélectriques (Macagua, Guri).

CARONTE *(chenal* ou *canal de),* passage maritime aménagé entre l'étang de Berre et le golfe de Fos.

CAROSSA (Hans), écrivain allemand (Tölz 1878-Rittsteig, près de Passau, 1956). Il a exprimé son angoisse devant la souffrance et la mort (*le Docteur Gion,* 1931).

CAROTÈNE n. m. (de *carotte*). Hydrocarbure tétraterpénique $C_{40}H_{56}$, qui donne sa couleur orange à la carotte. (Très répandus dans la nature, les carotènes sont des polyènes conjugués, dont le plus important est le β-carotène, ou provitamine A.)

CAROTÉNODERMIE n. f. Coloration orangée des téguments, provoquée par une augmentation de la carotinémie.

CAROTÉNOÏDE n. m. Tétraterpène apparenté aux carotènes et abondamment répandu dans les règnes animal et végétal (xanthophylle, lycopène...).

ENCYCL. Les *caroténoïdes* donnent leur couleur rouge ou orangée à la carotte, au melon, à la tomate, à de nombreuses fleurs, aux feuilles d'automne jaunes ou brunes (xanthophylle). Outre leurs fonctions d'enzymes, ils peuvent contribuer à l'absorption de l'énergie lumineuse par les plantes et, dans les espèces microscopiques nageuses (euglènes), provoquer le déplacement de la plante en direction de la source lumineuse.

CAROTHERS (Wallace Hume), chimiste américain (Burlington, Iowa, 1896 - Philadelphie 1937). Il a mis au point en 1931 la production du caoutchouc synthétique Néoprène et découvert le Nylon en 1937.

CAROTIDE adj. et n. f. (gr. *karôtis, -idos,* de *karoûn,* engourdir). *Artère carotide* ou *carotide* (n. f.), chacune des branches de l'aorte qui portent le sang à la tête et au cerveau.

ENCYCL. Les artères carotides sont au nombre de trois de chaque côté : primitive, interne et externe. L'artère *carotide primitive droite* naît par bifurcation du tronc artériel brachiocéphalique, à sa sortie du thorax. L'artère *carotide primitive gauche* naît directement de la crosse de l'aorte. Les carotides primitives se divisent en deux branches terminales : la *carotide externe,* qui fournit la vascularisation de la face et la *carotide interne,* qui vascularise l'encéphale et dont les thromboses entraînent une amaurose unilatérale et une hémiplégie controlatérale.

CAROTIDIEN, ENNE adj. **1.** Qui appartient à une carotide. — **2.** *Canal carotidien,* conduit osseux, par lequel l'artère carotide interne pénètre dans le crâne. ‖ *Corpuscule carotidien,* petit organe nerveux arrondi, situé contre la bifurcation de la carotide primitive, et relié au plexus carotidien. (Il joue un rôle important dans la régulation de la pression artérielle.) ‖ *Gouttière carotidienne,* espace situé au cou derrière le muscle sterno-cléido-mastoïdien. ‖ *Nerf carotidien,* branche du ganglion sympathique cervical supérieur qui monte en arrière de la carotide interne, puis forme autour d'elle le *plexus carotidien.*

CAROTINÉMIE n. f. Présence de carotène dans le sang. (Elle entraîne, lorsqu'elle est abondante, une coloration orangée de la peau.)

CAROTTAGE n. m. **1.** *Fam.* Action de carotter qqch à qqn. — **2.** Opération consistant à découper dans un terrain un échantillon cylindrique appelé carotte. — **3.** *Carottage électrique,* syn. de DIAGRAPHIE.

CAROTTE n. f. (lat. *carota,* du gr. *karôton*). **1.** Plante cultivée pour sa racine comestible de forme cylindrique, plus ou moins allongée, de couleur rouge. (Il existe aussi des carottes fourragères à la racine plus volumineuse, blanche ou jaune, ainsi que des carottes sauvages, très communes dans les prés et au bord des chemins.) — **2.** Enseigne rouge en forme de deux cônes verticaux opposés par leur base commune et devenue réglementaire pour la signalisation des bureaux de tabac en France. — **3.** *Fam.* Avantage que l'on fait miroiter à qqn pour obtenir qqch de lui. — **4.** Fragment de tissu prélevé sur un organe par ponction-biopsie au moyen d'une aiguille creuse spéciale. — **5.** Échantillon cylindrique de terrain, découpé par un outil spécial de forage appelé carottier. — **6.** Dans le moulage des polymères par injection, matière ayant rempli le canal d'alimentation entre le nez du cylindre d'injection et l'entrée dans le moule. — **7.** Un des modes de présentation du tabac à mâcher en France. — **8.** *La carotte et le bâton,* méthode de gouvernement utilisant tour à tour les promesses démagogiques et la répression. ‖ Fam. *Les carottes sont cuites,* l'affaire est perdue. ‖ Fam. et vx. *Tirer une carotte à qqn,* lui soutirer une petite somme par un mensonge.

◆ adj. inv. De couleur rouge ; roux.

CAROTTER v. t. (de *tirer une carotte*) [conj. 3]. *Fam.* **1.** Extorquer qqch à qqn en l'abusant : *Il a carotté cent francs à sa mère.* — **2.** Détourner à son profit une partie de qqch : *Carotter sur le budget.* — **3.** Exécuter un carottage de roche.

CAROTTEUR, EUSE ou **CAROTTIER, ÈRE** adj. et n. *Fam.* Qui a l'habitude de carotter.

◆ **carottier** n. m. Outil spécial utilisé pour prélever un échantillon de terrain appelé carotte et composé d'un tube (destiné à recevoir la carotte) qui entraîne une couronne à lames ou à rouleaux (destinée à attaquer le terrain).

CAROUBE ou **CAROUGE** n. f. (lat. médiév. **carubia,* de l'ar. *kharrūba*). Fruit du caroubier.

CAROUBIER n. m. Grand arbre méditerranéen du bord des eaux, dont le fruit en gousse (caroube) contient une pulpe comestible, sucrée, antidiarrhéique, d'usage alimentaire et médicinal.

1. CAROUGE n. m. Oiseau d'Amérique du Nord, au bec fort et pointu, ayant les mœurs du coucou.

2. CAROUGE → CAROUBE.

CAROUGE, v. de Suisse (cant. de Genève), dans la banlieue sud de Genève, sur l'Arve ; 13 100 hab.

CAROUX, massif du dép. de l'Hérault, prolongement des monts de l'Espinouse ; 1 091 m. Réserve nationale de faune (mouflons) englobée dans le parc naturel régional du Haut-Languedoc.

CARPACCIO n. m. (de *Carpaccio,* n. pr.). Viande de bœuf crue, coupée en fines lamelles et marinée dans de l'huile d'olive aromatisée. (Cuisine italienne.)

CARPACCIO (Vittore), peintre italien (Venise autour de 1460 - ? v. 1525). Élève de Gentile Bellini, il a peint des suites narratives où l'observation fidèle, voire anecdotique, est dominée par un souci rigoureux de la composition. Il transpose les scènes de la vie des saints dans une Venise fastueuse ou dans un Orient pittoresque : *Légende de sainte Ursule* (1490-1496, Accademia, Venise), *Histoire de saint Georges, saint Jérôme et saint Tryphon* (1501-1507, scuola di S. Giorgio), etc. De beaux tableaux isolés marquent la fin de sa carrière, dans un style déjà un peu attardé : les *Deux Dames vénitiennes* (musée Correr, Venise), la *Présentation de Jésus au temple* (Accademia), conversation sacrée dans le goût de Giovanni Bellini, l'âpre *Christ mort* (Berlin).

CARPATES, anc. parfois **Karpates,** en tchèque et en polon. **Karpaty,** en roum. **Carpaţi,** chaîne de montagnes de l'Europe centrale et du Sud-Est, formant un arc de 1 500 km de long, dont la concavité est tournée vers le bassin pannonien, culminant à 2 655 m au pic de Gerlachovka. Montagne tertiaire formée de plusieurs massifs (dont ceux des Tatras [ou Tatry], du Maramureş et l'ensemble Făgăras-Parîng sont les plus élevés), les Carpates occupent le nord de la Slovaquie et le sud-est de la Pologne, l'extrémité occidentale de l'Ukraine et surtout la majeure partie de la Roumanie. L'exploitation de la forêt, l'élevage, localement l'extraction minière, le tourisme et la production de l'hydroélectricité sont les ressources essentielles des Carpates, trouées de bassins, coupées de cours d'eau (Mureş, Olt, Someş), bordées de piémonts (notamment vers les vallées du Danube, du Siret et du Dniestr).

CARPATIQUE adj. Relatif aux Carpates.

1. CARPE n. f. (bas lat. *carpa*). **1.** Grand poisson des eaux douces, calmes et tièdes, caractérisé par ses grandes écailles, ses barbillons, sa longue dorsale. (Les carpes sont très polymorphes. Elles peuvent vivre 20 ans et atteindre plus de 15 kg et plus de 70 cm de longueur. Elles se nourrissent de petites proies animales et végétales. Leur élevage intensif [cypriniculture] se pratique en Europe centrale.) — 2. Fam. *Bâiller comme une carpe,* démesurément et constamment. ‖ *Muet comme une carpe,* sans rien dire. ‖ *S'ennuyer comme une carpe,* s'ennuyer prodigieusement. ‖ *Saut de carpe,* bond d'un gymnaste qui, étant allongé sur le sol, se relève d'une détente brusque du corps ; syn. de SAUT CARPÉ.

2. CARPE n. m. (gr. *karpos,* poignet). Squelette du poignet et de la partie supérieure de la main.
ENCYCL. Le carpe est formé de 8 os courts disposés en deux rangées : la rangée supérieure comprend de dehors en dedans le *scaphoïde,* le *semi-lunaire,* le *pyramidal* sur lequel repose le *pisiforme ;* la rangée inférieure comprend le *trapèze,* le *trapézoïde,* le *grand os* et l'*os crochu.* Le carpe s'articule en haut avec le radius, en bas avec le métacarpe.

CARPÉ, E adj. 1. Se dit des poissons *(gardon carpé, brème carpée)* ayant certains caractères de la carpe. — 2. *Saut carpé,* saut effectué par un danseur, au cours duquel, le corps étant projeté verticalement, le buste est rejeté en arrière en se cambrant, les jambes restant jointes ; plongeon au cours duquel le corps doit être fléchi aux hanches, les jambes restant allongées. (Syn. SAUT DE CARPE.)

CARPEAU → CARPILLON.

CARPEAUX (Jean-Baptiste), sculpteur et peintre français (Valenciennes 1827 - Courbevoie 1875). Grand prix de Rome en 1854, il sculpte *le Jeune Pêcheur à la coquille* et le groupe d'*Ugolin,* revient en 1861 à Paris, où il obtiendra le soutien de la Cour impériale et des commandes telles que *le Triomphe de Flore* pour une façade du Louvre, *la Danse** pour l'Opéra, la fontaine des *Quatre Parties du monde,* qui reflètent, comme ses nombreux bustes, la gaieté officielle et l'élan de cette époque. Nourri des exemples de la Renaissance, de Michel-Ange, de Rubens, de Rude, son art introduit une spontanéité expressive nouvelle et capte de façon presque impressionniste la sensation de l'instant.

CARPECTOMIE n. f. Résection des os du carpe, ou de quelques-uns d'entre eux.

carpe diem, expression lat. signif. *cueille le jour !* Mots d'Horace rappelant que la vie est courte, et qu'il faut se hâter d'en profiter.

CARPELAN (Bo), écrivain finlandais de langue suédoise (Helsinki 1926). Il évolue, dans ses œuvres lyriques, de la mélancolie abstraite (*Moins sept,* 1952) à la chaleur (*73 Poèmes,* 1966 ; *le Printemps,* 1973). Il est aussi l'auteur de romans et de nouvelles (*l'Ombre errante,* 1977 ; *Je me rappelle que j'ai rêvé,* 1979 ; *Axel,* 1986).

CARPELLAIRE adj. Qui concerne le carpelle des fleurs.

CARPELLE n. m. Pièce florale située au sommet de l'axe de la fleur et généralement soudée aux pièces homologues pour constituer le pistil, organe femelle contenant des ovules. (Un carpelle ressemble à une feuille rabattue de façon que ses bords, qui portent les ovules, se touchent et se soudent, entre eux ou à ceux de la feuille voisine.)

CARPENTARIE *(golfe de),* large échancrure de la côte de l'Australie, entre la péninsule du cap York (Queensland) et la terre d'Arnhem (Territoire du Nord).

CARPENTIER (Jules), ingénieur français (Paris 1851-Joigny 1921). Constructeur d'instruments de précision, successeur de Ruhmkorff, il réalisa les premiers appareils cinématographiques des frères Lumière.

CARPENTIER (Georges), boxeur français (Liévin 1894 - Paris 1975), champion du monde des poids mi-lourds en battant par knock-out l'Américain Levinsky en 1920. Il échoua pour le titre mondial toutes catégories en 1921, à Jersey City, battu par knock-out par le tenant, Jack Dempsey.

CARPENTIER (Alejo), écrivain cubain (La Havane 1904-Paris 1980). Il se lie avec les surréalistes, surtout Artaud et Prévert, pendant ses onze années d'exil à Paris. Passionné par la musique de son pays (*Histoire de la musique cubaine,* 1946), par toutes les formes de l'art (*Chroniques* [1925-1980], 1983), fasciné par l'aspect irrationnel du monde latino-américain, tels les rites de sorcellerie antillais (*Ecué Yamba-O,* 1933), il traduit le mélange des cultures (*le Royaume de ce monde,* 1949), s'intéresse aux civilisations primitives (*le Partage des eaux,* 1953), à Christophe Colomb (*la Harpe et l'Ombre,* 1979) et à l'irruption des idées de 1789 dans les Caraïbes (*le Siècle des lumières,* 1962). Ministre conseiller de l'ambassade de Cuba à Paris, il publie *la Danse sacrale (La consagración de la primavera),* peinture de l'idéal révolutionnaire, en 1979.

CARPENTRAS (84200), ch.-l. d'arrond. de Vaucluse, dans le Comtat ; 25 477 hab. *(Carpentrassiens).* Carpentras fut le siège de l'administration du Comtat Venaissin de 1229 à 1791. Marché d'une région de cultures maraîchères et fruitières. Industrie agroalimentaire. Boîtes métalliques.
— **Bx-arts.** Restes d'un arc de triomphe romain du Ier s. (sculptures). Église St-Siffrein, du XVe s. Palais de justice (anc. palais épiscopal) du XVIIe s.

Hôtel-Dieu et synagogue du XVIIIe s. Musées Duplessis (beaux-arts ; section régionale comtadine) et Sobirats (arts décoratifs, dans un hôtel du XVIIIe s.). Musée lapidaire dans une chapelle baroque.

CARPETBAGGER n. m. (amér. *carpetbag,* sac de voyage). Sobriquet donné par les sudistes aux aventuriers blancs venus dans le Sud, après la guerre de Sécession.

CARPETTE n. f. (angl. *carpet,* de l'anc. fr. *carpite,* sorte de tapis). **1.** Tapis, rarement uni, plus grand que les tapis dits « foyers ». — **2.** *Fam.* Personne servile.

CARPETTIER n. m. Tisseur spécialisé dans la fabrication des moquettes, carpettes et tapis de sol.

CARPI, v. d'Italie, en Émilie, au N. de Modène ; 61 000 hab. Monuments anciens. Musée.

Carpiagne *(camp de),* camp militaire à 10 km à l'E. de Marseille.

CARPICULTEUR, TRICE n. Éleveur de carpes.

CARPICULTURE n. f. Élevage de la carpe.

CARPIEN, ENNE adj. **1.** Relatif au carpe. — **2.** *Canal carpien,* gouttière constituée par la face antérieure des os du carpe et fermée en avant par le ligament annulaire antérieur. ‖ *Condyle carpien,* ensemble des surfaces articulaires des os de la première rangée du carpe.

CARPILLON ou **CARPEAU** n. m. Jeune carpe.

CARPINI (Giovanni PIANO) ⟶ PLAN CARPIN (Jean DU).

CARPIO (Bernardo DEL) ⟶ BERNARDO DEL CARPIO.

CARPOBROTUS [-tys] n. m. Plante grasse aux tiges traînantes, aux feuilles trigones, au fruit comestible (figue des Hottentots), importée du Cap sur la Côte d'Azur.

CARPOCAPSE n. f. (du gr. *kaptein,* manger avidement). Petite tordeuse dont la chenille se développe dans divers fruits.

CARPOCRATE, philosophe grec alexandrin (IIe s. apr. J.-C.). Il a tenté de concilier platonisme et christianisme.

CARPOLOGIE n. f. Étude scientifique des fruits.

CARPOPHAGE adj. Syn. de FRUGIVORE.
◆ n. m. Pigeon frugivore. (De nombreuses espèces vivent en Océanie.)

CARPOPHILE n. m. Petit coléoptère roux qui attaque les figues sèches.

CARPOPHORE n. m. Partie visible, non souterraine, des champignons à basides, généralement constituée d'un pied et d'un chapeau et portant des spores à la face inférieure du chapeau. (C'est cette partie que l'on nomme usuellement champignon.)

CARPZOW ou **CARPZOV** (Benedikt), jurisconsulte allemand (Wittenberg 1595-Leipzig 1666), auteur de travaux fondamentaux en matière de droit pénal et de droit ecclésiastique protestant.

CARQUEFOU (44470), ch.-l. de cant. de la Loire-Atlantique, au N.-E. de Nantes ; 12 925 hab. *(Carquefolliens).* Zone industrielle.

CARQUEIRANNE (83320), comm. du Var, à 14 km à l'E. de Toulon ; 7 150 hab. *(Carqueirannais).* Station balnéaire.

CARQUOIS n. m. (gr. médiév. *tarkasion,* du pers. *tirkaš,* par attraction de l'anc. fr. *carcois,* carcasse). **1.** Étui renfermant les flèches de l'archer et parfois l'arc lui-même. — **2.** *Pied en carquois,* pied droit et cannelé de tables et de sièges Louis XVI.

CARR (William) ⟶ BERESFORD.

CARR (John Dickson), écrivain américain (Uniontown, Pennsylvanie, 1906-New York 1977). Influencé par G. K. Chesterton, il est l'auteur, sous son nom, ou sous celui de **Carter Dickson,** de romans policiers orientant le genre vers le fantastique (*la Maison de la peste,* 1934 ; *la Maison du bourreau,* 1935 ; *la Chambre ardente,* 1937 ; *le Sphinx endormi,* 1947).

CARRÀ (Carlo), peintre italien (Quargnento, prov. d'Alexandrie, 1881 - Milan 1966). Futuriste dès 1910, il associe le dynamisme de la « simultanéité des sensations » et une construction inspirée du cubisme. En 1916, il se tourne vers la peinture métaphysique, avant d'aborder, dans les années 20, des paysages d'une poésie austère.

CARRACHE, en ital. **Carracci,** nom de deux frères, AGOSTINO (en fr. Augustin) [Bologne 1557 - Parme 1602] et ANNIBALE (Annibal) [Bologne 1560 - Rome 1609], et de leur cousin LUDOVICO (Louis) [Bologne 1555 - *id.* 1619], peintres italiens, auteurs de tableaux religieux, décorateurs et fondateurs à Bologne de l'académie d'art des Incamminati (1585), où travaillèrent G. Reni, F. Albani, le Dominiquin, le Guerchin... Leur doctrine picturale comportait l'étude de l'Antiquité, des grands maîtres de la Renaissance (éclectisme), mais aussi l'observation de la nature et la recherche réaliste de la vérité expressive. Les Carrache ont assuré le passage du maniérisme à l'académisme, voire au baroque, qu'annonce la voûte de la galerie du palais Farnèse à Rome (sur le thème des *Amours des dieux,* v. 1595-1600), par Annibal, chef-d'œuvre d'une ampleur décorative et d'une vitalité surprenantes.

CARRAGHEEN [-geɛ̃] n. m. Algue fourragère jaune clair, translucide, donnée au bétail, en Bretagne notamment, et dont on extrait une gelée. (N. sc. *chondrus.*)

CARRAIRE n. m. (provenç. *carrairo*). Dans les Alpes du Sud, syn. de DRAILLE 1.

CARRANQUE DE RÍOS (Andrés), écrivain espagnol (Madrid 1902 - *id.* 1936). Ses trois romans (*Uno,* 1927 ; *La vida difícil,* 1935 ; *Cinematógrafo,* 1936), tableaux réalistes de l'Espagne des années 30, font de lui un des pionniers du roman social.

CARRANTUOHILL, sommet des monts de Kerry, dans le sud-ouest de l'Irlande, point culminant de l'île ; 1 041 m.

CARRANZA (Bartolomé DE), théologien et prélat espagnol (Miranda de Arga, Navarre, 1503-Rome 1576). Archevêque de Tolède et primat d'Espagne (1557), il fut accusé d'hérésie par l'Inquisition et emprisonné (1559). Son long procès (1559-1576) fut, en partie, une lutte entre les pouvoirs en place : Couronne, tribunaux, Rome.

CARRANZA (Venustiano), homme d'État mexicain (Cuatro Ciénegas, Coahuila, 1859-Tlaxcalantongo, Puebla, 1920). Gouverneur du Coahuila (1911), il devint un leader de la révolution en lançant le « plan de Guadalupe » contre l'« usurpateur » Huerta (1913). Premier chef de l'armée constitutionnaliste, il mena les révolutionnaires à la victoire (1914). Inspirateur de la Constitution de 1917, élu président de la République (1917), il se heurta aux généraux, qui le firent assassiner.

CARRARE n. m. Marbre blanc fin tiré des environs de Carrare. (Syn. LUNA.)

CARRARE, en ital. **Carrara,** v. d'Italie, en Toscane, au pied des Alpes apuanes ; 65 945 hab. Cathédrale romano-gothique. Académie des beaux-arts. — À proximité, carrières de marbres blancs et de couleur. Réputés depuis l'Antiquité, ces marbres sont dégrossis et polis à Carrare.

CARRE n. f. (de *carrer*). **1.** Épaisseur d'un objet plat dont la tranche est carrée : *La carre d'une planche.* — **2.** En patinage sur glace, chacun des deux tranchants de l'arête du patin, séparés par un léger creux. — **3.** En ski, arête formée par la semelle d'un ski et son chant ; arête métallique du ski, permettant d'améliorer l'accrochage des skis sur la neige en traversée et en virage. — **4.** Arête du pourtour d'une semelle, d'une forme de chaussure. — **5.** Entaille faite au tronc des pins pour en extraire la résine. — **6.** *Saut de carre,* en patinage artistique, saut dont l'appel s'effectue en prenant appui sur une seule carre.

1. CARRÉ, E adj. (lat. *quadratus*). **1.** Qui a la forme d'un quadrilatère ayant ses côtés égaux et ses angles droits. — **2.** Qui a quatre pans de section carrée : *Une poutre carrée.* — **3.** Qui est trapu, large, aux angles fortement marqués : *Des épaules carrées.* — **4.** Qui est franc, décidé, qui a une attitude tranchée, nette : *Un homme carré en affaires. Une réponse carrée.* • **Algèbr.** *Matrice carrée,* matrice dont le nombre de colonnes est égal au nombre de lignes. — **Jeux.** *Mots carrés,* jeu consistant à deviner les mots composant un carré, à l'aide de définitions, plus ou moins fantaisistes. — **Ling.** Se dit d'une écriture hébraïque dérivant de l'alphabet araméen. — **Mar.** *Mât carré,* mât portant des voiles carrées. ‖ *Voiles carrées,* voiles rectangulaires fixées sur des vergues horizontales. — **Math.** *Racine carrée d'un nombre,* nombre dont le carré est égal à ce nombre. (La racine carrée positive d'un nombre a, si elle existe, se note $\sqrt{a}$.) — **Métrol.** *Mètre carré, kilomètre carré,* etc., aire égale à celle d'un carré dont le côté a un mètre, un kilomètre, etc.

2. CARRÉ n. m. (lat. *quadratum*). **1.** Quadrilatère ayant quatre côtés égaux et quatre angles droits. — **2.** Dessin, forme, objet carrés : *Un carré de ciel bleu.* — **3.** Foulard carré : *un carré de coton.* — **4.** Partie de jardin potager où l'on cultive une même espèce de plante : *Carré de choux.* — **5.** Sur un bateau, salle commune où les officiers prennent leurs repas. — **6.** *Arg. scol.* Élève de deuxième année, dans certaines grandes écoles et dans les classes préparatoires. — **7.** *Au carré,* disposé de manière à former des angles droits ; se dit d'une coupe de cheveux à bords biseautés et angles droits ; se dit d'un lit dont les couvertures sont rigoureusement tirées sur le matelas, sans faire aucun pli. ‖ *Carré de l'Est,* fromage de forme carrée originaire de l'est de la France, fabriqué au lait de vache, à croûte lavée ou moisie. • **Algèbr.** *Carré latin d'ordre* n, matrice carrée $A = (a_{ij})$, $i \in [1, n]$, et $j \in [1, n]$, dont les éléments a_{ij} appartiennent à un ensemble E de cardinal n et dans laquelle chaque élément de E apparaît une et une seule fois dans chaque ligne et dans chaque colonne. ‖ *Carré magique,* matrice carrée $A = (a_{ij})$ telle que la somme des éléments de chaque ligne, chaque colonne et chaque diagonale est constante. — **Anat.** Nom donné chez l'homme à plusieurs muscles en raison de leur forme (carré du menton, carré des lombes, carré pronateur). ‖ Os sur lequel s'articule la mandibule chez les vertébrés autres que les mammifères. (Cet os a une certaine mobilité chez les oiseaux et surtout chez les serpents, ce qui permet à la bouche de s'ouvrir très largement ; il émigre et se réduit chez les mammifères pour devenir l'*enclume* de l'oreille moyenne.) — **Archit.** *Carré du transept,* syn. de CROISÉE DU TRANSEPT. — **Astrol.** Aspect de deux astres dont la longitude géocentrique diffère de 90°. — **Bouch.** Ensemble de côtelettes de mouton, de veau ou de porc. — **Ch. de f.** Signal de protection présentant, de jour, une cocarde carrée droite à damier rouge et blanc, et, de nuit, ou en signalisation lumineuse, deux feux rouges, et commandant au mécanicien l'arrêt avant le signal. (Sur les voies de service, le carré est violet ou présente un feu violet.) ‖ Syn. de CLEF* DE BERNE. — **Jeux.** Au poker, réunion de quatre cartes de la même valeur dans la main du même joueur. ‖ À la roulette, groupe de quatre numéros au centre duquel on place sa mise. — **Math.** *Carré d'un nombre,* produit de deux facteurs égaux à ce nombre. ‖ *Carré parfait,* dans $\mathbb{R}$, nombre qui est le carré d'un entier. ‖ *Élever une quantité au carré,* la multiplier par elle-même. ‖ *Méthode des moindres carrés,* méthode algébrique inventée par Legendre et perfectionnée par Gauss et Laplace, qui permet de résoudre « au mieux » des systèmes d'équations qui n'ont pas de solutions classiques. — **Mil.** Ancienne formation d'infanterie, faisant front sur quatre faces et utilisée notamment contre les charges de cavalerie. — **Papet.** Ancien format de dimensions 42 × 54 cm (format fini).

CARRÉ (Ferdinand), ingénieur français (Moislains, Somme, 1824-hameau du Poncet, près de Pommeuse, Seine-et-Marne, 1900). Pionnier de l'emploi du froid industriel, il créa, de 1857 à 1863, les principaux types de machines frigorifiques. En 1875, son navire frigorifique ramena d'Argentine 80 t de viande congelée à - 30 °C.

CARRÉ (Ambroise Marie), dominicain français (Fleury-les-Aubrais 1908), prédicateur à Notre-Dame de Paris de 1959 à 1966. (Acad. fr., 1975.)

Carré *(maladie de)* [du n. du vétérinaire français Henri *Carré,* 1870-1938], maladie infectieuse, contagieuse, due à un virus *(virus de Carré),* encore appelée *maladie du jeune chien.* La maladie peut atteindre de nombreux animaux. Chez le chiot non immunisé, elle est foudroyante. La vaccination assure une protection efficace.

CARREAU n. m. (lat. pop. *quadrellus,* du lat. class. *quadrus,* carré). **1.** Petite plaque de céramique, de marbre, etc., de forme quelconque, employée en quantité, par assemblage, pour constituer un revêtement. — **2.** Ce revêtement lui-même ; sol pavé de carreaux : *S'agenouiller sur le carreau.* — **3.** Dessin formé par des lignes, des bandes qui se croisent à angle droit : *Une veste à carreaux.* — **4.** Plaque de verre d'une fenêtre, d'une porte : *Les carreaux de la fenêtre étaient couverts de buée.* — **5.** Une des quatre couleurs du jeu de cartes, qui se distingue par les carrés rouges dont elle est marquée ; carte de cette couleur. — **6.** Instrument servant à forcer les serrures. — **7.** *Pop.* Verre de lunette et, au pl., les lunettes ou les yeux. — **8.** *Carreau (des Halles),* à Paris, endroit où se faisaient les ventes non officielles autour et en dehors des anciennes Halles. ‖ *Carreau du Temple,* à Paris, partie du marché du Temple où les marchands d'habits de qualité inférieure vendent leurs marchandises. ‖ *Faire un carreau,* à la pétanque, tirer de telle sorte que la boule du joueur déloge une boule en prenant exactement sa place. ‖ Fam. *Laisser qqn sur le carreau,* le laisser sur place, mort ou grièvement blessé. ‖ Fam. *Rester, demeurer sur le carreau,* être tué ou blessé après une lutte ; échouer. ‖ Fam. *Se tenir, se garder à carreau,* être sur ses gardes. • **Arm.** Trait d'arbalète dont le fer avait quatre faces, ou « carrés ». — **Bât.** Élément de mur appareillé présentant en parement son plus grand côté. — **Brod.** Métier de dentellière, fait d'un coussin de formes diverses. (Syn. COUSSIN.) — **Bx-arts.** *Mise au carreau,* procédé permettant aux artistes de reproduire à une échelle différente un motif préalablement recouvert d'un quadrillage. — **Céram.** *Carreau de demi-grès* ou *de semi-grès,* carreau obtenu par la cuisson, arrêtée avant grésage, d'une pâte composée essentiellement d'un mélange d'argiles naturelles. ‖ *Carreau de faïence,* carreau constitué par un biscuit sur lequel est appliquée une glaçure. ‖ *Carreau de grès cérame* ou *carreau de grès fin vitrifié dans la masse,* produit obtenu par cuisson à haute température d'une pâte constituée de kaolins, d'argiles, de feldspaths et de dégraissants, possédant des caractéristiques mécaniques exceptionnelles. ‖ *Carreau de grès naturel,* carreau obtenu par cuisson à haute température d'une pâte constituée d'un mélange d'argiles susceptibles de gréser sous l'action de la chaleur. ‖ *Carreau de terre cuite,* carreau obtenu par cuisson, à basses températures, de terres argileuses. — **Min.** Terrain sur lequel est regroupé l'ensemble des installations de surface d'une mine. — **Mobil.** Jusqu'à la Révolution, coussin de forme carrée.

CARRÉ DE MALBERG (Raymond), juriste français (Strasbourg 1861-*id.* 1935). Sa *Contribution à la théorie générale de l'État* (1920-1922) reste l'un des ouvrages fondamentaux du droit public. Pour lui, l'État naît en droit dès l'établissement de sa première Constitution.

CARRÉE n. f. *Pop.* Chambre.

CARREFOUR n. m. (bas lat. *quadrifurcus,* du lat. class. *quattuor,* quatre, et *furca,* fourche). **1.** Lieu où se croisent plusieurs rues ou plusieurs routes, généralement aménagé en vue d'éviter les risques de collision, et parfois d'améliorer le débit. — **2.** Situation, circonstance où se présentent plusieurs possibilités entre lesquelles on doit choisir : *L'entreprise est maintenant à un carrefour.* — **3.** Point de rencontre d'idées, de cultures, de doctrines diverses : *Revue qui veut être un carrefour* *d'opinions.* — **4.** Rencontre organisée en vue d'une discussion ; séminaire, symposium. — **5.** *Carrefour giratoire,* carrefour dans lequel la circulation s'établit par giration à sens unique autour d'un terre-plein central.

Carrefour, entreprise française de distribution, fondée en 1959. Le premier en France à s'être orienté vers la création de supermarchés, le groupe exploite de nombreux magasins en France et à l'étranger.

CARREL (Armand), journaliste français (Rouen 1800 - Saint-Mandé 1836). Fondateur du *National* (1830), avec Thiers et Mignet, il rompit avec ceux-ci, et fit de son journal un organe républicain. Il fut tué au cours d'un duel avec Émile de Girardin.

CARREL (Jean Antoine), alpiniste italien (Valtournanche, Val d'Aoste, 1828 - *id.* 1890). Il a conquis le Cervin par l'arête du Lion le 17 juill. 1865, trois jours après Whymper, qui avait emprunté l'arête du Hörnli. Dans les Andes, avec Whymper, il a effectué les premières ascensions du Chimborazo et du Cotopaxi.

CARREL (Alexis), physiologiste et chirurgien français (Sainte-Foy-lès-Lyon 1873-Paris 1944). Il quitta la France pour les États-Unis et entra en 1906 à l'Institut Rockefeller de New York. Il est surtout connu pour avoir réussi le premier la survie de cellules, tissus et organes en dehors de l'organisme. Il est l'auteur de *l'Homme, cet inconnu* (1936). [Prix Nobel 1912.]

CARRELAGE n. m. (de *carreler*). **1.** Opération qui consiste à assembler des carreaux de manière à en former un pavement ou un revêtement. — **2.** Revêtement de sol en carreaux.

CARRELER v. t. (anc. fr. *quarrel,* petit carreau) [conj. **24**]. Paver en carreaux.

1. CARRELET n. m. Autre nom de la *plie,* poisson plat.

2. CARRELET n. m. (de *carrelet 1*). **1.** Filet en forme de nappe, monté sur deux cerceaux croisés suspendus au bout d'une perche, et servant à pêcher le menu poisson. (Syn. ÉCHIQUIER.) — **2.** Petit stylet ou épée à lame quadrangulaire (XVIIIe s.). — **3.** Bois avivé de section carrée. — **4.** Aiguille droite ou courbe, à extrémité plate et coupante.

CARRELEUR n. m. Ouvrier qui pose des carrelages et des revêtements en carreaux.

CARRÉMENT adv. (de *carré 1*). **1.** D'aplomb, solidement, hardiment : *Se poser carrément sur ses jambes.* — **2.** Avec aplomb, franchise ; catégoriquement : *Répondre carrément.* — **3.** *Fam.* Complètement : *Ce chanteur est carrément nul.*

CARREÑO DE MIRANDA (Juan), peintre espagnol (Avilés 1614 - Madrid 1685). Il donna des tableaux d'autel pour les couvents madrilènes, telle la *Fondation de l'ordre trinitaire* (1666, Louvre) qui dénote le même sens de l'espace et de l'atmosphère que les grands tableaux de Velázquez. Peintre de la Cour à partir de 1665, il fit une grande carrière de portraitiste.

CARRER (SE) v. pr., **ÊTRE CARRÉ** v. pass. (lat. *quadrare,* rendre carré) [conj. 3]. Être à l'aise dans un siège, se caler, s'étaler : *Se carrer dans un fauteuil.*

CARRERA (Rafael), homme d'État guatémaltèque (Guatemala 1814 - *id.* 1865). À la tête d'une rébellion indienne, il s'empara du pouvoir (1839) et détacha le Guatemala de la fédération d'Amérique centrale. Dictateur du nouvel État du Guatemala (1840), il devint président à vie (1854).

CARRERA ANDRADE (Jorge), écrivain équatorien (Quito 1903-*id.* 1978). Il s'efforce de donner une dimension universelle aux thèmes inspirés par le sol natal et le problème de l'Indien dans ses poèmes (*Registre du monde,* 1940 ; *Hombre planetario,* 1959) et ses essais (*le Chemin du soleil ou le Fabuleux Royaume de Quito,* 1958).

CARRERAS (José), ténor espagnol (Barcelone 1946). Sa brillante carrière a débuté en 1970 au Liceo de sa ville natale. L'année suivante, il a été lauréat du concours Verdi à Bussetto. La douceur de son timbre et la pureté de son phrasé en ont fait l'un des ténors les plus populaires de sa génération.

CARRERE (Emilio), écrivain espagnol (Madrid 1881 - *id.* 1947). Il fut le chantre de la bohème et des bas-fonds de Madrid (*El encanto de la bohemia,* 1911 ; *La tristeza del burdel,* 1913 ; *Las cortesanas,* 1927).

CARRÈRE D'ENCAUSSE (Hélène), historienne française (Paris 1929). Spécialiste de l'histoire russe, soviétique, et en particulier du problème des nationalités, elle enseigne à la Sorbonne puis (depuis 1984) à l'Institut d'études politiques de Paris. Parmi ses principaux ouvrages : *l'Empire éclaté* (1978), *le Grand Frère* (1983), *le Grand Défi* (1987), *la Gloire des nations ou la Fin de l'Empire soviétique* (1990), *Victorieuse Russie* (1992). [Acad. fr. 1990.]

CARRERO BLANCO (Luis), militaire et homme politique espagnol (Santoña, Santander, 1903-Madrid 1973). Amiral (1966), nommé par Franco chef du gouvernement (juin 1973), il fut assassiné par l'E. T. A.

CARRES, CARRHES ou **CARRHAE** → HARRAN.

CARREUR n. m. (de *carrer,* au sens anc. de « mettre à l'équerre »). Ouvrier façonnant le verre à chaud pour lui donner sa forme définitive par soufflage.

CARRIACOU, la plus grande (34 km²) des îles Grenadines, dans les Petites Antilles (Windward Islands), dépendant de Grenade ; 6 000 hab.

CARRICK [-rik] n. m. (angl. *curricle,* du lat. *curriculum,* char de course). Redingote ou manteau à plusieurs collets superposés, qui était portée, entre autres, par les cochers.

1. CARRIER n. m. Personne qui exploite les carrières.

2. CARRIER n. m. (de *carrier 1*). Pigeon caronculé domestique au bec très long.

CARRIER (Jean-Baptiste), Conventionnel français (Yolet, Cantal, 1756 - Paris 1794). Député du Cantal à la Convention (1792), il fut chargé de mission à Nantes, où il fit guillotiner, fusiller ou noyer par centaines des suspects, en utilisant des barques à fond ouvrant. Il fut condamné à mort par le Tribunal révolutionnaire.

CARRIERA (Rosalba), peintre italien (Venise 1675 - *id.* 1757). Adepte du pastel (qu'elle contribua à remettre en vogue, notamment à Paris en 1720), elle se consacra avec succès au portrait, dans un style élégant et sensible.

CARRIER-BELLEUSE (Albert Ernest CARRIER DE BELLEUSE, dit), sculpteur et décorateur français (Anizy-le-Château, Aisne, 1824 - Sèvres 1887). D'un naturalisme élégant, caractéristique du style « second Empire », son œuvre embrasse tous les domaines de la plastique et du décor (objets d'art produits dans son atelier, modèles pour la manufacture de Sèvres, etc.).

1. CARRIÈRE n. f. (lat. pop. *quadraria,* du bas lat. *quadrus lapis,* [pierre] carrée). **1.** Terrain d'où l'on extrait des roches propres à la construction. — **2.** Toute exploitation à ciel ouvert (par oppos. à *mine*).

2. CARRIÈRE n. f. (ital. *carriera,* chemin pour voitures, du lat. *carrus,* char). **1.** Profession à laquelle on se consacre et comportant des étapes : *Les carrières de l'enseignement.* — **2.** Vie professionnelle considérée comme un ensemble d'étapes à parcourir : *Briser la carrière de quelqu'un.* — **3.** Espace délimité, rectangulaire, sablé, en plein air, où les cavaliers travaillent et entraînent les chevaux. — **4.** Litt. *Donner, laisser (libre) carrière à qqch,* donner pleine liberté, laisser libre cours. ‖ *La Carrière,* la carrière diplomatique. ‖ *Faire carrière,* gravir les échelons hiérarchiques. ‖ *Militaire, officier de carrière,* celui dont c'est la profession. ‖ *Ouvrir, fermer une carrière à qqn, à qqch,* leur donner des possibilités, leur interdire ces possibilités. ‖ *Plan de carrière,* schéma a priori d'évolution professionnelle d'un cadre vers des responsabilités croissantes au sein de l'organisation qui l'embauche.

CARRIÈRE (Eugène), peintre et lithographe français (Gournay, Seine-Saint-Denis, 1849 - Paris 1906). Il a surtout peint des maternités et des portraits, réduisant les couleurs à une sorte de camaïeu fluide de brun, d'où les formes essentielles se dégagent par contraste lumineux.

CARRIÈRES-SOUS-POISSY (78955), comm. des Yvelines, sur la Seine ; 11 370 hab.

CARRIÈRES-SUR-SEINE (78420), comm. des Yvelines, à 8 km au N.-O. de Paris ; 11 503 hab. *(Carriérois).* Matériel médical.

CARRIÉRISME n. m. Attitude, état d'esprit des carriéristes.

CARRIÉRISTE n. (angl. *careerist,* de *career,* carrière). Personne qui cherche à satisfaire avant tout son ambition personnelle à l'intérieur d'un parti politique, d'un syndicat, etc., ou grâce à ces derniers.

CARRIERS, Indiens de la Colombie britannique, dont la langue appartient au groupe athabascan, en voie d'extinction.

CARRIÈS (Jean-Joseph Marie CARIÈS, dit), céramiste français (Lyon 1855 - Paris 1894). Il tenta de retrouver les techniques de la céramique japonaise et s'installa à Saint-Amand-en-Puisaye en 1888. Il y fit école (Georges Hoentschel, Abbe Pacton, Jean Pointu, Armand et Eugène Lion, etc.) et renouvela l'art du grès émaillé. (Nombreuses œuvres au Petit Palais à Paris.)

CARRILLO (Julián), compositeur mexicain (Ahualulco, près de San Luis Potosí, 1875-Mexico 1965). Il dirigea de 1905 à 1914 le conservatoire de Mexico. Il est l'un des promoteurs de l'utilisation des micro-intervalles.

CARRILLO (Santiago), homme politique espagnol (Gijón 1915). Secrétaire général des Jeunesses socialistes (1934), élu au Comité central du parti communiste d'Espagne (P. C. E.) en 1937, exilé en 1939, il devient en 1960 secrétaire général du P. C. E. qu'il engage dans la voie de l'eurocommunisme. Rentré en Espagne en 1976, il est élu député (1977). Mais l'échec électoral de 1982 l'oblige à démissionner du poste de secrétaire général du P.C.E., qui se divise en plusieurs tendances. Il quitte le P.C.E. en 1985 et fonde un nouveau parti, qui est intégré au P.S.O.E. en 1991.

CARRINGTON (Richard Christopher), astronome britannique (Londres 1826-Churt, près de Farnham, Surrey, 1875). Il a découvert la rotation différentielle du Soleil.

CARRIOLE n. f. (anc. provenç. *carriola,* de *carri,* char). **1.** Véhicule à deux roues couvert ou non d'une bâche, servant au transport des personnes. — 2. *Fam.* Voiture légère et médiocre, non automobile.

Carrion *(maladie de),* syn. de BARTONELLOSE.

CARROLL (Charles Lutwidge DODGSON, dit **Lewis**), logicien et écrivain britannique (Daresbury, Cheshire, 1832-Guildford 1898). Professeur de mathématiques, amateur de dessin et de photographie, il publia des traités qui font de lui l'un des promoteurs de la logique symbolique (*Curiosa Mathematica,* 1888-1893). Il produisit une révolution dans le livre pour enfants en créant le mythe d'Alice qui deviendra le symbole universel de l'enfant-juge (*Alice* au pays des merveilles,* 1865 ; *De l'autre côté du miroir,* 1872 ; *la Chasse au Snark,* 1876).

CARROS (06510), ch.-l. de cant. des Alpes-Maritimes, au-dessus du Var ; 10 766 hab. Constructions électriques. Chimie.

CARROSSABLE adj. Où les voitures peuvent rouler : *Chemin carrossable.*

CARROSSAGE n. m. **1.** Forme généralement conique que l'on donnait à une roue pour lui assurer une bonne rigidité. — **2.** Angle que fait l'axe de la fusée d'une roue avant avec l'horizontale. (Bien qu'il présente l'inconvénient de déformer le pneu, le carrossage permet de réduire l'effort de porte-à-faux exercé sur la fusée et de stabiliser la direction. L'angle de carrossage est de l'ordre de 2°.) — **3.** Ensemble des opérations d'équipement de la caisse ferrée et assemblée d'une automobile.

CARROSSE n. m. (ital. *carrozza,* de *carro,* char). **1.** Véhicule fermé, luxueux, à quatre roues et à suspension. — **2.** Panier en osier ou support de métal, dans lequel on couche une bouteille de vin vieux pour la servir à table. (Syn. PANIER VERSEUR.) — **3.** Fam. *La cinquième roue du carrosse,* personne qui n'est utile à rien, ou considérée comme inutile. ‖ Vx. *Rouler carrosse,* montrer par son train de vie qu'on est riche.

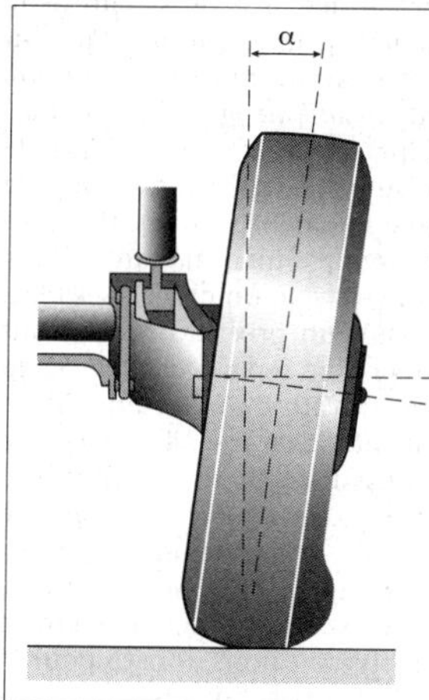

Angle de **carrossage** (α) d'une roue avant d'automobile.

CARROSSER v. t. (de *carrosse*) [conj. 3]. **1.** Donner du carrossage à un train de roues de voiture automobile. — **2.** Munir d'une carrosserie.

CARROSSERIE n. f. (de *carrosse*). **1.** Habillage du mécanisme roulant d'un véhicule. — **2.** Structure et habitacle combinés d'une voiture. (→ *encycl.*) — **3.** Métier, industrie du carrossier ; établissement, atelier du carrossier. — **4.** Enveloppe extérieure de la cuve d'un appareil ménager.

ENCYCL. La carrosserie d'une voiture moderne forme généralement un tout avec le châssis, constituant une *caisse* (ou *coque*) *autoportante,* qui repose sur les roues par l'intermédiaire de la suspension.

CARROSSIER n. m. **1.** Professionnel spécialisé dans la tôlerie automobile, qui répare les voitures accidentées. — **2.** Constructeur, et parfois concepteur de carrosseries pour véhicules automobiles. — **3.** Professionnel de la fabrication, de la vente et de la réparation des voitures hippomobiles.

CARROUGES (61320), ch.-l. de cant. de l'Orne, au N.-O. d'Alençon ; 768 hab. Château des XIVe-XVIIe s. (décors intérieurs). Maison du parc naturel régional de Normandie-Maine.

CARROUSEL n. m. (napolitain *carusello*). **1.** Reprise de parade où les cavaliers évoluent suivant des figures convenues et le plus souvent en musique ; lieu où se donne cette parade. — **2.** Manège de chevaux de bois (vieilli, sauf en Belgique). — **3.** Suite rapide de personnes ou de choses qui s'entrecroisent : *Le carrousel ministériel.* — **4.** Appareil destiné au transport, en circuit fermé, de charges, d'objets ou de marchandises. — **5.** Récipient rond destiné à contenir des diapositives prêtes à être projetées sur l'écran.

CARROYAGE [karwajaz] n. m. (de *carroyer*). Réseau composé de deux familles de lignes, formant sur une carte des quadrilatères rectilignes ou curvilignes. • **Pétr.** Quadrillage selon lequel sont accordés les permis de recherches d'hydrocarbures.

CARROYER [karwaje] v. t. (même rad. que *carreau*) [conj. **13**]. Appliquer un carroyage sur une feuille, une minute ou une carte.

CARROZ-D'ARÂCHES (les), écart de la comm. d'Arâches, en Haute-Savoie, à 13 km au S.-E. de Cluses. Station de sports d'hiver.

CARRURE n. f. (de *carrer*). **1.** Largeur du dos, d'une épaule à l'autre : *Une carrure d'athlète.*

— **2.** Largeur du vêtement entre les deux épaules. — **3.** Forte personnalité de qqn ; envergure : *Homme d'une carrure exceptionnelle.*

CARRY BACK n. m. inv. (angl. *carry back,* report en arrière). Technique comptable permettant aux sociétés dont les résultats sont déficitaires de reporter leurs pertes sur un certain nombre d'années passées, dégageant ainsi un crédit d'impôt en leur faveur. (L'Administration préconise REPORT EN ARRIÈRE [DE DÉFICIT].)

CARRY-COMPONENT n. m. (pl. *carry-components*) [angl. *to carry,* transporter et *component,* constituant). Nom donné à certaines chaînes haute-fidélité transportables car très compactes.

CARRY-LE-ROUET (13620), comm. des Bouches-du-Rhône, au pied de la chaîne de l'Estaque ; 5 250 hab. Station balnéaire.

CARS (Guy DE PÉRUSSE DES CARS, dit **Guy des**), écrivain français (Paris 1911 - *id.* 1994). Ses romans constituent un des plus forts tirages de l'édition française *(Croisière pour dames seules, le Château de la Juive).*

CARSON CITY, v. des États-Unis, cap. du Nevada, au pied de la sierra Nevada, à près de 1 500 m d'alt. ; 32 000 hab.

CARSON OF DUNCAIRN (Edward Henry, *baron*), homme politique britannique (Dublin 1854 - Minster, Kent, 1935). Président du Conseil unioniste d'Ulster (1911), il prit une part déterminante dans la formation des « volontaires d'Ulster » (1913). Opposé à tout compromis, il entraîna le pays au bord de la guerre civile. Premier lord de l'Amirauté (1917), il fit partie du cabinet de guerre de 1917-18. Ramené au problème irlandais à la fin de la guerre, il finit par accepter, après quelques protestations, les accords de 1920 et de 1925 consacrant la division de l'Irlande.

CARSTENS (Karl), homme d'État allemand (Brême 1914). Chef de chancellerie (1968-69), président du groupe parlementaire C. D. U.-C. S. U. (1973-1979), président du Bundestag (1976-1979), il fut président de la République de 1979 à 1984.

CARSTENSZ *(pointe)* → PUNCUK JAYA.

CARTABLE n. m. (p.-ê. lat. médiév. **cartabulum,* récipient à papier, du lat. class. *charta,* papier). Sac à poignée ou à bretelles dans lequel les écoliers mettent leurs cahiers, livres, etc.

CARTAGENA, v. d'Espagne → CARTHAGÈNE.

CARTAGENA, en fr. **Carthagène,** port du nord de la Colombie, ch.-l. du dép. de Bolívar ; 688 306 hab. Bel ensemble urbain et monuments anciens. Cimenterie. Engrais. Pétrochimie. — **Hist.** Fondée en 1533 par Pedro de Heredia, *Cartagena de India,* fut, à partir de 1550, un grand port de l'Empire colonial espagnol. Elle fut dotée de forteresses aux XVIe et XVIIe s.

CARTAGO, v. du Costa Rica, ch.-l. de province, au pied du volcan Irazú ; 26 000 hab. Anc. cap. du Costa Rica (jusqu'en 1823).

CARTAHU [-tay] n. m. (p.-ê. néerl. *keertouw,* de *keer,* action de tourner, et *touw,* cordage). Manœuvre destinée à hisser des objets à bord d'un navire.

CARTAILHAC (Émile), anthropologue et préhistorien français (Marseille 1845-Genève 1921). Ses travaux ont joué un grand rôle dans le progrès de la science préhistorique (*la France préhistorique,* 1889).

CARTAN (Élie), mathématicien français (Dolomieu 1869-Paris 1951). La plus grande partie de ses nombreux travaux se rapporte à la théorie des groupes, prolongeant dans ce domaine l'œuvre de Sophus Lie. Avec H. Poincaré, il créa et développa le calcul des formes différentielles extérieures sur les variétés différentiables et l'appliqua à l'étude du cas général d'un système d'équations aux différentielles totales. Il a parfois devancé certaines conceptions d'Einstein. (Acad. des sc., 1931.) — Son fils, HENRI (Nancy 1904), membre fondateur du groupe Nicolas Bourbaki, a unifié par ses travaux les domaines de la géométrie différentielle, de la théorie des fonctions analytiques et de la topologie algébrique. (Acad. des sc., 1974.)

1. CARTE n. f. (lat. *charta,* papier). **1.** Assemblage de plusieurs feuilles de papier collées ensemble et formant une feuille épaisse. — **2.** Feuille de carton, ordinairement imprimée, document qui permet de constater l'identité de qqn, son appartenance à un groupe, qui lui donne certains droits ou avantages, etc. : *Carte d'étudiant, d'électeur. Carte de priorité.* — **3.** Carton sur lequel sont fixés des petits objets de même nature qui se vendent ensemble ou à la pièce. — **4.** Feuille sur laquelle sont inscrits, avec leur prix, les mets servis par un restaurant. — **5.** *À la carte,* se dit d'un repas où on choisit ses plats sur la carte en payant un prix variable suivant leur nature (par oppos. au repas *à prix fixe* ou au *menu*) ; se dit d'un travail, d'une activité, d'un horaire qu'on peut choisir ou aménager avec une certaine liberté ; se dit de ce qui tient compte des désirs de chacun, de ce qui se fait au gré de chacun : *Vacances à la carte.* ‖ *Avoir, donner, laisser carte blanche,* avoir, donner, laisser les pleins pouvoirs. ‖ *Carte postale,* feuille rectangulaire de carton mince, illustrée ou non, utilisée pour la correspondance. (Elle apparut d'abord en Autriche, en 1869.) ‖ *Carte des vins,* liste des vins que peut servir un restaurant, avec leurs prix. ‖ *Carte (de visite),* petit rectangle de carton léger, sur lequel est imprimé ou gravé le nom d'une personne. ‖ *En carte,* se disait des prostituées surveillées médicalement par la Préfecture de police et titulaires d'une carte sanitaire. ‖ Vx. *Envoyer sa carte à qqn,* le provoquer en duel. • **Banq.** *Carte de crédit,* titre permettant d'effectuer des paiements sur simple signature d'une facture et/ou donnant accès aux distributeurs automatiques de billets. ‖ *Carte de paiement,* carte de crédit dotée d'un microprocesseur et d'une mémoire permettant d'effectuer une transaction. — **Dr.** *Carte d'électeur,* document attestant l'inscription sur les listes électorales et permettant d'exercer le droit de vote. ‖ *Carte grise,* récépissé de déclaration de mise en service que tout possesseur de véhicule à moteur (cyclomoteurs exceptés) doit faire à la préfecture du département de son domicile. ‖ *Carte d'identité professionnelle,* document attestant que son possesseur a obtenu l'autorisation administrative préalable à laquelle est assujetti l'exercice de certaines professions (représentants de commerce, journalistes, etc.). ‖ *Carte d'invalidité,* carte délivrée aux aveugles et autres grands infirmes civils ou de guerre, et qui, selon le cas, ouvre droit à divers avantages en matière de transport, de fiscalité, etc. ‖ *Carte nationale d'identité,* document qui, délivré par l'autorité administrative, permet de justifier de son identité. ‖ *Carte nationale de priorité,* carte délivrée aux femmes enceintes et à certaines mères de famille et qui leur donne priorité dans les transports publics et dans les bureaux de l'Administration. ‖ *Carte de résident,* titre unique de séjour et de travail valable 10 ans et renouvelable automatiquement, délivré aux étrangers se trouvant en France et déjà titulaires d'un titre de séjour ou de travail. ‖ *Carte sanitaire,* certificat délivré aux prostituées par les services de santé. ‖ *Carte de séjour temporaire,* carte délivrée aux étrangers venus en France en qualité de visiteur, d'étudiant, ou pour y exercer à titre temporaire une activité professionnelle et valable un an. ‖ *Carte verte,* document attestant qu'un véhicule bénéficie d'une assurance internationale. — **Inform.** Support de montage de circuits électroniques pouvant être inséré dans un micro-ordinateur pour en étendre les capacités dans un domaine donné (par ex. *carte graphique, carte d'extention mémoire*). ‖ *Carte à mémoire,* carte en plastique de format normalisé, disposant d'un système de mémorisation des données (par ex. *carte bancaire, carte de téléphone*). [Les cartes magnétiques, dotées de pistes magnétiques, sont aujourd'hui remplacées, pour des raisons de sécurité, par des cartes à puce, pourvues d'un micro-compresseur.] ‖ *Carte mère,* carte qui regroupe les principaux circuits d'un micro-ordinateur ainsi que les connecteurs d'extention et les interfaces pour les périphériques. ‖ *Carte perforée,* carte assez rigide, de format normalisé, sur laquelle des perforations en forme de petits rectangles codaient des informations à traiter en mécanographie. — **Maroq.** Carton léger permettant le renforcement d'articles minces. — **Papet.** Papier très rigide et de surface très unie. ‖ *Carte grattage,* carton fort, recouvert d'une couche de kaolin et utilisé par les dessinateurs. — **Presse.** *Carte de presse,* carte d'identité professionnelle du journaliste. — **Rel.** *Carte à dos,* carton mince, collé au dos des volumes, à l'intérieur de la couverture. ‖ *Carte à nerfs,* carte à dos, sur laquelle ont été collées les bandes de carton destinées à former les faux nerfs. — **Text.** Papier quadrillé, sur lequel on représente l'armure d'un tissu. — **Transp.** *Carte orange,* carte nominative, créée en 1975 dans la Région parisienne par les pouvoirs publics, permettant à son titulaire de voyager pendant un temps déterminé sur les différents modes de transport de la région dans des limites (ou sections) proportionnelles au prix payé.

2. CARTE n. f. (de *carte 1*). **1.** Chacun des petits cartons fins, portant sur une de leurs faces des figures en couleur, et avec lesquels on joue à divers jeux. — **2.** Le jeu même que l'on joue avec ces cartes (au pl.). — **3.** *Avoir une bonne carte,* avoir un avantage, un atout, un argument de poids. ‖ *Fausse carte,* carte qui n'est d'aucune utilité. ‖ *Filer la carte,* escamoter une carte en donnant, et la garder pour soi au lieu de la donner au joueur à qui elle reviendrait. ‖ *Jeu de cartes,* ensemble des cartes avec lesquelles on joue à un jeu déterminé. (Le jeu de cartes complet comprend cinquante-deux cartes ; le jeu de belote n'en a que trente-deux.) ‖ *Jouer la carte de qqch,* essayer qqch, s'appuyer, parier sur qqch parmi plusieurs possibilités offertes. ‖ *Jouer cartes sur tables,* jouer à jeu découvert, en faisant voir ses cartes à ses adversaires ; agir franchement, loyalement, sans rien cacher de ses intentions. ‖ *Jouer toutes ses cartes, sa dernière carte,* mettre en œuvre tous les moyens, tenter son ultime chance. ‖ *Tirer, faire les cartes à qqn,* lui prédire l'avenir d'après les combinaisons des cartes.

ENCYCL. Les cartes seraient nées en Orient, soit en Chine, soit en Inde. Elles apparurent en Europe au XIVe s. sans doute, en Allemagne d'abord, en Espagne, en Italie, en France enfin. Il y a eu à l'origine plusieurs séries d'*enseignes* (couleurs) : *cimeterre, coupe, grenade, massue* ou *coupe, bâton, denier, épée.* Bientôt, la série *trèfle, carreau, cœur, pique* devient spécifiquement française, et allemande celle des *feuilles, grelots, cœurs* et *glands*. En 1701, les fermiers généraux imposèrent l'uniformité des patrons de figures dans chaque région de France. C'est en Angleterre qu'on a inventé les cartes à deux têtes.

La fabrication et la vente des cartes ont fait, depuis le XVIe s., l'objet d'une rigoureuse taxation et, jusqu'au 31 déc. 1945, les cartes étaient fabriquées au moyen de papier filigrané vendu par l'État, leur vente soumise à un droit de timbre. Depuis 1946, la fabrication est libre.

3. CARTE n. f. (de *carte 1*). Représentation conventionnelle, généralement plane, de phénomène concrets ou même abstraits, mais toujours localisables dans l'espace. • **Aéron.** *Carte aéronautique,* carte topographique spécialement conçue pour les besoins de la navigation aérienne. – **Astron.** Représentation sur un plan soit d'une région du ciel, soit d'un astre de dimensions apparentes appréciables (Soleil, Lune, planète, etc.). – **Bot.** et **Sylvic.** *Carte forestière,* carte représentant les différents types de formations forestières, les modes de propriété forestière ainsi que d'autres informations. (En France, l'échelle adoptée est celle du 1/1 000 000.) ‖ *Carte de végétation,* représentation cartographique du tapis végétal. – **Cartogr.** *Carte des pentes,* carte délimitant des zones à l'intérieur desquelles la pente est sensiblement constante ou comprise entre des limites déterminées. – **Dr.** *Carte communale,* document simplifié dressé par les municipalités, plus sommaire que le plan d'occupation des sols (P. O. S.) et pouvant être ultérieurement transformé en celui-ci. ‖ *Carte scolaire,* inventaire descriptif et prévisionnel des établissements d'enseignement publics, avec les zones géographiques de la population qui leur est rattachée. (Elle est arrêtée par le ministre de l'Éducation sur proposition des recteurs, après avis des commissions académiques.) – **Entomol.** *Carte géographique,* nom donné à la génération de printemps de la vanesse d'Europe *Araschnia levana.* – **Génét.** *Carte génique,* représentation de l'ensemble des localisations géniques connues pour une espèce donnée. – **Géogr.** *Carte géographique,* représentation conventionnelle sur un plan (avec les choix d'un système de projection et d'une échelle, l'établissement d'une légende) de phénomènes géographiques à l'intérieur d'un espace donné (pays, région, département, etc.). [→ *encycl.*] – **Géol.** *Carte géologique,* représentation sur fond topographique au moyen de couleurs et de signes conventionnels de l'âge ou de la nature lithologique des terrains affleurant en surface, et dont les limites constituent les contours géologiques. – **Géophys.** *Carte gravimétrique,* carte représentant les courbes (isoanomales) qui joignent les lieux où l'on observe les mêmes valeurs des anomalies de la pesanteur. ‖ *Carte magnétique,* carte donnant pour différents lieux de la Terre la valeur des éléments du magnétisme (déclinaison, inclinaison, intensité). – **Pédol.** *Carte pédologique,* représentation de la répartition des différents sols et matériaux qui existent dans une région donnée. – **Polit.** *Carte électorale,* représentation, sur une base géographique donnée, des résultats électoraux.

ENCYCL. **Géogr.** La *carte topographique* est la représentation conventionnelle plane des éléments fixes et durables existant à la surface du sol à un moment donné, ainsi que des formes du terrain. Elle peut être établie à différentes échelles. La *carte de base* s'appuie directement sur des mesures et des levés et couvre la totalité d'un pays. Elle donne naissance, par réduction et nouveau dessin, à des cartes dites *dérivées,* moins riches en détails et plus schématiques, c'est-à-dire *généralisées.* Les *cartes spéciales* (cartes routières, par ex.) utilisent le fond de la carte topographique pour la mise en place des détails, mais privilégient certaines informations indispensables à leur destination. Les *cartes marines* permettent aux navigateurs de tracer leur route sur mer. Elles indiquent rochers et hauts-fonds, courbes de niveau (isobathes), nature des fonds, phares, feux, balises, etc. Les *cartes thématiques* figurent sur un fond topographique des éléments divers comme la densité de population ou la localisation des industries, par exemple.

• *Carte internationale du monde.* À la suite de plusieurs conférences (1909, 1913, 1928, 1962), les principales puissances ont décidé la publication d'une carte de facture homogène au 1/1 000 000, dont elles ont défini les spécifications et se sont réparti l'exécution.

carte du Tendre, représentation topographique de l'accroissement du sentiment dans la *Clélie* (1654-1660) de Madeleine de Scudéry.

1. CARTEL n. m. (ital. *cartello,* de *cartel,* carte). **1.** Accord intervenu entre les chefs militaires des belligérants, réglant l'échange des prisonniers. – **2.** Défi entre chevaliers ; acte écrit ou déclaration solennelle par laquelle un seigneur annonçait à un autre l'ouverture d'une guerre privée. – **3.** *Navire de cartel,* navire parlementaire chargé de communiquer avec l'ennemi ou d'échanger des prisonniers.

2. CARTEL n. m. (de *cartel 1*). **1.** Sorte de cartouche, d'encadrement décoratif. – **2.** Cartouche, plaquette, étiquette fixés sur le cadre d'un tableau, le socle d'une statue et portant une inscription qui identifie l'œuvre.

3. CARTEL n. m. (de *pendule à cartel*). Pendule décorative fixée à un mur ou portée par un petit socle fixé à un mur. (Style Louis XV notamment.)

4. CARTEL n. m. (all. *Kartell,* du moyen fr. *cartel,* défi pour un duel). Entente réalisée entre des entreprises en vue de limiter ou de supprimer la concurrence.

Cartel *(théâtres du),* groupe formé, de 1927 à 1940, par les théâtres que dirigeaient G. Baty, Ch. Dullin, L. Jouvet et G. Pitoëff.

Cartel des gauches, coalition des partis de l'opposition formée en France lors des élections législatives du 11 mai 1924 contre la majorité de droite du Bloc national. Il regroupait les socialistes S. F. I. O., les républicains socialistes, les radicaux-socialistes, et la gauche radicale. La victoire électorale du Cartel entraîna la démission du président de la République A. Millerand, remplacé par G. Doumergue (13 juin 1924). Édouard Herriot forma un ministère radical-socialiste homogène, bénéficiant du soutien des socialistes. L'hostilité des milieux d'affaires face à la politique du Cartel, les difficultés financières du gouvernement provoquèrent la démission d'Herriot (avr. 1925). Les cabinets Painlevé et Briand ne parvinrent pas davantage à dénouer la crise. Après une deuxième et éphémère tentative, Herriot dut s'effacer devant Poincaré qui forma un ministère d'union nationale (juill. 1926).

CARTE-LETTRE n. f. (pl. *cartes-lettres*). Carte mince, pliée en deux et fermée au moyen de bords gommés.

CARTELLIER (Pierre), sculpteur français (Paris 1757 - *id.* 1831). Solide représentant du néoclassicisme, il est l'auteur du relief de *la Victoire sur un quadrige* à la colonnade du Louvre (1807), d'effigies funéraires, de statues officielles.

CARTELLISATION n. f. Action en vue de grouper des entreprises en cartel ; résultat de cette action.

CARTELLISER v. t. (conj. **3**). Organiser des entreprises en un cartel.

CARTER [-tɛr] n. m. (de J. H. *Carter,* n. pr.). **1.** Enveloppe généralement amovible, servant de protection étanche à un ou plusieurs organes mécaniques en mouvement et, éventuellement, de réserve d'huile et de support. — **2.** Couvercle d'un appareil électrique.

CARTER (Howard), égyptologue britannique (Swaffham, Norfolk, 1873-Londres 1939). Dessinateur avec Newberry, Petrie, Naville, Maspero, il découvrit avec lord Carnarvon la tombe de Toutankhamon en 1922.

CARTER (Elliott), compositeur américain (New York 1908). Son langage, marqué par la complexité rythmique, a évolué vers le sérialisme. On lui doit notamment : *Variations pour orchestre* (1955), *Symphonie de 3 orchestres* (1977), *Triple Duo* (1982), *Penthode* (1985), *Concerto pour hautbois* (1987), *Concerto pour violon* (1990).

CARTER (James Earl, dit **Jimmy**), homme d'État américain (Plains, Géorgie, 1924). Membre du parti démocrate, sénateur (1962), puis gouverneur (1970) de Géorgie, il a été président des États-Unis de 1977 à 1981. Il fut l'artisan des accord de Camp* David (1978).

CARTER (Angela), femme de lettres britannique (Eastbourne 1940 - Londres 1992). Ses premiers romans, d'inspiration gothique, puisent une résonance moderne dans la résurgence des forces de l'irrationnel. La jeune fille de Sade y réapparaît dans une perspective féministe. Dans ses romans (*Heroes and Villains,*1969 ; *la Passion de l'ère nouvelle,* 1977 ; *Des nuits au cirque,* 1984) et ses nouvelles (*Black Venus,* 1985), elle présente la cruauté et la violence du XXᵉ s. en utilisant les ressources du réalisme magique.

CARTE-RÉPONSE n. f. (pl. *cartes-réponses*). Carte jointe à un questionnaire à utiliser pour y répondre.

CARTERET, section de la comm. de *Barneville-Carteret* (Manche), sur la Manche. Port et station balnéaire abrités par le *cap Carteret ;* service de bateaux pour Jersey.

CARTERET (John, 2ᵉ *baron*), 1ᵉʳ comte **Granville,** homme politique anglais (1690-Londres 1763). Secrétaire d'État de 1722 à 1724, il s'opposa à Walpole, et fut à demi exilé dans la lieutenance d'Irlande (1724-1730). À la suite du départ de Walpole (1742), il reçut un secrétariat d'État, mais il se rendit impopulaire en poursuivant la guerre de la Succession d'Autriche (1740-1748), et dut démissionner en 1744.

CARTERET (Philip), navigateur anglais († Southampton 1796). Il effectua le tour du monde (1766-1769), découvrant l'île Pitcairn, la Nouvelle-Bretagne et les îles de l'Amirauté.

CARTERIE n. f. Établissement qui vend des cartes postales.

CARTÉSIANISME n. m. (de *cartésien*). **1.** Philosophie de Descartes. — **2.** Postérité intellectuelle de Descartes, allant des disciples de l'école cartésienne à ceux qu'on a appelés des « cartésiens », malgré l'originalité de leur pensée, assez éloignée de celle de Descartes (Malebranche, Spinoza, Leibniz).

ENCYCL. La philosophie de Descartes a marqué considérablement l'esprit classique (Boileau, Molière, Pascal) et aussi toute une tradition philosophique que l'on a un peu rapidement assimilé à la « mentalité française ». En réalité, la filiation cartésienne se rencontre immédiatement chez Malebranche, et dans une tradition qui passe par Huygens, Locke, Newton : la référence à une méthodologie préalablement définie avant tout recueil de données du réel, l'exigence de cohérence rationnelle au travers des conclusions constituent autant de caractéristiques de l'esprit scientifique depuis Descartes jusqu'à Bachelard et au-delà. Husserl (*Méditations cartésiennes,* 1929), Chomsky (*Linguistique cartésienne,* 1965) se situent dans la même tradition, qui recoupe la perspective idéaliste.

CARTÉSIEN, ENNE adj. (de *Cartesius,* n. lat. de R. *Descartes*). **1.** Relatif à René Descartes. — **2.** Se dit de qqn à l'esprit rationnel, rigoureux et quelque peu formaliste : *Il est très cartésien dans toutes ses idées.* • **Algèbr.** *Produit cartésien de deux ensembles,* ensemble des couples dont la première composante appartient à l'un des ensembles et la deuxième à l'autre. (Si E et F sont les ensembles, le produit cartésien se note $E \times F$ = ; si $E = F$, $E \times F$ se note E^2. Cette définition se généralise pour un nombre fini de *n* ensembles.)
◆ adj. et n. Partisan des idées de René Descartes, de son système.

CARTEUX, EUSE adj. Se dit d'un tissu ou d'un cuir dont la tenue rappelle celle du carton.
◆ **carteux** n. m. Raideur d'une feuille de papier, par oppos. à *souplesse.*

CARTE-VUE n. f. (pl. *cartes-vues*). En Belgique, carte postale illustrée.

CARTHAGE, localité de Tunisie, sur la côte est du golfe de Tunis, faubourg résidentiel de Tunis. Archevêché. Centre touristique. — C'est le site de la ville antique du même nom. Vestiges phéniciens. Ruines romaines (pour la plupart du IIe s. : aqueduc, thermes d'Antonin, théâtre, port militaire, maisons ou sièges de sociétés). Basiliques chrétiennes. Important musée archéologique.
• *Histoire.* Carthage (en lat. *Carthago*) est un des nombreux comptoirs fondés par les Phéniciens venus de Tyr en longeant les côtes de l'Afrique. La ville fut fondée v. 820 av. J.-C. selon la tradition, qui l'attribuait à la Phénicienne Élissa, ou Didon, sous le nom de *Qart Hadasht* (« Ville neuve »).Progressivement, Carthage a imposé sa domination aux comptoirs phéniciens de la Méditerranée occidentale et fondé un empire maritime sous la conduite de la famille des Magonides, en installant ses comptoirs sur les côtes d'Espagne, aux Baléares, en Sardaigne et dans l'ouest de la Sicile. Vainqueur des Grecs à Alalia (535 av. J.-C.) sur la côte est de la Corse, elle subit un désastre en Sicile à la bataille d'Himère (480 av. J.-C.), qui sauva les cités grecques. Désormais, pour un siècle et demi, Carthage allait exploiter l'est du Maghreb. Elle reprit la conquête de la Sicile grecque à la fin du IVe s. av. J.-C., mais ses progrès inquiétèrent Rome, maîtresse de l'Italie, qui affronta sa rivale au cours de trois guerres successives, dites *guerres puniques**. La *première guerre punique* (264-241), où l'armée romaine fut supérieure aux mercenaires de Carthage, sur terre comme sur mer, fit perdre à Carthage la Sicile puis, au moment où elle dut lutter pour sa vie contre ses mercenaires révoltés, la Sardaigne et la Corse. Carthage retrouva sa puissance grâce à la famille des Barcides. Hamilcar Barca et Hasdrubal conquirent l'Espagne, où ils fondèrent Carthagène. Ce riche territoire donna à Hannibal, fils d'Hamilcar, les moyens de porter la guerre en Italie, au-delà des Pyrénées et des Alpes ; c'est la *deuxième guerre punique* (218-201 av. J.-C.), finalement perdue par Carthage, qui ne posséda plus que son territoire africain. Sous l'impulsion de Caton, une *troisième guerre punique* (149-146 av. J.-C.) vint à bout de Carthage, qui fut anéantie après un siège de trois ans.
• *Civilisation.* La société carthaginoise a su étendre et consolider un vaste réseau de comptoirs sur les côtes de la Méditerranée occidentale. Carthage redistribuait dans le monde antique les produits de l'Espagne et de l'Afrique, or, argent, étain, ivoire, esclaves, etc. Ses explorateurs ont probablement atteint l'Angleterre (Himilcon*) et le golfe de Guinée (Hannon*).
À Carthage même, on produisait tissus de pourpre et étoffes ordinaires, bijouterie, armes et poterie. Les échanges se faisaient sur la base du troc. La monnaie n'est apparue à Carthage qu'au IVe s. av. J.-C.
L'arrière-pays de Carthage ne fut jamais très étendu, mais l'aristocratie punique sut y fonder des exploitations agricoles. Carthage a toujours été gouvernée par une oligarchie de riches familles dont certaines, du VIe au IVe s. av. J.-C., ont assumé le pouvoir royal. Puis des suffètes élus leur ont succédé ; mais des luttes violentes ont toujours divisé cette oligarchie pour la possession du pouvoir. La civilisation et les mœurs ont gardé une forte empreinte orientale dont témoigne particulièrement la vie religieuse. Ainsi le dieu Baal Hammon, associé à la déesse Tanit, était honoré de sacrifices de jeunes enfants comme l'étaient les dieux cananéens. Progressivement, l'enfant a été remplacé par un agneau. Mais les sacrifices humains se sont pratiqués clandestinement jusque dans l'époque romaine. Comme en Phénicie, la prostitution sacrée était aussi pratiquée. Sous l'influence des résidents grecs (IVe s. av. J.-C.), Carthage a adopté le rite de l'incinération des morts ; de même, le culte de Déméter et de Coré a été institué avec succès jusqu'à la fin de l'Antiquité.
• *Topographie de la Carthage punique.* Carthage était située sur une presqu'île comprise entre le golfe et le lac de Tunis. La triple enceinte barrait l'isthme, à 4 km environ du front de mer. Le port, creusé dans les terres, comprenait un bassin de

commerce rectangulaire et un bassin de guerre circulaire. L'un et l'autre subsistent encore. Tout près de là s'étend le *tophet,* où des milliers de stèles et d'urnes contenant les ossements calcinés de milliers d'enfants ont été découvertes, ainsi qu'une chapelle du VIIIe s. av. J.-C. Sur les collines (notamment Byrsa, lieu du premier habitat), les vestiges de quelques maisons ont été retrouvés. Recouvertes par les cendres de l'incendie de 146 av. J.-C., elles ne diffèrent guère des maisons hellénistiques. L'eau était emmagasinée dans de nombreuses citernes. Entre les nécropoles qui bordaient la ville et l'enceinte, la vaste banlieue de Megara était occupée par des maisons de campagne, des champs et des jardins.
• *Carthage romaine, chrétienne et byzantine.* En 122 av. J.-C., C. Gracchus tenta de fonder une colonie *Colonia Junonia* sur le site de Carthage. Après son échec, la colonisation fut reprise en 44 av. J.-C. par César et complétée par Auguste. La nouvelle Carthage *(Colonia Julia),* port du blé d'Afrique exporté vers Rome, siège du proconsul d'Afrique, a été une des plus grandes villes du monde romain. Les communautés chrétiennes y ont été précoces et très vigoureuses : les noms de Tertullien (IIe-IIIe s. apr. J.-C.) et de saint Cyprien (IIIe s.) témoignent de leur éclat, en attendant saint Augustin (Ve s.). Geiséric prit Carthage en 439, et en fit la capitale des Vandales. Bélisaire la reconquit au profit de l'Empire byzantin, en 534. Mais les séditions, la peste décimèrent la population, divisée par les querelles religieuses. Après la conquête arabe (698), la ville fut abandonnée au profit de Tunis, bâtie avec les pierres de la cité disparue.
• *Art et littérature* → PUNIQUE.

Carthage *(conciles de),* conciles tenus à Carthage dont les principaux sont ceux de 251 à 256, présidés par saint Cyprien, qui se penchèrent sur la questiion des *lapsi,* et deux du IVe s., consacrés aux hérésies donatiste et pélagienne.

CARTHAGÈNE, en esp. **Cartagena,** v. d'Espagne, sur la Méditerranée, au S. de Murcie ; 168 000 hab. Port de guerre et de commerce. Musée archéologique. Industries métallurgiques et chimiques.
— **Hist.** Fondée en 228 av. J.-C. par Hasdrubal pour l'exploitation des mines d'argent situées sur son territoire, conquise en 209 av. J.-C. par Scipion l'Africain, Carthagène fut un des principaux ports de la Péninsule, tant sous les Carthaginois que sous les Romains, qui la baptisèrent *Carthago Nova.*

CARTHAGÈNE v. de Colombie → CARTAGENA.

CARTHAGINOIS, E adj. et n. (lat. *Carthaginiensis*). De Carthage. (Syn. PUNIQUE.)

CARTHAME n. m. Composée du midi de la France, aux capitules vivement colorés, autrefois utilisés en teinture jaune ou rouge. (Aujourd'hui, on sélectionne les variétés oléagineuses.)

CARTIER n. m. Fabricant de cartes à jouer.

CARTIER (Jacques), navigateur français (Saint-Malo 1491 ?-*id.* 1557). Chargé par François Ier de découvrir par le Nord un passage vers la Chine et des terres riches en métaux précieux, il part de Saint-Malo en avr. 1534 avec deux navires. Parvenu à Terre-Neuve en 20 jours, il gagne l'actuelle île du Prince-Édouard, puis la baie des Chaleurs et s'arrête à Gaspé où il prend possession du territoire au nom du roi de France, en érigeant une croix (juill. 1534). Lors de sa deuxième expédition (1535-36), il explore l'estuaire du Saint-Laurent dont il remonte le cours jusqu'à Hochelaga (site de Montréal). En 1541, François Ier le place sous les ordres de Roberval pour une troisième expédition à laquelle le roi assigne des objectifs de colonisation et d'évangélisation. Parti en 1541 avec cinq navires et vingt hommes, il s'établit près de Charlesbourg-Royal (près de Stadaconé [site de Québec]), commence la mise en valeur des terres et découvre des pépites et des pierres qu'il croit précieuses. De retour en France (1542), il subit une amère désillusion, son or et ses diamants se révélant, à l'analyse, pyrite et mica.

CARTIER (*sir* George Étienne), homme d'État canadien (Saint-Antoine-sur-Richelieu, Québec, 1814 - Londres 1873). Député du comté de Verchères (1848-1854), il devint Premier ministre avec Macdonald (1857). Chef du parti libéral-conservateur, il fut l'un des artisans de la Confédération du Canada.

Cartier, société anonyme française qui doit son origine à l'atelier fondé en 1847, à Paris, par le joaillier Louis François **Cartier** (1819-1904). Outre ses activités de joaillerie et d'horlogerie, la firme crée et distribue des articles de luxe griffés à son nom.

CARTIER-BRESSON (Henri), photographe français (Chanteloup, Seine-et-Marne, 1908). Grand voyageur, il rapporte des différents pays qu'il visite des documents pris sur le vif, remarquables par leur simplicité et leur efficacité suggestive. Cofondateur de l'agence Magnum, il est notamment l'auteur de *Images à la sauvette* (1952), *Danses à Bali* (1954), *D'une Chine à l'autre* (1954), *Moscou* (1955).

CARTIÉRISME n. m. Mouvement d'opinion né en France dans les années 60 sous l'impulsion de Raymond Cartier (1904-1975), directeur de *Paris-Match,* et qui remettait en cause l'aide aux pays en voie de développement (« la Corrèze plutôt que le Zambèze »).

CARTILAGE n. m. (lat. *cartilago*). **1.** Tissu résistant, élastique, flexible, non vasculaire, moins dur que les os. — **2.** *Cartilages de conjugaison,* ceux qui subsistent entre la diaphyse et les épiphyses des os longs et qui sont le siège de leur accroissement en longueur. (Ils disparaissent à l'âge adulte, leur ossification marquant la fin de la croissance.)
ENCYCL. Le cartilage est constitué par une substance fondamentale contenant des cellules incluses dans des cavités. Le cartilage forme le squelette de l'embryon et se transforme ensuite, en partie, en tissu osseux. Une certaine proportion du cartilage embryonnaire persiste dans cet état (cartilages costaux, cartilages du larynx, etc.). Le cartilage recouvre les surfaces de frottement des articulations.
— **Zool.** Le cartilage constitue seul le squelette des poissons non-osseux ou chondrichtyens (requins, raies), et partiellement celui des chondrostéens (esturgeon).

CARTILAGINEUX, EUSE adj. (lat. *cartilaginosus*). **1.** Relatif aux cartilages. — **2.** *Poisson cartilagineux,* syn. de CHONDRICHTYEN.

CARTISANE n. f. Apprêt formé par une lame rigide très étroite habillée de fils de soie, de métal ou de toute autre matière.

CARTOGRAMME n. m. Schéma cartographique sur lequel on a représenté des renseignements statistiques.

CARTOGRAPHE n. Personne qui conçoit et dresse les cartes géographiques, géologiques, etc.

CARTOGRAPHIE n. f. **1.** Ensemble des opérations ayant pour objet l'élaboration, la rédaction et l'édition de cartes. — **2.** Représentation spatiale d'une réalité non géographique : *Cartographie chromosomique.* — **3.** Syn. de SCINTIGRAPHIE. — **4.** *Cartographie automatique,* ensemble des procédés d'établissement de cartes qui font appel aux techniques informatiques.
ENCYCL. *La cartographie des savants.* Dès le IVe s. av. J.-C., les Grecs eurent l'idée de la sphéricité du globe. Au IIIe s. av. J.-C., Ératosthène effectua une mesure précise de la Terre et traça une carte du monde habité. Au IIe s., Ptolémée publia une *Géographie* qui à l'époque, sur le plan cartographique, précisa tout ce que l'on pouvait connaître du monde entre l'Europe du Nord et l'Indochine. Les Arabes complétèrent, vers l'Orient, les données des Grecs. À la fin du Moyen Âge, des écoles cartographiques très fécondes se développèrent, d'abord en Italie et en Catalogne, puis dans toute l'Europe occidentale. Les systèmes de projection se multiplièrent. Au XVIe s., des mappemondes firent la synthèse des découvertes, en particulier celles du Français Desceliers (1546) et des Flamands Ortelius (1564) et Mercator (1569). Au XVIIe s., l'invention de l'horloge à pendule, puis celle du sextant permirent d'éliminer des erreurs grossières concernant les latitudes et, surtout, les longitudes. Au XVIIIe s., les missions de Maupertuis en Laponie et de La Condamine au Pérou permirent de donner enfin de la Terre une représentation exacte, celle d'un volume un peu aplati aux pôles. De nos jours, la cartographie s'appuie largement sur les photographies aériennes, et les images prises par satellites lui ouvrent de nouvelles perspectives.
• *La cartographie des administrateurs et des militaires.* Élément privilégié du pouvoir, la cartographie a été, très anciennement, un cadastre qui permettait, notamment, de fiscaliser le territoire. Mais elle a aussi, depuis longtemps, un rôle militaire. En France, en 1696, Vauban organisa le corps des ingénieurs chargés de dresser les cartes détaillées nécessaires aux armées, en particulier à l'artillerie. Au XVIIIe s., la carte « de Cassini », à l'échelle de 1/86 400, couvrira presque tout le royaume. Les militaires seront directement chargés, au XIXe s., de dresser celle qui lui succédera, au 1/80 000, qui parut de 1833 à 1880, et qui sera suivie d'une carte au 1/50 000 achevée en 1922, elle-même remplacée par une carte au 1/25 000 polychrome, achevée en 1980 et éditée en feuilles au 1/50 000.
• *La cartographie des marins et des découvreurs.* À partir du XIVe s., la généralisation de la boussole donna naissance à une carte spécifique pour la navigation, le *portulan :* des réseaux de lignes divergentes y indiquaient les principaux caps à suivre pour aller de tel point à tel autre. Après l'essor de la navigation océanique à grande distance, les cartes des marins suivirent les systèmes de projection élaboré par les savants.
• Aujourd'hui, inventaire topographique ou illustration de thèmes divers, outil pédagogique, technique, militaire ou touristique, la carte présente des aspects très variés. Suivant l'objectif à atteindre et le niveau de l'information, elle peut mettre l'accent sur l'analyse ou sur la synthèse, ou concilier les deux en associant des symboles ponctuels et des figurés de surface. Elle peut aussi rendre compte d'une évolution dans le temps.
La *cartographie automatique* comprend la constitution d'un fichier numérique de données, à partir de photographies aériennes, ou par suivi manuel à partir d'un document graphique, ou encore par lecture automatique par balayage ; le traitement par ordinateur des données enregistrées, pour les sélectionner, les harmoniser, lisser les courbes et les contours, calculer et mettre en place les symboles conventionnels ; enfin, la sortie sur table traçante. Ces techniques s'appliquent également aux images issues des satellites,

qui permettent d'accélérer et de renouveler la cartographie.

CARTOGRAPHIER v. t. (conj. 9). Dresser la carte d'une région.

CARTOGRAPHIQUE adj. Qui a rapport à la cartographie.

CARTOMANCIE n. f. Art de deviner au moyen de cartes à jouer d'un jeu de piquet ou d'un jeu de tarots.

CARTOMANCIEN, ENNE n. Personne qui pratique la cartomancie.

CARTON n. m. (ital. *cartone,* du lat. *charta,* papier). **1.** Papier dont, par convention internationale, la masse au mètre carré est supérieure à 224 g et qui est caractérisé par une raideur supérieure à celle des papiers proprement dits. (→ *encycl.*) – **2.** Objet fabriqué avec des feuilles de carton ; emballage de carton. – **3.** Boîte de carton servant à mettre les dossiers. – **4.** *Carton à dessin,* grand portefeuille de carton où l'on range des dessins, des gravures. – **5.** Pop. *Battre, manier, taper le carton,* jouer aux cartes. ‖ *Faire un carton,* tirer sur la cible ; tirer sur qqn et l'atteindre ; en sports, remporter un succès éclatant. ‖ Fam. *Prendre, ramasser un carton,* en sports, subir une défaite sévère. ‖ *Rester dans les cartons,* ne pas avoir de suite, en parlant d'un projet. • **Arm.** Feuille de carton servant de cible pour le tir d'entraînement. – **Bx-arts.** Modèle à grandeur d'exécution, dessiné ou peint sur papier fort, carton ou toile, d'une fresque, d'une tapisserie, d'un vitrail, d'une mosaïque. – **Cartogr.** Petite carte complémentaire d'une carte principale et figurant sur la même feuille, souvent à échelle différente. – **Habill.** *Carton à chapeaux,* boîte cylindrique en carton utilisée pour ranger les chapeaux. – **Impr.** Partie de feuille comprenant deux feuillets ou quatre pages. – **Minér.** *Carton de montagne, carton* ou *papier fossile,* ou *carton minéral,* noms usuels d'une variété d'amiante dont les filaments sont entrelacés, feutrés et soudés. – **Rel.** Cahier de quatre pages. ‖ *Passer en carton,* passer les ficelles ou les rubans dans les trous pratiqués dans les plats en carton, pour les fixer au corps d'ouvrage. – **Sports.** Au football, carton montré par l'arbitre à un joueur (et au public) pour lui infliger un avertissement *(carton jaune)* ou une expulsion immédiate et définitive *(carton rouge).* – **Text.** Ensemble de rectangles de carton ou manchon de matière plastique percé de trous, agissant sur les organes qui sélectionnent les fils de chaînes, en vue de réaliser une armure ou un dessin Jacquard donnés.

ENCYCL. **Papet.** Les cartons utilisés pour l'emballage et le conditionnement sont constitués d'une ou plusieurs couches fibreuses (ou jets) assemblées par pression pendant la fabrication. Les cartons à usage industriel sont généralement fabriqués à l'enrouleuse. Les cartons ondulés sont constitués d'un papier cannelé contrecollé sur une ou deux faces avec un papier de couverture. Les matières premières utilisées sont des pâtes à papier ou des papiers et cartons usagés récupérés. Les machines à carton fonctionnent par projection de jet *(machine à table plate, machine à double toile)* ou par disposition de la suspension fibreuse sur un cylindre, immergé ou non, assurant l'égouttage *(machine à formes rondes).* Le *carton à l'enrouleuse* est fabriqué sur une table plate au bout de laquelle la feuille humide s'enroule sur un cylindre. Les feuilles obtenues sont ensuite pressées et séchées.

CARTON DE WIART (*comte* Henry), homme politique belge (Bruxelles 1869-*id.* 1951). Député catholique en 1896, ministre de la Justice de 1911 à 1918, il suivit les directives des encycliques sociales de Léon XIII ; membre actif de la « jeune droite », il aida au développement des syndicats chrétiens. Premier ministre d'un gouvernement d'union nationale de nov. 1920 à déc. 1921, il fut ministre du Travail de 1932 à 1934.

CARTON-FEUTRE n. m. (pl. *cartons-feutres*). Carton ayant une texture lâche et molle. (Après imprégnation de goudron, il sert pour l'isolation thermique et l'étanchéité des toitures.)

CARTONNAGE n. m. **1.** Fabrication des boîtes, des objets en carton. – **2.** Boîte, emballage de carton. – **3.** Procédé économique de reliure par emboîtage. – **4.** *Cartonnage à la Bradel,* syn. de BRADEL.

CARTONNER v. t. (conj. 3). **1.** Garnir, recouvrir de carton, en partic. relier un livre avec du carton. – **2.** *Pop.* Attaquer ou critiquer vivement qqn ou qqch.

◆ v. i. **1.** *Fam.* et *vx.* Jouer beaucoup aux cartes, ou jouer mal. – **2.** *Pop.* Obtenir un succès, toucher son but. – **3.** Pop. *Ça cartonne,* c'est dangereux, cela peut causer des ennuis, des troubles.

CARTONNERIE n. f. Fabrique de carton.

CARTONNEUX, EUSE adj. Qui a la consistance ou l'apparence du carton.

CARTONNIER, ÈRE n. **1.** Personne qui fait ou vend du carton ou des objets en carton. – **2.** Syn. de PEINTRE CARTONNIER.

◆ adj. *Guêpe cartonnière,* guêpe dont le nid est fait de fibres végétales triturées ayant l'aspect du papier ou du carton.

◆ **cartonnier** n. m. Meuble de bureau formé d'une série de cases où des boîtes en carton viennent se loger en guise de tiroirs.

CARTON-PAILLE n. m. (pl. *cartons-pailles*). Carton fabriqué à base de paille mélangée avec des vieux papiers ou des cartons récupérés.

CARTON-PÂTE n. m. (pl. *cartons-pâtes*). Mélange de pâte à papier et de matières plastiques, susceptible d'être moulé.

CARTON-PIERRE n. m. (pl. *cartons-pierres*). Carton durci, avec lequel on fait des ornements imitant le plâtre ou la pierre.

CARTOON [-tun] n. m. (angl. *cartoon*). **1.** Chacun des dessins destinés à composer un film de dessins animés ; ce film lui-même. — **2.** Aux États-Unis, dessin humoristique faisant partie d'une bande dessinée.

CARTOONISTE n. (angl. *cartoonist,* de *cartoon*). Personne qui dessine des dessins animés ou des bandes dessinées.

CARTOPHILE ou **CARTOPHILISTE** n. Collectionneur de cartes postales.

CARTOPHILIE n. f. Recherche de cartes postales pour les collectionner.
ENCYCL. La cartophilie est apparue peu de temps après l'essor rapide de la carte postale, dans les dernières années du XIXe s. En France, après une longue période d'assoupissement, c'est la parution du premier annuaire consacré aux cotes des cartes postales (catalogue Neudin, 1975) qui a marqué la renaissance de la cartophilie.

CARTOTHÈQUE n. f. Local où sont conservées et classées les cartes de géographie.

1. CARTOUCHE n. m. (ital. *cartoccio,* cornet de papier, de *carta,* papier). **1.** Ornement en forme de carte à demi déroulée ou chantournée, destinée à recevoir une inscription ou des armoiries. (Arts de la Renaissance [école de Fontainebleau], baroque et rocaille.) — **2.** En Égypte ancienne, boucle ovale représentant l'orbe solaire et entourant le nom et le prénom du pharaon. — **3.** Petit cadre contenant le titre d'une carte et diverses indications. — **4.** Sur un plan, cadre dans lequel sont portées notamment les indications nécessaires à l'identification de l'objet représenté. — **5.** Plateau disposé à l'intérieur d'un coffret, d'un écrin, pour recevoir divers objets de bijouterie, orfèvrerie, joaillerie, etc.

2. CARTOUCHE n. f. (de *cartouche 1*). **1.** Autref., cylindre de carton contenant la charge de poudre et la balle du fusil. — **2.** Charge d'explosif ou de poudre, logée, prête au tir, dans un étui en papier, en carton, en textile ou en métal. — **3.** Munition d'une arme de guerre ou de chasse comprenant, en un seul ensemble, un projectile (balle, obus, plomb) et une charge propulsive incluse dans un étui ou une douille munis d'une amorce. (→ *encycl.*) — **4.** Petit récipient de plastique, de verre, de métal, etc., contenant une recharge d'encre, de gaz, etc. ; son contenu. — **5.** Élément de remplacement d'un coupe-circuit à fusible. — **6.** Boîte servant de magasin, qui contient une bande magnétique enroulée sur un seul noyau. — **7.** Emballage groupant plusieurs paquets de cigarettes. — **8.** Boîtier contenant une bande magnétique, un disque ou une pile de disques magnétiques servant de support de données. — **9.** Boîtier contenant un logiciel vidéo, permettant son chargement dans un appareil de lecture ; ce logiciel. — **10.** Étui étanche à la lumière, contenant une longueur déterminée de film enroulé sur un axe. — **11.** *Brûler sa* ou *ses dernière(s) cartouche(s),* utiliser ses dernières ressources ou ses derniers arguments.
ENCYCL. **Arm.** L'invention de la cartouche remonte au milieu du XVIIe s. Son usage fut généralisé jusqu'au XVIIIe s. Lorsque, au XIXe s., apparut le chargement par la culasse, la balle, l'étui et l'amorce furent réunis (fusil de chasse français Lefaucheux, 1832). Facilement inflammables et très sensibles à l'humidité, ces cartouches en carton furent remplacées par des cartouches à étui métallique.

CARTOUCHE (Louis Dominique), brigand français (Paris 1693-*id.* 1721). Chef de bande à 24 ans, il monta un vaste réseau d'indicateurs et de complices (parmi eux des exempts et des gentilshommes) avec lesquels il pratiqua toutes les formes de vol, notamment l'attaque des diligences. Trahi en 1721 par un complice, il fut arrêté, condamné à la roue et exécuté en place de Grève.

CARTOUCHERIE n. f. Atelier, établissement où l'on fabrique des cartouches.

CARTOUCHIÈRE n. f. **1.** Petite sacoche en cuir ou en étoffe, fixée au ceinturon, où le soldat met ses cartouches. — **2.** Ceinture à compartiments cylindriques, ou sac de cuir, où le chasseur introduit ses cartouches.

CARTULAIRE n. m. (lat. médiév. *chartularium,* du lat. class. *charta,* papier). Recueil de copies des actes attestant les titres et privilèges d'une personne ou d'une communauté. (Syn. CHARTRIER.)

CARTUSIEN, ENNE adj. (lat. médiév. *cartusia,* chartreuse). Qui se rapporte aux chartreux.

CARVER (Raymond), écrivain américain (Clatskanie, Oregon, 1938 - Port Angeles, État de Washington, 1988). Souvent situées dans le Nord-Ouest, sur la côte pacifique, sous-tendues par un sentiment de l'échec, ses nouvelles réalistes d'une grande économie mettent en scène des personnages de prolétaires qui doivent beaucoup à son expérience personnelle. Son minimalisme tendre et désespéré a profondément influencé les écrivains américains des années 1980 (*Tais-toi, je t'en prie,* 1976 ; *Parlez-*

moi d'amour, 1981 ; *les Vitamines du bonheur,* 1983).

CARTWRIGHT (John), homme politique britannique (Marnham, Nottinghamshire, 1740-Londres 1824). Réformiste actif, c'est l'un des fondateurs du radicalisme britannique. Il était partisan d'une réforme parlementaire et participa aux débuts du chartisme.

CARTWRIGHT (Edmund), inventeur britannique (Marnham, Nottinghamshire, 1743-Hastings 1823), frère du précédent. Il créa dès 1785 les premières formes de métier à tisser mécanique, mais échoua dans les applications industrielles.

CARUARU, v. du Brésil (État de Pernambouc), à l'O. de Recife ; 213 557 hab. Céramique.

CARUS [-rys] n. m. (gr. *karos,* sommeil profond). Coma profond, caractérisé par l'abolition de toute réaction aux stimulations, par la perte des réflexes céphaliques (déglutition) et par l'apparition de troubles neuro-végétatifs. (On dit aussi COMA CARUS.)

CARUS (Marcus Aurelius), empereur romain (282-283). Préfet du prétoire, il fut proclamé empereur après le meurtre de Probus. Il reprit aux Perses la Mésopotamie.

CARUS (Carl Gustav), médecin, philosophe et peintre allemand (Leipzig 1789-Dresde 1869). Professeur à l'académie chirurgicale de Dresde en 1827, il fut médecin de la Cour et conseiller d'État. Il accorde une place importante à l'instinct et à l'inconscient dans la vie psychique. Peintre et théoricien de la peinture de paysage, il fut un ami de C. D. Friedrich.

CARUSO (Enrico), ténor italien (Naples 1873-*id.* 1921). Il doit sa renommée à l'exceptionnelle beauté de son timbre, à la diversité de ses emplois et à son jeu scénique sans affectation. Il créa notamment *Adrienne Lecouvreur* (1902) de Cilea, *la Fille du Far West* (1910) de Puccini.

CARVACROL n. m. (de *carvi*). Phénol $C_{10}H_{14}O$, que l'on rencontre dans certaines huiles essentielles (origan, sariette, serpolet, thym).

CARVALHO (Otelo SARAIVA DE), officier portugais (Lourenço Marques, Mozambique, 1936), l'un des instigateurs du coup d'État d'avril 1974, qui renversa le régime salazariste.

CARVER (George Washington), chimiste américain (près de Diamond Grave, Missouri, 1864 - Tuskegee, Alabama, 1943), promoteur de la culture de l'arachide dans le sud des États-Unis et auteur de travaux sur l'utilisation industrielle de nombreux produits agricoles.

CARVI n. m. (lat. médiév. *carvi*). Ombellifère des montagnes de France, dont les fruits servent de condiment, ainsi qu'en distillerie [kummel] et en pharmacie. (N. usuels *anis des Vosges, cumin des prés.*)

CARVIN (62220), ch.-l. de cant. du Pas-de-Calais, au N.-E. de Lens ; 17 103 hab. *(Carvinois).* Constructions mécaniques.

CARY → CARI.

CARY (Arthur Joyce), écrivain britannique (Londonderry 1888 - Oxford 1957). Il tire une leçon existentialiste de son amour pour les « primitifs », s'affirmant héritier de Conrad et contemporain de Sartre (*Pour la liberté de l'Afrique,* 1941 ; *la Bouche du cheval,* 1944 ; *The Captive and the Free,* 1959).

CARYA n. m. (gr. *karua,* noyer). Genre de noyers d'Amérique du Nord, tels que le pacanier et les espèces fournissant l'hickory.

CARYATIDE ou **CARIATIDE** n. f. (gr. *karuatides,* femmes de Caryes). Support en forme de statue féminine. (L'équivalent masculin est l'*atlante* ou *télamon.*)

CARYOCAR n. m. Arbre d'Amérique tropicale, dont l'amande fournit le beurre de Souari.

CARYOCINÈSE n. f. Syn. de MITOSE.

CARYOCLASIQUE adj. Se dit d'une substance qui frappe la cellule en division, en altérant son noyau et en s'opposant à la caryocinèse.

CARYODENDRON n. m. Euphorbiacée arborescente d'Amérique tropicale, dont on utilise le bois, très dur, et les amandes oléagineuses et comestibles.

CARYOGAMIE n. f. Fusion des noyaux mâle et femelle à la suite de la fécondation, lorsque cette fusion est retardée par rapport à la cytogamie. (C'est le cas chez les champignons supérieurs ; dans les autres groupes, la fusion des noyaux est plus souvent appelée *amphimixie.*)

CARYOLYSE n. f. Aspect ultime de la mort du noyau cellulaire.

CARYOLYTIQUE adj. Relatif à la caryolyse.
◆ adj. et n. m. Se dit d'un médicament qui provoque la caryolyse, employé en chimiothérapie anticancéreuse.

CARYOPHYLLACÉE n. f. Herbe aux feuilles opposées, à la tige nettement renflée aux nœuds, aux pétales visiblement séparés, souvent gazonnante, telle que l'œillet, la saponaire, la stellaire, le silène, le lychnis et le gypsophile. (Les *caryophyllacées* forment une famille.)

CARYOPSE n. m. Fruit propre aux graminées, réduit à maturité à la graine. (Syn. usuel GRAIN.)

CARYORRHEXIS [-reksis] n. f. Nécrose cellulaire caractérisée par l'éclatement du noyau dont les fragments se dispersent dans le cytoplasme.

CARYOTA n. m. Palmier d'Asie tropicale, ne fructifiant que lors de sa dernière année de vie, et qui fournit une moelle savonneuse, un crin végétal et un vin de palme.

CARYOTAKIS ou **KARYOTÁKIS** (Kóstas), poète grec (Trípolis, Péloponnèse, 1896-Préveza, Épire, 1928), dernier représentant du romantisme en Grèce (*la Douleur de l'homme et des choses,* 1919 ; *Élégies et Satires,* 1927).

CARYOTYPE n. m. Ensemble des chromosomes d'une cellule, d'un individu, d'une espèce, après que ceux-ci ont été appariés par paires de chromosomes identiques et classés selon certains critères.

ENCYCL. Les chromosomes humains sont classés par ordre de taille et en fonction de leur marquage de 1 à 22 pour les autosomes, plus les chromosomes sexuels X et Y. Pour chaque chromosome, le bras court s'appelle p et le bras long q. Grâce aux techniques de marquage apparues à partir de 1971, chaque bras a été divisé en zones et chaque zone en bandes et les bandes éventuellement en sous-bandes. Si bien qu'un point précis sur un chromosome est défini par le numéro du chromosome suivi par la lettre p ou q, suivi de 2 ou 3 chiffres correspondant à la zone, la bande et la sous-bande (cette dernière étant facultative), par exemple 3q21 ou 3q211.

CARYOTYPIQUE adj. Relatif au caryotype.

CARYOTYPOLOGIE n. f. Branche de l'anthropobiologie qui étudie les chromosomes d'individus différents.

CARZOU (Jean), peintre français (Alep 1907), de parents d'origine arménienne. Graphiste aigu, il fait naître une poésie irréelle de paysages qui évoquent aussi bien la solitude moderne que Venise et ses masques ou la Provence. Il est l'auteur de décors de théâtre et d'illustrations de livres.

1. CAS n. m. (lat. *casus,* chute, puis hasard, de *cadere,* tomber). **1.** Fait, circonstance ou hypothèse, ce qui arrive ou est supposé arriver : *Prévoir tous les cas possibles. Que faire dans un cas semblable ?* – **2.** Situation particulière de qqn ou de qqch résultant d'un concours de circonstances et, en partic., situation par rapport à la loi, à des statuts, etc. : *Il est venu m'expliquer son cas. C'est un cas de divorce.* – **3.** Manifestation d'une maladie spécifiée chez un individu déterminé : *Plusieurs cas de grippe ont été signalés.* – **4.** Personne qui a telle ou telle particularité psychologique : *Ce garçon est un cas.* – **5.** *Au, dans le cas où,* s'il arrivait que, dans l'hypothèse où. ‖ *Auquel cas, en ce cas, dans ce cas,* alors, les choses étant ainsi. ‖ *Cas d'espèce,* cas qui ne rentre pas dans la règle générale. ‖ *Cas de figure,* situation, conjoncture envisagée par hypothèse. ‖ *Cas social,* enfant ou adolescent privé de famille ou d'un milieu familial estimé normal, et que la société doit prendre en charge. ‖ *C'est le cas,* c'est ce qui arrive ; c'est ainsi. ‖ *C'est mon (ton, son) cas,* c'est ce qui m'arrive, je suis dans la même situation. ‖ *C'est (bien) le cas de le dire,* le mot, l'expression convient bien à la circonstance présente. ‖ *En cas de,* si telle chose se produit, arrive. ‖ *En, dans certains cas,* dans certaines circonstances. ‖ *En pareil cas,* dans un cas semblable, lorsque qqch de semblable se produit, arrive. ‖ *En tout (tous) cas,* de toute façon, quoi qu'il en soit. ‖ *Faire grand cas, peu de cas de,* donner à qqn, à qqch beaucoup, peu d'importance, en tenir plus ou moins compte. ‖ *Le cas + n. pr.,* cette personne envisagée pour sa personnalité originale, pour la caractéristique générale qu'elle représente. • **Dr.** *Cas de saisie,* exception mettant obstacle à ce qu'une chose déjà saisie pour une cause soit saisie pour une autre avant qu'un jugement ait été rendu sur la première saisie. – **Hist.** *Cas prévôtaux,* crimes commis par des gens sans aveu et sans domicile et exigeant une répression immédiate, jugés par les prévôts des maréchaux. (Au XVIe s., les présidiaux purent en connaître par prévention. Ils prirent alors le nom de *cas présidiaux.*) ‖ *Cas royaux,* crimes ou délits réservés à la justice royale. – **Psychol.** Syn. de CASE-WORK. – **Sociol.** *Étude de cas,* méthode d'analyse de certaines conduites sociales au moyen d'entretiens et de l'observation d'un petit nombre de personnes représentant le groupe ou la catégorie sociale étudiée.

2. CAS n. m. (lat. *casus,* trad. du gr. *ptôsis,* chute). **1.** Catégorie grammaticale associée au syntagme nominal et indiquant la fonction de celui-ci dans la phrase. – **2.** Forme variable prise par certains mots (substantifs, adjectifs, pronoms) selon leur fonction dans la phrase. (→ *encycl.*) – **3.** *Grammaire de cas,* grammaire générative qui décrit la structure profonde par un noyau propositionnel comportant un terme prédicateur (verbe ou adjectif) et un assortiment de fonctions sémantiques appelées *cas.* (Ces cas représentent les rôles que les entités assument dans la prédication : agent, instrument, but, etc.)

ENCYCL. On distingue les cas grammaticaux ou abstraits, qui expriment des relations syntaxiques (nominatif, accusatif, etc.) et les cas locaux ou concrets, qui expriment des relations spatiales (locatif, ablatif, etc.). Le nombre des cas d'une langue peut aller de deux (en ancien français) à plus de 20 (en hongrois). Le système constitué par les cas s'appelle la déclinaison. En français moderne, la flexion casuelle n'existe que pour le pronom personnel ; la catégorie du cas s'exprime par la position du mot dans la phrase et par le système des prépositions.

CASABLANCA, en ar. **Dār al-Bayḍā'** ou **Dar el-Beida,** « la maison blanche », v. du Maroc, sur l'Atlantique ; env. 2,5 millions d'hab. Comptant seulement 20 000 hab. en 1900, Casablanca, développée pendant la période coloniale, est devenue la principale ville et le port le plus important (exportations de phosphates notamment) du pays. C'est aujourd'hui la métropole commerciale, financière et industrielle (constructions mécaniques et électriques, agroalimentaire, chimie) du Maroc. Mosquée Ḥasan II (1993).
— **Hist.** Fondée sans doute au Moyen Âge, Casablanca resta une bourgade jusqu'au milieu du XIXe s. Occupée par les Français en 1907, elle devint la base de l'intervention française au Maroc, puis la nouvelle métropole économique. Les forces françaises du général Noguès, obéissant à Pétain, s'y opposèrent du 8 au 10 nov. 1942 au débarquement des Américains *(bataille de Casablanca).* À l'occasion de la *conférence d'Anfa**, dite aussi *de Casablanca* (janv. 1943), eut lieu la première rencontre entre de Gaulle et Giraud.

CASABLE adj. Que l'on peut caser qqpart.

Casa da Índia e da Guiné, organisme commercial portugais dont l'origine remonte à 1481, établi à Lisbonne et qui contrôlait et dirigeait le commerce avec les Indes, et percevait les impôts royaux sur les marchandises (épices et surtout poivre).

Casa de Contratación, organisme commercial espagnol, créé à Séville en 1503 par les Rois Catholiques, qui contrôlait et dirigeait le commerce avec l'Amérique, et percevait les impôts royaux sur les marchandises. Dotée d'un centre d'études géographiques et d'une école navale, elle contribua au progrès de la navigation. Transférée à Cadix en 1717, elle fut supprimée en 1790.

CASADESUS, nom d'une famille d'artistes français. — ROBERT (Paris 1899 - *id.* 1972), pianiste et compositeur, fut directeur du Conservatoire américain de Fontainebleau. Sa femme GABY, également pianiste, enseigna aussi au Conservatoire américain de Fontainebleau. — JEAN-CLAUDE PROBST, dit **Casadesus** (Paris 1935), percussionniste et chef d'orchestre, dirige l'Orchestre philharmonique de Lille depuis 1976.

CASADO (Germinal), danseur et scénographe français d'origine espagnole (Casablanca 1934). Engagé au Ballet du XXe siècle (1959), il est à la fois danseur et scénographe. Comme danseur, il participe à la création de plus de 50 ballets de Maurice Béjart (*Orphée,* 1958 ; *le Sacre du printemps,* 1959 ; *Roméo et Juliette* [rôle de Tybaldt], 1966 ; *Bhakti,* 1968), en réalisant parfois décors et costumes. Après avoir quitté la troupe de Béjart (1968), il aborde la chorégraphie avec les *Kindertotenlieder* (de Mahler) [Trèves, 1974]. Il est ensuite directeur du ballet de l'Opéra à Karlsruhe.

CASAL (Jean-Marie), archéologue français (Troyes 1905 - Antibes 1977). Ses fouilles de Mundigak (1951-1958) montrent l'importance de l'Afghānistān aux IVe-IIIe millénaires, celles du Pākistān (Indus : Amri [1959-1962], Baloutchistan : Nal, Kulli, Pirak) révèlent une civilisation antérieure à celle de l'Indus.

CASALE MONFERRATO, v. d'Italie, dans le Piémont, sur le Pô ; 46 000 hab. Monuments anciens. Textiles artificiels. Centre vinicole.
— **Hist.** Sa position, qui commande le passage du Pô, en fit une place forte importante que la France et l'Espagne se disputèrent pendant la guerre de Trente Ans. Le comte d'Harcourt s'en empara en 1640.

CASALS (Pablo), violoncelliste, chef d'orchestre et compositeur espagnol (Vendrell, Tarragone, 1876 - San Juan, Porto Rico, 1973). En 1919, il fonda l'orchestre symphonique de Barcelone. Avec Thibaud et Cortot, il forma un trio célèbre. Il se fixa à Prades après la guerre civile d'Espagne et y créa un festival.

CASAMANCE, fl. du sud du Sénégal, qui se jette dans l'Atlantique par un très long estuaire, navigable de la mer à Ziguinchor. De part et d'autre du fleuve, cultures de céréales (maïs, riz), de coton et d'arachides.

CASAMANCE (la), région du sud du Sénégal, entre la Gambie et le fleuve Casamance (320 km).

CASAMOZZA, écart de la comm. de Lucciana (Haute-Corse). Carrefour routier entre Bastia, la plaine orientale et la vallée du Golo. Entreprises commerciales, conserverie.

CASANIER, ÈRE adj. et n. (ital. *casaniere,* prêteur d'argent, d'un dialecte du Nord *casana,* du vénitien *casnà,* monceau de deniers, du turc *hazna,* trésor). Qui aime à demeurer chez soi ; qui manifeste cet état d'esprit.

CASANOVA (Giovanni Giacomo), dit **Jean-Jacques Casanova de Seingalt,** aventurier et écrivain italien (Venise 1725 - Dux, Bohême, 1798). Prêtre (1739), il devint successivement militaire, diplomate et financier. À partir de 1750, il parcourut l'Europe et séjourna notamment en France, aux Pays-Bas et en Italie. Accusé de magie, il réussit une évasion spectaculaire des prisons de Venise (1756). Réfugié à Paris où il introduisit la loterie, il se fit une place dans le monde grâce au duc de Choiseul. Au service de l'Inquisition de Venise (1774-1782), il devint en

1783 bibliothécaire du comte de Waldstein. Écrivain, il est surtout connu pour ses *Mémoires,* publiés en France sous le titre *Histoire de ma vie.*

CASANOVA (Francesco Giuseppe), peintre et graveur italien (Londres 1727 - Brühl, près de Vienne, 1802), frère du précédent, auteur de batailles, scènes équestres et paysages pleins de brio.

CASAQUE n. f. (turc *kazak*). **1.** Au XVIe et au XVIIe s., ample manteau d'homme. – **2.** Manteau des mousquetaires, sorte de paletot sans ceinture à larges manches refendues. – **3.** Blouse sans taille marquée, assez longue et boutonnée devant. – **4.** Veste en soie que portent les jockeys. – **5.** *Tourner casaque,* fuir, tourner le dos ; changer d'opinion ; retourner sa veste.

CASAQUIN n. m. (de *casaque*). Au XVIIIe s., vêtement de femme descendant un peu au-dessous des hanches.

CASARÈS (Maria), comédienne française d'origine espagnole (La Corogne 1922). Tragédienne moderne au style concentré, elle s'imposa au théâtre dès 1942 (*les Justes,* 1950 ; *Phèdre,* 1958 ; *les Paravents,* 1966 ; *le Conte d'hiver,* 1980 ; *Quai Ouest,* 1986 ; *Hécube,* 1988 ; *le Roi Lear,* 1993) et au cinéma dans *les Enfants du paradis* (M. Carné, 1945), *la Chartreuse de Parme* (Christian-Jaque, 1947), *Orphée* (J. Cocteau, 1950).

CASAS (Bartolomé DE LAS) → LAS CASAS.

CASAS GRANDES, site archéologique de l'État de Chihuahua (Mexique). La cité, colonisée par les Mexicains en 1300 apr. J.-C., a été le point de rencontre des traditions pueblo et mexicaine.

CASAUBON (Isaac), érudit calviniste (Genève 1559 - Londres 1614). Il a publié divers traités de polémique, des éditions et des commentaires de Diogène Laërce, de Théocrite, du Nouveau Testament, d'Aristote, de Théophraste, de Suétone, etc.

CASBAH ou **KASBAH** n. f. (ar. *qaṣaba,* forteresse). **1.** En Afrique du Nord, citadelle et palais d'un souverain, parties hautes et fortifiées d'une ville. (L'un des plus beaux exemples est la casbah des Ūdāya à Rabat dont la porte du même nom est ornée d'un magistral décor sculpté.) – **2.** Dans les villes d'Afrique du Nord, quartier d'architecture arabe enserré entre des quartiers modernes. – **3.** *Pop.* Maison.

CASCABELLE n. f. (esp. *cascabel,* grelot, du lat. pop. **cascabellus,* clochette). Organe sonore de la queue des crotales (serpents à sonnette).

CASCADAGE n. m. (angl. *cascading*). Mouvement vertical par lequel l'eau de surface alourdie plonge en suivant la pente du fond marin.

CASCADE n. f. (ital. *cascata,* du lat. *cascare,* tomber). **1.** Chute d'eau naturelle ou artificielle. – **2.** Acrobatie exécutée par un cascadeur. – **3.** Grande abondance, flot soudain de choses : *Une cascade de citations.* • **Dr.** *Bénéfice de la cascade,* règle qui permet à un contribuable qui a fait l'objet d'un contrôle fiscal polyvalent d'obtenir l'imputation des rappels d'impôts sur les résultats de l'exercice lorsque les impôts rappelés sont des charges déductibles du bénéfice imposable (T. V. A., en partic.). ‖ *Taxation en cascade,* système de taxes sur le chiffre d'affaires, dans lequel la proportionnalité du taux de l'impôt aboutit à augmenter le prix des produits vendus au consommateur. – **Électr.** *Cascade hyposynchrone,* dispositif qui assure la régulation de vitesse d'un moteur asynchrone. ‖ *Couplage* ou *montage en cascade,* groupement de dispositifs électriques réalisé de façon que le courant de sortie de l'un soit égal au courant d'entrée du suivant. – **Électron.** Ensemble d'éléments amplificateurs ou de filtres placés successivement dans une chaîne. – **Frigor.** *Cascade incorporée* (ou *intégrée*), cycle frigorifique étagé décrit par un mélange de frigorigènes entre une haute et une basse pression. ‖ *Installation frigorifique en cascade,* installation comportant plusieurs circuits frigorifiques à compression de vapeur dont les évaporateurs produisent du froid à des températures de plus en plus basses, l'évaporateur d'un circuit refroidissant le condenseur du circuit suivant. (Ces installations sont notamment utilisées pour la liquéfaction du gaz naturel.) – **Pyrotechn.** Ensembles d'artifices éclairants disposés de façon que leurs éléments retombent en imitant une chute d'eau.

CASCADER v. i. (conj. 3). *Litt.* Tomber en cascade.

CASCADES *(chaîne des)* ou **CASCADE RANGE,** chaîne, partiellement volcanique, de l'Amérique du Nord, s'étendant sur 1 000 km, de la Colombie britannique au mont Klamath (Oregon) ; 4 391 m au mont Rainier.

CASCADEUR, EUSE n. (de *cascader*). **1.** Au cirque, acrobate spécialiste des chutes volontaires, des sauts dangereux. – **2.** Personne qui joue les scènes dangereuses dans les films comme doublure des comédiens. (Syn. STUNT-MAN.)

CASCARILLE n. f. Écorce fébrifuge fournie par divers crotons d'Amérique.

CASCATELLE n. f. (ital. *cascatella*). *Litt.* Petite cascade.

CASCODE n. m. Montage électronique amplificateur dans lequel le collecteur d'un premier transistor transmet la tension amplifiée à l'émetteur du transistor suivant, dont la base est mise à la masse.

1. CASE n. f. (lat. *casa,* cabane). Habitation traditionnelle dans les pays tropicaux.

2. CASE n. f. (esp. *casa,* maison, puis compartiment d'un jeu d'échecs, du lat. *casa,* cabane). 1. Compartiment dans un meuble, un tiroir, une boîte, etc. : *Les cases d'une boîte à bijoux.* — 2. Espace délimité par des lignes horizontales coupant des lignes verticales sur une page, une surface quelconque, en partic. un damier, un échiquier : *Les cases noires d'une grille de mots croisés.* — 3. Fam. *Avoir une case (de) vide, une case en moins,* être faible d'esprit, un peu fou. ‖ *Case (horaire),* plage horaire dans le programme journalier des émissions de télévision, de radio. ‖ *Case postale,* en Suisse, boîte postale. ‖ Fam. *Revenir, retourner à la case départ,* se retrouver à son point de départ et devoir recommencer à zéro. • **Agric.** Compartiment d'un bâtiment d'élevage affecté au logement d'un ou plusieurs animaux. — **Astronaut.** *Case à équipement,* compartiment d'une fusée, situé au sommet de l'étage supérieur, où sont rassemblés tous les équipements de guidage et de communication. — **Inform.** Emplacement numéroté pouvant contenir un mot dans une mémoire d'ordinateur.

Case de l'oncle Tom *(la),* roman de Harriet Beecher-Stowe (1852), sur la vie des esclaves noirs. Le livre favorisa la cause du mouvement abolitionniste.

CASÉEUX, EUSE [-zeø, -øz] adj. 1. Se dit d'une lésion qui a l'aspect et la consistance du fromage. — 2. *Maladie caséeuse,* maladie contagieuse des petits ruminants particulièrement difficile à éradiquer. ‖ *Nécrose caséeuse,* nécrose tissulaire engendrée par le bacille tuberculeux, d'aspect macroscopique homogène et blanchâtre.

CASÉIFICATION n. f. Coagulation brutale d'un exsudat tuberculeux, aboutissant à la formation de nécrose caséeuse.

CASÉINATE n. m. Produit hydrosoluble obtenu par dessiccation d'une solution basique de caséine.

CASÉINE n. f. 1. Ensemble des protéines soufrées et phosphorées, contenues dans le lait des mammifères à des proportions variables. — 2. Produit obtenu par caillage du lait écrémé et déshydratation de la caillebotte. (La caséine est utilisée dans l'industrie du papier et des colles, dans la fabrication d'apprêts pour textiles, de mouillants pour insecticides, d'aliments du bétail, etc.) ‖ *Fibre de caséine,* fibre protéinique artificielle obtenue à partir de la caséine du lait.

CASÉINERIE n. f. Atelier de fabrication de caséine ; industrie de la caséine.

CASEMATE n. f. (ital. *casamatta,* p.-ê. du gr. *khasma, -atos,* gouffre). 1. Organe protégé, actif ou passif, employé en fortification pour loger des troupes, des approvisionnements ou des armes. — 2. Petit ouvrage monobloc isolé, élément constitutif de la ligne de défense (casemate d'artillerie, casemate de mitrailleuses).

CASEMENT (*sir* Roger David), homme politique irlandais (Kingstown, auj. Dun Laoghaire, comté de Dublin, 1864 - Londres 1916). Sinn féiner convaincu, il tenta d'obtenir le soutien de l'Allemagne à la cause irlandaise. Capturé par les autorités britanniques (1916), il fut pendu.

CASÉOLYSE n. f. Hydrolyse de la caséine, provoquée par l'action enzymatique des micro-organismes ou par celle de la présure. (C'est un phénomène essentiel dans l'affinage des fromages.)

CASER v. t. (de *case*) [conj. 3]. 1. Loger qqch ou qqn qqpart, l'y placer, l'y mettre : *Caser les cinq valises dans le coffre de la voiture.* — 2. Parvenir à loger qqn, l'héberger (de manière provisoire) : *Caser tous les invités dans l'hôtel du village.* — 3. Procurer à qqn une situation, un emploi : *Il a casé son frère dans l'entreprise où il travaille.* — 4. *Fam.* Marier (son fils, sa fille) : *Elle a trois filles à caser.*

◆ **se caser** v. pr. 1. Parvenir à trouver une place, à se loger, à trouver un emploi. — 2. *Fam.* et *péjor.* Se marier.

CASERET n. m. ou **CASERETTE** n. f. Syn. de CAGERET.

CASERIO (Sante Jeronimo), anarchiste italien (Motta Visconti, Lombardie, 1873-Lyon 1894), assassin de Sadi Carnot.

CASERNE n. f. (anc. provenç. *cazerna,* du lat. *quaterna,* édifice quadrangulaire). 1. Bâtiment affecté au logement des militaires. — 2. *Fam.* Immeuble impersonnel comprenant un grand nombre d'appartements. — 3. *Plaisanteries, habitudes de caserne,* plaisanteries, habitudes grossières.

CASERNEMENT n. m. 1. Action de caserner, fait d'être caserné. (Syn. ENCASERNEMENT.) — 2. Ensemble des bâtiments et des locaux affectés à un corps de troupes dans une garnison ou un camp permanent. — 3. *Service de casernement,* service chargé, au sein d'un corps de troupes, de l'entretien locatif du casernement.

CASERNER v. t. (conj. 3). Établir des militaires dans une caserne. (Syn. ENCASERNER.)

CASERNIER n. m. Agent du génie militaire, chargé du matériel des casernements non occupés par les troupes.

CASERTE, en ital. **Caserta,** v. d'Italie, en Campanie, ch.-l. de prov. ; 66 000 hab. — À 4 km,

Caserta Nuova s'est construite autour de l'immense palais royal des Bourbons, chef-d'œuvre de Vanvitelli (1752-1773 ; vaste parc avec jeux d'eau). À 10 km, *Caserta Vecchia* possède une cathédrale du XIIe s. Centre agricole et industriel (alimentation, chimie, textile, bandes magnétiques).
— **Hist.** Le 29 avr. 1945 y fut signé l'acte réglant la capitulation des forces allemandes d'Italie et d'Autriche.

CASETTE, CAZETTE ou **GAZETTE** n. f. (lat. *casa,* maison). Étui en terre réfractaire cuite, protégeant faïences et porcelaines de l'action directe du feu pendant la cuisson.

CASÉUM [-zeɔm] n. m. (lat. *caseum,* fromage). Substance pathologique résultant de la nécrose caséeuse.

CASE-WORK [kezwɔrk] n. m. (pl. *case-works*) [angl. *case work,* étude de cas]. Technique d'aide, surtout utilisée dans les services sociaux, visant à faire prendre conscience au client, au moyen d'entretiens, des difficultés psychologiques qui sous-tendent la demande qu'il formule, dans le but de mieux le faire bénéficier des mesures qui pourraient lui être proposées. (Syn. CAS.)

CASEYEUR n. m. Bateau spécialement conçu et équipé pour la pêche à l'aide de casiers.

CASGRAIN (Henry Raymond), écrivain canadien de langue française (La Rivière-Ouelle, prov. de Québec, 1831 - Québec 1904). Prêtre (1856) et grand voyageur, il a animé la vie littéraire des années 60 et célébré la nature et les mœurs de son pays (*Légendes canadiennes,* 1861), ainsi que les figures marquantes de son histoire.

CASH [kaʃ] adv. (angl. *cash,* argent disponible). Fam. *Payer cash,* payer comptant.
◆ n. m. *Fam.* Argent liquide : *Payer en cash.*

CASH AND CARRY [kaʃɛndkari] n. m. inv. (angl. *cash and carry,* payez et emportez). Syn. de LIBRE-SERVICE DE GROS.

CASHEL, en gaél. **Caiseal Mumhan,** v. de la République d'Irlande. Remarquable chapelle du XIIe s. Cathédrale des XIIIe-XIVe s.

CASHER → KASHER.

CASH-FLOW [kaʃflo] n. m. (pl. *cash-flows*) [angl. *cash flow,* de *cash,* argent comptant, et *flow,* écoulement]. Syn. de MARGE* BRUTE D'AUTOFINANCEMENT.

CASHROUT → KASHROUT.

CASIER n. m. (anc. fr. *chasier,* panier pour égoutter les fromages, du lat. *casearius,* de *caseus,* fromage). **1.** Meuble de rangement, ou partie de meuble, présentant un ensemble de cases ouvertes juxtaposées. — **2.** Élément de rangement indépendant et souvent combinable (casier à légumes, à bouteilles, à livres, etc.). — **3.** Logement aménagé dans la contre-porte d'un réfrigérateur (casier à beurre, à œufs, etc.). — **4.** Service qui procède au classement et à la conservation des relevés des contributions. — **5.** Récipient à parois ajourées pouvant être manutentionné à la main, par une ou deux personnes. — **6.** Nasse que l'on emploie à la pêche des gros crustacés tels que homards, langoustes, etc. ; caisse grillagée utilisée pour l'élevage des huîtres. — **7.** *Casier fiscal,* relevé des impositions et des amendes dont un contribuable a été l'objet. ‖ *Casier judiciaire,* lieu où sont centralisés et classés les bulletins permettant la constatation des antécédents judiciaires d'une personne (→ *encycl.*) ; dans le langage courant, le bulletin lui-même.

ENCYCL. Institué par une loi de 1850, le casier judiciaire comporte une ou plusieurs fiches et trois sortes de bulletins désignés officiellement sous les noms de bulletin no 1, bulletin no 2 et bulletin no 3.

Chaque condamnation prononcée par un tribunal répressif autre qu'un simple tribunal de police est relevée sur une fiche. Le bulletin no 1 est le relevé intégral des fiches concernant la même personne. Il n'est délivré qu'aux autorités judiciaires. Le bulletin no 2, délivré sur demande des magistrats ou de certaines administrations, est un relevé des fiches du casier judiciaire, mais garde le silence sur certaines décisions ou condamnations. Enfin le bulletin no 3, sur lequel certaines condamnations ne sont pas inscrites ou cessent d'y être portées au bout d'un certain temps, est seul remis à l'intéressé. Lorsqu'il n'existe pas de fiche, le bulletin porte la mention « néant ».

CASIMIR n. m. (angl. *Cassimer,* Cachemire, d'apr. *Casimir,* n. pr.). Autref., étoffe de drap en laine fine tissé suivant l'armure du croisé, le plus souvent en chaîne et trame retorses.

CASIMIR *(saint)* [Cracovie 1458 - Grodno 1484]. Fils de Casimir IV Jagellon, proclamé au XVIIe s. patron de la Lituanie.

CASIMIR Ier le Rénovateur (1016-1058), duc de Pologne (v. 1034-1058), fils de Mieszko II. Détrôné, il se réfugia auprès de l'archevêque de Cologne. Il parvint, grâce à l'aide de l'empereur germanique Henri III, à reprendre pied en Pologne v. 1039. Il transféra sa capitale à Cracovie, récupéra la Mazovie (1047) et obtint du duc de Bohême la rétrocession de la Silésie (1050).

CASIMIR III le Grand (Kowal, près de Włocławek 1310 - Cracovie 1370), roi de Pologne (1333-1370), fils de Ladislas Ier Łokietek, dernier souverain piast. Cédant la Poméranie orientale à l'ordre Teutonique qui lui restitua en contrepartie la Couïavie (Kujawy) à la paix de Kalisz (1343), et renonçant à la Silésie (1348), il chercha des compensations à l'Est et conquit la Russie rouge (Ruthénie) et la Volhynie (1341-1348). Il restaura l'autorité royale, fit codifier le droit coutumier (1346-1360) et créa l'université de Cracovie (1364).

CASIMIR IV JAGELLON (Cracovie 1427-Grodno 1492), grand-duc de Lituanie (1440-1492), roi de Pologne (1445-1492), frère et successeur de Ladislas III. Il entreprit la guerre de Treize Ans (1454-1466) à l'issue de laquelle il obtint la Poméranie de Gdańsk et la Warmie (paix de Toruń, 1466), ainsi que la soumission des Chevaliers teutoniques. Il prépara l'élection de son fils, Vladislav II, qui devint roi de Bohême et de Hongrie.

CASIMIR V → JEAN II CASIMIR.

CASIMIR-PERIER (Auguste), homme politique français (Paris 1811 - *id.* 1876). Fils aîné de Casimir Perier*, il fut autorisé, par décret (1874), d'ajouter à son nom le prénom de son père. Élu député à plusieurs reprises (1846, 1849, 1871), il fut ministre de l'Intérieur (1871-72 et 1873). — Son fils JEAN (Paris 1847-*id.* 1907) fut député de l'Aube (1876) puis sous-secrétaire d'État à la Guerre (1883-1885). Président du Conseil (déc. 1893-mai 1894), il réprima les menées anarchistes. Élu président de la République (27 juin 1894) après l'assassinat de Sadi Carnot, il heurta la Chambre par ses initiatives autoritaires et dut démissionner (15 janv. 1895).

CASINCA (la), région de la Haute-Corse, associant le nord-est de la Castagniccia et une plaine littorale cultivée (vigne, agrumes, pêchers, légumes de plein champ et tabac).

CASING [keziŋ] n. m. **1.** Sauce appliquée sur le tabac avant hachage ; opération consistant à appliquer cette sauce. (Syn. SAUÇAGE.) — **2.** Caisson étanche et calorifuge enveloppant le faiseau tubulaire des chaudières modernes et constituant la chambre de chauffe.

CASINO n. m. (ital. *casino,* petite maison, puis maison de jeu). Établissement de jeux, de restauration et de spectacles, dans les stations balnéaires ou climatiques. (Les jeux autorisés sont : la roulette, la boule, le chemin de fer, le blackjack, le trente-et-quarante, le baccara, l'écarté, la roulette américaine, le craps, le vingt-trois et, dans certains casinos, les machines à sous.)

Casino, groupe succursaliste français dont les origines remontent à l'ouverture, en 1860, d'une épicerie de détail dans l'ancien casino lyrique de Saint-Étienne. Outre la distribution, le groupe s'adonne à des activités de production (chocolaterie, conserves, etc.), à l'exploitation de cafétérias, à la restauration rapide.

CASIQUIARE, riv. du Venezuela, affl. de gauche de l'Orénoque, mais dont les eaux peuvent rejoindre aussi, suivant la saison, le rio Negro, affluent de l'Amazone ; 150 km.

ČÁSLAVSKÁ (Věra), gymnaste tchèque (Prague 1942). Championne olympique (au concours général) en 1964 et en 1968, elle a également remporté le championnat du monde en 1966.

CASOAR n. m. (angl. *cassawarway,* p.-ê. du malais *kasuāri*). **1.** Grand oiseau ratite d'Australie et des îles voisines, à la tête surmontée d'un « casque » osseux, au cou nu orné de barbillons colorés, aux pattes à trois doigts. (Les casoars sont herbivores et forestiers ; ils pondent des œufs verts.) — **2.** Nom donné par les saint-cyriens au plumet blanc et rouge qui orne leur shako.

CASORIA, v. d'Italie, en Campanie, dans la banlieue de Naples ; 69 000 hab. Textiles artificiels.

Caspe *(compromis de)* [28 juin 1412], acte par lequel une commission des Cortes d'Aragon appela aux trônes d'Aragon et de Sicile l'infant de Castille Ferdinand qui succéda à Martin Ier l'Humain sous le nom de Ferdinand Ier.

CASPER, v. des États-Unis (Wyoming), sur la North Platte, à plus de 1 500 m d'alt. ; 51 000 hab.

CASPIENNE *(mer),* la plus vaste étendue d'eau continentale du globe (360 000 km^2 environ), aux confins de l'Europe et de l'Asie, partagée entre la Russie, le Kazakhstan, le Turkménistan, l'Iran et l'Azerbaïdjan, située à 28 m au-dessous du niveau général des océans. Les profondeurs n'excèdent pas 25 m dans la partie septentrionale (plus de 1 000 m au S.) dont les eaux côtières gèlent en hiver. La salinité des eaux (13 ‰ en moyenne) croît du N. vers le S. et d'O. en E. Les apports fluviaux ne compensent plus les pertes par évaporation, entraînant une baisse du niveau de la mer. L'aménagement de la Volga, principal tributaire (prélèvements pour l'irrigation), l'extraction pétrolière au large de Bakou ont rompu l'équilibre écologique. Les prises de poissons de qualité (esturgeon, alose) déclinent au profit d'espèces les plus courantes (kilka), et l'activité des pêcheries (375 000 t) s'en ressent.

CASQUE n. m. (esp. *casco,* crâne, de *cascar,* briser). **1.** Coiffure de métal, de cuir, de plastique qui protège la tête : *Casque de pompier, de motocycliste.* — **2.** *Litt.* Abondante et belle chevelure féminine. — **3.** Appareil d'écoute radiophonique ou téléphonique comprenant deux écouteurs montés sur un support formant serre-tête. — **4.** *Casque colonial,* coiffure de liège utilisée dans les pays chauds. • **Arts décor.** *En casque,* se dit d'une aiguière, d'une saucière en forme de casque retourné. – **Bot.** Chez diverses fleurs, partie supérieure de la corolle, recourbée en casque. – **Bouch.** Partie du mouton, comprenant les épaules, les côtelettes découvertes, le collet et la poitrine. – **Coiff.** Appareil électrique qui souffle de l'air chaud pour sécher les cheveux. – **Hérald.** Ornement extérieur de l'écu, qui se place au-dessus de celui-ci. (Syn. HEAUME.) – **Mil.** *Casques bleus,* nom donné depuis 1956 aux membres de la force militaire internationale de l'O. N. U. – **Zool.** Mollusque gastropode des mers chaudes, à coquille très épaisse et bossuée, recherchée pour faire des camées.

Casque d'acier *(Stahlhelm),* association nationaliste d'anciens combattants allemands, fondée dès nov. 1918, supprimée par Hitler en 1935 et reconstituée en 1951.

1. CASQUER v. t. (de *casque*) [conj. 3]. *Litt.* Coiffer comme avec un casque.
◆ **être casqué** v. pass. **1.** Avoir la tête protégée par un casque : *Des gendarmes casqués.* – **2.** *Pigeon casqué,* syn. de PIGEON COQUILLÉ.

2. CASQUER v. i. et v. t. (ital. *cascare,* tomber, du lat. pop. **casicare*) [conj. 3]. *Pop.* Donner de l'argent, payer : *Il casqua sans rien dire les deux cents balles.*

CASQUETTE n. f. (de *casque*). **1.** Coiffure à calotte plate, rigide ou souple, munie d'une visière. – **2.** Symbole de telle ou telle fonction : *Casquette syndicale.* – **3.** Au XIXe s., coiffure des officiers de l'armée d'Afrique, haute et souple ; auj., coiffure de travail de l'armée de terre et coiffure traditionnelle des officiers et sous-officiers de l'aviation et de la marine. – **4.** *Casquette à pont,* casquette à passe surélevée, adoptée vers 1900 par les marchands de bestiaux, puis par les mauvais garçons.

CASQUETTIER, ÈRE n. Personne qui fabrique ou vend des casquettes.

CASSABLE adj. Qui peut se casser.

CASSAGE n. m. **1.** Action de casser qqch. (Syn. CASSEMENT.) – **2.** Action de briser par la force : *Le cassage d'un syndicat.*

CASSAGNAC (Bernard Adolphe GRANIER DE), publiciste et homme politique français (Avéron-Bergelle 1806 - château de Couloumé, Gers, 1880). Polémiste vigoureux, il servit constamment par la plume l'ordre et l'autorité. Rallié à Louis Napoléon (1852), il fit du journal *le Pays* l'organe officieux et outrancier de l'Empire autoritaire. Député en 1876, il dirigea l'opposition bonapartiste à la IIIe République. – Son fils PAUL (Paris 1843-Saint-Viâtre 1904) prit la direction du *Pays.* Député du Gers (1876, 1879, 1885, 1889, 1898), il incarna le bonapartisme ultra, récusant à la fois la République et le prince Jérôme Bonaparte. Fondateur du journal *l'Autorité* (1886), il devint un des chefs du boulangisme et s'opposa à la politique de ralliement préconisée par Léon XIII.

CASSAGNES-BÉGONHÈS (12120), ch.-l. de cant. de l'Aveyron, au S. de Rodez ; 1 065 hab.

CASSANDRE, fille de Priam et d'Hécube *(Iliade).* Aimée d'Apollon, elle obtint de lui le don de prophétie. Mais elle se refusa à lui, et le dieu se vengea en décidant qu'on ne la croirait jamais.

CASSANDRE, roi de Macédoine, fils d'Antipatros (v. 354-297 av. J.-C.). Au cours des luttes que se livrèrent les Diadoques*, il fit disparaître les parents survivants d'Alexandre le Grand et assura son autorité sur la Macédoine et la Grèce.

CASSANDRE (Adolphe Jean-Marie MOURON, dit), peintre et affichiste français (Kharkov 1901 - Paris 1968). Il doit sa renommée à ses affiches, d'un style hardiment synthétique (*Nord-Express,* 1927, *les Vins Nicolas,* 1935, etc.). Il a aussi donné des décors de théâtre.

CASSANO D'ADDA, comm. d'Italie, en Lombardie (prov. de Milan), sur l'Adda ; 10 990 hab. Victoire du duc de Vendôme sur le Prince Eugène en 1705 lors de la guerre de la Succession d'Espagne.

CASSANT, E adj. **1.** Qui se casse aisément : *Ongles cassants.* – **2.** Qui est d'une raideur tranchante : *Être cassant avec ses subordonnés.* – **3.** Fam. *Ne pas être cassant,* être facile, peu fatigant. – **4.** Se dit d'un style tectonique où dominent les failles et les décrochements.

CASSARD (Jacques), marin français (Nantes 1679-Ham 1740). Capitaine corsaire, il entra dans la marine royale dès 1709 et poursuivit la guerre de course contre les Anglais et les Portugais. Incarcéré par le cardinal Fleury alors qu'il réclamait sa part de butin, il mourut en captivité.

CASSATE n. f. (ital. *cassata*). Entremets glacé préparé avec un meringage à l'italienne, des dés de fruits confits et de la crème fouettée.

1. CASSATION n. f. (de *casser* au sens de annuler). **1.** Annulation par la Cour de cassation ou le Conseil d'État d'une décision juridictionnelle rendue en dernier ressort, attaquée pour violation ou fausse interprétation de la loi, incompétence ou excès de pouvoir. – **2.** Sanction disciplinaire qui consistait à remettre soldat ou matelot de deuxième classe le sous-officier ou le gradé puni. (Depuis 1975, on parle de *réduction* d'un ou plusieurs grades.)

2. CASSATION n. f. (ital. *cassazione,* de l'all. *Gasse,* rue). Divertissement en un ou plusieurs mouvements, souvent interprété en plein air (seconde moitié du XVIIIe s.).

CASSATT (Mary), peintre et graveur américain (Pittsburgh 1844 - Le Mesnil-Théribus, Oise, 1926). Fixée à Paris en 1870, elle subit l'influence de Degas et se joignit au groupe impressionniste. Une part importante de sa production est consacrée aux thèmes de l'enfance et de la maternité (*Mère et enfant,* musée d'Orsay).

CASSAVETES (John), acteur et cinéaste américain (New York 1929 - Los Angeles 1989). Il a réalisé *Faces* (1968), *Husbands* (1970), *Minnie and Moskowitz* (1971), *Une femme sous influence* (1975), *Gloria* (1980), *Love Streams* (1983).

1. CASSE n. f. (de *casser*). **1.** Action de casser, de se casser ; objets cassés : *Payer la casse.* — **2.** *Fam.* Coups, pertes, dommages, violence, etc. : *Il va y avoir de la casse.* — **3.** Altération de certains vins, d'origine enzymatique *(casse brune)* ou physicochimique *(casse ferrique, casse cuivreuse)* et qui provoque, selon les cas, une altération de la saveur et de la limpidité ou des précipités. — **4.** *Mettre, envoyer qqch à la casse,* l'envoyer au rebut, à la ferraille. ‖ *Vendre qqch à la casse,* au prix de la matière première.

2. CASSE n. m. (de *casser*). *Arg.* Cambriolage avec effraction.

3. CASSE n. f. (ital. *cassa,* caisse, du lat. *capsa*). **1.** Boîte plate à compartiments inégaux, dans lesquels sont rangés les caractères typographiques à l'usage du compositeur. — **2.** Coupelle pour affiner l'or. (Syn. CENDRÉE D'AFFINAGE.)

4. CASSE n. f. (lat. *cassia,* du gr. *kassia,* cannelle). **1.** Vaste genre de césalpiniacées arbustives des régions chaudes, d'intérêt pharmaceutique. (Les feuilles de diverses espèces donnent le séné ; la pulpe des gousses du canéficier est la « casse » du commerce ; d'autres espèces sont cultivées pour leurs belles fleurs jaunes.) [Syn. CASSIER.] — **2.** Laxatif extrait de la pulpe de gousses de certaines espèces de casses.

CASSE (GRANDE), point culminant de la Vanoise, entre l'Arc et l'Isère (3 852 m). Première ascension, le 8 août 1860, par W. Mathews avec M. Croz et E. Favre.

1. CASSÉ → CASSER.

2. CASSÉ n. m. Degré de cuisson du sucre à une température d'environ 140 °C telle qu'il durcit dans l'eau froide, soit en restant collant *(petit cassé),* soit en devenant cassant mais sans coller *(grand cassé).*

◆ **cassés** n. m. pl. Papiers défectueux ou déchirés accidentellement pendant la fabrication.

CASSEAU n. m. (de *casse 3*). Petite casse servant à contenir les signes spéciaux qui ne figurent pas dans la casse normale. (Le terme est utilisé, par extension, en photocomposition.)

CASSE-CHAÎNE n. m. inv. Dispositif qui provoque automatiquement l'arrêt du métier à tisser, quand un fil de chaîne se casse.

CASSE-COU n. m. inv. **1.** Endroit dangereux, passage difficile, où l'on peut tomber facilement. — **2.** *Crier casse-cou à qqn,* l'avertir d'un danger. ◆ adj. et n. inv. *Fam.* Qui s'expose au danger ou se lance dans des entreprises hasardeuses.

CASSE-CROÛTE n. m. inv. *Fam.* Repas sommaire.

CASSE-CUL adj. et n. inv. *Pop.* Ennuyeux jusqu'à l'insupportable.

CASSE-FIL(S) n. m. (pl. *casse-fils*). Capteur de présence de fil arrêtant la machine sur laquelle celui-ci est travaillé s'il vient à manquer ou à casser.

CASSE-FONTE n. m. inv. **1.** Appareil utilisé dans les fonderies pour briser les blocs de fonte. — **2.** Lieu où l'on casse de la fonte.

CASSEGRAIN n. m. Télescope doté d'une combinaison de Cassegrain. (On dit aussi TÉLESCOPE CASSEGRAIN.)

Cassegrain *(combinaison de),* combinaison optique inventée au XVIIe s. par le physicien français N. Cassegrain, dans laquelle le faisceau lumineux se réfléchit sur un miroir primaire parabolique concave, puis sur un miroir secondaire hyperbolique convexe, pour donner une image agrandie à l'arrière du miroir principal, à travers un trou percé au centre de ce miroir.

CASSE-GUEULE n. m. inv. *Pop.* Endroit dangereux ; exercice périlleux, entreprise hasardeuse. ◆ adj. et n. inv. *Pop.* Périlleux, risqué.

CASSEL (59670), ch.-l. de cant. du Nord, en Flandre, sur le *mont Cassel* (alt. 176 m) ; 2 243 hab. *(Casselois).* Hôtel de la Noble Cour, des XVIe-XVIIe s. (musée), et autres témoignages du passé. Panorama.
— **Hist.** Castellum à l'époque romaine (d'où son nom), Cassel fut longtemps une ville militaire. Philippe VI y vainquit les Flamands en 1328, et le duc d'Orléans y battit le prince d'Orange en 1677. Le général Foch y établit son quartier général durant la Première Guerre mondiale.

CASSEL, v. d'Allemagne → KASSEL.

CASSE-MÈCHE(S) n. m. (pl. *casse-mèches*). Capteur de présence de mèche arrêtant la machine sur laquelle celle-ci est travaillée si elle vient à manquer ou à se rompre.

CASSEMENT n. m. **1.** Syn. de CASSAGE. — **2.** Cassement de tête, souci ou fatigue de l'esprit.

CASSENEUIL (47440), comm. de Lot-et-Garonne, au confluent du Lot et de la Lède ;

2 639 hab. *(Casseneuillais).* Église du XIIIe s. Primeurs. Conserves.

CASSE-NOISETTE(S) n. m. (pl. *casse-noisettes*). Instrument formé de deux branches que l'on peut rapprocher de façon à casser une noisette placée entre elles deux.

Casse-Noisette, ballet en 2 actes et 3 tableaux ; mus. de Tchaïkovski ; livr. de Marius Petipa d'après la version française d'un conte d'Hoffmann, *le Casse-Noisette et le Roi des souris* (extrait des *Contes des frères Sérapion*) ; chorégr. de Lev Ivanovitch Ivanov. Création mondiale au théâtre Marie de Saint-Pétersbourg en 1892.
La veille de Noël, la petite Clara reçoit une poupée représentant Casse-Noisette. À minuit, les poupées s'animent. Casse-Noisette, attaqué par son ennemi le roi des souris, est sauvé par Clara. Pour la remercier, il l'emmène aux pays des friandises. Ce ballet a connu différentes versions.

CASSE-NOIX n. m. inv. **1.** Ustensile servant à casser les noix. – **2.** Oiseau (corvidé) à bec fort, nichant dans les conifères de la forêt sibérienne, et parfois dans les montagnes de France.

CASSE-PATTES n. m. inv. *Pop.* **1.** Eau-de-vie très forte. – **2.** Descente dangereuse, en cyclisme.

CASSE-PIEDS n. et adj. inv. *Fam.* Personne sans gêne ; crampon.
◆ adj. inv. *Fam.* Qui est ennuyeux ou difficile : *Film casse-pieds.*

CASSE-PIERRE(S) n. m. (pl. *casse-pierres*). **1.** Masse (outil) pour casser les pierres. – **2.** Nom usuel de la *pariétaire.*

CASSE-PIPE(S) n. m. (pl. *casse-pipes*). **1.** Tir forain où l'on s'exerce à tirer sur des pipes en terre. – **2.** *Fam.* La guerre ; la zone de combat.

CASSER v. t. (bas lat. *quassare,* secouer) [conj. 3]. **1.** Mettre qqch en morceaux par choc, par pression, le briser : *Casser un verre en le faisant tomber.* – **2.** Démolir qqch, le détruire : *Casser l'ancienne salle de bains pour en refaire une neuve.* – **3.** Faire une fracture à un os, un membre : *Arrête, tu vas me casser le bras !* – **4.** Mettre un appareil hors d'état de fonctionner : *Le choc a dû casser ma montre.* – **5.** Briser un œuf, une noix, etc., pour libérer et utiliser leur contenu. – **6.** Rompre, annuler un contrat, un accord, etc. : *Ils ont cassé leurs fiançailles.* – **7.** Interrompre un mouvement, l'empêcher de se poursuivre normalement ou en briser l'harmonie : *Casser le rythme de travail.* – **8.** Vaincre la résistance de qqch, neutraliser un groupe, son action : *Casser la suprématie du dollar.* – **9.** Enlever à qqn son grade ou son poste de manière officielle, ou faire en sorte qu'il perde sa situation : *Casser un officier pour manquement aux ordres.* – **10.** Faire perdre à qqn sa dignité ou briser sa résistance physique et morale : *Un homme que la douleur a cassé.* – **11.** *Casser les prix, le marché, le métier, etc.,* baisser fortement les prix, ce qui risque de provoquer une désorganisation du marché. – **12.** *Casser la voix (à qqn),* déformer son timbre, l'assourdir. – **13.** *Pop.* Cambrioler avec effraction. – **14.** *Pop.* Démonter une voiture, un appareil pour en récupérer ce qui peut être utile ou revendable. – **15.** Fam. *À tout casser,* extraordinaire, formidable, en parlant de qqch ; tout au plus, au maximum, en parlant d'une quantité. ‖ Pop. *Casser du flic, du gaucho, etc.,* les attaquer au cours d'une manifestation pour les matraquer, les blesser, etc. ‖ Fam. *Casser la croûte, la graine,* manger. ‖ *Casser la figure* (fam.), *la gueule* (pop.) *à qqn,* le frapper, se battre avec lui. ‖ *Casser la tête, les oreilles, les pieds* (fam.), *le cul* (pop.) *à qqn,* l'importuner, le fatiguer par du bruit, des paroles, des actes. ‖ *Casser les reins à qqn,* l'empêcher de réussir, briser sa carrière. ‖ *Casser les vitres,* faire du scandale. ‖ Pop. *Casser sa pipe,* mourir. ‖ *Ne rien casser* (fam.), *ne pas casser des briques* (pop.), *ne pas casser trois pattes à un canard* (fam.), ne pas être extraordinaire, être sans originalité. ‖ Pop. *Tu nous les casses,* tu nous ennuies. • **Agric.** Donner un premier labour à une terre en friche. – **Jeux.** *Casser son jeu, une paire, un brelan,* au poker, défausser une carte qui détruit une combinaison pour en obtenir une meilleure. – **Menuis.** *Casser une arête,* l'adoucir par un léger biais.
◆ **être cassé** v. pass. **1.** Être voûté, courbé sous l'effet de l'âge. – **2.** *Col cassé,* col droit empesé dont les deux pointes sont retournées. ‖ *Voix cassée,* dont le timbre est déformé, assourdi.
◆ v. i., **se casser** v. pr., **être cassé** v. pass. **1.** Se briser ou être susceptible de se briser : *Attention, la branche va casser, va se casser.* – **2.** Cesser de fonctionner : *La pendule est cassée, il faut la réparer.* – **3.** En parlant du bas d'un pantalon, du dos d'une veste, former un angle. – **4.** S'effriter : *Pâte qui se casse sous les doigts.*
◆ **se casser** v. pr., **être cassé** v. pass. Se faire une fracture à un os, se briser une dent : *En tombant, elle s'est cassé le bras.*
◆ **se casser** v. pr. **1.** *Pop.* S'en aller le plus vite possible ; se tailler. – **2.** Pop. *Ne pas se casser (le cul, le bol, le tronc),* ne pas se fatiguer, ne pas se faire de souci. ‖ *Se casser le cou,* se tuer ou se blesser grièvement en tombant. ‖ *Se casser la figure* (fam.), *la gueule* (pop.), tomber, avoir un accident ; échouer dans une entreprise, faire faillite. ‖ Fam. *Se casser le nez,* trouver porte close, ne pas trouver ce qu'on cherchait. ‖ Fam. *Se casser les pieds,* s'ennuyer. ‖ Fam. *Se casser la tête, le crâne, les méninges, la nénette,* réfléchir beaucoup pour trouver une solution.

CASSEROLE n. f. (anc. provenç. *cassa,* récipient, du bas lat. *cattia,* creuset, du gr. *kuathion,* petit vase pour puiser). **1.** Ustensile de cuisson cylindrique, à fond plat et à manche droit, avec bec ou bord verseur. — **2.** *Fam.* Son, voix, instrument de musique faux ou peu mélodieux : *Ce piano est une vraie casserole.* — **3.** *Fam.* Réflecteur électrique donnant au théâtre des lumières de différentes couleurs. — **4.** *Casserole d'hélice,* cône de protection du moyeu d'une hélice d'avion. ‖ *Passer à la casserole,* être tué, être soumis à une dure épreuve ou, en parlant d'une femme, être obligée d'accomplir l'acte sexuel.

CASSERON n. m. Nom méridional de la *sépiole.*

CASSE-TÊTE n. m. inv. **1.** Massue dont la tête porte une protubérance excentrique. — **2.** Bruit assourdissant qui fatigue. — **3.** Travail qui demande une grande application ; problème difficile à résoudre. — **4.** *Casse-tête (chinois),* jeu de patience dans lequel il s'agit de reconstituer des formes en en combinant les divers éléments.

CASSETIN n. m. (ital. *cassettino,* de *cassa,* casse d'imprimerie). Compartiment d'une casse d'imprimerie.

CASSE-TOUT adj. et n. inv. *Fam.* Qui casse tous les objets qu'il touche, très maladroit.

CASSE-TRAME n. m. inv. Capteur de présence de trame arrêtant la machine sur laquelle celle-ci est travaillée si elle vient à manquer ou à se rompre.

CASSETTE n. f. (anc. fr. *casse,* caisse). **1.** Coffret destiné à conserver papiers et objets précieux. — **2.** Trésor personnel d'un prince ou d'un souverain. — **3.** Boîtier amovible contenant deux bobines destinées à recevoir une bande magnétique pour l'enregistrement du son, d'images ou de données. — **4.** *Sac cassette,* type de sac de dame, rigide, à couvercle bombé.

CASSETTOTHÈQUE n. f. Collection de bandes magnétiques en cassettes.

CASSEUR, EUSE adj. et n. **1.** Qui casse beaucoup par maladresse. — **2.** Qui désorganise qqch : *Un casseur de prix.*
◆ n. **1.** Personne qui fait le commerce des pièces détachées de voitures mises à la casse, qui vend un objet au poids brut. — **2.** Personne qui se livre, lors d'une manifestation, à des dégradations sur la voie publique, dans des locaux administratifs, etc. — **3.** *Arg.* Cambrioleur. — **4.** *Casseur de pierres,* ouvrier qui brisait les pierres pour la confection des routes.

CASSE-VITESSE n. m. inv. Bourrelet transversal aménagé à la surface d'une chaussée pour obliger les automobilistes à ralentir. (Syn. de BOURRELET DE RALENTISSEMENT.)

Cassia *(via),* voie romaine de Rome à Florence, par Bolsena, Chiusi et Arezzo.

CASSIDAIRE n. f. (lat. *cassida,* casque). Mollusque gastropode marin voisin du casque. (Syn. MORIO.)

CASSIDE n. f. Chrysomèle ayant la forme d'une minuscule tortue, une livrée aux belles couleurs métalliques et vivant, selon l'espèce, aux dépens de diverses plantes (menthe, artichaut, betterave, etc.).

CASSIE n. f. (provenç. *cacio,* du lat. *acacia*). Acacia cultivé sur la Côte d'Azur pour ses fleurs vendues sous le nom de « mimosa ». (Syn. CASSIER.)

CASSIEN (Jean), moine et écrivain ascétique (dans la Dobroudja v. 360-peu apr. 432). Fondateur, v. 415, du monastère de Saint-Victor, à Marseille, il a beaucoup contribué au développement du monachisme en Occident.

CASSIER n. m. Nom usuel de la *casse* et de la *cassie.*

CASSIN n. m. Organe des mécaniques de piquage des cartons Jacquard.

CASSIN *(mont),* en ital. **monte Cassino,** colline de 516 m, à peu près à mi-chemin de Rome et de Naples, dominant l'antique via Latina (prov. de Frosinone).
— **Hist.** Saint Benoît y fonda en 529 un monastère, où il mourut en 547. Détruit par les Lombards en 581 et 589, le monastère fut abandonné jusqu'au VIIIe s., où il connut un grand essor. Sous la direction de l'abbé Desiderio (1058-1086), futur pape Victor III, il devint un important centre de culture ; on rebâtit le monastère au XIe s., et à nouveau du XVIe au XVIIIe s. Anéanti le 15 févr. 1944 lors de la bataille de Cassino*, le monastère a été depuis minutieusement restitué.

Cassin *(congrégation du* **Mont-***)* → MONT-CASSIN *(congrégation du).*

CASSIN (René), juriste français (Bayonne 1887-Paris 1976). Professeur de droit, il rejoignit, après l'armistice de 1940, le général de Gaulle à Londres et devint, en 1944, membre de l'Assemblée consultative d'Alger. Il prit une part importante à la fondation de l'Unesco et fit adopter la Déclaration universelle des droits de l'homme. Il présida en 1958 le Comité constitutionnel provisoire. Membre du Conseil constitutionnel en 1960, il fut président de la Cour européenne des droits de l'homme (1965). Ses cendres ont été transférées au Panthéon (1987). [Prix Nobel de la paix 1968.]

CASSIN (Riccardo), alpiniste italien (San Vito al Tagliamento, prov. de Pordenone, 1909). Il réalisa la première ascension de la Cima Ovest du Lavaredo (1935) et celle de l'éperon nord de la pointe Walker aux Grandes Jorasses (1938).

CASSINE n. f. (ital. *cassina*). *Vx.* Petite maison isolée, où l'on pouvait se retrancher ou s'embusquer au cours d'un combat.

CASSINGA, localité de l'Angola méridional, au S. de Huambo. Gisement de fer.

CASSINI, famille d'astronomes et de géodésiens français d'origine italienne. — JEAN DOMINIQUE, dit **Cassini Ier** (Perinaldo, Imperia, 1625-Paris 1712), anima, et pratiquement dirigea, l'Observatoire de Paris dès sa mise en activité (1672). Auteur de nombreuses études sur les planètes, il a découvert deux satellites de Saturne et une division de l'anneau entourant cette planète. — Son fils JACQUES, dit **Cassini II** (Paris 1677-Thury, Oise, 1756), dirigea officieusement, comme son père, l'Observatoire de Paris. Il est surtout connu pour ses travaux de géodésie. — CÉSAR FRANÇOIS **Cassini de Thury,** dit **Cassini III** (Thury 1714-Paris 1784), fils du précédent, fut le premier directeur officiel de l'Observatoire de Paris (1771). Son nom reste attaché à la carte topographique de la France, qu'il commença en 1750 à la demande de Louis XV et que son fils JACQUES-DOMINIQUE, dit **Cassini IV** (Paris 1748-Thury 1845), acheva en 1815.

CASSINO, v. d'Italie, dans le Latium, sur le Rapido, près du mont Cassin* ; 26 000 hab.
— **Hist.** Du 18 janv. au 18 mai 1944 s'y déroulèrent de durs combats, en particulier entre parachutistes allemands et forces angloaméricaines, au cours desquels se distinguèrent les Nord-Africains sous les ordres du général Juin. Le 18 mai, les ruines du monastère tombaient aux mains des Polonais.

CASSIODORE, en lat. **Flavius Magnus Aurelius Cassiodorus,** homme politique et écrivain latin (Scylacium, Squillace, Calabre, v. 490 - Vivarium v. 580). Préfet du prétoire et historiographe de Théodoric, médiateur entre le monde romain et le monde barbare, il se retira en 540 au monastère de Vivarium, dont les ateliers ont inlassablement copié les manuscrits de l'Antiquité. Dans son œuvre principale, les *Institutions,* il fit la somme des connaissances religieuses et profanes.

CASSIOPÉE, femme de Phœnix ou de Céphée, roi légendaire d'Éthiopie, et mère d'Andromède.

CASSIOPÉE (en lat. *Cassiopeia, -ae*), constellation voisine du pôle céleste Nord, située à l'opposé de la Grande Ourse par rapport à la Polaire. On y a retrouvé les vestiges d'une supernova aperçue en 1181 en Chine et au Japon, et on y a détecté, v. 1950, une puissante radiosource, Cassiopée A, coïncidant avec une nébuleuse en expansion rapide, qui serait le résidu d'une supernova ayant explosé v. 1660 sans être remarquée.

CASSIQUE → CACIQUE.

CASSIRER (Ernst), philosophe allemand (Breslau 1874-New York 1945). Il s'attacha à développer la méthode kantienne à travers l'analyse des concepts et des principes mis en œuvre dans les sciences exactes (*Substance et fonction,* 1910). Élargissant la base kantienne de la notion de critique, il analysa la culture, c'est-à-dire les mythes, les symboles et les religions dans *la Philosophie des formes symboliques* (1923-1929).

1. CASSIS [kasis ou -si] n. m. (de *casser*). Rigole pour l'écoulement des eaux en travers d'une route.

2. CASSIS [kasis ou -si] n. m. (p.-ê. lat. *cassia,* plante aromatique). **1.** Groseillier à fruits noirs avec lesquels on prépare des sorbets et une liqueur. (Syn. CASSISSIER.) — **2.** Son fruit lui-même. — **3.** Liqueur faite de pulpe de cassis, d'aromates, d'eau-de-vie et de sucre. — **4.** *Pop.* Tête.

CASSIS [kasi] (13260), comm. des Bouches-du-Rhône, au fond de la *baie de Cassis ;* 7 988 hab. *(Cassidens).* Maisons anciennes. Musée. Port de pêche et station balnéaire. Casino. Vins blancs.

CASSISSIER n. m. Syn. de CASSIS.

CASSITÉRIDES *(îles),* archipel océanique où les Anciens allaient chercher de l'étain. Il peut s'agir des actuelles *Scilly* ou *Sorlingues* ou d'îles de la côte du Morbihan.

CASSITÉRITE n. f. (gr. *kassiteros,* étain). Oxyde d'étain naturel.
ENCYCL. La cassitérite, SnO_2, quadratique, forme des cristaux brun rougeâtre ou brun foncé. C'est à peu près le seul minerai d'étain exploité. Son gisement est surtout filonien, mais elle se concentre en des remaniements alluvionnaires très riches, qui ont été ses anciens gisements exploités.

CASSIUS (Dion) → DION CASSIUS.

CASSIUS LONGINUS (Caius), l'un des meurtriers de César († près de Philippes 42 av. J.-C.). D'abord chef de guerre de Pompée, rallié à César après Pharsale (48 av. J.-C.), il fut l'âme du complot contre le dictateur (44 av. J.-C.). Vaincu à Philippes, il se fit tuer par un affranchi. Brutus l'appela « le Dernier des Romains ».

CASSOLA (Carlo), écrivain italien (Rome 1917 - Montecarlo, près de Lucques, 1987). Il transpose dans une Toscane populaire et petite-bourgeoise l'existentialisme quotidien du Joyce des *Gens de Dublin : Fausto et Anna* (1952), *la Coupe de bois* (1953). Il est aussi l'auteur de romans centrés sur une figure féminine (*Gisella,* 1974).

CASSOLETTE n. f. (de *cassole,* dér. de *casse,* récipient). **1.** Vase brûle-parfum. — **2.** Motif ornemental figurant un tel vase, surmonté de fumée. (Art néoclassique.) – **3.** Petit récipient en porcelaine pouvant aller au feu. – **4.** Mets préparé en cassolette.

CASSON n. m. (de *casser*). Pain informe de sucre fin.

CASSONADE n. f. (anc. provenç. *cassonada*). Sucre cristallisé brut, extrait directement du jus de la canne à sucre.

CASSONE [-sɔne] n. m. (pl. *cassoni*) [ital. *cassone*]. Grand coffre, pièce de base du mobilier italien des XIVe-XVIe s. (Certains sont luxueusement ornés.)

CASSOPE, en gr. **Kassôpê,** ville d'Épire fondée au début du IVe s. av. J.-C. et détruite par les Romains en 167 av. J.-C. En 31 av. J.-C., ses habitants furent contraints d'aller peupler Nicopolis. Vestiges antiques de la cité (théâtre, agora, hôtel, etc.).

CASSOU (Jean), écrivain et critique d'art français (Deusto, près de Bilbao, 1897 - Paris 1986). L'émotion universelle, la damnation sont les composantes de ses romans (*le Bel Automne,* 1950) qui alternent avec des essais sur des peintres anciens (*le Greco,* 1931) et modernes (*Picasso,* 1937, et *Matisse,* 1939). Il a été conservateur en chef du musée national d'Art moderne à Paris (1946-1965).

CASSOULET n. m. (languedocien *cassoulet,* de *cassollo,* terrine). Ragoût de haricots blancs secs avec de la viande de porc, du confit d'oie ou de la viande de mouton.

CASSURE n. f. **1.** Résultat de l'action de casser ; endroit où un objet est cassé : *La cassure est très nette.* – **2.** Rupture, discontinuité dans l'espace, le temps, le rythme ou dans une relation : *Provoquer une cassure dans une alliance.* – **3.** Pli formé au fer chaud sur un vêtement. – **4.** Syn. ancien de FRACTURE (de l'écorce terrestre). – **5.** Surface rompue des minéraux dont l'examen peut se faire selon l'éclat, la texture ou la forme.

CASTAGNE n. f. (gasc. *castagne,* châtaigne, puis coup). *Pop.* Bagarre : *Il risque d'y avoir de la castagne.*

CASTAGNER v. t. (conj. 3). *Pop.* Battre, frapper.

CASTAGNETTES n. f. pl. (esp. *castañetas,* de *castaña,* châtaigne). Instrument de musique formé de deux pièces de bois ou d'ivoire rondes et concaves, liées par une cordelette servant à les tenir et les entrechoquer.

CASTAGNEUX n. m. (moyen fr. *castaign,* châtain). Petit grèbe plongeur d'Europe, édifiant un nid flottant au milieu des roseaux.

CASTAGNICCIA (la), région de la Haute-Corse, entre le Golo, la plaine orientale et l'Alesani. À l'exploitation du châtaignier (entre 500 et 800 m) s'est substitué l'élevage extensif des ovins.

CASTAGNO (Andrea **del**) → ANDREA DEL CASTAGNO.

CASTAGNOLE n. f. (lat. *castanea,* châtaigne). Nom usuel commun à la *brame* ou grande castagnole, au *chromis* ou petite castagnole et à la *castagnole rouge,* poissons marins au corps comprimé et à caudale fourchue.

CASTALIE, fontaine réputée miraculeuse à l'époque antique, et qui coulait à Delphes.

CASTANAKIS ou **KASTANÁKIS** (Thrássos), écrivain grec (Constantinople 1901-Paris 1967). Son œuvre témoigne d'une connaissance profonde de l'âme grecque (*Sols de Grèce,* 1933-1945).

CASTANET-TOLOSAN (31320), ch.-l. de cant. de la Haute-Garonne, au S.-S.-E. de Toulouse, sur l'Hers Mort ; 7 725 hab.

CASTANHEIRO n. m. (port. *castanheiro,* châtaignier). Arbre d'Amérique tropicale, dont on utilise le bois (menuiserie) et le fruit comestible (noix du Brésil).

CASTANOZEM → CHÂTAIN.

CASTE n. f. (port. *casta,* race). **1.** Groupe social endogame, ayant le plus souvent une profession héréditaire et qui occupe un rang déterminé dans la hiérarchie d'une société. (→ *encycl.*) – **2.** *Péjor.* Groupe qui se distingue par ses privilèges et son esprit d'exclusive à l'égard de toute personne qui n'appartient pas au groupe : *Esprit de caste.* – **3.** Chacune des trois formes adultes des insectes sociaux : femelle (ou reine), mâle et neutre (ouvriers, soldats).

ENCYCL. Le terme désigne d'abord les groupes hiérarchisés entre lesquels la société de l'Inde est divisée du sommet à la base. Une première classification large répartit la population entre quatre « classes » *(varṇa) :* au sommet, les brahmanes, prêtres et enseignants ; puis les *kṣatriya,* rois et guerriers ; les *vaiśya,* marchands et agriculteurs. Enfin, après ces trois classes nobles et pures, vient celle des *śūdra,* artisans et serviteurs. Les « hors-castes » ou intouchables pratiquent les métiers les plus impurs. Une seconde classification plus fine subdivise les classes en *jāti,* qui sont les castes proprement dites. Les castes constituent des unités sociales fermées sur elles-mêmes : on s'y marie entre soi ; on y transmet la profession héréditaire ; on maintient à distance les castes inférieures en refusant d'accepter la nourriture préparée par leurs membres.

CASTEAU → SHAPE.

CASTEL n. m. (provenç. *castel,* château, du lat. *castellum*). *Litt.* Petit château, maison ressemblant à un château.

CASTELAR Y RIPOLL (Emilio), homme politique espagnol (Cadix 1832 - San Pedro del Pinatar 1899). Il fut chef de l'exécutif sous la Ire République (1873-74). Il publia de nombreux articles dans *La Democracia,* journal fondé par lui en 1863.

CASTELDURANTE, depuis 1635 **URBANIA,** dans les Marches, centre de majolique italienne en activité dès le XIVe s. et qui connut son apogée au XVIe s. Les peintres céramistes Giovanni Maria et Nicolo Pellipario y exercèrent. On y fit de nombreux décors historiés (portraits en buste) et des décors dits « à candélabres », « au chêne », « à trophées », etc.

CASTELET n. m. (provenç. *castelet,* petit château). **1.** Petit théâtre de marionnettes. — **2.** Appareil qui servait à chauffer et faire éclore les œufs de vers à soie.

CASTELFIDARDO, v. d'Italie, dans les Marches, au S. d'Ancône ; 12 000 hab.
— **Hist.** Le 18 sept. 1860, l'armée piémontaise de Cialdini battit près de Castelfidardo l'armée pontificale de Lamoricière.

CASTEL GANDOLFO, station de villégiature d'Italie, sur le lac d'Albano, à 27 km au S.-O. de Rome ; 6 784 hab. Palais, résidence d'été des papes, remontant au XVIIe s.

CASTELGINEST (31780), comm. de la Haute-Garonne, à 11 km au N. de Toulouse ; 6 793 hab.

CASTELJALOUX (47700), ch.-l. de cant. de Lot-et-Garonne, sur l'Avance ; 5 102 hab. *(Casteljalousains).* Anc. ville forte ayant appartenu aux protestants. Maisons à pans de bois. Industries du bois.

CASTELLAMMARE DI STABIA, port d'Italie, en Campanie, sur le golfe de Naples ; 71 000 hab. Eaux thermales. Industries alimentaires. Chantiers navals. C'est l'antique *Stabies (Stabiae)* ensevelie lors de l'éruption du Vésuve (peintures murales conservées à l'Antiquarium Stabiano).

CASTELLANE (04120), ch.-l. d'arrond. des Alpes-de-Haute-Provence, sur le Verdon ; 1 359 hab. *(Castellanais).* Église romane. — Au N., lac artificiel créé par le barrage de Castillon.

CASTELLANE *(maison de),* famille provençale. — BONIFACE VI, troubadour, est l'auteur de trois sirventès contre Charles d'Anjou (1275). — BONIFACE **de Castellane,** maréchal de France (Paris 1788-Lyon 1862). Après avoir servi en Espagne et en Russie, il réprima les troubles de Lyon (1830) et ceux de Perpignan (1846). Il fut maréchal de France en 1852. — BONIFACE, dit **Boni de Castellane** (Paris 1867-*id.* 1932). Député (1898, 1902, 1906), il épousa en 1895 Anna Gould, fille du « roi des chemins de fer américains », et mena une vie fastueuse à Paris jusqu'à son divorce (1906).

CASTELLANI (Aldo), médecin italien (Florence 1877-Lisbonne 1971). Il découvrit le trypanosome de la maladie du sommeil et l'agent pathogène du pian *(Treponema pertenue).*

CASTELLANOS (Rosario), femme de lettres mexicaine (Mexico 1925 - en Israël 1974). Poète (*Presentación en el templo,* 1951 ; *Livida Luz,* 1960) et romancière indigéniste (*les Étoiles d'herbe,* 1955 ; *le Christ des ténèbres,* 1962).

CASTELLET (Le) [83330], comm. du Var, en Provence, à 11 km au N. de Bandol ; 3 091 hab. Autodrome. Aérodrome.

CASTELLION (Sébastien), humaniste et théologien calviniste français (Saint-Martin-du-Fresne, Bugey, v. 1515 - Bâle 1563). Il fit deux traductions de la Bible en latin et en français, et écrivit, sous le pseudonyme de **Martinus Bellius,** *De haereticis,* qui est un manifeste de la tolérance.

CASTELLI ROMANI, ensemble de villages et petites villes d'Italie (Frascati, Castel Gandolfo, etc.), au S.-E. de Rome, sur les pentes des monts Albains.

CASTELLÓN DE LA PLANA, v. d'Espagne, ch.-l. de prov., près de la Méditerranée ; 134 213 hab. Marché agricole (légumes et agrumes). Industrie textile. Industrie du pétrole.

CASTELMORON-SUR-LOT (47260), ch.-l. de cant. de Lot-et-Garonne, dans l'Agenais ; 1 676 hab. *(Castelmoronnais).* Primeurs et fruits. Conserves.

CASTELNAU (Pierre DE) [† Saint-Gilles, Gard, 1208]. Archidiacre de Maguelonne (1196), légat apostolique en Languedoc (1203), il fut assassiné en 1208 par des hommes d'armes de Raimond VI, comte de Toulouse. Ce meurtre déclencha la croisade contre les albigeois*.

CASTELNAU (Michel DE), sieur **de Mauvissière,** diplomate et homme de guerre français (La Mauvissière, Neuvy-le-Roi, v. 1518 - Joinville, en Gâtinais, 1592). Chargé de nombreuses missions diplomatiques, notamment en Écosse (1561, 1565), auprès de Marie Stuart, et en Angleterre (1575-1585), auprès d'Élisabeth Ire, il a laissé des *Mémoires* qui vont de 1559 à 1570. — Son petit-fils JACQUES, marquis **de Castelnau** (1620-Calais 1658), participa à la bataille des Dunes (1658), après laquelle il fut fait maréchal de France, puis au siège de Dunkerque où il fut mortellement blessé.

CASTELNAU (Édouard DE CURIÈRES DE), général français (Saint-Affrique 1851 - Montastruc-la-Conseillère 1944). Il livra en août 1914 la bataille de Morhange et sauva Nancy par sa résistance au Grand-Couronné. En 1915, il commanda le groupe d'armées du Centre et dirigea la bataille de Champagne. Adjoint de Joffre, il prit de Verdun, dès le 20 févr. 1916, les mesures propres à conserver la rive droite de la Meuse, commanda le groupe d'armées de l'Est et participa à la grande offensive de la victoire (1918). Député de l'Aveyron en 1919, non réélu en 1924, il fonda et dirigea la Fédération nationale catholique.

CASTELNAUDARY (11400), ch.-l. de cant. de l'Aude, sur le canal du Midi ; 11 725 hab. *(Chauriens).* Église St-Michel (XIVe s.). Industries alimentaires (cassoulet), mécaniques et textiles. Régiment d'instruction de la Légion étrangère. — **Hist.** Le 1er sept. 1632, le duc de Montmorency, gouverneur du Languedoc, y fut vaincu et fait prisonnier par les troupes de Louis XIII.

CASTELNAU-DE-MÉDOC (33480), ch.-l. de cant. de la Gironde, en bordure de la forêt landaise ; 2 783 hab. *(Castelnaudais).* Église du XVe s. Vins.

CASTELNAU-LE-LEZ (34170), ch.-l. de cant. de l'Hérault, banlieue nord-est de Montpellier ; 11 215 hab.

CASTELNAU-MONTRATIER (46170), ch.-l. de cant. du sud du Lot, dans le Quercy ; 1 903 hab. Anc. place forte. Chasselas. Pêches.

CASTELNAU-RIVIÈRE-BASSE (65700), ch.-l. de cant. du nord-ouest de Hautes-Pyrénées, près de l'Adour ; 679 hab. *(Castelnauviens).* Coopérative viticole. Industrie laitière.

CASTELNOVIEN n. m. Faciès du néolithique ancien, défini d'après les vestiges du gise ment de Châteauneuf-les-Martigues (Bouches-du-Rhône).

CASTELO BRANCO, v. du Portugal, ch.-l. de distr., au S.-E. de Coimbra ; 21 000 hab. Marché rural (liège, huile, fromage).

CASTELO BRANCO (Camilo), écrivain portugais (Lisbonne 1825 - São Miguel de Ceide, près de Braga, 1890). Romantique (*Amour de perdition,* 1862) puis réaliste (*la Brésilienne de Prazins,* 1883), ses *Nouvelles du Minho* (12 vol., 1875-1877) sont des chefs-d'œuvre d'authenticité paysanne.

CASTELO BRANCO (Humberto DE ALENCAR), maréchal et homme d'État brésilien (Mecejana, près de Fortaleza, 1900 - Fortaleza 1967). Chef d'état-major de l'armée, il participa au coup d'État militaire qui renversa le président Goulart (1964). Président de la République (1964-1967), il fonda en 1965 le parti officiel ARENA (Alliance rénovatrice nationale).

CASTELPERRONIEN → CHÂTELPERRONIEN.

CASTELSARRASIN (82100), ch.-l. d'arrond. de Tarn-et-Garonne, sur le canal latéral à la Garonne ; 12 601 hab. *(Castelsarrasinois).* Église St-Sauveur, de la fin du XIIe s. Commerce de fruits et de primeurs. Métallurgie.

CASTERET (Norbert), spéléologue français (Saint-Martory, Haute-Garonne, 1897 - Toulouse 1987). Il a surtout exploré les sites spéléologiques des Pyrénées. Il a reconnu la source de la Garonne, dans la Maladeta (1931), et exploré des abîmes profonds (gouffre Martel, dans l'Ariège, 1935, et la Henne-Morte, 1947 ; la Pierre-Saint-Martin, 1952 et 1953).

Casterman, maison d'édition belge, fondée à Tournai en 1780 par D. J. Casterman (1756-1823), spécialisée dans la publication d'albums pour la jeunesse et de bandes dessinées.

CASTETS (40260), ch.-l. de cant. de l'ouest des Landes ; 1 734 hab. *(Castésiens).* Industries du bois.

CASTEX (Raoul), amiral et théoricien militaire français (Saint-Omer 1878 - Villeneuve-de-Rivière, Haute-Garonne, 1968). Il réorganisa le Service historique de la marine après 1919, et dirigea l'École de guerre navale en 1932 et en 1936, et le Centre des hautes études de défense nationale. Il a écrit *Théories stratégiques,* œuvre publiée à partir de 1927.

CASTIGLIONE → BOU SMAÏL.

CASTIGLIONE (Baldassarre), écrivain italien (Casatico, Mantoue, 1478 - Tolède 1529). Il exerça différentes fonctions aux cours de Milan, de Mantoue, d'Urbino et de Rome. À partir de son expérience, il traça le profil idéalisé de l'homme de cour dans son traité *le Courtisan* (*Il Cortegiano,* 1528).

CASTIGLIONE (Giovanni Benedetto), dit **le Grechetto,** peintre et graveur italien (Gênes v. 1610 - Mantoue v. 1665). Influencé comme peintre par Van Dyck, comme graveur par Rembrandt, il fut actif à Rome, Naples, Gênes, Mantoue. Ses tableaux, mythologiques ou religieux, deviennent des pastorales animées d'un trait turbulent, d'un mouvement souvent passionné (*Offrande à Pan,* coll. Durazzo, Gênes).

CASTIGLIONE (Giuseppe), jésuite et peintre italien (Milan 1688 - Pékin 1766). Familier de la cour de Qianlong, il peignit des œuvres dans le style chinois sous le nom de **Lang Shining** (*Portrait de l'empereur recevant le tribut des chevaux kirghiz,* musée Guimet).

CASTIGLIONE (Virginia OLDOINI, *comtesse* VERASIS DI) [Florence 1837 - Paris 1899]. Mariée (1854) à un écuyer de Victor-Emmanuel II, elle fut envoyée par Cavour à Paris auprès de Napoléon III pour hâter la conclusion de l'alliance franco-sarde.

CASTIGLIONE DELLE STIVIERE, v. d'Italie, en Lombardie (prov. de Mantoue), au N.-O. de Mantoue ; 11 100 hab. Victoire des troupes d'Augereau sur les Autrichiens (5 août 1796).

CASTIGLIONE OLONA, comm. d'Italie, en Lombardie (prov. de Varèse), au S.-E. de Varèse ; 5 000 hab. Collégiale gothique et baptistère ornés de fresques de Masolino (1433-1435). Église de la première Renaissance (1430-1441). – Aux environs, à Castelseprio, fresques des VIIIe ou IXe s. dans l'église S. Maria foris portas.

CASTILHO (António Feliciano DE), poète et pédagogue portugais (Lisbonne 1800-*id.* 1875). Ses poèmes accusent la transition du néoclassicisme vers le romantisme (*Feuilles poétiques,* 1844). Il est à l'origine de la querelle qui aboutira à l'esthétique anticonformiste de la « Génération de 70 ».

CASTILLA (Ramón), général et homme d'État péruvien (Tarapacá 1797-Tiviliche, Arica, 1867). Président de la République (1845-1851 et 1855-1862), il abolit l'esclavage des Noirs et le tribut des Indiens (1854), et promulgua une nouvelle Constitution en 1860.

CASTILLAN, E adj. et n. De Castille.
◆ **castillan** n. m. Syn. de ESPAGNOL.

CASTILLE, en esp. **Castilla,** région historique de l'Espagne. La Castille correspond à la majeure partie des plateaux et chaînons de la Meseta ibérique : la chaîne centrale (sierras de Guadarrama et de Gredos) sépare la Vieille-Castille de la Nouvelle-Castille.
– **Hist.** Le comté de Castille est né à la fin du IXe s. de la réunion d'un certain nombre de châteaux forts *(castillos,* d'où son nom de *Castilla),* sis dans la marche du sud-est du royaume de León. Cette « vieille Castille », dont la capitale, Burgos, fut fondée en 884, devint un État pratiquement indépendant (v. 951) sous le comte Fernán González. Érigée en royaume en 1035 par Ferdinand Ier, la Castille devint le centre le plus dynamique de la Reconquista. La couronne de cette « nouvelle Castille » occupa ainsi la plus grande partie de la Péninsule : à la fin du XIe s., elle repoussa les musulmans au sud du Tage (prise de Tolède, 1085) ; au XIIIe s., elle s'unit définitivement au royaume de León (1230), parvint à la Méditerranée (prise de Murcie, 1243), et s'empara de l'Andalousie occidentale (prises de Séville [1248] et de Tarifa [1292]) ; au XVe s., elle acheva la Reconquista en s'emparant de Grenade (1492). Quelques éléments expliquent l'expansion et le dynamisme castillans durant cette période :
– la *Reconquista :* l'idée de « reconquête » fut à la base de la politique des royaumes chrétiens. Les périodes d'expansion et de consolidation se succédèrent, ce qui créa un peuple de frontière, avec de larges droits individuels et collectifs. La Castille resta ainsi en marge du courant féodal de l'Occident médiéval ;
– l'*organisation administrative :* celle-ci s'appuya sur un ensemble d'experts, les *letrados,* formés dans les universités et provenant des couches inférieures de la noblesse castillane ;
– le *contact avec les musulmans :* celui-ci permit l'accès aux penseurs grecs et arabes, traduits en latin et diffusés en Europe à partir des institutions culturelles castillanes ;
– un *commerce actif :* au-delà des courants économiques créés, c'est toute une tradition maritime qui s'est consolidée et qui fut mise à profit en Atlantique.
À la fin du XVe s., les luttes nobiliaires troublèrent la vie de la Castille. Mais la reine Isabelle Ire la Catholique, épouse du roi d'Aragon Ferdinand II, s'employa à contrôler la noblesse et à donner de nouveaux horizons à son dynamique État, uni à la couronne aragonaise (1479). La voie traditionnelle, celle de l'Afrique du Nord, fut abandonnée lorsque C. Colomb arriva aux Bahamas le 12 oct. 1492, ouvrant ainsi une nouvelle ère de l'histoire de l'Espagne. La Castille constitua dès lors le noyau dur du royaume d'Espagne, tant sous les Habsbourg que sous les Bourbons et jusqu'au XVIIIe s. À cette époque, la situation changea : climat aride et communications difficiles freinèrent l'expansion économique, plus lente que dans la périphérie de la Péninsule. La croissance de la capitale tendit en outre à favoriser la confusion entre Madrid et Castille.

CASTILLE *(mer de),* ensemble des lacs de barrage, sur le Tage, à l'E. de Madrid, servant à régulariser le fleuve, à produire de l'électricité et à offrir un centre de villégiature.

CASTILLE (Nouvelle-), en esp. **Castilla la Nueva,** région d'Espagne constituant la partie méridionale de la Meseta, entre l'Estrémadure et les régions de Murcie et Valence, incluant les bassins du Tage et du Guadiana séparés par les monts de Tolède. Administrativement, la Nouvelle-Castille regroupait les cinq provinces de Ciudad Real, Cuenca, Guadalajara, Madrid et Tolède. La prov. de Madrid constitue aujourd'hui une entité autonome. La prov. d'Albacete a été rattachée à la Nouvelle-Castille pour former la communauté autonome de *Castille-La Manche**.

CASTILLE (Vieille-), en esp. **Castilla la Vieja,** région centrale de l'Espagne, s'étendant sur les plaines et plateaux du nord de la Meseta, drainés par le Duero (Douro), entre la chaîne Cantabrique au N., les sierras de Gredos et de Guadarrama au S., les monts Ibériques à l'E., le Portugal à l'O.

Région historique, la Vieille-Castille englobait huit provinces (Ávila, Burgos, La Rioja, Palencia, Santander, Ségovie, Soria et Valladolid). Ces provinces (moins celles de La Rioja et Santander) ont été associées aux provinces de León, Salamanque et Zamora pour constituer la communauté autonome de *Castille-León**.

CASTILLEJO (Cristóbal DE), poète espagnol (Ciudad Rodrigo v. 1490 - Vienne 1550). Il défendit la poésie nationale contre l'italianisme.

CASTILLE-LA MANCHE, communauté autonome d'Espagne ; 79 500 km^2 ; 1 644 401 hab. ; cap. *Tolède ;* 5 prov. *(Albacete, Ciudad Real, Cuenca, Guadalajara* et *Tolède).*

CASTILLE-LEÓN, communauté autonome d'Espagne ; 94 200 km^2 ; 2 556 316 hab. ; cap. *Valladolid* ; 9 prov. *(Ávila, Burgos, León, Palencia, Salamanque, Ségovie, Soria, Valladolid* et *Zamora).*

CASTILLO ARMAS (Carlos), militaire et homme d'État guatémaltèque (Santa Lucia Cotzumalguapa 1914 - Guatemala 1957). Allié des États-Unis, il dirigea le coup d'État qui renversa le colonel Arbenz et devint président de la République (1954-1957).

CASTILLO SOLÓRZANO (Alonso DE), écrivain espagnol (Tordesillas 1584 - Saragosse ? 1648), célèbre par ses comédies (*El marqués del Cigarral,* 1634) et par ses romans picaresques (*La garduña de Sevilla y anzuelo de las bolsas,* 1642).

Castillon, barrage et centrale hydroélectrique des Alpes-de-Haute-Provence, sur le Verdon, près de Castellane. Lac de retenue (500 ha).

CASTILLON-LA-BATAILLE (33350), ch.-l. de cant. de la Gironde, sur la Dordogne ; 3 030 hab. *(Castillonnais).* Vignobles. Victoire de Charles VII sur les Anglais (1453).

CASTILLONNÈS (47330), ch.-l. de cant. de Lot-et-Garonne ; 1 434 hab. *(Castillonnésiens).* Bastide fondée en 1260.

CASTINE n. f. (all. *Kalkstein,* pierre à chaux). Calcaire employé comme fondant et comme épurateur dans le traitement des minerais de fer acides pour l'élaboration correcte du laitier.

1. CASTING [-tiɲ] n. m. (angl. *casting,* distribution). Sélection des acteurs, des figurants, etc., pour un spectacle, un film, une émission de radio ou de télévision.

2. CASTING [-tiɲ] n. m. (angl. *casting,* lancer). Pêche au lancer.

CASTLE (Barbara), femme politique britannique (Chesterfield 1911). Élue au Parlement en 1945, elle est présidente du parti travailliste en 1958-59. Elle occupe plusieurs ministères de 1964 à 1970. Elle est député au Parlement européen de 1979 à 1989.

CASTLEREAGH (Robert STEWART, *vicomte*), 2e marquis **de Londonderry,** homme d'État britannique (Mount Stewart Down 1769-North Cray Kent 1822). Député whig, puis tory, il entre à la Chambre des communes en 1794. Responsable des affaires d'Irlande (1798), il participe à la réalisation de l'Union, créant le Royaume-Uni. Secrétaire à la Guerre sous Pitt (1805-06), puis dans le cabinet Portland, il fait nommer son ami Wellesley, futur duc de Wellington, chef du corps expéditionnaire en Espagne (1808). En désaccord avec son collègue aux Affaires étrangères, Canning, il démissionne en 1809. Rappelé en 1812 comme ministre des Affaires étrangères, il est l'âme des coalitions contre Napoléon Ier. Plénipotentiaire britannique au congrès de Vienne, son action est déterminante dans la rédaction des traités de Paris de 1814 et 1815. Opposé à la politique réactionnaire de ses alliés Alexandre Ier et Metternich, il s'efforcera de maintenir l'équilibre européen.

CASTNIE n. f. Beau papillon de l'Amérique tropicale dont la chenille dévore les tiges des bananiers, des ananas, des cactus.

CASTOR n. m. (lat. *castor,* du gr. *kastôr*). **1.** Gros rongeur (il atteint 25 kg) caractérisé par ses pattes palmées, sa queue aplatie et sans poils, sa belle fourrure, ses glandes génitales dont on extrait le *castoréum.* (→ encycl.) — **2.** Fourrure du castor. — **3.** Petite roulette orientable, que l'on place sous des charges pour les déplacer.

◆ adj. inv. Se dit d'une nuance beige de cuir ou de peau.

ENCYCL. Les castors, protégés en Europe et au Canada, se construisent une hutte s'ouvrant dans l'eau des rivières, dont ils haussent éventuellement le niveau par un barrage ; ils se nourrissent d'écorces, de rhizomes et d'herbes. Le pelage, brun roussâtre, au duvet très serré, est couvert de longs jarres ; il n'est utilisé qu'éjarré ou rasé. C'est une fourrure très solide, importée principalement de l'Amérique du Nord.

CASTOR, nom donné à l'étoile α Gémeaux*. Magnit. visuelle 1,6. Distance 45 al. C'est, en fait, un couple d'étoiles doubles.

CASTOR *(rivière du)* ou **BEAVER RIVER,** riv. du Canada (Saskatchewan et Alberta), tributaire du lac Churchill.

CASTOR et **POLLUX,** héros mythologiques de Sparte appelés les Dioscures (*Dioskouroi,* enfants de Zeus, qui avait pris la forme d'un cygne pour séduire leur mère Léda), ils furent identifiés à la constellation des Gémeaux. Leur culte s'étendit et fut très populaire à Rome où sportifs et chevaliers les considéraient comme leurs patrons.

CASTORÉUM [-reɔm] n. m. Produit sécrété par l'appareil génital du castor, utilisé comme fixateur en parfumerie.

CASTOREX ou **CASTORREX** n. m. (de *castor* et lat. *rex*, roi). Race de lapins domestiques dont la fourrure, très soyeuse au toucher, est utilisée en confection.

CASTRACANI degli Antelminelli (Castruccio), duc **de Lucques** (Lucques 1281-*id.* 1328). Condottiere au service des Della Scala et de Venise, il se fit élire par les Lucquois révoltés capitaine et seigneur de la ville (1316). Après s'être emparé de Pistoia et avoir vaincu les Florentins à Altopascio (1325), il entreprit de constituer un État gibelin toscan. Il fut créé duc de Lucques par Louis IV de Bavière (1327).

CASTRAIS, région située autour de Castres (Tarn).

CASTRAT n. m. (ital. *castrato,* du lat. *castratus,* châtré). **1.** Individu mâle à qui l'on a fait subir la castration. — **2.** Chanteur masculin dont la voix d'enfant a été conservée par castration.
ENCYCL. La présence des castrats à l'église s'explique, jusqu'au XVIIe s., par l'interdiction aux femmes d'accéder au chœur. À partir du XVIIe s., le théâtre lyrique les rechercha pour la qualité, l'étendue et la puissance de leur voix. Leur gloire se perpétuera exceptionnellement à la chapelle Sixtine jusqu'au début du XXe s.

CASTRATEUR, TRICE adj. et n. Qui provoque un complexe de castration, une angoisse de castration : *Attitude castratrice.*

CASTRATION n. f. (lat. *castratio*). **1.** Ablation ou destruction d'un organe nécessaire à la génération. (→ *encycl.*) — **2.** *Castration parasitaire,* disparition des organes reproducteurs ou de leurs fonctions chez les individus animaux hébergeant certains parasites. ‖ *Complexe de castration,* chez le garçonnet, croyance selon laquelle le pénis pourrait lui être retranché par le père en raison de ses tentatives de séduction sur la mère, dont il résulte une intense *angoisse de castration ;* chez la fillette, reconnaissance du clitoris comme pénis de moindre valeur qui introduit une revendication à l'endroit de la mère pour l'avoir créée dépourvue de cet attribut.
ENCYCL. **Bot.** et **Agric.** Sur une plante, la castration consiste à enlever complètement les anthères d'une fleur avant l'émission du pollen. On peut alors féconder les ovaires avec le pollen d'une autre fleur et réaliser ainsi des croisements ou hybridations. On utilise la castration pour produire des semences hybrides, notamment de maïs.
— **Physiol.** La castration supprime les sécrétions externes et internes des glandes génitales. Ces dernières jouent un rôle essentiel dans l'apparition des caractères sexuels secondaires et dans l'équilibre psychophysiologique. L'enfant mâle castré avant la puberté garde une apparence féminine. Chez l'homme adulte, les modifications sont moins frappantes ; cependant, la barbe se raréfie, la voix change, le désir sexuel diminue. Chez la femme adulte, la castration amène les mêmes modifications que la ménopause, mais plus précocement.
— **Zootechn.** Pour les animaux destinés à la boucherie, la castration améliore l'engraissement, accroît les masses musculaires de l'arrière-train et fournit une viande de meilleure qualité sans odeur sui generis (cas du verrat). On castre les coqs pour en faire des chapons.

CASTRÉN (Matthias Alexander), linguiste et ethnographe finlandais (Tervola 1813-Helsinki 1852). Il est à l'origine du regroupement du finnois au sein de la famille ouralo-altaïque. Il a également étudié les langues de Sibérie (ostyak, samoyède).

CASTRER v. t. (lat. *castrare*) [conj. 3]. **1.** Pratiquer la castration sur un animal, sur qqn. (Syn. CHÂTRER.) — **2.** Supprimer les organes mâles d'une fleur.

CASTRES (81100), ch.-l. d'arrond. du Tarn, sur l'Agout, au contact de l'Aquitaine et du Massif central ; 46 292 hab. *(Castrais).* Centre commercial. Industrie textile et pharmaceutique.
— **Hist.** Réunie à la Couronne par Louis VIII (1225), comté en 1356, Castres passa à la maison d'Armagnac, puis revint à la Couronne en 1519.
— **Bx-arts.** Demeures et monuments anciens. Dans l'hôtel de ville (anc. évêché), musée Jaurès et musée municipal dit « musée Goya » (arts décoratifs ; peinture espagnole, dont *la Junte des Philippines* et un autoportrait de Goya).

CASTRIES, cap. de l'île Sainte-Lucie, dans les Petites Antilles ; 54 000 hab.

CASTRIES (34160), ch.-l. de cant. de l'Hérault, dans la plaine languedocienne ; 4 004 hab. Château des XVIe-XVIIe s. (beau parc).

CASTRIES (Charles Eugène Gabriel DE LA CROIX, *marquis* DE), maréchal de France (Paris 1727-Wolfenbüttel 1800). Lieutenant général (1758), il se distingua pendant la guerre de Sept Ans, notamment à Clostercamp (1760) où il vainquit le duc de Brunswick, et fut fait maréchal de France (1783). Secrétaire d'État à la Marine, il entreprit la construction du port militaire de Cherbourg et élabora un code naval qui porte son nom (1786).

CASTRIES (Christian DE LA CROIX, *comte* DE), général français (Paris 1902 - *id.* 1991). Nommé général au cours de la bataille de Diên Biên Phu, il fut fait prisonnier le 7 mai 1954 après 57 jours de résistance.

CASTRISME n. m. Doctrine anti-impérialiste inspirée des idées de Fidel Castro.

CASTRISTE adj. et n. Qui relève du castrisme ; partisan du castrisme.

CASTRO (João DE), capitaine et administrateur portugais (Lisbonne 1500-Goa 1548). Il explora la mer Rouge en 1541. Vice-roi des Indes (1546), il a laissé trois relations de voyages *(Roteiros)*.

CASTRO Y BELLVÍS (Guillén ou Guilhem DE), auteur dramatique espagnol (Valence 1569 - Madrid 1631). Cervantès vantait le pathétique de son théâtre *(Las Mocedades del Cid)* qui fut en partie à la source du *Cid* de Corneille.

CASTRO (José LUCIANO DE), homme politique portugais (Aveiro 1834 - Anadia 1914). Ministre de la Justice et de l'Intérieur à plusieurs reprises, président du Conseil (1886, 1897, 1904-05), il dirigea le parti progressiste portugais.

CASTRO (Cipriano), homme d'État vénézuélien (Capacho, Táchira, 1858-San Juan, Porto Rico, 1924). Surnommé le « Lion des Andes », il exerça un pouvoir dictatorial comme chef de l'armée puis comme président du Venezuela de 1899 à 1908.

CASTRO (Eugénio DE), poète portugais (Coimbra 1869 - *id.* 1944). D'abord le représentant portugais d'une sorte d'« Internationale symboliste » avec Verlaine, Verhaeren, Gustave Kahn, Régnier, qui collaborèrent à sa revue *l'Art* (1895-96), il s'assagit ensuite dans le sens d'une discipline classique parfois remplacée par le folklore (*Constança,* 1900 ; *Derniers Vers,* 1938).

CASTRO (Josué DE), médecin, sociologue et économiste brésilien (Recife 1908-Paris 1973). Ses principales études portent sur le problème de la faim dans le monde.

CASTRO (Fidel), homme d'État cubain (Mayari, prov. d'Oriente, 1927). D'une famille de propriétaires terriens, il se lie à la gauche insurrectionnelle lors de ses études d'avocat à La Havane. Engagé dans la lutte contre Batista (1952), il est emprisonné de 1953 à 1955 puis, en exil, prépare un débarquement à Cuba qui échoue (1956). Réfugié dans la Sierra Maestra, il organise une guérilla qui parvient à renverser la dictature, et proclame président M. Urrutia (janv. 1959). Premier ministre (févr. 1959), il met en œuvre la révolution cubaine qui, d'abord nationaliste, se radicalise sous la pression de l'hostilité des États-Unis et aboutit en 1961 à la proclamation d'un régime socialiste, calqué sur le modèle soviétique. Secrétaire général du parti communiste, il devient chef de l'État en 1976. Leader charismatique, attaché à diversifier l'économie cubaine, il se présente en allié fidèle de l'U. R. S. S. et en porte-parole du tiers monde. De plus en plus isolé sur la scène internationale après l'effondrement des régimes socialistes, à la fin des années 1980, il doit également faire face à une forte contestation intérieure. — Son frère RAÚL (près de Santiago de Cuba 1931), commandant en chef de l'armée et ministre de la Défense depuis 1959, est le numéro deux du régime.

CASTROP-RAUXEL, v. d'Allemagne (Rhénanie-du-Nord-Westphalie), dans la Ruhr ; 80 000 hab. Houille. Métallurgie de l'aluminium. Industries chimiques.

CASTRUM, mot lat. signif. *lieu fortifié,* souvent employé pour désigner les emplacements des villes fortifiées ou des camps romains.

CASUALISME n. m. (de *casuel*). Doctrine qui attribue au hasard les événements et leur succession.

CASUARIFORME n. m. (de *casoar*). Nom d'ordre attribué aux oiseaux tels que le casoar et l'émeu.

CASUARINA n. m. (lat. sc. *casuarina,* de *casoaris,* casoar). Arbre d'Australie et d'Indonésie, aux rameaux filiformes, aux feuilles minuscules, au mode de reproduction très primitif et dont le bois (filao) est très utilisé.

1. CASUEL, ELLE adj. (de *cas 1*). Qui peut se produire ou non, selon le cas ; éventuel.

2. CASUEL, ELLE adj. (de *cas 2*). **1.** Qui concerne les cas de la déclinaison. — **2.** *Flexion casuelle,* syn. de DÉCLINAISON. ‖ *Langue casuelle,* langue qui comporte des cas.

3. CASUEL n. m. (de *casuel 1*). Bénéfices attachés aux fonctions ecclésiastiques.

CASUISTE n. (esp. *casuista,* du lat. *casus,* cas de conscience). **1.** Théologien spécialiste de la casuistique. — **2.** Moraliste subtil et accommodant. — **3.** Personne qui transige avec sa conscience à force de subtilités.

CASUISTIQUE n. f. (de *casuiste*). **1.** Partie de la théologie qui traite des cas de conscience. (Née véritablement au XIIe s., la casuistique catholique connut son âge d'or entre le XVIe et le XVIIIe s., surtout dans la Compagnie de Jésus. Les casuistes furent combattus par les jansénistes, qui les accusaient de favoriser une morale relâchée.) — **2.** *Péjor.* Disposition à subtiliser pour transiger avec sa conscience.

CASUS BELLI [kazysbɛli] n. m. inv. (lat. *casus belli,* cas de guerre). Acte qui peut entraîner rupture avec une puissance et causer la guerre.

C. A. T., abrév. de CENTRE D'AIDE PAR LE TRAVAIL*.

CATABATIQUE ou **KATABATIQUE** adj. (gr. *katabatikos,* propre à la descente). Se dit d'un vent à composante verticale descendante. (Contr. ANABATIQUE.)

CATABOLIQUE adj. Relatif au catabolisme.

CATABOLISME n. m. Ensemble des phénomènes de désassimilation et dégradation de la matière vivante, dont une partie se transforme constamment en déchets. (Le catabolisme constitue, avec l'anabolisme, les deux phases du métabolisme.)

CATABOLITE n. m. Corps résultant du catabolisme d'une substance.

CATACHRÈSE [-krɛz] n. f. (lat. *catachresis,* du gr. *katakhrêsis,* abus). Utilisation d'un mot au-delà de son acception propre. (Il s'agit d'un effet stylistique : *parfums noirs* [Rimbaud], ou d'une métaphore passée dans la langue courante : *Les pieds d'une table.*)

CATACLASE n. f. Phénomène tectonique à l'origine de l'écrasement et du broyage d'une roche au voisinage d'un contact anormal.

CATACLASTIQUE adj. Se dit d'une structure d'écrasement en relation avec la cataclase, et caractérisée par l'émiettement des minéraux, leur étirement et leur orientation préférentielle, donnant à la roche un aspect folié et rubanné.

CATACLINAL, E, AUX adj. Se dit d'un cours d'eau qui s'écoule selon la direction du pendage, ou d'un versant dont la pente est conforme au pendage.

CATACLYSME n. m. (lat. *cataclysmus,* du gr. *kataklusmos*). **1.** Bouleversement causé par un tremblement de terre, par un cyclone. – **2.** Désastre, bouleversement complet dans la situation d'un État, d'un groupe, d'une personne ; catastrophe : *Le cataclysme de 1940.*

CATACLYSMIQUE ou **CATACLYSMAL, E, AUX** adj. *Litt.* Qui a le caractère d'un cataclysme.

CATACLYSTE n. f. (gr. *katakleistos,* enfermé). Petit papillon pyralidé dont la chenille vit sous les feuilles de lentilles d'eau, dans un fourreau de soie rempli d'air.

CATACOMBES n. f. pl. (lat. ecclés. *catacumbae,* de *tumba,* tombe). Long souterrain servant ou ayant servi de sépulture ou d'ossuaire.

ENCYCL. Les catacombes romaines sont des cimetières creusés dans les zones traditionnelles de nécropoles, autour de la ville. Les plus connues sont celles de Calixte, Domitille, saint Sébastien, sainte Agnès, mais il en existe plus de 40, dont plusieurs s'interpénètrent. Elles étaient complétées par des installations de surface qui ont presque totalement disparu (maisons pour le personnel, sanctuaires, monuments funéraires à ciel ouvert). Tout au long des galeries, les sépultures – qui parfois se superposent sur cinq étages – sont soit des niches *(loculi),* soit des fosses *(formae)* aménagées dans le sol, ou encore, pour les plus aisés ou les groupes familiaux, des chambres *(cubicula)* où chaque tombe est un nid semi-circulaire *(arcosolium).*

Avec la maison des chrétiens de Doura-Europos, les catacombes représentent le conservatoire de l'art chrétien primitif jusqu'au milieu du IVe s. L'épanouissement pictural se situe entre le IIIe et le IVe s. Progressivement apparaissent des scènes bibliques. Les figures de Marie et du Christ sont assez tardives. L'usage des catacombes cessa progressivement au IVe s., et celles-ci se transformèrent en lieu de pèlerinage. Peu à peu désertées, tombées dans l'oubli, elles furent découvertes au XVIe s. puis explorées avec méthode au XIXe s.

Des catacombes existent à Naples, en Sardaigne (à Cagliari), en Sicile (surtout à Syracuse), à Malte, à Sousse, avec une partie païenne.

Les catacombes de Paris (entrée place Denfert-Rochereau) sont d'anciennes carrières où furent transportés, principalement en 1785-1788, les ossements du cimetière des Innocents.

CATADIOPTRE n. m. (de *catadioptrique*). Système optique permettant de renvoyer les rayons lumineux dans la direction d'où ils proviennent. (Les catadioptres sont utilisés en circulation routière, pour la signalisation d'obstacles ou de véhicules.)

CATADIOPTRIQUE n. f. (de *catoptrique* et *dioptrique*). Partie de la physique concernant les effets combinés de la réflexion et de la réfraction de la lumière.

◆ adj. Se dit d'un système optique qui comprend des lentilles et un miroir.

CATADROME adj. Se dit des poissons des eaux douces qui, comme l'anguille, descendent en mer pour se reproduire. (Syn. THALASSOTOQUE ; contr. ANADROME.)

CATAFALQUE n. m. (ital. *catafalco,* du lat. pop. **catafalicum,* échafaudage). Estrade décorative élevée pour recevoir le cercueil, réel ou simulé, d'un mort à qui l'on rend des honneurs.

CATAGÈNE adj. Se dit de la période au cours de laquelle se produit la régression ou l'involution d'un tissu.

1. CATAIRE adj. (bas lat. *cattus,* chat). *Frémissement cataire,* se dit d'un frémissement perçu à la palpation de la région de la pointe du cœur, dans le cas de rétrécissement de l'orifice mitral. (Ce frémissement est comparé au ronronnement du chat.)

2. CATAIRE → CHATAIRE.

CATALÀ (Victor) → ALBERT I PARADÍS (Caterina).

CATALAN, E adj. et n. **1.** De Catalogne. — **2.** *Couteau catalan,* couteau à lame effilée, qu'un ressort maintient ouvert. ‖ *Méthode catalane,* méthode aujourd'hui abandonnée de réduction du minerai de fer par le charbon de bois.
◆ **catalan** n. m. **1.** Langue romane parlée principalement en Catalogne (Espagne) et dans le Roussillon (France) par environ 5 millions de locuteurs. (→ *encycl.*) — **2.** Ancien bateau de pêche espagnol, utilisé aussi sur la partie sud du littoral languedocien. — **3.** Syn. de MOURVÈDRE.
ENCYCL. Le catalan représente un état de langue intermédiaire entre le castillan et l'occitan. Au XIIe s., il était la langue officielle du royaume d'Aragon et l'une des grandes langues européennes. À partir du XVIe s., il décline devant le castillan mais connaît depuis la fin du XIXe s. une renaissance spectaculaire.

Catalane (la), nom parfois donné à la partie de l'autoroute la *Languedocienne* traversant les Pyrénées-Orientales.

CATALANE *(mer),* partie de la Méditerranée occidentale, entre les Baléares et les côtes de la Catalogne et du Levant espagnol.

CATALANISME n. m. Mouvement autonomiste catalan.

CATALANISTE adj. et n. Relatif au catalanisme ; partisan du catalanisme.

CATALASE n. f. Enzyme qui catalyse la décomposition de l'eau oxygénée en eau et oxygène, empêchant ainsi toute accumulation d'eau oxygénée dans les tissus.

CATALAUNI, peuple gaulois de la Belgique Seconde, dont la ville principale était *Catalaunum* (auj. Châlons-en-Champagne).

CATALAUNIQUES ou **CATALAUNIENS** *(champs),* plaines de la Champagne, habitées par les *Catalauni* et appelées aussi *Mauriaci campi.* Ce fut le lieu de la défaite décisive d'Attila en 451. L'emplacement exact de la bataille est discuté (Moirey, commune de Dierrey-Saint-Julien, Aube ?).

CATALECTIQUE adj. (lat. *catalecticus,* du gr. *katalêktikos,* qui se termine). Se dit d'un vers qui se termine par un pied auquel il manque une syllabe.

CATALEPSIE n. f. (gr. *katalêpsis*). Perte momentanée de l'initiative motrice avec conservation des attitudes imposées à un membre. (La catalepsie s'observe dans l'hystérie, le sommeil hypnotique et la schizophrénie.)

CATALEPTIQUE adj. (gr. *katalêptikos*). Qui relève de la catalepsie.

ÇATAL HÖYÜK, site à 40 km au S.-E. de la ville de Konya, en Turquie, à 980 m d'alt. Exceptionnel par son état de conservation, ce gisement néolithique du Proche-Orient a été occupé du milieu du VIIe millénaire au milieu du VIe. Habitat en briques crues, peintures murales, reliefs, figurines en terre cuite, cuivre à l'état natif, agriculture et métallurgie révèlent la vie quotidienne à l'aube des premières sociétés urbaines.

CATALOGAGE n. m. **1.** Action de cataloguer ; son résultat. — **2.** Description matérielle d'un ouvrage sur fiche ou sur feuille imprimée. — **3.** Mise en mémoire informatique des renseignements bibliographiques.

CATALOGNE n. f. Au Canada, nom donné à la lirette.

CATALOGNE, en esp. **Cataluña** et en catalan **Catalunya,** région du nord-est de l'Espagne, entre les Pyrénées et le delta de l'Èbre, constituant une communauté autonome. Elle regroupe les quatre provinces de Barcelone, Gérone, Lérida et Tarragone (32 100 km² et 6 008 245 hab.).
— **Géogr.** L'intérieur associe élevage et cultures méditerranéennes, le littoral (Costa Brava) est animé par le tourisme, mais la région doit son poids démographique, sa situation de pôle industriel à la présence de Barcelone (dont l'agglomération regroupe environ 50 % de la population de la Catalogne).
— **Hist.** Sur un fondement celte, ibère et grec, les Romains colonisent et unifient l'actuelle Catalogne à partir de 218 av. J.-C. Conquis par les Wisigoths (531), le territoire catalan est inclus dans le royaume de Tolède, puis occupé par les Arabes (717-718). Reconquis par Charlemagne (prise de Barcelone, 801), il est alors intégré dans la Marche d'Espagne. Le déclin de l'Empire carolingien assure l'autonomie catalane qui se réalise autour du comté de Barcelone et dont Guifré le Poilu (865-898) et Raimond Bérenger Ier (1035-1076) sont les principaux artisans. Relativement coupée des autres royaumes chrétiens de la Péninsule, la Catalogne s'étend sur le midi de la France où le comte Raimond Bérenger III acquiert le comté de Provence (1112). Réunie par mariage au royaume d'Aragon (1150), elle édifie avec ce dernier un vaste empire méditerranéen en conquérant notamment les Baléares (1229-1235), la Sicile (1282), la Sardaigne (1324), Naples (1442). La Catalogne entre alors dans une ère de prospérité, marquée par l'essor de ses activités commerciales, centrées sur sa capitale Barcelone où une puissante bourgeoisie marchande contrôle les institutions *(Consulado de mar, Cortes, Generalitat).* Rattachée à la monarchie espagnole au début du XVIe s., la Catalogne garde cependant sa spécificité. Un effort d'unification sous Philippe IV conduit à la révolte des Catalans (1640-1652) qui se proclament répu-

blique indépendante sous protectorat français. Amputée du Roussillon et d'une partie de la Cerdagne qu'elle doit céder à la France au traité des Pyrénées (1659), la Catalogne obtient en revanche, à l'issue de cette révolte, la reconnaissance de ses institutions et privilèges par la monarchie espagnole. Mais, ayant soutenu l'archiduc Charles d'Autriche pendant la guerre de la Succession d'Espagne, elle est privée par Philippe V de certains de ses privilèges (réduction du rôle des *Cortes* et de la *Generalitat,* 1714). L'industrialisation, entamée au XVIIIe s., s'intensifie au XIXe s. et fait de la Catalogne la région la plus riche d'Espagne. Parallèlement naît un important mouvement culturel, qui entend ressusciter les anciens droits de la Catalogne et se manifeste à ses débuts par la renaissance du catalan comme langue littéraire. Le mouvement politique suit, éclaté en plusieurs tendances dont la plus importante est la *Lliga regionalista* (créée en 1901). Le catalanisme touche surtout les milieux bourgeois et coexiste avec une forte implantation communiste, socialiste et surtout anarchiste. En 1931, la Catalogne reçoit un statut d'autonomie, qui est supprimé pendant la période franquiste. Mais une nouvelle renaissance s'amorce dans les années 60 et la Catalogne est à nouveau dotée d'un statut d'autonomie en 1979. Depuis 1980 le gouvernement régional *(Generalitat de Catalunya)* est dirigé par Jordi Pujol.

CATALOGUE n. m. (bas lat. *catalogus,* du gr. *katalogos,* liste). **1.** Inventaire à données scientifiques des livres conservés dans des lieux déterminés (bibliothèque, librairie, etc.). — **2.** Liste de documents, imprimés ou non, classés selon un ordre déterminé, suivant des règles préétablies pour en faciliter la recherche. — **3.** Salle d'une bibliothèque contenant le catalogue des œuvres. — **4.** Liste énumérative et descriptive d'œuvres, d'objets, etc. ; livre contenant cette liste : *Le catalogue d'une exposition.* — **5.** Document, illustré ou non, qui présente ou recense un ensemble d'articles ou de services qu'un commerçant propose à la vente. — **6.** Énumération de choses, d'actions, d'événements : *Un catalogue de revendications.* — **7.** *Catalogue raisonné,* ouvrage de critique ayant pour objet la constitution d'un matériel documentaire complet se rapportant à une collection ou à l'œuvre d'un artiste. (L'un des premiers fut le *Raphaël* [1839] de Johann David Passavant.)

CATALOGUER v. t. (conj. 3). **1.** Inscrire qqch dans une liste, un catalogue, dans un certain ordre : *Cataloguer un nouveau médicament.* — **2.** *Fam.* Classer définitivement qqn dans une catégorie : *On l'a catalogué comme un juriste.*

CATALPA n. m. (angl. *catalpa,* mot des Indiens de Caroline). Bel arbre (bignoniacée) d'ornement des parcs, aux grandes feuilles, aux fleurs blanches en grappes.

CATALYSE n. f. (angl. *catalysis,* du gr. *katalusis,* dissolution). **1.** Action par laquelle une substance modifie la vitesse d'une réaction chimique, sans apparaître dans le bilan réactionnel. (La catalyse est homogène quand les substances réagissantes et le catalyseur forment une seule phase, hétérogène dans le cas contraire.) [→ *encycl.*] — **2.** *Poêle à catalyse,* appareil de chauffage utilisant la combustion catalytique, à basse température, de l'essence de pétrole.

ENCYCL. Il n'existe probablement pas de réaction chimique qui ne soit sensible à une action catalytique ; l'industrie en fait d'importantes applications dans de nombreuses synthèses (acide sulfurique, gaz ammoniac, acide nitrique), ainsi que dans de nombreuses préparations organiques.

Un catalyseur agit souvent en dose infinitésimale et se retrouve inaltéré quand la réaction est terminée. Le pouvoir catalytique d'une substance dépend fortement de son état physique et son action est généralement spécifique : si plusieurs réactions sont possibles à partir du mélange initial, un catalyseur donné oriente le mélange vers une réaction déterminée. Dans la *catalyse homogène acido-basique,* le substrat est polarisé (par interaction électrostatique ou liaison polaire) par le centre catalytique. Dans la *catalyse de coordination,* la liaison catalyseur-substrat est principalement covalente, ce qui favorise des échanges d'électrons. Dans la *catalyse hétérogène,* ou *de contact,* le mode d'action le plus fréquent est dû à une adsorption des réactifs par le catalyseur : physisorption et chimisorption. Beaucoup de réactions biochimiques ou industrielles (papier, textile, médicaments, produits alimentaires) sont catalysées par les enzymes*.

CATALYSER v. t. (conj. 3). **1.** Agir comme catalyseur dans une réaction. — **2.** Ajouter un catalyseur. — **3.** Provoquer, par sa seule présence, ou par son intervention, une réaction d'ensemble : *Catalyser les oppositions.*

CATALYSEUR n. m. (de *catalyser*). **1.** Substance qui augmente la vitesse d'une réaction chimique sans paraître participer à cette réaction. (→ *encycl.*) — **2.** Élément qui provoque une réaction par sa seule présence ou par son intervention.

ENCYCL. Parmi les catalyseurs employés en catalyse hétérogène, les métaux (4e, 5e et 6e périodes des métaux de transition) et les oxydes de métaux catalysent les réactions d'oxydation et d'hydrogénation. Les oxydes acides (alumine, silice, souvent associées, zéolites) catalysent les

réactions de déshydratation et d'hydratation, d'isomérisation, d'alkylation et de craquage des molécules organiques. Certains oxydes (catalyseurs bifonctionnels) peuvent catalyser en même temps les deux types de réactions.
L'activité ou la sélectivité d'un catalyseur peut être fortement diminuée par l'action d'un des réactifs (empoisonnement) ou par un des produits d'une réaction secondaire (encrassement). La désactivation peut aussi être physique (action de la température et de la pression).

CATALYTIQUE adj. (gr. *katalutikos*). Relatif à la catalyse.

CATAMARAN n. m. (angl. *catamaran,* du tamoul *kattumaram,* de *katta,* lier, et *maram,* bois). **1.** Bateau à voile ou à moteur comportant deux coques accouplées, utilisé pour la navigation de plaisance. (Une série, le Tornado, a été retenue comme bateau olympique.) — **2.** Disposition et forme des flotteurs d'hydravions. — **3.** Radeau de la côte de Coromandel constitué par des troncs d'arbres de longueurs inégales, liés ensemble.

CATAMARCA, v. d'Argentine, ch.-l. de province, dans une oasis au pied de la sierra de Aconquija ; 110 489 hab.

CATAMÉNIAL, E, AUX adj. Relatif à la menstruation ou qui se produit à son occasion.

CATANANCHE n. f. (gr. *katanagkê*). Composée aux fleurs bleues, des sols arides de la région méditerranéenne. (Syn. CUPIDONE.)

CATANE, en ital. **Catania,** v. d'Italie, en Sicile, ch.-l. de prov., sur la mer Ionienne, au S. de l'Etna ; 330 037 hab. Archevêché. Université. Anc. colonie grecque, fondée au VIIe s. av. J.-C., Catane tomba, en 263 av. J.-C., sous la domination romaine. Théâtre grec et romain. Château Ursino (musée). Ensemble monumental baroque du XVIIIe s. (reconstruction après le séisme de 1693). Centre commercial et industriel (constructions mécaniques et électriques ; chimie).

CATANZARO, v. d'Italie, cap. de la Calabre et ch.-l. de prov. ; 93 464 hab.

CATAPHORÈSE n. f. Migration de particules colloïdales en direction de la cathode sous l'action d'un courant électrique. (La cataphorèse est utilisée dans la peinture par électrodéposition.)

CATAPHOTE n. m. (n. déposé). Nom d'une marque de catadioptre.

CATAPHRACTAIRE ou **CATAPHRACTE** n. m. Cavalier romain armé d'une cataphracte.

CATAPHRACTE n. f. (lat. *cataphracta,* du gr. *kataphraktês,* cuirasse). Armure à l'usage des cataphractaires, faite de toile ou d'une peau sur laquelle étaient cousues des lames de métal disposées en écailles. (La cataphracte fut introduite dans l'armée romaine au IIe s. apr. J.-C.)

CATAPLASME n. m. (lat. *cataplasma,* du gr. *kataplasma,* application). **1.** Préparation pâteuse à base de farine de lin ou de fécule de pomme de terre, appliquée sur la peau d'une région douloureuse ou inflammatoire dans un but sédatif ou antalgique. — **2.** *Fam.* Aliment épais et difficile à absorber et à digérer.

CATAPLECTIQUE adj. Relatif à la cataplexie.

CATAPLÉITE n. f. (gr. *katapleôs,* rempli). Silicate hydraté naturel de zirconium et de sodium.

CATAPLEXIE n. f. (gr. *kataplêksis,* stupeur). Perte soudaine du tonus musculaire sous l'influence d'une émotion. (Elle est très fréquemment à l'origine d'une chute sans perte de connaissance.)

CATAPULTAGE n. m. Action de catapulter ; fait d'être catapulté.

CATAPULTE n. f. (lat. *catapulta,* du gr. *katapeltês*). **1.** Machine de guerre pour lancer les projectiles. — **2.** Dispositif mécanique constitué par un chariot et servant au lancement d'avions sur un navire de guerre.
ENCYCL. Il existait des catapultes lourdes, pour tir courbe, employées dans les sièges, et des modèles plus légers, montés sur roues et tirant de plein fouet. D'autres pouvaient lancer des flèches. Apparue, dans l'Antiquité, chez les Grecs (IVe s. av. J.-C.), la catapulte est encore mentionnée en 1480, au siège de Rhodes.
— **Mar.** Apparue sur des porte-avions britanniques entre les deux guerres, la catapulte à vapeur, alimentée par les chaudières du navire, s'est généralisée sur tous les porte-avions après 1955 et constitue le seul mode de décollage pour les appareils à réaction, à l'exception des A. D. A. C.

CATAPULTER v. t. (conj. 3). **1.** Lancer un projectile avec une catapulte. — **2.** Lancer brusquement qqch ou qqn, le projeter violemment à une certaine distance : *La violence du choc a catapulté la voiture contre un arbre.* — **3.** Placer brusquement qqn à un poste, une situation plus élevés.

1. CATARACTE n. f. (lat. *cataracta,* du gr. *katarraktês,* chute). Chute d'eau sur le cours d'un fleuve. (Une cataracte a plus d'ampleur qu'une cascade, notamment en largeur, et une dénivellation plus forte que des rapides.)

2. CATARACTE n. f. (de *cataracte 1*). Maladie oculaire se traduisant par l'opacification du cristallin.
ENCYCL. La cataracte entraîne une baisse visuelle proportionnelle à l'importance de l'opacité. On l'observe surtout chez les personnes âgées (ca-

taracte sénile), mais elle peut aussi atteindre les nouveau-nés (cataracte congénitale) ou être due à une autre affection (cataracte secondaire). L'extraction chirurgicale du cristallin permet en général de récupérer une vision satisfaisante.

CATARHINIEN n. m. Nom de sous-ordre donné aux singes d'Afrique et d'Asie. (Ces singes ont des narines rapprochées, 32 dents, une queue non préhensile ; le sous-ordre comprend les anthropomorphes [chimpanzé, gorille, gibbon] et les cynomorphes [colobe, macaque, babouin].)

CATARRHAL, E, AUX adj. (de *catarrhe*). Se dit d'un type spécial d'inflammation séreuse ou œdémateuse combinant l'exsudation albumineuse à une hypersécrétion muqueuse des glandes de certaines régions de l'organisme (par ex. bronchite catarrhale).

CATARRHE n. m. (bas lat. *catarrhus,* du gr. *katarrous*). **1.** Hypersécrétion séreuse sans suppuration. — **2.** *Catarrhe des bronches,* flux muqueux des bronches.

CATARRHEUX, EUSE adj. et n. (bas lat. *catarrhosus*). Sujet au catarrhe ou atteint d'un catarrhe.

CATASTROPHE n. f. (lat. *catastropha,* du gr. *katastrophê,* bouleversement). **1.** Événement qui cause de graves bouleversements, des morts : *Le sang-froid du pilote a évité la catastrophe.* — **2.** Accident jugé grave par la personne qui en subit les conséquences : *Le départ de Pierre est une catastrophe pour elle.* — **3.** Événement décisif qui amène le dénouement de la tragédie classique. — **4.** *En catastrophe,* en utilisant les derniers moyens possibles pour éviter un accident ; à la hâte, sans préparation aucune, d'urgence. ‖ *Film catastrophe,* film à suspense qui relate un grave accident mettant en péril la vie de nombreuses personnes (incendie, catastrophe aérienne, etc.). ‖ *Théorie des catastrophes,* théorie due au mathématicien français René Thom (1972), issue de la classification des applications différentiables du plan sur le plan et qui peut s'appliquer à la description de phénomènes discontinus.

CATASTROPHER v. t. (conj. 3). *Fam.* Consterner qqn, l'abattre, le jeter dans un profond découragement : *Il l'a catastrophé avec ses prédictions.* ◆ **être catastrophé** v. pass. *Fam.* Être consterné : *Avoir un air catastrophé.*

CATASTROPHIQUE adj. **1.** Qui prend les caractères d'un désastre ; terrible, affreux : *Une sécheresse catastrophique.* — **2.** Particulièrement mauvais, défectueux : *Un rendement catastrophique.*

CATASTROPHISME n. m. **1.** Comportement de celui qui voit partout des catastrophes, qui envisage toujours le pire. — **2.** Théorie qui attribue les changements survenus à la surface de la Terre à des cataclysmes naturels. (Une théorie opposée est l'actualisme.)

CATASTROPHISTE adj. Relatif au catastrophisme.

CATATHERMIQUE adj. Se dit d'un filtre réduisant la transmission infrarouge d'un rayon lumineux.

CATATONIE n. f. Syndrome psychomoteur rencontré surtout dans la schizophrénie et qui associe à des perturbations végétatives et endocriniennes (catalepsie, émaillée d'impulsions énigmatiques et le plus souvent violentes) des stéréotypies au niveau des gestes et du langage, et un négativisme.

CATATONIQUE adj. et n. Relatif à la catatonie ; atteint de catatonie.

CATAZONAL, E, AUX adj. Se dit de la zone profonde de la croûte terrestre, où se développe un métamorphisme de haute température (500-700 °C) et de forte pression lithostatique.

CAT-BOAT [katbot] n. m. (pl. *cat-boats*) [angl. *cat-boat*]. Petit voilier de plaisance à grande voile unique sur un mât avancé, tel que le Finn.

CATCH [katʃ] n. m. (angl. *catch as catch can,* attrape comme tu peux). Sorte de lutte libre où la plupart des prises sont permises.

CATCHER v. i. (conj. 3). Pratiquer le catch.

CATCHEUR, EUSE n. Personne qui pratique le catch.

CATEAU-CAMBRÉSIS (Le) [59360], ch.-l. de cant. du Nord, sur la Selle, affl. de l'Escaut ; 7 789 hab. *(Catésiens).* La ville doit son origine à un château fort élevé à la fin du Xe s. par l'évêque de Cambrai. Monuments de la Renaissance au XVIIIe s. Musée Henri-Matisse. Industries textiles et mécaniques.

Cateau-Cambrésis *(paix* ou *traités du)* [1559], traités de paix signés au Cateau-Cambrésis, le premier entre la France et l'Angleterre (2 avr.), le second entre la France et l'Espagne (3 avr.), et qui mettaient fin aux guerres d'Italie et à la lutte entre les Valois et les Habsbourg. Henri II renonçait à l'Italie, à la Corse, à la Savoie et au Piémont, où il conservait en gage Turin, Pignerol, Chieri, Chivasso et Asti. Il recouvrait Saint-Quentin, Ham, Le Catelet et Thérouanne et gardait Calais pour huit ans. En outre deux mariages furent conclus, celui de Philippe II avec Élisabeth de France, fille de Henri II, et celui d'Emmanuel-Philibert, duc de Savoie, avec Marguerite de France, fille de François Ier.

CATÉCHÈSE n. f. (lat. ecclés. *catechesis,* du gr. *katêkhêsis,* instruction à haute voix). **1.** Transmission orale du message de Jésus-Christ et de l'Église. — **2.** Instruction religieuse en général.

(La catéchèse a beaucoup évolué depuis les origines du christianisme. Très didactique à partir du concile de Trente [XVIe s.], elle fait, depuis Vatican II [1962-1965], une place de plus en plus grande à l'engagement de la foi dans la vie.)

CATÉCHÈTE n. m. Celui qui enseignait la catéchèse dans l'Église ancienne.

CATÉCHÉTIQUE adj. (gr. *katêkhêtikos*). Relatif à la catéchèse.
◆ n. f. Partie de la théologie pastorale consacrée à la pédagogie de l'enseignement religieux.

CATÉCHINE n. f. Composé extrait des plantes ligneuses, où il joue le rôle de précurseur des tanins, et utilisé dans le tannage et la teinture.

CATÉCHISATION n. f. Action de catéchiser.

CATÉCHISER v. t. (lat. ecclés. *catechizare,* du gr. *katêkhidzein,* instruire de vive voix) [conj. 3]. **1.** Initier qqn, un groupe à la religion chrétienne. — **2.** Instruire qqn de ce qu'il doit dire, l'endoctriner.

CATÉCHISME n. m. (lat. ecclés. *catechismus*). **1.** Enseignement de la foi et de la morale chrétiennes selon un programme systématique. — **2.** Livre où est donné cet enseignement. — **3.** Résumé dogmatique, credo, principes fondamentaux d'une doctrine ; article de foi.
ENCYCL. Apparu à l'époque de la réforme protestante, au XVIe s., le catéchisme, dans l'Église catholique, après le concile de Trente, devint un manuel très didactique. De nos jours, l'Église fait une place beaucoup plus large aux documents scripturaires, liturgiques et historiques, et s'applique à mettre en valeur le lien de la foi avec la Parole de Dieu, avec la vie et avec les sacrements. C'est de cet esprit que procèdent les catéchismes nationaux publiés, autour de 1990 et à l'instigation de Rome, dans un grand nombre de pays et le nouveau « catéchisme universel » promulgué par Jean-Paul II en 1992.

CATÉCHISTE n. (lat. ecclés. *catechista,* du gr. *katêkhistês*). Personne qui enseigne le catéchisme aux enfants ou aux adultes désireux de s'initier à la foi chrétienne.

CATÉCHISTIQUE adj. Relatif à l'enseignement du catéchisme.

CATÉCHOLAMINE [-kɔ-] n. f. Médiateur chimique élaboré dans les terminaisons synaptiques du système nerveux végétatif et dans certains groupes de neurones du système nerveux central, et qui véhicule le message nerveux jusqu'aux récepteurs postsynaptiques spécifiques. (Syn. AMINE CÉRÉBRALE.)
ENCYCL. Les principales catécholamines sont l'adrénaline, la noradrénaline et la dopamine ; elles sont synthétisées dans l'organisme à partir de la tyrosine. Les catécholamines entraînent une élévation de la fréquence cardiaque, un accroissement de la contractilité du myocarde, une facilitation de la conduction auriculo-ventriculaire. Elles provoquent une dilatation des bronches, une vasodilatation, un relâchement des muscles utérins. Elles ont une action de lipolyse et de glycogénolyse. Elles interviennent aussi dans les régulations hormonales, la veille et le sommeil, le contrôle de la motricité et des centres émotionnels. Certains médicaments modifient l'action des catécholamines : réserpine, IMAO et bêtabloquants.

CATÉCHUMÉNAL, E, AUX [-ky-] adj. Qui concerne le catéchumène, le catéchuménat.

CATÉCHUMÉNAT [-ky-] n. m. **1.** État du catéchumène. — **2.** Période de formation préparatoire au baptême.
ENCYCL. Instauré aux IIIe-IVe s. pour initier les futurs baptisés adultes à la doctrine et à la vie chrétiennes, le catéchuménat disparut au IXe s. en Occident. Depuis Vatican II, un retour à l'idée de conversion liée au baptême a redonné au catéchuménat sa signification.

CATÉCHUMÈNE [-ky-] n. (lat. ecclés. *catechumenus,* du gr. *katêkhoumenos*). **1.** Personne qui, ayant entendu parler de Jésus-Christ, demande à l'Église de le lui faire connaître et désire devenir chrétien par le baptême. — **2.** Pour les protestants, jeune homme ou jeune fille qui, au terme de son instruction religieuse, confirme publiquement le vœu de son baptême et est admis à la communion. — **3.** Aspirant à une initiation quelconque.

CATÉGOREMATIQUE adj. **1.** Se dit d'un terme ou d'un symbole qui a par lui-même une signification. (Dans la scolastique, l'expression *terme catégorématique* est généralement réservée aux noms et aux verbes, qui peuvent constituer à eux seuls une phrase complète, les autres « parties du discours » étant nommées syncatégorématiques.) — **2.** *Infini catégorématique,* infini actuel. ‖ *Symbole catégorématique,* syn. de SYMBOLE COMPLET*.

CATÉGORÈME n. m. (gr. *katêgorêma, -atos,* attribut). **1.** Chez Aristote, équivalent de CATÉGORIE. — **2.** Dans la scolastique, syn. de TERME CATÉGORÉMATIQUE.

CATÉGORICITÉ n. f. (de *catégorique*). **1.** Caractère d'une théorie logique qui ne contient pas de relation indécidable. — **2.** Propriété d'une théorie mathématique dont tous les modèles sont isomorphes. (On peut alors construire, entre les univers de deux modèles quelconques de cette théorie, une bijection qui préserve les relations et opérations.)

CATÉGORIE n. f. (bas lat. *categoria,* du gr. *katêgoria,* attribut). Ensemble de personnes, de choses de même nature : *Les catégories de fonctionnaires.* • **Bouch.** Chacune des classes établies, pour les morceaux de boucherie, en fonction de leur mode d'utilisation culinaire et de leur valeur commerciale. (On distingue la catégorie des morceaux à cuisson rapide [ancienne première catégorie] et celle des morceaux à cuisson lente [anciennes deuxième et troisième catégories].) — **Écon.** *Catégorie socioprofessionnelle (C. S. P.),* mode de classification de la population regroupant des individus en fonction d'un critère d'homogénéité sociale. (→ *encycl.*) — **Ling.** Unité de classement grammatical qui peut correspondre soit à la notion de classe (catégories du nom, de l'adjectif, du déterminant, du verbe, etc.), soit à la notion de constituant (catégorie du syntagme nominal, du syntagme verbal, etc.), soit aux modifications que peuvent subir les classes (catégories du nombre, du genre, du temps, de la voix, du mode, etc.). — **Log.** *Catégorie sémantique,* forme dans laquelle s'insèrent certaines expressions d'un langage logique. — **Math.** *Théorie des catégories,* théorie fondée en 1945 par S. Eilenberg et S. MacLane, qui généralise la théorie des ensembles. (→ *encycl.*) — **Philos.** Espèce déterminée d'objets, ou type d'expressions logico-linguistiques, dont la fonction, qui est désignative et classificatoire, varie suivant les systèmes philosophiques envisagés. (Chez Kant, la catégorie est un concept pur de l'entendement.) — **Sports.** Dans divers sports (dont la boxe, le judo, l'haltérophilie), répartition des concurrents selon leur poids.

ENCYCL. **Écon.** L'I. N. S. E. E. distingue les C. S. P. suivantes : agriculteurs exploitants, salariés agricoles, patrons de l'industrie et du commerce, professions libérales et cadres supérieurs, cadres moyens, employés, ouvriers, personnels de service, autres catégories (artistes, clergé, armée et police), personnes non actives. La comptabilité nationale répartit les ménages en fonction de la catégorie socioprofessionnelle du chef de famille. — **Math.** Une catégorie C est définie par la donnée de deux classes dont les éléments sont appelés respectivement objets et morphismes (ou flèches), et par une opération sur les morphismes de C. Des exemples fondamentaux de catégories sont fournis par la catégorie des ensembles ayant pour objets les ensembles et pour morphismes les applications, par les catégories d'ensembles munis de lois (groupe, anneau, corps, espace vectoriel...) ayant pour morphismes les homomorphismes.

CATÉGORIEL, ELLE adj. **1.** Qui relève d'une catégorie : *Classement catégoriel.* — **2.** Qui caractérise une certaine catégorie de salariés : *Des revendications catégorielles.* — **3.** Qui concerne les catégories grammaticales.

CATÉGORIQUE adj. (bas lat. *categoricus,* du gr. *katêgorikos*). **1.** Qui a une opinion bien arrêtée et qui l'exprime avec force et netteté : *Être catégorique dans ses affirmations.* — **2.** Qui manifeste cette attitude, qui est exprimé avec force, précision et netteté : *Un refus catégorique.* — **3.** Se dit d'une théorie mathématique qui jouit de la propriété de la catégoricité. (Syn. MONOMORPHE.) — **4.** Se dit d'un jugement ou d'une proposition qui affirme absolument quelque chose à propos d'un sujet donné, par oppos. à *apodictique.* ‖ *Impératif catégorique,* pour Kant, loi morale dont toutes les maximes sont universelles et inconditionnelles. (S'oppose à *hypothétique.*)

CATÉGORIQUEMENT adv. **1.** De façon nette, forte et précise : *Répondre catégoriquement par la négative.* — **2.** Par catégories, en utilisant des catégories.

CATÉGORISATION n. f. **1.** Action de classer dans une catégorie. — **2.** *Catégorisation sociale,* processus psychologique qui tend à ordonner l'environnement social en fonction d'un classement prédéterminé.

CATÉGORISER v. t. (conj. 3). Ranger dans une catégorie, classer par catégories.

CATELLE n. f. (all. *Kachel,* carreau de poêle). En Suisse, carreau vernissé d'un poêle de faïence ; brique servant au carrelage d'une paroi.

CATÉNAIRE adj. et n. f. (lat. sc. *catenaria,* de *catena,* chaîne). Se dit du système de suspension de fil conducteur servant à l'alimentation en courant des locomotives électriques et des tramways.

ENCYCL. La caténaire permet d'assurer le parallélisme du fil de contact, ou fil de travail (relié à un câble porteur par des fils verticaux, ou *pendules*), avec le plan de roulement de la voie. Elle peut être simple (un câble porteur et un fil de travail) sur les lignes alimentées sous tension alternative élevée (par ex. 25 kV à 50 Hz) mais doit être *double,* ou *compound* (un câble porteur principal, un câble porteur auxiliaire et deux fils de contact à suspension alternée), à grande vitesse, sous tension continue de 1 500 V à forte intensité.

CATERPILLAR n. m. (n. déposé). Engin de travaux publics.

Caterpillar Tractor Company, société américaine constituée en 1925, premier constructeur mondial d'engins de travaux publics.

CATESBY (Robert), conspirateur anglais (Lapworth, Warwickshire, 1573-Holbeche House,

Staffordshire, 1605). Il organisa, en 1604-05, la « conspiration des Poudres ».

CATGUT [katgyt] n. m. (angl. *catgut,* boyau de chat). Fil employé pour la ligature des vaisseaux ou la réunion des plaies. (On utilisait à l'origine des boyaux de chat. Actuellement, le catgut est préparé uniquement à partir de boyaux de mouton. Il est entièrement résorbé par les tissus.)

CATHARE n. (lat. médiév. *cathari,* du gr. *katharos,* pur). Membre d'une secte religieuse du Moyen Âge, d'origine chrétienne.

◆ adj. Relatif à la doctrine des cathares.

ENCYCL. Le catharisme, apparu dans le Limousin à la fin du XIe s., s'étendit au XIIe dans le midi de la France : Toulouse, Carcassonne, Foix, Béziers en furent les principaux foyers. La doctrine des cathares, apparentée à celle des bogomiles, reposait sur un dualisme affirmant l'existence de deux principes premiers, celui du Bien, créateur du monde spirituel, et celui du Mal, créateur du monde matériel. L'homme, en se détachant de la matière, échappe à l'empire de Satan et s'unit au Dieu bon.

Rejetant les sacrements de l'Église catholique, les cathares administraient un baptême de l'esprit, ou *consolamentum,* qui astreignait ceux qui l'avaient reçu, les parfaits, à une vie chaste et austère. Les simples croyants, dits aussi « bons hommes », étaient tenus à des observances moins rigoureuses et recevaient le consolamentum à l'heure de la mort.

L'Église, ayant vu dans le catharisme, qui attirait de nombreux adeptes, un danger grave pour la foi et l'unité chrétiennes, appuya la cruelle croisade des albigeois (1209-1244), qui, si elle désorganisa le catharisme, affaiblit le patrimoine culturel français tout en fortifiant la dynastie capétienne.

CATHARISME n. m. Doctrine des cathares.

CATHARSIS [-sis] n. f. (gr. *katharsis,* purification). **1.** Pour Aristote, effet de « purification » produit sur les spectateurs par une représentation dramatique. — **2.** Toute méthode thérapeutique qui vise à obtenir une situation de crise émotionnelle telle que cette manifestation critique provoque une solution du problème que la crise met en scène. (→ *encycl.*)

ENCYCL. **Psychan.** J. Breuer et S. Freud désignent par catharsis dans leur première méthode psychothérapique : la reviviscence d'une situation traumatique libérerait l'affect « oublié » et celui-ci restituerait le sujet à la mobilité de ses passions. Étroitement liée à la pratique de l'hypnose par S. Freud, la notion de catharsis fut abandonnée par lui en même temps que l'hypnose au profit de la règle d'associations libres et de la notion de transfert. Elle connaît à l'heure actuelle un regain d'intérêt en raison du développement de techniques comme le psychodrame, le cri primal et la Gestalttherapie. L'efficacité de la méthode cathartique résiderait dans un travail de deuil que le sujet s'autorise à accomplir en acceptant le retour de son souvenir inaccepté.

CATHARTIQUE adj. Relatif aux thérapies qui mettent en jeu une catharsis.

◆ adj. et n. m. Se dit d'un purgatif dont l'action est intermédiaire entre celle des laxatifs et celle des drastiques, et qui a également souvent un effet émétisant.

CATHAY ou **CATAY** (le), nom donné à la Chine du Nord par Marco Polo.

CATHÉDRAL, E, AUX adj. (lat. ecclés. *cathedralis,* de *cathedra,* chaire). **1.** Qui appartient à une église qui est le siège de l'évêque. — **2.** *École cathédrale,* au Moyen Âge, école rattachée à une cathédrale et destinée à la formation des clercs. (Dépendante d'un évêque, elle était dirigée par un écolâtre.)

CATHÉDRALE n. f. (de *église cathédrale*). **1.** Église mère d'un diocèse, où se trouve la *cathedra,* qui est le siège de l'évêque. — **2.** Église qui a été le siège d'un évêché aujourd'hui supprimé. — **3.** *À la cathédrale,* se dit d'un style de décor linéaire inspiré de l'art gothique, en vogue sous la Restauration et Louis-Philippe et participant du goût troubadour (mobilier, pendules, reliures, etc.). ‖ *Verre cathédrale,* type de verre translucide destiné à laisser passer la lumière sans que l'on puisse distinguer les objets au travers.

CATHÈDRE n. f. (lat. *cathedra,* siège). Siège liturgique de l'évêque dans sa cathédrale. (Syn. CHAIRE.)

CATHELINEAU (Jacques), chef vendéen (Le Pin-en-Mauges 1759 - Saint-Florent-le-Vieil 1793). Nommé généralissime de l'armée « catholique et royale » par les autres chefs vendéens, il attaqua Nantes, où il fut mortellement blessé (juin 1793). Sa grande piété l'avait fait surnommer le « saint de l'Anjou ».

CATHER (Willa Sibert), romancière américaine (Winchester, Virginie, 1873-New York 1947). Le thème dominant de son œuvre est l'Ouest rural (*Pionniers,* 1913 ; *la Mort de l'Archevêque,* 1927).

SAINTES

CATHERINE d'Alexandrie *(sainte),* martyre à Alexandrie. Cette sainte, particulièrement populaire, patronne des philosophes et des jeunes filles, a été éliminée du calendrier romain en 1970, son histoire relevant de la légende. Fête traditionnelle le 25 novembre. — *Coiffer sainte Catherine,* rester célibataire à vingt-cinq ans.

CATHERINE de Sienne *(sainte)* [Caterina BENINCASA], dominicaine italienne (Sienne 1347-Rome 1380). Femme exceptionnelle, elle intervint près de Grégoire XI pour le faire rentrer d'Avignon à Rome. Conseillère d'Urbain VI, elle agit en Europe pour réaliser l'unité de la chrétienté. Son livre *De la doctrine divine* et sa *Correspondance* comptent parmi les œuvres classiques de la littérature italienne. Canonisée en 1461 ; docteur de l'Église en 1970.

CATHERINE de Gênes *(sainte)* [Gênes 1447-*id.* 1510]. Fille du vice-roi de Naples, elle se voua aux soins des malades pauvres, avant de s'adonner à une vie consacrée. Canonisée en 1737.

CATHERINE LABOURÉ *(sainte)* [Fain-lès-Moutiers, Côte-d'Or, 1806 - Paris 1876]. Fille de la Charité à Paris (rue du Bac), elle aurait été favorisée, le soir du 27 nov. 1830, de la vision de la Vierge dite « de la médaille miraculeuse ». Canonisée en 1947.

EMPIRE LATIN D'ORIENT

CATHERINE Ire DE COURTENAY (v. 1274-1308), impératrice titulaire de Constantinople (1283-1308), fille de l'empereur Philippe Ier de Courtenay et de Béatrice d'Anjou-Sicile, elle épousa en 1301 le frère de Philippe IV le Bel, Charles Ier de France. À sa mort, ses droits sur l'Empire latin de Constantinople furent dévolus à sa fille, **Catherine II de Courtenay-Valois** (1301-Naples 1346), impératrice titulaire de Constantinople, qui épousa en 1313 Philippe Ier, prince de Tarente (Philippe II d'Anjou-Tarente).

FRANCE

CATHERINE DE MÉDICIS (Florence 1519-Blois 1589), reine de France. Fille de Laurent II de Médicis, duc d'Urbino, et de Madeleine de La Tour d'Auvergne, elle épousa en 1533 le futur roi de France Henri II, auquel elle donna dix enfants dont sept survécurent, parmi lesquels les trois derniers rois de la dynastie de Valois : François II, Charles IX et Henri III. Investie de la régence à l'avènement de Charles IX (1560), elle exerça la réalité du pouvoir durant tout le règne de ce roi, puis (1574) gouverna aux côtés d'Henri III jusqu'à sa mort (1589). Au pouvoir pendant trente ans, elle s'efforça de pacifier le royaume en proie aux guerres de Religion. Elle pratiqua d'abord une politique de tolérance à l'égard des protestants (édits de janv. 1562 et d'Amboise, 1563), soutenue par le chancelier M. de L'Hospital. Mais en 1567 l'attentat des chefs huguenots Condé et Coligny, qui tentèrent de l'enlever, elle et Charles IX, la détermina à se rallier au parti catholique. Résolue à ne pas laisser inféoder le trône aux chefs de ce parti, les Guises, alliés à l'Espagne, elle négocia la paix avec les protestants (paix de Saint-Germain, 1570). Mais, hostile à la politique de Coligny qui entraînait Charles IX dans une guerre contre l'Espagne, elle décida avec les Guises de faire assassiner l'amiral, puis tous les chefs protestants, ce qui entraîna le massacre de la Saint-Barthélemy (24 août 1572). Aux côtés d'Henri III, elle poursuivit ses efforts pacificateurs, négociant la paix de Monsieur (édit de Beaulieu, 1576) avec son fils François, duc d'Anjou, et la paix de Nérac (1579) avec son gendre Henri de Navarre (futur Henri IV), époux de sa fille Marguerite de Valois.

GRANDE-BRETAGNE

CATHERINE DE FRANCE ou **DE VALOIS** (Paris 1401 - abbaye de Bermondsey 1437), fille du roi de France Charles VI, reine d'Angleterre par son mariage avec Henri V. Vers 1428, Catherine épousa secrètement Owen Tudor ; un de ses petits-fils devint le roi Henri VII, premier souverain de la dynastie Tudor.

CATHERINE D'ARAGON (Alcalá de Henares, Castille, 1485 - Kimbolton 1536), reine d'Angleterre de 1509 à 1533 par son mariage avec Henri VIII, fille de Ferdinand d'Aragon et d'Isabelle de Castille. Elle eut d'Henri VIII six enfants, dont un seul survécut, la princesse Marie*. L'absence d'héritier mâle orienta Henri VIII vers l'idée d'un divorce, confirmée par sa passion pour Anne Boleyn. Soutenu par la majorité de l'opinion anglaise, il obtint en mai 1533 la prononciation du divorce par une cour présidée par l'archevêque Cranmer. La rupture de l'Angleterre avec Rome fut alors totale.

CATHERINE HOWARD (v. 1522-Londres 1542), reine d'Angleterre, 5e femme d'Henri VIII, elle fut décapitée pour son inconduite.

CATHERINE PARR (1512-Sudeley Castle 1548), reine d'Angleterre, 6e femme d'Henri VIII. Sa sympathie pour le luthéranisme la poussa à intervenir contre les persécutions religieuses.

NAVARRE

CATHERINE DE NAVARRE, reine de Navarre (1468-1518). Épouse de Jean III d'Albret (1484), elle fut dépossédée de la Navarre par Ferdinand II le Catholique (1513).

PORTUGAL

CATHERINE DE BRAGANCE (Vila Viçosa 1638-Lisbonne 1705), princesse portugaise et reine d'Angleterre. Fille du roi Jean IV, elle épousa en 1662 Charles II d'Angleterre, à qui elle apporta en dot Tanger et Bombay.

RUSSIE

CATHERINE Ire (Malbork 1684-Saint-Pétersbourg 1727), femme de Pierre le Grand et impératrice de Russie (1725-1727).

CATHERINE II la Grande (Stettin 1729-Tsarskoïe Selo 1796), impératrice de Russie (1762-1796).

Fille du duc d'Anhalt-Zerbst et épouse de Pierre III, elle parvint à détourner à son profit la réaction nationaliste contre celui-ci, dirigea le complot de la garde impériale qui l'obligea à abdiquer (juin 1762) et écarta du pouvoir leur fils Paul. Elle chercha à cultiver sa réputation de souveraine éclairée en correspondant avec Voltaire (de 1763-1777) et en invitant Diderot à sa cour. Elle réunit une « commission législative » (1767), élue par les différents ordres de la société, à l'exception des serfs, mais elle en ajourna les travaux, prétextant des impératifs de la guerre russo-turque (1768-1774). Elle soutint l'œuvre de Betskoï dans le domaine de l'éducation, octroya une charte à la noblesse (1775) et promulgua la même année la charte des villes. La réforme administrative de 1775 divisa l'empire en 50 gouvernements. Mais elle étendit le servage, qu'elle imposa à la Petite-Russie (1783). Les serfs se rallièrent nombreux au mouvement insurrectionnel de Pougatchev (1773-74), qui promettait par ailleurs le rétablissement des libertés cosaques abolies en Ukraine en 1764. Catherine II agrandit considérablement son empire : elle obtint à la paix de Kutchuk-Kaïnardji (1774), qui mit fin à la guerre russo-turque, la reconnaissance de l'indépendance de la Crimée, qu'elle annexa en 1783, puis elle confia la colonisation de cette région à P. A. Potemkine. Elle porta ensuite la frontière jusqu'au Dniestr à l'issue d'une seconde guerre (1787-1791) contre l'Empire ottoman. Elle fit élire roi de Pologne son ancien favori, Stanislas Poniatowski (1763), puis elle prit part aux trois partages de la Pologne (1772, 1793, 1795) et réunit ainsi à l'Empire russe la Biélorussie, l'Ukraine occidentale et la Lituanie.

CATHERINETTE n. f. (de *sainte Catherine* d'Alexandrie). Jeune fille et plus spécialement modiste qui est encore célibataire à 25 ans. (On dit alors qu'elle coiffe sainte Catherine.)

CATHÉTER [-tɛr] n. m. (gr. *kathetêr,* sonde). **1.** Sonde, dont il existe de nombreux modèles, suivant les emplois. — **2.** Tuyau mince en matière synthétique, susceptible d'être introduit dans un vaisseau (veine le plus souvent) pour pouvoir le perfuser.

CATHÉTÉRISER v. t. (conj. 3). Sonder ou explorer à l'aide d'un cathéter.

CATHÉTÉRISME n. m. (gr. *kathetêrismos*). **1.** Introduction d'une sonde dans un canal ou un organe creux ou dans un trajet fistuleux. — **2.** *Cathétérisme cardiaque,* introduction dans un vaisseau (veine ou artère) d'un cathéter long monté jusque dans le cœur.

ENCYCL. Le *cathétérisme cardiaque* permet avant tout de mesurer les pressions dans les différentes cavités, d'apprécier le fonctionnement du myocarde et des valves et de recueillir des échantillons sanguins à différents niveaux. Il permet aussi d'injecter un produit de contraste radiologique pour opacifier les cavités cardiaques.

CATHÉTOMÈTRE n. m. (gr. *kathetos,* perpendiculaire). Instrument de topographie servant à mesurer la distance verticale de deux points.

CATHODE n. f. (angl. *cathode,* du gr. *kathodos,* descente). **1.** Électrode de sortie du courant dans un électrolyseur, ou électrode qui est la source primaire d'électrons à l'intérieur d'un tube électronique, ou région N d'une diode à semi-conducteur, constituée d'une jonction PN. — **2.** *Cathode d'une soupape,* électrode qui est la source primaire d'un courant principal d'électrons.

CATHODIQUE adj. **1.** Relatif à une cathode, ou qui en émane. — **2.** *Fam.* Relatif à la télévision. — **3.** *Protection cathodique,* système de protection contre l'oxydation d'une structure métallique mise en position de cathode. (Cette technique permet d'éviter la corrosion des vannes, des coques, des cuves de stockage.) ‖ *Pulvérisation cathodique,* dépôt de couches très minces sur un support conducteur. ‖ *Rayons cathodiques,* faisceau d'électrons émanant de la cathode d'un tube à vide. (→ *encycl.*) ‖ *Tube à rayons cathodiques* ou *tube cathodique,* dispositif utilisant le faisceau d'électrons produit par une cathode émissive pour fournir l'image d'un signal électrique sur un écran luminescent *(affichage cathodique).*

ENCYCL. Les *rayons cathodiques,* découverts par Hittorf en 1869, sont un faisceau d'électrons émis par une cathode et accélérés par un champ électrique. Ils sont déviés par les champs électriques et magnétiques et excitent la phosphorescence de certains corps. Ces propriétés sont utilisées dans les tubes d'oscilloscope et dans les tubes de télévision.

Catholic Association ou, plus complètement, **Roman Catholic Association** (« Association catholique romaine »), association fondée en Irlande en 1823 par O'Connell pour promouvoir l'émancipation des catholiques.

CATHOLICISER v. t. (conj. 3). Rendre catholique ; convertir au catholicisme.

CATHOLICISME n. m. **1.** Religion des chrétiens qui reconnaissent le pape comme chef spirituel. — **2.** Manière de comprendre et de suivre les préceptes de la religion catholique. — **3.** *Catholicisme libéral,* tendance des catholiques qui, après 1830, virent le progrès de l'Église dans une acceptation des libertés modernes accordées par la Révolution française, dans les limites de l'orthodoxie religieuse. ‖ *Catholicisme social,* mouvement de pensée et d'action qui essaie de promouvoir une réforme des structures sociales et économiques selon l'esprit de l'Évangile et les directives des souverains pontifes.

ENCYCL. Le catholicisme fonde son unité sur une communauté de foi, de sacrements et de vie religieuse. Une, la foi catholique repose sur un triple fondement : l'Écriture, qui est parole de Dieu ; la Tradition, qui est continuité de l'action divine ; l'Église, dépositaire et seule interprète autorisée de la vérité.

Si, pour l'essentiel, le catholicisme rejoint les autres familles chrétiennes en ce qui concerne la Révélation (Ancien et Nouveau Testament), sa conception de la Tradition, qui est pour lui le prolongement de la Révélation par l'enseignement de l'Église, diffère totalement de la conception protestante. Pour le catholicisme, les croyances sont des vérités chrétiennes données dès les temps apostoliques, mais explicitées peu à peu au cours des âges. Vérités vivantes, donc susceptibles de progrès et de développements ultérieurs, les dogmes évoluent sans changer et demeurent identiques en eux-mêmes tout en se développant. Mieux : la Tradition est une réalité dans laquelle la foi et la vie s'expriment et se propagent. Ainsi, la vie sacramentelle n'est pas en dehors d'elle, mais elle la prépare, l'entretient ou la prolonge ; de même les saints, qui manifestent Dieu par leur vie. La foi catholique est donc l'acte par lequel on croit les vérités que Dieu a révélées par son Fils et par son Église. Celles-ci sont contenues dans le symbole des Apôtres : croyance en Dieu, au mystère trinitaire, aux mystères de l'Incarnation, de la Rédemption et de la Résurrection, à la résurrection de la chair et à la vie éternelle. La foi s'alimente aux sept sacrements reconnus par l'Église catholique : le baptême, la confirmation, la pénitence, l'eucharistie, l'ordre, le mariage, le sacrement des malades.

En même temps que l'unité de foi s'est constituée une unité ecclésiale autour du pape, évêque de Rome, auquel est subordonnée l'autorité des évêques responsables des diocèses. L'assemblée des fidèles, que le baptême rassemble dans l'Église, est une continuation de la vie du Christ. Depuis le concile Vatican II, de nouvelles orientations se sont fait jour, liées à une meilleure connaissance des positions des autres Églises chrétiennes (œcuménisme).

On peut évaluer à 800 millions le nombre des catholiques dans le monde. En Europe occidentale et en Amérique latine (centrale et méridionale), le catholicisme domine, de loin, en pourcentage : par rapport à la population totale, 56 % de catholiques en Europe de l'Ouest et plus de 91 % pour l'Amérique latine. Si c'est en Europe occidentale, marquée par une déchristianisation assez massive, que se trouvent tous les organismes directeurs du catholicisme, le centre de gravité de l'Église catholique se déplace vers un axe africano-américain. Le caractère œcuménique de Vatican II, les messages du pape Jean XXIII à l'univers, les voyages à travers le monde des papes Paul VI et Jean-Paul II élargissent peu à peu la notion de catholicité.

— **Hist.** *Le catholicisme libéral.* D'abord réaction contre la tradition monarchique et gallicane de l'Église de France, le catholicisme libéral, après la condamnation de son chef, Félicité de La Mennais (1834), se tourna vers la lutte contre le monopole universitaire. Mais le vote de la loi Falloux (1850), loi de compromis, en exaspérant un catholicisme intransigeant et très romain, dont Louis Veuillot apparut comme le leader, éloigna de Rome les catholiques libéraux (Montalembert, Falloux, de Broglie...), très sensibles au trouble provoqué dans l'opinion publique par la proclamation, par Pie IX, du *Syllabus* (1864) et, par le concile Vatican I, du dogme de l'infaillibilité pontificale. Divisés sur l'attitude à prendre face à la politique laïque de la IIIe République, les catholiques libéraux, à la fin du XIXe siècle, cédèrent le pas aux ralliés et aux démocrates chrétiens.

• *Le catholicisme social.* Un premier catholicisme social se développa sous la monarchie de Juillet, la IIe République et le second Empire grâce surtout à des légitimistes comme Armand de Melun, artisan du « patronage » de la classe ouvrière par la classe dirigeante catholique. Après la Commune (1871), une vue identique du problème social — on l'appelle parfois « paternalisme » — présida à la création, par Albert de Mun et René de La Tour du Pin, des cercles catholiques d'ouvriers et de la corporation chrétienne. L'encyclique *Rerum novarum* (1891) de Léon XIII encouragea une nouvelle génération de catholiques sociaux sur une voie plus hardie : l'Association catholique de la jeunesse française (A. C. J. F.), le Sillon, la C. F. T. C. (1919), la J. O. C.-J. O. C. F. (1925-1927)... furent les principaux mouvements qui provoquèrent un engagement de plus en plus manifeste des catholiques dans les responsabilités politiques, économiques et syndicales.

CATHOLICITÉ n. f. **1.** Caractère catholique ; conformité à la doctrine catholique. — **2.** Ensemble des Églises chrétiennes unies à l'Église de Rome. — **3.** Universalité qui est l'une des marques de la véritable Église.

CATHOLICOS [-kɔs] n. m. Titre porté par certains chefs religieux des Églises chrétiennes orientales.

CATHOLIQUE adj. (lat. ecclés. *catholicus,* du gr. *katholikos,* universel). **1.** Titre de l'Église romaine universelle : *l'Église catholique, apostolique et romaine.* – **2.** Qui appartient à l'Église romaine, au catholicisme. – **3.** *Pas (très) catholique,* non conforme à la morale ou à la règle ; à qui on ne peut se fier.
◆ adj. et n. Qui appartient à la religion catholique.

catholique belge *(parti),* ancien parti démocrate-chrétien de Belgique. À peine constituée en État indépendant, la Belgique se trouva régie par des catholiques associés à des libéraux dans les gouvernements dits unionistes (1831-1847). Véritablement organisés en parti politique après les congrès de Malines (1863-1867), les catholiques s'opposèrent aux libéraux sur le terrain scolaire et constitutionnel. Ayant obtenu une majorité massive à la Chambre des représentants (1884), le parti catholique géra les affaires publiques jusqu'en 1914. Entre les deux guerres, il participa à des gouvernements de coalition avec les libéraux. Le parti catholique belge a pris le nom de parti social-chrétien* après la Seconde Guerre mondiale.

catholiques *(épîtres)* [c'est-à-dire *universelles*], nom donné à sept épîtres du Nouveau Testament (les deux épîtres de saint Pierre, les trois épîtres de saint Jean, celle de saint Jacques et celle de saint Jude) parce qu'elles s'adressent aux Églises dans leur ensemble et non à une Église en particulier.

CATHOLIQUEMENT adv. Conformément à la doctrine de l'Église catholique.

CATHOLYTE n. m. (de *cathode* et *électrolyte*). Partie d'un électrolyte qui se trouve au voisinage de la cathode.

CATILINA (Lucius Sergius), homme politique romain (v. 108 - Pistoia 62 av. J.-C.). Membre de la noblesse romaine, il pille l'Afrique, dont il est gouverneur (propréteur). Le sénat refusant sa candidature au consulat, il fomente un premier complot, qui échoue, en 65 av. J.-C. En 63, Cicéron étant consul, Catilina brigue le consulat pour l'an 62 ; battu, il forme une conjuration. Le 8 nov. 63, Catilina, paraissant au sénat, en est chassé par une harangue de Cicéron. (→ CATILINAIRES.) Tandis que Cicéron fait exécuter ses complices demeurés à Rome, Catilina, qui a rejoint en Étrurie l'armée des conjurés, est vaincu et tué à la bataille de Pistoia (62). – Salluste, dans *la Conjuration de Catilina,* voit dans la corruption des mœurs de la noblesse la cause de l'effondrement de la République romaine.

CATILINAIRE n. f. (de *Catilinaires*). *Litt.* Discours violent contre qqn ; satire.

Catilinaires, nom donné aux quatre discours prononcés au sénat par Cicéron contre Catilina (nov.-déc. 63 av. J.-C.).

CATIMINI (EN) loc. adv. (gr. *katamênia,* menstrues, ou picard *catimini,* de *cate,* chatte, et *mini,* mine). Discrètement, en se cachant.

CATIN n. f. (de *Catherine*). *Litt.* Prostituée.

CATINAT (Nicolas), maréchal de France (Paris 1637 - Saint-Gratien 1712). Lieutenant général (1688) puis maréchal de France (1693), chargé par Louis XIV de commander l'armée d'Italie pendant la guerre de la ligue d'Augsbourg, il vainquit à Staffarde (1690) et à La Marsaille (1693) Victor-Amédée II, duc de Savoie, et le contraignit à conclure une paix séparée (traité de Turin, 1696).

CATION [-tjɔ̃] n. m. **1.** Ion qui se porte à la cathode dans l'électrolyse d'une solution. – **2.** Atome ou groupement d'atomes qui, ayant perdu des électrons, manifeste une charge électrique positive.

CATIONIQUE adj. **1.** Relatif à un cation, à un phénomène qui se produit à la cathode ou dans un compartiment cathodique. – **2.** *Résine cationique,* résine synthétique, corps à très grosses molécules, ayant le pouvoir de fixer les cations. (Les résines carboxyliques et sulfonées ont une action cationique utilisée en thérapeutique.)

CATIR, CATISSAGE, CATISSEUR → ÉCATIR, ÉCATISSAGE, ÉCATISSEUR.

CATLIN (George), peintre et écrivain américain (Wilkes-Barre 1796-Jersey City, New Jersey, 1872). Il se consacra aux Indiens de 1832 à 1840 et recueillit traits et coutumes (300 portraits, 200 peintures à l'huile) afin de leur dédier un musée (Washington Smithsonian Institution). En 1841, il a publié *Letters and Notes on the Manners, Customs and Condition of the North American Indians.*

CAT MARIN n.m. Petit plongeon arctique, très fréquent en France, vivant et nichant au bord des grands lacs.

CATOBLÉPAS [-pas] n. m. (gr. *katoblepon,* antilope d'Afrique). Chez les Anciens, animal fantastique dont la tête cornue était rattachée au corps par un cou très grêle et traînait à terre.

CATOCALE n. f. (du gr. *katô,* en dessous, et *kalos,* beau). Beau papillon de nuit dont la chenille, grise et peu visible, vit sur les saules et les peupliers. (Syn. LICHÉNÉE.)

CATOGAN ou **CADOGAN** n. m. (de *Cadogan,* n. pr.). **1.** Mèche de cheveux retenue derrière la tête par un ruban. – **2.** Toilette de la queue d'un cheval en tresse repliée et nouée sur la partie dure, ou coupe des crins en laissant ceux du milieu plus courts que ceux des côtés.

CATON, en lat. **Marcus Porcius Cato,** surnommé **l'Ancien** ou **le Censeur,** homme d'État romain (Tusculum 234 av. J.-C.-149 av. J.-C.). Consul en 195 av. J.-C., censeur en 184, il lutta contre le luxe, élimina ceux des sénateurs qu'il jugeait indignes et combattit l'hellénisme au nom d'une morale austère. Craignant la revanche de Carthage, il demanda continûment sa destruction (*delenda est Carthago :* il faut détruire Carthage). Avec beaucoup de rigueur, il cultiva lui-même son domaine de Tusculum et écrivit un *Traité sur l'agriculture (De re rustica).*

CATON, en lat. **Marcus Porcius Cato,** surnommé **d'Utique** *(Uticensis)* [95-Utique 46 av. J.-C.], arrière-petit-fils de Caton l'Ancien. Tribun de la plèbe en 63, il obtint la condamnation des complices de Catilina. Après Pharsale et la mort de Pompée (48), il tenta de continuer la guerre contre César en Afrique. Enfermé dans Utique, il se suicida. Il fut une des grandes figures du stoïcisme à Rome.

CATON-THOMPSON (Gertrude), archéologue britannique (Londres 1888-Broadway, Worcestershire, 1985). Ses travaux dans le sud de l'Afrique et ses découvertes à Zimbabwe et en Rhodésie du Nord (1928-29) ont jeté une lueur nouvelle sur les origines des civilisations africaines.

CATOPTRIQUE n. f. (gr. *katoptrikos,* qui concerne les miroirs). Partie de l'optique qui traite de la lumière réfléchie.

CATOSTOME n. m. Sorte de carpe de Chine et d'Amérique du Nord, sans barbillons, à bouche ventrale, suçant la vase du fond des rivières.

CATOXANTHE n. m. Superbe bupreste d'Indonésie et d'Asie dont les élytres portent, sur un fond vert doré, des taches jaunes nimbées de bleu ou de violet.

CATRAÏO n. m. (port. *catraio*). Bateau de pêche non ponté du Portugal.

CATROUX (Georges), général français (Limoges 1877-Paris 1969). Gouverneur général de l'Indochine (1939), il fut remplacé par l'amiral Decoux après la défaite de 1940. Il rallia à Londres le général de Gaulle, fut nommé haut-commissaire au Levant en 1941, gouverneur général de l'Algérie en 1943, puis ambassadeur de France en U. R. S. S. de 1945 à 1948. Il fut grand chancelier de la Légion d'honneur (1954-1969).

CATTANEO (Carlo), écrivain et homme politique italien (Milan 1801-Castagnola, près de Lugano, 1869). Dans le Risorgimento, il fut un des représentants les plus importants du courant fédéraliste, qui voulait une Italie moderne et républicaine intégrée à des « États-Unis d'Europe », thèse qu'il développa dans sa revue *Il politecnico* (publiée de 1839 à 1844 et de 1859 à 1865).

CATTÉGAT ou **KATTEGAT,** bras de mer qui sépare la Suède du Jylland danois.

CATTELL (James McKeen), psychologue américain (Easton, Californie, 1860-Lancaster, Pennsylvanie, 1944). Il fut le premier à proposer le terme de « test mental », en 1890, et à promouvoir l'usage des tests aux États-Unis.

CATTENOM (57570), ch.-l. de cant. de la Moselle, au N.-E. de Thionville ; 2 269 hab. Centrale nucléaire sur la Moselle.

CATTERJĪ → CHATTERJĪ.

CATTLEYA n. m. (de W. *Cattley,* n. pr.). Orchidée d'Amérique tropicale, aux très grandes et belles fleurs. (Les formes sauvages, épiphytes, n'ont parfois qu'une seule feuille ; le cattleya est l'objet d'une importante culture en serres chaudes.)

CATULLE, poète latin (Vérone v. 87-Rome v. 54 av. J.-C.). Influencé, avec les « nouveaux poètes », par l'alexandrinisme, il a laissé des pièces lyriques évoquant ses amours tumultueuses avec Clodia, chantée sous le nom de Lesbie, et des poèmes érudits *(les Noces de Thétis et de Pélée).*

CAU (Jean), écrivain français (Bram 1925 - Paris 1993). Ancien secrétaire de Jean-Paul Sartre, romancier (*les Paroissiens,* 1958 ; *la Pitié de Dieu,* 1961 ; *Nouvelles du paradis,* 1980 ; *les Culottes courtes,* 1988), il est le critique de la « décadence » du monde occidental (*Lettre ouverte aux têtes de chiens occidentaux,* 1967).

CAUCA, riv. de Colombie, affl. du río Magdalena (r. g.) ; 1 250 km. Né dans la Cordillère centrale, le Cauca traverse une longue dépression, le « Valle del Cauca », région fertile où l'élevage extensif recule devant l'agriculture intensive (canne à sucre, haricots, sorgho) et jalonnée de villes : Popayán, Cali et Cartago.

CAUCASE, système montagneux s'étendant entre la mer Noire et la Caspienne et couvrant environ 440 000 km². Il constitue la limite conventionnelle entre l'Europe et l'Asie.
— **Géogr.** Le Caucase regroupe : au N., l'avant-pays caucasien (dépressions du Kouban et du Terek, de part et d'autre du plateau de Stavropol) ; la chaîne proprement dite, ou *Grand Caucase,* partiellement volcanique, formant une barrière étirée du N.-O. au S.-E. sur 1 250 km et qui s'élève dans sa partie centrale à plus de 4 000 m (culminant à 5 642 m à l'Elbrous) ; les massifs situés au S. de Tbilissi (appelés encore *Petit Caucase*). La région comprend des républiques de Russie qui forment le *Caucase du Nord* (celles du Daguestan, de Kabardino-Balkarie,

d'Ossétie du Nord, de Tchétchénie, d'Ingouchie, des Adyguéens, des Karatchaïs-Tcherkesses) et les trois républiques de Transcaucasie (Arménie, Azerbaïdjan et Géorgie) appelées fréquemment *pays du Caucase.* D'accès difficile, longtemps montagne refuge pour des populations agro-pastorales, le Caucase constitue encore une véritable mosaïque ethnique.

— **Hist.** Lieu de rencontre entre l'Orient et l'Occident, le Caucase dut, après les invasions des Cimmériens, des Scythes, des Sarmates, des Huns, des Avars et des Khazars, subir la pression ou la domination de la Perse, d'un côté, de Byzance de l'autre. Les Arabes atteignirent Derbent en 642. Le christianisme se propagea dans les premiers siècles de notre ère, tandis que le mazdéisme et les vieilles croyances païennes allaient survivre sous des formes résiduelles jusqu'à l'époque moderne. L'islamisation progressa au Daguestan du VIIe au XVIIe s., au Caucase central et occidental du XVIe au XIXe s. Les invasions turques, à partir du XIe s., entraînèrent le déclin puis la ruine de l'Arménie et le fractionnement de la Géorgie en principautés secondaires. Du XVe au XVIIIe s., la Transcaucasie servit d'arène aux luttes entre les Turcs ottomans et les Persans. Puis les Russes instaurèrent leur domination sur tout le Caucase, faisant entériner leurs annexions aux traités de Kutchuk-Kaïnardji (1774), de Gulistān (1813), de Turkmantchaï (1828), de Berlin (1878) et vainquant en 1859 les montagnards musulmans de Chāmil. À la fin du XIXe s., les mouvements d'opposition à la politique tsariste de colonisation et de russification se développèrent. Après la révolution d'octobre 1917, les nations transcaucasiennes constituèrent une fédération qui se disloqua lors de l'offensive turque. Les républiques indépendantes de Géorgie, d'Azerbaïdjan et d'Arménie, proclamées en mai 1918, furent soviétisées en 1920-21 avec le concours de l'Armée rouge. En déc. 1922 fut créée une Fédération soviétique de Transcaucasie, qui adhéra aussitôt à l'U. R. S. S. et fut dissoute en 1936.

CAUCASIE, nom parfois donné aux régions couvertes par le *Grand* et le *Petit Caucase.*

CAUCASIEN, ENNE adj. et n. **1.** Du Caucase. — **2.** Se dit des langues autochtones de la région du Caucase. (Syn. CAUCASIQUE.) [→ *encycl.*] — **3.** *Broderie caucasienne,* broderie de couleurs vives cernées de points de trait noirs. (Épaisse, elle est faite de points biaisés au passé, très serrés. On l'utilise pour faire des ceintures ou des babouches.)

ENCYCL. **Ling.** On compte une quarantaine de *langues caucasiennes,* parlées par environ 6 millions de locuteurs, la principale étant le géorgien. Ces langues se répartissent en trois familles dont l'apparentement fait l'objet de controverses (de même une hypothétique parenté avec le basque) : 1° les langues du Sud (géorgien, mingrélien, svane, tchane) ; 2° les langues du Nord-Ouest (abkhaze, abaza, adygué, kabarde, oubykh) ; 3° les langues du Centre-Nord, ou nakh (tchétchène, ingouche, bats), et les langues du Daguestan (avar, dargwa, lak, lezguien).

CAUCASIQUE adj. Syn. de CAUCASIEN.

CAUCASOÏDE adj. et n. Se dit d'un être humain rattaché à un groupe dont la caractéristique la plus importante est la blancheur de la peau. (Syn. EUROPOÏDE, LEUCODERME.)

CAUCHEMAR n. m. (picard *cauchier,* presser, et moyen néerl. *mare,* fantôme). **1.** Rêve pénible avec sensation d'oppression, d'angoisse. — **2.** Idée, chose ou personne qui importune ou cause du tourment : *Ce professeur est mon cauchemar.*

CAUCHEMARDER v. i. (conj. 3). Faire des cauchemars.

CAUCHEMARDESQUE ou **CAUCHEMARDEUX, EUSE** adj. *Fam.* Qui produit l'impression d'un cauchemar ; terrifiant.

CAUCHOIS, E adj. et n. Du pays de Caux.
◆ **cauchois** n. m. Race de pigeon domestique de forte taille originaire du pays de Caux, dont il existe de nombreuses variétés.

CAUCHOIS-LEMAIRE (Louis François Auguste), journaliste français (Paris 1789-*id.* 1861). Son journal, *le Nain jaune,* fut l'un des principaux organes d'opposition au gouvernement de la Restauration.

CAUCHON (Pierre), évêque de Beauvais (région de Reims v. 1371-Rouen 1442). Conseiller de Jean sans Peur, nommé, grâce au soutien de l'université de Paris, évêque de Beauvais (1420), il fut chargé par Henri VI de présider à Rouen le tribunal qui jugea et condamna Jeanne d'Arc.

CAUCHY (*baron* Augustin Louis), mathématicien français (Paris 1789-Sceaux 1857). Professeur à l'École polytechnique et à la Sorbonne, Cauchy, légitimiste convaincu, refusa en 1830 de prêter serment et dut s'exiler à Turin. Il revint à Paris en 1838 et enseigna à l'École polytechnique jusqu'à sa mort. Cauchy a introduit la rigueur dans l'étude des fonctions élémentaires et dans l'étude des séries. Il donne des définitions correctes des notions de limite, d'intégrale définie, de convergence des séries, etc. Son approche de la théorie des équations différentielles est entièrement nouvelle dans son exigence de démontrer l'existence et l'unicité des solutions, les conditions initiales et les conditions aux limites étant précisées. Cauchy est avant tout le créateur de la théorie des fonctions d'une variable complexe. Ses travaux algébriques sont moins originaux (Acad. des sc., 1816.)

Cauchy *(critère* ou *règle de convergence des séries de),* critère utilisé dans le cas des séries (u_n) à termes réels positifs, qui s'énonce ainsi :

- si $\overline{\lim\limits_{n \to \infty}} \sqrt[n]{u_n} < 1$, (u_n) est convergente ;
- si $\overline{\lim\limits_{n \to \infty}} \sqrt[n]{u_n} > 1$, (u_n) est divergente ;

$\overline{\lim}$ signifie « limite supérieure » et peut être infinie ; dans le cas où elle vaut 1, ce critère ne permet pas de conclure.

Cauchy *(suite de),* suite (u_n) dans un espace métrique (E, *d*) telle que
$\forall \varepsilon > 0\ \exists N(\varepsilon) / \forall p > N(\varepsilon)$ et $\forall q > N(\varepsilon)$,
$$d(u_p, u_q) < \varepsilon.$$
Dans un espace complet, une telle suite converge ; il en est ainsi dans $\mathbb{R}$, avec
$$d(u_p, u_q) = |u_p - u_q|.$$

CAUCUS [-kys] n. m. (amér. *caucus*). Aux États-Unis, comité électoral composé, aux divers échelons, des permanents de chaque parti.

CAUDAL, E, AUX adj. Relatif à la queue des animaux.

◆ **caudale** n. f. Organe postérieur natatoire commun aux poissons, aux cétacés et aux crustacés, notamment, et constitué d'une lame souple animée d'un mouvement alternatif dans l'eau. (Syn. NAGEOIRE CAUDALE.)

CAUDAN (56850), comm. du Morbihan, à l'O. d'Hennebont ; 6 721 hab. Métallurgie.

CAUDATAIRE n. m. (lat. médiév. *caudatarius*). Celui qui soutient la traîne du pape, d'un cardinal, d'un évêque.

CAUDATUM [-tɔm] n. m. Syn. de NOYAU CAUDÉ.

CAUDÉ, E adj. (du lat. *cauda,* queue). **1.** Pourvu d'une queue. — **2.** *Noyau caudé,* chez les mammifères, un des deux noyaux constitutifs du striatum, relais sur la voie motrice extrapyramidale. (Syn. CAUDATUM.)

CAUDEBEC-EN-CAUX (76490), ch.-l. de cant. de la Seine-Maritime, sur la Seine ; 2 276 hab. *(Caudebecquais).* Église de style gothique flamboyant. Musée. — En amont, pont routier sur le fleuve.

CAUDEBEC-LÈS-ELBEUF (76320), ch.-l. de cant. de la Seine-Maritime, sur la Seine ; 9 924 hab. *(Caudebecquais).* Industrie chimique.

CAUDILLO [kaodijo] n. m. (esp. *caudillo,* chef, du bas lat. *capitellum,* de *caput,* tête). **1.** En Espagne, chef militaire — **2.** Titre porté par le général Franco de 1936 à sa mort (avec une majuscule). — **3.** En Amérique latine, chef politique qui exerce un pouvoir personnel.

CAUDINES *(fourches),* en lat. **Caudinae Fauces,** défilé situé près de la ville de Caudium en Italie (Samnium), où une armée romaine se fit bloquer et dut passer sous le joug avec ses deux consuls (321 av. J.-C.). — *Passer sous les fourches Caudines,* être contraint de subir des conditions humiliantes.

CAUDRETTE n. f. (picard *cauderette,* de *caudière,* chaudière). Filet en forme de poche, monté sur un cercle pour pêcher les crustacés.

CAUDRON, ingénieurs et aviateurs français. GASTON (Favières, Somme, 1882-Lyon 1915) et son frère RENÉ (Favières, Somme, 1884 - Vron, Somme, 1959) construisirent, à partir de 1908, une grande variété d'avions, tant militaires que commerciaux ou de tourisme.

CAUDRY (59540), comm. du Nord, dans le Cambrésis ; 13 662 hab. *(Caudrésiens).* Industries textile, chimique et alimentaire.

CAULAINCOURT (Armand Augustin, *marquis* DE), duc **de Vicence,** général et diplomate français (Caulaincourt, Aisne, 1773-Paris 1827). Général et aide de camp de Bonaparte (1802), il fut ambassadeur en Russie de 1807 à 1811. Ministre des Affaires étrangères en 1813-1815, il fut partisan de la paix et représenta Napoléon au congrès de Châtillon (1814). — Son frère, AUGUSTE JEAN GABRIEL, comte **de Caulaincourt** (Caulaincourt, Aisne, 1777-la Moskova 1812), général de division, fut tué à la tête de ses cuirassiers à la bataille de la Moskova.

CAULERPE n. f. (gr. *kaulos,* tige, et *herpein,* ramper). Grande algue verte siphonée des mers chaudes, dont le thalle a les formes extérieures d'une plante supérieure.

CAULET (Étienne François DE), prélat français (Toulouse 1610-Pamiers 1680). Évêque de Pamiers (1644), il refusa de signer le formulaire d'Alexandre VII condamnant le jansénisme. Dans l'affaire de la régale, il s'opposa à la déclaration royale du 10 févr. 1673 promulguée par Louis XIV.

CAULICOLE n. f. Chacune des tiges qui sortent d'entre les feuilles d'acanthe du chapiteau corinthien.

CAULIFLORIE n. f. Particularité des espèces végétales vivaces dont les fleurs apparaissent directement sur le tronc et les branches.

CAULINAIRE adj. Qui se développe sur la tige d'une plante.

CAULNES [kon] (22350), ch.-l. de cant. des Côtes-d'Armor, sur la Rance ; 2 218 hab. *(Caulnais).* Église des XIIe-XVIIe s.

CAUMARTIN (Jean François Paul LE FÈVRE DE), prélat français (Châlons-sur-Marne 1668 - Blois

1733), évêque de Vannes (1717) puis de Blois (1719).

CAUMARTIN (Antoine Louis François, *marquis* **de Saint-Ange**) (Paris 1725 - *id.* 1803), prévôt des marchands de Paris de 1778 à 1784.

CAUMONT (Arcisse DE), archéologue français (Bayeux 1802 - Caen 1873), fondateur de la Société française d'archéologie (1834) et auteur du *Cours d'antiquités monumentales* (1830-1841), de la *Statistique monumentale du Calvados* (1846-1867), etc.

Caumont *(race de),* race de poule originaire de Caumont-l'Éventé, au plumage noir, bonne pondeuse.

CAUMONT-L'ÉVENTÉ (14240), ch.-l. de cant. de l'ouest du Calvados ; 1 152 hab.

CAURALE n. m. Grue des forêts d'Amérique latine, aux ailes multicolores.

Caures *(bois des),* bois des Hauts de Meuse, au N. de Beaumont. Violents combats au cours de la bataille de Verdun.

CAURI ou **CAURIS** [-ris] n. m. (tamoul *kauri*). Coquillage du groupe des cyprées (ou porcelaines), qui a servi longtemps de monnaie à diverses populations, notamment en Afrique noire et en Asie.

CAURROY (Eustache DU) → DU CAURROY (Eustache).

CAUS (Salomon DE), ingénieur français (pays de Caux v. 1576-Paris 1626). Dans son principal ouvrage, *les Raisons des forces mouvantes, avec diverses machines tant utiles que plaisantes* (1615), il décrit le principe de l'élévation de l'eau par la pression directe de la vapeur. On lui doit les premières descriptions de mécanismes à musique.

CAUSAL, E, ALS ou **AUX** adj. (lat. *causalis*). **1.** Qui constitue la cause de qqch ou qui relève de la causalité. — **2.** Qui introduit une proposition de cause (par ex. *comme, puisque, parce que,* etc.). — **3.** *Proposition causale* ou *causale* (n. f.) subordonnée de cause.

CAUSALGIE n. f. (gr. *kausis,* brûlure, et *algos,* douleur). Douleur diffuse, permanente, avec impression de cuisson, de tension douloureuse, provoquée ou exacerbée par le moindre contact, les changements de température, le bruit, les émotions.

CAUSALISME n. m. Doctrine qui place au premier plan le rapport cause à effet dans l'analyse des phénomènes.

CAUSALISTE adj. et n. Relatif au causalisme ; partisan de cette doctrine.

CAUSALITÉ n. f. (bas lat. *causalitas*). **1.** Lien qui unit la cause à l'effet. — **2.** *Causalité structurale,* ensemble de relations qu'entretiennent les éléments d'une structure qui détermine leur place et leur fonction respectives. ‖ *Principe de causalité,* principe selon lequel tout fait a une cause, les mêmes causes dans les mêmes conditions produisant les mêmes effets.

CAUSANT, E adj. *Fam.* Qui parle volontiers (surtout dans des phrases négatives) : *Il n'est pas très causant.*

CAUSATIF, IVE adj. et n. m. (bas lat. *causativus*). Se dit d'une forme verbale qui indique que le sujet fait faire l'action exprimée par le verbe. (Par ex. l'auxiliaire *faire* suivi d'un infinitif ou les suffixes *-iser, -fier.*) [Syn. FACTITIF.]

CAUSATION n. f. *Vx.* Action de causer qqch, d'être la cause d'un fait.

1. CAUSE n. f. (lat. *causa,* raison). **1.** Ce qui produit qqch ; raison ou origine de qqch : *Les enquêteurs recherchent les causes de l'accident. Il n'y a pas d'effet sans cause.* — **2.** *À cause de,* en raison de, pour ce motif : *La voiture a dérapé à cause du mauvais état des pneus.* ‖ *Être cause de,* occasionner, provoquer qqch : *Les pluies sont cause de graves inondations.* ‖ *Et pour cause,* ayant de bonnes raisons pour cela. ‖ *Pour cause de,* pour telle ou telle raison. • **Banq.** Origine de la dette que constate un effet de commerce. (Un effet sans cause est nul.) — **Dr.** Une des conditions exigées par le Code civil pour la validité des obligations conventionnelles. ‖ Raison d'une obligation dans un contrat ; avantage matériel ou moral que propose le contractant. — **Géol.** *Théorie des causes actuelles,* syn. de ACTUALISME. — **Gramm.** *Complément de cause, subordonnée de cause,* complément ou subordonnée exprimant la raison pour laquelle est effectuée l'action exprimée par le verbe principal. (Ex. : *Agir* PAR JALOUSIE ; *Je pleure* PARCE QUE TU T'EN VAS.) — **Philos.** *Cause première,* dans la tradition scolastique et classique, élément fondateur ou créateur de la réalité. (Les scolastiques assimilent généralement Dieu à la cause première.) ‖ *Cause seconde,* dans la tradition scolastique et classique, élément qui en détermine un autre en se situant lui-même comme subordonné à un élément premier, appelé Dieu, ou substance, suivant les cas. ‖ *Cause de soi,* qui n'a besoin que de soi-même pour exister.

2. CAUSE n. f. (lat. *causa,* procès). **1.** Affaire pour laquelle on comparaît en justice ; procès. — **2.** Dans une demande en justice, élément du procès qui permet de déterminer l'étendue du litige et sert de fondement juridique aux prétentions du demandeur. — **3.** L'ensemble des intérêts à soutenir en faveur de qqn, d'un groupe de personnes, d'un ordre de choses, etc. : *Consacrer sa vie à la cause de la paix.* — **4.** *Cause de* *béatification* ou *de canonisation,* enquête (procès) menée par Rome et pouvant aboutir à la béatification ou à la canonisation d'un chrétien défunt. ‖ *Cause matrimoniale,* procédure introduite pour faire éventuellement reconnaître la nullité d'un mariage qui n'aurait eu que les apparences de la validité. ‖ *En (toute) connaissance de cause,* pertinemment, en personne qui s'y entend. ‖ *En tout état de cause,* quoi qu'il en soit, quoi qu'il arrive. ‖ *Être en cause,* être concerné par les événements ; être incriminé, être en question : *De gros intérêts sont en cause.* ‖ *Être hors de cause,* ne pas être concerné ou échapper à tout soupçon ; n'être pas en question : *Pour ce vol vous êtes hors de cause.* ‖ *Faire cause commune avec qqn,* unir ses intérêts aux siens. ‖ *La cause est entendue,* il y a assez d'éléments pour se faire une opinion, on sait à quoi s'en tenir. ‖ *Mettre en cause,* rendre qqn, qqch, responsables de qqch. ‖ *Mettre qqn hors de cause,* le disculper. ‖ *Pour la bonne cause,* pour un idéal qu'on sert ou, fam., pour le mariage ‖ *Remettre en cause,* remettre en question, revenir sur une décision.

1. CAUSER v. t. (de *cause 1*) [conj. 3]. Être la cause de qqch, l'occasionner : *Causer un malheur. Causer des ennuis à quelqu'un.*

◆ **être causé** v. pass. En parlant d'un effet de commerce, avoir une cause énoncée.

2. CAUSER v. t. ind. (lat. *causari,* plaider) [conj. 3]. **1.** S'entretenir familièrement avec qqn sur un sujet quelconque : *As-tu causé avec lui de cette affaire ?* — **2.** *Fam.* Parler à qqn : *Je ne le connais pas, je ne lui ai jamais causé.* — **3.** *Fam.* Parler de qqn avec malignité, indiscrétion ; jaser. — **4.** Fam. *Cause toujours,* tu peux parler, je ne t'écoute pas.

CAUSERIE n. f. Discours familier, entretien sans prétention ; petite conférence informelle : *Sa campagne électorale se limita à quelques causeries télévisées.*

Causeries du lundi (1851-1862), de Sainte-Beuve, suivies des *Nouveaux Lundis* (1863-1870), séries d'études critiques consacrées aux auteurs et aux œuvres de la littérature française, publiées dans *le Constitutionnel,* puis *le Moniteur* et *le Temps.*

CAUSETTE n. f. *Fam.* **1.** Petite conversation. — **2.** *Faire la causette, un bout, un brin de causette,* converser familièrement avec qqn.

CAUSEUR, EUSE adj. et n. Qui aime et sait causer : *Un brillant causeur.*

◆ **causeuse** n. f. Canapé à deux places (fin XVIIIe-XIXe s.).

CAUSSADE (82300), ch.-l. de cant. de Tarn-et-Garonne, dans le bas Quercy ; 6 224 hab. *(Caussadais).* Marché agricole. Chapellerie, en déclin. Confection. Produits laitiers.

Caussade *(race de),* race de poules rustiques, exploitées dans le sud-ouest de la France.

CAUSSE n. m. (mot provenç.). Plateau calcaire des régions tempérées, entaillé de vallées profondes, les cañons, et portant des formes de relief karstique superficielles (dolines, lapiés).

CAUSSENARD, E adj. et n. Des Causses.

CAUSSES ou, parfois, **GRANDS CAUSSES,** région de plateaux calcaires, développée entre 800 et 1 200 m d'altitude, dans une dépression du Massif central, sur sa bordure méridionale. L'ensemble se décompose en plusieurs causses découpés par des rivières en gorges : Sauveterre entre Lot et Tarn, Méjean (Tarn et Jonte), causse Noir (Jonte et Dourbie), Comtal et causse de Sévérac (Lot et Aveyron), Larzac, enfin, entre le Camarès, le Lodévois et les Cévennes. C'est une terre aride, dépeuplée, parcourue de troupeaux d'ovins (lait pour la fabrication de roquefort), parfois animée par le tourisme (gorges du Tarn, aven Armand, etc.). Un *parc naturel régional des Grands Causses,* couvrant plus de 300 000 ha, a été créé en 1995 dans l'Aveyron.

CAUSSES DU QUERCY → QUERCY.

CAUSSIN (Nicolas), jésuite français (Troyes 1583-Paris 1651). Confesseur de Louis XIII, il s'opposa à la politique extérieure de Richelieu, à qui il reprochait ses alliances protestantes, et fut disgracié (1637).

CAUSSY (DE), famille de faïenciers actifs au XVIIIe s. à Rouen et à Quimper.

CAUSTICITÉ n. f. **1.** Caractère de ce qui est corrosif, caustique : *La causticité des acides.* — **2.** Malignité mordante de qqn, de ses propos : *La causticité d'un critique.*

CAUSTIFICATION n. f. **1.** Transformation d'une solution de carbonate alcalin en une solution de la base correspondante, par l'action de la chaux vive. — **2.** Traitement des tissus de coton par la soude caustique, ayant pour but d'atténuer certaines inégalités d'affinité du coton pour les colorants.

CAUSTIFIER v. t. (conj. 9). Rendre un corps caustique.

CAUSTIQUE adj. (lat. *causticus,* du gr. *kaustikos,* de *kaiein,* brûler). **1.** Qui attaque, corrode les tissus animaux et végétaux. — **2.** Acerbe, mordant dans la critique, la satire : *Un esprit caustique.*

◆ n. m. Substance chimique qui détruit les tissus. (On utilise en thérapeutique le nitrate d'argent et l'acide trichloracétique.)

◆ n. f. Surface tangente aux rayons lumineux d'un faisceau issu d'un même point dans l'espace

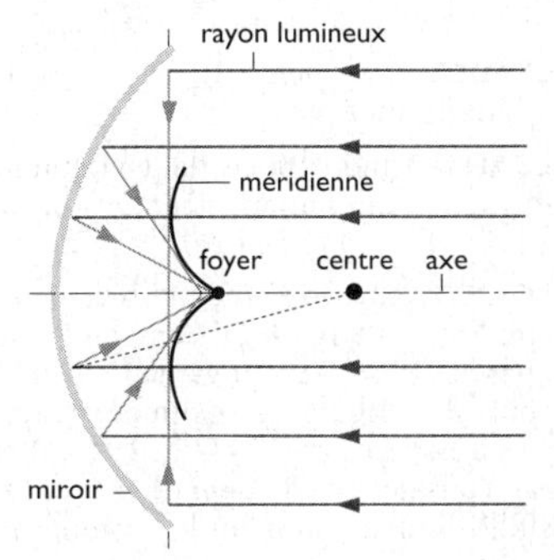

caustique principale d'un miroir sphérique concave.

objet et ayant traversé certains instruments optiques imparfaits. (Au voisinage de la caustique viennent passer un grand nombre de rayons, ce qui donne un éclairage important si l'on y place un écran.)

CAUTÈLE n. f. (bas lat. *cautela,* prudence). *Litt.* Finesse, prudence mêlée de ruse.

CAUTELEUX, EUSE adj. (de *cautèle*). *Litt.* Qui manifeste de la défiance et de la ruse ; hypocrite.

CAUTÈRE n. m. (lat. *cauterium,* fer à cautériser, du gr. *kautêrion*). **1.** Corps brûlant (galvano- ou thermocautère) employé pour la cautérisation. — **2.** *C'est un cautère sur une jambe de bois,* c'est un remède qui ne peut servir à rien, un moyen inefficace.

CAUTERETS (65110), comm. des Hautes-Pyrénées, à 1 000 m d'alt., sur le *gave de Cauterets,* affl. du gave de Pau ; 1 203 hab. *(Cauterésiens).* Centre d'excursions. Station thermale (affections des voies respiratoires et des rhumatismes). Sports d'hiver.

CAUTÉRISATION n. f. (lat. médiév. *cauterisatio*). Destruction d'un tissu à l'aide d'un cautère ou d'un caustique.

CAUTÉRISER v. t. (bas lat. *cauterizare,* du gr. *kautêriadzein,* brûler) [conj. **3**]. Appliquer un cautère ou un caustique.

CAUTION n. f. (lat. *cautio,* prudence). **1.** Garantie d'un engagement pris pour soi-même ou pour un autre ; somme versée pour servir de garantie. — **2.** Personne qui s'engage pour garantir l'exécution d'une obligation dans le cas où le débiteur n'y satisferait pas. — **3.** Garantie morale, soutien donnés par qqn, une institution, une autorité ; personne apportant cette garantie : *Agir avec la caution du gouvernement.* — **4.** *Caution personnelle,* tiers qui intervient pour exécuter lui-même l'engagement du débiteur principal. ‖ *Caution réelle,* tiers qui intervient pour garantir la dette du débiteur principal, en hypothéquant un immeuble qui lui appartient. ‖ *Sujet à caution,* dont la vérité n'est pas établie ; suspect, douteux contestable.

CAUTIONNEMENT n. m. **1.** Contrat par lequel un tiers, appelé *caution,* promet à un créancier de le payer si le débiteur n'exécute pas son obligation. — **2.** Dépôt d'argent ou de valeur destiné à garantir une créance future éventuelle, les offres d'un soumissionnaire, la bonne exécution d'un contrat, les pertes éventuelles qu'un comptable public fait courir au Trésor. — **3.** Dans certains États, dépôt d'argent garantissant à la justice qu'un inculpé se présentera à l'audience et qui permet, de ce fait, de le mettre en liberté provisoire. — **4.** Soutien, approbation, apportés à l'action de qqn, d'un groupe : *Le cautionnement d'une politique.* — **5.** Dépôt de fonds effectué par un candidat à une élection et qui ne lui est rendu que s'il a obtenu un pourcentage déterminé de suffrages.

CAUTIONNER v. t. **1.** Répondre de la solvabilité de qqn. — **2.** Donner son appui, son approbation à une action, une idée, répondre du mérite, de l'honnêteté de qqn, d'un groupe, de la justesse de leurs actes.

CAUVERY → KĀVIRI.

CAUVET (Gilles Paul), sculpteur ornemaniste français (Aix-en-Provence 1731-Paris 1788). Auteur de travaux de décoration à Paris (Palais-Royal) et de dessins de meubles, il fut l'un des créateurs du style Louis XVI.

CAUWÈS (Paul), juriste et économiste français (Paris 1843-Versailles 1917), l'un des fondateurs de la *Revue d'économie politique.*

CAUX *(pays de),* région du nord-est de la Normandie (Seine-Maritime) [hab. *Cauchois*], formée d'un plateau crayeux recouvert de limons et retombant en falaises sur la Manche, portant des cultures (blé, betterave à sucre) juxtaposées à l'élevage (bovins et porcins). V. princ. *Yvetot.*

CAVACO SILVA (Aníbal), homme politique portugais (Loulé, district de Faro, 1939). Leader du parti social-démocrate, il a été Premier ministre de 1985 à 1995. Candidat à l'élection présidentielle de 1996, il est battu.

CAVA DE' TIRRENI, v. d'Italie, en Campanie ; 51 000 hab. — À 4 km au S.-O., abbaye de la Trinité, remontant au XIe s. (œuvres d'art).

CAVAFY (Konstandínos KAVÁFIS, dit **Constantin**), poète grec (Alexandrie 1863 - *id.* 1933). Ses 134 poèmes en vers iambiques et de langue idiomatique le placent au premier rang des poètes modernes.

CAVAGE n. m. Excavation, endroit creusé.

CAVAIGNAC (Godefroy), homme politique français (Paris 1801-*id.* 1845). Il fut le chef incontesté du parti républicain sous la monarchie de Juillet. Emprisonné en 1834, il fut amnistié en 1841. — Son frère LOUIS EUGÈNE (Paris 1802-Ourne, Sarthe, 1857) fut gouverneur général de l'Algérie et général de division (1848). Rappelé à Paris par le gouvernement provisoire (1848), il écrasa dans le sang l'insurrection de juin 1848. Chef du pouvoir exécutif, il louvoya entre les républicains modérés et les conservateurs. Battu aux élections présidentielles du 10 déc. 1848 par Louis Napoléon, il fut élu au corps législatif (1852), mais n'y siégea pas pour n'avoir pas à prêter serment à l'Empire. — EUGÈNE (Le Havre 1876-Paris 1968), petit-fils du précédent, historien spécialiste de la Grèce antique, a dirigé une *Histoire du monde* (22 vol., 1922-1948).

CAVAILLÉ-COLL (Aristide), facteur d'orgues français (Montpellier 1811-Paris 1899). Il s'établit à Paris en 1833. Il a construit l'orgue de St-Denis et les plus grands instruments de la capitale : la Madeleine, Ste-Clotilde, St-Sulpice, Notre-Dame.

CAVAILLÈS (Jean), mathématicien et philosophe français (Saint-Maixent 1903-Arras 1944). À Strasbourg puis à la Sorbonne, il mena de front ses travaux de logique mathématique et son activité de résistant, en tant que membre directeur de Libération-Sud et de Libération-Nord. Arrêté en août 1943, il fut exécuté par les Allemands. Il a écrit notamment *Remarques sur la formation de la théorie abstraite des ensembles* (1938).

CAVAILLON n. m. (de *Cavaillon,* n. pr.). **1.** Bande de terre que laisse la charrue vigneronne sur la ligne des pieds de vigne mais qu'enlève la charrue décavaillonneuse. — **2.** Variété méridionale de melon.

CAVAILLON (84300), ch.-l. de cant. de Vaucluse, dans le Comtat, près de la Durance ; 23 470 hab. *(Cavaillonnais).* Restes d'un arc de triomphe romain tétrapyle (v. 1-10 apr. J.-C.). Anc. cathédrale St-Véran, en partie romane. Synagogue (1772) aux élégants décors intérieurs. Musée archéologique. Dans une région bien irriguée, c'est un important centre de production et de commerce de fruits et de primeurs.

CAVALAIRE-SUR-MER (83240), comm. du Var, sur la côte des Maures *(baie de Cavalaire)* et près du *cap Cavalaire ;* 4 200 hab. Station balnéaire. Port de plaisance.

CAVALCADE n. f. (ital. *cavalcata*). **1.** Défilé de cavaliers : *La cavalcade du carnaval.* — **2.** *Fam.* Course désordonnée et bruyante. — **3.** Fam. *C'est la cavalcade !,* se dit lorsqu'on a énormément de choses à faire dans un temps restreint.

CAVALCADER v. i. (conj. 3). *Fam.* Courir en troupe désordonnée.

CAVALCANTI (Guido), poète italien (Florence v. 1255-*id.* 1300), représentant essentiel du « dolce stil* nuovo » *(Donna me prega).*

CAVALCANTI (Alberto), cinéaste brésilien (Rio de Janeiro 1897 - Paris 1982). Venu en France, il débuta par des films d'avant-garde (*la P'tite Lilie,* 1928), puis il rejoignit les documentaristes britanniques à Londres en 1934. En 1945, il fut le principal réalisateur de *Au cœur de la nuit.* Rentré au Brésil, il signa notamment *le Chant de la mer* (1953).

CAVALCASELLE (Giovanni Battista), historien d'art italien (Legnano 1820-*id.* 1897), remarquable analyste et « connaisseur » (*Nouvelle Histoire de la peinture italienne,* en collab. avec l'Anglais J. A. Crowe, 1864-1870).

1. CAVALE n. f. (ital. *cavalla,* du lat. *caballa*). *Litt.* Jument.

2. CAVALE n. f. (de *se cavaler*). *Pop.* Évasion ; état de fuite de qqn recherché par la police : *Être en cavale.*

CAVALER v. i. (de *cavale 1*) [conj. 3]. *Pop.* **1.** Courir ou fuir : *Les bandits cavalaient sous le tir des policiers.* — **2.** Courir, se dépêcher de faire : *J'ai cavalé dans tout Paris pour trouver tes cigares.* — **3.** Chercher les aventures amoureuses.
◆ v. t. *Pop.* Ennuyer qqn, l'importuner.
◆ **se cavaler** v. pr. *Pop.* S'enfuir.

CAVALERIE n. f. (ital. *cavalleria*). **1.** Ensemble des formations militaires combattant à cheval et intervenant dans la bataille par le mouvement et par le choc (charge). [→ *encycl.*] — **2.** *Cavalerie légère,* celle qui était chargée plus particulièrement des mouvements rapides et des missions de reconnaissance (chevau-légers, hussards, chasseurs, spahis). ‖ *Cavalerie de ligne,* celle qui, tout en étant apte aux missions précédentes, était capable de prendre place dans la bataille en combattant à pied (dragons). ‖ *Cavalerie lourde* ou *grosse cavalerie,* celle qui agissait surtout par le choc et la charge (cuirassiers, carabiniers). ‖ Vx. *Cavalerie de saint Georges,* l'argent anglais. (Saint Georges à cheval figure au revers des pièces d'or anglaises.) ‖ Fam. *C'est de la grosse cavalerie,* c'est du tout-venant, sans finesse. ‖ *Effets* ou *papiers de cavalerie,* lettres de change que deux commerçants tirent l'un sur l'autre sans qu'aucune opération commerciale intervienne et qui leur permettent de se procurer frauduleusement des fonds auprès de leur banquier par voie d'escompte. (Syn. EFFETS DE COMPLAISANCE.)

ENCYCL. **Hist.** L'utilisation militaire du cheval remonte sans doute au début du IIIe millénaire av. J.-C. Plus tard, Égyptiens, Numides, Scythes et Parthes ont possédé une véritable cavalerie. Cependant, dans l'Antiquité romaine et grecque, la cavalerie ne joue qu'un rôle secondaire.

Dès le début du haut Moyen Âge, les invasions barbares démontrent la supériorité de la cavalerie sur l'infanterie. La cavalerie devient l'arme principale au combat et donnera naissance à la chevalerie féodale.

En France, la prépondérance de la cavalerie disparaît avec la fin du Moyen Âge. Crécy et Azincourt marquent la supériorité de l'infanterie sur le cavalier bardé de fer. L'invention des armes à feu fait apparaître sous François Ier les arquebusiers à cheval, d'abord fantassins mettant pied à terre pour le combat, appelés plus tard dragons. Sous Louis XIII sont créées les unités de *cavalerie légère,* dont le rôle spécifique est d'assurer les reconnaissances. En 1693 est constitué le corps des carabiniers, qui, avec les dragons et les hussards (créés en 1692), forment l'essentiel de la cavalerie. Au XVIIIe s., Choiseul en fait, à la veille de la Révolution, une arme excellente. En 1779, les escadrons de reconnaissance des régiments sont groupés en un corps nouveau : les chasseurs à cheval. En 1789, la cavalerie comprend 61 régiments (30 000 hommes). Le premier Empire marque l'apogée de la cavalerie : en 1805, 78 régiments de cavalerie regroupent 57 000 hommes. La campagne d'Algérie amène la création des spahis et chasseurs d'Afrique. À la veille de la Première Guerre mondiale, le mode d'action principal de la cavalerie reste le combat à l'arme blanche. Entre 1918 et 1939, la cavalerie laisse la place au moteur et aux engins blindés. La campagne de France de 1940 marquera sa disparition du théâtre d'opérations d'Europe occidentale.

CAVALEUR, EUSE adj. et n. *Fam.* Qui recherche les aventures amoureuses ; coureur.

1. CAVALIER, ÈRE n. (ital. *cavaliere*). **1.** Personne qui monte à cheval : *Être bon cavalier.* – **2.** Homme qui, lors d'une sortie, d'un bal, etc., accompagne une femme, une jeune fille et, en partic., celui qui danse avec elle ; femme, jeune fille accompagnée de ce cavalier, partenaire du danseur. – **3.** *Faire cavalier seul,* en parlant d'un concurrent ou d'une équipe, montrer sur les autres une grande supériorité et gagner sans être inquiété ; agir isolément, se tenir à l'écart.

◆ adj. **1.** Sans gêne, impertinent, désinvolte : *Cette question est un peu cavalière.* – **2.** *Allée, piste cavalière,* allée, piste aménagée pour la circulation des chevaux de selle.

◆ **cavalier** n. m. **1.** Militaire servant dans la cavalerie. – **2.** Titre donné, au XVIe et au XVIIe s., à la manière espagnole, à celui qui portait l'épée. – **3.** Surnom donné par les puritains anglais aux partisans du roi lors de la guerre civile de 1642. – **4.** Nom de deux pièces du jeu d'échecs qui sont généralement représentées par une tête de cheval. – **5.** Carte du jeu de tarot intermédiaire entre le valet et la dame. – **6.** En Angleterre, au XVIIe s., membre d'un groupe de poètes raffinés (Carew, Suckling, Lovelace). – **7.** *Cavaliers de l'Apocalypse,* vision du chapitre VI de l'Apocalypse, signe des temps eschatologiques.

2. CAVALIER n. m. (de *cavalier 1*). **1.** Pièce dont l'extrémité supérieure (de couleur ou référencée par un chiffre ou une lettre) permet le classement de documents. – **2.** Clou en U à deux pointes employé pour fixer des fils sur leur support. (Syn. CRAMPILLON.) – **3.** Dans une balance de précision, petite surcharge en fil métallique replié que l'on utilise pour parfaire l'équilibre. – **4.** Anc. format de papier de dimensions 46 × 62 cm. – **5.** Amas de déblais placés sur les côtés d'une voie ferrée ou sur les accotements d'une route ou d'un chemin. – **6.** *Cavalier budgétaire,* adjonction d'une disposition n'ayant aucun caractère financier à une loi de finances, en vue d'en accélérer l'adoption.

Cavalier bleu *(le),* trad. fr. de *Der* BLAUE* REITER.

Cavalier de bronze *(le),* ballet en 4 actes et 10 tableaux, livr. de P. Abolimov d'apr. le poème de Pouchkine ; mus. de R. Glière ; chorégr. de Rostislav Zakharov. Création mondiale au théâtre Kirov de Leningrad, en 1949, par le ballet du Kirov, reprise la même année par le Bolchoï de Moscou. Ce fut le premier ballet soviétique à donner une place prépondérante au danseur. La machinerie y joue un rôle essentiel.

Cavaliers *(les),* comédie d'Aristophane (424 av. J.-C.), satire contre le démagogue Cléon.

CAVALIER (Jean), ivoirier français (Dieppe v. 1640 - 1707). Auteur de portraits en miniature (médaillons sculptés), il a travaillé à l'étranger (à Londres, Copenhague, Stockholm, en Allemagne, à Moscou).

CAVALIER (Jean), chef camisard (Ribaute-les-Tavernes 1680 - Chelsea, Jersey, 1740). Berger puis apprenti boulanger, il conduisit la révolte des camisards* dès 1702 et tint en échec les troupes de Montrevel. En 1704, il fit sa soumission entre les mains du maréchal de Villars moyennant un brevet de colonel. Mais, craignant d'être compromis auprès de ses coreligionnaires, il s'exila, servit le duc de Savoie puis (1705) le roi d'Angleterre.

CAVALIER D'ARPIN *(le)* → CESARI (Giuseppe).

CAVALIÈREMENT adv. De façon cavalière, insolente.

CAVALIERI (Emilio DE'), compositeur italien (Rome v. 1550-*id.* 1602). Il fut surintendant des arts à la cour de Ferdinand Ier de Médicis, à Florence. Sa *Rappresentazione di anima e di corpo* (Rome, 1600) est considérée comme le premier oratorio.

CAVALIERI (le *R. P.* Bonaventura), jésuite et mathématicien italien (Milan 1598 - Bologne 1647). Disciple de Galilée, il développa la théorie des indivisibles, ce qui fait de lui un précurseur du calcul intégral.

Cavalleria rusticana, drame lyrique en 1 acte de P. Mascagni (1890), qui marque la naissance du vérisme.

CAVALLERO (Ugo), maréchal italien (Casale Monferrato 1880 - Frascati 1943). Il commanda en chef en Albanie en 1940 et succéda à Badoglio comme chef d'état-major général de l'armée. Relevé de son poste après la perte de Tobrouk en 1943, Cavallero ébaucha en secret un plan de rupture de l'alliance militaire italo-allemande, mais, arrêté, il mourut mystérieusement.

CAVALLI (Pier Francesco CALETTI, dit), compositeur italien (Crema 1602-Venise 1676). À St-Marc, il fut organiste, puis maître de chapelle en 1668. Il a écrit une œuvre profane et religieuse abondante, mais son activité fut surtout consacrée au théâtre lyrique : il composa au moins 42 opéras, parmi lesquels *Ercole amante* (1662). Il y emploie le récitatif dramatique et l'arioso.

CAVALLINI (Pietro), peintre et mosaïste romain (Rome v. 1240/1250 - *id.* v. 1340/1350). Formé à la tradition byzantine, il s'en dégage en évoluant vers un style ample et puissant (mosaïques de S. Maria in Trastevere [1291], fresques de S. Cecilia in Trastevere), qui joue un rôle majeur, parallèlement à celui de Giotto, dans la peinture italienne du trecento.

CAVALLO, île corse du détroit de Bonifacio. Centre touristique.

CAVATINE n. f. (ital. *cavatina,* de *cavare,* creuser). **1.** Air d'opéra en un seul mouvement, empreint de simplicité. (On en trouve des exemples chez Mozart, Bellini, Rossini, Gounod.) — **2.** Pièce instrumentale dont le caractère évoque la cavatine de théâtre.

1. CAVE adj. (lat. *cavus,* creux). **1.** *Litt.* Qui présente une cavité ; creux : *Des joues caves.* — **2.** *Système cave,* ensemble des veines qui aboutissent aux deux veines caves. ‖ *Veine cave,* chacune des deux grosses veines qui déversent dans l'oreillette droite du cœur la totalité du sang veineux de la circulation de retour. (→ *encycl.*)

ENCYCL. La *veine cave supérieure* collecte le sang veineux de la partie sus-diaphragmatique du corps. Constituée par la réunion des deux troncs brachio-céphaliques droit et gauche et recevant latéralement la grande veine azygos, elle débouche dans la paroi supérieure de l'oreillette droite. La *veine cave inférieure* collecte le sang veineux de la partie sous-diaphragmatique du corps. Formée par réunion des deux veines iliaques primitives, elle traverse le diaphragme par un orifice spécial et se jette dans la paroi inférieure de l'oreillette droite.

2. CAVE n. m. (de *caver 1*). *Pop.* Personne qui n'est pas du milieu ; niais, dupe.

3. CAVE n. f. (de *caver 1*). À certains jeux de cartes, somme que chaque joueur place devant lui pour payer ses enjeux.

4. CAVE n. f. (lat. *cava,* fossé, de *cavus,* creux). **1.** Pièce située en sous-sol des immeubles d'habitation et servant à conserver du vin, à ranger des produits divers, etc. — **2.** Appareil, meuble dans lesquels on conserve le vin. — **3.** Vins conservés dans une cave : *Avoir une bonne cave.* — **4.** Cabaret, lieu où l'on danse, aménagé dans des caves. — **5.** *Cave à cigares,* salle, meuble ou coffret conçus pour la conservation des cigares. ‖ *Cave à liqueurs,* coffret ou petit meuble renfermant flacons et verres à liqueurs.

Caves du Vatican *(les),* sotie d'André Gide (1914), illustration ironique de l'« acte gratuit ».

CAVÉ (François), constructeur mécanicien français (Le Mesnil-Conteville, Oise, 1794 -Condé, près de Meaux, 1875). À partir de 1825, il produisit des machines à vapeur, surtout du type oscillant, des bateaux à vapeur en fer et, plus tard, des locomotives. Il créa ses propres machines-outils.

CAVEA [-vea] n. f. (lat. *cavea*). Dans un amphithéâtre ou un théâtre romain, partie formée par les rangées de gradins où s'asseyaient les spectateurs.

CAVEAU n. m. (de *cave 4*). **1.** Fosse pratiquée dans un cimetière, construction souterraine servant de sépulture. — **2.** Nom donné à certains cabarets ou théâtres de chansonniers.

Caveau *(Société du),* société de chansonniers et d'écrivains fondée en 1729 par Crébillon père, Piron, Collé. Dispersée en 1739, elle se reconstitua vingt ans plus tard avec Marmontel, Suard, Crébillon fils, Helvétius. En 1805, Gouffé et Cappelle créèrent le « Caveau moderne », où brillèrent Désaugiers, Béranger, Grimod de La Reynière.

Cave canem, inscription lat. signif. *prends garde au chien,* qui figurait souvent à l'entrée des maisons romaines.

CAVEÇON n. m. (ital. *cavezzone,* de *cavezza,* bride). Harnais de tête dont la muserolle est renforcée d'un demi-cercle métallique muni d'un anneau placé sur le chanfrein du cheval et qui sert à le faire travailler à la longe ou à le conduire sans le monter.

CAVELIER DE LA SALLE → LA SALLE.

CAVELL (Edith Louisa), héroïne britannique (Swardeston, Norfolk, 1865 - Bruxelles 1915). Ayant aidé de nombreux prisonniers alliés à s'enfuir par la Hollande, elle fut arrêtée par les Allemands en 1915 et condamnée à mort.

CAVENDISH ou **CANDISH** (Thomas), navigateur anglais (Trimley Saint Martin, Suffolk, v. 1560 - en mer 1592). Il fut le troisième navigateur à faire le tour du monde (1586-1588), pillant les ports espagnols de la côte occidentale de l'Amérique du Sud. Il mourut au cours d'une seconde expédition.

CAVENDISH (William), 1er duc **de Newcastle,** chef royaliste et homme de lettres anglais (1592-1676). En 1639, il leva une armée pour aider Charles Ier contre les Écossais, puis, en 1642, contre les parlementaires. Il s'exila après la bataille de Marston Moor (1644).

CAVENDISH (Henry), physicien et chimiste britannique (Nice 1731-Londres 1810). Il isola l'hydrogène en 1766, fit la première analyse précise de l'air, réalisa la synthèse de l'eau et combina l'azote et l'oxygène par action des étincelles électriques. En 1798, il mesura, à l'aide de la balance de torsion, la constante d'attraction universelle et en déduisit la densité moyenne de la Terre. Créateur, avec Coulomb, de l'électrostatique quantitative, il montra que l'action électrique est nulle à l'intérieur d'un conducteur chargé, introduisit la notion de potentiel et pressentit l'existence des résistances et l'expression de la loi d'Ohm. Son nom a été donné à un célèbre laboratoire de physique créé en 1870 à l'université de Cambridge.

CAVENDISH (Spencer COMPTON), 8e duc **de Devonshire,** homme politique britannique (Lower Holker, Lancashire, 1833-Cannes 1908). Chef du parti libéral aux Communes (1874-1880), il fut secrétaire d'État pour l'Inde (1880-1882) et secrétaire à la Guerre (1882-1885). Hostile au Home Rule, il devint le chef des libéraux unionistes après la scission de son parti (1886) et fut lord président du Conseil (1895-1903).

CAVENTOU (Joseph Bienaimé), pharmacien français (Saint-Omer 1795-Paris 1877). En 1818, il isola avec Pelletier la strychnine de la fève de Saint-Ignace et de la noix vomique ; en 1819, la vératrine des colchiques et, en 1820, la quinine des quinquinas.

1. CAVER v. t. (ital. *cavare,* débourser) [conj. 3]. *Vx.* Miser une somme d'argent à certains jeux.

2. CAVER v. t. (lat. *cavare,* creuser) [conj. 3]. *Litt.* Creuser le sol, la roche par-dessous.

CAVERNE n. f. (lat. *caverna,* grotte). **1.** Cavité naturelle, vaste et profonde. — **2.** Excavation qui s'est creusée dans un parenchyme, et en particulier dans un poumon ou un rein, du fait de l'évacuation d'un abcès ou d'un tubercule ramolli. (Syn. GÉODE.) — **3.** Fam. *Caverne de brigands,* repaire de malfaiteurs ; endroit louche. ‖ *Homme des cavernes,* homme préhistorique.

caverne *(mythe de la),* allégorie philosophique racontée par Platon dans le VIIe livre de *la République.* Des hommes enchaînés dans une caverne tournent le dos à la lumière de l'entrée ; ils regardent sur le mur des ombres d'objets placés entre le soleil et le mur, à l'extérieur de la caverne. Telle est la condition humaine : ne percevoir de la réalité *(idées)* que l'apparence *(phénomènes).*

CAVERNEUX, EUSE adj. (lat. *cavernosus*). **1.** Se dit d'un organe présentant des cavités. — **2.** Se dit d'un angiome qui présente une structure analogue à celle des corps caverneux. — **3.** *Corps caverneux du clitoris,* organes érectiles, au nombre de deux, formant le corps du clitoris. ‖ *Corps caverneux de la verge,* organes érectiles, au nombre de deux, s'étendant des branches ischio-pubiennes jusqu'au gland. ‖ *Sinus caverneux,* sinus veineux crâniens, volumineux, au nombre de deux, s'étendant de chaque côté de la selle turcique. ‖ *Souffle, râles caverneux,* bruits perçus à l'auscultation d'un poumon creusé de cavernes. ‖ *Voix caverneuse,* grave, profonde, aux accents sinistres.

CAVERNICOLE adj. Se dit des espèces animales et végétales qui vivent de façon permanente dans les grottes, les galeries souterraines et les habitats obscurs et humides.

ENCYCL. La flore des cavernes ne comprend que des champignons et des bactéries. La faune est surtout aquatique : protistes, mollusques, arthropodes, poissons et rares amphibiens tels que le protée des grottes de Carniole. Ces animaux sont souvent mal protégés, décolorés, aveugles, se reproduisent peu. Ils ne peuvent se nourrir que des débris organiques apportés du dehors par les eaux souterraines ou dans le guano des chauves-souris. Le milieu souterrain, très constant, est un refuge pour les animaux supportant mal les changements, et la concurrence vitale y est faible.

CAVET n. m. (ital. *cavetto,* de *cavo,* creux). Moulure concave voisine du quart de cercle.

CAVIAR n. m. (vénitien *caviaro,* du turc *khavyar*). **1.** Produit préparé à partir d'œufs d'esturgeon mis en saumure. (→ *encycl.*) — **2.** Enduit noir dont la censure fait couvrir certaines parties d'un journal ou d'un livre. — **3.** *Caviar d'aubergines,* aubergines cuites et travaillées en purée avec de l'huile d'olive, de l'ail et des olives noires hachées.
ENCYCL. Le caviar provient aujourd'hui, pour 98 % de sa production, d'esturgeons de la Caspienne. Il se différencie selon les types d'esturgeon : le *bélouga* donne les grains les plus gros, gris ; l'*ossetra,* des grains moyens et dorés ; le *sevrouga,* les grains les plus petits mais très parfumés. Le *caviar pressé* est un mélange d'œufs abîmés par le traitement ou trop fragiles.

CAVIARDAGE n. m. Action de caviarder un texte.

CAVIARDER v. t. (conj. 3). Recouvrir d'un enduit noir, pour rendre illisible un passage d'un texte interdit par la censure.

CAVICORNE n. m. Nom d'une superfamille de mammifères ongulés comprenant les ruminants à cornes creuses, chez lesquels l'étui corné recouvre une cheville osseuse : bovidés, antilocapridés.

CAVILLONE [kavilɔne] n. m. Grondin méditerranéen, de teinte rosée, à tête très épineuse.

CAVISTE n. (de *cave 4*). **1.** Personne ayant la charge de l'élaboration et des soins des vins dans une cave. — **2.** Personne qui, dans un restaurant, s'occupe de la cave et des vins.

CAVITAIRE adj. Qui présente des cavités ou qui appartient à une cavité pathologique.

CAVITATION n. f. (angl. *cavitation,* de *cavity,* cavité). **1.** Formation de cavités, remplies de vapeur ou de gaz, au sein d'un liquide en mouvement. (→ *encycl.*) — **2.** Accumulation de défauts du réseau cristallin d'un métal, donnant des fissures et des porosités.
ENCYCL. La cavitation se produit quand la pression dans le liquide devient inférieure à la tension de vapeur de celui-ci ; elle entraîne des pertes de rendement et des destructions dans les turbines hydrauliques, dans les pompes, les hélices des bateaux tournant à grande vitesse.

CAVITÉ n. f. (bas lat. *cavitas,* du lat. class. *cavus,* creux). Creux, espace vide dans un corps solide : *Les cavités d'un rocher.* • **Anat.** Parties creuses du corps humain ou de ses organes (par ex. *cavités du cœur*). ‖ Intérieur des espaces clos contenant les viscères (*cavité crânienne, cavité thoracique, cavité abdominale*). ‖ *Cavité articulaire,* cavité virtuelle formée entre deux surfaces articulaires en présence. — **Électron.** *Cavité résonnante,* corps métallique creux, capable d'entretenir les résonances électroniques à haute fréquence. — **Pathol.** Excavation pathologique. — **Phon.** Résonateur qui participe à l'émission des sons de la parole. (L'appareil vocal humain comprend la *cavité buccale,* la *cavité pharyngale* et la *cavité nasale.*) — **Zool.** *Cavité générale,* espace interne compris entre la peau et le tube digestif des animaux. ‖ *Cavité de segmentation,* syn. de BLASTOCŒLE.
ENCYCL. **Zool.** La *cavité générale* n'existe pas chez les animaux primitifs sans mésoderme (diploblastiques : spongiaires, cnidaires) ; chez les « vers plats » (acœlomates), elle est comblée par un parenchyme ; chez quelques pseudocœlomates, elle n'est autre que la cavité primitive formée au stade blastula ; mais tous les groupes supérieurs (cœlomates) ont un cœlome formé secondairement à partir du mésoderme et limité par un péritoine* et un mésentère*.

CAVITRON n. m. (nom déposé). Appareil à ultrasons permettant la destruction de tumeurs au moyen d'une aiguille en titane animée d'un mouvement vibratoire. (Les tissus sont réduits à l'état de très fines particules, puis aspirés.)

CAVOLINE n. f. (de Ph. *Cavolini,* n. pr.). Mollusque gastropode nageur, très commun, à larges nageoires lobées, à coquille très mince.

CAVOUR (Camillo BENSO, *comte* DE), homme d'État italien (Turin 1810 - *id.* 1861). Sous-lieutenant du génie (1827), il doit quitter l'armée en raison de ses idées jugées libérales (1831). Il fonde en 1847 *Il Risorgimento,* où il expose sa thèse d'une Italie dotée d'une monarchie constitutionnelle de tendance libérale et unie autour de la maison de Savoie. Député de Turin (1848), ministre de l'Agriculture et du Commerce (1850), puis des Finances (1851), il est désigné à la présidence du Conseil par Victor-Emmanuel II en 1852. Il s'attache dès lors à réaliser l'unité italienne. Afin d'obtenir l'aide militaire étrangère, indispensable pour éliminer l'Autriche de la Péninsule, il fait participer le Piémont à la guerre de Crimée aux côtés de la France et de la Grande-Bretagne (1855-56). Invité par Napoléon III à Plombières (juill. 1858), il négocie avec l'empereur la création d'un royaume d'Italie du Nord s'étendant jusqu'à l'Adriatique et obtient son appui armé en échange de la rétrocession à la France de la Savoie et de Nice. Il peut dès lors contraindre l'Autriche à la guerre (avr. 1859). Malgré les victoires de l'armée franco-piémontaise à Magenta et Solferino (juin 1859), Napoléon III signe l'armistice de Villafranca (juill.), où la Lombardie est donnée à la France, qui la rétrocède au Piémont. Mais, mettant à profit les soulèvements déclenchés par la guerre, Cavour s'empare de l'Émilie, de Parme, de Modène, de la Toscane, qu'il annexe au Piémont après plébiscites, et avec l'accord de la France, qui reçoit en échange Nice et la Savoie (mars 1860). Puis, après avoir soutenu Garibaldi et ses « Mille », qui prennent Naples (sept.), il fait ratifier par plébiscite le rattachement du royaume des Deux-Siciles au Piémont (oct.). Mais, lorsqu'il meurt, en juin 1861, peu après la proclamation du royaume d'Italie, l'unité italienne n'est pas achevée : Venise demeure à l'Autriche et Rome au pape.

CAVOYE (Louis OGIER, *marquis* DE) [Paris v. 1639-*id.* 1716]. Grand maréchal des logis du roi (1677), il fut un des courtisans les plus célèbres de la cour de Louis XIV.

CAVUM [-vɔm] n. m. (lat. *cavum,* trou). Syn. de RHINO-PHARYNX.

CAWNPORE → KĀNPUR.

CAXIAS (Luís ALVES DE LIMA E SILVA, *duc* DE), maréchal et homme politique brésilien (Vila do Porto da Estrela 1803 - Barão de Juparanã 1880). Commandant en chef des forces brésiliennes, argentines et uruguayennes durant la guerre contre le Paraguay (1865-1870), il s'empara d'Asunción.

CAXIAS DO SUL, anc. **Caxias,** v. du Brésil (Rio Grande do Sul), sur le versant occidental de la Serra do Mar ; 290 968 hab. Métallurgie. Centre viticole.

CAXTON (William), imprimeur anglais (dans le Kent 1422 - Londres 1491). Il étudia l'imprimerie à Cologne en 1471-72 et monta une presse à Bruges en 1473. Rentré en Angleterre en 1476, il établit une presse à Westminster et publia le premier livre anglais (1477).

CAYAPAS ou **CAYAPOS,** Indiens des côtes nord-ouest et des basses terres de l'Équateur. Ils sont environ 2 000 et parlent une langue du groupe chibcha.

1. CAYENNE n. f. (de *Cayenne,* n. pr.). Siège urbain des compagnons du tour de France, où ils étaient hébergés et avaient leur salle de réunion.

2. CAYENNE n. m. (de *Cayenne,* n. pr.). Nom d'un piment. (On dit aussi POIVRE DE CAYENNE.)

CAYENNE (97300), ch.-l. de la Guyane française, à l'embouchure de la rivière du même nom (dans l'Atlantique) ; 41 659 hab. Les Français s'y établirent en 1664. Port. Centre administratif et commercial. Aéroport international de Rochambeau à 17 km.

CAYES (Les), port de la République d'Haïti, ch.-l. du dép. du Sud, sur la *baie des Cayes ;* 34 000 hab. Raffinerie de sucre. Exportation de café.

CAYEU → CAÏEU.

CAYEUX (Lucien), géologue français (Semousies 1864 - Mauves-sur-Loire 1944), l'un des pionniers de l'étude pétrographique des roches sédimentaires, principalement en plaques minces, à l'aide du microscope polarisant.

CAYEUX-SUR-MER (80410), comm. de la Somme, sur la Manche ; 2 863 hab. *(Cayolais).* Station balnéaire.

CAYLEY (*sir* George), inventeur britannique (Scarborough, Yorkshire, 1773-Brompton Hall 1857). Il fut le premier à exposer le principe de l'aéroplane et détermina toutes les composantes de l'avion moderne, pour lequel il préconisa, dès le début du XIXe s., l'emploi de l'hélice et du moteur à gaz ou à explosion.

CAYLEY (Arthur), mathématicien britannique (Richmond, Surrey, 1821-Cambridge 1895). Algébriste de premier ordre, il introduisit le concept de groupe abstrait, fonda (avec Sylvester) la théorie des déterminants, explicita la notion de matrice et en précisa les propriétés.

Cayley-Hamilton *(théorème de),* théorème selon lequel tout endomorphisme d'un K-espace vectoriel de dimension n ou toute matrice A de $M_n(K)$ annule son polynôme caractéristique P, soit $P(f) = 0$ ou $P(A) = 0$.

CAYLUS [kelys] (82160), ch.-l. de cant. de Tarn-et-Garonne, dans les Causses du Quercy ; 1 425 hab. *(Caylusiens).* Ruines d'un château. Église fortifiée du XIVe s.

CAYLUS (Marthe Marguerite LE VALOIS DE VILLETTE DE MURÇAY, *comtesse* DE), mémorialiste française (en Poitou 1673-Paris 1729). Nièce de Mme de Maintenon, elle a laissé des *Souvenirs* sur la cour de Louis XIV, publiés en 1770.

CAYLUS (Anne Claude Philippe DE TUBIÈRES-GRIMOARD, *comte* DE), archéologue, collectionneur, graveur et écrivain français (Paris 1692 - *id.* 1765). Il visita l'Italie (1714), l'Asie Mineure (1716-17), la Grèce, la Hollande, l'Angleterre et, de retour à Paris, se lia d'amitié avec Watteau et P.-J. Mariette. Il a notamment publié un important *Recueil d'antiquités égyptiennes, étrusques, grecques, romaines et gauloises* (1752-1757). Il est aussi l'auteur d'*Œuvres badines* (1787).

CAYMAN ISLANDS ou **CAÏMANS** *(îles),* archipel de la mer des Antilles, au S. de Cuba, formé de trois îles *(Grand Cayman, Little Cayman* et *Cayman Brac) ;* 260 km² ; 31 150 hab. Cap. *George Town.* Tourisme. Place financière. Anc. dépendance de la Jamaïque, l'archipel constitue depuis 1959 une colonie britannique.

CAYOLLE *(col de la),* col des Alpes, entre l'Ubaye et le haut Var, emprunté par la route des Grandes Alpes ; 2 327 m.

ÇAYÖNÜ TEPESI, site néolithique précéramique de Turquie orientale, situé dans la zone de piémont du Taurus, au N.-O. de Diyarbakır. Ce village (milieu du VIIIe millénaire-milieu du

VIIe millénaire) est connu pour avoir livré les plus anciens témoignages (v. 7000 av. J.-C.) d'utilisation du cuivre natif par abrasion et martelage.

CAYROL (Jean), écrivain français (Bordeaux 1911). La déportation (*Poèmes de la nuit et du brouillard,* 1945), le refus de l'horreur, l'inquiétude métaphysique (*Je vivrai l'amour des autres,* 1947-1950 ; *Midi Minuit,* 1966) sont les thèmes clés d'une œuvre qui évolue vers un certain équilibre naturel (*Histoire de la forêt,* 1975 ; *Un mot d'auteur,* 1983 ; *Des nuits plus blanches que nature,* 1987).

CAZALÈS (Jacques DE), homme politique français (Grenade, Armagnac, 1758 - Engalin, près de Mauvezin, Gers, 1805). Député de la noblesse aux États généraux, il défendit les prérogatives royales à l'Assemblée constituante. Il émigra en 1792.

CAZAUBON (32150), ch.-l. de cant. du Gers, sur la Douze ; 1 621 hab. *(Cazaubonnais).* Eau-de-vie dite « armagnac ». — Aux environs, station thermale de Barbotan.

CAZAUX ET DE SANGUINET *(étang de),* étang de la côte landaise (plus de 5 000 ha), relié à l'étang de Biscarrosse et de Parentis par un chenal aménagé. Sur sa rive, base aérienne militaire. École de pilotes de chasse.

CAZENEUVE (Jean), sociologue français (Ussel 1915). Professeur à la Sorbonne, il s'est attaché à analyser les changements dans les civilisations (*Les dieux dansent à Cibola,* 1957 ; *les Rites et la Condition humaine,* 1958) et a étudié les effets de certains médias (*Pouvoirs de la télévision,* 1970 ; *la Société de l'ubiquité,* 1972).

CAZÈRES (31220), ch.-l. de cant. de la Haute-Garonne ; 3 200 hab. Église du XVe s. — À l'E., barrage sur la Garonne.

CAZETTE → CASETTE.

CAZOTTE (Jacques), écrivain français (Dijon 1719-Paris 1792). Auteur de contes fantastiques, satiriques ou moraux (*le Diable* amoureux,* 1772), il devint adepte de l'illuminisme à la fin de sa vie.

Cb, symbole chimique du *colombium.*

C. B. [sibi] n. f. Abrév. de CITIZEN BAND.

CBS, sigle de COLUMBIA* BROADCASTING SYSTEM.

Cc̄, antigènes du système Rhésus.

C. C., abrév. de COMPTE-COURANT.

CCD, abrév. de l'angl. *Charge Coupled Device* (dispositif à couplage de charge). Technologie de circuit intégré qui utilise le déplacement et le stockage de charges électriques dans un substrat de silicium. (Elle permet une grande intégration. Lorsque les charges sont créées par un flux lumineux, le dispositif devient un détecteur d'image très performant.)

C. C. I., sigle de CENTRE DE CRÉATION INDUSTRIELLE, un des départements du Centre* national d'art et de culture G.-Pompidou.

C. C. P., abrév. de COMPTE-COURANT POSTAL.

cd, symbole de la *candela.*

Cd, symbole chimique du *cadmium.*

CD, abrév. de COMPACT DISC.

C.D.D., abrév. de CONTRAT À DURÉE DÉTERMINÉE.

C. d. F., sigle de CHARBONNAGES* DE FRANCE.

C.D.I., abrév. de CENTRE DE DOCUMENTATION ET D'INFORMATION et de CONTRAT À DURÉE INDÉTERMINÉE.

CD-I, abrév. de COMPACT DISC INTERACTIF.

cd/m², symbole de la *candela par mètre carré.*

C. D. P., abrév. de ACIDE CYTIDINE*-DIPHOSPHORIQUE et de CYTIDINE* DIPHOSPHATE.

CD-ROM [sederɔm] n. m. inv. (de l'angl. *CD,* abrév. de *Compact Disc,* et *rom, read only memory,* mémoire morte). Disque compact à lecture laser, possédant une grande capacité de mémoire, et utilisé pour stocker des textes, des images et des sons. (Recomm. off. : *disque optique compact ;* abrév. *D.O.C.*)

C. D. S., sigle de CENTRE* DES DÉMOCRATES SOCIAUX.

CDU, sigle de CHRISTLICH*-DEMOKRATISCHE UNION (Union chrétienne démocrate).

CDV, abrév. de COMPACT DISC VIDEO.

1. CE, C' (devant un *e*) pron. dém. (lat. pop. **ecce hoc,* ceci, renforcé par *ecce,* voici). Désigne qqch (fonction déictique) ou représente un groupe nominal, un adjectif ou une phrase (fonction anaphorique). **1.** Antécédent d'un pronom relatif : *Répète ce que tu as dit.* — **2.** *Ce qui, que, à quoi, dont,* introduisent une interrogative indirecte : *Je me demande ce qui se passe.* — **3.** Fam. *Ce que... !,* introduit une phrase exclamative directe ou indirecte en insistant sur la quantité, l'intensité : *Ce qu'on s'est amusés !* — **4.** *À ce que, de ce que,* introduisent des complétives de certains verbes transitifs indirects : *Je veillerai à ce que tout aille bien.* — **5.** *C'est, ce devait être, ce pouvait être, etc.,* s'emploient pour désigner qqn, qqch, pour mettre un mot en relief : *Tout cela, c'est faux. C'est nous les gagnants. Ce devait être une erreur.* — **6.** *C'est... qui (que, dont), c'est... que,* servent à mettre en relief un groupe nominal : *C'est votre idée que je préfère.* — **7.** *C'est que, ce n'est pas que,* introduisent ou rejettent une explication : *Si les essais ont échoué, c'est qu'on n'a pas pris les précautions suffisantes.* — **8.** *Et ce,* sert à rappeler ce qui ce qui vient d'être dit ; et cela : *Il a gagné la course, et ce malgré une avarie de* *moteur.* ‖ *Ce faisant,* en agissant ainsi, par ce moyen. ‖ *Pour ce faire,* dans ce dessein, pour y parvenir. ‖ *Sur ce,* sur ces entrefaites.

2. CE, CET adj. dém. m. sing., **CETTE** f. sing., **CES** pl. des deux genres (lat. pop. **ecce istum, istam,* d'où *cet, cette,* etc.). **1.** Détermine un nom désignant un être ou une chose qu'on montre (fonction déictique) ou dont il a été question (fonction anaphorique). – **2.** Réfère au lieu ou au moment présents ou proches : *Je viendrai ce soir.* – **3.** Implique une nuance de mépris, d'ironie : *Ce monsieur est trop curieux.* – **4.** S'emploie dans des phrases exclamatives (surprise, admiration, ironie, etc.) : *Cette question !* – **5.** *Ce... ci,* désigne plus spécialement ce qui est actuel, proche, ce qui va être dit, et *ce... là,* ce qui est plus éloigné, ce qui a été dit : *Je l'ai vu ces jours-ci.*

Ce soir on improvise, comédie de L. Pirandello (1930), mettant en scène les ressorts mêmes de l'illusion théâtrale.

Ce, symbole chimique du *cérium.*

C. E., abrév. de COURS ÉLÉMENTAIRE*. (*C. E. 1, C. E. 2,* cours élémentaire première année, deuxième année.)

C.E., sigle de COMMUNAUTÉ EUROPÉENNE. (→ COMMUNAUTÉS EUROPÉENNES).

C.E.A., sigle de COMMISSARIAT À L'ÉNERGIE* ATOMIQUE.

CEANOTHUS [-tys] n. m. (gr. *keanôthos,* sorte de chardon). Arbuste à petites fleurs bleues, très recherché pour la décoration des jardins.

CÉANS adv. (de *çà* et anc. fr. *enz,* dedans). Litt. *Le maître de céans,* le maître de cette maison.

CEARÁ, État du nord-est du Brésil ; 148 000 km² ; 6 353 346 hab. Cap. *Fortaleza.* Proche de l'équateur, le Ceará est cependant semi-aride dans l'intérieur (élevage extensif en dehors des périmètres irrigués [coton]). Pêche et plantations sur le littoral, site de la capitale.

CÉARD (Henry), écrivain français (Bercy 1851-Paris 1924). Disciple et ami de Zola, il collabora aux *Soirées de Médan** et a laissé *Une belle journée* (1881), modèle du roman naturaliste.

CEAUŞESCU (Nicolae), homme politique roumain (Scorniceşti, région de Piteşti, 1918-Tîrgovişte 1989). Secrétaire général du parti communiste roumain à partir de 1965, il est élu président du Conseil d'État en 1967. Succédant à Gheorghiu-Dej, il poursuit sa politique indépendante à l'égard de l'U. R. S. S. et maintient fermement l'autorité du parti à l'intérieur du pays. Il crée en 1974 une présidence de la République, à laquelle il est désigné, et instaure un régime de plus en plus dictatorial. En 1989, il est renversé par une insurrection et exécuté.

CÉBAZAT (63118), comm. du Puy-de-Dôme, au N. de Clermont-Ferrand ; 7 605 hab.

CÉBIDÉ n. m. Singe américain aux narines écartées, à queue souvent prenante, à pouce rarement opposable, tel que les alouates, les sapajous et les atèles. (Les *cébidés* forment une famille.)

CÉBOÏDE n. m. Syn. de PLATYRHINIEN.

CÉBRION n. m. (gr. *Kebrionês,* n. pr.). Grand coléoptère marqué d'un fort dimorphisme sexuel. (Seul le mâle est ailé ; la femelle vit enfouie dans le sol.)

CÉBRON (Jean), danseur et pédagogue français (Paris 1938), un des rares adeptes de la modern dance en France. Il se fit particulièrement remarquer dans le rôle de la Mort dans *la Table verte,* de Kurt Jooss.

CEBU, île des Philippines, dans l'archipel des Visayas ; 5 088 km² ; 2 092 000 hab. V. princ. *Cebu* (610 417 hab.). Centre culturel et religieux, port exportant du coprah et du sucre.

CEBUANO n. m. Langue indonésienne, parlée par plus de 8 millions de personnes dans le centre des Philippines.

C. E. C. A., sigle de COMMUNAUTÉ EUROPÉENNE DU CHARBON ET DE L'ACIER. (→ COMMUNAUTÉS EUROPÉENNES.)

CECCHETTI (Enrico), danseur, maître de ballet et pédagogue italien (Rome 1850-Milan 1928). Engagé au Théâtre impérial, maître de ballet en second (1890), il devient professeur à l'école de danse impériale (1892). En 1902, il prend la direction du ballet au Théâtre impérial de Varsovie, où son action est primordiale. Maître de ballet aux Ballets russes de Serge de Diaghilev dès 1909, il interprète aussi des rôles de caractère (le Grand Eunuque dans *Schéhérazade,* le montreur de marionnettes dans *Petrouchka,* l'Astrologue dans *le Coq d'or*). À Londres, en 1918, il fonde une académie de danse qui jouera un rôle prépondérant dans la création du ballet anglais. Cecchetti a introduit en Russie la technique brillante de l'école italienne et élaboré un système de progression dans les exercices d'entraînement.

ČECH (Svatopluk), écrivain et journaliste tchèque (Ostředek, près de Benešov, 1846-Prague 1908). On lui doit des poèmes épiques célébrant la libération nationale (*Europe,* 1878 ; *le Forgeron de Lešetín,* 1883 ; *Chants d'un esclave,* 1895) ainsi que des nouvelles fantastiques (*l'Excursion de M. Brouček dans la lune,* 1886).

CECI pron. dém. (de *ce 1* et *ci,* adv.). **1.** Désigne les choses en les montrant (fonction déictique) :

Ceci est un échantillon de notre production. — **2.** Par opposition à *cela,* désigne un objet voisin, un fait actuel, la chose dont on parle ou dont on va parler (fonction anaphorique) : *Notez bien ceci : le témoin n'a pas vu lui-même l'accusé.*

CÉCIDIE n. f. Nom scientifique donné aux galles des végétaux. (On distingue les *entomocécidies,* causées par des insectes, les *acarocécidies,* dues à des acariens, enfin les *nématocécidies, mycocécidies, bactériocécidies,* provoquées respectivement par des nématodes, des champignons et des bactéries.)

CÉCIDOMYIE n. f. (lat. sc. *cedidomyia*). Moucheron nuisible, qui provoque la formation de galles (cécidies) sur diverses plantes. (L'espèce la plus redoutée est la mouche de Hesse, qui attaque le blé et le seigle.)

CECIL (William), baron **Burghley** ou **Burleigh,** homme d'État anglais (Bourne, Lincolnshire, 1520 - Londres 1598). Secrétaire d'État d'Édouard VI (1550-1553), puis d'Élisabeth (1558-1572), qui l'élève à la pairie en 1571, il est grand trésorier de 1572 à 1598. Pendant quarante ans, il sera le principal ministre de la reine, et toute sa politique sera dominée par le souci de donner au royaume la stabilité et le temps de fonder solidement sa puissance. Il gère les finances avec soin et stimule le commerce et l'industrie. Soucieux de garantir la stabilité sociale, il est le principal artisan de diverses *poor laws,* véritable code d'assistance aux pauvres. En politique extérieure, il cherche à retarder le plus possible le choc avec l'Espagne, pour que l'Angleterre puisse se préparer. Cette politique permet les victoires anglaises de 1587-88 sur les Espagnols. — Son fils ROBERT, 1er comte **de Salisbury** (Londres 1563 ?-Marlborough, Wiltshire, 1612), reçoit en 1589 les fonctions de secrétaire d'État avant de l'être en titre de 1596 à 1608. Principal conseiller de la reine Élisabeth à la mort de son père, il assure l'avènement au trône de Jacques Ier d'Angleterre (1603), qui le maintient en sa fonction. Il reçoit en 1608 la charge de lord trésorier.

CECIL (Robert GASCOYNE et Robert Arthur GASCOYNE), 3e et 5e marquis **de Salisbury** → SALISBURY.

CECIL OF CHELWOOD (Edgar, 1er *vicomte*), homme politique britannique (Londres 1864 - Tunbridge Wells, Kent, 1958). Ministre du Blocus de 1916 à 1918, puis secrétaire d'État adjoint au Foreign Office, il a été l'un des principaux rédacteurs de la charte de la Société des Nations. (Prix Nobel de la paix 1937.)

CÉCILE *(sainte),* martyre à Rome v. 232 et dont on ne sait rien de certain. Elle est la patronne des musiciens. Fête traditionnelle le 22 novembre.

CÉCILIE n. f. (lat. *caecilia,* lézard). Nom d'ordre d'amphibiens apodes fouisseurs vermiformes.

CÉCITÉ n. f. (lat. *caecitas,* de *caecus,* aveugle). **1.** État d'une personne aveugle. (→ *encycl.*) — **2.** *Litt.* Aveuglement de l'esprit. — **3.** *Cécité corticale,* cécité déterminée par des lésions occipitales bilatérales, alors que sont préservées l'intégrité des globes oculaires et du fond d'œil ainsi que les réactions pupillaires. ‖ *Cécité psychique,* syn. de AGNOSIE* VISUELLE. ‖ *Cécité verbale,* syn. de ALEXIE.

ENCYCL. La cécité peut être périphérique (due à une affection des yeux ou des nerfs optiques) ou centrale, causée par une atteinte cérébrale. En dehors des malformations oculaires congénitales, des blessures et des traumatismes, les rétinopathies diabétiques sont les causes les plus fréquentes de cécité en France. Le trachome, l'onchocercose, la cataracte, la xérophtalmie l'emportent en Asie et en Afrique.

CÉCROPS [ke-], héros et roi mythique de l'Attique, considéré comme un des fondateurs d'Athènes. Il donna son nom à la première ville, qui ne devint Athènes qu'après son arbitrage en faveur d'Athéna dans la querelle qui l'opposait à Poséidon pour la possession de l'Attique.

C. E. D., sigle de COMMUNAUTÉ EUROPÉENNE DE DÉFENSE. (→ COMMUNAUTÉS EUROPÉENNES.)

CÉDAGE n. m. (de *céder*). **1.** Écartement supplémentaire entre les cylindres d'un laminoir, résultant de l'ensemble des déformations des parties constitutives. — **2.** Allongement brusque d'un métal pendant sa déformation sous des charges croissantes.

CÉDANT, E adj. et n. Qui cède son droit.

CEDAR RAPIDS, v. des États-Unis (Iowa), sur le *Cedar,* affluent (r. dr.) du Mississippi ; 116 000 hab. Industries alimentaires et électroniques.

CÉDER v. t. (lat. *cedere,* s'en aller) [conj. **18**]. **1.** Abandonner qqch à qqn, le lui laisser, le lui donner : *Je vous cède le passage.* — **2.** Vendre ou revendre un bien, un objet à qqn et, en partic., procéder à une cession de bail, de créance, de droit, etc. : *Il me cède son fonds de commerce pour une somme dérisoire.* — **3.** Litt. *Ne pas le céder en qqch, ne le céder en rien à qqn, à qqch,* être au moins son égal dans un certain domaine, l'égaler ou le surpasser : *Il ne le cède en courage à personne.* — **4.** *Céder le pas à qqn,* le laisser passer devant soi par déférence ; reconnaître sa supériorité.

◆ v. i. **1.** Ne pas résister à une action, à une force et se rompre, se briser : *La valise est trop lourde, la poignée risque de céder.* — **2.** Ne pas résister à une argumentation, à une analyse, perdre toute valeur : *Hypothèse qui cède à la* *première analyse rigoureuse.* — **3.** Cesser, disparaître, se dissiper sous l'action, l'effet de qqch : *La fièvre finit par céder.* — **4.** Ne plus pouvoir résister à qqn, à son action, être vaincu : *Nos troupes ont cédé sous les assauts de l'ennemi.* — **5.** Ne plus rester sur ses positions, accepter un compromis : *Aucun des deux n'a voulu céder.*

◆ v. t. ind. **1.** Se laisser fléchir par qqn, faire ce qu'il attend : *Céder aux caprices de son enfant.* — **2.** En parlant d'une femme, se donner à un homme. — **3.** Ne pas résister, se laisser aller à qqch : *Céder au sommeil.*

CÉDÉTISTE adj. et n. Relatif à la C. F. D. T. ; adhérent de la C. F. D. T. (Confédération française démocratique du travail).

CEDEX n. m. (sigle de *Courrier d'Entreprise à Distribution EXceptionnelle*). Service postal qui, dans les grandes villes, concerne le courrier destiné aux boîtes postales, aux usagers importants et aux services publics.

CÉDI n. m. Unité monétaire principale du Ghana.

CÉDILLE n. f. (esp. *cedilla,* petit *z,* du lat. *zeta, z*). Signe graphique qui se met, en français, sous la lettre *c* devant *a, o, u* pour lui donner le son [s] (ex. *façade, leçon, reçu*).

CÉDRAIE n. f. Lieu planté de cèdres.

CÉDRAT n. m. (ital. *cedrato,* de *cedro,* fruit). Fruit du cédratier, de plus grande taille et à peau plus épaisse que le citron. (Il est surtout employé en confiserie, pâtisserie et parfumerie.)

CÉDRATIER n. m. (de *cédrat*). Arbre voisin du citronnier, originaire de l'Inde, cultivé surtout en Italie et dont le fruit est le cédrat.

CÈDRE n. m. Très bel arbre conifère, à la frondaison répartie en nappes superposées, spontané dans l'Atlas, au Liban et dans l'Himālaya à partir de 1 300 m, cultivé comme ornemental dans le monde entier. (D'importants boisements en cèdres ont été opérés dans le midi de la France depuis un siècle, principalement entre 300 et 600 m d'altitude. Le bois de cèdre est rouge, parfumé et ne pourrit pas.)

CÈDRES (Les), localité du Liban, dans la montagne du Liban, à proximité de Bcharré. Station de sports d'hiver et de repos estival, installée auprès du *bois des Cèdres* (1 921 m d'alt.), dont les arbres sont devenus l'emblème du Liban.

CEDRO n. m. (esp. *cedro,* cèdre). Arbre d'Amérique tropicale, dont le bois rouge et parfumé rappelle celui du cèdre. (On en fait des boîtes à cigares.)

CÉDRON, cours d'eau de Palestine, qui se jette dans la mer Morte. Sa vallée borde à l'E. le plateau sur lequel est établie Jérusalem et le sépare du mont des Oliviers.

CÉDULAIRE adj. **1.** Relatif à la cédule. — **2.** *Impôt cédulaire,* impôt analytique et fragmentaire assis sur une catégorie particulière de revenus.

CÉDULE n. f. (lat. *schedula,* feuillet, de *scheda,* bande de papyrus). **1.** Écrit, billet sous seing privé par lequel on reconnaissait devoir une certaine somme. — **2.** Catégorie de revenus résultant de la classification opérée par le fisc. — **3.** Feuillet sur lequel est déclarée chaque catégorie de revenus.

C. E. E., sigle de COMMUNAUTÉ ÉCONOMIQUE EUROPÉENNE. (→ COMMUNAUTÉS EUROPÉENNES.)

CEFALU, v. d'Italie, en Sicile, sur la mer Tyrrhénienne ; 12 000 hab. Station balnéaire. Cathédrale d'époque normande à influences arabes, commencée en 1131 (belles mosaïques byzantines). Musée Mandralisca.

CÉGEP n. m. Au Québec, établissement public d'enseignement général et professionnel, situé entre le secondaire et le supérieur.

CÉGÉTISTE adj. et n. Relatif à la C. G. T. ; adhérent de la C. G. T. (Confédération générale du travail).

C.E.I., sigle de COMMUNAUTÉ D'ÉTATS INDÉPENDANTS.

CEIBA (La), port du Honduras, ch.-l. du dép. d'Atlántida, sur la mer des Antilles ; 39 000 hab.

CEILLAC (05600), comm. des Hautes-Alpes, à 14 km à l'E. de Guillestre ; 290 hab. Sports d'hiver (1 640-2 400 m).

CEINDRE v. t. (lat. *cingere,* entourer) [conj. **81**]. *Litt.* **1.** Entourer sa tête, une partie de son corps : *Un bandeau ceignait son front.* — **2.** *Ceindre la couronne,* monter sur le trône. ‖ *Ceindre l'écharpe tricolore,* revêtir les insignes de député, de maire. ‖ *Ceindre son front de lauriers,* se couvrir de gloire. ‖ *Ceindre la tiare,* devenir pape ou, chez les juifs, devenir grand prêtre.

CEINTURAGE n. m. Action de marquer les arbres à abattre dans une coupe.

CEINTURE n. f. (lat. *cinctura*). **1.** Bande de tissu, de cuir que l'on fixe autour de la taille pour maintenir un vêtement ou comme ornement. — **2.** Bande de tissu entoilée qui forme la tête d'une jupe ou d'un pantalon, qu'elle maintient autour de la taille. — **3.** Sous-vêtement en tissu élastique léger qui sert à maintenir le ventre. — **4.** Taille, partie du corps où s'attache la ceinture : *Nu jusqu'à la ceinture.* — **5.** Ce qui ferme l'enceinte d'une ville : *Ceinture de fortifications.* — **6.** *Ceinture de chasteté,* bandage emboîtant le bassin, fermé avec un cadenas, employé jadis pour sauvegarder la chasteté des femmes. ‖ *Ceinture de sécurité,* dispositif destiné

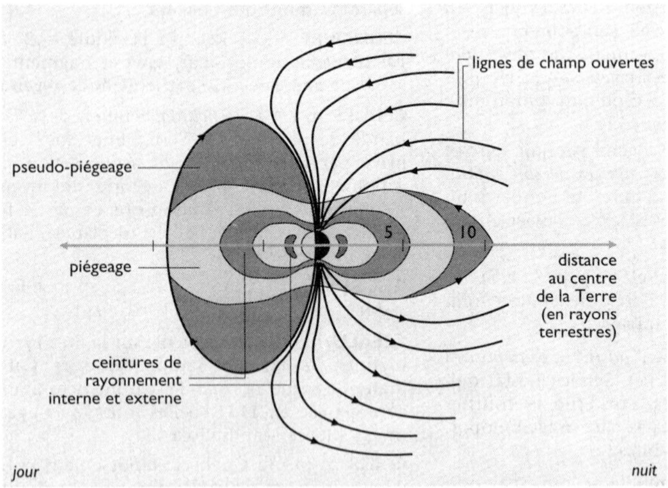

CEINTURE

Schéma des ceintures de rayonnement terrestres (la Terre et sa magnétosphère sont représentées selon une section méridienne).

à maintenir sur leur siège les passagers d'une automobile, d'un avion. ‖ *Ceinture verte,* espaces verts disposés autour d'une agglomération. ‖ *Frapper qqn au-dessous de la ceinture,* lui porter un coup bas, interdit ; le frapper, l'atteindre en usant de moyens déloyaux qui font appel aux instincts les plus bas. ‖ Fam. *Se mettre, se serrer la ceinture, (faire) ceinture,* ne pas manger à sa faim ; se priver ; renoncer à qqch. • **Archit.** Moulure, corps de moulures ou rang d'ornements enserrant un volume. (Sur un corps cylindrique, on dit aussi BAGUE.) — **Arm.** Monture qui entourait les canons de bronze entre la bouche et le bourrelet. ‖ Anneau en cuivre, en tombac ou en fer fritté, serti au-dessus du culot d'un projectile et destiné à se mouler dans les rayures du tube de l'arme pour mettre en rotation le projectile et éviter les fuites de gaz. — **Autom.** Ensemble de nappes de câbles entourant la carcasse de certains pneumatiques. — **Bot.** Formation végétale entourant circulairement un étang, une montagne, etc. — **Ch. de f.** Ligne de chemin de fer entourant une grande ville. — **Géol.** *Ceinture orogénique,* système montagneux allongé et étroit, installé en bordure d'un continent. (Syn. CORDILLÈRE.) — **Géophys.** *Ceinture de rayonnement, de radiations* ou *de Van Allen,* zone de la magnétosphère d'une planète dans laquelle se trouvent piégées des particules d'énergie élevée. (→ *encycl.*) — **Mar.** Bourrelet d'une embarcation. ‖ *Ceinture de sauvetage,* syn. de GILET DE SAUVETAGE. — **Méd.** *Ceinture de grossesse,* ceinture destinée à maintenir l'abdomen chez les femmes enceintes. ‖ *Ceinture orthopédique,* ceinture destinée à corriger certaines attitudes vicieuses de la colonne vertébrale (scoliose par ex.). — **Mobil.** Partie d'une table ou d'un siège dans laquelle s'ajustent les pieds. — **Relig.** *Ceinture ecclésiastique,* large bande d'étoffe, de couleur différente selon la dignité, qui entoure la soutane et retombe en pans verticaux. — **Sports.** En lutte, prise de corps à la hauteur de la ceinture. ‖ En judo, chacun des grades des pratiquants, matérialisés par une bande d'étoffe de couleur qui retient le kimono et qui sont, dans l'ordre : *ceinture blanche* (pour les débutants), *jaune, orange, verte, bleue, violette* (pour les adolescents), *marron, noire* (accordée seulement par un jury fédéral), *blanc et rouge* (à partir du 6e dan), *rouge* (10e dan). ‖ *Ceinture de natation,* série de pains de liège ou d'une nature équivalente enfilés sur une sangle, qui permet à l'apprenti nageur de flotter. — **Trad. pop.** *Ceinture fléchée,* au Québec, large ceinture de laine à motifs en forme de flèche, qui se porte au carnaval. — **Zool.** Ensemble osseux auquel s'attache une paire de membres chez les vertébrés. (→ *encycl.*) ‖ *Ceinture d'argent,* nom d'un poisson du genre trichiure.

ENCYCL. **Géophys.** Autour de la Terre, des *ceintures de rayonnement* ont été découvertes en 1958 par Van Allen, lors des premiers vols de satellites américains, vers 3 500 km et vers 20 000 km d'altitude. Elles résultent de la présence, dans la magnétosphère*, de particules chargées électriquement, piégées le long des lignes du champ magnétique terrestre. Des ceintures de rayonnement ont également été découvertes autour de Jupiter* et de Saturne*.

— **Zool.** La *ceinture antérieure, scapulaire* ou *pectorale,* est formée de chaque côté par une omoplate et un coracoïde, auxquels peut s'ajouter une clavicule. La ceinture *postérieure,* ou *pelvienne,* formée de chaque côté par l'ilion, l'ischion et le pubis, est soudée aux vertèbres sacrées pour former le bassin, sauf chez les poissons, chez lesquels elle est libre et diversement située, parfois même insérée sous la gorge.

CEINTURER v. t. (conj. 3). **1.** Entourer qqch, un lieu d'une enceinte : *Ceinturer une ville de remparts.* — **2.** Saisir qqn par la taille pour le maîtriser : *Ceinturer un adversaire.* — **3.** Pratiquer le ceinturage sur un arbre.

CEINTURON n. m. **1.** Ceinture de cuir ou d'étoffe portée sur l'uniforme militaire et soutenant le sabre, la baïonnette, les cartouchières, etc. — **2.** Large ceinture.

CELA pron. dém. (de *ce,* pron. dém., et *là,* adv.). **1.** Désigne une chose plus éloignée que celle qui est désignée par *ceci* (fonction déictique) : *Ceci vaut mieux que cela.* — **2.** Désigne souvent ce qui précède (fonction anaphorique) : *Je n'ai pas dit cela.* — **3.** Désigne un objet présent, un fait actuel, une chose dont on parle ou dont on va parler, sans opposition à *ceci : Regardez cela : quelle foule !* (*Cela* est le plus souvent remplacé par *ça* dans la langue courante.)

CELA, nom hindī désignant le disciple auprès d'un gourou.

CELA (Camilo José CELA TRULOCK, dit **Camilo José**), écrivain espagnol (Padrón, La Corogne, 1916). Romancier d'un réalisme d'abord « ténébriste », fasciné par la violence des caractères (*La Famille de Pascal Duarte,* 1942 ; *la Ruche,* 1951), il renoue avec la tradition picaresque (*le Nouveau Lazarillo,* 1946), s'inspire un moment du « nouveau roman » français (*San Camilo 36,* 1969), puis se consacre aux recherches formelles (*Dictionnaire secret,* 1968-1971). Avec *Mazurka pour deux morts* (1983), il développe autour de la guerre civile une métaphore de la mémoire et de l'écriture. (Prix Nobel 1989.)

CÉLADON adj. inv. et n. m. (de *Céladon,* n. pr.). Vert pâle.
◆ n. m. Grès et terres porcelaineuses fabriqués en Chine et ainsi désignés à partir du XVIIe s. (Leur couverte rappelait par sa couleur verte, obtenue par la cuisson en réduction de l'oxyde de fer qu'elle contient, celle des rubans de Céladon, berger de *l'Astrée.* Par la suite, le terme « céladon » s'est appliqué aussi aux imitations de ces céramiques.)

CÉLADONITE n. f. (de *céladon*). Silicate hydraté naturel de fer et de potassium, proche de la glauconie et appartenant au groupe des argiles.

CELAN (Paul ANTSCHEL, dit **Paul**), poète autrichien d'origine roumaine (Tchernovsty 1920-Paris 1970). Marqué par le surréalisme, il exprime en un style dépouillé son angoisse devant la solitude et la mort (*Pavot et Mémoire,* 1952 ; *Sprachgitter,* 1959 ; *Strette,* 1971).

CÉLASTRACÉE n. f. (gr. *kêlastra,* nerprun). Nom de famille d'arbres et d'arbustes à feuilles persistantes, aux graines entourées d'un arille charnu et coloré, tels que le fusain et le nerprun.

CELATION n. f. (lat. *celatio,* de *celare,* cacher). Dissimulation d'un état physiologique (en partic. la grossesse) ou pathologique, ou intention de le dissimuler.

CELAYA, v. du Mexique (État de Guanajuato), à l'O. de Querétaro ; 315 577 hab.

CELAYA (Rafael MÚGICA, dit **Gabriel**), poète espagnol (Hernani 1911 - Madrid 1991). Écrivain engagé, il a publié des recueils de poésies, dont certains en collaboration avec Amparo Gastón. Il est aussi romancier (*Lázaro Calla,* 1949) et essayiste (*Bécquer,* 1972).

CÉLÉ (le), riv. du Quercy, affl. (r. dr.) du Lot, qui passe à Figeac ; 102 km.

CÉLÈBES ou **SULAWESI,** île d'Indonésie, bordée par le détroit de Macassar à l'O., la mer de Célèbes au N., la mer des Moluques et la mer de Banda à l'E., la mer de Flores au S. ; 189 000 km² ; 12 521 000 hab.
— **Géogr.** L'île constitue quatre provinces d'Indonésie. Formée de quatre péninsules, traversée par l'équateur, elle est chaude et humide. Montagneuse, souvent forestière, affectée de séismes, elle juxtapose des populations variées, denses dans la région de Ujungpandang (anc. Macassar), la principale ville. Gisement de nickel.
— **Hist.** Découverte en 1512 par les Portugais, qui se lièrent avec le sultan de Macassar, l'île passa en 1607 sous le contrôle des Pays-Bas. Occupée par les Japonais lors de la Seconde Guerre mondiale, elle fait partie de la République d'Indonésie depuis 1950.

CÉLÈBES *(mer de),* mer bordière du Pacifique, entre Célèbes, Bornéo et Mindanao, dépassant 5 000 m de profondeur dans sa partie méridionale.

CÉLÉBRANT n. m. Principal officiant d'un office liturgique.

CÉLÉBRATION n. f. (lat. *celebratio*). Action de célébrer une cérémonie, une fête, etc. : *La célébration d'un mariage.*

CÉLÈBRE adj. (lat. *celeber, -bris,* renommé). Dont le renom s'étend au loin, qui est connu ; illustre, notoire : *Écrivain célèbre. Lieu célèbre.*

CÉLÉBRER v. t. (lat. *celebrare*) [conj. **18**]. **1.** Procéder à qqch d'exceptionnel, de marquant, l'accomplir avec une certaine solennité : *Célébrer des* *fiançailles.* – **2.** Accomplir les rites associés à un acte religieux : *Célèbrer une messe.* – **3.** Fêter un événement, le marquer de manifestations particulières, d'une cérémonie, etc. : *Célébrer l'anniversaire d'une victoire.* – **4.** Louer solennellement qqn, ses actes : *Célébrer les exploits d'un héros.*

CELEBRET [selebrɛt] n. m. (lat. *celebret,* qu'il célèbre). Document de l'autorité ecclésiastique attestant que le prêtre à qui il est délivré peut célébrer dans une église à laquelle il est étranger.

CÉLÉBRITÉ n. f. (lat. *celebritas*). **1.** Réputation, renommée de qqn ou de qqch qui s'étend au loin ; renom, gloire : *Il doit sa célébrité à un seul roman.* – **2.** Personne célèbre : *C'est une célébrité dans sa ville.*

CELER v. t. (lat. *celare*) [conj. **25**]. *Litt.* Cacher qqch à qqn, le lui tenir secret ; taire.

CÉLERI n. m. (lombard *séleri,* du bas lat. *selinon,* persil). Nom usuel d'une plante bisannuelle cultivée, comestible (l'ombellifère *Apium graveolens*). [On distingue le *céleri-rave,* dont on consomme la racine charnue, le *céleri à côtes,* ou *céleri en branches,* dont les feuilles comportent un long pétiole charnu, et le *céleri à couper,* qui présente de nombreuses petites feuilles à côtes creuses.]

CÉLÉRIFÈRE n. m. (lat. *celer,* rapide). Instrument de locomotion composé de deux roues de même hauteur reliées par une pièce de bois.

CÉLERI-RAVE n. m. (pl. *céleris-raves*). Céleri dont la racine, grosse et charnue, est comestible.

CÉLÉRITÉ n. f. (lat. *celeritas,* de *celer, -eris,* rapide). **1.** Rapidité, promptitude dans l'exécution : *Les travaux ont été conduits avec célérité.* – **2.** Module de la vitesse d'un mobile. – **3.** Vitesse de propagation d'un phénomène ondulatoire.

CÉLESTA n. m. (de *céleste*). Instrument de musique à lames métalliques frappées par des marteaux actionnés par des touches formant clavier. (Il a la forme d'un petit piano droit.)

CÉLESTE adj. (lat. *caelestis,* de *caelum,* ciel). **1.** Relatif au ciel : *La voûte céleste.* – **2.** *Litt.* Relatif au ciel, séjour des bienheureux, ou à la divinité : *Les récompenses célestes.* – **3.** *Litt.* Qui cause un ravissement par sa beauté, sa douceur : *Une musique céleste.* – **4.** Se dit d'un registre de l'orgue *(voix céleste)* qui produit des sons doux. – **5.** *L'Empire céleste,* l'empire de Chine. ‖ *Harmonie céleste* (ou *musique des sphères*), harmonie que les pythagoriciens et les platoniciens supposaient être produite par le mouvement des astres, bien que non perceptible par les sens. ‖ *La Jérusalem céleste, le royaume céleste,* le paradis. ‖ *Le Père céleste,* Dieu.

CÉLESTIN n. m. Membre d'un ordre religieux d'ermites fondé en 1251 par celui qui allait devenir le pape Célestin V et aboli en 1791.

CÉLESTIN Ier *(saint)* [† 432], pape de 422 à 432. Il fut l'adversaire du pélagianisme et du nestorianisme.

CÉLESTIN II (Guido DI CITTÀ DI CASTELLO) [† 1144], pape durant quelques semaines en 1143-1144.

CÉLESTIN III (Giacinto DI PIETRO DI BOBONE) [† 1198], pape de 1191 à 1198. Il approuva l'institution des chevaliers Teutoniques.

CÉLESTIN IV (Goffredo CASTIGLIONI) [† 1241], pape du 25 oct. au 10 nov. 1241.

CÉLESTIN V (Pietro ANGELERI, dit aussi PIETRO DEL MORRONE, *saint*) [Isernia, Abruzzes, 1215 - Castello di Fumone, Frosinone, 1296], pape du 5 juill. au 13 déc. 1294. Ermite dans la Pouille, élu pape malgré lui, il était entouré de gens (particulièrement le cardinal Caetani, futur Boniface VIII) qui abusèrent de sa naïveté pour conduire leur politique. Il fut obligé de démissionner. Clément V le canonisa en 1313 sous le nom de **Pierre Célestin.**

CÉLESTINE n. f. (lat. *caelestis,* céleste). Sulfate de strontium naturel, de couleur blanche à bleuâtre, qui cristallise en prismes orthorhombiques.

Célestine *(la),* ou *Tragi-comédie de Calixte et Mélibée,* attribuée à Fernando de Rojas (1499). C'est une sorte de roman dialogué destiné à la lecture à haute voix, à l'origine du théâtre espagnol.

CÉLIBAT n. m. (lat. *caelibatus,* de *caelebs, -ibis,* célibataire). État de qqn en âge de se marier et qui n'est pas marié.

CÉLIBATAIRE n. et adj. **1.** Personne qui vit dans le célibat. – **2.** *Électron célibataire,* dans un atome, électron non apparié. ‖ *Mère célibataire,* femme qui a un enfant sans être mariée et qui l'élève seule.

Célimène, personnage du *Misanthrope* de Molière, type de coquette spirituelle.

CÉLINE (Louis Ferdinand DESTOUCHES, dit **Louis-Ferdinand**), écrivain français (Courbevoie 1894-Meudon 1961). Engagé dans l'armée, blessé, décoré et réformé, il devient médecin – d'abord itinérant pour le compte de la S. D. N., ce qui lui donne l'occasion de voyager en Europe, Amérique et Afrique – et pratique une médecine sociale et populaire. Antisémite déclaré (*Bagatelles pour un massacre,* 1937) et collaborateur, il connaît l'exil et la prison au Danemark (1945-1951) avant de retrouver la France, où il partage les dix dernières années de sa vie entre son œuvre littéraire et son cabinet médical. Le « style émotif » célinien, savante furie verbale, haletante et rabelaisienne, est le mode d'une dénonciation des mensonges sociaux dans une évocation grotesque, triviale et macabre de l'absurdité de l'homme qui vit dans un monde en dislocation (*Voyage* au bout de la nuit,* 1932 ; *Mort à crédit,* 1936 ; *Guignol's Band,* 1943 ; *D'un château l'autre,* 1957 ; *Nord,* 1960 ; *Rigodon,* 1961 ; *le Pont de Londres,* 1964).

CELJE, v. de Slovénie, au N.-E. de Ljubljana ; 42 000 hab. Anc. palais comtal (musée régional). Métallurgie.

CELLA n. f. (pl. *cellae*) [lat. *cella*]. Chambre d'une divinité dans un temple. (La triade capitoline avait trois cellae.) [Syn. NAOS.]

Cellamare *(conspiration de)* [1718], conspiration fomentée contre le Régent par Antonio del Giudice, prince de Cellamare (Naples 1657 - Séville 1733), ambassadeur d'Espagne à Paris, et visant à confier la régence de Louis XV à Philippe V, roi d'Espagne. Le complot ayant été découvert par Dubois, une courte guerre s'ensuivit entre la France et l'Espagne (1719).

1. CELLE, CELLES pron. dém. Fém. de CELUI, CEUX.

2. CELLE n. f. (lat. *cella*). **1.** Au Moyen Âge, maison et biens des personnes de condition servile. — **2.** Petit monastère.

CELLE, v. d'Allemagne (Basse-Saxe), au N.-E. de Hanovre ; 73 500 hab. Maisons et monuments des XVe-XVIIIe s. Industrie chimique et mécanique.

CELLE (Hugues DE LA), seigneur **de Fontaynes** → LA CELLE.

CELLÉRERIE n. f. Office de cellérier.

CELLÉRIER, ÈRE n. et adj. (lat. ecclés. *cellerarius,* de *cellarius,* chef de l'office). Économe d'un monastère.

CELLE-SAINT-CLOUD (La) [78170], ch.-l. de cant. des Yvelines, au N. de Versailles ; 22 884 hab. *(Cellois).* Château des XVIIe et XVIIIe s., propriété de l'État. Laboratoires cinématographiques.

CELLES-SUR-BELLE (79370), ch.-l. de cant. du sud des Deux-Sèvres ; 3 477 hab. *(Cellois).* Importante église, anc. abbatiale, surtout gothique (XVe et XVIIe s.). Industrie alimentaire.

CELLIER n. m. (bas lat. *cellarium,* du lat. class. *cella,* chambre). Pièce non voûtée, généralement fraîche, située au rez-de-chaussée d'une maison et destinée principalement à la conservation des vins, des denrées périssables.

CELLIERS (Jan), poète sud-africain d'expression afrikaans (Wamakersvlei, Wellington, prov. du Cap, 1865 - Johannesburg 1940). Un des pionniers de la littérature en langue afrikaans (*la Plaine et autres poèmes,* 1908).

CELLINI (Benvenuto), orfèvre, médailleur et sculpteur italien (Florence 1500 - *id.* 1571). Ses *Mémoires* font connaître sa vie aventureuse, à Rome, à la cour de France et à Florence. La *Nymphe de Fontainebleau* (haut-relief en bronze, v. 1543, château d'Anet, puis Louvre) marque ses débuts dans la sculpture de grand format, dont il sera l'un des meilleurs représentants maniéristes en Italie (*Persée* de la loggia dei Lanzi, Florence, 1545-1553).

Cellini (Benvenuto) → BENVENUTO CELLINI, opéra de Berlioz.

CELLOBIOSE n. m. Diholoside $C_{12}H_{22}O_{11}$, formé au cours de l'hydrolyse de la cellulose.

CELLODERME n. m. Carton à l'enrouleuse à base de vieux papiers et cartons non désencrés.

CELLOPHANE n. f. (mot angl., n. déposé, de *cellulose* et *diaphane*). Pellicule transparente d'hydrate de cellulose.

ENCYCL. La Cellophane est obtenue en régénérant la cellulose à partir de la viscose. Très peu perméable aux gaz, elle est perméable à l'eau, qui la rend très plastique. On l'utilise pour le capsulage hermétique de récipients en verre ou en porcelaine, auxquels elle adhère fortement.

CELLO-TEXTE n. m. (pl. *Cellos-textes*) [n. déposé]. Épreuve d'une composition typographique imprimée sur pellicule cellulosique.

CELLULAIRE adj. **1.** Formé de cellules, relatif aux cellules constitutives des êtres vivants : *Structure cellulaire.* — **2.** Relatif aux cellules des prisonniers : *Régime cellulaire.* — **3.** Se dit de matériaux plastiques caractérisés par une structure renfermant de nombreux pores. (→ *encycl.*) — **4.** Se dit d'un système de radiocommunication qui fonctionne dans une zone divisée en cellules adjacentes contenant chacune un relais radioélectrique. — **5.** *Béton cellulaire,* béton léger dans lequel on a créé des pores par formation de bulles d'air. ‖ *Emprisonnement cellulaire,* régime d'incarcération consistant dans l'isolement complet du détenu de jour et de nuit. ‖ *Tissu cellulaire,* forme spéciale du tissu conjonctif fibreux lâche. ‖ *Voiture, fourgon cellulaire,* voiture de police divisée en compartiments étroits, dans laquelle on transporte les prisonniers.

ENCYCL. **Polym.** Les mousses et les matériaux expansés, sous forme souple ou rigide, connaissent un développement considérable à cause de leur légèreté, de leurs propriétés isolantes (thermiques et acoustiques) et de leur pouvoir amortissant des vibrations. Parmi les matières plastiques dont les formes cellulaires sont très utilisées dans le bâtiment, l'ameublement, l'emballage et la chaussure, on peut citer le polystyrène, le polychlorure de vinyle, les polyuréthannes.

CELLULAR n. m. (angl. *cellular,* p.-ê. du fr. *cellulaire*). Tissu souple de coton, à mailles lâches, dont on fait des chemises et des vêtements de sport.

CELLULASE n. f. Enzyme sécrétée par l'intestin ou par les symbiotes intestinaux de certains animaux herbivores et qui permet à ces animaux de digérer la cellulose.

CELLULE n. f. (lat. *cellula,* dimin. de *cella,* chambre). **1.** Petite chambre d'un religieux ou d'une religieuse ; petit logement réservé aux cardinaux réunis en conclave. – **2.** Petite pièce où l'on enferme isolément les détenus dans les prisons ; compartiment d'une voiture cellulaire. – **3.** Petite pièce où l'on se retire pour rester seul. – **4.** Structure microscopique complexe, constitutive de tous les êtres vivants et caractérisée par son pouvoir d'assimilation. (→ *encycl.*) – **5.** Élément constitutif fondamental d'un ensemble organisé : *La commune est la cellule de l'organisation administrative.* – **6.** Groupe de personnes ayant une certaine unité, considéré comme un des éléments constitutifs de la société ou d'un organisme : *Cellule familiale.* • **Aéron.** Ensemble des structures de l'aile, des empennages et du fuselage d'un avion. – **Anat.** Chacun des petits compartiments qui forment la texture de plusieurs tissus. (Par ex. cellules des os [mastoïdiennes, ethmoïdiennes...].) – **Apic.** Alvéole des rayons de cire construits par les abeilles. (→ *encycl.*) – **Archit.** Unité de base d'un habitat. – **Biol.** *Cellule embryonnaire,* cellule de formation récente, au rapport nucléoplasmique élevé (gros noyau) et douée d'un grand pouvoir de multiplication. ‖ *Cellule flamme,* syn. de SOLÉNOCYTE. ‖ *Cellule génératrice,* cellule qui en engendre d'autres d'un type différent, comme les érythroblastes, qui engendrent les hématies. ‖ *Cellule musculaire,* syn. de FIBRE MUSCULAIRE. ‖ *Cellule nerveuse,* syn. de NEURONE. ‖ *Cellule osseuse,* syn. de OSTÉOBLASTE. ‖ *Cellule sanguine,* globule blanc (leucocyte) ou globule rouge (hématie). – **Bot.** *Cellule compagne,* cellule parenchymateuse accolée aux tubes criblés et provenant de la même cellule mère par cloisonnement longitudinal. ‖ *Cellules initiales,* cellules à partir desquelles, grâce à des divisions successives, se constituent les différents tissus des tiges et des racines. ‖ *Cellule mère,* cellule qui, par sa division, donne naissance à d'autres cellules, fournissant, par exemple, le pollen, le sac embryonnaire, les spores. – **Chim.** *Cellule électrolytique,* cellule dans laquelle se produisent les réactions électrochimiques. – **Électroacoust.** *Cellule phonocaptrice* ou *phonolectrice,* dispositif qui permet de lire les oscillations du sillon d'un disque en fonction de la fréquence des sons enregistrés. (Syn. TÊTE DE LECTURE, PHONOCAPTEUR.) [→ *encycl.*] – **Électron.** *Cellule photoélectrique,* dispositif transformant la lumière en courant électrique. (Les *cellules photoémissives* utilisent la propriété que possèdent certains métaux alcalins [potassium, rubidium] de libérer des électrons lorsqu'ils sont éclairés ; les *cellules photorésistantes* mettent en jeu la propriété que possèdent d'autres substances [sélénium ou sulfure de cadmium] d'accuser des variations de résistance sous l'action de la lumière. Enfin, les *cellules solaires,* ou photopiles, utilisent l'effet photovoltaïque.) – **Inform.** *Cellule (de) mémoire,* élément de mémoire d'un ordinateur accessible par une adresse. – **Météo.** *Cellule anticyclonique,* masse atmosphérique sous haute pression. ‖ *Cellule dépressionnaire,* masse atmosphérique sous basse pression. – **Min.** *Cellule de flottation,* appareil dans lequel on fait la flottation des minerais ou du charbon. – **Nucl.** Enceinte étanche, munie de dispositifs de ventilation et de filtration appropriés, utilisés pour manipuler ou stocker des matières radioactives. (La cellule est dite *chaude* ou *de haute activité* lorsque la radioactivité des matières est élevée.) – **Polit.** Dans certains partis, groupement d'adhérents ayant une assise professionnelle ou géographique. (La cellule constitue l'organisation de base des partis communistes.) – **Zool.** Chacun des compartiments délimités par le réseau des nervures des ailes d'insectes.

ENCYCL. **Apic.** On distingue : 1° les *cellules d'ouvrières,* les plus nombreuses ; elles servent à élever le couvain (œufs, larves et nymphes) d'abeilles ouvrières et à emmagasiner le miel et le pollen ; 2° les *cellules de mâles,* utilisées pour le couvain de mâles. En dehors de ces deux types de cellules, les abeilles construisent isolément, en position verticale, des *cellules royales* en forme de gland, établies lorsque la ruche a besoin d'une nouvelle reine.

– **Biol.** Variables dans leur dimension et leur forme, les cellules ont toutes la même structure : limitées par une membrane, elles comportent deux parties : le cytoplasme et le noyau. Le cytoplasme est constitué par une substance fondamentale et contient de nombreuses inclusions, dont l'appareil de Golgi, les lysosomes et les mitochondries. Le noyau est généralement unique (les hématies sont les seules cellules qui n'en ont pas). Il contient les chromosomes et les nucléoles. C'est dans le noyau que se trouve l'A. D. N., support des caractères héréditaires.

La cellule vivante des végétaux verts eucaryotes se caractérise par la présence d'une membrane cellulosique, de plastes contenant chlorophylle, amidon, etc., d'un vacuome important. En revanche, le centrosome manque presque toujours. La cellule est le siège d'un métabolisme intense ; les produits absorbés sont transformés et participent à la synthèse de la nouvelle matière vivante. Cet anabolisme nécessite beaucoup d'énergie ; il est accompagné d'un catabolisme qui dégrade les substances et entraîne la formation des déchets, qui sont éliminés ou isolés dans la cellule. La respiration cellulaire, phénomène chimique complexe, libère une quantité importante d'énergie, productrice de chaleur et de travail mécanique. La cellule est toujours le siège de mouvements internes (cyclose*) et, parfois, de mouvements externes (mouvements amiboïdes*, mouvements ciliaires et flagellaires, mouvements liés aux variations de la turgescence de la cellule). La multiplication cellulaire s'effectue généralement par division indirecte (mitose).

Animaux et végétaux *pluricellulaires* sont constitués de nombreux types cellulaires différents. Leur apparition est la différenciation, qui aboutit à la formation des tissus, des organes et de l'organisme entier dans toute sa complexité.

La transmission synaptique de l'influx nerveux, la fonction des médiateurs chimiques (noradrénaline, acétylcholine, sérotonine, etc.), la coordination des battements des cellules du cœur, la distribution des ions et des potentiels électriques dans les tissus exigent des communications entre cellules voisines. Ces communications sont assurées par des portes de jonction, ou *plasmodermes.*

Les structures virales (→ VIRUS), plus simples et plus petites qu'une cellule, n'ont pas toutes les proprités de la vie, ce qui confirme l'importance fondamentale de cette structure universelle des vivants.

— **Électroacoust.** On distingue deux grandes catégories de *cellules phonocaptrices :* celles qui sont sensibles à l'amplitude du déplacement de la pointe de lecture et dont la tension de sortie est proportionnelle à l'amplitude des oscillations du sillon (cellules piézoélectriques, à jauge de contrainte et photoélectriques) ; et celles qui sont sensibles à la vitesse de déplacement de la pointe de lecture et dont la tension de sortie est proportionnelle à sa vitesse de vibration (cellules électrodynamiques et électro-magnétiques).

CELLULEUX, EUSE adj. Se dit d'un tissu vivant constitué de grandes cellules en forme d'alvéoles.

CELLULITE n. f. Inflammation du tissu conjonctif, principalement du tissu cellulaire souscutané.

ENCYCL. La cellulite est habituellement localisée, principalement, au niveau des cuisses et des flancs (« culotte de cheval »). Elle se traduit par des indurations plus ou moins limitées et douloureuses. Elle est plus fréquente chez la femme, obèse ou hyperfolliculinique.

CELLULITIQUE adj. et n. Relatif à la cellulite ; atteint de cellulite.

CELLULOÏD n. m. (mot amér., n. déposé). Matière plastique constituée par une solution solide de nitrocellulose et de camphre. (Première matière plastique réalisée par l'homme, le Celluloïd a une bonne ténacité, mais sa grande inflammabilité limite son emploi.)

CELLULOSE n. f. (de *cellule*). **1.** Glucide macromoléculaire qui constitue la paroi des cellules végétales. — **2.** Désignation courante des pâtes à papier chimiques, qui sont essentiellement constituées de cellulose.

ENCYCL. **Biochim.** Les jeunes cellules des axes végétaux ont encore une paroi extensible qui permet leur croissance en largeur ; par la suite, la paroi cellulosique devient rigide et la croissance de l'axe se poursuit par formation de nouvelles cellules.

— **Polym.** La cellulose est le constituant principal des fibres de coton, qui en renferment de 92 à 95 %. Dans les autres matériaux naturels fibreux, elle est souvent associée à des substances variées : lignine, matières minérales, éventuellement résines, tanins, matières grasses, matières colorantes, etc. La cellulose extraite du bois est obtenue par un simple défibrage mécanique du bois (« pâtes mécaniques » ou « mi-chimiques ») ou par un traitement chimique à la soude. C'est un polyholoside de formule brute $(C_6H_{10}O_5)_n$. Le degré de polymérisation (nombre moyen de motifs glucose par chaîne) est de l'ordre de 10 000 dans les fibres naturelles telles que le lin, le coton ou le chanvre.

La cellulose naturelle est insoluble dans l'eau et les solutions alcalines diluées, mais elle gonfle de façon plus ou moins importante dans les solutions salines et se dissout dans la liqueur de Schweitzer. Après traitement par l'acide sulfurique concentré puis lavage à l'eau, on obtient des papiers sulfurisés, ou parchemins végétaux, utilisés dans l'emballage alimentaire. Les acides minéraux très concentrés donnent, par action sur les fonctions alcool de la cellulose, des esters cellulosiques tels que la nitrocellulose*. De nombreux oxydants (chlore, hypochlorites, eau oxygénée, ozone) ont une action sur la cellulose, utilisée au cours des opérations de blanchiment et de blanchissage.

CELLULOSIQUE adj. **1.** Qui est de la nature de la cellulose ou qui en contient. — **2.** *Vernis cellulosique,* produit à base de cellulose, dissous dans un solvant volatil contenant des plastifiants qui rendent le vernis moins cassant.

CÉLONITE n. m. Sorte de guêpe du midi méditerranéen, formant de petits nids ouverts et sécrétant un peu de miel.

CÉLOSIE n. f. Plante voisine des amarantes, à fleurs rouges et appréciée comme plante d'ornement. (N. usuel *crête-de-coq.*)

CELSE, en lat. **Aulus Cornelius Celsus,** médecin et érudit contemporain d'Auguste. Son principal ouvrage, *De arte medica,* est un tableau très précis de la médecine ancienne et de la médecine de son temps.

Celse *(kérion de)* → KÉRION.

CELSE, en lat. **Celsus,** philosophe qui vivait à Rome sous les Antonins (IIe s. apr. J.-C.), célèbre par ses attaques contre le christianisme dans le *Discours véritable,* ouvrage connu par la réfutation qu'en fit Origène dans son livre *Contre Celse.*

CELSIUS (Anders), physicien et astronome suédois (Uppsala 1701 - *id.* 1744). Il fit partie, en 1737, de l'expédition française chargée de mesurer un degré du méridien dans les régions polaires, fut l'un des premiers à comparer les éclats lumineux des étoiles, observa la variation diurne de la déclinaison magnétique (1740) ainsi que les perturbations produites par les aurores polaires. Il créa, en 1742, l'échelle thermométrique à laquelle on a donné son nom.

Celsius *(degré),* unité de mesure de la température Celsius (symb. : °C). C'est l'ancien degré *centigrade.*

Celsius *(échelle de température),* échelle de température t_C reliée à l'échelle absolue par la relation $t_C = T - 273{,}15$, où T est la température absolue. Dans cette échelle, les températures de fusion et d'ébullition de l'eau sous une pression de 1 atmosphère sont très voisines de 0 et 100 °C.

CELTE ou **CELTIQUE** adj. Qui appartient aux Celtes.

CELTE ou **CELTIQUE** *(mer),* mer épicontinentale du nord-est de l'Atlantique, bordée par des pays de langue celtique (Irlande, pays de Galles, Cornwall, Bretagne), à l'ouest d'une ligne brisée Carnsore Point-Saint David's Head-Land's End-Ouessant.

CELTES, ensemble de peuples de même civilisation et parlant une langue de la famille indo-européenne, qui occupèrent une partie de l'Europe ancienne.

histoire

Les Celtes commencent à s'individualiser dès le IIe millénaire. Le sud de l'Allemagne occidentale paraît être leur habitat primitif. Certains émigrent vers l'archipel britannique dès l'âge du bronze. L'essaimage se poursuit à l'époque de Hallstatt (900-500 av. J.-C.), en Gaule en particulier. L'époque de La Tène (Ve-Ier s. av. J.-C.) est celle de la grande expansion celtique en Europe. Les Celtes achèvent l'occupation de la Gaule, et plusieurs tribus pénètrent par l'Aquitaine jusqu'au cœur de l'Espagne, où elles forment le peuple des Celtibères. Au IVe s. av. J.-C., plusieurs tribus envahissent l'Italie et se fixent dans la plaine du Pô, qui devient la Gaule Cisalpine. Au IIIe s., les Celtes envahissent les royaumes hellénistiques et passent en Asie Mineure, où ils s'établissent sous le nom de *Galates.* Mais les conquêtes se sont faites de façon désordonnée et les diverses tribus sont demeurées indépendantes. Aussi la décadence est-elle rapide. Au nord, les Germains atteignent le Rhin et le Danube (vers le IIe s. av. J.-C.). Les Celtes de Gaule, ou Gaulois, doivent se soumettre progressivement à Rome (IIe-Ier s. av. J.-C.). L'Irlande reste la seule survivance de la puissance celtique.

civilisation

Techniciens ingénieux, les Celtes ont excellé en charronnerie et en chaudronnerie. Ils possèdent une métallurgie du fer d'un niveau remarquable. Leurs produits circulent dans tout l'Occident. La structure sociale est de type aristocratique, avec des princes locaux appuyés sur des clientèles (*ambactes* gaulois, *céilí* irlandais). Ces chefs de clan étaient très influencés par la classe sacerdotale des druides, représentant la seule autorité supratribale.

art

Malgré des influences grecque, orientale, balkanique et scythe, l'art celte demeure profondément original ; il atteint son apogée durant la période de La Tène. Un certain naturalisme hellénique émane des sculptures des sanctuaires d'Entremont et de Roquepertuse, alors que le dieu d'Euffigneix et celui de Bouray, tous deux porteurs du torque à tampon, témoignent d'une frontalité archaïsante et d'un souci de stylisation. Dissociation et schématisation du modèle hellénistique sont poussées à l'extrême dans le monnayage. Le chaudron de Gundestrup (Danemark, v. le Ier s. av. J.-C.) est l'une des pièces essentielles du très complexe panthéon celtique. Durant le haut Moyen Âge, en Irlande, on retrouve cette exubérance : entrelacs, rouelles et spirales ornant les miniatures rappellent avec force les ancêtres celtes.

CELTIBÈRES, peuple celtique de l'Espagne, plus ou moins mêlé d'Ibères, établi, surtout dans le nord et le centre de la Péninsule, à partir du VIe s. av. J.-C. et soumis par Rome après la prise de Numance par Scipion Émilien (133 av. J.-C.).

CELTIBÉRIE, pays habité par les Celtibères, dans la péninsule Ibérique.

CELTIQUE n. m. Langue indo-européenne que parlaient les Celtes.

ENCYCL. Avec l'expansion des peuples celtes, le celtique connut une large diffusion dans toute l'Europe de l'Ouest et pénétra en Espagne (Celtibères), en Turquie (Galates) et jusqu'en Irlande et en Écosse. Il y avait de tels liens entre le vieux celtique et l'italique qu'on a pensé que, vers la fin du IIe millénaire av. J.-C., ils formaient une langue unique. On répartit les langues celtiques en deux groupes : 1° le celtique continental, ou gaulois, mal connu et éteint au début de l'ère chrétienne ; 2° le celtique insulaire, qui a donné naissance à deux groupes de dialectes : *a*) le gaélique (irlandais, gaélique d'Écosse et manx) ; *b*) le brittonique (breton, gallois et cornique). Le cornique et le manx sont aujourd'hui éteints, les autres idiomes, gaéliques et brittoniques, sont encore utilisés, concurremment avec l'anglais et le français, par environ 1 500 000 celtophones.

CELTIQUE, en lat. **Celtica,** appelé aussi **Gaule celtique,** division de la Gaule comprise entre l'Atlantique, la Seine et la Garonne au temps de César et qui constitua par la suite une des Trois Gaules.

CELTISANT, E n. Spécialiste de la langue et de la civilisation des Celtes.

CELTISME n. m. Connaissance de tout ce qui concerne les Celtes.

CELTO-LIGURES, nom donné dès l'Antiquité à la population mêlée de Celtes et Ligures des Alpes méridionales.

CELTOPHONE adj. et n. Qui parle une langue celtique.

CELUI, CELLE pron. dém. (pl. *ceux, celles*) [lat. *ecce,* voici, et *ille,* pron. dém.]. **1.** S'emploie soit comme antécédent d'un relatif, soit suivi d'un complément ou d'un participe, pour représenter un nom déjà exprimé : *Parmi tous ces livres, quels sont ceux que tu as lus ?* – **2.** Comme antécédent d'un relatif, désigne une personne qui n'a pas été nommée précédemment : *Ce livre s'adresse à ceux qui veulent s'initier à la peinture.* — **3.** *Celui-ci, celle-ci,* désignent l'être ou la chose les plus proches (fonction déictique) ou représentent le nom le plus récemment exprimé ou qui va être développé (fonction anaphorique), par oppos. à *celui-là, celle-là : Je cherche un autre appartement : celui-ci est trop petit.* — **4.** Litt. *Celui-ci..., celui-là,* s'opposent parfois avec le sens de *l'un..., l'autre...* — **5.** *Celui-là,* peut s'employer comme antécédent d'un relatif, avec une valeur emphatique si le relatif est disjoint : *Ceux-là seuls ont approuvé ce projet qui avaient de gros intérêts à défendre.* — **6.** Fam. *Celle-là,* cette histoire-là : *Ah ! je ne la connaissais pas, celle-là !*

C. E. M. A. G. R. E. F., sigle de CENTRE NATIONAL DU MACHINISME* AGRICOLE, DU GÉNIE RURAL, DES EAUX ET FORÊTS.

CEMAL PAŞA → DJAMĀL PACHA.

CEMBRO [sɛ̃-] n. m. *Pin cembro,* autre nom du pin arole.

CÉMENT n. m. (lat. *caementum,* moellon, puis *ciment*). **1.** Tissu dur recouvrant les racines des dents. — **2.** Matière solide, liquide ou gazeuse que l'on chauffe au contact d'un métal et qui, en se décomposant, permet de faire diffuser à haute température un ou plusieurs de ses éléments dans la partie superficielle du métal. — **3.** Précipité granuleux de métal, par exemple de cuivre.

CÉMENTATION n. f. **1.** Durcissement accidentel de la surface du bois lors du séchage artificiel. — **2.** Précipitation d'un métal en solution à l'aide d'un autre métal. — **3.** Précipitation de sels dissous à la limite supérieure d'une nappe phréatique. — **4.** Chauffage d'une pièce métallique au contact d'un cément afin de lui conférer des propriétés particulières dans toute la masse *(cémentation à cœur),* ou dans ses couches externes *(cémentation superficielle).* [→ encycl.] — **5.** Opération consistant à recouvrir la surface du verre d'un dépôt de sels métalliques pour obtenir un effet de coloration ou une modification des propriétés physico-chimiques de surface. — **6.** *Zone de cémentation,* zone située peu au-dessous du niveau hydrostatique, là où la circulation d'eau est importante.

ENCYCL. **Métall.** La cémentation la plus utilisée est la cémentation superficielle de l'acier par le carbone, pour durcir la surface de diverses pièces mécaniques : engrenages, axes, cames, arbres, etc. On chauffe l'acier vers 900 °C en présence de cément, ce qui enrichit en carbone l'austénite superficielle, puis on effectue un traitement de trempe pour obtenir en surface une structure martensitique très dure. La *cémentation solide* se pratique en disposant les pièces à traiter en contact avec un cément solide à base de carbone. La *cémentation liquide,* ou *cyanuration,* utilise comme cément des sels fondus à base de cyanures alcalins. La *cémentation gazeuse,* qui fait appel à un mélange de gaz carburants (oxyde de carbone, hydrocarbures), est particulièrement adaptée pour le traitement de grandes séries de pièces. (→ CARBONITRURATION.) On réalise aussi la cémentation par l'azote (nitruration) et par un grand nombre d'éléments (boruration, siliciuration, etc.).

CÉMENTER v. t. (conj. 3). Soumettre à la cémentation.

CÉMENTITE n. f. (de *cément*). Carbure de fer (Fe_3C). [Très dure et très fragile, la cémentite se trouve dans les aciers et les fontes blanches.]

CEM SULTAN → DJEM.

CÉNACLE n. m. (lat. *cenaculum,* salle à manger). **1.** Lieu situé à Jérusalem où Jésus célébra la pâque avec ses disciples, la veille de sa mort. — **2.** Comité restreint, cercle de gens de lettres, d'artistes ayant des conceptions communes.

Cénacle (le), groupe de jeunes écrivains romantiques qui de 1823 à 1830 se réunirent chez Nodier et chez Hugo.

CENCI (Beatrice), dame italienne (Rome 1577-*id.* 1599). Elle organisa avec sa belle-mère Lucrezia Petroni et son frère Giacomo l'assassinat de son père Francesco (9 sept. 1598). Son crime ayant été découvert, elle fut exécutée ainsi que ses complices, le pape Clément VIII ayant refusé sa grâce. Son histoire inspira plusieurs écrivains, notamment Shelley.

Cenci *(les),* tragédie en 5 actes et en vers de Shelley (1819). Artaud en fit une mise en scène mémorable (1935). – L'histoire des Cenci a aussi inspiré une des *Chroniques* italiennes* de Stendhal.

CENDRARS (Frédéric SAUSER, dit **Blaise**), écrivain français d'origine suisse (La Chaux-de-Fonds 1887 - Paris 1961). La vitesse, le chaos et la mémoire *Du monde entier* (1919), ainsi peut-on résumer l'œuvre de Cendrars. *Bourlinguer* (1948) fut chez lui une activité permanente, interrompue seulement par l'expérience de la guerre, qui le priva d'un bras. Sa poésie (*les Pâques à New York,* 1912 ; *la Prose du Transsibérien et de la petite Jehanne de France,* 1913), qui influença Apollinaire et les surréalistes, et ses romans, d'inspiration autobiographique (*Moravagine,* 1926 ; *l'Homme foudroyé,* 1945), constituent une épopée de l'aventurier moderne.

CENDRE n. f. (lat. *cinis, -eris*). **1.** Éléments incombustibles d'une chose qui, après la combustion de celle-ci, se retrouvent à l'état pulvérulent sous forme solide. (Les cendres sont constituées de sels de potassium, de calcium et de magnésium ainsi que d'oxydes de fer et de manganèse, qui leur donnent leur coloration.) – **2.** Fragments volcaniques de taille inférieure à 2 mm, projetés par les éruptions volcaniques. – **3.** *Cendre volante,* cendre entraînée par les fumées, dans les chaudières de grande puissance, et recueillie par des séparateurs avant son évacuation dans l'atmosphère. ‖ *Teneur en cendres d'un charbon,* proportion de matière solide qui subsiste après combustion d'un charbon dans des conditions normalisées.

◆ **cendres** n. f. pl. **1.** Restes, ruines, débris de ce qui a été détruit par le feu. – **2.** Restes mortels, brûlés, conservés ou dispersés dans des urnes ou des tombeaux : *Les cendres de Napoléon.* – **3.** Dans la Bible et le judaïsme, symbole de pénitence et de deuil. – **4.** *Mercredi des Cendres,* premier mercredi de carême, lors duquel, avant la messe, le célébrant bénit les cendres et les impose sur le front des assistants en signe de pénitence et de conversion. ‖ *Paix à ses cendres !,* ne critiquons pas sa vie maintenant qu'il est mort. ‖ *Réduire qqch en cendres,* le détruire par le feu. ‖ *Remuer les cendres,* reparler de choses passées et pénibles. ‖ *Renaître de ses cendres,* réapparaître, revivre (en parlant de qqch qui semblait avoir été anéanti).

Cendres et Diamant, film polonais d'Andrzej Wajda (1958). Expressionniste et baroque, ce film est le manifeste d'une génération meurtrie et dépassée par les contradictions de l'après-guerre.

CENDRÉ n. m. Fromage cendré.

CENDRÉE n. f. **1.** Mélange de cendres de houille et de chaux en poudre, dont on se sert comme mortier ou ciment. – **2.** Mâchefer aggloméré formant le revêtement supérieur de la piste d'un stade. (On utilise souvent auj. une matière synthétique qui permet une utilisation par tous les temps.) – **3.** *Cendrée d'affinage,* syn. de CASSE.

CENDRER v. t. (conj. 3). **1.** Donner à qqch la couleur grise ou bleutée de la cendre. – **2.** Recouvrir une surface de cendrée.

◆ **être cendré** v. pass. **1.** Avoir la couleur de la cendre, gris ou bleuté : *Cheveux blond cendré.* – **2.** *Fromage cendré,* fromage affiné dans les cendres de bois. ‖ *Lumière cendrée,* lumière faible dont brille la partie de la Lune qui n'est pas éclairée par le Soleil. (Le phénomène est dû à l'éclairement de la Lune par la Terre, elle-même illuminée par le Soleil.)

CENDREUX, EUSE adj. **1.** Qui a la couleur, l'aspect de la cendre : *Le teint cendreux d'un malade.* – **2.** Se dit d'un métal dont la surface est grenue et prend mal le poli. – **3.** Se dit d'un horizon du sol qui a la couleur grise et l'aspect de la cendre.

CENDRIER n. m. **1.** Petit récipient destiné à recevoir la cendre et les restes de cigarettes, de cigares. – **2.** Récipient destiné à recueillir les cendres d'un fourneau.

CENDRILLON n. f. (de *Cendrillon,* n. pr.). *Litt.* Jeune fille à qui l'on réserve toutes les besognes rebutantes dans une maison.

Cendrillon ou *la Petite Pantoufle de vair,* personnage et titre d'un conte de Perrault. – Ce conte a inspiré de nombreux musiciens et chorégraphes. En 1817, Rossini écrit un opéra, *la Cenerentola.* En 1893, au Théâtre impérial de Saint-Pétersbourg, Enrico Cecchetti et Lev Ivanov, probablement assistés de Marius Petipa, règlent la *Cendrillon* du compositeur Boris Schell. Mais c'est la partition de Prokofiev (1941) qui inspira le plus les chorégraphes : F. Ashton (1948), V. Orlikowski (1963).

CENDRURE n. f. **1.** Fente ou cavité dans une pierre, remplie d'une matière étrangère pulvérulente. – **2.** État d'un acier cendreux.

CÈNE n. f. (lat. *cena,* souper). **1.** Repas que Jésus-Christ fit avec ses apôtres, la veille de sa passion, et dans lequel (selon la doctrine catholique et orthodoxe) il institua le sacrement de l'eucharistie. — **2.** *Cène* ou *Sainte Cène,* terme généralement utilisé par les protestants pour désigner l'eucharistie.

CENELLE [sənœl] n. f. (p.-ê. de *acinus,* baie). Fruit rouge et âpre de l'aubépine.

CÉNESTHÉSIE n. f. Sentiment vague que chaque individu a de la totalité ou d'une partie de son corps, indépendamment du concours des sens.

CÉNESTHÉSIQUE adj. Relatif à la cénesthésie.

CÉNESTHOPATHIE n. f. Perception douloureuse (ou plus souvent simple sentiment de gêne) localisée ou non à un organe, sans base organique objectivable.

CENIS *(massif du* **Mont-**), massif des Alpes occidentales, entre les hautes vallées de l'Arc (Maurienne) et de la Doire Ripaire ; 3 610 m. Le *col du Mont-Cenis,* à 2 083 m d'altitude, sur la route entre l'Italie (Suse) et la France (Lanslebourg et Modane), a été entièrement rattaché à la France en 1947. Au S.-E. du col, la *retenue du col du Mont-Cenis* alimente notamment la centrale de Villarodin. — On a souvent donné, à tort, le nom de « Mont-Cenis » au tunnel ferroviaire passant sous le col du Fréjus.

CENNINI (Cennino), peintre et écrivain d'art italien (Colle di Val d'Elsa, près de Sienne, autour de 1370 - Padoue ? début du XVe s.), auteur, à la fin du XIVe s., du *Libro dell'arte* (trad. fr., *Traité de la peinture,* 1911), précieuse source de renseignements sur les techniques et les débats artistiques à la veille de la Renaissance.

CÉNOBIARQUE n. m. Supérieur d'un monastère de cénobites.

1. CÉNOBITE n. m. (lat. ecclés. *cœnobita,* de *cœnobium,* monastère, du gr. *koinobion*). Moine vivant en communauté.

2. CÉNOBITE n. m. (de *cénobite 1*). Grand crustacé décapode terrestre des rivages marins, voisin des bernard-l'ermite, tel que le « crabe des cocotiers » des Antilles ou des espèces voisines abritant leur abdomen dans une coquille d'emprunt.

CÉNOBITIQUE adj. Relatif aux cénobites.

CÉNOBITISME n. m. État d'un cénobite.

CÉNOCYTE ou **CŒNOCYTE** n. m. Cellule géante à nombreux noyaux (muscles striés, champignons et algues à structure siphonées, etc.).

CÉNOMANIEN n. m. (lat. *Cenomani,* n. pr.). Étage du crétacé.

CÉNOMANS, peuple celtique, fraction des Aulerques, qui occupait la majeure partie de la Sarthe.

CENON (33150), ch.-l. de cant. de la Gironde, banlieue est de Bordeaux ; 21 726 hab. *(Cenonnais).*

CÉNOTAPHE n. m. (lat. *cenotaphium ;* du gr. *kenotaphion,* de *kenos,* vide, et *taphos,* tombeau). Monument élevé à la mémoire d'un mort et qui ne contient pas ses restes.

ENCYCL. L'usage d'un monument funéraire qui ne contient pas le corps du défunt a existé chez beaucoup de peuples. Chez les Grecs et les Romains, le tombeau vide offrait un asile à l'âme des morts qui n'avaient pu être ensevelis régulièrement. En Égypte, les particuliers tenaient à posséder un cénotaphe dans un lieu saint, ainsi à Abydos.

CÉNOZOÏQUE n. m. et adj. Ère géologique d'une durée de 65 millions d'années, débutant à la fin du crétacé et se poursuivant de nos jours, regroupant le tertiaire et le quaternaire.

ENCYCL. Le cénozoïque a vu la surrection des chaînes alpines au sens large (dont les Alpes et les Pyrénées), puis le commencement de leur destruction, traduite par d'épais dépôts détritiques. L'Atlantique nord s'ouvre progressivement et l'Atlantique sud continue à s'élargir. Les animaux et les plantes préfigurent le monde actuel. C'est l'époque de diversification des monocotylédones et des mammifères, dont un rameau conduit à l'apparition de l'homme.

CÉNOZONE n. f. Ensemble de couches dont le contenu en fossiles (faune, flore) constitue une association naturelle.

CENS [sɑ̃s] n. m. (lat. *census,* de *censere,* recenser). **1.** *Cens (électoral),* quotité d'imposition qui était nécessaire pour être électeur ou éligible. (Le refus d'élargir le corps électoral en abaissant le cens est une des raisons de la chute de la monarchie de Juillet. Mode d'accaparement du pouvoir par la bourgeoisie, le système censitaire a été abandonné en 1848 au profit du suffrage universel.) — **2.** Redevance annuelle due par le tenancier au seigneur. (Pesant sur la censive, le cens était en principe fixe et perpétuel et pouvait être en argent ou en nature.) — **3.** À Rome, dénombrement, tous les 5 ans, des citoyens et de leur fortune, qui servait à la répartition des tâches politiques, à celle des impôts et au recrutement de l'armée.

CENSÉ (ÊTRE) v. pass. (anc. fr. *censer,* aviser, du lat. *censere,* juger). Être considéré comme devant être ou devant faire qqch ; être supposé : *Nul n'est censé ignorer la loi.*

CENSÉMENT adv. (de *censé*). Par supposition, en principe, apparemment.

CENSEUR n. m. (lat. *censor*). **1.** Magistrat curule qui, chez les Romains, était chargé du cens et de la surveillance des mœurs. (→ *encycl.*) – **2.** *Litt.* Personne qui critique les actions ou les œuvres des autres. – **3.** Personne chargée par une autorité de contrôler les productions artistiques (littérature, cinéma) avant d'en permettre la publication ou la représentation. – **4.** Dans certaines sociétés, personne ayant une mission de contrôle et de surveillance de la gestion. – **5.** Ancien titre du fonctionnaire chargé de maintenir la discipline générale dans un lycée. (Les censeurs sont devenus des proviseurs adjoints.)

ENCYCL. Tous les cinq ans, les deux censeurs étaient élus par les comices centuriates mais n'exerçaient leurs fonctions que pendant 18 mois. Ils dressaient la liste *(album)* des sénateurs et des chevaliers, répartissaient les citoyens dans les centuries et les tribus, établissaient le budget, affermaient la perception des revenus pour 5 ans et mettaient en adjudication l'exécution des travaux publics. Ils pouvaient blâmer les abus de pouvoir, les excès de luxe, les fautes contre la discipline militaire.

CENSIER, ÈRE adj. (lat. médiév. *censuarius*). Relatif au cens.

◆ **censier** n. m. Au Moyen Âge et sous l'Ancien Régime, registre foncier d'un seigneur contenant la liste de ses tenanciers et de leurs tenures avec les redevances et les services auxquels ils étaient astreints. (Syn. TERRIER.)

CENSITAIRE adj. (lat. *censitus,* astreint au paiement d'un cens). Fondé sur le cens électoral.

◆ n. m. Tenancier qui devait le cens à un seigneur.

CENSIVE n. f. (lat. médiév. *censiva terra,* tenure à cens). Terre soumise au cens annuel.

CENSORAT n. m. Ancienn., fonction de censeur dans l'enseignement.

CENSORIAL, E, AUX adj. (lat. *censorius* ou angl. *censorial*). Relatif à la censure.

CENSUEL, ELLE adj. (lat. *censualis*). Relatif au cens ; soumis au cens.

CENSURABLE adj. Qui mérite la censure : *Conduite censurable.*

CENSURE n. f. (lat. *censura*). **1.** Examen préalable fait par l'autorité compétente sur les publications, émissions et spectacles destinés au public et qui aboutit à autoriser ou interdire leur diffusion totale ou partielle. (En France, les films doivent comporter un visa de censure délivré par le ministre de la Culture après avis d'une commission.) – **2.** Commission de personnes chargées de cet examen. – **3.** Action de censurer, d'interdire tout ou partie d'une communication quelconque : *Censure paternelle.* – **4.** Peine disciplinaire prononcée à l'égard des officiers ministériels et des membres d'une assemblée parlementaire. – **5.** Mise en cause de la responsabilité politique du gouvernement à l'initiative des parlementaires, qui se manifeste par une motion de censure ou un refus de confiance. – **6.** Fonction de censeur chez les Romains. – **7.** Mesure disciplinaire pénale prise à l'encontre d'un chrétien délinquant en vue de l'amener à résipiscence. (Les censures principales sont l'excommunication, la suspense et l'interdit.) – **8.** Instance psychique qui empêche l'émergence des désirs inconscients dans la conscience autrement que sous une forme déguisée. (→ *encycl.*) – **9.** *Motion de censure,* procédé par lequel, en régime parlementaire, une assemblée met en jeu (soit spontanément, soit à la suite de l'engagement par le gouvernement de sa responsabilité sur le vote d'un texte) la responsabilité du gouvernement en lui signifiant qu'il ne jouit plus de sa confiance.

ENCYCL. **Psychanal.** La censure travestit les contenus des désirs inconscients et inhibe leurs affects afin qu'ils soient méconnaissables pour la conscience. Ses procédés sont ceux du travail du rêve. Elle est représentée par le surmoi. La censure a une action de défense contre le surgissement de l'angoisse et des affects pénibles pour la conscience. Elle œuvre dans la cure analytique comme une résistance. Lorsque les matériaux censurés sont redevenus conscients, le refoulement est aboli.

CENSURER v. t. (conj. 3). **1.** *Litt.* Critiquer vivement qqn, ses actions, ses ouvrages, etc. : *Censurer toute innovation.* – **2.** Interdire tout ou partie d'une communication destinée au public : *Censurer un article de journal.* – **3.** Voter à la majorité une motion de censure contre le gouvernement. – **4.** Refouler un désir, un affect.

◆ **se censurer** v. pr. Exercer sur soi, sur ses écrits une sorte de censure préalable.

1. CENT adj. num. card. (lat. *centum*). **1.** Dix fois dix (prend un *s* seulement quand il est précédé d'un nombre qui le multiplie) : *Deux cents francs. Trois cent dix hommes.* – **2.** S'emploie au sens de « centième » dans une numérotation, dans l'expression d'un rang, etc. (reste invariable) : *L'an neuf cent.* – **3.** Un grand nombre indéterminé de : *On vous l'a dit cent fois.* – **4.** *(À) cent pour cent,* intégralement, absolument : *Du tissu cent pour cent coton.* ‖ *À cent contre un,* avec une très grande certitude : *Parier à cent contre un.* ‖ Fam. *Cent sept ans,* très longtemps, interminablement. ‖ *Pour cent (%),* indique un rapport proportionnel : *Ce placement rapporte quinze pour cent.*

◆ n. m. **1.** Désigne selon les cas le numéro d'une chambre, d'un dossier, un pourcentage, etc. – **2.** Ensemble de cent ; centaine : *Acheter un cent d'huîtres.* – **3.** *Placer (de l'argent) à cinq, six, dix, vingt, etc., pour cent l'an,* prêter à un particulier ou à une entreprise, ou déposer dans une banque, une certaine somme d'argent moyennant un intérêt de cinq, six, dix, vingt, etc., pour cent par an.

2. CENT [sɛnt] n. m. (anglo-amér. *cent*). **1.** Dans de nombreux pays anglo-saxons, centième partie de l'unité monétaire principale. – **2.** Aux Pays-Bas, centième partie du florin.

Cent Ans *(guerre de)* [1337-1453], conflit qui opposa la France des Valois à l'Angleterre des Plantagenêts puis des Lancastres. Cette guerre est essentiellement la conséquence d'une querelle féodale doublée d'un conflit dynastique. Querelle féodale, la guerre de Cent Ans prend le relais de celle qui a opposé les Plantagenêts aux Capétiens depuis l'avènement d'Henri II au trône d'Angleterre (1154) jusqu'à la signature du traité de Paris (1259) entre Louis IX et Henri III. Par ce traité, Louis IX avait reconnu à Henri III la jouissance de la Guyenne en fief, pour lequel le roi d'Angleterre devait prêter hommage au roi de France. Mais, depuis lors, les souverains anglais cherchaient à obtenir l'indépendance totale de leur principauté, tandis que la monarchie française voulait reprendre la Guyenne et achever ainsi la reconquête de l'empire continental des Plantagenêts. Conflit dynastique, la guerre de Cent Ans oppose, à ses débuts, Philippe VI de Valois, roi de France, à Édouard III, roi d'Angleterre, qui briguent tous deux la couronne de France à la mort de Charles IV le Bel (1328), dernier des Capétiens directs. Bien que neveu du roi défunt, Édouard III est écarté du trône de France sous le prétexte de l'inaptitude des femmes à transmettre la Couronne à leur fils. La guerre commence en 1337 avec la confiscation de la Guyenne, prononcée le 24 mai par Philippe VI. Le 7 oct. suivant, Édouard III risposte en revendiquant le royaume de France et en reniant l'hommage prêté pour la Guyenne en 1329.

la conquête anglaise
(1338-1360)

Le conflit débute en Flandre, dont Édouard III veut faire sa base d'opérations. Pour obtenir l'appui du comte de Flandre, il interdit l'exportation des laines anglaises vers les villes flamandes. Celles-ci, réduites à la misère, se révoltent (janv. 1338) et s'allient à Édouard III (3 déc. 1339), qu'elles reconnaissent comme roi. Après ce succès, le Plantagenêt remporte la victoire navale de L'Écluse (Sluis) [24 juin 1340] sur la flotte de Philippe VI, débarque en Bretagne (1341), à la faveur de la guerre de la Succession, et entame à Saint-Vaast-la-Hougue (1345) une grande chevauchée au cours de laquelle il écrase la chevalerie française à Crécy (26 août 1346) et s'empare de Calais (4 août 1347). Interrompue par une trêve conclue le 28 sept. 1347 et prolongée jusqu'en 1355 en raison de la peste noire, l'offensive anglaise reprend sous la conduite du Prince Noir, Édouard, qui bat et fait prisonnier Jean II le Bon, roi de France, près de Poitiers (19 sept. 1356). En butte aux menées de Charles II le Mauvais, à l'insurrection parisienne (févr. 1358), dirigée par É. Marcel, et au soulèvement des Jacques (mai 1358), le dauphin Charles (futur Charles V) est contraint d'accepter le traité de Brétigny (24 oct. 1360), par lequel Édouard III reçoit en toute souveraineté une vaste Aquitaine en échange de sa renonciation à la couronne de France.

le redressement français
(1360-1380)

Il est dû à Charles V, qui prive Édouard III de ses alliés (Navarre, Bretagne, Flandre), prononce la confiscation de la Guyenne (30 nov. 1368), réorganise l'armée, laquelle, bien commandée par du Guesclin, reprend aux Anglais toutes leurs possessions à l'exception de cinq ports (Calais, Bordeaux, Bayonne, Brest, Cherbourg).

le temps des trêves
(1380-1411)

L'avènement en Angleterre et en France de deux rois mineurs, Richard II (1377) et Charles VI (1380), qui se heurtent à de graves difficultés intérieures (révolte des paysans anglais, 1381 ; querelle des Armagnacs et des Bourguignons, 1407), provoque une interruption des hostilités : les deux adversaires concluent à partir d'août 1388 des trêves qui durent jusqu'en 1411.

la conquête lancastrienne
(1411-1435)

Les hostilités reprennent à l'initiative de Jean sans Peur, qui sollicite en 1411 l'aide militaire de Henri IV de Lancastre. Rompant avec la politique attentiste de son père, Henri V débarque en Normandie (1415 et 1417), écrase l'armée française à Azincourt (25 oct. 1415), conquiert la Normandie (1417-1420) et impose le traité de Troyes (21 mai 1420) à Charles VI, qui le reconnaît comme son successeur. Contestant la validité de ce traité, le dauphin Charles se proclame roi de France sous le nom de Charles VII, bien qu'il n'exerce son autorité que sur les pays situés au sud de la Loire. Mais grâce à Jeanne d'Arc, qui délivre Orléans (8 mai 1429), bat les Anglais à Patay (18 juin) et le fait sacrer à Reims (17 juill.), Charles VII entame la reconquête du royaume, facilitée par la neutralité de Philippe III le Bon, duc de Bourgogne (traité d'Arras, 21 sept. 1435).

la reconquête française
(1435-1453)

Bénéficiant de l'éclosion du sentiment national, Charles VII entre dans Paris (avr. 1436), reconquiert la Normandie (victoire de Formigny, 15 avr. 1450), puis la Guyenne (victoire de Castillon, 17 juill. 1453). La guerre de Cent Ans s'achève par la prise de Bordeaux (19 oct. 1453). Mais le traité de paix ne sera signé que le 29 août 1475 à Picquigny, et Calais ne sera reconquise qu'en 1558.

La guerre de Cent Ans favorisa en France les progrès de l'unification et de la centralisation monarchique ; en revanche, en Angleterre, où elle contribua à l'organisation du baronnage, elle fut en partie responsable de la guerre des Deux Roses, qui éclata dès 1450.

Cent Ans de solitude, roman de Gabriel García Márquez (1967), histoire fantastique d'une bourgade imaginaire de Colombie.

Cent Fleurs *(campagne des)* [mai 1956], campagne lancée par Mao Zedong, au cours de laquelle le parti, lançant un slogan faisant allusion aux cent écoles philosophiques de l'Antiquité, invita les intellectuels à exprimer leurs idées. Les critiques devinrent politiques et, début juin, eut lieu une reprise en main (envois à la campagne, arrestations, etc.).

Cent Nouvelles nouvelles *(les),* recueil d'histoires libertines (1462), imitant le *Décaméron* de Boccace.

Cent Vingt Journées de Sodome *(les),* roman de Sade (1782-1785), publié en 1904.

CENTAINE n. f. (bas lat. *centena*). **1.** Groupe de cent unités. – **2.** Troisième ordre d'unités dans chaque classe de la numération décimale : *Centaine de mille.* – **3.** Groupe de cent environ : *Une centaine de personnes.* – **4.** Très grand nombre (surtout pl.) : *Les gens arrivaient par centaines.* – **5.** Âge de cent ans : *Elle a dépassé la centaine.* – **6.** À l'époque franque, division territoriale du *pagus,* administrée par un centenier.

Cent-Associés *(compagnie des),* ou **Compagnie de la Nouvelle-France,** association privilégiée, composée de cent actionnaires, créée par Louis XIII en 1627 à l'instigation de Richelieu, pour la colonisation de la Nouvelle-France (Canada). En échange du monopole du commerce des fourrures, elle fut chargée d'installer chaque année de deux à trois cents immigrants. Elle fut supprimée en 1663.

CENTAURE n. m. (lat. *centaurus,* du gr. *kentauros*). Être fabuleux moitié homme, moitié cheval. (Le fém. CENTAURESSE est rare.)

CENTAURE (en lat. *Centaurus, -i*), constellation australe, riche en étoiles brillantes. Son étoile principale est *Rigil* Kentarus.* Elle renferme l'étoile la plus proche du système solaire, *Proxima Centauri,* située à 4,22 al.

CENTAURÉE n. f. (lat. *centaurea,* du gr. *kentaureion,* parce qu'on attribuait la découverte de cette plante au centaure Chiron). Herbe composée à involucre scarieux telle que le bleuet ou la jacée. (500 espèces, dont 40 en France.)

CENTAVO [sɛntavo] n. m. (pl. *centavos*) [esp. *centavo*]. Dans de nombreux pays de langue espagnole ou portugaise (Bolivie, Brésil, Chili, Colombie, Cuba, République Dominicaine, Équateur, Guatemala, Honduras, Mexique, Nicaragua, Pérou, Philippines, Portugal, Salvador), centième partie de l'unité monétaire principale.

CENTENAIRE adj. (lat. *centenarius*). Qui a cent ans ou plus : *Arbre centenaire.*
◆ adj. et n. Qui est âgé de cent ans ou plus.
◆ n. m. Anniversaire d'un événement important célébré tous les cent ans : *On a fêté le centenaire du village.*

CENTENIER n. m. (bas lat. *centenarius,* centurion). **1.** Dans les armées romaines et médiévales, chef d'une troupe de cent hommes. – **2.** À l'époque franque, personne chargée, sous l'autorité du comte, d'administrer une centaine.

CENTENNAL, E, AUX adj. (lat. *centus,* cent, et *annus,* année). Qui se fait ou qui revient tous les cent ans.

CENTERLESS [sɛntœrlœs] adj. inv. (amér. *centerless,* sans centre). Se dit d'un procédé ou d'une machine permettant de rectifier la surface d'une pièce métallique sans que celle-ci soit fixée entre pointes. (La pièce est mise en rotation par une meule d'entraînement.)

CENTÉSIMAL, E, AUX [sɑ̃-] adj. (lat. *centesimus,* centième). **1.** Se dit des fractions dont le dénominateur est cent, ou de tout rapport de nombres dans lequel cent est pris pour base. – **2.** *Degré centésimal,* chacune des divisions d'une échelle centésimale. ‖ *Échelle centésimale,* échelle divisée en cent parties égales.

CENTÉSIME [sɑ̃-] n. m. Intérêt de 1 % par mois.

CENT-GARDE n. m. (pl. *cent-gardes*). Cavalier de la garde d'honneur de Napoléon III. (Le corps des cent-gardes, symbole du brio de l'armée du second Empire, disparut avec ce régime en 1870.)

CENTI-, préfixe SI (symb. c) qui divise par 100 l'unité devant laquelle il est placé.

CENTIARE [sɑ̃-] n. m. Centième partie de l'are. (Il vaut un mètre carré. Symb. ca.)

CENTIÈME adj. num. ord. (lat. *centesimus*). **1.** Qui occupe une place, un rang marqué par le nombre cent : *Il est arrivé centième au cross.* – **2.** Qui se trouve cent fois dans le tout : *La*

centième partie. – **3.** *La centième fois,* une nouvelle fois après un grand nombre d'autres.
◆ n. m. **1.** Partie contenue cent fois dans le tout : *Le centimètre est le centième du mètre.* – **2.** Fraction infime : *Je ne vous dis pas le centième de ce qu'il m'a raconté.*
◆ n. f. Centième représentation d'une pièce de théâtre.

CENTIÈMEMENT adv. En centième lieu.

CENTIGRADE [sɑ̃-] n. m. **1.** Centième partie du grade, unité d'angle. – **2.** Syn. anc. de DEGRÉ CELSIUS*.

CENTIGRAMME [sɑ̃-] n. m. Centième partie du gramme (symb. cg).

CENTILAGE [sɑ̃-] n. m. Division d'une distribution statistique en cent classes d'effectifs égaux.

CENTILE [sɑ̃-] n. m. (angl. *centile,* de *percentile,* pour cent). Chacune des valeurs d'un caractère statistique quantitatif qui partagent l'étendue des valeurs en cent sous-ensembles d'effectifs égaux.

CENTILITRE [sɑ̃-] n. m. Centième partie du litre (symb. cl).

CENTIME [sɑ̃-] n. m. (de *cent,* avec infl. de *décime*). **1.** Centième partie de l'unité monétaire de nombreux pays, dont la France. (Il équivaut, en France, au franc ancien d'avant 1959.) – **2.** La plus petite somme d'argent (dans des phrases négatives) : *Je n'ai pas déboursé un centime.* – **3.** *Centimes additionnels,* surcroît d'impôt ajouté au principal du rôle pour subvenir à certaines dépenses spéciales et qui était perçu par les collectivités locales jusqu'à la réforme de la fiscalité locale en 1974.

CENTIMÈTRE n. m. **1.** Centième partie du mètre (symb. cm). – **2.** *Fam.* Ruban souple de métal ou de matière plastique divisé en centimètres.

CENTIMÉTRIQUE adj. Se dit des ondes radio dont la longueur d'onde est comprise entre un et dix centimètres.

Cent-Jours *(les),* dernière période du règne de Napoléon Ier, qui s'étend de la date de son arrivée à Paris après son retour de l'île d'Elbe (20 mars 1815) à celle de sa seconde abdication (22 juin). Durant cette période, Napoléon Ier tenta d'organiser une monarchie constitutionnelle (Acte additionnel aux Constitutions de l'Empire). Obligé de faire face aux puissances coalisées, il leva de nouvelles troupes. Le désastre de Waterloo (18 juin) l'accula à une seconde abdication (22 juin), prélude à la seconde restauration de Louis XVIII (8 juill.).

CENT-LANCE n. m. (pl. *cent-lances*). Effectif des cent lances du roi, la lance étant l'unité féodale tactique.

CENTO (sigle de *CENtral Treaty Organization*), organisation d'assistance mutuelle regroupant des représentants de la Turquie, de l'Iran, du Pākistān et de la Grande-Bretagne, créée en 1959 après la dénonciation par l'Iraq du pacte de Bagdad, conclu en 1955. Les États-Unis y adhérèrent en tant que membre associé. L'organisation fut dissoute en 1979.

CENTON n. m. (lat. *cento, -onis,* vêtement rapiécé). Pièce de vers ou de prose dont les fragments sont empruntés à divers auteurs ou à diverses œuvres d'un même auteur.

CENTRAFRICAIN adj. et n. De la République centrafricaine.

CENTRAFRICAINE *(République),* État de l'Afrique centrale ; 620 000 km² ; 3 100 000 hab. *(Centrafricains).* CAP. *Bangui.* LANGUE : *français.* MONNAIE : *franc C.F.A.*

Géographie. Plus vaste que la France, le pays a une densité moyenne de 5 hab. au km² seulement. Assez abondamment arrosé au S., proche de l'équateur, il est plus sec et plus chaud vers le N., où dominent la forêt claire ou la savane arborée. En dehors de l'extraction des diamants, l'agriculture est presque exclusive : cultures vivrières (manioc et mil, igname, maïs, etc.) et commerciales (héritées de la colonisation, comme le coton et le café), avec l'élevage bovin. L'industrialisation est limitée à la valorisation de produits du sol (et d'une forêt exploitée). Elle est handicapée par l'enclavement, qui limite aussi les exportations (café, coton, bois, diamants), inférieures aux importations. Les revenus du tourisme ne comblent pas le déficit commercial, et le pays, à cause, notamment, de sa situation géographique, demeure l'un des plus pauvres du monde.

Histoire. Peuplé à l'origine par des Pygmées et des tribus bantoues, auxquels viennent s'ajouter à partir du XVIe s., des peuples venus du Soudan, du Congo et du Tchad, le pays est ravagé par la traite des Noirs.
1877 : La descente du Congo par Stanley ouvre la voie à l'exploration européenne.
1889-1910 : Soucieuse de s'ouvrir les routes du Tchad et du Nil, la France crée le poste de Bangui, renforce son implantation avec la mission Marchand (1896-1898), constitue l'Oubangui-Chari en colonie (1905) et l'intègre dans l'Afrique-Équatoriale française (A.-É.F.).
1946 : L'Oubangui-Chari devient territoire d'outre-mer.
1958 : La République centrafricaine est proclamée avec, à sa tête, Barthélemy Boganda (qui meurt en 1959).
1960 : Elle devient indépendante avec pour président David Dacko.

1965 : Un coup d'État militaire amène au pouvoir Jean Bédel Bokassa, président à vie (1972) puis empereur (1976).
1979 : Avec l'aide de la France, D. Dacko renverse Bokassa et rétablit la république.
1981 : Coup d'État militaire d'André Kolingba. En 1991-92, le pays s'ouvre au multipartisme.
1993 : Ange-Félix Patassé est élu à la présidence de la République.

CENTRAGE n. m. **1.** Action de centrer une pièce, une photographie, un ouvrage, etc. — **2.** Opération qui a pour but de déterminer le centre d'une face de pièce ou d'y percer un trou en vue de son montage entre pointes. — **3.** Orientation de l'axe principal d'un instrument topographique, à la verticale d'un repère, à l'aide d'un fil à plomb ou d'une lunette de centrage.

CENTRAL, E, AUX adj. (lat. *centralis,* de *centrum,* centre). **1.** Qui est au centre ou dans la région du centre ; qui constitue le centre : *Un pilier central. L'Europe centrale.* — **2.** Qui se trouve à un point de convergence ou de diffusion : *L'administration centrale.* — **3.** Qui a la principale importance ; capital : *Argument central d'un ouvrage.* • **Dr.** *Maison centrale* ou *centrale* (n. f.), établissement pénitentiaire dans lequel les condamnés à un emprisonnement de longue durée (plus d'un an) exécutent leur peine. — **Géophys.** *Feu central,* ensemble de minéraux fondus qui, selon la théorie de la chaleur interne, occuperait le centre de la Terre. — **Math.** *Élément central d'un ensemble* E *muni d'une loi de composition interne,* élément qui permute avec tous les éléments de E. — **Neurol.** Situé au niveau du cerveau et de la moelle épinière, par oppos. à *périphérique.* — **Phys.** *Accélération centrale,* accélération variable dont le support passe par un point fixe. ‖ *Axe central d'inertie,* axe permanent de rotation. ‖ *Force centrale,* force variable dont le support passe par un point fixe dans un référentiel galiléen. — **Probab.** *Théorème central limite,* théorème selon lequel, sous certaines hypothèses, la variable réduite associée à la somme de *n* variables aléatoires mutuellement indépendantes, de même loi de probabilité, converge en loi vers une variable normale réduite. — **Stat.** *Valeur centrale,* paramètre défini en vue de mesurer ce qu'il peut y avoir de commun à toutes les valeurs d'une distribution. (Les principales valeurs centrales sont le mode, la médiane, le milieu de l'étendue et la moyenne.)

◆ **central** n. m. **1.** Centre de télécommunications. — **2.** Poste dans le navire où sont centralisés les appareils de contrôle et de transmission d'ordre. — **3.** Court principal d'un stade de tennis. — **4.** *Central sous-stations,* syn. de COMMANDE* CENTRALISÉE DES SOUS-STATIONS. ‖ *Central dactylographique,* service qui assure, à la demande, la frappe de textes pour les autres services d'une entreprise ou d'une organisation. (Syn. POOL DACTYLOGRAPHIQUE.)

◆ **centrale** n. f. Nom générique d'installations, de dispositifs dans lesquels on opère certains traitements dont les résultats sont distribués à divers postes utilisateurs. • **Aéron.** *Centrale aérodynamique,* ensemble des instruments permettant d'effectuer des mesures aérodynamiques à bord d'un avion. — **Comm.** *Centrale d'achat,* organisme qui sélectionne des gammes d'articles, regroupe les commandes de magasins adhérents et est chargé de réaliser les achats correspondants aux meilleures conditions. — **Dr.** Syn. de MAISON CENTRALE. ‖ Syn. de CONFÉDÉRATION DE SYNDICATS. — **Écon.** *Centrale des bilans,* organisme qui, à partir des comptes des entreprises, rassemble des données homogènes sur celles-ci. — **Électr.** Ensemble d'installations constituant une usine génératrice d'énergie électrique par conversion d'autres formes d'énergie. (→ *encycl.*) — **Mécan.** *Centrale à inertie* ou *centrale inertielle,* ensemble mécanique et électronique de précision, comportant des organes sensibles (accéléromètres, gyromètres) et des moyens de calcul, capable de fournir à chaque instant les coordonnées de position et les composantes de vitesse et d'accélération du mobile à bord duquel il est installé. — **Techn.** *Centrale solaire,* installation qui convertit l'énergie solaire en électricité ou en travail mécanique. (→ *encycl.*) — **Trav. publ.** *Centrale à béton,* usine où se fabrique le béton.

ENCYCL. Une centrale électrique produit de l'électricité au moyen de générateurs à courant alternatif, entraînés par des appareils moteurs utilisant les différentes formes naturelles d'énergie : thermique, éolienne, solaire, géothermique, hydraulique et marémotrice. Actuellement, les centrales hydroélectriques et thermiques constituent les seules installations industrielles de grande puissance. Le choix du type de centrale dépend des éléments qui déterminent le prix de revient du kilowatt-heure : investissement initial, charges d'exploitation, prix et disponibilité de la source d'énergie.

Les grandes centrales thermiques

Qu'elle soit classique ou nucléaire, une centrale thermique fonctionne toujours selon le même principe : porter de l'eau à ébullition sous haute pression pour, avec la vapeur ainsi produite, faire tourner des turboalternateurs.

Une *centrale thermique classique* produit de l'énergie électrique à partir de la chaleur provenant de la combustion d'une énergie fossile (fioul, gaz naturel ou charbon). Dans les grandes centrales, des turbines à vapeur entraînent, à 3 000 tr/min, des turboalternateurs d'une puissance atteignant 600MW. Les centrales moder-

nes comportent fréquemment plusieurs turboalternateurs de même puissance, dont chacun constitue une tranche, capable de fonctionner en autonomie complète. On utilise également des turbines à gaz dans les centrales d'appoint ou de secours.
Une *centrale nucléaire* est généralement constituée de plusieurs unités (ou tranches) implantées sur un même site. Chaque unité comprend un réacteur nucléaire, un groupe turboalternateur et diverses installations auxiliaires. Les centrales nucléaires produisent de l'électricité à partir de la chaleur dégagée par la fission provoquée du noyau de certains atomes lourds, l'isotope 235 de l'uranium par exemple. Cette chaleur sert à vaporiser de l'eau dans le générateur de vapeur, laquelle vapeur est dirigée vers les turboalternateurs.

Les autres types de centrales

Une *centrale éolienne* cherche à exploiter l'énergie des vents, gratuite et inépuisable, mais dont le caractère dispersé et sporadique freine une exploitation systématique. Il n'existe encore aucun moyen pour régulariser la production des machines dépassant quelques dizaines de kilowatts.
Parmi les *centrales solaires,* on distingue les centrales *photovoltaïques* des installations *thermodynamiques.* Les premières font appel à l'effet photovoltaïque, qui se produit dans certains matériaux semi-conducteurs et qui est mis en œuvre dans les photopiles, pour convertir directement les photons du rayonnement solaire en énergie électrique. Les secondes convertissent l'énergie solaire en chaleur, qui met en mouvement une machine thermodynamique à laquelle est éventuellement couplé un alternateur.
Une *centrale géothermique* capte la chaleur des roches et des nappes d'eau du sous-sol. Pour la production d'électricité, il faut faire appel à la géothermie « haute énergie », où la température de l'eau (ou de la vapeur d'eau) est supérieure à 150 °C.
Une *centrale hydroélectrique* utilise l'énergie cinétique de l'eau, qui, par sa vitesse, actionne une turbine hydraulique entraînant un alternateur. On distingue : les *centrales au fil de l'eau,* ne disposant pratiquement d'aucune réserve d'énergie ; les *centrales de lac,* alimentées par une retenue mettant en réserve un certain volume (en fait de l'énergie potentielle) ; les *centrales d'éclusée,* qui sont des centrales de lac dont la possibilité de stockage est inférieure à 5 % des apports annuels ; les *centrales de pompage,* où l'eau circule entre deux réservoirs, à des niveaux différents, alternativement par pompage (aux heures de creux) et par turbinage (aux heures de pointe).
Une *centrale marémotrice* produit de l'énergie électrique à partir de l'énergie des marées, qui n'est exploitable qu'aux endroits où celles-ci présentent une amplitude importante (une dizaine de mètres), due à des phénomènes locaux de résonance. La première, et quasi unique, réalisation a été effectuée en France sur l'estuaire de la Rance.

CENTRALE *(vallée),* autre nom de la Grande Vallée, en Californie.

centrale des arts et manufactures *(École),* établissement public national, placé sous l'autorité du ministère de l'Éducation nationale. Fondée en 1829, cette école, qui recrute sur concours, dispense un enseignement supérieur ayant pour objet la formation d'ingénieurs hautement qualifiés pour toutes les branches de l'industrie, pour les grands services publics ainsi que pour la recherche scientifique appliquée. Elle est installée à Châtenay-Malabry depuis 1969.

centrale de Lyon *(École),* établissement public dépendant du ministère de l'Éducation nationale. Fondée en 1857, cette école, qui recrute sur concours, forme des ingénieurs pour toutes les branches de l'industrie, la recherche et les grands services publics.

CENTRALIEN, ENNE n. Élève ou ancien élève de l'École centrale des arts et manufactures.

Central Intelligence Agency (CIA), agence centrale de renseignements des États-Unis. Créée en 1946 par le président Truman, la CIA a été institutionnalisée en 1947. Elle est placée directement sous l'autorité du président des États-Unis. L'action de la CIA s'exerce dans quatre domaines : l'espionnage à l'extérieur, le contre-espionnage, l'action psychologique, les opérations clandestines susceptibles d'influencer les événements internationaux. La CIA centralise et traite à Langley, près de Washington, tous les renseignements obtenus.

CENTRALISATEUR, TRICE adj. et n. Qui centralise des pouvoirs, des informations, etc. : *Organe centralisateur.*

CENTRALISATION n. f. **1.** Action de centraliser : *La centralisation des informations au ministère.* — **2.** Type d'organisation étatique dans lequel l'autorité centrale détient la totalité des pouvoirs de décision en matière politique, administrative et financière, les autorités locales étant entièrement dépendantes.

CENTRALISER v. t. (conj. 3). **1.** Réunir en un même lieu ce qui vient de divers côtés : *Centraliser des fonds.* — **2.** Faire dépendre des organes, des services d'un organisme central : *Administration très centralisée.*

◆ **être centralisé** v. pass. *Économie centralisée,* économie régie non par le marché, mais par des injonctions de l'État, qui impose un plan aux unités économiques.

ENCYCL. Dans une *économie centralisée,* l'« entreprise » est une simple unité technique chargée d'exécuter une partie du plan. Les prix perdent leur signification et seule compte la réalisation quantitative des objectifs du plan. On rangeait dans ce type d'économie les pays à économie planifiée et collectivisée, telles l'U. R. S. S., la Chine, les démocraties populaires.

CENTRALISME n. m. **1.** Système politique où les décisions partent d'une autorité centrale. – **2.** *Centralisme démocratique,* mode d'organisation sur lequel repose la vie intérieure des partis communistes et qui implique notamment la soumission de la minorité à la majorité dans l'application de la ligne politique définie.

CENTRALISTE adj. et n. Se dit d'un partisan du centralisme.

CENTRALITÉ n. f. **1.** Caractère de ce qui est central : *La centralité du problème économique.* – **2.** *Ligne de centralité,* ligne décrite, à la surface de la Terre, par la trace de la droite joignant les centres du Soleil et de la Lune au cours d'une éclipse de Soleil totale ou annulaire.

CENTRAL LANCASHIRE, v. nouvelle de Grande-Bretagne, au S. de Preston, englobant Chorley et Leyland ; 247 000 hab.

CENTRAMÉRICAIN, E adj. et n. De l'Amérique centrale.

CENTRANTHE n. m. (lat. sc. *kentranthus*). Valériane, aux fleurs rouges ou blanches, des murs et rochers du midi de la France. (N. usuel *barbe-de-Jupiter.*)

CENTRARCHIDÉ n. m. (du gr. *arkhos,* anus). Nom de famille de poissons des États-Unis tels que la perche-soleil et le black-bass, acclimatés en Europe.

CENTRATION n. f. *Effet de centration,* surestimation du stimulus ou de la partie du stimulus sur quoi porte l'attention. ‖ *Loi des centrations relatives,* loi énoncée par J. Piaget pour rendre compte de la probabilité des déformations perceptives d'une figure dues à l'effet de centration, en fonction des variations objectives de la figure.

CENTRE n. m. (lat. *centrum,* du gr. *kentron,* aiguillon, puis rayon). **1.** Point tel que tous les points d'une figure sont symétriques deux à deux par rapport à ce point : *Centre d'une ellipse.* – **2.** Ce point et la région avoisinant ce point pour un espace, une surface quelconque ; milieu : *Placer un bouquet au centre de la table.* – **3.** Lieu où sont rassemblées des personnes : *Ouvrir un centre d'hébergement pour les sinistrés.* – **4.** Ville, localité caractérisée par l'importance de sa population ou de l'activité qui y règne : *Un centre ferroviaire, industriel.* – **5.** Quartier le plus animé d'une ville : *Aller dans le centre faire des achats.* – **6.** Organisme consacré à un ensemble d'activités : *Centre national de la recherche scientifique.* – **7.** Établissement où sont regroupées diverses activités relevant d'un même domaine : *Centre médical.* – **8.** Point, lieu où convergent ou d'où rayonnent des activités, des actions diverses : *Paris, centre de la vie culturelle.* – **9.** Personne, chose vers laquelle convergent l'attention, l'intérêt : *Il est le centre de tous les regards.* – **10.** Point essentiel, cœur : *C'est le centre du débat.* – **11.** Sur le plan politique, position, parti qui se situe entre la droite et la gauche. – **12.** *Centre commercial,* équipement de distribution qui regroupe grand(s) magasin(s) et commerces indépendants. ‖ *Centre nerveux,* siège de l'activité directrice d'un pays, d'un groupe, d'une entreprise, etc. ‖ *Se prendre pour, se croire le centre du monde, de l'univers,* croire qu'on est ce qu'il y a de plus important au monde. • **Acoust.** *Centre acoustique d'une source,* point d'où semblent provenir les ondes acoustiques produites par une source sonore. – **Aéron.** *Centre d'aviation,* ensemble du terrain et des installations où s'exerce une activité aérienne. – **Anat.** Lieu d'un organe vers lequel convergent ou duquel émanent les dispositions structurales ou fonctionnelles qui confèrent son unité à cet organe et conditionnent ses relations avec l'ensemble de l'organisme. ‖ *Centre nerveux,* formation de substance grise, située dans les hémisphères cérébraux, le bulbe, dans la moelle épinière ou dans les ganglions du système nerveux végétatif, par laquelle s'effectuent la sélection et la transmission de l'influx nerveux. (→ *encycl.*) ‖ *Centre phrénique,* partie centrale du diaphragme, formée de fibres conjonctives entrecroisées. ‖ *Centres respiratoires,* centres situés dans la formation réticulée du tronc cérébral et assurant l'automatisme et la rythmicité des fonctions respiratoires. (Ce sont le *centre bulbaire,* le *centre apneustique* et le *centre pneumotaxique.*) – **Écon.** Dans l'analyse marxienne, lieu d'où s'exercent des forces de domination vers d'autres zones (la périphérie), notamment vers les pays sous-développés. ‖ *Centre de frais, de responsabilité, de profit,* subdivision utilisée en gestion budgétaire pour procéder à l'analyse des coûts des diverses sections d'activité de l'entreprise et évaluer les performances qu'elles obtiennent. – **Géom.** *Angle au centre,* paire de demi-droites {Ox, Oy } telle que O est le centre d'un cercle. ‖ *Centre d'autosymétrie d'une figure,* centre de la symétrie centrale qui la laisse invariante. ‖ *Centre d'une boule,* centre de sa sphère frontière. ‖ *Centre d'un cercle, d'une sphère,* point O tel que la distance OM d'un point quelconque M du cercle, de la sphère à O est égale au rayon R. ‖ *Centre de courbure d'une courbe plane ou gauche en un de ses points,* centre du cercle osculateur à la courbe en ce point. (→ *trièdre de* FRENET.) ‖ *Centre d'un disque,* centre de son cercle frontière. ‖ *Centre de gravité* ou *d'inertie d'un système de points,* équibarycentre de ces points. ‖ *Centre de répétition d'une figure,* centre des rotations qui laissent celle-ci invariante. ‖ *Centre d'une transformation,* point jouant un rôle particulier dans cette transformation. (→ HOMOLOGIE, HOMOTHÉTIE, PERSPECTIVE, ROTATION, SIMILITUDE, SYMÉTRIE.) — **Mar.** *Centre de carène* ou *de poussée,* centre de gravité de la carène. ‖ *Centre de dérive,* point d'application de la résultante des forces appliquées par l'eau à la partie immergée du navire. — **Math.** *Centre d'un ensemble* E *muni d'une loi de composition interne,* ensemble des éléments centraux de E. ‖ Syn. de PÔLE. — **Mécan.** *Centre d'usinage,* installation industrielle automatisée essentiellement constituée par une machine-outil à commande numérique (en général une fraiseuse). [Dans le cas d'un tour, on dit plutôt *centre de tournage.*] — **Météo.** *Centre d'action,* anticyclone ou dépression relativement fixe et durable, qui dirige la circulation atmosphérique sur une région déterminée. (Les grands centres d'action de l'Europe occidentale sont l'anticyclone des Açores et la dépression d'Islande.) — **Phys.** *Centre instantané de rotation,* point (s'il existe) où la vitesse est nulle dans un mouvement plan sur plan. ‖ *Centre de masse,* pour un système de particules repérées dans un référentiel donné, point situé au barycentre. — **Sports.** Passe du ballon, à la main ou au pied, de l'aile vers l'axe du terrain. ‖ Au basket-ball, joueur placé au centre de la ligne d'attaque. (Syn. PIVOT.) — **Stat.** *Centre de classe,* moyenne arithmétique des limites inférieure et supérieure de cette classe. — **Télécomm.** Lieu ou local rassemblant le matériel qui permet d'effectuer des opérations de télécommunications (émission, réception, commutation, etc.). [Syn. CENTRAL.] ‖ *Centre de commutation,* ensemble de commutateurs, d'organes de signalisation, de commande, de mesure, etc., installés dans un même lieu de convergence de lignes. — **Théâtr.** *Centre dramatique national,* organisme institué à partir de 1947 dans certaines villes pour lutter contre le déséquilibre culturel entre Paris et la province et tenter de promouvoir une forme de théâtre populaire. — **Urban.** *Centre civique,* quartier d'une ville où sont réunis, suivant un plan préconçu, les principaux bâtiments publics. ‖ *Centre social,* bâtiment abritant divers services sociaux, lieux de réunion, etc.

ENCYCL. **Anat.** *Centres nerveux.* On distingue les *centres sensitifs,* qui traitent l'information provenant des divers organes sensoriels, les *centres moteurs,* dont les axones vont innerver la musculature, les organes glandulaires ou vasculaires, et des *centres d'intégration* ou *de coordination,* représentant plus de 90 % des centres nerveux.

Centre allemand (le), groupement politique allemand *(Zentrumspartei)* pendant le IIe Reich et la République de Weimar. Fondé en 1870, il succède à la « Fraction catholique » (formée en 1852) de la Diète prussienne. Jusqu'en 1933, il demeure le principal parti du « catholicisme politique » allemand. D'abord parti d'opposition, il combat Bismarck à l'époque du Kulturkampf. Avec la fondation de la République de Weimar (1919), il accède aux responsabilités gouvernementales et devient un parti de la « coalition de Weimar ». Opposés au national-socialisme, ses députés votent cependant les pleins pouvoirs à Hitler en mars 1933. Mais il fut dissous quatre mois plus tard. Son électorat ainsi que ses anciens cadres favorisèrent en 1945 la fondation de la Christlich-Demokratische Union (CDU).

Centre chrétien des patrons et dirigeants d'entreprises françaises → PATRONS.

Centre des démocrates sociaux (C. D. S.), parti politique français formé en mai 1976 sous la présidence de J. Lecanuet et issu de la fusion du Centre démocrate et du Centre Démocratie et Progrès. Le Centre démocrate, formé en février 1966 sur l'initiative de Lecanuet, demeura jusqu'en 1974 dans l'opposition. En juillet 1969, certains de ses membres regroupés autour de Jacques Duhamel dans le Centre Démocratie et Progrès (C. D. P.) rallient la majorité présidentielle après l'élection de G. Pompidou. Le Centre démocrate quitte à son tour l'opposition après l'élection de V. Giscard d'Estaing, dont il a soutenu la candidature, à la présidence de la République (mai 1974). En 1978, le C. D. S. devient l'un des partis membres de l'Union* pour la démocratie française (U. D. F.) Il est présidé à partir de 1982 par Pierre Méhaignerie, auquel succède en 1994 François Bayrou. En novembre 1995, au terme d'un congrès de «refondation», le C. D. S., allié au parti social-démocrate (autre composante de l'U. D. F.), se transforme en *Force démocrate.*

Centre d'études supérieures de sécurité sociale → SÉCURITÉ SOCIALE.

Centre d'études des supports de publicité (C. E. S. P.) → PUBLICITÉ.

Centre de formation des journalistes (C. F. J.), Centre de formation et de perfectionnement des journalistes (C. F. P. J.) → JOURNALISTES.

Centre français du patronat chrétien (C. F. P. C.), anc. nom du Centre chrétien des patrons* et dirigeants d'entreprises français.

Centre des jeunes dirigeants (C. J. D.) → DIRIGEANTS.

Centre national d'art et de culture Georges-Pompidou, (C. N. A. C. G.- P.), dit parfois *Centre Beaubourg* ou *Centre Pompidou,* établissement public de culture, d'information et de loisirs, ouvert en 1977 à Paris (entre les rues du Renard et Saint-Martin, IVe arrond.). Vaste structure en acier de conception audacieuse due aux architectes R. Piano et R. Rogers, le bâtiment réunit, sur 65 000 m² d'espaces publics, plusieurs départements.

• *La Bibliothèque publique d'information (B. P. I.)* se donne pour objectif de fournir à un vaste public, en libre accès, une information sur le monde actuel.

• *Le Centre de création industrielle (C. C. I.).* Fondé en 1969 par l'Union centrale des arts décoratifs, il s'attache aux aspects culturels et sociaux de la production (architecture, urbanisme, design, communication visuelle, etc.). Ses activités comprennent expositions, documentation, recherches et études sur les produits, édition.

• *L'Institut de recherche et de coordination acoustique-musique (I. R. C. A. M.).* Créé en 1976, il a pour objectif de regrouper musiciens et ingénieurs pour des activités de recherche, de création et de diffusion. Il est installé dans des locaux contigus au Centre.

• *Le musée national d'Art moderne (M. N. A. M.).* Héritier des musées nationaux du Luxembourg puis du palais de Tokyo, il conserve et présente des collections (peintures, dessins, sculptures, etc.) qui retracent l'histoire de l'art du XXe s., avec notamment le cubisme et ses prolongements (Picasso, Braque, Léger, Delaunay, etc.), l'abstraction (Kandinsky, Pevsner, etc.), le surréalisme (Ernst), les tendances d'après-guerre (Hartung, Soulages, Dubuffet, l'expressionnisme abstrait, etc.) et les recherches d'avant-garde (cinétisme, nouvelles abstractions, pop art, Nouveau réalisme, arts minimal et conceptuel, nouvelles figurations, etc.). Le musée comprend aussi un cabinet d'art graphique, une bibliothèque de documentation, des galeries d'expositions temporaires, etc.

Centre national de la cinématographie → CINÉMATOGRAPHIE.

Centre national d'études spatiales (C. N. E. S.) → SPATIALES.

Centre national des indépendants et paysans (C. N. I.) → INDÉPENDANTS ET PAYSANS.

Centre national d'information routière → ROUTIÈRE.

Centre national des jeunes agriculteurs (C. N. J. A.) → AGRICULTEURS.

Centre national des lettres → LETTRES.

Centre national du patronat français (C. N. P. F.) → PATRONAT FRANÇAIS.

Centre national de la recherche scientifique (C. N. R. S.) → RECHERCHE.

CENTRE, Région regroupant les départements du Cher, d'Eure-et-Loir, de l'Indre, d'Indre-et-Loire, de Loir-et-Cher et du Loiret ; 39 151 km² ; 2 371 036 hab. Ch.-l. *Orléans.*
Entre l'Île-de-France et l'Auvergne, formé par les anciennes provinces de l'Orléanais, de la Touraine et du Berry, c'est un pays de plaines et de plateaux. La richesse des terres est diverse, le Centre s'étendant à la fois sur la Beauce et la Sologne. Mais, globalement, l'apport agricole est notable et varié : céréales (blé, orge, maïs) et cultures industrielles (betteraves, oléagineux), notamment dans la Beauce ou le Berry ; élevage (bovins, volailles dans le Perche, le Gâtinais, le Boischaut, etc.). Les versants bien exposés portent souvent des vignobles. C'est le cas, localement, au-dessus d'une vallée de la Loire aux cultures délicates (pépinières, légumes et fleurs) et surtout jalonnée par les deux principales agglomérations, Orléans et Tours. L'industrie occupe une place notable (constructions mécaniques et électriques et chimie surtout), stimulée par la décentralisation, de bonnes dessertes ferroviaires (T. G. V., notamment), routières et autoroutières (autoroutes Océane et Aquitaine, vers l'Auvergne aussi). L'apport électronucléaire est important encore dans la vallée de la Loire (centrales de Belleville-sur-Loire, Dampierre-en-Burly, Saint-Laurent-des-Eaux), qui, au sens large, attire vers ses châteaux (Chambord, Azay-le-Rideau, Chenonceaux, Blois, etc.) un grand nombre de touristes. La Loire, toutefois, ne joue qu'un rôle unificateur partiel : le contraste est sensible entre une partie nord souvent favorisée par la proximité de Paris et un Sud berrichon, vieillissant, plus durement affecté par la crise. Malgré une croissance démographique globale plus rapide que la moyenne nationale, la densité de peuplement reste faible. Aucun département n'atteint la moyenne française (un peu supérieure à 100 hab./km²), l'Indre, le Cher et même le Loir-et-Cher comptant moins de 50 hab. au km².

Centre *(canal du),* canal reliant la Loire à la Saône, long de 114 km et dont le trafic se localise surtout entre la région du Creusot et la Saône.

Centre *(canal du),* voie navigable de Belgique, entre Mons et le canal de Charleroi à Bruxelles ; 21 km.

CENTRE-AUTO n. m. (pl. *centres-autos*). Magasin qui met en vente tout ce qui concerne l'automobile.

CENTRER v. t. (conj. 3). **1.** Déterminer le centre d'une pièce ou la fixer par son centre. — **2.** Placer une photographie, un titre, etc., au milieu d'un espace, en ramener les éléments principaux au centre. — **3.** Donner à une action, à une œuvre telle ou telle direction, les orienter vers qqch : *Centrer la discussion sur les points essentiels.* — **4.** Envoyer le ballon de l'aile vers l'axe du terrain. • **Aéron.** et **Topogr.** Effectuer un centrage. — **Géom.** *Centrer un cercle* ou *une sphère en* O, prendre le point O pour centre du cercle ou de la sphère. — **Math.** *Centrer une variable,* la remplacer par la variable centrée égale à la différence de la variable d'origine et de sa moyenne ou de son espérance mathématique.
◆ **être centré** v. pass. S'orienter dans telle direction : *Tout son film est centré sur le personnage féminin.* • **Bât.** *Plan centré,* plan ramassé autour d'un centre où se croisent les axes de symétrie de l'édifice (qui peut être circulaire, elliptique, polygonal, en croix grecque...). — **Math.** *Intervalle centré de* $\mathbb{R}$, intervalle de $\mathbb{R}$ mis sous la forme $[x-h\,;\,x+h]$, où x est un élément de l'intervalle appelé centre et h un réel positif. — **Opt.** *Lentille centrée,* lentille limitée par une surface de révolution autour de l'axe optique. ‖ *Système centré,* ensemble de dioptres sphériques dont les centres sont alignés sur une droite, dite « axe principal du système ». — **Probab.** *Variable aléatoire centrée,* variable aléatoire ayant une espérance mathématique nulle. (Pour une variable aléatoire X d'espérance mathématique E[X], X - E[X] est la variable aléatoire centrée associée à X.)

CENTRE-TIR n. m. (pl. *centres-tirs*). Au football, centre expédié vers le but adverse.

CENTREUR n. m. Cylindre adaptable à l'axe du plateau d'un tourne-disque pour recevoir les disques 45 tours à gros trou central.

CENTRE-VILLE n. m. (pl. *centres-villes*). Quartier central d'une ville, le plus animé ou le plus ancien.

CENTRIFUGATION n. f. **1.** Opération de séparation mécanique, par action de la force centrifuge, des constituants d'un mélange entraîné dans un mouvement de rotation. — **2.** Procédé de coulée mettant en œuvre la pression développée par la force centrifuge, utilisé en fonderie pour obtenir des pièces de révolution (tubes et tuyaux de fonte) ou des moulages de forme quelconque.

CENTRIFUGE adj. **1.** Dirigé dans le sens qui éloigne du centre. — **2.** Syn. de AXIFUGE. — **3.** Qui utilise la méthode de centrifugation. — **4.** *Force centrifuge,* force d'inertie nécessaire pour décrire un mouvement circulaire uniforme. ‖ *Turbomachine centrifuge,* turbomachine (turbine, compresseur, pompe) dans laquelle le fluide s'éloigne de l'axe de rotation.

CENTRIFUGER v. t. (conj. 17). **1.** Soumettre à l'action de la force centrifuge. — **2.** Couler un métal par centrifugation.
◆ **être centrifugé** v. pass. *Béton centrifugé,* béton de très grande qualité utilisé pour fabriquer des conduites par centrifugation.

CENTRIFUGEUSE n. f. **1.** Instrument auquel un moteur imprime un mouvement de rotation extrêmement rapide qui produit la séparation de substances de densités différentes tenues en suspension ou en émulsion dans un liquide. — **2.** Appareil ménager électrique destiné à produire, par centrifugation, des jus de fruits ou de légumes. — **3.** Machine destinée en médecine aéronautique à soumettre un patient aux effets de l'accélération, à des fins biophysiologiques.

CENTRINE n. f. (gr. *kentrinês*). Syn. de HUMANTIN.

CENTRIOLE n. m. Corpuscule central du centrosome.

CENTRIPÈTE adj. **1.** Dirigé vers le centre. — **2.** Se dit d'une inflorescence dont les fleurs du pourtour s'épanouissent les premières, suivies des fleurs du centre.

CENTRISME n. m. Attitude ou conception politique reposant sur le refus des positions extrêmes.

CENTRISTE adj. et n. Qui se situe politiquement au centre.

CENTROLÉCITHE adj. Se dit de l'œuf des insectes, dans lequel les réserves nutritives sont situées au centre.

CENTROMÈRE n. m. Constriction princi pale du chromosome, qui sépare celui-ci en deux bras, le bras court et le bras long.

CENTROMÉRIQUE adj. Relatif au centromère.

CENTRONES → CEUTRONES.

CENTROSOME n. m. Nodule existant parfois dans le cytoplasme de la cellule, à côté du noyau. ENCYCL. Le centrosome n'est pas un organite cellulaire constant. Il est entouré d'une masse de cytoplasme d'où partent des filaments disposés en rayons, l'aster. Cet ensemble, ou centre cellulaire, joue un rôle dans la division de la cellule.

CENTRURE n. m. Scorpion dangereux d'Amérique tropicale.

CENT-SUISSE n. m. (pl. *cent-suisses*). Soldat suisse appartenant à la compagnie des cent-suisses, créée en 1481 par Louis XI.

CENTUMVIR [sɑ̃tɔmvir] n. m. (lat. *centumviri,* de *centum,* cent, et *vir,* homme). À Rome, membre d'un collège de jurés, qui apparut au IIIe s. av. J.-C. et qui était chargé essentiellement des procès successoraux.

CENTUPLE adj. (lat. ecclés. *centuplus*). Qui vaut cent fois autant : *Somme centuple d'une autre.*
◆ n. m. **1.** Ce qui vaut cent fois autant. – **2.** *Au centuple,* cent fois plus ; dans une proportion beaucoup plus importante.

CENTUPLER v. t. (conj. **3**). Porter un nombre, une somme au centuple.
◆ v. i. Augmenter dans une très forte proportion.

CENTURIATE adj. m. (lat. *centuriatus*). *Comices centuriates,* une des assemblées politiques du peuple romain.
ENCYCL. Les citoyens romains étaient divisés selon leurs richesses en 5 classes, subdivisées en 193 centuries, au sein desquelles on comptait les votes. Jusqu'à la fin du IIIe s. av. J.-C., les comices centuriates élisaient les magistrats supérieurs (consuls, préteurs, censeurs) et votaient les lois proposées par les consuls. À partir de 218 av. J.-C., ils perdirent leur pouvoir législatif, mais déclaraient la guerre et ratifiaient les traités de paix. Dans le domaine judiciaire, ils jugeaient les cas de haute trahison.

CENTURIATION n. f. Délimitation, sur le sol, des lots de terre d'une colonie romaine, répartis en centuries.

CENTURIE n. f. (lat. *centuria,* de *centum,* cent). À Rome, division militaire et politique du peuple formée, à l'origine, de cent citoyens.

Centuries *(les),* prédictions versifiées et sibyllines de Nostradamus.

Centuries de Magdeburg, première histoire protestante de l'Église, divisée en périodes de cent ans, d'où son nom. Elle fut publiée en latin, à Bâle, de 1559 à 1574.

CENTURION n. m. (lat. *centurio, -onis,* de *centum,* cent). Officier de l'armée romaine, placé à la tête d'une centurie.

CÉNURE, CÉNUROSE → CŒNURE, CŒNUROSE.

CÉOS, en gr. **Keôs** ou **Dziá,** île de la mer Égée, la plus occidentale des Cyclades, située au large de l'Attique.

CEP [sɛp] n. m. (lat. *cippus,* colonne funéraire). Pied de vigne.

CÉPAGE n. m. (de *cep*). Variété de vigne (et de raisin) considérée sous le rapport de ses caractéristiques.
ENCYCL. Chaque région adopte les cépages qui s'adaptent le mieux au sol, aux modes usités de culture et capables de produire un vin d'un type déterminé. Le même cépage peut se retrouver dans diverses régions sous des noms différents. Un vin est obtenu en assemblant plusieurs cépages, sauf en Bourgogne, afin de se servir des qualités des uns pour corriger les défauts des autres.

C. E. P. Communication, groupe français de presse et d'édition, créé en 1975 sous le nom de Compagnie européenne de publication (C. E. P.) et ayant pour actionnaire majoritaire Havas. Les activités du groupe s'organisent autour de deux pôles. Le pôle « information » rassemble la presse grand public (dont *l'Expansion, l'Express, le Point*), la presse professionnelle (dont *le Moniteur, l'Usine nouvelle, LSA, 01 Informatique, la France agricole*) et l'organisation de salons. Le pôle « édition » – développé à partir de 1988 au sein du Groupe de la Cité, filiale absorbée en 1996 – associe notamment la branche éducation-référence (Larousse-Bordas, Nathan, Le Robert), l'édition universitaire et professionnelle (Dunod, Dalloz-Sirey, Masson), la littérature générale (Laffont, Plon-Perrin, les Presses de la Cité-Solar-Belfond, 10/18, Pocket...) et l'édition électronique (Liris Interactive). Premier éditeur de journaux économiques et professionnels en Europe continentale, premier éditeur de livres en France, C. E. P. Communication se situe pour l'ensemble de ses activités au sixième rang européen.

CÈPE n. m. (gasc. *cep,* tronc). Nom usuel de certains bolets comestibles tels que le *cèpe de Bordeaux* et le *cèpe de pin,* ou pinée.

CÉPÉE n. f. (de *cep*). Touffe de rejets sortant de la souche d'un arbre qui a été coupé.

CEPENDANT adv. **1.** Marque une opposition avec ce qui a été énoncé ; en regard de cela, pourtant, néanmoins : *La solution est très simple, et cependant personne n'y avait songé.* – **2.** Litt. *Cependant que,* indique une opposition ; tandis que, alors que : *Cependant que l'allégresse était générale, un incident se produisit.*

CÉPET *(cap),* cap de la côte de Provence (Var), à l'extrémité de la presqu'île de Saint-Mandrier, fermant vers le S. la rade de Toulon.

CEPHALANTHERA n. m. Jolie orchidée forestière des régions tempérées.

CÉPHALÉE ou **CÉPHALALGIE** n. f. (lat. *cephalaea,* du gr. *kephalaia*). Mal de tête.
ENCYCL. Les *céphalées symptomatiques* s'observent au cours de l'évolution d'une affection organique : sinusite, méningite, tumeur cérébrale, hémorragie cérébrale ou hypertension artérielle. Les *migraines* sont des céphalées hémicrâniennes, intermittentes et répétées, survenant habituellement dans un contexte familial.

Elles sont souvent pulsatiles et s'accompagnent d'un malaise général, de nausées et de vomissements. Les *céphalées psychogènes* surviennent en dehors de toute cause organique. Elles se rencontrent souvent en psychiatrie (anxiété et dépressions).

CÉPHALIQUE adj. (bas lat. *cephalicus,* du gr. *kephalikos*). **1.** Relatif à la tête. – **2.** *Indice céphalique,* quotient de largeur maximale sur la longueur maximum de la tête multiplié par 100. ‖ *Veine céphalique,* veine du membre supérieur qui monte superficiellement sur le bord externe du bras, du pli du coude à la veine axillaire.

CÉPHALISATION n. f. Tendance évolutive des animaux non fixés, dont la tête regroupe de plus en plus d'organes et de fonctions (organes des sens, centres nerveux, bouche et ses annexes) au cours de l'évolution des lignées.

CÉPHALOCORDÉ n. m. Procordé très primitif. (Le sous-embranchement des *céphalocordés* se réduit auj. au genre *amphioxus.*)

CÉPHALOMÉTRIE n. f. Ensemble des techniques de mesure de la tête.

CÉPHALOMÉTRIQUE adj. Relatif à la céphalométrie.

CÉPHALONIE, en gr. **Kephallinia** ou **Kefaloniá,** île grecque de la mer Ionienne, à l'entrée du golfe de Patras ; 737 km^2 ; 33 700 hab. Ch.-l. *Arghostólion.* Vestiges mycéniens et musée.
– **Hist.** Après avoir participé à la Confédération maritime d'Athènes et à la ligue Étolienne, l'île fut prise par les Romains en 189 av. J.-C. Elle fit partie de l'Empire byzantin jusqu'en 1185. Les Normands de Sicile l'érigèrent en comté, qui devint vassal de la principauté d'Achaïe v. 1236. Possession vénitienne de 1 500 à la fin du XVIIIe s., elle fut cédée à la Grèce en 1864.

CÉPHALOPHE n. m. Petite antilope forestière d'Afrique, aux cornes dirigées vers l'arrière.

CÉPHALOPINE n. f. Œstre dont la larve parasite les sinus frontaux et le pharynx des chameaux et des buffles.

CÉPHALOPODE n. m. Mollusque marin carnassier, très évolué, dont la tête est munie d'une couronne de tentacules, tel que le poulpe, la seiche, les ammonites fossiles, le nautile. (Les *céphalopodes* forment une classe.)
ENCYCL. Aussi riches en organes que les vertébrés, les céphalopodes sont d'une grande diversité. L'actuel nautile et les innombrables ammonites de l'ère secondaire s'abritent dans une coquille spirale servant aussi de flotteur à densité réglable ; la spirule, la seiche ont un flotteur interne, le calmar n'a plus qu'une plaque cornée et le poulpe plus aucune coquille. Les tentacules existent toujours, souvent munis de ventouses pour la capture des proies. Des nageoires, un entonnoir expulsant l'eau sous pression permettent une nage rapide. La vision, le développement psychique sont remarquables. Organes lumineux, homochromie active ne sont pas rares et l'animal dissimule sa fuite en émettant un nuage noir de sépia. Les œufs sont gros et noirs.

CÉPHALOPTÈRE n. m. **1.** Nom donné à la raie cornue, ou mante. – **2.** Passereau d'Amérique tropicale, au plumage noir, à huppe retombant sur le bec.

CÉPHALO-RACHIDIEN, ENNE adj. **1.** Relatif à la tête et au rachis. – **2.** *Liquide céphalo-rachidien,* liquide circulant dans l'espace sous-arachnoïdien et remplissant également les ventricules cérébraux. (Il est sécrété au niveau des plexus choroïdes ; il joue un rôle mécanique de soutien et intervient dans certains processus biochimiques du tissu nerveux.)

CÉPHALOSPORINE n. f. Antibiotique extrait des cultures d'une moisissure, *Cephalosporium acremonium,* dont plusieurs dérivés semi-synthétiques sont doués d'une large et puissante activité bactéricide.
ENCYCL. Les céphalosporines appartiennent à la famille des bêtalactamines. Peu toxiques, peu allergisantes, elles sont souvent actives sur les staphylocoques résistant aux pénicillines. On emploie en thérapeutique de nombreuses céphalosporines.

CEPHALOSPORIUM [-rjɔm] n. m. Genre de champignons pathogènes pour l'homme et dont certains *(Cephalosporium potroni)* peuvent provoquer des mycoses de la peau glabre. (Des espèces plus redoutables [*C. falciforme, C. recifei*] sont à l'origine de mycétomes fongiques.)

CÉPHALOTHORAX n. m. Région antérieure du corps, chez les crustacés et les arachnides, portant à la fois les organes de la tête (yeux, bouche...) et ceux du thorax (pattes marcheuses).

CÈPHE n. m. (de *Céphée,* n. pr.). Insecte hyménoptère symphyte très nuisible aux blés et aux seigles. (Les larves, rongeant l'intérieur des tiges, font avorter les épis.)

CÉPHÉE (en lat. *Cepheus, -i*), constellation boréale, proche du pôle céleste. Son étoile la plus brillante est *Alderamin.*

CÉPHÉIDE n. f. (de *Céphée,* n. pr.). Étoile pulsante, dont l'étoile δ Céphée est le prototype et dont l'éclat varie suivant une période allant d'un jour à quelques semaines.
ENCYCL. Il existe une relation entre la période des variations d'éclat et la luminosité moyenne des céphéides. Celle-ci permet d'utiliser ces étoiles comme indicateurs de distance des galaxies les plus proches.

CÉPHÉLINE n. f. Alcaloïde, extrait de l'ipéca, dont l'éther méthylique est l'émétine. (Il confère à l'ipéca une action vomitive.)

CÉPHÉNÉMYIE n. f. (gr. *kêphên, -ênos,* frelon, et *muia,* mouche). Œstre du renne, dont la larve infeste les cavités nasales et pharyngiennes de cet animal.

CÉPHISE, en gr. **Kêphisos,** nom de plusieurs rivières de Grèce, dont la plus connue est celle de l'Attique, qui baignait les murs du Pirée et se jetait dans le golfe Saronique, au port de Phalère.

CÉPHISODOTE l'Ancien, sculpteur athénien (première moitié du IVe s. av. J.-C.). Père de Praxitèle, il est l'auteur de la première statue vraiment allégorique de l'art grec : *Eirênê* (la Paix) *portant l'enfant Ploutos* (la Richesse), érigée sur l'Agora d'Athènes.

CÉPOLE n. f. (lat. sc. *cepola,* du lat. class. *caepulla,* avec l'infl. de l'ital. *cipolla,* oignon). Poisson marin de forme rubanée, aux teintes rougeâtres, de la Méditerranée. (N. usuels *jarretière, demoiselle.*)

CÉRAISTE [-rɛst] n. m. Petite herbe caryophyllacée aux fleurs blanches, des jardins, voisine des stellaires.

CÉRAM, île de l'Indonésie, dans le groupe des Moluques.

CÉRAMBYCIDÉ n. m. Nom de famille attribué à l'immense groupe des capricornes (près de 20 000 espèces).

CÉRAMBYX n. m. (lat. sc. *cerambys,* du gr. *kerambuks,* capricorne). Nom scientifique du grand capricorne du chêne, xylophage redouté, nocturne, qui vit sur les chênes, où sa larve creuse de profondes galeries.

CÉRAME adj. (gr. *keramos,* argile). *Grès cérame,* grès fin vitrifié dans la masse.

CÉRAMIALE n. f. (lat. sc. *ceramium,* du gr. *keramion,* vase d'argile). Algue rouge. (Les *céramiales* forment un ordre.)

CÉRAMIQUE n. f. (gr. *keramikos,* d'argile, de *keramos,* argile). **1.** Art de fabriquer les poteries, fondé sur la propriété des argiles de donner avec l'eau une pâte plastique, facile à façonner, devenant dure, solide et inaltérable après cuisson. (→ *encycl.*) — **2.** La poterie elle-même. — **3.** Type de porcelaine utilisé comme moyen de reconstitution en prothèse dentaire conjointe (fixe) ou adjointe (mobile).

◆ adj. **1.** Relatif à la fabrication des poteries, des céramiques. — **2.** Se dit d'une civilisation qui connaît la céramique. — **3.** *Matériau céramique* ou *céramique* (n. f.), matériau manufacturé qui n'est ni un métal ni un produit organique. (→ *encycl.*)

ENCYCL. Outre les verres*, les liants* hydrauliques et les émaux* sur tôle, on distingue parmi les *céramiques traditionnelles* les *produits céramiques poreux* (poteries, produits réfractaires, faïence fine, etc.) et les *produits céramiques imperméables* (grès cérames, porcelaines, etc.), dont la pâte a été vitrifiée à haute température. La base commune des pâtes céramiques est l'argile, dont le type est le kaolin, employé dans les poteries blanches, la faïence fine et la porcelaine. On lui ajoute des éléments non plastiques et des fondants, qui provoquent la vitrification des pâtes. Les pâtes sont préparées en mélangeant les éléments dans des délayeurs, des malaxeurs ou des moulins broyeurs. Elles sont ensuite façonnées sous forme liquide, sous forme de pâte presque sèche ou sous forme de pâte plastique. La porcelaine cuite à son premier feu, à basse température, est appelée « dégourdi » : la pâte présente une consistance et une porosité lui permettant de subir l'émaillage ; la porcelaine est ensuite cuite à haute température et acquiert ses caractéristiques définitives, mais elle peut encore faire l'objet d'une troisième cuisson si la décoration comporte des ors ou des couleurs vitrifiables sur couverte. Les pièces non émaillées, mais cuites à fond en une seule cuisson, sont appelées « biscuit ». Les poteries communes sont cuites, en général, en charge et en pleine flamme, tandis que les poteries fines, faïences et porcelaines, sont cuites en cassettes.

Les *céramiques nouvelles* sont en général des produits frittés à partir de poudres, alors que les céramiques traditionnelles silicatées correspondent à un mélange d'oxydes en proportions variables. Constituées d'oxydes, de carbures, de nitrures, de borures ou de siliciures, elles ont de multiples emplois liés à leurs propriétés électriques (isolants ou conducteurs ioniques), magnétiques (ferrimagnétiques), mécaniques (dureté, haute résistance), thermiques (réfractarité), chimiques (faible réactivité).

— **Bx-arts.** Plusieurs foyers d'inventions(Proche-Orient, Turquie...), dont les premières manifestations se situent vers le VIIe millénaire, coexistent. Apparue durant le néolithique, la céramique est un moyen efficace d'étude des divers faciès culturels. De remarquables décors peints sont réalisés en Mésopotamie (Sāmarrā, Suse) ainsi qu'en Égypte, dans la Crète minoenne et à Mycènes. À partir du VIe s. av. J.-C., la technique attique (cuisson en réduction, oxydation) permet au décor peint (figures noires, puis figures rouges) d'atteindre la perfection (œuvres d'Exékias, Douris, Euphronios, etc.). Les Étrusques donnent l'apparence du métal à leur céramique dite bucchero* nero. En Gaule, La Graufesenque et Lezoux imitent parfaitement la céramique sigillée* romaine. L'Égypte et la Perse (briques de Suse) sont à l'origine des premières céramiques émaillées. L'Occident médiéval possède de nombreux centres potiers, dont ceux du Beauvaisis et de la Saintonge. Matières et couleurs seront améliorées au XVIe s. par Bernard Palissy*.

On doit aussi au Moyen-Orient la découverte de l'émail stannifère blanc et opaque, qui donna naissance à la faïence*, ainsi que celle du lustre. Ces techniques gagnèrent le pourtour de la Méditerranée et surtout l'Espagne (faïences lustrées hispano-moresques de Málaga et de Manises), du XIIIe au XVIe s. La faïence se répandit en Italie, où ces céramiques prirent le nom de « majoliques* » (Faenza, Sienne, Deruta, Gubbio, Castel Durante, Urbino, etc.). C'est à partir du XVIe s. que se développent les principaux centres faïenciers de Delft (Hollande), Nevers, Rouen et Moustiers (France), bientôt imités par Lille, Saint-Cloud, Sinceny, etc. Les centres les plus importants des faïences dites « de petit feu » furent Strasbourg, Marseille, Sceaux et Niederwiller. À la fin du XVIIIe s., l'importation massive des faïences fines anglaises ruine le commerce des faïences françaises.

La porcelaine* inventée par les Chinois à l'époque Tang (618-907) est connue en Europe dès le Moyen Âge, mais elle n'est importée en grandes quantités qu'à partir du XVIe s., par les Portugais. En France, à la fin du XVIIe s., des faïenciers de Rouen, puis de Saint-Cloud mettent au point une véritable production de porcelaine tendre (manufactures de Chantilly [1725], Mennecy [1735] et Vincennes [1738], transférée à Sèvres en 1756). Cette production gagne l'Angleterre (Chelsea, vers 1745), les Pays-Bas autrichiens (Tournai, 1750), l'Italie (Capodimonte, 1743), etc.

C'est à Meissen (Saxe), en 1709, que la première porcelaine dure semblable à la porcelaine chinoise est fabriquée par le chimiste allemand Böttger grâce à la découverte de gisements de kaolin. En France, la découverte des gisements de kaolin à Saint-Yrieix (Limousin) amène la fabrication de la porcelaine dure, à Sèvres (1768), puis à Limoges (1771) et en région parisienne (porcelaine de Paris).

L'art du grès*, découvert en Chine vers le IIIe s. av. J.-C., fut en Europe la spécialité des pays du Nord. Il débute à la fin du Moyen Âge, mais acquiert ses lettres de noblesse au XVIe s. Au XIXe s., des céramistes comme Carriès, Chaplet, Delaherche font des recherches sur les grès d'Extrême-Orient et remettent cette technique à l'honneur.

Céramique *(musée national de)* → SÈVRES.

céramique industrielle *(École nationale supérieure de),* école nationale d'enseignement technique créée en 1879, installée depuis 1979 à Limoges, placée sous l'autorité du ministère de l'Éducation nationale et formant des ingénieurs destinés aux industries céramiques.

Céramique (le), quartier d'Athènes qui tirait son nom de l'activité de ses potiers et qui devint, à partir de l'époque géométrique, la plus grande nécropole d'Athènes (nombreuses stèles sculptées).

CÉRAMISER v. t. (conj. 3). Transformer un verre en un produit cristallisé semblable à de la céramique (vitrocéramique).

CÉRAMISTE n. Spécialiste de céramique.

CÉRAMOGRAPHIE n. f. Science qui étudie l'histoire et les techniques de la céramique.

CÉRAMOLOGUE n. Spécialiste de céramographie.

CÉRAMOMÉTALLIQUE adj. En odontologie, se dit de la fusion complète d'une pâte de porcelaine directement sur des alliages spéciaux contenant de l'or *(aurocéramique)* ou du nickel et du chrome *(eurocéramique).*

CÉRAMOPLASTIQUE adj. Se dit d'un décor architectural obtenu grâce à la disposition variée des briques.

CERANO (il) → CRESPI (Giovanni Battista).

CÉRARGYRITE ou **CÉRARGYRE** n. f. Chlorure naturel d'argent, cubique, dit aussi *argent corné.*

CÉRASTE n. m. (gr. *kerastês,* qui a des cornes). Nom générique de la vipère à cornes du Sahara.

CERASTODERMA n. m. (gr. *kerastês,* qui a des cornes). Nom scientifique actuel de la coque commune, mollusque bivalve comestible classé autrefois parmi les *cardium.*

CÉRAT [-rat] n. m. (lat. *ceratum,* de *cerare,* frotter avec de la cire). Médicament externe de consistance molle, ayant pour base la cire et l'huile, servant d'excipient pour les préparations dermatologiques.

CÉRATIAS n. m. (gr. *keratias,* cornu). Poisson des profondeurs marines, globuleux, portant audessus du museau un leurre filamenteux lumineux, l'illicium. (Le mâle, nain, vit en parasite de la femelle.)

CÉRATINE n. f. (lat. sc. *ceratina,* du gr. *keratinos,* fait avec de la corne). Petite abeille solitaire qui fait son nid dans les tiges sèches des ronces.

1. CÉRATITE n. f. (gr. *keratitis,* cornu). Mouche des fruits, très nuisible, qui provoque la pourriture rapide des oranges.

2. CÉRATITE n. m. (de *cératite 1*). Céphalopode du trias, très voisin des goniatites.

CERATIUM [-tjɔm] n. m. Protozoaire très commun dans les mers et les eaux douces, nageur, parfois phosphorescent, et caractérisé par ses expansions pointues. (Classe des péridiniens.)

CERATOCYSTIS [seratosistis] n. m. Nom générique de deux champignons, l'un agent du chancre coloré du platane et l'autre de la maladie hollandaise de l'orme.

CÉRATODIFORME n. m. (gr. *keratôdês,* cornu). Poisson dipneuste des mares temporaires tel que le barramunda d'Australie, les protoptères d'Afrique et le lépidosirène du Brésil. (Les *cératodiformes* constituent un ordre.)

CÉRATOPHYLLE [seratofil] n. m. Plante des eaux douces, à feuilles découpées en lanières fines, sans racine, entièrement submergée.

CERATOPHYLLUS [seratofilys] n. m. Nom générique de la puce du rat, qui transmet la peste.

CÉRATOPOGONIDÉ n. m. Moucheron piqueur et buveur de sang, vivant en troupes nombreuses et agressives, pouvant transmettre des maladies, de mœurs cannibales. (Les *cératopogonidés* forment une famille.)

CÉRATOPSIEN n. m. Reptile dinosaurien fossile tel que le *triceratops.*

CÉRATOTRICHE n. m. Syn. de ACTINOTRICHE.

CÉRAUNIE n. f. (gr. *keraunos,* foudre). Nom sous lequel on a désigné, jusqu'au XVIIIe s., certains outils préhistoriques. (Leur origine alors inconnue leur valut d'être appelés aussi PIERRES DE FOUDRE.)

CERBATANE n. f. Bouche à feu de petit calibre, en usage au XVe s.

CERBÈRE n. m. (de *Cerbère,* n. pr.). *Fam.* Concierge hargneux ; gardien intraitable.

CERBÈRE, chien monstrueux, gardien du séjour des morts. Orphée l'apaisa par le son de sa lyre et Hercule le dompta.

CERBÈRE *(cap),* en esp. **Cervera,** cap de la côte des Pyrénées-Orientales, sur la Méditerranée, à la frontière espagnole. — La *comm. de Cerbère* (66290) compte 1 465 hab. Gare internationale. Station balnéaire. Thalassothérapie.

CERCAIRE n. f. (lat. sc. *cercaria,* du gr. *kerkos,* queue). Minuscule forme larvaire de la douve, pourvue d'un appendice nageur. (Fixée sur une plante aquatique, elle s'enkyste, devient une métacercaire, que peut avaler une brebis qui broute cette herbe.)

CERCAMP, écart de la comm. de Frévent (Pas-de-Calais), au S. de Saint-Pol-sur-Ternoise. Château abbatial du XVIIIe s. En 1558 y fut négociée la paix (ou traité) du Cateau-Cambrésis (1559).

CERCE n. f. (lat. pop. **circa,* du lat. *circus,* cercle). **1.** Dans le bâtiment, sorte de gabarit en bois donnant le contre-profil d'une courbe. — **2.** Armature ou câble disposé selon une forme circulaire pour reprendre les efforts d'extension dans un ouvrage cylindrique en béton. — **3.** Pièce de terre réfractaire, en forme de couronne et qui contient les céramiques lors de la cuisson, les protégeant de la flamme. — **4.** Syn. de CALIBRE.

CERCEAU n. m. (bas lat. *circellus,* du lat. class. *circus,* cercle). **1.** Cercle de bois léger que les enfants s'amusent à pousser devant eux avec une baguette. — **2.** Cercle en bois, en acier flexible servant à divers usages. — **3.** En tonnellerie, syn. de CERCLE.

CERCÉRIS [-ris] n. m. (lat. *cerceris,* n. d'oiseau). Guêpe aux larves insectivores, qui creuse son terrier dans le sable, dans le midi de la France.

CERCIS [-sis] n. m. (gr. *kerkis,* navette). Nom générique de l'arbre de Judée.

CERCLAGE n. m. **1.** Action de cercler. — **2.** Technique chirurgicale de contention d'un os fracturé à l'aide d'un fil entourant les fragments osseux. — **3.** Intervention obstétricale pratiquée à partir du 4e mois de la grossesse et consistant à fermer le col utérin pour prévenir une expulsion intempestive du fœtus. — **4.** Ensemble des cercles d'une futaille. — **5.** *Bois de cerclage,* bois de châtaignier, de hêtre, de frêne, propre à fabriquer des cerceaux.

CERCLE n. m. (lat. *circulus*). **1.** Courbe plane fermée dont tous les points sont à égale distance d'un point intérieur appelé centre : *Tracer un cercle au compas.* — **2.** Figure, dessin, surface ayant approximativement cette forme ; rond : *Entourer d'un cercle les numéros choisis.* — **3.** Objet ayant cette forme : *Des cercles de métal.* — **4.** Ensemble d'objets ou de personnes disposés en rond : *Un cercle d'enfants.* — **5.** Association de personnes réunies en vue d'activités communes d'ordre intellectuel, artistique ou récréatif ; local où se tiennent les réunions : *Il va au cercle faire sa partie de bridge.* — **6.** Établissement de jeu dont l'accès est strictement limité aux membres. — **7.** Ensemble des personnes qu'on fréquente, des choses constituant un domaine d'activité ou de connaissance : *Il a élargi le cercle de ses occupations.* — **8.** Ce qui enferme qqn, limite sa liberté, son initiative : *Briser le cercle des vieilles habitudes.* — **9.** *Cercle de famille,* la proche famille réunie. ‖ *Cercle vicieux,* mode défectueux de raisonnement, dans lequel on donne pour conclusion à son argumentation l'hypothèse sur laquelle on l'a fondée ; impasse, situation sans issue à laquelle ramènent toujours les diverses solutions imaginées. ‖ *En cercle,* en rond : *S'asseoir* *en cercle.* ‖ *Faire cercle,* se rassembler autour de qqn ou de qqch. • **Anthropol.** *Cercle culturel,* théorie proche du diffusionnisme, qui définit la culture d'un peuple sous la forme d'un ensemble stratifié et correlé de traits, qui évolue au contact de la culture d'autres peuples. – **Astron.** *Cercle de hauteur,* cercle de la sphère céleste parallèle à l'horizon, en un lieu donné. ‖ *Cercle horaire,* demi grand cercle de la sphère céleste limité aux deux pôles célestes. – **Bot.** *Cercle annuel,* syn. de CERNE. – **Dr.** *Cercle de famille,* en matière de propriété littéraire et artistique, réunion privée rassemblant les membres et amis d'une famille, au cours de laquelle les représentations données sont soustraites au droit de communication au public. – **Écon.** *Cercle de qualité,* groupe de salariés réuni pour rechercher des solutions au problème de l'amélioration de la qualité des produits fournis par l'entreprise où ils travaillent. ‖ *Cercle vertueux,* enchaînement de facteurs qui, par un effet cumulatif, concourent à rétablir une situation économique détériorée ou difficile. – **Géod.** et **Topogr.** Famille d'instruments munis d'un seul limbe, destinés à la mesure des angles horizontaux ou verticaux. – **Géogr.** *Cercle polaire,* chacun des deux petits cercles parallèles à l'équateur et de latitude égale à 66° 34′ Nord *(cercle polaire arctique)* ou Sud *(cercle polaire antarctique).* – **Géom.** Ensemble C des points M d'un plan euclidien tels que ΩM = R, où Ω est un point fixe appelé *centre,* ΩM la distance euclidienne de Ω à M et R un réel positif donné, appelé *rayon.* [On note en abrégé C(Ω, R).] (→ *encycl.*) – **Hist.** Subdivision administrative du Saint Empire romain germanique puis des empires d'Allemagne et d'Autriche. (Les cercles furent créés en 1500 par Maximilien Ier). ‖ Division administrative ou militaire de certains territoires de l'Empire colonial français. – **Mécan.** *Cercle de base,* dans un engrenage, cercle dont les développantes sont les profils des dentures. ‖ *Cercle primitif,* dans un engrenage, cercle fictif de chacune des roues dentées roulant sans glissement sur celui de l'autre. – **Mil.** *Cercle militaire,* local réservé aux officiers et sous-officiers comprenant, en général, des salles de lecture, de réunion, de consommation et une bibliothèque. – **Opt.** *Cercle oculaire,* syn. de ANNEAU OCULAIRE. – **Tonnell.** Cerceau de bois ou de fer maintenant les douelles d'un fût. (Syn. CERCEAU.)

ENCYCL. **Géom.** Dans le plan rapporté à un repère orthonormé d'origine O, avec $\Omega(a, b)$ et $M(x, y)$, puisque $\Omega M = R$, on obtient l'équation

(1) $(x - a)^2 + (y - b)^2 = R^2$,

ou encore

(2) $x^2 + y^2 - 2ax - 2by + a^2 + b^2 - R^2 = 0$.

Si on suppose $R \neq 0$, (1) peut s'écrire

$$\left(\frac{x-a}{R}\right)^2 + \left(\frac{y-b}{R}\right)^2 = 1,$$

d'où le paramétrage :

$$\frac{x-a}{R} = \cos\theta, \quad \frac{y-b}{R} = \sin\theta\ ;$$

ou (3) $x = a + R\cos\theta$, $y = b + R\sin\theta$ pour $\theta \in [0, 2\pi]$. À partir de (3), on peut aussi obtenir un *paramétrage* dit *rationnel* de C en posant $t = \tan\frac{\theta}{2}$

(4) $x = a + R \cdot \dfrac{1 - t^2}{1 + t^2}$, $\quad y = b + R \cdot \dfrac{2t}{1 + t^2}$.

La circonférence d'un cercle est $2\pi R$. L'aire de la surface intérieure est πR^2.

Cercle de craie caucasien *(le),* pièce de B. Brecht, écrite entre 1943 et 1945, représentée en 1948 : un des modèles du « théâtre épique ».

CERCLER v. t. (conj. 3). **1.** Garnir, entourer qqch d'un cercle. – **2.** Entourer un emballage d'un lien ou d'un feuillard sous tension dont on attache les deux extrémités.

CERCLEUSE n. f. Machine servant à cercler un emballage.

CERCOPE n. f. (gr. *kerkôpê*). Sorte de cigale sauteuse, rouge et noir, du midi de la France.

CERCOPITHÈQUE n. m. **1.** Singe de l'Ancien Monde à queue non prenante, présentant des abajoues et des callosités fessières, tel que les macaques, babouins, guenons, etc. (Dans ce sens, les *cercopithèques* forment une famille.) – **2.** Nom générique des guenons : grivet, vervet, talapoin, etc.

CERCOSPORELLA n. m. (du gr. *spora,* semence). Champignon, agent du piétin-verse des céréales.

CERCOSPORIOSE n. f. Maladie cryptogamique du bananier et d'autres plantes (arachide, betterave, persil, céleri, carotte) se traduisant par des taches sur les feuilles.

CERCUEIL n. m. (lat. *sarcophagus,* du gr. *sarkophagos,* qui consume la chair). Longue caisse où l'on enferme le corps des morts avant de l'enterrer.

CERCY-LA-TOUR (58340), comm. de la Nièvre, en bordure du Morvan, sur l'Aron ; 2 275 hab. Constructions mécaniques.

CERDAGNE, en catalan **Cerdanya,** région des Pyrénées orientales qui fut partagée au traité des Pyrénées (1659) entre la France et l'Espagne (hab. *Cerdans*). C'est un haut bassin (alt. moyenne 1 200 m) entre les massifs du Carlitte et du Puigmal, drainé (vers l'Espagne) par le Sègre. Tourisme notamment vers Bourg-

Madame et Font-Romeu en France, vers l'enclave de Llivia et Puigcerdá en Espagne.

CERDAN, E ou **CERDAGNOL, E** adj. et n. De Cerdagne.

CERDAN (Marcel), boxeur français (Sidi-bel-Abbès 1916 - au-dessus des Açores 1949). Rapide et doué d'une grande puissance de frappe, il remporta le titre mondial des poids moyens en 1948, en battant l'Américain Tony Zale. À son palmarès, on compte 110 victoires sur 113 combats. Il trouva la mort dans un accident d'avion.

CÈRE (la), riv. d'Auvergne, affl. de la Dordogne (r. g.) ; 110 km. Gorges.

CÉRÉALE n. f. (lat. *cerealis,* relatif à *Cérès,* déesse des Moissons). Nom donné aux graminées et à certaines plantes d'autres familles, cultivées pour leurs grains, qui servent à la nourriture de l'homme et des animaux domestiques.

ENCYCL. Les céréales sont pour la plupart des graminées cultivées : blé, riz, maïs, orge, avoine, seigle, millet, sorgho ; le sarrasin, ou blé noir, est une polygonacée considérée comme céréale. Base de l'alimentation humaine dans les pays pauvres, elles sont de plus en plus utilisées par l'élevage et l'industrie (bière, alcool, amidon). Leur culture est entièrement mécanisée dans les exploitations des pays développés. Le riz, céréale des pays tropicaux, se rencontre aussi dans la zone méditerranéenne ; le blé, l'orge et le maïs sont les principales céréales des pays tempérés. Les céréales donnent lieu à un important commerce mondial, dominé par les États-Unis. Les régions exportatrices sont l'Amérique du Nord, l'Union européenne, l'Australie, l'Argentine.

céréales *(Office national interprofessionnel des)* **[O. N. I. C.],** organisme chargé, en France, de la régulation du marché des céréales.

CÉRÉALICULTURE n. f. Culture des céréales.

CÉRÉALIER, ÈRE adj. Relatif aux céréales : *Production céréalière.*

◆ **céréalier** n. m. **1.** Producteur de céréales. — **2.** Navire de charge spécialisé dans le transport de céréales en vrac.

CÉRÉBELLEUX, EUSE adj. (lat. *cerebellum,* cervelet). **1.** Qui appartient au cervelet. — **2.** *Pédoncules cérébelleux,* lames de substance blanche, au nombre de six, qui unissent le cervelet aux différentes parties du tronc cérébral. ‖ *Syndrome cérébelleux,* ensemble des symptômes traduisant une lésion du cervelet ou une interruption des voies cérébelleuses.

CÉRÉBELLITE n. f. Encéphalite affectant le cervelet.

CÉRÉBRAL, E, AUX adj. (lat. *cerebrum,* cerveau). **1.** Qui concerne le cerveau. — **2.** Qui concerne l'esprit, la pensée : *Activité cérébrale.* — **3.** *Abcès cérébral,* collection suppurée dans le parenchyme cérébral. ‖ *Artères cérébrales,* artères qui assurent la vascularisation des hémisphères cérébraux.

◆ adj. et n. Personne dont l'activité est essentiellement celle de la pensée.

CÉRÉBRALITÉ n. f. *Litt.* Activité du cerveau ; caractère d'une personne cérébrale.

CÉRÉBRO-SPINAL, E, AUX adj. Qui appartient à l'encéphale et à la moelle.

CÉRÉMONIAIRE n. m. (de *cérémonie*). Dans la liturgie catholique, prêtre ou clerc chargé de régler le déroulement des cérémonies ; maître des cérémonies.

CÉRÉMONIAL n. m. (bas lat. *caerimonialis*). **1.** Ensemble des règles qui président aux cérémonies solennelles, civiles, militaires, religieuses. — **2.** Livre qui décrit la succession des actes qui constituent une cérémonie religieuse. — **3.** *Vx.* Ensemble des règles de politesse, de courtoisie entre particuliers. — **4.** Ensemble des règles de courtoisie en usage dans les relations entre États et dont l'inobservation peut être considérée comme offensante.

CÉRÉMONIE n. f. (lat. *caerimonia*). **1.** Formes extérieures et régulières qui accompagnent la célébration du culte religieux : *Cérémonies du baptême.* — **2.** Formes d'apparat qui accompagnent la célébration d'une solennité ; la célébration elle-même : *La cérémonie de la remise des prix.* — **3.** *Litt.* Témoignages convenus de civilité ; politesses excessives : *Parler avec cérémonie.* — **4.** *Faire des cérémonies,* se faire prier longuement avant d'accepter qqch. ‖ *Maître des cérémonies,* celui qui dirige une cérémonie. ‖ *Sans cérémonie,* sans façon, en toute simplicité.

CÉRÉMONIEL, ELLE adj. Qui concerne les cérémonies religieuses, les fêtes rituelles.

CÉRÉMONIEUSEMENT adv. De façon cérémonieuse.

CÉRÉMONIEUX, EUSE adj. Qui fait des cérémonies, qui montre une politesse obséquieuse ; qui manifeste cet état d'esprit ; pompeux, affecté : *Un salut cérémonieux.*

CÉRÈS, le plus gros des astéroïdes (diamètre : 930 km) et le premier à avoir été découvert (1801).

CÉRÈS, déesse romaine des Moissons, de l'Agriculture et de la Civilisation, assimilée à la divinité grecque Déméter.

CÉRET (66400), ch.-l. d'arrond. des Pyrénées-Orientales, sur le Tech, dans le Vallespir ; 7 451 hab. *(Céretans).* Centre d'un verger de cerisiers. Restes de fortifications. Église surtout du XVIIIe s. Céret fut un rendez-vous d'artistes au début du XXe s. (Manolo, Picasso, Juan Gris, Matisse, etc.). Musée d'art moderne.

CÉREUX adj. m. Se dit de l'oxyde et des sels du cérium trivalent.

CERF [sɛr ou sɛrf] n. m. (lat. *cervus*). **1.** Mammifère ruminant à cornes rameuses et caduques (bois), autrefois très commun dans les forêts européennes. (La femelle est la *biche,* le jeune le *faon,* le groupe familial la *harde.*) — **2.** *Cerf royal,* syn. de DIX-CORS.

ENCYCL. Le nom de « cerf » est donné à de nombreuses espèces, réparties en plusieurs genres. Le cerf d'Europe est l'*élaphe* (2 m de long, 1,30 m au garrot) ; le *wapiti* est canadien, le *cerf de Virginie* vit aux États-Unis, et des espèces beaucoup plus petites se rencontrent en Amérique du Sud ; la Chine héberge une espèce sans bois, l'*hydropote.*

— **Véner.** Avant de chasser le cerf à courre, on recherche l'enceinte où il est gîté. La meute le poursuit ensuite, puis un veneur le *sert,* c'est-à-dire le tue, au couteau ou à la carabine. Enfin, on procède à la *curée,* et le maître d'équipage fait les *honneurs du pied* (c'est-à-dire offre le pied droit de devant à l'un de ses invités).

CERFEUIL n. m. (lat. *caerefolium,* du gr. *khairephullon*). **1.** Petite ombellifère annuelle aromatique, cultivée parmi les fines herbes. — **2.** Nom de diverses plantes voisines, les unes utilisées en liquoristerie, les autres rejetées comme toxiques.

CERF-VOLANT n. m. (pl. *cerfs-volants*). **1.** Jouet composé d'une armature légère habillée de papier ou de toile, qui vole grâce au vent et que l'on retient par une longue ficelle. — **2.** Nom usuel du *lucane mâle.*

CERGY, ch.-l. de cant. du Val-d'Oise, limitrophe de Pontoise, à environ 25 km au N.-O. de Paris ; 48 524 hab. *(Cergynois).* Église des XIIe-XIIIe et XVIe s. Site de la préfecture du Val-d'Oise, Cergy est un élément de la ville nouvelle de *Cergy-Pontoise* , pôle de développement du nord-ouest de l'agglomération parisienne (services, laboratoires de recherches et enseignement supérieur [E. S. S. E. C.], industries fines).

CERHA (Friedrich), compositeur et chef d'orchestre autrichien (Vienne 1926). Parti du style impressionniste et des techniques sérielles, il développe un langage personnel privilégiant le traitement des matériaux (*Double Concerto* pour violon, violoncelle et orchestre, 1976 ; *Baal,* 1981 ; deux *Quatuors à cordes,* 1990-91). On lui doit l'orchestration des parties manquantes du 3e acte de *Lulu* d'Alban Berg.

CÉRIANTHAIRE n. m. Nom d'ordre donné à des cnidaires solitaires fixés au fond de la mer.

CÉRIFÈRE adj. Se dit d'un insecte, d'une plante qui produit de la cire.

CÉRIFICATEUR n. m. Appareil permettant de recueillir la cire pure des fragments de rayons.

CÉRIFICATION n. f. Formation d'une couche de cire à la surface des feuilles de certaines plantes (chou, palmier à cire, etc.), ce qui rend ces feuilles imperméables.

CERIGNOLA, v. d'Italie, dans la Pouille, au S.-E. de Foggia ; 51 000 hab. Victoire de Gonzalve de Cordoue sur le duc de Nemours (28 avr. 1503).

CÉRILLY (03350), ch.-l. de cant. du nord-ouest de l'Allier ; 1 598 hab. Église du XIIe s.

CÉRIQUE adj. **1.** Se dit de l'oxyde et des sels du cérium tétravalent. — **2.** *Terres cériques,* groupe de métaux comprenant le lanthane, le cérium, le praséodyme, le néodyme et le samarium.

CERISAIE n. f. Lieu planté de cerisiers.

Cerisaie *(la),* comédie en 4 actes d'Anton Tchekhov, écrite en 1903, créée en 1904.

CERISE n. f. (lat. pop. **ceresia,* du gr. *kerasion*). **1.** Fruit comestible du cerisier. — **2.** Pop. *Avoir la cerise,* ne pas avoir de chance, avoir la guigne. ‖ Fam. *La cerise sur le gâteau,* ce qui vient s'ajouter à un ensemble d'éléments (généralement positifs) ; ce qui couronne le tout. ‖ *Rouge comme une cerise,* dont le visage a rougi sous le coup de l'émotion, de l'alcool, etc.

◆ adj. inv. et n. m. Rouge vif : *Cravates cerise.*

ENCYCL. Une première catégorie est constituée par les cerises douces, dont le fruit est à chair sucrée ou très sucrée (bigarreaux), consommées fraîches. Deux autres catégories, à chair acidulée (Montmorency, griottes ; anglaises), sont à usage industriel : pâtisserie, confiserie, chocolaterie, préparation d'entremets sucrés.

CERISIER n. m. **1.** Arbre (rosacée) du genre *prunus,* dont le fruit est la cerise. — **2.** Nom donné à diverses plantes portant un fruit rouge comestible. — **3.** *Cerisier du Japon,* arbre voisin du cerisier, mais cultivé pour la beauté de ses fleurs rouges printanières.

ENCYCL. Les variétés fruitières sont dérivées du merisier et du cerisier commun. Le cerisier demande des terres fraîches et perméables. Il est le plus souvent cultivé en verger. Le bois de cerisier est très apprécié en ébénisterie.

CÉRISOLES, en ital. **Ceresole Alba,** village d'Italie, dans le Piémont (prov. de Cuneo) ; 1 000 hab.

— **Hist.** Le 14 avr. 1544, les Français, sous les ordres de François de Bourbon, comte d'Enghien, y vainquirent les Impériaux commandés par Alonso de Ávalos, marquis del Vasto.

CERISY-LA-FORÊT (50680), comm. de la Manche, à 19 km au N.-E. de Saint-Lô ; 790 hab.

Église, anc. abbatiale romane, au remarquable chœur à trois niveaux, voûté d'ogives au XIIIe s.

CERISY-LA-SALLE (50210), ch.-l. de cant. de la Manche, dans le Bocage normand ; 1 013 hab. *(Cerisyais)*. Château du XVIIIe s. ; foyer culturel international.

CÉRITHE n. m. (lat. sc. *cerithium,* du gr. *kêrukion,* coquillage). Mollusque gastropode à coquille en forme de tour, encore actuel dans toutes les mers, mais surtout abondant au début de l'ère tertiaire. (Le calcaire grossier éocène de la région parisienne est rempli de ses coquilles fossilisées.)

CÉRIUM [-rjɔm] n. m. (de *Cérès,* n. pr.). Métal du groupe des lanthanides. (Élément chimique de symbole Ce.)

Numéro atomique :	58
Masse atomique :	140,12
Masse volumique :	6,67
Température de fusion :	799 °C

ENCYCL. Le cérium est un métal dur, ayant l'aspect du fer, qui s'oxyde aisément à l'air et décompose lentement l'eau ; il se dissout dans les acides dilués. On l'extrait de ses minerais silicatés (gadolinite, cérite) ou phosphatés (monazite) sous forme d'oxyde cérique CeO_2. Sa réduction donne l'oxyde céreux Ce_2O_3, poudre jaune pâle fondant à 1 700 °C. Un alliage contenant essentiellement du fer et du cérium *(ferrocérium)* sert à la confection des pierres à briquets.

CERIZAY (79140), ch.-l. de cant. des Deux-Sèvres, dans le Bocage vendéen ; 4 817 hab. Industrie automobile.

CERMET n. m. (de *céramique* et *métal*). Matériau à squelette céramique, au sein duquel existe une phase métallique. (Utilisés dans les turbines à gaz fonctionnant à haute température et obtenus par frittage, les cermets doivent leurs propriétés réfractaires à des composés tels que carbures, borures et surtout oxydes.)

Cern (sigle de *Conseil européen pour la recherche nucléaire,* devenu *Organisation européenne pour la recherche nucléaire*, puis auj. *Laboratoire européen pour la physique des particules*), institution intergouvernementale à vocation scientifique, créée en 1952 par 12 États européens (auj. 19 États membres). Cette organisation est implantée à Meyrin, à la frontière franco-suisse, et s'étend sur les deux pays. Le Cern a construit notamment un synchrotron à protons qui fonctionne à une énergie de 28 GeV (28 milliards d'électronvolts) et un synchrotron à protons de 450 GeV mis en service en 1976. Le Cern a réalisé aussi le LEP *(large electron positron collider),* le plus grand anneau de collisions du monde (27 km de circonférence, mis en service en 1989).

CERNABLE adj. Qui se laisse aisément définir : *Opposition difficilement cernable.*

CERNAGE ou **CERNEMENT** n. m. Action de cerner un arbre.

CERNĂUŢI → TCHERNOVTSY.

CERNAY (68700), ch.-l. de cant. du Haut-Rhin, en bordure de la plaine d'Alsace ; 10 454 hab. *(Cernéens)*. Textile. Chimie.

CERNAY-LA-VILLE (78720), comm. des Yvelines, au S.-O. de Chevreuse ; 1 759 hab. — Aux environs, site des *Vaux de Cernay,* vallon étroit encombré de blocs de grès descendus du plateau. Ruines de l'abbaye cistercienne des Vaux-de-Cernay.

CERNE n. m. (lat. *circinus,* de *circus,* cercle). **1.** Cercle bleuâtre qui se forme autour des yeux battus, d'une plaie, d'une contusion. — **2.** Tache circulaire laissée sur un vêtement par un produit détachant ; auréole. — **3.** Sur un tronc d'arbre coupé, chacun des cercles concentriques, correspondant à la croissance annuelle de l'arbre. (La datation des bois ouvrés d'après les cernes est la dendrochronologie.) [Syn. CERCLE ANNUEL.] — **4.** Dans un dessin, une peinture, contour accusé.

CERNEAU n. m. (de *cerner* une noix). Partie comestible de la noix.

CERNEMENT → CERNAGE.

CERNER v. t. (lat. *circinare,* former un cercle) [conj. 3]. **1.** Faire un cercle autour de qqch, l'entourer de toutes parts : *Cerner une ville.* — **2.** Marquer le contour de qqch d'un trait, l'entourer d'un cercle qui tranche sur le fond : *Peintre qui cerne ses figures d'un trait noir.* — **3.** Entourer un lieu, un groupe de toutes parts pour empêcher les personnes qui s'y trouvent de s'enfuir ; encercler. — **4.** Saisir l'étendue exacte d'une question, en dégager les points principaux. — **5.** Séparer une noix de sa coque. — **6.** Enlever un anneau d'écorce sur le tronc d'un arbre en vue de le faire sécher sur pied.
◆ **être cerné** v. pass. *Yeux cernés,* soulignés d'un cerne.

CERNIER n. m. (de *cerne*). Très gros poisson (jusqu'à 2 m de long) des côtes françaises de l'Atlantique, à la chair appréciée. (Syn. MÉROU DES BASQUES.)

CERNUDA (Luis), poète espagnol (Séville 1902-Mexico 1963). Il est, dans la génération de 1925, le poète par excellence de la solitude et du déchirement (*Perfil del aire,* 1927 ; *Donde habite el olvido,* 1934 ; *la Réalité et le Désir,* 1936-1956).

Cernuschi *(musée),* à Paris, musée municipal d'art extrême-oriental, dans l'hôtel du parc Monceau que le banquier et collectionneur italien Enrico

Cernuschi (1821-1896, exilé à Paris en 1848) légua à la ville, en 1896, avec les collections japonaises qu'il contenait. Depuis, le musée s'est enrichi d'un ensemble de bronzes chinois d'époque archaïque et de remarquables séries de céramique.

CÉROPLASTE n. m. Cochenille très nuisible au figuier, sur lequel elle vit sous un bouclier de cire.

CÉROPLASTIQUE n. f. Art de modeler en cire.

CÉROSTOME n. m. Teigne dont la chenille dévore les sommités des pêchers.

CÉROXYLON n. m. Nom générique du palmier à cire des Andes, grand arbre dont le tronc lisse sécrète une cire blanchâtre, d'usage industriel (encaustique, vernis, bougies).

CERQUE n. m. (gr. *kerkos,* queue). Appendice pair porté dorsalement à l'arrière du corps par divers insectes adultes ou par certaines larves de coléoptères.

CERQUOZZI (Michelangelo), peintre et graveur italien (Rome 1602 - *id.* 1660), auteur, sous l'influence de P. Van Laer, de scènes de la vie populaire.

CERRIDWEN, personnage de la mythologie celte. Reine des métamorphoses, elle règne sur les légendes et les contes anglais.

CERRITO (Francesca, dite **Fanny**), danseuse italienne (Naples 1817-Paris 1909). Une des plus célèbre danseuses romantiques, elle créa à Londres, en 1845, le fameux *Pas de quatre* de Jules Perrot, aux côtés de Lucile Grahn, Carlotta Grisi et Maria Taglioni, suivi du *Pas des déesses* (1846) avec M. Taglioni et L. Grahn.

CERRO BOLÍVAR, site du Venezuela (État de Bolívar), au S. de Ciudad Bolívar. Minerai de fer.

CERRO DE PASCO, v. du Pérou, ch.-l. du *dép. de Pasco,* au N.-E. de Lima, à 4 400 m d'alt. ; 75 800 hab. Centre minier (cuivre, zinc, plomb, or et argent).

CERRO PARANAL, sommet des Andes, dans le nord du Chili, à 130 km environ au sud d'Antofagasta. Site du VLT, très grand télescope européen, en cours d'installation depuis 1991 à 2 640 m d'altitude.

CERS [sɛrs] n. m. (mot du bas Languedoc, du lat. *circius*). Vent violent d'ouest ou de sud-ouest, qui souffle sur le bas Languedoc en régime cyclonique d'ouest.

C. E. R. S., sigle de COMMISSION EUROPÉENNE DE RECHERCHES SPATIALES. (→ ESRO.)

1. CERTAIN, E adj. (lat. pop. **certanus,* du lat. class. *certus*). 1. Tenu pour assuré, inévitable : *Dans ces conditions, l'échec est certain.* — 2. Évident, exact, dont on ne peut douter : *Parvenir à des conclusions certaines.* — 3. *Être certain de,* tenir pour vrai ce qui est dit, en être sûr : *Es-tu certain de ce que tu avances ?* — 4. *Corps certain,* chose bien déterminée, non susceptible d'être remplacée par une autre, contrairement à une chose fongible. ‖ *Créance certaine,* celle dont le principe et l'existence se trouvent non contestés et qui, notamment, n'est pas liée à la réalisation d'une condition suspensive. ‖ *Date certaine,* jour à partir duquel l'existence d'un acte sous seing privé ne peut plus être contestée par des tiers. ‖ *Événement certain,* événement dont la probabilité est égale à un.

◆ adj. indéf. 1. Devant un n. commun, désigne qqn ou qqch qu'on distingue, sans grande précision, d'un ensemble : *À un certain moment, on a pu craindre le pire.* — 2. Devant un n. pr. de personne, indique à la fois qu'on ne sait pas très bien de qui il s'agit et/ou qu'on attache peu d'importance à cette personne : *Un certain Michel a téléphoné.* — 3. Devant un n. abstrait de chose, exprime une quantité relativement importante : *Sans être vraiment vieux, il est déjà d'un certain âge.*

◆ **certains, aines** adj. indéf. pl. Indique un nombre limité ; quelques, plusieurs, tel ou tel : *Certaines difficultés subsistent.*

◆ pron. indéf. pl. 1. Plusieurs, quelques-uns : *Il nous a entretenus de certains de ses problèmes.* — 2. Au masc. seulem., quelques personnes, des gens : *Certains prétendent avoir observé le phénomène.*

2. CERTAIN n. m. (de *certain 1*). En Bourse, contre-valeur en francs d'une devise étrangère.

CERTAINEMENT adv. 1. De façon certaine, indubitable. — 2. Exprime ou renforce une affirmation : *Êtes-vous satisfait ? — Certainement.* — 3. Fam. *Certainement que,* il est certain, hors de doute que : *Certainement que tout se passera bien.*

CERTEAU (Michel DE), anthropologue et historien français (Chambéry 1925-Paris 1986). Jésuite et membre de l'École freudienne de Paris, il a mené des recherches sur l'expérience mystique (*la Possession de Loudun,* 1970 ; *la Fable mystique,* 1982), sur la constitution des sciences humaines (*l'Écriture de l'histoire,* 1975) et sur les cultures populaires ou marginales (*l'Absent de l'histoire,* 1973 ; *la Culture au pluriel,* 1974 ; *l'Invention du quotidien, Arts de faire,* 1980).

CERTES adv. (lat. pop. **certas,* du lat. class. *certus,* certain). *Litt.* Marque une affirmation ou souligne une opposition ; certainement, assurément : *Êtes-vous convaincu ? — Certes, avec de pareilles preuves !*

CERTIFICAT n. m. (lat. médiév. **certificatum,* de *certificare,* confirmer). 1. Document écrit, officiel ou dûment signé d'une personne autorisée qui atteste un fait : *Un certificat de maladie.*

— **2.** Nom donné à un certain nombre de diplômes : *Certificat d'aptitude professionnelle (C. A. P.).* [→ ENCYCL.] • **Banq.** Certificat de dépôt négociable, reçu que les banques émettent en échange d'un dépôt de fonds effectué pour une durée et à un taux d'intérêt déterminés, et pouvant être négocié avant son échéance. (Aux États-Unis, c'est un rouage essentiel du marché monétaire.) ‖ *Certificat d'investissement privilégié (C. I. P.),* action dénuée du droit de vote, mais donnant droit à une participation prioritaire aux bénéfices de la société émettrice. — **Dr.** *Certificat de travail,* attestation écrite délivrée par l'employeur au salarié dont le contrat de travail vient à expiration. ‖ *Certificat d'utilité,* droit protégeant le titulaire d'une invention et lui assurant une exclusivité d'exploitation pendant six ans. — **Mil.** *Certificat du service militaire,* ou (avant 1975) *certificat de bonne conduite,* document témoignant de la participation à la défense des militaires ayant servi au titre du service national, de la valeur des services qu'ils ont rendus et de leur bonne conduite.

ENCYCL. *Certificat d'aptitude professionnelle (C. A. P.).* Ce diplôme national de l'enseignement technologique est préparé en lycée professionnel, en centre d'apprentissage ou dans le cadre de la formation professionnelle des adultes. Le ministère de l'Agriculture délivre au même niveau des *certificats d'aptitude professionnelle agricole (C. A. P. A.).*

• *Certificat d'aptitude au professorat.* Nécessaires pour la titularisation dans l'enseignement public, les plus importants sont : le *certificat d'aptitude au professorat de l'enseignement général de collège (C. A. P. E. G. C.),* qui concernait les enseignants du premier cycle du second degré en collèges (dont le recrutement a été arrêté en 1986) ; le *certificat d'aptitude au professorat de l'enseignement du second degré (C. A. P. E. S.),* ouvert aux licenciés, qui est exigé pour enseigner dans les lycées d'enseignement général et technologique (L. E. G. T.) et, depuis 1986, dans les collèges ; le *certificat d'aptitude au professorat de l'enseignement technique (C. A. P. E. T.),* équivalent du précédent pour les professeurs de l'enseignement technologique dans les lycées (L. E. G. T.) et les collèges.

• *Certificat d'études primaires (C. E. P.).* Créé en 1874 et présenté pour la dernière fois en 1990, il sanctionnait le cycle des études primaires (ou un niveau d'études équivalent).

CERTIFICATEUR n. m. (lat. médiév. **certificator*). 1. Personne qui certifie qqch. — **2.** *Certificateur de caution,* caution qui garantit en sous-ordre la solvabilité d'une première caution. (Syn. CONTRE-CAUTION.)

CERTIFICATIF, IVE adj. Qui est propre à certifier.

CERTIFICATION n. f. (lat. médiév. *certificatio*). 1. Assurance donnée par écrit. — **2.** Procédure d'authentification d'un acte. — **3.** Attestation par les responsables de l'aviation civile internationale de la conformité des caractéristiques d'un appareil aux normes en vigueur. — **4.** Garantie donnée par le banquier que la provision d'un compte sur lequel est tiré un chèque est suffisante pour assurer le paiement de celui-ci. — **5.** Contrôle de la qualité du support magnétique d'une bande afin de garantir ses possibilités d'enregistrement. — **6.** *Certification de copies conformes* ou *de signatures,* formalité administrative accomplie par le maire, le commissaire de police ou certains fonctionnaires pour authentifier des signatures ou des copies de textes produites devant d'autres autorités publiques ou privées. ‖ *Certification des signatures,* légalisation donnée aux signatures, par un opérateur de société de Bourse ou un notaire, notamment pour le transfert de valeurs mobilières.

CERTIFIÉ, E n. et adj. 1. Personne pourvue d'un certificat. — **2.** *Professeur certifié,* professeur titulaire du C. A. P. E. S.

CERTIFIER v. t. (lat. ecclés. *certificare,* confirmer) [conj. 9]. 1. Affirmer qqch à qqn, assurer que qqch est vrai ; soutenir : *Il m'a certifié qu'il était absent ce jour-là.* — **2.** Garantir qqch par une certification : *Certifier une signature.*

CERTIFIEUR n. m. En informatique, dérouleur particulier de bandes magnétiques adapté à leur certification.

CERTITUDE n. f. (bas lat. *certitudo ,* du lat. class. *certus,* certain). 1. Sentiment qu'on a de la réalité d'un fait, de la vérité d'une idée ; conviction : *Dire quelque chose avec certitude.* — **2.** Fait, opinion sur lesquels on n'a aucun doute, dont on est certain : *Ce ne sont pas de simples hypothèses, ce sont des certitudes.* — **3.** *Avoir la certitude de, que,* en être certain : *J'ai la certitude qu'il viendra.*

CÉRULAIRE (Michel) → KEROULARIOS.

CÉRULÉEN, ENNE adj. (lat. *caeruleus). Litt.* D'une teinte bleuâtre.

CÉRULÉINE n. f. Colorant bleu ou vert apparenté à l'anthraquinone, utilisé pour la soie, la laine et le coton.

CÉRULÉOPLASMINE ou **CÉRULOPLASMINE** n. f. α_2 glycoprotéine qui transporte 95 % du cuivre sérique. (On observe une forte diminution de son taux [normalement 0,3 g par litre] au cours de la maladie de Wilson.)

CÉRULÉUM [-leɔm] n. m. (lat. *caeruleus,* bleu comme l'azur, de *caelus,* ciel). 1. Pigment minéral bleu composé d'oxyde d'étain et d'oxyde de cobalt. (Syn. BLEU CÉLESTE.) — **2.** Arséniate basique du cuivre, pigment bleu très toxique.

CÉRUMEN [-mɛn] n. m. (lat. sc. *cerumen,* du lat. class. *cera,* cire). Matière grasse sécrétée par les glandes cérumineuses du conduit auditif externe. (Son accumulation [*bouchon de cérumen*] peut être cause d'une surdité d'apparition brusque.)

CÉRUMINEUX, EUSE adj. 1. Relatif au cérumen. — 2. *Glandes cérumineuses,* glandes sudoripares modifiées du conduit auditif externe, qui sécrètent le cérumen.

CÉRURE n. f. Papillon dont la chenille vit sur les saules, les peupliers et les hêtres. (N. usuel *harpye.*)

CÉRUSE n. f. (lat. *cerussa*). Carbonate basique de plomb, qu'on a utilisé en peinture. (La céruse est un poison violent.) [Syn. BLANC DE CÉRUSE, BLANC D'ARGENT.]

CÉRUSITE n. f. (de *céruse*). Carbonate naturel de plomb $PbCO_3$, appartenant au système orthorhombique, qui peut être un minerai de plomb.

CERUTI (Giacomo), peintre italien (Plaisance 1691-Brescia apr. 1760). Portraitiste et peintre de genre, il affirme avec ses personnages populaires et ses mendiants, peints grandeur nature, un réalisme dépouillé et intense.

CERVAISON n. f. (rad. lat. *cervus,* cerf). Époque où le cerf est gros et bon à chasser.

CERVANTÈS, en esp. **Cervantes Saavedra** (Miguel DE), écrivain espagnol (Alcalá de Henares 1547-Madrid 1616). Après des études irrégulières, il se consacre aux armes, combat à Lépante, où il perd un bras, puis en Afrique, et est capturé en mer par les Turcs, qui l'emmènent à Alger, où il demeure captif de 1575 à 1580. Commissaire aux vivres de Philippe II, de 1585 jusqu'au désastre de l'Invincible Armada (1589), il est accusé d'exactions, arrêté et excommunié. Il connaîtra encore plusieurs fois la prison jusqu'à ce que sa nomination comme inspecteur des impôts de Philippe III, qu'il suit à la cour, résolve ses problèmes matériels.
Après *Numance** et *la Vie à Alger* (1582), tirés de ses aventures et qui seuls restent d'une première époque, il publie un roman pastoral, *Galatée* (1585). L'insuccès de ce livre ne le décourage pas et il trouve dans ses malheurs et son attachement à des idéaux périmés la matière de son *Don* Quichotte,* dont la première partie paraît en 1605 et lui vaut d'emblée la célébrité et de puissantes protections qui lui permettent de se consacrer uniquement à la littérature. Il donne alors les *Nouvelles* exemplaires* (1613), le *Voyage au Parnasse* (1614), imité de Caporali, et forme un recueil de ses meilleures pièces de théâtre (*Huit Comédies et Huit Intermèdes nouveaux,* 1615). En 1615 paraît la seconde partie de *Don Quichotte ;* la satire y remplace l'humour. Son œuvre s'achève sur un récit encyclopédique : *les Travaux de Persilès et Sigismonde,* publiés, après sa mort, en 1617.

CERVEAU n. m. (lat. *cerebellum,* dimin. de *cerebrum,* cerveau). **1.** Partie antérieure de l'encéphale des vertébrés, formée des hémisphères cérébraux et des structures qui les unissent. — **2.** Nom donné parfois à l'ensemble de l'encéphale des vertébrés ou des structures nerveuses centrales situées dans la tête chez les invertébrés. (On parle alors aussi de « ganglions cérébroïdes ».) — **3.** Siège de l'intelligence, du jugement, de l'imagination : *Avoir le cerveau malade, fêlé, dérangé.* — **4.** Personne douée de qualités intellectuelles éminentes. — **5.** Organe central de direction ; centre intellectuel : *Le cerveau de cette entreprise, c'est le bureau d'études.* — **6.** Maître d'œuvre d'une affaire ; chef de bande. — **7.** Partie supérieure d'une cloche. (Syn. CALOTTE.) — **8.** *Cerveau électronique,* appareil, tel qu'un ordinateur ou une machine à traduire, effectuant des opérations qui paraissaient réservées au cerveau humain.

ENCYCL. Un cerveau existe chez tous les animaux mobiles et à symétrie bilatérale, c'est-à-dire chez tous ceux qui ont une tête. Chez les invertébrés, dont la chaîne nerveuse est ventrale, le cerveau, formé de *ganglions cérébroïdes* pairs, est dorsal et relié au reste du système nerveux par un *collier périœsophagien.* Il est particulièrement développé chez les insectes hyménoptères sociaux (abeille) et les mollusques céphalopodes (poulpe). Chez les vertébrés, l'encéphale comprend toujours d'arrière en avant un bulbe, un cervelet, un mésencéphale ou « toit optique », un diencéphale ou thalamus, un télencéphale ou *cerveau* au sens strict, enfin des lobes olfactifs antérieurs. L'évolution biologique se traduit par une augmentation de l'importance relative du cerveau par rapport aux autres parties de l'encéphale. Chez les mammifères, en particulier, une écorce plissée, le *néocortex,* prend une importance démesurée, sa surface étant accrue par de nombreux plis (circonvolutions), le télencéphale recouvre entièrement le thalamus et le toit optique et arrive au contact du cervelet, lui-même très développé. Le cerveau est divisé en deux *hémisphères* symétriques reliés par des ponts tels que le *corps calleux.*

le cerveau humain : développement

Au cours des évolutions phylogénique et embryologique, l'encéphale se développe à partir de l'extrémité antérieure d'une ébauche simple et rectiligne : le tube neural. Trois renflements apparaissent, constituant les vésicules cérébrales primitives : 1° le *cerveau antérieur,* ou *prosen-*

CERVEAU

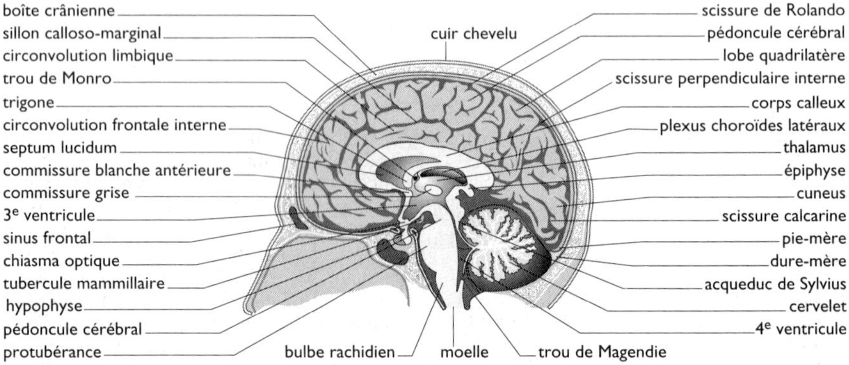

Coupe sagittale du cerveau, dans la boîte crânienne.

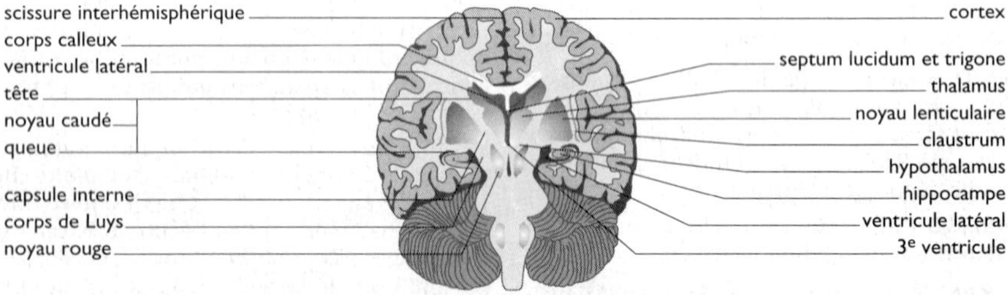

Structure générale du cerveau (coupe frontale).

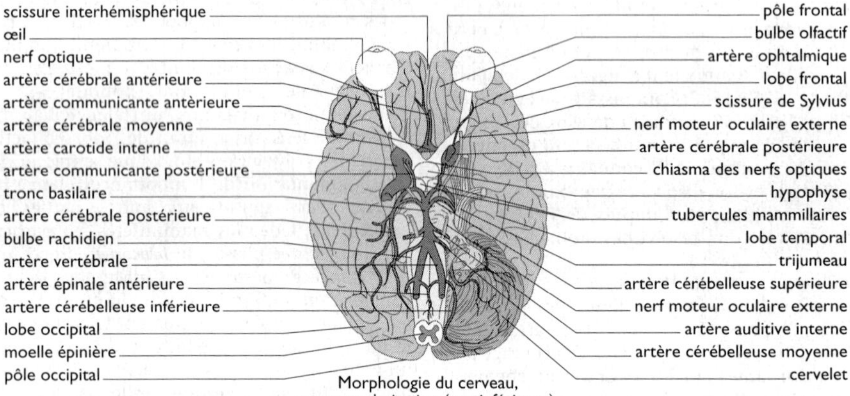

Morphologie du cerveau,
avec vascularisation (vue inférieure).

Vue externe des quatre lobes cérébraux :
A. Lobe frontal ; **B**. lobe pariétal **C**. Lobe occipital ; **D**. Lobe temporal.
1,2,3. Première, deuxième et troisième circonvolutions frontales ;
4. Pied de la frontale ascendante ; 5. Circonvolution frontale ascendante ;
6. Scissure de Rolando ; 7. Circonvolution pariétale ascendante ;
8. Scissure perpendiculaire externe ;
9, 10, 11. Première, deuxième et troisième circonvolutions occipitales ;
12, 13, 14. Première, deuxième et troisième circonvolutions temporales ;
15. Scissure de Sylvius.

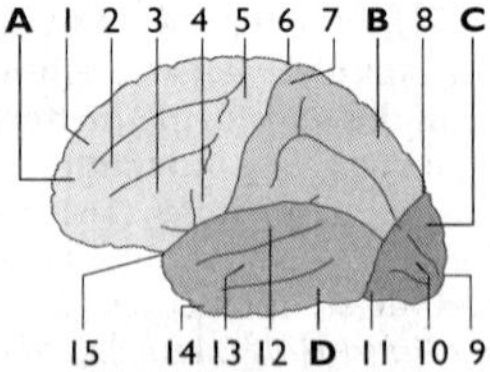

céphale ; 2° le *cerveau moyen,* ou *mésencéphale ;* 3° le *cerveau postérieur,* ou *rhombencéphale.* Le prosencéphale donne les vésicules télencéphalique et diencéphalique. Du télencéphale naissent les hémisphères cérébraux (cortex et substance blanche, et noyaux gris centraux) ; le diencéphale donne naissance au thalamus et au sous-thalamus, le mésencéphale aux pédoncules cérébraux, la vésicule rhombencéphalique à la protubérance annulaire, au bulbe rachidien (myélencéphale) et au cervelet (métencéphale). La nomenclature anatomique actuelle subdivise l'encéphale en tronc cérébral (myélencéphale + mésencéphale), cervelet (métencéphale) et cerveau (diencéphale + télencéphale).

anatomie

Le cerveau de l'homme adulte a la forme d'un ovoïde à grosse extrémité postérieure. Il est, en moyenne, un peu plus lourd chez l'homme (1 400 g) que chez la femme (1 300 g). Sur la ligne médiane, les hémisphères cérébraux sont incomplètement séparés par une dépression étroite et profonde : la *scissure interhémisphérique ;* ils sont réunis par des faisceaux de fibres nerveuses, appelés *commissures,* dont les plus importantes sont le *corps calleux* et le *trigone.* La surface du cerveau présente des dépressions sinueuses : les plus profondes, ou *scissures,* divisent les hémisphères en lobes (frontal, pariétal, occipital, temporal) ; d'autres, moins marquées, divisent les lobes en circonvolutions. Le cerveau est constitué de substance grise (corps des cellules nerveuses) et de substance blanche (fibres nerveuses). La substance grise forme le revêtement superficiel du cerveau (écorce, ou cortex) ; les cellules de l'écorce, dont le nombre a été estimé à 90 ou 100 milliards, sont disposées en six couches, organisées de façon variable dans les diverses régions du cortex. La substance grise forme, en outre, les noyaux gris centraux, représentés, dans chaque hémisphère, par le *corps strié* et le *thalamus.* La substance blanche est constituée par des *fibres de projection,* qui gagnent ou quittent le cortex, et par des *fibres d'association,* reliant les deux hémisphères ou différents endroits d'un même hémisphère.

Chaque moitié du cerveau est creusée d'une cavité *(ventricule latéral),* qui communique par le trou de Monro avec le *troisième ventricule,* compris dans la région médiane du cerveau. Le système ventriculaire cérébral communique par l'aqueduc de Sylvius avec le ventricule du tronc cérébral (quatrième ventricule). Les ventricules sont remplis de *liquide céphalo-rachidien.* Le cerveau est entouré par des enveloppes fibreuses, les *méninges,* le liquide céphalo-rachidien circulant dans l'espace sous-arachnoïdien.

La vascularisation du cerveau se fait par deux systèmes artériels qui s'anastomosent : le système carotidien et le système vertébro-basilaire, leurs anastomoses formant le polygone artériel de Willis. Les artères cérébrales sont les branches terminales de l'un ou l'autre de ces deux systèmes. Elles sont au nombre de 6 au total, mais chaque hémisphère est vascularisé par l'*artère cérébrale antérieure* et l'*artère cérébrale moyenne* (ou artère sylvienne) qui sont des branches terminales de la carotide interne ainsi que par l'artère cérébrale postérieure qui naît de la terminaison du tronc basilaire. Le sang veineux est collecté par les sinus crâniens (longitudinal, supérieur et latéraux) aboutissant aux veines jugulaires et vertébrales.

Certaines régions de l'écorce cérébrale ont un rôle essentiel dans des fonctions précises : ce sont les aires primaires. On distingue ainsi une *aire motrice,* au niveau de la circonvolution frontale ascendante ; une *aire sensitive,* au niveau de la pariétale ascendante ; des *aires visuelles,* au niveau du cortex occipital externe. Ces aires primaires sont entourées d'aires secondaires ou associatives qui permettent l'intégration des informations recueillies dans les aires primaires. L'hypothalamus assure le contrôle de toutes les fonctions endocrines et métaboliques de l'organisme.

caractères propres

L'inégalité fonctionnelle des deux hémisphères cérébraux est une caractéristique essentielle de l'espèce humaine. Les mêmes lésions qui, d'un côté, déterminent, par exemple, une aphasie, ne déterminent aucun trouble du langage lorsqu'elles siègent dans l'autre hémisphère. La dominance cérébrale est, dans une certaine mesure, liée à la préférence manuelle : ainsi, les zones cérébrales indispensables à l'exercice du langage sont situées, chez les droitiers, dans l'hémisphère gauche, celui dont dépend également la motricité du côté droit du corps. En réalité, la participation des deux côtés du cerveau aux fonctions supérieures (mémoire, langage, gnosies, praxies, etc.) est variable selon les individus. Le cerveau humain est également caractérisé par le développement très important du lobe frontal, qui interviendrait au niveau de la fonction symbolique.

Ces dernières décennies, on a mis en évidence le rôle de nombreux médiateurs chimiques dans le fonctionnement cérébral. La dopamine, par exemple, intervient dans le contrôle central de la motricité et de la vie émotionnelle, la noradrénaline dans celui de la veille et dans le déclenchement du sommeil paradoxal, dans le contrôle de l'activité motrice dans la moelle épinière, et la régulation de l'humeur (associée à la sérotonine). La sérotonine participe également à l'induction du sommeil, à la régulation centrale de la température corporelle et des rythmes biologiques, et joue un rôle dans la perception et le contrôle de la douleur, avec les enképhalines et la substance P. Le glutamate, l'un des principaux neuromédiateurs excitateurs du cerveau, intervient dans de nombreuses voies neuronales de liaison entre le cortex et les centres sous-corticaux et semble impliqué dans certaines formes de mémoire, tandis que le GABA joue un rôle essentiel dans l'inhibition centrale de nombreuses fonctions. Cependant, les corrélations entre les différentes structures cérébrales, leurs médiateurs chimiques, leur fonctionnement sont loin d'être élucidées à l'heure actuelle.

CERVELAS [-la] n. m. (ital. *cervellato*). Nom donné à différents types de saucissons cuits.

CERVELET n. m. (de *cerveau*). **1.** Partie dorsale postérieure de l'encéphale des vertébrés, reliée au tronc cérébral par les pédoncules cérébelleux. — **2.** Chez les vertébrés, partie de l'encéphale située à l'étage postérieur de la base du crâne, en arrière du tronc cérébral, au-dessous des hémisphères cérébraux, dont il est séparé par la tente du cervelet.

ENCYCL. Le cervelet est constitué par une partie médiane, le *vermis,* et deux lobes latéraux, les *hémisphères cérébelleux.* La face antérieure du cervelet est déprimée par le toit du quatrième ventricule ; sa partie inférieure est essentiellement constituée par deux lobules symétriques situés de chaque côté du bulbe, les *amygdales cérébelleuses ;* sa face inférieure repose sur l'écaille de l'occipital, alors que sa face supérieure est séparée des hémisphères cérébraux par la tente du cervelet.

La surface du cervelet est parcourue par un grand nombre de sillons qui délimitent des lames et des lamelles entre lesquelles s'invagine la substance blanche qui forme ainsi l'*arbre de vie.* Le cervelet s'attache au tronc cérébral par les *pédoncules cérébelleux,* qui constituent le lieu de passage de ses voies afférentes et efférentes. Dans le cervelet, la substance grise est répartie en deux zones : le cortex cérébelleux et les noyaux cérébelleux. Le *cortex cérébelleux,* qui suit toutes les lames et lamelles du cervelet, se compose de trois couches, la seconde étant celle des cellules de Purkinje dont les axones sortent seuls du cortex ; elles sont spécifiques du cervelet et peuvent être prises comme homologues des cellules pyramidales, bien que leur organisation soit plus simple, car les cellules de Purkinje ne forment qu'une seule couche. Les *noyaux cérébelleux* sont situés dans la profondeur, symétriques par rapport à la ligne médiane ; ils sont à l'origine des voies afférentes, celles-ci vont surtout vers le thalamus puis le cortex cérébral. Les principales afférences du cervelet viennent des canaux semi-circulaires de l'oreille interne par des fibres qui ont fait relais au niveau des noyaux vestibulaires et de la moelle épinière. Celle-ci amène des informations issues des récepteurs cutanés et des fuseaux neuro-musculaires, et dont le rôle semble être de renseigner sur les différents degrés de contraction du muscle.

Le cervelet joue un rôle important dans la régulation du tonus musculaire. Cependant, situé en dérivation sur les grandes voies ascendantes et descendantes de l'axe cérébro-spinal, il n'est indispensable à aucun niveau d'intégration du mouvement, mais il est nécessaire à son ajustement et à son organisation temporelle. C'est ainsi qu'une lésion du cervelet ou une interruption des voies cérébelleuses entraîne un trouble de la coordination motrice (ataxie cérébelleuse) qui perturbe la marche (démarche ébrieuse), la station debout (élargissement du polygone de sustentation avec présence d'oscillations) et l'exécution des mouvements volontaires (exagération de leur amplitude : hypermétrie).

CERVELLE n. f. (lat. *cerebella,* pl. de *cerebellum,* cerveau). **1.** Substance constituant le cerveau. — **2.** Substance cérébrale, considérée comme le siège des facultés intellectuelles : *N'avoir rien dans la cervelle.* — **3.** Cerveau d'animaux que l'on consomme poché, puis poêlé. — **4.** Fam. *Se brûler, se faire sauter la cervelle,* se suicider d'une balle dans la tête. ‖ *Tête sans cervelle, cervelle d'oiseau,* personne étourdie, de peu de jugement. ‖ Fam. *Trotter dans la cervelle de qqn,* le préoccuper.

ČERVENKOV (Vălko), homme politique bulgare (Zlatica, près de Sofia, 1900-Sofia 1980). Membre du parti communiste bulgare, en exil en U. R. S. S. de 1925 à 1946, il fut secrétaire général de son parti (1950-1954) et chef du gouvernement (1950-1956) et se révéla un fidèle disciple de Staline.

CERVERA Y TOPETE (Pascual), amiral espagnol (San Fernando 1839-Puerto Real 1909). Il commanda l'escadre espagnole de l'Atlantique pendant la guerre hispano-américaine (1898). Réfugié dans la baie de Santiago de Cuba, il tenta d'en sortir mais sa flotte fut détruite.

CERVERÍ de Girona (Guilhem DE CERVERA, dit), poète catalan de langue d'oc († 1285). Son œuvre forme un panorama complet de la lyrique provençale.

CERVETERI, comm. d'Italie, dans le Latium (prov. de Rome), près de la mer Tyrrhénienne ; 8 000 hab. Centre villanovien, devenu l'une des principales cités étrusques (*Chisra,* lat. *Caere*), où fut conclue l'alliance entre Étrusques et Carthaginois (535 av. J.-C.), la ville fut soumise à Rome en 351 av. J.-C. Nécropole étrusque de type urbanistique, la ville fut un centre de potiers et de sculpteurs de terre cuite.

CERVICAL, E, AUX adj. (du lat *cervix, -icis,* nuque). **1.** Relatif au cou. — **2.** Se dit de ce qui a rapport au col d'un organe (plus particulièrement le col de l'utérus). — **3.** *Aponévroses cervicales,* aponévroses qui enveloppent chacun des groupes musculaires, viscéraux ou vasculo-nerveux du cou. ‖ *Nerfs cervicaux,* les huit premiers nerfs rachidiens. ‖ *Plexus cervical,* plexus nerveux constitué par les branches antérieures des quatre premières paires cervicales. ‖ *Sympathique cervical,* portion cervicale du système sympathique. ‖ *Vertèbres cervicales,* les sept vertèbres du cou. (La première de ces vertèbres est l'atlas, la deuxième l'axis.)

CERVICARTHROSE n. f. Arthrose des articulations de la colonne cervicale.

CERVICITE n. f. État inflammatoire du col de l'utérus. (Les *endocervicites* intéressent la muqueuse glandulaire de l'endocol, les *exocervicites,* la partie visible du col.) [Syn. MÉTRITE DU COL.]

CERVICO-BRACHIAL, E, AUX [-kjal, -kjo] adj. *Névralgie cervico-brachiale,* névralgie qui se manifeste par des douleurs cervicales, avec enraidissement du cou, et par une douleur radiculaire du membre supérieur. (Elle a pour origine un conflit disco-radiculaire retentissant sur les racines C5, C6, C7 et C8.)

CERVIDÉ n. m. (lat. *cervus,* cerf). Ruminant à cornes caduques tel que le cerf, le daim, l'élan, le renne et le chevreuil. (Les *cervidés* forment une famille.)

CERVIN *(mont),* en all. **Matterhorn,** en ital. **Cervino,** un des plus hauts sommets des Alpes Pennines, à la frontière italo-suisse, entre Zermatt et Valtournanche ; 4 478 m. Sa conquête a marqué une date dans l'histoire de l'alpinisme : la première ascension fut réalisée le 14 juill. 1865 par les Anglais Whymper, Douglas, Hadow et Hudson, avec les guides M. Croz et Taugwalder (père et fils), par l'arête suisse du Hörnli. — Un téléphérique relie Zermatt au Petit Cervin (3 883 m), à l'E. du sommet principal.

CERVIONE (20221), ch.-l. de cant. de la Haute-Corse, dans la Castagniccia ; 1 353 hab. Anc. cathédrale de la fin du XVIe s. Aux environs, église S. Cristina, avec fresques de 1473. Vignes et vergers. Station balnéaire à Prunete.

CERVOISE n. f. (bas lat. *cervesia,* d'orig. gaul.). Type de bière fabriquée dans l'Antiquité et au Moyen Âge avec de l'orge ou d'autres céréales germées.

CES → CE 2.

C. E. S., abrév. de COLLÈGE* D'ENSEIGNEMENT SECONDAIRE et de CONTRAT* EMPLOI-SOLIDARITÉ.

CÉSAIRE d'Arles *(saint),* moine et évêque gaulois (Chalon-sur-Saône 470 ou 471-Arles 543). Moine de Lérins, évêque d'Arles en 503, il développa la vie monastique et essaya de normaliser les rapports entre l'Église et les royaumes barbares. On a conservé de lui 238 *Sermons.*

CÉSAIRE (Aimé), écrivain et homme politique français (Basse-Pointe, Martinique, 1913). Influencé par le surréalisme (*Soleil cou coupé,* 1948), il fait de la poésie un retour aux sources de la négritude (*Cahier d'un retour au pays natal,* 1947 ; *Ferrements,* 1959) et proclame son désir de se libérer des formes traditionnelles de la culture occidentale dans ses essais et son théâtre (*Et les chiens se taisaient,* 1956 ; *la Tragédie du roi Christophe,* 1963). Maire de Fort-de-France depuis 1945, il a été député de la Martinique de 1946 à 1993 et président du conseil régional de la Martinique de 1983 à 1988.

CÉSALPIN (André), en ital. **Andrea Cesalpino,** philosophe et médecin italien (Arezzo 1519-Rome 1603). Il a caractérisé la sexualité des plantes.

CÉSALPINIACÉE ou **CÉSALPINIOÏDÉE** n. f. (de *Césalpin,* n. pr.). Légumineuse telle que l'arbre de Judée *(cercis),* aux fleurs en grappes lâches, aux fruits en gousses. (Ces plantes forment une famille [*césalpiniacées*] ou une sous-famille [*césalpinioïdées*], selon les auteurs.)

1. CÉSAR n. m. (lat. *Caesar*). **1.** Empereur de la famille de César. — **2.** Titre affecté, par la suite, à tous les empereurs romains, puis aux empereurs germaniques.

ENCYCL. Tous les empereurs romains prirent le nom de César en mémoire de Jules César. À partir d'Hadrien, l'empereur attribua à son successeur le titre de « césar ». Au IIIe s. apr. J.-C., Dioclétien partagea territorialement l'empire entre deux « augustes » assistés chacun par un « césar ».

2. CÉSAR n. m. (de *césar 1*). Récompense cinématographique décernée annuellement en France depuis 1976, couronnant, par un vote de l'ensemble de la profession, un film, des artistes et des techniciens.

Césars *(les Douze),* ouvrage de Suétone, publié vers 120 apr. J.-C. C'est un recueil des Vies des césars, de Jules César jusqu'à Domitien.

CÉSAR (Caius Julius CAESAR, en fr. **Jules**), homme d'État romain (Rome 100 ou 101-*id.* 44 av. J.-C.). Issu d'une famille patricienne, César amorce en 78 av. J.-C. sa carrière politique en s'appuyant sur la seule force capable de briser le sénat et Pompée, le parti populaire. Il est questeur en 68, édile curule en 65, préteur en 62, il devient aussi

CÉSARS

année	*meilleur film*	*meilleur réalisateur*	*meilleur acteur*	*meilleure actrice*
1976	*le Vieux Fusil*, R. Enrico	Bertrand Tavernier, *le Juge et l'Assassin*	Philippe Noiret, *le Vieux Fusil* (R. Enrico)	Romy Schneider, *L'important c'est d'aimer* (A. Żulawski)
1977	*Monsieur Klein*, J. Losey	Joseph Losey, *Monsieur Klein*	Michel Galabru, *le Juge et l'Assassin* (B. Tavernier)	Annie Girardot, *Dr Françoise Gailland* (J.-L. Bertucelli)
1978	*Providence*, A. Resnais	Alain Resnais,*Providence*	Jean Rochefort, *le Crabe-Tambour* (P. Schoendoerffer)	Simone Signoret, *la Vie devant soi* (Moshé Mizrahi)
1979	*l'Argent des autres*, Ch. de Chalonge	Christian de Chalonge, *l'Argent des autres*	Michel Serrault, *la Cage aux folles* (É. Molinaro)	Romy Schneider, *Une histoire simple* (C. Sautet)
1980	*Tess*, R. Polanski	Roman Polanski, *Tess*	Claude Brasseur, *la Guerre des polices* (Robin Davis)	Miou-Miou, *la Dérobade* (Daniel Duval)
1981	*le Dernier Métro*, F. Truffaut	François Truffaut, *le Dernier Métro*	Gérard Depardieu, *le Dernier Métro* (F. Truffaut)	Catherine Deneuve, *le Dernier Métro* (F. Truffaut)
1982	*la Guerre du feu*, J.-J. Annaud	Jean-Jacques Annaud, *la Guerre du feu*	Michel Serrault, *Garde à vue* (C. Miller)	Isabelle Adjani, *Possession* (A. Żulawski)
1983	*la Balance*, B. Swaim	Andrzej Wajda, *Danton*	Philippe Léotard, *la Balance* (B. Swaim)	Nathalie Baye, *la Balance* (B. Swaim)
1984	*Á nos amours*, M. Pialat *le Bal*, E. Scola	Ettore Scola, *le Bal*	Coluche, *Tchao Pantin* (C. Berri)	Isabelle Adjani, *l'Été meurtrier* (J. Becker)
1985	*les Ripoux*, C. Zidi	Claude Zidi, *les Ripoux*	Alain Delon, *Notre histoire* (B. Blier)	Sabine Azéma, *Un dimanche à la campagne* (B. Tavernier)
1986	*Trois Hommes et un couffin*, C. Serreau	Michel Delville, *Péril en la demeure*	Christophe Lambert, *Subway* (L. Besson)	Sandrine Bonnaire, *Sans toit ni loi* (A. Varda)
1987	*Thérèse*, A. Cavalier	Alain Cavalier,*Thérèse*	Daniel Auteuil, *Jean de Florette* (C. Berri)	Sabine Azéma, *Mélo* (A. Resnais)
1988	*Au revoir les enfants*, L. Malle	Louis Malle, *Au revoir les enfants*	Richard Borhinger, *le Grand Chemin* (Jean-Loup Hubert)	Anémone, *le Grand Chemin* (J.-L. Hubert)
1989	*Camille Claudel*, B. Nuytten	Jean-Jacques Annaud, *l'Ours*	Jean-Paul Belmondo, *Itinéraire d'un enfant gâté* (C. Lelouch)	Isabelle Adjani, *Camille Claudel* (B. Nuytten)
1990	*Trop belle pour toi*, B. Blier	Bertrand Blier, *Trop belle pour toi*	Philippe Noiret, *la Vie et rien d'autre* (B. Tavernier)	Carole Bouquet, *Trop belle pour toi* (B. Blier)
1991	*Cyrano de Bergerac*, J.-P. Rappeneau	Jean-Paul Rappeneau, *Cyrano de Bergerac*	Gérard Depardieu, *Cyrano de Bergerac* (J.-P. Rappeneau)	Anne Parillaud, *Nikita* (L. Besson)
1992	*Tous les matins du monde*, A. Corneau	Alain Corneau, *Tous les matins du monde*	Jacques Dutronc, *Van Gogh* (M. Pialat)	Jeanne Moreau, *la Vieille qui marchait dans la mer* (L. Heynemann)
1993	*les Nuits fauves*, C. Collard	Claude Sautet, *Un cœur en hiver*	Claude Rich, *le Souper* (É. Molinaro)	Catherine Deneuve, *Indochine* (R. Wargnier)
1994	*Smoking/No Smoking*, A. Resnais	Alain Resnais, *Smoking/No Smoking*	Pierre Arditi, *Smoking/No Smoking* (A. Resnais)	Juliette Binoche, *Trois Couleurs : Bleu* (K. Kieślowski)
1995	*les Roseaux sauvages*, A. Téchiné	André Téchiné, *les Roseaux sauvages*	Gérard Lanvin, *le Fils préféré* (Nicole Garcia)	Isabelle Adjani, *la Reine Margot* (P. Chéreau)
1996	*la Haine* Mathieu Kassovitz	Claude Sautet, *Nelly et M. Arnaud*	Michel Serrault, *Nelly et M. Arnaud* (C. Sautet)	Isabelle Huppert, *la Cérémonie* (C. Chabrol)

grand pontife en 63. Pour reconstituer sa fortune et exercer un premier commandement militaire, César se fait nommer propréteur en Espagne Ultérieure (61-60). Revenu d'Espagne, il propose à Crassus, son bailleur de fonds, et à Pompée de constituer une association politique (juill. 60) : c'est le premier triumvirat, qui assure l'élection de César au consulat pour 59. Il s'assure l'appui de la plèbe par deux lois agraires qui achèvent de partager entre les plus pauvres l'*ager publicus* en Italie. À sa sortie de charge, il se fait attribuer le proconsulat de l'Illyrie, de la Gaule Cisalpine et de la Narbonnaise pour cinq ans. César renouvellera le premier triumvirat pour cinq ans, en 56 (accord de Lucques), et obtiendra un nouveau proconsulat. Il conquiert la Gaule de 58 à 51, égalant ainsi la gloire militaire de Pompée, et fait connaître ses exploits par ses communiqués réguliers, repris dans un ouvrage, les *Commentaires* (De bello gallico)*. Désormais, les frontières de l'Empire atteignent le Rhin. En 53, Crassus est tué en Orient dans la guerre contre les Parthes. Le triumvirat n'est plus, et Pompée, nommé consul unique (52) par le sénat, exige du conquérant des Gaules de rentrer à Rome en simple citoyen. Ne pouvant obtenir aucune garantie, César franchit le Rubicon, frontière entre l'Italie et la Cisalpine, et marche sur Rome (12 janv. 49). Pompée s'enfuit en Grèce, tandis que César occupe l'Italie (janv.-févr. 49), bat l'armée d'Espagne (août), occupe Marseille révoltée (sept.). Puis il écrase Pompée à Pharsale (48), le poursuit en Égypte où ce dernier est assassiné par le roi Ptolémée Aulète. César châtie le meurtrier, donne le trône d'Égypte à la reine Cléopâtre et réorganise l'Orient (47). Il bat les derniers pompéiens en Afrique à Thapsus (46), en Espagne à Munda (45) ; en sept. 45, il est de retour à Rome, où il célèbre son cinquième triomphe (oct. 45). Maître absolu du Nord romain, César exerce son pouvoir dans un cadre légalement républicain. Il se fait octroyer soit la dictature (49 et 47), soit le consulat (48 et 46), soit les deux fonctions en même temps (45 et 44), détenues d'abord à temps limité (dix ans en 46), puis à vie (14 févr. ou 1er mars 44). Préfet des mœurs pour trois ans (46), il détient les pouvoirs d'un censeur. Il est, en outre, revêtu de la sacro-sainteté tribunicienne (en 44). Le sénat ne cesse d'élargir ses pouvoirs : droit de paix et de guerre, droit de créer des patriciens, de nommer les consuls et la moitié de tous les autres magistrats, de promulguer des décrets ayant force de loi. César est comblé d'honneurs extraordinaires : il porte en permanence le costume du triomphateur (la pourpre et le laurier) ; il siège sur un trône d'or, frappe des monnaies à son effigie, donne son nom à un mois de l'année (juillet = Iulius) ; sa statue est placée dans le temple de Quirinus au Capitole. Pour conserver l'appui du peuple, il multiplie les fêtes, et fonde en faveur de ses vétérans et des prolétaires des colonies romaines en Narbonnaise et sur les sites de Corinthe et de Carthage. Désormais, le pouvoir du sénat et celui des comices sont diminués ; les chevaliers partagent les fonctions judiciaires avec les sénateurs, dont le recrutement est élargi aux provinciaux et aux centurions. En multipliant le nombre des magistrats, il affaiblit leur autorité. Il réforme le calendrier. Enfin, il accorde le droit de cité à de nombreux provinciaux, surtout en Gaule. Il pardonne à ses ennemis politiques, rend leurs droits aux fils des proscrits et confie des charges importantes à d'anciens pompéiens. Il combat partout les abus, protégeant les provinciaux contre ceux des sociétés financières. Dictateur à vie, César a sans doute souhaité le pouvoir royal. À la fête des Lupercales (févr. 44), il refuse pourtant le diadème royal que lui propose Antoine ; une conspiration se noue entre mécontents et nostalgiques de la République, dirigée par Cassius et Brutus. César, poignardé, tombe au pied de la statue de Pompée, en plein sénat, le jour des ides de mars (15 mars 44). Conservant ce qui était en fait une monarchie militaire, Auguste devait l'organiser en principat, en la dissimulant sous une façade républicaine.

César *(Jules),* tragédie de W. Shakespeare (v. 1600).

CÉSAR (Caius et Lucius), fils de Vipsanius Agrippa et de Julie, fille d'Auguste. Le premier était né en 20 av. J.-C., le second en 17. Auguste, qui les avait adoptés, leur accorda le droit d'être consuls à vingt ans et voulait leur laisser sa succession, mais Lucius mourut à Marseille (2 apr. J.-C.) et Caius fut blessé mortellement en Arménie (4 apr. J.-C.). L'Empire revint donc à Tibère.

CÉSAR (César BALDACCINI, dit), sculpteur français (Marseille 1921). Il donne d'abord des œuvres expressives en ferraille soudée (années 50) puis, dans une démarche d'« appropriation du réel », développe à partir de 1960 les séries des « compressions » de voitures (puis de divers matériaux : plastiques [1971], cartons [1975], vieux papiers [1990], etc.), des « empreintes » monumentales (pouce, sein [1964-1966]), et, à partir de 1967, des « expansions » (coulées de mousse de polyuréthanne expansé, stratifiées, et laquées). On lui doit aussi des œuvres monumentales (*le Centaure,* 1985 ; *Hommage à Eiffel,* 1989) et les *Césars,* statuettes remises chaque année comme récompenses cinématographiques. Il a été l'un des fondateurs du groupe des Nouveaux Réalistes (1960).

César, film de Marcel Pagnol (1936) → MARIUS.

César Birotteau *(Grandeur et Décadence de),* roman de Balzac (1837) : l'ambition inventive de la petite bourgeoisie face aux combinaisons du grand capitalisme naissant.

CÉSARÉE, en gr. **Kaisareia,** nom de plusieurs villes de l'Empire romain, ainsi nommées en l'honneur de J. César et de ses successeurs. Parmi les plus connues : Césarée de Cilicie *(Anazarba),* de Bithynie, près du mont Olympe, de Mauritanie (actuelle *Cherchell*), de Palestine et de Syrie (*Césarée Panéas* → BĀNIYĀS ; *Césarée de Palestine* ou *Césarée Maritime,* v. ci-dessous), de Cappadoce *(Césarée de Cappadoce* → KAYSERI*).*

CÉSARÉE, dite **de Palestine** ou **Maritime,** anc. ville de Palestine fondée en 22 av. J.-C., résidence des procurateurs romains. Sa bibliothèque, détruite par les Arabes en 640, était parmi les plus riches de l'Antiquité chrétienne.

CESARI (Giuseppe), dit en fr. **le Cavalier d'Arpin,** peintre italien (Arpino 1568-Rome 1640). Un des derniers maniéristes, il fut un brillant décorateur d'églises et de palais, surtout à Rome (fresques de St-Jean-de-Latran : *l'Ascension*).

CÉSARIEN, ENNE adj. **1.** Relatif à César ou aux césars. — **2.** Relatif aux régimes politiques de dictature militaire.

CÉSARIENNE n. f. (lat. *caesar,* enfant tiré du sein de sa mère par incision, de *caedere,* couper). Opération qui consiste à inciser l'utérus pour extraire le fœtus.
ENCYCL. La césarienne a vu ses indications s'élargir de plus en plus pour prévenir une souffrance fœtale. La fréquence moyenne en France se situe entre 8 et 15 % des accouchements. L'incision cutanée abdominale peut être médiane sous-ombilicale ou horizontale sus-pubienne.

CESARINI (Giuliano), connu sous le nom de **cardinal Julien,** diplomate italien (1398-Varna 1444). Conseiller du pape Martin V, cardinal (1426), il fut légat au concile de Bâle (1431) où il tenta de réduire l'opposition entre le pape Eugène IV et le concile. De 1442 à 1444, il fut envoyé comme légat en Europe danubienne et mourut à la bataille de Varna.

CÉSARION → PTOLÉMÉE XV.

CÉSARISER v. t. (conj. 3). Pratiquer l'opération de la césarienne.

CÉSARISME n. m. (de *César,* n. pr.). Forme d'aménagement du pouvoir politique alliant autoritarisme et démocratie.

CÉSAROPAPISME n. m. Régime où le souverain temporel prétend exercer un droit de contrôle sur le pouvoir spirituel de l'Église.

CESBRON (Gilbert), écrivain français (Paris 1913-*id.* 1979), auteur de romans d'inspiration catholique (*Les saints vont en enfer,* 1952 ; *Chiens perdus sans collier,* 1954) et de pièces de théâtre (*Il est minuit docteur Schweitzer,* 1952).

CESENA, v. d'Italie, en Émilie, au S.-E. de Forli ; 89 000 hab. Centre agricole et commercial. Conserveries. Machines agricoles. Hippodrome. Monuments anciens, dont la bibliothèque Malatestiana (1452).

CÉSINE ou **CÆSINE** n. f. Hydroxyde de césium CsOH.

CÉSIUM ou, vx, **CÆSIUM** [-zjɔm] n. m. (lat. *caesius,* bleu). Métal alcalin, analogue au potassium. (Élément chimique de symbole Cs.)

Numéro atomique	55
Masse atomique	132,905
Masse volumique	1,9 g/cm³
Température de fusion	28,4 °C

ENCYCL. C'est un métal mou, jaune pâle, le plus électropositif de tous les éléments naturels. Il s'oxyde très facilement et décompose l'eau à froid, avec production d'hydrogène et de césine CsOH. Il est employé dans la fabrication de certaines cellules photoélectriques.

ČESKÉ BUDĚJOVICE, v. de la République tchèque, ch.-l. de la Bohême-Méridionale ; 92 000 hab. Ensemble monumental remontant au XIIIe s. Constructions mécaniques. Faïencerie. Brasserie. Fabrique de crayons.

ČESKÝ LES ou **FORÊT DE BOHÊME,** montagne de la République tchèque, bordure O. de la Bohême ; 1 042 m au *Čerchov.* Ces montagnes ne sont pas l'équivalent géographique du Böhmerwald allemand, qui correspond à la Šumava.

CÉSPEDES (Carlos Manuel DE), homme d'État cubain (Bayamo 1819-San Lorenzo 1874). Planteur, il libéra ses esclaves avec lesquels il forma une armée insurrectionnelle et déclencha la guerre de « Dix Ans » (1868). Il fut président de 1869 à 1873.

CÉSPEDES Y MENESES (Gonzalo DE), écrivain espagnol (Madrid v. 1585-*id.* 1638). Il est l'auteur de *Poema trágico del español Gerardo y desengaño del amor lascivo* (1615) et du roman picaresque *Fortuna varia del soldado Píndaro* (1624).

CESSANT, E adj. *Toutes affaires, toutes choses cessantes,* avant de rien faire d'autre.

CESSATION n. f. (lat. *cessatio,* retard). **1.** Action de cesser ; arrêt, suspension : *Cessation d'hostilités.* — **2.** *Cessation de paiements,* situation d'un commerçant, d'une entreprise qui ne peut exécuter ses engagements par défaut d'actif disponible et qui entraîne le dépôt de bilan.

CESSE n. f. *N'avoir (pas, point) de cesse que,* ne pas prendre de repos, ne pas arrêter avant que. ‖ *Sans cesse,* sans discontinuer ; sans arrêt : *Il pleut sans cesse.*

CESSER v. i. (lat. *cessare*) [conj. **4**]. S'arrêter, prendre fin : *Le bruit cesse enfin.*
◆ v. t. **1.** Mettre fin à une action, ne plus la poursuivre ; arrêter : *Cessez ces cris, cessez de crier.*— **2.** *Ne (pas) cesser de,* faire qqch continuellement : *Il ne cesse pas de m'ennuyer.*

CESSEZ-LE-FEU n. m. inv. Arrêt des hostilités. (Syn. ARMISTICE.)

CESSIBILITÉ n. f. **1.** Qualité de ce qui est cessible. — **2.** *Arrêté de cessibilité,* acte par lequel l'autorité préfectorale identifie les propriétés dont l'expropriation a été déclarée d'utilité publique.

CESSIBLE adj. (bas lat. *cessibilis*). Qui peut ou doit être cédé.

CESSIEU (38110), comm. de l'Isère sur la Bourbre ; 2 033 hab. Constructions mécaniques.

CESSION n. f. (lat. jurid. *cessio,* de *cedere,* céder). **1.** Action de céder un bien, une propriété, etc. ; transfert à qqn d'autre d'un bien ou d'un droit dont qqn ou un État est propriétaire ou titulaire ; vente. — **2.** Vente d'un droit ayant un objet incorporel ou d'une créance. — **3.** Mouvement de compte à l'intérieur du budget de l'État. — **4.** Action du cheval qui relâche une contraction ou abandonne une résistance. (Par ex., cession de la mâchoire.) — **5.** Action du cavalier qui diminue la tension des rênes ou la pression des jambes.

CESSION-BAIL n. f. (pl. *cessions-baux*). Technique de crédit dans laquelle l'emprunteur transfère au prêteur la propriété d'un bien que l'emprunteur rachète progressivement, suivant une formule de location assortie d'une promesse unilatérale de vente.

CESSIONNAIRE n. Personne à qui l'on fait une cession.

CESSON (77240), comm. de Seine-et-Marne, à 5 km au N.-O. de Melun ; 7 945 hab.

CESSON-SÉVIGNÉ (35510), ch.-l. de cant. d'Ille-et-Vilaine, sur la Vilaine, à l'E. de Rennes ; 13 257 hab. Électronique.

C'EST-À-DIRE adv. (écrit souvent C.-À-D.). Introduit une explication, une restriction ou une rectification : *Il souffrait de céphalées, c'est-à-dire de maux de tête.*

CESTA PUNTA [sɛstapunta] n. f. Variété de pelote basque, très spectaculaire, pratiquée avec le grand chistera.

CESTAS (33610), comm. de la Gironde, au S.-O. de Bordeaux ; 16 797 hab. Industrie alimentaire.

CESTE n. m. (lat. *cestus*). Gantelet qui servait aux athlètes romains dans le pugilat.

CESTIUS (Caius), préteur romain († av. 12 av. J.-C.), tribun du peuple, célèbre surtout par son tombeau : la *pyramide de Cestius,* près de la porte Saint-Paul, à Rome. — LUCIUS **Cestius,** son frère, avait, étant édile, relié l'île Tiberine à la rive droite du fleuve par un pont, qui porte encore son nom *(Ponte Cestio).*

CESTODE n. m. (gr. *kestos,* ceinture). Ver plat rubané tel que le ténia. (Les *cestodes* forment une classe, de l'embranchement des plathelminthes.)

ENCYCL. L'avant du corps est un organe de fixation orné de ventouses et de crochets, puis vient une suite d'anneaux à peu près identiques dont les derniers, bourrés d'œufs, se détachent et reproduisent ainsi l'espèce. Les cestodes sont des vers parasites dont le développement, complexe, exige deux hôtes successifs.

CESTODOSE n. f. Maladie parasitaire due à des cestodes. (Chez l'homme, on distingue les parasitoses dues à des cestodes adultes intestinaux telles que les téniasis et celles dues à des larves de cestodes tissulaires telles que le kyste hydatique.)

CÉSURE n. f. (lat. *caesura,* coupure). Limite rythmique à l'intérieur d'un vers, théoriquement suivie d'un repos. (La césure coupe le vers alexandrin en deux hémistiches : « Rien n'est beau que le vrai, le vrai seul est aimable. » [Boileau]).

CET → CE 2.

C. E. T. A., abrév. de CENTRE D'ÉTUDES TECHNIQUES AGRICOLES*.

CÉTACÉ n. m. (lat. *cetacea,* de *cetus,* gros poisson). Grand mammifère marin tel que les baleines, les cachalots et les dauphins. (Les *cétacés* forment un ordre.)

ENCYCL. Les cétacés, au corps fusiforme, possèdent des membres antérieurs conformés en nageoires, et une puissante nageoire caudale à développement horizontal. Les uns (odontocètes : dauphins, cachalots) ont des dents, les autres (mysticètes : baleine) ont une bouche dotée d'une rangée de lames cornées filtrantes, les *fanons.* Les narines s'ouvrent dorsalement. Les cétacés peuvent, en dépit de leur respiration aérienne, rester jusqu'à 1 heure sous l'eau, à une grande profondeur. Ils se dirigent par un système d'écholocation, comparable au sonar des sous-marins. Ce sont des animaux sociaux migrateurs, extrêmement intelligents.

CÉTANE n. m. **1.** Hydrocarbure saturé CH_3—$(CH_2)_{14}$—CH_3, obtenu par hydrogénation du cétène. — **2.** *Indice de cétane,* nombre indiquant l'aptitude à s'enflammer d'un combustible pour moteur Diesel et égal au pourcentage en volume de cétane dans un mélange de référence présentant la même qualité d'inflammation que le combustible à analyser.

CETATEA ALBĂ → BELGOROD-DNESTROVSKI.

CÉTEAU n. m. Petite sole allongée, triangulaire, de Méditerranée et du golfe de Gascogne.

CÉTÈNE n. m. **1.** Hydrocarbure éthylénique CH_3—$(CH_2)_{13}$—CH=CH_2, obtenu par déshydratation de l'alcool cétylique. — **2.** Anhydride interne de l'acide acétique, de formule CH_2=C=O ; par extension, composé renfermant le groupe fonctionnel —C=C=O.

CÉTÉRACH [-rak] n. m. (lat. médiév. *ceteraceum,* de l'ar. *chiṭaradj*). Fougère très commune en France sur les rochers et sur les murs.

CETINJE, v. de Yougoslavie, anc. cap. du Monténégro (des années 1480, lorsque Ivan Crnojević s'y replia, à la fin de la Seconde Guerre mondiale) ; 12 000 hab. Musées. Électroménager.

CÉTOACIDE n. m. Syn. de ACIDE-CÉTONE.

CÉTOGÈNE adj. Qui donne naissance à un corps cétonique.

CÉTOGENÈSE n. f. Métabolisme de l'acétylcoenzyme A, qui aboutit à la formation des corps cétoniques dans l'organisme.

CÉTOINE n. f. (lat. sc. *cetonia*). Beau scarabée au corps large, à livrée métallique verte et dorée étincelante, vivant sur les fleurs. (La larve se développe dans les arbres pourris.)

CÉTOL n. m. Syn. de CÉTONE-ALCOOL.

CÉTOLISATION n. f. Autocondensation d'une cétone en β-cétol. (La cétolisation consiste en la réaction d'un énol avec le groupe carbonyle de la même cétone.)

CÉTOLOGUE n. Naturaliste spécialiste des cétacés.

CÉTONE n. f. (de *acétone*). Composé organique se déduisant d'un hydrocarbure en remplaçant un groupe CH_2 par un groupe CO, et de formule générale R—CO—R′, R et R′ étant des radicaux carbonés.

ENCYCL. Les cétones (comme les aldéhydes) réagissent surtout par addition nucléophile sur leur groupe fonctionnel C=O. Les additions peuvent être suivies d'élimination menant aux imines, aux oximes ou aux hydrazones. Les cétones énolisables RR′CH—COR″ sont susceptibles de réagir sous forme de l'énol tautomère RR′C=CR″—OH. Cette énolisation ouvre la possibilité d'un grand nombre de réactions de substitution électrophile, comme la chloration, l'alkylation, l'acylation, etc. À ce type de réaction se rattache la réaction de cétolisation où le réactif électrophile est le groupe C=O de la même cétone ou d'une cétone différente. La fonction cétone se rencontre dans un grand nombre de produits complexes importants : glucides, hormones sexuelles et corticosurrénales, arômes naturels.

CÉTONE-ALCOOL n. f. (pl. *cétones-alcools*). Composé renfermant une ou plusieurs fonctions cétone et une ou plusieurs fonctions alcool. (Les cétones-alcools présentent deux fonctions contiguës ; les cétones-alcools β deux fonctions séparées par un atome de carbone.) [Syn. CÉTOL.]

CÉTONÉMIE n. f. Présence de corps cétoniques dans le sang ; leur taux. (La cétonémie normale est de 5 à 20 mg par litre. Elle est plus élevée à jeun et en cas de troubles du métabolisme des glucides.)

CÉTONIQUE adj. Qui a trait aux cétones, qui renferme la fonction cétone.

CÉTONURIE n. f. Présence de corps cétoniques dans les urines ; leur taux. (Normalement réduite à l'état de traces [inférieure à 1 mg par 24 heures], la cétonurie s'élève en cas de cétose et d'acidocétose.)

CÉTORHINIDÉ n. m. (gr. *kêtos,* baleine, et *rhinidé*). Grand requin des eaux froides tel que le requin-pèlerin, qui peut atteindre 8 m de long. (Les *cétorhinidés,* qui forment une famille, ont de toutes petites dents et se nourrissent de proies minuscules.)

1. CÉTOSE n. m. Ose renfermant une fonction cétone, tel le fructose.

2. CÉTOSE n. f. **1.** Période précédant l'acidocétose, au cours de laquelle l'organisme lutte contre l'accumulation des corps cétoniques et garde une réserve alcaline normale. — **2.** Maladie métabolique frappant les vaches laitières après la mise bas, due à une accumulation de corps cétonique dans le sang, conséquence d'une défaillance du métabolisme glucidique. (Syn. ACÉTOSE.)

CÉTOSTÉROÏDE n. m. Dérivé stéroïde urinaire porteur d'une fonction cétone.

ENCYCL. Les 17 cétostéroïdes dérivent des hormones androgènes testiculaires et corticosurrénaliennes. Normalement, l'élimination urinaire varie avec le sexe et avec l'âge. On observe une diminution du taux dans les hypofonctionnements testiculaires, dans les insuffisances surrénaliennes, dans la maladie d'Addison, et une augmentation du taux dans les hyperfonctionnements surrénaliens, les tumeurs de la corticosurrénale, les cancers virilisants.

CÉTOXIME n. f. Nom générique des oximes de cétone RR'C=NOH.

CETRARIA n. m. (lat. *cetra,* bouclier). Lichen du sol, d'usage pharmaceutique (pâte pectorale).

CETTE → CE 2.

CETTE, anc. nom de Sète.

CÉTYLE n. m. **1.** Radical hexadécyle $C_{16}H_{33}$—, que l'on trouve dans l'alcool cétylique. – **2.** Radical libre formé par addition d'un électron à une cétone.

CÉTYLIQUE adj. *Alcool cétylique,* hexadécanol-1 $C_{16}H_{33}$—OH, présent sous forme d'ester palmitique dans le blanc de baleine.

CEUTA, v. de la côte d'Afrique du Nord, sous la souveraineté de l'Espagne, en face de Gibraltar ; 67 615 hab.
– **Hist.** De ce port important sous les Phéniciens puis les Romains, les Arabes s'embarquèrent pour l'Andalousie en 711. Conquise par les Portugais en 1415, Ceuta devint un préside espagnol en 1640 ainsi que Melilla. Elle fut déclarée ville libre et port franc en 1956.

CEUTHORYNQUE ou **CEUTHORHYNQUE** n. m. (gr. *keuthein,* cacher). Charançon dont la larve parasite les choux et autres crucifères, en y produisant des galles.

CEUTRONES ou **CENTRONES,** peuple de la Gaule établi sur les bords de l'Arc. Sous la domination romaine, la *Civitas Ceutronum* eut Aime (Axima) et Moûtiers en Tarentaise (Darantasia) pour villes principales. Un autre peuple du même nom existait en Gaule Belgique.

CEUX → CELUI.

CÉVENNES (les), région montagneuse de France, rebord sud-est du Massif central, au-dessus du Languedoc et découpée par les affluents de rive droite du Rhône (Gardons, Cèze, Ardèche). C'est une barrière dont les sommets n'atteignent pas 2 000 m (1 699 m au mont Lozère), mais, à une altitude moyenne de 800 m, à moins de 100 km de la Méditerranée, c'est un milieu rude, aux hivers froids, à la pluviosité forte, fortement dépeuplé, voué à l'élevage ovin, localement animé par le tourisme (un *parc national des Cévennes* [environ 86 000 ha], englobant la zone des massifs, de l'Aigoual au mont Lozère, a été créé en 1970), partiellement lié à la multiplication des résidences secondaires.

Cévennes *(guerre des),* nom parfois donné à la guerre des camisards* (1702-1710).

CÉVENOL, E adj. et n. Des Cévennes.

CEVICHE [sevitʃe] n. m. Plat de poisson cru mariné dans du jus de citron. (Cuisine du Pérou.)

CEYHAN, fl. de Turquie, tributaire de la Méditerranée orientale, au N. du golfe d'Iskenderun ; 475 km env. – Sur le fl., la ville de *Ceyhan* a 57 000 hab. Terminal pétrolier.

CEYLAN → SRI LANKA.

CEYLANAIS, E adj. et n. Syn. de CINGHALAIS.

CEYRAC (François), administrateur français (Meyssac, Corrèze, 1912), président du C. N. P. F. de 1972 à 1981.

CEYZÉRIAT (01250), ch.-l. de cant. de l'Ain, à l'E.-S.-E. de Bourg-en-Bresse ; 2 085 hab.

CÉZALLIER, plateau basaltique d'Auvergne, au N.-E. du massif du Cantal ; 1 551 m au *signal du Luguet.* Région d'élevage.

CÉZANNE (Paul), peintre français (Aix-en-Provence 1839 - *id.* 1906). L'étude des grands maîtres (les Vénitiens, Delacroix, etc.) et l'influence de ses amitiés (outre Zola, Pissarro, Guillaumin, Manet) contribuent à sa formation. Après une période baroquisante (1863-1872), il assimile les recherches impressionnistes : sa palette s'éclaircit, sa touche se raccourcit et le travail des tons tend à remplacer la recherche du modelé (*la Maison du pendu,* 1873, musée d'Orsay).
Sa volonté constructive organise les plans sans perspective, l'intensité est atteinte dans l'adéquation de la couleur et de la forme, la composition est « modulée » par la touche colorée qui rythme et unifie les différents éléments (séries de natures mortes avec des pommes). Avec les paysages peints en Provence (*la Baie de Marseille vue de l'Estaque,* 1884-1886, Metropolitan Museum of Art, New York), la recherche plastique et les exigences organiques du tableau coïncident, dans la transposition du motif, avec une plus grande vérité de la sensation.
L'équilibre des tensions, l'harmonie monumentale culminent dans la plénitude classique de toiles comme *les Joueurs de cartes* (v. 1890 ?, musée d'Orsay). À partir de là, et parallèlement à la recherche monumentale des *Grandes Baigneuses* (3 versions), un nouveau lyrisme s'exprime dans des œuvres dont le rythme aboutit à un jeu de taches et de facettes (dernières peintures de *la Montagne Sainte-Victoire*). Peu reconnue de son temps, l'œuvre de Cézanne trouvera de multiples prolongements dans l'art du XXe s. (fauvisme, cubisme, certaines tendances de l'abstraction).

CÉZANNIEN, ENNE adj. Qui se rattache à la manière de Cézanne.

CEZAYIRLI HASAN PAŞA Gazi (dans le Caucase 1715 - Šumen 1790), grand amiral ottoman (1770, 1774-1789), grand vizir (1789-90). Rescapé du désastre de Çeşme, il reprit Lemnos aux Russes (1770) et reçut le titre de Gazi. Grand amiral, il reconstitua et modernisa la flotte ottomane.

CÈZE (la), riv. des Cévennes, qui descend du mont Lozère, passe à Bessèges et Bagnols, affl. du Rhône (r. dr.) ; 100 km.

CF., CONF. ou **CONFER** [kɔ̃fɛr], du lat. *confer,* signif. « reportez-vous à », renvoie à un ouvrage, un passage, ou invite à une comparaison.

Cf, symbole chimique du *californium.*

C. F. ou **C et F** (abrév. formée des initiales des mots *coût* et *fret*). Se dit d'une vente dans laquelle le prix inclut les coûts de la marchandise et du transport à l'exclusion des frais d'assurances.

C. F. A. *(franc),* sigle de franc COMMUNAUTÉ FINANCIÈRE AFRICAINE. (→ FRANC.)

C. F. A. O. (combinaison de C. A. O. et de F. A. O.), abrév. de CONCEPTION ET FABRICATION ASSISTÉES PAR ORDINATEUR.

C. F. C. n. m. inv. Abrév. usuelle de CHLOROFLUOROCARBURE.

C. F. D. T., sigle de CONFÉDÉRATION* FRANÇAISE DÉMOCRATIQUE DU TRAVAIL.

C. F. E.-C. G. C., sigle de CONFÉDÉRATION* FRANÇAISE DE L'ENCADREMENT-C.G.C.

C. F. J., sigle de CENTRE DE FORMATION DES JOURNALISTES*.

C. F. P. *(franc),* sigle de franc des COLONIES FRANÇAISES DU PACIFIQUE. (→ FRANC.)

C. F. P. J., sigle de CENTRE DE FORMATION ET DE PERFECTIONNEMENT DES JOURNALISTES*.

C. F. R. (abrév. de *contact flight rule,* règle de vol au contact). Vol d'avions privés, lorsque les conditions météorologiques permettent de ne perdre de vue ni le sol ni l'eau.

C. F. T. C., sigle de CONFÉDÉRATION* FRANÇAISE DES TRAVAILLEURS CHRÉTIENS.

C. G. C., sigle de CONFÉDÉRATION GÉNÉRALE DES CADRES, auj. CONFÉDÉRATION* FRANÇAISE DE L'ENCADREMENT-C. G. C.

C. G. E., sigle de COMPAGNIE GÉNÉRALE D'ÉLECTRICITÉ*. (auj. ALCATEL* ALSTHOM COMPAGNIE GÉNÉRALE D'ÉLECTRICITÉ).

CGIL, sigle de CONFEDERAZIONE* GENERALE ITALIANA DEL LAVORO.

C. G. S. (abrév. des mots *centimètre, gramme, seconde*). Système d'unités physiques dont les trois unités fondamentales sont le *centimètre* (longueur), le *gramme* (masse) et la *seconde* (temps) [→ UNITÉS].

CGT, sigle de CONFEDERACIÓN* GENERAL DEL TRABAJO.

C. G. T., sigle de CONFÉDÉRATION* GÉNÉRALE DU TRAVAIL et de COMPAGNIE GÉNÉRALE TRANSATLANTIQUE*.

C. G. T.-F. O., sigle de CONFÉDÉRATION* GÉNÉRALE DU TRAVAIL-FORCE OUVRIÈRE.

C. G. T. U., sigle de CONFÉDÉRATION* GÉNÉRALE DU TRAVAIL UNITAIRE.

ch, abrév. de *cosinus hyperbolique.* ‖ Symbole du *cheval-vapeur.*

CHA'AB (al-), v. du Yémen, anc. cap. du Yémen du Sud, près d'Aden. Ce fut jusqu'en 1967, sous le nom d'*al-Ittiḥād,* la capitale de la fédération d'Arabie du Sud ; 10 000 hab.

Chaalis, anc. abbaye cistercienne, au S.-E. de Senlis, avec ruines du XIIIe s. et palais du XVIIIe abritant une importante annexe du musée Jacquemart-André (Paris). Comme ce dernier, le domaine a été légué à l'Institut de France.

CHABANAIS (16150), ch.-l. de cant. de la Charente, sur la Vienne ; 2 132 hab. Pont du XVIe s. Constructions électriques.

CHABAN-DELMAS (Jacques), homme politique français (Paris 1915). Il participe activement à la Résistance, et reçoit le grade de général de brigade en 1944. Député de la Gironde à partir de 1946 (radical-socialiste puis gaulliste), il est maire de Bordeaux de 1947 à 1995. Trois fois ministre sous la IVe République, il est président de l'Assemblée nationale (1958-1969), puis Premier ministre (1969-1972). Sa candidature à l'élection présidentielle de mai 1974, où il se présente comme l'héritier du gaullisme, est un échec. Président du conseil régional d'Aquitaine (1974-1979, 1985-1988), il est à nouveau président de l'Assemblée nationale de 1978 à 1981 et de 1986 à 1988.

CHABANNES *(maison de),* famille du Limousin. — ANTOINE **de Chabannes** (Saint-Exupéry, Corrèze, 1408-1488), comte de Dammartin, qui s'illustra à Patay (1429), devint conseiller de Charles VII (1444), fut nommé gouverneur de Paris par Charles VIII (1486). — JACQUES II **de Chabannes,** seigneur *de La Palice* → LA PALICE.

CHABAUD (Auguste), peintre français (Nîmes 1882 - Graveson, Bouches-du-Rhône, 1955). D'abord fauve (*le Moulin de la Galette,* 1905, M. N. A. M.), il se consacra ensuite au paysage provençal dans un style austère et puissant.

CHABEC → CHEBEC.

CHABERT (Philibert), vétérinaire français (Lyon 1737-Alfort 1814), auteur de la première classification clinique rationnelle des formes de la maladie du charbon.

CHABEUIL (26120), ch.-l. de cant. de la Drôme, dans la plaine de Valence ; 4 911 hab. *(Chabeuillois).* Abattoir de volailles.

CHABICHOU n. m. (limousin *chabrichou,* de *chabro,* chèvre). Fromage au lait de chèvre de forme cylindrique fabriqué dans le Poitou-Charentes.

CHABIN n. m. Variété de mouton à laine longue et grossière.

CHABLAIS, massif des Alpes, dans le nord de la Haute-Savoie, extrémité septentrionale des Préalpes ; 2 464 m aux *Hauts Forts.* (Hab. *Chablaisiens.*) Région forestière et herbagère (élevage bovin), animée par le tourisme sur le Léman (Évian, Thonon) et dans le *haut Chablais* (Morzine et Avoriaz).

CHABLER v. t. (de l'anc. fr. *chaable,* catapulte). Syn. de GAULER.

1. CHABLIS [-bli] n. m. (de *chabler*). Arbre renversé par les vents, ou brisé sous le poids de la neige ou du verglas.

2. CHABLIS [-bli] n. m. (de *Chablis,* n. pr.). Vin blanc sec de la région de Chablis (Bourgogne).

CHABLIS (89800), ch.-l. de cant. de l'Yonne, sur le Serein ; 2 608 hab. Église du XIIIe s. Vins blancs.

CHABLON n. m. Mouvement d'horlogerie partiellement assemblé, commercialisé sous cette forme.

CHABOISSEAU n. m. (bas lat. *capocius,* têtard). Nom usuel du *chabot d'eau douce,* poisson à grosse tête des eaux froides et des cours d'eau de montagne, où il se nourrit notamment d'œufs de truite.

CHABOT n. m. (provenç. *cabotz,* du lat. pop. *capoceus,* de *caput,* tête). Petit poisson à grosse tête épineuse, carnivore, chassant à l'affût, et dont la plupart des espèces vivent sur les côtes des mers froides. (Syn. CRAPAUD, DIABLE, SCORPION DE MER.)

CHABOT, famille originaire du Poitou, qui a formé de nombreuses branches, entre autres : la branche *de Jarnac,* à laquelle appartint GUY Ier **Chabot,** baron *de Jarnac** (1509-apr. 1584) ; celle *de Brion,* illustrée par PHILIPPE **de Chabot*,** seigneur de Brion (1480-1543) ; celle *de Saint-Aulaye,* issue de CHARLES **Chabot,** seigneur *de Saint-Aulaye,* dont un des membres, Henri († 1655), devint duc de Rohan par son mariage (1645) avec Marguerite duchesse de Rohan et fut fait duc de Rohan-Chabot (1648), fondant ainsi la branche de Rohan-Chabot.

CHABOT (Philippe DE), seigneur **de Brion,** amiral de France (1480-1543). Nommé par François Ier amiral de France (1526), il devint chef du gouvernement en 1535 et commanda l'armée qui occupa le Piémont en 1536. Disgracié en 1538, convaincu de malversations et de lèse-majesté, il fut dépouillé de ses charges et de ses biens et condamné au bannissement. Sa statue funéraire, à demi couchée, est au Louvre.

CHABOT (François), homme politique français (Saint-Geniez-d'Olt 1746-Paris 1794). Vicaire général de l'abbé Grégoire, évêque constitutionnel de Loir-et-Cher, il fut élu député (1791). Compromis dans la liquidation de la Compagnie des Indes (1793), il fut jugé et condamné à mort en même temps que Danton.

CHABOTTE n. f. Bloc d'acier de forte dimension supportant la matrice inférieure d'un marteau-pilon, d'un mouton, d'une machine à matricer ou à estamper.

CHABOUKIANI (Vakhtang) → TCHABOUKIANI.

CHABRAQUE ou **SCHABRAQUE** n. f. (all. *Schabracke,* du turc *çaprak*). **1.** Sorte de housse ou de couverture d'un cheval de cavalerie. — **2.** *Chacal à chabraque,* chacal africain à dos noir. ‖ *Tapir à chabraque,* tapir à dos blanc.

CHABRIAS, stratège athénien († Chio 357 av. J.-C.). Par ses victoires sur les Spartiates (à Égine, en 388, à Naxos, en 376), il a contribué à la restauration de la puissance athénienne au IVe s. av. J.-C.

CHABRIER (Emmanuel), compositeur français (Ambert 1841-Paris 1894). Entré dans l'Administration, il démissionna en 1879 afin de se consacrer à la musique. Il a écrit des mélodies (*l'Invitation au voyage, Ode à la musique,* 1890) ; des œuvres pour piano (*Bourrée fantasque,* 1891) ; des œuvres pour orchestre (*España,* 1883), des opéras (*le Roi malgré lui,* 1887). Chabrier se tourna de préférence vers les sources populaires françaises ou espagnoles et les recherches rythmiques. Son style est plein de jovialité exubérante et de vitalité ardente.

CHABRIS (36210), comm. du nord de l'Indre, sur le Cher ; 2 691 hab. Église médiévale. Vins. Fromages de chèvre.

CHABROL, famille originaire d'Auvergne, dont sont issus notamment : CHRISTOPHE ANDRÉ JEAN **de Crouzol** (Riom 1771-château de Chabanne, Puy-de-Dôme, 1836), qui fut préfet de Lyon (1814), rallia les Bourbons en 1815 et se rangea du côté des ultras. Pair de France (1823), il devint ministre de la Marine (1824) puis des Finances (1829-30). — GILBERT JOSEPH GASPARD, comte **de Chabrol de Volvic** (Riom 1773-1843), qui fut préfet de la Seine (1812-1830).

CHABROL (Claude), cinéaste français (Paris 1930). Pionnier de la « nouvelle vague » (*le Beau*

Serge, 1958 ; *les Cousins,* 1959 ; *les Bonnes Femmes,* 1960), il se tourne ensuite vers un cinéma plus commercial où il excelle dans l'humour corrosif et la description féroce des mœurs bourgeoises (*la Femme infidèle,* 1969 ; *le Boucher,* 1970 ; *Inspecteur Lavardin,* 1986 ; *Une affaire de femmes,* 1988 ; *Madame Bovary,* 1991 ; *Betty,* 1992 ; *l'Enfer,* 1994 ; *la Cérémonie,* 1995).

Chabrol *(fort),* nom donné au local de la Ligue antisémite, rue de Chabrol, à Paris, et dans lequel le chef de cette ligue, Jules Guérin, résista 38 jours à la police venue l'arrêter à la suite de l'agitation qu'il avait déclenchée pour empêcher la révision du procès Dreyfus (1899).

CHABROT ou **CHABROL** n. m. (gasc. *chabro,* chèvre, du lat. *capreolus*). *Faire chabrot* ou *chabrol,* mélanger du vin rouge à son potage et boire à même l'assiette.

CHAC, dieu de la Pluie chez les Mayas. Il était également associé au vent, à l'éclair et à la fécondité des hommes et de la terre.

Chacabuco *(bataille de)* [12 févr. 1817], victoire remportée par San Martín sur les Espagnols à Chacabuco, près de Santiago, et qui marqua la fin de la domination espagnole au Chili.

CHACAL n. m. (pl. *chacals*) [turc *çakal*]. 1. Mammifère ressemblant beaucoup à un renard, de mœurs nocturnes, au régime alimentaire varié, des prairies naturelles et des forêts. (Les chacals vivent surtout en Afrique.) [Syn. LOUP DORÉ.] — 2. Personne sans scrupule qui s'enrichit aux dépens des autres.

CHA-CHA-CHA [tʃatʃatʃa] n. m. (onomat.). Danse d'origine mexicaine, à 4 temps, mêlant les rythmes du mambo et de la rumba, en vogue dans les années 1950.

CHA-CHE → SHASHI.

CHACHLIK n. m. (mot russe). Brochette de viande de mouton qui a mariné dans du vinaigre aromatisé. (Cuisine russe.)

CHAC-MOOL, divinité toltèque, sculptée sous l'aspect d'un personnage couché, les jambes repliées, qui tient dans ses mains un réceptacle.

CHACO, parfois autref. **Gran Chaco,** grande plaine située au N. de la Pampa, entre les fleuves Paraguay-Paraná et le piémont des Andes, partagée pour l'essentiel entre le Paraguay (245 000 km²) et l'Argentine (près de 400 000 km²). Traversée par le tropique, de climat souvent chaud et aride, le Chaco compte moins de 2 millions d'hab. (vivant surtout d'un élevage extensif et de quelques plantations de coton) pour une superficie plus vaste que celle de la France.

Chaco *(guerre du)* [1932-1935], conflit qui opposa la Bolivie au Paraguay pour la possession du Chaco et dont le Paraguay sortit vainqueur.

CHACONNE ou **CHACONE** n. f. (esp. *chacona*). Danse très animée à trois temps, accompagnée de castagnettes, peut-être d'origine mexicaine, et apparaissant en Espagne à la fin du XVIe s. ; morceau musical composé sur ce rythme.
ENCYCL. Passée en France, vers 1600, elle devint une danse grave intercalée dans le ballet de cour sous Louis XIII, avant d'être une danse théâtrale dans la seconde moitié du XVIIe s. (opéras de Lully, Rameau et Gluck).

CHACRARAJU, sommet de la Cordillère blanche, dans les Andes du Pérou ; 6 112 m. Première ascension par les membres d'une expédition franco-suisse dirigée par L. Terray, en 1956.

CHACUN, E pron. indéf. (sans pl.) [lat. pop. *cascunum,* de *quisqueunus,* chaque un, croisé avec *catunum,* de *unum cata unum,* un à un]. 1. *Chacun de + n. pl.,* toute personne, toute chose faisant partie d'un ensemble : *Chacun des assistants.* — 2. Toute personne en général : *Chacun le dit.* — 3. Fam. *Tout un chacun,* tout le monde.

Chacun sa vérité, comédie de L. Pirandello (1917), sur le thème de la folie, tirée de la nouvelle *Mme Frola et M. Ponza son gendre.*

CHADBURN [tʃadbœrn] n. m. (angl. *Chadburn,* n. pr.). Sur un navire, appareil servant à transmettre les ordres de la passerelle aux machines.

CHĀDHILIYYA, confrérie musulmane, dont la fondation est attribuée aux enseignements de Abū al-Ḥasan al-Chādhilī († Alexandrie 1258).

CHADLI (Chadli BEN DJEDID, dit), officier et homme d'État algérien (Bouteldja, près d'Annaba, 1929). Militaire ayant pris part à la guerre d'indépendance et au coup d'État contre Ben Bella en 1965, dirigeant du F. L. N. (secrétaire général, 1979-1988, puis président, 1988-1991), il est élu président de la République en 1979, après la mort de Boumedienne. Réélu en 1984 et 1988, il est contraint de démissionner en janvier 1992.

CHADOUF n. m. (ar. d'Égypte *chādūf*). Appareil à bascule, employé en Égypte pour tirer l'eau des puits, des canaux d'irrigation ou du fleuve.

CHADWICK (*sir* Edwin), réformateur britannique (Longsight, près de Manchester, 1800 - East Sheen, près de Londres, 1890). Disciple de Bentham, il fut à l'origine d'une législation sur les pauvres (1834) et sur la santé publique (1848).

CHADWICK (*sir* James), physicien britannique (Bollington, Cheshire, 1891-Cambridge 1974). Il a étudié la charge des noyaux, la désintégration artificielle des éléments par les particules alpha, découvert l'effet photoélectrique nucléaire, obtenant la désintégration du deutérium par les rayons gamma, et reconnu la nature du neutron. (Prix Nobel de phys. 1935.)

CHADWICK (John), philologue britannique (East Sheen, près de Londres, 1920). En collaboration avec Michael Ventris, il déchiffra en 1953 le linéaire B, écriture syllabique notant le grec mycénien.

CHÆNICHTHYS [kenik-] n. m. (gr. *khainein,* ouvrir la bouche). Poisson des mers australes, au sang dépourvu de globules rouges, respirant notamment par la peau.

CHĀFI'Ī (Abū 'Abd Allāh Muḥammad ibn Īdrīs **al-**), « l'intercesseur » (Gaza 767-820). Il est considéré comme le fondateur d'une des quatre grandes écoles juridiques musulmanes, l'école ou « rite » chāfi'ite, caractérisée par son éclectisme, la médiation entre la recherche indépendante et le traditionalisme, le soin apporté à l'examen des fondements et à l'énoncé des méthodes de la science juridique.

CHĀFI'ISME n. m. (de *al-Chāfi'ī,* n. pr.). École juridique de l'islām sunnite, fondée sur les enseignements de Chāfi'ī, rencontrée en Afrique orientale, en Indonésie et dans certaines régions d'Arabie.

CHĀFI'ITE adj. et n. Relatif au chāfi'isme ; adepte du chāfi'isme.

CHAFOUIN, E adj. (mot dialect. de *chat* et *fouin,* masc. de *fouine*). Se dit d'un visage sournois et rusé.

CHAGALL (Marc), peintre, graveur et décorateur russe naturalisé français (Vitebsk 1887 - Saint-Paul-de-Vence 1985). Dès ses débuts, à Paris (1910-1913), où il découvre le cubisme, en Russie (1914-1922), où il est commissaire du peuple aux Beaux-Arts à Vitebsk, puis à nouveau en France, il affirme un style spontané qui rappelle l'imagerie populaire, avec des thèmes puisés aux sources folkloriques et judaïques (*À la Russie, aux ânes et aux autres,* 1911, M. N. A. M., Paris). Son art unit, hors de tout contexte rationnel, les souvenirs, les rêves, les prémonitions et des fragments du réel, mais aborde aussi, avec la guerre, des thèmes dramatiques (crucifixions). La sérénité religieuse s'exprime dans la suite des grandes peintures (1955 et suiv.) du *Message biblique* (Nice) et dans les séries de vitraux pour la cathédrale de Metz ou pour une synagogue de Jérusalem. Outre le nouveau plafond de l'Opéra de Paris (1963), il a conçu un ensemble de mosaïques, tapisseries et panneaux muraux pour le Parlement de Jérusalem (1966-1969). Il a aussi donné des décors de théâtre et, pour Vollard, des illustrations de livres (Gogol, La Fontaine, la Bible). En 1988, les collections françaises se sont enrichies d'une dation de plus de 400 de ses œuvres.

CHAGAR BAZAR, site archéologique syrien, sur un affluent du Khābūr. Occupé depuis 6000 av. J.-C., c'est avec tell Brak, un des sites de référence de l'archéologie de la Djézireh syrienne.

Chagas *(maladie de),* parasitose grave sévissant en Amérique du Sud et qui est due à un protozoaire flagellé, *Trypanosoma cruzi,* transmis à l'homme par des arthropodes hématophages appartenant à la famille des réduves. À la phase aiguë, elle se caractérise surtout par des lésions cutanéo-muqueuses avec une fièvre élevée, à la phase chronique par des atteintes viscérales (myocardite, méningoencéphalite.) [Syn. TRYPANOSOMIASE AMÉRICAINE.]

CHAGNY (71150), ch.-l. de cant. de Saône-et-Loire, sur la Dheune et le canal du Centre ; 5 513 hab. *(Chagnotins).* Église en partie du XIIe s. Industries métallurgiques.

CHAGOS, archipel corallien de l'océan Indien, au S. des Maldives, dépendance de la Grande-Bretagne ; 50 km².

1. CHAGRIN, E adj. (de *chagriner*). *Litt.* **1.** Qui éprouve du déplaisir, de la tristesse ; qui manifeste ce sentiment : *Il paraissait tout chagrin. Visage chagrin.* — **2.** Qui est porté au mécontentement, à la mélancolie : *Des esprits chagrins.*

2. CHAGRIN n. m. (de *chagrin 1*). État de déplaisir, de peine, d'affliction : *Avoir du chagrin.*

3. CHAGRIN n. m. (du turc şağrı, sous l'infl. de *chagrin*). 1. Peau de chèvre de tannage végétal à grain naturel très apparent. — **2.** Cuir de requin, couvert de denticules abrasifs. — **3.** *Peau de chagrin,* qui se réduit, rétrécit de plus en plus.

CHAGRINANT, E adj. De nature à causer du chagrin : *Nouvelle chagrinante.*

1. CHAGRINER v. t. (de *chat* et *grigner,* être maussade) [conj. 3]. Attrister, affliger qqn, lui causer du chagrin.

2. CHAGRINER v. t. (de *chagrin 3*) [conj. 3]. Préparer une peau en façon de chagrin.

CHĀH ou **SHĀH** n. m. (mot pers. signif. *roi*). Titre porté par des souverains du Moyen-Orient (en Iran du début du XVIe à 1979), de l'Asie centrale et de l'Inde.

CHAH 'ĀLAM II (Delhi 1728-*id.* 1806), souverain moghol de l'Inde (1759-1806).

CHAHBANOU n. f. Titre porté par l'épouse du chāh d'Iran.

CHĀH DJAHĀN ou **CHĀH JAHĀN** (Lahore 1592-Āgrā 1666), 5e souverain moghol de l'Inde (1628-1658). Il fit construire le Tādj Maḥall.

CHAHĪD n. m. (pl. *chuhadā'*) [mot ar. signif. *témoin, martyr*]. Chez les musulmans, celui qui témoigne de sa foi (chāhada) par la prière et par son sang.

CHAHINE (Youssef) ou **CHĀHĪN** (Yūsuf), cinéaste égyptien (Alexandrie 1926). Il a réalisé : *Papa Amine* (1950), *le Fils du Nil* (1951), *Femmes sans homme* (1953), *le Démon du désert* (1954), *Gare centrale* (1958), *Saladin* (1963), *la Terre* (1969), *le Choix* (1970), *le Moineau* (1973), *le Retour du fils prodigue* (1976), *Alexandrie, pourquoi ?* (1978), *Adieu Bonaparte* (1985), *le Sixième Jour* (1986), *Alexandrie, encore et toujours* (1990), *l'Émigré* (1994).

Chāh-nāmè (« Livre des Rois »), épopée composée par Ferdowsi (xe s.) et qui relate les fastes de l'Empire iranien.

CHA-HO → SHA HE.

CHÂHPUHR ou **SHÂHPUR,** en lat. **Sapor,** nom de plusieurs rois sassanides d'Iran. — **Châhpuhr Ier** (241-272), fils d'Ardachêr Ier, poursuivit contre Rome la lutte commencée sous le règne de son père. D'abord vaincu par l'empereur Gordien III, il obtint de son successeur Philippe l'Arabe l'Arménie et la Mésopotamie. En 260, près d'Édesse, il fit prisonnier l'empereur Valérien, victoire commémorée par les bas-reliefs rupestres de Naqsh-i Roustem. Sous son règne, Mani tenta de fonder une religion universelle, le manichéisme. — **Châhpuhr II** (310-379), fils posthume d'Ohrmizd II, réunit en 325 un synode national qui fixa le texte de l'Avesta. La lutte entre l'Orient mazdéen et l'Occident romain, devenu chrétien, prit dès lors un caractère religieux. L'enjeu de la guerre entre les deux empires, qui reprit en 339, était la possession de l'Arménie, passée au christianisme entre 288 et 301. Après plus de 40 ans de guerre, Rome perdit définitivement l'Arménie et le nord de la Mésopotamie.

CHĀH ROKH MIRZĀ, en turc **Şah Ruh Mirza,** quatrième fils de Tīmūr Lang (Samarkand 1377-Fichāvard, prov. de Rey 1447), premier souverain tīmūride (1405-1447). Sa capitale, Harāt, fut le premier foyer de la « renaissance tīmūride ».

CHAHUT n. m. (de *chahuter*). 1. *Fam.* Grand vacarme accompagné de désordre ; en partic., manifestation bruyante en classe contre un professeur, un surveillant, etc. : *Faire du chahut.* — **2.** Syn. de CANCAN (danse).

CHAHUTER v. i. (onomat. d'orig. dialect. du Centre, de *cahuer,* huer, p.-ê. à rapprocher de *chat-huant*) [conj. **3**]. *Fam.* Faire du chahut, s'agiter bruyamment.
◆ v. t. *Fam. 1.* Empêcher un professeur, un conférencier de parler en faisant du chahut. — **2.** Renverser, mettre en désordre qqch, malmener qqn : *Un coup de vent nous a un peu chahutés dans le bateau.* — **3.** Critiquer, bousculer qqn : *Les critiques l'ont chahuté un peu.*

CHAHUTEUR, EUSE adj. et n. Qui fait du chahut en classe.

CHAI ou **CHAIS** n. m. (mot poitevin, p.-ê. du gaul. *caio*). **1.** Selon les régions, lieu destiné à la vinification et à la conservation ou uniquement à la conservation des vins. — **2.** *Maître de chai,* personne responsable des soins à donner aux vins et aux eaux-de-vie entreposés dans un chai.

CHAILLAC (36310), comm. de l'Indre, à 8 km à l'O. de Saint-Benoît-du-Sault ; 1 262 hab. Gisement de barytine.

CHAILLE n. f. (du poitevin *chail,* caillou). Concrétion siliceuse dans une matrice calcaire à laquelle elle passe insensiblement. (Elle contient souvent des spicules d'éponges.)

CHAILLEXON *(lac de)* ou **LAC DES BRENETS,** petit lac formé par le Doubs, à la frontière franco-suisse.

CHAILLEY (89770), comm. de l'Yonne, au N. d'Auxerre ; 553 hab. Abattoir de volailles.

Chaillot, quartier de Paris (XVIe arrond.), sur une hauteur de la rive droite de la Seine. Le *palais de Chaillot,* construit en 1937 par Carlu, L.H. Boileau et Azéma sur les structures de l'ancien Trocadéro, abrite un théâtre, les musées de l'Homme, de la Marine et des Monuments français, la Cinémathèque française et le musée du Cinéma.

CHAIN (Ernst Boris), physiologiste britannique d'origine allemande (Berlin 1906 -Castlebar, Irlande, 1979). Il a reçu le prix Nobel de physiologie et de médecine pour 1945, conjointement avec Florey et Fleming, en raison de leur collaboration dans la découverte de la pénicilline.

CHAÎNAGE n. m. **1.** Action de chaîner. — **2.** Armature en métal ou en béton armé ceinturant un bâtiment pour prévenir tout écartement des murs.

CHAÎNE n. f. (lat. *catena*). **1.** Suite d'anneaux de métal, de plastique, etc., engagés les uns dans les autres (chaînons) ou articulés entre aux (maillons), et servant à orner, à attacher, à transmettre un mouvement, etc. — **2.** Succession, série ininterrompue de faits : *La chaîne des événements.* — **3.** Méthode d'action utilisant successivement une série de personnes volontaires : *Chaîne de solidarité.* — **4.** Ensemble d'établissements commerciaux de même nature (hôtels,

CHAÎNE

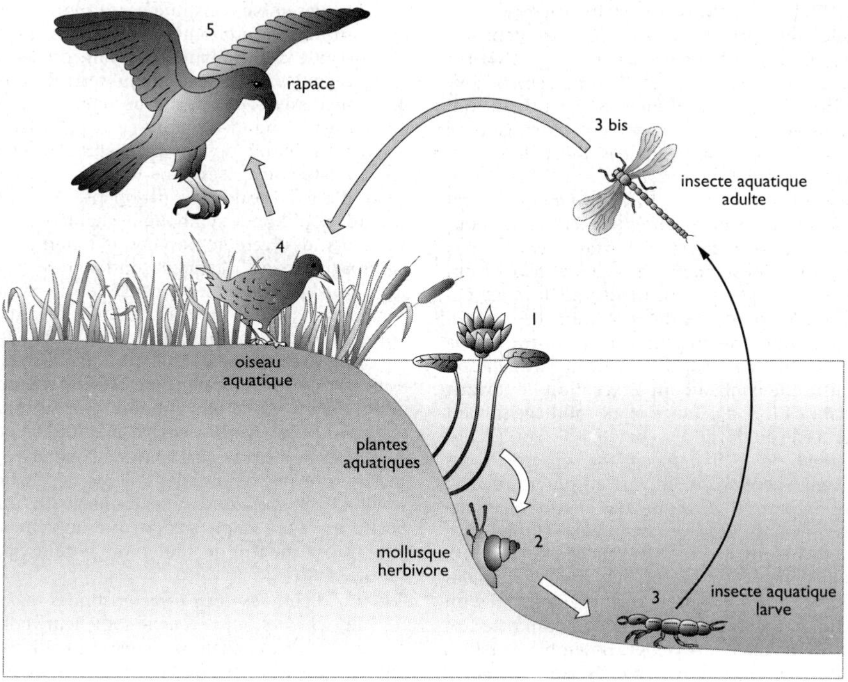

Représentation d'une chaîne alimentaire.
1, 2, 3, 4, 5 : êtres vivants ayant successivement incorporé les mêmes molécules organiques ;
3, 3 bis : deux écophases du même animal.

magasins, journaux, etc.) appartenant à une même entreprise. — **5.** Réseau d'émetteurs de radiodiffusion ou de télévision diffusant le même programme. — **6.** Système de reproduction du son comprenant une source (tuner, tourne-disque, magnétophone). un élément amplificateur et des éléments reproducteurs (baffles). — **7.** *Chaîne de sûreté,* dispositif de sécurité pour l'entrebaillement d'une porte. ‖ *En chaîne,* se dit d'actions similaires qui se répètent ; à répétition. ‖ *Faire la chaîne,* se placer à la suite les uns des autres pour se transmettre des objets ; se tenir les uns les autres par la main pour former une file. ‖ *Réaction en chaîne,* série de phénomènes déclenchés les uns par les autres. ‖ *Travail à la chaîne,* mode de fabrication industrielle dans lequel le produit à fabriquer se déplace automatiquement et successivement devant chaque poste de travail ; travail astreignant et monotone, sans un instant de répit. • **Aéron.** *Chaîne de guidage,* ensemble des dispositifs radioélectriques de guidage qui jalonnent une route aérienne. ‖ *Chaîne de pilotage,* ensemble des équipements qui assurent la transformation des ordres de pilotage en action mécanique. — **Bât.** Pilier appareillé incorporé à un mur pour l'affermir. (La *jambe* est une chaîne établie dans le cours d'un mur ; la *chaîne d'angle* relie deux murs en angle.) — **Bois.** *Chaîne coupante,* chaîne à maillons coupants, équipant soit une tronçonneuse, soit une mortaiseuse, et destinée au travail du bois en forêt ou à l'atelier. — **Chim.** *Chaîne moléculaire,* mode de représentation plane de certaines formules développées. (Les chaînes carbonées peuvent être ouvertes [linéaires ou ramifiées] ou fermées [cycliques].) ‖ *Réaction en chaîne,* mécanisme chimique dans lequel une réaction initiale forme des individualités instables qui réagissent à leur tour en donnant un produit final, mais aussi un nouveau radical instable qui réagit à son tour, etc., engendrant ainsi une longue succession de réactions. — **Chorégr.** Figure de danse qui fait progresser une ronde dans les deux sens, les exécutants se donnant alternativement les mains. — **Cybern.** *Chaîne d'action,* chaîne d'asservissement qui achemine, en sens unique, des signaux sur tout ou partie du parcours compris entre un organe de mesure ou un comparateur et l'installation réglée. (Une *chaîne de réaction* achemine les signaux en sens inverse.) ‖ *Chaîne d'asservissement* ou *de régulation,* ensemble d'éléments ayant pour rôle d'assurer l'émission, la transmission et la réception de signaux en vue de réaliser un asservissement. — **Écol.** *Chaîne alimentaire,* ensemble d'espèces végétales et animales énumérées de telle sorte que chacune se nourrisse de la précédente. (→ *encycl.*) — **Écon.** Installation industrielle conçue pour l'exécution de travaux de fabrication, d'usinage ou de montage suivant le procédé du travail à la chaîne. — **Frigor.** *Chaîne du froid* ou *chaîne frigorifique,* ensemble des moyens successivement mis en œuvre pour la conservation frigorifique des denrées périssables. — **Géod.** *Chaîne d'arpenteur,* chaîne d'une longueur de 10 m, ou ruban d'acier gradué de 10, 20 ou 50 m. ‖ *Chaîne de triangle,* suite de triangles accolés, souvent alignés suivant la direction d'un méridien (chaîne méridienne) ou d'un parallèle (chaîne parallèle). — **Géogr.** Ensemble de reliefs reliés les uns aux autres, égrenés dans une même direction. ‖ *Chaîne de brisants, de rochers,* succession d'écueils, formant une barrière plus ou moins longue. — **Géol.** *Chaîne de montagnes* ou *chaîne,* zone de l'écorce terrestre comprimée et plissée dont le raccourcissement est dû au rapprochement de deux plaques lithosphériques. (Elle s'édifie au cours d'un cycle orogénique. Aux chaînes récentes [cycle alpin] au relief accusé s'opposent les chaînes anciennes arasées (cycles hercynien, calédonien, et même précambrien].) — **Inform.** Suite linéaire de bits ou de caractères. — **Ling.** *Chaîne parlée,* la langue conçue comme succession dans le temps d'unités linguistiques discrètes formant des énoncés. — **Mécan.** *Chaîne cinématique,* dans un mécanisme, ensemble constitué par les différents organes de transmission. ‖ *Chaîne sans fin,* chaîne dont les deux extrémités se rejoignent pour transmettre un mouvement de rotation. — **Métrol.** *Chaîne de mesure,* ensemble de capteurs et de dispositifs de traitement de mesure. — **Pêch.** *Chaîne à chalut,* chaîne garnissant la ralingue inférieure pour lester le chalut. ‖ *Hameçon à chaîne,* gros hameçon pour la pêche des requins. — **Phys.** *Réaction en chaîne,* réaction nucléaire dans laquelle sont émises des particules susceptibles de provoquer des réactions similaires dans les noyaux voisins, ce processus se propageant ainsi de proche en proche. (→ *encycl.*) — **Polym.** *Chaîne macromoléculaire,* ensemble constitué par la réunion des motifs unitaires (monomères) formant la structure de base d'un polymère. — **Stat.** *Chaîne de rapport,* méthode de calcul d'une série de grandeurs successives, établissant un rapport immédiat entre une grandeur donnée et la précédente. — **Text.** Ensemble des fils parallèles, régulièrement espacés, disposés dans le sens de la longueur d'une pièce de tissu, par oppos. à la *trame.* — **Trad. pop.** Ronde symbolique chantante faite au cours des cérémonies des « fraternités » (compagnonnage, franc-maçonnerie, scouts). [La *chaîne d'alliance* est un cercle formé par les compagnons en se croisant les bras devant la poitrine et en se donnant les mains.] ‖ Jeu d'enfants exécuté sur un chant portant ce même nom. ‖ Prière magique que l'on est censé recopier et adresser à un certain nombre de personnes pour avoir du bonheur, gagner à la loterie, etc.

◆ **chaînes** n. f. pl. **1.** *Litt.* Liens de dépendances sociale, affective ou morale et, en partic., état de servitude : *Peuple qui brise ses chaînes.* — **2.** Dispositif que l'on adapte aux pneus d'un véhicule pour lui permettre de rouler sur terrains glissants.

ENCYCL. **Écol.** Les deux caractéristiques majeures des *chaînes alimentaires* sont leur faible rendement (le mangeur ne récupère que 1 à 10 % de l'énergie chimique de sa proie) et la concentration des substances animales, toxiques en particulier, que les organismes ne savent ni utiliser, ni éliminer. Le point de départ de la chaîne est un être qui n'a lui-même aucune victime, c'est-à-dire ou bien un végétal vert qui se nourrit de manière minérale seulement, ou bien une masse organique morte : cadavre ou excrément.

La complexité des relations trophiques inclut les chaînes dans des *réseaux* alimentaires ; la perte d'énergie est mieux visualisée par la représentation d'une *pyramide* alimentaire.

On appelle la plante verte initiale *producteur* ou *capteur d'énergie ;* l'herbivore est un *consommateur primaire,* le carnivore un *consommateur secondaire,* le mangeur du carnivore (homme par exemple) un *superprédateur.* Le consommateur de déchets est un *détritivore.* Le rôle des bactéries dans les chaînes est beaucoup plus complexe, car il arrive qu'elles minéralisent et rendent à l'humus certaines substances, tout en se multipliant et en devenant la proie des protozoaires, par exemple.

— **Écon.** Le *travail à la chaîne* est le résultat de la tendance à la division du travail. Il est apparu à

la fin du XIXe s. et, surtout, au début du XXe s. avec, notamment, la fabrication des automobiles (Ford, en 1908, pour la production de son modèle T ; Citroën, en France, en 1921). Cette évolution est liée à une simplification des manipulations exécutées par l'ouvrier et à une intégration des postes dans l'ensemble de l'appareil productif. Elle a conduit à une rationalisation du travail, à une augmentation de la productivité mais aussi à une certaine déqualification de la main-d'œuvre. Le système engendre une monotonie, un désintérêt, un absentéisme que tendent aujourd'hui à pallier diverses formes de restructuration du travail (élargissement des tâches, enrichissement du travail, équipes autonomes) et, surtout, l'automatisation.
— **Phys.** Un réacteur nucléaire en fonctionnement est le siège d'une *réaction nucléaire en chaîne,* constituée de séries de divisions (ou fissions) de certains noyaux d'atomes lourds, par exemple de noyaux de l'isotope 235 de l'uranium. Chacune de ces réactions de fission est provoquée par l'impact d'un neutron sur un noyau, et elle produit elle-même des neutrons qui peuvent provoquer à leur tour d'autres fissions.

CHAÎNÉE n. f. Mesure obtenue à la chaîne d'arpenteur.

CHAÎNER v. t. (de *chaîne*) [conj. 4]. **1.** Faire le chaînage d'un mur. — **2.** Mesurer une distance à la chaîne d'arpenteur. — **3.** Relier entre elles des données afin de les traiter successivement, selon un enchaînement automatique.
◆ **être chaîné** v. pass. Se dit des pas de danse exécutés très rapidement ou avec très peu d'amplitude.

CHAÎNES CÔTIÈRES, massif de l'Amérique du Nord. (→ COAST RANGES.)

CHAÎNETIER → CHAÎNISTE.

CHAÎNE-TRANSFERT n. f. (pl. *chaînes-transferts*). Installation industrielle comprenant une succession de machines-transferts, dans laquelle les pièces à usiner se déplacent automatiquement d'une machine à l'autre.

CHAÎNETTE n. f. Petite chaîne de métal : *Chaînette de bracelet.* • **Bât.** *Arc, voûte en chaînette,* arc, voûte dont la courbe rappelle, retournée, celle d'une chaîne suspendue par ses deux extrémités. — **Cout.** Point à l'aiguille ou au crochet qui présente une série de boucles piquées les unes dans les autres. — **Géom.** Courbe d'équation $y = a \cdot \mathrm{ch}(x/a)$, dans un repère orthonormé. [$(x'Ox)$ est la directrice de la chaînette. Une chaîne homogène suspendue par deux de ses points a pour figure d'équilibre une chaînette]. — **Rel.** Ensemble de nœuds formés avec les fils de la couture, en tête et en queue, sur le dos du livre à relier. — **Serrur.** Tige articulée terminée par un crochet, permettant d'actionner de l'extérieur le tirage d'une serrure.

CHAÎNEUR, EUSE n. Personne qui mesure à la chaîne d'arpenteur.

CHAÎNISTE ou **CHAÎNETIER, ÈRE** n. Ouvrier bijoutier qui exécute des chaînes en métal.

CHAÎNON n. m. **1.** Chacun des anneaux d'une chaîne. — **2.** Chacun des éléments d'une série directement lié à celui qui le précède et à celui qui le suit ; maillon : *Il manque un chaînon à votre raisonnement.* — **3.** Ensemble montagneux formant une chaîne secondaire, ou se greffant sur elle. — **4.** *Chaînon manquant,* forme intermédiaire absente de la faune actuelle et fossile connue, et qui fonderait avec certitude la parenté phylétique de deux espèces animales.

CHAINTRE n. f. ou m. (mot poitevin, p.-ê. du lat. *cancellus,* barreaux). Espace où tournent les attelages à l'extrémité d'un champ que l'on est en train de labourer. (Syn. FOURRIÈRE.)

CHAIR n. f. (lat. *caro, carnis*). **1.** Tissu musculaire et conjonctif du corps humain et animal que recouvre la peau : *Chair ferme, molle. Le chirurgien taille dans la chair.* — **2.** Partie charnue, parfois comestible, des végétaux (fruits, champignons, etc.) : *Une prune à la chair juteuse.* — **3.** Partie musculaire du corps des animaux considérée comme aliment. (On distingue la *chair blanche* [veau, volaille], la *chair rouge* [bœuf, mouton, chèvre], la *chair noire* [gibier].) [Syn. VIANDE.] — **4.** Dans la langue de la religion ou de la morale, le corps, les appétits physiques par opposition à l'esprit, à l'âme : *Les plaisirs de la chair.* — **5.** *Avoir, donner la chair de poule,* avoir, faire avoir la peau hérissée de petites papilles sous l'effet du froid, de la peur ; avoir, faire peur. ‖ *Bien en chair,* replet, rebondi. ‖ Fam. *Chair fraîche,* jeune personne qui excite le désir sexuel. ‖ *En chair et en os,* en personne, bien vivant. ‖ Fam. *En faire de la chair à pâté, à saucisse,* écraser, anéantir qqn. ‖ *Être de chair (et de sang),* avoir des faiblesses humaines, en partic., des faiblesses amoureuses. ‖ Litt. *La chair de sa chair,* son enfant. ‖ *N'être ni chair ni poisson,* être d'une nature mal définie ; manquer de fermeté dans ses opinions. • **Anat.** *Chair carrée de Sylvius,* muscle de la plante du pied, appelé encore « accessoire du long fléchisseur commun ». — **Bouch.** *Chair à saucisse,* mélange de maigre et de gras haché et assaisonné qu'on met dans les saucisses et qui sert de farce. — **Peauss.** *Côté chair d'une peau,* côté qui était en contact avec les muscles de l'animal. (Le côté opposé se nomme *côté fleur.*) — **Relig.** *Mortifier sa chair,* s'adonner à des pratiques de pénitence corporelle. ‖ *Péché de la chair,* péché de luxure. ‖ *Résurrection de la chair,* selon le symbole des apôtres, résurrection de tous les hommes à la fin du monde.

◆ **chairs** n. f. pl. Parties nues des figures peintes ou sculptées, par oppos. aux *draperies.*

◆ **chair** adj. inv. Couleur beige rosé rappelant la couleur de la peau : *Collant chair.*

CHAIRE n. f. (lat. *cathedra,* siège à dossier). **1.** Tribune ou siège élevé d'où parle le professeur. — **2.** Poste de professeur titulaire dans l'enseignement supérieur. — **3.** Syn. de CATHÈDRE. — **4.** Tribune dans une église, dans un temple, destinée à la prédication. — **5.** Prédication religieuse. (→ *encycl.*) — **6.** Siège en bois, à dossier et accotoirs pleins, formant souvent coffre, en usage au Moyen Âge et à la Renaissance. (Syn. anc. CHAYÈRE.) — **7.** *La chaire apostolique, la chaire de saint Pierre,* le Saint-Siège, la papauté.

ENCYCL. **Littér.** *Éloquence de la chaire.* Longtemps populaire, la prédication prend une forme littéraire, chez les catholiques, au XVIIe s., avec l'éloquence sacrée : sermons, oraisons funèbres, instructions spirituelles (Bossuet, Fléchier, Massillon) ne relèvent plus du tout de la spontanéité médiévale et tranchent sur le dépouillement de la prédication protestante. Au XIXe s. apparaît un genre plus familier : la conférence. Au XXe s., des thèmes nouveaux, scripturaires, liturgiques, pastoraux renouvellent un genre qui dépérissait ; le second concile du Vatican, a lié étroitement la prédication à la liturgie de la Parole.

CHAIRIL ANWAR, poète indonésien (Medan 1922-Jakarta 1949). Considéré comme « le guide de la génération de 45 », il a introduit dans les lettres indonésiennes l'individualisme occidental (*Vacarme dans la poussière,* 1949).

CHAIRMAN [tʃɛrman] n. m. (pl. *chairmen*) [angl. *chairman,* de *chair,* chaise, et *man,* homme]. **1.** Président du conseil d'administration dans les sociétés des pays anglo-saxons. — **2.** Aux États-Unis, professeur d'université dirigeant un département.

CHAIS → CHAI.

CHAISE n. f. (lat. *cathedra*). **1.** Siège à dossier, sans bras. (La chaise n'apparaît en France qu'au XVIe s., sous le nom de *chaise à dos* ou *chaise à vertugadin,* tandis que le fauteuil est nommé à la même époque *chaise à bras.*) — **2.** *Chaise électrique,* dans certains États des États-Unis, appareil sur lequel on place un condamné à mort pour l'électrocuter ; la peine de mort elle-même. ‖ *Chaise longue,* siège pliable constitué d'une toile tendue entre deux cadres de bois ou de métal articulés, à inclinaison réglable, permettant de s'allonger (syn. TRANSAT) ; tout type de fauteuil muni d'une avancée permettant d'étendre les jambes. ‖ *Chaise percée,* siège percé d'une ouverture ronde où l'on s'asseyait pour satisfaire un besoin naturel. (On disait aussi *chaise d'affaires, chaise pertuisée, chayère de retrait, selle, chaise nécessaire.*) ‖ *Chaise à porteurs,* siège fermé et couvert dans lequel on se faisait porter par deux hommes. ‖ *Chaise de poste,* voiture à cheval légère, permettant de voyager rapidement. ‖ *Être assis entre deux chaises* ou, pop., *avoir le cul entre deux chaises,* occuper une position instable, entre deux situations, deux partis. ‖ *Politique de la chaise vide,* attitude de désapprobation qui consiste à ne pas siéger à une réunion, à une assemblée. • **Bât.** Chacun des petits portiques en bois établis à l'extérieur d'un bâtiment à construire et sur lesquels on tend des cordeaux qui matérialisent les axes ou les nus des murs à implanter. — **Chim.** Une des conformations du cyclohexane. — **Mar.** Cordage ou planchette suspendue servant de siège à qui travaille le long d'une carène ou d'une mâture. ‖ *Nœud de chaise,* type de nœud marin qui sert à pratiquer une boucle temporaire à l'extrémité d'un cordage ou à assembler deux cordages. — **Mobil.** *Chaise haute,* chaise d'enfant très haute, munie de bras et comportant une tablette rabattable.

Chaises *(les),* pièce d'Eugène Ionesco (1952), sur le thème du vide métaphysique : un couple de vieillards perdu au milieu de chaises vides attend en vain un orateur.

CHAISE-DIEU (La) [43160], ch.-l. de cant. du nord de la Haute-Loire ; 965 hab. *(Casadéens).* Station d'altitude (1 083 m). Ancienne abbatiale reconstruite dans un style très pur au milieu du XIVe s. (tombeau de Clément VI, stalles ; fresque de *la Danse macabre* [XVe s.] au long de la clôture et du chœur ; tapisseries).

CHAISIER, ÈRE n. Personne qui perçoit le prix d'occupation des sièges dans les églises et dans les lieux publics.

CHAISSAC (Gaston), peintre français (Avallon 1910 - La Roche-sur-Yon 1964). Personnalité marquante de l'art brut, il a donné des peintures, des objets et des « Totems » caractérisés par une rudesse colorée et pleine de verve.

CHAITOPHORINUS [kaitoforinys] n. m. (gr. *khaitê,* long crin, et *phoros,* qui porte). Puceron nuisible aux feuilles du sycomore, dont il provoque la chute prématurée.

CHAITYA → CAITYA.

CHAIX (Napoléon), imprimeur français (Châteauroux 1807-Paris 1865). Il fonda à Paris en 1845 une imprimerie et une librairie dont les productions principales étaient relatives aux chemins de fer.

CHAKA (1787-1828), roi et fondateur de la nation zoulou en 1818.

CHAKHOVSKOÏ (Aleksandr Aleksandrovitch), écrivain russe (Bezzaboty, gouvern. de Smolensk, 1777-Moscou 1846), fondateur du premier périodique théâtral russe (*le Messager dramatique*, 1808).

CHAKHTY, v. de Russie, dans le Donbass ; 216 000 hab. Houille.

CHAKRA → CAKRA.

CHAKRI, nom de la dynastie siamoise régnante depuis 1782. Ce nom vient du titre de son fondateur, le général Chao Phya Chakri. Ses rois portent le nom de Rāma.

CHALABRE (11230), ch.-l. de cant. de l'Aude, à 25 km au S.-O. de Limoux ; 1 273 hab. Château et église des XVe-XVIe s. Chaussures.

CHALAIN *(lac de),* lac du Jura, à l'E. de Lons-le-Saunier ; 230 ha. Stations lacustres néolithiques ; tourisme.

CHALAIS (16210), ch.-l. de cant. du sud de la Charente ; 2 275 hab. Église en partie romane. Château des XIVe-XVIIIe s.

Chalais, établissement central d'aérostation militaire, situé dans les bois de Meudon (Hauts-de-Seine), occupé surtout par l'Office national d'études et de recherches aérospatiales (O. N. E. R. A.).

CHALAIS (Henri DE TALLEYRAND, comte DE) [1599-Nantes 1626]. Maître de la garde-robe du roi (1622), il s'engagea, à l'instigation de sa maîtresse, la duchesse de Chevreuse, dans un complot ourdi pour faire assassiner Richelieu (1626). Dénoncé, il fut arrêté à Nantes, jugé, condamné à mort et décapité (19 août 1626).

CHALAMONT (01320), ch.-l. de cant. de l'Ain, dans la Dombes ; 1 485 hab.

CHALAMOV (Varlam Tikhonovitch), écrivain russe (Vologda 1907-Moscou 1982). Après sa réhabilitation et son retour à Moscou, il publie des vers et écrit un cycle de récits autobiographiques sur les plus terribles des camps staliniens : *Récits de Kolyma* (dont une première édition parut en France en 1969). Ce témoignage d'une force exceptionnelle ne sera publié en U. R. S. S., en dehors du samizdat, qu'avec la perestroïka.

CHALAMPÉ (68490), comm. du Haut-Rhin, au N.-E. de Mulhouse ; 1 014 hab. Ponts routier et ferroviaire sur le Rhin. Industries chimiques.

1. CHALAND n. m. (part. prés. de l'anc. fr. *chaloir,* avoir de l'intérêt). *Vx.* Client d'un magasin de détail.

2. CHALAND n. m. (gr. byz. *khelandion*). **1.** Bateau destiné à assurer le transport de marchandises soit sur des fleuves ou rivières, soit comme allège. — **2.** Bateau de pêche où l'on conserve le poisson vivant. — **3.** Engin flottant servant au transport et/ou à la mise en place de matériaux en site aquatique.

CHALANDAGE n. m. Syn. de SHOPPING.

CHALAND-CITERNE n. m. (pl. *chalands-citernes*). Chaland muni d'une citerne pour le transport de liquides.

CHALAND-COFFRE n. m. (pl. *chalands-coffres*). Chaland spécialement conçu pour le transport de marchandises solides en vrac (sable, grains, etc.).

CHALANDISE n. f. (de *chaland 1*). **1.** Affluence de clients (vieilli). — **2.** *Zone de chalandise,* aire d'attraction commerciale d'un magasin, d'une localité.

CHALAROSE [ka-] n. f. Mycose provoquée par *Chalara pyogenes,* champignon imparfait (adélomycètes, hyphomycètes). [L'affection se caractérise par de multiples nodules sous-cutanés, prédominant aux membres inférieurs.]

CHALAZE [ka- ou ʃa-] n. f. (gr. *khaladza,* grêlon). **1.** Dans les œufs, tortillon qui maintient le jaune au centre du blanc. — **2.** Point d'où partent, au sommet du funicule, les vaisseaux qui alimentent l'ovule.

CHALAZION [ka- ou ʃa-] n. m. (gr. *khakadzion,* dimin. de *khaladza*). Petit kyste de la paupière, parfois douloureux s'il entraîne une réaction inflammatoire.

CHALCÉDOINE, en gr. **Khalkêdôn,** ville d'Asie Mineure (Bithynie), sur le Bosphore de Thrace. Colonie de Mégare fondée v. 685 av. J.-C., elle commandait l'entrée du Pont-Euxin. En 451, un concile y condamna l'hérésie monophysite et reconnut en Orient la primauté du patriarche de Constantinople.

CHALCHIUHTLICUE, déesse aztèque des Rivières, des Lacs et de la Mer, principe féminin de la vie. Compagne du dieu Tlaloc*, comme lui elle existe déjà dans la civilisation de Teotihuacán.

CHALCIDIEN [kal-] n. m. Insecte hyménoptère minuscule, parfois sans ailes, parasite d'autres insectes. (Les chalcidiens, très nombreux, sont souvent rangés dans une seule famille, les *chalcididés.*)

CHALCIDIQUE, en gr. **Khalkidikê** ou **Khalkidhikí,** presqu'île de Grèce, dans l'est de la Macédoine, qui se termine en trois péninsules (Kassándhra, Lóngos ou Sithonía et mont Athos).

CHALCIS, en gr. **Khalkís,** v. grecque de l'île d'Eubée, dont le nom venait de sa très ancienne industrie du bronze *(khalkos).* Cité puissante dès le VIIIe s. av. J.-C., elle envoya des colonies en Thrace, en Macédoine, en Sicile, à Corcyre et en Italie.

CHALCOCONDYLE (Démétrios), grammairien grec (Athènes 1423-Milan 1511). Réfugié en Italie, il y répandit l'étude du grec par ses éditions d'Homère (1488) et d'Isocrate (1493).

CHALCOGRAPHIE [kal-] n. f. **1.** Art de graver sur cuivre. – **2.** Établissement où l'on conserve des planches gravées principalement en cuivre et où l'on vend des estampes tirées d'après celles-ci. (La *Chalcographie du Louvre,* à Paris, possède plus de 14 000 planches originales. Ce fonds national remonte à Colbert.)

CHALCOLITE [kal-] n. f. Phosphate hydraté naturel d'uranium et de cuivre, appartenant au système quadratique, de couleur vert jaunâtre à vert émeraude. (Syn. TORBERNITE.)

CHALCOLITHIQUE [kal-] adj. et n. m. Se dit de la période de la préhistoire caractérisée par le début de l'utilisation du cuivre. (Syn. ÉNÉOLITHIQUE.)
ENCYCL. Les premiers objets en cuivre martelé sont connus au Proche-Orient dès le VIIIe millénaire ; le cuivre coulé y apparaît peut-être au VIe millénaire, mais n'est vraiment commun qu'à la fin du IVe millénaire ; il est attesté en Europe occidentale à la fin du IIIe millénaire.

CHALCOPHILE [kal-] adj. Se dit d'un corps associé au soufre.

CHALCOPHORE [kal-] n. f. Grand bupreste du midi de la France, qui creuse ses galeries dans le bois des pins.

CHALCOPYRITE [kal-] n. f. Sulfure double naturel de cuivre et de fer, de couleur voisine de celle du laiton et qui forme des cristaux appartenant au système quadratique, d'aspect souvent irisé. (C'est un minerai de cuivre.)

CHALCOSE [kal-] n. f. Dépôts de cuivre dans les tissus.

CHALCOSINE ou **CHALCOSITE** [kal-] n. f. Sulfure naturel de cuivre, qui forme des cristaux orthorhombiques gris, de fer ou de plomb, et qui constitue l'un des minerais de cuivre les plus purs.

CHALDÉE, basse Mésopotamie, notamment le pays de Sumer.

CHALDÉEN, ENNE [kal-] adj. et n. **1.** De Chaldée. – **2.** Se dit des chrétiens de rite chaldéen unis à Rome. – **3.** *Rite chaldéen,* rite pratiqué par l'Église assyrienne, par les chaldéens qui en sont issus et la chrétienté malabre (nestorienne ou unie à Rome). [La langue liturgique est le syriaque.]
ENCYCL. Le mot « chaldéen » dérive de *Kaldou,* nom d'une confédération de tribus araméennes, dont la plus importante était installée en basse Mésopotamie. Les Kaldou ont donné des rois à Babylone à partir de 769 av. J.-C., et le nom de « chaldéenne » a été donné à la dynastie néobabylonienne (626-539 av. J.-C.). Grecs et Latins appelaient « chaldéens » les devins censés venir de Mésopotamie, où ils avaient recueilli la science de l'ancienne Babylone.

CHÂLE n. m. (hindī *shāl,* du pers.). **1.** Grand triangle de tissu ou de tricot, dont on s'enveloppe les épaules. – **2.** *Col châle,* col arrondi à deux morceaux partant de la base de l'encolure et se rejoignant au milieu du dos.

CHALET n. m. (mot de Suisse romande, de *cala,* abri). **1.** Cabane, local d'alpage où l'on fait des fromages. – **2.** Habitation alpine trapue, principalement en bois, à loggias et toit débordant. – **3.** Habitation de plaisance de même silhouette, en matériaux rustiques. – **4.** Vx. *Chalet de nécessité,* édicule abritant des cabinets d'aisances publics.

CHÂLETTE-SUR-LOING (45120), ch.-l. de cant. du Loiret, banlieue nord de Montargis ; 14 899 hab. Caoutchouc. Matériel électrique.

CHALEUR n. f. (lat. *calor, -oris*). **1.** Qualité de ce qui est chaud ; température élevée ; sensation que donne un corps chaud : *La douce chaleur d'un soleil d'automne.* – **2.** Qualité d'une couleur, d'un parfum, d'une voix, etc., à la fois soutenus et attirants. – **3.** Qualité de qqn, de qqch qui est chaleureux, ou qui manifeste de l'ardeur dans les sentiments, de l'animation, etc. : *Plaider une cause avec chaleur.* – **4.** *Chaleur humaine,* réconfort, sympathie apportés à autrui. ‖ *En chaleur,* se dit d'une femelle qui recherche le mâle. • **Biol.** *Chaleur animale, chaleur végétale,* chaleur produite par des êtres vivants ou par des phénomènes vitaux. – **Géophys.** *Théorie de la chaleur interne,* théorie selon laquelle, en extrapolant le gradient thermique, on arrive rapidement à une zone, appelée *feu central,* où les roches devraient être en fusion. (Cette théorie est actuellement abandonnée.) – **Nucl.** *Chaleur résiduelle,* chaleur fournie par un combustible nucléaire après son déchargement du réacteur. (Elle est due aux produits radioactifs présents dans le combustible.) ‖ *Chaleur résiduelle d'un réacteur,* chaleur produite dans ce réacteur après sa mise à l'arrêt. – **Peint.** Qualité d'un coloris où dominent le rouge, l'orangé ou certains jaunes. – **Phys.** Mode de transfert de l'énergie d'un corps à un autre qui ne correspond pas à un travail. (L'énergie ainsi transférée se nomme *quantité de chaleur.*) [→ encycl.] ‖ *Chaleur spécifique* ou *massique,* quantité de chaleur nécessaire pour élever la température d'une unité de masse de 1 degré.

◆ **chaleurs** n. f. pl. **1.** Période où il fait chaud : *Pendant les grandes chaleurs, on faisait une longue sieste.* – **2.** État physiologique passager des mammifères femelles, les conduisant à rechercher le mâle et l'accouplement et qui accompagne la ponte ovulaire. (→ *encycl.*)

ENCYCL. Chez la jument les chaleurs ont leur maximum d'intensité au printemps et en été et disparaissent en hiver. La vache a un rythme sexuel régulier toute l'année, avec des chaleurs qui reviennent tous les 21 jours. Chez la brebis les chaleurs sont saisonnières : elle commencent en septembre (hémisphère Nord) et mars (hémisphère Sud). La truie a des chaleurs régulières tout au long de l'année (tous les 21 jours). La chienne a des chaleurs 2 fois par an, au printemps et à l'automne. La chatte présente des chaleurs 3 fois par an (printemps, fin de l'été et début d'automne).

Durée des chaleurs	
Jument	5 à 6 jours
Vache	14 à 15 heures
Brebis	30 à 48 heures
Truie	2 à 3 jours
Chienne	7 à 10 jours
Chatte	2 à 4 jours (en l'absence de mâle jusqu'à 10 jours) (6 à 12 jours pour les siamoises)

— **Phys.** Les phénomènes de dilatation dus à la chaleur furent employés dès 1612 à la mesure des températures. À la fin du XVIIIe s., on pensa que la chaleur était transmise par un fluide impondérable, le calorique. C'est avec Lavoisier et Laplace que s'établit la distinction entre température et quantité de chaleur et qu'avec la définition de la calorie (1838), prit naissance la calorimétrie. On reconnut ensuite que les changements d'état sont valables pour tous les corps et que la chaleur rayonnante est de même nature que la lumière. En 1824, Sadi Carnot énonça les relations qui existent entre la chaleur et le travail, jetant ainsi les bases de la « thermodynamique ». Le caractère statistique de cette science sera mis en évidence (Maxwell, Boltzmann, Planck) à la fin du XIXe s.

— **Thermodyn.** Un apport de chaleur provoque le plus souvent une variation de la température du système qui le reçoit (→ *capacité* CALORIFIQUE), *mais il peut aussi provoquer une transition de phase* (fusion, vaporisation, allotropie) à température constante* (→ *chaleur* LATENTE). Le concept de quantité de chaleur contenue dans un corps n'a pas de sens ; on ne peut parler que de la quantité de chaleur reçue au cours d'une transformation. Les échanges de chaleur et de travail d'un système avec l'extérieur sont régis par les deux premiers principes de la thermodynamique*. La théorie cinétique* de la matière assimile le transfert de chaleur entre deux systèmes à un transfert de l'énergie cinétique des atomes ou molécules qui les constituent. L'unité de quantité de chaleur du système SI est le joule. On utilise encore fréquemment la calorie* et l'unité anglo-saxonne BTU (surtout pour les combustibles).

CHALEUREUSEMENT adv. De façon chaleureuse.

CHALEUREUX, EUSE adj. **1.** Qui montre, manifeste de l'enthousiasme, de l'ardeur : *Une approbation chaleureuse.* — **2.** Qui témoigne de la sympathie, de la cordialité : *Accueil chaleureux. Des amis chaleureux.*

CHALEURS *(baie des),* baie du Canada, formée par le golfe du Saint-Laurent, au S. de la Gaspésie, qu'elle sépare du Nouveau-Brunswick.

CHALGRIN (Jean), architecte français (Paris 1739 - *id.* 1811). Élève de Servandoni et de Boullée, néoclassique, il a construit à Paris l'église St-Philippe-du-Roule (1772-1784), qui remettait en honneur le type basilical, et donné les plans de l'arc de triomphe de l'Étoile.

CHALIAPINE (Fedor Ivanovitch), chanteur russe (Kazan 1873-Paris 1938). Doué d'une voix exceptionnelle de baryton-basse, il a popularisé l'opéra russe, et notamment *Boris Godounov.*

CHALICODOME [ka-] n. f. (du gr. *khalix, -ikos,* caillou). Nom scientifique de l'*abeille maçonne,* solitaire et mellifique, qui construit un gros nid en terre et en gravier, gâchés de sa salive.

CHALIER (Joseph), révolutionnaire français (Beaulard, Piémont, 1747-Lyon 1793), chef du parti montagnard à Lyon. Membre de la commune de cette ville, il fut victime de l'insurrection fédéraliste et royaliste de 1793.

CHALINDREY (52600), comm. de la Haute-Marne, aux confins du plateau de Langres ; 2 859 hab. Carrefour ferroviaire.

CHALINE [ʃa-] n. f. (gr. *khalinos,* frein). Éponge très commune dans les mers d'Europe.

CHÂLIT n. m. (lat. pop. **catalectus,* litière). **1.** Jusqu'au XVIIe s., syn. de LIT. — **2.** Auj., cadre en bois ou armature métallique de lit.

CHALK RIVER, localité du Canada (Ontario), sur l'Ottawa ; 1 100 hab. Centre de recherches nucléaires.

CHALK STREAM [tʃɔkstrim] n. m. (pl. *chalk streams*) [angl. *chalk,* craie, et *stream,* courant]. Rivière à truites à courant lent.

CHALLANS [-lɑ̃] (85300), ch.-l. de cant. de la Vendée, en bordure du Marais breton ; 14 544 hab. *(Challandais).* Marché (canards). Industrie alimentaire. Mobilier. Bateaux de plaisance.

CHALLE (Charles Michel-Ange), peintre français (Paris 1718-*id.* 1778). Prix de Rome (1741), académicien (1751), il obtint en 1764 le poste de dessinateur du Cabinet du roi. (Visions d'architecture à l'antique et décors de fêtes inspirés de Piranèse.)

CHALLE (Maurice), général d'aviation français (Le Pontet, Vaucluse, 1905-Paris 1979). Aviateur, major général des forces armées en 1955, il fut nommé commandant en chef en Algérie (1959), puis du secteur Centre-Europe de l'O. T. A. N. (1960), dont il démissionna en févr. 1961. Condamné à quinze ans de détention criminelle pour sa participation au putsch des généraux d'Alger en avr. 1961, il fut gracié en 1966.

CHALLENGE n. m. (angl. *challenge,* défi, de l'anc. fr. *chalenge,* contestation, du lat. *calumnia,* chicane). **1.** Situation difficile, se présentant à qqn ou à un groupe, et constituant pour lui un défi à relever ; le défi lui-même : *Entreprise qui affronte avec succès un challenge international.* — **2.** Épreuve sportive dans laquelle le gagnant devient détenteur d'un objet jusqu'à ce qu'un concurrent, dans une épreuve ultérieure, l'en dépossède ; l'objet lui-même ou le titre de champion. — **3.** *Challenge round,* terme autrefois utilisé en coupe Davis (tennis) pour désigner la rencontre qui opposait le pays tenant de la coupe et le vainqueur de la finale interzones.

CHALLENGER [ʃalɑ̃dʒɛr] n. m. (angl. *challenger*). **1.** Boxeur désigné pour livrer combat au champion dont le titre est mis en jeu. — **2.** Personnalité ou entreprise qui en affronte une autre plus connue ou plus importante.

CHALLES (Robert), écrivain français (Paris 1659-Chartres 1721). Ses *Illustres Françaises* sont un chef-d'œuvre du roman réaliste.

CHALLES-LES-EAUX (73190), comm. de la Savoie, dans la cluse de Chambéry ; 2 961 hab. Station hydrominérale (affections des voies respiratoires et gynécologiques). Casino.

CHALOIR → CHAUT.

CHALON n. m. Étoffe de laine pure, fabriquée jadis à Amiens.

CHALONGE (Daniel Henri), astronome français (Grenoble 1895-Paris 1977). Il a établi avec Daniel Barbier une classification spectrale quantitative d'étoiles et a étudié la répartition spectrale de l'énergie dans le Soleil et les étoiles.

CHÂLONNAIS (lat. *pagus Catalaunicus*), anc. pays de la Champagne. Cap. *Châlons-en-Champagne.*

CHALONNAISE *(côte),* région viticole de Bourgogne, en Saône-et-Loire, à l'O. de *Chalon-sur-Saône* (du N. au S., appellations rully, mercurey, givry et montagny).

CHALONNES-SUR-LOIRE (49290), ch.-l. de cant. de Maine-et-Loire, au confluent de la Loire et du Layon ; 5 396 hab. *(Chalonnais).* Église gothique des XIIe-XIIIe s. Vignobles. Matériel agricole. Chaussures.

CHÂLONS-EN-CHAMPAGNE (51000), anc. **Châlons-sur-Marne,** ch.-l. de la Région Champagne-Ardenne et du dép. de la Marne, à 167 km à l'E. de Paris, près de l'autoroute de l'Est ; 51 533 hab. *(Châlonnais).* Évêché. École d'arts et métiers. La ville a perdu une bonne part de sa fonction militaire, mais a développé ses fonctions régionales et industrielles (constructions mécaniques et électriques, chimie, etc.).
— **Hist.** Entourée de vastes camps militaires (Suippes, Mourmelon, Mailly), la ville a rempli longtemps un rôle de commandement militaire, protégeant Paris à l'est.
— **Bx-arts.** Cathédrale reconstruite après 1230 (vitraux du XIIe au XVIe s.). Importante église N.-D.-en-Vaux, romane et gothique du XIIe s. Autres églises médiévales. Bâtiments civils du XVIIIe s. Musées.

CHALON-SUR-SAÔNE (71100), ch.-l. d'arrond. de Saône-et-Loire, sur la rive droite de la Saône ; 56 259 hab. *(Chalonnais).* Principal élément d'une agglomération d'environ 75 000 hab. industrialisée (photographie, électronucléaire). L'essor récent est à relier à la situation géographique sur l'axe Rhône-Saône et à une desserte, à la fois autoroutière, ferroviaire et fluviale.
— **Hist.** Sous le nom de *Cabillonum,* elle fut l'une des principales villes des Éduens. Siège d'un évêché au Ve s., elle fut prise par les Burgondes en 534. Ses foires créées au Xe s. eurent une importance internationale au XIIIe s.
— **Bx-arts.** Anc. cathédrale St-Vincent (XIIe-XVe s.) et autres monuments. Musées Denon (archéologie, beaux-arts, ethnographie, etc.) et Nicéphore-Niepce (photographie).

CHALOSSE, région de collines du bassin d'Aquitaine, entre l'Adour et le cours inférieur du gave de Pau. Polyculture (blé, maïs et vigne, élevage des bovins, des porcs, des oies).

CHALOUPE n. f. (de *chalope,* mot dialect., du moyen fr. *chalope,* aphérèse de l'anc. fr. *eschalope,* coquille de noix, ou du néerl. *slope,* embarcation). **1.** Autref., petit bâtiment non ponté, embarqué sur les grands vaisseaux et utilisé pour tous les services de rade ou de mer ou comme bateau de pêche. — **2.** Grand canot à moteur, pour le service des navires.

CHALOUPÉE n. f. Valse chaloupée.

CHALOUPER v. i. (de *chaloupe*) [conj. 3]. Marcher ou danser en se balançant.

◆ **être chaloupé** v. pass. En parlant d'une démarche, d'une danse, imprimer au corps un mouvement balancé.

CHALUMEAU n. m. (bas lat. *calamellus,* du lat. class. *calamus,* roseau). **1.** Tuyau de paille, de matière plastique, etc., dont on se sert pour aspirer un liquide ; paille. — **2.** Instrument permettant, par combustion d'un gaz, d'obtenir et de diriger une flamme chaude. (→ *encycl.*) — **3.** Petit instrument à vent, à anche simple, ancêtre de la clarinette. — **4.** Dans la cornemuse, tube qui fournit la mélodie. — **5.** Registre grave de la clarinette.
ENCYCL. Le *chalumeau soudeur* permet d'obtenir un mélange d'acétylène et d'oxygène donnant une flamme stable, de forme, de puissance et de propriétés déterminées, présentant toutes les qualités requises pour la bonne exécution des soudures. Le *chalumeau chauffeur* lui est semblable, mais est généralement à grand débit et comporte des buses spéciales adaptées au travail à exécuter. Le *chalumeau coupeur* associe l'action d'un jet d'oxygène et celle d'une flamme de chauffe. Les chalumeaux manuels ne comportent que deux arrivées de gaz (oxygène et gaz combustible). Les chalumeaux-machines sont à alimentations séparées. Ils comportent trois arrivées de gaz (oxygène de coupe, oxygène de la flamme de chauffe et acétylène). Les types de chalumeaux peuvent être classés d'après les gaz utilisés : chalumeau oxyacétylénique (oxygène + acétylène) ; oxhydrique (oxygène + propane) ; oxygaz naturel (oxygène + gaz naturel).

CHALUMET n. m. (de *chalumeau*). Extrémité du tuyau de la pipe tenue entre les dents.

CHÂLUS [-lys] (87230), ch.-l. de cant. de la Haute-Vienne, dans les *monts de Châlus,* sur la Tardoire ; 2 015 hab. *(Châlusiens).* Vestiges féodaux. Matériel électrique.

CHALUT n. m. (mot dialect. de Normandie et de l'Ouest, p.-ê. à rapprocher de *chaland*). Filet de pêche affectant la forme d'un vaste entonnoir, dont l'ouverture est maintenue béante et qu'un (ou deux) chalutier(s) remorque(nt) sur le fond ou entre deux eaux.

CHALUTAGE n. m. Pêche au chalut.

CHALUTER v. i. (conj. 3). Pêcher au chalut.

1. CHALUTIER, ÈRE adj. Relatif au chalut, à la pêche au chalut.

2. CHALUTIER n. m. **1.** Pêcheur qui se sert du chalut. — **2.** Bateau de pêche qui traîne le chalut.
ENCYCL. Les chalutiers qui pêchent la morue à Terre-Neuve sont longs de 60 à 90 m, ceux qui font la pêche fraîche ont de 16 à 55 m. Les chalutiers à pêche par le côté (chalut remonté latéralement) sont remplacés, pour les unités de plus de 24 m, par des chalutiers à pêche arrière, qui filent et virent le chalut par la poupe grâce à un plan incliné et à un portique facilitant la manœuvre. Le *chalutier congélateur,* équipé pour réaliser en mer la congélation du poisson au fur et à mesure de sa capture, est de plus en plus utilisé.

CHALUTIER-USINE n. m. (pl. *chalutiers-usines*). Chalutier effectuant des opérations de pêche et traitant lui-même les produits de sa pêche, en vue de leur conservation.

CHAM, deuxième fils de Noé. Il tourna en dérision l'ivresse de son père (Genèse, IX) et fut ainsi cause de la malédiction qui tomba non sur lui, mais sur son fils Canaan.

CHAM (*comte* Amédée DE NOÉ, dit), dessinateur français (Paris 1819 - *id.* 1879). Ses caricatures sociales, ses charges politiques, aux légendes spirituelles et caustiques, ont été publiées en France (*le Charivari, l'Illustration,* etc.) et en Angleterre *(Punch).*

CHAMADE n. f. (ital. *chiamada,* appel, de *chiamare,* appeler, du lat. *clamare*). **1.** Dans une ville assiégée, batterie de tambour ou sonnerie qui annonçait l'intention de capituler. — **2.** *Battre la chamade,* se dit du cœur qui bat à coups précipités, sous l'effet d'une vive émotion.

CHAMÆCYPARIS [kame-] n. m. (du gr. *khamai,* à terre, et *kuparissos,* cyprès). Beau conifère, intermédiaire entre les thuyas et les cyprès, appelé aussi *cyprès de Lawson.*

CHAMÆDOREA [kame-] n. m. Petit palmier ornemental d'appartement, originaire du Mexique.

CHAMÆROPS [kame-] n. m. Petit palmier aux feuilles en éventail, cultivé en jardin abrité dans toute la France.

CHAMAILLER (SE) v. pr. (anc. fr. *chapler,* tailler en pièces, et *maillier,* frapper) [conj. 3]. *Fam.* Se disputer, se quereller pour des riens.

CHAMAILLERIE ou **CHAMAILLE** n. f. *Fam.* Petite querelle bruyante, sans conséquence.

CHAMAILLEUR, EUSE adj. et n. *Fam.* Qui aime à se quereller.

CHAMALIÈRES (63400), ch.-l. de cant. du Puy-de-Dôme, banlieue ouest de Clermont-Ferrand ; 17 885 hab. *(Chamaliérois).* Église en partie romane. Imprimerie de la Banque de France.
— **Archéol.** En 1968, on y a découvert un sanctuaire où avaient été accumulées près de 5 000 sculptures sur bois, dont la plupart sont des ex-voto. Ils constituent, avec ceux des sources de la Seine, la plus importante documentation sur la sculpture sur bois gauloise de la première moitié du Ier s. apr. J.-C.

CHAMAN n. m. (toungouse *chaman,* moine, par l'intermédiaire du russe *chaman*). Prêtre magicien, qui pratique la transe, la divination, les soins médicaux, en relation avec une force supranaturelle, avec laquelle il entre en contact au travers d'un voyage mystique. (Le chaman est spécifique des religions traditionnelles des ethnies de l'Asie septentrionale ; mais on trouve des chamans dans d'autres sociétés, par exemple en Amérique du Nord ; on a employé le terme de « chaman » pour désigner certains sorciers de l'Afrique traditionnelle.)

CHAMANISME n. m. (de *chaman*). Ensemble de pratiques comportant un état de transe, propres à certaines sociétés de l'Asie centrale et de l'Arctique.

ENCYCL. Le chamanisme a été d'abord observé chez les populations sibériennes, puis le phénomène a été la base d'analyses étendues à d'autres peuples. C'est une relation complexe d'un groupe à un individu, qui fascine le groupe par ses transes, ses pouvoirs qui paraissent surnaturels, comme celui de pouvoir voyager dans les airs ou de pouvoir guérir des maladies.

CHAMANISTIQUE ou **CHAMANISTE** adj. Relatif au chamanisme ; qui relève des pratiques chamanistes.

CHAMARRE n. f. (esp. *zamarra,* du basque *zammarra*). Casaque d'homme et de femme au XVe et au XVIe s. (Au XVe s., c'est une ample casaque ouverte de haut en bas ; au XVIe s., c'est une longue veste d'homme.)

CHAMARRER v. t. (de *chamarre*) [conj. 3]. Rehausser qqch, le surcharger d'ornements éclatants, de galons, etc. : *Habit chamarré d'or.*

CHAMARRURE n. f. Ensemble voyant (surtout pl.) : *Les chamarrures d'un uniforme.*

CHAMAZULÈNE [ka-] n. m. Hydrocarbure dérivé de l'azulène, qui confère à l'essence de camomille sa coloration bleue et ses propriétés protectrices contre l'action des rayons solaires.

CHAMBAL, riv. de l'Inde, affl. de la Yamunā (r. dr.) ; 900 km.

CHAMBARAN ou **CHAMBARAND** *(plateau de),* région argileuse du bas Dauphiné (Isère), au N. de la vallée de l'Isère. Forêts, herbages, noyers, culture du tabac.

CHAMBARD n. m. *Fam.* **1.** Bouleversement, désordre : *Le chambard des valeurs morales.* — **2.** Protestations tapageuses : *Faire du chambard.*

CHAMBARDEMENT n. m. *Fam.* **1.** Action de bouleverser, de renverser. — **2.** *Le grand chambardement,* la guerre, la révolution.

CHAMBARDER v. t. (p.-ê. de *chambe,* jambe, et *barder,* glisser, mots dialect. de Franche-Comté) [conj. 3]. *Fam.* **1.** Bouleverser un lieu de fond en comble ; saccager, chambouler : *Les voleurs ont chambardé l'appartement.* — **2.** Déranger complètement ; détruire : *Cet incident a chambardé mes projets.*

CHAMBELLAN n. m. (frq. **kamerling*). **1.** Officier de cour qui était chargé de tout ce qui concernait le service intérieur de la chambre d'un souverain. — **2.** *Grand chambellan,* le plus élevé en dignité des chambellans.

CHAMBERLAIN (Joseph), homme politique britannique (Londres 1836 - Birmingham 1914). Maire de Birmingham (1873-1876), député libéral en 1876, il se voit confier par Gladstone le ministère du Commerce, où il défend un vaste programme de réformes sociales. Favorable à une certaine autonomie de l'Irlande, il est cependant hostile au Home Rule de Gladstone, et rompt avec lui, provoquant une scission entre libéraux gladstoniens et unionistes. Ministre des Colonies (1895-1903) dans les ministères Salisbury et Balfour, il pratique une politique d'expansion qui l'amène à la guerre contre les Boers. Il accorde en 1900 le statut de dominion à la Fédération australienne. Partisan d'un impérialisme fédéraliste, hostile au libre-échange, il lance l'idée d'une « préférence impériale », destinée, par le jeu des tarifs douaniers, à favoriser les échanges à travers les divers pays de l'Empire. Devant les réticences de ses collègues, il démissionne en 1903. Les élections de 1906 voient l'effondrement de la coalition unioniste. — Son fils, sir JOSEPH AUSTEN **Chamberlain** (Birmingham 1863-Londres 1937), député libéral-unioniste en 1892, est chancelier de l'Échiquier de 1903 à 1906 et de 1919 à 1921. Ministre des Affaires étrangères (1924-1929), il joue un rôle de premier plan sur la scène internationale. Sa politique de détente dans le cadre de la Société des Nations aboutit à la signature des accords de Locarno (oct. 1925), ce qui lui vaut, cette même année, le prix Nobel de la paix. Il contribuera également à la signature du pacte Briand-Kellogg (1928). — Sir ARTHUR NEVILLE **Chamberlain** (Edgbaston, près de Birmingham, 1869-Heckfield, près de Reading, 1940), demi-frère du précédent, devient député conservateur en 1918. Chancelier de l'Échiquier de 1931 à 1937, il donne une impulsion décisive à la réorganisation et à la modernisation de l'économie britannique au lendemain de la crise de 1929, et participe aux accords d'Ottawa (1932). Premier ministre en 1937, il essaie de maintenir la paix par une politique de concessions, et signe les accords de Munich (sept. 1938). Devant l'invasion de la Pologne, il déclare la guerre à l'Allemagne (sept.

1939), puis cède la direction des affaires à W. Churchill en mai 1940.

CHAMBERLAIN (Houston Stewart), écrivain allemand d'origine britannique (Southsea, près de Portsmouth, 1855 -Bayreuth 1927). Sa philosophie, fondée sur une mystique du sang et de la race, a influencé le national-socialisme (*les Fondements du dix-neuvième siècle,* 1899).

CHAMBERLAIN (Owen), physicien américain (San Francisco 1920). Grâce au bévatron de l'université de Berkeley, il a réalisé, avec Segrè, la production de l'antiproton. (Prix Nobel de physique 1959.)

CHAMBERLAIN (John Angus), sculpteur américain (Rochester, Indiana, 1927). Son œuvre, d'esprit néodadaïste, est fondée sur l'utilisation de déchets industriels souvent de couleur (éléments d'automobiles, pièces métalliques, plastiques, etc.).

CHAMBERLAIN (Wilt), basketteur noir américain (Philadelphie 1936). Centre d'un gabarit impressionnant (2,18 m), il a marqué plus de 30 000 points dans sa carrière de joueur professionnel entre 1959 et 1974.

CHAMBERLAND (Paul), poète canadien de langue française (Longueuil 1939). Pratiquant un lyrisme révolutionnaire (*Terre Québec,* 1964), il a préconisé l'avènement d'une contre-culture.

CHAMBERLIN (Edward Hastings), économiste américain (La Conner, Washington, 1899 - Cambridge, Massachusetts, 1967). Dans *la Théorie de la concurrence monopolistique* (1933), il montre que les situations économiques sont des mélanges de concurrence et de monopole.

CHAMBERS (Ephraim), encyclopédiste anglais (Kendal, Westmoreland, 1680-Islington, près de Londres, 1740). Sa *Cyclopaedia* ou *Dictionnaire universel des arts et des sciences* (1728) donna à Diderot l'idée de l'*Encyclopédie.*

CHAMBERS (*sir* William), architecte britannique (Göteborg 1723 ou 1726 - Londres 1796). Il publia à son retour des Indes et de Chine sa *Dissertation sur les jardins orientaux,* dont il appliqua les conceptions à Kew. Il construisit, dans un esprit néoclassique, de nombreuses demeures, dont la plus vaste est Somerset House (Londres, 1776). Son *Traité d'architecture civile* (1759) eut un grand succès.

CHAMBERS (William), éditeur et écrivain écossais (Peebles 1800-Édimbourg 1883). Il publia une *Encyclopédie* en 10 volumes (1859-1868), rééditée jusqu'en 1950. — Son frère, ROBERT (Peebles 1802-Saint Andrews 1871), libraire et éditeur, publia des ouvrages de littérature et d'histoire.

CHAMBERTIN n. m. Grand vin rouge de Bourgogne. (Commune de Gevrey-Chambertin.)

CHAMBÉRY (73000), ch.-l. du dép. de la Savoie, à 553 km de Paris, dans la *cluse de Chambéry,* entre les Bauges et la Chartreuse ; 55 603 hab. *(Chambériens).* Archevêché. Cour d'appel. Université. Centre régional administratif et commercial, carrefour entre Lyon et Turin, Genève et Grenoble, élément principal d'une agglomération d'env. 100 000 hab., la ville s'est industrialisée (métallurgie, agroalimentaire, fibre de verre, aluminium, confection, etc.).
— **Hist.** Chambéry devint la capitale de la Savoie en 1232 et le demeura jusqu'en 1562, date à laquelle elle fut supplantée par Turin.
— **Bx-arts.** Baptistère caroligien (?) de Lémenc. Château médiéval (restauré) avec sainte chapelle. Cathédrale (XVe-XVIe s.). Église Notre-Dame (1636). Musée savoisien, dans l'ancien archevêché, et musée des Beaux-Arts.

CHAMBI *(djebel)* ou **CHA'AMBĪ** (*djabal* **al-**), point culminant de la Tunisie (1 544 m), à l'O. de Kasserine.

CHAMBIGES, famille de maîtres d'œuvre français, dont les plus connus sont : MARTIN († Beauvais 1532), qui donna d'harmonieux compléments à trois cathédrales — un des croisillons du transept de Sens, façade de Troyes, transept de Beauvais —, et PIERRE Ier († Paris 1544), qui assura le passage au premier style de la Renaissance dans ses nombreux travaux : Hôtel de Ville de Paris (sous la direction du Boccador), château Vieux de Saint-Germain-en-Laye, pour François Ier, etc.

CHAMBLY (60230), comm. de l'Oise ; 7 194 hab. Église des XIIIe et XIVe s. Industrie chimique.

CHAMBOLLE-MUSIGNY (21220), comm. de la Côte-d'Or ; 358 hab. Vins de la Côte de Nuits.

CHAMBON n. m. Enrênement destiné à faire céder le cheval vers le bas et à muscler son dos.

CHAMBON *(lac),* lac (60 ha) du Puy-de-Dôme, à 877 m d'altitude, à 17 km à l'E. du Mont-Dore. — À l'O., comm. de *Chambon-sur-Lac* (63790 ; 377 hab.), centre touristique.

CHAMBON-FEUGEROLLES (Le) [42500], ch.-l. de cant. de la Loire, au S.-O. de Saint-Étienne ; 16 142 hab. *(Chambonnaires).* Métallurgie. Constructions électriques.

CHAMBON-SUR-LIGNON (43400), comm. de la Haute-Loire ; 3 072 hab. Tourisme. Collège international.

CHAMBON-SUR-VOUEIZE (23170), ch.-l. de cant. de la Creuse ; 1 115 hab. Église romane Ste-Valérie.

CHAMBORD (41250, comm. de Loir-et-Cher, en Sologne, sur le Cosson ; 214 hab. Le château, œuvre exceptionnelle de la première Renaissance, construit pour François Ier à partir de 1519, conserve un plan de château fort, mais vise à l'agrément autant qu'au prestige et à une noble symétrie. Son « donjon » central est organisé autour du célèbre escalier à double hélice, sommé d'une tour-lanterne qui se détache, entre les terrasses, parmi une forêt de toits aigus, de cheminées et de lucarnes d'un effet féerique. Propriété de l'État. — La forêt domaniale, ou *parc de Chambord,* s'étend sur 5 500 ha. Ses principales essences sont le chêne rouvre, le pin sylvestre, le bouleau. Elle constitue une importante réserve cynégétique.

CHAMBORD (Henri DE BOURBON, duc DE BORDEAUX, *comte* DE), prince français (Paris 1820-Frohsdorf, Autriche, 1883). Fils posthume de Charles Ferdinand, duc de Berry et petit-fils de Charles X, il devient après la mort de ce dernier (1836) le prétendant légitimiste au trône de France sous le nom de Henri V. Ses manifestes (1870-71), inspirés des principes de l'Ancien Régime, heurtent les monarchistes libéraux, et retardent son avènement pourtant assuré en théorie par l'appui de la majorité de l'Assemblée élue en 1871 et l'allégeance du comte de Paris (entrevue de Frohsdorf, 5 août 1873). Son intransigeance sur la question du drapeau blanc entraîne la rupture du bloc monarchiste (oct. 1873), malgré une ultime et vaine démarche auprès de Mac-Mahon. Avec lui s'est éteinte la branche aînée des Bourbons.

CHAMBOULEMENT n. m. *Fam.* Action de chambouler.

CHAMBOULER v. t. (mot lorrain, p.-ê. de *chant,* du lat. *canthus,* roue, et de *bouler*) [conj. 3]. *Fam.* **1.** Bouleverser un lieu, le mettre sens dessus dessous : *Les enfants ont chamboulé leur chambre.* — **2.** Déranger complètement qqch, en changer entièrement l'organisation : *Il a chamboulé tous mes plans de vacances.*

CHAMBOURCIN n. m. Cépage hybride à baies noires.

CHAMBOURCY (78240), comm. des Yvelines, entre les forêts de Saint-Germain et de Marly ; 5 173 hab. Parc « anglo-chinois » du *Désert de Retz* (fin du XVIIIe s.).

CHAMBRAGE n. m. **1.** Action de chambrer du vin. — **2.** Opération consistant à maintenir le lait à la température de pasteurisation entre le chauffage et le refroidissement.

CHAMBRANLE n. m. (lat. *camerandus,* de *camerare,* construire en forme de voûte, avec l'infl. de *branler*). **1.** Bordure saillante, en matériau quelconque, encadrant une baie. (Il peut se superposer au bâti dormant, ou ne faire qu'un avec celui-ci.) — **2.** Placage décoratif, notamment en marbre, du manteau d'une cheminée.

CHAMBRAY-LÈS-TOURS (37170), ch.-l. de cant. d'Indre-et-Loire, à 6 km au S. de Tours ; 8 449 hab. Constructions électriques.

CHAMBRE n. f. (lat. *camera,* voûte, puis chambre, du gr. *kamara*). **1.** Pièce d'une habitation où l'on couche : *Chambre d'enfants.* — **2.** Pièce d'habitation indépendante dans un immeuble, un hôtel, etc. : *Chercher une chambre avec un coin cuisine.* — **3.** Pièce où séjourne un malade dans un hôpital : *Camarade de chambre.* — **4.** Nom donné à certaines assemblées s'occupant des intérêts d'un corps de métier, d'un groupe (avec une majusc.) : *Chambre de commerce.* — **5.** *Chambre à coucher,* pièce où l'on couche ; ensemble du mobilier qui la compose. ‖ *Chambre froide,* local frigorifique isolé thermiquement, utilisé pour la conservation des denrées périssables. ‖ *Chambre de service,* ou, fam., *chambre de bonne,* chambre distincte d'un appartement pour loger les gens de service. ‖ *En chambre,* se dit d'un artisan, d'un commerçant qui travaille en appartement : *Confectionneur en chambre.* ‖ *Faire chambre commune, chambre à part,* en parlant d'un couple, dormir dans la même chambre ou avoir chacun sa chambre. ‖ *Femme, valet de chambre,* personne attachée au service particulier d'une personne ou des clients d'un hôtel. ‖ *Robe de chambre,* vêtement long et confortable, fermé devant, que l'on porte sur ses vêtements de nuit. ‖ *Stratège, politicien en chambre,* celui qui, sans rien connaître, porte des jugements sur des questions militaires ou politiques. • **Acoust.** *Chambre sourde,* local aménagé de manière à présenter le minimum de réverbération en vue de mesures acoustiques. — **Agric.** *Chambre d'agriculture,* organe consultatif et professionnel représentatif des intérêts agricoles de sa circonscription auprès des pouvoirs publics. (Il existe 90 chambres d'agriculture, soit une par département [chambre départementale d'agriculture] et une pour l'ensemble de l'Île-de-France [chambre interdépartementale d'agriculture].) — **Anat.** *Chambre de l'œil,* partie de l'œil comprise entre la cornée et l'iris, dite aussi *chambre antérieure,* et qui renferme l'humeur aqueuse. — **Arm.** Logement placé à l'arrière du canon d'une arme à feu pour recevoir la cartouche ou la charge avant le départ du coup. — **Astron.** *Chambre de Schmidt,* syn. de TÉLESCOPE DE SCHMIDT. — **Banq.** *Chambre forte,* dans une banque, pièce blindée où sont placés les coffres. — **Chim.** *Chambre de plomb,* pièce tapissée de plomb, servant à la fabrication de l'acide sulfurique. ‖ *Chambre de réaction,* syn. de RÉACTEUR. — **Cristallogr.** *Chambre de cristal tournant, cham-*

bre de Debye-Scherrer (ou *chambre de poudres*), appareils utilisés pour faire un cliché de diffraction de rayons X avec une poudre cristalline ou un monocristal. – **Dr.** Subdivision d'une juridiction, d'un tribunal. ‖ *Chambre des appels correctionnels,* section d'une cour d'appel qui juge en appel les affaires correctionnelles et de police. ‖ *Chambre de commerce internationale,* organisme privé ayant pour objectif de faciliter les échanges internationaux, d'élaborer les règles qui leur sont relatives, et servant de centre d'arbitrage pour les éventuels litiges. ‖ *Chambre du conseil,* local attenant à la salle d'audience publique, dans lequel les magistrats délibèrent ; formation du tribunal réunie dans cette salle pour débattre et statuer à huis clos en matière gracieuse, d'état et de capacité des personnes et dans certains cas décidés par le juge. ‖ *Chambre mixte,* formation de la Cour de cassation qui se réunit pour une question qui relève de plusieurs chambres. ‖ *Chambre restreinte,* formation de la Cour de cassation, composée de trois magistrats au moins, chargée, au sein de chaque chambre, de casser certains arrêts ou de rejeter les pourvois irrecevables ou mal fondés. ‖ *Chambre professionnelle,* organisme corporatif chargé de gérer les intérêts des professionnels qu'il représente. (Les chambres professionnelles comprennent les *chambres d'agriculture,* les *chambres de commerce et d'industrie* et les *chambres de métiers.*) ‖ *Chambre syndicale,* syndicat patronal. – **Géod.** *Chambre balistique,* appareillage destiné à la photographie d'engins mobiles dans le ciel, en vue du calcul de leur trajectoire et des coordonnées de la station de prises de vues. – **Hist.** *Chambre des comptes,* cour souveraine, organisée en 1320, qui était chargée de l'examen des comptes des agents financiers du roi et de la conservation du domaine royal. (→ *encycl.*) ‖ *Chambre de justice,* juridiction extraordinaire créée par le roi sous l'Ancien Régime, pour rechercher les abus et les malversations commis par les officiers de finance. ‖ *Chambres mi-parties* ou *chambres de l'édit,* tribunaux royaux institués par l'édit de pacification de Beaulieu (1576) auprès du parlement de Paris et des sept parlements de province, pour juger tous les procès civils et criminels dans lesquels les protestants étaient parties civiles ou garants, en demandant ou en défendant. (Composées par moitié de magistrats catholiques et protestants, ces chambres furent supprimées en 1585. Rétablies sous Henri IV à Paris, Castres, Grenoble et Bordeaux, par l'édit de Nantes [1598], puis à Rouen en 1599, elles furent abolies en 1679 par Louis XIV.) ‖ *Chambre du roi,* pièce du palais où couche le souverain ; service de cette partie des appartements du roi et ensemble des officiers attachés à ce service, qui faisait partie de la Maison du roi et était placé sous l'autorité du chambrier, puis (1545) du grand chambellan. – **Mar.** Dans la marine de guerre, syn. de CABINE. ‖ *Chambre des machines,* compartiment du navire qui contient les machines motrices. ‖ *Chambre de veille, des cartes* ou *de navigation,* local situé près de la passerelle de navigation, où sont rassemblés les cartes marines et les instruments de navigation. – **Mécan.** *Chambre de combustion,* enceinte à l'intérieur de laquelle se produit la combustion d'un mélange carburé ou celle d'un combustible solide ou liquide réduit à l'état de poussière ou de gouttelettes. (→ *encycl.*) ‖ *Chambre de précombustion,* syn. de PRÉCHAMBRE. – **Métall.** *Chambre de chauffe,* enceinte d'un four dans laquelle on dispose la charge. ‖ *Chambre de récupération,* chambre garnie d'un empilage de briques réfractaires dans laquelle on fait passer alternativement les fumées d'un four et les gaz froids qu'on veut réchauffer. – **Métrol.** *Chambre barométrique,* espace vide qui, dans le baromètre à mercure, se trouve au-dessus de la colonne de liquide. – **Min.** Vide créé par l'exploitation et qui est, après son achèvement, soit abandonné tel quel, soit remblayé, soit le plus souvent foudroyé. ‖ *Chambres charpentées, foudroyées, remblayées, soutirées, chambres et piliers,* appellations de différentes méthodes d'exploitation souterraine. – **Mus.** *Musique de chambre,* répertoire profane destiné à une petite formation de musiciens. (→ *encycl.*) – **Odont.** *Chambre pulpaire,* cavité de la dent contenant la partie coronaire de la pulpe. – **Opt.** *Chambre claire,* appareil composé d'un miroir percé d'un petit trou, ou d'un prisme, qui permet d'apercevoir en même temps une image optique et un écran sur lequel on dessine l'image. ‖ *Chambre noire* ou *obscure,* boîte close, sauf une légère ouverture, munie en général d'une lentille, par laquelle pénètrent les rayons diffusés par les objets extérieurs, dont l'image va se former sur un écran placé à une distance convenable. – **Phot.** Enceinte obscure de l'appareil photographique, recevant la surface sensible. ‖ Appareil photographique de grand format *(chambre de studio, chambre d'atelier).* ‖ *Chambre noire,* enceinte obscure de l'appareil photographique ou local obscur d'un laboratoire photographique. – **Phys.** Détecteur permettant de déterminer la trajectoire d'une particule chargée par amplification de l'ionisation qu'elle produit sur son passage, dans un liquide ou dans un gaz. (→ *encycl.*) – **Polit.** *Chambre basse,* assemblée élue d'un parlement. ‖ *Chambre haute,* assemblée d'un parlement nommée ou élue indirectement. ‖ *Chambre des représentants,* dénomination d'un grand nombre d'assemblées parlementaires, notamment en Belgique et aux États-Unis. ‖ *Chambre représentative,* assemblée qui a pour mission de représenter la population, et dont le pouvoir peut être *consultatif* ou *délibératif.* – **Techn.** Dans un vérin, chacun des deux espaces compris entre le piston et les extrémités du cylindre. ‖ *Chambre à air,* tube de caoutchouc gonflable que l'on dispose sur la jante d'une roue à l'intérieur d'un pneumatique. – **Therm.** *Chambre de combustion,* partie d'un foyer dans laquelle se poursuit la combustion des gaz et des particules dégagées par la couche en ignition. ‖ *Chambre à vapeur,* espace occupé par la vapeur au-dessus du plan d'eau, dans un réservoir de générateur, ou dans un accumulateur de vapeur. – **Véner.** Lieu où le cerf se met sur le ventre pour digérer et dormir. (Syn. DEMEURE.)

ENCYCL. **Hist.** *Chambre des comptes.* Issue de la *Curia regis* au XIIIe s., la Chambre des comptes commença à s'individualiser dès le règne de Louis IX et fut érigée en corps constitué par l'ordonnance de Viviers-en-Brie promulguée par Philippe V le Long en 1320. Elle avait pour attributions essentielles le contrôle des comptes de tous les agents financiers du roi, l'administration du domaine royal, la vérification de toutes les lettres patentes concernant le domaine, la réception des actes de foi et hommage ainsi que des aveux et dénombrements des vassaux de la Couronne, la juridiction civile et criminelle sur ses membres et dans les affaires ayant des implications financières et monétaires jusqu'à la création, au XIVe s., de la Cour* des monnaies, enfin le contrôle des finances extraordinaires jusqu'à la constitution définitive de la Cour des aides au début du XVe s. Elle partageait avec le Parlement le droit d'enregistrement et de remontrances ; les édits et ordonnances concernant les finances lui étaient soumis. Sous l'Ancien Régime, le nombre de ses membres ne cessa de s'accroître (284 officiers en 1704) et son ressort fut amputé par la création de chambres de comptes provinciales à Aix, Bar, Dijon, Besançon, Grenoble, Metz, Montpellier, Nantes, Pau, Rouen, Nancy. Supprimées en 1790, les chambres des comptes furent remplacées par un bureau de comptabilité puis par une Commission de comptabilité nationale (an III), à laquelle succéda en 1807 la Cour* des comptes.
– **Mécan.** Dans les turbines à gaz, la *chambre de combustion* peut être annulaire ou multiple et répartie radialement autour du propulseur. Dans un moteur-fusée, elle précède immédiatement la tuyère et constitue le lieu de mélange des combustibles. Dans un moteur à explosion, elle est comprise entre la culasse et la partie du cylindre située au-dessus du piston.
– **Mus.** La *musique de chambre,* qui tire son nom du lieu où on l'exécutait *(chambre, camera),* prit corps dans la deuxième moitié du XVIIe s. Elle englobe toutes les formes qui se réfèrent au schéma de la sonate (duo, trio, quatuor, quintette, sextuor, septuor, octuor).
– **Phys.** L'utilisation des chambres de détection, technique fondamentale de la physique des particules, a permis la découverte de la plupart des nouvelles particules et contribué à leur étude. Les *chambres à bulles* permettent de photographier la trajectoire des particules dont le passage dans un liquide (hydrogène liquide, deutérium ou néon) crée des ions. Un mécanisme synchronisé, amenant le liquide au-dessous de sa pression d'ébullition, rend les ions visibles sous forme de bulles d'environ 0,1 mm de diamètre. La chambre étant placée dans un champ magnétique, la courbure des trajectoires permet de mesurer la quantité de mouvement des particules. Dans les *chambres à dards* et les *chambres à étincelles,* on visualise l'ionisation d'un gaz (mélange de néon et d'hélium) par l'étincelle obtenue en appliquant un champ électrique entre des plaques métalliques planes et parallèles. Les *chambres proportionnelles multiples* peuvent détecter jusqu'à 10^7 particules par seconde. Elles amplifient le phénomène d'avalanche créé par les électrons libérés par le passage d'une particule. Attirés par une série de fils fins très rapprochés, portés à un potentiel positif élevé, les électrons provoquent dans chaque fil une impulsion électrique mesurable. Les *chambres à dérive* et les *chambres à image* localisent la trace des particules en mesurant le temps nécessaire à la migration des ions vers un fil d'anode.

Chambre (la) ou **musique de la Chambre,** corps de musiciens rattachés au département de la Chambre d'un roi ou d'un prince.

Chambre ardente, nom donné à plusieurs tribunaux d'exception créés sous l'Ancien Régime pour juger des criminels d'État. Deux sont restées célèbres : la première, sous Henri II, fut instituée au parlement de Paris en 1547 pour juger les affaires d'hérésie ; la seconde, sous Louis XIV, fut créée en 1679 pour juger le procès des poisons* et siégea à l'Arsenal jusqu'en 1682. Il semble que la Chambre ardente fut ainsi appelée parce que, originairement, elle siégeait dans une chambre tendue de noir et éclairée par des flambeaux.

Chambre des communes → COMMUNES (*Chambre des*).

Chambre des députés, une des assemblées du Parlement français (de 1814 à 1940).

les Chambres de la Restauration (1814-1830)

• *La première Chambre (1814-1815).* Instituée par la Charte constitutionnelle promulguée le 4 juin 1814, dotée d'un pouvoir législatif restreint et du vote de l'impôt, elle ne dispose pas du contrôle parlementaire, les ministres étant responsables devant le roi. Il s'agit du Corps législatif de l'Empire, simplement reconduit. Ses débats sont ternes, sauf lors des votes sur la presse (juill. 1814) ou sur les biens nationaux (sept.). Elle se dissout au retour de l'empereur (20 mars 1815).

• *La Chambre « introuvable » (1815-1816).* Issue des élections au suffrage censitaire (14 et 22 août 1815), comprenant 402 députés siégeant au Palais-Bourbon, elle est composée en majorité d'ultra-royalistes qui poussent aux mesures de réaction extrêmes (Terreur blanche). Menacé dans ses propres prérogatives par les ultras, Louis XVIII dissout la Chambre (5 sept. 1816).

• *La Chambre « constitutionnelle » (1816-1823).* Les députés (262) sont renouvelés annuellement par cinquième. Les élections d'oct. 1816 ont donné une majorité monarchiste modérée représentée par les constitutionnels (Richelieu, Decazes) ou les doctrinaires (Royer-Collard), nobles libéraux et bourgeois intellectuels. Des lois libérales sont votées : réforme électorale (1817), loi militaire (1818), loi sur la presse (1819). Mais l'assassinat du duc de Berry (févr. 1820) entraîne une réaction de droite que le roi avalise en dissolvant la Chambre (24 déc. 1823).

• *La Chambre « retrouvée » (1824-1827).* Élue suivant la nouvelle loi électorale, dite du double vote (12 juill. 1820), qui renforce les ultras et augmente le nombre des députés de 172, cette assemblée voit sa durée prorogée jusqu'à sept ans (juin 1824). Elle vote une cascade de lois de réaction : sur le sacrilège, le milliard des émigrés (1825), le droit d'aînesse (1826), la presse (1827), qui mécontentent l'opinion.

• *La Chambre des 221 (1827-1830).* Les élections de nov. 1827 constituent une défaite pour la droite (75 élus sur 370), mais le ministère du libéral Martignac se heurte à Charles X qui le renvoie (août 1829), usant de sa prérogative contre l'Assemblée. En réponse à l'Adresse des 221 qui exige la responsabilité ministérielle devant la Chambre, le roi dissout celle-ci (16 mai 1830). Les nouvelles élections (23 juin-3 juill.) ayant fait triompher l'opposition libérale, Charles X dissout à nouveau la Chambre par la deuxième des quatre ordonnances qui déclenchent la Révolution.

les Chambres de la monarchie de Juillet (1830-1848)

• *Les Chambres du « Mouvement » (1830-1831 ; 1831-1834).* L'Assemblée, élue en 1830 et maintenue en fonction, entérine l'accession au trône de Louis-Philippe et la révision de la Charte qui maintient le scrutin censitaire. Divisée entre les partisans du Mouvement (Laffitte, Barrot) et ceux de la Résistance (Perier, Guizot), elle se heurte au roi qui entend gouverner. La loi électorale réduit le cens et porte le nombre des députés, élus pour cinq ans, à 459 (19 avr. 1831). Une première dissolution (31 mai 1831) n'apporte pas de nette majorité, tandis que le pays connaît des troubles (insurrections de 1831, 1832, 1834). Une deuxième dissolution entraîne un succès conservateur aux élections du 21 juin 1834.

• *Les Chambres ingouvernables (1834-1837 ; 1837-1839 ; 1839-1842).* Les élus de la « Résistance » (conservateurs), unis pour appuyer la répression anti-républicaine et anti-ouvrière (lois de sept. 1835), se déchirent en groupes d'intérêts et en clans parlementaires qui multiplient les crises ministérielles : centre droit (Guizot, Molé), centre gauche (Thiers), tiers parti (Dupin). La gauche se scinde aussi en « dynastique » (Barrot) et « radicale » (Garnier-Pagès). Le roi joue de la dissolution à répétition (oct. 1837, févr. 1839, juin 1842) pour créer des majorités dociles.

• *Les Chambres stables de Guizot (1842-1846 ; 1846-1848).* Ces assemblées se placent sous le signe du conservatisme des gouvernements Guizot. La résistance obstinée opposée par les conservateurs à toute réforme électorale prolonge la survie de ces Chambres occupées surtout à débattre des questions d'affaires (loi sur les chemins de fer, 1842). La révolution de févr. 1848 balaie la dernière Chambre de la monarchie de Juillet, dissoute le 24 févr. par le gouvernement provisoire de la République.

les Chambres de la IIIe République (1876-1940)

• *La première législature : le combat pour la République (1876-77).* Succédant à l'Assemblée nationale élue en févr. 1871, la nouvelle Chambre établie par la Constitution de 1875 est élue au suffrage universel direct, uninominal à deux tours (20 févr. et 5 mars 1876) et dotée des attributs essentiels du régime parlementaire (responsabilité du gouvernement devant les députés). La majorité républicaine issue des urnes (360 élus contre 150 conservateurs) entre en conflit avec le président de la République, le monarchiste Mac-Mahon, qui veut faire prévaloir la prérogative du chef de l'État. Au ministère Dufaure, désigné par le président et démissionnaire à la suite d'un vote de défiance des députés (2 déc. 1876), succède le ministère Jules Simon, renvoyé par Mac-Mahon qui condamne sa politique libérale et anticléricale (16 mai 1877). La Chambre, refusant sa confiance au nouveau cabinet de Broglie, est dissoute (25 juin 1877).

• *La Chambre au temps des ministères « opportunistes » : les deuxième et troisième législatures (1877-1881 ; 1881-1885).* Issue des élections des 14 et 28 oct. 1877, la deuxième législature, après avoir obtenu la démission de Mac-Mahon (janv. 1879), accomplit une œuvre libératrice considérable (lois sur la presse et les réunions publiques), tandis que s'enracine la tradition républicaine (retour des Chambres à Paris, fête nationale fixée au 14 juillet). La pratique parlementaire se fixe : le président du Conseil, désigné par le chef de l'État, est en fait l'émanation des majorités de circonstance. Le droit de dissolution n'est plus utilisé. Mais ce parlementarisme inaugure aussi l'instabilité gouvernementale qu'entraînent les divisions entre l'Union républicaine de Gambetta et la gauche républicaine de J. Ferry. La troisième législature (1881-1885), issue des élections des 21 août et 4 sept. 1881, poursuit l'œuvre législative républicaine : lois sur l'enseignement obligatoire (28 mars 1882), sur les syndicats, les municipalités et le divorce (21 mars, 5 avr., 27 juill. 1884). Le 24 mars 1885 est votée la nouvelle loi électorale (scrutin de liste départemental à deux tours).

• *La quatrième législature : la République contre le boulangisme (1885-1889).* Les élections des 4 et 18 oct. 1885 sont marquées par l'éclatement du bloc républicain, divisé entre modérés (l'Union des gauches) et extrême gauche (radicaux et socialistes), qui rend la Chambre ingouvernable. Mais la menace du boulangisme refait l'unité des républicains. Après l'élection de Boulanger (27 janv. 1889), la Chambre rétablit l'ancien scrutin uninominal et interdit les candidatures multiples pour briser la tentative plébiscitaire.

• *Cinquième législature : le ralliement (1889-1893).* Aux élections des 22 sept. et 6 oct. 1889, les républicains remportent 366 sièges contre 168 à la droite et 42 aux boulangistes. Au premier plan des préoccupations se place bientôt la question sociale et son corollaire, le progrès du mouvement ouvrier et du socialisme (fusillade de Fourmies, 1891 ; grève de Carmaux, 1892). Une fraction des conservateurs joue l'entente avec les républicains modérés et l'acceptation du régime : c'est la naissance de la « droite constitutionnelle » (mars 1890), encouragée par le fameux toast du cardinal Lavigerie, invitant les catholiques à accepter la République (nov. 1890). La caution de Rome (encyclique *Rerum novarum,* 1892) accélère le ralliement des catholiques et le reclassement des forces politiques. Un nouveau groupe, les « progressistes » — conservateurs républicains —, constitue le bloc du centre qui domine la Chambre. Un petit noyau socialiste se rassemble derrière Jaurès.

• *Sixième législature : le temps des « progressistes » (1893-1898).* La Chambre élue le 20 août et le 3 sept. 1893 se caractérise par l'effondrement de la vieille droite monarchiste et cléricale (56 sièges) et le succès des républicains de gouvernement (311 sièges), fruit de la politique de ralliement. Mais le scandale de Panamá et le paupérisme persistant ont favorisé les socialistes (une cinquantaine d'élus) et entraîné un forte abstention (29 %). La nouvelle majorité centriste qui investit la plupart des gouvernements (Casimir-Perier, Dupuy, Méline) pratique une politique conservatrice et réprime durement le terrorisme anarchiste et l'agitation syndicale.

• *Septième législature. La défense républicaine (1898-1902).* Les élections des 8 et 22 mai 1898 entraînent un recul des républicains progressistes, une forte poussée de la gauche radicale et socialiste et surtout l'apparition de députés nationalistes et antisémites à la faveur de l'affaire Dreyfus. L'agitation des ligues provoque un réflexe de défense du régime au sein des républicains, du centre progressiste aux socialistes. C'est le temps du Bloc des gauches et du ministère Waldeck-Rousseau. Cette majorité de combat gracie Dreyfus, épure l'état-major et légifère contre les congrégations.

• *Huitième législature : le temps des radicaux (1902-1906).* Les radicaux, constitués en « parti républicain radical et radical-socialiste » en 1901, remportent un net succès aux élections des 27 avr. et 11 mai 1902. Le ministère Combes entame une politique anticléricale (fermeture des établissements congréganistes, expulsion des religieux, laïcisation des écoles), et Rouvier fait voter la séparation des Églises et de l'État (9 déc. 1905).

• *Neuvième législature : le temps de Clemenceau (1906-1910).* Le Bloc des gauches, animé essentiellement par les radicaux, constitue la majorité issue des élections des 6 et 20 mai 1906, dominée par la personnalité de Clemenceau. Ce dernier, qui gouverne d'oct. 1906 à juill. 1909, fait face à une violente agitation sociale. Aux soulèvements du Midi viticole s'ajoutent les grèves organisées par la C. G. T. (1907), brisées impitoyablement. La représentation proportionnelle est rejetée malgré un vote de principe de la Chambre (fin oct. 1909).

• *Dixième législature : le retour du centre (1910-1914).* Les élections des 24 avr. et 8 mai 1910 amorcent un glissement au centre et à droite. Politique sociale, mode de scrutin et impôt sur le revenu divisent la gauche, tandis que la menace allemande (affaire d'Agadir, juill. 1911) détourne l'opinion des problèmes de la laïcité lors des investitures de Caillaux, de Poincaré et de Barthou. Le 7 août 1913 est votée la loi des trois ans de service militaire.

• *Onzième législature : la Chambre de la guerre (1914-1919).* La gauche unie des radicaux et des socialistes réconciliés remporte, sur les thèmes de l'impôt sur le revenu et de l'opposition à la loi des trois ans, une large majorité (26 avr. et 10 mai 1914). L'institution des groupes parlementaires à la Chambre consacre le développement du phénomène des partis au détriment des blocs de clientèles. C'est au ministère Viviani qu'échoit, après le vote de l'impôt sur le revenu, la responsabilité de conduire la guerre qui éclate le 3 août 1914. Sous la pression de Poincaré, Viviani constitue un gouvernement d'Union sacrée, incluant la S. F. I. O. Les crédits de guerre sont votés à l'unanimité des 561 votants. Une loi ajourne les élections jusqu'à la paix. Rentré le 22 déc., le Parlement siège en permanence à partir de janv. 1915. À partir de 1917, une opposition se constitue à gauche, suscitée par l'hécatombe du front, les erreurs sanglantes des généraux et les privations. Le renvoi de Painlevé (nov. 1917) annonce le retour de la Chambre à son rôle de contrôle, affaibli par la pratique des comités secrets.

• *Douzième législature : la Chambre bleu horizon (1919-1924).* La loi du 22 juill. 1919, modifiant le système électoral, substitue le scrutin de liste départemental au scrutin d'arrondissement. C'est la représentation proportionnelle, dont le mécanisme est atténué par une prime à la majorité. La poussée nationaliste et la peur du bolchevisme entraînent le succès des droites (le Bloc national) qui emportent les deux tiers des sièges (16 et 30 nov. 1919). La nouvelle majorité perd l'appui des radicaux lorsque le gouvernement s'engage dans une gestion financière conservatrice. Le clivage droite-gauche renaît en 1924 quand le gouvernement relance la querelle des pouvoirs du chef de l'État (discours de Millerand à Évreux, oct. 1923) et s'avère impuissant à redresser le franc.

• *Treizième législature : la Chambre du Cartel des gauches (1924-1928).* Élue le 11 mai, la nouvelle Assemblée est nettement orientée à gauche (327 sièges contre 226 au centre et à la droite). On y compte pour la première fois un groupe d'élus communistes du bloc ouvrier et paysan. La majorité radicale, dont émanent les gouvernements Herriot, Painlevé ou Caillaux, oscille entre les politiques de gauche (sur l'enseignement ou les libertés syndicales) qui lui valent l'appui socialiste, et la rigueur financière qui lui gagne la droite. Après la chute du second cabinet Herriot (juill. 1926), une formule inédite voit le jour avec l'Union nationale, coalition des radicaux et de la droite. Le gouvernement Poincaré qui en est issu réussit à redresser le franc, mais est lâché par les radicaux en 1928. Entre-temps, le 12 juill. 1927, la Chambre est revenue au scrutin d'arrondissement.

• *Quatorzième législature : la Chambre de centre droit (1928-1932).* Malgré la forte poussée des communistes (11 % des voix) et de la gauche en général (52 % des voix), les modérés conservent la majorité des sièges et suscitent des gouvernements d'affaires (Tardieu, Laval) qui doivent faire face aux premiers chocs de la grande crise économique mondiale. L'électorat et l'éligibilité des femmes, adoptés par la Chambre, sont rejetés par le Sénat dont le rôle de blocage des initiatives réformistes des députés devient systématique.

• *Quinzième législature : le second Cartel des gauches (1932-1936).* Les élections des 1er et 8 mai 1932 voient le succès de la gauche radicale et socialiste, l'effondrement du P. C. F. et le recul de la droite. Constituée suivant la formule cartelliste de 1924 (gouvernement radical avec soutien socialiste sans participation), la nouvelle majorité se retrouve devant la même impasse financière, aggravée par le problème des dettes interalliées et du moratoire sur les réparations. S'y ajoute la montée du chômage, de l'idéologie fascisante et des ligues d'extrême droite. Affaibli par la scission au sein de la S. F. I. O., déchiré par les querelles de la famille radicale, discrédité par les scandales financiers qui frappent le haut personnel politique, le Cartel se disloque. La manifestation du 6 févr. 1934 provoque la démission de Daladier et le retour à l'Union nationale sous la direction de G. Doumergue. Ce dernier échoue dans sa tentative de révision constitutionnelle. La politique de déflation suivie par ses successeurs (Flandin, Laval) et les décrets-lois qui dessaisissent en partie la Chambre de son rôle désagrègent la majorité. Les radicaux, dès mai 1935, ont rejoint le Rassemblement populaire constitué autour du pacte d'unité d'action P. C. F.-S. F. I. O. (27 juill. 1934).

• *Seizième législature : la Chambre du Front populaire (1936-1940).* La gauche unie emporte la majorité absolue (386 sièges) aux élections des 26 avr. et 3 mai 1936. La S. F. I. O. devient le premier groupe parlementaire (149 élus) devant les radicaux. Le P. C. F., qui a doublé ses voix, compte désormais 72 députés. Premier gouvernement à direction socialiste, le cabinet Léon Blum, constitué le 4 juin, va mettre sur pied une importante législation sociale (congés payés, contrats collectifs de travail, semaine de 40 heures) et économiques (étatisation des usines de guerre, office du blé). Mais la situation financière empire (dévaluation du franc, sept. 1936). La majorité de gauche est écartelée entre les communistes qui exigent l'application intégrale du programme du Front populaire et les radicaux que tente une nouvelle combinaison des centres. Le Sénat, dont le rôle s'accroît, bloque toutes les mesures de la Chambre : rejet des pleins pouvoirs demandés par L. Blum (juin 1937), du projet d'impôt sur le capital (avr. 1938). Au printemps 1938, l'investiture du radical Daladier consacre l'échec du Front populaire. Le 29 juill. 1939, devant l'aggravation de la situation extérieure, le

Conseil des ministres décide qu'il n'y aura pas d'élections en 1940 et les pouvoirs de la Chambre sont prorogés pour deux ans. La déclaration de guerre (3 sept. 1939) reconstitue l'Union sacrée dont est exclu le P. C. F., dissous après le pacte germano-soviétique (23 août). Mais la débâcle de l'armée entraîne celle de la Chambre. Paul Reynaud, choisi en remplacement de Daladier pour conduire plus énergiquement la guerre (mars 1940), échoue devant l'invasion du pays. Le 16 juin, le maréchal Pétain devient président du Conseil. Après l'armistice (22 juin), la Chambre des députés et le Sénat, siégeant au Casino de Vichy, votent le projet de révision constitutionnelle (9 juill. 1940). Le lendemain, réunies en Assemblée nationale, les Chambres votent le texte confiant au maréchal Pétain tous pouvoirs pour promulguer une Constitution. Le 11 juill., trois actes abrogeant la Constitution de 1875 ajournent sine die le Parlement.

Chambre étoilée *(Star Chamber),* en Angleterre, haute cour de justice, composée de membres du Conseil privé, organisée par Henri VII en 1487. Elle fut abolie en 1641.

Chambre impériale ou **Tribunal d'Empire** *(Reichskammergericht),* cour de justice du Saint Empire romain germanique, instituée en 1495 par l'empereur Maximilien Ier et qui fonctionna jusqu'à la disparition du Saint Empire (1806).

Chambre des lords → LORDS *(Chambre des).*

Chambre des représentants, assemblée française créée par l'Acte additionnel aux Constitutions de l'Empire publié le 23 avr. 1815 pendant les Cent-Jours. Composée de 629 députés élus le 4 mai 1815 par 100 000 électeurs aisés, elle se réunit le 3 juin. Dominée par les libéraux et conduite par La Fayette, elle exigea un régime libéral. Après Waterloo, elle contraignit Napoléon à abdiquer (22 juin), mais elle fut dispersée par les gardes nationaux royaux au retour de Louis XVIII (8 juill.)

Chambres de Raphaël (les), salles construites au Vatican au temps de Nicolas V et habitées par Jules II. Raphaël fut chargé en 1508 de les décorer. Il exécuta seul les fresques des deux premières, la CHAMBRE DE LA SIGNATURE (1509-1511) [notamm. *la Dispute du saint sacrement, l'École* d'Athènes, le Parnasse*] et la CHAMBRE D'HÉLIODORE (1512-1514) [notamm. *Héliodore chassé du temple, la Délivrance de saint Pierre, Saint Léon arrêtant Attila*]. Avec ses élèves, il peignit la CHAMBRE DE L'INCENDIE DU BOURG (1514-1517). La CHAMBRE DE CONSTANTIN fut décorée après 1520 par Jules Romain et ses aides.

CHAMBRE (La) [73130], ch.-l. de cant. de la Savoie, sur l'Arc ; 997 hab. Chimie.

CHAMBRÉE n. f. **1.** Ensemble des personnes, principalement des soldats, logeant dans une même chambre ; la chambre elle-même. – **2.** Ensemble des vers à soie d'un élevage.

CHAMBRE-MAGASIN n. f. (pl. *chambres-magasins*). Vide créé par l'exploitation d'une mine et dans lequel on accumule sur place les morceaux de minerai abattus.

CHAMBRER v. t. (conj. 3). **1.** *Vx.* Garder qqn enfermé dans une chambre. – **2.** Sortir de la cave une bouteille de vin rouge pour que celui-ci atteigne naturellement la température idéale de dégustation. – **3.** *Fam.* Tenir qqn à l'écart pour essayer de le convaincre et l'empêcher de subir d'autres influences ; se moquer de lui.

CHAMBRETTE n. f. **1.** Petite chambre. – **2.** Reposée du chevreuil.

CHAMBRIER n. m. (de *chambre*). Grand officier de la Couronne chargé de la direction des services de la Chambre du roi.

CHAMBRIÈRE n. f. **1.** *Litt.* Femme de chambre, servante. – **2.** Long fouet, utilisé depuis le centre de la piste par les dresseurs de chevaux non montés, et, dans un manège, par le professeur d'équitation. – **3.** Pièce de bois placée sous un véhicule hippomobile à deux roues, et qui sert à le maintenir horizontal lorsqu'il est dételé. (Syn. SERVANTE.)

CHAME [kam] n. f. (lat. *chama,* du gr. *khêmê*). Mollusque bivalve à coquille épineuse et épaisse, vivant dans les mers chaudes, fixé par une valve, souvent sur les récifs coralliens.

CHAMEAU n. m. (lat. *camelus,* du gr. *kamêlos*). **1.** Mammifère ruminant sans cornes, au dos porteur d'une ou deux bosses, apte à vivre dans les régions désertiques chaudes ou froides, domestiqué. – **2.** Pièce de gros calibre, usitée surtout dans l'artillerie de côte au XVe et au XVIe s. – **3.** Nom usuel d'un papillon dont la chenille vit sur le bouleau. – **4.** *Poil de chameau,* tissu chaud et soyeux fabriqué avec la toison du chameau.

◆ n. m. et adj. m. *Fam.* Personne autoritaire, méchante, acariâtre, désagréable.

ENCYCL. On distingue deux espèces de chameaux : le *dromadaire,* africain, à une seule bosse, et le *chameau de Bactriane,* asiatique, à deux bosses. Ces animaux prennent appui sur le sable par des doigts très élargis. Leurs bosses graisseuses leur permettent un jeûne de plusieurs jours. Le dromadaire peut rester longtemps sans boire grâce à une température interne variant de 30 °C la nuit à 41 °C le jour, ce qui rend la transpiration inutile, à un volume urinaire très faible et au transit vers le sang de toutes les réserves d'eau du corps. Le chameau de Bactriane résiste remarquablement aux froids des déserts d'altitude de Chine et d'Asie centrale. Le dromadaire est utilisé comme animal de bât et de selle (méhari), le chameau asiatique comme animal de bât. Les deux espèces fournissent leur laine, leur cuir, leur lait, leur viande, leur graisse et jusqu'à leur excrément (comme combustible). Le dromadaire serait originaire de l'Iran et le chameau de Chine.

Chameau *(bataille du)* [656], bataille (engagée autour du chameau qui portait 'Ā'icha) qui se déroula près de Bassora et fut gagnée par 'Alī, fils de Abū Ṭālib. Faite prisonnière, 'Ā'icha fut conduite à 'Alī qui la traita avec beaucoup d'égards.

CHAMECHAUDE, point culminant de la Chartreuse (Isère) ; 2 082 m.

CHAMELIER, ÈRE n. Personne qui soigne ou conduit les chameaux.
◆ adj. Relatif au chameau, à son élevage.

CHAMELLE n. f. Femelle du chameau.

CHAMELON n. m. Petit de la chamelle.

CHAMÉPHYTE [ka-] n. f. Plante vivace rampante et plus ou moins ligneuse vivant dans les régions froides et en montagne.

CHAMFORT (Sébastien Roch NICOLAS, dit Nicolas DE), écrivain français (près de Clermont-Ferrand 1740-Paris 1794). Admiré et redouté pour son esprit, il improvisa dans les salons les éléments de son recueil posthume *Maximes, pensées, caractères et anecdotes* (1795), dénonciation des valeurs morales de l'Ancien Régime. D'abord favorable à la Révolution, il se suicida sous la Terreur. (Acad. fr., 1781.)

CHAMIER (Daniel), théologien calviniste français (Dauphiné 1565-Montauban 1621). Son œuvre principale est le *Panstratiae catholicae corpus...* (Genève, 1626), réfutation du catholicisme.

CHĀMIL, troisième imām du Daguestan (1834-1859) et héros de l'indépendance du Caucase (aoul de Guimry, Daguestan, 1797-Médine 1871). Membre de la confrérie des Naqchbandites, il organisa et dirigea l'imāmat du Daguestan et du pays tchétchène (1834-1859), État théocratique qui s'opposa longtemps victorieusement à l'avance russe dans le Caucase. Il dut cependant se rendre en 1859. Déporté à Kalouga, il fut autorisé à partir pour l'Arabie en 1870.

CHAMILLART (Michel DE), homme d'État français (Paris 1652 - *id.* 1721). Contrôleur général des Finances (1699) et secrétaire d'État à la Guerre (1701), il pratiqua une politique d'expédients qui le rendit impopulaire. Il dut démissionner du Contrôle général en 1708 et de la Guerre en 1709.

CHAMILLY (Noël BOUTOU, *comte* DE), maréchal de France (Chamilly, Bourgogne, 1636 - Paris 1715). Capitaine, il combattit au Portugal les armés espagnoles (1663-1668) et fut fait maréchal de France par Louis XIV en 1703. Lors de leur publication en 1669, les *Lettres portugaises,* que l'on sait aujourd'hui avoir été écrites par Guilleragues, ont été présentées comme des lettres authentiques d'une franciscaine de Beja, Mariana Alcoforado, adressées à Chamilly.

CHAMISSO DE BONCOURT (Louis Charles Adélaïde DE CHAMISSO DE BONCOURT, dit **Adelbert von**), écrivain et savant allemand (château de Boncourt, Champagne, 1781-Berlin 1838). Français émigré à Berlin, il fonda avec Varnhagen et La Motte-Fouqué *l'Almanach des muses.* Auteur de poésies romantiques, il raconte, dans *la Merveilleuse Histoire de Peter* Schlemihl,* les mésaventures d'un homme qui a vendu son ombre au diable. Après un voyage autour du monde comme naturaliste, il devint directeur du Jardin botanique de Berlin.

CHAMITES, nom donné dans une ancienne classification à des populations africaines, supposées issues de Cham.

CHAMITO-SÉMITIQUE [ka-] adj. et n. m. (pl. *chamito-sémitiques*). Se dit d'une famille de langues dont le domaine s'étend sur le nord de l'Afrique et le sud-ouest de l'Asie. (Syn. AFRO-ASIATIQUE.)

ENCYCL. Le chamito-sémitique, qui concerne environ 200 millions de locuteurs, est la famille de langues qui a laissé les traces écrites les plus anciennes (inscriptions égyptiennes du IVe millénaire av. J.-C.). Il comprend cinq groupes : 1° le *sémitique,* qui regroupe l'akkadien, le cananéen (moabite, ougaritique, phénicien, araméen, hébreu), l'arabe et les langues éthiopiennes ; 2° l'*égyptien,* qui a survécu dans le copte ; 3° le *berbère* ; 4° le *couchitique* de Somalie et d'Éthiopie ; 5° les *langues tchadiennes,* représentées surtout par le haoussa. Un certain nombre de traits structuraux sont communs à ces langues : pauvreté des systèmes vocaliques et grande richesse des systèmes consonantiques (existence de vélaires, de laryngales, de pharyngales et d'emphatiques). Les racines des mots sont constituées par des consonnes trilitères. Dans la conjugaison, la notation de l'aspect l'emporte sur celle du temps.

CHAMIYÉ (la), en ar. **Bādiya al-Chām,** région de plateaux du proche-Orient séparant le Croissant fertile du vrai désert, aux confins de la Syrie, de l'Iraq, de la Jordanie et de l'Arabie Saoudite.

CHAMLAY (Jules Louis BOLÉ, *marquis* DE), général et diplomate français (Paris 1650-Bourbon 1719). Conseiller de Louvois, il joua le rôle de chef d'état-major général de l'armée. En 1691, il créa le Dépôt des cartes et plans.

CHAMOIS n. m. (préroman **kamôke*, du bas lat. *camox*). **1.** Mammifère ruminant des montagnes d'Europe, appelé *isard* dans les Pyrénées. (Le chamois, caractérisé par ses petites cornes en crochets, présentes dans les deux sexes, vit en petites hardes dans les alpages et les forêts d'altitude.) — **2.** Récompense (bronze, argent, or) décernée à un skieur qui a effectué un slalom en un temps coté par rapport au temps de base d'un ouvreur qualifié. — **3.** *Peau de chamois* ou *chamois,* peau provenant d'une antilope de montagne ou d'un chamois ; peau veloutée provenant d'une peau de mouton préparée par tannage à l'huile ; syn. courant de CHAMOISINE.
◆ adj. inv. et n. m. Jaune clair ocreux.

CHAMOISAGE n. m. Mode de tannage des peaux, qui consiste à les traiter par des huiles de poissons ou d'animaux marins. (Les peaux chamoisées, très souples, lavables, sont utilisées pour la ganterie, le vêtement, l'orthopédie, les usages domestiques.)

CHAMOISER v. t. (conj. 3). Préparer une peau par chamoisage.

CHAMOISERIE n. f. **1.** Lieu où s'effectue le chamoisage. — **2.** Industrie et commerce de peaux chamoisées.

CHAMOISEUR, EUSE n. Ouvrier, ouvrière qui effectue le chamoisage des peaux.

CHAMOISINE n. f. Tissu à essuyer dont la texture rappelle celle de la véritable peau de chamois. (Syn. [peau de] CHAMOIS.)

CHAMONIARD, E adj. et n. De Chamonix.

CHAMONIX *(aiguilles de),* ensemble de sommets granitiques dominant Chamonix. Les plus célèbres sont les aiguilles du Plan (3 673 m), de Blaitière (3 522 m), du Grépon (3 482 m), des Grands Charmoz (3 444 m).

CHAMONIX-MONT-BLANC (74400), ch.-l. de cant. de la Haute-Savoie, sur l'Arve, à 1 037 m d'alt., dans la *vallée de Chamonix* (étirée de Vallorcine aux Houches, entre la chaîne des Aiguilles-Rouges et le massif du Mont-Blanc) ; 10 062 hab. *(Chamoniards).* École nationale de ski et d'alpinisme. École militaire de haute montagne. Capitale de l'alpinisme, centre d'excursions (téléphériques de l'aiguille du Midi et du Brévent, chemin de fer du Montenvers, conduisant à la mer de Glace) et station de sports d'hiver (jusqu'à 3 842 m). Musée : folklore et histoire du mont Blanc. (→ *tunnel du Mont-*BLANC.)

CHAMORRO (Violetta BARRIOS DE), femme d'État nicaraguayenne (Rivas 1929). Leader de l'opposition au régime sandiniste, elle a été élue à la présidence de la République, face à D. Ortega, en 1990.

CHAMOTTE n. f. (all. *Schamotte,* argile réfractaire). **1.** Composition céramique, cuite et concassée, introduite dans une pâte pour la dégraisser et faciliter le séchage. (Syn. CIMENT). — **2.** Mélange très réfractaire de brique pilée, d'argile et de sable très siliceux utilisé sous forme de pièces interposées dans les moules employés pour la coulée de l'acier moulé.

CHAMOUN (Camille), homme d'État libanais (Dayr al-Qamar 1900 - Beyrouth 1987). Député du Mont-Liban depuis 1929, président de la République de 1952 à 1958, il fit appel aux forces américaines qui débarquèrent à Beyrouth en juill. 1958. À la tête du parti national libéral de 1958 à 1985, il fut l'un des principaux dirigeants de la droite maronite dans la lutte contre la présence armée palestinienne à partir de 1968 et dans la guerre civile libanaise à partir de 1975.

CHAMOUSSET (Claude Humbert PIARRON DE), philanthrope français (Paris 1717-*id.* 1773). Intendant général des hôpitaux militaires (1761), il améliora le régime des hôpitaux. Il créa la petite poste, chargée de distribuer les lettres dans Paris.

1. CHAMP n. m. (lat. *campus,* plaine). **1.** Étendue de terre propre à la culture : *Labourer un champ.* — **2.** Domaine dans lequel s'exerce une activité, une étude, etc. : *Le champ de la psychanalyse.* — **3.** Espace réservé à une activité : *Champ de foire, de tir, de courses.* — **4.** *À tout bout de champ,* à chaque instant, à tout propos. ‖ *À travers champs,* sans prendre la route, en traversant des terrains cultivés. ‖ *Champ de bataille,* terrain sur lequel se livre une bataille ; lieu en désordre. ‖ Litt. *Champ d'honneur,* champ de bataille. ‖ *Champ libre,* liberté entière d'agir ou de parler. ‖ *Être dans le champ, sortir du champ,* être visible, ne plus être visible pour le photographe. ‖ *Laisser du champ,* laisser une certaine latitude pour agir. ‖ *Prendre du champ,* reculer pour prendre de l'élan ou pour observer un ensemble ; prendre du recul pour juger les événements. • **Acoust.** *Champ acoustique,* région de l'espace dans laquelle existent des vibrations acoustiques. — **Aéron.** *Champ d'atterrissage* ou *champ d'aviation,* vaste terrain réservé à l'atterrissage et au départ des aéronefs. — **Algèbr.** *Champ de tenseurs,* application définie d'un espace vectoriel sur l'ensemble des tenseurs d'espèce donnée sur cet espace vectoriel. ‖ *Champ de vecteurs,* application définie d'un espace affine (ou d'une partie d'un espace affine) sur l'espace vectoriel associé à cet espace affine. — **Astronaut.** *Champ de tir,* syn. de BASE DE LANCEMENT. — **Bx-arts.** Fond sur lequel un objet, un motif se détache, en relief ou en couleur. ‖ Espace pictural du tableau. — **Chir.**

Champ opératoire, portion de l'organisme sur laquelle porte une opération chirurgicale ; nom donné aux linges stériles délimitant cette zone. — **Cin.** Portion du plateau ou de la scène délimitée par le cadrage. ‖ *Hors champ,* se dit de la voix d'une personne absente de l'écran. (Syn. OFF.) — **Dent.** Réseau de la dentelle. — **Électr.** *Champ électrique,* grandeur vectorielle qui détermine la composante de la force de Coulomb*-Lorentz qui est indépendante de la vitesse du porteur de charge *q.* (L'unité SI est le volt par mètre $V.m^{-1}$.) ‖ *Champ électromagnétique,* champ physique déterminé par l'ensemble de quatre vecteurs qui caractérisent l'état d'un milieu au point de vue électrique et magnétique. ‖ *Champ magnétique,* grandeur vectorielle dont le rotationnel est égal à la densité de courant total. (L'unité SI est l'ampère par mètre $A.m^{1}$.) ‖ *Champ tournant,* champ magnétique de module constant, dont la direction tourne d'un mouvement uniforme dans un plan. (Il peut être engendré par un enroulement à courant continu tournant à vitesse uniforme ou par un enroulement polyphasé fixe.) — **Électron.** *Effet de champ,* modification du courant dans un barreau semiconducteur sous l'action d'un champ électrique. — **Hérald.** Surface de l'écu sur laquelle sont représentées les pièces meubles et partitions. — **Hist.** *Champs d'armes,* sortes de carrousels fréquents au Moyen Âge, devenus sous les Valois prétexte à joutes et à tournois. ‖ *Champ de mars* ou *Champ de mai,* chez les Francs, assemblée annuelle au cours de laquelle les guerriers en armes étaient convoqués par le roi pour être passés en revue et donner leur assentiment aux lois. — **Ling.** Ensemble d'unités lexicales liées par une structure de relations. — **Log.** Ensemble exhaustif des variables et des propositions auxquelles s'applique un quantificateur. (Syn. ÉTENDUE.) — **Méd.** *Champ visuel,* étendue de l'espace qu'embrasse le regard, l'œil restant immobile. — **Menuis.** Partie lisse autour d'un cadre, d'une moulure. — **Mil.** *Aux champs!,* batterie ou sonnerie militaire pour rendre les honneurs aux généraux de division et aux autorités gouvernementales. ‖ *Champs de mines,* terrain ou zone maritime où sont disposées des mines. ‖ *Champ de tir,* zone de l'espace dans laquelle une arme peut tirer ; terrain militaire où sont exécutés les tirs d'exercice de l'aviation et de l'armée de terre. — **Min.** *Champ filonien,* ensemble de filons plus ou moins ramifiés, répartis sur un espace étendu. — **Monn.** Partie lisse d'une médaille ou d'une monnaie, sur laquelle font saillie les effigies et autres motifs. — **Opt.** Portion de l'espace dans laquelle sont compris tous les points visibles dans l'instrument (lunette, microscope). [Le champ est généralement limité en largeur grâce à un diaphragme placé dans le plan focal de l'objectif. Il est aussi limité en profondeur.] ‖ *Angle de champ,* angle ayant pour sommet le point principal image d'un objectif et pour côtés les droites joignant ce point aux extrémités de la diagonale de la surface sensible lorsque la mise au point est faite sur l'infini. — **Pétr.** Zone donnant lieu à une production d'hydrocarbures. (Un champ peut comprendre plusieurs gisements, constituant chacun une seule entité géologique, c'est-à-dire structurale ou stratigraphique. La notion de champ couvre aussi l'ensemble des puits en exploitation et les équipements de production en surface.) — **Philos.** *Champ idéologique,* ensemble des méthodes, concepts et objets qui définissent les limites historiques à l'intérieur desquelles s'élabore une science. — **Phys.** Grandeur physique définie en tout point et à tout instant, décrite par une fonction de l'espace et du temps. (On distingue les champs scalaires, vectoriels et tensoriels.) [→ *encycl.*] — **Psychol.** *Champ de conscience,* contenu de la conscience à un moment déterminé. ‖ *Champ perceptif,* zone dans laquelle des stimulus peuvent être perçus. ‖ *Effet de champ,* effet dynamique des relations qu'entretiennent les parties d'un tout, et qui s'exerce particulièrement dans la perception d'une figure. — **Turf.** Ensemble des chevaux de course qui figurent dans une même épreuve. ‖ *Champ de courses,* terrain destiné aux courses de chevaux. (Syn. HIPPODROME.)

◆ **champs** n. m. pl. **1.** Ensemble de terres cultivées ou de pâturages : *Emmener les bêtes aux champs.* — **2.** *Litt.* La campagne : *La vie aux champs.* — **3.** *Champs ouverts,* parcelles appartenant à plusieurs exploitations, qui sont juxtaposées et non séparées par des clôtures (paysage de campagne).

ENCYCL. **Phys.** Initialement, l'idée de champ s'appliquait à la description de l'état, ou plutôt des modifications de l'état, d'un certain milieu, le milieu de propagation du champ. Lorsque la théorie électromagnétique de Maxwell démontra l'existence d'ondes électromagnétiques, on conçut le champ électromagnétique comme se propageant dans un milieu spécifique, l'éther. Mais après la démonstration par Einstein de son caractère superfétatoire, l'éther fut abandonné. À l'idée d'un champ électromagnétique caractérisant les modifications d'un milieu sous-jacent, se substitua alors une conception du champ comme être physique de plein droit. Pour la physique préquantique, un système physique doit être considéré comme une combinaison de champs et de particules, les deux notions s'opposant l'une l'autre. La théorie quantique a aboli la dichotomie champ/corpuscule (ou onde/

particule) en substituant à ces deux objets théoriques l'idée unique de quanton. Le caractère étendu, non local, des quantons conduit la théorie quantique à emprunter de nombreux traits à la théorie classique des champs.

2. CHAMP → CHANT 2.

Champ de Mars, à Rome, zone de la ville antique qui doit son développement monumental à ses fonctions politiques et religieuses (réunion des comices et lieu du culte consacré aux dieux infernaux). Auguste remplaça le théâtre provisoire de l'époque républicaine par le théâtre de Marcellus. Du IVe au IIe s. av. J.-C., quatre temples y furent élevés ; ils constituent l'aire sacrée du Largo Argentina. Agrippa y construisit le premier Panthéon auquel succéda la rotonde actuelle due à Hadrien. Peu à peu l'espace fut envahi par les monuments funéraires et commémoratifs (Ara Pacis, colonne de Marc Aurèle, etc.). Domitien éleva le stade qui a donné son nom et sa forme à la Piazza Navona.

Champs magnétiques *(les),* d'André Breton et Ph. Soupault (1920). Ensemble de textes automatiques, premier recueil surréaliste.

CHAMPA ou **TCHAMPA,** royaume indianisé d'Indochine, bordé par la mer de Chine méridionale.
— **Hist.** Fondé en 192 apr. J.-C. dans la région de Huê, il s'étendit rapidement de la porte d'Annam (Hoanh-Sôn) jusqu'à Phan Rang. Très influencé par la culture indienne, peu peuplé mais belliqueux, il menaça le Giao-Chi (nord-est de l'Indochine, occupé par la Chine), puis lutta pendant des siècles contre le Viêt-nam. Au XIe s., le transfert de sa capitale à Vijaya (auj. An Nhon) marqua le début d'un recul, coupé de contre-attaques redoutables. En conflit avec le Cambodge depuis le Xe s., il s'empara d'Angkor en 1177, puis fut asservi par lui de 1203 à 1220. En 1285, le Champa repoussa les Mongols, tout en acceptant leur suzeraineté. Après la perte de Vijaya (1471), le pays fut peu à peu absorbé par le Viêt-nam. Il disparut comme État vers 1822. Il ne subsiste de sa population que quelques groupes chams.
— **Art** et **Archéol.** Les vestiges les plus anciens de la cité religieuse de Mi Son datent des environs de 650-700. On y a recueilli une belle sculpture ayant quelques affinités avec celles du Cambodge contemporain. Vers le début du IXe s., les sanctuaires de Hoa Lai représentent le véritable point de départ de l'architecture traditionnelle du Champa. Fondé vers 875, le temple mahāyānique de Dông Duong révèle un style puissant et très original, en dépit d'apports indonésiens et chinois. Souvent précédée d'un avant-corps, la tour-sanctuaire carrée *(kalan),* construction caractéristique des Chams, est couverte d'une toiture étagée en terrasses. Vers le début du Xe s., se développe un art plus calme, plus classique (ensemble de Khuong My) qui s'épanouit dans les grands centres śivaïtes du royaume (Nha Trang [Po Nagar] et surtout Mi Son et Tra Kiêu). À une architecture sobre, belle de proportions, se joint une sculpture pleine de distinction et de douceur (influence indonésienne), mais avec tendance à l'abâtardissement vers la fin du siècle (mêmes sites, Chanh Lô, etc.).
Sous la pression du Viêt-nam, Indrapura est abandonnée au profit d'une capitale plus méridionale : Vijaya, où l'activité artistique se poursuit jusqu'au XIIIe s. Après 1220, le déclin artistique du Champa s'accélère sous l'effet des conflits internes et de la pression croissante du Viêt-nam, à laquelle s'ajoute la menace mongole.

CHAMPAGE n. m. Autref., droit de pâturage ou de pacage.

1. CHAMPAGNE n. m. (de *Champagne,* n. pr.). **1.** Vin blanc mousseux que l'on prépare en Champagne. — **2.** *Champagne nature* ou *tranquille,* vin blanc sec de Champagne, non champagnisé. ‖ *Champagne rosé,* champagne contenant une très légère quantité de vin rouge.
ENCYCL. Ce sont principalement les arrondissement de Reims, d'Épernay et de Châlons-en-Champagne, qui fournissent le champagne le plus réputé. Les raisins qu'on y cultive sont tous des variétés de pinot. Après sa cueillette, le raisin est « épluché », trié, puis pressuré de façon à sélectionner les meilleurs jus. Ceux-ci, après clarification, sont mis à fermenter. Ils donnent des vins secs qui sont assemblés pour donner le vin de base qu'on additionne d'une solution de sucre de canne et d'un levain de levures sélectionnées. Après la mise en bouteilles, le vin est descendu en caves profondes. Les bouteilles sont ensuite mises sur pointe, et remuées périodiquement, afin de conduire vers le bouchon le dépôt qui s'est formé. Après élimination du dépôt et adjonction d'une liqueur sucrée, la bouteille est fermée définitivement par un bouchon maintenu à l'aide d'un muselet de fil de fer.

2. CHAMPAGNE n. f. (bas lat. *campania,* plaine, campagne). **1.** Syn. de CAMPAGNE. — **2.** En héraldique, pièce honorable qui occupe le tiers inférieur de l'écu. ‖ Cuve cylindrique employée pour la teinture en indigo, spécialement des pièces imprimées avec retenue et pour les batiks. — **3.** *Fine champagne,* cognac de qualité supérieure.

CHAMPAGNE, province historique et ensemble géographique de la partie orientale du Bassin parisien.

— **Géogr.** L'extension actuelle de la Champagne concorde assez bien avec celle de la Région Champagne-Ardenne*, qui lui accole simplement les pays ardennais. On tend de plus en plus à confondre les deux espaces. La Champagne historique s'étendait plus loin au sud en direction de Sens, et à l'ouest vers Provins.
— **Hist.** À l'époque celtique, la Champagne est partagée entre les Celtes et les Belges. L'organisation romaine confirme la division de l'espace champenois, partagé en deux provinces : Belgique au Nord, Lyonnaise au Sud, devenues respectivement Belgique Seconde et Senonaise lors de la division administrative du Bas-Empire. Reims, Langres et Sens sont alors les villes les plus prospères, mais la Champagne décline au moment des invasions (bataille des champs Catalauniques, 451). Les partages mérovingiens, puis l'organisation carolingienne laissent subsister la dualité antérieure. Le baptême de Clovis (entre 496 et 499) fonde la puissance de l'Église de Reims. C'est autour de l'archevêque Hincmar, au IXe s., que naît la légende du sacre royal, et c'est son successeur Adalbéron qui sacre Hugues Capet (987). Parallèlement à la puissance de l'évêché de Reims (de titre comtal depuis 940), se développe une puissance laïque autour du comté de Troyes. Donné par le roi de France Robert Ier à son gendre Herbert de Vermandois († 942), le comté de Troyes, joint au comté de Meaux, forme le premier comté de Champagne. En 1023, le dernier membre de cette famille, Étienne Ier, lègue ses possessions à Eudes II (1023 ?-1037), comte de Blois, qui réunit sous sa domination les comtés de Troyes, Meaux, Chartres et Blois.
C'est cette seconde maison de Champagne (maison de Blois-Champagne) qui préside à la grande époque de la province (XIIe-XIIIe s.), marquée par un essor économique (développement de l'industrie textile à Reims, Troyes, Provins) mais aussi commercial, qui voit le développement des foires de Champagne. Favorisées par leur situation à mi-chemin entre les deux zones économiques les plus dynamiques de l'époque, la Flandre et l'Italie, ces foires sont les plus importantes d'Europe. Les foires principales sont tenues annuellement à Lagny, Provins, Troyes, Bar-sur-Aube, et finissent par former un marché continu étalé sur l'ensemble de l'année. On y échange draps, soieries, épices, etc., de nouvelles techniques commerciales apparaissent (change de place, prêt à intérêt). À cette même époque, le comte Henri le Libéral (1152-1181) et sa femme Marie de France donnent à la Champagne un éclat culturel, protégeant notamment Chrétien de Troyes (1135-v. 1183) ou le chroniqueur Villehardouin (1148-1213). En 1234, le comte Thibaud IV le Chansonnier (1201-1253) devient par héritage roi de Navarre, et se détourne de la Champagne. En 1284, la province rentre dans le domaine royal par le mariage de Jeanne de Navarre, fille du comte Henri III, avec le roi de France Philippe le Bel. Au XIVe s., les progrès maritimes autant que les ravages de la guerre de Cent Ans provoqueront une décadence irrémédiable des foires de Champagne. Objet des convoitises du duc de Bourgogne Jean sans Peur, la province est reconquise à l'époque de Charles VII, sacré à Reims en 1429. La Champagne suivra désormais le sort des provinces royales. Peu à peu se précise l'organisation administrative de la Champagne, qui aboutit en 1542 à la création de la généralité de Châlons-sur-Marne (auj. Châlons-en-Champagne), où un intendant est installé à partir de 1635. De nombreuses épreuves ravagent encore la Champagne aux XVIe et XVIIe s. Les guerres de Religion y sont confuses et sanglantes (massacre de Wassy, 1562), et la province n'est pas épargnée par la guerre de Trente Ans, la Fronde, la guerre de la Succession d'Espagne.
Malgré les efforts des intendants, l'agriculture à cette époque progresse peu. En revanche, l'industrie se développe, essentiellement la métallurgie, au XVIIIe s. Divisée en quatre départements à la Révolution (Aube, Ardennes, Marne, Haute-Marne, 1790), la province retrouve une importance politique et militaire (victoire de Valmy, 1792).

Champagne *(batailles de)* [1915-1918]. Après l'hiver 1914-15 eut lieu la tentative de percée de sept. 1915 et la Champagne fut le théâtre de violents combats (Mesnil-lès-Hurlus, Tahure, la Main de Massiges, Souain, les Monts...). En 1918, après le désastre du Chemin des Dames, le général Pétain imposa la tactique défensive en profondeur ; la cinquième et ultime offensive allemande de 1918 se brisa sur la IVe armée de Gouraud.

Champagne *(régiment de)*, un des cinq plus anciens régiments d'infanterie, appelés *vieux corps*.

CHAMPAGNE (Adonaï DESPAROIS, dit **Claude**), compositeur et pédagogue canadien-français (Montréal 1891 - *id.* 1965). Il s'inspira avec lyrisme du folklore national : *Suite canadienne* (1927), *Symphonie gaspésienne* (1943), *Altitude* (1959).

CHAMPAGNÉ (72470), comm. de la Sarthe, à 13 km à l'E. du Mans ; 3 915 hab. Appareillage électrique. Matériel agricole.

CHAMPAGNE-ARDENNE, Région regroupant les dép. des Ardennes, de l'Aube, de la Marne et de la Haute-Marne ; 25 606 km² ; 1 347 848 hab. Ch.-l. *Châlons-en-Champagne.* V. princ. *Reims.*

La Région s'étend de la frontière belge à la Bourgogne et de la Brie à la Lorraine meusienne (Argonne, Barrois) et vosgienne. Faiblement peuplée (densité seulement égale à la moitié de la moyenne nationale), elle ne possède pas de très grande ville : seules les agglomérations de Reims et Troyes dépassent 100 000 hab., et Châlons-en-Champagne est la plus petite préfecture régionale. Sa situation et sa forme géographique expliquent l'absence d'une véritable unité régionale. L'agriculture est représentée par les céréales (blé surtout), les betteraves et les fourrages au centre, dans la Champagne crayeuse, l'élevage bovin sur les plateaux « périphériques » (au N. et à l'E.) et, naturellement, le célèbre vignoble (essentiellement de Reims à Vertus), dont plus du tiers de la production est destiné à l'exportation. L'industrie est souvent ancienne (métallurgie ardennaise, coutellerie du Bassigny, bonneterie auboise), renforcée (vers Reims, Châlons) par quelques opérations de décentralisation (constructions mécaniques et électriques) et le développement de l'agroalimentaire. Mais les branches traditionnelles sont souvent en crise et les opérations de décentralisation n'ont jamais connu ici de grande ampleur. Le développement des services, comme celui du tourisme (création de parc régionaux, Montagne de Reims, forêt d'Orient [dans la Champagne humide]), ne suffit pas à enrayer l'émigration, qui affecte particulièrement la Haute-Marne et les Ardennes. La modeste progression de la Marne compense à peine ce dépeuplement de la « périphérie » de la Région. Celle-ci est pourtant aujourd'hui bien desservie par l'autoroute, qui atteint et relie également entre elles les principales villes. Mais la Région, la Champagne surtout, demeure un carrefour, une zone de passage, et l'amélioration des communications, souvent, draine plus qu'elle ne fixe hommes et activités.

CHAMPAGNE-SUR-OISE (95660), comm. du Val-d'Oise, en amont de L'Isle-Adam ; 3 705 hab. Église gothique du XIIIe s. Centrale thermique.

CHAMPAGNE-SUR-SEINE (77430), comm. de Seine-et-Marne ; 6 503 hab. Matériel électrique.

CHAMPAGNEY (70290), ch.-l. de cant. de la Haute-Saône, au S. des Vosges ; 3 331 hab. *(Champagnorots).*

CHAMPAGNISATION n. f. Action de champagniser un vin.

CHAMPAGNISER v. t. (conj. 3). Préparer les vins à la manière du champagne, de façon à les rendre mousseux.

CHAMPAGNOLE (39300), ch.-l. de cant. du Jura, sur l'Ain ; 9 714 hab. *(Champagnolais).* Centre de villégiature. Métallurgie (aciers spéciaux). Industrie du bois. Cimenterie.

CHAMPAGNY (Jean-Baptiste DE NOMPÈRE DE), duc **de Cadore,** homme politique français (Roanne 1756-Paris 1834). Ministre de l'Intérieur (1804-1807), puis des Affaires étrangères (1807-1811), il fut un des négociateurs du mariage de Napoléon et de Marie-Louise.

CHAMPAIGNE ou **CHAMPAGNE** (Philippe DE), peintre français d'origine brabançonne (Bruxelles 1602 - Paris 1674). Venu à Paris à dix-neuf ans, il fut peintre de Marie de Médicis (1628 ; décorations au Luxembourg) et de Richelieu. Lié vers 1646 avec le jansénisme et Port-Royal, il manifesta dès lors une austérité empreinte d'acuité psychologique (*Ex-voto* de 1662, Louvre). Artiste classique, membre fondateur de l'Académie royale, il a peint nombre de grandes compositions religieuses et a excellé dans le portrait, d'apparat ou intime (*Louis XIII couronné par la Victoire* [1635], *Portrait de deux hommes* [1656], tous deux au Louvre). — Son neveu JEAN-BAPTISTE (Bruxelles 1631-Paris 1681) fut son élève et collaborateur.

CHAMPART n. m. (lat. médiév. *campartum,* du lat. class. *campus,* champ, et *pars, partis,* partie). **1.** Mélange de céréales (blé, seigle, orge) que l'on semait autrefois ensemble et dont les grains servaient à l'alimentation du bétail. — **2.** Redevance constituée par une quote-part assez élevée de la récolte due au seigneur et prélevée dans le champ avant que le tenancier ait enlevé sa récolte. — **3.** *Tenure en champart,* tenure astreinte à cette redevance et particulièrement répandue en France aux XIIe et XIIIe s.

CHAMPAUBERT (51270), comm. de la Marne, à 18 km à l'E. de Montmirail ; 112 hab. Victoire de Napoléon Ier sur les Russes (10 févr. 1814).

CHAMP-CONTRECHAMP n. m. (pl. ; *champs-contrechamps*). Procédé d'écriture cinématographique ou télévisuelle où l'on fait alterner des plans d'orientations opposées.

Champ-de-Mars, à Paris, ancienne plaine de Grenelle, transformée en champ de manœuvre lors de la fondation de l'École militaire, en 1765. Théâtre privilégié des fêtes de la Révolution et de l'Empire, cette esplanade a servi de cadre aux Expositions universelles ou internationales de 1867, 1878, 1889 (construction de la tour Eiffel), 1900 et 1937. Le Champ-de-Mars est aménagé en jardins.

Champ-de-Mars *(fusillade du)* [17 juill. 1791], fusillade qui eut lieu au Champ-de-Mars où une foule était venue signer une pétition républicaine déposée sur l'autel de la Patrie par des Cordeliers. Intervenue après la proclamation de la loi martiale par le maire de Paris, Bailly (soutenu par la Constituante), la Garde nationale tira sur la foule, faisant une cinquantaine de victimes.

CHAMPDENIERS-SAINT-DENIS (79220), ch.-l. de cant. des Deux-Sèvres, au N. de Niort ; 1 465 hab. Église romane avec chœur du XVe s. Industrie laitière.

CHAMPDIVERS (Odette ou Odinette DE), dite **la Petite Reine** († en Dauphiné, apr. 1425), favorite de Charles VI, roi de France, à qui elle donna une fille, Marguerite de Valois.

CHAMP-DU-FEU, haut plateau des Vosges, au N. du Hohwald (Bas-Rhin). Sports d'hiver.

CHAMPEAUX (Guillaume DE) → GUILLAUME DE CHAMPEAUX.

CHAMPEIGNE, plateau parfois boisé de la Touraine centrale (Indre-et-Loire), au S. du Cher, coupé par la vallée de l'Indre. Céréales. Vergers.

CHAMPEIX (63320), ch.-l. de cant. du Puy-de-Dôme, dans la Limagne d'Issoire ; 1 101 hab. Bourg pittoresque.

CHAMPENOIS, E adj. et n. De Champagne.

◆ **champenois** n. m. **1.** Dialecte d'oïl parlé en Champagne au Moyen Âge. – **2.** Type de bateau porteur caractérisé par une étrave et un étambot verticaux.

◆ **champenoise** n. f. Bouteille au verre épais, d'une contenance de 77,5 cl, utilisée pour les vins de Champagne.

CHAMPÉRY, station estivale et de sports d'hiver de la Suisse (Valais), à 1 053 m d'alt ; 900 hab.

CHAMPÊTRE adj. (lat. *campester, -tris,* de *campus,* plaine). **1.** *Litt.* Qui relève de la vie à la campagne : *Travaux champêtres.* – **2.** Qui évoque de façon idéale la campagne : *Musique champêtre.*

CHAMPFLEURY, triage ferroviaire de la banlieue d'Avignon. Expédition de fruits et de légumes.

CHAMPFLEURY (Jules HUSSON, dit **Fleury,** puis), écrivain français (Laon 1821-Sèvres 1889). Défenseur de l'esthétique réaliste (Le Nain, Daumier, Courbet), il passe volontiers dans ses romans de la peinture de la vie quotidienne à la satire des bourgeois de province (*Chien-Caillou,* 1847 ; *les Aventures de Mlle Mariette,* 1853).

CHAMPI ou **CHAMPIS, ISSE** n. et adj. *Vx.* Enfant trouvé dans les champs.

CHAMPIGNEULLES (54250), comm. de Meurthe-et-Moselle, sur la Meurthe, au N. de Nancy ; 7 692 hab. Brasserie. Chaussures.

CHAMPIGNON n. m. (anc. fr. *champegnuel,* du lat. pop. **campaniolus,* qui vit dans les champs). **1.** Plante aux tissus peu différenciés, sans chlorophylle, formés de réseaux de filaments, et qui se reproduit à l'aide de spores, portées en général par un carpophore. – **2.** Ce carpophore seul. – **3.** Nom usuel du *mérule.* – **4.** Champignon microscopique susceptible de provoquer chez l'homme de nombreuses affections parasitaires de la peau et des viscères, appelées *mycoses.* – **5.** *Fam.* Pédale d'accélérateur : *Appuyer sur le champignon.* – **6.** *Champignon atomique,* nuage qui se produit après une explosion atomique. ‖ *Champignon imparfait,* syn. de DEUTÉROMYCÈTE. ‖ *Pousser comme un champignon,* grandir très vite. • **Bât.** Élargissement conique ou pyramidal au sommet d'un poteau de béton armé, lui-même dit *poteau champignon.* ‖ *Plancher champignon,* plancher composé d'une dalle reposant sur des poteaux champignons. – **Ch. de f.** Partie supérieure du rail, de profil épais, dont la surface supérieure constitue la table de roulement.

ENCYCL. L'immense embranchement des champignons (200 000 espèces, presque toutes terrestres) est constitué de plantes aux cellules pourvues d'un ou de deux noyaux bien délimités, ce qui les distingue des bactéries. Leurs filaments unisériés, dont l'ensemble forme le mycélium ou *blanc,* peuvent être partagés en cellules distinctes, ou ne pas l'être (structure dite *siphonée*). Il n'y a aucun des organes différenciés communs aux autres plantes : tige, racine, vaisseaux, feuilles, fleurs et fruits. La reproduction se fait par des boutures naturelles (conidies), par des spores, ou des deux manières. La sexualité des formes supérieures est tout à fait aberrante (dicaryotisme).

Ne pouvant, faute de chlorophylle, mener une vie autotrophe, les champignons vivent tous en saprophytes, en parasites ou en symbiotes. Les champignons des forêts et des prairies, dont le carpophore est parfois comestible et que recherchent les amateurs, sont saprophytes : ils se nourrissent des matières organiques de l'humus. Quelques-uns, cependant, entrent en symbiose avec les racines d'une espèce d'arbres déterminée au pied desquels on les trouve toujours : cèpe du pin, pleurote de l'olivier, truffe du chêne pubescent, etc. Les moisissures, précieuses par les antibiotiques que sécrètent beaucoup d'entre elles, sont également des saprophytes, vivant sur les matières organiques les plus diverses : fruits, confitures, fromages (roquefort), etc.

Les champignons parasites des plantes cultivées sont l'agent des maladies cryptogamiques, redoutables pour l'agriculture : mildiou, ergot du seigle, rouille du blé, meunier de la laitue, etc. Les champignons du bois peuvent faire périr les arbres (maladie de l'orme) ou détruire les bois ouvrés (mérule). Ni les animaux (poissons, insectes) ni l'homme lui-même ne sont à l'abri des mycoses (teigne tondante, etc.). L'activité chimique de certains champignons (levures) est à la base de la fabrication du pain et de celle des boissons fermentées : bière, vin, cidre. Quant aux formes symbiotiques de champignons, les plus connues sont les lichens*.

• *Classification des champignons.* On distingue : les espèces sans sexualité connue, ou « champignons imparfaits » (groupe hétérogène et provisoire) ; les formes à myclium siphonnée (siphomycètes), nombreuses parmi les parasites des plantes ; et deux vastes groupes de champignons supérieurs, à thalle divisé en cellules, à reproduction sexuée dicaryotique : les ascomycètes et les basidiomycètes.

Les champignons comestibles les plus connus sont : l'oronge (ou amanite des Césars), la golmote (ou amanite rougeâtre), les cèpes (ou bolets), les morilles, les truffes, les mousserons, la coulemelle, la chanterelle (ou girolle), l'hydne (ou pied-de-mouton), la russule charbonnière, le lactaire délicieux.

La culture des champignons suppose deux phases : l'obtention du mycélium puis celle des carpophores, qui sont les organes que l'on consomme. Une trentaine d'espèces donnent lieu à culture mais un petit nombre seulement est commercialisé. Les plus anciennes sont le champignon de couche (France), le shiitake et la volvaire (Extrême-Orient). La culture de pleurotes s'est développée récemment. Des techniques nouvelles permettent de contrôler et d'accélérer la production des truffes.

— **Méd.** L'intoxication par les champignons est due essentiellement aux champignons supérieurs contenant des toxines. Le plus grave, souvent mortel, est l'empoisonnement phalloïdien (amanite phalloïde, amanite printanière). Après une incubation longue, pouvant atteindre 48 heures, il se manifeste par des troubles gastro-intestinaux suivis d'un ictère grave, d'une néphrite et d'hémorragies, l'évolution, en l'absence de traitement, étant mortelle en une dizaine de jours. L'empoisonnement muscarinien (amanite tue-mouches ou amanite fausse oronge) est caractérisé par une incubation courte, des troubles gastro-intestinaux, suivis de troubles nerveux.

CHAMPIGNONNER v. i. (conj. 3). *Fam.* Se développer vite, et en grand nombre.

CHAMPIGNONNIÈRE n. f. Ensemble d'installations spécialisées pour la culture du champignon de couche, comprenant en particulier des caves ou des bâtiments de récolte.

CHAMPIGNONNISTE n. Personne spécialisée dans la culture du champignon de couche. (Syn. MYCICULTEUR.)

◆ adj. *Fourmis champignonnistes,* fourmis d'Amérique tropicale qui rapportent à leur nid des feuilles coupées destinées à entretenir une culture permanente de champignons, dont elles se nourrissent. (Genres *atta* et voisins.)

CHAMPIGNY, section de la comm. de *Souzay-Champigny* (Maine-et-Loire), sur la Loire, à l'E.-S.-E. de Saumur. Vins rouges.

CHAMPIGNY-SUR-MARNE (94500), ch.-l. de cant. du Val-de-Marne, dans la banlieue sud-est de Paris ; 79 778 hab. Église des XIIe et XIIIe s. Centre résidentiel. Constructions mécaniques. Chimie. — Combats pendant le siège de Paris (30 nov. et 2 déc. 1870).

CHAMPION, ONNE n. (germ. **kampjo,* combattant, par l'intermédiaire du lat. médiév. *campio,* du lat. class. *campus*). **1.** Athlète ou équipe qui remporte la première place dans une compétition sportive. — **2.** Personne qui excelle dans un sport ; sportif de haut niveau. — **3.** Personne qui soutient ou incarne parfaitement une conviction, une cause, une attitude : *Champion des idées nouvelles.* — **4.** *Fam.* Personne, groupe ou chose qui occupe le premier rang dans un domaine quelconque : *Un champion de la gaffe.*

◆ adj. Fam. *Être champion,* être de premier ordre, imbattable, remarquable.

CHAMPION DE CHAMBONNIÈRES (Jacques), compositeur et claveciniste français (Paris ou Chambonnières, Brie, apr. 1601-Paris 1672). Joueur d'épinette de la Chambre du roi et organiste de la Chapelle, il laisse les premières *Pièces de clavecin* groupées en suite.

CHAMPION DE CICÉ (Jérôme), prélat et homme d'État français (Rennes 1735 - Aix-en-Provence 1810). Archevêque de Bordeaux (1781), député du clergé aux états généraux de 1789, garde des Sceaux (août 1789-nov. 1790), il refusa de prêter serment à la Constitution civile du clergé et émigra. Rentré en France en 1802, il fut nommé archevêque d'Aix.

CHAMPIONNAT n. m. Épreuve sportive disputée le plus souvent sur une année entre équipes se rencontrant en matches aller et retour, et dont le vainqueur est proclamé champion.

CHAMPIONNET (Jean Étienne VACHIER, dit), général français (Valence 1762-Antibes 1800). Général (1794), il s'illustra particulièrement à Arlon et à Fleurus. En 1798, il s'empara de Capoue, puis de Naples et y proclama la République Parthénopéenne. Il remplaça Moreau au commandement de l'armée d'Italie (août 1799) mais fut battu à Genola par les Autrichiens.

CHAMPIS → CHAMPI.

CHAMPLAIN *(lac),* lac de l'Amérique du Nord, à la frontière du Canada et des États-Unis (État de New York et Vermont); 1 550 km². Il envoie ses eaux au Saint-Laurent par le Richelieu, et communique grâce à un système de canaux avec l'Hudson et le lac Érié. Il doit son nom à S. de Champlain qui le découvrit en 1609.

CHAMPLAIN (Samuel DE), colonisateur français (Brouage entre 1567 et 1570 - Québec 1635). Sa première expédition en Nouvelle-France (Canada) [1603] le persuada de la nécessité d'entreprendre la colonisation du pays. Au cours d'un deuxième voyage (1604-1607) qu'il effectua comme cartographe de P. du Gua de Monts, il participa à la fondation de Port-Royal (auj. Annapolis Royal) [1605]. Nommé lieutenant de De Monts (1608), il fit un troisième voyage (1608-1610) au cours duquel il fonda Québec (1608), parvint jusqu'au lac auquel il a donné son nom (1609) et, allié aux Hurons, lutta contre les Iroquois (1609-10). Lieutenant du vice-roi de la Nouvelle-France (1612), il réalisa en 1615-16 sa plus grande exploration, atteignant les lacs Huron et Ontario, puis entama en 1620 la mise en valeur de la Nouvelle-France. Après avoir obtenu la restitution de Québec (traité de Saint-Germain-en-Laye, 1632), cédée aux Anglais en 1629, il reprit son œuvre de colonisateur qui lui valut le surnom de « Père de la Nouvelle-France ».

CHAMPLEVAGE [ʃãlvaʒ] n. m. Action de champlever.

CHAMPLEVÉ [ʃãlve] n. m. **1.** Procédé de confection d'un poinçon de monnaie, dans lequel le champ est creusé profondément. — **2.** Pièce d'émaillerie d'art dans laquelle les traits des figures sont formés au moyen de filets de métal épargnés sur le fond. (Syn. ÉMAIL EN TAILLE D'ÉPARGNE.)

CHAMPLEVER [ʃãlve] v. t. (de *champ,* surface de l'écu, et *lever,* enlever) [conj. **19**]. **1.** Creuser la surface unie dans laquelle on veut tailler des figures ou incruster des émaux. (*L'émaillerie champlevée* a été créée à Limoges au XIIe s. pour imiter la cloisonnée, plus coûteuse ; elle en a remplacé l'or ou l'argent par le cuivre.) — **2.** Dans la gravure en relief, évider les parties qui apparaîtront en blanc lors de l'impression de la planche.

CHAMPLIEU, hameau situé sur la lisière S. de la forêt de Compiègne (comm. d'Orrouy). Important conciliabulum, à la frontière des Suessiones* et des Silvanectes*. (Vestiges ayant livré de la sculpture décorative.)

CHAMPLITTE (70600), ch.-l. de cant. de la Haute-Saône, au N. de Gray ; 1 966 hab. *(Chamtois).* Dans le château (XVIe-XVIIIe s.), musée départemental d'Histoire et de Folklore.

CHAMPLITTE (Guillaume DE) [Champagne, seconde moitié du XIIe s. - 1209], prince d'Achaïe (1205-1209). Petit-fils d'Hugues Ier, comte de Troyes, il se croisa en 1203, et conquit avec Geoffroi de Villehardouin l'Achaïe (1205), dont il fut le premier prince.

CHAMPMESLÉ (Marie DESMARES, dite **la**), tragédienne française (Rouen 1642-Auteuil 1698). Elle fut l'interprète préférée de Racine, dont elle créa toutes les grandes héroïnes.

Champmol *(chartreuse de),* anc. chartreuse fondée à 1 km de Dijon par Philippe le Hardi (1383) et dont les vestiges (avec le *Puits de Moïse,* par Sluter) sont aujourd'hui englobés dans la ville moderne.

CHAMPOLLION (Jacques), dit **Champollion-Figeac,** archéologue français (Figeac 1778-Fontainebleau 1867). Conservateur des manuscrits à la Bibliothèque royale, et professeur de paléographie à l'École des chartes, il fut destitué par la République en 1848. Principaux ouvrages : *l'Égypte ancienne* (1839), *l'Égypte et les Cent-Jours* (1844). — Son frère, JEAN-FRANÇOIS, dit **Champollion le Jeune** (Figeac 1790-Paris 1832), se passionna pour l'étude des langues orientales connues. L'examen minutieux de la pierre de Rosette lui fournit, en lui permettant d'isoler avec certitude les noms propres des personnages, une base sûre pour amorcer le déchiffrement des hiéroglyphes. En 1822, il publia sa *Lettre à M. Dacier relative à l'alphabet des hiéroglyphes phonétiques,* charte de fondation de la lecture des hiéroglyphes, et en 1824 son *Précis du système hiéroglyphique.* Il devint conservateur du département égyptien du Louvre en 1826. Parmi ses autres ouvrages citons : *Monuments de l'Égypte et de la Nubie* (1835-1845), *Grammaire égyptienne* (1835-1841).

CHAMPOREAU n. m. (esp. *champurro,* de *champurrar,* mélanger deux liquides). Café noir additionné de vin ou d'alcool.

CHAMPSAUR, région des Alpes françaises, au S. du massif de l'Oisans, comprenant, à l'E., un massif montagneux (3 163 m au *Vieux Chaillol*), à l'O., la vallée du Drac supérieur.

CHAMPS ÉLYSÉES, dans la mythologie grecque, partie des Enfers, séjour des héros et des hommes vertueux après leur mort. (On dit aussi CHAMPS ÉLYSÉENS.)

Champs-Élysées, large artère de Paris, qui s'allonge sur 1 880 m de la place de la Concorde à la place de l'Étoile (auj. Charles-de-Gaulle). Sa partie bordée de jardins (de la Concorde au rond-point des Champs-Élysées) fut une création de Le Nôtre (1670), prolongeant l'axe du jardin des Tuileries.

Champs-Élysées *(Ballets des),* compagnie française de ballet (1945-1951). La troupe fut à l'origine du renouveau de la danse et du ballet en France. (R. Petit y a été maître de ballet.)

Champs-Élysées *(Théâtre, Comédie* et *Studio* [petite salle de la *Comédie*] *des),* nom donné à trois salles réunies dans un immeuble de l'avenue Montaigne, à Paris. Terminé en 1913, l'ensemble architectural, dû aux frères Perret (sur un projet de H. Van de Velde), a été décoré par Bourdelle, M. Denis, Vuillard. Une annexe de l'hôtel des ventes Drouot (« Drouot Montaigne ») a été aménagée au sous-sol de l'édifice, rénové de 1986 à 1988.

CHAMPS-SUR-MARNE (77420), ch.-l. de cant. de Seine-et-Marne, près de la Marne (r. g.) ; 21 762 hab. Château construit par J.-B. Bullet autour de 1700, donné à l'État par la famille Cahen d'Anvers (1935) ; décors intérieurs ; parc ; laboratoire de recherche des Monuments historiques.

CHAMPS - SUR - TARENTAINE - MARCHAL (15270), ch.-l. de cant. du Cantal, sur le plateau de l'Artense ; 1 102 hab. *(Champesois).*

CHAMPTOCEAUX (49270), ch.-l. de cant. de Maine-et-Loire, sur la Loire ; 1 532 hab. Panorama. Vins blancs.

CHAMROUSSE *(croix de),* sommet de la partie de la chaîne de Belledonne (Isère) ; 2 257 m. Téléphérique au départ de la station estivale et de sports d'hiver de *Chamrousse* (1 650-2 250 m).

CHAMS, TCHAMS ou **TIAMS,** population du Viêt-nam et du Cambodge. Derniers représentants de la population du Champa, ils sont apparentés aux proto-Indochinois des montagnes proches, de langue austronésienne. En majeure partie musulmans, ils comptent parmi eux des brahmanistes.

CHAMSIN → KHAMSĪN.

CHAMSON (André), écrivain français (Nîmes 1900-Paris 1983). D'inspiration régionaliste et protestante, il peint dans ses romans le pays cévenol (*Roux le Bandit,* 1925 ; *les Taillons,* 1974) à la lumière duquel il évoque les problèmes moraux du monde contemporain (*la Superbe,* 1967). [Acad. fr., 1956.]

CHAN ou **TCH'AN,** mot chin. (en sanskr. *dhyāna,* méditation) qui désigne une forme du bouddhisme du mahāyāna introduite en Chine vers 540 environ, selon la tradition, par Bodhidharma. Elle exerça un rôle important dans les arts où elle développa la spontanéité. Elle est particulièrement connue aujourd'hui par son développement au Japon où elle a pris le nom de *zen.*

CHAN *(État)* → CHANS *(État des).*

CHANAC (48230), ch.-l. de cant. de la Lozère, sur le Lot ; 1 092 hab. Travail du bois.

CHANÇARD, E adj. et n. *Pop.* Qui a de la chance ; veinard.

CHANCE n. f. (lat. *cadentian,* de *cadere,* tomber). **1.** Possibilité, probabilité que qqch (surtout un événement heureux) se produise : *Évaluer ses chances de succès. Sa dernière chance de salut.* — **2.** Sort favorable : *Compter sur la chance.* — **3.** Faveur du sort, issue heureuse de qqch, situation favorable de qqn : *Oui, j'ai eu la chance de le rencontrer. C'est une chance de vous trouver ici.* — **4.** *Avoir une chance de pendu* (fam.), *de cocu* (pop.), avoir une chance inespérée et persistante. ‖ *Avoir ses chances,* être dans une situation où les probabilités de succès sont assez fortes. ‖ *C'est bien ma chance !,* se dit par ironie ou par dépit quand on n'a pas eu de chance. ‖ *Courir, tenter sa chance,* essayer de réussir, de gagner. ‖ *Donner, laisser sa chance à qqn,* lui offrir, lui laisser une occasion de réussir. ‖ Fam. *Il y a des chances,* c'est très probable. ‖ *Jour de chance,* jour où tout vous réussit. ‖ *La chance à tourné,* celui qui avait de la chance n'en a plus, celui qui n'en avait pas en a. ‖ *La chance me (te, lui, etc.) sourit,* le sort m' (t', lui, etc.) est favorable. ‖ *Par chance,* par bonheur. ‖ *Porter chance,* porter bonheur. ‖ *Souhaiter bonne chance à qqn* ou *bonne chance !,* lui souhaiter de réussir.

CHANCEL [-sɛl] n. m. (lat. ecclés. *cancellus,* balustrade). Barrière basse qui, dans une église (surtout paléochrétienne), clôture ou entoure le sanctuaire. (Syn. CANCEL.)

CHANCELADE (24650), comm. de la Dordogne ; 3 740 hab. Église remontant au XIIe s., anc. abbatiale. — En 1888, cette commune a fourni les reste d'un homme préhistorique petit, mais très robuste, au crâne volumineux, avec un outillage magdalénien : l'« homme de Chancelade » a longtemps été tenu pour une race particulière, distincte de l'homme de Cro-Magnon.

CHANCELANT, E adj. **1.** Qui chancelle : *Une démarche chancelante.* — **2.** Mal assuré, fragile : *Santé chancelante.*

CHANCELER v. i. (lat. impérial *cancellare,* disposer en treillis) [conj. **24**]. **1.** Vaciller sur ses pieds : *Il chancelait comme s'il avait bu.* — **2.** Manquer d'équilibre, menacer de tomber : *La pile de livres chancela.* — **3.** Manquer de solidité, de stabilité, de force, menacer de s'effondrer ou de s'altérer : *Pouvoir, institution, autorité qui chancelle.*

CHANCELIER n. m. (bas lat. *cancellarius,* huissier qui se tient auprès de la barre). **1.** Officier ou ministre d'une cour souveraine, qui était particulièrement préposé à l'administration de la justice et à la garde des sceaux. (→ *encycl.*) — **2.** Dignitaire qui a la garde des sceaux dans un corps ou dans un ordre, ou qui occupe un poste honorifique élevé. — **3.** Fonctionnaire qui garde les sceaux et tient les registres dans une ambas-

sade, un consulat. — **4.** *Chancelier de l'Académie française,* celui qui, autrefois, gardait les sceaux de l'Académie et qui préside aujourd'hui la compagnie en l'absence du directeur. ‖ *Chancelier de l'Échiquier,* ministre des Finances, en Grande-Bretagne. ‖ *Chancelier fédéral,* en Allemagne et en Autriche, chef du gouvernement. ‖ *Chancelier de fer,* surnom donné au prince de Bismarck. ‖ *Chancelier d'université,* titre porté au Moyen Âge et sous l'Empire par un des dignitaires de l'Université et, dans les universités ecclésiastiques, par le responsable de l'orthodoxie et de la discipline. ‖ *Grand chancelier de la Légion d'honneur,* haut dignitaire, chef de l'administration de l'ordre de la Légion d'honneur, et relevant du chef de l'État.
ENCYCL. **Hist.** À Rome, les chanceliers *(cancelarii),* d'abord simples huissiers, devinrent sous le Bas-Empire des hauts fonctionnaires ayant la direction de l'administration judiciaire. Sous les Carolingiens, un clerc de la chapelle du roi reçut avec le titre de chancelier la charge de contrôler la rédaction et l'expédition des actes royaux et d'apposer sur eux le sceau royal les authentifiant. Grand officier de la couronne, le chancelier fut supprimé par les Capétiens entre 1227 et 1325. Rétabli et placé à la tête de la Chancellerie royale ou Chancellerie de France, le chancelier ajouta à ses anciennes attributions des fonctions judiciaires et ne cessa d'accroître son rôle jusqu'au XVIIe s. Chef suprême de la justice, il présidait le Conseil du roi en son absence, participait à la nomination des officiers du parlement et dirigeait la librairie. Inamovible à partir du XVIe s., il pouvait cependant être privé des sceaux par le roi qui les confiait à un officier amovible, le garde des sceaux. Supprimé en 1790, l'office de chancelier fut rétabli par Napoléon Ier et disparut en 1848.

1. CHANCELIÈRE n. f. Femme d'un chancelier.

2. CHANCELIÈRE n. f. (p.-ê. de *chancelier*). Sorte de sac fourré ouvert d'un côté pour y loger les pieds et les tenir au chaud.

CHANCELLERIE n. f. (de *chancelier*). **1.** Lieu où l'on scelle certains actes avec le sceau du souverain, de l'État. — **2.** Bureaux, administration centrale que dirige le chancelier. — **3.** Services administratifs du ministère de la Justice, en souvenir de l'époque où le ministre portait le titre de chancelier outre celui de garde des Sceaux, qu'il a conservé. — **4.** Fonction d'état-major qui embrasse toutes les questions relatives aux statuts et à la situation des personnels (discipline, récompenses, etc.) ; section ou bureau d'état-major spécialisés dans cette mission. — **5.** *Chancellerie apostolique,* office (ensemble de bureaux) chargé de rédiger et d'enregistrer avant expédition les principaux actes du gouvernement suprême de l'Église. (Elle a été rattachée à la Secrétairerie d'État en 1973.) ‖ *Chancellerie diplomatique* ou *consulaire,* greffe d'un poste diplomatique ou d'un consulat. ‖ *Grande chancellerie de la Légion d'honneur,* ensemble des services administratifs de l'ordre de la Légion d'honneur. ‖ *Style de chancellerie,* style consacré dans les actes émanant des chancelleries.
ENCYCL. **Hist.** Sous l'Empire romain, la chancellerie impériale était formée d'un certain nombre de bureaux *(scrinia),* équivalents à nos ministères modernes, qui assuraient l'administration centrale de l'Empire. Sous les Carolingiens, la chancellerie était un service distinct mais dépendant de la chapelle du roi qui lui fournissait son personnel ecclésiastique de *notarii* (scribes ou rédacteurs). Sous les Capétiens, la Chancellerie royale ou Chancellerie de France, dirigée par le chancelier, fut détachée de la chapelle du roi et rattachée, au XIVe s., à l'Hôtel du roi. Son personnel était composé de notaires du roi et de secrétaires des Finances (1361), futurs secrétaires d'État. Les documents rédigés étaient contrôlés, signés par le chancelier à partir de la fin du XIVe s., et authentifiés par l'apposition du sceau royal.

CHANCELLOR (Richard), navigateur anglais († sur les côtes d'Écosse, baie de Pitsligo, 1556). À la recherche d'un passage vers l'Orient au N.-E. du continent européen, il pénétra dans la mer Blanche et se rendit jusqu'à Moscou, où il établit des relations commerciales entre l'Angleterre et la Russie.

CHANCEREL (Léon), metteur en scène et auteur dramatique français (Paris 1886-*id.* 1965). Disciple de Jacques Copeau, il créa la Compagnie des comédiens routiers (1929-1939) et le Théâtre de l'Oncle Sébastien (1935-1939).

CHANCEUX, EUSE adj. *Litt.* Qui dépend de la chance ; incertain, hasardeux.
◆ adj. et n. *Fam.* Qui a de la chance ; veinard.

CHANCHÁN, cap. du royaume chimú (1200-1400 apr. J.-C.), dans la vallée de la Moche, sur la côte nord du Pérou. Neuf enceintes en adobe, lieux de résidence et nécropoles des rois chimús, abritent de nombreux bâtiments (habitations, magasins, salles d'audience, cours et installations hydrauliques).

CHANCI n. m. Moisissure tendant à opacifier le vernis d'un tableau.

CHANCIR v. i. (anc. fr. *chanir,* blanchir, du lat. **canire,* altér. de *canere,* blanchir, avec l'infl. de *rancir*) [conj. **32**]. *Vx.* Moisir.

CHANCISSURE n. f. *Vx.* Moisissure.

CHANCRE n. m. (lat. *cancer, -cri,* ulcère). **1.** Ulcération vénérienne de la peau et des muqueuses, telle que le *chancre syphilitique,* le *chancre* *mou* (ou *chancrelle*), le *chancre mixte,* le *chancre poradénique* et le *chancre scabieux.* (→ encycl.) — **2.** Lésion d'inoculation au niveau de la peau ou des muqueuses d'un certain nombre de maladies infectieuses non vénériennes et plus partic. de la tuberculose, dont elle constitue la porte d'entrée dans l'organisme. — **3.** *Litt.* Fléau qui corrompt qqn ou une société : *Le chancre du pessimisme.* — **4.** Maladie des arbres, due à un champignon et se traduisant par une ulcération de l'écorce. (Le chancre des pommiers est dû à un ascomycète du genre *nectria.*) — **5.** Pop. *Manger comme un chancre,* manger beaucoup.

ENCYCL. **Méd.** Le *chancre syphilitique,* première manifestation de la syphilis, apparaît en moyenne trois semaines après le contact infectant. Il siège le plus souvent aux organes génitaux. C'est une érosion superficielle non douloureuse, reposant sur une base indurée, comme cartonnée. Il s'accompagne toujours d'une adénopathie (ganglions) caractéristique. Le diagnostic est affirmé par la présence de tréponèmes dans la sérosité du chancre ou par la positivité des réactions sérologiques précoces. Le *chancre mou,* ou *chancrelle,* aujourd'hui rare, est une affection purement locale. C'est une ulcération, profonde, sale, purulente, très douloureuse, accompagnée d'une adénopathie inflammatoire douloureuse. Il est dû au bacille de Ducrey. Le *chancre mixte* est dû à une double contamination par le bacille de Ducrey et par le tréponème de la syphillis.

CHANCRELLE n. f. Syn. de CHANCRE MOU.

CHANDAIL [-daj] n. m. (abrév. pop. de *marchand d'ail,* nom donné aux tricots portés par les gens des Halles). Vêtement de tricot fermé. (Syn. PULL-OVER.)

CHANDELEUR n. f. (lat. *festa *candelorum,* pour *candelarum* fête des chandelles). Nom populaire de la fête de la Présentation de Jésus au Temple (2 févr.). [Elle tire son nom des cierges bénits qu'on porte en procession.]

CHANDELIER n. m. (lat. **candelabrum,* candélabre). **1.** Support, notamment muni d'une pointe (ou broche), pour bougies, cierges, chandelles. — **2.** *Fam.* et *vx.* Personne sur qui l'on attire la jalousie d'un mari. — **3.** Pilier de terre réfractaire servant de support pour les pipes pendant leur cuisson. — **4.** Partie d'un arbre dont le tronc a été rompu, qui reste debout et enracinée. (Syn. QUILLE.) — **5.** *Chandelier d'eau,* ensemble constitué par un jet d'eau vertical au-dessus d'une ou de plusieurs vasques. ‖ *Chandelier de jauge,* syn. anc. de TRUSQUIN.

CHANDELLE n. f. (lat. *candela*). **1.** Autref., tige de suif, de résine ou de toute autre matière grasse et combustible, entourant une mèche. — **2.** *Fam.* Mucus coulant du nez ; morve. — **3.** Figure d'acrobatie aérienne consistant à monter rapidement à la verticale. — **4.** Balle ou ballon expédié presque à la verticale. — **5.** Petit étai vertical. — **6.** *Devoir une belle, une fière chandelle à qqn,* avoir des obligations envers lui pour des services rendus. ‖ *Le jeu n'en vaut pas la chandelle,* le résultat ne vaut pas le mal qu'on se donne pour l'obtenir. ‖ *Monter en chandelle,* s'élever à la verticale, en parlant d'un ballon ou d'un avion. ‖ *Repas, dîner aux chandelles,* à la lumière des bougies, des chandelles. ‖ Fam. *Tenir la chandelle,* être un tiers complaisant dans une liaison amoureuse. ‖ *Vente à la chandelle,* vente aux enchères laissant du temps pour surenchérir tant que brûle une bougie allumée au début de l'enchère. ‖ *Voir trente-six chandelles,* éprouver un grand éblouissement, particulièrement sous l'effet d'un coup.

CHANDERNAGOR ou **CHANDANNAGAR,** v. de l'Inde (Bengale-Occidental), sur l'Hooghly ; 76 000 hab. Ancien comptoir français (1686-1951).

CHANDIGARH, v. de l'Inde, cap. du Pendjab et de l'Haryana, constituant un territoire de 114 km^2 ; 640 725 hab. Université. La conception urbanistique de Chandigarh (1951) et ses monuments officiels sont principalement dus à Le Corbusier et à son cousin Pierre Jeanneret.

CHANDLER (Raymond Thornton), écrivain américain (Chicago 1888 - La Jolla, Californie, 1959), auteur de romans policiers noirs (*le Grand Sommeil,* 1939 ; *Adieu ma jolie,* 1940 ; *la Dame du lac,* 1943).

CHANDOS (*sir* John), un des meilleurs capitaines anglais de la guerre de Cent Ans († Mortemer, Poitou, 1370). Lieutenant du Prince Noir, il devint connétable de Guyenne (1362) et sénéchal de Poitou (1369). Il fut mortellement blessé à Lussac-les-Châteaux en 1370.

CHANDRAGUPTA → CANDRAGUPTA.

CHANDRASEKHAR (Subrahmanyan), astrophysicien américain d'origine indienne (Lahore 1910-Chicago 1995). Auteur de recherches sur la théorie du transfert du rayonnement dans les étoiles, il a établi que les naines blanches ne peuvent avoir une masse supérieure à 1,4 fois environ celle du Soleil *(limite de Chandrasekhar).* [Prix Nobel de physique 1983.]

CHANE ou **CHANNE** n. m. Outil employé pour le brasage tendre.

CHANEL (Gabrielle CHASNEL, dite **Coco**), couturière française (Saumur 1883-Paris 1971). Elle ouvrit une maison de couture à Paris en 1916, et fit triompher la simplicité et le confort dans la mode féminine, introduisant notamment les vêtements en jersey. Elle fut aussi une des premières à associer parfums et couture, avec le lancement du célèbre « nº 5 ». Depuis 1982-83, la création des collections de la maison Chanel est assurée par le couturier Karl Lagerfeld.

1. CHANFREIN n. m. (p.-ê. anc. fr. *chafresner,* dompter, du lat. *caput,* tête, et *frenare,* dompter). **1.** Partie de la tête du cheval et de certains animaux, s'étendant de la ligne des yeux à la région nasale. – **2.** Armure qui protégeait la tête du cheval d'armes.

2. CHANFREIN n. m. (anc. fr. *chanfraindre,* de *chant,* partie la moins large d'un objet, et *fraindre,* briser). **1.** Moulure plate obtenue en abattant l'arête d'une pierre. (Syn. BISEAU.) – **2.** Petite coupe en biseau effectuée sur l'arête vive d'une pièce de bois ; surface oblique ainsi obtenue.

CHANFREINAGE n. m. (de *chanfrein 2*). Opération consistant à réaliser un chanfrein.

CHANFREINER v. t. (conj. **4**). Former un chanfrein.

CHANG → SHANG.

CHANGAN → Xi'an.

CHANGARNIER (Nicolas), général et homme politique français (Autun 1793-Paris 1877). Gouverneur de l'Algérie (1848), rallié au parti monarchiste, exilé lors du coup d'État du 2 déc. 1851, de retour en 1859, il participa à la guerre de 1870 dans l'état-major de Bazaine. Élu en 1871 à l'Assemblée nationale, il constitua un petit groupe de députés royalistes et signa le 24 mai 1873 l'interpellation qui amena la chute de Thiers.

CHANGBAI SHAN ou **TCH'ANG-PAICHAN,** massif montagneux boisé de Chine, dans le sud-est de la province du Jilin. La Soungari, le Yalu et le Tumen y prennent leur source.

CHANGCHOW → CHANGZHOU.

CHANGCHUN ou **TCH'ANG-TCH'OUEN,** v. de la Chine du Nord-Est, cap. du Jilin ; 2 400 000 hab. Carrefour ferroviaire. Construction automobile. Matériel ferroviaire. Industrie chimique et pharmaceutique. Université.

CHANGDE ou **TCH'ANG-TÖ,** v. de la Chine centrale (Hunan), à l'O. du lac Dongting ; env. 400 000 hab. Port fluvial sur la Yuan et ville industrielle.

CHANGE n. m. (de *changer*). **1.** Échange de deux monnaies, plus spécialement de deux monnaies émises dans des pays différents. – **2.** Prix de l'opération consistant à se procurer en un certain lieu le moyen d'acquitter une dette ou celui de transférer des fonds en un autre lieu. (Syn. COURS DU CHANGE.) [→ *encycl.*] – **3.** Manifestation du prestidigitateur consistant à remplacer subrepticement un objet par un autre. – **4.** Action de changer un bébé. – **5.** Ruse d'un animal poursuivi qui en fait partir un autre à sa place. – **6.** *Change fixe,* régime de change où les parités des monnaies entre elles demeurent constantes. ‖ *Change flottant* ou *flexible,* régime de change où les parités évoluent en fonction des transactions qui ont lieu sur les monnaies. ‖ *Change manuel,* opération d'échange qui porte sur des monnaies effectives (pièces, billets). ‖ *Change tiré,* opération d'échange qui porte sur des monnaies scripturales. ‖ *Contrôle des changes,* réglementation restrictive des conditions dans lesquelles toute personne peut acquérir, détenir ou céder des devises étrangères. ‖ *Donner le change à qqn,* le tromper en lui faisant adroitement prendre une chose pour une autre. ‖ *Gagner, perdre au change,* être avantagé, désavantagé par un changement ou un échange.

ENCYCL. **Écon.** Le prix payé pour une unité de monnaie étrangère est le *cours du change.* Le cours appliqué dans la pratique peut s'écarter du pair, ou cours officiel. L'opération de change peut porter sur des espèces métalliques, sur des billets de banque, sur des chèques, sur des traites. Lorsque les monnaies ne sont pas convertibles en or, ce qui est le cas général aujourd'hui, les cours effectifs cotés chaque jour dépendent de l'offre et de la demande. Pour éviter les inconvénients de fluctuations excessives de cours, il arrive que le gouvernement intervienne sur le marché, par l'intermédiaire d'un fonds de régularisation des changes, qui se porte acquéreur (ou vendeur), afin de contenir les mouvements de cours. Les accords de Bretton Woods (juill. 1944) avaient institué un régime de changes fixes. Chaque unité monétaire était définie par un poids d'or, de manière que le pair soit fixé de façon précise entre toutes les monnaies. Les principales monnaies étaient librement convertibles entre elles, mais seul le dollar restait convertible en or. Un tel régime de changes fixes présentait l'avantage de clarifier les relations monétaires internationales, mais il aggravait la contrainte extérieure pour les autorités nationales, qui s'étaient engagées à maintenir la parité de leur monnaie. En août 1971, la convertibilité du dollar en or fut abolie ; depuis mars 1973, le flottement des changes s'est généralisé et les accords de la Jamaïque (1976) ont officialisé le régime des changes flexibles, où les parités des monnaies sont déterminées par le niveau de l'offre et de la demande sur le marché des changes. En réalité, il existe une concertation régulière entre les grandes puissances économiques, qui vise à stabiliser l'évolution des principales monnaies entre elles afin de faciliter le développement international sans aller pour autant à l'encontre des tendances de fond du marché des changes. De plus, le système monétaire européen est une zone monétaire où le flottement des devises est largement tempéré par des règles de variations et, de plus en plus, par la convergence des politiques et des résultats économiques des pays membres.

Change (Pont-au-), à Paris, pont reliant la Cité et le Châtelet. Orfèvres et changeurs en occupèrent les maisons dès le XIVe s. ; reconstruit en 1859.

CHANGEABLE adj. Qui peut être changé, modifié, substitué à qqch d'autre.

CHANGEANT, E adj. **1.** Qui ne reste pas le même, qui est sujet à changer : *La destinée est très changeante.* – **2.** Dont l'aspect, la couleur varie : *Des reflets changeants.* – **3.** Instable, versatile : *Il est très changeant dans ses opinions.*

CHANGEMENT n. m. **1.** Action, fait de changer, de modifier qqch, passage d'un état à un autre : *Changement de propriétaire, de ministère.* – **2.** Fait d'être modifié, changé ; modification, transformation : *Des changements sont intervenus dans son attitude.* – **3.** Modification profonde, rupture de rythme ; tout ce qui rompt les habitudes, bouleverse l'ordre établi : *Aimer le changement.* – **4.** Correspondance en train, en métro. – **5.** *Changement de vitesse,* nom donné au levier de changement de vitesse ainsi qu'à la boîte de vitesses. • **Chorégr.** *Changement de pied,* temps sauté appartenant à la petite batterie, constituant l'entrechat deux. – **Équit.** *Changement de main,* action de faire passer un cheval du coin d'un manège dans le coin diamétralement opposé, pour marcher ensuite en sens inverse du précédent. ‖ *Changement de pied,* action de faire passer un cheval du galop sur le pied droit au galop sur le pied gauche, ou inversement, sans arrêter. – **Ling.** *Changement linguistique,* phénomène par lequel une langue déterminée n'est jamais, à une époque, dans un lieu et dans un groupe social donnés, identique à ce qu'elle est à une autre époque, dans un autre lieu, dans un autre groupe social. (Syn. VARIATION LINGUISTIQUE.) – **Mar.** *Changement en latitude, en longitude,* différence entre la latitude, la longitude de départ et celle d'arrivée. – **Phon.** *Changement phonétique,* modification subie par un phonème au cours de l'évolution d'une langue. – **Télécomm.** *Changement de fréquence,* translation sur l'échelle des fréquences des composantes spectrales d'un signal, sans altération de la phase ni de l'amplitude. (Syn. CONVERSION DE FRÉQUENCE.) – **Théâtr.** *Changement à vue,* changement de décor, sans baisser de rideau ni noir. – **Thermodyn.** *Changement d'état,* syn. de TRANSITION* DE PHASE.

CHANGER v. t. (lat. pop. *cambiare,* troquer) [conj. **17**]. **1.** Céder qqch pour autre chose, l'échanger : *Changer des livres contre des disques.* – **2.** Convertir une monnaie en une autre monnaie, échanger une somme d'argent contre une même somme en pièces ou en billets de valeurs différentes : *Changer des francs en livres.* – **3.** Remplacer qqch, qqn par qqch, qqn d'autre de même nature, de même fonction : *Changer les assiettes. Changer le caissier d'une banque.* – **4.** Remplacer qqn, qqch par qqn, qqch d'autre de même apparence, par malveillance ou malhonnêteté : *Elle est persuadée que le bijoutier a changé les pierres de sa bague.* – **5.** Mettre qqn, qqch à un autre poste, etc : *Vous gênez ici, changez votre voiture de place.* – **6.** Transformer qqch, qqn en qqch ou qqn d'autre, le faire passer à un autre état : *Les alchimistes tentaient de changer certains métaux en or.* – **7.** Mettre des couches propres à un bébé, du linge propre à un enfant, à un malade. – **8.** Modifier qqch, qqn, le rendre différent : *Changer le sens d'une phrase. Cette nouvelle coiffure la change complètement.* – **9.** *Changer quelque chose à qqch, ne rien changer à qqch,* en modifier un élément, un détail, ne pas y toucher, ne pas agir sur une situation : *Ne rien changer à ses habitudes.* – **10.** Faire sortir qqn de ses habitudes, rompre la monotonie de ses activités et, en partic., le distraire : *Vous devriez accepter cette proposition de voyage, cela vous changerait un peu.* – **11.** *Changer qqch, qqn en bien, en mal,* le modifier en l'améliorant ou en l'abîmant. ‖ *Changer les idées à qqn,* le distraire de ses soucis. • **Mar.** *Changer les voiles,* les brasser d'un autre bord, ou les border du bord opposé à celui où elles le sont.

◆ v. t. ind. **1.** Échanger une place, une fonction, etc., avec qqn d'autre : *Changer de place avec son voisin.* – **2.** Abandonner qqch, se séparer de qqch, de qqn, pour qqch ou qqn d'autre pouvant remplir le même rôle, la même fonction : *Changer de secrétaire.* – **3.** Quitter un lieu, une direction pour aller ailleurs : *Si vous changez d'adresse, prévenez-nous.* – **4.** Adopter une autre opinion, une autre attitude : *Il a réussi à me faire changer d'avis.* – **5.** Passer d'un autobus dans un autre, prendre une correspondance en train ou en métro : *Changer à Saint-Lazare.* – **6.** Subir une modification dans son aspect, devenir différent : *Le papier peint a changé de couleur.* – **7.** *Changer de tête, de visage,* perdre contenance sous l'effet d'une forte émotion. ‖ *Changer du tout au tout,* être complètement transformé. ‖ *Et pour changer,* se dit ironiq. de qqch qui se répète.

◆ v. i. ou **être changé** v. pass. **1.** Devenir différent ; se transformer, évoluer, être modifié : *Tout a (est) changé ici, on ne reconnaît plus rien.* – **2.** Être remplacé par qqn ou qqch d'autre : *Le président de l'association change tous les ans.*

◆ **se changer** v. pr. **1.** Mettre d'autres vêtements. — **2.** Se modifier soi-même. — **3.** *Se changer les idées,* se distraire.

CHANGEUR, EUSE n. Commerçant qui fait métier d'échanger les devises entre elles.

◆ **changeur** n. m. **1.** Au Moyen Âge et sous l'Ancien Régime, commerçant qui faisait le change des monnaies et le négoce des métaux précieux. (→ *encycl.*) — **2.** *Changeur de billets,* machine acceptant et contrôlant des billets de banques et délivrant en contrepartie des pièces de monnaie ou des jetons. ‖ *Changeur de disques,* dispositif mécanique assurant automatiquement la lecture successive de plusieurs disques. ‖ *Changeur de monnaie,* machine acceptant des pièces de monnaie et délivrant en contrepartie, pour la même valeur, des pièces plus petites ou des jetons.

ENCYCL. **Hist.** Les changeurs étaient chargés du commerce des métaux précieux, recevaient et changeaient sur les places marchandes les monnaies étrangères, anciennes, défectueuses et démonétisées, moyennant une commission. Ils exerçaient leur profession en public, sur un comptoir appelé table ou banc. À Paris, ils s'établirent sur le Pont-au-Change.

CHANGEUX (Jean-Pierre), biologiste français (Domont 1936). Il a étudié le développement du système nerveux et a fait découvrir les neurosciences à un large public (*l'Homme neuronal,* 1983). Il est président du Comité national d'éthique médicale depuis 1992. (Acad. des sc., 1988).

CHANG-HAI → SHANGHAI.

CHANGHUA ou **ZHANGHUA,** v. de Taiwan ; 217 000 hab.

Changi, aéroport de Singapour.

CHANG JIANG, autre nom du Yangzi Jiang, donné surtout au cours inférieur du fleuve.

CHANG KAÏ-CHEK → JIANG JIESHI.

CHANG-K'IEOU → SHANGQIU.

CHANGSHA ou **TCH'ANG-CHA,** v. du centre-sud de la Chine, sur le Xiang Jiang, cap. de la province du Hunan ; 1 480 000 hab. C'est l'anc. cap. du royaume de Chu sous les Royaumes Combattants (481-221 av. J.-C.). Riche nécropole. Université. Centre industriel (machines-outils, métallurgie de l'aluminium).

Changu Nārāyan, haut lieu religieux et artistique du Népal, à l'E. de Katmandou, fondé au IVe s., reconstruit au XVIIe, et restauré en 1934 (temple pagode, à deux étages, le plus ancien du pays).

CHANGWON, localité de la Corée du Sud, à proximité de Masan. Complexe industriel (fonderie, aciérie, constructions mécaniques.).

CHANGZHOU ou **TCH'ANG-TCHEOU,** v. de Chine (Jiangsu), sur la voie ferrée Shanghai-Nankin ; 531 000 hab. Centre commercial. Textile. Industries alimentaires. Mécanique.

CHANLATTE ou **CHANLATE** n. f. (de *chant,* à côté, et *latte*). Pièce de bois de section trapézoïdale formant l'élément inférieur du lattis d'une toiture.

CHANLATTER v. t. (de *chanlatte*) [conj. 3]. Dédoubler diagonalement une latte de bois.

1. CHANNE n. f. (du lat. *canna*). En Suisse, broc d'étain.

2. CHANNE → CHANE.

CHANNEL, nom anglais de la Manche.

CHANNEL ISLANDS, nom anglais des îles Anglo-Normandes.

CHANOINE n. m. (lat. ecclés. *canonicus,* du gr. *kanôn,* règle). **1.** Clerc diocésain membre d'un chapitre cathédral ou collégial. — **2.** Religieux vivant en communauté, habituellement sous la règle de saint Augustin, et qui se met au service du peuple chrétien dans les paroisses *(chanoine régulier).* [Il existe une confédération de chanoines réguliers de saint Augustin, constituée en 1950, et regroupant 6 congrégations. En dehors d'elle existent trois congrégations autonomes : la plus célèbre est celle des Prémontrés*.] — **3.** *Chanoine honoraire,* prêtre qui a le titre et les insignes des chanoines sans en avoir les fonctions. ‖ *Chanoine titulaire,* membre à part entière d'un chapitre, avec les droits et les devoirs inhérents à sa charge. (Les chanoines titulaires récitent ou chantent en commun, au chœur, l'office divin.)

CHANOINE (Jules), général français (Dijon 1835 - Baudement, Marne, 1915). Il participa à l'expédition de Chine (1860), puis il dirigea en 1867 la mission chargée de réorganiser l'armée japonaise et créa l'arsenal de Yokosuka. — Son fils, CHARLES PAUL JULES (Paris 1870 - Maydjirgui, près de Tessaoua, Niger, 1899), officier, chargé d'une mission d'exploration au Niger et au Tchad, et devant rejoindre la mission Foureau-Lamy, fut assassiné par ses propres tirailleurs.

CHANOINESSE n. f. (de *chanoine*). **1.** Religieuse qui possédait une prébende dans un chapitre de filles. — **2.** Religieuse de certaines communautés. (Les chanoinesses régulières forment plusieurs congrégations soumises généralement à la règle de saint Augustin et se vouant à l'enseignement ou à la contemplation.)

CHANOINIE n. f. Syn. de CANONICAT.

CHANOS n. m. (de l'arabe). Poisson littoral de l'océan Indien et du Pacifique, ressemblant au hareng, objet d'une pêche industrielle.

CHANOYU [tchanoju] n. m. (mot jap.). Au Japon, cérémonie rassemblant quelques amateurs pour l'absorption d'un bol de thé, préparé par l'hôte selon un rituel strict (la cérémonie du thé).

CHANS *(État des)* ou **ÉTAT CHAN,** État de l'est de la Birmanie ; environ 160 000 km² et 3 726 000 hab. C'est un plateau calcaire entaillé par la Salouen, habité par les Chans, de langue thaïe et de religion bouddhiste.
— **Hist.** Les Chans dominèrent l'histoire de la Birmanie du Centre et du Nord, de la fin du XIIIe s. au milieu du XVIe s. Les Britanniques, après 1885, leur consentirent une certaine autonomie, qui s'amplifia après le retour à l'indépendance (1948). L'État chan actuel résiste au pouvoir central birman.

CHAN-SI → SHANXI.

CHANSON n. f. (lat. *cantionem.* accus. de *cantio, -onis,* action de chanter). **1.** Poème à chanter composé de stances égales appelées couplets, séparées généralement par un leitmotiv, le refrain. — **2.** Poème destiné ou non à être chanté. — **3.** Air sur lequel on chante tel ou tel poème. — **4.** Chant quelconque : *La chanson du rossignol. La chanson de la source.* — **5.** Propos qu'on répète sans cesse ; refrain : *C'est toujours la même chanson. Ça va, on connaît la chanson !* — **6.** Au Moyen Âge, poésie lyrique d'un genre élevé, composée et chantée par les trouvères et les troubadours. — **7.** *C'est une autre chanson !,* c'est une autre affaire, une difficulté nouvelle. ‖ *Chanson(s) !,* ce sont des paroles vaines et fausses. ‖ *Chanson à boire,* chanson où le vin est célébré. ‖ *Chanson polyphonique,* composition à plusieurs voix sur texte profane. (Ses représentants les plus célèbres sont Josquin Des Prés, Janequin et Lassus.) ‖ *Chanson populaire,* chanson issue du peuple et qui lui est destinée.
ENCYCL. Une part importante des textes du Moyen Âge consiste en recueils de chansons dont on distingue différentes variétés. Les *chansons courtoises,* constituant le répertoire essentiel des *trouvères* et des *troubadours ;* les *chansons d'histoire,* ou *de toile ;* les *chansons de croisade.* On distingue encore les chansons d'après le sujet (la mal mariée, la chanson à boire) ou la fonction (chanson à boire ou à danser). L'esthétique d'un genre aussi vaste, qui va de la *chanson de geste** à la chanson religieuse, relève d'abord de l'art musical.
Le divorce de la poésie et de la musique prévaut à partir des XIVe et XVe s. pour devenir patent sous la Renaissance. La chanson devient genre populaire et la poésie genre noble. La verve satirique et licencieuse se développe pendant la Fronde. Sous Louis XIV, les bergeries, vaudevilles, brunettes se mêlent aux chansons satiriques, galantes et bachiques. Elles ont pour auteurs Benserade, Voiture, Boursault, Coulanges et sont signées par les meilleurs musiciens. Aux XVIIIe et XIXe s., la chanson parvient à son épanouissement grâce à des sociétés : le Caveau*, la *Société d'Apollon, les Enfants de la Lyre.* C'est l'époque de Gallet, Collé, Piron, Crébillon père et fils, Fuzelier, Favart, Gentil-Bernard, Helvétius. Les romances et les bergerettes sont signées J.-J. Rousseau, Florian, Marmontel. Philidor, Rameau, Martini, Dalayrac, Monsigny, Grétry, Piccinni les mettent en musique. Avec la Révolution, la chanson se fait violente, puis lyrique : « le Chant du départ », « la Marseillaise ». Le Directoire, le Consulat et l'Empire amènent un renouveau de la chanson classique (Désaugiers, Gouffé). V. Hugo, A. de Musset, Th. Gautier comptent parmi les chansonniers, à la tête desquels se trouvent Béranger, Nadaud, Clément, Colmance. Vers 1846 est créé le café-concert, dont les étoiles sont Paulus, Yvette Guilbert, Polin, Mayol. La chanson patriotique, avec Paul Déroulède, obtient un vif succès. En 1882, la chanson littéraire renaît dans le cabaret du Chat-Noir, créé par Rodolphe Salis. D'autres cabarets artistiques, comme celui d'Aristide Bruant, se créent à Montmartre et au Quartier latin. La chanson d'actualité prend le pas sur les autres genres.

Après la Première Guerre mondiale, le café concert est supplanté par le music-hall. Le Casino de Paris vit son âge d'or avec J. Baker et Mistinguett. Les chanteuses triomphent (Frehel, Damia, Marie Dubas, Lys Gauty, Lucienne Boyer, Berthe Sylva), tandis que seuls les comiques troupiers (Fernandel, Georgius) et les chanteurs fantaisistes recueillent les faveurs du public. Maurice Chevalier est la plus grande vedette masculine de l'entre-deux-guerres. La butte Montmartre devient le royaume des chansonniers et les cabarets s'y multiplient (les Quat'z-Arts, le Lapin à Gill, la Vache-Enragée, le Théâtre des Dix-Heures, le Caveau de la République). L'apparition de la radio, dans les années 30, popularise la chanson, qui connaît une nouvelle vague, sous l'influence du jazz. Ray Ventura et son orchestre font triompher la musique « swing » en 1936. Mireille et Jean Nohain renouvellent la chanson française et ils auront une influence décisive, en particulier sur les duettistes : (Jacques) Pills et (Georges) Tabet, Gilles et Julien, Charles (Trenet) et Johnny (Hess). Jean Sablon est le premier chanteur français à utiliser toutes les ressources du micro. Les compositions de Vincent Scotto font de Tino Rossi l'idole du public féminin. Charles Trenet, poète et fantaisiste, devient en quelques années « le fou chantant ». Il sera l'un des rares, avec Édith Piaf, à résister à la concurrence de la génération de l'après Seconde Guerre mondiale. Dans les années 50, apparaissent de jeunes auteurs-compositeurs (Georges Brassens, Gilbert Bécaud, Charles Aznavour, Jacques Brel, Léo Ferré, Francis Lemarque, Guy Béart) qui renouvellent la chanson populaire, tandis que le comédien Yves Montand se construit un répertoire original et de qualité. Venus des cabarets de la rive gauche, de nombreux artistes connaissent la consécration (Juliette Gréco, Catherine Sauvage, les Compagnons de la chanson, les Frères Jacques). Au début des années 60, une nouvelle vague submerge la France, en adaptant en français les succès américains. C'est le temps du « yé-yé » et des idoles (Eddy Mitchell, Johnny Hallyday, Richard Anthony, Claude François, Sylvie Vartan, Sheila, Françoise Hardy). Certains comme Aznavour, Bécaud, Ferrat, Montand ou Brel conservent leur popularité, d'autres sombrent alors dans l'indifférence, tandis que surgissent Barbara, Claude Nougaro, Anne Sylvestre, et que Serge Gainsbourg se montre habile à anticiper sur les modes. Salvatore Adamo, Enrico Macias, Jacques Dutronc, Hugues Aufray, Mireille Mathieu, Alain Barrière figurent aussi parmi les habitués des hit-parades de l'époque. Après 1968, la chanson française, avec Julien Clerc, Serge Lama, Michel Sardou, Alain Souchon, Renaud, Jacques Higelin, le groupe Téléphone, tente de contrer l'influence de la musique anglo-saxonne.

Chanson d'Antioche *(la),* chanson de geste en 9 000 alexandrins, remaniement (v. 1180) par Graindor de Douai d'un poème perdu de Richard le Pèlerin.

Chanson de la croisade contre les albigeois *(la),* poème provençal en 9 000 alexandrins et en deux parties : la première a pour auteur Guilhem de Tudela ; la seconde, inachevée, est l'œuvre d'un auteur inconnu.

Chanson de Guillaume *(la),* chanson de geste conservée dans un unique manuscrit, dont l'existence a été révélée en 1903. Le texte remonte à la première moitié du XIIe s et traite des exploits de Guillaume d'Orange.

Chanson de Roland *(la),* la plus ancienne chanson de geste française, en 4 002 décasyllabes assonancés. Datée de la fin du XIe s., son auteur est inconnu, mais on a voulu le voir dans le *Turoldus,* qui signe le dernier vers du poème. Elle est composée de deux grandes parties : la trahison de Ganelon, la bataille et la mort de Roland, puis l'affrontement de Charlemagne avec l'émir Baligant, et le châtiment du traître. Amplifiant et métamorphosant un événement historique (la défaite infligée à l'armée de Charlemagne par les Basques aux environs de Roncevaux, le 15 août 778), le poème exalte la fidélité au roi, le sentiment religieux et patriotique, la gloire des héros. C'est en 1832 que fut découvert son manuscrit, à la bibliothèque Bodléienne d'Oxford.

Chansons des rues et des bois *(les),* recueil poétique de V. Hugo (1865).

CHANSONNER v. t. (conj. 3). *Vx.* Faire une chanson satirique contre qqn, le railler.

CHANSONNETTE n. f. Petite chanson sans prétention : *Pousser la chansonnette.*

CHANSONNIER, ÈRE n. Artiste qui chante ou dit des textes et des chansons satiriques.
◆ adj. Qui se rapporte aux chansonniers.
◆ **chansonnier** n. m. **1.** *Vx.* Personne qui faisait, qui chantait des chansons. — **2.** Recueil de chansons manuscrites (en partic. du Moyen Âge) ou imprimées.

1. CHANT n. m. (lat. *cantus*). **1.** Suite de sons modulés émis par la voix humaine, qui, par la différence des intonations, produisent des sensations variées : *Chant mélodieux.* — **2.** Action par laquelle la phonation, intensifiée et variée, devient musique. — **3.** Art de produire par la voix des sons mélodieux, des œuvres musicales : *Prendre des leçons de chant.* — **4.** Émission sonore spécifique produite par les oiseaux mâles matures dans le cadre du comportement reproducteur. (→ *encycl.* Éthol.) — **5.** Émission sonore produite par le battement des ailes de certains insectes : *Le chant des cigales.* — **6.** *Litt.* Ce qui imite, évoque le chant humain ou le chant des oiseaux : *Le chant d'une source.* — **7.** Poésie chantée, composition musicale, vocale ou instrumentale : *Chants populaires.* — **8.** Toute composition en vers de style noble. — **9.** Chacune des divisions d'un grand poème épique ou didactique. — **10.** Dans les œuvres du Moyen Âge, type du discours ou du dialogue particulier, se distinguant du *récit.* — **11.** Partie d'une composition musicale à laquelle est confiée la mélodie principale. (→ *encycl.* Mus.)

ENCYCL. **Éthol.** Le chant émis à la saison de reproduction, en relation avec un équilibre particulier des hormones sexuelles, intervient essentiellement dans les activités liées au territoire (marquage), dans le cadre de la recherche d'un partenaire sexuel (repérage auditif) ou de la parade. Chez la plupart des espèces, il n'est pas complètement programmé génétiquement et son exécution requiert un apprentissage au cours d'une période sensible qui se situe pendant les quelques semaines d'élevage au nid.

— **Mus.** La culture musicale européenne détermine, dès le haut Moyen Âge, un type de chant policé, dont l'Église romaine assure l'enseignement fondé sur la justesse, la qualité et la virtuosité des voix. L'opéra, à l'aube du XVIe s.,

reprend ces principes, explicités par les théoriciens italiens. L'Angleterre et l'Allemagne répondent, jusqu'à Mozart, à ce chant d'obédience italienne, dont la France, au contraire, se dégage en calquant sur la récitation de l'alexandrin un chant large et déclamé, récusant la virtuosité. Au XVIIIe s., grâce à Rameau et aux auteurs d'opéras-comiques, on tend à une synthèse entre la souplesse et la virtuosité. Rossini, jusqu'à la veille de 1830, tente de préserver ce culte d'un beau chant. Après 1830, le romantisme et l'exaltation des sentiments conduisent à une recherche d'effets de puissance et à un déplacement de la voix vers les sons aigus et brillants.
Depuis, le dilemme entre l'expression dans le chant et la pureté de la voix reste entier.

2. CHANT ou **CHAMP** n. m. (lat. *canthus,* bande de fer qui entoure la roue, d'orig. celt.). **1.** Le plus petit côté de la section d'une pièce équarrie. — **2.** *De chant, sur chant,* dans le sens de la longueur et sur la petite face, dans un plan vertical : *Poser des briques de chant.*

Chant du départ *(le),* hymne patriotique de Méhul (1794) sur des vers de M.-J. Chénier, célébrant le cinquième anniversaire de la prise de la Bastille.

Chant général *(le),* poème de Pablo Neruda (1950), célébrant le continent américain.

Chant des partisans *(le),* marche qui devint l'hymne de la Libération en France, paroles de Joseph Kessel et Maurice Druon, musique d'Anne Marly (1943).

Chants de Maldoror, épopée en 6 chants, en prose, de Lautréamont. Le chant I parut à Paris en août 1868 et l'ensemble à Bruxelles en 1869. Ils sont la profanation de toutes les valeurs reconnues et de tous les stéréotypes littéraires et culturels.

CHANTABLE adj. Susceptible d'être chanté.

CHANTAGE n. m. (de *chanter*). **1.** Délit consistant à extorquer ou à tenter d'extorquer la remise de fonds, de valeurs ou de tout écrit contenant ou opérant obligation ou décharge, à l'aide d'une menace, écrite ou verbale, de révélations ou d'imputations diffamatoires. — **2.** Action de brandir une menace pour obtenir de qqn qqch qu'il refuse : *Un chantage sentimental.*

CHANTAL (Jeanne-Françoise FRÉMYOT, *baronne* DE) → JEANNE-FRANÇOISE FRÉMYOT DE CHANTAL (sainte).

CHANTANT, E adj. **1.** *Litt.* Qui chante : *Troupe chantante.* — **2.** Qui se chante et se retient aisément : *Air chantant.* — **3.** Qui a qqch de musical, de sonore et de cadencé : *Une langue chantante.* — **4.** Se dit d'une couleur gaie, vive.

CHANTEAU n. m. (de *chant,* partie la moins large d'un objet). **1.** *Vx.* Morceau coupé à un grand pain ou à une pièce d'étoffe. — **2.** Petite douelle latérale sur le fond d'un tonneau. — **3.** *Chanteau de pain bénit,* morceau qu'on envoie à celui dont c'est le tour de rendre le pain bénit le dimanche suivant.

CHANTEFABLE n. f. (de *chanter* et *fable*). Récit médiéval mêlé de prose récitée et de vers chantés.

CHANTELLE (03140), ch.-l. de cant. de l'Allier, aux confins de la Combraille et de la Limagne bourbonnaise ; 1 061 hab. *(Chantellois).* Centre de séjour. Abbatiale St-Vincent, romane.

CHANTELOUP-LES-VIGNES (78570), comm. des Yvelines, dans une boucle de la Seine, au N. de Poissy ; 10 235 hab.

CHANTEMERLE, écart de la comm. de Saint-Chaffrey (Hautes-Alpes), dans la vallée de la Guisanne, au N.-O. de Briançon, partie du centre touristique de Serre-Chevalier.

CHANTEMESSE (André), médecin bactériologiste et hygiéniste français (Le Puy 1851-Paris 1919). Il réalisa, avec Widal, la vaccination contre la fièvre typhoïde (1888).

CHAN-T'EOU → SHANTOU.

CHANTEPIE (35135), comm. d'Ille-et-Vilaine, banlieue sud-est de Rennes ; 6 083 hab. Imprimerie ; édition.

CHANTEPLEURE n. f. (de *chanter* et *pleurer*). **1.** Entonnoir à long tuyau percé de trous, pour faire couler du vin dans un tonneau sans le troubler. — **2.** Robinet d'un tonneau en perce. — **3.** Fente verticale pratiquée dans un mur pour l'écoulement des eaux.

CHANTER v. i. (lat. *cantare*) [conj. 3]. **1.** Faire entendre un chant ; produire par la voix des sons mélodieux, une œuvre musicale : *Chanter juste.* — **2.** Produire des sons plus ou moins modulés : *Le grillon chante. L'eau chante dans la bouilloire.* — **3.** Apporter une note de gaieté, produire un effet harmonieux et gai, en parlant de qqch : *Couleurs qui chantent.* — **4.** Fam. *C'est comme si on chantait,* cela n'avance à rien, cela n'a aucun effet. ‖ *Faire chanter qqn,* exercer sur lui un chantage.

◆ v. t. **1.** Faire entendre un chant, une chanson, les produire par la voix : *Elle chantait un air de Puccini.* — **2.** *Litt.* Célébrer qqch, qqn, les louer par des chants, des récits poétiques : *Chanter les exploits d'un héros.* — **3.** *Chanter victoire,* proclamer avec joie son succès. ‖ *Pain à chanter,* pain azyme, dont on fait les hosties. ‖ Fam. *Qu'est-ce que tu nous chantes là ?,* tu nous racontes des sottises.

◆ v. t. ind. Fam. *Si cela vous (lui, etc.) chante, comme cela vous (lui, etc.) chante,* si cela vous (lui, etc.) plaît ; comme cela vous (lui, etc.) plaît.

◆ **être chanté** v. pass. **1.** Devoir être interprété par le chant : *Œuvre chantée.* – **2.** Comporter des chants, des chansons : *Spectacle chanté.*

1. CHANTERELLE n. f. (lat. des botanistes *cantharellus,* de *cantharus,* coupe, du gr. *khantharos*). Champignon comestible jaune, au chapeau en entonnoir, aux lamelles qui descendent le long du pied. (Syn. GIROLLE.)

2. CHANTERELLE n. f. (de *chanter*). **1.** Corde la plus aiguë d'un instrument à cordes et à manche. – **2.** Appeau servant à appeler les oiseaux en imitant leur chant. (La loi en interdit l'emploi.) – **3.** Fam. *et* vx. *Appuyer sur la chanterelle,* insister sur un point sensible.

CHANTERÈNE ou **CHANTEREINE** (Nicolas), sculpteur français établi au Portugal entre 1516 et 1540. Ses œuvres principales sont à Belém, Coimbra et Evora. Il a beaucoup contribué à introduire le style de la Renaissance au Portugal.

CHANTEUR, EUSE n. (lat. *cantorem,* accus. de *cantor*). **1.** Personne qui chante, ou qui fait métier de chanter. – **2.** *Chanteur de charme,* chanteur spécialisé dans les chansons douces et sentimentales. ‖ *Chanteuse légère,* cantatrice chargée des rôles demandant de la virtuosité, notamment dans l'opérette. ‖ *Chanteuse réaliste,* chanteuse qui interprète des chansons ayant trait aux drames de la vie.

◆ adj. Se dit d'un animal doué de la faculté de chanter : *Oiseaux chanteurs.*

CHANTIER n. m. (lat. *cantherius,* cheval hongre, puis support). **1.** Endroit où sont entassés ou travaillés des matériaux de construction. – **2.** Terrain, endroit où l'on procède à des travaux de réparation ou de construction. – **3.** *Fam.* Lieu en désordre : *Quel chantier !* – **4.** *Chantier naval,* lieu de construction des navires. ‖ *En chantier,* en travaux : *L'appartement est en chantier.* ‖ *Mettre, avoir un ouvrage en chantier,* en commencer l'exécution, être en train de le réaliser. • **Aquac.** Bâti en bois ou en métal servant de support pour les casiers d'élevage des huîtres. ‖ Bordure d'une claie. – **Min.** Endroit de la mine où travaillent un ou plusieurs mineurs pour réaliser les différentes opérations nécessaires à l'exploitation. – **Sculpt.** *Mise en chantier,* action d'incliner et de caler le bloc de pierre que l'on va travailler en le posant, à un bout, sur un autre bloc appelé chantier. – **Tonnell.** Ensemble des madriers en bois sur lesquels on pose horizontalement les tonneaux pour les isoler du sol.

CHANTIGNOLE ou **CHANTIGNOLLE** n. f. Syn. de ÉCHANTIGNOLE.

CHANTILLY adj. et n. f. inv. (de *Chantilly,* n. pr.). *Crème chantilly,* crème fraîche et froide, fouettée en mousse, sucrée et parfumée à la vanille.

CHANTILLY (60500), ch.-l. de cant. de l'Oise, en lisière de la forêt de Chantilly ; 11 525 hab. *(Cantiliens).* Château (v. art. suiv.). Hippodrome, ouvert en 1834, centre d'entraînement où ne se disputent que quelques courses de plat. Le grand quartier général français s'installa à Chantilly de nov. 1914 à janv. 1917.

Chantilly *(château* et *musée* CONDÉ *de).* Remplaçant celui construit au XVIe s. pour Anne de Montmorency, le grand château date du XIXe s. ; petit château, œuvre de J. Bullant ; écuries par J. Aubert. Manufacture de porcelaine au XVIIIe s., époque des Bourbon-Condé. En 1884-1886, le duc d'Aumale a légué le domaine à l'Institut de France, avec les riches collections qui forment le *musée Condé* (500 tableaux des écoles italienne et française, miniatures, dessins, objets d'art ; bibliothèque). Un « musée vivant du Cheval » est installé dans les écuries.

Chantilly *(dentelle de),* dentelle exécutée aux fuseaux avec une soie blanche ou noire. Ses motifs rappellent ceux de la céramique produite à la même époque dans cette ville. Ils sont cernés d'un fil de soie et appliqués sur un réseau à maille hexagonale.

Chantilly *(forêt de),* massif forestier de l'Île-de-France, situé au sud de Chantilly (6 300 ha), propriété de l'Institut de France. La forêt est composée de hêtres, de chênes et de résineux divers.

Chantilly *(manufacture de porcelaine de),* manufacture fondée vers 1725, par Louis-Henri de Bourbon, prince de Condé, l'une des premières à fabriquer de la porcelaine tendre. Les décors s'inspirent du style japonais. Dans la seconde moitié du XVIIIe s., on y exécuta des services en camaïeu bleu. La marque est un cor de chasse.

CHAN-TONG → SHANDONG.

CHANTONNAY (85110), ch.-l. de cant. de la Vendée, dans la *plaine de Chantonnay ;* 7 692 hab. *(Chantonnaisiens).* Église du XIVe s. Industrie alimentaire. Mobilier.

CHANTONNEMENT n. m. Action de chantonner.

CHANTONNER v. i. (conj. 3). **1.** Fredonner un air : *Chantonner en se rasant.* – **2.** Produire des sons plus ou moins mélodieux : *Bouilloire qui chantonne.*

◆ v. t. Chanter une chanson à mi-voix ; fredonner : *Chantonner un air à la mode.*

Chantons sous la pluie, film américain de Stanley Donen et Gene Kelly (1952), un des grands succès de la comédie musicale.

CHANTOUNG → SHANTUNG.

CHANTOURNEMENT n. m. 1. Action de chantourner. – **2.** Profil, contour d'une pièce chantournée.
ENCYCL. Le chantournement s'effectue au ruban, à la scie sauteuse, ou à la défonceuse. L'outil peut s'incliner par rapport à la table ou l'inverse. À la main, on utilise une égoïne dite à guichet ou de petites scies sauteuses portatives ou à table.

CHANTOURNER v. t. (de *chant,* côté le plus étroit d'un objet, et *tourner*) [conj. 3]. Découper une pièce de bois, de métal, etc., selon des profils complexes, généralement en courbes et contre-courbes. (Caractéristique des productions du style rocaille.)

CHANTRE n. m. (lat. *cantor,* chanteur). **1.** Personne qui assure les chants dans les offices liturgiques. – **2.** À l'époque de la Réforme, celui qui dans les communautés protestantes entonnait, soutenait ou dirigeait le chant. – **3.** Personne qui glorifie, loue qqn ou qqch : *Il s'est fait le chantre du pouvoir.* – **4.** *Herbe aux chantres,* nom usuel du *sisymbre.*

CHANTREY (*sir* Francis LEGATT), sculpteur britannique (Norton, près de Sheffield, 1781-Londres 1841), auteur de bustes et de statues d'un style plus naturaliste que néoclassique.

CHANUTE (Octave), ingénieur français naturalisé américain (Paris 1832-Chicago 1910). Il contribua au développement de l'aviation en construisant divers modèles d'appareils, que les travaux de Louis Mouillard lui permirent de perfectionner. Il aida les frères Wright à leurs débuts.

CHANVRE n. m. **1.** Plante anuelle dioïque à haute tige, cultivée pour ses fibres d'usage textile. (→ *encycl.*) – **2.** *Chanvre d'eau,* nom usuel du *lycope* et du *bidens.* ‖ *Chanvre indien,* nom usuel de *Cannabis sativa indica,* plante dont on extrait une substance narcotique ; cette substance elle-même. ‖ *Chanvre de Manille,* fibre textile fournie par l'abaca. ‖ *Chanvre sauvage,* nom usuel du *galeopsis.* ‖ *Graine de chanvre,* chènevis utilisé pour la pêche du gardon et pour l'alimentation des oiseaux.
ENCYCL. Le chanvre *(Cannabis sativa)* est une plante annuelle dioïque à l'état normal, à tiges dressées de 2 à 4 m de haut en moyenne, pouvant s'élever jusqu'à 6 à 10 m ; le diamètre à la base des tiges est de 20 à 30 mm ; la tige comporte, dans sa partie libérienne, les fibres. L'aire de culture est très étendue, des zones tempérées aux zones subtropicales. Son cycle de développement est très court, de 50 à 160 jours. La culture du chanvre est en régression. Essentiellement produit pour sa fibre (toiles, cordages), le chanvre a été fortement concurrencé par des fibres issues d'autres plantes (sisal, jute) et par les fibres synthétiques. La Chine, la Roumanie et l'Inde sont les premiers producteurs mondiaux. L'utilisation du chanvre pour la fabrication de pâte à papier devient le principal débouché.
– **Méd.** Le *chanvre indien (Cannabis sativa indica)* est cultivé en Asie du Sud-Est, en Inde, dans le Proche-Orient, en Afrique du Nord et en Amérique centrale. On extrait, des inflorescences mâles ou femelles, le *kif, haschisch* ou *marihuana.* Le tétrahydrocannabinol (T. H. C.), principal constituant psychotique, y est contenu en forte concentration (2 à 7 %).

CHANVREUX adj. m. Se dit de sciages à surfaces fibreuses.

CHANVRIER, ÈRE adj. Relatif au chanvre.

CHANZY (Antoine Alfred Eugène), général français (Nouart, Ardennes, 1823 - Châlons-sur-Marne 1883). Général en 1868, chargé par Gambetta du commandement de la IIe armée de la Loire, il tint tête aux Allemands dans une série de combats qui s'achevèrent par la retraite du Mans (janv. 1871). Il fut gouverneur de l'Algérie (1873) et ambassadeur en Russie (1879).

CHAO'AN ou **TCH'AO-NGAN,** port de Chine (Guangdong), à la tête du delta de la Han Shui ; 265 400 hab. (1 214 500 hab. dans l'agglomération).

CHAO-HING → SHAOXING.

CHAO-KOUAN → SHAOGUAN.

CHAO PHRAYA → MÉNAM CHAO PHRAYA.

CHAOS [kao] n. m. (lat. *chaos,* du gr. *khaos,* abîme). **1.** Confusion générale des éléments de la matière, avant la formation du monde – **2.** Ensemble de choses sens dessus dessous et donnant l'image de la destruction, de la ruine, du désordre : *Le chaos des immeubles effondrés.* – **3.** État de confusion générale : *Mettre le chaos dans une économie fragile par des mesures intempestives.* – **4.** *Chaos de blocs,* amas de gros blocs (généralement cristallins ou gréseux) entassés à la surface du sol.

CHAOS, chez les Grecs anciens, personnification du Vide préexistant à la création, tout entier en puissance, qui jouera le rôle de matrice du monde. Il donna naissance à Nyx (la Nuit) et à l'Érèbe.

CHAOTIQUE [kao-] adj. Qui présente l'aspect, le caractère du chaos ; désordonné : *Le spectacle chaotique d'une ville sinistrée.*

CHAOUABTI → SHAOUABTI.

CHAOUCH n. m. (turc *çauş*). **1.** Nom porté par les huissiers des légations et consulats de France au Moyen-Orient. – **2.** Nom donné en Afrique du Nord aux appariteurs des services publics. — **3.** Cépage oriental, donnant des grappes énormes et que l'on cultive surtout comme raisin de table.

CHAOUEN → CHECHAOUEN.

CHAOUÏA (la), en ar. **al-Chāwiyya,** région du Maroc occidental, entre l'Atlantique à l'O., l'Oum er-Rebia au S., et le plateau des Zaër au N.-E. ; elle s'étend, dans l'intérieur, sur les plateaux calcaires du S. de la Meseta. Gisements de phosphates (Khouribga).

CHAOURCE n. m. (de *Chaource,* n. pr.). Fromage cylindrique, au lait entier de vache, consommé frais ou demi-affiné, préparé en Champagne dans la région de Chaource et de Bar-sur-Seine.

CHAOURCE (10210), ch.-l. de cant. de l'Aube, au S. de Troyes ; 1 040 hab. *(Chaourçois).* Église gardant une remarquable *Mise au tombeau* de 1515.

CHAOYANG ou **TCH'AO-YANG,** v. de Chine (Liaoning), au N.-O. de Jinzhou ; 183 300 hab. (318 900 hab. dans l'agglomération).

CHAO-YANG → SHAOYANG.

CHAPADA n. f. (port. *chapada*). Au Brésil, plateau gréseux limité par des escarpements marqués.

CHAPAIS (*sir* Thomas), homme politique et historien canadien (Saint-Denis-de-Kamouraska, Québec, 1858-*id.* 1946). Sénateur (1919), professeur d'histoire à Laval, auteur de plusieurs ouvrages, entre autres un *Cours d'histoire du Canada* (1919-1934).

CHAPALA, le plus grand des lacs du Mexique, à 1 500 m d'alt. ; 1 080 km². Ses eaux vont au Pacifique par le Lerma.

CHAPARDAGE n. m. *Fam.* Action de chaparder ; petit vol.

CHAPARDER v. t. (sabir *chapar,* vol) [conj. 3]. *Fam.* Voler qqch de peu de valeur : *Chaparder des fruits.*

CHAPARDEUR, EUSE adj. et n. *Fam.* Qui chaparde ; voleur.

CHAPARRAL n. m. (esp. *chaparral,* de *chaparro,* arbuste). Au Mexique, association végétale à base d'arbustes et d'arbrisseaux xérophiles à feuilles persistantes.

CHAPĀTI [tʃa-] n. f. (mot hindī). Galette de pain de froment sans levain consommée dans le nord de l'Inde.

CHAPE n. f. (bas lat. *cappa,* capuchon). **1.** Long manteau droit, sans manches, agrafé par devant, porté par le prêtre et d'autres officiants à certains offices liturgiques, comme les vêpres, et aux processions. — **2.** Manteau d'apparat, rouge ou violet, à capuce et bordé d'hermine, porté par les cardinaux ou les évêques. — **3.** Manteau de chœur porté par certains chanoines et religieux. — **4.** *Chape de plomb,* ce qui paralyse, ce qui constitue un fardeau moral. • **Autom.** Partie extérieure d'un pneumatique comprenant une partie des flancs et la bande de roulement. — **Bât.** Couche superficielle à base de ciment, d'asphalte, etc., destinée à conférer certaines caractéristiques à un sol. — **Emball.** Petite pièce métallique qui sert à sceller les deux extrémités d'un feuillard de cerclage. — **Manut.** Habillage d'une poulie, servant de support à son axe, et comportant le système de suspension ou de fixation. (Syn. GARNITURE.) — **Maroq.** Pièce qui sert à fixer chacune des extrémités d'une poignée sur le corps d'une serviette, d'une valise, etc. — **Sculpt.** et **Techn.** Enveloppe extérieure d'un moule.

CHAPÉ, E adj. et n. m. Se dit d'un écu partagé par deux lignes obliques partant du milieu du bord supérieur pour aboutir aux deux cantons de la pointe.

CHAPEAU n. m. (bas lat. *cappellus,* de *cappa,* coiffure). **1.** Coiffure de feutre ou de matières diverses, assez rigides. — **2.** Tout ce qui évoque un chapeau, qui coiffe : *Le chapeau des tuyaux de cheminée.* — **3.** Bref commentaire qui introduit un article de journal, de revue, une émission de radio, de télévision. — **4.** *Chapeau ! Chapeau bas !,* indique qu'on reconnaît le mérite, la valeur d'une action, de qqn ; bravo. ‖ *Coup de chapeau,* salut donné en soulevant son chapeau ; hommage, témoignage d'admiration, de considération. ‖ *Faire porter le chapeau à qqn,* le rendre responsable d'un échec. ‖ *Porter le chapeau,* être rendu responsable d'un échec. ‖ *Sur les chapeaux de roue,* se dit d'un véhicule qui démarre ou prend un virage à grande vitesse ; se dit de ce qui se déroule à un rythme très rapide ; à toute allure : *Un film qui démarre sur les chapeaux de roue.* ‖ *Tirer son chapeau à qqn,* lui reconnaître une supériorité, un mérite. ‖ Fam. *Travailler du chapeau,* être un peu fou. • **Assain.** Amas de matières solides surnageantes, qui se forme à la surface d'une fosse septique. — **Autom.** *Chapeau de roue,* sur les anciennes voitures, chapeau de moyeu des roues. — **Bot.** Partie supérieure du carpophore des champignons, souvent développée en un disque horizontal porté par le pied, et à la face intérieure duquel se trouvent les organes sporifères (lamelles, tubes ou pointes). — **Hérald.** Figure de chapeau à larges bords, ornement extérieur de l'écu des dignitaires ecclésiastiques catholiques romains. — **Mil.** *Chapeau de fer,* casque léger porté du XIIe au XVIIe s. — **Min.** Élément de soutènement (en bois ou en métal) qui est plaqué contre la couronne d'une galerie ou d'un chantier par des buttes ou des étançons.

– **Mus.** *Chapeau chinois,* instrument de musique formé d'un bâton surmonté de croissants et de cercles métalliques, auquel sont accrochées des grelots. – **Pétr.** *Chapeau de gaz,* accumulation des gaz et des hydrocarbures les plus légers dans la partie supérieure d'un gisement de pétrole ou de gaz naturel. (Syn. GAS-CAP.) – **Relig.** *Chapeau de cardinal,* ou simplement *chapeau,* chapeau rouge, plat, à larges bords et à longs cordons de soie rouge que le pape remet aux nouveaux cardinaux ; dignité de cardinal. – **Techn.** Traverse horizontale couvrant l'extrémité de deux ou de plusieurs montants. ‖ Petite pièce horizontale couronnant une pièce de charpente verticale ou oblique. – **Text.** *Chapeau de carde,* pièce métallique rectangulaire garnie de pointes. (Les chapeaux, groupés en chaîne sans fin, enveloppent la partie supérieure du grand tambour de la carde.) – **Zool.** *Chapeau chinois,* autre nom de la *patelle.*

Chapeaux et **Bonnets,** noms des deux factions qui se disputèrent le pouvoir aux diètes suédoises de 1738 à 1772, jusqu'à ce que le coup d'État de Gustave III (1772) vînt mettre fin à cette lutte.

CHAPEAUTAGE n. m. *Fam.* Contrôle exercé sur qqn, qqch.

CHAPEAUTER v. t. (conj. 3). **1.** *Vx.* Coiffer qqn d'un chapeau (surtout au passif) : *Être chapeauté d'un haut-de-forme.* – **2.** *Fam.* Contrôler qqn, un groupe, un secteur dans une organisation. – **3.** Écrire le chapeau d'un article.

CHAPEL (Alain), cuisinier français (Lyon 1937 - Saint-Rémy-de-Provence 1990). Alliant saveurs nouvelles et tradition, il maintint la haute qualité du restaurant familial, « la Mère Charles » à Mionnay (Ain), qu'il avait repris en 1969.

CHAPELAIN n. m. (de *chapelle*). Prêtre chargé d'assurer le service religieux dans une église non paroissiale, une chapelle de communauté religieuse, d'hôpital, etc.

CHAPELAIN (Jean), écrivain français (Paris 1595-*id.* 1674). Il joua un rôle important dans la création de l'Académie française (dont il fut membre) et dans l'élaboration de la doctrine classique (*Sentiments de l'Académie sur le Cid,* 1638). Son essai poétique, *la Pucelle* (1656), fut raillé par Boileau.

CHAPELET n. m. (dimin. de l'anc. fr. *chapel,* couronne de fleurs). **1.** Objet de dévotion consistant en une sorte de collier de grains enfilés, que l'on fait passer successivement entre ses doigts, en récitant certaines prières, notamment, chez les catholiques, le *Credo,* le *Pater* et l'*Ave Maria.* – **2.** Prières que l'on récite en faisant passer dans ses doigts les grains d'un chapelet ; récitation de ces prières. – **3.** Suite d'objets enfilés ou accrochés les uns à la suite des autres : *Des chapelets d'oignons.* – **4.** Succession de choses, série : *Un chapelet d'îles. Un chapelet d'injures.* – **5.** Fam. *Dévider, débiter son chapelet,* dire tout ce qu'on a sur le cœur sans interruption. • **Archit.** et **Arts décor.** Baguette ornementale faite d'une suite continue de perles, d'olives ou/et de piécettes. – **Bot.** *Arbre à chapelet,* nom de deux arbres dont la graine ou le noyau sert de grain dans les chapelets. – **Pêch.** Plombée constituée par des balles de plomb, et qui sert pour pêcher en mer à la traîne.

CHAPELIER, ÈRE n. (anc. fr. *chapel,* chapeau). **1.** Fabricant ou commerçant en chapellerie. – **2.** Ouvrier, ouvrière qui moule les cônes de feutre sur une forme.

◆ adj. Relatif à la chapellerie.

◆ **chapelier** n. m. Chapeau obtenu à partir d'un cône de feutre ou de paille moulé.

CHAPELLE n. f. (lat. pop. *capella,* dimin. de *cappa,* manteau à capuchon). **1.** Autref., église ou oratoire sans qualification paroissiale. – **2.** Auj., édifice religieux comportant généralement un autel, mais autre qu'une église paroissiale ou monastique. – **3.** Pièce réservée au culte dans un lieu privé (collège, lycée, hôpital, séminaire, château...). – **4.** Enceinte ménagée dans les bas-côtés ou dans les absidioles d'une église, et comportant un autel. – **5.** Réunion en un lieu de statuettes de piété, etc. : *Avoir une petite chapelle dans sa chambre.* – **6.** Ensemble des ornements et des objets nécessaires pour dire la messe : *Une chapelle portative.* – **7.** Corps des ecclésiastiques desservant une chapelle : *La chapelle du roi.* – **8.** Ensemble des musiciens et des chanteurs qui assurent la partie musicale d'un office religieux. (→ *encycl.*) – **9.** Petit groupe très fermé ; cercle, coterie : *Avoir l'esprit de chapelle.* – **10.** *Chapelle ardente,* salle tendue de noir et éclairée de cierges, où l'on dépose un mort avant de l'ensevelir. ‖ *Maître de chapelle,* musicien qui dirige la musique d'une chapelle ou d'une église. • **Autom.** Forme de la culasse d'anciens moteurs à explosion, telle que les soupapes d'admission et d'échappement sont disposées latéralement au cylindre et la tête en haut. – **Céram.** *Enfourner en chapelle,* introduire dans un four les pièces à cuire sans les enfermer dans des cazettes.

ENCYCL. Les premières *chapelles musicales* apparurent au Moyen Âge. La chapelle pontificale devint, dès le XVe s., le prototype de toute institution musicale, groupant clercs, chanteurs, chapelains et compositeurs. Organisées sur ce modèle, on peut citer les institutions similaires attachées au service des rois et des grands princes.

CHAPELLE (Claude Emmanuel LHUILLIER, dit), écrivain français (La Chapelle 1626-Paris 1686), célèbre pour la relation du voyage qu'il fit en Languedoc : *Voyage de Chapelle et Bachaumont* (1663).

CHAPELLE (Pierre), peintre faïencier français (1684-1760). Il travailla à Rouen dans plusieurs manufactures. Une sphère terrestre et une sphère céleste, datées de 1725 (musée de Rouen) et destinées au château de Choisy, portent sa signature.

CHAPELLE-AUX-SAINTS (La) [19120], comm. de la Corrèze, au S.-E. de Brive ; 184 hab. Un squelette humain fut découvert dans un abri sous-roche de cette commune en 1908. Il sert de type à l'homme de Neandertal. Il était enseveli avec un outillage moustérien ; on le date de 40 000 ans env.

CHAPELLE-D'ABONDANCE (La) [74360], comm. de la Haute-Savoie, dans le Chablais ; 727 hab. Station estivale et de sports d'hiver (alt. 1 020-1 750 m).

CHAPELLE-D'ARMENTIÈRES (La) [59930], comm. du Nord, au S.-E. d'Armentières ; 7 851 hab. *(Chapellois)*. Imprimerie. Verrerie.

CHAPELLE-DE-GUINCHAY (La) [71570], ch.-l. de cant. de Saône-et-Loire, en bordure de la côte mâconnaise ; 2 261 hab. Vins.

CHAPELLE-EN-VERCORS (La) [26420], ch.-l. de cant. de la Drôme, dans le Vercors, à 945 m d'alt. ; 777 hab. *(Chappelins)*. Station estivale et de sports d'hiver.

CHAPELLENIE n. f. Bénéfice, dignité d'un chapelain.

CHAPELLERIE n. f. **1.** Industrie, commerce du chapelier. — **2.** Magasin de chapelier. — **3.** Articles que vendent les chapeliers.

CHAPELLE-SAINT-LUC (La) [10600], ch.-l. de cant. de l'Aube, banlieue nord-ouest de Troyes ; 15 912 hab. *(Chapelains)*. Église du XVIe s. Pneumatiques. Roues. Bonneterie. Constructions mécaniques et électriques.

CHAPELLE-SAINT-MESMIN (La) [45380], comm. du Loiret, banlieue ouest d'Orléans, sur la Loire ; 8 249 hab. Église du XIe s., sur crypte mérovingienne. Verrerie. Pneumatiques.

CHAPELLE-SUR-ERDRE (La) [44240], ch.-l. de cant. de la Loire-Atlantique, au N. de Nantes ; 14 946 hab. Château de la Gâcherie (XVe s.).

CHAPELON (André), ingénieur français (Pertuiset, Loire, 1892-Paris 1978). Il transforma, selon les lois de la thermodynamique, les machines Pacific du réseau Paris-Orléans, faisant passer leur puissance de 2 200 à 3 400, puis 4 500 ch, avec des économies considérables de fonctionnement.

CHAPELURE n. f. (anc. fr. *chapeler,* mettre en miettes, du bas lat. **capulare,* découper). Pain rassis émietté, séché au four, pilé et tamisé, utilisé pour paner.

CHAPERON n. m. (de *chape*). **1.** Anc. coiffure enveloppant la tête et le cou, descendant jusqu'aux épaules. — **2.** Femme généralement assez âgée qui accompagnait dans le monde une jeune fille, une jeune femme ; toute personne qui accompagne qqn pour le surveiller. — **3.** Coiffure de mailles portée par les hommes de pied jusqu'à la fin du XIVe s. — **4.** Couronnement protecteur, à une ou à deux pentes, d'un mur de clôture. — **5.** Bourrelet circulaire placé sur l'épaule gauche des robes de magistrats, docteurs et professeurs, d'où pend, devant et derrière, une bande d'étoffe garnie d'hermine aux extrémités. — **6.** Coiffe de cuir enveloppant la tête des oiseaux de fauconnerie et qui ne laisse libre que le bec. — **7.** Pièce placée aux extrémités d'une lame de scie à châssis, servant à la tendre.

Chaperon rouge *(le Petit),* conte de Perrault.

CHAPERONNER v. t. (conj. 3). **1.** Accompagner qqn (surtout une jeune fille) pour le surveiller. — **2.** Coiffer l'oiseau de proie d'un chaperon.

CHAPITEAU n. m. (lat. *capitellum,* de *caput*). **1.** Élément évasé placé au sommet d'un support (colonne, pilier, pilastre) et destiné à recevoir une architrave ou le départ d'un arc. (→ *encycl.*) — **2.** Tente sous laquelle les cirques voyageurs donnent leurs représentations ; le cirque lui-même. — **3.** Corniche ou autre couronnement d'un meuble. — **4.** Sorte de tranchefile. — **5.** Chacun des conduits placés aux extrémités d'une crémone. — **6.** Dans un alambic, couvercle de la chaudière, par oppos. à la *cucurbite.* — **7.** *Chapiteau angulaire,* chapiteau qui, situé dans un angle saillant, porte un retour d'entablement. ‖ *Chapiteau plié,* chapiteau qui couronne un pilastre placé dans un angle rentrant, et qui suit la forme des deux parois.

ENCYCL. En architecture classique, la décoration du chapiteau constitue la principale caractéristique de chacun des ordres*. Il se compose d'une *échine* ou d'une *corbeille,* surmontée d'un *tailloir,* ou *abaque,* et repose sur l'astragale, qui fait partie du fût de la colonne.

Chapiteau égyptien. Les différents types sont : le chapiteau *campaniforme, lotiforme,* ou *papyriforme ouvert,* inspiré par la fleur de lotus épanouie ; le chapiteau *lotiforme fermé,* imitant le bouton de lotus non épanoui ; le chapiteau *palmiforme,* en branches de palmier évasées ; le chapiteau *hathorique,* orné du visage de la déesse

Hathor ; le chapiteau *protodorique,* simple tablette surmontant une colonne cannelée.
Chapiteau perse. L'imposant chapiteau achéménide est sommé d'un imposte composé de deux avant-trains d'animaux opposés.
Les cinq ordres classiques. Le chapiteau *dorique* est composé essentiellement d'une échine simple et d'un tailloir épais, lisse, de forme carrée (Parthénon). Le chapiteau *ionique,* plus orné, est caractérisé par deux enroulements de volutes, dont la circonférence dépasse largement l'astragale. Le chapiteau *corinthien* s'inspire d'une corbeille le long de laquelle auraient poussé des acanthes. Trois rangées de feuilles d'acanthe s'y superposent. Le chapiteau *toscan* est un dérivé du chapiteau dorique, avec des proportions plus épaisses. Le chapiteau *composite* est formé d'un chapiteau ionique posé sur une corbeille corinthienne de deux rangées d'acanthes.
Chapiteau byzantin. Les trois ordres classiques continuent d'être utilisés, mais profil et décor sont modifiés. Le décor se stylise et adhère de plus en plus au corps du chapiteau que la sculpture ajourée couvre sur toute sa surface.
Chapiteau islamique. Il s'inspire d'abord du chapiteau byzantin, corinthien ou même campaniforme, mais le type islamique caractéristique date des XIIIe-XIVe s. ; il est formé d'une volumineuse corbeille décorée d'entrelacs en méplat surplombant une partie cylindrique plus mince.
Chapiteaux roman et gothique. L'art roman adapte le chapiteau corinthien ou sculpte des corbeilles historiées, l'art gothique s'inspire du végétal, très stylisé (crochets) ou naturaliste. Avec la Renaissance, l'architecture occidentale revient, le plus souvent, à une stricte application des ordres antiques.

CHAPITRAL, E, AUX adj. Qui concerne un chapitre de religieux, chanoines.

1. CHAPITRE n. m. (lat. *capitulum,* dimin. de *caput,* tête). **1.** Division d'un ouvrage, d'un traité, d'un code, etc. : *Lire un chapitre de la Bible.* — **2.** Période d'une existence, d'une histoire : *C'est un nouveau chapitre de sa vie qui commence.* — **3.** Élément de base de la présentation du budget, déterminé par la désignation du service dépensier et par celle de la nature de la dépense. — **4.** *Au chapitre de qqch,* dans cette rubrique : *Incident à verser au chapitre des faits divers.* ‖ *Sur le chapitre de qqch,* sur cette question, à propos de ce sujet.

2. CHAPITRE n. m. (lat. médiév. *capitulum,* réunion de chanoines). **1.** Corps des chanoines d'une église cathédrale ou collégiale. — **2.** Assemblée où les moines, les moniales et les chanoines traitent de leurs affaires et des questions relatives à la vie de la communauté. — **3.** Lieu où se tiennent ces assemblées. — **4.** Assemblée d'un ordre royal, d'un ordre militaire. — **5.** Réunion où l'on délibère. — **6.** *Avoir voix au chapitre,* avoir le droit de donner son avis.

1. CHAPITRER v. t. (de *chapitre 1*) [conj. 3]. Diviser un texte en chapitres.

2. CHAPITRER v. t. (de *chapitre 2*) [conj. 3]. Réprimander qqn, lui faire de sévères remontrances ; rappeler à l'ordre.

1. CHAPKA n. f. (russe *chapka*). Bonnet doublé de fourrure, dont les pointes protègent les oreilles, le front et la nuque.

2. CHAPKA → CHAPSKA.

CHAPLAIN (Jules), médailleur et sculpteur français (Mortagne 1839-Paris 1909), auteur de nombreux portraits en médaille de personnalités de son temps, ainsi que des pièces de 10 et 20 F de la IIIe République.

CHAPLET (Ernest), céramiste français (Sèvres 1835 - Choisy-le-Roi 1909), un des grands rénovateurs de la céramique au XIXe s. Il fabriqua des grès bruns en compagnie d'Albert Dammouse. Ayant découvert le secret des couvertes rouges dites « sang de bœuf » des porcelaines flammées chinoises, il se mit à cette fabrication, qui connut un vif succès. Son atelier fut repris par son petit-fils, Émile Lenoble.

CHAPLIN (Charles Spencer, dit **Charlie**), cinéaste et acteur britannique (Londres 1889 - Corsier-sur-Vevey, Suisse, 1977), créateur du personnage de Charlot*. Ses parents, artistes de cirque, le font monter sur les planches à six ans. En tournée aux États-Unis dans une troupe de music-hall, il est remarqué par Mack Sennett qui l'engage à Hollywood. En 1913 et 1914, il tourne plus de trente-cinq films, quinze en 1915, douze en 1916 et 1917. De 1918 à 1923, il interprète et réalise huit grands films, dont *Charlot soldat* (1918), *le Gosse* (*The Kid,* 1921), *le Pèlerin* (1923). En 1919, il fonde avec Griffith, Mary Pickford et Douglas Fairbanks les Artistes associés, firme pour laquelle il écrit, interprète et met en scène *la Ruée* vers l'or* (1925), *le Cirque* (1928), *les Lumières de la ville* (1931), *les Temps modernes* (1936), *le Dictateur* (1940), *Monsieur Verdoux* (1947), *Limelight (les Feux de la rampe)* [1952], *Un roi à New York* (1957). Il quitte les États-Unis en 1952 pour se fixer en Suisse, et en 1966 réalise *la Comtesse de Hong Kong.* Il mêle dans ses œuvres la satire, la bouffonnerie et la comédie, les préoccupations sociales, la générosité, et touche tous les publics avec un art consommé d'auteur, de mime et de metteur en scène.

CHAPMAN (George), poète dramatique anglais (Hitchin v. 1559 - Londres 1634). Il est l'auteur de drames et de comédies sur l'actualité de son temps (*Bussy d'Amboise,* 1607) ainsi que de traductions d'Homère et de Pétrarque.

CHAPMAN (Fredric Henric AF), ingénieur naval suédois (Göteborg 1721-Karlskrona 1808). On lui doit la création des chaloupes canonnières et un traité de construction navale, *l'Architectura navalis mercatoria* (1768).

CHAPOCHNIKOV (Boris Mikhaïlovitch), maréchal soviétique (Zlatooust, Oural, 1882-Moscou 1945). Rallié au régime soviétique, il est de 1919 à 1921 le chef d'état-major de Kamenev. Inscrit au parti communiste en 1930, il se cantonne dans son rôle militaire, ce qui lui vaut de survivre à l'épuration de 1937. Chef d'état-major général de l'armée en mai 1937, il doit quitter, pour raison de santé, ce poste en nov. 1942. Il conserve cependant son influence auprès de Staline, dont il demeurera le conseiller militaire. Il avait été promu maréchal en 1940.

CHAPON n. m. (bas lat. **cappo,* chapon). **1.** Coq castré que l'on engraisse et que l'on destine à la consommation. (La castration donne une aptitude remarquable à l'engraissement.) — **2.** Croûton de pain frotté d'ail et arrosé d'huile d'olive.

CHAPONNAGE n. m. Action de castrer un coq.

CHAPONNER v. t. (de *chapon*) [conj. 3]. Castrer un coq.

CHAPONNIÈRE n. f. Cage dans laquelle on élève des chapons.

CHAPONOST [-no] (69630), comm. du Rhône, au S.-O. de Lyon ; 7 008 hab. Restes de l'aqueduc gallo-romain qui conduisait les eaux du Furan à Fourvière.

CHAPPAZ (Maurice), écrivain suisse de langue française (Martigny 1914), chantre du Valais (*Grandes Journées de printemps,* 1944 ; *le Testament du Haut-Rhône,* 1953).

CHAPPE (Claude), ingénieur français (Brûlon, Sarthe, 1763-Paris 1805). Il créa la télégraphie aérienne au moyen d'un système de signaux de sémaphores observés à la lunette d'approche. La première ligne fonctionna en 1794 et le réseau français développé par la suite subsista jusque vers 1850.

CHAPPE D'AUTEROCHE (*abbé* Jean), astronome français (Mauriac, Cantal, 1728 - San Lucar, Californie, 1769), oncle du précédent. Pour déterminer la distance de la Terre au Soleil, il observa le passage de Vénus devant le Soleil en 1761, en Sibérie, puis en 1769, en Californie.

CHAPSKA ou **CHAPKA** n. m. (polon. *czapka*). Coiffure militaire des lanciers, empruntée aux Polonais (XIXe s.).

CHAPTAL (Jean Antoine), comte **de Chanteloup,** chimiste et homme politique français (Nojaret, comm. de Badaroux, Lozère, 1756 - Paris 1832). Il améliora la production de l'acide chlorhydrique, mit au point la chaptalisation des vins et diffusa des méthodes de teinture et de blanchiment. Ministre de l'Intérieur (1801-1804), il fonda la première école d'arts et métiers. (Acad. des sc., 1798.)

CHAPTALISATION n. f. (de *Chaptal,* n. pr.). Action d'ajouter du sucre au moût de raisin avant la fermentation. (Syn. SUCRAGE.)

CHAPTALISER v. t. (conj. 3). Soumettre un vin à la chaptalisation.

CHAPU (Henri), sculpteur et médailleur français (Le Mée, Seine-et-Marne, 1833 -Paris 1891). Prix de Rome (1855), il connut le succès avec un art de sensibilité assez classique (*Jeanne d'Arc à Domrémy,* 1870-1872, musée d'Orsay).

CHAPUIS n. m. (anc. v. *chapuiser,* tailler du bois, du bas lat. **capputiare*). Ossature en bois des bâts ou des selles.

CHAPUIS (Michel), organiste français (Dole 1930). Cotitulaire de St-Séverin depuis 1964, il s'est, en outre, intéressé à la facture d'orgues anciennes.

CHAPULTEPEC, hauteur du S.-O. de Mexico. Château abritant le Musée national historique ; dans le parc, musée national d'Anthropologie et musée d'Art moderne.

CHAQUE adj. indéf. sing. (dér. régressif de *chacun,* par analogie avec *quelque, quelqu'un*). **1.** Indique la répartition, la distribution ; toute chose, tout être pris individuellement dans un ensemble : *Un train omnibus s'arrête à chaque station.* — **2.** *Fam.* Devant un nombre cardinal, marque un retour périodique ; tous les, toutes les : *Chaque dix pas, il posait son paquet.* — **3.** *Fam.* S'emploie à la place de *chacun : Acheter des livres à trente francs chaque.*

1. CHAR n. m. (lat. *carrus*). **1.** Voiture à deux roues, dont les Anciens se servaient dans les combats, les jeux et les cérémonies publiques. — **2.** Grande voiture décorée sur laquelle paradent, certains jours de fête, des personnages fantastiques, symboliques, des personnes masquées, etc. ‖ *Char à bancs,* véhicule hippomobile découvert, à suspension, attelé de quatre chevaux, composé de quatre roues, garni de bancs. ‖ *Char funèbre,* corbillard. ‖ *Char à voile,* voilier sur roues ou sur patins à glace se déplaçant sur des étendues plates (sable dur ou compact, pistes d'aérodromes désaffectées, etc.) en utilisant la seule force du vent.

ENCYCL. Dans l'Orient ancien, le char de guerre à deux roues, attelé de chevaux et monté par un cocher et un combattant, a été introduit par les Hourrites (IIe millénaire av. J.-C.). La bataille de

Qadesh (1299 av. J.-C.) a été l'affrontement de plusieurs centaines de chars égyptiens et hittites. À l'époque archaïque grecque, le char servait à conduire les nobles guerriers sur le champ de bataille, où ils combattaient à pied. Dans le monde gréco-romain, le char est devenu un objet de parade utilisé dans les cérémonies du culte, notamment à Rome lors du triomphe des *imperators.* À Rome et dans tout l'Empire, les courses de chars dans d'immenses cirques devinrent le divertissement populaire par excellence.

2. CHAR n. m. (de *char 1*). **1.** Véhicule de combat automoteur, à chenilles, entièrement blindé et armé essentiellement d'un canon effectuant normalement du tir direct. — **2.** *Char d'assaut,* nom donné aux premiers chars au cours de la Première Guerre mondiale. ‖ *Char de combat,* nom donné aux chars par opposition aux autres engins blindés. ‖ *Char léger,* auj., char pesant moins de 30 t. ‖ *Char lourd,* char pesant plus de 50 t. ‖ *Char moyen* ou *char de bataille,* auj., char pesant de 35 à 45 t environ (doté en général d'un canon de 105 à 125 mm).

ENCYCL. Un char comporte un châssis constitué par une caisse blindée (tôles ou pièces moulées assemblées par soudage) et un train de roulement à chenilles, relié à cette caisse par une suspension le plus souvent à barres de torsion. Le plancher est aménagé pour limiter l'effet des mines. Le moteur, surtout Diesel, peut atteindre une puissance de 1 500 ch. L'armement est en général porté par une tourelle à rotation totale. Le système de tir, combinant une lunette de pointage, un télémètre optique ou laser jumelé à un calculateur, autorise une portée de 2 500 m. Le tir de nuit est rendu possible par la généralisation des récepteurs infrarouges. Les chars légers, amphibies pour la plupart d'entre eux, associent au traditionnel canon des missiles téléguidés sol-sol ; les chars antiaériens, des canons mitrailleurs ou des missiles sol-air.

Les premiers chars d'assaut français Schneider (13,5 t) et Saint-Chamond (23 t) sont engagés en 1917. Leur homologue britannique, le tank Mark I (25 t) les a précédés en 1916. Le char Renault FT (6,5 t, canon de 37 mm) employé en mars 1918 contribue largement à la victoire finale. Après 1921, les efforts portent sur l'augmentation des calibres, sur l'amélioration des blindages et sur la vitesse des engins : 7 km/h en 1918, plus de 25 km/h en 1926. Avec le programme Daladier de 1937, des chars plus puissants, munis d'appareils d'optique et de radio, préfigurent le B1 bis (34 t, 30 km/h) qui équipe en 1940 les divisions cuirassées. L'Allemagne remplace ses chars très légers (6 et 9 t) par des matériels plus lourds et mieux protégés (PzKw IV et Pz 38 Skoda). Les Russes sortent à partir de 1943 le T34 dont les performances tout terrain, la robustesse, la vitesse (45 km/h), l'équipement (canon de 76,2 mm) contraignent les Allemands à surblinder et à réarmer leurs chars jusqu'à la sortie du Panther (45 t, canon de 75 mm, 40 km/h) et du Tigre en 1944 (69 t, canon de 88 mm). Les Anglais engagent avec succès en Afrique du Nord le Crusader III (18 t, 60 km/h) et le Churchill (37 t, canon de 57 mm). Le Sherman américain (30 t, canon de 76,2 mm, 45 km/h), qui équipe notamment les D.B. françaises en 1944-45, sera historiquement une aussi grande réussite que le T34 soviétique.

Après la guerre, les Américains réalisent le Pershing (42 t, canon de 90 mm, 48 km/h), le Patton M60 (48 t) pour aboutir en 1980 au XM1 Abrams de 57 t mû par une turbine. En U. R. S. S. tous les chars conçus après 1945 (T54, T64-72, et même le T80) s'inspirent du Staline. Le système français AMX permet la sortie d'une dizaine d'engins utilisant le même châssis, le même moteur et le même train de roulement (AMX 10, AMX 30). La R. F. A. adopte en 1965 le Leopard I (40 t) dérivé du Panther. L'armement standard de tous les chars de bataille des années 80 est le canon rayé ou lisse de 105 ou 120 mm. (portée : 1000-2500 m). L'AMX 30 français est équipé du système « Pluton » ou « Roland ». Il est appelé à être remplacé progressivement, tout comme l'AMX 30 B2, par le Leclerc (dont l'armée de terre a commencé à être dotée en 1992).

3. CHAR → CHARRE.

CHAR (René), poète français (L'Isle-sur-la-Sorgue, Vaucluse, 1907 - Paris 1988). Associé au surréalisme (*le Marteau sans maître,* 1934), il s'oriente vers une poésie militante (*Placard pour un chemin des écoliers,* 1937 ; *Dehors la nuit est gouvernée,* 1938) et tire de son expérience dans la Résistance la matière d'une poésie humaniste (*Feuillets d'Hypnos,* 1946). Son œuvre (*Fureur et mystère,* 1948 ; *la Parole en archipel,* 1962 ; *la Nuit talismanique,* 1972 ; *Fenêtres dormantes et porte sur le toit,* 1979 ; *Éloge d'une soupçonnée,* 1988) dégage une morale de la poésie sereinement crispée : elle met l'accent sur l'alliance exaltante des contraires, la mobilité, la transformation. La fulgurance, l'élan et l'éclair dans la nuit en sont les thèmes privilégiés qu'exprime au mieux l'aphorisme.

CHARABIA n. m. (p.-ê. provenç. *charrá,* causer). *Fam.* Langage ou style bizarre, incorrect, ou qu'on ne comprend pas.

CHARACIDÉ [ka-] n. m. (gr. *kharaks, -akos,* poisson de mer). Nom de famille attribué à des poissons des eaux douces d'Afrique et d'Amérique du Sud, généralement carnassiers (hydrocyon, piranha), parfois herbivores, et dont quelques-uns sont élevés en aquarium d'appartement (néon, tétra).

CHARADE n. f. (provenç. *charrado,* causerie). Énigme où l'on doit deviner un mot de plusieurs syllabes décomposé en parties formant elles-mêmes un mot, d'après la définition des parties et du tout. (La charade se présente ainsi : Mon premier est..., mon second est..., etc., et mon tout est...)

CHARADRIIDÉ [ka-] n. m. (lat. *charadrius,* du gr. *kharadrios,* pluvier). Oiseau migrateur littoral vivant en troupes, tel que les pluviers, gravelots et vanneaux. (Les *charadriidés* forment une famille.)

CHARADRIIFORME [ka-] n. m. (gr. *kharadrios,* pluvier). Oiseau au bec pointu, aux pattes minces, des côtes et des marais. (L'ordre des *charadriiformes* est divisé en 12 familles ; il comprend notamment l'huîtrier, les pluviers, les bécasses, les échasses, l'œdicnème.)

CHARALE n. f. Syn. de CHAROPHYTE.

CHARANÇON n. m. (p.-ê. gaul. **karantionos*). Insecte coléoptère muni d'une trompe dure à l'aide de laquelle il perce les graines pour s'en nourrir. (Les charançons forment l'immense famille des *curculionidés,* avec près de 100 000 espèces : calandre, balanin, rynchite, etc. La larve est souvent aussi nuisible que l'adulte.)

CHARANÇONNÉ, E adj. Se dit des grains, des fruits, etc., attaqués par les charançons.

CHARAS (Moyse), pharmacien français (Uzès 1619 - Paris 1698), auteur d'un *Traité sur la thériaque* (1667), d'un traité sur le venin de vipère (1672), et de la *Pharmacopée royale galénique et chimique* (1676). [Acad. des sc., 1692.]

CHARAVINES (38850), comm. de l'Isère, près du lac de Paladru ; 1 258 hab. Station estivale.

CHARAX, en gr. **Kharax,** ville fondée par Alexandre, à l'embouchure du Tigre, plus tard nommée *Spasinon Charax.*

1. CHARBON n. m. (lat. *carbo, -onis*). **1.** Roche stratifiée combustible, de couleur noire, formée par l'accumulation de débris végétaux transformés par la carbonisation. (→ *encycl.*) — **2.** Poussière de charbon : *Avoir un charbon dans l'œil.* — **3.** Reste calciné d'un aliment, de qqch. — **4.** Fam. *Aller au charbon,* s'astreindre à une tâche pénible. ‖ *Être sur des charbons (ardents),* être impatient ou inquiet. • **Bois.** *Charbon de bois,* résidu solide de la carbonisation du bois. (→ *encycl.*) — **Bx-arts.** Syn. vieilli de FUSAIN. — **Charb.** *Charbon brut,* charbon sortant de la mine avant tout traitement. ‖ *Charbon lavé,* charbon qui a subi une préparation mécanique destinée à éliminer les stériles et à classer les morceaux selon leurs dimensions. ‖ *Charbon de terre* ou *charbon minéral,* noms usuels des combustibles minéraux fossiles solides (anthracite, houille, lignite). — **Chim.** et **Pharm.** *Charbon actif* ou *activé,* charbon obtenu par calcination en atmosphère contrôlée de matières carbonées végétales ou minérales. (Il est surtout utilisé en médecine, en pétrochimie, dans les industries chimique et pharmaceutique. Le *charbon activé officinal* est utilisé dans les affections digestives à cause de son pouvoir absorbant très élevé.) — **Électr.** Électrode en charbon. ‖ Matière constituant les balais d'une machine électrique tournante. — **Phot.** *Papier au charbon,* papier photographique dont la couche est faite de charbon ou autres pigments en suspension dans de la colle ou de la gélatine bichromatée.

ENCYCL. **Bois.** *Charbon de bois.* Ce résidu de la carbonisation du bois est du carbone presque pur obtenu à plus de 400 °C. Dur, il s'enflamme et brûle facilement. Bon combustible domestique, il est moins cher que le bois, et s'utilise aussi comme réducteur en métallurgie. De plus, sa fabrication donne des gaz récupérables et des produits pyroligneux. Des gazogènes à flux ascendant, inverse et à lit fluidisé utilisent du charbon de bois pour produire de l'énergie.
— **Charb.** Le charbon est un combustible fossile qui caractérise l'époque carbonifère (ère primaire) ; la plupart des *anthracites* (95 % de carbone, moins de 8 % de matières volatiles, P. C. I. supérieur à 8 500) et des *houilles* (80 à 90 % de carbone, 10 à 40 % de matières volatiles, P. C. I. compris entre 7 000 et 8 500) datent de cette époque.
Le charbon commercialisé est calibré en différentes catégories : gros (12 cm), gailletins (8 cm), noix (5 cm), noisettes (3 cm), braisette (2 cm) et grains (1 cm). Les charbons plus fins (fines, poussier) sont soit brûlés dans les centrales électriques, soit agglomérés pour constituer des boulets ou subir la cokéfaction. (→ HOUILLE.)
— **Géol.** La nature des végétaux et le degré de transformation déterminent les différents types de charbons : boghead, tourbe, lignite, houille, anthracite. Les constituants pétrographiques du charbon sont : le fusain, le durain, le clarain, le vitrain. Ce sont des macromolécules complexes résultant d'une transformation progressive de la cellulose et de la lignine en acides humiques, puis en bitumes, par élimination de l'oxygène.

2. CHARBON n. m. (bas lat. *carbo, -onis,* maladie). **1.** Maladie commune à l'homme et aux animaux, provoquée par *Bacillus* (ou, suivant la classification de Prévot, *Bacteridium*) *anthracis.* (On dit aussi CHARBON BACTÉRIDIEN.) [→ *encycl.*] — **2.** Maladie cryptogamique des céréales, due à

une ustilaginale, et se traduisant par l'apparition de sacs de spores noires à la place des grains. (Le charbon peut frapper toutes les espèces de céréales. On le combat en désinfectant les semences [dithiocarbamates, etc.].) — **3.** *Charbon symptomatique,* maladie surtout fréquente chez les bovins, due au développement d'une bactérie, que l'on prévient par vaccination annuelle.
ENCYCL. **Méd.** Le charbon est surtout une maladie professionnelle devenue exceptionnelle et provoquée par les spores (formes de résistance du bacille) restées sur la peau des bêtes infectées d'importation. La contamination est cutanée, à la faveur d'excoriations, ou parfois respiratoire, par inhalation des spores. La maladie se manifeste le plus souvent par une pustule maligne, surtout au cou, à la face ou aux mains. L'œdème malin est une variante de la forme précédente. Le *charbon pulmonaire* des cardeurs de laine se traduit par une broncho-pneumonie suffocante. La pénicilline et la streptomycine assurent une guérison rapide.

CHARBONNAGES n. m. pl. Ensemble de mines de charbon en exploitation (houillères) dans une zone géographique donnée.

Charbonnages de France (C. d. F.), entreprise publique, à caractère industriel et commercial, créée par la loi du 17 mai 1946, dont le rôle est d'assurer la direction d'ensemble, le contrôle et la coordination des activités des *houillères de bassin,* organes de production, d'exploitation et de vente dotés de la personnalité civile ainsi que de l'autonomie financière, juridique et commerciale.

CHARBONNEAU (Robert), écrivain canadien de langue française (Montréal 1911 - *id.* 1967). Poète (*Petits Poèmes retrouvés,* 1945) et critique, il est le véritable créateur du roman d'analyse au Canada (*Fontile,* 1945).

CHARBONNEAUX (Jean), archéologue et administrateur français (Genlis, Côte-d'Or, 1895 - Paris 1969), conservateur en chef du Département des antiquités grecques et romaines au Louvre (1945-1964). On lui doit, entre autres : *la Sculpture grecque archaïque* (1938), *la Sculpture grecque classique* (1942), *les Bronzes grecs* (1958).

CHARBONNEMENT n. m. Apparition de dépôts solides dans une combustion.

CHARBONNER v. t. (conj. 3). **1.** Noircir avec du charbon : *Charbonner un visage.* — **2.** Dessiner au charbon : *Charbonner un croquis, une esquisse.*
◆ v. i. Se réduire en charbon sans flamber : *Mèche qui charbonne.*

CHARBONNERIE n. f. Autref., dépôt, fabrique de charbon de bois.

Charbonnerie, organisation secrète hostile aux Bourbons, créée en France sous la Restauration et issue du carbonarisme.

1. CHARBONNEUX, EUSE adj. Qui a l'aspect ou la couleur du charbon : *Des yeux charbonneux.*

2. CHARBONNEUX, EUSE adj. Relatif à la maladie du charbon.

CHARBONNIER, ÈRE adj. (bas lat. *carbonarius*). Relatif à l'extraction et à la commercialisation du charbon.
◆ n. **1.** Personne qui fabrique du charbon de bois ou qui vend, livre du charbon. — **2.** Membre de la Charbonnerie.
◆ **charbonnier** n. m. Cargo spécialisé dans le transport du charbon.
◆ **charbonnière** n. f. **1.** Endroit où l'on procède à la fabrication du charbon de bois, en forêt. — **2.** Mésange des vergers, à calotte noire.

CHARBONNIÈRES-LES-BAINS (69260), comm. du Rhône, à l'O.-N.-O. de Lyon ; 4 039 hab. Station thermale.

CHARCHOUNE (Serge), peintre russe naturalisé français (Bougourouslan, près d'Orenbourg, 1888 - Paris 1975). Venu à Paris en 1912, lié au cubisme et au dadaïsme, il a évolué dès les années 20, sous l'influence du purisme et de l'anthroposophie, vers une abstraction que caractérisent, à partir des années 40, des rythmes d'inspiration musicale.

CHARCOT (Jean Martin), neurologue français (Paris 1825 - près du lac des Settons, Nièvre, 1893). Il est considéré comme le fondateur de la clinique neurologique en France (école de la Salpêtrière) tant par ses travaux personnels que par ceux de ses collaborateurs (J. Babinski, J. Déjerine, P. Marie, P. Janet). Ses cours, auxquels assistaient des visiteurs étrangers (dont S. Freud), associaient présentation de malades et projections de coupes microscopiques. Charcot confirma chez l'homme le rôle moteur de la circonvolution frontale ascendante, étudia la sclérose en plaques, la maladie de Parkinson, le tabès, la poliomyélite, la sclérose latérale amyotrophique (maladie de Charcot). Il s'attacha à distinguer les convulsions hystériques des crises d'épilepsie. Il classait l'hystérie parmi les affections organiques du système nerveux et authentifia l'hystérie masculine.

CHARCOT (Jean), savant et explorateur français (Neuilly-sur-Seine 1867 - en mer 1936), fils du précédent. Il exécuta plusieurs croisières océanographiques dans l'Antarctique, puis dans l'Arctique, sur les côtes du Groenland. Il périt en mer lors du naufrage du *Pourquoi-pas ?*

CHARCUTAGE n. m. *Fam.* Action de charcuter.

CHARCUTER v. t. (conj. 3). **1.** Découper une viande maladroitement : *Charcuter une volaille.* — **2.** *Fam.* Opérer qqn plus ou moins adroitement, en parlant d'un chirurgien. — **3.** *Fam.* Remanier profondément en découpant, en recollant, etc.

CHARCUTERIE n. f. **1.** Fabrication et commerce de produits préparés principalement à partir du porc. — **2.** Profession de charcutier. — **3.** Boutique de charcutier. — **4.** Ensemble des produits préparés par les charcutiers.
ENCYCL. On utilise l'ensemble des composants corporels du porc, auxquels on ajoute, selon les produits, d'autres viandes (bœuf, volaille, lapin) et des produits rendus nécessaires pour la réussite de la fabrication. Les produits de la charcuterie sont classés selon la nomenclature suivante : les pièces entières (jambons secs de pays [Bayonne, Auvergne], jambons cuits avec os [York], jambons cuits sans os [jambon de Paris]) ; les saucisses et saucissons crus (chair à saucisse, saucisses de Toulouse, chipolatas, crépinettes, saucissons à cuire dans l'eau [Morteau, Montbéliard], saucissons secs) ou cuits (saucissons cuits, à l'ail, saucisses de Strasbourg, de Francfort, cervelas) ; les produits revenus dans leur graisse (confits, rillettes) ; les pâtés et galantines (galantines, pâtés ou terrines de foie, de campagne) ; les produits à base de tête (fromage de tête) ; de sang (boudins) ; d'estomac et d'intestin (tripes, andouilles, andouillettes) ; les spécialités diverses (boudin blanc, quenelles) ; les conserves de viande (corned-beef, bœuf en gelée).

CHARCUTIER, ÈRE n. (de *chair cuite*). **1.** Professionnel qui apprête et vend de la viande de porc et des produits de charcuterie. — **2.** *Fam.* Chirurgien maladroit, brutal.
◆ adj. **1.** Relatif à la charcuterie : *Industrie charcutière.* — **2.** Qui sert en charcuterie : *Race charcutière.*
◆ **charcutier** n. m. Mâle castré ou femelle de l'espèce porcine, élevé pour la production de viande et abattu au poids d'environ 100 kg.
◆ **charcutière** n. f. Femme d'un charcutier, qui travaille à la boutique.

CHARDIN (Jean), voyageur français (Paris 1643 - près de Londres 1713), auteur d'un *Récit du couronnement du roi de Perse Soliman III* (1671) et d'un *Voyage en Perse et aux Indes orientales* (1686).

CHARDIN (Jean Siméon), peintre français (Paris 1699 - *id.* 1779). Fils d'un maître menuisier, il se détourne du « grand style » pour évoquer les objets et les gestes les plus simples de la vie bourgeoise, dans un esprit intimiste qui dérive des écoles flamande et hollandaise. Reçu à l'Académie royale en 1728 avec *le Buffet* et *la Raie* (Louvre), il se consacre, tout le long d'une paisible carrière, aux natures mortes surtout, mais aussi aux scènes d'intérieur où construction savante, matière-couleur franche, lumière chaude doucement modulée se fondent sous l'apparence de la plus grande sobriété (au Louvre : *l'Enfant au toton* [Salon de 1738] ; *la Pourvoyeuse ; le Bénédicité ; Pipes et vases à boire ; les Attributs des Arts,* dessus de porte [1765] ; *Panier de pêches ;* etc.). Vers la fin de sa vie, malade, un peu oublié, il se limita au pastel (deux *Autoportraits,* Louvre).

CHĀRDJA ou **CHĀRQA** ou **SHARJAH,** l'un des Émirats arabes unis, sur le golfe Persique (avec des enclaves sur l'océan Indien) ; 2 600 km² ; 269 000 hab. (dont une forte majorité d'immigrés). Extraction du pétrole. Activités financières, culturelles (radiodiffusion) et industrielles. Aéroport.

CHARDON n. m. (bas lat. *cardo, -onis*). **1.** Nom commun à de nombreuses plantes herbacées aux feuilles coriaces et piquantes, les unes ombellifères, les autres composées, telles que l'eryngium, la cardère, les cirses, les carlines, les panicauts, etc. — **2.** *Chardon à foulon,* cardère. ‖ *Chardon argenté,* silybe. ‖ *Chardon aux ânes,* onoporde. ‖ *Chardon bleu,* panicaut des Alpes. ‖ *Chardon Roland,* panicaut champêtre. • **Archit.** Syn. de ARTICHAUT. — **Hérald.** Meuble représentant la plante du même nom. — **Text.** *Chardon métallique,* garniture de pointes métalliques, utilisée sur les laineuses.

Chardon *(Très Ancien Ordre du),* ordre de chevalerie écossais, fondé par Jacques II en 1687 et voué à saint André. Il vient en dignité après l'ordre de la Jarretière.

CHARDONAY ou **CHARDONNAY** n. m. Cépage blanc de Bourgogne et de Champagne.

CHARDONNE (Jacques BOUTELLEAU, dit **Jacques**), écrivain français (Barbezieux 1884 - La Frette-sur-Seine 1968). Moraliste et psychologue, il peint dans ses romans le couple et l'amour conjugal (*l'Épithalame,* 1921 ; *Claire,* 1931 ; *le Bonheur de Barbezieux,* 1938 ; *Propos comme ça,* 1966).

CHARDONNER v. t. (de *chardon*) [conj. 3]. Faire ressortir, au cours des opérations d'apprêt, les poils d'une étoffe au moyen de chardons.

1. CHARDONNERET n. m. (de *chardon*). Petit oiseau passereau aux vives couleurs, très social, se posant souvent sur les chardons.

2. CHARDONNERET ou **CHARDONNET** n. m. (lat. *cardo, -inis,* gond). **1.** Montant du battant d'une porte cochère qui porte les ferrures par l'entremise desquelles s'opère le pivotement. — **2.** Partie verticale de la maçonnerie d'une tête d'écluse, contre laquelle s'appuie le poteau tourillon du vantail d'une porte busquée lorsque celle-ci est fermée.

CHARDONNET (Hilaire BERNIGAUD, *comte* DE), chimiste et industriel français (Besançon 1839 - Paris 1924). Il créa en 1884 le premier textile artificiel, une fibre de cellulose nitrée imitant la soie, et installa à Besançon en 1891 la première usine du monde pour la production de fils artificiels. (Acad. des sc., 1919.)

CHAREAU (Pierre), architecte français (Le Havre 1883 - New York 1950). Décorateur et auteur de meubles rationnels, il donna à l'architecture quelques réalisations parmi les plus audacieuses de son temps (« maison de verre » à structure métallique apparente, rue St-Guillaume à Paris, 1928).

CHARENTAIS, E adj. et n. Des Charentes.
◆ **charentais** n. m. Variété de melon très cultivée en France, ayant un fruit plus ou moins sphérique apprécié pour sa chair orangée et parfumée.
◆ **charentaise** n. f. Pantoufle dont la tige se prolonge en forme de languette sur le cou-de-pied.

charentaises *(faïences),* centres de fabrication de faïences établis dans les Charentes au XVIIIe s. Ceux de Marans et de La Rochelle furent les plus importants. Formes et décors reflètent l'influence de Moustiers, Nevers et Rouen.

CHARENTE (la), fl. né dans le Limousin, coulant principalement dans les deux départements auxquels il a donné son nom ; 360 km. La Charente passe à Angoulême, Cognac, Saintes et Rochefort, rejoignant l'Atlantique en face de l'île d'Oléron.

CHARENTE (16), dép. de la Région Poitou-Charentes ; ch.-l. de dép. *Angoulême ;* ch.-l. d'arrond. *Cognac, Confolens ;* 3 arrond. ; 35 cant. ; 405 comm. ; 5 956 km² ; 341 993 hab. *(Charentais).* Le dép. appartient à l'académie de Poitiers, à la cours d'appel de Bordeaux, à la région militaire Atlantique.
Il s'étend sur le Confolentais et l'Angoumois, où l'élevage bovin et la culture du blé constituent les ressources principales. Le vignoble est localisé essentiellement autour de Cognac (Champagne) et fournit une eau-de-vie réputée (cognac). L'industrie, en dehors des activités dispersées liées au vignoble et surtout à l'élevage, est localisée principalement à Angoulême.

CHARENTE-MARITIME (17), dép. de la Région Poitou-Charentes ; ch.-l. de dép. *La Rochelle ;* ch.-l. d'arrond. *Jonzac, Rochefort, Saintes, Saint-Jean-d'Angély ;* 5 arrond. ; 51 cant. ; 472 comm. ; 6 864 km² ; 527 146 hab. Le dép. appartient à l'académie et à la cour d'appel de Poitiers, à la région militaire Atlantique.
Il est formé de plaines et de bas plateaux, surtout calcaires, où l'élevage bovin pour les produits laitiers a progressé aux dépens des cultures (blé) ; la production de cognac se maintient à l'E. de Saintes. Le littoral, en partie marécageux (Marais poitevin, marais de Rochefort et de Brouage), est animé par l'ostréiculture (Marennes), la mytiliculture, le tourisme estival (Royan, îles de Ré et d'Oléron) et la pêche. La Rochelle (avec son avant-port, La Pallice) et Rochefort concentrent l'essentiel de l'industrie (cartonnages, industrie automobile et aéronautique), en dehors des branches valorisant la production agricole.

CHARENTON, bourg d'Île-de-France, divisé en *Charenton-le-Pont,* au nom lié à un pont sur la Marne, enjeu de nombreux combats du Moyen Âge à 1914, pour l'accès facile qu'il ouvre sur Paris, et *Charenton-Saint-Maurice,* qui, depuis 1642, porte le nom de Saint-Maurice*.

Charenton, nom donné autref. à un hôpital qui est, aujourd'hui, sur le territoire de la commune de Saint-Maurice. Devenu hôpital départemental public et appelé *hôpital Esquirol,* l'établissement regroupe un secteur psychiatrique, une maternité et des services de médecine générale.

CHARENTON-DU-CHER (18210), ch.-l. de cant. du Cher, dans la vallée de Germigny ; 1 171 hab. *(Charentonnais).* Église avec narthex roman.

CHARENTON-LE-PONT (94220), ch.-l. de cant. du Val-de-Marne, dans la banlieue sud-est de Paris, entre la Seine, la Marne et le bois de Vincennes ; 21 991 hab. *(Charentonnais).* Centre résidentiel et industriel.

CHARÈS, stratège athénien (v. 400-330 av. J.-C.). Avec des fortunes diverses, il a contribué à maintenir l'empire maritime athénien. Il était un des deux chefs de l'armée athénienne battue par Philippe de Macédoine à Chéronée (338 av. J.-C.).

CHARÈS de Lindos, sculpteur grec de l'école de Lysippe (IIIe s. av. J.-C.), auteur du Colosse de Rhodes*.

CHARETTE DE LA CONTRIE (François Athanase DE), chef vendéen (Couffé 1763-Nantes 1796). Lieutenant de vaisseau (1788), il fut placé à la tête des paysans vendéens révoltés (mars 1793). Vainqueur à Machecoul (juin), il se joignit à l'armée catholique et royale. Signataire du traité de La Jaunaye (1795), il reprit les armes lors du débarquement de Quiberon. Traqué dans le Marais poitevin par Hoche, il fut pris et fusillé (29 mars 1796).

CHARGE n. f. (de *charger*). **1.** Fardeau, poids, porté ou transporté par un animal, qqn, un véhicule : *Charge d'une camionnette. Bête de* *charge.* — **2.** Ce qui pèse sur qqn, un groupe, qui entraîne des responsabilités (morales, financières, etc.) : *Trois enfants, c'est une lourde charge.* — **3.** Fait, témoignage, etc., qui sont des indices de culpabilité : *Examiner les charges retenues contre un accusé. Témoin à charge.* — **4.** Rôle, mission, choses ou personnes dont on a la responsabilité : *C'est à vous que revient la charge de le prévenir.* — **5.** Toute fonction considérée sur le plan des responsabilités qui s'y attachent : *Remplir les devoirs de sa charge.* — **6.** Mode d'attaque d'une troupe, surtout de cavalerie, qui se jette sur une autre à l'arme blanche. — **7.** Action de charger, d'attaquer un groupe : *La charge des manifestants par la police.* — **8.** Portrait, récit, dessin, etc., contenant des exagérations : *Ce film est une charge de la vie française.* — **9.** *À charge de revanche,* sous la condition qu'on paiera le service rendu par un autre plus ou moins équivalent. ‖ *À charge pour qqn de,* à condition que qqn fasse qqch. ‖ *Au pas de charge,* en marchant à une allure vive et décidée. ‖ *Avoir charge d'âme,* avoir l'obligation, le devoir de s'occuper matériellement et moralement de qqn. ‖ *Avoir qqn à charge, à sa charge,* subvenir à ses besoins. ‖ *Être à la charge de qqn, d'un groupe, d'une institution,* vivre à leurs frais ; en parlant d'une dépense, devoir être payée par eux : *Sa vieille mère est complètement à sa charge.* ‖ *Femme de charge,* sorte d'intendante, personne chargée de la surveillance du linge, de l'argenterie, etc., ou femme chargée de faire les gros travaux dans une maison. ‖ *Prendre en charge,* en parlant d'un chauffeur de taxi, recevoir un client dans son véhicule, le charger. ‖ *Prendre qqn, qqch en charge,* s'en occuper, en prendre la responsabilité. ‖ *Prise en charge,* action, fait de prendre en charge qqn, qqch et, en partic., montant à payer dès qu'un client entre dans un taxi. ‖ *Revenir à la charge,* faire une nouvelle tentative, une nouvelle démarche après un ou plusieurs échecs ; insister. • **Arm.** Quantité de poudre, d'explosif ou d'un autre produit destinée à provoquer par sa combustion ou par déflagration le mouvement d'un projectile ou à produire un effet explosif, fumigène, incendiaire, etc. ‖ *Charge creuse,* charge d'explosif à grande puissance perforante organisée de telle façon que ses effets sont concentrés selon son axe. — **Astronaut.** *Charge utile,* équipement que peut transporter un véhicule spatial et qui est destiné à remplir une fonction donnée. — **Bât.** Épaisseur de matière quelconque rapportée en complément sur un mur, un plancher, etc. ‖ Ensemble des constituants dosés du béton, prêts pour le malaxage. — **Comptab.** Ensemble des dépenses qui se rapportent à l'exploitation et à l'exercice en cours. — **Déf.** *Charge nucléaire,* partie explosive d'une arme nucléaire, constituée essentiellement des matières nucléaires, des dispositifs de sécurité, de mise à feu, de concentration et d'initiation de la réaction nucléaire. (→ *encycl.*) — **Dr.** Fonction publique transmissible exercée dans le cadre d'un office ministériel ; l'office lui-même. (Ex. charge d'huissier de justice.) ‖ *Enfant* (ou *personne*) *à charge,* enfant (ou personne) que la loi autorise à être déclaré à la charge du contribuable pour la détermination du quotient familial, ainsi qu'à la charge de l'assuré social pour l'obtention de l'assurance maladie familiale. (En principe l'enfant est pris en charge par le contribuable jusqu'à 18 ans et par l'assuré social jusqu'à l'expiration de l'obligation scolaire.) ‖ *Prise en charge,* acte par lequel un agent public assume la responsabilité de la conservation de deniers publics ou d'objets mobiliers inventoriés ; acceptation par la Sécurité sociale de payer ou de rembourser les frais de traitement de l'assuré. ‖ *Témoin à charge,* témoin dont les déclarations étayent l'accusation. — **Écon.** *Charge fiscale,* rapport entre la masse globale des prélèvements fiscaux et parafiscaux et le produit intérieur brut. ‖ *Charge foncière,* proportion du prix du terrain incluse dans une surface construite et vendue. — **Électr.** Action d'accumuler l'électricité. ‖ Dispositif qui absorbe de la puissance. ‖ Puissance fournie par un dispositif. ‖ *Charge d'un accumulateur,* opération pendant laquelle on fait passer dans l'accumulateur un courant de sens inverse à celui de la décharge. ‖ *Charge électrique,* somme algébrique des charges électriques élémentaires (égales à + e ou − e, charges du proton et de l'électron) d'un corps ou d'un système matériel. (L'unité SI est le coulomb [C].) [Syn. QUANTITÉ D'ÉLECTRICITÉ.] ‖ *Charge résiduelle,* quantité d'électricité restant dans un condensateur après une première décharge. — **Électron.** *Charge d'espace* ou *charge spatiale,* charge électrique, dans une région de l'espace, due à la présence d'électrons ou d'ions. ‖ *Impédance* ou *résistance de charge,* impédance ou résistance disposée en série dans le circuit de sortie d'un élément actif. — **Hist.** Anc. batterie de tambours ou sonnerie de clairons ou de trompettes donnant le signal de l'assaut dans l'infanterie, de la charge dans la cavalerie. — **Hydrol.** Ensemble des matériaux transportés en dissolution, en suspension ou roulés au fond de son lit par un cours d'eau. ‖ *Charge limite,* charge maximale qu'un courant d'une puissance donnée peut transformer. (Syn. CAPACITÉ.) — **Industr.** *Plan de charge,* ensemble des travaux à exécuter dans un temps déterminé dans un atelier, une usine ou un groupe d'usines. — **Manut.** Opération de manutention qui consiste à poser les matériaux sur l'engin de transport. ‖ *Charge utile,* différence entre le poids total en charge et le poids à vide d'un véhicule. — **Mar.** *Lignes de charge,* marques apposées sur la coque des navires de commerce pour indiquer l'enfoncement à ne pas dépasser. ‖ *Mât de charge,* grue de navire dont le fût est fixe, la portée variable. ‖ *Navire de charge,* navire affecté uniquement au transport des marchandises. ‖ *Unité de charge,* groupement de marchandises sous une forme permettant leur manutention en une seule opération (palettes, conteneurs, barges*). — **Matér.** Force extérieure agissant sur une structure. — **Mécan.** Masse de mélange air-carburant introduite dans la chambre de combustion durant chaque phase d'admission. — **Min.** *Charge d'explosif,* quantité d'explosif mise dans un trou de mine. ‖ *Charge et roule,* expression désignant un déblocage du chantier par un chargeur-transporteur. ‖ *Charge des terrains,* pression des terrains sur la zone exploitée. — **Papet.** Ensemble de matières non fibreuses, généralement d'origine minérale, incorporées dans la pâte au cours de la fabrication du papier et du carton. — **Peint.** Substances, souvent d'origine naturelle, ne présentant qu'un faible pouvoir colorant et opacifiant. (On dit aussi MATIÈRES DE CHARGE.) — **Phys.** Pression qu'un fluide exerce sur les parois qui le contiennent. ‖ Hauteur verticale de fluide au-dessus d'un point déterminé. ‖ Nom générique de certaines grandeurs qui caractérisent intrinsèquement un système physique et régissent les interactions auxquelles il est soumis. (Au niveau élémentaire, les charges physiques sont quantifiées [charge *électrique, leptonique, baryonique*], et obéissent à une « loi de conservation ».) — **Polym.** Nom générique d'un ensemble d'additifs hétérogènes des matières plastiques et des élastomères. (→ *encycl.*) — **Psychol.** *Charge affective* ou *émotionnelle,* possibilité pour une représentation de déclencher chez un sujet des réactions affectives fortes. — **Relig.** *Charge d'âmes,* obligation, contractée par un clerc en vertu de son office, incluant directement les intérêts spirituels des fidèles qui lui sont confiés. — **Savonn.** Mélange de diverses matières grasses végétales et animales ou d'acides gras utilisés pour la fabrication du savon. (On dit aussi CHARGE GRASSE.) — **Sports.** Action d'un joueur abordant avec vigueur un de ses adversaires, dans les sports de ballon. — **Techn.** Quantité de matière introduite en une fois dans un appareil alimenté en discontinu. ‖ Matière minérale incorporée au liant dans la réalisation des abrasifs et des meules. ‖ Produit incorporé aux adhésifs pour modifier certaines de leurs propriétés. — **Télécomm.** *Charge d'une ligne, d'un circuit* ou *d'un appareil,* circuit d'impédance appropriée connecté aux bornes de sortie. — **Text.** Opération consistant à augmenter le poids de la soie naturelle, pour compenser la perte de poids importante produite par le décreusage de la soie grège. — **Vitic.** Nombre de bourgeons laissés à la taille par souche de vigne ou par hectare.

◆ **charges** n. f. pl. **1.** Obligations onéreuses, dépenses : *Avoir de lourdes charges.* — **2.** *Charges du mariage,* obligations d'entretien du ménage et d'éducation des enfants qui incombent aux époux selon la loi. ‖ *Charges personnelles,* celles qui pèsent sur la personne et non sur ses biens. ‖ *Charges réelles,* impôts perçus sur les biens et non sur les personnes. ‖ *Charges sociales,* dépenses imposées aux entreprises, en vue d'assurer la protection sociale des travailleurs (cotisations patronales de Sécurité sociale, d'assurance chômage et d'assurance vieillesse complémentaire, taxe d'apprentissage, etc.).

ENCYCL. **Déf.** La *charge nucléaire* comporte des matériaux nucléaires susceptibles d'être le siège de réactions de fission ou/et de fusion, et un explosif chimique (avec son système de mise à feu) dont le rôle est de rassembler les matériaux nucléaires. Des sécurités préviennent les risques de déclenchement accidentel. Une source de neutrons amorce la réaction nucléaire en temps voulu.

— **Polym.** Les charges sont employées pour abaisser le prix de revient, améliorer les propriétés ou atténuer certains défauts du matériau de base. Les charges renforçantes (fibreuses ou pulvérulentes) améliorent les propriétés mécaniques. Certaines charges donnent une résistance accrue à la chaleur (kaolin, silice et ses dérivés). D'autres améliorent la résistance chimique (graphite, amiante, etc.).

CHARGÉ, E n. *Chargé de cours,* personnalité extérieure à une université et recrutée par celle-ci pour y assurer un enseignement. ‖ *Chargé de famille,* personne qui subvient aux besoins de sa famille. ‖ *Chargé de mission,* dénomination de certains agents de la fonction publique ou de certains membres des cabinets ministériels.

CHARGEMENT n. m. **1.** Action de charger un moyen de transport, un animal, de charger un appareil, une machine, une arme, etc. : *Assister au chargement du bateau. Chargement d'une machine à laver.* — **2.** Ensemble des choses chargées, transportées : *Le camion a perdu une partie de son chargement.* — **3.** Pli ou paquet contenant une valeur et pour lequel l'expéditeur veut se garantir contre les risques de spoliation, de perte ou de détérioration. (Les *chargements postaux* [lettres, boîtes ou paquets avec valeur déclarée] doivent faire l'objet d'un dépôt obligatoire au guichet, contre reçu, et sont soumis à diverses formalités.) — **4.** *Gabarit de chargement,* épure ou pièce donnant les dimensions maximales d'un chargement dans un plan perpendiculaire à l'axe de la voie ferrée. ‖ *Plan de chargement,* définition en poids et en répartition des différentes charges qu'un appareil de transport doit emporter au cours d'un vol. ‖ *Poste de chargement,* ensemble d'installations permettant d'effectuer en mer le chargement de navires pétroliers de grand tonnage.

CHARGER v. t. (bas lat. *carricare,* charger, de *carrus,* char) [conj. **17**]. **1.** Placer sur qqn, un animal, dans qqch, un véhicule, ce qui sera porté, supporté, transporté : *Charger les bagages dans la voiture, charger la voiture. Il chargera le colis sur ses épaules.* — **2.** Encombrer qqn de colis, de paquets, etc., placer des choses (trop) pesantes dans un véhicule : *Ne charge pas trop la voiture.* — **3.** Remplir un emploi du temps, une période de (trop) nombreuses activités : *Mal répartir le travail de la semaine en chargeant trop le lundi.* — **4.** Encombrer un texte, une œuvre de détails superflus : *Charger son récit de fioritures inutiles.* — **5.** Munir un appareil, une arme de ce qui lui est nécessaire pour fonctionner : *Charger une caméra, une bouche à feu.* — **6.** Placer dans une machine les éléments qu'elle devra traiter : *Charger un lave-vaisselle. Charger la mémoire centrale d'un ordinateur.* — **7.** Fournir de l'énergie à un dispositif qui l'emmagasine : *Charger un accumulateur.* — **8.** En parlant d'un chauffeur de taxi, prendre un client à son bord. — **9.** Apporter des témoignages, des preuves qui accablent un accusé. — **10.** Attaquer de manière subite et violente : *Le sanglier a chargé le chasseur.* — **11.** Imposer ou confier à qqn une mission, une charge, une responsabilité : *On m'a chargé de vous remettre ce message.* — **12.** Compléter, augmenter une quantité donnée de matière par l'apport d'une quantité nouvelle. — **13.** Jouer un rôle en exagérant les effets et les mimiques, en ajoutant du texte. — **14.** *Charger qqn de tous les péchés,* lui en faire supporter le poids, les lui imputer. ‖ *Charger l'estomac,* être lourd à digérer en parlant d'un aliment. ‖ *Charger un portrait, un dessin,* en accentuer les traits.

◆ **être chargé** v. pass. **1.** Être alourdi de traits superflus, de détails, en parlant d'un dessin, d'un récit : *Tissu imprimé trop chargé de fleurs.* — **2.** Être rempli d'occupations : *Avoir une journée très chargée.* — **3.** Se dit d'un envoi postal pour lequel l'expéditeur veut se garantir contre tout risque de spoliation, perte ou détérioration. — **4.** Se dit d'une figure héraldique sur laquelle il y en a une ou plusieurs autres. — **5.** *Avoir un passé, un casier judiciaire, etc., chargé,* avoir déjà subi de nombreuses condamnations. ‖ *Dé chargé,* syn. de DÉ PIPÉ. ‖ *Estomac chargé,* lourd. ‖ *Langue chargée,* qui présente des dépôts blanchâtres. ‖ *Temps, ciel chargé,* couvert de nuages.

◆ **se charger** v. pr., **être chargé** v. pass. **1.** Recevoir une charge, un chargement, et être prêt à fonctionner, à partir, etc. : *L'appareil photographique se charge automatiquement.* — **2.** Se couvrir, se remplir de qqch : *Le ciel est chargé de nuages.* — **3.** *Pop.* Se droguer, s'enivrer, se doper.

◆ **se charger** v. pr. Prendre la responsabilité de qqn, de qqch, s'en occuper : *Je me charge de préparer le repas.*

CHARGEUR, EUSE n. **1.** Personne qui assure le chargement sur wagons, camions, bateaux, etc., de toutes marchandises. — **2.** *Commissionnaire chargeur,* celui qui fait les expéditions des marchandises par bateau.

◆ **chargeur** n. m. **1.** Appareil au moyen duquel on effectue le chargement des cartouches (de chasse ou de guerre). — **2.** Dans les armes à répétition, dispositif groupant un certain nombre de cartouches qui sont introduites successivement dans l'arme. — **3.** Machine servant à la manutention des produits agricoles. (Il existe des *chargeurs hydrauliques,* placés sur l'avant des tracteurs et servant à la manutention des ensilages, des fumiers, etc, et des *chargeurs mobiles,* traînés ou portés par un tracteur, comportant un système élévateur et utilisés au chargement de produits tels que les betteraves.) — **4.** Appareil servant à la charge d'un accumulateur. — **5.** Programme général permettant d'implanter dans la mémoire centrale d'un ordinateur un programme préalablement assemblé ou compilé. — **6.** Dispositif mécanisé de chargement de véhicules pour charges unitaires. — **7.** Ouvrier préposé au chargement des appareils de fusion. — **8.** Boîte étanche à la lumière contenant une certaine quantité de film.

◆ **chargeuse** n. f. **1.** Machine distribuant automatiquement des charges d'un produit déterminé. — **2.** Engin de carrière destiné à reprendre les matériaux au stock et à les poser sur le véhicule de transport. — **3.** Appareil pour l'alimentation en métal des fours de sidérurgie.

Chargeurs, groupe français dont les origines remontent à une entreprise de navigation maritime *(Chargeurs réunis)* créée en 1872. Après s'être désengagé de ses intérêts dans les domaines maritime et aérien (cession de la flotte à la Compagnie générale maritime en 1988, cession de la compagnie U.T.A. à Air France en 1990), le groupe s'est recentré autour des secteurs de l'industrie textile et de la communication. Cette bipolarisation a abouti en 1996 à la scission du groupe en deux sociétés distinctes : *Chargeurs international* (textile) et *Pathé* (communication).

CHARGEUR-TRANSPORTEUR n. m. ou **CHARGEUSE-TRANSPORTEUSE** n. f. (pl. *chargeurs* [*-euses*]*-transporteurs* [*-euses*]). Engin de chargement et de transport monté sur pneumatiques, dérivé des engins de travaux publics, très utilisé dans les exploitations souterraines. (Syn. CHARGEUR ou CHARGEUSE FRONTAL[E], TRACTO-CHARGEUR.)

CHARGEUSE-PELLETEUSE n. f. (pl. *chargeuses-pelleteuses*). Engin automoteur comportant à l'avant un équipement de chargeuse et à l'arrière un équipement de pelle rétro. (Syn. TRACTOPELLE.)

CHARI (le), fl. d'Afrique, long de 1 200 km, né en République centrafricaine, mais dont la majeure partie du cours se situe au Tchad. Il reçoit le Logone à N'Djamena. Leurs eaux couvrent chaque année de vastes étendues et se jettent dans le lac Tchad par un delta. Le fleuve joue un rôle essentiel pour l'agriculture (dépôts alluviaux), l'élevage (transhumance de saison sèche) et la pêche.

CHARĪ'A n. f. (mot ar. signif. *le chemin qui conduit à l'abreuvoir* et, par extension, *le chemin qu'il faut suivre*). Loi canonique de la religion islamique, ensemble des commandements d'Allāh relatifs aux actions humaines dans tous les domaines.

ENCYCL. Elle est fondée sur le Coran, la tradition du Prophète (ḥadīth) et les déductions des chefs d'écoles juridiques. Elle est appliquée avec plus ou moins de rigueur dans l'ensemble des pays islamiques. Une tendance récente vise, dans plusieurs États, à en faire l'unique référence du droit.

CHARI'ATI ('Ali), penseur et philosophe iranien (dans le Khorāsān 1933 - Londres 1977). Enseignant à l'université de Mechhed, il fut arrêté en 1973 ; il quitta l'Iran en 1977. Il s'est efforcé de redonner son sens véritable au chī'isme et à développé l'idée que l'Occident, pour mieux exploiter les pays sous-développés, les a détournés de leur religion. Il a écrit *Chī 'isme 'alawīte et chī 'isme séfévide,* et raconté sa vie dans *Désert.*

CHARIBERT → CARIBERT.

CHĀRIKĀR, v. d'Afghānistān, ch.-l. de prov., au N. de Kaboul ; 22 000 hab. Centre artisanal.

CHARIOT n. m. (de *charrier*). **1.** Voiture à quatre roues utilisée pour le déplacement et parfois le levage de charges sur de faibles distances. (Les *chariots élévateurs à fourche* permettent de lever, de gerber et de déplacer des charges ou des objets groupés sur palettes ou en conteneurs.) — **2.** Véhicule léger mis à la disposition du public dans les gares, les aéroports, etc. — **3.** Véhicule agricole muni de deux roues arrière plus grandes que celles de devant, d'un train avant orientable et de brancards articulés. — **4.** Partie de certaines machines à écrire dans laquelle est introduit le papier, et qui se déplace au fur et à mesure de la frappe. — **5.** Plate-forme roulant sur rails, portant la caméra, l'opérateur et ses assistants, qui permet de réaliser des travellings. — **6.** Dans une machine-outil, plate-forme mobile sur des glissières, sur laquelle est fixé l'outil ou la pièce à usiner. — **7.** Partie mobile des métiers à filer renvideurs, portant les broches.

CHARIOT (PETIT), nom parfois donné au groupe d'étoiles brillantes de la Petite Ourse*.

CHARIOT DE DAVID, GRAND CHARIOT, noms parfois donnés au groupe d'étoiles brillantes de la Grande Ourse*.

CHARIOTAGE n. m. (de *chariot*). Usinage au tour, consistant à déplacer l'outil de manière à exécuter sur la pièce une surface de révolution.

CHARIOTER v. t. (conj. 3). Exécuter au tour une opération de chariotage.

CHARISMATIQUE [ka-] adj. (de *charisme*). **1.** Qui relève du charisme. — **2.** Se dit d'une communauté de chrétiens caractérisée par une grande ferveur, une intense vie de prière et un rôle apostolique. (Les communautés charismatiques sont apparues à diverses époques, notamment la nôtre, comme un facteur de réveil, parfois aussi de schismes, dans les Églises établies.)

CHARISMATISME n. m. (de *charismatique*). Tendance chrétienne qui met l'accent sur la puissance de l'Esprit, les dons de la grâce, tels que le « parler en langues » (glossolalie), la prophétie, la guérison.

CHARISME [ka-] n. m. (gr. *kharisma, -atos,* grâce). **1.** Influence sur les foules d'une personnalité dotée d'un prestige et d'un pouvoir de séduction exceptionnels. — **2.** Ensemble de dons spirituels extraordinaires (glossolalie, miracles, prophétie, visions...), octroyés transitoirement par l'Esprit-Saint à des groupes ou à des individus en vue du bien général de l'Église.

CHARISSE (Cyd), née Tula Ellice **Finklea,** danseuse américaine (Amarillo, Texas, 1923). Elle fit partie des Ballets russes avant de se tourner vers le cinéma où elle devint une interprète exceptionnelle des comédies musicales hollywoodiennes.

CHARITABLE adj. **1.** Qui agit par charité ; qui est inspiré par la charité : *L'action charitable d'une œuvre philanthropique.* — **2.** *Œuvre charitable,* institution visant à servir les pauvres.

◆ n. m. Membre d'une confrérie de charité qui a pour mission d'assurer gratuitement les obsèques des indigents.

CHARITABLEMENT adv. De façon charitable.

CHARITÉ n. f. (lat. *caritas, -atis*). **1.** Dans la théologie chrétienne, amour de Dieu et du prochain comme créature de Dieu : *La Foi, l'Espérance et la Charité sont les trois vertus théo-*

logales. — **2.** Acte charitable, bienfait ; faveur : *Vivre des charités des autres. Faites-moi la charité de m'écouter.* — **3.** *Confréries de charité,* confréries instituées, dès le XIVe s., dans plusieurs diocèses de Normandie. ‖ *Dame de charité,* personne qui s'occupe d'œuvres charitables. ‖ *Demander la charité,* demander l'aumône. ‖ *Faire la charité,* verser des aumônes, faire le bien. ‖ *Filles de la Charité,* congrégation religieuse charitable fondée en 1633 par saint Vincent de Paul et Louise de Marillac. (Cette congrégation, dont les membres sont encore appelés « sœurs de Saint-Vincent-de-Paul » ou « les Saint-Vincent », est la plus nombreuse et la plus populaire des temps modernes.) ‖ *Fils de la Charité,* congrégation sacerdotale fondée en 1918 par le P. Anizan, ancien supérieur général des Frères de Saint-Vincent-de-Paul, pour l'évangélisation des classes populaires et pauvres. ‖ *Maison de charité,* établissement de secours pour les indigents. ‖ *Sœurs de la Charité,* nom de très nombreuses congrégations religieuses de femmes, généralement enseignantes et hospitalières. ‖ *Vente, fête de charité,* destinée à recueillir des fonds en vue d'une distribution de secours.

Charité *(ordre de la),* ordre institué par Henri III en 1589 pour récompenser les militaires blessés au service de l'État.

CHARITES (les), nom grec des trois Grâces, filles de Zeus, appelées Euphrosyne, Aglaé et Thalie. Elles présidaient à la conversation et aux travaux de l'esprit.

CHARITÉ-SUR-LOIRE (La) [58400], ch.-l. de cant. de la Nièvre, sur la Loire ; 5 720 hab. *(Charitois).* Belle église romane (sculptures) d'un ancien prieuré clunisien fondé en 1052. Literie. Constructions mécaniques.

CHARIVARI n. m. (p.-ê. lat. *caribaria,* du gr. *karêbaria,* lourdeur dans la tête). **1.** Bruit assourdissant, vacarme. — **2.** Bruit tumultueux de huées, de sifflets, de casseroles et d'autres objets, que l'on faisait jadis devant la maison de ceux dont on désapprouvait la conduite.

Charivari *(le),* journal satirique illustré, fondé à Paris en 1832 par Charles Philipon, auquel ont collaboré Cham, Daumier, Gavarni, Grandville. Il disparut en 1937.

CHARLATAN n. m. (ital. *ciarlatano,* de *cerretano,* habitant de Cerreto, croisé avec *ciarlare,* bavarder). **1.** Autref., personne qui, sur les places publiques, vendait des drogues, arrachait les dents, etc., avec un grand luxe de discours, de facéties. — **2.** Celui qui exploite la crédulité publique, en vantant ses produits, sa science, ses qualités. — **3.** Guérisseur ou médecin ignorant et sans conscience.

CHARLATANERIE n. f. Attitude, acte, procédé du charlatan.

CHARLATANESQUE adj. Propre, habituel aux charlatans.

CHARLATANISME n. m. Art d'abuser de la crédulité publique.

CHARLEMAGNE ou **CHARLES Ier le Grand,** en lat. **Carolus Magnus** (747 - Aix-la-Chapelle 814), roi des Francs (768-814) et des Lombards (774-814), et empereur d'Occident (800-814). Fils aîné de Pépin le Bref et de Bertrade ou Berthe (dite « au grand pied »), il reçoit à Saint-Denis en 754 l'onction royale, renouvelée par le pape Étienne II sur la personne de son père, à qui il succède en 768 conjointement avec son frère cadet Carloman. La mort de ce dernier le laisse seul maître du royaume franc (771). Charles est alors de haute taille (1,92 m) et de forte carrure, a un visage ouvert et imberbe (sa « barbe fleurie » n'existe que dans la légende), une vitalité prodigieuse. Profondément chrétien, intelligent, cultivé, simple, mais autoritaire, parfois violent et cruel, sa personnalité puissante explique l'ampleur de l'œuvre de Charles le Grand (en lat. *Carolus Magnus*) ou Charlemagne.

Poursuivant la politique d'expansion du royaume franc inaugurée par son père, Charlemagne conduira durant ses 46 années de règne, 53 expéditions militaires pour étendre la chrétienté, protéger l'État franc contre les incursions de ses voisins mais aussi pour imposer son hégémonie sur l'Occident. En Italie, où le pape Adrien Ier le sollicite d'intervenir contre Didier, roi des Lombards, il prend Pavie après un siège de neuf mois (juin 774), annexe à l'État franc le royaume lombard dont il ceint la couronne de fer, puis place sous sa tutelle le duché de Bénévent (786-787). En Germanie, il conquiert la Frise (784-790) qui est définitivement évangélisée à l'aube du IXe s. ; il destitue Tassilon III, duc de Bavière, et réunit son duché au royaume franc (788) ; il soumet et christianise la Saxe au terme de 32 années d'une lutte inexorable (772-804) au cours de laquelle il use de la terreur (prise d'otages, déportations massives, conversions forcées, massacre de 4 500 Saxons à Verden [782]) pour vaincre l'opiniâtre résistance dirigée par Widukind ; enfin, victorieux des Avars (796) installés en Pannonie, il s'empare de leur camp fortifié (ou *ring*) et de leur fabuleux trésor, transforme leur empire en État vassal, annexe une partie de leur territoire pour constituer la *marche avare* (future Autriche), tandis que les Slaves établis au-delà de l'Elbe (Obodrites, Wilzes, Sorabes) et en Bohême tombent sous son influence sans toutefois être intégrés au royaume franc. En Espagne, après son échec devant Saragosse et la destruction par des Basques de son

arrière-garde à Roncevaux (778), il occupe les territoires compris entre les Pyrénées et l'Èbre (prise de Barcelone, 801) et les érige en *marche d'Espagne* pour protéger l'Aquitaine contre les attaques musulmanes. Maître dès la fin du VIIIe s. d'un royaume très « dilaté » (env. 1 million de km^2) qui correspond à la majeure partie de l'Occident et a donc pris les proportions d'un « empire », Charlemagne jouit alors d'une autorité immense et d'un prestige exceptionnel rayonnant jusqu'à Jérusalem. Qualifié en 799 de « père de l'Europe » et de « tête du monde », installé depuis 794 à Aix-la-Chapelle (la « nouvelle Rome ») où il fait édifier un palais et une chapelle imités de ceux de Constantinople, il accède à la dignité impériale à l'initiative de la papauté : le 25 déc. 800, il est couronné « empereur des Romains » par le pape Léon III à Saint-Pierre de Rome.
Reconnu comme empereur par le basileus en 812, Charlemagne restaure ainsi l'empire en Occident. Mais, fort différent de l'ancien Empire romain, son empire est *européen et franc,* axé non plus sur la Méditerranée et Rome mais sur le continent et Aix-la-Chapelle, et *chrétien.* Se considérant en effet comme le chef du peuple chrétien qu'il est chargé par Dieu de guider vers le salut éternel, Charlemagne, lecteur de *la Cité de Dieu* de saint Augustin, veut établir en Occident cette cité, sorte d'État théocratique, pour faire régner la concorde, la paix et l'unanimité entre ses sujets. « Roi dans son pouvoir » et « prêtre dans ses sermons », il exerce un pouvoir absolu sur ses sujets, laïcs et ecclésiastiques, et protège et dirige l'Église. Contraint de respecter certains particularismes locaux en maintenant en vigueur les lois nationales (celles des Frisons, des Bavarois, des Saxons) et en créant les royaumes semi-autonomes d'Aquitaine et d'Italie (781), il s'efforce cependant d'unifier l'empire sur le plan administratif en introduisant des comtes francs dans les pays conquis. Étroitement surveillés par ses *missi dominici,* ces comtes (au nombre de 300 env.) sont chargés de faire appliquer ses nombreux capitulaires par lesquels il fixe le droit ecclésiastique et séculier. Conscient de l'insuffisance de l'appareil administratif, il s'attache ses sujets par un serment de fidélité (789) ainsi que par la vassalité, et met l'Église au service de l'État. Maître du recrutement épiscopal et abbatial, il contraint les clercs à exercer des fonctions publiques tant au palais que dans l'Empire, où évêques et abbés secondent les comtes, et sont immunistes ou *missi.* Son désir de développer l'instruction de ces clercs est à l'origine de la renaissance culturelle dite « carolingienne » qu'il suscite, en attirant lettrés et savants étrangers (Alcuin, Pierre de Pise, Paul Diacre, Paulin d'Aquilée, etc.) à sa cour d'Aix-la-Chapelle où il fonde l'École et l'Académie palatines, en décidant l'ouverture d'écoles dans tous les évêchés et les monastères (789), et en multipliant les *scriptoria* où les copistes élaborent v. 780 la minuscule dite « Caroline » en son honneur. Ainsi Charlemagne réalise-t-il le premier rassemblement territorial de l'Europe, esquisse de l'Occident médiéval, cette Europe faite de régions très diverses qu'il a su réunir sous sa seule autorité. Promoteur du premier épanouissement de la culture européenne, il pose aussi les fondements de la chrétienté médiévale en faisant du christianisme le lien essentiel des peuples de son empire. Le premier des Carolingiens* meurt en 814 après avoir lui-même couronné empereur son fils et successeur, Louis Ier le Pieux (813). Bien que son édifice politique ait été fragile et qu'il s'effondre moins d'un tiers de siècle après sa mort, le grand Carolingien inspirera ceux qui après lui œuvreront pour l'unité européenne.

CHARLEMAGNE (FAIRE) loc. verbale. *Pop.* Se retirer du jeu après avoir gagné, sans accorder de revanche à l'adversaire.

Charlemagne (Saint-), fête que les établissements scolaires célébraient le 28 janvier en l'honneur de Charlemagne, fondateur des écoles. Charlemagne avait été canonisé par l'antipape Pascal III (1165), mais cette décision ne fut ni ratifiée ni désavouée.

CHARLEROI, v. de Belgique, ch.-l. d'arrond. du Hainaut, sur la Sambre ; 206 214 hab. *(Carolorégiens).* Ville industrielle, elle est en difficulté en raison de l'arrêt de l'extraction du charbon, du déclin de la métallurgie et de l'insuffisance de la reconversion. Musées, notamment du Verre et de la Photographie.
— **Hist.** Enlevée en 1667 par les troupes de Louis XIV, la ville revint à l'Espagne à la paix de Nimègue (1678). Charleroi fut française de 1794 à 1814.

Charleroi *(bataille de)* [1914], combats qui opposèrent, le long de la Sambre, de Charleroi à Namur, Français et Allemands du 21 au 23 août 1914. La Ve armée française, entrée en Belgique le 15 pour refouler les forces allemandes, dut faire face à trois armées adverses et fut menacée d'encerclement. Le général Lanrezac réussit à la sauver et à battre en retraite vers Maubeuge.

Charleroi à Bruxelles *(canal de),* voie navigable de Belgique, qui unit la Meuse et le bassin industriel du Hainaut à la capitale ; 73 km.

SAINTS

CHARLES BORROMÉE *(saint),* prélat italien (Arona 1538-Milan 1584). Neveu du pape Pie IV, cardinal (1560), archevêque de Milan (1564), il joua un rôle majeur dans la réforme du clergé au concile de Trente. À Milan, il appliqua les décisions du concile, restaurant la discipline cléricale par des règlements, des synodes, des visites pastorales, et ouvrant un séminaire (1564). Il rénova aussi l'enseignement catéchétique.

CHARLES GARNIER *(saint),* missionnaire jésuite (Paris 1606-Saint-Jean, Québec, 1649). Parti en 1636 pour le Canada où il fut chargé d'évangéliser les Hurons, il fut massacré par les Iroquois. Canonisé en 1930.

EMPEREURS

CHARLES Ier → CHARLEMAGNE.

CHARLES II → CHARLES II *le Chauve,* roi de France.

CHARLES III le Gros (Neidingen, près de Donaueschingen, 839 - *id.* 888), roi d'Alamannie (876-882), roi d'Italie (879-887), empereur d'Occident (881-887), roi de Germanie (882-887), roi de France (884-887). Fils de Louis Ier le Germanique dont il reçut l'Alamannie (Souabe) [876], il recueillit la succession de ses frères Carloman et Louis II le Jeune en Italie et en Germanie, fut élevé à la royauté par les grands de la *Francia occidentalis* (884) et restaura ainsi à son profit l'unité de l'Empire carolingien. Mais incapable de refouler les Normands assiégeant Paris (885-886), et dépossédé de la Germanie par son neveu Arnoul (887), il abdiqua lors de l'assemblée de Tribur (887).

CHARLES IV DE LUXEMBOURG (Prague 1316 - *id.* 1378), roi de Germanie (1346-1378), roi de Bohême (CHARLES Ier) [1346-1378], empereur germanique (1355-1378). Fils de Jean Ier de Luxembourg et petit-fils de l'empereur Henri VII, il fut élevé à la cour de Charles IV le Bel où il s'imprégna de culture française. Roi de Bohême à la mort de son père (1346), il fut élu roi des Romains (1346) avec l'appui du pape Clément VI grâce à qui il évinça Louis IV de Bavière. Couronné empereur à Rome en 1355, il promulgua la Bulle d'or (1356) et accrut la puissance territoriale du royaume de Bohême en y adjoignant la Silésie, la Lusace et le Brandebourg. Il fit de sa capitale, Prague, où il fonda une université (1348), le centre culturel de l'Empire.

CHARLES V ou **CHARLES QUINT** (Gand 1500 - Yuste, Estrémadure, 1558), empereur germanique (1519-1556), prince des Pays-Bas (1506-1555), roi d'Espagne (CHARLES Ier) [1516-1556], roi de Sicile (CHARLES IV) [1516-1556]. Petit-fils de l'empereur Maximilien Ier et de Marie de Bourgogne par son père l'archiduc d'Autriche Philippe le Beau, petit-fils également du roi d'Espagne Ferdinand II le Catholique et d'Isabelle Ire la Catholique par sa mère Jeanne la Folle, Charles de Habsbourg est destiné, grâce aux alliances préparées par son grand-père à recevoir l'héritage des familles les plus puissantes d'Europe. Élevé par sa tante Marguerite d'Autriche à la cour des Pays-Bas bourguignons, il demeurera sur le plan culturel un prince de Bourgogne. Il doit sa formation religieuse à Adriaan Floriszoon (pape en 1522 sous le nom d'Adrien VI) et sa formation politique à Guillaume de Croÿ, seigneur de Chièvres. En 1515, il prend le gouvernement des Pays-Bas en tant que duc de Bourgogne et, à la mort de Ferdinand le Catholique (1516), il prétend aux couronnes de Castille et d'Aragon, de Naples et de Sicile, dont dépendent les vastes colonies d'Amérique. Mais les Cortes ne le reconnaîtront comme roi qu'en 1518 et 1519. En 1519, à la mort de l'empereur Maximilien Ier, il brigue la couronne du Saint Empire contre François Ier. Élu en juin 1519 il est couronné en octobre 1520 à Aix-la-Chapelle. Premier souverain de l'Empire à prendre le titre d'empereur dès son élection, il sera le dernier à se rendre auprès du pape pour un « second couronnement » à Bologne en 1530. Mais il doit son trône avant tout à la puissance financière du banquier Jakob II Fugger qui a pu acheter les voix des princes électeurs ainsi qu'aux concessions qu'il a dû faire à ces derniers et qui limiteront son pouvoir (capitulations impériales, 1519). Au début de son règne, son autorité paraît d'autant plus faible qu'elle s'étend sur des territoires dispersés, sans unité politique ni culturelle. À la tête d'un immense empire, sur lequel « jamais le soleil ne se couche », Charles Quint semble incarner pour la dernière fois en Occident l'idéal d'une monarchie universelle. Mais sa politique impériale se heurtera aux États et nations « modernes » qui tendent à se fixer à l'aube du XVIe s. À l'extérieur, sa politique est dominée par sa rivalité avec François Ier, vaincu à l'élection impériale, et dont le royaume risque d'être encerclé par les possessions de son adversaire. Trois guerres opposeront les deux monarques (1521-1529, 1536-1538, 1539-1544) marquées par le désastre de Pavie (1525), où François Ier est fait prisonnier, et le sac de Rome (1527) par les armées impériales. À la paix de Crépy (1544), François Ier reconnaît la domination de Charles Quint en Italie et aux Pays-Bas. Mais son successeur Henri II soutient une nouvelle guerre (1547-1556) et la France se maintient dans les Trois-Évêchés et au Piémont (trêve de Vaucelles, 1556). Charles doit lutter également contre les « infidèles » et particulièrement contre les Ottomans qui, sous la conduite de Soliman le Magnifique, progressent en Hongrie et maîtrisent la Méditerranée. Les Turcs envahissent la Hongrie, soutiennent Jean Zápolya contre Ferdinand Ier, frère cadet de Charles Quint, élu roi de Bohême et de Hongrie en 1526, et mettent le

siège devant Vienne en 1529. Cherchant à dominer le bassin occidental de la Méditerranée, l'empereur assiège victorieusement Tunis (1535) mais échoue devant Alger (1541).
À l'intérieur le principal obstacle à la politique impériale de Charles sera la Réforme en Allemagne. L'empereur doit mettre Luther au ban de l'Empire en 1521 quand ce dernier comparaît à la diète de Worms et refuse de se rétracter. Après l'écrasement de la guerre des Paysans (1524-1526), le luthéranisme progresse dans l'Empire et les princes du Nord forment la ligue de Smalkalde (1531). En 1532 Charles Quint doit faire des concessions aux protestants (paix de Nuremberg), mais après la signature de la paix de Crépy, il tente de réduire le protestantisme par la force et remporte la victoire de Mühlberg (1547). Cependant le statut religieux du Saint Empire n'est fixé qu'à la conclusion de la paix d'Augsbourg (1555) qui institue le principe selon lequel les sujets de chaque prince sont tenus d'adopter la religion de celui-ci *(cujus regio, ejus religio).*
Dans les domaines espagnols, la politique de Charles Quint sera plus fructueuse. Après des débuts difficiles marqués par la révolte des *comuneros* (1520) qui témoignent de l'opposition castillane à la prédominance flamande, il renforce le pouvoir royal et développe l'administration, jetant ainsi les bases d'un État fort. Cette œuvre favorise la colonisation espagnole de l'Amérique centrale et du Sud par les *conquistadores* et la création des deux vice-royautés de Mexico (1535) et de Lima (1543). En 1556 Charles Quint, prématurément vieilli, désabusé et reconnaissant l'échec de sa politique impériale, abdique et se retire au couvent de Yuste, où il mourra.

CHARLES VI (Vienne 1685 - *id.* 1740), empereur germanique (1711-1740), roi de Hongrie (CHARLES III) [1711-1740] et de Sicile (CHARLES VI) [1714-1734), second fils de Léopold Ier. Écarté du trône d'Espagne par le testament de son oncle Charles II au profit de Philippe d'Anjou (Philippe V), il tente en vain de s'imposer dans la Péninsule au cours de la guerre de la Succession d'Espagne. Élu empereur à la mort de son frère Joseph Ier (1711), il conclut le traité de Rastatt par lequel il renonce à ses prétentions sur l'Espagne, mais obtient les Pays-Bas espagnols, Naples, le Milanais et la Sardaigne (échangée en 1720 contre la Sicile). La guerre victorieuse menée contre les Turcs par le Prince Eugène lui apporte Belgrade, une partie de la Serbie et de la Valachie (traité de Passarowitz, 1718). Mais il doit restituer ces territoires à l'issue d'une seconde guerre contre les Turcs (traité de Belgrade, 1739) et perd Naples et la Sicile au traité de Vienne (1738). Malgré la *pragmatique sanction* de 1713 par laquelle il avait assuré la totalité de ses États à sa fille unique Marie-Thérèse, sa succession sera vivement contestée (→ *guerre de la* SUCCESSION D'AUTRICHE).

CHARLES VII ALBERT (Bruxelles 1697-Munich 1745), Électeur de Bavière (1726-1745), empereur germanique (1742-1745), fils de Maximilien-Emmanuel, Électeur de Bavière. À la mort de Charles VI (1740), il refusa de reconnaître Marie-Thérèse comme héritière des États autrichiens et prétendit au trône impérial en tant que descendant direct de la fille aînée de Ferdinand Ier. Cette revendication fut à l'origine de la guerre de la Succession d'Autriche au cours de laquelle, grâce à l'appui de Louis XV, il fut couronné empereur à Francfort en 1742.

FRANCE

CHARLES MARTEL (v. 688-Quierzy-sur-Oise 741), prince des Francs, fils de Pépin de Herstal et de sa concubine Alpaïde. Après avoir vaincu les Neustriens (716-717), il réunit entre ses mains les deux mairies du palais d'Austrasie et de Neustrie et règne en fait sur ces deux royaumes au nom du roi mérovingien Thierry IV. Doté d'une puissante armée, il consolide son autorité en Germanie (720-738) où il soutient l'action de saint Boniface. Après avoir remporté près de Poitiers une victoire (25 oct. 732) qui arrête l'invasion musulmane dirigée par 'Abd al-Raḥmān, il soumet l'Aquitaine (736) puis la Bourgogne et la Provence (739), et restaure ainsi l'unité du royaume franc qu'il gouvernera en maître absolu et partagera avant de mourir entre ses deux fils Carloman et Pépin (le Bref).

CHARLES Ier le Grand → CHARLEMAGNE.

CHARLES II le Chauve (Francfort-sur-le-Main 823-Avrieux, dans les Alpes, 877), roi de France (843-887), empereur d'Occident (875-877), fils de Louis Ier le Pieux et de Judith de Bavière. À la mort de son père, il s'allie avec son frère Louis Ier le Germanique (alliance scellée par les serments de Strasbourg, 842) contre l'empereur Lothaire Ier pour obtenir un partage de l'Empire. Vaincu à Fontenoy-en-Puisaye (841), Lothaire doit accepter ce partage que sanctionne le traité de Verdun (843). Doté par ce traité de la *Francia occidentalis* formée des pays situés à l'ouest de la Meuse, de la Saône et du Rhône, Charles voit son autorité contestée par Nominoë en Bretagne et par Pépin II en Aquitaine et doit en outre faire face aux invasions des Normands. Victorieux en Aquitaine (848) où il impose comme roi son fils Charles l'Enfant (855), il doit en revanche reconnaître l'indépendance des Bretons. Pour parer aux incursions normandes, il crée des grands commandements régionaux (tel celui institué entre Seine et Loire en 861 en faveur de

Robert le Fort) qui forment des principautés territoriales. Mais, grâce à la fidélité de l'épiscopat, conduit par l'archevêque Hincmar, il peut triompher (859) de Louis Ier le Germanique qui envahit en vain la France (858). Après avoir acquis la Lotharingie occidentale (870), accédé à l'empire (875) et obtenu la couronne d'Italie (876), il tente de restaurer l'unité de l'Empire. Mais il est vaincu à Andernach (876) par Louis III le Jeune. Il meurt au retour d'une expédition en Italie (877), après avoir accepté l'hérédité des charges comtales (capitulaire de Quierzy, 877) qui annonce la féodalité.

CHARLES III le Simple (879 - Péronne 929), roi de France (898 - 923) et de Lotharingie (911 - 923). Fils posthume de Louis II le Bègue et d'Adélaïde de Frioul, il est écarté du trône par les grands au profit de Charles III le Gros (884) puis (888) de Eudes, comte de Paris, à la mort de qui (898) il est reconnu roi. Pour mettre fin aux incursions des Normands, il leur cède la basse vallée de la Seine (origine du futur duché de Normandie) par le traité de Saint-Clair-sur-Epte (911) conclu avec Rollon. Cherchant à restaurer l'unité impériale, il s'empare de la Lotharingie (911). Il se heurte à l'opposition des partisans de Robert, comte de Paris, et de Raoul, duc de Bourgogne, qui accèdent successivement au trône (922, 923). Vaincu près de Soissons (923) et fait prisonnier, il meurt captif à Péronne.

CHARLES IV le Bel (v. 1295 - Vincennes 1328), roi de France et de Navarre (Charles Ier) [1322-1328], fils de Philippe IV le Bel et de Jeanne Ire, reine de Navarre. Poursuivant la politique de ses prédécesseurs à l'égard de la noblesse, il défend avec fermeté les droits de la couronne et fait supplicier Jourdain de l'Isle, seigneur de Casaubon (1323). Pour entretenir le prestige royal, il pratique une politique d'expédients (création d'impôts, vente d'offices). En 1324, il rouvre le conflit franco-anglais en confisquant et en occupant la Guyenne. En 1327, il restitue ce duché mais conserve l'Agenais et le Bazadais. Il meurt l'année suivante sans laisser d'héritier mâle. Avec lui s'éteint la dynastie des Capétiens directs.

CHARLES V le Sage (Vincennes 1338 -Nogent-sur-Marne 1380), roi de France (1364 -1380). Fils du roi Jean II le Bon et de Bonne de Luxembourg, il est le premier héritier de la Couronne à porter le titre de « dauphin royal » (1349). Après la bataille de Poitiers (1356) où son père Jean II le Bon est fait prisonnier en sa présence, il assume le gouvernement du royaume (1356-1360) et doit faire face à une grave crise qui résulte de la conjonction de quatre éléments d'opposition : les états de langue d'oïl (1355-56) qui tentent de mettre la monarchie sous leur tutelle ; Charles le Mauvais qui jouit d'une grande popularité et agit sur les états par l'intermédiaire de l'évêque de Laon Robert Le Coq ; le peuple parisien révolté sous la conduite d'Étienne Marcel (1358) ; les Jacques qui s'insurgent dans le nord du royaume (1358). Mais après avoir subi la loi d'É. Marcel, qui fait assassiner à ses côtés ses conseillers les maréchaux de Champagne et de Normandie (févr. 1358), Charles quitte la capitale (mars), pour y rentrer en force le 2 août 1358. Maître du gouvernement, il conclut la paix de Brétigny (1360) avec Édouard III. Devenu roi après la mort de son père (1364), il s'entoure de remarquables conseillers (Nicole d'Oresme, Pierre d'Orgemont, Bureau de La Rivière, etc.) avec qui il réorganise les finances en tentant de rendre permanente la levée des impôts, et reconstitue une marine de guerre avec Jean de Vienne et une armée avec Du Guesclin. Après avoir imposé la paix à Charles le Mauvais (1364) et rétabli la présence française en Flandre, il parvient grâce à Du Guesclin à libérer le royaume des Grandes Compagnies (1367) et à reprendre aux Anglais presque toutes leurs possessions en France (→ *guerre de* CENT ANS). Mais il meurt sans avoir pu amener l'Angleterre à la paix. Protecteur des lettres et des arts, Charles V acheva à Paris la construction du donjon de Vincennes et fit construire la Bastille ; il se constitua une très riche librairie (origine de la Bibliothèque nationale de France). De son mariage (1350) avec Jeanne de Bourbon il avait eu neuf enfants, dont le futur Charles VI.

CHARLES VI le Bien-Aimé (Paris 1368-*id.* 1422), roi de France (1380-1422), fils de Charles V et de Jeanne de Bourbon. En 1380 il succède à son père sous la tutelle de ses oncles Louis Ier d'Anjou, Philippe II le Hardi, Louis II de Bourbon et Jean de Berry, qui négligent l'achèvement de l'œuvre de Charles V. Le rétablissement des impôts par ces princes, surtout soucieux de satisfaire leurs ambitions personnelles, provoque en 1382 des révoltes urbaines, notamment à Rouen et à Paris, sévèrement réprimées par le roi, qui écrase en outre les Gantois révoltés à Rozebeke. Sous l'influence de Philippe le Hardi, Charles épouse Isabeau de Bavière (1385) et signe avec l'Angleterre une trêve en août 1388. Alors âgé de vingt ans, il décide de gouverner en personne. Avec l'aide des anciens conseillers de son père (les « marmousets ») il rétablit l'ordre social et financier. Mais, frappé d'une première crise de folie (1392), il doit abandonner définitivement le pouvoir à ses oncles Jean de Berry et Philippe II le Hardi et à son frère Louis Ier d'Orléans. Le pays sombre alors dans l'anarchie. La rivalité des ducs d'Orléans et de Bourgogne déclenche la guerre civile entre Armagnacs et Bourguignons (1407), lesquels sollicitent l'aide militaire de l'Angleterre, favorisant ainsi la reprise de la guerre de Cent Ans. Sous la tutelle de Philippe le Bon, Charles VI ratifie le traité de Troyes (21 mai 1420) qui déshérite son fils le dauphin Charles (futur Charles VII) au profit de Henri V de Lancastre et unit les royaumes de France et d'Angleterre sous l'autorité du souverain anglais.

CHARLES VII (Paris 1403 - Mehun-sur-Yèvre 1461), roi de France (1422-1461), fils de Charles VI et d'Isabeau de Bavière. En 1418, il doit fuir Paris occupé par les Bourguignons et se réfugier à Bourges où il établit son gouvernement. Contrôlant la France du Centre et du Sud (à l'exception de la Guyenne), il se proclame roi après la mort de son père (1422), en dépit du traité de Troyes (1420), et entreprend la reconquête des pays situés au nord de la Loire où règne le duc de Bedford, « régent de France et d'Angleterre », au nom de Henri VI. Après des revers, le « roi de Bourges » reçoit le secours de Jeanne d'Arc, qui libère Orléans (29 avr. 1429) et le fait sacrer à Reims (17 juill.), confirmant ainsi la légitimité de son pouvoir. Réconcilié avec le duc de Bourgogne Philippe le Bon (traité d'Arras, 21 sept. 1435), il occupe Paris (13 avr. 1436). La reconquête s'accélère avec l'amélioration du système fiscal, qui assure à la monarchie des recettes régulières, et avec la réorganisation de l'armée (création de compagnies d'ordonnance [1445], de francs-archers [1448]) dotée d'une puissante artillerie par les frères Bureau. Vaincus à Formigny (15 avr. 1450) et à Castillon (17 juill. 1453), les Anglais ne possèdent plus en France que Calais. Parallèlement à la lutte contre les Anglais, Charles VII restaure le pouvoir royal : il soumet notamment le clergé par la pragmatique sanction de Bourges (1438) et brise la révolte des grands féodaux (Praguerie, 1440) conduite par le dauphin Louis (futur Louis XI) à qui il laisse un royaume pacifié.

CHARLES VIII (Amboise 1470 - *id.* 1498), roi de France (1483-1498), fils de Louis XI et de Charlotte de Savoie. Son père, en mourant, le place sous la tutelle de sa sœur Anne de Beaujeu et de son beau-frère Pierre II de Bourbon, sire de Beaujeu. En 1491, il entame son règne personnel et épouse Anne de Bretagne, préparant ainsi l'annexion du duché breton à la France. Attiré par l'Italie et voulant s'illustrer par une « grande entreprise », il s'assigne comme but la conquête du royaume de Naples, invoquant à l'appui de ses prétentions les droits de Charles III, comte du Maine, légués à Louis XI. Pour s'assurer la neutralité de ses voisins, il cède le Roussillon et la Cerdagne à Ferdinand II le Catholique (traité de Barcelone, 1493) et abandonne à Maximilien Ier l'Artois et la Franche-Comté (paix de Senlis, 1493). Parti en 1494, il conquiert sans difficulté Naples (févr. 1495) [→ *guerres* d'ITALIE]. Mais, une vaste coalition s'étant tramée contre lui (ligue de Venise, mars), il rentre en France après avoir bousculé les coalisés à Fornoue (juill. 1495). Il meurt accidentellement alors qu'il préparait une nouvelle expédition en Italie.

CHARLES IX (Saint-Germain-en-Laye 1550 - Vincennes 1574), roi de France (1560-1574), deuxième fils d'Henri II et de Catherine de Médicis. Roi à la mort de son frère François II (1560), il laisse sa mère exercer le pouvoir. À vingt ans, voulant s'émanciper de la tutelle de celle-ci, il se rapproche des protestants, adhère au projet de l'amiral de Coligny d'intervention aux Pays-Bas pour y soutenir les réformés révoltés contre Philippe II. Devant l'échec de cette entreprise, l'opposition de sa mère et celle des chefs catholiques, il désavoue les huguenots et ne s'oppose pas au massacre des chefs protestants, qui mènera à la Saint-Barthélemy (24 août 1572).

CHARLES X, nom sous lequel Charles, cardinal de Bourbon*, fut proclamé roi par la Ligue en 1589, après la mort d'Henri III.

CHARLES X (Versailles 1757 - Görz, auj. Gorizia, 1836), roi de France (1824-1830). Petit-fils de Louis XV, frère de Louis XVI et de Louis XVIII, il porte avant son accession au trône le titre de comte d'Artois. De son mariage (1773) avec Marie-Thérèse de Savoie, il a eu trois enfants, dont le duc d'Angoulême et le duc de Berry. Viveur fastueux et impopulaire, il se met dès 1789 à la tête de la contre-révolution en prenant l'initiative de l'émigration (17 juill.). Il contribue avec Calonne à la déclaration de Pillnitz (27 août 1791) et assiste à Valmy à la tête de l'armée des émigrés. Lieutenant général du royaume (févr. 1793), il réside en Angleterre jusqu'en 1814. Confirmé alors dans sa charge, il prépare le retour de Louis XVIII, devient colonel-général de la garde nationale, mais prend la tête de l'opposition ultra-royaliste qui se renforce après l'assassinat de son fils le duc de Berry (1820). Devenu roi à la mort de Louis XVIII (1824), il patronne la politique de réaction de Villèle (loi sur le sacrilège, milliard des émigrés, 1825). Contraint par le succès électoral des libéraux (1827) d'appeler Martignac (1828), il subit ses concessions libérales puis le renvoie au profit de Polignac et de son ministère ultra (1829). À ses menaces l'opposition libérale réplique par l'adresse des députés (mars 1830) qui proclame avec force leurs droits intangibles. Le roi renvoie la Chambre et, devant le nouveau succès électoral des libéraux (juill. 1830), signe quatre ordonnances (25 juill.) suspendant la liberté de la presse, dissolvant la Chambre, restreignant le droit de vote. La révolution parisienne qui s'ensuit (27-29 juill.) l'oblige à abdiquer (2 août 1830) et porte au pouvoir Louis-Philippe Ier.

CHARLES Ier de France ou **CHARLES de Valois** (1270-Le Perray, près de Rambouillet, 1325), comte de Valois (1285-1325), d'Anjou et du Maine (CHARLES III) [1290-1325], d'Alençon et du Perche (1291-1325), empereur titulaire de Constantinople, fils de Philippe III le Hardi. Apanagé du comté de Valois (1285), il épousa en 1290 Marguerite de Sicile, fille de Charles II le Boiteux, qui lui apporta en dot l'Anjou et le Maine. Il fut le père de Philippe VI, premier roi de la dynastie des Valois*.

CHARLES DE BLOIS (1319 - Auray 1364), duc de Bretagne (1341-1364). Fils de Gui de Châtillon, comte de Blois, et de Marguerite de Valois, sœur de Philippe VI, il épousa en 1337 Jeanne de Penthièvre, nièce de Jean III, duc de Bretagne. À la mort de ce dernier (1341), il revendiqua le duché de Bretagne en même temps que Jean IV de Montfort, déclenchant ainsi la guerre de la Succession de Bretagne* à l'issue de laquelle il fut tué à la bataille d'Auray (29 sept. 1364).

CHARLES DE BOURBON → BOURBON (Charles III, 8e duc de).

CHARLES DE FRANCE, duc de Berry → BERRY.

CHARLES D'ORLÉANS → ORLÉANS.

ANJOU ET MAINE

CHARLES Ier et **CHARLES II,** comtes d'Anjou et du Maine → CHARLES Ier D'ANJOU et CHARLES II LE BOITEUX, rois de Sicile et de Naples. – **Charles III,** comte d'Anjou et du Maine → CHARLES Ier DE FRANCE. – **Charles V** (1436-1481) ou **Charles II,** comte du Maine et de Guise (1472-1481), roi titulaire de Naples et de Jérusalem, comte de Provence et de Forcalquier (1480-81). Héritier de son oncle, le roi René Ier le Bon (1480), il légua ses possessions à Louis XI.

AUTRICHE

CHARLES DE HABSBOURG, dit **l'archiduc Charles** (Florence 1771 - Vienne 1847), archiduc d'Autriche, duc de Teschen, troisième fils de Léopold II. Ministre de la Guerre depuis 1805, chargé de la réorganisation de l'armée, et feldmaréchal, il fut vainqueur de Napoléon à Aspern et Essling (mai 1809). Mais, défait à Wagram (juill.), il fut relevé de ses fonctions.

CHARLES Ier (Persenbeug, Basse-Autriche, 1887 - Funchal, Madère, 1922), empereur d'Autriche et roi de Hongrie (CHARLES IV) [1916-1918]. Fils de l'archiduc Otton de Habsbourg, il devint héritier de la couronne à la mort de son oncle François-Ferdinand à Sarajevo (1914) et succéda à son grand-oncle François-Joseph en 1916. Il entreprit en 1917 des négociations secrètes avec l'Entente, qui échouèrent et furent divulguées. Après la proclamation de la république en Autriche (nov. 1918), il tenta par deux fois de reprendre le pouvoir en Hongrie (mars et oct. 1921).

BELGIQUE

CHARLES DE BELGIQUE, comte de Flandre, second fils du roi Albert Ier (Bruxelles 1903 - Ostende 1983). Il fut régent du royaume de 1944 à 1950, durant l'exil de son frère Léopold III.

BOURGOGNE

CHARLES le Téméraire (Dijon 1433-devant Nancy 1477), duc de Bourgogne (1467-1477). Fils de Philippe III le Bon, il porte le titre de comte de Charolais jusqu'à la mort de son père, à qui il succède en 1467. Cherchant à unifier et à agrandir les États bourguignons, il forme la ligue du Bien public (1465) contre Louis XI, dont il obtient la restitution des villes de la Somme (traités de Conflans et de Saint-Maur, oct. 1465), puis impose l'humiliant traité de Péronne (1468) au roi, qui doit inféoder la Champagne et la Brie à son frère Charles de France. Tout en poursuivant sa lutte contre Louis XI, il annexe à ses États la principauté de Liège (1468), la Haute-Alsace (1469) et des places lorraines (1473). Mais une coalition (cantons suisses, France, Lorraine, Alsace) animée par Louis XI arrête sa progression. Vaincu par les Suisses à Grandson et à Morat (1476), il est tué sous les murs de Nancy (1477).

ESPAGNE

CHARLES Ier, roi d'Espagne → CHARLES V, ou CHARLES QUINT, empereur germanique.

CHARLES II (Madrid 1661 - *id.* 1700), roi d'Espagne et (CHARLES V) de Sicile (1665-1700), fils du roi Philippe IV et de Marie-Anne d'Autriche. Son long règne, qui débute avec la régence de sa mère (1665-1675), sera une suite d'intrigues de cour, de conspirations internationales et de guerres avec la France (guerre de Dévolution et guerre de Hollande) à l'issue desquelles l'Espagne devra céder à Louis XIV la Franche-Comté et plusieurs places en Flandre, en Hainaut et en Cambrésis (traités d'Aix-la-Chapelle [1668] et de Nimègue [1678-79]. N'ayant pas eu d'enfant de ses deux mariages avec Marie-Louise d'Orléans (1679) et Marie-Anne de Bavière Neubourg (1690), il désigne comme son successeur Philippe d'Anjou (futur Philippe V), petitfils de Louis XIV, ce qui provoque la guerre de la Succession* d'Espagne.

CHARLES III (Madrid 1716 - *id.* 1788), roi d'Espagne (1759-1788), duc (CHARLES Ier) de Parme et de Plaisance (1731-1735), roi (CHARLES VII) de Naples et de Sicile (1734-1759), fils de Philippe V et d'Élisabeth Farnèse. Successeur de son demi-frère Ferdinand VI, il est le meilleur représentant du despotisme éclairé en Espagne. Conseillé par des ministres compétents (Esquilache, Aranda, Floridablanca, Campomanes), il réalise d'importantes réformes économiques (abolition des douanes intérieures, colonisation de la sierra Morena, liberté de commerce avec l'Amérique, etc.) et culturelles (stimulation de la recherche scientifique et de l'enseignement après l'expulsion des jésuites [1767], etc.). À l'extérieur, rompant avec la politique de neutralité de Ferdinand VI, il s'allie à la France contre la Grande-Bretagne par le pacte de Famille (1761), qui l'entraîne dans la guerre de Sept Ans (1762) puis dans la guerre de l'Indépendance américaine (1779) au cours de laquelle il reprend Minorque (1782).

Charles III *(ordre de),* ordre espagnol fondé en 1771 par Charles III. Il constitue la plus haute distinction espagnole. Cinq classes, ruban bleu clair avec une raie verticale blanche.

CHARLES IV (Portici 1748 - Rome 1819), roi d'Espagne (1788-1808), fils de Charles III et de Marie-Amélie de Saxe. À l'instigation de sa femme, Marie-Louise de Parme, il prend pour Premier ministre Godoy (1792), qui exerce la réalité du pouvoir. Par le traité de San Ildefonso (1796), ce dernier allie l'Espagne à la France contre la Grande-Bretagne. Après la défaite de Trafalgar (21 oct. 1805), où s'effondre la puissance navale espagnole, le contrôle de la mer par la Grande-Bretagne interrompt les contacts avec l'Amérique et bouleverse les structures de l'État. Contraint par son fils Ferdinand VII d'abdiquer en sa faveur (19 mars 1808), Charles IV s'en remet à Napoléon, qui lui restitue sa couronne, mais la reprend (Bayonne, 1er mai 1808) pour la donner à Joseph Bonaparte, ce qui provoque la guerre d'Indépendance.

CHARLES D'AUTRICHE ou **DON CARLOS,** infant d'Espagne (Valladolid 1545-Madrid 1568), fils de Philippe II. Accusé de conspiration contre son père (1568), il fut emprisonné à l'alcazar de Madrid, où il mourut. Son sort tragique a nourri de nombreuses légendes et œuvres littéraires (Alfieri, Schiller).

CHARLES DE BOURBON ou **DON CARLOS,** infant d'Espagne (Madrid 1788 -Trieste 1855), comte **de Molina.** Deuxième fils de Charles IV, il revendiqua sous le nom de Charles V la succession de son frère aîné Ferdinand VII contre la fille de ce dernier, Isabelle II, et provoqua ainsi la première guerre carliste* (1833-1839). — **Charles de Bourbon** ou **don Carlos,** prince espagnol (Madrid 1818 - Trieste 1861), comte *de Montemolin,* fils du précédent, prétendant au trône d'Espagne sous le nom de Charles V (1845). Ses partisans suscitèrent la deuxième guerre carliste* (1846-1849). — **Charles de Bourbon** ou **don Carlos,** prince espagnol (Laibach, auj. Ljubljana, 1848 - Varèse 1909), duc *de Madrid,* petit-fils de Charles de Bourbon, comte de Molina, prétendant au trône d'Espagne sous le nom de Charles VII (1868). Il fut à l'origine de la troisième guerre carliste* (1872-1876).

FLANDRE

CHARLES Ier le Bon *(bienheureux)* [au Danemark v. 1083 - Bruges 1127], comte de Flandre (1119-1127), fils de Knud IV le Saint. Il succéda à son cousin germain Baudouin VII Hapkin (1119). Son esprit de justice lui acquit une grande popularité. En 1882, Léon XIII approuva son culte.

GRANDE-BRETAGNE

CHARLES Ier (Dunfermline, Écosse, 1600-exécuté à Whitehall, Londres, 1649), roi d'Angleterre, d'Écosse et d'Irlande (1625-1649), second fils de Jacques Ier et d'Anne de Danemark. Devenu roi en 1625, il continue la guerre contre l'Espagne, et épouse Henriette-Marie, sœur de Louis XIII, Buckingham demeurant tout-puissant. À l'extérieur, ce sont les défaites de Cadix (1625) et de La Rochelle (1628). À l'intérieur, les Parlements successifs résistent aux exigences financières du roi. En 1628, le Parlement lui remet la pétition de Droit, qui limite sévèrement la prérogative royale. Charles Ier renvoie alors celui-ci et gouverne seul pendant onze ans. Après l'assassinat de Buckingham, le roi s'entoure de nouveaux conseillers, Laud et Strafford, partisans d'une politique sans compromis. L'absolutisme de Laud l'amène à vouloir étendre à l'Écosse presbytérienne la liturgie anglaise. La révolte des Écossais (1638) oblige le roi à réunir le « Court Parlement » (1640). Refusant l'aide financière qui lui est demandée, il est presque immédiatement dissous. Mais les Écossais continuent d'avancer. Débordé, le roi appelle le « Long Parlement », qui envoie Strafford (1641) puis Laud (1645) à la mort ; il est soupçonné d'avoir favorisé la révolte irlandaise par ses complaisances envers les catholiques. Le Parlement durcit alors son attitude, au point que le roi rompt avec lui (1642). La première guerre civile commence. L'armée royale est écrasée à Naseby (1645), et Charles Ier se rend aux Écossais (1646). Livré au Parlement anglais, il s'évade en 1647, déclenchant une seconde guerre civile, terminée par le rapide triomphe de l'armée de Cromwell. Ce dernier obtient du Parlement épuré (« Parlement croupion ») la mise en jugement du roi, qui est condamné à mort et décapité (janv. 1649).

CHARLES II (Londres 1630 - *id.* 1685), roi d'Angleterre, d'Écosse et d'Irlande (1660-1685), deuxième fils de Charles Ier et d'Henriette-Marie de France. Mêlé à la guerre civile, il doit s'exiler à Paris. Après l'exécution de son père, il débarque en Écosse et se fait couronner roi (1651). Mais la victoire de Cromwell le contraint à un nouvel exil. Le conflit entre l'armée et le Parlement en 1659 l'incite à publier la déclaration de Breda (1660), qui permet, avec le ralliement de Monk, la Restauration des Stuarts. Charles II et Clarendon, lord chancelier, vont s'appliquer à faire fonctionner une monarchie réellement parlementaire. Mais l'impécuniosité du roi et sa politique de tolérance se heurtent aux exigences et à la rigueur du Parlement. La Déclaration d'indulgence (1661 et 1672) sera remplacée par le bill du Test (1673). La rivalité commerciale qui oppose l'Angleterre et les Provinces-Unies se transforme en guerre (1665-1667). Pour obtenir des subsides de Louis XIV, le roi s'allie à la France, ce qui blesse le sentiment national anglais. Avec le ministère Danby (1674-1679), l'équilibre politique semble se réaliser, notamment avec le mariage de Marie Stuart (nièce du roi) avec Guillaume d'Orange (1677). Mais en 1678 éclate l'affaire Oates, qui soulève l'Angleterre contre les catholiques. Le roi doit s'incliner devant l'*habeas corpus* (1679) et le Bill d'exclusion, visant à écarter son frère, le futur Jacques II, de la succession royale. Les excès de l'opposition, menée par Shaftesbury, favorisent un revirement de l'opinion envers Charles II, qui dissout le Parlement (1681). Jacques d'York a repris sa place d'héritier lorsque Charles II meurt en confessant la foi catholique.

HONGRIE

CHARLES Ier ROBERT ou **CAROBERT** (Naples 1288 - Visegrád 1342), roi de Hongrie (1308-1342). Il se fait donner la couronne de Hongrie par le pape Boniface VIII à la mort d'André III (1301). Après le renoncement de Venceslas III, roi de Bohême, à la couronne de Hongrie (1305), il doit éliminer plusieurs prétendants et n'est reconnu roi qu'en 1308. Il conclut en 1333 un compromis selon lequel Jeanne d'Anjou, future Jeanne Ire, reine de Naples, devra épouser son fils cadet, André d'Anjou. Il organise l'exploitation des mines de son royaume et fait du florin d'or hongrois l'une des monnaies les plus solides d'Europe.

CHARLES II, roi de Hongrie → CHARLES III, roi de Naples.

CHARLES III, roi de Hongrie → CHARLES VI, empereur romain germanique.

CHARLES IV, roi de Hongrie → CHARLES Ier, empereur d'Autriche.

MANTOUE ET MONTFERRAT

CHARLES Ier DE GONZAGUE (Paris 1580 - Mantoue 1637), duc de Nevers et de Rethel (1595-1637), duc de Mantoue et de Montferrat (1627-1637), fils de Louis de Gonzague, duc de Nevers. La possession des duchés de Mantoue et de Montferrat lui fut confirmée par le traité de Cherasco (1631). Il fit construire Charleville.

NAVARRE

CHARLES Ier → CHARLES IV *le Bel,* roi de France.

CHARLES II le Mauvais (Évreux 1332-1387), roi de Navarre (1349-1387). Fils de Philippe III d'Évreux, roi de Navarre, et de Jeanne II, fille de Louis X le Hutin, il ne cessa d'intriguer pour agrandir ses possessions et pour supplanter les Valois en raison des droits dynastiques qu'il tenait de sa mère. Il s'allia ainsi à Édouard III (1354) contre Jean II le Bon, qui le fit emprisonner (1356-57). Ses prétentions sur la Bourgogne ayant été repoussées, il entra en conflit avec Charles V mais il fut vaincu par Du Guesclin à Cocherel (1364). Soupçonné d'avoir tenté d'empoisonner le roi (1378), il fut dépouillé d'une partie de ses domaines.

CHARLES III le Noble (Mantes 1361 -Olite 1425), roi de Navarre (1387-1425). Fils du roi Charles II le Mauvais, il épousa en 1375 Éléonore de Castille, fille du roi Henri II. Réconcilié avec le roi de France, qui lui donna le comté de Nemours en échange du comté d'Évreux (1404), il servit de médiateur entre les Armagnacs et les Bourguignons. Sa fille Blanche (Ire) lui succéda. Son tombeau est l'œuvre du Tournaisien Janin Lomme.

CHARLES IV (Peñafiel 1421-Barcelone 1461), prince de Viane, roi titulaire de Navarre (1441-1461), fils de Jean II, roi d'Aragon et de Navarre, et de Blanche Ire, reine de Navarre, et petit-fils du précédent. Déshérité par son père (1455), qui le fit emprisonner (1460), il fut libéré grâce aux Catalans (1461). Selon certains, il mourut empoisonné sur ordre de son père.

PARME ET PLAISANCE

CHARLES Ier, duc de Parme et de Plaisance → CHARLES III, roi d'Espagne. – **Charles II** (Parme 1799 - Nice 1883, roi d'Étrurie (LOUIS II) [1803-1807], duc de Lucques (1824-1847), duc de Parme (1847-1849), fils de Louis Ier, roi d'Étrurie, et de Marie-Louise de Bourbon, fille de Charles IV, roi d'Espagne. Roi d'Étrurie sous la régence de sa mère, il fut dépossédé en 1807 par Napoléon. Le congrès de Vienne donna à sa mère le duché de Lucques, dont il hérita en 1824. En 1847, à la mort de Marie-Louise d'Autriche, il devint duc de Parme. Après la révolution de mars 1849, il abdiqua en faveur de son fils, **Charles III** (Lucques 1823-Parme 1854), duc de Parme de 1849 à 1854.

PORTUGAL

CHARLES Ier (Lisbonne 1863 - *id.* 1908), roi de Portugal (1889 -1908). Fils aîné de Louis Ier, il épousa en 1886 Marie-Amélie d'Orléans. Devant la montée du courant républicain, il fit appel à

João Franco (1906), qui instaura une véritable dictature. Il périt dans un attentat (1er févr. 1908).

ROUMANIE

CHARLES Ier ou **CAROL Ier** (Sigmaringen 1839 - Sinaia 1914), prince (1866-1881), puis roi (1881-1914) de Roumanie. Second fils de Charles de Hohenzollern-Sigmaringen, il fut élu prince de Roumanie en 1866. Sous son règne, la Roumanie proclama son indépendance (1877), qui fut reconnue aux traités de San Stefano et de Berlin (1878). Il conclut en 1883 un traité secret d'alliance avec l'Autriche-Hongrie. Mais, en juillet-août 1914, ses ministres refusèrent de faire entrer la Roumanie dans la guerre aux côtés des puissances centrales.

CHARLES II ou **CAROL II** (Sinaia 1893 -Estoril, Portugal, 1953), roi de Roumanie (1930-1940), fils aîné de Ferdinand Ier. Contraint de renoncer au trône en faveur de son fils Michel en 1926, il s'imposa cependant comme roi en 1930. Il dut abdiquer en 1940.

SICILE ET NAPLES

CHARLES Ier D'ANJOU (1226 - Foggia 1285), comte d'Anjou, du Maine, de Provence et de Forcalquier (1246-1285), roi de Sicile (1266-1282), puis de Naples (1282-1285), fils de Louis VIII et de Blanche de Castille, et frère de Louis IX. Maître de la Provence par son mariage avec Béatrice, fille et héritière de Raimond Bérenger IV, comte de Provence, et apanagé des comtés d'Anjou et du Maine (1246), il soumet le royaume de Sicile après avoir vaincu Manfred à Bénévent (1266) puis Conrad V (Conradin) à Tagliacozzo (1268). Il entreprend dès lors de faire de son royaume le centre d'un vaste empire méditerranéen. En Italie, il place sous son contrôle la Toscane (1268) et les États pontificaux (1281), mais doit évacuer la Lombardie et le Piémont (1275-1277) où il se heurte au parti gibelin. Dans le bassin oriental de la Méditerranée, il place sous sa suzeraineté la principauté d'Achaïe (traités de Viterbe, 1267), entame la conquête de l'Empire byzantin en s'emparant de Corfou (1267), occupe Durazzo (1270), la côte d'Épire (1272) et devient roi titulaire de Jérusalem (1277). Mais son empire maritime s'effondre lors des Vêpres siciliennes (mars 1282) : dépossédé de la Sicile par Pierre III, roi d'Aragon, il ne règne plus que sur le royaume de Naples et meurt sans avoir pu reconquérir l'île.

CHARLES II le Boiteux (1248 ou v. 1254-Naples 1309), roi de Naples (1285-1309), roi titulaire de Sicile (1285-1302), comte d'Anjou et du Maine (1285-1290), fils du précédent. Prisonnier des Aragonais (1284-1288), il succède à son père comme roi de Naples et tente en vain de reconquérir la Sicile, qu'il doit abandonner à Frédéric II, fils de Pierre III (traité de Caltabellotta, 1302). Renouant avec la politique expansionniste de son père, il fait reconnaître comme roi de Hongrie son petit-fils Charles Ier Robert (Carobert) [1308]. Son fils Robert le Sage lui succédera sur le trône de Naples.

CHARLES III (1345 - Buda 1386), roi de Naples (1381-1386) et (CHARLES II) de Hongrie (1385-86), arrière-petit-fils du précédent. Mécontent de l'adoption de Louis Ier d'Anjou par Jeanne Ire, reine de Naples (1380), il fit tuer cette dernière, et, soutenu par le pape Urbain VI, il prit possession du royaume de Naples (1381). Appelé au trône de Hongrie en 1385, il fut assassiné à Buda l'année suivante.

CHARLES IV, roi de Sicile → CHARLES V ou CHARLES QUINT, empereur.

CHARLES V, roi de Sicile → CHARLES II, roi d'Espagne.

CHARLES VI, roi de Naples → CHARLES VI, empereur.

CHARLES VII, roi de Naples et de Sicile → CHARLES III, roi d'Espagne.

SUÈDE

CHARLES VIII KNUTSSON (1409-1470), roi de Suède (1448-1457, 1464-65, 1467-1470) et de Norvège (1449-50). Il continua l'œuvre d'Engelbrekt en luttant contre le régime danois et les partisans de l'Union de Kalmar.

CHARLES IX (Stockholm 1550 - Nyköping 1611), régent (1595), puis roi de Suède (1607-1611), troisième fils de Gustave Vasa. Alors qu'il était régent, il s'opposa à son neveu Sigismond Vasa, qu'il fit déposer en 1599. Devenu roi en 1607, il assura l'unité politique et religieuse du royaume. Il mena une politique d'expansion vers la Pologne et le Danemark.

CHARLES X GUSTAVE (Nyköping 1622-Göteborg 1660), roi de Suède (1654-1660), petit-fils de Charles IX par sa mère. Succédant à sa cousine Christine (1654), il conquit la Pologne (1655) et imposa au Danemark la paix de Roskilde (févr. 1658) qui élargit les avantages gagnés par la Suède au traité de Westphalie.

CHARLES XI (Stockholm 1655 - *id.* 1697), roi de Suède (1660-1697). Fils et successeur de Charles X Gustave. Allié à Louis XIV contre la Hollande (1674), il fut battu par le Brandebourg et le Danemark, qui durent renoncer à leurs conquêtes aux traités de Saint-Germain-en-Laye et de Fontainebleau (1679). À l'intérieur, Charles XI établit l'absolutisme et diminua la puissance de sa noblesse.

CHARLES XII (Stockholm 1682 - Fredrikshald, auj. Halden, Norvège, 1718), roi de Suède (1697-1718), fils du précédent. Succédant à son père en 1697, il dut affronter une coalition comprenant le Danemark, la Pologne et la Russie. Les Russes vaincus à Narva (30 nov. 1700), il envahit la Pologne et fit couronner roi Stanislas Leszczyński (1704). Décidé à marcher sur Moscou, il envahit la Russie, mais son armée fut écrasée à Poltava (8 juill. 1709). Réfugié en Turquie, il s'en échappa en 1714. Gagnant la Suède par Stralsund, il trouva un pays ruiné et en plein désordre politique. Poussé par Görtz, son principal conseiller, il attaqua la Norvège. Il fut tué au siège de Fredrikshald (30 nov. 1718). Sa sœur, Ulrique-Éléonore, lui succéda. Voltaire a écrit une *Histoire de Charles XII* (1731).

CHARLES XIII (Stockholm 1748 - *id.* 1818), roi de Suède (1809-1818) et de Norvège (1814-1818), frère puîné de Gustave III. Il céda la Finlande à la Russie (1809) et reçut en 1814 la couronne de Norvège. Il adopta comme successeur le maréchal Bernadotte (1810).

CHARLES XIV ou **CHARLES JEAN** (Jean-Baptiste BERNADOTTE) [Pau 1763 -Stockholm 1844], maréchal français, puis roi de Suède et de Norvège de 1818 à 1844. Général de division, il prend une part importante à la bataille de Fleurus (1794). Lieutenant de Bonaparte en Italie (1797), ambassadeur à Vienne (1798), il devient ministre de la Guerre (1799). Maréchal en 1804, il participe brillamment aux campagnes de 1806 et 1807. Brouillé en 1809 avec Napoléon, il accepte sa nomination comme prince héritier par les États de Suède (1810) et se comporte dès lors en Suédois. En 1813, il décide de la victoire des Alliés à Leipzig et obtient en récompense l'union de la Suède et de la Norvège (1815). Définitivement roi en 1818, il est le fondateur de la dynastie actuelle de Suède.

CHARLES XV (Charles Louis Eugène) [Stockholm 1826 - Malmö 1872], roi de Suède (1859-1872), fils d'Oscar Ier. Il resta neutre lors de la guerre des Duchés (1864). En 1865, il remplaça les États par deux Chambres élues au suffrage censitaire.

CHARLES XVI GUSTAVE, roi de Suède (château de Haga, Stockholm, 1946), petit-fils du roi Gustave-Adolphe. Régent du royaume en 1971, il devint roi de Suède à la mort de son grand-père (1973).

CHARLES (Jacques Alexandre César), physicien français (Beaugency 1746 - Paris 1823). Il substitua l'hydrogène à l'air chaud pour le gonflement des aérostats (1783) et fit plusieurs ascensions, dont une jusqu'à l'altitude de 3 000 m. Il étudia en 1798 la variation de la pression des gaz à volume constant et trouva que le coefficient en est indépendant de la pression initiale, de la température et de la nature du gaz (loi de Charles). — Sa femme, JULIE **Bouchaud des Hérettes** (Paris 1784 - id. 1817), fut l'*Elvire* de Lamartine.

CHARLES (Ray), chanteur, pianiste, compositeur et chef d'orchestre de jazz américain (Albany 1930). Aveugle, il s'est imposé, à partir de 1954, à la tête d'un groupe de rhythm and blues puis d'un grand orchestre, comme l'un des jazzmen les plus originaux de l'après-guerre (*Yes indeed,* 1956 ; *What'd I say,* 1959).

CHARLES IX n. m. Soulier bas, décolleté, pour femme, fermé sur le cou-de-pied par une bride transversale.

CHARLES-ALBERT (Turin 1798 - Porto, Portugal, 1849), régent (1821) puis roi (1831-1849) de Sardaigne, fils de Charles-Emmanuel de Savoie, prince de Carignan. Investi de la régence par Victor-Emmanuel Ier jusqu'au retour en Piémont du roi Charles-Félix (1821), il promulgue une Constitution libérale (14 mars). Devenu roi à la mort de Charles-Félix (1831), il réprime durement l'insurrection mazzinienne (1834). Mais, sous l'influence de conseillers libéraux (C. Balbo), il se présente à nouveau comme le champion des libertés politiques et de l'indépendance nationale et promulgue le Statut fondamental (mars 1848), qui instaure une monarchie constitutionnelle. Sollicité par les Milanais, il envahit la Lombardie (mars 1848). Mais, vaincu à Custoza (juill. 1848) puis à Novare (mars 1849) par les Autrichiens, il abdique en faveur de son fils Victor-Emmanuel II.

CHARLES AUGUSTE, grand-duc de Saxe-Weimar-Eisenach (Weimar 1757 - Graditz, près de Torgau, 1828). Ami de Goethe, il attira à sa cour Schiller et Herder, faisant de Weimar le plus brillant foyer intellectuel d'Allemagne au début de la période romantique.

CHARLESBOURG, v. du Canada (Québec), banlieue nord-nord-ouest de Québec ; 68 000 hab.

CHARLES-BRUN (Jean), écrivain français (Montpellier 1870-Paris 1946). Majoral du félibrige, il anima le mouvement régionaliste (*les Littératures provinciales,* 1907 ; *le Régionalisme,* 1911).

Charles-de-Gaulle, l'un des aéroports de Paris, implanté au N.-E. de la capitale, à Roissy-en-France.

Charles-de-Gaulle *(place),* nom donné à partir de 1970 à la *place de l'Étoile*,* grand carrefour de l'ouest de Paris, occupé en son centre par l'Arc de triomphe de l'Étoile.

CHARLES ÉDOUARD, dit **le Jeune Prétendant,** fils aîné de Jacques Stuart et petit-fils de Jacques II (Rome 1720 - *id.* 1788). Pour reconquérir le trône des Stuarts, il tenta une descente en Écosse, mais il fut vaincu à Culloden* (1746).

CHARLES-EMMANUEL Ier (Rivoli 1562 - Savigliano 1630), duc de Savoie (1580-1630), fils d'Emmanuel-Philibert. Il entra en conflit avec Henri IV, à qui il dut céder la Bresse, le Bugey, le Valromey et le pays de Gex (traité de Lyon, 1601) contre la reconnaissance de la possession du marquisat de Saluces. Il fut vaincu par les troupes de Louis XIII, qui forcèrent le pas de Suse (1629) et occupèrent Pignerol et toute la Savoie (1630). — **Charles-Emmanuel II** (Turin 1634 - *id.* 1675), duc de Savoie (1638-1675), fils de Victor-Amédée Ier. — **Charles-Emmanuel III** (Turin 1701 - *id.* 1773), roi de Sardaigne (1730-1773), fils de Victor-Amédée II. Allié de Vienne lors de la guerre de la Succession d'Autriche, il obtint l'Ossola à l'issue de ce conflit (traité d'Aix-la-Chapelle, 1748). — **Charles-Emmanuel IV** (Turin 1751 - Rome 1819), roi de Sardaigne (1796-1802), fils de Victor-Amédée III.

CHARLES-FÉLIX (Turin 1765 - *id.* 1831), roi de Sardaigne (1821-1831). Fils de Victor-Amédée III. Rentré de Modène peu après l'abdication de son frère Victor-Emmanuel Ier, à qui il succéda (1821), il rejeta la Constitution libérale accordée par son cousin le régent Charles-Albert.

CHARLESTON [ʃarlɛstɔn] n. m. (de *Charleston,* v. des États-Unis où est née cette danse). Danse, très en vogue entre 1925 et 1928, caractérisée par les pivotements, sur place et rapides, des pieds lancés sur le côté, après flexion des genoux.

CHARLESTON, port des États-Unis (Caroline du Sud), sur l'Atlantique ; 80 414 hab. Base navale. Ville pittoresque, qui a conservé des maisons anciennes. Charleston fut le centre de la résistance des États du Sud pendant la guerre de Sécession ; sa prise (17 févr. 1865) amena la fin des hostilités.

CHARLESTON, v. des États-Unis, cap. de la Virginie-Occidentale, dans la région du plateau appalachien ; 57 287 hab.

CHARLET (Nicolas), peintre et lithographe français (Paris 1792 - *id.* 1845). Élève de Gros, il s'est rendu célèbre par ses nombreuses lithographies illustrant l'épopée militaire napoléonienne.

CHARLET (Armand), alpiniste français (Argentière 1900 - *id.* 1975). Son nom est associé à l'aiguille Verte, où il ouvrit de nombreux itinéraires.

CHARLEVILLE-MÉZIÈRES (08000), ch.-l. du dép. des Ardennes, sur la Meuse, formé en 1966 par la fusion des comm. de *Charleville, Étion, Mézières, Mohon* et *Montcy-Saint-Pierre ;* 59 439 hab. *(Carolomacériens).* Charleville fut fondée en 1608 par Charles de Gonzague. Place Ducale aux maisons sur arcades, dessinée en 1611 par Métezeau. Musées. École nationale supérieure des arts de la marionnette et Institut international de la marionnette (festival annuel). Métallurgie de transformation. Agroalimentaire.

CHARLEVOIX (Pierre François Xavier DE), jésuite français (Saint-Quentin 1682 - La Flèche 1761). Ses voyages sont consignés notamment dans l'*Histoire et description générale de la Nouvelle-France* (1744).

CHARLIER (Jean-Michel), scénariste de bandes dessinées belge (Liège 1924 - Saint-Cloud 1989). Pour *Spirou* et *Pilote,* il a créé de nombreux héros (*Buck Danny,* 1947 ; *Blueberry,* 1960).

CHARLIEU (42190), ch.-l. de cant. de la Loire, aux confins du Roannais et des monts du Charolais ; 3 891 hab. *(Charliandins).* Restes d'une abbatiale (XIe-XIIe s.) avec narthex à deux étages (tympans, chefs-d'œuvre tardifs de la sculpture romane bourguignonne) et cloître du XVe s. Église paroissiale du XIIIe s. Anc. couvent des Cordeliers. Constructions mécaniques.

CHARLOT n. m. (de *Charlot,* n. pr.). *Pop.* Individu peu sérieux, pitre.

Charlot, personnage de l'écran créé par Charles Chaplin en 1914. Chapeau melon, veste étriquée, pantalon tombant, canne souple à la main caractérisent la silhouette de ce célèbre « vagabond ».

CHARLOTADE n. f. (de *charlot*). *Pop.* Entreprise dénuée de sérieux.

CHARLOTTE n. f. (du prénom *Charlotte*). **1.** Autref., chapeau de femme ou d'enfant à calotte souple et plate, et bord recouvert de volants. — **2.** Entremets à base de fruits sautés au beurre et disposés dans un moule chemisé de tranches de pain de mie, cuit au four et servi tiède. — **3.** Entremets froid moulé dans une timbale chemisée de biscuits ou de meringues, garni d'un bavarois aromatisé, ou de pulpe de fruits additionnée de sirop, de gélatine et de crème fouettée.

CHARLOTTE, v. des États-Unis (Caroline du Nord) ; 395 934 hab. Centre textile.

CHARLOTTE, princesse de Saxe-Cobourg-Gotha et de Belgique (Laeken 1840 - château de Bouchout, près de Bruxelles, 1927), fille de Léopold Ier, roi des Belges. Elle épousa en 1857 l'archiduc Maximilien, devenu en 1864 empereur du Mexique. Elle perdit la raison après l'exécution de son mari.

CHARLOTTE DE NASSAU (château de Berg 1896 - château de Fischbach 1985), grande-duchesse de Luxembourg (1919-1964). Fille puînée du grand-duc Guillaume IV. En 1964, elle abdiqua en faveur de son fils aîné, le prince Jean.

CHARLOTTE DE SAVOIE (v. 1442-1483), reine de France. Fille aînée de Louis, duc de Savoie, elle épousa en 1451 le futur Louis XI, auquel elle donna plusieurs enfants, dont Anne de Beaujeu et Charles VIII.

CHARLOTTE AMALIE, port de la côte sud de l'île de Saint-Thomas, sur la mer des Antilles ; 12 000 hab. Ch.-l. de l'île. Vieille ville pittoresque. Centre touristique.

CHARLOTTE ÉLISABETH DE BAVIÈRE, princesse palatine, dite **Liselotte** → ÉLISABETH CHARLOTTE DE BAVIÈRE.

CHARLOTTENBURG, anc. v. d'Allemagne, auj. arrondissement de Berlin. Château royal remontant à la fin du XVIIe s. (musées).

CHARLOTTETOWN, v. du Canada, cap. de la province de l'île du Prince-Édouard ; 17 000 hab. Université.

CHARLTON (Bobby), footballeur britannique (Ashington, Northumberland, 1937), constructeur de jeu et artisan de la victoire de l'Angleterre en Coupe du monde en 1966.

CHARLY (02310), ch.-l. de cant. de l'Aisne, sur la Marne ; 2 481 hab. Vignobles.

CHARMANT, E adj. **1.** Qui plaît extrêmement ; plein de grâce, d'agrément : *Une charmante attention.* — **2.** *Ironiq.* Désagréable : *Charmant voyage !*

1. CHARME n. m. (lat. *carpinus*). Arbre forestier, au bois blanc, de la famille des corylacées.
ENCYCL. Le charme est très répandu en Europe, et constitue la majorité des taillis en France. Il résiste bien au froid, mais on ne le trouve pas en montagne au-dessus de 800 à 850 m. On le traite en taillis à la révolution de 20 à 30 ans, mais il peut aussi constituer une des réserves du balivage. Il fournit un excellent bois de chauffage, du bois de trituration et différents bois de service. Supportant bien la taille, il peut prendre toutes les formes (charmilles) et constituer des haies, des brise-vent ou des abris.

2. CHARME n. m. (lat. *carmen, -inis,* formule magique). **1.** Moyen matériel ou psychique d'une action magique naturelle ou non ; influence occulte et magique, sortilège : *Jeter un charme sur quelqu'un.* — **2.** Attrait singulier, mystérieux, exercé sur qqn par qqn ou qqch : *La campagne est agréable mais la ville a son charme.* — **3.** Grâce séduisante ; séduction : *Elle a du charme.* — **4.** En phys. des particules, charge prenant des valeurs entières ou nulles, caractéristique des quarks ou des familles de hadrons, dont ils sont les constituants. — **5.** *De charme,* se dit de la presse spécialisée dans l'érotisme, des photos qu'elle publie. ‖ *Sous le charme,* comme sous l'effet d'un enchantement. ‖ *Faire du charme,* déployer tous ses moyens de séduction. ‖ *Rompre le charme,* faire cesser l'illusion, faire reprendre le contact avec la réalité. ‖ *Se porter comme un charme,* jouir d'une très bonne santé.
◆ **charmes** n. m. pl. *Litt.* Attraits physiques d'une femme.

Charmes, recueil poétique de P. Valéry (1922) : le plus célèbre de ces poèmes est *le Cimetière marin.*

CHARM EL-CHEIKH ou **CHARM AL-CHAYKH,** position fortifiée égyptienne au sud de la presqu'île du Sinaï. Son importance stratégique en fit pour les Israéliens un objectif prioritaire des guerres israélo-arabes de 1956, 1967 et 1973.

CHARMER v. t. (de *charme*) [conj. 3]. **1.** *Litt.* Soumettre qqn, un animal à un pouvoir magique. — **2.** Tenir qqn sous le charme, le jeter dans le ravissement : *Sa conversation charmait les invités.*
◆ **être charmé** v. pass. **1.** Être heureux, satisfait de qqch (souvent formule de politesse) : *J'ai été charmé de notre rencontre.* — **2.** En parlant d'une particule, avoir un charme non nul. — **3.** *Bois charmé,* arbre qui est près de mourir pour avoir reçu une lésion.

CHARMES (88130), ch.-l. de cant. des Vosges, sur la Moselle ; 4 871 hab. *(Carpiniens).* Chapelle et église des XVe-XVIe s. Confection. Matériel de climatisation.

CHARMETTES (les), hameau dépendant de la comm. de Chambéry. Musée dans l'ancienne maison de Mme de Warens, célèbre par les séjours de J.-J. Rousseau.

CHARMEUR, EUSE n. **1.** *Litt.* Personne qui exerce un pouvoir magique ; sorcier, sorcière. — **2.** *Charmeur de serpents,* personne qui, par un pouvoir mystérieux, soumet ces animaux à sa volonté.
◆ adj. et n. Qui séduit par quelque attrait, qui cherche à séduire : *Ne vous fiez pas à ce charmeur.*
◆ **charmeuse** n. f. Satin ou tissu de soie présentant un côté brillant, satiné, et l'autre mat.

Charmeuse de serpents *(la),* toile d'Henri Rousseau (1,67 × 1,89 m, 1907, musée d'Orsay). Exemple de « jungle » rêvée aussi décorative qu'indifférente aux recherches picturales de l'avant-garde contemporaine, l'œuvre allie à un beau métier d'essence populaire le surgissement des plus profonds symboles d'une communion avec le cosmos.

CHARMILLE n. f. **1.** Autre nom du charme. — **2.** Allée, berceau de charmes ou de toutes sortes d'arbres.

Charmoise *(race de la),* race de moutons de petite taille, exploitée pour la production d'agneaux de boucherie, remarquable par sa résistance, sa rusticité, et par la qualité des carcasses qu'elle fournit.

CHARMONIUM [-njɔm] n. m. État lié d'un couple quark-antiquark charmés.

CHARNACÉ (Hercule, *baron* DE), diplomate français (Charnacé, Anjou, 1588-Breda 1637). Chargé par Richelieu de plusieurs missions diplomatiques, il négocia notamment la trêve d'Altmark (1629) et le traité de Bärwalde (1631).

CHARNAY-LÈS-MÂCON (71850), comm. de Saône-et-Loire, à l'O. de Mâcon ; 6 355 hab. Vins. Constructions mécaniques.

CHARNEL, ELLE adj. (lat. ecclés. *carnalis,* de *caro, carnis,* chair). **1.** *Litt.* Qui concerne le corps, par opposition à l'esprit : *La beauté charnelle.* — **2.** Qui se rapporte aux plaisirs des sens, à l'activité sexuelle : *Appétits charnels.*

CHARNELLEMENT adv. *Litt.* De façon charnelle.

CHARNIER n. m. (lat. *carnarium,* endroit, récipient où l'on conserve la viande). **1.** Lieu couvert où l'on déposait autrefois les morts ; dépôts d'ossements humains. — **2.** Endroit où sont entassés et enterrés les cadavres de personnes massacrées. — **3.** Tout lieu couvert de nombreux cadavres, après une catastrophe, une bataille, etc. : *Ce qui restait de la ville n'était qu'un charnier.*

CHARNIÈRE n. f. (anc. fr. *charne,* du lat. *cardo, -inis,* gond). **1.** Ferrure de rotation composée de deux lames rectangulaires, l'une fixe, l'autre mobile, articulées au moyen d'une broche. — **2.** Point de jonction de deux domaines : *Cet institut est à la charnière de la recherche fondamentale et de la recherche appliquée.* — **3.** En apposition, avec ou sans trait d'union, indique que qqch est une transition entre deux domaines, deux périodes, etc. : *Une époque charnière.* — **4.** En philatélie, petite bande de papier gommé pour coller les timbres-poste de collection dans un album. — **5.** Lieu géométrique des points de courbure maximale d'une région plissée de l'écorce terrestre. — **6.** Bande de peau ou de toile, collée dans les mors du volume à relier. — **7.** Articulation des valves de la coquille chez les mollusques bivalves. (Elle est souvent dentée et guide le mouvement des valves, assurant une fermeture parfaite.) — **8.** *Charnière cranio-vertébrale* ou *occipito-rachidienne,* ensemble des articulations de l'occipital avec l'atlas, et de celui-ci avec l'axis. ‖ *Charnière lombo-sacrée,* articulation de la cinquième vertèbre lombaire avec le sacrum. ‖ *Charnière d'un rabattement,* droite D intersection des deux plans P et Q, quand on effectue un rabattement du plan P sur le plan Q.

CHARNIGUE n. m. Lévrier des Baléares, encore connu sous les noms de *podenco* ou de *majorquin.*

CHARNOCKITE n. f. (de *Charnock,* n. pr.). Roche grenue, de composition granitique et contenant de l'hypersthène.

CHARNON n. m. Œil d'une charnière, d'une serrure, qui reçoit la broche réunissant les lames.

CHARNU, E adj. (lat. pop. **carnutus,* de *caro, carnis,* chair). **1.** Qui est formé de chair : *Les parties charnues du corps.* — **2.** Qui a le corps bien en chair ; qui a une chair abondante : *Perdrix charnue. Des lèvres charnues.* — **3.** En œnologie, syn. de GRAS. — **4.** *Fruit charnu,* fruit dont le mésocarpe a la consistance d'une pulpe. (Beaucoup de fruits charnus sont des baies ou des drupes, souvent comestibles.)

CHARNY (89120), ch.-l. de cant. de l'ouest de l'Yonne ; 1 644 hab.

CHAROBERT, roi de Hongrie → CHARLES Ier ROBERT.

CHAROGNARD n. m. (de *charogne*). **1.** Oiseau ou mammifère mangeur de cadavres, comme les vautours, les hyènes ou les chacals. — **2.** Individu qui trouve une occasion de profit, d'avantage personnel dans les malheurs publics ou privés.

CHAROGNE n. f. (lat. pop. **caronia,* de *caro, carnis,* chair). **1.** Corps de bête morte qui entre en putréfaction. — **2.** Cadavre humain. — **3.** Viande détestable, pourrie. — **4.** *Pop.* Sale individu.

CHAROLAIS, E ou **CHAROLLAIS, E** adj. et n. **1.** Du Charolais ou de Charolles. — **2.** *Mouton charolais,* race ovine de grande taille caractérisée par une conformation bouchère excellente. ‖ *Race charolaise,* race française de bovins de boucherie à la robe blanche, de grande taille, fournissant une viande de qualité remarquable.

CHAROLAIS ou **CHAROLLAIS,** région du Massif central (Saône-et-Loire), au S. du Morvan. Élevage bovin.
— **Hist.** Érigé en comté en 1316, le Charolais fut acquis par Philippe II le Hardi en 1390 puis cédé par Charles VIII à Philippe Ier le Beau (traité de Senlis, 1493). Passé aux mains de Philippe II d'Espagne, il fut occupé par Louis XIV, qui le donna au prince de Condé. Il fut réuni à la Couronne en 1761.

CHAROLAIS (*comte* DE) → CHARLES LE TÉMÉRAIRE.

CHAROLAIS (Charles DE BOURBON-CONDÉ, *comte* DE) [Chantilly 1700-Paris 1760], deuxième fils de Louis III de Bourbon, prince de Condé, et de Mlle de Nantes, fille de Louis XIV et de Mme de Montespan.

CHAROLLES (71120), ch.-l. d'arrond. de Saône-et-Loire ; 3 418 hab. *(Charollais).* Ancienne capitale du *comté de Charolais.* Marché agricole.

Constructions mécaniques. Faïencerie. Travail du bois.

CHARON, satellite de Pluton découvert en 1978. Diamètre env. 1 200 km. Demi-grand axe de son orbite 20 000 km. Période de révolution 6,39 j.

CHARON, chez les Grecs, nocher des Enfers, qui faisait passer aux âmes des morts, moyennant une obole, les fleuves des Enfers. À son intention, on plaçait une obole dans la bouche des morts.

CHARONDAS de Catane, législateur grec (en Sicile au VIe s. av. J.-C.). Il pacifia sa ville natale et lui donna des lois.

CHARONDAS (Loys LE CARON, dit), jurisconsulte français (Paris 1536-1617). Commentateur de la *coutume de Paris,* il a édité la *Somme rurale* de Jean Bouthillier et le *Grand Coutumier de France* (XIVe s.).

Charonne, quartier de l'est de Paris (XXe arrond.). Église St-Germain, fondée au XIe s.

CHARONTON (Enguerrand) → QUARTON.

CHAROPHYTE [ka-] n. m. Plante sans graines, d'une structure très particulière, telle que les genres *chara* et *nitella.* (Les *charophytes* sont des plantes des eaux douces, aux rameaux verticillés, se reproduisant par un organe en forme d'œuf. Les *chara* sont couvertes d'un revêtement calcaire. Ces plantes, totalement isolées dans la classification végétale, forment un embranchement.) [Syn. CHARALE.]

CHÂROST [-ro] (18290), ch.-l. de cant. du Cher, en Champagne berrichonne ; 1 144 hab. *(Chârostais).* Église romane. Chârost était une seigneurie du XIe s. Elle appartint à la famille de Béthune*, qui l'acheta en 1608. Elle fut érigée en duché en 1672 en faveur de Louis de Béthune, fils de Philippe, lui-même frère de Sully.

CHARPAK (Georges), physicien français (Dąbrowica, Pologne [auj. Doubrovitsa, Ukraine], 1924). Chercheur au Cern, il y conçoit de nombreux détecteurs de particules, dont les chambres proportionnelles multifils (1968) et les chambres à dérive (1969). Ses appareils trouveront aussi des applications en biologie et en médecine, ainsi que pour les contrôles douaniers. (Prix Nobel de physique 1992.)

CHARPENTAGE n. m. Travail de charpente d'un navire ou d'un bâtiment.

CHARPENTE n. f. (anc. fr. *charpent,* stature, du lat. *carpentum,* chariot à deux roues, ou de *charpenter*). **1.** Combinaison et assemblage d'éléments linéaires (en bois, métal, béton armé) formant soit un support provisoire (échafaudage), soit une ossature permanente, dans un bâtiment (poteaux et poutres, toiture), un ouvrage d'art, un engin (de levage, de manutention...), un navire. — **2.** Art de concevoir et de réaliser ces assemblages. (L'établissement d'une charpente en bois comporte les opérations successives suivantes : tracé de l'épure, choix des bois, tracé et marque des bois, taille, pose.) — **3.** Ensemble des parties osseuses du corps, squelette. — **4.** Structure d'un raisonnement, d'une œuvre littéraire. — **5.** *Bois de charpente,* bois de grande longueur, propre à la réalisation de charpentes.

CHARPENTER v. t. (de *charpentier* ou de *charpente,* ou lat. pop. **carpentare*) [conj. 3]. **1.** Tailler les pièces de bois d'une charpente. — **2.** Donner une structure rigoureuse à une œuvre, la construire : *Charpenter solidement un roman.*

◆ **être charpenté** v. pass. Être pourvu d'une forte charpente osseuse : *Un garçon puissamment charpenté.*

CHARPENTERIE n. f. **1.** Travail, art du charpentier. — **2.** Chantier de charpente.

CHARPENTIER n. m. (lat. *carpentarius,* charron, de *carpentum*). **1.** Ouvrier capable de tracer, tailler et assembler un ouvrage de charpente en bois *(charpentier en bois)* ou en fer *(charpentier en fer).* — **2.** Entrepreneur de travaux de charpente. — **3.** *Herbe au charpentier,* nom usuel de l'*achillée millefeuille.*

◆ **charpentier, ère** adj. *Abeille charpentière,* nom usuel du *xylocope.* ‖ *Branche charpentière,* grosse branche d'un arbre.

CHARPENTIER (Marc Antoine), compositeur français (Paris v. 1634 - *id.* 1704). Élève de Carissimi, il devint maître de chapelle de Mlle de Guise (v. 1680) et du collège des jésuites (1684). De 1698 à sa mort, il fut maître de musique à la Sainte-Chapelle. Charpentier a laissé une œuvre abondante et variée : des pièces instrumentales avec des ouvertures et des intermèdes composés pour le Théâtre-Français : *le Malade imaginaire* (1673) ; des œuvres vocales telles que *Orphée* (v. 1683), cantate profane, genre dont il fut l'un des créateurs, et *Médée* (1693), opéra. Sa formation italienne se manifeste davantage dans sa musique religieuse, avec ses histoires sacrées, comme *le Jugement de Salomon* (1702), ses tragédies sacrées, tel *David et Jonathas* (1688), ou ses messes, motets, hymnes, psaumes et *Te deum.* De même, ses leçons de ténèbres annoncent celles de Couperin.

CHARPENTIER (Alexandre), sculpteur, médailleur et décorateur français (Paris 1856 - Neuilly-sur-Seine 1909), un des protagonistes de l'Art nouveau.

CHARPENTIER (Gustave), compositeur français (Dieuze 1860-Paris 1956). Élève de Massenet, il obtint le prix de Rome en 1887. Son succès fut total avec le drame naturaliste *Louise* (1900), où il se révèle le chantre du peuple.

CHARPENTIER (Jacques), avocat français (Rueil-Malmaison 1881 - Paris 1974). Bâtonnier du barreau de Paris en 1938, contraint à la clandestinité en 1943, il s'est illustré lors de grands procès financiers et politiques.

CHARPIE n. f. (anc. fr. *charpir,* mettre en pièces). **1.** Pansement qui était constitué par des débris de tissus obtenus par effilage. – **2.** *En charpie,* en menus morceaux ; déchiqueté, effiloché. ‖ *Mettre en charpie,* malmener, maltraiter, écharper qqn, déchiqueter qqch.

CHARPY (Georges), chimiste et métallurgiste français (Oullins, Rhône, 1865-Paris 1945). Il a été, avec Osmond et H. Le Chatelier, l'un des fondateurs de la métallographie en France. Il inventa un pendule qui sert à mesurer la résilience des métaux.

CHARQĀWĪ ('Abd al-Raḥmān **al-**), écrivain égyptien (prov. de Ménoufièh 1920 - Le Caire 1987). Il mêle la langue classique au dialecte populaire dans des romans qui font revivre le peuple en conflit avec les contradictions de la société moderne (*le Paysan,* 1967).

CHARQUEMONT (25140), comm. du Doubs, au S. de Maîche ; 2 215 hab. Horlogerie. Sports d'hiver.

CHARQUER v. t. (de *charque*) [conj. 3]. Dessécher la viande pour la conserver.

CHARQUI ou **CHARQUE** n. f. Préparation de viande obtenue en Amérique du Sud par un léger traitement au sel suivi d'un séchage à l'air.

CHARRAS (Jean-Baptiste), officier et homme politique français (Clermont-Ferrand 1810 - Bâle 1865). Sous-secrétaire d'État à la Guerre (1848), il adhéra au plan de Cavaignac pour réprimer les journées de juin. Il fut exilé après le coup d'État du 2 déc. 1851.

CHARRAT (Janine), danseuse et chorégraphe française (Grenoble 1924). Elle fait ses débuts dans le film *la Mort du cygne* (1936), danse avec Roland Petit (1941-1944) et signe sa première chorégraphie importante, *Jeu de cartes,* en 1945. Elle collabore avec les Ballets de Paris (1948) avant de fonder sa propre troupe (1951), qui devient le Ballet de France (1955). Une des premières femmes chorégraphes, elle s'est imposée par son style néoclassique (*Concerto de Grieg,* 1951) et par son sens de la narration chorégraphique *(le Massacre des Amazones, le Joueur de flûte, Électre).*

CHARRE ou **CHAR** n. m. (de *charrier*). Arg. *Arrête ton charre,* cesse de bluffer, de raconter des histoires. ‖ *Des charres,* des histoires.

CHARRETÉE n. f. **1.** Charge d'une charrette : *Une charretée de foin.* – **2.** *Fam.* Grande quantité : *Une charretée d'injures.*

CHARRETIER, ÈRE n. **1.** Personne qui conduit une charrette ou un chariot. – **2.** *Jurer comme un charretier,* jurer souvent et grossièrement.
◆ adj. Destiné aux charrettes : *Chemin charretier.*

CHARRETIN n. m. Petite charrette sans ridelles.

CHARRETON (Enguerrand) → QUARTON.

CHARRETTE n. f. (de *char 1*). – **1.** Véhicule à deux roues muni d'un brancard simple ou double et de deux ridelles. – **2.** *Fam.* Travail intensif de dernier moment pour remettre à temps un projet, un ouvrage. – **3.** *Fam.* Fournée de personnes licenciées d'une entreprise, exclues d'une organisation, expulsées d'un pays. *Faire partie de la dernière charrette.* – **4.** Fam. *Être en charrette,* travailler sans discontinuer pour remettre à temps un ouvrage.

CHARRIAGE n. m. **1.** Action de charrier, de voiturer. – **2.** *Pop.* Action d'exagérer ou de se moquer. – **3.** Déplacement de masses de terrains pouvant atteindre une centaine de kilomètres et plus et constituant une *nappe de charriage.*

CHARRIER v. t. (de *char 1*) [conj. 9]. **1.** Transporter en charrette, en chariot : *On a charrié les gerbes jusqu'à la ferme.* – **2.** Entraîner, emporter dans son cours : *Rivières qui charrient de l'or.* – **3.** Emporter en même temps : *Idéologie qui charrie avec elle des utopies.* – **4.** *Pop.* Se moquer de qqn.
◆ v. i. *Pop.* Dépasser les bornes, exagérer.
◆ **être charrié** v. pass. Se dit de terrains déplacés par un charriage.

CHARRIER, écart de la comm. de Laprugne (Allier). Eau minérale. Usine d'embouteillage.

CHARRIÈRE (Isabella VAN TUYLL VAN SEROOSKERKEN VAN ZUYLEN, *Madame* DE), femme de lettres suisse d'origine hollandaise (Zuilen, près d'Utrecht, 1740 - Colombier, canton de Neuchâtel, 1805). Amie de Benjamin Constant, elle est l'auteur de récits d'observation (*Caliste,* 1788).

CHARROI n. m. (de *charroyer*). Transport effectué par chariot ou par charrette.

Charroi de Nîmes *(le),* chanson de geste de la première moitié du XIIe s. mettant en scène Guillaume d'Orange.

CHARRON n. m. (de *char 1*). Personne spécialisée dans la construction et la réparation des véhicules à traction animale, notamment dans le cintrage et le cerclage des roues.

CHARRON (Pierre), prêtre et moraliste français (Paris 1541 - *id.* 1603). On possède de lui : *les Discours chrétiens* (1600, 1601 et 1604) ; *les Trois Vérités* (1593), traité d'apologétique contre les protestants. Son ouvrage le plus connu est *De la sagesse* (1603), dans lequel il transpose *les Essais* de Montaigne sous une forme dogmatique.

CHARRONNAGE n. m. Métier ou ouvrage du charron.

CHARRONNERIE n. f. Activité industrielle dont l'objet était la fabrication de véhicules de transport ainsi que le façonnage de tout ce qui tenait à la rotation et à la suspension des véhicules.

CHARROUX (86250), ch.-l. de cant. du sud de la Vienne ; 1 442 hab. *(Charlois)*. La ville doit son origine à une abbaye fondée entre 778 et 783. Quatre conciles y furent tenus : en 989 (institution de la paix de Dieu), vers 1028 (condamnation des manichéens), en 1082 et en 1086. De l'ancienne abbatiale (premier tiers du XIe s.) ne subsiste que la tour-lanterne octogonale, portée par deux étages d'arcades qui formaient le centre d'une rotonde. Salle capitulaire du XVe s. (musée).

CHARROYER v. t. (de *char 1*) [conj. 13]. Transporter sur des charrettes, des chariots, etc.

CHARRUAGE n. m. *Vx.* Labourage à la charrue.

CHARRUE n. f. (lat. *carruca,* de *carrus,* char, du gaul.). **1.** Instrument agricole servant à labourer et travaillant d'une manière dissymétrique en rejetant et en retournant la terre d'un seul côté. (→ *encycl.*) — **2.** Dispositif utilisé pour détruire la partie superficielle d'une chaussée en mauvais état.

ENCYCL. La charrue dérive de l'araire, mais ne fit son apparition que quelque 3 000 ans après ce dernier. Elle était connue en Europe dès le haut Moyen Âge. Alors que l'araire creuse un sillon sans retourner la terre, la charrue est conçue pour découper et retourner sur le côté une tranche de terre de forme prismatique. Ce mode de travail n'est pas possible ni nécessaire dans tous les sols, ce qui explique la diffusion assez limitée de la charrue dans le monde. La charrue a été progressivement améliorée au cours de l'histoire. L'aboutissement des innovations successives est le brabant double, qui permet d'augmenter considérablement la vitesse de travail et la profondeur du labour. À la veille de la généralisation du tracteur, le brabant était la charrue la plus répandue en France.

La charrue comporte essentiellement un bâti, comprenant un age longitudinal prolongé par un étançon sur lequel est fixé le sep, qui sert de support aux pièces travaillantes (soc, qui découpe la terre horizontalement ; coutre, qui la découpe verticalement ; versoir, qui la déplace latéralement, la retourne et l'émiette ; rasette, qui découpe une petite bande de terre superficielle). Il existe des charrues monosocs ou polysocs (de 1 à 8 socs). Les charrues réversibles possèdent deux jeux de corps disposés symétriquement de façon à permettre, après retournement de la charrue, de revenir sur le même sillon en versant du même côté ; c'est le labour à plat, le plus courant désormais. Les charrues à disques possèdent une pièce travaillante unique, en forme de calotte sphérique dont le plan est doublement incliné, par rapport à l'avancement et par rapport à la verticale.

CHARTE n. f. (lat. *chartula,* de *charta,* lettre). **1.** Écrit solennel qui était destiné à consigner des droits ou à régler des intérêts. — **2.** Ensemble de lois constitutionnelles d'un pays. (Avec une majusc. le plus souvent.) — **3.** Loi, règle fondamentale : *La charte des droits de l'homme.* — **4.** *Charte d'aménagement,* schéma d'organisation d'une région ou d'une agglomération urbaine concerté entre la collectivité intéressée et le gouvernement. ‖ *Charte de bourgeoisie,* charte par laquelle les habitants d'une ville qui possédaient les qualités requises (résidence, propriété) recevaient de leur seigneur un certain nombre de privilèges. ‖ *Trésor des chartes,* archives de la couronne de France, aujourd'hui conservées aux Archives nationales (séries J et JJ).

ENCYCL. **Hist.** La *Grande Charte* (en lat. *Magna Carta*) fut accordée en juin 1215 par le roi Jean sans Terre aux barons anglais révoltés ; ses 63 articles énuméraient les privilèges des barons et limitaient l'arbitraire royal. Les débats parlementaires du XVIIe s. en firent le symbole des libertés fondamentales de l'Angleterre.

La *Charte constitutionnelle* fut octroyée aux Français par Louis XVIII le 4 juin 1814. Compromis entre les principes de l'Ancien Régime et les réformes de la Révolution et de l'Empire, elle reconnaît les droits de l'homme et les biens nationaux. La religion catholique est proclamée religion d'État, mais la liberté religieuse est assurée. Le roi, chef de l'exécutif, dispose aussi d'une part du pouvoir législatif. Le vote des lois appartient à la Chambre des pairs, nommée par le roi, et à la Chambre des députés, élue au suffrage censitaire. Les ministres sont responsables devant le roi.

La *Charte de 1830,* fondement institutionnel de la monarchie de Juillet, est une simple révision de la Charte de 1814, signée et jurée par Louis-Philippe Ier. Elle ébauche un régime parlementaire en étendant les pouvoirs de la Chambre des députés. Si le roi demeure chef de l'exécutif, son rôle, mal défini, est interprété contradictoirement. Le texte proclame la liberté de la presse et de l'enseignement mais retire au catholicisme son privilège de religion d'État.

Charte 77, manifeste publié le 1er janv. 1977 par des citoyens tchécoslovaques pour réclamer le respect des droits de l'homme dans leur pays.

chartes *(École nationale des),* établissement public à caractère scientifique, culturel et professionnel, fondé en 1821 et installé à la Sorbonne depuis 1897. L'École, qui a pour mission de former les personnels scientifiques des archives et des bibliothèques, enseigne toutes les disciplines relatives à l'histoire de la France, et particulièrement à l'exploitation des documents qui s'y rattachent. Admis sur concours, les élèves sortent, après 4 ans d'études, avec le titre d'archiviste-paléographe.

CHARTE-PARTIE n. f. (pl. *chartes-parties*) [de *charte* et de *partie,* de *partir,* séparer]. **1.** Document sur lequel étaient écrits plusieurs exemplaires originaux d'une même charte, que l'on coupait par le milieu pour séparer deux exemplaires. — **2.** Acte qui fait preuve de la conclusion d'un contrat d'affrètement maritime.

CHARTER [-tɛr] n. m. (angl. *to charter,* affréter). Avion affrété par une organisation de tourisme dans le cadre d'un service non régulier. (Syn. AVION NOLISÉ.)

Chartered Companies, nom donné en Grande-Bretagne aux compagnies dotées d'une charte royale. Elles avaient pour tâche d'administrer et d'exploiter une colonie. En contrepartie, elles obtenaient le monopole du commerce dans une zone donnée. Hollandais, Français et surtout Anglais les utilisèrent pour coloniser des régions lointaines.

CHARTERGUE [kar-] n. m. (gr. *khartês,* papier, et *ergon,* travail). Petite guêpe sociale d'Amérique chaude, dont le nid est remarquable par sa taille, sa complexité et les qualités de son enveloppe papyracée lisse et imperméable.

CHARTERIS (Leslie), écrivain américain (Singapour 1907 - Windsor, Grande-Bretagne, 1993), auteur de romans policiers, créateur du personnage de Simon Templar, dit « le Saint » (*Présentation du Saint,* 1930).

CHARTERISER v. t. (conj. 3). Affréter un charter. (Syn. NOLISER.)

CHARTIER (Alain), poète français et orateur en langue latine (Bayeux v. 1385-v. 1435). Secrétaire du Dauphin, le futur Charles VII, il est considéré comme un des créateurs de la prose oratoire française (*le Quadrilogue invectif,* 1422). Poète original, il a mêlé aux thèmes du lyrisme courtois (*la Belle Dame sans merci,* 1424) éloquence, logique et recherche allégorique.

CHARTIER (Émile) → ALAIN.

CHARTISME n. m. (angl. *chartism*). Mouvement réformiste d'émancipation ouvrière qui anima la vie politique britannique entre 1837 et 1848.
ENCYCL. Tout à la fois mouvement de protestation sociale et politique, le chartisme naquit sous la pression de la paupérisation des travailleurs de l'industrie en Angleterre. Il s'agissait d'arracher les commandes de l'État à une oligarchie de privilégiés. Ainsi prit forme la « Charte du peuple » (1838), qui réclamait le suffrage universel, le scrutin secret, un renouvellement annuel du Parlement. Campagnes de pétitions, grève générale, émeutes se succédèrent à partir de 1839. Bientôt divisé en une fraction dure, animée par O'Connor, et une plus modérée, menée par W. Lovett, le chartisme s'essouffla. Une nouvelle flambée (1848-49) n'eut pas de durée, et le chartisme s'effondra.

1. CHARTISTE n. (de *l'École des chartes*). Élève ou ancien élève de l'École nationale des chartes.

2. CHARTISTE n. Expert dont la mission est de prévoir les fluctuations des cours des devises ou de certains instruments financiers.

3. CHARTISTE adj. et n. (angl. *chartist*). En Angleterre, partisan du chartisme.

CHARTRAIN, E adj. et n. De Chartres.

CHARTRES (28000), ch.-l. du dép. d'Eure-et-Loir, sur l'Eure, à 96 km au S.-O. de Paris ; 41 850 hab. *(Chartrains).* Évêché. Centre de pèlerinage. Centre administratif, commercial et industriel (constructions mécaniques et électroniques, parfumerie), noyau d'une agglomération d'environ 80 000 hab., à proximité de Paris, rapidement atteint par le rail et l'autoroute.
— **Hist.** Sous le nom d'*Autricum* puis de *Carnutes,* elle fut l'une des principales villes des Carnutes, qui lui donnèrent son nom. Au Xe s., elle devint le centre d'un comté, possédé au XIe s. par les comtes de Champagne. Rattaché au domaine royal en 1286, le comté de Chartres fut érigé en duché en 1528 par François Ier et donné par Louis XIII à la maison d'Orléans (1626), qui le conserva jusqu'à la Révolution. Chartres fut le siège d'un évêché au IVe s. Au début du XIe s., l'évêque Fulbert y entreprit la construction d'une église en l'honneur de Marie et fonda l'école de Chartres*.
— **Bx-arts.** Outre sa cathédrale, la ville conserve de nombreux témoignages de son passé, constructions civiles et religieuses, dont l'église gothique St-Pierre (vitraux), ainsi qu'un musée des Beaux-Arts dans l'ancien évêché (XVIIe-XVIIIe s.). L'actuelle cathédrale Notre-Dame conserve surtout, des édifices antérieurs, une vaste crypte du début du XIe s. et une façade occidentale (1134-1150) parée du portail royal à statues-colonnes, œuvre majeure de transition romano-gothique (Christ de l'Apocalypse au tympan central). Le reste est pour l'essentiel œuvre homogène des années 1194-1260, prototype, par sa structure simple et dynamique, du gothique dans sa maturité classique (sobre harmonie intérieure

avec élévation à trois étages, piles composées rondes sans alternance et voûtes quadripartites ; la suppression des tribunes a pour corollaire la floraison un peu lourde des arcs-boutants). Exceptionnel ensemble de vitraux (XIIe-XIIIe s.). Qualité de la statuaire des porches du transept, sous l'égide, au nord, du Triomphe de la Vierge et, au sud, du Jugement dernier (env. 1200-1250).

Chartres *(école de),* école philosophique des XIe-XIIe s. constituée autour de Bernard de Chartres, Gilbert de La Porrée, Thierry de Chartres et Guillaume de Conches. Elle part de la conception platonicienne de l'idée, qu'elle relie à la notion des universaux : comme les idées, les universaux sont éternels, hors du tangible et garantis par Dieu. Sans en avoir fait effectivement partie, Abélard se rattache à l'école de Chartres par ses positions.

CHARTRES (Renaud ou Regnault DE), chancelier de France (diocèse de Beauvais v. 1375-Tours 1444). Archevêque de Reims (1414), il fut nommé chancelier par Charles VII (1425 et 1428-1444).

CHARTRES-DE-BRETAGNE (35131), comm. d'Ille-et-Vilaine, au S.-S.-O. de Rennes ; 5 564 hab. Usine d'automobiles.

CHARTRE-SUR-LE-LOIR (La) [72340], ch.-l. de cant. du sud-est de la Sarthe ; 1 678 hab. *(Chartrains).*

CHARTREUSE n. f. (de la *Grande-Chartreuse*). **1.** Couvent de chartreux. — **2.** (nom déposé) Liqueur verte ou jaune préparée par les moines de la Grande-Chartreuse à partir de nombreuses plantes.

CHARTREUSE ou **GRANDE-CHARTREUSE,** massif calcaire humide et boisé des Préalpes, s'étendant principalement dans le dép. de l'Isère, dominant le bas Dauphiné (à l'O.) et la vallée de l'Isère, appelée ici Grésivaudan (à l'E.) ; 2 082 m à *Chamechaude.* Tourisme estival et hivernal. Exploitations forestières dans la *forêt* (domaniale) *de la Grande-Chartreuse.* Parc naturel régional, couvrant environ 60 000 ha, créé en 1995.

Chartreuse (la **Grande-**), monastère chef de l'ordre des Chartreux, situé à 4 km de Saint-Pierre-de-Chartreuse, dans l'Isère. Fondé en 1084 par saint Bruno, il fut détruit et reconstruit plusieurs fois (chapelle du XVe s., couvent du XVIIe). La dépendance de la *Correrie* (surtout du XVIe s.) est aménagée en musée cartusien.

Chartreuse de Parme *(la),* roman de Stendhal (1839), illustration, à travers les aventures de Fabrice del Dongo, jeune aristocrate italien épris de liberté, du thème stendhalien fondamental, la « chasse au bonheur ».

chartreuse de Pavie (la), monastère d'Italie, à 8 km au N. de Pavie, fondé en 1396 par le duc Jean-Galéas Visconti. Le riche décor de la façade de l'église (fin du XVe s.) a considérablement influencé la première Renaissance française.

CHARTREUX, EUSE n. Religieux, religieuse de l'ordre de Saint-Bruno. (→ *encycl.*)

◆ **chartreux** n. m. Chat massif et lourd dont le poil est gris bleuâtre.

ENCYCL. Les chartreux forment un ordre monastique à vœux solennels fondé en 1084 par saint Bruno, avec six compagnons, à la Grande-Chartreuse, près de Grenoble. L'ordre se répandit dans toute l'Europe. Le prieur de la Grande-Chartreuse est général de l'ordre, dont font également partie les monastères de moniales. L'observance cartusienne est conçue en vue d'une vie solitaire, consacrée aux exercices de la vie contemplative, à l'exclusion de tout ministère extérieur.

CHARTRIER n. m. (de *chartre,* anc. forme de *charte,* du lat. médiév. *chartularium*). **1.** Lieu où se trouvaient classés les chartes, les titres. — **2.** Syn. de CARTULAIRE.

Chartrons (les), quartier de Bordeaux, traditionnel centre du commerce des vins.

CHARVIEU-CHAVAGNEUX (38230), comm. de l'Isère ; 8 158 hab. Câbles.

CHARYBDE, un des nombreux tourbillons de l'entrée du détroit de Messine. À proximité se trouve le rocher de Scylla. Le pilote qui cherchait à échapper à un danger pouvait tomber dans l'autre. De là le proverbe *Tomber de Charybde en Scylla.*

CHAS [ʃa] n. m. (p.-ê. anc. fr. *chas,* du lat. *capsus,* caisse). Trou d'une aiguille, par où on fait passer le fil.

CHASE (René Brabazon RAYMOND, dit **James Hadley**), écrivain britannique (Londres 1906 - Corseaux, Suisse, 1985), auteur de romans policiers à succès qui jouent de la violence et de la sexualité dans une tonalité pessimiste (*Pas d'orchidées pour miss Blandish,* 1938).

CHASE (Lucia), danseuse et directrice de troupe américaine (Waterbury, Connecticut, 1907 – New York 1986). En 1940, elle fonda et dirigea seule le Ballet Theatre (American Ballet Theatre, depuis 1957), puis en fut codirectrice avec Oliver Smith (1945-1980).

CHASÉ, E adj. Qui bénéficie d'un chasement.

Chase Manhattan Bank, banque américaine fondée en 1877 à New York, sous le nom de Chase National Bank. Elle fusionna en 1955 avec la

Bank of the Manhattan Company pour former l'actuelle société, un des plus puissants établissements bancaires du monde.

CHASEMENT n. m. (lat. *casa,* maison). Jouissance, par un vassal ou un serf, d'une terre accordée à titre viager.

CHAS LABORDE (Charles LABORDE, dit), dessinateur, graveur et peintre français (Buenos Aires 1886 - Paris 1941). Son œuvre — dessins humoristiques, illustrations de livres ou albums de souvenirs de voyages — se signale par un style vif et incisif.

CHASLES (Michel), mathématicien français (Épernon 1793-Paris 1880). Il contribua à la clarification des concepts fondamentaux de la géométrie projective, dont il voulut bannir toute méthode analytique. (Acad. des sc., 1851.)

Chasles *(formules de).* Pour les angles de couple de demi-droites, relation

$$\widehat{(d, d')} + \widehat{(d', d'')} = \widehat{(d, d'')}.$$

‖ Pour les arcs orientés d'une courbe, relation $\overset{\frown}{AB} + \overset{\frown}{BC} = \overset{\frown}{AC}$. ‖ Pour les mesures algébriques définies sur une droite, relation $\overrightarrow{AB} + \overrightarrow{BC} = \overrightarrow{AC}$. ‖ Pour les vecteurs, relation $\overrightarrow{AB} + \overrightarrow{BC} = \overrightarrow{AC}$. (Ces formules peuvent être généralisées à un nombre quelconque fini de demi-droites ou de points.)

CHASLES (Philarète), écrivain français (Mainvilliers 1798-Venise 1873), grand spécialiste des littératures européennes.

CHASSABLE adj. Qui peut être chassé, dont la chasse est autorisée.

CHASSAGE n. m. Caractère d'une exploitation minière chassante.

CHASSAGNE-MONTRACHET (21190), comm. de la Côte-d'Or ; 436 hab. Vins blancs et rouges de la côte de Beaune.

CHASSANT, E adj. Se dit d'une exploitation minière dont la progression se fait en s'éloignant des galeries principales. (Contr. RABATTANT.)

1. CHASSE n. f. (de *chasser 1*). **1.** Action de chasser, de guetter ou de poursuivre les animaux pour les prendre ou les tuer. (→ *encycl.*) — **2.** Partie d'un terrain, d'un domaine réservée pour la chasse ; ensemble de ceux qui prennent part à une chasse. — **3.** Gibier pris ou tué en chassant : *Vivre de sa chasse.* — **4.** Résultat obtenu en chassant : *Faire bonne, mauvaise chasse.* — **5.** Fait de rechercher avec obstination afin de recueillir, d'obtenir qqch ou de lutter contre qqch de néfaste : *Faire la chasse aux abus, au gaspillage.* — **6.** En cyclisme, action de coureurs qui s'efforcent de rattraper les concurrents qui les devancent. — **7.** Pièce vocale ou instrumentale utilisant des thèmes de vénerie ou évoquant une chasse. — **8.** *Aviation de chasse* ou *chasse,* aviation spécialisée dans la chasse aérienne. ‖ *Chasse aérienne,* action menée par des appareils rapides et puissamment armés, dits *avions de chasse, chasseurs* ou *intercepteurs,* en vue de poursuivre et de détruire les appareils ennemis. (→ *encycl.*) ‖ *Chasse à l'homme,* poursuite de qqn qui fuit, pour l'arrêter ou l'abattre. ‖ *Chasse gardée,* domaine exclusivement réservé à qqn et dans lequel il n'est pas question de s'immiscer. ‖ *Chasse aux mines,* procédé d'exploration d'un fond marin dans le but d'y détecter et d'y détruire les mines de fond. (→ *encycl.*) ‖ *Chasse photographique,* recherche et approche d'animaux vivant dans leur milieu naturel, en vue de les photographier. ‖ *Chasse sous-marine,* sport qui consiste à tirer à l'aide d'un fusil spécial des poissons que l'on recherche en plongée. (Syn. PÊCHE SOUS-MARINE.) [→ *encycl.*] ‖ *Canon de chasse,* canon placé sur l'avant d'un navire pour tirer dans l'axe. ‖ *De chasse,* se dit des animaux et objets qui sont exclusivement ou principalement employés à la chasse. ‖ *Donner, faire la chasse à qqn, prendre qqn en chasse,* le poursuivre pour le rejoindre et l'arrêter. ‖ *Droit de chasse,* faculté de chasser dans certains lieux et pour un certain temps. ‖ *Être en chasse,* en parlant des chiens, poursuivre le gibier ; en parlant des femelles de mammifères, être en chaleur. ‖ *Pilote de chasse,* aviateur spécialisé dans le pilotage des appareils de chasse. ‖ *Se mettre en chasse,* entreprendre des recherches.

ENCYCL. **Aéron.** *Chasse aérienne.* D'abord chargée essentiellement du renseignement, l'aéronautique militaire de 1914 devient rapidement le fait d'unités massives, constituées et armées (mitrailleuses), dont les missions englobent dès 1916 la destruction de l'aviation et des ballons d'observation adverses. Pendant la Seconde Guerre mondiale, à côté des missions d'interception ou d'escorte des bombardiers, la chasse est associée à la bataille terrestre ainsi qu'au combat sur mer. Avec l'apparition du réacteur et des engins air-air et air-sol, l'aviation de chasse à la fin du conflit prend une nouvelle dimension. Les recherches vont porter sur les missiles air-air, sur les radars de bord et sur les moyens permettant le guidage des intercepteurs : radar aéroporté et conduite radar à partir du sol. Si, pendant les guerres israélo-arabes, les combats entre chasseurs ont eu lieu au canon (les missiles n'ont joué qu'un rôle marginal), les progrès immenses dans le domaine des missiles air-air à courte portée rendent désormais pratiquement impossible le combat aérien.

— **Chass.** En France, des mesures tendent à protéger des chasseurs la faune sauvage à la fois par la réduction de la période de chasse et par la limitation des tableaux ; le plan de chasse a été rendu obligatoire pour les grands animaux ; la

vente et la commercialisation de nombreuses espèces sont interdites. Des concertations internationales harmonisent les réglementations en matière d'espèces protégées et d'espèces chassables, notamment en ce qui concerne les oiseaux migrateurs.
– **Mar.** La chasse aux mines utilise un sonar spécialisé qui détecte l'enveloppe de la mine, permet sa localisation et sa destruction par des charges posées avec précision soit par des *plongeurs-démineurs,* soit par un *poisson autopropulsé.*
– **Sports.** *Chasse sous-marine.* L'équipement comprend : les lunettes ou le masque de vision, le tuba, les palmes, le fusil, l'accroche-poissons et, souvent, des combinaisons isolantes. L'absence d'appareil respiratoire (autre que le tuba) limite la durée de la plongée à quelques dizaines de secondes. En France, la chasse sous-marine est réglementée.

2. CHASSE n. f. (de *chasser 2*). **1.** Action de se déporter à droite ou à gauche, en parlant d'un véhicule. – **2.** Inclinaison vers l'arrière des pivots des roues directrices d'une automobile, ou de la direction d'une motocyclette et d'une bicyclette. – **3.** Encombrement horizontal d'une lettre, d'un signe typographique ou d'un ensemble de caractères. – **4.** Outil de forgeage servant à l'ébauchage ou au finissage. – **5.** Partie des plats de la couverture d'un livre qui déborde sur le bloc des cahiers le long des tranches. – **6.** Dispositif destiné à envoyer la navette d'un côté à l'autre du métier à tisser. – **7.** Burin servant à enfoncer les cercles de tonneau. – **8.** *Chasse d'air,* nettoyage de canalisations d'assainissement à très faible pente, en fonte et étanches, au moyen d'une brusque dépression d'air à l'aval. ‖ *Chasse (d'eau),* tout dispositif assurant, par un écoulement d'eau rapide, le nettoyage des W.-C. et urinoirs ; écoulement rapide de l'eau d'un bassin pour enlever les sables, vases ou galets qui obstruent un égout, un chenal ou une rivière.

1. CHÂSSE n. f. (lat. *capsa*). Coffre précieux où l'on conserve les reliques d'un saint.
ENCYCL. On appelle « châsse » un reliquaire en forme de sarcophage recouvert d'un toit en bâtière ou en forme d'église. L'usage de boîtes *(capsae)* pour enfermer les reliques, mentionné au IVe s., dut s'intensifier sous Dioclétien au moment du partage des corps des saints. Le plus souvent, les châsses médiévales sont constituées d'un coffret de bois recouvert de plaques de métal (cuivre, cuivre doré, argent, vermeil) ornées de figures fondues ou repoussées, d'émaux, de cabochons. Des exemples célèbres sont dus aux ateliers mosans (XIe-XIIIe s.), aux émailleurs limousins (XIIe-XIIIe s.), etc.

2. CHÂSSE n. m. (de *châssis*). *Arg.* Œil.

CHASSÉ n. m. **1.** Pas de danse avec parcours dans lequel une jambe, se rapprochant de l'autre, semble la chasser. (La répétition du chassé permet l'exécution d'un galop continu.) – **2.** Dans la danse de salon, pas glissé latéral dans lequel les deux pieds, parallèles, se déplacent l'un après l'autre.

CHASSE-BUFFLE n. m. (pl. *chasse-buffles*). Dispositif placé à l'avant des locomotives américaines pour chasser les animaux errant sur la voie.

CHASSE-CARRÉE n. f. inv. Outil présentant une table et une tête sur laquelle on frappe.

CHASSE-CLOU(S) ou **CHASSE-POINTE(S)** n. m. (pl. *chasse-clous, chasse-pointes*). Poinçon à extrémité plate qui sert à noyer la tête des clous dans le bois.

CHASSÉ-CROISÉ n. m. (pl. *chassés-croisés*). **1.** Situation de deux personnes qui se cherchent sans se rencontrer et, d'une manière générale, situation présentant des échanges réciproques n'aboutissant à aucun résultat : *Le chassé-croisé des conversations.* – **2.** Figure du quadrille. (Deux couples se font face, les cavaliers derrière leur cavalière. Les hommes se déplacent sur la droite, les femmes vers la gauche, puis chacun reprend sa place.)

CHASSÉEN n. m. Faciès culturel du néolithique moyen français défini par le matériel du site de Chassey-le-Camp, en Saône-et-Loire. (Ce faciès, caractérisé par une céramique fine et lustrée, s'épanouit de la fin du IVe au début du IIIe millénaire. Cortaillod et Lagozza se rattachent à ce groupe.)

CHASSE-GOUPILLE(S) n. m. (pl. *chasse-goupilles*). Outil en acier pour faire sortir une goupille du trou où elle est enfoncée.

CHASSELAS n. m. (de *Chasselas,* n. pr.). Cépage français, cultivé surtout pour l'obtention de raisins de table, dont la variété la plus connue est le chasselas doré, très répandu dans le sud-ouest de la France.

CHASSELOUP-LAUBAT (François, *marquis* DE), général et ingénieur français, pair de France (Saint-Sornin, Charente-Maritime, 1754 - Paris 1833). Commandant en chef le génie de la Grande Armée, il associa son nom au siège de Dantzig (1807) et à la construction des ponts sur la Berezina. – Son fils JUSTIN (Alexandrie, Italie, 1805-Versailles 1873), ministre de la Marine (1851 et 1860-1867) et des Colonies (1858-1860), obtint de l'empereur qu'il ratifiât l'annexion de la Cochinchine et le protectorat français sur le Cambodge (1862-63).

CHASSE-MARÉE n. m. inv. Ancien bateau de pêche de Bretagne, gréant deux voiles au tiers et un foc sur un petit beaupré.

CHASSE-MOUCHES n. m. inv. Petit balai de crins dont on se sert pour chasser les mouches.

CHASSE-NEIGE n. m. inv. **1.** Appareil servant à déblayer la neige tombée sur une voie de circulation. (On distingue les engins à soc, munis d'étraves, de racleurs ou de lames biaises, tirés ou poussés par un véhicule et rejetant la neige sur le côté de la route, et les appareils de déblaiement mécanique, qui lancent la neige au loin grâce à l'action d'une turbine.) — **2.** À skis, mode de freinage, de virage ou d'arrêt créé par la divergence des talons des skis par rapport aux spatules.

CHASSENEUIL-DU-POITOU (86360), comm. de la Vienne, au N.-N.-E. de Poitiers ; 3 165 hab. Constructions électriques et mécaniques. (→ FUTUROSCOPE.)

CHASSE-PIERRE(S) n. m. (pl. *chasse-pierres*). Appareil qui, placé à l'avant d'une locomotive, d'un tramway, sert à écarter des rails les pierres ou autres obstacles.

CHASSE-POINTE(S) → CHASSE-CLOU(S).

CHASSEPOT n. m. (de *Chassepot,* n. pr.). **1.** Fusil à aiguille en service dans l'armée française de 1867 à 1874. — **2.** Syn. de POINTE, en maroquinerie.

1. CHASSER v. t. (lat. pop. **captiare,* du lat. class. *captare,* chercher à prendre) [conj. 3]. **1.** Guetter et poursuivre une proie pour la capturer : *Chat qui chasse les souris.* — **2.** Pratiquer le sport de la chasse sur tel animal, de telle manière ; chercher à capturer un animal pour se nourrir ou pour utiliser l'animal à diverses fins. — **3.** *Pop.* Poursuivre qqn de ses assiduités afin de le séduire. ◆ v. i. **1.** Chercher à capturer une proie vivante : *Les lions chassent à la tombée de la nuit.* — **2.** Pratiquer le sport de la chasse : *Chasser sur une propriété privée.* — **3.** En cyclisme, se lancer à la poursuite des concurrents. — **4.** *Chasser sur les terres de qqn,* empiéter sur ses droits, ses attributions, sa propriété. ‖ *Permis de chasser,* autorisation de chasser délivrée par l'Administration.

2. CHASSER v. t. (de *chasser 1*) [conj. 3]. **1.** Faire marcher des animaux devant soi. — **2.** Pousser qqch en avant : *Le vent chassait le sable devant nous.* — **3.** Déloger qqch, faire partir qqn, un animal, les éloigner du lieu où ils se trouvent : *Chasser une mouche d'un geste de la main. Chasser qqn de chez lui.* — **4.** Congédier qqn : *Chasser un employé malhonnête.* — **5.** Écarter, dissiper, faire disparaître qqch : *Chasser une mauvaise odeur.* ◆ v. i. **1.** Être poussé dans une certaine direction : *Les nuages chassent vers l'est.* — **2.** En parlant d'un véhicule, se déporter à droite ou à gauche. — **3.** En parlant d'un caractère typographique, fournir un nombre de lignes plus important, comparativement à la même composition établie avec d'autres caractères de même corps. — **4.** Progresser en exploitation chassante.

CHASSERESSE n. f. et adj. *Litt.* Femme qui chasse : *Diane chasseresse.*

CHASSÉRIAU (Théodore), peintre français (Santa Bárbara de Samaná, Haïti, 1819 - Paris 1856). À partir de la leçon ingresque, qui privilégiait la pureté du dessin (*Portrait de Lacordaire,* 1840, Louvre), il a évolué vers un art plus sensuel et coloré, marqué par l'influence de Delacroix et par l'attrait de l'Orient. Scènes mythologiques, bibliques ou orientales le rapprochent du romantisme (*Nymphe endormie,* 1850, musée Calvet, Avignon). Il a donné d'importantes décorations murales (à Paris, églises St-Merri et St-Philippe-du-Roule, escalier de l'anc. Cour des comptes [fragments au Louvre]).

CHASSE-RIVET(S) n. m. (pl. *chasse-rivets*). Outil servant à faire sauter les rivets.

CHASSERON, massif du Jura suisse (cant. de Vaud), dominant le lac de Neuchâtel ; 1 607 m.

CHASSE-ROUE(S) n. m. (pl. *chasse-roues*). Borne ou arc métallique destinés à protéger un mur ou l'embrasure d'une porte cochère des roues des voitures. (Syn. BOUTEROUE.)

CHASSE-SUR-RHÔNE (38670), comm. de l'Isère, au N.-O. de Vienne ; 4 628 hab. *(Chassères).* Gare de triage. Cimenterie. Engrais. Cartonnerie.

CHASSEUR n. m. **1.** Personne qui chasse, qui se livre au sport de la chasse (le fém. CHASSEUSE est rare). — **2.** Animal qui chasse pour se nourrir : *Le loup est un chasseur impitoyable.* — **3.** Personne qui recherche qqch avec ardeur : *Un chasseur d'autographes.* — **4.** Employé en livrée d'un hôtel ou d'un restaurant faisant les menues courses. — **5.** *Chasseur d'images,* personne qui recherche des objets, des lieux ou des sujets originaux, qu'elle photographie ou filme. ‖ *Chasseur de têtes,* spécialiste en recrutement qui prend contact avec des cadres de haut niveau en place dans les entreprises pour leur proposer un poste que l'entreprise cliente désire elle-même pourvoir. • **Aéron.** Appareil de l'aviation de chasse. (→ *encycl.*) ‖ Pilote ou membre de l'équipage d'un avion de chasse. ‖ *Chasseur bombardier,* appareil mis au point pendant la Seconde Guerre mondiale et susceptible d'effectuer à la fois des missions de chasse et de bombardement. — **Arm.** *Chasseur de chars,* char conçu particulièrement pour la lutte contre les blindés. — **Hist.** Soldat d'infanterie ou de cavalerie. (→ *encycl.*) ‖ *Chasseurs cyclistes,* unités de chasseurs à pied (ou alpins) montés sur bicyclette et affectés, en 1914, aux divisions de cavalerie. — **Mar.** *Chasseur de mines,* bâtiment côtier chargé de détecter les mines de fond à l'aide d'un sonar. ‖ *Chasseur de sous-marins,* petit bâtiment rapide destiné à combattre les sous-marins et utilisé pendant la Première Guerre mondiale. — **Pêch.** Navire qui ne pêche pas, mais va chercher les prises des chalutiers pour les rapporter au port. ‖ Navire spécialisé dans la capture des cétacés.

◆ adj. m. Se dit d'une viande ou d'une volaille servie avec une garniture de champignons émincés, sautés avec des échalotes hachées, déglacés au vin blanc, mouillés de sauce tomate.

ENCYCL. **Aéron.** Caractérisé par sa vitesse horizontale et ascensionnelle, véritable plate-forme de tir mobile, le chasseur est équipé de calculateurs numériques, de console tête haute, de commandes montées sur le manche à balai. La visée est entièrement élaborée par le calculateur viseur ; le téléaffichage des ordres affranchit le guidage de l'avion de la conversation en phonie. L'armement est constitué par le canon, les missiles air-air et air-sol. Selon la mission envisagée, on distingue :

— l'*intercepteur,* qui est un appareil destiné essentiellement à assurer des missions de défense aérienne (F18 américain, Mig 25 russe) ;

— le *chasseur d'assaut,* qui, avec son grand rayon d'action et ses possibilités de vol à basse altitude, est un avion d'attaque des objectifs terrestres (Tornado [G.-B., All.], Mig 23 russe) ;

— le *chasseur de supériorité aérienne,* qui est destiné à maintenir les formations d'attaque hors de portée des chasseurs adverses ; les performances de ces avions volant à basse et moyenne altitude sont exceptionnelles (manœuvrabilité, accélération, armement). [F15 américain, Mirage 2000 français] ;

— le *chasseur d'appui tactique,* qui fournit aux forces terrestres l'appui feu dont elles ont besoin : il est caractérisé par la puissance de son armement air-sol (Jaguar [Fr. et G.-B.], Mig 27 russe).

Mais le parc des chasseurs (conçus dans les années 1960) est aujourd'hui en plein renouvellement. Tandis que les Russes ont mis en service le Mig 29, les Américains ont réalisé avec le F 117 A (Lockheed) le premier chasseur bombardier furtif. Les Européens sont également présents avec le projet Eurofighter et, pour la France, le programme Rafale.

— **Hist.** C'est au XVIIIe s. qu'apparaissent en Prusse les premières unités de chasseurs. En France, le corps des chasseurs de Fischer (1743) donnera naissance aux *chasseurs à pied* et aux *chasseurs à cheval.*

• *Chasseurs à pied.* Sous l'impulsion du maréchal de Broglie, des chasseurs sont créés dans chaque compagnie. La Ire République les supprime. Napoléon crée un corps d'infanterie légère dans chaque régiment sous le nom de *chasseurs à pied.* Au cours de la Première Guerre mondiale, les chasseurs se distinguent particulièrement dans les Vosges et à Verdun. En 1939-40, les unités de chasseurs s'intègrent dans les divisions d'infanterie ou forment les bataillons portés des divisions cuirassées.

• *Chasseurs à cheval.* Apparus en 1757, ils rejoignent dès 1776, pour le service d'éclaireurs, chaque régiment de dragons. Leur nombre décroît entre le premier Empire et la IIIe République. Ils forment aujourd'hui des unités blindées.

• *Chasseurs algériens* et *chasseurs d'Afrique.* Formés en 1830 de Français et d'autochtones, ils prennent part aux opérations en Algérie et au Maroc, sont engagés en Orient (1918), en Italie et en Allemagne (1943-1945) avant leur dissolution progressive entre 1959 et 1964.

CHASSEUR-CUEILLEUR n. m. (pl. *chasseurs-cueilleurs*). Personne appartenant à une société qui fonde sa subsistance sur la chasse et/ou la cueillette.

ENCYCL. Les sociétés de chasseurs-cueilleurs existent depuis l'époque paléolithique. Il en subsiste aujourd'hui parmi les Esquimaux de la côte pacifique et chez les Pygmées du Kalahari. Les contraintes matérielles de la chasse et de la cueillette obligent généralement ces peuples à mener un genre de vie nomade, selon la mobilité du gibier ou du poisson. Quelle que soit la division du travail, la quête de la nourriture repose sur une coopération étroite entre les activités des hommes, occupés à chasser, et des femmes, chargées de la cueillette. Cette contrainte entraîne le plus souvent une organisation politico-économique impliquant un égalitarisme de fait entre les deux sexes.

CHASSEY-LE-CAMP (71150), comm. de Saône-et-Loire, près de Chagny ; 258 hab. Gisement préhistorique éponyme du faciès chasséen.

CHASSIE n. f. (lat. pop. **caccita,* du lat. class. *cacare,* chier). Substance gluante et jaunâtre qui s'accumule sur le bord des paupières.

CHASSIEU (69680), comm. du Rhône, à 11 km à l'E. de Lyon ; 8 723 hab. Métallurgie. Imprimerie.

CHASSIEUX, EUSE adj. et n. Atteint de chassie.

CHÂSSIS n. m. (de *châsse 1*). **1.** Sorte de cadre entourant ou supportant une surface. — **2.** Assemblage destiné à supporter le mécanisme, les roues, la suspension et la carrosserie d'un véhicule. — **3.** Cadre en planches recouvert d'un vitrage, utilisé pour protéger des semis ou hâter la croissance de plantes exigeantes en chaleur. — **4.** Pop. *Un beau châssis,* corps bien planté d'une femme. • **Autom.** et **Ch. de f.** *Châssis intégré,* réunion en un seul ensemble du châssis et de la carrosserie. ‖ *Châssis poutre,* châssis constitué par un tube central de très forte section sur lequel se rattachent des membrures supportant les principaux organes et la caisse de la voiture. — **Bât.** Cadre fixe ou mobile, vitré, grillagé, plein ou à lames, participant à la fermeture d'une baie. ‖ *Châssis d'aérage,* châssis à lames, mobiles ou fixes. — **Impr.** Cadre en fer dans lequel on place la composition typographique pour en assurer l'impression. — **Menuis.** Scie alternative à lames verticales. ‖ Cadre menuisé découpé dans un dormant. ‖ *Châssis à plaquer,* appareil ou montage destiné, en ébénisterie, à maintenir à plat ou à presser des éléments à coller. (Syn. PRESSE À PLAQUER.) — **Métall.** Cadre dans lequel on tasse le sable des moules de fonderie au contact du modèle. — **Peint.** Bâti de menuiserie sur lequel la toile d'un tableau est tendue et clouée. — **Phot.** Accessoire permettant le positionnement d'un film ou d'un phototype durant une prise de vue, un tirage ou une projection. — **Techn.** Ouvrage métallique recouvrant une ouverture. — **Théâtr.** Bâti de bois, tendu de toile ou recouvert de contreplaqué, sur lequel est peinte une décoration.

CHÂSSIS-PRESSE n. m. (pl. *châssis-presses*). Châssis destiné au tirage des copies par contact et composé d'un cadre à feuillure dans lequel s'emboîte le cliché retenu par un verre.

CHASSOIR n. m. Outil servant à enfoncer les cercles des tonneaux, à refouler, etc.

CHASTANET (Auguste), poète français de langue d'oc (Mussidan 1825 - *id.* 1902). Majoral du félibrige en 1876, il fonda une école littéraire : *lou Bournat* (la Ruche) *dou Perigord.*

Chastang, aménagement hydroélectrique sur la Dordogne supérieure, au N.-E. d'Argentat.

CHASTE adj. et n. (lat. *castus,* pur). Qui réprime ses désirs sexuels.

◆ adj. **1.** Qui exclut les rapports sexuels : *Amour chaste.* — **2.** Qui s'abstient des amours jugés illicites : *Une chaste épouse.* — **3.** Qui s'abstient de blesser la pudeur ou qui manifeste de la pudeur : *Geste chaste.*

CHASTE (Aymard DE), gentilhomme français († 1603). Vice-amiral de France (1595), il hérita du monopole de la traite au Canada, où il envoya Champlain pour étudier les conditions d'un établissement (1603).

CHASTEL (Jean) → CHÂTEL.

CHASTEL (André), historien d'art français (Paris 1912 - *id.* 1990). Professeur à la Sorbonne de 1957 à 1970, au Collège de France à partir de 1970, animateur de multiples actions en matière d'études sur l'art et de patrimoine, il a notamment publié *Art et humanisme à Florence au temps de Laurent le Magnifique* (1959), *Renaissance méridionale* et *le Grand Atelier, Italie, 1460-1500* (2 vol., 1965), *la Crise de la Renaissance* (1968), *le Mythe de la Renaissance* (1969), *Fables, formes, figures* (1978), *l'Histoire de l'art, fins et moyens* (éditoriaux de la *Revue de l'art,* 1980), *le Sac de Rome* (1984), *Histoire de l'art français* (4 vol., posth., 1993-1995).

CHASTELLAIN (Georges), chroniqueur de la cour de Bourgogne (comté d'Aalst, Flandre, 1415 - Valenciennes 1475), auteur d'œuvres poétiques *(l'Oultré d'amour)* et de chroniques qui vont de 1420 à 1474.

CHASTELLUX (François Jean, *marquis* DE), écrivain militaire français (Paris 1734 - *id.* 1788). Il se distingua pendant la guerre d'Indépendance américaine et écrivit *Voyage dans l'Amérique septentrionale* (1786). [Acad. fr., 1775.]

CHASTEMENT adv. De façon chaste ; avec chasteté.

CHASTENET DE CASTAING (Jacques), historien français (Paris 1893 - *id.* 1978), auteur d'ouvrages sur l'histoire de la France contemporaine (*Histoire de la IIIe République* [1952-1965]). [Acad. fr., 1956.]

CHASTENET DE PUYSÉGUR → PUYSÉGUR.

CHASTETÉ n. f. (lat. *castitas*). **1.** Fait de s'abstenir des plaisirs sexuels, jugés illicites ; vertu des personnes chastes. — **2.** Caractère de ce qui est chaste, pudique : *La chasteté d'un vêtement.*

CHASUBLE n. f. (bas lat. *casubula,* de *casula,* manteau à capuchon). **1.** Vêtement liturgique que le prêtre met par-dessus l'aube et l'étole et qui ne sert qu'à la célébration de la messe. — **2.** *Robe chasuble,* robe sans manches, largement échancrée.

CHAT n. m. (bas lat. *cattus*). **1.** Mammifère carnivore (félidé), sauvage ou domestique, au museau court et arrondi. (→ *encycl.*) — **2.** *Fam.* Terme d'affection, de tendresse adressé à qqn. — **3.** Jeu d'enfants dans lequel un des joueurs, le chat, poursuit les autres et tente de les toucher. — **4.** *Appeler un chat un chat,* dire les choses telles qu'elles sont ; parler franchement. ‖ *Avoir un chat dans la gorge,* éprouver dans le gosier un embarras soudain ; être enroué. ‖ *Avoir des yeux de chat,* voir dans l'obscurité ou avoir des yeux aux couleurs changeantes. ‖ *Chat à neuf queues,* fouet à neuf lanières, garnies de pointes de fer, utilisé autrefois dans l'armée et la marine anglaises. ‖ *Donner sa langue au chat,* avouer que l'on ne saurait deviner. ‖ *Écrire comme un chat,* écrire d'une manière illisible. ‖ *Jouer au chat et à la souris,* se dit de deux personnes dont l'une cherche vainement à joindre l'autre, qui lui échappe sans cesse. ‖ Fam. *Pas un chat,* personne : *On ne rencontre pas un chat dans la rue.* ‖ *Toilette de chat,* toilette rapide et sommaire. • **Chorégr.** *Saut* ou *pas de chat,* bond latéral, généralement exécuté en série, au cours duquel les jambes s'écartent tout en se repliant. — **Pathol.** *Maladie du cri du chat,* maladie congénitale due à la délétion du bras court du chromosome 5. (Elle se manifeste chez le jeune enfant par un cri comparable au miaulement du chat et par une débilité mentale profonde, souvent associés à d'autres malformations.) ‖ *Maladie des griffes du chat,* syn. de LYMPHORÉTICULOSE* BÉNIGNE D'INOCULATION. — **Zool.** Nom commun à divers poissons, dits aussi *poissons-chats.* ‖ *Chat épineux,* nom usuel du *coendou.*

◆ **chatte** n. f. **1.** Femelle du chat. — **2.** *Fam.* Terme d'affection adressé à une femme. — **3.** *Pop.* Sexe de la femme.

◆ **chat, chatte** adj. Qui est doux, caressant, souvent avec une nuance d'hypocrisie.

ENCYCL. Les chats possèdent une excellente vision nocturne, une langue râpeuse, des moustaches sensibles (vibrisses), des griffes rétractiles, une grande aptitude au guet, au saut, au grimper, des mœurs de chasseurs. Les variétés sauvages (serval, lynx, ocelot, puma, etc.) ainsi que les variétés domestiques sont nombreuses et diverses. La chatte, sexuellement mûre vers 9-10 mois, porte de 8 à 10 semaines et met bas de 2 à 6 petits ; la longévité moyenne est de 12 à 15 ans.

Chat botté *(le),* ou *le Maître chat,* conte de Perrault : un chat ingénieux fait la fortune de son maître.

Chat noir *(le),* cabaret artistique de Paris, fondé en 1881, boulevard Rochechouart, par Rodolphe Salis, et transféré en 1885 rue Victor-Massé, dans l'atelier du peintre belge Alfred Stevens. (De 1885 à 1895, *le Mirliton* de Bruant remplaça *le Chat noir.*) Nombre de poètes, chansonniers, humoristes et dessinateurs s'y formèrent.

CHÂTAIGNE n. f. (lat. *castanea,* du gr. *kastanon*). **1.** Fruit du châtaignier, constitué par une enveloppe épineuse, la bogue, enfermant une amande divisée en plusieurs graines comestibles. (Le fruit est appelé marron lorsque l'amande est entière à l'intérieur de la même enveloppe.) — **2.** Graine du fruit du châtaignier, consommée sous forme de crèmes et purées, marrons glacés. — **3.** *Pop.* Coup de poing ; bagarre. • **Bot.** *Châtaigne d'eau,* fruit de la macre. — **Zool.** *Châtaigne de mer,* autre nom de l'*oursin.* — **Zootechn.** Plaque cornée qui se forme en certains points de la partie interne des membres des équidés.

CHÂTAIGNERAIE n. f. Terrain planté de châtaigniers.

CHÂTAIGNERAIE, région du Massif central, au S. du massif du Cantal, dont les versants portent des châtaigniers.

CHÂTAIGNERAIE (La) [85120], ch.-l. de cant. de l'est de la Vendée ; 2 926 hab. Marché.

CHÂTAIGNIER n. m. (de *châtaigne*). Grand arbre (fagacée) dont il existe des types forestiers et des variétés fruitières exploitées pour leurs fruits, les châtaignes ; le bois de cet arbre.

ENCYCL. Le châtaignier vit dans des climats tempérés très différents (atlantique, continental, méditerranéen), le plus souvent en altitude, sur sols arides. La maturité des châtaignes se situe du 1er sept. au 15 nov. suivant les variétés et les situations. L'exploitation du châtaignier forestier en taillis conduit à des produits divers : vannerie, piquets, manches d'outils, échalas, cercles de tonneaux, copeaux pour le tanin, pâte à papier. L'exploitation en futaie permet d'obtenir des pièces de charpente, des pieux, des poteaux télégraphiques, des lames de parquet, des douelles de tonneaux. Le bois est durable, résistant aux assauts du temps. Le châtaignier est atteint par deux maladies graves : l'encre, ou mortalité progressive des racines due à un champignon, et le chancre de l'écorce, champignon se développant à la limite du bois et de l'écorce.

CHÂTAIN, E adj. (de *châtaigne*). **1.** Brun clair : *Des cheveux châtains.* — **2.** Qui a les cheveux de cette couleur. — **3.** *Sol châtain,* sol steppique des climats continentaux froids et semi-arides (300 mm de pluie). [Syn. CASTANOZEM.]

◆ n. Personne qui a les cheveux châtains.

◆ n. m. Couleur brun clair.

CHATAIRE [ka-] n. f. (bas lat. *cattaria,* de *cattus,* chat). Herbe (labiée) à fleurs blanches ou rosées à deux lèvres. (Syn. CATAIRE, HERBE-AUX-CHATS, NEPETA.)

CHÂTEAU n. m. (lat. *castellum,* forteresse, dimin. de *castrum,* camp). **1.** Habitation seigneuriale ou royale. — **2.** Grande et belle maison de plaisance à la campagne. — **3.** Autref., demeure féodale fortifiée, défendue par un fossé, des murailles et des tours. (Syn. CHÂTEAU FORT.) — **4.** Suivi d'un n. pr. et avec majuscule, désigne un grand cru du Bordelais. — **5.** *Le Château,* nom donné fam. au palais de l'Élysée, résidence du président de la République. — **6.** *Château de cartes,* petite construction que l'on fait avec des cartes ; chose mal assise, dont la durée est incertaine ou précaire. ‖ *Château d'eau,* réservoir élevé maintenant la pression dans un réseau de distribution d'eau. ‖ *Châteaux en Espagne,* projets chimériques. ‖ *Vie de château,* vie très agréable, oisive et opulente. • **Cuis.** *Pommes château,* pommes de terre tournées, blanchies et rissolées. — **Hérald.** Meuble constitué par trois tours réunies par des pans de murs crénelés. — **Mar.** Superstructure placée au milieu du navire, s'étendant sur toute sa largeur et utilisée pour les aménagements de l'équipage ou des passagers. ‖ *Château d'avant, d'arrière,* ensemble des constructions élevées aux extrémités des anciennes nefs. — **Nucl.** Conteneur blindé et étanche permettant d'effectuer le transport ou le stockage de matières radioactives conformément à la réglementation.

ENCYCL. À la fin de l'Empire romain, l'affaiblissement du pouvoir central avait augmenté l'importance des propriétés latifondiaires et, grâce à son autarcie économique et juridique, la *villa* était devenue un lieu de refuge, fortifié comme jadis l'*oppidum.* Les villes avaient perdu leur prééminence ; elles s'isolaient dans une enceinte, renforcée d'un « réduit », le *castellum,* ou château, dernier recours pour la population, ou, au besoin, dirigé contre elle. Avec les Mérovingiens, le pouvoir, en miettes, tend à se confondre avec la propriété. Au Xe s., la France féodale se présente comme une mosaïque de cellules individuelles, de *châtellenies,* appuyées sur une demeure fortifiée en bois, héritière de la villa. C'est le *château fort,* qui possède son propre réduit, érigé sur une motte : le *donjon.* Outre celui-ci, le château comporte divers bâtiments enclos de courtines ; l'ensemble, à partir du XIe s., est en maçonnerie pour résister au feu.

Avec les progrès de l'artillerie, au XIVe s., l'efficacité défensive de ce dispositif devient caduque. Aussi le château fort se transforme-t-il à la Renaissance en château de plaisance, ouvert sur des jardins, et le château urbain en *palais,* que doublent des résidences de campagne, liées aux plaisirs de la chasse et elles aussi dénommées châteaux (Chambord, Fontainebleau — qui deviendra à son tour palais, comme Versailles). La composition du château finit par répondre essentiellement à un souci de prestige, affirmé depuis Verneuil (par Du Cerceau) et le Luxembourg (S. de Brosse) jusqu'à Maisons (F. Mansart) ou Vaux-le-Vicomte (Le Vau, Le Brun, Le Nôtre), à un cérémonial qui s'épanouit à Versailles. Cette majesté du Grand Siècle va faire place, avec la Régence, à un besoin d'intimité qui réduit les bâtiments au profit des jardins, aboutit à de simples belvédères ouverts sur des tableaux paysagers (Petit Trianon, par J. A. Gabriel).

Les divers pays d'Europe présentent une évolution souvent comparable. En Rhénanie, en Bohême, en Hongrie, la terminologie distingue le vieux *Burg* féodal, souvent perché sur une crête (Haut-Kœnigsbourg), du *Schloss,* demeure d'âge classique ou baroque. En Espagne, la coexistence des Maures et des chrétiens avait fait proliférer les forteresses de type oriental (*alcazar*). L'influence française prévaut dans les demeures princières d'Aranjuez et de la Granja. Quant à l'Italie, où l'aristocratie était surtout urbaine, ce sont les citadelles et les palais qui s'y sont multipliés ; mais la Renaissance a permis une résurgence de la villa romaine non fortifiée : villas de Palladio en Vénétie, villas de Frascati, etc.

Château *(le),* roman de F. Kafka, inachevé et publié en 1926. Le double échec de l'arpenteur K. de s'intégrer à une mystérieuse bureaucratie et à la communauté villageoise, qui en subit la dictature absurde.

Château de Barbe-Bleue *(le),* opéra en 1 acte de Béla Bartók sur un livret de Béla Balázs (1918), remarquable par la puissance dramatique du langage musical, ses accents folkloriques et la nouveauté de l'instrumentation.

CHÂTEAU-ARNOUX (04160), comm. des Alpes-de-Haute-Provence, sur la Durance ; 5 216 hab. Château du début du XVIe s. Industrie chimique à Saint-Auban.

CHÂTEAUBERNARD (16100), comm. de la Charente, banlieue sud de Cognac ; 4 477 hab. Aérodrome. Verrerie.

CHÂTEAUBLEAU (77370), comm. de Seine-et-Marne ; 216 hab. Important vicus gallo-romain des IIe et IIIe s. (30 ha) qui comprend plusieurs sanctuaires et un théâtre. Riche décor sculpté.

CHÂTEAU-BOUGON, écart de la comm. de Bouguenais (Loire-Atlantique), au S.-O. de Nantes. Aéroport de Nantes.

CHÂTEAUBOURG (35220), ch.-l. de cant. d'Ille-et-Vilaine, sur la Vilaine ; 4 098 hab. *(Castelbourgeois).* Industrie alimentaire. Électronique.

CHATEAUBRIAND ou **CHÂTEAUBRIANT** n. m. (du n. pr.). Tranche épaisse de filet de bœuf, servie grillée, avec une béarnaise.

CHATEAUBRIAND (François René, *vicomte* DE), écrivain et homme politique français (Saint-Malo 1768 - Paris 1848). Dixième enfant d'un hobereau breton, il passe, au château de Combourg, une enfance et une adolescence marquées par sa condition de cadet. Très intellectuel, passionné, admirateur des philosophes, attaché aux libertés, il se forme comme un être de refus et de critique. Sous-lieutenant au régiment de Navarre, il assiste au début de la Révolution, puis part pour l'Amérique (1791). De retour en France (1792), il s'engage dans l'armée des princes, est blessé au siège de Thionville, puis émigre en Angleterre, où, dans la misère, il travaille aux manuscrits rapportés d'Amérique. Il publie l'*Essai historique, politique et moral sur les révolutions anciennes et modernes considérées dans leurs rapports avec la Révolution française* (1797). Converti sous le choc de la mort de sa mère et de sa sœur, il commence une apologie de la religion chrétienne et rentre en France en 1800. Abandonnant un roman commencé en Amérique, *les Natchez*,* il n'en retient que deux épisodes, *Atala*,* publié d'abord séparément, et *René*,* qui sera inséré dans le *Génie* du christianisme* (1802), dont le succès est immédiat. Nommé par Bonaparte secrétaire d'ambassade à Rome, puis ministre dans le Valais, Chateaubriand démissionne à la suite de l'exécution du duc d'Enghien (1804) et se consacre à la fois à la littérature et à une opposition résolue au régime.

Se proposant de compléter le *Génie* par une grande épopée en prose, *les Martyrs*,* qui paraîtra en 1809, Chateaubriand entreprend un voyage en Grèce, en Turquie, en Palestine et en Espagne et publie, en 1811, année de son élection à l'Académie, *l'Itinéraire* de Paris à Jérusalem.* En 1814, il contribue, par son pamphlet *De Buonaparte et des Bourbons,* au retour des Bourbons. Ministre de Louis XVIII à Gand, fondateur du *Conservateur* (1818-1820), puis ministre des Affaires étrangères sous Villèle (1822), il organise, après le congrès de Vérone, auquel il participe, l'expédition de l'armée française en Espagne. Chassé par Villèle (1824), il devient un des chefs de l'opposition. Ses campagnes dans le *Journal des débats* font de lui une idole de la jeunesse libérale.

Nommé ambassadeur à Rome par Charles X (1828), il démissionne à la formation du ministère Polignac (1829). La publication de ses *Œuvres complètes* (1826), qui révèle des textes inédits tels *les Natchez, l'Essai sur les révolutions, le Voyage en Amérique,* achève de faire de lui un grand maître de la littérature. Légitimiste, refusant de se rallier à Louis-Philippe, il parcourt l'Europe, séjourne à Venise, revient en France terminer ses *Mémoires* d'outre-tombe,* fréquente le salon de Mme Récamier et meurt au lendemain des journées de 1848, après avoir publié, en 1844, *la Vie de Rancé**. Outre les premiers accents « romantiques », Chateaubriand a donné à la littérature une dimension nouvelle ; il fut un des premiers à signaler le rôle nouveau des intellectuels.

CHÂTEAUBRIANT (44110), ch.-l. d'arrond. de la Loire-Atlantique, au N.-N.-E. de Nantes ; 13 378 hab. (*Castelbriantais*). Restes du Vieux-Château (XIe-XVe s.) et Château-Neuf de la Renaissance (v. 1535). Dans le faubourg de Béré, église du XIe s., à porche de bois du XVe s. Marché de bétail. Matériel agricole. — Les Allemands y fusillèrent 27 otages, le 22 oct. 1941, à la suite du meurtre d'un officier allemand à Nantes.

CHÂTEAUBRIANT (Françoise DE FOIX, *comtesse* DE), favorite de François Ier (v. 1495-1537). Mariée en 1509 à Jean de Montmorency-Laval, comte de Châteaubriant, elle devint, vers 1518, la maîtresse de François Ier, qui la disgracia en 1526.

CHÂTEAUBRIANT (Alphonse DE), écrivain français (Rennes 1877-Kitzbühel, Autriche, 1951). Romancier, peintre des traditions et des paysages vendéens (*Monsieur des Lourdines,* 1911), il se compromit dans la collaboration avec les nazis et mourut en exil.

CHÂTEAU-CHALON (39210), comm. du Jura, sur la bordure du Jura ; 156 hab. Église en partie du Xe s. (œuvres d'art). Vins.

CHÂTEAU-CHINON (58120) ou **CHÂTEAU-CHINON (VILLE),** ch.-l. d'arrond. de la Nièvre, dans le Morvan ; 2 952 hab. *(Château-Chinonais).* Bonneterie. Caoutchouc. Musée du Septennat.

CHÂTEAU-D'ŒX, station touristique de Suisse (cant. de Vaud), dans le Pays d'Enhaut ; 3 200 hab.

CHÂTEAU-D'OLÉRON (Le) [17480], ch.-l. de cant. et port de la Charente-Maritime, dans l'île d'Oléron ; 3 559 hab. *(Châtelains).* Citadelle du XVIIe s. Station balnéaire. Ostréiculture.

CHÂTEAU-D'OLONNE (85100), comm. de la Vendée, à l'E. des Sables-d'Olonne ; 11 133 hab.

CHÂTEAU-DU-LOIR (72500), ch.-l. de cant. du sud de la Sarthe, près du Loir ; 5 758 hab. *(Castéloriens).* Église en partie des XIIIe et XIVe s. Constructions mécaniques et électriques. Vins.

CHÂTEAUDUN (28200), ch.-l. d'arrond. d'Eure-et-Loir, sur le Loir ; 15 328 hab. *(Dunois).* Remarquable château du XVe s. avec donjon remontant au XIIe s., chapelle flamboyante (série de statues de l'art ligérien de la fin du XVe s.) et aile du début du XVIe s. (escalier à loggias). Églises médiévales. Musée. Constructions mécaniques et électriques. Travail des plastiques. Optique.

Château-Gaillard, forteresse féodale dont les ruines dominent la vallée de la Seine aux Andelys. Bâtie vers 1196 par Richard Cœur de Lion, prise par Philippe Auguste en 1204, elle fut démantelée en 1603 par Henri IV.

CHÂTEAUGAY (63119), comm. du Puy-de-Dôme, au-dessus de la Limagne ; 3 099 hab. Ruines d'un château de la fin du XIVe s. Vins.

CHÂTEAUGIRON (35410), ch.-l. de cant. d'Ille-et-Vilaine, au S.-E. de Rennes ; 4 186 hab. Ruines d'un château fort.

CHÂTEAU-GONTIER (53200), ch.-l. d'arrond. de la Mayenne, sur la Mayenne ; 11 476 hab. *(Castrogontériens).* Église St-Jean, avec restes de peintures romanes (v. 1100) et gothiques. Musées. Matériel agricole. Industries alimentaires.

CHÂTEAUGUAY, v. du Canada (Québec), à 10 km au S. de Montréal ; 37 000 hab.

Château-Haut-Brion, domaine de la comm. de Pessac, dans la banlieue de Bordeaux (Gironde). Vins rouges (graves).

Château-Lafite, domaine des comm. de Pauillac et de Saint-Estèphe (Gironde) ; il fournit des vins rouges (médoc).

CHÂTEAU-LANDON (77570), ch.-l. de cant. de Seine-et-Marne, dans le Gâtinais, sur le Fusain ; 3 400 hab. Restes de remparts. Église Notre-Dame et anc. abbaye St-Séverin, construites du Xe au XVIe s.

CHÂTEAU-LA-POMPE n. m. inv. *Pop.* Boisson consistant dans l'eau du robinet.

Château-Latour, domaine de la comm. de Pauillac (Gironde), qui fournit des vins rouges (médoc).

CHÂTEAU-LA-VALLIÈRE (37330), ch.-l. de cant. d'Indre-et-Loire, dans la Gâtine tourangelle ; 1 492 hab. *(Castelvalériens).* Cette ville a pris son nom de la favorite de Louis XIV après que le roi eut érigé pour elle cette terre en duché.

CHÂTEAULIN (29150), ch.-l. d'arrond. du Finistère, dans l'O. du *bassin de Châteaulin,* sur l'Aulne ; 5 614 hab. *(Castellinois* ou *Châteaulinois).* Chapelle Notre-Dame (XVe et XVIe s.). Agroalimentaire.

Château-Margaux, vignoble de la comm. de Margaux, donnant un vin rouge (médoc).

CHÂTEAUMEILLANT (18370), ch.-l. de cant. du Cher, dans le Boischaut ; 2 098 hab. *(Castelmeillantais).* Anc. oppidum biturige, qui portait le nom de *Mediolanum.* Église romane à chœur de plan bénédictin typique (absidioles échelonnées). Musée (archéologie, etc.). Vins.

CHÂTEAUNEUF (42800), comm. de la Loire, près de Rive-de-Gier ; 1 354 hab. Métallurgie.

CHÂTEAUNEUF (Charles DE L'AUBESPINE, *marquis* DE) → AUBESPINE (Charles de L').

CHÂTEAUNEUF-DE-RANDON (48170), ch.-l. de cant. de la Lozère, dans la Margeride ; 544 hab. Petit centre climatique. Du Guesclin y fut tué en 1380 en tentant de l'enlever aux routiers.

CHÂTEAUNEUF-DU-FAOU (29520), ch.-l. de cant. du Finistère, sur l'Aulne ; 3 827 hab. *(Châteauneuviens).* Centre d'excursions. Foires. Abattoir.

CHÂTEAUNEUF-DU-PAPE n. m. Cru des côtes du Rhône méridionales.

CHÂTEAUNEUF-DU-PAPE (84230), comm. de Vaucluse, dans le Comtat, près du Rhône ; 2 067 hab. Ruines d'un château des papes (XIVe s.). Vignobles réputés.

CHÂTEAUNEUF-DU-RHÔNE (26780), comm. de la Drôme, au S. de Montélimar ; 2 131 hab. Ruines féodales. Église des XIIe et XVe s. Centrale hydroélectrique sur une dérivation du Rhône.

CHÂTEAUNEUF-EN-THYMERAIS (28170), ch.-l. de cant. d'Eure-et-Loir, en bordure de la *forêt de Châteauneuf ;* 2 476 hab. *(Castelneuviens).* Anc. capitale du Thymerais.

CHÂTEAUNEUF-LA-FORÊT (87130), ch.-l. de cant. de la Haute-Vienne, au N. de la *forêt de Châteauneuf* (petit massif qui atteint 600 m d'alt.) ; 1 819 hab. Papeterie.

CHÂTEAUNEUF-LES-BAINS (63390), comm. du Puy-de-Dôme, sur la Sioule ; 334 hab. Station thermale (rhumatismes).

CHÂTEAUNEUF-LÈS-MARTIGUES (13220), ch.-l. de cant. des Bouches-du-Rhône, près de l'étang de Berre ; 10 973 hab. Gisement préhistorique allant du mésolithique (ou *castelnovien*) au bronze final.

CHÂTEAUNEUF-SUR-CHARENTE (16120), ch.-l. de cant. de la Charente ; 3 539 hab. Église en partie romane (sculptures). Constructions électriques.

CHÂTEAUNEUF-SUR-CHER (18190), ch.-l. de cant. du sud du Cher ; 1 678 hab. *(Castelneuviens).* Château surtout des XVe, XVIe et XVIIIe s.

CHÂTEAUNEUF-SUR-LOIRE (45110), ch.-l. de cant. du Loiret ; 6 625 hab. *Castelneuviens).* Restes d'un château du XVIIe s. (mairie et musée de la Marine de Loire) ; beau parc. Métallurgie.

CHÂTEAUNEUF-SUR-SARTHE (49330), ch.-l. de cant. du nord du Maine-et-Loire ; 2 376 hab. *(Castelneuviens).* Église des XIIe et XIIIe s.

CHÂTEAUPONSAC (87290), ch.-l. de cant. du nord de la Haute-Vienne ; 2 468 hab. Église en partie romane. Musée.

CHÂTEAU-PORCIEN (08360), ch.-l. de cant. des Ardennes, sur l'Aisne ; 1 309 hab. *(Porcéannais).* Anc. cap. du *Porcien.* Agroalimentaire.

CHÂTEAU-QUEYRAS, écart de la comm. de Château-Ville-Vieille (Hautes-Alpes), dans le Queyras. Donjon féodal et fortifications de Vauban.

CHÂTEAURENARD (13160), ch.-l. de cant. des Bouches-du-Rhône, près de la Durance ; 11 829 hab. Ruines d'un château des comtes de Provence. Commerce des primeurs et des fruits.

CHÂTEAURENARD (45220), ch.-l. de cant. du Loiret, dans le Gâtinais ; 2 342 hab. Église des XIe-XIIe s., anc. chapelle d'un château ruiné.

CHÂTEAU-RENAULT (37110), ch.-l. de cant. d'Indre-et-Loire, à la limite de la Gâtine tourangelle et de la Beauce ; 5 811 hab. *(Renaudins).* Château avec donjon ruiné du XIIe s. Constructions mécaniques. Chimie.

CHÂTEAU-RENAULT (François Louis DE ROUSSELET, marquis DE), vice-amiral et maréchal de France (Château-Renault 1637-Paris 1716). Vainqueur des Anglais à Bantry (1689), vice-amiral du Levant en 1701, il fut promu maréchal de France en 1703.

CHÂTEAUROUX (36000), ch.-l. du dép. de l'Indre, à 251 km de Paris, sur l'Indre ; 52 949 hab. *(Castelroussins).* Château Raoul, du XVe s. Église St-Martial, des XIIe-XVIe s. Musée Bertrand. Châteauroux est un centre administratif et commercial, noyau d'une agglomération de plus de 70 000 hab., industrialisée (constructions mécaniques, confection, cigarettes, alimentation, papier, imprimerie). — *Forêt domaniale de Châteauroux,* au S. de la ville (5 100 ha).

CHÂTEAUROUX (Marie Anne DE MAILLY-NESLE, *marquise* DE LA TOURNELLE, *duchesse* DE), favorite de Louis XV (Paris 1717-*id.* 1744). Quatrième fille de Louis, marquis de Nesle, veuve de Jean-Baptiste Louis, marquis de La Tournelle (1740), elle devint la maîtresse de Louis XV (1742), après ses sœurs la comtesse de Mailly et la marquise de Vintimille. Elle exerça une influence sur les affaires de l'État en rappelant constamment le roi à ses devoirs. En 1744, elle fut disgraciée par le roi, alors malade à Metz, à l'instigation du parti dévot.

CHÂTEAU-SALINS (57170), ch.-l. d'arrond. de la Moselle, dans le Saulnois ; 2 719 hab. *(Castelsalinois).* Anciennes exploitations de sel.

CHÂTEAU-THIERRY (02400), ch.-l. d'arrond. de l'Aisne, sur la Marne ; 15 830 hab. *(Castrothéodoriciens).* Église des XVe-XVIe s. Maison natale de La Fontaine (musée). Biscuiterie. Imprimerie. — Château-Thierry fut une place importante pendant les guerres de Religion. Napoléon Ier y battit Blücher le 12 févr. 1814.

Château-Thierry *(bataille de)* [1918]. En raison d'une situation stratégique favorable (faiblesse des forces alliées sur le Chemin des Dames), les forces allemandes purent rompre le front français le 27 mai 1918 et créer la poche de Château-Thierry. Le général Pétain réussit à rétablir un front continu. La contre-offensive du 18 juill. permit de réduire cette poche.

CHÂTEAUVILLAIN (52120), ch.-l. de cant. de la Haute-Marne, au S.-O. de Chaumont ; 1 783 hab. *(Castelvillanois).* Vestiges de fortifications. Hôtel de ville et église du XVIIIe s.

Château-Yquem, vignoble bordelais du pays de Sauternes, donnant des vins blancs dorés et sucrés.

CHÂTEL (74390), comm. de la Haute-Savoie, dans le Chablais ; 1 258 hab. Station estivale et de sports d'hiver (alt. 1 200-2 100 m).

CHÂTEL ou **CHASTEL** (Jean) [1575-Paris 1594]. En déc. 1594, il blessa Henri IV, qu'il voulait assassiner. Arrêté, il fut écartelé (29 déc.).

CHÂTEL (DU) → DUCHÂTEL.

CHÂTELAILLON-PLAGE (17340), comm. de la Charente-Maritime, au S.-S.-E. de La Rochelle ; 5 038 hab. Station balnéaire. Ostréiculture.

CHÂTELAIN, E n. (lat. *castellanus*). Propriétaire ou locataire d'un château.

◆ **châtelain** n. m. **1.** Seigneur possesseur d'un château ou d'une maison forte et du territoire attenant. — **2.** Officier qui était préposé à la garde d'un château.

◆ **châtelaine** n. f. **1.** Petite chaîne d'orfèvrerie supportant montre, clés, etc., portée, surtout à la fin du XVIIIe s., accrochée à la ceinture. — **2.** Petit sac de dame rectangulaire, fermant par un rabat.

Châtelaine de Vergi *(la),* poème du XIIIe s., sur le thème de l'amour courtois.

CHÂTELARD (Le) [73630], ch.-l. de cant. de la Savoie, dans les Bauges ; 570 hab. *(Castelardinois).* Station estivale.

CHÂTELAUDREN (22170), ch.-l. de cant. des Côtes-d'Armor, à l'O.-N.-O. de Saint-Brieuc ; 970 hab. Peintures sur bois du XVe s. dans la chapelle du cimetière.

CHÂTELET n. m. (anc. fr. *chastel,* château). Petit château fort, souvent bâti, au Moyen Âge, au travers d'un passage qu'il commandait : pont, route, accès d'un grand château.

Châtelet *(le Grand)* ou simplement **le Châtelet,** à Paris. Élevée en 1130 sur la rive droite de la Seine, dans l'axe du Grand Pont, cette forteresse protégeait l'accès de la Cité (le *Petit Châtelet* lui répondant sur la rive gauche). Elle devint en 1190 le siège de la juridiction de la prévôté de Paris. Remaniée du XIIIe au XVIIe s., elle abritait un tribunal et une prison. Elle a été démolie de 1802 à 1810 pour faire place à la *place du Châtelet* (fontaine « du Palmier » ou « de la Victoire » [1808] ; deux théâtres).

Châtelet-Théâtre musical de Paris, théâtre municipal parisien, dû à l'architecte Davioud, inauguré en 1862. Théâtre de la féerie dès l'origine, il est, à partir des années 30, le temple de l'opérette à grand spectacle. Profondément rénové en 1980 et 1988-89, il offre un large répertoire musical, lyrique et chorégraphique.

CHÂTELET, v. de Belgique (Hainaut), sur la Sambre ; 38 000 hab. Métallurgie. Chimie.

CHÂTELET (Le) [18170], ch.-l. de cant. du Cher, dans le Boischaut ; 1 128 hab. *(Castellois).* Église du Puy-Ferrand (anc. abbatiale).

CHÂTELET (Émilie LE TONNELIER DE BRETEUIL, *marquise* DU), femme de lettres et de sciences française (Paris 1706-Lunéville 1749). Elle accueillit Voltaire dans son château de Cirey. Elle a notamment laissé un *Discours sur le bonheur* (v. 1746).

CHÂTELET-EN-BRIE (Le) [77820], ch.-l. de cant. de Seine-et-Marne, au S.-E. de Melun ; 3 991 hab.

CHÂTELGUYON (63140), comm. du Puy-de-Dôme, dans la Limagne ; 4 954 hab. *(Châtelguyonnais* ou *Brayauds).* Station thermale (maladies de l'appareil digestif, constipation, colopathies).

CHÂTELLENIE n. f. (de *châtelain*). Seigneurie et juridiction d'un seigneur châtelain.

CHÂTELLERAULT (86100), ch.-l. d'arrond. de la Vienne, sur la Vienne ; 35 691 hab. *(Châtelleraudais).* Restes de l'anc. château (musée). Église St-Jacques (XIIe-XIIIe s.). Maison de Descartes et hôtels du XVIe s. Pont Henri-IV. Bien desservie par la route (autoroute Aquitaine) et le rail, c'est une ville industrialisée (constructions mécaniques [aéronautique] et électriques [électronique] notamment).

CHÂTELPERRON (03220), comm. de l'Allier ; 193 hab. Grotte préhistorique, éponyme d'un faciès culturel du paléolithique supérieur.

CHÂTELPERRONIEN n. m. Faciès culturel marquant le début du paléolithique supérieur, qui correspond aux phases anciennes du périgordien. (Il se caractérise par une lame ou un éclat laminaire de silex à dos courbe obtenus par retouches abruptes.) [Syn. CASTELPERRONIEN.]

CHÂTEL-SUR-MOSELLE (88330), ch.-l. de cant. des Vosges, à 16 km au N.-N.-O. d'Épinal ; 1 881 hab. Église de style gothique tardif.

CHÂTENAY-MALABRY (92290), ch.-l. de cant. des Hauts-de-Seine, à 8 km au sud de Paris ; 29 359 hab. Église surtout du XIIIe siècle. Maison de Chateaubriand (musée) à la Vallée-aux-Loups. École centrale des arts et manufactures. Centre d'études de l'industrie pharmaceutique.

CHÂTENOIS (88170), ch.-l. de cant. des Vosges, à 15 km à l'E.-S.-E. de Neufchâteau ; 2 093 hab. *(Castiniens).* Mobilier.

CHÂTENOIS-LES-FORGES (90700), ch.-l. de cant. du Territoire de Belfort, au S. de Belfort ; 2 525 hab.*(Châtenais).*

CHÂTENOY-LE-ROYAL (71880), comm. de Saône-et-Loire, banlieue ouest de Chalon-sur-Saône ; 5 733 hab. Confection.

CHATHAM *(îles),* petit archipel situé à l'E. de la Nouvelle-Zélande, à laquelle il appartient, découvert en 1791 par l'Anglais Broughton ; 963 km^2 ; 600 hab.

CHATHAM, port de Grande-Bretagne (Kent), sur l'estuaire de la Medway ; 62 000 hab. Son port fut créé sous Henri VIII et Élisabeth Ire. Agrandi par Charles Ier et Charles II, il devint la première base navale anglaise.

CHATHAM, v. du Canada (Ontario), sur la Thames ; 41 000 hab. Centre commercial. Alimentation.

CHATHAM *(comtes* DE) → PITT.

CHAT-HUANT n. m. (pl. *chats-huants*) [altér., d'apr. *chat* et *huant,* du bas lat. *cavannus*]. Autre nom de la *hulotte.*

CHÂTIER v. t. (lat. *castigare,* corriger) [conj. **9**]. *Litt.* **1.** Infliger à qqn une peine sévère, punir sévèrement : *Châtier les auteurs de la révolte.* – **2.** *Châtier son corps, sa chair,* s'imposer des souffrances ou des privations par esprit de pénitence. ‖ *Châtier son style, son langage,* lui donner le maximum de correction.

CHATIÈRE n. f. (de *chat*). **1.** Trou pratiqué au bas d'une porte pour laisser passer les chats. – **2.** Trou d'aération dans les combles.

CHÂTILLON (92320) ou **CHÂTILLON-SOUS-BAGNEUX,** ch.-l. de cant. des Hauts-de-Seine, banlieue sud de Paris ; 26 508 hab. *(Châtillonnais).* Électronique. Armement.

CHÂTILLON, localité d'Italie (Val d'Aoste) ; 5 000 hab. Château médiéval. Textiles chimiques.

Châtillon *(congrès de)* [5 févr.-18 mars 1814], conférences entre Caulaincourt, représentant Napoléon, et les Alliés, tenues à Châtillon-sur-Seine pour discuter de la paix.

CHÂTILLON-COLIGNY (45230), ch.-l. de cant. du Loiret, dans le Gâtinais, sur le Loing ; 1 937 hab. *(Châtillonnais).* Restes du château (XIIe-XVe s.). La seigneurie, acquise par la famille de Coligny* au XVe s., fut érigée en faveur de cette famille en comté, puis en duché (XVIe s.).

CHÂTILLON-EN-BAZOIS (58110), ch.-l. de cant. de la Nièvre, en bordure du Morvan ; 1 179 hab. Château des XVIe-XVIIe s.

CHÂTILLONNAIS (le), région de la Côte-d'Or et de la Haute-Marne, au N. du plateau de Langres, vers *Châtillon-sur-Seine.*

CHÂTILLON-SUR-CHALARONNE (01400), ch.-l. de cant. de l'ouest de l'Ain ; 3 924 hab. *(Châtillonnais).* Saint Vincent de Paul en fut curé. Industrie pharmaceutique.

CHÂTILLON-SUR-INDRE (36700), ch.-l. de cant. de l'ouest de l'Indre ; 3 280 hab. *(Châtillonnais).* Église des XIe-XIIe s. Restes d'un château médiéval.

CHÂTILLON-SUR-LOIRE (45360), ch.-l. de cant. du sud-est du Loiret ; 2 851 hab. *(Châtillonnais).*

CHÂTILLON-SUR-MARNE (51700), ch.-l. de cant. de la Marne, à 18 km à l'O.-N.-O. d'Épernay ; 1 103 hab. Vins de Champagne.

CHÂTILLON-SUR-MARNE (*maison* DE), famille champenoise remontant au IXe s. et qui possédait au XIe s. la châtellenie de Châtillon (auj. Châtillon-sur-Marne), relevant du comte de Champagne. Cette famille acquit en 1292 le comté de Blois. Les principaux membres sont GAUCHER V, comte *de Porcien* (v. 1250-1329), qui fut connétable de France (1302), et GUI, comte *de Blois* († 1342), marié à Marguerite de Valois, sœur de Philippe VI, qui fut le père de Charles* de Blois.

CHÂTILLON-SUR-SEINE (21400), ch.-l. de cant. du nord de la Côte-d'Or ; 7 451 hab. *(Châtillonnais).* Remarquable église St-Vorles, remontant à la fin du Xe s., et autres églises médiévales. Musée municipal installé dans une maison de la Renaissance : antiquités protohistoriques et gallo-romaines, dont le célèbre trésor de Vix*. Marché. Industries mécaniques et textiles. — Forêt domaniale (9 000 ha).

CHÂTIMENT n. m. (de *châtier*). *Litt.* Peine, sévère en général, qui frappe un coupable, punit une faute : *Infliger un châtiment.*

Châtiments *(les),* pamphlet de Hugo, conçu en exil à la fin de 1852, publié en 1853, contre le second Empire et l'apathie du peuple.

CHATIN (Adolphe), pharmacien et botaniste français (Tullins, Isère, 1813 - Les Essarts-le-Roi 1901). Il devint directeur de l'École supérieure de pharmacie de Paris en 1873. Il s'est consacré à l'étude des plantes aquatiques, des plantes parasites des algues et des champignons. (Acad. des sc., 1874.)

CHATINOS, Indiens Zapotèques du sud de l'État d'Oaxaca (Mexique), estimés à 10 000 représentants.

CHATIRONNÉ adj. m. (de l'all. *Schattierung,* nuance). *Décor chatironné,* se dit, en céramique, d'un décor dont les contours sont dessinés en noir ou en brun avant la pose des couleurs.

CHATOIEMENT n. m. **1.** Reflet brillant et changeant d'une pierre, d'une étoffe, etc., selon la manière dont la lumière les frappe. — **2.** Propriété que possèdent quelques minéraux (quartz œil-de-chat, feldspath labrador, amphibole œil-de-tigre), de renvoyer à l'œil des reflets mobiles, dus à des réflexions intérieures.

1. CHATON n. m. **1.** Jeune chat. — **2.** Amas laineux de poussière qui s'accumule sous les meubles. — **3.** Inflorescence propre à divers arbres et constituée par un épi, pendant ou dressé, de minuscules fleurs unisexuées. (Le chêne, le noyer, le noisetier ont des chatons mâles ; le saule, le peuplier et le charme ont aussi des chatons femelles.)

2. CHATON n. m. (frq. **kasto,* caisse). Tête d'une bague comportant un serti à griffes entre lesquelles on fixe une pierre ; l'ensemble, sertissure et pierre.

CHATONNER v. i. (conj. **3**). En parlant d'une chatte, mettre bas.

CHATOU (78400), ch.-l. de cant. des Yvelines, banlieue ouest de Paris, sur la Seine ; 28 077 hab. *(Catoviens).* Centre résidentiel et industriel. Laboratoires de recherches.
— **Bx-arts.** Les peintres de plein air ont été attirés par Chatou et ses bords de Seine, notamment les impressionnistes (Monet, *la Grenouillère,* 1869 ; Renoir, *le Déjeuner des canotiers,* 1881), puis Derain et Vlaminck, initiateurs du fauvisme.

1. CHATOUILLE n. f. *Fam.* Toucher qui chatouille intentionnellement (surtout pl.) : *Craindre les chatouilles.*

2. CHATOUILLE n. f. (moyen fr. *satouille,* altér. par *chat*). Autre nom de l'*ammocète.*

CHATOUILLEMENT n. m. **1.** Action de chatouiller ; sensation qui en résulte : *Être sensible au moindre chatouillement.* — **2.** Léger picotement éprouvé sur certaines parties du corps : *Sentir un chatouillement dans la gorge.* — **3.** Sensation agréable : *Le chatouillement du palais par un mets délicat.*

CHATOUILLER v. t. (onomat.) [conj. **3**]. **1.** Produire, par des attouchements légers et répétés, une excitation de la peau ou des muscles, parfois agréable, parfois irritante, qui peut s'accompagner d'un rire convulsif. — **2.** Produire sur les sens une impression agréable ou, au contraire, un léger picotement : *La poussière me chatouille la gorge.* — **3.** *Fam.* Toucher, exciter qqn, qqch en risquant de provoquer des réactions : *Chatouiller imprudemment un adversaire.* — **4.** *Chatouiller l'amour-propre de qqn,* le flatter agréablement.

CHATOUILLEUX, EUSE adj. **1.** Qui est sensible au chatouillement. — **2.** Qui se vexe facilement, qui réagit vivement sur certains points : *Être très chatouilleux sur ses prérogatives.* — **3.** Extrêmement susceptible.

CHATOUILLIS n. m. *Fam.* Léger chatouillement.

CHATOYANT, E adj. Qui chatoie : *Étoffe chatoyante.*

CHATOYER v. i. (de *chat*) [conj. **13**]. **1.** Présenter des reflets changeants suivant le jeu de la lumière : *Les diamants chatoyaient à la lumière.* — **2.** *Litt.* Briller, exercer un attrait par la variété des images, en parlant de l'expression : *Style qui chatoie.*

CHAT-PARD n. m. (pl. *chats-pards*) [de *chat* et de *pard,* panthère, du lat. *pardus*]. Autre nom du *serval.*

CHÂTRE (La) [36400], ch.-l. d'arrond. de l'Indre, sur l'Indre ; 4 838 hab. *(Castrais).* Musée George-Sand et de la Vallée noire. Marché. Confection. Industrie pharmaceutique.

CHÂTRÉ n. m. **1.** Homme émasculé ; castrat. — **2.** *Voix de châtré,* voix aiguë.

CHÂTRER v. t. (lat. *castrare*) [conj. 3]. **1.** Syn. de CASTRER. — **2.** Mutiler, tronquer en retranchant ce qui est estimé trop audacieux, trop violent dans une œuvre. — **3.** *Châtrer les écrevisses,* ôter le boyau des écrevisses avant de les cuire.

CHÂTREUR, EUSE n. **1.** Personne qui châtre les bêtes. — **2.** Personne qui retranche qqch dans un ouvrage.

CHATRIAN → ERCKMANN-CHATRIAN.

CHÂTRON n. m. (de *châtrer*). Autre nom du bœuf de boucherie.

CHAṬṬ AL-'ARAB, riv. du Proche-Orient, formée par la confluence du Tigre et de l'Euphrate ; 200 km. Le Chaṭṭ al-'Arab traverse la région marécageuse du Khawr al-Ḥammār, qui s'étend à l'O., passe à Bassora et Ābādān, reçoit le Kārun et aboutit au golfe Persique près de Fao. Sur ses rives, vaste palmeraie (dattes).
— **Hist.** Le statut du Chaṭṭ al-'Arab fut fixé par le traité frontalier entre l'Iraq et l'Iran de 1937. À la suite de l'abrogation de ce traité par l'Iran en 1969, un nouvel accord fut conclu à Alger en 1975, divisant le Chaṭṭ al-'Arab le long de la ligne fluviale médiane. Il fut contesté en 1980 par l'Iraq, qui déclara la guerre à l'Iran. Le litige persista au-delà du cessez-le-feu de 1988, mais le tracé de 1975 fut finalement accepté par l'Iraq en août 1990 (dans le contexte de la guerre du Golfe).

CHATTANOOGA, v. des États-Unis (Tennessee), sur le Tennessee ; 152 466 hab. Victoire du général Grant sur les sudistes pendant la guerre de Sécession (23-25 nov. 1863).

1. CHATTE → CHAT.

2. CHATTE n. f. (du néerl. *kat,* bateau de la Baltique). Sorte d'allège employée au transport intérieur des marchandises dans les ports.

CHATTEMITE n. f. (de *chatte 1* et *mite,* n. pop. du chat). Litt. *Faire la chattemite,* affecter un faux air de douceur pour tromper ou séduire.

CHATTERIE n. f. (de *chat*). **1.** Caresse insinuante et douce : *Faire des chatteries.* — **2.** Friandise délicate ; gâterie. — **3.** Lieu où séjournent des chats que l'on fait garder ou qui sont destinés à être vendus.

CHATTERJĪ (Bankim Chandra) ou **CATTERJĪ** (Bankim Candra), en bengalī **Caṭṭo-pādhyāy,** romancier bengalī (Kantalpara 1838-Calcutta 1894). Son œuvre, à caractère psychologique et social (romans, études de mœurs), inspira le nationalisme naissant (*Rajanī,* 1877).

CHATTERTON [-tɔn] n. m. (de *Chatterton,* n. pr.). Ruban de coton imprégné d'un mélange isolant qui est employé pour protéger extérieurement les conducteurs.

CHATTERTON (Thomas), poète britannique (Bristol 1752 - Londres 1770), auteur de poèmes imités du Moyen Âge *(la Bataille de Hastings).* Il connut la misère et se suicida. Ses malheurs ont inspiré à Vigny l'une des trois parties de *Stello* ainsi que le drame de *Chatterton* (1835).

CHATTES, peuple de Germanie établi aux abords du Taunus et qui fut un rude adversaire des Romains.

CHATTIEN n. m. (de *Chattes,* n. pr.). Étage de la partie supérieure du système paléogène (série oligocène) ou, pour certains, étage de la partie inférieure du système néogène (série miocène).

CHAT-TIGRE n. m. (pl. *chats-tigres*). Chat sauvage au pelage tigré d'Amérique du Sud.

CHAUBAGE ou **CHAUCHAGE** n. m. Battage des céréales consistant à frapper les tiges, poignée par poignée, sur un banc, une pierre, le bord d'un tonneau, etc.

CHAUBER ou **CHAUCHER** v. t. (conj. 3). Effectuer le chaubage.

CHAUCER (Geoffrey), poète anglais (Londres v. 1340 - *id.* 1400). Page de la duchesse de Clarence (1357), fait prisonnier en France, il fut racheté par le roi. Il découvrit la littérature française, traduisit Jean de Meung et composa une série de *Complaintes.* De ses missions diplomatiques en Italie, où il rencontra peut-être Pétrarque et Boccace, il rapporta l'inspiration de *la Légende des dames exemplaires* (1385). Ses *Contes* de Cantorbéry* (1387-1400), mêlant le réalisme social aux aspirations courtoises, ont contribué à fixer la langue et la grammaire anglaises, marquant l'entrée de l'Angleterre dans le champ de la littérature européenne.

Chauchard *(collection),* ensemble de 28 bronzes de Barye et de 158 peintures (Corot, école de Barbizon, Delacroix...) donné au Louvre par le négociant et amateur d'art Alfred *Chauchard* (1821-1909).

CHAUD, E adj. (lat. *calidus*). **1.** Qui est à une température élevée par rapport au corps humain, qui donne une sensation de chaleur : *Prendre un bain chaud. Une boisson chaude.* — **2.** Qui dégage beaucoup de chaleur, où la température atmosphérique est relativement élevée : *Aller dans les* *pays chauds.* – **3.** Qui emmagasine et conserve bien la chaleur : *La pièce la plus chaude de l'appartement.* – **4.** Se dit d'un appareil qui a atteint un degré suffisant de température pour fonctionner convenablement. – **5.** Qui préserve du froid en conservant la chaleur animale : *Des lainages bien chauds.* – **6.** Qui est empressé, ardent, passionné : *C'est un chaud partisan de cette théorie. Une chaude recommandation.* – **7.** Qui est marqué par une forte animation, de l'agitation ou par une certaine gravité ; rude : *La discussion a été chaude.* – **8.** *Fam.* Qui est sensuel, porté à l'amour : *C'est un chaud lapin.* – **9.** Qui produit une sensation prenante et agréable sur la vue, l'ouïe, l'odorat, qui est doux et attirant, qui procure une sensation de bien-être : *Le rouge, l'orangé sont des couleurs chaudes. Une voix chaude.* – **10.** *Avoir la tête chaude, le sang chaud,* s'emporter facilement. ‖ *Être encore (tout) chaud,* en parlant d'un être vivant qui vient juste de mourir, avoir encore la chaleur de la vie ; qui vient de se produire et dont les effets ne sont pas encore atténués. ‖ *Ne pas être (très) chaud pour qqch,* ne pas y être (très) favorable. ‖ *Point chaud,* lieu névralgique où risque de se produire un conflit ; ce qui provoque une violente contestation. • **Méd.** *Nodule chaud,* nodule (notamment dans la glande thyroïde) qui fixe avec une particulière intensité l'isotope radioactif administré dans un but diagnostique. – **Métall.** *Allure chaude,* dans un haut fourneau, élévation de la température aux tuyères. – **Nucl.** Se dit d'une substance fortement radioactive ou d'un local contenant une telle substance. – **Pyrotechn.** *Poudre chaude,* poudre à température d'explosion élevée.

◆ **chaud** adv. *À chaud,* en pleine crise, en pleine animation ; au moment même où l'événement dramatique vient d'avoir lieu ; alors qu'il existe de la fièvre et un état inflammatoire : *Opérer à chaud.* ‖ *Avoir chaud,* avoir une sensation de chaleur. ‖ Fam. *Avoir eu chaud,* l'avoir échappé belle. ‖ Fam. *Coûter chaud,* coûter cher. ‖ *Donner chaud à qqn,* lui donner un sensation de chaleur. ‖ *Faire chaud au cœur,* faire plaisir, réchauffer le cœur. ‖ *Il fait chaud,* on sent la chaleur. ‖ Fam. *Il fera chaud quand...,* il n'arrivera jamais que... ‖ *Manger, boire chaud,* absorber des aliments chauds. ‖ *Ne faire ni chaud ni froid à qqn,* lui être indifférent. ‖ *Tenir chaud,* fournir de la chaleur, éviter d'avoir froid.

◆ **chaud** n. m. **1.** Chaleur : *Endurer le chaud et le froid.* – **2.** *Au chaud,* dans un lieu où la température est suffisamment élevée pour qu'il n'y ait pas de refroidissement ou de sensation de froid. ‖ *Un chaud et froid,* un refroidissement, cause de rhume, de congestion.

◆ **chaude** n. f. **1.** *Vx.* Feu vif pour se réchauffer. – **2.** Opération de mise en forme d'une pièce métallique ou en verre après un chauffage homogène. – **3.** *Chaude de retrait,* chauffage localisé d'une pièce en acier au cours duquel la partie chauffée subit une dilatation et un raccourcissement empêchés.

CHAUDEMENT adv. **1.** De manière à avoir chaud : *Se vêtir chaudement.* – **2.** Avec ardeur, empressement : *Recommander chaudement un candidat.*

CHAUDE-PISSE n. f. (pl. *chaudes-pisses*). *Pop.* Blennorragie.

CHAUDES-AIGUES (15110), ch. l. de cant. du Cantal, dans le nord de l'Aubrac ; 1 169 hab. (*Caldaguès*). Station thermale (rhumatismes) dont les eaux bicarbonatées sodiques et carbogazeuses sont les plus chaudes de France (66 à 82 °C).

CHAUDET (Antoine Denis), sculpteur et peintre français (Paris 1763-*id.* 1810). Auteur de groupes élégiaques comme *Cyparisse pleurant un faon* (1796), il reçut de nombreuses commandes sous l'Empire (le *Napoléon* à l'antique qui surmontait la colonne Vendôme ; statue assise de *la Paix,* en argent, Louvre).

CHAUDFONTAINE, comm. de Belgique (prov. de Liège), sur la Vesdre, au S.-E. de Liège ; 20 000 hab.

CHAUD-FROID n. m. (pl. *chauds-froids*). Morceaux de volaille ou de gibier désossés, nappés de sauce et lustrés de gelée, que l'on consomme froids.

CHAUDIÈRE n. f. (bas lat. *caldaria,* chaudron). **1.** Générateur de vapeur d'eau ou d'eau chaude (parfois d'un autre fluide), servant au chauffage, à la production d'énergie. (→ *encycl.*) – **2.** *Chaudière nucléaire,* installation qui fournit de la vapeur à partir de la chaleur produite par un réacteur nucléaire.

ENCYCL. Utilisant divers types de production de chaleur (chaudière à charbon, à bois, à mazout, à gaz, électrique), les chaudières ont d'abord été employées comme *vaporiseurs,* éventuellement munis d'appareils annexes (réchauffeurs d'eau et d'air, surchauffeurs). Pour le chauffage à eau chaude, l'eau est portée à haute température. Pour les réacteurs nucléaires et le chauffage industriel, la technique d'eau surchauffée sous pression permet d'atteindre des températures de 180 à 250 °C.

Les premières chaudières étaient des récipients clos, dont la partie inférieure, remplie d'eau, était soumise au rayonnement d'un foyer. On a construit ensuite des chaudières à bouilleurs, grands réservoirs placés directement dans le foyer, puis des chaudières *semi-tubulaires,* où le corps principal est traversé par un faisceau de tubes de fumée. Une autre méthode a consisté à placer le foyer à l'intérieur de la chaudière, formée d'un cylindre en tôle entièrement baigné par l'eau sur sa surface extérieure. Dans les chaudières *tubulaires,* le foyer reste intérieur, mais il est prolongé par un faisceau de tubes de fumée qui donne une grande surface de chauffe avec un faible encombrement. Les chaudières aquatubulaires (ou multitubulaires) possèdent une surface de chauffe formée de tubes de diamètre relativement faible, dans lesquels circule l'eau ou le mélange eau-vapeur, chauffé extérieurement par rayonnement ou par les gaz chauds. Dans les grandes centrales, la chaudière des groupes évaporatoires est formée d'immenses écrans d'eau.

CHAUDRÉE n. f. (mot dialect.) Soupe de poissons au vin blanc et au beurre, servie sur du pain. (Spécialité charentaise.) [Syn. COTRIADE].

CHAUDRON n. m. (du rad. de *chaudière*). **1.** Récipient circulaire profond, de cuivre ou de fonte, surmonté d'une anse et servant pour certaines cuissons telles que confiture, confit, etc. ; son contenu. — **2.** *Fam.* Mauvais instrument de musique. — **3.** *Chaudron du sapin,* syn. de DORGE.

CHAUDRON (Georges), chimiste français (Fontenay-sous-Bois 1891-Paris 1976). Il a effectué de nombreux travaux sur la corrosion des métaux et découvert de nouveaux alliages, obtenus à partir des métaux purs.

CHAUDRONNERIE n. f. **1.** Profession, marchandises, usine du chaudronnier. — **2.** Travail de façonnage de métaux en feuilles.

CHAUDRONNIER, ÈRE n. **1.** Artisan qui fait ou vend des chaudrons, des ustensiles de cuivre. — **2.** Ouvrier, ouvrière qui exécute des travaux de chaudronnerie.
◆ adj. Relatif à la chaudronnerie.

CHAUFFAGE n. m. **1.** Action ou manière de chauffer. — **2.** Installation servant à chauffer un local. (→ *encycl.*) — **3.** *Chauffage par catalyse,* chauffage par oxydation catalytique, sans production de flamme, d'une essence spéciale très pure, l'essence C. ‖ *Chauffage central,* chauffage dans lequel la chaleur est produite en un point et distribuée en d'autres points par un fluide caloporteur. ‖ *Chauffage par induction,* chauffage dans lequel on utilise l'effet Joule créé par les courants induits. ‖ *Chauffage par rayonnement,* chauffage dans lequel la chaleur est transmise par rayonnement d'ondes électromagnétiques. ‖ *Chauffage par résistance,* chauffage électrique qui utilise l'effet Joule dans des conducteurs. ‖ *Chauffage solaire,* utilisation de l'énergie solaire comme contribution au chauffage d'une habitation. ‖ *Chauffage urbain,* chauffage des immeubles au moyen d'un fluide caloporteur produit dans une usine et distribué par canalisations.
ENCYCL. **Therm.** La majorité des procédés de chauffage (sauf les chauffages électrique, solaire, éolien, géothermique ou les procédés de récupération de chaleur) sont basés sur la combustion. Le chauffage thermodynamique constitue un cas particulier, utilisant une *pompe à chaleur,* c'est-à-dire un équipement frigorifique inversé. Pour le *chauffage d'ambiance,* le fluide caloporteur le plus employé est l'eau chaude. Le circuit se compose d'un premier tuyau amenant aux radiateurs (par différence de densité ou par l'intermédiaire d'une pompe) l'eau chaude, un second tuyau ramenant l'eau froide vers la chaudière. Suivant que le vase d'expansion, placé au sommet de l'installation, est ouvert ou fermé, l'installation est dite *à basse pression* ou *à haute pression.* Ce dernier type ne s'emploie que pour le chauffage de grands locaux ou le transport de chaleur à grande distance.
Le chauffage central par la vapeur utilise le fait que la vapeur d'eau, en se condensant, dégage, outre la chaleur provenant de son refroidissement, la chaleur latente que l'eau a incorporée en se vaporisant.
Le chauffage par air chaud utilise comme fluide caloporteur l'air, transporté par différence de densité dans le local à chauffer ou pulsé par des aérothermes.
Dans le chauffage par rayonnement, l'émission de chaleur s'effectue à partir de surfaces de chauffe constituées par des tubes, où circule l'eau chaude, enrobés dans les sols ou les plafonds.
Le chauffage électrique intégré utilise des convecteurs électriques munis d'un thermostat réglable par l'utilisateur.
Le chauffage solaire utilise l'eau chaude ou l'air chaud produits par des capteurs « solaires » pour alimenter des réseaux de chauffage central ou des services de distribution d'eau chaude.
• Pour réaliser des opérations physiques, chimiques ou thermiques à haute température, le *chauffage industriel* utilise des fours à combustion ou des fours électriques. (→ FOUR.) Le chauffage électrique peut également être employé sous forme de lampes à rayonnement « infrarouge » (séchages ou cuissons) ou sous forme de fours à micro-ondes : l'énergie électromagnétique de ces ondes se transforme, par hystéréris diélectrique, en chaleur dans la masse du matériau. Cette technique est utilisée pour la décongélation, le séchage, la cuisson.

CHAUFFAGISTE n. m. Spécialiste de l'installation du chauffage central.

CHAUFFAILLES (71170), ch.-l. de cant. de Saône-et-Loire, aux confins du Charolais et du Roannais ; 4 549 hab. *(Chauffaillons)*. Industries mécaniques et textiles.

CHAUFFANT, E adj. Qui chauffe ou qui tient au chaud : *Surface chauffante.*

CHAUFFARD n. m. (de *chauffeur*). *Fam.* Conducteur d'automobile d'une imprudence dangereuse.

Chauffard-Still *(syndrome de)*, syndrome associant une polyarthrite chronique à une augmentation du volume du foie et de la rate et à des adénopathies.

CHAUFFE n. f. (de *chauffer*). **1.** Opération consistant à produire par combustion la chaleur nécessaire à un chauffage industriel ou domestique et, plus particulièrement, à conduire cette combustion. (Syn. CONDUITE DU FEU ou DES FEUX.) — **2.** Procédure pour l'entretien des feux et le maintien de la pression des chaudières d'un navire. — **3.** *Bois de chauffe,* bois utilisé pour le chauffage. ‖ *Corps de chauffe,* radiateur, convecteur, panneau utilisé, en chauffage central, pour chauffer des locaux. ‖ *Surface de chauffe,* surface de transmission de chaleur dans un appareil de chauffage industriel ou d'ambiance.

CHAUFFE-ASSIETTE(S) n. m. (pl. *chauffe-assiettes*). Appareil électrique constitué de résistances recouvertes de carrés de tissu, que l'on intercale entre les assiettes empilées pour les chauffer.

CHAUFFE-BAIN n. m. (pl. *chauffe-bains*). Appareil pour la production instantanée d'eau chaude pour un bain.

CHAUFFE-BALLON n. m. (pl. *chauffe-ballons*). Dispositif à résistance électrique servant à chauffer les ballons.

CHAUFFE-BIBERON n. m. (pl. *chauffe-biberons*). Appareil électrique à l'intérieur duquel peut se loger un biberon pour en chauffer le contenu.

CHAUFFE-CIRE n. m. inv. Officier de la chancellerie qui était chargé de préparer la cire pour sceller les actes.

CHAUFFE-EAU n. m. inv. Appareil de production d'eau chaude, par le gaz, l'électricité, l'énergie solaire ou certains combustibles (bois, charbon, mazout).

CHAUFFE-PIEDS n. m. inv. Syn. de CHAUFFERETTE.

CHAUFFE-PLAT n. m. (pl. *chauffe-plats*). Dessous-de-plat chauffé électriquement ou par une flamme, qui permet de conserver les plats chauds.

CHAUFFER v. i. (lat. pop. **calefare,* du lat. class. *calefacere*) [conj. 3]. **1.** Devenir chaud ou plus chaud : *Faire chauffer de l'eau pour le café.* — **2.** Produire de la chaleur : *Le soleil chauffe aujourd'hui.* — **3.** En parlant du moteur d'un véhicule, acquérir une température suffisamment élevée pour permettre un bon fonctionnement. — **4.** En parlant d'un moteur, d'un appareil électrique, s'échauffer à l'excès : *L'ampli chauffe.* — **5.** Allumer et entretenir les feux d'une chaudière. — **6.** *Fam.* Dans certains jeux, se rapprocher de ce qu'il faut découvrir : *Ce n'est pas là, mais tu chauffes !* — **7.** *Fam.* Devenir animé, enthousiaste ou trop animé, survolté : *L'orchestre chauffe.* — **8.** Fam. *Ça chauffe, ça va chauffer,* qqn va faire un éclat, il y a de la dispute, de l'orage dans l'air ; ça va barder.

◆ v. t. **1.** Élever la température d'un lieu, de qqch, rendre chaud ou plus chaud : *Chauffer de l'eau sur le gaz. Chauffer un appartement à l'électricité.* — **2.** Donner une sensation de chaleur ou procurer une certaine chaleur : *Arôme d'alcool qui chauffe les narines.* — **3.** Hâter la végétation d'une plante par chaleur artificielle. — **4.** Préparer intensivement à une épreuve un élève, un candidat. — **5.** Animer, enthousiasmer qqn, un groupe : *Chauffer une salle, un public.* — **6.** *Pop.* Voler, faucher. — **7.** *Pop.* Surprendre qqn : *Se faire chauffer en train de voler.* — **8.** *Fam. Chauffer les oreilles à qqn,* l'énerver, l'importuner ou le réprimander fortement. ‖ *Chauffer un muscle, un organe,* faire des exercices qui leur procurent une certaine chaleur en vue d'un bon fonctionnement.

◆ **être chauffé** v. pass. **1.** Comporter un système de chauffage : *Piscine chauffée.* — **2.** *Être chauffé à blanc, à bloc, etc.,* être dans un état de surexcitation à la suite d'une préparation intensive, d'une longue attente, etc.

◆ **se chauffer** v. pr. **1.** Se placer près d'une source de chaleur, s'exposer à la chaleur, pour en recevoir les effets : *Lézard qui se chauffe au soleil.* — **2.** Avoir tel moyen de chauffage dans le lieu où on habite : *Vous vous chauffez au gaz ou à l'électricité ?* — **3.** Se mettre en condition, en train, avant un effort physique ou intellectuel. — **4.** Fam. *Je vais lui montrer de quel bois je me chauffe,* je vais le traiter sans ménagement.

CHAUFFERETTE n. f. (moyen fr. *chaufete,* de *chauffer*). **1.** Boîte à couvercle ajouré dans laquelle on mettait de la braise pour se chauffer les pieds. — **2.** Bouillotte électrique semi-sphérique destinée au même usage. (Syn. CHAUFFE-PIEDS.) — **3.** Appareil de production de chaleur pour lutter contre le gel des cultures (vignes).

CHAUFFERIE n. f. **1.** Local renfermant les appareils de production de chaleur dans un bâtiment, dans une usine, à bord d'un navire, etc. — **2.** Chaudière nucléaire utilisée à la propulsion des navires.

CHAUFFEUR, EUSE n. Ouvrier, ouvrière chargés de la conduite et de la surveillance d'un feu, d'un four ou d'une chaudière.

◆ **chauffeur** n. m. **1.** Conducteur d'un véhicule automobile et en partic. professionnel chargé de conduire une voiture, un camion, etc. – **2.** *Fam.* Personne qui, dans son propre véhicule, conduit sur sa demande qqn quelque part : *J'ai servi de chauffeur toute la journée !* – **3.** Brigand de bandes armées qui dévastaient les campagnes françaises, sous le Directoire, et brûlaient les pieds de leurs victimes pour leur faire avouer l'endroit où elles cachaient leur argent.
◆ **chauffeuse** n. f. **1.** Chaise basse, à haut dossier, pour s'asseoir près du feu. – **2.** Siège bas et confortable, sans accotoirs (XIXe et XXe s.).

CHAUFFOIR n. m. *Vx.* Salle où l'on venait se chauffer, dans un couvent, un hospice.

CHAUFOUR n. m. (de *chaux* et *four*). Four à chaux.

CHAUFOURNERIE n. f. Industrie de la fabrication de la chaux.

CHAUFOURNIER n. m. Ouvrier ayant la responsabilité de la bonne marche d'un four à chaux. (Syn. CHAULIER.)

CHAULAGE n. m. **1.** Action d'amender une terre agricole avec de la chaux ou avec un amendement calcique afin de remédier à son excès d'acidité. – **2.** Action de tremper les semences dans une solution à base de chaux, avant de les mettre en terre, pour détruire les germes parasites. – **3.** Action de répandre de l'eau de chaux (sur le sol, les murs, les arbres, etc.) pour détruire les insectes et les végétations parasites. – **4.** Opération consistant à répandre de la chaux dans un étang pour désinfecter son sol et augmenter sa productivité. – **5.** Opération métallurgique consistant à faire passer un fil en cours de tréfilage dans un lait de chaux bouillant pour en supprimer l'acidité et le lubrifier. – **6.** Addition d'un lait de chaux pour précipiter dans une exploitation saline les sels de manganèse.

CHAULER v. t. (de *chaux*) [conj. 3]. Pratiquer le chaulage.

CHAULIER n. m. Syn. de CHAUFOURNIER.

CHAULIODUS [ko-] n. m. (gr. *khauliodôn,* muni de dents saillantes). Poisson des profondeurs marines, cosmopolite, luminescent, capable d'avaler des proies énormes grâce à sa mâchoire basculante.

CHAULMOOGRA [ʃolmugra] n. m. (angl. *chaulmoogra,* du bengalī). Huile extraite d'une quinzaine d'espèces de ce nom, la plus active étant le *chaulmoogra de Birmanie,* utilisé pour le traitement de la lèpre.

CHAULMOOGRIQUE [ʃolmu-] adj. *Acide chaulmoogrique,* acide extrait de l'huile de chaulmoogra.

CHAULMOSULFONE n. f. Médicament utilisé dans le traitement de la lèpre, dérivé sulfoné de l'acide chaulmoogrique.

CHAULNES (80320), ch.-l. de cant. de la Somme, dans le Santerre ; 1 810 hab. *(Chaulnois).* – Théâtre de violents combats pendant la Première Guerre mondiale. (→ *bataille de* MONTDIDIER.)

CHAULNES (Honoré D'ALBERT, *seigneur* DE CADENET, *duc* DE), maréchal de France (Mornas, dans le Comtat, 1581-Paris 1649). Frère du connétable Charles d'Albert de Luynes, il fut créé maréchal de France en 1619 et devint gouverneur de Picardie (1633-1643) puis d'Auvergne (1643-1649). Le comté de Chaulnes fut érigé en sa faveur en duché par Louis XIII en 1621. – Son fils, CHARLES **d'Albert d'Ailly,** duc **de Chaulnes** (Amiens 1625-Paris 1698), lieutenant général (1653), ambassadeur à Rome (1666, 1670, 1689), gouverneur de Bretagne (1670-1695), réprima sévèrement la révolte du papier timbré (1675).

CHAUMAGE n. m. Action de chaumer.

CHAUMARD n. m. Ensemble des rouleaux ou galets métalliques placés sur le pont ou sur la lisse et entre lesquels passent les amarres.

CHAUME n. m. (lat. *calamus,* roseau). **1.** Tige des graminées en général, des céréales en particulier. – **2.** Partie de la tige des céréales restant en terre après la moisson. (Syn. ÉTEULE.) – **3.** Le champ lui-même après la moisson. – **4.** Paille longue utilisée pour couvrir les maisons.

CHAUMER v. t. (conj. 3). Récolter le chaume après la moisson.

CHAUMES n. m. pl. (bas lat. *calma,* haut plateau dénudé). Lande, espace inculte, notamment en montagne.
◆ n. f. pl. *Hautes chaumes,* dans les Vosges, pâturages de montagne.

Chaumet, joaillerie parisienne fondée en 1780, rue Saint-Honoré, par ÉTIENNE NITOT (1750-1809), transférée place Vendôme, en 1904, par JOSEPH Chaumet (1852-1928).

CHAUMETTE (Pierre Gaspard), révolutionnaire français (Nevers 1763-Paris 1794). Membre éminent du club des Cordeliers, il devint procureur de la Commune (1792) après le 10 août. Aux côtés d'Hébert, il organisa l'agitation sans-culotte en faveur de la Terreur et de la déchristianisation et se heurta à Robespierre. Impliqué dans le complot hébertiste (mars 1794), il fut guillotiné (avr.).

CHAUMIÉ (Joseph), homme politique français (Agen 1849 - Clermont-Dessous, près d'Agen, 1919). Sénateur du Lot-et-Garonne (1897), il fonda avec Waldeck-Rousseau l'Alliance républicaine démocratique, devint ministre de l'Instruction publique et des Beaux-Arts dans le cabinet Combes (1902-1905), puis ministre de la Justice dans le cabinet Rouvier (1905-1906).

CHAUMIER n. m. Couvreur en chaume.

CHAUMIÈRE n. f. **1.** *Litt.* Petite maison campagnarde, souvent couverte de chaume. — **2.** Nom donné à certains restaurants. — **3.** Fam. *Dans les chaumières,* dans les discussions familiales.

CHAUMONT (52000), ch.-l. de la Haute-Marne, à 252 km de Paris, au-dessus de la Marne ; 28 900 hab. *(Chaumontais).* Église des XIIIe-XVIe s. (œuvres d'art). Musée. Festival de l'Affiche. Nœud ferroviaire et surtout routier, centre administratif et commercial peu industrialisé (constructions mécaniques).
— **Hist.** La ville, en 1814, fut occupée par les Alliés, qui y signèrent le *pacte de Chaumont* (9 mars 1814), préfiguration de la Quadruple-Alliance.

CHAUMONT-EN-VEXIN (60240), ch.-l. de cant. de l'Oise, dans le nord du *Vexin* français ; 2 982 hab. Belle église du XVIe s. Confection.

CHAUMONT-SUR-LOIRE (41150), comm. de Loir-et-Cher, en Touraine, sur la Loire ; 880 hab. *(Chaumontais).* Château reconstruit pour l'essentiel entre 1465 et 1510, d'aspect extérieur féodal, mais dont la cour est de style Renaissance.

CHAUNA n. m. (gr. *khaunos,* vaniteux). Oiseau des marais d'Amérique du Sud, aux longues pattes faiblement palmées, aux ailes pourvues d'éperons acérés, au bec crochu.

Chaunoy, gisement pétrolifère de Seine-et-Marne, dans la Brie, le plus productif de France.

CHAUNU (Pierre), historien français (Belleville, Meuse, 1923). Auteur d'une thèse monumentale sur *Séville et l'Atlantique (1504-1650)* [1955-1959], il s'est affirmé par de nombreux ouvrages (*l'Amérique et les Amériques de la préhistoire à nos jours,* 1964 ; *la Civilisation de l'Europe classique,* 1966 ; etc.) comme l'historien de la longue durée et des mouvements profonds des sociétés passées. Il a également publié plusieurs recueils d'articles (*Rétrohistoire,* 1986 ; *Au cœur religieux de l'histoire,* 1986 ; *l'Apologie de l'histoire,* 1988).

CHAUNY (02300), ch.-l. de cant. de l'Aisne, sur l'Oise et le canal de Saint-Quentin ; 13 619 hab. *(Chaunois).* Centre industriel (métallurgie, chimie, constructions électriques, huilerie).

CHAUQUES ou **CHAUCI,** anc. peuple du nord-ouest de la Germanie, qui ravagea la Gaule au IIIe s.

CHAUSEY *(îles),* groupe d'îlots et d'écueils situés au large de la côte occidentale du Cotentin, dépendance de la commune de Granville (Manche).

CHAUSSAGE n. m. **1.** Action de butter un arbre ou une plante. — **2.** Remise à neuf des bassins d'un marais salant.

CHAUSSANT, E adj. **1.** Qui chausse bien, qui emboîte bien le pied. — **2.** *Article chaussant,* nom générique des articles de bonneterie servant à chausser.

◆ **chaussant** n. m. Ensemble des caractéristiques d'une chaussure, qui lui permettent d'habiller correctement et confortablement le pied.

CHAUSSE n. f. (de *chausses*). **1.** Goulet en forme d'entonnoir de certains filets et nasses. — **2.** *Chausse de mailles,* sorte de pantalon attaché à la cotte de mailles.

CHAUSSÉE n. f. (lat. pop. *calciata via,* p.-ê. du lat. class. *calx,* chaux). **1.** Partie d'une route aménagée pour la circulation. (→ *encycl.*) — **2.** Levée, dans un lieu bas, pour servir de chemin. — **3.** Élévation de terre pour retenir l'eau d'une rivière, d'un étang. — **4.** Banc de rochers allongé, immergé à faible profondeur.

ENCYCL. La constitution d'une chaussée moderne présente de bas en haut plusieurs couches : terrain sur lequel va reposer la chaussée, parfois amélioré par apport de matériaux (couche de forme) ; en couche (ou assise) de fondation, un sol stabilisé par simple compactage ou par addition de liant (grave-ciment, grave-laitier) ; en couche de base, élément essentiel de la résistance de la chaussée, souvent une grave-bitume ; en couche de surface (ou de roulement), un béton bitumineux. Entre le terrain et la couche de fondation sont parfois disposées des sous-couches dans le but de drainer, d'éviter la contamination par l'argile ou le gel.
L'assise supérieure de la chaussée peut être constituée par une dalle en béton de ciment ou stabilisée par compactage et recouverte par un enduit superficiel. La construction des assises est réalisée à l'aide de la niveleuse, du finisseur, de la machine à coffrages glissants.

CHAUSSÉE DES GÉANTS, en angl. **Giant's Causeway,** curiosité naturelle d'Irlande du Nord (comté d'Antrim), en face de l'île Rathlin, formée par 40 000 colonnes de basalte dont la surface érodée constitue un pavage grossier et qui s'étend à une grande distance dans la mer.

CHAUSSE-PIED n. m. (pl. *chausse-pieds*). Lame incurvée de corne, de métal, etc., qui facilite l'entrée du pied dans la chaussure.

CHAUSSER v. t. (lat. *calceare,* de *calceus,* soulier) [conj. 3]. **1.** Mettre à qqn, à son pied une chaussure : *Chausser un enfant de sandalettes.* — **2.** Mettre à qqn un certain type de chaussures ou, en parlant de la chaussure elle-même, s'adapter de telle ou telle manière au pied de qqn : *Ces chaussures vous chaussent à merveille.* — **3.** Fournir qqn en chaussures : *M. Durand chausse toute la famille.* — **4.** *Chausser des skis, des patins, etc.,* y placer ses pieds, les mettre à ses pieds. — **5.** Équiper de pneus un véhicule : *Chausser ses roues de pneus neufs.* — **6.** Syn. de BUTTER. — **7.** *Chausser les bottes de qqn,* se mettre à sa place. ‖ *Chausser des lunettes,* les ajuster sur son nez.

◆ v. i. Porter des chaussures de telle ou telle taille, avoir, faire telle ou telle pointure : *Je chausse du 38.*

◆ **se chausser** v. pr., **être chaussé** v. pass. **1.** Mettre, avoir à ses pieds telles ou telles chaussures : *Être chaussé confortablement.* — **2.** Avoir à ses pieds des skis, des patins, etc. ; avoir ses roues munies de tels pneus : *Voiture chaussée de pneus neufs.* — **3.** Se fournir en chaussures dans tel ou tel magasin.

CHAUSSES n. f. pl. (lat. pop. **calcea,* class. *calceus,* soulier). Culotte qui couvrait le corps depuis la ceinture, tantôt jusqu'aux genoux *(haut-de-chausses),* tantôt jusqu'aux pieds inclusivement *(bas-de-chausses).*

CHAUSSETIER ou **CHAUSSIER** n. m. Celui qui fabriquait ou vendait des chaussettes ou des bas.

CHAUSSE-TRAPPE ou **CHAUSSE-TRAPE** n. f. (pl. *chausse-trap[p]es*) [anc. fr. *chauchetrepe,* de *chauchier,* fouler, et *treper,* marcher dessus]. **1.** Défense constituée soit par un pieu aigu camouflé au fond d'un trou dissimulé par une trappe, soit par quatre pointes de fer. — **2.** Piège à renard et autres animaux. — **3.** Piège insidieux ; ruse, embûche.

CHAUSSETTE n. f. (de *chausses*). **1.** Article tricoté s'enfilant sur le pied et remontant sur la jambe jusqu'à mi-mollet ou jusqu'au genou. — **2.** Pop. et vx. *Chaussettes à clous,* grosses chaussures ferrées. ‖ *Chaussette d'évacuation,* grand tube en textile synthétique, utilisé pour évacuer les gens en cas d'incendie. ‖ Fam. *Jus de chaussette,* mauvais café. ‖ Fam. *Laisser tomber qqn comme une vieille chaussette,* l'abandonner comme qqch qui n'a plus aucun intérêt.

CHAUSSEUR n. m. **1.** Syn. rare de BOTTIER. — **2.** Commerçant en chaussures.

CHAUSSIN (39120), ch.-l. du cant. du Jura, à 20 km au S.-S.-O. de Dole ; 1 604 hab.

CHAUSSON n. m. (de *chausses*). **1.** Chaussure d'intérieur, souple et légère. — **2.** Partie intérieure amovible d'une chaussure de ski ou de montagne. — **3.** Feuilleté dont la pâte est repliée sur un fourrage : *Chausson aux pommes.* — **4.** Soulier plat, léger, à semelle souple, que l'on met pour exercer certains sports (gymnastique, escrime, danse, etc.). — **5.** *Chausson à neige,* chausson qui s'enfile par-dessus la chaussure de ski, de marche ou d'escalade pour protéger contre le froid et l'humidité. ‖ *Point de chausson,* point de couture croisé, exécuté de gauche à droite en bordure d'un ourlet ou d'un parement à fixer.

CHAUSSON (Ernest), compositeur français (Paris 1855 - Limay, Mantes-la-Jolie, 1899). Le caractère élégiaque de sa nature transparaît dans sa musique vocale (*Poème de l'amour et de la mer,* 1892 ; *Chanson perpétuelle,* 1898) et dans son drame lyrique *le Roi Arthus* (1903). Il traite l'instrument avec chaleur, grâce à un langage harmonique riche (*Concert,* pour violon et quatuor d'archets, 1891 ; *Poème,* pour violon et orchestre, 1896).

CHAUSSONNIER n. m. Fabricant spécialiste de chaussons de danse (pointes et demi-pointes).

CHAUSSURE n. f. **1.** Objet fait de cuir, de peausserie, de tissu, de matériaux plastiques, etc., destiné à habiller le pied et éventuellement la jambe. — **2.** Syn. courant de SOULIER. — **3.** Industrie, commerce de la chaussure. — **4.** *Trouver chaussure à son pied,* trouver la chose ou la personne qui convient, spécialement en parlant d'un mari ou d'une épouse.

CHAUT v. t. ind. (3e pers. sing. de l'ind. prés. de *chaloir,* du lat. *calere,* s'inquiéter). Litt. *Peu me chaut,* peu m'importe.

CHAUTEMPS (Camille), homme politique français (Paris 1885 - Washington 1963). Député radical-socialiste (1919), il fut plusieurs fois président du Conseil (1930, 1933-34, 1937-38, janv.-mars 1938). Après la chute du cabinet Blum, il reprit la direction du gouvernement (1937-38), tentant de poursuivre l'expérience du Front populaire en en adoucissant les modalités. Il fut membre du cabinet Reynaud (1940) puis du gouvernement Pétain, qu'il quitta le 10 juill. 1940.

CHAUVE adj. et n. (lat. *calvus*). **1.** Qui n'a plus de cheveux. — **2.** *Chauve comme un œuf,* totalement chauve.

◆ adj. *Litt.* Nu, pelé : *Mont chauve.*

CHAUVEAU (François), dessinateur et graveur français (Paris 1613 - *id.* 1676). Il a dessiné ou gravé à l'eau-forte quantité de frontispices et d'illustrations. (Académicien en 1663.)

CHAUVEAU (Pierre Joseph Olivier), écrivain et homme politique canadien de langue française (Québec 1820-*id.* 1890). Premier ministre du Québec (1867-1873), il fut l'organisateur de l'enseignement primaire.

CHAUVEAU (Auguste), vétérinaire français (Villeneuve-la-Guyard, Yonne, 1827-Paris 1917). Il est l'auteur d'un traité d'anatomie comparée des animaux domestiques qui, depuis 1855, est resté classique. Avec Marey, il a élucidé le mécanisme de la fonction cardiaque par l'emploi des sondes cardiographiques. Précurseur de Pasteur, il a établi la nature corpusculaire des germes des maladies infectieuses et prévu leur atténuation possible par l'obtention de vaccins. (Acad. des sc., 1886.)

CHAUVEAU-LAGARDE (Claude), avocat français (Chartres 1756-Paris 1841). Il défendit devant le Tribunal révolutionnaire Brissot, Charlotte Corday, Madame Élisabeth et Marie-Antoinette.

CHAUVELIN (Germain Louis DE), homme d'État français (Paris 1685 - *id.* 1762). Secrétaire d'État aux Affaires étrangères (1727), il favorisa l'intervention de la France dans la succession de Pologne (1733). Il fut disgracié à l'instigation de Fleury (1737), hostile à sa politique.

CHAUVE-SOURIS n. f. (pl. *chauves-souris*). **1.** Mammifère volant, généralement insectivore et nocturne, caractérisé par l'énorme développement de quatre doigts des membres antérieurs et par la membrane battante, fonctionnant comme une aile, tendue entre ces quatre doigts, les flancs et parfois la queue. (Les chauves-souris constituent l'ordre des *chiroptères.*) [→ *encycl.*] — **2.** Toile en appentis, dont les ouvriers se servent pour se protéger du soleil. — **3.** *Chauve-souris de mer,* poisson verruqueux des mers de Floride, vivant sur le fond. ‖ *Manche chauve-souris,* manche kimono très large à l'emmanchure et se rétrécissant vers le poignet.

ENCYCL. Les chauves-souris émettent par le nez, conformé en « feuille nasale », ou par la bouche des cris ultrasonores très brefs dont leurs oreilles, souvent très grandes, perçoivent l'écho, réfléchi sur les obstacles ou sur les proies. Cette écholocation guide leurs déplacements et leur chasse. Les chauves-souris perchent soit suspendues par les pieds, soit accrochées par le pouce, qui porte une griffe recourbée. En hiver, elles se réfugient dans des grottes et entrent en hibernation. Leur guano est bien souvent le seul apport d'aliments organiques en milieu souterrain. La plupart des espèces vivent en groupes nombreux et serrés. Il existe des chauves-souris se nourrissant de fruits (roussette de Java), de sang (vampire), de nectar floral ou de poissons. La denture des chauves-souris les apparente aux insectivores.

CHAUVET (*grotte*) → VALLON-PONT-D'ARC.

CHAUVET *(lac),* lac volcanique d'Auvergne, dans les monts Dore.

CHAUVIGNY (86300), ch.-l. de cant. de la Vienne, sur la Vienne ; 6 864 hab. *(Chauvinois).* Ruines féodales. Deux églises romanes des XIe-XIIe s. (remarquables chapiteaux à St-Pierre). Carrières de pierre de taille. Porcelaine.

CHAUVIN, E ou, vx, **CHAUVINISTE** adj. et n. (de N. *Chauvin,* n. pr.). **1.** Qui a ou manifeste un patriotisme excessif, aveugle, intransigeant ou agressif : *Mener une politique chauvine.* — **2.** Qui manifeste une admiration exclusive pour sa ville, sa région : *Les spectateurs chauvins d'un match de rugby.*

CHAUVIN (Jean), sculpteur français (Rochefort 1889 - Saint-Martin-lès-Melle, Deux-Sèvres, 1976). Sa production, en général de petit format, a évolué d'un purisme qui « abstractise » le corps humain à des formes lovées, plus sensuelles, ou à des sortes d'architectures fantastiques.

CHAUVINISME n. m. (de *chauvin*). Patriotisme ou nationalisme exclusif, dénigrant systématiquement tout ce qui est étranger au profit d'une admiration inconditionnelle pour ce qui est national.

CHAUVIRÉ (Yvette), danseuse française (Paris 1917). Créatrice des ballets de Serge Lifar, tant à l'Opéra de Paris *(David triomphant, Istar, le Chevalier et la Damoiselle)* qu'à l'Opéra de Monte-Carlo *(Dramma per musica, Chota Roustaveli),* elle s'imposa dans *Giselle* et *le Lac des cygnes.* Étoile incontestée, elle poursuivit une carrière internationale à partir de 1956 ; « prima ballerina assoluta », elle triompha toujours dans *la Mort du cygne.* Elle fit ses adieux à l'Opéra de Paris en 1972 et se consacra à l'enseignement.

CHAUX n. f. (lat. *calx, calcis*). **1.** Oxyde de calcium CaO. — **2.** Nom ancien des oxydes métalliques. — **3.** *Bâti à chaux et à sable,* très robuste. ‖ *Chaux éteinte,* chaux hydratée $Ca(OH)_2$. ‖ *Chaux grasse,* chaux hydratée préparée à partir de calcaire pur. ‖ *Chaux maigre,* chaux hydratée préparée à partir de calcaire impur. ‖ *Chaux vive,* oxyde de calcium anhydre. ‖ *Eau de chaux,* solution aqueuse limpide de chaux hydratée. (C'est une base forte avec laquelle le gaz carbonique donne un précipité de carbonate de calcium. Elle possède une action antiacide, antidiarrhéique et antiseptique.) ‖ *Lait de chaux,* bouillie de chaux éteinte étendue d'eau et servant à blanchir les murs, à chauler les arbres, etc.

ENCYCL. La *chaux vive,* ou oxyde de calcium CaO, est un solide blanc, amorphe, obtenu par calcination du calcaire. Très caustique, elle montre une vive affinité pour l'eau, qui la transforme en hydroxyde avec un grand dégagement de chaleur.

La chaux vive et la chaux éteinte ont de nombreuses applications dans l'industrie et en agriculture (chaulage). Les chaux de construction (chaux maigres et chaux hydrauliques) sont préparées à partir de calcaires argileux, ou pierres à chaux. La chaux, obtenue par calcination du carbonate de calcium, est employée en métallurgie, surtout pour les minerais contenant du phosphore, dont elle facilite l'élimination.

Chaux *(forêt de),* forêt domaniale du départ. du Jura, à l'est de Dole ; 13 500 ha en futaie régulière de chênes.

CHAUX-DE-FONDS (La), v. de Suisse (cant. de Neuchâtel), dans une vallée du Jura ; 37 000 hab. *(Chaudefonniers* ou *Chauxois).* Grand centre de l'horlogerie. Musées, dont le musée international de l'Horlogerie et celui des Beaux-Arts (XIXe-XXe s.).

CHAVAL (Yvan LE LOUARN, dit), dessinateur d'humour français (Bordeaux 1915 -Paris 1968). Incisive, souvent noire et désabusée, son œuvre a pour cible privilégiée la bêtise et l'absurde (albums *les Gros Chiens* [1962], *Les oiseaux sont des cons* [1965], *l'Homme* [1970]).

CHAVANNES (Édouard), sinologue et archéologue français (Lyon 1865-Paris 1918). Auteur de *la Mission archéologique dans la Chine septentrionale* (1913), il a également donné une remarquable traduction du *Shiji* (mémoires historiques de *Sima Qian*) et de textes bouddhiques chinois.

CHAVANOZ (38230), comm. de l'Isère, près du confluent de la Bourbre et du Rhône ; 3 913 hab. Textile. Câbles.

CHAVÉE (Achille), poète belge de langue française (Charleroi 1906 - Mons 1969), un des principaux représentants du surréalisme en Belgique (*le Grand Cardiaque,* 1969).

CHÁVEZ (Jorge CHÁVEZ, dit **Geo**), aviateur d'origine péruvienne (Paris 1887-Domodossola 1910). Il fut à la fois le vainqueur et la victime de la première traversée aérienne des Alpes (23 sept. 1910).

CHÁVEZ (Charles), compositeur mexicain (Mexico 1899-*id.* 1978). Très attaché au folklore, épris d'idées sociales généreuses, il a laissé des œuvres orchestrales (*Symphonie prolétarienne,* 1934), des concertos, de la musique de chambre.

CHAVIGNY (Théodore CHEVIGNARD, *comte* DE TOULONGEON, *baron* D'UCHON DE), diplomate français (Beaune 1687-Paris 1771). Ministre plénipotentiaire à la diète de Ratisbonne (1726), il forma contre la Pragmatique Sanction (1713) de Charles VI l'Union électorale de Mannheim, qui groupa, sous l'égide de la France, la Bavière, le Palatinat, Trèves et Cologne (1728). Ambassadeur à Lisbonne (1740), puis à Munich et Francfort (1744-45), il négocia les traités de Francfort et de Paris (mai-juin 1744), qui consacraient l'alliance franco-prussienne contre l'Autriche pendant la guerre de la Succession d'Autriche.

CHAVIGNY (Léon BOUTHILLIER, *comte* DE) → BOUTHILLIER.

CHAVILLE (92370), ch.-l. de cant. des Hauts-de-Seine, dans la banlieue S.-O. de Paris ; 17 854 hab. *(Chavillois).*

CHAVÍN DE HUANTAR, centre cérémoniel du Pérou, dans la Cordillera Blanca, probablement construit au début du Ier millénaire av. J.-C. Parmi de grandes pyramides tronquées, la plus importante est celle d'El Castillo. Le style Chavín comporte aussi de la sculpture monumentale en pierre (monolithes El Lanzón, Raimondi et Tello), de la céramique, des objets en or et en coquille. Il s'est diffusé vers les VIIIe et VIIe s. av. J.-C. sur une grande partie du territoire péruvien.

CHAVIRABLE adj. Se dit d'un type de bateau exposé à chavirer.

CHAVIREMENT n. m. Action, fait de chavirer.

CHAVIRER v. i. (provenç. *capvira,* tourner la tête) [conj. 3]. **1.** En parlant d'un bateau, s'incliner fortement et éventuellement se retourner. — **2.** Ne plus être en équilibre et basculer : *La pile de livres a chaviré.* — **3.** Donner l'impression de se renverser, ne plus être stable, fixe, immobile : *Tout chavirait autour de moi.* — **4.** Être le lieu de profondes perturbations, perdre de sa stabilité, de sa solidité ; chanceler, vaciller : *Les valeurs morales chavirent.*

◆ v. t. **1.** *Vx.* Renverser (un navire), le retourner. — **2.** Émouvoir vivement qqn, le troubler profondément ; bouleverser : *Cette nouvelle l'a chaviré.*

CHAWAN [ʃawan] n. m. (jap. *chawan,* de *cha,* thé, et *wan,* bol). Bol à thé japonais.

CHAWQĪ (Aḥmad), poète égyptien (Le Caire 1868 - *id.* 1932). Il appliqua son cosmopolitisme littéraire au renouveau culturel et politique de son pays (*al-Chawqiyyāt,* 1925-1943).

CHAYBĀNIDES, dynastie ouzbek d'Asie centrale (v. 1450-1599), fondée par Abū al-Khayr (1427-1468) et restaurée par son petit-fils Muḥammad Chaybānī, khān suprême de Transoxiane (1500-1510).

CHAYÈRE n. f. Syn. de CHAIRE.

CHAYLA (François ANGLADE DE L'ANGLADE DU), dit **l'abbé du Chayla,** prêtre français (diocèse de Mende v. 1650 - Pont-de-Montvert 1702). Archiprêtre des Cévennes, il appliqua avec rigueur l'édit de révocation de l'édit de Nantes (1685) en pays cévenol et contribua ainsi à la révolte des camisards, qui débuta par son assassinat (1702).

CHAYOTE n. f. (esp. *chayote,* de l'aztèque *chayote*). Cucurbitacée américaine dont les racines sont comestibles, de même que le fruit, qui est gros et charnu. (La tige fournit une fibre textile, la paille de chouchoute, qui sert à faire des chapeaux.)

CHAZAL (Malcolm DE), poète mauricien de langue française (Vacoas 1902-Port-Louis 1981). Une phénoménologie du monde, née du seul choc des images (*la Vie filtrée,* 1949), caractérise ses proses lyriques, que célébra André Breton.

CHAZELLES-SUR-LYON (42140), ch.-l. de cant. de la Loire, dans les monts du Lyonnais ; 4 952 hab. *(Chazellois).* Vestiges médiévaux. Ancien centre de la chapellerie (musée). Industrie automobile.

CHAZLI (Saad Eddine), en ar. **Sa'd al-Dīn al-Chādhlī,** général égyptien (Le Caire 1922). Chef d'état-major des forces égyptiennes (mai 1971), il conduisit les forces égyptiennes au combat lors de la quatrième guerre israélo-arabe, mais il fut écarté en déc. 1974 et remplacé par le général Gamassi.

CHEAP [tʃip] adj. (mot angl.). *Fam.* Bon marché et de qualité inférieure.

CHEBEC ou CHEBEK [ʃəbɛk ou ʃebɛk] n. m. (ar. pop. *chabbāk,* par l'intermédiaire du catalan *xabec*). Voilier léger à trois mâts utilisé en Méditerranée aux XVIIe et XVIIIe s.

CHÉBÉLI ou **SHEBELI,** fl. de l'Éthiopie et de la Somalie, né dans le massif central ; 1 900 km env. Il se perd dans les marécages, à proximité de l'embouchure du Djouba.

CHEBIN EL-KOM, v. d'Égypte, ch.-l. de prov. ; 133 000 hab.

CHECHAOUEN ou **CHAOUEN,** v. du Maroc septentrional, dans le Rif, ch.-l. de prov. ; 15 400 hab. Ville religieuse fondée par les chérifs en 1471 au cours de leurs luttes contre les Portugais ; les Andalous chassés d'Espagne s'y réfugièrent au XVIIe s. Artisanat. Tourisme.

CHÈCHE n. m. (ar. *chāch*). Au Sahara, sorte de grande écharpe que l'on porte enroulée autour de la tête.

CHÉCHIA n. f. (ar. *chāchīya*). Coiffure en drap rouge, cylindrique, portée par de nombreux peuples africains, naguère adoptée par certains corps des troupes d'Afrique.

CHECHONQ → SHESHONQ.

CHECK-LIST [tʃɛklist] n. f. (pl. *check-lists*) [angl. *checklist*]. Liste des manœuvres que doit successivement effectuer l'équipage d'un avion lors du décollage ou de l'atterrissage. (Syn. LISTE DE CONTRÔLE.)

CHECK-UP [tʃɛkœp] n. m. inv. (angl. *check-up*). **1.** Syn. de BILAN* DE SANTÉ. — **2.** Bilan complet concernant l'état de qqch : *Check-up d'une voiture.*

CHÉCY (45430), ch.-l. de cant. du Loiret, à 10 km à l'E. d'Orléans ; 7 206 hab.

CHEDDAR [ʃedar] n. m. (de *Cheddar,* n. pr.). Gros fromage anglais et américain à pâte dure et souvent colorée, fabriqué à partir de lait de vache.

CHEDDE, section de la comm. de Passy (Haute-Savoie), dans la vallée de l'Arve. Électrométallurgie et électrochimie.

CHEDDITE n. f. (de *Chedde,* n. pr.). Explosif chloraté dans lequel les grains de chlorate sont enrobés dans une matière huileuse.

CHEDI n. m. (mot thai). En Thaïlande, édifice religieux, stūpa.

CHEDID (Andrée), femme de lettres égyptienne d'origine syro-libanaise (Le Caire 1920). Elle est l'auteur en langue française de recueils aux accents charnels et lyriques. L'ensemble de son œuvre, qui comprend aussi pièces de théâtre, nouvelles et romans, exprime le drame universel de la condition humaine (*Nefertiti et le rêve d'Akhnaton,* 1974 ; *Mondes Miroirs Magies,* 1988 ; *l'Enfant multiple,* 1989 ; *À la mort, à la vie,* 1992 ; *les Saisons de passage,* 1996).

CHEESEBURGER [tʃizburgœr] n. m. (angl. *cheese,* fromage). Burger au fromage.

CHEF n. m. (lat. *caput,* tête). **1.** Personne qui commande, qui exerce une autorité, une influence déterminante : *Un chef d'entreprise, de gare, d'atelier.* (Ce mot peut désigner une femme et peut alors s'employer fam. au féminin : *La chef est dure.*) — **2.** Personne qui détient le pouvoir de décision dans un groupe ; leader. — **3.** *Fam.* As, champion : *Il s'est débrouillé comme un chef.* — **4.** En apposition, avec ou sans trait d'union, après certains noms de fonction, indique le grade : *Médecin(-)chef.* — **5.** Fondateur d'une famille, d'un ordre religieux, d'une école littéraire, etc. — **6.** *Au premier chef,* au plus haut point, par excellence, avant tout. ‖ *Chef d'entreprise,* personne qui détient au sein d'une entreprise le pouvoir de décision, exerce une autorité sur les travailleurs et qui est pénalement responsable des manquements à la législation du travail. ‖ *Chef de l'État,* autorité supérieure du pays (en France, le président de la République). ‖ *Chef de famille,* personne qui assure la direction matérielle et morale de la famille. ‖ *Chef de file,* personne qui a une position prédominante au sein d'un groupe. ‖ *Chef d'orchestre,* musicien qui dirige l'exécution d'une œuvre exigeant le concours d'un ensemble ; personne qui dirige une opération complexe. ‖ *Chef de service,* cadre de commandement dirigeant un secteur particulier d'une entreprise. ‖ *De ce chef,* pour cette raison, de ce fait. ‖ *De son chef,* de sa seule autorité. ‖ *Du chef de,* en raison de : *Être condamné du chef d'abandon de famille.* ‖ *En chef,* se dit de qqn qui, dans sa fonction, est au sommet de la hiérarchie. ‖ *Petit chef,* personne située relativement bas dans la hiérarchie et qui abuse de son pouvoir sur ses subordonnés. • **Archéol.** Reliquaire du Moyen Âge renfermant des ossements de la tête d'un saint, le plus souvent en forme de buste. (Syn. BUSTE RELIQUAIRE.) — **Ardois.** Plan de rupture du schiste ardoisier. — **Banq.** *Chef de file,* établissement de crédit qui assume la direction d'une opération financière. — **Boulang.** Morceau de pâte prélevé sur la fournée du jour servant à ensemencer la fournée du lendemain. (Syn. LEVAIN-CHEF.) — **Ch. de f.** *Chef de canton,* agent chargé de la direction d'une brigade de cantonniers et de l'entretien d'un canton. ‖ *Chef de dépôt,* agent chargé de la direction technique d'un dépôt de locomotives. ‖ *Chef de gare,* agent de l'exploitation chargé de la direction de tous les services d'une gare. ‖ *Chef de traction,* agent chargé du contrôle, de l'instruction et de la surveillance du service des mécaniciens. — **Dr.** *Chef d'accusation,* point capital sur lequel porte l'accusation dans une affaire judiciaire. — **Écon.** *Chef de produit(s),* responsable de la gestion d'un produit ou d'une famille de produits, notamment de leur vente. ‖ *Chef de projet(s),* responsable chargé de lancer des produits nouveaux, d'assurer de nouveaux développements. ‖ *Chef de rayon,* responsable, dans un magasin, de la gestion et de la vente d'une partie de l'assortiment. — **Hérald.** Pièce qui occupe le tiers supérieur de l'écu. — **Hist.** *Chef de l'État français,* titre adopté par le maréchal Pétain dans l'acte constitutionnel du 11 juill. 1940. ‖ *Chef du nom et des armes,* ou *chef de noms et d'armes,* titre donné au fondateur de la branche aînée d'une famille noble. — **Hôtell.** *Chef de cuisine,* personne dirigeant la cuisine et la brigade. ‖ *Chef de partie,* cuisinier d'une brigade ayant la responsabilité d'un travail déterminé (sauces, rôtis, etc.). ‖ *Chef de rang,* garçon de salle subordonné à un maître d'hôtel et travaillant avec un ou plusieurs commis. — **Mar.** *Chef de division,* titre du capitaine de vaisseau commandant soit une division isolée, soit une division en sous-ordre. ‖ *Chef d'escadre,* grade remplacé, en 1791, par celui de contre-amiral. ‖ *Chef d'état-major,* officier général chargé de prêter un concours de tous les instants au ministre et aux vice-amiraux, contre-amiraux ou préfets maritimes. ‖ *Chef mécanicien,* officier mécanicien de la marine marchande, chargé de la conduite et de la surveillance des machines d'un navire de commerce. ‖ *Chef de quart,* officier ou subalterne chargé, dans son détail, de surveiller son personnel pendant le service de quart. — **Mil.** Appellation du sergent-chef, du maréchal des logis-chef. ‖ *Chef d'état-major,* officier général ou supérieur placé à la tête d'un état-major. ‖ *Chef d'état-major général des armées,* titre et fonction donnés au chef d'état-major des armées dans certaines circonstances et en vertu desquels il assure le commandement de l'ensemble des opérations militaires. — **Sports.** *Chef de nage,* en aviron, rameur, as du bateau. (Il transmet le rythme à son équipe.) — **Text.** *Chef de pièce,* début et fin d'une pièce de tissu, portant souvent son identification et certaines de ses caractéristiques.

CHEF-BOUTONNE (79110), ch.-l. de cant. des Deux-Sèvres ; 2 520 hab. *(Chefboutonnais).* — Au hameau de Javarzay, église des XIIe et XVIe s. et restes d'un château (XVIe s.).

CHEF-D'ŒUVRE [ʃɛdœvr] n. m. (pl. *chefs-d'œuvre*). **1.** Ouvrage que le compagnon aspirant à la maîtrise devait exécuter suivant des règles précises édictées par le corps de métier (ou corporation) auquel il appartenait et sous le contrôle d'un jury de maîtres. — **2.** Ouvrage capital et supérieur dans un genre quelconque ; la meilleure œuvre d'un auteur : *Chef-d'œuvre de peinture.* — **3.** Ce qui est parfait dans son genre : *Un chef-d'œuvre d'hypocrisie.*

CHEFFERIE n. f. (de *chef*). Organisation politique de la société traditionnelle, à base familiale ou clanique, construite autour du chef et dont l'exemple le plus complet se trouve en Afrique noire.

CHEFFESSE n. f. *Fam.* Femme placée à la tête de certains services.

CHEF-LIEU n. m. (pl. *chefs-lieux*). Localité où les autorités d'une circonscription administrative ont leur siège.

CHEF-OPÉRATEUR n. m. (pl. *chefs-opérateurs*). Syn. anc. de DIRECTEUR DE LA PHOTOGRAPHIE.

CHEFTAINE n. f. (angl. *chieftain,* de l'anc. fr. *chevetaigne,* capitaine). Jeune fille responsable d'un groupe de jeunes scouts.

CHEHAB (Fouad) ou **CHIHĀB** (Fu'ād), officier et homme d'État libanais (Ghazīr 1902 - Djouniyé 1973). Chrétien maronite, commandant en chef de l'armée libanaise dès sa constitution (1946), il fut président de la République de 1958 à 1964. Il fit échouer une tentative de coup d'État du parti populaire syrien (P. P. S.) en 1961 et mit en place une planification économique et sociale.

CHE HOUANG-TI → QIN SHI HUANGDI.

CHEIKH [ʃɛk] n. m. (ar. *chaykh,* vieillard). **1.** Chez les musulmans, terme de respect qui s'applique aux savants, aux religieux et à toutes les personnes respectables. — **2.** Au temps de l'administration coloniale française au Maroc et en Algérie, chef de village, chef de fraction de tribu. — **3.** Dans les confréries religieuses islamiques (ṭarīqa), guide spirituel.

CHEIKH GALIP ou **ŞEYH GALIB** (Mehmed), poète turc (Istanbul 1757-*id.* 1799), un des plus grands représentants de la poésie du Divan (*la Beauté et l'Amour,* 1787).

CHÉILALGIE [kei-] n. f. (gr. *kheilos,* lèvre). Douleur localisée aux lèvres.

CHÉILITE [kei-] n. f. Inflammation des lèvres.

CHÉILOPLASTIE [kei-] n. f. Restauration autoplastique de la lèvre.

CHEIMATOBIE [kej-] n. f. (gr. *kheima, -atos,* hiver). Phalène d'hiver, très nuisible aux arbres fruitiers et forestiers. (La femelle, presque aptère, pond en automne sur le tronc des arbres ; les chenilles éclosent au printemps et dévorent le feuillage, puis se chrysalident sur le sol.)

CHEIMONÁS (Georges), écrivain grec (Kaválla 1939). Ses œuvres, brèves, d'où le récit traditionnel est absent, accumulent des images oniriques violentes tout en se référant aux mythes grecs anciens (*Roman,* 1966 ; *les Bâtisseurs,* 1979).

CHEIRE n. f. (mot auvergnat). En Auvergne, coulée de lave scoriacée à surface rugueuse.

CHÉIROPTÈRE → CHIROPTÈRE.

CHEJU ou **ČE-ČU,** anc. **Quelpart,** île coréenne (Corée du Sud) de la mer de Chine orientale, entre le Japon et la Corée; 1 820 km^2 ; 515 000 hab. Ch.-l. *Cheju.*

Che ki → SHIJI.

CHEKIANG → ZHEJIANG.

CHE-KIA-TCHOUANG → SHIJIAZHUANG.

Che king → SHIJING.

CHE K'O → SHI KE.

CHÉLATANT, E [ke-] adj. Propre à causer le phénomène de chélation.

CHÉLATE [ke-] n. m. (gr. *khêlê,* pince). Complexe de coordination d'un ion métallique dont l'un au moins des ligands est un anion possédant deux ou plusieurs sites complexants, qui permettent de fixer l'ion métallique comme une bille dans une pince. (Les chélates les plus stables se forment à partir des anions dont les deux sites complexants sont séparés par 3 atomes [formation d'un cycle à 6 chaînons, en y incluant l'ion métallique].)

CHÉLATER [ke-] v. t. (conj. 3). Faire subir le phénomène de chélation.

CHÉLATEUR [ke-] n. m. Produit chimique qui forme avec les ions positifs bi- et trivalents (notamment les métaux lourds toxiques) des complexes stables, non toxiques, éliminables, dans les urines. (Les chélateurs sont surtout utilisés dans le traitement des intoxications par les métaux et les corps radioactifs.) [Syn. SÉQUESTRANT.]

CHÉLATION [ke-] n. f. **1.** Complexation d'un ion ou d'un atome métallique par un ligand, conduisant à un chélate. – **2.** Traitement d'une intoxication, ou d'un excès d'un ion métallique donné, par un chélateur.

CHELČICKÝ (Petr), écrivain et penseur religieux tchèque (Chelčice, près de Vodňany, v. 1390 - *id.* v. 1460). Auteur du *Filet de la vraie foi* (composé entre 1440 et 1443), il prêcha le retour au christianisme primitif et la non-résistance au mal et à l'oppression. Ses idées inspirèrent la doctrine des Frères moraves.

CHELEM ou **SCHELEM** [ʃlɛm] n. m. (altér. de l'angl. *slam,* écrasement). **1.** Au whist, au tarot et au bridge, réunion de toutes les levées dans un camp *(grand chelem)* ou de toutes les levées moins une *(petit chelem).* – **2.** *Faire le grand chelem,* dans divers sports, remporter la totalité d'une série définie de compétitions.

CHÉLEUTOPTÈRE [ke-] n. m. (gr. *khêleutos,* qui fait un tissu de mailles). Insecte broyeur aux longues pattes, sans ailes ou aux ailes réduites, sans métamorphoses, tel que les phasmes et les phyllies. (Les *chéleutoptères,* qui forment un ordre, vivent sur les plantes, protégés par leurs ressemblances de couleurs et de formes avec leur support.)

CHELIA *(djebel),* montagne portant le point culminant de l'Algérie non saharienne, dans le nord de l'Aurès ; 2 328 m. Forêts de cèdres.

CHÉLICÉRATE [ke-] n. m. Arthropode dont la tête, ou prosoma, porte une paire de crochets (chélicères) et une paire de palpes (pédipalpes), tel que les arachnides, les pycnogonides et les mérostomes. (Les chélicérates forment un sous-embranchement.)

CHÉLICÈRE [ke-] n. m. Appendice céphalique pair caractéristique des arachnides et animaux voisins. (Les chélicères sont les crochets venimeux articulés des araignées.)

CHÉLIDOINE [ke-] n. f. (lat. *chelidonia herba,* plante de l'hirondelle, du gr. *khelidonion,* de *khelidôn,* hirondelle). Herbe papavéracée des murs et décombres, au latex jaune d'or, aux feuilles composées lobées et contenant un latex jaune, de saveur âcre, réputé détruire les verrues. (Syn. ÉCLAIRE.)

CHÉLIFÈRE [ke-] n. m. (gr. *khêlê,* pince). Petit arachnide ressemblant à un scorpion sans queue et vivant dans les bibliothèques et les herbiers.

CHELIFF ou **CHÉLIF** (le), le plus long fleuve d'Algérie ; 700 km. Formé par les oueds Nahr Ouassel et Touil, il traverse les monts du Titteri, puis ouvre une succession de petites plaines (ou bassins) avant d'atteindre la Méditerranée, au N. de Mestghanem (Mostaganem).

CHELIFF (Ech-), anc. **Orléansville,** puis **El-Asnam,** v. d'Algérie (130 000 hab.), ch.-l. de la wilaya du même nom, dans la vallée du Cheliff, fondée en 1843 par Bugeaud sur l'emplacement du *Castellum Tingitanum* romain. Basilique chrétienne datant de 324, la plus ancienne église d'Afrique du Nord actuellement datée. Centre administratif et commercial, la ville a subi deux séismes (1954 et 1980).

CHELLA, en ar. **Chālla,** localité du Maroc, dans la banlieue de Rabat. Vieux ribāṭ (couvent fortifié) transformé en nécropole royale par les Marīnides (XIIIe-XIVe s.).

CHELLÉEN n. m. (de *Chelles,* n. pr.). Nom anc. d'une période du paléolithique inférieur précédant l'acheuléen.

CHELLES, ch.-l. de cant. de Seine-et-Marne, à 20 km à l'E. de Paris, sur la Marne ; 45 495 hab. *(Chellois).* Église des XIIIe, XVe et XVIIIe s. Rares vestiges d'une abbaye médiévale. Musée Alfred Bonno (préhistoire, archéologie...). Matériel ferroviaire.

CHEŁM, v. du sud-est de la Pologne, ch.-l. de voïévodie ; 50 000 hab.

CHEŁMNO, v. de Pologne, sur la Vistule ; 20 000 hab. Fondée dans les années 1230 par les chevaliers Teutoniques, la ville (en all. *Kulm*) fut annexée à la Pologne à la paix de Toruń (1466). Rattachée à la Prusse en 1772, elle revint à la Pologne en 1919. Camp d'extermination allemand (1941-1945) où périrent 150 000 Juifs.

CHELMSFORD, v. de Grande-Bretagne, ch.-l. de l'Essex, au N.-E. de Londres ; 58 000 hab.

CHÉLOÏDE [ke-] n. f. (gr. *khêlê,* pince). Cicatrice cutanée hypertrophiée d'aspect tumoral.
ENCYCL. Parfois spontanées, mais le plus souvent cicatricielles, les chéloïdes forment un bourrelet et sont généralement douloureuses. Elles sont plus fréquentes, et parfois provoquées, chez les Noirs (chéloïdes rituelles).

CHÉLOÏDIEN, ENNE [ke-] adj. Qui est de la nature d'une chéloïde.

CHELONIA n. f. Syn. de ARCTIA.

CHÉLONIDÉ [ke-] n. m. (gr. *khelonê,* tortue). Nom d'une famille de tortues comprenant presque toutes les espèces marines. (Ces tortues, surtout littorales, propres aux mers chaudes, ne viennent à terre que pour y pondre ; leurs pattes, conformées en nageoires, leur permettent une nage rapide ; on pêche l'énorme tortue verte pour sa chair, le caret pour l'écaille de sa carapace.)

CHÉLONIEN [ke-] n. m. Nom d'ordre attribué aux tortues.

Chelsea, quartier résidentiel de l'ouest de Londres, sur la rive gauche de la Tamise.

Chelsea *(porcelaine de).* Une manufacture de porcelaine fonctionna à Chelsea de 1745 env. à 1784, après avoir été rachetée par celle de Derby. Elle fut, avec Bow, à l'origine du « Bone China ». Ses décors s'inspirèrent de Meissen et de Sèvres.

CHELTENHAM, v. de Grande-Bretagne (Gloucestershire) ; 85 900 hab. Station thermale (affections du foie). Centre universitaire. Aéronautique.

CHÉLYDRE [ke-] n. f. (gr. *khelus,* tortue, et *hudôr, atos,* eau). Grande tortue d'eau douce d'Amérique du Nord, plus marcheuse que nageuse, très vorace. (L'une des espèces pèse jusqu'à 100 kg ; les chélydres sont comestibles.)

CHÉMERY (41700), comm. de Loir-et-Cher, au N. du Cher ; 901 hab. Réservoir souterrain de gaz naturel.

CHEMETOV (Paul), architecte français (Paris 1928). Cofondateur de l'Atelier d'urbanisme et d'architecture (A. U. A., 1960), il a réalisé de nombreux logements et équipements sociaux (*le Zénith,* Grenoble). Il est l'auteur, avec Borja Huidobro, du ministère de l'Économie et des Finances (Paris-Bercy, 1982-1989) et de la rénovation de l'architecture intérieure de la Grande Galerie du Muséum national d'histoire naturelle (1989-1994).

CHEMILLÉ (49120), ch.-l. de cant. de Maine-et-Loire, dans les Mauges ; 6 215 hab. *(Chemillois).* Deux églises médiévales. Marché du bétail. Plantes médicinales. Défaite des vendéens le 11 avr. 1793.

CHEMIN n. m. (lat. pop. **camminus,* du celt.). **1.** Voie de terre, route établie pour mener d'un lieu à un autre : *Chemin vicinal.* — **2.** Passage, piste qu'on trace et qui sert de route : *Se frayer un chemin à travers les broussailles.* — **3.** Direction à prendre pour aller d'un lieu à un autre : *Demander son chemin à quelqu'un.* — **4.** Itinéraire, trajet : *J'irai le voir au passage, c'est sur mon chemin.* — **5.** Distance à parcourir pour aller d'un lieu à un autre : *Chemin parcouru par un projectile.* — **6.** Progression d'un point à un autre, d'un état à un autre ; voie suivie pour atteindre un but ; ensemble des étapes qui mènent à ce résultat : *Prendre un chemin détourné pour arriver à ses fins.* — **7.** Évolution, progrès : *Mesurer le chemin parcouru par une technique.* — **8.** *Aller son chemin, son droit chemin,* suivre une ligne de conduite sans se laisser influencer. ‖ *Chemin faisant, en chemin,* pendant le trajet ; au fur et à mesure de la conversation, de la lecture, etc. ‖ *Le droit chemin,* la vie honnête. ‖ *Être en bon chemin,* être en voie de réussite. ‖ *Être sur le chemin de qqn, barrer le chemin à qqn,* contrecarrer ses projets. ‖ Litt. *Être toujours sur les chemins, par voies et par chemins,* aller sans cesse de droite et de gauche.

‖ *Faire du chemin,* avancer, progresser ou évoluer ; arriver à une haute situation. ‖ *Faire la moitié du chemin,* faire des avances ou des concessions. ‖ *Faire son chemin,* réussir, parvenir à une belle position ; s'imposer. ‖ *Montrer le chemin,* donner l'exemple. ‖ *Ne pas prendre le chemin de qqch,* être loin d'y parvenir. ‖ *Ne pas s'arrêter en si bon chemin,* faire suivre un premier succès d'un autre encore plus éclatant. ‖ *Ne pas y aller par quatre chemins,* aller droit au but ; agir sans détours, franchement et brutalement. ‖ *Poursuivre son chemin, son petit bonhomme de chemin* (fam.), ne pas s'arrêter ; ne pas s'occuper de ce qui se fait. ‖ *Se mettre en chemin,* se mettre en route, partir. ‖ *Trouver sur son chemin,* rencontrer qqn comme adversaire, qqch comme obstacle. ‖ *Voleur de grand chemin,* celui qui dévalisait les voyageurs sur les routes ; celui qui vole d'une manière éhontée. • **Aéron.** *Chemin de roulement,* voie cimentée qui, sur un aérodrome, permet aux avions de se rendre de l'aire de stationnement à la piste d'envol et vice versa. (Syn. TAXI-WAY.) — **Algèbr.** *Chemin d'un graphe,* séquence d'arcs telle que l'extrémité terminale de chaque arc coïncide avec l'extrémité initiale de l'arc suivant. — **Arm.** *Chemin de roulement de tourelle,* dispositif à roulement à billes, par l'intermédiaire duquel la tourelle d'un char repose sur la caisse. — **Bât.** *Chemin de fer,* outil de tailleur de pierre et de maçon servant à ravaler la pierre tendre. — **Dr.** *Chemin privé,* chemin appartenant aux particuliers riverains et affecté à la desserte de leurs propriétés. ‖ *Chemin rural,* chemin de campagne appartenant à la commune. — **Électr.** *Chemin de câbles,* support métallique ou plastique, destiné au guidage des faisceaux de câbles électriques. — **Fortif.** *Chemin couvert,* passage avec banquette de tir établi sur la contrescarpe d'un ouvrage fortifié. ‖ *Chemin de ronde,* passage aménagé au sommet d'une muraille fortifiée. — **Manut.** *Chemin de roulement,* rail ou profilé sur lequel se déplacent les ponts roulants et les chariots de convoyeurs. — **Mar.** Nombre de milles parcourus par un navire. — **Math.** Application continue d'un segment [*a*, *b*] de $\mathbb{R}$ dans D, partie de $\mathbb{R}^2$ ou d'un espace topologique quelconque. ‖ *Chemin fermé,* chemin dont l'origine et l'extrémité coïncident. — **Mobil.** Tapis étroit que l'on étend dans les escaliers, les vestibules, etc. ‖ *Chemin de table,* bande de tissu ornementée que l'on tend dans la longueur d'une table. — **Opt.** *Chemin optique,* distance qui serait parcourue par la lumière dans le vide pendant le temps nécessaire pour aller d'un point à un autre d'un rayon lumineux. (On dit aussi LONGUEUR OPTIQUE.) — **Relig.** *Chemin de croix,* suite de quatorze tableaux ou bas-reliefs où sont représentées diverses étapes du parcours de Jésus-Christ chargé de sa croix entre le prétoire de Pilate et le Golgotha ; exercice de piété consistant à méditer en priant devant chacune de ces représentations, qu'on appelle aussi « stations ». — **Text.** Largeur de tissu déterminée par la représentation du décor et qui correspond à une section de montage sur le métier.

Chemin des Dames (le), route du dép. de l'Aisne, suivant sur une trentaine de kilomètres la crête entre l'Aisne et l'Ailette. Construite au XVIIIe s. sur l'emplacement d'une voie romaine, la route moderne permettait aux « Dames de France », filles de Louis XV, de se rendre à Bouconville chez la duchesse de Narbonne.

Le Chemin des Dames, à une altitude moyenne de 185 m, fut le théâtre de nombreux combats en 1814 et, surtout, pendant la Première Guerre mondiale. Abandonnant les plans de Joffre, le nouveau généralissime Nivelle y lança le 16 avr. 1917 une offensive qui, malgré quelques succès, échoua le 21 avr. Le général Pétain, après avoir surmonté la triple crise (morale, tactique, stratégique) engendrée par cet insuccès, opéra le redressement nécessaire par une nette victoire en octobre. C'est du Chemin des Dames que partit l'offensive allemande du 27 mai 1918 sur Château-Thierry*.

CHEMIN DE FER n. m. (pl. *chemins de fer*) [calque de l'angl. *railway*]. **1.** Moyen de transport dont les véhicules roulent sur une voie ferrée constituée de rails ; exploitation de ce moyen de transport. (→ *encycl.*) — **2.** Baccara à un seul tableau.

◆ **chemins de fer** n. m. pl. Entreprise qui gère les lignes de chemin de fer : *Employé des chemins de fer.*

ENCYCL. C'est en 1804 qu'entra en service, en Angleterre, le premier chemin de fer public, dont les voitures étaient tirées par des chevaux sur 16 km environ, entre Wandsworth et Croydon. Dès 1802, deux constructeurs anglais, Vivian et Trevithick, avaient pris le premier brevet pour une locomotive à vapeur. Vivian inventa la voie ferrée moderne. La traction à vapeur se développa après que le Français Marc Seguin et l'Anglais George Stephenson eurent adapté aux locomotives, en 1829, l'invention de la chaudière tubulaire.

En France, la première ligne concédée à Beaunier, en 1823, entre Saint-Étienne et Andrézieux, pour un parcours de 18 km, fut ouverte en 1828. Elle servait au transport de la houille. Le premier service voyageurs régulier fut assuré à partir de 1832 sur Saint-Étienne-Andrézieux.

La conception du réseau ferré français, en étoile rayonnante autour de Paris, est due à Legrand. Le premier chemin de fer partant de Paris, la ligne de Saint-Germain, ouvrit en 1837. La loi de 1833 prévoyait un programme national de chemin de fer. Mais il fallut attendre la loi de 1842 pour que les compagnies se développent et les grandes lignes se construisent, reliant la capitale aux grandes villes de France. Sous le second Empire, on assiste à un essor vigoureux des chemins de fer et à des fusions de compagnies. Le plan Freycinet (1878-79) coordonne la construction des petites lignes. Le réseau se répartit entre le Nord, l'Est, le P. L. M. (Paris-Lyon-Méditerranée), le P. O. (Paris-Orléans), le Midi, l'Ouest et l'État. Ces grandes compagnies rachètent les concessions faites à de petites entreprises. Après la Première Guerre mondiale, la nécessité de reconstruire le réseau français compromet l'équilibre financier de certaines compagnies. La nationalisation intervient le 1er janv. 1938 avec la création, pour une durée de 45 ans, d'une société anonyme par actions, la Société* nationale des chemins de fer français (S. N. C. F.), dont l'État détenait 51 % du capital social. Le 1er janv. 1983, un établissement public industriel et commercial a succédé à la société tout en conservant la même dénomination.

Les chemins de fer ont suivi, à l'étranger, un développement analogue, parfois plus rapide (Angleterre, Belgique). Un très grand nombre de pays ont créé des réseaux d'État ou nationalisé les anciens réseaux.

voie et construction

Les premiers chemins de fer construits en Angleterre avaient un écartement de 1,435 m, adopté par la plupart des pays européens, par l'Amérique du Nord et par la Chine. On trouve l'écartement « russe » de 1,524 m sur tout le territoire de l'ex-U .R .S .S . et en Finlande, l'écartement «espagnol» de 1,676 m dans la péninsule Ibérique mais aussi en Amérique du Sud et en Inde. Enfin, des réseaux entiers sont à voie étroite : 1,067 m au Japon et en Afrique du Sud, 1 m dans plusieurs pays africains.

La plate-forme de la voie est constituée par une surface nivelée et drainée recouverte de ballast*, sur lequel reposent des traverses qui supportent les rails, fixés à l'aide de tire-fonds et réunis entre eux à leurs extrémités par des éclisses. Les voies modernes comportent de longs rails soudés.

En France, on comptait, en 1993, 32 500 km de lignes exploitées, dont plus de 13 500 km sont électrifiés.

électrification

La traction électrique a été appliquée pour la première fois aux États-Unis, en 1895, puis en Suisse, en 1899. En France, elle a fait son apparition en 1900 sur les lignes Paris-Quai d'Orsay à Paris-Austerlitz et Paris-Invalides à Versailles. Jusqu'en 1939, elle se développa surtout dans les régions riches en énergie hydraulique du sud-ouest de la France ainsi que sur Paris-Le Mans.

Dès la fin de la Seconde Guerre mondiale, la S. N. C. F. poursuit l'électrification de son réseau à un rythme rapide. L'artère Paris-Lyon, longue de 512 km, est équipée en 1 500 V continu, ainsi que ses antennes (Lyon-Ambérieu-Culoz et Mâcon-Ambérieu). En revanche, dans le nord-est de la France, on adopte le courant monophasé à haute tension (25 000 V) et à la fréquence industrielle de 50 Hz, ce qui permet d'accélérer les électrifications en réduisant les dépenses d'investissement. La traction électrique assure plus de 85 % du trafic.

matériel

La locomotive à vapeur a constitué longtemps l'unique engin de traction avant d'être progressivement remplacée par des engins électriques et Diesel. Le matériel remorqué (voitures* et wagons*) a également bénéficié des progrès susceptibles de l'adapter aux exigences du trafic et de la vitesse, qui atteint actuellement 80 km à 90 km/h pour les trains de marchandises, 100 à 140 km/h pour les trains de messageries, 160 à 200 km/h pour les trains de voyageurs et 270 à 300 km/h pour les trains à grande vitesse (T. G. V.). En 1990, le T. G. V. a porté le record du monde de vitesse sur rail au-delà du seuil des 500 km/h. Le confort des voitures à voyageurs a été considérablement accru (suspension, éclairage, chauffage, climatisation) et de nouveaux matériels ont été mis en service (voitures Corail, voitures standards européennes et T. G. V.).

chemins de fer spéciaux

Ce sont : les *chemins de fer urbains :* métropolitain*, tramway* ; les *chemins de fer à crémaillère* ;* les *chemins de fer funiculaires** ; les *chemins de fer à voie étroite*, qui permettent l'installation économique de lignes à caractère régional (les écartements les plus répandus sont 1 m et 1,067 m) ; les *chemins de fer portatifs,* utilisés notamment dans l'industrie pour des transports à petite distance. Les rails, écartés de 0,60 m, sont rivés ou fixés à demeure sur des traverses constituant des cadres métalliques que l'on pose directement sur le sol.

réseaux

Le réseau mondial avoisine 1 250 000 km (dont près de 400 000 km en Amérique du Nord, de 250 000 km en Europe [auxquels on peut ajouter près de 140 000 km sur le territoire de l'ex-U. R. S. S.]). Le trafic mondial des marchandises est de l'ordre de 7 milliards de tonnes-kilomètres (dont la moitié dans l'ex-U. R. S. S. et près du quart en Amérique du Nord). Fortement développé dans les pays industrialisés ou pionniers (Amérique du Nord notamment) avant la Première Guerre mondiale, il a subi inégalement ensuite la concurrence croissante du transport routier (s'ajoutant à celle, parfois plus ancienne, de la voie fluviale). Il demeure souvent prépondérant pour les transports de pondéreux (minerais notamment) à longue distance (ce qui explique largement l'importance de l'ex-U. R. S. S. dans le domaine du trafic). Des améliorations techniques (traction électrique, turbotrain améliorant en particulier la vitesse), un coût énergétique relativement modeste lui ont redonné une compétitivité nouvelle, face à l'essor de la voiture et à la concurrence de l'avion (au moins pour les moyennes distances jusqu'à 500 ou 600 km) et aussi des oléoducs. En contrepartie, souvent, sur les réseaux denses, tôt développés, les lignes non rentables ont été abandonnées : le réseau français développait plus de 40 000 km immédiatement après la Seconde Guerre mondiale (moins de 33 000 aujourd'hui).

chemins de fer français *(Société nationale des)* → SOCIÉTÉ NATIONALE DES CHEMINS DE FER FRANÇAIS.

CHEMINEAU n. m. (de *chemin*). *Vx.* Vagabond, mendiant errant dans les campagnes.

CHEMINÉE n. f. (bas lat. *caminata,* de *caminus,* fourneau, du gr. *kaminos*). **1.** Dispositif maçonné comprenant, outre un foyer, un conduit de tirage et d'évacuation des gaz, des accessoires de fumisterie : *La cheminée est bouchée.* — **2.** Partie visible de cet ensemble et son revêtement décoratif, à l'intérieur d'une pièce d'habitation : *S'appuyer sur la tablette de la cheminée.* — **3.** Extrémité supérieure du conduit, en saillie sur la toiture (le terme technique est SOUCHE) : *De ma fenêtre, on découvre une forêt de cheminées.* — **4.** Conduit servant à évacuer les gaz d'une fosse, l'air vicié d'une pièce, par aspiration naturelle : *Cheminée d'aération, de ventilation.* • **Aéron.** Orifice circulaire ménagé au sommet de la voilure d'un parachute pour assurer la stabilité au cours de la descente. — **Alp.** Passage étroit plus ou moins vertical dans une paroi rocheuse, dont la largeur permet à un homme de s'y glisser. — **Comm.** Ensemble de produits présentés verticalement dans un rayon. — **Cout.** *Col cheminée,* haut col roulé, légèrement décollé du cou. — **Cuis.** Incision verticale faite dans un appareil pour en faciliter la cuisson. — **Géogr.** *Cheminée des fées,* pyramide ou colonne de terre coiffée d'une pierre qui en protège la partie supérieure. (Syn. DEMOISELLE COIFFÉE.) — **Géol.** *Cheminée diamantifère,* gîte minéralisé filonien épousant la forme de colonnes irrégulières. (Syn. PIPE.) ‖ *Cheminée volcanique,* passage utilisé par les produits volcaniques pour atteindre la surface. — **Métall.** Soufflure étroite et allongée débouchant en surface d'une pièce moulée. — **Min.** Galerie de faible diamètre très inclinée (ou même verticale), creusée dans le minerai ou le stérile et pouvant servir à l'aérage, à la circulation du personnel, à l'évacuation du minerai ou à l'amenée du remblai. ‖ *Cheminée de jet,* cheminée dans laquelle on culbute le minerai. — **Trav. publ.** *Cheminée d'équilibre,* ouvrage servant de régulateur de pression dans certaines usines hydrauliques.

CHEMINEMENT n. m. **1.** Action de cheminer ; progression lente et régulière : *Le cheminement des eaux dans le sous-sol.* — **2.** Lente progression, évolution : *Suivre le cheminement de la pensée d'un auteur.* • **Ch. de f.** Déplacement longitudinal des rails sous l'influence du passage répété d'essieux chargés ou de déformations lentes de la plate-forme qui supporte la voie. — **Chim.** Ensemble des étapes d'une réaction chimique séparant l'état initial de l'état final. — **Probab.** *Cheminement aléatoire,* courbe dans laquelle à chaque instant la distance parcourue et la direction sont déterminées par le hasard. — **Topogr.** Opération consistant à déterminer sur le terrain les coordonnées d'une ligne polygonale reliant deux points connus. (Syn. POLYGONALE.)

◆ **cheminements** n. m. pl. Ensemble des boyaux dirigés vers une place assiégée et reliant entre elles les parallèles de l'assiégeant. (Syn. APPROCHES.)

CHEMINER v. i. (de *chemin*) [conj. 3]. **1.** Suivre un chemin à pas lents et réguliers ; marcher, aller : *Nous avons cheminé longtemps.* — **2.** S'étendre qqpart selon tel ou tel tracé : *Une allée cheminait le long du mur.* — **3.** Avancer, progresser qqpart : *Un corps étranger qui chemine dans l'œsophage.* — **4.** Évoluer, progresser, faire son chemin : *Ces idées nouvelles ont longtemps cheminé dans les esprits.*

◆ v. t. Faire le cheminement d'un terrain.

CHEMINOT n. m. Agent de chemin de fer.

CHEMISAGE n. m. Action de chemiser qqch.

CHEMISE n. f. (bas lat. *camisia*). **1.** Vêtement masculin qui couvre le buste, boutonné devant, avec des manches et avec un col ou pied de col. — **2.** Papier fort en cartonnage léger plié en deux, dans lequel on classe des papiers. — **3.** Fam. *Changer de qqch comme de chemise,* en changer sans cesse, y renoncer sans peine, être versatile. ‖ Fam. *Donner, laisser jusqu'à sa dernière chemise,* se dépouiller de tout. ‖ *Être en manches, en bras de chemise,* avoir quitté sa veste. ‖ Fam. *Louer, engager, vendre sa chemise,* tout risquer, tout dépenser. ‖ Fam. *Se soucier de qqn, de qqch comme de sa première chemise,* ne pas y penser, ne pas s'en occuper du tout. • **Arm.** Revêtement métallique d'un projectile pour arme à canon rayé. — **Bât.** Revêtement d'enduit ou de maçonnerie, notamment revêtement intérieur ou extérieur d'un conduit. ‖ *Chemise de garantie,* pièce métallique située à tout emplacement des couvertures où les conditions d'étanchéité doivent être particulièrement observées. (Syn. MANCHETTE DE GARANTIE.) — **Cuis.** *En chemise,* se dit d'un mets enrobé d'une préparation spécifique qui le masque au regard. — **Habill.** *Chemise américaine,* sous-vêtement en tricot porté à même le corps. ‖ *Chemise de nuit,* vêtement de nuit long et ample porté par les femmes. — **Mécan.** Élément qui recouvre extérieurement ou intérieurement une pièce de machine, employé soit pour la soustraire à une usure prématurée, soit pour permettre la circulation d'un fluide destiné à la refroidir ou à la réchauffer. ‖ *Chemise amovible,* cylindre détachable dont sont munis certains moteurs à combustion interne. ‖ *Chemise de vapeur,* syn. de ENVELOPPE DE CYLINDRE. — **Rel.** Couverture de livre, jaquette. — **Techn.** *Chemise d'eau,* circulation d'eau autour des cylindres d'un moteur à combustion interne, d'un four.

Chemises brunes, nom donné aux membres du parti national-socialiste allemand, à cause de la couleur de l'uniforme adopté par le parti en 1925.

Chemises noires (les), nom donné aux groupements fascistes italiens *(Faisceaux de combat)* créés en 1919 par Mussolini en raison de la chemise noire que portaient leurs membres.

Chemises rouges (les), nom donné, en raison de leur uniforme, aux volontaires garibaldiens qui ont combattu soit avec Garibaldi, soit avec ses fils ou petits-fils.

CHEMISER v. t. (de *chemise*) [conj. 3]. **1.** Revêtir les parois intérieures d'un conduit au moyen d'un enduit. — **2.** Tapisser l'intérieur d'un moule d'une substance (glace, gelée) ou d'un appareil (biscuits) destinés à recouvrir la préparation lorsqu'elle est démoulée. — **3.** Poser une chemise autour d'un projectile. — **4.** Fixer une fourrure en acier mince dans un cylindre de moteur thermique.

CHEMISERIE n. f. **1.** Fabrique, magasin de chemises. — **2.** Industrie, marchandises du chemisier.

CHEMISETTE n. f. **1.** Chemise d'homme légère, à manches courtes, à col ouvert. — **2.** Corsage léger.

CHEMISIER, ÈRE n. Personne qui fait ou vend des chemises.

◆ **chemisier** n. m. **1.** Corsage de femme dont la coupe s'inspire de la chemise d'homme. — **2.** *Col chemisier,* col droit à pointes, rapporté à l'encolure. ‖ *Robe chemisier,* robe droite dont le corsage rappelle une chemise d'homme.

CHEMNITZ, de 1953 à 1990 **Karl-Marx-Stadt,** v. d'Allemagne (Saxe) ; 280 744 hab. Sur la bordure nord des monts Métallifères et sur la rivière Chemnitz (qui lui donna son nom), la ville, née au XIIe s., est depuis le XIXe s. un grand centre industriel (métallurgie de transformation, textile, alimentation). Église du Château (XIIe et XVIe s.). Musées.

CHÉMOCEPTEUR [ke-] ou **CHIMIOCEPTEUR, TRICE** adj. et n. m. Se dit d'un organe ou d'un groupe de cellules sensible à certains stimulus chimiques, auxquels il réagit soit par un message sensitif (goût, odeur), soit par un réflexe régulateur (glomus carotidien, hypothalamus).

CHEMULPO → INCHON.

CHENĀB (la), riv. de l'Inde et du Pākistān, l'une des cinq grandes rivières du Pendjab ; 1 210 km. Elle coule d'abord entre le Grand Himālaya et le Pir Panjāl, qu'elle franchit ensuite par une gorge. Elle conflue avec la Sutlej (formant alors le Panjnad, grand affluent de l'Indus). Elle alimente plusieurs réseaux d'irrigation.

CHÊNAIE n. f. Forêt composée surtout de chênes.

CHENAL n. m. (anc. fr. *chanel,* avec l'infl. de *canal,* du lat. *canalis*). **1.** Passage resserré entre des terres ou des hauts-fonds, utilisé par la navigation. (Syn. CANAL.) — **2.** Accès naturel ou artificiel à un port maritime. (Il est souvent entretenu par dragage et délimité par des bouées de signalisation.) [On dit aussi CHENAL DE NAVIGATION.] — **3.** Dépression allongée sur le fond de la mer servant de voie de transit pour l'eau et les sédiments. (Syn. GOULET.) — **4.** Canal de coulée dans un four métallurgique. — **5.** *Chenal vocal,* syn. de CONDUIT VOCAL.

CHENAPAN n. m. (all. *Schnapphahn,* maraudeur). **1.** Individu sans moralité, prêt à tous les mauvais coups ; vaurien. — **2.** Terme de reproche affectueux adressé à un enfant.

CHEN DUXIU ou **TCH'EN TOU-SIEOU,** militant marxiste chinois (Huaining, prov. d'Anhui, 1879 - près de Chongqing, prov. du Sichuan, 1942). Il fut à l'origine de l'implantation du mouvement marxiste dans le milieu étudiant ; il a été secrétaire du parti communiste chinois (1921-1927), avant d'en être exclu.

CHÊNE n. m. (anc. fr. *chasne,* du gaul. **cassanus*). Arbre capable d'une grande longévité, aux fruits (glands) enchâssés dans une cupule, et commun dans toute l'Europe de l'Ouest et en Amérique du Nord, tant dans les forêts naturelles que dans celles où les sylviculteurs l'ont semé ou planté.
ENCYCL. Les deux espèces les plus communes en France sont le *chêne rouvre,* aux feuilles pétiolées mais aux glands sans pédoncule, et le *chêne pédonculé,* aux feuilles sans pétiole mais aux glands pédonculés ; l'un et l'autre ont des feuilles lobées. Ces arbres peuvent dépasser 40 m de haut et 300 ans d'âge, mais on les coupe vers

150-200 ans. Le *chêne pubescent,* ou *chêne blanc* du midi de la France, beaucoup plus petit, peut nourrir des truffes (chêne truffier). Le dessous de ses feuilles est duveteux. La culture du *chêne rouge d'Amérique,* aux feuilles d'automne rouges, tend à se répandre en Europe. Le *chêne vert,* ou *yeuse* du Midi, est une essence à feuilles persistantes, au bois très lourd. Le *chêneliège* ne pousse bien en France que dans le Midi non calcaire. Diverses espèces de chênes qui renferment du tanin sont utilisées pour le tannage des peaux.

CHÊNE, localité de l'est de l'agglomération de Genève (Suisse), comprenant les communes de *Chêne-Bougeries* et *Chêne-Bourg.* Env. 15 000 hab. Entre Genève et Annemasse, quartiers industriels (chimie, métallurgie) et résidentiels.

CHÉNEAU n. m. (altér. de *chenau,* forme dialect. de *chenal*). Canal situé à la partie inférieure d'un pan de toiture pour en recueillir les eaux et les évacuer par des gargouilles ou des tuyaux de descente. (Il est creusé dans la corniche du mur gouttereau, ou posé sur celle-ci.)

CHÊNEDOLLÉ (Charles Julien LIOULT DE SAINT-MARTINDON, dit), poète français (Vire 1769-Le Coisel 1833). Son poème philosophique *le Génie de l'homme* (1807) marque une transition entre le classicisme et le romantisme.

CHÊNE-LIÈGE n. m. (pl. *chênes-lièges*). Espèce de chêne des régions méditerranéennes occidentales, dont le liège atteint une très grande épaisseur permettant son exploitation industrielle.

CHENET n. m. (de *chien*). Chacun des deux supports de métal, composés généralement de deux parties, la tête (souvent décorée) et la tige, que l'on dispose de part et d'autre du foyer d'une cheminée pour surélever les bûches et permettre le tirage.

CHÈNEVIÈRE n. f. (lat. pop. **canaparia,* de *canapus,* chanvre). Champ où l'on cultive habituellement le chanvre. (Syn. CANNEBIÈRE ou CANEBIÈRE.)

CHÈNEVIS [-vi] n. m. (lat. pop. **canaputium,* de *canapus,* chanvre). Graine de chanvre, parfois utilisée pour nourrir les oiseaux de cage.

CHENEVIXITE n. f. Arséniophosphate hydraté naturel de fer et de cuivre.

CHÈNEVOTTE n. f. (de *chènevis*). Partie ligneuse du chanvre, qui subsiste après qu'on a enlevé la filasse.

CHENG → SHENG.

CHENGDU ou **TCH'ENG-TOU,** v. de Chine, cap. du Sichuan ; 2 840 000 hab. Vieux quartiers pittoresques. Centre industriel (métallurgie, textile) et marché dans le Bassin rouge, relié au Yangzi Jiang par le rail et point de départ des routes conduisant au Tibet et au Yunnan.

CHÉNIER (André DE), poète français (Constantinople 1762 - Paris 1794). Lancé dans le journalisme politique, il milite à la « Société de 89 », de tendance modérée. Mais ses pamphlets, publiés dans *le Moniteur* et dans *le Journal de Paris,* et ses poèmes antijacobins le rendent bientôt suspect ; incarcéré à Saint-Lazare (1794), où il écrit ses *Iambes**, chef-d'œuvre de la satire politique, ses *Odes* et l'élégie *À la jeune captive,* il sera guillotiné deux jours avant la chute de Robespierre. Publiées en 1819 et accueillies avec enthousiasme, ses *Bucoliques* et ses *Élégies* révèlent son admiration pour la poésie grecque, tandis que son intérêt pour la philosophie du XVIIIe s. s'exprime dans ses poèmes didactiques inachevés *l'Hermès* et *l'Invention.* — Son frère MARIE-JOSEPH (Constantinople 1764 - Paris 1811), membre de la Convention, parolier du *Chant* du départ,* est l'auteur de tragédies (*Charles IX,* 1789).

CHENIL [-ni ou -nil] n. m. (lat. pop. **canile,* de *canis,* chien). **1.** Logement pour les chiens, composé d'un abri couvert et d'un espace clos en plein air. — **2.** Lieu où on élève, où on dresse et où on vend les chiens. — **3.** *Litt.* Taudis, endroit sale, malpropre. — **4.** En Suisse, désordre ; objets sans valeur.

CHENILLARD n. m. Tracteur à chenilles.

CHENILLE n. f. (lat. *canicula,* petite chienne). **1.** Forme larvaire des insectes de l'ordre des lépidoptères. (L'adulte est le *papillon ;* la nymphe, la *chrysalide.*) [→ *encycl.*] — **2.** Bande sans fin souple, à maillons métalliques ou en caoutchouc liés et articulés par des axes à chacune de leurs extrémités, interposée entre le sol et les roues d'un véhicule pour assurer la traction dans des terrains à faible coefficient d'adhérence. (→ *encycl.*) • **Hortic.** Petit tunnel constitué d'arceaux recouverts d'un film transparent de matière plastique et abritant une culture. — **Text.** Passementerie faite d'un étroit ruban de soie effilé et tordu sur lui-même, employé dès la fin du XVIIe s. dans le costume et l'ameublement. ‖ Fil fantaisie formé par des brins de soie pris dans chaque torsion de fils de coton ou de soie. ‖ Fil retors portant des poils plus ou moins longs.

ENCYCL. Presque toutes les chenilles se nourrissent des feuilles de la plante sur laquelle l'œuf a été pondu, ainsi que des autres plantes de la même espèce, parfois exclusivement. Leur croissance est extrêmement rapide. Les chenilles ont, comme l'adulte, trois paires de pattes thoraciques articulées, généralement complétées par cinq paires d'appendices abdominaux non articulés, fonctionnant comme des ventouses ou des pinces. Charnues, vermiformes, parfois couver-

tes de poils urticants, elles se déplacent en rampant ou en arpentant le support. Leurs glandes salivaires permettent à certaines espèces (« ver à soie ») de tisser un cocon de soie pour s'y nymphoser. La vie d'une chenille est, dans bien des espèces, beaucoup plus longue que celle du papillon qu'elle deviendra, et son poids final nettement supérieur.
— **Techn.** Le système de la chenille, appliqué (fin XIXe s.) d'abord sur des tracteurs agricoles, assure une bonne adhérence, une pression au sol réduite, un franchissement plus facile des obstacles. Adopté en France et en Grande-Bretagne pendant la Première Guerre mondiale pour équiper les chars, il fut ensuite utilisé sur de nombreux véhicules militaires et sur certains engins de travaux publics.

CHENILLÉ, E adj. **1.** Se dit d'un véhicule propulsé et dirigé au moyen de chenilles. — **2.** Se dit d'une figure de fil de bois montrant une multitude de petites taches allongées.

CHENILLETTE n. f. (de *chenille*). **1.** Véhicule léger à chenilles, avec ou sans armement léger et faiblement blindé. — **2.** Engin à chenilles conçu pour le damage des pistes enneigées.

CHENIN n. m. Cépage cultivé dans les vignobles du bassin de la Loire et qui fournit les vins de Vouvray.

CHÉNIQUE adj. Syn. de CHÉNODÉSOXYCHOLIQUE.

CHEN KAIGE, cinéaste chinois (Pékin 1952). Avec les cinéastes de sa génération, Chen Kaige se bat pour un cinéma chinois différent, novateur par son souci d'élaboration esthétique, rigoureux, plus libre pour une expression personnelle dégagée des contraintes de l'idéologie. Une thématique sur les rapports de l'individu à la collectivité et l'institution, sur l'intégration au groupe et l'éducation traverse ses réalisations : *Terre jaune* (1984), *la Grande Parade* (1985), *le Roi des enfants* (1987), *la Vie sur un fil* (1991), *Adieu ma concubine* (1993).

CHENNAULT (Claire Lee), général d'aviation américain (Commerce, Texas, 1890 - La Nouvelle-Orléans 1958). En 1941, il mit sur pied, en Chine, un corps de pilotes américains volontaires, surnommés les *Tigres volants.* Il commanda, jusqu'en 1945, la 14e force aérienne engagée en Chine. En 1954, il prêta son concours au commandement français en Indochine pendant la bataille de Diên Biên Phu.

CHENNEVIÈRES-POINTEL (Philippe, *marquis* DE), historien d'art français (Falaise 1820 - Paris 1899). Inspecteur des musées de province (1852), puis directeur des Beaux-Arts (1874), il entreprit la publication des *Archives de l'art français* (1851) et forma le projet d'un *Inventaire général des richesses d'art de la France.*

CHENNEVIÈRES-SUR-MARNE (94430), ch.-l. de cant. du Val-de-Marne, à 13 km à l'E.-S.-E. de Paris ; 17 886 hab. *(Canavérois).* Église en partie du XIIIe s.

CHÉNODÉSOXYCHOLIQUE [keno-] adj. Se dit d'un acide biliaire constituant normal de la bile qui, diminuant la concentration en cholestérol de celle-ci, sert au traitement des calculs des sujets lithiasiques. (Syn. CHÉNIQUE.)

CHENONCEAUX (37150), comm. d'Indre-et-Loire, à 12 km au S.-E. d'Amboise ; 317 hab. Élégant château (« Chenonceau ») construit de 1515 à 1522 au bord du Cher ; Diane de Poitiers y ajouta un pont, sur lequel Catherine de Médicis fit élever, vers 1580, deux étages de galeries. (Mobilier, tapisseries, peintures.)

CHÉNOPODE [ke-] n. m. (lat. *chenopodium,* du gr. *khênopous,* patte d'oie). Herbe voisine de l'épinard telle que le bon-Henri et le thé du Mexique. (*Chenopodium ambrosioides* [feuilles, fleurs et fruits] fournit une essence constituée à 80 % par l'ascaridol et qui possède une action vermicide sur les parasites de l'intestin.)

CHÉNOPODIACÉE [ke-] n. f. Nom de famille de plantes telles que l'épinard, le chénopode, l'arroche et la betterave, plantes sans pétales, souvent des terrains salés ou nitratés, de petite taille.

CHENÔVE (21300), ch.-l. de cant. de la Côte-d'Or, banlieue sud de Dijon ; 17 865 hab. Cuverie et pressoirs des ducs de Bourgogne. Industries mécaniques et chimiques.

CHEN-SI → SHAANXI.

CHEN-TAO → SHENDAO.

CHEN TCHEOU → SHEN ZHOU.

CHENU, E adj. (lat. pop. *canutus,* du lat. class. *canus,* blanc). *Litt.* **1.** Blanchi par l'âge : *Vieillard chenu.* — **2.** Se dit d'un arbre dont la cime se dépouille.

CHENU (Marie Dominique), dominicain et théologien français (Soisy-sur-Seine 1895 - Paris 1990). Animateur de l'école théologique du Saulchoir (1920-1942), il a renouvelé par l'histoire et la sociologie la théologie thomiste. On lui doit notamment : *Pour une théologie du travail* (1955) ; *Peuple de Dieu dans le monde* (1966).

CHEN-YANG → SHENYANG.

CHEN YUN ou **TCH'EN YUN,** homme politique et économiste chinois (Qingpu, prov. du Jiangsu, 1905-Pékin 1995). Entré au bureau politique du parti communiste en 1933, président de la commission des affaires économiques, vice-Premier ministre en 1958, il fut vice-président du parti communiste en 1960 et contribua à organiser l'industrie chinoise. Attaqué lors de la Révolution culturelle, il rétrograda dans la hiérarchie du parti en 1966. Réhabilité en 1978, il fut membre du comité permanent du Bureau politique jusqu'en 1987.

CHÉOPS → KHEOPS.

CHÉPHREN → KHEPHREN.

CHEPTEL [ʃɛptɛl] n. m. (anc. fr. *chetel,* altér. de *chatel,* du lat. *capitalis,* principal, de *caput,* tête). **1.** Ensemble du bétail d'un pays, d'une exploitation agricole. — **2.** Ensemble des animaux d'une catégorie de bétail dans une exploitation, un pays : *Un important cheptel bovin.* — **3.** Contrat par lequel le propriétaire d'un fonds de bétail le remet à une autre personne, sous des conditions convenues entre eux, pour le garder, le nourrir et le soigner. (On dit aussi BAIL À CHEPTEL.) — **4.** Litt. *Cheptel humain,* les hommes considérés comme une main-d'œuvre servile. ‖ *Cheptel mort,* ensemble du matériel d'une exploitation agricole, par oppos. au bétail, qui constitue le *cheptel vif.*

CHÉQUABLE adj. Se dit d'un compte grâce auquel on peut tirer des chèques.

CHÈQUE n. m. (angl. *check*). **1.** Mandat de paiement tiré sur un banquier ou sur un établissement financier assimilé, qui constitue la forme moderne des règlements et dont la loi rend, dans certains cas, l'emploi obligatoire. (→ *encycl.*) — **2.** Suivi, avec ou sans trait d'union, d'un nom, indique sa destination : *Chèque cadeau. Chèque-ristourne.* — **3.** *Chèque d'assignation,* chèque postal utilisé par le titulaire du compte pour ses retraits de fonds ou pour ses paiements à des personnes non titulaires d'un compte de chèque postal. ‖ *Chèque en blanc,* chèque signé par le tireur sans indication de somme ; autorisation donnée à qqn d'agir à sa guise, de décider par lui-même. ‖ Fam. *Chèque en bois,* sans provision. ‖ *Chèque circulaire,* chèque qui peut être présenté aux guichets de toutes les succursales d'une banque ou de ses correspondants à l'étranger. ‖ *Chèque documentaire,* chèque qui ne peut être payé que s'il est présenté en même temps qu'un ou plusieurs autres documents (connaissement, facture, police d'assurance, etc.). ‖ *Chèque à ordre,* chèque comportant le nom du bénéficiaire, précédé de la clause « à ordre », et transmissible par endossement. ‖ *Chèque postal,* chèque que tire le titulaire d'un compte courant postal (→ *encycl.*) ‖ *Chèque de virement,* chèque postal utilisé par le titulaire d'un compte pour ses règlements à des personnes elles-mêmes titulaires d'un compte de chèque postal. ‖ *Chèque de voyage,* chèque circulaire établi et imprimé pour un montant déterminé par le banquier et remis au client qui se déplace dans son pays ou à l'étranger. (Le client appose sa signature sur le chèque lorsqu'il lui est remis, puis au moment du paiement.) [Syn. TRAVELLER'S CHECK ou TRAVELLER'S CHEQUE.]

ENCYCL. D'origine italienne (XIVe s.), le chèque s'est développé dans les pays anglo-saxons (XVIIIe s.) avant de pénétrer en Europe continentale, au XIXe s. En France, il a été introduit en 1865. Son succès tient à la sécurité qu'il procure comme mode de paiement et à son rôle de monnaie scripturale. Le chèque permet au tireur de donner l'ordre au tiré de payer, à vue, à lui-même ou à un tiers (porteur ou bénéficiaire), une somme déterminée. La loi de 1979 a généralisé l'usage du chèque barré.
Les *chèques postaux,* créés en France en 1918, ont connu un développement important. Ils peuvent être utilisés comme des chèques ordinaires ou comme des virements au bénéfice d'autres titulaires d'un compte chèque postal. Les centres de chèques postaux jouent un rôle analogue à celui des banques.

CHÈQUE-DÉJEUNER n. m. (pl. *Chèques-Déjeuner*). Nom déposé d'une sorte de titre-restaurant.

CHÈQUE-RESTAURANT n. m. (pl. *Chèques-Restaurant*). Nom déposé d'une sorte de titre-restaurant.

CHÈQUE-RISTOURNE n. m. (pl. *chèques-ristournes*). Coupon remis par un vendeur à un consommateur potentiel, à valoir sur un futur achat.

Chequers, propriété du Buckinghamshire, à 50 km de Londres, et qui sert de maison de campagne au Premier ministre en exercice.

CHÈQUE-VACANCES n. m. (pl. *chèques-vacances*). Titre permettant à un travailleur de bénéficier de vacances à un prix réduit, une partie du coût de celles-ci étant supportée par l'employeur.

CHÉQUIER n. m. Carnet de chèques.

1. CHER, CHÈRE adj. (lat. *carus*). **1.** Qui est l'objet d'un grand attachement ou qui occupe une place privilégiée : *Des formules chères aux hommes politiques. Il nous était plus cher qu'un frère.* — **2.** Pour qui on éprouve une vive tendresse, un grand attachement : *Elle retrouva ses chères habitudes.* — **3.** S'emploie dans les formules de politesse avec ou sans l'adj. poss. : *Mon cher ami.* — **4.** *Êtres chers,* personnes qui nous sont très proches. ‖ *Mon cher, ma chère,* cher ami, chère amie.

2. CHER, CHÈRE adj. (de *cher 1*). **1.** Qui est d'un prix élevé, qui est coûteux : *Les premières fraises sont chères.* — **2.** Qui vend des objets ou qui fournit des services à un prix élevé : *Un petit restaurant pas cher.* — **3.** Qui exige des dépenses élevées : *C'est de plus en plus cher de se loger.* – **4.** *La vie chère,* situation où les produits de consommation, les loyers, etc., sont trop élevés par rapport au pouvoir d'achat de la population. ◆ adv. **1.** À un prix élevé : *Un article qui coûte cher.* – **2.** Au prix de grands sacrifices, de sérieux désagréments : *Acheter cher son indépendance.* – **3.** *Donner cher pour,* accorder beaucoup (s'emploie pour exprimer un vif souhait). ‖ *Ne pas donner cher de,* considérer que qqch n'a pas grande valeur ou n'est pas sûr, stable, de confiance, etc. ‖ *Ne valoir pas cher,* être peu estimable, de peu de valeur.

CHER (le), affl. de la Loire (r. g.), long de 350 km et drainant un bassin de près de 14 000 km². Né en Combrailles, le Cher passe à Montluçon, Vierzon, Chenonceaux, dans le sud de Tours et rejoint la Loire près de Langeais. Sa vallée a été empruntée par le canal du Berry.

CHER (18), dép. de la Région Centre ; ch.-l. de dép. *Bourges* ; ch.-l. d'arrond. *Saint-Amand-Montrond, Vierzon ;* 3 arrond. ; 35 cant. ; 290 comm. ; 7 235 km² ; 321 559 hab. *(Berrichons).* Le dép. appartient à l'académie d'Orléans-Tours, à la cour d'appel de Bourges, à la région militaire Atlantique.
S'étendant sur la majeure partie du Berry et sur une partie de la Sologne, il se consacre aux cultures du blé (Champagne berrichonne) et de la vigne (Sancerrois), ainsi qu'à l'élevage bovin (Boischaut, vallée de Germigny). L'industrie (métallurgie surtout) est de tradition ancienne à Bourges et à Vierzon. Centrale nucléaire à Belleville-sur-Loire.

CHERBOURG (50100), ch.-l. d'arrond. de la Manche, dans le nord du Cotentin, sur la Manche, entre les péninsules de la Hague et du Val de Saire ; 28 773 hab. *(Cherbourgeois).* Cherbourg, deuxième ville de Basse-Normandie, est surtout un port militaire, un port de pêche, un port de passagers en direction de l'Angleterre, un centre industriel (arsenal avec constructions navales [dont les sous-marins nucléaires], constructions électriques et mécaniques). École des applications militaires de l'énergie atomique. La ville est l'élément principal d'une agglomération de plus de 90 000 habitants.
– **Hist.** La fortification de la ville, entreprise par Vauban en 1686, se poursuivit, suite à la défaite de la Hougue (1692). L'édification d'une digue de 3 700 m, entreprise sous Louis XVI, fut achevée en 1858. Le port servit au débarquement des Anglais et des Américains lors de la Première Guerre mondiale. Occupée le 18 juin 1940 par les Allemands, qui en firent une base de navires légers, Cherbourg fut en 1944 l'enjeu des débarquements aéroportés. Elle fut libérée le 26 juin 1944 par les Américains.
– **Bx-arts.** Église de la Trinité, du XVᵉ s. Musées, dont le musée Thomas-Henry (peintures des écoles européennes et française ; portrait par J.-F. Millet).

CHERBULIEZ (Victor), écrivain français (Genève 1829 - Combs-la-Ville, Seine-et-Marne, 1899). Il illustra le cosmopolitisme littéraire dans ses romans (*le Comte Kostia,* 1863) et ses essais (*l'Art et la Nature,* 1892). [Acad. fr., 1881.]

1. CHERCHE n. f. (de *cerce*). Sorte de calibre servant à tailler une pierre selon une courbe complexe.

2. CHERCHE n. f. (de *chercher*). *Être à cherche,* n'avoir pas fait de points ou de levées dans une partie.

CHERCHE-FICHE n. m. inv. Outil servant à extraire du bois l'aile d'une fiche.

CHERCHELL, v. d'Algérie sur la Méditerranée, à l'O. d'Alger ; 36 800 hab. Ruines romaines ; riche musée archéologique (sculptures et mosaïques notamment).
– **Hist.** Résidence principale de Juba II, qui lui donna le nom de *Caesarea* (Césarée) en 25 av. J.-C., la ville devint un foyer de culture grecque et latine avant même son annexion par Rome (42 apr. J.-C.), qui en fit la capitale de la Mauritanie* Césarienne.

Cherchell *(entrevue de)* [21 et 22 oct. 1942], entrevue au cours de laquelle le général américain Clark, le ministre Murphy et le général français Mast préparèrent le débarquement allié en Afrique du Nord (8 nov. 1942).

Cherche-Midi *(prison du),* établissement pénitentiaire militaire installé à Paris, rue du Cherche-Midi, de 1853 jusqu'à sa démolition, en 1961.

CHERCHER v. t. (anc. fr. *cerchier,* du bas lat. *circare,* aller autour) [conj. 3]. **1.** Se déplacer, parcourir un lieu, faire des efforts pour trouver ou retrouver qqch ou qqn qui se trouve à un endroit inconnu ou oublié : *Chercher une facture égarée.* – **2.** Fouiller un lieu : *Cherche dans tes poches.* – **3.** Faire des efforts pour obtenir un renseignement : *Chercher le sens d'un mot dans un dictionnaire.* – **4.** Essayer de découvrir, de trouver la chose ou la personne dont on a besoin et qui conviendrait : *Chercher une secrétaire, chercher du travail.* – **5.** Faire des efforts intellectuels pour se souvenir de qqch : *Chercher le nom d'un vieil ami.* – **6.** Réfléchir pour essayer de découvrir qqch par l'esprit, d'en avoir l'idée, la connaissance : *Chercher la solution d'un problème.* – **7.** Réfléchir, faire appel à sa mémoire : *Cherche encore, tu trouveras.* – **8.** Mettre tout en œuvre pour se trouver dans telle ou telle situation : *Il ne cherche que son avantage dans cette affaire. Chercher la bagarre.* – **9.** S'efforcer de faire qqch :

Chercher à séduire quelqu'un. — **10.** *Fam.* Provoquer qqn : *Quand on me cherche, on me trouve.* — **11.** *Chercher + n. sans article,* forme de nombreuses locutions : *chercher querelle, fortune, refuge, etc.* — **12.** *Aller, venir chercher qqn, qqch (qqpart),* se rendre dans un lieu pour y trouver qqch, y rencontrer qqn et les rapporter ou les ramener qqpart. ‖ Fam. *Aller chercher dans les, aller chercher loin,* atteindre un total de, atteindre un total important (surtout en parlant d'un prix, de la durée d'une peine). ‖ Fam. *Chercher des ennuis, des histoires, des crosses, etc.,* susciter des difficultés à qqn. ‖ *Chercher des yeux, du regard,* regarder attentivement autour de soi pour y trouver qqn, qqch. ‖ Fam. *L'avoir cherché,* avoir tout fait pour s'attirer les ennuis que l'on a. ‖ Fam. *Qu'est-ce que vous allez chercher (là) ?,* ce que vous dites est le produit de votre imagination.
◆ v. t. ind. *Chercher après qqn,* essayer de le découvrir ; le provoquer.
◆ **se chercher** v. pr. **1.** Essayer de se rencontrer, de se comprendre, d'être en accord : *Deux cœurs qui se cherchent.* — **2.** Essayer de trouver, pour l'assumer, sa vraie personnalité, sa voie, etc. — **3.** *Fam.* S'affronter, vouloir s'agresser.

CHERCHEUR, EUSE n. **1.** Personne qui cherche qqch : *Les chercheurs de trésors.* — **2.** Personne qui effectue des recherches d'ordre scientifique, qui appartient à un organisme de recherche.
◆ adj. **1.** *Litt.* Qui est curieux, avide de découvertes. — **2.** *Tête chercheuse,* partie antérieure d'un projectile, d'un missile dotée d'un dispositif électronique permettant de diriger sa trajectoire sur l'objectif.
◆ **chercheur** n. m. **1.** Lunette auxiliaire, montée parallèlement au tube d'un télescope ou d'une lunette astronomique de plus grand diamètre afin de diriger plus commodément l'instrument sur l'astre à observer. — **2.** *Chercheur de comètes,* lunette à grand champ et faible grossissement utilisée pour la recherche de comètes. ‖ *Chercheur de nord,* gyroscope maintenu en station horizontale et servant à indiquer la direction du nord géographique. (On l'utilise pour la mise en batterie des matériels d'artillerie, pour l'alignement des systèmes de guidage inertiel des missiles, etc.)

CHÈRE n. f. (bas lat. *cara,* visage, du gr. *kara*). **1.** *Litt.* Les mets considérés sous le rapport de la qualité : *La chère était fine, abondante.* — **2.** *Faire bonne, mauvaise chère,* faire un bon, un mauvais repas.

CHÉREAU (Patrice), metteur en scène français (Lézigné, Maine-et-Loire, 1944). Directeur, de 1972 à 1981, avec Roger Planchon et Robert Gilbert, du Théâtre national populaire et, de 1982 à 1990, du Théâtre des Amandiers à Nanterre, il conjugue dans ses mises en scène recherche plastique et perspective politique (*Lear,* 1975 ; *Peer Gynt,* 1981 ; *les Paravents,* 1983 ; *Dans la solitude des champs de coton,* de Bernard-Marie Koltès, 1987 et 1995 ; *Hamlet,* 1988 ; *le Temps et la chambre,* de Botho Strauss, 1991). Il conçoit également des mises en scène d'opéra (*le Ring,* à Bayreuth, 1976-1980). Au cinéma, il a notamment réalisé *l'Homme blessé* (1983) et *la Reine Margot* (1994).

CHÉRELLE n. f. Jeune fruit du cacaoyer.

1. CHÈREMENT adv. (de *cher 1*). *Litt.* Avec tendresse : *Conserver chèrement un souvenir.*

2. CHÈREMENT adv. (de *cher 2*). **1.** Moyennant de gros sacrifices : *Une maison chèrement acquise.* — **2.** *Vendre chèrement sa vie* ou, fam., *sa peau,* mourir courageusement en causant de lourdes pertes à ses ennemis.

CHEREMETEV, famille noble russe, dont les boyards et les comtes (depuis 1706) jouèrent un rôle éminent en Russie du XVIe au XXe s. Propriétaires terriens les plus riches de Russie, ils devinrent aux XVIIIe-XIXe s. les promoteurs de l'industrie textile de la région d'Ivanovo. — BORIS PETROVITCH (1652-Moscou 1719), comte, feldmaréchal et diplomate, servit Pierre le Grand. Pendant la guerre du Nord, il remporta les victoires d'Erestfer (1701) et de Hummelshof (1702), prit Dorpat (1704), participa à la bataille de Poltava (1709) et conquit Riga (1710).

Cheremetievo, aéroport de Moscou, au N.-N.-O. de la capitale.

CHÉRET (Jules), peintre et affichiste français (Paris 1836 - Nice 1932). Introducteur en France (1866) de la chromolithographie industrielle, mise au point en Angleterre, il développa un art de l'affiche, notamment pour le spectacle (*Loïe Fuller,* 1893 et 1897), caractérisé par l'élégance dynamique du graphisme et la gaieté des couleurs. (Musée Jules-Chéret à Nice.)

CHERFAIX [ʃɛrfɛ] n. m. Nom courant des larves de phryganes employées comme appâts pour la pêche.

CHERGUI n. m. Sirocco qui souffle sur le Maroc.

CHERGUI (*chott* **ech-**), dépression fermée, occupée par une étendue d'eau peu profonde et à l'extension variable, dans l'ouest de l'Algérie.

1. CHÉRI → CHÉRIR.

2. CHÉRI, E n. **1.** Personne tendrement aimée. — **2.** Personne préférée aux autres ; chouchou.

CHÉRIF n. m. (ar. *charīf,* noble). Chez les musulmans, descendant de Mahomet par 'Alī et Fāṭima. (Syn. SAYYID.)

CHÉRIFAT n. m. **1.** Qualité de chérif. — **2.** Pays gouverné par un chérif.

CHÉRIFIEN, ENNE adj. **1.** Qui concerne le chérif. — **2.** Se dit de la dynastie régnante au Maroc.

chérifien *(ordres du Mérite),* ordres marocains créés en 1910 (militaire) et en 1924 (civil).

CHÉRIMOLE n. f. Fruit du chérimolier.

CHÉRIMOLIER n. m. Petit arbre (anonacée) des régions tropicales, aux fruits savoureux.

CHÉRIR v. t. (de *cher*) [conj. **32**]. **1.** Aimer tendrement qqn : *Mère qui chérit ses enfants.* — **2.** Être profondément attaché à qqch, avoir un goût particulier ou une certaine complaisance pour qqch : *Chérir une idée.* — **3.** *Chérir la mémoire, le souvenir de qqn,* les vénérer.

◆ **être chéri** v. pass. **1.** Être tendrement aimé : *Enfant chéri.* — **2.** Être l'objet d'un grand attachement : *Liberté chérie.*

CHERMES [kɛrmɛs] n. m. (ar. *qirmiz,* cochenille). Puceron gallicole du pin, au cycle reproductif complexe.

CHERNÈTE [kɛr-] n. m. Syn. de PSEUDOSCORPION.

CHERNOZEM ⟶ TCHERNOZEM.

CHEROKEE n. m. Langue indienne du groupe iroquois.

◆ adj. *Syllabaire cherokee,* système d'écriture servant à transcrire le cherokee. (Inventé en 1821, il est constitué de 86 symboles.)

CHEROKEES, Indiens d'Amérique du Nord, appartenant au groupe linguistique iroquois. Ils vivent aujourd'hui dans l'Oklahoma et en Caroline du Nord.

CHÉRON (François), graveur en médailles français (Lunéville 1635 - Paris 1698). La carrière de ce représentant du courant baroque de la médaille se partagea entre la cour pontificale de Rome et la cour française (à partir de 1675).

Chéronée *(batailles de),* batailles qui eurent lieu à Chéronée, en Béotie. En 338 av. J.-C., Philippe de Macédoine l'emporta sur les armées confédérées de Thèbes et d'Athènes, assurant la domination macédonienne sur la Grèce entière. — En 86 av. J.-C., Sulla vainquit l'armée de Mithridate VI, roi du Pont.

CHÉROT adj. inv. et adv. *Pop.* Cher, coûteux.

CHÉROUB [ke-] ou **KÉROUB** n. m. Figure composite du génie gardien du seuil, qu'on trouve chez les Mésopotamiens et chez les Assyriens.

CHÉROY (89690), ch.-l. de cant. de l'Yonne, dans le Gâtinais ; 1 330 hab. Grange aux dîmes du XIIIe s.

CHERRAPUNJI ou **TCHERRAPOUNDJI,** localité de l'Inde (Meghalaya), au S. de Shillong. On y enregistre l'une des plus fortes moyennes annuelles de précipitations (de l'ordre de 10 m).

CHERRY n. m. (pl. *cherrys* ou *cherries*) ou **CHERRY-BRANDY** n. m. (pl. *cherry-brandies*) [angl. *cherry-brandy*]. Eau-de-vie de cerise.

CHERSONÈSE, en gr. **Khersonêsos** (du gr. *khersos,* continent, et *nêsos,* île), nom donné par les Grecs à plusieurs péninsules, dont les plus connues étaient la Chersonèse Taurique (auj. la Crimée) et la Chersonèse de Thrace (auj. la presqu'île de Gallipoli).

CHERSONÈSOS, en gr. **Khersonêsos,** cité de la Chersonèse Taurique (Crimée), près de l'actuelle Sébastopol. Fondée vers 600 av. J.-C., elle demeura une florissante ville grecque jusqu'à l'époque byzantine, où elle prit le nom de *Khersôn.*

CHERT n. m. (mot angl.). Terme général désignant des roches sédimentaires siliceuses formées de calcédoine ou d'opale (chailles, silex, jaspes, etc.).

CHERTÉ n. f. (de *cher,* d'apr. le lat. *caritas*). **1.** Caractère de ce qui est cher, coûteux ou qui exige de lourdes dépenses ; prix élevé de qqch : *La cherté du blé.* — **2.** Vie chère : *Une période de cherté.*

CHÉRUBIN n. m. (hébr. *kerubim*, pl. de *kerub*). **1.** Nom donné dans la tradition chrétienne à une catégorie d'anges. (Les chérubins ont été généralement représentés comme des anges sans corps, réduits à une tête ailée.) — **2.** *Fam.* Enfant joli et frais.

Chérubin, personnage du *Mariage de Figaro* de Beaumarchais : type de l'adolescent qui s'éveille à l'amour.

CHERUBINI [ke-] (Luigi), compositeur italien (Florence 1760 - Paris 1842). Après avoir étudié à Bologne, il se fixa à Paris. Surintendant de la chapelle de Louis XVIII (1816) et professeur de composition au Conservatoire de Paris, il en fut nommé directeur en 1822. Maître du contrepoint et de l'harmonie, il a écrit des sonates, 6 quatuors à cordes, des opéras (*Médée,* 1797) et a excellé dans la musique religieuse (messes solennelles, 2 requiems).

CHÉRUEL (Pierre), historien français (Rouen 1809-Paris 1891), auteur d'un *Dictionnaire historique des institutions, mœurs et coutumes de la France* (1855) et d'une *Histoire de la France sous le ministère de Mazarin* (1881-1883).

CHÉRUSQUE n. f. Collerette dressée, en dentelle ou en gaze, portée au décolleté des robes de cour du premier Empire.

CHÉRUSQUES, puissante nation germanique établie entre la Weser et l'Elbe. Les Chérusques furent soumis par les Romains en 12 av. J.-C.

CHERVES-RICHEMONT (16370), comm. de la Charente, au N. de Cognac ; 2 630 hab. Église romane à coupoles. Plâtrerie.

CHERVIS n. m. (ar. *karawiya*). Ombellifère à racine alimentaire, très cultivée autrefois.

CHE-SAN-LING → SHISANLING.

CHESAPEAKE, baie de la côte orientale des États-Unis (Maryland et Virginie), longue d'environ 300 km et large de 6 à 60 km. Abritée et accessible aux plus gros bâtiments, elle est pourvue de bons ports (Baltimore, Norfolk et Portsmouth). Pêcheries. La baie est franchie à son embouchure par des ponts et des tunnels.

CHESAPEAKE, v. des États-Unis (Virginie), au S. de la *baie de Chesapeake ;* 114 000 hab. Entrepôt pétrolier. Métallurgie.

CHESHIRE ou **CHESTER,** comté de Grande-Bretagne, dans le nord-ouest de l'Angleterre ; 2 323 km^2 ; 937 300 hab. Ch.-l. *Chester.* Élevage (fromages réputés de Chester). Chimie (salines). Textile.

CHESNAY (Le) [78150], ch.-l. de cant. des Yvelines, au N. de Versailles ; 29 611 hab.

CHESNE (Le) [08390], anc. **Le Chêne-Populeux,** ch.-l. de cant. des Ardennes, à 17 km au N. de Vouziers ; 992 hab. — Au N., plan d'eau (lac de Bairon).

CHESNELONG (Pierre), homme politique français (Orthez 1820 - *id.* 1899). Député monarchiste des Basses-Pyrénées (1872), il fut envoyé à Frohsdorf auprès du comte de Chambord (oct. 1873) pour décider ce dernier à accepter le drapeau tricolore, mais il échoua. Sénateur (1876), il défendit les intérêts catholiques en face de la politique anticléricale de J. Ferry.

CHESSEX (Jacques), écrivain suisse de langue française (Payerne 1934). Ses romans et ses récits (*l'Ogre,* 1973 ; *Où vont mourir les oiseaux,* 1980 ; *Jonas,* 1987 ; *Morgane madrigal,* 1990 ; *la Trinité,* 1992 ; *la Mort d'un juste,* 1996) évoquent, dans un style truculent, les drames de la passion aux prises avec les contraintes familiales et la réprobation sociale.

CHESSYLITE n. f. (de *Chessy,* n. pr.). Syn. de AZURITE.

CHESTER [ʃɛstɛr] n. m. (de *Chester,* n. pr.). Fromage anglais de forme cylindrique, à pâte dure et souvent colorée en jaune foncé, fabriqué à partir de lait de vache.

CHESTER, port de Grande-Bretagne, ch.-l. du Cheshire, au S. de Liverpool ; 58 000 hab. L'ancienne *Deva,* fondée par les Romains, fut un centre commercial et militaire important. Elle se développa grâce à ses foires, au commerce de la laine et à son port. Remparts remontant à l'époque romaine. Maisons et monuments médiévaux.

CHESTER *(comté de)* → CHESHIRE.

CHESTERFIELD, v. de Grande-Bretagne (Derbyshire), au S. de Sheffield ; 70 000 hab. Constructions mécaniques et électriques.

CHESTERFIELD *(îles),* archipel inhabité à l'O.-N.-O. de la Nouvelle-Calédonie, dont il dépend.

CHESTERFIELD (Philip STANHOPE, *comte* DE) → STANHOPE (Philip, comte de).

CHESTERTON (Gilbert Keith), écrivain britannique (Londres 1874 - Beaconsfield, Buckinghamshire, 1936). Romancier satirique et humoriste, il plaide la nature humaine en attente de la grâce et garde cette inspiration jusque dans le genre policier (*les Histoires du Père Brown,* 1911-1935).

CHESTOV (Lev Issaakovitch Chvartsman, dit **Lev**), écrivain et philosophe russe (Kiev 1866-Paris 1938). Il a développé une philosophie du tragique et de l'absurde.

CHE T'AO → SHI TAO.

CHÉTIF, IVE adj. (lat. pop. **cactivus,* croisement du lat. class. *captivus,* prisonnier, et du gaul. **cactos*). **1.** Qui est de faible constitution ; malingre : *Un enfant chétif.* — **2.** Qui n'est pas robuste ; frêle : *Arbre chétif.* — **3.** *Litt.* Qui manque d'ampleur, insuffisant, pauvre : *Une chétive récolte.*

CHÉTIVEMENT adv. *Litt.* D'une manière chétive.

CHÉTODON ou **CHÉTODONTE** [ke-] n. m. (gr. *khaitos,* longue chevelure, et *odous, -ontos,* dent). Petit poisson des récifs, au corps comprimé, épineux, orné de vives couleurs, à la bouche en forme de tube. (Syn. POISSON-PAPILLON.)

CHÉTOGNATHE [ke-] n. m. Petit invertébré marin carnassier, fusiforme, nageur rapide, abondant dans le plancton des mers chaudes. (Malgré le petit nombre de leurs espèces, les *chétognathes,* très différents des autres animaux, forment un embranchement.)

CHEVAGE n. m. Impôt perçu par le seigneur sur un serf.

CHEVAINE ou **CHEVESNE** n. m. (bas lat. *capitinem,* du lat. class. *caput,* tête). Poisson cyprinidé des eaux claires et vives, aux nageoires courtes, comestible peu estimé.

CHEVAL n. m. (lat. pop. *caballus,* rosse). **1.** Mammifère herbivore de grande taille, à un seul doigt par membre, coureur rapide des steppes et prairies, dont la domestication a joué un grand rôle dans l'essor des civilisations asiatiques et européennes. (→ *encycl.*) — **2.** Équitation : *Faire du cheval.* — **3.** Viande de cheval.

— **4.** Personne active, tenace à l'ouvrage, robuste. — **5.** *Pop.* Héroïne (drogue). — **6.** *À cheval,* monté sur un cheval : *Promenade à cheval.* ‖ *À cheval sur qqch, à* califourchon dessus : *À cheval sur une branche d'arbre ;* très strict sur qqch : *Être à cheval sur le règlement ;* qui occupe une partie de chacun des deux espaces, de chacune des deux périodes : *À cheval sur le* XIX*e et le* XX*e siècle.* ‖ *Avoir mangé du cheval,* faire preuve d'une énergie inaccoutumée. ‖ *Cela ne se trouve pas sous le pas d'un cheval,* il est difficile de se le procurer. ‖ *Cheval de labour,* gros travailleur infatigable capable des tâches les plus rudes. ‖ Pop. *Cheval de retour,* récidiviste. ‖ *Fièvre, remède de cheval,* fièvre violente, médicament très énergique. ‖ *Grand cheval,* grande femme aux allures masculines. ‖ *Miser sur le mauvais cheval,* parier sur qqn qui vous conduit à l'échec. ‖ *Monter sur ses grands chevaux,* se gendarmer, s'emporter. ‖ *Ne pas être (un) mauvais cheval,* ne pas être dur, méchant malgré les apparences. ‖ *Santé de cheval,* excellente santé. ‖ *Travail de cheval,* tâche très pénible. • **Bours.** *Position à cheval,* situation d'un opérateur qui spécule à la fois à la hausse et à la baisse sur une valeur mobilière. — **Chim.** *Huile de cheval,* huile extraite des tissus adipeux du cheval, utilisée en alimentation et dans l'industrie du cuir. — **Dr.** *Cheval fiscal,* unité de mesure permettant de classer les véhicules automobiles dans différentes catégories au regard du fisc, en fonction notamment de la cylindrée du moteur. (Abrév. CV.) — **Équit.** *Cheval de selle,* cheval conformé et dressé pour être monté par un cavalier. ‖ *Cheval de trait,* cheval conformé et dressé pour tirer voitures ou instruments aratoires. ‖ *Cheval à deux fins,* cheval que sa conformation et son dressage permettent d'utiliser pour la selle ou pour l'attelage. — **Hist.** *Cheval de Troie,* cheval de bois construit par les Grecs et dans lequel se dissimulèrent leurs guerriers pour s'emparer par ruse de Troie. (Un complice persuada les Troyens d'introduire le cheval dans la ville et, la nuit venue, libéra les guerriers grecs.) — **Mil.** *Cheval de frise,* défense accessoire, formée d'un axe muni de croisillons appointés, garnis de ronce artificielle. — **Sports.** *Cheval d'arçons,* en gymnastique, agrès masculin composé d'une pièce de bois recouverte de cuir, portant deux arceaux (ou *arçons*) autour desquels évolue le gymnaste. (Syn. CHEVAL-ARÇONS.) ‖ *Cheval de saut,* agrès mixte voisin du cheval d'arçons et sur lequel les gymnastes, après une course d'élan, prennent appui pour effectuer un saut. — **Trad. pop.** *Cheval frou,* déguisement en cheval, très répandu dans le folklore international sous des dénominations variées selon les régions et les dialectes. — **Turf.** *Cheval de course,* cheval spécialement sélectionné et préparé pour les courses. ‖ *Cheval de jeu,* cheval appartenant à la même écurie qu'un autre concurrent pour lequel il assure un train rapide. — **Zool.** *Cheval marin,* autre nom de l'*hippocampe.*

◆ **chevaux** n. m. pl. *Chevaux de bois,* figures d'un manège ; le manège lui-même. ‖ *Petits chevaux,* jeu de société constitué d'un plateau comportant 4 écuries, un circuit et quatre chevaux par joueur. (Les 4 joueurs font avancer leurs chevaux selon le nombre de points qu'ils obtiennent en lançant un dé.)

ENCYCL. Le cheval, type de la famille des équidés, se caractérise par le vaste sabot qui entoure entièrement la dernière phalange de l'unique doigt qui termine chaque membre. Ce doigt est puissant et dressé. Seuls deux petits stylets osseux évoquent les métacarpiens des doigts latéraux qu'ont eus les ancêtres du cheval. La denture comporte de longues incisives, dont le degré d'usure renseigne sur l'âge de l'animal, et de très grosses molaires à large table d'usure. La queue porte, dès sa base, de longs crins.

La série des ancêtres fossiles du cheval, très complète, est essentiellement américaine. L'évolution se marque par l'augmentation de la taille, la réduction puis la disparition des doigts latéraux, allant de pair avec l'accroissement du doigt médian, la « molarisation » des prémolaires, l'effacement des canines, etc.

En France, où les races de chevaux ont été soumises à un nouveau système d'identification en 1976, on distingue les chevaux de sang — le type « course » étant essentiellement représenté par le pur-sang et le trotteur français ; le type « selle », par l'arabe, l'anglo-arabe, le selle français et les races de poneys — et les chevaux lourds (breton, boulonnais, comtois, ardennais, percheron, cob). Il faut citer hors de France les chevaux arabes, barbes, andalous, lipizzans ; les races du Nord (trakehner, hanovrien...), anglaises (hunter, hackney, shire...). L'élevage du cheval de sang, utilisé pour les courses, pour les besoins de l'équitation classique et sportive ou pour l'équitation de loisirs (tourisme équestre), connaît actuellement un regain d'activité.

— **Hist.** Le cheval a été domestiqué plus de 3 000 ans après le mouton, la chèvre, le porc, les bovidés et le chien. En Europe occidentale, la possession et la pratique du cheval sont réservées, jusqu'au Moyen Âge, à la caste aristocratique des chevaliers, qui l'utilisent pour la guerre, le jeu et la parade sociale. Les paysans lui préféreront longtemps le bœuf pour les travaux des champs. En France, cheval et bœuf possédaient des domaines géographiques bien délimités jusqu'au XIXe s. : le cheval occupant toute la partie située au nord de la Normandie, du Bassin parisien et des environs de Nancy, le bœuf dominant largement dans tout le reste du pays. En dehors de son usage militaire traditionnel (→ CAVALERIE), le cheval est employé pour le portage (selle, bât ou litière), pour l'attelage (voiture, bateau, traîneau, charrue, machine agricole), pour le dépiquage des céréales (foulage) ou pour l'entraînement de manèges mécaniques destinés à broyer (moulin à huile, à farine, à fruits), battre le grain, remonter l'eau (noria). Au XIXe s., la modernisation de l'agriculture, le développement du machinisme et l'amélioration des transports entraînent une demande accrue. L'élevage s'organise pour y répondre. Les grandes races prestigieuses commencent à s'individualiser sous la double tutelle des haras et des autorités agricoles. Les chevaux prennent de la taille et de l'envergure mais conservent le plus souvent leur aptitude à marcher aux allures vives, car beaucoup doivent traîner à grande vitesse des charges de plus en plus lourdes (shire anglais, percheron). De nombreux corps de métier se servent du cheval dans des conditions diverses et parfois très dures. En effet, bien traité, le cheval fait preuve d'une bonne faculté d'adaptation et d'une grande générosité dans le travail. La civilisation du cheval s'effondre en Europe après la Seconde Guerre mondiale avec l'adoption quasi générale de la motorisation, ce qui fait tomber les effectifs de chevaux lourds, où l'élevage pour la production de viande reste encore le premier débouché. Cependant, certains traits légers (boulonnais, percheron, postier breton) sont très appréciés à l'attelage, discipline de plus en plus en vogue actuellement.

CHEVAL (Petit) [en lat. *Equuleus, -ei*], petite constellation boréale voisine de l'équateur céleste.

Cheval bossu *(le Petit),* ballet d'Arthur Saint-Léon (chorégr. et livr.) d'après le conte de P. Ierchov ; mus. de Cesare Pugni. Création mondiale en 1864, au théâtre Bolchoï de Saint-Pétersbourg. Une version (1895) de M. Petipa fut dansée jusqu'en 1960, relayée par celle d'Aleksandr Radounski.

CHEVAL (Joseph Ferdinand), dit **le Facteur Cheval,** artiste français autodidacte (Charmes, Drôme, 1836 - Hauterives, Drôme, 1924). Il a construit de 1879 à 1912, en pierres et coquillages trouvés au cours de ses tournées de facteur, son *Palais idéal* (Hauterives), architecture-sculpture exubérante relevant d'une inspiration naïve, symbolique et fantastique.

CHEVAL-ARÇONS n. m. inv. Syn. de CHEVAL* D'ARÇONS.

CHEVALEMENT n. m. (de *chevaler*). **1.** Réunion de poutres, étais et chapeau pour soutenir une partie de construction reprise en sous-œuvre. — **2.** Charpente métallique ou en béton, installée au-dessus d'un puits pour supporter les molettes sur lesquelles passe le câble d'extraction.

CHEVALER v. t. (de *cheval*) [conj. 3]. **1.** Poser sur un chevalet. — **2.** Étayer avec des chevalements.

CHEVALERESQUE adj. (ital. *cavalleresco,* d'apr. *chevalier*). Qui a le caractère héroïque et généreux des anciens chevaliers ; noble : *Une âme chevaleresque.*

CHEVALERESQUEMENT adv. *Litt.* De façon chevaleresque.

CHEVALERIE n. f. (de *chevalier*). **1.** Institution militaire féodale qui rassemblait les combattants à cheval, puis les nobles, et à laquelle on accédait par la cérémonie de l'adoubement ; corps des chevaliers, cavalerie noble. (→ *encycl.*) — **2.** Noblesse de souche. — **3.** *Litt.* Hardiesse généreuse et romanesque. — **4.** *Ordre de chevalerie,* au Moyen Âge, corps de chevaliers chargés, à l'origine, de la défense des Lieux saints ; auj., dignité ou décoration instituée pour récompenser certains mérites particuliers. ‖ *Roman de chevalerie,* nom donné aux œuvres narratives en prose qui reprenaient les aventures des chansons de geste et des romans courtois des XIe-XIIIe s.

ENCYCL. Au XIe s., au terme d'une évolution commencée v. l'an 700, la chevalerie regroupe l'ensemble des combattants à cheval *(milites),* qui trouvent dans la pratique du métier des armes l'occasion de manifester leur supériorité sociale. Elle forme alors un groupe restreint qui comprend, pour l'essentiel, une grande partie de l'aristocratie de l'argent, de la terre et de la fonction. Pour accéder à la chevalerie, un long apprentissage (3 à 9 ans) est exigé du jeune guerrier, qui, au terme de son éducation, est reçu dans la classe chevaleresque par la cérémonie de l'adoubement*. L'Église, dans la seconde moitié du XIe s., sacralise l'adoubement et impose des règles religieuses et morales aux chevaliers : défense de l'Église, protection des pauvres, des orphelins et des veuves, loyauté, fidélité, vaillance. Lors de son adoubement, le futur chevalier prononce le serment de respecter ces règles, qui constituent le fondement du code chevaleresque.

Dès le XIe s., la chevalerie s'est trouvée encadrée par les institutions féodales, ses membres étant entrés au service de seigneurs qui leur concédaient un fief en échange de leur aide militaire. Vers le milieu du XIe s., la chevalerie englobe la vassalité, et les privilèges de ses membres (port d'armes, exemption d'impôts, etc.) seront à l'origine de ceux de la noblesse. Menacée par la montée du patriciat urbain, la chevalerie se mue au milieu du XIIe s. en une caste, renouvelée par l'adoubement des fils de chevaliers. Le caractère sacré de la chevalerie, l'idéal de perfection chrétienne dans la vie guerrière qu'elle propose, trouvent leur épanouissement lors des croisades avec la création des ordres militaires : Templiers, hospitaliers de Saint-Jean-de-Jérusalem, etc. Mais, dans le même temps, tandis que l'évolution de l'art militaire diminue le rôle des chevaliers dans les affrontements armés, l'éthique chevaleresque, sous l'influence des romans courtois, fait place à l'idéal raffiné du chevalier, qui, conformément à un code complexe de l'honneur, ne songe qu'à réaliser des exploits, même extravagants, pour l'amour de sa dame. Ainsi s'achève le déclin de la chevalerie, qui n'est plus, à la fin du Moyen Âge, qu'un degré de la noblesse.

CHEVALET n. m. (de *cheval*). **1.** Support, réglable en hauteur, sur lequel les peintres posent un tableau en cours d'exécution. – **2.** Support fixe ou mobile destiné à l'entreposage vertical ou horizontal de matériaux, à soutenir l'ouvrage auquel on travaille. – **3.** Trépied en bois ou en fer sur lequel le maréchal-ferrant pose le pied du cheval pour couper le bord de la paroi du sabot. – **4.** Petit chevalement utilisé sur les puits de reconnaissance non destinés à l'extraction minière. – **5.** Pièce de bois placée sur la table d'harmonie d'un instrument pour sous-tendre les cordes, délimiter la longueur de corde vibrante, transmettre à la table les vibrations. – **6.** *Chevalet d'arbalète,* au Moyen Âge, support servant d'affût aux grandes arbalètes ou aux canons. ‖ *Chevalet d'armes,* pièce de bois contre laquelle on appuyait les armes dans les camps. ‖ *Chevalet de levage,* dispositif, inspiré du cric, utilisé le plus souvent par groupe de quatre unités, permettant de soulever des charges pesantes telles que wagon, locomotive, autobus. ‖ *Tableau de chevalet,* peinture de petites dimensions.

CHEVALET DU PEINTRE (nom lat. *Apparatus Pictor, -oris*), constellation australe appelée aujourd'hui *Peintre*.*

1. CHEVALIER n. m. (bas lat. *caballarius*). **1.** Dans les cités grecques, et notamment à Athènes, citoyen membre d'une classe sociale aisée qui servait dans la cavalerie en fournissant son cheval et son équipement. – **2.** Citoyen du deuxième des trois ordres de la République romaine. (→ *encycl.*) – **3.** Combattant à cheval, noble admis dans l'ordre de chevalerie au Moyen Âge. – **4.** Noble d'un degré inférieur à celui de baron. – **5.** Membre d'un ordre militaire : *Les chevaliers de Malte.* – **6.** Membre d'un des ordres fondés pour récompenser le mérite ; en partic., celui qui n'a reçu que le premier des divers grades de l'ordre : *Chevalier de la Légion d'honneur.* – **7.** *Chevalier bienfaisant de la Cité sainte (C. B. C. S.),* grade suprême du Rite écossais rectifié de la franc-maçonnerie. ‖ *Chevalier blanc,* société qui, en accord avec les dirigeants d'une société visée par une O. P. A. hostile, achète des titres de celle-ci pour faire échouer l'entreprise du raider. ‖ *Chevalier errant,* chevalier qui allait par le monde chercher des aventures. ‖ Litt. *Chevalier d'industrie,* individu sans scrupule, qui vit d'escroqueries. ‖ *Chevalier (servant),* homme qui entoure une femme de prévenances et d'hommages assidus.

ENCYCL. **Antiq.** À l'origine, le chevalier romain était un citoyen riche qui appartenait à l'une des 18 centuries équestres. À partir du IIIe s. av. J.-C., on distinguait la classe sénatoriale et l'ordre équestre, qui regroupait des grands propriétaires et des hommes d'affaires exclus de la noblesse. Ces chevaliers n'eurent accès aux charges publiques que progressivement, leur première fonction ayant été de constituer les jurys des tribunaux. Ils eurent droit à des honneurs particuliers : ils portèrent une toge à bande pourpre, un anneau d'or et avaient des sièges spéciaux dans les fêtes publiques. Auguste instaura un nouvel ordre équestre, fondé également sur la fortune et dans lequel lui-même et ses successeurs ont recruté pendant trois siècles les cadres de l'administration impériale.

2. CHEVALIER n. m. (de *chevalier 1*). Oiseau aquatique insectivore des rivages et des marais, aux longues pattes, au long bec pointu. (Le *chevalier guignette* des étangs forestiers, le *gambette* et le *cul-blanc* du bord des lacs nichent en France.)

Chevalier à la charrette *(le),* roman de Chrétien* de Troyes → LANCELOT DU LAC.

Chevalier au cygne *(le),* chanson de geste française (fin XIIe-début XIIIe s.) qui propose une légende sur la naissance de Godefroi de Bouillon.

Chevalier et la Damoiselle *(le),* ballet de Serge Lifar (argum. et chorégr.) ; mus. de Philippe Gaubert ; déc. et cost. de Cassandre. Création mondiale : Opéra de Paris (1941). Cette œuvre, inspirée d'un lai de Marie de France, est une des plus importantes de S. Lifar.

Chevalier, la Mort et le Diable *(le),* gravure au burin de Dürer (1513), allégorie du chevalier chrétien, impavide en face de la mort et de la tentation.

Chevalier à la rose *(le),* comédie lyrique de Richard Strauss sur un poème d'Hugo von Hofmannsthal (1911). Elle reprend un sujet et des moyens d'expression appartenant au XVIIIe s. mais traités avec l'écriture et l'orchestration du XIXe s.

Chevaliers de la Table ronde → ARTHUR.

CHEVALIER (Étienne), trésorier de France (v. 1410-1474). Conseiller de Charles VII, à qui il présenta Agnès Sorel en 1444, et de Louis XI, il fut un des protecteurs de Fouquet, qui exécuta pour lui les célèbres *Heures* qui portent son nom ainsi que le *Diptyque de Melun.*

CHEVALIER (Michel), économiste et homme politique français (Limoges 1806-Lodève 1879). Polytechnicien, il adhère au saint-simonisme et dirige le journal *le Globe* de 1830 à 1832. En 1840, il est nommé conseiller d'État et professeur d'économie politique au Collège de France. Député de l'Aveyron (1845), battu un an plus tard, il est destitué de ses fonctions au Conseil d'État et au Collège de France après la révolution de févr. 1848. Il est réintégré par le prince-président en 1852 et nommé sénateur en 1860. Il fut un des promoteurs du libre-échange et principal artisan du traité de commerce franco-anglais de 1860 qui baissa les droits de douane entre les deux pays.

CHEVALIER (*chanoine* Ulysse), érudit français (Rambouillet 1841-Romans 1923), auteur d'un précieux *Répertoire des sources historiques du Moyen Âge : I. Bibliographie* (1877-1888). *II. Topobibliographie* (1894-1903).

CHEVALIER (Auguste), botaniste et voyageur français (Domfront 1873 - Paris 1956). Il parcourut le Sénégal et le Soudan occidental avant de se rendre en Oubangui et au Tchad puis, plus tard, en Indochine. Il a publié plusieurs écrits sur ses voyages et sur les végétaux utiles (caféier, théier, cotonnier, kolatier, bois coloniaux, etc.), qu'il a contribué à faire connaître. (Acad. des sc., 1937.)

CHEVALIER (Maurice), chanteur et acteur de cinéma français (Paris 1888 - *id.* 1972). Après avoir débuté au café-concert, puis comme partenaire de Mistinguett, il imposa dans le monde entier sa silhouette (smoking, canotier, nœud papillon) et ses chansons (*Valentine, Prosper, Ma pomme*). Au cinéma, il fut notamment l'interprète de plusieurs films d'Ernst Lubitsch : *Parade d'amour* (1929), *le Lieutenant souriant* (1931), *la Veuve joyeuse* (1934), de René Clair (*Le silence est d'or,* 1947) et de V. Minnelli (*Gigi,* 1958).

CHEVALIÈRE n. f. (de *chevalier*). Bague dont le dessus s'élargit en plateau gravé d'armoiries ou d'initiales, ou orné d'une pierre enchâssée.

CHEVALIN, E adj. (lat. *caballinus*). **1.** Qui est de la nature du cheval ; qui relève du cheval : *Race chevaline.* – **2.** Qui offre de la ressemblance avec un cheval : *Une figure chevaline.* – **3.** *Boucherie chevaline,* où l'on vend de la viande de cheval. (Syn. BOUCHERIE HIPPOPHAGIQUE.)

CHEVALLEY (Claude), mathématicien français (Johannesburg 1909 - Paris 1984). Il participa à la fondation du groupe Nicolas Bourbaki, s'intéressa à la théorie des nombres algébriques et fut à l'origine de l'étude des groupes algébriques.

CHEVAL-QUI-RUE *(col du)* → KICKING HORSE PASS.

CHEVAL-VAPEUR n. m. (pl. *chevaux-vapeur*). Ancienne unité de puissance correspondant à env. 736 watts (symb. ch).

CHEVARDNADZE (Edouard Amvrossievitch), homme d'État géorgien (Mamati, 1928). Premier secrétaire du parti de Géorgie (1972-1985), membre du comité central du P. C. U. S. à partir de 1976, il a été ministre des Affaires étrangères de l'U. R. S. S. de 1985 à 1990 et en nov.-déc. 1991. Il devient ensuite le chef de l'État géorgien : président du Conseil d'État puis du Parlement (1992), il est élu président de la République en 1995 .

CHEVAUCHANT, E adj. Se dit des parties d'un assemblage qui chevauchent l'une sur l'autre.

CHEVAUCHÉE n. f. (lat. médiév. *cavalcata*). **1.** Promenade, course, randonnée à cheval, souvent rapide. – **2.** Du XIIIe au XVIIIe s., visite d'inspection faite dans les divers districts et provinces du royaume par des personnages de l'entourage du roi, pourvus d'une commission royale. – **3.** *Service de chevauchée,* service militaire dû par le vassal à son seigneur. (À la différence du service d'ost, il était de courte durée et était destiné à la guerre en territoire voisin.)

Chevauchée fantastique *(la),* film américain de John Ford (1939). L'utilisation des mouvements de caméra et l'habileté du scénario de Dudley Nichols ont rendu classique cette œuvre qui conféra ses lettres de noblesse au western.

CHEVAUCHEMENT n. m. **1.** État de deux choses dont l'une se superpose en partie à l'autre : *Le chevauchement des tuiles, de deux emplois du temps.* – **2.** Expansion, empiétement sur un autre domaine : *Un chevauchement de pouvoirs.* • **Ch. de f.** Disposition des deux files de rails d'une voie de chemin de fer telle que l'emplacement des joints n'est pas situé à la même hauteur sur chaque file. (Syn. POSE À JOINTS ALTERNÉS.) – **Chir.** Déplacement de deux surfaces d'un os fracturé qui se superposent. – **Géol.** Processus par lequel s'opère une superposition anormale de terrains le long d'un contact faiblement incliné.

CHEVAUCHER v. i. (bas lat. *caballicare,* du lat. class. *caballus,* cheval) [conj. 3]. *Litt.* Aller, faire une randonnée à cheval.

◆ v. t. **1.** Être à cheval, à califourchon sur qqch : *L'enfant chevauchait la rampe d'escalier.* – **2.** Recouvrir en partie qqch : *Chaque tuile chevauche la suivante.*

◆ v. i. ou **se chevaucher** v. pr. **1.** Se superposer en partie : *Ces deux emplois du temps se chevauchent.* — **2.** Empiéter l'un sur l'autre : *Les attributions de ces deux ministères se chevauchent.*

CHEVAUCHURE n. f. Disposition d'éléments qui empiètent l'un sur l'autre. (Ex. : tuiles, ardoises.)

CHEVAU-LÉGER n. m. (pl. *chevau-légers* ou *chevaux-légers*). Soldat d'un corps de cavalerie légère organisé en France du XVIe au XIXe s.

CHEVÊCHE n. f. (bas lat. *cavannus*). Petite chouette crépusculaire, qui se rend utile en détruisant rongeurs et insectes. (C'est l'oiseau de Minerve des monnaies anciennes, symbole de la sagesse.)

CHEVÊCHETTE n. f. (de *chevêche*). Petite chouette des régions froides ou montagneuses, rare en France.

CHEVELU, E adj. **1.** Qui a des cheveux, et, en partic., qui a des cheveux longs ou abondants. — **2.** Se dit de végétaux dont les racines, les fils ressemblent à des cheveux : *L'épi chevelu du maïs.* — **3.** *Cuir chevelu,* partie de la peau qui recouvre le crâne et dans laquelle sont implantés les cheveux. ‖ *Gaule chevelue (Gallia comata),* la Gaule demeurée indépendante jusqu'à la conquête de César.

◆ **chevelu** n. m. **1.** *Péjor.* Homme, jeune homme qui a les cheveux trop longs. — **2.** Ensemble des dernières divisions de la racine d'une plante.

CHEVELURE n. f. (bas lat. *capillatura*). **1.** Ensemble des cheveux de qqn (se dit en partic. de cheveux longs et abondants). — **2.** Nébulosité entourant le noyau d'une comète et constituant avec lui la tête de la comète.

CHEVELURE DE BÉRÉNICE (en lat. *Coma Berenices*), petite constellation boréale située entre le Bouvier et le Lion. Elle renferme un amas d'environ un millier de galaxies, distant de quelque 220 millions d'années de lumière.

CHEVÈNEMENT (Jean-Pierre), homme politique français (Belfort 1939). En 1971, il participe, aux côtés de F. Mitterrand, à la fondation du nouveau parti socialiste. Député du Territoire de Belfort à partir de 1973, il est, de 1981 à 1983, ministre de la Recherche et de la Technologie (chargé en outre, à partir de 1982, de l'Industrie) et, de 1984 à 1986, ministre de l'Éducation nationale. Nommé en 1988 ministre de la Défense, il démissionne en janv. 1991. Fondateur (1992) et président du Mouvement des citoyens, il quitte le P. S. en 1993.

CHEVERNY (41700), comm. de Loir-et-Cher, à 14 km au S.-E. de Blois ; 904 hab. Château construit et décoré d'un seul jet dans la première moitié du XVIIe s. (décors intérieurs de style Louis XIII, avec peintures de Jean Mosnier, de Blois, et tapisseries de S. Vouet).

CHEVERNY (Philippe HURAULT, *comte* DE), homme d'État et magistrat français (Cheverny 1528 - *id.* 1599), petit-fils du baron de Semblançay. Nommé garde des Sceaux (1578) et chancelier (1583) par Henri III, il fut disgracié après la journée des Barricades (1588). Rallié à Henri IV, il fut de nouveau chancelier (1590) et devint gouverneur et lieutenant général de l'Orléanais. Ses *Mémoires* ont été publiés en 1636.

CHEVERT (François DE), général français (Verdun 1695-Paris 1769). Lieutenant-colonel à l'armée de Bohême en 1741, il mena l'assaut de Prague (1741) puis défendit cette place (déc. 1742 - janv. 1743), lors de la guerre de la Succession d'Autriche.

CHEVESNE → CHEVAINE.

CHEVET n. m. (lat. *capitium,* partie d'un vêtement où l'on passe la tête). **1.** Extrémité du lit où l'on pose la tête ; panneau vertical qui en forme la limite. (Syn. TÊTE DE LIT.) — **2.** Tablette attenante à cette extrémité. — **3.** Appuie-tête utilisé dans certaines civilisations anciennes, notamment en Égypte. (On dit aussi OREILLER, notamment pour les chevets de Chine.) — **4.** Extrémité postérieure du sanctuaire d'une église (mur et toiture). — **5.** *Au chevet d'un malade,* auprès d'une personne alitée, en la veillant, en la soignant. ‖ *Chevet plat,* chevet rectangulaire, par oppos. au chevet « en abside ». ‖ *Livre de chevet,* livre de prédilection, auquel on se réfère constamment. ‖ *Meuble, lampe, table de chevet,* meuble, lampe, table placés à la tête du lit.

CHEVÊTRE n. m. (lat. *capistrum*). **1.** Élément de charpente disposé horizontalement pour réunir des éléments porteurs ou pour supporter un tablier de pont. — **2.** Pièce de bois faisant partie de la trémie ou enchevêtrure d'un plancher.

CHEVEU n. m. (lat. *capillus*). **1.** Chacun des poils qui poussent sur la tête, chez les humains ; ensemble de ces poils (au pl.) : *Une mèche de cheveux.* — **2.** *Fam.* Obstacle, difficulté : *Il y a un cheveu.* — **3.** *À un cheveu,* tout près de faire qqch, à un poil de qqch. ‖ *Avoir un cheveu sur la langue,* zozoter. ‖ Fam. *Avoir mal aux cheveux,* avoir mal à la tête à la suite d'un excès de boisson. ‖ *Cheveu d'ange,* guirlande très fine d'arbre de Noël. ‖ Fam. *Comme un cheveu sur la soupe,* à contretemps, d'une manière inopportune. ‖ *Il s'en faut d'un cheveu, cela ne tient qu'à un cheveu,* il s'en faut de très peu. ‖ Fam. *Se faire des cheveux (blancs),* se faire du tracas, s'inquiéter. ‖ *Ne pas toucher un cheveu à la tête de qqn,* ne pas lui causer le moindre dommage. ‖ *Se prendre aux cheveux,* se prendre de querelle, se battre. ‖ *Saisir l'occasion* *aux cheveux,* la saisir avec empressement. ‖ *Tiré par les cheveux,* qui n'est pas naturel ou qui est peu logique. • **Céram.** Fissure de surface dans une céramique, une faïence ou une porcelaine. – **Cuis.** *Cheveux d'ange,* vermicelles fins. – **Géol.** *Cheveux de Pélé,* fils de lave formés lors de la projection de magma fluide et solidifiés lors de leur chute. ‖ *Cheveux de Vénus,* aiguilles de rutile dans le quartz hyalin.

ENCYCL. La couleur des cheveux résulte de l'activité des mélanocytes qui élaborent le pigment mélanique : eumélanine chez les bruns, phæomélanine chez les blonds, érythromélanine chez les roux. Le blanchissement des cheveux avec l'âge est dû à la perte progressive de cette activité.

Le cheveu s'insère dans le cuir chevelu, dans une invagination épithéliale profonde, le *follicule pileux.* Il comporte deux parties : la *racine,* en forme de bulbe d'oignon évasé à sa partie inférieure, qui enserre la papille dermique, et la *tige,* composée de trois couches concentriques. Les cellules du tiers inférieur du follicule pileux produisent la kératine, composante essentielle du cheveu.

CHEVEU-DE-VÉNUS n. m. (pl. *cheveux-de-Vénus*). Nom usuel de l'*adiantum.*

CHEVIGNY-SAINT-SAUVEUR (21800), comm. de la Côte-d'Or, à 7 km à l'E. de Dijon ; 8 359 hab. Matières plastiques.

CHEVILLAGE n. m. **1.** Action de cheviller. – **2.** Ensemble des chevilles d'une menuiserie ou d'une charpente. – **3.** Opération qui rend souple la soie que la teinture a raidie, en même temps qu'elle lui donne plus de brillant et la fait foisonner.

CHEVILLARD n. m. Boucher en gros qui fait le commerce des carcasses à la cheville.

CHEVILLARD, famille de généalogistes français. JEAN, né au XVIIe s., JACQUES, dit *l'Aîné,* et son fils JACQUES LOUIS († 1751) furent les auteurs d'un recueil de blasons dit *le Grand Armorial de Chevillard* (1692-1704).

CHEVILLE n. f. (lat. *clavicula,* petite clé). **1.** Petite pièce de bois dur, de section carrée, pyramidale, utilisée pour serrer et maintenir un assemblage de menuiserie. (Elle peut être aussi en métal et cruciforme.) – **2.** Élément de fixation que l'on enfonce dans un trou préalablement foré et où il reste bloqué. (Les chevilles, le plus souvent en matière plastique, comportent des fentes, crans, ergots, etc., qui en permettent l'expansion et augmentent leur résistance à l'arrachement.) – **3.** Segment du membre inférieur compris entre la jambe et le pied, formé par l'articulation tibio-tarsienne et les tissus qui l'entourent. – **4.** Mot inutile pour le sens mais qui sert à faire nombre pour la rime, la mesure du vers ou le rythme de la phrase. – **5.** *Cheville ouvrière,* principal agent, personne qui joue le rôle essentiel dans une affaire, un organisme ; grosse tige de bois qui joignait le train avant au reste du véhicule hippomobile et qui servait d'axe autour duquel pivotait l'avant-train. ‖ Fam. *Être en cheville avec qqn,* lui être associé, être de connivence avec lui dans une affaire. ‖ Fam. *Ne pas arriver à la cheville de qqn,* lui être très inférieur. • **Bouch.** Barre de fer ronde à laquelle on suspend, dans les abattoirs, les moutons et les veaux. ‖ *Vente à la cheville,* vente des carcasses aux abattoirs, en gros ou en demi-gros. – **Horlog.** Tige métallique fixée perpendiculairement au plan moyen d'une roue ou d'un organe rotatif. (Syn. GOUPILLE.) – **Mus.** Dans les instruments à cordes, pièce de bois dur ou de métal fichée à l'extrémité du manche ou dans le sommier et autour de laquelle est enroulée la corde. – **Outill.** Nom donné, dans divers métiers, à des pointes ou des clous de diverses formes.

CHEVILLEMENT n. m. Maléfice pratiqué par les bergers, qui plantaient dans un mur une cheville de bois ou de fer pour rendre un homme impuissant ou l'empêcher d'uriner.

CHEVILLER v. t. (conj. 3). **1.** Mettre en place une ou des chevilles. – **2.** Faire subir à la soie l'opération du chevillage.

◆ **être chevillé** v. pass. **1.** Être assemblé par des chevilles. – **2.** *Avoir l'âme, la vie chevillée au corps,* avoir la vie dure, résister à toutes les maladies, à un terrible accident.

CHEVILLETTE n. f. **1.** Sorte de clé de bois qui servait aux anciennes fermetures. – **2.** Broche de fer à l'usage, notamment, des charpentiers. – **3.** Pièce de métal servant à fixer les ficelles sous le templet d'un cousoir.

CHEVILLEUR n. m. Ouvrier qui passe la soie dans la machine à cheviller.

CHEVILLIER ou **CHEVILLER** n. m. Extrémité du manche des instruments de musique à cordes, où sont fixées les chevilles.

CHEVILLOIR n. m. Instrument garni de chevilles sur lequel on prépare les écheveaux de soie avant de les soumettre au chevillage.

CHEVILLON (52170), ch.-l. de cant. de la Haute-Marne, dans le Barrois ; 1 571 hab. Métallurgie.

CHEVILLURE n. f. (de *cheville*). Troisième andouiller du cerf, du daim et du chevreuil.

CHEVILLY-LARUE (94550), ch.-l. de cant. du Val-de-Marne, au S.-S.-E. de Paris ; 16 341 hab. Église du XIIIe s. Parfums. Site (partiel) du marché de Rungis.

1. CHEVIOT n. m. (de *Cheviot,* n. pr.). Race de moutons anglais, donnant une laine abondante et fine.

2. CHEVIOT n. m. ou **CHEVIOTTE** n. f. (de *cheviot 1*). Laine de mouton cheviot ; étoffe légère, souple et douce au toucher, faite avec cette laine.

CHEVIOT *(monts),* hautes collines de Grande-Bretagne, à la limite de l'Écosse et de l'Angleterre, de direction N.-E.-S.-O. ; 716 m au *mont Cheviot.* Élevage ovin. Parc national.

CHEVOTET (Jean Michel), architecte français (Paris 1698 - *id.* 1772). Grand prix de Rome (1722), académicien (1732), il est notamment l'auteur du château de Champlâtreux (Val-d'Oise, à partir de 1757).

CHÈVRE n. f. (lat. *capra,* fém. de *caper,* bouc). **1.** Mammifère ruminant grimpeur et sauteur, aux nombreuses races sauvages et domestiques, que l'on élève pour son lait, sa viande, quelquefois pour sa toison. (Le mot désigne exclusivement la femelle, dont le mâle est le bouc.) [→ *encycl.*] — **2.** Femelle du chevreuil et du chamois. — **3.** Appareil très rustique utilisé pour soulever de lourdes charges, pièces de charpente, pierres, etc. — **4.** Petit chevalet de sondage minier. — **5.** *Chèvre chou,* qui ménage toutes les parties en cause, qui n'engage pas en faisant la part de chacune des opinions opposées. ‖ Fam. *Devenir chèvre,* s'énerver, s'impatienter. ‖ Fam. *Faire devenir, rendre qqn chèvre,* le faire tourner en bourrique. ‖ Fam. *Ménager la chèvre et le chou,* ménager les deux parties.

ENCYCL. La chèvre appartient au genre *capra,* à l'ordre des ongulés et au sous-ordre des artiodactyles. Sa robe, à poils courts ou longs, a des couleurs très variées suivant les races. La chèvre est cornue ou motte et peut présenter des excroissances de peau au niveau du cou appelées pampilles ou pendeloques. Elle porte souvent une barbe au menton. Sa mamelle présente généralement deux trayons. Le poids de la chèvre adulte, atteint entre 18 et 30 mois, varie suivant les races (femelles, de 15 à 80 kg ; mâles, de 20 à 120 kg). En France, elle a une seule saison sexuelle, qui se situe entre août et décembre. La gestation dure 5 mois en moyenne. La prolificité est de 1,8 chevreau par mère et par an. La chèvre est très attirée par la flore arbustive et arborée, ce qui l'a fait accuser d'être un fléau pour la végétation et d'être une cause de désertification. En fait, cette action nocive n'intervient qu'au cours de la dernière étape de la dégradation du couvert végétal. La chèvre fournit un lait abondant, surtout destiné à la fabrication des fromages. La *chèvre commune française* est un animal très rustique mais généralement moins productif que les autres races caprines ; elle représente encore près de 10 % de la population caprine française. Avec 575 millions de têtes, les chèvres représentent le quatrième troupeau d'animaux domestiques au monde. Surtout implantées dans les zones tropicales (Inde, Chine, Pākistān, Bangladesh, Brésil, Mexique, Nigeria), elles ont un effectif limité dans les pays industrialisés.

CHÈVRE (la) → CAPELLA.

CHEVREAU n. m. **1.** Petit de la chèvre. (Syn. CABRI.) — **2.** *Chevreau glacé,* peau de chèvre ou de chevreau tannée au chrome et satinée.

CHÈVREFEUILLE n. m. (bas lat. *caprifolium*). Arbuste aux branches formant lianes, aux fleurs tubuleuses irrégulières très parfumées, poussant dans les haies et les bois ou cultivé dans les jardins.

Chèvreloup *(arboretum de),* arboretum situé sur 205 hectares du domaine national du château de Versailles. Il rassemble 1 500 espèces d'arbres et d'arbustes en provenance d'Asie, 760 d'Amérique, 217 d'Europe, soit, avec la zone horticole, une collection de 3 000 espèces.

CHÈVRE-PIED(S) adj. m. et n. m. (pl. *chèvre-pieds*). *Litt.* Qui a des pieds de chèvre.

CHÈVRERIE n. f. Lieu où on loge les chèvres.

CHEVRET n. m. Fromage de chèvre fabriqué dans le Doubs.

CHEVRETIN n. m. Fromage de chèvre fabriqué en Savoie.

CHEVRETON n. m. Fromage de chèvre des monts du Forez.

CHEVRETTE n. f. **1.** Petite chèvre ; jeune chèvre. — **2.** Femelle du chevreuil — **3.** Autre nom de la crevette d'eau douce. — **4.** Céramique à panse munie d'une anse et d'un bec dressé évoquant une corne de chèvre, qui était utilisée par les apothicaires pour conserver les sirops.

CHEVREUIL n. m. (lat. *capreolus*). **1.** Mammifère ruminant d'Europe et d'Asie, voisin du cerf mais aux cornes beaucoup plus courtes, gibier apprécié. — **2.** Au Québec, nom parfois donné au cerf de Virginie.

CHEVREUL (Eugène), chimiste français (Angers 1786-Paris 1889). Dans ses *Recherches chimiques sur les corps gras d'origine animale* (1823), Chevreul montra que les matières organiques sont soumises aux mêmes lois que les composés minéraux. Par la dissolution, la fusion et l'ébullition fractionnées, il parvint à séparer les constituants d'un mélange de ces substances. Il donna une théorie de la saponification et découvrit les bougies stéariques. On lui doit aussi une théorie des couleurs dont s'inspirèrent les peintres impressionnistes.

CHEVREUSE (78460), ch.-l. de cant. des Yvelines, sur l'Yvette ; 5 068 hab. *(Chevrotins).* Chevreuse est un centre de villégiature et d'excursions dans la vallée homonyme. La seigneurie, érigée en duché en 1545, appartint à la maison de Luynes (1663). Ruines imposantes du château féodal de la Madeleine.

CHEVREUSE *(vallée de),* vallée ouverte par l'Yvette, au S.-O. de Paris, de part et d'autre de *Chevreuse,* des Essarts-le-Roi à Orsay. La moitié occidentale a été englobée dans le *parc naturel régional de la haute vallée de Chevreuse,* créé en 1979.

CHEVREUSE (Marie de ROHAN-MONTBAZON, *duchesse* DE) [1600 - Gagny 1679]. Mariée en 1617 au connétable Charles d'Albert de Luynes, elle épousa en secondes noces (1622) Claude de Lorraine, duc de Chevreuse. Amie et confidente d'Anne d'Autriche, elle provoqua ou encouragea les complots ourdis par la Cour et les grands contre Richelieu, en particulier ceux de Chalais (1626) et du comte de Soissons (1641). Après la mort de Richelieu, elle conspira contre Mazarin et anima la cabale des Importants (1643). Ralliée à Mazarin (1649-50) pendant la Fronde, elle revint au parti des Princes dès 1651.

CHEVREUSE (Charles Honoré D'ALBERT, *duc* DE LUYNES, DE CHAULNES et DE), homme d'État français (1646-Paris 1712), petit-fils de la précédente et gendre de Colbert. Conseiller privé de Louis XIV et véritable ministre occulte, il fut gouverneur de Guyenne (1698-1712). C'est dans sa propriété de Chaulnes que son ami Fénelon rédigea les *Tables de Chaulnes* (1711).

CHEVRIER, ÈRE n. (lat. *caprarius*). Personne qui prend soin des chèvres, les garde.
◆ **chevrier** n. m. Variété de haricot flageolet vert, consommée en grain.

CHEVRIER (Antoine), prêtre français (Lyon 1826 - *id.* 1879), fondateur (1859) à Lyon des « Prêtres du Prado », voués à l'apostolat populaire. Béatifié en 1986.

CHEVRILLARD n. m. (de *chevreuil*). Petit chevreuil âgé de 7 mois, n'ayant qu'une ébauche de bois.

CHEVROLET (Louis Joseph), constructeur automobile américain d'origine suisse (La Chaux-de-Fonds 1878-Detroit 1941). Émigré aux États-Unis en 1900, il y travailla d'abord pour Renault et de Dion-Bouton, puis créa sa propre usine qui produisit les voitures portant son nom.

CHEVRON n. m. (lat. pop. **caprione*). **1.** Chacune des longues pièces de bois ou de métal fixées sur les pannes d'une charpente, dans le sens de la pente du toit, pour recevoir le lattis ou la volige de couverture. – **2.** Galon en V renversé, porté sur la manche de l'uniforme militaire et indiquant l'ancienneté de service, les campagnes, etc. – **3.** Motif décoratif en forme de V, employé en nombre pour former un zigzag. (Art roman.) – **4.** Bois résineux avivé ayant une section de 50 × 75 mm à 75 × 75 mm. – **5.** Pièce héraldique formée par la combinaison partielle de la bande et de la barre, se rencontrant à angle aigu tout près du bord supérieur de l'écu. – **6.** Nom donné au poil de certains animaux (chèvre, chevreau). – **7.** Armure utilisée en tissage et obtenue en reproduisant, après inversion, des armures de sergé ou de dérivés de sergé.

CHEVRONNAGE n. m. **1.** Action de chevronner. – **2.** Ensemble des chevrons employés dans une construction. – **3.** Ouvrage fait en chevrons.

CHEVRONNÉ, E adj. (de *chevron*). *Fam.* Qui est ancien dans une fonction, un métier ; qui a de l'expérience : *Un ouvrier chevronné.*

CHEVRONNER v. t. (conj. 3). Garnir de chevrons une charpente.

CHEVROTAIN n. m. (de *chevrotin*). **1.** Petit mammifère ruminant des forêts équatoriales, très primitif, sans cornes. (Le mâle possède des canines supérieures, développées en crocs.) – **2.** Nom souvent donné, à tort, au porte-musc.

CHEVROTANT, E adj. Qui chevrote ; dont la voix tremblote en parlant, en chantant.

CHEVROTEMENT n. m. **1.** Action de chevroter. – **2.** Son d'une voix ou d'un instrument affligé d'un vibrato irrégulier.

1. CHEVROTER v. i. (de *chevrotin*) [conj. 3]. Parler, chanter d'une voix qui tremble.
◆ v. t. *Fam.* Dire qqch d'une voix qui tremble : *Chevroter quelques mots.*

2. CHEVROTER v. i. (de *chèvre*) [conj. 3]. Mettre bas, en parlant de la chèvre.

CHEVROTIN n. m. (de *chèvre*). **1.** Très jeune chevreuil n'ayant encore aucune ébauche de bois. – **2.** Nom donné à divers fromages de chèvre.

CHEVROTINE n. f. Gros plomb ou petite balle pour la chasse au gros gibier.

CHEVTCHENKO, port du Kazakhstan, sur la Caspienne, à l'extrémité de la presqu'île de Manguychlak ; 159 000 hab. Centrale nucléaire. Dessalement de l'eau de mer pour l'irrigation.

CHEVTCHENKO (Tarass Grigorievitch), poète ukrainien (Morintsy, auj. Zvenigorod, 1814 - Saint-Pétersbourg 1861). Serf émancipé en 1838, il dénonce dans ses poèmes le servage et l'oppression nationale et appelle à la révolte des peuples slaves (*le Kobzar,* 1840). Arrêté (1847), puis déporté, il ne renonça pas à ses idées (*les Rois,* 1848) ; amnistié, il rejoignit le camp démocrate. Il est célébré comme le père de la littérature nationale ukrainienne.

CHEWAS ou **CEWAS,** population bantoue dont la majeure partie habite le Malawi.

CHEWING-GUM [ʃwiɲgɔm] n. m. (pl. *chewing-gums*) [angl. *to chew,* mâcher, et *gum,* gomme]. Pâte à mâcher constituée d'un mélange de gomme chicle et de résines, auquel on incorpore du sucre glace, du sirop de glucose et des aromates.

CHEYENNE, riv. des États-Unis (Wyoming et Dakota du Sud), affl. du Missouri (r. dr.) ; 848 km.

CHEYENNE, v. des États-Unis, cap. du Wyoming, dans les Rocheuses, à plus de 1 800 m d'alt. ; 47 000 hab. Centre commercial. Alimentation. Tourisme.

CHEYENNES, Indiens des plaines des États-Unis, dont la langue appartient au groupe algonquin. Ils sont environ 11 500, vivant dans le Montana et l'Oklahoma.

CHEYLARD (Le) [07160], ch.-l. de cant. de l'Ardèche, sur l'Eyrieux ; 3 920 hab. *(Cheylarois).* Marché agricole. Textile. Orfèvrerie.

CHEYLAS (Le) [38570], comm. de l'Isère, dans le Grésivaudan, près de l'Isère ; 1 575 hab. Électrométallurgie. Centrale hydroélectrique.

Cheyne-Stokes *(respiration de),* dyspnée caractérisée par une succession de respirations de volume progressivement croissant puis décroissant, chaque cycle étant séparé du cycle suivant par une pause respiratoire.

CHEYNEY (Reginald Evelyn Peter SOUTHOUSE-CHEYNEY, dit **Peter**), écrivain britannique (Londres 1896 - *id.* 1951). Auteur de romans policiers, il sacrifie l'intrigue à l'atmosphère et marque le glissement du roman policier vers le roman d'espionnage (*la Môme Vert-de-Gris,* 1937).

CHEZ prép. (lat. *casa,* maison). **1.** Dans la demeure ou le local professionnel de qqn : *Rester chez soi. Aller chez le médecin.* — **2.** Dans le pays, la région, la classe sociale, le groupe, etc., de qqn : *Chez nous, les paysans sont des petits propriétaires.* — **3.** En la personne, dans le caractère de qqn : *C'est chez lui une habitude.* — **4.** Au temps où vivait qqn : *Chez les Anciens.* — **5.** Dans les œuvres de qqn : *Ce récit se trouve chez Michelet.* — **6.** Fam. *Bien de chez nous,* tout à fait typique, représentatif du pays, du milieu auquel on appartient. ‖ *Faire comme chez soi,* être à l'aise chez qqn d'autre comme on le serait chez soi.

CHEZ-MOI, CHEZ-SOI, CHEZ-TOI, CHEZ-NOUS, CHEZ-VOUS, CHEZ-EUX n. m. inv. Demeure, domicile : *Tu viendras me voir dans mon chez-moi. Chacun se retira dans son chez-soi.*

CHIADE n. f. (de *chier*). *Pop.* Gros travail.

CHIADER v. t. (de *chiade*) [conj. **3**]. **1.** *Pop.* Approfondir une question, un problème. — **2.** Préparer activement un examen, apporter un grand soin à un travail.
◆ **être chiadé** v. pass. *Pop.* **1.** Être difficile, calé, ardu : *Problème chiadé.* — **2.** Être bien fait, impeccable.

CHIADEUR, EUSE adj. et n. *Pop.* Qui chiade, travailleur.

CHIALER v. i. (p.-ê. moyen fr. *chiau,* petit chien) [conj. **3**]. *Pop.* Pleurer.

CHIALEUR, EUSE adj. et n. *Pop.* Qui pleure facilement.

CHIANG CH'ING → JIANG QING.

CHIANG CHING-KUO → JIANG JINGGUO.

CHIANGMAI ou **CHIENGMAI,** v. de la Thaïlande, ch.-l. de prov., sur le Me Ping ; 164 382 hab. Fondée en 1296, capitale du royaume thaï du Lan Na, elle fut convoitée par les Siamois, les Birmans et les Laotiens. Nombreux monuments et pagodes intra- et extra-muros caractéristiques de l'art de la Thaïlande septentrionale (XIIIe-XXe s.). Aujourd'hui reliée à Bangkok par voie ferrée, c'est la principale ville du nord de la Thaïlande. Commerce du bois, artisanat.

CHIANT, E adj. *Pop.* Qui est ennuyeux, importun, difficile ou contrariant : *Qu'est-ce qu'elle est chiante ! Un livre chiant.*

CHIANTI [kjɑ̃ti] n. m. (de *Chianti,* n. pr.). Vin rouge italien produit dans le Chianti.

CHIANTI (le), région d'Italie, en Toscane (prov. de Sienne), entre les bassins de l'Arno et de l'Ombrone. Vins.

CHIAOULIAÏ, v. du nord de la Lituanie ; 148 000 hab.

CHIAPAS, État de l'extrémité sud-est du Mexique, sur le Pacifique ; 73 887 km² ; 3 203 915 hab. Cap. *Tuxtla Gutiérrez.* Pétrole et gaz naturel.

CHIAPPE (Jean), administrateur et homme politique français (Ajaccio 1878 - en Méditerranée 1940). Préfet de police de 1927 à 1934, sa mutation contribua au déclenchement de l'émeute du 6 février*, organisée par les ligues de droite. Il fut nommé haut-commissaire en Syrie par le gouvernement de Vichy en 1940, mais l'avion qui le transportait fut abattu par la RAF.

CHIARD n. m. (de *chier*). *Pop.* Môme, enfant.

CHIASMA [kjasma] n. m. Croisement des nerfs optiques droit et gauche dans l'encéphale.
ENCYCL. Chez les vertébrés autres que les mammifères, le chiasma est total : tout le champ visuel de l'œil droit est interprété par l'hémisphère cérébral gauche et inversement. Lorsqu'une partie des deux champs est commune (oiseaux rapaces), il y a certainement vision binoculaire et appréciation des distances, mais par un autre processus que chez les mammifères. Lorsque les deux champs sont disjoints, les deux yeux peuvent se mouvoir indépendamment (caméléon). Chez l'homme et les autres mammifères, le chiasma est partiel : les fibres issues de l'hémichamp gauche des deux yeux vont à l'hémisphère droit et inversement, ce qui assure parfaitement vision binoculaire et appréciation des distances.

CHIASMATIQUE adj. Relatif à un chiasma.

CHIASME [kjasm] n. m. (gr. *khiasmos,* disposition en croix). **1.** Disposition en ordre inverse de deux phrases syntaxiquement identiques, formant une antithèse ou constituant un parallèle. (Ex. *Un roi chantait en bas, en haut mourait un Dieu.*) — **2.** En sculpture, opposition diagonale entre les membres inférieurs et les membres supérieurs du modèle. (Le *Doryphore* de Polyclète est un exemple de cet équilibre inverse et harmonieux.)

CHIASSE n. f. (de *chier*). **1.** Excrément d'insectes. — **2.** *Pop.* Diarrhée. — **3.** *Pop.* Ennui, difficulté grave. — **4.** Pop. *Avoir, donner la chiasse,* avoir, faire très peur.

CHIASSO, comm. de Suisse (Tessin), à la frontière italienne, sur la ligne du Saint-Gothard ; 8 600 hab. Pâtes. Chimie. Métallurgie. Horlogerie. Tabac.

CHIATIQUE adj. (de *chier*). *Pop.* Qui est très importun, très ennuyeux.

CHIAYI → JIAYI.

CHIBA, v. du Japon (Honshū), ch.-l. de préfecture, au fond de la baie de Tōkyō ; 829 455 hab. Centre industriel (centrales thermiques, sidérurgie et métallurgie de transformation, chimie).

CHIBĀM, v. du Yémen, dans la haute vallée de l'Hadramaout ; 7 500 hab. Centre commercial et touristique. Artisanat. Aéroport.

CHIBCHA n. m. Famille de langues amérindiennes dont le domaine s'étendait du sud du Nicaragua au nord de l'Équateur.

CHIBCHAS, anc. nom des Muiscas.

CHIBOUGAMAU, v. du Canada (Québec), près du *lac Chibougamau,* au N.-O. de Québec ; 10 700 hab. Mines de cuivre et d'amiante.

CHIBOUQUE n. f. ou **CHIBOUK** n. m. (ar. *chubuq,* du turc *çubuk,* tuyau, pipe). Pipe à long tuyau, dont on se sert en Turquie.

CHIC n. m. (all. *Schick,* bon ordre). **1.** Allure élégante, prestance, aspect gracieux : *Elle a beaucoup de chic dans sa nouvelle robe.* — **2.** *Avoir le chic de, pour qqch,* être très habile à faire qqch ou, ironiq., ne pas manquer une occasion de faire qqch. ‖ Fam. *Bon chic, bon genre,* se dit d'une manière de s'habiller classique et bourgeoise, présentant bien ; se dit de qqn qui s'habille ainsi (souvent abrégé en B. C. B. G.) ‖ *De chic,* d'inspiration, sans préparation, sans méthode rigoureuse.
◆ adj. **1.** Qui est élégant, distingué : *Des gens chics.* — **2.** *Fam.* Qui est beau, agréable ; chouette : *Ça, c'est une chic voiture !* — **3.** *Fam.* Qui est sympathique, bienveillant, gentil : *Elle est chic d'être venue.* — **4.** Fam. *Chic et choc,* qui est à la mode, dans le vent.
◆ interj. *Fam.* Marque la joie, la satisfaction : *Chic ! tout s'est arrangé !*

CHICAGO, v. des États-Unis, dans l'Illinois, au bord du lac Michigan ; 2 783 726 hab. (6 069 974 hab. dans l'agglomération).
— **Géogr.** Le site, point d'origine d'un portage utilisé par les Indiens entre le lac Michigan et le bassin du Mississippi, fut acquis par les États-Unis en 1795 (traité de Greenville). Chicago est aujourd'hui la troisième agglomération américaine (derrière New York et Los Angeles), mais demeure le deuxième foyer industriel (après New York). La ville s'est rapidement développée entre 1850 et le début du siècle, comme porte de l'Ouest, carrefour ferroviaire, marché agricole du Midwest naissant, dernières fonctions à l'origine des premières branches industrielles (constructions mécaniques, agroalimentaire). La gamme s'est enrichie (chimie, électronique, édition), de même que se sont développées les fonctions financières (banques, Bourses de matières premières), commerciales (vente par correspondance), culturelles et scientifiques (universités et musées). Chicago demeure le premier nœud ferroviaire des États-Unis, possède un grand aéroport international et l'ensemble du trafic portuaire de l'agglomération avoisine 100 Mt. Le centre-ville (l'ancien Loop), où les Noirs sont nombreux, a été partiellement rénové.
— **Bx-arts.** Après l'incendie de 1871, Chicago a été, vers 1880-1900, le foyer d'une école d'architecture moderne qui, profitant de la mise au point du laminage de l'acier (ossatures résistant à la traction comme à la compression), du chauffage central, des ascenseurs, fut à l'origine du gratte-ciel. Ses principaux représentants furent William Le Baron Jenney (1832-1907), William Holabird (1854-1923), associé à Martin

Roche (1855-1927), et L. H. Sullivan. Par la suite, l'architecture de Chicago revint à un éclectisme académique, pour ne retrouver sa vigueur novatrice qu'après 1945 (*Marina City*, de Bertrand Goldberg, 1963).
La ville possède des musées qui sont chacun de tout premier plan dans leur catégorie : Art Institute (fondé en 1882), Field Museum of Natural History, Museum of Science and Industry.

Chicago *(école économique de)*, courant de pensée américain prônant le retour au libéralisme économique.

CHICANE n. f. (de *chicaner*). **1.** Difficulté soulevée sur un point mineur pour embrouiller un procès. – **2.** *Litt.* Procédure avec des subtilités dans l'interprétation des lois. – **3.** *Litt.* Querelle de mauvaise foi portant sur un détail : *Chercher chicane à ses voisins.* – **4.** Série d'obstacles disposés sur une route de façon à imposer un parcours en zigzag ; ce parcours lui-même. – **5.** Au bridge, se dit quand un des joueurs ne possède aucune carte dans la couleur appelée. – **6.** Passage étroit et sinueux pratiqué à travers un obstacle, un mur ou un système défensif pour permettre la sortie discrète des défenseurs. – **7.** Dispositif qui contrarie le cheminement naturel d'un corps en mouvement. (Dans un échangeur, les chicanes assurent la turbulence des produits circulant à contre-courant.) – **8.** *En chicane,* suivant une disposition oblique par rapport à une ligne droite : *Se garer en chicane.*

CHICANEAU, patronyme d'une famille de céramistes français dont le plus célèbre représentant fut PIERRE Ier (Saint-Cloud 1618-*id.* 1677), faïencier à Saint-Cloud, qui entreprit la fabrication de la porcelaine tendre.

CHICANER v. i. (rad. onomat. *tchikk-*, marquant la petitesse, croisé avec *ricaner*) [conj. 3]. *Vx.* User de chicane, en matière de procès, intenter sans raison un procès.

◆ v. t. *Fam.* **1.** Ennuyer qqn, lui créer du souci : *Qu'est-ce qui te chicane ?* – **2.** Critiquer qqn mal à propos, sur un point de détail : *On nous chicane sur l'emploi de ce mot.* – **3.** Contester qqch à qqn : *On lui a chicané le droit d'assister à cette réunion.*

◆ v. t. ind. Soulever une contestation sur un point mineur : *Il chicane sur les chiffres.*

CHICANERIE n. f. *Vx.* Le fait de chicaner ; petite chicane.

CHICANEUR, EUSE ou **CHICANIER, ÈRE** adj. et n. *Vx.* Qui aime la chicane.

CHICANO n. (esp. *chicano*). *Fam.* Aux États-Unis, personne d'origine mexicaine.

CHICHA [tʃitʃa] n. f. (esp. *chicha,* d'un mot indien). Au Pérou, boisson fermentée préparée avec des grains de maïs.

1. CHICHE adj. (anc. fr. *cice,* pois chiche ; du lat. *cicer, -eris*). *Pois chiche,* légumineuse annuelle cultivée dans la zone méditerranéenne pour ses grains comestibles ; graine de cette plante.

2. CHICHE adj. (d'un rad. onomat. *tchitch-,* exprimant la petitesse). **1.** *Vx.* Qui répugne à dépenser ce qu'il faudrait ; trop parcimonieux. – **2.** *Fam.* Qui n'est pas prodigue de qqch, ne l'accorde qu'à regret : *Il n'est pas chiche de son temps.* – **3.** *Fam.* et *vx.* Mesquin, peu abondant : *Un dîner chiche.*

3. CHICHE adj. (de *chiche 2*). *Fam.* **1.** *Être chiche de,* être capable de faire qqch, oser le faire. – **2.** *Chiche !,* marque un défi. ‖ *Chiche que,* je vous lance le défi que... : *Chiche que je mange tout.*

CHICHE-KEBAB n. m. (pl. *chiches-kebabs*) [du turc *şişkebap*]. Brochette de mouton grillée avec des aromates. (Syn. KEBAB.)

CHICHEMENT adv. De façon chiche, parcimonieuse, mesquine.

CHICHÉN ITZÁ, cité maya du Yucatán (Mexique), conquise par des guerriers d'origine toltèque entre 900 et 1000 apr. J.-C. et désertée au XVe s. Les bâtiments de l'époque classique récente (600-950) sont de style Puuc, richement sculptés en bas relief, avec des inscriptions hiéroglyphiques. Les constructions de l'époque postclassique (950-1500) combinent des formes typiquement maya, de style Puuc, et des formes de l'architecture toltèque : le *Castillo ;* le temple des Guerriers ; le temple des Jaguars, aux murs décorés de fresques.

CHICHESTER, v. de Grande-Bretagne (West Sussex), près de la Manche ; 20 000 hab. Vaste cathédrale bâtie de la fin du XIe à la fin du XIIe s. – Aux environs, vestiges romains de Fishbourne. – **Hist.** Importante ville romaine *(Regnum),* principale résidence royale du Sussex au début des temps anglo-saxons, Chichester fut un centre commercial actif pendant tout le Moyen Âge.

CHICHESTER DE BELFAST (Arthur CHICHESTER, *baron*), officier anglais (Raleigh 1563 - Londres 1625). Lord-député de l'Irlande de 1604 à 1614, il mit sur pied la colonisation systématique de l'Irlande du Nord par des colons protestants.

CHICHESTER (*sir* Francis Charles), navigateur solitaire britannique (Barnstaple, Devon, 1901 - Plymouth 1972), vainqueur de la première course transatlantique en voilier (1960).

CHICHI n. m. (rad. onomat. *tchitch-,* exprimant la petitesse). *Fam.* **1.** Comportement qui manque de simplicité ; façons, simagrées : *Recevoir* *avec beaucoup de chichis.* — **2.** Complication, difficulté : *Faire des chichis pour rien.*

CHICHIMÈQUES, tribus de langue uto-aztèque qui vivaient au nord du Mexique et dans le sud des États-Unis. Au postclassique (950-1500 apr. J.-C.), ces peuples nomades pénétrèrent dans les territoires plus au sud, comme la vallée de Mexico, attirés par les riches royaumes de cette région.

CHICHITEUX, EUSE adj. et n. *Fam.* Qui fait des chichis.

CHICHMANIDES → ŠIŠMANIDES.

CHICLAYO, v. du Pérou septentrional, ch.-l. du dép. de Lambayeque ; 410 468 hab. Centre commercial. Industries alimentaires et mécaniques.

CHICLE [tʃikle] n. m. (esp. *chicle,* de l'aztèque *chictli*). Latex du sapotillier, utilisé dans la préparation des pâtes masticatoires (chewing-gum).

CHICON n. m. (de *chicorée*). **1.** Nom usuel de la pomme de la laitue romaine. — **2.** En Belgique, syn. de ENDIVE.

CHICORACÉ, E adj. Se dit d'une feuille extrêmement découpée, comme celle de la chicorée frisée.

CHICORÉE n. f. (lat. médiév. *cicorea,* du lat. class. *cichoreum,* avec l'infl. de l'ital. *cicoria*). Plante à fleurs composées bleues, à larges capitules, cultivée pour être consommée en salade ou comme légume.

ENCYCL. *Cichorium intybus* comprend les chicorées sauvages, les chicorées italiennes, la chicorée à café et la chicorée de Bruxelles, ou witloof. La chicorée à café a une grosse racine, qui est découpée en cossettes, puis torréfiée et moulue pour donner une poudre grossière que l'on peut mélanger au café. La chicorée de Bruxelles, ou witloof (appelée *endive* en France), donne, par forçage des racines, un bourgeon étiolé ou *chicon. Cichorium endivia* comprend les chicorées scaroles et frisées, cultivées à l'automne et en hiver comme salades vertes.

CHICORER (SE) v. pr. (p.-ê. de *chiquer*) [conj. 3]. *Pop.* Se battre à coups de poing.

CHICOT n. m. (d'un rad. onomat. *tchikk-,* exprimant la petitesse). **1.** *Fam.* Partie d'une dent cassée ou profondément cariée, qui tient encore à la gencive. — **2.** Souche d'un arbre coupé, reste d'une branche coupée loin de sa base.

CHICOT (Antoine D'ANGLERAYS, dit), bouffon de la cour de France (v. 1550 - Pont-de-l'Arche 1592). Il fut le fou en titre de Henri III, puis de Henri IV.

CHICOTER v. i. (conj. 3). Crier, en parlant de la souris.

CHICOTIN n. m. (ar. *suquṭrī,* plante originaire de l'île de Socotora). Suc amer extrait de l'aloès, de la coloquinte. ‖ *Amer comme chicotin,* très amer.

CHICOUTIMI, v. du Canada (Québec), au confluent de la *Chicoutimi* et du Saguenay ; 60 000 hab. Centre commercial et tertiaire.

CHIDAMBARAM → CIDAMBARAM.

CHI-DEUX [ki-] n. m. *Loi du chi-deux* (χ^2) à n *degrés de liberté,* loi de probabilité d'une variable aléatoire, somme de *n* variables aléatoires normales, réduites et indépendantes. (La densité de probabilité $f_n(x)$ est $x^{(n/2)-1}\cdot e^{-x/2}/2^{n/2}\Gamma(n/2)$, Γ étant la fonction gamma. L'espérance mathématique est *n,* la variance $2n$. C'est une loi fondamentale en statistique.) ‖ *Test du chi-deux* (χ^2), test dans lequel la fonction des observations utilisée suit une loi de χ^2 lorsque l'hypothèse nulle est vraie. (C'est le test de l'égalité de la variance d'une loi normale à une valeur spécifiée à partir de la variance estimée sur un échantillon.)

CHIÉ, E adj. *Pop.* **1.** Qui est réussi, bien ; extraordinaire, étonnant, drôle : *Un chié spectacle.* — **2.** Qui est difficile, ardu : *Une chiée question.*

CHIÉE n. f. *Pop.* Grande quantité de : *Une chiée d'ennuis.*

CHIEMSEE, lac d'Allemagne, en bordure des Alpes bavaroises ; 80 km². Tourisme.

CHIEN n. m. (lat. *canis*). **1.** Mammifère (canidé) carnivore aux multiples races, caractérisé par sa facilité à être domestiqué, par une course rapide, un excellent odorat et par son cri spécifique, l'aboiement. (→ *encycl.*) — **2.** Terme d'injure. — **3.** *Fam.* Personne bassement servile ou personne maltraitée et réduite à une domesticité honteuse. — **4.** *À la chien,* se dit d'une coiffure dans laquelle les cheveux retombent sur le front. ‖ Fam. *Avoir du chien,* avoir de l'élégance, de la séduction, du caractère, un charme un peu provocant, surtout en parlant des femmes. ‖ *Ce n'est pas fait pour les chiens,* il faut y recourir, s'en servir à l'occasion. ‖ Fam. *Chien du commissaire (de police),* son secrétaire. ‖ Fam. *Chiens écrasés,* rubrique d'un journal consacrée à la collecte des petits faits divers. ‖ *Chien de garde,* personne défendant avec ardeur les intérêts de qqn, d'un groupe. ‖ Fam. *Chien de quartier, de caserne,* adjudant. ‖ *Comme un chien,* le plus mal possible, dans les pires conditions. ‖ *Comme un jeune chien,* de façon étourdie. ‖ *Coup de chien,* tempête subite ; événement inattendu qui frappe brutalement. ‖ *En chien de fusil,* couché en repliant les jambes. ‖ *Entre chien et loup,* à la tombée du jour, au moment où on ne distingue plus les détails. ‖ *Être d'une humeur de chien,* de très mauvaise humeur. ‖ *Garder, réserver à qqn un chien de sa chienne,* déclarer qu'on se vengera, être très rancunier. ‖ *Mal de chien,* grand mal, difficulté extrême. ‖ *Mourir comme un chien,* mourir dans l'abandon ou sans avoir reçu les sacrements de l'Église. ‖ Fam. *Ne pas attacher son chien avec des saucisses,* être très regardant. ‖ *Ne pas donner sa part aux chiens,* tenir beaucoup à sa part ou à ses prétentions sur qqch. ‖ *Ne pas être bon à jeter aux chiens,* n'avoir aucun mérite. ‖ *Nom d'un chien !,* juron familier. ‖ Fam. *Arriver comme un chien dans un jeu de quilles,* arriver fort mal. ‖ *Se regarder en chiens de faïence,* se regarder l'un l'autre d'un œil fixe et irrité, en silence. ‖ Litt. *Rompre les chiens,* interrompre une conversation embarrassante. ‖ *Être comme chien et chat,* se chamailler sans cesse. ‖ *Vie de chien,* existence dure et

QUELQUES RACES DE CHIENS			
	fonction	*taille et poids (mâle)*	*poils, robe*
barzoï	lévrier	70 à 82 cm 35 à 45 kg	robe épaisse, poils courts sur la tête
berger allemand	chien de berger, de garde, de police	60 - 65 cm 35 kg	poils ras, durs ou longs, robe variée
boxer	chien de garde	57 à 63 cm	poils ras, fauves ou bringés
caniche à poil bouclé	chien de compagnie	35 à 45 cm	abondants et bouclés
collie et colley	chien de compagnie (originellement chien de berger)	56 à 61 cm 20 à 30 kg	robe très fournie
dalmatien	chien de compagnie	56 à 60 cm 22 à 25 kg	poils durs, robe tachetée
épagneul breton	chien de chasse (chien d'arrêt)	46 à 51 cm 15 kg	poils fins, ondulés
fox-terrier	chien de chasse	38 cm 9 kg	poils lisses ou poils durs
français tricolore	chien de chasse (chien courant)	60 à 72 cm 35 kg	poils ras
grand griffon vendéen	chien de chasse (chien courant)	60 à 65 cm 35 kg	poils rudes, parfois broussailleux
podenco ibicenco	chien de chasse (chien courant)	60 à 66 cm 22 kg	poils courts et lisses, ou longs et rêches
saint-bernard	chien de garde et de sauvetage	70 à 90 cm 55 à 80 kg	poils courts très serrés
samoyède	chien de trait	50 à 60 cm 20 à 30 kg	épaisse fourrure blanche
setter irlandais	chien de chasse (chien d'arrêt)	66 à 72 cm 22 à 27 kg	poils rouge vif et brillants
teckel nain	chien de compagnie (originellement chien de chasse)	4 kg	poils ras, durs ou longs

misérable. • **Arm.** Pièce d'une arme à feu qui portait le silex et provoquait la mise à feu de la poudre en se rabattant sur le couvre-bassinet. ‖ Masse additionnelle renforçant l'action du percuteur, lorsqu'il frappe sur l'amorce de la cartouche. — **Jeux.** Au tarot, nom donné au talon. — **Métall.** Tenaille autoserrante avec laquelle on saisit la barre sur le banc d'étirage. — **Text.** Pièce du métier à tisser, servant le plus souvent au déclenchement de mouvements brusques. — **Tonnell.** Outil servant à terminer la fabrication des tonneaux. (Syn. TRAITOIR.) — **Zool.** *Chien bleu, chien espagnol, chien de mer,* noms usuels de divers requins. ‖ *Chien d'eau,* nom usuel de l'*hydrocyon.* ‖ *Chien japonais,* chien de chasse répandu au Japon. ‖ *Chien de prairie,* rongeur des plaines d'Amérique du Nord, végétarien, vivant en colonies denses et dont le cri ressemble à un aboiement.

◆ **chien, chienne** adj. et n. **1.** *Fam.* Avare, âpre en affaires. — **2.** *De chien,* précédé d'un nom, ou *chien, chienne de,* suivi d'un nom, se dit par dépréciation, mépris, etc. ; très mauvais.

◆ **chienne** n. f. **1.** Femelle du chien. — **2.** Terme d'injure.

ENCYCL. Le chien s'est attaché à l'homme depuis l'aube de la préhistoire. L'hypothèse la plus souvent admise quant à son origine fait intervenir la domestication du loup. La plupart des races actuelles, au nombre de 340, ont pour origine une race proche du chien sauvage australien, le dingo. Le brassage des races et de multiples croisements encore accentués par la sélection de certaines anomalies (nanisme, prognatisme, achondroplasie) ont provoqué une très grande variété de tailles, de robes, de port de queue ou d'oreilles et de caractères. Le classement des races repose sur leur utilisation : chiens de berger, de garde et d'utilité, chiens de chasse, chiens d'agrément.

Carnassier de sa nature, capable de broyer les os pour en extraire la moelle, le chien devient omnivore par éducation. La femelle a 10 mamelles. Le nombre des chiots par portée est compris entre 6 et 10. La durée de gestation est de 9 semaines.

CHIEN (Grand) [en lat. *Canis Major, -is*], constellation australe, située en bordure de la Voie lactée, entre la Licorne (au nord) et la Poupe et la Colombe (au sud). Son étoile principale, Sirius*, est la plus brillante du ciel.

CHIEN (Petit) [en lat. *Canis Minor, -is*], constellation boréale située en bordure de la Voie lactée entre l'équateur et les Gémeaux. Sa principale étoile est Procyon*.

Chien du jardinier *(le),* comédie en 3 actes de Lope de Vega (1618). Une aristocrate amoureuse de son secrétaire s'interdit de le lui avouer pour ne pas déchoir, mais s'oppose à ce qu'il en épouse une autre.

CHIENS DE CHASSE (en lat. *Canes Venatici*), constellation boréale au sud de la queue de la Grande Ourse. Son étoile principale est *Cor* Caroli.*

CHIEN-ASSIS n. m. (pl. *chiens-assis*). **1.** Petite lucarne de comble, quelle que soit sa forme. — **2.** Lucarne à toit plat.

CHIEN-CHIEN n. m. (pl. *chiens-chiens*). *Fam.* et *iron.* Petit chien.

CHIENDENT n. m. (de *chien* et *dent*). **1.** Nom commun à diverses graminées envahissantes et nuisibles, vivaces, aux rhizomes traçants, à croissance rapide, appartenant à cinq genres différents. (Une seule espèce est parfois cultivée pour son rhizome, utilisé en brosserie : c'est le « chiendent à balais ».) — **2.** *Fam.* et *vx.* Difficulté, ennui. — **3.** *Brosse de chiendent,* brosse dont les garnitures sont faites à partir du rhizome du chiendent à balais.

CHIENGMAI → CHIANGMAI.

CHIEN-GUIDE n. m. (pl. *chiens-guides*). Chien dressé pour guider les aveugles dans leurs déplacements.

CHIENLIT [ʃjɑ̃li] n. f. **1.** *Pop.* Désordre, anarchie sociale ou politique, pagaïe. — **2.** *Litt.* Masque de carnaval ; mascarade, déguisement.

CHIEN-LOUP n. m. (pl. *chiens-loups*). Syn. de BERGER* ALLEMAND.

CHIENNE → CHIEN.

CHIENNERIE n. f. *Fam.* **1.** *Vx.* Avarice, dureté. — **2.** Attitude ou vie impudique, immorale. — **3.** Se dit par dépréciation, mépris, ennui, etc. : *Chiennerie de métier !*

CHIER v. i. (lat. *cacare*) [conj. 9]. *Pop.* **1.** Évacuer des excréments. — **2.** *Ça chie, ça va chier (des bulles),* ça fait, ça va faire du bruit, du scandale, des dégâts. ‖ *Chier dans les bottes de qqn,* l'ennuyer à l'excès, lui jouer continuellement de vilains tours. ‖ *Chier dans la colle,* exagérer dans sa manière d'agir, dans ses propos. ‖ *En chier (des bulles, des ronds de chapeau),* avoir de grosses difficultés, des désagréments pénibles. ‖ *Envoyer chier qqn,* l'éconduire, l'envoyer promener. ‖ *Être à chier,* être très laid, très mauvais. ‖ *Faire chier qqn,* l'ennuyer à l'extrême. ‖ *Se faire chier,* s'ennuyer. ‖ *(Il n')y a pas à chier,* ce n'est pas la peine d'hésiter, c'est inévitable.

CHIERIE [ʃiri] n. f. (de *chier*). *Pop.* Ennui, difficulté, ensemble de choses chiantes.

CHIERS (la), riv. du nord de la Lorraine, affl. de la Meuse (r. dr.) ; 112 km.

chiesa *(da),* locution italienne qui désignait au XVIe s. toute musique, et aux XVIIe et XVIIIe s. une sonate destinée à l'église, en opposition à *musica, sonata da camera.*

CHIETI, v. d'Italie, dans les Abruzzes, ch.-l. de prov., dominant la vallée de la Pescara ; 55 000 hab. Musée national des Antiquités des Abruzzes. Centre industriel.

CHIÈVRES (Guillaume de CROY, *seigneur* DE), duc **de Soria**, homme d'État espagnol d'origine flamande (Chièvres, Hainaut, 1458 - Worms 1521). Gouverneur de Charles Quint, il suivit ce dernier en Espagne (1516) et dirigea la politique en tant que Premier ministre jusqu'en 1520.

CHIFFE n. f. (anc. fr. *chipe,* chiffon, du moyen angl. *chip,* petit morceau, altéré par *chiffre,* objet sans valeur). **1.** *Vx.* Mauvaise étoffe, loque. — **2.** Fam. *(Être) mou comme une chiffe, (être) une chiffe (molle),* complètement dépourvu d'énergie.

CHIFFON n. m. (de *chiffe*). **1.** Morceau de vieux linge ou d'étoffe quelconque, servant en partic. à nettoyer, à essuyer, à frotter : *Chiffon à chaussures, à poussière.* — **2.** *Vx.* Tout arrangement de toilette féminine ne servant qu'à la parure. — **3.** Morceau de papier sale et froissé ; tissu chiffonné. — **4.** Chute produite lors de la coupe dans l'industrie de la confection et souvent réutilisée après effilochage. — **5.** *Causer chiffons,* parler toilette ; parler de choses futiles. ‖ *Chiffon de papier,* document sans valeur, traité auquel on n'attache aucune valeur. ‖ *En chiffon,* chiffonné, disposé sans soin : *Mettre ses vêtements en chiffon.*

CHIFFONNADE n. f. Feuilles de laitue, d'oseille, etc., découpées en fines lanières et employées en garniture.

CHIFFONNAGE n. m. **1.** Action de chiffonner. — **2.** Récupération de matériaux ou de déchets susceptibles d'être utilisés ou revendus. — **3.** Travail réalisé par ponçage léger à l'eau et/ou à la pierre ponce en poudre.

CHIFFONNE n. f. Petite branche mince et de faible longueur chargée de boutons à fleurs chez les arbres fruitiers à noyau.

CHIFFONNEMENT n. m. État des étoffes chiffonnées.

CHIFFONNER v. t. (de *chiffon*) [conj. 3]. **1.** Froisser un tissu, un papier, leur donner des faux plis. — **2.** *Fam.* Préoccuper qqn, le tracasser, le contrarier : *Cette affaire me chiffonne.*

◆ **se chiffonner** v. pr., **être chiffonné** v. pass. **1.** Se froisser : *Ta robe s'est chiffonnée dans la valise.* — **2.** *Avoir le visage chiffonné,* avoir les traits tirés, fatigués.

CHIFFONNIER, ÈRE n. **1.** Personne qui ramasse des chiffons ou autres objets abandonnés dans les rues ou qui achète des tissus usagés pour les revendre. — **2.** Ouvrier (ère) chargé (e) du triage des chiffons, dans les fabriques de papier. — **3.** *Se battre, se disputer comme des chiffonniers,* avec acharnement.

◆ **chiffonnier** n. m. Petit meuble de rangement à tiroirs superposés, plus haut que large. (Création d'époque Louis XV ; à sept tiroirs, c'est le semainier.)

◆ **chiffonnière** n. f. Petit meuble de dame tenant de la table à ouvrage et de la commode. (Création d'époque Louis XV.)

CHIFFRABLE adj. Qui peut être calculé.

CHIFFRAGE n. m. **1.** Action de chiffrer, de calculer. — **2.** Ensemble des chiffres placés au-dessus de la partie de basse pour indiquer les accords.

CHIFFRE n. m. (lat. médiév. *cifra,* de l'ar. *sifr,* zéro). **1.** Chacun des symboles ou caractères servant à écrire les nombres dans un système de numération. (Les chiffres actuellement les plus utilisés sont les chiffres arabes. Dans quelques cas particuliers, on recourt aux chiffres romains.) — **2.** Montant d'une somme, total d'une évaluation : *Le chiffre de la population parisienne.* — **3.** Entrelacement de deux ou de plusieurs lettres initiales des noms d'une ou de deux personnes : *Faire graver du papier à lettres à son chiffre.* — **4.** Ensemble des marques utilisées par certaines entreprises pour retrouver au moment de la vente le prix coûtant de leurs marchandises, et dont elles sont seules à connaître la signification. (Syn. CODE.) — **5.** Ensemble des moyens (télégraphiques, téléphoniques, radiotélégraphiques, etc.) servant au chiffrement et au déchiffrement des messages ; mise en œuvre de ce code. — **6.** En cryptographie, syn. de CLEF. — **7.** Service spécial d'un ministère (Défense, Relations extérieures) affecté à la correspondance en langage chiffré (avec une majuscule dans ce sens). — **8.** Combinaison d'une serrure. — **9.** Code utilisé pour indiquer le calcul des durées (la mesure), le doigté des instrumentistes, les accords à placer au-dessus de certaines basses. — **10.** *À deux chiffres,* se dit d'un taux de croissance ou d'inflation qui dépasse 10 %. ‖ *Chiffre d'affaires,* valeur cumulée, comptabilisée généralement pour l'année, des transactions effectuées par une entreprise. ‖ Fam. *Faire du chiffre,* en parlant d'un commerçant, d'une entreprise, effectuer un chiffre d'affaires important. ‖ *Taxe sur le chiffre d'affaires,* impôt synthétique sur la dépense.

CHIFFREMENT n. m. **1.** Opération qui consiste à transformer un message à transmettre, dit « message clair », en un autre message, inintelligible pour un tiers, dit « message chiffré », en vue d'assurer le secret de sa transmission. (Syn.

CODAGE.) — **2.** Application d'un codage pour le traitement des questionnaires d'une enquête statistique.

CHIFFRER v. t. (conj. 3). **1.** Affecter d'un numéro d'ordre les pages d'un cahier, d'un registre ; numéroter. — **2.** Évaluer qqch (à tant) par des calculs : *Chiffrer le coût d'une réparation.* — **3.** Marquer du linge, de la vaisselle, etc., au chiffre de qqn. — **4.** Transformer un message par un procédé de chiffrement. — **5.** *Chiffrer une basse,* écrire, au-dessus ou au-dessous des notes de cette basse, des chiffres qui indiquent des accords.

◆ v. i. *Fam.* Former un total important : *Des dépenses qui commencent à chiffrer.*

◆ **être chiffré** v. pass. *Langage, message chiffré,* qui utilise un code secret.

◆ **se chiffrer** v. pr. **1.** Se monter à tant, atteindre tel ou tel total : *Sa fortune se chiffre à vingt milliards.* — **2.** Se compter par, en (centaines, milliers, etc.).

CHIFFREUR, EUSE n. Personne chargée de chiffrer et de déchiffrer les textes.

CHIFFRIER n. m. Registre comptable qui servait à faire la preuve de la concordance entre le journal et le grand livre.

CHIFLEY (Joseph Benedict), homme politique australien (Bathurst 1885 - Canberra 1951). Premier ministre travailliste de 1945 à 1949.

CHIFNEZ [ʃifne] n. m. Embouchure métallique, en forme d'anneau, utilisée pour la contention du cheval.

CHIGATSE ou **XIGAZE,** v. du Tibet, dans la vallée du haut Brahmapoutre, sur la route de l'Inde à Lhassa ; 20 000 hab. Monastère.

CHIGI, famille italienne originaire de Sienne, remontant au XIIIe s., et qui s'établit à Rome au XVe s. — AGOSTINO (Sienne 1465-Rome 1520), banquier, fit édifier à Rome la villa Farnésine (1508-1511). — FABIO devint pape en 1655 sous le nom d'Alexandre VII*. — FLAVIO (Sienne 1631-1693) et SIGISMONDO (1649-1677), neveux du précédent, firent construire à Rome le palais Chigi commencé en 1562 par Giacomo Della Porta et qui est depuis 1961 le siège de la présidence du Conseil des ministres.

CHIGNOLE n. f. (anc. fr. *ceoingnole,* dévidoir, du bas lat. **ciconiola,* de *ciconia,* cigogne). **1.** Sorte de vilebrequin à manivelle. — **2.** Petite perceuse électrique portative. — **3.** *Pop.* Mauvaise voiture ; véhicule, machine quelconque.

CHIGNON n. m. (bas lat. *catenione,* de *catena,* chaîne). **1.** Cheveux torsadés et roulés sur la nuque ou au-dessus. — **2.** Partie des os du crâne de certains mammifères, notamment domestiques, portant les chevilles osseuses des cornes (bovidés) ou des bois (cervidés).

CHIHĀB BACHĪR II, émir du Liban de 1788 à 1840 (Rhazīr 1767-Istanbul 1851). Bachīr, dont le père s'était converti au christianisme, s'appuya sur les maronites et prit le parti de Méhémet-Ali.

CHIHUAHUA n. m. (de *Chihuahua,* n. pr.). Chien de compagnie de petite taille, à la tête ronde et aux oreilles grandes et dressées.

CHIHUAHUA, v. du Mexique septentrional, cap. d'État, au pied de la Sierra Madre occidentale ; 530 487 hab. Cathédrale baroque du XVIIIe s. Centre d'une région minière (plomb, zinc, argent, or, uranium). — *L'État de Chihuahua* s'étend sur une partie de la Sierra Madre occidentale et sur les plateaux du Mexique septentrional.

CHĪ'ISME, CHIISME ou **SHĪ'ISME, SHI'SME** n. m. Système religieux de certains musulmans (druzes, 'alawites, ismaéliens, duodécimains, zaydites).

ENCYCL. Le chī'isme représente une certaine manière de comprendre et de vivre l'islām qui remonte à l'origine de celui-ci, lorsque se forma autour de 'Alī, gendre du Prophète, assassiné en 661, un parti politico-religieux opposé aux Omeyyades. Les chī'ites considèrent leurs imāms comme les continuateurs de la mission de Mahomet, qui a révélé le seul aspect exotérique du Coran. Ils commémorent chaque année la passion de Ḥusayn, second fils de 'Alī et troisième imām, et se rendent en pèlerinage sur les tombes de 'Alī à Nadjaf et de Ḥusayn à Karbalā'. Les chī'ites duodécimains, qui sont majoritaires, reconnaissent douze imāms, dont le dernier, Muḥammad al-Mahdī, disparut en 874. L'ère de la Grande Occultation, qui a commencé vers 940, prendra fin lorsque l'imām caché redescendra sur Terre pour y instaurer la justice et la paix. L'imām caché étant considéré comme le seul souverain légitime de la communauté, les chī'ites ont adopté diverses attitudes politiques passives ou d'opposition envers le pouvoir temporel.

Le chī'isme est devenu la religion nationale de l'Iran depuis l'avènement des Séfévides (1501). Dans ce pays, des docteurs en sciences religieuses, les *mudjtahid* (ou *modjtahed*), ont acquis depuis le XVIIIe s. un rôle considérable. La Constitution de la République islamique d'Iran (1979) a donné l'intégrité du pouvoir aux ulémas. On estime à 95 millions les chī'ites dans le monde (env. 10 % des musulmans). Les communautés les plus importantes se trouvent en Iran, en Inde, au Pākistān, en Iraq, en Afghānistān, en Azerbaïdjan et au Liban.

CHĪ'ITE, CHIITE ou **SHĪ'ITE, SHIITE** adj. et n. (ar. *chī'a,* du parti de 'Alī, gendre et compagnon du Prophète). Relatif au chī'isme ; adepte du chī'isme.

CHIKAMATSU MONZAEMON (SUGIMORI NOBUMORI, dit), dramaturge japonais (Kyōto 1653 - Ōsaka 1724). De ses études, il conserva une connaissance approfondie des textes bouddhiques et des classiques chinois et japonais. Il écrivit pour le théâtre de *kabuki**, puis, après son association avec le musicien et directeur de théâtre Gidayū, pour le théâtre de poupées. Parmi ses œuvres, on distingue des pièces historiques (*les Batailles de Coxinga,* 1715) et des drames bourgeois, ou *sewa-mono,* qui ont pour dénouement le suicide à deux, le *shinjū* (*Double Suicide à Sonezaki,* 1703 ; *Meurtre d'une femme, un enfer d'huile,* 1721).

Chilam-Balam, œuvre maîtresse de la littérature maya-yucatèque composée de plusieurs manuscrits désignés sous le terme de « livres du Chilam-Balam ». Cette œuvre à fort caractère mythologique et prophétique fait alterner des textes historiques, religieux, astronomiques et médicaux.

CHILCOTINS, Indiens athabascans de la Colombie britannique. Leur nombre est inférieur à 2 000 individus.

CHILDE (Vere Gordon), archéologue australien (Sydney 1892 - Mount Victoria, Nouvelle-Galles-du-Sud, 1957). Il voit s'épanouir dans la préhistoire récente de l'Europe, malgré l'influence culturelle de l'Orient, une civilisation originale et insiste sur les rapports de la société et de l'économie préhistoriques (*l'Aube de la civilisation européenne,* 1925 ; *l'Âge du bronze,* 1931 ; *What happened in History,* 1942, trad. fr. *De la préhistoire à l'histoire*).

CHILDEBERT Ier (v. 497-558), roi des Francs à Paris (511-558), fils de Clovis Ier et de Clotilde. Doté à la mort de son père (511) de la Gaule du Nord-Ouest, entre l'Armorique et la Somme (royaume de Paris), ainsi que des cités de Saintes et de Bordeaux, il acquit, à la mort de son frère Clodomir (524), Chartres et Orléans. Il conquit, avec son frère Clotaire Ier, le royaume des Burgondes (534) et la Provence (537). — **Childebert II** (570-595), roi d'Austrasie (575-595) et de Bourgogne (592-595), fils de Sigebert Ier et de Brunehaut. En vertu du traité d'Andelot (587), il succéda en 592 à Gontran comme roi de Bourgogne. — **Childebert III** (683-711), roi des Francs (v. 695-711). Fils de Thierry III, il fut institué roi par Pépin de Herstal. Son fils Dagobert III lui succéda.

Childe Harold *(le Pèlerinage de),* poème en 4 chants de Byron (1812-1818) : impressions d'un voyageur romantique mêlées à l'expression de l'insatisfaction d'une âme inquiète. L'influence de cette œuvre sur la poésie européenne (Lamartine, Potocki, Pouchkine) fut considérable.

CHILDÉRIC Ier (v. 436 - 481 ou 482), roi des Francs Saliens de Tournai (v. 458-481 ou 482). Fils présumé de Mérovée et père de Clovis Ier, il lutta aux côtés d'Egidius puis de Syagrius contre les Wisigoths, les Alamans et les Saxons. — **Childéric II** (v. 650-675), roi d'Austrasie (662-675), de Neustrie et de Bourgogne, et roi des Francs (673-675), fils de Clovis II et de Bathilde. Après avoir écarté du pouvoir Ebroïn et déposé Thierry III (673), il tenta en vain de régner sur l'ensemble du royaume sans l'avis des grands, qui le firent assassiner. — **Childéric III** († Sithiu [Saint-Bertin], près de Saint-Omer, 754), roi des Francs (743-751). Après avoir régné sous la tutelle des maires du palais Carloman et Pépin le Bref, il fut déposé par ce dernier, qui le relégua au monastère de Saint-Bertin, à Sithiu, et se fit élire roi des Francs (751).

CHILDERS (Hugh Culling Eardley), homme politique britannique (Londres 1827 - *id.* 1896). Lord de l'amirauté (1868-1871), il fut ministre de la Guerre sous Gladstone en 1880-1882. Chancelier de l'Échiquier de 1882 à 1885, il soutint Gladstone sur la question du Home Rule et devint son ministre de l'Intérieur en 1886.

CHILI [ʃi-] ou [tʃi-] n. m. (mot esp.) [pl. *chiles*]. 1. Petit piment rouge d'origine mexicaine. — 2. *Chili con carne,* plat mexicain très épicé à base de viande hachée et de haricots rouges.

CHILI, État de l'Amérique du Sud ; 757 000 km^2; 14 500 000 hab. *(Chiliens).* CAP. *Santiago.* LANGUE : *espagnol.* MONNAIE : *peso.*

Géographie.

• *Le milieu naturel.* Bande de terre large de moins de 200 km, étirée sur plus de 4 000 km sur le Pacifique, le Chili est cependant morcelé par le relief en (étroits) éléments longitudinaux : partie andine à l'E. (élevée et parfois volcanique dans sa moitié nord, beaucoup plus basse au S. de Santiago) ; dépression discontinue, au centre; cordillère littorale retombant directement dans l'océan à l'O. Mais la latitude introduit une division climatique zonale prépondérante (avec l'histoire) dans la répartition du peuplement et la mise en valeur. Le Nord (d'Arica à Copiapó) est désertique (c'est l'Atacama) ; le Centre, de Coquimbo à Concepción, est à dominante méditerranéenne (pluies d'hiver, températures modérées), le Sud est franchement froid et humide, souvent forestier, parfois même englacé.

• *La population et l'économie.* La partie centrale regroupe plus de 80 % de la population. L'énorme agglomération de Santiago représente la moitié

ou presque de ce pourcentage, mais les conurbations de Valparaíso-Viña del Mar et de Concepción-Talcahuano avoisinent 500 000 hab.
L'agriculture occupe une surface réduite et l'irrigation est souvent nécessaire. L'élevage (bovins et ovins), la céréaliculture et la viticulture sont les activités dominantes. L'industrie minière, l'extraction du cuivre essentiellement, demeure le fondement de l'économie, d'autant qu'au cuivre s'ajoutent de notables productions de molybdène, de fer, d'or et, en quantité moindre, de pétrole, de gaz naturel et de houille, ce qui, malgré un complément hydroélectrique, ne satisfait pas la totalité des besoins énergétiques. L'industrie est relativement ancienne et développée (petite sidérurgie, raffinage des minerais, biens de consommation divers, usines d'aliments du bétail traitant d'abondantes prises maritimes, etc.). La balance commerciale est souvent équilibrée, mais l'endettement extérieur demeure préoccupant.

Histoire.

• *Le Chili jusqu'à l'indépendance.* Peuplé par les Indiens Araucans, le territoire du Chili est envahi au XVe s. par les Incas. La conquête espagnole, partielle et difficile, est entreprise au XVIe s. par Pedro de Valdivia.
1541 : Fondation de Santiago.
Appelé Nouvelle-Estrémadure au XVIIIe s., le Chili est une des colonies les plus pauvres de l'Espagne et connaît de nombreuses révoltes.

• *L'indépendance*
1810 : Début de l'insurrection indépendantiste.
1818 : Victoires de O'Higgins et San Martín contre les Espagnols.
La république chilienne est instaurée. La vie politique est alors marquée par un affrontement entre libéraux et conservateurs.
1879-1884 : Guerre du Pacifique contre le Pérou et la Bolivie.
Vainqueur, le Chili enlève toute sa façade maritime à la Bolivie et devient la première puissance latino-américaine du Pacifique.
1891 : Le régime présidentiel est remplacé par un régime parlementaire, à la suite d'une révolution.
Pendant la Première Guerre mondiale, le pays connaît une période de prospérité due à l'exploitation de ses richesses minières (cuivre, nitrates).
1925 : L'armée rétablit le régime présidentiel. Arturo Alessandri, au pouvoir depuis 1920, en est le chef de l'État.
1938-1958 : Des gouvernements de Front populaire et de centre gauche mettent en place une législation sociale avancée.
1958-1964 : Les conservateurs font face à l'inflation et au chômage par une politique d'austérité.
1964-1970 : Gouvernement démocrate-chrétien d'Eduardo Frei Montalva. Début d'une réforme agraire.
1970 : La victoire électorale du socialiste Allende est suivie d'importantes réformes (nationalisation des mines).
Mais les résistances du patronat, des classes moyennes et des sociétés américaines expropriées entraînent une crise économique et un durcissement des luttes sociales.
1973 : Le président Allende est éliminé par une junte militaire. Le général Pinochet, « chef suprême de la nation », instaure un régime d'exception, organisant la répression contre l'ensemble de la gauche.
1988 : Pinochet organise un plébiscite visant à assurer la reconduction du pouvoir en place. En dépit de la victoire du « non », il décide de rester à la tête de l'État jusqu'en 1990, terme légal de son mandat.
1990 : Le démocrate-chrétien Patricio Aylwin Azócar (candidat unique de l'opposition, élu à la présidence en 1989) succède à Pinochet. Le pays retrouve la voie de la démocratie.
1994 : Le démocrate-chrétien Eduardo Frei Ruíz-Tagle (fils du président Eduardo Frei Montalva) devient président de la République.

CHILI *(courant du),* partie méridionale du courant du Pérou.

CHILI *(dorsale du),* dorsale océanique séparant les plaques Nazca (au N.) et Antarctique (au S.).

CHILIARQUE [ki-] n. m. Commandant de 1 000 hommes, dans les armées grecques.

CHILIEN, ENNE adj. et n. Du Chili.

CHILILABOMBWE, anc. **Bancroft,** v. minière de Zambie, dans la Copper Belt. (→ CHINGOLA.)

CHILKA, riv. de Russie, en Sibérie orientale, qui forme l'Amour après son confluent avec l'Argoun ; 555 km.

CHILLÁN, v. du Chili, ch.-l. de la prov. du Ñuble, dans la Grande Vallée centrale, au N.-E. de Concepción ; 158 731 hab.

CHILLIDA (Eduardo), sculpteur espagnol (Saint-Sébastien 1924). Son œuvre (fer, acier, bois, albâtre, béton armé) s'impose par des formes modulant l'espace (série des « Enclumes de rêve », 1954-1966), de plus en plus sobres et puissantes (*Lieu de rencontre,* 1973, Fondation Miró, Barcelone).

Chillon, château fort sur la rive du lac Léman, en Suisse, près de Montreux. Construit dans la seconde moitié du XIIIe s., il a été pendant deux siècles la résidence favorite des comtes et ducs de Savoie. Bonivard y fut emprisonné.

CHILLOUKS → SHILLUKS.

CHILLY-MAZARIN (91380), ch.-l. de cant. de l'Essonne, à 14 km au S. de Paris ; 16 998 hab. *(Chiroquois)*. Anc. seigneurie ayant appartenu au duc Armand de La Meilleraye, qui devint duc de Mazarin. Produits pharmaceutiques.

CHILOÉ, île du Chili méridional.

CHILOM ou **SHILOM** n. m. Pipe à long tuyau, utilisée pour fumer de l'opium ou du haschich.

CHILOME [ki-] n. m. (gr. *kleilos,* lèvre). Partie inférieure de la face des mammifères dont le nez et les lèvres sont nettement séparés, comme chez les primates. (S'oppose à *rhinarium.*)

CHILON [ki-], éphore de Sparte qui a contribué à fermer Sparte sur elle-même (VIe s. av. J.-C.). On comptait Chilon parmi les Sept Sages de la Grèce.

CHILOPODE [ki-] n. m. Myriapode carnivore muni d'une paire de crochets venimeux tel que la scolopendre, le lithobie, le géophile et la scutigère. (Les *chilopodes* forment une sous-classe.)

CHILPANCINGO DE LOS BRAVOS, v. du Mexique, cap. de l'État de Guerrero ; 67 000 hab.

CHILPÉRIC Ier (539 - Chelles 584), roi des Francs (561-584). À la mort de son père Clotaire Ier, il partagea le royaume avec ses trois demi-frères Caribert, Sigebert Ier et Gontran, et reçut la Gaule septentrionale avec Tournai et Soissons. Le meurtre de sa femme Galswinthe, sœur de Brunehaut, et son remariage avec Frédégonde (568) déclenchèrent un conflit avec Sigebert Ier, qu'il fit assassiner (575). Mais, après avoir mené des guerres infructueuses contre Gontran et Childebert II, il fut à son tour assassiné. — **Chilpéric II** (670-721), roi de Neustrie (715-721), fils présumé de Childéric II. Proclamé roi par les Neustriens à la mort de Dagobert III (715), il fut vaincu par Charles Martel (719) qui le reconnut cependant comme roi.

CHILTERN HILLS, ligne d'escarpements crayeux, au N.-O. de Londres.

CHIMAY, v. de Belgique, dans le sud du Hainaut ; 9 000 hab. Le fief de Chimay fut érigé en comté en 1473 par Charles le Téméraire, duc de Bourgogne, pour Jean de Croÿ, dont le petit-fils, Charles, fut créé prince de Chimay en 1486 par l'empereur Maximilien. La principauté passa successivement dans les maisons de Ligne, de Hennin et de Caraman. Château des princes de Chimay, en partie reconstruit après un incendie de 1935. Collégiale des XIIIe-XVIe s.

CHIMBORAZO, volcan des Andes de l'Équateur ; 6 272 m. Première ascension par Whymper, avec les guides italiens Jean Antoine et Louis Carrel, le 4 janv. 1880.

CHIMBOTE, port du Pérou, au N.-N.-O. de Lima, au débouché du río Santa ; 287 100 hab. Sidérurgie. Pêche et traitement du poisson.

CHIMBUS, ethnie d'environ 60 000 individus, habitant la vallée du même nom dans le district Chimbu (Nouvelle-Guinée occidentale).

Chimène, héroïne du *Cid** de Corneille.

CHIMÈRE n. f. (lat. *chimaera,* monstre à tête de chèvre, du gr. *khimaira*). **1.** Animal fabuleux ayant la tête et le poitrail d'un lion, le ventre d'une chèvre et la queue d'un serpent. — **2.** Être ou objet bizarre composé de parties disparates, formant un ensemble sans unité. — **3.** Projet séduisant, mais irréalisable ; idée vaine qui n'est que le produit de l'imagination ; illusion : *Poursuivre des chimères.* — **4.** Organisme (en général une plante créée artificiellement) composé de plusieurs (le plus souvent deux) variétés de cellules ayant des origines génétiques différentes. — **5.** Poisson cartilagineux à caudale effilée, à vastes pectorales, à fentes branchiales couvertes d'un opercule atypique, aux dents soudées en plaques, se nourrissant de mollusques et d'oursins et dont le mâle possède un appendice frontal. (On pêche la chimère pour son huile de foie ; ce genre de poissons est la seule forme actuelle de l'ordre des holocéphales.)

CHIMÈRE (la), monstre fabuleux réputé né de Typhon et d'Echidna, qui terrorisa la Carie et fut tué par Bellérophon.

Chimères *(les),* recueil poétique de Gérard de Nerval, publié en 1854 à la fin des *Filles* du feu.* La quête de l'identité de l'être et de l'intelligibilité de son destin à travers l'opposition de deux systèmes mythiques et temporels : l'un linéaire et historique, l'autre cyclique et cosmique.

CHIMÉRIQUE adj. **1.** Qui se repaît de chimères ; visionnaire, romanesque : *Esprit chimérique.* — **2.** Sans fondement, irréalisable, invraisemblable, illusoire : *Projets chimériques.*

CHIMÉRIQUEMENT adv. De façon chimérique.

CHIMIATRIE n. f. Théorie en vogue au XVIIe siècle, d'après laquelle tous les phénomènes physiologiques et pathologiques sont dus à des réactions chimiques.

CHIMICAGE ou **CHIMIQUAGE** n. m. Action de tremper l'extrémité des allumettes dans un bain pâteux de produits propres à y déposer le bouton inflammable.

CHIMIE n. f. (lat. médiév. *chimia,* du gr. médiév. *khêmeia*). **1.** Partie des sciences physiques qui étudie la constitution atomique et moléculaire de la matière et les interactions spécifiques de ses constituants. — **2.** Ensemble des connaissances sur la préparation, les propriétés et les transformations d'un corps. — **3.** *Litt.* Transformation de la réalité sous l'effet d'un sentiment, de l'imagination : *La chimie merveilleuse de l'amour.* — **4.** *Chimie biologique,* syn. de BIOCHIMIE.

ENCYCL. Dès la plus haute antiquité, la chimie a été pratiquée comme technique avant d'être reconnue comme science. Les alchimistes du Moyen Âge furent les héritiers des connaissances antiques, mais il fallut attendre le XVIIe s. (Van Helmont, Robert Boyle) et surtout le XVIIIe s. (Cavendish, Lavoisier) pour voir l'avènement de la chimie moderne. Grâce à l'usage systématique de la balance, Lavoisier établit la composition de l'air et de l'eau, distingue les corps simples et les combinaisons, et découvre le mécanisme des combustions. En 1808, Dalton découvre la loi des proportions multiples ; Proust établit la loi des proportions définies ; Gay-Lussac confirme ces lois par la découverte de celle qui est relative aux volumes. En 1811, Avogadro suppose que des volumes gazeux égaux contiennent le même nombre de molécules.

Les autres branches de la chimie générale se développent ensuite, grâce aux recherches de Sainte-Claire Deville sur les phénomènes de dissociation, aux travaux de Berthelot, créateur de la thermochimie, aux découvertes de Raoult relatives à la cryométrie, aux études d'Ostwald, de Van't Hoff, de Gibbs, de Le Chatelier, d'Arrhenius, sur la chimie physique. Mendeleïev établit, en 1869, sa classification des corps simples, tandis que la chimie organique se développe grâce aux travaux de Chevreul, Kekulé et Wöhler.

La chimie se diversifie de plus en plus. À côté des traditionnelles chimies générale, minérale et organique, la chimie physique, la chimie biologique — qui s'étend désormais jusqu'aux frontières de la biologie et de la génétique —, la chimie macromoléculaire, la radiochimie, etc., constituent autant de chapitres d'une science dont l'unité est assurée par la connaissance de la structure des atomes, de leurs modes de liaisons par l'intermédiaire des électrons et de leur arrangement dans l'espace.

principes de la chimie

Le chimiste s'intéresse à celles des interactions entre les objets qui dépendent de la matière même dont les objets sont constitués. Sa première démarche est une opération de fractionnement : l'analyse chimique. Elle permet de distinguer les mélanges et les corps purs. Si une substance résiste à toute tentative de fractionnement, quel que soit le procédé utilisé, elle est considérée comme un *corps pur.* Un tel corps possède des propriétés reproductibles, aussi bien chimiques que physiques.

lois de la chimie

La deuxième démarche du chimiste est de dégager les lois quantitatives qui régissent les interactions entre les corps purs. Ces interactions donnent lieu à des *réactions chimiques :* on dit qu'il y a réaction chimique si un corps pur ou un mélange de corps purs conduit à un mélange de corps purs ayant une composition différente de la composition initiale. L'introduction de la balance par Lavoisier pour étudier les réactions chimiques a permis de montrer que tous les corps purs sont formés de l'association d'un nombre limité d'*éléments chimiques* (actuellement 109 connus). Certains corps purs ne contiennent qu'un seul élément : ce sont les corps simples (le fer, l'hydrogène). D'autres contiennent plusieurs éléments : ce sont les *corps composés,* ou *combinaisons chimiques* (acide sulfurique, eau, sulfate de fer, par ex.).

L'étude des réactions chimiques a permis de dégager les lois pondérales de la chimie dont les deux principales, outre la loi des proportions multiples et la loi des nombres proportionnels, sont :

— *la loi de conservation de la masse (loi de Lavoisier) :* au cours d'une réaction chimique, la masse des corps purs mis en œuvre avant la réaction est égale à la masse des corps purs obtenus après la réaction ;

— *la loi des proportions définies (loi de Proust) :* lorsque deux ou plusieurs éléments se combinent, les rapports entre les masses d'éléments mises en jeu sont déterminés et ne varient pas de façon continue, comme c'est le cas pour les mélanges.

masses atomiques et moléculaires ; symboles ; notion de mole

À chaque espèce d'atome correspond une masse atomique qui lui est propre ; ainsi, dans une échelle arbitraire mais universellement admise, l'atome d'hydrogène a une masse de 1 dalton, l'atome d'oxygène une masse de 16 daltons, l'atome de carbone une masse de 12 daltons (base du système), l'uranium une masse de 238 daltons. Il en résulte que, dans les composés formés à partir des corps simples correspondant aux éléments ci-dessus, les associations d'atomes ont pour masse la somme des masses atomiques. Pour représenter ces associations d'atomes, on attribue à chaque espèce d'atome un symbole représenté par une ou deux lettres. Chaque symbole a une double signification : nature et masse de l'atome. Par exemple, le symbole de l'élément oxygène est O, celui de l'hydrogène est H. La représentation symbolique de l'eau, H_2O, signifie que la molécule d'eau contient deux atomes d'hydrogène, contribuant chacun pour 1 dalton, et un atome d'oxygène, contribuant pour 16 daltons. La masse de l'association H_2O est la masse moléculaire de l'eau, soit 18 daltons. La définition du dalton fait appel au nombre d'Avogadro, nombre de molécules présentes dans 22,4 l de gaz (0 °C, 1 bar). Ce nombre N vaut $6{,}023 \cdot 10^{23}$ et est égal au rapport gramme/dalton. Pour faire commodément les calculs sur les quantités de matière mises en jeu dans les réactions, on emploie couramment la *mole,* quantité de matière contenant un nombre d'atomes, de molécules, d'ions, etc., égal au nombre d'Avogadro.

classification périodique des éléments
structure des atomes

La troisième démarche du chimiste est de tirer des réactions chimiques observées une comparaison des propriétés chimiques et physiques des éléments. Cette comparaison a conduit le chimiste russe Mendeleïev à proposer une classification périodique des éléments* qui a permis, à l'époque, de prédire les propriétés d'éléments non encore découverts. En rangeant les éléments par masse atomique croissante, il a formé un tableau où les éléments possédant des propriétés chimiques semblables se trouvent placés dans la même colonne. Cette théorie a trouvé sa justification dans les découvertes ultérieures de la physique sur la structure des atomes. Dans un atome*, les électrons sont rangés selon leur niveau d'énergie. C'est la position relative des niveaux d'énergie des diverses couches et sous-couches qui impose la répartition des électrons *(configuration électronique)* pour un élément de numéro atomique donné. Comme les électrons remplissent d'abord les niveaux les plus bas, on retrouve périodiquement des configurations électroniques semblables pour les couches périphériques, et par conséquent des propriétés semblables.

La découverte de la radioactivité naturelle et celle des phénomènes nucléaires ont révélé l'existence, à côté de l'électron, de deux autres constituants de la matière : le proton et le neutron, composants du noyau de l'atome. Le nombre des protons est égal à celui des électrons (numéro atomique). Celui des neutrons peut varier pour un même élément. La présence de neutrons excédentaires dans un noyau ne modifie pas les propriétés chimiques de l'élément, mais donne à ces *nucléides,* généralement instables, une masse atomique plus grande. Les nucléides doivent être rangés dans la même case du tableau de Mendeleïev : ce sont des *isotopes* (du grec : « même place »).

classification des composés chimiques
liaisons chimiques

La classification des composés chimiques repose sur la tendance d'un élément à adopter la configuration électronique du gaz rare le plus proche, soit par perte de quelques électrons, soit par acquisition de quelques électrons. Les gaz rares, qui n'ont quasiment aucune réactivité chimique, sont les seuls corps simples dont les molécules ne renferment qu'un seul atome, quelle que soit la température ; cette particularité souligne la stabilité de leurs configurations électroniques. Les atomes de la molécule d'hydrogène H_2 sont liés par *covalence.* Chaque atome d'hydrogène partage les deux électrons de la molécule (un électron venant initialement de chaque atome), et atteint de la sorte une configuration électronique qui est celle du gaz rare le plus proche, l'hélium. Dans le cas du chlorure de sodium NaCl, par contre, le chlore acquiert un électron du sodium et adopte la configuration de l'argon, tandis que le sodium cède un électron au chlore et adopte la configuration du néon. La liaison est *ionique.*

Le troisième type de composés comprend les métaux et leurs alliages. Ces composés sont formés de l'empilement d'ions positifs, cimentés par la présence des électrons périphériques mis en commun par tous les atomes du cristal. Cela confère une mobilité particulièrement élevée aux électrons, qui explique les propriétés de conduction thermique et électrique des métaux.

chimie *(écoles nationales supérieures de),* établissements d'enseignement supérieur créés depuis 1948 par transformation de certains instituts de chimie (Paris, Nancy, Strasbourg, Bordeaux, Lille, Toulouse, Montpellier, Rennes, Clermont-Ferrand, Mulhouse). Après 3 ans d'études, les élèves reçoivent le diplôme d'ingénieur chimiste de l'État.

CHIMILUMINESCENCE ou **CHIMIOLUMINESCENCE** n. f. Phénomène de luminescence lié à certaines réactions chimiques.
ENCYCL. La chimiluminescence provient de la production, au cours d'une réaction chimique, d'une particule se trouvant dans un état excité, qui revient à l'état fondamental en émettant un rayonnement lumineux. Elle est utilisée dans certains dispositifs d'éclairage de secours sans électricité ; elle est par ailleurs responsable de la lumière émise par les vers luisants et les lucioles (bioluminescence).

CHIMILUMINESCENT, E adj. Doué de chimiluminescence.

CHIMIOCEPTEUR → CHÉMOCEPTEUR.

CHIMIOPRÉVENTION ou **CHIMIOPROPHYLAXIE** n. f. Action préventive obtenue grâce à l'utilisation de certaines substances chimiques, permettant d'empêcher l'apparition d'une maladie.

CHIMIORÉSISTANCE n. f. Résistance d'un agent infectieux, d'un facteur pathogène au traitement chimique.

CHIMIOSYNTHÈSE n. f. Activité chimique des bactéries du sol, des fonds vaseux et des sources hydrothermales des abysses, consistant à coupler la réduction endothermique du gaz carbonique CO_2 avec l'oxydation du soufre, du fer, du manganèse, etc., présents dans le milieu, de façon à pouvoir édifier de grosses molécules organiques. (La chimiosynthèse permet à ces espèces de mener une vie autotrophe. On l'oppose à la *photosynthèse,* propre aux plantes chlorophylliennes et qui n'a lieu qu'à la lumière.)

CHIMIOTACTISME n. m. Effet d'attraction ou de répulsion exercé par certaines substances sur une cellule vivante capable de nager ou de ramper pour se rapprocher ou s'éloigner du point d'où diffuse cette substance. (Le même phénomène est appelé *chimiotropisme* par les éthologistes lorsque c'est un être pluricellulaire qui est attiré ou repoussé.)

CHIMIOTAXIE n. f. Mouvement non orienté d'une cellule ou d'un organisme en réponse à un stimulus chimique.

CHIMIOTHÉRAPIE n. f. Méthode de traitement des maladies par des substances chimiques. (D'abord limitée au traitement des maladies infectieuses, la chimiothérapie s'est étendue à toutes les branches de la médecine, en particulier à la psychiatrie et à la cancérologie.)

CHIMIOTHÉRAPIQUE adj. Relatif à la chimiothérapie.

CHIMIOTROPHE adj. Se dit d'une bactérie qui se nourrit par chimiosynthèse.

CHIMIOTROPISME n. m. **1.** Courbure de croissance d'une racine dans le sol, consécutive à la présence localisée d'une substance attractive (eau) ou répulsive (cuivre). — **2.** Équivalent du chimiotactisme pour les animaux pluricellulaires. (Le vol des papillons mâles vers la femelle en réponse au parfum répandu par celle-ci, la remontée du saumon adulte vers les frayères où il est né, par identification chimique de l'eau fluviale, sont des cas de chimiotropisme.)

CHIMIQUAGE → CHIMICAGE.

CHIMIQUE adj. (lat. médiév. *chimicus*). **1.** Relatif à la chimie, à ses produits. — **2.** *Arme chimique,* arme utilisant des substances chimiques à effets toxiques sur l'homme, les animaux ou les plantes (défoliants, gaz de combat ou agents chimiques, incapacitants, etc.). [→ *encycl.*] ‖ *Dentelle chimique,* syn. de DENTELLE BRÛLÉE*. ‖ *Guerre chimique,* guerre où sont employées de telles armes. ‖ *Usinage chimique,* procédé d'usinage d'une pièce métallique par dissolution chimique contrôlée d'une quantité de métal déterminée en certains points de cette pièce.

ENCYCL. C'est l'Allemagne, à la fin du XIXe s., les États-Unis, ensuite, qui ont le plus fortement contribué aux progrès de *l'industrie chimique,* dans laquelle on distingue souvent trois groupes. La chimie minérale est fondée sur l'utilisation, comme matières premières, de métaux et de non-métaux ainsi que des sels qui en sont dérivés. La chimie organique repose essentiellement sur l'utilisation de combustibles fossiles, charbon *(carbochimie),* et surtout aujourd'hui pétrole *(pétrochimie).* L'une et l'autre élaborent des produits de base réutilisés pour la fourniture de biens de consommation, engrais, textiles artificiels et synthétiques, produits pharmaceutiques, etc. Les formes les plus évoluées de la chimie sont regroupées sous le terme de *parachimie.*

L'industrie chimique fournit un très grand nombre de produits (parfois auto-comsommés) qui se sont souvent substitués à ceux fournis par l'industrie textile ou métallurgique (fibres synthétiques, plastiques, etc.). L'importance de la recherche contribue à expliquer l'intégration des entreprises, leur importance capitalistique dans les pays industrialisés. Les firmes chimiques, à vocation multinationale, sont parmi les plus puissantes du monde. C'est notamment le cas de la Du Pont de Nemours américaine, des trois géants allemands BASF (Badische Anilin und Soda-Fabrik), Bayer et Hoechst, de l'ICI (Imperial Chemical Industries) britannique.

— **Déf.** En 1899, lors de la conférence de La Haye, et en 1925, lors de la conclusion du protocole de Genève, l'emploi des armes chimiques a été interdit mais il n'en a pas été de même de leur fabrication et de leur stockage. En 1969, les États-Unis qui, comme l'U. R. S. S., disposent de très importants stocks d'armes chimiques ont suspendu l'expérimentation de ces armes sur leur territoire. L'utilisation par l'Iraq d'armes chimiques, même rudimentaires, contre les unités iraniennes et contre les populations civiles kurdes (1986-1988) et la menace de l'emploi de ces armes lors de la guerre du Golfe (1990-91) ont relancé les efforts de désarmement en ce domaine. Après un premier accord de principe conclu à Paris en 1989, une nouvelle conférence internationale (Paris, 1993) a abouti à la signature par environ 130 pays d'une convention portant sur l'interdiction de l'utilisation, de la production et du stockage des armes chimiques ainsi que sur leur destruction.

CHIMIQUEMENT adv. D'après les lois, les procédés de la chimie.

CHIMIQUER v. t. (conj. 3). Effectuer le chimicage.

CHIMISATION n. f. Utilisation systématique de produits chimiques, notamment dans l'agriculture (engrais, pesticides, etc.).

CHIMISME n. m. Ensemble des phénomènes chimiques qui entrent en jeu dans un processus déterminé.

CHIMISORBÉ, E adj. 1. Qui a subi la chimisorption. — 2. *Couche chimisorbée,* couche très fine de composé chimique se formant à partir d'une couche d'atomes ou de molécules adsorbée sur une surface métallique.

CHIMISORPTION n. f. Phénomène d'adsorption dont le mécanisme s'interprète par des interactions chimiques. (Il y a mise en commun d'électrons entre les atomes superficiels du solide et les molécules du fluide, qui sont ainsi activées.)

CHIMISTE n. Spécialiste de la chimie.

CHIMONANTHE [ki-] n. m. (gr. *kheimôn, -ônos,* hiver). Arbuste ornemental, dont les fleurs blanches et parfumées s'épanouissent en plein hiver.

CHIMPANZÉ n. m. (mot indigène du Congo). Singe des forêts denses d'Afrique équatoriale, le plus proche parent de l'espèce humaine dans la faune actuelle.
ENCYCL. Malgré son étroite parenté chromosomique et hématologique avec l'homme, le chimpanzé se distingue de celui-ci non seulement par un psychisme plus rudimentaire, mais aussi par de nombreux traits organiques qui font de lui un grimpeur, un habitant des forêts. De bas en haut, en station debout, on remarque : très longs pieds plats à pouce opposable ; jambe courte, fléchie, masses musculaires de la cuisse développées en arrière du fémur, fesses non saillantes, bassin allongé verticalement ; colonne vertébrale sans courbure cervicale ; bras très longs, au pouce opposable mais réduit, aptes à la brachiation* ; face sans menton ni saillie nasale, aux mâchoires longues, à canines dépassantes et incisives proclives ; fort bourrelet sus-orbitaire, faible capacité crânienne ; corps entièrement velu ; taille un peu inférieure à celle de l'homme. La croissance est rapide (puberté vers 6 à 8 ans) et l'intelligence précoce (ce n'est qu'à l'âge de 2 ans que l'enfant commence à surpasser le chimpanzé du même âge). Mais la longévité (50 ans maximum) est largement inférieure à celle de notre espèce. La vie sociale des chimpanzés est complexe et hiérarchisée.

CHIMÚS, peuple ancien du Pérou, qui, sur la côte nord, émergea vers 1200, sur le territoire des Moches, et dont la culture se développa dans la vallée de la Moche. Deux siècles plus tard, l'État chimú, fortement centralisé, dominait une grande partie de la côte péruvienne. Vers le milieu du XVe s., le royaume fut conquis par les Incas. Les Chimús ont construit, le plus souvent en adobe, de grandes cités, comme Chanchán, leur capitale. Les décors de leur céramique et de leurs étoffes sont souvent inspirés de ceux de la poterie moche* ; l'orfèvrerie utilise l'or, l'argent, le cuivre et le bronze.

China, nom générique des satellites artificiels chinois. (China 1 a été lancé le 24 avr. 1970.)

1. CHINAGE n. m. (de *chiner 1*). 1. Action de teindre les fils de chaîne de couleurs différentes par teinture ou impression suivant le dessin que l'on veut obtenir. — 2. Tissage d'une étoffe au moyen de fils diversement colorés.

2. CHINAGE n. m. (de *chiner 2*). *Pop.* Travail, métier de chineur, de brocanteur.

3. CHINAGE n. m. (de *chiner 3*). *Fam.* Critique ironique, taquine.

CHINAMPA n. m. (mot indigène). Jardin flottant constitué par des radeaux recouverts de terreau, sur lequel les Aztèques faisaient pousser des arbustes et des fleurs.

CHINANDEGA, v. du Nicaragua occidental, ch.-l. de dép., au pied du volcan Viejo ; 67 792 hab. Industries alimentaires. Ce fut, en 1849, la cap. des Républiques unies de Nicaragua, Honduras et Salvador.

CHINANTÈQUES ou **CHINANTECOS,** Indiens du nord-ouest de l'État d'Oaxaca (Mexique). [40 000 en 1960.]

CHINARD (Joseph), sculpteur français (Lyon 1756 - *id.* 1813). Décorateur des fêtes républicaines lyonnaises, portraitiste attitré de la famille de Napoléon, il pratiqua un néoclassicisme élégant (buste de *Madame Récamier,* 1802, musée de Lyon).

CHINASSI ou **ŞINASI** (Ibrahim), écrivain turc (Istanbul 1826 - *id.* 1871). Occidentaliste convaincu, plus cosmopolite que nationaliste, il est un peu en marge du mouvement « jeune-turc », auquel son œuvre apportera cependant un précieux concours.

CHINCHA *(îles),* îlots de la côte du Pérou, au S. de Lima, connus pour leurs dépôts de guano, aujourd'hui épuisés.

CHINCHA ALTA, v. du Pérou, près du Pacifique, au S.-S.-E. de Lima ; 55 300 hab.

CHINCHARD n. m. (anc. fr. *chinche,* punaise). Poisson marin ressemblant au maquereau, mais à la chair moins estimée. (On en pêche en Europe deux espèces, usuellement nommées *sévereau* et *saurel.*)

CHINCH BUG n. m. (angl. *chinch bug*). Nom usuel du *blissus.*

CHINCHILLA [ʃɛ̃ʃila] n. m. (esp. *chinchilla,* de l'aymara). 1. Rongeur à très belle fourrure, du versant occidental des Andes, qui n'existe plus guère qu'en élevage. (Cet animal ressemble à un lapin muni d'une queue d'écureuil.) – **2.** Chat à pelage long et argenté. – **3.** Petit lapin domestique élevé pour sa chair savoureuse et sa très belle fourrure. – **4.** Fourrure du chinchilla, du lapin chinchilla ou de certaines espèces de rats et de souris.

CHINCHOW → JINZHOU.

CHINDWIN, riv. de Birmanie, principal affl. de l'Irrawaddy (r. dr.) ; 800 km env.

1. CHINE n. m. (de *Chine,* n. pr.). **1.** Papier fabriqué avec des pousses de bambou. – **2.** Porcelaine de Chine.

2. CHINE n. f. (de *chiner 2*). *Pop.* **1.** Monde ou métier des brocanteurs. – **2.** *Vente à la chine,* vente à domicile ou dans la rue, pratiquée par des commerçants non sédentaires.

CHINE *(République populaire de),* en chin. **Zhonghua Renmin Gongheguo,** État de l'Asie orientale. 9 600 000 km^2 ; 1 234 300 000 hab. *(Chinois).* CAP. *Pékin.* LANGUE : *chinois.* MONNAIE : *yuan.*

Géographie. La Chine s'étend en latitude de 18° à 54° N. et, en longitude, de 74° à 135° E. ; son point le plus élevé est le mont Everest (Qomolangma en chinois), à la frontière du Népal : 8 846 m ; son point le plus bas est dans l'oasis Tourfan (Xinjiang) : - 154 m. Elle a 20 000 km de frontières et 18 000 km de côtes, avec plus de 5 000 îles dont la plus vaste (à part Taiwan) est Hainan. Elle est divisée en 23 provinces (en englobant Taiwan), 5 régions autonomes et 3 municipalités (Pékin, Shanghai et Tianjin).

• *Le milieu naturel.* Une ligne joignant le Grand Khingan au Yunnan (par l'ouest du Sichuan) sépare une *Chine occidentale,* formée de vastes plateaux et de dépressions qui sont cernés de hautes chaînes (Himālaya, Karakorum, Tian Shan), et une *Chine orientale,* au relief plus morcelé, plus bas, descendant par paliers vers la mer. Ici se juxtaposent plateaux, collines et plaines, et le climat, variant avec la latitude, introduit dans cette Chine orientale une division essentielle entre une *Chine du Nord* et une *Chine du Sud* (séparées par la chaîne des Qinling). La Chine orientale est presque entièrement dans le domaine de la mousson, apportant des pluies d'été, beaucoup plus abondantes au S. (2 620 mm à Hongkong) qu'au N. (630 mm à Pékin). Les températures décroissent (surtout en hiver) également du S. (au caractère subtropical) vers le N. La Chine occidentale est aride, voire désertique, avec, comme dans la Chine du Nord, de gros écarts thermiques entre l'hiver et l'été. De grands fleuves (dont le Huang He et le Yangzi Jiang) traversent d'O. en E. la Chine orientale, à la fois axes de circulation et de peuplement.

• *La population.* La Chine est, de loin, le pays le plus peuplé du monde. La population juxtapose une majorité de Han, les Chinois proprement dits (près de 95 % du total) et de nombreuses minorités (parfois plusieurs millions de personnes [Ouïgours, Tibétains, Mongols, etc.]) vivant dans les régions périphériques. Elle s'accroît à un rythme aujourd'hui ralenti par la mise en place d'une politique de limitation des naissances. La densité moyenne est voisine de 120 hab. au km^2, mais ce chiffre n'est pas significatif : 90 % des habitants se regroupent sur le sixième du territoire (les plaines et bassins de la Chine orientale). Les villes concentrent environ 25 % de la population et une trentaine d'entre elles dépassent le million d'habitants ; Shanghai, Pékin et Tianjin demeurent les plus importantes, comme en témoigne leur statut administratif particulier.

• *L'économie.* Le problème alimentaire, longtemps dramatique, paraît en passe d'être résolu, plus par une augmentation des rendements que par une extension de la superficie cultivée, accrue toutefois par de grands travaux visant au contrôle des eaux (pour l'irrigation et la prévention d'inondations dévastatrices). La collectivisation des terres a abouti à la constitution (à la fin des années 1950) des communes populaires, aujourd'hui démantelées, l'agriculture familiale renaissant, souvent par le biais de contrats de production passés avec une collectivité.

Les chiffres sont impressionnants, mais doivent être rapportés à la population. La Chine est le premier producteur mondial de riz, le deuxième de blé et de maïs, mais demeure importatrice nette de céréales. Le troupeau porcin dépasse 300 millions de têtes, le troupeau ovin 100 millions, tandis que l'élevage bovin est moins développé. La pêche apporte un complément alimentaire appréciable. Parmi les cultures industrielles, la Chine occupe désormais le premier rang pour le coton, le deuxième pour le thé et les arachides. La poursuite de la mécanisation, l'intensification de l'usage des engrais et, surtout, la « privatisation » de terres doivent permettre encore l'accroissement de la productivité d'un secteur qui occupe plus de la moitié de la population active.

L'industrie s'est beaucoup développée depuis 1949 et a essaimé à partir du Nord-Est et des grands ports maritimes. Les bases énergétiques ne sont pas négligeables (gaz naturel, pétrole et surtout charbon). L'hydroélectricité ne fournit qu'une part réduite d'une production totale d'électricité toujours modeste.

Le sous-sol, encore incomplètement prospecté, recèle du tungstène, de l'antimoine et d'abord du fer qui a favorisé l'essor de la sidérurgie. Celle-ci a alimenté une métallurgie de transformation assez diversifiée (matériel agricole et ferroviaire, machines textiles, etc.). L'agroalimentaire, le textile (avant tout coton), la chimie (engrais principalement) sont les autres branches industrielles.

Le réseau de communications, dont le développement a servi une politique d'unification du pays, d'intégration de la Chine occidentale, comporte plus de 50 000 km de voies ferrées (supportant la plus grande part du trafic intérieur), environ 900 000 km de routes, plus de 130 000 km de voies navigables et 200 000 km de lignes aériennes intérieures. Shanghai, Tianjin, Qingdao, Dalian et Canton sont les principaux ports maritimes, assurant, avec une flotte modeste, un commerce extérieur réduit. Celui-ci s'effectue d'abord avec le Japon, puis avec Hongkong (où il s'agit d'un transit), les États-Unis, l'Allemagne, l'Australie. Il s'intègre dans une stratégie visant à attirer capitaux et technologies de l'Occcident (en fait, surtout du Japon) sans toutefois trop en dépendre, ni alourdir la dette extérieure. La création de « zones économiques » dans ce but tout comme l'essor du tourisme témoignent d'une ouverture limitée, prudente, de la Chine.

Histoire. La Chine est une des régions du globe où l'action de l'homme pour aménager le territoire a été des plus continues et des plus persévérantes.

500000 av J.-C. : L'homme de Zhoukoudian, un *Homo erectus,* connaît le feu et probablement la cuisson.

XVIIIe s.-1025 av. J.-C. : Sous la dynastie des Shang, les techniques de fabrication du bronze sont maîtrisées et l'écriture apparaît.

Ve s.-IIIe s. av. J.-C. : La période des Royaumes combattants est marquée par la désunion politique. C'est à cette époque que vivent les grands maîtres de l'Antiquité, dont Confucius.

• *La Chine impériale.*

221-206 av. J.-C. : Dynastie des Qin. Elle réalise une première unification du pays et fonde le premier Empire chinois.
La construction de la Grande Muraille contre les invasions est commencée.

206 av. J.-C.-220 apr. J.-C. : Dynastie des Han. L'empire connaît une grande extension. Le système de recrutement des fonctionnaires-lettrés (mandarins) est instauré. Le pays s'ouvre aux influences étrangères qui pénètrent par la « route de la soie ». Introduction du bouddhisme.

220-581 : L'État centralisé disparaît. À la période des Trois Royaumes succède celle des dynasties du Nord et du Sud (317-589).

581-618 : Dynastie des Sui. Elle réunifie le pays et fait construire le Grand Canal.

618-907 : Dynastie des Tang. L'influence chinoise s'étend au-delà du Tibet jusqu'aux régions indo-iraniennes. Le pays est doté de structures administratives remarquables.

907-960 : Période des Cinq Dynasties, pendant laquelle la Chine est à nouveau morcelée.

960-1279 : Dynastie des Song. Elle gouverne un territoire beaucoup moins étendu que celui des Tang, car les « Barbares du Nord » dominent de vastes territoires.
La civilisation scientifique et technique, la culture et l'économie chinoises sont très en avance sur celles de l'Occident.

1279-1368 : La dynastie mongole des Yuan dirige le pays.

1368 : Une réaction nationale amène au pouvoir les Ming.
La dynastie Ming (qui va régner jusqu'en 1644) renoue avec la tradition nationale, mais instaure des pratiques autoritaires.

1595 : Les premiers missionnaires européens s'établissent dans la Chine du Sud.

1644 : Les Mandchous fondent la dynastie des Qing.

1662-1722 : Règne de l'empereur Kangxi.

1736-1796 : Règne de l'empereur Qianlong.
Au XVIIIe s., l'Empire de Chine atteint sa plus grande extension (protectorat sur le Tibet, nouveaux territoires en Mongolie et en Asie centrale). Au XIXe s., il entre dans une période de récession économique et de troubles sociaux. Affaibli, il doit céder aux exigences des Occidentaux qui, à partir de 1842, se taillent des zones d'influence.

1839-1842 : « Guerre de l'opium » avec les Britanniques.

1894-1895 : Guerre entre le Japon et la Chine, à propos de la possession de la Corée.
La victoire du Japon discrédite la dynastie des Qing. La Chine doit céder des territoires à la Russie, à l'Allemagne, à la Grande-Bretagne et à la France. Des mouvements de résistance nationale se développent (révolte des Boxers).

• *La Chine contemporaine.*

1911 : Sun Yat-sen renverse la dynastie mandchoue des Qing et proclame la république.

1912 : Fondation du parti nationaliste, le Guomindang.
Yuan Shikai devient en 1913 président de la République. Sa mort, en 1916, ouvre une période d'anarchie et de guerre civile.

1921 : Création du parti communiste chinois.

1927 : Jiang Jieshi (Tchang Kaï-chek), nationaliste modéré du Guomindang, rompt avec les communistes et prend le pouvoir à Nankin.

1934-1935 : Les communistes gagnent le nord de la Chine au terme de la « Longue Marche ».

1937-1945 : Le Japon occupe la Chine du Nord. Il progresse vers le Sud en 1944. Nationalistes et communistes luttent contre l'ennemi commun.

1946 : Après la défaite japonaise, la guerre civile reprend entre Jiang Jieshi et Mao Zedong. Elle se termine par la victoire des communistes. Les nationalistes se réfugient à Taiwan.

DIVISIONS ADMINISTRATIVES DE LA CHINE				
	Provinces	Superficie (en km²)	Population	Chef-lieu
	Hebei	180 000	61 100 000	Shijiazhuang
	Shanxi	156 000	28 800 000	Taiyuan
	Liaoning	140 000	39 500 000	Shenyang
	Jilin	180 000	24 700 000	Changchun
	Heilongjiang	460 000	35 200 000	Harbin
	Jiangsu	100 000	67 100 000	Nankin
	Zhejiang	101 000	41 400 000	Hangzhou
	Anhui	140 000	56 200 000	Hefei
	Fujian	120 000	30 000 000	Fuzhou
	Jiangxi	160 000	37 700 000	Nanchang
	Shandong	150 000	84 400 000	Jinan
	Henan	167 000	85 500 000	Zhengzhou
	Hubei	180 000	54 000 000	Wuhan
	Hunan	210 000	60 700 000	Changsha
	Guangdong	176 000	62 800 000	Canton
	Sichuan	569 000	107 200 000	Chengdu
	Guizhou	170 000	32 400 000	Guiyang
	Yunnan	436 200	37 000 000	Kunming
	Shaanxi	200 000	32 900 000	Xi'an
	Gansu	530 000	22 400 000	Lanzhou
	Qinghai	720 000	4 500 000	Xining
	Hainan	34 000	6 600 000	Haikou
Régions autonomes	Mongolie-Intérieure	1 565 000	21 500 000	Houhehot
	Guangxi	230 000	42 200 000	Nanning
	Tibet	1 221 000	2 200 000	Lhassa
	Ningxia	170 000	4 700 000	Yinchuan
	Xinjiang	1 646 800	13 800 000	Ouroumtsi
Municipalités autonomes	Pékin (Beijing)	17 000	10 800 000	
	Shanghai	6 200	13 300 000	
	Tianjin	11 300	8 800 000	

1949 : Création de la République populaire de Chine.
Mao Zedong en assure la direction jusqu'en 1976. Il veut accélérer l'évolution du pays et l'implantation du communisme.
1956 : Devant les résistances et les difficultés économiques, Mao lance la campagne des « Cent Fleurs », grand débat d'idées.
1958 : Lors du « Grand Bond en avant », les terres sont collectivisées et les communes populaires, créées.
1960 : D'importantes divergences apparaissent entre la Chine et l'U. R. S. S., jusque-là alliées.
1964 : La Chine réalise sa première bombe atomique.
1966 : Lancement de la Révolution culturelle.
Pendant dix années de troubles (1966-1976), les responsables communistes sont éliminés par les étudiants, organisés en gardes rouges, et par l'armée, dirigée jusqu'en 1971 par Lin Biao.
1969 : Graves incidents frontaliers entre Soviétiques et Chinois.
1971-72 : Zhou Enlai obtient que Pékin occupe désormais le siège de la Chine à l'O. N .U. et travaille au rapprochement avec les États-Unis.
1976 : Mort de Mao Zedong. Hua Guofeng, Premier ministre, accède à la présidence du parti et engage une campagne contre les radicaux et la « Bande des Quatre » (qui est arrêtée).
1977 : Réhabilitation de Deng Xiaoping.
La Chine poursuit une politique de réforme économique, d'ouverture sur l'étranger et de révision du maoïsme.
1979 : Intervention chinoise au Viêt-nam.
1980 : Hua Guofeng est remplacé à la tête du gouvernement par Zhao Ziyang. Hu Yaobang devient secrétaire général du parti.
Le processus de modernisation économique s'accélère, mais le développement de la corruption et les fortes hausses de prix qu'il entraîne provoquent à partir de la fin de 1986 une grave crise sociale.
1987 : Retrait officiel de Deng Xiaoping (qui reste l'homme fort du régime). Zhao Ziyang est nommé à la tête du parti et cède la direction du gouvernement à Li Peng.
1989 : La visite de M. Gorbatchev à Pékin consacre la normalisation des relations avec l' U. R. S. S. Les étudiants et la population réclament la libéralisation du régime : l'armée est envoyée contre les manifestants, qui sont victimes d'une répression sanglante (notamment à Pékin, place Tian'anmen). Zhao Ziyang est limogé et remplacé par Jiang Zemin.
1991 : Normalisation des relations avec le Viêt-nam.
1992 : Les conservateurs sont écartés et le parti communiste se rallie officiellement à l'économie de marché socialiste. La Chine normalise ses relations avec la Corée du Sud.
1993 : Jiang Zemin est nommé à la tête de l'État.
1995-96 : La pression exercée par la Chine sur sa périphérie (Hongkong, Tibet et, surtout, Taiwan) s'accompagne d'une dégradation des relations avec les États-Unis.

CHINE MÉRIDIONALE *(mer de),* mer marginale du Pacifique (3,4 millions de km^2), entre la côte de l'Asie méridionale et l'ensemble insulaire de Taiwan, des Philippines et de Bornéo. La partie orientale est un bassin profond (moyenne : 4 300 m), bordé de fosses (de Palauan, de Manille, de Luçon). Au voisinage des côtes et des bancs, les brassages et les remontées d'eau profonde permettent le développement de pêcheries actives, exploitées par les flottilles de Taiwan et du Japon.

CHINE DU NORD-EST, région de la Chine qui groupe les provinces de Liaoning, Jilin, Heilongjiang et correspond à l'ancienne Mandchourie.

Chine nouvelle *(Agence),* agence d'information dont le siège est à Pékin, fondée en 1937, et qui détient le monopole de la diffusion des informations sur le territoire chinois.

CHINE ORIENTALE *(mer de),* mer marginale du Pacifique (752 000 km^2), limitée par une ligne Shanghai-Cheju (au N.), le détroit de Taiwan (au S.) et l'archipel des Ryūkyū (à l'E.). Les mélanges actifs sont responsables de la richesse des eaux, traditionnellement exploitées par les Japonais. Les eaux territoriales chinoises ont surtout une activité commerciale concentrée à Shanghai. La prospection pétrolière s'y étend.

CHINÉ n. m. Papier ou carton où sont visibles en petite quantité des fibres chinées.

1. CHINER v. t. (de *Chine,* n. pr.) [conj. 3]. Effectuer le chinage d'une étoffe.

◆ **être chiné** v. pass. Avoir un aspect moucheté dû à l'alternance de couleurs dans les fils ou lors du filage.

2. CHINER v. i. (p.-ê. de *s'échiner*) [conj. 3]. *Fam.* 1. Brocanter. — 2. Chercher des occasions chez les brocanteurs, les antiquaires, dans les marchés aux puces, etc.

3. CHINER v. t. (de *chiner 2*) [conj. 3]. *Fam.* Critiquer, harceler qqn de moqueries ; taquiner.

CHINETOQUE adj. et n. Terme raciste et populaire pour désigner un Chinois.

1. CHINEUR, EUSE n. (de *chiner 2*). *Fam.* 1. Brocanteur. — 2. Personne qui pratique la vente à la chine. — 3. Personne qui chine, qui cherche des occasions.

2. CHINEUR, EUSE adj. et n. (de *chiner 3*). *Fam.* Qui critique de parti pris, qui se plaît à taquiner.

CHINGOLA, v. de Zambie, au N.-O. de Kitwe. Elle forme, avec Chililabombwe, une agglomération de 286 000 hab. Raffinage du cuivre.

CHIN HILLS SPECIAL DIVISION, État de la Birmanie, aux confins de l'Inde et du Bangladesh, habité par les *Chins ;* 36 009 km² ; 368 985 hab. Cap. *Falam.*

CHINJU ou **ČIN-ČU,** v. de Corée du Sud, sur le Naktong ; 258 365 hab.

CHINOIS, E adj. et n. **1.** De Chine. – **2.** *Fam.* Subtil ou pointilleux à l'excès : *Être chinois dans le travail.*

◆ adj. **1.** Dans le goût de la Chine : *Jardin chinois.* – **2.** *Fam.* Subtil, bizarre, compliqué. – **3.** *Broderie chinoise,* broderie de soie finement colorée, rehaussée d'or.

◆ n. *Pop.* Individu bizarre : *Qu'est-ce que c'est que ce chinois-là ?*

◆ **chinois** n. m. **1.** Langue parlée en Chine, et plus spécialement la langue commune, basée sur le dialecte du Nord. – **2.** Arbrisseau du groupe

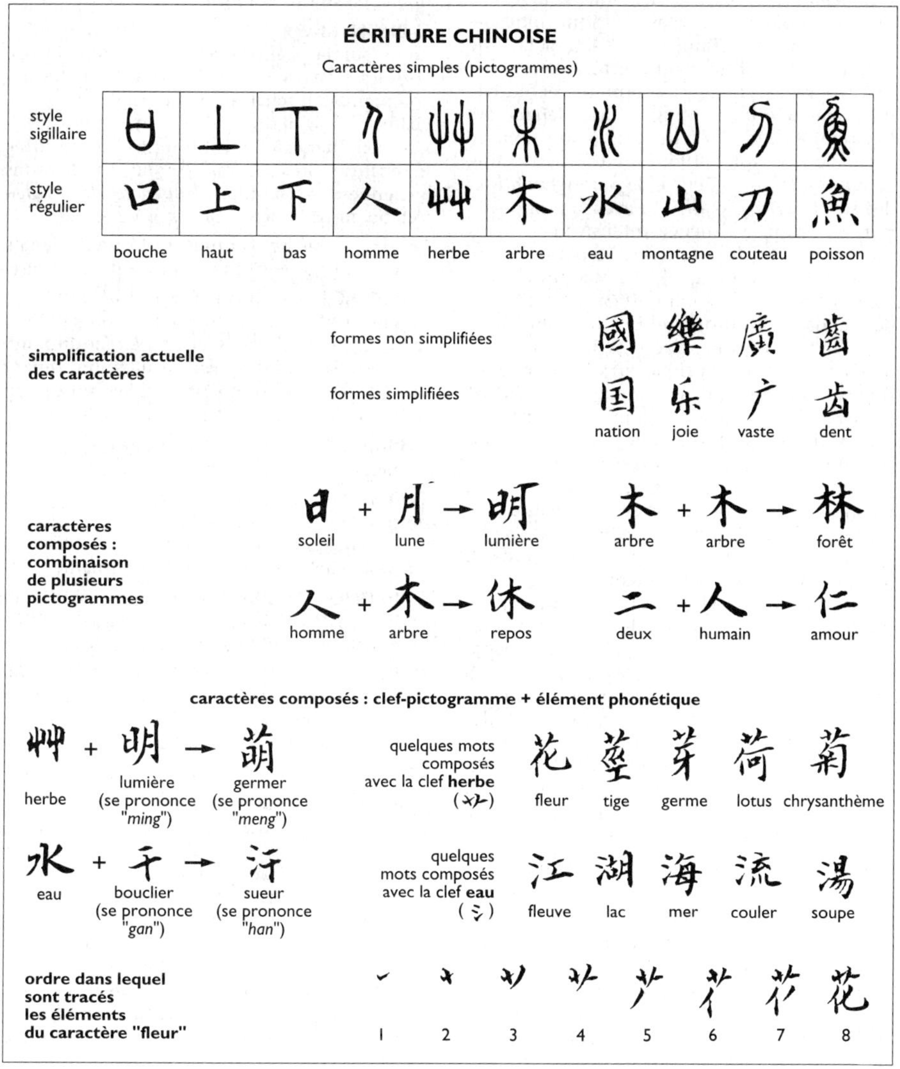

des agrumes *(Citrus myrtifolia)* dont les fruits sont utilisés en confiserie. — **3.** Passoire fine, de forme conique. — **4.** Fam. *C'est du chinois,* c'est incompréhensible.

ENCYCL. Apparenté au tibétain et au birman (famille sino-tibétaine), le chinois est parlé par plus d'un milliard d'hommes : République populaire de Chine (environ 95 % de la population), mais aussi Taiwan, Indonésie, Singapour, États-Unis, etc. Dès l'époque Shang (XIVe-IXe s. av. J.-C.), des inscriptions révèlent une écriture élaborée, comptant plus de 5 000 caractères. L'empereur Qin Shi Huangdi (IIIe s. av. J.-C.) impose à tout l'empire une écriture officielle commune. Sous les Tang (VIe-IXe s.), le dialecte de la Chine du Nord supplante les autres parlers et sera la base de la langue commune, définitivement établie sous les Ming : c'est la langue des fonctionnaires et des lettrés, d'où son nom de « mandarin ». Après 1949, la diffusion d'une langue commune officielle (le putonghua), fondée sur le dialecte mandarin avec la prononciation de Pékin, est menée intensivement dans tout le pays. Mais le putonghua n'a pas supplanté les dialectes entre lesquels il n'y a pas d'intercompréhension : outre les différentes variantes de mandarin, on distingue en Chine du Sud le wu, le min, le yue (ou cantonais), le xiang, le gan et le hakka. Le principal facteur d'unité linguistique est constitué par l'écriture, qui est la même partout : les caractères ne transcrivent pas des sons mais des symboles dont la prononciation sera fort différente d'un dialecte à l'autre. Le chinois est dit monosyllabique en ce sens que chaque syllabe est une unité de sens, mais en fait la plupart des mots sont dissyllabiques. C'est une langue à tons (4 en mandarin, 7 en cantonais). Malgré les graves inconvénients pratiques que comporte l'écriture chinoise (apprentissage, imprimerie), les tentatives pour la remplacer par un système alphabétique n'ont pas réussi. Cependant le gouvernement chinois a proposé en 1958 un système de transcription en caractères latins, le pinyin, visant à remplacer les multiples systèmes élaborés par les sinologues occidentaux. Ce système s'est généralement imposé à l'étranger, mais ses progrès en Chine même sont lents car liés à la diffusion d'une langue commune fondée sur la prononciation de Pékin.

CHINOISER v. i. (conj. 3). *Fam.* Discuter en ergotant, se montrer pointilleux.

CHINOISERIE n. f. **1.** Objet de luxe et de fantaisie, venu de Chine ou exécuté en Occident dans un goût s'inspirant de la Chine ; décor, œuvre d'art, motif de ce style. (→ *encycl.*) — **2.** *Fam.* Subtilité excessive aboutissant souvent à des complications tracassières (surtout pl.) : *Les chinoiseries de l'Administration.*

ENCYCL. Le goût des chinoiseries fut introduit en Europe par les importations des compagnies des Indes. Il se manifesta en France, au XVIIe s., par l'afflux des porcelaines, meubles, laques, soieries, puis par leurs imitations ; la porcelaine lui dut en partie son essor ; des motifs chinois apparurent dans la décoration des hôtels et des châteaux (hôtel de Rohan, châteaux de Champs et de Chantilly). Cette mode s'éteignit en même temps que le style rocaille, dans la seconde moitié du XVIIIe s.

CHINON n. m. Vin de Touraine correspondant à une appellation d'origine.

CHINON (37500), ch.-l. d'arrond. d'Indre-et-Loire, sur la Vienne ; 8 961 hab. *(Chinonais).* Forteresse en partie ruinée, longue de 400 m, comprenant le château St-Georges (XIIIe s.), le château du Milieu (XIIe-XVe s.), avec son Grand-Logis où Charles VII reçut Jeanne d'Arc en 1429, le château du Coudray (Xe-XIIIe s.). Maisons anciennes. — La *forêt domaniale de Chinon* s'étend au N.-E. de Chinon sur 5 220 ha.

Chinon *(centrale de),* centrale nucléaire implantée à Avoine, près de Chinon. Musée du nucléaire.

CHINOOK [ʃinuk] n. m. (de *Chinooks,* n. pr.). **1.** Sabir utilisé au XIXe s. comme langue commerciale sur la côte ouest de l'Amérique du Nord. — **2.** Vent sec et chaud (proche du fœhn) venant des Rocheuses et soufflant dans les vallées tributaires du Missouri.

CHINOOKS, Indiens de l'Amérique du Nord, qui vivaient sur la Columbia inférieure.

CHINS, population montagnarde tibéto-birmane du sud de la Chine et de l'ouest de la Birmanie, débordant sur l'Inde et le Bangladesh, évaluée à 1 500 000 hab., dont 660 000 en Birmanie.

CHINTREUIL (Antoine), peintre français (Pont-de-Vaux, Ain, 1814 - Septeuil, Yvelines, 1873). Paysagiste, il a influencé Pissarro et Sisley.

CHINTZ [ʃints] n. m. (hindī *chīnt*). Toile de coton pour ameublement, généralement assez fine, teinte ou imprimée, et à laquelle un apprêt spécial a conféré un brillant glacé.

CHINURE n. f. Aspect d'une étoffe chinée.

CHIO, en gr. **Khíos,** île de Grèce, en face de la péninsule turque qui ferme le golfe de Smyrne. V. princ. *Chio,* port sur la côte orientale (24 100 hab. ; musée archéologique). L'île, montagneuse, culmine au mont *Pelinaíon* (1 297 m). Cultures irriguées (agrumes). Ruines antiques. — À 15 km de la ville de Chio, la Nea Moni, construite en 1045, est l'église la plus célèbre de l'île. Malgré les destructions de 1822, on peut encore admirer son décor mural (mosaïques et revêtements de marbre) et ses pavements en *opus sectile.*

— **Hist.** L'île participa à la révolte de l'Ionie (499-493 av. J.-C.) contre la domination perse, puis entra dans la confédération de Délos. Romaine, puis byzantine, possession de Gênes à partir de 1304, elle fut conquise par les Ottomans en 1566. Ceux-ci massacrèrent la population grecque de l'île en 1822. Chio fut cédée à la Grèce au traité de Lausanne (1923).

CHIOGGIA, port d'Italie, en Vénétie, au S. de la lagune de Venise ; 50 000 hab. Disputée entre Venise et Gênes au cours du XIVe s., elle tomba aux mains des Vénitiens à l'issue de la *guerre de Chioggia* (1378-1381).

CHIONANTHUS [kjɔnɑ̃tys] n. m. (gr. *khiôn, -onos,* neige, et *anthos,* fleur). Arbuste ornemental, à belles fleurs blanches en grappes pendantes, voisin de l'olivier.

CHIONE [kjɔn] n. f. Mollusque bivalve, voisin de la praire, commun dans toutes les mers.

CHIONIDIDÉ ou **CHIONIDÉ** [kjɔ-] n. m. (gr. *khiôn, -onos,* neige). Nom de famille donné au bec-en-fourreau et aux oiseaux blancs voisins des rivages des mers australes froides.

CHIOT n. m. (mot dialect., du lat. *catellus,* petit chien). Jeune chien non sevré.

CHIOTTE n. f. (de *chier*). *Pop.* Automobile.
◆ **chiottes** n. f. pl. *Pop.* **1.** Cabinets d'aisances. — **2.** *Aux chiottes !,* interj. servant à conspuer qqn.

CHIOURME n. f. (ital. *ciurma,* du bas lat. *celeusma,* du gr. *keleusma*). **1.** Ensemble des rameurs d'une galère. — **2.** Condamnés réunis dans un bagne.

CHIP n. m. (angl. *chip,* copeau). **1.** Dispersion de matières colorantes pigmentaires, dans une matière filmogène, plastifiée ou non. — **2.** En électronique, syn. de PUCE.

CHIPEAU n. m. Canard assez rare en France, voisin du colvert mais aux couleurs plus ternes.

CHIPER v. t. (anc. fr. *chipe,* chiffon) [conj. 3]. *Fam.* **1.** Voler, dérober qqch (à qqn) : *Qui m'a chipé mon stylo ?* — **2.** Déposséder qqn de qqch : *Chiper sa place à un camarade.*

CHIPEUR, EUSE adj. et n. *Fam.* Qui chipe ; voleur.

CHIPIE n. f. et adj. (de *chiper* et *pie*). *Fam.* Fille, femme exigeante, désagréable : *Ce qu'elle peut être chipie !*

CHIPMUNK n. m. Écureuil terrestre d'Amérique du Nord, au pelage rayé dorsalement en longueur.

CHIPOLAIN ou **CHIPOLIN** n. m. Type de peinture à la colle employé au XVIIIe s. pour le traitement des boiseries.

CHIPOLATA n. f. (ital. *cipollata,* de *cipolla,* oignon, du lat. *caepulla*). Saucisse de porc mince et longue.

CHIPOTAGE n. m. *Fam.* **1.** Action de chipoter, de manger du bout des dents. — **2.** Discussion tatillonne, marchandage.

CHIPOTER v. t. ind. (anc. fr. *chipe,* chiffon) [conj. 3]. *Fam.* **1.** Manger du bout des dents, sans appétit : *Il chipote sur chaque morceau.* — **2.** Faire des difficultés pour des riens ; marchander mesquinement.
◆ v. t. *Fam.* Faire des difficultés à qqn pour lui donner qqch, donner à regret et partiellement : *Si on nous chipote les crédits, nous n'y arriverons jamais.*

CHIPOTEUR, EUSE adj. et n. *Fam.* Qui chipote.

CHIPPENDALE (Thomas), ébéniste britannique (Otley, Yorkshire, v. 1718 - Londres 1779). Il ouvrit un atelier à Londres en 1749, mais sa réputation repose surtout sur un recueil de modèles pour l'ameublement publié en 1754 et plusieurs fois réédité, le *Guide des gens de qualité et des ébénistes,* qui devint la grammaire du *style Chippendale.* Celui-ci combine avec fantaisie des sources anglaises (gothique, palladienne), françaises (la rocaille), hollandaises et chinoises.

CHIPPEWAS → OJIBWAS.

CHIPS [ʃips] n. f. (angl. *chip,* copeau). Pomme de terre coupée en fines lamelles et frite. (On dit aussi POMMES CHIPS.)

1. CHIQUE n. f. (de *chiquer*). **1.** Morceau de tabac que l'on mâche. — **2.** Petit cocon mou et peu fourni en soie ; soie qui provient de ce cocon. — **3.** Pop. et vx. *Avaler sa chique,* mourir. ‖ Pop. et vx. *Avoir la chique,* avoir une fluxion dentaire. ‖ Pop. *Ça ne vaut pas une chique,* ça ne vaut rien. ‖ Pop. *Couper la chique à qqn,* l'interrompre brutalement, le réduire au silence ou l'étonner vivement. ‖ Fam. *Mou comme une chique,* dépourvu d'énergie.

2. CHIQUE n. f. (mot caraïbe). Variété de puce commune en Amérique intertropicale et en Afrique noire, où elle parasite les animaux domestiques, comme le porc ou le chien, et l'homme. (Syn. PUCE-CHIQUE.)

CHIQUÉ n. m. (de *chic*). *Fam.* Attitude prétentieuse ; affectation, bluff : *Il nous a reçus sans aucun chiqué.*

CHIQUEMENT adv. *Fam.* **1.** Avec chic ; d'une manière chic ; avec goût. — **2.** Avec générosité.

CHIQUENAUDE n. f. (p.-ê. rad. onomat. *tchikk-,* exprimant un bruit sec, avec l'infl. de *baguenaude*). **1.** Coup appliqué avec le doigt du milieu, plié contre le pouce et détendu brusquement : *Donner une chiquenaude sur la joue.*

– **2.** Légère impulsion, petit choc qui ébranle : *Il suffit d'une chiquenaude pour que le conflit éclate.*

CHIQUER v. t. (rad. onomat. *tchikk-*, exprimant un bruit sec) [conj. **3**]. Mâcher du tabac.
◆ v. t. ind. Pop. *Il n'y a pas à chiquer,* il n'y a pas à se faire d'illusion ; il n'y a pas à hésiter.

CHIQUETAGE n. m. Action de chiqueter.

CHIQUETER v. t. (de *déchiqueter*) [conj. **27**]. **1.** Inciser légèrement avec la pointe d'un couteau le bord d'une abaisse de pâte feuilletée pour en favoriser la montée en cours de cuisson. – **2.** Peindre, en imitation de certains marbres ou granits, une fine structure caillouteuse.

CHIQUETTE n. f. (de *chiquet*). **1.** Déchet de bois obtenu au début du déroulage. – **2.** Fragment de bois obtenu par déchiquetage ou broyage.

CHIQUEUR, EUSE n. Personne qui chique du tabac.

CHIQUITO DE CAMBO (Joseph Apesteguy, dit), joueur français de pelote basque (Cambo 1881 - Saint-Jean-de-Luz 1950), qui a dominé le jeu au grand chistera.

CHIQUITOS, Indiens vivant au Paraguay.

CHIRAC (Jacques), homme d'État français (Paris 1932). Député de la Corrèze (1967), il est secrétaire d'État aux Affaires sociales, puis à l'Économie et aux Finances (1968). Il devient un des principaux collaborateurs de G. Pompidou, sous la présidence de qui il est ministre des Relations avec le Parlement (1971), de l'Agriculture (1972), puis de l'Intérieur (1974). Ayant soutenu la candidature de V. Giscard d'Estaing à la présidence de la République, il devient Premier ministre en 1974, mais démissionne en 1976. Parallèlement, J. Chirac joue un rôle de premier plan au sein de l'U. D. R., qui devient en 1976 le Rassemblement pour la République (R. P. R.), dont il est élu président. Élu maire de Paris (1977), puis député au Parlement européen (juin 1979 - mai 1980), il se présente sans succès à l'élection présidentielle d'avril-mai 1981. Il est réélu maire de Paris en 1983. Tout en conservant cette fonction, il devient Premier ministre du gouvernement de « cohabitation » en mars 1986. Il démissionne en mai 1988, après sa défaite face à F. Mitterrand lors du second tour de l'élection présidentielle. En juin, il retrouve son siège de député de la Corrèze. En 1989, il est réélu maire de Paris et, en 1993, député. Se portant, dès novembre 1994, candidat à l'élection présidentielle de 1995, il quitte la présidence du R. P. R. et engage une longue campagne sur le thème de la nécessité d'un véritable changement politique pour réduire la fracture sociale apparue dans le pays (thème développé dans ses essais *Une Nouvelle France,* 1994, et *la France pour tous,* 1995). Arrivé devant Édouard Balladur au premier tour de l'élection présidentielle, il l'emporte sur Lionel Jospin au second tour (7 mai 1995) avec 52, 64 % des suffrages exprimés.

CHIRACANTHIUM [kirakɑ̃tjɔm] n. m. (gr. *kheir,* main, et *acanthos,* épine). Assez grande araignée rougeâtre des buissons, à piqûre douloureuse, très commune.

CHIRAL, E, AUX [ki-] adj. Doué de chiralité.

CHIR 'ALI, souverain d'Afghānistān (1863-1879), fils de Dust Moḥammad († Mazār-e Charif 1879). Au cours de la seconde guerre anglo-afghane (1878-1880), il dut abandonner Kaboul occupée par les Britanniques.

CHIRALITÉ [ki-] n. f. Propriété d'un objet de n'être pas superposable à son image dans un miroir.

CHIRAZ n. m. (de *Chirāz,* n. pr.). Tapis, surtout en laine, de la région du Fārs.

CHIRĀZ, v. de l'Iran, ch.-l. de province du Fārs ; 848 000 hab. Dans un haut bassin du Zagros, à 1 500 m d'altitude (agriculture irriguée), Chirāz n'a émergé comme centre de la région qu'au VIIIe s., à l'époque islamique. Raffinerie de pétrole. Pétrochimie.
– **Bx-arts.** Monuments anciens dont le mausolée de Chāh Chirarh du XIIIe s. très restauré au XIXe s. et la mosquée du Régent (masdjed-e Vakil) du XVIIIe s. Célèbres jardins.

CHĪR CHĀH ou **SHER SHĀH** (Farīd al-Dīn, dit), souverain indien d'origine afghane († Kalinjar 1545), fondateur de la dynastie des Sūr qui supplanta l'empereur moghol Humāyūn de 1540 à 1555.

CHIRIAEFF (Ludmilla), danseuse, chorégraphe et directrice de ballet canadienne, d'origine lettone (Riga 1924). Après avoir fondé une école de danse à Lausanne, elle collabore à Montréal (1952) avec la télévision puis forme les Ballets Chiriaeff, qui, à partir de 1957, prennent le nom de « Grands Ballets canadiens ». Depuis 1974, elle assume la direction de l'école de danse de la troupe.

CHIRICAHUAS, tribu indienne du groupe des Apaches.

CHIRICO (Giorgio De) → De Chirico.

CHIRIDIUM [kiridjɔm] n. m. Membre des vertébrés tétrapodes, conformé le plus souvent pour la marche ou le vol, par opposition à la nageoire paire des poissons.

CHIRIGUANOS, Indiens du groupe tupi-guarani de l'Amérique du Sud.

CHIROGALE [ki-] n. m. Petit lémurien de Madagascar, forestier, nocturne, facile à apprivoiser.

CHIROGRAPHAIRE [ki-] adj. **1.** Propre au chirographe. – **2.** Se dit d'une créance contractée sans privilège ni hypothèque. – **3.** Se dit d'un créancier qui ne bénéficie d'aucune garantie particulière pour le recouvrement de sa créance.

CHIROGRAPHE [ki-] n. m. (lat. *chirographum,* du gr. *kheirographon*). **1.** À l'époque romaine, écrit dont la force probatoire réside dans le fait qu'il est rédigé tout entier de la main de l'auteur de l'acte ou de son mandataire. – **2.** Au Moyen Âge, acte écrit quelconque, puis à partir du XIIe s. terme réservé aux chartes-parties.

CHIROGRAPHIER [ki-] v. t. (conj. **9**). Rédiger un chirographe.

CHIROLOGIE [ki-] n. f. Détermination des corrélations entre la forme et l'aspect de la main et le caractère.

CHIROMANCIE [ki-] n. f. Procédé de divination fondé sur l'inspection de la main.

CHIROMANCIEN, ENNE [ki-] n. Personne qui pratique la chiromancie.

CHIROMÈTRE [ki-] n. m. Instrument qu'emploient les gantiers pour prendre la mesure de la main.

CHIRON, astéroïde découvert en 1977. Distance moyenne au Soleil : 2 milliards de km. Période de révolution : 50,682 ans. Excentricité orbitale : 0,379. Diamètre estimé : entre 150 et 600 km. Il gravite entre les orbites de Saturne et d'Uranus, dans une région du système solaire où l'on n'avait jamais observé d'astéroïde auparavant.

CHIRON, centaure de la mythologie grecque. Savant et généreux, il fut l'éducateur d'Achille.

CHIRONOME [ki-] n. m. Nom générique du *ver de vase* rouge des pêcheurs et de la forme adulte, qui est un moucheron.

CHIRONOMIE [ki-] n. f. (gr. *kheironomia,* patrimoine). Jeu expressif des mains et des doigts soulignant une ligne mélodique et utilisé par des chefs de chœurs ou d'ensembles instrumentaux, ainsi que dans certaines danses, comme la danse hindoue.

CHIROPRACTEUR, TRICE ou **CHIROPRATICIEN, ENNE** [ki-] n. (angl. *chiropractor*). Médecin qui pratique la chiropraxie.

CHIROPRAXIE ou **CHIROPRACTIE** [ki-] n. f. (angl. *chiropratic*). Méthode thérapeutique qui consiste en manipulations vertébrales, soit par massages, soit par chocs directs ou indirects. (En France, la chiropraxie ne doit être pratiquée que par un docteur en médecine.)

CHIROPTÈRE ou **CHÉIROPTÈRE** [ki-] n. m. Nom d'ordre attribué aux chauves-souris.

CHIROTEUTHIS [kirotœtis] n. m. Poulpe transparent, très riche en organes lumineux, dont les tentacules portent des filaments gluants pour la capture de proies minuscules.

CHIROTONIE [ki-] n. f. Imposition des mains pratiquée notamment au cours des ordinations des diacres, des prêtres et des évêques.

CHIROU n. m. Chèvre sauvage des hauts plateaux du Tibet.

CHIROUBLES n. m. (de *Chiroubles,* n. pr.). Cru renommé du Beaujolais.

CHIRURGICAL, E, AUX adj. (lat. médiév. *chirurgicalis*). **1.** Relatif à la chirurgie : *Intervention chirurgicale.* – **2.** Pathologie chirurgicale, syn. de PATHOLOGIE EXTERNE*.

CHIRURGICALEMENT adv. Par la chirurgie.

CHIRURGIE n. f. (lat. *chirurgia,* du gr. *kheirourgia*). **1.** Discipline médicale qui consiste à faire, manuellement et à l'aide d'instruments, des actes opératoires sur un corps vivant. – **2.** *Chirurgie dentaire,* pratique de l'art dentaire comportant le diagnostic et le traitement des maladies de la bouche, des dents et des maxillaires. (Syn. ODONTO-STOMATOLOGIE.)

ENCYCL. Pratiquée depuis la préhistoire (trépanation), la chirurgie a connu ses premiers développements scientifiques au XVIe s. avec Ambroise Paré. La découverte de l'anesthésie et la création de l'antisepsie et de l'asepsie marquent à la fin du XIXe s. le début de la chirurgie moderne, dont l'efficacité s'accroît avec la transfusion de sang et la neurochirurgie, apparues entre les deux guerres, puis dans les années cinquante, avec les antibiotiques. Actuellement, tous les organes sont accessibles à la chirurgie. Les techniques des transplantations d'organes, « greffe du cœur » par ex., sont au point, au plan chirurgical, mais restent tributaires des problèmes immunologiques, qui sont à l'origine des phénomènes de rejet.

CHIRURGIEN, ENNE n. Médecin qui exerce la chirurgie.

◆ **chirurgien** n. m. Poisson osseux des mers chaudes, à la queue armée de lames tranchantes, à la robe changeante et bigarrée. (200 espèces env., formant la famille des acanthuridés.) [Syn. BARBIER.]

CHIRURGIEN-BARBIER n. m. (pl. *chirurgiens-barbiers*). Titre des barbiers qui pratiquaient certaines interventions chirurgicales, par ex. les saignées.

CHIRURGIEN-DENTISTE n. m. (pl. *chirurgiens-dentistes*). Praticien qui exerce la chirurgie dentaire.

CHIRVAN n. m. (de *Chirvan,* n. pr.). Tapis de laine, fabriqué en Azerbaïdjan.

CHISEL n. m. Instrument de travail superficiel du sol à grand dégagement sous bâti, à dents très écartées.

CHIŞINĂU, anc. **KICHINEV**, cap. de la Moldavie ; 677 000 hab. Métallurgie.

CHISTERA [ʃistera] n. m. (basque *xistera,* du lat. *cistella,* petite corbeille). À la pelote basque, sorte de gant d'osier, long et étroit, recourbé et qui sert à renvoyer la balle contre le fronton.

CHITINE [ki-] n. f. (gr. *khitôn,* tunique). Substance dure, solide et imperméable qui recouvre le corps des arthropodes. (La chitine ne diffère de la cellulose des plantes que par la présence d'un groupement méthylaminé $-NH-CO-CH_3$.)

CHITINEUX, EUSE ou **CHITINISÉ** [ki-] adj. Formé de chitine.

1. **CHITON** [kitɔ̃] n. m. (gr. *khitôn*). En Grèce ancienne, tunique, vêtement de dessous et d'intérieur porté long ou court par les hommes et long par les femmes.

2. **CHITON** [kitɔ̃] n. m. (de *chiton 1*). Mollusque marin d'un type primitif, dont la face dorsale porte plusieurs plaques calcaires articulées. (Syn. OSCABRION.)

CHITOR ou **CHITORGARH,** v. de l'Inde (Rājasthān), à l'E. d'Udaipur. Capitale fortifiée des souverains rājpūts du Mewār, elle résista aux assauts des musulmans. — Monuments anciens, dont les sept portes (XVe s.) ; la tour de la Victoire (1448-1458), commémorant la victoire remportée en 1440 sur le sultan du Mālwa ; le temple de Kumbhat Shyanji (XVe s.) ; etc.

CHITRĀL, région montagneuse du Pākistān, dans la province frontière du Nord-Ouest, entaillée par les *passes de Chitrāl.* V. princ. *Chitrāl.*

CHITTAGONG, principal port et deuxième ville du Bangladesh, sur la rive droite de la Karnāphulī, à 18 km de la mer ; 2 041 000 hab. Textile (jute). Raffinage du pétrole. Filatures. Mécanique. Tabac. Exportations de thé et de jute. — *La province de Chittagong* a 44 762 km² et 27 096 904 hab.

CHIURE n. f. Excréments d'insectes, surtout de mouches.

CHIUSI, bourg d'Italie, en Toscane, qui a succédé à la puissante cité étrusque de *Clusium.* Importante nécropole étrusque (tombes du VIIe s. av. J.-C. et chambres funéraires du Ve s. av. J.-C. ornées de peintures murales). Musée national étrusque.

CHIVU (Stoica), homme politique roumain (Smeeni 1908-Bucarest 1975), président du Conseil des ministres de 1955 à 1961, président du Conseil de l'État de 1965 à 1967.

CHKLOVSKI (Viktor Borissovitch), écrivain et critique soviétique (Saint-Pétersbourg 1893 - Moscou 1984). Théoricien du formalisme (*Théorie de la prose,* 1925), il réintégra par la suite le facteur historique (*Tolstoï,* 1963) et théorique (*la Prose littéraire,* 1959). Romancier, il fut aussi un brillant théoricien du cinéma (*Littérature et Cinéma,* 1923 ; *Eisenstein,* 1973).

CHKLOVSKI (Iossif Samouilovitch), astrophysicien soviétique (Gloukhov, Ukraine, 1916-Moscou 1985). Il a le premier avancé l'hypothèse que l'émission synchrotron est le principal mécanisme d'énergie de nombreuses radiosources extragalactiques (1949).

CHLADEK (Rosalia), danseuse, chorégraphe et pédagogue autrichienne (Brno 1905). L'une des plus intéressantes représentantes de la danse moderne européenne, elle a fondé sa théorie sur les variations d'énergie que réclament les différents mouvements effectués par le corps.

CHLADNI (Ernst), physicien allemand (Wittenberg 1756-Breslau 1827). Il a étudié les mouvements vibratoires des solides : vibrations longitudinales des tiges, vibrations des plaques (dont il mit en évidence les nœuds et les ventres, en les saupoudrant de sable fin). Il affirma l'origine cosmique des météorites (1794).

CHLAMYDE [kla-] n. f. (lat. *chlamys, -idis,* du gr. *khlamus*). Manteau des anciens Grecs fait d'une pièce de laine rectangulaire fixée sur l'épaule par une fibule.

CHLAMYDIA [kla-] n. f. (pl. *chlamydiae*). Bactérie Gram négatif, parasite intracellulaire, responsable chez l'homme d'infections variées.

ENCYCL. Les chlamydiae provoquent des infections avec manifestations cliniques à prédominance ganglionnaire (maladie de Nicolas et Favre ; lymphoréticulose bénigne d'inoculation), pulmonaires (ornithose et psittacose), oculaires ou génitales (trachome, urétrites [les plus fréquentes des maladies sexuellement transmissibles], syndrome de Fiessinger-Leroy-Reiter).

CHLAMYDOMONAS [kla-] n. f. Algue unicellulaire d'eaux douces, très commune, munie de deux flagelles lui permettant une nage active.

CHLAMYDOPHORE [kla-] n. m. Tatou fouisseur d'Argentine.

CHLAMYDOSAURE [kla-] n. m. Lézard australien, coureur arboricole, qui déploie une large collerette pour intimider ses prédateurs.

CHŁAPOWSKI (Dezydery, *baron*), général polonais (en Posnanie 1788-*id.* 1879). Après avoir fait campagne jusqu'en 1813 comme officier d'ordonnance de Napoléon Ier, il se retira dans ses terres, mais il reprit du service dans l'armée polonaise lors de l'insurrection de 1830.

CHLASSE n. m. *Arg.* Couteau.

CHLÂSSE adj. (all. *schlass*). *Pop.* Qui est ivre ou fatigué.

CHLEUH, E adj. et n. (de *Chleuhs,* n. d'une population berbère au Maroc). *Pop.* et *péjor.* S'est dit des Allemands pendant la Seconde Guerre mondiale.
◆ **chleuh** n. m. Dialecte berbère parlé dans le sud du Maroc. (Syn. TACHELHIT.)

CHLIAPNIKOV (Aleksandr Gavrilovitch), militant révolutionnaire russe (Mourom 1883 - 1937 [ou 1943]). Il participa à la révolution russe de 1905, fut exilé, puis revint en Russie en avril 1917. Il fut élu au comité central en mars 1920. Mais, la même année, il dirigeait un mouvement d'opposition au courant bolchevique appelé « Opposition ouvrière », ce qui lui valut un désaveu en 1922, l'exclusion du parti en 1933, et la prison, où il mourut. Il a été réhabilité en 1988.

CHLINGUER [ʃlɛ̃] v. i. (all. *schlingen,* avaler) [conj. 3]. *Pop.* Puer.

CHLOASMA [klo-] n. m. (gr. *khloasma,* teinte jaunâtre). Ensemble de taches brunes, pouvant notamment se développer sur le visage des femmes enceintes (Syn. MASQUE DE GROSSESSE.)

CHLODION ou **CLODION** dit **le Chevelu,** chef des Francs Saliens (v. 428-v. 460). Il conquit Cambrai puis la Belgique Seconde jusqu'à la Somme (v. 440). Il est l'ancêtre présumé de la dynastie des Mérovingiens.

CHŁOPICKI (Józef, *baron*), général polonais (Kapustynie, Volhynie, 1771 - Cracovie 1854). Il prit part dans les rangs français aux campagnes de la Révolution et de l'Empire. Dictateur lors de l'insurrection polonaise de 1830 (5 déc.), il négocia ensuite avec le tsar.

CHLORACÉTIQUE [klɔ-] adj. *Acide chloracétique,* acide $Cl-CH_2-CO_2H$, obtenu par action du chlore sur l'acide acétique.

CHLORACÉTONE [klɔ-] n. f. Cétone $Cl-CH_2-CO-CH_3$ douée de propriétés lacrymogènes.

CHLORACNÉ n. f. Dermatose à type d'acné, provoquée par les dérivés chlorés, et plus particulièrement par les chloronaphtalènes.

CHLORAGE [klɔ-] n. m. Opération consistant à soumettre une matière textile ou un tissu à l'action du chlore (chlorure de chaux, eau de Javel, hypochlorite, etc.). [Elle est souvent appliquée à la laine pour accroître son affinité tinctoriale, adoucir son toucher ou limiter son feutrage.]

CHLORAL [klɔ-] n. m. Trichloracétaldéhyde $CCl_3-CH=O$, substance hypnotique non barbiturique autrefois très utilisée. (Syn. TRICHLORÉTHANAL.)

CHLORAMINE [klɔ-] n. f. **1.** Dérivé chloré d'une amine de formule générale $ClNR_2$. — **2.** *Chloramines B et T,* antiseptiques utilisés en applications locales.

CHLORAMPHÉNICOL [klɔ-] n. m. Antibiotique élaboré par certaines souches de *Streptomyces venezuelæ* dans un milieu approprié, auj. produit par synthèse.
ENCYCL. Il possède un pouvoir antibiotique puissant sur un nombre élevé de germes Gram positif et Gram négatif et de rickettsies. C'est le médicament de choix contre la fièvre typhoïde. Il peut être responsable d'accidents hématologiques très graves, ce qui ne justifie son emploi que dans les affections sévères.

CHLORATE [klɔ-] n. m. Sel de l'acide chlorique.

CHLORATÉ, E [klɔ-] adj. **1.** Qui renferme un chlorate. — **2.** Qui est à base de chlorate.

CHLORATION [klɔ-] n. f. **1.** Substitution dans une molécule d'un atome de chlore à un atome d'hydrogène. — **2.** Addition de chlore sur une liaison multiple. — **3.** Traitement de l'eau par le chlore en vue de la stériliser ou d'éliminer certaines substances étrangères comme l'ammoniaque.

CHLORDANE [klɔ-] n. m. Insecticide puissant utilisé contre les criquets, les fourmis et les termites, de formule $C_{10}H_6Cl_8$.

1. CHLORE [klɔr] n. m. (gr. *khlôros,* jaune verdâtre). Corps simple, gaz de la famille des halogènes. (Élément chimique de symbole Cl.)

Nombre atomique : 17
Masse atomique : 35,45
Densité par rapport à l'air : 2,5
Température d'ébullition : - 34,6 °C

ENCYCL. Le chlore, découvert en 1774 par Scheele, est un gaz jaune verdâtre d'odeur forte et suffocante, dangereux à respirer, facile à liquéfier. C'est sous forme liquide qu'il est stocké et transporté.
• *Chimie du chlore.* Le chlore est assez soluble dans l'eau *(eau de chlore).* Il possède une très grande activité chimique ; il se combine, souvent à froid, à la plupart des autres corps simples, en jouant le rôle d'un élément électronégatif monovalent. Avec l'hydrogène il donne du chlorure d'hydrogène HCl. Il décompose de nombreux hydrocarbures, en particulier l'acétylène, qui s'enflamme à son contact. Gazeux, il attaque la plupart des métaux et des composés métalliques. Avec la soude en solution diluée, à froid, il donne

un mélange de chlorure et d'hypochlorite de sodium appelé *eau de Javel.* La plupart des non-métaux se combinent au chlore, par exemple l'iode, le soufre, le phosphore ; seuls l'oxygène, l'azote et le carbone sont sans action. Avec les composés organiques saturés, il donne des réactions de substitution, et, avec les composés non saturés, des réactions d'addition.
Le chlore existe dans la nature sous forme de chlorures métalliques, dont le plus important est le chlorure de sodium NaCl (sel marin et sel gemme), à partir duquel on le prépare, dans l'industrie, par électrolyse. Il est employé comme désinfectant, comme décolorant, et sert à la préparation de chlorures métalliques.
• *Composés oxygénés du chlore. L'anhydride hypochloreux* Cl_2O est un gaz jaune qui se décompose au contact des corps avides d'oxygène (hydrogène, phosphore) ou de chlore (métaux). L'*acide hypochloreux* HClO, qui lui correspond, n'est connu qu'en solution mais les *hypochlorites* figurent dans l'eau de Javel et dans le chlorure de chaux, produits décolorants et désinfectants. Le *dioxyde de chlore* ClO_2 donne des chlorites et des chlorates au contact des alcalis. L'*acide chlorique* $HClO_3$ n'est connu qu'en solution mais ses sels, les *chlorates,* sont des corps cristallisés. Décomposés par la chaleur en chlorure, oxygène et perchlorates, ils entrent dans la composition des poudres d'amorces et de pétards. L'*anhydride perchlorique* Cl_2O_7 et l'*acide perchlorique* $HClO_4$ sont les composés les plus riches en oxygène. Les perchlorates ont des propriétés analogues à celles des chlorates. *Chlorure d'hydrogène* et *acide chlorhydrique* → CHLORHYDRIQUE.

2. CHLORE [klɔr] n. f. Herbe gentianacée des prairies, aux fleurs jaunes en cymes bipares, aux feuilles soudées par deux à la base.

CHLORELLE [klɔ-] n. f. Algue unicellulaire verte des eaux douces et marines, dont certaines espèces (zoochlorelles) vivent en symbiose avec des animaux aquatiques. (La culture des chlorelles, très facile, fournit un aliment nutritif.)

CHLORÉMIE ou **CHLORURÉMIE** [klɔ-] n. f. Teneur du sang en chlore. (La quantité de chlore contenue dans les hématies [*chlorémie globulaire*] est de 2 g/l environ ; celle contenue dans le plasma [*chlorémie plasmatique*] de 3,7 g/l.)

CHLORENDIQUE [klɔ-] adj. *Acide chlorendique,* acide $C_9H_4Cl_6O_4$, employé pour la fabrication de résines de polyesters et pour la formulation de fongicides.

CHLORER [klɔ-] v. t. (conj. 3). **1.** Procéder à la chloration. — **2.** Faire subir le chlorage à un textile, à un tissu.

◆ **être chloré** v. pass. Contenir du chlore.

CHLORÉTHYLÈNE [klɔ-] n. m. Syn. de CHLORURE DE VINYLE*.

CHLOREUX [klɔ-] adj. m. *Acide chloreux,* acide non isolé $HClO_2$.

CHLORHYDRATE [klɔ-] n. m. Produit d'addition de l'acide chlorhydrique avec une base azotée ou phosphorée ou avec un composé renfermant une liaison multiple.

CHLORHYDRIE [klɔr-] n. f. Somme de l'acide chlorhydrique libre et de l'acide chlorhydrique combiné que l'on trouve dans le suc gastrique.

CHLORHYDRINE [klɔ-] n. f. Produit résultant de la substitution d'un atome de chlore à l'un des groupes hydroxyle d'un composé qui en renferme plusieurs.

CHLORHYDRIQUE [klɔ-] adj. Se dit du chlorure d'hydrogène et de l'acide résultant de sa dissolution aqueuse.
ENCYCL. Le *gaz chlorhydrique (chlorure d'hydrogène)* HCl est un gaz incolore, d'odeur piquante et de saveur acide, assez facile à liquéfier et très soluble dans l'eau. La solution obtenue constitue l'*acide chlorhydrique,* acide fort. Les propriétés chimiques de la solution chlorhydrique sont donc celles de l'ion H_3O^+ d'une part (propriétés acides) et celles de l'ion Cl^- d'autre part (propriétés réductrices). L'acide chlorhydrique est essentiellement obtenu par synthèse à partir de l'hydrogène et du chlore électrolytiques. Il sert dans la fabrication du chlorure d'ammonium, de chlorures métalliques, du chloroprène et de matières plastiques, ainsi que pour décaper les métaux.

CHLORIDEA [klɔ-] n. f. Nom générique de la noctuelle du maïs, parasite redouté de cette céréale.

CHLORINITÉ [klɔ-] n. f. Masse, exprimée en grammes de chlore, des halogènes dissous dans 1 000 g de solution, la matière organique étant oxydée.

CHLORIQUE [klɔ-] adj. *Acide chlorique,* acide $HClO_3$.

1. CHLORITE [klɔ-] n. m. Sel de l'acide chloreux.

2. CHLORITE [klɔ-] n. f. Groupe de phyllosilicates hydratés, d'alumine, magnésium et fer, formant des paillettes vertes. (Les chlorites sont présentes dans les roches métamorphiques.)

CHLORITOÏDE [klɔ-] n. f. Silicate naturel d'aluminium et de fer, que l'on trouve en lames vertes dans les roches métamorphiques.

CHLORITOSCHISTE [klɔ-] n.m. Roche métamorphique foliée, riche en chlorite, qui lui donne un couleur verte.

CHLORMÉTHINE [klɔr-] n. f. Médicament antimitotique dérivé du groupe des moutardes à l'azote utilisé en chimiothérapie anticancéreuse.

CHLOROBENZÈNE [klɔ-] n. m. Dérivé chloré du benzène C_6H_5Cl. (Il est employé comme solvant et comme intermédiaire dans la synthèse organique.)

CHLOROCARBONIQUE [klɔ-] adj. Syn. usuel de CHLOROFORMIQUE.

CHLOROFIBRE [klɔ-] n. f. Fibre chimique composée de plus de 50 % de vinyl ou vinylidène chlore et ayant des caractéristiques triboélectriques et un bon comportement au feu.

CHLOROFLUOROCARBONE n. m. Syn. de CHLOROFLUOROCARBURE.

CHLOROFLUOROCARBURE n. m. Dérivé chloré et fluoré d'hydrocarbure, utilisé notamment dans les bombes aérosols, les isolants, les réfrigérateurs, et qui a la propriété de dissocier les molécules d'ozone. (On emploie plus fréquemment l'abrév. C. F. C.) [Syn. CHLOROFLUOROCARBONE.]

CHLOROFORME [klɔ-] n. m. Anesthésique général $CHCl_3$ permettant d'atteindre les phases les plus profondes de l'anesthésie. (Syn. TRICHLOROMÉTHANE.)

ENCYCL. Découvert en 1831 simultanément par Liebig, Soubeiran et Guthrie, le chloroforme est un liquide dense, d'odeur aromatique. Sa réactivité chimique est liée à la mobilité de son atome d'hydrogène. Les réactifs basiques l'arrachent sous forme de proton et fournissent l'anion CCl_3^- qui mène à des corps très réactifs. On le prépare par action de l'hypochlorite de calcium sur l'éthanol ou sur l'acétone, ou bien à partir de composés comme le chloral. Les propriétés anesthésiques du chloroforme ont été mises en évidence sur les animaux par Pierre Flourens. Peu après il fut appliqué à l'homme, en 1847, par James Young Simpson. Utilisé jusqu'en 1940 pour l'anesthésie générale, il a été abandonné en raison de sa toxicité pour le cœur et pour le foie.

CHLOROFORMER [klɔ-] v. t. (conj. 3). **1.** Additionner de chloroforme. — **2.** Pratiquer sur qqn une anesthésie générale au chloroforme. — **3.** Endormir qqn au chloroforme dans un dessein criminel (rapt, vol, etc.). — **4.** *Vx.* Rendre qqn insensible, apathique ; supprimer le sens critique : *Chloroformer l'opinion publique.*

CHLOROFORMIQUE [klɔ-] adj. *Acide chloroformique,* acide Cl—CO—OH, trop instable pour être isolé, mais dont les esters sont utilisés en synthèse organique. (Syn. ACIDE CHLOROCARBONIQUE.)

CHLOROMÉTHANE [klɔ-] n. m. Syn. de CHLORURE DE MÉTHYLE*.

CHLOROMÉTRIE [klɔ-] n. f. Dosage du chlore actif contenu dans un chlorure décolorant par réaction volumétrique avec l'anhydride arsénieux en solution titrée.

CHLOROMÉTRIQUE [klɔ-] adj. **1.** Relatif à la chlorométrie. — **2.** *Degré chlorométrique,* nombre de litres de chlore actif que peut libérer un litre d'eau de Javel ou un kilogramme de chlorure de chaux.

CHLORONAPHTALÈNE [klɔ-] n. m. Dérivé chloré du naphtalène, $C_{10}H_7Cl$.

CHLOROPÉNIE [klɔ-] n. f. Baisse des chlorures dans les liquides organiques, notamment dans le plasma sanguin et le liquide céphalo-rachidien.

CHLOROPHANE [klɔ-] n. m. Charançon des saules, aux vives couleurs jaunes et vertes.

CHLOROPHÉNOL [klɔ-] n. m. Dérivé chloré du phénol, Cl—C_6H_4—OH.

CHLOROPHOSPHATE [klɔ-] n. m. Radical chimique, à base de chlore et de phosphore, entrant dans la composition de certains sels minéraux.

CHLOROPHYCÉE [klɔ-] n. f. Algue verte uni- ou pluricellulaire, terrestre, dulcicole ou littorale, sans autre pigment que la chlorophylle. (La classe des *chlorophycées,* très hétérogène, contient peut-être les ancêtres des plantes vertes terrestres et ceux des champignons. Ex. volvox, ulve, entéromorphe, pleurocoque des troncs d'arbres, etc.)

CHLOROPHYLLE [klɔ-] n. f. Pigment caractéristique des plantes vertes, localisé dans des organites cellulaires (chloroplastes) des parties éclairées du végétal et assurant l'absorption d'une partie de l'énergie des rayons solaires, ce qui rend possible la photosynthèse.

ENCYCL. La molécule de chlorophylle comprend deux parties : une « tête » formée de quatre noyaux pyrrole entourant symétriquement un atome de magnésium, et une « queue » de phytol comportant 20 atomes de carbone. Son spectre d'absorption indique une excellente utilisation des lumières rouges (668-645 nm) et bleu-violet (460-410 nm), une moindre absorption des lumières orangées et jaunes, aucun usage de la lumière verte, qui est réfléchie, d'où la couleur. La formation de la chlorophylle nécessite la lumière et la présence de fer, de magnésium et de nitrates. L'absence de l'un de ces éléments, ou de certains facteurs génétiques, produit les divers cas de *chlorose* (absence de chlorophylle) : étiolement, feuilles panachées, etc.

— **Pharm.** La chlorophylle est employée comme désodorisant corporel et entre dans la formule de pommades, de poudres pour appliquations externes, de dentifrices et de tablettes à sucer contre la fétidité de l'haleine.

CHLOROPHYLLIEN, ENNE [klɔ-] adj. **1.** Qui concerne la chlorophylle. — **2.** *Assimilation chlo-*

rophyllienne, syn. de PHOTOSYNTHÈSE. ‖ *Plante chlorophyllienne,* syn. de PLANTE VERTE.

CHLOROPICRINE [klɔ-] n. f. Trichloronitrométhane CCl_3NO_2, lacrymogène utilisé comme gaz de combat et comme insecticide.

CHLOROPLASTE [klɔ-] n. m. Organite cellulaire des plantes vertes, de structure complexe, contenant la chlorophylle. (Syn. GRAIN DE CHLOROPHYLLE.)
ENCYCL. Les chloroplastes, grands et peu nombreux dans les cellules des algues, sont nombreux et petits dans les autres groupes végétaux, où ils ont à peu près les dimensions d'un globule rouge du sang humain. Ce sont des grains mobiles dans la cellule, et leurs mouvements tendent à rendre moins variable la quantité de lumière qu'ils reçoivent. C'est en leur sein que s'effectue la photosynthèse.

CHLOROPRÈNE [klɔ-] n. m. Chlorobutadiène $CH_2{=}CCl{-}CH{=}CH_2$, dont la polymérisation donne un caoutchouc synthétique (Néoprène ou Duprène).

CHLOROPROPIONITRILE [klɔ-] n. m. Nitrile C_3H_4ClN, dérivé du propionitrile, intermédiaire très toxique de la synthèse des polymères et des produits pharmaceutiques.

CHLOROPS [klɔrɔps] n. m. Petite mouche jaune, aux yeux d'un vert brillant éclatant, très nuisible aux céréales.

CHLOROQUINE [klɔ-] n. f. Dérivé chloré de la quinoléine, doué d'activité antipaludéenne et antiamibienne. (Le gentisate de chloroquine est utilisé pour son action anti-inflammatoire.)

CHLOROSE [klɔ-] n. f. **1.** *Vx.* Chez la jeune fille, anémie due à une teneur insuffisante des globules rouges en hémoglobine. — **2.** Carence en chlorophylle des plantes se traduisant par la coloration jaune pâle des organes qui devraient être verts (feuilles, tiges) et pouvant avoir des causes diverses (anomalie génétique, carence du sol en fer, infections parasitaires, etc.).

CHLOROSULFITE [klɔ-] n. m. Sel ou éther de l'acide chlorosulfureux.

CHLOROSULFURE [klɔ-] n. m. Combinaison d'un chlorure et d'un sulfure.

CHLOROTHIAZIDE [klɔ-] n. m. Sulfamide du groupe des diurétiques thiazidiques, provoquant une diurèse sodique, chlorurée, potassique, légèrement bicarbonatée.

CHLOROTIQUE [klɔ-] adj. et n. f. *Vx.* Atteinte de chlorose.

CHLOROTOLUÈNE [klɔ-] n. m. Dérivé chloré du toluène, $Cl{-}C_6H_4{-}CH_3$.

CHLORPROMAZINE [klɔr-] n. f. Dérivé de la phénothiazine, prescrit pour son activité anti-hallucinatoire et sédative, qui fut le premier neuroleptique découvert (1952).

CHLORPROPAMIDE [klɔr-] n. m. Sulfamide doué de propriétés hypoglycémiantes, employé dans le traitement du diabète sucré.

CHLORTÉTRACYCLINE [klɔr-] n. f. Antibiotique dérivé de la tétracycline, élaboré par *Streptomyces aureolaciens,* à large spectre d'activité.

CHLORURANT, E [klɔ-] adj. et n. m. Se dit d'une substance servant à chlorurer.

CHLORURATION [klɔ-] n. f. **1.** Action de chlorurer. — **2.** Opération qui consiste à introduire un chlorure ou un dérivé dans un composé. (La chloruration, aujourd'hui remplacée par la cyanuration, s'employait autrefois pour les minerais d'or non directement amalgamables et pour les minerais d'argent avant amalgamation.)

CHLORURE [klɔ-] n. m. **1.** Combinaison du chlore avec un corps simple ou composé autre que l'oxygène. — **2.** *Chlorures décolorants,* nom commercial donné au chlorure de chaux et à l'eau de Javel, désinfectants puissants et bon marché.
ENCYCL. Les chlorures formés à partir de métaux (alcalins, alcalino-terreux...) sont tous conducteurs électriques à l'état fondu et possèdent une température de fusion et d'ébullition élevée. Ceux qui sont formés à partir de non-métaux ou d'un métal de transition sont volatils et non conducteurs.
Parmi les chlorures des métaux alcalins, les chlorures de sodium, de potassium et de magnésium servent dans l'industrie du chlore et des métaux correspondants. Le chlorure de zinc est un désinfectant ; le chlorure mercureux, ou calomel, est un purgatif ; les chlorures des métaux précieux sont utilisés en photographie. Parmi les *chlorures de non-métaux,* le chlorure de soufre S_2Cl_2 sert dans la vulcanisation du caoutchouc, et les chlorures de phosphore PCl_3 et PCl_5 sont des chlorurants énergiques, employés à la préparation des chlorures d'acides.
Les *chlorures d'acides* dérivent des oxacides par substitution d'un ou de plusieurs atomes de chlore à autant de groupements hydroxyle OH. Ceux des acides organiques sont décomposés par l'eau ; ils donnent des esters avec les alcools, des amines avec l'ammoniac, des anhydrides avec les sels.

CHLORURÉMIE → CHLORÉMIE.

CHLORURER [klɔ-] v. t. (conj. 3). Combiner avec le chlore ; transformer en chlorure.
◆ **être chloruré** v. pass. **1.** Avoir subi la transformation en chlorure. — **2.** Contenir du chlorure de sodium.

CHLORURIE [klɔ-] n. f. Teneur de l'urine en ions chlore. (Elle est normalement comprise entre 12 et 14 g par 24 heures.)

CHLORYLE [klɔ-] n. m. Radical monovalent ClO_2.

CHNOQUE → SCHNOCK.

CHOA ou **SHOA,** prov. de l'Éthiopie, s'étendant sur la partie méridionale du Massif éthiopien ; 85 500 km² ; 10 714 244 hab. Ch.-l. *Addis-Abeba.*

CHOANE [kɔan] n. m. (gr. *khoanos,* entonnoir). Orifice faisant communiquer les fosses nasales avec la bouche ou le pharynx chez les vertébrés à respiration aérienne. (Situé en avant du palais chez les amphibiens, le choane recule ensuite de plus en plus, ce qui réduit le croisement entre voies digestives et respiratoires.)

CHOANOCYTE [kɔ-] n. m. (gr. *khoanos,* entonnoir). Cellule animale propre aux spongiaires et à certains protistes, et qui porte un flagelle entouré à sa base d'une collerette. (Les choanocytes assurent la circulation de l'eau, la capture des proies et les autres fonctions nutritives.)

CHOANOFLAGELLÉ [kɔ-] n. m. Protiste flagellé des eaux douces et tranquilles ayant la forme d'un choanocyte.

CHOC n. m. (de *choquer*). **1.** Rencontre plus ou moins violente et brusque de deux ou plusieurs corps : *Le bruit du choc du marteau sur l'enclume.* — **2.** Émotion violente et soudaine, coup soudain qui frappe qqn dans sa sensibilité, son psychisme, etc. : *Recevoir un choc devant une œuvre d'art.* — **3.** Conflit, opposition entre plusieurs choses abstraites : *Du choc des opinions peut jaillir la lumière.* — **4.** En apposition, avec ou sans trait d'union, indique que qqch vise à provoquer la surprise, l'intérêt, l'émotion, produit un vif effet, est d'une grande portée : *Prix-chocs. Des mesures chocs.* — **5.** *Choc en retour,* conséquence d'un acte qui atteint de façon inattendue l'auteur de cet acte ; retombées d'un événement ; contrecoup. ‖ *Choc pétrolier,* forte élévation des prix du pétrole considérée du point de vue de sa répercussion sur les économies. ‖ *De choc,* se dit de troupes, de militants spécialement entraînés au combat offensif, de personnes extrêmement dynamiques qui ne craignent pas d'affronter les difficultés ; se dit d'une doctrine présentée avec dynamisme ou d'un système, d'une action choisis pour leur grande efficacité. ‖ Fam. *Tenir le choc,* résister efficacement, tenir le coup. • **Aéron.** *Choc à l'ouverture,* brusque ralentissement produit par l'ouverture d'un parachute. — **Ch. de f.** *Organe de choc,* organe disposé à chaque extrémité des véhicules, chargé de recevoir et d'amortir les chocs et de maintenir le contact pendant la marche. (L'ensemble des organes de choc se nomme *tamponnement.)* — **Matér.** *Essai de choc,* essai utilisé pour étudier la résilience d'un matériau. — **Mil.** Abordage de l'ennemi jusqu'au corps à corps. — **Pathol.** Syndrome clinique traduisant une insuffisance circulatoire aiguë d'origines diverses (opération, accident, etc.), et se caractérisant par un état d'agitation ou de torpeur avec refroidissement des extrémités, marbrures cutanées, pouls rapide et filant, oligurie et chute de la pression artérielle. (Il s'agit d'un état aigu impliquant obligatoirement un traitement d'extrême urgence par des équipes médicales spécialisées.) [On dit aussi ÉTAT DE CHOC.]. ‖ *Choc infectieux* ou *septique,* installation brutale d'un état d'insuffisance circulatoire aiguë en rapport avec une infection bactérienne. (Il s'observe surtout au cours des septicémies à bacilles Gram négatif.) — **Phys.** Syn. de COLLISION. — **Polym.** S'emploie en apposition pour désigner des matières plastiques aptes à résister aux chocs. — **Psychiatr.** *Thérapeutiques de choc,* ensemble des moyens utilisés en psychiatrie pour provoquer une crise censée rétablir l'équilibre chez certains malades mentaux. (Ce n'est qu'au début du XXe s. que se développa l'usage de perturbations organiques soudaines : malariathérapie [1917], comas hypoglycémiques provoqués par l'injection intraveineuse d'insuline, électrochocs.) — **Psychol.** Attitude momentanée de stupeur d'un sujet au cours de la passation d'un test projectif et qui se manifeste par sa difficulté à répondre à la consigne proposée par le psychologue. (Le choc est généralement interprété comme le signe d'une fragilité face à un conflit évoqué par le matériel du test et que le sujet ne peut pas surmonter.) — **Therm.** *Choc thermique,* phénomène qui affecte les matériaux lorsqu'ils reçoivent une grande quantité d'énergie thermique en un temps très court.

CHOCAGE n. m. Serrage du béton, obtenu par application de secousses à un moule.

CHOCANO (José Santos), poète péruvien (Lima 1875 - Santiago du Chili 1934), chantre de l'hispanité contre l'impérialisme yankee (*Cantos del Pacifico,* 1904 ; *Alma América,* 1906).

CHOCARD n. m. (onomat.). Corneille des hautes montagnes, noire à bec jaune et pattes rouges, très bon voilier.

CHOCHONES → SHOSHONES.

CHOCHOTTE n. f. (p.-ê. de *chicot*). *Pop.* **1.** Fausse prude. — **2.** *Chochotte !,* exclamation par laquelle on raille l'attitude affectée, prétentieuse de qqn.

CHOCIM → KHOTINE.

CHOCÓ, région de Colombie, sur le Pacifique, englobant une partie de la Cordillère occidentale.

CHOCOLAT n. m. (esp. *chocolate,* du nahuatl). 1. Produit obtenu par le mélange de pâte de cacao et de sucre additionné ou non de beurre de cacao : *Chocolat au lait, aux noisettes.* (→ encycl.) – 2. Bonbon au chocolat. – 3. Boisson obtenue par la dilution, dans du lait ou de l'eau, de poudre de cacao ou de chocolat fondu sur le feu. – 4. *Chocolat blanc,* mélange de beurre de cacao, de sucre et de lait.
◆ adj. inv. 1. Couleur brun-rouge foncé. – 2. Fam. *Être, rester chocolat,* être déçu, attrapé ou dupé. ‖ *Poudre chocolat,* syn. de POUDRE BRUNE*.
ENCYCL. Consommé par les Aztèques, le cacao fut introduit en Europe par les Espagnols qui en gardèrent le monopole jusqu'au XVIIe s. Les Hollandais l'importèrent alors et le firent pénétrer en Allemagne et en Angleterre. Connu en France à la même époque, le chocolat ne fut vraiment apprécié qu'après le mariage de Louis XIV avec Marie-Thérèse d'Autriche. Avec le développement des techniques au XIXe s., le traitement de la pâte de cacao devint industriel.

CHOCOLATÉ, E adj. Qui contient du chocolat.

CHOCOLATERIE n. f. 1. Fabrique de chocolat. – 2. Industrie du chocolat. – 3. Ensemble des articles fabriqués et vendus par le chocolatier. – 4. Magasin du chocolatier.

CHOCOLATIER, ÈRE n. Personne qui fabrique, vend du chocolat.
◆ adj. Qui se rapporte au chocolat.
◆ **chocolatière** n. f. Récipient pour servir le chocolat chaud en boisson.

CHOCON, localité d'Argentine, sur le río Limay, en amont de Neuquén. Aménagement hydroélectrique.

CHOCOS, Indiens caraïbes de Colombie et du Panamá.

CHOCOTTES n. f. pl. (p.-ê. de *chicot*). *Pop.* 1. *Vx.* Dents. – 2. *Avoir les chocottes,* claquer des dents, avoir peur.

CHOCQUES (62920), comm. du Pas-de-Calais, à l'O. de Béthune ; 3 007 hab. *(Chocquois).* Centrale thermique. Industrie chimique.

CHOCTAWS, Indiens des États-Unis (Mississippi), du groupe natchez-muskogee.

CHODERLOS DE LACLOS → LACLOS.

CHODOWIECKI (Daniel), peintre et graveur polonais de l'école allemande (Gdańsk 1726 -Berlin 1801). Il a, dans des estampes précises et minutieuses, décrit avec bonheur le milieu bourgeois de son temps.

CHOÉPHORE [kɔe-] n. (gr. *khoêphoros*). Dans la Grèce antique, porteur ou porteuse d'offrandes.

Choéphores *(les),* tragédie d'Eschyle, représentée en 458 av. J.-C., et deuxième pièce de *l'Orestie**. Elle a pour sujet le meurtre de Clytemnestre et d'Égisthe par Oreste et Électre.

CHŒUR [kœr] n. m. (lat. *chorus,* du gr. *khoros*). 1. Dans l'Antiquité, groupe de personnes exécutant des danses et des chants réglés ou marchant en cadence ; emplacement réservé à la danse. (→ *encycl.* Théâtr.) – 2. Réunion de chanteurs groupés en vue de l'exécution d'une œuvre musicale. – 3. Titre de morceaux de musique composés pour être exécutés par un chœur. (→ *encycl.* Mus.) – 4. Ensemble de personnes unanimes dans l'expression de leur jugement : *Le chœur des mécontents.* – 5. Ensemble de paroles, de cris qu'un groupe de personnes fait entendre collectivement : *Un chœur de lamentations.* – 6. Partie de l'église où se déroulent les cérémonies autour de l'autel et où se tiennent le clergé et les chantres qui participent à la célébration liturgique. – 7. Fragment lyrique ou poétique, chanté, psalmodié ou déclamé, qui s'intercale dans les tragédies. – 8. *Chœur à voix égales,* ensemble de voix de même registre. ‖ *Chœur mixte,* ensemble de voix de registres mélangés. ‖ *Chœur parlé,* déclamation collective. ‖ *En chœur,* ensemble, unanimement : *Rire en chœur.* ‖ *Habit de chœur,* vêtement liturgique porté au chœur, pendant la célébration des offices. ‖ *Maître de chœur,* celui qui dirige le chant de l'office.
ENCYCL. **Mus.** Le chœur à l'unisson constitue le mode d'exécution du chant grégorien et du chant liturgique. Les premiers polyphonistes (XIIe-XIIIe s.) divisent ensuite le chœur en deux, trois, puis quatre parties vocales. À la Renaissance sont écrites les plus belles œuvres pour chœur de trois à six voix (chansons, messes, motets) ou pour double chœur.
Aux XVIIe et XVIIIe s., le chœur prend place dans l'oratorio (Händel), la cantate (Bach), le motet concertant (Delalande), l'opéra (Rameau), et s'insère jusque dans la symphonie, au XIXe s. (Beethoven, Mahler). Au XXe s., le chœur est devenu tributaire du nouveau traitement de la voix axé sur l'élargissement de ses possibilités (Messiaen, Berio, Ligeti).
– **Théâtr.** Dans la Grèce ancienne, les hymnes qui accompagnaient les cérémonies du culte étaient chantés par des chœurs (ainsi le dithyrambe*). Quand le dithyrambe évolua et devint la tragédie, le rôle du chœur se réduisit à celui de simple spectateur. Dans la tragédie, le chœur se composait, au début, de douze (Eschyle) et, depuis Sophocle, de quinze choreutes y compris le coryphée, son chef.

CHOFFARD (Pierre Philippe), graveur aquafortiste français (Paris 1730 - *id.* 1809), virtuose de l'ornementation du livre et de l'estampe de petit format.

CHOGORI, autre nom du K2.

CHOIN n. m. Petite plante cypéracée vivant dans les marais.

CHOIR v. i. (lat. *cadere*) [conj. **72**]. **1.** *Litt.* ou *ironiq.* Tomber : *Se laisser choir dans un fauteuil.* — **2.** *Faire choir,* faire échouer qqn, lui faire perdre tout crédit. ‖ Fam. *Laisser choir,* abandonner qqn à son sort, qqch en cours de réalisation.

CHOISEUL, une des îles les plus septentrionales de l'archipel de Salomon.

CHOISEUL (César, *duc* DE), comte **du Plessis-Praslin,** maréchal de France et diplomate (Paris 1598 - *id.* 1675). Promu maréchal de France en 1645, il battit Turenne à Rethel en 1650, lors de la Fronde. En 1665, il fut créé duc de Choiseul et pair de France.

CHOISEUL (Étienne François, *duc* DE), homme d'État français (Nancy 1719-Paris 1785). Fils de François Joseph, marquis de Stainville et baron de Beaupré, il fait sous le nom de **comte de Stainville** une carrière militaire et devient maréchal de camp (1748). Il est ambassadeur à Rome (1754-1757) puis à Vienne (1757-58), où il négocie le mariage du dauphin avec l'archiduchesse Marie-Antoinette. Créé duc de Choiseul (1758), il obtient les secrétariats d'État aux Affaires étrangères (1758-1761), à la Guerre (1761-1770) et à la Marine (1761-1766). Premier ministre de fait, il mène une politique de revanche contre l'Angleterre, en s'appuyant sur l'alliance avec l'Autriche et avec les Bourbons d'Espagne, de Parme et de Naples (pacte de Famille, 1761). L'armée et la marine sont renforcées et modernisées. Le territoire est agrandi (acquisition de la Lorraine [1766] et de la Corse [1768]). Ami des Encyclopédistes et des parlementaires, Choiseul contribue à la suppression de la Compagnie de Jésus (1764) et soutient le parlement dans son opposition au pouvoir royal, ce qui provoque sa disgrâce et son exil dans son domaine de Chanteloup (1770).

CHOISEUL-CHEVIGNY (César Gabriel, *comte* DE), duc **de Praslin** → PRASLIN.

CHOISEUL-GOUFFIER (Marie Gabriel Florent Auguste, *comte* DE), diplomate français (Paris 1752 - Aix-la-Chapelle 1817). Ambassadeur à Constantinople (1784-1792), il a laissé un *Voyage pittoresque de la Grèce* (2 vol. 1782-1824). [Acad. fr., 1784.]

CHOISIR v. t. (gotiq. *kausjan,* examiner) [conj. **32**]. **1.** Faire des comparaisons entre plusieurs choses, exercer son jugement, user de son goût, etc., pour prendre, adopter qqch de préférence à qqch d'autre : *Choisir un livre, un métier.* — **2.** Sélectionner qqn pour remplir telle ou telle fonction : *Choisir son député, un avocat.* — **3.** Se déterminer pour telle ou telle attitude : *Pour se défendre, il avait choisi de se taire.* — **4.** *Ne pas choisir qqch,* connaître un état qui n'est pas de son fait, qui ne relève en aucune façon de sa propre décision : *Je n'ai pas choisi d'être ce que je suis.* — **5.** Sélectionner qqch, qqn avec soin : *Choisir ses mots, ses amis.* — **6.** *Choisir (bien, mal) son moment (pour),* trouver, ne pas trouver le moment favorable pour faire qqch.

◆ **être choisi** v. pass. **1.** Être sélectionné avec soin, être trié : *Langage choisi. Une clientèle choisie.* — **2.** *Être bien, mal choisi pour,* être, ne pas être approprié. ‖ *Œuvres choisies, morceaux choisis,* extraits d'œuvres littéraires, musicales sélectionnés et rassemblés dans un recueil.

CHOISY (François Timoléon, *abbé* DE), écrivain français (Paris 1644 - *id.* 1724). Célèbre par son habitude de s'habiller en femme, il a laissé des *Mémoires* (1727). [Acad. fr., 1687.]

CHOISY (Auguste), ingénieur et archéologue français (Vitry-le-François 1841 - *id.* 1909). Professeur d'architecture à l'École des ponts et chaussées, il a publié, entre autres, une importante *Histoire de l'architecture* (1899).

CHOISY-LE-ROI (94600), ch.-l. de cant. du Val-de-Marne, au S.-S.-E. de Paris, sur la Seine ; 34 230 hab. *(Choisyens).* Rares vestiges du château de la Grande Mademoiselle (1680), agrandi par J.-A. Gabriel, pour Louis XV, à partir de 1740. Église de 1748-1760. Centre industriel (constructions mécaniques, verrerie). Usine de traitement des eaux.

CHOIX n. m. **1.** Action de choisir qqch, qqn, de le prendre de préférence aux autres ; résultat de cette action : *Le choix d'un métier, d'un collaborateur.* — **2.** Pouvoir, possibilité de choisir (surtout avec *laisser, avoir, donner*) : *Je vous laisse le choix de l'heure de notre rendez-vous.* — **3.** Ensemble de choses, d'éléments, etc., parmi lesquels on peut choisir : *Magasin qui offre un grand choix d'articles.* — **4.** Ensemble de choses qui ont été choisies, sélectionnées pour leurs qualités : *Un choix de poésies.* — **5.** *Arrêter, fixer, porter son choix, faire son choix,* choisir, se décider (pour qqch, qqn). ‖ *Au choix,* selon la volonté, le désir de qqn. ‖ *Avancement, promotion au choix,* déterminés par une proposition des supérieurs hiérarchiques sans lien avec l'ancienneté de l'agent. ‖ *De choix,* de première qualité. ‖ *De mon (ton, son, etc.) choix,* que j'ai (tu as, il a, etc.) choisi. ‖ *Faire choix de qqch, de qqn,* le choisir. ‖ *Faire le bon choix,* en politique, voter en conformité avec le désir de la majorité au pouvoir. ‖ *Ne pas avoir le choix,* être obligé, contraint d'agir d'une certaine manière. ‖ *Premier, second choix, troisième choix,* se dit d'articles, de catégories d'articles de très bonne qualité, de moindre qualité, etc. • **Enseign.**

Questions (ou *questionnaire*) *à choix multiple* ou *Q. C. M.*, forme d'examen dans lequel les réponses possibles sont énumérées et proposées au questionné, qui doit choisir celle qu'il estime être la bonne. — **Math.** *Axiome du choix (*ou *axiome de choix*), axiome fondamental de la théorie des ensembles, dû à Zermelo (1904), qui affirme l'existence d'une fonction associant à tout sous-ensemble non vide d'un ensemble quelconque M un élément et un seul appartenant à ce sous-ensemble. — **Psychan.** *Choix d'objet,* mode d'élection amoureux d'une personne (l'objet), se définissant par sa répétition du rapport infantile du sujet à sa mère.

CHOKÉ, E [tʃɔke] adj. Se dit d'un fusil de chasse dont la bouche du canon a été rétrécie.

CHOKE-BORE [tʃɔkbɔr] n. m. (pl. *choke-bores*) [angl. *choke-bore,* étranglement, de *to choke,* étrangler, et *bore,* calibre]. Rétrécissement à la bouche d'une arme de chasse permettant une meilleure concentration de la gerbe de plombs.

CHOKER [tʃɔkœr] n. m. (angl. *choker,* collier, de *to choke,* étrangler). Collier de perles de même grosseur porté à ras du cou.

CHOLA → COLA.

CHOLAGOGUE [kɔ-] adj. et n. m. Qui facilite l'évacuation dans le duodénum de la bile contenue dans la vésicule et dans les voies biliaires.

CHOLALÉMIE [kɔ-] n. f. Présence de sels biliaires dans le sang. (Taux normalement inférieur à 4 mg/l.)

CHOLALURIE [kɔ-] n. f. Présence de sels biliaires dans les urines.

CHOLANE [kɔ-] n. m. Hydrocarbure saturé tétracyclique, $C_{24}H_{42}$, dont le squelette se retrouve dans les acides biliaires.

CHOLANGIOGRAPHIE [kɔ-] n. f. Radiographie des voies biliaires extrahépatiques, en particulier du cholédoque.

CHOLANGIOME [kɔ-] n. m. Tumeur épithéliale du foie, bénigne ou maligne, développée aux dépens des cellules des canaux biliaires intrahépatiques.

CHOLANGITE [kɔ-] n. f. Inflammation des voies biliaires.

CHOLÉCALCIFÉROL [kɔ-] n. m. Dénomination courante de la vitamine D_3.

CHOLÉCYSTECTASIE [kɔ-] n. f. Dilatation de la vésicule biliaire.

CHOLÉCYSTECTOMIE [kɔ-] n. f. Ablation chirurgicale de la vésicule biliaire.

CHOLÉCYSTITE [kɔ-] n. f. Inflammation aiguë ou chronique de la vésicule biliaire due le plus souvent à une lithiase.

CHOLÉCYSTOGRAPHIE [kɔ-] n. f. *Cholécystographie orale,* radiographie étudiant la morphologie de la vésicule biliaire après ingestion d'un produit de contraste iodé.

CHOLÉCYSTOKININE [kɔ-] n. f. Hormone sécrétée par la muqueuse du duodénum, et provoquant par voie humorale la contraction de la vésicule biliaire.

CHOLÉCYSTOPATHIE [kɔ-] n. f. Affection de la vésicule biliaire.

CHOLÉCYSTOSTOMIE [kɔ-] n. f. Abouchement de la vésicule biliaire à la peau, en vue de dériver la bile ou de drainer une infection biliaire.

CHOLÉCYSTOTOMIE [kɔ-] n. f. Incision de la vésicule biliaire, le plus souvent destinée à évacuer des calculs.

CHOLÉDOCHOPLASTIE [kɔ-] n. f. Reconstitution chirurgicale du cholédoque, pour permettre le libre écoulement de la bile dans le duodénum.

CHOLÉDOGRAPHIE [kɔ-] n. f. Radiographie du canal cholédoque.

CHOLÉDOQUE [kɔ-] adj. et n. m. (gr. *kholêdokhos,* qui contient la bile). *Canal cholédoque* ou *cholédoque* (n. m.), portion terminale de la voie biliaire principale, faisant suite au canal hépatique après l'abouchement du canal cystique dans ce dernier.

ENCYCL. Le cholédoque pénètre dans le pancréas où il s'accole au canal de Wirsung. Les deux canaux se réunissent en une formation appelée *ampoule de Vater* pour s'ouvrir dans le duodénum. La terminaison du cholédoque et du canal de Wirsung est entourée d'un sphincter musculaire, le *sphincter d'Oddi,* dont le rôle est très important dans la pathologie bilio-pancréatique.

CHOLÉLITHIASE [kɔ-] n. f. Présence de calculs dans la vésicule ou les voies biliaires.

CHOLEM ALEICHEM (Cholom RABINOVITCH, dit), écrivain d'expression yiddish (Pereïaslav, Ukraine, 1859 - New York 1916), auteur de récits sur la vie des ghettos d'Europe centrale (*Tévié le laitier,* 1899-1911).

CHOLÉMIE [kɔ-] n. f. **1.** Présence des constituants de la bile dans le sang. — **2.** *Cholémie familiale,* affection héréditaire, caractérisée par une hyperbilirubinémie et se traduisant par un subictère chronique évoluant par poussées, de pronostic bénin.

CHOLÉPÉRITOINE [kɔ-] n. m. Épanchement de bile dans le péritoine consécutif à une rupture des voies biliaires.

CHOLÉPOÏÈSE [kɔ-] n. f. Syn. de BILIGENÈSE.

CHOLÉRA [kɔ-] n. m. (lat. *cholera,* du gr. *kholera*). **1.** Maladie infectieuse et épidémique due au vibrion cholérique. — **2.** *Fam.* et *vx.* Personne désagréable, nuisible, dangereuse ; peste. — **3.** *Choléra aviaire* ou *choléra des poules,* maladie infectieuse des gallinacés et des palmipèdes due à une bactérie du genre *pasteurella,* ayant souvent une évolution septicémique rapide, que l'on peut prévenir par vaccination.

ENCYCL. Le choléra est endémique en Inde. Longtemps cantonné dans cette région, il a déferlé sur le monde en plusieurs grandes pandémies. Le choléra débute en général par des douleurs abdominales accompagnées de vomissements incoercibles, d'une chute de la température à 36 °C, voire moins, et surtout d'une diarrhée intense : 15 à 20 selles par jour contenant des grumeaux blanchâtres et grouillant de vibrions cholériques. En l'absence de traitement, des signes de déshydratation apparaissent et la mort survient dans 60 % des cas environ. Sous traitement (réhydratation massive, antibiotiques), la mortalité n'est plus que de 1 %.

CHOLÉRÈSE [kɔ-] n. f. **1.** Excrétion de la bile du foie dans les voies biliaires, puis dans l'intestin. — **2.** Quantité de bile excrétée en un temps donné.

CHOLÉRÉTIQUE [kɔ-] adj. et n. m. Qui provoque une hypersécrétion biliaire.

CHOLÉRIFORME [kɔ-] adj. Qui a la forme, l'apparence du choléra.

CHOLÉRIQUE [kɔ-] adj. et n. (lat. *cholericus,* du gr. *kholerikos*). Relatif au choléra ; atteint du choléra.

CHOLESTANE [kɔ-] n. m. Hydrocarbure saturé $C_{27}H_{48}$, dont le squelette se retrouve dans de nombreux stéroïdes importants, notamment le cholestérol.

CHOLESTASE → CHOLOSTASE.

CHOLESTÉATOME [kɔ-] n. m. Pseudotumeur de l'oreille moyenne, séquelle d'otite ou de mastoïdite chronique.

CHOLESTÉRIQUE [kɔ-] adj. *État cholestérique,* variante de l'état nématique, obtenue avec des molécules optiquement actives et caractérisée par une superstructure en hélice, qui diffracte la lumière et donne des couleurs remarquables. ◆ n. m. Cristal cholestérique.

CHOLESTÉROL [kɔ-] n. m. (du gr. *sterros,* consistant). Stérol d'origine presque exclusivement animale, présent dans la bile et dans le sang. (Le cholestérol est la matière première de la synthèse partielle de plusieurs vitamines et hormones.)

ENCYCL. Le cholestérol est présent dans les organismes animaux par apport alimentaire, mais essentiellement par synthèse au niveau de certains organes (foie, intestin et corticosurrénale) à partir de l'acétyl-coenzyme A. Il est transporté sous forme d'alphalipoprotéine (HDL ou High Density Lipoproteins) et de bêtalipoprotéine (LDL ou Low Density Lipoproteins). Chez l'être humain adulte, les chiffres normaux de cholestérol plasmatique sont de 1,50 à 2,50 g/l, soit 3,87 à 6,45 mmol/l. Toutefois, le cholestérol augmente avec l'âge jusqu'à la soixantaine. L'hypercholestérolémie est un des facteurs de risque de la maladie athéromateuse. C'est l'augmentation relative du LDL-cholestérol par rapport au HDL-cholestérol (ou la baisse du HDL-cholestérol par rapport au cholestérol total) qui serait le facteur athérogène le plus important.

CHOLESTÉROLÉMIE [kɔ-] n. f. Teneur du sang en cholestérol. (Physiologiquement, la cholestérolémie est augmentée dans la grossesse et pendant la prise des contraceptifs oraux. Pathologiquement, elle est accrue dans l'hyperlipémie essentielle, l'hypercholestérolémie essentielle, les xanthomatoses, le diabète, la néphrose lipoïdique.)

CHOLESTÉROL-ESTÉRASE [kɔ-] n. f. Enzyme qui catalyse l'hydrolyse des esters de cholestérol en une molécule de cholestérol et une molécule d'acide gras.

CHOLESTÉROLYTIQUE [kɔ-] adj. et n. m. Qui fait baisser le taux du cholestérol sanguin.

CHOLET n. m. (de *Cholet,* n. pr.). Tissu qui sert à la confection de mouchoirs.

CHOLET (49300), ch.-l. d'arrond. de Maine-et-Loire, dans les Mauges ; 56 540 hab. *(Choletais).* Marché et centre industriel (textile, chimie, électronique, etc.). Établissements de formation aux métiers de l'habillement (lycée de la Mode, Institut Colbert). Musée des Guerres de Vendée et musée des Sciences. — Cholet fut au cours des guerres de Vendée le théâtre de violentes actions militaires.

CHOLETAIS (le), autre nom de la région des Mauges.

CHOLINE [kɔ-] n. f. Aminoalcool présent dans l'organisme humain en faible quantité à l'état libre, en forte quantité sous forme d'esters (lécithines, sphingomyélines).

ENCYCL. Son ester acétique, l'acétylcholine, est un médiateur de la transmission synaptique. La choline est capable de mobiliser les réserves lipidiques du foie et est employée dans le traitement de la dégénérescence graisseuse de cet organe.

CHOLINERGIQUE [kɔ-] adj. **1.** Relatif à la libération d'acétylcholine au niveau d'une synapse. — **2.** *Système cholinergique,* toute structure nerveuse dont le fonctionnement est assuré par la libération d'acétylcholine. ‖ *Transmission cholinergique,* propagation de l'influx nerveux par libération d'acétylcholine.

CHOLINESTÉRASE [kɔ-] n. f. Ensemble d'enzymes très répandues dans les tissus, le sang et au niveau du système nerveux, et notamment près des synapses cholinergiques, qui assure l'inactivation de l'acétylcholine en la scindant en acétyle et en choline.

CHOLINOLYTIQUE [kɔ-] adj. et n. m. Syn. de ANTICHOLINERGIQUE.

CHOLINOMIMÉTIQUE [kɔ-] adj. et n. m. Syn. de ACÉTYLCHOLINOMIMÉTIQUE.

CHOLIQUE [kɔ-] adj. *Acide cholique,* acide stéroïdique $C_{24}H_{40}O_5$, principal constituant acide de la bile des mammifères.

CHOLOKHOV (Mikhaïl Aleksandrovitch), écrivain soviétique (Vechenskaïa, Ukraine, 1905 - *id.* 1984). Prix Nobel 1965, il est l'auteur du *Don paisible* (1928-1940), fresque épique sur l'évolution du monde cosaque, de 1912 à 1922, de *Terres défrichées* (1932-1960), évoquant la collectivisation dans les campagnes, et de *Destinée humaine* (1957), dont émane une leçon de lucidité et d'humanisme.

CHO LON, v. du Viêt-nam, dans le sud-ouest de l'agglomération d'Hô Chi Minh-Ville.

CHOLOSTASE ou **CHOLESTASE** [kɔ-] n. f. Arrêt de l'écoulement biliaire, provoqué par un obstacle situé sur les voies biliaires.

CHOLS, Indiens mayas du Mexique, estimés à 61 000.

CHOLTITZ (Dietrich VON), général allemand (Schloss Wiese, près de Neustadt, auj. Prudnik, 1894 - Baden-Baden 1966). Commandant les forces allemandes de Paris (9 août 1944), il renonça, malgré les ordres formels de Hitler, à détruire Paris et se rendit au général Leclerc.

CHOLULA, v. du Mexique (État de Puebla), à 2 150 m d'alt. ; 20 000 hab. Églises d'époque coloniale. Site archéologique dominé par une énorme pyramide formée de constructions superposées entre le IIe s. av. J.-C. et le XIe s. de notre ère.

CHOLURIE [kɔ-] n. f. Présence dans l'urine des éléments de la bile, et notamment des pigments biliaires. (La cholurie accompagne en général l'ictère [jaunisse].)

CHÔMABLE adj. Se dit d'un jour qui peut ou doit être chômé.

CHÔMAGE n. m. (de *chômer*). **1.** Arrêt de travail d'un salarié, consécutif à un licenciement ou à une démission *(chômage total),* à une diminution des horaires ou à une fermeture momentanée de l'entreprise *(chômage partiel).* — **2.** Situation d'un demandeur d'emploi ; nombre de demandeurs d'emploi sur le marché du travail : *Le chômage des jeunes.* — **3.** Somme versée par des organismes publics aux chômeurs : *Toucher le chômage.* — **4.** Arrêt du travail pendant les jours fériés ou chômés. — **5.** Temps, période d'inactivité pour un établissement ou une industrie. — **6.** Arrêt de la navigation sur une voie navigable pour permettre d'y exécuter des travaux d'entretien, ou de grosses réparations. — **7.** *Allocations de chômage,* allocations versées par les A. S. S. E. D. I. C. aux chômeurs qui bénéficient de l'assurance chômage. ‖ *Assurance chômage,* régime financé par les cotisations des employeurs et des salariés versées aux A. S. S. E. D. I. C. qui en assurent la gestion, en vue d'indemniser les chômeurs. (Le régime défini en 1984 servait une allocation de base d'une durée de 3 à 24 mois et une allocation de fin de droits d'une durée de 6 à 18 mois, versée au chômeur ayant épuisé son droit à l'allocation de base. À ce dispositif a été substitué en 1992 un système d'allocation unique, dégressive par paliers de 4 mois. Cinq filières d'indemnisation sont prévues, selon la durée d'affiliation au régime de l'assurance chômage et l'âge du bénéficiaire.) ‖ *Chômage caché,* chômage non connu des pouvoirs publics. ‖ *Chômage déguisé,* situation créée par l'emploi de travailleurs dans des travaux de productivité inférieure à celle qui correspond à leurs capacités, ou inférieure à celle que permet l'état des techniques existantes. ‖ *Chômage économique,* arrêt de travail dû à une rupture des stocks d'éléments nécessaires à la production. ‖ *Chômage keynésien,* chômage involontaire qui, selon la théorie de Keynes, se produit en régime libéral par manque de débouchés. (L'État doit alors relancer la demande de biens et services par des dépenses publiques supplémentaires.) ‖ *Chômage partiel total,* situation d'un salarié non licencié qui, en cas de fermeture temporaire de l'établissement au-delà de 4 semaines, est pris en charge par les A. S. S. E. D. I. C. (Au-delà de 3 mois, une décision préfectorale doit intervenir.) ‖ *Chômage technique,* arrêt de travail provoqué par des accidents tels qu'un incendie. ‖ *Chômage technologique,* chômage dû au développement du progrès technique, qui conduit à la suppression de certains postes de travail, à la disparition de certains métiers. ‖ *Chômage transféré,* chômage qui, à l'intérieur d'un pays donné, frappe les travailleurs d'un certain sexe, d'un certain âge ou d'une certaine catégorie professionnelle ou sociale, parce que les emplois qu'ils occupaient précédemment sont confiés à des travailleurs d'un autre sexe, d'un autre âge, d'une autre catégorie.

ENCYCL. La notion de chômage, telle qu'elle est perçue à l'heure actuelle dans les économies occidentales, n'est apparue qu'assez tardivement

avec l'extension du système de production industrielle, c'est-à-dire à partir du milieu du XIXe siècle.
À la différence de J. Rueff, proposant dans les années 20 l'abolition des aides aux chômeurs et un retour au libre-échange, Keynes estime que la lutte contre le chômage passe par une intervention de l'État. En conséquence, pour assurer le plein-emploi, un gouvernement doit prendre la responsabilité de manipuler le niveau de la demande effective, directement (action par la dépense publique) ou indirectement (incitation à la consommation ou à l'investissement privé). Après la Seconde Guerre mondiale et jusqu'en 1960, cette politique a permis de contenir dans certaines limites les crises de l'emploi (crises de 1949-50, 1953-54, 1957-1959). Mais, dès 1960, le nombre des demandes d'emploi non satisfaites augmente de façon presque continue dans la plupart des pays industrialisés. Dans les années 90, un grand nombre de pays, industrialisés ou en développement, voient leurs taux de chômage atteindre des niveaux élevés. Pour lutter contre une concurrence internationale accrue, les entreprises recherchent une amélioration de la production et une meilleure utilisation du capital installé ; elles sont alors amenées à procéder à une réorganisation profonde et constante de la production (afin de substituer du capital à la main-d'œuvre), entraînant parfois la restructuration de branches industrielles entières (sidérurgie) ; les entreprises multinationales procèdent également à la délocalisation de leurs activités dans des pays offrant une législation plus favorable ; enfin, certaines pratiquent le « dumping social ». Tout cela a pour conséquence, simultanément, une élévation du niveau de chômage.
En France, les gouvernements qui se sont succédé ont tenté d'enrayer la montée du chômage par des mesures diverses concernant soit la demande, soit l'offre d'emplois. La première série de ces mesures de « traitement social du chômage » consiste à offrir un cadre juridique permettant à des chômeurs d'exercer une activité professionnelle au moins partielle, de toucher des revenus (quoique parfois très réduits) et d'acquérir une formation plus adéquate aux postes proposés. Les diverses formules s'accompagnent de mesures incitatives pour les employeurs (salaires et/ou charges sociales réduits). Ont été ainsi mis en place : pour les jeunes de moins de 26 ans, les travaux d'utilité collective (T. U. C [remplacés à partir de 1990 par les contrats emploi-solidarité, ou C. E. S.]), les stages d'initiation à la vie professionnelle (S. I. V. P), les contrats d'adaptation, de qualification ; pour les chômeurs de longue durée, les programmes d'insertion locale (P. I. L. [remplacés à partir de 1992 par les contrats d'orientation]), les contrats de retour à l'emploi (C. R. E), les stages de réinsertion en alternance et, à partir de 1995, les contrats initiative-emploi (C. I. E). Relève également de cette série de mesures l'établissement, en 1988, d'un revenu minimum d'insertion (R. M. I.), destiné essentiellement à lutter contre la pauvreté mais aussi à réinsérer progressivement dans le monde du travail ceux qui s'en sont trouvés exclus. Les gouvernements ont aussi tenté, parallèlement, d'agir par d'autres mesures sur la demande d'emploi en essayant de l'ajuster à l'offre par une amélioration de la formation professionnelle de l'ensemble des salariés. Les gouvernements se sont efforcés de réduire globalement la demande d'emploi, principalement par des mesures concernant les travailleurs immigrés (arrêt de l'immigration, aides au retour) et les travailleurs les plus âgés (abaissement de l'âge de la retraire, conventions de préretraite). Ils se sont même parfois laissés aller à la sous-évaluer (dispense de pointage pour les chômeurs de plus de 55 ans). Pour agir sur l'offre d'emploi, des mesures ont concerné les entreprises : abaissement de la durée du travail et encouragement à la flexibilité de l'emploi, mais aussi précarisation accrue de l'emploi (suppression de l'autorisation administrative de licenciement). Les gouvernements ont également favorisé l'offre par les allègements des charges sociales, la diminution de l'impôt sur les sociétés, la simplification des formalités de création d'entreprises et, en général, par une politique privilégiant la création, le financement et le développement des entreprises.
Malgré ces politiques successives, le nombre des demandeurs d'emploi, après s'être un moment stabilisé autour de 2,5 millions (un peu plus de 10 % de la population active), a continué d'augmenter régulièrement. Le cap des 3 millions de chômeurs a été franchi en février 1993. Aujourd'hui, le ministère chargé du Travail publie chaque mois deux chiffres du chômage. Le premier chiffre recouvre les demandeurs d'emploi inscrits à l'A. N. P. E. (Ce chiffre ne prend plus en compte, depuis juin 1995, les personnes – désormais comptabilisées à part – ayant travaillé plus de 78 heures dans le mois au titre de l'« activité réduite » autorisée par le régime d'assurance chômage). Le second chiffre consiste en une estimation de l' I. N. S. E. E. calculée à partir de la définition du chômeur donnée par le Bureau international du travail (B. I. T.) : personne sans aucune occupation professionnelle, recherchant activement du travail et immédiatement disponible. En mai 1996, la France comptait 3 042 800 demandeurs d'em-

ploi (3 359 200 en ajoutant les personnes ayant exercé une activité de plus de 78 heures, intégrées dans les anciens comptages ; 3 168 000 selon les normes B. I. T.), soit environ 12 % de la population active. Le chômage touche particulièrement les jeunes et on observe la part importante du chômage de longue durée. Face à cette dégradation constante de la situation sociale, de nouvelles solutions doivent être envisagées (relance, notamment, du débat sur la réduction et le partage du temps de travail).

CHOMBART DE LAUWE (Paul Henry), sociologue français (Cambrai 1913). Il s'est intéressé à la sociologie urbaine et, en particulier, à l'influence des changements dans l'environnement matériel sur les pratiques et représentations des groupes sociaux : *la Vie quotidienne des familles ouvrières* (1956) ; *la Culture et le Pouvoir* (1975). – Sa femme, MARIE-JOSÉ **Chombart de Lauwe** (Paris 1923), est connue surtout pour ses travaux sur les enfants : *Psychopathologie sociale de l'enfant inadapté* (1959) ; *Un monde autre : l'enfance* (1971) ; *Enfants de l'image* (1979).

CHÔMER v. i. (bas lat. *caumare,* se reposer pendant la chaleur, du gr. *kauma,* chaleur) [conj. **3**]. **1.** Ne pas travailler en raison d'une fête ; cesser d'être en activité, en parlant d'une usine : *Le dimanche, les usines chôment.* – **2.** *Vx.* Être improductif, en parlant d'argent : *Laisser chômer son capital.* – **3.** Fam. *Ne pas chômer,* être très actif, ne pas se ralentir : *Les conversations ne chômaient pas.*

◆ v. t. *Vx.* Fêter un saint, une fête, en cessant de travailler.

◆ **être chômé** v. pass. *Jour chômé,* jour férié payé accordé obligatoirement à tout travailleur. (Le Code du travail n'en prévoit qu'un : *le 1er mai.*)

CHOMÉRAC (07210), ch.-l. de cant. de l'Ardèche, à l'E.-S.-E. de Privas ; 2 475 hab.

CHÔMEUR, EUSE n. Personne se trouvant en chômage. (Syn. DEMANDEUR D'EMPLOI.)

CHOMO LHARI (« Divine Reine des montagnes »), sommet de l'Himālaya, aux confins du Bhoutan et du Tibet ; 7 315 m. C'est une des montagnes sacrées des Tibétains. Première ascension en 1937 par F. Spencer Chapman, avec le Sherpa Pasang Dawa.

CHOMO LÖNZO, montagne de l'Himālaya central, au Tibet, au N.-N.-E. du Makālū ; 7 790 m. Première ascension en 1954 par les Français J. Couzy et L. Terray.

CHOMO LUNGMA, nom tibétain de l'Everest.

CHOMSKY (Avram Noam), linguiste américain (Philadelphie 1928). Professeur au MIT depuis 1955, Chomsky a subi l'influence de Harris et de Jakobson. Dans *Structures syntaxiques* (1957), il remet en question les fondements de la linguistique structurale, proposant un nouveau modèle de description linguistique, le modèle transformationnel, qui permet de rendre compte de certains aspects du langage négligés par ses prédécesseurs (la créativité, l'ambiguïté). Dans *Aspects de la théorie syntaxique* (1965), il modifie et perfectionne ce modèle dans le cadre théorique plus élaboré de la grammaire générative. Il réintroduit au centre de la réflexion linguistique le problème des rapports entre langage et pensée : postulant le caractère inné du langage et l'existence d'universaux linguistiques au niveau des structures profondes, il s'oppose à la tradition béhavioriste et empiriste, et se rattache au courant rationaliste : *la Linguistique cartésienne* (1966) et *le Langage et la pensée* (1968) constituent un examen de la tradition rationaliste et de ses rapports avec sa propre théorie (la Grammaire de Port-Royal, les travaux de W. von Humboldt).

CHOMUTOV, v. de la Rép. tchèque (Bohême-Septentrionale) ; 55 000 hab. Centre industriel (lignite, sidérurgie).

CHONBURI, port de Thaïlande, ch.-l. de prov., au S.-E. de Bangkok ; 50 000 hab.

CHONDRE [kɔ̃dr] n. m. Petit corps globuleux (de quelques micromètres à quelques millimètres), formé de pyroxènes et d'olivine et de minéraux riches en fer et en nickel, constituant des chondrites.

CHONDRICHTYEN [kɔ̃driktjɛ̃] n. m. Nom de classe des poissons cartilagineux : requins, raies et chimères. (Syn. ÉLASMOBRANCHE, PLAGIOSTOME.)

ENCYCL. Les chondrichtyens diffèrent des poissons osseux par un squelette non ossifié, des écailles placoïdes ayant la structure des dents, une bouche ventrale, des branchies lamelleuses, l'absence d'opercules typiques, une caudale hétérocerque, un intestin muni d'une valvule spirale. De nombreuses espèces sont à fécondation interne et viviparité incubante ou gestante.

CHONDRIFIÉ, E [kɔ̃-] adj. Se dit de tissus transformés en cartilage.

CHONDRIOME [kɔ̃-] n. m. (gr. *khondrios,* granule). Ensemble d'organites cellulaires extérieurs au noyau et assurant la respiration de la cellule et la reconstitution de ses réserves. (Le chondriome contient de l'A. D. N. et est capable d'autoreproduction.)

CHONDRIOSOME [kɔ̃-] n. m. (gr. *khondrios,* granule). Chacun des éléments dont l'ensemble est le chondriome.

1. CHONDRITE [kɔ̃-] n. f. (gr. *khondros,* cartilage). Inflammation des cartilages observée notamment dans les arthrites aiguës.

2. CHONDRITE [kɔ̃-] n. f. (gr. *khondritês,* fait de gruau). Météorite constituée de chondres. (Les chondrites représentent 80 % des météorites.)

CHONDROBLASTE [kɔ̃-] n. m. Élément cellulaire jeune du cartilage.

CHONDROBLASTOME [kɔ̃-] n. m. Tumeur bénigne siégeant dans les épiphyses des os longs, chez les adolescents.

CHONDROCALCINOSE [kɔ̃-] n. f. Calcinose des cartilages articulaires, des fibrocartilages et des ligaments articulaires.

CHONDROCOSTAL, E, AUX [kɔ̃-] adj. Relatif à la région où se fait l'union du cartilage costal aux côtes.

CHONDROCYTE [kɔ̃-] n. m. Cellule ovoïde à noyau excentré, constitutive du cartilage adulte, dérivant du chondroblaste.

CHONDRODYSTROPHIE ou **CHONDRODYSPLASIE** [kɔ̃-] n. f. Maladie osseuse constitutionnelle, où le développement cartilagineux des os est modifié par des altérations génétiques, vasculaires, endocriniennes, mécaniques ou métaboliques.

CHONDROGÈNE [kɔ̃-] n. m. Substance fondamentale en cours de transformation cartilagineuse.

CHONDROÏDE [kɔ̃-] adj. Se dit d'un tissu pathologique ayant la consistance et l'aspect du cartilage.

CHONDROÏTINE [kɔ̃-] n. f. **1.** Mucopolysaccharide non sulfaté. — **2.** *Chondroïtines sulfates,* esters sulfuriques de la chondroïtine, composants importants du cartilage, de l'os, de la cornée, des tendons et de la peau.

CHONDROLOGIE [kɔ̃-] n. f. Partie de l'anatomie qui traite des cartilages.

CHONDROMALACIE [kɔ̃-] n. f. Affection caractérisée par une moindre résistance des cartilages articulaires, entraînant une usure prématurée de ceux-ci.

CHONDROMATOSE [kɔ̃-] n. f. *Chondromatose osseuse,* affection de cause inconnue caractérisée par la présence de masses cartilagineuses à l'intérieur des os, et localisée sur la métaphyse des os longs et des petits os tubulaires des extrémités. ‖ *Chondromatose synoviale,* syn. de OSTÉOCHONDROMATOSE SYNOVIALE.

CHONDROME [kɔ̃-] n. m. Tumeur bénigne des os qui se développe au niveau des tissus cartilagineux.

CHONDROPHYTE [kɔ̃-] n. m. Végétation cartilagineuse anormale.

CHONDROSARCOME [kɔ̃-] n. m. Tumeur maligne d'origine cartilagineuse.

ENCYCL. Le chondrosarcome peut être primitif et se rencontre alors plus souvent chez l'enfant, ou être secondaire, dû à la dégénérescence de tumeurs bénignes, chondrome ou ostéochondrome. Son siège est sur les os longs, fémur et humérus, mais aussi sur le bassin et les côtes.

CHONDROSTÉEN [kɔ̃-] n. m. Poisson osseux ayant certains caractères des chondrichtyens (caudale hétérocerque, valvule intestinale, etc.) et revêtu d'écailles ganoïdes, tel que l'esturgeon.

CHONDROTOMIE [kɔ̃-] n. f. Section chirurgicale d'un cartilage, le plus souvent costal.

CHONDRUS [kɔ̃drys] n. m. Nom générique d'une algue qui fournit le carragheen.

CHONGJIN, CHUNGJIN ou **Č'ŎNG-CĬN,** v. de Corée du Nord, sur la mer du Japon ; 265 000 hab.

CHONGJU ou **Č'ŎNG-ČU,** v. de Corée du Sud, au S.-S.-E. de Séoul, ch.-l. de prov. ; 253 000 hab.

CHONGQING ou **TCH'ONG-K'ING,** dit aussi **Chungking,** v. de la Chine, principale ville de Sichuan, sur le Yangzi Jiang ; 2 800 000 hab. Port fluvial. Textile. Chimie. Sidérurgie. Au N.-E., centrale hydroélectrique. Elle fut le siège du gouvernement nationaliste (1938-1946) pendant la guerre sino-japonaise.

CHONGS, population môn-khmère du Cambodge des hautes terres (O. du Tonlé Sap, monts des Cardamomes) et de l'est de la Thaïlande.

CHONIATE (Michel), métropolite d'Athènes (Khônai, anc. Colosses, Phrygie, v. 1138 - Mendenitsa, près des Thermopyles, v. 1222). Métropolite d'Athènes en 1182, il dut livrer la ville à Boniface de Montferrat en 1204 et s'exila. Il a laissé de nombreuses lettres, des discours et des panégyriques.

CHONIATE (Nicétas), homme politique et historien byzantin (Khônai, Phrygie, v. 1155 - Nicée v. 1215/16). Témoin de la chute de Constantinople (1204), il se réfugia à la cour de Théodore Lascaris, à Nicée. Il a écrit une histoire de Byzance de Jean Comnène à Baudouin de Flandre (1118-1205).

CHONJU ou **ČŎN-ČU,** v. de Corée du Sud, au N. de Kwangju ; 367 000 hab. Papeterie. Textile. Conserveries.

CHONOS *(archipel des),* archipel du Chili méridional (plus de 1 000 îles ou îlots).

CHONTALES, Indiens mayas du Mexique. Établis sur la côte de Tabasco, ils sont estimés à 25 000 individus.

CHON TU-HWAN → CHUN DOO-HWAN.

CHO OYU (« Déesse des pierres turquoises »), sommet de l'Himālaya central, aux confins du

Tibet et du Népal, à l'O.-N.-O. de l'Everest ; 8 154 m. Première ascension par les Autrichiens H. Tichy et S. Jöchler avec le Sherpa Pasang Dawa (1954).

CHOOZ (08600 Givet), comm. des Ardennes, sur la Meuse, à proximité de la Belgique ; 805 hab. Centrale nucléaire.

CHOP [tʃɔp] n. m. (angl. *to chop,* couper). Au tennis et au ping-pong, syn. de COUPÉ.

Chopart *(articulation de),* articulation médiotarsienne unissant le tarse antérieur au tarse postérieur. Son ligament ou *ligament de Chopart* est appelé encore *ligament en Y.*

CHOPE n. f. (alsacien *Schoppe,* p.-ê. avec l'infl. de *chopine*). Grand gobelet à anse et quelquefois à couvercle, servant à la consommation de la bière et contenant environ un demi-litre ; son contenu.

1. CHOPER v. t. (de *chopper 1*) [conj. 3]. *Fam.* **1.** Attraper qqch : *Choper un rhume.* – **2.** Arrêter qqn : *La police l'a chopé à la sortie de l'hôtel.* – **3.** Voler, dérober qqch à qqn : *Choper un portefeuille à un passant.*

2. CHOPER v. i. (angl. *to chop,* couper) [conj. 3]. Au tennis, syn. de COUPER.
◆ **être chopé** v. pass. Autref., en parlant d'une monnaie de poids diminué, être martelée à coups de poinçon et mise au rebut.

CHOPIN n. m. (de *chopper 1*). *Pop.* Conquête amoureuse de choix ; personne à qui l'on peut soutirer de l'argent.

CHOPIN (Frédéric), pianiste et compositeur polonais (Żelazowa Wola, près de Varsovie, 1810 - Paris 1849). Fils d'un professeur français d'ascendance lorraine, il appartient à la Pologne par la nature de son art et les sources de son inspiration. Il se fixe à Paris en 1831 et s'intègre à la société aristocratique. Ami de Delacroix, de Musset et de Liszt, il se lie, à partir de 1837, avec George Sand ; à partir de 1839 et jusqu'à la rupture en 1847, il séjourne à Paris et à Nohant. Après un voyage en Angleterre, Chopin meurt de la tuberculose.
Pianiste, Chopin n'a écrit pratiquement que pour le piano. Ses œuvres peuvent être réparties en quatre groupes : musique d'inspiration classique (rondos, variations, concertos, sonates), musique d'inspiration folklorique (polonaises et mazurkas), musique d'inspiration libre (scherzos, impromptus, nocturnes, ballades, préludes, études), et enfin pièces diverses (valses, barcarolle, boléro, etc.). Les vrais visages du musicien se découvrent dans les œuvres de création originale, toutes marquées d'un lyrisme profond, celui du pédagogue, dans les 27 *Études* (op. 10, 1833 ; op. 25, 1837 ; 1840) ; celui du visionnaire, dans les 4 *Scherzos* (1835-1843) et les 4 *Ballades* (1836-1843) ; celui du poète et du mélodiste, dans les 19 *Nocturnes* (1827-1846), les 25 *Préludes* (1839 ; 1841) et les 4 *Impromptus* (1834 ; 1838-1843). La *Fantaisie* en *fa* mineur (1842), la *Berceuse* (1845) et la *Barcarolle* (1846) offrent la vision de cet univers poétique varié, dont témoignent aussi ses pièces de moindre envergure (*les Valses*).

CHOPINE n. f. (bas all. *shope*). **1.** Mesure des liquides, autrefois usitée en France, équivalent à environ un demi-litre. – **2.** Au Canada, mesure de capacité équivalant à la moitié d'une pinte (un huitième de gallon, ou 0,568 litre). – **3.** *Fam.* Bouteille de vin ; son contenu.

CHOPINEL (Jean) → JEAN DE MEUNG.

CHOPINER v. i. (de chopine) [conj. 3]. *Pop.* et *vx.* *Boire avec excès.*

CHOPINOT(Régine), danseuse et chrorégraphe française (Fort-de-l'Eau, auj. Bordj El-Kifan, Algérie, 1952). Elle s'impose rapidement auprès d'un public jeune en présentant des spectacles désinvoltes, imprévisibles et impertinents. Sa compagnie est implantée à La Rochelle depuis 1986 avec le statut de Centre chorégraphique de Poitou-Charentes. (*Swim one,* 1982 ; *le Défilé,* 1985 ; *KOK,* 1989 ; *Façade,* 1993.)

1. CHOPPER v. i. (rad. onomat. *tsopp-*) [conj. 3]. *Litt.* **1.** Heurter du pied contre qqch ; être arrêté par une difficulté, un obstacle : *Le cheval a choppé contre une pierre.* – **2.** Ne plus marcher, être arrêté par un défaut : *Tout a choppé au dernier moment.*

2. CHOPPER [ʃɔpœr] n. m. (angl. *chopper,* hachoir). Outil sur galet à enlèvements unifaciaux, forme la plus fruste de l'industrie lithique.

3. CHOPPER [ʃɔpœr] n. m. (angl. *chopper,* interrupteur). Circuit électronique qui sert à transformer une faible tension continue en une tension alternative susceptible d'être plus facilement amplifiée.

4. CHOPPER [ʃɔpœr] n. m. (amér. *chopper*). Moto ou vélomoteur muni d'un guidon haut et d'un siège reculé.

CHOPPING-TOOL [ʃɔpiɲtul] n. m. (pl. *chopping-tools*). Outil sur galet ayant les deux faces façonnées.

CHOP SUEY [tʃɔpsɥe] n. m. (pl. *chop sueys*) [mot chin.]. Mélange de légumes émincés et sautés, accompagnés, le plus souvent, de viande détaillée en lamelles.

CHOQUANT, E adj. Qui choque, offense : *Son comportement est choquant.*

CHOQUER v. t. (p.-ê. orig. germ.) [conj. 3]. **1.** Heurter qqch avec plus ou moins de violence : *Choquer un meuble.* — **2.** Aller à l'encontre des principes moraux de qqn, d'un groupe : *Film qui risque de choquer un certain public.* — **3.** Déranger les habitudes de qqn, ne pas correspondre à ses goûts en matière esthétique, musicale, etc. : *Ses fautes d'orthographe me choquent.* — **4.** Faire subir un traumatisme, un choc émotionnel à qqn, traumatiser ; commotionner : *L'opération l'avait choqué.* — **5.** Donner du mou à un cordage, en le tenant à retour sur un point fixe. — **6.** Fam. et vx. *Choquer les verres,* trinquer.

CHOQUET (Gustave), mathématicien français (Solesmes 1915). Analyste, il s'est surtout intéressé à la théorie du potentiel. (Acad. des sc., 1976.)

Chora *(église du Sauveur-in-),* en turc *Kariye camii,* église d'Istanbul fondée sans doute au ve s. et restaurée en dernier lieu au XIVe s. Mosaïques (scènes de la vie de la Vierge et du Christ) ; chapelle funéraire (paracclésion) avec de magnifiques fresques *(Jugement dernier* et *Descente aux enfers)* marquées par un profond réalisme.

CHORAGIQUE → CHORÉGIQUE.

CHORAL, E, ALS [kɔ-] adj. (lat. médiév. *choralis,* de *chorus,* chœur). Qui forme un chœur, qui chante en chœur.

◆ **choral** n. m. (pl. *chorals*). **1.** Chant religieux composé d'une mélodie simple, en usage chez les protestants. — **2.** Pièce instrumentale composée sur une mélodie de choral. (→ *encycl.*)

◆ **chorale** n. f. Groupe de chanteurs exécutant à l'unisson ou à plusieurs voix des œuvres musicales.

ENCYCL. Luther et les musiciens J. Walter, L. Senfl adaptèrent à la mélodie grégorienne des textes populaires ou des traductions d'hymnes latines. Ainsi se forma le répertoire du choral luthérien, qui s'enrichit jusqu'à Bach, et comprit alors environ 5 000 mélodies de chorals que ce dernier aima commenter à l'orgue (plus de cent exemples).

CHORASMIE → KHĀREZM.

CHORASMIENS, peuple de langue iranienne, occupant le delta oriental de l'Amou-Daria, et qui constitua un État indépendant finalement soumis par les Arabes (712).

CHORDE, CHORDÉ → CORDE, CORDÉ.

CHORDOME [kɔr-] n. m. Tumeur, développée aux dépens des vestiges de la corde dorsale, souvent localisée au crâne et au rachis au niveau sacro-coccygien.

CHORDOTOMIE → CORDOTOMIE.

CHORÉAUTEUR [kɔ-] n. m. Celui qui crée et compose les pas d'un ballet.

CHORÉDRAME [kɔ-] n. m. Drame chorégraphique. (Cette formule de ballet a été créée par le chorégraphe italien Salvatore Vigano [*Gli Strelizzi,* 1809].)

CHORÉE [kɔ-] n. f. Affection se manifestant par des mouvements involontaires, brefs, rapides, irréguliers, de grande amplitude et prédominant à la racine des membres.

ENCYCL. On distingue les chorées aiguës, telle la *chorée de Syndenham* (danse de Saint-Guy), qui sont d'origine infectieuse, et les chorées chroniques, la plus fréquente étant la *chorée de Huntington* (affection héréditaire à transmission autosomique dominante), qui traduisent une lésion permanente du système nerveux.

CHORÈGE [kɔ-] n. m. (gr. *khorêgos*). Citoyen riche qui, à Athènes, devait recruter et équiper à ses frais les chœurs des concours dramatiques ou musicaux.

CHORÉGIE [kɔ-] n. f. (gr. *khorêgia*). Fonctions de chorège.

◆ **chorégies** n. f. pl. Réunion de chorales en vue de festivités. (Les plus connues sont en France les Chorégies d'Orange.)

CHORÉGIQUE ou **CHORAGIQUE** [kɔ-] adj. (gr. *khorêgikos*). Se dit d'un monument érigé par les chorèges victorieux aux concours dramatiques. (Le *monument de Lysicrate,* 335-334 av. J.-C., encore intact, au S.-E. de l'Acropole d'Athènes, est le plus souvent cité.)

CHORÉGRAPHE [kɔ-] n. **1.** *Vx.* Celui qui transcrivait des danses et des ballets à l'aide de signes conventionnels (on dit auj. NOTATEUR) ; auteur d'ouvrages de chorégraphie. — **2.** Artiste qui compose des danses et des ballets. (Syn. anc. COMPOSITEUR DE BALLET.)

CHORÉGRAPHIE [kɔ-] n. f. **1.** Syn. anc. de NOTATION. — **2.** Art de composer et de régler des danses et des ballets. — **3.** Le ballet lui-même.

CHORÉGRAPHIER [kɔ-] v. t. (conj. **9**). Composer des pas et des figures de danse, régler un ballet, avec ou sans partition musicale.

CHORÉGRAPHIQUE [kɔ-] adj. **1.** Relatif à la danse et au ballet. — **2.** *Artiste chorégraphique,* syn. de DANSEUR.

chorégraphiques *(École supérieure d'études)* **[E.S.E.C.],** école fondée en 1955 par Théodore d'Erlanger et agréée par le ministère de l'Éducation nationale. L'école décerne le *diplôme de professeur de danse académique,* le *brevet d'études chorégraphiques* et le *brevet de cinétographie.*

CHORÉIQUE [kɔ-] adj. Relatif à la chorée.

CHORÉLOGIE [kɔ-] n. f. Discipline qui étudie l'histoire et la technique de la danse.

CHORÉOGRAMME [kɔ-] n. m. Composition scénique qui tient à la fois de la chorégraphie et du mime.

CHORÉPHILE [kɔ-] adj. et n. Qui s'intéresse à la création chorégraphique.

CHOREUTE [kɔ-] n. m. (gr. *khoreutês*). Choriste dans le théâtre grec.

CHORÉVÊQUE [kɔ-] n. m. (lat. ecclés. *chorepiscopus,* du gr. *khôrepiskopos*). Jusqu'au XIe s., prêtre qui participait de façon plus ou moins complète à la dignité épiscopale.

CHORGES (05230), ch.-l. de cant. des Hautes-Alpes, dominant le lac de Serre-Ponçon ; 1 582 hab. Centre touristique. Église reconstruite en 1500.

CHORIAL, E, AUX [kɔ-] adj. Relatif au chorion embryonnaire.

CHORÏAMBE [kɔ-] n. m. Pied composé d'un trochée suivi d'un ïambe.

CHORIOCARCINOME ou **CHORIOÉPITHÉLIOME** [kɔ-] n. m. Tumeur maligne développée à partir du revêtement trophoblastique des villosités placentaires et envahissant l'organisme maternel. (Il succède le plus souvent à une môle hydatiforme.)

CHORIOMÉNINGITE [kɔ-] n. f. **1.** Méningite associée à une infiltration lymphocytaire des plexus choroïdes. — **2.** *Chorioméningite lymphocytaire (C. M. L.),* méningite aiguë, fébrile, lymphocytaire, généralement bénigne, due à un virus dont le réservoir semble être la souris.

CHORION [kɔ-] n. m. (gr. *khorion*). **1.** Formation conjonctive profonde sous-jacente à une structure épithéliale. (Le derme est le chorion de la peau.) — **2.** *Chorion ovulaire,* membrane externe de l'œuf fécondé chez les mammifères placentaires. (Le chorion, riche en capillaires sanguins, pénètre dans la paroi de l'utérus maternel, où il constitue les *villosités choriales* du placenta.)

CHORIONIQUE [kɔ-] adj. Se dit des substances produites par le chorion ovulaire.

CHORIOPTES [kɔrjɔptœs] n. m. Acarien (sarcoptidé) parasite du cheval, du bœuf, du chien et du chat, provoquant des gales.

CHORIORÉTINITE [kɔ-] n. f. Rétinite compliquée de choroïdite.

CHORISTE [kɔ-] n. (lat. médiév. *chorista*). Personne qui chante dans un chœur, au théâtre, au concert, à l'église, etc.

CHORIZO [tʃoriso ou ʃɔrizo] n. m. (esp. *chorizo*). Saucisson demi-sec d'origine espagnole, assaisonné et coloré au piment doux.

CHORLEY (Richard John), géographe britannique (Minehead, Somerset, 1927), qui a démontré en géographie physique l'intérêt des constructions théoriques (modèles, réseaux) : *Physical Geography, a System Approach* (1971).

CHOROÏDE [kɔ-] adj. et n. f. (gr. *khorioeidês*). **1.** Se dit de la membrane mince qui est située dans l'œil, entre la sclérotique et la rétine. — **2.** *Plexus choroïdes,* plexus vasculaires insérés dans les ventricules encéphaliques par l'invagination de la pie-mère et de l'arachnoïde, qui refoulent le toit épendymaire au niveau du toit du 3e et du toit du 4e ventricule, ainsi que sur le plancher des ventricules latéraux. (Les plexus choroïdes sécrètent le liquide céphalo-rachidien.)

CHOROÏDIEN, ENNE [kɔ-] adj. Relatif à la choroïde.

CHOROÏDITE [kɔ-] n. f. Inflammation de la choroïde.

CHOROÏDOSE [kɔ-] n. f. Altération de la choroïde et de la rétine que l'on observe dans l'œil atteint de myopie forte.

CHOROLOGIE [kɔ-] n. f. (du gr. *khôra,* pays). **1.** Étude scientifique de la répartition géographique des espèces animales et végétales. — **2.** Expression cartographique de cette répartition.

CHOROTIS, Indiens du Chaco, surtout établis au Paraguay.

CHORS, peuple turc vivant en Sibérie, le long de la Tom et de ses affluents.

CHÖRTEN [ʃɸrtɛn] n. m. Au Tibet, stūpa.

CHORTIS, Indiens mayas du Guatemala. En 1950, un recensement avait fourni le chiffre de 60 000 individus.

1. CHORUS [kɔrys] n. m. (angl. *chorus,* du lat. *chorus,* chœur). **1.** Partie principale d'un thème de jazz. — **2.** Solo improvisé de jazz ou de rock.

2. CHORUS [kɔrys] n. m. (lat. *chorus,* chœur). *Faire chorus,* répéter en chœur, ensemble ; manifester unanimement son approbation ou sa désapprobation, dire ensemble la même chose.

CHORZÓW, anc. **Królewska Huta,** en all. **Königshütte,** v. de Pologne, en haute Silésie ; 148 000 hab. Mines de charbon. Cokeries. Sidérurgie et chimie. Matériel ferroviaire.

CHOSE n. f. (lat. *causa,* affaire). **1.** Tout objet concret par oppos. aux êtres animés : *La table, le livre sont des choses.* — **2.** Désigne une entité abstraite, une action, un événement, un énoncé : *L'amitié est une chose rare. J'ai deux choses à vous dire.* — **3.** Situation réelle, ensemble des événements, des circonstances (surtout pl.) : *Regarder les choses en face.* — **4.** Objet ou entité par oppos. au nom : *Le mot et la chose qu'il désigne.* — **5.** Être humain incapable d'autonomie : *Ce n'est plus qu'une pauvre chose.* — **6.** Être humain entièrement dépendant de qqn d'autre (surtout avec le possessif) : *Il en a fait sa chose.* — **7.** *Les choses de,* ce qui touche, ce qui concerne : *Les choses de la religion.* — **8.** *Autre chose,* qqch de différent ou qqch de plus. ‖ *Bonnes choses,* mets succulents. ‖ *C'est autre chose,* s'emploie pour insister sur une différence. ‖ *C'est chose faite,* c'est fait, c'est fini. ‖ *C'est la même chose,* s'emploie pour marquer la ressemblance, la similitude. ‖ *C'est la moindre des choses,* c'est le minimum qu'on puisse faire (s'emploie souvent dans des réponses de politesse). ‖ *C'est peu de chose,* c'est peu important. ‖ *C'est tout autre chose que,* c'est tout différent, c'est bien supérieur à. ‖ *De deux choses l'une,* indique une alternative. ‖ *Dire bien des choses à qqn,* lui faire des civilités, des compliments. ‖ *En mettant les choses au mieux, au pire,* en étant optimiste, pessimiste. ‖ *Être bien peu de chose,* avoir peu de pouvoir réel, dépendre de beaucoup de choses. ‖ *Faire bien les choses,* ne pas lésiner sur la dépense. ‖ *Faire de grandes choses,* faire des œuvres importantes, des actes qui marquent. ‖ *La chose,* ce dont il s'agit ou, *fam.*, les activités sexuelles. ‖ *La chose publique,* l'État. ‖ *Leçon de choses,* exercice visant à développer les qualités d'observation des élèves et à leur apprendre du vocabulaire. ‖ *Ne pas faire les choses à demi, à moitié,* aller jusqu'au bout d'une action ; ne pas épargner la dépense. ‖ *Parler de choses et d'autres,* parler de divers sujets. ‖ Fam. *Voilà autre chose !,* voilà un événement inattendu, surprenant. • **Dr.** *Autorité de la chose jugée,* qualité attachée à un jugement rendu, pouvant toutefois être attaqué au moyen d'une voie de recours. ‖ *Choses communes,* tout ce qui est non susceptible d'appropriation et dont l'usage est commun à tous (air, mer, eau courante). ‖ *Chose dangereuse,* ce dont l'Administration a la garde et dont elle est responsable, en cas de dommages. ‖ *Chose hors du commerce,* objet non susceptible d'appropriation (sépultures, biens du domaine public). ‖ *Chose sans maître,* ce qui n'appartient à personne, mais est susceptible d'appropriation (animaux sauvages, objets mobiliers abandonnés). ‖ *Exception de la chose jugée,* fin de non-recevoir invoquée par une partie au cours d'un procès pour opposer à la prétention de son adversaire l'autorité de la chose jugée. ‖ *Force de chose jugée,* celle qui est attachée à un jugement définitif et exécutoire. — **Philos.** Tout ce qui peut exister, être pensé, à propos de quoi on peut affirmer ou nier qqch. ‖ *Chose en soi,* hypothèse selon laquelle il existe un « quelque chose » à propos duquel, paradoxalement, aucune pensée ne peut être formulée, aucune idée ne peut être tirée.

◆ n. *Fam.* Désigne qqn d'une manière vague (avec majusc. et toujours sans art.) : *Chose m'a dit...*

◆ adj. inv. Fam. *Être, se sentir, avoir l'air, etc., tout chose,* être bizarre, mal à l'aise, souffrant.

CHOSÉITÉ n. f. (calque de l'all. *Dingheit*). Caractère qui fait que la chose est chose.

CHOSIFICATION n. f. (de *chose*). Transformation de concepts, de théories, d'hypothèses, etc., en objets concrets, en réalités.

CHOSIFIER v. t. (conj. 9). Opérer la chosification de qqch.

CHOS-RGYAL n. m. inv. Titre du roi-religieux du Sikkim.

CHOSROÊS → KHOSRÔ.

CHOSTAKOVITCH (Dmitri Dmitrievitch), compositeur soviétique (Saint-Pétersbourg 1906 - Moscou 1975). Il débute par une série d'œuvres d'avant-garde, où s'inscrivent notamment des pièces pour piano, des ballets, des symphonies, des opéras (*le Nez,* 1928 ; *Katerina Izmaïlova,* 1932-1963). Il est critiqué pour « modernisme » ; mais les faveurs des milieux dirigeants lui reviennent avec la *Symphonie n° 5* (1937), et plus encore avec la *7e,* dite de *Leningrad,* écrite en 1941 dans la ville assiégée, ou avec l'oratorio *le Chant des forêts* (1949). Mais Chostakovitch n'est pas qu'un musicien officiel. En témoignent l'admirable série de ses quinze quatuors à cordes (1938 à 1974), l'énigmatique *2e Concerto* pour violoncelle (1966), ainsi que plusieurs cycles de mélodies ayant souvent comme thème la lutte de l'artiste pour sa liberté.

CHOTĀ NĀGPUR, région de plateaux de l'Inde, s'étendant dans l'est du Deccan, sur le sud du Bihār et le nord-est du Madhya Pradesh, industrialisée (sidérurgie) grâce aux ressources minérales (fer surtout) et énergétiques (charbon, hydroélectricité de la Dāmodar).

CHOTT [ʃɔt] n. m. (ar. *chaṭṭ,* rivage). En Afrique du Nord, terre salée qui entoure une sebkha. (Le terme est étendu souvent à toute la dépression où se localise la sebkha.)

1. CHOU n. m. (lat. *caulis*). **1.** Nom donné à diverses espèces de plantes, de la famille des crucifères, formant un grand nombre de variétés cultivées pour l'alimentation de l'homme et des animaux. (→ *encycl.*) — **2.** Plante ou partie de plante ayant l'aspect du chou. — **3.** Petite pâtisserie soufflée obtenue à partir de pâte à choux, cuite au four et fourrée de crème. — **4.** Ornement constitué de ruban ou de cartisane, disposé en forme de chou. — **5.** Fam. *Bête comme chou,* facile à comprendre ou à faire ; stupide. ‖ Fam. *Bout de chou,* appellation affectueuse et familière adressée à un petit enfant. ‖ *Chou de Bruxelles,* bourgeon axillaire charnu et comestible de certaines variétés de choux. ‖ *Chou caraïbe,* nom usuel du *taro.* ‖ *Chou de Kerguelen,* plante crucifère originaire des îles antarctiques, riche en vitamine C. ‖ *Chou marin*, n. usuel du *crambe.* ‖ *Chou palmiste,* bourgeon terminal comestible de plusieurs palmiers. ‖ *Chou rouge*, variété de chou riche en anthocyanine. ‖ Fam. *Être dans les choux,* être dans les derniers dans une course ; échouer. ‖ Fam. *Faire chou blanc,* ne pas réussir. ‖ Fam. *Faire ses choux gras de qqch,* en faire son profit, son régal. ‖ *Pâte à choux,* pâte obtenue en incorporant de la farine à de l'eau, avec du beurre, et en travaillant le mélange sur le feu pour le rendre homogène avant d'y ajouter les œufs. ‖ Pop. *Rentrer dans le chou de qqn,* l'attaquer violemment, brutalement.

◆ adj. inv. *Fam.* Qui est gentil, joli.

ENCYCL. Le chou sauvage *(Brassica oleracea)* a des feuilles larges ondulées, épaisses, glabres et pruineuses ; les fleurs sont jaune pâle. Par sélection, il a donné naissance à différents types : *choux cabus* et *choux de Milan,* aux feuilles formant une pomme ; *choux rouges ; choux de Bruxelles,* dont on mange les bourgeons ; *choux-fleurs* et *brocolis,* dont on mange l'inflorescence charnue ; *choux-raves,* dont on mange la tige ; *choux fourragers,* destinés aux animaux ; et *choux frisés.*

2. CHOU, CHOUTE n. (de *chou 1*). *Fam.* Terme de tendresse familière, avec parfois une nuance d'apitoiement : *Mon pauvre chou.*

CHOU, dieu égyptien de l'Air, du Souffle vital et de la Lumière. Il forme, avec sa sœur-épouse Tefnout, le premier couple divin créé par le démiurge Atoum, dans la théologie solaire d'Héliopolis.

CHOUAN n. m. (anc. fr. *choan,* chat-huant, avec l'infl. de *chouette*). Paysan royaliste de l'ouest de la France insurgé contre la Iʳᵉ République de 1793 à 1800. (Les chouans tirent leur nom du sobriquet d'un de leurs premiers chefs, Jean Cottereau, surnommé Jean Chouan parce qu'il ralliait ses hommes au cri du *chat-huant.*)

Chouans *(les),* roman de H. de Balzac *(Scènes de la vie militaire).* Paru en 1829 sous le titre *le Dernier Chouan,* c'est le premier roman de *la Comédie humaine.*

CHOUANNER v. i. (conj. 3). Participer à la chouannerie.

CHOUANNERIE n. f. Insurrection des chouans.

ENCYCL. Précédée par l'Association bretonne, fondée clandestinement par le marquis de La Rouërie en 1791 pour recouvrer les libertés de la Bretagne et restaurer la monarchie, la chouannerie est déclenchée en 1793 en Bretagne et dans le Maine par la levée de 300 000 hommes (décret de févr.) et par la persécution des prêtres et de la religion catholique par la République. Parallèle à la guerre de Vendée*, mais différente d'elle, la chouannerie se développe en ordre dispersé. Des bandes armées pratiquant la guérilla, sous la conduite de chefs de guerre improvisés ou de nobles, contrôlent épisodiquement la campagne profonde : telles celles de G. Cadoudal autour d'Auray, de A. du Boisguy dans le pays de Fougères et de A. de Boishardy dans celui de Moncontour. Une première trêve conclue le 19 avr. 1795 (traité de La Mabilais) et l'amnistie du 27 avr. sont rompues avec la tentative de débarquement à Quiberon (27 juin 1795) des émigrés appuyés par l'Angleterre. La pacification menée par le général Hoche démobilise pour un temps les chouans. Mais en octobre 1799, la lutte reprend, animée surtout par Cadoudal, nommé généralissime par le comte d'Artois. Mais l'arrivée au pouvoir de Bonaparte sonne le glas de la chouannerie. Sauf quelques irréductibles, les chefs chouans déposent les armes et signent la paix au château de Beauregard (Saint-Avé), près de Vannes, le 14 févr. 1800.

CHOUBINE (Fedor Ivanovitch), sculpteur russe (gouvern. d'Arkhangelsk 1740 -Saint-Pétersbourg 1805), excellent bustier de formation française (*Catherine II,* musée de l'Ermitage).

CHOUCAS [-ka] n. m. (onomat.). Petite corneille noire d'Europe et d'Asie.

CHOUCHEN [-ʃɛn] n. m. (mot breton). En Bretagne, hydromel.

CHOUCHOU, CHOUCHOUTE n. (de *chou 2*). *Fam.* Enfant, élève préféré, favori : *C'est elle la chouchoute.*

CHOUCHOUTAGE n. m. *Fam.* Action de chouchouter ; favoritisme.

1. CHOUCHOUTE → CHOUCHOU.

2. CHOUCHOUTE n. f. *Paille de chouchoute,* paille tirée de la tige de la chayote.

CHOUCHOUTER v. t. (conj. 3). *Fam.* Traiter qqn avec tendresse, le choyer, le gâter de façon excessive.

CHOUCROUTE n. f. (alsacien *surkrut,* de l'all. *sauer,* aigre, et *Kraut,* herbe). **1.** Chou blanc haché, salé et fermenté. — **2.** Ce chou cuit dans de la graisse avec du vin blanc, des baies de genièvre et du porc, servi avec des pommes de terre bouillies.

CHOU EN-LAI → ZHOU ENLAI.

1. CHOUETTE n. f. (anc. fr. *çuete,* croisé avec *choe,* du frq. **kawa,* corneille). **1.** Rapace nocturne sans aigrettes, ce qui le distingue du hibou. — **2.** Fam. *Vieille chouette,* vieille femme malveillante, désagréable.

ENCYCL. Les chouettes ont une stature très redressée, de larges disques faciaux, un vol parfaitement silencieux grâce à la souplesse du bord des ailes ; elles se rendent utiles en détruisant de nombreux rongeurs. En France, les principales espèces sont l'effraie, la hulotte, la chevêche, la chevêchette et la surnie. Ces oiseaux diffèrent surtout par leur taille.

2. CHOUETTE adj. (de *chouette 1*). *Fam.* **1.** Qui est sympathique, généreux. — **2.** Qui est joli, élégant, digne d'admiration : *Tu as un chouette costume.* — **3.** Qui est agréable, réussi, très bon : *On a passé de chouettes vacances.* — **4.** *Chouette !,* tant mieux, quelle chance !

CHOUETTEMENT adv. *Fam.* De façon chouette.

CHOU-FLEUR n. m. (pl. *choux-fleurs*). Type de chou dont on consomme l'inflorescence charnue, de couleur blanche.

CHOUIA [ʃuja] n. m. (ar. dialect. *chouya*). *Pop.* Petite quantité.

CHOUÏSKI, famille noble de la Russie des XVe-XVIIe s., influente sous Vassili III, écartée du pouvoir par Ivan IV et qui donna à la Russie un tsar : VASSILI* **Chouïski** (1606-1610).

CHOU KOU-TIEN → ZHOUKOUDIAN.

CHOULE n. f. (lat. *solea,* pied, ou irland. *sull,* mêlée). **1.** Jeu de balle autrefois en usage dans toute la France, et qui opposait deux clans se disputant une vessie de porc ou de bœuf (le choulet) afin de la porter dans le but adverse. — **2.** *Pêcher à la choule,* pêcher en mer en laissant le bateau dériver dans le courant et sous le vent.

CHOULEUR n. m. (anc. norm. *chouler,* pousser). Chargeuse de matériaux sur chenilles ou sur pneus, équipée à l'avant d'une benne articulée qui peut être levée sur des vérins. (Syn. PELLETEUSE-CHARGEUSE.)

CHOU-NAVET n. m. (pl. *choux-navets*). Espèce de chou s'apparentant au colza.

CHOUQUE ou **CHOUQUET** n. m. (norm. *chouquet,* billot). Pièce de bois dur, cerclée de fer, destinée à raccorder deux pièces de mâture.

CHOUQUETTE n. f. Petit chou (pâtisserie) non fourré parsemé de quelques gros grains de sucre.

CHOU-RAVE n. m. (pl. *choux-raves*). Type de chou dont la tige forme un renflement charnu arrondi sur le sol, comestible.

CHOURAVER ou **CHOURER** v. t. (romani *tchourav*) [conj. 3]. *Pop.* Voler, dérober.

CHOUTE → CHOU 2.

CHOU TEH → ZHU DE.

CHOUVALOV, famille russe. — PETR IVANOVITCH, comte (1710 - Saint-Pétersbourg 1762), feld-maréchal, participa au complot qui fit accéder au trône Élisabeth Petrovna et dirigea à la Cour le parti français. Il abolit les douanes intérieures (1753-54) et modernisa l'armée. — IVAN IVANOVITCH (Moscou 1727 - Saint-Pétersbourg 1797), cousin du précédent, favori d'Élisabeth Petrovna, prépara avec Lomonossov la fondation de l'université de Moscou (1755) et créa l'Académie des beaux-arts de Saint-Pétersbourg.

CHOW-CHOW [ʃoʃo] n. m. (pl. *chows-chows*) [angl. *chow-chow,* du pidgin]. Chien de compagnie d'origine chinoise à la fourrure abondante, et dont la tête évoque le lion.

CHOYER v. t. (p.-ê. onomat.) [conj. **13**]. **1.** Traiter qqn avec tendresse, affection, sollicitude ; le combler d'attentions, de prévenances. — **2.** Entretenir avec amour une idée, un sentiment, etc., les cultiver, les caresser.

CHRAÏBI (Driss), écrivain marocain de langue française (Mazagan, auj. El-Jadida, 1926). Il a évoqué les mutations culturelles et sociales dans l'Afrique du Nord et le tiers monde (*le Passé simple,* 1954 ; *Civilisation, ma mère,* 1972 ; *Naissance à l'aube,* 1986).

CHRAME [kram] n. m. Étoffe rouge, verte ou blanche, dont on recouvre les couvre-pieds, les édredons, etc.

CHRÉMATISTIQUE n. f. (gr. *khrêma, -atos,* richesse). Nom donné autrefois à l'économie politique, considérée comme la science de la production des richesses.

CHRÊME [krɛm] n. m. (lat. ecclés. *chrisma,* du gr. *khrisma,* onguent). *Saint chrême,* mélange d'huile d'olive et de baume bénit par l'évêque le jeudi saint et qui est employé en onction dans différentes cérémonies (sacrements, sacre des évêques, consécration d'objets du culte).

CHRÉMEAU [kremo] n. m. (de *chrême*). Bonnet de toile blanche dont on coiffait les nouveau-nés pour recevoir le baptême.

CHRESTOMATHIE [krɛstomasi ou -mati] n. f. (gr. *khrêstomatheia,* de *khrêstos,* utile, et *mathein,* apprendre). Recueil de morceaux choisis, de prose ou de vers, destinés à l'enseignement.

CHRÉTIEN, ENNE [kretjɛ̃, -ɛn] adj. et n. (lat. *christianus,* de *Christus,* le Christ). **1.** Se dit de qqn qui a la foi en Jésus-Christ et qui a reçu le baptême. (C'est à Antioche que fut donné pour la première fois aux disciples de Jésus le nom de chrétiens.) — **2.** *Le Roi Très Chrétien,* titre porté par les rois de France, dans quelques actes pontificaux du XIVe s., et attribué à ces princes exclusivement à partir du XVe s.

◆ adj. **1.** Qui relève du christianisme, de la religion de Jésus-Christ : *L'ère chrétienne. La foi chrétienne.* — **2.** Conforme à la doctrine, à la morale de Jésus-Christ : *Une mort chrétienne.*

Chrétiens de saint Thomas, chrétiens qui font remonter leur conversion à saint Thomas, et qui habitent la côte de Malabār, en Inde. (Ils choisissent leurs évêques chez les nestoriens de Mésopotamie. Leur langue liturgique est le syriaque.)

CHRÉTIEN (Henri), physicien français (Paris 1879 - Washington 1956). Il a mis au point des combinaisons de miroirs aplanétiques d'un emploi courant sur les grands télescopes. Il a inventé les catadioptres et l'objectif anamorphoseur « Hypergonar » (1925), qui fut à la base du procédé CinémaScope.

CHRÉTIEN (Jean), homme politique canadien (Shawinigan 1934). Député libéral (1963), il est plusieurs fois ministre dans les cabinets dirigés par P. E. Trudeau. Chef de l'opposition (1990), il devient Premier ministre après la victoire des libéraux en 1993.

CHRÉTIEN (Jean-Loup), général et spationaute français (La Rochelle 1938). Pilote de chasse puis pilote d'essais, il a été le premier Français à effectuer un vol spatial (1982). En 1988, il est retourné dans l'espace, séjournant près d'un mois à bord de la station orbitale soviétique Mir.

CHRÉTIEN-DÉMOCRATE, CHRÉTIENNE-DÉMOCRATE adj. et n. (pl. *chrétiens-démocrates, chrétiennes-démocrates*). Qui appartient à certains partis démocrates-chrétiens (Allemagne, Europe du Nord).

chrétien-démocrate *(parti)* ou *Union chrétienne-démocrate allemande* ⟶ CHRISTLICH-DEMOKRATISCHE UNION.

CHRÉTIEN DE TROYES, poète français (v. 1135 - v. 1183). Au service de la comtesse Marie de Champagne (apr. 1165) et de Philippe d'Alsace, comte de Flandre (av. 1190), il est l'auteur des grands romans de la fin du XIIe s. : *Érec* et Énide, Cligès, Lancelot* ou le Chevalier à la charrette, Yvain* ou le Chevalier au lion, Perceval* ou le Conte du Graal ;* on lui attribue aussi *Guillaume d'Angleterre.* Dans un décor et au milieu de créatures celtiques (fées, nains, géants), la mission des chevaliers est de dissiper les maléfices, les enchantements, les mauvaises coutumes, pour rétablir l'ordre courtois (politique et amoureux) dans un monde agité par des passions violentes. Le sens donné aux aventures résulte du soin apporté à la composition. L'éthique héroïque semble aménagée pour offrir aux chevaliers pauvres entourant le prince et la dame un but et un espoir dans la quête de la joie.

CHRÉTIENNEMENT [kre-] adv. Conformément à la religion chrétienne.

CHRÉTIEN-SOCIAL, E, AUX [kre-] ou **SOCIAL-CHRÉTIEN, ENNE** adj. (pl. *chrétiens-sociaux, sociaux-chrétiens*). Se dit de certains partis qui se réfèrent à un christianisme aux préoccupations sociales.

CHRÉTIENTÉ [kretjɛ̃te] n. f. (lat. ecclés. *christianitas*). **1.** Ensemble des pays, des peuples chrétiens. – **2.** Communauté de chrétiens. – **3.** Civilisation dans laquelle le christianisme est pris en compte par la politique.

CHRIS-CRAFT [kriskraft] n. m. inv. (n. déposé, de l'angl. *craft,* embarcation). Type de bateau de plaisance à moteur.

CHRISMAL, E, AUX [kris-] adj. (lat. ecclés. *chrismalis*). *Onction chrismale,* syn. de CHRISMATION.

CHRISMATION [kris-] n. f. (lat. ecclés. *chrismatio, -onis*). **1.** Onction faite avec le saint chrême. – **2.** Sacrement particulier à l'Église orthodoxe et qui est le sacrement universel. (Il est normalement associé au baptême dans un rite unique d'initiation chrétienne.) [Syn. ONCTION CHRISMALE.]

CHRISME [krism] n. m. (bas lat. *chresimon*). Monogramme donnant les deux premières lettres du nom du Christ en grec : X *(khi)* et P *(rhô).*

CHRIST [krist] n. m. Syn. de CRUCIFIX.

CHRIST (lat. *christus,* transcription littérale du gr. *khristos,* qui est la traduction de l'hébreu *māshiāḥ* [Messie], personne consacrée par l'onction). Jésus-Christ, pour les chrétiens. (Les catholiques, au contraire des protestants, emploient le mot Christ avec l'article). [⟶ JÉSUS].

Christ *(ordre du),* ordre de chevalerie, fondé par Denis Ier, roi de Portugal, en 1318, et approuvé par le pape Jean XXII, en 1319, pour accueillir les templiers, dont l'ordre avait été dissous en 1312. Incorporé à la Couronne en 1551, l'ordre devint une simple distinction au XIXe s. Il a donné naissance à un ordre brésilien.

Christabel, poème inachevé de S. T. Coleridge (1816), transcription au féminin des thèmes du *Vieux Marin.*

CHRISTALLER (Walter), géographe allemand (Berneck 1893 - Königstein 1969). Ouvert à la sociologie et à l'économie, il a élaboré une théorie de la formation des réseaux urbains, à la base d'un renouveau de la géographie.

CHRISTCHURCH, v. de Nouvelle-Zélande, ch.-l. de la province de Canterbury, sur la côte est de l'île du Sud ; 322 000 hab. Centre administratif, universitaire et commercial, avec quelques industries.

CHRISTENSEN (Jens Christian), homme politique danois (Hoven, prov. de Ringkøbing, 1856 - He, prov. de Ringkøbing, 1930). Chef de la gauche modérée, il joua un rôle important comme ministre de l'Éducation (1901-1905), puis comme président du Conseil de 1905 à 1908. Il fut ensuite ministre de la Défense nationale (1909).

CHRISTENSEN (les frères), danseurs et chorégraphes américains d'origine danoise. — WILLIAM (Brigham City, Utah, 1902) a fondé le San Francisco Ballet et HAROLD (Brigham City, Utah, 1904) en dirigea l'école. — LEW (Brigham City, Utah, 1909-Burlingame, Californie, 1984) fut chorégraphe et maître de ballet à l'American Ballet ainsi qu'au New York City Ballet. L'action des frères Christensen a favorisé l'essor de la danse en Californie et sur la côte ouest des États-Unis.

CHRISTIAN Ier (1426 - Copenhague 1481), roi de Danemark (1448), de Norvège (1450-1481) et de Suède (1457-1464). Fondateur de la dynastie des Oldenburg, il renforça les liens avec la Norvège, tandis que la Suède rompait l'Union de Kalmar en 1448. En 1460, Christian Ier devint duc de Slesvig et comte de Holstein. — **Christian II** (Nyborg 1481 - Kalundborg 1559), roi de Danemark, de Norvège (1513-1523) et de Suède (1520-1523). Il lutta contre la Hanse, l'aristocratie danoise et la Suède. Vainqueur en Suède il fit exécuter 82 hauts personnages (« bain de sang de Stockholm »), ce qui porta en nov. 1520 un coup mortel à l'Union de Kalmar, favorisant la révolte de Gustave Vasa. Son impopularité l'obligea à quitter le pays en 1523, et son oncle Frédéric de Gottorp lui succéda. — **Christian III** (Gottorp 1503 -Kolding 1559), roi de Danemark et de Norvège (1534-1559). Proclamé roi, il conquit le Danemark et la Norvège contre les partisans de Christian II et les forces de Lübeck. — **Christian IV** (Frederiksborg 1577 - Copenhague 1648), roi de Danemark et de Norvège (1588-1648). En 1624, il lança le pays dans la guerre de Trente Ans, d'où il sortit vaincu (1629). L'élévation des droits prélevés par le Danemark pour le passage du Sund fut la cause d'une guerre avec la Suède et la Hollande, terminée par le traité de Brömsebro (1645) qui consacra la prééminence suédoise. — **Christian V** (Flensborg 1646 - Copenhague 1699), roi de Danemark et de Norvège (1670-1699), premier roi héréditaire de Danemark. Pour reprendre la Scanie, Christian déclara en 1675 la guerre à la Suède, alliée de la France. Au traité de Fontainebleau (1679), Louis XIV l'obligea à restituer ses conquêtes. — **Christian VI** (Copenhague 1699 - Hørsholm 1746), roi de Danemark et de Norvège (1730-1746). Il encouragea l'industrie et le commerce et favorisa le mouvement piétiste. **Christian VII** (Copenhague 1749 - Rendsborg 1808), roi de Danemark et de Norvège (1766-1808). Il échangea l'Oldenburg contre les duchés de Slesvig et de Holstein. Déséquilibré et inconscient, il laissa la direction du pays au réformateur Struensee (1770-1772). — **Christian VIII** (Copenhague 1786 - Amalienborg 1848), roi de Danemark (1839-1848). Il dut renoncer à la couronne de Norvège en 1814. Son règne fut une ère de réformes et de prospérité. — **Christian IX** (Gottorp 1818 - Copenhague 1906), roi de Danemark (1863-1906). Grâce aux droits de sa femme, cousine et héritière de Frédéric VII, il fut choisi comme successeur par Frédéric VII. À son avènement au trône (1863), il adopta, contre son gré, la nouvelle Constitution incorporant le Slesvig au Danemark, ce qui provoqua l'intervention austro-prussienne et la guerre de 1864, qui enleva les Duchés au Danemark. — **Christian X** (Charlottenlund 1870 - Copenhague 1947), roi de Danemark (1912-1947) et d'Islande (1918-1944). Neutre pendant la Première Guerre mondiale, le Danemark recouvra le Slesvig septentrional en 1919. En 1918, l'Islande, indépendante, fut unie au Danemark par un lien régalien, aboli en juin 1944. Lors de l'occupation allemande (1940-1944), le roi résista de tout son pouvoir à l'envahisseur.

CHRISTIAN (Charlie), guitariste de jazz américain (Dallas 1919 - New York 1942). Il fut l'un des premiers à utiliser la guitare électrique et il émancipa l'instrument de son seul rôle rythmique.

CHRISTIANIA [kris-] n. m. (de *Christiania,* n. pr.). Mouvement de virage et d'arrêt par changement de direction des skis, qui restent parallèles.

CHRISTIANIA, nom porté par Oslo, la capitale de la Norvège, de 1624 à 1924.

CHRISTIANISATION [kris-] n. f. Action de christianiser.

CHRISTIANISER [kris-] v. t. (lat. ecclés. *christianizare*) [conj. 3]. **1.** Convertir qqn à la religion chrétienne. — **2.** Attribuer à qqch un caractère chrétien, l'imprégner de christianisme.

CHRISTIANISME [kris-] n. m. (lat. ecclés. *christianismus,* du gr. *khristianismos*). Ensemble des religions fondées sur la personne et les écrits rapportant les paroles et la pensée de Jésus-Christ.

ENCYCL. Le christianisme, au point de départ secte issue du judaïsme, s'affirme comme une religion révélée, c'est-à-dire d'origine divine, mais avec cette particularité que Jésus*, son fondateur, n'est pas un simple intermédiaire entre Dieu et l'humanité, mais Dieu lui-même. La révélation de Jésus-Christ, annonce de la venue salvatrice de Dieu parmi les hommes, est appelée « Évangile », en raison de l'espérance qu'elle actualise : le message que l'Évangile chrétien apporte à l'humanité est le message d'un Dieu qui construit l'histoire avec l'homme et non sans lui ; la morale chrétienne ne saurait donc être un légalisme. Le christianisme transcende la notion d'institution et de techniques religieuses ; il est engagement pour l'accomplissement de l'œuvre rédemptrice du Christ. Les divisions des confessions chrétiennes (catholiques, protestants, orthodoxes), qu'expliquent les conditions historiques, ne sont pas un accident de parcours, mais une infidélité à l'Évangile, qui est en lui-même une force de rassemblement.

Car la blessure la plus vive du christianisme fut et demeure la division entre les chrétiens qui ont interprété de façon diverse le message de Jésus. Le principe de ces séparations est différent en chaque cas historique : refus de la suprématie pontificale lorsque Michel Keroularios (Cérulaire), patriarche de Constantinople, rompt avec le pape en 1054, détachant du christianisme romain les Églises orientales, dites orthodoxes ; remise en cause de la doctrine chrétienne telle qu'elle était enseignée par Rome, avec la réforme protestante du XVIe s., qui est un christianisme hors du catholicisme romain.

Au XXe s. encore, l'orthodoxie est la religion dominante dans les pays slaves et dans l'Europe balkanique, tandis que la religion réformée, sous des formes diverses, s'est imposée dans les pays anglo-saxons, en Allemagne septentrionale et dans les pays scandinaves. De nos jours, un mouvement de réunion se dessine entre les confessions séparées (œcuménisme), notamment depuis Vatican II (1962-1965).

CHRISTIAN-JAQUE (Christian MAUDET, dit), cinéaste français (Paris 1904- *id.* 1994). Il a réalisé : *François Ier* (1936), *les Disparus de Saint-Agil* (1938), *l'Assassinat du Père Noël* (1941), *la Symphonie fantastique* (1942), *Boule de suif* (1945), *la Chartreuse de Parme* (1947), *Fanfan la Tulipe* (1951), *Lucrèce Borgia* (1952), *Babette s'en va-t-en guerre* (1959), *la Tulipe noire* (1963).

Christian Science → SCIENCE CHRÉTIENNE.

CHRISTIE (Agatha Mary Clarissa MILLER, dite **Agatha**), femme de lettres britannique (Torquay 1890 - Wallingford 1976). Célèbre dès *le Meurtre de Roger Ackroyd* (1926), elle poursuivit la tradition du roman policier hérité de Conan Doyle (*le Crime de l'Orient-Express,* 1934 ; *Dix Petits Nègres,* 1939 ; *la Maison biscornue,* 1949 ; *Rideau,* 1976), le détective Hercule Poirot disputant la vedette à la désuète miss Marple.

CHRISTIE (William), claveciniste et chef d'orchestre américain et français (Buffalo, État de New York, 1944). Interprète et pédagogue, spécialiste de la musique baroque, française en particulier, il a fondé en 1979 l'ensemble instrumental et vocale les Arts florissants.

Christie's (Christie, Manson and Woods Ltd, ou), salle des ventes fondée à Londres en 1766. La plus ancienne société de ce genre, elle demeure parmi les plus importantes.

CHRISTINE (Stockholm 1626 - Rome 1689), reine de Suède (1632-1654), fille de Gustave II Adolphe. Elle succède à son père en 1632, sous la régence d'Axel Gustavsson Oxenstierna, qui en 1634 dote la Suède d'une Constitution consacrant le triomphe de la bureaucratie nobiliaire. En 1644, à sa majorité, Christine prend la direction des affaires, signe le traité de Brömsebro (1645) et hâte les négociations du traité de Westphalie (1648). Très cultivée, elle protège les arts et les lettres, et attire à sa cour de nombreux savants, dont Descartes. Elle abdique en 1654 en faveur de son cousin Charles X Gustave, puis se convertit au catholicisme. Elle voyage beaucoup en Europe, et achève sa vie à Rome.

CHRISTINE DE FRANCE, duchesse de Savoie (Paris 1606 - Turin 1663). Fille de Henri IV et de Marie de Médicis, elle épousa Victor-Amédée Ier, duc de Savoie (1619). Régente au nom de ses fils François-Hyacinthe (1637-38) et Charles-Emmanuel II (1638-1648), elle fut contrainte de renouveler l'alliance française (1638, 1645).

CHRISTINE DE PISAN ou **DE PIZAN,** poétesse française (Venise v. 1365-1430 ?). Veuve à 25 ans, elle se met à écrire pour faire vivre ses trois enfants, apportant d'importantes variations métriques et thématiques aux genres traditionnels (ballades, virelais, rondeaux, débats dits allégoriques) auxquels elle confère une spontanéité rare. Mais elle cherche aussi à communiquer le savoir des « philosophes » anciens en donnant des œuvres comme : le débat sur le *Roman de la Rose,* la *Mutation de fortune, le Livre des faits du sage roi Charles V, la Cité des Dames, l'Avision Christine, le Livre du corps de Policie,* et d'autres écrits politiques, moraux et religieux. Elle est enfin l'auteur de l'un des rares textes contemporains célébrant Jeanne d'Arc *(Ditié* de Jeanne d'Arc).*

CHRISTINÉ (Henri), compositeur français (Genève 1867 - Nice 1941). Il est l'auteur de multiples succès des cafés-concerts de la Belle Époque, comme *la Petite Tonkinoise* écrite pour Mayol. Parmi ses opérettes, *Phi-Phi* obtint un triomphe en 1918.

CHRISTIQUE [kris-] adj. Qui concerne la personne du Christ.

Christlich-Demokratische Union (CDU), en fr. *Union chrétienne-démocrate,* parti politique allemand, fondé en 1945, et dont l'aile bavaroise est la Christlich-Soziale Union (CSU). Se référant à l'idéologie de la démocratie chrétienne, elle fut créée par des leaders de l'ancien Centre* *(Zentrum).*

Mais à la différence de ce dernier elle regroupa des catholiques et des protestants. Dominée à partir de 1947 par des tendances conservatrices

et libérales, elle évolua vers le centre droit et s'engagea, lors de son premier congrès tenu à Goslar (oct. 1949), vers une « économie sociale de marché » sous l'impulsion de K. Adenauer, son premier président.
Premier parti politique de la République fédérale d'Allemagne, la CDU-CSU se maintient au pouvoir de 1949 à 1969 et y revient, avec H. Kohl, en 1982.
Après avoir longtemps joué un rôle mineur au sein de la coalition dominée par le parti socialiste unifié (SED), la CDU est-allemande — redevenue autonome en 1989 — remporte, sous la conduite de L. de Maizière, les élections libres organisées en R. D. A. en 1990.
C'est sous l'impulsion de la CDU qu'est mise en œuvre l'unification rapide des deux États allemands (réalisée en oct. 1990).

CHRISTMAS *(île),* île isolée de l'océan Indien, au S. de la côte sud de Java ; 135 km^2 ; 3 300 hab. Annexée par la Grande-Bretagne en 1888, elle dépend de l'Australie depuis 1958. Phosphates.

CHRISTMAS *(île),* anc. nom de Kiritimati.

CHRISTO (Christo JAVACHEFF, dit), artiste bulgare, naturalisé américain (Gabrovo 1935). Proche du Nouveau Réalisme, à Paris, au début des années 60, il a développé en Europe et aux États-Unis un art monumental et éphémère : « empaquetages », en toile, d'édifices urbains ou de sites naturels, puis interventions gigantesques dans le paysage (« empaquetage » de la Kunsthalle de Berne, 1968 ; *Running Fence,* « clôture » de 40 km, en Californie, 1976 ; « empaquetage » du Pont-Neuf, Paris, 1985 ; *les Parasols,* Californie et Japon, 1991 ; « empaquetage » du Reichstag à Berlin, 1995).

CHRISTOCENTRISME [kris-] n. m. Spiritualité qui considère le Christ comme fin et moyen du salut.

CHRISTOFF (Boris), chanteur bulgare (Plovdiv 1919 - Rome 1993). Comédien accompli, voix de basse (rôles de Boris et Philippe II), chanteur de lieder, il a réalisé une prestigieuse carrière lyrique.

CHRISTOFLE (Charles), industriel français (Paris 1805 - Brunoy 1863). Introducteur en France (1841) des procédés anglais de dorure et d'argenture par la pile voltaïque, il a créé la firme d'orfèvrerie qui porte son nom.

CHRISTOLOGIE [kris-] n. f. Partie de la théologie chrétienne qui traite de la personne et de la mission du Christ.

CHRISTOLOGIQUE [kris-] adj. Relatif à la christologie.

CHRISTOPHE *(saint),* martyr dont la vie est aussi peu connue que sa légende est riche et le culte populaire. Suivant cette légende — grecque —, Christophe eut un jour à porter l'Enfant Jésus sur ses épaules pour lui faire traverser une rivière. Patron des voyageurs et, particulièrement, des automobilistes.

CHRISTOPHE ou **CHRISTOPHORE** († 906), antipape en 903-904. Chapelain de Léon V, il le renversa, se fit consacrer à sa place sans élection et fut lui-même chassé par Serge III (mai 904). Enfermé dans un couvent, il y fut mis à mort.

CHRISTOPHE Ier (1219 - Ribe 1259), roi de Danemark (1252-1259), fils de Valdemar II. — **Christophe II** (1276 - Nyköping 1332), roi de Danemark (1320-1326 et 1330-1332), frère et successeur d'Erik Menved. Il fut chassé en 1326 par les seigneurs, qui installèrent à sa place le jeune Valdemar III. Il réussit à reprendre la couronne en 1330. — **Christophe III de Bavière** (1418 - Hälsingborg 1448), roi de Danemark (1440-1448), de Suède (1441-1448) et de Norvège (1442-1448), neveu et successeur d'Erik de Poméranie.

CHRISTOPHE (Henri) [île de Grenade 1767 - Port-au-Prince 1820], roi d'Haïti (1811-1820). Esclave affranchi, lieutenant de Toussaint Louverture lors des révoltes de Saint-Domingue (1791-1801), il devint général en chef de Dessalines (1804). Complice de l'assassinat de ce dernier (1806), il fut proclamé président d'Haïti en 1807. Évincé par Pétion il se fit proclamer roi dans le nord de l'île (1811) sous le nom d'Henri Ier. En 1820, une insurrection ayant éclaté, il se donna la mort.

CHRISTOPHE (Georges COLOMB, dit), botaniste et écrivain français (Lure 1856 -Nyons 1945). Professeur de sciences naturelles, il a dessiné et écrit des œuvres de fiction calembouresques et caricaturales (*la Famille Fenouillard,* 1889-1893 ; *le Sapeur Camember,* 1890-1896 ; *le Savant Cosinus,* 1893-1899).

CHRISTOUT (Marie-France), critique et écrivain de la danse et du théâtre française (Neuilly-sur-Seine 1928). Bibliothécaire à l'Arsenal (1960), elle a collaboré à différents ouvrages sur le spectacle et le ballet et publié *le Merveilleux et le théâtre du silence* (1965), *Histoire du ballet* (1966 et 1978), *le Ballet de cour de Louis XIV (1643-1672)* [1967], *Béjart* (1972).

CHRISTUS (Petrus), peintre flamand (Baerle, près de Drongen, v. 1420 - Bruges 1472/73). Son œuvre, d'une sobre élégance (*Portrait de jeune femme,* Berlin-Dahlem), adapte la manière de Van Eyck (*Saint Éloi,* 1449, Metropolitan Museum, New York) et parfois celle de Van der Weyden.

CHRODEGANG *(saint),* évêque de Metz (dans le Brabant 712 - 766). Parent de Pépin, chancelier sous Charles Martel, il joua un rôle important dans la réorganisation de l'Église franque ; la règle qu'il donna à son clergé servit de modèle pour les chanoines réguliers.

CHROMAFFINE [kro-] adj. Se dit des cellules qui se colorent en brun par les sels de chrome comme celles de la médullosurrénale.

CHROMAGE [kro-] n. m. **1.** Revêtement d'une surface métallique par un dépôt électrolytique de chrome ; résultat de cette opération. — **2.** *Chromage thermique,* syn. de CHROMISATION.
ENCYCL. Réalisé industriellement depuis 1920, le chromage est utilisé pour donner un aspect décoratif et assurer une bonne résistance à la corrosion atmosphérique. Le dépôt obtenu peut être mat ou poli et, dans certaines conditions, présenter une remarquable dureté superficielle mise à profit pour le rechargement de pièces frottantes usées.

CHROMALUMINISATION [kro-] n. f. Traitement antioxydant des surfaces métalliques fondé sur une diffusion simultanée de chrome et d'aluminium.

CHROMAMMINE [kro-] n. f. Nom donné aux combinaisons ammoniées du chrome.

CHROMATAGE [kro-] n. m. Action de plonger une étoffe dans un bain d'un sel de chrome pour la mordancer ou pour augmenter, après teinture, la solidité de certains colorants.

CHROMATATION [kro-] n. f. Traitement de surface de pièces métalliques consistant à former une couche protectrice de chromates complexes.

CHROMATE [kro-] n. m. Sel de l'acide chromique renfermant l'anion CrO_4^{2-}.

CHROMATICITÉ [kro-] n. f. Ensemble des caractéristiques colorimétriques d'un stimulus de couleur.

CHROMATIDE [kro-] n. f. Chacune des deux copies identiques du chromosome unies par le centromère au cours de la mitose.

CHROMATINE [kro-] n. f. (all. *Chromatin*). **1.** Contenu du noyau des cellules pendant l'interphase cellulaire. — **2.** *Chromatine sexuelle,* syn. de CORPUSCULE DE BARR*.

CHROMATINIEN, ENNE [kro-] adj. **1.** Qui se rapporte à la chromatine. — **2.** *Corpuscule chromatinien,* syn. de CORPUSCULE DE BARR*.

CHROMATIQUE′ [kro-] adj. (gr. *khromatikos*). **1.** Relatif aux couleurs. — **2.** *Aberration chromatique,* aberration d'un système dioptrique due à la dispersion d'une lumière complexe qui entraîne l'existence d'une distance focale particulière pour chaque longueur d'onde. ‖ *Abstraction chromatique,* expression qui désigne particulièrement un type de peinture abstraite (color-field painting) créé par Newman, Rothko, etc. ‖ *Gamme chromatique,* gamme formée par une succession de demi-tons. ‖ *Genre chromatique,* chez les modernes, genre musical fondé sur l'emploi systématique d'intervalles chromatiques. ‖ *Instrument chromatique,* instrument qui peut produire les douze demi-tons compris dans une octave du système tempéré. ‖ *Intervalle chromatique,* intervalle placé entre deux notes de même nom, mais dont l'une est altérée. ‖ *Nombre chromatique d'un graphe non orienté,* plus petit entier naturel *n* tel qu'il soit possible de colorier les sommets de ce graphe avec *n* couleurs distinctes, deux sommets adjacents n'ayant jamais la même couleur. ‖ *Système chromatique,* système musical qui se fonde sur la division de l'octave en douze parties égales.

CHROMATISATION [kro-] n. f. Action de chromatiser.

CHROMATISER [kro-] v. t. (conj. 3). Donner une teinte irisée.

CHROMATISME [kro-] n. m. **1.** Coloration de qqch. — **2.** Type d'aberration chromatique. — **3.** Emploi d'une écriture musicale procédant par intervalles chromatiques.

CHROMATOGRAMME [kro-] n. m. Diagramme obtenu par chromatographie.

CHROMATOGRAPHE [kro-] n. m. Appareil servant aux analyses par chromatographie.

CHROMATOGRAPHIE [kro-] n. f. Méthode de séparation, en vue de leur identification, de leur dosage ou de leur production industrielle, des constituants d'un mélange grâce à leur migration différentielle au travers de systèmes formés par plusieurs phases qui leur manifestent des affinités préférentielles.
ENCYCL. On peut distinguer comme mécanismes fondamentaux : soit le partage entre deux phases liquides (chromatographie de partage) ; soit la liaison de composés en mouvement avec la surface d'une phase stationnaire solide (chromatographie d'adsorption et par échange d'ions). La *chromatographie d'adsorption* utilise la différence d'adsorption d'un solide (alumine, magnésie, etc.) pour les divers constituants d'un mélange. La *chromatographie de partage* utilise la différence de solubilité que chaque constituant présente vis-à-vis de deux phases liquides non miscibles amenées au contact. Quand on fait passer dans la colonne de chromatographie (ou sur un papier filtre spécial) la solution du mélange à séparer, chaque constituant se partage entre les deux solvants.
Dans la *chromatographie en phase gazeuse,* pour séparer les constituants d'un mélange de gaz ou de liquides volatils, on en réalise la dilution dans un gaz qui sert de gaz porteur (ou vecteur) ; ce

mélange gazeux est envoyé sur une longue colonne de partition ou d'adsorption. Une fois le gaz introduit en tête de la colonne, il s'établit en chaque point un équilibre entre la fraction du soluté retenue par la phase fixe et celle qui subsiste dans la phase mobile, ce qui permet l'identification des constituants. La *chromatographie par perméation de gel,* ou *filtration sur gel,* consiste à séparer les molécules suivant leur taille en les faisant passer à travers un gel de polymère réticulé et gonflé. Dans l'industrie, la *chromatographie préparative* est utilisée à la production de gaz rares et de produits de chimie fine.

CHROMATOGRAPHIQUE [kro-] adj. Relatif à la chromatographie.

CHROMATOPHORE [kro-] n. m. Cellule pigmentée du tégument, contribuant à donner leurs couleurs à la peau humaine et aux animaux.
ENCYCL. Normalement contenus dans le derme, les chromatophores peuvent migrer dans l'épiderme, et leurs pigments peuvent colorer les phanères (poils, plumes). Les chromatophores à mélanine (mélanophores), bruns, se développent chez l'homme soit de façon héréditaire (« races noires »), soit comme protection contre les rayons solaires ultraviolets (bronzage). Chez certains animaux, les chromatophores peuvent se rétracter ou s'étaler selon la couleur du fond (homochromie active du caméléon et du turbot). Les pigments des crustacés virent au rouge sous l'effet de la cuisson.

CHROMATOPSIE [kro-] n. f. Perception visuelle des couleurs.

CHROME [krom] n. m. (gr. *khrôma,* couleur). Métal blanc, analogue au fer et au manganèse. (Élément chimique de symb. Cr.)

Nombre atomique	24
Masse atomique	51,996
Masse volumique	7,2 g/cm³
Température de fusion	1 857 ± 20 °C

◆ **chromes** n. m. pl. Accessoires chromés d'une automobile, d'une bicyclette.
ENCYCL. Le chrome a été découvert par Vauquelin en 1797, et préparé par électrolyse en 1854 par Bunsen. C'est un métal blanc légèrement bleuté, très dur, qui n'est pas corrodé par la plupart des agents chimiques. À haute température, il peut brûler dans l'oxygène ou dans le chlore et se combine au carbone pour donner des carbures. Il se dissout dans l'acide chlorhydrique. L'oxyde chromeux CrO(II) et l'oxyde chromique Cr_2O_3(III) sont des oxydes basiques, auxquels correspondent les sels chromeux et chromiques ; l'anhydride chromique CrO_3(VI) a des propriétés acides et peut donner les chromates et les bichromates. L'oxyde CrO_3 est un solide cristallisé, rouge, obtenu par action de l'acide sulfurique sur le bichromate de potassium. Sa solution, rouge-orangé, est un oxydant très énergique. Le chromate de potassium K_2CrO_4 est un solide cristallisé jaune citron, soluble et toxique. Sa solution, additionnée d'un acide, vire au rouge-orangé et laisse déposer des cristaux de bichromate $K_2Cr_2O_7$, qui, mélangé à l'acide sulfurique, est fréquemment employé en chimie organique pour produire des oxydations, et dans l'industrie pour le tannage des peaux.
Le chrome est obtenu à partir du minerai par transformations successives en chromate, bichromate, puis en oxyde, ce dernier étant réduit au moyen de l'aluminium en poudre. Le chrome pur est obtenu par électrolyse d'une solution de sulfate de chrome et d'acide chromique. Le chrome est utilisé pour le chromage*.
La production mondiale avoisine 4 Mt, assurée pour plus de moitié par l'Afrique du Sud et l'ex-U.R.S.S.
— **Méd.** L'intoxication causée par l'acide chromique et les bichromates entraîne des lésions nasales et des ulcérations cutanées (pigeonneaux), considérées comme maladies professionnelles.

CHROMEL [kro-] n. m. (n. déposé). Alliage de nickel contenant 10 % de chrome, utilisé dans les couples thermoélectriques.

CHROMER [kro-] v. t. (conj. 3). Effectuer un chromage.
◆ **être chromé** v. pass. **1.** Contenir du chrome. — **2.** Être recouvert de chrome. — **3.** *Cuir chromé,* cuir tanné aux sels de chrome. (Syn. CUIR AU CHROME.)

CHROMEUR [kro-] n. m. Ouvrier qui pratique le chromage électrolytique.

CHROMEUX [kro-] adj. m. Se dit des composés du chrome divalent.

CHROMHIDROSE ou **CHROMIDROSE** [kro-] n. f. Hypersudation colorée, observée exceptionnellement sur une zone circonscrite de la peau de certains sujets. (Elle est le plus souvent d'origine microbienne.)

CHROMIE [kro-] n. f. Concentration en hémoglobine des globules rouges, pouvant se traduire sur les frottis sanguins par une coloration plus ou moins vive de ceux-ci.

CHROMINANCE [kro-] n. f. *Signal de chrominance,* signal qui représente les caractéristiques colorimétriques d'une image de télévision en couleurs.

CHROMIQUE [kro-] adj. **1.** Se dit des sels du chrome trivalent. — **2.** Se dit de l'anhydride CrO_3, des acides correspondants et de l'anion divalent CrO_4^{2-}.

CHROMIS [kro-] n. m. Nom générique de la petite castagnole.

CHROMISATION [kro-] n. f. Procédé de cémentation par le chrome. (Syn. CHROMAGE THERMIQUE.)
ENCYCL. Ce procédé, qui améliore superficiellement la résistance à l'usure et à la corrosion des alliages ferreux, s'applique à des pièces d'aviation (ailettes, chambres de combustion), éléments de fours, outillages, tubes, pièces frittées, tôles, etc.

CHROMISER [kro-] v. t. (conj. 3). Procéder à la chromisation.

CHROMISTE [kro-] n. Technicien chargé de retoucher les films obtenus en photogravure par la sélection des couleurs.

1. **CHROMITE** [kro-] n. f. Espèce minérale cubique, appartenant au groupe des spinelles, principal minerai de chrome.

2. **CHROMITE** [kro-] n. m. Sel double de l'anhydride chromeux, de formule $Cr_2O_3 . nM_2O$.

1. **CHROMO** [kro-] n. m. (de *chromolithographie*). Image, tableau de plus ou moins mauvais goût, aux couleurs criardes.

2. **CHROMO** [kro-] n. f. Syn. de CHROMOLITHOGRAPHIE.

CHROMOBLASTOMYCOSE ou **CHROMOMYCOSE** [kro-] n. f. Mycose dermoépidermique chronique, d'aspect verruqueux, touchant les membres inférieurs, cosmopolite mais plus fréquente chez les adultes ruraux des pays tropicaux.

CHROMODYNAMIQUE [kro-] n. f. *Chromodynamique quantique,* théorie quantique des interactions fortes, comme interactions entre quarks par l'intermédiaire de gluons, considérés comme étant les quanta d'un champ dit « champ de couleur ».

CHROMOGÈNE [kro-] adj. et n. m. **1.** Se dit de substances incolores ou de bactéries qui, dans certaines conditions, peuvent former ou sécréter des produits colorés. — **2.** Se dit de la phase du développement d'un film polychrome durant laquelle se forme l'image en couleurs ; se dit aussi du révélateur utilisé.

CHROMOLITHOGRAPHE [kro-] n. Professionnel de la chromolithographie.

CHROMOLITHOGRAPHIE ou **CHROMO** [kro-] n. f. **1.** Procédé lithographique de reproduction en couleurs par impressions successives. — **2.** Épreuve obtenue par ce procédé.
ENCYCL. La chromolithographie a été introduite en France vers 1866. C'est le procédé d'impression en couleurs des estampes ou des illustrations. Les contours du dessin sont reportés sur autant de pierres lithographiques que le tirage doit comporter de couleurs ; sur chacune, le chromiste appose, au crayon ou à l'encre lithographique, des *aplats* ou des *grisés* (pointillés, hachures, etc.) pour obtenir l'effet désiré, lors de la superposition des impressions. Le dessin peut aussi être effectué sur zinc et l'impression sur presse lithographique ou sur machine offset.

CHROMOMYCOSE → CHROMO-BLASTOMYCOSE.

CHROMONE [kro-] n. f. Composé hétéroclique oxygéné, isomère de la coumarine.
ENCYCL. En thérapeutique, on emploie les alcaloïdes extraits de la khella (khelline et visnadine, et un de leurs dérivés, la méthyl-chromone) pour leurs propriétés spasmolytiques des muscles lisses et dilatatrices des coronaires.

CHROMOPHILE [kro-] adj. et n. Se dit d'organismes qui possèdent une grande affinité pour les matières colorantes.

CHROMOPHOBE [kro-] adj. Se dit de cellules qui prennent mal les colorants.

CHROMOPHORE [kro-] adj. Se dit d'un groupe fonctionnel qui apporte la couleur dans un composé organique.

CHROMOPLASTE [kro-] n. m. Organite des cellules végétales contenant des pigments caroténoïdes. (Ce sont des chromoplastes qui donnent leurs couleurs aux pétales des fleurs, aux fruits, à la carotte.)

CHROMOPROTÉINE [kro-] n. f. Protéine associée à un tétrapyrrole centré sur un atome de fer ou de magnésium, telle que la chlorophylle, l'hémoglobine, etc.

CHROMOSOME [kro-] n. m. **1.** Structure en forme de bâtonnet du noyau cellulaire, constituant le support physique de l'hérédité. — **2.** *Chromosome Philadelphie,* nom donné au chromosome 22 quand il a subi la translocation de son bras long sur l'extrémité distale du bras long du chromosome 9. (Ce chromosome anormal est observé sur le caryotype des malades ayant une leucémie myéloïde chronique.)
ENCYCL. Les chromosomes sont identifiables lors de la division cellulaire (mitose), alors que, pendant l'interphase, ou repos cellulaire, ils se « débobinent » et ne sont plus identifiables. Ils forment alors la chromatine. Les chromosomes sont présents dans toutes les cellules de l'organisme, à l'exception des globules rouges qui sont dépourvus de noyaux. Le nombre chromosomique varie d'une espèce à l'autre. Il est toujours (ou presque toujours) pair. Il comprend, en effet, N paires de chromosomes : N est appelé nombre haploïde et 2 N nombre diploïde. Dans l'espèce humaine, le nombre chromosomique est 2 N = 46, soit 22 paires d'autosomes et une paire de chromosomes sexuels (XY chez l'homme, XX

chez la femme). [→ CARYOTYPE.] La longueur des chromosomes varie de 5 à 15 μm. Ils possèdent une constriction principale et constante appelée « centromère ».

Les chromosomes sont formés de longues chaînes d'acide désoxyribonucléique (A. D. N.), ainsi que de protéines particulières appelées « histones ». Les chaînes d'A. D. N. sont organisées en unités de fonction, appelées « gènes », responsables de la synthèse de protéines spécifiques.

CHROMOSOMIQUE [kro-] adj. Relatif au chromosome.

CHROMOSPHÈRE [kro-] n. f. (angl. *chromosphere*). Région de l'atmosphère du Soleil ou d'une étoile, comprise entre la photosphère et la couronne.

ENCYCL. La chromosphère solaire, large d'environ 10 000 km, apparaît lors des éclipses totales de Soleil comme un mince liséré rose vif bordant le disque solaire éclipsé. Sa coloration est due à l'hydrogène. On l'observe aussi en dehors des éclipses au moyen de coronographes, de spectrohéliographes, de radiohéliographes. Sa température varie d'environ 4 000 K à la base à 20 000 K au sommet. Toutefois, elle est très inhomogène, en température et en densité, et formée par une grande variété de structures : spicules, fibrilles, protubérances (ou filaments), granules, facules, etc.

CHROMOSPHÉRIQUE [kro-] adj. Relatif à la chromosphère.

CHROMOTROPE [kro-] n. m. Colorant pour laine obtenu en copulant l'acide chromotropique avec des diazoïques.

CHROMOTROPIQUE [kro-] adj. *Acide chromotropique,* acide dioxynaphtalène disulfonique. (Il est utilisé dans la préparation industrielle des colorants.)

CHROMYLE [kro-] n. m. Radical divalent CrO_2.

CHRONAXIE [kro-] n. f. (gr. *khronos,* temps, et *aksia,* valeur). Temps d'application d'un courant électrique continu, d'une intensité double de la rhéobase, à l'issue duquel une cellule nerveuse ou musculaire exprime une réponse.

CHRONICISER (SE) v. pr., **ÊTRE CHRONICISÉ** [krɔ-] v. pass. (conj. 3). **1.** Pour un malade, être installé dans une maladie de longue durée sans espoir d'amélioration. — **2.** Pour une maladie, devenir chronique.

CHRONICITÉ [krɔ-] n. f. Caractère d'un phénomène, d'une maladie chronique.

1. CHRONIQUE [krɔ-] adj. (bas lat. *chronicus*). **1.** Se dit de maladies de longue durée, par oppos. aux *maladies aiguës.* — **2.** Qui dure, persiste (en parlant d'un mal, d'un défaut) : *Chômage chronique.*

2. CHRONIQUE [krɔ-] n. f. (lat. *chronica,* du gr. *khronica biblia,* les annales). **1.** Récit dans lequel les faits sont enregistrés dans l'ordre chronologique. (→ *encycl.*) — **2.** Récit d'événements réels ou imaginaires qui suit l'ordre du temps : *La chronique d'une famille au second Empire.* — **3.** Ensemble des nouvelles, des bruits qui circulent : *Défrayer la chronique.* — **4.** Article ou commentaire d'un journaliste de renom sur des thèmes divers. — **5.** Article périodique consacré à un type d'informations spécialisées (chronique théâtrale, sportive, judiciaire). — **6.** Ensemble des valeurs qu'une variable statistique prend à différentes époques successives.

ENCYCL. Écrites le plus souvent par des contemporains des faits relatés, les chroniques, véritables œuvres littéraires, constituent une source précieuse de l'historiographie, mais doivent être utilisées avec circonspection, leurs auteurs n'ayant pas critiqué leurs sources.

Chronique *du pseudo-Frédégaire,* chronique anonyme relatant les événements allant de 584 à 768 et continuant l'*Histoire des Francs* de Grégoire de Tours. Œuvre de plusieurs auteurs du VIIIe s., elle constitue un document capital pour l'histoire des Francs.

Chronique des Pasquier, roman en 10 volumes (1933-1945) de G. Duhamel, histoire d'une famille bourgeoise parisienne au début du XXe s.

Chronique du règne de Charles IX *(la),* roman historique de Prosper Mérimée (1829).

Chronique des temps passés, chronique relatant l'histoire de la Russie jusqu'en 1110, dont on possède deux remaniements ultérieurs : la *Chronique laurentine* (1377) et la *Chronique hypatienne* (fin XIVe s. ou début XVe s.).

Chroniques, ouvrage de l'Ancien Testament, écrit en hébreu v. 300 av. J.-C., avec ceux d'Esdras et de Néhémie, par un seul auteur, appelé le Chroniste. Les *Chroniques* retracent l'histoire du peuple juif des origines à la prise de Jérusalem en 587 av. J.-C.

Chroniques *de Froissart,* chroniques en français qui relatent les événements survenus en Europe entre 1325 et 1400. L'ouvrage est le fruit de trois rédactions successives. Dans la première, Froissart est favorable aux Anglais ; dans la deuxième, il est plus favorable aux Français ; dans la troisième, il se montre hostile aux Anglais.

Chroniques italiennes, par Stendhal Recueil de nouvelles rassemblées pour la première fois en 1855, mais dont la plus ancienne, *Vanina Vanini,* date de 1829 et qui comprend aussi : *l'Abbesse de Castro, Vittoria Accoramboni, les Cenci.* Stendhal y oppose l'authenticité passionnelle italienne à la platitude française.

Chroniques du Pont-Neuf, pièces et chansons qui se débitaient, à Paris, sur le Pont-Neuf, entre 1630 et 1660.

Chroniques de Saint-Denis ou **Grandes Chroniques de France,** histoire officielle des rois de France, des origines à la fin du XVe s. Entreprises sans doute sous le règne de Philippe II Auguste, elles furent écrites à partir des chroniques latines réunies à l'abbaye de Saint-Denis et complétées au XIIIe s. par les vies de Louis IX et de Philippe III le Hardi. Au XIVe s. commença la rédaction d'une nouvelle chronique en français, qui forma avec la traduction des textes antérieurs les *Grandes Chroniques de France,* imprimées à la fin du XVe s. et dont il existe un manuscrit enluminé par Jean Fouquet à la B. N.

CHRONIQUEMENT [krɔ-] adv. De façon chronique.

CHRONIQUER [krɔ-] v. t. (conj. 3). *Fam.* Consacrer à un événement, à une œuvre une chronique dans un journal, une émission, etc.

CHRONIQUEUR, EUSE [krɔ-] n. **1.** Personne qui rédige une chronique journalistique. — **2.** Auteur de chroniques historiques.

CHRONO [krɔ-] n. m. *Fam.* **1.** Abrév. de CHRONOMÈTRE. — **2.** Temps chronométré moyen mis à faire une course.

CHRONOANALYSEUR, EUSE [krɔ-] n. Chronométreur spécialisé mesurant des opérations industrielles.

CHRONOBIOLOGIE [krɔ-] n. f. Étude des effets des rythmes naturels (jour et nuit, marées, phases de la Lune, saisons) sur l'homme, les animaux et les plantes et recherche des facteurs qui rythment les battements du cœur, la respiration, le sommeil, le cycle menstruel, etc.
ENCYCL. L'expérience a montré que lorsqu'un organisme est soustrait à l'effet des rythmes naturels (par exemple lorsqu'on cultive une plante sous lumière constante), les rythmes « exogènes » se conservent d'abord, mais peuvent assez rapidement se raccourcir ou s'allonger, voire s'effacer, tandis que les rythmes « endogènes » (biorythmes*) restent inchangés. Ainsi, chez l'écureuil, le rythme annuel d'hibernation se maintient même si on a élevé l'animal en milieu constant dès sa naissance. De même, un bref éclairement ayant déclenché le mouvement des feuilles de certains haricots, celui-ci se poursuit selon un rythme diurne malgré un éclairement réduit et constant.

Bien qu'en plein développement, la chronobiologie a déjà des applications médicales. C'est ainsi qu'on peut rendre un médicament beaucoup plus efficace en le prenant à une heure déterminée.

CHRONOGRAMME ou **CHRONODIAGRAMME** [krɔ-] n. m. Graphique dont l'axe des abscisses est divisé en jours, semaines, mois, etc., de façon que les variations du caractère portées en ordonnées soient suivies dans leur ordre de succession.

CHRONOGRAPHE [krɔ-] n. Personne qui écrit sur la chronologie.
◆ n. m. **1.** Montre de précision, munie d'un compteur qui permet de mesurer et d'afficher des intervalles de temps. — **2.** Appareil d'astronomie permettant d'enregistrer l'instant précis d'un phénomène déterminé, grâce à un signal électrique.

CHRONOGRAPHIE [krɔ-] n. f. Syn. de CHRONOLOGIE.

CHRONOGRAPHIQUE [krɔ-] adj. **1.** Relatif à la chronographie. — **2.** Relatif à la mesure des durées.

CHRONOLOGIE [krɔ-] n. f. **1.** Science des temps et des dates des événements historiques. (Syn. CHRONOGRAPHIE.) — **2.** Ordre et date des événements historiques. — **3.** Suite ordonnée d'une opération, d'un événement, etc. — **4.** Séquence temporelle des opérations qui précèdent ou suivent le lancement d'une fusée spatiale. (Pour la période précédant le lancement, on dit plutôt « compte à rebours ».)

CHRONOLOGIQUE [krɔ-] adj. Relatif à la chronologie, conforme à la chronologie : *Suivre l'ordre chronologique.*

CHRONOLOGIQUEMENT [krɔ-] adv. Selon l'ordre chronologique.

CHRONOLOGISTE [krɔ-] n. Spécialiste de chronologie.

CHRONOMÉTRAGE [krɔ-] n. m. Action de chronométrer ; résultat de cette opération.

CHRONOMÈTRE [krɔ-] n. m. **1.** Montre de précision réglée dans différentes positions et sous des températures variées, et ayant obtenu un bulletin officiel de marche. — **2.** Syn. courant de CHRONOGRAPHE.

CHRONOMÉTRER [krɔ-] v. t. (conj. **18**). Mesurer à l'aide du chronomètre la durée d'une action, d'une opération industrielle, etc.

CHRONOMÉTREUR, EUSE [krɔ-] n. Personne chargée d'effectuer un chronométrage.

CHRONOMÉTRIE [krɔ-] n. f. **1.** Partie de la mécanique et de l'électronique qui s'occupe de la mesure très précise du temps. — **2.** Fabrication de chronomètres.

CHRONOMÉTRIQUE adj. Relatif au chronomètre, à la chronométrie.

CHRONOPHARMACOLOGIE [krɔ-] n. f. Étude des changements rythmiques de l'effet des médicaments en fonction de l'heure d'administration.

CHRONOPHOTOGRAPHE [krɔ-] n. m. Appareil servant à la chronophotographie.

CHRONOPHOTOGRAPHIE [krɔ-] n. f. Analyse du mouvement par la photographie.

CHRONORUPTEUR [krɔ-] n. m. Appareil coupant automatiquement le courant après un temps déterminé.

CHRONOSCOPE [krɔ-] n. m. Dispositif permettant de mesurer la durée de phénomènes très brefs.

CHRONOSTRATIGRAPHIE [krɔ-] n. f. Partie de la stratigraphie relative à l'organisation et à la division des différentes strates de l'écorce terrestre en unités correspondant à des intervalles de temps géologique et fondées sur leurs relations d'âge.

CHRONOTACHYGRAPHE [krɔnotaki-] n. m. Instrument de mesure et d'enregistrement dont l'usage est obligatoire sur certains véhicules pour contrôler la vitesse, l'horaire et la distance parcourue.

CHRONOTACHYMÈTRE [krɔnotaki-] n. m. Sorte de chronographe permettant d'évaluer la vitesse horaire d'un véhicule. (Sur les locomotives, on parle de tachymètre enregistreur.)

CHRONOTHÉRAPIE [krɔ-] n. f. Étude des moments préférentiels d'administration des diverses thérapeutiques au cours de la journée.

CHRONOTOXICITÉ [krɔ-] n. f. Variation de la toxicité d'une substance selon l'horaire de son administration.

CHRONOTOXICOLOGIE [krɔ-] n. f. Étude de la toxicité de certaines substances suivant les heures d'absorption.

CHRONOTROPE [krɔ-] adj. Qui concerne ou commande la régularité d'un rythme. (C'est une fonction chronotrope qui règle le rythme du cœur.)

CHRONULE [krɔ-] n. f. (n. déposé, du gr. *khronos,* temps). Forme d'administration par voie buccale de médicaments à action prolongée.

CHROZOPHORA [krɔ-] n. m. Petite euphorbiacée cultivée dans le Midi pour en extraire la teinture de tournesol.

CHRYSALIDE [kri-] n. f. (lat. *chrysalis, -idis,* du gr. *khrusallis*). Nom donné à la nymphe des lépidoptères, étape intermédiaire entre la chenille et le papillon.

ENCYCL. Immobiles, souvent protégées d'un cocon ou cachées dans des abris, les chrysalides demeurent en sommeil apparent pendant une durée variable selon l'espèce (de quelques jours à près d'un an). Presque tous les organes de la chenille sont détruits tandis que les organes du papillon s'édifient à partir de petits massifs cellulaires, les *disques imaginaux.* À terme, l'éclosion se fait à travers une fente dorsale longitudinale.

CHRYSALIDER (SE) [kri-] v. pr. (conj. 3). Entrer en nymphose.

CHRYSAMINE [kri-] n. f. Dénomination courante des colorants azoïques jaunes.

CHRYSANILINE [kri-] n. f. Matière colorante acridinique, teignant la soie et la laine en jaune et utilisée surtout pour la teinture du cuir.

CHRYSANTHÈME [kri-] n. m. (lat. *chrysanthemon,* du gr. *khrusanthemon*). Plante (composée) ornementale d'automne de grand usage en France dans les jardins et pour l'ornement des tombes à la Toussaint.

CHRYSANTHÉMISTE [kri-] n. Horticulteur spécialisé dans la culture du chrysanthème.

CHRYSAZINE [kri-] n. f. Dihydroxyanthraquinone, isomère de l'alizarine et, comme celle-ci, colorant mordançable.

CHRYSÉLÉPHANTIN, E [kri-] adj. (gr. *elephantinos,* d'ivoire). Se dit d'une statuaire qui employait simultanément l'or et l'ivoire. (Antiquité grecque surtout.)

CHRYSÈNE [kri-] n. m. Hydrocarbure aromatique $C_{18}H_{12}$, présent dans les goudrons de houille et dont le squelette carboné se rencontre dans de nombreux produits naturels.

CHRYSIDÉ [kri-] n. m. Nom de famille attribué à plus de 2 000 espèces de petits hyménoptères à l'éclat métallique, parasites des guêpes, notamment.

CHRYSIPPE, philosophe et logicien grec (Soli, Cilicie, 281 av. J.-C. - Athènes 205), qui se rattache à l'école stoïcienne. Son œuvre ne nous est parvenue que de façon fragmentaire. En logique, il a isolé diverses formes fondamentales d'inférence.

Chrysler Corporation, société de construction d'automobiles des États-Unis, fondée en 1925 par l'ingénieur américain Walter Percy Chrysler (1875-1940) et, avec General Motors et Ford, l'un des premiers producteurs américains d'automobiles.

CHRYSOBÉRYL [kri-] n. m. Aluminate naturel de béryllium, de formule $BeAl_2O_4$. (Syn. CYMOPHANE.)

CHRYSOBULLE [kri-] n. m. ou f. (gr. byz. *khrusoboullon*). Édit solennel d'un empereur byzantin.

CHRYSOCALE [kri-] n. m. (gr. *khalkos,* cuivre). Bronze dont la couleur se rapproche de celle de l'or, qui peut être travaillé sous forme de fils, barres, tiges.

CHRYSOCOLLE ou **CHRYSOCOLE** [kri-] n. f. (gr. *khrusokolla,* borax). Silicate hydraté naturel de cuivre amorphe, de couleur vert bleuâtre.

CHRYSOGRAPHIE [kri-] n. f. Écriture en lettres d'or, employée dans certains manuscrits luxueux (byzantins et carolingiens).

CHRYSOÏDINE [kri-] n. f. Colorant basique jaune-orangé obtenu par l'action des dérivés diazoïques de l'aniline sur la métaphénylène, employé en impression sur étoffes ou pour la teinture du cuir.

CHRYSOLITE [kri-] n. f. Variété de péridot vert clair, pouvant donner des pierres fines.

CHRYSOLOGUE [kri-] adj. Se dit des Pères de l'Église, en raison de leur éloquence.

CHRYSOLOPHE [kri-] n. m. Nom générique du faisan à collerette, souvent élevé en captivité pour son beau plumage.

CHRYSOMÈLE [kri-] n. f. Insecte coléoptère, type de la famille des *chrysomélidés.*

CHRYSOMÉLIDÉ [kri-] n. m. Insecte coléoptère végétarien tel que les altises, le doryphore, les criocères et les chrysomèles, dont la larve, qui ressemble à une chenille, se rend gravement nuisible à diverses plantes, les rongeant souvent de l'intérieur. (Les *chrysomélidés* forment une famille de 20 000 espèces env.)

CHRYSOMONADALE [kri-] n. f. Nom d'ordre donné aux chrysophycées.

CHRYSOMYIA [kri-] n. f. Mouche dorée des régions chaudes, dont la larve produit souvent des myiases.

CHRYSOMYZA [kri-] n. f. Mouche dorée très commune sur les excréments.

CHRYSOPHANIQUE [kri-] adj. *Acide chrysophanique,* substance extraite du cuscara, de la rhubarbe et du séné, employée en dermatologie.

CHRYSOPHORE [kri-] n. m. Scarabée vert doré, propre à la Colombie et au Pérou, et employé par les Indiens de ces régions pour orner leurs colliers.

CHRYSOPHYCÉE [kri-] n. f. Algue aquatique d'un jaune doré, souvent unicellulaire, dont les espèces très diverses sont communes dans certaines mers (coccolithophores) et dans les eaux douces froides. (Les *chrysophycées* forment une sous-classe, ou un ordre, alors appelé *chrysomonadales.* Elles sont un « groupe-carrefour », ayant, selon l'espèce, des traits communs avec les diatomées, les algues brunes, les spongiaires, les cœlentérés, les amibiens ; elles forment ainsi l'un des passages les plus importants entre les règnes animal et végétal.)

CHRYSOPRASE [kri-] n. f. (lat. *chrysoprasus,* du gr. *prason,* poireau). Variété vert pomme de calcédoine.

CHRYSOPS [krizɔps] n. m. Petit taon aux gros yeux vert doré qui pique avec obstination, en été, les hommes et les animaux, notamment aux yeux.

CHRYSOSTOME [kri-] n. m. Très grand poisson marin (1,70 m et 250 kg), aux couleurs vives, à chair savoureuse, cosmopolite. (N. usuel *opah.*)

CHRYSOSTOME (*saint* **Jean**) → JEAN CHRYSOSTOME (saint).

CHRYSOTHÉRAPIE [kri-] n. f. Utilisation des sels d'or dans un dessein thérapeutique. (Son rôle se limite aujourd'hui aux rhumatismes inflammatoires.)

CHRYSOTILE [kri-] n. m. Silicate hydraté naturel de magnésium, qui est une variété fibreuse de serpentine.

C.H.S. n. m. Abrév. de CENTRE HOSPITALIER SPÉCIALISÉ, désignation officielle de l'hôpital psychiatrique.

CHTCHEDRINE (Silvester Feodossievitch), peintre russe (Saint-Pétersbourg 1791 - Sorrente 1830). Fils et neveu de deux artistes en renom, l'un sculpteur (Feodossi), l'autre peintre (Semen), installé en Italie (Rome et Naples) à partir de 1818, il fut un des plus aimables paysagistes européens de son temps.

CHTCHEDRINE → SALTYKOV-CHTCHEDRINE.

CHTCHEPKINE (Mikhaïl), comédien et metteur en scène russe (région de Koursk 1788 - Yalta 1863). Il est considéré comme le plus grand acteur russe et son talent lui valut d'être affranchi, par souscription nationale, de sa condition de serf. Il créa une école d'acteurs.

CHTCHOUSSEV (Alekseï Viktorovitch), architecte soviétique (Kichinev 1873 - Moscou 1949). Son œuvre, surtout moscovite, n'a cessé d'osciller entre sobriété moderniste (mausolée de Lénine, 1924-1930) et historicisme exubérant (station de métro Komsomolskaïa, ouverte en 1952).

CH'TIMI n. (p.-ê. picard *ch'ti,* chétif, et *mi,* moi, ou *ch',* ce, *ti,* toi, et *mi,* mi). *Fam.* Personne originaire du nord de la France.

CHTONIEN ou **CHTHONIEN, ENNE** [ktɔnjɛ̃, -ɛ̃n] adj. (gr. *khthonios,* de *khthôn,* terre). Se dit des divinités infernales ou souterraines (Hadès, Déméter, etc.).

C. H. U. n. m. Abrév. de CENTRE HOSPITALO-UNIVERSITAIRE.

CHŪBU, région du Japon, correspondant à la partie la plus large de Honshū et comprenant les trois districts du Tōkai (sur le Pacifique), du

Hokuriku (sur la mer du Japon) et du Tōsan (au centre) ; 20 834 000 hab.

CHUCHETER v. i. (onomat.) [conj. 27]. Gazouiller, en parlant du moineau.

CHUCHOTEMENT n. m. **1.** Action de chuchoter ; bruit de voix qui chuchotent. — **2.** *Litt.* Bruit léger, froissement qui évoque un bruit de voix.

CHUCHOTER v. i. (onomat.) [conj. 3]. Faire entendre un murmure confus de voix, parler à voix basse.
◆ v. t. **1.** Dire qqch à voix basse : *Il chuchota à Pierre quelques mots que je n'entendis pas.* — **2.** Dire qqch par-derrière, propager : *On chuchote sur son compte qu'il a perdu beaucoup au jeu.*

CHUCHOTERIE n. f. *Vx.* Entretien, le plus souvent médisant, de personnes qui parlent à voix basse.

CHUCHOTEUR, EUSE adj. et n. Qui chuchote, aime à chuchoter.

CHUCHOTIS n. m. *Litt.* Bruit léger qui s'apparente au chuchotement.

CHUETA adj. et n. (majorquin *chuya,* porc, ou d'une forme dialect. de l'esp. *judio,* juif). Nom donné aux marranes de Majorque, convertis au christianisme, lors des persécutions de 1391 et 1435.

CHŪGOKU, région du Japon, correspondant à la partie occidentale de Honshū, à l'O. du Kansai. Le versant sud, sur la mer Intérieure, est riche en métropoles (Himeji, Okayama, Hiroshima) et bordé de grands complexes industriels.

CHUINTANT, E adj. et n. f. Se dit de certaines consonnes constrictives, notamment les prépalatales [ʃ](chou) et [ʒ] *(joue).*

CHUINTEMENT n. m. **1.** Défaut de prononciation qui consiste à substituer respectivement les consonnes [ʃ] et [ʒ] à [s] et [z]. — **2.** Bruit provoqué par le passage d'un gaz ou d'un liquide dans un orifice étroit, une canalisation.

CHUINTER v. i. (onomat.) [conj. 3]. **1.** Crier, en parlant de la chouette. — **2.** Faire entendre un sifflement, en parlant d'un gaz, d'un liquide. — **3.** Prononcer certains sons comme des chuintantes (par ex. *chac* pour *sac*).

CHUJOY (Anatole), critique et écrivain de la danse américain d'origine lettone (Riga 1894 - New York 1969). Cofondateur et rédacteur en chef de *Dance Magazine* (1937), il fonda en 1942 la publication mensuelle *Dance News.* Il dirigea la publication de *Dance Encyclopedia* (1949 ; rééd. avec P. W. Manchester, 1967) et publia la première traduction en anglais de l'ouvrage de la pédagogue russe Agrippina Vaganova, qui parut à New York en 1946 sous le titre *Fundamentals of Classic Dance.*

CHŪKYŌ, district urbain et industriel de Nagoya, au Japon (préfectures de Mie, Aichi et Gifu). C'est le troisième foyer industriel du pays.

CHULALONGKORN ou **RĀMA V** (Bangkok 1853 - *id.* 1910), roi du Siam (1868-1910), fils du roi Mongkut. Il créa une armée et une administration modernes, abolit l'esclavage et entreprit la construction de voies ferrées. Grand souverain, à l'origine du Siam moderne, il dut néanmoins céder à la France une partie du Laos (1893), restituer au Cambodge Angkor et Battambang (1907) et renoncer, au profit de la Grande-Bretagne, à la suzeraineté sur quatre États malais (1909).

CHULLPA n. m. (aymara *chullpa,* tombe). Construction funéraire précolombienne en pierre, de plan circulaire ou rectangulaire, couverte par une fausse voûte ou par une dalle. (Dans les hauts plateaux de Titicaca, la plupart sont d'époque inca.)

CHULUPIS ou **CHUNUPIS,** Indiens du Chaco paraguayen, estimés à 15 000.

CHUM [ʃœm] n. m. (mot angl.). Nom commercial du saumon du Pacifique.

CHUN DOO-HWAN ou **CHON TUHWAN,** homme d'État sud-coréen (Hapchon 1931). Chef du service des renseignements de l'armée lors de l'assassinat de Park Chung-hee (1979), il a été président de la République de 1980 à 1988.

CHUNGJIN → CHONGJIN.

CHUNGKING → CHONGQING.

Chunqiu ou **Tch'ouen-ts'ieou** → PRINTEMPS ET AUTOMNES.

CHUQAYRĪ (Aḥmad), homme politique et diplomate arabe (Acre 1908-'Ammān 1980). Il présida l'Organisation de libération de la Palestine (O.L.P.) de 1964 à 1967.

CHUQUET (Nicolas), mathématicien français (Paris v. 1445 - 1500). Il est l'auteur du *Triparty en la science des nombres* (1484), le plus ancien traité d'algèbre français. Le concept de nombre, très large chez Chuquet, inclut le zéro, les nombres négatifs et les racines. Il utilise la notation cartésienne des exposants et les règles de calcul. Il donne la règle des signes et prépare l'introduction des logarithmes.

CHUQUICAMATA, v. du Chili septentrional, dans la vallée du río Loa ; 22 100 hab. Grande mine de cuivre à ciel ouvert. Fonderie et raffinerie.

CHUR, nom allemand de Coire.

CHURCH (Frederick Edwin), peintre américain (Hartford 1826 - New York 1900). Paysagiste, élève de T. Cole, il a rendu les grands espaces d'Amérique (Labrador, chutes du Niagara, Andes) avec un lyrisme grandiose.

CHURCH (Alonzo), logicien américain (Washington 1903). Il a établi l'indécidabilité du calcul des prédicats du premier ordre. Sa logique combinatoire permet de démontrer que certains substituts formels de la calculabilité sont équivalents à la notion de récursivité générale. Il a écrit une *Introduction à la logique mathématique* (1944).

CHURCHILL, fl. du Canada (Saskatchewan et Manitoba), qui sort du lac La Loche et se jette dans la baie d'Hudson ; 1 600 km. — À son embouchure se trouve le port de *Churchill* (1 300 hab.).

CHURCHILL, anc. **Hamilton,** fl. du Canada, dans le Labrador, tributaire de l'Atlantique ; 1 000 km env. Chutes *(Churchill Falls)* dans son cours supérieur (hydroélectricité).

CHURCHILL (*lord* Randolph Henry SPENCER), homme politique britannique (Blenheim Palace, Oxfordshire, 1849 - Londres 1895). Député conservateur en 1873, il se fit l'avocat d'un « torysme progressiste ». Lord-lieutenant d'Irlande (1876-1880), il fut partisan d'amples concessions, mais s'opposa à l'adoption, par Gladstone, du Home Rule (1886). Il fut leader des Communes et chancelier de l'Échiquier en 1886.

CHURCHILL (*sir* Winston Leonard SPENCER), homme d'État britannique (Blenheim Palace, Oxfordshire, 1874 - Londres 1965), fils aîné du précédent. Jeune officier, il part comme observateur auprès de l'armée espagnole chargée de réprimer la révolte de Cuba (1895). Il est ensuite correspondant de guerre en Inde et au Soudan, puis au Transvaal pendant la guerre des Boers (1899). Tenté par la politique, il démissionne de l'armée en 1899. Élu député conservateur (1900), il se lie d'amitié avec Lloyd George et rejoint les libéraux. Sous-secrétaire d'État aux Colonies (1906-1908), ministre du Commerce (1908-1910), puis ministre de l'Intérieur (1910-11), il devient Premier lord de l'Amirauté (1911) et prépare activement la flotte britannique. En 1915, il démissionne après l'échec de l'expédition des Dardanelles. Nommé en 1917 ministre des Munitions, puis ministre de la Guerre et de l'Air (1919), il passe au ministère des Colonies (1921). Il intervient alors en faveur de l'indépendance de l'Irlande. Passé du radicalisme militant au conservatisme le plus ferme, il est élu député (conservateur) en 1924. Chancelier de l'Échiquier dans le cabinet Baldwin (1924-1929), il rétablit l'étalon-or. Conscient de la montée du péril nazi, il préconise en vain une politique de fermeté contre l'Allemagne hitlérienne. Premier lord de l'Amirauté en 1939, puis Premier ministre en 1940, Churchill galvanise les énergies et s'affirme alors comme un grand chef de guerre et un grand chef d'État. Il signe avec le président Roosevelt le pacte de l'Atlantique, et propose son aide au gouvernement soviétique lorsque le conflit germano-soviétique éclate (1941). En dépit de l'immense prestige conféré par la victoire, il doit se retirer peu après le succès des travaillistes aux élections de 1945. De retour au pouvoir après les élections de 1951, il démissionne en 1955 pour raison de santé. De son œuvre d'écrivain il faut détacher : *The World Crisis, 1911-1918* (1923-1929), *A History of the English-speaking Peoples* (1956-1958), et surtout ses *Mémoires de guerre* (1948-1954). [Prix Nobel de littérature 1953.]

CHURRIGUERA (DE), famille de sculpteurs et d'architectes baroques espagnols dont les principaux sont trois frères : JOSÉ BENITO (Madrid 1665 - *id.* 1725), sculpteur du retable de S. Esteban de Salamanque (1693) et créateur de la ville de Nuevo Baztán, près de Madrid ; JOAQUÍN (Madrid 1674 - Salamanque ? v. 1724), actif à Salamanque (collège de Calatrava...) ; ALBERTO (né à Madrid en 1676), qui donna les plans de la majestueuse Plaza Mayor de Salamanque (1728).

CHURRIGUERESQUE adj. (de *Churriguera,* n. pr.). Se dit du style baroque exubérant qui a marqué l'architecture et la sculpture espagnoles des premières décennies du XVIIIe s. (Plus qu'aux Churriguera, malgré son nom, ce style doit ses exemples les plus caractéristiques à P. de Ribera à Madrid, N. Tomé à Tolède, L. de Figueroa à Séville.)

Chuson-ji, temple de la secte tendai, à Hiraizumi (près d'Ichinoseki, Honshū). Son kondō* devint (début XIIe s.) le mausolée d'un clan prépondérant dans le Mutsu, qui se prétendait apparenté aux Fujiwara.

CHUT ! interj. (onomat.). Silence ! ne faites pas de bruit.

CHUTE n. f. (anc. fr. *cheoite,* du lat. **cadecta,* refait sur l'anc. part. *chu, chue,* de *choir*). **1.** Action de tomber, de perdre l'équilibre, d'être entraîné vers le sol : *Faire une chute.* — **2.** Action de se détacher de son support naturel : *Chute des feuilles. Chute des dents, des cheveux.* — **3.** Déchet d'une matière dans laquelle on a taillé des objets ou des parties : *Des chutes de tissu.* — **4.** Diminution de valeur, d'intensité, etc. ; baisse : *La chute des prix.* — **5.** Effondrement d'un régime, d'une institution : *La chute d'un ministère.* — **6.** Échec, insuccès d'une œuvre. — **7.** Capitulation, reddition d'une place forte : *La chute de Metz.* — **8.** Faute qui fait passer dans un état de déchéance : *Entraîner quelqu'un dans sa chute.*

— **9.** Partie qui termine une histoire, un récit, une œuvre littéraire ou musicale, etc. : *La chute de l'histoire était très drôle.* — **10.** *Chute de pluie, de neige, etc.*, précipitations (de pluie, de neige, etc.). — **11.** Masse d'eau qui tombe d'une certaine hauteur. (Elle est intermédiaire entre la cascade et la cataracte.) — **12.** À certains jeux de cartes, nombre de levées demandées et non réalisées. — **13.** *Chute (de l'homme),* péché originel. ‖ *Chute du jour,* moment où la nuit commence. ‖ *Chute libre,* mouvement d'un corps abandonné sans vitesse initiale et soumis à son seul poids ; phase d'un saut en parachute avant l'ouverture de ce dernier ; fait de baisser, de tomber rapidement sur le plan de la valeur, du mérite, du crédit, etc. ‖ *Chute des reins,* bas du dos. ‖ *Point de chute,* point de rencontre de la trajectoire d'un projectile avec le terrain ; (fam.) endroit où l'on peut s'arrêter, se fixer, se mettre à l'abri ; lieu de rendez-vous, de rencontre. • **Archit.** et **Arts décor.** *Chute de festons, d'ornements,* motif figurant un bouquet pendant de fleurs ou de fruits. — **Balist.** *Angle de chute,* angle que fait la trajectoire avec le terrain au point d'impact. — **Bât.** Pente d'un toit. ‖ *Tuyau de chute,* canalisation verticale servant à l'évacuation des W.-C. — **Bonnet.** Sur un métier à tricoter à mailles cueillies, ensemble des organes commandant la formation d'une rangée de mailles. — **Électr.** *Chute de tension* ou *de potentiel,* dans une machine et un transformateur, différence entre les tensions aux bornes à vide et à une charge déterminée. — **Hydrol.** *Hauteur de chute,* dénivellation utilisée par une installation hydroélectrique. — **Mar.** Hauteur d'une voile quand elle est tendue. — **Méd.** Syn. courant de PTÔSE. — **Métall.** *Coulée en chute,* coulée directe. — **Navig.** Différence de niveau entre deux biefs consécutifs d'une voie navigable. ‖ *Mur de chute,* mur limitant, vers l'aval, la tête amont d'une écluse. — **Pêch.** Hauteur d'un filet. — **Phys.** *Loi de la chute des corps,* loi selon laquelle, en un même lieu et en absence de résistance de l'air, tous les corps ont le même mouvement de chute libre s'effectuant avec la même accélération g, quel que soit le corps pesant. (g est l'accélération de la pesanteur au point considéré.) [→ *encycl.*]

ENCYCL. **Phys.** *Loi de la chute des corps.* Dans la mesure où g peut être considéré comme constant, le mouvement est uniformément accéléré, s'effectue selon la verticale et a pour équations :

$$v = gt \text{ et } d = \frac{1}{2}gt^2,$$

où t est la durée depuis le début de la chute, v la vitesse et d la distance parcourue. La résistance de l'air masque en général cette loi en y apportant des modifications qui dépendent des corps.

Chute *(la),* roman d'Albert Camus (1956), troisième et dernier volet du tryptique commencé avec *l'Étranger* et *la Peste.*

Chute d'un ange *(la),* poème de Lamartine (1838) conçu initialement comme fragment d'une épopée humanitaire dont *Jocelyn** devait être l'ultime épisode.

1. CHUTER v. i. (de *chute*) [conj. 3]. **1.** *Fam.* Tomber, faire une chute : *Elle chuta de sa chaise.* — **2.** Diminuer en quantité, prix, etc. : *Faire chuter les ventes.* — **3.** Voir sa valeur, son crédit, ou sa notoriété, ses résultats, etc., baisser ; ne pas réussir ; péricliter : *Cet élève est en train de chuter.* — **4.** S'effondrer, tomber en disgrâce, en parlant d'une institution ou d'un régime, etc. — **5.** Ne pas réussir à faire le nombre de levées de cartes que l'on aurait dû faire.
◆ v. t. ind. Échouer sur un point : *Le candidat a chuté sur la dernière question.*

2. CHUTER v. t. (de *chut !*) [conj. 3]. *Fam.* Accueillir qqn par des « chuts ».

CHUTEUR n. m. *Chuteur opérationnel,* parachutiste employant un parachute à ouverture retardée.

CHUTNEY [ʃœtnɛ] n. m. (angl. *chutney,* du hindī *catni,* épices fortes). Condiment aigre-doux.

CHVA n. m. (hébr. *chāv,* rien, vide). Nom parfois donné à la voyelle neutre [ə], appelée « *e* muet » en français.

Chvostek *(signe de),* contraction de la partie médiane de la lèvre supérieure, après percussion de la joue. Il s'observe dans la tétanie et la spasmophilie.

CHWISTEK (Leon), logicien polonais (Zakopane 1884 - près de Moscou 1944). Il a apporté une importante contribution à la *théorie des types**.

CHYLE n. m. (lat. médiév. *chylus*). Lymphe issue de l'intestin et chargée de gouttelettes graisseuses provenant de l'apport lipidique alimentaire.

CHYLEUX, EUSE ou **CHYLAIRE** adj. Relatif au chyle.

CHYLIFÈRE adj. et n. m. Se dit des vaisseaux lymphatiques nés des villosités intestinales, qui portent le chyle de l'intestin grêle au canal thoracique.

CHYLIFICATION n. f. Élaboration du chyle.

CHYLIFORME adj. Qui a l'aspect du chyle.

CHYLURIE n. f. Émission de chyle dans les urines, consécutive à une fistule entre les voies urinaires et lymphatiques, due principalement à l'action de certains parasites comme la filaire et la bilharzie.

CHYME n. m. (bas lat. *chymus,* suc de l'estomac, du gr. *khumos,* suc). Résultat de la transformation des substances alimentaires par le suc gastrique. (On distingue le chyme gastrique et le chyme intestinal.)

CHYMKENT → TCHIMKENT.

CHYMOTRYPSINE n. f. Enzyme protéolytique et fibrinolytique d'origine pancréatique susceptible de provoquer la coagulation du lait. (L'alphachymotrypsine a des propriétés anti-inflammatoires.)

CHYPRE, en gr. **Kýpros,** en turc **Kıbrıs,** État insulaire de la Méditerrannée orientale ; 9 251 km^2 ; 750 000 hab. *(Chypriotes* ou *Cypriotes).* CAP. *Nicosie.* LANGUES : *grec* et *turc.* MONNAIE : *livre chypriote.*

Géographie. Proche des côtes turques et syriennes, Chypre juxtapose deux populations, l'une grecque (majoritaire à 80 %), l'autre turque. L'invasion des troupes d'Ankara en 1974 et la partition de fait qui a suivi ont concentré au N. et au N.-E. (sur environ 40 % du territoire) la population turque ; le reste de l'île, autour du massif du Tróodhos, demeurant grec. Les transferts de populations ont accéléré l'urbanisation, désorganisé l'économie rurale dominante (olives, céréales, tabac, vin, agrumes) liée à un climat méditerranéen, dont la tendance à l'aridité a parfois été combattue par l'irrigation (fruits et légumes près du littoral). L'industrie, en dehors de quelques branches liées à la consommation, est aussi en difficulté. Le tourisme est actif mais ses revenus ne comblent pas toutefois le lourd et persistant déficit commercial.

Histoire.

• *L'Antiquité et le Moyen Âge.* Convoitée pour sa richesse en cuivre, Chypre est très tôt colonisée par les Grecs, puis par les Phéniciens. Passée à partir du IIIe s. av. J.-C. sous la domination des Ptolémées (dynastie égyptienne), elle est un brillant foyer de la civilisation hellénistique.

58 av. J.-C. : Chypre devient une province romaine.

Englobée dans l'Empire byzantin à partir du ve s., elle subit de nombreuses incursions arabes du VIIe s. au Xe s.

1191 : L'île est conquise par Richard Cœur de Lion lors de la 3e croisade.

Achetée par Gui de Lusignan en 1192 , Chypre passe pour trois siècles sous le contrôle de la dynastie des Lusignan. Érigée en royaume (1197), elle devient le principal centre latin d'Orient après les défaites des croisés au Levant.

1489 : Venise impose à Chypre sa tutelle administrative.

• *L'époque moderne et contemporaine.*

1571 : Conquise par les Turcs, l'île devient une province de l'Empire ottoman.

L'Église orthodoxe est restaurée.

1878 : L'administration de Chypre est confiée à la Grande-Bretagne par le sultan.

1914 : Annexion de l'île par la Grande-Bretagne.

1925 : Elle devient colonie de la Couronne britannique malgré les protestations de la Grèce. La majorité grecque de l'île réclame la fin de la domination britannique et le rattachement à la Grèce (Enôsis). Après les opérations de guérilla déclenchées en 1955, l'indépendance est accordée dans le cadre du Commonwealth (1959).

1960 : Proclamation de la république, avec un président grec (Mgr Makários) et un vice-président turc.

Des heurts sanglants entre les communautés grecque et turque amènent l'intervention de l'O. N. U.

1974 : Un coup d'État favorable à l'Enôsis écarte temporairement Makários et donne à la Turquie l'occasion d'occuper le nord de l'île.

1977 : Mort de Makários. Spýros Kyprianoú lui succède.

1983 : Proclamation unilatérale d'une « République turque de Chypre du Nord » (présidée par Rauf Denktaş), que la communauté internationale refuse de reconnaître

1988 : Gheórghios Vassilíou succède à Kyprianoú.

1993 : Ghláfkos Kliridhis est élu à la présidence de la République.

CHYPRIOTE ou **CYPRIOTE** adj. et n. De Chypre.

CHYTRIDIALE [ki-] n. f. (gr. *khutridion,* petit vase en terre). Nom d'ordre de champignons très inférieurs, le plus souvent aquatiques, à spores flagellées nageuses, à reproduction presque isogame, et dont une espèce terrestre, le *syntrichium,* est un parasite très nocif de la pomme de terre.

Ci, symbole du *curie,* unité d'activité nucléaire.

1. CI adv. (lat. *ecce,* voici, et *hic,* ici). **1.** Souligne la proximité (par oppos. à *là*), à la suite d'un pronom démonstratif ou d'un nom déterminé par un adjectif démonstratif, auquel il est lié par un trait d'union :
Viens de ce côté-ci de la rue. – **2.** *De-ci, de-là,* de côté et d'autre, au hasard.

2. CI pron. dém. (de *ça*). Fam. *Comme ci comme ça,* ni bien ni mal.

CIA, sigle de CENTRAL* INTELLIGENCE AGENCY.

CIALDINI (Enrico), duc **de Gaète,** général et homme politique italien (Castelvetro di Modena 1811 - Livourne 1892). Il défendit la cause du libéralisme en Italie (1831) et en Espagne (1835). Il servit ensuite dans l'armée piémontaise (1848-49) dont il commanda une brigade en Crimée (1855). Il fut ambassadeur à Madrid (1870-1873) et à Paris (1876-1881).

CIANO (Galeazzo), comte **de Cortellazzo,** homme politique italien (Livourne 1903-Vérone 1944). Fasciste de la première heure, il entre en 1925 dans la carrière diplomatique. En 1930, il épouse Edda, fille de Mussolini. Membre du Grand Conseil fasciste (1936), ministre des Affaires étrangères (9 juin 1936), il s'applique à constituer l'axe Rome-Berlin (Pacte d'acier ou traité de Berlin, mai 1939). Préoccupé par la puissance croissante du IIIe Reich, il tente en vain de s'opposer à l'entrée de l'Italie dans la Seconde Guerre mondiale (juin 1940). Ses réticences grandissantes amènent Mussolini à lui retirer les Affaires étrangères (5 févr. 1943). Lors de la séance du Grand Conseil fasciste du 25 juill. 1943, il vote la défiance à l'égard de Mussolini. Après l'arrestation de ce dernier, il s'enfuit en Allemagne où il est interné. Livré à la République sociale de l'Italie du Nord, il est jugé à Vérone, condamné à mort et fusillé (janv. 1944).

CIAO ou **TCHAO** [tʃao] interj. (ital. *ciao*). *Fam.* Au revoir.

CI-APRÈS adv. Un peu plus loin, dans le texte.

Ciba-Geigy AG, société de produits chimiques, née, en 1970, de la fusion des deux plus grandes entreprises chimiques suisses : Ciba AG, fondée en 1884 à Bâle, et J. R. Geigy AG, également bâloise et née vers la même époque, la première ayant absorbé la seconde. Les secteurs principaux de son activité sont la pharmacie et le phytosanitaire, les colorants, les matières plastiques.

CIBAO (le), dépression du nord de la République Dominicaine intensément mise en valeur (tabac, café, cacao, riz, bananes).

CIBICHE n. f. *Pop.* Cigarette.

CIBISTE n. (de la prononciation de *C.B.*). Utilisateur de la citizen band (ou C.B.) pour des communications radiophoniques de loisirs.

CIBLAGE n. m. Action de cibler un produit, une campagne publicitaire, un public.

CIBLE n. f. (suisse all. *schîbe,* disque). **1.** Objet servant de but pour le tir des armes de jet ou des armes à feu. — **2.** But, objectif et, en partic., public qu'une campagne publicitaire, une enquête de marché, etc., cherchent à atteindre. — **3.** Objet, point de mire où se concentrent les regards, les attaques ; personne ou objet visé par qqn, qqch : *Servir de cible à de mauvaises plaisanteries.* — **4.** Unité élémentaire de matière (atome, noyau, nucléon), exposée aux chocs d'un faisceau de particules pour étudier des collisions ; dispositif qui contient cette matière. — **5.** *Cellule cible, organe cible,* syn. de RÉCEPTEUR. ‖ *Langue cible,* langue dans laquelle doit être donnée la traduction d'un texte (par oppos. à *langue source*).

CIBLER v. t. (conj. 3). **1.** Définir la cible d'un produit à vendre, l'objectif, le but à atteindre. — **2.** Viser un public par une action publicitaire.

CIBOIRE n. m. (lat. *ciborium,* du gr. *kibôrion,* fruit du nénuphar). Vase sacré, où l'on conserve les hosties consacrées, dans le tabernacle.

CIBORIUM [-rjɔm] n. m. (lat. *ciborium*). Édicule en forme de baldaquin à colonnes élevé au-dessus de l'autel d'une église, de la cuve baptismale ou parfois d'une tombe privilégiée. (Haut Moyen Âge.)

CIBOULE n. f. (provenç. *cebula,* du bas lat. *caepulla*). Espèce d'ail originaire de Sibérie, et dont on cultive en France deux espèces comme condiments.

CIBOULETTE n. f. (de *ciboule*). Espèce d'ail vivace cultivée comme condiment et faisant partie des fines herbes. (Syn. CIVE, CIVETTE.)

CIBOULOT n. m. (de *ciboule*). *Pop.* Tête considérée comme siège de la pensée : *Avoir une idée dans le ciboulot.*

CIBOURE (64500), comm. des Pyrénées-Atlantiques, sur la Nivelle, en face de Saint-Jean-de-Luz ; 5 880 hab. Intéressante église des XVIe et XVIIe s. Pêche. Conserverie. Plage (Socoa).

C. I. C., sigle de CRÉDIT* INDUSTRIEL ET COMMERCIAL.

CICADELLE n. f. (lat. *cicada,* cigale). Petit insecte homoptère sauteur. (Les cicadelles forment les familles des jassidés, des membracidés et des cercopidés.)

CICADETTE n. f. (lat. *cicada,* cigale). Très petite cigale noire du noisetier.

CICADIDÉ n. m. (lat. *cicada,* cigale). Nom de famille attribué aux cigales.

CICATRICE n. f. (lat. *cicatrix*). **1.** Marque, après leur guérison, d'une blessure, d'une plaie ou d'une dermatose, constituée par un tissu fibreux qui tranche sur la peau avoisinante par sa coloration et l'épaisseur du tégument. — **2.** Trace matérielle laissée par une guerre, une catastrophe, etc. ; trace physique ou morale laissée par les malheurs, les souffrances, etc. : *Les cicatrices du tremblement de terre.* — **3.** Au sein d'une chaîne de montagnes, zone étroite séparant des domaines originellement éloignés, et dans laquelle peuvent se retrouver des composants d'éléments paléogéographiques intermédiaires. (Syn. SUTURE.)

CICATRICIEL, ELLE adj. Qui appartient à une cicatrice.

CICATRICULE n. f. Disque germinatif des œufs d'oiseaux et de reptiles, au sein duquel se font les premières divisions cellulaires de l'embryon.

CICATRISABLE adj. Qui peut se cicatriser.

CICATRISANT, E adj. et n. m. Qui favorise la cicatrisation.

CICATRISATION n. f. 1. Phénomène grâce auquel sont assurées la réparation et la fermeture d'une lésion, d'une plaie ou d'une perte de substance des tissus. (La cicatrisation est dite de *première intention* lorsque les lèvres de la plaie sont accolées, spontanément ou chirurgicalement. Elle est dite de *deuxième intention* lorsqu'il y a perte de substance.) — 2. *Litt.* Apaisement d'une douleur morale.

CICATRISER v. t. (conj. 3). 1. Fermer une plaie. — 2. Apaiser, guérir une douleur morale : *Le temps cicatrise les douleurs.*
◆ v. i. *Fam.* Avoir une peau qui se cicatrise de telle ou telle façon, en parlant de qqn : *Il cicatrise mal.*
◆ v. i. ou **se cicatriser** v. pr., **être cicatrisé** v. pass. 1. Se fermer, en parlant d'une plaie : *Blessure qui est longue à cicatriser.* — 2. S'apaiser, disparaître, en parlant d'une douleur morale.

CICERELLE n. f. Poisson sans écailles des rivages sableux de la Méditerranée ; du groupe des ammodytes.

CICERI (Pierre Luc Charles), peintre français (Saint-Cloud 1782 - Saint-Chéron 1868). Décorateur en chef de l'Opéra de Paris, il participa à la création des grands ballets romantiques (*la Sylphide* [1832], *Giselle* [1841], etc.). — Son fils EUGÈNE (Paris 1813 - *id.* 1890) se consacra au paysage (peintures, lithographies).

CICÉRO n. m. (lat. *Cicero,* Cicéron, n. pr.). Épaisseur de 12 points typographiques, qui sert d'unité dans le calcul des blancs à répartir dans une ligne composée. (Le cicéro équivaut à env. 4,5 mm.) [Syn. DOUZE.]

CICÉRON, en lat. **Marcus Tullius Cicero,** orateur et homme politique romain (Arpinum 106 - Formies 43 av. J.-C.). Issu d'une famille de rang équestre, il entreprend des études de droit, de rhétorique et de philosophie, à Rome et dans les écoles de la Grèce. Après la mort de Sulla (78), Cicéron regagne l'Italie. Abordant la carrière des honneurs dans les rangs des conservateurs, il est élu questeur (76) et exerce ses fonctions en Sicile. À son retour, il soutient la cause des Siciliens contre leur gouverneur, C. Verres, qui, de 73 à 71, a pillé l'île ; par ses plaidoiries *(les Verrines*),* il obtient sa condamnation. Dès ce moment, sa brillante réputation d'avocat lui permet d'acquérir une solide fortune. En même temps, soucieux de rapprocher les chevaliers et la noblesse pour constituer l'union des « gens de bien » qui sauveront la République, il connaît une rapide carrière politique : édile en 69, préteur en 66, il est consul en 63 et déjoue la conjuration de Catilina contre qui il prononce les quatre *Catilinaires**. Sauveur de la République, Cicéron voit sa carrière brisée par ses adversaires politiques qui s'appuient sur le premier triumvirat constitué en 60 entre J. César, Pompée et Crassus. En 58, il est contraint à un exil d'une année. Revenu à Rome, il partage alors son temps entre ses plaidoiries (*Pro Milone*,* en 52) et la rédaction de grands traités sur l'éloquence (*De oratore*,* en 55), la politique (*De legibus,* en 52, et *De republica*,* de 54 à 51).
Après avoir été gouverneur de la province de Cilicie (51-50), il ne rallie que tardivement le camp de Pompée. Après Pharsale (48), il obtient le pardon de J. César et se retire à Tusculum. Ses dernières années sont consacrées à l'étude ; il publie, outre des traités de rhétorique, des ouvrages de philosophie (en 45, les *Académiques, De finibus, les Tusculanes* et *De natura deorum,* en 44 *De officiis*).
L'assassinat de César aux ides de mars 44 relance la carrière politique de Cicéron qui veut rendre au sénat le rôle politique qu'il a perdu du fait de J. César. Mais il croit habile de soutenir Octave, le fils adoptif de J. César, et prononce contre Marc Antoine, son rival, ses *Philippiques.* Octave vainc Marc Antoine, mais il se réconcilie avec lui, et Cicéron est englobé dans les proscriptions que déchaînent les nouveaux maîtres contre tous leurs ennemis : rejoint à Formies par les tueurs dépêchés à sa poursuite, il est exécuté le 7 déc. 43.

CICÉRON (Quintus TULLIUS) [v. 102 - 43 av. J.-C.], frère cadet de l'orateur. Gouverneur de la province d'Asie (61-59), lieutenant de César en Gaule, il prit parti pour Pompée, mais se rallia à César après Pharsale. Il fut tué dans les proscriptions de 43.

CICÉRON (Marcus TULLIUS) [65 - v. 27 av. J.-C.], fils de l'orateur. Combattant à Pharsale et à Philippes, il lutta aux côtés de Sextus Pompée. Rallié à Auguste, il devint gouverneur d'Asie puis de Syrie.

CICÉRONE [siserɔn] n. m. (ital. *cicerone*). *Litt.* Guide de touristes étrangers.

CICHLIDÉ [siklide] n. m. (gr. *kikhla,* poisson). Poisson des eaux douces des régions chaudes, dont de nombreuses espèces sont élevées en aquarium pour leurs vives couleurs. (La famille des *cichlidés* compte plus de 600 espèces, dont le tilapie, le scalaire, l'hémichromis, etc. De nombreux cichlidés incubent leurs œufs dans leur bouche.)

CICINDÈLE n. f. (lat. *cicindela,* ver luisant). Joli coléoptère carnassier aux élytres verts tachés de jaune clair, chasseur actif à l'état larvaire comme à l'état adulte.

CICLOSPORINE ou **CYCLOSPORINE** n. f. Médicament immunodépresseur utilisé lors des transplantations d'organes pour éviter une réaction de rejet.

CICONIIDÉ n. m. (lat. *ciconia,* cigogne). Grand oiseau échassier tel que les cigognes, les marabouts et les jabirus. (Les *ciconiidés,* qui forment une famille, dans l'ordre des ardéiformes, ont un bec long et pointu, fréquentent les lieux humides et régurgitent des pelotes de déchets comme les rapaces ; ils sont migrateurs.)

CICONIIFORME n. m. Syn. de ARDÉIFORME.

CI-CONTRE adv. En regard, en face : *Voir tableau ci-contre.*

C. I. C. R., sigle de COMITÉ INTERNATIONAL DE LA CROIX-ROUGE*.

CICUTINE n. f. Alcaloïde très vénéneux qui se trouve dans la grande ciguë. (Syn. CONICINE.)

Cid *(le),* tragi-comédie de Pierre Corneille, représentée en 1637. Le sujet est tiré des *Enfances du Cid* de Guilhem de Castro. Pour venger l'honneur de son père, Rodrigue est obligé de tuer le père de Chimène, sa fiancée ; celle-ci poursuit le meurtrier, sans cesser de l'aimer. Au dilemme de Rodrigue (se venger, c'est perdre Chimène ; ne pas se venger, c'est perdre la gloire, et donc aussi perdre Chimène) répond le dilemme de Chimène (aimer, c'est s'oublier ; haïr, c'est oublier la gloire de Rodrigue, et donc mépriser toute gloire). Le roi met fin à l'impasse. Accueilli avec enthousiasme par le public, *le Cid* fut critiqué par les poètes rivaux et les théoriciens du théâtre parce que les règles de la tragédie n'y étaient pas observées.

CIDAMBARAM ou **CHIDAMBARAM,** l'un des cinq hauts lieux śivaïques de l'Inde du Sud. Vaste complexe de temples édifié autour du grand temple de Śiva (Xe-XVIIe s.), représentatif de l'art dravidien*.

CIDARIS [-ris] n. m. (lat. *cidaris,* du gr. *kidaris,* diadème). Oursin des rivages du monde entier, aux longues baguettes à bout arrondi, homologues de piquants, servant à la locomotion.

CID CAMPEADOR (Rodrigo DÍAZ DE VIVAR, dit **le**), héros espagnol (Vivar, près de Burgos, v. 1043 - Valence 1099), fils de Diego Láinez, gentilhomme castillan. Capitaine de Sanche II, roi de Castille et de León, aux côtés de qui il s'illustre contre les Navarrais et acquiert le nom de *Campeador* (« vainqueur de batailles »), il passe au service d'Alphonse VI (1072) qui lui donne pour épouse une parente, doña Jimena (1074). Banni de Castille par le roi qui craint son ambition (1081), il se met au service de l'émir de Saragosse et lutte aux côtés des musulmans, qui lui donnent le titre de *sidi* (« seigneur »), avant de s'emparer de Valence (1095) où il régnera jusqu'à sa mort. — **Littér.** Le personnage du Cid, devenu vite légendaire, inspira dès 1140 le *Cantar de mio Cid* qui rapporte les dernières années de la vie du héros ; c'est un des plus beaux monuments de la littérature espagnole du Moyen Âge. La *Crónica rimada* (début du XVe s.) évoque, elle, la jeunesse du Cid. Ces deux œuvres sont à l'origine de tout un cycle appelé *Romancero du Cid,* qui s'inscrit à partir du XVe s. dans l'ensemble du *Romancero.* Guilhem de Castro et Corneille dans *le Cid* furent les principaux adaptateurs de la légende au théâtre.

CI-DESSOUS adv. Au-dessous de ces lignes ; plus loin, plus bas dans le texte.

CI-DESSUS adv. Au-dessus de ces lignes ; en remontant plus haut dans le texte.

CI-DEVANT adj. et n. inv. Se disait de personnes dépossédées de leur état, de leur qualité, de leur titre, en partic. pendant la Révolution française : *Le ci-devant roi.*

CIDEX n. m. (abrév. de *courrier individuel à distribution exceptionnelle*). Service postal de distribution du courrier dans des boîtes aux lettres individuelles regroupées près d'un axe de communication.

CIDRE n. m. (lat. *sicera,* boisson fermentée, de l'hébr. *chekar*). Boisson provenant de la fermentation du jus de pomme ou d'un mélange de pommes et de poires, extrait avec ou sans addition d'eau.

ENCYCL. Le cidre est fabriqué à partir de pommes dites « à cidre », transformées en fine pulpe par une râpe, tambour rotatif muni de lames de scie. D'un premier pressurage on obtient le marc et le moût ou pur jus. Le marc est à nouveau pressé, après macération dans l'eau, pour donner les petits jus. Les jus obtenus, mélangés ou non, sont ensuite soumis à une fermentation alcoolique pour la transformation en cidre. Différentes méthodes sont utilisées pour obtenir une proportion donnée de sucre et d'alcool. Une fois obtenu, le cidre est filtré, mis en bouteilles et pasteurisé. Le « cidre pur jus » est obtenu sans addition d'eau ; le « cidre doux » contient au maximum 3° d'alcool acquis et au moins 5° d'alcool total. Dans le cidre sec, tout le sucre est transformé en alcool ; le cidre pétillant contient une certaine quantité de gaz carbonique (inférieure à 4 g/l). Le cidre mousseux, ou cidre bouché, a une teneur en gaz carbonique supérieure à 5 g/l.

CIDRERIE n. f. **1.** Usine ou local où l'on élabore du cidre. — **2.** Ensemble des techniques utilisées pour la production du cidre.

CIDRICOLE adj. Qui concerne le cidre.

C. I. D. U. N. A. T. I. (sigle de *Confédération Interprofessionnelle de Défense et d'Union Nationale d'Action des Travailleurs Indépendants*), organisation d'artisans et de commerçants français, fondée en 1968 et recrutant ses adhérents principalement dans le midi de la France.

Cie, abrév. de COMPAGNIE : Durand et Cie.

C.I.E., abrév. de contrat* initiative-emploi.

CIEGO DE ÁVILA, v. de Cuba, ch.-l. de prov., dans le centre de l'île ; 74 000 hab.

CIEL n. m. (lat. *caelum*) [pl. *ciels* ou, litt., *cieux*]. **1.** Fond sur lequel on observe les astres. (Par suite d'un effet de perspective, il a l'apparence d'une voûte.) — **2.** Ensemble des astres. — **3.** Influence supposée des astres ; sort, fatalité : *Le ciel est contre lui.* — **4.** Espace qui s'étend au-dessus de nos têtes et forme une sorte de voûte circonscrite par l'horizon : *Voir un avion dans le ciel.* — **5.** Cet espace considéré d'un point de vue atmosphérique : *Un ciel serein, sombre.* — **6.** Cet espace considéré du point de vue de la région, du pays qu'il recouvre : *La luminosité du ciel méditerranéen.* — **7.** La providence, Dieu, dans diverses expressions : *C'est le ciel qui t'envoie.* — **8.** Séjour de Dieu, des anges et des saints, dans lequel, après la mort, les élus jouissent de la béatitude éternelle ; paradis. — **9.** *À ciel ouvert,* à découvert, en plein air. ‖ Fam. *Aller, monter, partir, être au ciel,* mourir, être mort. ‖ *Au nom du ciel !,* formule par laquelle on conjure qqn de faire qqch. ‖ Litt. *Ciel ! Ô ciel ! Juste ciel !,* formules dont on se sert pour marquer sa surprise. ‖ *Élever qqn jusqu'au ciel,* le combler d'éloges. ‖ *Entre ciel et terre,* dans l'air. ‖ Litt. *Le feu du ciel,* la foudre, le tonnerre ; la vengeance céleste. ‖ *Fils du Ciel (Tianzi),* nom que les Chinois donnaient à l'empereur ou nom donné, *fam.*, à un Chinois. ‖ *Lever les bras, les yeux au ciel,* lever les bras, les yeux en signe d'impuissance ou d'énervement. ‖ *Remuer ciel et terre,* employer tous les moyens, mettre tout en œuvre. ‖ *Septième ciel,* le comble du bonheur. ‖ Litt. *Sous le ciel,* ici-bas, sur la terre. ‖ *Tomber du ciel,* arriver à l'improviste mais à propos ; être stupéfait. • **Astrol.** Toute la région de l'espace située soit au-dessus, soit au-dessous du plan de l'horizon. (Dans le premier cas, on l'appelle *ciel visible ;* dans le second, *ciel sous terre.*) — **Astron.** *Fond du ciel,* ensemble des sources de rayonnement contribuant au signal reçu par un instrument astronomique. ‖ *Rayonnement du fond du ciel,* syn. de RAYONNEMENT COSMOLOGIQUE. — **Min.** Voûte d'une excavation souterraine de grandes dimensions. ‖ *Ciel ouvert,* toute exploitation de surface, indépendamment de la substance concernée (mine ou carrière). [→ *encycl.*] — **Mobil.** *Ciel de chambre,* tenture dissimulant le plafond. ‖ *Ciel de lit,* plafond d'un baldaquin de lit ; se dit parfois de l'ensemble du baldaquin. — **Therm.** Paroi supérieure du foyer d'une chaudière.

◆ adj. inv. *Bleu ciel,* couleur bleu clair.

◆ **cieux** n. m. pl. Syn. litt. de CIEL ou pl. litt. de CIEL.

ENCYCL. **Min.** Les gisements qui affleurent à la surface et ceux qui sont situés à faible profondeur sont généralement exploités *à ciel ouvert* (carrières de matériaux de construction ; minerais de fer, d'aluminium, de manganèse, d'uranium, etc.). Le perfectionnement des engins de chantier permet de réaliser économiquement des ciels ouverts de plusieurs centaines de mètres de profondeur (lignites, charbons, minerais de cuivre et de métaux précieux) dans la limite d'un taux de découverture (proportion de stérile par rapport au minerai) qui dépend de la valeur de la substance extraite.

On peut estimer que 50 % des minerais métalliques et 85 % des minerais non métalliques exploités actuellement dans le monde proviennent de ciels ouverts de dimensions variées (de quelques centaines de tonnes à 200 000 tonnes par jour). Les gisements à extension verticale prépondérante sont exploités par fosses tandis que les gisements subhorizontaux sont exploités par découvertes. Les matériaux sont soit abattus et chargés mécaniquement en continu (draglines, excavateurs à godets, roues-pelles), soit abattus à l'explosif et chargés par des pelles mécaniques ou hydrauliques.

CIENFUEGOS, port de Cuba, ch.-l. de prov., sur la mer des Antilles ; 102 400 hab. Jardin botanique. Centre industriel.

CIERGE n. m. (lat. *cereus,* bougie, de *cera,* cire). **1.** Longue chandelle de cire, que l'on brûle dans les églises. — **2.** Très grande cactacée d'Amérique tropicale sèche, en forme de cylindre côtelé, aux rameaux en chandelier, et dont les fleurs ne s'épanouissent que la nuit. (200 espèces, dont 30 du genre *cereus ;* taille max. 13 m.) — **3.** *Brûler un cierge à qqn,* manifester sa reconnaissance à l'égard de qqn qui vous a tiré d'une situation critique. ‖ *Cierges d'eau,* jets d'eau grêles placés sur une même ligne. ‖ *Cierge pascal,* grand cierge orné de cinq grains d'encens en croix, bénit le samedi saint et que l'on allume tout le temps pascal aux offices solennels.

CIERVA Y CODORNÍU (Juan DE LA) → LA CIERVA Y CODORNÍU.

CIEŚLEWICZ (Roman), graphiste polonais, naturalisé français (Lwów 1930). En France depuis 1963, il multiplie les expériences graphiques dans diverses publications (*Elle, Vogue, Opus International,* etc.) et donne de nombreuses affiches caractérisées par des effets de collage ou

CIEL : LES 88 CONSTELLATIONS

Les constellations sont classées dans l'ordre alphabétique des noms *latins* sous lesquels il a été décidé de les désigner depuis 1922. L'indication N ou S placée avant le nom de la constellation indique que celle-ci appartient à la calotte polaire Nord ou Sud, limitée par les cercles de déclinaison + 30° et – 30° ; l'indication E, qu'elle appartient à la bande équatoriale définie par ces deux mêmes cercles. On donne entre parenthèses la règle de formation du génitif (utilisé pour la désignation des étoiles) et en face la traduction française.

	nom latin (et terminaison du génitif	abréviation officielle internationale	nom français	étendue (en degrés carrés)
N	Andromed*a (-ae)*	And	Andromède	722
S	Antli*a (-ae)*	Ant	Machine pneumatique	239
S	Ap*us (-odis)*	Aps	Oiseau de Paradis	206
E	Aquar*ius (-ii)*	Aqr	Verseau	980
E	Aquil*a (-ae)*	Aql	Aigle	652
S	Ar*a (-ae)*	Ara	Autel	237
E	Ari*es (-tis)*	Ari	Bélier	441
N	Aurig*a (-ae)*	Aur	Cocher	657
E	Boot*es (is)*	Boo	Bouvier	907
S	Cael*um (-i)*	Cae	Burin	125
N	Camelopardalis (-)	Cam	Girafe	757
E	Canc*er (-cri)*	Cnc	Cancer (ou Écrevisse)	506
N	Can*es (-um)* Venatic*i (orum)*	CVn	Chiens de chasse	465
E	Canis (-) Major *(-is)*	CMa	Grand Chien	380
E	Canis (-) Minor *(-is)*	CMi	Petit Chien	183
E	Capricorn*us (-i)*	Cap	Capricorne	414
S	Carina *(-ae)*	Car	Carène	494
N	Cassiopei*a (-ae)*	Cas	Cassiopée	598
S	Centaur*us (-i)*	Cen	Centaure	1 060
N	Cephe*us (-i)*	Cep	Céphée	588
E	Cet*us (-i)*	Cet	Baleine	1 231
S	Chamaele*on (-ontis)*	Cha	Caméléon	132
S	Circin*us (-i)*	Cir	Compas	93
S	Columb*a (-ae)*	Col	Colombe	270
E	Com*a (-ae)* Berenices	Com	Chevelure de Bérénice	386
S	Coron*a (-ae)* Australis	CrA	Couronne australe	128
N	Coron*a (-ae)* Borealis	CrB	Couronne boréale	179
E	Corv*us (-i)*	CrV	Corbeau	184
E	Crater *(-is)*	Crt	Coupe	282
S	Cru*x (-cis)*	Cru	Croix du Sud	68
N	Cygn*us (-i)*	Cyg	Cygne	804
E	Delphin*us (-i)*	Del	Dauphin	189
S	Dorad*o (-us)*	Dor	Dorade	179
N	Draco *(-nis)*	Dra	Dragon	1 083
E	Equule*us (-i)*	Equ	Petit Cheval	72
E	Eridan*us (-i)*	Eri	Éridan	1 138
S	Forn*ax (-acis)*	For	Fourneau	398
E	Gemin*i (orum)*	Gem	Gémeaux	514
S	Gru*s (-is)*	Gru	Grue	366

N	Hercul*es (-is)*	Her	Hercule	1 225
S	Horolog*ium (-ii)*	Hor	Horloge	249
E	Hydr*a (-ae)*	Hya	Hydre femelle	1 303
S	Hydr*us (-i)*	Hyi	Hydre mâle	243
S	Ind*us (-i)*	Ind	Indien (Oiseau)	294
N	Lacert*a (-ae)*	Lac	Lézard	201
E	Leo *(-nis)*	Leo	Lion	947
N	Leo *(-nis)* Minor *(is)*	LMi	Petit Lion	232
E	Lep*us (-oris)*	Lep	Lièvre	290
E	Libr*a (-ae)*	Lib	Balance	538
S	Lup*us (-i)*	Lup	Loup	334
N	Lyn*x (-cis)*	Lyn	Lynx	545
N	Lyr*a (-ae)*	Lyr	Lyre	286
S	Mensa *(-ae)*	Men	Table	153
S	Microscop*ium (-ii)*	Mic	Microscope	210
E	Monocer*os (-otis)*	Mon	Licorne	482
S	Musc*a (-ae)*	Mus	Mouche	138
S	Norm*a (-ae)*	Nor	Règle	165
S	Octans *(-tis)*	Oct	Octant	291
E	Ophiuch*us (-i)*	Oph	Ophiucus (ou Serpentaire)	948
E	Orion *(-is)*	Ori	Orion	594
S	Pavo *(-nis)*	Pav	Paon	378
E	Pegas*us (-i)*	Peg	Pégase	1 121
N	Perse*us (-i)*	Per	Persée	615
S	Phoeni*x (-cis)*	Phe	Phénix	469
S	Pictor *(-is)*	Pic	Peintre (Chevalet du)	247
E	Pisc*es (-ium)*	Psc	Poissons	889
S	Piscis (-) Austrin*us (-i)*	PsA	Poisson austral	245
S	Puppis (-)	Pup	Poupe	673
S	Pyx*is (-idis)*	Pyx	Boussole	221
S	Reticul*um (-i)*	Ret	Réticule	114
E	Sagitt*a (-ae)*	Sge	Flèche	80
E	Sagittar*ius (-ii)*	Sgt	Sagittaire	867
E	Scorp*ius (-ii)*	Sco	Scorpion	497
S	Sculptor *(-is)*	Scl	Sculpteur (Atelier du)	475
E	Scut*um (-i)*	Sct	Écu (de Sobieski)	109
E	Serpens *(-tis)*	Ser	Serpent	637
E	Sextans *(-tis)*	Sex	Sextant	314
E	Taur*us (-i)*	Tau	Taureau	797
S	Telescop*ium (-ii)*	Tel	Télescope	252
N	Triangul*um (-i)*	Tri	Triangle	132
S	Triangul*um (-i)* Austral*e (-is)*	TrA	Triangle austral	110
S	Tucan*a (-ae)*	Tuc	Toucan	295
N	Urs*a (-ae)* Major *(-is)*	UMa	Grande Ourse	1 280
N	Urs*a (-ae)* Minor *(-is)*	UMi	Petite Ourse	256
S	Vel*a (-orum)*	Vel	Voiles	500
E	Virg*o (-inis)*	Vir	Vierge	1 294
S	Volans *(-tis)*	Vol	Poisson volant	141
E	Vulpecul*a (-ae)*	Vul	Petit Renard	268

de photomontage et par le jeu des métamorphoses techniques du cliché d'imprimerie.

CIESZYN, en tchèque **Těšín,** en all. **Teschen,** ville frontière entre la Pologne et la République tchèque ; 32 000 hab. Centre industriel de Silésie, partagé entre ces deux pays en 1920, qui fut annexé dans sa totalité par les Polonais en 1938. Le statut de 1920 est rétabli en 1945.

CIEUX → CIEL.

CIEZA DE LEÓN (Pedro), chroniqueur espagnol (Llerena, Estremadure, v. 1520 -Séville 1554), auteur d'une *Chronique du Pérou* (1553) qui est l'une des principales sources pour l'histoire des Incas et de la conquête du Pérou.

CIF, abrév. commerciale, formée des initiales de *cost, insurance* et *freight,* et fréquemment utilisée à la place de *caf.*

CIGALE n. f. (provenç. *cigala,* du lat. *cicada*). **1.** Gros insecte homoptère suceur de sève, commun dans le Midi et connu par sa stridulation monotone. — **2.** *Cigale de mer,* nom usuel du *scyllare.*
ENCYCL. La cigale possède un corps court et trapu, que les ailes dépassent vers l'arrière. Le chant, propre au mâle, est issu d'un organe ventral. La larve, elle aussi suceuse de sève, passe sa longue vie (17 ans chez une espèce d'Amérique) dans le sol.

CIGARE n. m. (esp. *cigarro*). **1.** Petit rouleau constitué de feuilles et de fragments de tabac, destiné à être fumé. (→ *encycl.*) — **2.** *Pop.* Tête. — **3.** Leurre en bois peint, pour la pêche des poissons carnassiers, de forme allongée, armé à ses deux extrémités d'un hameçon double.
ENCYCL. Le cigare fut introduit en France à la fin du XVIIIe s. Il comporte l'intérieur, ou *tripe,* la *sous-cape,* ou première enveloppe, la *cape,* ou *robe,* enroulée en spirale autour des deux premières parties. Les cigares les plus réputés sont ceux de La Havane.

CIGARETTE n. f. (de *cigare*). **1.** Cylindre de tabac finement haché, enveloppé dans un papier mince, parfois muni d'un filtre, et destiné à être fumé. (→ *encycl.*) — **2.** Gâteau sec, roulé en forme de cigarette. (On dit aussi CIGARETTE RUSSE [nom déposé].) — **3.** *Cigarette du condamné,* dernière cigarette proposée avant l'exécution.
ENCYCL. C'est au début du XXe s. qu'eut lieu l'expansion de cette forme de consommation du tabac. Actuellement la production mondiale est voisine de 4 300 milliards d'unités. Un petit nombre de grandes entreprises se partagent le marché. Les techniques de fabrication permettent à une même machine la production de 5 000 cigarettes à la minute. Les cigarettes sont de formes et de dimensions variables, avec une tendance à l'allongement accompagné d'une diminution du diamètre, de nombreuses marques adoptant une longueur de 85 millimètres. Sauf exception, les tabacs utilisés pour la fabrication d'une cigarette résultent d'un mélange de plusieurs variétés, provenant de diverses zones de production.

CIGARIER, ÈRE n. Personne travaillant à la confection des cigares.
◆ **cigarier** n. m. Nom commun à divers insectes coléoptères, qui roulent en forme de cigares les feuilles de la vigne, du bouleau, etc. (Les principaux cigariers sont les attélabes, les rynchites et surtout les byctiscus.) [Syn. URBEC.]

CIGARILLO [-rijo] n. m. (esp. *cigarillo*). Petit cigare.

CI-GÎT, CI-GISENT loc. v. (de *gésir*). Ici est enterré, sont enterrés (formule funéraire inscrite sur les tombeaux).

CIGOGNE n. f. (anc. provenç. *cegonha,* avec l'infl. du lat. *ciconia*). Grand échassier au plumage noir et blanc, aux pattes et au bec rouges, migrateur, trouvant surtout sa nourriture dans les zones humides.
ENCYCL. Les cigognes passent l'hiver en Afrique centrale ou australe et se rencontrent en été en Europe, en Asie et au Maghreb. Elles nidifient volontiers dans les villages, sur les cheminées. On tente aujourd'hui de les réintroduire en Alsace, d'où l'assèchement des marais les avait écartées.

CIGOGNEAU n. m. Jeune cigogne.

CIGOLI (Lodovico CARDI, dit **il**), peintre, sculpteur et architecte italien (Cigoli, San Miniato, 1559 - Rome 1613), actif à Florence, puis (1604) à Rome.

CIGUË n. f. (anc. fr. *cëue,* du lat. *cicuta*). **1.** Ombellifère vénéneuse. (On distingue la *grande ciguë,* toxique, qui atteint 2 m de haut, la *petite ciguë* ou æthuse, moins dangereuse mais qui peut être confondue avec le persil et le cerfeuil, la *ciguë vireuse,* aquatique, au rhizome toxique.) — **2.** Poison extrait de la grande ciguë. (Socrate fut condamné à boire la ciguë.)

CI-INCLUS, E adj. Qui est contenu dans la lettre, le paquet dont on parle (inv. avant le n., variable après le n.) : *La lettre ci-incluse. Ci-inclus vos quittances.*

CI-JOINT, E adj. Qui est joint à la lettre, au paquet, au document envoyés (inv. avant le n., variable après le n.) : *Ci-joint la quittance. Voir la facture ci-jointe.*

CIL n. m. (lat. *cilium,* paupière). **1.** Poil des paupières. (Les cils sont implantés au bord libre palpébral et protègent l'œil des agressions externes.) — **2.** Flagelle d'une bactérie. — **3.** Organite cellulaire ressemblant à un minuscule poil. (→ *encycl.*) — **4.** *Faux cils,* cils artificiels montés sur une armature légère que l'on colle au bord de la paupière.

ENCYCL. **Biol.** Les cils sont des organites analogues au flagelle mais beaucoup plus courts. Nombreux sur la même cellule, ils constituent une ciliature, généralement vibratile. Ils caractérisent les protistes ciliés et certains épithéliums vibratiles : trachée de l'homme, branchies de la moule, assurant alors par leurs mouvements coordonnés le transport des particules solides.

CILAOS (97413), comm. de la Réunion, au N. de Saint-Pierre, à 1 200 m d'alt. ; 5 740 hab.

CILEA (Francesco), compositeur italien (Palmi, Calabre, 1866 - Varazze, Ligurie, 1950). Il composa des opéras selon l'esthétique vériste, mais sa maîtrise s'affirma avec *Adriana Lecouvreur* (1902).

CILIAIRE adj. **1.** Qui se rapporte aux cils. — **2.** *Corps ciliaire,* portion antéro-interne de la rétine, périphérique à l'iris, comportant les muscles ciliaires dont la contraction entraîne la déformation du cristallin dans l'accommodation.

CILIATURE n. f. Ensemble, disposition des cils d'un animal, d'un protiste ou d'une cellule.

CILICE n. m. (lat. *cilicium,* du gr. *kilikion,* étoffe de poil de chèvre). **1.** Étoffe épaisse qui se faisait jadis en Cilicie. — **2.** Chemise ou ceinture de crin ou d'étoffe rude, portée sur la peau par mortification.

CILICIE, région de la Turquie d'Asie, au S.-E. de l'Anatolie, juxtaposant une partie montagneuse (Taurus central) et une plaine, qui, assainie, fournit du blé, du coton et de la canne à sucre. — **Hist.** Cette riche plaine contrôle les Portes du Taurus, passage obligé de l'Ouest vers la Syrie et l'Orient. Peuplée dès le VIIe millénaire, elle fut un carrefour où s'entrecroisaient les influences culturelles de la Syrie, de la Mésopotamie et surtout de l'Anatolie centrale, puis, après le IIIe millénaire, celles qui lui vinrent par mer, de Chypre, d'Égypte et de l'Égée. Conquise par les Hittites, elle fut réunie à l'Empire hittite du XVIIe au XIIe s. av. J.-C. Ravagée par les Peuples de la Mer (1191 av. J.-C.), la Cilicie fut divisée en royaumes néohittites, à leur tour annexés par les Assyriens (IXe-VIIIe s. av. J.-C.). Rattachée à l'Empire perse qui la constitua en satrapie, puis disputée entre les rois hellénistiques, la Cilicie fut conquise par Pompée (67 av. J.-C.) et forma une province avec les districts de la côte sud de l'Asie Mineure, que les Romains avaient arrachés aux pirates. La Cilicie fut un champ de bataille pour les Byzantins et les Arabes. À la fin du XIe s., il s'y constitua un royaume d'Arménie-Cilicie (ou Petite Arménie) qui succomba, en 1375, sous les coups des Mamelouks d'Égypte. (→ ARMÉNIE.) Elle fut intégrée à l'Empire ottoman au XVIe s. Les troupes françaises l'occupèrent de 1919 à 1921.

CILIÉ, E adj. Se dit d'une cellule, d'un organe garni de cils.

◆ **cilié** n. m. Protiste dont la cellule est couverte de cils. (Les *ciliés* forment une classe, comprenant plus de 6 000 espèces.) [Syn. anc. INFUSOIRE.]

ENCYCL. Les ciliés, dont le type est la paramécie, sont constitués d'une cellule très différenciée, comportant l'équivalent fonctionnel d'une bouche, d'un pharynx, d'un anus, de deux reins ; ils se nourrissent de proies vivantes, capturées soit en nageant rapidement, soit en « marchant » sur des groupes de cils agglomérés *(stylonychia),* soit en se fixant sur un support et en mettant l'eau en mouvement vers leur bouche (vorticelle). Certains ciliés vivent en symbiose dans la panse des ruminants ou le rectum des insectes xylophages tels que les termites. D'autres *(balantidium)* sont des parasites intestinaux. La sexualité, assurée par un petit noyau cellulaire supplémentaire, le *micronucleus,* ne joue aucun rôle dans la multiplication, mais assure de temps à autre le renouvellement du patrimoine génétique par une sorte d'accouplement isogame *(conjugaison).*

CILLEMENT [sijmɑ̃] n. m. Action, fait de ciller, en parlant des yeux et des paupières.

CILLER [sije] v. i. (de *cil*) [conj. 3]. **1.** Abaisser et relever rapidement les paupières. — **2.** *Ne pas ciller,* ne pas bouger sous l'effet de la crainte ou rester impassible : *Sous l'attaque il n'a pas cillé.* — **3.** En parlant des yeux, se fermer et s'ouvrir d'un mouvement rapide : *Son regard ne cillait pas.*

ÇILLER (Tansu), femme politique turque (Istanbul 1946). Ministre de l'Économie (1991-1993), elle est Premier ministre de 1993 à 1996.

CIMA (Giovanni Battista), dit **Cima da Conegliano,** peintre italien (Conegliano v. 1459 - *id.* 1517/18). Influencé à Venise par Antonello da Messina et Giovanni Bellini, il est l'auteur de compositions religieuses harmonieuses et sereines, sur fonds de paysages (*Madone à l'oranger,* v. 1495, Académie, Venise).

CIMABUE (Cenni di Pepo ?, dit), peintre et mosaïste italien (Florence v. 1240 - Pise 1302). Son œuvre, aussi mal connue que sa vie, marque le début de l'affranchissement vis-à-vis de la peinture d'inspiration byzantine, conventionnelle et symbolique. Cimabue s'éloigne de l'hiératisme pour atteindre à une conception humaine des personnages. Ce qu'il apporte à la peinture du XIIIe s. (sentiment de l'espace, modelé des figures, mouvement, expression et vérité humaines) s'épanouira chez son élève Giotto. Outre les *Crucifix* de S. Domenico d'Arezzo

(v. 1270 ?) et de S. Croce de Florence (auj. aux Offices), ainsi que les fresques exécutées à Assise vers 1277-1285, son œuvre la plus célèbre est la *Maestà* (Vierge en majesté) de S. Trinità de Florence (1285 ?, Offices).

CIMADE (sigle de *Comité Inter-Mouvements Auprès Des Évacués*), organisme privé d'entraide fondé en 1939 à Paris et secourant aujourd'hui particulièrement les réfugiés, les immigrés, les personnes démunies de ressources, et menant des actions en faveur des droits de l'homme.

CIMAISE ou **CYMAISE** n. f. (lat. *cymatium,* du gr. *kumation,* petite vague). **1.** Corps de moulures supérieur, à talon ou à doucine, d'une corniche d'entablement. — **2.** *Vx.* Moulure de lambris, à hauteur d'appui, sur laquelle portait la première rangée de tableaux, la mieux en vue, dans une exposition. — **3.** Mur d'une salle d'exposition, même dépourvu de cette moulure.

CIMAROSA (Domenico), compositeur italien (Aversa, Naples, 1749 - Venise 1801). Il remporta son premier triomphe avec *La Finta Parigina* (1773). Bientôt reconnu comme le rival de Paisiello, il mena, à partir de 1780 environ, une carrière triomphale. Il séjourna à Saint-Pétersbourg, à la cour de Catherine II (1787-1791), et, à son retour, fit représenter à Vienne (1792) avec succès son œuvre la plus célèbre, *Il Matrimonio segreto (le Mariage secret).* Il a également laissé une *Missa pro defunctis* (1787) et des sonates pour clavecin.

CIMARRON, riv. des États-Unis, affl. de l'Arkansas (r. dr.) ; 1 123 km.

CIMBORIO n. m. (esp. *cimborio,* du lat. *ciborium,* coupe). Coupole sur nervures, d'ascendance islamique, à la croisée de certaines églises et cathédrales espagnoles du Moyen Âge.

CIMBRES, peuple germanique établi sur la rive droite de l'Elbe, vers son embouchure. Les Cimbres participèrent, à partir de 115 av. J.-C., avec les Teutons, à une vaste migration vers le sud. Ils battirent les Romains en Styrie, ravagèrent la Gaule, anéantirent l'armée romaine à Orange (104). Marius, arrivé d'Afrique, écrasa les Teutons à Aix-en-Provence (102), puis les Cimbres à Verceil (101).

CIME n. f. (lat. *cyma,* tige de chou, du gr. *kuma*). **1.** Extrémité supérieure, et le plus souvent pointue, d'une montagne, des arbres, etc. ; sommet. — **2.** *Litt.* Ce qu'il y a de plus élevé : *Les cimes de la pensée.*

CIMENT n. m. (lat. *caementum,* pierre non taillée). **1.** Matière pulvérulente formant avec l'eau, ou une solution saline, une pâte plastique liante, susceptible d'agglomérer, en durcissant, des substances variées. (→ *encycl.*) — **2.** Nom donné à certains liants non hydrauliques comme le ciment des carriers, le ciment magnésien, etc. — **3.** *Litt.* Ce qui relie fortement, rapproche, consolide : *Le ciment d'une amitié.* • **Céram.** Syn. anc. de CHAMOTTE. — **Géol.** Matériel d'origine chimique soudant entre eux les éléments constitutifs d'une roche. (Syn. MATRICE.) — **Matér.** *Ciment artificiel,* ciment hydraulique obtenu en cuisant à haute température un mélange artificiel de calcaire et d'argile, et en broyant finement avec du gypse le clinker ainsi obtenu. ‖ *Ciment naturel,* ciment hydraulique obtenu en cuisant à température modérée un calcaire marneux naturel, ou pierre à ciment, et en broyant finement la roche cuite. — **Méd.** *Gale du ciment,* dermatose professionnelle à type d'eczéma qui atteint les cimentiers. — **Odont.** *Ciment dentaire,* mélange de poudre et de liquide dont la combinaison donne des matières d'obturation ou de scellement au cours des soins dentaires.

ENCYCL. **Géogr.** La production mondiale de ciment approche 1 300 Mt, assurée essentiellement par la Chine et l'ex-U. R. S. S., le Japon et les États-Unis .

— **Matér.** Le *ciment Portland artificiel* est le ciment le plus usuel, d'un emploi quasi universel. Après concassage des blocs de calcaire, le broyage — à sec ou en présence d'eau — réduit la matière à des grains très fins et permet d'obtenir un mélange intime et homogène du calcaire et de l'argile. Ce mélange est cuit jusqu'à une température de l'ordre de 1 450 °C, généralement dans d'immenses fours rotatifs, atteignant 200 m de longueur et 7 m de diamètre. Le produit cuit, ou clinker, est broyé avec une petite quantité de gypse, dans d'énormes broyeurs à boulets, et amené ainsi à une très grande finesse.

CIMENTATION n. f. **1.** Action de cimenter, de fixer dans une pâte ou un ciment. — **2.** Transformation d'une roche sédimentaire meuble en une roche cohérente par précipitation d'un ciment. — **3.** Procédé d'étanchement de terrains aquifères par injection de ciment. (Syn. INJECTION.) — **4.** Opération consistant à couler un laitier de ciment entre la paroi d'un puits de pétrole et le tubage de revêtement.

CIMENTER v. t. (conj. 3). **1.** Lier des pierres, des briques, etc., avec du ciment ou une autre matière qui en tient lieu. — **2.** Couvrir une surface d'une couche de ciment. — **3.** Affermir, consolider qqch : *Cimenter la paix par des alliances.* — **4.** Effectuer une cimentation.

CIMENTERIE n. f. Fabrique de ciment.

CIMENTIER n. m. **1.** Exploitant d'une cimenterie. — **2.** Ouvrier procédant au revêtement en mortier des ouvrages en ciment ; ouvrier spécialiste de la confection des ouvrages en béton armé.

◆ **cimentier, ère** adj. Relatif au ciment.

CIMETERRE n. m. (ital. *scimitarra,* du pers. *chamchir,* épée). Sabre oriental à un seul tranchant (du côté convexe) et à lame courbe, qui va s'élargissant vers son extrémité.

CIMÉTIDINE n. f. Médicament chimique dérivé de la guanidine, employé dans le traitement des ulcères gastro-duodénaux. (Par sa propriété antagoniste des récepteurs H2 à l'histamine, la cimétidine abaisse le taux d'acidité gastrique basale ; elle réduit également le débit total de pepsine.)

CIMETIÈRE n. m. (lat. ecclés. *cimiterium,* du gr. *koimêtêrion,* lieu où l'on dort). **1.** Terrain où l'on enterre les morts. — **2.** Lieu où se trouvent rassemblés des objets hors d'usage, des animaux morts : *Un cimetière de voitures.* — **3.** *Litt.* Lieu où se trouvent des choses disparues : *Le passé est un cimetière d'illusions.* — **4.** Pop. *Aller droit au cimetière,* s'exposer à mourir. ‖ Fam. *Envoyer qqn au cimetière,* le faire mourir.

Cimetière marin *(le),* poème de P. Valéry (1920), repris dans *Charmes** : méditation qui unit les thèmes de la mort et de la mer.

CIMIER n. m. (de *cime*). **1.** Ornement qui forme la partie supérieure de certains casques. — **2.** Trappe orientable d'une coupole abritant un instrument d'observation astronomique. — **3.** Maniement pair du bœuf de boucherie pratiqué à la base de la queue. — **4.** Timbre représentant une figure héraldique et placé sur le heaume. — **5.** Cime, partie supérieure d'un arbre. (Syn. HOUPPIER.)

Cimiez, quartier de Nice. *Cemenelum,* oppidum des Ligures *Vediantii,* devint, après la création de la Province romaine, le chef-lieu du gouvernement des Alpes-Maritimes. Vestiges antiques (arènes, thermes, etc.). Musées. (→ NICE.)

CIMINI *(monts),* ensemble de volcans éteints d'Italie, dans le Latium, au S.-E. de Viterbe (1 053 m au mont Cimino).

CIMMÉRIEN, ENNE adj. Se dit des phases tectoniques intervenues à la fin du trias (- 200 MA) [*phase éocimmérienne*] et à la limite jurassique-crétacé (- 140 MA) [*phase néocimmérienne*].

CIMMÉRIENS, peuple originaire de la steppe Pontique. Ses cavaliers envahirent et ravagèrent l'Orient du VIIIe s. au VIe s. av. J.-C.

CIMON, homme politique athénien, père de Miltiade († 524 av. J.-C.).

CIMON, stratège athénien (v. 510 - 450 av. J.-C.), fils de Miltiade et d'une princesse thrace. Il se distingua à Salamine (480). Soutenu par Aristide, Cimon fut élu stratège de la confédération de Délos (479-478). Il dirigea en fait la politique athénienne et conquit un empire maritime à sa patrie. Mais, chef du parti aristocratique, il tint à sauvegarder l'alliance avec Sparte et tomba sous les attaques des démocrates (Éphialtès, Périclès), qui, en 461-460, le firent frapper d'ostracisme. Rappelé en 451, il reprit la guerre contre les Perses et les vainquit près de Chypre. Il mourut peu avant la paix de Callias. Sous sa direction, Athènes avait développé ses activités : début de la reconstruction du Parthénon, achèvement des Longs Murs, aménagement de l'Agora et de l'Académie.

CINABRE n. m. (lat. *cinnabaris,* du gr. *kinnabari*). **1.** Sulfure rouge naturel de mercure, cristallisant dans le système rhomboédrique. (C'est le principal minerai de mercure.) — **2.** Couleur rouge vermillon.

CINCHONINE [-ko-] n. f. Principal alcaloïde, avec la quinine, des écorces de quinquina, à propriétés antimalariennes.

CINCINNATI, v. des États-Unis (Ohio), sur l'Ohio ; 385 000 hab. (1,4 million dans l'agglomération). Université. Important musée d'art. Carrefour routier, ferroviaire et fluvial, centre commercial et industriel, où domine la métallurgie de transformation, devant la chimie (détergents).

CINCINNATUS (Lucius QUINCTIUS CINCINNATUS) [v. 519 av. J.-C.]. Célèbre par la simplicité de ses mœurs, qui a fait de lui le type du vieux Romain austère et tout dévoué à sa patrie, il a exercé le consulat (460) et, en 458 et 439, la dictature.

CINCLE n. m. (gr. *kigklos,* merle d'eau). Gros passereau du bord des eaux vives, se nourrissant de proies aquatiques débusquées sous les pierres du fond des torrents.

CINÉ n. m. *Fam.* Cinéma.

CINÉASTE n. Auteur ou réalisateur de films.

Cinecittà, complexe cinématographique italien (studios, laboratoires, etc.), édifié en 1936-37 et situé au S.-E. de Rome.

CINÉ-CLUB n. m. (pl. *ciné-clubs*). Association organisant des projections de films, ayant pour but le développement de la culture cinématographique.

CINÉMA n. m. (abrév. de *cinématographe*). **1.** Art de composer et de réaliser des films cinématographiques. — **2.** Procédé permettant de procurer l'illusion du mouvement par la projection, à cadence suffisamment élevée, de vues fixes enregistrées en continuité sur un film. — **3.** Salle de spectacle où l'on assiste à des projections cinématographiques. — **4.** Branche de l'industrie relative à la fabrication et à la diffusion des films.

— 5. *Fam.* Simulation, bluff ou manières affectées : *Tout ça c'est du cinéma, ne le crois pas.* — 6. Fam. *Faire tout un cinéma,* faire beaucoup de manières, de complications ; donner une importance excessive à qqch. ‖ Fam. *Se faire du cinéma,* se bercer d'illusions.

ENCYCL. Les frères Lumière ont été les premiers à mettre au point, en 1895, un appareil assurant de façon satisfaisante les deux fonctions du cinéma : analyser le mouvement, projeter des films. De nombreux chercheurs s'y étaient déjà employés. L'utilisation du phénomène de la persistance rétinienne donne naissance au Phénakistiscope (1832) du Belge Plateau et au Zootrope (1834) du Britannique Horner, qui fonctionnent avec quelques dessins représentant les phases successives d'un mouvement. En 1892, le Praxinoscope du Français Émile Reynaud permet de projeter les premiers dessins animés. L'analyse d'un mouvement réel ne pourra intervenir avant l'apparition de plaques photographiques suffisamment sensibles, vers 1870-1880. L'Américain Muybridge, l'Allemand Anschütz, le Français Londe parviennent à la décomposition de mouvements courts. Le Français Marey invente le premier appareil apparenté au cinéma : le fusil photographique (1882). La mise au point des pellicules de Celluloïd, dans les années 1880, permet enfin d'en venir au film proprement dit. L'Américain Edison, avec son Kinetograph (1890), enregistre alors d'authentiques courts-métrages d'une vingtaine de mètres de long. Il commercialise à partir de 1893 le Kinétoscope, où le spectateur peut observer individuellement ces films. Le Cinématographe des frères Lumière (1895) est le premier appareil à résoudre de façon simple le problème de la projection. Son succès suscite la construction d'appareils concurrents par Charles Pathé, Léon Gaumont, André Debrie, P. Continsouza et Edison.

Mais les films format Lumière et les films format Edison, s'ils avaient la même largeur (35 mm), comportaient des perforations incompatibles. En 1909, le standard Edison, plus rationnel, fut retenu. Il n'y aura plus, dès lors, de limite à la diffusion des films.

principe du cinéma

À la prise de vues, sauf cas particuliers rencontrés notamment dans les films d'animation, le cinéma décompose le mouvement par une série de photographies instantanées, prises à raison de 24 par seconde dans le cinéma sonore, 16 par seconde en muet. D'autres cadences peuvent être employées, soit pour analyser des mouvements très rapides ou très lents, soit dans le seul but d'obtenir à la projection des effets de ralenti ou d'accéléré. Le film est immobilisé derrière l'objectif de la caméra pendant 1/48e de seconde ; l'obturateur étant alors ouvert, la pellicule est impressionnée. Pendant l'intervalle suivant de 1/48e de seconde, le film avance de la longueur d'une image, l'obturateur étant alors refermé, etc. À la projection, le cinéma procède de même par avance intermittente, l'obturateur n'étant ouvert (et donc l'écran éclairé) que pendant les instants où le film est immobilisé. En raison du phénomène de la persistance rétinienne, cette alternance d'éclairement de l'écran et de « noirs » n'est pas perçue comme telle dès que la cadence est supérieure à celle avec laquelle le cerveau est capable d'analyser les images rétiniennes.

le cinéma en couleurs

À la naissance du cinéma, le seul processus photosensible utilisable est la transformation, sous l'action de la lumière, de sels d'argent en argent métallique, donnant des images en noir et blanc. Très vite, on a l'idée de colorier les films, d'abord à la main puis mécaniquement. Pratiquée à une assez large échelle jusqu'à la Première Guerre mondiale, et même au-delà, cette méthode ne s'attaque nullement au problème fondamental : enregistrer et reproduire les « couleurs naturelles » des objets filmés.

• *Les procédés additifs.* Ces procédés ont l'avantage de parvenir à la couleur à partir du processus noir et blanc. Le Kinemacolor (1911), britannique, le chronochrome, ou Gaumontcolor (1912), de Léon Gaumont, le procédé Keller-Dorian, le Dufaycolor, le Rouxcolor utilisent une ou plusieurs images juxtaposées, enregistrées et projetées avec des filtres vert, rouge et bleu. L'exactitude des teintes demeure approximative.

• *Les procédés soustractifs : Technicolor.* Premier en date des procédés soustractifs, le Technicolor (apparu en 1928 en version bichrome et en 1934-35 en version trichrome) apporte vraiment la couleur au cinéma, avec un film lui-même en couleurs.

Un diviseur optique, placé derrière l'objectif d'une caméra spéciale, permet d'obtenir directement trois négatifs noir et blanc distincts, correspondant aux sélections rouge, verte et bleue. On en tire trois positifs qu'un traitement rend aptes à s'imprégner de colorants proportionnellement à la densité de l'image. Les images colorées portées par ces positifs intermédiaires monochromes sont reportées par pression sur un film vierge. La complexité et l'encombrement de la caméra, la très faible sensibilité du procédé, la complexité des opérations de tirage réservent ce procédé aux films à budget important. À l'inverse, l'énorme souplesse due au fait que le Technicolor s'apparente aux techniques de l'impression lui permet de maîtriser facilement la couleur et il restera pendant longtemps employé pour le tirage des copies.

• *Les procédés monopack.* En 1935, Kodak lance le Kodachrome, film inversible encore largement employé aujourd'hui, qui fournit directement, au cours du développement, trois images colorées superposées. Il en est de même de l'Agfacolor, inversible à coupleurs intégrés dans l'émulsion, lancé en 1936 par la firme allemande Agfa. Désormais, il n'est donc plus besoin de caméra spéciale. Il reste cependant malaisé de partir d'un original inversible. Le dernier pas sera franchi avec l'Agfacolor négatif-positif (1939), premier film permettant de pratiquer le cinéma en couleurs selon un processus comparable à celui du noir et blanc. Après la Seconde Guerre mondiale, le procédé monopack s'impose définitivement.

le cinéma sonore

Le cinéma des origines était muet. Des projections sonores publiques, par synchronisation du projecteur avec un tourne-disque, ont lieu à partir de 1912 au Gaumont-Palace. Ces projections, toutefois, restent exceptionnelles avant l'invention, dans les années 20, des amplificateurs. Surtout, le muet présente l'avantage énorme de l'universalité : au seul prix de la traduction des « intertitres », un film peut être exporté dans le monde entier.

En 1927 sortent les deux premiers longs-métrages « parlants » : *le Chanteur de jazz,* par la Warner (disques synchronisés avec le projecteur) ; *le Septième Ciel,* par la Fox (son sur piste optique). Le succès remporté impose le cinéma sonore. L'industrie du film en est bouleversée : le son accroît notablement le coût de fabrication des films en même temps qu'il réduit leur diffusion à l'aire de compréhension de la langue employée.

• *Le son optique.* Les vibrations sonores à enregistrer sont transcrites par des variations de l'opacité d'une piste sonore d'environ 2,5 mm de large, située entre image et perforations. À la projection, la piste est éclairée par une fente extrêmement fine ; de l'autre côté du film, une cellule photoélectrique traduit en variations d'un courant électrique les variations de l'éclairement qu'elle reçoit au travers de la piste ; viennent ensuite l'amplificateur et le haut-parleur. Le procédé Dolby, adapté au son optique vers 1975, a permis la réduction du bruit de fond, l'augmentation de la bande passante et, avec le Dolby Stéréo, la possibilité d'effets stéréophoniques.

• *Le son magnétique.* Le son sur pistes magnétiques défilant devant des têtes de lecture magnétique apparaît en 1953 avec le Cinémascope. De bien meilleure qualité que le son optique, il se contente d'une largeur de piste réduite, ce qui, avec plusieurs pistes sur la copie, permet des effets stéréophoniques. Cependant, il exige une modification et un entretien régulier des projecteurs et est plus onéreux. Pour ces raisons, il n'est pas parvenu à supplanter le son optique.

histoire artistique

Pour l'histoire artistique du cinéma, se reporter aux chapitres « cinéma » des articles consacrés aux pays.

CINÉMA-ŒIL n. m. inv. (calque du russe *kino-glaz*). Théorie cinématographique exposée par l'opérateur d'actualités russe Dziga Vertov, en 1922, soutenant que la caméra devrait saisir objectivement la réalité.

CINÉMASCOPE n. m. (n. déposé). Procédé de cinéma sur écran large par anamorphose de l'image, lancé en 1953. (L'image est comprimée à la prise de vues, puis dilatée à la projection, grâce à un objectif secondaire, l'*Hypergonar,* inventé en 1925 par Henri Chrétien.)

CINÉMATHÉCAIRE n. Personne chargée de la gestion d'une cinémathèque.

CINÉMATHÈQUE n. f. Lieu où l'on conserve et projette les films de cinéma.

Cinémathèque française, organisme fondé en 1936 par Henri Langlois, Georges Franju et P. A. Harlé, subventionné par l'État, pour la défense et la sauvegarde des films et documents ayant trait à l'histoire du cinéma. La Cinémathèque française réunit des services de conservation, de projection et le Musée du cinéma.

CINÉMATIQUE adj. **1.** Relatif au mouvement. — **2.** *Amputation cinématique,* amputation pratiquée en vue de la cinématisation. ‖ *Lacet cinématique,* mouvement louvoyant des véhicules ferroviaires.

◆ n. f. Partie de la mécanique qui étudie les mouvements en fonction du temps, sans se préoccuper de leurs causes.

ENCYCL. Du point de vue cinématique, un point matériel est caractérisé à la fois par une position dans l'espace et un instant auquel il occupe cette position. L'ensemble de ces quatre coordonnées, trois spatiales et une temporelle, est repéré par rapport à un système de référence, ou référentiel*, d'espace-temps. En cinématique classique, le temps est universel et ne dépend pas du référentiel, alors que, en cinématique relativiste, la dimension des objets rigides dépend de leur vitesse par rapport au référentiel où s'effectue la mesure. (→ RELATIVITÉ, CONTRACTION* DES LONGUEURS.)

CINÉMATOGRAPHE n. m. **1.** Appareil conçu par les frères Lumière pour enregistrer, puis projeter des images animées. — **2.** Syn. vieilli de CINÉMA.

CINÉMATOGRAPHIE n. f. Ensemble des méthodes et procédés mis en œuvre pour obtenir la reproduction du mouvement par l'intermédiaire d'un film, par oppos. à la *vidéo,* qui utilise la bande magnétique.

cinématographie *(Centre national de la)* **[C. N. C.]**, établissement public créé en 1946 afin d'étudier et de faire respecter la réglementation relative à l'industrie cinématographique, de gérer les crédits du soutien financier au cinéma, d'assurer le développement du patrimoine cinématographique.

CINÉMATOGRAPHIER v. t. (conj. 9). Syn. vx de FILMER.

CINÉMATOGRAPHIQUE adj. Relatif au cinéma.

cinématographiques *(Institut des hautes études)* **[I. D. H. E. C.]**, établissement d'enseignement supérieur, fondé en 1943, rattaché au ministère de la Culture et qui assurait essentiellement une formation de réalisateur. Ses activités ont été reprises en 1986 par la Fondation * européenne des métiers de l'image et du son (F.E.M.I.S.).

CINÉMATOGRAPHIQUEMENT adv. Par les moyens du cinéma.

CINÉMA-VÉRITÉ n. m. inv. Mouvement apparu dans plusieurs pays au cours des années 1950 et qui préconisait de « porter la vie directement à l'écran » par les méthodes du reportage.

CINÉMOGRAPHE n. m. Instrument qui détermine et enregistre les vitesses.

CINÉMOMÈTRE n. m. Appareil servant à mesurer la vitesse linéaire d'un mobile.

CINÉOL n. m. (lat. *cinae oleum,* huile d'armoise). Principal constituant de l'eucalyptus, utilisé en thérapeutique sous le nom d'eucalyptol. (Syn. CAJEPUTOL.)

CINÉ-PARC n. m. (pl. *cinés-parcs*). Syn. de DRIVE-IN.

CINÉPHILE adj. et n. Amateur de cinéma.

CINÉPHILIE n. f. Amour du cinéma.

CINÉPHILIQUE adj. Relatif à la cinéphilie.

CINÉPLASTIE → CINÉMATISATION.

1. CINÉRAIRE adj. (bas lat. *cinerarius,* du lat. class. *cinis, -eris,* cendre). Destiné à contenir les cendres d'un corps incinéré : *Urne cinéraire.*

◆ n. m. Caveau mortuaire où se plaçaient les urnes renfermant les cendres des morts ; l'urne elle-même.

2. CINÉRAIRE n. f. (lat. bot. *cineraria,* du lat. class. *cinis, -eris,* cendre). Séneçon ornemental au feuillage cendré.

CINÉRAMA n. m. (n. déposé). Procédé de prise de vues et de projection, développé par Fred Waller (1952), qui utilisait la juxtaposition, sur écran large et incurvé, de trois images provenant de trois projecteurs.

CINÉRINE n. f. Nom de deux composés insecticides, analogues aux pyréthrines, qu'ils accompagnent dans les fleurs de pyrèthre.

CINÉRITE n. f. (lat. *cinis, -eris,* cendre). Dépôt stratifié de cendres volcaniques.

CINÉROMAN n. m. **1.** Entre 1912 et la fin du « muet », film à épisodes. (Syn. SERIAL.) — **2.** Récit tiré d'un film et illustré avec des photographies de celui-ci.

CINÈSE n. f. Déplacement non orienté d'un animal, provoqué par un agent externe, physique ou chimique.

CINÉSIOLOGIE n. f. Étude des mouvements du point de vue physiologique.

CINESTHÉSIE, CINESTHÉSIQUE → KINESTHÉSIE, KINESTHÉSIQUE.

CINÉTHÉODOLITE n. m. Appareil destiné à la photographie d'engins balistiques ou de lanceurs spatiaux.

CINÉTIDE n. m. Appareil moteur des cellules pourvues de cils ou de flagelles.

CINÉTIQUE adj. (gr. *kinêtikos*). **1.** Relatif au mouvement. — **2.** *Art cinétique,* forme d'art contemporain issue de l'abstraction et fondée sur le caractère changeant de l'œuvre, son mouvement apparent ou réel. (→ *encycl.* Art contemp.) ‖ *Énergie cinétique,* pour un point mobile de masse m et de vitesse v, grandeur $E = mv^2/_2$. ‖ *Moment cinétique,* pour un point mobile de masse m et de vecteur vitesse $\vec{V}$, moment, en un point donné, de la quantité de mouvement $m\vec{V}$ du point. (Syn. MOMENT ANGULAIRE.) ‖ *Théorie* cinétique des gaz, théorie statistique qui rend compte des propriétés macroscopiques d'un fluide à partir des mouvements des particules le constituant. (→ *encycl.* Thermodyn.)

◆ n. f. **1.** Théorie expliquant un ensemble de phénomènes à partir des seuls mouvements des particules matérielles. — **2.** Étude des lois qui régissent la vitesse des réactions chimiques. (→ *encycl.* Chim.)

ENCYCL. **Art contemp.** Né dans les années 50, mais annoncé par certains travaux à partir des années 20 (Gabo, Tatline, Duchamp, Moholy-Nagy, Albers), l'art cinétique se caractérise par la recherche du mouvement ou de son illusion. Le mouvement réel est fondé sur des systèmes divers, mécaniques, électriques, électromagnétiques, etc., animant les parties de l'œuvre (Tinguely, Schöffer, P. Bury, Takis). Le mouvement apparent, qui définit un cinétisme *virtuel,* repose sur des phénomènes optiques (d'où l'appellation *op art*) créés par des effets de structures, généralement géométriques, de couleurs et de lumière (Vasarely, Soto, Agam, le Groupe de recherche d'art visuel*, Carlos Cruz-Díez [né en 1923], Bridget Riley [née en 1931], etc.).

— **Chim.** La vitesse d'une réaction peut être augmentée par élévation de température, par

l'action de rayonnements (lumineux ou corpusculaires) ou encore par catalyse*. *Homogène* ou *hétérogène* selon que le milieu réactionnel est commun - ou non - aux réactifs et aux produits, la cinétique chimique lie la vitesse d'une réaction aux concentrations des divers réactifs.
— **Thermodyn.** La théorie supposant que les molécules n'interagissent pas entre elles n'est valable que pour les gaz très dilués. Les chocs des molécules entre elles expliquent la conductibilité de la chaleur et la viscosité. Le transfert moyen de quantité de mouvement des molécules est à l'origine de la pression exercée par un gaz sur les parois du récipient qui le contient.

CINÉTIR n. m. Procédé d'instruction du tir sur un objectif mobile.

CINÉTISME n. m. Art cinétique* ; caractère d'une œuvre appartenant à cet art.

CINÉTOGRAMME n. m. Partition qui porte la notation chorégraphique.

CINÉTOGRAPHIE n. f. Toute écriture du mouvement chorégraphique.

CINÉTROPISME n. m. Déplacement orienté d'un animal provoqué par les mouvements de certains éléments (objets ou êtres mobiles) du milieu extérieur.

CINEY, v. de Belgique (prov. de Namur), dans le Condroz, dont elle est l'anc. capitale ; 13 000 hab. Église des XIIe-XIIIe et XVIIe s.

CINGÉTORIX, chef gaulois des Trévires. Gendre et rival d'Indutiomare, il se soumit à César, qui le nomma chef suprême des Trévires (54-53 av. J.-C.).

CINGHALAIS, E adj. Relatif aux Cinghalais.
◆ **cinghalais** n. m. Langue indo-aryenne parlée au Sri Lanka.

CINGHALAIS, population constituant plus de 70 % du peuplement de l'île de Sri Lanka. Ils sont bouddhistes pour la plupart.

CINGLAGE n. m. Action de faire disparaître, par compression ou par chocs, les pores existant dans les loupes de fer sortant des fours à puddler.

CINGLANT, E adj. **1.** Qui cingle, fouette : *Une pluie cinglante.* — **2.** Qui blesse l'amour-propre par sa brutalité : *Une remarque cinglante.*

CINGLÉ, E adj. et n. (de *cingler 2*). *Fam.* Qui a l'esprit dérangé ; fou.

1. CINGLER v. i. (anc. fr. *sigler,* du norv. *sigla,* avec l'infl. de *cingler 2*) [conj. 3]. Faire voile vers un point déterminé : *Cingler vers la haute mer.*

2. CINGLER v. t. (de *sangle*) [conj. 3]. **1.** Frapper qqn, un animal d'un coup enveloppant au moyen d'un objet flexible : *Cingler un cheval d'un coup de houssine.* — **2.** Frapper qqn, qqch vivement et d'une manière continue ; fouetter. — **3.** Blesser par des paroles brutales : *Il le cingla d'une remarque méprisante.* • **Charp.** Syn. de BATTRE LA LIGNE. — **Métall.** Forger ou corroyer le fer au sortir des fours de puddlage ou d'affinage.

CINGRIA (Alexandre), peintre et écrivain suisse (Genève 1879 - Lausanne 1945), un des rénovateurs de l'art sacré au XXe s. — Son frère CHARLES ALBERT, écrivain de langue française (Genève 1883-*id.* 1954), combattit, à travers ses poèmes et ses essais, un régionalisme étroit (*Bois sec, bois vert,* 1948).

CINGULAIRE adj. (lat. *cingulum,* ceinture). *Cortex cingulaire* ou *gyrus cingulaire,* cortex phylogénétiquement le plus ancien, situé à la face interne des hémisphères cérébraux et appartenant au système limbique. (Syn. CORTEX LIMBIQUE.)

CINI n. m. Serin jaunâtre, indigène en France, en été, dans les forêts de conifères et souvent élevé en cage pour son chant.

CINNA (Lucius Cornelius), général romain († Ancône 84 av. J.-C.). Consul en 87, il fut destitué par son collègue Cn. Octavius, qui s'opposa à sa loi destinée à répartir également les citoyens entre toutes les tribus. Entré dans Rome avec ses troupes et celles de Marius (86), il régna tyranniquement sur l'Italie et fut assassiné.

CINNA (Cneius Cornelius), arrière-petit-fils de Pompée. Il conspira contre Auguste, qui lui pardonna et le nomma consul en 5 apr. J.-C. Corneille a fait de lui le héros d'une tragédie.

Cinna *ou la Clémence d'Auguste,* tragédie de P. Corneille (1640-41), inspirée du *De clementia* de Sénèque. En pardonnant à Cinna et à Émilie, qui complotaient sa mort, Auguste découvre que, lorsque l'on est tout-puissant, la clémence est un signe de force, plutôt que de faiblesse.

CINNAMALDÉHYDE n. m. Principe odorant des essences de cannelle et de cassie.

CINNAMATE n. m. Sel ou ester de l'acide cinnamique.

CINNAMIQUE adj. *Acide cinnamique,* principal constituant du baume du Pérou.

CINNAMOME n. m. (lat. *cinnamomum,* du gr. *kinnamômon*). Lauracée arborescente ou arbustive, toujours verte, du Sri Lanka, de Chine et du Japon, telle que les canneliers et un grand arbre d'Extrême-Orient dont le bois distillé fournit du camphre.

CINO da Pistoia, poète italien (Pistoia v. 1270 - v. 1337). Ami de Dante et inspirateur de Pétrarque, il fut l'un des représentants du « dolce stil nuovo ».

CINOCHE n. m. *Pop.* Cinéma.